dictionnaire encyclopédique pour tous

petit Larousse en couleurs

75 700 articles
4 430 illustrations
269 cartes
et un atlas à la fin de l'ouvrage

LIBRAIRIE LAROUSSE

17, rue du Montparnasse, et boulevard Raspail, 114, Paris VIe

AUX LECTEURS

On ne dit plus aujourd'hui : « Consultons le dictionnaire », mais : « Voyons ce que dit le Larousse ». Si *Larousse* est devenu synonyme de dictionnaire, de dictionnaire sûr, complet, indiscuté, c'est qu'il est le fruit de plus d'un siècle d'efforts, de recherches, de mises au point, qui en font le dictionnaire parfait, à jour des faits les plus récents.

Dès sa naissance, en 1856, sous le titre de *Nouveau Dictionnaire de la langue française,* par PIERRE LAROUSSE, il prit la première place parmi les dictionnaires de l'époque, car, le premier, il appuyait d'un exemple chaque acception des termes définis. Déjà, il portait en exergue cette déclaration à l'allure de devise, qu'il a toujours observée depuis : « *Un dictionnaire sans exemples est un squelette.* »

Le premier aussi, il consacrait des notices encyclopédiques au sujet de certains mots qu'une simple définition ne pouvait préciser suffisamment ; le premier encore, il donnait les principales locutions latines passées dans la langue française, et qui sont devenues les célèbres « pages roses ».

Sur ce plan solide et étendu qui lui assura dès le début un magnifique succès, le dictionnaire de Pierre Larousse s'enrichit à chaque édition nouvelle. En effet, dans l'édition de 1867, on le trouve augmenté de plus de 2 000 mots usuels et de l'étude des grandes œuvres d'art, des principaux types et personnages littéraires.

En 1879, l'ouvrage est mis en harmonie avec l'édition du *Dictionnaire de l'Académie* (1878) et paraît sous le titre de *Dictionnaire complet de la langue française.* Cette édition consacre une innovation importante que nul autre dictionnaire ne contient encore : l'ouvrage est abondamment *illustré.* En même temps qu'elles concrétisent heureusement les définitions données, les gravures apportent à l'ouvrage un attrait nouveau.

Toujours revu, remanié, augmenté, le dictionnaire Larousse bénéficie à chaque révision des matériaux considérables réunis pour le *Grand Dictionnaire universel du XIXe siècle,* l'œuvre monumentale du grand lexicographe.

En 1889, sous la direction de CLAUDE AUGÉ, il devient le *Dictionnaire complet illustré.* Il compte alors près de 1 500 pages, plus de 2 000 figures, de nombreux tableaux encyclopédiques, des cartes géographiques et 750 portraits de personnages de tous les temps et de tous les pays, d'après les monnaies, les médailles, les tableaux, les photographies.

En 1905, le dictionnaire Larousse va connaître encore un nouvel essor sous le titre de *Petit Larousse illustré,* et dans un format nouveau.

Révisé désormais chaque année, l'ouvrage est l'objet, en 1924, d'une nouvelle édition complètement refondue et enrichie de planches hors texte ; il paraît alors sous le titre de *Nouveau Petit Larousse illustré.*

Sous la direction de PAUL AUGÉ, l'ouvrage est encore remanié à l'occasion de l'édition de 1935. Le vocabulaire est révisé de façon à n'omettre aucun terme consacré par l'usage, et la partie « Histoire » est entièrement refondue. Sur chaque événement, sur chaque chef-d'œuvre, sur chaque pays, sur chaque personnage célèbre, le lecteur est certain de trouver une monographie claire et suffisante. En particulier, la *Première Guerre mondiale* (1914-1918) fait l'objet d'articles documentés.

En plus des gravures, encore plus nombreuses que dans les éditions précédentes, des tableaux synoptiques et des cartes, l'ouvrage s'enrichit de photographies en similigravure donnant des reproductions des tableaux les plus célèbres et constituant un précieux répertoire d'art.

En 1948 paraît une édition complètement refondue. Le vocabulaire s'accroît alors de près de 12 000 acceptions nouvelles, en même temps qu'il s'allège d'expressions désuètes. Dans la partie historique et géographique, plus de 600 articles nouveaux, appuyés de cartes et de portraits, relatent les événements de la *Seconde Guerre mondiale* et de la *Libération.*

Quatre ans plus tard, une autre refonte est préparée par une direction nouvelle et voit sa publication coïncider avec l'année du centenaire de la LIBRAIRIE LAROUSSE (1852-1952). La nomenclature de la partie « Arts, Lettres, Sciences » est alors totalement renouvelée et l'ouvrage s'enrichit de nombreuses illustrations.

Les tirages se succèdent sans cesse. A l'occasion de chacun s'opère une mise à jour, poursuivie sans défaillance : de multiples corrections tendent à faire du dictionnaire un outil de travail de mieux en mieux adapté à sa fonction.

En 1959, le *Petit Larousse* fait peau neuve. Le format, sensiblement supérieur, ménage une place encore accrue à l'illustration, sans nuire au texte pour autant, puisque plus de 3 000 mots sont alors ajoutés. Il ne s'agit plus d'une simple mise à jour, devenue insuffisante, mais d'une refonte totale, dont un long travail préliminaire, fondé sur une documentation continuellement renouvelée et sur un inventaire permanent de la langue française, avait montré la nécessité. L'illustration, améliorée grâce à l'utilisation du procédé offset, est alors entièrement renouvelée. Aucun cliché ancien ne subsiste, les dessins deviennent plus explicatifs, la photographie les remplaçant quand c'est nécessaire.

Après 1959, le *Petit Larousse* profite de rééditions annuelles pour se tenir à jour, suivant de près l'évolution du français contemporain et se faisant, dans sa partie « Arts, Lettres, Sciences », le témoin fidèle et objectif de la transformation du monde moderne.

L'édition 1968 marque une nouvelle étape. Comme en 1959, l'ensemble de l'ouvrage est alors remis sur le métier : les transformations considérables qu'ont connues tant les sciences fondamentales que les sciences appliquées et les sciences humaines ont provoqué un renouvellement du vocabulaire ; de nouvelles disciplines sont apparues et le développement de l'éducation et de l'information a contribué à élargir le champ des connaissances et des curiosités de l'homme moderne. Le *Nouveau Petit Larousse* rend compte de cette évolution. Il possède désormais deux présentations, dont l'une, le *Nouveau Petit Larousse en couleurs*, d'un format sensiblement agrandi, bénéficie plus largement de l'apport documentaire et esthétique de la couleur.

Après 1968, le *Nouveau Petit Larousse*, qui redeviendra *Petit Larousse illustré* en 1973, profite de ses rééditions annuelles pour se tenir à jour et se faire le témoin fidèle et objectif de l'évolution du français contemporain et de la transformation du monde moderne : chaque année près de 300 nouveaux articles ou acceptions récentes enrichissent son répertoire de noms communs et de noms propres.

Pour 1981, le *Petit Larousse* se remet de nouveau en question : ses éditeurs, soucieux de mieux remplir les objectifs que se sont fixés les créateurs de l'ouvrage, décident de le refondre profondément tant du point de vue du contenu que de celui de la présentation. Dictionnaire encyclopédique, le *Petit Larousse* se veut tout à la fois moyen d'information sur les « mots » de la langue, permettant à chacun de mieux maîtriser les ressources du français, et outil culturel, aidant celui qui le consulte à accroître son savoir sur les « choses » signifiées par ces mots. Résultat de la collaboration de linguistes et de spécialistes des différents secteurs de la connaissance, il s'attache à rendre compte des termes qu'un homme aujourd'hui peut rencontrer dans sa vie quotidienne et dont il doit pouvoir connaître la signification et l'emploi. Il fait donc une large place, aux côtés des mots de la langue commune, aux termes et sens, nombreux et variés, des grands domaines de la culture contemporaine et à ceux qui, relevant de disciplines plus spécialisées, ont débordé dans leur emploi leur domaine d'origine. Il retient également les expressions et les mots de la langue familière et populaire, indiquant avec netteté les niveaux de langue afin de préciser les limitations d'emploi. La prononciation est donnée en alphabet phonétique international pour les termes qui présentent une réelle difficulté. Les informations grammaticales indispensables (conjugaisons, accord des participes, pluriel des noms, etc.) ou les indications utiles sur les mots (préfixes et suffixes) sont groupées en tête de l'ouvrage afin de pouvoir être rapidement consultées.

Quant à l'illustration, elle est essentiellement didactique et documentaire : c'est ainsi qu'une place importante est réservée au dessin et à la cartographie et que les photographies sont choisies en fonction de l'information dont elles sont porteuses.

Ainsi le *Petit Larousse*, tout à la fois unique et multiforme, s'est-il efforcé au cours de sa longue histoire de rendre compte avec fidélité de l'évolution de la langue et du monde.

LES ÉDITEURS

ont collaboré à cet ouvrage

directeurs généraux

Georges LUCAS, Claude MOREAU, Claude LABOURET

rédaction

Claude DUBOIS, rédacteur en chef
Francis BALLE, Marcelle BENOÎT, Astrid BONIFACJ, Jacques BOURNEUF, Didier CASALIS, Édith CHABRIER,
Jacques DALBANNE, François DEMAY, Jacques DEMOUGIN, Albert DOPPAGNE, Jean DUBOIS,
Norbert DUFOURCQ, Pierre DUFOURCQ, Armelle DUMAS, Marie-Thérèse EUDES,
Christine EYROLLES-OUVRARD, Henri FRIEDEL, Yves GARNIER, Gilbert GATELLIER, Hélène HACHARD,
Sylvie HUDELOT, Sylvain LABOUREUR, Philippe de LA COTARDIÈRE, Philippe LACROUTS, Bernadette LAINE,
Jean LAMBERT, Suzanne LARRUE, Gilles DE LUZE, Jean-Pierre MÉVEL, Danielle NAKACHE, René OIZON,
Jean-Loup PASSEK, Pierre PIERRARD, Bernard ROUX, Ernest SCHULÉ, Irénée TERRIÈRE, Raymond TOUREN,
Mady VINCIGUERRA, Catherine WISZNIAK

correction-révision

Louis PETITHORY, chef du service de correction
Pierre ARISTIDE, Monique BAGAÏNI, Chantal BARBOT, Bernard DAUPHIN, Charles PRIOUX, René VIOLOT,
Alexis WITT

maquette

Serge LEBRUN
assisté de Denis LAMOUREUX, Pascale MAC AVOY

documentation iconographique

Jacques PIERRE
assisté de Christiane CHAMPOUGNY, Bernard CROCHET, Viviane SEROUSSI,
Michèle STROMBERG, Monique TILLEQUIN

cartographie

Société française d'études et de réalisations cartographiques
Michèle BÉZILLE, Geneviève PAVAUX

dessin

Lucien LALLEMAND
assisté de Hubert NOZAHIC, Ernest BERGER, Jacqueline CHARTOUNI, Mireille CHENU,
Jean DEMION, Jacky DEUM, Henri DEWITTE, Danielle JOURDRAN, Marcel MILLER,
Daniel BAILLON, Francis BÉRILLE, Henri BERNARD, Jacques CARTIER, Christian GODARD,
Denis HORVATH, Michel JANVIER, Roger LEPERRE, Gilbert MACÉ, Lucien MATHIEU,
Patrick MORIN, Jean-Marie PATIER, Rémy PELTZER, Alain ROLLAND, Masako SHIMADA, Pierre SOULIÉ,
Patrick TAËRON, Jacques TOUTAIN, Denise WEBER-SÉMÉNOFF.

photogravure

Michel BONNET, chef des laboratoires
Ginette MASSON

photographie

Guy MOTTÉ, chef du service photographique
assisté de Gérard LE GALL
Mariano AGUAYO, Jacques BOTTET, Jacques TOROSSIAN, Michel TOULET

V

PRONONCIATION DU FRANÇAIS

Ont été indiquées dans cet ouvrage les prononciations des mots français qui présentent une difficulté. Afin que nos lecteurs étrangers puissent, aussi bien que les lecteurs français, lire ces prononciations, nous avons suivi le tableau des sons du français de l'Association phonétique internationale, en le simplifiant.

CONSONNES

p	dans *pas*, dé*p*asser, ca*p*	[p]
t	dans *tu*, é*t*aler, lu*tt*e	[t]
c, k, qu	dans *c*aste, ac*c*ueillir, ba*c*, *k*épi, *qu*e	[k]
b	dans *b*eau, a*b*îmer, clu*b*	[b]
d	dans *d*ur, bro*d*er, ble*d*	[d]
g	dans *g*are, va*gu*e, *z*ig*z*ag	[g]
f	dans *f*ou, a*ff*reux, che*f*	[f]
v	dans *v*ite, ou*v*rir	[v]
s	dans *s*ouffler, cha*ss*e, héla*s*!	[s]
z ou s	dans *z*one, rai*s*on, ga*z*	[z]
ch	dans *ch*eval, mâ*ch*er, Au*ch*	[ʃ]
j ou g	dans *j*ambe, â*g*é, pa*g*e	[ʒ]
l	dans *l*arge, mo*ll*esse, ma*l*	[l]
r	dans *r*ude, ma*r*i, ouv*r*ir	[r]

m	dans *m*aison, a*m*ener, blê*m*e	[m]
n	dans *n*ourrir, fa*n*al, dolme*n*	[n]
gn	dans a*gn*eau, bai*gn*er	[ɲ]

VOYELLES ORALES

i	dans *i*l, hab*i*t, d*î*ner	[i]
é	dans th*é*, d*é*	[e]
è	dans *ê*tre, d*ai*s, proc*è*s	[ɛ]
a	dans *a*voir, P*a*ris, p*a*tte	[a]
a	dans *â*ne, p*â*te, m*â*t	[ɑ]
o	dans *o*r, r*o*be	[ɔ]
o	dans d*o*s, chev*au*x	[o]
ou	dans *ou*vrir, c*ou*vert, l*ou*p	[u]
u	dans *u*ser, t*u*, s*û*r	[y]
eu	dans c*œu*r, p*eu*r, n*eu*f	[œ]

eu	dans f*eu*, j*eu*, p*eu*	[ø]
e	dans l*e*, pr*e*mier	[ə]

VOYELLES NASALES

in	dans int*é*rêt, p*ain*, s*ein*	[ɛ̃]
un	dans al*un*, parf*um*	[œ̃]
an, en	dans *en*trer, bl*an*c	[ɑ̃]
on	dans *on*dée, b*on*, h*on*te	[ɔ̃]

SEMI-VOYELLES

y	+ voyelle dans *y*eux, l*i*eu	[j]
u	+ voyelle dans h*u*ile, l*u*i	[ɥ]
ou	+ voyelle dans *ou*i, L*ou*is	[w]

NOTICE SUR LES SIGNES SPÉCIAUX

Nombre de pays ont adopté l'alphabet latin. Certains y ont adjoint des lettres supplémentaires affectées de signes spéciaux appelés « signes diacritiques ». Plutôt que d'utiliser des transcriptions fondées sur des à-peu-près phonétiques et manquant de rigueur scientifique, nous avons jugé bon d'indiquer les signes diacritiques pour tous les alphabets latins. Ainsi, le lecteur connaîtra-t-il de chaque terme l'orthographe réelle. Pour les langues qui ne se servent pas de l'alphabet latin, nous avons utilisé des systèmes de transcription ou de translittération cohérents, mais qui ne bouleversent pas trop les traditions solidement implantées en France. Le lecteur pourra, s'il le désire, consulter dans la partie langue les alphabets arabe, grec et russe.

Afin de faciliter la recherche, nous avons multiplié les renvois, qui conduiront des diverses graphies approximatives d'un nom propre à son orthographe exacte. Dans le cas où la tradition a imposé solidement une habitude de transcription, nous avons suivi l'usage, mais en précisant en second lieu la graphie exacte.

PRINCIPAUX SIGNES DIACRITIQUES DES ALPHABETS LATINS

LETTRE	LANGUE	PRONONCIATION APPROXIMATIVE
ä	allemand, suédois et finnois	è dans *père*
ä	slovaque	intermédiaire entre *a* et *ê*
á	hongrois et tchèque	*a* dans *patte* (mais long)
ã	portugais	*en* dans *encore*
â	roumain	*ou* dans *couvert*
å	danois, norvégien, suédois	*ô* dans *hôte*
ã	roumain	*eu* dans *feu*
ą	polonais	*on* dans *oncle*
ç	turc et albanais	*tch* dans *tchèque*
ć	serbo-croate	*t* (mouillé) dans *tiare*
ć	polonais	*tch* (mouillé)
č	serbo-croate et tchèque	*tch* dans *tchèque*
d'	tchèque	*d* (mouillé) dans *diable*
ë	albanais	*eu* dans *feu*
ě	tchèque	*iè* dans *bielle*
ê	portugais	*é* fermé nasal
ę	polonais	*in* dans *fin*
ğ	turc	gh (faible) ou *y* (devant les voyelles *e, i, ö, ü*)
í	tchèque et hongrois	*i* long
ı	turc	entre *i* et *é*
î	roumain	*ou* dans *couvert*
ł	polonais	*l* vélaire dans l'anglais we*ll*
ń	polonais	*gn* dans a*gn*eau

LETTRE	LANGUE	PRONONCIATION APPROXIMATIVE
ñ	espagnol	*gn* dans a*gn*eau
ň	tchèque	*gn* dans a*gn*eau
ö	allemand, finnois, hongrois, turc	*eu* dans *feu*
ö	norvégien, suédois	*eu* dans *feu* ou *peur*
ő	hongrois	*eu* long et fermé
ó	hongrois et tchèque	*ô* dans *nôtre*
ó	polonais	*ou* dans *fou*
õ	portugais	*on* dans *oncle*
ø	danois et norvégien	*eu* dans *feu* ou *peur*
ř	tchèque	*rj* dans bou*rg*eon
š	serbo-croate et tchèque	*rch* dans pe*rch*e
ş	turc et roumain	*ch* dans *ch*eval
ś	polonais	*ch* dans *ch*eval
ť	tchèque	*ch* (mouillé) dans *ch*ien
ţ	roumain	*t* (mouillé) dans *tien*
ü	allemand, hongrois et turc	*ts* dans *ts*ar
ű	hongrois	*u* dans *tu*
ú	hongrois et tchèque	*u* dans *bûche*
ý	tchèque	*ou* long
ź	polonais	*i* dans *ville* (mais long)
ż	polonais	*g* (mouillé) dans *gîte*
ž	serbo-croate et tchèque	*g* dans *gêne*
		j dans *jambe*

LECTURE DES CARTES

Dans les cartes générales de nomenclature, la dimension des signes de position des villes correspond à l'importance relative de ces dernières dans le pays :

○ 1er ordre

● 2e ordre

● 3e ordre

• 4e ordre

Leur couleur correspond à la valeur absolue de la population :

pays

violet	= plus de 500 000 hab.	
rouge	= de 100 000 à 500 000 hab.	
vert	= de 50 000 à 100 000 hab.	
bistre	= de 20 000 à 50 000 hab.	

départements français

bleu	= plus de 100 000 hab.	
violet	= de 50 000 à 100 000 hab.	
rouge	= de 20 000 à 50 000 hab.	
vert	= de 10 000 à 20 000 hab.	
bistre	= de 2 000 à 10 000 hab.	
○	= de 1 000 à 2 000 hab.	

Cette double notation permet au lecteur d'estimer avec précision la valeur qualitative et quantitative du phénomène urbain. L'emploi de la couleur en montre plus aisément la répartition.

TABLEAU DES CONJUGAISONS

AVOIR

INDICATIF

présent
j' ai
tu as
il a
nous avons
vous avez
ils ont

imparfait
j' avais
tu avais
il avait
nous avions
vous aviez
ils avaient

passé simple
j' eus
tu eus
il eut
nous eûmes
vous eûtes
ils eurent

futur
j' aurai
tu auras
il aura
nous aurons
vous aurez
ils auront

passé composé
j' ai eu
tu as eu
il a eu
nous avons eu
vous avez eu
ils ont eu

plus-que-parfait
j' avais eu
tu avais eu
il avait eu
nous avions eu
vous aviez eu
ils avaient eu

passé antérieur
j' eus eu
tu eus eu
il eut eu
nous eûmes eu
vous eûtes eu
ils eurent eu

futur antérieur
j' aurai eu
tu auras eu
il aura eu
nous aurons eu
vous aurez eu
ils auront eu

SUBJONCTIF

présent
que j' aie
que tu aies
qu'il ait
que nous ayons
que vous ayez
qu'ils aient

imparfait
que j' eusse
que tu eusses
qu'il eût
que nous eussions
que vous eussiez
qu'ils eussent

passé
que j' aie eu
que tu aies eu
qu'il ait eu
que nous ayons eu
que vous ayez eu
qu'ils aient eu

plus-que-parfait
que j' eusse eu
que tu eusses eu
qu'il eût eu
que nous eussions eu
que vous eussiez eu
qu'ils eussent eu

CONDITIONNEL

présent
j' aurais
tu aurais
il aurait
nous aurions
vous auriez
ils auraient

passé 1re forme
j' aurais eu
tu aurais eu
il aurait eu
nous aurions eu
vous auriez eu
ils auraient eu

passé 2e forme
j' eusse eu
tu eusses eu
il eût eu
nous eussions eu
vous eussiez eu
ils eussent eu

INFINITIF

présent
avoir

passé
avoir eu

PARTICIPE

présent
ayant

passé
eu, eue
ayant eu

IMPÉRATIF

présent
aie
ayons
ayez

ÊTRE

INDICATIF

présent
je suis
tu es
il est
nous sommes
vous êtes
ils sont

imparfait
j' étais
tu étais
il était
nous étions
vous étiez
ils étaient

passé simple
je fus
tu fus
il fut
nous fûmes
vous fûtes
ils furent

futur
je serai
tu seras
il sera
nous serons
vous serez
ils seront

passé composé
j' ai été
tu as été
il a été
nous avons été
vous avez été
ils ont été

plus-que-parfait
j' avais été
tu avais été
il avait été
nous avions été
vous aviez été
ils avaient été

passé antérieur
j' eus été
tu eus été
il eut été
nous eûmes été
vous eûtes été
ils eurent été

futur antérieur
j' aurai été
tu auras été
il aura été
nous aurons été
vous aurez été
ils auront été

SUBJONCTIF

présent
que je sois
que tu sois
qu'il soit
que nous soyons
que vous soyez
qu'ils soient

imparfait
que je fusse
que tu fusses
qu'il fût
que nous fussions
que vous fussiez
qu'ils fussent

passé
que j' aie été
que tu aies été
qu'il ait été
que nous ayons été
que vous ayez été
qu'ils aient été

plus-que-parfait
que j' eusse été
que tu eusses été
qu'il eût été
que nous eussions été
que vous eussiez été
qu'ils eussent été

CONDITIONNEL

présent
je serais
tu serais
il serait
nous serions
vous seriez
ils seraient

passé 1re forme
j' aurais été
tu aurais été
il aurait été
nous aurions été
vous auriez été
ils auraient été

passé 2e forme
j' eusse été
tu eusses été
il eût été
nous eussions été
vous eussiez été
ils eussent été

INFINITIF

présent
être

passé
avoir été

PARTICIPE

présent
étant

passé
été
ayant été

IMPÉRATIF

présent
sois
soyons
soyez

AIMER

INDICATIF

présent
j' aim e
tu aim es
il aim e
nous aim ons
vous aim ez
ils aim ent

imparfait
j' aim ais
tu aim ais
il aim ait
nous aim ions
vous aim iez
ils aim aient

passé simple
j' aim ai
tu aim as
il aim a
nous aim âmes
vous aim âtes
ils aim èrent

futur
j' aim erai
tu aim eras
il aim era
nous aim erons
vous aim erez
ils aim eront

passé composé
j' ai aimé
tu as aimé
il a aimé
nous avons aimé
vous avez aimé
ils ont aimé

plus-que-parfait
j' avais aimé
tu avais aimé
il avait aimé
nous avions aimé
vous aviez aimé
ils avaient aimé

passé antérieur
j' eus aimé
tu eus aimé
il eut aimé
nous eûmes aimé
vous eûtes aimé
ils eurent aimé

futur antérieur
j' aurai aimé
tu auras aimé
il aura aimé
nous aurons aimé
vous aurez aimé
ils auront aimé

SUBJONCTIF

présent
que j' aim e
que tu aim es
qu'il aim e
que nous aim ions
que vous aim iez
qu'ils aim ent

imparfait
que j' aim asse
que tu aim asses
qu'il aim ât
que nous aim assions
que vous aim assiez
qu'ils aim assent

passé
que j' aie aimé
que tu aies aimé
qu'il ait aimé
que nous ayons aimé
que vous ayez aimé
qu'ils aient aimé

plus-que-parfait
que j' eusse aimé
que tu eusses aimé
qu'il eût aimé
que nous eussions aimé
que vous eussiez aimé
qu'ils eussent aimé

CONDITIONNEL

présent
j' aim erais
tu aim erais
il aim erait
nous aim erions
vous aim eriez
ils aim eraient

passé 1re forme
j' aurais aimé
tu aurais aimé
il aurait aimé
nous aurions aimé
vous auriez aimé
ils auraient aimé

passé 2e forme
j' eusse aimé
tu eusses aimé
il eût aimé
nous eussions aimé
vous eussiez aimé
ils eussent aimé

INFINITIF

présent
aimer

passé
avoir aimé

PARTICIPE

présent
aimant

passé
aimé
ayant aimé

IMPÉRATIF

présent
aim e
aim ons
aim ez

passé
aie aimé
ayons aimé
ayez aimé

REMARQUES.

1. La première et la deuxième conjugaison s'enrichissent sans cesse de nouveaux verbes, formés sur des substantifs ou sur des adjectifs. La troisième conjugaison ne comprend qu'un petit nombre de verbes, souvent très usuels, mais elle ne s'accroît pas.

2. Le subjonctif imparfait, usuel surtout à la 3e personne, se forme à partir du passé simple : ex. *je pris, que je prisse, qu'il prît.* En conséquence, on n'en a pas indiqué les formes pour chacun des verbes du troisième groupe.

3. Aux temps passés, les verbes transitifs des trois groupes se conjuguent avec l'auxiliaire *avoir,* les verbes pronominaux avec l'auxiliaire *être,* les verbes intransitifs avec l'auxiliaire *avoir,* sauf *aller, arriver, décéder, devenir, échoir, éclore, entrer, mourir, naître, partir, rentrer, repartir, rester, retomber, retourner, revenir, sortir, survenir, tomber, venir.* Un certain nombre des verbes intransitifs se conjuguent tantôt avec *être,* tantôt avec *avoir,* selon que l'on veut exprimer une action passée ou l'état résultant de l'action passée : *il a changé* et *il est changé.*

4. Dans les propositions négatives, le verbe simple s'intercale entre les deux parties de la négation : *Il ne comprend pas.* Dans les formes composées, l'auxiliaire seul s'intercale : *Il n'a pas compris.* À l'infinitif, la négation précède la forme simple : *Ne pas comprendre.* Dans les propositions à la fois négatives et interrogatives, leur forme verbale simple ou l'auxiliaire s'intercale entre les deux éléments de la négation : *Ne vient-il pas? Ne l'avez-vous pas vu?*

Dans le dictionnaire, les verbes dont la conjugaison présente une particularité
sont suivis d'un numéro qui renvoie à un modèle de la conjugaison des tableaux suivants.

1 verbes en *-cer, -ger*

	placer (1)	*manger* (2)
Ind. présent	je place	je mange
Ind. présent	il place	il mange
Ind. présent	nous pla**çons**	nous mang**eons**
Ind. présent	ils placent	ils mangent
Ind. imparfait	je pla**çais**	je mang**eais**
Ind. imparfait	nous placions	nous mangions
Ind. futur	je placerai	je mangerai
Ind. futur	nous placerons	nous mangerons
Participes	pla**çant;** placé	mang**eant;** mangé

(1) Les verbes en **-cer** prennent une *cédille* devant **a** et **o**
(2) Les verbes en **-ger** prennent un **e** après le **g** devant **a** et **o**

2 verbes en *-yer*

	nettoyer (1)	*payer* (2)
Ind. présent	je nettoi**e**	je paye (ou paie)
Ind. présent	il nettoi**e**	il paye (ou paie)
Ind. présent	nous nettoyons	nous payons
Ind. présent	ils nettoi**ent**	ils payent (ou paient)
Ind. imparfait	je nettoyais	je payais
Ind. imparfait	nous nettoyions	nous payions
Ind. futur	je nettoi**erai**	je pa**y**erai
Ind. futur	nous nettoi**erons**	(ou pa**i**erai)
Participes	nettoyant; nettoyé	payant; payé

(1) Les verbes en **-oyer** et **-uyer** changent l'**y** en **i** devant un **e muet**
(2) Les verbes en **-ayer** peuvent conserver l'**y** devant un **e muet**
Les verbes en **-eyer** conservent toujours l'**y**

3 verbes en *-eler*

	appeler	*peler*
Ind. présent	j'appe**lle**	je p**è**le
Ind. présent	il appe**lle**	il p**è**le
Ind. présent	nous appelons	nous pelons
Ind. présent	ils appe**llent**	ils p**è**lent
Ind. imparfait	j'appelais	je pelais
Ind. imparfait	nous appelions	nous pelions
Ind. futur	j'appe**ll**erai	je p**è**lerai
Ind. futur	nous appe**ll**erons	nous p**è**lerons
Participes	appelant; appelé	pelant; pelé

RÈGLE. — Les verbes en **-eler** redoublent le **l** devant une syllabe contenant un **e muet,** sauf : **celer, ciseler, congeler, correler, déceler, dégeler, démanteler, écarteler, s'encasteler, geler, marteler, modeler, peler, receler, regeler,** qui changent l'**e muet** de l'avant-dernière syllabe de l'infinitif en **è ouvert.**

4 verbes en *-eter*

	jeter	*acheter*
Ind. présent	je je**tte,** tu je**ttes**	j'ach**è**te, tu ach**è**tes
Ind. présent	il je**tte**	il ach**è**te
Ind. présent	nous jetons	nous achetons
Ind. présent	ils je**ttent**	ils ach**è**tent
Ind. imparfait	je jetais	j'achetais
Ind. imparfait	nous jetions	nous achetions
Ind. futur	je je**tt**erai	j'ach**è**terai
Ind. futur	nous je**tt**erons	nous ach**è**terons
Participes	jetant; jeté	achetant; acheté

RÈGLE. — Les verbes en **-eter** redoublent le **t** devant une syllabe contenant un **e muet,** sauf : **acheter, béagueter, breveter, corseter, crocheter, fileter, fureter, haleter, racheter,** qui changent l'**e muet** de l'avant-dernière syllabe de l'infinitif en **è ouvert.**

5 verbes en *-er (particularités)*
verbes dont l'avant-dernière syllabe contient un *e muet* ou un *é fermé*

	semer	*révéler*
Ind. présent	je s**è**me	je rév**è**le
Ind. présent	il s**è**me	il rév**è**le
Ind. présent	nous semons,	nous révélons
Ind. présent	ils s**è**ment	ils rév**è**lent
Ind. imparfait	je semais	je révélais
Ind. imparfait	nous semions	nous révélions
Ind. futur	je s**è**merai	je révélerai
Ind. futur	nous s**è**merons	nous révélerons
Participes	semant; semé	révélant; révélé

RÈGLE. — Ces verbes changent l'**e muet** ou l'**é** en **è** quand la syllabe suivante contient un **e muet.** Au **futur** et au **conditionnel,** les verbes dont l'avant-dernière syllabe à l'infinitif contient un **é** conservent cet **é.**

6 verbes irréguliers du 1er groupe

	aller	*envoyer*
Ind. présent	je vais, tu vas, il va	j'envoie, tu envoies
Ind. présent	nous allons, vous allez	nous envoyons
Ind. présent	ils vont	ils envoient
Ind. imparfait	j'allais, tu allais	j'envoyais
Ind. imparfait	nous allions	nous envoyions
Ind. passé s.	j'allai, tu allas	j'envoyai
Ind. passé s.	nous allâmes	nous envoyâmes
Ind. futur	j'irai, tu iras	j'enverrai
Ind. futur	nous irons	nous enverrons
Subj. présent	que j'aille	que j'envoie
Subj. présent	que tu ailles	
Subj. présent	que nous allions	que nous envoyions
Impératif	va, allons	envoie, envoyons
Impératif	allez	envoyez
Part. présent	allant	envoyant
Part. passé	allé	envoyé
Part. passé	étant allé	ayant envoyé

7 verbes en -ir (particularités)

trois verbes du 2e groupe ont des formes particulières :

	haïr (1)	*fleurir* (2) (au sens figuré : « prospérer »)	*bénir*
Ind. présent	je hais	je fleuris	Conjugaison
Ind. présent	tu hais	tu fleuris	régulière
Ind. présent	il hait	il fleurit	
Ind. présent	nous haïssons	nous fleurissons	Au part. passé : **béni**
Ind. présent	vous haïssez	vous fleurissez	Mais on dit :
Ind. présent	ils haïssent	ils fleurissent	eau bén**ite** et pain bén**it**
Ind. imparfait	je haïssais	je **florissais**	
Ind. passé s.	je haïs	je fleuris	
Ind. futur	je haïrai	je fleurirai	
Subj. présent	que je haïsse	que je fleurisse	
Impératif	hais	fleuris	
Impératif	haïssons, haïssez	fleurissons fleurissez	
Part. présent	haïssant	**florissant**	
Part. passé	haï	fleuri	

(1) Le verbe *haïr* garde le tréma à toutes les formes, **sauf aux trois personnes du singulier de l'indicatif présent et à la 2e personne du singulier de l'impératif présent.**
(2) *Fleurir*, au sens figuré, **forme son imparfait et son participe présent** sur le radical **flor-**.

FINIR

INDICATIF

présent
je fin is
tu fin is
il fin it
nous fin issons
vous fin issez
ils fin issent

imparfait
je fin issais
tu fin issais
il fin issait
nous fin issions
vous fin issiez
ils fin issaient

passé simple
je fin is
tu fin is
il fin it
nous fin îmes
vous fin îtes
ils fin irent

futur
je fin irai
tu fin iras
il fin ira
nous fin irons
vous fin irez
ils fin iront

passé composé
j' ai fini
tu as fini
il a fini
nous avons fini
vous avez fini
ils ont fini

plus-que-parfait
j' avais fini
tu avais fini
il avait fini
nous avions fini
vous aviez fini
ils avaient fini

passé antérieur
j' eus fini
tu eus fini
il eut fini
nous eûmes fini
vous eûtes fini
ils eurent fini

futur antérieur
j' aurai fini
tu auras fini
il aura fini
nous aurons fini
vous aurez fini
ils auront fini

CONDITIONNEL

présent
je fin irais
tu fin irais
il fin irait
nous fin irions
vous fin iriez
ils fin iraient

passé 1re forme
j' aurais fini
tu aurais fini
il aurait fini
nous aurions fini
vous auriez fini
ils auraient fini

passé 2e forme
j' eusse fini
tu eusses fini
il eût fini
nous eussions fini
vous eussiez fini
ils eussent fini

INFINITIF

présent
finir

passé
avoir fini

PARTICIPE

présent
finissant

passé
fini
ayant fini

IMPÉRATIF

présent
fin is
fin issons
fin issez

passé
aie fini
ayons fini
ayez fini

SUBJONCTIF

présent
que je fin isse
que tu fin isses
qu'il fin isse
que nous fin issions
que vous fin issiez
qu'ils fin issent

imparfait
que je fin isse
que tu fin isses
qu'il fin ît
que nous fin issions
que vous fin issiez
qu'ils fin issent

passé
que j' aie fini
que tu aies fini
qu'il ait fini
que nous ayons fini
que vous ayez fini
qu'ils aient fini

plus-que-parfait
que j' eusse fini
que tu eusses fini
qu'il eût fini
que nous eussions fini
que vous eussiez fini
qu'ils eussent fini

---

8 OFFRIR

INDICATIF

présent
j' offre
tu offres
il offre
nous offrons
vous offrez
ils offrent

imparfait
j' offrais
tu offrais
il offrait
nous offrions
vous offriez
ils offraient

passé simple
j' offris
tu offris
il offrit
nous offrîmes
vous offrîtes
ils offrirent

futur
j' offrirai
tu offriras
il offrira
nous offrirons
vous offrirez
ils offriront

passé composé
j' ai offert
tu as offert
il a offert
nous avons offert
vous avez offert
ils ont offert

plus-que-parfait
j' avais offert
tu avais offert
il avait offert
nous avions offert
vous aviez offert
ils avaient offert

passé antérieur
j' eus offert
tu eus offert
il eut offert
nous eûmes offert
vous eûtes offert
ils eurent offert

futur antérieur
j' aurai offert
tu auras offert
il aura offert
nous aurons offert
vous aurez offert
ils auront offert

CONDITIONNEL

présent
j' offrirais
tu offrirais
il offrirait
nous offririons
vous offririez
ils offriraient

passé 1re forme
j' aurais offert
tu aurais offert
il aurait offert
nous aurions offert
vous auriez offert
ils auraient offert

passé 2e forme
j' eusse offert
tu eusses offert
il eût offert
nous eussions offert
vous eussiez offert
ils eussent offert

INFINITIF

présent
offrir

passé
avoir offert

PARTICIPE

présent
offrant

passé
offert
ayant offert

IMPÉRATIF

présent
offre
offrons
offrez

passé
aie offert
ayons offert
ayez offert

SUBJONCTIF

présent
que j' offre
que tu offres
qu'il offre
que nous offrions
que vous offriez
qu'ils offrent

imparfait
que j' offrisse
que tu offrisses
qu'il offrit
que nous offrissions
que vous offrissiez
qu'ils offrissent

passé
que j' aie offert
que tu aies offert
qu'il ait offert
que nous ayons offert
que vous ayez offert
qu'ils aient offert

plus-que-parfait
que j' eusse offert
que tu eusses offert
qu'il eût offert
que nous eussions offert
que vous eussiez offert
qu'ils eussent offert

9 RENDRE

INDICATIF

présent	passé composé		CONDITIONNEL

présent

présent		passé composé		présent	
je	rends	j'	ai rendu	je	rendrais
tu	rends	tu	as rendu	tu	rendrais
il	rend	il	a rendu	il	rendrait
nous	rendons	nous	avons rendu	nous	rendrions
vous	rendez	vous	avez rendu	vous	rendriez
ils	rendent	ils	ont rendu	ils	rendraient

imparfait — **plus-que-parfait** — **passé 1re forme**

je	rendais	j'	avais rendu	j'	aurais rendu
tu	rendais	tu	avais rendu	tu	aurais rendu
il	rendait	il	avait rendu	il	aurait rendu
nous	rendions	nous	avions rendu	nous	aurions rendu
vous	rendiez	vous	aviez rendu	vous	auriez rendu
ils	rendaient	ils	avaient rendu	ils	auraient rendu

passé simple — **passé antérieur** — **passé 2e forme**

je	rendis	j'	eus rendu	j'	eusse rendu
tu	rendis	tu	eus rendu	tu	eusses rendu
il	rendit	il	eut rendu	il	eût rendu
nous	rendîmes	nous	eûmes rendu	nous	eussions rendu
vous	rendîtes	vous	eûtes rendu	vous	eussiez rendu
ils	rendirent	ils	eurent rendu	ils	eussent rendu

futur — **futur antérieur** — **INFINITIF**

je	rendrai	j'	aurai rendu	**présent**	
tu	rendras	tu	auras rendu	rendre	
il	rendra	il	aura rendu		
nous	rendrons	nous	aurons rendu	**passé**	
vous	rendrez	vous	aurez rendu		
ils	rendront	ils	auront rendu	avoir rendu	

PARTICIPE

présent

rendant

passé

rendu
ayant rendu

SUBJONCTIF

présent — **passé**

que je	rende	que j'	aie rendu
que tu	rendes	que tu	aies rendu
qu'il	rende	qu'il	ait rendu
que nous	rendions	que nous	ayons rendu
que vous	rendiez	que vous	ayez rendu
qu'ils	rendent	qu'ils	aient rendu

IMPÉRATIF

présent

rends
rendons
rendez

passé

aie rendu
ayons rendu
ayez rendu

imparfait — **plus-que-parfait**

que je	rendisse	que j'	eusse rendu
que tu	rendisses	que tu	eusses rendu
qu'il	rendît	qu'il	eût rendu
que nous	rendissions	que nous	eussions rendu
que vous	rendissiez	que vous	eussiez rendu
qu'ils	rendissent	qu'ils	eussent rendu

---

verbes du 3e groupe en -ir

	10 *ouvrir* (1)	11 *assaillir* (2)
Ind. présent	j'ouvre, tu ouvres	j'assaille, tu assailles
Ind. présent	il ouvre	il assaille
Ind. présent	nous ouvrons	nous assaillons
Ind. présent	ils ouvrent	ils assaillent
Ind. imparfait	j'ouvrais	j'assaillais
Ind. passé s.	j'ouvris	j'assaillis
Ind. futur	j'ouvrirai	j'assaillirai
Cond. présent	j'ouvrirais	j'assaillirais
Subj. présent	que j'ouvre	que j'assaille
Subj. présent	qu'il ouvre	qu'il assaille
Subj. présent	que nous ouvrions	que nous assaillions
Subj. présent	qu'ils ouvrent	qu'ils assaillent
Impératif	ouvre, ouvrons	assaille, assaillons
Participes	ouvrant, ouvert	assaillant, assailli

(1) De même : *souffrir, couvrir.*
(2) De même : *défaillir, tressaillir.*

	12 *cueillir* (1)	13 *acquérir* (2)
Ind. présent	je cueille, tu cueilles	j'acquiers, tu acquiers
Ind. présent	il cueille	il acquiert
Ind. présent	nous cueillons	nous acquérons
Ind. présent	ils cueillent	ils acquièrent
Ind. imparfait	je cueillais	j'acquérais
Ind. passé s.	je cueillis	j'acquis
Ind. futur	je cueillerai	j'acquerrai
Cond. présent	je cueillerais	j'acquerrais
Subj. présent	que je cueille	que j'acquière
Subj. présent	qu'il cueille	qu'il acquière
Subj. présent	que nous cueillions	que nous acquérions
Subj. présent	qu'ils cueillent	qu'ils acquièrent
Impératif	cueille, cueillons	acquiers, acquérons
Participes	cueillant, cueilli	acquérant, acquis

(1) Et ses composés.
(2) De même : *conquérir, s'enquérir, requérir.*

	14 *servir* (1)	15 *mentir* (2)
Ind. présent	je sers, tu sers	je mens, tu mens
Ind. présent	il sert	il ment
Ind. présent	nous servons	nous mentons
Ind. présent	ils servent	ils mentent
Ind. imparfait	je servais	je mentais
Ind. passé s.	je servis	je mentis
Ind. futur	je servirai	je mentirai
Cond. présent	je servirais	je mentirais
Subj. présent	que je serve	que je mente
Subj. présent	qu'il serve	qu'il mente
Subj. présent	que nous servions	que nous mentions
Subj. présent	qu'ils servent	qu'ils mentent
Impératif	sers, servons	mens, mentons
Participes	servant, servi	mentant, menti

(1) Et ses composés.
(2) Et *sentir, se repentir* et leurs composés.

	16 *tenir* (1)	17 *dormir* (2)	18 *fuir* (3)	19 *mourir*
Ind. présent	je tiens, tu tiens	je dors, tu dors	je fuis, tu fuis	je meurs, tu meurs
Ind. présent	il tient	il dort	il fuit	il meurt
Ind. présent	nous tenons	nous dormons	nous fuyons	nous mourons
Ind. présent	ils tiennent	ils dorment	ils fuient	ils meurent
Ind. imparfait	je tenais	je dormais	je fuyais	je mourais
Ind. passé s.	je tins, nous tînmes	je dormis	je fuis	je mourus
Ind. futur	je tiendrai	je dormirai	je fuirai	je mourrai
Cond. présent	je tiendrais	je dormirais	je fuirais	je mourrais
Subj. présent	que je tienne	que je dorme	que je fuie	que je meure
Subj. présent	qu'il tienne	qu'il dorme	qu'il fuie	qu'il meure
Subj. présent	que nous tenions	que nous dormions	que nous fuyions	que nous mourions
Subj. présent	qu'ils tiennent	qu'ils dorment	qu'ils fuient	qu'ils meurent
Impératif	tiens, tenons	dors, dormons	fuis, fuyons	meurs, mourons
Participes	tenant, tenu	dormant, dormi	fuyant, fui	mourant, mort

(1) De même : *venir* et les composés. — (2) De même : *endormir.* — (3) De même : *s'enfuir.*

20 *vêtir* / 21 *courir*

	20 *vêtir*	21 *courir*
Ind. présent	je vêts, tu vêts	je cours, tu cours
Ind. présent	il vêt	il court
Ind. présent	nous vêtons	nous courons
Ind. présent	ils vêtent	ils courent
Ind. imparfait	je vêtais	je courais
Ind. passé s.	je vêtis	je courus
Ind. futur	je vêtirai	je courrai
Cond. présent	je vêtirais	je courrais
Subj. présent	que je vête	que je coure
Subj. présent	qu'il vête	qu'il coure
Subj. présent	que nous vêtions	que nous courions
Subj. présent	qu'ils vêtent	qu'ils courent
Impératif	vêts, vêtons	cours, courons
Participes	vêtant, vêtu	courant, couru

	22 *partir* (1)	23 *sortir* (1)
Ind. présent	je pars, tu pars	je sors, tu sors
Ind. présent	il part	il sort
Ind. présent	nous partons	nous sortons
Ind. présent	ils partent	ils sortent
Ind. imparfait	je partais	je sortais
Ind. passé s.	je partis	je sortis
Ind. futur	je partirai	je sortirai
Cond. présent	je partirais	je sortirais
Subj. présent	que je parte	que je sorte
Subj. présent	qu'il parte	qu'il sorte
Subj. présent	que nous partions	que nous sortions
Subj. présent	qu'ils partent	qu'ils sortent
Impératif	pars, partons	sors, sortons
Participes	partant, parti	sortant, sorti

(1) Et ses composés.

	24 *bouillir*	25 *faillir* (1)
Ind. présent	je bous, tu bous	*inusité*
Ind. présent	il bout	*inusité*
Ind. présent	nous bouillons	*inusité*
Ind. présent	ils bouillent	*inusité*
Ind. imparfait	je bouillais	*inusité*
Ind. passé s.	je bouillis	je faillis
Ind. futur	je bouillirai	je faillirai
Cond. présent	je bouillirais	je faillirais
Subj. présent	que je bouille	*inusité*
Subj. présent	qu'il bouille	*inusité*
Subj. présent	que nous bouillions	*inusité*
Subj. présent	qu'ils bouillent	*inusité*
Impératif	bous, bouillons	*inusité*
Participes	bouillant, bouilli	*inusité*, failli

(1) Ce verbe est défectif.

	26 *gésir* (1)	27 *saillir* (1) (être en saillie)
Ind. présent	je gis, tu gis	*inusité*
Ind. présent	il gît	il saille
Ind. présent	nous gisons	*inusité*
Ind. présent	ils gisent	ils saillent
Ind. imparfait	je gisais	il saillait
Ind. passé s.	*inusité*	*inusité*
Ind. futur	*inusité*	il saillera
Cond. présent	*inusité*	il saillerait
Subj. présent	*inusité*	*inusité*
Subj. présent	*inusité*	qu'il saille
Subj. présent	*inusité*	*inusité*
Subj. présent	*inusité*	qu'ils saillent
Impératif	*inusité*	*inusité*
Participes	gisant, *inusité*	saillant, sailli

(1) Ces deux verbes sont défectifs.

28 RECEVOIR

INDICATIF

présent		passé composé	
je	reçois	j'	ai reçu
tu	reçois	tu	as reçu
il	reçoit	il	a reçu
nous	recevons	nous	avons reçu
vous	recevez	vous	avez reçu
ils	reçoivent	ils	ont reçu

imparfait		plus-que-parfait	
je	recevais	j'	avais reçu
tu	recevais	tu	avais reçu
il	recevait	il	avait reçu
nous	recevions	nous	avions reçu
vous	receviez	vous	aviez reçu
ils	recevaient	ils	avaient reçu

passé simple		passé antérieur	
je	reçus	j'	eus reçu
tu	reçus	tu	eus reçu
il	reçut	il	eut reçu
nous	reçûmes	nous	eûmes reçu
vous	reçûtes	vous	eûtes reçu
ils	reçurent	ils	eurent reçu

futur		futur antérieur	
je	recevrai	j'	aurai reçu
tu	recevras	tu	auras reçu
il	recevra	il	aura reçu
nous	recevrons	nous	aurons reçu
vous	recevrez	vous	aurez reçu
ils	recevront	ils	auront reçu

SUBJONCTIF

présent		passé	
que je	reçoive	que j'	aie reçu
que tu	reçoives	que tu	aies reçu
qu'il	reçoive	qu'il	ait reçu
que nous	recevions	que nous	ayons reçu
que vous	receviez	que vous	ayez reçu
qu'ils	reçoivent	qu'ils	aient reçu

imparfait		plus-que-parfait	
que je	reçusse	que j'	eusse reçu
que tu	reçusses	que tu	eusses reçu
qu'il	reçût	qu'il	eût reçu
que nous	reçussions	que nous	eussions reçu
que vous	reçussiez	que vous	eussiez reçu
qu'ils	reçussent	qu'ils	eussent reçu

CONDITIONNEL

présent	
je	recevrais
tu	recevrais
il	recevrait
nous	recevrions
vous	recevriez
ils	recevraient

passé 1re forme	
j'	aurais reçu
tu	aurais reçu
il	aurait reçu
nous	aurions reçu
vous	auriez reçu
ils	auraient reçu

passé 2e forme	
j'	eusse reçu
tu	eusses reçu
il	eût reçu
nous	eussions reçu
vous	eussiez reçu
ils	eussent reçu

INFINITIF

présent

recevoir

passé

avoir reçu

PARTICIPE

présent

recevant

passé

reçu
ayant reçu

IMPÉRATIF

présent

reçois
recevons
recevez

passé

aie reçu
ayons reçu
ayez reçu

verbes du 3e groupe en *-oir*

	29 *décevoir* (1)	30 *devoir*
Ind. présent	je déçois, tu déçois	je dois, tu dois
Ind. présent	il déçoit	il doit
Ind. présent	nous décevons	nous devons
Ind. présent	ils déçoivent	ils doivent
Ind. imparfait	je décevais	je devais
Ind. passé s.	je déçus	je dus
Ind. futur	je décevrai	je devrai
Cond. présent	je décevrais	je devrais
Subj. présent	que je déçoive	que je doive
Subj. présent	qu'il déçoive	qu'il doive
Subj. présent	que nous décevions	que nous devions
Subj. présent	qu'ils déçoivent	qu'ils doivent
Impératif	déçois, décevons	dois, devons
Participes	décevant, déçu	devant; dû, due

(1) Et *percevoir, apercevoir, concevoir, recevoir*.

verbes du 3e groupe en -oir (suite)

	31 **mouvoir** (1)	32 **savoir**	33 **vouloir**	34 **valoir** (2)
Ind. présent	je meus, tu meus	je sais, tu sais	je veux, tu veux	je vaux, tu vaux
Ind. présent	il meut	il sait	il veut	il vaut
Ind. présent	nous mouvons	nous savons	nous voulons	nous valons
Ind. présent	ils meuvent	ils savent	ils veulent	ils valent
Ind. imparfait	je mouvais	je savais	je voulais	je valais
Ind. passé s.	je mus	je sus	je voulus	je valus
Ind. futur	je mouvrai	je saurai	je voudrai	je vaudrai
Cond. présent	je mouvrais	je saurais	je voudrais	je vaudrais
Subj. présent	que je meuve	que je sache	que je veuille	que je vaille
Subj. présent	qu'il meuve	qu'il sache	qu'il veuille	qu'il vaille
Subj. présent	que nous mouvions	que nous sachions	que nous voulions	que nous valions
Subj. présent	qu'ils meuvent	qu'ils sachent	qu'ils veuillent	qu'ils vaillent
Impératif	meus, mouvons	sache, sachons	veuille, veuillons	*inusité*
Participes	mouvant; mû, mue	sachant, su	voulant, voulu	valant, valu

(1) Et ses composés (mais les participes *ému* et *promu* n'ont pas d'accent). — (2) Et ses composés (mais *prévaloir*, au subj. prés., fait *que je prévale*).

	35 **pouvoir**	36 **voir** (1)	37 **prévoir** (2)
Ind. présent	je peux, ou je puis	je vois, tu vois	je prévois, tu prévois
Ind. présent	il peut	il voit	il prévoit
Ind. présent	nous pouvons	nous voyons	nous prévoyons
Ind. présent	ils peuvent	ils voient	ils prévoient
Ind. imparfait	je pouvais	je voyais	je prévoyais
Ind. passé s.	je pus	je vis	je prévis
Ind. futur	je pourrai	je verrai	je prévoirai
Cond. présent	je pourrais	je verrais	je prévoirais
Subj. présent	que je puisse	que je voie	que je prévoie
Subj. présent	qu'il puisse	qu'il voie	qu'il prévoie
Subj. présent	que nous puissions	que nous voyions	que nous prévoyions
Subj. présent	qu'ils puissent	qu'ils voient	qu'ils prévoient
Impératif	*inusité*	vois, voyons	prévois, prévoyons
Participes	pouvant, pu	voyant, vu	prévoyant, prévu

(1) Et *revoir*. — (2) Et *pourvoir* (sauf au passé simple : *je pourvus*).

	38 **asseoir** (1)		39 **surseoir**	40 **seoir**
Ind. présent	j'assieds, tu assieds	j'assois, tu assois	je sursois, tu sursois	*inusité*
Ind. présent	il assied	il assoit	il sursoit	il sied
Ind. présent	nous asseyons	nous assoyons	nous sursoyons	*inusité*
Ind. présent	ils asseyent	ils assoient	ils sursoient	ils siéent
Ind. imparfait	j'asseyais	j'assoyais	je sursoyais	il seyait, ils seyaient
Ind. passé s.	j'assis	j'assis	je sursis	*inusité*
Ind. futur	j'assiérai, ou asseyerai	j'assoirai	je surseoirai	il siéra, ils siéront
Cond. présent	j'assiérais, ou asseyerais	j'assoirais	je surseoirais	il siérait, ils siéraient
Subj. présent	que j'asseye	que j'assoie	que je sursoie	*inusité*
Subj. présent	qu'il asseye	qu'il assoie	qu'il sursoie	qu'il siée
Subj. présent	que nous asseyions	que nous assoyions	que nous sursoyions	*inusité*
Subj. présent	qu'ils asseyent	qu'ils assoient	qu'ils sursoient	qu'ils siéent
Impératif	assieds, asseyons	assois, assoyons	sursois, sursoyons	*inusité*
Participes	asseyant, assis	assoyant, assis	sursoyant, sursis	séant ou seyant, sis

(1) Verbe le plus souvent employé à la forme pronominale, comme *rassoir*.

	41 **pleuvoir** (1)	42 **falloir** (1)	43 **déchoir**	44 **choir**	45 **échoir** (2)
Ind. présent			je déchois, tu déchois	je chois, tu chois	
Ind. présent	il pleut	il faut	il déchoit	il choit	il échoit
Ind. présent					
Ind. présent			ils déchoient		
Ind. imparfait	il pleuvait	il fallait	*inusité*	*inusité*	*inusité*
Ind. passé s.	il plut	il fallut	je déchus	je chus	il échut
Ind. futur	il pleuvra	il faudra	*inusité*	je choirai	il échoira, ou écherra
Cond. présent	il pleuvrait	il faudrait	*inusité*	je choirais	il échoirait, ou écherrait
Subj. présent			que je déchoie	*inusité*	*inusité*
Subj. présent	qu'il pleuve	qu'il faille	qu'il déchoie		
Subj. présent			qu'ils déchoient		
Subj. présent					
Impératif					
Participes	pleuvant, plu	*inusité*, fallu	déchu	chu	échéant, échu

(1) Les verbes *pleuvoir* et *falloir* sont impersonnels. — *Chaloir* seul. ind. prés. : *il chaut*. — (2) Le verbe *échoir* est impersonnel.

verbes du 3e groupe en *-re*

	46 tendre (1)	**47 vaincre** (2)	**48 battre** (2)	**49 mettre** (2)
Ind. présent	je tends, tu tends	je vaincs, tu vaincs	je bats, tu bats	je mets, tu mets
Ind. présent	il tend	il vainc	il bat	il met
Ind. présent	nous tendons	nous vainquons	nous battons	nous mettons
Ind. présent	ils tendent	ils vainquent	ils battent	ils mettent
Ind. imparfait	je tendais	je vainquais	je battais	je mettais
Ind. passé s.	je tendis	je vainquis	je battis	je mis
Ind. futur	je tendrai	je vaincrai	je battrai	je mettrai
Cond. présent	je tendrais	je vaincrais	je battrais	je mettrais
Subj. présent	que je tende	que je vainque	que je batte	que je mette
Subj. présent	qu'il tende	qu'il vainque	qu'il batte	qu'il mette
Subj. présent	que nous tendions	que nous vainquions	que nous battions	que nous mettions
Subj. présent	qu'ils tendent	qu'ils vainquent	qu'ils battent	qu'ils mettent
Impératif	tends, tendons	vaincs, vainquons	bats, battons	mets, mettons
Participes	tendant, tendu	vainquant, vaincu	battant, battu	mettant, mis

(1) De même : *épandre, défendre, descendre, fendre, fondre, mordre, pendre, perdre, pondre, rendre, répandre, répondre, rompre* (sauf *il rompt*, ind. prés.), *tondre, tordre, vendre* et leurs composés. — (2) Et ses composés.

	50 prendre (1)	**51 moudre**	**52 coudre** (1)	**53 absoudre** (2)
Ind. présent	je prends, tu prends	je mouds, tu mouds	je couds, tu couds	j'absous, tu absous
Ind. présent	il prend	il moud	il coud	il absout
Ind. présent	nous prenons	nous moulons	nous cousons	nous absolvons
Ind. présent	ils prennent	ils moulent	ils cousent	ils absolvent
Ind. imparfait	je prenais	je moulais	je cousais	j'absolvais
Ind. passé s.	je pris	je moulus	je cousis	*inusité*
Ind. futur	je prendrai	je moudrai	je coudrai	j'absoudrai
Cond. présent	je prendrais	je moudrais	je coudrais	j'absoudrais
Subj. présent	que je prenne	que je moule	que je couse	que j'absolve
Subj. présent	qu'il prenne	qu'il moule	qu'il couse	qu'il absolve
Subj. présent	que nous prenions	que nous moulions	que nous cousions	que nous absolvions
Subj. présent	qu'ils prennent	qu'ils moulent	qu'ils cousent	qu'ils absolvent
Impératif	prends, prenons	mouds, moulons	couds, cousons	absous, absolvons
Participes	prenant, pris	moulant, moulu	cousant, cousu	absolvant; absous, -te

(1) Et ses composés. — (2) De même : *dissoudre*.

	54 résoudre	**55 craindre** (1)	**56 suivre** (2)	**57 vivre** (2)
Ind. présent	je résous, tu résous	je crains, tu crains	je suis, tu suis	je vis, tu vis
Ind. présent	il résout	il craint	il suit	il vit
Ind. présent	nous résolvons	nous craignons	nous suivons	nous vivons
Ind. présent	ils résolvent	ils craignent	ils suivent	ils vivent
Ind. imparfait	je résolvais	je craignais	je suivais	je vivais
Ind. passé s.	je résolus	je craignis	je suivis	je vécus
Ind. futur	je résoudrai	je craindrai	je suivrai	je vivrai
Cond. présent	je résoudrais	je craindrais	je suivrais	je vivrais
Subj. présent	que je résolve	que je craigne	que je suive	que je vive
Subj. présent	qu'il résolve	qu'il craigne	qu'il suive	qu'il vive
Subj. présent	que nous résolvions	que nous craignions	que nous suivions	que nous vivions
Subj. présent	qu'ils résolvent	qu'ils craignent	qu'ils suivent	qu'ils vivent
Impératif	résous, résolvons	crains, craignons	suis, suivons	vis, vivons
Participes	résolvant, résolu	craignant, craint	suivant, suivi	vivant, vécu

(1) De même : *astreindre, atteindre, ceindre, contraindre, empreindre, enfreindre, éteindre, étreindre, feindre, geindre, joindre, peindre, plaindre, restreindre, teindre* et leurs composés. — (2) Et ses composés.

	58 paraitre (1)	**59 naitre**	**60 croitre** (2)	**61 rire** (3)
Ind. présent	je parais, tu parais	je nais, tu nais	je crois, tu crois	je ris, tu ris
Ind. présent	il paraît	il naît	il croît	il rit
Ind. présent	nous paraissons	nous naissons	nous croissons	nous rions
Ind. présent	ils paraissent	ils naissent	ils croissent	ils rient
Ind. imparfait	je paraissais	je naissais	je croissais	je riais
Ind. passé s.	je parus	je naquis	je crûs	je ris
Ind. futur	je paraitrai	je naitrai	je croitrai	je rirai
Cond. présent	je paraitrais	je naitrais	je croitrais	je rirais
Subj. présent	que je paraisse	que je naisse	que je croisse	que je rie
Subj. présent	qu'il paraisse	qu'il naisse	qu'il croisse	qu'il rie
Subj. présent	que nous paraissions	que nous naissions	que nous croissions	que nous riions
Subj. présent	qu'ils paraissent	qu'ils naissent	qu'ils croissent	qu'ils rient
Impératif	parais, paraissons	nais, naissons	crois, croissons	ris, rions
Participes	paraissant, paru	naissant, né	croissant, crû, crue	riant, ri

(1) De même : *connaître* et ses composés. — (2) Et ses composés, mais *accru, décru* sans accent, de même *j'accrois, je décrois, j'accrus, je décrus*, etc. — (3) Et *sourire*.

verbes du 3e groupe en -re (suite)

	62 conclure (1)	63 nuire (2)	64 conduire (3)	65 écrire (4)
Ind. présent	je conclus, tu conclus	je nuis, tu nuis	je conduis, tu conduis	j'écris, tu écris
Ind. présent	il conclut	il nuit	il conduit	il écrit
Ind. présent	nous concluons	nous nuisons	nous conduisons	nous écrivons
Ind. présent	ils concluent	ils nuisent	ils conduisent	ils écrivent
Ind. imparfait	je concluais	je nuisais	je conduisais	j'écrivais
Ind. passé s.	je conclus	je nuisis	je conduisis	j'écrivis
Ind. futur	je conclurai	je nuirai	je conduirai	j'écrirai
Cond. présent	je conclurais	je nuirais	je conduirais	j'écrirais
Subj. présent	que je conclue	que je nuise	que je conduise	que j'écrive
Subj. présent	qu'il conclue	qu'il nuise	qu'il conduise	qu'il écrive
Subj. présent	que nous concluions	que nous nuisions	que nous conduisions	que nous écrivions
Subj. présent	qu'ils concluent	qu'ils nuisent	qu'ils conduisent	qu'ils écrivent
Impératif	conclus, concluons	nuis, nuisons	conduis, conduisons	écris, écrivons
Participes	concluant; conclu, e	nuisant, nui	conduisant, conduit	écrivant, écrit

(1) De même *exclure, inclure* et *occlure* (part. passé *inclus, incluse* et *occlus, occluse*). — (2) De même : *luire* et ses composés. — (3) De même : *construire, reconstruire, instruire, cuire* et *détruire* et les verbes se terminant par *-duire*. — (4) Et ses composés.

	66 croire	67 suffire (1)	68 dire (2)	69 lire (3)
Ind. présent	je crois, tu crois	je suffis, tu suffis	je dis, tu dis	je lis, tu lis
Ind. présent	il croit	il suffit	il dit	il lit
Ind. présent	nous croyons	nous suffisons	nous disons, vous dites	nous lisons
Ind. présent	ils croient	ils suffisent	ils disent	ils lisent
Ind. imparfait	je croyais	je suffisais	je disais	je lisais
Ind. passé s.	je crus	je suffis	je dis	je lus
Ind. futur	je croirai	je suffirai	je dirai	je lirai
Cond. présent	je croirais	je suffirais	je dirais	je lirais
Subj. présent	que je croie	que je suffise	que je dise	que je lise
Subj. présent	qu'il croie	qu'il suffise	qu'il dise	qu'il lise
Subj. présent	que nous croyions	que nous suffisions	que nous disions	que nous lisions
Subj. présent	qu'ils croient	qu'ils suffisent	qu'ils disent	qu'ils lisent
Impératif	crois, croyons	suffis, suffisons	dis, disons, dites	lis, lisons, lisez
Participes	croyant, cru	suffisant, suffi	disant, dit	lisant, lu

(1) De même : *confire* et ses composés (sauf part. passé *confit, e*). — (2) Les composés de *dire*, excepté *maudire* (2e groupe), se conjuguent sur *dire*, sauf à la 2e personne du pluriel de l'indicatif présent : *vous contredisez*, mais *vous redites*. — (3) Et ses composés.

	70 boire	71 taire (1)	72 faire (2)	73 extraire (3)
Ind. présent	je bois, tu bois	je tais, tu tais	je fais, tu fais	j'extrais, tu extrais
Ind. présent	il boit	il tait	il fait	il extrait
Ind. présent	nous buvons	nous taisons	nous faisons, vous faites	nous extrayons
Ind. présent	ils boivent	ils taisent	ils font	ils extraient
Ind. imparfait	je buvais	je taisais	je faisais	j'extrayais
Ind. passé s.	je bus	je tus	je fis	*inusité*
Ind. futur	je boirai	je tairai	je ferai	j'extrairai
Cond. présent	je boirais	je tairais	je ferais	j'extrairais
Subj. présent	que je boive	que je taise	que je fasse	que j'extraie
Subj. présent	qu'il boive	qu'il taise	qu'il fasse	qu'il extraie
Subj. présent	que nous buvions	que nous taisions	que nous fassions	que nous extrayions
Subj. présent	qu'ils boivent	qu'ils taisent	qu'ils fassent	qu'ils extraient
Impératif	bois, buvons	tais, taisons	fais, faisons, faites	extrais, extrayons
Participes	buvant, bu	taisant, tu	faisant, fait	extrayant, extrait

(1) De même : *plaire* et ses composés (sauf *il plaît*, ind. prés.). — (2) Et ses composés. — (3) De même : *traire, abstraire, braire* (usité seulement aux 3e pers. du sing. et du pluriel), *distraire, soustraire*.

	74 repaître (1)	75 sourdre	76 clore	77 éclore
Ind. présent	je repais, tu repais	*inusité*	je clos, tu clos	*inusité*
Ind. présent	il repaît	il sourd	il clôt	il éclôt
Ind. présent	nous repaissons	*inusité*	*pas de*	*inusité*
Ind. présent	ils repaissent	ils sourdent	*pluriel*	ils éclosent
Ind. imparfait	je repaissais	*inusité*	*inusité*	*inusité*
Ind. passé s.	je repus	*inusité*	*inusité*	*inusité*
Ind. futur	je repaîtrai	*inusité*	je clorai	il éclora, ils écloront
Cond. présent	je repaîtrais	*inusité*	je clorais	il éclorait, ils écloraient
Subj. présent	que je repaisse	*inusité*	que je close	*inusité*
Subj. présent	qu'il repaisse	*inusité*	qu'il close	qu'il éclose
Subj. présent	que nous repaissions	*inusité*	que nous closions	*inusité*
Subj. présent	qu'ils repaissent	*inusité*	qu'ils closent	qu'ils éclosent
Impératif	repais, repaissons	*inusité*	*inusité*	*inusité*
Participes	repaissant, repu	*inusité*	*inusité*, clos	*inusité*, éclos

(1) De même : *paître*, défectif (pas de passé simple ni de participe passé).

	78 *enclore*	79 *frire*	80 *poindre* (1)	81 *oindre*
Ind. présent	j'enclos, tu enclos	je fris, tu fris		j'oins, tu oins
Ind. présent	il enclôt	il frit	il point	il oint
Ind. présent	pas de	pas de		nous oignons
Ind. présent	pluriel	pluriel		ils oignent
Ind. imparfait	inusité	inusité		j'oignais
Ind. passé s.	inusité	inusité	il poignait	j'oignis
Ind. futur	j'enclorai	je frirai	il poindra	j'oindrai
Cond. présent	j'enclorais	je frirais	il poindrait	j'oindrais
Subj. présent	que j'enclose	inusité		que j'oigne
Subj. présent	qu'il enclose	inusité	qu'il poigne	qu'il oigne
Subj. présent	que nous enclosions	inusité		que nous oignions
Subj. présent	qu'ils enclosent	inusité		qu'ils oignent
Impératif	inusité	fris, inusité		oins, oignez
Participes	inusité, enclos	inusité, frit	poignant, inusité	oignant, oint

(1) Le verbe *poindre* ne se conjugue qu'à la 3e personne du singulier.

ACCORD DU PARTICIPE

ACCORD DU PARTICIPE PRÉSENT

Quand le participe présent exprime une action ou un état (il est alors le plus souvent suivi d'un complément d'objet ou d'un complément circonstanciel), il reste invariable : *des enfants* OBÉISSANT *à leurs parents.* Quand le participe présent exprime une qualité et joue le rôle d'adjectif, il s'accorde en genre et en nombre avec le nom auquel il se rapporte : *des enfants très* OBÉISSANTS.

ACCORD DU PARTICIPE PASSÉ

I. **Participe passé employé sans auxiliaire.** Le participe passé employé *sans auxiliaire* s'accorde (comme l'adjectif) en genre et en nombre avec le nom ou le pronom auquel il se rapporte : *des fleurs* PARFUMÉES.

II. **Participe passé employé avec « être ».** Le participe passé des verbes passifs et de certains verbes intransitifs conjugués avec l'auxiliaire *être* s'accorde en genre et en nombre avec le sujet du verbe : *l'Amérique a été* DÉCOUVERTE *par Christophe Colomb; nos amis sont* VENUS *hier.*

III. **Participe passé employé avec « avoir ».** Le participe passé conjugué avec l'auxiliaire *avoir* s'accorde en genre et en nombre avec le complément d'objet du verbe, quand ce complément le précède : *je me rappelle l'*HISTOIRE *que j'ai* LUE.

Le participe reste invariable :
1° si le complément direct suit le verbe : *nous avons* LU *une* HISTOIRE; *elle a* REÇU *de bonnes* NOUVELLES;
2° s'il n'a pas de complément d'objet direct (cas des verbes transitifs employés intransitivement, des verbes intransitifs et des verbes transitifs indirects) : *ils ont* LU; *elle a* ABDIQUÉ; *ces histoires nous ont* PLU; *les enfants vous ont-ils* OBÉI?; *ils nous ont* SUCCÉDÉ.

REMARQUE. Dans les phrases : *les nuits qu'ils ont* DORMI, *les mois qu'il a* VÉCU, les participes passés *dormi, vécu* sont invariables; en effet, *que* représente un complément circonstanciel : *les nuits* PENDANT LESQUELLES *ils ont dormi, les mois* PENDANT LESQUELS *il a vécu.*
Toutefois, des verbes intransitifs comme *coûter, valoir, peser, courir, vivre,* etc., peuvent devenir transitifs au figuré et être précédés alors d'un complément d'objet direct : *les efforts* QUE *ce travail m'a* COÛTÉS; *la gloire* QUE *cette action lui a* VALUE; *ces paroles,* LES *avez-vous* PESÉES?; *les dangers* QUE *j'ai* COURUS; *les jours heureux* QU'*elle a* VÉCUS *ici.*

CAS PARTICULIERS

Participe passé suivi d'un infinitif.
1. Le participe passé suivi d'un infinitif est *variable* s'il a pour complément d'objet direct le pronom qui précède; ce pronom est alors le sujet de l'action marquée par l'infinitif : *les fruits* QUE *j'ai* VUS *mûrir.*
On peut dire : *les fruits que j'ai vus mûrissant.* C'étaient les fruits qui mûrissaient. *Que,* mis pour *fruits,* faisant l'action de mûrir, est complément direct de *ai vus.*

2. Le participe passé est *invariable* s'il a pour complément d'objet direct l'infinitif; le pronom est alors complément d'objet direct de l'infinitif et non du verbe principal : *les fruits que j'ai vu* CUEILLIR.
On ne peut pas dire : *les fruits que j'ai vus cueillant.* Ce n'étaient pas les fruits qui cueillaient. *Que,* mis pour *fruits,* ne faisant pas l'action de cueillir, est complément direct de *cueillir* et non de *vu.*

REMARQUE. Les participes qui ont pour complément d'objet direct un infinitif sous-entendu ou une proposition sous-entendue sont toujours invariables : *il n'a pas payé toutes les sommes qu'il aurait* DÛ (sous-entendu *payer*); *je lui ai rendu tous les services que j'ai* PU (sous-entendu *lui rendre*); *je lui ai chanté tous les morceaux qu'il a* VOULU (sous-entendu *que je lui chante*).
Le participe passé *fait* suivi d'un infinitif est toujours invariable : *la maison que j'ai* FAIT BÂTIR.

Participe passé des verbes pronominaux. Les verbes pronominaux se conjuguent dans leurs temps composés avec l'auxiliaire *être;* mais cet auxiliaire *être* peut être remplacé dans l'analyse par l'auxiliaire *avoir : je me* SUIS *consolé* est équivalent de *j'*AI *consolé moi.* Le participe passé d'un verbe pronominal réfléchi ou réciproque s'accorde avec son complément d'objet direct si ce complément le précède : *les lettres* QUE *Paul et Pierre se sont* ÉCRITES *sont aimables.*
Il reste invariable si le complément d'objet direct le suit ou s'il n'a pas de complément d'objet direct : *Paul et Pierre se sont* ÉCRIT *des* LETTRES *aimables; Paul et Pierre se sont* ÉCRIT.
Le participe passé d'un verbe toujours pronominal (*s'enfuir, s'emparer,* etc.) s'accorde avec le sujet du verbe : *ils se sont* EMPARÉS *de la ville.*

REMARQUE. Les participes passés des verbes transitifs indirects employés pronominalement restent toujours invariables : *ils* SE SONT RI *de mes efforts; ils* SE SONT PLU *à me tourmenter.*

Participe passé des verbes impersonnels. Le participe passé des verbes impersonnels est toujours invariable : *les inondations qu'il y a* EU. Les verbes *faire, avoir* sont transitifs de leur nature, mais ils deviennent impersonnels quand ils sont précédés du pronom neutre *il : les chaleurs qu'*IL A FAIT.

Participe passé et les pronoms « le », « en ». Le participe passé conjugué avec *avoir* et précédé de *le (l'),* complément d'objet direct représentant toute une proposition, reste invariable : *la chose est plus sérieuse que nous ne l'avions* PENSÉ *d'abord* (c'est-à-dire *que nous n'avions pensé* CELA, *qu'elle était sérieuse).*
Le participe passé précédé de *en* reste invariable : *tout le monde m'a offert des services, mais personne ne m'*EN A RENDU. Cependant, le participe varie si le pronom *en* est précédé d'un adverbe de quantité, *plus, combien, autant,* etc. : *autant d'ennemis il a attaqués,* AUTANT *il* EN *a* VAINCUS. Mais le participe passé reste invariable si l'adverbe suit le pronom *en* au lieu de le précéder : *quant aux belles villes, j'*EN *ai* TANT VISITÉ...

Participe passé précédé d'une locution collective. Lorsque le participe passé a pour complément d'objet direct une locution collective (adverbe de quantité précédé d'un article indéfini ou mot collectif suivi d'un complément), il s'accorde soit avec l'adverbe ou le mot collectif, soit avec le mot complément, selon que l'on attache plus d'importance à l'un ou à l'autre : *le grand* NOMBRE *de* SUCCÈS *que vous avez* REMPORTÉ (ou REMPORTÉS); *le* PEU D'ATTENTION *que vous avez* APPORTÉ (ou APPORTÉE) *à cette affaire.*

PLURIEL DES NOMS

LE PLURIEL DES NOMS COMMUNS

RÈGLE GÉNÉRALE : le pluriel des noms communs se forme en ajoutant un s au singulier.	Un *ennui*, Un *lit*,	des *ennuis*. des *lits*.
Le pluriel et le singulier sont semblables dans les noms terminés -s, -x, -z.	Un *bois*, Une *noix*, Un *nez*,	des *bois*. des *noix*. des *nez*.
Les noms en -AL ont le pluriel en -AUX. Mais *bal, carnaval, cérémonial, chacal, choral, festival, nopal, pal, récital, régal, santal*, etc., suivent la règle générale.	Un *journal*, Un *chacal*,	des *journaux*. des *chacals*.
Le pluriel des noms terminés en -EAU, -AU, -EU se forme en ajoutant un x au singulier. Font exception : *landau, sarrau, bleu, émeu, pneu*, qui prennent un s au pluriel.	Un *veau*, Un *étau*, Un *pieu*, Un *pneu*,	des *veaux*. des *étaux*. des *pieux*. des *pneus*.
Le pluriel des noms terminés par -OU est en général en -OUS. Font exception : *bijou, caillou, chou, genou, hibou, joujou, pou*, qui prennent un x au pluriel.	Un *cou*, Un *chou*,	des *cous*. des *choux*.
Les noms terminés au singulier par -AIL ont un pluriel régulier en -AILS. Font exception : *bail, corail, émail, soupirail, travail, vantail, vitrail*, qui ont le pluriel en -AUX.	Un *rail*, Un *émail*,	des *rails*. des *émaux*.
Les noms AÏEUL, CIEL et ŒIL ont des pluriels irréguliers; mais on dit BISAÏEULS, TRISAÏEULS *et* AÏEULS dans le sens de « grands-parents », CIELS dans CIELS DE LIT et ŒILS dans ŒILS-DE-BŒUF, etc.	L'*aïeul*, Le *ciel*, L'*œil*,	les *aïeux*. les *cieux*. les *yeux*.

LE PLURIEL DES NOMS COMPOSÉS

1. Les noms composés ÉCRITS EN UN SEUL MOT forment leur pluriel comme des noms simples.	Un *entresol*, Un *gendarme*,	des *entresols*. des *gendarmes*.

REMARQUE : toutefois, on dit *gentilshommes, bonshommes, messieurs, mesdames, mesdemoiselles, messeigneurs*, pluriels de *gentilhomme, bonhomme, monsieur, madame, mademoiselle, monseigneur*.

2. Les noms composés ÉCRITS EN PLUSIEURS MOTS : *a)* S'ils sont formés d'UN ADJECTIF et d'UN NOM, tous deux prennent la marque du pluriel.	Un *coffre-fort*, Une *basse-cour*,	des *coffres-forts*. des *basses-cours*.
b) S'ils sont formés de DEUX NOMS EN APPOSITION, tous deux prennent la marque du pluriel.	Un *chou-fleur*, Un *chef-lieu*,	des *choux-fleurs*. des *chefs-lieux*.
c) S'ils sont formés d'UN NOM et de son COMPLÉMENT introduit ou non par une préposition, le premier nom seul prend la marque du pluriel.	Un *chef-d'œuvre*, Un *timbre-poste*,	des *chefs-d'œuvre*. des *timbres-poste*.
d) S'ils sont formés d'UN MOT INVARIABLE et d'UN NOM, le nom seul prend la marque du pluriel.	Un *avant-poste*, Un *en-tête*,	des *avant-postes*. des *en-têtes*.
e) S'ils sont formés de DEUX VERBES ou d'UNE EXPRESSION, tous les mots restent invariables.	Un *va-et-vient*, Un *tête-à-tête*,	des *va-et-vient*. des *tête-à-tête*.
f) S'ils sont composés d'UN VERBE et de son COMPLÉMENT, le verbe reste invariable, le nom conserve en général la même forme qu'au singulier (ainsi dans tous les composés de ABAT-, PRESSE-). Toutefois, dans un certain nombre de noms composés de cette sorte le nom prend la marque du pluriel.	Un *abat-jour*, Un *presse-purée*, Un *chauffe-bain*, Un *tire-bouchon*,	des *abat-jour*. des *presse-purée*. des *chauffe-bains*. des *tire-bouchons*.
g) Dans les noms composés avec le mot GARDE, celui-ci peut être un *nom* ou un *verbe*. S'il est un NOM, il prend la marque du pluriel et le nom qui suit reste invariable; s'il est un VERBE, il reste invariable et le nom qui suit peut prendre ou non la marque du pluriel, selon le sens.	Un *garde-voie*, (*Garde* est un nom qui désigne la personne chargée de la garde de la voie.) Un *garde-boue*, (Ici *garde* est un verbe. Objet qui garde, protège de la boue.)	des *gardes-voie*. des *garde-boue*.
h) Dans les noms composés avec l'adjectif GRAND, celui-ci reste ou non invariable s'il accompagne un nom féminin. Exception : une GRANDE-DUCHESSE, des GRANDES-DUCHESSES.	Une *grand-mère*, Un *grand-père*,	des *grand-mères* ou des *grands-mères*. des *grands-pères*.

LE PLURIEL DES NOMS COMMUNS ÉTRANGERS

Le pluriel des NOMS ÉTRANGERS est formé comme le pluriel des noms communs.	Un *référendum*,	des *référendums*.
Certains de ces noms ont conservé le PLURIEL D'ORIGINE ÉTRANGÈRE à côté du PLURIEL FRANÇAIS; toutefois, ce dernier tend à devenir le plus fréquent.	Un *maximum*, ou	des *maximums*, des *maxima*.
Certains noms d'ORIGINE ANGLAISE, ALLEMANDE, LATINE ou ITALIENNE restent invariables ou gardent le pluriel étranger, mais ils sont rares.	Un *gentleman*, Un *lied*,	des *gentlemen*. des *lieder*.

LE PLURIEL DES NOMS PROPRES

Le pluriel des NOMS GÉOGRAPHIQUES est formé comme celui des noms communs.	Une *Antille*,	les *Antilles*.
Les NOMS DE PERSONNE prennent régulièrement la marque du pluriel : quand ils désignent les FAMILLES ROYALES OU ILLUSTRES FRANÇAISES; quand ils sont pris comme MODÈLES OU TYPES. Ils restent invariables quand ils sont pris dans un sens emphatique, grandiloquent et précédés de l'article. Quand ils désignent les ŒUVRES ARTISTIQUES par le nom de l'auteur, ils restent invariables ou prennent la marque du pluriel.	Les *Condés*, Les *Hugos*, Les *Molière* et les *Racine* sont l'image de leur temps. Des *Watteau*,	les *Bourbons*. les *Pasteurs*. des *Renoirs*.

PRÉFIXES

PRÉFIXES D'ORIGINE GRECQUE

préfixes	sens	exemples
a- ou an-	privation	acéphale; athée; analphabète; anarchie
ana-	de bas en haut, à l'inverse	anachronisme; anastrophe
anti-	contre	antialcoolique; antireligieux
ap(o)-	hors de, à partir de, loin de	apostasie; apostrophe; apogée; aphélie
archi-, arch-	1. au plus haut degré / 2. qui commande, qui est au-dessus	archifou; archimillionnaire / archevêque; archidiacre
cata-	de haut en bas, complètement	cataclysme; cataracte; catastrophe
di(a)-	à travers, séparé de	diagonal; diaphane; diorama
dys-	avec difficulté	dysenterie; dyspepsie
ecto-	en dehors	ectoplasme
en-	dans	encéphale; endémie
end(o)-	à l'intérieur	endocarde; endocrine
épi-	sur	épiderme; épitaphe
eu-	bien	euphémisme; euphonie
exo-	au-dehors	exotisme
hémi-	demi	hémicycle; hémisphère
hyper-	sur, au-dessus	hypermétrope; hypertension; hypertrophie
hypo-	sous	hypogée; hypoténuse
méta-	après, changement	métamorphose; métaphysique; métathèse
par(a)-	1. près de / 2. contre	parallèle; paratyphoïde / paradoxe
péri-	autour	périmètre; périoste; périphérie; périphrase
pro-	devant, pour	prognathe; prolepse
syn-, sym-	avec	synonyme; synthèse; sympathie; symphonie

MOTS GRECS SERVANT DE PRÉFIXES OU ENTRANT DANS LA COMPOSITION DE MOTS FRANÇAIS

préfixes	sens	exemples
acanth(o)-	épine	acanthacée; acanthe
acro-	élevé	acrobate; acrostiche
actino-	rayon	actinique; actinomètre
adéno-	glande	adénoïde
aéro-	air	aéronaute; aéronef; aérophagie; aérostat
agro-	champ	agronome
allo-	autre	allopathie; allotropie
amphi-	1. autour / 2. doublement	amphithéâtre / amphibie; amphibologie
andro-	homme	androgyne
anémo-	vent	anémomètre
angi(o)-	vaisseau, capsule	angiome; angiosperme
anth(o)-	fleur	anthémis; anthologie
anthrac-	charbon	anthracite
anthropo-	homme	anthropologie; anthropophage
archéo-	ancien	archéologie
arithm(o)-	nombre	arithmétique
artério-	artère	artériosclérose
arthr(o)-	articulation	arthrite; arthropode
astér(o)-, astr(o)-	astre, étoile	astérisque; astronaute
auto-	1. de soi-même / 2. abrév. de automobile	autobiographie; autodidacte; automobile / autocar; autostrade
bactéri(o)-	bâton	bactéricide; bactériologie
baro-	pesant	baromètre
bary-	lourd	barycentre; baryum
biblio-	livre	bibliographie; bibliothèque
bio-	vie	biographie; biologie
blasto-	germe	blastoderme
bléphar(o)-	paupière	blépharite
brachy-	court	brachycéphale
brady-	lent	bradycardie; bradypsychie
brom(o)-	puanteur	brome; bromure
bronch(o)-	gorge	bronche; bronchique; broncho-pneumonie
bryo-	mousse	bryophite
butyr(o)-	beurre	butyrique
caco-, cach-	mauvais	cacographie; cacophonie; cachexie
calli-	beau	calligraphie
carcin(o)-	cancer	carcinologie; carcinome
cardi(o)-	cœur	cardiaque; cardiogramme; cardiographie
cén(o)-	commun	cénobite; cénesthésie
céno-	vide	cénotaphe
céphal(o)-	tête	céphalalgie; céphalopode
chalco-	cuivre	chalcographie
cheir-, chir-	main	chiromancie
chlor(o)-	vert	chlorate; chlorhydrique
chol(é)-	bile	cholagogue; cholémie
chondr(o)-	cartilage	chondroblaste; chondrome
chromat-, chrom(o)-	couleur	chromatique; chromosome
chron(o)-	temps	chronique; chronographie; chronologie; chronomètre
chrys(o)-	or	chrysanthème; chrysolithe
cinémat(o)-, ciné-, cinét(o)-	mouvement	cinématographe; cinétique
cœl(o)-	creux	cœlacanthe; cœlomate
cœli(o)-	ventre	cœlioscopie; cœliaque
conch(o)-	coquille	conchyliologie
copro-	excrément	coprolithe; coprophage
cosm(o)-	monde	cosmique; cosmogonie; cosmopolite
cryo-	froid	cryoclastie; cryogénie
crypt(o)-	caché	crypte; cryptogame; cryptogramme
cyan(o)-	bleu	cyanure
cycl(o)-	cercle	cyclique; cyclone
cyto-	cellule	cytologie
dactyl(o)-	doigt	dactylographie
déca-	dix	décamètre
dém(o)-	peuple	démocrate; démographie
derm(o)-, dermato-	peau	derme; dermique; dermatologie
didact-	enseigner	didactique
dodéca-	douze	dodécagone
dolicho-	long	dolichocéphale
dynam(o)-	force	dynamite; dynamomètre
échin(o)-	hérisson	échinoderme
électr(o)-	ambre jaune	électrochoc
embryo-	fœtus	embryologie
entér(o)-	entrailles	entérite
entomo-	insecte	entomologiste
éo-	aurore	éocène
erg(o)	action	ergatif; ergonomie
ethn(o)-	peuple	ethnie; ethnologie
étho-	caractère	éthogramme; éthologie
galact(o)-	lait	galactose; galaxie
gam(o)-	mariage	gamète
gastro-	ventre	gastropode; gastronome
gé(o)-	terre	géographie; géologie
géront(o)-	vieillard	gérontocratie
gloss(o)-	langue	glossaire
gluc(o)-, glyc(o)-, glycér(o)-	doux	glucose; glycogène; glycérine
graph(o)-	écrire	graphologie
gyn(éco)-	femme	gynécée; gynécologie
gyro-	cercle	gyroscope

préfixes	sens	exemples
hagi(o)-	sacré	hagiographie
halo-	sel	halogène
hapl(o)-	simple	haploïde; haplologie
hect(o)-	cent	hectomètre; hectare
héli(o)-	soleil	héliothérapie
hémat(o)-,	sang	hématose;
hémo-		hémorragie
hépat(o)-	foie	hépatique
hept(a)-	sept	heptacorde
hétéro-	autre	hétérogène
hex(a)-	six	hexagone; hexose
hiér(o)-	sacré	hiéroglyphe
hipp(o)-	cheval	hippodrome
hist(o)-	tissu	histologie
homéo-,	semblable	homéopathie;
hom(o)-		homologue
hor(o)-	heure	horoscope
hydr(o)-	eau	hydraulique; hydre; hydrologie; hydrothérapie
hygro-	humide	hygromètre; hygroscope
hypn(o)-	sommeil	hypnose; hypnotisme
hystér(o)-	utérus	hystérographie
icon(o)-	image	icône; iconoclaste
idé(o)-	idée	idéogramme; idéologie
idi(o)-	particulier	idiome; idiotisme
iso-	égal	isomorphe; isotherme
kilo-	mille	kilogramme
laryng(o)-	gorge	laryngologie
leuco-	blanc	leucocyte
litho-	pierre	lithographique
log(o)-	discours, science	logomachie
macro-	grand	macrocéphale;macrocosme
méga-,	grand	mégalithe;
mégalo-		mégalomane
mél(o)-	chant	mélodique; mélodrame
més(o)-	milieu	mésosphère
météor(o)-	élevé dans les airs	météore; météorologie
métr(o)-	mesure	métrique; métronome
micro-	petit	microbe; microbiologie; microcosme; microscope
mis(o)-	haine	misanthrope; misogyne
mném(o)-	mémoire	mnémotechnique
mon(o)-	seul	monogramme; monolithe
morpho-	forme	morphologie
my(o)-	muscle	myalgie; myopathie
myco-	champignon	mycologie
myél(o)-	moelle	myéline; myélocyte
myri(a)-	dix mille	myriade
myth(o)-	légende	mythologie; mythique
nécro-	mort	nécrologie; nécropole
néo-	nouveau	néologisme; néophyte
néphr(o)-	rein	néphrite
neur(o)-, névr-	nerf	neurologie; névralgie
noso-	maladie	nosologie
octa-, octo-	huit	octaèdre; octogone
odont(o)-	dent	odontologie
olig(o)-	peu nombreux	oligarchie
onir(o)-	songe	oniromancie
ophtalm(o)-	œil	ophtalmologie
ornitho-	oiseau	ornithologiste
oro-	montagne	orographie
ortho-	droit	orthographe; orthopédie
osté(o)-	os	ostéite; ostéomyélite
ot(o)-	oreille	oto-rhino-laryngologie; otite
oxy-	aigu, acide	oxyton; oxygène
pachy-	épais	pachyderme
paléo-	ancien	paléographie; paléolithique
pan-, pant(o)-	tout	panthéisme; pantographe
path(o)-	souffrance	pathogène; pathologie
péd-	enfant	pédagogie; pédiatrie
penta-	cinq	pentagone
phago-	manger	phagocyte
pharmac(o)-	médicament	pharmaceutique; pharmacopée
pharyng(o)-	gosier	pharyngite
phén(o)-	apparaître	phénomène
phil(o)-	qui aime	philanthrope; philatélie
phon(o)-	voix	phonographe
photo-	lumière	photographe
phréno-	diaphragme; intelligence	phrénique; phrénologie
phyllo-	feuille	phylloxéra
phys(io)-	nature	physiocrate; physique
phyt(o)-	plante	phytophage
plast-	façonné	plasticité; plastique
pleur(o)-	côté	pleurite
plouto-	richesse	ploutocratie
pneumo-	poumon	pneumonie
pod(o)-	pied	podomètre
poly-	nombreux	polyèdre; polygone
prot(o)-	premier	prototype
pseud(o)-	faux	pseudonyme
psych(o)-	âme	psychologue
ptéro-	aile	ptérodactyle
pyo-	pus	pyogène
pyr(o)-	feu	pyrotechnie
rhéo-	courant	rhéologie; rhéostat
rhino-	nez	rhinocéros
rhizo-	racine	rhizome; rhizopode
rhodo-	rose	rhododendron
sarco-	chair	sarcophage
saur-	lézard	saurien
scaph-	barque	scaphandrier
schizo-	qui fend	schizophrénie
séma-	signe	sémantique; sémaphore
sidér(o)-	fer	sidérurgique
solén(o)-	tuyau	solénoïde
somat(o)-	corps	somatique
spélé(o)-	caverne	spéléologie
sphéno-	coin	sphénoïde
sphér(o)-	globe	sphérique; sphéroïde
stat-	stable	statique; statistique
stéré(o)-	solide	stéréoscope
stomat(o)-	bouche	stomatologie
styl(o)-	colonne	stylite
tachy-	rapide	tachymètre
tauto-	le même	tautologie
taxi-	arrangement	taxidermie; taxinomie
techn(o)-	art	technique; technologie
télé-	loin	télépathie; téléphone
tétra-	quatre	tétragone
thalasso-	mer	thalassothérapie
théo-	dieu	théocratie; théologie
thérapeut-	qui soigne	thérapeutique
therm(o)-	chaleur	thermomètre
top(o)-	lieu	topographie; toponymie
typo-	caractère	typographie; typologie
urano-	ciel	uranographie
ur(o)-	urine	urémie
xén(o)-	étranger	xénophobe
xér(o)-	sec	xérophagie
xylo-	bois	xylophone
zoo-	animal	zoologie

PRÉFIXES D'ORIGINE LATINE OU MOTS LATINS ENTRANT DANS LA COMPOSITION DE MOTS FRANÇAIS

préfixes	sens	exemples
ab-, abs-	loin de, séparation	abduction; abstinence
ad-	vers, ajouté à	adhérence; adventice
ambi-	de part et d'autre	ambidextre; ambivalence
anté-	avant, précédant	antédiluvien;antépénultième
bis-, bi-	deux	bipède; biplace
circon-, circum-	autour	circonlocution; circumnavigation
co-, col-, com-, con-, cor-	avec	coadjuteur; collection; compère; concitoyen; corrélatif
dé-	cessation	dépolitiser
déci-	dix	décimale; décimètre
dis-	séparé de	disjoindre; dissymétrie
ex-	hors	expatrier; exporter
ex-	qui a cessé d'être	ex-député; ex-ministre
extra-	1. extrêmement 2. hors de	extra-dry; extra-fin; extraordinaire; extra-territorialité
in-, im-, il-, ir-	1. dans 2. privé de	infiltrer; insinuer; illettré; impropre; inexact; irresponsable
inter-	entre	interallié; interligne; international
intra-	au-dedans	intramusculaire; intraveineux
juxta-	auprès de	juxtalinéaire; juxtaposer

PRÉFIXES D'ORIGINE LATINE OU MOTS LATINS
ENTRANT DANS LA COMPOSITION DE MOTS FRANÇAIS *(suite)*

préfixes	sens	exemples	préfixes	sens	exemples
multi-	nombreux	multicolore; multiforme; multiple	radio- r(e)-, ré-	rayon de nouveau	radiographie; radiologie rouvrir; réargenter
octa-, octo-	huit	octaèdre; octosyllabe	rétro-	en retour	rétroactif; rétrograder
omni-	tout	omniscient; omnivore	simili-	semblable	similigravure; similimarbre
pén(é)-	presque	pénéplaine; pénultième			
per-	à travers	percolateur; perforer	strat(o)-	chose étendue	stratigraphie
post-	après	postdater; postscolaire	sub-	sous	subalterne; subdélégué; subdiviser
pré-	devant	préétabli; préhistoire; préliminaire			
			super-, supra-	au-dessus	superstructure; supranational
pro-	en avant	projeter; prolonger			
quadr(i)-, quadru-	quatre	quadrijumeaux; quadrupède	trans-	au-delà de, à travers	transformer; transhumant
			tri-	trois	tripartite; trisaïeul
quasi-	presque	quasi-contrat; quasi-délit	ultra-	au-delà de	ultrason; ultraviolet
quinqu-	cinq	quinquagénaire; quinquennal	uni-	un	uniforme
			vice-	à la place de	vice-amiral; vice-consul

SUFFIXES

SUFFIXES SERVANT À FORMER DES NOMS

suffixes	sens	exemples	suffixes	sens	exemples
-ace, -asse	péjoratif	populace, filasse			stationnement
-ade	action, collectif	bravade, citronnade	-ment -er, -ier, -ière	agent	boucher, épicier, pâtissier
-age	action, collectif	balayage, pelage	-erie	local, qualité, etc.	charcuterie, épicerie, pruderie
-aie	plantation de végétaux	pineraie, roseraie	-esse	défaut, qualité	maladresse, sagesse
-ail	instrument	éventail, soupirail	-et, -ette	diminutif	garçonnet, fillette
-aille	péjoratif collectif	ferraille, mangeaille	-eté, -té, -ité	qualité	propreté, générosité, humanité
-ain, -aine	origine	romain, thébain	-eur, -ateur	agent	rôdeur, dessinateur
-aine	collectif	centaine, dizaine	-ie	état	envie, jalousie
-aire	agent	commissionnaire, incendiaire	-ien, -en	profession, origine	chirurgien, parisien, lycéen
-aison -ion, -tion -ation	action	livraison, production augmentation, guérison	-is	résultat d'une action, état	fouillis, gâchis, hachis, taillis
-sion, -ison			-ise	défaut, qualité	gourmandise, franchise
-ance	résultat de l'action	appartenance, croyance, espérance	-isme	doctrine, école	communisme, existentialisme
-ard	péjoratif	chauffard, fuyard	-iste	qui exerce un métier, adepte d'une doctrine	bouquiniste, dentiste, fumiste, calviniste existentialiste, socialiste
-at	profession, état	internat, rectorat			
-âtre	péjoratif	bellâtre, marâtre	-ite	état maladif	gastrite, méningite
-ature, ure	action, instrument	armature, peinture	-itude	qualité	exactitude, servitude
-aud	péjoratif	lourdaud, maraud	-oir, -oire	instrument	perchoir, baignoire
-cule, -ule	diminutif	animalcule, globule	-ole	diminutif	bestiole, carriole
-eau, -elle, -ille	diminutif	chevreau, radicelle, brindille	-on, -eron, -illon	diminutif	aiglon, chaton, moucheron, aiguillon
-ée	contenu	assiettée, maisonnée	-ot	diminutif	chariot, îlot
-ement,	action	renouvellement,			

SUFFIXES SERVANT À FORMER DES ADJECTIFS

suffixes	sens	exemples	suffixes	sens	exemples
-able, -ible, -uble	possibilité	aimable, audible, soluble	-esque	qualité	pédantesque, romanesque
-ain, -ien	habitant	africain, indien	-et, -elet	diminutif	propret, aigrelet
-ais, -ois	habitant	japonais, chinois	-eux	dérivé du nom	peureux, valeureux
-al	qualité	glacial, vital	-ier	qualité	altier, hospitalier
-an	origine	birman, persan			
-ard	péjoratif	richard, vantard	-if	qualité	maladif, oisif
-asse	péjoratif	blondasse, fadasse	-ile	capable d'être	fissile, rétractile
-âtre	péjoratif	bleuâtre, douceâtre, rougeâtre	-in	diminutif ou péjoratif	blondin, libertin
			-ique	qui a rapport à	chimique, ironique
-aud	péjoratif	noiraud, rustaud	-iste	qui se rapporte à	égoïste, réaliste
-é	état	bosselé, dentelé	-ot	diminutif ou péjoratif	pâlot, vieillot
-el	qui cause	accidentel, mortel	-u	qualité	barbu, charnu

SUFFIXES SERVANT À FORMER DES VERBES

suffixes	sens	exemples	suffixes	sens	exemples
-ailler	péjoratif	rimailler, tournailler	-ir	dérivé d'adjectif	grandir, noircir, rougir, verdir
-asser	péjoratif	rapetasser, rêvasser			
-eler	dérivé du nom	écarteler, renouveler	-iser	qui rend	angliciser, ridiculiser
-er	dérivé du nom	destiner, exploiter	-ocher	péjoratif (surtout)	effilocher
-eter	diminutif	tacheter, voleter	-onner	péjoratif, diminutif	chantonner, mâchonner
-ifier	qui rend, cause	bêtifier, pétrifier			
-iller	diminutif, péjoratif	fendiller, mordiller	-oter	péjoratif	barboter, vivoter
-iner	mouvement répété et rapide	piétiner, trottiner	-oyer	devenir	nettoyer, poudroyer

MOTS GRECS EMPLOYÉS COMME SUFFIXES

suffixes	sens	exemples	suffixes	sens	exemples
-algie	douleur	névralgie	-nome	qui règle	économe
-archie	commandement	hiérarchie	-nomie	art de mesurer	astronomie
-arque	qui commande	monarque	-oïde	qui a la forme	sinusoïde
-bare	pression	isobare	-ome	maladie, tumeur	angiome, fibrome
-blaste	germe	chondroblaste	-onyme	qui porte le nom	patronyme
-bole	qui lance	discobole	-pathe	malade de	névropathe
-carpe	fruit	péricarpe	-pédie	éducation	encyclopédie
-cène	récent	éocène	-phage	qui mange	anthropophage
-céphale	tête	dolichocéphale	-phagie	action de manger	aérophagie
-coque	graine	gonocoque	-phane	qui brille	diaphane
-cosme	monde	microcosme	-phile	ami de	russophile
-crate	qui a le pouvoir	aristocrate, bureaucrate	-philie	amitié pour	américanophilie
-cratie	pouvoir	ploutocratie	-phobe	ennemi de	anglophobe
-cycle	qui a une ou des roues	tricycle, bicyclette	-phobie	inimitié pour	agoraphobie
-cyte	cellule	leucocyte, lymphocyte	-phone	qui transmet les sons	microphone, électrophone
-dactyle	qui a des doigts	ptérodactyle	-phonie	transmission des sons	radiophonie, téléphonie
-doxe	opinion	paradoxe			
-drome	course	hippodrome	-phore	qui porte	sémaphore
-èdre	face, base	dodécaèdre	-pithèque	singe	anthropopithèque
-game	qui engendre	cryptogame	-pode	pied	myriapode
-gamie	mariage	polygamie	-pole	ville	métropole
-gène	qui engendre	hydrogène, pathogène	-pole	vendre	oligopole
-gone	angle	polygone	-ptère	aile	hélicoptère
-gramme	un écrit	télégramme	-scope	qui voit	télescope
-graphe	qui écrit	dactylographe	-scopie	vision	radioscopie
-graphie	art d'écrire	sténographie	-sphère	globe	stratosphère
-hydre	eau	anhydre	-taphe	tombeau	cénotaphe
-iatre	qui soigne	pédiatre	-technie	science	électrotechnie
-lâtrie	adoration	idolâtrie	-technique	qui sait	polytechnique
-lithe (-lite)	pierre	monolithe	-thèque	armoire	bibliothèque
-logie	science	psychologie	-thérapie	traitement médical	héliothérapie, radiothérapie
-logue	qui étudie	astrologue			
-mancie	divination	cartomancie	-therme	chaleur	isotherme
-mane	qui a la passion de	balletomane, cleptomane	-tomie	action de couper	trachéotomie
-manie	passion, obsession	anglomanie	-type	impression	linotype
-mètre	mesure	centimètre	-typie	impression	phototypie

MOTS LATINS EMPLOYÉS COMME SUFFIXES

suffixes	sens	exemples	suffixes	sens	exemples
-cide	qui tue	infanticide	-forme	qui a la forme de	cunéiforme, filiforme
-cole	relatif à la culture	vinicole, viticole	-fuge	qui fuit ou fait fuir	transfuge, vermifuge
-culteur	celui qui cultive	agriculteur	-lingue	langue	bilingue
-culture	art de cultiver	horticulture	-pare	qui enfante	ovipare
-fère	qui porte	mammifère	-pède	qui a des pieds	bipède, quadrupède
-fique	qui produit	frigorifique	-vore	qui se nourrit	carnivore, herbivore

abréviations employées dans cet ouvrage

Abrév.	Abréviation
Absol.	Absolument
Acoust.	Acoustique
Adj.	Adjectif
Adv.	Adverbe
Aéron.	Aéronautique
Affl.	Affluent
Agr.	Agricole
Agric.	Agriculture
Alch.	Alchimie
All. ou Allem.	Allemand
Alp.	Alpinisme
Alt.	Altitude
Altér.	Altération
Amér.	Américain
Anat.	Anatomie
Anc.	Ancien, anciennement
Angl.	Anglais
Anthropol.	Anthropologie
Antiq.	Antiquité
Antiq. rom.	Antiquité romaine
Apic.	Apiculture
Apr. J.-C.	Après Jésus-Christ
Ar.	Arabe
Arbor.	Arboriculture
Archéol.	Archéologie
Archit.	Architecture
Arg.	Argot, argotique
Arm.	Armement
Arr.	Arrondissement
Art.	Article
Arts décor.	Arts décoratifs
Arts graph.	Arts graphiques
Astron.	Astronomie
Astronaut.	Astronautique
Auj.	Aujourd'hui
Autom.	Automobile
Autref.	Autrefois
Auxil.	Auxiliaire
Aviat.	Aviation
Av. J.-C.	Avant Jésus-Christ
Bactériol.	Bactériologie
Biol.	Biologie
Bot.	Botanique
Bouch.	Boucherie
Bours.	Bourse
Brod.	Broderie
Bx-arts	Beaux-arts
Cant.	Canton
Cap. ou Capit.	Capitale
Card.	Cardinal
Cath.	Catholique
Chass.	Chasse
Ch. de f.	Chemin de fer
Chim.	Chimie
Chin.	Chinois
Chir.	Chirurgie
Ch.-l. (de cant.)	Chef-lieu (de canton)
Chorégr.	Chorégraphie
Chrét.	Chrétien
Cin.	Cinéma
Climatol.	Climatologie
Collab.	Collaboration
Comm.	Commerce
Comm.	Commune
Compl.	Complément
Comptab.	Comptabilité
Conj.	Conjonction, conjugaison, conjugue
Constr.	Construction
Contemp.	Contemporain
Contr.	Contraire
Cout.	Couture
Cuis.	Cuisine
Cybern.	Cybernétique
Cytol.	Cytologie
Défens.	Défense
Dém.	Démonstratif
Dép. ou Départ.	Département
Dialect.	Dialectal
Dimin.	Diminutif
Dr.	Droit
Dr. adm.	Droit administratif

Dr. canon	Droit canon
Dr. civ.	Droit civil
Dr. comm.	Droit commercial
Dr. féod.	Droit féodal
Dr. fisc.	Droit fiscal
Dr. intern.	Droit international
Dr. mar.	Droit maritime
Dr. pén.	Droit pénal
Dr. rom.	Droit romain
Écol.	Écologie
Écon.	Économie
Éd.	Édition
Électr.	Électricité
Électron.	Électronique
Ellipt.	Elliptique(ment)
Embryol.	Embryologie
Empr.	Emprunté
En partic.	En particulier
Entomol.	Entomologie
Épistémol.	Épistémologie
Équit.	Équitation
Escr.	Escrime
Esp.	Espagnol
Ethnol.	Ethnologie
Éthol.	Éthologie
Étymol.	Étymologie
Ex.	Exemple
Exclam.	Exclamatif
F. ou Fém.	Féminin
Fam.	Familier
Fauconn.	Fauconnerie
Féod.	Féodalité
Fig.	Figuré
Fin.	Finances
Fl.	Fleuve
Fortif.	Fortifications
Fr. ou Franç.	Français
Gaul.	Gaulois
Génét.	Génétique
Géogr.	Géographie et géographique
Géol.	Géologie
Géom.	Géométrie
Géomorphol.	Géomorphologie
Géophys.	Géophysique
Germ.	Germanique
Gr.	Grec
Gramm.	Grammaire
Grav.	Gravure
H. ou Hab.	Hommes, habitants
Haut.	Hauteur
Hébr.	Hébreu
Hérald.	Héraldique
Hist.	Histoire
Hist. nat.	Histoire naturelle
Histol.	Histologie
Hongr.	Hongrois
Hortic.	Horticulture
Hydrogr.	Hydrographie
Hydrol.	Hydrologie
Ill.	Illustration
Imp.	Imparfait
Impér.	Impératif
Impers.	Impersonnel
Impr.	Imprimerie
Ind.	Indicatif
Indéf.	Indéfini
Industr.	Industrie
Inf.	Infinitif
Inform.	Informatique
Interj.	Interjection, interjectif
Interr.	Interrogation, interrogatif
Intrans.	Intransitivement
Inv.	Invariable
Irland.	Irlandais
Ironiq.	Ironiquement
Island.	Islandais
It. ou Ital.	Italien
Jap. ou Japon.	Japonais
Jard.	Jardinage
Lat.	Latin
Ling.	Linguistique
Litt.	Littéraire

Littér.	Littérature
Liturg.	Liturgie
Loc.	Locution
Loc. adj.	Locution adjective
Loc. adv.	Locution adverbiale
Loc. conj.	Locution conjonctive
Loc. prép.	Locution prépositive
Log.	Logique
Long.	Longueur
M. ou Masc.	Masculin
M.	Mort
Manèg.	Manège
Mar.	Marine
Math.	Mathématiques
Max.	Maximal
Mécan.	Mécanique
Méd.	Médecine
Médiév.	Médiéval
Menuis.	Menuiserie
Métall.	Métallurgie
Météor.	Météorologie
Métr.	Métrique
Métrol.	Métrologie
Mil.	Militaire
Min.	Mines
Minér.	Minéralogie
Mus.	Musique
Myth.	Mythologie, mythologique
N.	Nom
Néerl.	Néerlandais
Neurol.	Neurologie
Norvég.	Norvégien
N. pr.	Nom propre
Num.	Numéral
Numism.	Numismatique
Océanogr.	Océanographie
Onomat.	Onomatopée
Opt.	Optique
Ord.	Ordinal
Orfèvr.	Orfèvrerie
Orig.	Origine
Ornith.	Ornithologie
Orthogr.	Orthographe
Paléogr.	Paléographie
Papet.	Papeterie
Par anal.	Par analogie
Par ext.	Par extension
Par oppos. à	Par opposition à
Par plaisant.	Par plaisanterie
Part.	Participe
Partic.	Particulier, particulièrement
Part. pass.	Participe passé
Pathol.	Pathologie
Pêch.	Pêche
Pédol.	Pédologie
Peint.	Peinture
Péjor.	Péjoratif
Pers.	Personne, personnel
Pétr.	Industrie du pétrole
P. ex.	Par exemple
Pharm.	Pharmacie
Philos.	Philosophie
Phon.	Phonétique
Phot.	Photographie
Phys.	Physique
Physiol.	Physiologie
Phys. nucl.	Physique nucléaire
Pl.	Pluriel
Poét.	Poétique
Polit.	Politique
Polon.	Polonais
Pop.	Populaire, populairement
Portug.	Portugais
Poss.	Possessif
Pr.	Propre
Précéd.	Précédent
Préf.	Préfixe, préfecture
Préhist.	Préhistoire

Prép.	Préposition	*Rhét.*	Rhétorique	*Télécomm.*	Télécommunications
Prés.	Présent	Riv.	Rivière	*Télév.*	Télévision
Princ.	Principal	Roum.	Roumain	*Text.*	Textile
Priv.	Privatif	S.	Siècle	*Théâtr.*	Théâtre
Procéd.	Procédure	Sanskr.	Sanskrit	*Théol.*	Théologie
Pron.	Pronom	Sc.	Scientifique	*Thérap.*	Thérapeutique
Prov.	Provençal,	Scandin.	Scandinave	*Topogr.*	Topographie
	province	*Scol.*	Scolaire	*Trav. publ.*	Travaux publics
Psychanal.	Psychanalyse	*Sculpt.*	Sculpture	V.	Verbe, vers,
Psychiatr.	Psychiatrie	Seulem.	Seulement		ville, voir
Psychol.	Psychologie	Signif.	Signifiant	Var.	Variante
Psychopath.	Psychopathologie	Sing.	Singulier	*Véner.*	Vénerie
Psychopéd.	Psychopédagogie	*Soc.*	Social	*Vétér.*	Art vétérinaire
Psychosociol.	Psychosociologie	*Sociol.*	Sociologie	*V. i.*	Verbe intransitif
Qqch	Quelque chose	Spécialem.	Spécialement	*Vitic.*	Viticulture
Qqn	Quelqu'un	S.-préf.	Sous-préfecture	*Vol.*	Volume
Radiol.	Radiologie	*Stat.*	Statistique	V. pr.	Verbe pronominal
Radiotechn.	Radiotechnique	Subj.	Subjonctif	V. t.	Verbe transitif
R. dr.	Rive droite	Substantiv.	Substantivement	V. t. ind.	Verbe transitif
R. g.	Rive gauche	Suéd.	Suédois		indirect
Région.	Régional	Suiv.	Suivant	Vx	Vieux
Rel.	Reliure	*Sylvic.*	Sylviculture	*Zool.*	Zoologie
Relat.	Relatif	Syn.	Synonyme	*Zootech.*	Zootechnie
Relig.	Religion	*Techn.*	Technologie	→	Voir

a

alpinisme : cordée dans le massif du Mont-Blanc. *(Phot. P. Koch-Rapho.)*

A n. m. Première lettre de l'alphabet. ‖ La plus ouverte des voyelles. ‖ **A,** symbole de l'*ampère* et anc. symbole chimique de l'*argon.* ‖ **a,** symbole de l'*are* et symbole de *atto.* ‖ **A,** nom de la note *la* en anglais et en allemand. ‖ **Å,** symbole de l'*angström.* • *Bombe A,* bombe nucléaire de fission. ‖ *Prouver par* a + b, rigoureusement.

À prép. (lat. *ad,* vers). **1.** Exprime un rapport de lieu, de temps, de destination, de possession, de moyen, de manière, de prix, etc. : *être à Paris, partir à sept heures, aboutir à un échec, ce stylo est à moi, pêcher à la ligne, marcher à reculons, une place à vingt francs.* — **2.** Introduit un complément d'objet indirect des v. t. ind. : *participer à un jeu;* un complément d'objet secondaire : *prêter de l'argent à un ami.*

ABACA n. m. (esp. *abacá*). Bananier des Philippines, qui fournit une matière textile, le *chanvre de Manille.* (Famille des musacées.)

ABAISSE-LANGUE n. m. inv. *Méd.* Palette avec laquelle on appuie sur la langue pour apercevoir l'arrière-gorge.

ABAISSEMENT n. m. Action d'abaisser, de s'abaisser; diminution, baisse.

ABAISSER v. t. (de *baisser*). Faire descendre à un niveau plus bas : *abaisser une manette.* ‖ Diminuer l'importance, la valeur de qqch, baisser : *abaisser les impôts, le taux de mortalité.* • *Abaisser une perpendiculaire,* mener d'un point une perpendiculaire sur une ligne ou sur un plan. ◆ **s'abaisser** v. pr. [**à**]. *Litt.* Perdre sa dignité, s'avilir.

ABAJOUE n. f. Poche formée intérieurement par chacune des joues chez certains mammifères et où ceux-ci logent des aliments pour les transporter (différent de BAJOUE).

ABANDON n. m. (anc. fr. *à bandon,* au pouvoir de). Action d'abandonner, de quitter, de cesser d'occuper : *abandon de famille, de navire, de poste, du domicile conjugal, d'actif.* ‖ Absence de réserve; laisser-aller, détachement. • *À l'abandon,* sans soin, en désordre.

ABANDONNER v. t. Se retirer définitivement d'un lieu; cesser d'occuper, quitter : *abandonner sa maison, son poste.* ‖ Renoncer à : *abandonner ses études, la lutte;* et intrans. : *le boxeur a abandonné au premier round.* ‖ Confier : *abandonner aux autres le soin de décider pour lui.* ‖ Faire défaut à qqn : *ses forces l'abandonnèrent.* ◆ **s'abandonner** v. pr. [**à**]. Se laisser aller : *s'abandonner au désespoir.*

ABANDONNIQUE adj. et n. m. *Psychol.* Se dit de qqn, notamment d'un enfant, qui vit dans la crainte d'être abandonné.

ABAQUE n. m. (gr. *abax,* table à calcul). Graphique permettant de résoudre de nombreux calculs. ‖ Planchette rectangulaire munie de boules, utilisée autrefois pour calculer. ‖ Tablette, assise plus ou moins saillante qui couronne un chapiteau (syn. : TAILLOIR).

ABASIE [abazi] n. f. (gr. *basis,* marche). *Méd.* Impossibilité de marcher, d'origine hystérique.

ABASOURDIR [abazurdir] v. t. (anc. fr. *basourdir,* tuer). Étourdir par un grand bruit. ‖ Stupéfier : *votre réponse m'a abasourdi.*

ABASOURDISSANT, E adj. Qui abasourdit.

ABASOURDISSEMENT n. m. Stupéfaction.

ABAT [aba] n. m. *Pluie d'abat,* averse abondante.

ABÂTARDIR v. t. Faire perdre les qualités propres à une race (d'animaux); faire dégénérer.

ABÂTARDISSEMENT n. m. Dégénérescence (d'une race d'animaux).

ABATIS [abati] n. m. Au Canada, terrain qui n'est pas encore complètement essouché.

ABAT-JOUR n. m. inv. Dispositif fixé autour d'une lampe et destiné à diriger la lumière tout en protégeant les yeux de l'éblouissement. ‖ Soupirail incliné pour l'éclairage des sous-sols.

ABATS [aba] n. m. pl. Parties accessoires de certains animaux de boucherie (pieds, rognons, foie, poumons, etc.), qui sont vendues par les tripiers.

ABAT-SON n. m. inv. Chacun des auvents posés de biais dans les baies des clochers pour renvoyer le son vers le sol.

ABATTABLE adj. Qui peut être abattu.

ABATTAGE n. m. Action d'abattre un arbre, de tuer des animaux de boucherie, de détacher d'un gisement le charbon ou le minerai. ‖ Pratique commerciale consistant en l'abandon de la qualité au profit de la quantité et fondée sur un bénéfice unitaire très limité. • *Avoir de l'abattage,* avoir du dynamisme.

ABATTANT n. m. Partie mobile d'un meuble, qu'on peut lever ou rabattre.

ABATTÉE n. f. Mouvement d'un navire tournant autour de son axe. ‖ Rupture d'équilibre d'un avion en vol horizontal, survenant à la suite d'une perte de vitesse.

ABATTEMENT n. m. Affaiblissement physique ou moral; accablement : *être dans un profond abattement.* ‖ Déduction faite sur une somme à payer. ‖ Fraction de la matière imposable exclue du calcul de l'impôt.

ABATTEUR n. m. *Techn.* Bûcheron.

ABATTIS [abati] n. m. Coupe faite dans un bois. ‖ Pattes, tête, cou, ailerons, cœur, foie et gésier d'une volaille. ‖ *Pop.* Bras, jambes, mains, pieds. ‖ *Mil.* Obstacle fait d'arbres inclinés ou abattus.

ABATTOIR n. m. Établissement où l'on tue et prépare les animaux de boucherie.

ABATTRE v. t. (bas lat. *abbattuere*) [conj. **48**]. Faire tomber; renverser : *abattre un arbre, un mur.* ‖ Tuer (un animal) et, *fam.,* assassiner (un homme). ‖ *Jeux.* Jouer (une carte) en la montrant. ‖ Ôter ses forces physiques ou morales; ruiner : *la fièvre l'abat; abattre le courage de qqn.* • *Abattre du travail,* en accomplir beaucoup rapidement. ◆ v. i. *Mar.* Exécuter une abattée, en parlant d'un navire. ◆ **s'abattre** v. pr. Tomber : *au saut de la haie son cheval s'abattit; la pluie s'abattait sur les passants.*

ABATTU, E adj. Découragé, prostré.

ABATTU n. m. *Arm.* Position du chien d'un fusil désarmé.

ABAT-VENT n. m. inv. Appareil posé sur les cheminées pour empêcher la pluie ou le vent de s'y engouffrer.

ABAT-VOIX n. m. inv. Dais couronnant les chaires à prêcher, rabattant vers les fidèles la voix du prédicateur.

ABBATIAL, E, AUX [abasjal, o] adj. Relatif à l'abbé, à l'abbesse, à l'abbaye.

ABBATIALE n. f. Église d'une abbaye.

ABBAYE [abei] n. f. Monastère dirigé par un abbé ou une abbesse. ‖ Bâtiments d'un monastère.

ABBÉ n. m. (lat. *abbas, -atis*). Titre donné à un ecclésiastique. ‖ Supérieur d'une abbaye.

ABBESSE n. f. Supérieure d'un monastère de femmes ayant le titre d'abbaye.

ABBEVILLIEN, ENNE adj. et n. m. Se dit d'un faciès industriel du paléolithique inférieur, caractérisé par des bifaces grossièrement taillés.

ABC [abese] n. m. Premiers éléments d'un art, d'une science.

ABCÈS [apsɛ] n. m. (lat. *abscessus,* corruption). Amas de pus dans une partie du corps (cavité naturelle ou formée par le pus lui-même). • *Abcès de fixation,* abcès provoqué dans un but thérapeutique pour stimuler la défense immunitaire; lieu où on laisse se manifester des troubles sociaux afin d'en éviter la propagation. ‖ *Crever un abcès,* donner une solution immédiate et violente à une situation dangereuse.

ABDICATION n. f. Renonciation au pouvoir.

ABDIQUER v. t. et i. (lat. *abdicare*). Renoncer à une dignité souveraine, au pouvoir, à l'essentiel : *abdiquer la couronne; abdiquer devant les difficultés.*

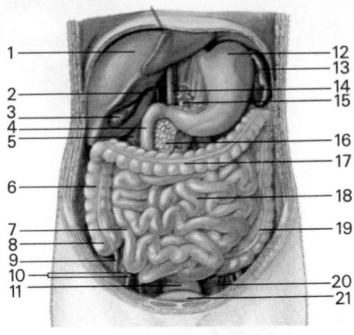

ABDOMEN : 1. Foie; 2. Canal cystique;
3. Vésicule biliaire; 4. Duodénum;
5. Rein droit; 6. Côlon ascendant (droit);
7. Iléon; 8. Cæcum; 9. Appendice;
10. Vaisseaux iliaques; 11. Rectum;
12. Estomac; 13. Rate; 14. Veine cave
inférieure; 15. Aorte abdominale;
16. Pancréas; 17. Côlon transverse;
18. Anses intestinales; 19. Côlon descendant
(gauche); 20. Uretère; 21. Vessie.

ABDOMEN [abdɔmɛn] n. m. (mot lat.). Région inférieure du tronc de l'homme et des mammifères, séparée du thorax par le diaphragme et limitée en bas par le bassin. ‖ Partie postérieure du corps des arthropodes, située en arrière des pattes marcheuses.
■ L'abdomen contient les appareils digestif, urinaire et génital. Ses parois antérieure et latérales sont musculaires, sa paroi postérieure est constituée par la colonne vertébrale et les muscles lombaires.

ABDOMINAL, E, AUX adj. De l'abdomen.

ABDOMINAUX n. m. pl. Muscles constituant les parois antérieure et latérale de l'abdomen.

ABDUCTEUR adj. et n. m. (lat. *abductus*, qui s'écarte). *Anat.* Se dit de tout muscle qui produit l'abduction (l'abducteur du bras est le *deltoïde*). ‖ *Chim.* Se dit du tube à l'aide duquel on peut recueillir les gaz.

ABDUCTION n. f. *Physiol.* Mouvement qui écarte un membre du plan médian du corps.

ABÉCÉDAIRE n. m. (de *a b c*). Livre d'apprentissage de la lecture.

ABEILLE n. f. (lat. *apicula*). Insecte social vivant dans une ruche et produisant le miel et la cire. (Ordre des hyménoptères.) ● *En nid d'abeilles*, en forme d'alvéoles. ‖ *Nid d'abeilles* (Text.), tissu dont le tissage forme des alvéoles, légèrement en relief. ‖ *Nids d'abeilles* (Brod.), fronces rebrodées sur l'endroit (syn. SMOCKS).
■ Dans une ruche, on trouve trois sortes d'individus : la *reine*, femelle féconde, qui pond 2 500 œufs par jour, pendant plusieurs années ; quelques centaines de mâles ou *faux bourdons* ; plusieurs dizaines de milliers d'*ouvrières*, femelles stériles, dont la vie active ne dépasse pas quelques semaines ; elles construisent les alvéoles de *cire*, nourrissent la colonie de *pollen* et de *nectar* butinés sur les fleurs, et la défendent grâce à l'aiguillon venimeux terminant leur abdomen.

ABÉLIEN, ENNE adj. *Math.* Se dit de fonctions introduites par *Abel* en analyse. ● *Groupe abélien*, groupe dont la loi de composition est commutative. (On dit aussi GROUPE COMMUTATIF.)

ABER [abɛr] n. m. (mot celtique). *Géogr.* En Bretagne, vallée envahie par la mer. (Syn. RIA.)

ABERDEEN-ANGUS [abɛrdinãgys] adj. et n. Race bovine de boucherie, dépourvue de cornes, originaire d'Écosse.

ABERRANT, E adj. (lat. *aberrare*, s'écarter). Qui va contre le bon sens, la vérité, les règles, les normes : *idée aberrante*.

ABERRATION n. f. Erreur de jugement; absurdité. ‖ Déplacement apparent de l'image d'une étoile dans un télescope. ‖ Ensemble des défauts des systèmes optiques qui ne donnent pas des images nettes. ● *Aberration chromosomique* (Biol.), anomalie de nombre ou de structure concernant un ou plusieurs chromosomes et cause de diverses maladies génétiques.

ABÊTIR v. t. (de *bête*). *Litt.* Rendre stupide; abrutir : *être abêti par une chaleur accablante.* ◆ **s'abêtir** v. pr. Devenir stupide.

ABÊTISSEMENT n. m. *Litt.* Action d'abêtir.

ABHORRER [abɔre] v. t. (lat. *abhorrere*). *Litt.* Avoir en horreur, détester, exécrer.

ABIÉTACÉE n. f. → PINACÉE.

ABÎME n. m. (gr. *abussos*, sans fond). Gouffre très profond. ‖ *Litt.* Ce qui divise, sépare pro-

corps. ‖ Eau destinée à la purification du calice dans la messe catholique; le rite lui-même. ● *Faire ses ablutions*, se laver (vx).

ABNÉGATION n. f. (lat. *abnegare*, nier). Sacrifice de ce qui est essentiel.

ABOIEMENT n. m. Cri du chien.

ABOIS [abwa] n. m. pl. (de *aboyer*). *Être aux abois*, se dit du cerf réduit à faire face aux chiens; être dans une situation désespérée.

ABOLIR v. t. (lat. *abolere*). Annuler, supprimer, abroger (une loi, une coutume) : *abolir la peine de mort.*

ABOLITION n. f. Annulation, abrogation, suppression : *abolition de la peine de mort.*

ABOLITIONNISME n. m. Attitude, doctrine de ceux qui demandent l'abolition d'une loi (esclavage au XIXe s., peine de mort auj.).

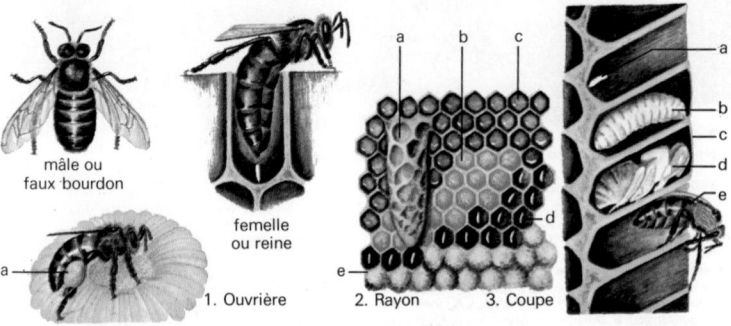

mâle ou
faux bourdon

femelle
ou reine

1. Ouvrière   2. Rayon   3. Coupe

ABEILLE : 1a, corbeille à pollen; 2a, cellule royale; b, pollen; c, miel; d, œufs;
e, alvéoles operculés; 3a, œuf; b, larve; c, opercule; d, nymphe; e, insecte adulte

fondément : *il y a un abîme entre ces deux générations.* ‖ Ruine, désastre : *être au bord de l'abîme.*

ABÎMER v. t. Mettre en mauvais état, détériorer, endommager : *l'humidité a abîmé le papier peint.* ◆ **s'abîmer** v. pr. Subir un dommage : *le tissu fragile s'abîme facilement.* ‖ *Litt.* Sombrer, s'engloutir : *l'avion s'abîma dans la mer.*

AB INTESTAT [abɛ̃tɛsta] loc. adv. *Dr.* Se dit de celui qui est mort sans avoir testé, ainsi que de sa succession.

ABIOTIQUE adj. (gr. *bios*, vie). Se dit des lieux ou des conditions impropres à la vie, des réactions chimiques n'exigeant pas l'intervention des êtres vivants.

ABJECT, E [abʒɛkt] adj. (lat. *abjectus*, rejeté). Qui suscite le mépris par sa bassesse; ignoble.

ABJECTION n. f. Abaissement moral; infamie.

ABJURATION n. f. Action d'abjurer.

ABJURER v. t. et i. (lat. *abjurare*, nier par serment). Renoncer solennellement à une religion, à une opinion.

ABLACTATION n. f. Cessation de l'allaitement maternel.

ABLATIF, IVE adj. *Techn.* Qui peut subir l'ablation.

ABLATIF n. m. *Ling.* Cas de la déclinaison latine, marquant l'éloignement, l'instrument, l'origine, etc.

ABLATION n. f. (lat. *ablatus*, enlevé). *Chir.* Action d'enlever un organe, une tumeur. (Syn. EXÉRÈSE.) ‖ *Techn.* Sublimation d'un matériau, avec absorption d'une quantité de chaleur élevée, sous l'effet d'un flux de chaleur intense auquel on soumet ce matériau. ● *Ablation glaciaire*, fusion d'une nappe glaciaire.

ABLETTE n. f. (lat. *albulus*, blanchâtre). Poisson d'eau douce, à dos vert métallique et à ventre argenté, abondant dans les lacs alpins. (Long. 15 cm; famille des cyprinidés.)

ABLUTION n. f. (lat. *abluere*, laver). Dans certains cultes orientaux, purification religieuse qui consiste à se laver le corps ou une partie du

ablette

ABOLITIONNISTE adj. et n. Qui appartient à l'abolitionnisme.

ABOMINABLE adj. Qui provoque l'aversion, l'horreur : *un crime abominable.* ‖ Très mauvais, détestable, exécrable : *un temps abominable.*

ABOMINABLEMENT adv. De façon abominable : *chanter abominablement.* ‖ Très, extrêmement : *coûter abominablement cher.*

ABOMINATION n. f. *Litt.* Chose horrible : *dire des abominations.* ● *Avoir qqch en abomination*, éprouver à son égard une violente répulsion. ‖ *L'abomination de la désolation*, le comble de l'horreur.

ABOMINER v. t. (lat. *abominari*). *Litt.* Avoir en horreur, détester.

ABONDAMMENT [abɔ̃damã] adv. De manière abondante.

ABONDANCE n. f. Grande quantité : *il y a abondance de légumes sur le marché.* ‖ Ressources importantes : *vivre dans l'abondance.* ● *Corne d'abondance*, ornement composé d'une corne remplie de fleurs et de fruits. ‖ *Parler avec abondance*, avec facilité. ‖ *Parler d'abondance* (Litt.), improviser brillamment. ‖ *Société d'abondance*, celle qui, caractéristique des pays développés, connaît une multiplication extrême de biens et de services mis à la disposition du public, et, dans de nombreux cas, des consommations exagérées ou inutiles.

ABONDANT, E adj. En grande quantité : *pluie, récolte abondante.*

ABONDER v. i. (lat. *abundare*, affluer). Être, avoir en abondance : *le gibier abonde ici; la* région abonde en fruits. ● *Abonder dans le sens de qqn*, être de son avis.

ABONNÉ, E adj. et n. Qui a un abonnement : *abonné au téléphone.*

ABONNEMENT n. m. Convention ou marché, souvent à forfait, pour l'usage d'un service (téléphone, gaz, électricité) ou la fourniture régulière d'un produit (journal). ‖ Procédé de recouvrement de certains impôts, permettant au débiteur de se libérer contre un montant fixé d'avance.

ABONNER v. t. (gaul. *bonne*, borne). Prendre un abonnement pour qqn ou pour soi-même (*s'abonner à*).

ABONNIR v. t. (de *bon*). Rendre meilleur : *abonnir le vin.* ◆ **s'abonnir** v. pr. Devenir meilleur.

ABORD [abɔr] n. m. Manière d'être abordé ou d'accueilli : *être d'un abord facile.* ● *Au premier abord, de prime abord* (Litt.), à première vue. ‖ *D'abord, tout d'abord,* en premier lieu, pour commencer. ‖ *En abord,* sur le côté d'un navire. ◆ pl. Environs immédiats : *des encombrements aux abords de Paris.*

ABORDABLE adj. Qu'on peut aborder; hospitalier. ‖ Accessible à tous : *des prix abordables.*

ABORDAGE n. m. Attaque d'un navire ou d'une position ennemie. ‖ Collision de deux navires.

ABORDER v. i. Atteindre le rivage, prendre terre : *aborder dans une île.* ◆ v. t. Heurter un navire bord à bord par accident ou pour l'attaquer. ‖ Attaquer : *aborder l'ennemi à la grenade.* ‖ *Mil.* S'approcher au plus près : *aborder une crête.* ‖ Accoster qqn. ● *Aborder un problème, une question,* en venir à les traiter. ‖ *Aborder un virage,* s'engager dans un tournant.

ABORIGÈNE adj. et n. (lat. *aborigines,* de *origo, -inis,* origine). Originaire du pays où il se trouve : *les aborigènes de l'Australie; plante aborigène.*

ABORTIF, IVE adj. *Méd.* Qui fait avorter : *produit abortif.* ‖ Qui cesse avant son terme habituel : *maladie abortive.*

ABOUCHEMENT n. m. Action d'aboucher.

ABOUCHER v. t. Joindre bout à bout : *aboucher deux tuyaux.* ‖ Mettre en rapport deux ou plusieurs personnes. ◆ **s'aboucher** v. pr. [**avec**]. *Péjor.* Se mettre en rapport : *s'aboucher avec un trafiquant.*

ABOULER v. t. *Pop.* Donner. ◆ **s'abouler** v. pr. *Pop.* et vx. Arriver.

ABOULIE n. f. (gr. *aboulia,* irréflexion). Absence pathologique de volonté sans atteinte somatique et intellectuelle.

ABOULIQUE adj. et n. Atteint d'aboulie.

ABOUT [abu] n. m. Extrémité d'une pièce de bois ou de métal préparée pour être assemblée avec une autre.

ABOUTEMENT n. m. Action d'abouter.

ABOUTER v. t. Joindre deux objets par leurs bouts. ● *Abouter la vigne,* la tailler.

ABOUTIR v. t. ind. [**à**]. Toucher par une extrémité : *cette rue aboutit à la Seine.* ‖ Avoir pour résultat, réussir : *tous ces raisonnements n'aboutissent à rien; les pourparlers ont abouti.*

ABOUTISSANTS n. m. pl. → TENANTS.

ABOUTISSEMENT n. m. Résultat, point final : *quel est l'aboutissement de vos démarches.*

ABOYER [abwaje] v. i. et t. ind. [**à, après, contre**] (lat. pop. *abbaudiare*) [conj. **2**]. Crier, en parlant du chien.

ABOYEUR, EUSE adj. Qui aboie.

ABRACADABRANT, E adj. (de *abracadabra,* mot cabalistique gr.). Extraordinaire, étrange : *histoire abracadabrante.*

ABRASER [abraze] v. t. *Techn.* User par frottement.

ABRASIF, IVE adj. et n. m. Se dit de toute substance dure capable d'user et de polir par frottement.

ABRASIMÈTRE n. m. Appareil servant à déterminer la résistance au frottement d'une étoffe.

ABRASION n. f. (lat. *abradere,* racler). *Techn.*

Action d'user par frottement, d'enlever par grattage. ‖ Usure d'un matériau par le frottement d'un corps étranger. ● *Plate-forme d'abrasion* (Géogr.), surface en pente douce formée par l'érosion marine en avant des rivages.

ABRÉACTION n. f. *Psychanal.* Décharge émotionnelle par laquelle un sujet se libère d'un événement oublié qui l'avait traumatisé.

ABRÉAGIR v. i. *Psychanal.* Se libérer du souvenir d'un événement traumatique par abréaction.

ABRÉGÉ n. m. Résumé d'un écrit réduit aux points principaux. ‖ Petit ouvrage contenant le résumé d'une science, etc. ● *En abrégé,* en peu de mots; en employant des abréviations.

ABRÈGEMENT n. m. Action d'abréger : *abrègement des vacances.*

ABRÉGER v. t. (lat. *brevis,* bref) [conj. **1** et **5**]. Rendre plus court, moins long : *abréger un discours, un séjour.*

ABREUVER v. t. (lat. *bibere,* boire). Faire boire les animaux domestiques. ● *Abreuver qqn d'injures,* l'accabler. ‖ *Terre abreuvée d'eau,* terre pleine d'eau.

ABREUVOIR n. m. Lieu ou installation servant à abreuver les animaux domestiques.

ABRÉVIATIF, IVE adj. Qui indique une abréviation : *signes abréviatifs.*

ABRÉVIATION n. f. Réduction d'un mot, souvent à sa première lettre ou syllabe.

V. tableau page suivante

ABRI n. m. (lat. *apricari,* se chauffer au soleil). Lieu où l'on peut se mettre à couvert de la pluie, du danger, des bombardements, etc.; installation construite à cet effet. ● *À l'abri,* à couvert (des intempéries), hors d'atteinte (d'un mal) : *à l'abri du vent, du besoin, du malheur.*

ABRIBUS n. m. (nom déposé). Édicule, souvent muni de panneaux publicitaires, destiné à abriter les personnes qui attendent un autobus.

ABRICOT [abriko] n. m. (catalan *abercoc,* mot arabe). Fruit de l'abricotier, à noyau lisse, à peau et chair jaunes. ◆ adj. inv. D'une couleur tirant sur le jaune-orangé.

ABRICOTÉ, E adj. Qui tient de l'abricot : *pêche abricotée.*

ABRICOTIER n. m. Arbre à fleurs blanches ou roses paraissant avant les feuilles, cultivé pour ses fruits. (Famille des rosacées.)

ABRI-SOUS-ROCHE n. m. (pl. *abris-sous-roche*). *Préhist.* Emplacement situé sous un surplomb rocheux.

ABRITER v. t. Mettre à l'abri : *abriter des sinistrés; s'abriter de la pluie.*

ABRIVENT n. m. Palissade protégeant les cultures du vent.

ABROGATIF, IVE adj. *Dr.* Qui abroge.

ABROGATION n. f. *Dr.* Annulation d'une loi, d'un décret, etc.

ABROGATOIRE adj. *Dr.* Qui a pour but d'abroger.

ABROGEABLE adj. *Dr.* Qui peut être abrogé.

ABROGER v. t. (lat. *abrogare*) [conj. **1**]. *Dr.* Annuler, abolir une loi, un décret, etc.

ABRUPT, E [abrypt] adj. (lat. *abruptus*). Dont la pente est raide, escarpée : *sentier abrupt.* ‖ D'un abord rude, brutal.

ABRUPT n. m. Pente très raide, à pic.

ABRUPTEMENT adv. De façon abrupte.

ABRUTI, E adj. et n. Stupide.

ABRUTIR v. t. (de *brute*). Rendre incapable de rien comprendre, accabler : *la chaleur nous abrutissait.*

ABRUTISSANT, E adj. Qui met dans un état d'accablement.

ABRUTISSEMENT n. m. État d'une personne abrutie.

ABSCISSE [apsis] n. f. (lat. *abscissa,* coupée). *Math.* Sur un axe orienté, distance d'un point à l'origine, comptée algébriquement. ‖ Une des deux coordonnées qui servent à fixer la position

d'un point dans un plan, l'autre s'appelant *ordonnée.*

ABSCONS, E [apskɔ̃, ɔ̃s] adj. (lat. *absconsus*). *Litt.* Difficile à comprendre : *langage abscons.*

ABSENCE n. f. Défaut de présence : *constater, signaler une absence; absence de goût.* ‖ *Litt.* Distraction : *avoir des absences.* ‖ *Dr.* État de celui dont la disparition prolongée rend l'existence incertaine. ‖ *Méd.* Suspension brève de la conscience avec interruption de toute activité que l'on rencontre dans certaines épilepsies.

ABSENT, E adj. et n. Qui n'est pas présent là où il devrait être : *être absent de chez soi.* ‖ *Litt.* Distrait : *avoir l'air absent.* ‖ *Dr.* Disparu, dont l'existence est juridiquement incertaine.

ABSENTÉISME n. m. Absence fréquente du lieu de travail. ‖ Mode d'exploitation agricole dans lequel un intermédiaire (intendant) s'interpose entre le propriétaire non résidant et le cultivateur.

ABSENTÉISTE adj. et n. Qui pratique l'absentéisme.

ABSENTER (S') v. pr. [**de**]. S'éloigner momentanément, sortir d'un lieu.

ABSIDAL ou **ABSIDIAL, E, AUX** adj. Relatif, contigu à une abside.

ABSIDE n. f. (gr. *apsis, -idos,* voûte). Extrémité, en demi-cercle, du chœur d'une église.

ABSIDIOLE n. f. Chapelle arrondie de l'abside, du chevet ou du transept d'une église.

ABSINTHE [apsɛ̃t] n. f. (gr. *apsinthion*). Plante aromatique des lieux incultes, contenant une essence amère et toxique. (Haut. 50 cm; famille des composées, genre *artemisia.*) ‖ Liqueur alcoolique aromatisée avec cette plante (en France, fabrication interdite par la loi).

abricotier : feuilles et fruits

absidioles du chevet
de la cathédrale de Noyon
(XIIe-XIIIe s.)

ABRÉVIATIONS USUELLES

On trouvera ici les abréviations qui ne sont pas à leur ordre alphabétique.

A. D.	Anno Domini (apr. J.-C.)
A. F.	allocations familiales
A. I.	altesse impériale
A. L. A. T.	aviation légère de l'armée de terre
a. m.	ante meridiem (« avant midi »)
A. O. C.	appellation d'origine contrôlée
A. R.	altesse royale
A. S.	association sportive
av.	avenue
bd	boulevard
B. D.	bande dessinée
B. F.	basse fréquence
B. N.	Bibliothèque nationale
B. O.	Bulletin officiel
B. P. F.	bon pour francs
C. C.	corps consulaire; comité central
C. D.	corps diplomatique
C. E.	comité d'entreprise
cf. ou conf.	confer
c/o	care of (« aux bons soins de »)
COS	coefficient d'occupation du sol
D. B., D. I.	division blindée, division d'infanterie
D. C. A.	défense contre aéronefs
d°	dito (« ce qui a été dit »)
D. O. M.	département d'outre-mer
D. O. T.	défense opérationnelle du territoire
D. P.	délégué du personnel
D. P. L. G.	diplômé par le gouvernement
Dr	docteur
D. T.	vaccin associé contre la diphtérie et le tétanos
D. T. COQ	vaccin associé contre la diphtérie, le tétanos et la coqueluche
D. T. Polio	vaccin associé contre la diphtérie, le tétanos et la poliomyélite
D. T. T. A. B.	vaccin associé contre la diphtérie, le tétanos, la typhoïde et les paratyphoïdes A et B
E.	est
e.g.	exempli gratia (« par exemple »)
Esq.	Esquire (terme honorifique anglais)

E. V.	en ville
Fco	franco
F. M.	franchise militaire; fusil mitrailleur
F M	modulation de fréquence
G. Q. G.	grand quartier général
H. F.	haute fréquence
H. S.	hors service
H. T.	haute tension
ibid.	ibidem (« au même endroit »)
id.	idem (« le même »)
I. H. S.	Iesus Hominum Salvator (« Jésus sauveur des hommes »)
I. L. M.	immeuble à loyer moyen
I. L. N.	immeuble à loyer normal
in-4°, in-8°	in-quarto (« en quatre »), in-octavo (« en huit »)
J.-C.	Jésus-Christ
J. O.	Journal officiel
LL. AA., LL. EEm.	Leurs Altesses, Leurs Éminences
LL. MM.	Leurs Majestés
loc. cit.	loco citato (« à l'endroit cité »)
M.	monsieur
Mgr	Monseigneur
MM.	messieurs
Mme, Mlle	madame, mademoiselle
Mrs.	mistress
M/S	motor ship (navire à moteur Diesel)
N.	nord
N. B.	nota bene (« notez bien »)
N.-D.	Notre-Dame
N.-S. J.-C.	Notre-Seigneur Jésus-Christ
O.	ouest
O. F. M.	ordre des Frères mineurs (franciscains)
O. P.	ordre des Prêcheurs (dominicains)
op. cit.	opere citato (« dans l'ouvrage cité »)
O. S. B.	ordre de Saint-Benoît (bénédictins)
P. C.	poste de commandement
P. C. C.	pour copie conforme
P. C. V.	à PerCeVoir
P. J.	police judiciaire
P. M.	préparation militaire; police militaire; pistolet mitrailleur
p. m.	post meridiem

P. M. A.	pays les moins avancés
P. M. E.	petites et moyennes entreprises
P. N. B.	produit national brut
p. o.	par ordre
POS	plan d'occupation des sols
p. p. c.	pour prendre congé
P.-S.	post-scriptum
P. S. V.	pilotage sans visibilité
P.-V.	procès-verbal (contravention)
Q. G.	quartier général
Q. I.	quotient intellectuel
R. G.	Renseignements généraux
R. N.	route nationale
R. S. V. P.	Répondez, s'il vous plaît
S.	sud
S. ou St, Ste	saint, sainte
S. A.	société anonyme
S. A. I. et R.	Son Altesse Impériale et Royale
S. A. M. U.	service d'aide médicale d'urgence
S. A. R. L.	société à responsabilité limitée
S. Em.	Son Éminence (le cardinal)
S. E. ou Exc.	Son Excellence
S. G. D. G.	sans garantie du gouvernement
SI	système international (d'unités)
S. J.	Compagnie ou Société de Jésus (jésuites)
S. M.	Sa Majesté
S. P.	secteur postal
S. R.	Service de renseignements
S. S.	Sa Sainteté; Sécurité sociale
S/S	steam ship
Sté	société
S. V. P.	s'il vous plaît
T. H. T.	très haute tension
T. O. M.	territoire d'outre-mer
T. S. F.	télégraphie sans fil
T. S. V. P.	Tournez, s'il vous plaît
TU	temps universel
T. U. P.	titre universel de paiement
var.	variante
V. D. Q. S.	vin délimité de qualité supérieure
V. I. P.	Very Important Person
V. S. O. P.	Very Special Old Pale
&	et

ABSOLU, E adj. (lat. *absolutus*, achevé). Qui ne comporte pas de restriction, total : *pouvoir absolu, confiance absolue.* ‖ Sans concession ni compromis : *juger d'une manière absolue.* ‖ *Philos.* Qui n'a qu'en soi-même sa raison d'être : *Dieu absolu.* ● *Valeur absolue d'un nombre réel a*, ce nombre, s'il est positif, l'opposé de ce nombre s'il est négatif, noté |a|.

ABSOLU n. m. Ce qui existe indépendamment de toute condition; totalité achevée.

ABSOLUMENT adv. Sans restriction ni réserve; nécessairement : *je dois absolument partir.* ‖ Complètement, totalement : *c'est absolument faux.* ● Employé absolument (Ling.), se dit d'un verbe transitif employé sans complément.

ABSOLUTION n. f. Dr. Pardon accordé à un coupable, l'exemptant de l'exécution de la peine.

‖ *Relig.* Pardon, rémission des péchés, accordés par un prêtre : *donner l'absolution.*

ABSOLUTISME n. m. Régime politique dans lequel tous les pouvoirs sont sous l'autorité du seul chef de l'État.

ABSOLUTISTE adj. et n. Qui appartient à l'absolutisme.

ABSOLUTOIRE adj. *Dr.* Qui absout.

ABSORBABLE adj. Qui peut être absorbé.

ABSORBANT, E adj. Qui absorbe, qui boit : *un tissu absorbant, poils absorbants des racines.* ‖ Qui occupe entièrement : *un travail absorbant, une lecture absorbante.*

ABSORBER v. t. (lat. *absorbere*, avaler). Laisser pénétrer en retenant : *l'éponge absorbe l'eau.* ‖ Consommer, prendre (une nourriture, des dro-

gues) : *absorber une forte dose d'alcool.* ‖ Faire disparaître; engloutir : *le noir absorbe la lumière; cette entreprise a absorbé tous ses concurrents.* ● **s'absorber** v. pr. [**dans**]. Être occupé entièrement : *s'absorber dans la rédaction d'un rapport.*

ABSORPTION n. f. Action d'absorber : *l'absorption d'un somnifère.* ‖ Atténuation de l'énergie (vibratoire, électromagnétique, corpusculaire) quand elle traverse un milieu matériel. ‖ *Écon.* Disparition d'une société par apport de son actif et de son passif à une autre société. ‖ *Physiol.* Passage des substances nutritives (eau, ions minéraux, substances organiques simples) et de l'oxygène, depuis le milieu extérieur jusque dans l'intimité des cellules d'un être vivant pluricellulaire, plante ou animal, à travers une paroi absorbante. ● *Machine frigorifique à absorption,* machine dans laquelle le fluide frigorigène, après avoir produit du froid, est absorbé par une autre substance.

ABSORPTIVITÉ n. f. *Phys.* Propriété d'absorber les liquides ou les gaz.

ABSOUDRE v. t. (lat. *absolvere*) [conj. **53**]. *Dr.* Acquitter, déclarer non coupable : *absoudre un accusé.* ‖ *Relig.* Remettre les péchés : *absoudre un pénitent.*

ABSOUTE n. f. Prières dites autour du cercueil, après l'office des morts.

ABSTENIR (S') v. pr. **[de]** (lat. *abstinere*) [conj. **16**]. Éviter, renoncer à : *s'abstenir de jouer; s'abstenir de tout commentaire.* ‖ Ne pas prendre part à un vote, à une délibération.

ABSTENTION n. f. Refus personnel de participer à une discussion, à un vote, à la responsabilité d'une décision.

ABSTENTIONNISME n. m. Non-participation à un vote.

ABSTENTIONNISTE adj. et n. Qui ne prend pas part à un vote.

ABSTINENCE n. f. Action de se priver d'un aliment ou d'une drogue pour une raison religieuse ou médicale. ● *Règle d'abstinence* (Psychanal.), principe suivant lequel l'analyste doit se refuser à satisfaire toute demande du patient visant à libérer autrement que dans le discours qu'il tient à l'analyste ses forces pulsionnelles.

ABSTINENT, E adj. et n. Qui pratique l'abstinence.

ABSTRACTION n. f. Action d'abstraire; idée qui en est le résultat : *la blancheur considérée en général est une abstraction.* ‖ Idée chimérique, sans rapport avec la réalité : *c'est une pure abstraction.* ‖ Art abstrait. ● *Faire abstraction de qqch,* ne pas tenir compte.

ABSTRAIRE v. t. (lat. *abstrahere*, détourner) [conj. **73**]. Isoler une propriété, un caractère d'un objet et le considérer à part. ◆ **s'abstraire** v. pr. S'isoler mentalement du monde extérieur pour réfléchir.

ABSTRAIT, E adj. Qui désigne une qualité en elle-même, indépendamment de l'objet, comme *blancheur, bonté.* (Contr. CONCRET.) ‖ Difficile à comprendre. ● *Art abstrait,* art qui ne s'attache pas à représenter le réel tangible. (Syn. NON-FIGURATIF.)

■ De tout temps, peintres et sculpteurs ont connu et utilisé le pouvoir que possèdent les lignes, les volumes, les couleurs, de constituer des ensembles ordonnés, capables d'agir sur la sensibilité et la pensée. Mais ils n'estimaient pas pouvoir dissocier ce pouvoir d'une évocation, plus ou moins ressemblante, du monde visible. Ce n'est qu'à partir de 1910-1914 que certains peintres, en Occident, renoncent à la représentation. Kandinsky, le premier, définit un courant *lyrique* et romantique de l'abstraction, projection du monde intérieur ou de la vision imaginaire de l'artiste; c'est au contraire dans la construction *géométrique* la plus épurée que Malevitch et Mondrian trouvent le lieu de rencontre de leur sens cosmique et de leur volonté rationnelle. À partir des deux pôles ainsi définis s'irradieront, notamment à partir de 1945, une infinité de variantes : expressionnisme abstrait (fondé sur le geste ou sur l'imprégnation chromatique), informel, tachisme, matiérisme, non-figuration, art cinétique, art minimal, etc.

V. ill. page suivante

ABSTRAIT n. m. Ce qui est abstrait. ‖ Celui qui pratique l'art abstrait.

ABSTRAITEMENT adv. De façon abstraite.

ABSTRUS, E [apstry, yz] adj. (lat. *abstrusus*). *Litt.* Difficile à comprendre.

ABSURDE adj. (lat. *absurdus*, discordant). Qui manque de logique, de sens commun : *une idée absurde.* ‖ *Philos.* Selon les existentialistes, se dit de la condition de l'homme caractérisée par l'absence de sens de son existence comme de l'univers.

ABSURDE n. m. Courant de pensée qui traduit une prise de conscience, souvent dramatique, de l'irrationalité du monde et de la destinée humaine. (Il se manifeste notamment dans l'existentialisme — Sartre, Camus — et le théâtre contemporain — Ionesco, Pinter, Beckett.) ● *Raisonnement par l'absurde,* raisonnement qui justifie une proposition en montrant que sa négation conduit à une contradiction.

ABSURDITÉ n. f. Manque de logique; idée ou parole absurde.

ABUS [aby] n. m. (lat. *abusus*, utilisation). Usage mauvais, excessif ou injuste : *l'abus des médicaments.* ‖ Injustice sociale : *dénoncer des abus.* ● *Abus d'autorité,* acte d'un fonctionnaire qui outrepasse son droit. ‖ *Abus de biens sociaux,* délit consistant dans l'usage des biens d'une société par le dirigeant ou son actionnaire, contrairement à l'intérêt social. ‖ *Abus de confiance,* fait pour une personne de détourner frauduleusement une chose qui lui a été confiée. ‖ *Abus de droit,* délit consistant à dépasser les limites assignées à l'exercice d'un droit, ou même, s'il y a intention de nuire, à exercer un droit. ‖ *Il y a de l'abus* (Fam.), c'est exagéré.

ABUSER v. t. ind. **[de]**. User mal ou avec excès de qqch : *abuser du tabac, de la bonté d'un ami.* ‖ Profiter avec excès de la complaisance, de la crédulité de qqn. ‖ Violer une femme. ◆ **s'abuser** v. pr. Se tromper soi-même : *il s'abuse étrangement.*

ABUSIF, IVE adj. Qui constitue un abus : *privilège abusif.*

ABUSIVEMENT adv. De façon abusive.

ABUSUS [abyzys] n. m. *Dr. civ.* L'un des attributs du droit de propriété, celui de disposer de la chose. (Contr. USUS.)

ABYSSAL, E, AUX adj. Vivant ou situé à une très grande profondeur sous-marine. ● *Psychologie abyssale,* psychologie des profondeurs. (Syn. PSYCHANALYSE.)

ABYSSE n. m. (gr. *abussos*, sans fond). Zone très profonde des océans, dépourvue de lumière. (Surtout au pl.)

ABYSSIN, E ou **ABYSSINIEN, ENNE** adj. et n. De l'Abyssinie.

Ac, symbole chimique de l'*actinium*.

ACABIT [akabi] n. m. (prov. *cabir*). *De cet acabit, de tout acabit, du même acabit* (Litt. et péjor.), de cette espèce, de toute nature, de même sorte.

ACACIA [akasja] n. m. (gr. *akakia*). Arbre de la famille des mimosacées, à feuilles très finement divisées et à fleurs jaunes odorantes réunies en petites têtes sphériques, cultivé dans le Midi. (Les acacias sont originaires d'Australie, fleurissent en hiver et leurs fleurs sont vendues sous le nom de *mimosa.* L'arbre couramment appelé *acacia* est en fait le *robinier faux acacia,* du genre *robinia.*)

ACADÉMICIEN, ENNE n. Membre d'une académie, et en particulier de l'Académie française.

ACADÉMIE n. f. (it. *accademia,* mot gr.). Société de gens de lettres, de savants ou d'artistes. ‖ (Avec une majuscule.) L'Académie française. ‖ Lieu où l'on s'exerce à la pratique d'un art, d'un jeu : *académie de danse, de billard.* ‖ Circonscription universitaire en France. ‖ *Bx-arts.* Figure dessinée ou peinte d'après un modèle vivant et nu.

ACADÉMIQUE adj. Qui se rapporte, appartient à une académie. ‖ D'un conformisme qui supplée au manque d'originalité. ‖ En Belgique, syn. de UNIVERSITAIRE.

ACADÉMIQUEMENT adv. De façon académique.

ACADÉMISME n. m. Imitation sans originalité de règles et de modèles traditionnels.

ACADIEN, ENNE adj. et n. D'Acadie.

ACAJOU n. m. (portug. *acaju*). Arbre d'Amérique, dont le bois est rougeâtre, très dur et susceptible d'acquérir un beau poli. ‖ Bois africain d'aspect analogue.

ACALCULIE n. f. (a priv. et *calcul*). *Neurol.* Impossibilité pathologique de reconnaître les chiffres, d'utiliser des nombres et de réaliser des opérations arithmétiques.

ACALÈPHE [akalɛf] n. m. Méduse de grande taille telle que l'*aurélie* ou le *rhizostome.* (Les *acalèphes* forment une classe de cnidaires.) [Syn. SCYPHOZOAIRE.]

ACANTHACÉE [akɑ̃tase] n. f. Dicotylédone gamopétale des régions chaudes. (Les *acanthacées* forment une famille dont le type est l'*acanthe.*)

ACANTHE n. f. (gr. *akantha,* épine). Plante ornementale, à feuilles longues (50 cm), très

V. ill. page suivante

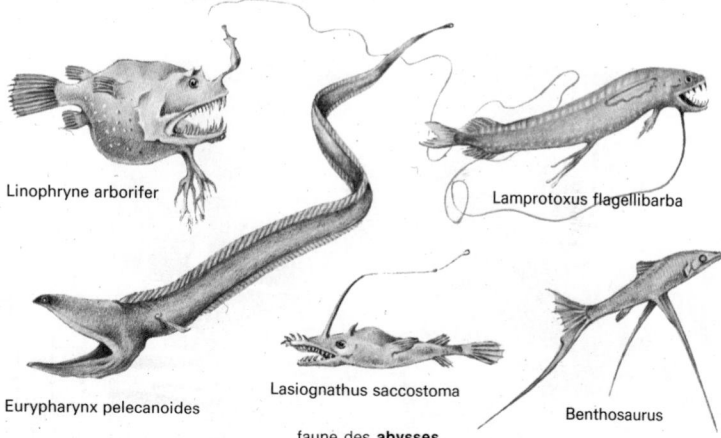

Linophryne arborifer

Lamprotoxus flagellibarba

Eurypharynx pelecanoides

Lasiognathus saccostoma

Benthosaurus

faune des **abysses**

découpées, recourbées et d'un beau vert, cultivée dans le midi de la France. ‖ Ornement d'architecture imité de la feuille de cette plante et caractéristique du chapiteau corinthien.

ACANTHOPTÉRYGIEN n. m. Poisson osseux à nageoire dorsale épineuse. (Les *acanthoptérygiens* forment un groupe, comprenant la *perche,* le *maquereau,* le *thon,* l'*espadon,* le *coffre,* la *dorade,* la *vive,* etc.)

A CAPELLA ou **A CAPPELLA** [akapɛla] loc. adv. et adj. inv. (loc. it. signif. *à chapelle*). Se dit de l'œuvre chorale chantée sans accompagnement, comme dans les anciennes chapelles.

ACARIÂTRE adj. (de saint *Acaire,* évêque de Noyon, qui passait au VIIe s. pour guérir les fous). D'une humeur difficile à supporter; hargneux, grincheux.

ABSTRAIT

C.N.A.C.

Max Bill :
*Double Surface avec six
angles*, 1968. Laiton doré.
(Coll. Galerie Denise-René,
H. Meyer, Krefeld.)

Soulages : *Peinture*, 1954.
(Kunsthalle, Mannheim.)

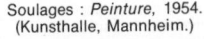

Held-Ziolo

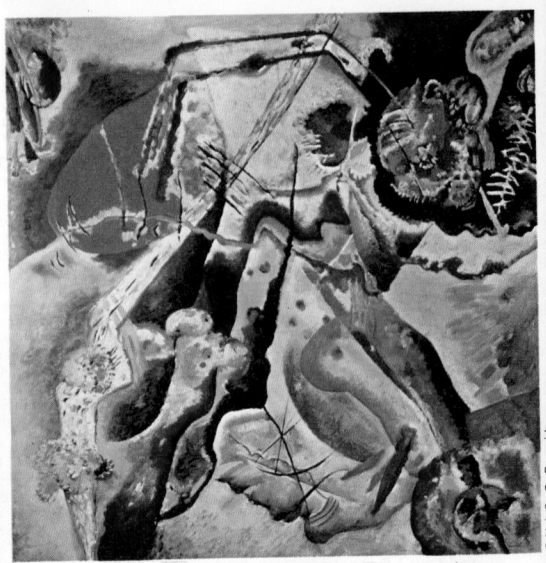

Kandinsky :
Tache rouge,
1914.
(Musée national
d'Art moderne,
Paris.)

ART ABSTRAIT

Barnett Newman :
Chartres, 1969.
(Coll. privée.)

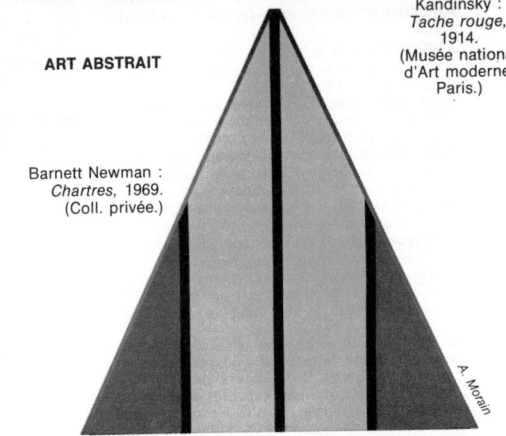

A. Morain

Lauros-Giraudon

Musée Kröller-Müller

Mondrian : *Composition*, 1913. (Musée Kröller-Müller, Otterlo.)

Vieira da Silva : *la Chambre du collectionneur*, 1964.
(Coll. privée, Paris.)

ACARIEN n. m. Arachnide faisant partie d'un ordre aux nombreuses espèces comprenant de petits animaux (quelques millimètres au plus), dont certains sont parasites, comme le *sarcopte de la gale*, l'*aoûtat* ou *trombidion*, la *tique*. (Les acariens peuvent transmettre à l'homme, par leur piqûre, le germe de certaines maladies.)

ACARIOSE n. f. Maladie des hommes et des animaux (abeilles) causée par les acariens.

ACCABLANT, E adj. Qui accable.

ACCABLEMENT n. m. État d'une personne très abattue.

ACCABLER v. t. (normand *cabler*, abattre). Faire succomber sous une charge excessive, sous la douleur, la peine, les reproches, etc. : *accabler de travail, de fatigue, de soucis, de critiques.*

ACCALMIE n. f. Calme momentané du vent et de la mer. ‖ Cessation momentanée d'une activité ou d'une agitation.

ACCAPAREMENT n. m. Action d'accaparer.

ACCAPARER v. t. (it. *accaparrare*). Amasser une denrée en grande quantité pour en provoquer la rareté et la revendre fort cher. ‖ Prendre pour soi : *accaparer la conversation.* ● *Accaparer qqn*, l'occuper exclusivement.

ACCAPAREUR, EUSE n. Qui accapare.

ACCASTILLAGE n. m. (esp. *castillo*, château). Ensemble des superstructures d'un navire au-dessus du pont supérieur. ‖ Quincaillerie marine.

ACCASTILLER v. t. Garnir (un navire) de son accastillage.

ACCÉDANT, E n. Personne qui est en train d'accéder à la propriété.

ACCÉDER v. t. ind. [à] (conj. 5). Avoir accès; permettre d'aller dans un lieu : *porte par laquelle on accède au jardin.* ‖ Parvenir avec difficulté à une situation supérieure : *accéder à de hautes fonctions.* ‖ Donner son accord; consentir : *accéder à une demande pressante.*

ACCELERANDO [akselerãdo] adv. (mot it.). *Mus.* En pressant le mouvement.

ACCÉLÉRATEUR, TRICE adj. Qui accélère, précipite : *force accélératrice.*

ACCÉLÉRATEUR n. m. Appareil commandant l'admission du mélange gazeux au moteur pour faire varier sa vitesse. ‖ Produit qui augmente la vitesse d'une réaction. ‖ Produit réduisant la durée de prise et de durcissement du béton. ‖ *Phys. nucl.* Tout appareil communiquant à des particules chargées des vitesses très élevées.

ACCÉLÉRATION n. f. Variation de la vitesse, pendant l'unité de temps, d'un corps en mouvement. ‖ Augmentation du rythme : *accélération des travaux.* ‖ *Écon.* Principe au terme duquel tout accroissement d'une demande de biens de consommation se propage vers la demande de biens de production (destinés à satisfaire la première) avec une intensité accrue.

ACCÉLÉRÉ n. m. Au cinéma, artifice permettant de rendre les mouvements beaucoup plus rapides sur l'écran que dans la réalité.

ACCÉLÉRER v. t. et i. (lat. *accelerare*) [conj. 5]. Rendre plus rapide un mouvement commencé; augmenter la vitesse : *accélérer la marche; n'accélérez pas au feu orange.* ◆ **s'accélérer** v. pr. Devenir plus rapide.

ACCÉLÉROMÈTRE n. m. Appareil servant à mesurer l'accélération d'un mouvement.

ACCENT n. m. (lat. *accentus*, intonation). Élévation de la voix sur une syllabe d'un mot ou d'un groupe de mots. ‖ Prononciation particulière à une région, à un milieu. ‖ Inflexion de la voix, intonation : *accent de sincérité.* ‖ Signe graphique mis sur une voyelle pour en préciser la valeur : *accent aigu* (´), *grave* (`), *circonflexe* ( ). ● *Mettre l'accent sur*, faire ressortir, mettre en relief.

ACCENTUATION n. f. Manière d'accentuer; acte d'accentuer.

ACCENTUÉ, E adj. Qui porte un accent : *syllabe accentuée.* ‖ Marqué : *traits accentués.*

ACCENTUEL, ELLE adj. *Ling.* Se dit de ce qui porte l'accent.

ACCENTUER v. t. Mettre en valeur une syllabe, soit en augmentant son intensité ou sa durée, soit en faisant varier la hauteur musicale. ‖ Renforcer; rendre plus intense : *accentuer un effort, une pression.* ◆ **s'accentuer** v. pr. Devenir plus intense, plus fort : *le froid s'est accentué.*

ACCEPTABILITÉ n. f. *Ling.* Caractère d'un énoncé grammatical dont le sens apparaît naturel aux locuteurs de la langue.

ACCEPTABLE adj. Qui peut être accepté.

ACCEPTANT, E adj. et n. *Dr.* Qui donne son consentement à une convention.

ACCEPTATION n. f. Action d'accepter : *acceptation d'un don, d'une traite.* ● *Acceptation de succession sous bénéfice d'inventaire* (Dr.), acceptation du passif d'une succession au niveau seulement de l'actif successoral recueilli.

ACCEPTER v. t. (lat. *acceptare*). Consentir à prendre, à recevoir, à admettre : *accepter une donation, des responsabilités, une épreuve.* ● *Accepter une lettre de change, une traite,* s'engager à payer à l'échéance, au porteur de la lettre de change, ou traite, la somme figurant sur celle-ci.

ACCEPTEUR n. m. *Dr.* Celui qui s'engage à payer une lettre de change. ‖ *Phys.* Atome qui peut recevoir des électrons.

ACCEPTION n. f. Sens dans lequel un mot est employé : *chaque mot a une ou plusieurs acceptions.* ● *Sans acception de* (Litt.), sans considération personnelle, sans préférence.

ACCÈS [aksɛ] n. m. (lat. *accessus*, arrivée). Possibilité d'atteindre un lieu, une fonction, etc. : *île d'accès difficile.* ‖ *Inform.* Procédure de recherche ou d'enregistrement d'une donnée dans une mémoire électronique. ● *Accès de colère, de jalousie, etc.,* violente colère, crise de jalousie, etc. ‖ *Accès de fièvre,* élévation de température de l'organisme.

ACCESSIBILITÉ n. f. Possibilité d'arriver à un lieu, un emploi.

ACCESSIBLE adj. Qu'on peut atteindre, aborder : *lieu accessible; homme accessible à tous.* ‖ Compréhensible : *exposé accessible à tous.*

ACCESSION n. f. Action de parvenir à une dignité, à une propriété. ‖ *Dr. civ.* Extension du droit de propriété d'une chose à une chose accessoire qui s'unit à celle-ci. ‖ *Dr. intern.* Procédure aux termes de laquelle peuvent accéder à une convention internationale les États n'ayant pas participé à l'élaboration initiale de celle-ci. (V. ADHÉSION.)

ACCESSIT [aksɛsit] n. m. (mot lat. signif. *il s'est approché*). Distinction accordée aux élèves qui ont été les plus proches du prix.

ACCESSOIRE adj. (lat. *accedere*, ajouter). Qui suit ou qui accompagne une chose principale; secondaire : *des frais accessoires; un avantage accessoire.*

ACCESSOIRE n. m. Instrument, appareil, etc., qui ne fait pas partie intégrante d'une machine ou qui sert à une activité particulière : *accessoires d'automobile, de théâtre.*

ACCESSOIREMENT adv. De façon accessoire.

ACCESSOIRISTE n. Personne qui conserve, place et entretient les accessoires de théâtre et de cinéma.

ACCIDENT n. m. (lat. *accidens*, survenant). Événement malheureux ou dommageable : *accident de chemin de fer.* ‖ *Mus.* Chacun des signes qui servent à altérer les notes (le *dièse*, le *bémol*, le *bécarre*). ‖ *Philos.* Ce qui n'existe pas en soi-même, qui n'a pas de nature propre (par oppos. à SUBSTANCE, ESSENCE). ● *Accident de parcours,* événement imprévu qui perturbe l'évolution normale d'un phénomène économique, politique, etc. ‖ *Accident de terrain,* inégalité de relief. ‖ *Accident du trajet,* accident survenu à un travailleur pendant le trajet entre le lieu de travail et la résidence ou le lieu où sont habituellement pris les repas (assimilé à un accident du travail). ‖ *Accident du travail,* dommage corporel dû à une cause extérieure survenue par le fait ou à l'occasion du travail. ‖ *Par accident,* par hasard.

ACCIDENTÉ, E adj. Qui présente des accidents, des inégalités : *terrain accidenté.* ◆ adj. et n. Qui a subi un accident : *voiture accidentée; les accidentés du travail.*

ACCIDENTEL, ELLE adj. Dû à un accident ou au hasard : *mort accidentelle.* ‖ *Philos.* Relatif à l'accident (par oppos. à *substantiel*).

ACCIDENTELLEMENT adv. De façon accidentelle.

ACCIDENTER v. t. Causer un dommage à : *accidenter l'aile de sa voiture.*

ACCISES n. f. pl. En Belgique, impôt indirect portant sur certaines marchandises, en partic. les alcools.

ACCISIEN n. m. En Belgique, agent du service des accises.

ACCLAMATION n. f. Cris de joie ou d'enthousiasme d'une foule. ● *Par acclamation,* sans vote.

ACCLAMER v. t. (lat. *clamare*, crier). Saluer par des cris d'approbation.

ACCLIMATATION n. f. Action d'acclimater les animaux et les plantes.

ACCLIMATEMENT n. m. Ensemble des changements qui permettent à un être vivant de subsister et de se reproduire dans un milieu ou sous un climat nouveaux pour lui.

ACCLIMATER v. t. Adapter à un nouveau climat, à un nouveau milieu. ◆ **s'acclimater** v. pr. S'adapter à un nouveau milieu : *ces oiseaux ne se sont acclimatés; ne pas s'acclimater à la grande ville.*

ACCOINTANCES n. f. pl. (lat. *accognitus*, connu). Péjor. Fréquentations familières.

ACCOINTER (S') v. pr. [avec]. Fam. et péjor. Se lier intimement.

ACCOLADE n. f. Action de tenir entre les bras en marque d'amitié, lors d'une remise de décoration en particulier. ‖ Signe qui réunit des mots, des lignes ou des chiffres. ‖ *Archit.* Arc constitué

acanthe plante

acanthe ornement

Loirat-C. D. Tétrel

de deux courbes symétriques, alternativement convexe et concave, et dont la rencontre forme un angle aigu (gothique flamboyant). ‖ *Féod.* Coup du plat d'une épée, donné sur l'épaule d'un chevalier au moment de sa réception.

ACCOLAGE n. m. Fixation des sarments à des espaliers.

ACCOLEMENT n. m. Action de réunir.

ACCOLER v. t. (de *cou*). Réunir plusieurs lignes par un trait de plume. ‖ Mettre ensemble : *accoler une particule à un nom.* ● *Accoler la vigne,* la lier à l'échalas.

ACCOMMODANT, E adj. Arrangeant, conciliant.

ACCOMMODAT n. m. *Biol.* Changement adaptatif intransmissible, présenté par un être hors de son milieu habituel.

ACCOMMODATION n. f. Action d'accommoder ou de s'accommoder. ‖ *Biol.* Ensemble des modifications morphologiques et physiologiques non héréditaires permettant la survie d'un être vivant dans un nouveau milieu. ‖ *Physiol.* Modification de la courbure du cristallin de l'œil, qui permet la formation d'images nettes sur la rétine.

ACCOMMODEMENT n. m. Arrangement visant à terminer un différend.

ACCOMMODER v. t. (lat. *commodus,* convenable). Adapter : *accommoder ses paroles aux circonstances.* ‖ Apprêter : *accommoder une salade.* ◆ v. i. En parlant de l'œil, réaliser l'accommodation. ◆ **s'accommoder** v. pr. [**de**]. Se contenter de : *s'accommoder de tout.*

ACCOMPAGNATEUR, TRICE n. Personne qui accompagne un chanteur ou un instrumentiste à l'aide d'un instrument ou de la voix. ‖ Personne qui accompagne et dirige un groupe de touristes, de voyageurs, d'enfants, etc.

ACCOMPAGNEMENT n. m. Action d'accompagner. ‖ *Mil.* Action de soutenir ou de protéger par le feu : *tir d'accompagnement.* ‖ *Mus.* Partie ou parties accessoires instrumentales ou vocales, soutenant une partie principale vocale ou instrumentale.

ACCOMPAGNER v. t. Aller à la *suite de qqn,* avec lui; escorter. ‖ Ajouter, joindre : *accompagner ses paroles d'un geste de menace.* ‖ *Mus.* Soutenir le chant au moyen d'un accompagnement.

ACCOMPLI, E adj. Parfait en tout point : *ménagère accomplie.* ● *Fait accompli,* chose, événement sur lesquels on ne peut plus revenir.

ACCOMPLI n. m. *Ling.* Forme verbale indiquant que l'action est achevée (passé composé). [Syn. PERFECTIF.]

ACCOMPLIR v. t. (lat. *complere,* remplir). Exécuter, faire, réaliser entièrement : *accomplir un projet, son service militaire.*

ACCOMPLISSEMENT n. m. Achèvement, réalisation.

ACCON ou **ACON** n. m. Petit bateau servant pour le chargement des navires.

ACCONAGE ou **ACONAGE** n. m. Opérations effectuées par l'acconier.

ACCONIER ou **ACONIER** n. m. Entrepreneur de manutention chargé d'embarquer et de débarquer les marchandises des navires de commerce, de les reconnaître et de les entreposer.

ACCORD n. m. Conformité de sentiments, de désirs : *vivre en parfait accord.* ‖ Parfaite adapta-

accords parfaits

majeur   mineur

tion entre les choses : *accord entre le geste et les paroles.* ‖ Convention, arrangement : *accord entre les deux grandes puissances; accord d'entreprise.* ‖ *Ling.* Rapport entre des mots variant en même temps : *accord du verbe avec son sujet.* ‖ *Mus.* Superposition de notes se référant aux règles de l'harmonie : *accords consonants,*

dissonants. ‖ Action d'accorder un instrument. ‖ Manière d'être accordé : *accord du violon, « solré-la-mi ».* ● *Accord parfait* (Mus.), superposition de la tonique, de la médiante et de la dominante. ‖ *D'accord,* assurément; oui. ‖ *D'un commun accord,* tout le monde étant du même avis. ‖ *Être, tomber d'accord,* être du même avis. ‖ *Se mettre d'accord,* parvenir à s'entendre.

ACCORDABLE adj. Qui peut être accordé.

ACCORDAGE ou **ACCORDEMENT** n. m. Action d'accorder un instrument à cordes.

ACCORD-CADRE n. m. (pl. *accords-cadres*). Accord entre le gouvernement et les syndicats ou entre les syndicats et le patronat, servant de modèle à un accord ultérieur plus détaillé.

ACCORDÉON n. m. (all. *Akkordion*). Instrument de musique portatif, à claviers ou à boutons, dont le son est produit par des anches de métal mises en vibration par un soufflet.

ACCORDÉONISTE n. Musicien qui joue de l'accordéon.

ACCORDER v. t. (lat. pop. *accordare;* de *cor, cœur*). Consentir à donner : *accorder une faveur.* ‖ *Ling.* Faire l'accord entre les mots selon les règles. ‖ *Mus.* Mettre les sons d'un instrument en rapport avec le diapason; mettre d'accord des instruments entre eux. ● *Accorder des couleurs,* les mettre en harmonie. ◆ **s'accorder** v. pr. Avoir le même avis, les mêmes sentiments. ‖ *Ling.* Varier en même temps qu'un autre mot : *l'adjectif s'accorde avec le nom.*

ACCORDEUR n. m. Celui qui accorde les instruments de musique.

ACCORDOIR n. m. Outil pour accorder des instruments de musique.

ACCORE [akɔr] adj. (néerl. *schore*). *Mar.* Se dit d'une côte plongeant verticalement dans une mer profonde.

ACCORE n. f. (néerl. *schore*). Pièce de bois maintenant un navire pendant sa construction.

ACCORTE adj. f. (it. *accorto,* avisé). *Litt.* Gracieuse, avenante.

ACCOSTAGE n. m. Action d'accoster. ● *Ouvrage d'accostage,* ouvrage maritime permettant aux navires de s'amarrer dans un avant-port.

ACCOSTER v. t. (anc. fr. *coste,* côte). Aborder qqn pour lui parler. ‖ En parlant d'un navire,

s'approcher bord à bord : *accoster un navire, un quai.*

ACCOTEMENT n. m. Espace compris entre le fossé et la chaussée d'une route. ‖ Ballast latéral d'une voie de chemin de fer.

ACCOTER v. t. (lat. *cubitus,* coude). Appuyer par un côté. ◆ **s'accoter** v. pr. [**à, contre**]. S'appuyer.

ACCOTOIR n. m. Appui de bras sur les côtés d'un siège. (On dit aussi BRAS ou ACCOUDOIR.)

ACCOUCHEMENT n. m. Action d'accoucher. ● *Accouchement dirigé,* celui qui est provoqué ou contrôlé par un médecin-accoucheur, utilisant, outre l'action psychologique, des médicaments et, éventuellement, des interventions instrumentales (forceps). ‖ *Accouchement naturel,* celui qui se fait sans aucune intervention physique ni psychique. ‖ *Accouchement prématuré,* celui qui survient après le 180e jour de la grossesse et avant le 270e jour. (Avant le 180e, l'enfant n'est pas légalement viable.) ‖ *Accouchement sans douleur,* méthode de prophylaxie psychique qui permet de supprimer la crainte des femmes enceintes et d'atténuer la douleur de l'accouchement. (Il nécessite une préparation psychologique et une gymnastique spéciale.)

ACCOUCHER v. i. et t. ind. [**de**] (de *couche*). Mettre au monde : *accoucher d'un garçon.* ● *Accouche!* (Fam.), parle donc. ◆ v. t. Aider à accoucher : *accoucher une femme.*

ACCOUCHEUR, EUSE n. Médecin qui fait des accouchements.

ACCOUDEMENT n. m. Action de s'appuyer sur le coude.

ACCOUDER (S') v. pr. [**à, sur**]. S'appuyer sur le(s) coude(s) : *s'accouder à la fenêtre.*

ACCOUDOIR n. m. Appui pour s'accouder.

ACCOUPLE n. f. Lien servant à attacher les chiens ensemble.

ACCOUPLEMENT n. m. Rapprochement physique de deux individus de même espèce et de sexe opposé, assurant la reproduction. (L'accouplement est de règle chez les animaux terrestres; il peut manquer dans les espèces aquatiques.) ‖ Dispositif permettant de grouper deux ou plusieurs éléments de machine.

ACCOUPLER v. t. Joindre deux choses

ACCOUCHEMENT

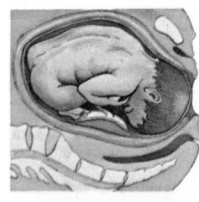
1
Début
de distension
du périnée

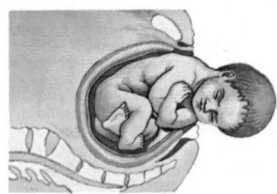
4
Dégagement
des épaules

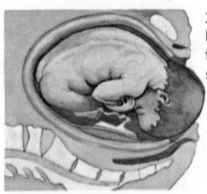
2
L'accoucheur
fixe la tête
sur le périnée

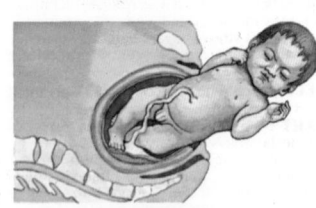
5
Dégagement
de l'abdomen

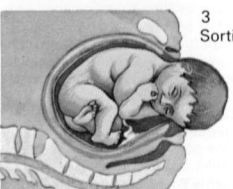
3
Sortie de la tête

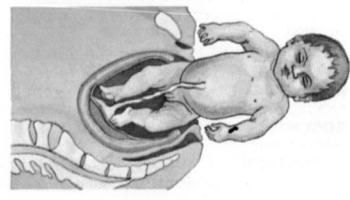
6
L'enfant
est encore
relié
à sa mère
par le
cordon
ombilical

à manchon boulonné

à plateaux

à genouillère

élastique

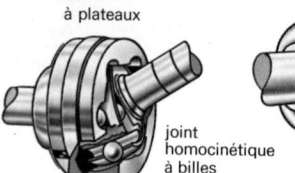
joint homocinétique à billes

à engrenages

ACCOUPLEMENT

ensemble ; mettre deux à deux : *accoupler des roues, des bœufs.* ● *Accoupler deux machines,* rendre solidaire l'arbre moteur de l'une avec l'arbre résistant de l'autre, ceux-ci étant placés bout à bout. ◆ **s'accoupler** v. pr. S'unir pour la reproduction.

ACCOURIR v. i. (lat. *accurrere*) [conj. **21**, auxil. *avoir* ou *être*]. Venir en hâte.

ACCOUTREMENT n. m. Habillement bizarre ou ridicule.

ACCOUTRER (S') v. pr. (lat. *consutura,* couture). S'habiller d'une manière ridicule.

ACCOUTUMANCE n. f. Adaptation permettant aux êtres vivants de supporter sans dommage immédiat des doses croissantes de substances toxiques ou de stupéfiants.

ACCOUTUMÉ, E adj. Ordinaire, habituel. ◆ loc. adv. *À l'accoutumée* (Litt.), à l'ordinaire.

ACCOUTUMER v. t. [à]. Disposer qqn à supporter, à faire. ◆ **s'accoutumer** v. pr. [à]. Prendre l'habitude.

ACCOUVAGE n. m. Action de faire éclore en général au moyen de couveuses artificielles, les œufs des oiseaux de basse-cour.

ACCOUVEUR, EUSE n. Personne qui pratique l'accouvage.

ACCRÉDITER v. t. (de *crédit*). Donner l'autorité nécessaire comme représentant d'un pays : *accréditer un ambassadeur.* ‖ Rendre croyable : *accréditer un bruit.* ‖ *Dr.* Faire ouvrir un crédit à qqn auprès d'une banque. ◆ **s'accréditer** v. pr. Se propager : *le bruit de sa démission s'accrédita.*

ACCRÉDITEUR n. m. *Dr.* Celui qui donne sa garantie en faveur d'un tiers.

ACCRÉDITIF, IVE adj. *Dr.* Qui accrédite.

ACCRÉDITIF n. m. *Dr.* Document remis par un banquier à son client pour lui permettre d'obtenir des fonds ou du crédit chez un banquier d'une autre place.

ACCRESCENT, E [akrɛsɑ̃, ɑ̃t] adj. *Bot.* Se dit des parties de la fleur autres que l'ovaire lorsqu'elles continuent à croître après la fécondation.

ACCRÉTION n. f. Capture de matière extérieure par une étoile, ou une planète en formation, sous l'effet de la gravitation. ‖ *Géol.* Accroissement d'une région continentale ou océanique par apport de matériaux extérieurs.

ACCROC [akro] n. m. (de *accrocher*). Déchirure : *faire un accroc à sa robe.* ‖ Incident malheureux, difficulté imprévue : *le voyage s'est terminé sans accroc.*

ACCROCHAGE n. m. Action d'accrocher, de s'accrocher : *l'accrochage d'un tableau, de deux voitures ; un accrochage entre un père et son fils.* ‖ *Mil.* Engagement fortuit ou de faible importance : *un accrochage de patrouilles.* ‖ *Min.* Débouché d'une galerie dans un puits.

ACCROCHE-CŒUR n. m. (pl. *accroche-cœurs* ou inv.). Petite mèche de cheveux aplatie en boucle sur la tempe ou sur le front.

ACCROCHE-PLAT n. m. (pl. *accroche-plats* ou inv.). Support destiné à l'accrochage sur les murs de pièces de céramique.

ACCROCHER v. t. (de *croc*). Suspendre à un crochet, à un clou : *accrocher un tableau au mur.* ‖ Faire une déchirure : *accrocher un bas.* ‖ Heurter légèrement un véhicule. ‖ Engager un combat inopiné et bref. ‖ *Fam.* Réussir à obtenir, à saisir : *accrocher une commande.* ‖ Arrêter qqn dans sa marche. ◆ **s'accrocher** v. pr. Se cramponner, se retenir avec force : *s'accrocher à la vie.* ‖ *Fam.* Se disputer. ● *Tu peux te l'accrocher!* (Pop.), tu peux être sûr que tu ne l'auras pas.

ACCROCHEUR, EUSE adj. et n. *Fam.* Tenace, opiniâtre. ‖ Qui retient l'attention : *un titre accrocheur.*

ACCROIRE v. t. (lat. *accredere*). *En faire accroire* (Litt.), abuser de la crédulité de qqn.

ACCROISSEMENT n. m. Action d'accroître ; augmentation.

ACCROÎTRE v. t. (lat. *accrescere*) [conj. **60**, part. pass. *accru*]. Rendre plus grand, plus intense : *accroître le pouvoir d'achat, l'anxiété.* ◆ **s'accroître** v. pr. Augmenter : *sa popularité s'accroît.*

ACCROUPIR (S') v. pr. S'asseoir sur ses talons.

ACCROUPISSEMENT n. m. Position d'une personne accroupie.

ACCRU, E adj. Plus grand : *une décentralisation accrue.*

ACCRU n. m. Rejeton produit par les racines.

ACCRUE n. f. Augmentation d'un terrain par le retrait des eaux, d'une forêt par l'extension de ses racines sur le terrain voisin.

ACCU n. m. Abrév. de ACCUMULATEUR.

ACCUEIL n. m. Réception faite à qqn : *accueil chaleureux, glacial.* ● *Centre d'accueil,* lieu où l'on reçoit des réfugiés, des sinistrés, des réfugiés.

ACCUEILLANT, E adj. Qui fait bon accueil : *famille accueillante.*

ACCUEILLIR v. t. (conj. **12**). Recevoir qqn bien ou mal : *accueillir à bras ouverts, froidement.* ‖ Apprendre, accepter : *accueillir une nouvelle, une demande.*

ACCULER v. t. Pousser dans un endroit, une situation où l'on ne peut plus reculer : *acculer qqn au mur, à la faillite.*

ACCULTURATION n. f. Adaptation, forcée ou non, à une nouvelle culture matérielle, à de nouvelles croyances, à de nouveaux comportements.

ACCULTURER v. t. Adapter à une nouvelle culture un individu ou un groupe.

ACCUMULATEUR n. m. Appareil qui emmagasine de l'énergie pour la restituer à mesure des besoins. ‖ *Inform.* Registre de l'organe de calcul de l'ordinateur, dans lequel une suite de nombres positifs ou négatifs peuvent être cumulés. ● *Accumulateur électrique,* appareil emmagasinant de l'énergie sous forme chimique pour la restituer sous forme électrique. ‖ *Accumula-*

teur hydraulique, appareil qui emmagasine de l'énergie sous forme de pression d'un liquide.

V. ill. page suivante

ACCUMULATION n. f. Action d'accumuler : *accumulation de richesses, de preuves.* ‖ Entassement de matériaux sous l'action des eaux courantes, des glaciers, du vent, de la mer, etc. ● *Accumulation du capital,* dans une société capitaliste, reproduction élargie du capital par incorporation croissante de plus-value. ‖ *Chauffage par accumulation,* dispositif de chauffage électrique utilisant le courant pendant les heures creuses et restituant à la demande la chaleur ainsi emmagasinée.

ACCUMULER v. t. (lat. *accumulare*). Mettre ensemble, entasser : *accumuler des marchandises, des témoignages.*

ACCUSATEUR, TRICE adj. et n. Qui accuse qqn. ◆ n. m. *Accusateur public,* pendant la Révolution française, ministère public près d'un tribunal criminel.

ACCUSATIF n. m. *Ling.* Cas des déclinaisons grecque, latine, etc., indiquant le complément d'objet direct ou la destination.

ACCUSATION n. f. Action de déférer en justice ou de signaler comme répréhensible : *Le ministère public.* ● *Acte d'accusation,* exposé des délits imputés à un accusé par le ministère public.

ACCUSATOIRE adj. *Système accusatoire* (Dr.), procédure dans laquelle les parties mènent le procès devant un arbitre impartial, le juge.

ACCUSÉ, E n. Personne à qui l'on impute une infraction pénale ; inculpé, prévenu. ◆ n. m. *Accusé de réception,* avis informant qu'un envoi a été reçu par son destinataire.

ACCUSER v. t. (lat. *accusare*). Représenter qqn comme coupable d'un délit, d'une faute, d'un défaut : *accuser de meurtre, de négligence, de malhonnêteté.* ‖ Mettre en relief, voir, indiquer : *ses traits accusent de la fatigue.* ● *Accuser le coup* (Fam.), montrer par ses réactions qu'on a été touché. ‖ *Accuser réception,* faire savoir qu'on a reçu un envoi. ◆ **s'accuser** v. pr. Se reconnaître coupable : *s'accuser de ses fautes.* ‖ S'accentuer : *sa mauvaise humeur s'accuse avec l'âge.*

ACE [es] n. m. (mot angl.). Au tennis, balle de service que l'on ne peut toucher l'adversaire.

ACÉPHALE [asefal] adj. (gr. *kephalê,* tête). Se dit d'un animal, d'une statue dépourvus de tête.

ACÉPHALE n. m. Syn. de BIVALVE.

ACÉRACÉE n. f. (lat. *acer,* érable). Plante dicotylédone faisant partie de la famille des acéracées et dont le type est l'érable.

ACERBE adj. (lat. *acerbus*). Mordant : *critique acerbe.*

ACÉRÉ, E adj. Tranchant, aigu : *griffes acérées.* ‖ *Litt.* Mordant, caustique : *sous son air affable se cache un esprit acéré.*

ACESCENCE [asesɑ̃s] n. f. Disposition à devenir acide.

ACESCENT, E adj. Qui devient acide : *bière acescente.*

ACÉTABULE n. m. (lat. *acetabulum*). *Anat.* Cavité articulaire de l'os iliaque, recevant la tête du fémur. ‖ *Zool.* Excavation d'une coquille ou d'un polypier, dans laquelle l'animal s'est fixé.

ACÉTAL n. m. Nom générique de corps obtenus par action des aldéhydes sur les alcools.

ACÉTAMIDE n. m. Amide de l'acide acétique CH_3CONH_2.

ACÉTATE n. m. (lat. *acetum,* vinaigre). *Chim.* Sel de l'acide acétique : *acétate de cuivre.* ‖ *Text.* Fibre artificielle obtenue par action de l'anhydride et de l'acide acétiques sur de la cellulose.

ACÉTEUX, EUSE adj. Qui a le goût du vinaigre.

ACÉTIFICATION n. f. Action d'acétifier.

ACÉTIFIER v. t. Convertir en acide acétique.

ACÉTIMÈTRE n. m. Instrument pour apprécier la concentration d'un vinaigre.

ACÉTIQUE adj. Se dit de l'acide CH_3CO_2H, auquel le vinaigre doit sa saveur, et des composés qui en dérivent. ● *Fermentation acétique*, fermentation bactérienne qui transforme l'alcool en acide acétique. (La fermentation acétique du vin fournit le vinaigre.)

ACÉTOBACTER n. m. Bactérie responsable de la transformation de l'alcool en acide acétique.

ACÉTONE n. f. Liquide incolore CH_3COCH_3, d'odeur éthérée, volatil, inflammable, à fonction cétone, utilisé comme solvant.

ACÉTONÉMIE n. f. Présence anormale d'acétone et de corps voisins dans le sang, indice d'un trouble du métabolisme des lipides.

ACÉTONÉMIQUE adj. Relatif à l'acétonémie.

ACÉTONURIE n. f. *Méd.* Présence d'acétone dans les urines.

ACÉTYLCELLULOSE n. f. Ester acétique de la cellulose. (C'est une matière plastique, incolore, bien moins inflammable que les nitrocelluloses, dont on fait des feuilles, des fils, des vernis.)

ACÉTYLCHOLINE [asetilkɔlin] n. f. Médiateur chimique libéré par les nerfs parasympathiques pendant leur fonctionnement.

ACÉTYLCOENZYME A n. f. Coenzyme jouant un rôle capital dans le métabolisme des aliments et des réserves chez l'animal et l'homme.

ACÉTYLE n. m. Radical univalent $CH_3CO—$ dérivant de l'acide acétique.

ACÉTYLÈNE n. m. Hydrocarbure non saturé gazeux à triple liaison C_2H_2, que l'on obtient en traitant le carbure de calcium par l'eau.

ACÉTYLÉNIQUE adj. Se dit d'un composé chimique dérivant de l'acétylène.

ACÉTYLSALICYLIQUE adj. *Acide acétylsalicylique*, nom savant de l'aspirine.

ACÉTYLURE n. m. Dérivé métallique de l'acétylène.

ACHAINE [akɛn] n. m. → AKÈNE.

ACHALANDÉ, E adj. (*chaland*, acheteur). Qui a des clients (vx). || Fourni en marchandises : *une boutique bien achalandée*. (Déconseillé par certains grammairiens.)

ACHALASIE [akalazi] n. f. (*a* priv., et gr. *kalasis*, relâchement). *Méd.* Perte de la coordination des mouvements du tube digestif avec absence de relâchement d'un de ses segments, entraînant un arrêt du transit et une dilatation en amont.

ACHARISME [akarism] n. m. Doctrine religieuse d'*al-Ach'arī* (873-935), proche de l'islām sunnite.

ACHARNÉ, E adj. Qui témoigne d'une grande ardeur, d'une forte obstination : *combat acharné; joueur acharné*.

ACHARNEMENT n. m. Grande obstination, ardeur opiniâtre : *combattre, travailler avec acharnement.* ● *Acharnement thérapeutique*, emploi de tous les moyens thérapeutiques possibles pour maintenir en vie un malade dont l'état est désespéré.

ACHARNER (S') v. pr. (anc. fr. *charn*, chair). S'attacher avec violence ou obstination à qqch, à faire qqch, à attaquer qqn : *s'acharner à un jeu, à convaincre, contre un adversaire.*

ACHAT [aʃa] n. m. Action d'acheter. || Objet acheté. ● *Mobile d'achat*, impulsion inconsciente ou inavouée spontanément qui participe au déclenchement d'un achat. || *Ordre d'achat*, bon de commande transmis par l'acheteur à un fournisseur.

ACHE n. f. (lat. *apium*). Plante à feuilles découpées et à petites fleurs blanches en ombelles, dont une espèce cultivée est le *céleri*. (Famille des ombellifères.) [La feuille d'ache, stylisée, forme les fleurons des couronnes de duc et de marquis.]

ACHEB [akɛb] n. m. (mot ar.). Formation végétale du Sahara, constituée de petites plantes éphémères développées après une averse.

ACHEMINEMENT n. m. Action d'acheminer : *l'acheminement de la correspondance.*

ACHEMINER v. t. Diriger vers un lieu : *acheminer du courrier.* ◆ **s'acheminer** v. pr. Se diriger vers un lieu; aller vers un résultat : *s'acheminer vers une détente internationale.*

ACHETABLE adj. Qui peut être acheté.

ACHETER v. t. (lat. *ad*, et *captare*, saisir) [conj. **4**]. Obtenir contre paiement. || Obtenir avec peine : *acheter très cher son bonheur.* || Payer la complicité, les faveurs : *acheter des témoins.*

ACHETEUR, EUSE n. Personne qui achète soit à titre particulier, soit pour une entreprise commerciale.

ACHEULÉEN, ENNE [aʃøleɛ̃, ɛn] adj. et n. m. (de *Saint-Acheul*, dans la Somme). Se dit du principal faciès culturel du paléolithique inférieur, caractérisé par des bifaces réguliers taillés au percuteur tendre.

ACHEVÉ, E adj. *D'un ridicule achevé*, grotesque.

ACHÈVEMENT n. m. Exécution complète : *achèvement des travaux.*

ACHEVER v. t. (anc. fr. *chef*, bout) [conj. **5**]. Finir ce qui est commencé; terminer : *achever un travail.* || Donner le dernier coup qui tue; finir d'accabler : *achever un animal blessé; cette mauvaise nouvelle l'a achevé.*

ACHIGAN [aʃigɑ̃] n. m. (mot amérindien). Au Canada, nom usuel du *black-bass.*

Achille (tendon d'). *Anat.* Tendon d'insertion du triceps sural (du mollet) sur le calcanéum, qui permet l'extension du pied sur la jambe.

ACHILLÉE [akile] n. f. Plante à feuilles très découpées, dont l'espèce la plus commune est la *mille-feuille.* (Famille des composées.)

ACHONDROPLASIE [akɔ̃droplazi] n. f. Anomalie de l'ossification des cartilages, provoquant un nanisme marqué surtout aux membres.

ACHOPPEMENT n. m. *Pierre d'achoppement*, cause de difficulté, d'échec.

ACHOPPER v. i. *Litt.* Buter du pied contre qqch. || Être arrêté par une difficulté.

ACHROMAT [akrɔma] n. m. Objectif achromatique.

ACHROMATIQUE adj. (gr. *khrôma*, couleur). Qui laisse passer la lumière blanche sans la décomposer. || Se dit de constituants cellulaires qui ne prennent pas les colorants.

ACHROMATISME n. m. Suppression des irisations accompagnant l'image d'un objet fournie par une lentille. || Propriété des lentilles achromatiques.

ACHROMATOPSIE n. f. Affection de l'œil empêchant de distinguer les couleurs.

ACHYLIE [aʃili] n. f. Anomalie du suc gastrique qui ne contient ni pepsine ni acide chlorhydrique.

ACICULAIRE adj. *Minér.* Qui cristallise en fines aiguilles. || *Bot.* Qui se termine en pointe.

ACIDALIE n. f. Papillon nocturne à ailes blanchâtres, ocre ou pourpres suivant les espèces, commun partout. (Famille des géométridés.)

ACIDE adj. (lat. *acidus*). Qui a une saveur aigre : *le citron est acide.* || Désagréable : *parler d'un ton acide.* ● *Roche acide* (Géol.), roche endogène contenant plus de 65 p. 100 de silice.

ACIDE n. m. *Chim.* Composé hydrogéné, dont la solution dans l'eau fournit des ions H^+, et qui agit sur les bases et sur de nombreux métaux, en formant des sels par substitution du métal à l'hydrogène entrant dans sa composition. (Il fait virer au rouge la teinture bleue de tournesol.) | *Fam.* Le L.S.D.

ACIDIFIABLE adj. Qui peut être converti en acide.

ACIDIFICATION n. f. *Chim.* Action d'acidifier.

ACIDIFIER v. t. Rendre plus acide. || *Chim.* Transformer en acide.

ACIDIMÉTRIE n. f. Mesure de la concentration d'un acide.

ACIDITÉ n. f. Saveur aigre, piquante : *l'acidité de l'oseille.* || Caractère mordant, causticité. || *Chim.* Caractère acide d'une substance.

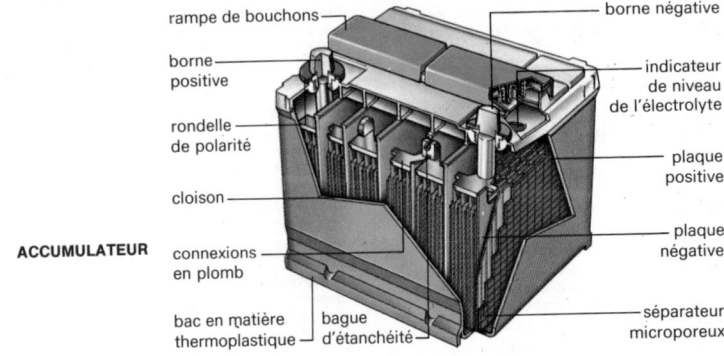

rampe de bouchons
borne négative
borne positive
indicateur de niveau de l'électrolyte
rondelle de polarité
plaque positive
cloison
plaque négative
ACCUMULATEUR
connexions en plomb
bac en matière thermoplastique
bague d'étanchéité
séparateur microporeux

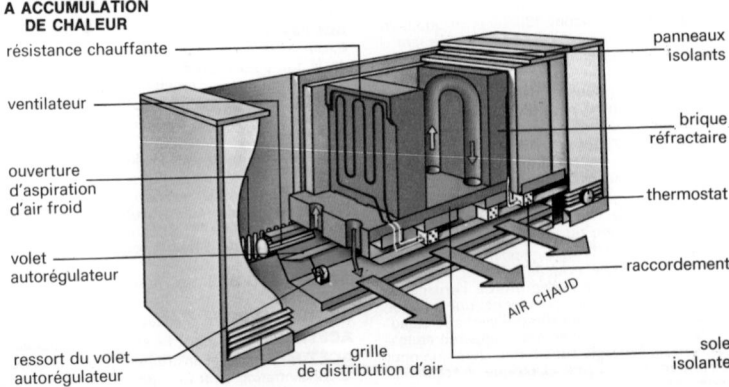

RADIATEUR A ACCUMULATION DE CHALEUR
résistance chauffante
panneaux isolants
ventilateur
brique réfractaire
ouverture d'aspiration d'air froid
thermostat
volet autorégulateur
raccordement
AIR CHAUD
ressort du volet autorégulateur
grille de distribution d'air
sole isolante

ACIDO-ALCALIMÉTRIE n. f. Mesure du caractère acide ou alcalin d'un milieu.

ACIDO-BASIQUE adj. *Équilibre acido-basique,* rapport constant qui existe dans l'organisme entre les acides et les bases (ou alcalins), et qui se traduit par la stabilité du pH du sang.

ACIDOCÉTOSE n. f. *Méd.* Acidose accompagnée de la présence de cétones dans le sang, observée dans les diabètes graves.

ACIDOPHILE adj. Se dit des plantes se développant bien sur les sols acides (bruyères, ajoncs).

ACIDOSE n. f. État pathologique du sang présentant une réaction acide, caractéristique du diabète grave, d'intoxications, etc.

ACIDULÉ, E adj. Légèrement acide : *bonbon acidulé.*

ACIER n. m. (lat. *acies,* pointe). Alliage de fer et de carbone contenant moins de 1,8 p. 100 de carbone et susceptible d'acquérir, par des traitements mécaniques et thermiques, des propriétés très variées. ● *Acier allié* ou *spécial,* acier constitué par un alliage du fer avec un autre métal (nickel, chrome, cuivre, tungstène). ‖ *Acier*

procédés d'aciérie de convertissage de la fonte en acier. ‖ *Acier tréfilé,* acier moins riche en carbone que l'acier coulé, que l'on passe à la filière pour obtenir des fils pour câbles.

V. ill. page suivante

ACIÉRAGE n. m. Opération permettant de donner à certains métaux la dureté de l'acier.

ACIÉRÉ, E adj. Qui ressemble à l'acier; qui contient de l'acier; recouvert d'acier. ● *Fonte aciérée,* fonte grise dont la teneur en carbone est relativement faible (2 à 3 p. 100).

ACIÉRER v. t. (conj. **5**). Convertir du fer en acier : *le carbone acière le fer.*

ACIÉRIE n. f. Établissement industriel spécialisé dans la fabrication de l'acier.

ACIÉRISTE n. Spécialiste de la fabrication de l'acier.

ACINEUSE adj. f. Se dit des glandes simples, ou complexes (*glandes en grappe*), dont les parties sécrétrices sont des *acini.*

ACONIER n. m. → ACCONIER.

ACONIT [akɔnit] n. m. (gr. *akoniton*). Plante vénéneuse des régions montagneuses, à feuilles vert sombre, découpées, et à fleurs bleues chez l'aconit napel, possédant un pétale supérieur en forme de casque. (On le cultive souvent dans les jardins.) [Haut. 1 m; famille des renonculacées.)

ACONITINE n. f. Alcaloïde extrait de la racine de l'aconit napel et utilisé à dose faible en médecine. (Très toxique à dose élevée, l'aconitine paralyse les muscles respiratoires et entraîne la mort par syncope.)

A CONTRARIO [akɔ̃trarjo] loc. adv. (mots lat.). *Raisonnement a contrario,* qui conclut d'une opposition dans les hypothèses à une opposition dans les conséquences.

ACOQUINER (S') v. pr. [à, avec]. *Péjor.* Se lier avec qqn, le prendre pour complice.

ACORE n. m. Plante des marais, vivace par son rhizome, originaire de l'Inde, naturalisée en Europe, appelée aussi *roseau aromatique.* (Famille des aracées.)

À-CÔTÉ n. m. (pl. *à-côtés*). Ce qui est acces-

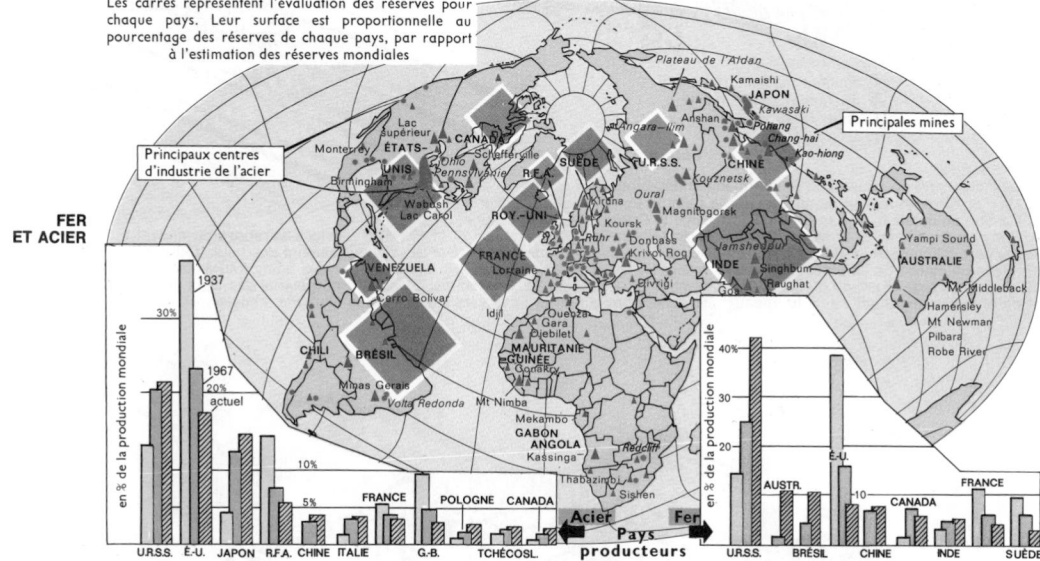

Les carrés représentent l'évaluation des réserves pour chaque pays. Leur surface est proportionnelle au pourcentage des réserves de chaque pays, par rapport à l'estimation des réserves mondiales

FER ET ACIER

Principaux centres d'industrie de l'acier

Principales mines

---

coulé ou *moulé,* acier très dur, riche en carbone, obtenu par moulage de fonderie. ‖ *Acier à coupe rapide* ou *acier rapide,* acier spécial très dur, utilisé pour la confection d'outils de coupe à grande vitesse. ‖ *Acier au creuset,* acier élaboré par fusion des éléments d'alliage dans un creuset. ‖ *Acier demi-doux,* acier ayant de 0,25 à 0,40 p. 100 de carbone. ‖ *Acier demi-dur,* acier ayant de 0,40 à 0,60 p. 100 de carbone. ‖ *Acier doux,* acier ayant de 0,15 à 0,25 p. 100 de carbone. ‖ *Acier dur,* acier ayant de 0,60 à 0,70 p. 100 de carbone. ‖ *Acier extradoux,* acier ayant moins de 0,15 p. 100 de carbone. ‖ *Acier extradur,* acier ayant plus de 0,70 p. 100 de carbone. ‖ *Acier forgé,* acier à faible teneur en carbone, soudable à lui-même à la forge. ‖ *Acier inoxydable,* acier spécial résistant aux divers agents de corrosion à température ambiante ou modérée (300 °C). ‖ *Acier laminé,* acier à teneur modérée en carbone, ou faiblement allié, permettant d'obtenir par laminage des tôles, des rails ou des profilés. ‖ *Acier maraging,* alliage de fer et de nickel, à basse teneur en carbone. ‖ *Acier à l'oxygène,* acier obtenu par l'un des

ACINUS [asinys] n. m. (pl. *acini*). Masse arrondie de quelques cellules sécrétrices, autour de l'extrémité en cul-de-sac du canal d'une glande.

ACLINIQUE adj. (*a* priv., et gr. *klinein,* incliner). Se dit d'un lieu où l'inclinaison de l'aiguille aimantée est nulle.

ACMÉ n. m. ou f. (gr. *akmê,* sommet). *Litt.* Point culminant; apogée : *l'acmé de la vie.*

ACMÉISME n. m. École littéraire russe du début du XXe s., qui réagit contre le symbolisme.

ACNÉ n. f. (gr. *akmê,* pointe). Maladie de la peau, caractérisée par des boutons (papules, pustules), principalement sur la face.

ACOLYTAT n. m. Ordre mineur catholique maintenu par la réforme de 1972.

ACOLYTE n. m. (gr. *akolouthos,* serviteur). Servant du prêtre à l'autel. ‖ *Péjor.* Compagnon habituel; complice.

ACOMPTE n. m. Paiement partiel à valoir sur le montant d'une somme à payer.

ACON n. m. → ACCON.

ACONAGE n. m. → ACCONAGE.

aconit

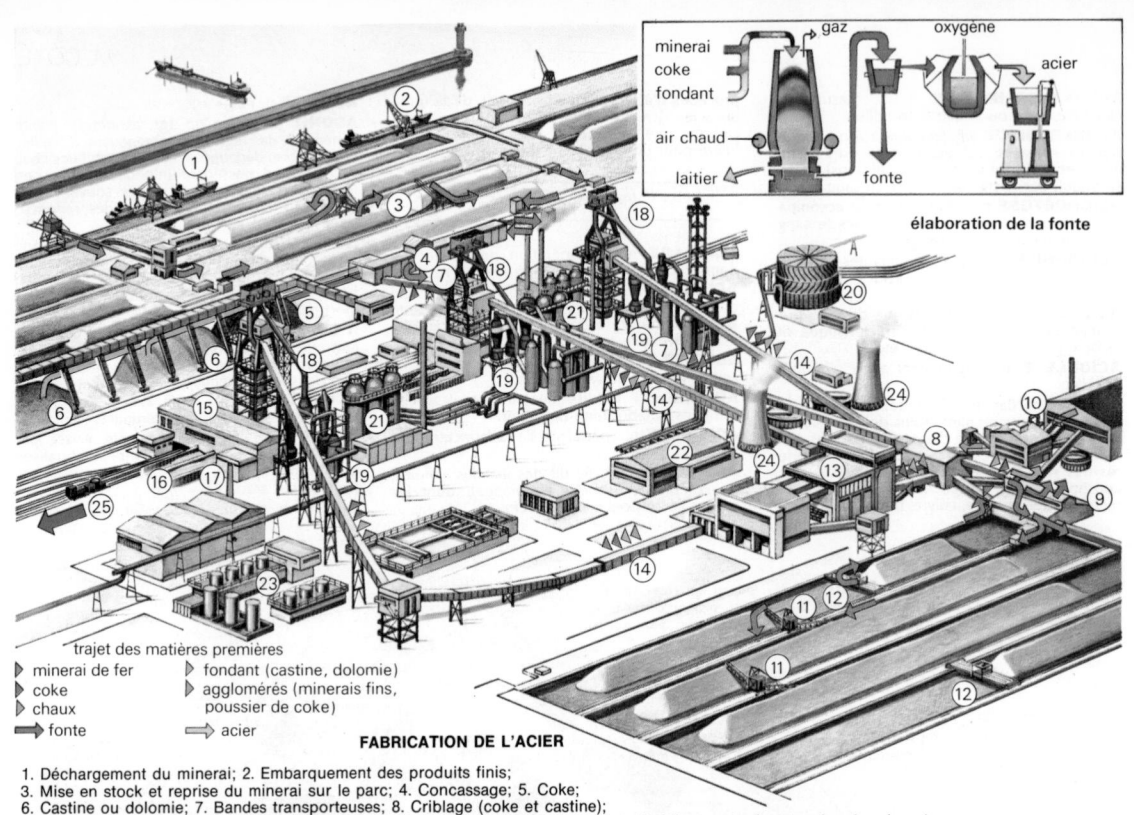

mineral
coke
fondant

gaz

oxygène

acier

air chaud

laitier

fonte

élaboration de la fonte

trajet des matières premières

▷ minerai de fer
▷ coke
▷ chaux
⇨ fonte

▷ fondant (castine, dolomie)
▷ agglomérés (minerais fins, poussier de coke)
⇨ acier

FABRICATION DE L'ACIER

1. Déchargement du minerai; 2. Embarquement des produits finis;
3. Mise en stock et reprise du minerai sur le parc; 4. Concassage; 5. Coke;
6. Castine ou dolomie; 7. Bandes transporteuses; 8. Criblage (coke et castine);
9. Criblage du minerai et broyage du coke; 10. Installation d'agglomération; 11 et 12. Mise en stock et reprise du minerai
sur le parc d'homogénéisation; 13. Accumulateurs de matières premières; 14. Bandes de chargement des hauts fourneaux;
15. Halle de coulée de la fonte; 16. Fosse à laitier; 17. Granulation du laitier; 18. Sortie du gaz des hauts fourneaux;
19. Dépoussiérage et lavage du gaz; 20. Gazomètre; 21. Cowpers; 22. Soufflantes; 23 et 24. Réfrigérants des eaux de lavage du gaz
et de refroidissement des hauts fourneaux; 25. Acheminement de la fonte vers l'aciérie ou la machine à couler.

élaboration de l'acier

Doc. Usinor

1. Réception de la fonte; 2. Mélangeur; 3. Convertisseur; 4. Transfert des poches vers les halles de coulées; 5. Coulée en lingotières;
6. Transfert vers la halle de strippage (démoulage); 7. Coulée en continu, tourniquet présentant la poche au-dessus des moules;
8. Machines d'oxycoupage; 9. Brames; 10. Pont d'évacuation des brames; 11. Mise en état des lingotières; 12. Préparation de la chaux;
13. Évacuation du laitier; 14. Mise en état des poches et des quenouilles; 15. Transport pneumatique des échantillons vers les laboratoires;
16. Usine à eau et station de pompage; 17. Réfrigérant.

soire, en supplément : *les à-côtés d'une question; des petits à-côtés imprévus.*

À-COUP n. m. (pl. à-coups). Arrêt brusque suivi d'une reprise brutale. ● *Par à-coups,* par intermittence. ‖ *Sans à-coups,* sans incident.

ACOUPHÈNE n. m. (gr. *akouein,* entendre, et *phainein,* apparaître). *Pathol.* Sensation auditive non provoquée par un son et consistant en bourdonnement, sifflement, tintement, etc.

ACOUSMIE n. f. Hallucination auditive.

ACOUSTICIEN, ENNE n. Spécialiste d'acoustique.

ACOUSTIQUE adj. (gr. *akouein,* entendre). Relatif au son.

ACOUSTIQUE n. f. Partie de la physique qui étudie les sons. ‖ Qualité d'un local du point de vue de la propagation des sons.

ACQUA-TOFFANA [akwatɔfana] n. f. (it. *acqua,* eau, et *Toffana,* nom de femme). *Hist.* Poison célèbre en Italie, aux XVIᵉ et XVIIᵉ s.

ACQUÉREUR n. m. Acheteur.

ACQUÉRIR v. t. (lat. *acquirere*) [conj. **13**]. Devenir possesseur par le travail, par l'achat, par échange *(acquisition à titre onéreux)* ou bien par donation, par succession *(acquisition à titre gratuit).* ‖ Réussir à obtenir : *acquérir l'habitude de traiter les affaires.* ● *Acquérir un objectif* (Mil.), procéder à son acquisition. ‖ *Être acquis à une idée,* en être partisan.

ACQUÊT [akɛ] n. m. Bien acquis à titre onéreux pendant le mariage par l'un ou l'autre des époux ou par les deux.

ACQUIESCEMENT n. m. Adhésion, consentement, accord.

ACQUIESCER [akjese] v. t. ind. et i. [à] (lat. *acquiescere,* se reposer) [conj. **1**]. *Litt.* Consentir, dire oui : *acquiescer à un désir; acquiescer d'un signe de tête.*

ACQUIS, E adj. *Caractères acquis,* ceux dont l'individu était dépourvu à la naissance et que l'adaptation au milieu a fait surgir. ‖ *Vitesse acquise,* vitesse dont un corps est animé à un moment donné.

ACQUIS [aki] n. m. (de *acquérir*). Ensemble de connaissances, d'avantages, de droits obtenus par une action : *préserver les acquis de la révolution.*

ACQUISITION n. f. Achat, obtention : *acquisition d'un domaine; acquisition des connaissances.* ● *Acquisition d'un objectif* (Mil.), ensemble des opérations ayant pour but de l'identifier au profit d'armes chargées de l'atteindre.

ACQUIT [aki] n. m. (de *acquitter*). *Dr.* Reconnaissance écrite d'un paiement. ● *Par acquit de conscience,* pour éviter ensuite un regret. ‖ *Pour acquit,* mots qu'on écrit au verso d'un chèque, au bas d'un billet, pour certifier qu'ils ont été payés.

ACQUIT-À-CAUTION n. m. (pl. *acquits-à-caution*). Document administratif, qui permet de faire circuler des marchandises soumises à l'impôt indirect sans l'avoir payé.

ACQUITTABLE adj. Qui peut être acquitté.

ACQUITTÉ, E n. Personne déclarée non coupable par un tribunal.

ACQUITTEMENT n. m. Remboursement : *acquittement d'une dette.* ‖ Renvoi d'un accusé reconnu non coupable. (Contr. CONDAMNATION.)

ACQUITTER v. t. (de *quitte*). Payer ce qu'on doit : *acquitter ses impôts, une facture.* ‖ Déclarer non coupable : *acquitter un accusé.* ◆ *s'acquitter* v. pr. [de]. Faire ce qu'on doit : *s'acquitter de ses dettes, d'une promesse.*

ACRE n. f. (mot anglo-normand). Ancienne mesure agraire, qui valait en France environ 52 ares, mais variant d'un pays à un autre.

ÂCRE adj. (lat. *acer*). Piquant, irritant au goût, à l'odorat; corrosif : *l'odeur âcre de la fumée.*

ÂCRETÉ n. f. Qualité de ce qui est âcre.

ACRIDIEN n. m. Insecte orthoptère faisant partie de la famille des *acridiens* qui renferme 10 000 espèces et qui comprend notamment les *criquets* et les *locustes.*

ACRIMONIE n. f. (lat. *acrimonia*). *Litt.* Disposition à la mauvaise humeur; ton mordant.

ACRIMONIEUX, EUSE adj. *Litt.* Qui a de l'acrimonie.

ACROBATE n. (gr. *akrobatein,* aller sur la pointe des pieds). Artiste qui exécute des exercices d'agilité, d'adresse ou de force dans un cirque, un music-hall, etc. ‖ Personne qui se signale à l'attention par des procédés compliqués et dangereux.

ACROBATIE n. f. Exercice d'acrobate. ‖ Virtuosité factice ou périlleuse.

ACROBATIQUE adj. Qui relève de l'acrobatie : *un redressement financier acrobatique.* ● *Adage acrobatique* (Chorégr.), adage dont les enchaînements comportent plus de portés et d'exercices d'acrobatie que de pas de danse. (V. ill. ADAGE, page 14.)

ACROCÉPHALE adj. et n. (gr. *akros,* extrême, et *kephalê,* tête). Se dit d'une personne ayant le crâne haut, terminé en pointe.

ACROCÉPHALIE n. f. Malformation pathologique du crâne.

ACROCYANOSE [akrɔsjanoz] n. f. (gr. *akros,* extrême, et *kuanos,* bleu). *Méd.* Coloration bleutée des extrémités (mains et pieds), due à un ralentissement de la circulation.

ACRODYNIE n. f. (gr. *akros,* extrémité, et *odynê,* douleur). *Méd.* Maladie touchant les extrémités (mains, pieds, nez), qui sont tuméfiées, douloureuses, cyanosées (bleues), et s'accompagnant de troubles nerveux et circulatoires.

ACROLÉINE n. f. (lat. *acer, acris,* âcre, et *olere,* sentir). Aldéhyde éthylénique $CH_2{=}CHCHO$, liquide volatil suffocant, obtenu par déshydratation de la glycérine.

ACROMÉGALIE n. f. (gr. *akros,* élevé, et *megas, megalos,* grand). Maladie caractérisée par le développement exagéré des os de la face et des extrémités des membres et due à un hyperfonctionnement de l'hypophyse.

ACROMION n. m. (gr. *akros,* extrême, et *ômos,* épaule). Apophyse de l'omoplate, en forme de spatule.

ACRONYME n. m. Mot constitué par les premières lettres des mots qui composent une expression complexe (par ex. COBOL : COmmon Business Oriented Language).

ACROPOLE n. f. (gr. *akros,* élevé, et *polis,* ville). Partie la plus élevée des cités grecques, servant de citadelle (avec une majuscule, désigne celle d'Athènes).

ACROSTICHE n. m. (gr. *akros,* extrême, et *stikhos,* vers). Pièce de vers composée de telle sorte qu'en lisant dans le sens vertical la première lettre de chaque vers on trouve le mot pris pour thème, le nom de l'auteur ou celui du dédicataire. — Voici un acrostiche fait sur *Louis XIV* par un solliciteur au gousset vide :
Louis est un héros sans peur et sans reproche.
On désire le voir. Aussitôt qu'on l'approche,
Un sentiment d'amour enflamme tous les
         [cœurs :
Il ne trouve chez nous que des adorateurs;
Son image est partout, excepté dans ma poche.

ACROTÈRE n. m. (gr. *akroterion,* extrémité). Socle, en général porteur d'un ornement, disposé à chacune des extrémités et au sommet d'un fronton ou d'un pignon.

ACRYLIQUE adj. Se dit d'un acide obtenu par oxydation de l'acroléine, dont les esters se polymérisent en verres organiques. ● *Peinture acrylique,* peinture-émulsion obtenue par la dispersion de pigments dans un latex (résine thermoplastique) dû à la polymérisation du méthacrylate de méthyle.

ACRYLIQUE n. m. Fibre textile synthétique obtenue par polymérisation simultanée du nitrile acrylique avec d'autres monomères.

ACTANT n. m. *Ling.* Auteur de l'action effectuée par le verbe. (Syn. AGENT, SUJET.)

ACTE n. m. (lat. *actum,* chose faite). Mouvement d'un être vivant adapté à une fin : *acte instinctif, volontaire.* ‖ Manifestation de la volonté humaine, considérée dans ses effets : *acte de bonté, de charité; être jugé à ses actes; acte de foi.* ‖ *Dr.* Écrit authentifiant un fait, une convention : *acte de l'état civil; acte de vente.* ‖

Opération ayant pour objet de produire un effet de droit. ● *Acte épistémologique,* selon Bachelard, saccade du génie scientifique qui apporte des impulsions inattendues dans le développement d'une science (par oppos. à OBSTACLE ÉPISTÉMOLOGIQUE). ‖ *Acte manqué* (Psychanal.), conduite apparemment saugrenue qui échappe au contrôle du sujet et qui réalise un désir inconscient. ‖ *Dont acte,* bonne note est prise. ‖ *En acte* (Philos.), qui s'accomplit ou qui est déjà réalisé, par oppos. à EN PUISSANCE, qui a la faculté d'être changé. ‖ *Faire acte de,* donner une preuve concrète de. ‖ *Passage à l'acte* (Psychol.), réalisation d'un acte impulsif violent, agressif, sans référence à une quelconque verbalisation. ‖ *Prendre acte,* noter.
■ *Dr.* Les actes peuvent être *authentiques* (établis par un notaire ou un autre officier ministériel) ou *sous seing privé* (établis par les parties elles-mêmes); ces derniers ne sont soumis à aucune règle de forme.

ACTE n. m. (lat. *actus,* représentation scénique). Division d'une pièce de théâtre.

ACTÉE n. f. (gr. *aktaion,* prés du bord). Plante malodorante des bois montagneux. (Nom usuel : *cimicaire;* famille des renonculacées.)

ACTEUR, TRICE n. Personne qui prend une part déterminante dans une action. ‖ Artiste qui joue dans une pièce de théâtre ou dans un film.

A. C. T. H. (initiales du mot angl. *adrenocortico-trophic-hormone*), hormone de l'hypophyse, qui stimule le cortex de la glande surrénale.

ACTIF, IVE adj. Qui agit, énergique, vif, efficace : *rester actif malgré l'âge; un médicament actif.* ● *Armée active,* ensemble des forces militaires présentes sous les drapeaux en temps de paix. ‖ *Citoyen actif,* celui qui, sous le régime censitaire, avait la jouissance et l'exercice du droit de vote. ‖ *Forme, voix active* ou *actif* (n. m.) [Ling.], forme du verbe qui, aux temps simples, n'a pas d'auxiliaire et qui présente l'action comme faite par le sujet. ‖ *Méthode active* (Psychopéd.), pédagogie qui a recours à du matériel concret et qui fait appel à la participation individuelle des élèves pour l'acquisition et l'utilisation des connaissances scolaires. ‖ *Population active,* ensemble des personnes qui exercent une activité professionnelle. ‖ *Service actif,* période du service national durant laquelle les recrues sont présentes sous les drapeaux. ‖ *Vie active,* période où l'on exerce une activité professionnelle.

ACTIF n. m. Ensemble des biens que l'on possède. (Contr. PASSIF.) ● *Avoir qqch à son actif,* avoir réalisé qqch avec succès. ◆ pl. Ensemble des personnes appartenant à la population active.

ACTING-OUT [aktiŋawt] n. m. (mots angl.). Dans la cure psychanalytique, action qui prend la place d'une parole.

ACTINIDE n. m. Nom générique des éléments chimiques analogues à l'actinium et de numéro atomique supérieur.

actinie équine

ACTINIE n. f. (gr. *aktis, -inos,* rayon). Animal marin fixé aux rochers littoraux, polype mou à nombreux tentacules. (Nom usuel : *anémone de mer;* embranchement des cnidaires, classe des anthozoaires.)

ACTINIQUE adj. Se dit de radiations qui provoquent une action chimique (rayons ultraviolets).

ACTINIUM [aktinjɔm] n. m. Métal radioactif (Ac), de numéro atomique 89.

ACTINOLOGIE n. f. Science qui étudie l'effet de la lumière et des radiations sur les fonctions humaines et animales.

ACTINOMÉTRIE n. f. Mesure de l'intensité des radiations.

ACTINOMYCÈTE n. m. Champignon microscopique très voisin des bactéries. (Les *actinomycètes* forment un ordre.)

ACTINOMYCOSE n. f. Maladie infectieuse de l'homme et des animaux, causée par des actinomycètes.

ACTINOTE n. f. Amphibole calcique, magnésienne et ferreuse, de couleur verte.

ACTINOTHÉRAPIE n. f. *Méd.* Traitement par les rayons, surtout les rayons ultraviolets.

ACTION n. f. (lat. *actio*). Manifestation concrète de la volonté de qqn, d'un groupe : *son action a été déterminante; l'action du gouvernement.* ‖ Manière dont agit un corps, une force : *l'action du vent, d'un médicament.* ‖ Ensemble des événements constituant un récit, un drame : *un roman qui n'a pas d'action.* ‖ Exercice d'un droit en justice : *intenter une action.* ‖ Titre représentant les droits d'un associé dans certaines sociétés. ‖ *Art contemp.* Suite de gestes, d'actes ou d'attitudes, en général muets, dont le déroulement même constitue l'œuvre de l'artiste (photographie ou film peuvent en fixer le « constat »). [On dit aussi *performance*.] ‖ *Mécan.* Grandeur égale au double du produit de l'énergie cinétique par la durée du trajet. ‖ *Philos.* Acte envisagé du point de vue de sa valeur morale. ● *Action de grâces*, remerciement. ‖ *Action directe*, activité politique violente hors des cadres légaux. ‖ *Action painting* (Bx-arts), v. EXPRESSIONNISME. ‖ *Mettre en action*, réaliser. ‖ *Principe de moindre action* (Mécan.), dans le mouvement réel d'un système entre deux positions l'action est minimale. ■ *Bours.* Les *actions* peuvent être *nominatives* ou *au porteur.* L'action de capital remboursée qui continue à ouvrir droit à un dividende est une *action de jouissance.*

ACTIONNABLE adj. *Dr.* Contre qui on peut intenter une action judiciaire.

ACTIONNAIRE n. Personne qui possède une ou plusieurs actions dans une société financière, industrielle ou commerciale.

ACTIONNARIAT n. m. Ensemble des actionnaires. ‖ Système au terme duquel le capital des entreprises est divisé en actions.

ACTIONNER v. t. Faire agir une force en vue de produire un mouvement; mettre en mouvement : *actionner une manivelle.* ‖ *Dr.* Intenter une action en justice.

ACTIONNEUR n. m. *Mécan.* Dispositif comportant un moteur ou un vérin et assurant la manœuvre d'un organe mobile.

ACTION RESEARCH n. f. (mots angl.). *Psychol.* Type d'intervention psychosociologique dans lequel recherche fondamentale et changement social sont complémentaires.

ACTIVATION n. f. Exaltation des propriétés chimiques, physiques ou biologiques d'un corps. ● *Activation nucléaire*, action de rendre radioactif un élément chimique en l'exposant à des radiations (en général des neutrons).

ACTIVE n. f. Armée active. ● *Officier, sous-officier d'active*, officier, sous-officier de carrière.

ACTIVÉ, E adj. *Chim.* Se dit d'un atome ou d'une molécule rendus plus aptes à agir.

ACTIVEMENT adv. De façon active.

ACTIVER v. t. Rendre plus rapide; hâter le cours ou la conclusion : *activer le feu, la digestion, les préparatifs de départ.* ‖ Rendre un corps chimique plus actif : *charbon activé.* ◆ **s'activer** v. pr. S'affairer, se hâter.

ACTIVEUR n. m. *Chim.* Corps augmentant l'activité d'un catalyseur.

ACTIVISME n. m. Attitude morale qui insiste sur les nécessités de la vie et de l'action, plus

que sur les principes théoriques. ‖ Propagande active au service d'une doctrine.

ACTIVISTE n. et adj. Partisan de l'activisme.

ACTIVITÉ n. f. Vivacité et énergie dans l'action de qqn, animation constatée quelque part : *activité intellectuelle; intense activité politique.* ‖ Occupation d'une personne : *avoir des activités variées.* ‖ *Opt.* Propriété de certains milieux transparents de faire tourner le plan de polarisation des radiations optiques qui les traversent. ‖ *Phys. nucl.* Nombre de désintégrations nucléaires spontanées qu'une source radioactive subit par unité de temps. ● *Activité solaire*, ensemble des phénomènes (taches, éruptions, sursauts, etc.) qui affectent certaines régions du Soleil suivant un cycle voisin de onze ans. ‖ *En activité*, se dit d'un fonctionnaire, d'un militaire actuellement en service.

ACTUAIRE n. (angl. *actuary*, du latin). Spécialiste de l'application de la statistique, principalement du calcul des probabilités, aux opérations de finance et d'assurance.

ACTUALISATION n. f. Action d'actualiser. ‖ *Philos.* Passage de la puissance à l'acte, ou de la virtualité à la réalité.

ACTUALISER v. t. Adapter au monde présent : *actualiser les programmes scolaires.* ‖ *Écon.* Calculer la valeur actuelle d'un bien disponible dans l'avenir.

ACTUALITÉ n. f. Qualité de ce qui convient au moment présent : *l'actualité d'un roman.* ‖ Ensemble des événements actuels intéressant un domaine : *l'actualité médicale, universitaire.* ◆ pl. Courte bande cinématographique réunissant les faits du moment; émission d'informations à la télévision.

ACTUARIAT n. m. Technique appliquée par les actuaires. ‖ Fonction d'actuaire.

ACTUARIEL, ELLE adj. Se dit des calculs effectués par les actuaires. ● *Taux actuariel*, taux de rendement produit par un capital dont les intérêts et le remboursement sont assurés par des versements échelonnés dans le temps.

ACTUATEUR n. m. Système de commande conçu pour engendrer une force capable de produire un mouvement.

ACTUEL, ELLE adj. Qui existe dans le moment présent, qui lui convient : *le régime actuel; un sujet très actuel.*

ACTUELLEMENT adv. En ce moment.

ACUITÉ n. f. (lat. *acutus*, aigu). Qualité de ce qui est aigu : *l'acuité d'un son, de la douleur.* ‖ *Physiol.* Pouvoir de discrimination relatif à un organe des sens : *acuité visuelle.*

ACULÉATE n. m. (lat. *aculeus*, aiguillon). Insecte hyménoptère, qui porte un aiguillon venimeux à l'extrémité de l'abdomen. (Les *aculéates* constituent un sous-ordre qui comprend l'*abeille*, la *fourmi*, la *guêpe.*)

ACUPUNCTEUR ou **ACUPONCTEUR** adj. et n. Médecin pratiquant l'acupuncture.

ACUPUNCTURE ou **ACUPONCTURE** n. f. Traitement médical d'origine chinoise, qui consiste à piquer des aiguilles en certains points du corps, sur des « lignes de force » vitales.

ACUTANGLE adj. Se dit d'un triangle à trois angles aigus.

ACYCLIQUE adj. Qui n'a pas de cycle. ‖ Se dit des composés organiques à chaîne ouverte.

ACYLATION n. f. Fixation d'un radical acyle sur une molécule.

ACYLE [asil] n. m. Radical organique RCO—, que l'on trouve dans les acides carboxylés.

ADAGE n. m. (lat. *adagium*). Formule sentencieuse ou maxime. (Ex. : *nul n'est censé ignorer la loi.*)

ADAGE n. m. (it. *adagio*). *Chorégr.* Exercices lents destinés à parfaire l'équilibre des danseurs et la ligne de leurs mouvements. ‖ Première partie d'un pas de deux.

ADAGIO [adadʒjo] adv. (mot. it.). *Mus.* Lentement. ◆ n. m. Morceau exécuté dans le tempo adagio.

ADAMANTIN, E adj. (gr. *adamantinos*, dur). *Litt.* Qui a l'éclat du diamant. ‖ *Anat.* Se dit des cellules produisant l'émail des dents.

ADAMIQUE adj. Relatif à Adam.

ADAMISME n. m. Doctrine de certains hérétiques du IIᵉ s. qui paraissaient nus dans les assemblées, pour exprimer l'état d'innocence où se trouvait Adam au moment de la création.

ADAMITE ou **ADAMIEN, ENNE** n. Adepte de l'adamisme.

ADAPTABILITÉ n. f. État de ce qui est adaptable.

ADAPTABLE adj. Qui peut être adapté.

ADAPTATEUR n. m. Appareil permettant d'adapter un organe électrique à divers usages.

ADAPTATEUR, TRICE n. Personne qui adapte une œuvre littéraire au cinéma, au théâtre, etc.

ADAPTATIF, IVE adj. *Biol.* Qui réalise une adaptation.

ADAPTATION n. f. Action d'adapter ou de s'adapter. ● *Adaptation au milieu*, acclimatement.

ADAPTER v. t. (lat. *adaptare*). Appliquer, ajuster : *adapter un robinet à un tuyau.* ‖ Arranger une œuvre littéraire pour la mettre au goût du jour ou la transposer dans un autre mode d'expression (cinéma, théâtre, etc.). ‖ Appliquer convenablement; mettre en accord : *adapter les*

addax

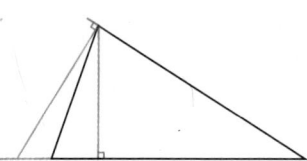

triangle **acutangle**

adage acrobatique

moyens *au but.* ◆ **s'adapter** v. pr. [à]. Se conformer : *s'adapter aux circonstances.*

ADDAX [adaks] n. m. Antilope gris clair, aux cornes spiralées, des confins sahariens.

ADDENDA [adɛ̃da] n. m. inv. (mot lat. signif. *choses à ajouter*). Ce qu'on ajoute à un ouvrage pour le compléter.

ADDICTION n. f. État de dépendance vis-à-vis d'une drogue.

Addison (*maladie bronzée d'*), affection des glandes surrénales marquée par une grande asthénie et une couleur bronzée de la peau.

ADDITIF, IVE adj. *Math.* Se dit d'une quantité qui peut ou doit être ajoutée. ● *Notation additive,* dans un ensemble, emploi du signe + pour présenter une loi de composition interne (*loi additive*), quelles que soient la nature des éléments et celle de l'opération.

ADDITIF n. m. Corps ajouté à un produit pour en améliorer les caractéristiques. ‖ Addition faite à un texte.

ADDITION n. f. (lat. *additio*; de *addere*, ajouter). Action d'ajouter; ce qu'on ajoute. ‖ Note de dépenses au café, au restaurant, etc. ‖ *Math.* Première des quatre opérations fondamentales de l'arithmétique, qui réunit en une seule deux ou plusieurs grandeurs de même nature. (Le résultat de l'addition s'appelle *somme* ou *total.* Le signe + [plys] indique qu'il faut additionner. Ex. : *8 + 4.*) ● *Réaction d'addition* (Chim.), réaction dans laquelle plusieurs molécules s'unissent pour en donner une nouvelle.

ADDITIONNEL, ELLE adj. Qui est ajouté : *article additionnel.*

ADDITIONNER v. t. Grouper en un seul nombre les unités ou fractions d'unité contenues dans plusieurs autres. ‖ Ajouter une chose à une autre : *vin additionné d'eau.*

ADDITIONNEUR n. m. *Inform.* Organe de calcul analogique ou numérique permettant d'effectuer la somme de deux nombres.

ADDUCTEUR adj. et n. m. Tout muscle qui produit une adduction. ‖ Se dit d'un canal amenant les eaux d'une source à un réservoir.

ADDUCTION n. f. (lat. *adducere,* amener). *Anat.* Mouvement qui rapproche un membre du plan médian du corps. ‖ Action de dériver les eaux d'un lieu dans un autre.

ADÉNINE n. f. Base azotée contenue dans toutes les cellules vivantes et qui dérive de la purine.

ADÉNITE n. f. (gr. *adén,* glande). Inflammation des ganglions lymphatiques.

ADÉNOCARCINOME n. m. Tumeur maligne d'un épithélium glandulaire.

ADÉNOGRAMME n. m. *Méd.* Examen des cellules d'un ganglion lymphatique prélevées par ponction.

ADÉNOÏDE [adenɔid] adj. Qui a l'aspect du tissu glandulaire. ● *Végétations adénoïdes,* v. VÉGÉTATION.

ADÉNOÏDECTOMIE n. f. Ablation des végétations adénoïdes.

ADÉNOME n. m. Tumeur bénigne des glandes.

ADÉNOPATHIE n. f. Affection des ganglions lymphatiques, quelle qu'en soit la nature.

ADÉNOSINE n. f. Nucléoside dont les dérivés phosphorés jouent des rôles importants dans le métabolisme énergétique (adénosinetriphosphate ou A.T.P.) et dans la transmission du message hormonal (adénosinemonophosphate cyclique ou A.M.P.-cyclique).

ADENT [adɑ̃] n. m. Entaille faite sur des pièces de bois pour les assembler.

ADEPTE n. (lat. *adeptus,* qui a obtenu). Membre d'une secte religieuse ou d'un parti politique; partisan d'une doctrine.

ADÉQUAT, E [adekwa, at] adj. (lat. *adaequatus,* rendu égal). Qui correspond parfaitement à son objet : *je ne trouve pas l'expression adéquate.*

ADÉQUATEMENT adv. De façon adéquate.

ADÉQUATION n. f. Adaptation parfaite.

ADERMINE n. f. Autre nom de la VITAMINE B6.

ADEXTRÉ, E adj. *Hérald.* Se dit de toute pièce principale accompagnée à droite d'une pièce secondaire. (Contr. SENESTRÉ.)

ADHÉRENCE n. f. Union d'une chose à une autre. ‖ Liaison d'affinité entre deux matériaux en contact, qui peut être renforcée par la rugosité. ‖ Qualité de roulement d'un véhicule, qui dépend des surfaces en contact. ‖ *Anat.* et *Pathol.* Soudure de deux organes du corps. (Il existe des adhérences *normales,* celles du duodénum, du côlon, etc., et des adhérences *pathologiques,* consécutives à une inflammation ou à une tumeur.)

ADHÉRENT, E adj. Fortement attaché : *branche adhérente au tronc.* ‖ *Bot.* Se dit d'un ovaire soudé latéralement au réceptacle floral en forme de coupe (celui de la fleur du pommier, par exemple). [Syn. INFÈRE.] ● *Poids adhérent,* ensemble des charges transmises à la voie par les essieux moteurs d'une locomotive et intervenant dans le calcul de l'effort de traction.

ADHÉRENT, E n. et adj. Membre d'une association, d'un parti politique.

ADHÉRER v. t. ind. [à] (lat. *adhaerere*) [conj. 5]. Tenir fortement à une chose : *le papier peint doit bien adhérer au mur.* ‖ Partager une opinion; devenir membre d'une association, d'un parti.

ADHÉSIF n. m. Substance synthétique capable de fixer superficiellement des matériaux entre eux.

ADHÉSIF, IVE adj. et n. m. Se dit d'une bande de papier, de toile, etc., dont une des faces est enduite d'un adhésif.

ADHÉSION n. f. Action de partager une opinion, de devenir membre d'un parti. ‖ *Dr. intern.* Procédé par lequel un État s'engage à respecter les termes d'une convention dont il n'a pas été initialement signataire. ● *Contrat d'adhésion,* contrat dont toutes les clauses sont imposées à l'avance par l'un des contractants, sans pouvoir être discutées par l'autre (abonnement au gaz ou au téléphone, transports, etc.).

ADHÉSIVITÉ n. f. Aptitude d'un matériau à adhérer à un autre par affinité, lorsque l'un d'eux est liquide ou pâteux. ‖ *Psychol.* Viscosité mentale.

AD HOC [adɔk] loc. adj. (mots lat., *pour cela*). Qui convient au sujet, à la situation.

AD HOMINEM [adɔminɛm] loc. adj. (mots lat.). *Argument ad hominem,* argument qui est dirigé contre la personne même de l'adversaire, par exemple en lui opposant ses propres paroles ou ses propres actes.

ADIABATIQUE adj. (gr. *diabainein,* traverser). Se dit de la transformation d'un système de corps qui s'effectue sans échange de chaleur avec l'extérieur.

ADIANTUM [adjɑ̃tɔm] n. m. (gr. *adiantos,* non sec). Fougère d'origine tropicale et cultivée en appartement ou en serre. (Ses fins pétioles noirs justifient ses noms usuels de *capillaire de Montpellier* et de *cheveu-de-Vénus.*) [Haut. 30 cm; famille des polypodiacées.]

ADIEU interj. et n. m. (de à et *Dieu*). Formule de salut adressée à qqn au moment où on le quitte pour un temps assez long.

ADIPEUX, EUSE adj. (lat. *adeps, -ipis,* graisse). Qui a les caractères de la graisse; qui est bouffi de graisse. ● *Tissu adipeux,* variété de tissu conjonctif comportant une importante proportion de vacuoles graisseuses.

ADIPOLYSE n. f. Fonction par laquelle un tissu restitue au sang les graisses mises en réserve.

ADIPOSE n. f. Excès de graisse dans l'organisme.

ADIPOSITÉ n. f. Accumulation de graisse dans les tissus.

ADIPOSO-GÉNITAL, E, AUX adj. Se dit d'un syndrome dû à un trouble fonctionnel de l'hypophyse et caractérisé par l'obésité et des troubles génitaux.

ADJACENT, E adj. (lat. *adjacens,* situé auprès). Qui se touche : *terres adjacentes.* ● *Angles adjacents,* angles ayant même sommet, un côté commun, et situés de part et d'autre de ce côté.

ADJECTIF n. m. (lat. *adjectivum*). Mot qui qualifie ou détermine le substantif auquel il est joint. ● *Adjectif verbal,* adjectif en -ant issu du verbe. (Il varie [*des enfants* OBÉISSANTS], alors que le participe présent est invariable (*des enfants* OBÉISSANT *à leurs parents*].)

ADJECTIF, IVE ou **ADJECTIVAL, E, AUX** adj. Qui a la fonction de l'adjectif.

ADJECTIVEMENT adv. Avec la valeur d'un adjectif.

ADJOINDRE v. t. (lat. *adjungere*) [conj. 55]. Associer une personne ou une chose à une autre.

ADJOINT, E n. et adj. Personne associée à une autre pour l'aider dans ses fonctions. ‖ Conseiller municipal qui remplace le maire. ● *Adjoint administratif,* fonctionnaire subalterne (nouvelle dénomination du *commis*).

ADJONCTION n. f. Action d'adjoindre : *adjonction d'un garage à la maison.*

ADJUDANT n. m. (esp. *ayudante*). Sous-officier d'un grade intermédiaire entre ceux de sergent-chef et d'adjudant-chef. (V. GRADE.)

ADJUDANT-CHEF n. m. (pl. *adjudants-chefs*). Sous-officier d'un grade intermédiaire entre ceux d'adjudant et de major. (V. GRADE.)

ADJUDICATAIRE n. Bénéficiaire d'une adjudication.

ADJUDICATEUR, TRICE n. Personne qui met en adjudication.

ADJUDICATIF, IVE adj. Relatif à l'adjudication.

ADJUDICATION n. f. *Dr.* Vente de biens ou marché de fournitures, de travaux faits avec publicité et concurrence. ‖ Attribution à l'adjudicataire de l'objet adjugé.

ADJUGER v. t. (lat. *adjudicare*) [conj. 1]. Attribuer par jugement à l'une des parties une propriété contestée. ‖ Attribuer à l'adjudicataire l'objet ou le marché mis en adjudication. ‖ Attribuer un avantage, une récompense. ◆ **s'adjuger** v. pr. S'approprier : *s'adjuger la meilleure part.*

ADJURATION n. f. Action d'adjurer. ‖ Formule d'exorcisme.

ADJURER v. t. (lat. *adjurare*). Supplier instamment : *je vous adjure de dire la vérité.*

ADJUVANT, E adj. et n. m. Se dit d'un médicament qui renforce l'action d'un autre. ‖ Produit que l'on ajoute, généralement en faible quantité, à un matériau pour en améliorer certaines caractéristiques.

ADJUVAT [adʒyva] n. m. (mot lat., *il aide*). Fonction d'aide en médecine, en chirurgie.

AD LIBITUM [adlibitɔm] loc. adv. (mots lat.). Au choix.

AD LITEM [adlitɛm] loc. adj. inv. (mots lat.). Se dit d'un acte, d'un contrat limités au seul procès en cause.

ADMETTRE v. t. (lat. *admittere*) [conj. 49]. Laisser entrer dans un lieu, un groupe, etc.; recevoir : *ne pas admettre les chiens dans un magasin; admettre un candidat à un concours.* ‖ Reconnaître comme vrai : *admettre le bien-fondé d'une remarque; nous admettons que vous avez raison.* ‖ Être capable de supporter, de recevoir : *affaire qui n'admet aucun retard; texte qui admet plusieurs interprétations.*

ADMINICULE n. m. *Dr.* Commencement de preuve.

ADMINISTRATEUR, TRICE n. Personne qui administre, gère des affaires publiques ou privées. ‖ Membre d'un conseil d'administration. ● *Administrateur de biens,* personne effectuant, en qualité de mandataire, des opérations de gestion d'immeubles. ‖ *Administrateur civil,* fonctionnaire des administrations centrales chargé de fonctions de conception et d'encadrement. ‖ *Administrateur judiciaire,* auxiliaire de justice chargé d'assurer la gestion des affaires dont les responsables sont défaillants.

ADMINISTRATIF, IVE adj. De l'administration.

ADMINISTRATION n. f. Action d'administrer. ‖ Service public : *l'administration des Douanes.* ‖ Ensemble des services de l'État (avec une majuscule). ● *Acte d'administration,* opération juridique commandée par la gestion courante d'un patrimoine. ‖ *Administration légale,* régime selon lequel sont régis les biens d'un mineur. (On distingue l'*administration légale pure et simple,* qu'exerce le père lorsque les deux parents sont vivants et ni divorcés ni séparés, et l'*administration légale sous le contrôle du juge des tutelles* lorsque, notamment, l'un des parents est décédé, lorsque les parents sont divorcés ou séparés de corps, ou lorsque le mineur est un enfant naturel.)

ADMINISTRATIVEMENT adv. Suivant les règlements administratifs.

ADMINISTRÉ, E n. Personne dépendant d'une administration.

ADMINISTRER v. t. (lat. *administrare,* servir). Gouverner, diriger : *administrer un pays.* ‖ Conférer : *administrer les sacrements.* ‖ Appliquer : *administrer des coups.* ● *Administrer un médicament* (Méd.), l'introduire dans l'organisme. ‖ *Administrer une preuve,* la produire en justice. ‖ *Administrer un test* (Psychol.), le faire passer.

ADMIRABLE adj. Digne d'admiration : *une conduite admirable.*

ADMIRABLEMENT adv. De façon admirable.

ADMIRATEUR, TRICE adj. et n. Qui admire.

ADMIRATIF, IVE adj. Qui manifeste l'admiration : *geste admiratif.*

ADMIRATION n. f. Action d'admirer.

ADMIRATIVEMENT adv. Avec admiration.

ADMIRER v. t. (lat. *admirari*). Regarder avec un étonnement mêlé de plaisir. ‖ Trouver étrange, excessif : *j'admire ses prétentions.*

ADMISSIBILITÉ n. f. Qualité d'une personne admissible à un examen.

ADMISSIBLE adj. et n. (lat. *admissus,* admis). Considéré comme acceptable, valable : *excuse admissible.* ‖ Qui a subi avec succès les épreuves écrites d'un examen et est admis à subir les épreuves orales.

ADMISSION n. f. Action d'admettre : *l'admission à un concours, à un emploi.* ‖ Entrée des gaz dans le cylindre d'un moteur : *soupape d'admission.* ● *Admission à la cote,* introduction à la Bourse de valeurs mobilières. ‖ *Admission temporaire,* statut douanier d'une marchandise admise provisoirement dans un pays, sans paiement des droits de douane.

ADMITTANCE n. f. *Électr.* Inverse de l'IMPÉDANCE.

ADMIXTION [admiksjɔ̃] n. f. *Pharm.* Action d'ajouter en mélangeant.

ADMONESTATION n. f. *Litt.* Réprimande sévère, avertissement solennel.

ADMONESTER v. t. (lat. *admonere,* avertir). *Litt.* Faire une remontrance sévère à qqn.

ADMONITION n. f. *Litt.* Avertissement : *les admonitions maternelles.*

A.D.N. n. m. Abrév. de ACIDE DÉSOXYRIBONUCLÉIQUE (*DNA* dans la terminologie anglosaxonne), constituant essentiel des chromosomes du noyau cellulaire.

ADNÉ, E [adne] adj. (lat. *adnatus,* né auprès). *Bot.* Se dit, chez les champignons, d'une lamelle largement fixée sur le pied.

AD NUTUM loc. adv. (mots lat. signif. *au moindre signe* [de la tête]). *Dr.* De façon instantanée et en usant d'un pouvoir discrétionnaire. ‖ *Adobe* [adɔb] n. m. (mot esp.). Brique non cuite, séchée au soleil.

ADOBE [adɔb] n. m. (mot esp.). Brique non cuite, séchée au soleil.

ADOLESCENCE n. f. Période de la vie entre la puberté et l'âge adulte.

ADOLESCENT, E adj. et n. (lat. *adolescens*). Qui est dans l'adolescence.

ADONIS [adɔnis] n. m. (nom d'un dieu mythologique). Plante à feuilles très divisées et à larges fleurs rouges ou jaunes. (Haut. 20 à 50 cm; famille des renonculacées.) ‖ Papillon d'un bleu éclatant, du genre *lycœna.* ‖ *Litt.* Jeune homme d'une beauté remarquable.

ADONNER (S') v. pr. (lat. *). S'attacher entièrement à qqch : *s'adonner au plaisir.*

ADOPTABLE adj. Qui peut être adopté.

ADOPTANT, E adj. et n. Qui adopte.

ADOPTÉ, E adj. et n. Qui est l'objet d'une adoption.

ADOPTER v. t. (lat. *adoptare,* choisir). Prendre légalement pour fils ou pour fille. ‖ Faire sienne une manière de voir; prendre par choix, par décision : *j'ai adopté votre point de vue; adopter des mesures exceptionnelles.* ‖ Approuver par un vote.

ADOPTIANISME n. m. Doctrine professant que le Christ n'est pas Dieu de toute éternité mais qu'il le devient lors de son baptême, où il est adopté par Dieu.

ADOPTIF, IVE adj. Qui a été adopté : *fille, patrie adoptive.* ‖ Qui adopte : *père adoptif.* ‖ Relatif à l'adoption : *à titre adoptif.*

ADOPTION n. f. Action d'adopter : *adoption d'un enfant, d'une loi.* ● *Adoption plénière,* adoption dans laquelle l'enfant adopté s'intègre complètement à la famille de l'adoptant et perd tout lien avec sa famille d'origine. ‖ *Adoption simple,* adoption dans laquelle les liens du sang subsistent. ‖ *Patrie d'adoption,* patrie que l'on a choisie.

ADORABLE adj. Dont le charme est très grand : *habiter une adorable maison.*

ADORABLEMENT adv. De façon adorable.

ADORATEUR, TRICE n. Personne qui adore : *les adorateurs du Soleil, de l'argent; une femme entourée d'adorateurs.*

ADORATION n. f. Action d'adorer.

ADORER v. t. (lat. *adorare,* prier). Rendre un culte à un dieu. ‖ Aimer avec passion : *elle adore son mari.* ‖ Avoir un goût très vif pour : *adorer le chocolat.*

ADOS [ado] n. m. (de *dos*). Talus pour protéger les plantes contre les intempéries.

ADOSSÉ, E adj. Se dit d'un élément de construction solidaire d'un support vertical par l'un de ses côtés : *fontaine adossée.*

ADOSSEMENT n. m. État de ce qui est adossé.

ADOSSER v. t. [à, contre]. Appuyer le dos ou la face postérieure : *adosser un bâtiment contre un mur.* ◆ **s'adosser** v. pr. S'appuyer contre qqch.

ADOUBEMENT n. m. Action d'adouber. ‖ Vêtement de tissu ou de cuir renforcé de mailles ou de plaques de métal que portait l'homme de guerre jusqu'à la fin du XIVe s.

ADOUBER v. t. (mot germ.). Au Moyen Âge, remettre solennellement son armure au nouveau chevalier.

ADOUCIR v. t. Rendre plus doux, moins brutal, moins dur : *adoucir le caractère, une peine trop sévère.* ‖ Donner le poli à un métal. ‖ Éliminer d'une eau les sels qui la rendent dure. ◆ **s'adoucir** v. pr. Devenir plus doux.

ADOUCISSANT, E adj. et n. m. Se dit d'un produit qui adoucit l'eau. ‖ *Méd.* Se dit d'un remède qui calme l'irritation.

ADOUCISSEMENT n. m. Action d'adoucir, de s'adoucir : *adoucissement de la température.* ‖ *Archit.* Élément décoratif (souvent un aileron) placé entre deux surfaces et comblant l'angle vif que formerait, sans lui, la rencontre de celles-ci.

ADOUCISSEUR n. m. Appareil servant à adoucir l'eau.

AD PATRES [adpatrɛs] loc. adv. (mots lat.). *Aller ad patres* (Fam.), mourir. ‖ *Envoyer ad patres* (Fam.), tuer.

ADRAGANTE adj. f. (gr. *tragakantha; tragos,* bouc, et *akantha,* épine). *Gomme adragante,* substance mucilagineuse qui exsude du tronc d'arbrisseaux du genre *astragale,* et qui sert comme colle dans la préparation des étoffes, des papiers, des cuirs (utilisée en pharmacie et en pâtisserie).

ADRÉNALINE n. f. (lat. *ad,* auprès de, et *ren,* rein). Hormone sécrétée par la portion médullaire des glandes surrénales. (L'adrénaline accélère le rythme cardiaque, augmente la pression artérielle, dilate les bronches et freine la digestion.)

ADRÉNERGIQUE adj. Se dit des nerfs sympathiques dont les terminaisons agissent par libération d'adrénaline.

ADRESSAGE n. m. *Inform.* Action d'adresser.

ADRESSE n. f. Habileté physique ou intellectuelle : *ce jeu exige de l'adresse; avoir l'adresse*

de ne pas se faire voir. ‖ Indication du domicile de qqn : *donner son adresse; carnet d'adresses.* ‖ Réponse que, dans une monarchie constitutionnelle, les députés font au discours du trône. ‖ *Inform.* Numéro d'ordre d'une information dans une mémoire électronique.

ADRESSER v. t. (de *dresser*). Faire parvenir à qqn : *adresser une lettre à son fils.* ‖ *Inform.* Établir l'accès à un élément en vue de lire ou de modifier le contenu d'une cellule de mémoire ou d'établir une voie de transmission d'informations entre deux unités d'un ordinateur. ● *Adresser des compliments,* complimenter. ‖ *Adresser des injures,* injurier. ‖ *Adresser la parole à qqn,* lui parler. ‖ *Adresser des reproches,* blâmer. ◆ **s'adresser** v. pr. [à]. Aller trouver qqn, avoir recours à lui, lui parler. ‖ Être destiné à qqn : *cette remarque s'adresse à vous.*

ADRET [adrɛ] n. m. (mot du Sud-Est). Dans les pays montagneux, versant d'une vallée exposé au soleil (ou *soulane*) et opposé à l'*ubac.*

ADROIT, E adj. (de *droit*). Qui fait preuve d'adresse; habile : *un diplomate adroit; une politique adroite.*

ADROITEMENT adv. Avec habileté.

ADSORBER v. t. *Phys.* Fixer par adsorption.

ADSORPTION n. f. *Phys.* Pénétration superficielle d'un gaz ou d'un liquide dans un solide.

ADULAIRE n. f. Pierre fine, constituée par du feldspath à reflets argentés. (On l'appelle aussi PIERRE DE LUNE.)

ADULATEUR, TRICE adj. et n. *Litt.* Qui flatte bassement.

ADULATION n. f. *Litt.* Admiration excessive.

ADULER v. t. (lat. *adulari*). *Litt.* Adorer avec exagération : *artiste adulé du public.*

ADULTE adj. (lat. *adultus,* qui a grandi). Parvenu au terme de sa croissance et de sa formation : *animal, plante adulte.*

ADULTE n. Personne parvenue à sa maturité physique, intellectuelle et affective.

ADULTÉRATION n. f. Falsification.

ADULTÈRE adj. et n. (lat. *adulter*). Qui viole la foi conjugale.

ADULTÈRE n. m. (lat. *adulterium*). Violation du devoir de fidélité né du mariage.

ADULTÉRER v. t. (lat. *adulterare,* falsifier) [conj. 5]. Falsifier, altérer : *adultérer une monnaie, un texte.*

ADULTÉRIN, E adj. et n. *Enfant adultérin,* né hors du mariage.

AD VALOREM [advalɔrɛm] loc. adj. (mots lat. signif. *selon la valeur*). Se dit des taxes ou impôts basés sur la valeur d'un produit. (On leur oppose les impôts ou taxes *spécifiques.*)

ADVECTION n. f. (lat. *advectio,* transport). *Météor.* Déplacement d'une masse d'air dans le sens horizontal.

ADVENIR [advənir] v. i. (lat. *advenire*) [usité seulement aux 3es pers. et à l'inf.; conj. 16; auxil. *être*]. Arriver par accident; survenir : *quoi qu'il advienne.* ● *Advienne que pourra,* peu importent les conséquences.

ADVENTICE [advɑ̃tis] adj. (lat. *adventicius,* supplémentaire). Qui vient accidentellement : *circonstances adventices.* ‖ Se dit des plantes (chiendent, ivraie, cuscute, etc.) qui croissent sur un terrain cultivé sans y avoir été semées. ● *Idée adventice* (Philos.), selon Descartes, idée que l'on reçoit des sens (par oppos. à IDÉE INNÉE et à IDÉE FACTICE).

ADVENTIF, IVE adj. (lat. *adventicius*). *Bot.* Se dit des racines croissant latéralement sur une tige ou des rameaux croissant sur une racine. ● *Cône adventif,* cône volcanique annexe édifié par une nouvelle éruption.

ADVENTISTE n. et adj. (mot angl.). Membre d'un mouvement évangélique mondial qui attend un second avènement du Messie.

ADVERBE n. m. (lat. *adverbium*). *Ling.* Mot invariable dont la fonction est de modifier le sens d'un verbe, d'un adjectif ou d'un autre adverbe.

ADVERBIAL, E, AUX adj. Qui tient de l'adverbe.

ADVERBIALEMENT adv. De façon adverbiale : *adjectif employé adverbialement.*

ADVERSAIRE n. Personne opposée à une autre sur le plan politique, juridique, dans un combat ou dans un jeu.

ADVERSATIF, IVE adj. *Ling.* Se dit d'une conjonction ou d'un adverbe qui marquent une opposition, comme *mais, cependant, toutefois.*

ADVERSE adj. (lat. *adversus,* qui est en face). Contraire, opposé à qqn, à un groupe ; hostile : *deux blocs adverses.* ● *Partie adverse* (Dr.), partie contre laquelle on plaide.

ADVERSITÉ n. f. *Litt.* Infortune, malheur.

ADYNAMIE n. f. (gr. *dunamis,* force). *Méd.* Manque total de forces physiques accompagnant certaines maladies graves. (La conservation des fonctions psychiques distingue l'*adynamie* de l'*asthénie.*)

AÈDE n. m. (gr. *aoidos,* chanteur). Poète grec de l'époque primitive, qui chantait ou récitait en s'accompagnant sur la lyre.

ÆGAGROPILE [egagrɔpil] n. m. (gr. *aix, aigos,* chèvre, *agros,* champ, et *pilos,* laine foulée). Concrétion formée de poils et de débris non digestibles, que l'on trouve dans l'estomac des ruminants. (Syn. BÉZOARD.)

ÆGOSOME [egɔzom] n. m. (gr. *aix, aigos,* chèvre, et *sôma,* corps). Insecte longicorne brun-roux, dont la larve vit dans le bois des arbres non résineux. (Long. 4 cm ; ordre des coléoptères ; famille des cérambycidés.)

ÆGYRINE [eʒirin] n. f. Silicate naturel de fer et de sodium, de la famille des pyroxènes.

ÆPYORNIS [epjɔrnis] n. m. (gr. *aipus,* élevé, et *ornis,* oiseau). Grand oiseau fossile de Madagascar, voisin de l'autruche.

AÉRAGE n. m. Circulation forcée de l'air dans les mines.

AÉRATEUR n. m. Appareil servant à renouveler l'air d'un local.

AÉRATION n. f. Action d'aérer.

AÉRAULIQUE n. f. Science qui étudie l'écoulement des gaz dans un conduit. ◆ adj. Se dit des techniques et industries qui appliquent cette science.

AÉRÉ, E adj. Où l'air est renouvelé : *une maison bien aérée.* ● *Béton aéré,* béton de ciment qui, traité par un adjuvant entraîneur d'air, comprend de très petites bulles d'air occlus. ‖ *Centre aéré,* centre qui accueille les enfants des classes maternelles et primaires, en dehors des jours de classe et pendant les vacances, sous la conduite de moniteurs.

AÉRER v. t. (lat. *aer,* air) [conj. 5]. Donner de l'air. ‖ Rendre moins épais, moins lourd.

AÉRIEN, ENNE adj. Relatif à l'air ; de la nature de l'air : *corps aérien.* ‖ Qui se passe dans l'air : *phénomène aérien.* ‖ Relatif aux avions, à l'aviation : *attaque aérienne ; base aérienne.* ‖ Léger, vaporeux : *démarche aérienne.* ● *Droit aérien,* ensemble des règles juridiques régissant l'usage de l'espace aérien. ‖ *Ligne aérienne,* itinéraire régulier d'un service de transport aérien. ‖ *Style aérien,* style du danseur doué de ballon, donc de grande élévation.

AÉRIEN n. m. Appareil collecteur d'ondes radioélectriques ; antenne.

AÉRIFÈRE adj. Qui conduit l'air : *tube aérifère.*

AÉRIUM [aerjɔm] n. m. Établissement sanitaire destiné à placer les malades dans un climat favorable.

AÉROBIE adj. et n. m. Se dit d'êtres vivants dont l'existence ne peut se poursuivre qu'en présence de l'oxygène. (Contr. ANAÉROBIE.) ‖ *Aéron.* Se dit d'un moteur qui fait appel à l'oxygène de l'air pour alimenter la réaction de combustion développant l'énergie utilisable.

AÉROBIOLOGIE n. f. Science des êtres vivants rencontrés dans l'atmosphère, hors du contact du sol.

AÉROBIOSE n. f. Mode de vie des organismes aérobies.

AÉROCÂBLE n. m. Transporteur aérien utilisé sur les chantiers de travaux publics.

AÉRO-CLUB n. m. (pl. *aéro-clubs*). Centre de

aérien de radar

Thomson-C.S.F.

AÉRODYNAMIQUE n. f. Science qui étudie les phénomènes accompagnant tout mouvement entre un corps et l'air qui le baigne.

AÉRODYNE n. m. Tout appareil volant plus lourd que l'air.

AÉROFREIN n. m. Frein aérodynamique.

AÉROGARE n. f. Ensemble des bâtiments d'un aéroport réservés aux voyageurs et aux marchandises. ‖ À l'intérieur des villes, lieu de départ et d'arrivée des services d'autocars assurant la liaison avec l'aéroport.

AÉROGASTRIE n. f. Présence d'un excès d'air dans l'estomac.

AÉROGLISSEUR n. m. Véhicule qui glisse sur un coussin d'air injecté au-dessous de lui.

AÉROGRAMME n. m. Lettre envoyée par avion dans un pays quelconque, affranchie à un tarif forfaitaire.

AÉROGRAPHE n. m. Appareil servant à projeter des couleurs liquides sous la pression d'air comprimé. (Syn. PISTOLET.)

AÉROLITHE ou **AÉROLITE** n. m. (gr. *aêr,* air, et *lithos,* pierre). Syn. anc. de MÉTÉORITE.

AÉROLOGIE n. f. Science qui étudie les propriétés des hautes couches de l'atmosphère échappant généralement à l'action du relief terrestre (au-dessus de 3 000 m).

AÉROLOGIQUE adj. Relatif à l'aérologie.

AÉROGLISSEUR

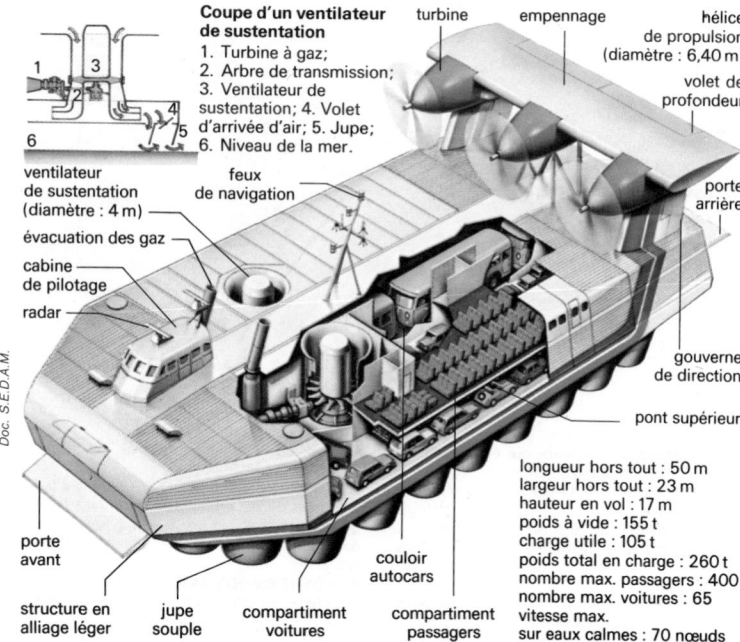

Coupe d'un ventilateur de sustentation
1. Turbine à gaz;
2. Arbre de transmission;
3. Ventilateur de sustentation;
4. Volet d'arrivée d'air; 5. Jupe;
6. Niveau de la mer.

ventilateur de sustentation (diamètre : 4 m)

évacuation des gaz

cabine de pilotage

radar

porte avant

structure en alliage léger

jupe souple

compartiment voitures

couloir autocars

compartiment passagers

turbine — empennage — hélice de propulsion (diamètre : 6,40 m)

volet de profondeur

porte arrière

feux de navigation

gouverne de direction

pont supérieur

longueur hors tout : 50 m
largeur hors tout : 23 m
hauteur en vol : 17 m
poids à vide : 155 t
charge utile : 105 t
poids total en charge : 260 t
nombre max. passagers : 400
nombre max. voitures : 65
vitesse max.
sur eaux calmes : 70 nœuds

Doc. S.E.D.A.M.

formation et d'entraînement pour les pilotes de l'aviation civile.

AÉROCOLIE n. f. Excès d'air dans l'intestin.

AÉROCONDENSEUR n. m. Échangeur de chaleur dans lequel une vapeur se condense en échauffant de l'air.

AÉRODROME n. m. Terrain aménagé pour le décollage et l'atterrissage des avions.

AÉRODYNAMIQUE adj. Qui a trait à la résistance de l'air. ‖ Se dit d'une carrosserie bien profilée.

AÉROMOBILE adj. Capable d'aéromobilité : *une division aéromobile.*

AÉROMOBILITÉ n. f. Aptitude d'une formation militaire à s'affranchir des servitudes du terrain en utilisant l'espace aérien.

AÉROMODÉLISME n. m. Technique de la construction des modèles réduits d'avions.

AÉROMOTEUR n. m. Moteur actionné par le vent.

AÉRONAUTE n. (gr. *aêr,* air, et *nautês,* ma-

17

telot). Personne qui pratique la navigation aérienne.

AÉRONAUTIQUE adj. Relatif à l'aviation. ◆ n. f. Science de la navigation aérienne. ‖ Technique de la construction des avions et des engins aériens. ● *Aéronautique navale,* forces aériennes des marines militaires.

AÉRONAVAL, E, ALS adj. Relatif à la fois à la marine et à l'aviation. ◆ n. f. En France, l'aéronautique navale.

AÉRONEF n. m. *Techn.* Nom générique de tous les appareils d'aviation.

plus léger que l'air, et qui peut ainsi s'élever dans l'atmosphère.

AÉROSTATION n. f. Art de construire et de diriger les aérostats. ‖ Ancienne organisation militaire assurant le service des aérostats.

AÉROSTATIQUE n. f. Théorie de l'équilibre des gaz.

AÉROSTIER n. m. Celui qui manœuvre un aérostat.

AÉROTECHNIQUE n. f. Ensemble des techniques ayant pour objet l'application de l'aérodynamique à l'étude et à la mise au point d'un

AFFABLE adj. (lat. *affabilis,* d'un abord facile). Qui se montre accueillant, aimable, poli.

AFFABULATION n. f. Arrangement des faits dans un roman. ‖ Manière mensongère et romanesque de présenter les faits.

AFFABULER v. i. Se livrer à une affabulation.

AFFADIR v. t. (de *fade*). Rendre sans saveur. ‖ *Litt.* Affaiblir la vigueur : *affadir un récit.*

AFFADISSANT, E adj. Propre à affadir.

AFFADISSEMENT n. m. État de ce qui devient fade.

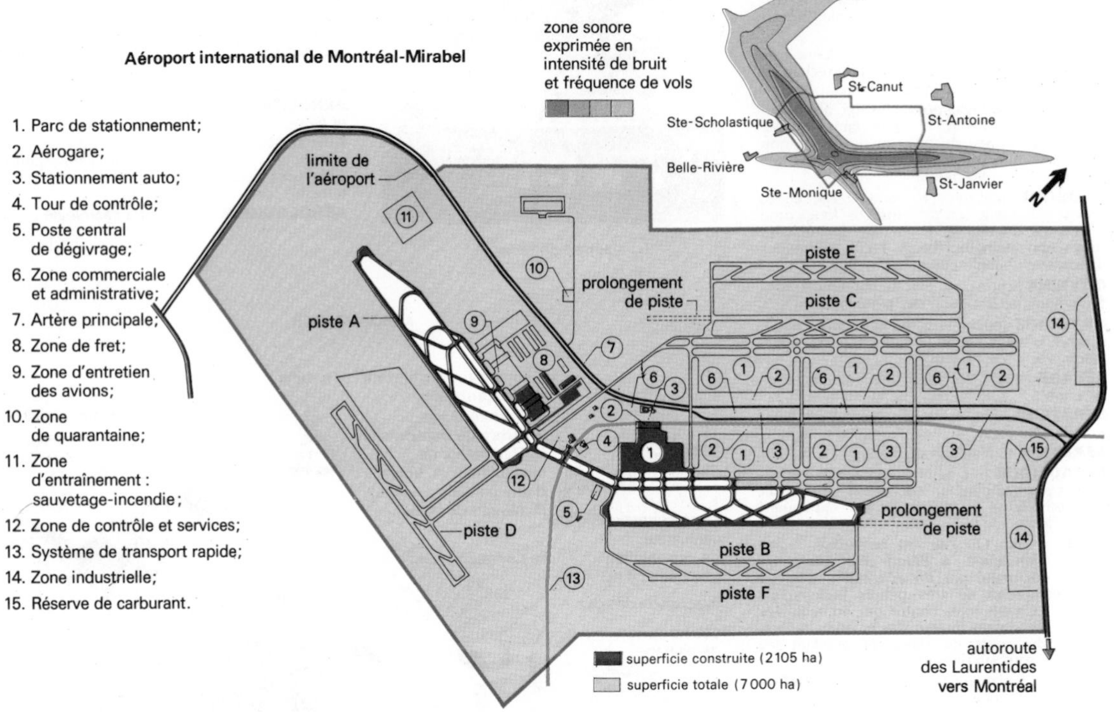

Aéroport international de Montréal-Mirabel

zone sonore exprimée en intensité de bruit et fréquence de vols

1. Parc de stationnement;
2. Aérogare;
3. Stationnement auto;
4. Tour de contrôle;
5. Poste central de dégivrage;
6. Zone commerciale et administrative;
7. Artère principale;
8. Zone de fret;
9. Zone d'entretien des avions;
10. Zone de quarantaine;
11. Zone d'entraînement : sauvetage-incendie;
12. Zone de contrôle et services;
13. Système de transport rapide;
14. Zone industrielle;
15. Réserve de carburant.

St-Canut
Ste-Scholastique
St-Antoine
Belle-Rivière
Ste-Monique
St-Janvier

limite de l'aéroport
piste E
prolongement de piste
piste C
piste A
piste D
prolongement de piste
piste B
piste F

superficie construite (2 105 ha)
superficie totale (7 000 ha)

autoroute des Laurentides vers Montréal

AÉROPORT

AÉRONOMIE n. f. Science qui étudie la physique de la haute atmosphère.

AÉROPHAGIE n. f. Déglutition exagérée de l'air atmosphérique.

AÉROPLANE n. m. Anc. nom de l'AVION.

AÉROPORT n. m. Ensemble des installations aménagées pour le trafic des lignes aériennes de transports.

AÉROPORTÉ, E adj. Transporté par voie aérienne : *troupes aéroportées.*

AÉROPORTUAIRE adj. Relatif à un aéroport.

AÉROPOSTAL, E, AUX adj. Relatif à la poste aérienne.

AÉROSOL n. m. Suspension de particules très fines, solides ou le plus souvent liquides, dans un gaz.

AÉROSONDAGE n. m. Sondage par ballon des hautes régions de l'atmosphère.

AÉROSPATIAL, E, AUX adj. Relatif à la fois à l'aéronautique et à l'astronautique.

AÉROSPATIALE n. f. Industrie aérospatiale.

AÉROSTAT [aérosta] n. m. (gr. *aêr,* air, et *statos,* qui se tient). Appareil rempli d'un gaz

aéronef ou d'un engin spatial. ◆ adj. Qui concerne ces techniques.

AÉROTERRESTRE adj. Qui concerne à la fois les forces ou le combat à terre et dans les airs.

AÉROTHERME n. m. Appareil qui échauffe de l'air et l'insuffle directement dans un local à chauffer.

AÉROTHERMODYNAMIQUE n. f. Science qui étudie les phénomènes calorifiques provoqués par les écoulements aérodynamiques aux vitesses supersoniques.

AÉROTRAIN n. m. (marque déposée). Véhicule à coussins d'air, glissant à grande vitesse sur une voie spéciale.

AÉROTRANSPORTÉ, E adj. Débarqué au sol par un aéronef.

ÆSCHNE [eskn] n. f. Grande libellule à abdomen brun ou bleu. (Envergure 7,5 cm.)

ÆTHUSE [etyz] n. f. (gr. *aithussein,* enflammer). Plante très toxique, appelée aussi *petite ciguë.* (Famille des ombellifères.)

AÉTITE [aetit] n. f. (gr. *aetitês*). Oxyde ferrique, communément appelé *pierre d'aigle.*

AFFABILITÉ n. f. Courtoisie, politesse.

AFFAIBLI, E adj. Devenu faible : *un bruit affaibli.*

AFFAIBLIR v. t. Rendre faible : *affaiblir l'État.* ◆ **s'affaiblir** v. pr. Devenir faible : *sa vue s'affaiblit.*

AFFAIBLISSEMENT n. m. Diminution des forces. ● *Affaiblissement intellectuel,* déficit

æschne

acquis et irréversible des fonctions intellectuelles.

AFFAIBLISSEUR n. m. *Phot.* Produit servant à diminuer l'opacité d'un cliché.

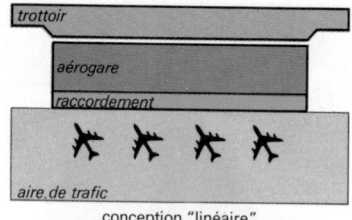

conception "linéaire"

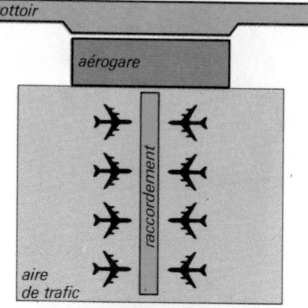

conception "jetée"

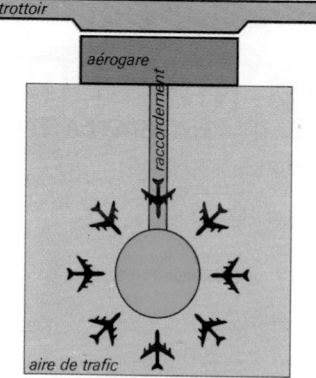

conception "satellite"

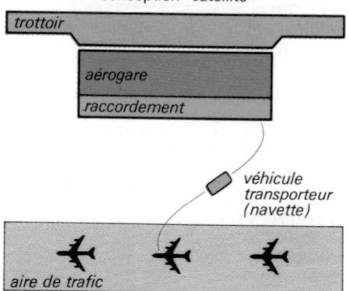

véhicule
transporteur
(navette)

conception "transporteur"

CONCEPTIONS D'AÉROPORTS

AFFAIRE n. f. (de *faire*). Tout ce qui est l'objet d'une occupation, qui concerne qqn, qui lui convient ou lui cause des difficultés : *affaire importante; affaire d'argent.* ‖ Entreprise commerciale ou industrielle : *lancer, gérer une affaire.* ‖ Procès, scandale, crime : *juger, plaider une affaire.* • *Avoir affaire à qqn*, être en rapport avec lui; l'avoir comme adversaire. ‖ *En faire son affaire*, s'en charger. ‖ *Être à son affaire,* se plaire à ce qu'on fait. ‖ *Faire l'affaire* (Fam.),

convenir à un emploi, à une fonction. ‖ *Se tirer d'affaire,* sortir avec succès d'une difficulté. ◆ pl. Activité commerciale, industrielle, financière : *être dans les affaires.* ‖ Intérêts de l'État et des particuliers : *les affaires publiques.* ‖ Objets usuels, vêtements : *ranger ses affaires.* ● *Administration des Affaires maritimes,* service public chargé de tout ce qui intéresse le statut particulier des marins du commerce ainsi que de l'application des règlements concernant les navires de commerce, de pêche et de plaisance. (Cette dénomination a remplacé depuis 1967 celle d'*Inscription maritime.*) ‖ *Affaires étrangères,* tout ce qui concerne les relations extérieures. ‖ *Homme, femme d'affaires,* personne qui s'occupe d'entreprises commerciales ou industrielles.

AFFAIRÉ, E adj. et n. Qui a ou paraît avoir beaucoup de travail, d'occupation.

AFFAIREMENT n. m. État d'une personne affairée.

AFFAIRER (S') v. pr. [**auprès**]. S'empresser, s'activer : *s'affairer auprès d'un malade.*

AFFAIRISME n. m. Tendance à tout subordonner aux affaires d'argent.

AFFAIRISTE n. Homme ou femme d'affaires peu scrupuleux.

AFFAISSEMENT n. m. Tassement, écroulement : *affaissement de terrain.*

AFFAISSER v. t. (de *faix*). Faire plier, baisser sous la charge : *la pluie a affaissé la route.* ◆ **s'affaisser** v. pr. Se tasser, s'effondrer. ‖ Ne plus tenir debout, s'écrouler : *il s'est affaissé sur le trottoir.*

AFFAITAGE ou **AFFAITEMENT** n. m. Action de dresser un oiseau de proie. ‖ Façonnage des cuirs à la tannerie.

AFFALEMENT n. m. Action de s'affaler.

AFFALER v. t. (néerl. *afhalen*). *Mar.* Faire descendre : *affaler un chalut.* ‖ Donner beaucoup de mou : *affaler un cordage.* ◆ **s'affaler** v. pr. Se laisser tomber : *s'affaler dans un fauteuil.* ‖ S'approcher trop de la côte, en parlant d'un navire.

AFFAMÉ, E adj. et n. Qui a faim.

AFFAMER v. t. Faire souffrir de la faim.

AFFAMEUR n. m. Personne qui crée une situation de disette.

AFFÉAGER v. t. *Dr. féod.* Aliéner une partie des terres nobles moyennant une redevance de l'acquéreur.

AFFECT [afɛkt] n. m. *Psychol.* Aspect inanalysable et élémentaire de l'affectivité, différent de l'émotion qui en est la traduction neurovégétative et des sentiments plus élaborés socialement. ‖ *Psychanal.* Tout état affectif défini comme la traduction subjective de la quantité d'énergie pulsionnelle non nécessairement lié à une représentation.

AFFECTATION n. f. Destination à un usage déterminé : *affectation d'une salle à une réunion publique, d'une somme à une dépense.* ‖ Désignation à une fonction, à un poste, à une formation militaire. ● *Affectation de défense* (Mil.), affectation dans un emploi civil d'utilité nationale.

AFFECTATION n. f. Manque de naturel dans la manière d'agir.

AFFECTÉ, E adj. Qui n'est pas naturel; recherché : *langage affecté.*

AFFECTER v. t. (anc. fr. *afaitier*, préparer). Destiner à un usage déterminé : *affecter des fonds à une dépense.* ‖ Attacher à une formation militaire ou à un service.

AFFECTER v. t. (lat. *affectare*, feindre). Faire paraître des sentiments qu'on n'éprouve pas : *affecter une attitude insouciante.* ‖ Avoir telle ou telle forme : *affecter la forme d'un cône.*

AFFECTER v. t. (lat. *affectus*, disposé). Causer une douleur morale : *cette nouvelle l'a affecté.* ‖ Altérer physiquement : *cette maladie affecte surtout les reins.* ◆ **s'affecter** v. pr. [**de**]. S'affliger.

AFFECTIF, IVE adj. Qui relève des sentiments et non de la raison.

AFFECTION n. f. (lat. *affectio*). Amitié, ten-

dresse : *affection maternelle.* ‖ *Méd.* Maladie envisagée sous son aspect actuel, selon l'organe atteint, mais sans préjuger de la cause : *affection nerveuse.*

AFFECTIONNÉ, E adj. Dévoué (seulement dans les formules de fin de lettre) [vx] : *votre neveu affectionné.*

AFFECTIONNER v. t. Avoir un goût particulier pour une chose.

AFFECTIO SOCIETATIS [afɛksjososjetatis] n. m. (mots lat.). *Dr.* Intention qu'ont des associés de poursuivre ensemble une œuvre commune.

AFFECTIVITÉ n. f. *Psychol.* Ensemble des phénomènes affectifs (émotions, sentiments, passions, etc.).

AFFECTUEUSEMENT adv. De façon affectueuse.

AFFECTUEUX, EUSE adj. Plein d'affection; tendre.

AFFENAGE [afnaʒ] n. m. (lat. *fenum*, foin). Action de donner du fourrage au bétail.

AFFÉRENT, E adj. (lat. *afferens*, qui contribue à). Qui revient à chacun : *portion, part afférente.* ‖ *Anat.* Se dit d'un vaisseau (sanguin notamment) qui se jette dans un autre ou qui arrive à un organe.

AFFERMAGE n. m. Action d'affermer. ‖ Bail à ferme.

AFFERMER v. t. Donner ou prendre à ferme, à bail.

AFFERMIR v. t. (lat. *firmus*, ferme). Rendre ferme, solide, stable; consolider : *affermir le pouvoir, la paix.*

AFFERMISSEMENT n. m. Action d'affermir ; *l'affermissement du pouvoir politique.*

AFFÉTERIE [afetri] n. f. *Litt.* Manières affectées, recherchées.

AFFICHAGE n. m. Action d'afficher : *l'affichage est réglementé.* ‖ Visualisation de données par des procédés mécaniques ou électroniques : *affichage digital* (montre, calculatrice de poche).

AFFICHE n. f. Avis officiel, publicitaire, etc., placardé dans un lieu public. ● *Mettre à l'affiche,* donner comme spectacle. ‖ *Tenir l'affiche,* être représenté longtemps.

V. ill. page suivante

AFFICHER v. t. (de *ficher*). Annoncer par affiche : *afficher une vente publique.* ‖ Étaler, montrer publiquement : *afficher son mépris; afficher certaines prétentions.* ◆ **s'afficher** v. pr. *Péjor.* Se montrer ostensiblement.

AFFICHETTE n. f. Petite affiche.

AFFICHEUR n. m. Personne qui pose des affiches.

AFFICHISTE n. Artiste spécialisé dans la création des affiches publicitaires.

AFFIDAVIT [afidavit] n. m. (mot lat., *il affirma*). Déclaration sous serment faite devant une autorité, par ex. par le porteur étranger de certaines valeurs d'État qui veut s'affranchir de l'impôt dont ces valeurs sont déjà frappées dans leur pays d'origine.

AFFIDÉ, E adj. et n. (lat. *affidare*, promettre). *Litt.* À qui l'on se fie pour un mauvais coup.

AFFILAGE n. m. Action d'affiler.

AFFILÉ, E adj. Aiguisé, tranchant. ● *Avoir la langue bien affilée,* être très bavard.

AFFILÉE (D') loc. adv. Sans s'arrêter, sans s'interrompre.

AFFILER v. t. (lat. *filum*, fil). Rendre tranchant, aiguiser un couteau, des ciseaux, une hache, etc.

AFFILIATION n. f. Inscription à une association, à un parti, à un organisme de sécurité sociale.

AFFILIÉ, E adj. et n. Qui appartient à une association, à un organisme, etc.

AFFILIER (S') v. pr. [**à**] (lat. *affiliare*; de *filius*, fils). Entrer comme membre dans un parti, un groupement, etc.

Larousse

Affiche de G. Boano
pour le Teatro Regio
à Turin. 1898.
(Bibliothèque des
Arts décoratifs, Paris.)

Lauros

Lauros-Giraudon

Toulouse-Lautrec : *Au pied de l'échafaud*,
1893. (Musée des Arts décoratifs, Paris.)

A. M. CASSAN

Cassandre : *Normandie*, 1935.
(Bibliothèque Forney, Paris.)

AFFICHE

Agence Delpire

Affiche d'A. François
pour *le Nouvel
Observateur*, 1972.

Lauros

Affiche
de Jean-Michel Folon,
1973.

AFFILOIR n. m. Instrument qui sert à affiler.

AFFINAGE n. m. Action d'affiner. ‖ Purification
de certains produits par élimination des matières
étrangères qu'ils contiennent. ‖ Dernier terme de
la maturation des fromages.

AFFINE adj. *Math.* Se dit d'une fonction réelle
de la variable réelle *x* de la forme $x \rightarrow f(x) =$
$ax + b$, *a* et *b* étant réels. ● *Géométrie affine*,
géométrie des propriétés invariantes par des
transformations du premier degré. ‖ *Repère
affine*, repère formé de *n* vecteurs quelconques
de même origine.

AFFINEMENT n. m. Fait de devenir plus fin,
plus délicat.

AFFINER v. t. Rendre plus pur : *affiner des
métaux*. ‖ Éliminer les bulles gazeuses du verre
fondu. ‖ Rendre plus fin, plus subtil, plus délicat : *affiner son esprit, son goût*. ● *Affiner un
fromage*, lui donner les derniers soins avant la
consommation. ‖ *Affiner du lin, du chanvre*, en
refendre les fibres dans le sens de la longueur.

AFFINERIE n. f. Établissement industriel où
l'on affine les métaux.

AFFINEUR n. m. Celui qui affine les métaux,
les fromages.

AFFINITÉ n. f. (lat. *affinitas*, voisinage). Ressemblance, rapport naturel : *affinité de goûts,
de caractères; affinité entre la musique et la
poésie, entre deux langues.* ‖ *Biol.* Parenté
zoologique ou botanique. ‖ *Chim.* Tendance des
corps à se combiner : *le carbone a de l'affinité
pour l'oxygène.* ‖ *Math.* Dans un plan, réduction

ou dilatation des ordonnées dans un rapport constant.

AFFIRMATIF, IVE adj. Qui affirme : *geste affirmatif.*

AFFIRMATION n. f. Action d'affirmer. ‖ *Dr.* Acte par lequel on proclame plus ou moins solennellement la vérité d'un fait ou d'un acte.

AFFIRMATIVE n. f. Réponse positive, approbation : *pencher pour l'affirmative.*

AFFIRMATIVEMENT adv. De façon affirmative.

AFFIRMER v. t. (lat. *affirmare*). Soutenir qu'une chose est vraie, assurer : *j'affirme que j'ignore tout de l'affaire.* ‖ Manifester, prouver : *affirmer sa personnalité.* ◆ **s'affirmer** v. pr. Se manifester clairement.

AFFIXAL, E, AUX adj. *Ling.* Relatif aux affixes.

AFFIXE n. m. (lat. *affixus*, attaché). *Ling.* Particule qui se met au commencement *(préfixe)* ou à la fin *(suffixe)* des mots pour en modifier le sens ou la fonction. (Ex. : dans *enterrement, en* et *ment* sont des affixes, *-terre-* est la racine.)

AFFIXE n. f. *Math.* Nombre complexe qui définit la position d'un point dans un plan.

AFFIXÉ, E adj. *Ling.* Ajouté comme affixe.

AFFLEURAGE n. m. Raffinage modéré de la pâte à papier.

AFFLEUREMENT n. m. Action d'affleurer. ‖ *Géol.* Point où la roche constituant le sous-sol apparaît à la surface.

AFFLEURER v. t. (de à *fleur de*). Mettre de niveau deux choses contiguës : *affleurer les*

Larousse, coll. J.-L. Passek

Affiche de cirque polonaise de M. Urbaniec

battants d'une porte. ‖ Être au niveau de, toucher : *la rivière affleure ses bords.* ◆ v. i. Apparaître à la surface : *filon qui affleure.*

AFFLICTIF, IVE adj. *Peine afflictive* (Dr.), châtiment qui atteint le corps (la *mort*, la *réclusion criminelle*, la *réclusion, la détention*).

AFFLICTION n. f. (lat. *affligere*, abattre). Grand chagrin, douleur profonde.

AFFLIGEANT, E adj. Qui cause de l'affliction.

AFFLIGER v. t. (lat. *affligere*, abattre) [conj. 1]. Causer du chagrin, désoler : *ce malheur m'afflige.* ◆ **s'affliger** v. pr. [de]. Éprouver du chagrin.

AFFLUENCE n. f. Grand nombre de personnes se rassemblant au même endroit : *les heures d'affluence dans le métro.*

AFFLUENT, E adj. et n. m. Se dit d'un cours

d'eau qui se jette dans un autre : *l'Allier est un affluent de la Loire.*

AFFLUER v. i. (lat. *affluere*). Couler vers, aboutir au même point : *le sang afflue au cerveau.* ‖ Arriver en grand nombre : *les manifestants affluaient vers la place.*

AFFLUX [afly] n. m. Abondance plus grande des liquides dans une partie du corps : *l'afflux du sang à la tête.* ‖ Mouvement d'un fluide, de l'électricité vers un point. ‖ Arrivée en grand nombre : *un afflux de touristes.*

AFFOLANT, E adj. Qui trouble l'esprit, provoque une vive émotion.

AFFOLÉ, E adj. Rendu fou par la passion, la terreur, etc. ‖ Se dit d'une aiguille aimantée qui subit des déviations irrégulières sous l'action de variations brusques du champ magnétique terrestre.

AFFOLEMENT n. m. État d'une personne affolée. ‖ État d'une aiguille aimantée affolée.

AFFOLER v. t. (de *fou*). Faire perdre son sang-froid, rendre comme fou, bouleverser : *cet accident l'affola.* ◆ **s'affoler** v. pr. Perdre la tête.

AFFOUAGE n. m. (anc. fr. *affouer*, chauffer). *Dr.* Droit de prendre du bois de chauffage ou de participer au produit de l'exploitation du bois dans les forêts appartenant à l'État ou aux communes. ‖ Bois revenant aux affouagistes.

AFFOUAGÉ, E ou **AFFOUAGISTE** n. Personne qui jouit du droit d'affouage.

AFFOUAGER v. t. (conj. 1). *Dr.* Dresser la liste des habitants d'une commune qui ont le droit de prendre du bois dans les forêts communales. ‖ Déterminer les coupes d'une forêt qui seront partagées en vertu du droit d'affouage.

AFFOUILLEMENT n. m. *Géogr.* Enlèvement localisé de terrain par des courants d'eau (souvent par érosion latérale).

AFFOUILLER v. t. Creuser en parlant des eaux.

AFFOURAGEMENT n. m. Distribution de fourrage au bétail.

AFFOURAGER v. t. (conj. 1). Donner du fourrage au bétail.

AFFOURCHER v. t. *Mar.* Mettre au mouillage sur deux ancres : *affourcher un navire.*

AFFRANCHI, E adj. et n. *Hist.* Se disait d'un esclave rendu libre. ‖ *Fam.* Libéré de tout préjugé, de tout souci de morale.

AFFRANCHIR v. t. (de *franc*). Exempter d'une charge : *affranchir une propriété.* ‖ Rendre libre, indépendant : *affranchir de la domination, de la misère, de la crainte.* ‖ *Pop.* Renseigner, informer. ‖ *Hist.* Libérer un esclave. ● *Affranchir une lettre, un paquet,* en payer le port au moment de l'expédition, au moyen de timbres-poste. ◆ **s'affranchir** v. pr. [de]. Se libérer, se débarrasser : *s'affranchir de sa timidité.*

AFFRANCHISSABLE adj. Qui peut être affranchi.

AFFRANCHISSEMENT n. m. Action d'affranchir.

AFFRES n. f. pl. (anc. prov. *afre*). *Litt.* Angoisse, tourment, torture : *les affres de la mort, du doute.*

AFFRÈTEMENT n. m. Louage d'un navire.

AFFRÉTER v. t. (de *fret*) [conj. 5]. Prendre un navire en louage.

AFFRÉTEUR n. m. Celui qui loue un navire, par opposition au *fréteur* (ou armateur), qui le donne à bail.

AFFREUSEMENT adv. De façon affreuse.

AFFREUX, EUSE adj. (de *affres*). Qui provoque la peur, le dégoût, la douleur ; atroce, horrible : *un spectacle affreux; un affreux personnage; un crime affreux.* ‖ Qui cause un vif désagrément : *il fait un temps affreux.*

AFFRIANDER v. t. *Pêch.* Attirer avec de l'appât.

AFFRIOLANT, E adj. Séduisant.

AFFRIOLER v. t. (anc. fr. *friolet*, gourmand). Attirer par qqch d'alléchant : *être affriolé par la bonne chère.*

AFFRIQUÉE n. f. et adj. (lat. *fricare*, frotter). *Phon.* Consonne caractérisée par le fait qu'elle est occlusive au début de son émission et

constrictive à la fin, comme le [ts]. (Il n'y a pas d'affriquée en français moderne.)

AFFRONT n. m. Acte ou parole méprisants; injure, outrage : *subir un affront; faire un affront à un ami.*

AFFRONTÉ, E adj. *Arts décor.* et *Hérald.* Se dit d'animaux ou de meubles opposés face à face. (Contr. ADOSSÉ.)

AFFRONTEMENT n. m. Action d'affronter, de s'affronter : *l'affrontement de deux idéologies.*

AFFRONTER v. t. (de *front*). S'exposer avec courage à qqn, qqch : *affronter l'ennemi, la mort.* ‖ Mettre bout à bout : *affronter deux panneaux.* ◆ **s'affronter** v. pr. Se combattre, lutter.

AFFRUITER v. i. Porter, produire des fruits. ◆ v. t. Pourvoir d'arbres fruitiers.

AFFUBLEMENT n. m. *Litt.* Habillement bizarre, sans goût.

AFFUBLER v. t. (lat. *affibulare*; de *fibula*, agrafe). *Litt.* Habiller d'une manière bizarre, ridicule. ◆ **s'affubler** v. pr. [de]. S'accoutrer bizarrement.

AFFUSION n. f. *Méd.* Aspersion d'eau sur une partie du corps.

AFFÛT [afy] n. m. (de *affûter*). Matériel supportant le canon d'une bouche à feu et servant à la pointer et à le déplacer. ‖ *Chass.* Endroit où l'on se poste pour attendre le gibier. ● *Être à l'affût,* épier l'occasion, guetter.

AFFÛTAGE n. m. Action d'affûter, d'aiguiser.

AFFÛTER v. t. Aiguiser des outils.

AFFÛTEUR n. m. Ouvrier qui aiguise les outils.

AFFÛTEUSE n. f. Machine à affûter.

AFFÛTIAUX [afytjo] n. m. pl. *Fam.* et *vx.* Objets de parure, sans valeur; bagatelles.

AFGHAN [afgɑ̃, an] adj. et n. De l'Afghānistān. ● *Lévrier afghan,* race de lévrier à poils longs, utilisé comme chien d'agrément. ‖ *Veste afghane,* veste en peau de chèvre ou de mouton, souvent ornée de motifs brodés.

AFGHAN n. m. Syn. de PACHTO.

AFGHÁNI n. m. Unité monétaire principale de l'Afghānistān.

AFIBRINOGÉNÉMIE n. f. *Méd.* Absence de fibrinogène dans le plasma sanguin, rendant le sang incoagulable et cause d'hémorragies graves.

AFICIONADO [afisjɔnado] n. m. (mot esp.). Amateur de courses de taureaux.

AFIN DE loc. prép., **AFIN QUE** loc. conj. (de *fin*). Indiquent l'intention, le but : *afin de savoir; afin que vous sachiez.*

AFOCAL, E, AUX adj. Se dit d'un système optique dont les foyers sont rejetés à l'infini.

A FORTIORI [afɔrsjɔri] loc. adv. (mots lat.). À plus forte raison.

AFRICAIN, E adj. et n. D'Afrique.

AFRICANISATION n. f. Action d'africaniser.

AFRICANISER v. t. Donner aux institutions un caractère spécifiquement africain.

AFRICANISME n. m. Particularité de langage propre au français parlé en Afrique.

AFRICANISTE n. Spécialiste des langues et des civilisations africaines.

AFRIKAANS [afrikãs] n. m. Langue néerlandaise parlée en Afrique du Sud.

AFRIKANER [afrikanɛr] n. En Afrique du Sud, personne parlant l'afrikaans.

AFRO adj. inv. Se dit d'une coupe de cheveux frisés formant comme un casque autour du visage.

AFRO-AMÉRICAIN, E adj. et n. Se dit des Noirs des États-Unis.

AFRO-ASIATIQUE adj. et n. Relatif à la fois à l'Afrique et à l'Asie.

AFTER-SHAVE [aftœrʃɛv] n. m. (mots angl.). Lotion adoucissante à base d'alcool que les hommes utilisent en application après s'être rasés. (On dit aussi LOTION APRÈS-RASAGE.)

Ag, symbole chimique de l'*argent.*

AGA n. m. → AGHA.

AGAÇANT, E adj. Qui irrite légèrement.

AGACEMENT n. m. Irritation, impatience : *éprouver de l'agacement.*

AGACER v. t. (lat. *acies*, tranchant) [conj. **1**]. Causer de l'irritation ; taquiner, tourmenter : *agacer son entourage; agacer un chien.* ● *Agacer les dents,* causer aux gencives une sensation désagréable.

AGACERIE n. f. Mine, parole, regard par lesquels on cherche à plaire.

AGALACTIE ou **AGALAXIE** n. f. Absence de lait dans les mamelles au moment où devrait se produire la lactation.

AGAMI n. m. (mot caraïbe). Oiseau de l'Amérique du Sud, de la taille d'un coq, à plumage noir avec des reflets métalliques bleu et vert. (Le mâle pousse un cri qui l'a fait appeler *oiseau-trompette.*) [Ordre des ralliformes.]

agami

AGAMMAGLOBULINÉMIE n. f. *Méd.* Déficit ou absence totale de gammaglobulines dans le plasma sanguin, rendant l'organisme très sensible aux infections.

AGAPE n. f. (gr. *agapê*, amour). Dans les premiers temps du christianisme, repas que les fidèles prenaient en commun. ◆ pl. Repas copieux et joyeux entre amis.

AGAR-AGAR n. m. Mucilage fabriqué au Japon à partir d'une algue, utilisé en bactériologie comme milieu de culture, dans l'industrie comme produit d'encollage, en pharmacie comme laxatif et en cuisine pour la préparation de gelées. (Syn. GÉLOSE.)

AGARIC [agarik] n. m. (gr. *agarikon*). Nom donné à plusieurs champignons comestibles. (L'agaric des champs, ou *psalliote des champs*, est le champignon de couche.) [Classe des basidiomycètes; famille des agaricacées.]

AGARICACÉE n. f. Champignon à lames faisant partie de l'importante famille des *agaricacées*, qui groupe des espèces les unes comestibles (*agaric, lépiote*), les autres toxiques et mêmes mortelles (certaines *amanites*). [Classe des basidiomycètes.]

AGASSIN n. m. Bourgeon le plus bas d'une branche de vigne, qui ne donne pas de fruits.

AGATE n. f. (gr. *Akhatês*, nom d'une riv. de Sicile). Roche siliceuse, variété de calcédoine, constituée de bandes parallèles ou concentriques diversement colorées.

AGAVE ou **AGAVÉ** n. m. (gr. *agauê*, remarquable). Plante originaire de l'Amérique centrale, cultivée dans les régions chaudes, restant pendant plusieurs dizaines d'années à l'état végétatif (rosette de longues feuilles vertes bordées de jaune) pour fleurir une seule fois en donnant une inflorescence de 10 m de haut, et dont les feuilles fournissent des fibres textiles. (Famille des amaryllidacées.) [L'agave est souvent appelé, à tort, *aloès.*]

AGE [aʒ] n. m. (francique *hagja*). Longue pièce de bois ou de fer à laquelle se fixent le soc et tout le système de la charrue. (Syn. FLÈCHE.)

ÂGE [ɑʒ] n. m. (lat. *aetas*). Temps écoulé depuis la naissance; période, durée déterminée de la vie : *cacher son âge; il y a entre eux une grande différence d'âge.* || Période déterminée de l'histoire de l'humanité : *âge de la pierre taillée; âge*

du bronze. || Vieillesse : *les effets de l'âge.* ● *Âge légal,* âge fixé par la loi pour l'exercice de certains droits civils ou politiques. || *Âge mental,* niveau de développement intellectuel d'un enfant tel qu'il est mesuré par certains tests. (V. QUOTIENT INTELLECTUEL.) || *Classe d'âge,* groupe d'individus appartenant à une même tranche d'âge. (Dans certaines sociétés primitives, l'appartenance à une classe d'âge s'accompagne de rite de passage.) || *Entre deux âges,* qui fait l'effet de n'être ni jeune ni vieux. || *Quatrième âge,* période suivant le troisième âge, où la plupart des activités deviennent impossibles, et qui correspond à la sénescence. || *Troisième âge,* période qui suit l'âge adulte, où cessent les activités professionnelles.

ÂGÉ, E adj. Qui a tel âge : *âgé de seize ans.* || Vieux : *les gens âgés.*

AGENCE n. f. Entreprise commerciale s'occupant de différentes affaires : *agence de publicité, de voyages*, etc. || Succursale d'un établissement financier ou de certaines entreprises. || Locaux professionnels d'un architecte. || Nom donné à certains établissements publics.

AGENCEMENT n. m. Arrangement, disposition : *l'agencement des pièces d'un appartement; l'agencement d'un magasin.*

AGENCER v. t. (anc. fr. *gent*, gracieux) [conj. **1**]. Arranger, combiner : *agencer les éléments d'une bibliothèque; agencer une phrase.*

AGENDA [aʒɛ̃da] n. m. (mot lat. signif. *ce qui doit être fait*) [pl. *agendas*]. Carnet pour inscrire jour par jour ce qu'on doit faire.

AGÉNÉSIE [aʒenezi] n. f. (a priv., et gr. *genesis,* génération). Absence de développement d'un tissu, d'un organe, dès la vie embryonnaire.

AGENOUILLEMENT n. m. Action de s'agenouiller.

AGENOUILLER (S') v. pr. Se mettre à genoux.

AGENOUILLOIR n. m. Petit escabeau, sur lequel on s'agenouille.

AGENT n. m. (lat. *agens*, celui qui agit). Tout phénomène qui a une action déterminante. || Celui qui est chargé de gérer, d'administrer les affaires de l'État, d'une société, d'un particulier : *les percepteurs, les préfets, les ambassadeurs,* etc., *sont les agents du gouvernement; agent d'assurances, agent immobilier.* || *Agent d'affaires,* celui qui se charge de diriger pour autrui des affaires d'intérêts. || *Agents atmosphériques,* phénomènes atmosphériques (précipitations, vents, etc.) qui participent à l'érosion. ||

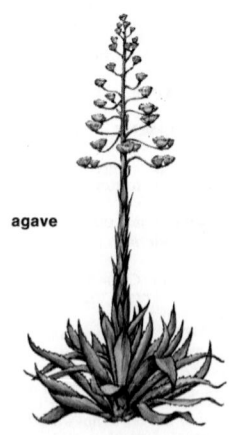

agave

Agent de change, officier ministériel chargé de la négociation des valeurs mobilières. || *Agent économique,* personne ou groupement participant à l'activité économique. || *Agent littéraire,* intermédiaire entre les éditeurs et les auteurs ou traducteurs. || *Agent de maîtrise,* personne chargée de l'encadrement des travailleurs d'une entreprise. || *Agent de police,* ou *agent,* employé

attaché à la police d'une ville. || *Complément d'agent du verbe passif* (Ling.), compl. introduit par les prép. *par* ou *de* après un passif et représentant le sujet de la phrase active correspondante. (Ex. : *ce chêne a été renversé par le vent* [le vent est complément d'agent], correspond à *le vent a renversé ce chêne.*)

AGERATUM [aʒeratɔm] n. m. (gr. *agêraton*, marjolaine). Plante d'origine américaine, cultivée pour ses fleurs bleues. (Famille des composées.)

AGGIORNAMENTO [adʒjɔrnamɛnto] n. m. (mot it., *mise à jour*). Adaptation au progrès, à l'évolution du monde actuel, notamment en parlant de l'Église catholique.

AGGLOMÉRANT n. m. Corps servant à agglomérer.

AGGLOMÉRAT n. m. Assemblage de personnes ou de choses.

AGGLOMÉRATION n. f. Action d'agglomérer. || Groupe d'habitations constituant un village ou une ville, indépendamment des limites administratives.

AGGLOMÉRÉ, E adj. *Bois aggloméré,* panneau obtenu par l'agglomération de fibres ou de particules de bois. || *Population agglomérée,* celle qui est groupée dans des bourgs ou de gros villages, par opposition à la population dispersée des fermes et hameaux.

AGGLOMÉRÉ n. m. Briquette combustible, faite avec du poussier de houille mêlé à du brai sec et comprimé. || Élément de construction préfabriqué en béton.

AGGLOMÉRER v. t. (lat. *agglomerare*). [conj. **5**]. Réunir en une masse compacte : *agglomérer du sable et du ciment.* ◆ **s'agglomérer** v. pr. Se réunir en un tas, en une masse compacte.

AGGLUTINANT, E adj. et n. m. De nature à réunir, à coller. ● *Langues agglutinantes,* celles, comme les langues finno-ougriennes, dans lesquelles les radicaux et les affixes se juxtaposent, sans se modifier, pour exprimer les diverses relations grammaticales.

AGGLUTINATION n. f. Action d'agglutiner, de s'agglutiner. || *Biol.* Phénomène général de défense des organismes contre les agressions microbiennes ou parasitaires, dont les agents sont collés, agglutinés en masses plus ou moins grosses. (Elle peut frapper les hématies dans certains états pathologiques.) || *Ling.* Formation d'un mot par la réunion de deux ou de plusieurs mots distincts à l'origine (*au jour d'hui* devenu *aujourd'hui*).

AGGLUTINER v. t. (lat. *agglutinare*). Coller fortement une chose à une autre. ◆ **s'agglutiner** v. pr. [à]. Se coller : *les lèvres d'une plaie s'agglutinent.*

AGGLUTININE n. f. Substance présente dans le plasma d'un individu et réagissant sur les corps qui en ont provoqué l'apparition en les agglutinant.

AGGLUTINOGÈNE n. m. Substance contenue dans les hématies d'un individu et capable de provoquer leur agglutination, en cas de transfusion sanguine, si le sang du receveur contient l'*agglutinine* correspondante.

AGGRAVANT, E adj. Qui rend plus grave : *circonstances aggravantes.*

AGGRAVATION n. f. Augmentation : *aggravation d'une maladie, des impôts, d'un conflit.*

AGGRAVÉE n. f. (de *gravier*). Inflammation de la patte des chiens et d'autres animaux.

AGGRAVER v. t. Rendre plus grave, plus pénible, plus dur à supporter : *aggraver ses torts, son mal.* ◆ **s'aggraver** v. pr. Devenir plus grave, empirer : *la situation s'est aggravée.*

AGHA ou **AGA** n. m. (mot turc). Nom de dignitaires orientaux musulmans.

AGILE adj. (lat. *agilis*). Qui a une grande facilité à se mouvoir. ● *Esprit agile,* qui comprend vite.

AGILEMENT adv. Avec agilité.

AGILITÉ n. f. Légèreté, souplesse : *agilité du corps, de l'esprit.*

AGIO [aʒjo] n. m. (mot it.). Ensemble des frais qui grèvent une opération bancaire.

AGIOTAGE n. m. Spéculation sur les fonds publics, les changes, etc.

AGIR v. i. (lat. *agere*, faire). Faire quelque chose, s'occuper : *il n'a pas la force d'agir*. ‖ Produire un effet, exercer une influence : *le feu agit sur les métaux; pouvez-vous agir sur lui?* ‖ Se conduire : *agir en homme d'honneur*. ◆ **s'agir** v. pr. impers. Être question : *de quoi s'agit-il?*

AGISSANT, E adj. Actif, efficace.

AGISSEMENTS n. m. pl. Façons d'agir plus ou moins blâmables.

AGITATEUR, TRICE n. Personne qui provoque des troubles sociaux ou politiques.

AGITATEUR n. m. *Chim.* Petite baguette de verre servant à remuer les liquides.

AGITATION n. f. Mouvement prolongé et désordonné : *agitation de la mer*. ‖ Mouvement de la rue, d'une foule. ‖ Inquiétude, excitation : *l'agitation des esprits*. ‖ Comportement turbulent et désordonné. ‖ Mouvement politique ou social, revendicatif ou révolutionnaire : *agitation populaire, ouvrière*.

AGITATO [aʒitato] adv. (mot it.). *Mus.* D'un mouvement agité.

AGITÉ, E adj. et n. Qui manifeste une agitation. ‖ Qui remue sans cesse : *élève agité*.

AGITER v. t. (lat. *agitare*, pousser). Remuer, secouer vivement en divers sens : *agiter un liquide*. ‖ Causer une vive inquiétude; exciter : *une violente colère l'agitait*. ‖ Examiner une question, en discuter avec d'autres. ◆ **s'agiter** v. pr. Remuer vivement.

AGIT-PROP [aʒitprɔp] n. m. (abrév. de *agitation-propagande*). Dans les partis révolutionnaires, activité d'un militant sur les lieux de travail.

AGLOSSA n. m. (gr. *glossa*, langue). Papillon à ailes brunes tachetées de noir et de jaune, et dont la chenille, appelée à tort *teigne de la graisse*, se nourrit en fait de débris végétaux.

AGLYPHE adj. (gr. *gluphê*, sillon). Se dit des serpents dépourvus de crochets à venin.

AGNAT [agna] n. m. (lat. *ad*, près de, et *natus*, né). Celui qui descend d'un même ancêtre de sexe masculin. (Contr. COGNAT.)

AGNATHE [agnat] n. m. Vertébré aquatique, à respiration branchiale et dépourvu de mâchoires. (La classe des *agnathes*, ou *cyclostomes*, comprend la lamproie.)

AGNATION [agnasjɔ̃] n. f. Parenté légitime, chez les Romains.

AGNEAU n. m. (lat. *agnellus*). Petit de la brebis. (Sa fourrure est très appréciée, en particulier celle de l'agneau karakul. Fém. : *agnelle*.) ● *L'Agneau de Dieu*, Jésus-Christ. ‖ *Agneau pascal*, agneau immolé chaque année par les israélites pour commémorer la sortie d'Égypte. ‖ *Doux comme un agneau*, d'une douceur extrême.

AGNELAGE ou **AGNÈLEMENT** n. m. Action d'agneler. ‖ Époque où une brebis met bas.

AGNELÉE n. f. La portée d'une brebis.

AGNELER v. i. (conj. 3). Mettre bas, en parlant de la brebis.

AGNELET n. m. Petit agneau.

AGNELINE adj. f. et n. f. Se dit d'une laine courte, soyeuse et frisée, provenant de la première tonte de l'agneau.

AGNELLE n. f. Féminin de *agneau*.

AGNOSIE [agnozi] n. f. (gr. *gnôsis*, connaissance). Trouble dans la reconnaissance et l'identification des objets matériels, des couleurs, des images. (L'agnosie est due à une lésion cérébrale, les organes sensoriels étant indemnes.)

AGNOSIQUE adj. et n. Atteint d'agnosie.

AGNOSTICISME [agnɔstisism] n. m. Toute doctrine qui déclare que tout ce qui dépasse les capacités de la connaissance humaine est inaccessible à l'homme et qui considère toute métaphysique comme inutile.

AGNOSTIQUE [agnɔstik] adj. et n. Qui appartient à l'agnosticisme.

AGNUS-CASTUS [agnyskastys] n. m. Syn. de GATTILIER.

AGNUS-DEI [agnysdei] n. m. inv. (mots lat.).

Cire bénite par le pape, portant l'image d'un agneau. ‖ Prière de la messe.

AGONIE n. f. (gr. *agônia*, combat). Moment de la vie qui précède immédiatement la mort : *être à l'agonie*. ‖ Lente disparition : *l'agonie d'un régime politique*.

AGONIR v. t. (seulem. à l'inf. et au part. pass. *agoni*). *Agonir qqn d'injures*, l'accabler d'injures.

AGONISANT, E adj. et n. Qui est à l'agonie.

AGONISER v. i. (lat. *agonizari*). Être à l'agonie : *le régime agonisait*.

AGONISTE adj. *Muscles agonistes*, groupe musculaire concourant au même mouvement.

AGORA n. f. Dans l'Antiquité grecque, place bordée d'édifices publics, centre de la vie politique, religieuse et économique de la cité.

AGORAPHOBIE n. f. (gr. *agora*, place publique, et *phobos*, crainte). Impossibilité de traverser sans angoisse de larges espaces vides.

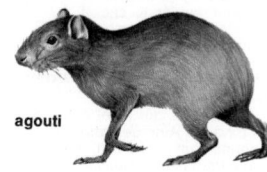

agouti

AGOUTI n. m. (mot guarani). Rongeur de l'Amérique du Sud. (Long. 50 cm.)

AGRAFAGE n. m. Action d'agrafer.

AGRAFE n. f. (a. fr. *grafe*, crochet). Crochet de métal qui s'engage dans un anneau et qui sert à réunir les bords opposés d'un vêtement. ‖ Petite lame de métal munie de deux pointes, servant à suturer les plaies. ‖ Pièce, en matière métallique ou plastique, servant à maintenir ensemble certains objets : *agrafe de courroie, de bureau*. ‖ Broche : *agrafe de brillants*. ‖ *Archit.* Crampon de fer, coudé à ses extrémités, pour relier les assises d'un mur ou les claveaux d'un arc. ‖ Ornement en forme de console ou de mascaron, sur la clef d'un arc ou d'une platebande (par ex. au-dessus d'une fenêtre).

AGRAFER v. t. Attacher avec une agrafe; assembler des objets à l'aide d'agrafes. ‖ *Fam.* Retenir qqn pour lui parler : *agrafer un voisin au passage*. ‖ *Pop.* Arrêter : *les gendarmes l'ont agrafé*.

AGRAFEUSE n. f. Machine à poser des agrafes.

AGRAINER v. t. Répandre du grain pour le gibier ou les oiseaux d'élevage.

AGRAIRE adj. (lat. *agrarius*). Relatif aux terres : *l'are est l'unité de mesure pour les surfaces agraires*. ● *Lois agraires*, à Rome, ensemble des lois prises en faveur des plébéiens pour empêcher les nobles d'accaparer l'*ager publicus* (terres appartenant à l'État). ‖ *Réforme agraire*, ensemble des lois modifiant la répartition des terres en faveur des non-possédants ou des petits propriétaires. ‖ *Structure agraire*, disposition en forme de parcelles exploitées par un groupe d'agriculteurs; ensemble des dispositions juridiques et sociales qui ont présidé à l'aménagement des campagnes.

AGRAMMATICAL, E, AUX adj. *Ling.* Se dit d'une phrase qui ne répond pas aux critères de la grammaticalité.

AGRAMMATICALITÉ n. f. *Ling.* Caractère d'un énoncé agrammatical.

AGRAMMATISME n. m. (*a* priv., et gr. *grammata*, lettres). Trouble du langage caractérisé par une perturbation dans la construction des phrases, et qui se manifeste par une sorte de style télégraphique.

AGRANDIR v. t. Rendre plus grand : *agrandir une maison*. ◆ **s'agrandir** v. pr. Étendre son étendue, son domaine, son affaire : *Le Havre s'est beaucoup agrandi; ce propriétaire s'est bien agrandi*.

AGRANDISSEMENT n. m. Accroissement, développement, extension : *les agrandissements*

d'une maison. ‖ *Phot.* Épreuve amplifiée obtenue en partant d'un cliché plus petit.

AGRANDISSEUR n. m. *Phot.* Appareil pour exécuter les agrandissements.

AGRANULOCYTOSE n. f. *Méd.* Diminution ou disparition des globules blancs polynucléaires (granulocytes).

AGRAPHIE n. f. (*a* priv., et gr. *graphein*, écrire). Trouble responsable de l'incapacité plus ou moins complète d'écrire.

AGRARIEN, ENNE adj. et n. Partisan des lois agraires. ‖ Se dit de partis politiques du nord de l'Europe, qui défendent les intérêts des propriétaires terriens.

AGRÉABLE adj. (lat. *gratus*). Qui plaît, satisfait; qui charme : *une conversation agréable; une matinée agréable; un garçon agréable*.

AGRÉABLEMENT adv. De façon agréable.

AGRÉÉ n. m. Homme de loi agréé par un tribunal de commerce pour y représenter les parties au même titre que les avoués et les avocats. (La profession a été supprimée, en France, en 1972.)

AGRÉER [agree] v. t. (de *gré*). Recevoir favorablement, accepter, approuver : *agréer une demande; veuillez agréer mes salutations distinguées* (formule de politesse). ◆ v. t. ind. [à]. *Litt.* Plaire : *le projet agréait à tous*.

AGRÉGAT [agrega] n. m. Réunion d'éléments divers formant un tout. ‖ *Écon.* Grandeur caractéristique obtenue en combinant divers postes de la comptabilité nationale. ‖ *Pédol.* Assemblage relativement stable des particules du sol.

AGRÉGATIF, IVE adj. et n. Étudiant qui prépare le concours de l'agrégation.

AGRÉGATION n. f. Assemblage de parties homogènes formant un tout. ‖ Concours pour le recrutement des professeurs de lycée et de certaines disciplines universitaires (droit et sciences économiques, médecine, pharmacie).

AGRÉGÉ, E n. et adj. Personne admise, après un concours, à enseigner soit dans un lycée, soit dans une université (droit, médecine, sciences économiques, etc.).

AGRÉGER v. t. (lat. *aggregare*, réunir) [conj. **1** et **5**]. Réunir en un tout, une masse : *la chaleur a agrégé les morceaux de métal*. ‖ Admettre qqn dans un groupe constitué. ◆ **s'agréger** v. pr. [à]. Se joindre, s'associer à.

AGRÉMENT n. m. (de *agréer*). Approbation, consentement : *obtenir l'agrément de la famille pour la vente d'une propriété*. ‖ Qualité par laquelle qqch plaît : *livre plein d'agrément*. ‖ Plaisir, distraction : *voyage d'agrément; sa conversation est pleine d'agrément*. ‖ *Mus.* Terme par lequel les Français désignent l'ornement. ● *Arts d'agrément* (Vx), la musique, la peinture, la danse, l'équitation, l'escrime, etc.

AGRÉMENTER v. t. Ajouter un ornement, une qualité : *pièce agrémentée de tentures; agrémenter un récit de détails piquants*.

AGRÈS n. m. pl. (scandin. *greida*, équiper). Appareils de gymnastique. ‖ *Mar.* Ensemble de ce qui concerne la mâture d'un navire : poulies, manœuvres, voiles, vergues, cordages, etc.

AGRESSER v. t. (lat. *aggredi*, attaquer). Attaquer, commettre une agression sur : *agresser un passant*.

AGRESSEUR adj. et n. m. Qui attaque le premier; qui commet une agression.

AGRESSIF, IVE adj. Qui a un caractère d'agression : *mesure agressive*. ‖ Dont le dynamisme est conquérant : *politique commerciale agressive*. ‖ Provocant : *toilette agressive*.

AGRESSION n. f. Attaque brutale et soudaine, non provoquée.

AGRESSIVEMENT adv. De façon agressive.

AGRESSIVITÉ n. f. Tendance à attaquer. ‖ *Psychol.* Tendance à se livrer à des actes ou à proférer des paroles destinées à manifester de l'hostilité à l'égard d'autrui.

AGRESTE adj. (lat. *agrestis*). *Litt.* Rustique, champêtre : *site agreste*.

AGRICOLE adj. (lat. *agricola*, laboureur). Qui relève de l'agriculture : *population agricole; enseignement agricole*. ● *Ingénieur agricole*, ancien titre conféré aux diplômés des écoles nationales d'agriculture.

AGRICULTEUR, TRICE n. Personne qui cultive la terre.

AGRICULTURE n. f. Activité économique ayant pour objet d'obtenir les végétaux et les animaux utiles à l'homme, et en particulier ceux qui sont destinés à son alimentation.

AGRIFFER (S') v. pr. *Litt.* S'accrocher avec les griffes : *le chat s'agriffe aux rideaux.*

AGRILE n. m. (lat. *ager*, champ). Bupreste vert métallique vivant sur le chêne et le peuplier. (Ordre des coléoptères.)

AGRION n. m. (gr. *agrios*, sauvage). Petite libellule bleue ou bronzée, appelée aussi *demoiselle.*

AGRIOTE n. m. (gr. *agrios*, sauvage). Coléoptère dont les larves rongent les racines des céréales.

AGRIPAUME n. f. Plante à fleurs roses, cultivée autrefois, car on la croyait capable de guérir la rage. (Haut. 1 m; famille des labiacées.) [Syn. LÉONURE.]

AGRIPPEMENT n. m. Action d'agripper. || *Neurol.* Réflexe pathologique au-delà du quatrième mois de vie et qui se manifeste par la tendance à saisir tout ce qui se présente à portée de main (syn. GRASPING-REFLEX).

AGRIPPER v. t. (anc. fr. *grippe*, vol). Prendre, saisir vivement : *agripper le sommet du mur pour le franchir.* ◆ **s'agripper** v. pr. [à]. Se retenir solidement.

AGRO-ALIMENTAIRE adj. et n. m. Se dit de l'industrie de transformation des produits agricoles.

AGROCHIMIE n. f. Chimie agronomique.

AGROLOGIE n. f. Science qui traite de la connaissance des terres cultivables.

AGRONOME n. m. (gr. *agros*, champ, et *nomos*, loi). Celui qui enseigne ou pratique la science de l'agriculture. ● *Ingénieur agronome,* titre conféré aux élèves diplômés de l'Institut national agronomique et des écoles nationales supérieures agronomiques.

AGRONOMIE n. f. Science de l'agriculture.

AGRONOMIQUE adj. Relatif à l'agronomie.

AGRO-PASTORAL, E, AUX adj. Qui concerne à la fois l'agriculture et l'élevage.

AGROSTIS [agrɔstis] n. f. Herbe vivace, abondante dans les prés. (Famille des graminacées.)

AGROTIS [agrɔtis] n. m. Papillon nocturne à ailes brunâtres, dont la chenille s'attaque aux cultures (noctuelle des céréales). [Famille des noctuidés.]

AGRUME n. m. (it. *agruma*). Nom collectif désignant le citron et les fruits voisins : orange, mandarine, bergamote, pamplemousse, etc.

AGRUMICULTURE n. f. Culture des agrumes.

AGUARDIENTE [agwardjɛ̃t] n. f. (mot esp.). Eau-de-vie d'origine espagnole ou portugaise.

AGUERRIR [agerir] v. t. (de *guerre*). Accoutumer à soutenir des combats, des choses pénibles; endurcir : *aguerrir des troupes; s'aguerrir à* ou *contre la douleur.*

AGUETS n. m. pl. (anc. fr. *guet*, en guettant). *Être aux aguets,* épier, être sur ses gardes.

AGUEUSIE n. f. (gr. *gueusis*, goût). Diminution marquée du sens gustatif.

AGUICHANT, E adj. Qui aguiche.

AGUICHER v. t. (*guiche*, accroche-cœur). Attirer par des coquetteries.

AGUICHEUR, EUSE adj. et n. Qui aguiche.

Ah, symbole de l'*ampère-heure.*

AH! interj. (onomat.). Sert à marquer la joie, la douleur, l'admiration, la commisération, etc.

AHAN [aɑ̃] n. m. (onomat.). Bruit marquant un effort pénible ou la fatigue (vx).

AHANER [aane] v. i. *Litt.* Faire entendre des ahans; peiner : *ahaner sur un problème.*

AHURI, E adj. et n. (de *hure*). Étonné, abasourdi : *prendre un air ahuri.*

AHURIR v. t. Troubler, faire perdre la tête : *ahurir un enfant de questions.*

AHURISSANT, E adj. Étonnant, stupéfiant : *une nouvelle ahurissante.*

AHURISSEMENT n. m. État d'une personne ahurie; étonnement, stupéfaction.

AÏ [ai] n. m. (mot tupi-guarani). Mammifère arboricole de l'Amérique du Sud, à mouvements lents. (Long. 60 cm; ordre des édentés.) [Syn. PARESSEUX.]

AICHE [ɛʃ], **ÈCHE** ou **ESCHE** n. f. (lat. *esca*). *Pêch.* Appât accroché à l'hameçon.

AIDE n. f. Appui, secours, assistance : *accorder son aide à quelqu'un; venir en aide à un ami; appeler à l'aide; fournir une aide à une entreprise en difficulté.* ● *Aide judiciaire,* institution donnant aux personnes peu fortunées les moyens de plaider en justice. || *Aide sociale,* appellation nouvelle de l'Assistance publique. || *Aide technique,* forme du service national actif, créée en 1965 et applicable à certains jeunes gens volontaires pour contribuer au développement des départements et territoires d'outre-mer. ◆ pl. *Équit.* Moyens dont dispose le cavalier (rênes, jambes) pour guider le cheval. || *Hist.* Impôts indirects sous l'ancienne monarchie. ● *Cour des aides,* cour souveraine qui jugeait les affaires concernant ces subsides. ◆ loc. prép. *À l'aide de,* grâce à, au moyen de : *marcher à l'aide d'une canne.*

AIDE n. Personne qui aide, qui seconde qqn dans un travail. ● *Aide de camp,* officier attaché à la personne d'un chef d'État, d'un général, etc. || *Aide* ou *travailleuse familiale,* personne qui assure à domicile une aide aux mères de famille. || *Aide maternelle,* personne diplômée de l'État qui s'occupe des jeunes enfants dans les crèches, les collectivités ou les familles. || *Aide ménagère,* travailleuse sociale envoyée par la Caisse d'allocations familiales dans certaines familles défavorisées moyennant un paiement tarifié en fonction des ressources de la famille. || *Aide soignant, e,* personne exerçant une profession sanitaire dans un établissement hospitalier.

AIDE-COMPTABLE n. (pl. *aides-comptables*). Employé qui travaille sous les ordres d'un comptable ou d'un chef comptable.

AIDE-MAÇON n. m. (pl. *aides-maçons*). Manœuvre qui aide le maçon.

AIDE-MÉMOIRE n. m. inv. Ouvrage abrégé présentant un résumé de faits, de formules.

AIDER v. t. (lat. *adjutare*). Fournir une aide, une assistance à : *aider ses amis; aider qqn dans son travail.* ◆ v. t. ind. [à]. Contribuer, faciliter : *aider au succès d'une entreprise.* ◆ **s'aider** v. pr. [de]. Se servir, tirer parti : *s'aider d'une échelle.*

AIE! [aj] interj. (onomat.). Cri de douleur.

AÏEUL, E n. (lat. *avus*) [pl. aïeuls, aïeules]. *Litt.* Le grand-père, la grand-mère.

AÏEUX [ajø] n. m. pl. *Litt.* Ancêtres.

AIGLE n. m. (lat. *aquila*). Oiseau rapace de grande taille (envergure 2,50 m), construisant son aire dans les hautes montagnes. (Ordre des falconiformes.) [Cri : l'aigle *glatit.*] || Lutrin surmonté d'une figure d'aigle. || Insigne de décoration figurant un aigle : *l'aigle noir de Prusse.* || Format de papier ou de carton de 74 × 105 cm (grand aigle) ou de 60 × 94 cm (petit aigle). ● *Ce n'est pas un aigle,* il n'est pas très intelligent. || *Yeux, regard d'aigle,* très perçants.

AIGLE n. f. Femelle de l'oiseau rapace. || *Hérald.* Figure représentant un aigle. || Enseigne militaire surmontée d'un aigle (au pl.) : *les aigles romaines, napoléoniennes.*

AIGLEFIN n. m. → ÉGLEFIN.

AIGLON, ONNE n. Petit de l'aigle.

AIGRE adj. (lat. *acer*, piquant). Qui a une acidité désagréable; piquant : *des fruits aigres; odeur aigre.* || Criard, aigu : *voix aigre.* || Désagréable, blessant : *ton aigre.*

AIGRE n. m. Goût, odeur aigre. ● *Tourner à l'aigre,* en parlant d'une discussion, devenir aigre, s'envenimer.

AIGRE-DOUX, CE adj. (pl. *aigres-doux, -douces*). D'un goût à la fois acide et sucré : *des fruits aigres-doux.* || Dont l'aigreur présente une apparence de douceur : *paroles aigres-douces.*

AIGREFIN n. m. Homme qui vit de procédés indélicats, escroc.

aigle royal

aï

AGRUMES

bergamote   cédrat   citron

clémentine   mandarine   orange   pamplemousse

AIGRELET, ETTE adj. Légèrement aigre : *vin aigrelet; voix aigrelette; ton aigrelet.*

AIGREMENT adv. Avec aigreur.

AIGREMOINE n. f. Plante herbacée des prés et des bois, à fleurs jaunes et à fruits crochus. (Famille des rosacées.)

AIGRETTE n. f. (prov. *aigron*, héron). Faisceau de plumes qui orne la tête de certains oiseaux. ‖ Ornement de tête en forme de bouquet. ‖ Panache d'un casque, d'un dais. ‖ Bouquet de diamants. ‖ *Zool.* Oiseau des pays chauds, proche

aigrette garzette

Giraudon

aiguière en vermeil
époque néoclassique

ail

du héron, à plumage blanc, et dont certaines plumes longues sont employées par les modistes.

AIGRETTÉ, E adj. *Zool.* Qui porte une aigrette.

AIGREUR n. f. État de ce qui est aigre; sensation désagréable causée par ce qui est aigre : *l'aigreur d'une pomme verte, d'une remarque perfide; avoir des aigreurs d'estomac.*

AIGRI, E adj. et n. Devenu, avec l'âge, irritable, méchant.

AIGRIN n. m. Poirier, pommier jeune.

AIGRIR v. t. Rendre aigre : *les déceptions l'ont aigri.* ♦ v. i. Devenir aigre : *le lait a aigri.* ♦ **s'aigrir** v. pr. Devenir aigre : *son caractère s'est aigri.*

AIGRISSEMENT n. m. *Litt.* Action de devenir aigre.

AIGU, Ë adj. (lat. *acutus*, pointu). Terminé en pointe; acéré, effilé : *lame aiguë.* ‖ Dont la hauteur est désagréable : *voix aiguë.* ‖ Qui est à son paroxysme : *douleur aiguë; conflit aigu.* ● *Angle aigu*, angle plus petit que l'angle droit. ‖ *Avoir un sens aigu de*, être très lucide sur. ‖ *Maladie aiguë*, maladie à évolution rapide.

AIGU n. m. Son élevé : *un électrophone qui rend bien les aigus.*

AIGUAIL [egaj] n. m. (mot poitevin). *Litt.* Rosée sur les feuilles.

AIGUE-MARINE n. f. (mot prov.) [pl. *aigues-marines*]. Pierre fine considérée comme une variété transparente de béryl, couleur «eau de mer», bleu clair nuancé de vert.

AIGUIÈRE [εɡjεr] n. f. (prov. *aiguiera*). Anc. vase à eau à pied, col, anse et bec.

AIGUILLAGE n. m. Ensemble de rails mobiles, destiné à faire passer les véhicules ferroviaires d'une voie sur une autre. ‖ Manœuvre de cet appareil. ‖ Orientation : *victime d'une erreur d'aiguillage.*

AIGUILLAT [eɡija] n. m. Requin qui fournit l'huile de foie de requin.

AIGUILLE n. f. (lat. *acus*, pointe). Petite tige d'acier trempé et poli, dont l'une des extrémités est aiguë, l'autre percée d'un chas, et qui sert pour coudre. ‖ Petite tige de métal servant à divers usages : *aiguille à tricoter; aiguille de cadran.* ‖ *Archit.* Obélisque, flèche ou pinacle aigus. ‖ *Bot.* Feuille étroite des conifères : *aiguilles de pin.* ‖ *Ch. de f.* Portion de rail mobile autour d'un point fixe et servant à opérer les changements de voies. ‖ *Géogr.*

Sommet aigu d'une montagne déchiquetée. ‖ *Zool.* Sorte de poisson mince et long. ● *Aiguille cristalline*, cristal long et mince. ‖ *De fil en aiguille*, en passant d'une chose à l'autre qui fait suite.

AIGUILLÉE n. f. Longueur de fil, de soie, etc., qu'on passe dans une aiguille pour coudre.

AIGUILLER [eɡije] v. t. Disposer les aiguilles des rails pour qu'un train, un tramway, etc., change de voie : *aiguiller un train.* ‖ Orienter, diriger vers un but : *aiguiller ses recherches.*

AIGUILLETAGE n. m. Action d'aiguilleter.

AIGUILLETÉ, E adj. Se dit d'un article textile obtenu par le procédé d'aiguilletage.

AIGUILLETER v. t. (conj. 4). Entremêler par liage mécanique, à l'aide d'aiguilles portant des crochets de forme appropriée, des fibres animales, végétales ou minérales rassemblées sous forme de nappes.

AIGUILLETTE [eɡijεt] n. f. Cordon ferré aux deux bouts. ‖ *Bouch.* Partie du romsteck. ‖ *Cuis.* Mince tranche de chair prélevée sur l'estomac d'une volaille. ♦ pl. Ornement de l'uniforme militaire fait de cordons tressés.

AIGUILLEUR n. m. Agent chargé de la manœuvre des aiguilles d'une voie ferrée. ● *Aiguilleur du ciel*, syn. fam. de CONTRÔLEUR DE LA NAVIGATION AÉRIENNE.

AIGUILLON [eɡijɔ̃] n. m. Pointe de fer fixée au bout d'un long bâton, pour piquer les bœufs. ‖ Dard des abeilles, des guêpes. ‖ *Bot.* Épine, d'origine épidermique, du rosier. ‖ Tout ce qui incite à agir.

AIGUILLONNER v. t. Piquer avec l'aiguillon. ‖ Stimuler.

AIGUILLOT n. m. *Mar.* Chacun des pivots qui, fixés sur la mèche du gouvernail, tournent dans des ferrures fixées sur l'étambot.

AIGUISAGE ou **AIGUISEMENT** n. m. Action d'aiguiser.

AIGUISER [egize ou eɡize] v. t. Rendre aigu, tranchant. ‖ Exciter : *aiguiser l'appétit.*

AIGUISEUR, EUSE n. Ouvrier qui aiguise.

AIGUISOIR n. m. Outil servant à aiguiser.

AÏKIDO (aikido) n. m. (mot jap.). Sport de combat d'origine japonaise, proche du judo et du jiu-jitsu.

AIL [aj] n. m. (lat. *allium*) [pl. *ails, aulx*]. Plante potagère dont le bulbe, ou «gousse», à odeur forte, est utilisé comme condiment. (Famille des liliacées.)

AILANTE n. m. (mot malais, *arbre du ciel*). Arbre des régions tropicales, à feuilles composées pennées, planté sur nos voies publiques sous le nom de *vernis du Japon*. (Haut. 20-30 m; famille des simarubacées.)

AILE n. f. (lat. *ala*). Organe du vol, constitué par le membre antérieur chez les oiseaux et les chauves-souris, fixé sur l'un des deux derniers anneaux du thorax chez les insectes. ‖ Morceau de volaille cuite, comprenant tout le membre qui porte l'aile. ‖ Chacun des plans de sustentation d'un avion : *aile en flèche.* ‖ Ce qui est contigu ou adhérent au corps principal d'une chose. ‖ Partie de la carrosserie d'une automobile placée au-dessus de chaque roue. ‖ Paroi extérieure du nez. ‖ *Archit.* Corps de bâtiment construit à l'extrémité d'un corps de bâtiment principal soit sur le même alignement, soit en retour. ‖ *Bot.* Nom donné à deux des pétales de la fleur des papilionacées, à des appendices de certains fruits ou de certaines graines qui permettent leur dissémination par le vent. ‖ *Mil.* Partie latérale d'une armée terrestre ou navale en ordre de bataille. ‖ *Sports.* Extrémité de la ligne d'attaque d'une équipe. ● *Ailes d'un moulin à vent*, ses châssis garnis de toile. ‖ *Aile libre*, engin servant au vol libre et constitué d'une carcasse légère sur laquelle est tendue une voilure en tissu synthétique, et d'un harnais auquel on se suspend. ‖ *Aile volante*, avion ou planeur sans queue. ‖ *Avoir des ailes*, aller vite. ‖ *Battre de l'aile, ne battre que d'une aile*, être en difficulté, mal en point. ‖ *D'un coup d'aile,*

V. ill. page suivante

sans s'arrêter. ‖ *Voler de ses propres ailes*, se passer de la protection d'autrui.

AILÉ, E adj. Qui a des ailes : *insecte ailé.*

AILERON n. m. Extrémité de l'aile. ‖ Nageoire de quelques poissons : *les ailerons du requin.* ‖ *Aéron.* Volet articulé placé à l'arrière des ailes d'un avion et dont la manœuvre permet l'inclinaison ou le redressement latéral de l'appareil. ‖ *Archit.* Adoucissement en forme de console renversée s'inscrivant dans l'angle formé par deux lignes, horizontale et verticale, d'une élévation, ou sommant un contrefort (ex. : églises classiques ou baroques).

AILETTE n. f. Tenon fixé à l'arrière de certains projectiles pour équilibrer leur mouvement : *bombe à ailettes.* ‖ Lame saillante d'un radiateur, pour favoriser son refroidissement. ‖ Aube du rotor d'une turbine.

AILIER n. m. Joueur qui se trouve placé aux extrémités de la ligne d'attaque d'une équipe de football, de rugby, etc. ‖ *Aviat.* Équipier extérieur d'une patrouille de chasse.

AILLADE [ajad] n. f. Croûton de pain frotté d'ail et arrosé d'huile d'olive.

AILLER [aje] v. t. Garnir, frotter d'ail : *ailler un gigot.*

AILLEURS adv. (lat. pop. [in] *aliore* [loco]; [dans] un autre [lieu]). En autre lieu. ● *D'ailleurs*, d'un autre lieu : *il vient d'ailleurs;* de plus, pour une autre raison : *d'ailleurs, il faut reconnaître que...* ‖ *Par ailleurs*, d'un autre côté, d'autre part, en outre.

AILLOLI n. m. → AïOLI.

AIMABLE adj. Qui cherche à plaire; bienveillant, sociable : *un homme aimable; des paroles aimables.*

AIMABLEMENT adv. Avec amabilité.

AIMANT n. m. (gr. *adamas*, diamant). Oxyde naturel de fer qui attire le fer et quelques autres métaux. ‖ Matériau ou dispositif servant à produire un champ magnétique extérieur.

AIMANT, E adj. Porté à aimer; affectueux.

AIMANTATION n. f. Action d'aimanter.

AIMANTER v. t. Communiquer à un corps la propriété de l'aimant.

AIMER v. t. (lat. *amare*). Avoir de l'amour, de l'affection, du goût, de l'inclination pour qqn, qqch : *aimer ses enfants, la lecture, les sports.* ‖ En parlant des plantes, se développer particulièrement dans : *la betterave aime les terres profondes.* ● *Aimer* ou *aimer à* (avec un inf.), avoir du plaisir à : *aimer danser; aimer à lire.* ‖ *Aimer que*, trouver agréable : *il aime qu'on le flatte.* ‖ *Aimer mieux*, préférer.

AINE n. f. Baguette sur laquelle on enfile par la tête les harengs à fumer.

AINE n. f. (lat. *inguen*). Partie du corps entre le haut de la cuisse et le bas-ventre. ‖ Pli de flexion de la cuisse sur l'abdomen.

AÎNÉ, E adj. et n. (anc. fr. *ainz*, avant, et *né*). Né le premier : *l'aîné d'une famille de cinq enfants.* ‖ Plus âgé qu'un autre : *il est mon aîné de trois ans.*

AÎNESSE n. f. Priorité d'âge entre frères et sœurs. ● *Droit d'aînesse*, droit qu'avait l'aîné de prendre dans la succession des parents plus que les autres enfants.

AÏNOU [ainu] n. m. Langue des populations anciennes de l'archipel japonais.

AINSI adv. (de *si*, lat. *sic*). De cette façon : *ainsi va le monde; ainsi soit-il* (formule qui termine ordinairement les prières). ‖ De même : *comme le soleil éclaire les ténèbres, ainsi l'étude éclaire l'ignorance.* ‖ Par conséquent : *ainsi je conclus que...* ◆ loc. conj. *Ainsi que*, de la manière que, comme.

AÏOLI ou **AILLOLI** [ajɔli] n. m. (mot prov.). Coulis d'ail pilé avec de l'huile d'olive.

AIR n. m. (lat. *aer*, mot gr.). Gaz qui forme l'atmosphère. ‖ Vent léger, air en mouvement : *il fait de l'air; courant d'air.* ● *Air comprimé*, air dont on a réduit le volume par compression, pour en augmenter la pression, en vue de son utilisation lors de sa détente. ‖ *Air liquide*, air qui, sous l'action d'une succession de compressions et de détentes, a été amené à l'état liquide. ‖ *Armée de l'air*, nom donné en France depuis 1934 à l'aviation militaire. ‖ *Donner de l'air*, aérer. ‖ *École de l'air*, École militaire de l'air, écoles de formation des officiers de l'armée de l'air à Salon-de-Provence. ‖ *En l'air*, en haut, au-dessus de la tête. ‖ *Être dans l'air*, faire l'objet de nombreuses conversations, de discussions. ‖ *Être, mettre en l'air*, en désordre. ‖ *Le grand air*, l'air qu'on respire au-dehors. ‖ *Mal de l'air*, ensemble de troubles (anxiété, sueurs froides, vomissements, etc.) qui apparaissent chez certaines personnes en avion. ‖ *Prendre l'air*, se promener au grand air; s'envoler, en parlant d'un avion. ‖ *Promesses, paroles, contes en l'air*, sans réalité. ‖ *Tête en l'air*, personne étourdie. ◆ pl. l'étendue de l'atmosphère : *planer dans les airs.*

■ L'air pur est un mélange de plusieurs gaz, dont les deux principaux sont l'oxygène et l'azote. Il contient environ 21 volumes d'oxygène pour 78 d'azote; il renferme en outre de l'argon (environ 1 p. 100) et des traces d'autres gaz (néon, krypton, xénon, hélium). L'air ordinaire renferme de la vapeur d'eau, du gaz carbonique, et tient en suspension une multitude de poussières microscopiques, parmi lesquelles se trouvent des germes organisés (*microbes*). Un litre d'air pur à 0 °C et sous la pression ordinaire pèse 1,293 g.

La pression exercée par l'air est appelée *pression atmosphérique*. Sa valeur normale est de 76 cm de mercure.

● *Air liquide*. Obtenu industriellement depuis 1895, c'est un liquide très légèrement bleuâtre de la densité de l'eau, produisant un froid intense (– 182 °C) qui rend cassants et friables le caoutchouc, le liège, la viande, etc. On le transporte dans des récipients de verre à double paroi. On l'utilise notamment pour la fabrication d'explosifs et pour séparer les divers composants de l'air.

AIR n. m. Expression des traits : *un air modeste, fier.* ‖ Ressemblance : *il a un air de famille.* ‖ Manière d'être, d'agir : *dire des choses d'un certain air.* ● *Avoir l'air*, paraître. (L'accord de l'adj. attribut se fait avec le sujet quand il s'agit de noms de choses : *cette poire a l'air bonne.* S'il s'agit de personnes, l'accord se fait avec le sujet ou avec le mot *air* : *cette femme a l'air intelligente* ou *intelligent.*) ‖ *N'avoir l'air de rien*, ne pas se faire remarquer; paraître insignifiant,

facile. ‖ *Prendre des airs, de grands airs*, affecter des manières au-dessus de son état.

AIR n. m. (it. *aria*). Mélodie vocale ou instrumentale, autonome ou insérée dans une composition musicale. (On peut le considérer d'après sa structure [*aria da capo, air strophique, air en rondeau*] ou d'après son caractère [*air de cour, air à boire, air spirituel, grand air d'opéra*].)

AIRAIN n. m. (lat. *aes, aeris*). Ancien alliage à base de cuivre. ● *D'airain* (Litt.), dur et impitoyable. ‖ *Loi d'airain*, théorie économique selon laquelle le salaire de l'ouvrier ne pourrait jamais dépasser le minimum vital.

AIRE n. f. (lat. *area*, surface unie). Surface de terrain : *aire d'atterrissage; aire de lancement.* ‖ Domaine où s'étend l'action, l'influence d'une personne, d'une collectivité : *étendre son aire d'influence.* ‖ Lieu où l'on bat le grain : *l'aire d'une grange.* ‖ Nid des oiseaux de proie : *l'aire de l'aigle.* ‖ Étendue géographique au sein de laquelle on rencontre une espèce ou un groupe animal ou végétal déterminé. ‖ *Math.* Mesure d'une surface limitée par des lignes : *aire d'un triangle.* ● *Aires continentales*, compartiments de l'écorce terrestre qui, au cours des périodes géologiques, sont demeurés sensiblement stables et rigides lors de la formation des géosynclinaux. ‖ *Aire culturelle*, ensemble géographique regroupant des sociétés dont la culture matérielle, la langue, l'organisation sociale présentent des traits communs. ‖ *Aire de vent* (Mar.), la trente-deuxième partie de l'horizon (v. ROSE). direction appréciée par rapport à la rose des vents.

AIREDALE [ɛrdɛl] n. m. (mot angl.). Race de terriers anglais à poil dur.

AIRELLE n. f. (orig. prov.). Sous-arbrisseau montagnard, à baies rouges ou noires rafraîchissantes. (Haut. 20-50 cm; famille des éricacées, genre *vaccinium.*) ‖ Fruit de cet arbrisseau.

AIS [ɛ] n. m. (lat. *axis*). Techn. Planchette de bois (vx).

AISANCE n. f. (lat. *adjacentia*, environs). Facilité dans les actions, les manières, le langage : *s'exprimer avec aisance.* ‖ Situation de fortune qui permet le bien-être : *vivre dans l'aisance.* ● *Lieux, cabinets d'aisances*, destinés aux besoins naturels (vx).

AISE n. f. (lat. *adjacens*, situés auprès). *À l'aise*, sans gêne. ‖ *En prendre à son aise* (Fam.), ne faire que ce qui plaît. ‖ *Être mal à son aise*, avoir

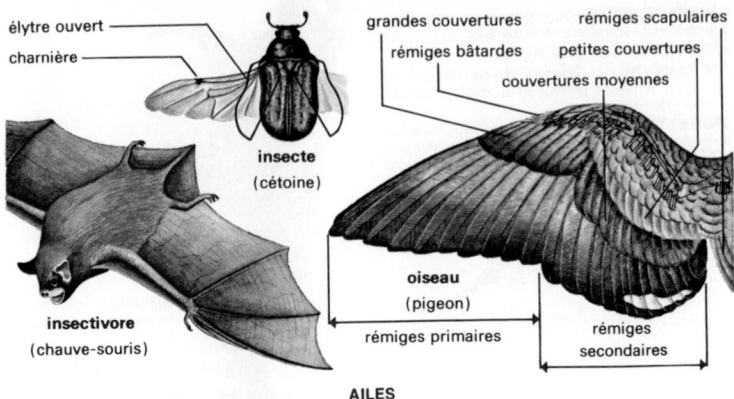

insecte
(cétoine)

insectivore
(chauve-souris)

oiseau
(pigeon)

élytre ouvert

charnière

grandes couvertures

rémiges bâtardes

couvertures moyennes

rémiges scapulaires

petites couvertures

rémiges primaires

rémiges secondaires

AILES

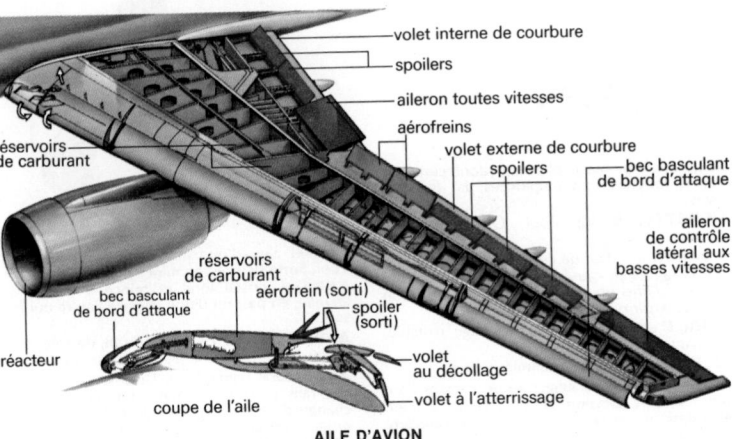

volet interne de courbure

spoilers

aileron toutes vitesses

aérofreins

volet externe de courbure

spoilers

bec basculant de bord d'attaque

aileron de contrôle latéral aux basses vitesses

réservoirs de carburant

réservoirs de carburant

bec basculant de bord d'attaque

aérofrein (sorti)

spoiler (sorti)

volet au décollage

volet à l'atterrissage

réacteur

coupe de l'aile

AILE D'AVION

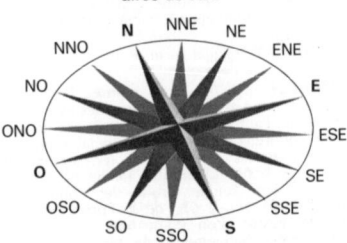

aires de vent

un sentiment de gêne. ‖ *Se mettre à l'aise, à son aise,* se mettre en tenue plus simple en enlevant des vêtements superflus. ◆ pl. Commodités de la vie; bien-être : *aimer ses aises.*

AISE adj. *Être bien aise de, que* (Litt.), être content de, que.

AISÉ, E adj. Facile : *un jeu aisé à comprendre.* ‖ Qui a une certaine fortune : *bourgeois aisé.*

AISÉMENT adv. Facilement; avec aisance.

AISSELLE n. f. (lat. *axilla*). Cavité qui se trouve au-dessous de l'épaule, entre l'extrémité supérieure du bras et le thorax. ‖ *Bot.* Région située au-dessus de l'insertion d'une feuille sur la tige, au sommet de l'angle qu'elle forme avec la tige.

AISY [ɛzi] n. m. Bouillon de culture de ferments lactiques qui entre dans la fabrication du gruyère.

AIXOIS, E adj. et n. D'Aix-en-Provence, Aix-les-Bains, etc.

AJISTE [aʒist] adj. et n. Membre du mouvement des Auberges de la jeunesse.

AJONC n. m. (d'un patois de l'Ouest). Arbrisseau à feuilles épineuses et à fleurs jaunes, croissant sur les sols siliceux, telles les landes de Bretagne. (Haut. 1 à 4 m; famille des papilionacées, genre *ulex.*)

AJOURÉ, E adj. Percé ou orné de jours.

AJOURER v. t. Pratiquer des ouvertures, des jours : *ajourer un napperon, une balustrade.*

AJOURNÉ, E adj. et n. Candidat renvoyé à une autre session d'examen. ◆ n. m. Jeune homme renvoyé à un nouvel examen médical en vue de son appel au service national.

AJOURNEMENT n. m. Renvoi à une date ultérieure. ‖ *Dr.* Assignation par huissier à comparaître devant un tribunal.

AJOURNER v. t. Renvoyer à un autre jour : *ajourner un rendez-vous.* ● *Ajourner un candidat,* le renvoyer à une autre session d'examen.

AJOUT [aʒu] n. m. Ce qui est ajouté.

AJOUTE n. f. En Belgique, ajout, addition, annexe.

AJOUTÉ n. f. Addition faite à un manuscrit, à des épreuves d'imprimerie.

AJOUTER v. t. (lat. *juxta,* auprès de). Joindre une chose à une autre; mettre en plus : *ajouter une rallonge à une table; ajouter du sel aux légumes.* ‖ Dire en plus : *ajouter quelques mots.* ● *Ajouter foi,* croire. ◆ **s'ajouter** v. pr. [à]. Venir en plus.

AJUSTAGE n. m. Action de donner aux monnaies le poids légal. ‖ Joint. ‖ *Mécan.* Ensemble des opérations de finition ou de reprise d'usinage généralement faites manuellement pour donner à plusieurs pièces d'un ensemble des dimensions relatives telles qu'après montage cet ensemble fonctionne correctement.

AJUSTÉ, E adj. Se dit d'un vêtement serré au buste et à la taille par des pinces.

AJUSTEMENT n. m. Action d'ajuster quelque chose, adaptation : *l'ajustement des tarifs.* ‖ *Mécan.* Résultats des opérations d'ajustage; degré de liberté ou de serrage entre deux pièces ajustées.

AJUSTER v. t. (lat. *justus,* juste). Adapter exactement : *ajuster un couvercle de boîte.* ‖ Resserrer en serrant ample par des pinces. ‖ Tracer et façonner des métaux à la main, d'après un plan et en se servant d'un certain nombre d'outils. ‖ Prendre pour cible : *ajuster un lièvre.* ‖ Arranger, disposer avec soin : *ajuster sa coiffure.*

AJUSTEUR n. m. Ouvrier capable de réaliser, à partir de la matière brute ou usinée, des pièces mécaniques.

AJUTAGE n. m. (de *ajuster*). *Techn.* Petit tube adapté à l'extrémité d'un tuyau pour régulariser son débit.

AKÈNE ou **ACHAINE** n. m. (gr. *khainein,* ouvrir). *Bot.* Fruit sec indéhiscent, à une seule graine (gland, noisette). [Chez la renoncule, la clématite, plusieurs akènes juxtaposés constituent le fruit ou *polyakène.*]

AKINÉSIE n. f. (gr. *kinêsis,* mouvement). Absence pathologique de mouvement.

AKKADIEN, ENNE adj. et n. D'Akkad.

AKKADIEN n. m. Langue sémitique ancienne parlée en Mésopotamie.

AKVAVIT n. m. → AQUAVIT.

Al, symbole chimique de l'*aluminium.*

al, symbole de *année de lumière.*

ALABANDINE n. f. Sulfure naturel de manganèse.

ALABASTRITE n. f. (gr. *alabastron,* albâtre). Variété de gypse blanche, qui est employée à faire des vases, des statuettes, etc.

ALACRITÉ n. f. (lat. *alacritas*). *Litt.* Enjouement, vivacité.

ALAIRE adj. Relatif aux ailes des oiseaux, des avions, etc.

ALAISE ou **ALÈSE** n. f. (lat. *latus,* large). Drap plié ou toile imperméable que l'on place sous le corps d'un malade ou d'un enfant en bas âge. ‖ Planche ajoutée à une autre pour l'élargir.

ALAMBIC [alɑ̃bik] n. m. (ar. *al 'inbiq*). Appareil pour distiller.

ALAMBIQUÉ, E adj. Raffiné jusqu'à être obscur : *phrase alambiquée; esprit alambiqué.*

ALANGUIR [alɑ̃gir] v. t. Abattre l'énergie, affaiblir : *cette chaleur m'alanguit.* ◆ **s'alanguir** v. pr. Perdre de son énergie.

ALANGUISSEMENT n. m. État de langueur.

ALANINE n. f. (de *aldéhyde*). Acide aminé commun dans les protéines constitutives des êtres vivants.

ALARMANT, E adj. Qui effraie, inquiète.

ALARME n. f. (it. *all'arme!,* aux armes!). Signal annonçant la présence de l'ennemi ou l'existence d'un danger : *donner l'alarme.* ‖ Vive inquiétude à l'approche d'un danger : *une chaude, une vive alarme.*

ALARMER v. t. Causer de l'inquiétude, de la peur : *cette nouvelle avait alarmé l'opinion publique.* ◆ **s'alarmer** v. pr. S'effrayer.

ALARMISTE adj. et n. Qui tend à inquiéter.

ALASTRIM n. m. (port. *alastrar,* se répandre). Forme atténuée de la variole.

A LATERE [alatere] loc. adv. (mots lat.). *Légat a latere,* cardinal envoyé par le pape pour le représenter personnellement dans une mission temporaire et importante.

ALATERNE n. m. Espèce de nerprun d'Europe toujours vert, à fruits purgatifs. (Famille des rhamnacées.)

ALBANAIS, E adj. et n. D'Albanie.

ALBANAIS n. m. Langue indo-européenne parlée en Albanie.

ALBÂTRE n. m. (lat. *alabaster*). Variété de gypse saccharoïde translucide, utilisée en sculpture.

ALBATROS [albatros] n. m. (portug. *alcatraz*). Oiseau palmipède des mers australes, bon voilier, très vorace. (Envergure 3 m; ordre des procellariiformes.)

ALBÉDO [albedo] n. m. (lat. *albus,* blanc). Fraction de la lumière reçue que diffuse un corps non lumineux.

ALBERGE n. f. (esp. *albérchiga*). Sorte de pêche ou d'abricot, à chair blanche, aigrelette, qui adhère au noyau.

ALBERGIER n. m. Arbre qui donne l'alberge.

ALBIGEOIS, E adj. et n. De la ville d'Albi. ‖ Nom donné aux cathares*.

ALBINISME n. m. (lat. *albus,* blanc). Absence congénitale et héréditaire de la matière colorante de la peau, qui donnent aux poils un blanc mat, tandis que les yeux sont rougeâtres. (Cette anomalie se rencontre aussi bien chez les poissons, les oiseaux, le lapin, la souris, etc., que chez l'homme.)

ALBINOS [albinos] n. Individu atteint d'albinisme.

ALBITE n. f. Minerai de certains feldspaths. (C'est un silicate naturel d'aluminium et de sodium.)

ALBRAQUE n. f. Galerie rassemblant les venues d'eau d'une mine avant leur pompage.

ALBUGINÉE [albyʒine] n. f. L'une des enveloppes du testicule.

ALBUGO [albygo] n. m. (mot lat. signif. *tache blanche*). *Méd.* Tache blanche qui se forme dans le tissu de la cornée.

ALBUM [albɔm] n. m. (all. *Album,* mot lat.). Cahier cartonné ou relié destiné à recevoir des dessins, des photographies, des disques, etc.

ALBUMEN [albymɛn] n. m. (mot lat.). Tissu riche en réserves nutritives, qui avoisine la plantule chez certaines graines. (Ex. : *céréales, ricin.*)

ALBUMINE n. f. Substance organique azotée, visqueuse, soluble dans l'eau, coagulable par la chaleur, contenue dans le blanc d'œuf, le plasma, le lait.

ALBUMINÉ, E adj. *Bot.* Qui contient de l'albumen.

ALBUMINOÏDE adj. et n. m. De la nature de l'albumine.

ALBUMINURIE n. f. Présence d'albumine dans l'urine. (Syn. PROTÉINURIE.)

ALCADE [alkad] n. m. (esp. *alcalde,* ar. *al-qâḍi,* le juge). Nom de certains juges et magistrats municipaux en Espagne.

ALCAÏQUE [alkaik] adj. (n. pr. Alcée). Se dit de différents vers grecs et latins et d'une strophe (2 vers de 11 syllabes, 1 vers de 9 syllabes, 1 vers de 10 syllabes) où ils figurent.

ALCALESCENCE [alkalɛsɑ̃s] n. f. État des substances dans lesquelles il s'est formé spontanément de l'ammoniaque.

ALCALI n. m. (ar. *al-qily,* la soude). *Chim.* Hydroxyde d'un métal alcalin, soude ou potasse. ● *Alcali volatil,* ammoniaque.

ALCALIMÉTRIE n. f. Détermination du titre d'une solution basique.

ALCALIN, E adj. Relatif aux alcalis : *saveur alcaline.* ● *Métaux alcalins,* métaux univalents (lithium, sodium, potassium, rubidium, cæsium et francium) dont la combinaison avec l'oxygène donne un alcali.

ALCALIN n. m. Médicament qui renferme un alcali.

ALCALINISER v. t. Rendre alcalin.

ALCALINITÉ n. f. État alcalin.

ALCALINO-TERREUX adj. m. Se dit des métaux du groupe du calcium (calcium, strontium, baryum et radium).

albatros hurleur

ALCALOÏDE [alkalɔid] n. m. Substance organique rappelant les alcalis par ses propriétés. (Divers alcaloïdes sont employés en thérapeutique : la morphine, l'atropine, etc.)

ALCALOSE n. f. État d'alcalinité excessive du sang.

ALCANE n. m. Nom générique des hydrocarbures saturés acycliques. (Syn. PARAFFINE.)

ALCARAZAS [alkarazas] n. m. (esp. *alcarraza,* mot ar.). Cruche de terre poreuse, dans laquelle l'eau se rafraîchit par évaporation.

ALCAZAR [alkazar] n. m. (mot esp., de l'ar.). Palais fortifié des souverains maures d'Espagne ou de leurs successeurs chrétiens.

ALCÈNE n. m. Syn. de HYDROCARBURE ÉTHYLÉNIQUE*.

ALCHÉMILLE [alkemij] n. f. Plante des lieux incultes, aux feuilles très découpées. (Famille des rosacées.)

ALCHIMIE [alʃimi] n. f. (ar. *al-kīmīyā'*). Chimie du Moyen Âge, qui cherchait un remède universel et tentait la transmutation des métaux.
ALCHIMIQUE adj. Relatif à l'alchimie.
ALCHIMISTE n. m. Celui qui s'occupait d'alchimie.

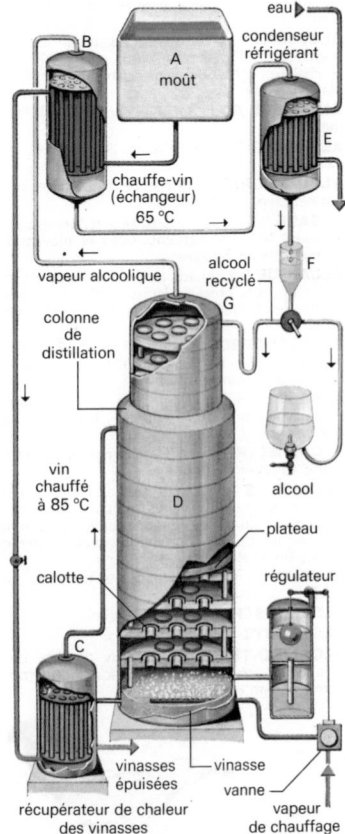

eau
condenseur réfrigérant
A moût
B
E
chauffe-vin (échangeur) 65 °C
alcool recyclé
F
vapeur alcoolique
G
colonne de distillation
alcool
vin chauffé à 85 °C
D
plateau
calotte
régulateur
C
vinasses épuisées
vinasse
vanne
récupérateur de chaleur des vinasses
vapeur de chauffage

ALCOOL
Fabrication industrielle de l'alcool :
le moût A est élevé à 65 °C
dans le chauffe-vin B, puis à 85 °C
dans le récupérateur C, avant d'être admis
dans la colonne D, qu'il parcourt de haut
en bas en s'épuisant de plateau en plateau
pour finir à l'état de vinasse. La vapeur
parcourt le chemin inverse, traversant
la vinasse, où elle s'enrichit en degrés
alcoométriques par barbotage dans les
plateaux. La vapeur alcoolique se refroidit
dans le chauffe-vin B, puis se condense
dans le réfrigérant E ; l'alcool est recueilli
dans l'éprouvette F. Si le degré désiré
n'est pas atteint, le liquide rétrograde en G
et fait de nouveau le circuit jusqu'à
obtention du degré fixé.

ALCOOL n. m. (ar. *al-kuḥl*, l'antimoine pulvérisé). Liquide obtenu par la distillation du vin et d'autres boissons ou liquides fermentés. (L'alcool ordinaire est l'*alcool éthylique*, ou *éthanol*, C_2H_5OH. C'est un liquide incolore, qui bout à 78 °C et se solidifie à − 112 °C.) ‖ Boisson à base de ce liquide. ‖ Composé chimique dont les propriétés sont analogues à celles de l'alcool de vin. ● *Alcool absolu*, alcool chimiquement pur.

■ L'*alcool éthylique* provient de la distillation des jus de fruits (raisins, etc.) après fermentation, ou des matières amylacées ou cellulosiques (grains, fécules, bois) après transformation en glucose. Il existe dans les eaux-de-vie (cognac, marc, kirsch, etc.). L'alcool est utilisé, généralement dénaturé, pour la fabrication de produits chimiques, l'éclairage et le chauffage.

ALCOOLAT n. m. Résultat de la distillation de l'alcool sur une substance aromatique. (L'eau de Cologne est un alcoolat.)

ALCOOLATURE n. f. Produit obtenu par macération d'une plante dans l'alcool.

ALCOOLÉ n. m. Mélange d'une substance médicamenteuse à l'alcool.

ALCOOLÉMIE n. f. Présence d'alcool dans le sang : *taux d'alcoolémie*. (Elle constitue un délit si son taux est supérieur à 0,80 g/l.)

ALCOOLIFICATION n. f. Transformation d'une substance en alcool par fermentation.

ALCOOLIQUE adj. Qui contient de l'alcool : *boisson alcoolique.* ‖ Qui concerne l'alcool. ◆ adj. et n. Qui boit avec excès et habituellement de l'alcool.

ALCOOLISABLE adj. Qui peut être converti en alcool.

ALCOOLISATION n. f. Production ou addition d'alcool dans les liquides.

ALCOOLISÉ, E adj. Se dit d'une boisson contenant de l'alcool ou à laquelle on en a ajouté.

ALCOOLISER v. t. Ajouter de l'alcool à un liquide.

ALCOOLISME [alkɔlism] n. m. Abus des boissons alcooliques, entraînant à partir d'une certaine régularité et d'une certaine quantité des troubles physiologiques et psychiques.

ALCOOLOGIE n. f. Discipline médicale qui étudie l'alcoolisme et sa prévention.

ALCOOLOMANIE n. f. Appétence morbide pour l'alcool.

ALCOOMÈTRE n. m. Aréomètre servant à mesurer, dans les vins et les liqueurs, la proportion d'alcool ou degré alcoolique.

ALCOOMÉTRIE n. f. Ensemble des procédés employés pour la détermination de la richesse en alcool des liqueurs spiritueuses.

ALCOTEST ou **ALCOOTEST** n. m. Appareil portatif (marque déposée) permettant d'évaluer instantanément, mais de manière imprécise, l'imprégnation éthylique d'un sujet par la mesure de la teneur en alcool de l'air expiré.

ALCÔVE n. f. (esp. *alcoba*, mot ar.). Renfoncement ménagé dans une chambre pour y placer le lit. ‖ Partie de la chambre où les Précieuses tenaient salon au XVIIᵉ s. ● *Histoire d'alcôve* (Litt.), histoire d'intimité conjugale ou intrigue galante.

ALCOYLATION n. f. Fixation d'un radical alcoyle sur une molécule.

ALCOYLE [alkɔil] n. m. Nom générique des radicaux univalents obtenus par l'enlèvement d'un atome d'hydrogène à un alcane.

ALCYNE [alsin] n. m. Nom générique des hydrocarbures acycliques à triple liaison.

ALCYON [alsjɔ̃] n. m. (gr. *alkuôn*). Oiseau fabuleux qui passait pour ne faire son nid que sur une mer calme, et considéré, pour cette raison, comme oiseau d'heureux présage. ‖ Animal marin fixé, formant des colonies massives de petits polypes. (Embranchement des cnidaires ; ordre des octocoralliaires.)

ALCYONAIRE n. m. Cœlentéré à huit tentacules, vivant en colonies. (Les *alcyonaires* forment un ordre comprenant notamment le *corail* et l'*alcyon*.)

ALDÉHYDE [aldeid] n. m. (*al* [*cool*] *dehyd*-[*rogenatum*]). Corps formé par déshydrogénation ou oxydation ménagée d'un alcool. (L'aldéhyde acétique, ou *éthanal*, a pour formule CH_3CHO.)

AL DENTE loc. adj. inv. ou loc. adv. (ital. *al dente*, à la dent). Se dit de certains aliments cuits de telle sorte qu'ils restent légèrement croquants sous la dent.

ALDERMAN [ɔldərman] n. m. (pl. *aldermen*). Magistrat en Angleterre et aux États-Unis.

ALDIN, E adj. (*Alde*, nom pr.). *Caractères aldins*, caractères d'imprimerie qu'Alde Manuce fit exécuter.

ALDOL n. m. Aldéhyde-alcool provenant de la polymérisation d'un aldéhyde.

ALDOSE n. m. Ose à fonction aldéhyde.

ALDOSTÉRONE n. f. Hormone corticosurrénale qui agit au niveau du rein, provoquant la rétention du sodium et favorisant l'élimination du potassium.

ALE [ɛl] n. f. (néerl. *ale*). Bière anglaise légère, fabriquée avec du malt peu torréfié.

ALÉA [alea] n. m. (lat. *alea*, coup de dé). Événement dépendant d'un hasard défavorable ; risque : *cette affaire présente bien des aléas.*

ALÉATOIRE adj. Qui repose sur un événement incertain ; hasardeux, problématique : *bénéfices aléatoires.* ‖ Se dit d'une quantité variable qui peut prendre une valeur quelconque d'un ensemble spécifié, avec une probabilité exprimant, pour cette valeur particulière, la fraction du nombre total de valeurs où elle pourra se présenter. ‖ Se dit d'une œuvre plastique (cinétique) ou littéraire dans laquelle l'auteur introduit des éléments de hasard ou d'improvisation au niveau de la composition ou de l'exécution. ● *Musique aléatoire*, musique dans laquelle l'auteur propose, au départ d'une composition déterminée, des itinéraires d'exécution choisis parmi les traitements possibles de ses séquences.

ALÉATOIREMENT adv. De façon aléatoire.

ALÉMANIQUE adj. et n. Se dit de la Suisse de langue allemande et de ses dialectes.

ALÈNE [alɛn] n. f. (mot germ.). Poinçon servant à percer le cuir pour le coudre. ‖ Lame d'acier très effilée pour couper le cuir.

ALÉNOIS adj. m. (de *orlenois*, orléanais) → CRESSON.

ALENTOUR adv. (de à l'*entour*). Aux environs : *un château et les bois alentour.* ● *D'alentour*, des environs.

ALENTOURS n. m. pl. Lieux qui avoisinent : *les alentours d'une ville.* ‖ Fond décoratif de certaines tapisseries du XVIIIᵉ s., entourant le sujet central. ● *Aux alentours*, aux environs.

ALÉOUTE adj. et n. Groupe de langues parlées en Alaska et dans les îles Aléoutiennes.

ALEPH [alɛf] n. m. Première lettre de l'alphabet hébreu. ‖ *Math.* Nombre cardinal caractérisant la puissance d'un ensemble.

ALERTE n. f. (it. *all'erta*, sur la hauteur). Menace d'un danger : *il s'inquiète à la moindre alerte.* ‖ Signal qui prévient de la menace d'un danger (incendie, bombardement aérien, etc.) et invite à prendre les mesures nécessaires pour y faire face : *alerte aérienne ; alerte au feu.* ‖ *Mil.* Ordre donné à une force militaire d'être prête à intervenir dans un délai fixé. ◆ interj. Debout ! Attention !

ALERTE adj. Prompt dans ses mouvements, agile, vif.

ALERTEMENT adv. De façon alerte.

ALERTER v. t. Avertir qqn de se tenir prêt.

ALÉSAGE n. m. *Mécan.* Régularisation très précise du diamètre intérieur d'un tube, d'un trou. ● *Alésage d'un cylindre*, son diamètre intérieur.

ALÈSE n. f. → ALAISE.

ALÉSÉ, E adj. *Hérald.* Se dit des pièces dont les extrémités ne touchent pas les bords de l'écu. (On écrit aussi ALAISÉ et ALÉZÉ.)

ALÉSER v. t. (anc. fr. *alaisier*, élargir). Mettre au diamètre exact l'intérieur d'un tube, d'un trou, etc.

ALÉSEUR, EUSE n. Personne qui travaille sur une aléseuse.

ALÉSEUSE n. f. Machine à aléser.

ALÉSOIR n. m. Outil pour aléser.

ALEURITE n. f. (gr. *aleuron*, farine). Arbre d'Extrême-Orient. (Une espèce est l'*arbre à huile*, dont les graines fournissent une huile siccative ; une autre est le *bancoulier*, qui donne une huile purgative.) [Famille des euphorbiacées.]

ALEURODE n. m. Puceron blanchâtre dont diverses espèces attaquent le chou, le chêne, etc.

ALEURONE [alørɔn] n. f. Substance protéique de réserve, qui forme des grains microscopiques dans les graines de certaines plantes (cotylédons des légumineuses, albumen des céréales).

ALEVIN [alvɛ̃] n. m. (lat. *allevare*, élever). Très jeune poisson, servant à peupler les étangs ou les rivières.

ALEVINAGE n. m. Action de propager l'alevin.

ALEVINER v. t. Peupler d'alevins.

ALEVINIER n. m., ou **ALEVINIÈRE** n. f. Étang où l'on met les alevins.

ALEXANDRIN, E adj. et n. D'Alexandrie d'Égypte. ● *Art alexandrin*, art délicat et pittoresque participant des fastes pharaoniques et du naturalisme hellénistique, dont Alexandrie fut le foyer principal à partir du IIIᵉ s. av. J.-C. (La poésie alexandrine, érudite et raffinée, eut pour représentants Callimaque, Hérondas, Apollonios de Rhodes, Lycophron, Aratos, Théocrite.)

ALEXANDRIN n. m. (du *Roman d'Alexandre*, poème du XIIᵉ s.). Vers de douze syllabes. (Ex. : *On a sou-vent be-soin d'un plus pe-tit que soi.*)

ALEXANDRINISME n. m. Civilisation hellénistique dont Alexandrie fut le centre (IIIᵉ s. av. J.-C.- IIᵉ s. apr. J.-C.).

ALEXANDRITE n. f. Pierre fine constituée par du chrysobéryl, verte à la lumière du jour et pourpre à la lumière électrique.

ALEXIE n. f. (gr. *lexis*, lecture). Incapacité, congénitale ou pathologique, de lire. (Syn. CÉCITÉ VERBALE.)

ALEZAN, E [alzɑ̃, an] adj. et n. (esp. *alazan*, mot ar.). Se dit d'un cheval dont la robe et les crins sont jaune rougeâtre.

ALFA n. m. (ar. *ḥalfâ*). Herbe d'Afrique du Nord et d'Espagne, appelée aussi *spart* ou *sparte*, employée dans la fabrication de la sparterie, des cordages, des espadrilles, des tissus grossiers, des papiers d'imprimerie, etc. (Famille des graminacées.)

ALFANGE n. f. Cimeterre mauresque. (Vx.)

ALFATIER, ÈRE adj. Relatif à l'alfa : *une plaine alfatière.*

ALGARADE n. f. (esp. *algarada*, escarmouche, mot ar.). Discussion vive et inattendue, dispute : *avoir une algarade avec qqn.*

ALGAZELLE n. f. (ar. *al-ghazâl*). Antilope du Sahara, à cornes longues et fines, un peu recourbées vers l'arrière. (Haut. au garrot 1 m; sous-ordre des ruminants.)

ALGÈBRE n. f. (ar. *al-djabr*). Science du calcul des grandeurs représentées par des lettres affectées du signe + ou du signe −. ● *Algèbre de Boole*, algèbre créée par Boole et fondée sur l'étude des relations logiques. ‖ *C'est de l'algèbre* (Fam.), c'est difficile à comprendre.

ALGÉBRIQUE adj. Relatif à l'algèbre. ● *Entier algébrique*, nombre algébrique défini à l'aide d'un polynôme dans lequel le terme de degré le plus élevé a pour coefficient l'unité. ‖ *Nombre algébrique*, tout nombre racine d'une équation entière à coefficients entiers.

ALGÉBRIQUEMENT adv. De façon algébrique.

ALGÉBRISTE n. Spécialiste d'algèbre.

ALGÉRIEN, ENNE adj. et n. D'Algérie.

ALGÉROIS, E adj. et n. D'Alger.

ALGIDE [alʒid] adj. (gr. *algos*, douleur). Se dit des affections caractérisées par des sensations de froid.

ALGIDITÉ n. f. État de ce qui est algide.

ALGIE [alʒi] n. f. Douleur, quels qu'en soient la cause, le siège, les caractères.

ALGINATE n. m. Sel de l'acide alginique. ‖ Préparation à base d'alginate, permettant la prise des empreintes dentaires et utilisée en papeterie, dans l'industrie des colles, etc.

ALGINE [alʒin] n. f. (de *algue*). Substance glaireuse formée au contact de l'eau par le mucilage de certaines algues brunes.

ALGINIQUE adj. Se dit d'un acide dont le sel de sodium se trouve dans certaines algues (laminaires).

ALGIQUE adj. Qui concerne la douleur. ‖ Qui provoque la douleur.

ALGOL [algɔl] n. m. (de *algo* [*rithmic*] *l* [*anguage*]). *Inform.* Langage utilisé pour la programmation des problèmes scientifiques ou techniques dans les ordinateurs.

ALGOLAGNIE n. f. (gr. *algos*, douleur, et *lagneia*, coït). Érotisation de la souffrance subie (syn. MASOCHISME).

ALGONKIEN ou **ALGONQUIEN, ENNE** adj. et n. m. Se dit de la partie supérieure du précambrien, succédant à l'archéen.

ALGORITHME n. m. (d'*al-Khârezmi*, médecin ar.). *Math.* Processus de calcul permettant d'arriver à un résultat final déterminé.

ALGORITHMIQUE adj. Qui concerne l'algorithme.

ALGUAZIL [algwazil] n. m. (esp. *alguacil*, mot ar.). En Espagne, agent de police.

ALGUE [alg] n. f. (lat. *alga*). Végétal chlorophyllien sans racines ni vaisseaux, qui vit dans l'eau de mer, dans l'eau douce, ou au moins dans l'air humide.

■ Les algues sont des thallophytes pourvues de chlorophylle, souvent masquée par d'autres pigments (bruns ou rouges). Elles constituent presque seules la flore marine.

ALIAS [aljas] adv. (mot lat.). Autrement dit, en d'autres termes : *Poquelin, alias Molière.*

ALIBI n. m. (mot lat. signif. *ailleurs*). Moyen de défense d'une personne qui prouve sa présence, au moment du crime ou du délit dont elle est accusée, en un lieu différent de celui où il a été commis. ‖ Excuse quelconque.

il ne se reconnaît plus. ‖ *Philos.* Dépossession d'une qualité propre à l'homme au détriment d'un autre. ● *Aliénation à titre gratuit*, donation. ‖ *Aliénation mentale*, folie.

ALIÉNÉ, E n. Autrefois, malade mental pouvant être l'objet d'une mesure d'internement.

ALIÉNER v. t. (lat. *alienare*) [conj. 5]. Vendre, céder : *aliéner une terre.* ‖ Abandonner volontairement : *aliéner son indépendance.* ‖ Éloigner, détourner : *cette action lui aliéna toutes les sympathies.*

ALIÉNISTE adj. et n. Syn. anc. de PSYCHIATRE.

ALIFÈRE adj. Se dit des insectes pourvus d'ailes.

ALIFORME adj. Qui a la forme d'une aile.

ALIGNEMENT n. m. Action d'aligner, de s'aligner. ‖ Ensemble de menhirs implantés en lignes parallèles. ‖ *Dr.* Limite latérale des voies et places publiques, généralement fixée par un règlement administratif et grevant d'une servitude les propriétés riveraines.

ALIGNER v. t. Mettre sur une ligne droite; mettre en ordre : *aligner des élèves, des arguments.* ‖ Adapter à : *aligner le cours du franc sur celui du mark.* ◆ **s'aligner** v. pr. Se ranger, être rangé sur une même ligne. ‖ S'adapter. ‖ Se conformer à une autorité, se régler sur qqn.

ALIGOTÉ adj. et n. m. Se dit d'un cépage blanc de Bourgogne; vin issu de ce cépage.

ALIMENT n. m. (lat. *alere*, nourrir). Tout ce qui sert de nourriture : *digestion des aliments; les aliments du bétail.* ◆ pl. *Dr.* Ce qui est nécessaire à la nourriture, à l'entretien et au logement d'une personne.

ALIMENTAIRE adj. Propre à servir d'aliment. ‖ Relatif à l'alimentation : *régime alimentaire.* ‖ Fait dans un but purement lucratif : *travail*

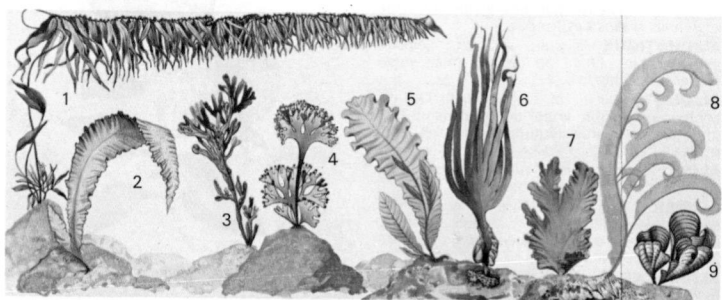

ALGUES
1. Macrocystis pirifera; 2. Nitophyllum crozieri; 3. Fucus vesiculosus; 4. Rhodymenia palmata; 5. Glossopteris lyallii; 6. Saccorrhiza bulbosa; 7. Ulva latissima; 8. Claudea elegans; 9. Padinia pavonia.

ALIBOUFIER n. m. Nom usuel du *styrax*, qui fournissait jadis le benjoin.

ALICANTE n. m. Vin liquoreux que produit la province d'Alicante. ‖ Cépage français à fruit rouge, appelé aussi *grenache.*

ALIDADE n. f. (ar. *al-idâda*). Règle graduée, portant un instrument de visée et permettant de mesurer les angles verticaux. ‖ Partie mobile d'un théodolite.

ALIÉNABILITÉ n. f. Qualité de ce qui peut être aliéné.

ALIÉNABLE adj. Qui peut être aliéné.

ALIÉNANT, E adj. Qui soumet à des contraintes, qui rend esclave.

ALIÉNATAIRE n. et adj. *Dr.* Personne à qui est transféré un droit par aliénation.

ALIÉNATEUR, TRICE n. *Dr.* Personne qui aliène.

ALIÉNATION n. f. Action de céder, de livrer volontairement : *aliénation d'une propriété, de l'indépendance.* ‖ Situation du travailleur qui est dépossédé du produit de son travail, dans lequel

alimentaire. ● *Obligation alimentaire* (Dr.), obligation légale de verser des aliments aux proches parents. ‖ *Pension alimentaire*, pension destinée à assurer la subsistance d'une personne et de sa famille.

ALIMENTATION n. f. Action d'alimenter; ce qui sert à alimenter. ‖ Approvisionnement d'une arme à feu en munitions, d'un moteur en combustible, etc.

V. carte page suivante

ALIMENTER v. t. Fournir des aliments : *alimenter un malade avec du bouillon.* ‖ Approvisionner, pourvoir de ce qui est nécessaire au fonctionnement : *le barrage alimente la ville en eau.* ● *Alimenter la conversation*, l'entretenir.

ALINÉA n. m. (lat. *ad lineam*, à la ligne). Dans un texte, ligne dont le premier mot est en retrait et annonçant le commencement d'un paragraphe; passage entre deux retraits.

ALINÉAIRE adj. Qui marque un alinéa.

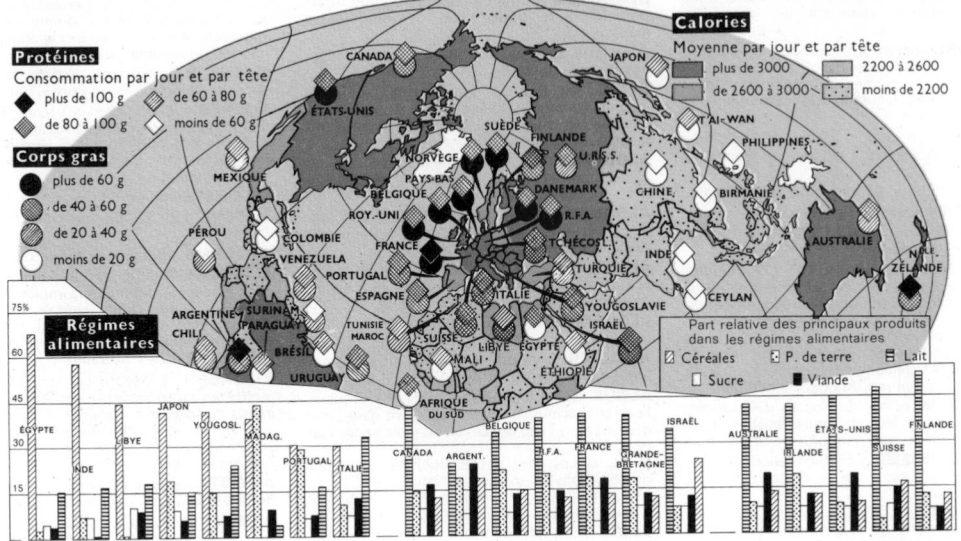

Protéines
Consommation par jour et par tête
◆ plus de 100 g   ◇ de 60 à 80 g
◇ de 80 à 100 g   ◇ moins de 60 g

Corps gras
● plus de 60 g
◐ de 40 à 60 g
◑ de 20 à 40 g
○ moins de 20 g

Régimes alimentaires

Calories
Moyenne par jour et par tête
■ plus de 3000   □ 2200 à 2600
□ de 2600 à 3000   ⋯ moins de 2200

Part relative des principaux produits dans les régimes alimentaires
□ Céréales   ▨ P. de terre   ⊟ Lait
□ Sucre   ■ Viande

alisier

ALIOS [aljɔs] n. m. (mot gascon). Grès imperméable, rougeâtre ou noirâtre, constitué sous la couverture sableuse par des grains de sable agglutinés (l'alios des Landes).

ALIPHATIQUE [alifatik] adj. (gr. *aleiphar, -atos*, graisse). *Chim.* Se dit des corps organiques acycliques.

ALIQUOTE [alikɔt] adj. et n. f. *Math.* Qui est contenu un nombre entier de fois dans un tout (trois est une partie aliquote de douze). [Syn. DIVISEUR.] (Vx.)

ALISE n. f. (mot germ.). Fruit rouge de l'alisier, aigrelet et d'un goût agréable.

ALISIER [alizje] n. m. Arbre du groupe des sorbiers, à feuilles lobées et à fleurs blanches, dont le bois est utilisé en ébénisterie. (Haut. 10-20 m; famille des rosacées.)

ALISMACÉE [alismase] n. f. Plante monocotylédone aquatique telle que le *plantain d'eau*, la *sagittaire*. (Les *alismacées* forment une famille.)

ALITEMENT n. m. Action de s'aliter.

ALITER v. t. (de *lit*). Forcer à garder le lit.
◆ **s'aliter** v. pr. Garder le lit, par suite de maladie.

ALIZARI n. m. (ar. *al-'uṣāra*, le jus). Racine de la garance.

ALIZARINE n. f. Matière colorante rouge extraite de la racine de la garance et obtenue maintenant par synthèse.

ALIZÉ adj. et n. m. (esp. *alisios*). Se dit de vents réguliers qui soufflent constamment sur près du tiers de la surface du globe, des hautes pressions subtropicales vers les basses pressions équatoriales. (L'alizé de l'hémisphère Nord souffle du nord-est vers le sud-ouest, l'alizé de l'hémisphère Sud, du sud-est vers le nord-ouest.)

ALKÉKENGE [alkekɑ̃ʒ] n. m. (persan *kākunadj*). *Bot.* Autre nom du PHYSALIS.

ALLACHE [alaʃ] n. f. Sardine de la Méditerranée.

ALLAITEMENT n. m. Action d'allaiter.

ALLAITER v. t. Nourrir de lait.

ALLANT, E adj. *Litt.* Qui a de l'entrain.

ALLANT n. m. Entrain, ardeur : *perdre son allant.*

ALLANTOÏDE [alɑ̃tɔid] n. f. Une des trois annexes de l'embryon, propre aux vertébrés supérieurs.

ALLANTOÏDIEN n. m. Syn. de AMNIOTE.

ALLÉCHANT, E adj. Appétissant, attirant : *un dessert alléchant; une proposition alléchante.*

ALLÉCHER v. t. (lat. *allectare*) [conj. 5]. Attirer en flattant le goût, l'odorat. ‖ Attirer par l'espérance, par le plaisir; séduire : *allécher qqn par de belles promesses.*

ALLÉE n. f. (de *aller*). Chemin bordé d'arbres, de haies, de plates-bandes. ‖ Passage entre des rangées de chaises, de bancs. ● *Allée couverte,* alignement de dolmens formant une galerie. ‖ *Allées et venues,* démarches, trajets en tous sens.

ALLÉGATION n. f. (lat. *allegatio*). Citation d'un fait; affirmation, assertion.

ALLÈGE [alɛʒ] n. f. (de *alléger*). *Constr.* Pan de mur fermant l'embrasure d'une fenêtre entre le sol et l'appui. ‖ *Mar.* Embarcation employée pour le chargement ou le déchargement des navires.

ALLÉGEANCE [aleʒɑ̃s] n. f. (angl. *allegiance*). *Hist.* Obligation de fidélité et d'obéissance envers une nation, un souverain. ‖ *Mar.* Handicap en temps, rendu par un yacht à un autre, dans une régate ou une course-croisière.

ALLÉGEMENT n. m. Diminution de poids, de charge. ‖ *Sports.* Mouvement déchargeant les skis du poids du corps pour permettre un déplacement latéral.

ALLÉGER v. t. (lat. *levis*, léger) [conj. 1 et 5]. Rendre plus léger, moins lourd : *alléger les programmes scolaires, les taxes.*

ALLÉGORIE n. f. (gr. *allegoria*). Expression d'une idée par une image, un tableau, un être vivant, etc. ‖ Œuvre littéraire ou artistique utilisant cette forme d'expression. (Le « Roman de la Rose », le tableau de Delacroix « la Liberté guidant le peuple » sont des allégories.)

ALLÉGORIQUE adj. Relatif à l'allégorie.

ALLÉGORIQUEMENT adv. De façon allégorique.

ALLÈGRE adj. (lat. *alacer*, vif). Plein d'un entrain joyeux : *marcher d'un pas allègre.*

ALLÈGREMENT adv. De façon allègre.

ALLÉGRESSE n. f. Grande joie qui se manifeste extérieurement.

ALLEGRETTO [alegreto] adv. (mot it.). *Mus.* Moins vite qu'*allegro.*

ALLÉGRETTO n. m. (pl. *allégrettos*). Morceau de musique exécuté allegretto, dans une rythmique légère.

ALLEGRO adv. (mot it.). *Mus.* Vivement et gaiement.

ALLÉGRO n. m. (pl. *allégros*). Morceau de musique exécuté allegro. ‖ *Chorégr.* Exercices d'entraînement (sauts, batterie) et partie d'un ballet exécutés très rapidement.

ALLÉGUER [alege] v. t. (lat. *allegare*) [conj. 5]. Mettre en avant; prétexter : *alléguer une maladie pour justifier une absence.*

ALLÈLE ou **ALLÉLOMORPHE** adj. et n. m. *Biol.* Se dit d'un caractère héréditaire qui s'oppose à un autre (graines de pois lisses ou ridées; se dit de deux gènes situés au même locus (niveau) sur deux chromosomes d'une même paire.)

ALLÉLUIA [aleluja] n. m. (mot hébreu, signif. *louez Yahvé*, qui marque l'allégresse). Acclamation liturgique juive et chrétienne. ‖ *Bot.* Espèce d'oxalidacée des bois, qui fleurit vers Pâques, d'où son nom.

ALLEMAND, E adj. et n. D'Allemagne.

ALLEMAND n. m. Langue indo-européenne du groupe germanique, parlée en Allemagne, en Autriche.

ALLEMANDE n. f. Danse de style contrapuntique à quatre temps, premier mouvement de la suite.

ALLÈNE n. m. Hydrocarbure C_3H_4 à double liaison éthylénique. (Syn. PROPADIÈNE.)

ALLER v. i. (lat. *ambulare*, se promener, *vadere*

et *ire*, aller) [conj. **6**; auxil. *être*]. Se mouvoir d'un lieu à un autre : *aller à pied; aller à Paris.* ‖ Mener, conduire : *ce chemin va à Lyon.* ‖ Agir, se comporter : *aller vite dans son travail.* ‖ Marcher, fonctionner : *une voiture qui va bien.* ‖ Se porter : *comment allez-vous?* ‖ Convenir, être adapté à : *cette robe vous va bien.* ● *Aller* (suivi d'un inf.), être sur le point de : *je vais partir.* ‖ *Aller de soi, aller sans dire*, être évident. ‖ *Allons!, allez!, va!*, impér. pris comme interjections. ‖ *Allons donc!*, interj. marquant l'incrédulité, l'impatience. ‖ *Il y va de*, il s'agit de. ‖ *Se laisser aller*, ne pas se retenir. ‖ *Y aller de*, mettre en cause; entreprendre spontanément. ‖ *Y aller fort*, exagérer. ◆ *s'en aller* v. pr. Quitter un lieu. ‖ Mourir; disparaître : *le malade s'en va doucement; la tache ne s'en va plus.*

ALLER n. m. Voyage d'un endroit à un autre; billet qui permet de faire ce voyage.

ALLERGÈNE [alɛrʒɛn] n. m. Substance susceptible de provoquer une allergie dans un organisme.

ALLERGIDE n. f. *Méd.* Lésion cutanée d'origine allergique, tels l'urticaire, certains eczémas, etc.

ALLERGIE [alɛrʒi] n. f. État d'un individu qui, sensibilisé à une substance, y réagit ultérieurement d'une façon exagérée. ‖ Hostilité à l'égard de qqn, de qqch.

ALLERGIQUE adj. Relatif à l'allergie.

ALLERGOLOGIE n. f. Partie de la médecine qui étudie les mécanismes de l'allergie et les maladies allergiques.

ALLERGOLOGISTE ou **ALLERGOLOGUE** n. Spécialiste d'allergologie.

ALLEU n. m. (francique *al-ôd*). *Féod.* Terre libre exempte de toute redevance, ne relevant d'aucun seigneur, par opposition au fief.

ALLEUTIER n. m. Propriétaire d'un alleu.

ALLIACÉ, E adj. Qui tient de l'ail.

ALLIAGE n. m. *Métall.* Produit de caractère métallique résultant de l'incorporation d'un ou de plusieurs éléments à un métal.

■ La formation d'un alliage a pour objet d'améliorer les propriétés des métaux et conduit à la constitution de solutions solides des éléments dans le métal ou de combinaisons entre ces éléments et le métal de base.

Les alliages les plus courants sont ceux du fer (aciers spéciaux), du cuivre (bronze, laiton, cupronickel, maillechort), du plomb (antifriction), du nickel, du chrome et de l'aluminium (bronze d'aluminium, Duralumin, alpax). Les alliages légers sont surtout à base d'aluminium et de magnésium.

ALLIAIRE n. f. Plante à fleurs blanches, exhalant une odeur d'ail. (Haut. 1 m; famille des crucifères.)

ALLIANCE n. f. Union contractée entre plusieurs États; accord entre des personnes : *l'alliance atlantique; il a fait alliance avec mes pires ennemis.* ‖ Union par mariage. ‖ Anneau de mariage. ‖ Combinaison entre des choses : *une alliance d'autorité et de douceur.* ● *Alliance de mots*, rapprochement de deux mots contradictoires formant une expression originale. (Ex. : *il n'ENTEND que le* SILENCE.) ‖ *Ancienne Alliance*, pacte que, selon la Bible, Dieu conclut avec Adam, Noé, Abraham et Moïse. ‖ *Nouvelle Alliance*, la religion chrétienne et ses livres sacrés.

ALLIÉ, E adj. et n. Uni par union, traité : *les pays alliés; l'armée des alliés.* ‖ Qui aide, appuie.

ALLIER v. t. (lat. *alligare*). Combiner des métaux. ‖ Associer une chose à une autre : *allier l'intelligence à la beauté.* ‖ Unir par un engagement mutuel. ◆ *s'allier* v. pr. [à, avec]. S'unir.

ALLIGATOR n. m. (angl. *alligator*, mot esp.). Crocodile d'Amérique, qui atteint jusqu'à 5 m de long.

ALLITÉRATION [aliterasjɔ̃] n. f. (lat. *ad*, et *littera*, lettre). Répétition des mêmes sonorités à l'initiale de plusieurs syllabes ou mots. Ex. : *Pour qui sont ces serpents qui sifflent sur vos têtes?* (L'allitération désigne plus particulièrement les jeux de sonorités des consonnes, par opposition

à l'*assonance*, fondée sur la modulation des voyelles.)

ALLÔ! interj. servant d'appel téléphonique.

ALLOCATAIRE n. Personne qui perçoit une allocation.

ALLOCATION [alɔkasjɔ̃] n. f. Prestation en argent ou en nature. ● *Allocations familiales*, ensemble de prestations assurées aux familles chargées d'enfants.

ALLOCHTONE [alɔktɔn] adj. Qui n'est pas originaire du pays où il habite. (Contr. AUTOCHTONE.) ‖ *Géol.* Dans les régions à structure charriée, se dit des terrains qui ont subi un important déplacement horizontal.

ALLOCUTAIRE n. *Ling.* Personne à qui on s'adresse.

ALLOCUTION [alɔkysjɔ̃] n. f. (lat. *adloqui*, haranguer). Discours de peu d'étendue et de style familier.

ALLODIAL, E, AUX adj. Tenu en franc-alleu.

ALLOGÈNE adj. et n. (gr. *allos*, autre, et *genos*, race). D'une autre origine que les autochtones.

ALLONGE n. f. Pièce pour allonger. ‖ Crochet pour suspendre des quartiers de viande. ‖ *Sports.* En parlant d'un boxeur, longueur des bras.

ALLONGÉ, E adj. *Mine, figure allongée*, qui exprime la déconvenue.

ALLONGEMENT n. m. Augmentation de longueur ou de durée. ‖ Propriété que présentent les métaux et leurs alliages de s'allonger lorsqu'ils sont soumis à des efforts de traction suffisants. ‖ *Aéron.* Paramètre géométrique caractérisant la forme en plan d'une voilure d'avion et égal au quotient du carré de l'envergure par la surface de l'aile.

ALLONGER v. t. (conj. **1**). Rendre plus long : *allonger une robe.* ‖ Étendre (un membre) : *allonger le bras.* ● *Allonger un coup*, l'asséner. ‖ *Allonger le pas*, se hâter. ‖ *Allonger une sauce*, y ajouter de l'eau ou du bouillon. ‖ *Allonger une somme*, la donner. ◆ v. i. *Les jours allongent*, ils deviennent plus longs. ◆ *s'allonger* v. pr. Devenir plus long. ‖ S'étendre : *s'allonger par terre.*

ALLOPATHE n. et adj. Médecin qui traite par l'allopathie.

ALLOPATHIE n. f. (gr. *allos*, autre, et *pathos*, maladie). Traitement des maladies avec des remèdes d'une nature contraire à ces maladies. (Contr. HOMÉOPATHIE.)

ALLOPURINOL n. m. Médicament synthétique qui freine la formation de l'acide urique résultant de la dégradation des nucléoprotéines.

ALLOSTÉRIE n. f. (gr. *allos*, autre, et *stereon*, relief). Inhibition d'une enzyme protéique par une molécule beaucoup plus petite qui se fixe sur elle et modifie sa forme.

ALLOSTÉRIQUE adj. Relatif à l'allostérie.

ALLOTROPIE n. f. (gr. *allos*, autre, et *tropos*, manière d'être). Propriété de certains corps, comme le carbone, le phosphore, de se présenter sous plusieurs formes ayant des propriétés physiques différentes.

ALLOTROPIQUE adj. Relatif à l'allotropie.

ALLOUER v. t. (lat. *locare*, louer). Accorder, attribuer une somme d'argent : *allouer une indemnité.*

ALLUMAGE n. m. Action d'allumer. ‖ Action d'enflammer, au moyen d'un brûleur ou d'une étincelle électrique, le mélange gazeux dans un moteur à explosion; dispositif assurant cette inflammation. ● *Avance, retard à l'allumage*, inflammation du mélange combustible d'un moteur à explosion avant ou après le moment où le piston est au bout de sa course de compression.

ALLUME-CIGARES n. m. inv. Dans une automobile, dispositif destiné à allumer les cigarettes ou les cigares.

ALLUME-FEU n. m. inv. Produit préparé pour allumer le feu.

ALLUME-GAZ n. m. inv. Petit instrument permettant d'allumer un appareil à gaz.

ALLUMER v. t. (lat. *luminare*, éclairer). Mettre le feu à : *allumer une cigarette.* ‖ Rendre

lumineux : *allumer les phares.* ‖ Éclairer un lieu : *allumer une pièce.* ‖ Mettre en état de fonctionnement un appareil de chauffage, de radio, etc. ● *Allumer la guerre* (Litt.), la provoquer. ◆ *s'allumer* v. pr. S'enflammer. ‖ Devenir lumineux, brillant. ● *Son regard s'allume*, devient brillant.

ALLUMETTE n. f. Petit brin de bois, de carton, ou petite mèche enduite de cire, dont l'une des extrémités est imprégnée d'une composition susceptible de s'enflammer par friction. ‖ Gâteau feuilleté long et mince. ‖ *Fam.* Jambe longue et maigre.

ALLUMETTIER, ÈRE n. Personne qui travaille dans une manufacture d'allumettes.

ALLUMEUR n. m. Dispositif qui sert à l'allumage d'un moteur, qui provoque la déflagration d'un engin explosif ou d'une charge explosive.

ALLUMEUSE n. f. *Fam.* Femme aguichante.

ALLURE n. f. (de *aller*). Façon plus ou moins rapide de se mouvoir, d'agir. ‖ Manière de se conduire, attitude; tournure : *il a une allure suspecte; cela prend mauvaise allure.* ‖ Mode de progression d'un quadrupède, en particulier du cheval. (Les principales allures sont le *pas*, le *trot* et le *galop*.) ‖ *Mar.* Direction que suit un bateau, par rapport à celle du vent. ● *Avoir de l'allure*, de l'élégance.

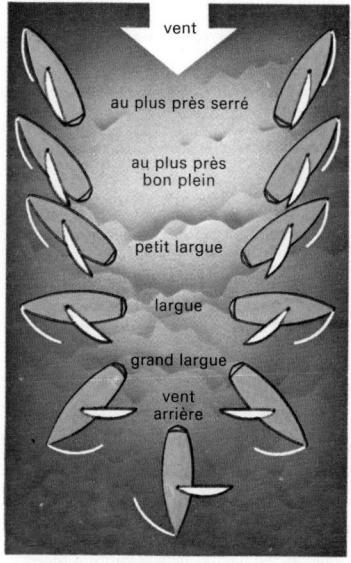

allures maritimes

ALLUSIF, IVE adj. Qui contient une allusion.

ALLUSION [alyzjɔ̃] n. f. (lat. *alludere*, badiner). Mot, phrase qui évoque une personne, une chose sans la nommer.

ALLUSIVEMENT adv. De façon allusive.

ALLUVIAL, E, AUX adj. Produit par des alluvions : *plaine alluviale.*

ALLUVIONNAIRE adj. Relatif aux alluvions.

ALLUVIONNEMENT n. m. Formation d'alluvions.

ALLUVIONNER v. i. Déposer des alluvions.

ALLUVIONS [alyvjɔ̃] n. f. pl. (lat. *ad*, vers, et *luere*, laver). Dépôts de sédiments souvent riches (boues, sables, graviers, cailloux) abandonnés par un cours d'eau quand le débit ou, le plus souvent, la pente sont devenus insuffisants.

ALLYLE [alil] n. m. (lat. *allium*). Radical —C_3H_5 de l'alcool allylique, dont certains composés existent dans l'essence d'ail.

ALLYLIQUE adj. Se dit de l'alcool éthylénique C_3H_6O, préparé à partir des pétroles et servant à la synthèse de la glycérine.

ALMAGESTE [almaʒɛst] n. m. Recueil d'observations astronomiques, dont l'*Almageste* de Ptolémée est le type.

ALMANACH [almana] n. m. (ar. *al-manākh*). Ouvrage populaire contenant un calendrier de l'année, accompagné de renseignements divers (astronomie, météorologie, médecine, cuisine, astrologie, etc.) et qui fut l'un des éléments de base de la littérature de colportage.

ALMANDIN n. m. Variété de grenat alumino-ferreux.

ALMÉE n. f. (ar. *'alūma*). Danseuse et chanteuse, en Orient.

ALMICANTARAT n. m. Cercle imaginé sur la sphère céleste, parallèle à l'horizon. (On dit aussi CERCLE ou PARALLÈLE DE HAUTEUR.)

ALOÈS [alɔɛs] n. m. (gr. *aloé*). Plante d'Afrique, cultivée aussi en Asie et en Amérique, et dont les feuilles charnues fournissent une résine amère, employée comme purgatif et en teinturerie. (Famille des liliacées.)

ALOGIQUE adj. Contraire aux lois de la logique.

ALOI n. m. (de l'anc. fr. *aloier*, faire un alliage). Proportion de métal précieux entrant dans un alliage. (En ce sens, on dit auj. TITRE.) ● *De bon, de mauvais aloi*, de bonne, mauvaise réputation, qualité.

ALOPÉCIE [alɔpesi] n. f. (gr. *alôpekia*). Chute, en général temporaire et localisée, des cheveux et quelquefois des poils.

ALORS [alɔr] adv. (de *lors*). En ce temps-là. ‖ En ce cas-là : *alors, n'en parlons plus.* ● *Jusqu'alors*, jusqu'à ce moment-là. ◆ *alors que* loc. conj. Marque une opposition.

ALOSE [aloz] n. f. (lat. *alausa*, mot gaul.). Poisson voisin de la sardine, à chair estimée, se développant dans la mer et venant pondre dans les cours d'eau au printemps. (Long. max. 80 cm; famille des clupéidés.)

ALOUATE n. m. (mot de Guyane). Singe de l'Amérique du Sud, appelé aussi *singe hurleur*.

ALOUETTE n. f. (lat. *alauda*, mot gaul.). Oiseau passereau, à plumage brunâtre, commun dans les champs, ne perchant pas sur les arbres. (Famille des alaudidés; long. de 17,5 cm à 19,5 cm.) [Cri : l'alouette *grisolle*.]

ALOURDIR v. t. Rendre lourd, plus lourd.

ALOURDISSEMENT n. m. Surcharge; aggravation.

ALOYAU [alwajo] n. m. (lat. *alauda*). Pièce de bœuf coupée le long des reins et renfermant le filet, le contre-filet et le romsteck.

ALPAGA n. m. (esp. *alpaca*, mot péruvien). Ruminant voisin du lama, domestiqué en Amérique du Sud pour sa longue fourrure laineuse. ‖ Fibre textile, douce et soyeuse, provenant de cet animal. ‖ Tissu en armure toile composée de fibres de laine, de soie, de coton ou de fibres artificielles et de fibres d'alpaga.

ALPAGE n. m. Prairie naturelle aux herbes courtes, dans les hautes montagnes, au-dessus de la limite de la forêt. (Syn. ALPE.)

ALPAGUER v. t. *Arg.* Appréhender, arrêter.

ALPAX n. m. Alliage d'aluminium et de silicium qui se moule facilement.

ALPE n. f. Syn. de ALPAGE.

ALPESTRE adj. (it. *alpestre*). Relatif aux Alpes.

ALPHA [alfa] n. m. Première lettre de l'alphabet grec (α). ● *L'alpha et l'oméga*, le commencement et la fin. ‖ *Rayon alpha*, rayonnement constitué de corpuscules émis par des corps radioactifs et composé de deux neutrons et de deux protons. ‖ *Rythme* α, ondes rapides, régulières et de petites amplitudes, recueillies par l'électroencéphalographie, et qui témoignent d'une réaction d'éveil du cortex.

ALPHABET n. m. (de *alpha* et *bêta*, noms des deux premières lettres de l'alphabet grec). Liste de toutes les lettres servant à transcrire les sons d'une langue et énumérées selon un ordre conventionnel.

ALPHABÈTE adj. et n. Se dit d'une personne sachant lire et écrire.

ALPHABÉTIQUE adj. Dans l'ordre de l'alphabet; relatif à l'alphabet.

ALPHABÉTIQUEMENT adv. De façon alphabétique.

ALPHABÉTISATION n. f. Action d'alphabétiser.

ALPHABÉTISER v. t. Enseigner à un groupe social analphabète la lecture et l'écriture.

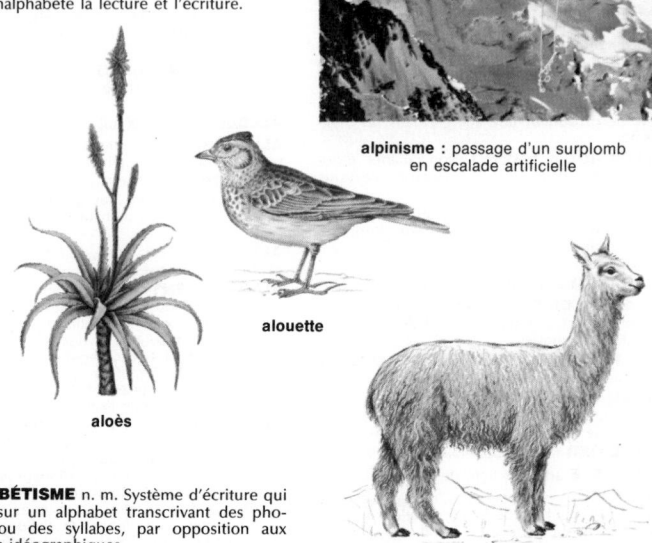

alpinisme : passage d'un surplomb en escalade artificielle

alouette

aloès

ALPHABÉTISME n. m. Système d'écriture qui repose sur un alphabet transcrivant des phonèmes ou des syllabes, par opposition aux systèmes idéographiques.

ALPHANUMÉRIQUE adj. Se dit d'un classement établi à la fois sur la série des lettres de l'alphabet et sur la série des chiffres.

Alphonsines *(tables)*, tables astronomiques dressées au XIIIe s. par ordre d'Alphonse X le Sage.

ALPIN, E adj. (lat. *alpinus*). Relatif aux Alpes ou aux hautes montagnes : *plantes alpines.* ‖ Relatif à l'alpinisme : *club alpin.* ‖ Se dit des mouvements orogéniques du tertiaire et de formes de relief qu'ils ont engendrées : *plissement alpin; chaîne alpine.* ● *Chasseur alpin, troupes alpines,* fantassin, unités spécialisés dans le combat de montagne. ‖ *Chèvre alpine,* race de chèvres à poil ras, à tête triangulaire, aux oreilles en forme de cornet, très répandue en France. ‖ *Race alpine,* race brachycéphale, au corps trapu.

ALPINISME n. m. Sport des ascensions en montagne.

ALPINISTE n. Personne qui pratique l'alpinisme.

ALPISTE n. m. (esp. *alpiste*). Graminée cultivée pour son grain, qui sert à la nourriture des oiseaux en cage.

ALSACIEN, ENNE adj. et n. D'Alsace.

ALSACIEN n. m. Ensemble des dialectes germaniques parlés en Alsace.

ALTAÏQUE adj. Des monts Altaï. ‖ Se dit de l'ensemble des langues turques et mongoles formant une famille de langues.

ALTÉRABILITÉ n. f. Caractère de ce qui peut être dénaturé.

ALTÉRABLE adj. Qui peut être dénaturé.

ALTÉRANT, E adj. et n. Qui cause la soif. ‖ Qui cause une altération.

ALTÉRATION n. f. (lat. *alteratio*). Action d'altérer : *altération des couleurs, de la voix, de la santé; altération des monnaies.* ‖ *Géomorph.* Modification superficielle d'une roche, en particulier de nature chimique, due aux agents atmosphériques. ‖ *Mus.* Signe placé à gauche

alpaga

d'une note pour en modifier la hauteur sans en changer le nom (bémol, dièse, bécarre).

ALTERCATION n. f. (lat. *altercari*). Discussion, échange de propos violents.

ALTÉRÉ, E adj. Assoiffé. ‖ Faussé, dénaturé.

ALTER EGO [altɛrego] n. m. inv. (mots lat. signif. *un autre moi*). Personne en qui on a confiance et qu'on charge d'agir à sa place.

ALTÉRER v. t. (lat. *alter*, autre) [conj. 5]. Changer, affecter en mal la forme, la valeur, etc. : *le soleil altère les couleurs; ce mensonge a altéré leur amitié.* ‖ Exciter la soif : *la course nous a altérés.*

ALTÉRITÉ n. f. (lat. *alter*, autre). *Philos.* Caractère de ce qui est autre.

ALTERNANCE n. f. Action d'alterner : *l'alternance des saisons.* ‖ Caractéristique d'un système politique où deux ou plusieurs partis peuvent se succéder au pouvoir dans le cadre des institutions existantes. ‖ Demi-période d'un courant alternatif.

ALTERNAT [altɛrna] n. m. Ordre dans lequel des choses différentes se succèdent périodiquement.

ALTERNATEUR n. m. Générateur de courant électrique alternatif.

ALTERNATIF, IVE adj. Qui propose une alternative, un choix. ‖ Qui change périodiquement de sens, en parlant d'un courant électrique.

ALTERNATIVE n. f. Choix entre deux possibilités : *je me trouve devant cette alternative : rester ou partir.* ‖ Solution de remplacement : *l'alternative démocratique.* ‖ Succession de choses qui reviennent régulièrement : *alternatives de chaud et de froid.* ‖ Investiture solennelle conférée à un jeune matador pour l'élever au rang de *matador de toros.*

ALTERNATIVEMENT adv. Tour à tour.

altostratus

altocumulus

ALTERNE adj. (lat. *alternus*). *Math.* Se dit, lorsque deux droites sont coupées par une troisième *(sécante),* des angles placés de côtés différents de la sécante. ● *Angles alternes externes,* angles situés à l'extérieur deux deux droites et de côtés différents de la sécante. (Lorsque les deux droites sont parallèles, les angles alternes internes sont égaux entre eux, les angles alternes externes le sont aussi.) ‖ *Angles alternes internes,* angles situés à l'intérieur des deux droites et de côtés différents de la sécante. ‖ *Feuilles, fleurs alternes,* disposées une à une, en spirale, le long de la tige.

ALTERNÉ, E adj. *Math.* Se dit d'une fonction qui, lorsqu'on échange deux variables, change de signe sans changer de valeurs absolues. ‖ Se dit d'une série numérique dont les termes, à partir d'un certain rang, sont alternativement positifs et négatifs.

ALTERNER v. i. (lat. *alternare*). Se succéder avec plus ou moins de régularité : *les bois alternaient avec les prairies.* ◆ v. t. Faire succéder régulièrement.

ALTESSE n. f. (it. *altezza*). Titre d'honneur donné aux princes et aux princesses; personne portant ce titre.

ALTHÆA [altea] n. f. Nom générique de certaines *guimauves,* en particulier de la *rose trémière.*

ALTIER, ÈRE adj. (it. *altiero*). *Litt.* Qui a de l'orgueil; fier, hautain.

ALTIMÈTRE n. m. (lat. *altus,* haut). Appareil servant à mesurer l'altitude.

ALTIMÉTRIE n. f. Mesure des altitudes.

ALTIPORT n. m. Aire d'atterrissage spécialement aménagée en haute montagne pour la desserte des stations de sports d'hiver.

ALTISE [altiz] n. f. (gr. *altikos,* sauteur). Insecte coléoptère de couleur métallique, sauteur, dont certaines espèces nuisent aux plantes cultivées : vigne, chou, colza. (Long. 5 mm; famille des halticidés.)

ALTISTE n. Personne qui joue de l'alto.

ALTITUDE n. f. (lat. *altitudo,* hauteur). Élévation verticale d'un point au-dessus du niveau moyen de la mer. ● *Mal de l'altitude,* ensemble de malaises causés par la raréfaction de l'oxygène en altitude.

ALTO n. m. (mot it.) [pl. *altos*]. *Mus.* La plus grave des voix de femme. (On dit aussi CONTRALTO.) ‖ Instrument à quatre cordes accordé à la quinte grave du violon et de facture identique.

ALTOCUMULUS n. m. Nuage moyen dont l'altitude ne dépasse pas 4 000 m, formé de gros flocons présentant des ombres assez nettes et disposés en groupes ou en files (ciel pommelé).

ALTOSTRATUS n. m. Nuage moyen qui se présente, entre 3 000 m et 4 000 m, sous la forme d'un voile grisâtre assez foncé.

ALTRUISME n. m. (lat. *alter,* autre). *Litt.* Amour désintéressé d'autrui.

ALTRUISTE adj. et n. *Litt.* Généreux. (Contr. ÉGOÏSTE.)

ALUCITE n. f. (lat. *alucita*). Papillon à ailes gris-jaune, voisin des teignes, dont la chenille cause des dégâts aux céréales. (Envergure 1 cm.)

ALUETTE n. f. Jeu de cartes à emblèmes particuliers.

ALUMINATE n. m. Sel dans lequel l'alumine joue un rôle acide : *aluminate de potassium.*

ALUMINE n. f. (lat. *alumen, -inis,* alun). *Chim.* Oxyde d'aluminium (Al_2O) qui, diversement coloré, constitue un certain nombre de pierres précieuses *(rubis, saphir,* etc.). [L'alumine hydratée existe dans la nature *(bauxite).*]

ALUMINEUX, EUSE adj. Qui contient de l'alumine : *eau alumineuse.*

ALUMINIAGE n. m. Procédé de protection par une mince couche d'aluminium.

ALUMINIUM [alyminjɔm] n. m. Métal (Al) n° 13, de masse atomique 26,98, blanc brillant, léger, ductile et malléable, s'altérant peu à l'air. ■ L'aluminium fond à 660 ⁰C et sa densité est de 2,7. Son composé le plus important est son oxyde, obtenu à partir de la bauxite, l'alumine, dont la réduction électrolytique est à la base de la métallurgie de l'aluminium. Il est utilisé dans la fabrication d'articles de ménage et, à cause de sa légèreté, pur ou en alliage (Duralumin, alpax, etc.) dans l'automobile et l'aéronautique, dans l'industrie électrique, le bâtiment, la décoration.

V. ill. page suivante

ALUMINOSILICATE n. m. Sel dérivant de la silice et de l'alumine, combinées à un oxyde métallique.

ALUMINOTHERMIE n. f. Production de hautes températures par réaction d'aluminium en poudre sur divers oxydes métalliques. (Cette réaction sert à isoler certains métaux; elle est utilisée pour souder l'acier et dans les bombes incendiaires.)

ALUN [alœ] n. m. (lat. *alumen*). Sulfate double d'aluminium et de potassium, ou composé analogue. (L'alun a des propriétés astringentes; il sert à fixer les teintures et à clarifier les eaux.)

ALUNIFÈRE adj. Qui contient de l'alun.

ALUNIR [alynir] v. i. Prendre contact avec la Lune. (Ce terme est condamné par l'Académie des sciences et par l'Académie française.)

ALUNISSAGE n. m. Action d'alunir. (Ce terme est condamné par l'Académie des sciences, par l'Académie française et par l'Administration, qui préconisent ATTERRISSAGE SUR LA LUNE.)

ALUNITE n. f. Sulfate basique naturel d'aluminium et de potassium.

ALVÉOLAIRE adj. Relatif aux alvéoles.

ALVÉOLE n. f. (ou n. m., vx) [lat. *alveolus*]. Cellule d'une abeille. ‖ Cavité d'une maxillaires dans laquelle est enchâssée une dent. ‖ Cavité creusée dans le tissu du lobule pulmonaire. ‖ *Géomorphol.* Petite dépression dans une roche, due à l'érosion chimique ou mécanique.

ALVÉOLÉ, E adj. Qui a des petites cavités.

ALVÉOLITE n. f. Inflammation des alvéoles pulmonaires.

ALVIN, E adj. *Méd.* Relatif au bas-ventre. ● *Flux alvin,* diarrhée.

ALYSSE n. f. ou **ALYSSON** n. m. (mot lat.). Plante à fleurs jaunes ou blanches, parfois cultivée comme ornementale *(corbeille d'argent).* [Haut. 30 cm; famille des crucifères.]

ALYTE n. m. (gr. *alutos,* qu'on ne peut délier).

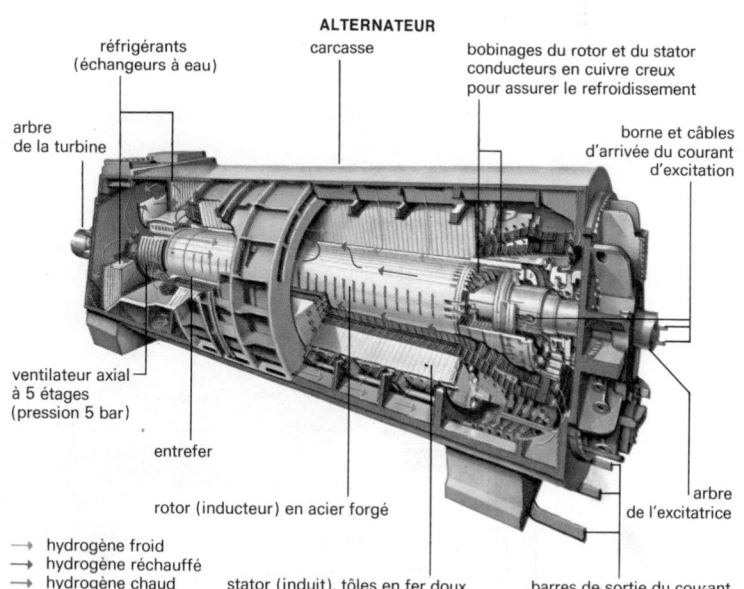

ALTERNATEUR

réfrigérants (échangeurs à eau)

carcasse

bobinages du rotor et du stator conducteurs en cuivre creux pour assurer le refroidissement

arbre de la turbine

borne et câbles d'arrivée du courant d'excitation

ventilateur axial à 5 étages (pression 5 bar)

entrefer

rotor (inducteur) en acier forgé

arbre de l'excitatrice

→ hydrogène froid
→ hydrogène réchauffé
→ hydrogène chaud

stator (induit), tôles en fer doux

barres de sortie du courant

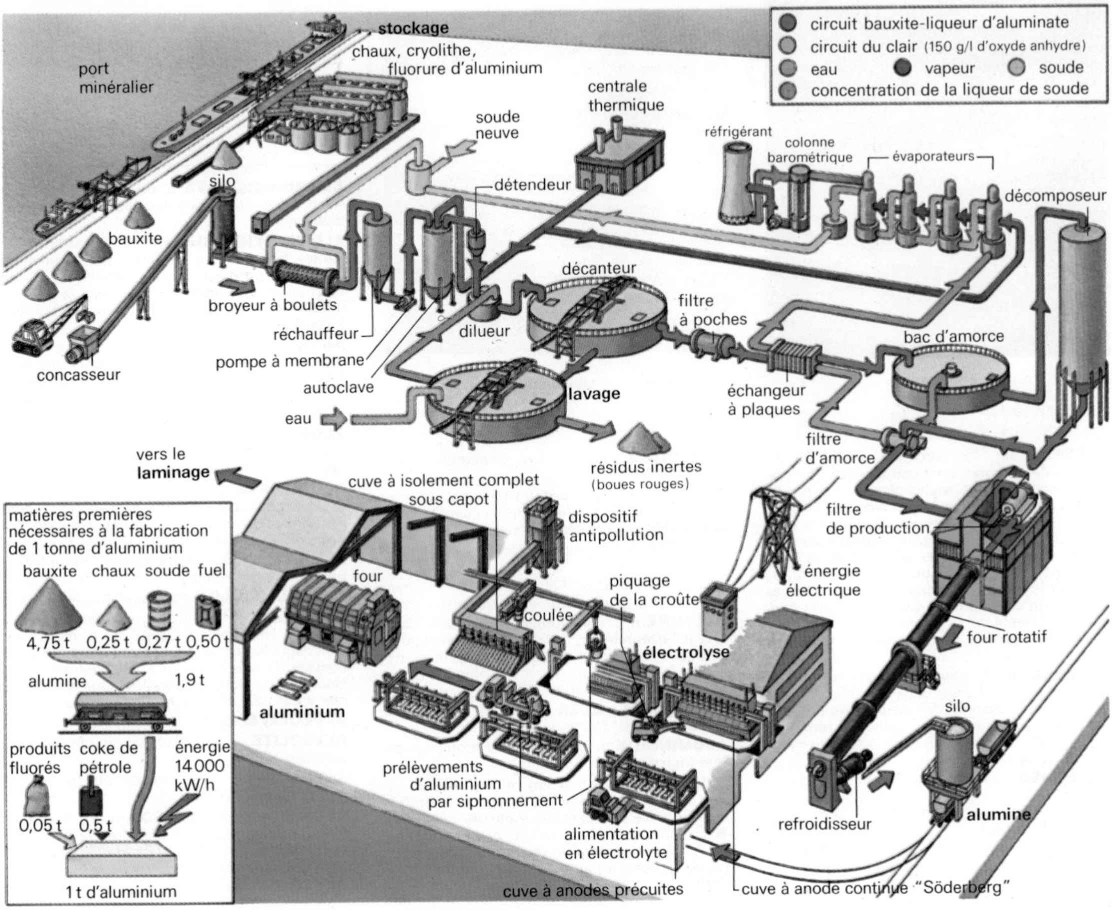

ALUMINIUM

stockage
chaux, cryolithe,
fluorure d'aluminium

- circuit bauxite-liqueur d'aluminate
- circuit du clair (150 g/l d'oxyde anhydre)
- eau   vapeur   soude
- concentration de la liqueur de soude

port minéralier

soude neuve

centrale thermique

réfrigérant

colonne barométrique

évaporateurs

décomposeur

silo

détendeur

bauxite

décanteur

filtre à poches

bac d'amorce

broyeur à boulets

réchauffeur

dilueur

échangeur à plaques

concasseur

pompe à membrane

autoclave

lavage

filtre d'amorce

eau

résidus inertes (boues rouges)

filtre de production

vers le **laminage**

cuve à isolement complet sous capot

dispositif antipollution

énergie électrique

four

piquage de la croûte

coulée

électrolyse

four rotatif

silo

aluminium

prélèvements d'aluminium par siphonnement

alimentation en électrolyte

refroidisseur

alumine

cuve à anodes précuites

cuve à anode continue "Söderberg"

matières premières nécessaires à la fabrication de 1 tonne d'aluminium

bauxite chaux soude fuel
4,75 t   0,25 t 0,27 t 0,50 t

alumine   1,9 t

produits fluorés   coke de pétrole   énergie 14 000 kW/h
0,05 t   0,5 t

1 t d'aluminium

FABRICATION DE L'ALUMINIUM

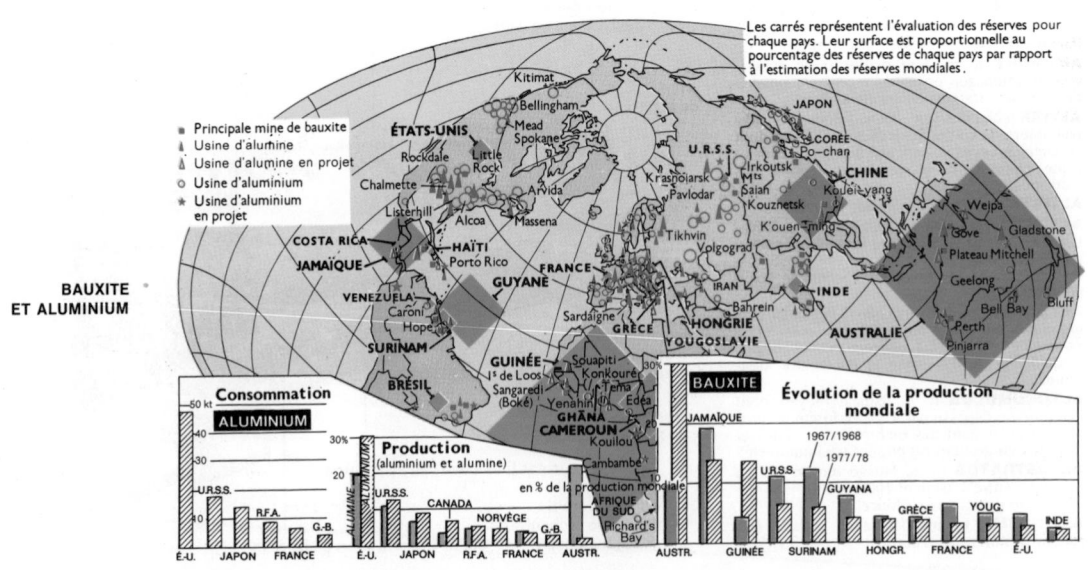

Les carrés représentent l'évaluation des réserves pour chaque pays. Leur surface est proportionnelle au pourcentage des réserves de chaque pays par rapport à l'estimation des réserves mondiales.

BAUXITE ET ALUMINIUM

- Principale mine de bauxite
- Usine d'alumine
- Usine d'alumine en projet
- Usine d'aluminium
- Usine d'aluminium en projet

Kitimat
Bellingham
Mead
Spokane
ÉTATS-UNIS
Rockdale
Little Rock
Chalmette
Arvida
Listerhill
Alcoa
Massena
COSTA RICA
HAÏTI
JAMAÏQUE
Porto Rico
VENEZUELA
Caroni
Hope
SURINAM
BRÉSIL
GUYANE
FRANCE
GUINÉE
Îs de Loos
Konkouré
Sangaredi (Boké)
GHANA
CAMEROUN
Yenahin
Tema
Edéa
Kouilou
Cambambe
JAPON
U.R.S.S.
CORÉE
Po-chan
CHINE
Krasnoïarsk
Irkoutsk
Mts
Pavlodar
Saian
Kouznetsk
Tikhvin
Volgograd
K'ouen-ming
Koueï-yang
IRAN
Bahreïn
INDE
HONGRIE
YOUGOSLAVIE
GRÈCE
Sardaigne
Souapiti
AUSTRALIE
Weipa
Gove
Gladstone
Plateau Mitchell
Geelong
Bell Bay
Perth
Pinjarra
Bluff

Consommation
ALUMINIUM
50 kt
40
30
20
U.R.S.S.
R.F.A.
G.B.
E.-U.   JAPON   FRANCE

Production (aluminium et alumine)
en % de la production mondiale
30%
20
U.R.S.S.
CANADA
NORVÈGE
AFRIQUE DU SUD
Richard's Bay
E.-U.   JAPON   R.F.A.   FRANCE   AUSTR.

BAUXITE
Évolution de la production mondiale
1967/1968
1977/78
JAMAÏQUE
U.R.S.S.
GUYANA
GRÈCE
YOUG.
INDE
AUSTR.   GUINÉE   SURINAM   HONGR.   FRANCE   É.U.

34

Batracien terrestre, appelé aussi *crapaud accoucheur*, car le mâle porte jusqu'à leur éclosion les œufs pondus par la femelle en longs cordons, les trempant chaque nuit dans l'eau d'une mare. (Long. 5 cm; sous-classe des anoures.)

Am, symbole chimique de l'*américium*.

A/m, symbole de l'*ampère par mètre*.

AMABILITÉ n. f. Politesse affable et prévenante, courtoisie.

AMADOU n. m. (mot prov., *amoureux*). Substance spongieuse provenant de l'amadouvier du chêne et préparée pour prendre feu aisément.

AMADOUER v. t. Flatter quelqu'un de manière à l'apaiser, à obtenir ce qu'on désire.

AMADOUVIER n. m. Champignon du groupe des polypores, à chapeau blanchâtre épais de 10 à 20 cm, vivant sur les troncs des arbres feuillus; non comestible. (On en tire l'amadou.) [Classe des basidiomycètes.]

AMAIGRI, E adj. Rendu maigre.

AMAIGRIR v. t. Rendre maigre. ◆ **s'amaigrir** v. pr. Devenir maigre.

AMAIGRISSANT, E adj. Qui fait maigrir.

AMAIGRISSEMENT n. m. Diminution du volume et du poids du corps.

AMALGAMATION n. f. Opération consistant à combiner le mercure avec un autre métal ou à extraire, par le moyen du mercure, l'or et l'argent de leurs gangues.

AMALGAME n. m. (lat. *amalgama*, mot ar.). Alliage du mercure et d'un autre métal : *l'amalgame d'étain sert à étamer les glaces.* ‖ *Mil.* Réunion dans un même corps d'unités de provenances différentes. ‖ Mélange bizarre d'éléments divers : *un amalgame de couleurs.*

AMALGAMER v. t. Faire un amalgame : *amalgamer des documents pour les critiquer.* ◆ **s'amalgamer** v. pr. S'unir.

AMAN [aman] n. m. (ar. *amān*). En pays musulman, sauf-conduit, octroi de la vie sauve à un ennemi vaincu. ● *Demander l'aman,* faire sa soumission.

AMANDAIE n. f. Lieu planté d'amandiers.

AMANDE n. f. (lat. *amygdala*, mot gr.). Graine comestible, riche en substances grasses et glucidiques, de l'amandier. ‖ Graine contenue dans un noyau. ● *Yeux en amande,* yeux à ouverture allongée.

AMANDIER n. m. Arbre originaire d'Asie, cultivé pour ses graines ou amandes. (Haut. 7 m; famille des rosacées.)

AMANDINE n. f. Tartelette aux amandes.

AMANITE n. f. (gr. *amanitês*). Champignon à lames, croissant en été et en automne dans les bois. (Les amanites comprennent les champignons les meilleurs, mais aussi les plus dangereux; elles ont toutes une volve et un anneau [famille des agaricacées].)

AMANT, E n. Personne qui a des relations sexuelles avec une autre à qui elle n'est pas mariée.

AMARANTACÉE n. f. Plante de l'ordre des chénopodiales, faisant partie de la famille des *amarantacées* et dont le type est l'*amarante.*

AMARANTE n. f. (lat. *amarantus*). Plante dont on cultive, sous le nom de *queue-de-renard,* quelques espèces ornementales pour leurs fleurs rouges groupées en longues grappes. (Haut. 1 m; famille des amarantacées.) ● *Bois d'amarante,* acajou de Cayenne, rouge vineux. ◆ adj. inv. De la couleur de ces fleurs.

AMAREYEUR [amarɛjœr] n. m. Ouvrier qui s'occupe de l'entretien des parcs à huîtres.

AMARIL, E [amaril] adj. (esp. *amarillo*, jaune). Se dit de la fièvre jaune et de ce qui s'y rapporte.

AMARINAGE n. m. Action d'amariner.

AMARINER v. t. *Mar.* S'emparer d'un navire en temps de guerre et l'employer contre l'ennemi. ‖ Habituer un équipage à la mer.

AMARNIEN, ENNE adj. D'Amarna.

AMARRAGE n. m. Action d'amarrer.

AMARRE n. f. Câble, cordage pour retenir en place un navire.

AMARRER v. t. (néerl. *aanmarren*). Maintenir au moyen d'amarres, de câbles, de cordes, etc. : *amarrer un navire; amarrer des bagages sur la galerie d'une voiture.* ‖ Fixer une amarre, une manœuvre, en la tournant sur un taquet.

AMARYLLIDACÉE n. f. Plante monocotylédone telle que la *perce-neige,* le *narcisse,* l'*agave* et l'*amaryllis.* (Les amaryllidacées forment une famille.)

AMARYLLIS [amarilis] n. f. Plante bulbeuse à grandes fleurs d'un rouge éclatant, d'odeur suave, dite *lis Saint-Jacques.*

AMAS [amɑ] n. m. Accumulation de choses réunies comme en une masse; monceau, tas : *un amas de paperasses.* ‖ *Astron.* Concentration d'étoiles appartenant à un même système galactique; concentration de galaxies dans l'espace. ● *Amas globulaire,* amas très concentré, approximativement sphérique, de plusieurs centaines de milliers d'étoiles. ‖ *Amas ouvert,* amas relativement peu serré, ne comprenant que quelques centaines d'étoiles.

AMASSER v. t. (de *masse*). Réunir en une masse importante; accumuler, entasser : *amasser de l'argent, des preuves.*

AMASSETTE n. f. Petit couteau à lame flexible pour mélanger les couleurs sur la planche à broyer, la palette du peintre ou la toile d'un tableau.

AMATEUR adj. et n. (lat. *amator*). Qui a du goût pour : *amateur de tableaux.* ‖ Qui s'adonne aux arts, aux sports, etc., sans en faire profession. ‖ Qui manque de zèle et de compétence, dilettante : *travailler en amateur.* ‖ Disposé à acheter.

amanites

vénéneuses   mortelles
amanite tue-mouches amanite panthère amanite phalloïde amanite printanière

amandier : fleurs, feuilles et fruits

AMATEURISME n. m. Qualité d'amateur, spécialement en termes de sport. ‖ Défaut de celui qui manque de zèle. ● *Amateurisme marron* (Sports), professionnalisme (au moins partiel) non avoué.

AMATIR v. t. Rendre mats les métaux précieux, leur enlever leur poli.

AMAUROSE n. f. (gr. *amauros*, obscur). Cécité plus ou moins complète et transitoire, due à une affection du nerf optique ou des centres nerveux, mais sans lésion de l'œil lui-même.

AMAZONE n. f. (gr. *Amazôn*). Femme qui monte à cheval. ‖ Longue jupe que les femmes portent pour monter à cheval. ● *Monter en amazone,* monter en ayant les deux jambes du même côté du cheval.

AMAZONIEN, ENNE adj. et n. De l'Amazone ou de l'Amazonie.

AMAZONITE n. f. Pierre fine constituée par du feldspath vert clair à vert bleuté, presque opaque.

AMBAGES n. f. pl. (lat. *ambages*). *Sans ambages,* d'une manière franche et directe, sans ambiguïtés.

AMBASSADE n. f. (it. *ambasciata*). Fonctions d'ambassadeur. ‖ Ensemble de ses services ‖ Ensemble des agents diplomatiques en fonction dans une ambassade.

AMBASSADEUR, DRICE n. Représentant d'un État auprès d'une puissance étrangère. ‖ Toute personne chargée d'une mission.

AMBIANCE n. f. Ce qui environne, milieu physique ou moral : *une ambiance agréable.* ‖ *Fam.* Gaieté, entrain : *mettre de l'ambiance dans une soirée.*

AMBIANT, E adj. (lat. *ambiens*, entourant). Qui entoure le milieu dans lequel on vit : *la température ambiante.*

AMBIDEXTRE adj. et n. (lat. *ambo*, deux, et *dexter*, droit). Qui se sert également bien des deux mains.

AMBIGU, Ë adj. (lat. *ambiguus*). Dont le sens est incertain, équivoque : *réponse ambiguë.*

AMBIGUÏTÉ [ɑ̃bigɥite] n. f. Défaut de ce qui est ambigu : *s'exprimer sans ambiguïté.* ‖ *Log.* Propriété d'un système d'axiomes dont tous les modèles ne sont pas isomorphes. ‖ *Philos.* Fait pour l'homme de mener une existence dont le sens n'est pas fixé d'avance.

AMBIGUMENT adv. De façon ambiguë.

AMBIOPHONIE n. f. Ambiance sonore créée par une réverbération artificielle des sons revenant vers l'auditeur.

AMBITIEUSEMENT adv. De façon ambitieuse.

AMBITIEUX, EUSE adj. et n. Qui témoigne de l'ambition : *projet ambitieux.*

AMBITION n. f. (lat. *ambitio*). Désir ardent de gloire, de fortune, etc. : *dévoré d'ambition.* ● *Avoir l'ambition de qqch,* désirer ardemment y parvenir.

AMBITIONNER v. t. Rechercher avec ardeur, aspirer à : *ambitionner une nomination à une place sûre.*

AMBIVALENCE n. f. (lat. *ambo*, deux, et *valere*, valoir). Caractère de ce qui a deux aspects radicalement différents, voire opposés. ‖ *Psychol.* Relation à un objet dans laquelle le sujet éprouve simultanément des sentiments contradictoires (principalement l'amour et la haine).

AMBIVALENT, E adj. Qui présente de l'ambivalence; qui a deux valeurs différentes.

AMBLE n. m. (prov. *amblar*, du lat. *ambulare*). *Aller l'amble,* se dit de l'allure d'un quadrupède qui, comme l'ours, la girafe ou le chameau, se déplace en levant en même temps les deux pattes du même côté.

AMBLER v. i. Aller l'amble.

ambon

AMBLEUR, EUSE adj. Qui va l'amble.

AMBLYOPE adj. et n. Se dit d'une personne dont l'acuité visuelle est très diminuée.

AMBLYOPIE n. f. (gr. *amblus*, faible, et *ôps*, vue). Affaiblissement de la vue.

AMBLYSTOME n. m. Salamandre originaire du Mexique et dont la larve est l'*axolotl*.

AMBON [ɑ̃bɔ̃] n. m. (gr. *ambôn*, saillie). Nom donné à de petites tribunes symétriques placées à l'entrée du chœur de certaines églises byzantines et médiévales, pour la lecture de l'évangile et de l'épître. ‖ Pupitre, placé face aux fidèles, servant aux lectures bibliques et à la prédication.

AMBRE n. m. (ar. *al-'anbar*). *Ambre gris*, concrétion intestinale du cachalot qui, après avoir flotté longtemps dans la mer, forme des blocs gris et poreux, faits de cristaux longs, minces et enchevêtrés, et qui entre dans la composition de parfums. ‖ *Ambre jaune* ou *succin*, résine fossile provenant de conifères de la période oligocène, qui poussaient sur l'emplacement de la Baltique. (Il se trouve en morceaux durs et cassants, plus ou moins transparents, jaunes ou rougeâtres, contenant souvent des insectes fossilisés.) ◆ adj. inv. Jaune doré.

AMBRÉ, E adj. Qui a le parfum de l'ambre gris : *eau de toilette ambrée*. ‖ Qui a la couleur de l'ambre jaune : *vin ambré*.

AMBRER v. t. Parfumer d'ambre gris.

AMBRETTE n. f. Arbrisseau des Antilles dont la graine exhale une odeur de musc. (Famille des malvacées; genre *hibiscus*.) ‖ Cette graine.

AMBROISIE n. f. (gr. *ambrosia*, nourriture des dieux). Nourriture des dieux de l'Olympe, qui rendait immortel. (La plupart des auteurs anciens font de l'ambroisie un aliment solide et l'opposent au *nectar*, qui était un breuvage.)

AMBROSIAQUE adj. Parfumé d'ambroisie.

AMBROSIEN, ENNE adj. Qui concerne le rite attribué à saint Ambroise.

AMBULACRAIRE adj. Relatif aux ambulacres.

AMBULACRE n. m. (lat. *ambulare*, se promener). Petit tube dont l'extrémité forme ventouse, et qui sert à la locomotion chez les échinodermes. (Syn. PIED AMBULACRAIRE.)

AMBULANCE n. f. Voiture servant au transport des malades et des blessés. ‖ Établissement médical provisoire (vx).

AMBULANCIER, ÈRE n. Personne attachée au service d'une ambulance.

AMBULANT, E adj. (lat. *ambulans*, qui marche). Qui n'a pas de résidence fixe : *marchand ambulant*.

AMBULANT n. et adj. m. Postier qui trie les correspondances dans les wagons-poste.

AMBULATOIRE adj. Dr. Qui n'a pas de siège fixe : *le parlement fut d'abord ambulatoire*. ‖ Méd. Qui peut être fait ou être subi sans interrompre les activités normales : *traitement ambulatoire*.

ÂME n. f. (lat. *anima*, souffle, vie). Principe de vie, de mouvement et de pensée de l'homme. ‖ Individu, considéré sur le plan moral, intellectuel : *une grande âme*. ‖ Conscience, caractère : *en son âme; grandeur d'âme*. ‖ Litt. Habitant : *ville de 20 000 âmes*. ‖ Personne qui anime; principe moteur : *cet homme était l'âme du complot*. ‖ Arm. Intérieur du tube d'une bouche à feu. ‖ Bx-arts. Noyau d'une sculpture, porteur du revêtement externe de celle-ci. ‖ Mus. Petite baguette cylindrique de bois, qui, placée dans l'intérieur d'un instrument à cordes, communique les vibrations à toutes les parties de l'instrument. ‖ *Âme d'un câble*, fil, toron ou cordage placé suivant l'axe d'un câble. ‖ *Âme d'une cathode*, partie centrale en métal pur d'une électrode sur laquelle se dépose un métal par voie électrolytique. ‖ *Âme d'une électrode de soudure*, fil central métallique, noyé dans un enrobage. ‖ *Avec âme*, avec expression, sentiment. ‖ *Bonne âme*, personne compatissante ; iron., personne malveillante. ‖ *Rendre l'âme*, expirer.

AMÉLIORABLE adj. Qui peut être amélioré.

AMÉLIORANT, E adj. *Plante améliorante*, celle dont la culture accroît la fertilité du sol en lui apportant des éléments profitables aux cultures suivantes, comme les légumineuses fourragères, qui enrichissent le sol en azote.

AMÉLIORATION n. f. Action de rendre plus beau, meilleur; changement en mieux. ● *Amélioration des bois*, traitement spécial des bois qui, tout en conservant la structure naturelle, en améliore profondément les qualités.

AMÉLIORER v. t. (lat. *melior*). Rendre meilleur : *améliorer la race bovine, améliorer le sort des travailleurs*. ◆ s'améliorer v. pr. Devenir meilleur.

AMEN [amɛn] n. m. inv. (mot hébreu signif. *ainsi soit-il*). Mot par lequel se termine une prière. ● *Dire amen* (Fam.), consentir à une chose.

AMÉNAGEABLE adj. Qui peut être aménagé.

AMÉNAGEMENT n. m. Action d'aménager : *l'aménagement d'une usine*. ● *Aménagement du territoire*, meilleure répartition dans un cadre géographique des activités économiques en fonction des ressources naturelles et humaines.

AMÉNAGER v. t. (de *ménage*) [conj. 1]. Disposer en vue de rendre plus confortable, plus utilisable : *aménager un appartement*. ‖ Régler les coupes d'une forêt.

AMÉNAGEUR, EUSE n. Personne qui aménage.

AMÉNAGISTE n. Personne qui organise l'exploitation d'une forêt.

AMENDABLE adj. Qui peut être amendé.

AMENDE n. f. Peine pécuniaire : *payer une amende*. ● *Amende honorable* (Hist.), peine infamante qui consistait dans l'aveu public d'une faute, d'un crime. ‖ *Faire amende honorable*, demander pardon, reconnaître ses torts. ‖ *Mettre qqn à l'amende*, lui infliger une petite punition.

AMENDEMENT n. m. Modification apportée à un texte soumis à l'examen d'une assemblée, notamment à un projet ou à une proposition de loi en discussion. ‖ Substance incorporée au sol pour en modifier la constitution physique et le rendre plus fertile : *la marne est un amendement calcaire*.

AMENDER v. t. (lat. *emendare*, châtier). Rendre meilleur qqn, qqch : *amender la terre*. ‖ Modifier par amendement : *amender un projet de loi*. ◆ s'amender v. pr. Litt. Se corriger.

AMÈNE adj. (lat. *amoenus*). Litt. D'une courtoisie aimable; affable.

AMENÉE n. f. Techn. Action d'amener l'eau : *canal d'amenée*.

AMENER v. t. (de *mener*) [conj. 5]. Faire venir avec soi : *amener quelqu'un à la maison*. ‖ Porter jusqu'à un endroit : *on amène le pétrole jusqu'au Havre*. ‖ Occasionner, entraîner : *la guerre amène bien des maux*. ‖ Pousser qqn à faire : *les circonstances l'ont amené à modifier son projet*. ‖ Mar. Abaisser, faire descendre :

amener les voiles, une échelle. ● *Amener les couleurs, le pavillon*, abaisser le pavillon d'un navire pour indiquer qu'il se rend. ◆ s'amener v. pr. Pop. Venir.

AMÉNITÉ n. f. (lat. *amoenitas*). *Sans aménité*, avec rudesse. ◆ pl. *Se dire des aménités*, échanger des paroles blessantes.

AMÉNORRHÉE [amenɔre] n. f. (gr. *mên*, mois, et *rhein*, couler). Absence de menstruation.

AMENSAL, E, AUX adj. Se dit d'une espèce végétale inhibée dans sa croissance par les sécrétions d'une autre plante.

AMENSALISME n. m. Inhibition de croissance d'une plante par une autre. (L'antibiose est un cas particulier d'amensalisme.)

AMENTALE [amɑ̃tal] n. f., ou **AMENTIFÈRE** [amɑ̃tifɛr] n. m. Arbre à chatons tel que le *saule*, le *noyer* ou le *hêtre*. (Les amentifères, autrefois nommés *cupulifères*, forment un superordre.)

AMENUISEMENT n. m. Diminution : *un amenuisement de la demande affecte l'industrie*.

AMENUISER v. t. (du lat. *minutus*, petit). Rendre plus petit. ◆ s'amenuiser v. pr. Devenir moins important, diminuer : *son avance s'amenuise*.

AMER, ÈRE [amɛr] adj. (lat. *amarus*). Qui a une saveur rude et désagréable : *fruit amer*. ‖ Qui apporte de la douleur par sa dureté, sa méchanceté : *souvenir amer, raillerie amère, reproches amers*.

AMER n. m. Liqueur obtenue par infusion de plantes amères. ‖ Fiel de quelques animaux.

AMER [amɛr] n. m. (néerl. *merk*, limite). Mar. Objet fixe et très visible (tour, moulin, etc.) situé sur la côte et servant de point de repère.

AMÈREMENT adv. Avec amertume : *se plaindre amèrement*.

AMÉRICAIN, E adj. et n. D'Amérique. ‖ Des États-Unis d'Amérique. ● *Filet américain*, en Belgique, steak tartare.

AMÉRICAIN n. m. Forme de l'anglais parlé aux États-Unis. (Syn. ANGLO-AMÉRICAIN.)

AMÉRICAINE n. f. Course cycliste par relais. ‖ Voiture hippomobile à quatre roues. (Ses deux sièges, dont l'un à capote, étaient interchangeables.) ● *À l'américaine*, se dit d'une préparation culinaire à base de tomate fondue avec oignon, échalote, ail, mouillée au vin blanc et au cognac et accompagnant les viandes, les poissons et surtout le homard.

AMÉRICANISATION n. f. Action d'américaniser.

AMÉRICANISER v. t. Donner le caractère américain. ◆ s'américaniser v. pr. Prendre les manières des Américains du Nord.

AMÉRICANISME n. m. Particularité linguistique de l'anglais d'Amérique. ‖ Penchant à imiter les Américains du Nord. ‖ Ensemble de sciences qui ont pour objet l'Amérique. ‖ Tendance religieuse, d'origine américaine, qui sacrifiait la contemplation à l'action et qui fut condamnée par Léon XIII en 1902.

AMÉRICANISTE adj. et n. Spécialiste de l'étude de l'Amérique.

AMÉRICIUM [amerisjɔm] n. m. Élément chimique artificiel et radioactif (Am), n° 95.

AMÉRINDIEN, ENNE adj. et n. Se dit des Indiens de l'Amérique du Nord.

AMERLO ou **AMERLOQUE** n. Pop. et péjor. Américain des États-Unis.

AMERRIR v. i. Se poser sur la mer, sur l'eau (en parlant d'un hydravion, d'une cabine spatiale).

AMERRISSAGE n. m. Action d'amerrir.

AMERTUME n. f. (lat. *amaritudo*). Caractère de ce qui est amer : *l'amertume du café sans sucre; ressentir de l'amertume*.

AMÉTHYSTE [ametist] n. f. (gr. *amethustos*, pierre qui préserve de l'ivresse). Pierre fine, variété violette de quartz.

AMÉTROPE adj. et n. Atteint d'amétropie.

AMÉTROPIE n. f. (gr. *metron*, mesure, et *ôps*, œil). Anomalie de la vision, due à un défaut des milieux réfringents de l'œil (myopie, hypermétropie, astigmatisme).

AMEUBLEMENT n. m. Ensemble des meubles qui garnissent un appartement, une maison, une pièce ou de ce qui sert à leur décoration.

AMEUBLIR v. t. Rendre une terre plus meuble. ‖ *Dr.* Faire d'un immeuble un bien mobilier.

AMEUBLISSEMENT n. m. Action d'ameublir.

AMEUTER v. t. (de *meute*). Assembler des chiens courants pour la chasse, ou les jeunes chiens avec les vieux pour les dresser. ‖ Rassembler, exciter contre qqn : *ameuter le peuple.*

AMHARIQUE n. m. Langue sémitique parlée sur le plateau abyssin (Éthiopie).

AMI, E adj. et n. (lat. *amicus*). Avec qui on est lié d'une affection réciproque, par une affinité quelconque : *des amies intimes, il est très ami de mon père, peuple ami.* ‖ Qui a de l'attachement, du goût pour qqch : *ami de la vérité, des livres.* ● *(Petit) ami, (petite) amie,* celui, celle avec qui on a des rapports sentimentaux. ◆ adj. Propice, favorable : *maison amie.*

AMIABLE adj. (bas lat. *amicabilis*). Qui concilie des intérêts opposés : *accord amiable.* ● *Amiable compositeur* (Dr.), arbitre autorisé à trancher un litige en équité plutôt que selon les règles du droit. ‖ *loc. adv. À l'amiable,* de gré à gré, en se mettant d'accord.

AMIANTE n. m. (gr. *amiantos,* incorruptible). Silicate naturel hydraté de calcium et de magnésium, à contexture fibreuse. (Ces fibres sont réfractaires et ne fondent qu'au chalumeau. On en fait des fils pour la confection de tissus incombustibles.)

AMIANTE-CIMENT n. m. (pl. *amiantes-ciments*). Matériau composé d'amiante et de ciment, utilisé pour la fabrication de nombreux produits employés dans le bâtiment et les travaux publics.

AMIBE n. f. (gr. *amoibê,* transformation). Animal unicellulaire des eaux salées, des eaux douces et de la terre humide, se déplaçant par pseudopodes. (Une espèce parasite l'intestin de l'homme.) [Taille comprise entre 30 et 500 microns; embranchement des rhizopodes.]

AMIBIASE n. f. Affection causée par les amibes. (L'atteinte intestinale [dysenterie amibienne] survient au début de la maladie et est la plus fréquente; le foie, les reins, le cerveau peuvent être touchés.)

AMIBIEN, ENNE adj. Causé par une amibe.

AMIBIEN n. m. Protozoaire ayant les caractères généraux des amibes. (Les *amibiens* forment une classe.)

AMIBOÏDE adj. Qui rappelle l'amibe ou son comportement.

AMICAL, E, AUX adj. Inspiré par l'amitié. ‖ Se dit d'une rencontre sportive sans enjeu : *match amical.*

AMICALE n. f. Groupement de membres d'une même profession, de personnes pratiquant le même sport, etc.

AMICALEMENT adv. De façon amicale.

AMICT [ami] n. m. (lat. *amictus,* manteau). Linge qui couvre les épaules du prêtre, sous l'aube.

AMIDE n. m. *Chim.* Classe de composés organiques dérivant de l'ammoniac par au moins une acylation et éventuellement des alcoylations.

AMIDON n. m. (lat. *amylum,* fleur de farine, mot gr.). Substance organique fréquemment mise en réserve chez les végétaux (graines des céréales, tubercules de la pomme de terre, etc.). ● *Empois d'amidon,* solution colloïdale d'amidon dans l'eau, servant à empeser le linge.

AMIDONNAGE n. m. Action d'amidonner.

AMIDONNER v. t. Enduire d'amidon.

AMIDONNERIE n. f. Usine où l'on fabrique l'amidon.

AMIDONNIER, ÈRE adj. et n. Relatif à l'amidon.

AMIDONNIER n. m. Espèce de blé cultivée dans les régions montagneuses de l'Europe centrale.

AMIDOPYRINE n. f. Puissant sédatif de la douleur et de la fièvre.

AMIMIE n. f. *Psychopath.* Perte plus ou moins

complète des gestes comme expression de la communication.

AMIMIQUE adj. et n. Se dit d'une personne atteinte d'amimie.

AMINCIR v. t. Rendre plus mince, moins épais : *amincir la taille.* ◆ **s'amincir** v. pr. Devenir plus mince.

AMINCISSEMENT n. m. Action d'amincir.

AMINE n. f. Composé dérivant de l'ammoniac par substitution à l'hydrogène d'un ou de plusieurs radicaux alcoyles. (Ex. : la *monométhylamine* CH_3NH_2.)

AMINÉ, E adj. *Acide aminé,* syn. de AMINOACIDE.

AMINOACIDE n. m. Substance organique ayant une fonction acide et une fonction amine. (Les aminoacides sont les constituants fondamentaux des protéines.) [Syn. ACIDE AMINÉ.]

AMINOGÈNE n. m. Radical univalent $-NH_2$ existant dans les amines.

AMINOPHYLLINE n. f. Dérivé de la théophylline doué de propriétés stimulantes pour le cœur, le rein, la respiration.

AMINOPLASTE n. m. Nom générique de résines synthétiques thermodurcissables obtenues par action de l'urée sur le formol.

AMIRAL n. m. (ar. *amîr al-bahr,* prince de la mer). Officier général d'une marine militaire. ● *Amiral de France,* dignité équivalente à celle de *maréchal de France.* ‖ *Contre-amiral, vice-amiral, vice-amiral d'escadre, amiral,* en France, échelons successifs de la hiérarchie des amiraux. (V. GRADE.) ◆ adj. *Bâtiment amiral,* navire sur lequel se trouve un amiral commandant une force navale.

AMIRALE n. f. Femme d'un amiral.

AMIRAUTÉ n. f. Corps des amiraux. ‖ Commandement suprême d'une marine militaire. ‖ Siège de ce commandement.

AMITIÉ n. f. (lat. *amicitia*). Sentiment d'affection : *être lié par une solide amitié.* ● *Amitié particulière,* liaison homosexuelle. ◆ pl. Témoignages d'affection : *il m'a fait mille amitiés.*

AMITOSE n. f. Division cellulaire directe, simplifiée (sans mitose), par étranglement du noyau et du cytoplasme de la cellule.

AMMOCÈTE [amɔsɛt] n. f. Nom usuel de la larve de la lamproie.

AMMONAL n. m. Mélange de nitrate d'ammonium et d'aluminium, utilisé pour la fabrication des explosifs.

AMMONIAC n. m. (lat. *ammoniacum,* empr. au gr.). Gaz à l'odeur très piquante, formé d'azote et d'hydrogène combinés (NH_3).

AMMONIAC, AQUE adj. Relatif à l'ammoniac. ● *Sel ammoniac,* chlorure d'ammonium.

AMMONIACAL, E, AUX adj. Qui contient de l'ammoniac ou en a les propriétés.

AMMONIAQUE n. f. Solution aqueuse de gaz ammoniac, appelée aussi *alcali volatil.*

AMMONISATION ou **AMMONIFICATION** n. f. Transformation de l'azote organique en azote ammoniacal sous l'effet des bactéries du sol.

AMMONITE n. f. (lat. *Ammonis cornu,* corne d'Amon). Fossile caractéristique de l'ère secondaire. (Classe des céphalopodes.)

AMMONIUM [amɔnjɔm] n. m. Radical $-NH_4$ qui entre dans la composition des sels ammoniacaux.

AMMONIURIE n. f. Élimination d'ammoniaque par les urines.

AMMOPHILE n. f. (gr. *ammos,* sable). Sorte de guêpe qui creuse des terriers dans les talus sablonneux. (Long. 2 cm; ordre des hyménoptères.)

AMNÉSIE n. f. (gr. *amnêsia*). Diminution ou perte totale de la mémoire.

AMNÉSIQUE adj. et n. Atteint d'amnésie partielle ou totale, temporaire ou définitive.

AMNIOCENTÈSE n. f. Prélèvement de liquide amniotique, aux fins d'examen, par ponction de la cavité utérine en cours de grossesse.

AMNIOS [amnjos] n. m. (gr. *amnion*). La plus interne des membranes qui enveloppent le fœtus, chez les mammifères, les oiseaux et les reptiles.

AMNIOSCOPIE n. f. Examen endoscopique du liquide amniotique.

AMNIOTE n. m. Vertébré dont l'embryon est enveloppé d'un amnios. (Les *amniotes* forment un groupe.) [Syn. ALLANTOÏDIEN.]

AMNIOTIQUE adj. Qui appartient à l'amnios.

AMNISTIABLE adj. Qui peut être amnistié.

AMNISTIANT, E adj. Qui entraîne l'amnistie.

AMNISTIE n. f. (gr. *amnêstia,* pardon). Acte du pouvoir législatif qui efface un fait punissable, arrête les poursuites, anéantit les condamnations.

■ Tandis que la *grâce,* accordée par le chef de l'État, supprime l'exécution de la peine, mais laisse subsister les effets de la condamnation, l'*amnistie* anéantit la punition et le fait qui en est la cause.

AMNISTIÉ, E adj. et n. Qui a été l'objet d'une amnistie.

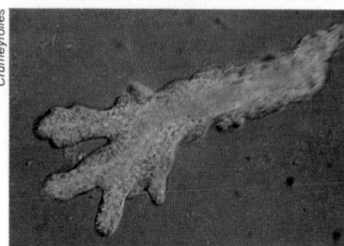

amibe protée

Crumeyrolles

ammonite

AMNISTIER v. t. Accorder une amnistie.

AMOCHER v. t. *Pop.* Donner des coups, défigurer qqn; détériorer qqch.

AMODIATAIRE n. Possesseur d'une amodiation.

AMODIATION n. f. Exploitation d'une terre ou d'une mine moyennant une redevance périodique.

AMODIER v. t. (lat. *modius,* boisseau). Concéder une amodiation.

AMOINDRIR v. t. Diminuer la force, la valeur, réduire : *la maladie amoindrit les forces; amoindrir l'autorité de qqn.* ◆ **s'amoindrir** v. pr. Perdre de sa force, de sa valeur.

AMOINDRISSEMENT n. m. Diminution, affaiblissement.

AMOLLIR v. t. (de *mou*). Rendre mou qqn, qqch. ◆ **s'amollir** v. pr. Devenir mou.

AMOLLISSANT, E adj. Qui amollit : *température amollissante.*

AMOLLISSEMENT n. m. Relâchement, affaiblissement.

AMOME n. m. Plante de l'Afrique tropicale, dont les graines sont consommées sous le nom de *maniguette* ou *graines de paradis.* (Nom sc. : *aframomum;* famille des zingibéracées.)

AMONCELER v. t. (conj. **3**). Réunir en grand nombre, en tas : *amonceler des documents.*

AMONCELLEMENT n. m. Entassement, accumulation.

AMONT n. m. (lat. *ad,* vers, et *mons,* montagne). Côté d'où vient le courant, dans un cours d'eau. (Contr. AVAL.) ● *À l'amont,* au début d'un processus de production. ‖ *En amont,* plus près de la source, par rapport à un point considéré : *Paris est en amont de Rouen sur la Seine.* ◆ adj. inv. Se dit du ski ou du côté du skieur le plus proche du sommet de la montagne.

AMONTILLADO [amɔntijado] n. m. Vin de la région de Xérès.

AMORAL, E, AUX adj. Qui n'a pas la notion des prescriptions morales.

AMORALISME n. m. Refus de porter et d'encourir tout jugement de valeur éthique. ‖ Philosophie selon laquelle toute morale n'est qu'une croyance.

AMORÇAGE n. m. Action d'amorcer : *l'amorçage d'une pompe.* ‖ *Arm.* Dispositif capable de provoquer l'éclatement d'une charge explosive. ‖ *Chim.* Déclenchement d'une réaction de polymérisation par l'ajout de certaines substances. ‖ *Électr.* Génération du régime variable précédant l'établissement d'un régime permanent.

AMORCE n. f. (de l'anc. franç. *amordre,* mordre). Appât pour prendre du poisson. ‖ Petite quantité de matière fulminante destinée à provoquer l'inflammation de la charge de poudre d'une cartouche. (Syn. DÉTONATEUR.) ‖ Commencement, ébauche : *l'amorce d'un ouvrage.* ‖ Morceau de film ou de bande magnétique utilisé pour la mise en place du dispositif.

AMORCER v. t. (conj. **1**). Garnir d'une amorce : *amorcer un hameçon.* ‖ Mettre en état de fonctionner : *amorcer une pompe.* ‖ Commencer à réaliser, à effectuer, à faire : *amorcer une construction; amorcer une affaire; amorcer un virage.*

AMORÇOIR n. m. *Pêch.* Ustensile à l'aide duquel on amorce au fond de l'eau.

AMOROSO [amɔrozo] adv. (mot it.). *Mus.* De façon tendre.

AMORPHE adj. (gr. *morphê,* forme). Non cristallisé. ‖ Qui manque d'énergie, de vivacité, mou, inactif.

AMORTI n. m. Au tennis, balle très courte, placée près du filet, rebondissant peu.

AMORTIR v. t. (lat. *mors, mortis,* mort). Affaiblir l'effet, la force : *amortir un coup, un choc.* ‖ *Dr.* Rembourser une dette par annuités. ‖ *Écon.* Reconstituer essentiellement le capital employé à l'acquisition des moyens de production d'une entreprise, d'un immeuble, d'une automobile. ◆ s'amortir v. pr. Devenir plus faible.

AMORTISSABLE adj. *Dr.* Qui peut être amorti : *rente amortissable.*

AMORTISSEMENT n. m. Action d'amortir, d'atténuer. ‖ *Archit.* Élément ornemental quelconque placé au sommet de tout axe vertical d'une élévation (acrotère, pinacle, statue ou motif sculpté à l'aplomb d'une colonne, etc.). ‖ *Dr.* Étalement d'une charge jusqu'à sa disparition; remboursement d'un emprunt par tranches successives. ‖ *Écon.* Prélèvement sur les résultats d'exploitation d'une entreprise, destiné à compenser la dépréciation subie par certains éléments de son actif. ‖ *Mécan.* Réduction progressive de l'amplitude des oscillations d'un mouvement de part et d'autre d'une position d'équilibre.

AMORTISSEUR n. m. Dispositif servant à amortir la violence d'un choc, l'intensité d'un son, la trépidation d'une machine.

AMOUILLANTE n. f. et adj. Vache qui va vêler.

AMOUR n. m. (lat. *amor*). Élan physique ou sentimental qui porte un être humain vers un autre. ‖ Dévotion envers une personne, une divinité, etc. : *amour de Dieu, du prochain.* ‖ Passion, goût vif pour qqch : *amour des arts.* ● *Amour blanc* (Zool.), poisson herbivore des étangs, originaire de Chine et importé en Europe pour curer les voies d'eau. (Famille des cyprinidés.) ‖ *Faire l'amour,* accomplir l'acte sexuel. ‖

Mon amour, interpellation à la personne aimée. ‖ *Un amour de* (suivi du nom), qqch de très beau.
— *Amour* est fém. au pl. dans la langue litt.

AMOURACHER (S') v. pr. [**de**]. Avoir pour qqn une passion soudaine et passagère.

AMOURETTE n. f. Amour passager, caprice.

AMOURETTE n. f. (lat. *amalusta,* camomille). Nom de quelques plantes des champs (muguet, brize). ● *Bois d'amourette,* bois d'une espèce d'acacia utilisé en marqueterie.

AMOURETTES n. f. pl. (anc. prov. *amoretas,* testicules de coq). Morceaux de moelle épinière des animaux de boucherie.

AMOUREUSEMENT adv. Avec amour.

AMOUREUX, EUSE adj. et n. Qui éprouve de l'amour, de la passion pour qqn, qqch : *tomber amoureux; amoureux de la belle musique; un amoureux transi.* ‖ Relatif à l'amour : *regards amoureux; vie amoureuse.*

AMOUR-PROPRE n. m. (pl. *amours-propres*). Sentiment avantageux qu'on a de sa propre valeur.

AMOVIBILITÉ n. f. État de ce qui est amovible.

AMOVIBLE adj. (lat. *amovere,* déplacer). Qui peut être déplacé, enlevé : *une roue amovible.* ‖ Qui peut être déplacé ou destitué, en parlant de certains fonctionnaires : *les magistrats du parquet sont amovibles.*

A.M.P., abrév. de ADÉNOSINE MONOPHOSPHATE CYCLIQUE.

AMPÉLIDACÉE n. f. (gr. *ampelos,* vigne). Plante dicotylédone de la famille des *ampélidacées,* dont la *vigne* est le type.

AMPÉLOGRAPHIE n. f. (gr. *ampelos,* vigne, et *graphein,* décrire). Science de la vigne.

AMPÉLOPSIS [ɑ̃pelɔpsis] n. m. Arbrisseau grimpant, s'attachant aux murs par des vrilles et demandant des sols frais et fertiles. (Famille des ampélidacées.) [Nom usuel : *vigne vierge.*]

AMPÈRE n. m. (de *Ampère* n. pr.). *Électr.* Unité de mesure d'intensité de courant électrique (symb. : A), équivalant à l'intensité d'un courant constant qui, maintenu dans deux conducteurs parallèles, rectilignes, de longueur infinie, de section circulaire négligeable et placés à une distance de 1 mètre l'un de l'autre, dans le vide, produirait entre ces conducteurs une force de $2 . 10^{-7}$ newton par mètre de longueur : *l'ampère est l'une des sept unités de base du système international d'unités (SI).* ‖ Unité de mesure de force magnétomotrice (symb. : A), équivalant à la force magnétomotrice produite le long d'une courbe fermée quelconque qui entoure une seule fois un conducteur parcouru par un courant électrique de 1 ampère ● *Ampère par mètre,* unité de mesure d'intensité de champ magnétique (symb. : A/m), équivalant à l'intensité de champ magnétique produite dans le vide le long de la circonférence d'un cercle de 1 mètre de circonférence par un courant électrique d'intensité 1 ampère maintenu dans un conducteur rectiligne de longueur infinie, de section circulaire négligeable, formant l'axe du cercle considéré.

AMPÈRE-HEURE n. m. (pl. *ampères-heures*). Unité de mesure de quantité d'électricité (symb. : Ah), équivalant à la quantité d'électricité transportée en 1 heure par un courant de 1 ampère : *1 ampère-heure vaut 3 600 coulombs.*

AMPÈREMÈTRE n. m. Appareil étalonné en ampères et destiné à mesurer l'intensité d'un courant électrique.

AMPÈRE-TOUR n. m. (pl. *ampères-tours*). Ancienne unité de potentiel magnétique ou de force magnétomotrice (symb. : At).

AMPHÉTAMINE [ɑ̃fetamin] n. f. Substance qui stimule le système nerveux central, parfois employée en thérapeutique (anorexigène) et recherchée par les toxicomanes.

AMPHI n. m. *Fam.* Amphithéâtre.

AMPHIARTHROSE [ɑ̃fjartroz] n. f. (gr. *amphi,* des deux côtés, et *arthrôsis,* articulation). Articulation ne permettant que des mouvements limités aux pièces du squelette qu'elle réunit (articulation des vertèbres).

AMPHIBIE [ɑ̃fibi] adj. et n. m. (gr. *amphi,* des deux côtés, et *bios,* vie). Qui peut vivre à l'air et dans l'eau (grenouille, crocodile, etc.). ‖ Qui peut se mouvoir sur terre et dans l'eau : *véhicule, camion, char amphibie.* ● *Opération amphibie,* celle qui est menée conjointement par des forces navales et terrestres (par ex. débarquement).

AMPHIBIEN n. m. Vertébré à larve aquatique munie de branchies, à peau nue et à température variable. (Les *amphibiens* forment une classe comprenant les *urodèles* [salamandre], les *anoures* [grenouille, rainette, crapaud] et les *apodes* [cécilie].) [Syn. anc. BATRACIEN.]

AMPHIBIOSE n. f. Mode de vie des animaux et des plantes amphibies.

AMPHIBOLE n. f. (gr. *amphibolos,* équivoque). Minéral noir, brun ou vert, des roches éruptives et métamorphiques. (Les amphiboles sont des silicates de fer et de magnésium.)

AMPHIBOLITE n. f. Roche métamorphique constituée essentiellement d'amphiboles.

AMPHIBOLOGIE n. f. (gr. *amphibolos,* équivoque, et *logos,* discours). Ambiguïté que présente une phrase. (Ex. : *les magistrats jugent les enfants coupables* [= les enfants qui sont coupables ou que les enfants sont coupables].)

AMPHIBOLOGIQUE adj. À double sens, ambigu.

AMPHICTYONIE [ɑ̃fiktjɔni] n. f. (gr. *amphiktuonia*). Dans la Grèce ancienne, association de villes autour d'un sanctuaire commun.

AMPHICTYONIQUE adj. Relatif à une amphictyonie.

AMPHIGOURI n. m. *Litt.* Écrit ou discours sans suite et inintelligible.

AMPHIGOURIQUE adj. *Litt.* Obscur, inintelligible.

AMPHIMIXIE n. f. (gr. *amphi,* des deux côtés, et *mixis,* mélange). Fusion des noyaux mâle et femelle, phase essentielle de la fécondation.

AMPHINEURE [ɑ̃finœr] n. m. Mollusque marin tel que le chiton. (Les amphineures forment une classe nommée auj. *polyplacophores.*)

AMPHIOXUS [ɑ̃fjɔksys] n. m. (gr. *amphi,* doublement, et *oxus,* aigu). Petit animal marin, type de l'embranchement des procordés, qui vit le plus souvent caché dans le sable.

AMPHIPODE n. m. Crustacé de petite taille, à corps comprimé latéralement. (Les amphipodes forment un ordre comprenant des formes d'eau douce [gammare] et des formes marines [talitre].)

AMPHIPTÈRE [ɑ̃fiptɛr] n. m. *Hérald.* Serpent ou dragon ailé.

AMPHISBÈNE n. m. (gr. *amphis,* des deux côtés, et *bainein,* marcher). Reptile fouisseur de l'Amérique tropicale. (Sa tête et sa queue ont le même aspect, d'où son nom usuel de *serpent à deux têtes.*) [Ordre des lacertiliens.]

AMPHITHÉÂTRE n. m. (gr. *amphi,* autour, et *theatron,* théâtre). Vaste édifice de plan souvent elliptique, à gradins, arène et coulisses, élevé par les Romains à partir de la fin du 1er s. av. J.-C. (Il était destiné aux combats de gladiateurs, aux chasses, etc.) ‖ Salle garnie de gradins où un professeur fait son cours. ‖ *Au théâtre,* ensemble des places situées au-dessus des balcons et des galeries. ● *Amphithéâtre morainique,* rempart continu formé de moraines, disposé en arc de cercle et situé sur l'emplacement du front d'un ancien glacier. (Syn. VALLUM MORAINIQUE.)

AMPHITRYON n. m. (de *Amphitryon* n. pr.). *Litt.* Hôte chez qui l'on mange.

AMPHORE n. f. (lat. *amphora,* empr. au gr.). Vase antique pansu, à deux anses symétriques, col rétréci, avec ou sans pied, d'usage courant, destiné à la conservation et au transport des produits alimentaires.

AMPHOTÈRE [ɑ̃fɔtɛr] adj. Se dit d'un oxyde qui peut jouer, selon le cas, le rôle de base ou d'anhydride d'acide.

AMPICILLINE n. f. Pénicilline semi-synthétique active par voie buccale ou parentérale sur de nombreuses espèces microbiennes.

AMPLE adj. (lat. *amplus*). D'une largeur, d'une

quantité, d'une importance qui dépasse la mesure ordinaire : *un vêtement ample; une vue ample de la situation.*

AMPLECTIF, IVE [ɑ̃plɛktif, iv] adj. (lat. *amplecti,* embrasser). *Bot.* Se dit des organes qui en enveloppent d'autres.

AMPLEMENT adv. Avec ampleur.

AMPLEUR n. f. Qualité de ce qui est ample; largeur, importance, étendue : *ampleur d'une robe, de la voix, des événements, des moyens.*

AMPLI n. m. *Fam.* Amplificateur.

AMPLIATEUR n. m. *Dr.* Personne qui fait une ampliation.

AMPLIATIF, IVE adj. *Dr.* Qui ajoute à ce qui a été dit dans un acte précédent.

AMPLIATION n. f. (lat. *ampliare,* agrandir). *Dr.* Double authentique d'un acte officiel. || Acte ajoutant à ce qui a été dit dans un acte précédent. ● *Ampliation thoracique,* augmentation du volume de la cage thoracique pendant l'inspiration.

AMPLIFICATEUR, TRICE adj. et n. Qui amplifie, exagère.

AMPLIFICATEUR n. m. Système permettant d'accroître l'amplitude d'une grandeur physique (en part. un signal électrique) sans introduire de distorsion notable. || Élément d'une chaîne acoustique qui précède les haut-parleurs.

AMPLIFICATION n. f. Développement verbeux d'un sujet par énumération des détails. || Résultat obtenu par l'agrandissement d'un phototype. ● *Classe d'amplification,* caractéristique d'un amplificateur en fonction de la polarisation des tubes ou des transistors.

AMPLIFIER v. t. Augmenter la quantité, le volume, l'importance : *amplifier des échanges, un son, un scandale.*

AMPLITUDE n. f. Distance entre des points extrêmes. || Valeur maximale d'une grandeur qui varie périodiquement. ● *Amplitude diurne,* écart entre les températures extrêmes d'une station, mesurées dans la journée. || *Amplitude moyenne annuelle,* écart entre la moyenne de température du mois le plus froid et celle du mois le plus chaud. || *Amplitude thermique,* écart entre des températures extrêmes mesurées dans une station pendant des périodes variables.

AMPLI-TUNER [ɑ̃plitjunœr] n. m. (pl. *amplis-tuners*). Élément d'une chaîne haute fidélité qui réunit en un seul ensemble un amplificateur, un préamplificateur et un tuner.

AMPOULE n. f. (lat. *ampulla,* petit flacon). Tube de verre renflé et fermé à la flamme après introduction d'un liquide. || Contenu de ce tube : *injecter une ampoule de sérum.* || Enveloppe de verre d'une lampe électrique; cette lampe elle-même. || Petite tumeur constituée par une accumulation de sérosité dans l'épiderme. (Syn. fam. de PHLYCTÈNE.) ● *La sainte ampoule,* ampoule remplie de saint chrême, qui servait au sacre des rois de France.

AMPOULÉ, E adj. *Style, discours ampoulé,* prétentieux et sans profondeur.

AMPUTATION n. f. Action d'amputer.

AMPUTÉ, E n. Personne à qui l'on a retranché un membre.

AMPUTER v. t. (lat. *amputare*). Enlever un membre par une opération chirurgicale : *amputer une jambe, un blessé.* || Retrancher une partie d'un texte, le diminuer.

AMUÏR (S') [samɥir] v. pr. *Phon.* Devenir muet, ne plus être prononcé.

AMUÏSSEMENT n. m. *Phon.* Action, fait de s'amuïr.

AMULETTE n. f. (lat. *amuletum*). Objet le plus souvent porté sur soi, et auquel, par superstition, on accorde des vertus prophylactiques dues à la forme, au matériau ou au décor.

AMURE n. f. *Mar.* Cordage qui retient le point inférieur d'une voile du côté d'où vient le vent; syn. d'ALLURE. ● *Être tribord (bâbord) amures,* recevoir le vent par tribord (par bâbord). || *Point d'amure,* endroit d'une voile où se fait l'amarrage de l'amure.

AMURER v. t. Raidir l'amure d'une voile.

AMUSANT, E adj. Propre à amuser.

AMUSE-GUEULE n. m. (pl. inv. ou *amuse-gueules*). *Fam.* Petit gâteau salé, canapé, olive, etc.

AMUSEMENT n. m. Action de se distraire, de distraire, distraction, divertissement.

AMUSER v. t. (de *muser*). Procurer de la joie à qqn : *le cirque amuse les enfants.* || *Litt.* Faire perdre son temps : *il amuse l'adversaire par des diversions.* ◆ **s'amuser** v. pr. Se distraire, prendre plaisir, perdre son temps : *s'amuser à lire.*

AMUSETTE n. f. *Fam.* Petit amusement.

AMUSEUR, EUSE n. Personne qui amuse.

AMYGDALE [amidal] n. f. (gr. *amugdalê,* amande). Organe lymphoïde de la gorge. (Les deux *amygdales palatines* sont situées de part et d'autre de l'isthme du gosier. L'*amygdale pharyngienne* fait partie de la partie supérieure du pharynx; son hypertrophie est connue sous le nom de *végétations adénoïdes*.)

AMYGDALECTOMIE n. f. Ablation chirurgicale des amygdales.

AMYGDALITE n. f. Inflammation des amygdales, appelée aussi *angine.*

AMYLACÉ, E adj. De la nature de l'amidon.

AMYLASE n. f. (lat. *amylum,* amidon). Enzyme provoquant l'hydrolyse des glucides.

AMYLE n. m. (gr. *amulon,* amidon). *Chim.* Radical —C_5H_{11} qui entre dans la constitution des composés amyliques.

AMYLIQUE adj. Se dit d'un alcool $C_5H_{11}OH$, qui se produit dans la fermentation de la fécule de pomme de terre.

AMYLOBACTER [amilɔbaktɛr] n. m. Microbe anaérobie qui, dans la fermentation butyrique, attaque l'amidon, les sucres, la cellulose et produit de l'acide butyrique à partir de l'acide lactique.

AMYLOÏDE adj. f. Se dit de la substance, riche en sucres et ressemblant à l'amidon, qui infiltre les tissus au cours de l'amylose.

AMYLOSE n. f. Maladie due à l'infiltration des tissus (rein, foie, etc.) par une substance amyloïde.

AMYOTROPHIE n. f. (gr. *mus,* muscle, et *trophê,* nourriture). Atrophie des muscles, spécialement des muscles striés.

AN n. m. (lat. *annus*). Temps que met la Terre pour faire sa révolution autour du Soleil. || Durée de douze mois considérée en elle-même et indivisible. || Mesure de l'âge (précédé d'un adj. num. cardinal) : *jeune homme de vingt ans.* ● *Bon an mal an,* compensation faite des bonnes et des mauvaises années. || *Je m'en moque comme de l'an quarante* (Fam.), cela m'est indifférent. || *L'an dernier, l'an prochain,* l'année qui précède, qui suit. || *Le nouvel an, le jour de l'an,* le premier jour de l'année.

ANA n. m. inv. (mot lat.). Recueil de bons mots, de récits plaisants (vx).

ANABAPTISME n. m. Doctrine des anabaptistes.

ANABAPTISTE [anabatist] n. et adj. (gr. *ana,* de nouveau, et *baptizein,* baptiser). Nom donné à des groupes chrétiens issus de la Réforme qui, considérant le baptême des enfants comme nul à cause de l'absence de tout acte personnel de foi, baptisaient de nouveau les adultes.

■ La dissidence anabaptiste au XVIe s. est représentée par deux mouvements socio-religieux : celui de Thomas Münzer, qui provoqua la guerre des Paysans, et celui de Jean de Leyde, qui tenta de constituer un royaume théocratique à Münster. Aujourd'hui, le terme d'anabaptiste est appliqué aux «Églises libres» qui refusent pacifiquement toute dépendance par rapport au pouvoir, en particulier les Églises mennonites.

ANABAS [anabas] n. m. Poisson amphibie du littoral du Sud-Est asiatique, dit aussi *perche grimpeuse,* et qui grimpe dans les buissons pour y dévorer les insectes.

ANABLEPS [anablɛps] n. m. Poisson de la mangrove, dit aussi *tétrophtalme,* et adapté à voir et à respirer hors de l'eau. (Famille des cyprinodontidés.)

anableps

ANABOLISANT, E adj. et n. m. Qui favorise l'anabolisme.

ANABOLISME n. m. Ensemble des synthèses moléculaires aboutissant à l'assimilation.

ANACARDE n. m. Fruit de l'anacardier, à graine oléagineuse comestible. (Syn. NOIX DE CAJOU.)

ANACARDIACÉE n. f. Syn. de TÉRÉBINTHACÉE.

ANACARDIER n. m. Arbre de l'Amérique tropicale, dont on cultive pour ses fruits une espèce appelée *acajou à pommes.* (Famille des térébinthacées.)

ANACHORÈTE [anakɔrɛt] n. m. (gr. *anakhôrein,* s'éloigner). Moine qui vit dans la solitude. || *Litt.* Celui qui mène une vie très retirée.

ANACHORÉTISME n. m. Mode de vie des anachorètes.

ANACHRONIQUE adj. Entaché d'anachronisme.

ANACHRONISME n. m. (gr. *ana,* en haut, et *khronos,* temps). Événement qui n'est pas remis à sa date, qui est placé à une époque différente

amphore grecque décorée (VIe s. av. J.-C.)

amphore grecque (utilitaire)

amphithéâtre romain d'El-Djem (Tunisie)

de celle où il a eu lieu. ‖ Ce qui manifeste un retard par rapport à l'époque actuelle.

ANACLITIQUE adj. (gr. *anaklinein*, se coucher sur). *Psychanal.* Qui dépend d'un objet extérieur dont la possession est recherchée comme gratification. ● *Dépression anaclitique*, ensemble des troubles psychologiques de l'enfant privé de sa mère après avoir eu avec elle des relations normales pendant les six premiers mois de sa vie.

ANACOLUTHE n. f. (gr. *anakolouthon*, sans liaison). Changement brusque de construction grammaticale. (Ex. : *Vous voulez que ce Dieu vous comble de bienfaits / Et ne l'aimer jamais.*)

ANACONDA n. m. Grand serpent de l'Amérique du Sud se nourrissant d'oiseaux et de mammifères. (Long. 7 m; ordre des ophidiens.)

ANACROISÉS n. m. pl. (nom déposé). Jeu de mots croisés où il s'agit de reconstituer des mots présentés dans l'ordre alphabétique de leurs lettres.

ANACROUSE ou **ANACRUSE** n. f. (gr. *ana*, avant, et *krousis*, action de frapper). *Mus.* Note ou groupe de notes faibles précédant le temps fort dont elles dépendent.

ANACYCLIQUE adj et n. m. (gr. *anakuklikos*). Se dit d'un mot, d'une phrase, d'un vers que l'on peut lire à l'endroit et à l'envers : *Léon* et *Noël.*

ANAÉROBIE adj. et n. m. (gr. *aêr*, air, et *bios*, vie). Se dit des micro-organismes ou de certains tissus vivant en l'absence d'air, donc d'oxygène, et tirant l'énergie nécessaire à leur vie de substances organiques qu'ils décomposent.

ANAÉROBIOSE n. f. Vie des organismes anaérobies.

ANAGLYPHE [anaglif] n. m. (gr. *anagluphos*, ciselé). Photographie ou projection stéréoscopique en deux couleurs complémentaires, qui donne la sensation du relief binoculaire.

ANAGLYPTIQUE adj. et n. f. Se dit d'un mode d'impression en relief à l'usage des aveugles.

ANAGOGIE n. f. (gr. *ana*, en haut, et *agôgos*, qui conduit). Interprétation des Écritures par laquelle on s'élève du sens littéral au sens mystique.

ANAGRAMMATIQUE adj. Qui a le caractère de l'anagramme.

ANAGRAMME [anagram] n. f. (gr. *anagramma*, renversement de lettres). Mot formé au moyen des lettres d'un autre mot disposées dans un ordre différent. (Ex. : une anagramme du mot *gare* est *rage.*)

ANAL, E, AUX adj. Relatif à l'anus. ● *Stade anal* (Psychanal.), v. SADIQUE-ANAL *(stade).*

ANALEPTIQUE adj. et n. m. Se dit des substances ou des aliments qui stimulent et redonnent des forces.

ANALGÉSIE n. f. (*an* priv., et gr. *algos*, douleur). Perte de la sensibilité à la douleur.

ANALGÉSIQUE adj. et n. m. Qui produit l'analgésie.

ANALITÉ n. f. Ensemble des déterminations psychiques liées au stade sadique-anal.

ANALLERGIQUE adj. Qui ne provoque pas de réaction allergique : *shampooing anallergique.*

ANALOGIE n. f. (gr. *analogia*). Rapport de ressemblance établi entre deux ou plusieurs choses ou personnes : *analogie de forme, de goûts.* ● *Par analogie*, d'après les rapports de ressemblance qui existent entre les choses.

ANALOGIQUE adj. Fondé sur l'analogie. ● *Calculateur analogique*, v. NUMÉRIQUE *(calculateur).*

ANALOGIQUEMENT adv. De façon analogique.

ANALOGUE adj. Qui offre de la ressemblance avec une autre chose, correspondant : *il a des sentiments analogues aux vôtres.*

ANALPHABÈTE adj. et n. Qui ne sait ni lire ni écrire.

ANALPHABÉTISME n. m. Absence d'instruction.

ANALYSABLE adj. Qu'on peut analyser.

ANALYSANT, E n. Personne qui se soumet à une cure psychanalytique.

anamorphose : *l'Amérique*, une des allégories des *Quatre Continénts*, d'E. Boeck, 1740

ANALYSE n. f. (gr. *analusis*, décomposition). Décomposition d'une substance en ses principes constituants : *analyse de l'eau, de l'air.* (Contr. SYNTHÈSE.) ‖ Étude faite en vue de discerner les diverses parties d'un tout : *analyse d'un ouvrage, d'un rêve, d'une phrase.* ‖ Syn. de PSYCHANALYSE. ‖ *Inform.* Ensemble des travaux comprenant l'étude détaillée d'un problème, la conception d'une méthode permettant de le résoudre et la définition précise du traitement correspondant pour ordinateur. ‖ *Math.* Partie des sciences mathématiques qui étudie les fonctions, les limites, les dérivées et les primitives. ‖ *Télév.* Décomposition en points des images à transmettre par télévision. ● *Analyse didactique*, psychanalyse à laquelle doit se soumettre tout futur psychanalyste. ‖ *Analyse grammaticale* (Ling.), étude de la nature et de la fonction des mots. ‖ *Analyse logique* (Ling.), étude de la nature et de la fonction des propositions. ‖ *Analyse d'objectif* (Mil.), dans un tir d'artillerie classique ou nucléaire, étude conjuguée d'un objectif et des moyens de feu à mettre en œuvre pour obtenir l'effet recherché. ‖ *Analyse du travail*, étude des opérations élémentaires et des mouvements, comportant la mesure des temps d'exécution d'un travail donné, en vue de supprimer les efforts improductifs et la fatigue inutile, ainsi que d'accroître la production et la productivité. ‖ *Analyse de la valeur*, étude des fonctions existants ou à créer en termes de fonctions que l'on cherche à remplir au coût minimal en éliminant soit le luxe technique, soit les caractéristiques superflues. ‖ *En dernière analyse*, si l'on va à l'essentiel.

ANALYSÉ, E n. Personne qui s'est soumise à une cure psychanalytique.

ANALYSER v. t. Soumettre à une analyse, analyser : *analyser une substance, des documents, un roman.*

ANALYSEUR n. m. Appareil permettant de faire une analyse.

ANALYSTE n. Personne versée dans l'analyse mathématique, financière, psychologique, etc. ‖ Spécialiste de psychanalyse. ‖ *Inform.* Spécialiste chargé des travaux d'analyse.

ANALYTIQUE adj. (gr. *analytikos*, qui peut être résolu). Qui procède par voie d'analyse : *un esprit analytique.* (Contr. SYNTHÉTIQUE.) ‖ Psychanalytique. ● *Énoncé analytique* (Log.), proposition dans laquelle le prédicat est contenu dans le sujet. ‖ *Géométrie analytique*, v. GÉOMÉTRIE. ‖ *Philosophie analytique*, courant de pensée anglo-saxon du XXe s., qui s'oppose aux vastes synthèses abstraites et propose une analyse des faits reposant sur des bases de la logique issue du cercle de Vienne. (Il est représenté notamment par Austin et Quine.)

ANALYTIQUE n. f. *Analytique transcendantale* (Philos.), recherche des éléments *a priori* de l'entendement qui s'appliquent aux phénomènes.

ANALYTIQUEMENT adv. Par voie d'analyse.

ANAMNÈSE n. f. (gr. *ana*, en remontant, et *mnêsis*, mémoire). Ensemble des renseignements recueillis par le médecin auprès d'un malade et de son entourage. ‖ *Liturg.* Partie du canon qui suit la consécration.

ananas

ANAMORPHOSE n. f. (gr. *ana*, en remontant, et *morphê*, forme). Image déformée d'un objet, donnée par un miroir courbe ou par un système optique non sphérique ainsi que par les appareils à rayons X (déformation conique des ombres). ‖ *Bx-arts et Arts graph.* Dessin distordu, qui, vu dans un miroir cylindrique ou conique, reprend sa forme réelle; effet consistant à déformer un motif graphique ou pictural, qui, vu sous un certain angle, reprend son aspect véritable.

ANANAS [anana *ou* nas] n. m. (mot tupi-guarani). Plante originaire de l'Amérique tropicale, cultivée dans beaucoup de régions chaudes pour ses gros fruits composés, à pulpe sucrée et savoureuse. (Haut. 50 cm; famille des broméliacées.) ‖ Le fruit lui-même.

anatife

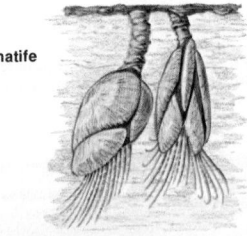

ANAPESTE n. m. (gr. *anapaistos*, frappé à rebours). Pied de vers grec ou latin, composé de deux brèves suivies d'une longue.

ANAPHASE n. f. Troisième phase de la division cellulaire par mitose.

ANAPHORE n. f. (gr. *anaphora*). *Ling.* Répétition du même mot au début de phrases successives.

ANAPHORIQUE adj. *Ling.* Se dit d'un terme qui reprend un mot ou une phrase antérieure (comme les pronoms).

ANAPHRODISIE n. f. Absence de tout désir sexuel.

ANAPHYLACTIQUE adj. Relatif à l'anaphylaxie.

ANAPHYLAXIE n. f. (gr. *ana*, contraire, et *phulaxis*, protection). Augmentation de la sensibilité de l'organisme à l'égard d'une substance déterminée, par la pénétration préalable dans le corps (injection ou ingestion) d'une dose, même minime, de cette substance.

ANAPLASIE [anaplazi] n. f. (gr. *anaplasis*, reconstitution). Développement incomplet ou anormal d'une cellule ou d'un tissu.

ANAR n. *Fam.* Anarchiste.

ANARCHIE n. f. (gr. *anarkhia*, absence de commandement). Situation d'un pays caractérisée par l'absence d'un gouvernement disposant de l'autorité nécessaire, et en proie à des conflits désordonnés. ‖ Désordre, confusion : *l'anarchie des circuits de distribution.* ‖ Anarchisme.

ANARCHIQUE adj. Qui tient de l'anarchie.

ANARCHIQUEMENT adv. De façon anarchique.

ANARCHISANT, E adj. et n. Qui tend vers l'anarchie.

ANARCHISME n. m. Idéologie qui rejette toute autorité, en particulier celle de l'État, et préconise la liberté absolue et la spontanéité de l'individu.

ANARCHISTE adj. et n. Relatif à l'anarchie; partisan de l'anarchie.

ANARCHO-SYNDICALISME [anarko-] n. m. Doctrine qui attribue aux syndicats l'organisation de la société.

ANARCHO-SYNDICALISTE adj. et n. Relatif à l'anarcho-syndicalisme; qui le professe.

ANASARQUE [anazark] n. f. (gr. *ana*, au travers, et *sarx, sarkos*, chair). Œdème généralisé à tout le corps.

ANASTIGMATIQUE adj. ou **ANASTIGMAT** [anastigma] adj. et n. m. En parlant d'un objectif photographique, dépourvu d'astigmatisme.

ANASTOMOSE n. f. (gr. *anastomôsis*). *Anat.* Accolement sur une certaine longueur, ou réunion, par un tronçon intermédiaire, de deux vaisseaux sanguins, de deux nerfs ou de deux fibres musculaires. ‖ *Chir.* Abouchement thérapeutique de deux conduits naturels.

ANASTOMOSER (S') v. pr. Se joindre en formant une anastomose.

ANASTROPHE n. f. (gr. *anastrophê*). *Ling.* Renversement de l'ordre habituel des mots.

ANATEXIE n. f. (gr. *anatêksis*, liquéfaction). Fusion partielle de la croûte continentale, donnant naissance à un magma granitique.

ANATHÉMATISATION n. f. Action d'anathématiser.

ANATHÉMATISER v. t. Frapper d'anathème.

ANATHÈME n. m. (gr. *anathêma*, malédiction). *Relig.* Excommunication solennelle : *prononcer un anathème contre qqn.* ‖ Personne frappée de cette excommunication. ‖ *Litt.* Condamnation publique, réprobation, malédiction : *jeter l'anathème sur qqn.*

ANATIDÉ n. m. Oiseau palmipède tel que le *canard* ou la *sarcelle.* (Les *anatidés* forment une famille de l'ordre des *ansériformes.*)

ANATIFE n. m. (lat. *anas*, canard, et *ferre*, porter). Crustacé marin ressemblant extérieurement à un mollusque (en raison de sa coquille calcaire) et vivant fixé aux bois flottants par un fort pédoncule. (Ordre des cirripèdes.)

ANATOCISME [anatɔsism] n. m. (gr. *ana*, de nouveau, et *tokos*, intérêt). Capitalisation des intérêts d'une somme prêtée.

ANATOMIE n. f. (gr. *anatomia*, dissection). Étude de la structure des êtres organisés par les moyens de la dissection, envisagée dans la forme et la disposition des organes. (*L'anatomie artistique s'étudie sur des montages, des écorchés, des squelettes.*) ‖ Action de disséquer : *faire l'anatomie d'un cadavre.* ‖ Conformation du corps : *une belle anatomie.*

V. ill. pages suivantes

ANATOMIQUE adj. Qui concerne l'anatomie. ‖ Se dit d'un siège qui s'adapte à l'anatomie du corps humain.

ANATOMIQUEMENT adv. En anatomiste.

ANATOMISTE n. Spécialiste d'anatomie.

ANATOMOPATHOLOGIE n. f. Science qui étudie les lésions anatomiques.

ANATOXINE n. f. Toxine microbienne atténuée, et capable de conférer l'immunité.

ANCESTRAL, E, AUX [ãsɛstral, o] adj. Relatif aux ancêtres.

ANCÊTRE [ãsɛtr] n. m. (lat. *antecessor*, prédécesseur). Ascendant plus éloigné que le père, et, souvent au pl., ceux qui ont vécu avant nous. ‖ L'initiateur lointain d'une doctrine.

ANCHE n. f. (mot germ.). Languette dont les vibrations produisent les sons dans certains instruments à vent (clarinette, hautbois, etc.). ‖ Catégorie de jeux d'orgue dont les tuyaux parlent par l'intermédiaire d'anches.

ANCHOIS n. m. (esp. *anchoa*). Poisson commun en Méditerranée, plus rare en Atlantique, mais surtout pêché sur les côtes du Pérou. (Il peut être conservé dans la saumure ou dans l'huile, ou traité et transformé en farine et huile de poisson.) [Long. 15 à 20 cm; famille des engraulidés.]

ANCIEN, ENNE adj. (lat. *ante*, avant). Qui existe depuis longtemps ou qui a existé autrefois : *une coutume ancienne; un meuble ancien; l'ancienne Grèce.* ‖ Qui n'est plus en fonction : *un ancien préfet.*

ANCIEN, ENNE n. Personne qui en a précédé d'autres dans une fonction, une école. ◆ n. m. Personnage ou écrivain de l'Antiquité gréco-latine (avec une majuscule).

ANCIENNEMENT adv. Autrefois.

ANCIENNETÉ n. f. État de ce qui est ancien : *l'ancienneté d'une loi.* ‖ Temps passé dans un grade, une fonction, à compter du jour de la nomination.

ANCILLAIRE [ãsilɛr] adj. (lat. *ancilla*, servante). *Litt.* Relatif aux servantes : *amours ancillaires.*

ANCOLIE n. f. (lat. *aquilegus*, qui recueille de l'eau). Plante cultivée pour ses fleurs à cinq éperons et de couleurs variées. (Famille des renonculacées.)

ANCRAGE n. m. Action d'ancrer. ‖ Endroit convenable pour mouiller un navire. ‖ *Constr.* Dispositif assurant la fixité d'un ouvrage ou d'un élément de construction soumis à un effort de traction ou à une poussée.

ANCRE n. f. (gr. *ankura*). Pièce en acier composée d'une tige et de deux pattes formant becs, suspendue à un câble ou à une chaîne et servant à immobiliser un navire en s'accrochant sur le fond de l'eau. ‖ Pièce d'horlogerie qui régularise le mouvement du balancier. ‖ Pièce fixée à l'extrémité d'un tirant maintenant un mur ou un élément de charpente. ‖ Dispositif reliant des éléments de construction pour en éviter l'écartement. ● *Ancre de salut*, unique ressource. ‖ *Jeter l'ancre*, arrêter le navire. ‖ *Lever l'ancre*, appareiller.

ANCRER v. t. Arrêter (un navire). ‖ *Constr.* Réaliser un ancrage : *ancrer une cheminée.* ‖ Fixer avec une ancre. ● *Ancrer une idée dans l'esprit de qqn*, la lui inculquer. ◆ **s'ancrer** v. pr. S'établir : *il s'est ancré à la maison et on ne peut plus s'en débarrasser.*

ANDAIN n. m. (lat. *ambitus*, bord). Rangée de foin ou de céréales fauchés et déposés sur le sol.

ANDALOU, SE adj. et n. D'Andalousie. ◆ n. m. Variante régionale de l'espagnol.

ANDANTE [ãdãt] adv. (mot it.). *Mus.* Modérément. ◆ n. m. Mouvement exécuté modérément.

ANDANTINO [ãdãtino] adv. (mot it.). *Mus.* Plus vif que l'andante. ◆ n. m. Morceau joué dans un mouvement plus vif que l'andante.

ANDÉSITE [ãdezit] n. f. Roche volcanique, noire ou grise, souvent vacuolaire, composée essentiellement de plagioclase et de pyroxène.

ANDIN, E adj. Des Andes.

ANDORRAN, E adj. et n. D'Andorre.

ANDOUILLE n. f. (lat. *inducere*, introduire). Boyau de porc, rempli de tripes ou de chair de l'animal, additionné ou non de viande de bœuf, de veau ou de mouton. ‖ *Pop.* Imbécile.

ANDOUILLER n. m. (lat. *ante*, devant, et *oculus*, œil). Ramification des cornes du cerf et des autres ruminants de la famille des cervidés. (Le nombre des andouillers augmente de chaque année, jusqu'à l'âge de dix ans environ.)

ANDOUILLETTE n. f. Petite andouille.

ANDRÈNE n. m. Insecte hyménoptère de la famille des apidés, généralement noir, faisant son nid dans la terre.

ANDRINOPLE n. f. Étoffe de coton bon marché, le plus souvent rouge.

ANDROCÉE [ãdrɔse] n. m. (gr. *anêr, andros*, homme, et *oikia*, maison). Ensemble des étamines, organes mâles d'une fleur.

ANDROCÉPHALE adj. (gr. *anêr, andros*, homme, et *kephalê*, tête). Se dit d'une statue d'animal à tête humaine.

ANDROGÈNE adj. et n. m. Se dit d'une substance provoquant le développement sexuel des mâles.

ANDROGYNE [ãdrɔʒin] adj. et n. m. (gr. *anêr, andros*, homme, et *gunê*, femme). Qui tient des deux sexes. ‖ Se dit des végétaux qui portent à la fois des fleurs mâles et des fleurs femelles, comme le *noyer.* (Syn. MONOÏQUE.)

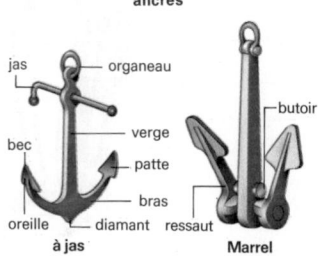

ancres

à jas — Marrel

âne

ANDROGYNIE n. f. Caractère de l'androgyne.

ANDROÏDE n. m. Automate à figure humaine.

ANDROPAUSE n. f. Diminution de l'activité génitale, chez l'homme, à partir d'un certain âge.

ANDROSTÉRONE n. f. Hormone sexuelle mâle.

ÂNE n. m. (lat. *asinus*). Mammifère voisin du cheval mais plus petit et à longues oreilles. (Cri : *l'âne brait.*) ‖ Personne ignorante, entêtée.

ANATOMIE

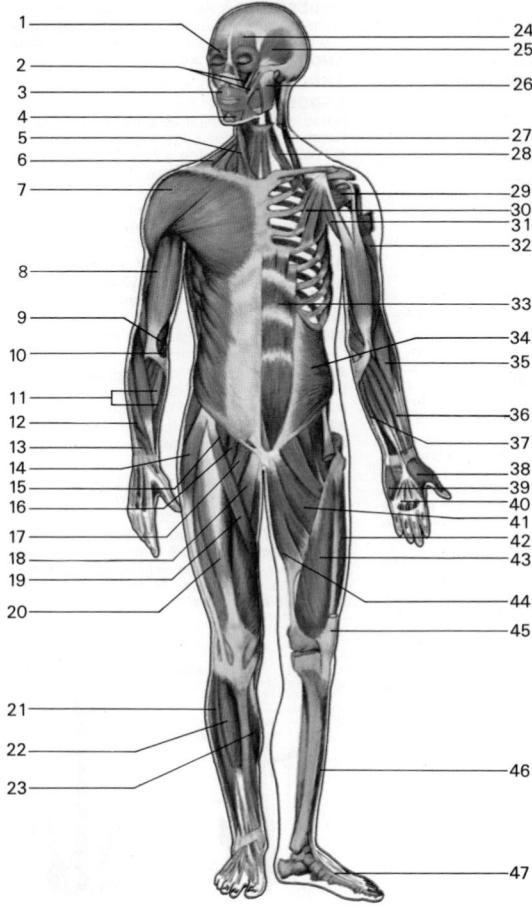

MUSCLES

1. Orbiculaire
2. Zygomatiques
3. Orbiculaire des lèvres
4. Carré du menton
5. Sterno-cléido-mastoïdien
6. Trapèze
7. Deltoïde
8. Biceps
9. Brachial antérieur
10. Rond pronateur
11. Palmaires
12. Premier radial
13. Long abducteur et court
    extenseur du pouce
14. Tenseur du facia-lata
15. Iliaque
16. Psoas
17. Pectiné
18. Moyen adducteur
19. Couturier
20. Droit antérieur
21. Long péronier latéral
22. Jambier antérieur
23. Triceps sural
24. Frontal
25. Temporal

26. Masséter
27. Angulaire de l'omoplate
28. Scalènes
29. Sous-scapulaire
30. Petit pectoral
31. Coraco-brachial
32. Triceps
33. Grand droit
34. Petit oblique
35. Long supinateur
36. Fléchisseur commun
    des doigts
37. Cubital
38. Muscles de l'éminence
    thénar
39. Muscles de l'éminence
    hypothénar
40. Aponévrose palmaire
41. Petit adducteur
42. Vaste externe
43. Vaste interne
44. Grand adducteur
45. Droit antérieur sectionné
46. Extenseur propre
    du gros orteil
47. Pédieux

CIRCULATION

1. Artère pulmonaire
2. Aorte
3. Veines pulmonaires
4. Veine cave supérieure
5. Cœur
6. Veine céphalique
7. Veine basilique
8. Rein (vue en coupe)
9. Artère spermatique
10. Veine radiale accessoire
11. Veine cave inférieure
12. Veine radiale
    superficielle
13. Veine cubitale
    superficielle
14. Artère iliaque primitive
15. Artère hypogastrique
16. Artère temporale
17. Veine faciale
18. Artère faciale
19. Artère carotide
20. Veines jugulaires
    internes
21. Tronc brachio-
    céphalique gauche
22. Artère sous-clavière

23. Veine axillaire
24. Artère aorte
25. Artère hépatique
26. Tronc cœliaque
27. Artère splénique
28. Veine porte
29. Artère rénale
30. Veine rénale
31. Artère mésentérique
    supérieure
32. Artère humérale
33. Artère mésentérique
    inférieure
34. Artère radiale
35. Artère cubitale
36. Artère iliaque
37. Veine fémorale
38. Arcade palmaire
39. Artère fémorale
40. Artère fémorale
    profonde
41. Veine saphène interne
42. Artère péronière
43. Artère tibiale
    postérieure
44. Artère pédieuse

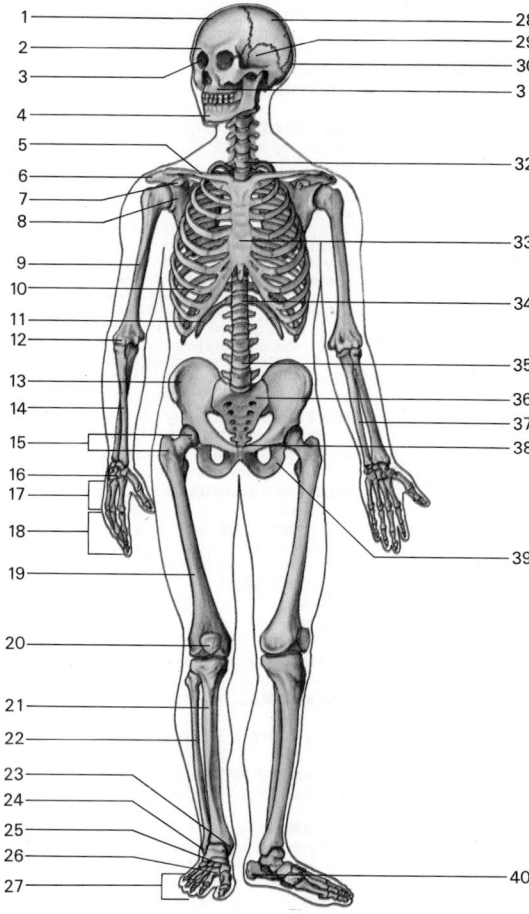

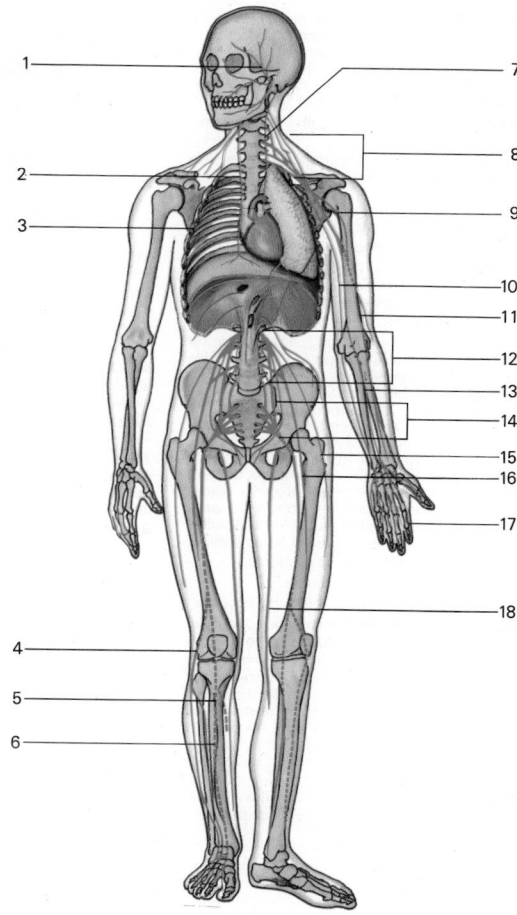

SQUELETTE

1. Frontal
2. Arcade sourcilière
3. Orbite
4. Maxillaire inférieur
5. Clavicule
6. Acromion
7. Apophyse coracoïde
8. Omoplate
9. Humérus
10. Côtes
11. Côtes flottantes
12. Trochlée
13. Os iliaque
14. Radius
15. Tête et col du fémur
16. Carpe
17. Métacarpe
18. Phalanges
19. Fémur
20. Rotule

21. Tibia
22. Péroné
23. Malléole interne
24. Malléole externe
25. Tarse
26. Métatarse
27. Phalanges
28. Pariétal
29. Temporal
30. Occipital
31. Maxillaire supérieur
32. Vertèbres cervicales
33. Sternum
34. Vertèbres dorsales
35. Vertèbres lombaires
36. Sacrum
37. Cubitus
38. Coccyx
39. Ischion
40. Calcanéum

SYSTEME NERVEUX

1. Nerf facial
2. Nerf phrénique droit
3. Nerfs intercostaux
4. Nerf poplité externe
5. Nerf sciatique
6. Nerf tibial postérieur
7. Nerf pneumo-gastrique gauche
8. Plexus cervical
9. Nerf musculo-cutané

10. Nerf cubital
11. Nerf radial
12. Plexus lombaire
13. Nerf médian
14. Plexus sacré
15. Nerf fémoro-cutané
16. Nerf crural
17. Nerfs digitaux
18. Nerf obturateur

NERFS CRÂNIENS
(12 paires symétriques)

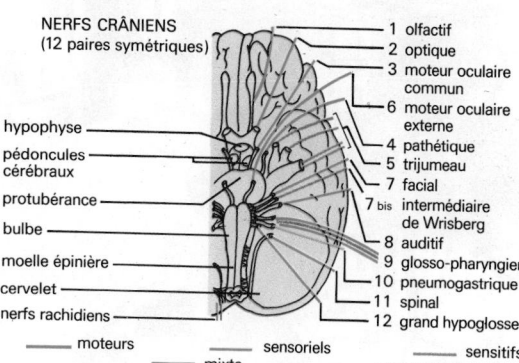

hypophyse

pédoncules cérébraux

protubérance

bulbe

moelle épinière

cervelet

nerfs rachidiens

1 olfactif
2 optique
3 moteur oculaire commun
6 moteur oculaire externe
4 pathétique
5 trijumeau
7 facial
7 bis intermédiaire de Wrisberg
8 auditif
9 glosso-pharyngien
10 pneumogastrique
11 spinal
12 grand hypoglosse

moteurs   sensoriels   sensitifs
mixte   parasympathique

ANÉANTIR [aneɑ̃tir] v. t. (de *néant*). Détruire entièrement : *la grêle a anéanti les récoltes.* ‖ Mettre dans un état d'abattement, de désespoir : *être anéanti par une mauvaise nouvelle, par une longue marche.* ◆ **s'anéantir** v. pr. Disparaître : *nos espoirs se sont anéantis.*

ANÉANTISSEMENT n. m. Destruction entière, ruine.

ANECDOTE n. f. (gr. *anekdota*, histoires inédites). Récit succinct d'un fait piquant, curieux ou peu connu.

ANECDOTIQUE adj. Qui tient de l'anecdote, qui ne touche pas à l'essentiel : *ce détail n'a qu'un intérêt anecdotique.*

ANÉLASTICITÉ n. f. Propriété d'un matériau dont l'élasticité imparfaite a pour origine un phénomène de frottement intérieur.

ANÉLASTIQUE adj. Doué d'anélasticité.

ANÉMIE n. f. (gr. *haima*, sang). Diminution du nombre des globules rouges du sang ou de leur teneur en hémoglobine. ‖ Affaiblissement : *l'anémie progressive de l'industrie textile.* ● *Anémie hyperchrome,* diminution du nombre des globules rouges avec augmentation de leur charge en hémoglobine. ‖ *Anémie hypochrome,* baisse de la charge en hémoglobine des globules rouges sans diminution notable de leur nombre. ‖ *Anémie infectieuse,* maladie contagieuse des équidés due à un ultravirus. ‖ *Anémie normochrome,* baisse parallèle du nombre des globules rouges et du taux d'hémoglobine.

ANÉMIÉ, E adj. Pâle, atteint d'anémie.

ANÉMIER v. t. Rendre anémique.

ANÉMIQUE adj. et n. Qui relève de l'anémie.

ANÉMOMÈTRE n. m. (gr. *anemos*, vent, et *metron*, mesure). *Météor.* Instrument qui sert à indiquer la direction et la vitesse du vent.

ANÉMONE n. f. (gr. *anemônê*). Plante herbacée sauvage (comme l'*anémone des bois*, qui épanouit au printemps ses fleurs blanches ou rosées) ou cultivée pour ses fleurs décoratives aux couleurs éclatantes. (Famille des renonculacées.) ● *Anémone de mer,* nom usuel de l'*actinie*.

ANÉMOPHILE adj. *Bot.* Se dit des plantes chez lesquelles la pollinisation est effectuée par le vent.

anémone

ANÉMOPHILIE n. f. *Bot.* Mode de pollinisation des plantes par l'intermédiaire du vent.

ANENCÉPHALE [anɑ̃sefal] adj. et n. Affecté d'anencéphalie.

ANENCÉPHALIE n. f. (de *encéphale*). Absence de cerveau.

ANÉPIGRAPHE adj. (gr. *epigraphê*, inscription). *Archéol.* Se dit d'un monument ou d'une médaille dépourvus d'inscription.

ANÉRECTION n. f. Au cours d'un acte sexuel, absence ou fugacité de l'érection.

ANERGIE [anɛrʒi] n. f. (gr. *ergon*, action). Absence de réaction d'un organisme à l'application externe ou interne d'une substance donnée. (Contr. ALLERGIE.)

ÂNERIE n. f. Parole ou conduite qui montre une grande ignorance.

ANESTHÉSIE

1. Manomètre respiratoire et volumètre; 2. Respirateur volumétrique pour ventilation contrôlée; 3. Débitmètre; 4. Évaporateur anesthésique; 5. Réchauffeur de sang; 6. Liquide de perfusion; 7. Goutte-à-goutte; 8. Oscilloscope (E.C.G.); 9. Enregistreur; 10. Moniteur; 11. Indicateur de fréquence cardiaque; 12. Défibrillateur; 13. Vessie pour ventilation manuelle assistée; 14. Prise de tension; 15. Sonde trachéale; 16. Électrodes de l'E.C.G.; 17. Aiguille en place pour perfusion et injection de l'anesthésique.

ANÉROÏDE adj. Se dit du baromètre fonctionnant par pression de l'atmosphère sur une membrane de métal élastique.

ÂNESSE n. f. Femelle de l'âne.

ANESTHÉSIANT adj. et n. m. Syn. de ANESTHÉSIQUE.

ANESTHÉSIE n. f. (gr. *anaisthêsia*, insensibilité). Privation plus ou moins complète de la sensibilité générale, ou de la sensibilité d'un territoire en particulier, produite soit par une maladie, soit par un agent anesthésique.
■ L'anesthésie chirurgicale est *générale* quand il y a perte de conscience; elle s'obtient soit par l'inhalation de gaz (chloroforme, éther, protoxyde d'azote, cyclopropane), soit par injection intraveineuse de barbituriques, associée ou non au curare et à des modificateurs du système sympathique. L'anesthésie *locale* s'obtient soit par le froid (pulvérisation de chlorure d'éthyle, glace), soit par injection de cocaïne ou de ses dérivés moins toxiques (procaïne). L'anesthésie *régionale* est une anesthésie locale appliquée à un tronc nerveux, intéressant une région entière.

ANESTHÉSIER v. t. Endormir avec un anesthésique; suspendre la sensibilité à la douleur.

ANESTHÉSIOLOGIE n. f. Science de l'anesthésie et des activités complémentaires.

ANESTHÉSIOLOGISTE n. Spécialiste en anesthésiologie.

ANESTHÉSIQUE adj. et n. m. Se dit des substances qui, comme l'éther, le protoxyde d'azote, etc., provoquent l'anesthésie.

ANESTHÉSISTE n. Médecin ou auxiliaire médical qui pratique l'anesthésie.

ANETH [anɛt] n. m. (gr. *anêthon*). Syn. de FENOUIL.

ANEURINE n. f. Autre nom de la VITAMINE B1 ou THIAMINE.

ANÉVRISMAL, E, AUX adj. Qui tient de l'anévrisme.

ANÉVRISME n. m. (gr. *aneurusma*). Dilatation d'une artère ou du cœur.

ANFRACTUOSITÉ [ɑ̃fraktɥozite] n. f. (lat. *anfractus*, sinuosité). Cavité profonde et irrégulière.

ANGARIE [ɑ̃gari] n. f. (gr. *angareia*, servitude). Obligation imposée, en temps de guerre, par un État aux bâtiments étrangers de naviguer dans l'intérêt de cet État.

ANGE [ɑ̃ʒ] n. m. (gr. *angelos*, messager). Dans la Bible, être spirituel, messager de Dieu. ‖ Personne douée d'une éminente qualité : *ange de douceur.* ‖ Poisson marin à large tête et grandes nageoires pectorales. (Long. max. 2 m; sous-classe des sélaciens.) ● *Ange gardien,* ange préposé à chaque homme pour le protéger. ‖ *Être aux anges,* être dans le ravissement. ‖ *Patience d'ange,* patience extraordinaire. ‖ *Un ange passe,* se dit quand la conversation est interrompue par un silence embarrassé.

ANGÉLIQUE n. f. Plante aromatique cultivée pour ses pétioles que l'on confit. (Famille des ombellifères.) ‖ Tige confite de cette plante.

ANGÉLIQUE n. f. Instrument de musique à cordes pincées, à manche, de la famille du luth.

ANGÉLIQUE adj. De la nature de l'ange.

ANGÉLIQUEMENT adv. De façon angélique.

ANGÉLISME n. m. Désir de pureté extrême.

ANGELOT n. m. Petit ange.

ANGÉLUS [ɑ̃ʒelys] n. m. (mot lat.). Prière en latin, commençant par ce mot, et qui se dit ou se chante le matin, à midi et le soir. (En ce sens, s'écrit avec une majuscule.) ‖ Sonnerie de cloche annonçant cette prière.

ANGEVIN, E adj. et n. D'Angers ou de l'Anjou.

ANGINE n. f. (du lat. *angere*, serrer). Nom donné à toutes les affections inflammatoires très variées du pharynx. ● *Angine de poitrine,* affection du cœur, se manifestant par des crises douloureuses accompagnées d'une sensation d'angoisse. (Syn. ANGOR.)

ANGINEUX, EUSE adj. et n. Relatif à l'angine. ‖ Atteint d'angine de poitrine.

ANGIOCARDIOGRAPHIE n. f. Radiographie

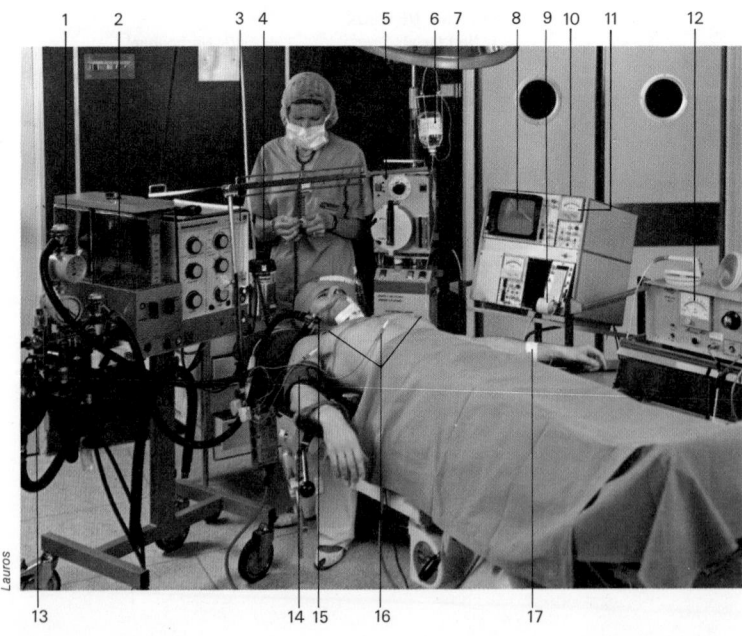

1 2 3 4 5 6 7 8 9 10 11 12

13 14 15 16 17

des cavités du cœur et des gros vaisseaux qui s'y abouchent.

ANGIOCHOLITE [ɑ̃ʒjokɔlit] n. f. Inflammation des voies biliaires (canalicules biliaires intra-hépatiques, canaux hépatique, cholédoque et cystique).

ANGIOGRAPHIE n. f. (gr. *angeion*, vaisseau, et *graphein*, écrire). Radiographie des vaisseaux après injection de substance opaque aux rayons X.

ANGIOLOGIE n. f. Partie de l'anatomie qui traite des organes de la circulation.

ANGIOMATOSE n. f. Maladie caractérisée par la formation d'angiomes multiples à la surface des téguments ou dans la profondeur des organes.

ANGIOME [ɑ̃ʒjom] n. m. (gr. *angeion*, vaisseau). Tumeur des vaisseaux, en général bénigne. (Syn. NÆVUS VASCULAIRE.)

ANGIOSPERME n. f. (gr. *angeion*, vase, boîte, et *sperma*, graine). Plante phanérogame dont les graines sont enfermées dans un fruit. (On divise les *angiospermes*, qui forment un sous-embranchement, en *monocotylédones* et *dicotylédones*.)

ANGKORIEN, ENNE adj. D'Angkor.

ANGLAIS, E adj. et n. D'Angleterre.

ANGLAIS n. m. Langue indo-européenne du groupe germanique, parlée principalement en Grande-Bretagne et aux États-Unis.

ANGLAISE n. f. Écriture cursive, penchée à droite. ‖ Boucle de cheveux longue et roulée en spirale. ‖ Variété de cerise acidulée. ● *À l'anglaise*, sans prendre congé : *s'en aller, filer à l'anglaise*; se dit de certains mets cuits à la vapeur : *pommes à l'anglaise*.

ANGLAISER v. t. Sectionner les muscles abaisseurs de la queue d'un cheval pour lui donner un aspect plus élégant.

ANGLE n. m. (lat. *angulus*). Coin, encoignure. ‖ *Math*. Figure formée par deux demi-droites, ou *côtés*, ou par deux demi-plans, ou *faces*, qui se coupent. ● *Arrondir les angles*, faciliter les relations entre les personnes. ‖ *Sous l'angle de*, du point de vue de.

ANGLET [ɑ̃glɛ] n. m. *Archit*. Moulure creuse dont le profil est en angle droit, et qui se rencontre notamment entre les bossages.

ANGLICAN, E adj. et n. (angl. *anglican*). Qui appartient à l'anglicanisme.

ANGLICANISME [ɑ̃glikanism] n. m. Église officielle de l'Angleterre depuis les règnes d'Édouard VI (1547-1553) et d'Élisabeth Iʳᵉ (1558-1603), établie à la suite de la rupture d'Henri VIII (1509-1547) avec Rome et malgré un essai de retour au catholicisme avec Marie Tudor (1553-1558).
■ La réforme anglicane, voie moyenne entre le catholicisme, dont elle conserve les formes extérieures du culte, la hiérarchie ecclésiastique, et le protestantisme, dont elle maintient les grands principes doctrinaux, joue un rôle privilégié dans l'œcuménisme chrétien.

ANGLICISER v. t. Donner un air, un accent anglais : *angliciser ses manières, un mot*. ◆ **s'angliciser** v. pr. Prendre le caractère anglais, imiter les manières anglaises.

ANGLICISME n. m. Locution propre à la langue anglaise. ‖ Emprunt à l'anglais.

ANGLICISTE n. Spécialiste de langue, littérature et civilisation anglaises.

ANGLO-ARABE n. m. et adj. (pl. *anglo-arabes*). Cheval issu d'un croisement de pur-sang anglais et arabe.

ANGLOMANIE n. f. Manie d'imiter les Anglais.

ANGLO-NORMAND adj. et n. m. (pl. *anglo-normands*). Se dit d'un cheval qui tient de l'anglais et du normand. ◆ n. m. Dialecte français parlé des deux côtés de la Manche, après la conquête de l'Angleterre par les Normands.

ANGLOPHILE n. et adj. Partisan des Anglais.

ANGLOPHILIE n. f. Sympathie pour le peuple anglais et ce qui s'y rattache.

ANGLOPHOBE adj. et n. Qui a de l'aversion pour les Anglais.

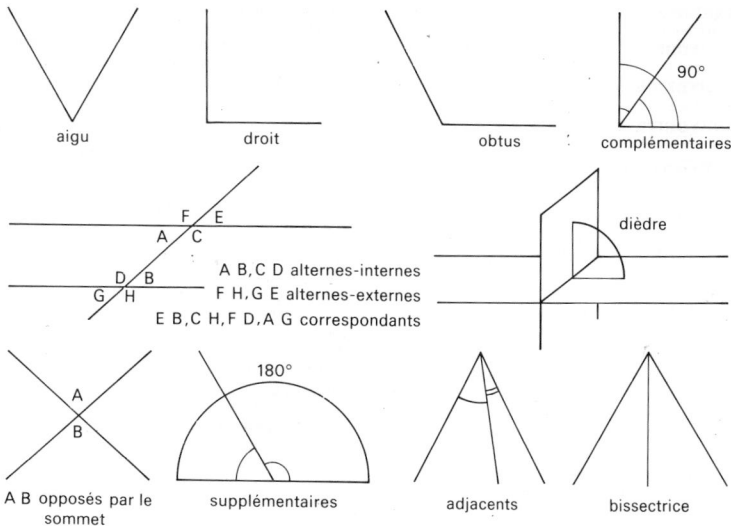

aigu   droit   obtus   complémentaires 90°

dièdre

A B, C D alternes-internes
F H, G E alternes-externes
E B, C H, F D, A G correspondants

A B opposés par le sommet   supplémentaires   adjacents   bissectrice 180°

ANGLES

anguille

ANGLOPHOBIE n. f. Aversion pour les Anglais et pour les choses anglaises.

ANGLOPHONE adj. et n. Qui parle anglais.

ANGLO-SAXON, ONNE adj. et n. (pl. *anglo-saxons*). Relatif aux Anglais et aux Américains. ‖ Se dit de l'ancien anglais.

ANGOISSANT, E adj. Qui cause de l'angoisse.

ANGOISSE n. f. (lat. *angustia*, resserrement). État de désarroi psychique, d'inquiétude profonde, qui s'accompagne de manifestations psychomotrices et végétatives (tachycardie, dyspnée, tremblements, sueur, agitation). ‖ Chez les philosophes existentialistes, expérience métaphysique par laquelle l'homme prend conscience de l'être. ● *Poire d'angoisse*, instrument de torture qui servait de bâillon.

ANGOISSÉ, E adj. et n. Qui a souvent de l'angoisse; qui est marqué par l'angoisse.

ANGOISSER v. t. Causer de l'angoisse : *une nouvelle qui angoisse*.

ANGOLAIS, E adj. et n. De l'Angola.

ANGON [ɑ̃gɔ̃] n. m. Arme munie de deux crocs, en usage chez les Francs.

ANGOR n. m. Syn. de ANGINE DE POITRINE.

ANGORA adj. et n. (de la ville d'*Angora*, auj. Ankara). Chat, lapin, chèvre aux poils longs et soyeux. ‖ Fibre textile animale provenant de chèvres angoras. (Syn. MOHAIR.)

ANGROIS n. m. (de *engrais*). Coin de fer qui sert à affermir le manche d'un marteau, etc.

ANGSTRÖM [ɑ̃gstrœm] n. m. Unité de mesure de longueur d'onde et des distances atomiques (symb. : Å), et valant 10^{-10} m.

ANGUILLE [ɑ̃gij] n. f. (lat. *anguilla*, petit serpent). Poisson osseux à chair délicate, à corps allongé et à nageoires réduites, à peau glissante, vivant dans nos cours d'eau, mais dont la ponte a lieu dans la mer des Sargasses. (Long. 1 m; famille des anguillidés. Les larves, qui traversent l'Atlantique pour gagner les fleuves d'Europe, s'appellent d'abord *leptocéphales*, puis *civelles* ou *pibales*.) ● *Anguille de mer*, le congre. ‖ *Il y a anguille sous roche*, il y a qqch de secret que l'on soupçonne. ‖ *Nœud d'anguille*, sorte de nœud coulant.

ANGUILLÈRE [ɑ̃gijɛr] n. f. Vivier à anguilles.

ANGUILLIDÉ [ɑ̃gilide] n. m. Poisson apode comme l'anguille, le congre. (Les anguillidés forment une famille.)

ANGUILLULE [ɑ̃gilyl] n. f. Petit ver dont plusieurs espèces sont de redoutables parasites du blé, de la betterave, du vinaigre et même de l'homme. (Classe des nématodes.)

ANGUILLULOSE n. f. Maladie provoquée par l'anguillule.

ANGULAIRE adj. (lat. *angularis*). Ce qui forme un angle. ● *Distance angulaire de deux points*, angle formé par les rayons visuels qui joignent l'œil de l'observateur aux deux points. ‖ *Pierre angulaire*, pierre fondamentale faisant l'angle d'un bâtiment (vx); base, fondement d'une chose.

ANGULEUX, EUSE adj. Qui a, qui présente des angles aigus. ● *Visage anguleux*, celui dont les traits sont fortement prononcés.

ANGUSTICLAVE [ɑ̃gystiklav] n. m. *Hist*. Bande de pourpre ornant la tunique des chevaliers romains. ‖ Cette tunique elle-même.

ANGUSTIFOLIÉ, E [ɑ̃gystifɔlje] adj. (lat. *angustus*, étroit, et *folium*, feuille). À feuilles très étroites.

ANGUSTURA ou **ANGUSTURE** n. f. (de *Angostura*, anc. n. de ville). Arbuste de l'Amérique du Sud, dont l'écorce est fébrifuge. (Famille des rutacées.) ● *Fausse angustura*, écorce du vomiquier.

ANHARMONIQUE [anarmɔnik] adj. *Rapport anharmonique de quatre points A, B, C, D pris sur un axe orienté*, quotient du rapport des mesures des deux vecteurs d'origine C et d'extrémités A et B, par le rapport des mesures des deux vecteurs d'origine D et d'extrémités A et B :

$$\dfrac{\overline{CA}}{\overline{CB}} \qquad \dfrac{\overline{DA}}{\overline{DB}}$$

ANHÉLATION n. f. Respiration difficile.

ANHÉLER v. i. (lat. *anhelare*) [conj. 5]. Respirer péniblement.

ANHIDROSE n. f. Absence ou diminution anormale de la transpiration.

ANHYDRE adj. (gr. *hudôr*, eau). *Chim.* Qui ne contient pas d'eau : *sel anhydre.*

ANHYDRIDE n. m. Corps qui peut donner naissance à un acide en se combinant avec l'eau.

ANHYDRITE n. f. Sulfate de calcium anhydre, plus dur que le gypse.

ANHYDROBIOSE n. f. État de vie latente des animalcules des mousses dans les périodes sèches. (Le retour de l'humidité fait reprendre la vie active : c'est la *revivescence.*) [Syn. CRYPTOBIOSE.]

ANICROCHE n. f. (de *croche*). *Fam.* Petit obstacle ou ennui qui arrête.

ÂNIER, ÈRE n. Personne qui conduit des ânes.

ANILINE n. f. (portug. *anil*, indigo). Amine cyclique $C_6H_5NH_2$, dérivée du benzène, découverte dans la distillation de l'indigo et extraite aujourd'hui de la houille. (L'aniline est la principale matière employée dans l'industrie des colorants synthétiques.)

ANIMADVERSION n. f. (lat. *animadversio*, observation). *Litt.* Blâme, réprobation.

ANIMAL n. m. (lat. *animal*). Être organisé, doué de mouvement et de sensibilité, et capable d'ingérer des aliments solides à l'aide d'une bouche. (On distingue les animaux à une seule cellule ou *protozoaires*, les animaux à deux feuillets ou *diploblastiques* et les animaux supérieurs, *épineuriens* ou *hyponeuriens* selon la position de la chaîne nerveuse.) ‖ Être vivant privé de langage, par opposition à l'homme. ‖ Personne stupide et grossière. ● *Animal machine*, corps uniquement animé par un mécanisme matériel. (Pour Descartes, seule la possession d'une âme distingue le corps humain du corps des animaux.)

ANIMAL, E, AUX adj. (lat. *animalis*, animé). Propre à l'animal. ● *Esprits animaux*, partie la plus légère du sang imaginée par Descartes pour expliquer l'action de l'âme sur le corps (et réciproquement). ‖ *Psychologie animale*, observation des conditions dans lesquelles fonctionnent les comportements innés d'une espèce déterminée, et étude expérimentale de quelques fonctions psychologiques (perception, conditionnement, apprentissage, etc.).

ANIMALCULE n. m. Animal très petit, visible seulement au microscope.

ANIMALERIE n. f. Lieu où se trouvent dans un laboratoire les animaux destinés aux expériences.

ANIMALIER, ÈRE adj. Qui se rapporte à la représentation des animaux. ● *Parc animalier*, parc ouvert au public et dans lequel les animaux vivent en liberté. ◆ n. Peintre animalier.

ANIMALITÉ n. f. Ensemble des caractères qui sont propres à l'animal.

ANIMATEUR, TRICE n. Personne qui donne de l'entrain, du mouvement à un spectacle, une réunion, une émission de radio, de télévision, etc. ‖ Personne chargée de l'animation au sein d'une collectivité.

ANIMATION n. f. Mouvement, vie, activité : *donner de l'animation; ville privée d'animation.* ‖ Passion, vivacité : *discuter avec animation.* ‖ Activité exercée à l'intérieur d'un groupe et visant à faciliter les relations entre ses membres. ‖ Technique cinématographique donnant l'apparence du mouvement à des dessins, des poupées.

ANIMÉ, E adj. Plein d'animation : *rue animée.* ‖ Doté de mouvement : *dessins animés.* ● *Être animé*, être vivant.

ANIMELLES n. f. pl. (it. *animella*). Mets composés de testicules d'animal, particulièrement de bélier.

ANIMER v. t. (lat. *animare*). Donner de la vie, du mouvement, de la vivacité : *animer une conversation, un spectacle.* ‖ Pousser qqn à agir, l'exciter : *la violence, la foi l'anime.* ◆ **s'animer** v. pr. Prendre de la vivacité, de l'éclat : *ses yeux s'animaient quand il parle.*

ANIMISME n. m. (lat. *anima*, âme). Croyance qui attribue une âme aux phénomènes naturels et qui cherche à les rendre favorables par des pratiques magiques.

ANIMISTE adj. et n. Qui appartient à l'animisme, professe l'animisme.

ANIMOSITÉ n. f. (lat. *animosus*, courageux). Malveillance, désir de nuire, antipathie qui se manifeste souvent par l'emportement : *avoir de l'animosité contre quelqu'un.*

ANION [anjɔ̃] n. m. Ion chargé négativement. (Dans l'électrolyse, il se dirige vers l'anode.)

ANIONIQUE adj. Qui se rapporte aux anions. ● *Émulsion anionique*, émulsion stable dans un milieu basique alcalin.

ANIS [ani *ou* anis] n. m. (gr. *anison*). Plante odorante venue d'Orient, cultivée pour ses akènes, dont on extrait une essence aromatique servant à parfumer certaines boissons alcoolisées. (Famille des ombellifères.) ● *Anis étoilé*, fruit de la badiane. (Famille des renonculacées.)

ANISÉ n. m. Liqueur parfumée à l'anis.

ANISER v. t. Aromatiser avec de l'anis.

ANISETTE n. f. Liqueur composée avec de l'anis et de l'alcool.

ANISOTROPE adj. (gr. *isos*, égal, et *tropein*, tourner). Se dit des corps et objets dont les propriétés diffèrent selon la direction considérée.

ANISOTROPIE n. f. Caractère des corps anisotropes.

ANKYLOSE n. f. (gr. *ankulôsis*, courbure). Disparition complète ou partielle des mouvements d'une articulation.

ANKYLOSÉ, E adj. Atteint d'ankylose; engourdi.

ANKYLOSER v. t. Déterminer une ankylose. ◆ **s'ankyloser** v. pr. Devenir ankylosé : *mon genou s'ankylose.* ‖ Perdre la rapidité à s'adapter.

ANKYLOSTOME n. m. (gr. *ankulôsis*, courbure). Ver parasite de l'intestin humain. (La larve vit dans le sol et pénètre, en perforant la peau, dans le corps des ouvriers maniant la terre [mineurs] ou des personnes marchant nu-pieds.) [Long. 1 cm; classe des nématodes.]

ANKYLOSTOMIASE n. f. Anémie produite par l'ankylostome.

ANNAL, E, AUX adj. *Dr.* Qui dure un an.

ANNALES n. f. pl. Ouvrage qui rapporte les événements année par année. ‖ *Litt.* Histoire : *les annales du crime.*

ANNALISTE n. Auteur d'annales.

ANNALITÉ n. f. *Dr.* État de ce qui dure un an.

ANNAMITE adj. et n. De l'Annam.

ANNATE n. f. *Hist.* Redevance équivalant à une année de revenu, que payaient au Saint-Siège ceux qui étaient pourvus d'un bénéfice.

ANNEAU n. m. (lat. *annellus*). Cercle de matière dure auquel on attache quelque chose. ‖ Petit cercle d'or, d'argent, etc., que l'on met au doigt : *anneau nuptial.* ‖ *Math.* Ensemble pourvu de deux lois de composition interne, la première lui conférant la structure de groupe commutatif, la seconde étant associative et distributive par rapport à la première. ‖ *Zool.* Chacun des segments d'un arthropode. (Chaque anneau peut porter une paire d'appendices ventro-latéraux.) ● *Anneau de collision*, ensemble d'anneaux de stockage présentant des zones d'intersection dans lesquelles les particules stockées entrent en collision. ‖ *Anneau pastoral*, bague des évêques. ‖ *Anneau de port*, amarrage à une place fixe, comportant généralement un branchement d'eau potable et d'électricité. ‖ *Anneaux de Saturne*, bandes circulaires concentriques visibles autour de la planète Saturne, dans son plan équatorial, et constituées de nombreuses particules solides de petites dimensions se déplaçant chacune avec sa vitesse propre. ‖ *Anneau sphérique*, solide engendré par un segment de cercle tournant autour d'un diamètre du cercle ne traversant pas le segment. ‖ *Anneau de stockage*, machine dans laquelle sont stockées des particules provenant d'un accélérateur. ◆ pl. Agrès de gymnastique consistant en deux cercles métalliques fixés à l'extrémité de deux cordes.

ANNÉE n. f. (lat. *annus*). Durée conventionnelle voisine de la période de révolution de la Terre autour du Soleil. ‖ Période de douze mois : *il y a bien des années que je ne vous ai rencontré.* ‖ Temps que met une planète à faire sa révolution autour du Soleil : *année martienne.* ● *Année civile*, année qui commence le 1er janvier à 0 heure et se termine le 31 décembre à 24 heures. ‖ *Année de lumière*, unité de longueur (symb. : al) équivalant à la distance parcourue en un an par la lumière dans le vide, soit $9,461 \times 10^{12}$ km. ‖ *Année scolaire*, temps qui s'écoule entre l'ouverture des classes et les vacances d'été. ‖ *Année sidérale*, intervalle de temps séparant deux passages consécutifs du Soleil par le même point de son orbite apparente. ‖ *Année tropique*, temps écoulé entre deux passages consécutifs du Soleil par le point équinoxial de printemps. ‖ *Souhaiter la bonne année*, adresser ses vœux le 1er janvier.

■ L'époque du commencement de l'année a varié chez tous les peuples : les Égyptiens, les Chaldéens, les Perses, etc., la commençaient à l'équinoxe d'automne (21 septembre), d'autres au solstice d'hiver, d'autres enfin au solstice d'été. En France, à l'avènement de Charles IX, elle commençait à Pâques. Un édit de ce roi, en 1564, ordonna que l'année commencerait le 1er janvier, date purement civile. Sous le gouvernement républicain de 1792, l'année commençait à l'équinoxe d'automne, qui se trouvait être le 22 septembre 1792. L'année chrétienne commence à la naissance du Christ, fixée en l'an 754 de Rome, bien qu'il soit né en 749. L'année julienne est exactement de 365,25 jours, alors que l'année tropique est de 365,2422 jours. L'année grégorienne pallie le retard de l'année julienne en supprimant trois années bissextiles sur quatre. Les pays orthodoxes avaient conservé l'année julienne, mais le gouvernement soviétique a adopté l'année grégorienne; toutefois, l'Église orthodoxe utilise encore l'année julienne. Les années musulmanes, qui se comptent depuis l'hégire (622), sont plus brèves que les années grégoriennes, parce qu'elles sont lunaires. Les années juives se comptent en général à partir du commencement du monde (4 000 ans av. J.-C.).

ANNELÉ, E adj. *Bot.* et *Zool.* Disposé en anneaux. ● *Colonne annelée* (Archit.), colonne décorée d'anneaux.

ANNELER v. t. (conj. 3). Disposer en anneaux ou en boucles.

ANNELET n. m. Petit anneau. ‖ *Archit.* L'un des trois filets séparant le gorgerin de l'échine dans le chapiteau dorique. (On dit aussi ARMILLE.)

ANNÉLIDE n. f. Ver annelé, formé d'une suite de segments sans pattes ayant tous à peu près la même constitution. (Ex. : le *lombric*.) [Les *annélides* forment un embranchement.]

ANNEXE n. f. et adj. (lat. *annexus*, attaché à). Ce qui se rattache à une chose principale :

annélides

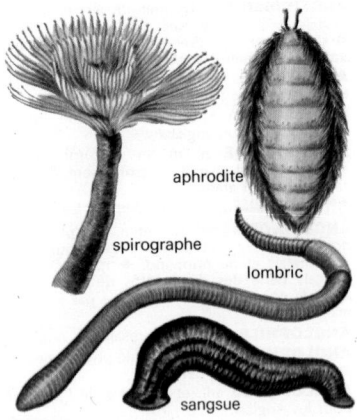

aphrodite

spirographe

lombric

sangsue

annexe d'un bâtiment, d'une loi; un document annexe. ● Annexes embryonnaires, l'amnios, l'allantoïde, la vésicule ombilicale et le placenta. ‖ Annexes de l'utérus, les ovaires et les trompes.

ANNEXER v. t. Faire entrer dans un ensemble; faire passer tout ou partie d'un État sous la souveraineté d'un autre : la France a annexé la Corse au XVIIIe s. ◆ s'annexer v. pr. S'attribuer de manière exclusive qqn ou qqch.

ANNEXION n. f. Action d'annexer : l'annexion de la Savoie à la France eut lieu en 1860.

ANNEXIONNISME n. m. Politique visant à l'annexion de petits États à de grands États.

ANNEXIONNISTE adj. et n. Qui vise à l'annexion d'un pays à un autre.

ANNEXITE n. f. Méd. Inflammation des annexes de l'utérus (ovaires et trompes).

ANNIHILATION n. f. Action d'annihiler : l'annihilation de ses espoirs. ‖ Phys. Réaction dans laquelle une particule et son antiparticule disparaissent en libérant de l'énergie.

ANNIHILER v. t. (lat. ad, vers, et nihil, rien). Réduire à rien, détruire, paralyser : annihiler les efforts de qqn.

ANNIVERSAIRE n. m. (lat. anniversarius, qui revient tous les ans). Retour annuel d'un jour marqué par un événement : fêter l'anniversaire d'une naissance; gâteau d'anniversaire. ◆ adj. Qui rappelle le souvenir d'un événement arrivé à pareil jour une ou plusieurs années auparavant : service anniversaire.

ANNONCE n. f. Avis verbal ou écrit donné à qqn ou au public. ‖ Aux cartes, déclaration d'intention faite avant le début du jeu. ‖ Indice, signe, présage : annonce du printemps. ● Petites annonces, dans les journaux, offres et demandes d'emploi, de logement, etc.

ANNONCER v. t. (lat. nuntius, messager) [conj. 1]. Faire savoir, publier : annoncer une mauvaise nouvelle; annoncer la sortie d'une nouvelle voiture. ‖ Être le signe certain de : sourire annonçant la bonté. ‖ Faire savoir que qqn ou qqch est arrivé : les hirondelles annoncent le printemps.

ANNONCEUR, EUSE n. Syn. de SPEAKER, SPEAKERINE. ◆ n. m. Personne qui fait insérer une annonce dans un journal ou qui paie une émission publicitaire.

ANNONCIATEUR, TRICE adj. Qui annonce, indique.

ANNONCIATEUR n. m. Télécomm. Appareil avertisseur d'appel.

ANNONCIATION n. f. Message de l'ange Gabriel à la Vierge, pour lui annoncer qu'elle sera la mère du Messie. ‖ Jour où l'Église célèbre le mystère de l'Incarnation (25 mars).

ANNONE n. f. (lat. annona). Hist. rom. Impôt en nature perçu sur le produit de la récolte annuelle. ‖ Service public assurant l'approvisionnement de la ville de Rome.

ANNOTATEUR, TRICE n. Personne qui annote.

ANNOTATION n. f. Remarque ou commentaire sur un texte.

ANNOTER v. t. Faire des remarques explicatives sur un auteur, sur un texte.

ANNUAIRE n. m. (lat. annuus, annuel). Ouvrage publié chaque année, donnant la liste des membres d'une profession, des abonnés à un service, etc. : annuaire du téléphone.

ANNUALITÉ n. f. Qualité de ce qui est annuel : l'annualité du budget.

ANNUEL, ELLE adj. Qui dure un an; qui revient chaque année : plante annuelle; revenu annuel.

ANNUELLEMENT adv. Par an, chaque année.

ANNUITÉ n. f. Somme payée annuellement. ‖ Dr. Paiement annuel au moyen duquel un débiteur se libère progressivement d'une dette, y compris les intérêts; équivalence d'une année de service pour le décompte des pensions.

ANNULABILITÉ n. f. Dr. Disposition d'un acte qui le rend annulable.

ANNULABLE adj. Qui peut être annulé.

ANNULAIRE n. m. (lat. annulus, anneau). Qui a la forme d'un anneau. ● Éclipse annulaire de

Soleil, éclipse pendant laquelle le Soleil déborde autour du disque de la Lune comme un anneau lumineux.

ANNULAIRE n. m. Le quatrième doigt de la main, où se met ordinairement l'anneau.

ANNULATIF, IVE adj. Dr. Qui annule.

ANNULATION n. f. Action d'annuler : l'annulation d'un traité, d'une élection. ‖ Psychanal. Processus névrotique par lequel le sujet s'efforce de faire croire et de croire que tel ou tel événement désagréable n'est pas intervenu pour lui-même.

ANNULER [anyle] v. t. Rendre, déclarer nul, sans effet, supprimer : annuler une commande, une invitation, une élection.

ANOBIE n. f. Syn. de VRILLETTE.

ANOBLI, E adj. et n. Qui a reçu des lettres de noblesse.

ANOBLIR v. t. (de noble). Accorder, conférer un titre de noblesse.

ANOBLISSEMENT n. m. Action d'anoblir.

ANODE n. f. (gr. ana, en haut, et hodos, route). Électrode d'entrée du courant dans un voltamètre, ou électrode qui recueille le flux électronique dans un tube à décharge.

ANODIN, E adj. (gr. odunê, douleur). Inoffensif, sans importance, insignifiant : critique anodine; blessure anodine.

ANODIQUE adj. Relatif à l'anode.

ANODISER v. t. Oxyder superficiellement une pièce métallique prise comme anode d'électrolyse en vue d'en améliorer le poli et la résistance à la corrosion.

ANODONTE n. m. (gr. odous, odontos, dent). Mollusque bivalve d'eau douce. (Long. max. 20 cm.) [Syn. MOULE D'ÉTANG.]

ANODONTIE [anɔdɔ̃ti] n. f. Absence de dents.

ANOMAL, E, AUX adj. (gr. anômalos). Qui n'est pas conforme au modèle général.

ANOMALA n. m. Scarabée nuisible à la vigne.

ANOMALIE n. f. (gr. anômalia, désaccord). Ce qui s'écarte de la norme, de la généralité; irrégularité : il y a des anomalies dans la déposition du témoin. ‖ Biol. Déviations du type normal : anomalie congénitale.

ANOMIE n. f. (gr. anomia, violation de la loi). État d'une société caractérisé par une désintégration des normes qui assurent l'ordre social.

ÂNON n. m. Petit de l'âne.

ANONACÉE [anɔnase] n. f. Arbre ou arbrisseau des pays chauds, faisant partie de la famille des anonacées dont le type est l'anone.

ANONE n. f. Arbre originaire de l'Amérique tropicale, fournissant des fruits sucrés comestibles (pomme-cannelle, corossol). ‖ Fruit de cet arbre.

ÂNONNEMENT n. m. Action d'ânonner.

ÂNONNER v. i. et t. (de ânon). Lire, parler, réciter avec peine et en hésitant.

ANONYMAT n. m. État de ce qui est anonyme. ● Garder l'anonymat, ne pas se déclarer l'auteur d'un fait, d'un écrit.

ANONYME [anɔnim] adj. et n. (gr. anônumos, sans nom). Dont on ignore le nom; dont l'auteur est inconnu. ● Société anonyme, v. SOCIÉTÉ.

ANONYMEMENT adv. De façon anonyme.

ANOPHÈLE n. m. (gr. anôphêlês, nuisible). Genre de moustiques dont les femelles transmettent le microbe du paludisme.

ANORAK [anɔrak] n. m. (mot esquimau, de anoré, vent). Veste de sport, imperméable et à capuchon.

ANORDIR v. i. Mar. Tourner au nord, en parlant du vent.

ANOREXIE n. f. (gr. orexis, appétit). Perte de l'appétit quelle qu'en soit l'origine. ● Anorexie mentale, refus actif ou passif de nourriture que l'on rencontre surtout chez le nourrisson et la jeune fille et qui témoigne de graves perturbations des relations affectives.

ANOREXIGÈNE adj. et n. Qui provoque l'anorexie.

ANOREXIQUE adj. et n. Atteint d'anorexie.

ANORMAL, E, AUX adj. (lat. anormalis). Contraire à l'ordre habituel des choses, à la généra-

lité, à la régularité : développement anormal d'un organe; température anormale. ◆ adj. et n. Déséquilibré, très instable.

ANORMALEMENT adv. De façon anormale.

ANORMALITÉ n. f. Caractère de ce qui est anormal.

ANOSMIE n. f. (gr. osmê, odeur). Diminution, perte complète de l'odorat.

ANOURE [anur] adj. et n. m. (gr. oura, queue). Amphibien dépourvu de queue à l'état adulte. (Les anoures forment un superordre comprenant les grenouilles, les crapauds, les rainettes.)

ANOVULATOIRE adj. Se dit d'un cycle menstruel au cours duquel la menstruation n'a pas été précédée par une ovulation.

ANOXÉMIE n. f. Défaut d'oxygénation du sang.

ANOXIE n. f. (de oxygène). Privation d'oxygène, cause des troubles et de la mort provoqués par l'asphyxie.

ANSE n. f. (lat. ansa). Partie courbée en arc, par laquelle on prend un vase, un panier. ‖ Géogr. Petite baie peu profonde. ● Arc en anse de panier (Math.), arc surbaissé en demi-ovale formé d'un nombre impair d'arcs de circonférence et dont la portée est le plus grand diamètre de l'ovale. ‖ Faire danser l'anse du panier (Fam. et vx), compter plus cher que l'on a payé, en parlant des domestiques.

ANSÉ, E adj. Se dit d'un objet dont l'une des extrémités est terminée par un petit anneau : croix ansée.

ANSÉRIFORME n. m. (lat. anser, oie). Oiseau palmipède ayant un bec garni de lamelles cornées. (Les ansériformes forment un ordre comprenant les oies, les canards, les cygnes.)

ANSÉRINE n. f. Bot. Nom usuel du chénopode et d'une espèce de potentille.

ANSPESSADE [ãspesad] n. m. (it. lancia spezzata, lance rompue). Gentilhomme servant dans l'infanterie (XVIe-XVIIIe s.).

ANTAGONIQUE adj. Contraire, en opposition, en lutte : forces antagoniques. ● Contradiction antagonique (Philos.), type d'opposition, dans un processus dialectique, qui ne peut se résoudre que par un conflit violent.

ANTAGONISME n. m. Rivalité, lutte entre des personnes, des nations, des doctrines, des groupes sociaux, etc. ‖ Méd. Opposition d'action entre deux produits.

ANTAGONISTE n. (gr. antagônistês). Personne qui est en lutte avec un autre; adversaire, ennemi. ◆ adj. Qui agit dans un sens opposé : muscles antagonistes.

ANTALGIQUE adj. (gr. anti, contre, et algos, douleur). Propre à calmer la douleur.

ANTAN (D') loc. adj. (lat. ante annum, l'année d'avant). Litt. Du temps passé : les querelles d'antan; le Paris d'antan.

ANTARCTIQUE adj. Se dit des régions polaires australes.

ANTE n. f. (lat. hasta, lance). Pilastre cornier.

ANTÉCAMBRIEN, ENNE adj. et n. m. Syn. de PRÉCAMBRIEN, ENNE.

ANTÉCÉDENCE n. f. Géogr. Phénomène par lequel une rivière puissante maintient le tracé général de son cours malgré les déformations tectoniques.

ANTÉCÉDENT, E adj. (lat. antecedens). Géogr. Qui s'est établi avant une déformation tectonique (par ex., le Verdon est antécédent en aval de Rougon).

ANTÉCÉDENT n. m. Ling. Nom, pronom que remplace le pronom relatif dans la proposition relative. ‖ Log. et Math. Le premier des deux termes d'une relation d'implication, par opposition à conséquent. ‖ Math. Pour un élément b de l'ensemble F dans lequel on a appliqué un ensemble E, élément a de E dont se déduit b dans cette application. ◆ pl. Actes antérieurs de qqn permettant de juger sa conduite : avoir de bons, de mauvais antécédents.

ANTÉCHRIST n. m. Adversaire du Christ qui, d'après l'Apocalypse, doit venir quelque temps avant la fin du monde pour s'opposer à l'établissement du royaume de Dieu.

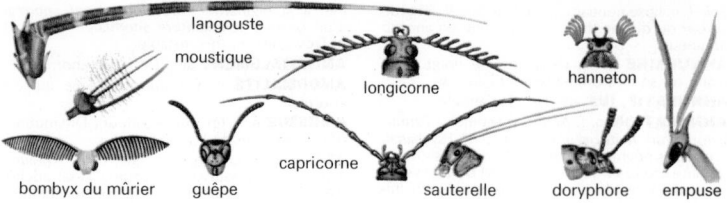

langouste
moustique
longicorne
hanneton
bombyx du mûrier
guêpe
capricorne
sauterelle
doryphore
empuse

ANTENNES

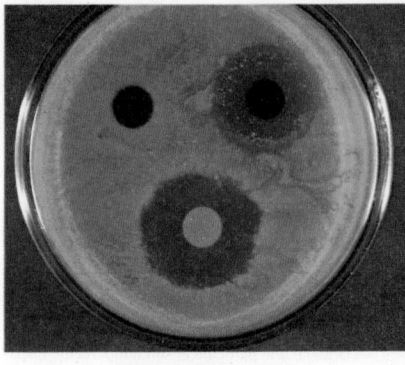

antibiogramme
sur boîte de Petri :
en haut, à gauche, le germe est résistant
et se développe jusqu'à la limite
de la pastille antibiotique;
à droite ou en bas, le germe est sensible
aux antibiotiques et son développement
est stoppé à une distance
de plusieurs millimètres
autour des pastilles.

ANTÉDILUVIEN, ENNE adj. Qui a précédé le Déluge. ‖ Très ancien, démodé : *une voiture antédiluvienne.*

ANTÉFIXE n. f. L'une des pièces ornementales qui pouvaient garnir la ligne inférieure du versant d'un toit.

ANTÉHYPOPHYSE n. f. Lobe antérieur, glandulaire, de l'hypophyse.

ANTENAIS, E adj. (du lat. *annotinus*). Se dit d'un ovin de dix à dix-huit mois.

ANTENNE n. f. (lat. *antemna*). Longue vergue qui soutient les voiles d'un navire. ‖ Conducteur métallique permettant d'émettre et de recevoir les ondes radioélectriques. ‖ Émission radiophonique : *donner, prendre l'antenne.* ‖ Organe allongé, mobile, situé sur la tête des insectes et des crustacés, siège du toucher et, parfois, de l'odorat. ‖ Moyen d'information plus ou moins secret. ‖ Dépendance d'un organisme principal, unité avancée d'un grand service : *antenne chirurgicale.*

ANTÉPÉNULTIÈME adj. et n. f. Qui précède l'avant-dernière syllabe. (*Po* est la syllabe antépénultième de *napolitain.*)

ANTÉPOSÉ, E adj. *Ling.* Se dit d'un mot, d'un morphème placé avant un autre et dont il dépend. (Dans *un grand homme*, grand est antéposé.)

ANTÉPOSITION n. f. *Ling.* Qualité d'un mot antéposé.

ANTÉPRÉDICATIF, IVE adj. *Philos.* Antérieur au jugement, à la pensée en général.

ANTÉRIEUR, E adj. (lat. *anterior*). Qui est avant, en avant, par rapport au temps ou au lieu; précédent : *époque antérieure; la partie antérieure du corps.* (Contr. POSTÉRIEUR, ULTÉRIEUR.) ‖ *Math.* Dans une relation d'ordre, se dit d'un élément qui en précède un autre. (Si *a* est antérieur à *b*, on note *a < b*.) ‖ *Phon.* Se dit d'un son dont l'articulation se situe dans la partie avant de la cavité buccale.

ANTÉRIEUREMENT adv. Avant, auparavant, précédemment.

ANTÉRIORITÉ n. f. Priorité de temps, de date : *l'antériorité d'un droit, d'une découverte.*

ANTÉROGRADE adj. (lat. *anterior*, plus avant, et *gradi*, marcher). *Amnésie antérograde*, amnésie consistant à ne plus pouvoir acquérir de nouveaux souvenirs. (Syn. AMNÉSIE DE FIXATION.)

ANTHÉMIS [ɑ̃temis] n. f. (gr. *anthos*, fleur). Plante herbacée aromatique, dont plusieurs espèces sont appelées *camomille*. (Famille des composées.)

ANTHÈRE [ɑ̃tɛr] n. f. (gr. *anthêros*, fleuri). *Bot.* Partie supérieure de l'étamine des plantes à fleurs, dans laquelle se forment les grains de pollen et qui s'ouvre à maturité, pour laisser échapper ceux-ci.

ANTHÉRIDIE n. f. *Bot.* Cellule mère des anthérozoïdes.

ANTHÉROZOÏDE n. m. Gamète mâle chez les végétaux. (On dit aussi SPERMATOZOÏDE.)

ANTHOCÉROS n. m. Petite plante de la classe des hépatiques, remarquable par son cycle reproductif.

ANTHOLOGIE n. f. (gr. *anthos*, fleur, et *legein*, choisir). Recueil de morceaux choisis d'œuvres littéraires ou musicales.

ANTHONOME n. m. Charançon nuisible aux arbres fruitiers (pommier, cerisier). [Long. 4 mm; ordre des coléoptères.]

ANTHOZOAIRE n. m. *Zool.* Cnidaire faisant partie de la classe des *anthozoaires* qui comprend les polypes isolés (*actinies*) ou coloniaux (*madrépores, corail*) munis de cloisons gastriques.

ANTHRACÈNE n. m. (gr. *anthrax, -akos*, charbon). Hydrocarbure polycyclique $C_{14}H_{10}$, extrait des goudrons de houille.

ANTHRACITE n. m. (gr. *anthrax, -akos*, charbon). Charbon de très faible teneur en matières volatiles (moins de 6 à 8 p. 100) et brûlant avec une courte flamme bleu pâle, sans fumée. ◆ adj. inv. Couleur gris foncé.

ANTHRACITEUX, EUSE adj. Qui ressemble à l'anthracite.

ANTHRACNOSE n. f. (gr. *anthrax*, charbon, et *nosos*, maladie). Maladie cryptogamique de la vigne, du haricot, caractérisée par l'apparition de taches brunes sur les feuilles, les fruits.

ANTHRACOSE n. f. Présence de poussières de charbon dans le poumon.

ANTHRAQUINONE [ɑ̃trakinɔn] n. f. Composé dérivé de l'anthracène et qui sert à préparer des colorants.

ANTHRAX [ɑ̃traks] n. m. (gr. *anthrax*, charbon). Infection staphylococcique de la peau, constituée par la réunion de plusieurs furoncles et qui s'étend au tissu conjonctif sous-cutané. (Alcoolisme et diabète y prédisposent.)

ANTHRÈNE n. m. (gr. *anthrênê*, bourdon). Insecte dont la larve vit sur des substances animales sèches (poils, plumes, etc.) et nuit aux fourrures, aux collections zoologiques. (Long. 4 mm; ordre des coléoptères.)

ANTHROPIEN, ENNE adj. et n. m. Se dit d'un hominidé dont les formes successives présentent des caractères physiques propres au type humain (*australanthropiens, archanthropiens, paléanthropiens, néanthropiens*).

ANTHROPIQUE adj. *Érosion anthropique*, ensemble des processus de dégradation du relief et des sols dus à l'action humaine.

ANTHROPOCENTRIQUE adj. Relatif à l'anthropocentrisme.

ANTHROPOCENTRISME n. m. Conception qui considère l'homme comme étant le centre de l'univers.

ANTHROPOÏDE adj. et n. (gr. *anthrôpos*, homme). Se dit des singes qui ressemblent le plus à l'homme. (Le groupe des anthropoïdes [orang-outan, chimpanzé, gorille et gibbon] est caractérisé notamment par l'absence de queue.)

ANTHROPOLOGIE n. f. Étude de l'homme envisagé dans la série animale. ‖ Étude différentielle des croyances et des institutions conçues comme fondement des structures sociales. (On dit aussi ANTHROPOLOGIE CULTURELLE, SOCIALE.)
■ On distingue dans l'*anthropologie culturelle* des secteurs particuliers, comme l'*anthropologie économique*, qui analyse les formes spécifiques de la production et des échanges dans les sociétés, ou comme l'*anthropologie politique*, qui étudie les relations de pouvoir, les formes de contrôle social et les débuts de formation d'État spécialement dans les sociétés préindustrielles.

ANTHROPOLOGIQUE adj. Relatif à l'anthropologie.

ANTHROPOLOGUE ou **ANTHROPOLOGISTE** n. Spécialiste en anthropologie.

ANTHROPOMÉTRIE n. f. Méthode d'identification des criminels, reposant sur la descrip-

tion du corps humain (mesures, photographies, empreintes digitales).

ANTHROPOMÉTRIQUE adj. Relatif à l'anthropométrie.

ANTHROPOMORPHE adj. Qui a l'apparence humaine.

ANTHROPOMORPHIQUE adj. Relatif à l'anthropomorphisme.

ANTHROPOMORPHISME n. m. Croyance, doctrine qui conçoit la divinité à l'image de l'homme.

ANTHROPONYMIE n. f. Étude des noms de personnes.

ANTHROPOPHAGE adj. et n. (gr. *anthrôpos*, homme, et *phagein*, manger). Qui mange de la chair humaine.

ANTHROPOPHAGIE n. f. Fait d'ingérer parfois de la chair humaine.

ANTHROPOPITHÈQUE n. m. (gr. *anthrôpos*, homme, et *pithêkos*, singe). Nom donné autrefois aux ancêtres de l'homme, tels le pithécanthrope et le sinanthrope.

ANTHROPOTECHNIQUE n. f. Discipline visant à effectuer la meilleure conception possible des systèmes homme-machine.

ANTHROPOZOÏQUE adj. Se dit parfois de l'ère quaternaire, caractérisée par l'apparition de l'homme.

ANTHURIUM n. m. Plante ornementale à belles feuilles, originaire de l'Amérique tropicale. (Famille des aracées.)

ANTIACIDE adj. Se dit d'un matériau qui résiste à l'attaque des acides forts.

ANTIAÉRIEN, ENNE adj. Qui s'oppose à la navigation ou à l'action des aéronefs : *un système d'armes antiaérien.*

ANTIALCOOLIQUE adj. Qui combat l'abus de l'alcool.

ANTIALCOOLISME n. m. Lutte contre l'alcoolisme.

ANTIAMARIL, E adj. *Vaccination antiamarile*, vaccination contre la fièvre jaune.

ANTIASTHMATIQUE adj. et n. m. Propre à combattre, à apaiser l'asthme.

ANTIATOMIQUE adj. Qui s'oppose aux effets du rayonnement et des projectiles atomiques.

ANTIAUTORITAIRE adj. Hostile à toute forme de sujétion, politique ou intellectuelle.

ANTIBIOGRAMME n. m. Examen bactériologique permettant d'apprécier la sensibilité d'une bactérie vis-à-vis de divers antibiotiques.

ANTIBIOSE n. f. Action exercée par les substances antibiotiques.

ANTIBIOTHÉRAPIE n. f. Traitement par les antibiotiques.

ANTIBIOTIQUE adj. et n. m. Se dit de corps d'origines diverses (extraits de cultures bactériennes ou fongiques, substances produites par synthèse) empêchant le développement ou la multiplication de certains microbes. (Il existe aujourd'hui des antibiotiques actifs contre presque toutes les bactéries et contre des virus : pénicilline, streptomycine, tyrothricine, chloramphénicol, etc.)

ANTIBROUILLAGE n. m. Procédé visant à faire échec au brouillage des émissions.

ANTIBROUILLARD adj. inv. Propre à percer le brouillard.

ANTIBRUIT adj. inv. Destiné à protéger du bruit.

ANTICABREUR adj. m. Se dit d'un dispositif mécanique supprimant le cabrage d'un véhicule au démarrage ou lors d'une accélération.

ANTICANCÉREUX, EUSE adj. Propre à lutter contre le cancer.

ANTICAPILLAIRE adj. Se dit d'une couche de chaussée qui arrête les remontées capillaires d'eau venant du sol ou des couches sous-jacentes.

ANTICAPITALISTE adj. Hostile au système capitaliste.

ANTICASSEURS adj. inv. *Loi anticasseurs,* nom donné à une loi de 1970 réprimant divers types de violences, de voies de fait et de destructions.

ANTICATHODE n. f. Lame métallique qui, dans un tube électronique, reçoit les rayons cathodiques et émet des rayons X.

ANTICHAMBRE n. f. (it. *anticamera*). Vestibule, salle d'attente, à l'entrée d'un appartement, d'un bureau. ● *Faire antichambre,* attendre avant d'être reçu.

ANTICHAR adj. Qui s'oppose à l'action des blindés.

ANTICHRÈSE [ɑ̃tikrɛz] n. f. (gr. *anti,* contre, et *khrêsis,* usage). Sûreté réelle permettant au créancier d'entrer en possession d'un immeuble du débiteur et d'en percevoir les fruits jusqu'à complète extinction de la dette.

ANTICIPATION n. f. Action de faire une chose d'avance : *anticipation de paiement.* ● *Par anticipation,* par avance. ‖ *Roman d'anticipation,* roman dont l'action se passe dans un monde futur.

ANTICIPÉ, E adj. Qui devance, précède : *remerciements anticipés.* ‖ Prématuré : *vieillesse anticipée.*

ANTICIPER v. t. (lat. *anticipare,* devancer). *Anticiper un paiement,* le faire avant la date. ◆ v. t. ind. [**sur**] et i. Entamer avant le moment prévu : *anticiper sur ses revenus.* ● *N'anticipons pas,* respectons l'ordre des événements.

ANTICLÉRICAL, E, AUX adj. et n. Opposé à l'influence ou à l'ingérence du clergé dans les affaires publiques.

ANTICLÉRICALISME n. m. Attitude, politique anticléricale.

ANTICLINAL, E, AUX adj. et n. m. (gr. *anti,* contre, et *klinein,* faire pencher). *Géol.* Se dit d'un pli dont la convexité est tournée vers le haut. (Contr. SYNCLINAL.)

ANTICOAGULANT, E adj. et n. m. Qui empêche ou retarde la coagulation du sang.

ANTICOLONIALISME n. m. Opposition au colonialisme.

ANTICOLONIALISTE adj. et n. Opposé au colonialisme.

ANTICOMMUNISME n. m. Attitude d'hostilité à l'égard du communisme.

ANTICOMMUNISTE adj. et n. Opposé au communisme.

ANTICONCEPTIONNEL, ELLE adj. Qui empêche la fécondation, contraceptif.

ANTICONCURRENTIEL, ELLE adj. Se dit des attitudes, des pratiques opposées au libre jeu de la concurrence.

ANTICONFORMISME n. m. Opposition aux usages établis.

ANTICONFORMISTE adj. et n. Opposé aux usages établis.

ANTICONJONCTUREL, ELLE adj. Destiné à renverser une mauvaise conjoncture économique.

ANTICONSTITUTIONNEL, ELLE adj. Contraire à la Constitution.

ANTICONSTITUTIONNELLEMENT adv. Contrairement à la Constitution.

ANTICORPS n. m. Substance défensive engendrée par l'organisme à la suite de l'introduction dans celui-ci d'un antigène, et concourant au mécanisme de l'immunité.

ANTICORROSION adj. inv. Se dit d'un enduit empêchant l'attaque extérieure d'un métal. (S'il s'agit d'un acier, on dit *antirouille.*)

ANTICYCLONE n. m. Centre de hautes pressions atmosphériques.

ANTICYCLONIQUE ou **ANTICYCLONAL, E, AUX** adj. Relatif à un anticyclone.

ANTIDATE n. f. (lat. *ante,* avant, et *date*). Date inscrite antérieure à la date réelle.

ANTIDATER v. t. Apposer une antidate.

ANTIDÉFLAGRANT, E adj. Se dit d'un appareil conçu pour fonctionner dans une atmosphère inflammable et pourvu d'une protection telle qu'une explosion se produisant à l'intérieur ne puisse propager la déflagration.

ANTIDÉMOCRATIQUE adj. Opposé à la démocratie.

ANTIDÉPLACEMENT n. m. *Math.* Transformation ponctuelle résultant d'un déplacement et d'une symétrie par rapport à un point ou à un plan.

ANTIDÉPRESSEUR adj. et n. m. Se dit d'un médicament employé pour lutter contre la dépression mentale. (Syn. THYMOANALEPTIQUE.)

ANTIDÉRAPANT, E adj. Se dit d'un revêtement de route empêchant le dérapage des véhicules.

ANTIDÉRAPANT n. m. Dispositif appliqué sur les pneumatiques pour éviter les dérapages.

ANTIDÉTONANT, E adj. et n. m. Se dit d'un produit ajouté à un carburant liquide pour en augmenter l'indice d'octane afin d'empêcher sa détonation dans un moteur à explosion.

ANTIDIPHTÉRIQUE adj. Propre à combattre la diphtérie.

ANTIDIURÉTIQUE adj. et n. m. Qui diminue la sécrétion d'urine.

ANTIDOPING [ɑ̃tidopiŋ] ou **ANTIDOPAGE** adj. inv. Se dit de tout ce qui s'oppose à la pratique du doping dans les sports.

ANTIDOTE n. m. (gr. *antidotos,* donné contre). Contrepoison d'un toxique donné. ‖ Remède contre une douleur morale, un ennui.

ANTIÉCONOMIQUE adj. Qui témoigne d'une mauvaise gestion économique.

ANTIÉMÉTIQUE ou **ANTIÉMÉTISANT, E** adj. et n. m. Médicament propre à combattre les vomissements.

ANTIENNE [ɑ̃tjɛn] n. f. (gr. *antiphônos,* qui répond). Verset chanté avant et après un psaume. ‖ *Fam.* Discours répété sans cesse, d'une manière lassante.

ANTIENZYME n. f. Substance capable de s'opposer à l'action d'une enzyme, d'empêcher une fermentation.

ANTIÉTATIQUE adj. Opposé à un trop grand pouvoir de l'État.

ANTIFADING [ɑ̃tifadiŋ] n. m. Dispositif éliminant l'effet du fading.

ANTIFASCISTE adj. et n. Opposé au fascisme.

ANTIFERROMAGNÉTISME n. m. Propriété de certains corps de posséder, à des températures suffisamment basses, des moments magnétiques atomiques alternativement orientés dans un sens et dans l'autre.

ANTIFONGIQUE adj. (préf. *anti,* et *fongus,* champignon). Se dit de médications actives contre les champignons ou levures parasites de l'homme ou des animaux.

ANTIFRICTION adj. inv. Se dit d'un alliage d'antimoine, dont on constitue les coussinets

des paliers de machine pour réduire le frottement.

ANTI-g adj. inv. Qui s'oppose à l'action de la gravité (symb. : *g*) ou qui en atténue les effets.

ANTIGANG adj. inv. *Brigade antigang,* unité de police constituée spécialement pour la lutte contre la grande criminalité (hold-up, enlèvements, etc.).

ANTIGEL n. m. Produit ajouté à l'eau du radiateur d'un moteur pour l'empêcher de geler.

ANTIGELIF n. m. Adjuvant qui garantit le béton durci contre l'altération par le gel.

ANTIGÈNE n. m. Substance agressive pour l'organisme (microbe, cellule d'une espèce différente, substance chimique ou organique, etc.), pouvant provoquer la formation d'anticorps.

ANTIGIVRANT, E adj. et n. m. Propre à empêcher la formation du givre sur les avions.

ANTIGLISSE adj. inv. Se dit de vêtements de ski conçus pour accrocher la neige.

ANTIGOUVERNEMENTAL, E, AUX adj. Opposé au gouvernement.

ANTIGRÈVE adj. Se dit de ce qui s'oppose à une grève.

ANTIHALO n. m. et adj. Préparation dont on enduit le dos des négatifs photographiques pour éviter les voiles partiels.

ANTIHAUSSE adj. inv. Se dit de toute mesure destinée à enrayer ou à ralentir la hausse des prix.

ANTIHÉROS n. m. Personnage d'une œuvre littéraire n'ayant pas les caractéristiques du héros traditionnel.

ANTIHISTAMINIQUE n. m. Substance qui s'oppose à l'action nocive de l'histamine. (Les antihistaminiques sont actifs dans l'urticaire et dans les affections allergiques.)

ANTIHYGIÉNIQUE adj. Contraire à l'hygiène.

ANTI-IMPÉRIALISME n. m. Attitude ou doctrine fondée sur l'opposition à l'impérialisme.

ANTI-IMPÉRIALISTE adj. et n. Opposé à l'impérialisme.

ANTI-INFLAMMATOIRE adj. et n. m. Se dit d'un médicament employé pour lutter contre l'inflammation.

ANTI-INFLATIONNISTE adj. Qui s'oppose à l'inflation.

ANTILACET n. m. *Ch. de f.* Dispositif générateur d'un couple résistant s'opposant, dans le plan horizontal, à la rotation d'un bogie par rapport à la caisse.

ANTILLAIS, E adj. et n. Des Antilles.

ANTILOGARITHME n. m. *Math.* Nombre correspondant à un logarithme donné.

ANTILOPE n. f. (angl. *antelope,* empr. au gr.). Nom donné à divers ruminants sauvages d'assez

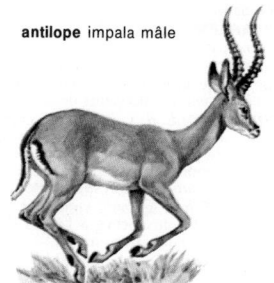

antilope impala mâle

grande taille, d'Afrique (*gnou, bubale*) ou d'Asie (*nilgaut*), et dont la peau à poil ras est utilisée dans la confection de vêtements légers. (Ces animaux forment la famille des *antilopidés.*)

ANTIMAÇONNIQUE adj. Opposé à la franc-maçonnerie.

ANTIMATIÈRE n. f. Ensemble formé d'antiparticules.

ANTIMÉRIDIEN n. m. Demi-cercle passant par

la ligne des pôles et opposé à 180° au demi-cercle passant par un point donné.

ANTIMILITARISME n. m. Hostilité à l'égard des institutions et de l'esprit militaires.

ANTIMILITARISTE adj. et n. Opposé aux institutions et à l'esprit militaires.

ANTIMISSILE adj. Se dit d'une arme, d'un dispositif ou, plus généralement, de toute mesure destinée à s'opposer à l'action des missiles.

ANTIMITE n. m. et adj. Produit insecticide protégeant les lainages et les fourrures.

ANTIMITOTIQUE adj. et n. Se dit d'une substance s'opposant à l'accomplissement des mitoses, et employée de ce fait dans le traitement des tumeurs.

ANTIMOINE n. m. (ar. *ithmid*). Corps simple solide (Sb) n° 51, de masse atomique 121,75, d'un blanc bleuâtre, cassant, dont la densité est 6,7 environ, fondant vers 630 °C, et qui se rapproche de l'arsenic.

ANTIMONIATE n. m. Sel d'un acide oxygéné dérivé de l'antimoine.

ANTIMONIÉ, E adj. Qui contient de l'antimoine.

ANTIMONIURE n. m. Combinaison de l'antimoine avec un corps simple.

ANTINATIONAL, E, AUX adj. Opposé à l'intérêt, au caractère national.

ANTINAZI, E adj. et n. Hostile aux nazis.

ANTINEUTRON n. m. Antiparticule du neutron.

ANTINÉVRALGIQUE adj. Qui calme les névralgies.

ANTINOMIE n. f. (gr. *anti*, contre, et *nomos*, loi). Contradiction entre deux idées, deux principes. ‖ *Log.* Contradiction à l'intérieur d'une théorie déductive. (On dit aussi PARADOXE.)

ANTINOMIQUE adj. Qui forme antinomie.

ANTINUCLÉAIRE adj. et n. Hostile à l'emploi de l'énergie nucléaire.

ANTIOXYDANT n. m. Produit qui, ajouté aux aliments ainsi qu'à certains matériaux ou composés organiques, leur permet de résister à l'oxydation et à une détérioration graduelle.

ANTIPAPE n. m. Pape élu irrégulièrement, et par conséquent non reconnu par l'Église romaine. (La dénomination d'antipape s'applique aussi aux papes d'Avignon et de Pise à l'époque du Grand Schisme [1378-1417].)

ANTIPARALLÈLE adj. *Math.* Se dit de deux droites qui, sans être parallèles, forment avec une troisième des angles égaux.

ANTIPARASITE adj. et n. m. Qui s'oppose à la production ou à l'action des perturbations affectant la réception des émissions radiophoniques et télévisées.

ANTIPARASITER v. t. Munir d'un antiparasite.

ANTIPARLEMENTAIRE adj. et n. Opposé au régime parlementaire.

ANTIPARLEMENTARISME n. m. Opposition au régime parlementaire.

ANTIPARTI adj. inv. Se dit notamment d'un groupe de personnes qui, à l'intérieur d'un parti, s'opposent aux décisions de la majorité.

ANTIPARTICULE n. f. Particule élémentaire (positon, antiproton, antineutron), de masse égale mais de propriétés électromagnétiques et de charge baryonique ou leptonique opposées à celles de la particule correspondante.

ANTIPATHIE n. f. (gr. *anti*, contre, et *pathos*, passion). Hostilité instinctive à l'égard de qqn ou de qqch ; aversion, dégoût.

ANTIPATHIQUE adj. Qui inspire de l'antipathie. (Contr. SYMPATHIQUE.)

ANTIPATRIOTIQUE adj. Se dit de ce qui est contraire au patriotisme.

ANTIPÉRISTALTIQUE adj. Se dit des contractions anormales de l'œsophage et de l'intestin qui se font de bas en haut.

ANTIPERSONNEL adj. inv. Se dit des armes mettant hors de combat le personnel.

ANTIPHLOGISTIQUE [ɑ̃tiflɔʒistik] adj. (gr. *anti*, contre, et *phlox, phlogos,* flamme). *Méd.* Efficace contre les inflammations.

ANTIPHONAIRE n. m. (gr. *antiphônos*, répondant à). Livre liturgique contenant l'ensemble des chants exécutés par le chœur à l'office ou à la messe.

ANTIPHRASE n. f. Manière de s'exprimer qui consiste à dire le contraire de ce qu'on pense, par ironie ou euphémisme.

ANTIPODE n. m. (gr. *anti*, contre, et *pous, podos,* pied). Lieu de la Terre diamétralement opposé à un autre lieu (souvent au pl.) : *la Nouvelle-Zélande est à l'antipode* ou *aux antipodes de la France.* ‖ Habitant de ce lieu (vx). ‖ *Bot.* L'une des cellules du sac embryonnaire opposée à l'oosphère. ● *Être à l'antipode de,* être à l'opposé de : *votre raisonnement est à l'antipode du bon sens.*

ANTIPODISME n. m. Spécialité de l'antipodiste.

ANTIPODISTE n. Acrobate qui, couché sur le dos, exécute ses tours avec les pieds.

ANTIPOISON adj. inv. *Centre antipoison,* centre médical équipé pour lutter contre les effets des substances toxiques.

ANTIPOLIOMYÉLITIQUE adj. Utilisé contre la poliomyélite.

ANTIPOLLUTION adj. inv. Destiné à éviter ou à diminuer la pollution.

ANTIPROTECTIONNISTE adj. et n. Opposé au système protecteur, ou protectionnisme.

ANTIPROTON n. m. Antiparticule du proton, de charge négative.

ANTIPSYCHIATRIE n. f. Mouvement de mise en question de la psychiatrie telle qu'elle est pratiquée.

ANTIPSYCHIATRIQUE adj. Relatif à l'antipsychiatrie.

ANTIPSYCHOTIQUE adj. Se dit des médicaments utilisés dans les cas de psychose.

ANTIPUTRIDE adj. Qui empêche la putréfaction.

ANTIPYRÉTIQUE adj. Qui fait tomber la fièvre. (Syn. FÉBRIFUGE.)

ANTIPYRINE n. f. Médicament à noyau benzénique, antipyrétique et analgésique.

ANTIQUAILLE n. f. *Fam.* Objet ancien et de peu de valeur.

ANTIQUAIRE n. (lat. *antiquarius*). Commerçant en objets anciens de qualité. ‖ Archéologue (vx).

ANTIQUE adj. (lat. *antiquus*). Qui date de la période gréco-romaine ou en a les caractères.

ANTIQUE n. m. Ensemble des productions artistiques des Anciens : *copier l'antique.*

ANTIQUE n. f. Sculpture antique, grecque ou romaine. ‖ Caractère d'imprimerie formé de traits d'égale épaisseur, sans pleins ni déliés.

ANTIQUISANT, E adj. Qui s'inspire de l'antique.

ANTIQUITÉ n. f. Période de l'histoire correspondant aux plus anciennes civilisations : *l'Antiquité orientale; l'Antiquité classique.* ‖ Temps très ancien. ‖ Caractère de ce qui est ancien : *l'antiquité d'une statue.* ‖ Objet d'art remontant à la période gréco-romaine ou à une période ancienne (souvent au pl.).

ANTIRABIQUE adj. et n. m. Se dit d'un traitement et spécialement de la vaccination contre la rage.

ANTIRACHITIQUE adj. *Méd.* Qui combat le rachitisme.

ANTIRACISME n. m. Opposition au racisme.

ANTIRACISTE adj. et n. Hostile au racisme.

ANTIRADAR adj. Se dit d'un dispositif destiné à mettre en échec les possibilités militaires du radar.

ANTIRATIONNEL, ELLE adj. Contraire à la raison.

ANTIREFLET adj. Se dit d'une couche mince, transparente, déposée sur la surface des verres d'optique pour supprimer la lumière réfléchie.

ANTIRÉGLEMENTAIRE adj. Contraire au règlement.

ANTIRELIGIEUX, EUSE adj. Contraire à la religion, aux opinions religieuses.

ANTIRÉPUBLICAIN, E adj. et n. Opposé à la république et aux républicains.

ANTIRIDES adj. et n. m. inv. Se dit d'un produit de beauté évitant les rides.

ANTIROMAN n. m. Forme de la littérature romanesque fondée sur le rejet de l'intrigue traditionnelle, la dissolution du héros, le refus de l'analyse psychologique, et qui évoque un monde rebelle à l'interprétation humaine.

ANTIROUILLE n. m. et adj. inv. Substance propre à préserver de la rouille, à la faire disparaître.

ANTIROULIS adj. Se dit d'un dispositif qui s'oppose à l'établissement du roulis, au dévers d'un véhicule dans un virage.

ANTISATELLITE adj. Se dit de toute technique ou de tout engin s'opposant à l'emploi militaire des satellites.

ANTISCORBUTIQUE adj. Se dit d'une substance propre à prévenir ou à guérir le scorbut.

ANTISÉGRÉGATIONNISTE adj. et n. Qui s'oppose à la séparation des races.

ANTISÉMITE adj. et n. Hostile aux Juifs.

ANTISÉMITISME n. m. Doctrine ou attitude d'hostilité systématique à l'égard des Juifs.

ANTISEPSIE n. f. (gr. *anti*, contre, et *sêpsis*, putréfaction). Ensemble des méthodes qui préservent contre l'infection, en détruisant les microbes.

ANTISEPTIQUE adj. et n. m. Qui prévient l'infection.

ANTISISMIQUE adj. Se dit d'une construction conçue pour résister aux secousses telluriques.

ANTISOCIAL, E, AUX adj. Se dit de conduites qui portent atteinte à l'ordre social. ‖ Contraire aux intérêts des travailleurs.

ANTI-SOUS-MARIN, E adj. Se dit d'une arme ou d'un procédé servant à déceler ou à combattre les sous-marins. (Abrév. : A. S. M.)

ANTISPASMODIQUE adj. et n. m. Se dit des remèdes que l'on emploie contre les spasmes.

ANTISPORTIF, IVE adj. Contraire à l'esprit sportif.

ANTISTATIQUE adj. et n. m. Se dit d'une substance empêchant ou limitant le développement d'électricité statique à la surface des matières plastiques.

ANTISTREPTOLYSINE n. f. Anticorps élaboré par l'organisme en cas d'infection streptococcique.

ANTISYMÉTRIQUE adj. *Math.* Se dit d'une relation binaire entre éléments d'un ensemble, telle que, si elle est vérifiée pour le couple *(a, b)* et pour le couple *(b, a),* les éléments *a* et *b* sont identiques.

ANTISYNDICAL, E, AUX adj. Contraire à l'action des syndicats ou à leurs droits.

ANTITABAC adj. inv. Qui vise à lutter contre l'usage du tabac.

ANTITÉTANIQUE adj. Utilisé contre le tétanos.

ANTITHÈSE n. f. (gr. *antithesis*, opposition). Opposition entre deux mots ou expressions traduisant des idées contraires. (Ex. : *la nature est grande dans les petites choses.*) ‖ Personne ou chose à l'opposé d'une autre : *il est l'antithèse de son frère.*

ANTITHÉTIQUE adj. Qui forme antithèse.

ANTITHYROÏDIEN, ENNE adj. *Méd.* Qui combat l'hyperthyroïdie.

ANTITOXINE n. f. Anticorps élaboré par l'organisme et qui rend inactive une toxine.

ANTITOXIQUE adj. Se dit des fonctions par lesquelles l'organisme détruit certains produits toxiques.

ANTITRUST adj. inv. Qui s'oppose à la création ou à l'extension d'un trust.

ANTITUBERCULEUX, EUSE adj. Qui combat la tuberculose.

ANTIVARIOLIQUE adj. Qui combat la variole.

ANTIVÉNÉNEUX, EUSE adj. Qui combat les poisons.

ANTIVENIMEUX, EUSE adj. Qui combat l'effet toxique des venins.

ANTIVIRAL, E, AUX adj. et n. Se dit d'une substance active contre les virus.

ANTIVOL adj. et n. m. Se dit d'un dispositif de sécurité destiné à empêcher les vols et les effractions.

ANTOINISME n. m. Religion théosophique fondée par un mineur belge, Louis ANTOINE (1846-1912).

ANTONOMASE n. f. (gr. *antonomasia*). *Rhét.* Substitution à un nom commun d'un nom propre ou d'une périphrase qui énoncent sa qualité essentielle, ou réciproquement, comme *Harpagon* pour *avare*.

ANTONYME n. m. (gr. *anti*, contre, et *onuma*, nom). *Ling.* Mot qui a un sens opposé à celui d'un autre; contraire : *« laideur » et « beauté » sont des antonymes.*

ANTONYMIE n. f. *Ling.* Caractère des mots antonymes.

ANTRE n. m. (lat. *antrum*). *Litt.* Excavation naturelle qui peut servir d'abri aux hommes ou aux animaux. ● *Antre pylorique*, portion terminale de l'estomac, qui précède le pylore.

ANTRUSTION [ɑ̃trystjɔ̃] n. m. (germ. *trust*, fidèle). *Hist.* Volontaire attaché au service du roi, chez les Mérovingiens.

ANURIE n. f. (gr. *ouron*, urine). Arrêt de la sécrétion rénale.

ANUS [anys] n. m. (mot lat.). Orifice du rectum. ● *Anus artificiel*, abouchement chirurgical de l'intestin à la peau, pratiqué en cas d'obstruction intestinale.

ANUSCOPIE n. f. Examen endoscopique de l'anus.

ANXIÉTÉ n. f. (lat. *anxietas*). Grande inquiétude, angoisse : *attendre avec anxiété.* ‖ *Psychol.* État de désarroi psychique ressenti en face d'un danger indéterminé et imminent, s'accompagnant d'un sentiment d'insécurité.

ANXIEUSEMENT adv. Avec anxiété.

ANXIEUX, EUSE adj. et n. Qui éprouve ou marque de l'anxiété : *être anxieux de l'avenir.*

ANXIOGÈNE adj. *Psychol.* Se dit de ce qui suscite l'anxiété ou l'angoisse.

ANXIOLYTIQUE adj. et n. m. Se dit d'une substance qui apaise l'anxiété.

AORISTE n. m. (gr. *aoristos*, indéterminé). *Ling.* Temps qui indique un passé indéterminé.

AORTE n. f. (gr. *aortê*, veine). Artère qui naît à la base du ventricule gauche du cœur et qui est le tronc commun des artères portant le sang oxygéné dans toutes les parties du corps.

AORTIQUE adj. Relatif à l'aorte. ● *Arcs aortiques*, arcs osseux et vasculaires de la tête et du thorax des vertébrés, importants en classification.

AORTITE n. f. Inflammation de l'aorte.

AOÛT [u] n. m. (lat. *augustus*). Huitième mois de l'année. ● *Le 15-Août*, fête légale de l'Assomption.

AOÛTAT [auta] n. m. Larve du trombidion, dont la piqûre entraîne de vives démangeaisons. (Long. 1 mm.)

AOÛTÉ, E [aute *ou* ute] adj. Mûri par la chaleur d'août.

AOÛTEMENT [autmɑ̃ *ou* utmɑ̃] n. m. Lignification des jeunes rameaux avant l'hiver.

AOÛTIEN, ENNE [ausjɛ̃, ɛn] n. Personne qui prend ses vacances au mois d'août.

APACHE n. m. Malfaiteur, bandit (vx).

APADÂNA n. f. *Archéol.* Salle du trône dans les palais des rois achéménides.

APAGOGIQUE adj. (gr. *apagôgê*, action d'emmener). *Log.* Syn. d'ABSURDE. ● *Raisonnement apagogique*, démonstration par l'absurde.

APAISANT, E adj. Qui apaise.

APAISEMENT n. m. Action d'apaiser, de s'apaiser.

APAISER v. t. (de *paix*). Ramener au calme, radoucir (qqn). ‖ Satisfaire un sentiment, un désir. ◆ **s'apaiser** v. pr. Devenir calme.

APANAGE n. m. (du lat. *apanare*, donner du pain, nourrir). *Hist.* À l'origine, biens donnés aux fils puînés en échange de la renonciation à la

succession paternelle; puis portion de domaine que les rois de France assignaient à leurs fils cadets ou à leurs frères, et qui devait revenir à la Couronne après extinction des descendants mâles. ● *Être l'apanage de qqn* (Litt.), lui appartenir en propre.

APARTÉ [aparte] n. m. (lat. *a parte*, à part). Ce qu'un acteur dit à part soi, et qui, selon les conventions théâtrales, n'est entendu que des spectateurs. ‖ Paroles échangées à l'écart dans une réunion, dans un petit groupe séparé.

APARTHEID [apartɛd] n. m. (mot afrikaans). En Afrique du Sud, ségrégation systématique des gens de couleur, qui sont séparés des Blancs en toutes circonstances.
■ Les premières mesures d'apartheid furent prises en 1913; l'apartheid se renforça en 1948 avec le gouvernement du parti nationaliste.

APATHIE n. f. (gr. *apatheia*). Absence de volonté, d'énergie; mollesse.

APATHIQUE adj. Indolent, mou.

APATHIQUEMENT adv. De façon apathique.

APATITE n. f. Phosphate de calcium présent dans beaucoup de roches éruptives, notamment dans les *pegmatites*.

APERTURE n. f. *Phon.* Ouverture du canal buccal pendant l'articulation d'un phonème.

APESANTEUR n. f. État dans lequel les effets de la pesanteur sont annihilés.

APÉTALE adj. Qui n'a pas de pétales.

APÉTALE n. f. Plante dicotylédone dont les fleurs sont dépourvues de corolle, comme le *chêne*, le *gui*, le *saule*, l'*ortie*, la *betterave*.

À-PEU-PRÈS n. m. inv. Ce qui est incomplet, superficiel, approximatif.

APEURÉ, E adj. Saisi de peur.

APEURER v. t. Faire peur, effrayer.

APEX [apɛks] n. m. inv. (mot lat., *sommet*). Pointe, sommet d'un organe animal ou végétal. ‖ *Astron.* Point de la sphère céleste situé dans la constellation d'Hercule, et vers lequel semble se diriger le système solaire avec une vitesse de l'ordre de 20 km/s.

APHASIE n. f. (gr. *phasis*, parole). Perte de la parole ou de la compréhension du langage à la suite d'une lésion corticale de l'hémisphère cérébral dominant (gauche chez les droitiers ou droit chez les gauchers), et dont la localisation détermine le type d'aphasie.

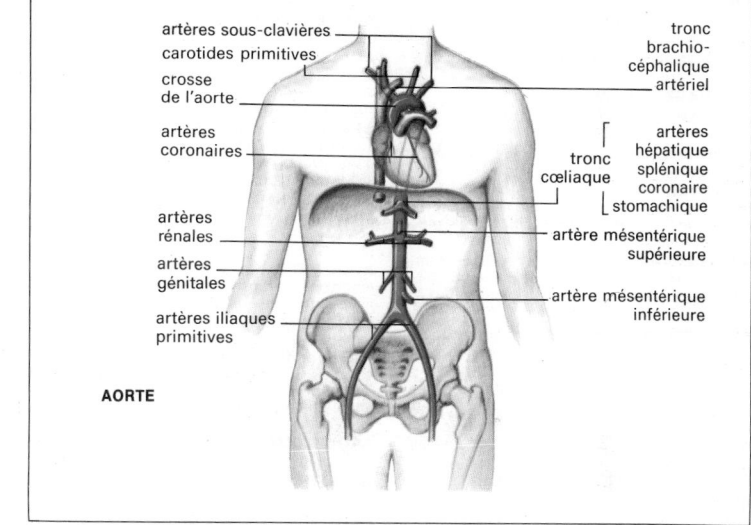

artères sous-clavières
carotides primitives
crosse de l'aorte
artères coronaires
artères rénales
artères génitales
artères iliaques primitives

tronc brachio-céphalique artériel
tronc cœliaque
artères hépatique splénique coronaire stomachique
artère mésentérique supérieure
artère mésentérique inférieure

AORTE

APATRIDE adj. et n. (de *patrie*). Sans nationalité légale.

APEPSIE n. f. (gr. *pepsis*, digestion). Mauvaise digestion par insuffisance de sécrétion du suc gastrique.

APERCEPTION n. f. *Philos.* Connaissance de soi d'une monade (Leibniz); conscience du moi (Kant).

APERCEVOIR v. t. (lat. *ad*, vers, et *percipere*, comprendre) [conj. 29]. Voir qqn, qqch qu'on ne découvre pas immédiatement : *apercevoir une montagne dans le lointain.* ◆ **s'apercevoir** v. pr. Remarquer, se rendre compte : *il s'est aperçu qu'on ne l'écoutait plus.*

APERÇU n. m. Vue d'ensemble, souvent sommaire : *donner un aperçu d'une question.*

APÉRIODIQUE adj. Se dit d'un appareil qui atteint sans oscillations une position d'équilibre.

APÉRITEUR n. m. (lat. *aperire*, ouvrir). *Dr.* Principal assureur dans le cas d'assurances multiples.

APÉRITIF, IVE adj. (lat. *aperire*, ouvrir). Qui stimule l'appétit (vx).

APÉRITIF n. m. Boisson le plus souvent alcoolisée que l'on prend avant le repas.

APÉRO n. m. *Pop.* Apéritif.

APHASIQUE adj. et n. Atteint d'aphasie.

APHÉLANDRA n. m. Plante ornementale de l'Amérique tropicale, cultivée en serre chaude et en appartement dans les régions européennes. (Famille des acanthacées.)

APHÉLIE n. m. (gr. *apo*, loin, et *helios*, soleil). Point de l'orbite d'une planète le plus éloigné du Soleil. (Contr. PÉRIHÉLIE.)

APHÉRÈSE n. f. (gr. *aphairesis*, enlèvement). *Phon.* Suppression d'une syllabe ou d'un son à l'initiale d'un mot. (Ex. : *car* pour *alors*.)

APHIDIEN n. m. Insecte piqueur nuisible aux plantes, tel que les *pucerons* et le *phylloxera*. (Les *aphidiens* forment une famille de l'ordre des homoptères.)

APHONE adj. (gr. *phônê*, voix). Qui n'a pas ou n'a plus de voix.

APHONIE n. f. Extinction de la voix.

APHORISME n. m. (gr. *aphorismos*, définition). Maxime énoncée en peu de mots. (Ex. : *tel père, tel fils.*)

APHRODISIAQUE adj. et n. m. Se dit de certaines substances qui sont censées exciter le désir sexuel.

APHTE [aft] n. m. (gr. *aptein*, brûler). Lésion superficielle de la muqueuse buccale.

APHTEUX, EUSE adj. Caractérisé par la présence d'aphtes. ● *Fièvre aphteuse,* maladie épizootique due à un virus et atteignant le bœuf, le mouton, le porc.

API n. m. (d'*Appius,* qui, le premier, aurait cultivé des pommes de ce genre). *Pomme d'api,* petite pomme rouge et blanc, ferme et sucrée.

À-PIC n. m. inv. Paroi verticale présentant une dénivellation importante.

APICAL, E, AUX adj. (lat. *apex,* sommet). *Anat.* Se dit de la partie qui forme le sommet d'un organe. (Contr. BASAL.) ◆ adj. et n. f. *Phon.* Se dit d'un phonème qui s'articule avec la pointe de la langue rapprochée du palais osseux.

APICOLE adj. (lat. *apis,* abeille, et *colere,* cultiver). Qui concerne l'élevage des abeilles.

APICULTEUR, TRICE n. Personne qui élève des abeilles.

APICULTURE n. f. Art d'élever les abeilles.

APIDÉ n. m. Insecte hyménoptère tel que l'*abeille,* le *xylocope* et le *bourdon.* (Les *apidés* forment une famille.)

APIÉCEUR, EUSE n. Ouvrier, ouvrière chargés du montage des vêtements.

APIFUGE adj. Se dit d'un produit qui éloigne les abeilles.

APIOL n. m. (lat. *apium,* persil). Principe actif des graines du persil.

APION n. m. (gr. *apios,* poire). Charançon dont la larve attaque certaines légumineuses. (Long. 4 mm; ordre des coléoptères.)

APIQUAGE n. m. *Mar.* Action d'apiquer.

APIQUER v. t. *Mar.* Faire pencher ou incliner de haut en bas.

APITOIEMENT n. m. Action de s'apitoyer, compassion.

APITOYER v. t. (lat. *pietas,* piété) [conj. 2]. Exciter la pitié, la compassion. ◆ **s'apitoyer** v. pr. [**sur**]. Être pris d'un sentiment de pitié pour qqn, qqch.

APLACENTAIRE adj. et n. m. Se dit de mammifères inférieurs dépourvus de placenta.

APLANAT [aplana] n. m. et adj. Objectif photographique aplanétique.

APLANÉTIQUE adj. (gr. *planê,* aberration). Se dit d'un système optique qui donne d'un petit objet plan une image plane.

APLANÉTISME n. m. Qualité d'un système optique aplanétique.

APLANIR v. t. (de *plan,* uni). Rendre unie une surface inégale. ‖ Faire disparaître ce qui fait obstacle : *aplanir les difficultés.*

APLANISSEMENT n. m. Action d'aplanir.

APLASIE [aplazi] n. f. (gr. *plassein,* façonner). *Méd.* Absence de développement d'un tissu, d'un organe.

APLASIQUE adj. Relatif à l'aplasie.

APLAT [apla] n. m. (de *aplatir*). Couleur étendue de façon uniforme dans une peinture. ‖ Impression d'une teinte unie non tramée.

À-PLAT n. m. (pl. *à-plats*). Propriété d'une feuille de papier de se présenter d'une manière plane, sans aucun défaut superficiel.

APLATI, E adj. Écrasé : *un nez aplati.*

APLATIR v. t. Rendre plat ou briser qqch par un choc. ◆ **s'aplatir** v. pr. S'allonger (sur le sol). ‖ S'écraser avec violence. ‖ S'humilier.

APLATISSEMENT n. m. Action d'aplatir; écrasement, platitude.

APLATISSEUR n. m. Appareil laminant les graines pour les rendre plus digestibles au bétail.

APLOMB [apl5] n. m. (de *plomb*). État d'équilibre, de stabilité. ‖ Confiance absolue en soi-même. ● *D'aplomb,* vertical, en équilibre. ◆ pl. Position des membres d'un animal par rapport au sol.

APNÉE n. f. (gr. *pnein,* respirer). Arrêt, volontaire ou non, de la respiration.

APOASTRE n. m. *Astron.* Point de l'orbite d'un astre gravitant autour d'un autre pour lequel la distance des deux corps est maximale.

APOCALYPSE n. f. Genre littéraire du judaïsme des IIᵉ et Iᵉʳ s. av. J.-C. et du christia-

nisme primitif (Apocalypse de saint Jean), traitant sous une forme conventionnelle et symbolique de la destinée du monde et du peuple de Dieu. (L'apocalypse est un développement du genre prophétique.) ‖ Catastrophe épouvantable, fin du monde.

APOCALYPTIQUE adj. (gr. *apokaluptikos,* qui révèle). Relatif aux apocalypses : *vision apocalyptique.* ‖ Épouvantable, catastrophique.

APOCOPE [apɔkɔp] n. f. (gr. *apokoptein,* retrancher). *Phon.* Chute d'un phonème, d'une ou de plusieurs syllabes à la fin d'un mot : *les abréviations « ciné », « métro », « moto » sont des exemples d'apocope.*

APOCOPÉ, E adj. Qui a subi une apocope.

APOCRYPHE adj. (gr. *apokruphos,* tenu secret). Non authentique; douteux, suspect : *document apocryphe.*

APOCRYPHES n. m. pl. Livres juifs ou chrétiens dont l'authenticité n'a pas été suffisamment établie ou n'ont pas été admis dans le canon juif ou chrétien.

APOCYNACÉE [apɔsinase] n. f. (gr. *apo,* loin de, et *kuôn, kunos,* chien). Plante gamopétale comme la *pervenche* et le *laurier-rose.* (Les *apocynacées* constituent une famille de l'ordre des *apocynales.*)

APODE adj. (gr. *pous, podos,* pied). Qui n'a pas de pieds, de pattes, de nageoires.

APODE n. m. Batracien sans membres comme la *cécilie.* ‖ Poisson téléostéen faisant partie du sous-ordre des *apodes* qui comprend les *anguilles,* les *congres* et les *murènes.*

APODICTIQUE adj. (gr. *apodeiktikos,* propre à convaincre). *Philos.* Se dit d'un jugement ou d'une proposition nécessaire. (Contr. ASSERTORIQUE et CATÉGORIQUE.)

APODOSE n. f. *Ling.* Proposition principale placée après une proposition subordonnée, ou protase. (Ex. : *si tu veux* [protase], IL PARTIRA [apodose].)

APOGAMIE n. f. *Bot.* Développement d'un embryon à partir d'une cellule du sac embryonnaire autre que l'oosphère.

APOGÉE n. m. (gr. *apo,* loin de, et *gê,* terre). *Astron.* Point de l'orbite d'un corps (astre ou satellite artificiel) gravitant autour de la Terre où ce corps se trouve à sa plus grande distance de la Terre. ● *À l'apogée de qqch,* au plus haut degré qu'on puisse atteindre : *à l'apogée de sa gloire.*

APOLITIQUE adj. et n. Qui se place en dehors de la politique.

APOLITISME n. m. Attitude de celui qui est apolitique.

APOLLINIEN, ENNE adj. Relatif à Apollon. ‖ *Philos.* Selon Nietzsche, se dit de tout ce qui est équilibré et mesuré (par oppos. à DIONYSIAQUE).

APOLLON n. m. (de *Apollon,* dieu grec). *Iconiq.* Jeune homme très beau.

APOLOGÉTIQUE adj. Qui contient une apologie.

APOLOGÉTIQUE n. f. *Apologétique chrétienne,* partie de la théologie qui a pour objet de montrer la crédibilité rationnelle et historique de la foi chrétienne.

APOLOGIE n. f. (gr. *apologia,* défense). Discours ou écrit qui défend, justifie une personne ou une chose : *faire l'apologie d'un crime, d'une politique.*

APOLOGISTE n. Personne qui fait l'apologie de qqn, qqch. ◆ n. m. Père de l'Église des premiers siècles qui, par ses écrits, défendant la foi chrétienne contre les juifs et les païens, les empereurs ou les philosophes. (Parmi les plus grands apologistes : Justin, Tertullien.)

APOLOGUE n. m. (gr. *apologos,* récit). Fable à intention moralisatrice.

APOMIXIE n. f. Reproduction sexuée sans fécondation, observable chez certaines plantes supérieures.

APOMORPHINE n. f. Composé dérivé de la morphine par perte d'eau. (L'apomorphine est un vomitif.)

APONÉVROSE n. f. Membrane conjonctive

qui enveloppe les muscles et dont les prolongements ou tendons fixent les muscles aux os.

APONÉVROTIQUE adj. Relatif à l'aponévrose.

APOPHONIE n. f. *Ling.* Variation d'une voyelle d'un mot au cours de la déclinaison, de la conjugaison ou de la dérivation.

APOPHTEGME [apɔftɛgm] n. m. (gr. *apophthegma,* sentence). *Litt.* Parole mémorable; pensée concise.

APOPHYSAIRE adj. Qui concerne l'apophyse.

APOPHYSE n. f. (gr. *apo,* hors de, et *phusis,* croissance). *Anat.* Excroissance naturelle de la surface d'un os.

APOPLECTIQUE adj. et n. Relatif ou prédisposé à l'apoplexie.

APOPLEXIE n. f. (gr. *apo,* indiquant l'achèvement, et *plessein,* frapper). Coma à début brutal.

APORÉTIQUE adj. *Philos.* Syn. de DOUTEUX.

APORIE n. f. (gr. *aporia,* difficulté). *Philos.* Incertitude ou impasse logique.

APOSÉLÈNE n. m. *Astron.* Point de l'orbite d'un corps gravitant autour de la Lune où la distance de ce corps à la Lune est la plus grande.

APOSIOPÈSE n. f. *Rhét.* Interruption d'une phrase par un silence brusque.

APOSTASIE n. f. (gr. *apostasis,* abandon). *Litt.* Abandon public d'une religion, d'une doctrine.

APOSTASIER v. t. et i. Faire acte d'apostasie.

APOSTAT, E [apɔsta, at] adj. et n. Qui a apostasié.

APOSTER v. t. (it. *appostare,* guetter). Placer en observateur.

A POSTERIORI [apɔsterjɔri] loc. adv. et adj. inv. (mots lat. signif. *en partant de ce qui vient après*). En se fondant sur l'expérience, sur les faits constatés. (Contr. A PRIORI.)

APOSTILLE n. f. (anc. fr. *postille,* annotation). *Dr.* Addition faite en marge d'un acte.

APOSTILLER v. t. *Dr.* Doter un acte d'une apostille.

APOSTOLAT [apɔstɔla] n. m. (gr. *apostolos,* apôtre). Mission d'un apôtre ou d'un propagandiste.

APOSTOLICITÉ n. f. Conformité à la doctrine des apôtres. ‖ Caractère d'une Église fondée par les apôtres ou leurs disciples immédiats.

APOSTOLIQUE adj. Relatif aux apôtres. ‖ Qui émane du Saint-Siège. ● *Lettres apostoliques,* documents pontificaux divisés en quatre classes : les bulles, les brefs, les *motu proprio* et les signatures de la Cour de Rome.

APOSTROPHE n. f. (gr. *apostrophê,* action de se retourner). Interpellation brusque et peu courtoise. ‖ *Rhét.* Figure de style par laquelle on s'adresse directement aux personnes ou aux choses personnifiées. ● *Mot mis en apostrophe* (Ling.), mot désignant la personne à qui on s'adresse. (Syn. APPELLATIF.)

APOSTROPHE n. f. (gr. *apostrophos*). Signe de l'élision (').

■ L'apostrophe s'emploie :

1° avec *le, la, je, me, te, se, ne, de, que, ce, si* (seulement devant *il*), devant un mot commençant par une voyelle ou un *h* muet;

2° avec *lorsque, parce que, puisque, quoique,* devant *il, elle, en, on, un, une;*

3° avec *quelque,* devant *un, une.*

APOSTROPHER v. t. S'adresser brusquement ou brutalement à qqn.

APOTHÉCIE [apɔtesi] n. f. (gr. *apothêkê,* réservoir). *Bot.* Organe reproducteur en forme de coupe où se forment les spores des champignons ascomycètes entrant dans la constitution des lichens.

APOTHÈME n. m. (gr. *apotithenai,* abaisser). ▷ *Math.* Perpendiculaire menée du centre d'un polygone régulier sur un de ses côtés. (La surface d'un polygone régulier est égale au produit de la longueur de son demi-périmètre par la longueur de son apothème.) ‖ Perpendiculaire abaissée du sommet d'une pyramide régulière sur un des côtés du polygone de base.

APOTHÉOSE n. f. (gr. *apotheôsis*). Fin, très brillante, d'une action, d'un ouvrage, d'un spectacle. ‖ *Hist.* Déification d'un héros ou d'un souverain après sa mort. ‖ *Litt.* Honneurs extraordinaires rendus à quelqu'un.

APOTHICAIRE n. m. (gr. *apothêkê*, réservoir). Se disait autrefois pour PHARMACIEN. ● *Compte d'apothicaire* (Litt.), compte trop détaillé sur lequel il y a beaucoup à rabattre.

APÔTRE n. m. (lat. *apostolus*, mot gr.). Nom donné, d'une part, aux douze disciples choisis par Jésus-Christ (Pierre, André, Jacques le Majeur, Jean, Philippe, Barthélemy, Matthieu, Thomas, Jacques le Mineur, Simon, Jude et Judas [remplacé après sa mort par Matthias]); d'autre part, à ceux qui, tels Paul et Barnabé, ont été les premiers messagers de l'Évangile. ‖ Propagandiste d'une doctrine : *apôtre du socialisme.* ● *Faire le bon apôtre,* contrefaire l'homme de bien pour tromper. ‖ *L'Apôtre des gentils* ou *des païens,* saint Paul. ‖ *Le Prince des apôtres,* saint Pierre.

APPAIRAGE n. m. Tri, marquage et groupement de pièces mécaniques de précision en différentes classes dimensionnelles, pour que, après montage des pièces à assembler, le jeu soit approprié à ceux dont les tolérances de l'ajustement.

APPAIRER v. t. Procéder à l'appairage.

APPALACHIEN, ENNE adj. Relatif aux Appalaches. ● *Relief appalachien,* relief caractérisé par des lignes de hauteurs parallèles, séparées par des dépressions allongées, et résultant d'une reprise d'érosion dans une région de vieilles montagnes plissées, réduites à l'état de pénéplaines.

APPARAÎTRE v. i. (lat. *apparere*) [conj. **58**, auxil. *être*]. Se montrer brusquement, devenir visible : *le jour s'apparaît pas encore; les difficultés de l'entreprise apparaissent maintenant.* ‖ Se présenter à l'esprit, sembler évident : *le projet lui apparaissait impossible.* ● *Il apparaît que,* on constate que.

APPARAT [apara] n. m. (lat. *apparatus*, préparatif). Éclat pompeux, faste.

APPARATCHIK n. m. (mot russe). *Péjor.* Membre important de l'appareil d'un syndicat, d'un parti, en particulier d'un parti communiste.

APPARAUX n. m. pl. (lat. *apparare*, préparer). *Mar.* Objets formant l'équipement d'un navire.

APPAREIL n. m. (lat. *apparare*, préparer). Assemblage de divers organes assurant l'exécution d'un travail, l'observation d'un phénomène ou la réalisation de certaines mesures : *les appareils ménagers; appareil de sauvetage; appareil photographique.* ‖ Ensemble des responsables et des permanents d'un syndicat, d'un parti. ‖ (Sans adj.) Aéronef; téléphone; dentier; appareil photo. ‖ *Anat.* Ensemble des organes qui concourent à une même fonction : *l'appareil respiratoire.* ‖ *Chir.* Pièces nécessaires à un pansement. ‖ *Constr.* Maçonnerie formée d'éléments qui, posés et non jetés, ont été taillés pour occuper une place déterminée. ‖ *Sports.* Syn. d'AGRÈS, en gymnastique. ● *Appareil d'appui,* dispositif assurant l'appui d'une construction métallique ou d'un pont et permettant une ou plusieurs articulations pour assurer la libre dilatation des divers éléments de l'ensemble. ‖

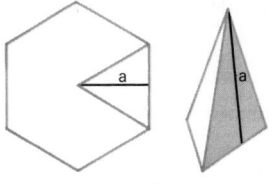

apothème

Appareil psychique (Psychanal.), dans la théorie freudienne, modèle de fonctionnement du psychisme.

APPAREILLAGE n. m. Ensemble d'appareils et d'accessoires : *appareillage électrique.* ‖ *Mar.* Départ d'un navire; manœuvre exécutée à cette occasion.

APPAREILLEMENT n. m. Choix de deux ou

de plusieurs animaux domestiques pour l'exécution d'un travail ou pour la reproduction.

APPAREILLER v. t. (lat. *apparare*, préparer). Tailler des pierres en vue de les assembler. ‖ Placer un appareil de prothèse.

APPAREILLER v. i. Quitter le port, le mouillage.

APPAREILLER v. t. (de *pareil*). Mettre ensemble des choses pareilles, assortir.

APPAREILLEUR n. m. Maître maçon chargé de surveiller la taille et la pose des pierres.

APPAREMMENT [aparamã] adv. D'après les apparences.

APPARENCE n. f. (lat. *apparens*, apparaissant). Ce qui se présente immédiatement à la vue, à la pensée : *une maison de belle apparence; il ne faut pas se fier aux apparences; contre toute apparence.* ‖ *Philos.* Ce que nous percevons, par opposition à la réalité en soi qui nous échappe. ● *En apparence,* extérieurement, d'après ce que l'on voit. ‖ *Sauver les apparences,* ne rien faire qui puisse nuire à la réputation ou blesser les bienséances.

APPARENT, E adj. Qui se montre clairement, visible à tous : *la différence est apparente.* ‖ Qui ne correspond pas à la réalité : *danger plus apparent que réel.*

APPARENTÉ, E adj. Allié par le mariage, un accord électoral, des traits communs, etc.

APPARENTEMENT n. m. Faculté offerte, dans certains systèmes électoraux, à des listes de candidats de se grouper pour le décompte des votes, afin de remporter des sièges sur les adversaires communs.

APPARENTER (S') v. pr. [à]. S'allier par mariage, dans une élection. ‖ Avoir des traits communs avec qqn, qqch.

APPARIEMENT n. m. Action d'apparier.

APPARIER v. t. Assortir par paire : *apparier des gants.* ‖ Accoupler le mâle et la femelle (des oiseaux surtout).

APPARITEUR n. m. (lat. *apparitor*). Huissier d'une université.

APPARITION n. f. (lat. *apparitio*). Action de paraître dans un lieu, de se manifester subitement. ‖ Manifestation d'un être surnaturel, d'un fantôme.

APPARTEMENT n. m. Local d'habitation dans un immeuble, formé de plusieurs pièces.

APPARTENANCE n. f. Fait d'appartenir : *l'appartenance à un parti politique.* ‖ *Math.* Propriété, pour certains objets, d'être des éléments d'un ensemble.

APPARTENIR v. t. ind. [à] (lat. *pertinere*, se rapporter) [conj. **16**]. Être la propriété de qqn : *ce livre ne lui appartient pas.* ‖ Faire partie de : *appartenir au corps des fonctionnaires.* ‖ Être de son droit, de son devoir : *il ne vous appartient pas de vous plaindre.* ◆ *s'appartenir* v. pr. *Ne plus s'appartenir,* ne plus être libre.

APPAS [apa] n. m. pl. (de *appâter*). *Litt.* Charmes physiques d'une femme et, plus spécialement, sa poitrine.

APPASSIONATO adv. (mot it.). *Mus.* Avec passion.

APPÂT n. m. Pâture placée dans un piège ou fixée à un hameçon. ● *L'appât de qqch* (Litt.), ce qui pousse à agir pour cela.

APPÂTER v. t. (anc. fr. *past*, nourriture). Attirer avec un appât. ‖ Engraisser de la volaille. (Syn. GAVER.) ‖ Séduire, attirer par l'appât d'une récompense, d'un gain.

APPAUVRIR v. t. Rendre pauvre, épuiser, ruiner. ◆ *s'appauvrir* v. pr. Devenir pauvre.

APPAUVRISSEMENT n. m. Action d'appauvrir, de s'appauvrir.

APPEAU n. m. (de *appel*). Sifflet avec lequel on imite le cri des animaux pour les attirer.

APPEL n. m. Action d'inviter à venir, à agir : *appel au secours, à l'insurrection.* ‖ Action de nommer successivement les personnes appartenant à un groupe pour vérifier leur présence : *faire l'appel.* ‖ Batterie ou sonnerie prescrivant aux militaires de se rassembler. ‖ Convocation des jeunes gens d'un contingent au service national. ‖ *Dr.* Recours à une juridiction supé-

rieure : *faire appel.* ‖ *Sports.* et *Chorégr.* Temps d'élan, pris sur place sur l'un des deux pieds et précédant l'élévation, qui amorce le saut proprement dit. ● *Appel d'air,* aspiration d'air; dispositif créant une dépression dans un foyer afin de faciliter l'entrée de l'air nécessaire à la combustion. ‖ *Appel du pied* (Fam.), invitation implicite. ‖ *Cour d'appel,* juridiction chargée de juger en appel les décisions des tribunaux judiciaires du premier degré (tribunal d'instance, tribunal de grande instance, tribunal de commerce, conseil de prud'hommes, etc.). ‖ *Faire appel à,* demander, solliciter. ‖ *Indicatif d'appel,* abréviation qui identifie un bureau télégraphique ou une station radioélectrique. ‖ *Numéro d'appel,* numéro affecté à la ligne d'un abonné au téléphone.

APPELANT, E adj. *Dr.* Qui fait appel d'une décision juridictionnelle.

APPELÉ n. m. Jeune homme accomplissant son service national.

APPELER v. t. (lat. *appellare*) [conj. **3**]. Inviter à venir, à prêter attention, à agir au moyen d'une parole, d'un cri, d'un geste ou d'un signal. ‖ Désigner par un nom : *appeler un enfant Pierre.* ‖ Convoquer au service national : *appeler un contingent.* ‖ Nommer, désigner à une fonction. ‖ Réclamer, rendre nécessaire : *la situation appelle des mesures d'urgence.* ● *En appeler à,* réclamer la réforme d'un jugement à une juridiction supérieure; avoir recours à. ◆ *s'appeler* v. pr. Avoir comme nom.

APPELLATIF, IVE adj. et n. m. *Ling.* Se dit d'un terme utilisé pour interpeller l'interlocuteur auquel on s'adresse.

APPELLATION n. f. (lat. *appellatio*). Façon d'appeler, de nommer; qualificatif : *une appellation injurieuse.* ‖ Dénomination garantissant l'origine d'un produit, des vins.

APPENDICE n. m. (lat. *appendix,* qui est suspendu à). Prolongement d'une partie principale. ‖ Ensemble de remarques et notes à la fin d'un ouvrage. ‖ Nom donné à certaines expansions ventro-latérales du corps des insectes, des crustacés (pattes, antennes, pièces buccales). ● *Appendice iléo-cæcal* ou *vermiculaire* (Anat.), diverticule creux, en forme de doigt de gant, abouché au cæcum.

APPENDICECTOMIE [apɛ̃disɛktɔmi] n. f. *Chir.* Ablation de l'appendice iléo-cæcal.

appendice

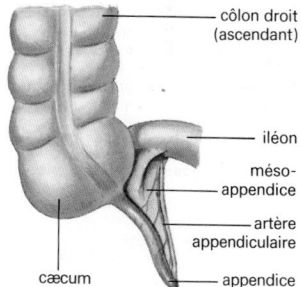

APPENDICITE n. f. Inflammation de l'appendice iléo-cæcal.
■ *L'appendicite aiguë* est une cause de péritonite et nécessite l'appendicectomie d'urgence. *L'appendicite chronique* provoque divers troubles : maux de tête, nausées, etc.

APPENDICULAIRE adj. *Anat.* Relatif aux appendices.

APPENDICULAIRE n. m. *Zool.* Tunicier qui garde toute sa vie un aspect larvaire. (Les *appendiculaires* forment un groupe.)

APPENDRE v. t. (lat. *appendere*) [conj. **46**]. *Litt.* Suspendre des drapeaux, des ex-voto, etc.

APPENTIS [apɑ̃ti] n. m. (de *appendre*). Toit à un seul versant dont le faîte s'appuie à un mur. ‖ Petit bâtiment adossé à un grand mur et couvert d'un tel toit.

APPERT (IL) [ilapɛr] v. impers. (de l'ancien v. *apparoir*, du lat. *apparere*, apparaître). *Dr.* Il ressort avec évidence (que).

APPESANTIR v. t. Rendre plus lourd, plus dur, moins vif. ◆ **s'appesantir** v. pr. [**sur**]. Devenir plus pesant, s'alourdir; insister.

APPESANTISSEMENT n. m. Action de s'appesantir.

APPÉTENCE n. f. (lat. *appetentia*). Tendance de l'être à satisfaire ses penchants naturels; désir, envie.

APPÉTISSANT, E adj. Qui excite l'appétit, les désirs.

APPÉTIT n. m. (lat. *appetitus*, désir). Inclination qui porte à désirer une chose pour la satisfaction des sens. ‖ Désir de manger : *montrer de l'appétit*. ● *Rester sur son appétit*, être insatisfait de ce qu'on a vu, entendu, etc.

APPLAUDIR v. t. (lat. *applaudere*). Battre des mains en signe d'approbation : *applaudir une pièce, un acteur*. ◆ v. t. ind. [**à**]. Approuver entièrement : *j'applaudis à tout ce que vous dites*. ◆ **s'applaudir** v. pr. [**de**]. Se féliciter, se réjouir.

APPLAUDISSEMENT n. m. Action d'applaudir; acclamation, approbation.

APPLICABILITÉ n. f. Caractère de ce qui est applicable.

APPLICABLE adj. Susceptible d'être appliqué.

APPLICAGE n. m. *Techn.* Action d'appliquer.

APPLICATEUR n. m. Type de conditionnement permettant d'étaler un produit sur une surface.

APPLICATION n. f. Action d'appliquer : *l'application d'un enduit sur un mur; l'application d'une théorie*. ‖ Attention soutenue : *travailler avec application*. ‖ Ornement de broderie ou de dentelle rapporté sur un fond de tissu. ‖ *Bours.* Opération d'achat ou de vente de titres exécutée aux conditions du marché, mais hors de l'enceinte de la Bourse. ‖ *Math.* Opération qui consiste à faire correspondre à tout élément *a* d'un ensemble E un élément *b* d'un ensemble F. (Dans une telle opération, *b* est l'*image* de *a*, lequel est l'*antécédent* de *b*. Dans le cas d'ensembles de nombres, la notion d'application se confond avec celle de fonction.) ● *École d'application*, école où les officiers et sous-officiers reçoivent la formation technique particulière à leur arme.

APPLIQUE n. f. Appareil d'éclairage fixé directement au mur. ‖ Pièce qu'on applique sur un objet pour l'orner ou le consolider.

APPLIQUÉ, E adj. Attentif, studieux, travailleur : *un élève appliqué*. ● *Arts appliqués*, syn. de ARTS DÉCORATIFS.

APPLIQUER v. t. (lat. *applicare*). Mettre une chose sur une autre, plaquer : *appliquer des couleurs sur une toile; appliquer des ventouses*. ‖ Mettre en pratique : *appliquer une théorie*. ‖ Donner, infliger : *appliquer une gifle, une peine sévère*. ◆ **s'appliquer** v. pr. Convenir : *cette réflexion s'applique bien à la situation*. ‖ Mettre toute son attention, s'employer : *s'appliquer à laisser son bureau en ordre*.

APPOGGIATURE [apɔdʒjatyr] n. f. (it. *appoggiatura*). *Mus.* Note d'ornement qui précède la note réelle à un intervalle de seconde et qui est écrite en caractères plus fins.

APPOINT n. m. Menue monnaie complétant une somme. ‖ Ce qui s'ajoute à qqch pour le compléter : *un appoint décisif; chauffage d'appoint*. ● *Faire l'appoint*, compléter une somme avec de la menue monnaie.

APPOINTAGE n. m. Action de rendre pointu.

APPOINTEMENTS n. m. pl. Rémunération fixe pour un emploi, dans le secteur privé.

APPOINTER v. t. Verser des appointements à qqn.

APPOINTER v. t. Tailler en pointe.

APPONTAGE n. m. Prise de contact d'un aéronef avec le pont d'un navire et notamment la piste d'envol d'un porte-aéronefs.

APPONTEMENT n. m. Plate-forme fixe le long de laquelle un navire vient s'amarrer pour le chargement ou le déchargement.

APPONTER v. i. Réaliser un appontage.

APPONTEUR n. m. Technicien chargé de diriger les opérations d'appontage.

APPORT n. m. Action d'apporter : *l'apport d'alluvions par les eaux; l'apport de la civilisation grecque*. ‖ *Dr.* Biens qu'un époux apporte dans la communauté conjugale; bien qu'un associé transfère à une société et qui peut être en nature, en numéraire ou en industrie.

APPORTER v. t. (lat. *apportare*). Porter à un endroit, porter avec soi : *apportez-moi ce livre*. ‖ Fournir, donner : *il n'apporte aucune preuve; apporter de l'argent dans une entreprise*. ‖ Produire un résultat : *ces cachets m'ont apporté un soulagement*.

APPORTEUR n. m. *Dr.* Celui qui fait un apport.

APPOSER v. t. Appliquer, mettre sur qqch : *apposer une affiche, une signature*. ● *Apposer une clause à un acte*, l'y insérer. ‖ *Apposer les scellés*, appliquer le sceau de justice sur la porte d'un appartement, d'un meuble, pour qu'on ne puisse soustraire aucun des objets qui y sont renfermés.

APPOSITION n. f. (lat. *appositio*). Action d'apposer. ‖ *Ling.* Mot ou groupe de mots qui, placé à côté d'un nom ou d'un pronom, lui sert d'épithète en le précisant. (Ex. : *Paris, capitale de la France.*)

APPRÉCIABLE adj. Assez important : *il y a eu des changements appréciables*.

APPRÉCIATIF, IVE adj. Qui marque l'appréciation.

APPRÉCIATION n. f. Estimation, évaluation : *faire l'appréciation de marchandises*. ‖ Jugement intellectuel ou moral.

APPRÉCIER v. t. (lat. *pretium*, prix). Estimer, reconnaître la valeur, l'importance : *apprécier une distance, les conséquences d'un fait; apprécier l'aide de qqn*.

APPRÉHENDER v. t. (lat. *apprehendere*). Procéder à l'arrestation de qqn. ‖ Craindre la venue de qqch de désagréable, redouter (suivi du subj. ou de l'inf.) : *j'appréhende qu'il ne soit trop tard; j'appréhende de le revoir*.

APPRÉHENSION n. f. Crainte vague, mal définie.

APPRENDRE v. t. (lat. *apprehendere*, saisir) [conj. **50**]. Acquérir la connaissance, l'information, l'habitude : *apprendre un métier, les mathématiques; apprendre à se taire*. ‖ Faire acquérir la connaissance, l'information : *apprendre le dessin à un enfant; il m'a appris la nouvelle*.

APPRENTI, E n. Personne qui apprend un métier. ‖ Personne peu habile, peu exercée. ● *Apprenti sorcier*, celui qui déchaîne des forces qu'il ne peut contrôler.

APPRENTISSAGE n. m. Formation professionnelle, temps pendant lequel on est apprenti. ‖ *Psychol.* Ensemble de méthodes permettant d'établir chez les êtres vivants des connexions entre certains stimuli et certaines réponses. ● *Faire l'apprentissage de qqch*, s'y entraîner, s'y habituer. ‖ *Taxe d'apprentissage*, taxe payée par les entreprises qui n'engagent pas elles-mêmes de frais dans le domaine de l'apprentissage.

APPRÊT [aprɛ] n. m. Opération préparatoire ou finale que l'on fait subir à certaines matières premières (cuirs, tissus, fils, etc.) avant de les travailler ou de les livrer au commerce. ‖ Impression d'une toile pour la rendre lisse et propre à servir de support à une peinture. ‖ Matière qui sert à ces opérations. ‖ *Litt.* Affectation, recherche : *style plein d'apprêt*.

APPRÊTAGE n. m. *Techn.* Action d'apprêter.

APPRÊTÉ, E adj. *Litt.* Affecté, dépourvu de simplicité, de naturel : *un style apprêté*.

APPRÊTER v. t. (lat. *praesto*, à la portée de). *Litt.* Mettre en état d'être utilisé, préparer : *apprêter un repas, une chambre*. ‖ *Techn.* Soumettre à un apprêt. ◆ **s'apprêter** v. pr. [**à**]. Se préparer, se disposer : *s'apprêter à partir*. ‖ Faire sa toilette, s'habiller : *s'apprêter pour le bal*.

APPRÊTEUR, EUSE n. Ouvrier, ouvrière qui exécute des apprêts.

APPRIVOISABLE adj. Qui peut être apprivoisé.

APPRIVOISEMENT n. m. Action d'apprivoiser; domestication, dressage.

APPRIVOISER v. t. (lat. *privatus*, domestique). Rendre un animal moins sauvage, en faire un animal domestique. ‖ Rendre une personne plus sociable, plus docile. ◆ **s'apprivoiser** v. pr. Devenir plus farouche.

APPROBATEUR, TRICE adj. et n. Qui approuve.

APPROBATIF, IVE adj. Qui marque l'approbation : *un murmure approbatif*.

APPROBATION n. f. (lat. *approbatio*). Action d'approuver; accord.

APPROBATIVEMENT adv. De façon approbative.

APPROCHANT, E adj. *Qqch d'approchant, rien d'approchant*, d'analogue, de semblable.

APPROCHE n. f. Mouvement par lequel on s'avance; proximité d'un événement : *à l'approche du surveillant; l'approche de la nuit, du danger*. ‖ Manière d'aborder un sujet. ● *Travaux d'approche*, démarches faites dans un but intéressé. ◆ pl. Abords d'une ville, d'un lieu.

APPROCHÉ, E adj. Proche de ce qui est exact.

APPROCHER v. t. (bas lat. *appropiare*). Mettre près de qqn, de qqch : *approcher une chaise*. ‖ Avoir accès auprès de qqn. ◆ v. i. S'avancer auprès de, aborder : *c'est un homme qu'on ne peut approcher*. ◆ v. t. ind. [**de**] et i. Être près d'arriver : *approcher du but, de la quarantaine*. ‖ Avancer : *approchez, j'ai à vous parler*. ◆ **s'approcher** v. pr. [**de**]. Venir près de qqn, de qqch.

APPROFONDIR v. t. Creuser afin de rendre plus profond : *approfondir un canal*. ‖ Examiner afin de mieux connaître : *approfondir une question*.

APPROFONDISSEMENT n. m. Action d'approfondir.

APPROPRIATION n. f. Action d'approprier, de s'approprier : *appropriation des moyens de production par la collectivité*.

APPROPRIÉ, E adj. Qui convient, juste, pertinent.

APPROPRIER v. t. (bas lat. *appropriare*). Rendre propre à une destination, conformer : *approprier son discours aux circonstances*. ◆ **s'approprier** v. pr. S'attribuer; se donner la propriété de.

APPROUVABLE adj. Qui peut être approuvé.

APPROUVER v. t. (lat. *approbare*). Considérer qqch comme bon, louable; donner raison à qqn : *j'approuve votre prudence; je vous approuve d'avoir refusé*. ‖ *Dr.* Autoriser par mesure administrative. ● *Lu et approuvé*, mots écrits en bas d'un acte de la main même du signataire au-dessus de sa signature.

APPROVISIONNEMENT n. m. Action d'approvisionner; fourniture, provisions. ● *Service des approvisionnements*, service qui, dans une entreprise, fournit à tous les autres services ce dont ceux-ci ont besoin.

APPROVISIONNER v. t. Fournir de provisions, de choses nécessaires : *approvisionner un marché en fruits*. ‖ Placer une cartouche, un chargeur dans le magasin d'une arme à feu.

APPROXIMATIF, IVE adj. Qui résulte d'une approximation, approché.

APPROXIMATION n. f. (lat. *proximus*, très proche). Évaluation approchée d'une grandeur, de la réalité. ● *Calcul par approximations successives* (Math.), suite théorique indéfinie d'approximations, permettant d'obtenir une solution de plus en plus précise d'un problème.

APPROXIMATIVEMENT adv. De façon approximative.

APPUI n. m. Soutien, support. ‖ Aide, protection : *je compte sur votre appui*. ● *À l'appui*, pour servir de confirmation. ‖ *Appui aérien, naval*, celui qui est fourni par l'aviation ou la marine aux forces terrestres.

APPUI-BRAS n. m. (pl. *appuis-bras*). Support placé dans une voiture et permettant aux voyageurs d'appuyer leurs bras.

APPUI-LIVRES n. m. (pl. *appuis-livres*). Syn. de SERRE-LIVRES.

APPUI-TÊTE n. m. (pl. *appuis-tête*). Dispositif adapté d'un siège de voiture, à un fauteuil de dentiste, de coiffeur, etc., et destiné à soutenir la tête. (Syn. REPOSE-TÊTE.)

APPUYER v. t. (lat. *podium*, base) [conj. **2**]. Placer contre qqch qui sert de support : *appuyer un lit contre le mur*. ‖ Faire peser sur qqch : *appuyer le dos contre un arbre*. ‖ Protéger, soutenir : *appuyer un candidat, une demande*. ◆ v. i. Peser plus ou moins fortement sur, presser : *appuyer sur une pédale*. ‖ Se porter vers : *appuyer sur la droite*. ‖ Insister avec force : *appuyer sur une circonstance*. ◆ s'appuyer v. pr. [**à**, **sur**]. S'en servir comme d'un support, d'un soutien : *s'appuyer à une balustrade*; *s'appuyer sur des témoignages*. ‖ Fam. Faire contre son gré : *s'appuyer une corvée*.

APRAGMATIQUE adj. et n. Atteint d'apragmatisme.

APRAGMATISME n. m. (gr. *pragmateia*, activité). *Psychopath.* Incapacité d'origine psychique d'effectuer les actes de la vie quotidienne.

APRAXIE n. f. (gr. *praxis*, action). *Psychopath.* Incapacité d'exécuter des mouvements coordonnés (écriture, marche) sans que la motricité et la sensibilité soient atteintes.

APRAXIQUE adj. et n. Atteint d'apraxie.

ÂPRE adj. (lat. *asper*). Rude au goût, au toucher; rugueux : *fruit âpre*. ‖ Violent, plein d'aigreur : *le combat fut âpre*; *caractère âpre*. ● *Âpre au gain*, avide.

ÂPREMENT adv. Avec âpreté, farouchement.

APRÈS prép. et adv. (bas lat. *ad pressum*, auprès de). Marque la postériorité, l'infériorité, l'hostilité : *après dîner*; *première rue après le carrefour*; *crier après qqn*; *courir après un lièvre*; *lui devant, moi après*; *nous en reparlerons après*. ● *Après coup*, une fois la chose faite. ‖ *Après quoi*, ensuite. ‖ *Après tout*, en tout cas, au surplus. ‖ *Demander après qqn* (Fam.), désirer sa venue. ‖ *Être après qqch* (Fam.), s'en occuper. ‖ *Être après qqn* (Fam.), s'en occuper sans cesse ou le harceler. ◆ loc. conj. *Après que*, une fois que : *après qu'il eut parlé*. ◆ loc. prép. *D'après*, à l'imitation de, selon : *peindre d'après nature*; *d'après lui, tout va bien*.

APRÈS-COUP adj. inv. et n. m. inv. *Psychanal.* Se dit du remaniement ultérieur d'expériences passées en fonction d'expériences nouvelles.

APRÈS-DEMAIN loc. adv. Le second jour après celui où l'on est.

APRÈS-DÎNER n. m. (pl. *après-dîners*). Temps qui suit le dîner.

APRÈS-GUERRE n. m. ou f. (pl. *après-guerres*). Temps qui suit la guerre.

APRÈS-MIDI n. m. ou f. inv. Partie du jour depuis midi jusqu'au soir.

APRÈS-RASAGE loc. adj. inv. et n. m. *Lotion après-rasage*, syn. de AFTER-SHAVE.

APRÈS-SKI n. m. (pl. *après-skis*). Chaussure fourrée que l'on met aux sports d'hiver lorsqu'on ne skie pas.

APRÈS-VENTE adj. inv. Se dit d'un service spécial d'une entreprise, assurant la mise en marche, l'entretien et la réparation d'une chose que cette entreprise a vendue.

ÂPRETÉ n. f. État de ce qui est âpre; rigueur, violence : *l'âpreté de l'hiver, des reproches*.

A PRIORI loc. adv. et adj. inv. et n. inv. (mots lat. signif. *en partant de ce qui est avant*). En se fondant sur des données admises avant toute expérience. (Contr. A POSTERIORI.)

APRIORIQUE adj. Fondé sur a priori.

APRIORISME n. m. Raisonnement fondé sur des idées a priori.

APRIORISTE adj. et n. Qui raisonne a priori.

À-PROPOS n. m. inv. Ce qui vient juste au moment convenable. ‖ *Littér.* Pièce de théâtre, poème de circonstance.

APSARA n. f. (mot hindī). *Myth. indienne.* Déesse secondaire, née du barattage de la mer de Lait et possédant le caractère d'une nymphe. (Danseuse, musicienne, elle est souvent représentée dans l'art de l'Inde et chez les Khmers.)

APSIDE n. f. (gr. *apsis*, voûte). *Astron.* Point de l'orbite d'un astre gravitant autour d'un autre où la distance des deux corps est la plus grande ou la plus petite. ● *Ligne des apsides*, grand axe de l'orbite d'une planète.

APTE adj. [**à**] (lat. *aptus*). Qui a des dispositions pour, capable de : *apte à un travail en équipe.*

APTÈRE adj. (*a* priv., et gr. *pteron*, aile). Sans ailes. (La puce, le pou sont des insectes aptères.) ‖ Se dit de statues antiques de divinités représentées sans ailes. ‖ Se dit d'un temple antique rectangulaire sans colonnades latérales.

APTÉRYGOTE n. m. Insecte inférieur, dépourvu d'ailes. (Les *aptérygotes* forment une sous-classe, dont l'ordre principal est celui des thysanoures.)

APTÉRYX n. m. Oiseau néo-zélandais dont les ailes sont presque inexistantes et dont les

aptéryx (kiwi)

aquamanile
en forme de paon
bronze islamique
(XIIe s.)

Lauros-Giraudon

plumes, brunâtres, ressemblent à des crins. (Haut. 30 cm; sous-classe des ratites; nom usuel : *kiwi*.)

APTITUDE n. f. Qualité nécessaire pour exercer une activité. ‖ *Psychol.* Disposition naturelle, innée. ‖ *Dr.* Capacité : *aptitude à recevoir un legs.*

APUREMENT n. m. *Dr.* Vérification définitive d'un compte, après laquelle le comptable est reconnu quitte.

APURER v. t. (de *pur*). *Dr.* Vérifier et arrêter définitivement (un compte).

APYRE adj. (gr. *pur*, feu). Inaltérable au feu, peu fusible.

APYRÉTIQUE adj. Qui ne s'accompagne pas de fièvre ou la fait tomber.

APYREXIE n. f. (gr. *pur*, feu). Absence, cessation de fièvre.

APYROGÈNE adj. Qui ne provoque pas de montée de la température.

AQUACOLE adj. Relatif à l'aquaculture.

AQUACULTURE ou **AQUICULTURE** n. f. Art de multiplier et d'élever les animaux et les plantes aquatiques. ‖ Culture des plantes terrestres sur un sol stérile arrosé d'une solution de sels minéraux.

AQUAFORTISTE [akwafɔrtist] n. (it. *acqua forte*, eau forte). Graveur à l'eau-forte.

AQUAMANILE [akwamanil] n. m. (lat. *aqua*, eau, et *manus*, main). Au Moyen Âge, bassin, aiguière (parfois zoomorphe) ou petite fontaine pour le lavement des mains.

AQUAPLANE [akwaplan] n. m. Planche tirée sur l'eau par un bateau à moteur et sur laquelle on se tient debout. ‖ Sport qui consiste à se tenir sur cette planche.

AQUAPLANING [akwaplaniŋ] ou **AQUAPLANAGE** n. m. Dérapage d'une automobile, provoqué par l'existence, entre la chaussée et les pneus, d'une mince pellicule d'eau.

AQUARELLE [akwarɛl] n. f. (it. *acquarello*, couleur détrempée). Peinture transparente, exécutée avec des couleurs délayées dans l'eau, sur papier blanc.

AQUARELLISTE n. Personne qui peint à l'aquarelle.

AQUARIOPHILE n. Personne qui élève en aquarium des poissons, des animaux aquatiques.

AQUARIUM [akwarjɔm] n. m. (lat. *aquarium*, réservoir). Réservoir dans lequel on entretient des plantes et des animaux d'eau douce ou d'eau salée.

AQUATINTE [akwatɛ̃t] n. f. (it. *acqua tinta*, eau teinte). Gravure à l'eau-forte imitant le lavis.

AQUATIQUE [akwatik] adj. (lat. *aquaticus*). Qui croît dans l'eau, où il y a de l'eau : *plante aquatique, paysage aquatique.*

AQUATUBULAIRE adj. Se dit d'une chaudière dont la surface de chauffe est constituée essentiellement par des tubes dans lesquels circule l'eau ou le mélange d'eau et de vapeur, et qui sont exposés à l'action des gaz chauds.

AQUAVIT ou **AKVAVIT** [akwavit] n. m. (mot suédois, *eau de vie*). Eau-de-vie de grain ou de pomme de terre, aromatisée par l'adjonction de substances végétales diverses.

AQUEDUC [akdyk] n. m. (lat. *aquae ductus*, conduite d'eau). Canal pour conduire l'eau, souterrain ou hors du sol. ‖ *Anat.* Nom donné à certains éléments des os ou des parties molles.

AQUEUX, EUSE [akø, -øz] adj. (lat. *aquosus*). Qui contient de l'eau : *légumes trop aqueux.* ‖ Se dit d'une solution dont l'eau est le solvant. ● *Fusion aqueuse*, dissolution d'un sel hydraté dans son eau de cristallisation. ‖ *Humeur aqueuse*, liquide contenu dans la chambre antérieure de l'œil, entre la cornée d'une part, le cristallin et l'iris d'autre part.

AQUICOLE [akɥikɔl] adj. Relatif à l'aquaculture.

AQUICULTURE n. f. → AQUACULTURE.

AQUIFÈRE [akɥifɛr] adj. Qui contient de l'eau : *nappe aquifère.*

AQUILIN [akilɛ̃] adj. m. (lat. *aquila*, aigle). *Nez aquilin*, en bec d'aigle.

AQUILON [akilɔ̃] n. m. *Poét.* Vent du nord.

AQUITAIN, E [akitɛ̃, ɛn] adj. et n. De l'Aquitaine.

Ar, symbole chimique de l'*argon*.

ARA n. m. (mot tupi). Gros perroquet de l'Amérique du Sud, à longue queue et au plumage vivement coloré.

ARABE adj. et n. Relatif aux peuples parlant l'arabe. ● *Chiffres arabes*, les dix signes de la numération.

ARABE n. m. Langue sémitique parlée sous différentes formes en Algérie, Tunisie, Maroc, Libye, Égypte, Syrie, Arabie Saoudite, etc.

V. ill. page suivante

ARABESQUE n. f. (it. *arabesco*). Ligne sinueuse : *une signature aux élégantes arabesques.* ‖ Ornement répétitif, d'origine végétale, qui s'est transmis de l'art antique à l'islam

FIGURE 1 2 3 4	NOM	VALEUR
ا ا ا ا	alif	ā
ب ب ب ب	bā'	b
ت ت ت ت	tā'	t
ث ث ث ث	thā'	th, th *angl. sourd*
ج ج ج ج	djīm	dj
ح ح ح ح	hā'	ḥ
خ خ خ خ	khā'	kh, ch *all.*, j *esp.*
د د د د	dāl	d
ذ ذ ذ ذ	dhāl	dh, th *angl. sonore*
ر ر ر ر	rā'	r *roulé*
ز ز ز ز	zāy	z
س س س س	sīn	s
ش ش ش ش	chīn	ch
ص ص ص ص	sād	s *emphat.*
ض ض ض ض	dād	d *emphat.*
ط ط ط ط	tā'	t *emphat.*
ظ ظ ظ ظ	zā'	z, *emphat.*
ع ع ع ع	'ayn	' *laryngale*
غ غ غ غ	ghayn	rh, gh, r *grasseyé*
ف ف ف ف	fā'	f
ق ق ق ق	qāf	q
ك ك ك ك	kāf	k
ل ل ل ل	lām	l
م م م م	mīm	m
ن ن ن ن	nūn	n
ه ه ه ه	hā'	h
و و و و	wāw	ū, w
ي ي ي ي	yā'	ī, y

1. Isolées 2. Finales 3. Médiales 4. Initiales

ALPHABET ARABE

et à l'Europe de la Renaissance. ‖ Ligne idéale, sinueuse, résumant le rythme essentiel d'une composition peinte ou sculptée. ‖ *Chorégr.* Pose complexe de la danse académique, inspirée de motifs orientaux.
ARABIQUE adj. De l'Arabie.
ARABISANT, E n. et adj. Personne qui étudie la langue ou la civilisation arabes.
ARABISATION n. f. Action d'arabiser.
ARABISER v. t. Donner (à une société) un caractère arabe.

arabesque
(chorégraphie)

arabesques
(ornement, époque Renaissance)

Lauros-Giraudon

ARABISME n. m. Idéologie du nationalisme arabe. ‖ *Ling.* Tournure arabe transportée dans une autre langue.
ARABLE adj. (lat. *arare*, labourer). Qui peut être labouré.
ARABOPHONE adj. et n. Qui a l'arabe pour langue : *les pays arabophones d'Afrique.*
ARACÉE n. f. (gr. *aron*, arum). Plante monocotylédone telle que l'*arum* ou *gouet*, l'*acore* et le *calla.* (Syn. AROÏDÉE.) [Les *aracées* forment une famille.]
ARACHIDE n. f. (lat. *arachidna*, mot gr.). Plante tropicale originaire du Brésil, dont les graines, ou cacahuètes, fournissent une huile utilisée en cuisine et en savonnerie, et sont aussi consommées après torréfaction. (Après la fécondation, les pédoncules floraux ont la particularité d'enfoncer les fleurs dans le sol, où se forment les fruits.) [Famille des papilionacées.]
ARACHNÉEN, ENNE [arakneε̃, εn] adj. Propre à l'araignée. ‖ *Litt.* Qui a la légèreté de la toile d'araignée.
ARACHNIDE [araknid] n. m. (gr. *arakhnê*, araignée). Arthropode qui a des crochets, des palpes et quatre paires de pattes marcheuses. (Les *arachnides* forment une classe qui comprend les *araignées*, les *scorpions*, les *acariens*, etc.)
ARACHNOÏDE [araknoid] n. f. *Anat.* Une des trois méninges, située entre la pie-mère et la dure-mère.
ARACHNOÏDIEN, ENNE adj. Relatif à l'arachnoïde.
ARAGONAIS, E adj. et n. De l'Aragon.
ARAGONITE n. f. Variété cristalline de carbonate de calcium.
ARAIGNÉE n. f. (lat. *aranea*). Arthropode articulé à quatre paires de pattes et à abdomen non segmenté. (Classe des arachnides, sous-classe des aranéides.) ‖ Crochet de fer à plusieurs branches. ‖ *Bouch.* Morceau de bœuf utilisé en biftecks. ‖ *Pêch.* Filet ténu à mailles carrées.
● *Araignée de mer*, nom usuel du crabe maïa, aux longues pattes. ‖ *Avoir une araignée dans le plafond* (Fam.), être fou.
ARAIRE n. m. Instrument de labour rudimentaire, à traction animale, rejetant la terre de part et d'autre du sillon.
ARAK n. m. (ar. *'araq*). Dans les pays arabes, eau-de-vie obtenue le plus souvent à partir du raisin.
ARAMÉEN, ENNE adj. Des Araméens.
ARAMÉEN n. m. Langue sémitique qui eut une grande extension dans l'ouest de l'Asie.
ARAMIDE adj. Se dit de fibres et de fils synthétiques possédant de très bonnes caractéristiques mécaniques et/ou une excellente résistance à la chaleur.
ARAMON n. m. Cépage cultivé dans le Midi.
ARANÉIDE n. m. Araignée, en tant que membre de la sous-classe des *aranéides*, groupe le plus important des arachnides.
ARASEMENT n. m. Action d'araser. ‖ Dernière assise d'un mur.
ARASER v. t. (lat. *radere*, raser). Mettre de niveau. ‖ Couper une partie dépassant un aligne-

romain

de Provence
ARAIRES

arachide

araignées

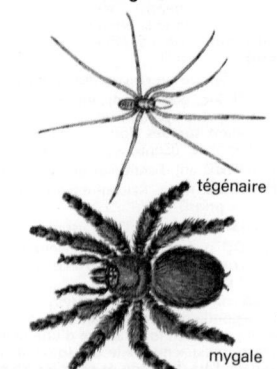
tégénaire

mygale

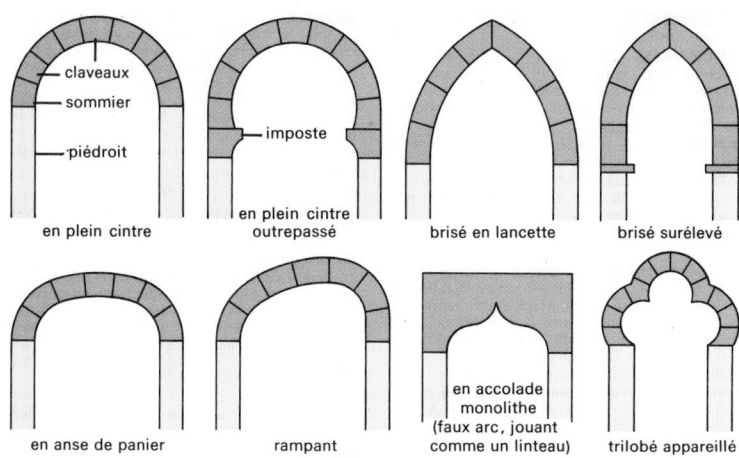

claveaux
sommier
imposte
piédroit

en plein cintre

en plein cintre outrepassé

brisé en lancette

brisé surélevé

en anse de panier

rampant

en accolade monolithe
(faux arc, jouant
comme un linteau)

trilobé appareillé

ARCS

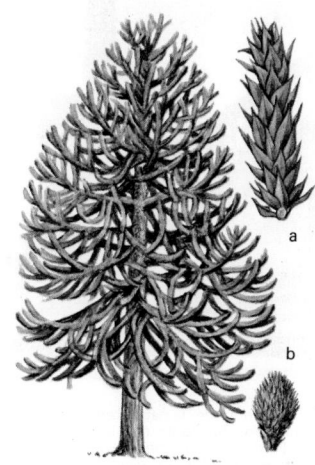

araucaria : *a*, rameau; *b*, fruit

ment de façon à réaliser une ligne ou une surface sensiblement plane ou régulière. ∥ *Géogr.* User jusqu'à disparition des principales saillies du relief.

ARATOIRE adj. (lat. *arare*, labourer). Qui concerne le travail du sol.

ARAUCARIA n. m. (de *Arauco*, ville du Chili). Arbre d'Amérique ou d'Australie, qu'on cultive en appartement lorsqu'il est jeune. (Ordre des conifères.)

ARBALÈTE n. f. (lat. *arcuballista*, baliste à arc). Arc d'acier, monté sur un fût et se bandant avec un ressort (Moyen Âge).

ARBALÉTRIER n. m. Soldat armé d'une arbalète. ∥ *Constr.* Pièce inclinée d'une ferme, assemblée au sommet du poinçon et à l'extrémité de l'entrait. (Les arbalétriers portent les pannes.)

ARBITRABLE adj. Qui peut être arbitré.

ARBITRAGE n. m. Action d'arbitrer : *l'arbitrage d'un match.* ∥ Règlement d'un litige par arbitre, d'un conflit entre nations par des juges de leur choix et sur la base du respect du droit; sentence ainsi rendue. ∥ *Fin.* Opération de vente suivie d'achat; opération de Bourse qui consiste à vendre certains titres pour en acheter d'autres ou à acheter et à vendre une même valeur négociée sur plusieurs marchés pour profiter des écarts de cours.

ARBITRAGISTE n. m. *Fin.* Personne qui s'occupe d'arbitrage en Bourse.

ARBITRAIRE adj. Qui dépend de la seule volonté, souvent aux dépens de la justice ou de la vérité : *décision, mesure arbitraire; pouvoir arbitraire.* ∥ *Ling.* Se dit du mot ou du morphème qui ne contient rien en lui-même de l'idée qu'il représente, celle-ci étant déterminée par les relations que ce signe entretient avec les autres signes.

ARBITRAIRE n. m. Despotisme, autorité qui n'est soumise à aucune règle.

ARBITRAIREMENT adv. De façon arbitraire.

ARBITRAL, E, AUX adj. *Dr.* Rendu par arbitre. ● *Tribunal arbitral,* tribunal composé d'arbitres.

ARBITRALEMENT adv. Par arbitre.

ARBITRE n. m. (lat. *arbiter*). Personne qui est choisie par les parties intéressées pour trancher un différend. ∥ Maître absolu : *arbitre de la paix et de la guerre; arbitre de la mode.* ∥ Personne chargée de diriger une rencontre sportive en veillant à l'application des règles.

ARBITRE n. m. (lat. *arbitrium*). Libre arbitre, faculté qu'a la volonté de choisir.

ARBITRER v. t. (lat. *arbitrari*). Juger ou contrôler en qualité d'arbitre : *arbitrer un litige; arbitrer un match.*

ARBORÉ, E adj. *Géogr.* Se dit d'un lieu, d'une région plantés d'arbres, de bouquets d'arbres.

arbalétriers

ARBORER v. t. (it. *arborare*, dresser un mât). Planter, hisser, déployer : *arborer un drapeau.* ∥ Porter avec ostentation : *arborer un insigne à sa boutonnière.* ● *Arborer pavillon* (Mar.), défier l'ennemi au combat. ∥ *Arborer un titre,* porter comme titre (en parlant d'un journal).

ARBORESCENCE n. f. État d'un végétal arborescent. ∥ *Litt.* Forme arborescente : *les arborescences du givre.*

ARBORESCENT, E [arbɔrɛsã, ãt] adj. (lat. *arborescens*). Qui a la forme d'un arbre.

ARBORETUM [arbɔretɔm] n. m. Plantation d'arbres de nombreuses espèces sur un même terrain, en vue de leur étude botanique.

ARBORICOLE adj. Qui vit dans les arbres. ∥ Relatif à l'arboriculture.

ARBORICULTEUR, TRICE n. Personne qui s'occupe d'arboriculture.

ARBORICULTURE n. f. Culture des arbres, et en particulier des arbres fruitiers.

ARBORISATION n. f. Dessin naturel représentant des ramifications dans des corps minéraux, ou sur les vitres quand il gèle.

ARBOUSE n. f. (prov. *arbousso*). Fruit de l'arbousier, dont on fait une liqueur.

ARBOUSIER n. m. Arbrisseau du Midi, à feuilles rappelant celles du laurier, et dont le fruit, comestible, est l'*arbouse.* (Haut. max. 5 m; famille des éricacées.)

ARBRE n. m. (lat. *arbor*). Grande plante ligneuse vivace dont la tige, ou *tronc,* fixée au sol par des *racines,* est nue à la base et chargée de *branches* et de *feuilles* à son sommet. ∥ *Ling.* et *Inform.* Représentation conventionnelle d'une structure. ∥ *Mécan.* Axe utilisé pour transmettre un mouvement ou pour le transformer : *arbres à cames.* ● *Arbre généalogique,* tableau donnant, sous la forme d'un arbre avec ses ramifications, la filiation des membres d'une famille. ∥ *Arbre de Judée,* légumineuse arborescente à fleurs roses (genre *cercis,* famille des

césalpiniacées). ∥ *Arbre moteur* (Mécan.), arbre mis directement en mouvement par la machine motrice. (Sur un navire, on dit *arbre de couche.*) ∥ *Arbre de vie* (Anat.), dessin foliacé, comparé aux feuilles du thuya, présenté par une coupe du cervelet et dû à la disposition relative des deux substances blanche et grise. ∥ *Test de l'arbre* (Psychol.), test projectif de la personnalité, qui se révèle dans le dessin d'un arbre exécuté par le sujet; (*Log.*) méthode qui permet de déterminer la validité d'une proposition.

ARBRISSEAU n. m. (lat. *arbuscula*). Petit arbre ramifié dès sa base, comme le lilas.

ARBUSTE n. m. (lat. *arbustum*). Plante ligneuse plus petite qu'un arbre mais présentant un tronc principal.

ARBUSTIF, IVE adj. Relatif à l'arbuste; composé d'arbustes.

ARC n. m. (lat. *arcus*). Arme de jet portative, servant à lancer des flèches, et utilisée jusqu'au XVIᵉ s. : *tirer à l'arc.* ∥ *Archit.* Membre architectonique franchissant un espace en dessinant une ou plusieurs courbes (haut d'une baie, renfort d'une voûte...). ∥ *Mar.* Déformation concave de

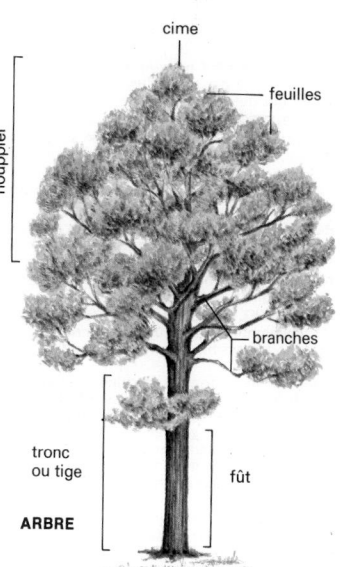

cime

feuilles

houppier

branches

tronc
ou tige

fût

ARBRE

57

arc-boutant et culée

la quille d'un navire, la partie centrale de celle-ci étant alors plus haute que les extrémités. ‖ *Math.* Portion de courbe continue comprise entre deux points. ● *Arc électrique,* décharge électrique à travers un gaz, produisant une température très élevée et une vive lumière. ‖ *Arc insulaire* (Géogr.), guirlande d'îles volcaniques dominant une fosse océanique et dont la formation résulte, à la marge d'une plaque, de la subduction de la plaque limitrophe. ‖ *Arc de triomphe,* monument en forme d'arc orné d'inscriptions et de sculptures.

ARCADE n. f. (it. *arcata*). Baie sans remplage ni menuiserie, faite d'un arc s'appuyant sur deux piédroits. (Une suite d'arcades borde souvent un passage couvert.) ● *Arcade dentaire,* bord de chacun des os maxillaires, creusé d'alvéoles dentaires. ‖ *Arcade sourcilière,* proéminence située à la base de l'os frontal et au-dessus de chaque orbite. ‖ *Grande arcade* (Archit.), arcade entre un vaisseau central et un collatéral.

ARCADIE n. f. Société imaginaire vouée au culte du bonheur et de l'innocence, à l'image de cette région de la Grèce évoquée par les poètes antiques.

ARCANE n. m. (lat. *arcanus,* secret). *Litt.* Chose mystérieuse, secret (au pl.) : *les arcanes de la politique.*

ARCANSON n. m. Syn. de COLOPHANE.

ARCATURE n. f. *Archit.* Suite de petites arcades, réelles ou simulées.

ARC-BOUTANT n. m. (pl. *arcs-boutants*). Dans les édifices gothiques, ouvrage externe reportant la poussée des voûtes sur une culée construite à distance, plus bas.

ARC-BOUTEMENT n. m. Arrêt du mouvement d'un engrenage par suite d'un défaut de construction des dents.

ARC-BOUTER v. t. (de *bouter,* pousser). Soutenir au moyen d'un arc-boutant. ◆ **s'arc-bouter** v. pr. [à, contre, sur]. Prendre appui sur les pieds pour exercer un effort de résistance.

ARC-DOUBLEAU n. m. (pl. *arcs-doubleaux*). Syn. de DOUBLEAU.

ARCEAU n. m. Objet qui a la forme, la courbure d'un arc : *arceaux d'un jeu de croquet.* ‖ *Archit.* Partie cintrée d'une voûte ou d'une ouverture, ne comprenant qu'une partie du cercle, un quart au plus.

ARC-EN-CIEL [arkɑ̃sjɛl] n. m. (pl. *arcs-en-ciel*). Phénomène lumineux en forme d'arc de cercle, parfois visible dans le ciel pendant une averse.

■ Observable à l'opposé du soleil, l'arc-en-ciel présente les couleurs du spectre et résulte de la dispersion de la lumière solaire par réfraction et réflexion dans les gouttelettes d'eau qui se forment lorsqu'un nuage se résout en pluie. Les sept couleurs conventionnelles de l'arc-en-ciel sont : rouge, orangé, jaune, vert, bleu, indigo, violet.

ARCHAÏQUE [arkaik] adj. Ce qui appartient à une époque passée; désuet : *une tournure archaïque.* ● *Style archaïque* (Bx-arts), primitif, antérieur aux époques classiques.

ARCHAÏSANT, E [arkaizɑ̃, ɑ̃t] adj. et n. Qui affecte l'archaïsme.

ARCHAÏSME [arkaism] n. m. (gr. *arkhaios,* ancien). Mot, construction qui n'est plus en usage. (Ainsi *s'éjouir, aucuns,* etc., pour *se réjouir, quelques-uns,* etc.) ‖ Caractère de ce qui est périmé, démodé.

ARCHAL [arʃal] n. m. (gr. *oreikhalkos,* laiton). *Fil d'archal,* fil de laiton (vx).

ARCHANGE [arkɑ̃ʒ] n. m. (gr. *arkhangelos*). Ange d'un ordre supérieur. (La Bible cite Gabriel, Michel et Raphaël.)

ARCHANGÉLIQUE adj. Qui tient de l'archange.

ARCHANTHROPIEN, ENNE [arkɑ̃trɔpjɛ̃, ɛn] adj. et n. m. Forme d'anthropien fossile du pléistocène moyen, généralement rapportée à l'espèce *Homo erectus,* comprenant en particulier le pithécanthrope, le sinanthrope, l'atlanthrope et l'Homme de Mauer.

ARCHE n. f. (lat. *arcus*). Partie d'un pont formée d'une voûte et des deux piles ou culées qui la portent. ‖ Petite voûte en berceau percée dans une construction de peu d'épaisseur. ‖ Four utilisé pour recuire le verre.

ARCHE n. f. (lat. *arca,* coffre). Grand bateau que Noé, sur l'ordre de Yahvé, construisit pour échapper au déluge avec sa famille. ● *Arche d'alliance,* coffre où les Hébreux gardaient les Tables de la Loi.

ARCHÉEN, ENNE [arkeɛ̃, ɛn] adj. et n. m. (gr. *arkhaios,* primitif). *Géol.* Relatif à la période la plus ancienne de l'ère précambrienne.

ARCHÉGONE [arkegɔn] n. m. (gr. *arkhê,* principe, et *gonê,* génération). Petit organe en forme de bouteille et contenant une cellule reproductrice femelle, ou oosphère, existant chez les mousses, les cryptogames vasculaires et les gymnospermes.

ARCHELLE n. f. En Belgique, étagère simple de salle à manger, pourvue de crochets pour la suspension de récipients à anse.

ARCHÉOLOGIE [arkeɔlɔʒi] n. f. (gr. *arkhaios,* ancien, et *logos,* science). Science, qui, par la mise au jour et l'analyse des vestiges de l'activité humaine, permet non seulement d'étudier les civilisations anciennes, mais aussi d'entrevoir l'environnement écologique et l'évolution des processus culturels des périodes les plus reculées. ‖ *Philos.* Analyse des conditions qui régissent la production des discours dans une société donnée.

ARCHÉOLOGIQUE adj. Relatif à l'archéologie.

ARCHÉOLOGUE n. Personne qui pratique l'archéologie.

ARCHÉOMAGNÉTISME [arkeɔmaɲetism] n. m. Étude du champ magnétique terrestre dans le passé archéologique.

ARCHÉOPTÉRYX [arkeɔpteriks] n. m. Oiseau fossile du jurassique, de la taille d'une poule et qui présente certains caractères des reptiles (dents, longue queue).

ARCHER n. m. Personne qui tire à l'arc. ● *Franc archer,* soldat de la première troupe régulière d'infanterie instituée en France en 1448. (Il était appelé *franc* parce que exempt d'impôts.)

ARCHET n. m. (de *arc*). *Mus.* Baguette en bois flexible le long de laquelle sont tendus des crins, et qui sert, par frottement, à faire vibrer les cordes de certains instruments : violon, violoncelle, etc. ‖ *Techn.* Outil en forme d'arc, utilisé pour imprimer à une pièce un mouvement de va-et-vient. ‖ *Zool.* Appareil sonore des sauterelles.

ARCHETERIE n. f. Métier, commerce de l'archetier.

ARCHETIER n. m. Fabricant d'archets.

ARCHÉTYPE [arketip] n. m. (gr. *arkhetupos,* modèle primitif). Modèle sur lequel on fait un ouvrage matériel ou intellectuel. ‖ Dans la théorie de Jung, structure universelle issue de l'inconscient collectif qui apparaît dans les mythes, les contes et toutes les productions imaginaires du sujet sain, névrosé ou psychotique. ‖ *Philos.* Modèle idéal, intelligible, sur lequel a été copiée toute chose sensible. (Pour le platonisme, les choses sont les archétypes des idées; pour l'empirisme, certaines idées sont les archétypes d'autres idées.)

ARCHEVÊCHÉ n. m. Étendue de la juridiction d'un archevêque; sa résidence.

ARCHEVÊQUE n. m. Prélat à la tête d'une province ecclésiastique groupant plusieurs diocèses.

ARCHICHAMBELLAN n. m. Dans l'ancien Empire germanique, Électeur de Brandebourg.

ARCHICHANCELIER n. m. Dignitaire qui, sous l'Empire français, était à la tête des services de la justice ou de l'administration.

ARCHICONFRÉRIE n. f. Société pieuse servant de centre à des sociétés affiliées.

ARCHIDIACRE n. m. Vicaire général chargé par l'évêque de l'administration d'une partie du diocèse.

ARCHIDIOCÉSAIN, E adj. Qui dépend d'un archevêché.

ARCHIDIOCÈSE n. m. Diocèse d'un archevêque.

ARCHIDUC n. m. Titre des princes de la maison d'Autriche.

ARCHIDUCHESSE n. f. Princesse de la maison d'Autriche. ‖ Femme d'un archiduc.

ARCHIÉPISCOPAL, E, AUX adj. Relatif à l'archevêque.

ARCHIÉPISCOPAT n. m. Dignité, fonction d'archevêque.

ARCHIMANDRITE [arʃimɑ̃drit] n. m. (gr. *andra,* enclos). Titre donné au supérieur de certains monastères grecs.

ARCHIMÉDIEN, ENNE adj. *Math.* Qui concerne l'axiome d'Archimède, aux termes duquel, si deux segments de droite s_1 et s_2 sont tels que $s_1 < s_2$, il existe un multiple de s_1 plus grand que s_2.

ARCHINE [arʃin] n. f. (mot russe). Anc. mesure russe de longueur valant 0,71 m.

ARCHIPEL n. m. (it. *arcipelago;* du gr. *pelagos,* mer). Ensemble d'îles disposées en groupe.

ARCHIPRESBYTÉRAL, E, AUX adj. Qui concerne l'archiprêtre.

arc-en-ciel : marche des rayons réfractés et réfléchis à l'intérieur d'une goutte d'eau

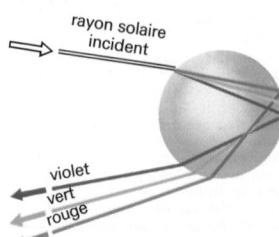

rayon solaire incident

violet
vert
rouge

archer

archéoptéryx

ARCHIPRÊTRE n. m. Titre donné aux curés de certaines églises, et qui leur confère une prééminence sur les curés de leur circonscription.

ARCHIPTÈRE [arkiptɛr] n. m. Insecte à ailes finement nervées. (Les *archiptères* formaient autrefois un ordre comprenant les *libellules*, les *éphémères*, les *termites*. Ils se distinguent des névroptères par leurs métamorphoses incomplètes et forment actuellement trois ordres : les odonates, les isoptères et les éphéméroptères.)

ARCHITECTE n. (gr. *arkhitektôn*, maître constructeur). Personne qui conçoit le parti, la réalisation et la décoration d'édifices de tous ordres et en dirige l'exécution. (Auj. il doit être titulaire d'un diplôme délivré par l'État et accepté par le conseil supérieur de l'Ordre des architectes.) ‖ Personne qui a conçu qqch. • *Architecte naval*, ingénieur de constructions navales, chargé de l'étude complète d'un bâtiment de petit ou de moyen tonnage.

ARCHITECTONIQUE n. f. Ensemble des règles de l'architecture. ◆ adj. Qui a rapport avec les règles techniques de l'architecture.

ARCHITECTURAL, E, AUX adj. Relatif à l'architecture, à un effet d'architecture.

ARCHITECTURE n. f. Art de bâtir et d'orner les édifices. ‖ Disposition, structure de qqch.

V. ill. page suivante

ARCHITECTURER v. t. Construire, agencer avec rigueur.

ARCHITRAVE [arʃitrav] n. f. (it. *architrave*). *Archit.* Linteau ou plate-bande, en général partie inférieure d'un entablement.

ARCHITRAVÉE n. et adj. f. Se dit d'une corniche qui se lie directement à l'architrave, formant un entablement sans frise.

ARCHIVAGE n. m. Action d'archiver.

ARCHIVER v. t. Classer dans les archives.

ARCHIVES [arʃiv] n. f. pl. (gr. *arkheia*). Anciens titres, chartes, manuscrits et autres papiers importants concernant l'histoire d'un État, d'une ville, d'une famille, etc. ‖ Lieu où on les garde.

ARCHIVISTE n. Personne qui garde des archives.

ARCHIVISTE-PALÉOGRAPHE n. (pl. *archivistes-paléographes*). Titre réservé aux élèves diplômés de l'École nationale des chartes.

ARCHIVISTIQUE n. f. Science des archives.

ARCHIVOLTE [arʃivɔlt] n. f. (it. *archivolto*). *Archit.* Face verticale moulurée d'un arc.

ARCHONTAT n. m. Dignité d'archonte.

ARCHONTE [arkɔ̃t] n. m. (gr. *arkhôn*). Magistrat chargé, dans diverses cités grecques, et notamment à Athènes, des plus hautes fonctions. ■ À l'origine, il n'y a qu'un seul archonte, héréditaire ; du VIIᵉ au Vᵉ s. av. J.-C., un collège annuel de neuf archontes forme le gouvernement. Par la suite, les archontes n'auront que des fonctions religieuses et judiciaires.

ARÇON n. m. (lat. *arcus*, arc). Armature de la selle formée de deux arcades, le pommeau et le troussequin, reliées entre elles. ‖ Rameau de vigne que l'on courbe en arc pour lui faire produire plus de fruits.

ARÇONNER v. t. Pratiquer l'arcure sur la vigne.

ARCTIQUE [arktik] adj. (gr. *arktikos*, du nord). Se dit des régions polaires septentrionales.

ARCURE [arkyr] n. f. Courbure des branches d'un arbre fruitier, effectuée pour en diminuer la vigueur et en augmenter la fructification.

ARDÉCHOIS, E adj. et n. De l'Ardèche.

ARDÉIFORME n. m. Oiseau de grande taille tel que le héron. (Les *ardéiformes* constituent un ordre.)

ARDEMMENT adv. Avec ardeur.

ARDENNAIS, E adj. et n. De l'Ardenne, des Ardennes.

ARDENT, E adj. (lat. *ardens*, brûlant). Qui brûle, chauffe fortement ou cause une sensation de brûlure : *soleil ardent ; sol ardente.* ‖ Violent, passionné : *désir ardent.* ‖ Vif, éclatant : *adoucir des tons trop ardents.* ‖ *Mar.* Se dit d'un yacht à voiles qui a tendance à présenter son avant

face au vent. • *Ardent à qqch*, empressé à. ‖ *Chambre ardente*, sous l'Ancien Régime, cour de justice qui jugeait des faits exceptionnels, hérésie et empoisonnement notamment. (Elle était tendue de noir et éclairée par des flambeaux.) ‖ *Chapelle ardente*, salle tendue de noir et éclairée de cierges, où l'on dépose un mort.

ARDENT n. m. *Mal des ardents* (Hist.), épidémie du Xᵉ au XIIᵉ s., présentant les caractères de l'ergotisme : états convulsifs, gangrène, troubles psychiques.

ARDEUR n. f. (lat. *ardor*). Chaleur extrême. ‖ Empressement, enthousiasme : *ardeur au travail.*

ARDILLON n. m. (mot germ.). Pointe de métal au milieu d'une boucle, destinée à arrêter la courroie.

ARDOISE n. f. (mot gaul.). Roche schisteuse, grise ou noire, se divisant facilement en plaques et servant à couvrir les toits. ‖ Tablette, d'ardoise ou non, sur laquelle on écrit ou l'on dessine. ‖ *Fam.* Compte de marchandises, de consommations prises à crédit chez un commerçant, dans un café.

ARDOISÉ, E adj. Qui a la couleur de l'ardoise.

ARDOISIER, ÈRE adj. De la nature de l'ardoise.

ARDOISIER n. m. Celui qui exploite une ardoisière ou y travaille.

ARDOISIÈRE n. f. Carrière d'ardoise.

ARDU, E adj. (lat. *arduus*). Difficile à mener à bien, pénible : *travail ardu.*

ARE n. m. (lat. *area*, surface). Unité de mesure d'aire ou de superficie (symb. : a) employée pour exprimer les superficies agraires, et valant cent mètres carrés.

ARÉAGE n. m. Mesurage des terres par are.

AREC [arɛk] ou **ARÉQUIER** n. m. (portug. *areca*). Palmier des régions chaudes de l'Ancien Continent, dont le fruit contient une amande appelée *noix d'arec*, employée comme masticatoire et dont on extrait du cachou.

ARÉFLEXIE n. f. *Méd.* Absence de réflexes.

ARÉIQUE adj. (gr. *rhein*, couler). *Géogr.* Privé d'écoulement régulier des eaux.

ARÉISME n. m. État d'une région aréique. (L'aréisme règne sur 17 p. 100 des surfaces émergées.)

ARÉNACÉ, E adj. De la consistance du sable.

ARÈNE n. f. (lat. *arena*, sable). Endroit, assemblée, terrain où s'opposent des idées, où l'on discute certains problèmes : *descendre dans l'arène politique.* ‖ *Antiq.* Espace sablé, au centre des amphithéâtres, où combattaient les gladiateurs. ‖ *Géol.* Sable formé de gros éléments, résultant de la désagrégation des roches granitiques. ◆ pl. Amphithéâtre antique tout entier : *les arènes de Nîmes.*

ARÉNICOLE adj. Qui vit dans le sable.

ARÉNICOLE n. f. Ver vivant dans un tube en U qu'il creuse dans les plages vaseuses. (Long. 20 cm ; embranchement des annélides.)

ARÉNISATION n. f. *Géol.* Transformation en sable.

ARÉNOPHILE adj. Se dit des plantes à longues racines des régions arides, poussant particulièrement sur les sols sableux.

ARÉOGRAPHIE n. f. (gr. *Arês*, identifié à *Mars*, et *graphein*, décrire). Étude descriptive de la surface de la planète Mars.

ARÉOLAIRE adj. Relatif à l'aréole. ‖ *Géogr.* Se dit d'une érosion qui travaille surtout latéralement. • *Sondage aréolaire* (Sociol.), méthode d'enquête et d'échantillonnage partant d'une subdivision géographique de la population. ‖ *Vitesse aréolaire* (Math.), quantité qui caractérise pour chaque instant la rapidité de variation de l'aire balayée par un rayon vecteur d'origine fixe et aboutissant à un point en mouvement.

ARÉOLE n. f. (lat. *area*, aire). *Anat.* Cercle pigmenté qui entoure le mamelon du sein. ‖ *Pathol.* Cercle rougeâtre qui entoure un point inflammatoire.

ARÉOMÈTRE n. m. (gr. *araios*, peu dense). Instrument qui sert à déterminer la densité des liquides. ■ L'aréomètre se compose d'une boule lestée

surmontée d'une tige graduée. Plongé dans un liquide, il flotte verticalement et s'enfonce d'autant plus que le liquide est moins dense. Suivant sa destination, l'aréomètre prend le nom d'*alcoomètre*, de *pèse-lait*, de *pèse-sirop*, de *pèse-acide*, etc.

ARÉOPAGE n. m. (lat. *areopagus*, du gr. *Areios pagos*, colline d'Arès). Ancien tribunal d'Athènes. (En ce sens prend une majuscule.) ‖ *Litt.* Réunion de gens savants, compétents.

ARÉQUIER n. m. → AREC.

ARÊTE n. f. (lat. *arista*, épi). Os de certains poissons. ‖ Ligne saillante : *arête du nez.* ‖ Intersection de deux versants d'une montagne. ‖ *Archit.* Angle saillant. ‖ *Bot.* Barbe des épis de l'orge, du seigle, etc. ‖ *Math.* Ligne d'intersection de deux plans ou de deux surfaces qui se coupent. (Un cube possède douze arêtes.) • *Voûte d'arêtes*, compartiment voûté dont la structure semble résulter, dans le cas le plus simple, de l'intersection à angle droit de deux berceaux de même hauteur, en général en plein cintre.

ARÊTIER n. m. *Constr.* Pièce de charpente formant l'arête saillante d'un toit. ‖ Élément de la couverture d'un bâtiment couvrant un angle saillant.

ARGANIER n. m. Arbre épineux au fruit

arganier

comestible, à l'amande oléagineuse, propre au Maroc du Sud. (Famille des sapotacées.)

ARGAS [argas] n. m. Parasite externe des oiseaux, dont il suce le sang. (Long. 4 à 8 mm ; ordre des acariens.)

ARGENT n. m. (lat. *argentum*). Élément chimique (Ag) nᵒ 47, de masse atomique 107,86, métal blanc, brillant, inaltérable. ‖ Toute sorte de monnaie. ‖ *Hérald.* L'un des deux métaux employés comme émail. • *Avoir de l'argent*, être riche. ‖ *En avoir pour son argent*, en proportion de ce qu'on a déboursé. ‖ *Homme d'argent*, homme avide, intéressé. ■ L'argent se rencontre rarement à l'état pur dans le sol ; il est le plus souvent combiné au soufre ou à l'antimoine. L'argent est le plus ductile et le plus malléable de tous les métaux après l'or ; c'est le meilleur conducteur de la chaleur et de l'électricité. Il fond à 960 ᵒC. Sa densité est de 10,5 ; on l'allie au cuivre pour lui donner plus de dureté.

ARGENTAGE n. m. Action d'argenter.

ARGENTAN n. m. Alliage de cuivre, de nickel et de zinc, dont la couleur blanche rappelle celle de l'argent.

ARGENTÉ, E adj. Recouvert d'argent : *cuillère en métal argenté.* ‖ *Litt.* Qui a la couleur ou l'éclat de l'argent : *flots argentés.*

ARGENTER v. t. Couvrir d'un dépôt d'argent. ‖ *Litt.* Donner l'éclat de l'argent.

ARGENTERIE n. f. Vaisselle et autres ustensiles en argent.

ARGENTEUR n. m. Ouvrier qui argente.

ARGENTIER n. m. (lat. *argentarius*). Autref., en France, surintendant des Finances. ‖ Meuble où l'on dispose l'argenterie. • *Grand argentier* (Fam.), ministre des Finances.

ARGENTIFÈRE adj. Qui renferme de l'argent.

ARGENTIN, E adj. *Litt.* Qui a le son clair de l'argent : *voix argentine.*

ARGENTIN, E adj. et n. De l'Argentine.

ARGENTURE n. f. Dépôt d'une couche d'argent à la surface d'une pièce.

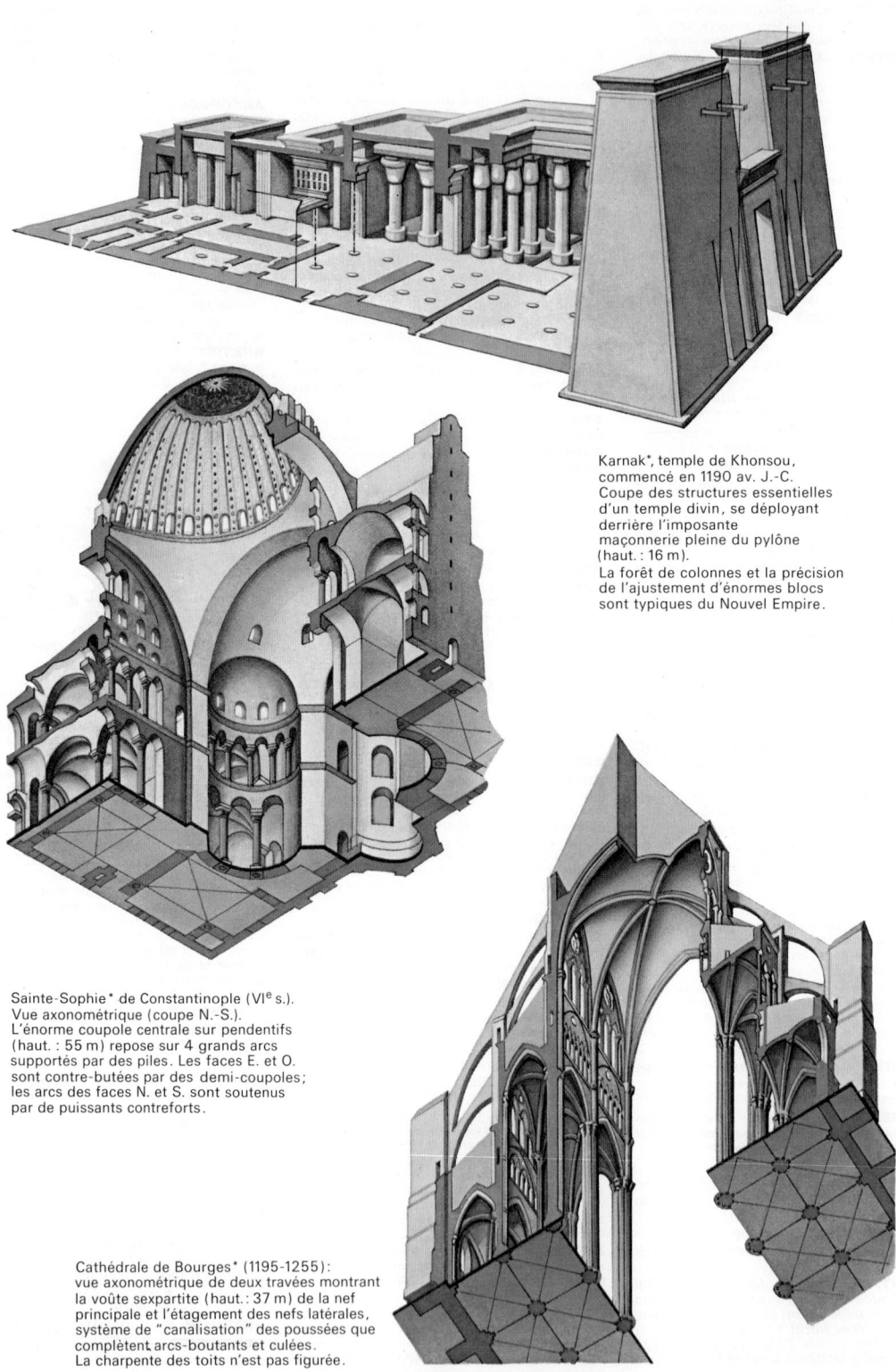

Karnak*, temple de Khonsou,
commencé en 1190 av. J.-C.
Coupe des structures essentielles
d'un temple divin, se déployant
derrière l'imposante
maçonnerie pleine du pylône
(haut. : 16 m).
La forêt de colonnes et la précision
de l'ajustement d'énormes blocs
sont typiques du Nouvel Empire.

Sainte-Sophie* de Constantinople (VIe s.).
Vue axonométrique (coupe N.-S.).
L'énorme coupole centrale sur pendentifs
(haut. : 55 m) repose sur 4 grands arcs
supportés par des piles. Les faces E. et O.
sont contre-butées par des demi-coupoles;
les arcs des faces N. et S. sont soutenus
par de puissants contreforts.

Cathédrale de Bourges* (1195-1255):
vue axonométrique de deux travées montrant
la voûte sexpartite (haut. : 37 m) de la nef
principale et l'étagement des nefs latérales,
système de "canalisation" des poussées que
complètent arcs-boutants et culées.
La charpente des toits n'est pas figurée.

Élévation et coupe de la pagode
(haut. : 33,60 m)
du monastère du Yakushi-ji,
typique de l'architecture
de bois d'Extrême-Orient.
Construite à Fujiwara-kyō (698),
elle a été transportée
à Heijō-kyō (Nara*).

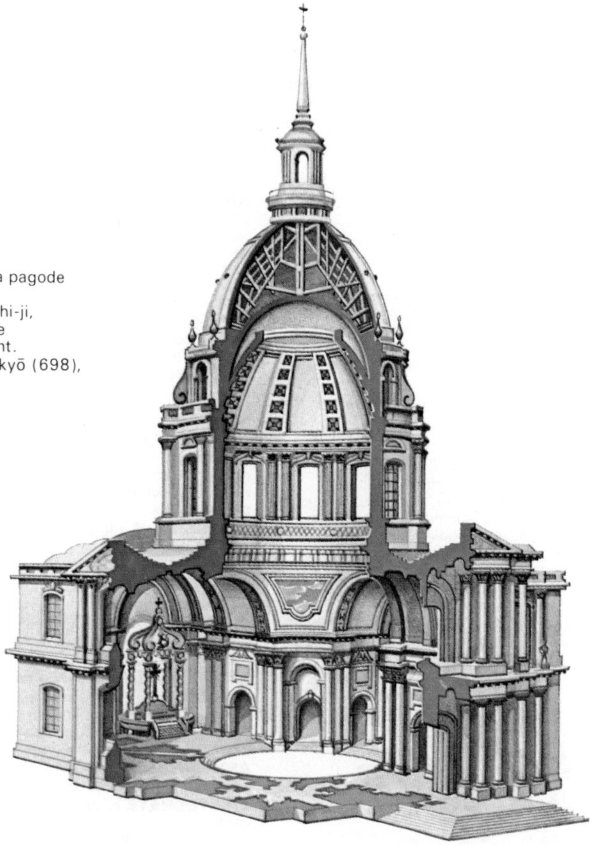

Chapelle des Invalides* à Paris
(haut. totale : 110 m; à partir de 1680;
archit. : J.H.-Mansart*). Plan en croix grecque,
dôme à trois enveloppes et lanternon;
façade à ordres dorique et
corinthien superposés. La pureté des volumes,
que respecte le décor, est exemplaire
du classicisme français.

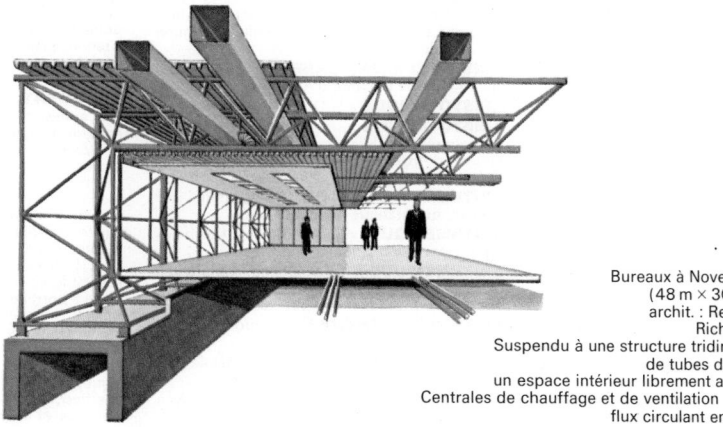

Bureaux à Novedrate, Côme
(48 m × 30 m; v. 1973;
archit. : Renzo Piano et
Richard Rogers).
Suspendu à une structure tridimensionnelle
de tubes d'acier peints,
un espace intérieur librement aménageable.
Centrales de chauffage et de ventilation en sous-sol,
flux circulant entre les toits.

ARGIEN, ENNE adj. et n. D'Argos.

ARGILE n. f. (lat. *argilla*). Roche sédimentaire terreuse, imperméable, formée surtout de silicates d'aluminium et qui, imbibée d'eau, devient malléable. ● *Argile à blocaux,* boue argileuse parsemée de blocs plus ou moins gros, arrondis et striés, formée par l'ancienne moraine de fond d'un glacier. ‖ *Argile rouge,* dépôt argileux marin des grandes profondeurs. ‖ *Argile à silex,* argile brune, avec des rognons durs de silex résultant de la dissolution sur place de calcaires à silex.

ARGILEUX, EUSE adj. Qui tient de l'argile, qui en contient.

ARGON n. m. Élément chimique (Ar) n° 18, de masse atomique 39,94, gaz incolore, qui constitue environ le centième de l'atmosphère terrestre.

ARGONAUTE n. m. (de *Argonautes*). Mollusque des mers chaudes, dont la femelle fabrique une nacelle calcaire blanche pour abriter sa ponte. (Long. 60 cm; classe des céphalopodes.)

ARGONIDE n. m. Nom générique des gaz rares de l'air.

ARGOT n. m. Vocabulaire particulier à un groupe social ou professionnel.

ARGOTIQUE adj. Relatif à l'argot.

ARGOTISME n. m. Mot, tournure argotique.

ARGOUSIER n. m. → HIPPOPHAÉ.

ARGOUSIN [arguzɛ̃] n. m. (esp. *alguacil,* agent de police). Autref., surveillant des forçats. ‖ *Péjor.* et *Litt.* Agent de police.

ARGUER [argɥe] v. t. et t. ind. [**de**] (lat. *arguere,* prouver). Tirer une conséquence, alléguer : *il ne peut rien arguer de ce fait; arguer de ses relations pour obtenir une faveur.*

ARGUMENT n. m. (lat. *argumentum*). Preuve donnée à l'appui d'une affirmation. ‖ *Littér.* Som-

aristoloche

maire d'un livre, d'une narration, d'une pièce de théâtre. ‖ *Log.* Proposition ou ensemble de propositions dont on cherche à tirer une conséquence. ● *Argument d'une fonction* (Log.), élément dont la valeur suffit à déterminer la valeur de la fonction donnée. ‖ *Argument d'un nombre complexe,* z = a + ib, *d'image* M (Math.), dans le plan complexe, angle ($\overrightarrow{Ox}$, $\overrightarrow{OM}$), de mesure θ connue à 2kπ près, k∈ℤ.

ARGUMENTAIRE n. m. Liste d'arguments de vente.

ARGUMENTATION n. f. Ensemble des raisonnements appuyant une affirmation.

ARGUMENTER v. i. Présenter des arguments. ‖ *Log.* Tirer des conséquences.

ARGUS [argys] n. m. (lat. *Argus,* nom d'un géant qui avait cent yeux). Publication qui fournit des renseignements spécialisés. ‖ *Litt.* Homme très clairvoyant ou espion. ‖ *Zool.* Oiseau voisin du faisan, qui vit dans l'Inde et en Malaisie. Papillon bleu de petite taille.

ARGUTIE [argysi] n. f. (lat. *argutia,* subtilité). Raisonnement d'une subtilité excessive.

ARGYRASPIDE n. m. Fantassin d'élite de l'armée d'Alexandre le Grand, cuirassé d'argent.

ARGYRONÈTE [argirɔnɛt] n. f. (gr. *arguros,* argent, et *neîn,* filer). Araignée aquatique, qui tisse dans l'eau, entre les plantes, une sorte de cloche qu'elle remplit d'air et où elle se tient à l'affût. (Long. 1 cm.)

ARGYROSE [argiroz] n. f. (gr. *arguros,* argent). Sulfure naturel d'argent Ag₂S.

ARIA n. m. (anc. fr. *harier,* harceler). Souci, ennui, tracas (vx).

ARIA n. f. (mot it.). *Mus.* Air, mélodie.

ARIANISME n. m. Doctrine d'Arius, qui enseignait que, dans la Trinité, le Fils n'est pas égal au Père, qu'il n'est pas de même nature et ne participe pas à son éternité. La divinité du Christ n'était donc que secondaire et subordonnée. (L'arianisme, qui causa des troubles graves fut condamné par le concile de Nicée [325] et par celui de Constantinople [381].)

ARIDE adj. (lat. *aridus*). Privé d'humidité : *terre aride.* ‖ *Litt.* Dépourvu de sensibilité, d'imagination. ‖ Dépourvu d'intérêt, difficile : *un sujet aride.* ● *Climat aride,* climat caractérisé par l'insuffisance des précipitations.

ARIDITÉ n. f. Propriété, défaut de ce qui est aride : *l'aridité d'un sol; l'aridité d'un sujet.* ● *Indice d'aridité,* formule permettant d'apprécier le climat d'une région en comparant la répartition annuelle des températures et des précipitations.

ARIÉGEOIS, E adj. et n. De l'Ariège.

ARIEN, ENNE adj. et n. Relatif à l'arianisme; partisan de l'arianisme.

ARIETTE n. f. (it. *arietta*). *Mus.* Petite mélodie de caractère aimable.

ARILLE n. m. *Bot.* Tégument qui entoure la graine de l'if et constitue avec elle un « faux fruit ».

ARILLÉ, E adj. Pourvu d'un arille.

ARIOSO [arjozo] n. m. (mot it.). *Mus.* Fragment mélodique déclamé, d'une forme moins rigoureuse que l'air, et soutenu par un accompagnement souvent systématique.

ARISER ou **ARRISER** v. i. *Mar.* Diminuer la surface d'une voile en prenant des ris.

ARISTOCRATE n. et adj. Membre de l'aristocratie.

ARISTOCRATIE n. f. (gr. *aristos,* excellent, et *kratos,* pouvoir). Classe des nobles, des privilégiés. ‖ Gouvernement exercé par cette classe. ‖ *Litt.* Élite : *l'aristocratie du talent.*

ARISTOCRATIQUE adj. Qui relève de l'aristocratie; noble.

ARISTOCRATIQUEMENT adv. De façon aristocratique.

ARISTOCRATISME n. m. *Sociol.* Doctrine favorable à l'aristocratie. ‖ Attitude condescendante des membres d'un groupe vis-à-vis du reste de la société.

ARISTOLOCHE [aristɔlɔʃ] n. f. (gr. *aristolokhia,* qui favorise les accouchements). Plante grimpante, à fleurs jaunes en tube, dont on cultive certaines espèces pour les tonnelles. (Groupe des apétales.)

ARISTOTÉLICIEN, ENNE adj. et n. Qui appartient à la doctrine d'Aristote.

ARISTOTÉLIQUE adj. D'Aristote (vx).

ARISTOTÉLISME n. m. Doctrine d'Aristote. ‖ Courant philosophique médiéval qui interprétait l'œuvre d'Aristote à partir des théologies chrétienne ou musulmane.

ARITHMÉTICIEN, ENNE n. Personne qui connaît, qui pratique l'arithmétique.

ARITHMÉTIQUE adj. Fondé sur l'arithmétique : *opération arithmétique.*

ARITHMÉTIQUE n. f. (gr. *arithmêtikê,* science des nombres). Science qui étudie les propriétés élémentaires des nombres rationnels.

ARITHMÉTIQUEMENT adv. Conformément à l'arithmétique.

ARITHMOLOGIE n. f. Science générale des nombres, de la mesure des grandeurs.

ARITHMOMANCIE n. f. Divination au moyen des nombres.

ARKOSE n. f. Grès feldspathique résultant de la cimentation d'une arène granitique.

ARLEQUIN n. m. (anc. fr. *Hellequin,* nom d'un diable). Bouffon dont le vêtement imite celui d'Arlequin. ● *Habit d'arlequin* (Litt.), un tout composé de parties disparates.

ARLEQUINADE n. f. *Litt.* Bouffonnerie, pitrerie.

ARLÉSIEN, ENNE adj. et n. D'Arles.

ARMADA n. f. (de l'*Invincible Armada*). *Litt.* Grand nombre de personnes ou de choses : *une armada de campeurs.*

ARMAGNAC n. m. Eau-de-vie d'Armagnac.

ARMAILLI n. m. Dans les alpages fribourgeois, pâtre.

ARMATEUR n. m. Propriétaire d'un navire, qui l'affecte à un transport de marchandises ou qui le met à la disposition d'un *affréteur* pour une certaine durée.

ARMATOLE n. m. Gendarme grec du XVIe au XIXe s. (Pendant la guerre de l'Indépendance, les armatoles s'unirent aux klephtes pour participer à toutes les insurrections.)

ARMATURE n. f. (lat. *armatura*). Assemblage de pièces formant le support ou la partie essentielle d'un ouvrage, d'un appareil. ‖ Ce qui sert de base, de soutien à une organisation, une entreprise. ‖ *Électr.* Corps conducteur faisant partie d'un condensateur électrique; barre de fer doux réunissant les deux pôles d'un aimant. ‖ *Mus.* Réunion des dièses ou des bémols placés à la clef et affectés au ton du morceau. (On dit aussi ARMURE.)

ARME n. f. (lat. *arma,* armes). Tout ce qui sert à attaquer ou à se défendre (instrument, moyen technique, argument, etc.). ‖ Chacun des éléments de l'armée de terre chargés d'une mission particulière au combat (infanterie, artillerie, blindés...). ● *Arme blanche,* celle qui agit par l'action d'un fer. ‖ *Arme collective,* celle dont le service exige l'action combinée de plusieurs hommes (mitrailleuse, canon). ‖ *Arme à feu,* celle qui emploie la force explosive de la poudre. ‖ *Arme individuelle,* celle qui est servie par un seul homme. ‖ *Armes spéciales,* ensemble des armes nucléaires, biologiques ou chimiques (par opposition aux autres, dites CLASSIQUES ou CONVENTIONNELLES). ‖ *Passer l'arme à gauche* (Fam.), mourir. ◆ pl. Métier militaire. ‖ *Escrime : faire des armes.* ‖ *Hérald.* Emblèmes figurés sur l'écu : *les armes de Paris.* ● *Être sous les armes,* être armé. ‖ *Faire ses premières armes,* effectuer sa première campagne; débuter. ‖ *Fait d'armes,* acte de bravoure. ‖ *Passer par les armes,* fusiller. ‖ *Prise d'armes,* cérémonie militaire où les troupes sont rassemblées.

ARMÉ, E adj. Muni d'armes. ‖ Pourvu d'une armature interne de métal ou d'une enveloppe protectrice : *béton armé.*

ARMÉ n. m. Position d'une arme prête à tirer.

ARMÉE n. f. Ensemble des forces militaires et notamment des forces terrestres d'une nation : *l'armée française.* ‖ Réunion d'un grand nombre de soldats assemblés pour combattre. ‖ Grande unité terrestre groupant plusieurs divisions. ‖ Grande quantité, foule. ● *Grande Armée,* nom donné de 1805 à 1814 aux troupes commandées par Napoléon Ier.

ARMEMENT n. m. Action d'armer. ‖ Ensemble des armes dont est équipé une force ou un matériel militaire : *l'armement d'un char, d'un bombardier.* ‖ Ensemble des moyens de tous ordres dont dispose un État en vue de sa défense : *industrie d'armement.* ‖ Étude et technique du fonctionnement des armes : *un ingénieur d'armement.* ‖ Action de munir un navire de tout ce qui lui est nécessaire pour accomplir un voyage. ‖ Entreprise d'un armateur. ‖ Phase de la construction d'un navire suivant le lancement et au cours de laquelle on place à bord les appareils moteurs et auxiliaires. ‖ *Électr.* Montage des fils ou conducteurs d'un même circuit dans un même plan horizontal.

■ L'armement moderne, de plus en plus diversifié, comprend, outre les armes classiques, les systèmes autopropulsés (roquettes, missiles), les véhicules mécanisés et blindés, les aéronefs et leur infrastructure, les navires de surface et sous-marins, les moyens de transmission et de détection, les armes nucléaires stratégiques et tactiques, etc. La *course aux armements* est devenue une compétition scientifique, technique et industrielle.

ARMÉNIEN, ENNE adj. et n. D'Arménie.

ARMÉNIEN n. m. Langue indo-européenne de la région caucasienne.

ARMER v. t. (lat. *armare*). Pourvoir d'armes : *armer des milices.* ‖ Lever et équiper des troupes : *armer cent mille hommes.* ‖ Donner à qqn un moyen de défense; le prémunir contre qqch. ‖ Équiper un navire de tout ce qui est nécessaire pour naviguer. ‖ Placer une arme à feu à la position de l'armé. ‖ Tendre le ressort d'un mécanisme. ◆ **s'armer** v. pr. [**de**]. Se munir de qqch pour faire face : *s'armer de patience.*

ARMET [armɛ] n. m. Casque en fer en usage du XVe et n. XVIIe s.

ARMILLAIRE adj. (lat. *armilla,* bracelet). *Sphère armillaire,* assemblage de cercles représentant le ciel et le mouvement des astres, et au centre desquels un globe figure la Terre.

ARMILLAIRE n. m. Champignon comestible de la couleur du miel.

ARMINIANISME n. m. Doctrine d'Arminius.

ARMINIEN, ENNE adj. et n. Relatif à l'arminianisme; partisan de l'arminianisme.

ARMISTICE n. m. (lat. *arma,* armes, et *sistere,* arrêter). Convention par laquelle des belligérants suspendent les hostilités sans mettre fin à l'état de guerre.

ARMOIRE n. f. (lat. *armarium*). Meuble fermant, à tablettes, servant à ranger les vêtements, le linge, divers objets, et quelquefois orné d'une glace. ● *Armoire frigorifique,* armoire à parois isolantes où l'on maintient une basse température grâce à la machine frigorifique qui l'équipe. ‖ *Armoire à glace* (Pop.), personne de forte carrure.

ARMOIRIES n. f. pl. (anc. fr. *armoyer,* orner d'armes héraldiques). Ensemble des signes, devises et ornements de l'écu d'un État, d'une ville, d'une famille.

ARMOISE n. f. (de *plante d'Artémis*). Plante aromatique dont une espèce fournit le semen-contra. (L'absinthe, le génépi appartiennent au genre armoise.) [Famille des composées.]

ARMON n. m. (lat. *artemo*). Chacune des deux pièces symétriques entre lesquelles est fixé le timon d'une voiture hippomobile.

ARMORIAL, E, AUX adj. Relatif aux armoiries.

ARMORIAL n. m. Recueil des armoiries de la noblesse d'une nation, d'une province.

ARMORICAIN, E adj. et n. De l'Armorique.

ARMORIER v. t. Orner d'armoiries.

ARMURE n. f. (lat. *armatura*). Ensemble des défenses métalliques qui protégeaient le corps de l'homme de guerre (XIIIe-XVIe s.). ‖ *Mus.* Syn. de ARMATURE. ‖ *Text.* Mode d'entrelacement des fils d'un tissu.

ARMURERIE n. f. Atelier ou magasin d'armurier.

ARMURIER n. m. Celui qui fabrique, répare ou vend des armes.

A. R. N., abrév. de ACIDE RIBONUCLÉIQUE* (RNA dans la terminologie anglo-saxonne).

ARNAQUE n. f. *Pop.* Escroquerie, tromperie.

ARNAQUER v. t. *Pop.* Escroquer, duper : *il m'a arnaqué de cent francs.* ‖ *Pop.* Arrêter, faire prisonnier : *se faire arnaquer par la police.*

ARNAQUEUR n. m. *Pop.* Escroc, filou.

ARNICA n. m. ou f. (gr. *ptarmika,* [plantes] sternutatoires). Plante de montagne, à fleurs jaunes, dont on extrait une teinture utile en cas de contusion. (Haut. 50 cm; famille des composées.)

AROÏDÉE n. f. Syn. de ARACÉE.

AROMATE [arɔmat] n. m. Tout parfum d'origine végétale, utilisé en médecine, en parfumerie ou en cuisine.

AROMATIQUE adj. Qui dégage un parfum, odoriférant.

AROMATIQUE adj. et n. m. *Chim.* Composé dont la molécule renferme au moins un noyau

benzénique. (Les principaux aromatiques sont : le benzène*, le toluène*, les xylènes*, le naphtalène* et l'anthracène*.)

AROMATISATION n. f. Action d'aromatiser. ‖ *Chim.* Transformation d'un composé chimique en un composé aromatique.

AROMATISER v. t. Parfumer avec une substance aromatique.

ARÔME n. m. (gr. *arôma,* parfum). Émanation, odeur qui s'exhale de certaines substances végétales ou animales.

ARONDE [arɔ̃d] n. f. (lat. *hirundo*). Assemblage

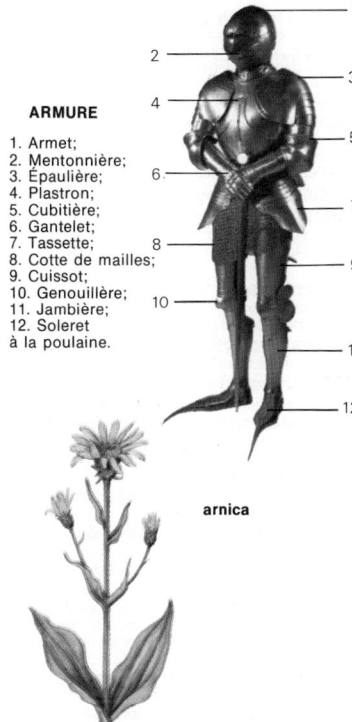

Lauros-Giraudon

ARMURE

1. Armet;
2. Mentonnière;
3. Épaulière;
4. Plastron;
5. Cubitière;
6. Gantelet;
7. Tassette;
8. Cotte de mailles;
9. Cuissot;
10. Genouillère;
11. Jambière;
12. Soleret
à la poulaine.

arnica

arquebusiers

Lauros-Giraudon

arpège

à *queue d'aronde,* assemblage dans lequel le tenon et la mortaise ont une forme qui rappelle une queue d'hirondelle, etc.

ARPÈGE n. m. (it. *arpeggio*). *Mus.* Exécution successive des notes d'un accord.

ARPÉGER v. i. (conj. **1** et **5**). *Mus.* Faire des arpèges. ◆ v. t. Transformer en arpège : *arpéger un accord.*

ARPENT n. m. (gaul. *arepennis*). Anc. mesure agraire divisée en 100 perches et variable suivant les localités (de 35 à 50 ares).

ARPENTAGE n. m. Évaluation de la superficie des terres.

ARPENTER v. t. Mesurer la superficie des terres. ‖ Parcourir à grands pas, rapidement : *arpenter une cour de long en large.*

ARPENTEUR n. m. Professionnel chargé d'effectuer des relèvements de terrains et des calculs de surfaces.

ARPENTEUSE n. et adj. f. Chenille des papillons géomètres, ou phalènes, qui semble progresser en arpentant.

ARPÈTE n. (all. *Arbeiter,* travailleur). *Pop.* Jeune apprenti(e).

ARQUÉ, E [arke] adj. Courbé en arc : *jambes arquées.*

ARQUEBUSE n. f. (all. *Hakenbüchse*). Première arme à feu portative, utilisée en France de la fin du XVe s. au début du XVIIe.

ARQUEBUSIER n. m. Soldat armé d'une arquebuse. ‖ Aux XVIIe et XVIIIe s., armurier.

ARQUER [arke] v. t. (de *arc*). Courber en arc : *arquer une pièce de bois.* ◆ **s'arquer** v. pr. Se courber en arc.

ARRACHAGE n. m. Action d'arracher des herbes, des racines.

ARRACHÉ n. m. En haltérophilie, mouvement amenant d'un seul coup la barre au-dessus de la tête, au bout d'un ou deux bras tendus. ● *À l'arraché* (Fam.), avec un effort violent, à la limite des forces.

ARRACHE-CLOU n. m. (pl. *arrache-clous*). Appareil destiné à retirer les clous.

ARRACHEMENT n. m. Action de détacher avec peine qqn de qqch.

ARRACHE-PIED (D') loc. adv. Avec acharnement et persévérance.

ARRACHER v. t. (lat. *eradicare,* déraciner). Enlever de terre : *arracher des pommes de terre.* ‖ Enlever de force : *il lui arracha son arme.* ‖ Faire sortir de force : *arracher de son lit.* ‖ Obtenir avec peine, de force ou par adresse : *arracher de l'argent, un aveu.* ‖ Détacher : *arracher qqn au jeu.* ◆ **s'arracher** v. pr. [**de, à**]. S'éloigner, se soustraire avec peine : *s'arracher d'un lieu; s'arracher au sommeil.* ● *S'arracher qqn,* se disputer sa présence. ‖ *S'arracher les cheveux,* être désespéré.

ARRACHEUR n. m. *Mentir comme un arracheur de dents,* effrontément.

ARRACHEUSE n. f. Machine agricole destinée à l'arrachage des tubercules, des racines ou des tiges.

ARRACHIS [araʃi] n. m. Arrachage des arbres. ‖ Plant arraché et dont les racines sont à nu.

ARRAISONNEMENT n. m. Action d'arraisonner.

ARRAISONNER v. t. (lat. *ratio,* compte). Examiner l'état sanitaire d'un navire, l'identité de son personnel, sa destination, sa provenance, la nature de sa cargaison, etc.

ARRANGEABLE adj. Que l'on peut arranger.

ARRANGEANT, E adj. Conciliant en affaires.

ARRANGEMENT n. m. Action d'arranger; manière dont une chose est arrangée : *arrangement d'une maison, d'une coiffure.* ‖ Accord conclu entre particuliers ou entre des États. ‖ Transformation d'une œuvre musicale écrite pour certaines voix, certains instruments ou certains ensembles, en vue de son exécution par des voix, des instruments ou des ensembles différents. ● *Arrangement de m objets p à p* (Math.), ensemble des groupements que l'on peut former en prenant p objets parmi m objets donnés, chaque groupe différant des autres soit par la nature, soit par l'ordre dans lequel se suivent les objets qui le composent. [Le nombre des arrangements de *m* objets *p* à *p* se désigne par A_m^p et est égal à

$$m(m-1)(m-2)...(m-p+1).]$$

ARRANGER v. t. (conj. **1**). Mettre en ordre, disposer en vue de telle destination; mettre ou remettre en état : *arranger une chambre pour un ami; arranger une pendule.* || Régler de manière à supprimer les difficultés : *arranger une affaire.* ● *Arranger qqn* (Fam.), le maltraiter, dire du mal de lui. || *Cela m'arrange,* cela me convient. ◆ **s'arranger** v. pr. Se mettre d'accord : *il vaut mieux s'arranger que plaider.* || Finir bien : *tout peut s'arranger.* || Prendre ses dispositions pour : *s'arranger pour arriver à l'heure.* || Se satisfaire de qqch.

ARRANGEUR n. m. Personne qui arrange un morceau de musique.

ARRÉRAGES n. m. pl. (de *arrière*). Ce qui est dû d'un revenu quelconque.

ARRESTATION n. f. Action de se saisir de qqn par autorité de justice ou de police.

ARRÊT n. m. Action d'arrêter, de s'arrêter : *l'arrêt des affaires.* || Endroit où s'arrête un véhicule public : *arrêt facultatif.* || Jugement d'une juridiction supérieure : *les arrêts de la Cour de cassation.* || Pièce, dispositif destinés à limiter la course d'un objet, d'une pièce, d'un véhicule, à fixer une pièce battante, coulissante ou tournante. ● *Chien d'arrêt,* chien s'immobilisant quand il sent le gibier. || *Coup d'arrêt,* arrêt brutal. || *Être, tomber en arrêt,* s'arrêter surpris devant une chose. || *Maison d'arrêt,* prison théoriquement réservée aux prévenus en attente de jugement. || *Sans arrêt,* continuellement. || *Tir d'arrêt,* tir qui vise à briser une attaque adverse. ◆ pl. Punition infligée à un militaire, l'astreignant à rester en dehors du service en un lieu déterminé : *mettre aux arrêts.* ● *Arrêts de rigueur,* sanction privative de liberté subie en totalité dans un local dit *d'arrêts.*

ARRÊTÉ n. m. Décision des autorités administratives.

ARRÊTÉ, E adj. Immuable, fixe : *il a une idée arrêtée de la situation.*

ARRÊTE-BŒUF n. m. inv. *Bot.* Nom usuel de la *bugrane.*

ARRÊTER v. t. (lat. *restare,* rester). Empêcher d'avancer, d'agir, de se dérouler normalement : *arrêter sa voiture; rien ne l'arrête; on n'arrête pas le progrès.* || Faire et retenir prisonnier : *arrêter un voleur.* || Faire un point spécial pour empêcher, en couture, une série de points de se défaire. || Déterminer, fixer : *arrêter un plan, un marché.* ● *Arrêter ses regards sur qqn,* les tenir fixés sur lui. ◆ v. i. En parlant du chien qui a approché du gibier, se tenir immobile jusqu'à l'arrivée du chasseur. || Cesser d'avancer, d'agir : *arrêtez près du carrefour.* ◆ **s'arrêter** v. pr. Cesser de marcher, de parler, d'agir.

ARRÉTISTE n. m. *Dr.* Celui qui commente des décisions de justice.

ARRÊTOIR n. m. Saillie, butée qui empêche ou limite un mouvement dans un mécanisme.

ARRHES [ar] n. f. pl. (lat. *arrha,* gage). Somme d'argent qu'une partie remet à l'autre au moment de la conclusion d'un contrat pour en assurer l'exécution.

ARRIÉRATION n. f. *Arriération mentale* (Psychiatr.), tout état de déficit intellectuel congénital, défini par un quotient intellectuel inférieur à 80 au test de Binet et Simon. (Suivant le chiffre du Q. I., on distingue des degrés dans l'arriération : débilité, imbécillité, idiotie. Cependant, la capacité d'utiliser un certain potentiel intellectuel est soumise à de multiples facteurs, d'ordre surtout affectif, pédagogique, socio-économique, ainsi qu'à l'association de troubles organiques [cécité, surdité, mutité, épilepsie, handicap moteur].)

ARRIÈRE adv. et adj. inv. (lat. *ad retro,* en arrière). Du côté opposé : *faire machine arrière.* || Situé à la partie postérieure : *les roues arrière.* ◆ interj. Au loin : *arrière, circulez!* ◆ loc. adv. *En arrière,* à une certaine distance derrière; en retard : *rester en arrière.* ◆ loc. prép. *En arrière de,* derrière.

ARRIÈRE n. m. Partie postérieure d'un véhi-

cule. || En temps de guerre, région intérieure du pays par opposition au front. || Dans les sports d'équipe, joueur qui se trouve près du but et qui participe à sa défense. ◆ *Mil.* Zone où des unités en opération déploient leurs moyens logistiques.

ARRIÉRÉ, E adj. En retard : *paiement arriéré.* || Dont la civilisation est peu développée : *pays arriéré.* ◆ adj. et n. *Psychiatr.* Qui souffre d'arriération mentale.

ARRIÉRÉ n. m. Ce qui reste dû : *payer l'arriéré.*

ARRIÈRE-BAN n. m. (pl. *arrière-bans*). *Féod.* Levée en masse ordonnée par le souverain, et qui englobait les hommes non compris dans le ban.

ARRIÈRE-BEC n. m. (pl. *arrière-becs*). Saillie dont est munie, du côté d'aval, la base d'une pile de pont pour faciliter l'écoulement de l'eau.

ARRIÈRE-BOUCHE n. f. (pl. *arrière-bouches*). Le fond de la bouche.

ARRIÈRE-BOUTIQUE n. f. (pl. *arrière-boutiques*). Pièce située derrière la boutique.

ARRIÈRE-CHŒUR n. m. (pl. *arrière-chœurs*). Dans les églises conventuelles, second chœur d'où les religieux et les religieuses cloîtrés se trouvent isolés des laïcs.

ARRIÈRE-CORPS n. m. inv. Partie d'un bâtiment placée en retrait.

ARRIÈRE-COUR n. f. (pl. *arrière-cours*). Petite cour servant de dégagement.

ARRIÈRE-FOND n. m. (pl. *arrière-fonds*). Ce qu'il y a de plus profond.

ARRIÈRE-GARDE n. f. (pl. *arrière-gardes*). Éléments de sûreté rapprochés qu'une troupe en marche place en arrière d'elle pour la couvrir et la renseigner.

ARRIÈRE-GORGE n. f. (pl. *arrière-gorges*). Partie du pharynx située derrière les amygdales.

ARRIÈRE-GOÛT n. m. (pl. *arrière-goûts*). Goût désagréable que laisse un mets, une boisson, un médicament.

ARRIÈRE-GRAND-MÈRE n. f. (pl. *arrière-grand-mères*). Mère du grand-père ou de la grand-mère.

ARRIÈRE-GRAND-ONCLE n. m. (pl. *arrière-grands-oncles*). Frère de l'arrière-grand-père ou de l'arrière-grand-mère.

ARRIÈRE-GRAND-PÈRE n. m. (pl. *arrière-grands-pères*). Père du grand-père ou de la grand-mère.

ARRIÈRE-GRANDS-PARENTS n. m. pl. Le père et la mère des grands-parents.

ARRIÈRE-GRAND-TANTE n. f. (pl. *arrière-grand-tantes*). Sœur de l'arrière-grand-père ou de l'arrière-grand-mère.

ARRIÈRE-MAIN n. f. (pl. *arrière-mains*). Revers de la main. || Partie postérieure d'un animal, notamment du cheval, comprenant la croupe et les membres postérieurs.

ARRIÈRE-NEVEU n. m., **ARRIÈRE-NIÈCE** n. f. (pl. *arrière-neveux, arrière-nièces*). Le fils, la fille du neveu ou de la nièce.

ARRIÈRE-PAYS n. m. inv. Partie d'un pays située en arrière de ses côtes.

ARRIÈRE-PENSÉE n. f. (pl. *arrière-pensées*). Pensée, intention que l'on cache, tandis qu'on en manifeste une autre.

ARRIÈRE-PETIT-FILS n. m., **ARRIÈRE-PETITE-FILLE** n. f. (pl. *arrière-petits-fils, arrière-petites-filles*). Le fils, la fille du petit-fils ou de la petite-fille.

ARRIÈRE-PETITS-ENFANTS n. m. pl. Enfants du petit-fils, de la petite-fille.

ARRIÈRE-PLAN n. m. (pl. *arrière-plans*). Plan du fond, dans une perspective. ● *À l'arrière-plan,* dans une position inférieure : *reléguer qqn à l'arrière-plan.*

ARRIÈRE-PORT n. m. (pl. *arrière-ports*). Partie d'un port la plus éloignée de l'entrée.

ARRIÈRE-SAISON n. f. (pl. *arrière-saisons*). Fin de l'automne.

ARRIÈRE-SALLE n. f. (pl. *arrière-salles*). Salle située derrière une autre.

ARRIÈRE-TRAIN n. m. (pl. *arrière-trains*). Par-

tie d'un véhicule portée par les roues de derrière. || Train postérieur d'un animal.

ARRIÈRE-VASSAL n. m. (pl. *arrière-vassaux*). Celui qui relevait d'un seigneur vassal d'un autre seigneur.

ARRIMAGE n. m. Action d'arrimer.

ARRIMER v. t. (moyen angl. *rimen,* arranger). Disposer méthodiquement et fixer le chargement d'un navire, d'un véhicule ou d'un avion. || Fixer une charge utile à un véhicule spatial.

ARRIMEUR n. m. Docker qui arrime les marchandises à bord des navires.

ARRISER v. i. → ARISER.

ARRIVAGE n. m. Arrivée de marchandises, de matériel, par un moyen de transport quelconque; ces marchandises elles-mêmes.

ARRIVANT, E n. Personne qui arrive en un lieu.

ARRIVÉ, E adj. et n. Personne qui est arrivée à un endroit. || Qui a réussi socialement.

ARRIVÉE n. f. Action d'arriver; moment ou lieu précis de cette action.

ARRIVER v. i. (lat. *ripa,* rive) [auxil. *être*]. Parvenir à destination, à son terme, à un certain état : *il est nouvellement arrivé dans la ville; le coureur est arrivé.* || Se produire, avoir lieu : *tout peut arriver; la chose arriva comme nous l'avions prévu.* || Réussir à obtenir qqch ou à parvenir à un état supérieur : *il veut à tout prix arriver.* ● *En arriver à,* finir par, aboutir à : *il en arriva à désespérer de tout.* ◆ v. impers. Avoir lieu : *il arrive qu'il sorte le soir.*

ARRIVISME n. m. Désir de réussir à tout prix.

ARRIVISTE n. et adj. Personne qui veut réussir à tout prix.

ARROCHE [arɔʃ] n. f. (lat. *atriplex,* du gr. *atraphaxus*). Plante à feuilles triangulaires, commune sur les sols salés du littoral, et dont une espèce fut cultivée comme légume. (Famille des chénopodiacées, genre *atriplex.*)

ARROGAMMENT adv. Avec arrogance.

ARROGANCE n. f. Fierté qui se manifeste par des manières hautaines, méprisantes.

ARROGANT, E adj. et n. (lat. *arrogans,* revendiquant). Qui a de l'arrogance; hautain.

ARROGER (S') v. pr. (lat. *arrogare,* demander pour soi) [conj. **1**]. S'attribuer qqch sans y avoir droit : *ils se sont arrogé des pouvoirs excessifs; les privilèges qu'il s'est arrogés.*

ARRONDI n. m. Partie arrondie de qqch : *l'arrondi d'une jupe.* || Manœuvre d'un avion qui, pour atterrir, passe progressivement de la descente au vol horizontal pour rouler au sol.

ARRONDIR v. t. Donner une forme ronde. || Agrandir, augmenter : *arrondir ses terres.* || Ramener une somme à un nombre entier d'unités monétaires : *arrondir au franc inférieur.* ● *Arrondir une jupe,* dessiner l'ourlet de telle façon que sa distance au sol soit partout égale. || *Voyelle arrondie* (Phon.), voyelle réalisée avec les lèvres poussées en avant, comme en français [y] et [ø]. ◆ **s'arrondir** v. pr. Devenir rond.

ARRONDISSAGE n. m. Opération ayant pour but de substituer, à une valeur mesurée ou résultant d'un calcul, une valeur approchée ayant un nombre limité de chiffres significatifs.

ARRONDISSEMENT n. m. Subdivision des départements et des grandes villes.

ARRONDISSURE n. f. Opération au cours de laquelle on arrondit le dos d'un livre relié.

ARROSAGE n. m. Action d'arroser.

ARROSER v. t. (du lat. *ros, roris,* rosée). Répandre de l'eau ou un liquide sur qqch ou qqn. || Couler à travers : *la Seine arrose Paris.* || *Fam.* Inviter à boire pour fêter un événement : *arroser sa promotion.* || *Fam.* Verser de l'argent à qqn pour obtenir un privilège.

ARROSEUR n. m. Personne qui arrose. || Dernière ramification d'un réseau d'irrigation.

ARROSEUSE n. f. Véhicule utilisé pour l'arrosage des rues.

ARROSOIR n. m. Ustensile pour arroser.

ARROW-ROOT [arorut] n. m. (mot angl., *racine à flèches*). Fécule extraite de rhizomes de diverses plantes tropicales (notamment de la maranta des Antilles) et utilisée dans la préparation de bouillies et d'entremets.

ARROYO n. m. (mot esp.). Dans les pays tropicaux, chenal reliant des cours d'eau.

ARS [ar *ou* ars] n. m. (lat. *armus,* épaule d'animal). Point d'union du membre antérieur du cheval avec le tronc.

ARSENAL n. m. (it. *arsenale,* mot ar.). Autref., fabrique d'armes et de matériel militaire. (On dit aujourd'hui ATELIER DE CONSTRUCTION ou MANUFACTURE.) ‖ Centre de construction et d'entretien des navires de guerre. ‖ Grande quantité d'armes : *la police a découvert un arsenal clandestin.* ‖ Moyens d'attaque et de défense : *l'arsenal des lois.* ‖ Appareillage compliqué : *l'arsenal d'un photographe.*

ARSÉNIATE n. m. *Chim.* Sel de l'acide arsénique.

ARSENIC n. m. (lat. *arsenicum,* gr. *arsenikos,* mâle). Élément chimique (As) no 33, de masse atomique 74,91, d'une couleur gris de fer et à l'éclat métallique.
■ La densité de l'arsenic est de 5,7. Chauffé, il se sublime vers 450 oC en répandant une odeur d'ail. Son oxyde, l'anhydride arsénieux, dit parfois *arsenic blanc,* est très toxique.

ARSENICAL, E, AUX ou **ARSÉNIÉ, E** adj. Qui contient de l'arsenic.

ARSÉNIEUX adj. m. Se dit de l'anhydride As₂O₃ et de l'acide correspondant.

ARSÉNIQUE adj. m. Se dit de l'anhydride As₂O₅ et de l'acide H₃AsO₄.

ARSÉNITE n. m. Sel de l'acide arsénieux.

ARSÉNIURE n. m. Combinaison de l'arsenic avec un corps simple.

ARSINE n. f. Corps dérivé de l'hydrogène arsénié AsH₃ par substitution de radicaux carbonés à l'hydrogène.

ARSOUILLE n. et adj. *Pop.* Voyou.

ART n. m. (lat. *ars, artis*). Activité humaine spécifique faisant appel à certaines facultés sensorielles, esthétiques et intellectuelles; ensemble des œuvres artistiques d'un pays, d'une époque : *l'art italien; l'art roman.* ‖ Ensemble des règles intéressant une profession, une activité : *art militaire, culinaire, dramatique.* ‖ Manière habile de faire qqch : *avoir l'art de plaire, d'émouvoir.* ● *Art poétique,* ouvrage, en vers ou en prose, qui définit la conception et les techniques de la création poétique d'un écrivain ou d'une école littéraire. ‖ *Homme de l'art,* qui s'entend parfaitement dans son métier. ‖ *L'art pour l'art,* doctrine littéraire qui refuse l'engagement social ou politique de l'écrivain et qui fait de la perfection formelle le but ultime de l'art. (Cette réaction contre le romantisme est notamment illustrée par les poètes du Parnasse.)

ARTEFACT [artefakt] n. m. (lat. *artis facta,* effets de l'art). Structure ou phénomène d'origine artificielle ou accidentelle rencontré au cours d'une observation ou d'une expérience portant sur un phénomène naturel.

ARTEL n. m. En U.R.S.S., coopérative dans laquelle la propriété est entre les mains de collectivités ou d'associations de travailleurs.

ARTÈRE n. f. (gr. *artêria*). Vaisseau qui conduit le sang du cœur aux organes. ‖ Voie de communication urbaine.

ARTÉRIECTOMIE n. f. *Chir.* Résection d'un segment d'artère.

ARTÉRIEL, ELLE adj. Relatif aux artères.

ARTÉRIOGRAPHIE n. f. Radiographie des artères et de leurs branches après injection directe de produit opaque aux rayons X.

ARTÉRIOLE n. f. Petite artère.

ARTÉRIOPATHIE n. f. Affection d'une artère, quelle qu'en soit la nature.

ARTÉRIOSCLÉREUX, EUSE adj. et n. De l'artériosclérose; atteint d'artériosclérose.

ARTÉRIOSCLÉROSE n. f. Maladie involutive de la paroi des artères, aboutissant à leur durcissement. (L'artériosclérose accompagne souvent l'hypertension.)

ARTÉRIOTOMIE n. f. *Chir.* Section d'une artère.

ARTÉRITE n. f. *Méd.* Inflammation d'une artère.

ARTÉSIEN, ENNE adj. et n. De l'Artois.
● *Puits artésien,* puits qui donne une eau jaillissante.

ARTHRALGIE n. f. (gr. *arthron,* articulation). Douleur articulaire.

ARTHRITE n. f. *Méd.* Inflammation d'une articulation.

ARTHRITIQUE adj. et n. Atteint d'arthrite ou d'arthritisme.

ARTHRITISME n. m. *Méd.* Diathèse attribuée au ralentissement de la nutrition et des éliminations, et se manifestant sous diverses formes (goutte, rhumatisme, artériosclérose, asthme, eczéma, etc.) [vx].

ARTHRODÈSE n. f. *Chir.* Intervention consistant à bloquer définitivement une articulation malade.

ARTHROGRAPHIE n. f. Radiographie d'une articulation après injection d'un produit de contraste (air ou substance opaque aux rayons X).

ARTHROGRYPOSE n. f. Maladie congénitale caractérisée par des raideurs et des déformations articulaires.

ARTHROPATHIE n. f. *Méd.* Affection d'une articulation.

ARTHROPLASTIE n. f. *Chir.* Réparation d'une articulation en vue de lui rendre sa mobilité.

ARTHROPODE n. m. (gr. *arthron,* articulation, et *pous, podos,* pied). Animal invertébré, caractérisé par un squelette externe chitineux, un corps divisé en anneaux et des membres formés de segments mobiles grâce à la présence d'articulations. (Les *arthropodes* forment un embranchement qui comprend les *crustacés,* les *myriapodes,* les *insectes,* les *arachnides,* soit plus de la moitié du règne animal tout entier.)

ARTHROSCOPIE n. f. *Méd.* Examen endoscopique d'une cavité articulaire.

ARTHROSE n. f. *Méd.* Affection chronique dégénérative des articulations.

ARTICHAUT n. m. (it. dialect. *articiocco,* mot ar.). Plante potagère dont la volumineuse inflorescence fournit, avant de s'ouvrir, un réceptacle (fond) qui est comestible, ainsi que la base des bractées (feuilles). [Famille des composées, genre *cynara.*]

a : gros vert
de Laon
b :\camus de Bretagne

artichaut

ARTICLE n. m. (lat. *articulus,* articulation). Division d'un traité, d'une loi, d'un contrat, d'un compte, d'un chapitre budgétaire. ‖ Écrit formant un tout distinct dans un journal, une publication. ‖ Tout objet de commerce : *article d'alimentation.* ‖ *Ling.* Terme qui se place devant les noms et indique leur valeur définie ou indéfinie, et souvent leur nombre ou leur genre. ‖ *Zool.* Chacun des éléments dont la suite articulée constitue la patte ou l'appendice des animaux articulés ou *arthropodes.* ● *À l'article de la mort,* au dernier moment de la vie. ‖ *Article de foi,* point important de croyance religieuse. ‖ *Faire l'article,* faire valoir une marchandise en la vantant.

ARTICULAIRE adj. Relatif aux articulations.

ARTICULATION n. f. Action d'articuler les sons d'une langue. ‖ Lien non rigide entre deux pièces mécaniques, autorisant des mouvements de rotation de l'une par rapport à l'autre. ‖ *Anat.* Dispositif par lequel deux ou plusieurs os sont unis entre eux. ‖ *Dr.* Énumération écrite de faits au cours d'un procès. ‖ *Zool.* Région du tégument des arthropodes où la chitine s'amincit, permettant les mouvements des segments.

ARTICULATOIRE adj. Qui concerne l'articulation des sons du langage.

ARTICULÉ, E adj. Qui a une ou plusieurs articulations : *tige articulée.* ‖ Énoncé, exprimé nettement : *mot mal articulé.*

ARTICULÉ n. m. *Zool.* Syn. d'ARTHROPODE.
● *Articulé dentaire,* engrènement des dents du maxillaire supérieur avec celles du maxillaire inférieur.

ARTICULER v. t. (lat. *articulare*). Faire entendre distinctement les sons vocaux, les syllabes d'un mot à l'aide des organes de la parole. ‖ Lier des pièces mécaniques par des articulations. ◆ **s'articuler** v. pr. Se joindre, spécialement en parlant des os. ‖ Se succéder dans un ordre déterminé : *les parties d'un exposé qui s'articulent bien.*

ARTICULET n. m. Petit article de journal.

ARTIFICE n. m. (lat. *artificium,* art). *Litt.* Ruse en vue de tromper. ‖ *Arm.* Terme générique désignant toute composition fulminante pouvant déclencher une action explosive. ● *Feu d'artifice,* préparation chimique détonante et éclairante employée dans les réjouissances.

ARTIFICIEL, ELLE adj. Produit par une technique humaine et non par la nature : *fleurs artificielles.* ‖ Qui manque de naturel, affecté : *enthousiasme artificiel.* ● *Escalade artificielle* (Sports), ascension de parois lisses ou surplombantes, à l'aide de pitons et d'étriers notamment.

ARTIFICIELLEMENT adv. De façon artificielle.

ARTIFICIER n. m. Celui qui tire des feux d'artifice. ‖ Militaire chargé de la mise en œuvre des artifices.

ARTIFICIEUSEMENT adv. *Litt.* Avec ruse.

ARTIFICIEUX, EUSE adj. *Litt.* Hypocrite.

ARTILLERIE n. f. (de *art*). Ensemble des bouches à feu et de leurs projectiles. ‖ Arme chargée de leur mise en œuvre : *servir dans l'artillerie.* ● *Artillerie de campagne,* celle qui appuie directement les autres armes au combat. ‖ *Artillerie lourde,* celle qui est dotée de canons de gros calibre. ‖ *Artillerie navale,* celle qui était installée à bord des navires de guerre. ‖ *Artillerie nucléaire,* celle qui est dotée de projectiles nucléaires. ‖ *Artillerie sol-air, artillerie sol-sol,* celles qui sont spécialisées dans le tir sur objectifs soit aériens, soit terrestres.

ARTILLEUR n. m. Militaire servant dans l'artillerie.

ARTIMON n. m. (génois *artimone*). *Mar.* Mât le plus à l'arrière d'un voilier. ‖ Voile gréée sur ce mât.

ARTIODACTYLE n. m. Ongulé ayant un nombre pair de doigts à chaque patte. (Les *artiodactyles* forment un sous-ordre comprenant les *ruminants* et les *porcins.*)

ARTISAN, E n. (it. *artigiano*). Travailleur qui exerce pour son compte personnel un métier manuel, seul ou avec l'aide des membres de sa famille ou de quelques employés. ‖ Auteur, responsable d'une chose : *il a été l'artisan de sa fortune.*

ARTISANAL, E, AUX adj. Relatif à l'artisan.

ARTISANALEMENT adv. D'une manière artisanale.

ARTISANAT n. m. Métier de l'artisan.

ARTISTE n. Personne qui pratique un des beaux-arts, spécialement un des arts plastiques ou un de leurs prolongements actuels. ‖ Personne qui interprète une œuvre musicale, théâtrale, cinématographique, chorégraphique. ‖ Personne qui, se consacrant à un art, se libère des contraintes bourgeoises : *mener une vie d'artiste.* ◆ adj. Qui a le goût des arts, le sentiment du beau.

ARTISTEMENT adv. Avec art, avec habileté.

ARTISTIQUE adj. Relatif aux arts : *les richesses artistiques d'un pays.* ‖ Fait avec art : *décoration artistique.*

ARTISTIQUEMENT adv. De façon artistique.

ARTOCARPUS [artokarpys] n. m. Arbre d'Océanie, appelé aussi *arbre à pain,* car ses fruits, riches en amidon, peuvent être consommés comme le pain.

ARUM [arɔm] n. m. (gr. *aron*). Plante à petites fleurs unisexuées disposées en épis entourés d'une spathe verdâtre. (Noms usuels : *gouet, pied-de-veau.* Une espèce ornementale à spathe blanche, originaire d'Afrique, est aussi appelée *calla.*) [Famille des aracées.]

ARYEN, ENNE adj. Propre aux Aryens.

ARYLAMINE n. f. Amine dérivée d'un carbure benzénique.

ARYLE n. m. Radical dérivé des composés benzéniques.

ARYTÉNOÏDE n. m. et adj. Cartilage mobile du larynx, qui tend les cordes vocales.

arum

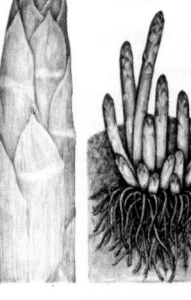

ascension droite
(γ, point vernal;
PEP', cercle horaire)

asperge

ARYTHMIE n. f. Trouble du rythme du cœur, caractérisé par une irrégularité d'espacement et une inégalité de ses contractions.

ARYTHMIQUE adj. Qui n'est pas rythmique.

AS [ɑs] n. m. (lat. *as,* un sou). Face du dé ou moitié du domino marquée d'un seul point. ‖ Carte à jouer marquée d'un seul point. ‖ *Fam.* Personne qui excelle en qqch. ‖ *Hist.* Unité de poids, de monnaie, de mesure, à Rome. ● *Passer à l'as* (Fam.), ne pas avoir lieu, être escamoté.

As, symbole chimique de l'*arsenic.*

ASANA n. f. (mot sanskr.). Posture de yoga.

ASBESTE [asbɛst] n. f. Substance minérale fibreuse et inaltérable au feu.

ASBESTOSE n. f. *Méd.* Variété de pneumoconiose due à l'inhalation de poussière d'amiante.

ASCARIDE ou **ASCARIS** [askaris] n. m. (gr. *askaris*). Ver parasite de l'intestin grêle de l'homme et du cheval. (Long. 10 à 25 cm; classe des nématodes.)

ASCARIDIASE ou **ASCARIDIOSE** n. f. Ensemble des troubles provoqués par les ascaris.

ASCENDANCE n. f. (lat. *ascendere,* monter). Courant aérien dirigé de bas en haut. ‖ Ensemble des générations qui ont précédé une génération actuelle.

ASCENDANT, E adj. Qui va en montant ou en progressant.

ASCENDANT n. m. *Astron.* Mouvement d'une planète au-dessus de l'horizon. ‖ Influence dominante, autorité morale exercée par qqn. ‖ Parent dont on descend. (Surtout au pl.)

ASCENSEUR n. m. (lat. *ascendere,* monter). Appareil servant à élever ou à descendre verticalement les personnes. ● *Renvoyer l'ascenseur* (Fam.), répondre à une complaisance, à un service quelconque, par une action comparable.

ASCENSION n. f. (lat. *ascensio*). Action de s'élever, de gravir : *l'ascension d'un ballon; l'ascension d'une montagne.* ‖ Élévation de Jésus-

Christ au ciel; jour où l'Église la célèbre (quarante jours après Pâques). [En ce sens, prend une majuscule.] ● *Ascension droite,* arc de l'équateur céleste compris entre le point vernal et le cercle horaire d'un astre, compté dans le sens direct. (L'ascension droite est l'une des coordonnées équatoriales célestes d'un astre.)

ASCENSIONNEL, ELLE adj. Qui tend à monter ou à faire monter.

ASCENSIONNISTE n. Personne qui fait une ascension en montagne.

ASCÈSE [asɛz] n. f. (gr. *askêsis,* exercice). Ensemble d'exercices pratiqués en vue d'un perfectionnement spirituel.

ASCÈTE [asɛt] n. Personne qui pratique l'ascèse. ‖ Personne qui mène une vie austère.

ASCÉTIQUE adj. Relatif à l'ascétisme.

ASCÉTISME n. m. Ensemble de pratiques de pénitence ayant un but spirituel ou religieux. ‖ Vie austère.

ASCIDIE [asidi] n. f. (gr. *askidion,* petite outre). Animal marin fixé aux rochers. (Haut. 15 cm; embranchement des procordés.) ‖ *Bot.* Organe en forme d'urne, constitué par les feuilles de certaines plantes carnivores (*népenthès*).

ASCITE [asit] n. f. Présence de liquide dans le péritoine.

ASCITIQUE adj. Relatif à l'ascite.

ASCLÉPIADACÉE n. f. Plante gamopétale telle que le *dompte-venin.* (Les *asclépiadacées* forment une famille.)

ASCLÉPIADE n. f. ou **ASCLÉPIAS** n. m. Plante cultivée pour ses fleurs roses odorantes et ses fruits surmontés d'une aigrette soyeuse. (Haut. 2 m; sous-classe des gamopétales.)

ASCOMYCÈTE n. m. (gr. *askos,* outre, et *mukês,* champignon). Champignon supérieur dont les spores se forment dans des asques. (Les *ascomycètes* forment une classe comprenant le *penicillium,* la *pezize,* la *morille,* la *truffe.*)

ASCORBIQUE adj. *Acide ascorbique,* vitamine C ou antiscorbutique.

ASCOSPORE n. f. Spore formée à l'intérieur d'un asque.

ASDIC n. m. (sigle d'*Allied Submarine Detection Investigation Committee*). Appareil de détection sous-marine par ultrasons. (Mis au point en Angleterre avant 1939, il est l'ancêtre du sonar.)

ASE n. f. Syn. de DIASTASE. (V. ENZYME.)

ASÉMANTIQUE adj. *Ling.* Se dit d'une phrase qui n'a pas de sens, mais qui peut être grammaticale.

ASEPSIE n. f. (gr. *sêpsis,* infection). Ensemble des méthodes permettant de protéger l'organisme contre tout apport microbien, et, en particulier, d'opérer à l'abri des microbes.

ASEPTIQUE adj. Relatif à l'asepsie.

ASEPTISATION n. f. Action d'aseptiser.

ASEPTISER v. t. Stériliser : *aseptiser une plaie.*

ASEXUÉ, E [asɛksɥe] adj. Qui n'a pas de sexe. ● *Reproduction asexuée* ou *végétative,* celle qui

ne se fait pas par l'intermédiaire de cellules reproductrices, ou gamètes, par exemple le bouturage, le *marcottage.*

ASHKÉNAZE [aʃkenaz] n. et adj. (hébr. *ashkenazi*). Nom donné aux Juifs d'Europe de culture et de langue yiddish.

ASHRAM ou **ÂSRAM** [aʃram] n. m. inv. (mot sanskr.). En Inde, lieu de retraite collective où les adeptes reçoivent l'enseignement d'un maître.

ASIA-DOLLARS n. m. pl. Dépôts en dollars effectués hors des États-Unis dans des banques asiatiques (Singapour notamment).

ASIAGO n. m. Fromage italien à pâte cuite et pressée, utilisé essentiellement comme fromage à râper.

ASIALIE n. f. (gr. *sialon,* salive). *Méd.* Absence de salive.

ASIATE n. Personne originaire d'Asie.

ASIATIQUE adj. et n. D'Asie.

ASIENTO n. m. (mot esp., *contrat d'achat*). Contrat autorisant la traite des Noirs dans les colonies espagnoles (1517-1759).

ASILAIRE adj. Relatif à l'asile.

ASILE n. m. (gr. *asulon,* refuge sacré). Lieu où l'on se met à l'abri d'un danger, d'un besoin, d'une fatigue : *trouver asile à l'étranger; donner asile à des réfugiés.* ‖ Autref. établissement où étaient admis les malades mentaux, objets d'une mesure d'internement. ● *Droit d'asile,* jadis, droit d'inviolabilité accordé à certains lieux, en raison de leur caractère sacré.

ASILE n. m. Insecte diptère qui capture ses proies en plein vol. (Type de la famille des *asilidés.*)

ASINIEN, ENNE adj. (lat. *asinus,* âne). Propre à l'âne.

ASOCIAL, E, AUX adj. et n. Incapable de s'adapter aux normes sociales.

ASOCIALITÉ n. f. Caractère d'une personne asociale.

ASPARAGINE [asparaʒin] n. f. Amide d'un acide aminé, qui se trouve dans les jeunes pousses d'asperge.

ASPARAGUS [asparagys] n. m. (mot lat.). Plante au feuillage délicat, voisine de l'asperge. (Famille des liliacées.)

ASPE ou **ASPLE** n. m. Dévidoir qui sert à tirer la soie des cocons.

ASPECT [aspɛ] n. m. (lat. *aspectus,* regard). Manière dont un être ou une chose se présente à la vue, à l'esprit : *un château d'un aspect imposant; cette entreprise se présente sous un fâcheux aspect.* ‖ *Ling.* Manière dont l'action exprimée par le verbe est envisagée dans son développement : *aspect accompli, duratif.* ● *À l'aspect de,* à la vue de.

ASPERGE n. f. (lat. *asparagus*). Plante potagère de la famille des liliacées, dont on mange les pousses («turions») quand elles sont encore tendres.

ASPERGER v. t. (lat. *aspergere*) [conj. **1**]. Arroser légèrement et superficiellement.

ASPERGÈS [aspɛrʒɛs] n. m. (lat. *asperges,* tu aspergeras, mot par lequel commence l'antienne *Asperges me*). *Relig.* Moment de l'aspersion, au début des messes solennelles.

ASPERGILLOSE n. f. Maladie due au développement d'un aspergillus dans l'organisme.

ASPERGILLUS [aspɛrʒilys] n. m. Moisissure qui se développe sur les substances sucrées (confitures). [L'aspergillus fait partie des champignons ascomycètes; ses spores, ou conidies, naissent d'axes rayonnant autour d'un renflement terminal.]

ASPÉRITÉ n. f. (lat. *asperitas*). État de ce qui est raboteux, inégal.

ASPERME adj. *Bot.* Se dit de fruits ne contenant pas de graines.

ASPERSION n. f. Action d'asperger.

ASPERSOIR n. m. Pomme d'arrosoir. ‖ *Liturg.* Goupillon.

ASPHALTAGE n. m. Action d'asphalter.

ASPHALTE n. m. (gr. *asphaltos*). Bitume résineux, noir et compact, qui sert au revêtement des trottoirs, des chaussées, etc.

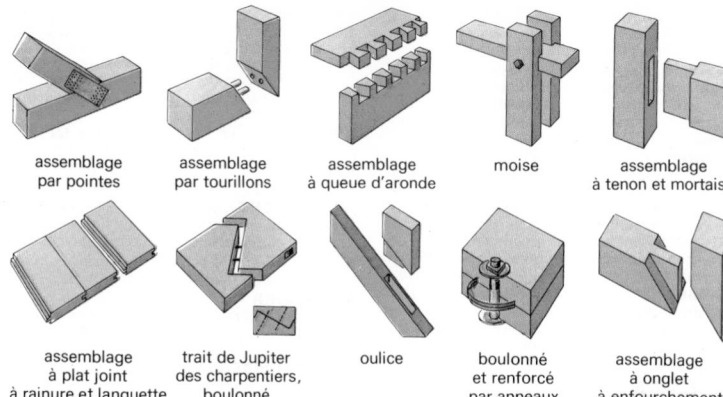

assemblage
par pointes

assemblage
par tourillons

assemblage
à queue d'aronde

moise

assemblage
à tenon et mortaise

assemblage
à plat joint
à rainure et languette

trait de Jupiter
des charpentiers,
boulonné

oulice

boulonné
et renforcé
par anneaux

assemblage
à onglet
à enfourchement

ASSEMBLAGES

ASPHALTER v. t. Couvrir d'asphalte.

ASPHALTIER n. m. Navire aménagé pour le transport de l'asphalte.

ASPHALTITE n. m. Mélange naturel de bitume et de matières organiques.

ASPHODÈLE n. m. (gr. *asphodelos*). Plante bulbeuse à fleurs blanches, dont une espèce est ornementale. (Famille des liliacées.)

ASPHYXIANT, E adj. Qui asphyxie.

ASPHYXIE n. f. (gr. *sphuxis*, pouls). Troubles occasionnés par l'arrêt de la respiration. ‖ Arrêt dans le développement d'une activité essentielle.

ASPHYXIER v. t. Causer l'asphyxie. ◆ **s'asphyxier** v. pr. Mourir par asphyxie.

ASPIC [aspik] n. m. (lat. *aspis, -idis*, mot gr.). Nom d'une des deux espèces de vipères de France, qui fréquente surtout les lieux secs et pierreux, les éboulis et les broussailles.

ASPIC ou **SPIC** n. m. (prov. *espic*). *Bot.* Nom usuel de la *grande lavande.*

ASPIC n. m. *Cuis.* Plat composé de viande ou de poisson froids recouverts de gelée.

ASPIDISTRA n. m. Plante d'appartement cultivée pour ses larges feuilles lisses, vert foncé. (Famille des liliacées.)

ASPIRANT, E adj. Qui aspire.

ASPIRANT n. m. Personne qui aspire à une place, à un emploi. ‖ *Mil.* Grade intermédiaire entre le major et le premier grade d'officier.

ASPIRATEUR n. m. Nom donné à divers appareils dont le rôle est d'aspirer les fluides (*aspirateur de buées*, placé dans une imposte de fenêtre), les poussières (*aspirateur à chariot, aspirateur-balai*) ou certains déchets de faibles dimensions.

ASPIRATION n. f. Action d'aspirer. ‖ *Phon.* Bruit de frottement de la colonne d'air contre les parois de la glotte entrouverte, noté par [h]. ‖ Mouvement vers un idéal, élan, désir.

ASPIRATOIRE adj. Qui concerne l'aspiration.

ASPIRÉ, E adj. et n. f. *Phon.* Se dit d'un phonème qui est accompagné d'une aspiration.

ASPIRER v. t. (lat. *aspirare*, souffler). Attirer l'air dans les voies respiratoires. ‖ Attirer en créant un vide partiel. ‖ Faire pénétrer dans l'appareil digestif. ◆ v. t. ind. [**à**]. Porter son désir vers, prétendre à : *aspirer à de hautes fonctions.*

ASPIRINE n. f. (nom déposé dans certains pays étrangers). Dérivé de l'acide salicylique, utilisé comme analgésique et fébrifuge.

ASPIRO-BATTEUR n. m. (pl. *aspiro-batteurs*). Aspirateur effectuant le dépoussiérage des tapis et moquettes.

ASPLE n. m. → ASPE.

ASPRE n. f. (lat. *asper*, rude). Dans le Roussillon, colline caillouteuse adossée aux Pyrénées.

ASQUE n. m. (gr. *askos*, outre). Organe sporifère microscopique chez certains champignons. (Les spores se forment à l'intérieur de l'asque au nombre de 4 ou de 8.)

ASRAM → ASHRAM.

ASSA-FŒTIDA [asafetida] n. f. Résine d'odeur fétide, antispasmodique, extraite de la férule.

ASSAGIR v. t. Rendre sage. ◆ **s'assagir** v. pr. Devenir sage.

ASSAGISSEMENT n. m. Action de s'assagir.

ASSAI [asaj] adv. (mot it.). *Mus.* Très. ● *Lento assai*, très lent.

ASSAILLANT, E adj. et n. Qui attaque.

ASSAILLIR v. t. (lat. *assilire*) [conj. 11]. Attaquer vivement : *assaillir un passant dans une rue déserte.* ‖ Harceler, tourmenter : *il l'assaille d'une foule de questions.*

ASSAINIR v. t. Rendre sain : *assainir un marais, une situation.*

ASSAINISSEMENT n. m. Action d'assainir.

ASSAISONNEMENT n. m. Action, manière d'assaisonner les mets. ‖ Ingrédient pour assaisonner, comme le poivre, le sel, le vinaigre, etc.

ASSAISONNER v. t. (de *saison*). Ajouter à un mets des ingrédients qui en relèvent le goût : *assaisonner une salade.* ‖ Rendre moins fade un texte, un discours. ‖ *Fam.* Réprimander, maltraiter.

ASSAMAIS n. m. Langue indo-aryenne parlée en Assam.

ASSARMENTER v. t. Débarrasser une vigne des sarments inutiles.

ASSASSIN n. m. (it. *assassino*, mot ar.). Celui qui tue avec préméditation, qui est responsable de la mort d'un autre.

ASSASSINAT n. m. Meurtre commis avec préméditation.

ASSASSINER v. t. Tuer avec préméditation. ‖ *Fam.* Exiger de qqn un paiement exagéré.

ASSAUT n. m. (lat. *ad*, vers, et *saltus*, saut). Attaque vive, violente, à plusieurs : *donner l'assaut.* ‖ Combat d'escrime. ‖ Faire assaut de, lutter d'émulation en matière de. ‖ Prendre d'assaut, s'emparer par la force.

ASSEAU n. m. ou **ASSETTE** n. f. (lat. *ascia*, hache). Marteau de couvreur, dont l'une des extrémités est une lame tranchante, et qui sert à couper et à clouer les lattes et les ardoises.

ASSÈCHEMENT n. m. Action d'assécher.

ASSÉCHER v. t. (lat. *siccare*, sécher) [conj. 5]. Ôter l'eau, mettre à sec : *assécher des marais.* ◆ **s'assécher** v. pr. Devenir sec.

ASSEMBLAGE n. m. Action d'assembler, de réunir des choses. ‖ Œuvre d'art obtenue en réunissant des objets divers, caractéristique du dadaïsme, du pop art, etc. ‖ *Arts graph.* Réunion dans l'ordre des signatures, des cahiers et des feuillets qui constituent un livre. ‖ *Techn.* Jonction, réunion de diverses pièces, de manière

qu'elles ne fassent plus qu'un tout. ● *Langage d'assemblage* (Inform.), langage formé par les instructions d'un ordinateur écrites sous forme symbolique, c'est-à-dire lisibles par l'homme.

ASSEMBLAGISTE n. Artiste qui pratique l'assemblage.

ASSEMBLÉ n. m. ou **ASSEMBLÉE** n. f. *Chorégr.* Pas de conclusion ou temps de préparation à un pas battu.

ASSEMBLÉE n. f. Réunion de personnes dans un même lieu : *parler devant une nombreuse assemblée.* ‖ Ensemble des personnes qui forment un corps constitué. ‖ Dans la marine nationale, rassemblement quotidien des équipages à l'occasion de la cérémonie des couleurs.

ASSEMBLER v. t. (lat. *simul*, ensemble). Mettre ensemble, réunir, grouper : *assembler les feuilles d'un livre, assembler des pièces de charpente.* ‖ *Inform.* Traduire en langage machine un programme écrit en langage d'assemblage.

ASSEMBLEUR n. m. *Inform.* Programme d'ordinateur traduisant en langage machine des programmes écrits en langage d'assemblage.

asphodèle

ASSEMBLEUSE n. f. *Impr.* Machine effectuant l'assemblage des cahiers d'un volume.

ASSENER ou **ASSÉNER** [asene] v. t. (anc. fr. *sen*, direction) [conj. 5]. *Assener un coup*, le porter avec violence.

ASSENTIMENT n. m. (lat. *assentire*, donner son accord). Consentement volontaire, approbation, accord.

ASSEOIR v. t. (lat. *assidere*) [conj. 38]. Mettre sur un siège : *asseoir un enfant sur une chaise.* ‖ Poser sur qqch de solide : *asseoir les fondations d'une maison sur un roc.* ‖ Établir d'une manière stable : *asseoir un gouvernement, sa réputation.* ‖ *Fam.* Jeter qqn dans la stupeur. ‖ *Dr.* Fixer, en parlant de la base de l'impôt. ◆ **s'asseoir** v. pr. Se mettre sur un siège, sur son séant.

ASSERMENTÉ, E adj. et n. Qui a prêté serment au gouvernement, à la Constitution, devant un tribunal. ● *Prêtre, curé, évêque assermenté*, celui qui, en 1790, avait prêté serment à la Constitution civile du clergé.

ASSERMENTER v. t. Faire prêter serment.

ASSERTION n. f. (lat. *assertio*). Énoncé soutenu comme vrai; affirmation : *les faits ont justifié ses assertions.* ‖ *Log.* Opération qui consiste à poser la vérité d'une proposition, généralement symbolisée par le signe ⊢ placé devant la proposition. ‖ *Math.* Énoncé d'une propriété attribuée à un nombre, une figure, un objet : *une assertion peut être vraie ou fausse.*

ASSERTORIQUE adj. (lat. *asserere*, affirmer). *Jugement assertorique* (Philos.), jugement qui énonce une vérité de fait et non nécessaire, par opposition au jugement APODICTIQUE.

ASSERVIR v. t. (de *serf*). Réduire à une grande dépendance : *asservir la presse.* ‖ *Techn.* Réaliser un asservissement.

ASSERVISSEMENT n. m. État de dépendance, de servitude. ‖ *Techn.* Action de mettre un mécanisme sous la dépendance d'un asservisseur; système automatique dont le fonctionnement tend à annuler l'écart entre une grandeur commandée et une grandeur de commande : *les servomécanismes sont des asservissements.*

ASSERVISSEUR n. m. et adj. Organe régulateur qui, actionné par des appareils commandés, réagit sur le circuit de commande en vue d'imposer à l'ensemble certaines conditions.

ASSESSEUR n. m. (lat. *assidere*, s'asseoir auprès). Celui qui siège auprès d'un magistrat, d'un fonctionnaire, etc., pour l'aider dans ses fonctions.

ASSETTE n. f. → ASSEAU.

ASSEZ adv. (lat. *ad*, et *satis*, suffisamment). En quantité suffisante : *il a assez mangé.* ● *En avoir assez* (Fam.), être excédé.

ASSIDU, E adj. (lat. *assiduus*). Qui est continuellement auprès de qqn ou à l'endroit où il doit être. ‖ Qui manifeste de la constance, de l'obstination : *présence assidue aux cours.*

ASSIDUITÉ n. f. Qualité de celui qui est assidu; ponctualité, exactitude; application.

ASSIDÛMENT adv. Avec assiduité, constamment, continuellement.

ASSIÉGÉ, E n. Personne qui se trouve dans la place au moment d'un siège.

ASSIÉGEANT, E n. et adj. Personne qui assiège.

ASSIÉGER v. t. (conj. **1** et **5**). Faire le siège de. ‖ Harceler qqn de demandes inopportunes.

ASSIETTE n. f. (lat. *assidere*, être assis). Pièce de vaisselle individuelle dont le centre est plus ou moins creux. ‖ Manière d'être assis à cheval. ‖ Position stable d'un véhicule, d'un navire. ‖ Dr. Matière assujettie à l'impôt; biens sur lesquels porte une hypothèque. ● *Assiette anglaise,* assortiment de viandes froides. ‖ *Assiette au beurre* (Vx), source de profits. ‖ *Assiette du pied* (Chorégr.), manière dont il repose sur le sol. ‖ *N'être pas dans son assiette* (Fam.), être mal à son aise.

ASSIETTÉE n. f. Contenu d'une assiette.

ASSIGNABLE adj. Qui peut être assigné.

ASSIGNAT n. m. Papier-monnaie créé sous la Révolution française, et dont la valeur était assignée sur les biens nationaux.

ASSIGNATION n. f. Acte de procédure adressé par le demandeur au défendeur, priant celui-ci de comparaître devant la juridiction compétente. ● *Assignation à résidence,* situation dans laquelle se trouve celui qui est astreint à résider en un lieu précis.

ASSIGNER v. t. (lat. *assignare*). Attribuer qqch à qqn : *assigner une tâche à ses collaborateurs.* ‖ Dr. Appeler qqn en justice. ‖ Affecter des fonds à un paiement.

ASSIMILABLE adj. Qui peut être assimilé.

ASSIMILATEUR, TRICE adj. Propre à opérer l'assimilation.

ASSIMILATION n. f. Action d'assimiler. ‖ Phon. Modification apportée à l'articulation d'un phonème par les phonèmes environnants, et qui consiste à donner à deux phonèmes en contact des traits communs. (Ex. : *sub* devient *sup* dans *supporter.*) ‖ Physiol. Propriété que possèdent les organismes vivants de reconstituer leur propre substance à partir d'éléments puisés dans le milieu et transformés par la digestion. ‖ Psychol. Modification de son environnement par l'individu au moyen de la motricité, la perception, des actions effectives ou virtuelles (opérations mentales). ● *Assimilation chlorophyllienne,* phénomène par lequel la plante verte, à la lumière, élabore des matières organiques à partir d'aliments minéraux, en utilisant le gaz carbonique. (Syn. PHOTOSYNTHÈSE.) [L'assimilation chlorophyllienne se traduit extérieurement par une absorption de gaz carbonique et par un rejet d'oxygène.]

ASSIMILÉ n. m. Personne dont la fonction a un statut identique à celle d'une autre catégorie, sans en avoir le titre.

ASSIMILER v. t. (lat. *assimilare*). Rapprocher en identifiant : *assimiler un cas à un autre.* ‖ Physiol. Transformer, convertir en sa propre substance. ● *Assimiler des connaissances,* les comprendre et les retenir. ◆ **s'assimiler** v. pr. Devenir semblable à qqn; se comparer à lui.

ASSIS, E adj. *Magistrature assise,* corps de magistrats qui siègent au tribunal, par opposition aux magistrats du parquet, qui plaident devant le tribunal. ‖ *Place assise,* où l'on peut s'asseoir.

ASSISE n. f. (de *asseoir*). Dans une construction, rang d'éléments accolés de même hauteur (pierres, briques...). ‖ Base qui donne de la solidité. ‖ Anat. et Bot. Ensemble des cellules disposées sur une couche. (Les assises génératrices produisent les tissus secondaires de la tige et de la racine [liège, liber, bois]. L'assise pilifère des jeunes racines porte les poils absorbants.)

ASSISES n. f. pl. Séances tenues par des magistrats pour juger les causes criminelles; lieu où se tiennent ces séances. ‖ Congrès, notamment des partis politiques, des syndicats. ● *Cour d'assises,* juridiction chargée de juger les causes criminelles.

ASSISTANAT n. m. Fonction d'assistant (enseignement supérieur, cinéma).

ASSISTANCE n. f. Action d'assister : *assistance irrégulière aux cours; prêter assistance à qqn.* ‖ Auditoire, public : *l'assistance applaudit.* ● *Assistance éducative,* ensemble des mesures protégeant les mineurs en danger que leur occasionne leur environnement ou leur milieu. ‖ *Assistance judiciaire,* anc. dénomination de l'AIDE* JUDICIAIRE. ‖ *Assistance publique,* administration chargée de gérer les établissements hospitaliers publics à Paris et à Marseille. ‖ *Assistance technique,* aide apportée à un pays en voie de développement. ‖ *Société d'assistance,* compagnie d'assurance qui assure la prestation de certains services, dépannages et secours.

ASSISTANT, E adj. et n. Qui assiste, auxiliaire : *médecin assistant.* ‖ Dans l'enseignement supérieur, enseignant chargé plus spécialement des travaux dirigés. ‖ *Assistante maternelle,* syn. officiel de NOURRICE. ‖ *Assistante sociale,* personne employée pour remplir un rôle d'assistance auprès des individus ou des familles dans les domaines moral, médical ou matériel. ◆ pl. Personnes présentes en un lieu.

ASSISTÉ, E adj. et n. Qui bénéficie de l'aide sociale ou judiciaire.

ASSISTÉ, E adj. Se dit d'un dispositif (frein, direction, etc.) sur lequel l'effort exercé par l'utilisateur est amplifié, régulé ou réparti grâce à un apport extérieur d'énergie.

ASSISTER v. t. ind. [à] (lat. *assistere*, se tenir auprès). Être présent : *assister à une séance.* ◆ v. t. Porter aide ou secours : *il l'assistait dans sa tâche.*

ASSOCIATIF, IVE adj. Qui crée une association : *facteur associatif.* ‖ Math. Qui possède la propriété d'associativité.

ASSOCIATION n. f. Action d'associer, de s'associer : *association de malfaiteurs.* ‖ Groupement de personnes réunies dans un intérêt commun, différent de la poursuite de bénéfices : *association professionnelle.* ‖ Stat. Degré de dépendance existant entre deux ou plusieurs caractères observés chez les individus d'un même groupe. ● *Association d'idées,* processus psychologique consistant en ce qu'une idée ou une image en évoque une autre. ‖ *Association libre* (Psychanal.), dans la cure analytique, méthode par laquelle le patient est invité à exprimer tout ce qui lui vient à l'esprit, sans critique et si possible sans réticence. ‖ *Association végétale,* ensemble des plantes d'espèces différentes, vivant dans un même milieu.

ASSOCIATIONNISME n. m. Philos. Doctrine qui fait de l'association des idées la base de la vie mentale et le principe de la connaissance.

ASSOCIATIVITÉ n. f. Math. Propriété d'une loi de composition T aux termes de laquelle on peut associer plusieurs facteurs d'un système ordonné et les remplacer par le résultat de l'opération partielle effectuée sur eux, sans modifier le résultat final : *a* T (*b* T *c*) = (*a* T *b*) T *c*.

ASSOCIÉ, E adj. et n. Lié par des intérêts communs avec une ou plusieurs personnes.

ASSOCIER v. t. (lat. *socius*, allié). Mettre ensemble, réunir : *associer des idées, des partis.* ‖ Faire participer qqn à une chose : *associer un ami à un projet.* ◆ **s'associer** v. pr. Être en accord : *élégance qui s'associe avec la beauté.* ‖ Participer à qqch avec qqn : *s'associer à une entreprise criminelle.*

ASSOIFFÉ, E adj. Qui a soif : *être toujours assoiffé.* ‖ Avide : *assoiffé de richesses.*

ASSOIFFER v. t. Provoquer la soif : *cette longue conversation m'a assoiffé.*

ASSOLEMENT n. m. Division des terres labourables d'une exploitation agricole en *soles,* chacune de celles-ci étant consacrée à une culture.

ASSOLER v. t. (de *sole*). Répartir des cultures d'après un plan d'assolement déterminé.

ASSOMBRIR v. t. Rendre obscur : *ce papier assombrit la pièce.* ‖ Attrister : *la mort de son fils a assombri ses dernières années.* ◆ **s'assombrir** v. pr. Devenir sombre.

ASSOMBRISSEMENT n. m. Le fait d'assombrir ou de s'assombrir.

ASSOMMANT, E adj. Fam. Fatigant, ennuyeux à l'excès.

ASSOMMER v. t. (lat. *somnus*, sommeil). Frapper d'un coup qui tue, étourdit, renverse. ‖ Fam. Provoquer l'ennui.

ASSOMMOIR n. m. Instrument qui sert à assommer. ‖ Débit de boissons de dernière catégorie (vx).

ASSOMPTION n. f. (lat. *adsumere*, prendre avec soi). Élévation de la Sainte Vierge au ciel. (Dogme défini par Pie XII le 1er novembre 1950.) ‖ Jour où l'Église catholique en célèbre la fête (15 août). [Dans ce sens, prend une majuscule.]

ASSONANCE n. f. (lat. *assonare,* faire écho). Répétition, à la fin de deux ou plusieurs vers, de la même voyelle accentuée. (Ex. : *sombre, tondre; peintre, cintre; âme, âge,* etc.)

ASSONANT, E adj. Qui produit une assonance.

ASSORTI, E adj. En accord, en harmonie : *époux assortis; cravate assortie.* ‖ Pourvu des articles nécessaires : *un magasin bien assorti.*

ASSORTIMENT n. m. Assemblage de choses qui vont ensemble, mélange, variété. ‖ Ensemble de marchandises de même genre dont est fourni un commerçant.

ASSORTIR v. t. (de *sorte*). Réunir des personnes, des choses qui se conviennent parfaitement : *assortir des convives, des étoffes, des fleurs.* ‖ Approvisionner : *assortir un magasin.* ◆ **s'assortir** v. pr. Être en accord, en harmonie : *son manteau s'assortit à la robe.* ‖ S'accompagner : *le traité s'assortit d'un préambule qui le limite.*

ASSOUPIR v. t. (bas lat. *assopire,* endormir). Endormir à demi. ‖ Litt. Calmer, apaiser : *assoupir la douleur.* ◆ **s'assoupir** v. pr. S'endormir à moitié.

ASSOUPISSEMENT n. m. Demi-sommeil, torpeur.

ASSOUPLIR v. t. Rendre plus souple, moins dur : *assouplir une étoffe, des règlements.* ◆ **s'assouplir** v. pr. Devenir souple.

ASSOUPLISSEMENT n. m. Action d'assouplir, de s'assouplir.

ASSOURDIR v. t. Rendre comme sourd par l'excès de bruit. ‖ Rendre un bruit, un son moins sonore (surtout au passif) : *des pas assourdis, bruit assourdi.* ◆ **s'assourdir** v. pr. Devenir moins sonore.

ASSOURDISSANT, E adj. Qui assourdit.

ASSOURDISSEMENT n. m. Action d'assourdir.

ASSOUVIR v. t. (bas lat. *assopire,* endormir). Litt. Rassasier, satisfaire pleinement : *assouvir sa faim, sa fureur.*

ASSOUVISSEMENT n. m. Action d'assouvir.

ASSUÉTUDE n. f. (lat. *assuetudo,* habitude). Méd. Dépendance envers une drogue.

ASSUJETTI, E n. Personne tenue par la loi de verser un impôt ou une taxe, ou bien de s'affilier à un groupement professionnel ou mutualiste.

ASSUJETTIR v. t. (de *sujet*). Placer sous une domination absolue un peuple, une nation. ‖ Plier qqn à une obligation stricte : *être assujetti à l'impôt.* ‖ Fixer une chose de manière qu'elle soit stable ou immobile.

ASSUJETTISSANT, E adj. Qui exige beaucoup d'assiduité.

ASSUJETTISSEMENT n. m. Action d'assujettir, d'être assujetti.

ASSUMER v. t. (lat. *assumere*). Prendre sur soi, se charger de; accepter les conséquences : *assumer une lourde responsabilité.* ◆ **s'assumer** v. pr. S'accepter tel qu'on est.

ASSURABLE adj. Qui peut être assuré par une compagnie d'assurances.

ASSURANCE n. f. Certitude, garantie formelle, confiance totale : *j'ai l'assurance que vous réussirez.* ‖ Convention par laquelle, moyennant une prime, les assureurs s'engagent à indemniser d'un dommage éventuel. ● *Assurances sociales,* assurances constituées en vue de garantir les personnes contre la maladie, l'invalidité, la vieillesse, le décès, etc. (On dit auj. SÉCURITÉ SOCIALE.)

ASSURANCE-CRÉDIT n. m. (pl. *assurances-crédits*). Opération d'assurance garantissant un créancier contre le risque de non-paiement de la part de son débiteur.

ASSURÉ, E adj. Ferme, décidé : *regard assuré.* ‖ Certain : *succès assuré.*

ASSURÉ, E n. Personne garantie par un contrat d'assurance. ● *Assuré social,* personne qui est affiliée à un régime d'assurances sociales.

ASSURÉMENT adv. Certainement, sûrement.

ASSURER [asyre] v. t. (lat. pop. *assecurare*, rendre sûr). Rendre plus stable, plus durable, plus solide : *assurer la paix.* ‖ En alpinisme, utiliser une corde pour éviter les chutes. ‖ Garantir : *assurer une créance.* ‖ S'engager par contrat à rembourser les pertes : *assurer une récolte.* ‖ Faire en sorte qu'une chose ne manque pas : *assurer son service, le ravitaillement.* ‖ Donner comme sûr, certain : *il m'assure qu'il a dit la vérité; il m'assure de sa sincérité.* ◆ **s'assurer** v. pr. Rechercher la confirmation de qqch : *nous nous sommes assurés qu'il n'y avait pas de danger.* ‖ Se garantir le concours de qqn, l'usage de qqch : *s'assurer de collaborateurs fidèles.* ‖ Passer un contrat d'assurance. ● *S'assurer d'un coupable,* l'arrêter.

ASSUREUR n. m. Celui qui prend les risques à sa charge dans un contrat d'assurance.

ASSYRIEN, ENNE adj. et n. De l'Assyrie.

ASSYRIOLOGIE n. f. Science des antiquités de l'Orient ancien.

ASSYRIOLOGUE n. Spécialiste d'assyriologie.

ASTASIE n. f. (gr. *stasis,* station verticale). Difficulté à garder la station debout pouvant aller jusqu'à son impossibilité, d'origine névrotique et souvent associée à l'abasie.

ASTATE n. m. Élément chimique artificiel et radioactif (At) de numéro atomique 85.

ASTATIQUE adj. Qui présente un état d'équilibre indifférent : *système astatique.* ● *Équipage astatique,* ensemble de deux aimants disposés en sens inverse, le moment magnétique total étant ainsi nul.

ASTER [aster] n. m. (gr. *astêr,* étoile). Plante souvent cultivée pour ses fleurs décoratives, aux coloris variés. (Famille des composées.) ‖ *Cytol.* Ensemble de lignes rayonnantes qui entourent le ou les centrosomes.

ASTÉRÉOGNOSIE n. f. (gr. *stereos,* solide, et *gnôsis,* connaissance). Impossibilité de distinguer les formes des objets par le seul toucher, dans certaines affections neurologiques.

ASTÉRIDE n. m. Syn. de ASTÉRIE.

ASTÉRIE n. f. Échinoderme de la classe des astérides, appelé usuellement *étoile* * *de mer.*

ASTÉRISQUE n. m. (gr. *asteriskos,* petite étoile). Signe typographique en forme d'étoile (*), indiquant un renvoi, une lacune, etc.

ASTÉROÏDE n. m. (gr. *astêr,* étoile, et *eidos,* aspect). Syn. de PETITE PLANÈTE.

ASTHÉNIE n. f. (gr. *sthenos,* force). État de fatigue et d'épuisement sans cause organique.

ASTHÉNIQUE adj. et n. Atteint d'asthénie.

ASTHÉNOSPHÈRE n. f. *Géol.* Couche visqueuse située à l'intérieur de la Terre, et sur laquelle repose la lithosphère.

ASTHMATIQUE adj. et n. Atteint d'asthme.

ASTHME [asm] n. m. (gr. *asthma,* respiration difficile). Affection caractérisée par des accès de dyspnée expiratoire, de suffocation.

ASTI n. m. Vin blanc muscat mousseux, récolté près d'Asti (Italie).

ASTICOT n. m. Larve de la mouche à viande, utilisée pour la pêche à la ligne.

ASTICOTER v. t. *Fam.* Contrarier pour des bagatelles; taquiner.

ASTIGMATE adj. et n. (gr. *stigma,* point). Affecté d'astigmatisme.

ASTIGMATISME n. m. Défaut d'un instrument d'optique ne donnant pas d'un point une image ponctuelle. ‖ Anomalie de la vision, due à des inégalités de courbure de la cornée transparente ou à un manque d'homogénéité dans la réfringence des milieux transparents de l'œil.

ASTIQUAGE n. m. Action d'astiquer.

ASTIQUER v. t. (francique *stikjan,* ficher). Faire briller en frottant.

ASTRAGALE n. m. (gr. *astragalos*). *Anat.* Os du tarse qui s'articule avec le tibia et le péroné. ‖ *Archit.* Dans une colonne, moulure marquant la limite du chapiteau et du fût, en général tenant à ce dernier. ‖ *Bot.* Plante dont une espèce d'Orient fournit la gomme adragante.

ASTRAKAN n. m. (d'*Astrakhan,* ville de l'U.R.S.S.). Fourrure de jeune agneau karakul, à poil frisé.

ASTRAL, E, AUX adj. Relatif aux astres.

ASTRE [astr] n. m. (lat. *astrum*). Corps céleste naturel.

ASTREIGNANT, E adj. Qui tient sans cesse occupé.

ASTREINDRE v. t. (lat. *astringere,* serrer) [conj. 55]. Soumettre à une tâche difficile, un travail pénible. ◆ **s'astreindre** v. pr. [à]. S'obliger, se soumettre à qqch de pénible.

ASTREINTE n. f. *Dr.* Pénalité infligée au débiteur d'une obligation en vue de l'inciter à s'exécuter, et dont le montant s'élève proportionnellement au retard. ‖ *Litt.* Obligation.

ASTRINGENCE n. f. *Méd.* Qualité de ce qui est astringent.

ASTRINGENT, E adj. et n. m. *Méd.* Qui resserre les tissus ou diminue la sécrétion.

ASTROBIOLOGIE n. f. Syn. de EXOBIOLOGIE.

ASTROBLÈME n. m. (gr. *blêma,* blessure). *Géol.* Trace laissée par l'impact d'une grosse météorite.

astérie tropicale
(genre *linckia*)

ASTROLABE n. m. (ar. *asturlâb,* gr. *astron,* astre, et *lambanein,* prendre). Instrument ancien fournissant une représentation du ciel à un instant donné. ‖ Instrument servant à observer l'instant où une étoile atteint une hauteur déterminée, généralement 60⁰ ou 45⁰, au-dessus de l'horizon.

ASTROLOGIE n. f. Art divinatoire, cherchant à déterminer l'influence des astres sur le cours des événements terrestres et à en tirer des prédictions d'avenir.

ASTROLOGIQUE adj. Relatif à l'astrologie.

ASTROLOGUE n. Personne qui pratique l'astrologie.

ASTROMÉTRIE n. f. Partie de l'astronomie dont l'objet est la mesure de la position des astres et la détermination de leurs mouvements. (Syn. ASTRONOMIE DE POSITION.)

ASTROMÉTRIQUE adj. Relatif à l'astrométrie.

ASTROMÉTRISTE n. Spécialiste d'astrométrie.

ASTRONAUTE n. Pilote ou passager d'un engin spatial.

ASTRONAUTIQUE n. f. (gr. *astron,* astre, et *nautikê,* navigation). Science qui a pour objet la navigation à l'extérieur de l'atmosphère terrestre.

■ Les premières recherches d'astronautique furent entreprises par le Russe Tsiolkovski, l'Américain Goddard, le Français Esnault-Pelterie, les Allemands Oberth et Sänger. Le 4 octobre 1957, le premier satellite artificiel (soviétique) fut placé sur orbite. Le premier satellite habité (par le Soviétique Gagarine) fut placé sur orbite en 1961. En 1969, les Américains réalisèrent les premiers débarquements humains sur la Lune.

V. ill. page suivante

ASTRONEF n. m. Véhicule spatial.

ASTRONOME n. Spécialiste d'astronomie.

ASTRONOMIE n. f. (gr. *astron,* astre, et *nomos,* loi). Science qui étudie la position, les mouvements et la constitution des corps célestes.

V. ill. page suivante

ASTRONOMIQUE adj. Relatif à l'astronomie : *observation astronomique.* ‖ *Fam.* Exagéré, très grand : *prix astronomiques.*

ASTRONOMIQUEMENT adv. Suivant les principes de l'astronomie.

ASTROPHYSICIEN, ENNE n. Spécialiste d'astrophysique.

ASTROPHYSIQUE n. f. Partie de l'astronomie qui étudie la constitution, les propriétés physiques et l'évolution des astres et des divers milieux qui les composent.

ASTUCE n. f. (lat. *astutia*). Manière d'agir qui dénote de l'ingéniosité, de l'habileté et permet de se procurer des avantages ou de s'amuser. ‖ Plaisanterie, jeu de mots.

ASTUCIEUSEMENT adv. De façon astucieuse.

ASTUCIEUX, EUSE adj. Qui a de l'astuce, habile, malin. ‖ Qui dénote de l'ingéniosité : *une réponse astucieuse.*

ASYMBOLIE n. f. *Psychol.* Incapacité pathologique de comprendre les symboles.

ASYMÉTRIE n. f. Défaut de symétrie.

ASYMÉTRIQUE adj. Sans symétrie.

ASYMPTOTE n. f. (gr. *sun,* avec, et *piptein,* tomber). *Math.* Droite telle que la distance d'un point d'une courbe à cette droite tend vers zéro quand le point s'éloigne à l'infini sur la courbe. ◆ adj. *Courbes asymptotes,* courbes, au nombre de deux, à branches infinies, telles que, si un point s'éloigne indéfiniment sur l'une d'elles, il existe sur l'autre un point variable dont la distance au premier tend vers zéro. ‖ *Plan asymptote d'une surface,* plan tangent dont le point de contact est à l'infini. ‖ *Point asymptote d'une courbe,* point P tel que, si un point parcourt la courbe, sa distance au point P tend vers zéro.

ASYMPTOTIQUE adj. Relatif à l'asymptote.

ASYNCHRONE adj. Qui n'est pas synchrone. ● *Moteur asynchrone,* moteur électrique à courant alternatif et dont la vitesse dépend de la charge.

ASYNDÈTE [asɛ̃dɛt] n. f. (gr. *asundeton,* absence de liaison). *Ling.* Suppression des mots

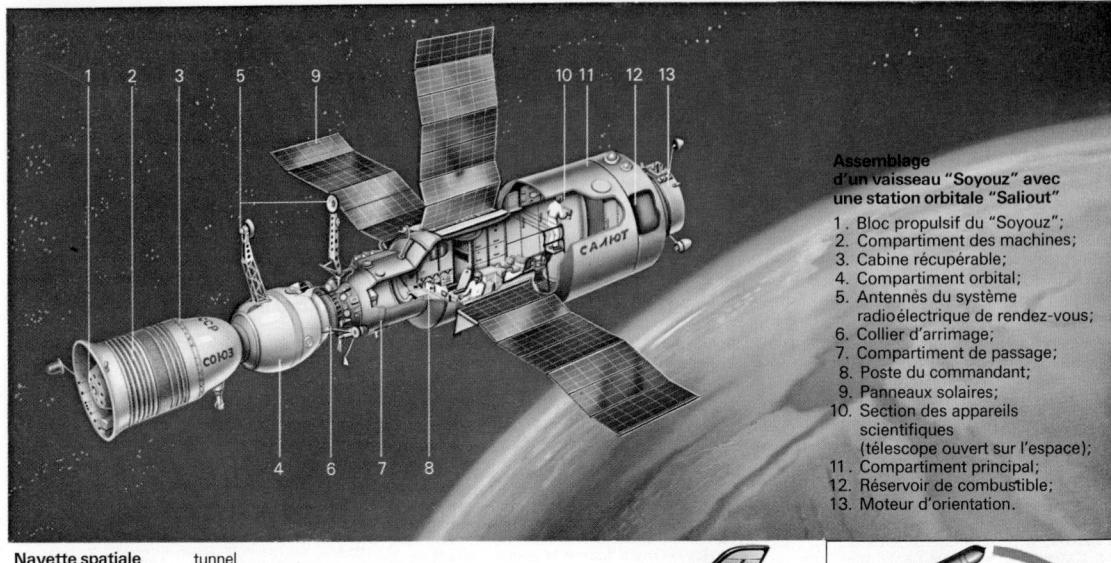

**Assemblage
d'un vaisseau "Soyouz" avec
une station orbitale "Saliout"**

1. Bloc propulsif du "Soyouz";
2. Compartiment des machines;
3. Cabine récupérable;
4. Compartiment orbital;
5. Antennes du système
   radioélectrique de rendez-vous;
6. Collier d'arrimage;
7. Compartiment de passage;
8. Poste du commandant;
9. Panneaux solaires;
10. Section des appareils
    scientifiques
    (télescope ouvert sur l'espace);
11. Compartiment principal;
12. Réservoir de combustible;
13. Moteur d'orientation.

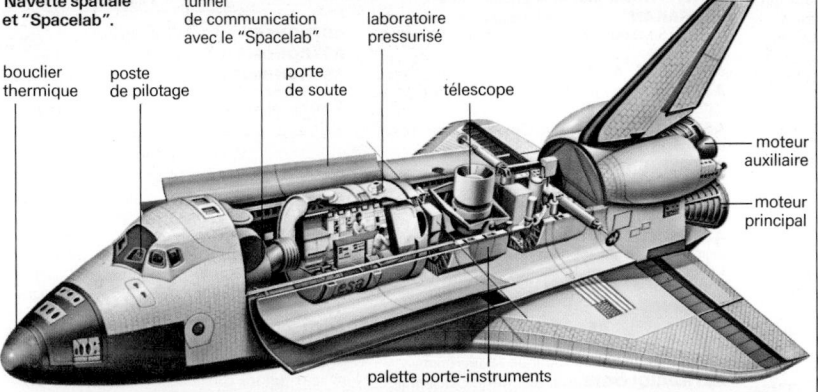

**Navette spatiale
et "Spacelab".**

bouclier thermique
poste de pilotage
tunnel de communication avec le "Spacelab"
porte de soute
laboratoire pressurisé
télescope
moteur auxiliaire
moteur principal
palette porte-instruments

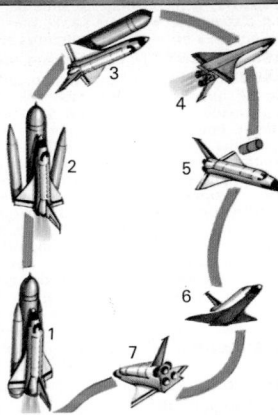

Schéma d'une mission orbitale

1. Lancement.
2. Séparation des fusées porteuses;
3. Séparation du réservoir extérieur;
4. Mise en orbite;
5. Mission orbitale;
6. Rentrée dans l'atmosphère;
7. Atterrissage.

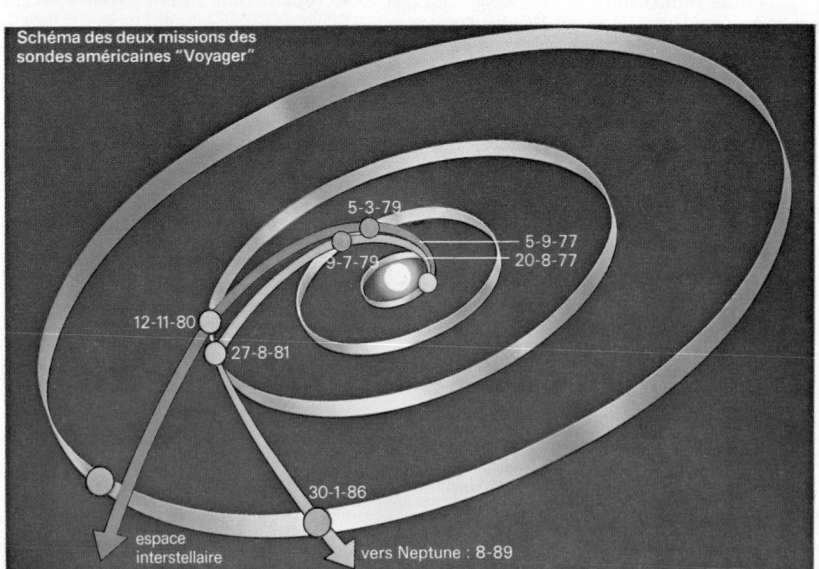

**Schéma des deux missions des
sondes américaines "Voyager"**

5-3-79
5-9-77
9-7-79
20-8-77
12-11-80
27-8-81
30-1-86
espace interstellaire
vers Neptune : 8-89

Explorer Jupiter, Saturne, Uranus
et certains de leurs satellites
en les survolant à faible distance,
telle est la mission des deux sondes
américaines "Voyager" lancées
en 1977.
La compréhension de l'histoire
du système solaire passe en effet
par une meilleure connaissance
des planètes lointaines.

○ Terre   ○ Saturne
● Jupiter   ○ Uranus
▢ Voyager 2
▣ Voyager 1

Les dates indiquées sont celles de
départ de la Terre et celles où les
sondes seront à distance minimale
des planètes Jupiter, Saturne
et Uranus.

La comète Kohoutek, découverte en 1973.

Radiotélescope d'Effelsberg (R. F. A.),
en service depuis 1972.

Jupiter photographié par la sonde américaine « Pioneer 11 »
(survol à 2 500 000 km de la planète) en décembre 1974.

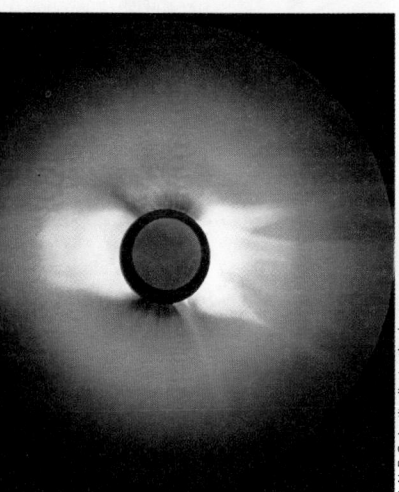

Couronne solaire observée
au cours de l'éclipse totale
de Soleil du 30 juin 1973.
Observation faite à Moussoro
(Tchad), à bord du prototype 01 de
l'avion supersonique « Concorde ».

Télescope soviétique
de Zelentchoukskaïa (Caucase),
le plus grand télescope du monde
(6 m d'ouverture).

NASA

ellite américain d'astronomie ultraviolette « IUE »
(International Ultraviolet Explorer),
lancé le 26 janvier 1978.

Photographie du sol de la planète Mars, dans la région « Utopia Planitia »,
prise par la sonde américaine « Viking 2 ». Sept. 1976.

71

ATHLÉTISME

Presse-Sports

Lancer du javelot.

◁ Lancer du marteau.

Saut en hauteur.

Saut à la perche.

Saut en longueur.

Lancer du disque.　　Lancer du poids.

Arrivée d'une course
de 200 mètres.

Course
de 5 000 mètres.

Course
de 110 mètres haies.

---

de liaison (conjonctions, adverbes) dans une phrase ou entre deux phrases.

ASYNERGIE n. f. Manque de coordination entre les mouvements des muscles participant à un geste.

ASYSTOLIE n. f. Insuffisance des contractions du cœur, entraînant une baisse du débit cardiaque, cause de troubles divers.

At, symbole chimique de l'astate.

ATARAXIE n. f. (gr. *ataraxia*, absence de troubles). *Philos.* Quiétude absolue de l'âme, qui est, selon l'épicurisme et le stoïcisme, le principe du bonheur.

ATAVIQUE adj. Relatif à l'atavisme.

ATAVISME n. m. (lat. *atavus*, ancêtre). Réapparition de certains caractères venus d'un ancêtre et qui ne s'étaient pas manifestés dans les générations intermédiaires.

ATAXIE n. f. (gr. *ataxia*, désordre). Incoordination des mouvements, caractéristique de certaines maladies neurologiques.

ATAXIQUE adj. et n. Relatif à l'ataxie; atteint d'ataxie.

ATÈLE n. m. Singe de l'Amérique du Sud, dit *singe-araignée* à cause de la longueur extrême de ses membres.

ATÉLECTASIE n. f. Aplatissement des alvéoles pulmonaires lorsque celles-ci ne contiennent

pas d'air, normal chez le fœtus ou pathologique en cas d'obstruction bronchique.

ATELIER n. m. (anc. fr. *astelle*, éclat de bois, du lat. *astula*). Lieu où travaillent des ouvriers, des artistes, etc. ‖ Groupe de travail. ‖ *Bx-arts.* Ensemble des élèves ou des collaborateurs travaillant ou ayant travaillé sous la direction d'un même maître. ‖ *Préhist.* Emplacement jonché de débris provenant de la taille de la pierre.

ATELLANES [atɛlan] n. f. pl. Chez les Romains, pièces bouffonnes qui passaient pour avoir pris naissance à *Atella,* ville des Osques.

A TEMPO [atɛmpo] loc. adv. (mots it.). *Mus.* Expression indiquant de reprendre le mouvement primitif.

ATEMPOREL, ELLE adj. Qui n'est pas concerné par le temps. ‖ *Ling.* Se dit d'une forme verbale n'exprimant pas un temps.

ATÉRIEN, ENNE adj. et n. m. (de *Bir al-Ater,* lieu-dit d'Algérie). Se dit d'un faciès culturel du paléolithique supérieur du Maghreb.

ATERMOIEMENT n. m. Action de différer, délai (surtout au pl.) : *chercher des atermoiements.* ‖ *Dr.* Accommodement d'un débiteur avec ses créanciers pour les payer à termes convenus.

ATERMOYER [atɛrmwaje] v. i. (anc. fr. *termoyer,* vendre à terme) [conj. **2**]. Remettre à plus tard, chercher à gagner du temps.

ATHÉE adj. et n. (gr. *theos,* dieu). Qui nie l'existence de toute divinité.

ATHÉISME n. m. Courant de pensée matérialiste propre aux athées.

ATHÉNÉE n. m. (gr. *athênaion,* temple d'Athéna). En Belgique, établissement d'enseignement secondaire.

ATHÉNIEN, ENNE adj. et n. D'Athènes.

ATHERMIQUE adj. *Phys.* Se dit d'une transformation qui ne dégage ni n'absorbe de chaleur.

ATHÉROME n. m. (gr. *athêrôma,* loupe graisseuse). Dégénérescence de la tunique interne des artères.

ATHÉROSCLÉROSE n. f. Affection dégénérative des artères, très répandue, associant les lésions de l'artériosclérose et de l'athérome.

ATHÉTOSE n. f. (gr. *athetos,* non fixé). *Neurol.* Syndrome caractérisé par des mouvements automatiques, lents et ondulatoires, prédominants aux mains.

ATHÉTOSIQUE adj. et n. Relatif à l'athétose.

ATHLÈTE n. (gr. *athlétês*). Personne qui pratique un sport et spécialement l'athlétisme. ◆ n. m. Homme très musclé : *carrure d'athlète.*

ATHLÉTIQUE adj. Relatif aux athlètes.

ATHLÉTISME n. m. Ensemble des sports individuels comprenant des courses et des concours (sauts et lancers).

ATHREPSIE n. f. (gr. *threpsis*, action de nourrir). Défaut d'assimilation chez les nourrissons, entraînant un amaigrissement et des complications graves.

ATHYMHORMIE n. f. (gr. *thumos*, cœur, sentiment, et *hormein*, exciter). *Psychopathol.* État d'indifférence affective apparente, caractéristique de la schizophrénie.

ATLANTE n. m. (it. *atlante*, du nom du géant *Atlas*). Statue d'homme servant de support. (Syn. TÉLAMON.)

ATLANTHROPE n. m. Type d'archanthropien reconnu en Afrique du Nord.

ATLANTIQUE adj. Relatif à l'océan Atlantique ou aux États ou régions qui le bordent.

ATLANTISME n. m. Doctrine des partisans du pacte de l'Atlantique Nord.

ATLANTOSAURE n. m. Reptile fossile du crétacé, dont la taille pouvait atteindre 40 m de long.

ATLAS n. m. (de *Atlas*, nom myth.). Recueil de cartes géographiques. ‖ Planches jointes à un ouvrage. ‖ *Anat.* Première vertèbre du cou.

ATMOSPHÈRE n. f. (gr. *atmos*, vapeur, et *sphaira*, sphère). Couche gazeuse qui enveloppe une planète ou un satellite, et particulièrement la Terre. ‖ Couche extérieure d'une étoile d'où provient le rayonnement sortant de cette étoile. ‖ Air que l'on peut respirer dans un lieu : *atmosphère étouffante*. ‖ Milieu dans lequel on vit, considéré comme exerçant une influence. ‖ Anc. unité de mesure de pression, numériquement égale au poids d'une colonne de mercure ayant pour hauteur 76 cm et pour base 1 cm² : *pression de dix atmosphères*. ● *Atmosphère contrôlée*, atmosphère d'un four de traitement thermique dans lequel l'air a été remplacé par un gaz adapté aux produits à traiter.

ATMOSPHÉRIQUE adj. Relatif à l'atmosphère. ● *Moteur atmosphérique*, moteur dont les cylindres sont alimentés à partir de la pression atmosphérique, sans dispositif surpresseur de suralimentation.

ATOCA n. m. (mot amérindien). Au Canada, nom vulgaire de l'*airelle canneberge*.

ATOLL n. m. (mot des îles Maldives). Île annulaire des mers tropicales, constituée par des récifs coralliens entourant une lagune centrale, le *lagon*.

ATOME n. m. (gr. *atomos*, qu'on ne peut diviser). Particule d'un élément chimique qui forme la plus petite quantité pouvant se combiner. ‖ Très petite quantité de chose. ● *Atome de parenté* (Anthropol.), structure de parenté la plus élémentaire, comprenant le frère de la mère, le père, la mère et le sujet.
■ L'atome est constitué par un noyau formé de *neutrons*, particules sans charge, et de *protons*, particules chargées positivement, noyau autour duquel gravitent les *électrons* négatifs. Le nombre des protons du noyau, égal à celui des électrons satellites, est caractéristique de l'élément chimique ; c'est son *nombre atomique*. Deux atomes isotopes ne diffèrent que par le nombre de neutrons. Dans certaines conditions, les atomes de corps différents se font des emprunts d'électrons pour donner des corps composés. Les noyaux des atomes de quelques corps ont tendance à se désintégrer avec libération intense d'énergie *(radioactivité, pile et bombe atomiques)*.

ATOME-GRAMME n. m. (pl. *atomes-grammes*). Valeur en grammes de la masse atomique d'un élément chimique. (C'est la masse de l'atome multipliée par le nombre d'Avogadro, $6,023 \times 10^{23}$.)

ATOMICITÉ n. f. *Chim.* Nombre d'atomes contenus dans une molécule. ‖ *Écon.* Caractère d'une offre et d'une demande composées d'éléments nombreux et suffisamment petits pour qu'une modification de l'offre ou de la demande de l'un ou de quelques-uns de ces éléments ne puisse déterminer une variation de l'offre ou de la demande globales.

ATOMIQUE adj. Relatif aux atomes. ● *Arme atomique*, arme employée pour la première fois en 1945, qui utilise les réactions de fission à

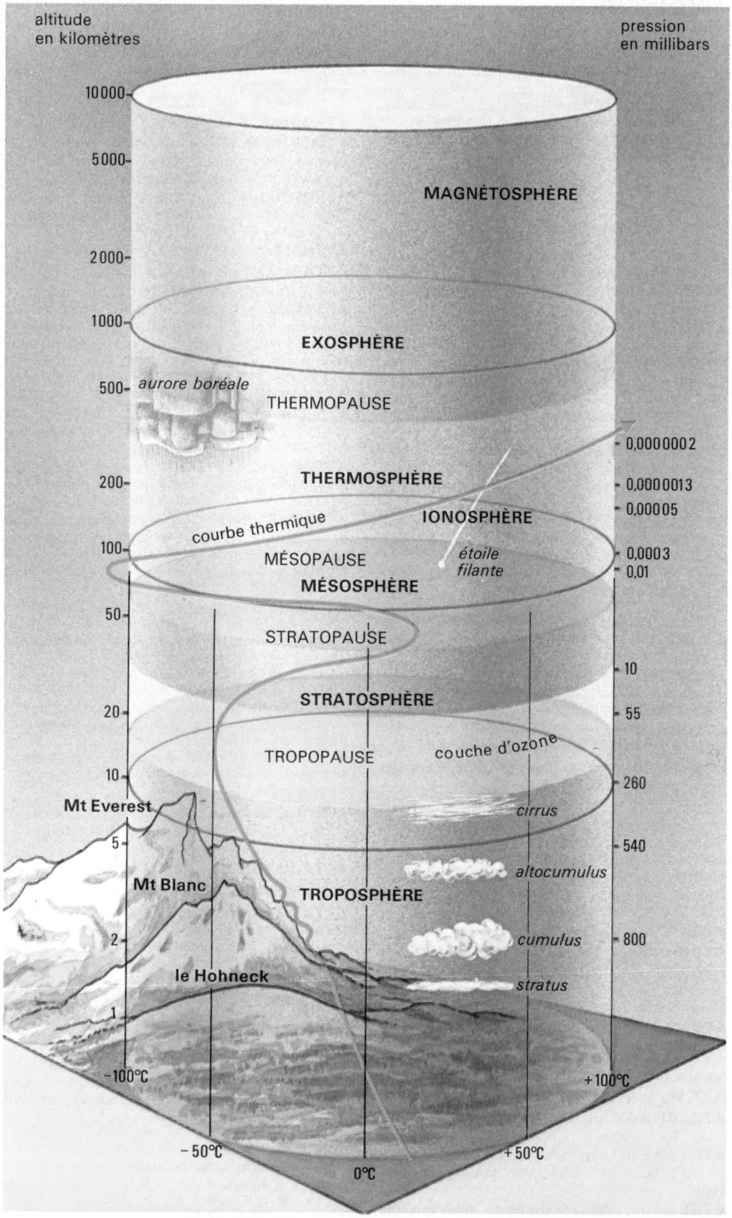

altitude en kilomètres

pression en millibars

MAGNÉTOSPHÈRE

10000

5000

2000

EXOSPHÈRE

1000

500 — aurore boréale

THERMOPAUSE

0,0000002
0,0000013
0,00005

THERMOSPHÈRE

IONOSPHÈRE

200

courbe thermique

étoile filante

0,0003
0,01

100

MÉSOPAUSE

MÉSOSPHÈRE

STRATOPAUSE

50

10

STRATOSPHÈRE

55

20

TROPOPAUSE

couche d'ozone

Mt Everest

10

260

cirrus

5 — Mt Blanc

540

altocumulus

TROPOSPHÈRE

2 — le Hohneck

cumulus

800

stratus

1

−100°C

+100°C

−50°C

0°C

+50°C

ATMOSPHÈRE

ATOME

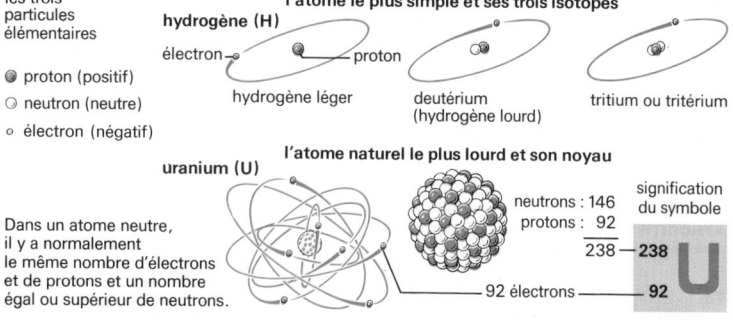

les trois particules élémentaires

l'atome le plus simple et ses trois isotopes

hydrogène (H)

électron — proton

● proton (positif)
○ neutron (neutre)
∘ électron (négatif)

hydrogène léger

deutérium (hydrogène lourd)

tritium ou tritérium

l'atome naturel le plus lourd et son noyau

uranium (U)

neutrons : 146
protons : 92
―――――
238

signification du symbole

U

Dans un atome neutre, il y a normalement le même nombre d'électrons et de protons et un nombre égal ou supérieur de neutrons.

92 électrons

238

92

base de plutonium ou d'uranium. (La puissance des armes atomiques est exprimée en kilotonnes. Elles servent d'amorce aux armes thermonucléaires beaucoup plus puissantes.) [V. NUCLÉAIRE et THERMONUCLÉAIRE.] ‖ *Énergie atomique*, énergie libérée par des réactions nucléaires. ‖ *Masse atomique*, masse relative des atomes des divers éléments, celle du carbone étant, par convention, fixée à 12. ‖ *Notation atomique*, notation chimique fondée sur la considération des masses atomiques. ‖ *Numéro* ou *nombre atomique*, numéro d'un élément dans la classification périodique. (Il est égal au nombre de ses électrons tournant autour du noyau.)

ATOMISATION n. f. Action d'atomiser, de désagréger.

ATOMISÉ, E adj. et n. Qui a subi les effets d'une explosion ou de radiations nucléaires.

ATOMISER v. t. Réduire un corps en fines particules solides, en partant d'un état liquide ou pâteux. ‖ Détruire au moyen d'armes atomiques. ‖ Désagréger un groupe, un élément cohérent.

ATOMISEUR n. m. Appareil servant à la pulvérisation moléculaire des liquides. ‖ Vaporisateur permettant de pulvériser un parfum, une laque, etc.

ATOMISME n. m. Philosophie matérialiste qui considère l'univers comme formé d'un nombre infini d'atomes associés en combinaisons fortuites et purement mécaniques. (L'atomisme antique fut représenté par Leucippe, Démocrite, Épicure et Lucrèce.) ● *Atomisme logique*, théorie de B. Russell, selon laquelle le monde se compose de faits, exprimés dans un langage logique formalisé.

ATOMISTE n. et adj. Savant qui poursuit des recherches sur les phénomènes atomiques. ‖ Partisan de l'atomisme.

ATOMISTIQUE adj. Qui concerne l'atomisme.

ATOMISTIQUE n. f. Étude des atomes.

ATONAL, E, AUX adj. *Mus.* Écrit suivant les règles de l'atonalité.

ATONALITÉ n. f. *Mus.* Système d'écriture musicale libérant des règles tonales de l'harmonie traditionnelle. (L'atonalité se rencontre chez Schönberg, A. Berg, Boulez, Stockhausen, etc.)

ATONE adj. (gr. *atonos*, relâché). Sans vigueur, sans vivacité : *un regard atone*. ‖ *Phon.* Qui ne porte pas d'accent tonique.

ATONIE n. f. Manque de force.

ATONIQUE adj. Qui résulte de l'atonie.

ATOURS n. m. pl. (anc. fr. *atourner*, disposer). *Dans ses plus beaux atours* (Litt.), dans sa plus belle toilette.

ATOUT n. m. (de *tout*). Couleur choisie ou retournée dans les jeux de cartes, qui l'emporte sur les autres. ‖ Chance de réussir : *avoir tous les atouts en main*.

A. T. P., abrév. de ADÉNOSINE TRIPHOSPHATE.

ATRABILAIRE adj. et n. *Litt.* D'humeur noire, chagrine, irritable.

ATRABILE n. f. (lat. *bilis atra*, bile noire). *Méd. anc.* Bile noire qui passait pour causer la mélancolie.

ÂTRE n. m. (du gr. *ostrakon*, morceau de brique). *Litt.* Partie de la cheminée où l'on fait le feu.

ATRÉSIE n. f. (gr. *tresis*, trou). Étroitesse ou obstruction congénitale ou acquise d'un orifice ou d'un canal naturels.

ATRIAU n. m. En Suisse, sorte de crépinette ronde.

ATRIUM [atrijɔm] n. m. (mot lat.). Pièce principale commandant la distribution de la maison romaine, et dont l'ouverture (le *compluvium*), au centre de la toiture, permettait de recueillir les eaux de pluie dans l'*impluvium*. ‖ Cour bordée de portiques élevée devant la façade antérieure de certaines églises primitives.

ATROCE adj. (lat. *atrox, -ocis*). Qui provoque l'horreur, la répulsion, par sa laideur, sa cruauté; épouvantable : *crime atroce; douleur atroce.*

ATROCEMENT adv. De manière atroce.

ATROCITÉ n. f. Crime, cruauté horrible : *les atrocités de la guerre.*

ATROPHIE n. f. (gr. *trophê*, nourriture). *Méd.* Défaut de nutrition d'un tissu, d'un organe, d'un organisme, entraînant une diminution de son volume et des troubles variés.

ATROPHIÉ, E adj. Qui a subi une atrophie.

ATROPHIER (S') v. pr. *Méd.* Diminuer de volume, en parlant d'un membre ou d'un organe. ‖ Perdre de sa force, se dégrader.

ATROPINE n. f. (lat. *atropa*, belladone). Alcaloïde extrait de la belladone. (L'atropine apaise les spasmes et dilate la pupille.)

ATTABLER (S') v. pr. Se mettre à table.

ATTACHANT, E adj. Qui intéresse, passionnant : *un livre attachant.*

ATTACHE n. f. Objet qui sert à attacher (lien, courroie, etc.). ‖ Endroit où est fixé un muscle. ● *Port d'attache*, port où un navire est immatriculé et attaché à la douane. ◆ pl. Rapports, relations : *conserver des attaches avec la province.*

ATTACHÉ, E n. Membre d'une ambassade, d'un cabinet ministériel, etc., chargé de certaines fonctions : *attaché culturel; attaché militaire; attaché de presse.*

ATTACHÉ-CASE [ataʃekɛz] n. m. (de l'angl.) [pl. *attachés-cases*]. Mallette peu profonde et rigide qui sert de porte-documents.

ATTACHEMENT n. m. Sentiment d'affection, de sympathie pour qqn ou pour qqch : *avoir un grand attachement pour son chien.* ‖ Relevé journalier des travaux et des dépenses d'un entrepreneur.

ATTACHER v. t. (anc. fr. *estachier*, fixer). Fixer, lier à qqch, au moyen d'une corde, d'une chaîne, etc. : *attacher un arbuste à un tuteur; attacher des pieux avec du fil de fer; attacher sa ceinture.* ‖ Attribuer (une qualité) à qqch : *j'attache du prix à votre réponse.* ‖ Unir, lier à qqn ou qqch de durable : *attacher son nom à une invention.* ◆ v. i. Coller au fond d'un récipient pendant la cuisson : *le riz a attaché.* ◆ s'attacher v. pr. *S'attacher à qqn, à qqch*, éprouver de l'intérêt pour. ‖ *S'attacher à qqch*, s'y appliquer.

ATTAGÈNE n. m. (mot gr.). Petit coléoptère dont les larves brunes s'attaquent aux fourrures, aux lainages, aux tapis, etc.

ATTAQUABLE adj. Qui peut être attaqué.

ATTAQUANT, E n. et adj. Qui attaque.

ATTAQUE n. f. Action d'attaquer, agression : *attaque à main armée.* ‖ Action militaire visant à conquérir un objectif ou un pays, à défaire ou à détruire des forces adverses. ‖ Accès subit d'une maladie; congestion cérébrale. ‖ Accusation, critique violente : *être en butte aux attaques des adversaires.* ● *Être d'attaque* (Fam.), être en forme, vigoureux.

ATTAQUER v. t. (it. *attacare*, attacher). Exécuter une action offensive contre qqn ou qqch; assaillir : *attaquer l'arrière-garde; attaquer qqn à coups de poing.* ‖ Intenter une action judiciaire : *attaquer qqn en justice.* ‖ Critiquer, incriminer : *attaquer la réputation de qqn.* ‖ Causer du dommage : *la rouille attaque le fer.* ‖ Entreprendre sans hésitation; commencer à manger; attaquer un travail; attaquer le fromage.* ◆ s'attaquer v. pr. [à]. Entreprendre d'affronter qqn, qqch : *s'attaquer à plus fort que soi, à des préjugés.*

ATTARDÉ, E adj. et n. Dont l'intelligence est peu développée. ‖ En retard sur son siècle.

ATTARDER (S') v. pr. Rester longtemps à faire qqch; demeurer quelque part au-delà du temps habituel : *s'attarder à discuter chez un ami; s'attarder à des futilités; s'attarder sur un sujet.*

ATTEINDRE v. t. (lat. *attingere*, toucher) [conj. 55]. Blesser; troubler gravement : *le coup de feu l'atteignit au bras; cette critique l'atteint dans ses convictions.* ‖ Réussir à toucher, à rencontrer qqn, à parvenir à qqch : *peut-on vous atteindre au bureau? atteindre ses objectifs, un âge avancé.* ◆ v. t. ind. [à]. Parvenir avec un certain effort : *atteindre à la perfection.*

ATTEINTE n. f. Dommage, préjudice : *porter atteinte à la dignité humaine.* ‖ Attaque, crise : *les premières atteintes d'un mal.* ● *Atteinte à la sûreté de l'État*, infraction commise contre les

intérêts du pays, la défense nationale, l'intégrité du territoire, etc. ‖ *Hors d'atteinte*, qui ne peut être touché.

ATTELAGE n. m. Action ou manière d'atteler. ‖ Ensemble des bêtes attelées. ‖ Dispositif d'accrochage de véhicules entre eux.

ATTELER v. t. (lat. *protelum*, attelage de bœufs) [conj. 3]. Attacher des animaux de trait à une voiture ou à un instrument agricole. ‖ Accrocher des voitures, des wagons. ‖ *Fam.* Appliquer : *atteler l'équipe nécessaire à un travail.* ◆ s'atteler v. pr. [à]. Entreprendre un travail long et difficile.

ATTELLE n. f. (lat. *astula*, de *assis*, planche). *Chir.* Petite pièce de bois ou de métal pour maintenir des os fracturés. [Syn. ÉCLISSE.]

ATTENANT, E adj. (lat. *attinens*). Contigu, touchant : *terre attenante à la maison.*

ATTENDRE v. t. (lat. *attendere*, prêter attention) [conj. 46]. Rester dans un lieu jusqu'à ce qu'arrive qqn, qqch : *attendre un ami; attendre l'autobus; j'attends jusqu'à son arrivée; j'attends qu'il arrive.* ‖ Compter sur la venue prochaine de qqn, de qqch : *attendre une lettre.* ‖ Être prêt : *le dîner nous attend.* ● *En attendant*, en tout cas. ◆ v. t. ind. *Attendre après qqn, qqch*, en avoir besoin : *il y a longtemps qu'on attend après vous; il attend après cette somme.* ◆ s'attendre v. pr. Compter sur, espérer : *ils ne s'étaient pas attendus à vous voir; il s'attend à ce que je revienne bientôt.*

ATTENDRIR v. t. Rendre moins dur : *attendrir de la viande.* ‖ Émouvoir, apitoyer, fléchir qqn. ◆ s'attendrir v. pr. Être ému, touché : *je m'attendris à ces pleurs.*

ATTENDRISSANT, E adj. Qui émeut, qui touche.

ATTENDRISSEMENT n. m. Mouvement de tendresse, de compassion; apitoiement.

ATTENDRISSEUR n. m. Appareil de boucherie pour attendrir la viande en sectionnant le tissu conjonctif qui envahit les muscles.

ATTENDU prép. Au vu, eu égard à : *attendu les événements.* ◆ loc. conj. *Attendu que*, vu que, puisque.

ATTENDU n. m. *Dr.* Chacun des alinéas énonçant les arguments sur lesquels sont fondés une requête, un jugement, etc.

ATTENTAT n. m. Acte d'agression contre les personnes, les choses, les droits, les sentiments : *être victime d'un attentat.* ● *Attentat aux mœurs* (Dr.), ensemble d'infractions qui portent atteinte à la pudeur et comprenant l'outrage public à la pudeur, l'attentat à la pudeur, et le viol.

ATTENTATOIRE adj. Qui porte atteinte : *mesure attentatoire à la liberté.*

ATTENTE n. f. Action d'attendre; temps pendant lequel on attend. ‖ Action de compter sur qqn, sur qqch, espérance, prévision : *répondre à l'attente de ses amis, contre toute attente.*

ATTENTER v. t. ind. [à] (lat. *attentare*, attaquer). Commettre une tentative criminelle : *attenter à la vie de qqn.*

ATTENTIF, IVE adj. Qui prête attention à qqn, qqch : *spectateur attentif; être attentif à ne pas blesser.* ‖ Qui témoigne du désir d'être utile : *soins attentifs.*

ATTENTION n. f. (lat. *attentio*). Action de concentrer son esprit sur qqch, vigilance : *ce travail exige une grande attention.* ‖ Sollicitude, égard : *ces fleurs sont une délicate attention.* ◆ interj. *Attention!*, prenez garde!

ATTENTIONNÉ, E adj. Qui manifeste de la gentillesse, des égards : *un ami attentionné.*

ATTENTISME n. m. Politique d'attente et d'opportunisme.

ATTENTISTE adj. et n. Qui pratique l'attentisme.

ATTENTIVEMENT adv. Avec attention.

ATTÉNUANT, E adj. *Circonstances atténuantes*, faits qui tendent à diminuer la gravité d'un crime, d'un délit, et à permettre ainsi d'abaisser la peine.

ATTÉNUATEUR n. m. Dispositif permettant d'atténuer un phénomène.

ATTÉNUATION n. f. Diminution, adoucissement.

ATTÉNUER v. t. (lat. *attenuare*, affaiblir). Rendre fort, moins grave : *atténuer un mal de tête, la violence de ses propos.* ◆ **s'atténuer** v. pr. Devenir moins fort.

ATTERRAGE n. m. *Mar.* Voisinage de la terre ou d'un port.

ATTERRANT, E adj. Consternant.

ATTERRER v. t. (de *terre*). Jeter dans l'abattement, la stupéfaction; consterner, accabler : *cette nouvelle nous a atterrés.*

ATTERRIR v. i. Se poser à terre (en parlant d'un avion, d'un engin spatial, etc.). ‖ *Mar.* Toucher terre (en parlant du navire). ‖ *Fam.* Arriver quelque part inopinément : *atterrir au milieu d'une cérémonie.*

ATTERRISSAGE n. m. Action d'atterrir.

ATTERRISSEMENT n. m. *Dr.* Amas de terres, de sables apportés par les eaux.

ATTESTATION n. f. Affirmation verbale ou écrite; certificat, témoignage.

ATTESTER v. t. (lat. *attestari*; de *testis*, témoin). Certifier la vérité de qqch : *nous attestons qu'il est innocent.* ‖ Être la preuve de : *cette remarque atteste qu'il n'a rien compris.* ‖ *Litt.* Prendre à témoin : *attester le ciel.*

ATTICISME [atisism] n. m. (gr. *attikos*, attique). Style concis et élégant propre aux écrivains attiques, en particulier du Vᵉ et du IVᵉ s. av. J.-C., d'Eschyle à Démosthène.

ATTIÉDIR v. t. *Litt.* Rendre tiède.

ATTIFEMENT n. m. *Fam.* Manière d'attifer.

ATTIFER v. t. (anc. fr. *tifer*, parer). *Fam.* et *péjor.* Orner, parer avec une recherche de mauvais goût ou d'une manière ridicule (souvent au passif). ◆ **s'attifer** v. pr. *Fam.* et *péjor.* S'habiller, se coiffer d'une manière bizarre.

ATTIGER v. i. (Conj. **1**). *Pop.* Exagérer.

ATTIQUE adj. Relatif aux Athéniens de l'Antiquité.

ATTIQUE n. m. *Archit.* Couronnement horizontal décoratif ou petit étage terminal d'une construction, placés au-dessus d'une corniche ou d'une frise importante.

ATTIRABLE adj. Susceptible d'être attiré.

ATTIRAIL n. m. (anc. fr. *atirier*, disposer). Ensemble d'objets divers et encombrants, destinés à un usage particulier : *attirail de cambrioleur.*

ATTIRANCE n. f. Charme particulier qui attire; attrait.

ATTIRANT, E adj. Qui attire, séduit.

ATTIRER v. t. (de *tirer*). Tirer à soi : *l'aimant attire le fer.* ‖ Inviter à venir : *ce spectacle attire les foules.* ‖ Procurer, occasionner : *cette attitude va lui attirer des ennuis.*

ATTISER v. t. (lat. *titio*, tison). Rapprocher les tisons pour les faire mieux brûler. ‖ *Litt.* Exciter : *attiser la haine.*

ATTITRÉ, E adj. En titre, investi d'un rôle : *représentant attitré d'une agence.* ‖ Réservé à qqn : *coiffeur attitré.*

ATTITUDE n. f. (it. *attitudine*, posture). Manière de se tenir, posture; manière d'être à l'égard des autres, comportement : *avoir une attitude gauche; garder une attitude réservée.* ‖ *Chorégr.* Pose de la danse académique.

ATTO-, préfixe (symb. : a) qui, placé devant une unité, la multiplie par 10⁻¹⁸.

ATTORNEY n. m. (mot angl.; anc. fr. *atorné*, préposé à). Homme de loi dans les pays anglo-saxons. ● *Attorney général*, en Grande-Bretagne et aux États-Unis, ministre de la Justice.

ATTOUCHEMENT n. m. Action de toucher, surtout avec la main.

ATTRACTIF, IVE adj. Qui a la propriété d'attirer : *force attractive.*

ATTRACTION n. f. (lat. *attractio*; de *trahere*, tirer). Force en vertu de laquelle un corps est attiré. ‖ Spectacle qui attire le public, objet de curiosité. ‖ Charme, séduction : *une secrète attraction le portait vers elle.* ● *Loi de l'attraction universelle* ou *loi de Newton*, loi selon laquelle

attitude ouverte
(variante dite
« à la russe »)

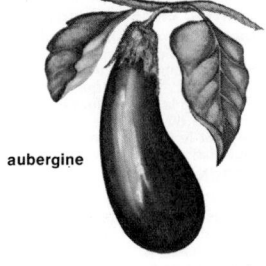

aubergine

tous les corps matériels s'attirent mutuellement, en raison directe de leurs masses et en raison inverse du carré de leurs distances. (Établie par Newton pour expliquer la pesanteur et le mouvement des planètes.) ◆ pl. Spectacle de variétés.

ATTRAIT n. m. (lat. *attrahere*, tirer à soi). Ce qui plaît, charme, attire : *l'attrait de la nouveauté, du pouvoir.*

ATTRAPADE n. f. *Litt.* Réprimande.

ATTRAPE n. f. Tromperie faite par plaisanterie. ‖ Objet destiné à tromper par jeu.

ATTRAPE-NIGAUD n. m. (pl. *attrape-nigauds*). Ruse grossière.

ATTRAPER v. t. (de *trappe*). Prendre à un piège. ‖ Saisir, atteindre : *attraper un voleur; attraper un train.* ‖ Tromper : *se laisser attraper par des flatteries.* ‖ *Fam.* Contracter (une maladie) : *attraper un rhume.* ‖ Faire des reproches : *se faire attraper pour un retard.*

ATTRAPE-TOUT adj. inv. Se dit d'un parti politique dont les sympathisants ne correspondent pas à des catégories bien déterminées et qui peut obtenir les suffrages d'une très grande variété d'électeurs.

ATTRAYANT, E adj. Séduisant, charmant.

ATTREMPAGE n. m. Action d'attremper.

ATTREMPER v. t. En parlant d'un four de verrerie, chauffer progressivement.

ATTRIBUABLE adj. Qui peut être attribué.

ATTRIBUER v. t. (lat. *attribuere*). Accorder comme avantage, comme part : *attribuer une récompense, un prix à qqn.* ‖ Considérer qqn comme auteur, qqch comme cause : *il lui attribue des arrière-pensées; attribuer un succès au hasard.* ◆ **s'attribuer** v. pr. Revendiquer, s'approprier : *il s'attribue tous les mérites.*

ATTRIBUT n. m. (lat. *attributum*, qui a été attribué). Ce qui appartient en propre à qqn, à qqch, ce qui en est le symbole : *le droit de grâce est un attribut du chef de l'État; un glaive et une balance sont les attributs de la Justice.* ‖ *Ling.* Fonction d'un nom ou d'un adjectif relié au sujet par des verbes comme *être, paraître, devenir,* etc., ou au complément d'objet par des verbes comme *rendre, nommer,* etc. ‖ *Log.* Syn. de PRÉDICAT. ‖ *Philos.* Propriété d'une substance.

ATTRIBUTIF, IVE adj. *Log.* Qui indique ou énonce un attribut.

ATTRIBUTION n. f. Action d'attribuer : *l'attribution d'un rôle à un acteur.* ● *Complément d'attribution* (Ling.), complément désignant la personne ou la chose dans l'intérêt de qui est faite l'action du verbe. (Ex. : *donner de l'argent à un ami.*) ◆ pl. Pouvoirs, compétence attribués à qqn : *les attributions d'un maire.* ‖ *Dr.* Dans un partage, dévolution d'un bien en faveur d'un copartageant.

ATTRISTANT, E adj. Qui attriste, déçoit.

ATTRISTER v. t. Rendre triste, désoler : *cette nouvelle nous a attristés.* ◆ **s'attrister** v. pr. Devenir triste.

ATTRITION n. f. (lat. *attritio*, frottement). *Théol.* Regret d'avoir offensé Dieu, causé par un motif humain tel que la honte ou la crainte du châtiment. (Syn. CONTRITION IMPARFAITE.) ‖ *Techn.* Usure des matériaux par frottement réciproque.

ATTROUPEMENT n. m. Rassemblement plus ou moins tumultueux.

ATTROUPER v. t. Rassembler des personnes : *le spectacle avait attroupé les badauds.* ◆ **s'attrouper** v. pr. Se réunir en foule.

ATYPIQUE adj. Qui n'a pas de caractères particuliers permettant une identification sur classement; qui diffère du type habituel.

AU, AUX art. contractés pour *le, à les.*

Au, symbole chimique de l'*or.*

AUBADE n. f. (prov. *aubada*). *Litt.* Concert donné à l'aube sous les fenêtres de quelqu'un.

AUBAIN n. m. (lat. *alibi*, ailleurs). *Hist.* Individu fixé dans un pays étranger sans être naturalisé.

AUBAINE n. f. (de *aubain*). Avantage inespéré : *profiter de l'aubaine.* ‖ *Hist.* Droit seigneurial, puis royal (XVIᵉ s.), par lequel la succession d'un aubain était attribuée au souverain.

AUBE n. f. (lat. *alba*, blanche). *Litt.* Première lueur du jour qui se produit à l'horizon. ● *À l'aube de* (Litt.), au commencement de.

AUBE n. f. (lat. *albus*, blanc). *Liturg. cath.* Longue robe de toile blanche utilisée dans la célébration des offices.

AUBE n. f. (lat. *alapa*, soufflet). *Techn.* Partie d'une roue hydraulique, d'une turbine, d'un compresseur, sur laquelle s'exerce l'action du fluide moteur.

AUBÉPINE n. f. (lat. *alba*, blanche, et *épine*). Arbre ou arbrisseau épineux à fleurs blanches ou roses, à baies rouges. (Famille des rosacées, genre *crataegus*.)

AUBÈRE adj. et n. m. (esp. *hobero*, mot ar.). Se dit d'un cheval dont la robe, composée de deux couleurs, est faite d'un mélange de poils alezans et blancs répandus sur tout le corps, extrémités et crins compris.

AUBERGE n. f. (de *héberger*). Hôtel-restaurant de campagne. ● *Auberge espagnole*, lieu où on apporte tout ce qu'on souhaite y trouver. ‖ *On n'est pas sorti de l'auberge* (Fam.), les difficultés ne sont pas terminées.

AUBERGINE n. f. (catalan *alberginia*, mot ar.). Fruit comestible, généralement violet, produit par une solanacée annuelle. ◆ adj. inv. De la couleur violette de l'aubergine.

AUBERGISTE n. Personne qui tient une auberge.

AUBETTE n. f. (anc. fr. *hobe*, d'origine germanique). En Belgique, édicule servant de kiosque à journaux ou d'abri pour les usagers des transports en commun.

AUBIER n. m. (lat. *albus*, blanc). Partie jeune du tronc et des branches d'un arbre, située à la périphérie, sous l'écorce, constituée par les dernières couches annuelles de bois encore vivantes et de teinte plus claire que le cœur.

AUBIN n. m. (angl. *hobby*). Allure défectueuse du cheval qui est un mélange de trot dans l'arrière-main et de galop dans l'avant-main.

AUBOIS, E adj. et n. De l'Aube.

AUBURN [obœrn] adj. inv. (mot angl.; anc. fr. *auborne*). D'un brun rouge.

AUBURNIEN adj. m. Se dit d'un système pénitentiaire combinant le régime cellulaire et la vie en commun. (Ce système fut inauguré dans la prison d'Auburn, État de New York, en 1816.)

AUCUBA n. m. (jap. *aokiba*). Arbrisseau à feuilles coriaces, vertes, tachetées de jaune, venant du Japon, souvent cultivé dans les jardins. (Haut. 2 m; famille des cornacées.)

AUCUN, E adj. ou pron. indéf. (lat. *aliquis*, quelqu'un, et *unus*, un seul). Pas un, nul (avec la négation *ne*). [Au pluriel seulem. devant un nom qui n'a pas de singulier : *aucunes funérailles.*] ● *D'aucuns* (Litt.), quelques-uns.

AUCUNEMENT adv. Pas du tout.

AUDACE n. f. (lat. *audacia*). Hardiesse, courage; insolence : *un coup d'audace.*

AUDACIEUSEMENT adv. Avec audace.

AUDACIEUX, EUSE adj. et n. Décidé, téméraire.

AU-DEDANS [de] loc. adv. et prép. À l'intérieur (de).

AU-DEHORS [de] loc. adv. et prép. À l'extérieur (de).

AU-DELÀ [de] loc. adv. et prép. Plus loin (que).

AU-DELÀ n. m. La vie future, l'autre monde.

AU-DESSOUS [de] loc. adv. et prép. À un point inférieur.

AU-DESSUS [de] loc. adv. et prép. À un endroit supérieur.

AU-DEVANT [de] loc. adv. et prép. À la rencontre (de).

AUDIBILITÉ n. f. Propriété d'un son d'être perçu par l'oreille.

AUDIBLE adj. (lat. *audire*, entendre). Perceptible à l'oreille; qui peut être écouté sans déplaisir.

AUDIENCE n. f. (lat. *audientia*, action d'écouter). Fait d'être écouté ou lu avec intérêt, attention : *obtenir un large audience.* ‖ Entretien accordé par un supérieur, une personne en place : *recevoir qqn en audience.* ‖ Dr. Séance au cours de laquelle les juges interrogent les parties, entendent les plaidoiries et prononcent leurs jugements. ● *Délit d'audience*, manquement aux obligations professionnelles commis par un avocat à l'audience.

AUDIMUTITÉ n. f. Absence congénitale de langage chez un sujet ne présentant pas de déficits auditif ou intellectuel évidents.

AUDIOCONFÉRENCE n. f. Téléconférence assurée grâce à des moyens de télécommunications ne permettant que la transmission de la parole et, éventuellement, de documents graphiques. (Syn. TÉLÉCONFÉRENCE AUDIOGRAPHIQUE.)

AUDIOFRÉQUENCE n. f. Fréquence correspondant à des sons audibles.

AUDIOGRAMME n. m. Courbe caractéristique de la sensibilité de l'oreille aux divers sons.

AUDIOMÈTRE n. m. Instrument pour mesurer l'acuité auditive et établir les audiogrammes.

AUDIOMÉTRIE n. f. Mesure de l'acuité auditive.

AUDIO-ORAL, E, AUX adj. Se dit d'une méthode d'enseignement qui utilise conjointement des textes et des enregistrements sonores.

AUDIOPHONE n. m. Petit appareil acoustique servant à renforcer les sons.

AUDIOPROTHÉSISTE n. Praticien qui choisit, délivre, adapte et contrôle les appareils de prothèse auditive.

AUDIOVISUEL, ELLE adj. et n. m. Se dit de ce qui appartient aux méthodes d'information ou de communication et d'enseignement qui utilisent la présentation d'images, de films et d'enregistrements sonores.

AUDIT [odit] n. m. (angl. *Internal Auditor*). Procédure de contrôle de l'exécution des objectifs d'une entreprise. ‖ Personne chargée de cette mission. (Syn. AUDITEUR.)

AUDITEUR, TRICE n. Personne qui écoute un discours, une émission radiophonique, un cours, etc. ‖ Syn. de AUDIT. ‖ Dr. Magistrat chargé de préparer les décisions que prendront ses supérieurs, dans certaines juridictions (Conseil d'État, Cour des comptes). ● *Auditeur de justice*, futur magistrat.

AUDITIF, IVE adj. Qui concerne l'audition : *mémoire auditive.* ● *Appareil de correction*

auditive, appareil électronique comportant un amplificateur et un écouteur, qui sert à rétablir l'audition chez ceux qui entendent mal. ‖ *Conduit auditif* (Anat.), canal (long de 25 mm environ) faisant communiquer le pavillon et l'oreille moyenne, et se terminant au tympan.

AUDITION n. f. (lat. *auditio*; de *audire*, entendre). Fonction du sens de l'ouïe : *troubles de l'audition.* ‖ Action d'entendre ou d'écouter : *l'audition des témoins.* ‖ Présentation par un artiste de son répertoire, d'une œuvre musicale, etc.

AUDITIONNER v. t. Écouter un artiste présenter son répertoire, son tour de chant, etc. ◆ v. i. En parlant d'un artiste, présenter son numéro.

AUDITOIRE n. m. Ensemble de personnes qui écoutent un discours, assistent à un cours, etc.

AUDITORAT n. m. Dr. Fonction d'auditeur.

AUDITORIUM [oditɔrjɔm] n. m. (mot lat.). Salle pour l'audition d'une œuvre musicale au théâtrale, pour les émissions radiophoniques ou les enregistrements cinématographiques.

AUDOIS, E adj. et n. De l'Aude.

AUDOMAROIS, E adj. et n. De Saint-Omer.

AUDONIEN, ENNE adj. et n. De Saint-Ouen.

AUGE n. f. (lat. *alveus*). Récipient en pierre, en bois ou en tôle où mangent et boivent les animaux. ‖ Récipient à l'usage des maçons, des cimentiers, etc. ‖ Rigole qui conduit l'eau à un réservoir ou à la roue d'un moulin. ‖ Vide entre les branches du maxillaire inférieur du cheval. ‖ Vallée dont le profil transversal (versants raides et fond plat) rappelle celui d'une auge.

AUGERON, ONNE adj. et n. Du pays d'Auge.

AUGET n. m. Petite auge.

AUGMENT n. m. Ling. Affixe préposé à la racine verbale dans la flexion de certaines formes du passé (en grec par ex.).

AUGMENTABLE adj. Qu'on peut augmenter.

AUGMENTATIF, IVE adj. et n. m. Ling. Se dit d'un préfixe (*archi-, super-*) ou d'un suffixe servant à renforcer le sens d'un mot.

AUGMENTATION n. f. Action d'augmenter, accroissement : *augmentation de volume, augmentation des prix.* ‖ Opération qui consiste à tricoter deux mailles dans une seule ou bien à ajouter une maille au commencement ou à la fin d'un rang.

AUGMENTER v. t. (lat. *augere*, accroître). Rendre plus grand, plus important; accroître la quantité, le prix, le salaire : *augmenter la vitesse, les salaires; augmenter un employé.* ◆ v. i. Devenir plus grand, plus considérable; croître : *les prix augmentent.*

AUGURAL, E, AUX adj. Relatif aux augures.

AUGURE n. m. (lat. *augurium*). Présage, signe par lequel on juge de l'avenir : *tirer un bon, un mauvais augure de qqch.* ‖ Hist. Présage tiré d'un signe céleste.

AUGURE n. m. (lat. *augur*). Prêtre romain chargé d'interpréter les présages tirés du vol, du chant des oiseaux, etc.

AUGURER v. t. Litt. Tirer un présage, faire une conjecture : *ceci lui fit bien augurer du succès de l'entreprise.*

AUGUSTE adj. (lat. *augustus*). Litt. Qui inspire le respect ou la vénération.

AUGUSTE n. m. Hist. Titre des empereurs romains. ‖ Type de clown.

AUGUSTIN, E n. Religieux, religieuse des instituts qui ont adopté la règle de saint Augustin.

AUGUSTINIEN, ENNE adj. et n. Qui concerne saint Augustin, ou sa théologie de la grâce.

AUGUSTINISME n. m. Doctrine de saint Augustin sur la grâce. ‖ Doctrine des jansénistes se réclamant de saint Augustin.

AUJOURD'HUI adv. (anc. fr. *hui*, lat. *hodie*). Dans le jour où l'on est; dans le temps présent : *il y a aujourd'hui trois semaines qu'il est parti; les hommes d'aujourd'hui.*

AULIQUE adj. (lat. *aula*, cour). Hist. Qui appartient à la cour d'un souverain.

AULNAIE ou **AUNAIE** [onɛ] n. f. Lieu planté d'aulnes.

M. C. Noailles-Explorer

vallée en **auge**

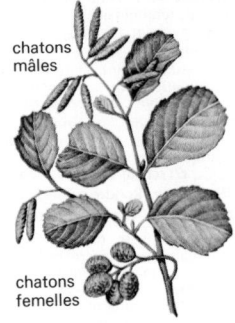

chatons mâles

chatons femelles

aulne

AULNE ou **AUNE** [on] n. m. (lat. *alnus*). Arbre à feuilles tronquées au sommet, croissant souvent au bord de l'eau. (Haut. jusqu'à 20 m; famille des bétulacées; autre nom : *verne* ou *vergne*.)

AULOFFÉE n. f. Mar. Remontée dans le vent vers la vitesse acquise.

AULX n. m. pl. Un des pluriels de *ail*.

AUMÔNE n. f. (gr. *eleêmosunê*, pitié). Ce qu'on donne aux pauvres par charité. ● *Faire l'aumône de*, accorder la faveur de.

AUMÔNERIE n. f. Charge d'aumônier.

AUMÔNIER n. m. Ministre d'un culte attaché à un établissement scolaire, religieux, hospitalier, pénitentiaire ou à une formation militaire. ● *Grand aumônier de France*, titre donné autref. au premier aumônier du roi.

AUMÔNIÈRE n. f. Bourse portée à la ceinture (vx).

AUNAIE n. f. → AULNAIE.

AUNE n. m. → AULNE.

AUNE n. f. (mot germ.). Anc. mesure de longueur, valant environ 1,188 m à Paris.

AUNÉE n. f. Plante des lieux humides, à fleurs jaunes. (Famille des composées.)

AUPARAVANT adv. (de *avant*). D'abord, avant une autre chose ou une autre époque.

AUPRÈS [de] loc. adv. et prép. Dans le voisinage (de) : *pour voir cela, il faut que je sois auprès; auprès de la maison.* ‖ Par comparaison avec : *votre mal n'est rien auprès du mien.* ‖ Dans l'opinion de : *je ne veux pas passer pour un imbécile auprès de lui.* ‖ En s'adressant à : *faire une demande auprès du ministre.*

AUQUEL pron. relat. masc. (pl. *auxquels*). Forme correspondant à *lequel.*

AURA n. f. (mot lat.). Signe avant-coureur d'une crise d'épilepsie. ‖ En occultisme, halo enveloppant le corps, visible aux seuls initiés. ‖ Litt. Atmosphère immatérielle enveloppant certains êtres : *une aura de sainteté.*

AURÉLIE n. f. Grande méduse des mers tempérées, à l'ombrelle frangée de tentacules. (Type de la famille des *auréliacés.*)

AURÉOLE n. f. (lat. *aureola*, couleur d'or). Cercle dont les artistes entourent la tête des saints en signe de gloire. (Syn. NIMBE.) ‖ Halo autour d'un astre, sur une photographie. ● *L'auréole du martyre, du génie*, la gloire venue du martyre, du génie. ‖ *Auréole métamorphique*, zone concentrique entourant un batholite dont la mise en place a engendré un métamorphisme de contact.

AURÉOLER v. t. Entourer d'une auréole. ● *Être auréolé de*, être paré d'une auréole (de génie, de prestige, etc.).

AURICULAIRE adj. (lat. *auricula*, petite oreille). Relatif à l'oreille. ● *Témoin auriculaire*, personne qui a entendu de ses propres oreilles.

AURICULAIRE n. m. Le petit doigt de la main.

AURICULE n. f. Lobe ou bout de l'oreille. ‖ Oreille externe tout entière. ‖ Portion de chacune des oreillettes du cœur, débordant sur les ventricules.

AURICULÉ, E adj. Muni d'auricules.

AURICULOTHÉRAPIE n. f. Thérapeutique dérivée de l'acupuncture qui consiste à traiter différentes affections par la piqûre de points déterminés du pavillon de l'oreille.

AURIFÈRE adj. (lat. *aurum*, or, et *ferre*, porter). Qui contient de l'or : *sable aurifère*.

AURIFIER v. t. Obturer une dent creuse en y introduisant de l'or.

AURIGE n. m. (lat. *auriga*). Dans l'Antiquité, conducteur de char.

AURIGNACIEN, ENNE adj. et n. m. (d'*Aurignac*, en Haute-Garonne). Se dit d'un faciès culturel du paléolithique supérieur dont l'industrie est caractérisée par des sagaies en bois de renne, les grattoirs et des lames de silex à retouche écailleuse. (Œuvre de l'homme de Cro-Magnon, la culture aurignacienne marque l'apparition de l'art figuratif en 30000-27000 avant notre ère.)

AURIQUE adj. et n. f. Mar. Se dit d'une voile quadrangulaire fixée à une corne.

AUROCHS [ɔrɔk] n. m. (all. *Auerochs*). Espèce de bœuf sauvage de grande taille, aujourd'hui presque éteinte.

AURORAL, E, AUX adj. Litt. De l'aurore.

AURORE n. f. (lat. *aurora*). Litt. Lumière qui précède le lever du soleil : *se lever dès l'aurore*. ● *À l'aurore de* (Litt.), au commencement de. ‖ *Aurore polaire* (boréale ou australe), phénomène lumineux se produisant parfois dans le ciel des régions polaires. ◆ adj. inv. *Couleur aurore*, d'un jaune orangé. ■ L'aurore polaire forme un arc lumineux d'où s'échappent des jets de lumière. Elle est due à la luminescence de la haute atmosphère sous l'action de particules électrisées issues du Soleil, dont les trajectoires sont déviées vers les pôles par le champ magnétique terrestre.

AUSCITAIN, E adj. et n. D'Auch.

AUSCULTATION n. f. Méd. Action d'écouter les bruits émis par les organes, soit directement (*auscultation immédiate*) en appliquant l'oreille sur le corps, soit indirectement (*auscultation médiate*) par le stéthoscope, afin d'établir un diagnostic.

AUSCULTER v. t. (lat. *auscultare*, écouter). Pratiquer une auscultation.

AUSPICES n. m. pl. (lat. *auspicium* ; de *avis*, oiseau, et *spicere*, examiner). Chez les Romains, présages qui se tiraient en général du vol ou du chant des oiseaux, de la manière dont ils mangeaient et de certains phénomènes célestes. ● *Sous les auspices de qqn* (Litt.), sous sa protection, avec son appui. ‖ *Sous les meilleurs auspices, sous d'heureux auspices* (Litt.), avec beaucoup de chances de succès.

AUSSI adv. (lat. *aliud*, autre chose, et *sic*, ainsi). Indique : 1° l'égalité : *il est aussi sympathique que vous* ; lui, *aussi bien que sa femme, travaille* ; 2° l'explication : *il est agressif, aussi chacun le fuit*. ● *Aussi bien* (Litt.), d'ailleurs, somme toute : *je ne partirai pas, aussi bien est-il trop tard*.

AUSSIÈRE n. f. Cordage employé pour l'amarrage des navires et les manœuvres de force. (On écrit aussi HAUSSIÈRE.)

AUSSITÔT adv. (de *aussi* et *tôt*). Au moment même, sur l'heure : *aussitôt après votre retour*. ◆ loc. conj. *Aussitôt que*, dès que.

AUSTÉNITE n. f. (de *Austen*, n. propre). Métall. Constituant micrographique des aciers.

AUSTÉNITIQUE adj. Relatif à l'austénite.

AUSTÈRE adj. (lat. *austerus*, âpre au goût). Qui a de la sévérité dans ses principes, de la gravité dans son caractère : *une vie, un air austère*. ‖ Qui exclut la douceur : *une éducation austère*.

AUSTÈREMENT adv. Avec austérité.

AUSTÉRITÉ n. f. Sévérité, rigorisme.

AUSTRAL, E, ALS ou **AUX** adj. (lat. *auster*, vent du midi). Qui concerne la partie sud de la Terre ou d'un astre quelconque. (Contr. BORÉAL.)

AUSTRALANTHROPIEN, ENNE adj. et n. m. Se dit d'une forme primitive d'anthropien fossile (pliocène supérieur et pléistocène inférieur) comprenant le genre australopithèque et l'espèce *Homo habilis*, et constituant la charnière entre les hominidés et les hommes proprement dits.

AUSTRALIEN, ENNE adj. et n. D'Australie.

AUSTRALOPITHÈQUE n. m. Genre d'australanthropien reconnu en Afrique australe, auteur des premiers outils taillés (3 millions d'années). [Hominidé, il n'est pas encore à proprement parler un homme.]

AUSTRONÉSIEN, ENNE adj. et n. Syn. de MALAYO-POLYNÉSIEN.

AUTAN n. m. (mot prov.). Vent violent, chaud et très sec du sud-est, qui souffle sur le Toulousain.

AUTANT adv. (lat. *aliud*, autre chose, et *tantum*, tellement). Marque l'égalité de quantité, d'intensité, de qualité : *je travaille autant qu'un autre* ; *autant d'hommes que de femmes* ; *le rubis ne vaut pas autant que le diamant* ; etc. ● *Autant dire que*, c'est comme si. ‖ *D'autant*, dans la même proportion : *payez un acompte, vous diminuerez d'autant vos dettes*. ‖ *Pour autant*, cependant. ‖ *Tout autant*, autant que. ◆ loc. conj. *Autant que*, dans la mesure où : *autant que je le sache*. ‖ *D'autant que, d'autant plus que*, vu, attendu que.

AUTARCIE n. f. (gr. *autarkeia*, qui se suffit à soi-même). Régime économique d'un pays qui se suffit à lui-même.

AUTARCIQUE adj. Fondé sur l'autarcie.

AUTEL n. m. (lat. *altare*). Autref., table pour les sacrifices : *dresser, élever un autel*. ‖ Table où l'on célèbre la messe.

AUTEUR n. m. (lat. *auctor*). Celui qui est la cause, le responsable : *l'auteur d'une découverte, d'un accident*. ‖ Écrivain, rédacteur d'un article, d'une chronique. ‖ Dr. Celui de qui une personne (l'ayant cause) tient un droit. ● *Droit d'auteur*, droit exclusif d'exploitation reconnu à quiconque sur toute création originale manifestant sa personnalité, qu'il s'agisse de lettres, de sciences ou d'arts.

AUTHENTICITÉ n. f. Caractère de ce qui est authentique, vrai.

AUTHENTIFICATION n. f. Action d'authentifier.

AUTHENTIFIER v. t. Rendre authentique, légaliser, certifier.

AUTHENTIQUE adj. (gr. *authentikos*, qui agit de sa propre autorité). Qui ne peut être contesté ; véridique, exact ; qui correspond à la vie profonde, vrai : *histoire authentique ; une émotion authentique*. ‖ Dr. Revêtu des formes légales requises : *acte authentique*.

AUTHENTIQUEMENT adv. De façon authentique.

AUTISME n. m. (gr. *autos*, soi-même). Repli pathologique d'un enfant, d'un adulte sur son monde intérieur avec perte du contact avec la réalité extérieure, accompagnée pour lui de l'impossibilité de contact avec les autres.

AUTISTE ou **AUTISTIQUE** adj. et n. Relatif à l'autisme, atteint d'autisme.

AUTO n. f. Automobile.

AUTO n. m. V. AUTO SACRAMENTAL.

AUTO-ACCUSATEUR, TRICE adj. Qui relève de l'auto-accusation.

AUTO-ACCUSATION n. f. Accusation qu'un sujet porte sur lui-même, concernant des fautes réelles ou imaginaires.

AUTO-ADHÉSIF, IVE adj. Syn. de AUTO-COLLANT.

AUTO-ALARME n. m. Mar. Appareil récepteur de radio qui enregistre automatiquement les signaux de détresse.

AUTO-ALLUMAGE n. m. Allumage spontané du mélange détonant dans le cylindre d'un moteur, souvent provoqué par la calamine.

AUTO-AMORÇAGE n. m. Amorçage spontané d'une machine ou d'une réaction, effectué sans l'action d'un agent extérieur.

AUTO-ANALYSE n. f. Introspection psychologique.

AUTOBERGE n. f. Voie routière édifiée sur la berge d'un cours d'eau, d'un fleuve.

AUTOBIOGRAPHIE n. f. Vie d'une personne écrite par elle-même.

AUTOBIOGRAPHIQUE adj. Relatif à la vie même d'un auteur.

AUTOBUS n. m. (de *auto*, et *bus*, abrév. de *omnibus*). Grand véhicule automobile de transport en commun urbain.

AUTOCAR n. m. Grand véhicule automobile de transport collectif, routier ou touristique.

AUTOCASSABLE adj. *Ampoule autocassable*, ampoule dont les deux extrémités peuvent être cassées sans lime.

AUTOCENSURE n. f. Censure effectuée par qqn sur ses propres textes.

AUTOCENSURER (S') v. pr. Pratiquer sur ses écrits une autocensure.

AUTOCÉPHALE adj. Se dit des Églises orthodoxes ou des évêques métropolitains orthodoxes qui déclarent ne dépendre que d'eux-mêmes.

AUTOCHENILLE n. f. Automobile sur chenilles à l'arrière, et munie de roues à l'avant.

AUTOCHTONE [otokton] adj. et n. (gr. *khthôn*, terre). Originaire du pays qu'il habite et dont les ancêtres ont toujours habité le pays. (Syn. ABORIGÈNE.) ‖ Géol. Dans les régions à structure charriée, se dit d'un terrain qui n'a pas subi de déplacement latéral et sur lequel se sont avancées les nappes de charriage.

AUTOCLAVE n. m. et adj. (lat. *clavis*, clef). Récipient à parois épaisses et à fermeture hermétique pour réaliser sous pression soit une réaction industrielle, soit la cuisson ou la stérilisation à la vapeur.

AUTOCOAT [otokot] n. m. (angl. *coat*, manteau). Vêtement de longueur intermédiaire entre celle de la veste et celle du manteau.

AUTOCOLLANT, E adj. Se dit de surfaces recouvertes d'une gomme qui adhère sans être humectée. ◆ n. m. Image, vignette dont un côté est recouvert d'une telle gomme.

AUTOCONSOMMATION n. f. Utilisation par les agriculteurs des produits de leur propre exploitation pour leur consommation.

AUTOCOPIANT, E adj. Se dit d'un papier chimiquement préparé, sur lequel une pression localisée donne le double de l'original écrit ou dactylographié.

AUTOCORRECTIF, IVE adj. Se dit d'un processus permettant l'autocorrection.

AUTOCORRECTION n. f. Dispositif permettant au sujet de contrôler ses réponses à une épreuve de connaissances.

AUTOCRATE n. m. (gr. *autokratês*, qui gouverne lui-même). Monarque absolu.

AUTOCRATIE [otokrasi] n. f. Système politique dans lequel le souverain dispose d'un pouvoir absolu.

AUTOCRATIQUE adj. Relatif à l'autocratie.

AUTOCRITIQUE n. f. Jugement qu'une personne porte sur sa propre conduite, particulièrement dans le domaine politique.

AUTOCUISEUR n. m. Récipient métallique et à fermeture hermétique destiné à la cuisson des aliments à la vapeur, sous pression.

AUTODAFÉ n. m. (portug. *auto da fé*, acte de foi). Proclamation solennelle d'un jugement prononcé par l'Inquisition. ‖ L'exécution du coupable (souvent par le feu). ‖ Destruction par le feu.

AUTODÉFENSE n. f. Action de se défendre soi-même par ses seuls moyens.

AUTODESTRUCTEUR, TRICE adj. Qui vise à se détruire soi-même.

AUTODESTRUCTION n. f. Destruction par soi-même.

AUTODÉTERMINATION n. f. Droit d'un peuple à décider de lui-même le régime politique qui lui convient.

AUTODIDACTE adj. et n. (gr. *didaskein*, enseigner). Se dit d'une personne qui s'est instruite elle-même.

AUTODIDAXIE n. f. Enrichissement culturel dont bénéficie un individu ou un groupe, et qui trouve son origine dans sa seule volonté.

AUTODIRECTEUR, E adj. m. Se dit d'un système de guidage permettant à un véhicule ou à un missile de se diriger vers son objectif sans intervention extérieure.

AUTODISCIPLINE n. f. Discipline volontaire que s'impose un individu ou un groupe, sans contrôle de l'extérieur.

AUTODROME n. m. (gr. *dromos*, course). Piste pour courses et essais d'automobiles.

AUTO-ÉCOLE n. f. (pl. *auto-écoles*). École où l'on enseigne la conduite automobile à des candidats au permis de conduire.

AUTO-ÉLÉVATEUR, TRICE adj. Se dit d'un engin capable de modifier une de ses dimensions verticales par coulissement de certains de ses éléments.

AUTO-ÉROTIQUE adj. Relatif à l'auto-érotisme.

AUTO-ÉROTISME n. m. Recherche d'une satisfaction sexuelle sans recours à un partenaire.

AUTOFÉCONDATION n. f. *Bot.* Fécondation des ovules d'une fleur par le pollen de la même fleur.

AUTOFINANCEMENT n. m. Financement que l'entreprise réalise par ses propres moyens, indépendamment du concours des associés ou actionnaires et de capitaux d'emprunt, et destiné pour l'essentiel à la réalisation d'investissements.

AUTOFINANCER (S') v. pr. Pratiquer l'autofinancement.

AUTOGAMIE n. f. (gr. *gamos*, mariage). *Zool.* Union de gamètes mâle et femelle provenant du même individu animal (ténia).

AUTOGÈNE adj. *Soudure autogène*, soudure de deux pièces d'un même métal par fusion, avec ou sans apport d'un métal ayant la même composition.

AUTOGÉRÉ, E adj. Se dit d'une industrie, d'un secteur de production soumis à l'autogestion.

AUTOGESTION n. f. Gestion d'une entreprise, d'une collectivité par les travailleurs eux-mêmes. ‖ Système de gestion collective en économie socialiste.

AUTOGESTIONNAIRE adj. et n. Relatif à l'autogestion.

AUTOGIRE n. m. (esp. *autogiro*). Aéronef dont la sustentation est due au mouvement circulaire d'un rotor tournant librement sous l'action du vent relatif créé par le déplacement horizontal de l'appareil.

AUTOGRAPHE adj. et n. m. (gr. *graphein*, écrire). Écrit de la main même de l'auteur : *lettre autographe de Napoléon.*

AUTOGRAPHIE n. f. Procédé d'impression par double décalque d'un texte écrit à l'encre grasse.

AUTOGRAPHIQUE adj. Relatif à l'autographie.

AUTOGREFFE n. f. Greffe sur un sujet à partir d'un greffon prélevé sur lui-même.

AUTOGUIDAGE n. m. Procédé permettant à un mobile de diriger lui-même son mouvement vers le but qui lui a été assigné.

AUTOGUIDÉ, E adj. Se dit d'un mobile, d'un missile dirigé par autoguidage.

AUTO-IMMUNE adj. f. *Maladie auto-immune,* affection qui est due à l'auto-immunité.

AUTO-IMMUNITAIRE adj. Relatif à l'auto-immunité.

AUTO-IMMUNITÉ ou **AUTO-IMMUNISATION** n. f. Phénomène par lequel un organisme sécrète les anticorps dirigés contre certains de ses propres constituants.

AUTO-INDUCTANCE n. f. Syn. de SELF-INDUCTANCE.

AUTO-INDUCTION n. f. Syn. de SELF-INDUCTION.

AUTO-INTOXICATION n. f. Ensemble des troubles produits par les déchets non ou mal éliminés de l'organisme.

AUTOLUBRIFIANT, E adj. Qui assure sa propre lubrification, sans intervention de lubrifiant externe.

AUTOLYSAT [otɔliza] n. m. Liquide comestible résultant de l'autolyse de la viande ou du poisson dans certaines conditions.

AUTOLYSE n. f. *Biol.* Destruction des tissus animaux ou végétaux par les enzymes qu'ils contiennent eux-mêmes. (Le *blettissement* des fruits est une autolyse.) ‖ *Psychol.* Suicide.

AUTOMATE n. m. (gr. *automatos*, qui se meut par lui-même). Machine imitant le mouvement d'un être vivant. ‖ Dispositif assurant un enchaînement automatique et continu d'opérations arithmétiques et logiques. ● *Gestes d'automate,* gestes réguliers qui échappent à la volonté.

AUTOMATICITÉ n. f. Caractère de ce qui est automatique.

AUTOMATION [ɔtɔmasjɔ̃] n. f. Création d'automates. ‖ Syn. d'AUTOMATISATION.

AUTOMATIQUE adj. Qui s'exécute sans la participation de la volonté : *mouvement automatique.* ‖ Qui intervient d'une manière régulière, qui doit forcément se produire. ‖ Qui opère par des moyens mécaniques : *téléphone automatique.* ‖ *Arme automatique,* arme à feu qui, une fois rechargée, peut tirer sans interruption une rafale de plusieurs projectiles.

AUTOMATIQUE n. m. Téléphone automatique. ‖ Pistolet automatique.

AUTOMATIQUE n. f. Science et technique de l'automatisation, qui étudient les méthodes scientifiques et les moyens technologiques utilisés pour la conception et la construction de systèmes automatiques.

AUTOMATIQUEMENT adv. De façon automatique.

AUTOMATISATION n. f. Exécution automatique de tâches industrielles, administratives ou scientifiques sans intervention humaine intermédiaire, depuis les plus simples, comme la régulation de la température d'un four, jusqu'aux plus complexes, comme celles qui sont assumées par des ordinateurs pour la gestion d'un établissement de crédit.

AUTOMATISER v. t. Rendre le fonctionnement automatique.

AUTOMATISME n. m. Caractère de ce qui est automatique. ‖ Mécanisme ou système automatique. ‖ Mécanisme psychique, repris des expériences médiumniques du XIXe s., dont les surréalistes ont prôné l'usage dans la création littéraire (« écriture automatique ») et artistique. ● *Automatisme mental* (Psychiatr.), pour un sujet, impression qu'une partie de sa vie psychique lui échappe et est soumise à une influence extérieure. ‖ *Automatisme séquentiel,* système automatique dont le fonctionnement est constitué par l'enchaînement d'une suite ou séquence de phases opératoires. (On dit aussi AUTOMATISME À SÉQUENCES.)

AUTOMITRAILLEUSE n. f. Véhicule blindé, à roues, armé de mitrailleuses et de canons.

AUTOMNAL, E, AUX adj. Qui appartient à l'automne.

AUTOMNE [otɔn] n. m. (lat. *autumnus*). Saison qui succède à l'été et précède l'hiver, et qui, dans l'hémisphère boréal, commence le 22 ou le 23 septembre pour finir le 21 ou le 22 décembre. ● *À l'automne de la vie* (Litt.), au déclin de la vie.

AUTOMOBILE adj. Se dit de ce qui se meut par soi-même. ‖ Se dit de ce qui relève de l'automobile : *coureur automobile; industrie automobile.*

AUTOMOBILE n. f. Véhicule muni d'un moteur et destiné au transport individuel ou familial. (Syn. VOITURE.)

AUTOMOBILISME n. m. Sport automobile (vx).

AUTOMOBILISTE n. Personne qui conduit une automobile.

AUTOMORPHISME n. m. *Math.* Isomorphisme résultant de l'application d'un ensemble sur lui-même.

AUTOMOTEUR, TRICE adj. Se dit d'un véhicule capable de se déplacer par ses propres moyens. ‖ Se dit d'un train composé de véhicules attelés entre eux de façon à constituer une rame réversible indéformable.

AUTOMOTEUR n. m. Grande péniche à moteur, de transport fluvial, se déplaçant par ses propres moyens. ‖ *Arm.* Pièce d'artillerie montée sur affût chenillé, blindé ou non.

AUTOMOTRICE n. f. Véhicule se déplaçant sur rails par ses propres moyens.

AUTOMOUVANT, E adj. Se dit d'une pièce d'artillerie dont le canon est monté sur un châssis chenillé dépourvu de toute protection.

AUTOMUTILATION n. f. Conduite pathologique consistant à s'infliger des mutilations.

AUTONETTOYANT, E adj. *Four autonettoyant,* four qui brûle les déchets et les graisses par catalyse ou pyrolyse, et ne nécessite aucun nettoyage.

AUTONOME adj. (préf. *auto,* et gr. *nomos,* loi). Qui jouit de l'autonomie : *gouvernement, région autonome.* ● *Gestion autonome,* système d'organisation des entreprises dans lequel chaque atelier est considéré comme autonome. ◆ adj. et n. Se dit de certains contestataires d'extrême gauche en marge de toute organisation politique.

AUTONOMIE n. f. Liberté pour un gouvernement, un pays, etc., de se gouverner par ses propres lois, ou d'user individuellement de disposer librement de soi. ‖ Pour un véhicule à moteur, distance franchissable à une vitesse donnée correspondant à la consommation totale du combustible embarqué. ● *Autonomie financière,* situation d'un service dont la gestion financière est indépendante de celle de la collectivité publique qui l'a créé ou qui le contrôle.

AUTONOMISTE n. et adj. Partisan de l'autonomie.

AUTONYME adj. *Usage autonyme d'un mot* (Log. et Ling.), usage d'un mot où celui-ci se désigne lui-même, et non l'objet qu'il symbolise.

AUTOPLASTIE n. f. *Chir.* Opération qui consiste à reconstituer une région par autogreffe.

AUTOPOLAIRE adj. *Math.* Se dit d'un triangle dont chacun des côtés est la polaire du sommet opposé, cette polaire étant prise par rapport à une conique donnée, et particulièrement par rapport à un cercle.

AUTOPOMPE n. f. Camion équipé d'une pompe à incendie.

AUTOPORTRAIT n. m. Portrait d'un artiste par lui-même.

AUTOPROPULSÉ, E adj. Qui assure sa propre propulsion. ● *Projectile autopropulsé,* projectile dont le mouvement résulte de la réaction provoquée par l'éjection à grande vitesse d'une partie de sa substance.

AUTOPROPULSEUR n. m. et adj. m. Dispositif assurant l'autopropulsion.

AUTOPROPULSION n. f. Propriété qu'ont certains engins de se propulser par leurs propres moyens.

AUTOPSIE n. f. (gr. *autopsia,* action de voir de ses propres yeux). *Méd.* Examen et dissection d'un cadavre, en vue de déterminer les causes de la mort. (Syn. NÉCROPSIE.)

AUTOPSIER v. t. Faire l'autopsie.

AUTOPUNITIF adj. m. Se dit d'un comportement dicté par l'autopunition.

1. Projecteur; 2. Ventilateur électrique; 3. Radiateur; 4. Tubulure d'admission; 5. Pompe à eau; 6. Roue de secours; 7. Essuie-glace; 8. Pare-brise feuilleté; 9. Rétroviseur intérieur (jour-nuit); 10. Pavillon; 11. Rétroviseur extérieur à commande électrique; 12. Arceau; 13. Ceinture de sécurité à enrouleur; 14. Lunette arrière; 15. Réservoir d'essence; 16. Pot d'échappement; 17. Longeron; 18. Frein à main;

19. Levier de changement de vitesse; 20. Direction assistée à rapport asservi; 21. Pédale d'embrayage; 22. Pédale de freinage; 23. Pédale d'accélération; 24. Disque de frein ventilé; 25. Cylindre de suspension

hydropneumatique; 26. Arbre de transmission; 27. Pompe volumétrique haute pression; 28. Compresseur climatiseur; 29. Accumulateur; 30. Alternateur; 31. Clignotant; 32. Feu de position; 33. Butoir.

CITROËN CX "PRESTIGE"
à moteur à essence
4 cylindres en ligne de 2 347 cm³
à injection électronique
puissance maximale DIN : 128 ch
vitesse maximale : 189 km/h
longueur : 4,666 m
largeur : 1,730 m
hauteur : 1,360 m
empattement : 2,845 m
voie avant : 1,474 m

Doc. Citroën

AUTOMOBILE

AUTOPUNITION n. f. Punition que l'on s'inflige sous l'influence d'un sentiment de culpabilité.

AUTORADIO n. m. Appareil récepteur de radiodiffusion prévu pour être installé dans une automobile.

AUTORADIOGRAPHIE n. f. Empreinte laissée sur une couche photographique par un objet ou un tissu contenant un produit radioactif.

AUTORAIL n. m. Voiture automotrice sur rails, pour le transport des voyageurs.

AUTORÉGLAGE n. m. Propriété d'un appareil de retrouver son régime initial après une perturbation.

AUTORÉGULATEUR, TRICE adj. Qui produit une autorégulation.

AUTORÉGULATION n. f. Régulation d'une fonction, d'une machine par elle-même.

AUTORÉPARABLE adj. Se dit de la face amont étanche d'un barrage en terre ou en enrochement qui, fissurée, se répare automatiquement sous la seule pression de l'eau.

AUTORÉPARATION n. f. Réparation automatique de la face amont d'un barrage sous la seule pression de l'eau.

AUTORISATION n. f. Action d'autoriser. ‖ Écrit par lequel on autorise.

AUTORISER v. t. (lat. *auctor*, garant). Donner la permission, le pouvoir, le droit de : *autoriser un employé à s'absenter*. ‖ Rendre possible, permettre : *la situation autorise une hausse des prix*. ● *Personne autorisée*, celle qui a l'autorité pour déclarer, exécuter une chose. ◆ **s'autoriser** v. pr. [**de**]. *Litt.* S'appuyer sur : *il s'autorise abusivement de sa confiance*.

AUTORITAIRE adj. et n. Qui impose son pouvoir d'une manière absolue, qui ne tolère pas la contradiction, l'opposition : *régime autoritaire, ton autoritaire*.

AUTORITAIREMENT adv. Avec autorité.

AUTORITARISME n. m. Caractère, système autoritaire.

AUTORITÉ [ɔrite] n. f. (lat. *auctoritas*). Droit ou pouvoir de commander, de se faire obéir : *l'autorité des lois; imposer son autorité*. ‖ Administration, gouvernement : *décision de l'autorité compétente*. ‖ Ascendant, influence résultant de l'estime, d'une pression morale, etc. : *perdre son autorité*. ‖ Personne ou ouvrage dont les jugements sont considérés comme vrais : *l'autorité de Platon*. ● *Autorité de la chose jugée*, effet attribué par la loi aux décisions de justice, et qui interdit de remettre en discussion ce qui a fait l'objet d'un jugement définitif. ‖ *Autorité parentale*, autorité exercée en commun sur les enfants mineurs par le père et mère pendant le mariage, ou, à défaut, par l'un d'entre eux seulement, et entraînant l'administration et la jouissance des biens des enfants. ‖ *D'autorité, de sa propre autorité*, sans consulter personne; d'une façon impérative. ‖ *Faire autorité*, faire loi, servir de règle. ◆ pl. Représentants de la puissance publique, hauts fonctionnaires.

AUTOROUTE n. f. Route à deux chaussées séparées, dont les accès sont spécialement aménagés, et qui, conçue pour la circulation rapide et sûre des automobiles, ne croise à niveau aucune autre voie.

AUTOROUTIER, ÈRE adj. Relatif aux autoroutes.

AUTO SACRAMENTAL [otosakramɛtal] ou **AUTO** n. m. (mots esp., *drame du saint sacrement*) [pl. *autos sacramentales*]. Représentation dramatique qui avait lieu en Espagne le jour de la Fête-Dieu, sur les théâtres dressés dans les rues. (Le genre s'est développé surtout aux XVIe et XVIIe s.)

AUTOSATISFACTION n. f. Contentement de soi.

AUTOS-COUCHETTES adj. inv. Se dit d'un train spécialisé dans le transport simultané des voyageurs et de leurs automobiles.

AUTOSOME [otozom] n. m. Variété de chromosome n'intervenant pas dans la détermination du sexe. (Contr. GONOSOME.)

AUTO-STOP n. m. Pratique consistant à arrêter un automobiliste pour lui demander d'être transporté gratuitement.

AUTO-STOPPEUR, EUSE n. (pl. *auto-stoppeurs, euses*). Personne qui pratique l'auto-stop.

AUTOSUBSISTANCE n. f. Organisation économique d'un groupe social qui assume l'essentiel de ses besoins.

AUTOSUGGESTION n. f. Influence sur la vie psychique et le comportement d'une idée volontairement privilégiée. (Syn. MÉTHODE COUÉ.)

AUTOTOMIE n. f. Mutilation réflexe d'une partie du corps, observée chez certains animaux (appendices des crustacés, queue des lézards), et leur permettant d'échapper au danger.

AUTOTRANSFORMATEUR n. m. Transformateur électrique dont les enroulements primaire et secondaire possèdent des parties communes.

AUTOTREMPANT adj. Se dit d'un alliage dont la trempe se produit par un refroidissement normal à l'air libre.

AUTOTROPHE adj. Se dit des organismes végétaux (plantes vertes et certains végétaux inférieurs) qui sont capables d'élaborer leurs aliments organiques à partir d'éléments minéraux. (Contr. HÉTÉROTROPHE.)

AUTOTROPHIE n. f. Mode de nutrition des espèces autotrophes.

AUTOUR n. m. (lat. *accipiter*, épervier). Oiseau de proie qui attaque le gibier et les oiseaux de basse-cour, très apprécié en fauconnerie. (Long. 60 cm; type de la famille des *accipitridés*.)

AUTOUR [de] adv. et loc. prép. (de *tour*). Dans l'espace environnant : *la Terre tourne autour du Soleil*. ‖ Dans le voisinage habituel : *ceux qui vivent autour de nous*. ‖ *Fam.* Environ, à peu près : *posséder autour d'un million*.

AUTOVACCIN n. m. Vaccin obtenu à partir de germes prélevés sur le malade lui-même.

AUTRE adj. et pron. indéf. (lat. *alter*). Indique une différence entre choses et gens de même catégorie : *il se souhaite autre. Veux-tu une autre pomme? Je n'en veux pas d'autre.* • *À d'autres!* (Fam.), je ne vous crois pas. ‖ *L'autre jour,* un de ces jours derniers. ‖ *Autre part,* ailleurs. ‖ *D'autre part,* en outre. ‖ *De part et d'autre,* des deux côtés. ‖ *De temps à autre,* parfois. ‖ *Sans autre,* en Suisse, sans façon, sans faire de manières.

AUTRE n. m. *Philos.* Principe de la pensée qui désigne le divers, l'hétérogène et le multiple.

AUTREFOIS adv. Dans un passé lointain.

AUTREMENT adv. De façon différente : *il parle autrement qu'il ne pense.* ‖ Dans le cas contraire; sinon, sans quoi : *obéissez, autrement je vous punis.* • *Autrement plus* (Fam.), beaucoup plus.

AUTRICHIEN, ENNE adj. et n. D'Autriche.

AUTRUCHE n. f. (lat. *avis,* oiseau, et *struthio,* autruche). Oiseau vivant en bandes dans les steppes et les déserts africains, aux ailes réduites,

autruche

inapte au vol, mais capable, grâce à ses pattes longues et fortes, de courir à une vitesse de 40 km à l'heure. (On chasse et on élève l'autruche pour les longues plumes blanches de ses ailes, dont on fait des parures.) [Haut. 2,60 m; poids 100 kg.] • *Estomac d'autruche,* estomac qui digère tout. ‖ *Politique de l'autruche,* refus d'envisager le danger.

AUTRUI pron. indéf. *Litt.* Les autres, le prochain par rapport à moi.

AUTUNITE n. f. (de *Autun*). Phosphate naturel d'uranium et de calcium.

AUVENT n. m. (mot celtique). Petit toit généralement en appentis couvrant un espace à l'air libre devant une baie, une façade. ‖ Abri placé sur un mur pour protéger des espaliers.

AUVERGNAT, E adj. et n. D'Auvergne.

AUXILIAIRE n. et adj. (lat. *auxilium,* secours). Personne qui aide, prête son concours temporairement ou dans un emploi subalterne. ‖ Employé recruté à titre temporaire par l'Administration, et qui ne bénéficie pas, de ce fait, du statut des fonctionnaires. • *Auxiliaire de justice,* dénomination commune des personnes qui concourent à l'administration de la justice (avocats, experts, syndics, huissiers, greffiers, etc.). ‖ *Auxiliaires médicaux,* appellation générale des infirmiers, masseurs, kinésithérapeutes, pédicures, orthophonistes, etc. ‖ *Verbes auxiliaires,* les verbes *avoir* et *être, faire, laisser* qui, n'ayant plus leur signification particulière, servent à former les temps composés des verbes ou, avec l'infinitif, les manières de considérer l'action du verbe. ◆ n. m. pl. À bord d'un navire, appareils nécessaires au fonctionnement des machines propulsives, à la sécurité et à la vie à bord.

AUXILIAIREMENT adv. De manière accessoire.

AUXILIARIAT n. m. Dans l'enseignement, fonction des maîtres auxiliaires.

AUXILIATEUR, TRICE adj. et n. *Relig.* Qui donne du secours.

AUXINE n. f. Hormone végétale qui gouverne la croissance des plantes et qui a été découverte dans le sommet du coléoptile d'avoine.

AVACHI, E adj. Déformé : *des souliers avachis.* ‖ *Fam.* Amolli, sans énergie : *il se sent tout avachi.*

AVACHIR (S') v. pr. (francique *waikjan,* rendre mou). Devenir mou, se déformer : *costume qui s'avachit.* ‖ Perdre son énergie, se laisser aller.

AVACHISSEMENT n. m. Action de s'avachir.

AVAL n. m. (de *val*). Partie d'un cours d'eau vers laquelle descend le courant. (Contr. AMONT.) • *À l'aval,* se dit de la partie de la production considérée comme fournissant des produits élaborés, par rapport aux premiers stades de la mise en valeur des matières premières. ‖ *En aval,* en descendant vers l'embouchure : *Nantes est en aval de Tours sur la Loire.* ◆ adj. inv. Se dit du ski ou du côté du skieur qui se trouve du côté de la vallée.

AVAL n. m. (it. *avallo,* mot ar.) [pl. *avals*]. Garantie qui est donnée sur un effet de commerce ou lors de l'octroi d'un prêt par un tiers, qui s'engage à payer le montant de cet effet ou de ce prêt s'il n'est pas acquitté par le signataire ou par le bénéficiaire.

AVALANCHE n. f. (mot de la Suisse romande; de *avaler,* descendre). Masse de neige qui se détache des flancs d'une montagne et qui dévale avec une grande vitesse en entraînant des boues et des pierres. ‖ Masse d'objets qui tombent : *une avalanche de dossiers.* ‖ Multitude de choses qui vous accablent : *une avalanche d'ennuis.* • *Avalanche de fond,* avalanche de neige compacte, lourde et très humide. ‖ *Avalanche de plaques,* avalanche de neige compacte, débitée en fragments. ‖ *Avalanche de poudre,* avalanche de neige blanche. ‖ *Cône d'avalanche,* zone de débris au débouché du couloir d'avalanche.

AVALANCHEUX, EUSE adj. Qui peut être affecté par les avalanches.

AVALER v. t. (de *aval*). Faire descendre par le gosier : *avaler une gorgée d'eau.* ‖ *Fam.* Croire avec naïveté : *on lui fait tout avaler.* • *Avaler un livre,* le lire rapidement. ‖ *Vouloir tout avaler,* croire qu'aucun obstacle ne résistera.

AVALEUR n. m. *Avaleur de sabres,* forain qui fait pénétrer un sabre par le gosier jusque dans l'estomac.

AVALISER v. t. Revêtir d'un aval : *avaliser un effet de commerce.* ‖ Appuyer en donnant sa caution : *avaliser une politique.*

AVALISEUR adj. et n. m. Qui donne son aval.

À-VALOIR n. m. inv. Somme à imputer sur une créance.

AVALOIRE n. f. ou **AVALOIR** n. m. Sangle horizontale embrassant la croupe du cheval, pour lui permettre de retenir ou de faire reculer la voiture.

AVANCE n. f. Espace parcouru avant qqn ou temps qui anticipe sur le moment prévu : *prendre une certaine avance; arriver avec une heure d'avance.* ‖ Mouvement en avant : *l'avance d'une armée.* ‖ Prêt remboursable dans un délai et selon des conditions bien déterminés : *faire une avance.* ‖ *Mécan.* Déplacement de l'outil dans le sens de l'épaisseur des copeaux, durant l'usinage. • *En avance, d'avance, par avance,* avant l'heure : par anticipation. ◆ pl. Premières démarches faites en vue d'une réconciliation, d'une liaison d'amitié : *faire des avances à un voisin.*

AVANCÉ, E adj. Loin de son début : *travail avancé.* ‖ Au niveau supérieur : *il est avancé pour son âge.* ‖ Progressiste, de gauche, ou d'avant-garde : *idées, opinions avancées.* ‖ Près de se gâter : *gibier avancé; fruits avancés.*

AVANCÉE n. f. Ce qui fait saillie : *l'avancée d'un toit.* ‖ Partie située en avant : *les avancées d'un fort.* ‖ Partie terminale d'une ligne de pêche.

AVANCEMENT n. m. Action d'avancer, de progresser : *l'avancement des travaux.* ‖ Promo-

tion dans une carrière : *obtenir de l'avancement.*

AVANCER v. t. (lat. *ab ante,* d'avant) [conj. **1**]. Porter, pousser en avant : *avancer le bras.* ‖ Effectuer, fixer avant le moment prévu; faire progresser : *avancer son départ; avancer un peu ses affaires.* ‖ Prêter, verser par avance : *avancer de l'argent pour acheter une maison.* ‖ Mettre en avant, donner pour vrai : *avancer une hypothèse.* ◆ v. i. Aller en avant : *avancer rapidement.* ‖ Faire saillie : *balcon qui avance.* ‖ Faire des progrès, approcher du terme : *avancer dans ses études; l'ouvrage avance.* ‖ Montre qui avance, qui indique une heure en avance sur l'heure réelle. ◆ s'avancer v. pr. Se porter en avant, progresser : *il s'avança en chancelant.* ‖ Sortir d'une juste réserve, se hasarder : *attention! ne vous avancez pas trop.*

AVANIE n. f. (lat. *avania*). *Litt.* Affront public, traitement humiliant : *essuyer une avanie.*

AVANT prép. et adv. (lat. *ab ante,* auparavant). Marque l'antériorité dans le temps ou l'espace : *trois cents ans avant Jésus-Christ; la première maison avant la mairie; placer son intérêt avant celui des autres.* • *Avant tout,* principalement. ‖ *En avant,* au-delà du lieu où l'on est. ‖ *Mettre en avant,* alléguer. ◆ loc. conj. et prép. *Avant que* (+ subj.), *avant de* (+ inf.), indiquent la priorité dans le temps : *avant qu'il (ne) parte, avant de partir.*

AVANT n. m. Partie antérieure : *l'avant d'une voiture.* ‖ Dans certains sports d'équipe, joueur qui fait partie de la ligne d'attaque. ‖ Chacun des huit (rugby à quinze) ou six (rugby à treize) joueurs de la *ligne d'avants* en rugby, participant notamment aux touches et mêlées. ‖ En temps de guerre, région des combats. • *Aller de l'avant,* avancer rapidement; s'engager résolument dans une affaire, progresser. ‖ *D'avant,* antérieur : *la semaine d'avant.* ◆ adj. inv. Qui est en avant : *les roues avant.*

AVANTAGE n. m. (de *avant*). Ce qui est utile, profitable : *tirer avantage de tout.* ‖ Ce qui donne de la supériorité : *profiter de son avantage.* ‖ *Dr.* Gain résultant d'un acte juridique ou d'une disposition légale : *faire un avantage.* ‖ *Sports.* Au tennis, point marqué par un des joueurs lorsque ceux-ci se trouvent avoir chacun 40. • *Avantages en nature,* rémunération consistant en logement, en nourriture, etc.

AVANTAGER v. t. (conj. **1**). Donner des avantages, favoriser : *il avait avantagé sa fille dans son testament.*

AVANTAGEUSEMENT adv. De façon avantageuse, favorablement.

AVANTAGEUX, EUSE adj. Qui produit un avantage, un profit : *des articles avantageux.* ‖ Vaniteux : *prendre un ton avantageux.*

AVANT-BEC n. m. (pl. *avant-becs*). Éperon dont est munie, du côté d'amont, la base d'une pile de pont pour diviser l'eau et la protéger des corps flottants.

AVANT-BRAS n. m. inv. Partie du membre supérieur comprise entre le coude et le poignet. ‖ Chez le cheval, région du membre antérieur, s'étendant du coude au genou.

AVANT-CALE n. f. (pl. *avant-cales*). Prolongement d'une cale de construction en dessous du niveau de la mer.

AVANT-CENTRE n. m. (pl. *avants-centres*). En football, joueur placé au centre de la ligne d'attaque.

AVANT-CLOU n. m. (pl. *avant-clous*). Petite vrille avec laquelle on perce des trous pour enfoncer des clous.

AVANT-CONTRAT n. m. (pl. *avant-contrats*). *Dr.* Convention conclue provisoirement en vue de la réalisation d'une convention future.

AVANT-CORPS n. m. inv. *Constr.* Partie d'un bâtiment en avancée sur l'alignement de la façade, correspondant ou non à un corps de bâtiment distinct.

AVANT-COUR n. f. (pl. *avant-cours*). Cour située devant une autre cour à l'entrée d'un édifice.

AVANT-COUREUR adj. et n. m. (pl. *avant-coureurs*). Qui annonce un événement prochain : *signes avant-coureurs.*

AVANT-CREUSET n. m. (pl. *avant-creusets*). *Métall.* Cuve placée à côté du creuset des fours à cuve et des cubilots, et communiquant avec lui par sa partie inférieure.

AVANT-DERNIER, ÈRE adj. et n. (pl. *avant-derniers, ères*). Immédiatement avant le dernier.

AVANT-GARDE n. f. (pl. *avant-gardes*). Élément précédant une force terrestre ou navale pour en assurer la sécurité. ‖ Ce qui est en avance sur son temps par ses audaces : *idées d'avant-garde.*

AVANT-GARDISME n. m. Le fait d'être d'avant-garde.

AVANT-GARDISTE adj. et n. Relatif à l'avant-garde, à l'avant-gardisme.

AVANT-GOÛT n. m. (pl. *avant-goûts*). Première impression, agréable ou désagréable, que procure l'idée d'un bien, d'un mal futur.

AVANT-GUERRE n. m. ou f. (pl. *avant-guerres*). Période qui a précédé la guerre (celle de 1914 ou celle de 1939).

AVANT-HIER [avɑ̃tjɛr] adv. Avant-veille du jour où l'on est.

AVANT-MAIN n. m. (pl. *avant-mains*). Partie antérieure d'un animal, notamment du cheval, comprenant la tête, le cou, la poitrine et les membres antérieurs.

AVANT-MIDI n. m. ou f. inv. En Belgique et au Canada, syn. de MATINÉE.

AVANT-PAYS n. m. inv. Région peu accidentée située au pied d'un relief montagneux.

AVANT-PLAN n. m. (pl. *avant-plans*). En Belgique, syn. de PREMIER PLAN.

AVANT-PORT n. m. (pl. *avant-ports*). Entrée d'un port donnant accès aux divers bassins. ‖ Nouveau port, en aval d'un port primitif (établi généralement sur un estuaire).

AVANT-POSTE n. m. (pl. *avant-postes*). Détachement qui a été disposé en avant d'une troupe en station pour la prémunir contre toute surprise ennemie.

AVANT-PREMIÈRE n. f. (pl. *avant-premières*). Réunion d'information, destinée aux journalistes et précédant la répétition générale d'une pièce, la première présentation d'un film, l'ouverture d'une exposition. ‖ Article publié à cette occasion.

AVANT-PROJET n. m. (pl. *avant-projets*). Étude préparatoire d'un projet.

AVANT-PROPOS n. m. inv. Introduction placée en tête d'un livre.

AVANT-SCÈNE n. f. (pl. *avant-scènes*). Partie de la scène en avant du rideau. ‖ Chacune des loges disposées de chaque côté de la scène.

AVANT-TOIT n. m. (pl. *avant-toits*). Toit faisant saillie sur la façade d'un bâtiment.

AVANT-TRAIN n. m. (pl. *avant-trains*). Partie avant d'une voiture, qui comprend la suspension, le mécanisme de direction et, parfois, les organes moteurs et tracteurs. ‖ Véhicule hippomobile à deux roues qui servait à la traction des canons et des caissons d'artillerie.

AVANT-TROU n. m. (pl. *avant-trous*). Trou provisoire, percé à l'endroit où sera usiné ultérieurement un trou de plus grand diamètre et de meilleure précision.

AVANT-VEILLE n. f. (pl. *avant-veilles*). Le jour qui est avant la veille.

AVARE adj. et n. (lat. *avarus*, avide). Qui aime à accumuler l'argent et craint de le dépenser. ‖ Qui ne prodigue pas une chose, économe : *avare de son temps.*

AVARICE n. f. (lat. *avaritia*). Attachement excessif aux richesses.

AVARICIEUX, EUSE [avarisjø, øz] adj. et n. *Litt.* Qui montre de l'avarice dans les petites choses.

AVARIE n. f. (it. *avaria*, mot ar.). Dommage survenu à un navire, à un véhicule ou à sa cargaison.

AVARIER v. t. Endommager, gâter : *l'eau a avarié les provisions; marchandises avariées.*

AVATAR n. m. (sanskrit *avatâra*, descente du ciel sur la terre). Nom donné aux différentes incarnations des dieux dans l'Inde, surtout à celles de Visnu. ‖ Changement, le plus souvent en mal, accident : *subir des avatars.*

AVE ou **AVE MARIA** [avemarja] n. m. inv. (mots lat., salut, Marie). Prière à la Vierge, dont les premiers mots sont *ave Maria.*

AVEC prép. (lat. *ab hoc*, de là). Marque l'accompagnement, la simultanéité, la manière, le moyen : *sortir avec un ami; avancer avec peine; ouvrir avec une clef.* ◆ adv. *Fam.* Marque l'accompagnement : *il a pris sa canne et s'en est allé avec.* ◆ loc. prép. *D'avec*, indique un rapport de différence, de séparation : *divorcer d'avec sa femme.*

AVELINE n. f. (lat. *nux abellana*, noisette d'Abella). Grosse noisette, fruit de l'avelinier.

AVELINIER n. m. Variété de noisetier à gros fruits.

AVEN [avɛn] n. m. (mot du Rouergue). Dans une région calcaire, puits naturel, aux parois abruptes, formé par dissolution ou par effondrement de la voûte d'une cavité karstique.

AVENANT n. m. *Dr.* Acte écrit qui constate les modifications apportées aux clauses primitives d'un contrat.

AVENANT (À L') loc. adv. En accord, en harmonie avec ce qui précède; pareillement : *de jolis yeux, un teint à l'avenant.*

AVENANT, E adj. (anc. fr. *avenir*, convenir). Qui plaît par son air, sa bonne grâce : *des manières avenantes.*

AVÈNEMENT n. m. (anc. fr. *avenir*, arriver). Élévation à une dignité suprême : *avènement à l'empire, à la papauté.* ● *Avènement du Messie*, sa venue sur terre.

AVENIR n. m. (anc. fr. *avenir*, arriver). Temps futur : *prévoir l'avenir.* ‖ Situation future : *assurer l'avenir d'un enfant, se préparer un bel avenir.* ‖ La postérité : *l'avenir lui rendra justice.* ● *À l'avenir*, à partir de ce jour.

AVENIR n. m. ou **À-VENIR** n. m. inv. Sommation adressée par un avoué à l'avoué de l'adversaire de comparaître à l'audience à un jour fixé.

AVENT n. m. (lat. *adventus*, arrivée). Temps fixé par l'Église catholique pour se préparer à la fête de Noël, et qui comprend les quatre dimanches précédant celle-ci.

AVENTURE n. f. (lat. *adventura*, choses qui doivent arriver). Événement imprévu, surprenant : *un roman plein d'aventures étranges.* ‖ Entreprise hasardeuse : *aimer les aventures.* ● *À l'aventure*, sans dessein, sans but fixé. ‖ *Dire la bonne aventure*, prédire l'avenir. ‖ *Par aventure, d'aventure* (Litt.), par hasard.

AVENTURÉ, E adj. Hasardeux : *hypothèse aventurée.*

AVENTURER v. t. Exposer au hasard, au danger : *aventurer sa vie, sa réputation.* ◆ **s'aventurer** v. pr. Courir un risque; se hasarder, s'exposer.

AVENTUREUSEMENT adv. De façon aventureuse.

AVENTUREUX, EUSE adj. Qui aime l'aventure, qui hasarde : *esprit aventureux.* ‖ Plein de risques, d'aventures : *existence aventureuse.*

AVENTURIER, ÈRE n. Personne qui cherche les aventures; individu sans scrupule.

AVENTURINE n. f. Pierre fine et d'ornementation constituée par du quartz à inclusions de micas, qui lui donnent un aspect pailleté.

AVENTURISME n. m. Tendance à prendre des décisions hâtives et irréfléchies.

AVENU, E adj. (anc. fr. *avenir*, arriver). *Nul et non avenu*, se dit de quelque chose qu'on doit considérer comme inexistant.

AVENUE n. f. (anc. fr. *avenir*, arriver). Allée plantée d'arbres qui conduit à une habitation. ‖ Grande voie urbaine. ● *Les avenues du pouvoir*, les voies qui permettent d'accéder au pouvoir.

AVÉRÉ, E adj. Reconnu vrai : *fait avéré.*

AVÉRER (S') v. pr. (lat. *verus*, vrai) [conj. 5]. Se révéler, apparaître : *l'entreprise s'avéra difficile.*

AVERROÏSME n. m. Doctrine philosophique d'Averroès.

AVERS [avɛr] n. m. (lat. *adversus*, qui est en face). Côté face d'une monnaie, d'une médaille, qui contient l'élément principal (par oppos. à REVERS).

AVERSE n. f. (de à *verse*). Pluie subite et abondante.

AVERSION n. f. (lat. *aversio*). Répugnance extrême, horreur : *prendre en aversion.* ● *Thérapie d'aversion* (Psychol.), technique de thérapie comportementale visant à faire disparaître un comportement désadapté (toxicomanies diverses) en lui associant des stimuli désagréables.

AVERTI, E adj. Instruit, compétent : *un critique averti.*

AVERTIR v. t. (lat. *advertere*). Informer, attirer l'attention de : *avertir qqn d'un danger.*

AVERTISSEMENT n. m. Action d'avertir : *un avertissement salutaire.* ‖ Réprimande, remontrance : *recevoir un avertissement.* ‖ Petite préface placée en tête d'un livre. ‖ Avis adressé aux contribuables pour le paiement de l'impôt.

AVERTISSEUR n. et adj. m. Appareil destiné à donner un signal : *un avertisseur d'incendie.*

AVESTIQUE n. m. Langue iranienne de l'Avesta.

AVEU n. m. (de *avouer*). Déclaration par laquelle on reconnaît être l'auteur de qqch : *faire l'aveu de ses fautes.* ‖ Déclaration : *faire l'aveu de son amour.* ● *De l'aveu de*, au témoignage de. ● *Homme sans aveu* (Litt.), homme sans foi ni loi, intrigant. ‖ *Passer aux aveux*, avouer.

AVEUGLANT, E adj. Qui aveugle, éblouit : *une lumière aveuglante; une preuve aveuglante.*

AVEUGLE adj. (lat. *ab oculis*, privé d'yeux). Privé de la vue. ‖ Celui à qui un sentiment violent enlève le jugement : *la colère rend aveugle.* ‖ Se dit de la passion même : *haine aveugle.* ‖ Qui n'admet ni objection ni jugement : *soumission aveugle.* ‖ *Archit.* Se dit d'une baie ou d'une arcade simulées (non ajourées), d'un mur sans fenêtres et aussi du vaisseau central d'une église qui ne reçoit le jour que par ses bas-côtés. ● *Point aveugle* (Anat.), zone de la rétine dépourvue de cellules visuelles, en face du nerf optique. ‖ *Vallée aveugle*, en relief calcaire, vallée dont les eaux pénètrent dans le sol et qui est fermée par un mur vers l'aval. ◆ n. Personne privée de la vue.

AVEUGLEMENT n. m. Perte du jugement provoquée par une passion violente : *un étrange aveuglement.*

AVEUGLÉMENT adv. Sans discernement, sans réflexion : *obéir aveuglément.*

AVEUGLE-NÉ, E adj. et n. (pl. *aveugles-nés, -nées*). Qui est aveugle de naissance.

AVEUGLER v. t. Priver de la vue. ‖ Éblouir : *les phares m'ont aveuglé.* ‖ Priver de lucidité : *la colère l'aveugle.* ● *Aveugler une voie d'eau*, la boucher provisoirement avec des moyens de fortune. ◆ **s'aveugler** v. pr. [sur]. Manquer de discernement, se tromper à propos de qqn ou qqch.

AVEUGLETTE (À L') loc. adv. À tâtons, sans y voir : *marcher à l'aveuglette.* ‖ Au hasard : *agir à l'aveuglette.*

AVEULIR v. t. *Litt.* Rendre veule, sans volonté.

AVEULISSEMENT n. m. *Litt.* Le fait de s'aveulir.

AVIAIRE adj. Relatif aux oiseaux.

AVIATEUR, TRICE n. Personne qui pilote un avion.

AVIATION n. f. (lat. *avis*, oiseau). Mode de locomotion utilisant les avions; ensemble d'avions. ● *Aviation commerciale*, ensemble des avions, des installations et du personnel employés au transport des voyageurs et des marchandises. ‖ *Aviation générale*, toute forme d'aviation qui n'est ni militaire ni commerciale (aviation de tourisme, d'affaires). ‖ *Aviation militaire*, celle qui est conçue et employée à des fins militaires.

■ L'aviation débuta par de nombreuses expériences de vol plané, notamment celles de Lilienthal. En 1890, Ader réussit le premier vol avec un avion à moteur à vapeur. En Amérique, les frères Wright montent un moteur à explosion sur un planeur, ce qui leur permet de quitter le sol le

Monoplan type XI, à bord duquel,
le 25 juillet 1909, Blériot effectua
la première traversée de la Manche. Aquarelle
de P. Lengellée. (Coll. priv., Paris.)

Larousse

Trimoteur français « Arc-en-Ciel », piloté
par Jean Mermoz.

Air France

Premier vol de l'avion biplan
des frères Wright, le 17 décembre 1903,
à Kitty Hawk (États-Unis).

Science Mus. Londres

Concorde

Avion canadien Canadair CL-215,
utilisé notamment pour la lutte contre les
incendies de forêt. 1967.

Paskall

Canadair

Lockheed L-1011 "Tristar" version Dash 500

longueur 50,1 m,
hauteur 16,9 m,
envergure 47,3 m,
vitesse de croisière 1000 km/h,
3 turboréacteurs
Rolls-Royce RB 211-524 B,
distance franchissable 9 820 km,
nombre de passagers 246,
poids maximal 224 984 kg,
volume des soutes 118,9 m^3.

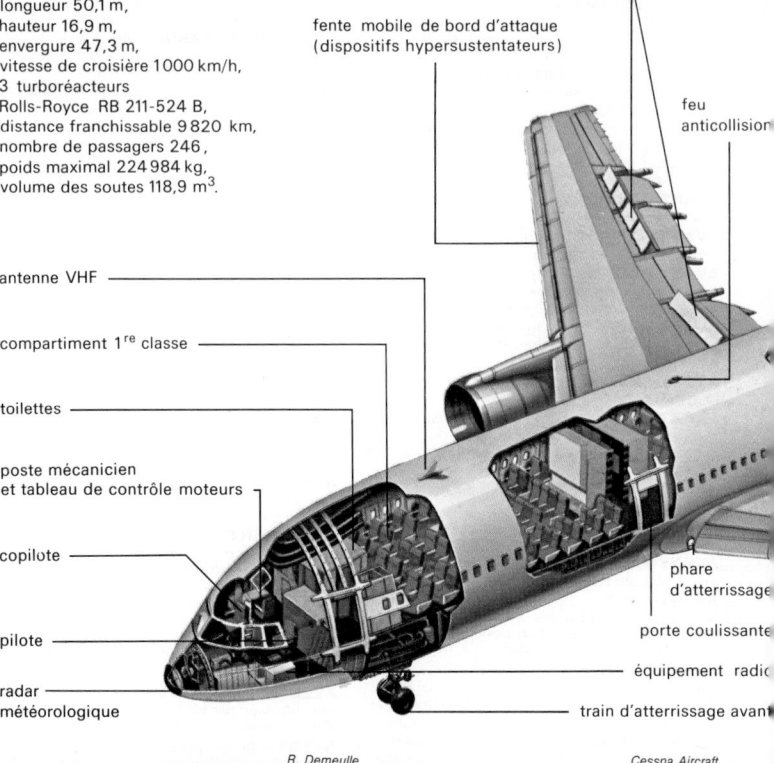

fente mobile de bord d'attaque
(dispositifs hypersustentateurs)

aérofreins (spoilers

feu
anticollision

antenne VHF

compartiment 1re classe

toilettes

poste mécanicien
et tableau de contrôle moteurs

copilote

pilote

radar
météorologique

phare
d'atterrissage

porte coulissante

équipement radio

train d'atterrissage avant

R. Demeulle

Quadriréacteur de transport commercial
Boeing « 747 » Cargo « Super Pélican ». 1972.

Cessna Aircraft

Biréacteur d'affaires américain Cessna
« Citation II ». 1977.

17 décembre 1903. Santos-Dumont en 1906,
Charles Voisin en 1907 et Farman en 1908 effectuent des vols remarquables. En 1909, Blériot
traverse la Manche de Calais à Douvres; en
1913, Garros traverse la Méditerranée. La Première Guerre mondiale fait faire à l'aviation des
progrès considérables. Dès 1919 s'organisent de
grandes lignes de transport. En 1927, Lindbergh
traverse seul l'Atlantique. Les records d'altitude
atteignent 12 000 m. Au cours de la Seconde
Guerre mondiale, où les forces aériennes jouent
un rôle déterminant, l'aviation augmente prodigieusement ses possibilités : tonnage, vitesse,
rayon d'action.
Depuis lors, la propulsion par réaction a permis
d'atteindre des vitesses considérablement plus
élevées et de dépasser la vitesse du son, malgré l'obstacle aérodynamique qu'elle constitue.
D'autre part, les progrès de la radionavigation
contribuent à accroître sans cesse la sécurité.

AVICOLE adj. (lat. *avis*, oiseau). Relatif à l'aviculture.

AVICULTEUR, TRICE n. Personne qui élève
des oiseaux, des volailles.

AVICULTURE n. f. Élevage des oiseaux, des
volailles.

AVIDE adj. (lat. *avidus*). Qui désire avec voracité, avec passion : *avide d'argent; avide d'ap-
prendre.* ‖ Qui exprime l'avidité.
AVIDEMENT adv. De façon avide.
AVIDITÉ n. f. Désir de dévorer, de posséder.
AVIFAUNE n. f. *Écol.* Partie de la faune d'un
lieu constituée par les oiseaux.
AVILIR v. t. Abaisser jusqu'à rendre mépri-
sable. ◆ **s'avilir** v. pr. Se dégrader, se désho-
norer.
AVILISSANT, E adj. Qui avilit, déshonore :
une démarche avilissante.
AVILISSEMENT n. m. État d'une personne
avilie; dégradation.
AVINÉ, E adj. En état d'ivresse.
AVINER v. t. *Techn.* Imbiber un tonneau de vin
avant de le remplir.
AVION n. m. (nom de l'appareil inventé par
Ader; du lat. *avis*, oiseau). Appareil de naviga-
tion aérienne plus lourd que l'air, muni d'ailes
et d'un moteur à hélice ou à réaction.
AVION-CARGO n. m. (pl. *avions-cargos*).
Avion de gros tonnage destiné uniquement au
transport de fret lourd et encombrant.
AVION-CITERNE n. m. (pl. *avions-citernes*).

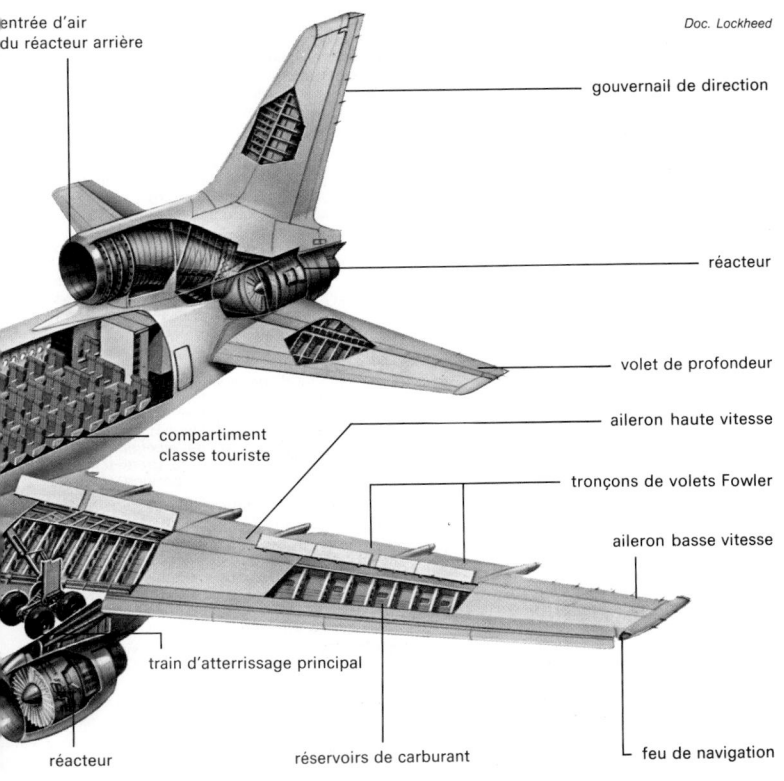

Doc. Lockheed

entrée d'air du réacteur arrière

gouvernail de direction

réacteur

volet de profondeur

aileron haute vitesse

compartiment classe touriste

tronçons de volets Fowler

aileron basse vitesse

train d'atterrissage principal

réacteur

réservoirs de carburant

feu de navigation

R. Demeulle

Monoréacteur chasseur bombardier intercepteur soviétique à aile delta « Mig 21 ». Vers 1956.

Dassault-Breguet

Monoréacteur chasseur bombardier français à aile en flèche Dassault « F 1 ». 1966.

H. Lévy

Avion de chasse anglais Supermarine « Spitfire Mk-16 », en service pendant la Seconde Guerre mondiale.

Monoréacteur d'appui tactique britannique « V-STOL » Hawker-Siddeley « Harrier ». Avion de combat à décollage et atterrissage courts. 1969.

Bombardier lourd américain Boeing « Superfortress B-29 ». 1942.

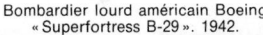

U. S. Air Force

Musée de l'Air

« Spad 13 », avion de chasse français en service pendant la Première Guerre mondiale.

Avion transporteur de carburant destiné à ravitailler d'autres appareils en vol.

AVION-ÉCOLE n. m. (pl. *avions-écoles*). Avion destiné à la formation des pilotes.

AVIONIQUE n. f. Application des techniques de l'électronique au domaine de l'aviation.

AVIONNERIE n. f. Au Canada, usine de constructions aéronautiques.

AVIONNEUR n. m. Constructeur de cellules d'avions.

AVIRON n. m. (anc. fr. *viron*, tour; de *virer*). Rame légère servant à manœuvrer une embarcation. ‖ Sport du canotage.

AVIS [avi] n. m. (anc. fr. *ce m'est à vis*, cela me paraît bon). Manière de voir, opinion, sentiment : *partager l'avis de qqn; écouter les avis de ses parents.* ‖ Information donnée ou reçue, notamment par voie d'affiche. ‖ *Dr.* Opinion exprimée par une assemblée ou une juridiction en réponse à une question posée et n'ayant pas force de décision : *avis du Conseil d'État.* ‖ Consultation délibérée par des juristes. ● *Avis au lecteur*, sorte de préface en tête d'un livre. ‖ *Être d'avis de*, penser que.

AVISÉ, E adj. Qui a un jugement réfléchi et agit en conséquence; habile : *esprit avisé.*

Hawker-Siddeley Aviation

Coll. M. Rieussec

R. Demeulle

Chasseur biréacteur américain à géométrie variable Grumman « F-14 Tomcat ». 1970.

Bombardier allemand Junkers « Ju-87 Stuka », en service pendant la Seconde Guerre mondiale.

avocat

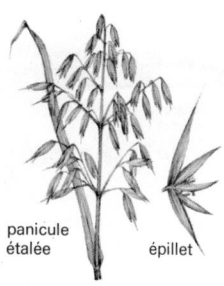

panicule
étalée

épillet

avoine

AVISER v. t. (de *viser*). *Litt.* Apercevoir : *aviser qqn dans la foule.* ◆ v. i. *Litt.* Réfléchir à ce qu'on doit faire, prendre une décision. ◆ **s'aviser** v. pr. [**de**]. S'apercevoir, se rendre compte d'une chose : *il s'est enfin avisé de ma présence.* || Être assez audacieux, assez hardi pour : *ne vous avisez pas de vous moquer de moi.*

AVISER v. t. (de *avis*). *Litt.* Avertir, informer : *aviser qqn de son départ.*

AVISO n. m. (esp. *barca de aviso*). Autref., petit bâtiment rapide qui portait le courrier. || Auj., bâtiment de faible tonnage destiné à des missions lointaines *(aviso-escorteur)* ou à la lutte anti-sous-marine.

AVITAILLEMENT n. m. Action d'avitailler.

AVITAILLER v. t. Fournir à un navire son approvisionnement, à un avion son carburant.

AVITAILLEUR n. m. Navire, avion chargé d'avitailler.

AVITAMINOSE n. f. Maladie produite par un manque de vitamines. (Syn. MALADIE PAR CARENCE.)
■ Les principales avitaminoses sont le scorbut (vitamine C), le béribéri (vitamine B), le rachitisme (vitamine D), la pellagre (vitamine PP); l'avitaminose A entraîne la xérophtalmie.

AVIVAGE n. m. Action de donner de l'éclat.

AVIVEMENT n. m. *Chir.* Action d'aviver les bords d'une cicatrice ou d'une plaie pour les réunir à l'aide d'une suture.

AVIVER v. t. (lat. *vivus*, ardent). Donner de l'éclat, de la vivacité : *aviver une couleur, le teint.* || Rendre plus vif, augmenter : *aviver des regrets.* || *Méd.* Mettre à nu les parties saines d'une plaie en faisant disparaître les parties nécrosées : *aviver les bords d'une escarre.* || *Techn.* Couper à plus vive arête ou polir davantage : *aviver une poutre, une pièce métallique.*

AVOCAILLON n. m. *Fam.* Avocat sans notoriété.

AVOCASSERIE n. f. Mauvaise chicane d'avocat (vx).

AVOCASSIER, ÈRE adj. Qui a rapport aux mauvais avocats (vx).

AVOCAT, E n. (lat. *advocatus*, appelé auprès). Personne qui fait profession de représenter les parties et de plaider en justice. || Celui qui intercède pour un autre : *se faire l'avocat d'une* mauvaise cause. ● *Avocat commis*, défenseur désigné par le bâtonnier pour défendre un plaideur qui a obtenu l'aide judiciaire. || *Avocat du diable*, défenseur d'une mauvaise cause. || *Avocat général*, membre du ministère public assistant le procureur général, notamment à la Cour de cassation et dans les cours d'appel. || *Ordre des avocats*, ensemble des avocats inscrits près d'une cour, d'un tribunal, et représentés par un bâtonnier.

AVOCAT n. m. (mot des Caraïbes). Fruit de l'avocatier, en forme de poire, pesant jusqu'à 1 kg.

AVOCATIER n. m. Arbre originaire d'Amérique, cultivé pour son fruit, l'*avocat*. (Famille des lauracées.)

AVOCETTE [avɔsɛt] n. f. (it. *avocetta*). Oiseau échassier du littoral français de l'Océan, à long bec recourbé en l'air, au plumage noir et blanc, et de la taille d'un faisan. (Haut. 45 cm; ordre des charadriiformes.)

AVODIRÉ n. m. Arbre d'Afrique, à bois tendre et blanc utilisé en ébénisterie.

AVOINE n. f. (lat. *avena*). Céréale dont les grains, portés par des grappes lâches, servent surtout à l'alimentation des chevaux. (Famille des graminacées.) ● *Folle avoine*, espèce d'avoine sauvage, commune dans les champs, les lieux incultes.

AVOIR v. t. (lat. *habere*) [v. tableau des conj.]. Posséder : *avoir de la fortune, du mérite.* || Avec un nom sans article, indique une attitude, un état : *avoir faim, peur, mal à la tête; qu'avez-vous?* || *Fam.* Tromper : *il s'est fait avoir.* ● *En avoir après, contre*, éprouver de l'irritation. || *Il y a*, il est, il existe.
■ Verbe auxiliaire, suivi d'un participe passé, il forme les temps composés des verbes transitifs, des impersonnels et de quelques intransitifs; suivi de à et de l'infinitif, il indique l'obligation.

AVOIR n. m. Ensemble des biens qu'on possède : *voilà tout mon avoir.* || Partie du compte d'une personne où l'on porte les sommes qui lui sont dues. (Contr. DOIT.) ● *Avoir fiscal*, dégrèvement fiscal dont bénéficient les actionnaires ayant touché des dividendes au cours de l'année. (On dit aussi CRÉDIT D'IMPÔT.)

AVOIRDUPOIS n. m. Système de poids appliqué dans les pays anglo-saxons à toutes les marchandises autres que les métaux précieux, les pierreries et les médicaments.

AVOISINANT, E adj. Proche, voisin.

AVOISINER v. t. Être voisin de, être proche (matériellement ou moralement) : *les dégâts avoisinent le million.*

AVORTÉ, E adj. Qui a échoué.

AVORTEMENT n. m. Action d'avorter.

AVORTER v. i. (lat. *abortare*; de *ab* priv., et *ortus*, né). Expulser le fœtus avant le moment où il devient viable. || Échouer, ne pas réussir, rester sans effet : *la conspiration a avorté.*

AVORTEUR, EUSE n. Celui, celle qui provoque un avortement.

AVORTON n. m. Plante ou animal venu avant terme. || Petit homme mal fait.

AVOUABLE adj. Qui peut être honnêtement avoué : *motif avouable.*

AVOUÉ n. m. (lat. *advocatus*, appelé auprès). Officier ministériel qui avait le monopole de la représentation des plaideurs devant les tribunaux de grande instance et les cours d'appel. (Depuis 1972, les avoués près les tribunaux de grande instance sont intégrés dans la profession d'avocat. Seuls subsistent les avoués exerçant leur ministère auprès des cours d'appel.)

AVOUER v. t. (lat. *advocare*, recourir à). Reconnaître que l'on a dit ou fait qqch de mal, de regrettable : *avouer une faute.* || Reconnaître comme vrai, réel : *avouer qu'il a raison.* ◆ **s'avouer** v. pr. Se reconnaître : *s'avouer vaincu.*

AVRIL n. m. (lat. *aprilis*). Le quatrième mois de l'année. ● *Poisson d'avril*, attrape, plaisanterie traditionnelle du 1er avril.

AVULSION n. f. (lat. *avulsus*, arraché). *Méd.* Action d'arracher, extraction.

AVUNCULAIRE [avɔ̃kylɛr] adj. (lat. *avunculus,* oncle maternel). Relatif à l'oncle, à la tante : *puissance avunculaire.*

AVUNCULAT n. m. *Anthropol.* Relation particulière entre l'oncle maternel et le neveu, propre aux sociétés matrilinéaires et dans laquelle la responsabilité paternelle est assumée par cet oncle.

AXE n. m. (lat. *axis*, essieu). Ligne qui passe par le centre d'une chose, d'un objet. || Ligne droite sur laquelle a été choisi un sens particulier. || Pièce servant à articuler une ou plusieurs autres pièces qui décrivent autour d'elle un mouvement circulaire. || Route importante reliant deux régions. || *Direction générale* : *rester dans l'axe du parti.* || Ligne idéale autour de laquelle gravite la politique de deux ou de plusieurs pays. ● *Axe cérébrospinal*, ensemble de la moelle épinière et de l'encéphale. (Syn. NÉVRAXE.) || *Axe du monde*, diamètre joignant les pôles de la sphère céleste, et perpendiculaire à l'équateur céleste. || *Axe optique d'une lentille*, droite joignant les centres de courbure de ses deux faces. || *Axes de référence*, droites qui se coupent et par rapport auxquelles on peut fixer la position d'un élément variable. || *Axe de répétition* ou *de symétrie d'ordre n d'une figure*, droite telle que la figure coïncide avec sa position primitive après rotation de $\frac{1}{n}$ tour autour de cette droite. || *Axe de révolution*, droite autour de laquelle une figure de révolution se superpose à elle-même par rotation. || *Axe de rotation*, droite autour de laquelle peut tourner une figure ou un corps solide. || *Axe de symétrie*, droite par rapport à laquelle les points d'une figure sont deux à deux symétriques.

AXÉNIQUE adj. Se dit d'un être vivant placé en milieu stérile dès sa naissance et exempt de tout germe bactérien ou parasitaire.

AXER v. t. Orienter suivant un axe. || Organiser autour d'une idée essentielle : *axer un roman sur des préoccupations sociales.*

AXÉROPHTOL n. m. Syn. de VITAMINE A.

AXIAL, E, AUX adj. Qui a lieu suivant un axe; relatif à un axe : *éclairage axial.* ● *Symétrie axiale*, correspondance entre deux points tels que le segment qui les joint rencontre en son milieu et à angle droit une droite fixe.

AXILE adj. Qui forme un axe, relatif à un axe. || *Bot.* Se dit d'un mode de placentation dans lequel les graines paraissent groupées sur l'axe de l'ovaire.

AXILLAIRE adj. (lat. *axilla*, aisselle). Relatif à l'aisselle : *nerf axillaire.* ● *Bourgeon axillaire* (Bot.), bourgeon latéral placé à l'aisselle d'une feuille.

AXIOLOGIE n. f. (gr. *axios*, valable, et *logos*, science). Théorie des valeurs morales.

AXIOLOGIQUE adj. Relatif à l'axiologie.

AXIOMATIQUE adj. Qui concerne les axiomes. ● *Théorie axiomatique* (Log.), forme achevée d'une théorie déductive construite à partir de propositions primitives *(axiomes)* et développée au moyen de règles d'inférence.

AXIOMATIQUE n. f. Ensemble de notions premières *(axiomes)* admises sans démonstration et formant la base d'une branche des mathématiques, le contenu de cette branche se déduisant de l'ensemble par le raisonnement. ● *Axiomatique formelle* (Log.), théorie axiomatique où l'on ne donne pas de sens aux termes primitifs de la théorie.

AXIOMATISATION n. f. Procédé qui consiste à poser en principes indémontrables les propositions primitives dont sont déduits les théorèmes d'une théorie déductive.

AXIOMATISER v. t. Transformer en axiomes. ● *Axiomatiser une théorie déductive*, poser comme axiomes les propositions primitives de cette théorie.

AXIOME n. m. (gr. *axiôma*, estimation). Proposition primitive ou évidence non susceptible de démonstration et sur laquelle est fondée une science. || *Log.* Principe posé hypothétiquement à la base d'une théorie déductive.

AXIS [aksis] n. m. (mot lat.). *Anat.* Deuxième vertèbre cervicale.

AXOLOTL n. m. (mot mexicain). Vertébré

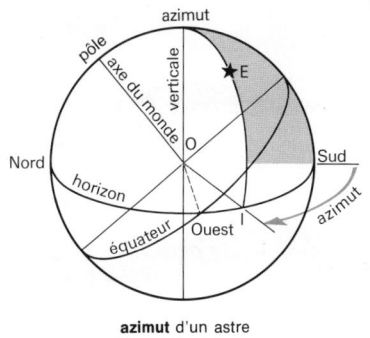

azimut d'un astre

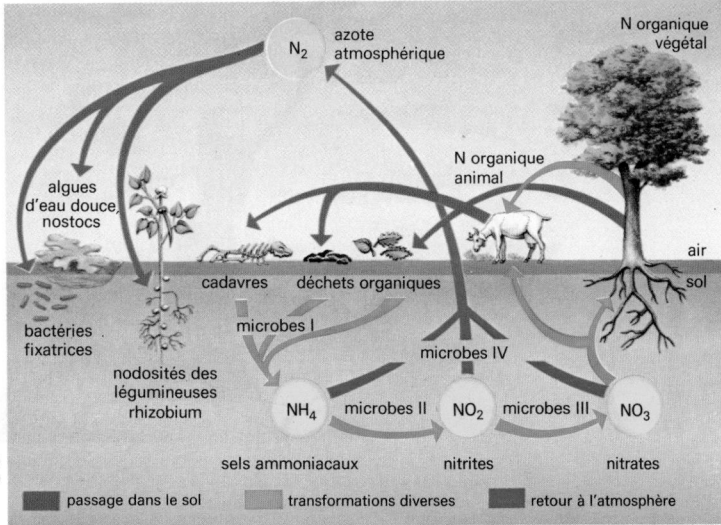

cycle de l'azote

| passage dans le sol | transformations diverses | retour à l'atmosphère |

azalée

axolotl

amphibien urodèle des lacs mexicains, capable de se reproduire à l'état larvaire et qui prend rarement la forme adulte (dite *amblystome*).

AXONE n. m. Prolongement du neurone, dont la longueur peut atteindre plusieurs décimètres et que parcourt l'influx nerveux en allant du corps cellulaire vers la périphérie. (Syn. CYLIN-DRAXE.)

AXONGE n. f. (lat. *axungia*, graisse à essieu). Syn. savant de SAINDOUX.

AXONOMÉTRIE n. f. Mode de représentation graphique d'une figure à trois dimensions, dans lequel les arêtes du trièdre de référence sont projetées suivant des droites faisant entre elles des angles de 120º.

AXONOMÉTRIQUE adj. Relatif à l'axonométrie.

AY [ai] n. m. Vin produit par la commune d'Ay (Champagne).

AYANT CAUSE n. m. (pl. *ayants cause*). Dr. Celui à qui les droits d'une personne ont été transmis.

AYANT DROIT n. m. (pl. *ayants droit*). Dr. Personne qui a des droits à qqch.

AYATOLLAH n. m. (ar. *āyat Allāh*, signe d'Allāh). Titre honorifique donné aux principaux chefs religieux de l'islām chi'ite.

AYE-AYE [ajaj] n. m. (pl. *ayes-ayes*). Mammifère primate arboricole de Madagascar, à grands yeux, de mœurs nocturnes. (Long. sans la queue : 40 cm; sous-ordre des lémuriens.)

AYMARA [aimara] n. m. Famille de langues indiennes de l'Amérique du Sud.

AYUNTAMIENTO [ajuntamjɛnto] n. m. En Espagne, le corps des conseillers municipaux d'une commune, d'une cité.

AZALÉE n. f. (gr. *azalos*, sec). Arbuste venant des montagnes d'Asie dont on cultive diverses variétés pour la beauté de leurs fleurs. (Famille des éricacées.)

AZÉOTROPE ou **AZÉOTROPIQUE** adj. (gr. *zein*, bouillir, et *tropos*, action de tourner). Se dit d'un mélange de deux liquides qui distille à température constante en produisant, sous une pression donnée, une vapeur de composition fixe.

AZERBAÏDJANAIS, E adj. et n. De l'Azerbaïdjan.

AZERBAÏDJANAIS ou **AZÉRI** n. m. Langue turque parlée au Caucase, dans l'Azerbaïdjan.

AZEROLE n. f. (esp. *acerola*, mot ar.). Fruit de l'azerolier, ressemblant à une petite cerise jaune et dont on fait des confitures.

AZEROLIER n. m. Grande aubépine cultivée dans le Midi pour ses fruits.

AZILIEN, ENNE adj. et n. (du *Mas-d'Azil*, dans l'Ariège). Se dit d'un faciès culturel épipaléolithique caractérisé par des grattoirs courts et des canifs en segments de cercle, succédant au magdalénien vers le VIIIᵉ millénaire.

AZIMUT [azimyt] n. m. (ar. *al-samt*, le droit chemin). Angle d'un plan vertical avec un autre plan vertical choisi pour plan d'origine. ‖ Astron. Angle, compté à partir du sud, positivement vers l'ouest, que fait en un lieu donné le plan vertical d'un astre avec le plan méridien. ● *Azimut magnétique*, angle formé par une direction avec le nord magnétique. ‖ *Défense tous azimuts*, théorie stratégique visant à assurer la défense d'un pays contre toute agression, quel que soit son point de départ. ‖ *Tous azimuts* (Fam.), dans toutes les directions.

AZIMUTAL, E, AUX adj. Qui représente ou qui mesure les azimuts.

AZOÏQUE (de *azote*). Se dit de certains composés organiques azotés.

AZOÏQUE adj. (gr. *zôon*, animal). Se dit d'un milieu privé d'animaux ou d'un terrain privé de fossiles.

AZOOSPERMIE [azɔɔspɛrmi] n. f. (gr. *zôon*, animal, et *sperma*, semence). Absence de spermatozoïdes dans le sperme, cause de stérilité.

AZOTATE n. m. Chim. Syn. de NITRATE.

AZOTE n. m. (gr. *zôê*, vie). Chim. Corps simple gazeux (N), nº 7, de masse atomique 14,006, incolore, inodore et insipide.

■ L'azote entre pour les quatre cinquièmes environ dans la composition de l'air atmosphérique et ne peut entretenir ni la respiration ni la combustion. L'azote est un des principaux éléments dont les animaux et les plantes ont besoin pour se nourrir. Les animaux trouvent

cet azote dans leur alimentation végétale ou animale. Les végétaux en empruntent à l'air atmosphérique une quantité assez importante; ils trouvent dans la terre une autre source d'alimentation azotée dans les résidus de la décomposition des animaux et végétaux. Mais la plus grande partie de l'azote dont les plantes cultivées ont besoin leur est fournie par les engrais azotés naturels (fumier, guano, nitrate de sodium) ou artificiels (nitrate de calcium, sulfate d'ammonium, etc.).

AZOTÉ, E adj. Chim. Qui contient de l'azote.

AZOTÉMIE n. f. Quantité d'azote contenue dans le sang, notamment sous forme d'urée, d'acides aminés, de polypeptides.

AZOTÉMIQUE adj. Relatif à l'azotémie.

AZOTEUX adj. m. Syn. de NITREUX.

AZOTHYDRIQUE adj. Se dit de l'acide HN₃.

AZOTIQUE adj. Syn. de NITRIQUE.

AZOTITE n. m. Syn. de NITRITE.

AZOTOBACTER [azotobaktɛr] n. m. Bactérie vivant libre dans le sol et pouvant fixer l'azote de l'atmosphère.

AZOTURE n. m. Sel de l'acide azothydrique.

AZOTURIE n. f. Quantité d'azote éliminée dans les urines.

AZOTYLE n. m. Nom du radical univalent —NO₂.

AZTÈQUE adj. Relatif aux Aztèques.

AZULEJO [azuleʒo] n. m. (mot esp.; de l'adj. *azul*, bleu). Carreau de revêtement en faïence émaillée, originellement de fabrication arabe et de couleur bleue.

AZUR n. m. (ar. *lāzaward*, lapis-lazuli). Couleur bleue. ‖ Le ciel bleu. ‖ Verre ou émail coloré en bleu par l'oxyde de cobalt. (On l'appelle aussi smalt, bleu d'émail, bleu de Saxe.) ● *Pierre d'azur*, lapis-lazuli.

AZURAGE n. m. Opération effectuée au cours du rinçage des tissus pour en aviver l'éclat par addition en faibles quantités d'un colorant bleu.

AZURANT n. m. Produit utilisé pour l'azurage.

AZURÉ, E adj. De couleur d'azur.

AZURÉEN, ENNE adj. Relatif à la Côte d'Azur.

AZURER v. t. Teindre en couleur d'azur. ‖ Exécuter l'azurage pour le linge.

AZURITE n. f. Carbonate naturel de cuivre, de couleur bleue.

AZYGOS [azigɔs] n. f. et adj. (gr. *zugos*, paire). Veine qui établit la communication entre les deux veines caves.

AZYME adj. et n. m. (gr. *zumê*, levain). *Pain azyme*, pain sans levain, utilisé rituellement pour la Pâque juive *(fête des Azymes)*.

ballet : *Golestan*, de Maurice Béjart   (Phot. Colette Masson)

b

B n. m. Deuxième lettre de l'alphabet et la première des consonnes : *« b » est une labiale sonore.* ‖ **B** *(Mus.),* nom de la note *si* (*si* bémol en allemand). ‖ **B,** symbole chimique du *bore.* ‖ **b,** symbole du *barn.*

Ba, symbole chimique du *baryum.*

B. A. [bea] n. f. Bonne action (dans le langage des scouts).

B. A.-BA [beaba] n. m. Connaissance élémentaire : *apprendre le B. A.-Ba.*

BABA adj. *Fam.* Frappé d'étonnement, stupéfait : *rester baba.*

BABA n. m. (mot polon.). Gâteau fait avec une pâte levée mélangée de raisins secs et imbibé, après cuisson, de rhum ou de kirsch.

BABA COOL [babakul] n. inv. ou **BABA** n. (indi *bābā,* papa, et angl. *cool,* calme). Nom donné à ceux qui, dans les années 70, ont perpétué la mode hippie.

BABEURRE n. m. (de *bas* et *beurre*). Résidu liquide de la fabrication du beurre.

BABIL [babil] n. m. (de *babiller*). Bavardage continuel, enfantin ou futile.

BABILLAGE n. m. Action de babiller.

BABILLARD, E adj. et n. *Litt.* Qui parle beaucoup, bavard.

BABILLER v. i. (onomat.). Parler beaucoup et à propos de rien ; bavarder.

BABINES n. f. pl. (de *babiller*). Lèvres pendantes de certains animaux. ‖ *Fam.* Lèvres d'une personne (gourmande) : *s'essuyer les babines.*

Babinski *(signe de),* inversion du réflexe cutané plantaire, caractéristique des atteintes de la voie nerveuse motrice. (Il se voit dans les paralysies affectant le faisceau pyramidal.)

BABIOLE n. f. (it. *babbola*). *Fam.* Bagatelle, chose de peu de valeur.

BABIROUSSA n. m. (malais *babi,* porc, et *rusa,* cerf). Porc sauvage des Célèbes, à canines supérieures très recourbées. (Haut. au garrot : 50 cm; ordre des ongulés, famille des suidés.)

BABISME n. m. Doctrine enseignée par le Bāb. (C'est une tentative de réforme de l'islâm dans un sens moins rigoriste et plus ouvert.)

BÂBORD n. m. (néerl. *bakboord*). Côté gauche d'un navire, dans le sens de la marche en avant. (Contr. TRIBORD.)

BÂBORDAIS n. m. Homme de l'équipage d'un navire, faisant partie de la deuxième bordée de veille (bordée de bâbord).

BABOUCHE n. f. (ar. *bābūch,* empr. au persan). Chaussure en cuir sans quartier ni talon.

BABOUIN n. m. (de *babine*). Singe catarrhinien d'Afrique, du genre cynocéphale, vivant en troupes nombreuses.

BABOUVISME n. m. Doctrine de Babeuf et de ses disciples, qui visait à instaurer une sorte de communisme égalitaire.

BABY [bebi] n. m. (mot angl.) [pl. *babies* (bebiz)]. Syn. de BÉBÉ.

BABY-BEEF [bebibif] n. m. inv. (mot angl.). Bovin nourri intensivement, destiné à la production de viande.

BABY-FOOT [babifut] n. m. inv. (mot angl.). Football de table comportant des figurines que l'on actionne à l'aide de tiges mobiles.

BABYLONIEN, ENNE adj. et n. De Babylone ou de Babylonie.

BABY-SITTER [bebisitœr] n. (angl. *baby,* et *to sit,* s'asseoir) [pl. *baby-sitters*]. Personne payée pour garder occasionnellement un enfant en l'absence de ses parents.

BABY-SITTING [bebisitiŋ] n. m. Activité du baby-sitter.

BABY-TEST [bebitɛst] n. m. (mot angl.) [pl. *baby-tests*]. Test destiné à apprécier le niveau de développement neurologique et psychique dans la première enfance.

BAC n. m. (néerl. *bak,* auge). Bateau large et plat servant à passer personnes et véhicules d'une rive à l'autre d'un cours d'eau. ‖ Grand baquet de bois. ‖ Auge pour divers usages : *bac d'accumulateur.* ● *Bac à glace,* dans un réfrigé-

rateur, récipient cloisonné utilisé pour permettre la formation de cubes de glace.

BAC n. m. *Fam.* Abrév. de BACCALAURÉAT.

BACCALAURÉAT n. m. (bas lat. *baccalaureatus;* de *baccalarius,* jeune homme, d'après le lat. *bacca lauri,* baie de laurier). Le premier des grades universitaires, sanctionné par un diplôme qui marque le terme des études secondaires.

BACCARA n. m. Jeu de cartes qui se joue entre un *banquier* et des joueurs, appelés *pontes.*

BACCARAT n. m. Cristal de la manufacture de Baccarat.

BACCHANALE [bakanal] n. f. (lat. *Bacchanalia,* fêtes de Bacchus). Débauche bruyante, orgie. ◆ pl. Fêtes romaines de Bacchus et des mystères dionysiaques, marquées par la débauche ou le crime.

BACCHANTE [bakãt] n. f. (de *Bacchus*). Prêtresse de Bacchus. (Syn. MÉNADE.)

BACCHANTES ou **BACANTES** n. f. pl. *Pop.* Moustaches.

BACCIFORME [baksiform] adj. *Bot.* Qui ressemble à une baie (fruit).

BÂCHAGE n. m. Action de bâcher.

BÂCHE n. f. (lat. *bascauda,* mot celtique). Grosse toile qui sert à recouvrir des marchandises exposées aux intempéries. ‖ Caisse à châssis vitrés, abritant les jeunes plantes. ‖ Réservoir contenant l'eau d'alimentation des chaudières. ‖ Carter d'une turbine hydraulique.

BACHELIER n. m. (lat. *baccalarius*). Au Moyen Âge, jeune homme aspirant à être fait chevalier.

BACHELIER, ÈRE n. (lat. *baccalarius*). Personne qui a obtenu le baccalauréat.

BÂCHER v. t. Couvrir d'une bâche.

BACHI-BOUZOUK [baʃibuzuk] n. m. (pl. *bachi-bouzouks*). Soldat irrégulier de l'ancienne armée ottomane.

BACHIQUE adj. De Bacchus : *fête bachique.* ● *Chanson bachique,* chanson à boire. ‖ *Poésie bachique,* poésie qui célèbre les joies de la vie.

BACHOT n. m. *Fam.* Baccalauréat.

BACHOT n. m. Petit bac; petite barque.

BACHOTAGE n. m. *Fam.* Action de bachoter.

BACHOTER v. i. *Fam.* Préparer rapidement et avec intensité un examen, un concours.

BACHOTTE n. f. Tonneau de forme particulière, pour transporter les poissons vivants.

BACILLAIRE adj. Produit par un bacille : *maladie bacillaire.*

BACILLE n. m. (lat. *bacillus,* bâtonnet). Microbe en forme de bâtonnet. (De nombreux bacilles sont pathogènes : *bacille d'Eberth* [typhoïde], *de Koch* [tuberculose].) ‖ Insecte herbivore du midi de la France, ressemblant à une brindille. (Long. 10 cm; ordre des chéleutoptères.)

BACILLIFORME adj. En forme de bacille.

babiroussa

baboin

BACILLOSE n. f. Toute maladie due à un bacille, en particulier tuberculose.

BACKGAMMON [bakgamɔn] n. m. (mot angl. d'origine galloise). Jeu de vingt-quatre flèches proche du trictrac.

BÂCLAGE n. m. Fam. Action de bâcler; exécution rapide et peu soignée.

BÂCLE n. f. Pièce de bois ou de métal qui maintient une porte fermée.

BÂCLER v. t. (lat. pop. bacculare, de baculum, bâton). Fam. Faire à la hâte et sans précaution : bâcler un travail.

BACON [bekœn] n. m. (mot angl.). En Angleterre, lard fumé maigre. ‖ En France, morceau de filet de porc salé et fumé.

BACTÉRICIDE adj. Se dit d'une substance qui tue les bactéries, comme l'eau de Javel, l'ozone, l'alcool, certains antibiotiques.

BACTÉRIDIE n. f. Bactérie immobile, comme celle du charbon.

BACTÉRIE n. f. (gr. baktêria, bâton). Nom général donné aux microbes unicellulaires de forme allongée (bacilles), sphérique (cocci) ou spiralée, sans membrane nucléaire et se nourrissant selon le mode végétal.

BACTÉRIÉMIE n. f. Décharge passagère de bactéries dans le sang à partir d'un foyer infectieux et se manifestant par des frissons et un clocher thermique.

BACTÉRIEN, ENNE adj. Relatif aux bactéries.

BACTÉRIOLOGIE n. f. Partie de la microbiologie qui concerne les bactéries.

BACTÉRIOLOGIQUE adj. Relatif à la bactériologie. ‖ Mil. Qui utilise les bactéries.

BACTÉRIOLOGISTE n. Spécialiste de bactériologie.

BACTÉRIOPHAGE n. m. Virus qui détruit activement certaines bactéries.

BACTÉRIOSTATIQUE adj. et n. m. Se dit d'une substance qui arrête la multiplication des bactéries sans les tuer.

BADAUD, E n. et adj. (prov. badau; de badar, regarder bouche bée). Passant, promeneur qui passe son temps à regarder longuement tout ce qu'il voit.

BADAUDERIE n. f. Litt. Caractère du badaud.

BADEGOULIEN, ENNE adj. et n. m. (de Badegoule, en Dordogne). Se dit d'un faciès industriel paléolithique correspondant à la première phase du magdalénien.

BADERNE n. f. Vieille baderne (Fam.), personne attachée à des idées ou à des habitudes d'un autre âge.

BADGE [badʒ] n. m. (mot angl.). Insigne que les scouts attestant la réussite à une épreuve. ‖ Insigne rond, muni d'une inscription ou d'un dessin.

BADIANE n. f. Arbuste originaire du Viêt-nam, dont le fruit, appelé « anis étoilé », contient une essence odorante utilisée pour la fabrication de boissons anisées. (Famille des magnoliacées.)

BADIGEON n. m. Lait de chaux généralement additionné d'un colorant que l'on applique sur un mur de façade, un mur de cave, etc.

BADIGEONNAGE n. m. Action de badigeonner. ‖ Ouvrage de celui qui badigeonne.

BADIGEONNER v. t. Peindre avec du badigeon. ‖ Enduire d'une préparation pharmaceutique : badigeonner la gorge.

BADIGEONNEUR n. m. Celui qui badigeonne. ‖ Péjor. Mauvais peintre.

BADIN, E adj. et n. (mot prov., sot). Litt. Qui aime la plaisanterie légère.

BADIN n. m. (du nom de l'inventeur). Aéron. Indicateur de vitesse relative par rapport à l'air ambiant.

BADINAGE n. m. Action de badiner.

BADINE n. f. Baguette mince et flexible que l'on tient à la main.

BADINER v. i. Plaisanter avec enjouement. ● Ne pas badiner sur qqch, ne pas le prendre légèrement.

BADINERIE n. f. Ce qu'on dit, ce qu'on fait en plaisantant.

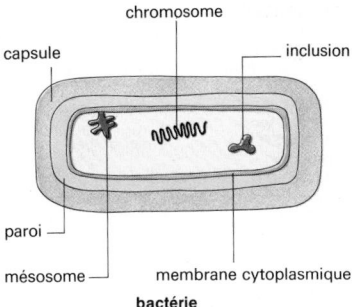

bactérie

(labels: chromosome, capsule, inclusion, paroi, mésosome, membrane cytoplasmique)

BAD-LANDS [badlɑ̃ds] n. f. pl. (angl. bad, mauvais, et land, terre). Terres argileuses disséquées par le ruissellement torrentiel en de multiples ravins qui ne laissent entre eux que des crêtes aiguës.

BADMINTON [badmintɔn] n. m. (mot angl.). Jeu de volant apparenté au tennis.

BADOIS, E adj. et n. De Bade.

BAFFE [baf] n. f. Pop. Gifle.

BAFFLE [bafl] n. m. (mot angl., écran). Écran rigide sur lequel est monté le haut-parleur afin d'obtenir la restitution des sons graves. ‖ Fam. Enceinte acoustique.

BAFOUER v. t. (onomat. baf, bruit fait avec la langue). Railler sans pitié, ridiculiser : être bafoué devant tout le monde.

BAFOUILLAGE n. m. Fam. Propos incohérents, paroles sans suite.

BAFOUILLE n. f. Pop. Lettre.

BAFOUILLER v. t. et i. (onomat. baf). Fam. Parler d'une manière inintelligible, embarrassée.

BAFOUILLEUR, EUSE n. Fam. Personne qui bafouille.

BÂFRER v. t. et i. (onomat. baf). Pop. Manger avidement et avec excès.

BÂFREUR, EUSE n. Pop. Glouton.

BAGAD n. m. (mot breton). Formation musicale à base de binious et de bombardes, instruments traditionnels de la Bretagne.

BAGAGE n. m. (anc. fr. bagues, paquets). Objets qu'on emporte avec soi en voyage, en expédition. ‖ Ensemble de connaissances acquises : avoir un petit bagage littéraire. ● Avec armes et bagages, sans rien laisser. ‖ Plier bagage (Fam.), s'enfuir; mourir.

BAGAGISTE n. m. Employé dans un hôtel, une gare, un aéroport, chargé de porter les bagages.

BAGARRE n. f. (prov. bagarro, rixe). Querelle violente accompagnée de coups, entre plusieurs personnes. ‖ Match ardent entre les équipes, des concurrents.

BAGARRER v. i. Lutter, combattre : bagarrer pour une opinion. ◆ se bagarrer v. pr. Se quereller, se battre.

BAGARREUR, EUSE adj. et n. Fam. Qui est toujours prêt à se battre.

BAGASSE n. f. (esp. bagazo, marc). Partie ligneuse de la canne à sucre, restant dans les moulins après l'extraction du jus sucré.

BAGATELLE n. f. (it. bagatella, tour de bateleur). Chose de peu de prix et peu nécessaire : elle dépense tout son argent en bagatelles. ‖ Chose frivole, sans importance; baliverne : il s'amuse à des bagatelles. ‖ Mus. Pièce facile, de style léger, le plus souvent destinée au piano. ● La bagatelle (Fam.), l'amour physique. ‖ Pour la bagatelle de, pour la somme considérable de.

BAGNARD n. m. Forçat.

BAGNE n. m. (it. bagno, établissement de bains). Lieu où s'exécutait la peine des travaux forcés. (Les bagnes coloniaux ont été supprimés en 1938 et les travaux forcés remplacés par la réclusion.) ● C'est un bagne, c'est un lieu où l'on est astreint à un travail pénible.

BAGNOLE n. f. Pop. Automobile.

BAGOU ou **BAGOUT** n. m. (anc. fr. bagouler, parler à tort et à travers). Fam. Grande facilité de parole : avoir du bagou.

BAGUAGE n. m. Pose d'une bague à la patte d'un oiseau pour l'identifier en vue de l'étude des migrations ou, en aviculture, pour la sélection. ‖ Incision annulaire faite sur une tige pour arrêter la descente de la sève.

BAGUE n. f. (néerl. bagge, anneau). Anneau que l'on met au doigt et qui peut être orné d'un motif décoratif ou de pierres. ‖ Anneau de papier qui entoure les cigares. ‖ Anneau que l'on met à la patte d'un oiseau pour l'identifier. ‖ Archit. Moulure ceinturant une colonne. ‖ Techn. Pièce métallique cylindrique, servant d'embase, d'entretoise ou de frette; instrument pour contrôler la dimension du diamètre extérieur d'une pièce cylindrique. ● Bague tuberculinique (Méd.), bague munie de fines pointes, servant à pratiquer la cuti-réaction.

BAGUENAUDE n. f. (prov. baganaudo; du lat. baca, baie). Fruit du baguenaudier.

BAGUENAUDER v. i. Fam. Flâner en perdant son temps. ◆ se baguenauder v. pr. Fam. Se promener sans but.

BAGUENAUDIER n. m. Arbrisseau que l'on trouve dans les régions méditerranéennes, à fleurs jaunes et à gousses renflées en vessie. (Famille des papilionacées.)

BAGUER v. t. (anc. fr. baguer, attacher). Cout. Faire des points allongés, invisibles à l'endroit, pour maintenir deux épaisseurs de tissu.

BAGUER v. t. Garnir d'une bague. ‖ Pratiquer le baguage d'un oiseau, d'un arbre.

BAGUETTE n. f. (it. bacchetta). Petit bâton mince, plus ou moins long. ‖ Pain de forme très allongée. ‖ Ornement linéaire dans un bas, une chaussette. ‖ Archit. Petite moulure arrondie. ‖ Arm. Tige d'acier ou de bois servant jadis à charger par la bouche le canon d'un fusil ou d'un pistolet, aujourd'hui à le nettoyer. ● Baguette divinatoire, bâton de coudrier au moyen duquel certaines personnes prétendent découvrir les sources d'eau cachées, les mines, les trésors enfouis, etc. ‖ Baguettes de tambour, petits bâtons courts terminés en forme d'olive et à l'aide desquels on bat du tambour; et, fam., cheveux raides. ‖ D'un coup de baguette magique, comme par enchantement. ‖ Marcher à la baguette, avec régularité, sous une dure autorité. ‖ Mener qqn à la baguette, le conduire durement.

BAGUETTISANT n. m. Syn. de SOURCIER.

BAGUIER n. m. Petit coffret, écrin, coupe, pour serrer des bagues et autres bijoux.

BAGUIO [bagjo] n. m. Typhon des Philippines.

BAH! interj. (onomat.). Marque l'étonnement, le doute, l'insouciance.

BAHT n. m. Unité monétaire de la Thaïlande.

BAHUT n. m. Coffre à deux à couvercle bombé, servant autrefois à ranger des vêtements. ‖ Buffet long et bas. ‖ Constr. Mur bas portant une arcature, une grille, etc.; chaperon de mur, de forme bombée. ‖ Arg. Taxi, automobile. ‖ Arg. scol. collège.

BAI, E adj. (lat. badius, brun). Se dit d'un cheval dont la robe est composée de poils fauves, roussâtres, avec les crins et les extrémités noirs.

BAIE n. f. (esp. bahía). Échancrure d'un littoral : la baie de Saint-Brieuc.

BAIE n. f. (lat. baca). Nom général donné aux fruits charnus à pépins (raisin, groseille, melon).

BAIE n. f. (de béer). Ouverture de porte, de fenêtre.

BAIGNADE n. f. Action de se baigner. ‖ Endroit d'une rivière où l'on peut se baigner.

BAIGNER v. t. (lat. balneare). Plonger et tenir dans l'eau ou dans un autre liquide : baigner un enfant. ‖ Humecter, mouiller : visage baigné de larmes. ‖ Toucher, traverser de ses eaux : l'Océan et la Méditerranée baignent les côtes de France; la Seine baigne Paris. ‖ Litt. Pénétrer, imprégner : paysage baigné de lumière. ◆ v. i. Être entièrement plongé : ces cerises baignent dans l'eau-de-vie. ● Baigner dans son sang

(Litt.), être étendu couvert de son propre sang. ◆ **se baigner** v. pr. Prendre un bain.

BAIGNEUR, EUSE n. Personne qui se baigne.

BAIGNEUR n. m. Petite poupée nue.

BAIGNOIRE n. f. Appareil sanitaire de fonte, d'acier émaillé, de grès ou de céramique, alimenté en eau chaude et froide, dans lequel on prend des bains. ‖ Au théâtre, loge située un peu au-dessus du parterre. ‖ Partie supérieure du kiosque d'un sous-marin, servant de passerelle pendant la navigation en surface.

BAIL [baj] n. m. (de *bailler*) [pl. *baux*]. Contrat par lequel on cède la jouissance d'un bien meuble ou immeuble pour un prix et un temps déterminés. ● *Bail commercial*, bail d'un local à usage artisanal, commercial ou industriel. ‖ *Il y a, ça fait un bail* (Fam.), il y a longtemps.

BAILLE n. f. (lat. *bajulus*, porteur). *Mar.* Grand baquet en bois. ● *La baille* (Arg.), l'eau, la mer; surnom de l'École navale.

BÂILLEMENT n. m. Action de bâiller.

BAILLER v. t. (lat. *bajulare*, porter). *Vx.* Donner. ● *La bailler belle* (Litt.), en faire accroire.

BÂILLER v. i. (lat. *batare*, tenir la bouche ouverte). Ouvrir largement et involontairement la bouche. ‖ Être entrouvert, mal fermé : *la porte bâille*.

BAILLEUR, ERESSE n. Personne qui donne à bail. ● *Bailleur de fonds*, celui qui fournit de l'argent pour une entreprise.

BÂILLEUR, EUSE n. Personne qui bâille.

BAILLI n. m. (anc. fr. *baillir*, administrer). Agent du roi qui était chargé de fonctions administratives et judiciaires. (D'abord chargés de missions temporaires, les baillis devinrent, à la fin du XIIᵉ s., des officiers sédentaires, établis dans des circonscriptions délimitées, les bailliages; à partir du XVᵉ s. leurs pouvoirs s'amenuisèrent.)

BAILLIAGE n. m. Tribunal jugeant sous la présidence d'un bailli. ‖ Juridiction d'un bailli.

BÂILLON n. m. (de *bâiller*). Bandeau ou objet quelconque qu'on met sur ou dans la bouche pour empêcher de crier.

BÂILLONNEMENT n. m. Action de bâillonner.

BÂILLONNER v. t. Mettre un bâillon. ‖ Mettre dans l'impossibilité de s'exprimer, museler : *bâillonner la presse*.

BAIN n. m. (lat. *balneum*). Eau ou autre liquide dans lequel on se baigne : *faire chauffer un bain*. ‖ Immersion du corps ou d'une partie du corps dans l'eau : *prendre un bain*. ‖ Liquide dans lequel on plonge une substance pour la soumettre à une opération quelconque. ● *Bain de bouche*, solution antiseptique pour l'hygiène et les soins de la bouche. ‖ *Bain de foule*, contact qu'une personnalité prend de façon directe avec la foule. ‖ *Bain linguistique*, milieu dans lequel on entend parler couramment une langue. ‖ *Bain de mousse*, bain préparé avec des produits moussants, ayant sur la peau un effet tonique ou astringent. ‖ *Bain de soleil*, exposition du corps au soleil pour le bronzer. ‖ *Être dans le bain* (Fam.), être engagé dans une affaire compromettante. ‖ *Se remettre dans le bain* (Fam.), se réhabituer à qqch après une interruption. ◆ pl. Établissement dans lequel on prend des bains.

BAIN-MARIE n. m. (de *Marie*, sœur de Moïse) [pl. *bains-marie*]. Eau chaude dans laquelle on met un récipient contenant ce qu'on veut faire chauffer. ‖ Le récipient contenant l'eau chaude.

BAÏONNETTE n. f. (de *Bayonne*, où cette arme fut mise au point au XVIIᵉ s.). Sorte de petite épée pouvant se fixer au bout du fusil. ● *Douille à baïonnette*, dispositif de fixation d'un objet qui rappelle celui d'une baïonnette.

BAÏRAM ou **BAYRAM** [bairam] n. m. (mot turc). Chacune des deux fêtes musulmanes suivant le ramadân.

BAISE n. f. En Belgique, syn. de BAISER : *donner une baise*. ‖ *Pop.* Relation sexuelle.

BAISE-EN-VILLE n. m. inv. *Pop.* Petite valise avec un nécessaire de nuit.

BAISEMAIN n. m. Geste de politesse consistant à baiser la main d'une dame. ‖ *Féod.* Honneur que le vassal rendait à son seigneur.

BAISEMENT n. m. *Relig.* Action de baiser qqch de sacré.

BAISER v. t. (lat. *basiare*). Appliquer, poser ses lèvres sur : *baiser le crucifix avant de mourir.* ‖ *Pop.* Duper. ‖ *Pop.* Avoir des relations sexuelles.

BAISER n. m. Action de baiser. ● *Baiser de Judas*, baiser de traître.

BAISOTER v. t. *Fam.* Donner de petits baisers répétés.

BAISSE n. f. (de *baisser*). Action de mettre à un niveau inférieur; abaissement, diminution.

BAISSER v. t. (lat. *bassus*, bas). Mettre plus bas, faire descendre : *baisser un store.* ‖ Incliner vers le bas : *baisser la tête.* ‖ Diminuer la force, l'intensité, la hauteur : *baisser la voix.* ● *Baisser pavillon*, céder. ◆ v. i. Venir à un niveau inférieur : *certaines rivières baissent en été.* ‖ Diminuer de valeur, de prix : *les actions, les prix baissent.* ‖ S'affaiblir, décliner : *ses facultés intellectuelles baissent.* ◆ **se baisser** v. pr. Se courber.

BAISSIER n. m. Celui qui, à la Bourse, spécule sur la baisse des valeurs mobilières.

BAISSIÈRE n. f. Enfoncement où séjourne l'eau de pluie, dans une terre labourée.

BAJOUE n. f. (de *bas* et *joue*). Partie de la tête d'un animal, particulièrement du veau et du cochon, qui s'étend de l'œil à la mâchoire. ‖ Syn. de ABAJOUE. ‖ *Fam.* Joue humaine pendante.

BAJOYER [baʒwaje] n. m. Mur consolidant les rives d'un cours d'eau de part et d'autre d'un pont pour empêcher le courant d'attaquer les culées. ‖ Chacun des deux murs latéraux du sas d'une écluse.

BAKCHICH [bakʃiʃ] n. m. (mot persan). *Fam.* Pourboire, pot-de-vin.

BAKÉLITE n. f. (nom déposé). Résine synthétique obtenue par condensation d'un phénol avec l'aldéhyde formique et employée comme succédané de l'ambre, de l'écaille, etc.

BAKLAVA n. m. (mot turc). Gâteau oriental, au miel et aux amandes.

BAL n. m. (anc. fr. *baller*, danser) [pl. *bals*]. Réunion, lieu où l'on danse. ● *Bal de têtes*, bal où l'on se présente avec des têtes à la ressemblance de personnages connus.

BALADE n. f. (de *ballade*). *Fam.* Promenade.

BALADER v. t. *Fam.* Promener : *balader des enfants aux Tuileries.* ◆ v. i. *Fam.* Envoyer balader, rejeter, laisser tomber qqn, qqch. ◆ **se balader** v. pr. *Fam.* Se promener.

BALADEUR, EUSE adj. *Fam.* Qui se balade, aime se balader. ● *Micro baladeur*, micro muni d'un long fil permettant le déplacement. ‖ *Train baladeur*, pièce du mécanisme d'un changement de vitesse.

BALADEUR n. m. Pièce mécanique qui coulisse le long d'un arbre porteur tout en restant entraînée par lui au moyen de cannelures. ‖ Roue montée sur un support pouvant tourner autour d'un axe et prendre deux positions.

BALADEUSE n. f. Lampe électrique munie d'un long fil qui permet de la déplacer.

BALADIN n. m. (mot prov.). Farceur de place publique.

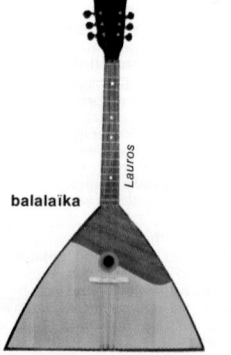

balalaïka

BALAFON n. m. (mot guinéen). Instrument de musique à percussion, de l'Afrique noire, ancêtre du xylophone.

BALAFRE n. f. (anc. fr. *leffre*, lèvre). Longue blessure au visage; la cicatrice qui en reste.

BALAFRÉ, E adj. et n. Qui a une balafre.

BALAFRER v. t. Faire une balafre.

BALAI n. m. (mot gaul.). Brosse munie d'un long manche et dont on se sert pour nettoyer le sol. ‖ Pièce conductrice destinée à assurer, par contact glissant, la liaison électrique d'un organe mobile avec un contact fixe. ‖ Dernier véhicule de la journée, sur une ligne de transport. ‖ *Zool.* Queue des oiseaux de proie. ● *Balai d'essuie-glace*, raclette en caoutchouc qui se déplace sur une partie vitrée pour la nettoyer. ‖ *Balai mécanique*, balai à brosses roulantes, monté sur un petit chariot. ‖ *Coup de balai*, renvoi de personnes gênantes ou indésirables. ‖ *Manche à balai*, levier actionnant les organes de stabilité longitudinale et latérale d'un avion.

BALAI-BROSSE n. m. (pl. *balais-brosses*). Brosse très dure montée sur un manche à balai.

BALAIS [balɛ] adj. m. *Rubis balais*, rubis de couleur rouge violacé ou rose.

BALAISE adj. et n. → BALÈZE.

BALALAÏKA n. f. Luth de forme triangulaire, à trois cordes, employé en Russie.

BALANCE n. f. (lat. *bis*, deux fois, et *lanx*, bassin). Instrument servant à comparer des masses (la balance est généralement constituée d'un fléau mobile et de plateaux portant l'un le corps à peser, l'autre les masses marquées). ‖ Filet pour pêcher les écrevisses, les crevettes. ‖ Emblème de la Justice. ‖ Montant représentant la différence entre la somme du débit et la somme du crédit que l'on ajoute à la plus faible des deux pour égaliser les totaux. ‖ Avoirs étrangers en une monnaie donnée : *balances dollars.* ‖ Circuit de commande de l'équilibre acoustique entre les voies gauche et droite d'un amplificateur stéréophonique. ‖ Équilibre en général : *la balance des forces.* ‖ *Balance automatique*, appareil dont le fléau commande une aiguille qui indique sur un cadran le poids et souvent le prix des marchandises pesées. ‖ *Balance commerciale*, compte des importations et des exportations de biens et de services d'un pays. ‖ *Balance des comptes*, document retraçant les mouvements de marchandises, de capitaux et de revenus intervenus entre un pays et un ou plusieurs autres. ‖ *Balance des paiements*, document retraçant l'ensemble des règlements entre un pays ou un groupe de pays et un autre pays ou le reste du monde. ‖ *Balance romaine*, appareil manuel dans lequel la pesée est obtenue par le déplacement d'un poids sur le bras de levier. ‖ *Faire pencher la balance*, faire prévaloir, l'emporter. ‖ *Jeter dans la balance*, faire qqch qui entraîne un résultat. ‖ *Mettre en balance*, peser le pour et le contre. ‖ *Tenir la balance égale*, se montrer impartial.

BALANCÉ, E adj. Équilibré, harmonieux : *une phrase bien balancée.* ● *Bien balancé* (Pop.), se dit de qqn qui a un beau corps.

BALANCELLE n. f. Siège de jardin, à plusieurs places, suspendu à un montant fixe et permettant de se balancer.

BALANCEMENT n. m. Mouvement par lequel un corps penche tantôt d'un côté, tantôt de l'autre : *balancement des épaules, d'une barque.* ‖ État de ce qui est en équilibre : *le balancement harmonieux de ses phrases.*

BALANCER v. t. (de *balance*) [conj. 1]. Mouvoir tantôt d'un côté, tantôt de l'autre : *balancer les bras, les jambes.* ‖ *Fam.* Se débarrasser de qqn ou de qqch. ◆ v. i. Osciller pendant un certain temps : *lampe qui balance.* ‖ *Litt.* Être indécis, hésiter : *balancer entre deux décisions.* ◆ **se balancer** v. pr. Se placer sur une balançoire et la mettre en mouvement. ‖ Aller d'un côté et d'autre d'un point fixe. ● *S'en balancer* (Pop.), s'en moquer.

BALANCIER n. m. Pièce animée d'un mouvement d'oscillation régulier, qui règle la marche d'une machine : *le balancier d'une horloge.* ‖ Machine pour frapper les monnaies. ‖ Presse à

baleine

baldaquin
d'autel
(XVIIIᵉ s.)

balbuzard

Garnet-Rapho

dorer utilisée pour décorer les couvertures de livres. ‖ Long bâton des danseurs de corde, qui leur sert à tenir l'équilibre. ‖ Organe stabilisateur des diptères, qui remplace chez ces insectes les ailes postérieures.

BALANCINE n. f. Ensemble des cordages qui soutiennent les vergues.

BALANÇOIRE n. f. (de *balancer*). Siège suspendu sur lequel on se balance. ‖ Longue pièce de bois mise en équilibre sur un point d'appui, et sur laquelle se balancent deux personnes placées chacune à un bout.

BALANE n. f. Petit crustacé fixé sur les rochers littoraux ou sur les coquillages, entouré de plaques calcaires blanches formant une sorte de cratère. (Taille 1 cm; sous-classe des cirripèdes.)

BALANITE n. f. (gr. *balanos*, gland). *Méd.* Inflammation du gland de la verge.

BALANOGLOSSE n. m. Animal vermiforme des plages, de l'embranchement des stomacordés, où il forme à lui seul la classe des *hémicordés* ou *entéropneustes.*

BALATA n. f. Gomme tirée d'un arbre de l'Amérique tropicale (*balata,* n. m.), et utilisée pour la fabrication d'isolants, de courroies de transmission, etc.

BALAYAGE n. m. Action de balayer.

BALAYER v. t. (conj. **2**). Nettoyer avec un balai : *balayer une chambre.* ‖ Chasser, faire disparaître : *le vent balaye les nuages.* ‖ Passer sur (une surface) : *les projecteurs balaient le ciel.* ‖ Explorer une zone à l'aide d'un faisceau radar. ‖ *Électron.* Parcourir avec un faisceau électronique la surface de l'écran luminescent d'un tube cathodique.

BALAYETTE n. f. Petit balai.

BALAYEUR, EUSE n. Personne qui est préposée au balayage des rues.

BALAYEUSE n. f. Machine à balayer.

BALAYURES n. f. pl. Ordures ramassées avec le balai.

BALBOA n. m. Unité monétaire principale de la république de Panamá.

BALBUTIEMENT n. m. Action de balbutier.

BALBUTIER [balbysje] v. i. (lat. *balbutire,* de

balbus, bègue). Articuler insuffisamment, avec hésitation et faiblesse vocale : *l'émotion fait balbutier.* ‖ En être à ses débuts. ◆ v. t. Prononcer en balbutiant : *balbutier un compliment.*

BALBUZARD n. m. (angl. *bald,* chauve, et *buzzard,* rapace). Oiseau de proie piscivore, qu'on rencontre sur les côtes et les étangs. (Envergure 60 cm; ordre des falconiformes.)

BALCON n. m. (it. *balcone,* estrade). Plateforme de faible largeur munie de garde-corps, en surplomb, devant une ou plusieurs baies. ‖ Dans les salles de spectacle, première galerie au-dessus de l'orchestre. ‖ *Mar.* Rambarde de sécurité à forme arrondie placée à l'une des extrémités d'un yacht.

BALCONNET n. m. (nom déposé). Soutien-gorge découvrant le haut de la poitrine.

BALDAQUIN n. m. (it. *baldacchino,* étoffe de soie de Bagdad). Ouvrage de tapisserie, sorte de dais ou de ciel de lit. ‖ *Archit.* Dais à colonnes au-dessus d'un trône, d'un autel.

BALEINE [balɛn] n. f. (lat. *balaena*). Mammifère marin, le plus grand des animaux. (Long. 30 m; poids 150 t; ordre des cétacés.) ‖ Lamelle flexible de métal ou de matière plastique utilisée pour renforcer certaines pièces de vêtements ou certains accessoires : *baleine de parapluie.* ● *Rire comme une baleine* (Fam.), à gorge déployée.

■ La baleine se nourrit de plancton, retenu dans les fanons de corne pendant verticalement de sa mâchoire supérieure. Elle peut plonger une demi-heure, puis, en revenant à la surface, elle expire de l'air saturé de vapeur d'eau. Chassée avec excès pour sa viande et pour sa graisse (30 t d'huile par animal), la vraie baleine est actuellement rare et confinée dans les mers polaires, où sa chasse est réglementée.

BALEINÉ, E adj. Garni de baleines.

BALEINEAU n. m. Petit de la baleine, qui, à sa naissance, mesure 5 m et pèse jusqu'à 6 t.

BALEINIER, ÈRE adj. Relatif à la chasse de la baleine.

BALEINIER n. m. Navire équipé pour la chasse des gros cétacés et le traitement de leur chair. ‖ Celui qui chasse la baleine.

BALEINIÈRE n. f. Embarcation légère et pointue aux deux extrémités, servant à la chasse de la baleine. ‖ Embarcation de service des grands bâtiments, ayant une forme analogue.

BALÉNOPTÈRE n. m. Mammifère marin voisin de la baleine, mais à face ventrale striée, et possédant une nageoire dorsale. (La plus grande espèce atteint 25 m de longueur.) [Syn. RORQUAL.]

BALESTRON n. m. *Mar.* Petite bôme placée le long de la bordure d'un foc.

BALÈVRE n. f. Petite saillie accidentelle d'un élément de construction sur un autre. ‖ Bavure de ciment ou de mortier à un joint.

BALÈZE ou **BALAISE** adj. et n. *Pop.* Personne grande et forte.

Balint *(groupe)* [Psychol.], groupe de médecins ou de travailleurs sociaux se réunissant régulièrement sous la direction d'un psychanalyste afin de se sensibiliser à l'abord psychologique de leurs patients à partir de discussions de cas exposés au groupe.

BALISAGE n. m. Action de disposer des balises : *le balisage d'une passe.* ‖ Ensemble des signaux disposés pour signaler des dangers à éviter, et indiquer la route à suivre.

BALISE n. f. (orig. inconnue). Dispositif mécanique, optique, sonore ou radioélectrique, destiné à signaler un danger ou à délimiter une voie de circulation maritime ou aérienne. ‖ Marque

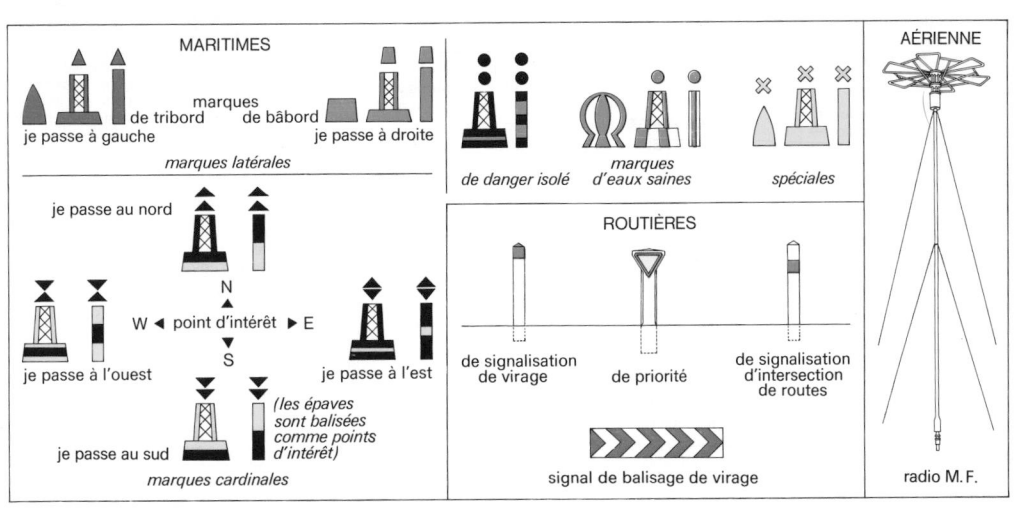

BALISES

MARITIMES

marques
de tribord ‖ de bâbord
je passe à gauche ‖ je passe à droite

marques latérales

je passe au nord

N
W ◄ point d'intérêt ► E
S

je passe à l'ouest ‖ je passe à l'est

je passe au sud ‖ *(les épaves sont balisées comme points d'intérêt)*

marques cardinales

de danger isolé ‖ marques d'eaux saines ‖ spéciales

ROUTIÈRES

de signalisation de virage ‖ de priorité ‖ de signalisation d'intersection de routes

signal de balisage de virage

AÉRIENNE

radio M. F.

Voyage organisé, chorégraphie de D. Bagouet. (Maison de la culture de Créteil, 1975.)

La Nuit transfigurée, chorégraphie de R. Petit, musique de A. Schönberg, avec G. Thesmar et D. Ganio. (Opéra de Paris, 1976.)

BALLET

Halte de cavalerie, par le Ballet du Malegot de Leningrad, chorégraphie de M. Petipa. (Paris, 1976.)

La Fille aux cheveux blancs, par le Ballet de Chang-hai. (Paris, 1977.)

Félix Blaska dans *Fusion*, de Félix Blaska. (Paris, 1975.)

indiquant le tracé d'un canal, d'un chemin de fer, d'une piste d'aviation.

BALISE n. f. Fruit du balisier.

BALISER v. t. Munir de balises.

BALISEUR n. m. Personne chargée de la surveillance et de l'entretien des balises et des bouées, ainsi que du ravitaillement des phares. ‖ Bateau spécial, muni d'une grue, utilisé pour ces travaux.

BALISIER n. m. Plante originaire de l'Inde et cultivée dans les régions chaudes pour son rhizome, riche en féculents. (Certaines espèces ont des fleurs décoratives.) [Famille des cannacées; nom scientifique : *canna*.]

BALISTE n. f. (lat. *ballista*). Machine de guerre romaine servant à lancer des traits ou d'autres projectiles.

BALISTE n. m. Poisson des récifs coralliens.

BALISTIQUE adj. Relatif à l'art de lancer des projectiles. ● *Trajectoire balistique*, trajectoire d'un projectile soumis aux seules forces de gravitation.

BALISTIQUE n. f. Science qui étudie les mouvements des corps lancés dans l'espace et plus spécialement des projectiles.

BALISTITE n. f. Poudre sans fumée et brûlant avec une flamme vive, chaude et brillante, utilisée dans les armes à feu.

BALIVAGE n. m. Choix et marquage des baliveaux.

BALIVEAU n. m. (anc. fr. *baïf*, qui regarde attentivement). Arbre réservé dans la coupe d'un bois taillis, pour qu'il puisse croître en futaie. ‖ Longue perche utilisée comme support vertical dans les échafaudages.

BALIVERNE n. f. Propos futile; occupation sans intérêt.

BALKANIQUE adj. Des Balkans.

BALKANISATION n. f. (de *Balkans*). Processus qui aboutit à la fragmentation en de nombreux États de ce qui constituait auparavant une seule entité territoriale et politique.

BALKANISER v. t. Morceler par balkanisation.

BALLADE n. f. (prov. *ballada*, danse). Au Moyen Âge, poème lyrique d'origine chorégraphique, d'abord chanté, puis destiné seulement à la récitation. ‖ À partir du XIVe s., poème à forme fixe, composé de trois strophes suivies d'un envoi d'une demi-strophe. ‖ Dès la fin du XVIIIe s., petit poème narratif en strophes, qui met généralement en œuvre une légende populaire ou une tradition historique. ‖ *Mus.* À l'origine, chanson à danser; pièce instrumentale ou vocale de forme libre, remise en honneur par les romantiques.

BALLANT, E adj. (de *baller*). Qui pend et oscille nonchalamment : *aller les bras ballants*.

BALLANT n. m. Mouvement d'oscillation : *véhicule qui a du ballant*.

BALLAST [balast] n. m. (mot angl.). Ensemble de pierres concassées qui maintiennent les traverses d'une voie ferrée et les assujettissent. ‖ Réservoir dont le remplissage à l'eau de mer et la vidange permet à un sous-marin de plonger ou de revenir en surface et à un bâtiment de commerce d'ajuster son équilibre longitudinal et transversal à sa cargaison.

BALLASTAGE n. m. Action de ballaster.

BALLASTER v. t. Répartir du ballast sur une voie de chemin de fer. ‖ Remplir ou vider les ballasts d'un navire afin de rechercher son meilleur équilibre.

BALLASTIÈRE n. f. Carrière d'où l'on extrait le ballast.

BALLE n. f. (it. *palla*). Petite pelote ronde pouvant rebondir, utilisée dans de nombreux jeux et sports. ‖ Masse métallique fixée à l'étui de la cartouche et constituant le projectile des armes à feu portatives. ● *Enfant de la balle*, celui qui a été élevé dans le métier d'artiste de son père (comédien, acrobate, etc.). ‖ *Prendre, saisir la balle au bond*, saisir immédiatement l'occasion. ‖ *Renvoyer la balle*, riposter vivement. ‖ *Se renvoyer la balle*, se rejeter mutuellement une responsabilité.

BALLE n. f. (anc. fr. *baller*, vanner). Enveloppe du grain dans l'épi des céréales.

BALLE n. f. (francique *balla*). Gros paquet de marchandises.

BALLE n. f. *Fam.* Ancien franc : *donne-moi cent balles*.

BALLER v. i. (anc. fr. *baller*, danser). *Litt.* Osciller, pendre : *sa tête ballait en arrière*.

BALLERINE n. f. (it. *ballerina*). Danseuse classique; soliste de classe internationale. ‖ Chaussure de femme légère et plate.

BALLET n. m. (it. *balletto*). Composition chorégraphique destinée à être représentée au théâtre, avec ou sans accompagnement musical, et interprétée par un ou plusieurs danseurs. ‖ Pièce de théâtre mêlée de chansons et de pantomimes. ‖ *Mus.* Suite instrumentale composée pour illustrer ou créer une action dramatique dansée. ‖ Troupe fixe ou itinérante donnant des spectacles chorégraphiques. (On dit aussi COMPAGNIE DE BALLET.) ● *Ballet abstrait*, ballet sans argument ni livret. ‖ *Ballet d'action*, ballet avec argument. (Syn. BALLET-PANTOMIME.) ‖ *Ballet blanc* ou *ballet romantique*, ballet caractérisé par le port du tutu long de mousseline blanche. ‖ *Ballet de chambre*, troupe restreinte qui peut se produire en tous lieux, sans grands besoins de mise en scène et de décors. ‖ *Ballet de cour*, ballet dansé à la fin du XVIe s. et au XVIIe s. par les rois et leurs courtisans. ‖ *Ballet à entrées*, forme prise, vers 1621, par le ballet de cour, qui se composa alors de plusieurs parties indépendantes. ‖ *Ballet expérimental*, œuvre chorégraphique composée sur une partition inédite issue des recherches d'un compositeur, et utilisant tous les moyens scéniques et scénographiques contemporains. ‖ *Corps de ballet*, ensemble des danseurs d'un théâtre qui ne sont ni solistes ni étoiles; à l'Opéra de Paris, ensemble de tous les danseurs. ‖ *Maître de ballet*, technicien qui fait répéter les danseurs et qui assume la réalisation des œuvres dansées par le corps de ballet.

■ Adaptation de la danse au théâtre, le ballet spectacle naît à la fin du XVIe s. Son évolution est marquée par une succession de genres caractéristiques : le ballet de cour (ballet à entrées et à « grandes machines »), l'opéra-ballet, la comédie-ballet et la tragédie-ballet, dont les artisans sont Lully et Beauchamp au XVIIe s. Le ballet d'action (avec argument) est mis en œuvre par Noverre (*Lettre sur la danse et les ballets*, 1760). Après la Révolution, le ballet blanc est l'apothéose du romantisme chorégraphique (*la Sylphide* [1832] et *Giselle* [1841]). Entre la fin du XIXe s. et la fin de la Seconde Guerre mondiale, le ballet classique — après avoir pourtant connu la révélation des Ballets russes de Diaghilev (1909-1929) — souffre autant d'un excès de virtuosité que d'un appauvrissement artistique. Européen, et plus spécialement français, italien et russe, le ballet s'implante en Angleterre, puis rayonne jusqu'aux États-Unis, où il doit subir le choc de la « danse moderne ». Mais les deux courants subsistent et le ballet contemporain, enrichi des techniques de la « modern dance » et du jazz, s'adresse, grâce aux spectacles itinérants des compagnies internationales, non plus à un public d'initiés et d'esthètes, mais à un public de plus en plus large.

BALLETOMANE n. Amateur de ballets.

BALLET-PANTOMIME n. m. (pl. *ballets-pantomimes*). Syn. de BALLET D'ACTION.

BALLON n. m. (it. *pallone*). Grosse balle à jouer, le plus souvent ronde, formée généralement d'une vessie de caoutchouc gonflée d'air et recouverte de cuir. ‖ Sphère en caoutchouc gonflée de gaz. ‖ Verre sphérique destiné à contenir un liquide, un gaz; son contenu. ‖ Verre à boire de forme sphérique. ‖ Syn. de BULLE (de bandes dessinées). ‖ *Chorégr.* Qualité physique qui permet au danseur de s'élever aisément quand il saute, de paraître retarder sa retombée et de rebondir plus haut lors du second saut. ● *Ballon captif*, ou *ballon*, aéronef de taille variable, utilisé à des fins scientifiques ou militaires. ‖ *Ballon dirigeable*, v. DIRIGEABLE. ‖ *Ballon d'essai*, expérience que l'on fait pour sonder le terrain, l'opinion. ‖ *Ballon d'oxygène*, ce qui a un effet bienfaisant en ranimant.

BALLON n. m. (all. *Belchen*). Sommet dans les Vosges.

BALLONNÉ, E adj. Gonflé, distendu. ‖ Se dit du style du danseur qui exécute ses pas très au-dessus du sol et qui se reçoit à terre avec souplesse.

BALLONNEMENT n. m. Distension du ventre par des gaz.

BALLONNER v. t. Enfler, distendre par l'accumulation de gaz.

BALLONNET n. m. Petit ballon.

BALLON-SONDE n. m. (pl. *ballons-sondes*). Ballon muni d'appareils enregistreurs destinés à l'exploration météorologique de la haute atmosphère.

BALLOT n. m. (de *balle*, paquet). Paquet de marchandises. ‖ *Fam.* Sot, imbécile.

BALLOTE n. f. Plante des décombres, à odeur fétide et à fleurs mauves, dont l'extrait a des propriétés sédatives. (Famille des labiacées.)

BALLOTIN n. m. Emballage en carton pour les confiseries.

BALLOTTAGE n. m. Résultat négatif obtenu dans une élection lorsque aucun des candidats n'a réuni la majorité requise, et obligeant à procéder à un nouveau scrutin (*scrutin de ballottage*).

BALLOTTEMENT n. m. Mouvement de ce qui ballotte : *le ballottement d'un navire.*

BALLOTTER v. t. (anc. fr. *ballotte*, petite balle). Agiter en divers sens : *la mer ballotte les navires.* ‖ Tiraillier en tous sens : *il est ballotté entre la peur et la curiosité.* ◆ v. i. Remuer, être secoué en tous sens : *ce violon ballotte dans son étui.*

BALLOTTINE n. f. Petite galantine roulée, composée de volaille et de farce.

BALL-TRAP [baltrap] n. m. (mot angl.) [pl. *ball-traps*]. Appareil à ressort, lançant en l'air des disques d'argile servant de cibles pour le tir au fusil. ‖ Tir pratiqué avec cet appareil.

BALLUCHON ou **BALUCHON** n. m. (de *balle*, paquet). *Fam.* Paquet de vêtements, de linge. ‖ Petit ballot.

BALNÉAIRE adj. (lat. *balnearis*). Relatif aux bains de mer : *station balnéaire.*

BALNÉATION n. f. Action de prendre ou de donner des bains.

BALNÉOTHÉRAPIE n. f. Traitement médical par les bains.

BÂLOIS, E adj. et n. De Bâle.

BALOURD, E adj. et n. (it. *balordo*). Grossier et stupide.

BALOURD n. m. *Mécan.* Déséquilibre dans une pièce tournante dont le centre de gravité ne se trouve pas sur l'axe de rotation.

BALOURDISE n. f. Caractère d'une personne balourde; ce qui est fait sans esprit et mal à propos : *raconter des balourdises.*

BALOUTCHI n. m. Langue de la famille iranienne.

BALSA [balza] n. m. Bois très léger (densité 0,15), provenant de l'Amérique centrale, et utilisé pour les modèles réduits.

BALSAMIER ou **BAUMIER** n. m. Arbre des régions chaudes dont les feuilles possèdent des glandes. (Sa sécrétion a une odeur balsamique et douce. On tire un baume de ses bourgeons.)

BALSAMINE n. f. (lat. *balsamum*, baume). Plante des bois montagneux, à fleurs jaunes, appelée aussi *impatiente* et *noli-me-tangere*, car son fruit, à maturité, éclate au moindre contact en projetant les graines.

BALSAMIQUE adj. et n. m. Qui a les propriétés du baume.

BALTE adj. et n. De la Baltique.

BALTE n. m. Groupe de langues indo-européennes comprenant le lette et le lituanien.

BALTHAZAR n. m. Grosse bouteille de champagne, d'une contenance de seize bouteilles.

BALTIQUE adj. Se dit des pays, des populations qui avoisinent la mer Baltique.

BALUCHON n. m. → BALLUCHON.

BALUSTRADE n. f. (it. *balaustrata*). *Archit.* Rangée de balustres, couronnée d'une tablette. ‖ Garde-corps diversement ajouré.

BALUSTRE n. m. (it. *balaustro*). Colonnette ou court pilier renflé et mouluré, généralement employé avec d'autres et assemblé avec eux par une tablette pour former un appui, une clôture, un motif décoratif. ‖ Colonnette qui orne le dos d'un siège. ● *Compas à balustre*, ou *balustre*, compas ayant une tête en forme de balustre.

BALZACIEN, ENNE adj. Qui rappelle les personnages ou la conception du roman de Balzac.

BALZAN, E adj. (it. *balzano*). Se dit d'un cheval qui a des balzanes.

BALZANE n. f. Zone de poils blancs aux pieds de certains chevaux.

BAMBARA n. m. Langue négro-africaine, parlée par les Bambaras.

BAMBIN n. m. (it. *bambino*). *Fam.* Petit enfant.

BAMBOCHADE n. f. (it. *bambocciata*). Petit tableau de mœurs pittoresque, dans le genre de ceux que peignit Van Laer, dit *il Bamboccio.*

BAMBOCHARD, E ou **BAMBOCHEUR, EUSE** adj. et n. *Fam.* et *vx.* Qui aime bambocher.

BAMBOCHE n. f. (de *bambochade*). *Fam.* et *vx.* Petite débauche, ripaille.

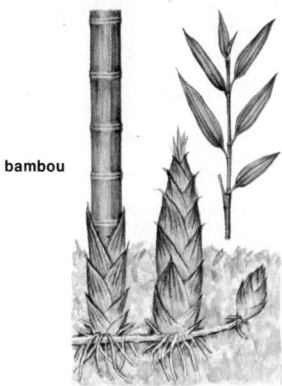

bambou

BAMBOCHER v. i. *Fam.* Mener une vie faite de bons repas, de parties de plaisir.

BAMBOU n. m. (malais *bambu*). Graminacée ligneuse des pays chauds, dont le chaume atteint jusqu'à 25 m de haut. ‖ Canne faite d'une tige de bambou.

BAMBOULA n. f. *Faire la bamboula* (Fam. et vx), faire la noce.

BAN n. m. (mot germ.). Applaudissements rythmés : *un ban pour l'orateur!* ‖ *Féod.* Ensemble des vassaux tenus au service des armes envers un suzerain; convocation de ceux-ci dans ce but. ‖ Proclamation officielle et publique (vx). ‖ Règlement de police rurale : *ban de vendange.* ‖ Sonnerie de clairon ou roulement de tambour commençant ou clôturant une cérémonie militaire. ● *Le ban et l'arrière-ban*, les vassaux et arrière-vassaux; la totalité de ceux qui constituent un ensemble, tout le monde possible. ‖ *Mettre qqn au ban de la société*, le déclarer indigne, le dénoncer au mépris public. ‖ *Rupture de ban*, délit qui consiste, pour un banni ou un interdit de séjour, à retourner sur le territoire dont il est banni; état de rupture avec la société, la famille. ◆ pl. Annonce de mariage publiée à l'église et à la mairie.

BAN n. m. Chef d'un banat hongrois.

BANAL, E, AUX adj. (de *ban*). *Féod.* Qui bénéficiait du droit de banalité.

BANAL, E, ALS adj. (de *ban*). Commun, ordinaire : *un drame banal de la jalousie.*

BANALEMENT adv. De façon banale.

BANALISATION n. f. Action de banaliser.

BANALISER v. t. Rendre banal, vulgaire. ‖ Supprimer les caractères distinctifs : *banaliser un véhicule de la police.* ‖ Équiper une voie ferrée pour l'utiliser à la fois comme voie montante et descendante. ‖ Faire conduire une locomotive par des équipes qui se relaient. ‖ Placer sous le droit commun des bâtiments administratifs, des terrains, etc.

BANALITÉ n. f. Caractère de ce qui est banal, platitude : *la banalité d'un récit; dire des banalités.* ‖ *Féod.* Servitude consistant dans l'usage obligatoire et public d'un objet appartenant au seigneur.

BANANE n. f. (portug. *banana*, empr. au guinéen). Fruit du bananier, riche en amidon. ‖ Butoir de pare-chocs. ‖ *Fam.* Coiffure masculine consistant en un gonflement à la brosse de la mèche frontale dans un mouvement souple d'avant en arrière. ● *Fiche banane* (Électr.), fiche électrique mâle du type le plus léger.

BANANERAIE n. f. Plantation de bananiers.

BANANIER n. m. Plante à feuilles longues (jusqu'à 2 m), entières, qu'on cultive dans les régions chaudes pour ses fruits, ou *bananes*, groupés en régimes. (Famille des musacées.) ‖ Cargo aménagé pour le transport des bananes.

BANAT n. m. Anc. nom de provinces limitrophes de la Hongrie et de la Turquie.

BANC n. m. (mot germ.). Siège avec ou sans dossier, étroit et long et qui dans les assemblées

bananier

a : régime
b : fausse fleur

bandes lombardes (Tournus)

ou les tribunaux peut être réservé à certaines personnes. ‖ Établi : *banc de tourneur*. ‖ Amas de matière formant une couche de forme allongée : *banc de rocher, d'argile, de sable*. ‖ *Hist*. Cour ou conseil d'un souverain. ‖ *Mar*. et *Hydrogr*. Élévation du fond de la mer ou d'un cours d'eau. • *Banc d'essai*, installation permettant de déterminer les caractéristiques d'une machine à différents régimes; première production d'un écrivain, d'un artiste; ce qui permet d'éprouver les capacités de qqn, de qqch. ‖ *Banc de neige*, au Canada, amas de neige entassée par le vent. ‖ *Banc d'œuvre*, autref. dans les églises, banc réservé aux marguilliers. ‖ *Banc de poissons*, troupe nombreuse de poissons de la même espèce. ‖ *Banc de reproduction*, appareil photographique de grand format utilisé dans les ateliers de photogravure. ‖ *Banc de tour*, partie horizontale du tour parallèle, munie de glissières sur lesquelles se déplace le traînard.

BANCABLE adj. Se dit d'un effet de commerce pouvant être réescompté par la Banque de France.

BANCAIRE adj. Relatif à la banque.

BANCAL, E, ALS adj. et n. Se dit de qqn qui boite fortement. ‖ Se dit d'un meuble instable, parce qu'à pieds inégaux. ‖ Qui ne repose pas sur des bases solides : *projet bancal*.

BANCAL n. m. Sabre à lame courbe.

BANCHAGE n. m. Procédé de construction de murs consistant à remplir de béton ou de pisé l'espace compris entre deux banches.

BANCHE n. f. Panneau de coffrage utilisé pour la construction des murs en béton ou en pisé.

BANCHER v. t. Couler du béton ou du pisé à l'aide de banches. ‖ Mettre en place des banches.

BANCO n. m. (mot it.). *Faire banco* à certains jeux, au baccara, tenir seul l'enjeu contre le banquier.

BANCOULIER n. m. Sorte d'aleurite.

BANC-TITRE n. m. (pl. *bancs-titres*). Dispositif constitué par une caméra fixe, fonctionnant image par image, et par un plateau perpendiculaire à l'axe de la caméra et sur lequel sont placés les éléments à filmer, tels que les génériques, les sous-titres, etc.; ce procédé.

BANDAGE n. m. Action de bander. ‖ Assemblage de bandes servant à protéger une partie du corps. ‖ Cercle métallique ou bande de caoutchouc qui entoure la jante d'une roue. ‖ Appareil contenant les hernies.

BANDAGISTE n. Personne qui fait ou vend des bandages.

BANDE n. f. (mot francique). Lien plat; lanière étroite qui sert à lier, à maintenir qqch : *bande de toile*. ‖ Lanière de linge qui sert en chirurgie pour envelopper certaines parties du corps. ‖ Partie longue et étroite d'une surface, qui se distingue du reste de celle-ci : *bande colorée*. ‖ Ornement plus long que large : *bande de velours*. ‖ Rebord élastique qui entoure le tapis d'un billard. ‖ Ruban magnétique en matière plastique servant de support pour l'enregistrement des sons au magnétophone, pour l'entrée ou la sortie des données dans les calculateurs électroniques, etc. ‖ *Arm*. Dispositif d'assemblage de cartouches utilisé pour l'alimentation de certaines armes automatiques. ‖ *Hérald*. Pièce honorable qui va de l'angle dextre du chef à l'angle senestre de la pointe. ‖ *Math*. Région d'un plan limitée par deux droites parallèles. ‖ *Métall*. Produit métallique long, mince et de largeur limitée. ‖ *Radio*. Ensemble des fréquences comprises entre deux limites : *bande réservée à la télévision*. • *Bande bimétallique*, produit constitué par une bande d'acier doux recouvert d'un alliage non ferreux, déposé par coulée, frittage ou laminage. ‖ *Bande dessinée* ou *B. D.*, séquence d'images accompagnées d'un texte, relatant une action dont le déroulement temporel s'effectue par bonds successifs d'une image à une autre sans que s'interrompent ni la continuité du récit ni la présence des personnages. (Enclose dans un espace cerné par un trait, l'image elle-même le texte qui aide à sa compréhension.) ‖ *Bandes lombardes* (Archit.), dans le premier art roman, jambes faiblement saillantes en répétition sur un mur, réunies à leur sommet par une frise d'arceaux. ‖ *Bande passante*, intervalle de fréquences transmises sans distorsion notable par un filtre, un capteur ou un amplificateur. ‖ *Bande perforée*, bande de papier dans laquelle les chiffres et des lettres sont enregistrés sous forme de perforations. ‖ *Bande publique*, terme préconisé par l'Administration pour CITIZEN BAND. ‖ *Bande de roulement*, partie du pneumatique en contact avec le sol. ‖ *Bande sonore* ou *bande-son*, partie de la pellicule cinématographique sur laquelle le son est enregistré. ‖ *Bande d'usure*, partie amovible, rapportée sur une pièce soumise à un frottement pour la préserver de l'usure. ‖ *Par la bande* (Fam.), indirectement.

BANDE n. f. (germ. *bandwa*, étendard). Réunion de plusieurs personnes qui vont en groupe ou sont associées dans un dessein quelconque : *une bande d'écoliers; une bande de gangsters*. • *Faire bande à part* (Fam.), se tenir à l'écart.

BANDE n. f. (prov. *banda*, côté). *Mar*. Inclinaison que prend un navire sur un bord sous l'effet du vent ou lorsque la cargaison est mal répartie.

banian

BANDE-ANNONCE n. f. (pl. *bandes-annonces*). Extraits d'un film servant à faire sa publicité avant sa présentation.

BANDEAU n. m. Bande pour ceindre le front, la tête, ou pour couvrir les yeux. ‖ *Archit*. Large moulure plate ou bombée. ‖ *Arts graph*. Sorte de frise (texte ou illustration) en tête d'une page. • *Avoir un bandeau sur les yeux*, être aveuglé par la passion, l'ignorance, etc.

BANDELETTE n. f. Petite bande. ‖ Petite moulure plate. (On dit plutôt RÉGLET.)

BANDER v. t. Entourer et serrer avec une bande : *bander le bras d'un blessé*. ‖ Couvrir d'un bandeau : *bander les yeux de qqn*. ‖ Raidir en tendant : *bander un arc*. ◆ v. i. *Pop*. Être en érection.

BANDERA n. f. (mot esp.). Compagnie d'infanterie dans l'armée espagnole.

BANDERILLE [bādrij] n. f. (esp. *banderilla*). Dard orné de rubans que les toreros plantent sur le garrot des taureaux.

BANDERILLERO [banderilero] n. m. Membre d'un quadrille qui plante les banderilles.

BANDEROLE n. f. (it. *banderuola*). Bande d'étoffe, longue et étroite, qu'on attache au haut d'un mât ou d'une hampe.

BANDE-SON n. f. (pl. *bandes-son*). Syn. de BANDE SONORE.

BANDE-VIDÉO n. f. (pl. *bandes-vidéo*). Bande magnétique servant à l'enregistrement des images et éventuellement des sons associés.

BANDIT n. m. (it. *bandito*). Individu qui se livre à des actions criminelles. ‖ Individu cruel et sans scrupule.

BANDE DESSINÉE

Tintin dans *le Secret de la licorne*, de Hergé.

Tarzan, créé en 1929 par Hal Foster, repris en 1936 par Burne Hogarth.

Little Nemo in Slumberland, créé en 1905 par Winsor McCay.

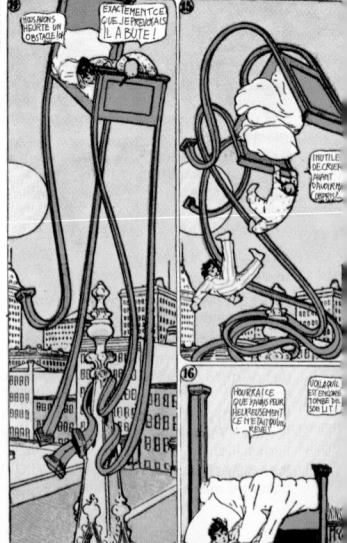

BANDITISME n. m. Ensemble d'actions criminelles commises dans une région; criminalité.

BANDONÉON n. m. (du nom de son inventeur, Heinrich *Band*). Petit accordéon hexagonal du XIXᵉ s., utilisé dans les orchestres de tango de l'Amérique du Sud.

BANDOULIÈRE n. f. (esp. *bandolera*, de *banda*, écharpe). Bande de cuir ou d'étoffe portée en diagonale sur la poitrine pour soutenir une arme. ● *En bandoulière*, porté en écharpe de l'épaule à la hanche opposée.

BANG n. m. Bruit violent d'un avion qui franchit la vitesse sonique.

◁ **BANIAN** n. m. (mot hindī, *marchand*). Membre d'une secte brahmanique. ● *Figuier banian*, ou *banian*, figuier de l'Inde, aux branches portant des racines adventives verticales et retombantes.

BANJO [bɑ̃ʒo ou bɑ̃dʒo] n. m. (mot angloamér.). Guitare ronde et dont la partie supérieure de la caisse est constituée par une peau tendue.

BANLIEUE n. f. (de *ban*, juridiction, et *lieue*). Ensemble des localités qui environnent une ville et participent à son existence.

BANLIEUSARD, E n. Personne qui habite la banlieue d'une ville.

BANNE n. f. (lat. *benna*). Panier d'osier. ‖ Toile placée au-dessus de la devanture d'une boutique pour garantir les marchandises ou les clients des intempéries.

BANNERET n. m. (de *ban*). Seigneur qui comptait un nombre suffisant de vassaux pour les conduire à l'armée du suzerain.

BANNETON n. m. Petit panier sans anse dans lequel on fait lever le pain.

BANNETTE n. f. Petite banne d'osier.

banjo

BANNI, E adj. et n. Expulsé de sa patrie, proscrit, exilé.

BANNIÈRE n. f. (de *ban*). Étendard d'une église, d'une confrérie. ‖ *Hist.* Enseigne sous laquelle se rangeaient les vassaux d'un seigneur pour aller à la guerre. ● *La croix et la bannière*, le comble des formalités, des difficultés. ‖ *Sous la bannière de qqn*, à ses côtés.

BANNIR v. t. Condamner au bannissement. ‖ *Litt.* Écarter, repousser : *bannir la peur*.

BANNISSEMENT n. m. Peine qui consiste à interdire à un citoyen le séjour dans son pays. (Cette peine est, en France, politique, criminelle, infamante et temporaire [cinq à dix ans].)

BANQUE n. f. (it. *banca*, table de changeur). Entreprise qui avance des fonds, en reçoit, escompte des effets, prend des participations. ‖ Branche de l'activité économique constituée par de telles entreprises. ‖ À certains jeux, fonds d'argent qu'a devant lui celui qui tient le jeu. ● *Banque d'affaires*, banque dont l'activité principale est, outre l'octroi de crédits, la prise et la gestion de participations dans des entreprises existantes ou en formation. ‖ *Banque de dépôts*, banque dont l'activité principale est d'effectuer des opérations de crédit et de recevoir des dépôts à vue ou à terme, et dont la vocation principale ne consiste pas à investir des sommes importantes dans des entreprises industrielles ou commerciales. (Les principales banques de dépôts ont été nationalisées en 1945.) ‖ *Banque de données* (Inform.), collection ordonnée d'informations apparentées, traitées par ordinateur, mémorisées, qui peuvent être interrogées à distance et en ligne. ‖ *Banque d'émission*, banque dotée du privilège d'émission des billets de banque. ‖ *Banque du sang, des yeux, d'organes, du sperme*, service public ou privé destiné à recueillir, à conserver et à distribuer aux patients du sang, des cornées nécessaires aux greffes oculaires, etc. ‖ *Faire sauter la banque*, gagner tout l'argent que le banquier a mis en jeu.

BANQUER v. i. *Pop.* Payer.

BANQUEROUTE n. f. (it. *banca rotta*, banc rompu, allusion au vieil usage de rompre le banc, ou comptoir, du banqueroutier). Délit pénal commis par un commerçant, personne physique ou dirigeant d'une personne morale, qui, à la suite d'agissements irréguliers ou frauduleux, se trouve en état de cessation de paiements. ‖ Échec total d'une entreprise : *la banqueroute d'un parti*. ● *Banqueroute publique*, suspension des paiements d'un État aux porteurs de rente.

BANQUEROUTIER, ÈRE n. Personne qui fait banqueroute.

BANQUET n. m. (it. *banchetto*, petit banc). Grand repas; festin solennel.

BANQUETER v. i. (conj. **4**). Prendre part à un banquet. ‖ Faire bonne chère.

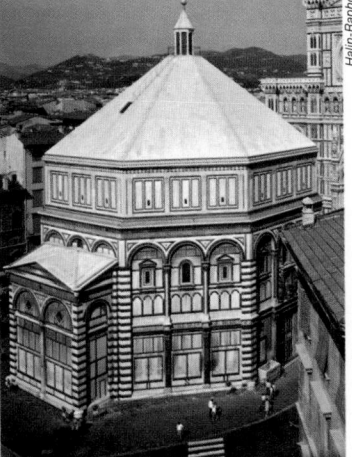

baptistère
de la cathédrale
de Florence

baobab

BANQUETEUR n. m. Celui qui banquette.

BANQUETTE n. f. (languedocien *banqueta*). Banc rembourré, avec ou sans dossier. ‖ Siège des compartiments de chemin de fer. ‖ Siège d'un seul tenant, occupant toute la largeur d'une voiture automobile. ‖ Épaulement conservé dans les talus des tranchées ou des remblais pour leur donner plus de stabilité. ‖ Chemin pratiqué sur les talus d'une voie ferrée, d'un canal. ‖ *Archit.* Banc de pierre dans l'embrasure d'une fenêtre. ● *Banquette irlandaise*, talus gazonné servant d'obstacle dans les courses de chevaux. ‖ *Banquette de tir*, partie surélevée du sol d'une tranchée, permettant de tirer par-dessus le parapet. ‖ *Jouer devant les banquettes*, jouer devant une salle à peu près vide.

BANQUIER n. m. Personne qui dirige une banque. ‖ *Jeux.* Personne qui tient le jeu contre tous les autres joueurs.

BANQUISE n. f. (scand. *pakis*). Croûte de glace qui se forme dans les régions polaires par congélation de l'eau de mer.

BANQUISTE n. m. Bateleur, charlatan (vx).

BANTOU n. m. Ensemble de langues négro-africaines, fortement apparentées entre elles, et parlées dans toute la moitié sud du continent africain.

BANTOU, E adj. Relatif aux Bantous.

BANVIN n. m. (de *ban* et *vin*). *Féod.* Avis public par lequel le seigneur autorisait la vente du vin dans sa seigneurie. ‖ Droit qu'avait un seigneur de vendre son vin avant tous ses vassaux jusqu'à une certaine époque de l'année.

BAOBAB n. m. (mot ar.). Arbre des régions tropicales (Afrique, Australie), à tronc énorme (jusqu'à 20 m de circonférence). [Famille des bombacacées.]

BAPTÊME [batɛm] n. m. (gr. *baptizein*, immerger). Le premier des sacrements des Églises chrétiennes, celui qui constitue le signe juridique et sacral de l'appartenance à l'Église. ● *Baptême de l'air*, premier vol que l'on fait en avion. ‖ *Baptême d'une cloche, d'un navire*, etc., nom donné à certaines cérémonies et inaugurations solennelles. ‖ *Baptême de la ligne* ou *des tropiques*, coutume burlesque dont est victime une personne qui passe sous l'un des tropiques ou sous l'équateur pour la première fois. (Sur les navires, elle consiste à l'inonder d'eau de mer.) ‖ *Nom de baptême*, prénom qu'on reçoit au moment du baptême. ‖ *Recevoir le baptême du feu*, participer pour la première fois à un combat.

BAPTISER [batize] v. t. (gr. *baptizein*, immerger). Conférer le baptême par l'eau (immersion ou ablution). ‖ Donner un nom de baptême : *baptiser un enfant du nom de Jacques*. ● *Baptiser du vin, du lait* (Fam.), y mettre de l'eau.

BAPTISMAL, E, AUX [batismal, o] adj. Relatif au baptême : *fonts baptismaux*.

BAPTISME [batism] n. m. Église protestante fondée au XVIIᵉ s. par un pasteur anglais et dont les membres se caractérisent par leur attachement à la lettre de la Bible et par leur esprit missionnaire.

BAPTISTAIRE [batistɛr] adj. et n. m. Se dit d'un acte qui constate le baptême.

BAPTISTE [batist] adj. et n. Relatif au baptisme; adepte du baptisme.

BAPTISTÈRE [batistɛr] n. m. Bâtiment ou annexe d'une église destinés à l'administration du baptême.

BAQUET n. m. (de *bac*). Petit cuvier de bois. ‖ Siège bas et enveloppant d'une voiture de sport.

BAQUETURES n. f. pl. Vin qui tombe d'un tonneau en perce dans le baquet placé sous le robinet.

BAR n. m. (néerl. *baers*). Poisson marin, voisin de la perche, à chair estimée. (Long. 0,50 à 1 m; famille des percidés; autre nom : *loup*.)

BAR n. m. (angl. *bar*, barre). Débit de boissons où l'on consomme presque toujours debout ou assis sur de hauts tabourets devant un comptoir. ‖ Comptoir où l'on sert à boire.

BAR n. m. (gr. *baros*, pesanteur). Unité de mesure de pression (symb. : bar), utilisée en

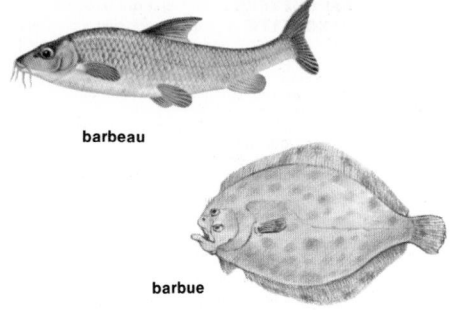

barbeau

barbue

bardane

météorologie et pour mesurer les pressions de fluides, et valant 10⁵ pascals.

BARAGOUIN n. m. (breton *bara*, pain, et *gwen*, blanc). *Fam.* Langage incompréhensible, charabia.

BARAGOUINAGE n. m. *Fam.* Manière de parler embrouillée, difficile à comprendre.

BARAGOUINER v. t. et i. *Fam.* Parler mal une langue : *baragouiner le français.* ‖ Bredouiller : *baragouiner un discours.*

BARAGOUINEUR, EUSE n. *Fam.* Personne qui baragouine.

BARAKA n. f. (mot ar., *bénédiction*). *Fam.* Chance.

BARAQUE n. f. (esp. *barraca*). Local en planches. ‖ Maison en mauvais état, peu solide ou peu confortable.

BARAQUÉ, E adj. *Pop.* De forte carrure.

BARAQUEMENT n. m. Ensemble de constructions provisoires destinées à abriter des soldats, des réfugiés, etc.

BARAQUER v. t. S'accroupir, en parlant du chameau.

BARATERIE n. f. Préjudice volontaire causé aux armateurs, aux chargeurs ou aux assureurs d'un navire par le patron ou une personne de l'équipage.

BARATIN n. m. *Pop.* Boniment; bavardage intarissable.

BARATINER v. i. et v. t. *Pop.* Raconter des boniments.

BARATINEUR, EUSE adj. et n. *Pop.* Qui sait baratiner.

BARATTAGE n. m. Brassage de la crème du lait pour obtenir du beurre.

BARATTE n. f. (anc. fr. *barate*, agitation). Appareil avec lequel on fait le beurre.

BARATTER v. t. Agiter la crème dans la baratte pour faire du beurre.

BARBACANE n. f. (ar. *barbakkaneh*). *Archit.* Baie étroite donnant de l'air ou du jour à un local; ouverture étroite et verticale ménagée dans la maçonnerie d'un ouvrage d'art pour faciliter l'écoulement des eaux d'infiltration. (Syn. CHANTEPLEURE.) ‖ *Fortif.* Meurtrière pour tirer à couvert; ouvrage assurant la défense extérieure d'une porte ou d'un pont.

BARBANT, E adj. *Fam.* Ennuyeux.

BARBAQUE n. f. (roumain *berbec*, mouton). *Pop.* Viande, le plus souvent de mauvaise qualité.

BARBARE adj. et n. (gr. *barbaros*, étranger). Contraire à l'usage ou au goût, incorrect : *terme barbare.* ‖ Cruel, inhumain : *coutume barbare.* ‖ Nom donné par les Grecs et les Romains aux peuples qui n'appartenaient pas à la civilisation gréco-romaine.

BARBARESQUE adj. et n. (it. *barbaresco*). Relatif aux peuples de l'ancienne Barbarie (Afrique du Nord).

BARBARIE n. f. Manque de civilisation, cruauté, férocité : *la guerre est une barbarie.*

BARBARISME n. m. Faute qui consiste à employer des mots inexistants ou déformés.

BARBE n. f. (lat. *barba*). Poil du menton et des joues. ‖ Longs poils que certains animaux ont sous la mâchoire. ‖ Pointe des épis de céréales. ‖ Bavure sur les bords d'un objet, d'une découpure. ‖ Filets qui tiennent au tuyau des plumes. ‖ *Pop.* Ennui : *quelle barbe!* ◆ *À la barbe de qqn*, en sa présence et en dépit de lui. ‖ *Barbe à papa*, confiserie faite de filaments de sucre enroulés sur un bâtonnet. ‖ *Parler dans sa barbe,* parler bas. ‖ *Rire dans sa barbe,* pour soi-même. ◆ interj. *La barbe!* (Pop.), exclamation pour signifier que qqn ou qqch vous importune.

BARBE adj. et n. m. (it. *barbero*). Se dit d'un cheval de selle originaire de l'Afrique du Nord (Barbarie), très répandu au Maroc.

BARBEAU n. m. (lat. *barba*, barbe [à cause de la présence de quatre barbillons à la lèvre supérieure de ce poisson]). Poisson d'eau douce de la famille des cyprinidés, dont la chair est estimée, mais dont les œufs peuvent être toxiques. (L'espèce la plus connue en France atteint 50 cm.) ‖ *Bot.* Bleuet. ‖ *Pop.* Souteneur. ◆ adj. inv. *Bleu barbeau,* bleu clair.

BARBECUE [barbəkju] n. m. (mot anglo-amér., de l'esp. *barbacoa*, d'orig. indienne). Appareil de cuisson à l'air libre, fonctionnant au charbon de bois, pour griller la viande ou le poisson.

BARBE-DE-CAPUCIN n. f. (pl. *barbes-de-capucin*). Chicorée sauvage amère, qu'on mange en salade.

BARBELÉ, E adj. (de *barbe*). Garni de dents et de pointes : *une flèche barbelée.* ◆ *Fil de fer barbelé,* ou *barbelé* n. m., fil de fer muni de pointes et utilisé comme clôture ou comme moyen de défense.

BARBELURE n. f. État de ce qui est barbelé.

BARBER v. t. *Fam.* Ennuyer.

BARBET n. m. Jadis, vaudois du Piémont, puis protestant des Cévennes.

BARBET, ETTE adj. et n. (de *barbe*). Griffon à poil long et frisé, d'un blanc sale ou taché de brun.

BARBETTE n. f. (de *barbe*). Sorte de guimpe qui recouvrait, au Moyen Âge, la poitrine et le cou des religieuses, et le cou des femmes. ‖ *Fortif.* Plate-forme élevée permettant le tir des canons par-dessus le parapet. ‖ *Mil.* L'arme du génie (Fam.). ◆ adj. *Tourelle barbette,* tourelle à ciel ouvert d'un cuirassé du XIXᵉ s.

BARBICHE n. f. Touffe de barbe au menton.

BARBICHETTE n. f. Petite barbiche.

BARBICHU, E adj. et n. Qui porte une barbiche.

BARBIER n. m. Celui dont la profession était de faire la barbe.

BARBILLON n. m. Syn. de BARBEAU, ou petit barbeau. ‖ Filament olfactif ou gustatif placé de chaque côté de la bouche, chez certains poissons. ‖ Repli de la peau de chaque côté du frein de la langue, chez le bœuf et le cheval.

BARBITURIQUE adj. et n. m. Se dit d'un radical chimique (la malonylurée) qui est à la base de nombreux hypnotiques et sédatifs du système nerveux. ‖ Médicament comportant ce radical, et utilisé dans le traitement de l'insomnie et de l'épilepsie.

BARBITUROMANIE n. f. Toxicomanie avec barbituriques.

BARBON n. m. (it. *barbone*, grande barbe). *Litt.* Homme d'un âge plus que mûr.

BARBOTAGE n. m. Action de barboter dans l'eau. ‖ *Chim.* Passage d'un gaz à travers un liquide. ‖ *Pop.* Vol.

BARBOTE ou **BARBOTTE** n. f. Nom usuel de la *loche* (poisson).

BARBOTER v. i. (de *bourbe*). S'agiter dans l'eau ou la boue : *les canards barbotent.* ‖ *Chim.* Traverser un liquide, en parlant d'un gaz. ◆ v. t. *Pop.* Voler.

BARBOTEUR, EUSE n. Personne qui barbote.

BARBOTEUSE n. f. Vêtement d'enfant d'une seule pièce formant culotte.

BARBOTIN n. m. Couronne en acier sur laquelle les maillons d'une chaîne viennent s'engrener. ‖ Roue dentée reliée au moteur et entraînant la chenille d'un véhicule tout terrain.

BARBOTINE n. f. (de *barboter*). Argile délayée de même composition que la céramique de base, utilisée pour les raccords et les décors, ou pour les pièces obtenues par coulage. ‖ Mortier gâché fluide, à volume égal de sable et de ciment.

BARBOUILLAGE ou **BARBOUILLIS** n. m. Application grossière d'une peinture. ‖ Écriture illisible.

BARBOUILLER v. t. (onomat.). Salir, tacher : *barbouiller ses cahiers, ses livres.* ‖ Peindre grossièrement : *barbouiller un mur.* ● *Avoir l'estomac barbouillé,* avoir mal digéré. ‖ *Barbouiller du papier* (Fam.), mal écrire.

BARBOUILLEUR, EUSE n. Personne qui barbouille.

BARBOUZE n. m. ou f. *Pop.* Policier appartenant à un service secret.

BARBU, E adj. et n. Qui a de la barbe.

BARBUE n. f. (de *barbu*). Poisson marin voisin du turbot, à chair estimée, atteignant 70 cm de longueur.

BARCAROLLE n. f. (it. *barcarolo*, gondolier). Chanson de batelier, surtout de batelier vénitien. ‖ *Mus.* Pièce vocale ou instrumentale, d'un rythme balancé.

BARCASSE n. f. Grosse barque.

BARDA n. m. (ar. *barda'a*, bât d'âne). *Fam.* Effets, équipement qu'on emporte avec soi, ou bagages encombrants.

BARDAGE n. m. Transport des fardeaux très pesants. ‖ Protection en planches aménagée autour d'un ouvrage d'art. ‖ Revêtement en bardeaux.

BARDANE n. f. (lyonnais *bardane*, punaise). Plante commune dans les décombres et dont les fruits, garnis par de petits crochets, s'accrochent aux vêtements et à la toison des animaux. (Haut. 1 m; famille des composées.)

BARDE n. m. (lat. *bardus*, mot gaul.). Poète celte qui chantait les héros. ‖ Poète héroïque et lyrique.

BARDE n. f. (esp. *barde*, mot ar.). Tranche de lard dont on enveloppe une pièce de viande. ‖ *Hist.* Armure du cheval de guerre (XIIIᵉ-XVIᵉ s.).

BARDEAU n. m. (de *barde* n. f.). Courte planchette en bois ou autre matériau, posée à recouvrement et servant à couvrir une toiture ou une façade. ‖ Planchette de bois fixée sur les solives d'un plancher et formant une aire pour recevoir un carrelage ou un parquet. (V. BARDOT.)

BARDER v. t. (de *barde* n. f.). Couvrir d'une armure : *barder de fer un chevalier.* ‖ Envelopper une pièce de viande ou une volaille de tranches de lard.

BARDER v. t. impers. *Pop.* Prendre une tournure violente.

BARDIS [bardi] n. m. Cloison longitudinale en planches, établie dans la cale d'un navire pour empêcher le ripage de la cargaison.

BARDOT ou **BARDEAU** n. m. (it. *bardotto*, bête qui porte le bât). Hybride produit par l'accouplement d'un cheval et d'une ânesse.

BARÈME n. m. (de *Barrême,* mathématicien du XVIIᵉ s.). Table ou répertoire de tarifs. ‖ Livre contenant les comptes tout faits.

BARESTHÉSIE n. f. (gr. *baros*, pression, et *aisthêsis*, sensibilité). Sensibilité aux variations de pression des tissus et des organes (peau, muscles, os, tendons).

BARGE n. f. (bas lat. *barga*). Bateau à fond plat, gréé d'une voile carrée. ‖ Grande péniche à fond plat. ‖ Meule de foin de forme rectangulaire.

BARGE n. f. (orig. inconnue). Oiseau échassier ressemblant à la bécasse, mais plus haut sur pattes, qui fréquente les marais et les plages vaseuses. (Long. 40 cm.)

BARGUIGNER [barginə] v. i. (francique *borganjan*, emprunter). *Sans barguigner* (vx), sans hésiter.

BARIGOULE n. f. (prov. *barigoulo*). *À la barigoule*, se dit d'un artichaut farci de lard gras, de champignons, d'oignons et d'échalotes.

BARIL [bari *ou* baril] n. m. Petit tonneau : *mettre en baril; de la lessive en baril; baril de poudre.* ‖ Mesure de capacité (symb. : bbl) valant environ 159 litres, utilisée surtout pour les produits pétroliers.

BARILLET n. m. Petit baril. ‖ Support cylindrique de révolution comportant différents logements identiques répartis autour de l'axe de révolution. ‖ Magasin cylindrique et mobile du revolver, destiné à recevoir les cartouches. ‖ Boîte cylindrique qui contient le grand ressort d'une montre, d'une pendule. ‖ Partie cylindrique d'un bloc de sûreté, dans une serrure.

BARIOLAGE n. m. Assemblage disparate de couleurs. (Syn. BIGARRURE.)

BARIOLÉ, E adj. Marqué de bandes ou de taches de couleurs bizarrement assorties.

BARIOLER v. t. (de *barre*, et anc. fr. *rioler*, rayer). Peindre de diverses couleurs qui ne s'harmonisent pas.

BARIOLURE n. f. Réunion de couleurs contrastées : *les bariolures d'une affiche.*

BARKHANE n. f. Dune en forme de croissant, orientée perpendiculairement au vent.

BARLONG, ONGUE [barlɔ̃, 5g] adj. (lat. *bis*, deux fois, et *long*). *Archit.* Se dit d'une pièce, de la voûte d'une travée, plus longues que larges et, en principe, perpendiculaires à l'axe du bâtiment.

BARLOTIÈRE n. f. Traverse de fer qui consolide les plombs dans un châssis de vitraux.

BARMAID [barmɛd] n. f. Serveuse dans un bar.

BARMAN [barman] n. m. (mot angl.) [pl. *barmen* ou *barmans*]. Serveur dans un bar.

BAR-MITSVA n. f. (mot hébreu). Cérémonie juive de la majorité religieuse.

BARN [barn] n. m. (angl. *big as a barn*, grand comme une grange). Unité de mesure de section efficace (symb. : b) employée en physique nucléaire et valant 10^{-28} mètre carré.

BARNABITE n. m. Religieux appartenant à l'ordre des clercs réguliers de Saint-Paul, ordre fondé en 1530.

BAROGRAPHE n. m. Baromètre enregistreur, traçant la courbe des altitudes successives atteintes par un aviateur.

BAROMÈTRE n. m. (gr. *baros*, pesanteur, et *metron*, mesure). Instrument servant à mesurer la pression atmosphérique. ‖ Ce qui est sensible aux variations : *la presse est le baromètre de l'opinion publique.* ■ Inventé en 1643 par Torricelli, le baromètre se compose d'un tube vertical vide d'air, mais rempli de mercure. Son extrémité supérieure est fermée, et l'autre, ouverte, plonge dans une cuve également remplie de mercure, sur la surface duquel agit la pression atmosphérique, faisant ainsi monter ou descendre le mercure à l'intérieur du tube. Le *baromètre anéroïde* se compose essentiellement d'une boîte métallique vide d'air, à paroi mince, qui se déprime plus ou moins suivant les variations de la pression atmosphérique : les mouvements qui en résultent sont transmis à une aiguille, mobile devant un cadran. Le *baromètre enregistreur* est un baromètre anéroïde dont l'aiguille, munie d'une plume, trace une courbe sur le papier d'un cylindre tournant. La longueur de la colonne mercurielle, dite *hauteur barométrique*, repré-

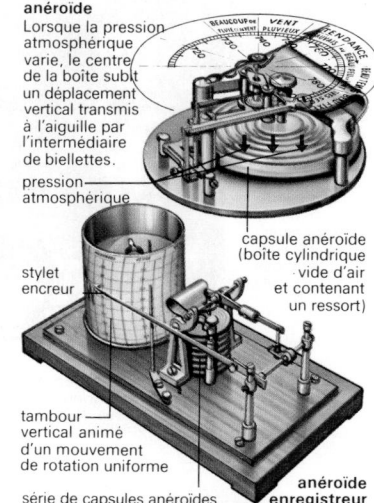

anéroïde
Lorsque la pression atmosphérique varie, le centre de la boîte subit un déplacement vertical transmis à l'aiguille par l'intermédiaire de biellettes.

pression atmosphérique

stylet encreur

capsule anéroïde (boîte cylindrique vide d'air et contenant un ressort)

tambour vertical animé d'un mouvement de rotation uniforme

série de capsules anéroïdes

anéroïde enregistreur

BAROMÈTRES

sente la pression atmosphérique; elle est en moyenne de 76 cm au niveau de la mer; elle diminue quand l'altitude augmente. En un même lieu, elle varie d'un instant à l'autre selon les conditions atmosphériques.

BAROMÉTRIE n. f. Partie de la physique qui mesure la pression atmosphérique.

BAROMÉTRIQUE adj. Relatif au baromètre.

BARON, ONNE n. (francique *baro*, homme libre). Autref., grand du royaume. ‖ Possesseur du titre de noblesse entre celui de vicomte et celui de chevalier. ‖ Personne importante dans la finance, la politique. ● *Baron d'agneau*, morceau de mouton comprenant les gigots, les selles et les filets.

BARONET n. m. En Angleterre, titre héréditaire des membres d'un ordre de chevalerie créé en 1611 par Jacques Ier.

BARONNAGE n. m. Qualité de baron. ‖ Le corps des barons.

BARONNIE n. f. *Hist.* Seigneurie, terre d'un baron.

BAROQUE adj. Relatif au baroque : *église baroque.* ‖ Qui étonne par sa bizarrerie : *idée baroque.*

BAROQUE n. m. (portug. *barroco*, perle irrégulière). Style artistique et littéraire né en Italie à la faveur de la Contre-Réforme, et qui a régné sur une grande partie de l'Europe au XVIIe s. et dans la première moitié du XVIIIe. ‖ Tendance artistique qui, par opposition au classicisme, donne la primauté à la sensibilité. ■ En art, le baroque veut étonner, toucher les sens, éblouir, et y parvient par des effets de mouvement et de contraste lumineux, de formes tendues et contrariées jusqu'à suggérer l'éclatement, de perspectives jouant du trompe-l'œil; architecture, sculpture, peinture tendent à se fondre dans l'unité d'une sorte de spectacle dont le dynamisme scintillant traduit l'exaltation. Cet art trouve sa première expression à Rome, chez les architectes chargés de terminer l'œuvre de Michel-Ange, Maderno et le Bernin, suivis de Borromini, Pierre de Cortone, etc. Turin, Naples, Gênes, Venise, la Sicile sont touchés, en même temps que le baroque se propage hors d'Italie. En Europe centrale,

Würzburg (Bavière) : fresque de Giambattista Tiepolo sur une voussure de la « Kaisersaal » de la résidence des princes-évêques (architecte Johann Balthasar Neumann).

Lauros-Giraudon

ART BAROQUE

Vienne : le Belvédère supérieur élevé de 1721 à 1723 par Johann Lukas von Hildebrandt pour le prince Eugène de Savoie.

→

Everts-Rapho

BAROQUE

Halin-Rapho

Rome,
place Navone :
la fontaine
du More (1653),
du Bernin;
à gauche,
façade
de l'église
Sant'Agnese
in Agone
(1653-1657),
de Borromini;
à l'arrière-plan,
la fontaine
des
Quatre-Fleuves,
du Bernin.

Vautier-De Nanxe

Quito (Équateur) :
église du couvent de la Compagnie
de Jésus, terminée en 1765.

Candelier-Lauros-Giraudon

église d'Ottobeuren (Bavière) :
angelots de Johann Michael
Feuchtmayer. Après 1754.

Blauel

Rubens : *l'Enlèvement des filles de Leucippe*,
1618-1620. (Alte Pinakothek, Munich.)

Giorcelli

Turin : le palais Carignano,
par Guarino Guarini. 1679.

---

ses capitales sont Vienne (avec Fischer von Erlach, Hildebrandt), Prague (les Dientzenhofer), Munich (les Asam, Cuvilliés), Würzburg (J. B. Neumann), mais de nombreux châteaux, églises de pèlerinage et abbayes (Melk, Wies...) témoignent aussi de l'allégresse du *rococo* germanique, qui atteint les terres protestantes de Saxe (Dresde) et de Prusse. En Espagne, le Baroque s'incarne dans les pathétiques statues polychromes des processions, dans la profusion ornementale des retables ainsi que dans le style churrigueresque d'un P. de Ribera; l'Amérique coloniale répercute ces tendances, non sans contagion de caractères indigènes. Terre d'élection pour les jésuites, la Belgique construit au XVIIᵉ s. des églises qui se souviennent de la structure et de l'élan vertical du gothique; Rubens, le peintre baroque par exellence, y fait claironner ses grands tableaux d'autel. Mis à part l'art éphémère des fêtes de cour, la France, elle, n'agrée la tentation baroque que vers les années 1630-1660 (Vouet, Le Vau) et, un siècle plus tard, dans les manifestations de la *rocaille**. En littérature, le baroque, défini d'abord négativement comme l'envers du classicisme, est caractérisé par le goût du pathétique, une composition structurée fondée sur un système d'antithèses, d'analogies et de symétries, l'emploi d'images saisissantes; les représentants les plus typiques de cette forme d'écriture sont, en France, les poètes de la fin du XVIᵉ s. et du début du XVIIᵉ (Maurice Scève, Jean de Sponde, A. d'Aubigné), en Italie Giambattista Marini, en Espagne Gongóra, en Allemagne Andreas Gryphius et Grimmelshausen.

BAROQUISANT, E adj. De tendance baroque.

BAROTRAUMATISME n. m. (gr. *baros*, pesanteur). État pathologique causé par une brusque variation de pression.

BAROUD [barud] n. m. (mot ar.). *Fam.* Combat. ● *Baroud d'honneur*, combat soutenu seulement pour l'honneur.

BAROUDEUR n. m. *Fam.* Celui qui a beaucoup combattu ou qui aime le combat.

BAROUF n. m. (it. *baruffa*, bagarre). *Pop.* Tapage.

BARQUE n. f. (lat. *barca*). Petit bateau. ● *Bien conduire, bien mener sa barque*, bien conduire son entreprise. ‖ *Mener en barque* (Fam.), induire en erreur.

BARQUETTE n. f. Petite barque. ‖ Petite pâtisserie en forme de barque. ‖ Récipient léger et rigide utilisé pour la vente de plats cuisinés.

BARRACUDA n. m. (mot esp.). Gros poisson du genre *sphyrène*.

BARRAGE n. m. (de *barre*). Action de barrer une voie; obstacle : *le barrage d'une rue; établir*

un barrage de police. ‖ Obstacle artificiel au moyen duquel on coupe un cours d'eau. (Les barrages peuvent servir à la régularisation des voies navigables, à l'alimentation des villes, à l'irrigation des cultures, à la production d'énergie électrique.) ● *Barrage en enrochement*, barrage constitué d'éboulis de roche, non imperméable dans sa masse et dont la stabilité repose uniquement sur l'étanchéité du masque amont. ‖ *Barrage roulant* (Mil.), rideau de feu tendu par l'artillerie devant une formation d'infanterie ou de chars qui attaque. ‖ *Barrage en terre*, barrage en terre compactée rendu imperméable en surface par un masque étanche, autoréparable et comprenant un noyau central vertical absolument étanche. ‖ *Match de barrage* (Sports), match supplémentaire départageant deux adversaires ou équipes à égalité. ‖ *Tir de barrage*, ancien nom du TIR D'ARRÊT.

BARRAGE-POIDS n. m. (pl. *barrages-poids*). *Trav. publ.* Barrage à profil triangulaire résistant à la poussée de l'eau par son seul poids.

BARRAGE-VOÛTE n. m. (pl. *barrages-voûtes*). *Trav. publ.* Barrage à courbure convexe tournée vers l'amont, dans lequel la plus grande partie de la poussée de l'eau est reportée sur les rives par des effets d'arc.

BARRANCO n. m. (mot portug.). Ravin entaillé sur les pentes meubles d'un cône volcanique.

BARRE [bar] n. f. (mot gaul.). Longue et étroite pièce de bois, de métal, etc., rigide et droite. ‖ Lingot de forme allongée. ‖ Barrière qui, dans un tribunal, sépare les magistrats du public : *se présenter à la barre*. ‖ Trait de plume droit. ‖ Niveau : *Relever la barre*. ‖ *Chorégr.* Tringle en bois servant de point d'appui aux danseurs pour leurs exercices d'assouplissement; ensemble de ces exercices. ‖ *Géogr.* Crête rocheuse aiguë, redressée à la verticale. ‖ Banc qui se forme à l'entrée des estuaires au contact des eaux douces et des eaux marines. ‖ Déferlement violent et presque constant qui se produit près de certaines côtes lorsque la houle se brise sur les hauts-fonds. ‖ *Hérald.* Pièce honorable qui va de l'angle senestre du chef à l'angle dextre de la pointe. ‖ *Mar.* Organe de commande du gouvernail. ● *Avoir barre sur qqn*, avoir l'avantage sur lui. ‖ *Barres asymétriques* (Sports), appareil composé de deux barres, parallèles au sol, mais à des hauteurs différentes, fixées sur des montants verticaux. ‖ *Barre de direction* (Autom.), barre de liaison entre la direction et la roue. ‖

Wies (Bavière) :
chœur de l'église du Christ
flagellé, élevée de 1745 à 1754
par Dominikus Zimmermann.

Prague :
l'église Notre-Dame-de-Lorette.
Façade (1720-1722)
de Kilian Ignaz Dientzenhofer

Murcie : la cathédrale.
Façade de style rococo dessinée
par Jaime Bort en 1737.

Giovanni Panini : *Concert donné à Rome
en l'honneur du mariage du Dauphin
de France en 1747*. Détail de la partie
centrale. (Musée du Louvre, Paris.)

Barre fixe (Sports), appareil formé par une traverse horizontale ronde, soutenue par deux
montants. ‖ *Barre d'harmonie* (Mus.), petite pièce
de sapin collée sous la table des instruments à
cordes pour en soutenir la pression. ‖ *Barre de
mesure* (Mus.), ligne traversant verticalement la
ou les portées, pour séparer les mesures. ‖
Barres parallèles (Sports), appareil composé de
deux barres fixées parallèlement à la même
hauteur sur des montants verticaux. ‖ *Barre de
plongée*, organe de commande des gouvernails
de profondeur, à bord d'un sous-marin. ‖ *Barre
de réaction*, pièce qui, dans un véhicule, permet
l'application du couple moteur à l'essieu. ‖ *Barre
de torsion*, barre travaillant par torsion élastique
autour de son axe et qui remplace un ressort,
notamment pour assurer la suspension d'un
véhicule. ‖ *Coup de barre*, mouvement brusque
donné à un gouvernail; changement brusque

exercices
à la **barre**

dans la conduite d'une affaire; fatigue survenant
brusquement. ◆ pl. Espace entre les incisives et
les molaires chez le cheval (on y place le mors),
le bœuf, le lapin. ‖ Jeu de course pour enfants.

BARRÉ, E adj. Fermé à la circulation : *rue
barrée*. ‖ Marqué d'un ou de plusieurs traits. ‖
Héral. Divisé par des barres en nombre égal
aux interstices du champ. ● *Dent barrée*, dent
dont les racines déviées rendent l'extraction
difficile.

BARRÉ n. m. Procédé d'exécution propre aux
instruments à cordes, servant à en modifier
l'accord.

BARREAU n. m. Petite barre de bois, de métal,
qui sert de soutien, de fermeture, etc. ‖ Place
réservée aux avocats dans un prétoire. ‖ L'ordre des avocats, soit auprès d'un tribunal, soit
auprès d'une cour d'appel; profession d'avocat.

BARREMENT n. m. Action de barrer un
chèque.

BARREN GROUNDS [barən grawnts] n. m. pl.
(angl. *barren*, stérile, et *ground*, terre). Terme
désignant les toundras du Canada septentrional.

BARRER v. t. Obstruer, empêcher le passage :
barrer un chemin. ‖ Tirer un trait de plume sur,
biffer : *barrer une phrase*. ‖ Tracer deux traits
parallèles et transversaux sur un chèque. (Un
chèque barré ne peut être touché que par un
banquier, un agent de change ou un chef de
bureau de chèques postaux. Le tireur peut, en
outre, inscrire entre les traits le nom de l'établissement bancaire sur lequel pourra toucher le
chèque.) ‖ *Mar*. Diriger en tenant la barre d'une
embarcation. ◆ **se barrer** v. pr. *Pop*. S'en aller.

BARRETTE n. f. (it. *barretta*). Bonnet carré des
ecclésiastiques, noir pour les prêtres, violet
pour les évêques, rouge pour les cardinaux.

BARRETTE n. f. Petite barre. ‖ Pince pour tenir
les cheveux. ‖ Broche de forme allongée : *une
barrette de diamants*. ● *Barrette de décoration*,
petit rectangle de ruban fixé à l'uniforme et
remplaçant une décoration.

BARREUR, EUSE n. Personne qui manœuvre
la barre d'une embarcation. ‖ Personne qui
rythme la cadence de battement des avirons.

BARRICADE n. f. (de *barrique*). Obstacle de
fortune fait de l'entassement de matériaux
divers, pour interdire l'accès d'une rue ou d'un
passage. ● *De l'autre côté de la barricade*, du
parti opposé.

BARRICADER v. t. Fermer au moyen de barricades : *barricader une rue*. ‖ Fermer soli-

BARRAGES

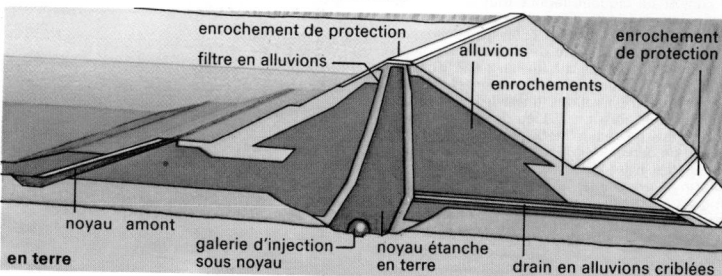

enrochement de protection
filtre en alluvions
enrochement
de protection
alluvions
enrochements
noyau amont
galerie d'injection
sous noyau
noyau étanche
en terre
drain en alluvions criblées
en terre

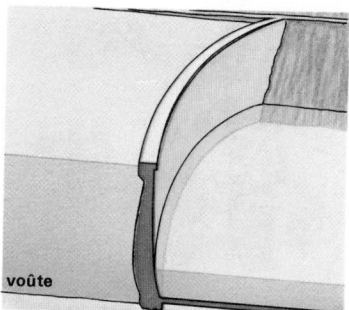

voûte

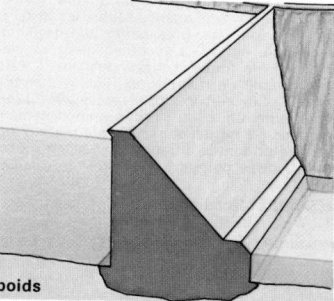

poids

dement : *barricader une porte.* ◆ **se barricader** v. pr. Se fortifier au moyen de barricades. ● *Se barricader chez soi,* s'y enfermer pour ne voir personne.

BARRIÈRE n. f. (de *barre*). Assemblage de pièces de bois ou de métal fermant un passage : *ouvrir, fermer une barrière.* ‖ Obstacle naturel empêchant la circulation. ‖ Ce qui fait obstacle : *barrière douanière.* ‖ *Hist.* Porte d'entrée d'une ville, où étaient établis des bureaux d'octroi. ● *Barrière d'arrêt,* filet de sangle en Nylon que l'on dresse au moment voulu sur une piste d'atterrissage devant un avion pour l'arrêter. ‖ *Barrière de dégel,* interdiction administrative de la circulation des véhicules lourds sur une route pendant le dégel.

BARRIQUE n. f. (gascon *barrico*). Futaille ou tonneau d'une capacité de 200 à 250 litres pour le transport des liquides.

BARRIR v. i. (lat. *barrire*). Crier, en parlant de l'éléphant ou du rhinocéros.

BARRISSEMENT n. m. Cri de l'éléphant ou du rhinocéros.

BARROT [baro] n. m. *Mar.* Chacune des poutres transversales supportant les ponts d'un navire et venant s'attacher sur les membrures. (Syn. BAU.)

BARTAVELLE n. f. (prov. *bartavelo*). Oiseau du Jura, des Alpes, des Pyrénées, voisin de la perdrix. (Long. 35 cm.)

BARTHOLINITE n. f. (du nom de Thomas *Bartholin* [1616-1680]). *Méd.* Inflammation des glandes de Bartholin, situées dans les grandes lèvres de la vulve.

BARYCENTRE n. m. Centre de gravité.

BARYE [bari] n. f. (gr. *barus*, lourd). Anc. unité C.G.S. de contrainte et de pression (symb. : dyn/cm²), valant 10^{-1} pascal.

BARYON n. m. Nom générique des particules élémentaires ayant une masse au moins égale à celle du proton.

BARYTE n. f. (gr. *barus*, lourd). Oxyde de baryum (BaO), de couleur blanchâtre, de densité 5,5. ‖ Hydroxyde Ba(OH)₂.

BARYTINE n. f. Sulfate de baryum naturel.

BARYTON n. m. (gr. *barutonos*, dont la voix est grave). Voix d'homme intermédiaire entre le ténor et la basse. ‖ Instrument à cordes sympathiques et à archet, proche de la viole d'amour. ◆ adj. inv. et n. m. *Phon.* Se dit d'un mot dont la finale porte l'accent grave ou ne porte pas d'accent.

BARYUM [barjɔm] n. m. (gr. *barus*, lourd). Métal alcalino-terreux (Ba), n° 56, de masse atomique 137,34, blanc d'argent, fondant à 710 °C, de densité 3,7.

BARZOÏ [barzɔj] n. m. (mot russe). Lévrier russe à poil long.

BAS, BASSE adj. (lat. *bassus*). Qui a peu de hauteur, de valeur, d'intensité ou qui est incliné vers le sol : *fenêtre basse, bas prix, la tête basse.* ‖ Inférieur, méprisable : *basse besogne, basse vengeance.* ‖ *Géogr.* Se dit de la section d'un cours d'eau proche de son embouchure ou de son confluent. ● *Avoir la vue basse,* ne voir que de très près. ‖ *Bas âge,* première enfance. ‖ *Bas allemand,* langue du nord de l'Allemagne. ‖ *Bas latin* ou *basse latinité,* latin du Bas-Empire. ‖ *Ce bas monde,* ici-bas, la terre. ‖ *Temps bas,* chargé de nuages. ◆ adv. D'une manière basse : *parler bas, voler bas.* ● *À bas!,* cri d'hostilité. ‖ *De bas en haut,* dans le sens ascendant. ‖ *En bas,* au-dessous. ‖ *Être bien bas,* être près de mourir. ‖ *Jeter, mettre bas,* abattre, détruire. ‖ *Mettre bas,* faire des petits, en parlant des animaux. ‖ *Mettre bas les armes,* renoncer à la lutte.

BAS n. m. Partie inférieure : *le bas du visage.* ● *Bas de casse,* partie inférieure de la casse des typographes, où se trouvent les lettres minuscules; ces lettres elles-mêmes. ‖ *Des hauts et des bas,* les alternatives de bonne et de mauvaise fortune, de bonne et de mauvaise santé.

BAS n. m. (de *bas-de-chausses*). Pièce de l'habillement, surtout féminin, en textile à mailles, qui gaine le pied et la jambe. ● *Bas de laine* (Fam.), économies.

BASAL, E, AUX adj. Relatif à la base de qqch. ● *Membrane basale,* ou *basale* n. f. (Histol.), membrane formée de cellules épithéliales cubiques, et séparant la face profonde d'un épithélium du tissu conjonctif sous-jacent.

BASALTE n. m. (lat. *basaltes*). Roche volcanique basique, de couleur sombre, constituée de plagioclase, de pyroxène et d'olivine, formant de coulées étendues, montrant souvent une structure prismatique (orgues).

BASALTIQUE adj. Formé de basalte; de constitution identique à celle du basalte.

BASANE n. f. (prov. *bazana*, doublure). Peau de mouton tannée et servant à la sellerie, à la maroquinerie, à la reliure, etc. ‖ Peau souple qui recouvrait en partie les pantalons de cavaliers. ● *Fam.* La cavalerie.

BASANÉ, E adj. Bronzé par le soleil, le grand air : *teint basané.*

BASANER v. t. Donner la couleur brun foncé.

BAS-BLEU n. m. (pl. *bas-bleus*). Femme pédante, à prétentions littéraires (vx).

BAS-CÔTÉ n. m. (pl. *bas-côtés*). Collatéral d'une église, moins élevé que le vaisseau central. ‖ Voie latérale réservée aux piétons.

BASCULANT, E adj. Qui bascule.

BASCULE n. f. (de *basse,* et anc. fr. *baculer,* frapper le derrière contre terre). Machine dont l'un des bouts s'élève quand on pèse sur l'autre. ‖ Balançoire dont l'un des bouts s'élève quand l'autre s'abaisse. ‖ Balance à plate-forme pour lourds fardeaux.

BASCULEMENT n. m. Action de basculer.

BASCULER v. i. Perdre l'équilibre, tomber. ‖ Changer de façon irréversible : *les partis du centre ont basculé à droite.* ◆ v. t. Culbuter, renverser : *basculer un wagonnet.*

BASCULEUR n. m. Relais électrique pouvant prendre seulement deux positions de travail.

BAS-DE-CHAUSSES n. m. Anc. nom des bas dans l'habillement masculin.

BASE n. f. (gr. *basis*). Partie inférieure d'un corps, sur laquelle il repose : *la base d'une colonne.* ‖ Principe fondamental, assises : *établir les bases d'un accord.* ‖ Ensemble des militants d'un parti, des travailleurs d'une entreprise. ‖ *Chim.* Substance qui, combinée avec un acide, produit un sel et de l'eau. ‖ *Électron.* Jonction centrale d'un transistor comprise entre l'émetteur et le collecteur et qui reçoit généralement le signal à amplifier. ‖ *Géod.* Distance mesurée avec une très grande précision sur le terrain, et sur laquelle repose tout un travail de triangulation. ‖ *Math.* Côté d'un triangle opposé au sommet. ‖ Chacun des côtés parallèles d'un trapèze. ‖ Surface à partir de laquelle on compte perpendiculairement la hauteur. ‖ *Mil.* Zone de réunion et de transit des moyens nécessaires à la conduite d'opérations militaires; organisme chargé de ces missions. ‖ Lieu de stationnement et de mise en œuvre de formations militaires. ● *Base de départ* (Mil.), zone où sont disposées des unités avant l'attaque. ‖ *Base de données* (Inform.), ensemble de données bibliographiques automatisées renvoyant à des unités documentaires primaires telles que livres, articles de périodiques, de presse, etc. ‖ *Base d'un espace vectoriel* (Math.), famille libre maximale formée avec des vecteurs indépendants faisant partie de cet espace. ‖ *Base de feux* (Mil.), ensemble des moyens de feu destinés à appuyer une opération. ‖ *Base de lancement* (Astronaut.), lieu où sont réunies toutes les installations nécessaires à la préparation, au lancement, au contrôle en vol et éventuellement au guidage radioélectrique d'engins spatiaux. ‖ *Base d'un système de numération* (Math.), nombre d'unités d'un certain ordre nécessaires pour former une unité de l'ordre immédiatement supérieur. ‖ *Base de vitesse,* points repérés sur une route et dont la distance exactement mesurée et balisée permet aux navires de calculer leur vitesse.

BASE-BALL [bɛzbol] n. m. (mot angl.). Sport dérivé du cricket, répandu aux États-Unis.

Basedow (maladie de), ensemble des troubles provoqués par le fonctionnement excessif de la glande thyroïde. Les signes en sont : le goitre, l'exophtalmie (on appelle aussi la maladie *goitre exophtalmique),* l'amaigrissement, la tachycardie, des troubles psychiques à type d'excitation, l'augmentation du métabolisme et un réflexogramme accéléré.

BASELLE n. f. (mot d'une langue de l'Inde). Plante alimentaire des pays tropicaux, rappelant l'épinard.

BASER v. t. Appuyer, fonder : *baser son raisonnement sur une hypothèse.* ‖ *Mil.* Établir dans une base militaire : *unité basée en Allemagne.* ◆ **se baser** v. pr. [**sur**]. Se fonder : *se baser sur des calculs exacts.*

BAS-FOND n. m. (pl. *bas-fonds*). Terrain bas. ‖ Élévation du fond de la mer, d'un cours d'eau, telle qu'un navire peut, en tout temps, passer sans danger. ◆ pl. Partie la plus misérable de la société, où l'homme se dégrade (vx).

BASICITÉ n. f. *Chim.* Propriété qu'a un corps de jouer le rôle de base.

BASIDE n. f. Expansion microscopique portant deux ou quatre spores chez la plupart des champignons supérieurs. (Les spores mûrissent à l'extérieur de la baside qui les a produites, ce qui distingue *baside* et *asque*.)

BASIDIOMYCÈTE n. m. Champignon dont les spores apparaissent sur les basides. (Les *basidiomycètes* forment une classe très nombreuse, et dans laquelle on range les champignons à lames [amanite, agaric], à pores [bolet], certaines formes parasites des végétaux [charbon des céréales].)

BASIDIOSPORE n. f. Spore portée par une baside.

BASILAIRE adj. *Anat.* Qui sert de base.

BASILEUS [baziløs] n. m. (mot gr., *roi*). Titre du roi de Perse, puis, après 630, de l'empereur byzantin (*basileus autocrator*).

BASILIC [bazilik] n. m. (gr. *basiliskos,* petit roi). Monstre fabuleux issu d'un œuf pondu par un coq et couvé par un crapaud. ‖ Grand lézard voisin de l'iguane, à crête dorsale écailleuse, de mœurs semi-aquatiques, vivant en Amérique tropicale. (Long. 80 cm.)

BASILIC [bazilik] n. m. (gr. *basilikon,* royal). Plante aromatique originaire d'Asie. (Famille des labiacées.) [Syn. PISTOU.]

BASILICAL, E, AUX adj. De la basilique.

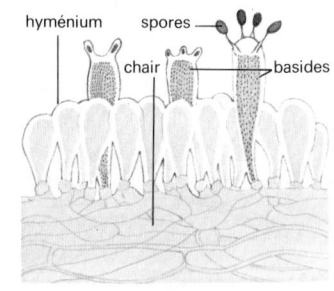

basides

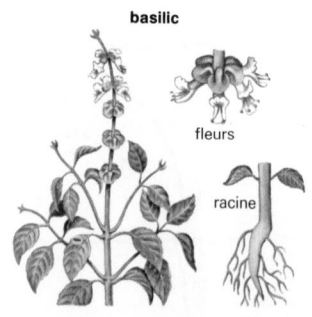

basilic

BASILIQUE n. f. (lat. *basilica*). Édifice romain en forme de grande salle rectangulaire, se terminant en général par une abside. (La basilique abritait les diverses activités publiques des citoyens.) ‖ Église chrétienne bâtie sur le même plan. ‖ Titre donné à une église privilégiée.

BASIN n. m. (anc. fr. *bombasin*, mot it.). Étoffe de coton croisée.

BASIPHILE adj. Se dit des plantes se développant bien sur les sols alcalins (buis).

BASIQUE adj. Qui a les propriétés d'une base. ● *Roche basique*, roche endogène contenant entre 45 et 52 p. 100 de silice. ‖ *Sel basique*, sel qui interagit avec un acide pour donner un sel neutre.

BAS-JOINTÉ, E adj. (pl. *bas-jointés, es*). Se dit d'un cheval aux paturons se rapprochant de l'horizontale.

BASKET [baskɛt] n. m. ou f. Chaussure de sport en toile légère à semelle de caoutchouc, montant jusqu'à la cheville.

BASKET-BALL [baskɛtbol] ou **BASKET** n. m. (mot anglo-amér.). Sport d'équipe (deux équipes de cinq joueurs) qui consiste à lancer un ballon dans un panier suspendu.

BASKETTEUR, EUSE n. Joueur, joueuse de basket-ball.

BASOCHE n. f. (lat. *basilica*, portique). Corps et juridiction des anciens clercs de procureur. ‖ Ensemble des gens de loi.

BASOCHIEN, ENNE adj. et n. De la basoche.

BASOPHILE adj. *Histol.* Qui fixe les couleurs basiques, comme la thionine.

BASQUE n. f. (prov. *basta*, plis faits à une robe pour la relever). Partie d'un vêtement qui, partant de la taille, recouvre les hanches : *basques d'un habit.* ● *Être toujours aux basques de qqn*, le suivre partout.

BASQUE ou **BASQUAIS, E** adj. et n. Du Pays basque. ◆ n. f. *À la basquaise* ou *basquaise*, se dit d'une garniture culinaire à base de tomates, de poivrons et de jambon cru.

BASQUE n. m. Langue non indo-européenne parlée au Pays basque. ● *Tambour de basque*, tambourin garni d'une seule peau et muni de grelots.

BASQUINE n. f. (esp. *basquina*). Jupe régionale des femmes basques.

BAS-RELIEF n. m. (pl. *bas-reliefs*). En sculpture, relief dont les motifs sont peu saillants.

BASSE n. f. (it. *basso*). *Acoust.* Son grave. ‖ *Mus.* Partie, voix, instrument faisant entendre les sons les plus graves. ● *Basse chantante*, syn. de BASSE-TAILLE.

BASSE-COUR n. f. (pl. *basses-cours*). Partie d'une maison, d'une ferme, où l'on élève la volaille. ‖ Ensemble des animaux qui y vivent.

BASSE-FOSSE n. f. (pl. *basses-fosses*). *Vx.* Cachot profond, obscur et humide. (On dit aussi CUL-DE-BASSE-FOSSE.)

BASSEMENT adv. De façon basse, vile.

BASSESSE n. f. (de *bas*). Manque d'élévation morale, de noblesse ; action vile.

BASSET n. m. Chien courant, à jambes courtes et parfois torses.

BASSE-TAILLE n. f. (pl. *basses-tailles*). Anc. désignation d'une tessiture vocale ou instrumentale intermédiaire entre le baryton et la basse. (On dit aussi BASSE CHANTANTE.)

BASSIN n. m. (de *bac*). Récipient portatif large et profond. ‖ Récipient de forme particulière destiné à recevoir les déjections des malades alités. ‖ Plateau de la balance. ‖ Pièce d'eau dans un jardin. ‖ Vaste gisement de houille ou de fer formant une unité géographique et géologique. ‖ Partie d'un port constituée par des quais et des digues, et où les bateaux stationnent à l'abri du vent et de la grosse mer. ‖ *Anat.* Sorte de cuvette osseuse circonscrite, à la partie inférieure de l'abdomen, par la ceinture pelvienne (os du bassin). ‖ *Océanogr.* Dépression étalée du fond océanique. ‖ *Sports.* Syn. de PISCINE. ● *Bassin d'effondrement* (Géomorph.), dépression tectonique résultant de cassures. ‖ *Bassin d'essai*, bassin servant surtout à déterminer sur des modèles réduits de navire les formes de carène

BASKET-BALL

plan et dimensions d'un terrain, avec la disposition des joueurs

1,80 m

5,80 m
1,20 m
6 m
0,45 m
3,05 m
1,80 m
1,20 m
1,20 m

26 m
14 m

ligne des lancers francs
couloir des lancers francs
ligne de fond
cercle central
ligne médiane
ligne de touche
panneau

① ② ③ ④ ⑤

2. Avant gauche ;
3. Avant droit ;
4. Arrière gauche ;
1. Centre ; 5. Arrière droit.

BASSIN

5e vertèbre lombaire
crête iliaque
fosse iliaque
sacrum
cavité cotyloïde
coccyx
trou obturateur
symphyse pubienne

promontoire du sacrum
fémur
ilion
ischion
pubis
os iliaque

de moindre résistance. ‖ *Bassin d'un fleuve,* le pays drainé par ce fleuve et ses affluents. ‖ *Bassin à flot,* bassin d'un port dans lequel l'eau est retenue par une porte-écluse et reste à un niveau constant quelle que soit la marée. ‖ *Bassin de marée,* bassin portuaire qui reste en libre communication avec la mer et dont le niveau varie avec la marée. ‖ *Bassin de réception,* entonnoir naturel à forte pente, qui rassemble par ruissellement les eaux tombées sur la montagne et qui forme la partie supérieure d'un torrent. ‖ *Bassin sédimentaire,* large cuvette dans un socle où les couches sédimentaires se sont entassées en auréoles concentriques, les plus récentes au centre, les plus anciennes sur le pourtour.

BASSINE n. f. Large récipient circulaire à usages domestiques ou industriels.

BASSINER v. t. Humecter légèrement. ‖ *Pop.* Ennuyer. ‖ Chauffer avec une bassinoire (vx).

BASSINET n. m. Petit bassin, cuvette. ‖ *Anat.* Organe en forme d'entonnoir, aplati, s'ouvrant par sa base dans la concavité du rein, dont il collecte l'urine, et se continuant par l'uretère. ‖ *Arm.* Dans les anciennes armes à feu, cavité extérieure au canon et contenant la poudre d'amorce (XVIe-XIXe s.). ‖ Casque en usage aux XIIIe et XIVe s.

basson

Riby-Larousse

BASSINOIRE n. f. Bassin de métal ayant un couvercle percé de trous et qui, rempli de braises, sert à chauffer un lit.

BASSISTE n. Syn. de CONTREBASSISTE.

BASSON n. m. (it. *bassone*). Instrument de musique en bois, à vent et à anche double, formant dans l'orchestre la basse de la série des hautbois.

BASSON ou **BASSONISTE** n. m. Celui qui joue du basson.

BASTA ! interj. (mot it.). Marque l'impatience.

BASTAGUE n. m. *Mar.* Cordage maintenant la mâture d'un voilier aux allures portantes.

BASTAING n. m. → BASTING.

BASTE n. f. (prov. *basto*). Récipient de bois pour le transport de la vendange.

BASTERNE n. f. (lat. *basterna*). Char des anciens peuples du Nord, puis des Romains et des Mérovingiens. ‖ Litière portée à dos de mulet.

BASTIDE n. f. (prov. *bastido*, de *bastir*, bâtir). Maison de campagne, dans le Midi. ‖ Dans le sud-ouest de la France, au Moyen Âge, ville neuve, de plan régulier, en général fortifiée.

BASTIDON n. m. Petite bastide (maison).

BASTILLE n. f. (altér. de *bastide*). Autref., ouvrage de défense à l'entrée d'une ville. ‖ Château fort. ‖ Ancienne prison d'État de Paris, démolie après le 14 juillet 1789 (avec une majuscule).

BASTILLÉ, E adj. *Hérald.* Se dit des pièces qui ont les créneaux renversés et tournés vers la pointe de l'écu.

BASTING ou **BASTAING** [bastɛ̃] n. m. Madrier épais et peu large.

BASTINGAGE n. m. (prov. *bastengo*, toile matelassée). Autref., caisson à hamacs placés à l'intérieur des pavois sur les bâtiments de guerre. ‖ Garde-corps sur un navire.

BASTION n. m. (de *bastille*). *Fortif.* Ouvrage dessinant un angle saillant sur un tracé fortifié. ‖ Ce qui forme une défense solide : *cette région est un bastion du socialisme.*

BASTIONNÉ, E adj. *Fortif.* Muni de bastions.

BASTONNADE n. f. (it. *bastonata*). Volée de coups de bâton.

BASTOS [bastos] n. f. *Arg.* Balle d'arme à feu.

BASTRINGUE n. m. *Pop.* Désordre bruyant causé par des danseurs, un orchestre. ‖ *Pop.* Ensemble d'objets hétéroclites. ‖ *Pop.* Bal populaire.

BAS-VENTRE n. m. (pl. *bas-ventres*). Partie inférieure du ventre.

BÂT [bɑ] n. m. (gr. *bastazein*, porter un fardeau). Appareil en bois placé sur le dos des bêtes de somme pour le transport des fardeaux.

BATACLAN n. m. (onomat.). *Pop.* Attirail embarrassant.

BATAILLE n. f. (lat. *battualia*, escrime). Combat important entre deux forces militaires : *bataille aéronavale ; la bataille de Verdun.* ‖ Combat quelconque : *la bataille électorale.* ‖ Jeu de cartes très simple. ● *Cheval de bataille,* sujet favori. ‖ *En bataille,* en travers ; en désordre.

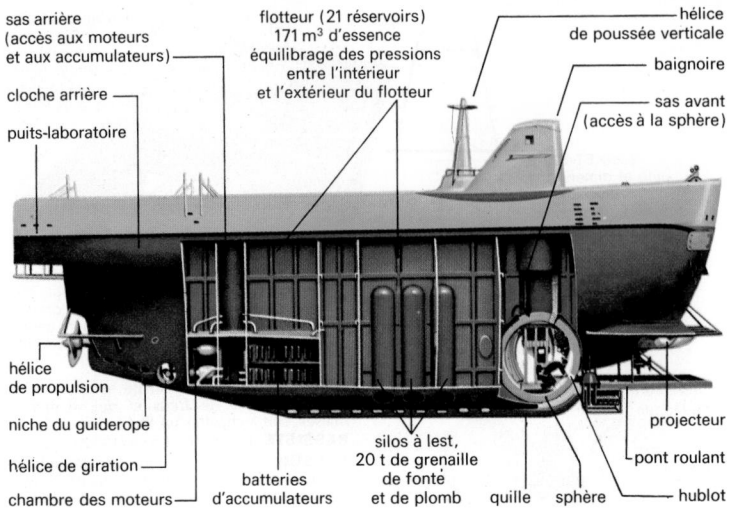

sas arrière (accès aux moteurs et aux accumulateurs)

cloche arrière

puits-laboratoire

flotteur (21 réservoirs) 171 m³ d'essence équilibrage des pressions entre l'intérieur et l'extérieur du flotteur

hélice de poussée verticale

baignoire

sas avant (accès à la sphère)

hélice de propulsion

niche du guiderope

hélice de giration

chambre des moteurs

batteries d'accumulateurs

silos à lest, 20 t de grenaille de fonte et de plomb

quille

sphère

projecteur

pont roulant

hublot

BATHYSCAPHE

BATAILLER v. i. Contester, se disputer, lutter : *batailler sur des riens.*

BATAILLEUR, EUSE adj. et n. Qui aime à batailler, querelleur.

BATAILLON n. m. (it. *battaglione,* escadron). Unité militaire comprenant plusieurs compagnies. ● *Bataillon d'infanterie légère d'Afrique* (Fam. *bat' d'Af'*), corps créé en 1832, où étaient incorporées les recrues ayant subi certaines condamnations.

BÂTARD, E adj. et n. (mot germ.). Né de parents non légalement mariés. ‖ Se dit d'un animal qui n'est pas de race pure. ‖ Qui participe de deux genres différents et ne peut satisfaire personne : *un compromis bâtard.* ● *Mortier bâtard,* mortier fait d'eau, de sable et d'un mélange de chaux grasse et de ciment.

BÂTARD n. m. Pain de fantaisie court.

BÂTARDE n. f. Écriture qui tient de la ronde et de l'anglaise.

BATARDEAU n. m. (anc. fr. *bastart,* digue). Digue provisoire pour mettre à sec un endroit baigné par de l'eau et où l'on peut exécuter des travaux.

BÂTARDISE n. f. État du bâtard.

BATAVE adj. et n. (lat. *Batavi*). Relatif à la Hollande.

BATAVIA n. f. (de *batave*). Sorte de laitue.

BATAVIQUE adj. *Larme batavique,* goutte de verre terminée par une pointe effilée, que l'on produit en faisant tomber du verre fondu dans de l'eau froide.

BÂTÉ, E adj. *Âne bâté,* personne très sotte ou ignorante.

BATEAU n. m. (anc. angl. *bât*). Nom générique donné aux embarcations de toutes dimensions et de toutes sortes : *un bateau de pêche, un bateau à moteur.* ‖ Dépression du trottoir devant une porte cochère, un garage. ‖ *Fam.* Sujet rebattu, idée banale. ● *Mener qqn en bateau* (Fam.), lui faire croire qqch qui n'est pas vrai. ‖ *Monter un bateau à qqn* (Fam.), inventer une plaisanterie pour le tromper.

BATEAU-CITERNE n. m. (pl. *bateaux-citernes*). Bateau aménagé pour le transport des liquides.

BATEAU-FEU ou **BATEAU-PHARE** n. m. (pl. *bateaux-feux, bateaux-phares*). Bateau portant un phare et mouillé près des endroits dangereux pour la navigation.

BATEAU-LAVOIR n. m. (pl. *bateaux-lavoirs*). Ponton installé au bord d'un cours d'eau, sur lequel les gens venaient laver leur linge. (Nom

donné à la maison où se réunissaient les cubistes à Paris.)

BATEAU-MOUCHE n. m. (pl. *bateaux-mouches*). Bateau qui assure un service de promenades d'agrément sur la Seine, à Paris.

BATEAU-PILOTE n. m. (pl. *bateaux-pilotes*). Bateau qui amène un pilote aux navires entrant dans un port.

BATEAU-POMPE n. m. (pl. *bateaux-pompes*). Bateau équipé pour la lutte contre le feu.

BATEAU-PORTE n. m. (pl. *bateaux-portes*). Caisson d'une forme spéciale servant à fermer une cale sèche.

BATÉE n. f. (de *battre*). Écuelle utilisée pour laver les sables aurifères.

BATELAGE n. m. Droit payé à un batelier. ‖ Service de bateaux assurant la communication des navires entre eux ou avec la terre.

BATELET n. m. Petit bateau.

BATELEUR, EUSE n. (anc. fr. *baastel,* marionnette). Personne qui fait des tours d'acrobatie, d'adresse, sur les places publiques (vx).

BATELIER, ÈRE n. Personne dont le métier est de conduire un bateau sur un cours d'eau.

BATELLERIE n. f. Industrie du transport par péniches. ‖ Ensemble des moyens de transport fluviaux.

BÂTER v. t. Mettre un bât sur une bête de somme.

BAT-FLANC [baflã] n. m. inv. Pièce de bois qu'on suspend dans les écuries, pour séparer deux chevaux. ‖ Cloison séparant deux lits dans un dortoir. ‖ Sorte de lit de planches utilisé dans les casernes, les refuges de montagne, les prisons, etc.

BATH [bat] adj. inv. *Pop.* Très beau.

BATHOLITE n. m. Intrusion de roches plutoniques, en forme de dôme ou de culot, recouvrant les roches encaissantes.

BATHYAL, E, AUX [batjal, o] adj. (gr. *bathus,* profond). Relatif à une zone océanique correspondant à peu près au talus continental.

BATHYMÈTRE n. m. Instrument servant à mesurer la profondeur des mers.

BATHYMÉTRIE n. f. Mesure de la profondeur des mers ou des lacs.

BATHYMÉTRIQUE adj. Relatif à la bathymétrie.

BATHYPÉLAGIQUE adj. (gr. *bathus,* profond, et *pelagos,* mer). Se dit d'une zone océanique de grande profondeur (2 000 à 6 000 m), qui forme d'immenses plaines faiblement ondulées.

BATHYSCAPHE [batiskaf] n. m. (gr. *bathus,* profond, et *skaphê,* barque). Appareil autonome de plongée, permettant d'explorer le fond de la mer. (Le bathyscaphe fonctionne comme un ballon libre : son enveloppe contient un liquide plus léger que l'eau, jouant le même rôle que le gaz d'un ballon, tandis qu'une provision largable de grenaille remplace le lest de sable.)

BATHYSPHÈRE n. f. Sphère très résistante, suspendue à un câble et permettant d'explorer le fond de la mer.

BÂTI n. m. En couture, assemblage à grands points. ‖ Assemblage de pièces de menuiserie ou de charpente. ‖ Support sur lequel sont assemblées les diverses pièces d'un ensemble, d'une machine.

BÂTI, E adj. *Bien, mal bâti* (Fam.), de forte carrure ou difforme.

BATIFOLAGE n. m. *Fam.* Action de batifoler.

BATIFOLER v. i. (it. *battifolle,* boulevard où l'on s'amuse). *Fam.* S'amuser à des choses futiles; tenir des propos galants.

BATIFOLEUR, EUSE n. *Fam.* Personne qui aime à batifoler.

BATIK n. m. Procédé de décoration d'un tissu par teinture, après en avoir masqué certaines parties avec de la cire; tissu ainsi traité.

BATILLAGE n. m. Succession de vagues contre les berges d'un cours d'eau, produites par le passage d'un bateau.

BÂTIMENT n. m. (de *bâtir*). Construction d'une certaine importance, d'un seul tenant, mettant à couvert un espace habitable. ‖ Terme générique s'appliquant à la plupart des navires, notamment à ceux de fort tonnage. ‖ Ensemble des métiers et industries en rapport avec la construction.

BÂTIR v. t. (francique *bastjan*). Élever ou faire élever sur le sol : *bâtir une maison.* ‖ Assembler à grands points les différentes parties d'un vêtement. ‖ Établir : *bâtir une théorie sur des arguments solides.*

BÂTISSE n. f. Construction sans caractère, dépourvue de style. ‖ Partie en maçonnerie d'une construction.

BÂTISSEUR, EUSE n. Personne qui construit, qui fonde qqch.

BATISTE n. f. (du nom de l'inventeur). Toile de lin très fine et très serrée, utilisée en lingerie.

BÂTON n. m. (lat. *bastum*). Long morceau de bois rond, qu'on peut tenir à la main et qui sert à s'appuyer, à frapper, etc. ‖ Objet de forme allongée et formé de matière consistante : *bâton de rouge à lèvres, bâton de craie.* ‖ Trait droit que font les enfants qui apprennent à écrire. ‖ Canne aidant le skieur dans son équilibre ou sa progression. ● *À bâtons rompus,* d'une manière discontinue. ‖ *Bâton de maréchal,* insigne de son commandement; réussite suprême. ‖ *Bâton de vieillesse,* personne qui est le soutien d'un vieillard. ‖ *Mettre des bâtons dans les roues,* susciter des obstacles.

BÂTONNAT n. m. Dignité de bâtonnier; durée de cette fonction.

BÂTONNET n. m. Petit bâton. ‖ Prolongement en forme de bâtonnet, caractéristique de certaines cellules visuelles de la rétine.

BÂTONNIER n. m. Chef élu de l'ordre des avocats auprès d'une cour ou d'un tribunal.

BATOUDE n. f. (it. *battuto*). Tremplin très flexible utilisé pour le saut.

BATRACIEN n. m. Syn. d'AMPHIBIEN.

BATTAGE n. m. Action de battre les céréales, la laine, le coton, l'or, etc. ‖ *Fam.* Publicité exagérée. ● *Battage de pieux* ou *de palplanches,* opération consistant à enfoncer un pieu ou une palplanche en frappant sur sa tête au moyen d'un mouton.

BATTANT n. m. Pièce métallique suspendue à l'intérieur d'une cloche, contre les parois de laquelle elle vient heurter. ‖ Partie d'une porte, d'une fenêtre, personne sui est mobile autour de gonds. ‖ *Mar.* Partie d'un pavillon qui flotte librement (par oppos. au GUINDANT) le long de la drisse.

BATTANT, E adj. *À une (deux,* etc.) *heure(s)*

battante(s), à une (deux, etc.) heure(s) précise(s). ‖ *Pluie battante*, qui tombe avec violence. ‖ *Porte battante*, qui se referme d'elle-même. ‖ *Tambour battant*, au son du tambour; rondement, sévèrement : *mener une affaire tambour battant.*

BATTANT, E n. Personne combative et énergique.

BATTE n. f. (de *battre*). Outil à long manche servant à battre, à tasser, à écraser, etc. ‖ Au cricket et au base-ball, sorte de bâton avec lequel on frappe la balle.

BATTEMENT n. m. Choc d'un corps contre un autre provoquant un bruit rythmé : *battement des mains, battement du cœur.* ‖ Délai, intervalle de temps dont on dispose avant une action. ‖ Phénomène dû à la superposition de deux vibrations de fréquences voisines. ‖ *Chorégr.* Mouvement, sans parcours, consistant dans le passage d'une jambe d'une position de départ à une position dérivée, le corps restant immobile. (Les battements, simples ou complexes, constituent un groupe important d'exercices de base de la danse.) ● *Battement d'une persienne*, petite pièce métallique qui reçoit le choc d'une persienne en bois et sert à l'arrêter.

BATTERIE n. f. (de *battre*). *Électr.* Groupement de plusieurs appareils (accumulateurs, piles, condensateurs, etc.) disposés en série ou en parallèle. ‖ Ensemble de trains circulant à faibles intervalles sur une même ligne et dans le même sens. ‖ *Chorégr.* Croisement rapide ou choc des jambes au cours d'un pas ou d'un saut. ‖ Ensemble des sauts et des pas battus exécutés à fin de virtuosité. (La petite batterie s'effectue au ras du sol; la *grande batterie* en sautant.) ‖ *Mil.* Réunion de plusieurs bouches à feu pour une même mission, lieu où elles sont rassemblées. ‖ Rangée de canons sur le pont d'un navire. ‖ Unité élémentaire d'artillerie composée de plusieurs pièces. ‖ *Mus.* Formule rythmique destinée au tambour. ‖ Dans un orchestre, ensemble des instruments de percussion. ● *Batterie de cuisine*, ensemble des ustensiles de métal employés dans une cuisine. ‖ *Batterie solaire*, syn. de PHOTOPILE. ‖ *Batterie de tests*, groupement de tests permettant de mesurer diverses aptitudes. ‖ *Mettre une arme en batterie*, la mettre en état de tirer. ◆ pl. *Litt.* Moyens habiles de réussir : *dresser ses batteries.*

BATTEUR n. m. Personne qui bat le grain, les métaux. ‖ Celui qui, dans un orchestre de jazz, tient la batterie. ‖ Appareil ménager servant à mélanger, à battre. ‖ *Agric.* Organe de la batteuse, formé d'un cylindre muni de lattes, tournant à grande vitesse. ‖ *Text.* Machine de filature pour le battage du coton.

BATTEUSE n. f. Machine dont on se sert pour égrener les céréales par l'effet de chocs répétés ou de froissement de l'épi.

BATTITURES n. f. pl. Parcelles d'oxyde de fer qui jaillissent dans le forgeage des pièces de ce métal.

BATTLE-DRESS [batɛldrɛs] n. m. inv. (mot angl. signif. *vêtement de combat*). Sorte de blouson de toile.

BATTOIR n. m. Palette de bois utilisée par les lavandières pour essorer le linge une fois rincé.

BATTRE v. t. (lat. *battuere*) [conj. **48**]. Donner des coups à une personne, un animal. ‖ Donner des coups à qqch en vue d'un résultat précis : *battre le blé; battre des œufs.* ‖ Vaincre : *battre un adversaire.* ‖ Heurter, se jeter : *la mer bat la falaise.* ‖ *Chorégr.* Exécuter un pas ou un saut battu. ‖ *Battre les cartes*, les mêler. ‖ *Battre le fer pendant qu'il est chaud*, profiter sans tarder d'une occasion favorable. ‖ *Battre le pavé*, aller et venir par désœuvrement, sans but. ‖ *Battre le pays, la région, les bois*, les parcourir. ‖ *Battre qqn comme plâtre*, le frapper à tour de bras. ◆ v. i. Donner des coups; faire entendre des bruits de choc : *battre des pieds; la pluie bat contre les vitres.* ‖ *Battre des mains*, applaudir. ‖ *Battre en retraite*, reculer, fuir. ◆ **se battre** v. pr. [contre], combattre, lutter.

BATTU, E adj. Foulé, durci par une pression répétée : *sol battu.* ● *Avoir l'air d'un chien battu*, avoir l'air accablé. ‖ *Chemin, sentier battu*, banal. ‖ *Pas, saut battu* (Chorégr.), pas,

battement
à la seconde,
relevé
sur la pointe

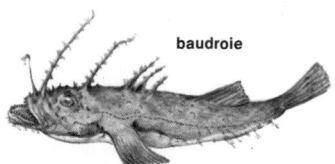

baudroie

saut exécuté avec un choc ou un ou plusieurs croisements rapides des jambes. ‖ *Yeux battus*, fatigués, au-dessous desquels se voit un demi-cercle bleuâtre.

BATTUE n. f. Action de battre les bois pour en faire sortir le gibier, et, parfois, chasse à l'homme.

BATTURE n. f. Au Canada, partie du rivage découverte à marée basse.

BAU n. m. (francique *balk*, poutre) [pl. *baux*]. Chacune des poutres transversales reliant les murailles d'un navire et supportant les ponts. (Syn. BARROT.)

BAUD [bo] n. m. (de *Baudot*). Unité de vitesse dans les transmissions télégraphiques, correspondant à la transmission d'un signe de l'alphabet Morse par seconde. ‖ Unité de rapidité de modulation correspondant à une rapidité d'un intervalle unitaire par seconde.

BAUDELAIRIEN, ENNE adj. Propre à Baudelaire, dans sa manière.

BAUDET n. m. (anc. fr. *bald*, lascif). Âne reproducteur. ‖ Âne en général.

BAUDRIER n. m. (anc. fr. *baldrei*). Bande de cuir portée en bandoulière et qui soutient un ceinturon, une arme, un tambour. ‖ *Alp.* Double anneau de corde formé d'un anneau de ceinture et d'une boucle d'épaule, auquel l'alpiniste attache la corde qui le lie à son compagnon de cordée.

BAUDROIE n. f. (prov. *baudroi*). Poisson comestible, commun sur nos côtes, à tête énorme, couverte d'appendices et d'épines. (Long. jusqu'à 2 m; nom usuel : *lotte de mer*; famille des lophiidés.)

BAUDRUCHE n. f. Pellicule fabriquée avec le gros intestin du bœuf ou du mouton et dont on fait des ballons. ‖ Personne insignifiante.

BAUGE n. f. (mot gaul.). Gîte fangeux du sanglier. ‖ Lieu très sale. ‖ Retraite de l'écureuil. ‖ Syn. de TORCHIS.

BAUHINIA [boinja] n. f. Genre de papilionacée des tropiques, à grandes fleurs.

BAUME n. m. (lat. *balsamum*). Résine odoriférante qui coule de certains arbres. ‖ Médicament balsamique : *baume de Tolú.* ● *Baume du Canada*, résine de sapin, employée en optique pour coller les lentilles. ‖ *Verser, mettre du baume au cœur*, apaiser, consoler.

BAUMÉ n. m. Aréomètre dû au chimiste Baumé. ● *Degré Baumé*, élément de la division de l'échelle conventionnelle employée sur cet appareil.

BAUMIER n. m. Syn. de BALSAMIER.

Larousse

BATTERIE
1. Cymbale charleston; 2 et 3. Cymbales suspendues; 4 et 5. Caisses claires; 6. « Cow-bell »; 7. Grosse caisse (actionnée par une pédale); 8. Tom-tom (avec balai).

BAUQUIÈRE n. f. (de *bau*). Ceinture intérieure d'un navire, qui sert à lier les couples entre eux et à soutenir les baux par leurs extrémités.

BAUXITE n. f. (du nom des *Baux-de-Provence*). Roche sédimentaire de couleur rougeâtre, composée surtout d'alumine, avec oxyde de fer et silice, et exploitée comme minerai d'aluminium.

BAVARD, E adj. et n. Qui parle sans mesure. ‖ Qui n'est pas capable de tenir un secret.

BAVARDAGE n. m. Action de bavarder; ragots.

BAVARDER v. i. (de *bave*). Parler beaucoup ou indiscrètement.

BAVAROIS, E adj. et n. De Bavière.

BAVAROISE n. f. ou **BAVAROIS** n. m. Entremets froid constitué d'une crème anglaise aromatisée et additionnée de gélatine.

BAVASSER v. i. *Péjor.* et *fam.* Bavarder.

BAVE n. f. (lat. pop. *baba*). Salive qui s'écoule de la bouche. ‖ Liquide visqueux sécrété par certains mollusques. ‖ *Litt.* Propos ou écrits haineux, venimeux.

BAVER v. i. Laisser couler de la bave. ‖ Être ahuri : *baver d'admiration.* ‖ En parlant d'une encre, d'une couleur, s'étaler largement. ‖ *Baver sur qqn*, le salir par des calomnies. ‖ *En baver* (Pop.), avoir du mal, des ennuis graves.

BAVETTE n. f. Partie du tablier qui couvre la poitrine. ‖ *Bouch.* Partie inférieure de l'aloyau, près de la tranche grasse. ‖ *Zool.* Repli cutané situé sous le bec de certaines oies. ● *Tailler une bavette* (Fam.), bavarder.

BAVEUX, EUSE adj. Qui bave : *bouche baveuse.* ● *Omelette baveuse*, peu cuite et moelleuse.

BAVOIR n. m. Pièce de lingerie protégeant la poitrine des bébés.

BAVOLET n. m. (de *bas* et *volet*). Coiffure villageoise. ‖ Morceau d'étoffe ou ruban que l'on fixe derrière un chapeau de femme (vx).

BAVURE n. f. Quantité de métal, de peinture, d'encre, qui déborde. ‖ Conséquence plus ou moins grave mais toujours fâcheuse d'une action quelconque. ● *Sans bavures* (Fam.), d'une manière irréprochable.

BAYADÈRE n. f. (portug. *bailadeira*, danseuse). Danseuse de l'Inde.

BAYADÈRE adj. Se dit d'un dessin de tissu à rayures multicolores.

BAYER v. i. (lat. *batare*, bâiller) [conj. **2**]. *Bayer aux corneilles*, regarder niaisement en l'air.

BAYOU n. m. (de *boyau*). En Louisiane, bras secondaire ou bras mort du Mississippi.

BAYRĀM → BAÏRAM.

BAZAR n. m. (persan *bāzār*). Marché public et couvert, en Orient et en Afrique du Nord. ‖ En Europe, magasin où l'on vend toutes sortes de marchandises (vx). ‖ *Pop.* Objets en désordre. ‖ *Arg. mil.* Élève officier de première année à l'école de Saint-Cyr.

BAZARDER v. t. *Fam.* Se débarrasser à n'importe quel prix de qqch.

BAZOOKA [bazuka] n. m. (mot amér.). Surnom donné au lance-roquettes antichar de 75 mm.

B. C. G. [beseʒe] n. m. (sigle servant à désigner le vaccin *bilié de Calmette et Guérin* [nom déposé]. Vaccin contre la tuberculose.
■ Le B. C. G. est un bacille vivant atténué; il est sans aucun pouvoir pathogène et fait apparaître dans l'organisme l'*allergie*, qui est une défense naturelle voisine de l'immunité. Les sujets ayant reçu le B. C. G. ont une cuti-réaction positive; ils sont protégés d'une façon absolue contre la méningite tuberculeuse et les formes aiguës de la tuberculose (granulies), et d'une façon relative contre les formes communes de tuberculose (tuberculose pulmonaire, rénale, etc.).

b. d. [bede] n. f. *Fam.* Abrév. de BANDE DESSINÉE.

Be, symbole chimique du *béryllium*.

BEAGLE [bigl] n. m. (mot angl.). Chien courant anglais, sorte de basset à jambes droites.

BÉANCE n. f. *Philos.* Caractère ouvert d'un objet, d'un problème, etc. ● *Béance du col utérin* (Méd.), ouverture de celui-ci au cours de la grossesse, cause d'accouchement prématuré.

BÉANT, E adj. (anc. fr. *béer*, être ouvert). Largement ouvert : *gouffre béant; plaie béante.*

BÉARNAIS, E adj. et n. Du Béarn. ● *Le Béarnais*, Henri IV. ‖ *Sauce béarnaise*, ou *béarnaise* n. f., sauce à l'œuf et au beurre fondu.

BÉAT, E [bea, at] adj. (lat. *beatus*, heureux). Qui manifeste un contentement et une tranquillité exagérés; qui exprime la béatitude.

BÉATEMENT adv. De façon béate.

BÉATIFICATION n. f. Acte par lequel le pape béatifie; cérémonie qui officialise cet acte.

BÉATIFIER v. t. Mettre au nombre des bienheureux.

BÉATIFIQUE adj. *Relig.* Qui rend heureux.

BÉATITUDE n. f. Bonheur parfait. ‖ *Relig.* Félicité éternelle. ● *Les béatitudes*, groupe de huit maximes évangéliques placées au début du Sermon sur la montagne, commençant par le mot « Bienheureux » (*Beati*).

BEATNIK [bitnik] n. m. (amér. *beat generation*). Adepte d'un mouvement social et littéraire américain développé en réaction contre le mode de vie et les valeurs des États-Unis et de la société industrielle moderne. ‖ Jeune en rupture avec les traditions.

BEAU (**BEL** devant une voyelle ou un *h* muet), **BELLE** adj. (lat. *bellus*, joli). Qui éveille un sentiment d'admiration, de grandeur, de noblesse, de plaisir, de perfection, d'intensité : *une belle fortune; un beau visage; il a une belle santé.* ‖ Bienséant, convenable : *il n'est pas beau de se vanter.* ● *Beau joueur*, qui perd de bonne grâce au jeu. ‖ *Beau monde*, société brillante. ‖ *Beau parleur*, qui met de l'affectation à bien parler. ‖ *Bel esprit*, homme lettré, mais prétentieux. ‖ *En faire de belles*, faire des sottises. ‖ *Le bel âge*, la jeunesse. ‖ *Un beau jour, un beau matin*, inopinément. ‖ *Un bel âge*, un âge avancé. ◆ adv. *Avoir beau* (+ l'infinitif), s'efforcer en vain de : *j'ai beau ne pas faire de bruit, elle se réveille.* ‖ *Bel et bien*, réellement, véritablement. ‖ *De plus belle*, de plus en plus. ‖ *En beau*, sous un aspect favorable. ‖ *Il fait beau*, le temps est clair. ‖ *Il ferait beau voir* (Litt.), il serait étrange de voir. ‖ *Tout beau*, doucement, modérez-vous.

BEAU n. m. Ce qui fait éprouver un sentiment d'admiration et de plaisir : *le goût du beau.* ● *C'est du beau!*, il n'y a pas de quoi être fier! ‖ *Faire le beau*, se pavaner; en parlant d'un chien, se tenir assis sur son arrière-train en levant ses pattes de devant. ‖ *Vieux beau*, vieux galant ridicule.

BEAUCERON, ONNE adj. et n. De la Beauce.

BEAUCOUP adv. (de *beau* et *coup*). Une quantité considérable : *dire beaucoup de choses en peu de mots; travailler beaucoup.* ‖ Un grand nombre de personnes : *beaucoup disent.*

BEAU-FILS n. m. (pl. *beaux-fils*). Celui dont on a épousé le père ou la mère en secondes noces. ‖ Gendre.

BEAUFORT n. m. Fromage fabriqué en Savoie.

Beaufort (*échelle de*), échelle codée de 0 à 12 degrés, mesurant la force du vent.

échelle de Beaufort

chiffre Beaufort	vitesse en km/h	effets observés
0	< 1	calme; la fumée s'élève verticalement
1	1-5	le vent incline la fumée
2	6-11	on perçoit le vent sur la figure
3	12-19	le vent agite les feuilles
4	20-28	le vent soulève poussière et papiers
5	29-38	le vent forme des vagues sur les lacs
6	39-49	le vent agite les branches des arbres
7	50-61	le vent gêne la marche d'un piéton
8	62-74	le vent brise les petites branches
9	75-88	le vent arrache cheminées et ardoises
10	89-102	graves dégâts (tempête)
11	103-117	ravages étendus (violente tempête)
12	> 117	ouragan catastrophique

BEAU-FRÈRE n. m. (pl. *beaux-frères*). Mari de la sœur ou de la belle-sœur. ‖ Frère du conjoint.

BEAUJOLAIS n. m. Vin du Beaujolais.

BEAU-PÈRE n. m. (pl. *beaux-pères*). Second mari de la mère, par rapport aux enfants du premier lit de celle-ci. ‖ Père du conjoint.

BEAU-PETIT-FILS n. m. (pl. *beaux-petits-fils*). Fils de la personne dont on a épousé le père ou la mère.

BEAUPRÉ n. m. (néerl. *boegspriet*). Mât placé obliquement sur l'avant d'un navire.

BEAUTÉ n. f. Caractère de ce qui est beau : *beauté du visage.* ‖ Femme très belle. ● *En beauté* (Fam.), d'une manière brillante : *finir en beauté.* ‖ *Se faire une beauté* (Fam.), se maquiller avec soin. ‖ *Soins de beauté*, ensemble des méthodes qui ont pour but l'entretien et l'embellissement du visage et du corps. ◆ pl. Belles choses : *les beautés de la Grèce.*

BEAUX-ARTS n. m. pl. Nom donné à l'architecture et aux arts plastiques et graphiques (sculpture, peinture, gravure, dessin), parfois à la musique et à la chorégraphie.

BEAUX-PARENTS n. m. pl. Père et mère du conjoint.

BÉBÉ n. m. (onomat.). Nouveau-né ou nourrisson. ‖ *Fam.* Petit enfant. ● *Bébé(-)éprouvette* (Fam.), enfant qui est le fruit d'une grossesse obtenue par implantation dans l'utérus maternel d'un ovule fécondé in vitro.

BE-BOP [bibɔp] n. m. → BOP.

BEC n. m. (lat. *beccus*, mot gaul.). Organe constitué par les deux mâchoires des oiseaux et par les pièces cornées qui les recouvrent. ‖ *Fam.* Bouche : *clouer le bec à qqn.* ‖ Objet façonné en forme de bec : *le bec d'une cruche.* ‖ Saillie protégeant la base des piles d'un pont. ‖ Pointe de terre au confluent de deux cours d'eau : *le bec d'Ambès.* ‖ Extrémité d'un instrument de musique, qu'on tient entre les lèvres : *bec de clarinette.* ‖ *Avoir une prise de bec* (Fam.), échanger des propos vifs. ‖ *Bec Auer*, bec de gaz à manchon imprégné de sels métalliques, qui est porté à l'incandescence. ‖ *Bec de gaz*, lampadaire pour l'éclairage public au gaz (vx). ‖ *Tomber sur un bec* (Fam.), rencontrer un obstacle imprévu.

BÉCANE n. f. *Fam.* Bicyclette ou motocyclette.

BÉCARD [bekar] n. m. (de *bec*). Saumon mâle âgé, dont la mâchoire inférieure est crochue. ‖ Nom donné au brochet adulte.

bécarre

BÉCARRE n. m. (it. *bequadro*). *Mus.* Signe d'altération qui ramène à son ton naturel une note précédemment haussée par un dièse ou baissée par un bémol.

BÉCASSE n. f. (de *bec*). Oiseau échassier atteignant 50 cm, à bec long, mince et flexible. (Famille des scolopacidés; cri : la bécasse *croule.*) ‖ *Fam.* Sotte.

BÉCASSEAU n. m. Oiseau échassier mesurant au plus 25 cm de long, à bec plus court que chez la bécasse, de passage sur les côtes françaises. ‖ Petit de la bécasse.

bécasse

BECS

flamant — ara — aigle — spatule — calao — pivert — avocette — bec-croisé — cygne sauvage — bécasse — courlis — jabiru — colibri — pélican — rouge-gorge — ornithorynque — tortue

BÉCASSINE n. f. Oiseau échassier voisin de la bécasse, mais plus petit (au plus 30 cm de long).

BEC-CROISÉ n. m. (pl. *becs-croisés*). Oiseau passereau, granivore, à gros bec, vivant dans les forêts de conifères des montagnes de l'hémisphère Nord. (Long. 18 cm.)

BEC-DE-CANE n. m. (pl. *becs-de-cane*). Serrure fonctionnant sans clef, au moyen d'un bouton ou d'une béquille. ‖ Poignée de porte en forme de bec.

BEC-DE-CORBEAU n. m. (pl. *becs-de-corbeau*). Pince pour couper le fil de fer. ‖ Outil tranchant recourbé à une extrémité.

BEC-DE-CORBIN n. m. (pl. *becs-de-corbin*). Ciseau à bois servant à exécuter des moulures.

BEC-DE-LIÈVRE n. m. (pl. *becs-de-lièvre*). Malformation congénitale caractérisée par la lèvre supérieure fendue comme celle du lièvre.

BEC-DE-PERROQUET n. m. (pl. *becs-de-perroquet*). *Méd.* Syn. fam. de OSTÉOPHYTE.

BECFIGUE n. m. (it. *beccafico*). Nom donné, dans le Midi, au gobe-mouches gris et à divers passereaux à bec fin, quand, à l'automne, ils sont devenus savoureux.

BEC-FIN n. m. (pl. *becs-fins*). Nom donné communément à plusieurs passereaux au bec droit et effilé, comme les fauvettes, les rossignols, les rouges-gorges.

BÊCHAGE n. m. Action de bêcher.

BÉCHAMEL n. f. (d'un nom propre). Sauce blanche composée à partir d'un roux blanc additionné de lait.

BÊCHE n. f. Outil constitué d'une lame d'acier large et plate, pourvue d'un long manche, et qui sert à retourner la terre. ● *Bêche de crosse*, partie de l'affût d'un canon s'ancrant dans le sol.

BÊCHE-DE-MER n. f. → HOLOTHURIE.

BÊCHER v. t. Retourner la terre avec une bêche.

BÊCHER v. t. (de *béguer*, attaquer à coups de bec). *Fam.* et *vx.* Critiquer vivement. ◆ v. i. *Fam.* Avoir une attitude hautaine, méprisante.

BÊCHEUR, EUSE n. *Fam.* Personne prétentieuse et méprisante.

BÉCHIQUE adj. (gr. *bêx, bêkhos*, toux). Se dit des remèdes contre la toux (vx).

BÊCHOIR n. m. Houe carrée à large fer.

BÉCOT n. m. (de *bec*). *Fam.* Petit baiser.

BÉCOTER v. t. *Fam.* Embrasser.

BECQUÉE n. f. Ce qu'un oiseau prend dans son bec pour le donner à ses petits.

BECQUEREL n. m. (de H. *Becquerel*). Unité de mesure d'activité d'une source radioactive (symb. : Bq), équivalant à l'activité d'une quantité de nucléide radioactif pour laquelle le nombre de transitions nucléaires spontanées par seconde est égal à 1.

BECQUET ou **BÉQUET** [bekɛ] n. m. *Impr.* Petit papier collé sur une copie ou une épreuve pour signaler une modification. ‖ *Théâtr.* Fragment de scène que l'auteur ajoute ou modifie au cours des répétitions.

BECQUETER v. t. (de *bec*) [conj. **4**]. Donner des coups de bec.

BECTANCE n. f. *Pop.* Nourriture.

BECTER v. t. et i. *Pop.* Manger.

BEDAINE n. f. (anc. fr. *boudine*, nombril). *Fam.* Gros ventre.

BÉDANE n. m. (de *bec*, et de l'anc. fr. *ane*, canard). Ciseau en acier fondu et trempé, étroit et plus épais que large.

BEDEAU n. m. (mot germ.). Employé laïque préposé au bon ordre dans une église.

BÉDÉGAR n. m. (persan *bâdavard*). Excroissance chevelue produite sur l'églantier par l'introduction dans la plante des œufs d'un insecte cynipidé.

BEDON n. m. *Fam.* Ventre rebondi.

BEDONNANT, E adj. *Fam.* Qui a du ventre.

BEDONNER v. i. *Fam.* Prendre du ventre.

BÉDOUIN, E adj. et n. Se dit des Arabes nomades du désert, surtout au Proche-Orient.

belladone
fleur
fruit
bégonia
bulbe
belette
double
nain

BÉE adj. f. *Être, rester bouche bée*, être, rester frappé d'admiration, d'étonnement, de stupeur.

BÉER v. i. *Litt.* Être grand ouvert.

BEFFROI n. m. (haut all. *bergfrid*). *Arm. anc.* Tour roulante en bois qui servait à l'attaque des remparts. ‖ *Fortif.* Tour de guet d'où l'on donnait l'alarme avec une cloche.

BÉGAIEMENT n. m. Trouble de l'élocution, qui se manifeste par des répétitions de certaines syllabes ou par des blocages au cours de l'émission de la parole.

BÉGARD n. m. Membre de sociétés mystiques au Moyen Âge.

BÉGAYER [begeje] v. i. (de *bègue*) [conj. **2**]. Parler avec des bégaiements. ◆ v. t. Balbutier : *bégayer une excuse*.

BÉGONIA n. m. (de *Bégon*, intendant général de Saint-Domingue). Plante originaire de l'Amérique du Sud, cultivée pour son feuillage décoratif et ses fleurs vivement colorées. (Type de la famille des bégoniacées.)

BÈGUE adj. et n. (anc. fr. *béguer*, bégayer, mot néerl.). Qui bégaie.

BÉGUÈTEMENT n. m. Cri de la chèvre.

BÉGUETER v. i. (conj. **4**). Crier, en parlant de la chèvre.

BÉGUEULE n. f. et adj. (de *bée* et *gueule*, bouche ouverte). *Fam.* Femme d'une pudeur exagérée.

BÉGUEULERIE n. f. *Fam.* Caractère d'une bégueule.

BÉGUIN n. m. (de *béguine*). Coiffe à capuchon, que portaient les béguines. ‖ Petit bonnet d'enfant. ‖ *Fam.* Passion amoureuse passagère; personne qui en est l'objet.

BÉGUINAGE n. m. Communauté de béguines.

BÉGUINE n. f. Femme pieuse des Pays-Bas ou de Belgique, qui, sans prononcer de vœux, vit dans une sorte de cité-couvent.

BÉGUM [begɔm] n. f. Titre donné aux princesses indiennes.

BÉHAÏSME n. m. Mouvement religieux persan né du babisme. (Fondé par Bahā' Allāh [1817-1892], le béhaïsme prêche une religion universelle qui est l'aboutissement et le complément des anciennes croyances.)

BÉHAVIORISME n. m. (amér. *behavior*, com-

beffroi (XIVe s.) de Gand

Rudder-Larousse

portement). Théorie d'ensemble de la psychologie, représentée par J. B. Watson et B. F. Skinner.
■ Voulant promouvoir la psychologie au rang de science objective, le béhaviorisme lui assigne le comportement comme objet d'étude. Il propose d'établir des lois constantes reliant le stimulus (S) et la réponse (R), et permettant de prévoir le comportement si l'on connaît le stimulus. Tout type de comportement pouvant être ramené, selon cette théorie, à des relations (S) → (R) élémentaires.

BÉHAVIORISTE adj. et n. Relatif au béhaviorisme.

BEHAVIOR THERAPY n. f. → THÉRAPIE* COMPORTEMENTALE.

BEIGE adj. Brun clair tirant sur le jaune.

BEIGNE n. f. *Pop.* Gifle; coup.

BEIGNET n. m. Pâte frite à la poêle et qui renferme ordinairement une substance alimentaire (fruit, légume, etc.).

BÉJAUNE n. m. (de *bec jaune*). Oiseau très jeune. ‖ Jeune homme ignorant et sot (vx).

BEL adj. → BEAU.

BEL n. m. (de *Graham Bell*). Logarithme décimal du rapport d'une puissance à une autre dix fois plus faible. (V. DÉCIBEL.)

BÊLANT, E adj. Qui bêle.

BEL CANTO [bɛlkɑ̃to] n. m. Façon de chanter où l'on s'attache surtout à la beauté du son et à la virtuosité.

BÊLEMENT n. m. Cri des moutons et des chèvres. ‖ Plainte niaise.

BÉLEMNITE n. f. (gr. *belemnitês*, pierre en forme de flèche). Mollusque céphalopode fossile, caractéristique de l'ère secondaire, voisin des calmars actuels.

BÊLER v. i. (lat. *belare*). Crier, en parlant des moutons et des chèvres. ‖ Parler d'une voix tremblotante et geignarde.

BELETTE n. f. (de *belle*). Petit mammifère carnivore au pelage fauve sur le dos et au ventre blanc. (Long. 17 cm; famille des mustélidés.)

BELGE adj. et n. De Belgique.

BELGICISME n. m. Locution propre au français de Belgique.

BÉLIER n. m. (néerl. *belhamel*). Mouton mâle. (Cri : le bélier *blatère*.) ‖ Machine de guerre utilisée autrefois pour enfoncer les défenses ou les portes d'une ville ou d'un château assiégé. ● *Bélier hydraulique*, machine pour élever l'eau. ‖ *Coup de bélier*, choc de l'eau dans une conduite que l'on ferme brusquement; choc violent produit contre un obstacle.

BÉLIÈRE n. f. Anneau de suspension. ‖ Sonnette attachée au cou d'un bélier. ‖ Lanière reliant le sabre au ceinturon.

BÉLINOGRAMME n. m. Document transmis par bélinographe.

BÉLINOGRAPHE n. m. Appareil inventé par É. Belin, et servant à la transmission par fil d'images ou de photographies.

BÉLÎTRE n. m. (all. *Bettler*). Homme de rien, coquin (vx).

BELLADONE n. f. (it. *belladona*, belle dame). Plante herbacée des taillis et décombres, à baies noires de la taille d'une cerise. (Famille des solanacées. Très vénéneuse, elle contient un alcaloïde, l'atropine, utilisé médicalement à très faible dose.)

BELLÂTRE adj. et n. m. (de *bel*). Qui a une beauté fade ou des prétentions à la beauté.

BELLE adj. → BEAU.

BELLE n. f. *Jeux* et *Sports*. Partie décisive entre des joueurs à égalité. ‖ *Pop.* Évasion de prison. ● *Belle de Fontenay*, variété de pomme de terre.

BELLE-DAME n. f. (pl. *belles-dames*). Nom usuel de l'*arroche* et de la *belladone*. ‖ Papillon du genre *vanesse*.

BELLE-DE-JOUR n. f. (pl. *belles-de-jour*). Nom usuel donné au *liseron*, dont les fleurs ne s'épanouissent que le jour.

BELLE-DE-NUIT n. f. (pl. *belles-de-nuit*). Nom usuel donné au *mirabilis*, dont les fleurs ne s'ouvrent que le soir.

BELLE-FAMILLE n. f. (pl. *belles-familles*). *Fam.* Famille du conjoint.

BELLE-FILLE n. f. (pl. *belles-filles*). Celle dont on a épousé le père ou la mère en secondes noces. ‖ Femme d'un fils.

BELLEMENT adv. *Litt.* De belle façon.

BELLE-MÈRE n. f. (pl. *belles-mères*). Seconde femme du père, par rapport aux enfants du premier lit de celui-ci. ‖ Mère du conjoint.

BELLE-PETITE-FILLE n. f. (pl. *belles-petites-filles*). Fille de la personne dont on a épousé le père ou la mère.

BELLES-LETTRES n. f. pl. Nom donné à la grammaire, à la poésie, à la littérature.

BELLE-SŒUR n. f. (pl. *belles-sœurs*). Épouse du frère ou du beau-frère. ‖ Sœur du conjoint.

BELLICISME n. m. (lat. *bellicus*, belliqueux). Attitude ou opinion des bellicistes.

BELLICISTE adj. et n. Qui préconise l'emploi de la force dans les relations internationales.

BELLIFONTAIN, E adj. et n. De Fontainebleau.

BELLIGÈNE adj. Susceptible d'engendrer un conflit armé.

BELLIGÉRANCE n. f. État de belligérant.

BELLIGÉRANT, E adj. et n. (lat. *bellum*, guerre, et *gerere*, faire). Se dit d'un État, d'un peuple, d'une force armée qui participent à un conflit armé dans des conditions reconnues par le droit international.

BELLIQUEUX, EUSE adj. (lat. *bellicosus*). Qui aime la guerre; qui excite au combat.

BELLUAIRE n. m. (lat. *bellua*, bête). *Hist. rom.* Gladiateur qui combattait des bêtes féroces.

BELON n. f. (de *Belon*, fleuve breton). Variété d'huître plate et ronde, à chair brune.

BELOTE n. f. (de *Belot*, qui a perfectionné ce jeu). Jeu de cartes.

BÉLUGA ou **BÉLOUGA** n. m. (russe *bieluha*). Cétacé proche du narval, de couleur blanche, long de 3 à 4 m, habitant les mers arctiques. ‖ En Bretagne, autre nom du DAUPHIN. ‖ (Avec une majuscule) Monotype de régates et de croisières côtières.

BELVÉDÈRE n. m. (it. *bello*, beau, et *vedere*, voir). Construction, pavillon au sommet d'un édifice ou sur une terrasse, d'où l'on peut voir au loin.

BÉMOL n. m. (it. *bemolle*). *Mus.* Signe d'altération qui baisse d'un demi-ton la note qu'il précède. ● *Double bémol*, signe d'altération qui baisse d'un ton entier la note qu'il affecte.

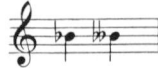

bémol et double **bémol**

◆ adj. Se dit de la note elle-même affectée de ce signe.

BÉNARDE adj. et n. f. Serrure s'ouvrant des deux côtés avec une clef non forée.

BÉNÉDICITÉ n. m. (lat. *benedicite*, bénissez) [pl. *bénédicités*]. Prière latine qui se récite avant le repas, et dont le premier mot est *Benedicite*.

BÉNÉDICTIN, E n. (lat. *Benedictus*, Benoît). Religieux de l'ordre fondé, v. 529, par saint Benoît de Nursie et dont le monastère du Mont-Cassin en Italie fut le berceau. ● *Travail de bénédictin*, travail long et minutieux, qui exige de la patience.

■ Les bénédictins jouèrent un rôle très important dans la renaissance carolingienne et dans l'évolution de l'art roman. Une réforme générale de l'ordre fut accomplie au Xe s. par la fondation de l'abbaye de Cluny. Du tronc bénédictin partirent alors plusieurs branches : cisterciens (d'où sortirent à leur tour trappistes, feuillants, etc.), camaldules, célestins, etc. À l'ordre des Bénédictins appartint la célèbre congrégation française de Saint-Maur, qui se consacra aux travaux d'érudition. Supprimé par la Révolution, l'ordre fut restauré en France par dom Guéranger (1837), qui releva l'abbaye de Solesmes. En 1893, Léon XIII a réorganisé l'ordre des Bénédictins, divisé désormais en quinze congrégations. Les *bénédictines* font remonter leur institution à sainte Scholastique, sœur jumelle de saint Benoît.

BÉNÉDICTINE n. f. (nom déposé). Liqueur préparée à partir de plantes macérées dans l'alcool.

BÉNÉDICTION n. f. Action de bénir : *bénédiction d'une cloche*. ● *C'est une bénédiction*, c'est miraculeux.

BÉNEF n. m. *Pop.* Bénéfice.

BÉNÉFICE n. m. (lat. *beneficium*, bienfait). Profit réalisé par une entreprise grâce à son activité; avantage tiré d'une action, d'un état : *accroissement des bénéfices; bénéfice de l'âge.* ‖ *Hist.* Dignité ou charge ecclésiastique dotée d'un revenu; concession de terre faite par le suzerain à un vassal, le plus souvent comme récompense et à charge de certains devoirs. ‖ *Psychanal.* Avantage retiré par le sujet d'un investissement libidinal. ● *Bénéfice de discussion* (Dr.), possibilité pour une caution d'exiger d'un créancier qu'il poursuive d'abord le débiteur sur ses biens. ‖ *Bénéfice de division* (Dr.), en cas de pluralité de cautions, possibilité d'obliger le créancier à limiter son action à la part de chacune d'elles. ‖ *Bénéfice d'inventaire* (Dr.), prérogative accordée par la loi, permettant à l'héritier ou à l'époux qui ont fait dresser l'inventaire de ne payer les dettes de la succession ou de la communauté qu'à concurrence de l'actif qu'ils en recueillent. ‖ *Bénéfice secondaire de la maladie* (Psychan.), avantage inconscient que le sujet tire d'un symptôme et qui s'oppose à sa guérison. ‖ *Sous bénéfice d'inventaire*, sous réserve de vérification.

BÉNÉFICIAIRE adj. et n. Qui bénéficie d'un avantage, d'une faveur, etc. ◆ adj. Relatif au bénéfice : *marge bénéficiaire.* ‖ Qui produit un bénéfice.

BÉNÉFICIER n. m. Celui qui possédait un bénéfice ecclésiastique.

BÉNÉFICIER v. t. ind. [**de**]. Tirer un profit, un avantage : *bénéficier des circonstances atténuantes.*

BÉNÉFIQUE adj. Favorable, bienfaisant : *avoir un effet bénéfique sur la production industrielle.*

BÉNÊT adj. et n. m. (lat. *benedictus*, béni). Niais, sot, dadais.

BÉNÉVOLAT n. m. Service assuré par une personne bénévole.

BÉNÉVOLE adj. (lat. *benevolus*). Se dit de qqn qui fait qqch sans y être obligé, sans en tirer profit : *un animateur bénévole.* ‖ Se dit de qqch qui est fait sans obligation, à titre gracieux : *une aide bénévole.*

BÉNÉVOLEMENT adv. De façon bénévole.

BENGALI adj. et n. Du Bengale.

BENGALI n. m. Langue parlée au Bengale. ‖ Petit passereau à plumage brun taché de couleurs vives, originaire de l'Afrique tropicale, souvent élevé en volière. (Famille des plocéidés.)

BÉNIGNITÉ [beninite] n. f. Caractère de ce qui est bénin.

BÉNIN, IGNE adj. (lat. *benignus*). Sans conséquences graves : *un accident bénin; une maladie bénigne.*

Bénioff (*plan de*), sous une marge continentale ou un arc insulaire, plan, généralement incliné à 45°, défini par les foyers des séismes et qui correspondrait à la subduction d'une plaque.

BÉNI-OUI-OUI n. m. inv. (ar. *ben*, fils de). *Fam.* Personne toujours disposée à approuver les actes du pouvoir en place.

BÉNIR v. t. (lat. *benedicere*, dire du bien) [conj. **7**]. Appeler la protection de Dieu sur qqn, qqch : *le pape bénit la foule.* ‖ Se féliciter de, applaudir à : *bénir les circonstances.*

BÉNISSEUR, EUSE adj. et n. *Litt.* Qui bénit, prodigue des approbations.

BÉNIT, E adj. Sanctifié par une cérémonie religieuse : *pain bénit.*

BÉNITIER n. m. (anc. fr. *eaubenoitier*). Récipient à eau bénite. ‖ Mollusque du genre *tridacne*, qui atteint parfois une très grande taille et dont une des valves peut être utilisée comme bénitier.

BENJAMIN, E n. (de *Benjamin*, dernier fils de Jacob). Le plus jeune enfant d'une famille.

BENJOIN [bɛ̃ʒwɛ̃] n. m. (lat. *benzoe*, mot ar.). Résine aromatique tirée du tronc d'un styrax de l'Asie méridionale, et utilisée en médecine comme balsamique et antiseptique.

BENNE n. f. (lat. *benna*, chariot). Caisson utilisé pour le transport, ou appareil employé pour la préhension et le déplacement de matériaux.

benne preneuse

BENOÎT, E adj. (lat. *benedictus*, béni). *Litt.* Qui affecte un air doucereux.

BENOÎTE n. f. (fém. de *benoît*). Plante herbacée des bois, à fleurs jaunes. (Famille des rosacées, genre *geum*.)

BENOÎTEMENT adv. *Litt.* De façon benoîte.

BENTHIQUE adj. Se dit des dépôts résultant de l'activité d'organismes vivant sur le fond de la mer.

BENTHOS [bɛ̃tos] n. m. (mot gr., *profondeur*). Ensemble des êtres qui vivent sur le fond de la mer ou des eaux douces.

BENTONITE n. f. (d'un nom propre). Argile à fort pouvoir adsorbant et décolorant, ayant des usages industriels divers.

bengali

BENZÈNE [bɛ̃zɛn] n. m. (lat. *benzoe,* benjoin, mot ar.). Premier terme (C_6H_6) de la série des hydrocarbures aromatiques, liquide incolore, volatil, combustible, obtenu à partir de la houille et surtout du pétrole.

BENZÉNIQUE adj. Se dit des corps apparentés au benzène.

BENZIDINE n. f. Arylamine qui sert à la préparation de colorants azoïques.

BENZINE n. f. Nom commercial d'un mélange d'hydrocarbures provenant de la rectification du benzol, utilisé comme solvant et détachant.

BENZOATE n. m. Sel ou ester de l'acide benzoïque.

BENZODIAZÉPINE n. f. Radical chimique commun d'un groupe de tranquillisants (benzodiazépines) employés contre l'angoisse, l'agitation, l'insomnie.

BENZOÏQUE adj. m. Se dit d'un acide $C_6H_5CO_2H$ que l'on trouve dans le benjoin et préparé industriellement à partir du toluène.

BENZOL n. m. Mélange de benzène et de toluène, extrait des goudrons de houille.

BENZOLISME n. m. Maladie professionnelle due à la manipulation du benzol, et dont les manifestations sont l'anémie et la leucopénie.

BENZONAPHTOL n. m. Benzoate de naphtyle, utilisé comme antiseptique intestinal.

BENZOYLE n. m. Radical univalent $C_6H_5CO—$ dérivé de l'acide benzoïque.

BENZYLE n. m. Radical univalent $C_6H_5CH_2—$.

BENZYLIQUE adj. Se dit de dérivés contenant le radical benzyle : *alcool benzylique* $C_6H_5CH_2OH.$

BÉOTIEN, ENNE [beɔsjɛ̃, ɛn] adj. et n. De la Béotie. || Inculte, grossier, ignorant.

B.E.P.C., abrév. de BREVET D'ÉTUDES DU PREMIER CYCLE.

BÉQUET n. m. → BECQUET.

BÉQUILLARD, E adj. et n. *Fam.* Qui marche avec des béquilles.

BÉQUILLE n. f. (de *bec,* et lat. *anaticula,* petit canard). Bâton surmonté d'une petite traverse, sur lequel s'appuient les gens infirmes. || Support pour maintenir à l'arrêt un véhicule à deux roues. || Poignée sur laquelle on appuie pour ouvrir une serrure. || *Arm.* Dispositif d'appui de certaines armes. || *Mar.* Pièce de bois servant à empêcher un navire échoué de se coucher.

BÉQUILLER v. t. *Techn.* Étayer avec une béquille : *béquiller un navire.*

BER n. m. (lat. *bercium,* mot gaul.). Carcasse en bois sur laquelle repose un navire en construction. (Syn. BERCEAU.)

BERBÈRE adj. et n. (lat. *barbarus*). Relatif aux Berbères.

BERBÈRE n. m. Langue la plus ancienne en Afrique du Nord, parlée par les Berbères.

BERBÉRIDACÉE n. f. Plante telle que l'*épine-vinette* et le *mahonia.* (Les *berbéridacées* forment une famille dans l'ordre des ranales.)

BERBÉROPHONE adj. et n. Qui parle une langue berbère.

BERCAIL n. m. (lat. *berbex,* brebis) [n'a pas de pluriel]. Famille, maison paternelle : *rentrer au bercail.*

BERÇANTE ou **BERCEUSE** n. f. Au Canada, fauteuil à bascule.

BERCE n. f. Plante commune dans les lieux humides, à grandes ombelles portant des fleurs blanches. (Haut. 1 à 1,50 m; famille des ombellifères, genre *heracleum.*)

BERCEAU n. m. (de *ber*). Lit d'un tout jeune enfant. || Première enfance : *dès le berceau.* || *Litt.* Lieu de naissance, origine : *la Grèce est le berceau de la civilisation occidentale.* || Outil de graveur, garni d'aspérités serrées. || *Jard.* Treillage en voûte. || *Mar.* Syn. de BER. || *Mécan.* Support d'un moteur. ● *Voûte en berceau* ou *berceau* (Archit.), voûte engendrée par la translation d'un arc suivant une directrice. (Selon que l'arc est *plein cintre, brisé,* etc.)

BERCELONNETTE n. f. (de *berceau*). Petit lit suspendu de nouveau-né.

BERCEMENT n. m. Action de bercer.

BERCER v. t. (mot gaul.) [conj. **1**]. Balancer d'un mouvement doux et régulier. || Apaiser, calmer, endormir.

BERCEUR, EUSE adj. Qui berce.

BERCEUSE n. f. Chanson pour endormir les enfants; pièce instrumentale dans le même style. || Syn. de BERÇANTE.

BÉRET n. m. (béarnais *berret*). Coiffure souple, ronde et plate sans visière ni bords.

BERGAMASQUE n. f. Danse originaire de Bergame (XVIᵉ-XVIIIᵉ s.).

BERGAMOTE n. f. (it. *bergamotta,* mot turc). Fruit du bergamotier, dont on extrait une essence d'odeur agréable. || Bonbon parfumé à la bergamote.

BERGAMOTIER n. m. Arbre voisin de l'oranger, cultivé pour ses fruits ou *bergamotes.*

BERGE n. f. (mot gaul.). Bord d'un cours d'eau à son niveau naturel.

BERGE n. f. (mot tsigane). *Pop.* An.

BERGER, ÈRE n. (lat. *berbex,* brebis). Personne qui garde les moutons. ● *Bon, mauvais berger* (Litt.), bon, mauvais guide. || *Étoile du berger,* la planète Vénus.

BERGER n. m. Race de chiens aptes à la garde des troupeaux.

BERGÈRE n. f. Fauteuil large et profond, dont le siège est garni d'un coussin.

BERGERIE n. f. Lieu où on loge les moutons. || Emplacement situé dans un rayon de grand magasin et regroupant une catégorie d'articles ou une marque. || Poésie pastorale.

BERGERONNETTE n. f. (de *bergère*). Oiseau passereau habitant au bord des eaux, insectivore, marchant en hochant sa longue queue. (Long. 15 à 20 cm.) [Syn. HOCHEQUEUE, LAVANDIÈRE.]

BÉRIBÉRI n. m. (d'une langue de l'Inde). Maladie due à une carence en vitamine B1, caractérisée par des troubles digestifs, par des œdèmes et par des troubles nerveux. (Syn. AVITAMINOSE B.)

BERKÉLIUM [bɛrkeljɔm] n. m. (de *Berkeley,* v. des États-Unis). Élément chimique (Bk) nᵒ 97, artificiel et radioactif.

BERLINE n. f. (de *Berlin,* lieu de première origine). Voiture hippomobile, suspendue, à quatre roues, recouverte d'une capote. || Automobile carrossée en conduite intérieure, à quatre portes. || Wagonnet de mine.

BERLINGOT n. m. (it. *berlingozzo,* gâteau). Bonbon de sucre cuit et aromatisé. || Emballage en forme de tétraèdre pour les liquides.

BERLINOIS, E adj. et n. De Berlin.

BERLUE n. f. (anc. fr. *belluer,* éblouir). *Avoir la berlue* (Fam.), avoir une hallucination; se tromper.

BERME n. f. (néerl. *berm,* talus). Espace étroit ménagé entre un canal ou un fossé et la levée de terre qui le borde pour éviter les éboulements et servir de chemin.

BERMUDA n. m. (mot amér.). Short dont les jambes s'arrêtent au-dessus du genou.

BERMUDIEN, NE n. *Mar.* Gréement utilisant une voilure Marconi.

bergeronnette grise

berce

bergère Louis XV par J.-B. Tilliard

Larousse

berline

Giraudon

BERNACLE ou **BERNACHE** n. f. (irland. *bairneach*). Oie sauvage à bec court et pattes noires, nichant dans l'extrême Nord, de passage l'hiver sur les côtes de l'Europe occidentale. || Nom usuel de l'*anatife.*

BERNARDIN, E n. Autref., religieux, religieuse de la branche de l'ordre de Saint-Benoît issue de la réforme de saint Bernard.

BERNARD-L'ERMITE n. m. inv. (mot languedocien). Nom usuel du *pagure.*

BERNE n. f. (néerl. *berm,* repli). *Drapeau, pavillon en berne,* drapeau incomplètement déployé ou pavillon hissé à mi-drisse en signe de deuil.

BERNER v. t. (anc. fr. *brener,* vanner le blé). *Litt.* Tromper en faisant croire des choses fausses.

BERNIQUE n. f. (breton *bernic*). Nom usuel de la *patelle.*

BERNIQUE! interj. (normand *emberniquer,* salir). *Fam.* Exprime un espoir déçu.

BERNOIS, E adj. et n. De Berne.

BERRICHON, ONNE adj. et n. Du Berry.

BERSAGLIER [bɛrsalje] n. m. (it. *bersagliere*). Soldat italien d'infanterie légère.

BERTHON n. m. (n. de l'inventeur). Canot pliant, en toile imperméable, destiné aux petits bâtiments.

BERTILLONNAGE n. m. (de *Bertillon*). Système d'identification des criminels, fondé sur l'anthropométrie.

BÉRYL n. m. Silicate naturel d'aluminium et de béryllium. (Coloré en vert, il donne l'émeraude; en bleu nuancé de vert, c'est l'aigue-marine; en rose, c'est la morganite, et en jaune l'héliodore.)

BÉRYLLIUM [beriljɔm] n. m. Corps simple métallique (Be), nᵒ 4, de masse atomique 9,012, de densité 1,85, utilisé dans les réacteurs nucléaires et dans l'industrie aérospatiale. (Syn. GLUCINIUM.)

BESACE n. f. (lat. *bis,* deux fois, et *saccus,* sac). Long sac ouvert en son milieu et dont les extrémités forment des poches. || Rencontre de deux pans de maçonnerie dont les éléments sont liés d'une assise à l'autre. ● *Assise en besace,* assise horizontale de pierres alternativement posées en longueur et en largeur.

BESAIGUË [bəsegy] n. f. (lat. *bis acuta,* à deux tranchants). Outil de charpentier dont les deux bouts sont taillés l'un en ciseau et l'autre en bédane, pour équarrir les pièces de bois et faire des assemblages.

BESANT n. m. (lat. *byzantium*, monnaie de Byzance). Anc. monnaie d'or de l'Empire byzantin. ‖ *Archit.* Disque saillant, ornemental, sculpté sur un bandeau. ‖ *Hérald.* Disque d'or ou d'argent.

BÉSEF ou **BÉZEF** adv. (mot ar.). *Pop.* Beaucoup (surtout dans les phrases négatives).

BESICLES [ba- ou bezikl] n. f. pl. (anc. fr. *béricles,* de *béryl,* pierre fine servant à faire des loupes). Anciennes lunettes rondes.

BÉSIGUE n. m. Jeu de cartes.

BESOGNE n. f. (fém. de *besoin*). Travail, ouvrage : *aller vite en besogne.*

BESOGNER v. i. Travailler péniblement pour un petit résultat.

BESOGNEUX, EUSE adj. et n. Qui est dans la pauvreté et vit difficilement de ce qu'il gagne. ‖ Qui travaille scrupuleusement ou médiocrement.

BESOIN n. m. (francique *bisunnia*). Sentiment de manque, d'insatisfaction lié à une nécessité physiologique non contrôlée : *manger est un besoin physiologique.* ‖ Ce qui est nécessaire : *le besoin de main-d'œuvre.* ‖ État de pauvreté : *être dans le besoin.* ‖ *Dr.* Personne chez qui peut être présentée une lettre de change au cas où le tiré ne paierait pas. (Syn. RECOMMANDATAIRE.) ‖ *Psychanal.* Forme d'expression d'un désir chez l'homme. ● *Au besoin,* s'il est nécessaire. ‖ *Avoir besoin de* (et l'infinitif), être dans la nécessité de. ‖ *Avoir besoin de qqn, de qqch,* en sentir la nécessité, l'utilité. ‖ *Besoin de punition* (Psychanal.), comportement de celui qui recherche des situations pénibles ou humiliantes pour lui-même. ‖ *Être besoin* (Impers.), être nécessaire : *on vous aidera, s'il en est besoin.* ◆ pl. Nécessités naturelles. ‖ Choses nécessaires à l'existence. ‖ *Pour les besoins de la cause,* dans le seul but de démontrer ce qu'on dit.

BESSEMER [bɛsmɛr] n. m. (n. de l'inventeur). Convertisseur pour transformer la fonte en acier par insufflation d'air sous pression.

BESSON, ONNE n. (lat. *bis,* deux fois). *Litt.* Jumeau, jumelle.

BESTIAIRE n. m. (lat. *bestiarius,* de *bestia,* bête). Chez les Romains, gladiateur qui combattait les bêtes féroces. ‖ Traité, recueil d'images ayant trait aux animaux. ‖ Iconographie animalière d'une œuvre (manuscrit enluminé, édifice à décor sculpté...) ou d'un ensemble d'œuvres : *le bestiaire roman.*

BESTIAL, E, AUX adj. (lat. *bestialis*). Qui tient de la bête, qui fait ressembler à la bête.

BESTIALEMENT adv. De façon bestiale.

BESTIALITÉ n. f. Caractère bestial. ‖ Perversion dans laquelle les animaux sont pris pour objets sexuels.

BESTIAUX n. m. pl. (anc. fr. *bestial*). Gros animaux domestiques élevés en troupeaux.

BESTIOLE n. f. (lat. *bestiola*). Petite bête.

BEST-SELLER [bɛstsɛlœr] n. m. (mot angl., *le mieux vendu*) [pl. *best-sellers*]. Grand succès de librairie; livre à gros tirage.

BÊTA n. m. Deuxième lettre de l'alphabet grec (β). ● *Rayons bêta,* flux d'électrons ou de positons émis par certains éléments radioactifs.

BÊTA, ASSE adj. et n. *Fam.* Personne sotte.

BÉTAIL n. m. (de *bête*). Nom collectif pour désigner les animaux de l'exploitation agricole, excepté les volailles. (*Le gros bétail* comprend les chevaux, les ânes, les mulets, les bovins; moutons, chèvres et porcs forment le *petit bétail.*)

BÉTAILLÈRE n. f. Véhicule, remorque pour le transport du bétail.

BÉTATRON n. m. Appareil accélérateur de particules, servant à produire des électrons animés d'une grande énergie.

BÊTE n. f. (lat. *bestia*). Tout animal autre que l'homme. ‖ Personne sotte ou stupide. ● *Bête à bon Dieu,* coccinelle. ‖ *Bête à concours* (Fam.), élève ou étudiant exagérément studieux dont le seul but est d'être reçu aux examens et aux concours. ‖ *Bêtes noires* (Chass.), les sangliers, etc. ‖ *Bonne bête,* personne de peu

d'esprit, sans malice. ‖ *La bête noire de qqn* (Fam.), personne ou chose qu'on déteste le plus. ◆ pl. Le bétail : *soigner les bêtes.*

BÊTE adj. Sans intelligence ni réflexion. ‖ *Malade comme une bête,* très malade.

BÉTEL n. m. (portug. *betel,* mot de la langue du Malabār). Espèce de poivrier grimpant de l'Inde. ‖ Mélange masticatoire à base de feuilles de bétel, de chaux et de noix d'arec.

BÊTEMENT adv. Stupidement. ● *Tout bêtement,* sans y chercher finesse, simplement, naïvement.

BÊTIFIANT, E adj. Qui bêtifie.

BÊTIFIER v. i. *Fam.* Parler d'une manière niaise, puérile.

BÊTISE n. f. (de *bête*). Manque d'intelligence : *faire preuve de bêtise.* ‖ Parole, action stupide ou chose sans valeur ni importance : *dire, faire des bêtises; se disputer pour une bêtise; dépenser son argent en bêtises.* ‖ Berlingot à la menthe dont Cambrai a la renommée.

BÊTISIER n. m. Recueil plaisant de sottises.

BÉTOINE n. f. (lat. *bettonica*). Plante à fleurs mauves, de la famille des labiacées.

BÉTOIRE n. f. (lat. *bibere,* boire). Syn. de AVEN.

BÉTON n. m. (lat. *bitumen,* bitume). Aggloméral artificiel de cailloux, de graviers et de sable, réunis entre eux au moyen d'un liant hydraulique. ● *Béton armé,* béton dans lequel sont enrobées des armatures métalliques destinées à résister à des efforts de flexion ou de traction auxquels le béton ordinaire résisterait mal. ‖ *Béton cellulaire,* béton léger constitué par un mélange de liants hydrauliques et d'agrégats fins ayant subi un traitement destiné à grouper dans la masse de nombreux pores sphériques. (On dit aussi BÉTON ALVÉOLAIRE.) ‖ *Béton précontraint,* béton armé dans lequel l'introduction artificielle de contraintes internes permanentes compense les contraintes extérieures résultant des charges auxquelles le béton est soumis en service. ‖ *Faire le béton,* se dit, au football,

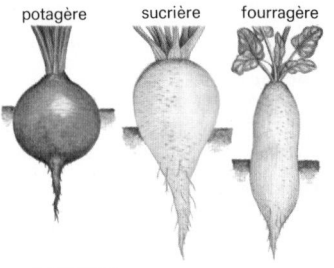

potagère   sucrière   fourragère

betteraves

lorsque les attaquants se joignent aux défenseurs pour protéger les buts.

BÉTONNAGE n. m. Action de bétonner. ‖ Maçonnerie faite avec du béton.

BÉTONNER v. t. Construire avec du béton. ◆ v. i. Au football, faire le béton.

BÉTONNIÈRE n. f. Machine servant à fabriquer du béton. (On ne doit pas dire *bétonneuse.*)

BETTE ou **BLETTE** n. f. (lat. *beta*). Plante voisine de la betterave, cultivée comme légume pour ses feuilles et ses pétioles aplatis, dénommés *côtes* ou *cardes.* (Syn. POIRÉE.)

BETTERAVE n. f. (de *bette* et *rave*). Genre de chénopodiacée, dont il existe une forme sauvage, plante de rivages à racine mince et dure, et une forme cultivée à racine épaisse, donnant plusieurs variétés : *betterave sucrière* (dont le jus contient jusqu'à 20 p. 100 de saccharose), *betterave rouge, betterave fourragère.*

BETTERAVIER, ÈRE adj. Relatif à la betterave.

BETTERAVIER n. m. Producteur de betteraves.

BÉTULACÉE n. f. Plante arborescente apétale. (La famille des *bétulacées* comprend l'*aulne,* le *bouleau,* le *charme.*)

BÉTYLE n. m. (gr. *baitulos,* maison du Seigneur). Pierre sacrée, chez les anciens Sémites, considérée comme la demeure du dieu.

BEUGLANT n. m. *Pop.* vx. Café-concert.

BEUGLANTE n. f. *Pop.* Clameur de protestation. ‖ *Pop.* Chanson braillée.

BEUGLEMENT n. m. Cri du bœuf, de la vache et du taureau. (Syn. MEUGLEMENT.)

BEUGLER v. i. (lat. *buculus,* jeune taureau). Pousser des beuglements. ‖ *Fam.* Produire un son prolongé et puissant, jeter de grands cris : *la radio beuglait.* ◆ v. t. *Fam.* Chanter, crier très fort : *beugler une chanson.*

BEURRE n. m. (lat. *butyrum*). Aliment gras extrait du lait de vache. ‖ Substance grasse que l'on extrait de divers végétaux : *beurre de cacao.* ‖ Anc. nom de certains chlorures métalliques : *beurre d'antimoine.* ● *Beurre d'anchois, d'écrevisses,* etc., pâte constituée par la chair de ces animaux écrasée dans du beurre. ‖ *Beurre frais,* jaune très pâle. ‖ *Beurre noir,* beurre chauffé dans la poêle jusqu'à ce qu'il devienne noir. ‖ *Compter pour du beurre* (Fam.), ne pas entrer en ligne de compte. ‖ *Faire son beurre* (Fam.), réussir dans ses affaires, s'enrichir. ‖ *Œil au beurre noir,* œil poché.

BEURRÉ, E adj. *Pop.* Ivre.

BEURRÉ n. m. Sorte de poire fondante.

BEURRER v. t. Couvrir de beurre.

BEURRERIE n. f. Industrie du beurre. ‖ Fabrique de beurre.

FABRICATION DU BEURRE

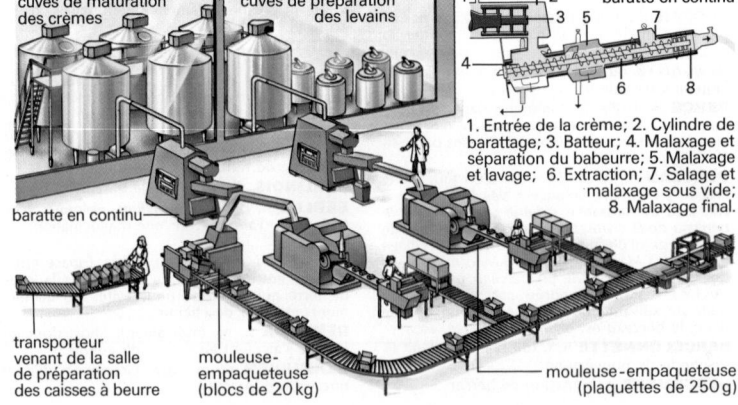

cuves de maturation des crèmes   cuves de préparation des levains   baratte en continu

baratte en continu

transporteur venant de la salle de préparation des caisses à beurre

mouleuse-empaqueteuse (blocs de 20 kg)

mouleuse-empaqueteuse (plaquettes de 250 g)

1. Entrée de la crème; 2. Cylindre de barattage; 3. Batteur; 4. Malaxage et séparation du babeurre; 5. Malaxage et lavage; 6. Extraction; 7. Salage et malaxage sous vide; 8. Malaxage final.

bétonnière : centrale mobile à béton

BEURRIER n. m. Récipient où l'on conserve, l'on sert du beurre.

BEUVERIE n. f. Partie de plaisir où l'on boit beaucoup.

BÉVATRON n. m. Accélérateur capable de conférer à des particules une énergie au moins égale à un milliard d'électronvolts.

BÉVUE n. f. (préf. péjor. bé-, et vue). Méprise grossière, erreur : commettre une bévue.

BEY [bɛ] n. m. (mot turc). Hist. Titre porté autref. par les officiers supérieurs de l'armée ottomane et les hauts fonctionnaires. ‖ Titre de souverains théoriquement vassaux du Sultan.

BEYLICAL, E, AUX adj. Relatif au bey.

BEYLICAT n. m. Pouvoir d'un bey; région soumise à son autorité.

BÉZEF adv. → BÉSEF.

Bi, symbole chimique du bismuth.

BIACIDE [biasid] adj. et n. m. → DIACIDE.

BIAIS, E [bjɛ, ɛz] adj. (anc. prov. biais, du gr. epikarsios, oblique). Techn. Qui n'est pas, par rapport à un autre objet, dans le prolongement, en équerre ou en parallèle.

BIAIS n. m. Ligne oblique. ‖ Moyen détourné : prendre un biais. ‖ Cout. Diagonale d'un tissu par rapport à ses deux droits-fils. ‖ Stat. Erreur intervenue dans l'établissement de la méthode d'une enquête. ● En biais, de biais, obliquement : regarder de biais. ‖ Par le biais, par un moyen indirect.

BIAISER v. i. Être de biais, aller de biais. ‖ User de moyens détournés : parler franchement, sans biaiser.

BIARROT, OTE adj. et n. De Biarritz.

BIATHLON [biatlɔ̃] n. m. Compétition sportive consistant en une course de ski de fond, entrecoupée de tirs.

BIAURAL, E, AUX adj. → BINAURAL.

BIAURICULAIRE adj. → BINAURICULAIRE.

BIAXE adj. Se dit d'un cristal biréfringent possédant deux directions dans lesquelles un rayon lumineux se propage sans être dédoublé.

BIBELOT n. m. Petit objet curieux, décoratif.

BIBERON n. m. (lat. bibere, boire). Petite bouteille munie d'une tétine et servant à l'allaitement artificiel des nouveau-nés.

BIBERONNER v. t. Fam. Boire trop.

BIBI n. m. Fam. Petit chapeau de femme (vx).

BIBI pron. Pop. Moi.

BIBINE n. f. Fam. Boisson de mauvaise qualité.

BIBLE n. f. (lat. biblia, mot gr.). Recueil des livres saints juifs et chrétiens (avec une majuscule). ‖ Livre contenant ce recueil. ‖ Ouvrage faisant autorité. ● Papier bible, papier très mince, mais suffisamment opaque pour recevoir l'impression.

■ L'Ancien Testament, dont la langue est l'hébreu, sauf quelques textes en araméen et en grec, comprend les écrits relatifs à l'histoire et à la religion du peuple juif : Torah ou Pentateuque, livres historiques, prophétiques, poétiques et sapientiaux. Le Nouveau Testament, avec les quatre Évangiles, les Actes des Apôtres, les Épîtres et l'Apocalypse, concerne la révélation chrétienne et les origines de l'Église; il a été écrit en grec. Aux IIIᵉ et IIᵉ s. av. J.-C., l'Ancien Testament fut traduit en grec; c'est la version des Septante, utilisée au début du christianisme et encore aujourd'hui, dans une version dérivée, par les Églises grecques orientales. Au IVᵉ s., saint Jérôme donne une traduction latine des deux Testaments, la Vulgate, qui deviendra la version officielle de l'Église d'Occident.

BIBLIOBUS [biblijɔbys] n. m. Bibliothèque itinérante installée dans un véhicule automobile.

BIBLIOGRAPHE n. (gr. biblion, livre, et graphein, décrire). Spécialiste de la documentation fournie par les livres.

BIBLIOGRAPHIE n. f. Ensemble des livres écrits sur une question ou sur un auteur. ‖ Science qui a pour objet la recherche, la description et le classement des textes imprimés. ● Bibliographie matérielle, discipline qui étudie les traces physiques laissées par les procédés techniques (composition, impression, reliure, etc.) sur les objets imprimés et permet ainsi de déterminer les contraintes graphiques et commerciales qui pèsent sur le livre à une époque donnée.

BIBLIOGRAPHIQUE adj. Relatif à la bibliographie.

BIBLIOMANIE n. f. Passion excessive pour les livres.

BIBLIOPHILE n. (gr. biblion, livre, et philos, ami). Amateur de livres rares et précieux.

BIBLIOPHILIE n. f. Amour des livres.

BIBLIOTHÉCAIRE n. Personne préposée à la direction ou à la garde d'une bibliothèque.

BIBLIOTHÉCONOMIE n. f. Science de l'organisation et de l'administration des bibliothèques.

BIBLIOTHÈQUE n. f. (gr. biblion, livre, et thêkê, armoire). Collection de livres, de manuscrits; lieu où ils sont rangés. ‖ Meuble à tablettes servant à ranger des livres. ● Bibliothèque de gare, kiosque où sont vendus livres et journaux dans les gares. ‖ Bibliothèque de programmes (Inform.), ensemble de programmes tenus à la disposition des utilisateurs d'un ordinateur.

BIBLIQUE adj. Relatif à la Bible.

BIBLISTE n. Spécialiste des études bibliques.

BICAMÉRISME ou **BICAMÉRALISME** n. m. Système politique comportant deux assemblées délibérantes.

BICARBONATE n. m. Carbonate acide, et en particulier sel de sodium ($NaHCO_3$).

BICARBONATÉ, E adj. Renfermant un bicarbonate.

BICARRÉ, E adj. Math. Se dit du trinôme du quatrième degré $ax^4 + bx^2 + c$ et de l'équation du quatrième degré $ax^4 + bx^2 + c = 0$. (On résout cette équation à l'aide de l'inconnue auxiliaire $y = x^2$.)

BICENTENAIRE adj. Qui est deux fois centenaire : un arbre bicentenaire.

BICENTENAIRE n. m. Commémoration d'un événement qui a eu lieu deux cents ans auparavant.

BICÉPHALE adj. (gr. kephalê, tête). Qui a deux têtes.

BICEPS [bisɛps] adj. et n. m. (lat. biceps, à deux têtes). Muscle du bras : gonfler ses biceps. ‖ Anat. Se dit d'un muscle dont une extrémité comprend deux corps musculaires distincts, et qui a deux tendons d'insertion à cette extrémité.

BICHE n. f. (lat. bestia, bête). Femelle du cerf et des cervidés.

BICHER v. i. Pop. Être satisfait. ● Ça biche, ça va bien.

BICHLAMAR [biʃlamar] n. m. (portug. bicho do mar). Langue mixte composée d'anglais et de langues indigènes, utilisée pour le commerce dans les îles du Pacifique Sud.

BICHON, ONNE n. (de barbichon, chien barbet). Petit chien de race chienne à poil long.

BICHONNER v. t. Entourer de petits soins. ◆ se bichonner v. pr. Faire sa toilette avec recherche et coquetterie.

BICHROMATE [bikrɔmat] n. m. Sel de l'anhydride chromique et en particulier sel à base de potassium ($K_2Cr_2O_7$).

BICHROMIE [bikrɔmi] n. f. Impression en deux couleurs.

BICKFORD [bikfɔrd] n. m. ou **cordeau Bickford,** cordeau de matière fusante pour l'allumage des explosifs. (Syn. MÈCHE LENTE.)

BICOLORE adj. Qui a deux couleurs.

BICONCAVE adj. Qui offre deux faces concaves opposées.

BICONVEXE adj. Qui offre deux faces convexes opposées.

BICOQUE n. f. (it. bicocca, petit château). Maison de peu de valeur ou mal tenue.

BICORNE n. m. (lat. bicornis, à deux cornes). Chapeau à deux pointes.

BICOT n. m. Fam. Chevreau.

BICULTURALISME n. m. Dans un même pays, coexistence de deux cultures nationales, comme au Canada, en Belgique.

BICULTUREL, ELLE adj. Qui possède deux cultures.

BICYCLE n. m. Véhicule à deux roues de diamètres différents (fin du XIXᵉ s.).

BICYCLETTE n. f. Véhicule à deux roues d'égal diamètre, dont la roue arrière est actionnée par un système de pédales agissant sur une chaîne.

BIDASSE n. m. Pop. Soldat.

BIDE n. m. (de bidon). Pop. Ventre. ‖ Pop. Échec.

BIDENT n. m. Fourche à deux dents.

BIDET n. m. (anc. fr. bider, trotter). Petit cheval de selle. ‖ Cuvette oblongue servant au lavage du siège.

BIDOCHE n. f. Pop. Viande.

BIDON n. m. (scandin. bida, vase). Récipient portatif muni de toutes sortes de liquides. ‖ Gourde individuelle des militaires. ‖ Pop. Ventre. ● C'est du bidon (Pop.), c'est un mensonge.

BIDON adj. inv. Fam. Faux, truqué : un attentat bidon; des élections bidon.

BIDONNER (SE) v. pr. Pop. Rire.

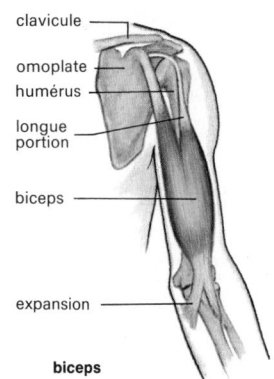

clavicule
omoplate
humérus
longue portion
biceps
expansion

biceps

biche

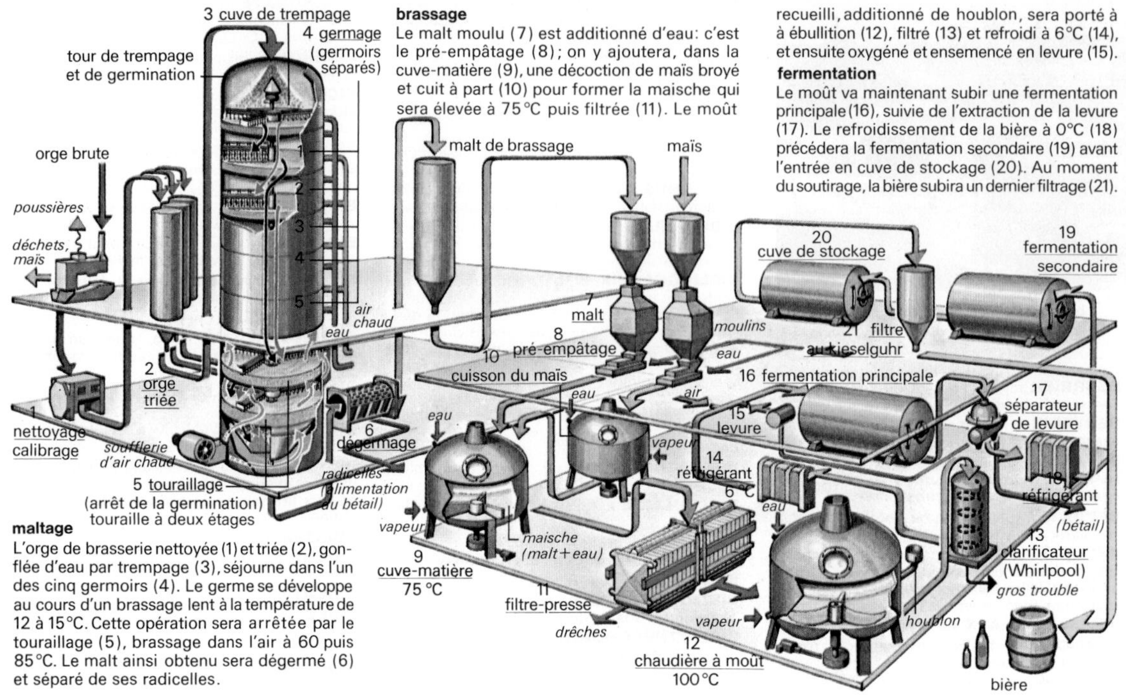

maltage — **brassage** — **fermentation** (diagramme)

3 cuve de trempage
4 germage (germoirs séparés)
tour de trempage et de germination
orge brute
poussières
déchets, maïs
malt de brassage
maïs
2 orge triée
air chaud — eau
1 nettoyage calibrage
soufflerie d'air chaud
6 dégermage
radicelles (alimentation du bétail)
5 touraillage (arrêt de la germination) touraille à deux étages

20 cuve de stockage
19 fermentation secondaire
7 malt
moulins — eau
8 pré-empâtage
21 filtre au kieselguhr
10 cuisson du maïs
16 fermentation principale
17 séparateur de levure
eau — air
15 levure
14 réfrigérant 6°C
18 réfrigérant (bétail)
9 cuve-matière 75°C
vapeur
maische (malt + eau)
13 clarificateur (Whirlpool) — *gros trouble*
11 filtre-presse
drêches
12 chaudière à moût 100°C
vapeur
houblon
bière

brassage
Le malt moulu (7) est additionné d'eau: c'est le pré-empâtage (8); on y ajoutera, dans la cuve-matière (9), une décoction de maïs broyé et cuit à part (10) pour former la maische qui sera élevée à 75°C puis filtrée (11). Le moût recueilli, additionné de houblon, sera porté à ébullition (12), filtré (13) et refroidi à 6°C (14), et ensuite oxygéné et ensemencé en levure (15).

fermentation
Le moût va maintenant subir une fermentation principale (16), suivie de l'extraction de la levure (17). Le refroidissement de la bière à 0°C (18) précédera la fermentation secondaire (19) avant l'entrée en cuve de stockage (20). Au moment du soutirage, la bière subira un dernier filtrage (21).

maltage
L'orge de brasserie nettoyée (1) et triée (2), gonflée d'eau par trempage (3), séjourne dans l'un des cinq germoirs (4). Le germe se développe au cours d'un brassage lent à la température de 12 à 15°C. Cette opération sera arrêtée par le touraillage (5), brassage dans l'air à 60 puis 85°C. Le malt ainsi obtenu sera dégermé (6) et séparé de ses radicelles.

FABRICATION DE LA BIÈRE

BIDONVILLE n. m. Agglomération de baraques où s'entasse la population misérable d'une ville.

BIDULE n. m. Fam. Objet quelconque.

BIEDERMEIER n. m. (mot all., d'après un personnage litt. portant ce nom). Tendance dominante des arts décoratifs (mobilier) et de certains aspects des beaux-arts, en Autriche et en Allemagne, v. 1815-1850. (C'est un style national et bourgeois, axé vers le confort et une élégance simple.)

BIEF [bjɛf] n. m. (mot gaul.). Section de canal ou de cours d'eau comprise entre deux écluses, deux chutes ou deux séries de rapides. || Canal de dérivation conduisant l'eau sur une roue hydraulique.

BIELLE n. f. Mécan. Barre reliant deux pièces mobiles à l'aide d'articulations, fixées à ses extrémités, et servant à transmettre et à transformer un mouvement. ● Bielle d'accouplement, bielle servant à répartir l'effort moteur entre des essieux accouplés. || Système bielle-manivelle, ensemble permettant de transformer un mouvement rectiligne alternatif en un mouvement circulaire uniforme, et réciproquement.

BIELLETTE n. f. Mécan. Petite bielle.

BIÉLORUSSE adj. et n. De la Biélorussie.

BIÉLORUSSE n. m. Langue slave orientale, parlée en Biélorussie.

BIEN adv. (lat. bene). De manière avantageuse, satisfaisante, excellente; fortement, tout à fait : être bien fait, bien habillé, bien agir, bien parler. || Approximativement : il y a bien deux ans. || Accentue une affirmation : j'ai bien téléphoné, mais vous n'étiez pas là. || Quoi qu'il arrive : nous verrons bien. ● Bien des (et nom pl.), une grande quantité de : bien des gens pensent ainsi. || Bien, très bien, fort bien, marquent l'approbation. || Être bien, en bonne santé; beau; digne de confiance; en position confortable. || Être bien, être du dernier bien avec qqn, être en bonnes, excellentes relations avec lui. ||

Être bien de sa personne, être distingué, élégant. || Tant bien que mal, ni bien ni mal, passablement. ◆ loc. conj. Bien que marque la concession; quoique, encore que. || Si bien que marque la conséquence; de sorte que. ◆ interj. Eh bien! marque l'interrogation, l'étonnement, la concession, etc.

BIEN n. m. Ce qui est conforme à un idéal, à une morale; ce qui est utile, avantageux : il vous veut du bien; il m'a dit du bien de toi. || Ce dont on dispose en toute propriété, ce qui vous appartient. || Écon. Chose reconnue apte à la satisfaction d'un besoin humain et disponible à cet effet. || Philos. Norme à laquelle se réfère tout jugement de valeur morale. ● Biens de consommation (Écon.), biens qui servent à satisfaire les besoins directs du public. || Biens de production, biens servant à l'élaboration des biens de consommation. || Le bien public, ce qui est utile à l'ensemble des citoyens. || Biens nationaux, ensemble des biens que l'État s'appropria durant la Révolution pour les vendre aux enchères et en gager les assignats (les plus importants furent les biens du clergé). || Biens réservés (Dr.), biens que la femme a gagnés par son travail professionnel et dont, dans les régimes comprenant une communauté, elle a l'administration et la jouissance. || En tout bien tout honneur, dans une intention honnête. || Faire du

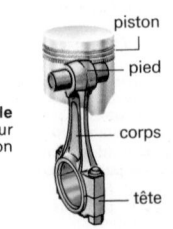

piston
pied
bielle de moteur à explosion
corps
tête

bien, être utile; procurer un soulagement. || Homme de bien, homme charitable.

BIEN-AIMÉ, E adj. et n. (pl. bien-aimés). Chéri particulièrement.

BIEN-DIRE n. m. Litt. Action de s'exprimer avec éloquence, talent.

BIEN-ÊTRE n. m. Disposition agréable du corps, de l'esprit : sensation de bien-être. || Situation financière qui permet de satisfaire ses besoins matériels : rechercher avant tout son bien-être. ● Économie de bien-être, objectif visé par les théories économiques qui étudient les possibilités de répartition optimale du revenu national.

BIENFAISANCE [bjɛ̃fəzɑ̃s] n. f. Œuvre, société, etc., de bienfaisance, association ayant pour objet de venir en aide aux pauvres.

BIENFAISANT, E adj. (de bien et faire). Qui a une action salutaire : ce climat lui sera bienfaisant.

BIENFAIT n. m. Litt. Acte de générosité, faveur : combler qqn de bienfaits. || Avantage, utilité : les bienfaits de la science.

BIENFAITEUR, TRICE n. et adj. Personne qui fait du bien.

BIEN-FONDÉ n. m. (pl. bien-fondés). Conformité au droit; légitimité, justesse : le bien-fondé d'une demande.

BIEN-FONDS n. m. (pl. biens-fonds). Dr. Immeuble, terre ou maison.

BIENHEUREUX, EUSE adj. Qui jouit d'un grand bonheur; qui rend heureux : un hasard bienheureux.

BIENHEUREUX, EUSE n. Relig. Personne dont l'Église catholique a reconnu les mérites et les vertus par la béatification, sans l'admettre aux honneurs du culte universel réservé aux saints canonisés.

BIEN-JUGÉ n. m. (pl. bien-jugés). Dr. Arrêt conforme à la loi et à la jurisprudence.

BIENNAL, E, AUX adj. (lat. annus, année).

Qui dure deux ans : *charge biennale.* ‖ Qui revient tous les deux ans.

BIENNALE n. f. Exposition, festival organisé tous les deux ans.

BIEN-PENSANT, E n. et adj. (pl. *bien-pensants*). *Péjor.* Personne dont les convictions sont jugées trop conservatrices.

BIENSÉANCE n. f. *Litt.* Conformité aux usages de la société, savoir-vivre.

BIENSÉANT, E adj. (de *bien* et *seoir*). *Litt.* Qu'il convient de faire, de dire.

BIENTÔT adv. (de *bien* et *tôt*). Dans un proche futur : *je reviendrai bientôt.* ● *À bientôt!,* formule familière pour prendre congé de qqn.

BIENVEILLAMMENT adv. Avec bienveillance.

BIENVEILLANCE n. f. Disposition favorable envers qqn, indulgence.

BIENVEILLANT, E adj. (de *bien,* et anc. fr. *veuillant,* voulant). Qui témoigne de bienveillance : *sourire bienveillant.*

BIENVENU, E adj. et n. Accueilli avec plaisir, qui arrive à propos : *une lettre de vous sera la bienvenue.*

BIENVENUE n. f. Heureuse arrivée : *souhaiter la bienvenue à qqn.*

BIÈRE n. f. (néerl. *bier*). Boisson légèrement alcoolisée, obtenue par une fermentation du sucre de l'orge germée sous l'action de la levure, et parfumée avec du houblon. ● *Ce n'est pas de la petite bière* (Fam.), c'est une chose importante.

BIÈRE n. f. (francique *bera*). Cercueil.

Biermer *(maladie de),* anémie s'accompagnant de troubles digestifs et neurologiques.

BIFACE n. m. *Préhist.* Outil de pierre taillé sur les deux faces.

BIFFAGE n. m. Action de biffer.

BIFFE n. f. *Arg. mil.* Infanterie.

BIFFER v. t. (anc. fr. *biffe,* étoffe rayée). Rayer ce qui est écrit, raturer.

BIFFIN n. m. *Arg. mil.* Fantassin. ‖ *Pop.* Chiffonnier.

BIFFURE n. f. Barre tirée sur ce qui est écrit.

BIFIDE adj. (lat. *findere,* fendre). *Hist. nat.* Fendu en deux parties.

BIFILAIRE adj. Constitué par deux fils.

BIFLÈCHE adj. *Arm.* Se dit d'un affût formé de deux flèches s'ouvrant en forme de V.

BIFOCAL, E, AUX adj. Se dit d'un verre de lunettes dont les parties supérieure et inférieure présentent des distances focales différentes.

BIFTECK n. m. (angl. *beef,* bœuf, et *steak,* tranche). Tranche de bœuf à griller.

BIFURCATION n. f. Division en deux branches, en deux voies.

BIFURQUER v. i. (lat. *bifurcus,* fourchu). Se diviser en deux : *la voie ferrée bifurque.* ‖ Prendre une autre direction : *bifurquer sur une voie de garage.*

BIGAME adj. et n. (gr. *gamos,* mariage). Marié à deux personnes en même temps.

BIGAMIE n. f. État de bigame.

BIGARADE n. f. (prov. *bigarrado,* bigarrée). Orange amère utilisée en confiserie, en confiturerie et dans la fabrication du curaçao.

BIGARADIER n. m. Oranger produisant la bigarade et dont les fleurs, par distillation, fournissent une essence parfumée, l'essence de néroli, et l'eau de fleur d'oranger.

BIGARRÉ, E adj. (anc. fr. *garre,* bigarré, d'orig. inconnue). Qui a des couleurs variées : *une étoffe bigarrée.* ‖ *Litt.* Disparate, hétérogène : *société bigarrée.*

BIGARREAU n. m. (de *bigarré*). Cerise rouge et blanc, à chair très ferme et sucrée.

BIGARRER v. t. Assembler sur un fond des couleurs variées.

BIGARRURE n. f. Aspect bigarré, disparate.

BIG-BANG ou **BIG BANG** [bigbãg] n. m. (mot amér.). Explosion ayant marqué le commencement de l'expansion de l'Univers, selon certains astrophysiciens.

BIGLER v. i. (lat. *bisoculare,* loucher). Loucher; avoir les yeux de travers. ◆ v. t. *Fam.* Regarder, loucher sur.

BIGLEUX, EUSE adj. et n. *Fam.* Qui a la vue basse; qui louche.

BIGNONIA [biɲɔnja] n. m. (de *Bignon,* n. propre). Arbrisseau grimpant, originaire d'Amérique ou d'Asie, souvent cultivé pour ses longues fleurs orangées en doigt de gant. (Type de la famille des *bignoniacées.*)

BIGOPHONE n. m. *Pop.* Téléphone.

BIGORNE n. f. (mot prov.; lat. *bicornis,* qui a deux cornes). Chacune des pointes qui forment les extrémités d'une enclume (l'une est arrondie et l'autre plate à sa face supérieure); cette enclume elle-même.

BIGORNEAU n. m. (de *bigorne*). Nom usuel donné aux *littorines* et à quelques autres coquillages comestibles. (Syn. VIGNEAU.)

BIGORNER v. t. *Pop.* Endommager. ◆ se **bigorner** v. pr. *Pop.* se battre.

BIGOT, E adj. et n. D'une dévotion excessive, étroite : *une femme bigote.*

bignonia

bigorneau

bihoreau

BIGOTERIE n. f. Dévotion excessive.

BIGOUDEN [bigudɛ̃, *au fém.* bigudɛn] adj. et n. (mot breton). De la région de Pont-l'Abbé.

BIGOUDI n. m. Petit rouleau sur lequel on enroule les mèches de cheveux pour les boucler.

BIGOURDAN, E adj. et n. De la Bigorre.

BIGRE! interj. *Fam.* Marque l'étonnement.

BIGREMENT adv. *Fam.* Beaucoup, très.

BIGUANIDE n. m. Médicament chimique employé par voie orale dans le traitement du diabète.

BIGUE n. f. (prov. *biga,* poutre). *Techn.* Chèvre formée de deux ou trois poutres liées par le haut, soutenant un palan. ‖ *Mar.* Grue très puissante utilisée dans les ports.

BIGUINE [bigin] n. f. Danse des Antilles.

BIHĀRĪ n. f. Langue indo-iranienne parlée au Bihār.

BIHEBDOMADAIRE adj. Qui paraît, qui a lieu deux fois par semaine.

BIHOREAU n. m. Oiseau proche du héron, à plumage vert foncé sur le dos, visitant le sud de la France pendant l'été. (Long. 50 cm.)

BIJECTIF, IVE adj. *Math.* Se dit d'une application, à la fois injective et surjective, établissant entre les éléments de deux ensembles une correspondance telle que tout élément de l'un a un correspondant et un seul dans l'autre.

BIJECTION n. f. *Math.* Dans la théorie des ensembles, application bijective.

BIJOU n. m. (breton *bizou,* anneau) [pl. *bijoux*]. Objet de parure, d'une matière et d'un travail précieux. ‖ Objet élégant et d'une petitesse relative : *cette maison est un vrai bijou.*

BIJOUTERIE n. f. Fabrication et commerce des bijoux. ‖ Lieu où on les vend. ‖ Objets fabriqués par le bijoutier : *acheter de la bijouterie.*

BIJOUTIER, ÈRE n. Personne qui fait ou vend des bijoux.

BIKINI n. m. (nom déposé). Maillot de bain en deux pièces, de dimensions très réduites.

BILABIALE adj. et n. f. Se dit d'une consonne réalisée avec les deux lèvres (p, b, m).

BILABIÉ, E adj. *Bot.* Se dit des corolles ou des calices divisés en deux.

BILAME n. m. Bande métallique double, formée de deux lames minces et étroites de métaux inégalement dilatables, soudés par laminage. (Sous l'effet de la température, cette disposition provoque une incurvation de la lame.)

BILAN n. m. (it. *bilancio*). Tableau représentant l'actif et le passif d'un commerçant ou d'une société commerciale ou industrielle à une date déterminée. ‖ Résultat positif ou négatif d'une opération quelconque : *faire le bilan d'une campagne publicitaire.* ● *Bilan de santé,* syn. de CHECK-UP. ‖ *Bilan social,* document donnant un ensemble de renseignements sur la politique sociale et salariale de l'entreprise.

BILATÉRAL, E, AUX adj. (lat. *latus, lateris,* côté). Qui possède deux faces, qui se rapporte aux deux côtés d'une chose, d'un organisme. ‖ Qui engage les deux parties contractantes : *une convention bilatérale.*

BILATÉRALEMENT adv. De façon bilatérale.

BILATÉRALITÉ n. f. Caractère de ce qui est bilatéral.

BILBOQUET n. m. (anc. fr. *biller,* jouer à la bille, et *bouquet,* petit bouc). Jouet formé d'une boule percée d'un trou et reliée par une cordelette à un petit bâton pointu sur lequel il s'agit d'enfiler cette boule. ‖ *Impr.* Imprimé de peu d'importance (affiches, faire-part, etc.). [Syn. TRAVAUX DE VILLE.]

BILE n. f. (lat. *bilis*). Liquide filant, visqueux, de goût amer, légèrement alcalin, qui est sécrété d'une façon continue par le foie et s'accumule dans la vésicule biliaire, d'où il est déversé dans le duodénum au moment de la digestion. ● *Échauffer la bile de qqn* (Litt.), le mettre en colère. ‖ *Se faire de la bile* (Fam.), s'inquiéter.

BILER (SE) v. pr. *Fam.* S'inquiéter.

BILEUX, EUSE adj. *Fam.* Qui s'inquiète facilement.

BILHARZIE n. f. Ver vivant à l'état adulte en parasite dans l'appareil circulatoire de l'homme et provoquant de l'hématurie. (Long. 2 cm; il appartient aux platodes, classe des trématodes.)

BILHARZIOSE n. f. Maladie provoquée par les bilharzies et surtout par leurs œufs. (Syn. SCHISTOSOMIASE.)

BILIAIRE adj. Qui concerne la bile. ‖ Se dit de la fonction du foie qui débarrasse le sang de certains déchets et les évacue vers l'intestin grêle. ● *Vésicule biliaire,* réservoir allongé, logé à la face inférieure du foie (du côté droit), où s'accumule la bile entre les digestions (jusqu'à 50 cm³). [Autre nom : POCHE DU FIEL.]

BILIÉ, E adj. Qui contient, a été au contact de la bile.

BILIEUX, EUSE adj. Qui dénote une mauvaise santé : *teint bilieux.* ‖ Enclin à la colère, à être de mauvaise humeur.

BILIGENÈSE n. f. Sécrétion de la bile.

BILINÉAIRE adj. *Math.* Se dit d'un polynôme linéaire et homogène à la fois par rapport à deux groupes de variables.

BILINGUE adj. (lat. *lingua*, langue). Qui est en deux langues : *inscription bilingue.* ◆ adj. et n. Qui use couramment de deux langues.

BILINGUISME [bilɛ̃gyism] n. m. Qualité d'un individu ou d'une population bilingue.

BILIRUBINE n. f. Pigment de la bile.

BILIVERDINE n. f. Produit d'oxydation, de couleur verte, de la bilirubine.

BILL [bil] n. m. (mot angl.). Projet de loi soumis au Parlement d'Angleterre, et qui, une fois accepté, devient un « act ».

BILLAGE n. m. Action de biller.

BILLARD n. m. Jeu qui se joue avec des boules d'ivoire sur une table rectangulaire, entourée de bandes caoutchoutées et couverte d'un drap vert. ‖ La table de ce jeu. ‖ La salle où l'on joue à ce jeu. ‖ Nom de divers jeux d'adresse utilisant des billes : *billard russe, japonais, américain.* ‖ *Fam.* Table d'opération chirurgicale. ● *C'est du billard* (Fam.), c'est facile.

BILLE n. f. (francique *bikkil*, dé). Petite boule de pierre, de marbre, d'agate, d'ivoire, etc. ‖ *Techn.* Sphère d'acier très dur pour roulements et autres usages. ‖ *Pop.* Visage. ● *Essai à la bille,* mesure de la dureté des métaux par l'enfoncement d'une bille. ‖ *Reprendre ses billes* (Fam.), se retirer d'une affaire. ‖ *Stylo, crayon (à) bille,* instrument contenant une encre en contact avec une bille de métal, qui sert à écrire.

BILLE n. f. (lat. *bilia*, mot gaul.). Tronçon d'un arbre que l'on coupe pour en débiter le bois.

BILLER v. t. Projeter, à l'aide d'un jet de gaz comprimé, des billes d'acier ou de verre sur des pièces pour en modifier l'état de surface. ‖ Mesurer la dureté d'une pièce métallique à l'aide d'une bille en acier.

BILLET n. m. (de *bille*, boule). Petite lettre ou carte que l'on adresse à qqn : *billet d'invitation, billet doux.* ‖ Imprimé ou écrit constatant un droit ou une convention : *billet de spectacle, de chemin de fer, de loterie.* ● *Billet de banque,* ou *billet,* monnaie de papier. ‖ *Billet de logement,* document autorisant un militaire à loger chez un particulier. ‖ *Billet à ordre,* écrit par lequel on s'engage à payer une somme à une époque donnée, soit à la personne pour laquelle le billet a été souscrit, soit à son ordre, c'est-à-dire à toute personne à qui la première aura transmis ce billet.

BILLETÉ, E adj. *Hérald.* Semé de billettes.

BILLETTE n. f. (de *bille*, bloc de bois). Morceau de bois fendu pour le chauffage. ‖ Petit lingot d'acier laminé. ‖ *Archit.* Sur un bandeau, section de tore constituant, par sa répétition, un motif décoratif. ‖ *Hérald.* Petit rectangle, toujours employé en nombre.

BILLETTERIE n. f. Ensemble des opérations ayant trait à l'émission et à la délivrance de billets (transports, spectacles, etc.); lieu où ils sont délivrés. ‖ Distributeur de billets de banque fonctionnant avec une carte de crédit.

BILLETTISTE n. Personne qui délivre les billets de voyages ou de spectacles dans une agence.

BILLEVESÉE [bilvəze] n. f. *Litt.* Paroles vaines.

BILLION [biljɔ̃] n. m. (de *million*). Un million de millions (10¹²) ou 1 000 000 000 000. ‖ Syn. anc. de MILLIARD.

BILLON [bijɔ̃] n. m. (de *bille*, bloc de bois). Autref. monnaie divisionnaire métallique ne portait qu'une valeur réelle. ‖ *Agric.* Exhaussement du sol obtenu par un labour qui appuie les unes contre les autres les bandes de terre retournées par la charrue.

BILLONNAGE n. m. Labourage en billons.

BILLOT n. m. Tronc de bois gros et court sur lequel on coupe de la viande, du bois, etc. ‖ Pièce de bois sur laquelle on tranchait la tête des condamnés. ‖ Tronçon de bois qui supporte une enclume. ‖ Entrave empêchant un animal de courir.

BILOBÉ, E adj. Partagé en deux lobes.

BILOCULAIRE adj. (lat. *locus*, lieu). Se dit d'un fruit, d'un organe à deux cavités ou loges.

BILOQUER v. t. *Agric.* Labourer profondément.

BIMBELOTERIE n. f. Fabrication ou commerce de bibelots.

BIMENSUEL, ELLE adj. (lat. *mensis*, mois). Qui se produit, paraît deux fois par mois.

BIMESTRIEL, ELLE adj. Qui se produit, qui paraît tous les deux mois.

BIMÉTAL n. m. (marque déposée). Ensemble métallique monobloc formé de deux métaux différents adhérant l'un à l'autre.

BIMÉTALLIQUE adj. Composé de deux métaux.

BIMÉTALLISME n. m. Système monétaire établi sur un double étalon (or et argent).

BIMÉTALLISTE adj. et n. Relatif au bimétallisme.

BIMILLÉNAIRE n. m. Espace de vingt siècles.

BIMOTEUR adj. et n. m. Qui est muni de deux moteurs.

BINAGE n. m. Action de biner.

BINAIRE adj. (lat. *binarius*, de *bini*, deux par deux). *Math.* Se dit d'une relation liant deux éléments. ‖ Se dit du système de numération qui a pour base 2 : *nombre binaire.* ‖ *Mus.* Se dit des mesures formées de temps pairs et des compositions divisées en deux parties. ● *Composé binaire* (Chim.), qui est formé de deux éléments. ‖ *Décimal codé binaire (D. C. B.),* système de numération des calculateurs électroniques dans lequel les chiffres décimaux sont représentés par leur équivalent binaire.

■ Code de la numération binaire

1 = 0001		6 = 0110		11 = 1011	
2 = 0010		7 = 0111		12 = 1100	
3 = 0011		8 = 1000		13 = 1101	
4 = 0100		9 = 1001		14 = 1110	
5 = 0101		10 = 1010		15 = 1111	

BINARD n. m. (lat. *bini*, deux par deux). Plate-forme à deux roues, sur laquelle, au moyen d'un rouleau, on hisse un cadre très résistant supportant les blocs de pierre taillés.

BINATIONAL, E, AUX adj. Qui a deux nationalités.

BINAURAL ou **BIAURAL, E, AUX** adj. Qui concerne l'audition par les deux oreilles.

BINAURICULAIRE ou **BIAURICULAIRE** adj. Relatif aux deux oreilles.

BINER v. t. (prov. *binar;* lat. *binare;* de *bini,* deux par deux). Donner une façon superficielle à la terre afin de ralentir l'évaporation de l'eau et détruire les mauvaises herbes.

Binet-Simon *(test de),* test psychologique portant sur le niveau de l'intelligence, de l'attention, de la mémoire, etc.

BINETTE n. f. Outil de jardinier. ‖ *Pop.* Visage.

BINEUSE n. f. Machine effectuant les binages.

BINGO [bingo] n. m. (mot amér.). Jeu de hasard, sorte de loto.

BINIOU n. m. (mot breton). Cornemuse bretonne.

BINOCLARD, E adj. et n. *Fam.* et *péjor.* Personne qui porte des lunettes.

BINOCLE n. m. (lat. *bini,* et *oculus,* œil). Lunettes sans branches se fixant sur le nez. ◆ pl. *Fam.* Lunettes.

BINOCULAIRE adj. Qui se fait par les deux yeux : *vision binoculaire.* ‖ Se dit d'un appareil d'optique à deux oculaires.

BINÔME n. m. (gr. *nomos,* part). *Math.* Expression algébrique formée par la somme ou la différence de deux termes ou monômes. (Ex. : $a + b$; $2b^2 - 4 ac$.) ● *Binôme de Newton,* formule par laquelle Newton a donné le développement des puissances d'un binôme affecté d'un exposant quelconque.

BINOMIAL, E, AUX adj. Qui utilise une suite de deux noms pour désigner une espèce, selon le système créé par Linné. ‖ *Math.* Relatif au binôme. ● *Loi binomiale,* loi de probabilité d'une variable aléatoire discrète X pouvant prendre toute valeur entière de 0 à n, de probabilité que X soit égale à k étant $C_n^k p^k q^{n-k}$, $0 < p < 1$, $q = 1 - p$, $C_n^k = \dfrac{n!}{k!(n-k)!}$; n et p étant les paramètres de la loi.

BINTJE n. f. Variété de pomme de terre.

BIOACOUSTIQUE n. f. Science de l'origine et de la nature des sons produits par les animaux.

BIOAMINE n. f. Syn. de CATÉCHOLAMINE.

BIOBIBLIOGRAPHIE n. f. Étude de la vie et des œuvres d'un écrivain.

BIOCÉNOSE ou **BIOCŒNOSE** n. f. (gr. *bios,* vie, et *koinos,* commun). Association végétale et animale équilibrée.

BIOCHIMIE n. f. Partie de la chimie comprenant l'étude des constituants de la matière vivante et de leurs réactions.

BIOCHIMIQUE adj. Relatif à la biochimie.

BIOCHIMISTE n. Spécialiste de biochimie.

BIOCIDE adj. et n. m. Se dit d'un produit qui détruit les micro-organismes.

BIOCLIMATIQUE adj. De la bioclimatologie.

BIOCLIMATOLOGIE n. f. Étude de l'influence du climat sur les organismes vivants.

BIOCONVERSION n. f. Transformation d'une substance organique en une ou plusieurs autres par l'action des micro-organismes.

BIODÉGRADABILITÉ n. f. Qualité d'une substance biodégradable.

BIODÉGRADABLE adj. Se dit d'un produit industriel qui, laissé à l'abandon, est détruit par les bactéries ou d'autres agents biologiques.

BIODÉGRADATION n. f. Destruction d'un produit biodégradable.

BIOÉLECTRICITÉ n. f. Syn. de ÉLECTRICITÉ ANIMALE.

BIOÉNERGÉTIQUE adj. Relatif à la bioénergie.

BIOÉNERGIE n. f. Pratique inspirée des théories de W. Reich, et visant à permettre l'éclatement libidinal de l'individu.

BIOGENÈSE n. f. Apparition de la vie sur la Terre. (Les plus célèbres hypothèses sur la biogenèse sont dues au Russe Oparin.)

BIOGÉOGRAPHIE n. f. Étude de la répartition des végétaux et, parfois, des animaux dans l'espace, des causes de cette répartition, des éléments de chaque milieu biologique.

BIOGRAPHE n. Auteur de biographie.

BIOGRAPHIE n. f. (gr. *bios,* vie, et *graphein,* décrire). Histoire de la vie d'un personnage.

BIOGRAPHIQUE adj. Relatif à la biographie.

BIO-INDUSTRIE n. f. Exploitation industrielle des techniques de bioconversion, à des fins alimentaires, pharmaceutiques, énergétiques, etc.

BIOLOGIE n. f. (gr. *bios,* vie, et *logos,* science). Science de la vie, et plus spécialement du cycle reproductif des espèces vivantes. ● *Biologie animale,* étude des organismes animaux. ‖ *Biologie cellulaire,* étude de la cellule. ‖ *Biologie moléculaire,* étude des molécules et macromolécules constitutives des organites cellulaires (chromosome, ribosome, etc.), de leur structure et de leurs fonctions biologiques. ‖ *Biologie végétale,* étude des organismes végétaux.

BIOLOGIQUE adj. Relatif à la biologie. ● *Agriculture biologique,* agriculture ne faisant pas appel aux engrais et pesticides chimiques. ‖ *Arme biologique,* arme utilisant les organismes vivants ou des toxines.

BIOLOGISTE n. Spécialiste de biologie.

BIOLUMINESCENCE n. f. Émission de lumière froide par certains êtres vivants, liée à leur fonction organique. (Des insectes comme le lampyre, des mollusques comme la pholade et divers céphalopodes, des poissons, des bactéries produisent de la lumière, souvent sans aucune production de chaleur.)

BIOMAGNÉTISME n. m. Influence des champs magnétiques (terrestres ou artificiels) sur l'orientation des êtres vivants et sur d'autres aspects de leur vie.

BIOMASSE n. f. Masse totale des êtres vivants animaux et végétaux subsistant en équilibre sur une surface donnée de sol ou dans un volume donné d'eau océanique ou douce.

BIOMATÉRIAU n. m. Substance compatible avec les tissus vivants et utilisée pour réaliser des prothèses internes.

BIOME n. m. Chacun des grands milieux de la planète : océan, forêt, prairie, ensemble des eaux douces, etc.

BIOMÉDICAL, E, AUX adj. Relatif à la biologie et à la médecine.

BIOMÉTRIE n. f. Partie de la biologie qui étudie statistiquement les êtres vivants.

BIOMORPHIQUE adj. Dont l'aspect évoque des formes de la vie.

BIOMORPHISME n. m. Caractère biomorphique que peut prendre une œuvre plastique ou graphique (abstraite, surréaliste, etc.).

BIONIQUE n. f. Science ayant pour objet l'étude de certains processus biologiques en vue d'appliquer des processus analogues à des fins militaires ou industrielles.

BIOPHYSIQUE n. f. Étude des phénomènes de la vie par les méthodes de la physique.

BIOPSIE n. f. Prélèvement d'un fragment de tissu sur un être vivant pour l'examen histologique.

BIORYTHME n. m. Variation périodique régulière d'un phénomène physiologique. (On distingue les biorythmes *endogènes* [cardiaque, respiratoire, menstruel, etc.] et les biorythmes *exogènes* [diurne, annuel, etc.].)

BIOSPÉLÉOLOGIE n. f. Étude scientifique des êtres vivant dans les grottes.

BIOSPHÈRE n. f. Couche idéale que forme autour de l'écorce terrestre l'ensemble des êtres vivants.

BIOSTASIE n. f. *Géomorphol.* Phase de stabilité dans l'évolution du relief, où l'absence d'érosion est liée à une couverture végétale continue. (Contr. RHEXISTASIE.)

BIOSYNTHÈSE n. f. Formation d'une substance organique au sein d'un être vivant.

BIOTECHNOLOGIE ou **BIOTECHNIQUE** n. f. Technique visant à provoquer et à diriger, en laboratoire, des bioconversions, en vue d'en préparer l'utilisation industrielle.

BIOTHÉRAPIE n. f. Traitement par des substances vivantes (ferments lactiques, levures, etc.).

BIOTINE n. f. Un des constituants de l'ensemble des vitamines du groupe B.

BIOTIQUE adj. *Écol.* Relatif à la vie ou permettant le développement de la vie.

BIOTITE n. f. (de *Biot*, n. pr.). *Géol.* Mica noir.

BIOTOPE n. m. *Écol.* Aire géographique peu étendue correspondant à un groupement d'êtres vivants soumis à des conditions relativement constantes ou cycliques.

BIOTYPE n. m. Élément de la biotypologie.

BIOTYPOLOGIE n. f. Syn. de TYPOLOGIE.

BIOXYDE n. m. Syn. vieilli de DIOXYDE.

BIPALE adj. Qui a deux pales.

BIPARTI, E ou **BIPARTITE** (pour les deux genres) adj. Se dit de tout organe partagé en deux segments : *feuille bipartite*. ‖ Constitué par l'association de deux partis politiques : *gouvernement bipartite*.

BIPARTISME n. m. Régime caractérisé par l'alternance au pouvoir de deux partis.

BIPARTITION n. f. Division en deux parties.

BIPASSE ou **BY-PASS** [bajpas] n. m. (angl. *by pass*). Circuit d'évitement contournant un appareil, une installation, un dispositif.

BIPASSER v. t. Contourner.

BIPÈDE adj. et n. (lat. *pes, pedis*, pied). Qui marche sur deux pieds. ‖ *Fam.* Syn. plaisant de HOMME.

BIPÈDE n. m. Chez un cheval, ensemble de deux membres.

BIPENNE adj. (lat. *penna*, plume). Qui a deux ailes.

BIPENNE n. f. *Hist.* Hache romaine à double tranchant.

BIPHASÉ, E adj. Se dit d'un système polyphasé sinusoïdal dont les deux phases fournissent des tensions égales et de signe contraire.

BIPIED n. m. Support d'une arme reposant sur le sol par deux pieds en V renversé.

BIPLACE adj. et n. À deux places.

BIPLAN n. m. Avion dont chacune des ailes comporte deux plans de sustentation.

BIPOLAIRE adj. Qui a deux pôles. ● *Coordonnées bipolaires*, système de coordonnées dans lequel un point est déterminé par ses distances à deux points fixes.

BIPOLARISATION n. f. Situation caractérisée par le regroupement de la vie politique autour de deux partis principaux.

BIPOLARISÉ, E adj. Se dit de ce qui est caractérisé par la bipolarisation.

BIPOLARITÉ n. f. État de ce qui est bipolaire.

BIPOUTRE adj. Se dit d'un avion dans lequel la partie arrière du fuselage est remplacée par deux poutres carénées.

BIQUE n. f. (de *biche*). *Fam.* Chèvre.

BIQUET, ETTE n. *Fam.* Petit d'une bique, chevreau.

BIQUOTIDIEN, ENNE adj. Qui a lieu deux fois par jour.

BIRAPPORT n. m. *Math.* Syn. de RAPPORT ANHARMONIQUE.

BIRBE n. m. (prov. *birbe*, canaille). *Vieux birbe* (Péjor.), vieillard incapable de s'adapter aux idées modernes.

BIRÉACTEUR n. m. Avion à deux réacteurs.

BIRÉFRINGENCE n. f. Nature de ce qui est biréfringent.

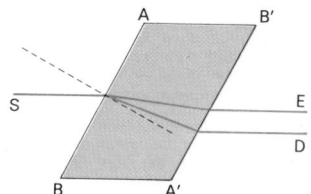

biréfringence : le rayon incident S fournit deux rayons réfractés qui émergent parallèlement en D et E de la lame biréfringente ABA'B'

BIRÉFRINGENT, E adj. *Opt.* Se dit d'un corps capable de produire une double réfraction.

BIRMAN, E adj. et n. De la Birmanie.

BIRMAN n. m. Langue parlée en Birmanie, appartenant au même groupe que le tibétain.

BIROUTE n. f. *Arg.* Manche à air indiquant la direction du vent, sur un terrain d'aviation.

BIRR n. m. Unité monétaire de l'Éthiopie.

BIS, E [bi, biz] adj. Gris foncé : *toile bise*. ● *Pain bis*, pain de couleur grise, à cause du son qu'il renferme.

BIS [bis] adv. (lat. *bis*, deux fois). Une seconde fois, deux fois : *numéro 20 bis*.

BIS [bis] interj. et n. Cri qu'on adresse à des artistes pour demander la répétition d'un passage.

BISAÏEUL, E [bizajœl] n. (pl. *bisaïeuls, bisaïeules*). Père, mère de l'aïeul ou de l'aïeule.

BISANNUEL, ELLE adj. Qui revient tous les deux ans. (Syn. BIENNAL.) ‖ *Bot.* Qui ne fleurit, ne fructifie et ne meurt qu'au bout de deux ans, comme la carotte, la betterave, etc.

BISBILLE [bisbij] n. f. (it. *bisbiglio*, murmure). *Fam.* Petite querelle.

BISCAÏEN, ENNE ou **BISCAYEN, ENNE** [biskajɛ̃, jɛn] adj. et n. De la Biscaye.

BISCAÏEN ou **BISCAYEN** n. m. Ancien fusil de rempart. ‖ Balle sphérique des boîtes à mitraille.

BISCÔME n. m. En Suisse, sorte de pain d'épice.

BISCORNU, E adj. D'une forme irrégulière : *chapeau biscornu*. ‖ *Fam.* Se dit de qqch de bizarre, d'extravagant.

BISCOTIN n. m. (it. *biscottino*). Petit biscuit ferme et cassant.

Giraudon

biscuit de Sèvres : *les Mangeurs de raisins* d'après François Boucher (XVIIIᵉ s.)

BISCOTTE n. f. (it. *biscotto*, biscuit). Tranche de pain de mie grillée après rassissement.

BISCOTTERIE n. f. Fabrique de biscottes.

BISCUIT n. m. (préf. *bis*, deux fois, et *cuit*). Galette très dure, constituant autref. un aliment de réserve pour les soldats. ‖ Pâtisserie faite de farine, d'œufs et de sucre. ‖ Ouvrage de porcelaine qui, après cuisson, est conservé mat (non émaillé), rappelant un marbre blanc.

BISCUITER v. t. Amener la porcelaine à l'état de biscuit.

BISCUITERIE n. f. Fabrication et commerce des biscuits.

BISE n. f. (mot francique). Vent froid.

BISE n. f. *Fam.* Baiser.

BISEAU n. m. (du lat. *bis*, deux fois). Bord taillé obliquement, au lieu de former arête à angle droit. ‖ Outil à tranchant incliné. ● *En biseau*, taillé obliquement.

BISEAUTAGE n. m. Action de biseauter.

BISEAUTER v. t. Tailler en biseau.

BISER v. i. (de *bis*, gris). *Agric.* Dégénérer, noircir, en parlant des céréales.

BISET n. m. (de *bis*, gris). Pigeon sauvage, gris bleuté.

BISEXUALITÉ n. f. → BISSEXUALITÉ.

BISEXUÉ, E ou **BISEXUEL, ELLE** adj. → BISSEXUÉ.

BISMUTH [bismyt] n. m. (all. *Wismuth*). Métal (Bi) nᵒ 83, de masse atomique 208,98, blanc gris un peu rougeâtre, fondant à 270 ⁰C en diminuant de volume, de densité 9,8, cassant et facile à réduire en poudre. (On l'utilise en alliage ; le *sous-nitrate* est employé dans le traitement des affections gastro-intestinales.)

BISMUTHINE n. f. Sulfure naturel de bismuth (Bi_2S_3).

BISON n. m. (lat. *bison*). Grand bovidé sauvage, caractérisé par son cou bossu et son grand collier de fourrure laineuse. (Il en existe deux espèces, américaine et européenne, dont les troupeaux décimés ne se trouvent plus que dans les réserves ; haut. au garrot : 1,80 m ; longévité en captivité : 30 ans.)

bison d'Amérique

BISONTIN, E adj. et n. (lat. *Bisontium,* autre forme de *Vesontio*). De Besançon.

BISOU ou **BIZOU** n. m. *Fam.* Baiser.

BISQUE n. f. Potage fait d'un coulis d'écrevisses, de quenelles, etc.

BISQUER v. i. *Faire bisquer qqn* (Fam.), lui faire éprouver du dépit.

BISSE n. m. Dans le Valais, long canal amenant de l'eau pour l'irrigation.

BISSECTEUR, TRICE adj. *Math.* Qui divise en deux parties égales. ● *Plan bissecteur,* demi-plan mené par l'arête d'un angle dièdre et divisant cet angle en deux angles dièdres égaux.

BISSECTION n. f. *Math.* Division en deux parties égales.

BISSECTRICE n. f. Demi-droite issue du sommet d'un angle et divisant cet angle en deux parties égales.

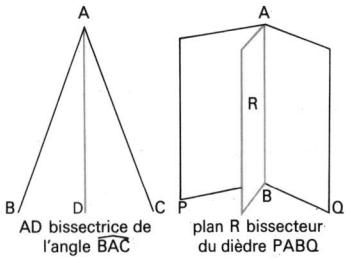

AD bissectrice de l'angle B̂AC

plan R bissecteur du dièdre PABQ

bissectrice

BISSEL n. m. (n. propre). Essieu porteur de locomotive.

BISSER v. t. Répéter ou faire répéter une seconde fois : *bisser un refrain, un acteur.*

BISSEXTE n. m. Vingt-neuvième jour ajouté au mois de février des années bissextiles.

BISSEXTILE adj. f. (lat. *bis sextus,* deux fois sixième). Se dit de l'année de 366 jours. (Toute année dont l'expression numérale est divisible par 4 est *bissextile* : 1960, 1964, 1968, 1972, 1976, 1980, etc. Toutefois, les années séculaires ne sont pas bissextiles, sauf celles dont les deux premiers chiffres sont divisibles par 4, comme 1600, 2000, 2400, etc.)

BISSEXUALITÉ ou **BISEXUALITÉ** n. f. Caractère des plantes et des animaux bisexués. ‖ *Psychan.* Hypothèse suivant laquelle tout être humain disposerait en lui de tendances masculines et féminines, qui se retrouveraient dans sa façon d'assumer son propre sexe.

BISSEXUÉ, E, BISEXUÉ, E ou **BISSEXUEL, ELLE, BISEXUEL, ELLE** adj. Se dit d'un être vivant, animal ou plante, qui possède à la fois les deux sortes d'organes génitaux : mâles et femelles. (Syn. HERMAPHRODITE.)

BISTORTE n. f. (lat. *bis torta,* deux fois tordue). Plante des prés montagneux, à fleurs roses, et dont le rhizome est tordu en S. (Famille des polygonacées.)

BISTOURI n. m. Petit couteau chirurgical, servant à faire des incisions dans les chairs. ● *Bistouri électrique,* appareil chirurgical servant à la section ou à la coagulation des tissus, et utilisant les courants de haute fréquence, qui sont appliqués par des électrodes de formes diverses.

BISTOURNAGE n. m. Castration par torsion sous-cutanée du cordon testiculaire, principalement chez le taureau.

BISTOURNER v. t. *Techn.* Tourner, courber en sens contraire. ‖ Castrer un animal.

BISTRE n. m. Couleur d'un brun noirâtre, employée pour le lavis, et que l'on obtient avec de la suie détrempée. ◆ adj. inv. De couleur bistre.

BISTRÉ, E adj. De couleur brun noirâtre.

BISTROT ou **BISTRO** n. m. *Fam.* Débit de boissons. ‖ Patron de café (vx). ● *Style bistrot,* se dit des objets ou des meubles qui repro-

duisent ceux en usage dans les cafés, au début du siècle.

BISULFATE n. m. Syn. de SULFATE ACIDE.

BISULFITE n. m. Sel acide de l'acide sulfureux.

BISULFURE n. m. Composé sulfuré dont la molécule comprend deux atomes de soufre.

BIT [bit] n. m. (angl. *binary digit*). Unité élémentaire d'information qui ne peut prendre que deux valeurs distinctes (généralement notées 1 et 0).

BITENSION n. f. Caractère d'un appareil électrique susceptible d'être utilisé sous deux tensions différentes.

BITERROIS, E adj. et n. (lat. *Biterro*). De Béziers.

BITORD n. m. Petit cordage composé de fils de caret tortillés ensemble.

BITTE n. f. (scandin. *biti*). Forte pièce de bois ou d'acier fixée verticalement sur le pont d'un navire et sur laquelle on tourne les amarres. ‖ *Pop.* Pénis.

BITTER [bitɛr] n. m. (néerl. *bitter,* amer). Liqueur amère qui s'obtient en faisant macérer diverses substances dans du genièvre.

BITUMAGE n. m. Action de bitumer.

BITUME n. m. (lat. *bitumen*). Matière minérale naturelle, riche en carbone et en hydrogène, brûlant avec une flamme épaisse; couleur brune utilisée jadis par les artistes peintres.

BITUMER v. t. Enduire de bitume.

BITUMINEUX, EUSE adj. Qui contient du bitume ou du goudron, ou qui en produit à la distillation.

BITURE n. f. *Pop.* Ivresse.

BITURER (SE) v. pr. *Pop.* Se saouler.

BIUNIVOQUE [biynivɔk] adj. *Math.* Se dit d'une correspondance entre les éléments de deux ensembles telle qu'à chaque élément de l'un corresponde un élément et un seul de l'autre.

BIVALENCE n. f. Caractère de ce qui est bivalent.

BIVALENT, E adj. Se dit d'une personne qui peut remplir deux fonctions. ‖ *Chim.* Dont la valence chimique est 2. ● *Logique bivalente,* logique qui ne considère que deux valeurs de vérité, le vrai et le faux.

BIVALVE adj. et n. m. Nom donné aux mollusques lamellibranches (moule, huître) et aux

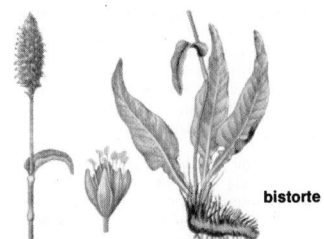

bistorte

brachiopodes, parce que leur coquille est composée de deux valves. (Syn. LAMELLIBRANCHE.)

BIVEAU n. m. Équerre à branches mobiles du tailleur de pierre, du fondeur de caractères.

BIVOUAC n. m. (suisse all. *Biwacht*). Campement temporaire en plein air. ‖ Lieu de campement.

BIVOUAQUER v. i. Camper en plein air.

BIZARRE adj. (it. *bizzaro,* emporté). Qui s'écarte de l'usage commun, du bon sens : *raisonnement bizarre.*

BIZARREMENT adv. De façon bizarre.

BIZARRERIE n. f. Caractère de ce qui est bizarre; chose bizarre : *bizarreries de l'orthographe.*

BIZARROÏDE adj. *Fam.* Qui intrigue par son aspect anormal.

BIZET n. m. Race rustique de moutons du Massif central.

BIZOU n. m. → BISOU.

BIZUT ou **BIZUTH** [bizy] n. m. *Arg. scol.* Élève de première année dans une grande école.

BIZUTAGE n. m. *Arg. scol.* Action de bizuter.

BIZUTER v. t. *Arg. scol.* Faire subir des brimades à un bizut à son arrivée.

Bk, symbole chimique du *berkélium.*

BLA-BLA ou **BLA-BLA-BLA** n. m. inv. (onomat.). *Fam.* Verbiage.

BLACK-BASS n. m. inv. (mot angl., *perche noire*). Nom américain de certaines perches élevées dans les étangs. (Syn. ACHIGAN.)

BLACKBOULAGE n. m. Action de blackbouler.

BLACKBOULER [blakbule] v. t. (angl. *to blackball,* rejeter). Repousser par un vote, évincer. ‖ *Fam.* Infliger un échec en écartant d'un emploi, en refusant à un examen.

BLACK JACK n. m. Jeu de cartes américain issu du jeu de vingt-et-un.

BLACK-OUT [blakawt] n. m. (angl. *black,* noir, et *out,* dehors). Obscurcissement total utilisé comme mesure de défense antiaérienne. ● *Faire le black-out,* faire le silence sur un sujet.

BLACK-ROT [blakrɔt] n. m. (mot angl., *pourriture noire*). Maladie de la vigne, produite par un champignon microscopique, provoquant la formation de taches noires sur les feuilles et le flétrissement des grains de raisin. (On traite le black-rot par des bouillies de sulfate de cuivre.)

BLAFARD, E adj. (all. *bleichvar*). Pâle, d'un blanc terne : *lumière blafarde, teint blafard.*

BLAGUE n. f. (néerl. *blagen,* se gonfler). Petit sac à tabac. ‖ *Fam.* Farce : *faire une blague à un ami.* ‖ *Fam.* Histoire plaisante, imaginée pour tromper : *raconter des blagues.* ‖ *Fam.* Faute commise par légèreté.

BLAGUER v. i. *Fam.* Dire des blagues. ◆ v. t. *Fam.* Railler avec bonne humeur.

BLAGUEUR, EUSE adj. et n. *Fam.* Qui dit des blagues.

BLAIR n. m. *Pop.* Nez.

BLAIREAU n. m. (anc. fr. *blaire,* du francique). Mammifère plantigrade, omnivore, commun dans les bois de l'Europe occidentale, où il creuse des terriers. (Long. 70 cm; poids 20 kg; ordre des carnassiers, famille des mustélidés.) ‖ Pinceau fait de poils de blaireau. ‖ Brosse à savonner la barbe.

blaireau

BLAIRER v. t. *Pop.* Sentir. ● *Ne pas pouvoir blairer qqn,* avoir de l'antipathie pour lui.

BLÂMABLE adj. Qui mérite le blâme.

BLÂME n. m. Opinion défavorable, désapprobation : *une action digne de blâme.* ‖ Sanction disciplinaire, réprimande : *donner un blâme à un élève.*

BLÂMER v. t. (gr. *blasphêmein,* outrager). Désapprouver, réprouver; infliger un blâme : *sa conduite est à blâmer; blâmer un élève.*

BLANC, BLANCHE adj. (germ. *blank*). De la couleur du lait, de la neige, etc. ‖ Peu coloré, pâle : *raisin blanc.* ‖ Qui n'est pas sali, écrit, souillé : *page blanche.* ‖ Blanc comme neige, innocent. ‖ *En bois blanc,* se dit de meubles légers en sapin, en peuplier ou en hêtre. ‖ *Mal blanc,* panaris. ‖ *Métal blanc,* alliage ressemblant à l'argent, contenant une certaine quantité d'étain allié à d'autres métaux, et utilisé autrefois pour la confection des couverts. ‖ *Nuit* blanche, nuit passée sans dormir. ‖ *Papier blanc*, papier où il n'y a rien d'écrit. ‖ *Pères blancs*, institut missionnaire fondé en 1868 par le cardinal Lavigerie pour l'évangélisation de l'Afrique. ‖ *Sauce blanche*, sauce faite avec beurre et farine mélangés, sans coloration aucune. ‖ *Substance blanche*, ensemble des fibres nerveuses myélinisées. ‖ *Vers blancs*, vers non rimés. ‖ *Vin blanc*, peu coloré. ‖ *Voix blanche*, sans timbre.

BLANC, BLANCHE n. Personne appartenant à la race blanche (ou race leucoderme) : *les Blancs; une Blanche.* (Prend une majuscule.) ‖ *Hist.* Pendant la Révolution, partisan de la monarchie. ‖ En Russie, adversaire des bolcheviks pendant la guerre civile (1917-1920).

BLANC n. m. Couleur de la surface d'un corps qui n'absorbe aucune des radiations chromatiques du spectre (neige, lait...); somme des radiations du spectre (lumière blanche). ‖ Matière colorante blanche. ‖ Endroit, dans une page, où il n'y a rien d'écrit ni d'imprimé. ‖ Ensemble du linge de maison, y compris aujourd'hui les articles de couleur. ‖ Vin blanc. ‖ Chair blanche qui tient à la poitrine d'une volaille cuite. ● *À blanc*, de manière à rendre ou à devenir blanc : *chauffer à blanc.* ‖ *Blanc de baleine*, substance huileuse qui se trouve dans la tête du cachalot. ‖ *Blanc de chaux*, vin blanc provenant de raisin blanc. ‖ *Blanc de céruse, de plomb*, carbonate basique de plomb, qui entre dans la composition de certaines couleurs. ‖ *Blanc de champignon*, mycélium du champignon de couche, qui sert à la multiplication dans les champignonnières. ‖ *Blanc d'Espagne* ou *blanc de Meudon*, carbonate de calcium naturel, extrêmement pur. ‖ *Blanc lunaire*, éclat blanc légèrement bleuté, caractérisant le signal lumineux de voie libre sur les voies ferrées de service. ‖ *Blanc de l'œil*, région antérieure de la sclérotique. ‖ *Blanc d'œuf*, partie glaireuse de l'œuf. ‖ *Cuisson au blanc*, court-bouillon spécial pour conserver aux aliments leur couleur blanche. ‖ *Maladie du blanc*, ou *blanc*, maladie cryptogamique attaquant le pommier, le rosier. ‖ *Noir sur blanc*, par écrit. ‖ *Saigner à blanc*, épuiser. ‖ *Signer en blanc*, apposer sa signature sur un papier où on a laissé la place d'écrire ce dont on prend la responsabilité. ‖ *Tir à blanc*, tir d'exercice avec une cartouche sans projectile, dite *cartouche à blanc.*

BLANC-BEC n. m. (pl. *blancs-becs*). Fam. Jeune homme sans expérience.

BLANC-ÉTOC [blᾱketɔk] ou **BLANC-ESTOC** [-ɛs-] n. m. (pl. *blancs-étocs, blancs-estocs*). *Sylv.* Coupe dans laquelle on abat tous les arbres.

BLANCHAILLE n. f. Menus poissons blancs.

BLANCHÂTRE adj. D'un blanc qui n'est pas net.

BLANCHE n. f. Note qui vaut la moitié de la ronde, ou deux noires, ou quatre croches.

blanche

BLANCHET n. m. *Impr.* Cylindre recouvert de plusieurs toiles et de caoutchouc, et qui permet, en offset, le transfert de l'encre de l'élément imprimant sur le papier.

BLANCHEUR n. f. Qualité de ce qui est blanc : *la blancheur de la neige.*

BLANCHIMENT n. m. Action de blanchir : *blanchiment d'un mur.* ‖ Opération consistant à faire disparaître la couleur de certaines substances, en transformant chimiquement les matières colorées ou incolores.

BLANCHIR v. t. Rendre blanc; couvrir d'une couleur blanche : *l'âge blanchit les cheveux.* ‖ Rendre propre : *blanchir du linge.* ‖ *Cuis.* Passer à l'eau bouillante pour attendrir ou faire cuire certains légumes avant de les préparer. ‖ Faire déclarer innocent : *rien ne peut le blanchir.* ◆ v. i. Devenir blanc. ● *Blanchir sous le harnois*, vieillir dans un emploi.

BLANCHISSAGE n. m. Action de blanchir le linge, de raffiner le sucre.

BLANCHISSEMENT n. m. Le fait de blanchir.

BLANCHISSERIE n. f. Lieu où l'on effectue le blanchissage du linge, des toiles, des étoffes.

BLANCHISSEUR, EUSE n. Personne dont la profession est de blanchir, de repasser du linge.

BLANC-SEING [blᾱsɛ̃] n. m. (pl. *blancs-seings*). Papier en blanc, au bas duquel on met sa signature et que l'on confie à quelqu'un pour qu'il le remplisse à sa volonté.

BLANQUETTE n. f. (de *blanc*). Ragoût de viande blanche (veau, agneau).

BLANQUETTE n. f. (prov. *blanqueto*). Vin blanc mousseux du midi de la France.

BLANQUISME n. m. Doctrine qui émane des idées et de l'action d'Auguste Blanqui. (Le blanquisme a beaucoup influencé le parti socialiste révolutionnaire d'Édouard Vaillant et le syndicalisme révolutionnaire.)

BLAPS [blaps] n. m. Coléoptère qui vit dans les lieux obscurs. (Famille des ténébrionidés.)

BLASE ou **BLAZE** n. m. *Arg.* Nom.

BLASÉ, E adj. et n. Dégoûté de tout.

BLASER v. t. (néerl. *blasen*, gonfler). Rendre indifférent, incapable de plaisir, d'émotions, de sentiments par l'abus qui en est fait.

BLASON n. m. Ensemble des armoiries qui composent un écu armorial. ‖ Science des armoiries. ‖ *Littér.* Court poème composé de vers à rimes plates, faisant la description, élogieuse ou satirique, d'un être ou d'un objet.

BLASONNER v. t. Peindre ou interpréter des armoiries.

BLASPHÉMATEUR, TRICE n. et adj. Personne qui blasphème.

BLASPHÉMATOIRE adj. Sacrilège, impie.

BLASPHÈME n. m. (gr. *blasphêmia*, parole impie). Parole qui outrage la divinité, insulte la religion, qqn ou qqch de respectable.

BLASPHÉMER v. t. et i. (gr. *blasphêmein*) [conj. **5**]. Tenir des propos injurieux contre qqn, qqch : *blasphémer la religion*, contre la religion.

BLASTODERME n. m. (gr. *blastos*, bourgeon, et *derma*, peau). Ensemble de cellules embryonnaires constituant les parois de la blastula.

BLASTOGENÈSE n. f. Formation du blastoderme.

BLASTOMÈRE n. m. *Zool.* Nom donné aux cellules provenant de la division de l'œuf, dans les premiers stades du développement embryonnaire.

BLASTOMYCÈTE n. m. Nom usuel donné à certains champignons se reproduisant par bourgeonnement, comme la levure de bière, le muguet.

BLASTOMYCOSE n. f. Affection causée par le développement d'un blastomycète sur la peau ou dans certains organes.

BLASTOPORE n. m. Orifice unique de l'embryon au stade gastrula, qui donnera la bouche chez les invertébrés et l'anus chez les vertébrés.

BLASTULA n. f. *Zool.* Forme embryonnaire, au stade où l'embryon est constitué par une sphère creuse à paroi épithéliale. (La *blastula* blanche succède à la *morula* et précède la *gastrula*.)

BLATÉRER v. i. (lat. *blaterare*) [conj. **5**]. Crier, en parlant du chameau, du bélier.

BLATTE n. f. (lat. *blatta*). Genre d'insectes de l'ordre des dictyoptères, de mœurs nocturnes, coureurs rapides, dont les principales espèces, appelées *cafards* ou *cancrelats*, se rencontrent dans les dépôts et les cuisines.

BLAZER [blazœr ou blazɛr] n. m. (mot angl.; de *to blaze*, flamboyer). Veston à rayures de couleur, porté comme uniforme dans certains collèges anglais. ‖ Veston croisé, le plus souvent en tissu bleu marine ou en flanelle.

BLÉ n. m. (francique *blad* ou gaul. *blato*). Plante herbacée annuelle, de la famille des graminacées (genre *triticum*), qui produit le grain (caryopse) dont on tire la farine utilisée notamment à la fabrication du pain. ‖ *Arg.*

Argent. ● *Blé noir*, sarrasin. ‖ *Manger son blé en herbe*, dépenser son revenu par avance.

V. carte page suivante

BLED [blɛd] n. m. (mot ar., *pays, région*). En Afrique du Nord, l'intérieur des terres. ‖ *Pop.* Localité isolée; campagne.

BLÊME adj. D'un blanc mat et terne, qui donne une impression désagréable.

BLÊMIR v. i. (scandin. *blâmi*, couleur bleuâtre). Devenir blême : *blêmir de rage.*

BLÊMISSEMENT n. m. Action de blêmir.

BLENDE [blɛd] n. f. (mot all.). Sulfure naturel de zinc ZnS, constituant le principal minerai de zinc.

BLENNIE n. f. (gr. *blenna*, mucus). Poisson des eaux douces calmes et du littoral, à grosse tête et à corps allongé. (Long. 20 cm.)

BLENNORRAGIE n. f. (gr. *blenna*, mucus, et *rhagê*, éruption). Inflammation de la muqueuse des organes génitaux, due au gonocoque.

BLENNORRAGIQUE adj. Relatif à la blennorragie.

BLÉPHARITE n. f. (gr. *blepharon*, paupière). Inflammation des paupières.

BLÈSEMENT n. m. Syn. de BLÉSITÉ.

BLÉSER v. i. (lat. *blaesus*, bègue) [conj. **5**]. Action de parler avec blésité.

BLÉSITÉ n. f. Défaut d'articulation sans atteinte des organes phonateurs. (Syn. ZÉZAIEMENT, BLÈSEMENT.)

BLÉSOIS, E adj. et n. De Blois.

BLESSANT, E adj. Offensant, injurieux.

BLESSÉ, E adj. et n. Qui a reçu une blessure.

BLESSER v. t. (mot francique). Frapper d'un coup qui fait plaie, fracture ou contusion; atteindre d'une balle. ‖ Causer une gêne importante, une impression pénible : *mon soulier me blesse; sons qui blessent l'oreille.* ‖ Causer une douleur morale; offenser. ‖ *Litt.* Porter préjudice à : *blesser les intérêts.*

BLESSURE n. f. Lésion produite dans l'organisme par un coup, par un choc, par un instrument piquant, tranchant. ‖ Ce qui atteint moralement.

BLET, ETTE [blɛ, ɛt] adj. (francique *blet*, pâle). Trop mûr : *fruit blet; poire blette.*

BLETTE n. f. → BETTE.

BLETTIR v. i. Devenir blet.

BLETTISSEMENT n. m. Excès de maturité qui rend un fruit mou, noirâtre. (Il résulte d'une autolyse du fruit.)

BLEU, E adj. (mot germ.). De la couleur du ciel

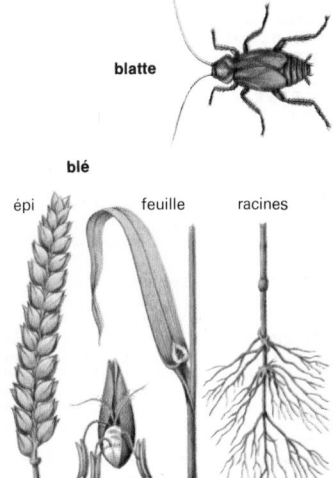

blatte

blé

épi   feuille   racines

fleur

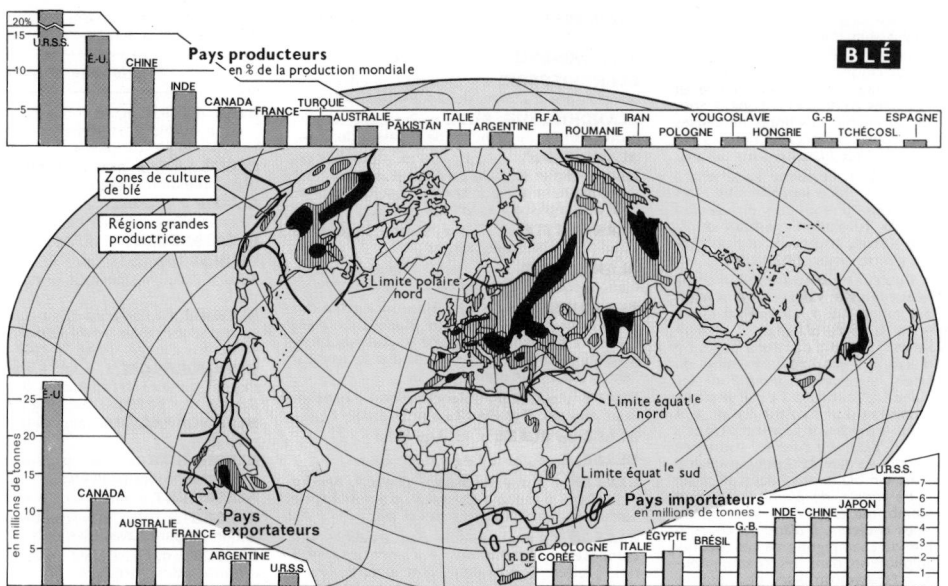

Pays producteurs
en % de la production mondiale

BLÉ

| U.R.S.S. | É.-U. | CHINE | INDE | CANADA | FRANCE | TURQUIE | AUSTRALIE | PAKISTAN | ITALIE | ARGENTINE | R.F.A. | ROUMANIE | IRAN | YOUGOSLAVIE | POLOGNE | HONGRIE | G.-B. | TCHÉCOSL. | ESPAGNE |

Zones de culture de blé

Régions grandes productrices

Limite polaire nord

Limite équat^{le} nord

Limite équat^{le} sud

Pays exportateurs

Pays importateurs
en millions de tonnes

en millions de tonnes

---

sans nuages. ‖ Se dit d'une viande grillée très peu cuite. ● *Maladie bleue*, malformation du cœur et des gros vaisseaux, entraînant une coloration bleue de la peau par insuffisance d'oxygénation du sang. ‖ *Peur, colère bleue, peur, colère violente.* ‖ *Sang bleu* (Litt.), origine noble. ‖ *Zone bleue*, quartier d'une ville où le stationnement des automobiles est limité.

BLEU n. m. Couleur bleue. ‖ Matière colorante bleue : *passer une couche de bleu sur un mur.* ‖ Vêtement de travail en toile bleue. ‖ Ecchymose consécutive à un coup : *se faire un bleu.* ‖ Variété de fromage à moisissures. ‖ *Fam.* Jeune soldat; nouvel élève. ‖ *Hist.* Pendant la Révolution, partisan de la République. ● *Bleu ardoise*, bleu tirant sur le gris. ‖ *Bleu canard*, bleu-vert. ‖ *Bleu de chauffe*, combinaison de chauffeur. ‖ *Bleu ciel*, bleu clair. ‖ *Bleu électrique*, bleu vif, très lumineux. ‖ *Bleu marine*, bleu très foncé. ‖ *Bleu outremer*, bleu soutenu tirant sur le violet. ‖ *Bleu pétrole*, bleu soutenu tirant sur le vert. ‖ *Bleu de Prusse* (cyanure de fer), bleu foncé mélangé avec du vert. ‖ *Bleu roi*, bleu du drapeau français. ‖ *Cuisson au bleu*, mode de préparation de certains poissons que l'on jette vivants dans un court-bouillon. ‖ *N'y voir que du bleu*, n'y rien voir.

BLEUÂTRE adj. Proche du bleu, d'un bleu qui n'est pas net.

BLEUET n. m. Plante à capitules de fleurs bleues, très commune dans les blés. (Famille des composées.) [Syn. BARBEAU.] ‖ Au Canada, myrtille.

BLEUETIÈRE [blœtjɛr] n. f. Au Canada, terrain où pousse la myrtille.

BLEUIR v. t. Rendre bleu. ◆ v. i. Devenir bleu : *bleuir de froid.*

BLEUISSEMENT n. m. Passage d'une couleur au bleu.

BLEUTÉ, E adj. Légèrement bleu.

BLIAUD [blijo] n. m. *Hist.* Au Moyen Âge, longue tunique de dessus.

BLINDAGE n. m. Action de blinder. ‖ Revêtement en général métallique protégeant contre les effets des projectiles. ‖ Dispositif de protection contre les rayonnements électromagnétiques et nucléaires. ‖ *Trav. publ.* Coffrage jointif pour maintenir en terrain ébouleux une excavation.

BLINDÉ, E adj. Recouvert d'un blindage. ‖ *Électr.* Se dit d'un appareil électrique protégé contre les phénomènes magnétiques extérieurs.

● *Arme blindée cavalerie* (abrév. *A. B. C.*), arme des forces terrestres entièrement équipée d'engins blindés, chargée de renseigner, couvrir et combattre par le feu et par le choc. ‖ *Division blindée* (abrév. *D. B.*), grande unité à base d'engins blindés. ‖ *Engin blindé*, ou *blindé* n. m., véhicule de combat recouvert d'un blindage d'acier.

BLINDER v. t. (all. *blenden*, aveugler). Protéger par un blindage. ‖ Rendre insensible : *les épreuves l'ont blindé.*

BLINI [blini] n. m. (mot russe). Petite crêpe salée épaisse.

BLISTER [blistœr] n. m. (mot angl.). Emballage plastique pour la présentation de produits de petite taille et groupés (vis, clous, etc.).

BLIZZARD n. m. (mot anglo-amér.). Vent glacial accompagné de tempête de neige.

BLOC n. m. (néerl. *bloc*, tronc d'arbre abattu). Masse considérable et pesante : *un bloc de marbre, de fer.* ‖ Ensemble de feuilles de papier collées ensemble sur un de leurs bords et facilement détachables : *bloc de papier à lettres.* ‖ Ensemble solide dont toutes les parties dépendent les unes des autres : *ces éléments forment un bloc.* ‖ Groupement de partis politiques, d'États, liés par des intérêts ou des idéaux communs : *bloc des gauches; bloc occidental; bloc soviétique.* ‖ *Fortif.* Massif bétonné doté de moyens de feu et d'observation. ‖ *Math.* Dans une matrice, chacune des sous-matrices formées en cloisonnant par des horizontales et des verticales respectivement de même largeur et de même hauteur que la matrice. ‖ *Pop.* Prison : *envoyer au bloc.* ● *À bloc*, à fond : *serrer à bloc.* ‖ *Bloc du cœur* (Méd.), arrêt de la conduction

bleuet

de l'influx nerveux dans le cœur, soit entre oreillettes et ventricules (bloc auriculo-ventriculaire), soit sur une des branches du faisceau de His (blocs de branche droit ou gauche). ‖ *Bloc opératoire* (Chir.), ensemble constitué par la salle d'opération et les locaux annexes pour la stérilisation, l'habillage des chirurgiens, la réanimation, etc. ‖ *En bloc*, en gros, sans examen détaillé. ‖ *Faire bloc*, s'unir étroitement.

BLOCAGE n. m. Action de bloquer : *vis de blocage; blocage des prix.* ‖ Maçonnerie formée de matériaux de différentes grosseurs, jetés pêle-mêle dans un mortier. ‖ *Métall.* Action d'arrêter le dégagement gazeux dans un acier fondu, lors de sa coulée. ‖ *Psychol.* Incapacité momentanée à réagir intellectuellement ou affectivement dans une situation donnée.

BLOCAUX n. m. pl. *Argile à blocaux*, v. ARGILE.

BLOC-CUISINE n. m. (pl. *blocs-cuisines*). Ensemble d'éléments préfabriqués permettant l'installation rapide d'une cuisine.

BLOC-CYLINDRES n. m. (pl. *blocs-cylindres*). Ensemble des cylindres d'un moteur en une seule pièce venue de fonderie.

BLOC-DIAGRAMME n. m. (pl. *blocs-diagrammes*). *Géogr.* Représentation d'une région en perspective et en coupe.

BLOC-EAU n. m. (pl. *blocs-eau*). Ensemble groupant tous les appareils utilisant l'eau dans une gaine de canalisation.

BLOC-ÉVIER n. m. (pl. *blocs-éviers*). Élément de cuisine préfabriqué comprenant un évier se prolongeant par une ou deux paillasses.

BLOCKHAUS [blɔkos] n. m. inv. (all. *Block*, bloc, et *Haus*, maison). Petit ouvrage établi pour défendre un point particulier. ‖ Abri du commandant du navire de ligne.

BLOC-MOTEUR n. m. (pl. *blocs-moteurs*). Ensemble du moteur, de l'embrayage et de la boîte de vitesses d'une voiture.

BLOC-NOTES n. m. (pl. *blocs-notes*). Paquet de feuillets détachables, pour prendre des notes.

BLOC-SIÈGES n. m. inv. Groupe de sièges loués sur un avion par une agence de voyages pour être sous-loués.

BLOC-SYSTÈME (pl. *blocs-systèmes*) ou **BLOC** n. m. (angl. *to block*, fermer). *Ch. de f.* Dispositif de signalisation, destiné à éviter toute collision entre trains circulant ou manœuvrant sur une même voie.

BLOCUS [blɔkys] n. m. (néerl. *blochuus*).

Investissement d'une ville, d'un port, d'une position, d'un pays, pour lui couper toute communication avec l'extérieur.

BLOND, E adj. et n. m. D'une couleur entre le jaune et le châtain clair. ◆ adj. et n. Se dit de qqn qui a les cheveux blonds.

BLONDASSE adj. D'un blond fade.

BLONDEUR n. f. Qualité de ce qui est blond.

BLONDIN, E ou **BLONDINET, ETTE** adj. et n. Qui a les cheveux blonds.

BLONDIN n. m. (n. propre). Appareil de levage et de transport mécanique se déplaçant sur câbles aériens.

BLONDIR v. i. Devenir blond. ◆ v. t. Rendre blond.

BLOOM [blum] n. m. (mot angl.). Demi-produit métallurgique obtenu par passage d'un lingot d'acier dans un laminoir dégrossisseur.

BLOQUER v. t. (de *bloc*). Réunir plusieurs choses ensemble : *bloquer plusieurs discours en une séance.* ‖ Interdire tout mouvement en arrêtant, en serrant : *bloquer les freins; bloquer contre un mur.* ‖ Suspendre l'usage, la disposition de qqch : *bloquer les prix, les crédits.* ‖ Barrer, obstruer : *bloquer une route.* ‖ Arrêter net un ballon dans sa course. ‖ *Fam.* Remplir de blocage les fondations d'un édifice ou l'entre-deux d'un mur. ‖ *Psychol.* Réaliser un blocage. ‖ *Fam.* Bloquer, bûcher, potasser.

BLOTTIR (SE) v. pr. (all. *blotten*, écraser). Se replier sur soi-même, se pelotonner.

BLOUSE n. f. Vêtement de travail que l'on met par-dessus les autres pour les protéger. ‖ Corsage de femme léger.

BLOUSER v. t. *Fam.* Tromper.

BLOUSER v. i. En parlant d'un vêtement, présenter de l'ampleur au-dessus de fronces.

BLOUSON n. m. Veste de sport, s'arrêtant aux hanches. ● *Blouson noir,* jeune dévoyé.

BLOUSSE n. f. Déchets de laine.

BLUE-JEAN [bludʒin] ou **JEAN** [dʒin] n. m. (mot amér., *treillis bleu*) [pl. *blue-jeans*]. Pantalon dans une variété de toile portant ce nom.

BLUES [bluz] n. m. (amér., *mélancolie*). Complainte du folklore noir américain, caractérisée par une formule harmonique constante et un rythme à quatre temps, dont le style a influencé le jazz dans son ensemble.

BLUETTE n. f. (anc. fr. *belluer*, éblouir). Petit ouvrage littéraire sans prétention (vx).

BLUFF [blœf] n. m. (mot anglo-amér.). Attitude propre à faire illusion sur sa force réelle.

BLUFFER [blœfe] v. t. et i. Se vanter pour tromper.

BLUFFEUR, EUSE adj. et n. Qui bluffe.

BLUTAGE n. m. Action de bluter.

BLUTER v. t. (néerl. *biutelen*). Séparer la farine des semoules et des sons à l'aide d'un tamis ou d'un bluteau.

BLUTERIE n. f. Appareil servant à bluter.

BLUTOIR n. m. Tamis servant à bluter les grains de blé broyés.

boa constrictor

BOA n. m. (lat. *boa,* serpent d'eau). Gros serpent de l'Amérique tropicale, mesurant jusqu'à 4 m, non venimeux, se nourrissant de vertébrés à sang chaud, qu'il étouffe de sa puissante étreinte. (Type de la famille des *boïdés.*) ‖ Rouleau de plumes en forme de serpent que les femmes portaient autour du cou au début du siècle.

BOBARD [bɔbar] n. m. *Fam.* Fausse nouvelle.

BOBÈCHE n. f. (de *bobine*). Disque de verre ou de métal adapté à un bougeoir pour empêcher la bougie de couler. ‖ Partie supérieure du chandelier, où se place la bougie.

BOBINAGE n. m. Action de bobiner. ‖ Dispositif formé d'un fil électrique isolé enroulé en spires serrées sur un cylindre ou un tore.

BOBINE n. f. (onomat.). Petit cylindre de bois, de métal ou de matière plastique, pour enrouler du fil, de la soie, etc. ‖ Cylindre creux sur lequel est enroulé un fil métallique isolé que peut parcourir un courant électrique. ‖ *Pop.* Visage. ● *Bobine d'allumage,* petite bobine d'induction utilisée pour l'allumage du mélange dans un moteur à explosion. ‖ *Bobine d'induction* ou

bobine d'allumage

départ de la haute tension vers l'allumeur

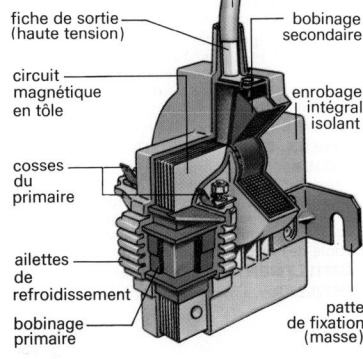

fiche de sortie (haute tension)

circuit magnétique en tôle

cosses du primaire

ailettes de refroidissement

bobinage secondaire

enrobage intégral isolant

bobinage primaire

patte de fixation (masse)

BLOC-SYSTÈME

canton

canton

canton

1

2

3

4

1. Feu vert (voie libre)

2. Feu jaune (avertissement)

3. Feu rouge clignotant (sémaphore ; arrêt)

4. Deux feux rouges (carré ; arrêt absolu)

Cranham-Rapho

bobsleigh

bobine de Ruhmkorff, appareil électrique formé de deux bobines, fonctionnant comme un transformateur élévateur de tension. (Un courant continu, interrompu par un rupteur, alimente la bobine *primaire;* dans la bobine *secondaire* se développe une différence de potentiel élevée qui produit des étincelles entre ses bornes.)

BOBINER v. t. Enrouler de la soie, du fil, etc., sur une bobine.

BOBINETTE n. f. Petite pièce de bois mobile, qui servait autrefois à fermer les portes.

BOBINEUR, EUSE n. Ouvrier, ouvrière qui bobine.

BOBINEUSE n. f. Machine à bobiner.

BOBINOIR n. m. Bobineuse mécanique.

BOBINOT n. m. *Text.* Support en bois, en carton ou en matière plastique pour enrouler les mèches obtenues à partir de l'opération d'affinage des rubans de fibres.

BOBO n. m. Douleur ou blessure légère (langage enfantin).

BOBSLEIGH [bɔbslɛg] ou **BOB** n. m. (mot angl.; de *to bob,* se balancer, et *sleigh,* traîneau). Traîneau articulé, utilisé sur les pistes de glace. ‖ Sport pratiqué avec cet engin.

BOCAGE n. m. (mot normand). *Géogr.* Région où les champs et les prés sont enclos par des levées de terre portant des haies ou des rangées d'arbres, et où l'habitat est dispersé généralement en fermes et en hameaux.

BOCAGER, ÈRE adj. Relatif au bocage.

BOCAL n. m. (it. *boccale*) [pl. *bocaux*]. Récipient en verre à large ouverture, à col court.

BOCHE adj. et n. (arg. *alboche,* allemand). Syn. péjor. et vx de ALLEMAND.

BOCK n. m. (all. *Bockbier,* bière très forte). Verre à bière contenant en principe un quart de litre. ‖ Récipient muni d'un tube et d'une canule pour injections.

BODHISATTVA [bɔdisatva] n. m. (mot indien). Être sur la voie du complet éveil *(bodhi);* individu destiné, par son existence, à devenir bouddha.

BOETTE, BOËTE, BOUETTE [bwɛt] ou **BOITTE** [bwat] n. f. Appât que l'on met à l'hameçon pour la pêche en mer.

BŒUF [bœf, *au pl.* bø] n. m. (lat. *bos*). Mâle châtré adulte de l'espèce bovine. ‖ Viande de bœuf ou de vache. ‖ Nom spécifique de l'espèce bovine. ‖ Personne vigoureuse, très forte, ou travailleur acharné.

V. ill. page suivante

BŒUF adj. inv. *Fam.* Très étonnant : *effet bœuf.*

BOF! interj. Exprime un doute moqueur, une ironie sceptique.

BOGHEI, BOGUET [bɔg] ou **BUGGY** [bœge] n. m. Cabriolet découvert à deux roues.

BOGIE ou **BOGGIE** [bɔʒi] n. m. (angl. *bogie*). Chariot à deux essieux, sur lequel pivote le châssis d'un wagon dans les courbes.

BOGUE n. f. (breton *bolc'h*). Enveloppe de la châtaigne, armée de piquants.

BOGUET n. m. → BOGHEI.

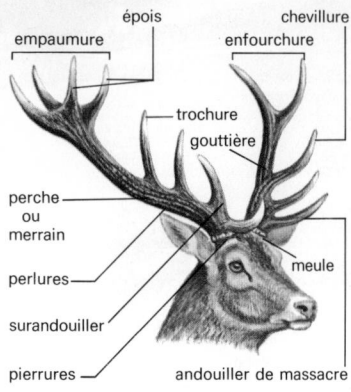

BOIS
de cerf

épois — chevillure
empaumure — enfourchure
— trochure
— gouttière
perche ou merrain
— meule
perlures
surandouiller — andouiller de massacre
pierrures

BŒUF
de boucherie

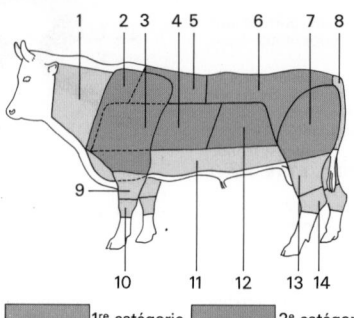

bolet
(cèpe de Bordeaux)

1. Collier ;
2. Épaule ;
3. Paleron ;
4. Plat de côtes ;
5. Train de côtes ;
6. Aloyau ;
7. Globe ;
8. Queue ;
9. Gîte de devant ;
10. Crosse ;
11. Pis de bœuf ;
12. Bavette ;
13. Gîte de derrière ;
14. Crosse.

1ʳᵉ catégorie	2ᵉ catégorie	3ᵉ catégorie

BOHÈME [bɔɛm] adj. et n. (de *Bohême*). Qui vit au jour le jour, en dehors des règles sociales.

BOHÈME n. f. Milieu d'artistes, d'écrivains, etc., qui vivent sans souci du lendemain.

BOHÉMIEN, ENNE adj. et n. De la Bohême. ‖ Syn. de TSIGANE.

BOILLE [bɔj] n. f. → BOUILLE.

BOIRE v. t. (lat. *bibere*) [conj. **70**]. Avaler un liquide quelconque : *boire de l'eau, de la bière, du vin.* ‖ Prendre des boissons alcoolisées avec excès (sans complément). ‖ Absorber un liquide : *ce papier boit l'encre.* ● *Boire les paroles de qqn*, l'écouter très attentivement. ‖ *Il y a à boire et à manger*, il y a dans cette affaire des inconvénients et des avantages.

BOIRE n. m. L'action de boire, ce qu'on boit : *le boire et le manger.*

BOIS n. m. (bas lat. *boscus*, germ. *bosk*). Substance compacte de l'intérieur des arbres, formée de cellules, de fibres et de vaisseaux transportant la sève brute. ‖ Lieu couvert d'arbres. ‖ Objet fait en bois. ‖ Gravure sur bois. ● *Avoir la gueule de bois*, avoir mal à la tête et la langue pâteuse après les excès d'alcool. ‖ *Bois amélioré*, bois ou ensemble de placages imprégnés de résines synthétiques et densifiés sous l'action de la chaleur et de la pression. ‖ *Bois de Panamá*, écorce d'une rosacée du Chili, dont les propriétés sont analogues à celles du savon. ‖ *N'être pas de bois*, être sensible. ‖ *Toucher du bois*, conjurer le mauvais sort en touchant un objet en bois. ● pl. *Mus.* Nom générique désignant la famille des instruments à vent en bois (parfois aujourd'hui en métal), et comprenant les flûtes, les hautbois, les clarinettes, les bassons et les saxophones. ‖ Cornes caduques des cervidés. ■ Assurant le soutien du système foliaire des plantes vivaces, le bois est en outre, même de nos jours, la principale matière première de l'industrie : les *bois ouvrés* servent en charpente, menuiserie, planchers, ébénisterie, boissellerie, caisserie, marqueterie, tonnellerie, boisage de mines, traverses de chemin de fer; transformés, ils fournissent le papier. La plupart des bateaux de pêche sont encore en bois.

BOISAGE n. m. Action de placer le soutènement en bois ou en métal dans une tranchée, une galerie, etc.; ce soutènement lui-même.

BOISÉ, E adj. Couvert d'arbres : *pays boisé.*

BOISEMENT n. m. Plantation d'arbres forestiers.

BOISER v. t. Exécuter un boisage. ‖ Planter d'arbres.

BOISERIE n. f. Ouvrage de menuiserie dont on revêt les murs intérieurs d'une habitation.

BOISEUR n. m. Ouvrier spécialisé chargé d'établir le boisage de galeries, de tranchées.

BOISSEAU n. m. (lat. *buxitellum*). Anc. mesure de capacité pour les matières sèches, valant 12,5 litres; son contenu. ‖ Au Canada, mesure de capacité équivalant à 8 gallons. ‖ Tuyau court de fonte ou de terre cuite dont on fait par emboîtage les conduits de fumée ou les conduites des lieux d'aisances. ‖ Partie d'un robinet dans laquelle tourne la clef. ● *Mettre qqch sous le boisseau*, cacher la vérité.

BOISSELIER n. m. Ouvrier travaillant des feuilles de bois en vue de la confection de mesures de capacité ou de tamis.

BOISSELLERIE n. f. Art, commerce, objets du boisselier.

BOISSON n. f. (lat. *bibere*, boire). Tout liquide que l'on boit. ‖ Liquide alcoolisé. ‖ Alcoolisme.

BOÎTE n. f. (lat. *buxida*, gr. *puxis*). Coffret de bois, de carton, de métal ou de matière plastique; son contenu. ‖ *Pop.* et *péjor.* Maison, lieu de travail. ● *Boîte crânienne*, cavité osseuse qui renferme le cerveau. ‖ *Boîte d'essieu*, dispositif qui reçoit l'extrémité de l'essieu d'un véhicule de chemin de fer et qui en assure le graissage sur les paliers. ‖ *Boîte à fumée*, partie de la chaudière d'une locomotive que traverse la fumée, avant d'être évacuée par la cheminée. ‖ *Boîte aux lettres*, boîte dans laquelle on dépose les lettres. ‖ *Boîte noire*, appareil enregistreur d'un avion, d'un camion, qui permet de vérifier comment un parcours s'est déroulé. ‖ *Boîte de nuit*, cabaret ouvert la nuit. ‖ *Boîte de vitesses*, organe renfermant les engrenages de changement de vitesse. ‖ *Mettre en boîte* (Fam.), se moquer de qqn.

BOITEMENT n. m. Action de boiter.

BOITER v. i. (peut-être de [*pied*] *bot*). Marcher en inclinant le corps d'un côté plus que de l'autre. ‖ Présenter un défaut d'équilibre, de solidité : *une chaise qui boite; un raisonnement qui boite.*

BOITERIE n. f. Action de boiter.

BOITEUX, EUSE adj. et n. Qui boite.

BOÎTIER n. m. Coffre à compartiments. ‖ Boîte renfermant le mouvement d'une montre, la pile d'une lampe de poche, etc. ‖ Corps d'un appareil photo, sans son objectif. ‖ Membre d'une assemblée politique chargé de voter pour l'ensemble des membres de son groupe.

BOITILLEMENT n. m. Léger boitement.

BOITILLER v. i. Boiter légèrement.

BOIT-SANS-SOIF n. inv. *Fam.* Ivrogne.

BOITTE n. f. → BOETTE.

BOL n. m. (angl. *bowl*, jatte). Récipient hémisphérique qui sert notamment pour boire; son contenu. ‖ *Pop.* Chance : *avoir du bol.* ● *En avoir ras le bol* (Pop.), ne plus supporter qqch, être excédé.

BOL n. m. (gr. *bôlos*, motte). Grosse pilule. ‖ Nom donné aux argiles ocreuses. ● *Bol alimentaire*, masse formée par les aliments, correspondant à une déglutition.

BOLCHEVIQUE ou **BOLCHEVIK** adj. et n. Se dit des membres du parti ouvrier social-démocrate russe qui se regroupèrent derrière Lénine au congrès de Londres en 1903 en s'opposant à la minorité (les *mencheviks*) et qui prirent le pouvoir en 1917.

BOLCHEVISME n. m. Syn. de COMMUNISME (vx).

BOLCHEVISTE adj. et n. Du bolchevisme (vx).

BOLDO n. m. Arbre du Chili dont les feuilles, utilisées en infusion, ont des propriétés cholérétiques.

BOLDUC [bɔldyk] n. m. Ruban étroit de fil de lin, de coton, de rayonne, etc.

BOLÉE n. f. Contenu d'un bol.

BOLÉRO n. m. (esp. *bolero*, de *bola*, boule). Danse et air à danser andalous, connus depuis la fin du XVIIIᵉ s., de rythme accentué. ‖ Veste courte s'arrêtant à la taille.

BOLET n. m. (lat. *boletus*). Champignon basidiomycète charnu, à spores contenues dans des tubes. (Certains bolets sont comestibles [le cèpe de Bordeaux est très apprécié].)

BOLIDE n. m. (lat. *bolis, -idis*, trait). Véhicule qui va très vite. ‖ Météore particulièrement brillant offrant l'aspect d'une boule de feu (vx).

BOLIER ou **BOULIER** n. m. Grand filet de pêche que des bateaux traînent sur le sable le long des côtes.

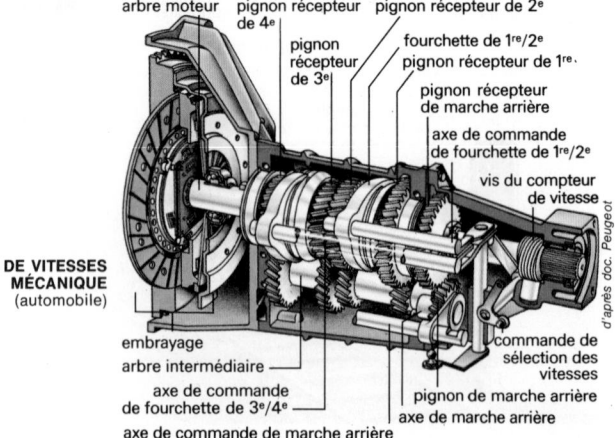

BOÎTE DE VITESSES MÉCANIQUE
(automobile)

arbre moteur
pignon récepteur de 4ᵉ
pignon récepteur
pignon récepteur de 2ᵉ
pignon récepteur de 3ᵉ
fourchette de 1ʳᵉ/2ᵉ
pignon récepteur de 1ʳᵉ
pignon récepteur de marche arrière
axe de commande de fourchette de 1ʳᵉ/2ᵉ
vis du compteur de vitesse
commande de sélection des vitesses
pignon de marche arrière
axe de marche arrière
axe de commande de marche arrière
axe de commande de fourchette de 3ᵉ/4ᵉ
arbre intermédiaire
embrayage

d'après doc. Peugeot

BOLÍVAR n. m. (de *Simón Bolívar*) [pl. *bolívares*]. Unité monétaire principale du Venezuela. ‖ Chapeau haut de forme, évasé et à larges bords (XIXᵉ s.).

BOLIVIEN, ENNE adj. et n. De Bolivie.

BOLLANDISTE n. m. Membre d'une société adonnée aux recherches hagiographiques dans un esprit de critique historique, et qui tire son nom de Jean BOLLAND (1596-1665), jésuite liégeois.

BOLLARD n. m. Gros fût cylindrique en acier coulé à tête renflée, implanté dans un quai pour l'amarrage des navires.

BOLOMÈTRE n. m. Appareil à résistance électrique servant à mesurer l'énergie rayonnante (infrarouge, visible et ultraviolet).

BOLONAIS, E adj. et n. De Bologne.

BOMBAGE n. m. Action d'écrire des slogans sur un mur, à l'aide d'une peinture en bombe.

BOMBAGISTE n. m. (de *bomber*). Ouvrier mettant en forme des plaques de verre par ramollissement à chaud sur des formes appropriées.

BOMBANCE n. f. (anc. fr. *bobance*, altéré de *bombe*). *Faire bombance* (Fam. et vx), manger beaucoup.

BOMBARDE n. f. Bouche à feu primitive, lançant des boulets de pierre ou de fer (XIVᵉ-XVᵉ s.). ‖ Instrument de musique populaire, ancêtre du hautbois. ‖ Jeu d'orgue à anche.

BOMBARDEMENT n. m. Action de bombarder. ● *Bombardement atomique* (Phys.), projection sur une cible de particules émises par une substance radioactive ou accélérées par des appareils spéciaux (cyclotron, etc.). ‖ *Bombardement stratégique*, celui qui vise à détruire le potentiel de guerre adverse. ‖ *Bombardement tactique*, celui qui intervient dans le cadre d'opérations militaires.

BOMBARDER v. t. (lat. *bombus*, bruit sourd). Attaquer un objectif avec des bombes, des obus. ‖ *Phys.* Projeter des particules, animées de très grandes vitesses, contre les atomes d'un élément. ‖ *Fam.* Accabler de projectiles quelconques : *bombarder qqn de tomates, de fleurs.* ‖ *Fam.* Nommer subitement à un emploi : *on l'a bombardé préfet.*

BOMBARDIER n. m. Avion de bombardement. ‖ Membre de son équipage. ‖ *Zool.* Nom usuel de certains insectes coléoptères qui produisent une légère détonation en projetant par l'anus un liquide acide.

BOMBARDON n. m. Contrebasse à vent, utilisée dans les fanfares.

BOMBE n. f. (it. *bomba*). Projectile creux, chargé de matière explosive ou incendiaire, lancé autref. par des canons (XVIᵉ-XIXᵉ s.), auj. par des avions; tout projectile explosif : *un attentat à la bombe.* ‖ Récipient contenant un gaz sous pression qui sert à chasser un liquide (insecticide, désodorisant, peinture, etc.) destiné à être vaporisé. ‖ Coiffure hémisphérique rigide, à visière, que portent les cavaliers. ● *Bombe calorimétrique*, récipient d'un calorimètre mesurant le pouvoir calorifique d'un combustible. ‖ *Bombe glacée*, glace moulée. ‖ *Bombe nucléaire*, bombe dont la puissance explosive utilise l'énergie nucléaire. (On distingue les *bombes de fission*, dites *atomiques* ou *A*, et les *bombes de fusion*, dites *thermonucléaires* ou *H*.) [V. NUCLÉAIRE.] ‖ *Bombe volcanique*, morceau de lave projeté par un volcan, qui se solidifie dans l'air. ‖ *Faire l'effet d'une bombe*, arriver brusquement et provoquer la stupeur.

BOMBE n. f. (de *bombance*). Fam. *Faire la bombe*, se livrer aux plaisirs, faire la fête.

BOMBÉ, E adj. Arrondi, renflé.

BOMBEMENT n. m. Convexité, renflement : *le bombement d'une chaussée.*

BOMBER v. t. Rendre convexe : *bomber la poitrine.* ● *Bomber le torse*, faire le fier. ◆ v. i. Présenter une convexité : *ce mur bombe.*

BOMBYX n. m. (gr. *bombux*, ver à soie). Genre de papillons dont l'espèce la plus connue, le *bombyx du mûrier*, a pour chenille le ver à soie.

BÔME n. f. *Mar.* Gui sur lequel se borde la brigantine. ● *Bôme à rouleau*, bôme qui, pouvant tourner sur elle-même, permet d'enrouler rapidement la grand-voile.

BÔMÉ, E adj. *Mar.* Muni d'une bôme.

BON, BONNE adj. (lat. *bonus*). Qui a les qualités convenables à sa nature, à sa destination : *un bon cheval; une bonne terre; bon pour le service.* ‖ Agréable au goût, qui donne du plaisir : *un bon gâteau, une bonne douche.* ‖ Qui se distingue par ses qualités morales, intellectuelles : *bon fils; bonne conduite.* ‖ Qui marque un degré important; grand, fort : *un bon coup; faire bonne mesure.* ‖ *Avoir qqn à la bonne* (Fam.), le considérer avec sympathie. ‖ *C'est bon*, cela suffit. ‖ *En avoir de bonnes* (Fam.), plaisanter. ‖ *Pour (tout) de bon*, sérieusement. ◆ adj. et n. Qui aime le bien; généreux, charitable. ◆ adv. *Il fait bon*, le temps est agréable. ‖ *Sentir bon*, avoir une odeur agréable. ‖ *Tenir bon*, ne pas céder, résister. ◆ interj. *Bon!*, exclamation marquant l'approbation ou la surprise désagréable.

BON n. m. Ce qui est bon. ‖ Billet qui autorise à toucher de l'argent ou des objets en nature : *bon de caisse; bon de pain.* ● *En bon à composer, à graver, à tirer*, acceptation portée par le client sur une épreuve et indiquant à l'imprimeur qu'il peut effectuer la composition, la gravure, le tirage. ‖ *Bon du Trésor*, titre d'emprunt émis par l'État pour financer sa trésorerie, d'une durée maximale de cinq ans, souscrit par les banques et les organismes financiers (bon en compte courant) ainsi que par le public (bon sur formule).

BONAPARTISME n. m. Attachement au système politique (démocratie autoritaire et plébiscitaire) ou à la dynastie de Napoléon Bonaparte, notamment à Napoléon III.

BONAPARTISTE adj. et n. Relatif au bonapartisme; qui en est partisan.

BONASSE adj. (de *bonace*). D'une bonté excessive par simplicité d'esprit.

BONASSERIE n. f. Caractère bonasse.

BONBON n. m. (redoublement de *bon*). Confiserie à base de sucre aromatisé.

BONBONNE n. f. (prov. *boumbouno*). Grosse bouteille de verre ou de grès.

BONBONNIÈRE n. f. Boîte à bonbons.

BON-CHRÉTIEN n. m. (pl. *bons-chrétiens*). Variété de grosse poire très estimée.

BOND n. m. (mot gaul.). Action de s'élever de terre par un mouvement brusque, un saut : *faire un bond.* ‖ Rejaillissement d'un corps qui frappe un obstacle. ‖ Brusque mouvement qui engage un progrès, une hausse : *bond en avant de l'industrie.* ‖ *Mil.* Chacune des étapes successives de la progression d'une formation au combat. ● *Faire faux bond*, manquer à un engagement.

BONDE n. f. (mot gaul.). Pièce métallique scellée à l'orifice d'écoulement d'une pierre d'évier ou d'un appareil sanitaire. ‖ Trou rond dans l'une des douves d'un tonneau, par lequel on le remplit; bouchon qui ferme ce trou. ‖ Fermeture du trou d'écoulement des eaux d'un étang. ● *Bonde siphoïde*, bonde formant siphon pour l'écoulement des eaux d'un appareil sanitaire.

BONDÉ, E adj. (de *bonde*). Rempli autant qu'il est possible : *un train bondé.*

BONDELLE n. f. Poisson du lac de Neuchâtel appartenant au genre corégone.

BONDÉRISATION n. f. (angl. *to bond*, lier). Protection spéciale des métaux ferreux contre la rouille.

bombyx

bombyx du mûrier

ver à soie   chrysalide
(larve)   et son cocon

BONDÉRISÉ, E adj. Se dit des objets qui ont subi le traitement de la bondérisation.

BONDIEUSERIE n. f. *Fam.* et *péjor.* Dévotion outrée de mauvais goût. ‖ Objet de piété.

BONDIR v. i. (lat. *bombire*, faire du bruit). Faire un ou plusieurs bonds, sauter. ‖ Susciter une émotion violente : *l'injustice le fait bondir.*

BONDISSEMENT n. m. Action de bondir.

BONDRÉE n. f. (breton *bondrask*). Buse à longue queue, qui se nourrit d'insectes.

BONGOS n. m. pl. Instrument de percussion d'origine latino-américaine, constitué par deux petits tambours fixés l'un à l'autre.

BONHEUR n. m. (de *bon* et *heur*). État de parfaite satisfaction intérieure. ‖ Bonne chance, circonstance favorable : *il a eu le bonheur d'échapper à un accident.* ● *Au petit bonheur*, par hasard. ‖ *Jouer de bonheur*, réussir par extraordinaire. ‖ *Par bonheur*, heureusement.

BONHEUR-DU-JOUR n. m. (pl. *bonheurs-du-jour*). Bureau de dame portant, en retrait, une petite armoire à niche centrale (XVIIIᵉ s.).

BONHOMIE n. f. Bonté du cœur unie à la simplicité des manières.

BONHOMME, BONNE FEMME n. (pl. *bonshommes* [bɔ̃zɔm], *bonnes femmes*). Fam. Personne quelconque : *un drôle de bonhomme.* ‖ Figure humaine façonnée ou dessinée grossièrement (au masc. seulem.). ● *Aller son petit bonhomme de chemin*, poursuivre une action sans hâte excessive. ‖ *Un petit bonhomme* (Fam.), un petit garçon. ‖ *Test du bonhomme*, test destiné à mesurer le niveau intellectuel et dans lequel on demande à un enfant (3-12 ans) de dessiner un bonhomme. (La note obtenue est fonction de la présence ou de l'absence des éléments constitutifs du corps humain sexué.) ◆ adj. m. Qui dénote de la bonhomie : *air bonhomme.*

BONI n. m. (lat. *boni*, génitif de *bonum*, bien) [pl. *bonis*]. Excédent de la dépense prévue sur les sommes réellement dépensées. ‖ Excédent de salaire accordé à l'ouvrier qui dépasse les normes de fabrication. ‖ Tout bénéfice.

BONIFICATION n. f. Action de bonifier, amélioration. ‖ Avantage supplémentaire accordé à un concurrent dans une épreuve sportive. ‖ Allocation d'intérêts accordée par le Trésor.

BONIFIER v. t. (de *bon*). Rendre meilleur : *bonifier des terres.* ◆ se *bonifier* v. pr. Devenir meilleur : *le vin se bonifie en vieillissant.*

BONIMENT n. m. (arg. *bonir*, parler). Propos habiles et trompeurs, destinés à convaincre de la qualité d'un produit, à séduire.

BONIMENTEUR n. m. Celui qui fait les boniments.

BONITE n. f. (esp. *bonito*). Thon de la Méditerranée. (Long. 0,60 à 1 m) [Syn. PÉLAMIDE.]

BONJOUR n. m. Terme de salutation dont on se sert pendant la journée.

BONNE n. f. Domestique chargée des travaux du ménage dans un hôtel, une famille, etc.

BONNE-MAMAN n. f. (pl. *bonnes-mamans*). Grand-mère, dans le langage des enfants.

BONNEMENT adv. *Tout bonnement*, naïvement, simplement.

BONNET n. m. (mot germ.). Coiffure masculine ou féminine, souple et sans bords, qui emboîte la tête. ‖ Chacune des poches d'un soutien-gorge. ‖ *Zool.* Seconde poche de l'estomac des ruminants. ● *Avoir la tête près du bonnet*, être prompt à se fâcher. ‖ *Bonnet blanc et blanc bonnet* (Fam.), expression indiquant que deux éventualités envisagées reviennent au même. ‖ *Bonnet de nuit*, celui que l'on mettait naguère pour se coucher. ‖ *Bonnet à poil* ou *bonnet d'ourson*, coiffure militaire notamment portée par la garde de Napoléon Iᵉʳ. ‖ *Bonnet de police*, coiffure militaire. (Syn. CALOT.) ‖ *Deux têtes sous un même bonnet*, deux personnes toujours du même avis. ‖ *Gros bonnet* (Fam.), personnage important. ‖ *Prendre sous son bonnet*, prendre la responsabilité d'une chose.

BONNETEAU n. m. Jeu prohibé qui se joue avec trois cartes retournées. (On fait vite passer ces cartes sous les yeux des naïfs; il s'agit de deviner où se trouve l'une d'elles.)

BONNETERIE [bɔntri *ou* bɔnɛtri] n. f. Industrie, commerce des articles d'habillement en tissu à mailles (les articles (bas, chaussettes, maillots, slips, etc.).

BONNETEUR n. m. Celui qui tient un jeu de bonneteau. ‖ Tricheur au jeu.

BONNETIER, ÈRE n. Fabricant, marchand d'articles en tricot et de lingerie.

BONNETIÈRE n. f. Étroite et haute armoire à coiffes, auj. à linge.

BONNETTE n. f. *Fortif.* Petit ouvrage avancé. ‖ *Mar.* Petite voile carrée supplémentaire, en toile légère, installée à côté des voiles principales pour augmenter la surface de la voilure. ‖ *Phot.* Lentille supplémentaire modifiant la distance focale d'un objectif.

BONNICHE n. f. *Pop.* et *péjor.* Bonne.

BON-PAPA n. m. (pl. *bons-papas*). Grand-père, dans le langage des enfants.

BONSAI [bɔ̃zaj] n. m. (mot jap., *arbre en pot*). Arbre nain obtenu par la taille des racines et des rameaux et la ligature des tiges.

BONSOIR n. m. Terme de salutation dont on se sert dans la soirée.

BONTÉ n. f. (lat. *bonitas*; de *bonus*, bon). Qualité d'une personne ou d'une chose qui est bonne. ◆ pl. Manifestations de bienveillance : *vos bontés me touchent.*

BONUS [bɔnys] n. m. (mot lat., *bon*). Diminution des tarifs offerte par des compagnies d'assurances à certains clients qui ne déclarent pas de sinistre. (Contr. MALUS.)

BONZE, BONZESSE n. (portug. *bonzo*, du jap. *bozu*). Religieux bouddhiste. ‖ *Fam.* et *péjor.* Homme qui fait autorité (au masc. seulem.).

BONZERIE n. f. Monastère de bonzes.

BOOGIE-WOOGIE [bugiwugi] n. m. (mot anglo-amér.) [pl. *boogie-woogies*]. Manière d'interpréter le blues qui donna naissance à une danse très rythmée.

BOOKMAKER [bukmɛkœr] n. m. (mot angl.). Celui qui tient, reçoit les paris sur les champs de courses. (Ce métier est interdit en France.)

BOOLÉEN, ENNE [buleɛ̃, ɛn] ou **BOOLIEN, ENNE** [buljɛ̃, ɛn] adj. *Math.* Relatif aux théories de George Boole. ‖ Se dit d'une variable susceptible de prendre deux valeurs s'excluant mutuellement, par exemple 0 et 1.

BOOM [bum] n. m. (mot anglo-amér.). Hausse soudaine des produits industriels, des valeurs en Bourse; accroissement rapide de l'expansion, souvent factice.

BOOMER [bumœr] n. m. (mot angl.). Haut-parleur de basses.

BOOMERANG [bumrãg] n. m. (d'une langue d'Australie). Arme de jet des aborigènes d'Australie, faite d'une lame de bois recourbée, capable par ricochet de revenir vers son point de départ. ‖ Sport pratiqué avec un instrument du même type. ‖ Acte nuisible qui nuit à son auteur.

BOOSTER [buster *ou* -tɛr] n. m. (mot angl.). Fusée auxiliaire exerçant une grande poussée, de courte durée, utilisée pour le lancement des missiles ou des engins spatiaux. (L'Administration préconise PROPULSEUR AUXILIAIRE ou POUSSEUR.)

BOOTLEGGER [butlegœr] n. m. Contrebandier d'alcool pendant la période de la prohibition aux États-Unis.

BOOTS [buts] n. m. pl. Bottes courtes s'arrêtant au-dessus de la cheville, généralement portées avec un pantalon.

BOP ou **BE-BOP** [bibɔp] n. m. (onomat.). Style de jazz caractérisé par l'éclatement de la section rythmique et l'usage d'harmonies chromatiques et dissonantes.

BOQUETEAU n. m. Petit bois.

BORA n. f. (mot slovène). Vent froid et sec, venant de l'Europe centrale, soufflant l'hiver, en direction de l'Adriatique, sur l'Istrie et la Dalmatie.

BORAIN, E adj. et n. → BORIN.

BORANE n. m. Nom générique de composés de bore et d'hydrogène.

BORASSUS [bɔrasys] n. m. Palmier de l'Inde et d'Afrique, fournissant un bourgeon et des fruits comestibles, et dont la sève sert à préparer une boisson. (Syn. RÔNIER.)

BORATE n. m. Sel de l'acide borique.

BORATÉ, E adj. Qui contient un borate.

BORAX n. m. (ar. *bawraq*). Borate hydraté de sodium $Na_2B_4O_7$, 10 H_2O.

BORBORYGME n. m. (gr. *borborugmos*). Bruit causé par le déplacement des gaz et des liquides dans le tube digestif; gargouillis.

BORCHTCH ou **BORTSCH** [bɔrtʃ] n. m. Potage russe à base de chou, de betterave et de crème aigre.

BORD n. m. (mot francique). Partie qui forme le tour, l'extrémité d'une surface, d'un objet : *bord d'une table.* ‖ Rivage, côte : *bords du Rhin.* ‖ *Mar.* Syn. de BORDÉE (route). ‖ Côté d'un navire. ‖ Partie plate au pourtour de la calotte d'un chapeau. ● *À bord,* sur un navire, dans un avion, une voiture. ‖ *À pleins bords,* à flots, sans obstacle. ‖ *Bord d'attaque, bord de fuite,* parties respectivement frontale et postérieure d'une aile d'avion. ‖ *Être au bord de, sur le bord de,* être sur le point de. ‖ *Être du bord de qqn,* être de son opinion, de son parti. ‖ *Sur les bords* (Fam.), légèrement, un peu. ‖ *Vaisseau de haut bord,* autref., vaisseau de guerre à plusieurs ponts. ‖ *Virer de bord* (Mar.), tourner à 180°, faire demi-tour. ‖ *Virer, changer de bord,* changer d'opinion, de parti.

BORDAGE n. m. Revêtement en planches épaisses ou en tôle posé sur les couples des barrots d'un navire en bois. ‖ Au Canada, bordure glacée des rivières.

BORDÉ n. m. *Mar.* Ensemble des bordages ou des tôles fixés sur les membrures ou les barrots.

BORDEAUX [bɔrdo] n. m. Vin récolté dans la région de Bordeaux. ◆ adj. inv. Rouge foncé tirant sur le violet.

BORDÉE n. f. (de *bord*). Poids de projectiles lancés en une minute par toutes les armes d'une unité. ‖ *Mar. anc.* Ensemble des canons rangés sur chaque bord d'un navire; décharge simultanée des canons d'une même batterie. ‖ Moitié d'un équipage organisée en vue du quart à la mer ou d'une autre activité. ‖ Distance parcourue par un navire qui louvoie sans virer de bord : *courir une bordée.* ● *Tirer une bordée,* louvoyer en recevant le vent successivement par tribord et par bâbord; faire une escapade à terre, en parlant des marins. ‖ *Une bordée d'injures* (Fam.), injures nombreuses et violentes.

BORDEL n. m. (prov. *bordelou*). *Pop.* Maison de prostitution. ‖ *Pop.* Grand désordre.

BORDELAIS, E adj. et n. De Bordeaux.

BORDELAISE n. f. Futaille employée dans le commerce des vins de Bordeaux et qui contient de 225 à 230 litres. ‖ Bouteille de forme spéciale et d'une contenance de 68 à 72 centilitres.

BORDÉLIQUE adj. *Pop.* Où règne un grand désordre.

BORDER v. t. Garnir pour protéger, décorer, etc. : *border de buis une plate-bande.* ‖ Occuper le bord : *des tours bordent la Seine.* ‖ *Mar.* Raidir, tendre, en parlant d'une voile. ‖ Mettre en place le bordé. ● *Border un lit,* replier les draps, les couvertures sous le matelas.

BORDEREAU n. m. Énumération écrite de documents, actes, comptes, effets de commerce, etc.

BORDERLINE [bɔrdərlajn] n. m. inv. (mots angl., *ligne de démarcation*). *Méd.* Cas limite, intermédiaire entre deux affections différentes. ‖ *Psychiatr.* Structure pathologique de la personnalité, dans laquelle sont juxtaposés des éléments d'ordre névrotique et des éléments psychotiques et qui constituerait une organisation de défense contre la psychose. (Syn. CAS LIMITES, ÉTATS LIMITES.)

Bordet-Wassermann (*réaction de*), réaction sérologique spécifique de la syphilis. (Abrév. B. W.)

BORDIER, ÈRE adj. *Mer bordière,* mer située en bordure d'un continent.

BORDIGUE n. f. (prov. *bourdigo*). Enceinte de claies, sur le bord de la mer, pour prendre ou garder du poisson.

BORDURE n. f. Ce qui garnit le bord : *bordure de fleurs.* ‖ *Mar.* Lisière inférieure d'une voile. ‖ *Trav. publ.* Ligne de longues pierres sur le bord d'un trottoir. ● *Bordure d'un bois,* sa lisière. ‖ *En bordure de,* à proximité immédiate, le long de.

BORE n. m. (de *borax*). Métalloïde (B) n° 5, de masse atomique 10,81, de densité 2,4, solide, dur et noirâtre, s'apparentant au carbone ou au silicium.

BORÉAL, E, ALS ou **AUX** adj. (gr. *boreas,* vent du nord). Du nord : *l'hémisphère boréal.* (Contr. AUSTRAL.)

BORÉE n. m. *Litt.* Vent du nord.

BORGNE adj. et n. Qui ne voit que d'un œil. ‖ *Technol.* Se dit d'un trou qui ne traverse pas complètement une pièce. ● *Hôtel borgne,* mal famé.

BORIN, E ou **BORAIN, E** adj. et n. Du Borinage.

BORIQUE adj. Se dit d'un acide oxygéné dérivé du bore (H_3BO_3).

BORIQUÉ, E adj. Qui contient de l'acide borique.

BORNAGE n. m. Opération qui consiste à délimiter deux terrains contigus et à établir des bornes délimitant la propriété privée. ‖ Navigation de bâtiments de faible tonnage ne s'éloignant pas à plus de 100 milles de leur port d'attache.

BORNE n. f. (lat. *bodina,* mot gaul.). Pierre destinée à indiquer une limite de propriété, un repère, ou à servir avec d'autres à maintenir une chaîne pour préserver un emplacement, pour barrer un passage, etc. ‖ Serre-fils pour brancher un fil conducteur sur un appareil électrique. ‖ *Math.* Plus petit des majorants (*borne supérieure*) ou plus grand des minorants (*borne inférieure*). ‖ *Fam.* Kilomètre. ● *Borne kilométrique,* pierre qui, sur les routes, indique les distances kilométriques entre deux localités. ◆ pl. Limites d'une action, d'un pouvoir, d'un domaine, etc. : *bornes de la connaissance.* ● *Dépasser les bornes,* aller au-delà de ce qu'on peut imaginer, de ce qui est permis.

BORNÉ, E adj. Dont les facultés intellectuelles sont limitées, étroit. ‖ *Math.* Qui possède une borne.

BORNE-FONTAINE n. f. (pl. *bornes-fontaines*). Petite fontaine en forme de borne.

BORNER v. t. Marquer la limite : *borner un champ.* ‖ Enfermer dans des limites : *borner une enquête à quelques interrogatoires.* ◆ se borner v. pr. [à]. Se contenter de.

BORNOYER v. i. (de *borgne*) [conj. **2**]. Viser d'un œil, en fermant l'autre, pour s'assurer si une ligne est droite, si une surface est plane. ◆ v. t. Tracer une ligne droite avec des jalons par le même procédé.

BOROSILICATE n. m. Verre à base d'anhydride borique et de silice pour verrerie culinaire et instruments d'optique.

BORRAGINACÉE [bɔraʒinase] n. f. (lat. *borrago, -ginis,* bourrache). Plante dicotylédone velue. (Les borraginacées forment une famille comprenant la bourrache, le myosotis, la pulmonaire, la consoude.)

BORRÉLIOSE n. f. Maladie infectieuse due à des spirochètes du genre *borrelia* et se manifestant par plusieurs poussées fébriles.

BORT [bɔr] n. m. Diamant à usage industriel.

BORTSCH n. m. → BORCHTCH.

BORURATION n. f. *Métall.* Procédé de cémentation par le bore.

BORURE n. m. Composé de bore et d'un autre corps simple.

BOSCO n. m. *Mar.* Maître de manœuvre.

BOSKOOP n. m. (du n. d'une ville des Pays-Bas). Variété de pomme à chair ferme.

BOSNIAQUE ou **BOSNIEN, ENNE** adj. et n. De la Bosnie.

BOSON n. m. (de *S. Bose*). Nom donné à toute particule obéissant à la statistique de *Bose-Einstein* (mésons, photons, etc.).

BOSQUET n. m. (it. *boschetto*). Groupe d'arbres ou d'arbustes.

BOSS n. m. (mot anglo-amér.). *Fam.* Patron.

BOSSAGE n. m. *Archit.* Saillie en pierre laissée à dessein sur le nu d'un mur pour recevoir des sculptures ou pour servir d'ornement. ‖ *Mécan.* Partie saillante d'une pièce. ● *Bossage rustique* (Archit.), bossage dont le parement est laissé brut, non dressé.

BOSSA-NOVA n. f. (mot portug.) [pl. *bossas-novas*]. Style de samba et danse brésilienne.

BOSSE n. f. (du francique *botan*, frapper). Grosseur anormale au dos ou à la poitrine. ‖ Protubérance naturelle chez certains animaux : *la bosse du dromadaire*. ‖ Enflure : *se faire une bosse en tombant*. ‖ Élévation arrondie : *terrain plein de bosses*. ‖ *Mar.* Cordage muni d'une boucle et servant à amarrer ou à remorquer un canot. ● *Avoir la bosse des mathématiques, du commerce*, etc. (Fam.), être doué pour cette discipline, pour cette activité. ‖ *Rouler, traîner sa bosse*, changer continuellement de situation, de résidence.

BOSSELER v. t. (conj. 3). Déformer par des bosses.

BOSSELLEMENT n. m. Action de bosseler.

BOSSELURE n. f. Ensemble des bosses que présente une surface.

BOSSER v. t. *Mar.* Fixer avec des bosses. ◆ v. i. *Pop.* Travailler.

BOSSETTE n. f. Ornement en saillie des deux côtés d'un mors de cheval. ‖ Petit renflement sur la détente d'une arme à feu, qui prévient le tireur de l'imminence du départ du coup.

BOSSEUR, EUSE adj. et n. *Fam.* Qui travaille beaucoup.

BOSSOIR n. m. Tout appareil de levage utilisé à bord d'un navire pour hisser une ancre, une échelle de coupée, une embarcation, etc.

BOSSU, E n. et adj. Qui a une bosse, par suite d'une déformation de la colonne vertébrale ou du sternum. ● *Rire comme un bossu* (Fam.), rire aux éclats.

BOSSUER v. t. Déformer accidentellement par des bosses. (Syn. BOSSELER.)

BOSTON [bɔstɔ̃] n. m. (de la ville de *Boston*). Valse lente.

BOSTRYCHE [bɔstriʃ] n. f. (gr. *bostrukhos*, boucle de cheveux). Insecte coléoptère à élytres rouges et corselet velu, qui attaque le bois de certains arbres. (Long. 1 cm.)

bostryche

BOT, E adj. (germ. *butta*, émoussé). Se dit d'un pied, d'une main difformes par rétraction de certains muscles.

BOTANIQUE n. f. (gr. *botanon*, plante). Science des végétaux. ◆ adj. Relatif à cette science : *jardin botanique*.

BOTANISTE n. Spécialiste de botanique.

BOTHRIOCÉPHALE n. m. (gr. *bothrion*, petite cavité, et *kephalê*, tête). Ver voisin du ténia, parasite de l'intestin grêle de l'homme, qui peut être contaminé lors de l'absorption de certains poissons d'eau douce, où vit la larve. (Long. jusqu'à 15 m; classe des cestodes.)

BOTRYTIS n. m. (gr. *botrus*, grappe). Champignon discomycète, dont une espèce produit la *muscardine* du ver à soie et une autre la *pourriture noble* sur la vigne.

BOTTE n. f. (néerl. *bote*, touffe de lin). Assemblage de choses de même nature, liées ensemble : *une botte de foin, de paille*.

BOTTE n. f. (it. *botta*, coup). Coup de pointe donné avec le fleuret ou l'épée.

BOTTE n. f. (peut-être de *bot*). Chaussure de cuir ou de caoutchouc qui se prolonge au-delà du pied jusqu'au genou. ‖ *Arg.* Ensemble des élèves sortis les premiers au concours de certaines grandes écoles. ● *Être à la botte de qqn*, se dit d'une personne qui suit sans discuter les ordres d'une autre personne. ‖ *Sous la botte*, opprimé. ‖ *Temps de bottes*, pas caractéristique des danses du folklore russe et d'Europe centrale.

BOTTELAGE n. m. Action de botteler.

BOTTELER v. t. (conj. 3). Lier en bottes.

BOTTELEUR, EUSE adj. et n. Qui bottelle.

BOTTELEUSE n. f. Machine à botteler.

BOTTER v. t. Mettre des bottes à quelqu'un. ‖ *Fam.* Donner un coup de pied. ‖ *Pop.* Convenir, aller : *cela me botte*.

BOTTEUR n. m. Au rugby, joueur chargé de transformer les essais, de tirer les pénalités.

BOTTIER n. m. Spécialiste de la confection de chaussures et de bottes sur mesure.

BOTTILLON n. m. Chaussure à tige montante, généralement fourrée.

BOTTINE n. f. Chaussure montante, à boutons ou à élastiques.

BOTULIQUE adj. Se dit d'un bacille anaérobie qui se développe dans les conserves en boîte et au sein des viandes non cuites.

BOTULISME n. m. (lat. *botulus*, boudin). Empoisonnement grave produit par la toxine du bacille botulique et entraînant des paralysies.

BOUBOU n. m. Longue tunique flottante portée en Afrique noire.

BOUBOULER v. i. (onomat.). Crier, en parlant du hibou.

BOUC n. m. (gaul. *bucco*). Mâle de la chèvre. ‖ Barbiche : *porter le bouc*. ● *Bouc émissaire*, personne rendue responsable de toutes les fautes, de tous les torts. (Les Juifs expulsaient ainsi un bouc dans le désert après l'avoir chargé de toutes les iniquités du peuple.)

BOUCAN n. m. (d'une langue d'Amérique). Viande fumée des Indiens d'Amérique.

BOUCAN n. m. (it. *baccano*, tapage). *Fam.* Bruit, vacarme.

BOUCANAGE n. m. Action de boucaner.

BOUCANER v. t. Fumer de la viande, du poisson.

BOUCANIER n. m. Autref., en Amérique, chasseur de bœufs sauvages. ‖ Pirate, aventurier.

BOUCAU n. m. (gascon *bouco*, bouche). Entrée d'un port.

BOUCAUD ou **BOUCOT** n. m. Un des noms usuels de la *crevette grise*.

BOUCAUT n. m. Tonneau sans panse utilisé pour l'emballage des feuilles de tabac.

BOUCHAGE n. m. Action de boucher.

BOUCHAIN n. m. *Mar.* Partie arrondie de la carène d'un navire, comprise entre les fonds et la muraille.

BOUCHARDE n. f. Marteau de tailleur de pierre à deux têtes, carrées et découpées en pointes de diamant. ‖ Rouleau de métal dont la périphérie est munie d'aspérités régulières pour lisser une surface en mortier ou en ciment.

BOUCHARDER v. t. Travailler avec la boucharde.

BOUCHE n. f. (lat. *bucca*). Partie initiale du tube digestif de l'homme et de certains animaux. (Chez l'homme, c'est une cavité limitée par les lèvres, les joues, le palais et le plancher buccal, communiquant avec le pharynx par l'isthme du gosier, et contenant la langue et les dents.) ‖ Ouverture : *la bouche d'un four; une bouche de métro.* ‖ Personne (qui mange). ‖ Orifice, généralement avec grille ou grillage, servant à la prise d'air neuf, à l'introduction d'air chaud ou conditionné ou à la sortie d'air vicié. ‖ *Arm.* Tranche antérieure du canon d'une arme à feu. ● *Bouche d'aération*, trou ménagé dans la maçonnerie pour drainer les eaux d'infiltration ou pour permettre l'aération d'un plancher, d'une pièce. ‖ *Bouche d'égout*,

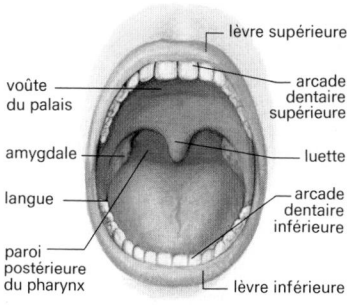

BOUCHE

lèvre supérieure
voûte du palais
arcade dentaire supérieure
amygdale
luette
langue
arcade dentaire inférieure
paroi postérieure du pharynx
lèvre inférieure

ouverture par laquelle l'eau d'un caniveau se jette dans un égout. ‖ *Bouche à feu*, arme à feu non portative (canons, mortiers, etc.). ‖ *Bouche d'incendie*, prise d'eau à l'usage des pompiers. ‖ *De bouche à oreille*, confidentiellement et à l'insu des autres. ‖ *Enlever le pain de la bouche*, retirer le nécessaire. ‖ *Faire la fine bouche*, faire le difficile, le dégoûté. ‖ *Faire venir l'eau à la bouche*, exciter le désir. ‖ *Fermer la bouche à qqn*, le réduire au silence. ‖ *Pour la bonne bouche*, pour la fin. ◆ pl. Embouchure d'un fleuve, entrée d'un détroit.

BOUCHÉ, E adj. Se dit du cidre de bonne qualité vendu en bouteilles bouchées de liège. ‖ *Fam.* Sans intelligence, qui comprend lentement. ● *Temps, ciel bouché*, temps couvert.

BOUCHE-À-BOUCHE n. m. inv. Méthode de respiration artificielle fondée sur le principe d'une ventilation par l'air expiré du sauveteur.

BOUCHÉE n. f. Quantité d'aliments qui entre dans la bouche en une seule fois. ‖ Croûte en pâte feuilletée destinée à être garnie de compositions diverses : *bouchée à la reine*. ‖ Friandise de chocolat fourré. ● *Mettre les bouchées doubles*, aller plus vite. ‖ *Ne faire qu'une bouchée de*, vaincre très facilement. ‖ *Pour une bouchée de pain*, pour presque rien.

BOUCHE-PORES n. m. inv. *Peint.* Enduit spécial destiné à obturer les pores de surface du bois et autres matériaux poreux avant de les peindre, ainsi qu'à égaliser leur état de surface.

BOUCHER v. t. (anc. fr. *bousche*, gerbe). Fermer une ouverture; obturer : *boucher une fente, une bouteille, un passage*. ‖ Fermer l'accès : *toutes les carrières sont bouchées*.

BOUCHER, ÈRE n. (de *bouc*). Commerçant qui vend au détail la viande de bœuf, de mouton, de veau ou de cheval. ‖ Homme cruel, sanguinaire.

BOUCHERIE n. f. Commerce de boucher. ‖ Boutique du boucher. ‖ Carnage.

BOUCHE-TROU n. m. (pl. *bouche-trous*). Personne ou objet qui ne sert qu'à combler une place vide, à figurer, à faire nombre.

BOUCHON n. m. (de *bouche*). Ce qui sert à boucher. ‖ Morceau de liège, de verre ou de plastique préparé pour boucher une bouteille, un flacon. ‖ Flotteur d'une ligne de pêche. ‖ Poignée de paille tortillée. ‖ Jeu qui consiste à faire tomber avec un palet un bouchon supportant des pièces de monnaie. ‖ Encombrement momentané, provoqué par un afflux de véhicules sur une route ou un accident.

BOUCHONNÉ, E adj. Se dit d'un vin qui a un goût de bouchon.

BOUCHONNER v. t. Frotter un animal avec un bouchon de paille pour enlever la sueur ou la malpropreté. ◆ v. i. Former un embouteillage.

BOUCHONNIER n. m. Fabricant, vendeur de bouchons de liège.

BOUCHOT n. m. (mot poitevin). Ensemble de pieux enfoncés dans la vase et souvent réunis par des clayonnages, sur lesquels se fait la culture des moules.

BOUCLAGE n. m. Action de boucler. ‖ Canali-

119

sation assurant une alimentation de secours entre deux réseaux.

BOUCLE n. f. (lat. *buccula*, de *bucca*, bouche). Anneau de métal avec traverse portant un ou plusieurs ardillons; objet qui a cette forme : *boucle de ceinturon; boucles d'oreilles.* ‖ Spirale de cheveux frisés. ‖ Ligne courbe qui se recoupe. ‖ Grande courbe d'un cours d'eau. ‖ Cercle que décrit un avion dans un plan vertical. ‖ *Cybern.* Suite d'effets telle que le dernier de ces effets réagisse sur le premier. ‖ *Inform.* Ensemble d'instructions d'un programme dont l'exécution est répétée jusqu'à la vérification d'un critère donné ou l'obtention d'un certain résultat. ● *Boucle d'asservissement* (Inform.), circuit fermé comprenant une chaîne d'action et une chaîne de réaction et permettant d'asservir une grandeur commandée à une grandeur de commande.

BOUCLÉ, E adj. Qui forme des boucles : *cheveux bouclés.*

BOUCLEMENT n. m. Action de boucler un animal.

BOUCLER v. t. Serrer avec une boucle. ‖ Mettre en boucle : *boucler des mèches de cheveux.* ‖ Encercler une zone pour la contrôler par des forces militaires ou par la police. ‖ *Fam.* Enfermer étroitement. ‖ *Vétér.* Passer un anneau dans le nez d'un taureau. ‖ *Boucler son budget,* équilibrer les recettes et les dépenses. ‖ *La boucler* (Pop.), se taire. ◆ v. i. Être en boucles, onduler : *ses cheveux bouclent naturellement.*

BOUCLETTE n. f. Petite boucle.

BOUCLIER n. m. (anc. fr. *escu bocler,* écu garni d'une boucle). Arme défensive portée au bras pour parer les coups de l'adversaire. ‖ Plaque de blindage protégeant les servants d'un canon. ‖ *Géol.* Vaste surface constituée de terrains très anciens et nivelés par l'érosion. (Le bouclier canadien occupe le pourtour de la baie d'Hudson jusqu'aux Grands Lacs.) ‖ Appareil protecteur mobile, servant dans le percement des souterrains. ● *Bouclier thermique,* revêtement de protection des cabines spatiales ou des ogives de missiles balistiques, pour les protéger contre l'échauffement lors de la rentrée dans l'atmosphère. ‖ *Levée de boucliers,* protestation générale contre un projet, une mesure.

BOUCOT n. m. → BOUCAUD.

BOUDDHA n. m. Nom donné par les bouddhistes à tout être qui a atteint une illumination semblable à celle du Bouddha (Śākyamuni). ‖ Statue ou statuette religieuse bouddhique.

BOUDDHIQUE adj. Relatif au bouddhisme.

BOUDDHISME n. m. Une des grandes religions du monde (Inde, Chine, Japon, etc.), fondée par le Bouddha (Śākyamuni). ■ La doctrine bouddhiste se forme à partir du VIᵉ s. av. J.-C. et se fixe au début de l'ère chrétienne. Elle affirme notamment la permanence de la douleur humaine causée par le saṃsāra et cherche à la faire cesser par le nirvāṇa. Il existe deux grands courants bouddhistes : celui du Petit Véhicule (hinayāna) et celui du Grand Véhicule (mahāyāna).

BOUDDHISTE adj. et n. Qui appartient au bouddhisme.

BOUDER v. i. Marquer du dépit, de la mauvaise humeur par une attitude renfrognée. ◆ v. t. *Bouder qqn,* lui témoigner son mécontentement en l'évitant. ‖ *Bouder qqch,* être méfiant à son égard.

BOUDERIE n. f. Action de bouder, dépit.

BOUDEUR, EUSE adj. et n. Qui boude.

BOUDEUSE n. f. Siège à deux places dont les occupants se tournent le dos.

BOUDIN n. m. (de *bod,* onomat. exprimant le gonflement). Boyau rempli de sang et de graisse de porc assaisonnés. ‖ Spirale d'acier : *ressort à boudin.* ‖ *Archit.* Moulure demi-cylindrique. ‖ Saillie interne de la jante des roues d'un wagon ou d'un tramway, qui les maintient sur les rails. ‖ Mèche ou fusée employée pour la mise à feu d'une mine. ‖ *Pop.* et péjor. Fille petite et grosse. ● *Boudin blanc,* boudin fait avec une farce de blanc de volaille. ‖ *S'en aller en eau de boudin* (Fam.), aller à néant, échouer.

BOUDINAGE n. m. Action de boudiner.

BOUDINÉ, E adj. Habillé de vêtements trop étroits. ‖ En forme de boudin, gros.

BOUDINER v. t. *Techn.* Rendre compact et homogène un mélange de matières.

BOUDINEUSE n. f. Machine servant au boudinage.

BOUDOIR n. m. Petit salon de dame. ‖ Petit biscuit allongé, saupoudré de sucre.

BOUE n. f. (gaul. *bawa*). Terre ou poussière détrempée d'eau. ‖ Dépôt qui se forme au fond d'un récipient. ‖ *Géol.* Dépôt des grands fonds océaniques. ‖ *Techn.* Liquide à forte densité que l'on fait circuler à l'intérieur d'un puits en cours de forage pour prévenir les éboulements et lubrifier le trépan. ● *Traîner qqn dans la boue,* l'accabler de propos infamants.

BOUÉE n. f. (germ. *baukn*). Corps flottant fixé par une chaîne au fond de la mer et servant à indiquer des écueils ou à repérer un point déterminé. ● *Bouée à cloche, à sifflet,* bouée portant une cloche, un sifflet que le vent ou les vagues mettent en action. ‖ *Bouée de corps mort,* bouée fixée à un corps mort pour en indiquer la place. ‖ *Bouée de sauvetage,* appareil flottant que l'on jette à une personne

bougainvillée

tombée à l'eau; ce qui peut tirer qqn d'une situation désespérée.

BOUETTE n. f. → BOETTE.

BOUEUX, EUSE adj. Plein de boue : *chemin boueux.*

BOUEUX n. m. Syn. fam. de ÉBOUEUR.

BOUFFANT, E adj. Qui bouffe, qui est comme gonflé : *cheveux bouffants; manche bouffante.* ‖ Se dit d'un papier non apprêté.

BOUFFARDE n. f. *Fam.* Grosse pipe.

BOUFFE adj. (it. *opera buffa,* opéra comique). *Opéra bouffe,* v. OPÉRA.

BOUFFE ou **BOUFFETANCE** n. f. *Pop.* Nourriture; repas.

BOUFFÉE n. f. (de *bouffer*). Souffle rapide et passager; exhalaison : *bouffée de vent, de fumée; bouffée de vin.* ‖ Accès brusque et passager : *bouffée de colère.* ‖ *Bouffée de chaleur,* sensation d'échauffement du visage. ‖ *Bouffée délirante,* épisode délirant d'apparition brutale et de courte durée disparaissant sans laisser de trace.

BOUFFER v. i. (onomat.). Se gonfler : *robe qui bouffe.* ◆ v. t. *Pop.* Manger. ◆ se bouffer v. pr. *Se bouffer le nez* (Pop.), se disputer.

BOUFFI, E adj. Boursouflé, gonflé : *avoir les yeux bouffis.* ● *Hareng bouffi* ou *bouffi* n. m., sorte de hareng saur peu fumé.

BOUFFIR v. t. et i. (onomat.). Enfler, devenir enflé : *visage qui bouffit.* ● *Bouffi d'orgueil,* d'une grande vanité.

BOUFFISSAGE n. m. Préparation des harengs bouffis.

BOUFFISSURE n. f. Enflure.

BOUFFON n. m. (it. *buffone*). Personnage de farce. ‖ Personnage grotesque que les rois entretenaient auprès d'eux pour les divertir. ● *Querelle des bouffons,* guerre esthétique qui opposa, à Paris, au milieu du XVIIIᵉ s., les partisans de la musique française à ceux de la musique italienne.

BOUFFON, ONNE adj. Plaisant, facétieux; qui prête au gros rire : *histoire bouffonne.*

BOUFFONNERIE n. f. Action ou parole bouffonne; caractère de ce qui est bouffon.

BOUGAINVILLÉE [bugᵉvile] n. f., ou **BOUGAINVILLIER** [bugᵉvilje] n. m. (de *Bougainville,* le navigateur). Plante grimpante originaire d'Amérique, cultivée comme plante ornementale pour ses larges bractées colorées en rouge violacé. (Famille des nyctaginacées.)

BOUGE n. m. (lat. *bulga*). Partie la plus renflée d'un tonneau. ‖ Convexité transversale des ponts d'un navire. ‖ Logement malpropre, taudis; café ou bar misérable et mal fréquenté.

BOUGEOIR n. m. (de *bougie*). Support bas pour bougie, à manche ou à anse.

BOUGEOTTE n. f. *Avoir la bougeotte* (Fam.), avoir la manie de bouger sans cesse.

BOUGER v. i. (lat. *bullire,* bouillir) [conj. **1**]. Faire un mouvement, se déplacer : *ne bougez pas d'ici.* ‖ Passer à l'action, se soulever : *le peuple bouge.* ‖ Changer : *les prix ont bougé.* ◆ v. t. Déplacer : *ne bougez rien.*

BOUÉES

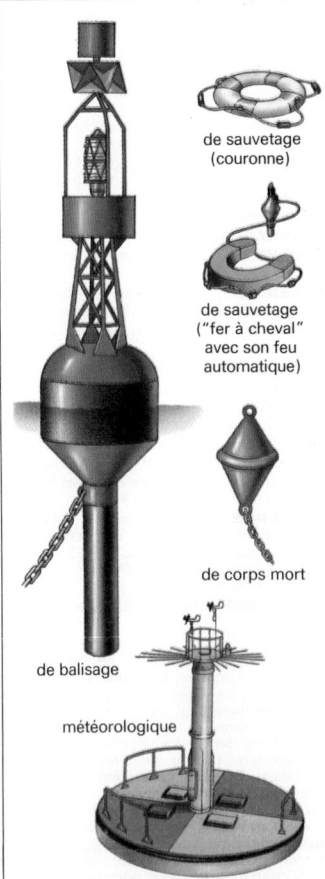

de sauvetage
(couronne)

de sauvetage
("fer à cheval"
avec son feu
automatique)

de corps mort

de balisage

météorologique

BOUGIE n. f. (de *Bougie*, ville d'où l'on exportait beaucoup de cire). Chandelle de cire ou d'acide stéarique, à mèche tressée. ‖ Appareil d'allumage électrique du mélange gazeux contenu dans le cylindre d'un moteur à explosion. ‖ *Anc.* unité de mesure d'intensité lumineuse. ‖ *Chir.* Tige flexible ou rigide employée comme sonde.

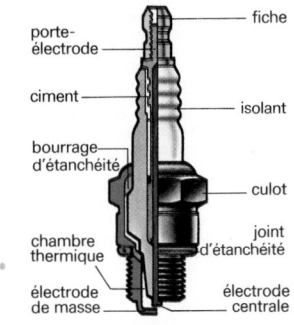

porte-électrode — fiche
ciment — isolant
bourrage d'étanchéité — culot
chambre thermique — joint d'étanchéité
électrode de masse — électrode centrale

bougie d'allumage (automobile)

BOUGNAT [buɲa] n. m. *Fam.* Marchand de charbon.

BOUGON, ONNE adj. et n. (onomat.). *Fam.* Grognon, de mauvaise humeur.

BOUGONNEMENT n. m. Action de bougonner.

BOUGONNER v. i. *Fam.* Murmurer, gronder entre ses dents.

BOUGONNEUR, EUSE adj. et n. Qui bougonne.

BOUGRE, ESSE n. (lat. *bulgarus*). *Pop.* Individu : *bon bougre.* ● *Bougre d'idiot* (Pop.), espèce d'idiot. ◆ interj. Marque un sentiment vif de surprise, de dépit.

BOUGREMENT adv. *Pop.* Beaucoup.

BOUI-BOUI n. m. (pl. *bouis-bouis*). *Fam.* Café, restaurant ou cabaret médiocre.

BOUIF n. m. *Arg.* Cordonnier.

BOUILLABAISSE n. f. (prov. *bouiabaisso*). Plat provençal préparé à partir de divers poissons cuits dans de l'eau ou du vin blanc, et relevé d'ail, de safran, d'huile d'olive, etc.

BOUILLANT, E adj. Qui bout : *huile bouillante.* ‖ Très chaud. ‖ Emporté, ardent : *caractère bouillant.*

BOUILLASSE n. f. *Pop.* Boue.

Bouillaud (*maladie de*), maladie fébrile touchant les articulations et le cœur, et due à la toxine streptococcique. (Syn. RHUMATISME ARTICULAIRE AIGU.)

BOUILLE n. f. *Pop.* Figure, tête.

BOUILLE [buj] ou **BOILLE** [bɔj] n. f. En Suisse, grand bidon cylindrique servant à transporter du lait.

BOUILLEUR n. m. Distillateur d'eau-de-vie. ‖ *Techn.* Cylindre métallique disposé en dessous d'une chaudière pour augmenter la surface de chauffe. ‖ Élément d'une machine frigorifique à absorption dans lequel le frigorigène est extrait par chauffage de la solution qui le renferme afin d'alimenter le condenseur de cette machine. ● *Bouilleur de cru*, propriétaire qui distille son propre marc, ses propres fruits.

BOUILLI, E adj. *Cuir bouilli*, cuir de vache durci par ébullition.

BOUILLI n. m. *Arg.* Viande cuite à l'eau.

BOUILLIE n. f. Aliment composé de farine et de lait bouillis ensemble. ‖ Liquide pâteux. ● *Bouillie bordelaise*, *bouillie bourguignonne*, liquide contenant du sulfate de cuivre, utilisé pour combattre certaines maladies de végétaux. ‖ *Bouillie explosive*, explosif semi-liquide, très visqueux. ‖ *Bouillie pour les chats* (Fam.), texte ou récit embrouillé. ‖ *En bouillie*, écrasé.

BOUILLIR v. i. (lat. *bullire*) [conj. **24**]. En parlant de liquides ou de toute matière liquéfiée, s'agiter sous l'effet de la chaleur en dégageant des bulles de vapeur qui montent et crèvent à la surface : *l'eau pure bout à 100 ºC sous la pression de 760 millimètres de mercure.* ● *Bouillir de colère*, *d'impatience*, être animé d'une violente colère, d'impatience. ‖ *Faire bouillir la marmite*, fournir la subsistance. ◆ v. t. Faire bouillir : *il faut bouillir le lait.*

BOUILLISSAGE n. m. En papeterie, première opération subie par les pâtes à papier dans les opérations du blanchiment. ‖ En sucrerie, opération qui consiste à faire bouillir un jus sucré avant sa concentration, pour précipiter des sels de calcium.

BOUILLOIRE n. f. Récipient en métal pour faire bouillir de l'eau.

BOUILLON n. m. (de *bouillir*). Aliment liquide obtenu en faisant bouillir dans l'eau de la viande, des légumes. ‖ Bulle qui s'élève à la surface d'un liquide bouillant. ‖ Flot d'un liquide s'échappant avec force. ‖ *Fam.* Exemplaires invendus de livres ou de journaux. ‖ *Cout.* Pli bouffant d'une étoffe. ● *Boire un bouillon* (Fam.), avaler de l'eau en nageant; perdre beaucoup d'argent dans une affaire. ‖ *Bouillon de culture*, liquide préparé comme milieu de culture bactériologique; milieu favorable. ‖ *Bouillon d'onze heures*, breuvage empoisonné.

BOUILLON-BLANC n. m. (mot gaul.) [pl. *bouillons-blancs*]. Plante couverte d'un duvet blanc, à fleurs jaunes, poussant dans les lieux incultes. (Sa hauteur atteint parfois 2 m; famille des verbascacées, genre *molène*.)

BOUILLONNANT, E adj. Qui bouillonne.

BOUILLONNÉ n. m. *Cout.* Bande de tissu froncée en bouillons.

BOUILLONNEMENT n. m. État de ce qui bouillonne; effervescence : *le bouillonnement des esprits.*

BOUILLONNER v. i. (de *bouillir*). S'élever en bouillons : *le torrent bouillonne.* ‖ Avoir des exemplaires invendus, en parlant d'un journal, d'une revue. ● *Bouillonner de colère*, *d'impatience*, être animé d'une violente colère, d'impatience. ◆ v. t. *Cout.* Faire des plis bouffants à.

BOUILLOTTE n. f. Récipient que l'on remplit d'eau bouillante pour se réchauffer, chauffer un lit; appareil électrique à résistance incorporée destiné au même usage. (Syn. MOINE.) ‖ Petite bouilloire. ‖ *Anc.* jeu de cartes.

BOULAIE n. f. Terrain planté de bouleaux.

BOULANGE n. f. *Fam.* Métier ou commerce de boulanger. ● *Bois de boulange*, bois pour chauffer le four à pain.

BOULANGER, ÈRE n. Personne qui fait et vend du pain.

BOULANGER v. i. (picard *boulenc*) [conj. **1**]. Faire du pain.

BOULANGERIE n. f. Fabrication et commerce du pain. ‖ Boutique du boulanger.

BOULANGISME n. m. Mouvement politique réunissant divers opposants au régime républicain, réunis autour du général Boulanger (1885-1889).

BOULANGISTE adj. et n. Qui appartient au boulangisme.

BOULBÈNE n. f. (mot gascon). Sol formé de sables et de limons très fins.

BOULE n. f. (lat. *bulla*). Corps sphérique : *boule d'ivoire, boule de neige.* ‖ Boule creuse dans laquelle on fait cuire des aliments pour un bouillon ou pour chauffer du thé. ‖ Jeu de casino. ‖ *Pop.* Tête. ● *Boule de centre a d'un espace métrique E muni de la distance d*, ensemble des points *x* de l'espace E tels que *d (a, x) < ρ* (boule ouverte) ou *d (a, x) ≤ ρ* (boule fermée), ρ, nombre réel positif, étant le rayon de la boule. ‖ *Boule de gomme*, sorte de bonbon. ‖ *Érosion en boule*, dans les régions granitiques, érosion qui aboutit à la formation de blocs aux formes arrondies. ‖ *Être, se mettre en boule* (Fam.), être, se mettre en colère. ‖ *Faire boule de neige*, grossir continuellement, comme une boule de neige que l'on fait rouler. ‖ *Perdre la boule* (Fam.), s'affoler, devenir fou. ‖ *Vente à la*

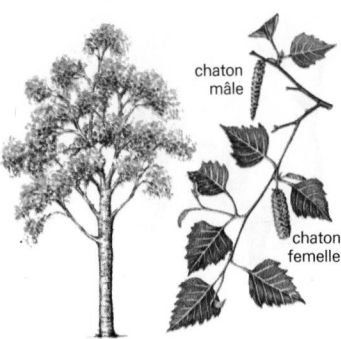

chaton mâle
chaton femelle

bouleau blanc

boule de neige, système de vente prohibé consistant à faire de chaque client éventuel un vendeur bénévole procurant d'autres clients. ◆ pl. Jeu qui se joue avec des boules.

BOULÉ [bulɛ] n. f. (mot gr.). *Antiq.* Sénat d'une cité grecque, et notamment d'Athènes. (La boulé étudiait les projets de loi, qu'elle proposait au vote de l'*Ecclésia*, et contrôlait l'administration aussi bien que la politique extérieure.)

BOULEAU n. m. (lat. *betula*). Arbre des pays froids et tempérés, à écorce blanche finement feuilletée et à bois blanc utilisé en menuiserie et en papeterie. (Haut. 30 m; type de la famille des bétulacées.)

BOULE-DE-NEIGE n. f. (pl. *boules-de-neige*). Nom usuel de l'*obier*.

BOULEDOGUE [buldɔg] n. m. (angl. *bulldog*). Dogue à mâchoires proéminentes, plus petit que le grand dogue.

BOULER v. i. Rouler comme une boule. ● *Envoyer bouler* (Fam.), repousser.

BOULET n. m. Projectile sphérique de pierre ou de métal dont on chargeait les canons (XIVe-XIXe s.). ‖ Aggloméré de charbon, de forme ovoïde. ‖ Boule qu'on attachait aux pieds de certains condamnés. ‖ *Fam.* Personne à charge, obligation pénible : *traîner un boulet.* ‖ Jointure de la jambe du cheval, au-dessus du paturon. ● *Tirer sur qqn à boulets rouges*, l'attaquer sans ménagements.

BOULETÉ, E adj. Se dit du cheval qui a le boulet déplacé en avant.

BOULETTAGE n. m. Agglomération en boulettes d'un minerai pulvérisé.

BOULETTE n. f. Petite boule. ‖ *Fam.* Bévue.

BOULEVARD [bulvar] n. m. (néerl. *bolwerc*). Large rue plantée d'arbres. ● *Théâtre de boulevard*, comédie à caractère léger et facile.

■ Le théâtre de boulevard tire son origine des spectacles que les bateleurs de la foire Saint-Laurent furent autorisés à présenter sur le boulevard du Temple à partir de 1760; après les marionnettes et les chiens savants, le Boulevard vit le triomphe du mime, du mélodrame où s'amoncelaient les cadavres (« le Boulevard du Crime »), puis de la comédie bourgeoise (Scribe, Labiche, Feydeau, Flers et Caillavet, Guitry, Roussin).

BOULEVARDIER, ÈRE adj. D'un comique facile.

BOULEVERSANT, E adj. Qui bouleverse.

BOULEVERSEMENT n. m. Trouble violent.

BOULEVERSER v. t. (de *boule* et *verser*). Mettre en désordre; troubler profondément : *bouleverser tout dans une chambre; bouleverser l'horaire des classes.* ‖ Causer à qqn une violente émotion.

BOULIER n. m. Appareil comprenant des tringles métalliques sur lesquelles sont enfilées des boules, et servant à compter.

BOULIER n. m. → BOLIER.

BOULIMIE n. f. (gr. *boulimia*, faim de bœuf). Besoin irrépressible de consommer une quantité non contrôlée et excessive d'aliments, lié à un trouble psychique.

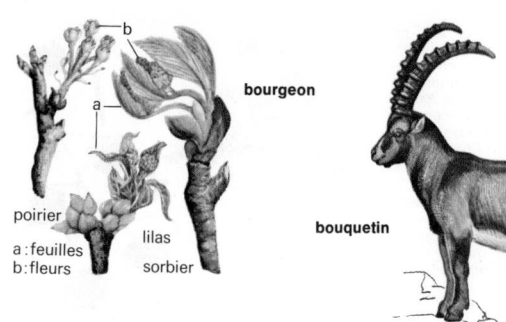

bourgeon

a : feuilles
b : fleurs

poirier

lilas

sorbier

bouquetin

bourdon

BOULIMIQUE adj. et n. Relatif à la boulimie; atteint de boulimie.

BOULIN n. m. Pièce de bois horizontale d'un échafaudage fixée dans la maçonnerie. ● *Trou de boulin*, trou laissé dans la maçonnerie après la dépose d'un boulin.

BOULINE n. f. (angl. *bowline*). Mar. Manœuvre amarrée à une voile, pour lui faire prendre le vent le mieux possible.

BOULINGRIN [bulɛ̃grɛ̃] n. m. (angl. *bowling green*, gazon pour jouer aux boules). Parterre de gazon limité par un talus, une bordure.

BOULISME n. m. Sport du jeu de boules.

BOULISTE n. Joueur de boules.

BOULOCHAGE n. m. Action de boulocher.

BOULOCHER v. i. En parlant d'un tricot de laine ou d'un tissu synthétique, former par frottement de petites boules pelucheuses.

BOULODROME n. m. Lieu spécialement aménagé pour le jeu de boules.

BOULOIR n. m. Instrument de maçon, à long manche, pour pétrir le mortier.

BOULON n. m. (de *boule*). Ensemble d'une vis et de l'écrou qui s'y adapte. ‖ Tige ancrée dans un terrain pour le consolider.

BOULONNAGE n. m. Action de boulonner.

BOULONNAIS, E adj. et n. De Boulogne. ‖ Race de chevaux de trait.

BOULONNER v. t. Fixer avec un boulon. ◆ v. i. *Pop.* Travailler beaucoup.

BOULONNERIE n. f. Industrie et commerce des boulons et accessoires; ces produits.

BOULOT, OTTE adj. et n. (de *boule*). *Fam.* Gros et petit.

BOULOT n. m. *Pop.* Travail; emploi.

BOULOTTER v. t. *Pop.* Manger.

BOUM! interj. Onomatopée du bruit d'un coup.

BOUM n. m. Bruit sonore. ‖ *Fam.* Succès éclatant. ● *En plein boum* (Fam.), en pleine activité.

BOUMER v. i. *Ça boume* (Pop.), ça va.

BOUMERANG n. m. → BOOMERANG.

BOUQUET n. m. (normanno-picard *bosc*, forêt). Touffe serrée d'arbustes, de fleurs ou d'herbes aromatiques : *bouquet de roses, de persil*. ‖ Parfum agréable du vin. ‖ Pièce composée d'un grand nombre de fusées et qui termine un feu d'artifice. ● *Bouquet de mai*, sur un pêcher, branche de l'année, comprenant les boutons à fleurs et les yeux à bois. ‖ *C'est le bouquet* (Fam.), c'est ce qu'il y a de plus fort.

BOUQUET n. m. (de *bouc*). Grosse crevette. ‖ Lièvre, lapin mâle.

BOUQUETÉ adj. m. Se dit d'un vin au bouquet marqué.

BOUQUETIÈRE n. f. Marchande de fleurs.

BOUQUETIN n. m. (prov. *boc estaign*). Chèvre sauvage des montagnes, à longues cornes marquées d'anneaux saillants.

BOUQUIN n. m. (de *bouc*). Vieux bouc. ‖ Lièvre ou lapin mâle.

BOUQUIN n. m. (néerl. *boeckin*, petit livre). *Fam.* Livre.

BOUQUINER v. t. *Fam.* Lire.

BOUQUINEUR, EUSE n. Personne qui aime lire.

BOUQUINISTE n. Libraire spécialisé dans le commerce des livres d'occasion.

BOURBE n. f. (mot gaul.). Boue noire telle que celle des marais, des étangs.

BOURBEUX, EUSE adj. Plein de bourbe.

BOURBIER n. m. Lieu creux et plein de boue. ‖ Mauvaise affaire, situation difficile.

BOURBILLON n. m. (de *bourbe*). *Méd.* Tissu mortifié, blanchâtre, qui occupe le centre d'un furoncle.

BOURBON n. m. (d'un comté du Kentucky). Whisky fabriqué aux États-Unis.

BOURBONIEN, ENNE adj. Relatif aux Bourbons. ● *Nez bourbonien*, arqué.

BOURBONNAIS, E adj. et n. Du Bourbonnais.

BOURDAINE n. f. Arbuste des bois de l'Europe occidentale, dont les tiges, minces et flexibles, sont utilisées en vannerie et dont l'écorce est laxative. (Haut. 3 à 4 m; famille des rhamnacées; genre *nerprun*.)

BOURDE n. f. *Fam.* Erreur grossière, bévue.

BOURDON n. m. (lat. *burdus*, bâton). Bâton de pèlerin.

BOURDON n. m. (onomat.). Insecte à corps velu et à abdomen annelé, voisin de l'abeille mais vivant en groupes peu nombreux. (Ordre des hyménoptères; famille des apidés.) ‖ Grosse cloche à son grave. ‖ *Mus.* Jeu de l'orgue, faisant sonner des tuyaux bouchés qui rendent une sonorité douce et moelleuse. ● *Avoir le bourdon* (Pop.), avoir le cafard, des idées tristes. ‖ *Faux bourdon*, nom donné aux abeilles mâles.

BOURDON n. m. (de *bourde*). *Impr.* Omission d'un mot, d'une phrase, d'un passage tout entier d'un texte imprimé.

BOURDONNANT, E adj. Qui bourdonne.

BOURDONNEMENT n. m. Bruit résultant de la vibration des ailes de certains insectes : *bourdonnement des abeilles*. ‖ Murmure sourd, rumeur : *bourdonnement de la foule*. ‖ Bruit continuel dans les oreilles. (Syn. ACOUPHÈNE.)

BOURDONNER v. i. Faire entendre un bruit sourd et continu : *une mouche qui bourdonne*; *mes oreilles bourdonnent*.

BOURG n. m. (mot germ.). Gros village qui présente certains caractères de la ville. ‖ Village principal d'une commune, où se trouvent l'église et la mairie. ● *Bourg pourri*, aux XVIIIᵉ et XIXᵉ s., ville britannique autrefois importante mais déchue et restée circonscription électorale malgré le petit nombre d'électeurs.

BOURGADE n. f. Petit bourg.

BOURGEOIS, E n. (de *bourg*). Autref., citoyen d'un bourg nouvellement créé et jouissant de privilèges spéciaux. ‖ Auj., personne qui appartient à la bourgeoisie. ‖ En Suisse, personne qui a droit de cité dans une commune.

BOURGEOIS, E adj. Relatif à la bourgeoisie, à sa manière de vivre, à ses goûts (souvent péjor.) :

un quartier bourgeois; des préjugés bourgeois. ● *Cuisine bourgeoise*, simple et bonne.

BOURGEOISE n. f. *Pop.* Femme, épouse.

BOURGEOISEMENT adv. De façon bourgeoise. ● *Occuper bourgeoisement un local* (Dr.), ne pas y exercer une profession artisanale ou commerciale.

BOURGEOISIE n. f. Catégorie sociale comprenant les personnes relativement aisées qui n'exercent pas un métier manuel. ‖ En termes marxistes, classe sociale dominante du régime capitaliste, propriétaire des moyens de production et d'échange. ‖ En Suisse, droit de cité, citoyenneté dans une commune. ● *Petite bourgeoisie*, ensemble de couches sociales qui, sans appartenir ni au prolétariat ni à la bourgeoisie au sens marxiste, se trouvent exclues au plan de la propriété des moyens de production et d'échange.

BOURGEON n. m. (lat. *burra*, bourre). *Bot.* Organe hivernal formé d'ébauches de feuilles, souvent enduit d'un vernis, situé à l'extrémité de la tige ou à l'aisselle des feuilles, et qui éclôt au printemps. ● *Bourgeon conjonctif* (Biol.), prolifération de tissu conjonctif qui tend à combler les plaies. ‖ *Bourgeon gustatif*, formation située dans l'épithélium des papilles gustatives et contenant les cellules gustatives.

BOURGEONNEMENT n. m. Action de bourgeonner. ‖ Mode de reproduction asexuée de certains animaux aquatiques.

BOURGEONNER v. i. Pousser des bourgeons : *les arbres bourgeonnent*. ‖ Se couvrir de boutons : *son nez bourgeonne*.

BOURGERON n. m. (anc. fr. *borge*, tissu). Courte blouse de toile que portaient les soldats à l'exercice, les ouvriers, etc.

BOURGMESTRE [burgmɛstr] n. m. (all. *Bürgermeister*). Premier magistrat des villes en Belgique, en Allemagne, en Suisse, aux Pays-Bas, etc. (le *maire* en France).

BOURGOGNE n. m. Vin récolté en Bourgogne.

BOURGUIGNON, ONNE adj. et n. De la Bourgogne.

BOURGUIGNON n. m. Ragoût de bœuf aux oignons et au vin rouge.

BOURGUIGNONNE n. f. Bouteille utilisée pour les vins de Bourgogne.

BOURLINGUER v. i. (orig. argotique). En parlant d'un navire, rouler bord sur bord par suite de mauvais temps. ‖ *Fam.* Mener une vie aventureuse; voyager beaucoup.

BOURLINGUEUR, EUSE adj. et n. *Fam.* Qui bourlingue.

BOURRACHE n. f. (bas lat. *borrago*, ar. *abū 'araq*, père de la sueur). Plante annuelle très velue, à grandes fleurs bleues, fréquente sur les décombres, employée en tisane comme diurétique et sudorifique. (Famille des borraginacées.)

BOURRADE n. f. Coup brusque donné pour pousser qqn ou comme marque d'amitié.

BOURRAGE n. m. (de *bourre*). Action de bourrer; matière servant à bourrer. ● *Bourrage de crâne* (Fam.), action de persuader par une propagande intensive.

BOURRASQUE n. f. (it. *burrasca*). Tourbillon de vent impétueux et de peu de durée.

bourrache

122

BOURRATIF, IVE adj. *Fam.* Qui alourdit l'estomac.

BOURRE n. f. (lat. *burra*, étoffe). Amas de poils pour garnir selles, bâts, etc. ‖ *Arm.* Corps inerte qui maintient en place la charge d'une cartouche, d'une mine, etc. ‖ *Bot.* Duvet protecteur des bourgeons de certains arbres. ‖ *Text.* Déchets qui se déposent sur les machines des filatures. ● *De première bourre* (Pop.), excellent. ‖ *Être à la bourre* (Pop.), être très pressé; être en retard.

BOURRE n. m. *Arg.* Policier.

BOURRÉ, E adj. Trop plein, comble. ‖ *Pop.* Ivre.

BOURREAU n. m. (de *bourrer*, maltraiter). Celui qui met à mort les condamnés à la peine capitale. ‖ Homme cruel. ● *Bourreau des cœurs*, séducteur. ‖ *Bourreau de travail*, personne qui travaille beaucoup.

BOURRÉE n. f. Danse et air à danser à deux temps (Berry et Bourbonnais) ou à trois temps (Auvergne et Limousin). ‖ Fagot de menu bois (vx). ● *Pas de bourrée* (Chorégr.), marche accomplie sur trois pas (un à plat, les deux autres sur pointes ou demi-pointes).

BOURRELÉ, E adj. (de *bourre*). *Bourrelé de remords*, torturé par les remords.

BOURRÈLEMENT n. m. *Litt.* État de celui qui est bourrelé de remords.

BOURRELET n. m. Bandelette de feutre, de caoutchouc mousse, etc., placée aux joints des fenêtres et des portes. ‖ Bord roulé d'une feuille métallique. ‖ *Fam.* Renflement adipeux à certains endroits du corps.

BOURRELIER n. m. Ouvrier, marchand spécialisé dans divers articles de cuir (harnachements, sacs, courroies, etc.).

BOURRELLERIE n. f. Métier et commerce du bourrelier.

BOURRER v. t. (de *bourre*). Garnir de bourre : *bourrer un fauteuil*. ‖ Remplir jusqu'au bord : *bourrer sa pipe*. ‖ Faire manger avec excès, gaver : *bourrer un enfant de gâteaux*. ‖ Frapper avec violence : *bourrer qqn de coups*. ‖ Faire apprendre trop de choses : *bourrer un enfant de mathématiques*. ● *Bourrer le crâne* (Fam.), chercher à convaincre par des arguments spécieux. ◆ *se bourrer* v. pr. *Fam.* Manger avec excès. ‖ *Pop.* S'enivrer.

BOURRETTE n. f. Déchets de soie naturelle, obtenus pendant la filature de la schappe.

BOURRICHE n. f. Panier pour expédier du gibier, du poisson, des huîtres.

BOURRICHON n. m. *Se monter le bourrichon* (Pop.), se faire des illusions.

BOURRICOT n. m. Petit âne.

BOURRIDE n. f. Sorte de bouillabaisse à l'aïoli.

BOURRIN n. m. *Pop.* Cheval.

BOURRIQUE n. f. (esp. *borrico*). Âne, ânesse. ‖ *Fam.* Personne stupide, ignorante, têtue et peu amène.

BOURROIR n. m. *Trav. publ.* Pilon pour bourrer une mine.

BOURRU, E adj. et n. D'un abord rude et renfrogné, peu aimable.

BOURRU, E adj. *Lait bourru* ou *lait cru*, lait naturel tel qu'il sort du pis de la vache. ‖ *Vin bourru*, vin blanc nouveau.

BOURSE n. f. (gr. *bursa*, outre en cuir). Petit sac à argent. ‖ Argent : *aider qqn de sa bourse*. ‖ Pension allouée à certains élèves ou étudiants. ● *Bourse séreuse* (Anat.), poche conjonctive annexée aux tendons des muscles au voisinage des articulations. ‖ *Sans bourse délier*, sans donner d'argent. ◆ pl. Le scrotum, enveloppe cutanée des testicules.

BOURSE n. f. (des *Van der Burse*, banquiers à Bruges). Édifice public où se font les opérations financières sur les marchandises, les valeurs mobilières, etc.; ensemble de ces opérations. ● *Bourse du travail*, lieu de réunion des syndicats ouvriers.

BOURSE-À-PASTEUR n. f. (pl. *bourses-à-pasteur*). Petite plante des lieux incultes répandue dans le monde entier, et dont le fruit sec a la forme d'un cœur. (Famille des crucifères, genre *capselle*.)

BOURSICOTER v. i. (de *boursicot*, petite bourse). Faire de petites opérations de Bourse.

BOURSICOTEUR, EUSE n. Personne qui fait de petites opérations de Bourse.

BOURSIER, ÈRE adj. et n. Étudiant, élève bénéficiant d'une bourse.

BOURSIER, ÈRE adj. Relatif à la Bourse. ◆ adj. et n. Personne qui travaille ou opère à la Bourse.

BOURSOUFLÉ, E adj. Enflé, bouffi, gonflé. ‖ Vide et emphatique : *style boursouflé*.

BOURSOUFLEMENT n. m. État de ce qui est boursouflé, augmentation de volume.

BOURSOUFLER v. t. (de *bourre* et *souffler*). Rendre boursouflé.

BOURSOUFLURE n. f. Enflure : *boursouflure du visage*. ‖ Emphase.

BOUSCUEIL [buskœj] n. m. Au Canada, amoncellement chaotique de glaces sous l'action du vent, de la marée, du courant.

BOUSCULADE n. f. Poussée brusque ou désordonnée au sein d'un groupe de personnes. ‖ Hâte qui amène du désordre.

BOUSCULER v. t. (de *bouteculer*, pousser au cul). Pousser en créant le désordre, en renversant : *être bousculé par la foule*. ‖ Inciter à aller plus vite. ‖ Modifier avec brusquerie : *bousculer les idées admises*.

BOUSE n. f. Fiente de bœuf, de vache.

BOUSEUX n. m. *Fam.* et péjor. Paysan.

BOUSIER n. m. Nom de plusieurs espèces de coléoptères qui se nourrissent des excréments des herbivores (le *scarabée sacré*, par ex.).

bousier

BOUSILLAGE n. m. Action de bousiller.

BOUSILLER [buzije] v. t. *Fam.* Exécuter très mal qqch. ‖ *Fam.* Tuer qqn. ‖ *Fam.* Endommager gravement.

BOUSILLEUR, EUSE n. *Fam.* Personne qui bousille son travail.

BOUSSOLE n. f. (it. *bussola*, petite boîte). Appareil composé d'un cadran devant lequel une aiguille aimantée, reposant librement sur un pivot, marque la direction du nord. ● *Perdre la boussole* (Fam.), perdre la tête, s'affoler.

BOUSTIFAILLE n. f. *Pop.* Nourriture.

BOUSTROPHÉDON [bustrɔfedɔ̃] n. m. (gr. *bous*, bœuf, et *strephein*, tourner). Écriture dont les signes se lisaient alternativement de gauche à droite, puis de droite à gauche.

BOUT n. m. (de *bouter*). Partie extrême d'un objet considéré dans sa longueur : *bout d'un bâton*. ‖ Partie visible d'un objet : *le bout de la route, de l'horizon; le bout de l'année*. ‖ Partie d'une chose (en général petite) : *un bout de papier*. ‖ *Mar.* Cordage. ● *À bout portant*, à très courte distance. ‖ *À tout bout de*

champ, à tout propos. ‖ *Au bout de (trois heures)*, après (cette durée). ‖ *Au bout du compte*, après tout. ‖ *Bois de bout* ou *bois debout*, bois utilisé par les graveurs sous forme de bloc taillé dans l'épaisseur du bois, et non pas dans le sens du fil. ‖ *Bout à bout*, l'un ajouté à l'autre. ‖ *Bout d'essai*, courte scène permettant de connaître les aptitudes d'un acteur avant son engagement. ‖ *Bout de femme* (Fam.), femme de petite taille. ‖ *De bout en bout*, d'une extrémité à l'autre. ‖ *Bout au vent*, position dans laquelle l'avant d'un voilier est placé dans la direction d'où vient le vent. ‖ *En connaître, en savoir un bout* (Fam.), être compétent. ‖ *Être à bout*, être épuisé; avoir perdu patience. ‖ *Être à bout de qqch*, n'en avoir plus. ‖ *Mettre les bouts* (Pop.), s'en aller. ‖ *Pousser, mettre à bout*, faire perdre patience. ‖ *Tenir le bon bout* (Fam.), être dans une bonne situation pour réussir. ‖ *Venir à bout de*, triompher de, réussir à.

BOUTADE n. f. (de *bouter*). Mot d'esprit vif et original.

BOUT-DEHORS n. m. (pl. *bouts-dehors*). *Mar.* Vergue ou mât en saillie au-dehors d'un bâtiment et qui sert à établir une voile supplémentaire.

BOUTE-EN-TRAIN n. m. inv. (de *bouter* et *train*). Personne qui met les autres en gaieté. ‖ *Zootech.* Mâle utilisé pour déceler les femelles en chaleur et mis artificiellement dans l'impossibilité de les saillir.

BOUTEFEU n. m. (de *bouter* et *feu*). Autref., bâton muni d'une mèche servant à enflammer la charge d'une bouche à feu. ‖ Auj., artifice qui produit une flamme. ‖ Personne qui suscite des querelles (vx).

BOUTEILLE n. f. (lat. *buttis*, tonneau). Récipient de forme et de matière variables, à goulot étroit, servant à contenir des liquides; son contenu. ‖ Récipient métallique pour contenir des gaz sous pression. ‖ Récipient de 75 cl pour le vin, l'eau minérale. ● *Avoir, prendre de la bouteille*, être vieux, vieillir. ‖ *Bouteille isolante*, bouteille à deux parois entre lesquelles on a fait le vide, et qui conserve longtemps son contenu à sa température initiale. ‖ *Bouteille de Leyde*

diverses formes de **bouteilles**

bague
col
épaule
fût
fond

litre provence alsace champagne bourgogne bordeaux

(Phys.), premier condensateur électrique, construit en 1746 par trois savants hollandais. ‖ *Bouteille magnétique* (Phys.), dispositif à électroaimants permettant de confiner un plasma. ‖ *La bouteille à l'encre* (Fam.), situation confuse, embrouillée.

BOUTEILLER ou **BOUTILLIER** n. m. *Hist.* Officier chargé de l'intendance du vin à la cour d'un roi, d'un prince, etc.

BOUTEILLERIE n. f. Usine où sont fabriquées les bouteilles. ‖ Industrie de cette fabrication.

BOUTEILLON n. m. (de l'inventeur, *Bouthéon*). Marmite de campement (vx).

BOUTER v. t. (mot germ.). Pousser (vx) : *Jeanne d'Arc bouta les Anglais hors de France*.

BOUTEROLLE n. f. Dans une serrure, pièce cylindrique fendue servant d'appui à la tige de clef. ‖ Chacune des fentes de la clef. ‖ Garniture métallique du bout d'un fourreau d'épée. ‖ Outil servant à arrondir l'extrémité martelée d'un rivet.

BOUTEROUE n. f. Syn. de CHASSE-ROUE.

BOUTE-SELLE n. m. inv. Autref., sonnerie de

bouton d'or (renoncule âcre)

bouvreuil

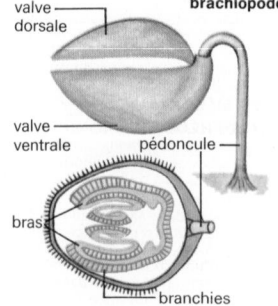

boutres

J. Bottin

trompette ordonnant aux cavaliers de seller leurs chevaux.

BOUTEUR n. m. Terme préconisé par l'Administration pour BULLDOZER.

BOUTIQUE n. f. (gr. *apothêkê,* magasin). Local aménagé pour la vente au détail. ‖ Magasin sur rue ouvert par des maisons de couture pour vendre à leur griffe des articles de grande diffusion. ‖ *Fam.* et *péjor.* Maison, entreprise, établissement quelconque.

BOUTIQUIER, ÈRE n. Personne qui tient une boutique.

BOUTISSE n. f. (de *bout*). Élément de construction dont la plus grande dimension est placée dans l'épaisseur d'un mur et qui présente une de ses extrémités en parement.

BOUTOIR n. m. (de *bouter*). Outil de maréchal-ferrant et de corroyeur. ‖ Ensemble du groin et des canines du sanglier. ● *Coup de boutoir,* choc violent; propos brusque et blessant.

BOUTON n. m. (de *bouter*). Type particulier de bourgeon, dont l'éclosion donne une fleur. ‖ Petite papule, pustule ou vésicule sur la peau. ‖ Petite pièce de métal, de corne, de bois, etc., servant à attacher les vêtements. ‖ Ce qui a plus ou moins la forme d'un bouton : *bouton de porte.* ‖ Poussoir, interrupteur d'un appareil électrique, d'une sonnerie, etc. ‖ Globule de pâte séchée formant la tête inflammable d'une allumette.

BOUTON-D'ARGENT n. m. (pl. *boutons-d'argent*). Nom usuel d'une renoncule à fleurs blanches, poussant surtout dans les endroits humides et ombragés de haute montagne.

BOUTON-D'OR n. m. (pl. *boutons-d'or*). Nom usuel donné à diverses renoncules à fleurs jaunes, notamment à la renoncule âcre. (Nom sc. : *Ranunculus acre.*)

BOUTONNAGE n. m. Action de boutonner; manière dont un vêtement se boutonne.

BOUTONNER v. t. Fermer par des boutons. ◆ v. i. *Bot.* Pousser des boutons. ◆ v. i. ou **se boutonner** v. pr. Se fermer par des boutons.

BOUTONNEUX, EUSE adj. Qui a des boutons sur la peau.

BOUTONNIÈRE n. f. Fente faite à un vêtement pour passer un bouton. ‖ *Chir.* Courte incision. ‖ *Géogr.* Dépression allongée, ouverte par l'érosion dans un bombement anticlinal.

BOUTON-PRESSION n. m. (pl. *boutons-pression*) ou **PRESSION** n. f. Petit bouton qui s'accroche par pression dans un œillet métallique.

BOUTRE n. m. (mot ar.). Petit navire arabe, à voile, très effilé et à l'arrière très élevé.

BOUT-RIMÉ n. m. (pl. *bouts-rimés*). Pièce de vers faite sur des rimes données.

BOUTURAGE n. m. Multiplication des végétaux par boutures.

BOUTURE n. f. (de *bouter*). Jeune pousse prélevée sur une plante, et qui, placée en terre

humide, se munit de racines adventives et est à l'origine d'un nouveau pied.

BOUTURER v. i. Pousser des drageons. ◆ v. t. Reproduire par boutures.

BOUVERIE n. f. (de *bœuf*). Étable à bœufs.

BOUVET n. m. Rabot de menuisier servant à faire des rainures, des languettes.

BOUVETEUSE n. f. Machine à bois à l'aide de laquelle on fait la rainure et la languette sur les deux côtés des frises pour parquets.

BOUVIER, ÈRE n. (de *bœuf*). Personne qui garde ou conduit les bœufs. ● *Bouvier des Flandres,* race de chiens de berger.

BOUVIÈRE n. f. Poisson d'eau douce atteignant au plus 8 cm de long, qui pond ses œufs dans des mollusques bivalves aquatiques (mulette, anodonte). [Famille des cyprinidés.]

BOUVILLON n. m. Jeune bovin émasculé.

BOUVREUIL n. m. (de *bouvier*). Passereau des bois et des jardins, à tête et ailes noires, à dos gris et ventre rose, se nourrissant de fruits et de graines. (Long. 18 cm; famille des fringillidés.)

BOVARYSME n. m. (du nom de l'héroïne d'un roman de Flaubert, *Madame Bovary*). Comportement de celui ou de celle que l'insatisfaction entraîne à des rêveries ambitieuses ayant un rôle compensatoire.

BOVIDÉ n. m. (lat. *bos, bovis,* bœuf). Mammifère ruminant aux cornes creuses. (La famille des *bovidés* comprend les *bovins,* les *ovins,* les *caprins,* les *antilopes.*) [Syn. CAVICORNE.]

BOVIN, E adj. et n. Relatif au bœuf. ● *Espèce bovine,* ensemble des animaux engendrés par le taureau domestique. ‖ *Regard bovin,* morne, sans intelligence.

BOVINÉ ou **BOVIN** n. m. Bovidé faisant partie d'une sous-famille qui comprend le *bœuf,* le buffle, le bison, etc.

BOWETTE n. f. Galerie de mine dans un terrain stérile. (Syn. TRAVERS-BANC.)

BOWLING [bulin] n. m. (mot angl.). Jeu de quilles d'origine américaine; lieu où l'on y joue.

BOW-STRING [bustrin] n. m. (mot angl., *corde d'arc*). Poutre métallique à membrures indépendantes, réunies entre elles par des montants verticaux, et dont la membrure supérieure affecte une forme parabolique.

BOW-WINDOW [bowindo] n. m. (mot angl.) [pl. *bow-windows*]. Fenêtre ou logette vitrée en saillie sur le parement d'un mur de façade.

valve dorsale

brachiopode

valve ventrale

pédoncule

bras

branchies

BOX n. m. (mot angl.) [pl. *boxes*]. Stalle pour un seul cheval, dans une écurie. ‖ Compartiment d'un garage. (L'Administration préconise STALLE.)

BOX-CALF ou **BOX** n. m. (mot anglo-amér.). Cuir de veau préparé au chrome.

BOXE n. f. (angl. *box,* coup). Sport de combat où les deux adversaires s'abordent à coups de poing *(boxe anglaise).* [Dans la *boxe française,* on emploie aussi les coups de pied.]

BOXER v. i. Pratiquer la boxe. ◆ v. t. Frapper à coups de poing.

BOXER [bɔksɛr] n. m. Chien de garde, voisin du dogue allemand et du bouledogue.

BOXEUR n. m. Celui qui se livre aux combats de boxe.

BOX-OFFICE n. m. (mot angl.) [pl. *box-offices*]. Cote du succès d'un spectacle ou d'un acteur, calculée selon les recettes.

BOY [bɔj] n. m. (mot angl., *garçon*) [pl. *boys*]. Domestique indigène dans les pays tropicaux. ‖ Au music-hall, danseur faisant partie d'un ensemble.

BOYARD n. m. (mot russe). Anc. noble des pays slaves.

BOYAU [bwajo] n. m. (lat. *botellus,* petite saucisse). Intestin d'un animal. ‖ Mince chambre à air placée dans une enveloppe cousue. ‖ Passage, chemin étroit. ‖ *Mil.* Communication enterrée, reliant les positions de combat entre elles et vers les arrières. ● *Corde de boyau* ou *boyau,* corde faite avec les intestins de certains animaux.

BOYAUDERIE n. f. Lieu où l'on prépare les boyaux pour les employer à divers usages.

BOYCOTTAGE ou **BOYCOTT** n. m. Cessation volontaire de toutes relations avec un individu, une entreprise ou une nation.

BOYCOTTER [bɔjkɔte] v. t. (de *Boycott,* le premier propriétaire irlandais mis à l'index). Pratiquer le boycottage, mettre en quarantaine.

BOYCOTTEUR, EUSE adj. et n. Qui boycotte.

BOY-SCOUT [bɔjskut] n. m. (mot angl., *garçon éclaireur*) [pl. *boy-scouts*]. Syn. de SCOUT.

Bq, symbole du *becquerel.*

Br, symbole chimique du *brome.*

BRABANÇON, ONNE adj. et n. Du Brabant.

BRABANT n. m. (de *Brabant,* prov. où elle a été créée). Charrue métallique à avant-train, munie d'un double ensemble de pièces travaillantes pouvant, par pivotement, verser la terre à droite ou à gauche des socs *(double brabant).*

BRACELET n. m. (de *bras*). Anneau ornemental ou chaîne que l'on porte le plus souvent aux bras. ‖ Enveloppe de cuir ou d'étoffe que certains ouvriers portent au poignet.

BRACELET-MONTRE n. m. (pl. *bracelets-montres*). Montre portée au poignet et fixée par un bracelet.

BRACHIAL, E, AUX [brakjal, o] adj. (lat. *brachium,* bras). *Anat.* Relatif au bras.

BRACHIATION [brakjasjɔ̃] n. f. Mode de déplacement de quelques singes qui se balancent sous les branches et s'élancent ainsi d'un arbre à l'autre à l'aide des bras seulement.

BRACHIOCÉPHALIQUE [brakjɔsefalik] adj. Relatif au bras et à la tête.

BRACHIOPODE [brakjɔpɔd] n. m. Animal très répandu dans les mers primaires et secondaires,

esquive latérale à droite
sur direct du gauche

cross du droit

direct du gauche

crochet du droit à la face

droite au corps

Tableau des catégories		
limites supérieures des catégories (en kg)		
	Professionnels	Amateurs
mini-mouche	48,080	48
mouche	50,802	51
coq	53,524	54
plume	57,172	57
super-plume	58,967	non reconnu
léger	61,235	60
super-léger	63,503	63,5
mi-moyen (welter)	66,678	67
super-mi-moyen (super-welter)	69,853	71
moyen	72,574	75
mi-lourd	79,378	81
lourd		

uppercut du droit à la face

esquive latérale à gauche
sur crochet droit
garde à droite

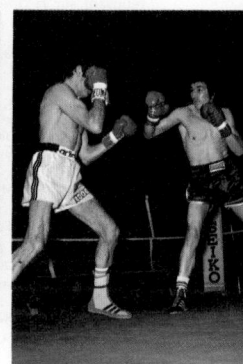

garde à gauche ou fausse-garde

crochet du gauche à la face

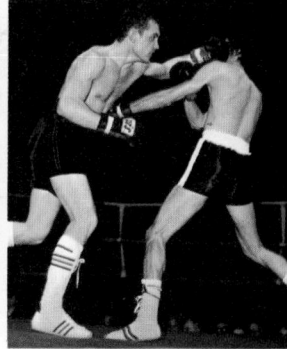

et qui a une coquille à deux valves, l'une dorsale et l'autre ventrale. (Les *brachiopodes* forment une classe qui est représentée actuellement par quelques espèces.)

BRACHYCÉPHALE [brakisefal] adj. et n. (gr. *brakhus*, court, et *kephalê*, tête). Se dit d'hommes dont le crâne, vu de dessus, est presque aussi large que long. (Contr. DOLICHOCÉPHALE.)

BRACONNAGE n. m. Action de braconner.

BRACONNER v. i. (prov. *bracon*, chien de chasse). Chasser (ou pêcher) soit en des temps défendus, soit avec des engins prohibés, soit sans permis, soit en des endroits réservés.

BRACONNIER n. m. Personne qui braconne.

BRACONNIÈRE n. f. (lat. *bracae*, braies). Pièce d'armure qui protégeait le bassin et les cuisses (XIVᵉ-XVIIᵉ s.).

BRACTÉE [brakte] n. f. (lat. *bractea*, feuille de métal). Petite feuille de forme spéciale à la base du pédoncule floral.

BRADAGE n. m. Action de brader.

Bradel *(reliure à la)*, procédé de reliure dans lequel le bloc des cahiers cousus est emboîté dans une couverture cartonnée.

BRADER v. t. (néerl. *braden*, gaspiller). Se débarrasser de marchandises à bas prix.

BRADERIE n. f. Vente publique de soldes, de marchandises d'occasion.

BRADEUR, EUSE n. Personne qui brade.

BRADYCARDIE n. f. (gr. *bradus*, lent, et *kardia*, cœur). Rythme cardiaque lent (normal ou pathologique).

BRADYKINÉSIE n. f. (gr. *bradus*, lent, et *kinêsis*, mouvement). Ralentissement des mouvements, sans atteinte neurologique.

BRADYPE n. m. (gr. *bradus*, lent, et *pous, podos*, pied). *Zool.* Autre nom de l'AÏ.

BRADYPSYCHIE n. f. (gr. *bradus*, lent, et *psukhê*, esprit). Ralentissement du rythme de la pensée, sans atteinte des processus intellectuels.

BRAGUETTE n. f. (anc. fr. *brague*, culotte). Fente pratiquée sur le devant d'un pantalon.

BRAHMANE n. m. (sanskr. *brāhmana*). Membre de la caste sacerdotale, la première des castes hindoues.

BRAHMANIQUE adj. Relatif au brahmanisme.

BRAHMANISME [bramanism] n. m. Philosophie de l'Inde, à laquelle est liée une organisation sociale reposant sur une division en castes héréditaires.

■ La notion de brahman (totalité, absolu) est la clef de voûte de cette pensée religieuse qu'est le brahmanisme. C'est pour cela que la religion du brahmā est d'abord celle de ceux qui connaissent l'absolu, c'est-à-dire des savants et des prêtres qui forment la caste des brahmanes. Dans la mesure où l'absolu est une forme impersonnelle, il peut s'exprimer sous les traits d'une multiplicité de dieux. Les innombrables dieux du brahmanisme sont dominés par les trois principaux : Brahmā, Viṣṇu et Śiva. Leur culte est caractérisé par un ritualisme complexe, reposant sur la prière accompagnée de gestes rituels (mudrā). Le brahmanisme s'est formé à partir du védisme et repose sur des textes postérieurs au Veda, les *Brāhmana* et les *Upaniṣad* (800-600 av. J.-C.?), qui ont donné lieu à de nombreux commentaires écrits et à la formation de sectes (*śāktisme*, *tāntrisme*, etc.). L'organisation sociale, fondée sur la division en *castes* et progressivement formée à partir de la religion (Ier-VIIIe s.), est aujourd'hui théoriquement abolie.

BRĀHMĪ n. f. (mot sanskr.). Ancienne écriture de l'Inde.

BRAHMINE n. f. Femme de brahmane.

BRAI n. m. (mot gaul.). Résidu pâteux de la distillation de la houille ou du pétrole.

BRAIES n. f. pl. (mot gaul.). Sorte de pantalon des Gaulois, des Germains et de divers peuples de l'Europe septentrionale.

BRAILLARD, E ou **BRAILLEUR, EUSE** adj. et n. Qui braille.

BRAILLE n. m. (de l'inventeur *Braille*). Écriture en relief à l'usage des aveugles.

écriture **braille**

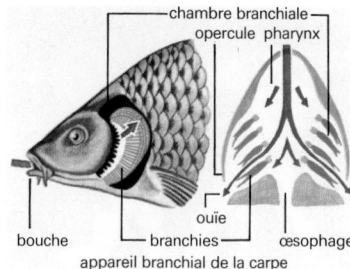

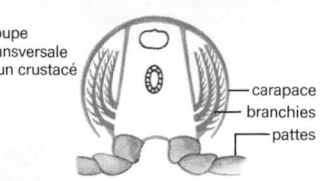

BRAILLEMENT n. m. Cri assourdissant.

BRAILLER v. t. et i. (de *braire*). Crier, pleurer de façon assourdissante; chanter mal et fort.

BRAIMENT n. m. Cri prolongé de l'âne.

BRAINSTORMING [brɛnstɔrmiŋ] n. m. (mot angl.). Technique de recherche d'idées originales, fondée sur la mise en commun dans un groupe des associations libres de chacun de ses membres.

BRAIN-TRUST [brɛntrœst] n. m. (mot angl.) [pl. *brain-trusts*]. Groupe restreint de techniciens, d'experts, etc., chargés de l'élaboration de projets ou de plans par un directeur, un ministre, etc.

BRAIRE v. i. et défectif (mot gaul.) [conj. 73]. Crier, en parlant de l'âne.

BRAISE n. f. (mot germ.). Bois réduit en charbons, ardents ou éteints.

chambre branchiale
opercule pharynx

ouïe

bouche branchies œsophage

appareil branchial de la carpe

coupe transversale d'un crustacé

carapace
branchies
pattes

BRANCHIES

BRAISER v. t. Faire cuire à feu doux, sans évaporation.

BRAISETTE n. f. Menue braise.

BRAISIÈRE n. f. Récipient contenant de la braise. ‖ Récipient en fonte dont le couvercle en creux est destiné à retenir une petite quantité d'eau pour éviter l'évaporation pendant la cuisson à feu doux.

BRAME n. f. Ébauche d'acier servant à la fabrication de la tôle.

BRAME ou **BRAMEMENT** n. m. Action de bramer.

BRAMER v. i. (prov. *bramar*, braire). Crier, en parlant du cerf ou du daim.

BRAN n. m. (mot gaul.). Partie la plus grossière du son.

BRANCARD n. m. (normand *branque*, branche). Civière à bras. ‖ Chacune des barres en bois ou en métal qui permettent de porter une charge ou de guider un petit véhicule. ‖ Ensemble des deux prolonges entre lesquelles on attelle un cheval. ● *Ruer dans les brancards*, se rebeller.

BRANCARDER v. t. Transporter (un blessé) sur un brancard.

BRANCARDIER n. m. Homme chargé de transporter les blessés sur un brancard.

BRANCHAGE n. m. Ensemble des branches d'un arbre. ◆ pl. Amas de branches coupées.

BRANCHE [brɑ̃ʃ] n. f. (bas lat. *branca*, patte). Ramification du tronc d'un arbre, d'un arbuste. ‖ Chacune d'une discipline, d'une famille, d'un système complexe. ‖ Chacune des ramifications d'un instrument, d'un appareil, d'un organe, d'un objet, d'une voie de communication, etc., qui divergent le long d'un axe ou à partir d'un centre. ● *Avoir de la branche* (Litt.), avoir de la distinction. ‖ *Branche d'une courbe* (Math.), partie d'une courbe; partie d'une courbe qui s'éloigne à l'infini. ‖ *Vieille branche* (Pop.), camarade.

BRANCHEMENT n. m. Action de brancher. ‖ Circuit secondaire partant d'une canalisation principale pour aboutir au point d'utilisation.

BRANCHER v. t. Rattacher à une canalisation, à une conduite, un circuit. ‖ Mettre en relation avec une installation afin de faire fonctionner : *brancher un poste de radio*. ● *Être branché* (Fam.), comprendre, être au courant. ◆ v. i. Se percher sur les branches d'arbre.

BRANCHETTE n. f. Petite branche.

BRANCHIAL, E, AUX [brɑ̃ʃjal, o] adj. Relatif aux branchies.

BRANCHIES [brɑ̃ʃi] n. f. pl. (gr. *brankhia*). Organes respiratoires de nombreux animaux aquatiques (poissons, têtards de batraciens, crustacés, céphalopodes, etc.), capables d'ab-

sorber l'oxygène dissous dans l'eau et d'y rejeter le gaz carbonique, et présentant l'aspect d'un arbre aux nombreuses branches.

BRANCHIOPODE [brɑ̃kjɔpɔd] n. m. (gr. *brankhia*, branchies, et *pous*, *podos*, pied). Crustacé inférieur tel que la *daphnie* ou *puce d'eau*. (Les *branchiopodes* sont une sous-classe ou un super-ordre, selon les auteurs.)

BRANCHU, E adj. Qui a beaucoup de branches.

BRANDADE n. f. (prov. *brandado*, de *branda*, remuer). Préparation de morue à la provençale, avec de l'huile d'olive, de l'ail, etc.

BRANDE n. f. (lat. *branda*). Végétation constituant le sous-bois des forêts de pins (bruyères, ajoncs, fougères, genêts); terrain où pousse cette végétation.

BRANDEBOURG n. m. Passementerie, galon

Larousse

brandebourg

formant des dessins variés ou entourant les boutonnières, et encore en tenant lieu.

BRANDEBOURGEOIS, E adj. et n. De ou du Brandebourg.

BRANDIR v. t. (anc. fr. *brand*, épée). Lever au-dessus de soi avant de frapper; agiter en l'air. ‖ Faire de qqch une menace imminente : *brandir la loi*.

BRANDON n. m. (mot germ.). Débris enflammés. ‖ Flambeau de paille tortillée (vx). ● *Brandon de discorde* (Litt.), personne ou chose provoquant la discorde.

BRANDY n. m. (mot angl.). En Angleterre, eau-de-vie.

BRANLANT, E adj. Qui branle, vacille : *fauteuil branlant*.

BRANLE n. m. Secousse qui imprime à un corps un mouvement de va-et-vient : *le branle d'une cloche*. ‖ Ancienne danse régionale (XVe-XVIIe s.). ● *Mettre en branle*, donner l'impulsion initiale.

BRANLE-BAS n. m. inv. (anc. fr. *branle*, hamac, et *bas*). Autref., sur un navire de guerre, ordre de replier les hamacs, notamment avant un combat. ‖ Grande agitation désordonnée. ● *Branle-bas de combat*, préparatifs de guerre.

BRANLER v. t. (de *brandir*). Être instable, vaciller : *une dent qui branle*. ● *Branler dans le manche* (Fam.), n'être pas solide. ◆ v. t. *Branler la tête*, la remuer.

BRANTE n. f. En Suisse, hotte étanche servant à la vendange.

BRAQUAGE n. m. Action de braquer. ‖ Pop. Attaque à main armée. ● *Angle de braquage*, angle de rotation d'une roue autour de son axe de pivotement par rapport à sa position en ligne droite. ‖ *Rayon de braquage*, rayon d'un cercle tracé par l'extrémité avant droite de la carrosserie d'un véhicule qui se déplace roues complètement braquées à gauche et *vice versa*.

BRAQUE n. m. (it. *bracco*). Chien de chasse à poil ras et à oreilles pendantes.

BRAQUE n. m. Fam. Étourdi, écervelé.

BRAQUEMART n. m. (néerl. *breecmes*, couteau). Épée courte et large (XIIIe-XVe s.).

BRAQUEMENT n. m. Action de braquer.

BRAQUER v. t. (lat. *brachium*). Diriger un objet vers un point : *braquer une arme*. ‖ Orienter les roues directrices d'une voiture pour virer. ‖ *Aéron.* Incliner les gouvernes d'un avion. ‖ *Provoquer une réaction de rejet : braquer les assistants contre l'orateur.* ‖ *Pop.* Opérer une attaque à main armée. • *Braquer les yeux sur,* regarder. ◆ v. i. Tourner : *une automobile qui braque bien.* ◆ **se braquer** v. pr. *Fam.* Avoir une réaction de refus.

BRAQUET n. m. Rapport de démultiplication entre le pédalier (ou plateau) et le petit pignon d'une bicyclette. (Syn. DÉVELOPPEMENT.)

BRAQUEUR n. m. *Pop.* Personne qui effectue une attaque à main armée.

BRAS n. m. (lat. *brachium*). Première partie du membre supérieur de l'homme, située entre l'épaule et le coude; membre supérieur en entier. ‖ Objet dont la forme rappelle celle d'un bras : *le bras d'un électrophone.* ‖ Division d'un fleuve, d'une mer. ‖ Personne qui agit, travaille, aide : *le bâtiment manque de bras.* ‖ *Zool.* Partie du membre antérieur du cheval, entre l'épaule et le coude; syn. de TENTACULE. • *À bout de bras,* avec ses seules forces. ‖ *À bras raccourcis,* avec violence. ‖ *À tour de bras,* avec force. ‖ *Avoir le bras long,* avoir de l'influence. ‖ *Avoir qqn sur les bras,* à sa charge. ‖ *Baisser les bras,* abandonner. ‖ *Bras dessus, bras dessous,* en se donnant le bras. ‖ *Bras de fauteuil,* accotoir. ‖ *Bras de fer,* jeu où deux personnes, les mains empoignées, essaient chacune de rabattre le bras de l'autre sur la table; épreuve de force. ‖ *Bras d'honneur* (Pop.), geste vulgaire effectué avec l'avant-bras en signe de dérision ou de mépris. ‖ *Le bras droit de qqn,* son principal assistant. ‖ *Bras de levier,* distance d'une force à son point d'appui, comptée perpendiculairement à la direction de cette force. ‖ *Bras de transept,* chacune des deux parties du transept de part et d'autre de la croisée. ‖ *Couper bras et jambes,* ôter toute force; étonner fortement. ‖ *Gros bras* (Fam.), personne qui fait étalage de sa force. ‖ *Recevoir à bras ouverts,* accueillir avec joie. ‖ *Se croiser les bras,* ne rien faire.

BRASAGE n. m. Action de braser.

BRASER v. t. (de *braise*). Effectuer une brasure.

BRASERO n. m. (mot esp.). Récipient métallique percé de trous et destiné au chauffage en plein air.

BRASIER n. m. Feu de charbons incandescents; incendie important.

BRAS-LE-CORPS (À) loc. adv. Par le milieu du corps : *saisir qqn à bras-le-corps.*

BRASSAGE n. m. Action de brasser, de se brasser; mélange.

BRASSAGE n. m. *Mar.* Action de brasser une vergue.

BRASSARD n. m. (de *bras*). Bande d'étoffe, ruban, crêpe, etc., que l'on porte au bras. ‖ Partie de l'armure qui couvrait le bras.

BRASSE n. f. (lat. *brachia*, les bras). Mesure de la longueur des deux bras étendus. ‖ *Mar.* Anc. unité de longueur de 6 pieds, soit environ 1,83 m, utilisée en Angleterre et dans divers pays pour indiquer la profondeur de l'eau. ‖ Nage sur le ventre, où bras et jambes agissent symétriquement et donnent l'impulsion en avant par détente simultanée.

BRASSÉE n. f. Ce que peuvent contenir les deux bras : *une brassée de fleurs.*

BRASSER v. t. (de *bras*). *Mar.* Orienter, en parlant des vergues, pour profiter du vent.

BRASSER v. t. (anc. fr. *brais*, orge). Mêler en remuant. ‖ Préparer la bière en opérant le mélange du malt avec l'eau. • *Brasser des affaires,* en traiter beaucoup. ◆ **se brasser** v. pr. Se mêler en un tout.

BRASSERIE n. f. Lieu où l'on fabrique la bière. ‖ Restaurant où l'on sert des boissons et des repas froids ou préparés rapidement.

BRASSEUR, EUSE n. Personne qui fabrique de la bière ou la vend en gros. • *Brasseur d'affaires,* homme qui est occupé à de nombreuses affaires.

BRASSEUR, EUSE n. Nageur, nageuse qui pratique la brasse.

BRASSIÈRE n. f. (de *bras*). Vêtement de bébé fermé dans le dos, soit en tissu lui porté

directement sur la peau, soit en tricot porté comme vêtement de dessus. ‖ Au Canada, soutien-gorge. ◆ pl. Bretelles d'un sac, d'une hotte, etc.

BRASSIN n. m. (de *brasser*, agiter). Cuve où l'on fabrique la bière; son contenu.

BRASURE n. f. Soudure obtenue en interposant entre les pièces métalliques à joindre un alliage ou un métal dont le point de fusion est moins élevé que celui des pièces à réunir. ‖ Métal ou alliage d'apport utilisé pour cette soudure.

BRAVACHE n. m. et adj. (it. *bravaccio*). Faux brave.

BRAVADE n. f. (it. *bravare*, se vanter). Action ou parole montrant un courage simulé ou insolent; fanfaronnade.

BRAVE adj. et n. (it. *bravo*, lat. *barbarus*, barbare). Prêt à affronter le danger, courageux : *homme brave; se conduire en brave.* ‖ Bon, généreux, obligeant (adj. toujours avant le nom) : *une brave femme; de braves gens; mon brave.*

BRAVEMENT adv. Avec bravoure.

BRAVER v. t. Affronter sans peur, souvent avec défi ou insolence : *braver la mort; braver l'opinion.*

BRAVISSIMO interj. (mot it.). Cri de très vive approbation.

BRAVO interj. et n. m. (mot it.). Cri indiquant une approbation enthousiaste; applaudissement : *les bravos ont redoublé.*

BRAVOURE n. f. (it. *bravura*). Courage, vaillance. • *Morceau de bravoure,* passage brillant d'une œuvre artistique.

BRAYER [brɛje] n. m. Bande de gros cuir soutenant le battant d'une cloche.

BREAK [brɛk] n. m. (mot angl.). Anc. voiture hippomobile à quatre roues, qui avait un siège très élevé sur le devant et d'autres sièges en arrière dans le sens de la longueur. ‖ Berline ou limousine automobile qui possède à l'arrière un hayon relevable, une banquette amovible et un plancher plat.

BREAK [brɛk] n. m. (mot angl., *interruption*). En jazz, courte interruption du jeu de l'orchestre. ‖ En sport (particulièrement au tennis), écart important creusé entre deux adversaires, deux équipes. ‖ En boxe, ordre de l'arbitre commandant aux adversaires de se séparer, lors d'un corps à corps laborieux.

BREAK-DOWN [brɛkdawn] n. m. inv. (mot angl.). Syn. de DÉPRESSION NERVEUSE.

BREAKFAST [brɛkfast] n. m. Petit déjeuner à l'anglaise.

BREBIS n. f. (lat. *berbix*, *-icis*). Mouton femelle. (Cri : la brebis *bêle*.)

BRÈCHE n. f. (haut all. *brecha*, fracture). Ouverture faite dans un mur, un rempart, une haie. ‖ Brisure qui se trouve au tranchant d'une lame. • *Battre en brèche,* attaquer vivement. ‖ *Être toujours sur la brèche,* être toujours en activité. ‖ *Faire une brèche à,* endommager, entamer. ‖ *Sur la brèche,* en luttant.

BRÈCHE n. f. (mot ligure). *Géol.* Conglomérat formé d'éléments anguleux.

BRÉCHET n. m. (angl. *brisket*). Crête médiane du sternum de la plupart des oiseaux, sur laquelle s'insèrent les muscles des ailes.

BREDOUILLAGE, BREDOUILLEMENT ou **BREDOUILLIS** n. m. Action de bredouiller.

BREDOUILLE adj. Qui a échoué, qui n'a rien pris : *ils sont rentrés bredouilles.*

BREDOUILLER v. i. et t. (anc. fr. *bredeler,* de *bretonner,* bégayer). Parler de manière peu distincte : *bredouiller des excuses.*

BREDOUILLEUR, EUSE adj. et n. Qui bredouille.

BREF, ÈVE adj. (lat. *brevis*). De courte durée : *discours bref.* • *D'un ton bref, d'une voix brève,* d'une voix brutale. ‖ *Pour être bref,* pour abréger. ◆ adv. Enfin, en un mot : *bref, je ne veux pas.*

BREF n. m. Lettre du pape portant sur une question d'ordre.

BREGMA [brɛgma] n. m. *Anat.* Point de jonc-

tion des sutures osseuses entre les os pariétaux et le frontal.

BREGMATIQUE adj. Relatif au bregma.

BREITSCHWANZ [brɛtʃvɑ̃ts] n. m. (mot all.). Fourrure d'agneau karakul mort-né ou prématuré.

BRELAN n. m. (haut all. *bretling,* table). Au jeu, réunion de trois cartes de même valeur.

BRÊLER v. t. (de *braie*). Fixer au moyen de cordages.

BRELOQUE n. f. Petit bijou de fantaisie qu'on attache à un bracelet ou à une chaîne de montre. ‖ Dans la marine militaire, sonnerie de clairon ou coup de sifflet pour faire rompre les rangs. • *Battre la breloque,* marcher irrégulièrement : *une horloge qui bat la breloque;* en parlant d'une personne, déraisonner, divaguer.

BRÈME n. f. (mot germ.). Poisson des eaux douces calmes, à corps haut et plat, comestible, mais à nombreuses arêtes. (Il peut atteindre

brème

50 cm de long; famille des cyprinidés.) ‖ *Arg.* Carte à jouer.

BRÉSILIEN, ENNE adj. et n. Du Brésil.

BRÉSILLER v. t. *Litt.* Réduire en petits morceaux. ◆ v. i. ou **se brésiller** v. pr. *Litt.* Tomber en poussière.

BRÉSILLET n. m. Arbre du Brésil, dont le bois, dit *bois de Pernambouc* ou *bois brasil,* fournit une teinture rouge.

BRESSAN, E adj. et n. De la Bresse.

BRESTOIS, E adj. et n. De Brest.

BRETÈCHE ou **BRETESSE** n. f. (lat. médiév. *brittisca,* fortification bretonne). Logette sur une façade pour en renforcer la défense. ‖ Hune fortifiée des anciens bâtiments de guerre.

BRETELLE n. f. (haut all. *brettil,* rêne). Courroie pour porter un fardeau, un fusil. ‖ *Ch. de f.* Appareil permettant de passer d'une voie à une voie contiguë à l'aide d'aiguillages. ‖ *Mil.* Ligne de défense intérieure reliant deux organisations défensives. ‖ *Trav. publ.* Raccordement entre deux itinéraires routiers. ◆ pl. Bandes de tissu, élastique ou non, qui passent par-dessus les épaules pour soutenir un vêtement.

BRETESSÉ, E adj. *Hérald.* Se dit des pièces honorables qui portent des bretèches.

BRETON, ONNE adj. et n. De la Bretagne.

BRETON n. m. Langue celtique parlée dans l'ouest de la Bretagne.

BRETONNANT, E adj. Se dit de la partie de la Bretagne et des Bretons qui ont conservé leur langue.

BRETTE n. f. (anc. fr. *bret,* breton). Épée de duel, longue et droite (XVIᵉ-XVIIᵉ s.). ‖ Instrument denté servant à bretteler.

BRETTELER v. t. (conj. 3). *Constr.* Tailler ou strier une pierre avec une brette.

BRETTEUR n. m. (de *brette*). Autref., homme qui aimait se battre à l'épée.

BRETZEL [brɛtzɛl] n. m. ou f. (mot alsacien). Pâtisserie en forme de huit, dure, saupoudrée de sel et de graines de cumin.

BREUVAGE n. m. (anc. fr. *boivre,* boire, lat. *bibere*). Boisson (souvent péjor.).

BRÈVE n. f. Voyelle ou syllabe dont la durée d'émission est courte.

BREVET n. m. (de *bref*). Diplôme, certificat attestant certaines connaissances. • *Acte en brevet* (Dr.), acte notarié dont l'original, n'étant pas gardé dans les minutes du notaire, est remis aux parties et ne contient pas la formule exécutoire (quittance, certificat de vie). ‖ *Brevet*

Gandini

brick-goélette

d'études du premier cycle (B. E. P. C.), examen sanctionnant le premier cycle de l'enseignement secondaire. ‖ *Brevet d'invention,* titre que le gouvernement délivre à celui qui se déclare l'auteur d'une invention d'ordre industriel, pour lui en assurer l'exploitation exclusive pendant un certain nombre d'années.

BREVETABLE adj. Qui peut être breveté.

BREVETÉ, E adj. et n. Se dit d'une personne qui a une spécialité, qui a obtenu un brevet. ‖ Garanti par un brevet d'invention.

BREVETER v. t. (conj. **4**). Protéger par un brevet : *breveter une invention.*

BRÉVIAIRE n. m. (lat. *brevis,* bref). Livre contenant les prières de l'office divin que les clercs des ordres majeurs doivent réciter chaque jour; l'office lui-même. (La réforme liturgique a remplacé ce terme par celui de LITURGIE DES HEURES.) ‖ Lecture habituelle qui inspire la conduite.

BRÉVILIGNE adj. Se dit d'un individu aux membres courts, et en général d'aspect trapu. (Contr. LONGILIGNE.)

BRIARD, E adj. et n. De la Brie.

BRIARD n. m. Gros chien de berger français.

BRIBES n. f. pl. (onomat.). Petits morceaux : *des bribes de pain.* ‖ Éléments épars : *des bribes de souvenirs.*

BRIC-À-BRAC [brikabrak] n. m. inv. (onomat.). Objets disparates, vieux ou en mauvais état.

BRICELET n. m. En Suisse, gaufre mince et croustillante.

BRIC ET DE BROC (DE) loc. adv. Avec des morceaux de toute provenance.

BRICK n. m. (angl. *brig*). Navire à voiles à deux mâts carrés.

BRICK-GOÉLETTE n. m. (pl. *bricks-goélettes*). Navire à voiles à deux mâts.

BRICOLAGE n. m. Action de bricoler. ‖ Réparation peu solide. ‖ Travail peu sérieux.

BRICOLE n. f. (it. *briccola,* machine de guerre). Pièce du harnais prenant place sur la poitrine du cheval. ‖ Hameçon double. ‖ Au billard, coup où la bille frappe la bande avant de toucher une bille. ‖ *Fam.* Chose sans importance; menu objet.

BRICOLER v. i. *Fam.* Exécuter de petites réparations, de petits travaux d'entretien ou aménagements domestiques. ◆ v. t. *Fam.* Réparer, arranger sommairement : *bricoler un moteur.*

BRICOLEUR, EUSE n. Personne qui bricole.

BRIDE n. f. (haut all. *bridel,* rêne). Partie du harnais d'un cheval, servant à le con-

duire, et comprenant la monture, le mors et les rênes. ‖ *Cout.* Suite de points de chaînette formant une boutonnière ou réunissant les parties d'une broderie. ‖ *Méd.* Bande de tissu conjonctif réunissant anormalement deux organes. ‖ *Techn.* Lien métallique démontable unissant deux ou plusieurs pièces. ● *À bride abattue* ou *à toute bride,* très vite. ‖ *La bride sur le cou,* librement. ‖ *Lâcher la bride à,* donner toute liberté. ‖ *Tenir la bride,* ne pas laisser la liberté complète. ‖ *Tourner bride,* revenir sur ses pas.

BRIDÉ, E adj. *Yeux bridés,* yeux dont les paupières sont étirées latéralement.

BRIDER v. t. Mettre la bride à (un cheval). ‖ Serrer, gêner les mouvements : *cette veste vous bride aux épaules.* ‖ Réprimander, contenir : *brider les désirs de qqn.* ‖ Fixer rigidement deux ou plusieurs pièces entre elles par un lien métallique démontable. ‖ Limiter la puissance que pourrait développer normalement une machine. ‖ *Mar.* Réunir plusieurs cordages avec un petit filin. ● *Brider une volaille,* passer une ficelle dans les cuisses et les ailes pour les maintenir.

BRIDGE n. m. (mot angl.). Jeu de cartes qui se joue entre quatre personnes avec 52 cartes.

BRIDGE n. m. (mot angl., *pont*). Appareil de prothèse dentaire formant pont entre deux dents saines.

BRIDGER v. i. Jouer au bridge.

BRIDGEUR, EUSE n. Joueur de bridge.

BRIDON n. m. Bride légère, à mors brisé.

BRIE n. m. Fromage à pâte molle fermentée fabriqué au lait de vache.

BRIEFING [brifiŋ] n. m. (mot angl.). Réunion d'information des équipages avant un départ en mission aérienne.

BRIÈVEMENT adv. En peu de mots.

BRIÈVETÉ n. f. (lat. *brevitas*). Courte durée, courte longueur : *brièveté d'une intervention, brièveté de la vie.*

BRIGADE n. f. (it. *brigata,* troupe). Unité militaire rassemblant plusieurs formations d'importance diverse. ‖ Groupe d'ouvriers, d'employés travaillant ensemble sous la direction d'un chef. ● *Brigade de gendarmerie,* la plus petite unité de cette arme, installée notamment dans chaque canton. ‖ *Brigade des mineurs,* corps de police spécialisé dans la protection des mineurs en danger.

BRIGADIER n. m. Dans les armes anciennement montées, militaire détenteur du grade équivalant à celui de caporal. (V. GRADE.) ‖ Chef d'une brigade de gendarmerie, de cantonniers. ‖ Général de brigade.

BRIGADIER-CHEF n. m. (pl. *brigadiers-chefs*). Grade situé entre ceux de brigadier et de maréchal des logis.

BRIGAND n. m. (it. *brigante,* qui va en troupe). Personne qui exerce le brigandage; homme malhonnête.

BRIGANDAGE n. m. Vol à main armée, pillage commis le plus souvent par des malfaiteurs réunis en bande.

BRIGANDINE n. f. (de *brigand*). Petite cotte de mailles (XIIIe-XVIe s.).

BRIGANTIN n. m. (it. *brigantino*). Navire à deux mâts de plus faible tonnage que le brick.

BRIGANTINE n. f. (de *brigantin*). *Mar.* Voile trapézoïdale de l'arrière, enverguée sur la corne d'artimon.

BRIGUE n. f. (it. *briga,* querelle). *Litt.* Manœuvre employée pour triompher d'un rival.

BRIGUER v. t. Rechercher avec empressement : *briguer une décoration, un poste.*

BRILLAMMENT [brijamã] adv. De façon remarquable.

BRILLANCE n. f. Éclat lumineux. ‖ *Phys.* Syn. de LUMINANCE.

BRILLANT, E adj. Qui brille par son éclat, par son intelligence, etc.

BRILLANT n. m. Lustre, éclat. ‖ Diamant taillé à facettes.

BRILLANTAGE n. m. Action de brillanter.

BRILLANTÉ n. m. Tissu de coton imprimé à dessins brillants.

BRILLANTER v. t. *Litt.* Agrémenter d'ornements brillants. ‖ Tailler les plus petites facettes d'une pierre de bijouterie. ‖ Donner un aspect brillant à une surface métallique.

BRILLANTEUR n. m. Produit ajouté à un bain de revêtement électrolytique pour brillanter une surface.

BRILLANTINE n. f. Huile ou substance parfumée, pour donner du brillant aux cheveux.

BRILLER v. i. (it. *brillare,* lat. *beryllus,* béryl). Émettre une vive lumière; avoir de l'éclat, luire. ‖ Se faire remarquer par une qualité : *briller par son esprit, briller au barreau.* ● *Faire briller qqch à qqn,* mettre en évidence pour retenir l'attention, pour séduire. ‖ *Yeux, visage qui brillent,* qui manifestent des sentiments vifs.

BRIMADE n. f. (de *brimer*). Épreuve imposée aux nouveaux par les anciens. ‖ Mesure vexatoire et inutile.

BRIMBALER, BRINGUEBALER, BRINQUEBALER v. t. et i. (de *bribe* et *trimbaler*). *Fam.* Secouer de droite à gauche.

BRIMBORION n. m. (lat. *breviarium,* de *brevis,* bref). Petit objet de peu de valeur.

BRIMER v. t. (de *brume*). Soumettre à des brimades; faire subir des vexations; maltraiter.

BRIN n. m. Petite partie d'une chose fine et allongée : *brin d'herbe, de muguet, de paille.* ‖ Partie d'une courroie passant sur une poulie ou un tambour et transmettant le mouvement. ‖ Chacun des fils d'un câble ou d'un cordage. ● *Brin menant,* partie d'une courroie de transmission soumise à l'effort de traction. ‖ *Brin mené,* partie d'une courroie de transmission non soumise à l'effort de traction. ‖ *Un beau brin de fille* (Fam.), fille grande et bien faite. ‖ *Un brin de* (Fam.), une petite quantité de.

BRINDILLE n. f. (de *brin*). Petite branche mince et légère.

BRINELL [brinɛl] n. m. (de *Brinell* n. pr.). Machine pour les essais de dureté des métaux.

BRINGUE n. f. *Faire la bringue* (Pop.), s'amuser, manger, boire en joyeuse compagnie.

BRINGUE n. f. *Grande bringue* (Pop.), fille dégingandée.

BRINGUEBALER ou **BRINQUEBALER** v. t. et i. → BRIMBALER.

BRIO n. m. (mot it.). Entrain, virtuosité.

BRIOCHE n. f. (normand *brier,* broyer). Pâtisserie faite avec de la farine, de la levure, du beurre et des œufs. ‖ *Fam.* Gros ventre.

BRIOCHÉ, E adj. Qui a le goût de la brioche.

BRIOCHIN, E adj. et n. De Saint-Brieuc.

BRION n. m. *Mar.* Partie arrondie de l'étrave, qui fait la liaison avec la quille.

BRIQUE n. f. (néerl. *bricke*). Élément de construction artificiel de petites dimensions, de forme géométrique régulière, à base d'argile, moulé mécaniquement et cuit au four. ‖ Ce qui en a la forme : *une brique de savon.* ‖ *Arg.* Un million (d'anciens francs). ● *Brique de verre,* pavé en verre épais. ◆ adj. inv. et n. Rougeâtre.

BRIQUER v. t. *Fam.* Nettoyer vigoureusement.

BRIQUET n. m. (de *brique,* morceau). Petit appareil servant à produire du feu. ● *Sabre briquet,* sabre court, en usage aux XVIIIe et XIXe s.

BRIQUET n. m. (de *braque*). Chien courant de petite taille.

BRIQUETAGE n. m. Action de briqueter. ‖ Maçonnerie de brique. ‖ Enduit auquel on donne l'apparence d'un appareil en brique.

BRIQUETER v. t. (conj. **4**). Paver, garnir de briques. ‖ Imiter la brique.

BRIQUETERIE n. f. Lieu où l'on fabrique des briques.

BRIQUETEUR n. m. Ouvrier procédant à l'édification d'ouvrages en brique.

BRIQUETIER n. m. Celui qui fabrique ou vend des briques et des tuiles.

BRIQUETTE n. f. Brique faite de tourbe ou de poussière de charbon agglomérée avec du brai, et servant de combustible.

BRIS [bri] n. m. (de *briser*). *Dr.* Fracture avec violence d'une clôture ou d'un scellé.

BRISANT, E adj. Se dit d'un explosif à combustion très rapide.

BRISANT n. m. Écueil sur lequel la mer se brise et déferle. ◆ pl. Écume sur un écueil.

BRISCARD ou **BRISQUARD** n. m. (de *brisque*). *Hist.* Soldat chevronné.

BRISE n. f. Petit vent frais et doux. ● *Brise de mer*, vent léger qui, pendant le jour, souffle de la mer vers la terre. ‖ *Brise de montagne*, vent léger qui, au crépuscule, souffle de la montagne vers la vallée. ‖ *Brise de terre*, vent léger qui, la nuit, souffle de la terre vers la mer. ‖ *Brise de vallée*, vent léger qui, le matin, souffle de la vallée vers les sommets.

BRISÉ, E adj. Formé de pièces pouvant se replier : *volet brisé*. ‖ *Archit.* Se dit d'un arc aigu, d'un fronton aux rempants interrompus avant le faîte, d'un toit à la Mansart. ● *Ligne brisée*, composée de segments de droite qui se coupent. ‖ *Pâte brisée*, pâte dans laquelle le beurre entre pour moitié par rapport à la farine.

BRISÉ n. m. *Chorégr.* Pas simple (glissade battue) appartenant à la petite batterie et dont il existe des variantes complexes (brisé volé, brisé volé de volée).

BRISE-BÉTON n. m. inv. Outil équipé d'un fleuret à mouvement vibratoire de grande énergie, utilisé dans les démolitions.

BRISE-COPEAUX n. m. inv. Partie d'un outil de coupe contre laquelle le copeau vient se briser en fragments.

BRISÉES n. f. pl. *Véner.* Branches d'arbres que le veneur rompt pour reconnaître l'endroit où la bête a passé. ● *Aller sur les brisées de qqn* (Litt.), entrer en concurrence avec lui.

BRISE-GLACE n. m. inv. Construction en amont d'une pile de pont pour la protéger contre les glaces flottantes. ‖ Navire spécialement construit pour briser la glace obstruant un chenal, et maintenir un passage libre.

BRISE-JET n. m. inv. Petit tuyau adapté à un robinet pour atténuer la violence du jet.

BRISE-LAMES n. m. inv. Digue, en avant d'un port, d'un rivage, pour le protéger de la mer par mauvais temps.

BRISEMENT n. m. Action de briser, de se briser.

BRISE-MOTTES n. m. inv. Rouleau pour écraser les mottes de terre.

BRISER v. t. (mot gaul.). Mettre en pièces : *briser une glace*. ‖ Détruire, causer un dommage : *briser la carrière de qqn*. ‖ Faire céder, vaincre : *briser l'orgueil, la volonté*. ‖ Mettre un terme : *briser un entretien, une amitié*. ● *Briser le cœur*, causer une profonde affliction. ◆ v. i. *Briser avec qqn*, cesser de le voir. ◆ **se briser** v. pr. Se casser. ‖ En parlant de la mer, se diviser en heurtant un obstacle.

BRISE-SOLEIL n. m. inv. *Constr.* Dispositif externe, en général fixe, limitant l'arrivée des rayons du soleil sur une baie ou une rangée de baies.

BRISE-TOUT n. inv. *Fam.* Personne qui casse tout ce qu'elle touche.

BRISEUR, EUSE n. *Briseur de grève*, personne qui travaille dans une entreprise alors que les autres sont en grève.

BRISE-VENT n. m. inv. Rideau d'arbres, abri pour garantir les plantes du vent.

BRISIS [brizi] n. m. Partie inférieure, en pente raide, d'un versant de toit brisé (comble à la Mansart).

BRISQUARD n. m. → BRISCARD.

BRISQUE n. f. *Arg. mil.* Chevron. ‖ Jeu de cartes appelé aussi *mariage*.

BRISTOL n. m. (de *Bristol*, ville d'Angleterre). Carton, fortement satiné, de qualité supérieure, plus ou moins épais. ‖ Carte de visite.

BRISURE n. f. Partie où un objet est brisé, fragment : *les brisures d'une glace*. ‖ Joint articulé de deux parties d'un ouvrage de menui-

brisé

serie pouvant se replier l'une sur l'autre. ‖ *Hérald.* Modification apportée aux armoiries d'une famille pour distinguer une branche cadette ou bâtarde de la branche principale ou légitime.

BRITANNIQUE adj. et n. De Grande-Bretagne.

BRITTONIQUE adj. Relatif aux peuples celtes qui s'établirent en Grande-Bretagne entre le Ier millénaire et le Iᵉʳ s. av. J.-C.

BRITTONIQUE n. m. Rameau de la langue celtique comprenant le breton et le gallois.

BRIZE n. f. Herbe des prés et des bois, à épillets larges et tremblotants. (Famille des graminacées; nom usuel : *amourette*.)

BROC [bro] n. m. (gr. *brokhis*, pot). Récipient haut à col resserré, muni d'un bec évasé et d'une anse, pour le transport des liquides.

BROCANTE n. f. Commerce de brocanteur.

BROCANTER v. i. (haut all. *brocko*, morceau). Acheter, vendre des objets d'occasion.

BROCANTEUR, EUSE n. Personne qui achète et revend des objets usagés.

BROCARD n. m. (de *Burchardus*, n. pr.). *Litt.* Raillerie offensante.

BROCARD n. m. (picard *broque*, broche). Chevreuil, cerf, daim âgé d'un an, dont les bois ne sont pas encore ramifiés.

BROCARDER v. t. *Litt.* Railler.

BROCART n. m. (it. *broccato*, tissu broché). Étoffe brochée de soie, d'or ou d'argent.

BROCATELLE n. f. (it. *broccatello*). Marbre de plusieurs couleurs. ‖ Étoffe de soie brochée à riches ornements.

BROCCIO [brɔtʃjo] n. m. Fromage corse fabriqué avec du lait de chèvre.

BROCHAGE n. m. Action, manière de brocher des livres. ‖ Méthode de travail des métaux, utilisée pour usiner ou calibrer des trous de forme quelconque au moyen d'une fraise rectiligne, ou broche. ‖ Procédé de tissage permettant de faire apparaître des motifs décoratifs formés de fils de trame supplémentaires sur un tissu de fond.

BROCHANT, E adj. *Hérald.* Se dit d'une pièce qui passe par-dessus d'autres. ● *Brochant sur le tout*, se dit des pièces brochantes qui passent d'un côté de l'écu à l'autre.

brochet

BROCHE n. f. (lat. *broccha*, choses pointues). Tige de fer pour faire rôtir la viande. ‖ Bijou muni d'une grosse épingle, utilisé pour fermer un vêtement ou comme simple ornement. ‖ Instrument de chirurgie servant à maintenir les os fracturés. ‖ Baguette servant à enfiler plusieurs objets. ‖ Arbre de forte section, qui, dans un tour, reçoit et transmet à la pièce usinée le mouvement de rotation. ‖ Outil servant à calibrer un trou cylindrique ou à y exécuter des rainures. ‖ Verge métallique recevant la bobine, dans les métiers à tisser. ‖ Cheville de bois pointue, pour boucher le trou fait avec le foret. ‖ Tige métallique d'une serrure, et qui pénètre dans le trou d'une clef forée. ‖ Tige constituant la partie mâle d'une connexion électrique d'une prise de courant, d'un culot de lampe, etc. ◆ pl. Défenses du sanglier.

BROCHÉ n. m. Procédé de tissage formant sur l'étoffe des dessins. ‖ Étoffe obtenue par ce procédé.

BROCHER v. t. (de *broche*). Assembler et coudre les feuilles d'un livre. ‖ Usiner à la broche. ‖ *Text.* Passer des fils d'or, de soie, etc., dans une étoffe.

BROCHET n. m. (de *broche*). Poisson d'eau douce, vorace, dont la bouche, largement fendue, contient 700 dents, et à qui ses nageoires arrière permettent de prendre un brusque essor

---

FABRICATION DES BRIQUES ET DES TUILES

extraction — dosage — dégraissant (*sable, cendres volantes, laitiers, terres cuites broyées*) — tuile plate — tuile romane — tuile canal — tuile mécanique — eau — cylindrage et laminage — eau ou vapeur — vide — façonnage — concassage — broyage — argiles — air chaud (*vers le séchage*) — malaxage et humidification — enfossage — coupage des briques — filage — dépilage (*vers le stockage*) — cuisson four-tunnel — empilage — coupage et pressage des tuiles — briques creuses — brique à rupture de joint — brique plâtrière — brique ordinaire — brique de parement — séchage semi-rapide sur balancelles

C.T.B.T.

pour atteindre sa proie. (Il peut vivre plusieurs dizaines d'années et atteindre 1 m de long.) [Famille des ésocidés.]

BROCHETTE n. f. Petite broche de métal servant à enfiler de petites pièces de viande, de petits poissons, que l'on veut faire griller; les morceaux ainsi embrochés. ● *Une brochette de* (Fam.), un groupe de.

BROCHEUR, EUSE adj. et n. Qui broche des livres.

BROCHEUSE n. f. Machine pour le brochage des livres.

BROCHURE n. f. Travail du brocheur. ‖ Petit ouvrage broché. ‖ Dessin broché sur une étoffe.

BROCOLI n. m. (it. *broccolo*). Variété de chou-fleur d'hiver. ‖ Pousse feuillée de certains choux, que l'on consomme comme légume.

BRODEQUIN n. m. (de *brosequin*, esp. *borceguí*). Grosse chaussure montante de marche, lacée autour de la cheville. ‖ Chaussure des personnages de la comédie antique.

BRODER v. t. (mot germ.). Orner de dessins en relief une étoffe à l'aide de fils divers, soit à l'aiguille, soit à la machine. ‖ *Fam.* Amplifier un récit en y ajoutant des détails fantaisistes.

BRODERIE n. f. Décoration exécutée à la main ou à la machine sur une étoffe déjà tissée et servant de support. ‖ *Mus.* Note ou groupe de notes ornant une mélodie. ● *Parterre de broderie,* parterre où les plantations (buis, fleurs) dessinent des arabesques.

BRODEUR, EUSE n. Personne qui brode.

BROIEMENT n. m. Syn. de BROYAGE.

BROMATE n. m. Sel de l'acide bromique.

BROME n. m. (gr. *brômos*, puanteur). Chim. Métalloïde (Br), élément n° 35, de masse atomique 79,90, liquide, rouge foncé, analogue au chlore, bouillant vers 60 ⁰C et donnant des vapeurs très denses, rouges et suffocantes.

BROME n. m. Herbe très commune dans les bois, les prés, les lieux incultes. (Famille des graminacées.)

BROMÉ, E adj. Qui contient du brome (métalloïde).

BROMÉLIACÉE n. f. Monocotylédone des pays tropicaux, souvent épiphyte. (Les *bromélia-cées* forment une famille comprenant l'*ananas*, la *tillandsie*, etc.)

BROMHYDRIQUE adj. Se dit d'un acide qui se forme par la combinaison du brome et de l'hydrogène (HBr).

BROMIQUE adj. Se dit d'un acide oxygéné du brome (HBrO₃).

BROMOCRIPTINE n. f. Important médiateur neurochimique.

BROMOFORME n. m. Liquide (CHBr₃) analogue au chloroforme.

BROMURE n. m. Combinaison du brome avec un corps simple. ‖ *Impr.* Papier photographique au bromure, utilisé en photocomposition.

BRONCHE n. f. (gr. *bronkhia*). Chacun des conduits qui font suite à la trachée et par lesquels l'air s'introduit dans les poumons.

BRONCHES

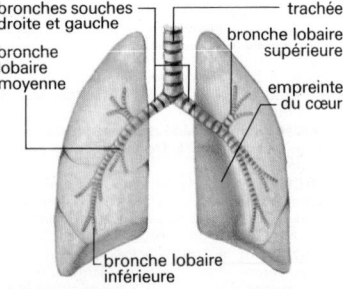

bronches souches
droite et gauche — trachée
— bronche lobaire
supérieure
bronche
lobaire
moyenne
empreinte
du cœur

bronche lobaire
inférieure

poumon droit   poumon gauche

■ La trachée se divise en deux bronches souches, et chacune de celles-ci en bronches lobaires (trois à droite, deux à gauche); ces divisions se ramifient, à l'intérieur du poumon correspondant, en bronches extralobulaires, puis en bronches intralobulaires, ou bronchioles.

BRONCHECTASIE [brɔ̃ɛktazi] ou **BRONCHIECTASIE** [brɔ̃jɛktazi] n. f. (de *bronche*, et gr. *ektasis*, dilatation). Dilatation des bronches.

BRONCHER v. i. (lat. pop. *bruncare*, trébucher). En parlant d'un cheval, faire un faux pas. ‖ Hésiter en manifestant ses sentiments : *obéir sans broncher.*

BRONCHIOLE [brɔ̃fjol] n. f. Chacune des ramifications terminales des bronches.

BRONCHIQUE [brɔ̃fik] adj. Relatif aux bronches.

BRONCHITE [brɔ̃fit] n. f. Inflammation des bronches. ● *Bronchite capillaire,* forme de broncho-pneumonie atteignant les bronchioles.

BRONCHITEUX, EUSE [brɔ̃fitø, øz] adj. et n. Sujet à la bronchite.

BRONCHITIQUE [brɔ̃fitik] adj. et n. Atteint de bronchite.

BRONCHO-PNEUMONIE ou **BRONCHO-PNEUMOPATHIE** [brɔ̃ko-] n. f. (pl. *broncho-pneumonies*). Infection respiratoire atteignant les bronchioles et les alvéoles pulmonaires, due à un germe ou à un virus.

BRONCHORRHÉE [brɔ̃kɔre] n. f. Expectoration abondante de crachats incolores, dans la bronchite chronique.

BRONCHOSCOPE [brɔ̃kɔskɔp] n. m. Endoscope servant à pratiquer la bronchoscopie.

BRONCHOSCOPIE [brɔ̃kɔskɔpi] n. f. Exploration visuelle de l'intérieur des bronches, par les voies naturelles, avec le bronchoscope.

BRONTOSAURE n. m. (gr. *brontê*, tonnerre, et *saura*, lézard). Reptile fossile du groupe des dinosauriens. (Les brontosaures, qui sont parmi les animaux les plus grands qui aient jamais existé [d'environ 20 m de longueur], devaient avoir un régime herbivore.)

BRONZAGE n. m. Action de bronzer; son résultat.

BRONZE n. m. (it. *bronzo*). Alliage de cuivre et d'étain. ‖ Objet d'art en bronze. ● *Âge du bronze,* période préhistorique correspondant au développement de la métallurgie, succédant au néolithique au cours du IIIᵉ millénaire et cessant vers 1000 av. J.-C. avec l'apparition du fer. ‖ *Bronze d'aluminium,* syn. impropre de CUPRO-ALUMINIUM.

BRONZÉ, E adj. Basané, hâlé.

BRONZER v. t. Donner à la peau, au teint une couleur brune : *le soleil lui a bronzé le visage.* ‖ Donner l'aspect ou la couleur du bronze. ◆ v. i. Devenir brun.

BRONZIER n. m. Ouvrier ou artiste pratiquant la fonte et/ou le ciselage des bronzes.

BROOK [bruk] n. m. (mot angl.). Obstacle de steeple-chase constitué par un fossé rempli d'eau.

BROQUELIN n. m. Ensemble de débris de feuilles de tabac livrés en vrac pour leur mise en œuvre.

BROQUETTE n. f. (de *broche*). Petit clou des tapissiers, à tête plate. (Syn. SEMENCE.)

BROSSAGE n. m. Action de brosser.

BROSSE n. f. (lat. pop. *bruscia*). Ustensile de nettoyage, formé de filaments souples fixés sur une plaque. ‖ Pinceau d'artiste peintre; pinceau rond de peintre en bâtiment. ‖ Surface velue du tarse des pattes postérieures de l'abeille, servant à recueillir le pollen. ● *Cheveux en brosse,* droits et hérissés comme les poils d'une brosse.

BROSSER v. t. Frotter avec une brosse pour nettoyer ou faire briller : *brosser un vêtement.* ‖ Peindre, ébaucher avec la brosse : *brosser une toile.* ‖ *Fam.* En Belgique, ne pas assister à : *brosser un cours.* ● *Brosser un tableau,* dépeindre à grands traits, sans détails. ◆ se brosser v. pr. Brosser ses vêtements. ‖ *Fam.* Se passer de qqch sur quoi l'on comptait.

BROSSERIE n. f. Fabrique, commerce de

brosses et d'ustensiles analogues, tels que balais, pinceaux.

BROSSIER, ÈRE n. Personne qui fait ou vend des brosses.

BROU n. m. (de *brout*, pousse verte). Enveloppe verte des fruits à écale. ● *Brou de noix,* liquide brun tiré du brou de la noix.

BROUET [bruɛ] n. m. (mot germ.). *Litt.* Aliment grossier presque liquide.

BROUETTAGE n. m. Transport à la brouette.

BROUETTE n. f. (lat. *birota*, véhicule à deux roues). Petit tombereau à main à une roue et à deux brancards servant à faire de petits transports.

BROUETTÉE n. f. Contenu d'une brouette.

BROUETTER v. t. Transporter dans une brouette.

BROUHAHA [bruaa] n. m. (onomat.). Bruit de voix confus et tumultueux.

BROUILLAGE n. m. Perturbations dans les réceptions radiotechniques.

BROUILLAMINI n. m. *Fam.* Affaire embrouillée; désordre.

BROUILLARD n. m. (anc. fr. *broue*, brouillard). Amas de gouttelettes d'eau en suspension dans l'air et formant un nuage près du sol, limitant la visibilité au-dessous de 1 km.

BROUILLARD n. m. (de *brouiller*). Livre de commerce sur lequel on inscrit les opérations à mesure qu'elles se font. (On dit aussi BROUILLON ou MAIN COURANTE.)

BROUILLASSE n. f. Pluie fine semblable à du brouillard.

BROUILLASSER v. impers. Tomber en brouillasse.

BROUILLE ou **BROUILLERIE** n. f. *Fam.* Désunion, mésentente.

BROUILLÉ, E adj. *Œuf brouillé,* œuf dont le jaune et le blanc mélangés sont constamment remués à la cuisson.

BROUILLER v. t. (anc. fr. *brou,* bouillon). Mettre en désordre, bouleverser : *brouiller des fiches, des dossiers.* ‖ Mettre de la confusion : *brouiller des idées.* ‖ Mettre la désunion entre des personnes : *brouiller deux amis.* ● *Brouiller une émission de radio,* la rendre inaudible en émettant sur la même longueur d'onde. ◆ se brouiller v. pr. Devenir trouble, confus : *sa vue se brouille.* ‖ Ne plus être ami. ● *Le temps se brouille,* le ciel se couvre de nuages.

BROUILLERIE n. f. → BROUILLE.

BROUILLON, ONNE adj. et n. (de *brouiller,* mettre en désordre). Qui crée le désordre; qui manque de clarté dans les idées.

BROUILLON n. m. (de *brouiller,* griffonner). Premier état d'un écrit : *brouillon de lettre.*

BROUILLONNER v. t. Écrire rapidement.

BROUSSAILLE n. f. (de *brosse*). Épines, ronces qui croissent dans les bois. (Rare au sing.) ● *Cheveux, sourcils, barbe en broussaille,* en désordre.

BROUSSAILLEUX, EUSE adj. Couvert de broussailles. ‖ Épais et en désordre : *des sourcils broussailleux.*

BROUSSE n. f. (prov. *brousso*). Paysage steppique des régions tropicales, parsemé d'arbustes. ‖ *Fam.* Campagne isolée.

BROUSSE n. f. (prov. *brousso*). Fromage frais fabriqué en Provence avec le lait de chèvre.

BROUSSIN n. m. (lat. *bruscum,* nœud de l'érable). Excroissance anormale sur le tronc de certains arbres, où le bois est formé d'éléments irréguliers enchevêtrés.

BROUT [bru] n. m. (mot germ.). *Agric. Mal de brout,* inflammation intestinale des bestiaux, provoquée par l'ingestion de jeunes pousses et de bourgeons.

BROUTAGE ou **BROUTEMENT** n. m. *Mécan.* Ensemble de vibrations anormales d'une machine travaillant incorrectement.

BROUTART ou **BROUTARD** n. m. Veau qui a brouté de l'herbe.

BROUTER v. t. (germ. *brustjan*). Paître, manger l'herbe, les jeunes pousses. ◆ v. i. *Mécan.*

Couper par soubresauts, en parlant de certains outils; fonctionner par à-coups, en parlant d'un frein, d'un embrayage, etc.

BROUTILLE n. f. (de *brouter*). Chose de peu d'importance, babiole.

BROWNIEN [bronjɛ̃ *ou* brawnjɛ̃] adj. m. (du botaniste Robert *Brown*). *Mouvement brownien,* mouvement incessant des particules microscopiques en suspension dans un liquide ou dans un gaz, dû à l'agitation moléculaire.

BROWNING [brawniŋ] n. m. (mot angl.; du nom de son inventeur John Moses *Browning* [1855-1926]). Pistolet automatique de 7,65 mm.

BROYAGE n. m. Action de broyer.

BROYER v. t. (mot germ.) [conj. 2]. Pulvériser, triturer, réduire en poudre : *broyer du poivre.* ‖ Détruire complètement, briser : *un gars broyé de fatigue.* ● *Broyer du noir,* s'abandonner à des idées tristes.

BROYEUR, EUSE adj. et n. Qui broie. ● *Insecte broyeur,* insecte dont les pièces buccales sont faites pour broyer.

BROYEUR n. m. Machine à broyer.

BRRR! interj. qui marque un sentiment de crainte, une sensation de froid.

BRU n. f. (lat. *brutis,* mot germ.). Femme du fils, belle-fille.

BRUANT n. m. (de *bruire*). Oiseau passereau des champs, des prés ou des jardins. (Long. 20 cm; famille des fringillidés.)

BRUCELLA [brysela] n. f. (du médecin australien D. *Bruce* [1855-1931]). Nom générique des bacilles courts, Gram négatif, provoquant les brucelloses.

BRUCELLES [brysɛl] n. f. pl. (lat. *bersella*). Pinces très fines, à ressort, pour saisir de petits objets.

BRUCELLOSE n. f. Groupe de maladies communes à l'homme *(fièvre de Malte)* et à quelques espèces animales (ruminants, équidés, porcins), causées par une *brucella* et communiquées à l'homme par contagion animale directe. (Les brucelloses provoquent, notamment, des avortements chez les bovidés [avortement épizootique des bovins], et, chez l'homme, la septicémie à la phase aiguë et des atteintes viscérales et osseuses à la phase de chronicité.)

BRUCHE [bryʃ] n. f. (gr. *broukhos*). Insecte coléoptère brunâtre de 4 mm, qui pond dans les fleurs du pois et dont la larve dévore les graines.

BRUCINE n. f. Alcaloïde toxique de la noix vomique.

BRUGNON n. m. (prov. *brugnoun*). Hybride de pêche à peau lisse et à noyau adhérent.

BRUGNONIER n. m. Variété de pêcher produisant les brugnons.

BRUINE n. f. (lat. *pruina,* gelée blanche). Pluie fine et froide qui tombe lentement.

BRUINER v. impers. Se dit de la bruine qui tombe.

BRUINEUX, EUSE adj. Qui contient de la bruine.

BRUIRE v. i. (lat. *rugire,* rugir). [Surtout à l'inf. : *bruire;* aux 3es pers. du prés. : *il bruit, ils bruissent;* et de l'imp. : *il bruissait, ils bruissaient;* au part. prés. : *bruissant.*] *Litt.* Rendre un son confus.

BRUISSEMENT n. m. *Litt.* Bruit faible et confus : *le bruissement des feuilles.*

BRUIT n. m. (de *bruire*). Ensemble de sons sans harmonie : *le bruit du tonnerre; les bruits de la rue.* ‖ Nouvelle répandue dans le public; retentissement : *faux bruit; cette affaire fait du bruit.* ‖ *Cybern.* Perturbation de toute nature qui se superpose au signal ou aux données utiles dans un canal de transmission ou dans un système de traitement de l'information.

BRUITAGE n. m. Reconstitution artificielle, au théâtre, au cinéma, à la radio, des bruits qui accompagnent l'action.

BRUITER v. i. Produire le bruitage.

BRUITEUR n. m. Spécialiste du bruitage.

BRÛLAGE n. m. Destruction par le feu des herbes ou des broussailles. ‖ Action d'attaquer à la flamme les vieilles peintures, pour les

gratter ensuite. ‖ Action de brûler la pointe des cheveux après une coupe.

BRÛLANT, E adj. Qui brûle, très chaud. ● *Terrain brûlant,* discussion épineuse, affaire pleine de risques.

BRÛLÉ n. m. Odeur répandue par une chose brûlée.

BRÛLÉ, E adj. *Cerveau brûlé, tête brûlée,* individu qui aime le risque.

BRÛLE-GUEULE n. m. inv. *Pop.* Pipe courte.

BRÛLE-PARFUM n. m. inv. Vase dans lequel on fait brûler des parfums. (Syn. CASSOLETTE.)

BRÛLE-POURPOINT (À) loc. adv. Brusquement, sans ménagement.

BRÛLER v. t. (lat. *ustulare*). Détruire, anéantir, altérer par le feu ou par des produits chimiques. ‖ Utiliser comme source d'énergie pour le chauffage, pour l'éclairage : *brûler de l'électricité.* ‖ Causer une douleur vive par le contact du feu ou donner une sensation de brûlure : *la fumée lui brûlait les yeux.* ‖ Passer rapidement, sans s'arrêter : *brûler un feu rouge.* ‖ *Litt.* Causer des sentiments violents : *il est brûlé du désir de la revoir.* ● *Brûler la cervelle à qqn,* le tuer d'un coup de feu à la tête, de très près. ‖ *Brûler la politesse à qqn* (Litt.), le quitter brusquement. ‖ *Brûler ses vaisseaux* (Litt.), s'ôter volontai-

bruant

bruche

rement tout moyen de reculer quand on est engagé dans une affaire. ‖ *Être brûlé* (Fam.), être ruiné; être découvert. ◆ v. i. Être détruit, anéanti, altéré par le feu : *la maison brûle; le rôti brûle.* ‖ Éprouver une sensation de brûlure, de chaleur : *brûler de fièvre.* ‖ *Litt.* Désirer ardemment : *il brûle d'être à Paris.* ‖ Dans certains jeux, être sur le point de trouver.

BRÛLERIE n. f. Atelier où l'on distille l'eau-de-vie, où l'on torréfie le café.

BRÛLEUR n. m. Appareil mettant en présence un combustible fluide ou pulvérulent et un comburant gazeux afin d'en permettre la combustion à sa sortie.

BRÛLIS [bryli] n. m. Partie de forêt incendiée ou de champs dont les herbes ont été brûlées afin de préparer le sol à la culture. (Syn. ÉCOBUAGE.)

BRÛLOIR n. m. Ustensile pour torréfier le café.

BRÛLOT n. m. (de *brûler*). Petit bâtiment rempli de matières inflammables employé pour incendier les vaisseaux ennemis (XVIIe-XIXe s.). ‖ Eau-de-vie flambée avec du sucre. ‖ Journal se livrant à de violentes polémiques. ‖ Au Canada, moustique dont la piqûre provoque une sensation de brûlure.

BRÛLURE n. f. Lésion produite sur la peau par la chaleur, des produits caustiques, l'électricité ou des rayonnements. ‖ Sensation de chaleur ou d'irritation : *brûlures d'estomac.*

BRUMAIRE n. m. (de *brume*). Deuxième mois

du calendrier républicain (22/23/24 octobre-21/22/23 novembre).

BRUMASSE n. f. Petite brume.

BRUMASSER v. impers. En parlant du temps, être légèrement brumeux.

BRUME n. f. (lat. *bruma,* hiver). Trouble de l'atmosphère qui diminue la visibilité sans l'abaisser au-dessous de 1 km (à la différence du brouillard). ‖ *Mar.* Brouillard de mer.

BRUMER v. impers. Faire de la brume.

BRUMEUX, EUSE adj. Couvert de brume.

BRUMISATEUR n. m. (nom déposé). Atomiseur pour les soins de la peau.

BRUN, E adj. et n. m. (mot germ.). D'une couleur intermédiaire entre le roux et le noir. ● *Sauce brune,* sauce à base d'un roux brun (coloré sur le feu) additionné de bouillon. ‖ *Sol brun,* sol fertile des régions tempérées, développé sur roche mère calcaire, sous couvert forestier. ◆ adj. et n. Qui a les cheveux bruns.

BRUNANTE n. f. Au Canada, crépuscule.

BRUNÂTRE adj. Tirant sur le brun.

BRUNCH [brœnʃ] n. m. (contraction de *breakfast,* petit déjeuner, et de *lunch,* déjeuner). Repas tardif pris dans la matinée, tenant lieu de petit déjeuner et de déjeuner.

BRUNE n. f. *Litt.* Moment où le jour baisse.

BRUNET, ETTE adj. et n. Brun de cheveux.

BRUNI n. m. Aspect d'un métal poli au moyen du brunissoir (par oppos. au MAT).

BRUNIR [brynir] v. t. (de *brun*). Rendre brun : *brunir ses cheveux.* ‖ Polir la surface des métaux en les rendant brillants. ◆ v. i. Devenir brun : *son teint brunit.*

BRUNISSAGE n. m. Action de brunir un métal.

BRUNISSEMENT n. m. Action de brunir la peau.

BRUNISSEUR, EUSE n. Personne qui brunit les métaux.

BRUNISSOIR n. m. Outil d'orfèvre, de doreur, de graveur pour brunir les ouvrages d'or, d'argent, les planches de cuivre, etc.

BRUSHING [brœʃiŋ] n. m. (nom déposé). Mise en forme des cheveux, mèche après mèche, à l'aide d'une brosse ronde et d'un séchoir à main.

BRUSQUE adj. (it. *brusco,* âpre). Qui agit avec rudesse, sans ménagement : *un homme brusque.* ‖ Soudain, imprévu : *attaque brusque.*

BRUSQUEMENT adv. De façon brusque.

BRUSQUER v. t. Traiter avec rudesse, sans ménagement : *il brusque tout le monde.* ‖ Hâter la fin, précipiter le cours : *brusquer une affaire.*

BRUSQUERIE n. f. Attitude brusque.

BRUT, E [bryt] adj. (lat. *brutus*). Resté à l'état de nature; qui n'a pas été façonné, poli : *matière brute; diamant brut.* ‖ Dont on n'a pas déduit certains frais, certaines taxes ou retenues : *salaire brut.* ● *Art brut,* art spontané pratiqué par des personnes ayant échappé au conditionnement culturel, autodidactes, déviants mentaux ou médiums. (Un musée, ayant pour noyau les collections du Foyer de l'art brut de J. Dubuffet [1947], lui fut consacré à Lausanne.) ‖ *Champagne brut,* champagne très sec. ‖ *Force brute,* force brutale. ‖ *Pétrole brut,* ou *brut* n. m., pétrole non raffiné. ‖ *Poids brut,* poids comprenant celui de l'emballage. ◆ adv. Sans défalcation de poids ou de frais : *ce tonneau pèse brut 200 kilogrammes; cette affaire a rapporté brut 1 million.*

BRUTAL, E, AUX adj. et n. (lat. *brutalis*). Qui se comporte de manière grossière et violente; dur, méchant. ‖ Se dit d'un événement soudain, inattendu.

BRUTALEMENT adv. Avec brutalité.

BRUTALISER v. t. Traiter de façon brutale.

BRUTALISME n. m. Tendance architecturale contemporaine qui privilégie l'emploi de matériaux bruts (parmi lesquels le béton), la non-dissimulation de l'infrastructure technique (tuyauteries...), la liberté des plans.

■ En partie issu de Le Corbusier, mais opposé au cartésianisme de celui-ci, le brutalisme naît en Grande-Bretagne dans les années 50, parallè-

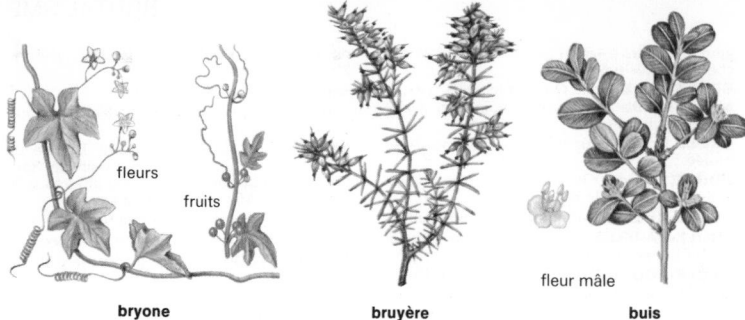

fleurs fruits fleur mâle

bryone bruyère buis

lement au pop art, avec Peter et Alison Smithson (manifeste de 1955). La tendance devient internationale par son influence sur Vittorio Vigano en Italie, Kunio Maekawa au Japon, L. Kahn aux États-Unis, etc.

BRUTALITÉ n. f. État, défaut de ce qui est brutal.

BRUTE n. f. Personne qui se laisse aller à la grossièreté, à la violence.

BRUTION n. m. *Arg.* Élève ou ancien élève du Prytanée militaire de La Flèche.

BRUXELLOIS, E [bryselwa, waz] adj. et n. De Bruxelles.

BRUXOMANIE n. f. (gr. *brukhein*, grincer). Grincement des dents durant le sommeil.

BRUYAMMENT adv. Avec grand bruit.

BRUYANT, E adj. Qui fait beaucoup de bruit; où il y a du bruit : *voisins bruyants; appartement bruyant.*

BRUYÈRE [bryjεr ou bruijεr] n. f. (lat. *brucus*). Plante à fleurs violettes ou roses préférant les sols siliceux, où elle forme des landes d'aspect caractéristique. (Famille des éricacées, genres *erica* et *calluna*.) ● *Terre de bruyère*, produite par la décomposition des feuilles de bruyère.

BRYOLOGIE n. f. (gr. *bruon*, mousse, et *logos*, science). *Bot.* Étude des mousses.

BRYONE n. f. (gr. *bruônia*). Plante grimpante à fleurs verdâtres, commune dans les haies. (Sa racine est toxique.) [Famille des cucurbitacées.]

BRYOPHYTE n. f. (gr. *bruon*, mousse, et *phuton*, plante). Végétal vert sans racines ni vaisseaux, mais généralement pourvu de feuilles et dont le sporophyte est beaucoup plus réduit que le prothalle. (L'embranchement des *bryophytes* comprend les *mousses* et les *hépatiques*.)

BRYOZOAIRE n. m. Invertébré, le plus souvent marin, vivant en colonies fixées sur des algues, des coquilles, des rochers. (Les bryozoaires forment une classe.)

B. T. U. (abrév. de *British Thermal Unit*), anc. unité de mesure calorifique anglo-saxonne, équivalant à la chaleur nécessaire pour élever de 1 °F la température d'une masse d'eau identique à celle du pound, l'opération se faisant à la température de 39,2 °F. (Cette unité a été définie comme valant 1 055,06 joules.)

BUANDERIE n. f. (anc. fr. *buer*, faire la lessive). Pièce où l'on fait la lessive.

BUBALE n. m. (gr. *boubalos*, buffle). Antilope africaine à cornes en U ou en lyre. (Haut. au garrot : 1,30 m.)

BUBON n. m. (gr. *boubôn*). Terme ancien désignant une *adénite.*

BUBONIQUE adj. Relatif au bubon.

BUCCAL, E, AUX adj. (lat. *bucca*, bouche). De la bouche.

BUCCIN [byksɛ̃] n. m. (lat. *buccinum*). Anc. instrument à vent de la famille des trompes. ‖ Mollusque gastropode des côtes de l'Atlantique, carnivore. (Sa coquille, blanche, peut atteindre 10 cm de long.)

BUCCINATEUR n. m. Muscle de la joue tirant en arrière la commissure des lèvres.

BUCCO-DENTAIRE adj. Qui se rapporte à la bouche et aux dents.

buffle

BÛCHE n. f. (mot germ.). Morceau de bois de chauffage. ‖ Personne stupide. ‖ *Fam.* Chute lourde. ● *Bûche de Noël*, gâteau de Noël composé d'une génoise fourrée de crème au beurre au chocolat ou au moka et façonné en forme de bûche.

BÛCHER n. m. (de *bûche*). Lieu où l'on range le bois à brûler. ‖ Pile de bois sur laquelle on brûlait les condamnés au supplice du feu.

BÛCHER v. t. et i. *Fam.* Travailler sans relâche.

BÛCHERON, ONNE n. Personne employée à l'abattage des bois de futaie et de taille.

BÛCHETTE n. f. Menu morceau de bois.

BÛCHEUR, EUSE n. *Fam.* Travailleur acharné.

BUCOLIQUE adj. (gr. *boukolos*, pâtre). Relatif à la vie des bergers ou à la poésie pastorale.

BUCOLIQUE n. f. Poème pastoral.

BUCRANE n. m. (gr. *boukranon*). *Archit. anc.* Motif ornemental figurant une tête de bœuf décharnée.

BUDGET [bydʒε] n. m. (mot angl.; de l'anc. fr. *bougette*, petite bourse). État de prévision des recettes et des dépenses d'un pays, d'un département, d'une commune, d'une entreprise, d'une famille, d'un particulier.

BUDGÉTAIRE adj. Relatif au budget. ● *Contrôle budgétaire*, procédé de gestion des entreprises industrielles qui permet à tout moment de connaître à tous les stades de la fabrication les prix de revient industriels et les frais généraux.

BUDGÉTISATION n. f. Inscription au budget.

BUDGÉTISER v. t. Intégrer dans le budget.

BUDGÉTIVORE adj. et n. *Péjor.* Qui émarge au budget de l'État.

BUÉE n. f. (anc. fr. *buer*, faire la lessive). Vapeur d'un liquide en ébullition. ‖ Vapeur d'eau qui se condense sur une surface froide.

BUFFET n. m. Armoire renfermant la vaisselle, les couverts, le linge de table. ‖ Dans les réceptions, table où sont servis des mets, des boissons. ‖ Enveloppe décorative de bois destinée à protéger ou mettre en valeur la tuyauterie et le mécanisme de l'orgue. ‖ Restaurant de gare. ‖ *Pop.* Ventre, estomac. ● *Buffet d'eau*, fontaine adossée monumentale.

BUFFLAGE n. m. Action de buffler.

BUFFLE n. m., **BUFFLONNE** ou **BUFFLESSE** n. f. (it. *bufalo*). Mammifère ruminant de la famille des bovidés, très voisin du bœuf,

réparti en Europe méridionale, en Asie et en Afrique.

BUFFLE n. m. Disque de polissage constitué par des rondelles accolées, en cuir de bœuf.

BUFFLER v. t. Polir une surface avec un buffle animé d'une grande vitesse de rotation.

BUFFLETERIE [byflatri ou -flεtri] n. f. Partie de l'équipement militaire, en peau de buffle, qui servait autref. à soutenir les armes.

BUGGY n. m. → BOGHEI.

BUGLE [bygl] n. m. (mot angl.). Nom désignant un type d'instruments à vent en cuivre de la famille des *saxhorns.*

BUGLE n. f. (lat. *bugula*). Plante herbacée dont une espèce à fleurs bleues est commune dans les bois frais. (Haut. 25 cm; famille des labiacées, genre *ajuga.*)

BUGLOSSE n. f. (gr. *bouglôssa*, langue de bœuf). Plante des lieux incultes, à fleurs bleues. (Haut. max. 1 m; famille des borraginacées.)

BUGRANE n. f. (lat. *bos*, bœuf, et *retinere*, arrêter). Plante à fleurs roses et à rameaux épineux, commune dans les champs, au bord des chemins. (Haut. 50 cm; famille des papilionacées; nom usuel : *arrête-bœuf.*)

BUILDING [bildiŋ] n. m. (mot angl.). Immeuble de vastes proportions et ayant un très grand nombre d'étages.

BUIRE n. f. (mot germ.). Vase médiéval en forme de cruche, dont le col, allongé, est surmonté d'un couvercle.

BUIS n. m. (lat. *buxus*, gr. *puksos*). Arbrisseau touffu avec de petites feuilles ovales, aisé à tailler, souvent utilisé en horticulture (haies, bordures) et pouvant vivre plus d'un siècle. (Famille des buxacées, genre *buxus*; son bois est utilisé pour sa dureté.)

BUISSON n. m. (de *bois*). Touffe d'arbrisseaux sauvages et rameaux. ‖ Taillis d'arbres de trois à quatre mètres. ‖ *Cuis.* Façon de disposer des crustacés en pyramide : *buisson d'écrevisses.* ● *Battre les buissons*, chercher le gibier.

BUISSON-ARDENT n. m. (pl. *buissons-ardents*). Arbuste des haies de la région méditerranéenne à fruits écarlates, gros comme des pois, persistant l'hiver. (Haut. 2 m; famille des rosacées, genre *cotoneaster*.)

BUISSONNEUX, EUSE adj. Couvert de buissons.

BUISSONNIER, ÈRE adj. Qui habite les buissons. ● *Faire l'école buissonnière*, aller jouer au lieu de se rendre en classe.

BULBAIRE adj. Relatif à un bulbe, et spécialement au bulbe rachidien.

BULBE n. m. (lat. *bulbus*, oignon). Organe végétal formé par un bourgeon souterrain, portant de nombreuses feuilles très rapprochées et charnues, remplies de réserves nutritives, permettant à la plante de reformer chaque année ses parties aériennes : *bulbes de l'oignon, du lis, de la jacinthe.* ‖ *Archit.* Dôme, toiture en forme de bulbe. ‖ *Mar.* Renflement de la partie inférieure de l'étrave d'un navire, pour diminuer la résistance de l'eau. ● *Bulbe aortique*, portion du cœur des poissons osseux et des batraciens larvaires, qui fait suite au ventricule et est à l'origine de l'artère branchiale. (Chez les amphibiens adultes, le bulbe aortique est divisé en une rampe aortique et une rampe pulmonaire.) ‖ *Bulbe duodénal*, première partie du duodénum, située immédiatement après le pylore. ‖

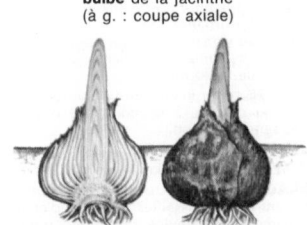

bulbe de la jacinthe
(à g. : coupe axiale)

Bulbe olfactif, diverticule de l'hémisphère cérébral recevant les filets du nerf olfactif venant des fosses nasales. ‖ *Bulbe rachidien,* portion inférieure de l'encéphale des vertébrés située au-dessus de la moelle épinière et dont la forme rappelle celle d'un bulbe. (Le bulbe rachidien contient des centres régissant la circulation sanguine et la respiration.) ‖ *Groupe bulbe,* ensemble d'une turbine hydraulique et d'un alternateur immergés, utilisé en très basse chute.

BULBEUX, EUSE adj. Pourvu ou formé d'un bulbe.

BULBILLE n. f. (de *bulbe*). Bourgeon plein se développant sur les organes aériens de certaines plantes *(ficaire, ail),* capable de s'en détacher, puis de s'enraciner pour se développer en une nouvelle plante.

BULB-KEEL [bœlbkil] n. m. (angl. *bulb,* oignon, et *keel,* quille). Yacht dont le lest fixe est supporté par un aileron métallique.

BULGARE adj. et n. De la Bulgarie.

BULGARE n. m. Langue slave parlée en Bulgarie.

BULGE n. m. (mot angl., *bombement*). Compartiment en forme de renflement rapporté, aménagé à l'extérieur de la carène d'un navire.

BULLAIRE n. m. Recueil de bulles des papes.

BULLDOZER [byldɔzɛr ou buldozœr] n. m. (mot amér.). Engin de terrassement constitué par un tracteur à chenilles, très puissant, équipé à l'avant d'une très forte lame d'acier. (L'Administration préconise BOUTEUR.)

BULLE n. f. (lat. *bulla*). Globule d'air, de vapeur, qui s'élève à la surface d'un liquide. ‖ Dans une bande dessinée, élément graphique qui sort de la bouche d'un personnage et qui indique ses paroles. ‖ *Méd.* Vésicule de l'épiderme, contenant un liquide clair et dont la dimension atteint plusieurs millimètres. ‖ *Hist.* Sceau attaché à un acte. ‖ *Relig.* Document portant le sceau du pape.

BULLE n. m. et adj. inv. Papier grossier et jaunâtre.

BULLETIN n. m. (de *bulle*). Billet qui sert à exprimer un vote : *mettre son bulletin dans l'urne.* ‖ Publication de textes officiels : lois, décrets, arrêtés, circulaires, etc. ‖ Rapport succinct sur le travail, la conduite d'un écolier. ● *Bulletin de bagages,* récépissé donné aux voyageurs qui ont enregistré leurs bagages. ‖ *Bulletin de santé,* rapport périodique sur l'état de santé d'une personne souffrante.

BULLEUX, EUSE adj. *Méd.* Qui consiste en bulles.

BULL-FINCH [bulfinʃ] n. m. (mots angl.). Obstacle de steeple-chase, constitué par un talus de terre surmonté d'une haie.

BULLIONISME n. m. (angl. *bullion,* lingot). Système monétaire dans lequel la monnaie fiduciaire est convertible en métal et intégralement gagée sur une encaisse métallique.

BULL-TERRIER [bultɛrje] n. m. (pl. *bull-terriers*). Chien anglais bon chasseur de rats.

BUNGALOW [bœgalo] n. m. (mot angl., de l'hindi). Habitation indienne d'un seul étage, entourée de vérandas. ‖ Petite maison de construction légère, installée dans la nature pour un séjour provisoire.

BUNKER [bunkœr] n. m. (mot all.). Casemate, réduit fortifié.

BUNRAKU [bunraku] n. m. (mot jap.). Au Japon, spectacle traditionnel de marionnettes.

Bunsen *(bec),* brûleur à gaz, employé dans les laboratoires et muni d'un système de réglage permettant de modifier la composition du mélange combustible.

BUPRESTE n. m. (gr. *bouprêstis,* qui fait enfler les bœufs). Insecte coléoptère, souvent paré de couleurs vives, et dont les larves sont nuisibles aux arbres (chêne, poirier, pin, etc.), où elles creusent des galeries.

BURALISTE n. Personne préposée à un bureau de paiement, de distribution, de recette, etc. ‖ Commerçant qui tient un bureau de tabac.

BURE n. f. (lat. *burra*). Grosse étoffe de laine de coloration brune. ‖ Vêtement fait de cette étoffe.

bulldozer

Massey-Ferguson

BURE n. m. (anc. all. *bur*). *Min.* Puits intérieur reliant verticalement deux ou plusieurs galeries ne débouchant pas au jour.

BUREAU n. m. (de *bure*). Table à tiroirs, pour écrire. ‖ Pièce où se trouve ce meuble. ‖ Endroit où travaillent habituellement des hommes d'affaires, les employés d'une administration ou d'une entreprise, etc. ‖ Lieu où sont installés des services administratifs, commerciaux ou industriels : *bureau de poste, de vote, de tabac.* ‖ Organe dirigeant les travaux d'une assemblée délibérante ou d'une commission et qui en assume le fonctionnement. ‖ *Mil.* Autref., section d'un état-major chargée d'une mission particulière. ● *Bureau de placement,* agence où l'on se charge de placer les employés, les domestiques.

BUREAUCRATE n. Employé dans les bureaux d'une administration (souvent péjor.).

BUREAUCRATIE n. f. Exercice autoritaire du pouvoir par un appareil administratif, constitué par l'État ou par un parti. ‖ *Péjor.* Caractère routinier et tatillon de certains comportements d'une administration.

BUREAUCRATIQUE adj. Relatif à la bureaucratie.

BUREAUCRATISATION n. f. Action de bureaucratiser.

BUREAUCRATISER v. t. Accroître les pouvoirs des services administratifs en les constituant en une fonction autonome.

BUREAUTIQUE n. f. (nom déposé). Ensemble des techniques permettant d'obtenir l'automatisation des tâches administratives et de secrétariat.

BURELÉ, E adj. Se dit, en philatélie, d'un fond rayé destiné à une surimpression.

BURELLE ou **BURÈLE** n. f. *Hérald.* Fasce diminuée de largeur.

BURETTE n. f. (anc. fr. *buire,* mot germ.). Petit vase à goulot, destiné à contenir divers liquides. ‖ Tube de verre gradué muni d'un robinet. ‖ Chacun des récipients où l'on met le vin et l'eau pour la messe. ‖ Petit récipient métallique muni d'un tube effilé, avec lequel on huile les rouages d'une machine.

BURGAU n. m. Grosse coquille dont on tire une nacre employée dans les incrustations, surtout au Japon; nacre qu'elle fournit.

BURGAUDINE n. f. Nacre, souvent teintée de vert, fournie par le burgau.

BURGRAVE n. m. (all. *Burg,* forteresse, et *Graf,* comte). Dans le Saint Empire, seigneur d'une ville ou d'une place forte.

BURIN n. m. (it. *burino*). Ciseau d'acier trempé pour couper les métaux et le bois, pour graver sur les métaux ou sur le bois de bout. ‖ Estampe obtenue au moyen d'une planche métallique gravée avec cet outil.

BURINAGE n. m. Action de buriner.

BURINER v. t. Travailler au burin, graver : *buriner une planche de cuivre.* ● *Visage buriné,* marqué de rides profondes.

BURINEUR n. m. Ouvrier qui enlève au moyen d'un burin et d'un marteau les bavures de métal sur une pièce.

BURLAT n. f. Variété de bigarreau.

BURLESQUE adj. et n. m. (it. *burlesco,* du lat. *burla,* farce). D'un comique extravagant.

■ Au sens le plus général, le burlesque en littérature est un genre parodique pratiqué de l'Antiquité (le *Satiricon* de Pétrone) jusqu'à nos jours (la série des «San Antonio»). Au sens strict, le burlesque désigne une réaction du XVIe et du XVIIe s. contre le romanesque et la préciosité, et qui consiste à prêter aux personnages héroïques consacrés des sentiments et un langage vulgaires.

BURLESQUEMENT adv. De façon burlesque.

BURNOUS [byrnu ou -nus] n. m. (ar. *burnūs*). Manteau d'homme, en laine, à capuchon, porté par les Arabes. ‖ Manteau ou cape à capuchon pour enfants en bas âge.

BURON n. m. (de *bure,* puits de mine). Chalet auvergnat où l'on fabrique le fromage.

BUS n. m. Abrév. d'AUTOBUS.

BUSARD n. m. (de *buse*). Oiseau rapace diurne, aux formes élancées, fréquentant le voisinage des marais. (Long. 50 cm; famille des falconidés.)

BUSC [bysk] n. m. (it. *busco,* bûchette). Saillie disposée dans le fond d'une écluse, et sur laquelle butte la partie inférieure des portes. ‖ Coude formé par la crosse du fusil.

BUSE n. f. (lat. *buteo*). Oiseau rapace diurne, aux formes lourdes et aux doigts faibles, très commun en France et se nourrissant de rongeurs, de reptiles, de petits oiseaux. (Long. 50 à 60 cm; famille des falconidés.) ‖ *Fam.* Personne ignorante et sotte.

BUSE n. f. (flamand *buis,* conduit). Conduite qui fournit l'air aux mineurs et met les puits de mine en communication. ‖ Tuyau conique qui, dans les hauts fourneaux, s'adapte aux tuyères. ‖ Tuyau étranglé, dans un carburateur. ‖ Canalisation souterraine destinée à évacuer des eaux usées par raccordement avec l'égout.

BUSHIDO [buʃido] n. m. (mot jap.). Code d'honneur auquel devaient se conformer les samouraï (Xe s.).

BUSINESS [biznɛs] n. m. (mot angl., *affaire*). *Pop.* Travail. ‖ Affaire compliquée.

BUSINESSMAN [biznɛsman] n. m. (pl. *businessmen*). Homme d'affaires important.

BUSQUÉ, E adj. D'une courbure convexe, arqué.

BUSSEROLE n. f. Arbrisseau des montagnes, à fruit rouge comestible. (On l'appelle aussi

busard
des roseaux

buse variable
(phase foncée)

bupreste

butor

raisin d'ours.) [Haut. 30 cm; famille des éricacées.]

BUSTE n. m. (it. *busto,* poitrine). Partie supérieure du corps humain. ‖ Sa représentation peinte ou sculptée.

BUSTIER n. m. Corsage ajusté à la façon d'un soutien-gorge, découvrant les épaules et ne comportant pas de bretelles.

BUT [byt ou by] n. m. (mot germ.). Point que l'on vise : *frapper au but.* ‖ Endroit où l'on doit envoyer le ballon pour marquer un point; point gagné : *marquer un but.* ‖ Fin que l'on se propose d'atteindre : *tendre vers un but commun; poursuivre un but.* ● *But pulsionnel* (Psychanal.), activité vers laquelle tend la pulsion, produite par elle, et visant à la satisfaction de celle-ci. ‖ *De but en blanc,* brusquement. ◆ loc. prép. *Dans le but de,* dans l'intention de (locution blâmée par certains puristes).

BUTADIÈNE n. m. Hydrocarbure diéthylénique C_4H_6, utilisé dans la fabrication du caoutchouc synthétique.

BUTANE n. m. Hydrocarbure gazeux saturé C_4H_{10}, employé comme combustible et vendu, liquéfié sous faible pression, dans des bouteilles métalliques.

BUTANIER n. m. Navire spécialisé dans le transport du butane sous pression.

BUTÉ, E adj. Entêté, obstiné.

BUTÉE n. f. (de *buter*). Syn. de CULÉE. ‖ Massif de maçonnerie destiné à équilibrer la poussée d'une voûte. ‖ *Mécan.* Épaulement limitant le mouvement d'une pièce. ‖ Pièce ou organe destiné à supporter un effort axial.

BUTÈNE n. m. → BUTYLÈNE.

BUTER v. i. (de *but*). Heurter un obstacle : *buter contre une pierre.* ‖ Se trouver arrêté par une difficulté : *il bute contre un problème.* ◆ v. t. Maintenir, équilibrer : *buter un mur.* ● *Buter qqn,* l'amener à une attitude d'entêtement; (pop.) le tuer. ◆ **se buter** v. pr. S'entêter.

BUTEUR n. m. En sport, celui qui marque des buts.

BUTIN n. m. (anc. bas all. *bute,* partage). Ce qu'on enlève à l'ennemi. ‖ Ce qu'on amasse en cherchant çà et là.

BUTINER v. i. et t. Aller de fleur en fleur en amassant du pollen.

BUTINEUR, EUSE adj. Qui butine.

BUTOIR n. m. Obstacle artificiel placé à l'extrémité d'une voie ferrée. (Syn. HEURTOIR.) ‖ *Techn.* Pièce métallique sur laquelle prennent appui certains organes d'un mécanisme.

BUTOME n. m. Plante du bord des eaux, à fleurs roses en ombelles, appelée aussi *jonc fleuri.* (Classe des monocotylédones.)

BUTOR n. m. (lat. *butaurus*). Oiseau échassier voisin du héron, à plumage fauve tacheté de noir, nichant dans les roselières du Midi. (Le cri du mâle rappelle le beuglement du bœuf.) [Long. 70 cm.] ‖ *Fam.* Homme grossier, stupide.

BUTTAGE n. m. Action de butter.

BUTTE n. f. (de *but*). Petite colline. ‖ Bois de soutènement. ● *Butte de gravité,* portion de voie en dos d'âne, placée, dans un triage, en tête du faisceau de débranchement, et sur laquelle on pousse par refoulement les trains dont les attelages ont été convenablement coupés. ‖ *Butte résiduelle,* hauteur taillée dans une roche tendre, et qui était autrefois surmontée d'une roche dure. ‖ *Butte témoin,* hauteur formée d'une couche dure surmontant des roches tendres, et qui témoigne de l'ancienne extension d'un revers de côte ou d'un plateau. ‖ *Butte de tir,* tertre naturel ou artificiel destiné aux exercices de tir. ‖ *Être en butte à,* être exposé à, menacé par.

BUTTER [byte] v. t. Accumuler de la terre à la base d'une plante.

BUTTOIR ou **BUTTEUR** n. m. Petite charrue qu'on emploie pour opérer le buttage.

BUTYLE n. m. Radical —C_4H_9 dérivé du butane.

BUTYLÈNE ou **BUTÈNE** n. m. Hydrocarbure C_4H_8 éthylénique.

BUTYLIQUE adj. Se dit d'un certain nombre de dérivés du butane (alcool, aldéhyde, etc.).

BUTYRATE n. m. Sel de l'acide butyrique.

byssus

BUTYREUX, EUSE adj. (lat. *butyrum,* beurre). Qui a la nature ou l'apparence du beurre. ● *Taux butyreux,* quantité de matière grasse contenue dans un kilogramme de lait.

BUTYRINE n. f. Matière grasse que contient le beurre.

BUTYRIQUE adj. Se dit d'un acide organique existant dans de nombreuses substances grasses. ● *Fermentation butyrique,* fermentation produite par le bacille amylobacter et décomposant certaines substances organiques (acide lactique, cellulose, amidon, etc.), avec libération d'acide butyrique. (Elle intervient dans le rouissage du lin et du chanvre.)

BUTYROMÈTRE n. m. Instrument servant à mesurer la richesse du lait en matière grasse.

BUTYROPHÉNONE n. f. Radical chimique commun à un groupe de neuroleptiques majeurs utilisés pour leur action sédative et antihallucinatoire.

BUVABLE adj. (de *boire*). *Fam.* Potable, passable comme boisson. ‖ *Pharm.* Qui doit être pris par la bouche : *ampoule buvable.*

BUVARD n. m. (de *boire*). Papier non collé, propre à absorber l'encre fraîche. (On dit aussi PAPIER BUVARD adj.) ‖ Cahier relié, sorte de portefeuille ou de sous-main contenant du papier buvard.

BUVÉE n. f. Breuvage pour les bestiaux, formé de son, de farine, etc., délayés dans de l'eau.

BUVETTE n. f. Petit débit de boissons dans un théâtre, une gare, etc. ‖ Dans les stations thermales, endroit où l'on va boire les eaux.

BUVEUR, EUSE adj. et n. Qui est en train de boire. ‖ Qui aime boire.

BUXACÉE [byksase] n. f. Plante dicotylédone, telle que le *buis.* (Les *buxacées* forment une petite famille.)

BY-PASS [bajpas] n. m. inv. → BIPASSE.

BYSSINOSE n. f. (gr. *bussos,* coton). Affection due à l'inhalation des poussières de coton.

BYSSUS [bisys] n. m. (gr. *bussos,* coton). Faisceau de filaments analogues à la soie, qui sont sécrétés par une glande située à la base du pied chez certains mollusques lamellibranches, comme les moules, et par lesquels l'animal se fixe à son support.

BYZANTIN, E adj. et n. (lat. *byzantinus*). De Byzance, de l'empire d'Orient. ● *Discussions byzantines,* discussions oiseuses à force d'être subtiles.

BYZANTINISME n. m. Tendance aux discussions byzantines.

BYZANTINISTE ou **BYZANTINOLOGUE** n. Spécialiste de byzantinologie.

BYZANTINOLOGIE n. f. Étude de l'histoire et de la civilisation byzantines.

caravane au Pamir *(R. et S. Michaud-Rapho)*

C

C n. m. Troisième lettre de l'alphabet et la deuxième des consonnes : *« c » est une gutturale sourde.* (Devant les voyelles *a, o, u,* devant une consonne ou à la fin d'un mot, *c* se prononce [k]; marqué d'une cédille [ç] ou devant *e, i* et *y, c* se prononce [s] : *François, citron, cygne.*) ‖ **c,** symbole de *centi,* de *centime.* ‖ **C,** chiffre romain, valant *cent.* ‖ **C,** symbole chimique du *carbone.* ‖ **C,** symbole du *coulomb.* ‖ **C** (Math.), symbole représentant l'ensemble des nombres complexes. ‖ **C** (Mus.), nom de la note *do* en anglais et en allemand. ‖ **C** et **₵** (Mus.), signes de mesure. ‖ **°C,** symbole du *degré Celsius.* ‖ **C/kg,** symbole du *coulomb par kilogramme.*

Ca, symbole chimique du *calcium.*

ÇA pron. dém. *Fam.* Cette chose-là : *donnez-moi ça.*

ÇÀ adv. (lat. *ecce hac*). *Çà et là,* de côté et d'autre. ◆ interj. *Ah! çà,* marque l'étonnement.

ÇA n. m. (traduction du pronom neutre all. *Es*). *Psychanal.* L'une des trois instances de l'appareil psychique, constituant le réservoir des pulsions et du refoulé, et à partir de laquelle se différencient génétiquement le Moi et le Surmoi. (Le contenu du Ça est inconscient, mais le Ça ne représente pas tout l'inconscient.)

CAATINGA [kaatinga] n. f. (mot tupi). Formation végétale xérophile de l'intérieur du nordest du Brésil (sertão), constituée d'arbustes épineux et de cactées. (Elle peut être fermée et impénétrable, ou ouverte, selon les conditions climatiques et pédologiques locales.)

CAB [kab] n. m. (mot angl.). Cabriolet où le cocher était placé par-derrière, sur un siège élevé.

CABALE n. f. Manœuvre occulte, intrigue : *monter une cabale.* ‖ V. KABBALE.

CABALISTE n. → KABBALISTE.

CABALISTIQUE adj. Mystérieux, énigmatique : *signe cabalistique.* ‖ V. KABBALISTIQUE.

CABAN n. m. (it. *gabbano,* de l'ar. *qabā*). Veste croisée en drap épais, comme en portent les matelots.

CABANE n. f. (prov. *cabana*). Petite maison, le plus souvent en bois. ‖ Abri destiné à des animaux : *cabane à lapins.* ‖ *Arg.* Prison. ‖ *Cabane à sucre,* au Canada, bâtiment où l'on fabrique le sucre et le sirop d'érable.

CABANEMENT n. m. Incident lors du lancement d'un navire qui bascule brusquement de l'arrière.

CABANON n. m. Petite cabane. ‖ En Provence, pied-à-terre à la campagne. ‖ Autref., cellule d'isolement pour certains malades agités.

CABARET n. m. (néerl. *cabret*). Établissement où l'on présente un spectacle et où les clients peuvent consommer des boissons. ‖ *Litt.* Débit de boissons. ‖ Coffret contenant un service à liqueurs.

CABARETIER, ÈRE n. *Litt.* Personne qui tenait un débit de boissons.

CABAS [kabɑ] n. m. (mot prov.). Grand sac souple en paille tressée.

CABASSET n. m. Casque (XVᵉ-XVIᵉ s.).

CABERNET n. m. Cépage rouge du sud-ouest de la France et des pays de la Loire.

CABESTAN n. m. (mot prov.). Treuil à axe vertical, employé pour toutes les manœuvres exigeant de gros efforts.

CABIAI [kabjɛ] n. m. (mot d'une langue d'Amérique). Rongeur de l'Amérique du Sud, vivant près des fleuves. (C'est le plus gros des rongeurs : 1 m de long; il est végétarien.)

CABILLAUD ou **CABILLAU** n. m. (néerl. *kabeljau*). Nom usuel de l'*églefin* (appliqué aussi, dans le commerce, à la morue fraîche).

CABILLOT n. m. *Mar.* Cheville en bois ou en métal servant au tournage des manœuvres à bord d'un navire.

CABIN-CRUISER [kabinkrɥizœr] n. m. (mot angl.) [pl. *cabin-cruisers*]. Yacht à moteur comportant des aménagements intérieurs.

CABINE n. f. (de *cabane*). Chambre à bord d'un navire, d'une voiture-lits. ‖ Emplacement où se trouvent les membres de l'équipage d'un avion ou d'un vaisseau spatial. ‖ Emplacement occupé par le conducteur et les passagers d'un camion. ‖ Petite baraque où l'on peut s'isoler pour se déshabiller sur les plages. ● *Cabine éjectable,* ensemble du poste de pilotage d'un avion susceptible d'être détaché du fuselage, lorsque l'avion ne peut plus être contrôlé. ‖ *Cabine téléphonique,* petit local servant aux communications téléphoniques.

CABINET n. m. (de *cabine*). Petite pièce dépendant d'une plus grande : *cabinet de débarras.* ‖ Pièce, local où s'exerce la profession de notaire, d'avocat, d'architecte, de médecin, etc.; clientèle de ceux qui exercent ces professions. ‖ Ensemble des ministres d'un État; ensemble des collaborateurs immédiats d'un ministre ou d'un préfet. ‖ Meuble à compartiments et tiroirs, destiné à ranger les objets précieux de petites dimensions. ‖ Pièce abritant des collections publiques ou privées : *cabinet des Médailles.* ● *Cabinet de cire,* collection de reproductions en cire d'hommes et de scènes célèbres. ‖ *Cabinet de lecture,* endroit où on loue des livres. ‖ *Cabinet noir,* bureau secret de la censure des correspondances, établi par Louis XIV; pièce de débarras sans fenêtre. ‖ *Cabinet de toilette,* petite pièce réservée aux soins de propreté. ‖ *Homme de cabinet,* qui aime la vie retirée, l'étude. ◆ pl. Pièce, édicule réservé aux besoins naturels.

cabiai

cab

cabinet italien (XVIIᵉ s.)

Giraudon

B. N.

135

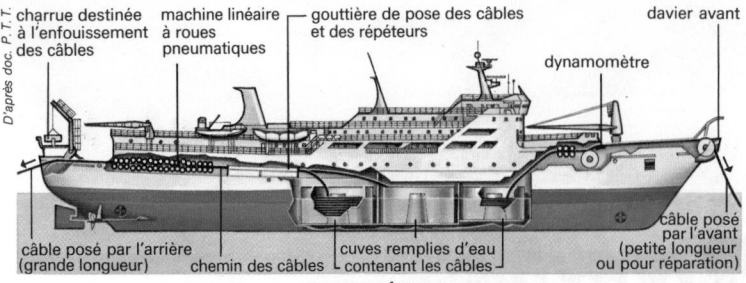

charrue destinée à l'enfouissement des câbles — machine linéaire à roues pneumatiques — gouttière de pose des câbles et des répéteurs — davier avant — dynamomètre — câble posé par l'avant (petite longueur ou pour réparation) — cuves remplies d'eau contenant les câbles — chemin des câbles — câble posé par l'arrière (grande longueur)

D'après doc. P.T.T.

Larousse

NAVIRE CÂBLIER

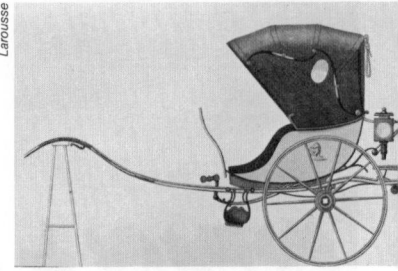

cabriolet

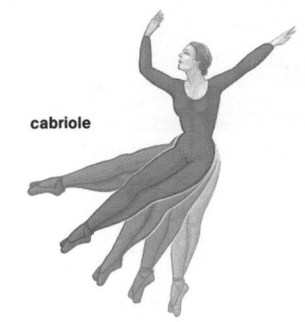

cabriole

cacaoyer

cacatoès

cachalot

CÂBLAGE n. m. Action de câbler. ‖ Ensemble des fils entrant dans le montage d'un appareil électrique.

CÂBLE n. m. (mot normand). Gros cordage en acier. ‖ Faisceau de fils textiles ou d'acier tressé. ‖ Faisceau de fils métalliques protégés par des enveloppes isolantes, servant au transport de l'électricité, à la télégraphie et à la téléphonie souterraines ou sous-marines. ‖ Message transmis par câble. ● *Câble hertzien,* liaison par un étroit faisceau d'ondes hertziennes, remplaçant un câble.

CÂBLEAU ou **CÂBLOT** n. m. Petit câble.

CÂBLER v. t. (de *câble*). Réunir plusieurs cordes ensemble en les tordant pour n'en faire qu'une. ‖ Établir les connexions d'un appareil électrique ou électronique. ‖ Transmettre un message par câble. ● *Fil câblé,* retordu.

CÂBLERIE n. f. Fabrication des câbles.

CÂBLEUR, EUSE n. Spécialiste du raccordement des fils dans un appareil électrique.

CÂBLIER n. m. Navire aménagé pour la pose et la réparation des câbles sous-marins.

CÂBLISTE n. m. À la télévision, agent chargé de manipuler les câbles de la caméra pendant les prises de vues.

CÂBLOGRAMME n. m. Télégramme transmis par câble sous-marin.

CABOCHARD, E adj. et n. Se dit d'une personne ou d'un animal entêté.

CABOCHE n. f. (lat. *caput,* tête). *Fam.* Tête. ‖ Clou à tête large et ronde. ‖ Tête d'une manoque de feuilles de tabac.

CABOCHON n. m. (de *caboche,* tête). Pierre fine, taillée, qui a été polie et ne comporte pas de facettes. ‖ Clou à tête décorative. ‖ Pièce en plastique servant à protéger certains éléments du système optique d'un véhicule : *un cabochon de clignotant.*

CABOSSE n. f. Fruit du cacaoyer.

CABOSSER v. t. Déformer par des bosses ou des creux.

CABOT n. m. Syn. de CABOTIN.

CABOT [kabo] n. m. (normand *cabot,* têtard). Poisson commun en Méditerranée, à chair estimée, du genre *muge.* (Long. 50 cm.) ‖ *Fam.* Chien. ‖ *Fam.* Caporal.

CABOTAGE n. m. Navigation marchande le long des côtes, et spécialement entre les ports d'un même pays, par oppos. à la NAVIGATION AU LONG COURS et au BORNAGE.

CABOTER v. i. (moyen fr. *cabo,* promontoire). Naviguer à faible distance des côtes.

CABOTEUR n. m. Bâtiment effectuant une navigation de cabotage.

CABOTIN, INE n. (nom d'un comédien du XVIIᵉ s.). Acteur médiocre qui a une haute opinion de lui-même. ‖ Personne qui manque de naturel, qui a une attitude théâtrale.

CABOTINAGE n. m. Attitude de cabotin.

CABOTINER v. i. Faire le cabotin.

CABOULOT n. m. *Pop.* Café petit et médiocre.

CABRER v. t. (lat. *capra,* chèvre). Faire dresser un animal sur les pattes de derrière, en particulier les chevaux. ‖ Amener à une attitude de révolte. ● *Cabrer un avion,* lui faire prendre une position verticale.

CABRI n. m. (prov. *cabrit*). Chevreau.

CABRIOLE n. f. (it. *capriola,* du lat. *capra,* chèvre). Saut agile que l'on fait en se retournant sur soi-même. ‖ *Chorégr.* Grand pas sauté au cours duquel les jambes se réunissent dans l'espace. ‖ *Équit.* Figure de haute école exécutée par un cheval qui se cabre puis rue avant que ses membres antérieurs ne retombent sur le sol.

CABRIOLER v. i. Faire des cabrioles.

CABRIOLET n. m. (de *cabrioler*). Automobile décapotable. ‖ *Autref.,* voiture hippomobile légère à deux roues, munie généralement d'une capote. ‖ Fauteuil à dossier concave, apparu à l'époque Louis XV.

CAB-SIGNAL n. m. (pl. *cab-signaux*). *Ch. de f.* Dispositif de signalisation disposé dans la cabine de conduite des véhicules moteurs.

CABUS [kaby] adj. m. (lat. *caput,* tête). *Chou cabus,* chou pommé à feuilles lisses.

CACA n. m. Dans le langage enfantin, excrément. ● *Caca d'oie,* couleur jaune verdâtre.

CACABER [kakabe] v. i. (lat. *cacabare*). Crier, en parlant de la perdrix.

CACAHOUÈTE ou **CACAHUÈTE** [kakawɛt] n. f. (esp. *cacahuate,* mot aztèque). Fruit ou graine de l'arachide, dont on extrait 45 p. 100 d'huile ou que l'on consomme torréfié.

CACAO n. m. (esp. *cacao,* mot aztèque). Graine du cacaoyer, d'où l'on extrait des matières grasses *(beurre de cacao)* et la poudre de cacao, qui sert à faire le chocolat.

CACAOTÉ, E adj. Qui contient du cacao.

CACAOYER ou **CACAOTIER** n. m. Petit arbre de la famille des sterculiacées, originaire de l'Amérique du Sud et cultivé pour la production du cacao, surtout en Afrique (Ghāna).

CACAOYÈRE ou **CACAOTIÈRE** n. f. Plantation de cacaoyers.

CACARDER [kakarde] v. i. (onomat.). Crier, en parlant de l'oie.

CACATOÈS n. m. (mot malais). Oiseau d'Australie, de la famille des psittacidés, au plumage blanc, à forte huppe érectile colorée de jaune ou de rouge. (On écrit aussi KAKATOÈS.)

CACATOIS n. m. (de *cacatoès*). *Mar.* Voile carrée, placée au-dessus du perroquet. ‖ Mât qui supporte cette voile.

CACHALOT n. m. (portug. *cachalotte;* de *cachola,* caboche). Mammifère cétacé, de

136

mêmes dimensions que les baleines, dont il diffère par la possession de dents fixées à la mâchoire inférieure.

■ Le cachalot est un animal carnassier se nourrissant de grosses proies. Son énorme tête est remplie d'une quantité de graisse liquide, appelée *blanc de baleine*, pesant jusqu'à 5 tonnes. Les résidus de sa digestion forment dans son intestin la substance que l'on appelle *ambre gris*.

CACHE n. f. (de *cacher*). Lieu secret pour cacher qqch ou se cacher.

CACHE n. m. Carton découpé, destiné à cacher certaines parties d'une surface pour effectuer une opération.

CACHE-CACHE n. m. inv. Jeu d'enfants, dans lequel tous se cachent, à l'exception d'un seul, qui cherche à découvrir les cachettes des autres.

CACHE-COL n. m. inv. Petite écharpe protégeant le cou.

CACHE-CORSET n. m. inv. Sous-vêtement de lingerie féminine que l'on mettait autrefois pour protéger le haut du corset et le buste.

CACHECTIQUE [kaʃɛktik] adj. et n. Atteint de cachexie.

CACHE-ENTRÉE n. m. inv. Pièce métallique mobile pour recouvrir le trou d'une serrure.

CACHE-FLAMME n. m. inv. Appareil fixé au bout du canon d'une arme à feu, pour dissimuler les lueurs au départ du coup.

CACHEMIRE n. m. Tissu fin fait avec le poil des chèvres du Cachemire. ‖ Châle fait avec ce tissu.

CACHE-NEZ n. m. inv. Longue écharpe de laine protégeant du froid le cou et le bas du visage.

CACHE-POT n. m. inv. Vase décoratif qui sert à dissimuler un pot de fleurs.

CACHER v. t. (lat. *coactare*, serrer). Soustraire à la vue en plaçant dans un lieu secret, en recouvrant. ‖ Dissimuler : *cacher sa joie.* ● *Cacher son jeu, ses cartes,* dissimuler ses intentions. ◆ **se cacher** v. pr. Se retirer dans un lieu secret; se soustraire aux regards. ● *Se cacher de qqch,* ne pas en convenir. ‖ *Se cacher de qqn,* lui cacher ce qu'on fait.

CACHER adj. inv. → KASHER.

CACHE-RADIATEUR n. m. inv. Revêtement pour dissimuler un radiateur d'appartement.

CACHE-SEXE n. m. inv. Triangle de tissu couvrant le bas-ventre.

CACHET n. m. (de *cacher*). Petit sceau gravé, portant en relief une marque, une inscription ou les armes, les initiales de qqn; marque, empreinte apposée à l'aide de cet objet : *le cachet de la poste.* ‖ Rétribution d'un artiste pour une leçon, une audition, etc. ‖ Médicament en poudre contenu dans une enveloppe de pain azyme ou aggloméré en pastille; comprimé. ‖ Marque distinctive, originalité : *avoir un cachet d'élégance.* ● *Courir le cachet,* rechercher, pour vivre, les leçons à domicile. ‖ *Lettre de cachet,* lettre fermée d'un cachet du roi, et qui contenait un ordre de la part du souverain, généralement en vue de faire emprisonner un haut personnage.

CACHETAGE n. m. Action de cacheter. ‖ Recouvrement provisoire, avec un ciment à prise très rapide, d'un ouvrage en béton fraîchement coulé, pour éviter son délavage par l'eau.

CACHE-TAMPON n. m. inv. Jeu d'enfants consistant à trouver un objet caché.

CACHETER v. t. (conj. 4). Sceller avec de la cire, empreinte ou non d'un cachet. ‖ Fermer une enveloppe en la collant. ● *Vin cacheté,* vin en bouteille dont le bouchon est recouvert de cire; vin fin.

CACHETTE n. f. Lieu propre à cacher ou à se cacher. ● *En cachette,* en secret, à la dérobée.

CACHEXIE n. f. (gr. *kakhexia,* mauvaise constitution physique). État d'affaiblissement, d'amaigrissement extrême du corps, constituant la phase terminale de certaines maladies ou infections chroniques.

CACHOT n. m. (de *cacher*). Cellule obscure où l'on enferme un prisonnier traité avec rigueur.

CACHOTTERIE n. f. *Fam.* Mystère sur des choses de peu d'importance.

CACHOTTIER, ÈRE adj. et n. *Fam.* Qui fait des cachotteries.

CACHOU n. m. (portug. *cacho;* du tamoul *kāsu*). Substance extraite du bois d'un acacia de l'Inde et employée en tannerie. ‖ Substance astringente extraite de la noix d'arec; pastille aromatique parfumée avec cette substance.

CACHUCHA [katʃutʃa] n. f. Danse populaire d'Andalousie.

CACIQUE n. m. (mot esp.). Chef de certaines tribus indiennes d'Amérique. ‖ *Fam.* et péjor. Personnalité importante. ‖ *Arg. scol.* Élève reçu premier à un concours, à un examen quelconque.

CACOCHYME [kakɔʃim] adj. et n. (gr. *kakokhumos,* mauvaise humeur). *Vieillard cacochyme* (Litt.), faible, languissant.

CACODYLATE [kakɔdilat] n. m. (gr. *kakôdês,* mauvaise odeur, et *ulê,* matière). Sel de l'acide cacodylique (composé organique arsénié), employé en thérapeutique.

CACOGRAPHIE n. f. (gr. *kakos,* mauvais, et *graphein,* écrire). Orthographe fautive.

CACOLET [kakɔlɛ] n. m. (mot béarnais). Double siège à dossier, fixé sur le bât d'un mulet pour transporter les voyageurs ou les blessés.

CACOPHONIE [kakɔfɔni] n. f. (gr. *kakos,* mauvais, et *phônê,* voix). Mélange de sons discordants et, en particulier, rencontre désagréable de syllabes, comme *ciel! si ceci se sait!*

CACOPHONIQUE adj. Relatif à la cacophonie.

CACOSMIE n. f. (gr. *kakos,* mauvais, et *osmê,* odeur). *Pathol.* Perception de mauvaise odeur, ne correspondant pas à une odeur extérieure.

CACTACÉE ou **CACTÉE** n. f. Plante dicotylédone originaire d'Amérique semi-tropicale, adaptée à la sécheresse par ses tiges charnues, gorgées d'eau, par ses feuilles réduites à des épines et par son type particulier d'assimilation chlorophyllienne. (Les *cactacées,* ou *cactées,* forment une famille comprenant entre autres l'*opuntia* et le *cactus.*)

CACTUS [kaktys] n. m. (gr. *kaktos,* artichaut épineux). Nom donné à diverses plantes de la famille des cactacées, du genre *opuntia* (nopal, figuier d'Inde).

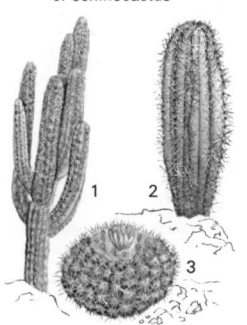

cactus : 1. cierge géant; 2. *cereus* nobilis; 3. échinocactus

C.-À-D., abrév. pour C'EST-À-DIRE.

CADASTRAL, E, AUX adj. Relatif au cadastre.

CADASTRE n. m. (mot prov., gr. *katastrikton*). Ensemble des documents qui permettent la détermination des propriétés foncières d'un territoire. ‖ Administration qui a la charge de ces documents.

CADASTRER v. t. Soumettre aux opérations du cadastre.

CADAVÉREUX, EUSE adj. Qui rappelle un cadavre : *teint cadavéreux.*

CADAVÉRIQUE adj. Relatif au cadavre : *pâleur cadavérique.* ● *Rigidité cadavérique,* durcissement des muscles dans les heures qui suivent la mort.

CADAVRE n. m. (lat. *cadaver*). Corps d'un homme ou d'un animal mort. ‖ *Pop.* Bouteille vide. ● *Cadavre ambulant,* personne très maigre. ‖ *Cadavre exquis* (Littér.), jeu collectif pratiqué par les surréalistes, qui consistait à faire composer une phrase ou un dessin par plusieurs personnes, sans tenir compte des collaborations précédentes. (On écrivait sur un morceau de papier que l'on pliait et que l'on passait à son voisin.)

CADDIE [kadi] n. m. Au golf, personne portant les clubs du joueur.

CADDY [kadi] n. m. (nom déposé) [pl. *Caddies*]. Petit chariot à quatre roues, utilisé par les clients d'un magasin en libre service.

CADE n. m. (mot prov.). Genévrier du Midi. ● *Huile de cade,* liquide noir et malodorant, inflammable, qui s'emploie contre les plaies des chevaux et les dermatoses.

CADEAU n. m. (prov. *capdel,* lettre capitale, lat. *caput*). Objet offert pour faire plaisir. ● *Ne pas faire de cadeau à qqn,* être impitoyable avec lui.

CADENAS [kadna] n. m. (prov. *cadenat,* lat. *catena,* chaîne). Serrure mobile.

CADENASSER v. t. Fermer avec un cadenas.

CADENCE n. f. (it. *cadenza*). Répétition de sons ou de mouvements qui se succèdent d'une façon régulière et mesurée. ‖ Rythme du travail d'un ouvrier, de la production d'un atelier, des approvisionnements d'une entreprise. ‖ *Mus.* Enchaînement d'accords marquant une étape dans l'évolution du discours musical; passage de virtuosité, écrit ou improvisé, destiné au soliste, avant la conclusion d'un air ou d'un mouvement de concerto. ● *Cadence de tir d'une arme,* nombre de coups tirés à la minute.

CADENCER v. t. (conj. 1). Donner de l'harmonie et du rythme : *cadencer ses phrases.* ● *Pas cadencé,* pas dont le rythme est réglé.

CADÈNE n. f. *Mar.* Pièce métallique fixée à la coque et sur laquelle se fixent les haubans.

CADENETTE n. f. (du seigneur de *Cadenet,* qui mit cette tresse à la mode au XVIIe s.). Tresse de cheveux portée de chaque côté de la figure par les militaires de certaines unités, puis par les muscadins en 1793.

cadenettes

Lauros-Giraudon

CADET, ETTE adj. et n. (gascon *capdet*). Se dit d'un enfant qui vient après l'aîné ou qui est plus jeune qu'un ou plusieurs enfants de la même famille. ● *Branche cadette d'une maison,* branche sortie d'un cadet. ◆ n. En sport, jeune joueur (ou joueuse) âgé de treize à seize ans. ‖ Personne moins âgée et sans relation de parenté. ● *C'est le cadet de mes soucis* (Fam.), c'est la moindre de mes préoccupations.

CADET n. m. Autref., jeune gentilhomme destiné à la carrière militaire. ‖ Élève officier.

CADI n. m. (mot ar.). Juge musulman dont la

compétence s'étend aux questions en rapport avec la religion.

CADMIAGE n. m. Opération de revêtiment d'une surface métallique par un dépôt électrolytique de cadmium.

CADMIE n. f. (gr. *kadmeia*, calamine, zinc). Mélange de suie et d'oxydes métalliques qui s'accumule au gueulard des hauts fourneaux.

CADMIER v. t. Recouvrir de cadmium.

CADMIUM [kadmjɔm] n. m. Corps simple (Cd), n° 48, de masse atomique 112,40, de densité 8,6, fusible à 320 °C. (C'est un métal mou, blanc bleuâtre, utilisé pour protéger l'acier, employé en alliages [plomb, étain, zinc] et sous forme de sels, qui fournissent notamment divers pigments pour la peinture fine.)

CADOGAN n. m. → CATOGAN.

CADRAGE n. m. Mise en place du sujet dans le viseur d'un appareil photographique ou cinématographique. ‖ Mise en place d'un document dans une page de texte imprimé.

CADRAN n. m. (lat. *quadrans*, quart). Surface portant les divisions d'une grandeur (temps, pression, vitesse, différence de potentiel, etc.), et devant laquelle se déplace une aiguille qui indique la valeur de cette grandeur. ● *Cadran d'appel*, disque mobile des appareils téléphoniques automatiques. ‖ *Cadran solaire*, surface plane portant des lignes qui permettent de repérer l'heure d'après la position d'une ombre projetée par le Soleil sur la surface. ‖ *Faire le tour du cadran* (Fam.), dormir douze heures.

CADRAT [kadra] n. m. (lat. *quadratus*, carré). Petit lingot de métal plus bas et de même corps que les lettres d'imprimerie, qui sert à compléter une ligne creuse.

CADRATIN n. m. Cadrat de même épaisseur que le caractère utilisé.

CADRATURE n. f. Assemblage des pièces qui meuvent les aiguilles d'une montre, etc.

CADRE n. m. (it. *quadro*, carré). Bordure de bois, de métal, etc., qui entoure une glace, un tableau, etc. ‖ Ce qui entoure un objet, un espace, une scène, une personne. ‖ Ce qui borne l'action de qqn : *sortir du cadre de ses attributions.* ‖ Ensemble des tubes formant l'ossature d'une bicyclette ou d'une motocyclette. ‖ Élément principal de soutènement d'une galerie de mine, trapézoïdal ou cintré. ‖ Collecteur d'ondes utilisé en radio. ‖ Grande caisse utilisée pour les transports. ‖ Châssis de bois que l'on place dans les ruches et dans lequel les abeilles établissent leurs rayons. ‖ *Mar.* Couchette en toile montée sur un châssis en bois. ● *Dans le cadre de*, dans les limites de.

CADRE n. m. Salarié exerçant une fonction de direction, de conception ou de contrôle dans une entreprise, une administration. ● *Cadre noir*, corps des écuyers militaires formés à Saumur. ‖ *Cadre de réserve*, ensemble des officiers généraux qui, cessant d'être pourvus d'un emploi en raison de leur âge, restent à la disposition du ministre.

CADRER v. i. (**avec**). Avoir du rapport avec, concorder : *ces résultats ne cadrent pas avec nos prévisions.* ◆ v. t. Effectuer un cadrage : *la photo était mal cadrée.*

CADREUR n. m. Mot préconisé par l'Administration pour remplacer CAMERAMAN.

CADUC, CADUQUE adj. (lat. *caducus*). Qui n'a plus cours, périmé (en parlant d'une loi, d'un système, etc.). ● *Feuilles caduques,* feuilles qui se renouvellent chaque année.

CADUCÉE n. m. (lat. *caduceus*). Baguette de laurier ou d'olivier surmontée de deux ailes et entourée de deux serpents entrelacés. (C'était notamment un attribut d'Hermès.) ‖ Attribut des corps de santé, composé d'un faisceau de baguettes autour duquel s'enroule le serpent d'Épidaure et que surmonte le miroir de la Prudence.

CADUCIFOLIÉ, E adj. (de *caduc*). Se dit des arbres qui perdent leurs feuilles en hiver (ou à la saison sèche sous les tropiques) et des forêts formées par ces arbres.

CADUCITÉ n. f. *Dr.* État d'un acte juridique qu'un fait postérieur rend inefficace.

cadran solaire.

CADUQUE n. f. Couche de la muqueuse utérine qui se sépare de l'utérus, avec les membranes de l'œuf, lors de l'accouchement.

CADURCIEN, ENNE adj. et n. De Cahors.

CÆCAL, E, AUX [sekal, o] adj. Du cæcum.

CÆCUM [sekɔm] n. m. (lat. *caecus*, aveugle). Cul-de-sac formé par la partie initiale du gros intestin, au-dessous de l'arrivée de l'intestin grêle, et portant l'appendice vermiculaire.

CAENNAIS, E [kanɛ, -ɛz] adj. et n. De Caen.

CÆSIUM ou **CÉSIUM** [sezjɔm] n. m. (lat. *caesius*, bleu). Métal alcalin (Cs), n° 55, de masse atomique 132,90.

CAF adj. inv. ou adv. (initiales des mots *coût, assurance, fret*). Se dit d'une vente maritime dans laquelle le prix convenu comprend, outre le coût de la marchandise, celui du transport jusqu'au port de destination, assurance comprise.

CAFARD, E adj. et n. (ar. *kâfir*, renégat). *Fam.* Rapporteur, dénonciateur.

CAFARD n. m. Nom usuel de la *blatte*. ‖ *Fam.* Idées noires : *avoir le cafard.*

CAFARDAGE n. m. Action de cafarder.

CAFARDER v. i. et t. *Fam.* Dénoncer hypocritement.

CAFARDEUR, EUSE adj. et n. Qui cafarde.

CAFARDEUX, EUSE adj. Qui dénote, qui cause du cafard, de la mélancolie.

CAFÉ n. m. (it. *caffè*; ar. *qahwa*). Syn. de CAFÉIER. ‖ Graines enfermées par deux dans le fruit (drupe rouge) de cet arbuste, et contenant un alcaloïde et un principe aromatique. ‖ Infusion faite avec ces graines torréfiées. ‖ Établissement où l'on peut consommer des boissons alcoolisées ou non. ● *Café au lait,* mélange de café et de lait. ‖ *Café crème,* ou *crème* n. m., café additionné de lait froid chauffé par un jet de vapeur. ‖ *Café littéraire* (Littér.), lieu de rencontre pour de petits groupes d'écrivains se réclamant de principes communs. ◆ adj. inv. D'un vert presque noir.

■ Face aux académies officielles et aux cénacles plus fermés, le café littéraire joua dès la fin du XVIIIe s., en Angleterre, puis en France, un rôle important qui correspond à l'apparition d'un nouveau type d'écrivain : homme de lettres vivant de sa plume et non plus protégé et pensionné d'un prince.

CAFÉ-CONCERT n. m. (pl. *cafés-concerts*). Music-hall où le public buvait, fumait, en écoutant des chansonnettes, des saynètes. (Abrév. fam. CAF' CONC'.)

CAFÉIER n. m. Arbrisseau de la famille des rubiacées, qui produit le café. (Haut. : 3 m dans les plantations, jusqu'à 10 m dans la nature.)

CAFÉIÈRE n. f. Lieu planté de caféiers.

CAFÉINE n. f. Alcaloïde du café, présent aussi dans le thé et le kola, utilisé comme tonique.

CAFÉISME n. m. Habitude d'absorber de grandes quantités de café.

CAFETAN ou **CAFTAN** n. m. (ar. *qaftän*). Anc. manteau long, parfois richement orné, avec ou sans manches, porté au Proche-Orient.

CAFÉTÉRIA n. f. Lieu public où l'on sert du café, des repas légers.

CAFÉ-THÉÂTRE n. m. (pl. *cafés-théâtres*). Café où se donne un spectacle constitué de petites scènes improvisées ou de pièces qui, pour des raisons de forme ou d'idéologie, restent en marge des circuits traditionnels de diffusion.

CAFETIER n. m. Personne qui tient un café.

CAFETIÈRE n. f. Appareil ménager qui sert à faire ou à verser le café. ‖ *Pop.* Tête.

CAFOUILLAGE ou **CAFOUILLIS** n. m. *Fam.* Désordre.

CAFOUILLER v. i. *Fam.* Agir de façon désordonnée; fonctionner irrégulièrement.

CAFOUILLEUX, EUSE ou **CAFOUILLEUR, EUSE** adj. Qui cafouille.

CAFRE adj. et n. Se disait des populations non musulmanes habitant l'Afrique méridionale. (V. XHOSAS, Part. hist.)

CAFTER [kafte] v. i. *Pop.* Moucharder, dénoncer.

CAFTEUR, EUSE n. *Pop.* Personne qui moucharde.

CAGE n. f. (lat. *cavea*). Espace clos par des barreaux ou du grillage pour enfermer des oiseaux, des animaux. ‖ *Mécan.* Bâti, carter. ● *Cage d'un escalier,* d'un ascenseur, espace à l'intérieur duquel se développe un escalier, où est installé un ascenseur. ‖ *Cage d'extraction,* carcasse métallique suspendue à un câble d'extraction dans un puits de mine pour le transport du personnel ou des bennes. ‖ *Cage de Faraday,* cage à paroi conductrice, permettant d'isoler électriquement les corps placés à l'intérieur. ‖ *Cage thoracique,* cavité formée par les vertèbres, les côtes et le sternum, contenant le cœur et les poumons.

CAGEOT n. m. Panier en osier ou en bois déroulé, pour le transport des volailles, des fruits ou des légumes.

CAGET n. m. ou **CAGEROTTE** n. f. Natte sur laquelle on fait égoutter les fromages.

CAGIBI n. m. *Fam.* Réduit, pièce exiguë.

CAGNA [kaɲa] n. f. (annamite *canha*, paillote). *Arg.* Abri, maison.

CAGNEUX, EUSE adj. et n. (anc. fr. *cagne,* chienne). Qui a les jambes rapprochées à la hauteur des genoux et écartées près des pieds. ‖ Se dit du cheval dont les pieds sont tournés en dedans.

CAGNOTTE n. f. (prov. *cagnotto,* petit cuvier). Caisse commune où les membres d'une association déposent l'argent qu'ils doivent verser dans certaines circonstances; somme ainsi recueillie. ‖ Dans certains jeux de hasard, somme d'argent qui s'accumule au fil des tirages et que qqn peut gagner dans sa totalité.

CAGOT, E adj. et n. (mot béarnais, *lépreux blanc*). *Litt.* Faux dévot; hypocrite.

CAGOTERIE n. f. Dévotion outrée.

CAGOU n. m. Bel oiseau gris de Nouvelle-Calédonie, en voie d'extinction. (Ordre des ralliformes.)

caféier

CAGOULARD n. m. Membre du *Comité secret d'action révolutionnaire* (C.S.A.R.) [dit « la Cagoule »], organisation terroriste (1935-1941).

CAGOULE n. f. (lat. *cuculus*, capuchon). Manteau de moine, sans manches, surmonté d'un capuchon. || Capuchon percé à l'endroit des yeux. || Coiffure de laine encadrant de très près le visage et se prolongeant vers le cou.

CAHIER n. m. (lat. *quaterni*, quatre à quatre). Assemblage de feuilles de papier réunies ensemble. || *Arts graph.* Élément formé par la feuille imprimée et pliée. ● *Cahier des charges*, ensemble des clauses imposées à l'adjudication d'un marché de travaux ou de fournitures, ou à une vente publique. ◆ pl. *Cahiers de doléances*, cahiers des délégués, aux états généraux de 1789, où étaient consignées leurs demandes.

CAHIN-CAHA loc. adv. (onomat.). *Aller, marcher cahin-caha* (Fam.), tant bien que mal.

CAHOT n. m. Saut que fait une voiture sur un chemin raboteux.

CAHOTANT, E adj. Qui cahote facilement.

CAHOTEMENT n. m. Action de cahoter.

CAHOTER v. t. et v. i. (all. *hotten*, faire balancer). Ballotter.

CAHOTEUX, EUSE adj. Qui provoque des cahots : *chemin cahoteux.*

CAHUTE n. f. (de *caverne* et *hutte*). Habitation très médiocre.

CAÏD n. m. (ar. *qâ'id*, chef). Magistrat indigène dont les fonctions s'exerçaient en Afrique du Nord, en matière de police, d'administration et d'impôts. || *Pop.* Chef de bande.

CAÏEU ou **CAYEU** n. m. (lat. *catellus*, petit chien). Bulbe secondaire, formé chez certaines plantes sur le côté d'un bulbe.

CAILLAGE n. m. → CAILLEMENT.

CAILLASSE n. f. (de *caillou*). *Fam.* Cailloux, pierres. || *Constr.* Pierre assez grande, employée dans les fondations ou dans les murs de forte épaisseur.

CAILLE [kaj] n. f. (bas lat. *quaccula*, onomat.). Oiseau voisin de la perdrix, migrateur (la caille vient en France au printemps et en été), habitant les champs et les prairies de plaines. (Cri : la caille *margotte, carcaille.* Le petit se nomme *cailleteau.*) [Long. 18 cm; famille des phasianidés.]

caille des blés

cagou

CAILLÉ n. et adj. m. Lait caillé. || Partie du lait obtenue par coagulation, et utilisée pour fabriquer le fromage.

CAILLEBOTIS [kajbɔti] n. m. Ensemble de lamelles métalliques assemblées en treillis, employé comme grille d'aération et posé au sol au-dessus des caniveaux. || Treillis en bois, amovible, servant de plancher et laissant écouler l'eau. || Assemblage de rondins facilitant le passage ou le stationnement dans un endroit boueux.

CAILLEBOTTE n. f. Masse de lait caillé.

CAILLE-LAIT n. m. inv. Nom usuel du *gaillet*, dont le suc peut faire cailler le lait.

CAILLEMENT ou **CAILLAGE** n. m. Action de se cailler ou de faire cailler.

CAILLER v. t. (lat. *coagulare*). Figer, coaguler : *la présure caille le lait.* ◆ v. i. *Pop.* Avoir froid. ● *Ça caille* (Pop.), il fait froid.

CAILLETTE n. f. (lat. *coagulum*, caillé). Dernière poche de l'estomac des ruminants, qui sécrète le suc gastrique.

CAILLOT n. m. Masse semi-solide qui se forme dans le sang lorsqu'il se coagule. (Le caillot est formé de filaments de fibrine emprisonnant dans leurs mailles les globules sanguins.) || Masse solide provenant d'autres coagulations.

CAILLOU n. m. (mot gaul.) [pl. *cailloux*]. Fragment de pierre de petite dimension (5 à 6 cm). || *Pop.* Crâne.

CAILLOUTAGE n. m. Action de caillouter. || Construction faite de cailloux noyés dans un mortier de ciment. || Sorte de poterie à pâte fine, dure et blanche. (Syn. FAÏENCE FINE.)

CAILLOUTER v. t. Garnir de cailloux un chemin ou une voie ferrée.

CAILLOUTEUX, EUSE adj. Rempli de cailloux.

CAILLOUTIS [kajuti] n. m. Amas de petits cailloux concassés, pour l'entretien d'une route; ouvrage fait avec ce caillou. || *Géol.* Matériaux meubles où dominent les cailloux.

CAÏMAN n. m. (esp. *caimán*; mot caraïbe). Crocodile à museau large de l'Amérique centrale et méridionale. (Son cuir est recherché en maroquinerie.) [Long. de la plus grande espèce : 6 m.]

CAÏQUE n. m. (it. *caicco*; mot turc). Embarcation longue et étroite des mers du Levant, ne se déplaçant qu'à l'aviron.

CAIRN [kɛrn] n. m. (mot irland.). Monticule de terre et de pierres recouvrant les sépultures mégalithiques. || Pyramide de pierres édifiée en montagne pour indiquer un passage.

CAIROTE adj. et n. Du Caire.

CAISSE n. f. (lat. *capsa*). Coffre de bois, servant à divers usages; son contenu : *une caisse de raisin.* || Meuble où un commerçant range sa recette; la recette elle-même. || Comptoir d'un magasin où sont payés les achats; guichet d'une administration où se font les paiements; les fonds qui y sont déposés. || Corps d'une voiture. || Instrument de percussion appartenant à la famille des tambours. || Organisme doté d'une certaine autonomie financière, et dont les ressources sont gérées sous un contrôle plus ou moins étendu des pouvoirs publics (*Caisse des dépôts et consignations; caisses d'épargne; caisses de Sécurité sociale;* etc.). ● *Caisse des écoles*, établissement public institué dans chaque commune pour favoriser la fréquentation de l'école publique, et alimenté par des dons et des subventions. || *Caisse du tympan*, cavité pleine d'air située derrière le tympan et traversée par la chaîne des osselets de l'oreille. || *Grosse caisse*, gros tambour. || *Livre de caisse*, registre où sont inscrits les mouvements de fonds.

CAISSERIE n. f. Fabrique de caisses.

CAISSETTE n. f. Petite caisse.

CAISSIER, ÈRE n. Personne qui tient la caisse d'un établissement.

CAISSON n. m. (de *caisse*). Voiture servant autrefois au transport des munitions. || *Archit. anc.* Compartiment creux, orné de moulures ou de peintures, utilisé comme décor des plafonds. || *Mar.* Compartiment faisant partie de la coque et assurant sa flottabilité. || *Trav. publ.* Enceinte étanche permettant de travailler à l'air au-dessous du niveau de l'eau. ● *Maladie des caissons*, affection qui touche les scaphandriers et les ouvriers travaillant dans les caissons pneumatiques sous l'eau, survenant à leur remontée à la surface, et due à la libération d'azote gazeux dans le sang. || *Se faire sauter le caisson* (Pop.), se brûler la cervelle.

CAITYA [ʃaitja] n. m. Pour les bouddhistes, lieu saint, édifice consacré.

CAJEPUT [kaʒpyt] n. m. (malais *caju-puti*, arbre blanc). Nom de plusieurs myrtacées de l'Inde, dont on extrait une essence utilisée autrefois en pharmacie; cette essence.

CAJOLER v. t. (lat. *caveola*, cage). Entourer d'attentions affectueuses, caresser.

CAJOLERIE n. f. Paroles ou actions par lesquelles on cajole, flatterie.

CAJOLEUR, EUSE adj. et n. Qui cajole.

CAJOU n. m. *Noix de cajou*, autre nom de l'ANACARDE.

CAJUN [kaʒœ̃] adj. et n. (déformation de *acadien*). Se dit des habitants de la Louisiane qui parlent français, de leur parler, de leur culture.

CAKE [kɛk] n. m. (mot angl.). Gâteau constitué d'une pâte aux œufs levée, dans laquelle on incorpore des fruits confits et des raisins secs imbibés de rhum.

cal, symbole de la *calorie.*

CAL n. m. (lat. *callum*) [pl. *cals*]. Durillon. || Cicatrice d'un os fracturé. || *Bot.* Amas de cellulose gélifiée qui, en hiver, obstrue les tubes criblés chez certaines plantes, comme la vigne. ● *Cal vicieux*, cicatrice saillante d'un os, ou faite en mauvaise position.

CALABRAIS, E adj. et n. De Calabre.

CALADIUM [kaladjɔm] n. m. Plante ornementale d'appartement, à fleurs odorantes et à feuillage coloré.

CALAGE n. m. Action de caler, d'étayer. || Placement de la forme d'impression sur la machine à imprimer. ● *Calage de la distribution*, positionnement rigoureux de l'arbre à cames par rapport au vilebrequin d'un moteur à combustion à quatre temps.

CALAISIEN, ENNE adj. et n. De Calais.

CALAISON n. f. *Mar.* Syn. de TIRANT D'EAU.

CALAMAR n. m. → CALMAR.

CALAMBAC n. m. (mot malais). Bois d'Insulinde et d'Océanie, utilisé en tabletterie.

CALAME n. m. Roseau taillé utilisé dans l'Antiquité pour écrire.

CALAMINAGE n. m. Action de se calaminer.

CALAMINE n. f. (lat. médiéval *calamina*, cadmie). Silicate hydraté naturel de zinc. || Résidu de la combustion du carburant qui se dépose dans les cylindres d'un moteur. || Oxyde qui se produit à la surface des pièces métalliques lors d'un traitement à haute température au contact de l'air.

CALAMINER (SE) v. pr. Se couvrir de calamine.

CALAMISTRÉ, E adj. (lat. *calamistratus*, frisé). Recouvert de brillantine.

CALAMITE n. f. Arbre fossile de l'ère primaire, de l'embranchement des ptéridophytes, atteignant 30 m de haut.

CALAMITÉ n. f. (lat. *calamitas*). Malheur public, catastrophe, désastre.

CALAMITEUX, EUSE adj. *Litt.* Qui s'accompagne de malheurs.

CALANDRAGE n. m. Action de calandrer.

CALANDRE n. f. (gr. *kulindros*, cylindre). Machine à cylindres pour lisser, lustrer, sécher ou glacer les étoffes, les papiers, etc. || Garniture placée devant le radiateur d'une automobile.

CALANDRE n. f. (prov. *calandra*). La plus grande des espèces d'alouettes du sud de l'Europe. (Long. 20 cm.) || Genre de charançons dont les larves dévorent les grains de céréales.

CALANDRER v. t. Passer à la calandre.

CALANDREUR, EUSE n. Personne qui travaille à la calandre.

calao

CALANQUE n. f. (prov. *calanço*). Crique étroite et escarpée, aux parois rocheuses.

CALAO n. m. Oiseau d'Asie, d'Insulinde et d'Afrique, de l'ordre des coraciadiformes, caractérisé par un énorme bec surmonté d'un casque.

CALCAIRE adj. (lat. *calcarius*). Qui contient de la chaux : *terrain calcaire*. ● *Relief calcaire*, v. KARSTIQUE.

CALCAIRE n. m. Nom général donné à un important groupe de roches sédimentaires, très répandues, formées essentiellement par du carbonate de calcium.

CALCANÉUM [kalkaneɔm] n. m. Os du tarse, qui forme la saillie du talon.

CALCARONE [kalkarɔne] n. m. (mot it.). Four à ciel ouvert pour l'extraction du soufre.

CALCÉDOINE [kalsedwan] n. f. (de *Chalcédoine*, ville de Bithynie). Silice translucide cristallisée, très utilisée en joaillerie dans l'Antiquité pour les bijoux et les cachets. (La calcédoine rouge-orangé est la *cornaline*, la brune la *sardoine*, la verte la *chrysoprase*, la noire l'*onyx*.)

CALCÉMIE n. f. (lat. *calx,* chaux, et gr. *haima*, sang). Quantité de calcium contenu dans le sang (normalement 0,100 g par litre).

CALCÉOLAIRE [kalseɔlɛr] n. f. (lat. *calceolus*, petit soulier). Plante originaire de l'Amérique du Sud, dont les fleurs ressemblent à un sabot. (Famille des scrofulariacées.)

CALCICOLE adj. Se dit d'une plante qui prospère sur un sol riche en calcaire, comme la betterave, la luzerne.

CALCIFÉROL n. m. Autre nom de la vitamine D synthétique (ou vitamine D2), qui possède un pouvoir antirachitique.

CALCIFICATION n. f. Apport et fixation de sels calcaires dans les tissus organiques.

CALCIFIÉ, E adj. Converti en carbonate de calcium.

CALCIFUGE adj. Se dit d'une plante qui ne prospère pas bien sur le sol calcaire, comme le châtaignier, la fougère aigle. (Syn. CALCIPHOBE.)

CALCIN n. m. Croûte recouvrant la surface des pierres de taille exposées aux intempéries. ‖ Débris de verre pulvérisé. ‖ Dépôt calcaire insoluble qui se forme dans les bouilloires et les chaudières.

CALCINATION n. f. Action de calciner.

CALCINER v. t. (lat. *calx, calcis,* chaux). Carboniser : *débris calcinés*. ‖ Transformer des pierres calcaires en chaux par l'action du feu. ‖ Soumettre un corps à une température très élevée.

CALCIOTHERMIE n. f. *Métall.* Opération de réduction permettant l'obtention de certains métaux (uranium, plutonium, thorium), grâce à l'action du calcium.

CALCIPHOBE adj. Syn. de CALCIFUGE.

CALCIQUE adj. Relatif au calcium, à la chaux.

CALCITE n. f. Carbonate naturel de calcium cristallisé (Ca CO₃), qui constitue la gangue de nombreux filons.

CALCITONINE n. f. Hormone de la thyroïde qui abaisse les taux sanguins du calcium et du phosphore en empêchant la résorption osseuse.

CALCIUM [kalsjɔm] n. m. Métal (Ca) n° 20, de masse atomique 40,08, blanc, mou, de densité 1,54, fusible à 810 ⁰C, obtenu en décomposant son chlorure par un courant électrique. (Il décompose l'eau à la température ordinaire. Certains de ses composés, oxyde et hydroxyde [chaux], carbonate [calcaire], sulfate [plâtre], etc., sont des matériaux de première utilité.)

CALCIURIE n. f. Taux urinaire du calcium (normalement 150 mg par litre et 250 mg par 24 h).

CALCSCHISTE n. m. Schiste plus ou moins riche en carbonates.

CALCUL n. m. (lat. *calculus*, caillou [servant à compter]). Opération que l'on fait pour trouver le résultat de la combinaison de plusieurs nombres. ‖ Art de résoudre les problèmes d'arithmétique élémentaire. ‖ Combinaisons, mesures pour le succès d'une affaire : *déjouer les calculs de qqn*. ● *Calcul algébrique*, calcul qui se rapporte aux expressions algébriques. ‖ *Calcul arithmétique*, mise en pratique des opérations arithmétiques. ‖ *Calcul différentiel*, calcul relatif aux dérivées et aux différentielles. ‖ *Calcul infinitésimal*, ensemble du calcul différentiel et du calcul intégral. ‖ *Calcul intégral*, calcul relatif aux intégrales. ‖ *Calcul mental*, calcul arithmétique effectué de tête, sans le secours de l'écriture. ‖ *Calcul scientifique*, application des mathématiques à un problème donné, en vue d'obtenir une solution à ce problème.

CALCUL n. m. (lat. *calculus*, caillou). Concrétion pierreuse qui se forme dans la vessie, les reins, la vésicule biliaire, etc. (Syn. LITHIASE.)

CALCULABILITÉ n. f. Caractère de ce qui est calculable.

CALCULABLE adj. Qui peut se calculer.

CALCULATEUR, TRICE adj. et n. Qui effectue des calculs. ‖ Qui sait prévoir, qui combine adroitement.

CALCULATEUR n. m. Machine de traitement de l'information susceptible d'effectuer des calculs importants comprenant de nombreuses opérations arithmétiques ou logiques.

CALCULATRICE n. f. Machine qui effectue des opérations arithmétiques simples ou complexes et dont les faibles dimensions sont dues à l'emploi de semi-conducteurs et de circuits intégrés.
■ Comportant un circuit intégré pour réaliser leur logique de calcul et constituer quelques registres, un clavier de touches pour l'entrée des chiffres et des opérations à effectuer, un écran pour l'affichage des résultats et un dispositif d'alimentation en énergie, les premières calculatrices de poche, capables d'effectuer les quatre opérations arithmétiques, ont été commercialisées en 1970. En 1972 sont apparues les calculatrices scientifiques, autorisant les calculs de logarithmes, d'exponentielles et de diverses fonctions trigonométriques. En 1974 ont été lancées les calculatrices programmables, dotées d'une mémoire où peut être enregistré un programme de calcul, dont on déclenche la réalisation en appuyant sur une touche, et qui sont de véritables ordinateurs en miniature.

CALCULER v. t. Déterminer par le calcul : *calculer une distance, un prix*. ‖ Évaluer de manière précise : *calculer ses chances de succès*. ‖ Combiner en vue d'un but déterminé : *calculer ses efforts*. ◆ v. i. Faire une opération arithmétique. ‖ Ne dépenser qu'à bon escient. ● *Règle, machine à calculer*, instruments à l'aide desquels on fait mécaniquement certains calculs.

CALCULETTE n. f. Calculatrice électronique de poche.

CALCULEUX, EUSE adj. *Méd.* Relatif aux calculs de la vessie, du rein, etc.

CALDEIRA [kaldɛra] n. f. (mot portug., *chaudière*). Vaste dépression, de forme grossièrement circulaire, formée par l'effondrement de la partie centrale d'un cône volcanique.

CALDOCHE n. *Fam.* Blanc de la Nouvelle-Calédonie.

CALE n. f. (all. *Keil*). Morceau de bois que l'on place sous ou contre un objet pour le mettre d'aplomb, l'empêcher de rouler, de glisser, etc.

CALE n. f. (gr. *khalân*, abaisser). Partie la plus basse dans l'intérieur d'un navire. ‖ Partie d'un quai qui s'abaisse dans l'eau en pente douce. ● *Cale de construction*, chantier sur lequel repose un navire pendant la construction de sa coque ou lors de ses réparations. ‖ *Cale sèche* ou *cale de radoub*, bassin que l'on peut mettre à sec et dans lequel un navire peut être réparé. ‖ *Être à fond de cale* (Fam.), n'avoir plus aucune ressource.

CALÉ, E adj. *Fam.* Instruit, fort : *calé en histoire.* ‖ *Fam.* Difficile, compliqué.

CALEBASSE n. f. (esp. *calabaza*). Fruit d'une espèce de courge ou du calebassier, qui, vidé et séché, sert de récipient.

CALEBASSIER n. m. Arbre de l'Amérique tropicale. (Famille des cucurbitacées.)

CALÈCHE n. f. (all. *Kalesche*). Voiture hippomobile découverte, suspendue, à quatre roues, munie à l'avant d'un siège à dossier, à l'arrière d'une capote à calendes.

CALEÇON n. m. (it. *calzoni;* de *calza*, bas). Sous-vêtement masculin à jambes courtes ou longues.

CALÉDONIEN, ENNE adj. et n. De la Calédonie. ● *Plissement calédonien*, plissement primaire qui a eu lieu à la fin du silurien et qui a affecté en particulier l'Écosse et la Scandinavie.

CALE-ÉTALON n. f. (pl. *cales-étalons*). Prisme parallélépipédique en acier trempé, rectifié et vérifié, servant, dans les ateliers, à la vérification des calibres de contrôle.

CALÉFACTION n. f. (lat. *calefacere*, chauffer). Action du feu, produisant la chaleur. ‖ Phénomène par lequel une goutte d'eau jetée sur une plaque très chaude reste soutenue par la vapeur qu'elle émet.

CALEMBOUR n. m. Jeu de mots fondé sur les interprétations différentes d'un son ou d'un groupe de sons *(ver blanc* et *vers blanc).*

CALEMBREDAINE n. f. Propos extravagant.

CALENDES n. f. pl. (lat. *calendae*). Premier jour du mois, chez les Romains. ● *Renvoyer aux calendes grecques*, remettre une chose à une époque qui n'arrivera pas (les mois grecs n'ayant point de calendes).
■ Chez les Romains, le mois était divisé en trois parties inégales : par les *calendes*, les *nones* et les *ides*. Les calendes tombaient le premier jour de la nouvelle lune; les nones neuf jours avant les ides, qui commencent avec la pleine lune.

CALENDRIER n. m. (lat. *calendarium*, registre de dettes). Système de division du temps. ‖ Tableau des jours de l'année. ‖ Programme, emploi du temps.
■ Le calendrier romain comprit, à partir de

calèche

Numa, 12 mois lunaires. En l'an 708 de Rome, Jules César voulut le mettre en accord avec le cours du Soleil. Fondé sur une durée de l'année que l'on croyait être exactement de 365 jours 1/4, le *calendrier julien* qui subsista jusqu'au milieu du XVIe s., admettait 3 *années communes* de 365 jours, suivies d'une *année bissextile*, qui comprenait un jour supplémentaire au mois de février. Mais l'année était alors trop forte, et, au cours des siècles, cette différence amena un retard qui atteignit dix jours en 1582; pour le rattraper, le pape Grégoire XIII ordonna que le jeudi 4 octobre 1582 fût immédiatement suivi du vendredi 15 octobre; puis il supprima les bissextiles séculaires, sauf celles dont le millésime est divisible par 400, créant ainsi le *calendrier grégorien*. Cependant subsiste une petite erreur d'un jour sur 3 000 ans. À l'heure actuelle, le calendrier grégorien est en avance de 13 jours sur le calendrier julien.
Le *calendrier républicain* fut institué par la Convention nationale le 24 novembre 1793. L'année commençait à l'équinoxe d'automne et était partagée en 12 mois de 30 jours chacun, plus 5 ou 6 *jours complémentaires*, qui devaient être consacrés à la célébration de fêtes républicaines. Ces mois reçurent les noms suivants : pour l'automne, *vendémiaire, brumaire, frimaire*; pour l'hiver, *nivôse, pluviôse, ventôse*; pour le printemps, *germinal, floréal, prairial*; pour l'été, *messidor, thermidor, fructidor*. Le mois était divisé en trois *décades* de 10 jours nommés : *primidi, duodi, tridi, quartidi, quintidi, sextidi, septidi, octidi, nonidi, décadi*.

CALE-PIED n. m. (pl. *cale-pieds*). Butoir retenant sur la pédale le pied du cycliste.

CALEPIN n. m. (de *Calepino*, auteur it. d'un dictionnaire). Petit carnet.

CALER v. t. (de *cale*, morceau de bois). Assujettir avec des cales : *caler un meuble.* ‖ Bloquer, arrêter brusquement : *caler son moteur.* ‖ *Techn.* Mettre au point, régler le fonctionnement d'un appareil. ◆ v. i. S'arrêter brusquement : *le moteur a calé.* ‖ *Fam.* Céder, reculer.

CALER v. t. (de *cale*, partie du navire). *Caler la voile* (Mar.), la baisser.

CALFAT [kalfa] n. et adj. m. (gr. *kalaphatês* ; ar. *djalfaz*). Ouvrier qui calfate les navires.

CALFATAGE n. m. Action de calfater.

CALFATER v. t. Remplir à force avec de l'étoupe, recouverte ensuite de brai ou de mastic, les fentes de la coque d'un navire pour la rendre parfaitement étanche.

CALFEUTRAGE ou **CALFEUTREMENT** n. m. Action de calfeutrer.

CALFEUTRER v. t. Obstruer un vide de faible largeur. ◆ *se calfeutrer* v. pr. Se tenir enfermé.

CALIBRAGE n. m. Action de calibrer.

CALIBRE n. m. (ar. *qâlib*, forme de chaussure). Diamètre d'un cylindre creux, d'un objet sphérique. ‖ *Arm.* Diamètre intérieur de l'âme d'une bouche à feu; diamètre d'un projectile; rapport entre la longueur du tube et le diamètre de l'âme d'une bouche à feu. (Un canon de 100 mm est dit de 70 calibres si son tube mesure 7 m.) ‖ *Techn.* Instrument servant de modèle, d'étalon sur un chantier, dans un atelier. ‖ *Pop.* Revolver. ● *Être du même calibre* (Fam.), se valoir.

CALIBRER v. t. Donner, mesurer le calibre : *calibrer des balles, calibrer un canon de fusil.* ‖ Classer suivant le calibre : *calibrer des fruits.* ‖ *Impr.* Évaluer le nombre de signes d'un texte.

CALICE n. m. (gr. *kalux*). Vase sacré dans lequel est consacré le vin au sacrifice de la messe. ‖ *Anat.* Partie du bassinet sur le sommet de chaque lobe du rein. ‖ *Bot.* Ensemble des sépales d'une fleur. ● *Boire le calice jusqu'à la lie* (Litt.), supporter les plus durs affronts.

CALICHE n. m. Minerai dont on extrait le nitrate de sodium, au Chili et au Pérou.

CALICOT n. m. (de *Calicut*, v. de l'Inde). Toile de coton. ‖ Bande d'étoffe portant une inscription. (Syn. BANDEROLE.)

CALICULE n. m. Ensemble de bractées doublant à l'extérieur le calice chez certaines fleurs (œillet, fraisier).

CALIER n. m. *Mar.* Matelot affecté au service de la cale.

CALIFAT n. m. Dignité de calife. ‖ Territoire soumis à son autorité. ‖ Durée de son règne.

CALIFE n. m. (ar. *khalîfa*). Titre pris, après la mort de Mahomet, par les souverains qui furent à la tête de la communauté islamique.

CALIFORNIEN, ENNE adj. et n. De la Californie.

CALIFORNIUM [kalifɔrnjɔm] n. m. Élément chimique radioactif (Cf), no 98, obtenu artificiellement.

CALIFOURCHON (À) loc. adv. (breton *kall*, testicules, et fr. *fourche*). Jambe d'un côté, jambe de l'autre, comme si l'on était à cheval.

CÂLIN, E adj. et n. Doux et caressant.

CÂLINER v. t. (lat. *calere*, faire chaud). Caresser doucement, cajoler.

CÂLINERIE n. f. Action de câliner, manières câlines.

CALISSON n. m. (prov. *calissoun*, clayon de pâtissier). Petit four en pâte d'amandes, au dessus glacé, spécialité d'Aix-en-Provence.

CALLA n. f. Plante des marais, à baies rouges, parfois cultivée en appartement. (Famille des aracées.)

CALLEUX, EUSE adj. Où il y a des cals. ● *Corps calleux,* lame épaisse de substance blanche réunissant les deux hémisphères cérébraux.

CALL-GIRL [kolgœrl] n. f. (mots angl., *fille qu'on appelle*) [pl. *call-girls*]. Prostituée que l'on appelle chez elle par téléphone.

CALLIGRAMME n. m. (du titre d'un recueil de G. Apollinaire, *Calligrammes*). Texte, le plus souvent poétique, dont les mots sont disposés de manière à représenter les objets qui forment le thème du passage ou du poème.

CALLIGRAPHE n. (gr. *kallos*, beauté, et *graphein*, écrire). Artiste spécialisé dans le tracé des écritures, en particulier dans les pays arabes ou d'Extrême-Orient.

CALLIGRAPHIE n. f. Art de bien former les caractères de l'écriture.

CALLIGRAPHIER v. t. et i. Former avec art les lettres que l'on trace.

CALLIGRAPHIQUE adj. Relatif à la calligraphie.

CALLIPYGE [kalipiʒ] adj. (gr. *kallos*, beauté, et *pugê*, fesse). Qui a de belles fesses. (Surnom donné à certaines statues de Vénus.)

CALLOSITÉ n. f. (lat. *callositas*). Épaississement et durcissement de l'épiderme.

CALMAGE n. m. *Métall.* Dans l'affinage de l'acier fondu, lors de la coulée, addition de produits pour tempérer l'effervescence de la masse en fusion.

CALMANT, E adj. et n. m. Qui calme.

CALMAR ou **CALAMAR** n. m. (lat. *calamarius*). Mollusque marin voisin de la seiche, à nageoires latérales triangulaires et à coquille interne

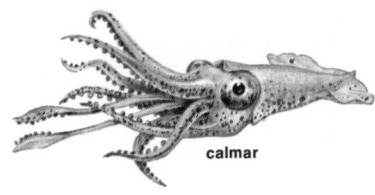

calmar

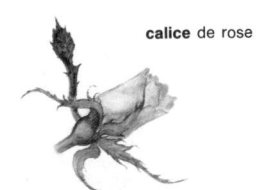

calice de rose

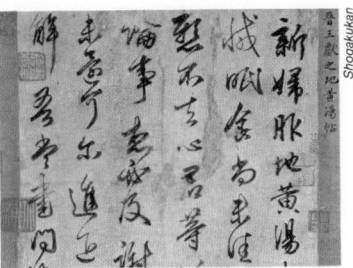

calligraphie

réduite à une «plume» cornée. (Sa chair est comestible. Les calmars littoraux atteignent 50 cm de long; certaines formes de haute mer dépassent 15 m.) [Syn. ENCORNET.]

CALME adj. Sans agitation, paisible : *mener une vie calme.* ‖ Qui reste maître de lui, serein : *un homme calme.*

CALME n. m. (it. *calma*, gr. *kauma*, chaleur étouffante). Absence d'agitation, tranquillité, maîtrise de soi : *le calme de la mer; conserver son calme.* ● *Calmes équatoriaux,* zone de vents faibles correspondant à la région du globe où se produisent d'importants mouvements ascendants.

CALMEMENT adv. De façon calme.

CALMER v. t. Rendre calme, apaiser : *calmer des mécontents; calmer une douleur.* ◆ *se calmer* v. pr. S'apaiser : *la tempête se calme.* ‖ Retrouver son sang-froid.

CALMIR v. i. *Mar.* Devenir calme, en parlant du vent ou de la mer.

CALO n. m. Argot espagnol moderne, nourri de locutions et de mots gitans.

CALOMEL n. m. (gr. *kalos*, beau, et *melas*, noir). Chlorure mercureux, autrefois employé comme cholérétique et purgatif.

CALOMNIATEUR, TRICE n. Personne qui calomnie, détracteur, diffamateur.

CALOMNIE n. f. (lat. *calumnia*). Fausse accusation qui blesse la réputation, l'honneur.

CALOMNIER v. t. Atteindre quelqu'un dans sa réputation, dans son honneur, par des accusations que l'on sait fausses.

CALOMNIEUSEMENT adv. De façon calomnieuse.

CALOMNIEUX, EUSE adj. Qui contient des calomnies.

CALOPORTEUR adj. m. Syn. de CALORIPORTEUR.

CALORIE n. f. (lat. *calor*, chaleur). Unité de mesure de quantité de chaleur (symb. : cal), équivalant à la quantité de chaleur nécessaire pour élever de 1 °C la température de 1 gramme d'un corps dont la capacité thermique massique est égale à celle de l'eau à 15 °C sous la pression atmosphérique normale (101 325 pascals) et valant 4,185 5 joules. (Cette unité n'est plus légale en France.)
■ On détermine en *grandes calories* (valant 1 000 calories) la valeur énergétique des aliments. La ration alimentaire normale d'un adulte pesant 65 kg correspond à 2 500 calories par jour.

CALORIFÈRE adj. Qui porte, répand de la chaleur.

CALORIFÈRE n. m. Appareil destiné au chauffage des maisons par air chaud.

CALORIFICATION n. f. Production de la chaleur dans les corps organisés.

CALORIFIQUE adj. Qui donne de la chaleur. ● *Capacité calorifique,* produit de la masse d'un corps par sa chaleur massique.

CALORIFUGE adj. et n. m. Qui empêche la déperdition de la chaleur.

CALORIFUGEAGE n. m. Opération consistant à garnir de calorifuge des récipients, des canalisations.

CALORIFUGER v. t. Protéger contre les déperditions de chaleur.

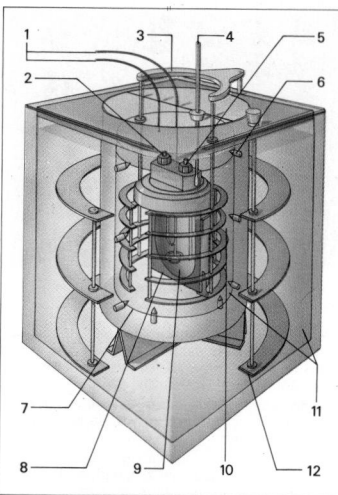

CALORIMÈTRE
1. Circuit de mise à feu; 2. Robinet
de purge; 3. Agitateur à mouvement vertical;
4. Thermomètre; 5. Robinet d'admission
de l'oxygène; 6. Cale isolante;
7. Seau calorimétrique;
8. Bombe calorimétrique; 9. Coupelle;
10. Électrodes de mise à feu; 11. Bain d'eau;
12. Agitateur manuel.

CALORIMÈTRE n. m. Instrument pour mesurer les quantités de chaleur fournies ou reçues par un corps.

CALORIMÉTRIE n. f. Partie de la physique qui mesure des quantités de chaleur.

CALORIMÉTRIQUE adj. Relatif à la calorimétrie.

CALORIPORTEUR adj. m. Se dit d'un fluide chargé d'évacuer la chaleur dans une machine thermique. (Syn. CALOPORTEUR.)

CALORIQUE n. m. Fluide qui passait pour servir de véhicule à la chaleur. ◆ adj. *Ration calorique*, quantité d'aliments nécessaire à un organisme donné.

CALORISATION n. f. Cémentation des métaux par l'aluminium.

CALOT n. m. (de *calotte*). Coiffure militaire. (Syn. BONNET DE POLICE.)

CALOT n. m. (de *écale*). Grosse bille à jouer.

CALOTIN n. m. (de *calotte*). *Péjor.* Partisan inconditionnel de l'Église, du clergé.

CALOTTE n. f. (moyen fr. *cale*, coiffure). Partie du chapeau emboîtant plus ou moins la tête. ‖ Petit bonnet rond, ne couvrant que le sommet du crâne, principalement à l'usage des ecclésiastiques. ‖ *Péjor.* et *vx.* Le clergé. ‖ *Fam.* Tape sur la figure. ‖ *Archit.* Portion arrondie de voûte ou de coupole, petite coupole. ● *Calotte crânienne*, partie supérieure de la boîte crânienne. ‖ *Calotte glaciaire*, masse de neige et de glace qui recouvre le sommet de certaines montagnes et les régions polaires. ‖ *Calotte sphérique*, portion de la surface d'une sphère limitée par un plan ne passant pas par le centre de la sphère.

CALOTTER v. t. *Fam.* Donner des coups sur la tête avec le plat de la main.

CALOYER, ÈRE [kalɔje, ɛr] n. (gr. *kalogeros*, beau vieillard). Moine grec, moniale grecque de l'ordre de Saint-Basile. ‖ Plus généralement, moine ou moniale de l'Église d'Orient.

CALQUAGE n. m. Action de calquer.

CALQUE n. m. (de *calquer*). Reproduction d'un dessin, obtenue par transparence. ‖ Imitation servile; ressemblance frappante. ‖ *Ling.*

Transposition d'un mot ou d'une construction d'une langue dans une autre par traduction. (« Gratte-ciel » est un calque de l'américain « skyscraper ».)

CALQUER v. t. (lat. *calcare*). Reproduire un dessin sur un papier transparent qui le recouvre : *calquer une carte*. ‖ Imiter exactement, servilement.

CALTER (SE) v. pr. *Pop.* S'enfuir en courant.

CALUMET n. m. (forme normande de *chalumeau*). Pipe à long tuyau des Indiens de l'Amérique du Nord.

CALVADOS ou **CALVA** (Fam.) n. m. Eau-de-vie de cidre.

CALVAIRE n. m. (lat. *Calvarium*, de *calva*, crâne, traduction de l'hébreu *Golgotha*, colline où fut plantée la croix du Christ). Représentation (peinte, sculptée, etc.) de la scène du Calvaire; croix en plein air, commémorant la passion du Christ. ‖ Longue suite de souffrances morales ou physiques.

CALVILLE [kalvil] n. f. Variété de pomme un peu côtelée, rouge ou blanche, et très estimée.

CALVINISME n. m. Doctrine religieuse issue de la pensée de Calvin. (Il est représenté surtout en Suisse, aux Pays-Bas, en Grande-Bretagne [presbytérianisme], en France [Église réformée] et aux États-Unis.)

CALVINISTE adj. et n. Qui se réclame de la doctrine de Calvin.

CALVITIE [kalvisi] n. f. (lat. *calvities*; de *calvus*, chauve). État d'une tête chauve.

CALYPSO n. m. Danse à deux temps originaire de la Jamaïque; musique qui l'accompagne.

CAMAÏEU [kamajø] n. m. (de *camée*). Genre de peinture dans lequel on emploie différents tons d'une seule couleur. ‖ Genre de gravure (en général sur bois, obtenue à l'aide de plusieurs planches) dont l'effet rappelle celui d'une peinture en camaïeu ou d'un lavis. (On dit aussi CLAIR-OBSCUR.)

CAMAIL n. m. (prov. *capmalh*). Courte pèlerine portée par les ecclésiastiques. ‖ Ensemble de longues plumes du cou et de la poitrine, chez le coq.

CAMALDULE n. Nom des religieux et religieuses de l'ordre fondé par saint Romuald en 1012 à Camaldoli, près de Florence.

CAMARADE n. (esp. *camarada*). Compagnon de travail, d'étude, de chambre. ‖ Appellation que l'on se donne dans les partis de gauche et dans les syndicats ouvriers.

CAMARADERIE n. f. Familiarité, solidarité qui existe entre camarades.

CAMARD, E adj. et n. (de *camus*). *Litt.* Qui a le nez plat et comme écrasé. ● *La camarde*, la mort.

CAMARGUAIS, E adj. et n. De la Camargue.

CAMARILLA [kamarija] n. f. (mot esp.). Groupe de personnes influentes qui dirigent les actes du gouvernement. ‖ *Hist.* Coterie influente à la cour d'Espagne (surtout celle de Ferdinand VII.)

CAMBIAL, E, AUX ou **CAMBIAIRE** adj. (it. *cambio*, change). Relatif au change.

CAMBISTE adj. et n. (it. *cambista*; de *cambio*, change). Qui effectue des opérations de change sur les devises.

CAMBIUM [kɑ̃bjɔm] n. m. (mot lat.). Zone génératrice engendrant chaque année le bois et le liber « secondaires » des plantes vivaces.

CAMBODGIEN, ENNE adj. et n. Du Cambodge. (Syn. KHMER, E.)

CAMBOUIS [kɑ̃bwi] n. m. Huile ou graisse noirâtre, usée par le frottement des roues d'une voiture ou des organes d'une machine.

CAMBRAGE ou **CAMBREMENT** n. m. Action de cambrer.

CAMBRÉ, E adj. Redressé jusqu'à être courbé en arrière : *avoir la taille cambrée*.

CAMBRER v. t. (picard *cambre*, lat. *camur*, arqué). Courber en forme d'arc. ‖ **se cambrer** v. pr. Se redresser en bombant le torse.

CAMBRÉSIEN, ENNE adj. et n. De Cambrai.

calvaire en granite (XVIᵉ s.)
à Guéhenno (Morbihan)

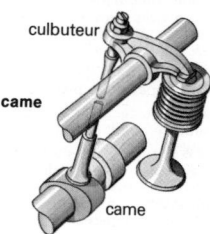

culbuteur

came

came

CAMBRIEN, ENNE adj. et n. m. Se dit de la première période de l'ère primaire et des terrains de cette époque.

CAMBRIOLAGE n. m. Action de cambrioler.

CAMBRIOLER v. t. (prov. *cambro*, chambre). Dévaliser une maison, un appartement, par effraction, escalade, etc.

CAMBRIOLEUR, EUSE n. Personne qui cambriole.

CAMBROUSSE n. f. *Pop.* et *péjor.* Campagne.

CAMBRURE n. f. Courbure en arc. ‖ Pièce de milieu, dans la semelle d'une chaussure.

CAMBUSE n. f. (néerl. *kombuis*). *Mar.* Magasin d'un navire, contenant les vivres et le vin. ‖ *Pop.* Habitation très médiocre.

CAMBUSIER n. m. *Mar.* Matelot chargé de la gestion de la cambuse.

CAME n. f. (all. *Kamm*, peigne). Roue pourvue d'une saillie ou d'une encoche, et destinée à transmettre ou à commander le mouvement d'une machine.

CAME n. f. (de *camelote*). *Pop.* Drogue.

CAMÉ, E adj. et n. *Pop.* Drogué.

CAMÉE n. m. (it. *cameo*; ar. *qamā'il*, bouton de fleur). Pierre dure taillée en relief, tirant le plus souvent effet de la polychromie du matériau. ‖ Peinture en grisaille, céramique à décor en relief ou peint en grisaille, imitant le camée.

CAMÉLÉON n. m. (gr. *khamaileôn*, lion à terre). Petit reptile africain. (Long. 30 cm; famille des lacertiliens.) ‖ Personne qui change facilement d'opinion ou de conduite.

caméléon

■ Les caméléons, arboricoles et insectivores, sont remarquables par leur peau, capable, dans une large mesure, de prendre la couleur du milieu où est posté l'animal, et par leur langue, qu'ils projettent sur leurs proies et qui est aussi longue que le corps.

CAMÉLIA n. m. Arbrisseau d'Asie (genre *camellia*, famille des théacées). ‖ Sa fleur, souvent cultivée comme ornementale.

CAMÉLIDÉ n. m. (lat. *camelus*, chameau). Ruminant des régions arides, sans cornes, mais pourvu de canines supérieures, et dont les sabots sont très larges. (Les *camélidés* forment une famille comprenant le *chameau*, le *dromadaire*, le *lama*.)

CAMELLE n. f. Tas de sel extrait d'un marais salant.

CAMELOT n. m. (arg. *coesmelot*, petit mercier). Petit marchand d'objets de peu de valeur. ● *Camelot du roi*, vendeur de journaux royalistes pendant l'entre-deux-guerres.

CAMELOTE n. f. *Fam.* Marchandise de qualité inférieure, pacotille.

CAMEMBERT n. m. Fromage à pâte molle fabriqué à partir du lait de vache, principalement en Normandie.

CAMER (SE) v. pr. *Pop.* Se droguer.

CAMÉRA n. f. (it. *camera*, chambre). Appareil de prise de vues, pour le cinéma ou la télévision. ● *Caméra électronique* (Astron.), dispositif qui, placé au foyer d'un télescope, transforme l'image lumineuse donnée par l'instrument en une image électronique que l'on enregistre sur une plaque sensible. (La sensibilité est ainsi augmentée de cent à mille fois par rapport à la photographie ordinaire.)

CAMERAMAN [kameraman] n. m. (mot angl.) [pl. *cameramen*]. Opérateur chargé de la caméra. (Syn. CADREUR.)

CAMÉRIER n. m. (it. *cameriere*). Dignitaire attaché à la personne du pape.

CAMÉRISTE n. f. (esp. *camarista*). *Hist.* Femme de chambre des dames de qualité, en Italie, en Espagne. ‖ *Litt.* Femme de chambre.

CAMERLINGUE n. m. Cardinal administrateur des biens pontificaux qui, pendant la vacance du Saint-Siège, a la charge de convoquer le conclave.

CAMEROUNAIS, E adj. et n. Du Cameroun.

CAMION n. m. Gros véhicule automobile pour le transport de lourdes charges. ‖ Seau dans lequel les peintres délaient leur peinture.

CAMION-CITERNE n. m. (pl. *camions-citernes*). Camion servant au transport en vrac des carburants liquides, des vins, etc.

CAMIONNAGE n. m. Transport par camion.

CAMIONNER v. t. Transporter sur un camion.

CAMIONNETTE n. f. Petit camion automobile.

CAMIONNEUR n. m. Personne qui conduit un camion. ‖ Entrepreneur de camionnage.

CAMISARD n. m. Nom donné aux calvinistes cévenols qui luttèrent contre l'administration et les armées de Louis XIV après la révocation de l'édit de Nantes (1685). [La révolte des camisards, commencée en 1702, eut comme principaux chefs Jean Cavalier, qui se soumit en 1704, et Abraham Mazel, dont l'exécution, en 1710, si elle mit fin à la guerre, n'entama pas la résistance spirituelle du calvinisme languedocien.]

CAMISOLE n. f. (anc. prov. *camisola*, chemise). *Camisole de force*, blouse utilisée pour maîtriser certains malades mentaux agités.

CAMOMILLE n. f. (gr. *khamaimêlon*). Nom donné à plusieurs plantes odorantes de la famille des composées (genre *anthémis* et *matricaria*), parfois cultivées pour leurs fleurs, dont les infusions facilitent la digestion.

CAMOUFLAGE n. m. Art de dissimuler du matériel de guerre ou des troupes à l'observation ennemie. ‖ Procédé intermédiaire entre le langage clair et le chiffre pour assurer le secret des transmissions. ‖ *Déguisement.*

CAMOUFLER v. t. (anc. fr. *camouflet*, fumée). Rendre difficilement visible en maquillant, en déguisant.

CAMOUFLET n. m. (anc. fr. *moufle*, museau). *Fam.* Affront, vexation humiliante : *recevoir un camouflet.* ‖ *Mil.* Fourneau de mine destiné à écraser une galerie souterraine adverse.

CAMP n. m. (lat. *campus*). Lieu de stationnement ou d'instruction d'une formation militaire; cette formation elle-même. ‖ Terrain où des personnes sont regroupées dans des conditions précaires : *camp de réfugiés, de prisonniers, de travail.* ‖ Espace réservé au camping. ‖ Un des partis qui s'opposent : *le pays est partagé en deux camps; le camp des opposants.* ● *Camp retranché*, ensemble constitué par une place forte et ses forts détachés. *Camp volant*, camp, installation provisoire. ‖ *Ficher, foutre le camp* (Pop.), partir. ‖ *Lever le camp*, s'en aller.

CAMPAGNARD, E adj. et n. Qui est de la campagne.

CAMPAGNE n. f. (bas lat. *campania*; de *campus*, champ). Les champs en général, par oppos. à la ville : *aimer la campagne.* ‖ Expédition militaire : *la campagne d'Italie.* ‖ Entreprise politique ou économique de durée déterminée, ayant un but de propagande : *campagne de publicité; campagne électorale.* ‖ *Archit.* Ensemble des travaux effectués sur un édifice pendant une période d'activité continue. ‖ *Géogr.* Type de paysage rural caractérisé par l'absence de haies et de clôtures, par l'assemblage de parcelles généralement allongées, par la division du terroir en quartiers de culture, et correspondant généralement à un habitat groupé. (Syn. : CHAMPAGNE, OPENFIELD.) ● *Battre la campagne*, déraisonner, divaguer. ‖ *Campagne de fouilles*, ensemble de fouilles effectuées par tranches dans une aire géographique, selon un plan technique et financier déterminé. ‖ *Campagne simple, double*, annuité supplémentaire (correspondant aux services de guerre) entrant dans le calcul des pensions militaires. ‖ *Entrer en campagne*, commencer la guerre. ‖ *Faire campagne*, participer à la guerre. ‖ *Faire campagne pour*, déployer une activité pour. ‖ *Se mettre en campagne*, partir à la recherche de.

CAMPAGNOL n. m. (it. *campagnolo*, campagnard). Mammifère rongeur dont l'espèce commune, mesurant 10 cm et possédant une queue courte et poilue, est un fléau pour l'agriculture

tant par sa voracité à l'égard des céréales que par sa fécondité. (Famille des muridés.)

CAMPANIEN, ENNE adj. De la Campanie.

CAMPANIFORME adj. Se dit d'un chapiteau en forme de cloche renversée.

CAMPANILE n. m. (it. *campanile*; de *campana*, cloche). Tour-clocher, notamment isolée. ‖ Petit clocher à jour sur le faîte d'un bâtiment.

CAMPANULACÉE n. f. Plante dicotylédone, telle que la *campanule*, la *raiponce*, la *lobélie*. (Les *campanulacées* forment une famille.)

CAMPANULE n. f. (lat. *campana*, cloche). Genre de campanulacées aux nombreuses espèces, dont la fleur a la forme d'une clochette.

CAMPÊCHE n. m. (de *Campeche*, ville du Mexique). Nom donné au bois lourd et dur, riche en tanin, d'un arbre de l'Amérique tropicale du genre *hæmatoxylon* (césalpiniacées), qui fournit une matière colorante.

CAMPEMENT n. m. Action de camper. ‖ Le lieu où l'on campe. ‖ Installation provisoire et désordonnée.

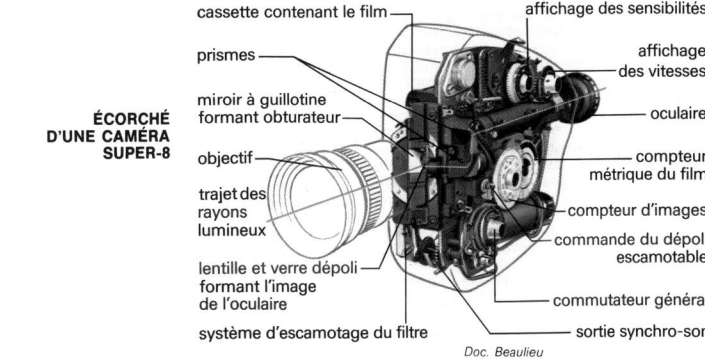

cassette contenant le film — affichage des sensibilités
prismes — affichage des vitesses
miroir à guillotine formant obturateur — oculaire
objectif — compteur métrique du film
trajet des rayons lumineux — compteur d'images
lentille et verre dépoli formant l'image de l'oculaire — commande du dépoli escamotable
système d'escamotage du filtre — commutateur général
— sortie synchro-son

ÉCORCHÉ D'UNE CAMÉRA SUPER-8

Doc. Beaulieu

CAMPER v. i. Etablir un camp militaire. ‖ S'installer de façon provisoire. ‖ Faire du camping. ◆ v. t. Installer dans un camp : *camper des troupes.* ‖ Poser hardiment : *camper son chapeau sur sa tête.* ‖ Tracer, construire avec sûreté : *camper un portrait, un dessin, un récit.* ● *Homme bien campé*, bien bâti. ◆ *se camper* v. pr. Se tenir dans une attitude fière et décidée.

CAMPEUR, EUSE n. Personne qui fait du camping.

CAMPHRE n. m. (ar. *kâfûr*). Substance aromatique cristallisée extraite du camphrier.

CAMPHRÉ, E adj. Qui contient du camphre.

CAMPHRIER n. m. Laurier de l'Asie orientale et d'Océanie, dont on extrait le camphre par distillation du bois.

CAMPIGNIEN, ENNE adj. et n. (de *Campigny*, localité de la Seine-Maritime). Se dit d'une industrie préhistorique de la fin du néolithique (outils en silex utilisés pour l'agriculture).

CAMPING [kãpiŋ] n. m. (mot angl.). Manière de vivre en plein air en couchant sous la tente : *faire du camping.* ‖ Terrain aménagé pour camper.

CAMPING-CAR n. m. (mot angl.) [pl. *camping-cars*]. Véhicule automobile aménagé contenant des couchettes et du matériel de cuisine.

CAMPOS [kãpo] n. m. (lat. *ire ad campos*, aller aux champs). *Litt.* Congé, repos.

camomille

campagnol

CAMPUS [kɑ̃pys] n. m. (mot amér., du lat., *champ*). Ensemble universitaire regroupant locaux d'enseignement et résidences d'étudiants.

CAMUS, E [kamy, yz] adj. (de *museau*). Court et plat, en parlant du nez.

CANADA n. f. Variété de pomme reinette.

CANADAIR n. m. (nom déposé). Avion équipé de réservoirs d'eau de mer, utilisé pour éteindre les incendies de forêt.

CANADIANISME n. m. Fait de langue propre au français parlé au Canada.

CANADIEN, ENNE adj. et n. Du Canada.

CANADIENNE n. f. Canot aux deux extrémités relevées. ‖ Veste doublée de fourrure, à col enveloppant et à poches, inspirée de celle des trappeurs canadiens.

CANAILLE n. f. (it. *canaglia*; de *cane*, chien). Individu méprisable, malhonnête. ‖ Racaille, pègre. ◆ adj. Qui a ou qui dénote des sentiments malhonnêtes, méprisables.

CANAILLERIE n. f. Caractère, acte de canaille.

CANAL n. m. (lat. *canalis*). Voie d'eau artificielle creusée par l'homme et utilisée à diverses fins : irrigation, navigation, alimentation d'usines ou de barrages, etc. ‖ Bras de mer : *le canal de Mozambique.* ‖ Conduit naturel ou artificiel. ‖ Moyen de communication entre émetteur et récepteur, dans la théorie de la communication. ‖ *Anat.* Nom général donné à divers organes en forme de tube. ‖ *Archit.* Petite moulure creuse, en général arrondie. ● *Canal d'amenée,* canal servant à conduire les eaux d'un captage au réservoir d'alimentation d'une ville, ou à amener les eaux d'un lac ou d'un cours d'eau jusqu'à une usine hydraulique. ‖ *Canal de dérivation,* canal destiné à régulariser le débit d'un cours d'eau, ou conduisant les eaux d'une rivière jusqu'à une usine. ‖ *Canal de distribution,* trajet d'un produit pour aller du producteur au consommateur. ‖ *Canal excréteur,* canal par où sortent les sécrétions des glandes. ‖ *Canal de fuite,* canal écoulant les eaux d'une usine hydraulique. ‖ *Canal latéral,* canal construit le long d'un cours d'eau pour suppléer à sa non-navigabilité. ‖ *Canal de transmission,* circuit couvrant une certaine bande de fréquences et assurant la transmission d'un message par fil ou par voie hertzienne. ‖ *Par le canal de,* au moyen de, par l'intermédiaire de. ◆ pl. *Canaux de Havers,* canaux nourriciers des os longs.

CANALICULE n. m. Petit conduit. ● *Canalicules biliaires,* fins canaux entre les cellules hépatiques, collectant la bile.

CANALISABLE adj. Qui peut être canalisé.

CANALISATION n. f. Action de canaliser un cours d'eau. ‖ Ensemble d'éléments creux de section généralement circulaire établi pour la circulation d'un fluide : *canalisation souterraine.*

CANALISER v. t. Rendre un cours d'eau navigable. ‖ Sillonner une région de canaux. ‖ Acheminer dans une direction déterminée des personnes ou des objets; empêcher de se disperser.

CANANÉEN, ENNE adj. et n. Du pays de Canaan.

CANANÉEN n. m. Langue sémitique parlée en Palestine au Ier millénaire av. J.-C.

CANAPÉ n. m. (gr. *kônôpeion,* moustiquaire). Long siège à dossier, pour plusieurs personnes. ‖ Tranche de pain de mie sur laquelle on dispose diverses garnitures.

CANAPÉ-LIT n. m. (pl. *canapés-lits*). Canapé transformable en lit. (Syn. CONVERTIBLE.)

CANAQUE adj. et n. (mot polynésien, *homme*). Se dit des Mélanésiens de Nouvelle-Calédonie. (On écrit aussi KANAK.)

CANAR n. m. Dans une usine, tube de grand diamètre pour l'aérage secondaire.

CANARA n. m. → KANNARA.

CANARD n. m. (anc. fr. *caner,* caqueter). Oiseau palmipède de la famille des anatidés, bon voilier et migrateur à l'état sauvage, se nourrissant de particules végétales ou de petites proies trouvées dans l'eau et retenues par les lamelles du bec. (Cri : le canard *cancane,*

nasille.) ‖ Note fausse et criarde. ‖ Morceau de sucre trempé dans le café, l'alcool, etc. ‖ Tasse à bec pour faire boire les malades. ‖ *Fam.* Fausse nouvelle. ‖ *Fam.* Journal. ● *Canard boiteux,* celui qui ne suit pas le même chemin que les autres; entreprise que sa mauvaise gestion rend incapable de survivre. ‖ *Empennage canard,* empennage horizontal, placé sur un avion à l'avant du fuselage, devant la voilure.
■ Le *canard sauvage,* ou *colvert,* est la souche du canard domestique. Les petites espèces de canard sont appelées *sarcelles;* le *pilet,* le *souchet* sont d'autres espèces. La femelle se nomme *cane,* et son petit *caneton* ou *canardeau.*

CANARDEAU n. m. Jeune canard.

CANARDER v. t. *Fam.* Tirer sur qqn d'un lieu où l'on est à couvert.

CANARDIÈRE n. f. Mare établie pour des canards. ‖ Partie d'un étang aménagée pour prendre au filet les canards sauvages. ‖ Long fusil qui sert à tirer les canards sauvages.

CANARI n. m. (esp. *canario*). Espèce de serin des îles Canaries, de couleur jaune verdâtre, souche de nos races domestiques.

CANASSON n. m. *Pop.* et *péjor.* Cheval.

CANASTA n. f. (esp. *canasta,* corbeille). Jeu qui se joue habituellement entre quatre joueurs avec deux jeux de 52 cartes et 4 jokers, et qui consiste à réaliser le plus grand nombre de séries de 7 cartes de même valeur.

CANCALE n. f. Huître de Cancale.

CANCAN n. m. (lat. *quanquam,* quoique). *Fam.* Bavardage médisant.

CANCAN n. m. (de *canard*). Danse excentrique en vogue habituellement dans les bals publics vers 1830, puis danse de girls. (On dit aussi FRENCH CANCAN.)

CANCANER v. i. Médire, faire des commérages. ‖ Crier, en parlant du canard.

CANCANIER, ÈRE adj. et n. Qui a l'habitude de faire des commérages.

CANCEL n. m. (lat. *cancellus*). Lieu fermé d'une grille, où l'on déposait le grand sceau de l'État.

CANCER n. m. (mot lat.). Tumeur maligne formée par la multiplication désordonnée de cellules d'un tissu ou d'un organe.
■ Le tissu cancéreux est formé par des divisions cellulaires (mitoses) anormales, qui lui confèrent une structure anarchique, où aucune régularité de disposition ni de rapports n'existe plus. Le tissu cancéreux pénètre par de multiples effractions dans les tissus voisins, qu'il envahit. Enfin, certaines cellules se détachent de la masse tumorale, passent dans les vaisseaux sanguins ou lymphatiques et vont se greffer à distance, formant d'autres tumeurs, les *métastases,* dont la structure anarchique reproduit celle de la tumeur primitive. Les cancers développés à partir de la peau, des muqueuses ou des glandes sont des *épithéliomas;* ceux qui proviennent du tissu conjonctif, des muscles, des os sont des *sarcomes.* Les cancers sont indolores au début, ce qui rend leur dépistage précoce difficile, mais ils sont souvent la siège d'hémorragies, dont l'importance parfois minime ne doit jamais dispenser d'un examen approfondi. On peut reproduire divers cancers, chez la souris notamment, par applications de substances *cancérigènes,* et les irritations mécaniques ou chimiques répétées sont réputées comme causes prédisposantes, mais la cause déterminante du cancer est encore inconnue. Le traitement le plus efficace des cancers est

canard à collier

l'ablation chirurgicale totale de la tumeur ou sa destruction par les rayons X ou par les rayons radioactifs (radium, thorium, cobalt radioactif, etc.). Certains cancers glandulaires (prostate) sont nettement améliorés, voire guéris, par des traitements hormonaux. La chimiothérapie par les médicaments anticancéreux, employée seule ou comme adjuvant de la chirurgie et de la radiothérapie, donne des résultats intéressants, et l'immunothérapie ouvre la voie à de nouveaux moyens d'action.

CANCÉREUX, EUSE adj. et n. Atteint d'un cancer.

CANCÉRIGÈNE ou **CANCÉROGÈNE** adj. Se dit des substances chimiques ou des agents physiques qui peuvent provoquer l'apparition d'un cancer.

CANCÉRISATION n. f. Dégénérescence cancéreuse d'une lésion préexistante bénigne.

CANCÉRISER (SE) v. pr. Subir une cancérisation.

CANCÉROLOGIE n. f. Étude des tumeurs malignes. (Syn. CARCINOLOGIE.)

CANCÉROLOGIQUE adj. De la cancérologie.

CANCÉROLOGUE n. Spécialiste du cancer.

CANCÉROPHOBIE n. f. Crainte obsédante du cancer.

CANCHE n. f. Graminacée des lieux humides.

CANCOILLOTTE [kɑ̃kɔjɔt] n. f. Fromage à pâte molle et fermentée, fabriqué en Franche-Comté.

CANCRE n. m. (lat. *cancer,* crabe). *Fam.* Écolier paresseux et nul.

CANCRELAT n. m. (néerl. *kakkerlak*). Nom usuel des *blattes.*

CANDELA [kɑ̃dela] n. f. (mot lat.). Unité de mesure d'intensité lumineuse (symb. : cd), équivalant à l'intensité lumineuse, dans une direction donnée, d'une source qui émet un rayonnement monochromatique de fréquence 540×10^{12} hertz, et dont l'intensité énergétique dans cette direction est 1/683 watt par stéradian. ● *Candela par mètre carré,* unité de mesure de luminance lumineuse (symb. : cd/m²), équivalant à la luminance d'une source dont l'intensité lumineuse est 1 candela et l'aire 1 m².

CANDÉLABRE n. m. (lat. *candelabrum;* de *candela,* chandelle). Grand flambeau à plusieurs branches. ‖ Colonne ornementale supportant un dispositif d'éclairage; autref., motif décoratif similaire. ‖ Lampadaire de voie publique.

CANDEUR n. f. (lat. *candor,* blancheur). Innocence naïve, ingénuité (souvent ironiq.).

CANDI adj. (ar. *qandi,* sucre de canne). *Sucre candi,* purifié et cristallisé.

CANDIDA n. m. (mot lat., *blanche*). Levure responsable de mycoses (muguet, vaginite) et d'altération du vin.

CANDIDAT, E n. (lat. *candidatus;* de *candidus,* blanc [parce que les candidats, à Rome, étaient vêtus de blanc]). Personne qui postule un emploi, une fonction, un diplôme, qui se présente à un examen, à un concours, à une élection : *un candidat reçu brillamment au baccalauréat.*

CANDIDATURE n. f. Qualité de candidat : *poser sa candidature aux élections.*

CANDIDE adj. (lat. *candidus*). Qui dénote de la candeur : *regard candide; question candide.*

CANDIDEMENT adv. Avec candeur.

CANDIDOSE n. f. Mycose provoquée par un candida.

CANDIR v. t. Évaporer complètement le sirop de sucre pour obtenir du sucre candi. ◆ se candir v. pr. Se cristalliser, en parlant du sucre.

CANDISATION n. f. Action de candir du sucre.

CANDOMBLÉ n. m. Variété de macumba pratiquée dans l'État de Bahia (Brésil).

CANE n. f. Femelle du canard. ‖ Nom usuel de divers oiseaux aquatiques.

CANÉFICIER n. m. Syn. de CASSIER.

CANEPETIÈRE n. f. Petite outarde remarquable par son collier blanc.

CANÉPHORE [kanefɔr] n. f. (gr. *kanêphoros.* *Antiq. gr.* Jeune fille qui portait sur la tête les corbeilles sacrées, lors de cérémonies religieuses. (Sa représentation sculptée sert parfois de support architectonique, comme la caryatide.)

CANER v. i. *Pop.* Céder devant un danger ou une difficulté. ‖ *Arg.* Mourir.

CANETAGE n. m. *Text.* Opération consistant à enrouler sur une canette le fil destiné à constituer la trame d'un tissu.

CANETIÈRE n. f. *Text.* Machine à enrouler le fil de trame sur une canette.

CANETON [kantɔ̃] n. m. Jeune canard.

CANETTE n. f. Petite cane.

CANETTE n. f. (de *canne*, tuyau). Petite bouteille pour la bière. ‖ Petit cylindre sur lequel sont enroulés les fils dans la navette.

CANEVAS [kanva] n. m. (anc. fr. *chenevas*, chanvre). Plan d'un ouvrage littéraire ou d'un exposé; esquisse. ‖ Grosse toile claire et très ferme pour faire de la tapisserie à l'aiguille. ‖ Ensemble des points géodésiques qui servent de base à l'établissement d'une carte.

CANGUE n. f. (portug. *canga*). Carcan, imposé autref. aux délinquants en Chine.

CANICHE n. m. Chien barbet à poils frisés.

CANICULAIRE adj. Torride : *chaleur caniculaire.*

CANICULE [kanikyl] n. f. (lat. *canicula*, petite chienne, nom donné à l'étoile Sirius). Période de très grande chaleur de l'été. ‖ *Astron.* Époque où l'étoile Sirius se lève et se couche avec le Soleil, et qui, dans l'Antiquité, coïncidait avec le début de l'été à la latitude du Caire.

CANIDÉ n. m. Mammifère carnassier aux molaires nombreuses, aux griffes non rétractiles, bon coureur. (Les *canidés* forment une famille dont font partie le *loup*, le *chien*, le *renard*, le *chacal*.)

CANIF n. m. (mot germ.). Petit couteau de poche à lame pliante. ‖ Outil de graveur sur bois.

CANIN, E adj. (lat. *canis*, chien). Du chien.

CANINE n. f. Dent souvent pointue située entre les incisives et les prémolaires. (Les canines sont très développées chez les carnivores [chat, lion, chien] et les porcins, mais sont réduites ou même absentes chez les mammifères végétariens [rongeurs, bovidés, etc.].)

CANISSE n. f. → CANNISSE.

CANITIE [kanisi] n. f. (lat. *canities*). État de blancheur des cheveux.

CANIVEAU n. m. Canal d'évacuation des eaux placé sur le sol. ‖ Petit canal destiné à recevoir des tuyaux, des câbles conducteurs, etc.

CANNA n. m. Plante ornementale de l'ordre des scitaminées. (Syn. BALISIER.)

CANNABINACÉE n. f. (lat. *cannabis*, chanvre). Plante de l'ordre des urticales. (Les *cannabinacées* forment une famille comprenant le *chanvre*, le *houblon*.)

CANNABIS [kanabis] n. m. Syn. de CHANVRE* INDIEN.

CANNABISME n. m. Intoxication par le cannabis.

CANNAGE n. m. Action de canner un siège; le fond canné d'un siège.

CANNE n. f. (lat. *canna*, roseau). Nom usuel de plusieurs grands roseaux. ‖ Bâton pour s'appuyer en marchant. ‖ Anc. mesure de longueur, variant de 1,71 m à 2,98 m. ‖ Tige métallique creuse utilisée pour prélever du verre fondu et le souffler. ● *Canne blanche*, canne d'aveugle.

canna

‖ *Canne à épée*, canne creuse contenant une épée. ‖ *Canne à pêche*, bâton flexible au bout duquel on fixe une ligne. ‖ *Canne à sucre*, plante tropicale cultivée pour le sucre extrait de sa tige. (Haut. 2 à 5 m; famille des graminacées.)

CANNÉ, E adj. Se dit des sièges dont le fond est garni de jonc ou de rotin.

CANNEBERGE n. f. Arbuste des tourbières des régions froides, à baies comestibles; cette baie rouge, à goût acidulé.

CANNELÉ, E [kanle] adj. Orné de cannelures.

CANNELIER n. m. Arbre du genre *laurier*, de l'Inde, de Ceylan, de Chine, dont l'écorce fournit la cannelle.

CANNELLE n. f. (de *canne*, tuyau). Robinet qu'on met à une cuve, à un pressoir, à un tonneau.

CANNELLE n. f. (de *canne*). Écorce du cannelier, obtenue par raclage et employée comme aromate. ◆ adj. inv. Brun clair. ● *Pomme cannelle*, fruit comestible d'une espèce d'anone.

CANNELLONI [kanɛloni] n. m. (mot it.). Pâte alimentaire roulée en cylindre et farcie.

CANNELURE n. f. *Archit.* Chacune des rainures longitudinales accolées que comportent souvent le fût des colonnes, le plat des pilastres. ‖ *Bot.* Strie longitudinale sur la tige de certaines plantes. ‖ *Géomorphol.* Sillon au profil arrondi, creusé dans les roches nues sous l'action de processus d'érosion externes. ‖ *Techn.* Cavité rectiligne, longue et étroite, dans une pièce généralement cylindrique de révolution.

CANNER v. t. Garnir le fond, le dossier d'un siège avec des lanières de jonc, de rotin.

CANNIBALE adj. et n. (esp. *canibal*; de *caribe*, mot caraïbe). Anthropophage.

CANNIBALE n. m. En Belgique, toast au steak tartare.

CANNIBALIQUE adj. *Psychanal.* Relatif au cannibalisme.

CANNIBALISME n. m. Pour un homme ou un animal, habitude de manger ses semblables. ‖ *Psychanal.* Fantasme du stade oral consistant à vouloir s'incorporer, en le dévorant, l'objet d'amour.

CANNISSE ou **CANISSE** n. f. (mot prov.; de *canne*). Tige de roseau utilisée surtout dans le Midi, sous forme de claies, pour protéger les cultures du vent, et servant aussi pour la décoration intérieure.

CANOË [kanɔe] n. m. (mot angl.). Embarcation légère et portative, à fond plat, mue à la pagaie simple; sport pratiqué avec cette embarcation.

CANOÉISTE n. Personne qui pratique le sport du canoë.

CANON n. m. (it. *cannone*). Tube d'une arme à feu, portative ou non. ‖ Arme à feu non portative prise dans son ensemble (avec son affût) : *canon antichar, automoteur, de campagne*, etc. ‖ Ancienne mesure pour les liquides valant un huitième de litre. ‖ *Pop.* Verre de vin. ‖ Partie forée d'une clef. ‖ Au XVIIᵉ s., ornement enrubanné qui s'attachait au bas de la culotte. ‖ Partie d'un membre du cheval, des ruminants,

situé entre le jarret et le boulet ou entre le poignet ou la cheville et les phalanges. ● *Canon à électrons*, appareil producteur d'un faisceau intense d'électrons à très grande vitesse. ‖ *Canon de guidage, de perçage*, guide d'un mouvement de rotation destiné à parfaire le positionnement d'un outil de coupe par rapport à la pièce à usiner.

V. ill. page suivante

CANON n. m. (gr. *kanôn*, règle). Décret, règle concernant la foi ou la discipline religieuse. ‖ Liste officielle des livres considérés comme inspirés par Dieu. ‖ Ensemble des prières et cérémonies de la messe, depuis la préface jusqu'au *Notre Père*. ‖ *Litt.* Principe servant de règle; objet pris comme modèle achevé. ‖ *Bx-arts.* Système de proportions du corps humain, utilisé par un statuaire. ‖ *Mus.* Imitation rigoureuse entre deux ou plusieurs voix, qui progressent par intervalles identiques, et entrent les unes après les autres. ● *Canons d'autel*, cartons où sont inscrites certaines prières de la messe. ◆ adj. *Droit canon*, ou *droit canonique*, droit ecclésiastique. (Le Code de droit canonique, mis en œuvre par Pie X en 1904 et promulgué par Benoît XV en 1917, est en cours de réforme : il sera désormais plus orienté vers le service pastoral et missionnaire et plus ouvert aux traditions juridiques des divers peuples membres de l'Église.)

CAÑON ou **CANYON** [kaɲɔ̃ ou kaɲɔn] n. m. (mot esp.). Vallée étroite aux versants verticaux et parfois en surplomb. ● *Cañon sous-marin*, dépression allongée et étroite, à versants raides, qui accidente les fonds marins.

CANONIAL, E, AUX adj. Réglé par les canons de l'Église. ‖ Relatif aux chanoines.

CANONICAT n. m. (lat. *canonicus*, chanoine). Dignité, office de chanoine.

CANONICITÉ n. f. Qualité de ce qui est canonique.

CANONIQUE adj. Conforme à une norme, à des règles. ‖ Conforme aux canons de l'Église. ● *Âge canonique*, âge requis par le droit ecclésiastique pour accéder à certaines fonctions ou remplir certaines charges; âge respectable. ‖ *Droit canonique*, syn. de DROIT CANON. ‖ *Forme canonique, équation canonique* (Math.), forme, équation simples et telles que l'on puisse y ramener, au moyen d'un changement de variables, un certain nombre de formes ou d'équations.

CANONIQUE n. f. *Philos.* Ensemble de règles servant à énoncer un système.

CANONIQUEMENT adv. De façon canonique.

CANONISATION n. f. Action de canoniser. (La canonisation est prononcée par le pape après un procès spécial, au cours d'une cérémonie solennelle.)

CANONISER v. t. (de *canon*). Mettre au nombre des saints.

CANONISTE n. m. Spécialiste du droit canon.

CANONNADE n. f. Échange ou succession de coups de canon.

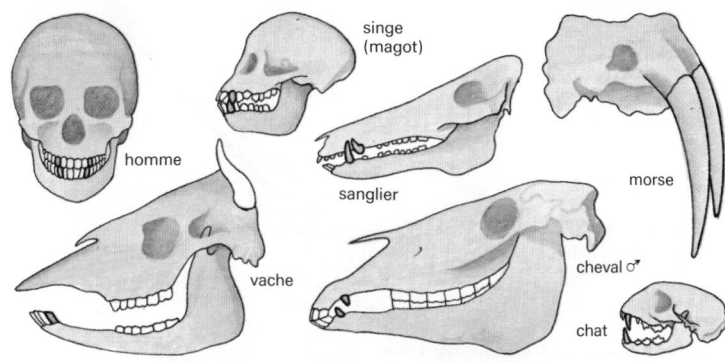

homme

singe (magot)

sanglier

morse

vache

cheval ♂

chat

CANINES

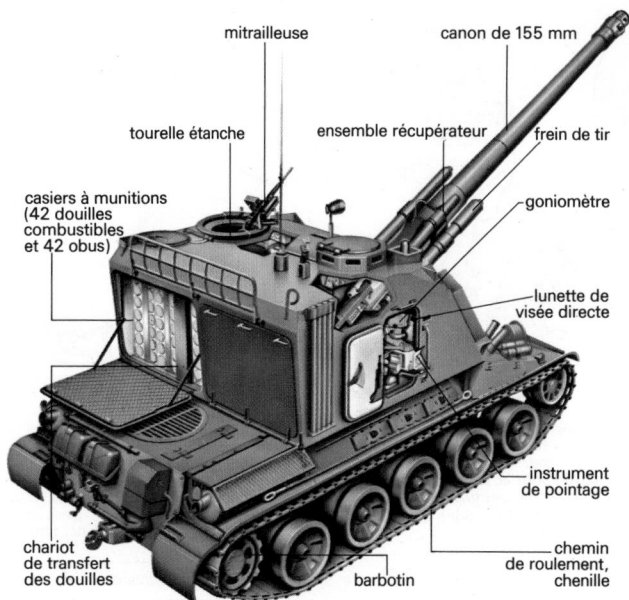

mitrailleuse

canon de 155 mm

tourelle étanche

ensemble récupérateur

frein de tir

CANON
de 155 mm
GCT
*(Grande
Cadence
de Tir)*

Oto Melara

casiers à munitions
(42 douilles
combustibles
et 42 obus)

goniomètre

lunette de
visée directe

chariot
de transfert
des douilles

instrument
de pointage

barbotin

chemin
de roulement,
chenille

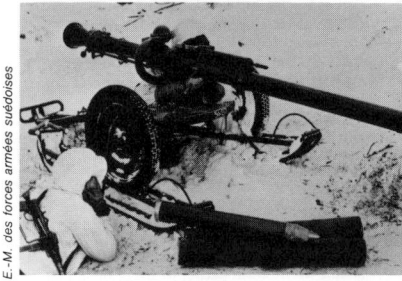

canon sous tourelle de 76/62 mm
(85 coups à la minute)

E.-M. des forces armées suédoises

canon antichar suédois de 90 mm
(6 coups à la minute)

CANONNER v. t. Atteindre à coups de canon : *canonner une position ennemie.*

CANONNIER n. m. Militaire spécialisé dans le service des canons.

CANONNIÈRE n. f. Bâtiment léger armé de canons et employé sur les fleuves et près des côtes. ‖ Meurtrière pour le tir d'un canon (vx).

CANOPE n. m. (lat. *canopus*). Urne funéraire de l'Égypte pharaonique, au couvercle en forme de tête humaine ou animale, qui renfermait les viscères des morts.

CANOT [kano] n. m. (esp. *canoa,* mot caraïbe). Embarcation non pontée, mue par l'aviron, la voile ou un moteur. ● *Canot pneumatique,* engin flottant dont la forme et les caractéristiques sont obtenues par insufflation d'air ou d'un gaz inerte. ‖ *Canot de sauvetage,* embarcation pourvue de caissons étanches, insubmersible, et qui est toujours prête à prendre la mer pour secourir les navires en perdition.

CANOTAGE n. m. Action de canoter.

CANOTER v. i. Ramer sur un canot; se promener en canot.

CANOTEUR, EUSE n. Celui, celle qui manœuvre un canot, qui se promène en canot.

CANOTIER n. m. Rameur faisant partie de l'équipage d'un canot. ‖ Amateur qui conduit un bateau de plaisance (vx). ‖ Chapeau de paille à calotte et bords plats.

CANTABILE [kãtabile] n. m. (mot it.). Mélodie chantante, à exécuter de manière particulièrement expressive.

CANTAL n. m. Fromage à pâte ferme fabriqué en Auvergne avec du lait de vache.

CANTALIEN, ENNE ou **CANTALOU, E** adj. Du Cantal.

CANTALOUP [kãtalu] n. m. (de *Cantalupo,* villa du pape, près de Rome, où ce melon était cultivé). Melon rond à grosses côtes rugueuses et à chair orange foncé.

CANTATE n. f. (it. *cantata;* lat. *cantare,* chanter). Composition musicale écrite à une ou à plusieurs voix avec accompagnement instrumental.

CANTATILLE n. f. Petite cantate de chambre.

CANTATRICE n. f. (lat. *cantatrix*). Chanteuse professionnelle.

CANTER [kãter] n. m. (mot angl.). Galop d'essai d'un cheval de course.

CANTHARIDE n. f. (gr. *kantharis*). Insecte coléoptère vert doré, long de 2 cm, fréquent sur les frênes, et qui était utilisé dans la préparation des vésicatoires et d'aphrodisiaques.

CANTHARIDINE n. f. Alcaloïde toxique et congestionnant, extrait des cantharides.

CANTILÈNE n. f. (it. *cantilena*). Au Moyen Âge, chant à caractère épique, qui est souvent la transcription d'une *séquence* latine. (La Cantilène de sainte Eulalie [v. 880] est le plus ancien poème français.)

CANTILEVER [kãtilevər] adj. et n. m. (mot angl.). *Techn.* Se dit d'une suspension en porte à faux. ‖ Se dit d'un type de pont métallique dont les poutres principales se prolongent en porte à faux et supportent à leur tour une poutre de portée réduite.

CANTINE n. f. (it. *cantina,* cave). Établissement préparant des repas pour une collectivité. ‖ Petite malle, spécialement à l'usage des militaires.

CANTINIER, ÈRE n. Personne qui tient une cantine.

CANTIQUE n. m. (lat. *canticum,* chant). Chant religieux populaire.

CANTON n. m. (anc. prov. *canton,* coin). En France, subdivision d'un arrondissement. ‖ En Suisse, chacun des États qui composent la Confédération. ‖ Au Luxembourg, chacune des grandes divisions administratives du pays. ‖ Au Canada, division cadastrale dont la superficie est de 100 milles carrés. ‖ Ensemble des sections de route confiées aux soins d'un cantonnier. ‖ Partie d'une voie ferrée protégée par un signal de bloc. ‖ *Hérald.* Pièce honorable de forme carrée, en général dans un coin de l'écu.

■ En France, le canton est une circonscription territoriale intermédiaire entre la commune et l'arrondissement. Il peut correspondre à une commune, parfois à une partie seulement d'une commune; le plus souvent, il comprend plusieurs communes. Créé en 1789, le canton est la base des élections au conseil général et constitue le cadre de certains services publics : tribunal d'instance, aide sociale, gendarmerie, perception, etc.

CANTONADE n. f. (prov. *cantonada,* angle d'une construction). Autref., chacun des côtés de la scène d'un théâtre, le long desquels pouvaient se tenir les spectateurs privilégiés. ● *À la cantonade,* en s'adressant à un personnage que l'on suppose dans les coulisses. ‖ *Parler, crier à la cantonade,* en semblant ne s'adresser à personne précisément.

vase **canope**
(fin du Nouvel Empire)

Giraudon

Petit-Atlas-Photo

pont **cantilever** sur le Saint-Laurent

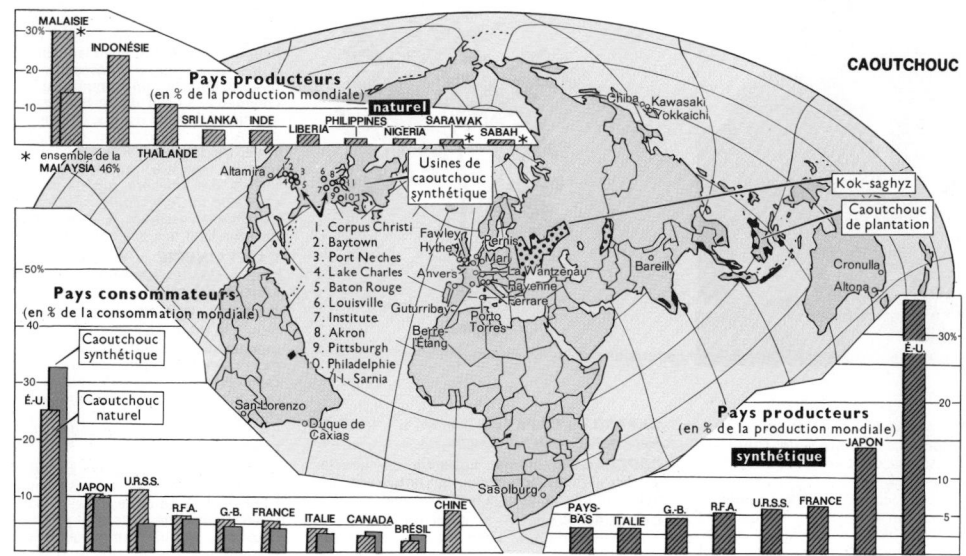

CAOUTCHOUC

Pays producteurs (en % de la production mondiale) **naturel**

MALAISIE 30% *
INDONÉSIE 20
10

SRI LANKA, INDE, LIBERIA, PHILIPPINES, NIGERIA, SARAWAK, SABAH, THAÏLANDE

* ensemble de la MALAYSIA 46%

Usines de caoutchouc synthétique

1. Corpus Christi
2. Baytown
3. Port Neches
4. Lake Charles
5. Baton Rouge
6. Louisville
7. Institute
8. Akron
9. Pittsburgh
10. Philadelphie

Kok-saghyz
Caoutchouc de plantation

Pays consommateurs (en % de la consommation mondiale)
Caoutchouc synthétique
Caoutchouc naturel

É.-U. 50%, 40, 30, 20, 10

JAPON, U.R.S.S., R.F.A., G.-B., FRANCE, ITALIE, CANADA, BRÉSIL, CHINE

Pays producteurs (en % de la production mondiale) **synthétique**

É.-U. 30, 20, 10
JAPON
PAYS-BAS, ITALIE, G.-B., R.F.A., U.R.S.S., FRANCE 5

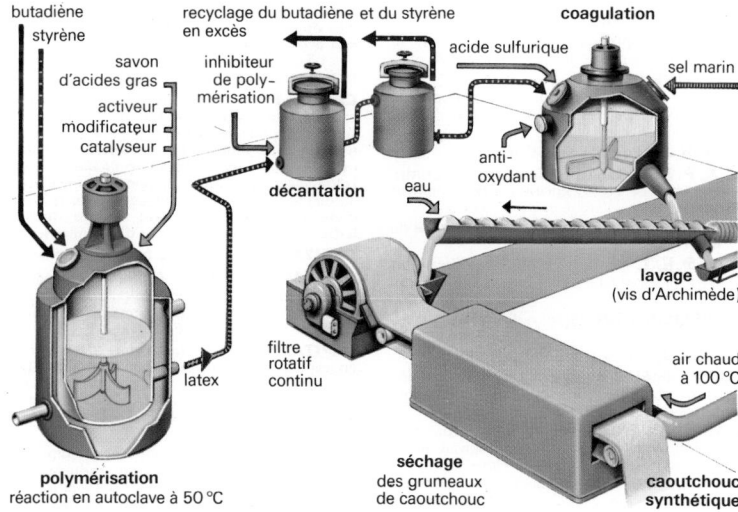

butadiène
styrène
savon d'acides gras
activateur
modificateur
catalyseur

recyclage du butadiène et du styrène en excès
inhibiteur de polymérisation
décantation
eau

coagulation
acide sulfurique
sel marin
anti-oxydant
lavage (vis d'Archimède)
air chaud à 100 °C

latex
filtre rotatif continu

polymérisation
réaction en autoclave à 50 °C

séchage des grumeaux de caoutchouc

caoutchouc synthétique

FABRICATION DU CAOUTCHOUC SYNTHÉTIQUE

CANTONAIS n. m. Dialecte chinois parlé au Kouang-tong et au Kouang-si.

CANTONAL, E, AUX adj. Relatif au canton. ● *Délégué cantonal*, personne désignée pour trois ans par le conseil départemental de l'instruction publique pour surveiller les écoles d'un canton. ‖ *Élections cantonales* ou *cantonales* n. f. pl., élections des conseillers généraux.

CANTONNEMENT n. m. Installation temporaire de troupes dans des lieux habités; local affecté à cet usage. ‖ *Dr.* Délimitation d'un terrain pour une raison quelconque. ‖ *Dr.* Limitation de l'effet d'un droit.

CANTONNER v. t. Tenir qqn, qqch isolé dans certaines limites. ‖ Répartir des militaires dans un cantonnement. ‖ *Archit.* Garnir dans les angles, flanquer. ◆ v. i. S'installer, prendre ses quartiers. ◆ **se cantonner** v. pr. Se tenir à l'écart, dans certaines limites; se borner, se limiter.

CANTONNIER n. m. Ouvrier chargé du bon entretien des routes et chemins ainsi que des fossés et talus qui les bordent.

CANTONNIÈRE n. f. Bande d'étoffe qui garnit l'encadrement d'une fenêtre ou d'une porte. ‖ Ferrure au coin d'un coffret.

CANTUS FIRMUS n. m. (mots lat.). Thème servant de base à une œuvre musicale polyphonique, et souvent énoncé en valeurs de notes longues.

CANULAR n. m. *Fam.* Mystification, blague.

CANULARESQUE adj. Burlesque, cocasse.

CANULE n. f. (lat. *cannula*). Petit tuyau, rigide ou semi-rigide, qui s'adapte au bout d'une seringue ou d'un tube à injection.

CANULER v. t. *Fam.* Ennuyer, importuner. ‖ *Fam.* Plaisanter, mystifier.

CANUT, USE [kany, yz] n. (de *canne*). Ouvrier, ouvrière spécialisés dans le tissage de la soie sur un métier à bras, à Lyon. (La corporation des canuts est célèbre pour ses insurrections de

1831 et 1834, fomentées en vue d'obtenir l'établissement d'un tarif minimal des salaires.)

CANYON n. m. → CAÑON.

CANZONE [kɑ̃tsɔne] n. f. (mot it.) [pl. *canzoni*]. Chanson italienne à plusieurs voix; puis; (vers 1530) transcription, pour orgue ou pour luth, de cette chanson; finalement, pièce instrumentale frayant la voie à la sonate préclassique. ‖ *Littér.* En Italie, petit poème lyrique divisé en stances.

CAODAÏSME n. m. Religion instituée par Ngô Van Chiêu en 1926, qui emprunte divers aspects du bouddhisme, du taoïsme, du confucianisme et du christianisme.

CAOUANNE [kawan] n. f. Syn. de CARET.

CAOUTCHOUC n. m. (d'une langue de l'Amérique du Sud). Substance élastique et résistante provenant de la coagulation du latex de plusieurs arbres des pays tropicaux, notamment du genre *hévéa*. ‖ Nom usuel de *Ficus elastica*. ‖ Objet en caoutchouc ou imperméabilisé au caoutchouc. ● *Caoutchouc Mousse* (marque déposée), caoutchouc à faible densité, à alvéoles plus ou moins régulières. ‖ *Caoutchouc synthétique*, groupe de substances obtenues par polymérisation et possédant les propriétés élastiques du caoutchouc naturel. ‖ *Caoutchouc vulcanisé*, caoutchouc traité par le soufre et la chaleur.
■ Le caoutchouc, d'origine américaine, fut employé d'abord pour imperméabiliser les étoffes, puis pour fabriquer des tissus élastiques; la découverte de la vulcanisation a permis, depuis 1846, d'en faire par moulage une foule d'objets. En 1890, son application aux bandages pour véhicules donna au caoutchouc un essor considérable. Il était fourni presque exclusivement par la cueillette en Amazonie et les plantations du Sud-Est asiatique. Mais les caoutchoucs synthétiques sont aujourd'hui prépondérants.

CAOUTCHOUTAGE n. m. Action de caoutchouter.

CAOUTCHOUTER v. t. Enduire, garnir de caoutchouc.

CAOUTCHOUTEUX, EUSE adj. Qui a certains caractères du caoutchouc.

CAP n. m. (mot prov., lat. *caput*). Pointe de terre qui s'avance dans la mer. ‖ *Mar.* Direction de l'axe d'un navire, de l'arrière à l'avant. ● *Changer de cap*, prendre une nouvelle direction. ‖ *De pied en cap*, des pieds à la tête. ‖ *Doubler, passer le cap*, franchir une étape diffi-

Giraudon

caparaçon

capillaire

cile, décisive. ‖ *Mettre le cap sur,* se diriger vers.

C. A. P. [seape] n. m. Abrév. de CERTIFICAT D'APTITUDE PÉDAGOGIQUE et de CERTIFICAT D'APTITUDE PROFESSIONNELLE.

CAPABLE adj. (lat. *capere,* prendre, contenir). *Capable de qqch,* en état de le faire; qui peut avoir cet effet : *capable de dévouement, capable de comprendre; programme capable de plaire.* ‖ (Sans compl.) Qui a les qualités requises par ses fonctions : *se révéler un directeur très capable.* ‖ *Dr.* Qui est dans les conditions légales pour exercer valablement certains droits. ● *Capable de tout,* qui n'hésite devant rien. ● *Segment capable d'un angle donné,* arc de cercle, ensemble des points d'où l'on voit sous cet angle le segment de droite qui joint ses extrémités.

CAPACIMÈTRE n. m. Appareil servant à la mesure des capacités électriques.

CAPACITAIRE n. Personne qui a obtenu le certificat de capacité en droit.

CAPACITAIRE adj. *Suffrage capacitaire,* système dans lequel l'exercice du droit de vote est subordonné à un certain degré d'instruction.

CAPACITANCE n. f. *Électr.* Impédance présentée par un condensateur à une fréquence déterminée.

CAPACITÉ n. f. (lat. *capacitas;* de *capax,* qui peut contenir). Volume que peut contenir un récipient, contenance. ‖ Aptitude de qqn dans un domaine déterminé; compétence. ‖ *Dr.* Aptitude légale. ‖ *Électr.* Quantité d'électricité que peut restituer un accumulateur lors de sa décharge; quotient de la charge d'un condensateur par la différence de potentiel entre ses armatures. ‖ *Hydrogr.* Syn. de CHARGE LIMITE. ● *Capacité civile* (Dr.), aptitude à jouir d'un droit. ‖ *Capacité en droit,* diplôme délivré par les facultés de droit aux étudiants non bacheliers qui ont satisfait à un examen. ‖ *Capacité d'une mémoire électronique,* quantité d'informations que peut contenir cette mémoire. ‖ *Capacité thoracique, capacité vitale,* la plus grande quantité d'air qu'on puisse faire entrer dans les poumons en partant de l'état d'expiration forcée. (Elle est de 3,5 litres en moyenne chez l'adulte.) ‖ *Mesure de capacité,* récipient utilisé pour mesurer les liquides et les matières sèches.

CAPACITIF, IVE adj. Doué de capacité électrique.

CAPARAÇON n. m. (esp. *caparazón;* de *capa,* manteau). Housse d'ornement pour les chevaux, dans une cérémonie.

CAPARAÇONNER v. t. Couvrir d'un caparaçon. ‖ Recouvrir entièrement qqn, une partie du corps, de qqch d'épais qui protège.

CAPE n. f. (prov. *capa*). Vêtement de dessus sans manches qui emboîte les épaules et les bras et qui se ferme à l'encolure. ‖ Feuille de tabac enveloppant un cigare. ● *De cape et d'épée,* se dit d'un roman, d'un film d'aventures chevaleresques. ‖ *Être, mettre à la cape* (Mar.), se dit d'un navire qui réduit sa voilure pour offrir moins de prise au vent. ‖ *Rire sous cape,* en cachette, sournoisement.

CAPÉER ou **CAPEYER** [kapeje] v. i. (conj. **2**). *Mar.* Mettre, rester à la cape.

CAPELAGE n. m. *Mar.* Ensemble des boucles des manœuvres dormantes, qui entourent l'extrémité d'une vergue, la tête d'un mât, etc.

CAPELAN [kaplɑ̃] n. m. (mot prov.). Poisson voisin de la morue. (Long. 30 cm; famille des gadidés.)

CAPELER [kaple] v. t. (conj. **3**). *Mar.* Faire une boucle avec un cordage et en entourer une pièce. ‖ Faire passer une manœuvre sur qqch en lui faisant faire une boucle.

CAPELET [kaplɛ] n. m. Tumeur molle qui se développe à la pointe du jarret du cheval.

CAPELINE [kaplin] n. f. (it. *cappellina*). Chapeau de femme à grands bords souples. ‖ Casque porté par les gens de pied au Moyen Âge.

CAPER v. t. Poser la cape d'un cigare.

C. A. P. E. S. [kapes] n. m. Abrév. de CERTIFICAT D'APTITUDE PÉDAGOGIQUE À L'ENSEIGNEMENT SECONDAIRE.

CAPÉSIEN, ENNE [kapesjɛ̃, ɛn] n. Titulaire du C.A.P.E.S.

C. A. P. E. T. [kapɛt] n. m. Abrév. de CERTIFICAT D'APTITUDE PÉDAGOGIQUE À L'ENSEIGNEMENT TECHNIQUE.

CAPÉTIEN, ENNE adj. et n. Relatif à la dynastie des Capétiens.

CAPEYER v. i. → CAPÉER.

CAPHARNAÜM [kafarnaɔm] n. m. (nom d'une ville de Galilée). Lieu où des objets sont entassés dans le désordre.

CAP-HORNIER [kapɔrnje] n. m. (pl. *cap-horniers*). *Mar.* Grand voilier qui suivait autrefois les routes doublant le cap Horn.

CAPILLAIRE adj. (lat. *capillaris*). Relatif aux cheveux : *lotion capillaire.* ‖ Fin comme un cheveu. ● *Tube capillaire,* tube de très petit diamètre où se manifestent des phénomènes de capillarité.

CAPILLAIRE n. m. *Anat.* Très fin vaisseau (parfois 5 microns de diamètre seulement) situé entre les artérioles et les veinules. (Sa paroi, extrêmement fine, permet les échanges nutritifs et gazeux entre le sang et les cellules.) [On dit aussi VAISSEAU CAPILLAIRE.] ‖ *Bot.* Nom de plusieurs fougères à pétioles fins comme des cheveux. (Le capillaire ordinaire vit sur les rochers et les murs.) [Haut. 10 à 20 cm; famille des polypodiacées.] ● *Capillaire de Montpellier,* nom usuel de l'ADIANTUM.

CAPILLARITE n. f. Inflammation des vaisseaux capillaires.

CAPILLARITÉ n. f. État d'un tube ou d'un conduit capillaire. ‖ Ensemble des phénomènes se produisant à la surface d'un liquide, en particulier dans les tubes capillaires.

CAPILLICULTEUR n. m. Coiffeur.

CAPILLICULTURE n. f. Soins de la chevelure.

CAPILOTADE n. f. (esp. *capirotada,* ragoût). *Mettre en capilotade* (Fam.), réduire en bouillie.

CAPITAINE n. m. (lat. *caput, -itis,* tête). Officier d'un grade intermédiaire entre ceux de lieutenant et de commandant, qui est à la tête d'une compagnie, d'un escadron ou d'une batterie. ‖ Officier qui commande un navire de commerce. ‖ Chef d'une troupe, d'une équipe sportive. ‖ Poisson osseux, fréquent sur les côtes de l'Afrique occidentale. ● *Capitaine de corvette, de frégate, de vaisseau,* dans la marine militaire française, grades successifs de la hiérarchie des officiers supérieurs. (V. GRADE.) ‖ *Capitaine au long cours,* officier de la marine marchande, assurant le commandement d'un navire reliant des ports très éloignés.

CAPITAINERIE n. f. Bureau du capitaine du port. ‖ *Hist.* Circonscription administrative de l'Ancien Régime.

CAPITAL, E, AUX adj. (lat. *capitalis;* de *caput,* tête). De toute première importance, essentiel, fondamental : *point capital.* ‖ Qui entraîne la mort : *sentence capitale; peine capitale.* ● *Lettre capitale,* majuscule. ‖ *Péchés capitaux,* péchés qui sont la source de tous les autres. (Les sept péchés capitaux sont l'orgueil, l'avarice, la luxure, l'envie, la gourmandise, la colère et la paresse.)

CAPITAL n. m. Ensemble de biens possédés, par oppos. aux revenus qu'ils peuvent produire. ‖ Principal d'une dette d'argent par rapport aux intérêts que cette dette peut produire. ‖ Pour les marxistes, produit d'un travail collectif qui n'appartient pas à ceux qui l'ont réalisé, mais au propriétaire des moyens de production, qui l'augmente au moyen de la plus-value qu'il extorque aux producteurs mêmes, c'est-à-dire aux salariés. ● *Capital social,* montant des sommes ou des biens apportés à une société et de leur accroissement ultérieur. (Il figure au passif des bilans.) ◆ pl. Actifs immobilisés ou circulants dont dispose une entreprise.

CAPITALE n. f. (ellipse de *ville capitale, lettre capitale,* etc.). Ville d'un État où se trouve le siège des pouvoirs publics. ‖ Principal centre d'une activité industrielle, de services : *Milan est la capitale économique de l'Italie.* ‖ *Impr.* Lettre majuscule. ‖ *Mil.* Perpendiculaire élevée au milieu du front d'un ouvrage ou de la butte d'un champ de tir. ● *Petite capitale* (Impr.), lettre majuscule de la hauteur d'une minuscule.

CAPITALISABLE adj. Qui peut être capitalisé.

CAPITALISATION n. f. Action de capitaliser. ● *Capitalisation boursière,* valeur obtenue en multipliant le nombre des actions d'une société par leur cours en Bourse.

CAPITALISER v. t. Transformer des intérêts en capital, lui-même productif d'intérêts. (Les caisses d'épargne capitalisent chaque année les intérêts dus à leurs déposants.) ‖ *Dr.* Estimer la valeur d'une rente d'après les arrérages payés. ◆ v. i. Amasser de l'argent.

CAPITALISME n. m. Système économique et social dans lequel les moyens de production les plus importants n'appartiennent pas aux travailleurs qui les mettent en œuvre : *capitalisme privé, capitalisme d'État.* ‖ Pour Marx, régime économique, politique et social reposant sur la recherche systématique du profit grâce à l'exploitation des travailleurs par les propriétaires des moyens de production et d'échange. ■ Le capitalisme est le régime économique fondé sur l'initiative individuelle, la concurrence entre les entreprises et la propriété privée des moyens de production.

CAPITALISTE n. et adj. Personne qui possède des capitaux ou en fournit à une entreprise. ‖ *Péjor.* Personne très riche. ◆ adj. Relatif au capitalisme.

CAPITAN n. m. (de *Capitan,* personnage de la comédie italienne). *Litt.* Fanfaron, bravache.

CAPITATION n. f. (lat. *caput, -itis,* tête). *Hist.* Impôt par tête, d'origine féodale, devenu impôt public sous Louis XVI. (Théoriquement basée sur la richesse, la capitation frappa surtout les non-privilégiés.)

CAPITÉ, E adj. (lat. *caput, -itis,* tête). *Bot.* Terminé en tête arrondie.

CAPITEUX, EUSE adj. (it. *capitoso*). Qui porte à la tête, qui enivre : *parfum, vin capiteux.*

CAPITOLE n. m. Dans certaines villes, édifice servant de centre à la vie municipale.

CAPITOLIN, E adj. Relatif au Capitole.

CAPITON n. m. (it. *capitone*). Bourre de soie ou de laine. ‖ Garniture en forme de losange, piquée de boutons.

CAPITONNAGE n. m. Action de capitonner. ‖ Ouvrage capitonné; épaisseur protectrice.

CAPITONNER v. t. Rembourrer qqch en faisant des piqûres qui traversent l'étoffe.

CAPITOUL [kapitul] n. m. (mot languedocien). *Hist.* Magistrat municipal de Toulouse. (Syn. de ÉCHEVIN.)

CAPITULAIRE adj. (lat. *capitulum*, chapitre). Relatif à un chapitre de chanoines ou de religieux.

CAPITULAIRE n. m. Ordonnance émanant des rois mérovingiens et carolingiens.

CAPITULARD, E adj. et n. *Péjor.* Partisan d'une capitulation.

CAPITULATION n. f. Convention pour la reddition d'une place, d'une armée ou des forces militaires d'un pays. ‖ Cessation de toute résistance, soumission. ◆ pl. Conventions qui réglaient autrefois le statut des étrangers, principalement dans l'Empire ottoman.

CAPITULE n. m. (lat. *capitulum*, petite tête). *Bot.* Inflorescence formée de petites fleurs serrées les unes contre les autres et insérées sur le pédoncule élargi en plateau. (Ex. : la marguerite.)

CAPITULER v. i. (lat. *capitulum*, article, clause). Signer une capitulation. ‖ Se reconnaître vaincu.

CAPON, ONNE adj. et n. (de *chapon*). *Fam.* et *vx.* Lâche.

CAPONNIÈRE n. f. (it. *capponiera*). Petit ouvrage dont des armes flanquent les fossés d'une place forte.

CAPORAL n. m. (it. *caporale;* de *capo,* tête). Militaire détenteur du grade immédiatement supérieur à celui de soldat dans certaines armes des forces terrestres et dans l'armée de l'air. (V. GRADE.) ‖ Mélange de tabacs de goût français, à feuilles foncées prépondérantes. ● *Petit Caporal,* surnom familier donné à Napoléon Ier par ses soldats.

CAPORAL-CHEF n. m. (pl. *caporaux-chefs*). Grade situé entre ceux de caporal et de sergent.

CAPORALISER v. t. Imposer à un peuple un régime autoritaire.

CAPORALISME n. m. Régime politique où l'armée a une influence prépondérante. ‖ Autoritarisme étroit et mesquin.

CAPOT [kapo] n. m. (de *cape*). Couverture métallique qui sert à protéger le moteur dans un véhicule ou une machine. ‖ *Mar.* Pièce de toile pour protéger les objets contre la pluie; trou à fermeture étanche par lequel on pénètre dans un sous-marin.

CAPOT [kapo] adj. inv. Qui n'a fait aucune levée aux cartes.

CAPOTAGE n. m. Disposition de la capote d'une voiture. ‖ Recouvrement d'un moteur par un capot en tôle.

CAPOTAGE n. m. Culbute d'un véhicule.

CAPOTE n. f. (de *cape*). Manteau à capuchon. ‖ Manteau des troupes à pied. ‖ Couverture mobile d'une voiture. ● *Capote anglaise* (Fam.), préservatif masculin.

CAPOTER v. i. (prov. *faire cabot,* saluer). Culbuter, en parlant d'une automobile, d'un avion, etc.

CAPPADOCIEN, ENNE adj. et n. De la Cappadoce. ● *École cappadocienne,* école de peinture byzantine.

CÂPRE n. f. (gr. *kapparis*). Bouton à fleur du câprier, qui se confit dans le vinaigre et sert de condiment.

CAPRICE n. m. (it. *capriccio,* frisson). Décision subite, irréfléchie, changeante; fantaisie, exigence : *céder aux caprices d'un enfant.* ‖ Variation soudaine dans le cours des choses : *caprices de la mode.* ‖ Amour léger et de peu de durée, passade. ‖ *Bx-arts.* Œuvre ayant un aspect de fantaisie imaginative et spontanée. ‖ *Mus.* Morceau instrumental ou vocal, de forme libre.

CAPRICIEUSEMENT adv. De façon capricieuse.

CAPRICIEUX, EUSE adj. Qui agit par caprices : *enfant capricieux.* ‖ Sujet à des changements soudains : *mode capricieuse.*

CAPRICORNE n. m. (lat. *capricornus*). Nom général donné aux insectes coléoptères de la famille des cérambycidés, caractérisés par leurs longues antennes. (Syn. LONGICORNE.)

CÂPRIER n. m. Arbuste épineux méditerranéen, dont les boutons floraux fournissent les câpres. (Genre *capparis,* famille des capparidacées.)

CAPRIFICATION n. f. (lat. *caprificus,* figuier sauvage). Opération consistant à placer des inflorescences du figuier sauvage sur les figuiers cultivés pour favoriser la fructification de ces derniers.

CAPRIFOLIACÉE n. f. Plante gamopétale, telle que le *chèvrefeuille,* la *viorne,* le *sureau.* (Les caprifoliacées forment une famille.)

CAPRIN, E adj. (lat. *caprinus;* de *capra,* chèvre). Relatif à la chèvre : *race caprine.*

CAPRIN ou **CAPRINÉ** n. m. Mammifère ruminant de la famille des bovidés, aux cornes rabattues en arrière et côtelées, tel que la *chèvre,* le *bouquetin.* (Les caprins forment une sous-famille.)

CAPROLACTAME n. m. Composé chimique donnant par polycondensation un polyamide utilisé pour la production de fibres synthétiques.

CAPRON n. m. (de *câpre*). Variété de grosse fraise.

CAPRONNIER n. m. Nom d'une espèce de fraisier.

CAPSAGE n. m. Alignement de feuilles de tabac avant hachage.

CAPSELLE n. f. (lat. *capsella,* coffret). Plante commune des chemins, appelée aussi *bourse-à-pasteur.* (Famille des crucifères.)

CAPSIDE n. f. Enveloppe des virus, visible seulement au microscope électronique.

CAPSIEN, ENNE adj. et n. m. (de *Capsa,* nom antique de Gafsa en Tunisie). Se dit du faciès culturel du paléolithique final et de l'épipaléolithique en Afrique du Nord.

CAPSULAGE n. m. Action de capsuler.

CAPSULAIRE adj. *Bot.* Se dit d'un fruit qui s'ouvre de lui-même quand il est sec.

CAPSULE n. f. (lat. *capsula,* petite boîte). Coiffe de métal ou d'autre matière recouvrant ou fermant le goulot d'une bouteille. ‖ Enveloppe soluble de certains médicaments. ‖ *Anat.* Nom donné à diverses enveloppes de l'organisme. ‖ *Arm.* Alvéole en cuivre contenant la poudre d'amorçage, dans le *fusil à capsule* (XIXe s.). ‖ *Bot.* Fruit sec s'ouvrant par plusieurs fentes (marron d'Inde, iris, œillet) ou par des pores (pavot). ‖ *Chim.* Vase hémisphérique pour les ébullitions. ● *Capsule spatiale,* compartiment étanche récupérable d'un engin spatial.

CAPSULE-CONGÉ n. f. (pl. *capsules-congés*). Attestation de paiement de droits sur les vins et alcools sous forme de capsule à apposer sur chaque bouteille.

CAPSULER v. t. Recouvrir d'une capsule le goulot d'une bouteille.

CAPTAGE n. m. Action de capter des eaux.

CAPTAL n. m. (pl. *captals*). Au Moyen Âge, en Gascogne, chef militaire.

CAPTATEUR, TRICE n. *Dr.* Personne qui use de captation.

CAPTATIF, IVE adj. *Psychol.* Qui a tendance à la captativité.

CAPTATION n. f. (de *capter*). *Dr.* Action de déterminer une personne, par des manœuvres répréhensibles, à consentir une donation ou un legs. (La captation dolosive entraîne de droit la nullité de la libéralité consentie.)

CAPTATIVITÉ n. f. *Psychol.* Tendance à vouloir concentrer sur soi l'affection de son entourage.

CAPTATOIRE adj. *Dr.* Qui a pour but la captation.

CAPTER v. t. (lat. *captare,* chercher à prendre). Chercher à gagner par des manœuvres frauduleuses; se ménager par ruse : *capter la confiance de qqn.* ‖ Recueillir des fumées, des poussières, les eaux d'une source, une énergie quelconque, etc. ‖ Recevoir une émission radiophonique. ‖ Assurer le passage du courant électrique d'un fil ou d'un rail conducteur aux organes moteurs d'un véhicule.

CAPTE-SUIES n. m. inv. Appareil placé à la sortie d'une cheminée et servant à extraire les particules en suspension dans les fumées.

CAPTEUR n. m. *Techn.* Dispositif sensible aux variations d'une grandeur physique et fournissant un signal utile, le plus souvent sous forme électrique. (Syn. DÉTECTEUR, SONDE.) ● *Capteur solaire,* dispositif recueillant l'énergie calorifique du Soleil en vue de son utilisation.

CAPTIEUX, EUSE [kapsjø, øz] adj. (lat. *captiosus,* piège). *Litt.* Qui cherche à tromper, à induire en erreur; trompeur.

CAPTIF, IVE n. et adj. *Litt.* Prisonnier de guerre.

CAPTIF, IVE adj. *Litt.* Tenu dans une extrême contrainte : *captif de ses passions.*

CAPTIVANT, E adj. Qui attire et fixe l'attention, l'intérêt : *un roman captivant.*

CAPTIVER v. t. Retenir l'attention, l'intérêt; charmer, passionner : *captiver un auditoire.*

CAPTIVITÉ n. f. Privation de la liberté; état de prisonnier de guerre.

CAPTURE n. f. Action de capturer; ce qu'on capture. ‖ *Géogr.* Phénomène par lequel une

capselle

câprier   fruit

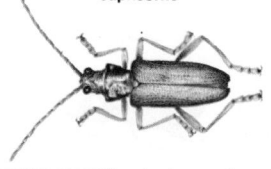

capricorne

capucine

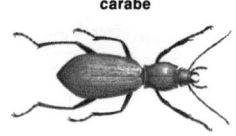

carabe

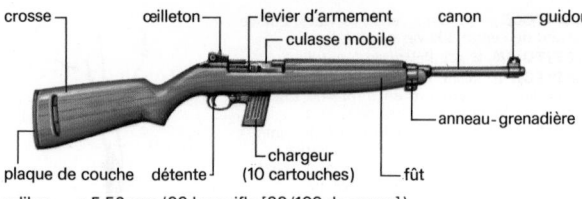

crosse — œilleton — levier d'armement — canon — guidon
culasse mobile
anneau-grenadière
plaque de couche   détente   chargeur (10 cartouches)   fût

CARABINE
de 5,5 mm
(22 LR)

calibre : 5,56 mm (22 long rifle [22/100 de pouce])
longueur : 0,90 m
poids : 2,550 kg

rivière détourne à son profit les affluents et même le cours d'une autre rivière.

CAPTURER v. t. S'emparer d'un être vivant.

CAPUCE n. m. (it. *cappuccio*). Capuchon pointu de certains moines.

CAPUCHE n. f. (var. picarde de *capuce*). Capuchon qui protège les épaules.

CAPUCHON n. m. (de *cape*). Bonnet ample fixé à l'encolure d'un manteau ou d'une cape, qui peut se rabattre sur la tête. || Bouchon d'un stylo, d'un tube, etc. || Garniture de tôle à l'extrémité d'un tuyau de cheminée.

CAPUCHONNÉ, E adj. Qui porte un capuchon.

CAPUCIN, INE n. (it. *cappuccino*, petit capucin). Religieux, religieuse d'une branche réformée de l'ordre des Frères mineurs créée au XVIᵉ s.

CAPUCIN n. m. Nom usuel du *saï*, singe de l'Amérique du Sud.

CAPUCINADE n. f. *Litt.* Tirade banale moralisatrice.

CAPUCINE n. f. (de *capucin*). Plante ornementale souvent cultivée, originaire de l'Amérique du Sud, à feuilles rondes et à fleurs orangées chez l'espèce la plus commune. (Famille des tropéolacées.)

CAPULET [kapylɛ] n. m. (mot gascon). Capuche que portaient les femmes des Pyrénées.

CAQUE n. f. Barrique où l'on presse les harengs salés ou fumés.

CAQUELON n. m. Sorte de poêlon assez profond en terre ou en fonte.

CAQUER v. t. (néerl. *caken*). Mettre en caque (des harengs).

CAQUET [kakɛ] n. m. (onomat.). Cri de la poule qui va pondre. || Bavardage importun, indiscret. • *Rabattre le caquet à qqn*, le faire taire, lui faire rabattre de ses prétentions.

CAQUETAGE n. m. Action de caqueter.

CAQUETER [kakte] v. i. (conj. **4**). Glousser, en parlant des poules. || Tenir des propos futiles, bavarder.

CAR conj. (lat. *quare*, c'est pourquoi). Introduit une explication.

CAR n. m. (mot angl.). Abrév. de AUTOCAR.

CARABE n. m. (gr. *karabos*, crabe). Insecte coléoptère à corps allongé et à longues pattes, très utile, car il dévore larves d'insectes, limaces, escargots. (Long. 2 cm; nom usuel du carabe doré : *jardinière*. La famille des *carabidés* compte plus de 15 000 espèces.)

CARABIN n. m. (anc. fr. *escarabin*, ensevelisseur de pestiférés). *Fam.* Étudiant en médecine.

CARABIN n. m. Aux XVIᵉ et XVIIᵉ s., soldat de cavalerie légère.

CARABINE n. f. (de *carabin*, soldat de cavalerie). Fusil à canon le plus souvent rayé, employé comme arme de guerre, de chasse ou de sport.

CARABINÉ, E adj. *Fam.* Qui a une force, une intensité particulières : *un rhume carabiné.*

CARABINIER n. m. Soldat de cavalerie lourde (XVIIᵉ-XIXᵉ s.) ou fantassin armé d'une carabine. || En Italie, gendarme; en Espagne, douanier. • *Arriver comme les carabiniers*, trop tard.

CARACAL n. m. (mot esp.) [pl. *caracals*]. Espèce de lynx afro-asiatique à robe fauve.

CARACO n. m. Corsage à basques porté autref. par les paysannes.

CARACOLE n. f. (esp. *caracol*, limaçon). Succession de demi-tours exécutés au galop par des cavaliers. || Évolutions désordonnées d'un cheval.

CARACOLER v. i. Faire des caracoles. || Évoluer avec grâce et vivacité.

CARACTÈRE n. m. (gr. *kharaktêr*, signe gravé). Signe conventionnel, élément d'une écriture. || Pièce coulée dont l'empreinte forme le signe d'imprimerie; lettre ou signe possédant un dessin et un style particuliers. || Signe distinctif, marque particulière de qqn, qqch : *cette lettre a un caractère d'authenticité.* || État ou qualité propre de qqn, qqch : *le caractère difficile d'une entreprise.* || Trait donnant à qqch son originalité : *un immeuble sans caractère.* || Manière habituelle de réagir propre à un individu : *montrer du caractère.* || *Biol.* Particularité transmissible selon les lois de l'hérédité (un caractère est l'expression d'un ou de plusieurs gènes). || *Inform.* Tout symbole (lettre de l'alphabet, chiffre, signe de ponctuation, etc.) qui peut faire l'objet d'un traitement. || Élément

CARACTÈRE
caractère en plomb

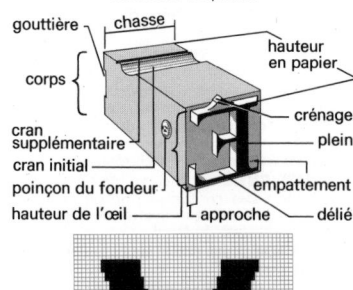

gouttière — chasse
corps {
cran supplémentaire
cran initial
poinçon du fondeur
hauteur de l'œil
hauteur en papier
crénage
plein
empattement
approche — délié

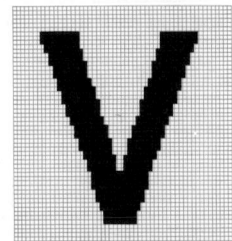

caractère digitalisé en photocomposition

d'information de quelques digits binaires (6 à 8 en général) considéré comme unité d'information par certains organes d'un ordinateur. • *De caractère*, se dit des danses folkloriques authentiques, et stylisées, adaptées à la scène.

CARACTÉRIEL, ELLE adj. et n. Personne inadaptée, dont l'intelligence est normale, mais dont le comportement affectif et social est en rupture avec le milieu où il vit. ◆ adj. Qui affecte le caractère : *trouble caractériel.*

CARACTÉRISATION n. f. Action de caractériser; définition.

CARACTÉRISÉ, E adj. Nettement marqué.

CARACTÉRISER v. t. Définir par un caractère distinctif. || Constituer le caractère essentiel de qqn, de qqch : *la franchise le caractérise.* ◆ se **caractériser** v. pr. Avoir pour signe distinctif.

CARACTÉRISTIQUE adj. Qui caractérise : *signe caractéristique.*

CARACTÉRISTIQUE n. f. Ce qui constitue le caractère distinctif, la particularité de qqn, de qqch. || *Math.* Partie entière d'un logarithme décimal écrit avec une partie décimale positive.

CARACTÉROLOGIE n. f. Étude des types de caractère.

CARACTÉROLOGIQUE adj. Relatif à la caractérologie.

CARACUL n. m. → KARAKUL.

CARAFE n. f. (it. *caraffa*, mot ar.). Récipient en verre à panse large et à col étroit. || *Pop.* Tête. • *Rester en carafe* (Fam.), rester en panne, en plan.

CARAFON n. m. Petite carafe. || *Pop.* Tête.

CARAÏBE adj. et n. Relatif aux Caraïbes.

CARAÏTE n. m. Membre d'une secte juive qui rejette l'autorité de la loi orale (Talmud) et n'admet que celle de l'écriture.

CARAMBOLAGE n. m. Action de caramboler.

CARAMBOLE n. f. Au billard, la bille rouge.

CARAMBOLER v. i. (esp. *carambola*, fruit exotique). Au billard, toucher avec une bille les deux autres. ◆ v. t. *Fam.* Pour un véhicule automobile, heurter plusieurs objets par des chocs désordonnés.

CARAMBOUILLAGE n. m., ou **CARAMBOUILLE** n. f. (esp. *carambola*, tromperie). Escroquerie consistant à revendre une marchandise sans l'avoir payée.

CARAMBOUILLEUR n. m. Escroc qui achète sans payer et revend comptant.

CARAMEL n. m. (mot esp.). Sucre fondu et roussi par l'action du feu. || Bonbon composé de sucre et d'un corps gras (lait, crème), aromatisé. ◆ adj. inv. D'une couleur entre le beige et le roux.

CARAMÉLISATION n. f. Réduction du sucre en caramel.

CARAMÉLISER v. i. Se transformer en caramel, en parlant du sucre. ◆ v. t. Recouvrir de caramel.

CARAPACE n. f. (esp. *carapacho*). Organe dur et solide formé par le tégument épaissi de divers animaux, dont il protège le corps (tatou, tortue, insectes, crustacés). || Protection qui met à l'abri du souci, du chagrin. || *Géol.* Syn. de CUIRASSE. || *Métall.* Moule mince en sable additionné de résine thermodurcissable, utilisé dans un procédé de moulage.

CARAPATER (SE) v. pr. *Pop.* S'enfuir.

CARAQUE n. f. (ar. *karrāka*). Grand navire, étroit du haut et très élevé sur l'eau, utilisé au Moyen Âge et jusqu'à la fin du XVIe s.

CARASSE n. f. Empilage de colis de tabacs en feuilles ou fabriqués.

CARASSIN n. m. (all. *Karas*, du tchèque). Poisson d'eau douce voisin de la carpe. (Le carassin doré est aussi appelé *poisson rouge*.)

CARAT [kara] n. m. (ar. *qīrāt*, poids). Quantité d'or fin contenu dans un alliage de ce métal, exprimée en vingt-quatrièmes de la masse totale. ● *Carat métrique* ou *carat*, unité de mesure de masse employée dans le commerce des diamants, perles fines et pierres précieuses, et valant 2.10^{-4} kilogramme, soit 2 décigrammes. ‖ *Dernier carat* (Fam.), dernier moment.

CARATE n. m. Maladie de peau due à un tréponème *(Treponema carateum)* et sévissant en Amérique centrale et en Amérique du Sud.

CARAVAGESQUE ou **CARAVAGISTE** adj. et n. m. Qui appartient au caravagisme.

CARAVAGISME n. m. Art des épigones du Caravage.

CARAVANE n. f. (persan *kārawān*). Troupe de gens, parfois accompagnés d'animaux de selle et de bât, qui se forme pour franchir un désert, une contrée peu sûre. ‖ Groupe allant de compagnie : *caravane de touristes*. ‖ Roulotte de camping aménagée pour la vie quotidienne.

CARAVANIER n. m. Conducteur des bêtes de somme, dans une caravane. ‖ Celui qui utilise une caravane de camping.

CARAVANING [karavaniŋ] n. m. (mot angl.). Forme de camping pratiquée par ceux qui utilisent une caravane.

CARAVANSÉRAIL n. m. (persan *kārawān-sarāy*). En Orient, hôtellerie pour les caravanes.

CARAVELLE n. f. (portug. *caravela*). Navire des XVe s. et XVIe s., rapide et de petit tonnage.

CARBAMIQUE adj. Se dit de l'acide NH_2CO_2H, inconnu à l'état libre mais connu par ses sels et ses esters.

CARBET [karbɛ] n. m. Aux Antilles et en Guyane française, grande case collective.

CARBOCHIMIE n. f. Chimie industrielle des produits issus de la houille.

CARBOGÈNE n. m. Mélange de 90 p. 100 d'oxygène et 10 p. 100 de gaz carbonique, stimulant du centre respiratoire.

CARBOHÉMOGLOBINE n. f. Combinaison instable du gaz carbonique avec l'hémoglobine.

CARBONADE ou **CARBONNADE** n. f. Sorte de ragoût à base de morceaux de viande que l'on a fait revenir au préalable.

CARBONADO n. m. (mot brésilien, *charbonneux*). Diamant noir utilisé dans les outils de forage.

CARBONARISME n. m. Société politique secrète formée au XIXe s. en Italie pour le triomphe des idées libérales et qui se développa en France entre 1820 et 1830. (Syn. CHARBONNERIE.)

CARBONARO n. m. (mot it., *charbonnier*) [pl. *carbonari*]. Affilié au carbonarisme.

CARBONATATION n. f. Action de transformer en carbonate.

CARBONATE n. m. Sel ou ester de l'acide carbonique.

CARBONATÉ, E adj. *Géol.* Se dit des roches constituées essentiellement de carbonates (calcaire, dolomie).

CARBONATER v. t. Transformer en carbonate. ‖ Additionner de carbonate.

CARBONE n. m. (lat. *carbo, -onis*, charbon). Corps simple (C), no 6, de masse atomique 12,01, qui se rencontre plus ou moins pur dans la nature, soit cristallisé *(diamant, graphite)*, soit amorphe *(charbon de terre, houille, anthracite, lignite)*. ● *Carbone 14*, isotope radioactif du carbone, qui prend naissance dans l'atmosphère. (La teneur en carbone 14 permet de dater un vestige.) ‖ *Cycle du carbone*, ensemble cyclique des transferts naturels de cet élément, de l'atmosphère aux plantes vertes, de celles-ci aux animaux, au sol et de nouveau à l'atmosphère.

‖ *Papier carbone*, ou *carbone* n. m., papier enduit d'une couche de carbone gras, permettant d'obtenir des copies d'un même document. ■ Le carbone est infusible, bon conducteur de la chaleur et de l'électricité; il est combustible et réducteur. Il forme de très nombreux composés, dont l'étude constitue la *chimie organique*. Il entre dans la composition des tissus animaux ou végétaux.

CARBONÉ, E adj. Qui contient du carbone. ● *Roches carbonées* (Géol.), ensemble des roches sédimentaires d'origine organique dont le constituant essentiel est le carbone (charbon, pétrole, etc.).

CARBONIFÈRE adj. Qui contient du charbon.

CARBONIFÈRE adj. et n. m. Se dit de la période de l'ère primaire au cours de laquelle se formèrent de grands dépôts de houille.

CARBONIQUE adj. Se dit d'un anhydride (CO_2) résultant de la combinaison du carbone avec l'oxygène. (On dit aussi GAZ CARBONIQUE et dioxyde de carbone.)
■ L'acide carbonique (H_2CO_3) n'a pu être isolé, mais on connaît ses sels, dit *carbonates*. L'anhydride carbonique est produit par la combustion du charbon, la fermentation des liquides, la respiration des animaux, des plantes, etc. C'est un gaz incolore, à odeur et à saveur aigrelettes, asphyxiant, de densité 1,52. Étant plus lourd que l'air, il se tient dans les parties basses de l'endroit où il se produit. Solidifié (− 78,5 ºC), il constitue la *neige carbonique.*

CARBONISAGE n. m. Opération consistant à imprégner la laine d'un acide en vue de carboniser les impuretés végétales qu'elle contient.

CARBONISATION n. f. Transformation d'un corps en charbon.

CARBONISER v. t. Brûler complètement, transformer en charbon.

CARBONITRURATION n. f. Procédé thermochimique de cémentation de l'acier par le carbone et l'azote.

CARBONITRURER v. t. Effectuer la carbonitruration.

CARBONNADE n. f. → CARBONADE.

CARBONYLE n. m. Radical bivalent —CO—; composé comprenant ce radical. ‖ Mélange d'huiles de créosote et d'huiles d'anthracène, utilisé pour protéger le bois de la pourriture.

CARBONYLÉ, E adj. Se dit d'un composé contenant le radical carbonyle.

CARBORUNDUM [karbɔrɔ̃dɔm] n. m. Nom déposé d'une marque de carbure de silicium utilisé comme abrasif.

caravelle

CARBOXYHÉMOGLOBINE n. f. Combinaison, difficilement dissociable, de l'oxyde de carbone avec l'hémoglobine, qui se forme au cours de l'intoxication par l'oxyde de carbone.

CARBOXYLASE n. f. Enzyme qui, au cours du métabolisme des glucides, enlève le groupement CO_2H (carboxyle) à l'acide pyruvique, qui devient de l'aldéhyde acétique.

CARBOXYLE n. m. Radical univalent —COOH des acides carboxyliques.

CARBOXYLIQUE adj. Se dit des acides contenant le radical carboxyle.

CARBURANT adj. m. (lat. *carbo*, charbon). Qui contient un hydrocarbure : *mélange carburant.* ‖ Qui carbure.

CARBURANT n. m. Combustible utilisé dans les moteurs à explosion ou à combustion interne.

CARBURATEUR n. m. Appareil préparant le mélange essence et air pour les moteurs à explosion.

V. ill. page suivante

CARBURATION n. f. Opération qui a pour objet de soumettre certains corps à l'action du carbone. (La carburation du fer le transforme en acier.) ‖ Action de mélanger de l'air à un carburant pour former un mélange détonant.

CARBURE n. m. Combinaison du carbone avec un autre corps simple. ‖ Carbure de calcium (CaC_2).

CARBURÉ, E adj. Qui contient du carbone.

CYCLE DU CARBONE

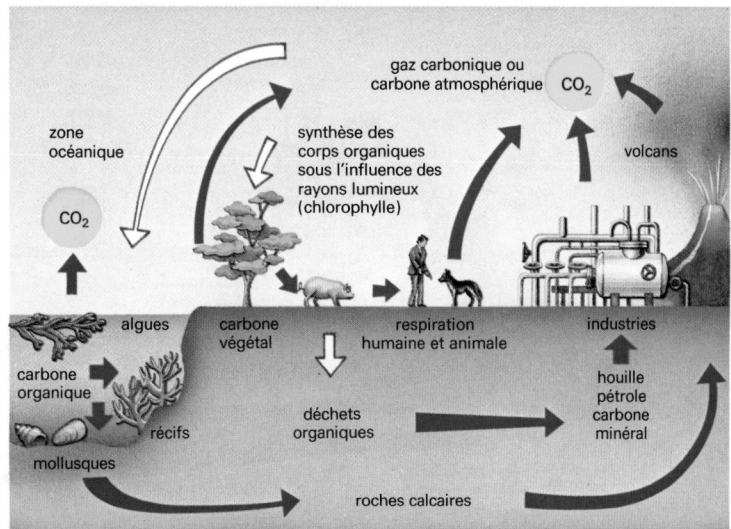

gaz carbonique ou carbone atmosphérique CO_2

zone océanique

CO_2

synthèse des corps organiques sous l'influence des rayons lumineux (chlorophylle)

volcans

algues

carbone végétal

respiration humaine et animale

industries

carbone organique

récifs

déchets organiques

houille pétrole carbone minéral

mollusques

roches calcaires

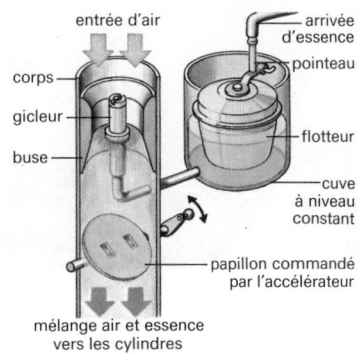

entrée d'air
corps
gicleur
buse
arrivée d'essence
pointeau
flotteur
cuve à niveau constant
papillon commandé par l'accélérateur
mélange air et essence vers les cylindres

fonctionnement du
CARBURATEUR

cardère

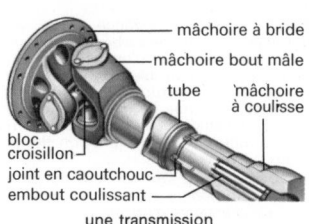

mâchoire à bride
mâchoire bout mâle
tube
mâchoire à coulisse
bloc croisillon
joint en caoutchouc
embout coulissant

une transmission
à **cardan**

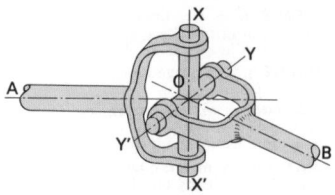

cardan : schéma de principe (AO, BO, X'X, Y'Y, axes de rotation)

CARBURÉACTEUR n. m. Kérosène pour moteurs d'aviation à réaction.

CARBURER v. t. Effectuer la carburation. ‖ *Pop.* Aller vite. ‖ *Pop.* Réfléchir profondément.

CARBUROL n. m. Carburant de substitution à l'essence, utilisé en mélange avec celle-ci et obtenu à partir de charbon, de gaz naturel ou de biomasse (canne à sucre, maïs, topinambour, etc.).

CARCAILLER ou **COURCAILLER** v. i. (onomat.). Crier, en parlant de la caille.

CARCAJOU n. m. (mot canadien). Blaireau d'Amérique.

CARCAN n. m. Collier de fer qui servait autref. à attacher un criminel au poteau d'exposition. ‖ Ce qui limite étroitement la liberté.

CARCASSE n. f. Charpente osseuse d'un animal. ‖ *Fam.* Corps de qqn. ‖ Armature destinée à soutenir un ensemble.

CARCEL [karsɛl] n. m. Lampe à huile, à rouages et à piston, inventée par l'horloger français Carcel en 1800.

CARCÉRAL, E, AUX adj. (lat. *carcer, -eris,* prison). Relatif aux prisons, au régime pénitentiaire.

CARCINOGÈNE adj. Syn. de CANCÉRIGÈNE.

CARCINOÏDE [karsinɔid] adj. Se dit d'une variété de cancer.

CARCINOLOGIE n. f. Syn. de CANCÉROLOGIE.

CARCINOMATEUX, EUSE adj. De la nature du carcinome.

CARCINOME [karsinom] n. m. (gr. *karkinôma,* tumeur cancéreuse). Cancer à structure épithéliale prédominante.

CARDAGE n. m. Action de carder.

CARDAMINE n. f. (gr. *kardamon,* cresson). Plante des prés humides, mesurant jusqu'à 50 cm de haut, appelée usuellement *cressonnette.* (Famille des crucifères.)

CARDAMOME n. f. (gr. *kardamômon*). Plante du Sud-Est asiatique, dont les graines ont une saveur poivrée. (Famille des zingibéracées.)

CARDAN n. m. (du savant it. *Cardano*). Mécanisme permettant le déplacement angulaire relatif de deux arbres dont les axes géométriques concourent en un même point. (Le cardan permet les mouvements dans tous les sens.)

CARDE n. f. (prov. *cardo*). Côte comestible des feuilles de cardon et de bette.

CARDE n. f. (picard *carda*). Machine garnie de chardons ou de pointes métalliques, pour peigner la laine ou le drap.

CARDÉ n. m. Fil généralement composé de fibres courtes et n'ayant pas subi l'opération de peignage. ‖ Étoffe tissée à partir de ces fils.

CARDER v. t. Peigner, démêler avec la carde.

CARDÈRE n. f. (lat. *carduus,* chardon). Plante atteignant 2 m de haut, commune dans les fossés, les lieux incultes, de la famille des dipsacacées. (On l'appelle usuellement *cabaret des oiseaux,* car ses feuilles, soudées à la base, retiennent l'eau de pluie, et *chardon à foulon,* car les bractées épineuses de ses capitules servaient autref. à carder la laine et le drap.)

CARDEUR, EUSE n. Ouvrier, ouvrière qui carde.

CARDEUSE n. f. Machine à carder.

CARDIA n. m. (gr. *kardia,* cœur). Orifice supérieur de l'estomac par lequel il communique avec l'œsophage.

CARDIALGIE n. f. Douleur siégeant au cœur.

CARDIAQUE adj. (gr. *kardiakos;* de *kardia,* cœur). Qui appartient au cœur : *muscle cardiaque.* ◆ adj. et n. Atteint d'une maladie de cœur.

CARDIGAN n. m. Veste de tricot à manches longues, se fermant par-devant.

CARDINAL, E, AUX adj. (lat. *cardinalis;* de *cardo, -inis,* pivot). *Nombre cardinal,* ou *cardinal* n. m., nombre qui exprime la quantité, comme *un, deux, trois, quatre,* etc.; nombre qui caractérise la puissance d'un ensemble. (Un ensemble fini a pour cardinal l'entier naturel qui indique le nombre de ses éléments. Un ensemble infini a pour cardinal un nombre aleph, le plus simple d'entre eux étant aleph zéro $[\aleph_0]$, nombre cardinal des ensembles dénombrables.) ‖ *Points cardinaux,* les quatre points de repère permettant de s'orienter : est, sud, ouest, nord. ‖ *Vertus cardinales,* la justice, la prudence, la tempérance et la force.

CARDINAL n. m. Membre du Sacré Collège, électeur et conseiller du pape. ‖ Oiseau passereau d'Amérique, au plumage rouge écarlate. (Famille des fringillidés.)

CARDINALAT n. m. Dignité de cardinal.

CARDINALICE adj. Relatif aux cardinaux.

CARDIOGRAMME n. m. Tracé obtenu à l'aide d'un cardiographe.

CARGO PORTE-CONTENEURS

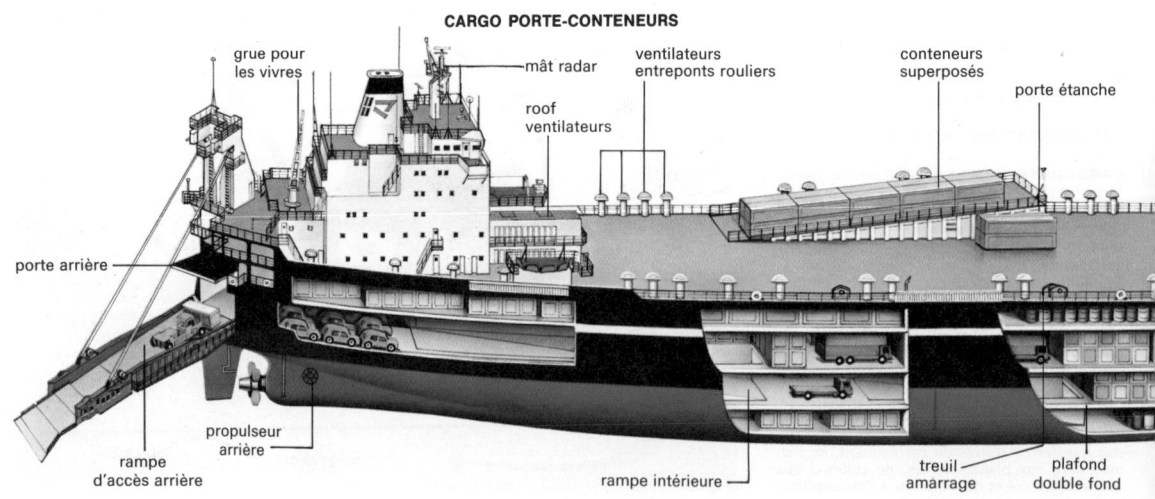

grue pour les vivres
mât radar
ventilateurs entreponts rouliers
conteneurs superposés
porte étanche
roof ventilateurs
porte arrière
porte arrière
rampe d'accès arrière
propulseur arrière
rampe intérieure
treuil amarrage
plafond double fond

CARDIOGRAPHE n. m. Appareil enregistreur des mouvements du cœur.

CARDIOGRAPHIE n. f. Étude du cœur à l'aide du cardiographe.

CARDIOLOGIE n. f. Partie de la médecine qui traite du cœur.

CARDIOLOGUE n. Spécialiste de cardiologie.

CARDIOMÉGALIE n. f. Augmentation de volume du cœur.

CARDIOMYOPATHIE n. f. Affection rare du muscle cardiaque, entraînant un retentissement sur la fonction circulatoire.

CARDIOPATHIE n. f. Affection du cœur, quelles qu'en soient les causes ou les manifestations.

CARDIO-PULMONAIRE adj. Relatif à la fois au cœur et au poumon.

CARDIO-RÉNAL, E, AUX adj. Relatif au cœur et au rein.

CARDIOTHYRÉOSE n. f. Trouble cardiaque provoqué par l'hyperthyroïdie.

CARDIOTONIQUE adj. et n. m. Se dit d'une substance qui stimule le cœur.

CARDIO-VASCULAIRE adj. Relatif à la fois au cœur et aux vaisseaux.

CARDITE n. f. (gr. kardia, cœur). Inflammation des tuniques du cœur. ‖ Mollusque bivalve marin, à coquille ovale.

CARDON n. m. (mot prov.). Plante potagère voisine de l'artichaut, dont on consomme les cardes.

CARÊME n. m. (lat. quadragesima [dies], le quarantième [jour]). Pour les catholiques, période de quarante jours, consacrée à la pénitence, et qui va du mercredi des Cendres au samedi saint. ● Face de carême (Vx), visage pâle et défait.

CARÊME-PRENANT n. m. (pl. carêmes-prenants). Les trois jours qui précèdent le mercredi des Cendres.

CARÉNAGE n. m. Mar. Action de caréner. ‖ Endroit d'un port où l'on carène les navires. ‖ Pièce de métal ou de plastique fixée sur un cyclomoteur ou une motocyclette pour diminuer la résistance à l'air et protéger des intempéries.

CARENCE n. f. (lat. carere, manquer). Fait que qqn, un organisme manque à ses fonctions. ‖ Méd. Manque de vitamines (avitaminose) ou privation d'une substance minérale (fer, calcium, etc.) ou organique (protéine) nécessaire à la vie. ● Carence affective, absence ou insuffisance de relations affectives de l'enfant avec sa mère pendant la première enfance. ‖ Délai de carence, période légale pendant laquelle un assuré, notamment un assuré social malade, n'est pas indemnisé.

CARENCER v. t. (conj. 1). Provoquer une carence.

CARÈNE n. f. (lat. carina). Partie immergée de la coque d'un navire. (Syn. ŒUVRES VIVES.) ‖ Bot. Pièce formée par les deux pétales inférieurs, dans la fleur des papilionacées. ● Carène liquide, chargement liquide incomplet dans un compartiment d'un navire, et dont le déplacement du centre de gravité, sous l'action des mouvements du bâtiment, peut augmenter une gîte éventuelle ou la provoquer. ‖ Centre de carène ou centre de volume, point d'application de la résultante des différentes forces de poussée verticale qui s'exercent sur un corps immergé dans un liquide.

CARÉNER v. t. (conj. 5). Nettoyer, peindre ou réparer la carène d'un navire. ‖ Donner une forme de carène à un mobile.

CARENTIEL, ELLE [karɑ̃sjɛl] adj. Méd. Relatif, consécutif à une carence.

CARESSANT, E adj. Qui caresse; qui aime les caresses; doux.

CARESSE n. f. Attouchement tendre, affectueux ou sensuel. ‖ Litt. Frôlement doux et agréable : les caresses de la brise.

CARESSER v. t. (it. carezzare, chérir). Faire des caresses. ‖ Entretenir avec complaisance, nourrir : caresser un espoir. ‖ Litt. Effleurer agréablement.

CARET [karɛ] n. m. (esp. carey). Tortue marine des mers chaudes, comestible, atteignant 1 m de long. (Syn. CAOUANNE.)

CARET [karɛ] n. m. Dévidoir utilisé par les cordiers. ● Fil de caret, gros fil de chanvre tortillé, servant à faire les cordages.

CAREX [karɛks] n. m. (mot lat.). Bot. Nom scientifique de la laîche.

CAR-FERRY [karferi] n. m. (mot angl.) [pl. car-ferries]. Navire aménagé pour le transport des automobiles. (L'Administration préconise TRANSBORDEUR OU NAVIRE TRANSBORDEUR.)

CARGAISON n. f. (prov. cargar, charger). Ensemble des marchandises constituant la charge d'un navire de commerce, d'un avion. ‖ Fam. Grande quantité.

CARGNEULE [karɲœl] n. f. Dolomie impure contenant du gypse ou du calcaire dont la dissolution par l'érosion chimique différentielle donne à la roche un aspect carié.

CARGO n. m. (angl. cargo-boat, bateau de charge). Navire destiné uniquement au transport des marchandises. ● Cargo mixte, cargo aménagé pour recevoir un petit nombre de passagers en sus de sa cargaison.

CARGUE n. f. Cordage qui sert à relever une voile contre sa vergue ou contre le mât.

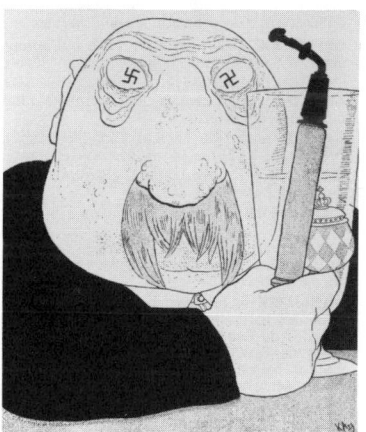

caret

CARGUER v. t. (prov. cargar, charger). Mar. Replier, serrer autour de la vergue (une voile).

CARI, CARY ou **CURRY** n. m. Épice composée de piment, de curcuma, etc. ‖ Plat de viande, volaille ou poisson, préparé avec cette épice.

CARIATIDE n. f. → CARYATIDE.

CARIBOU n. m. (d'une langue indigène du Canada). Renne du Canada.

CARICATURAL, E, AUX adj. Qui tient de la caricature; contrefait.

CARICATURE n. f. (it. caricatura, du lat. caricare, charger). Dessin, peinture satirique ou grotesque et outrée de certains traits ou caractéristiques. ‖ Fam. Personne très laide et ridicule.

CARICATURER v. t. Reproduire en caricature ou de manière outrée.

Caricature de Karl Arnold sur les partisans du national socialisme, 1923.

CARICATURES

Caricature de Napoléon Bonaparte par James Gillray : l'Écriture sur le mur, 1803.

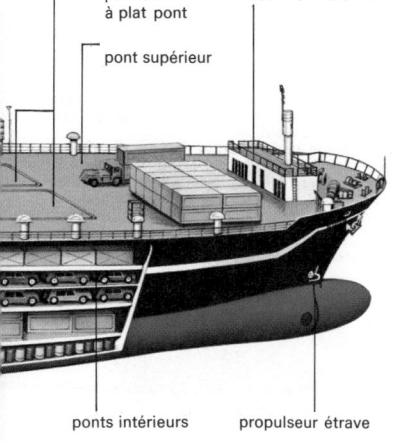

panneaux à plat pont — roof ventilateurs — pont supérieur — ponts intérieurs — propulseur étrave

D'après C. G. M.

Lauros

Caricature de Thiers par André Gill, le Vin de 1872 : « Ni trop de blanc ni trop de rouge ! Mélangeons... »

Giraudon

153

CARICATURISTE n. Personne qui fait des caricatures.

CARIE n. f. (lat. *caries*). Maladie de la dent qui se traduit par une lésion évoluant de l'extérieur vers l'intérieur et aboutissant à une perte de substance formant une cavité. ‖ Maladie cryptogamique du blé altérant les grains.

CARIÉ, E adj. *Dent cariée*, attaquée par une carie.

CARIER v. t. Gâter par l'effet de la carie. ◆ **se carier** v. pr. Être attaqué par la carie.

CARILLON n. m. (lat. *quaternio*, groupe de quatre choses). Battement de cloches à coups précipités. ‖ Série de cloches correspondant chacune à un ton. ‖ Sonnerie vive et gaie de ces cloches. ‖ Horloge qui sonne les heures. ● *Carillon électrique*, sonnerie électrique à deux tons.

CARILLONNÉ, E adj. *Fête carillonnée*, fête solennelle, annoncée par des carillons.

CARILLONNEMENT n. m. Action de carillonner.

CARILLONNER v. i. Sonner le carillon. ‖ *Fam.* Agiter fortement une sonnerie : *carillonner à une porte.* ◆ v. t. Annoncer par une sonnerie : *l'horloge carillonne les heures.* ‖ Faire savoir à grand bruit : *carillonner une nouvelle.*

CARILLONNEUR n. m. Celui qui carillonne.

CARINATE n. m. Oiseau dont le sternum est muni d'un bréchet. (Les *carinates* forment une sous-classe qui renferme tous les oiseaux, sauf les manchots et les ratites.)

CARIOCA adj. et n. De Rio de Janeiro.

CARISTE n. m. Conducteur de chariots automoteurs de manutention destinés aux transports à l'intérieur d'un entrepôt, d'une usine, etc.

CARITATIF, IVE adj. Se dit de ce qui a pour objet d'assister ceux qui ont besoin d'aide matérielle ou morale.

CARLIN n. m. (it. *carlino*). Anc. monnaie d'Italie, de valeurs diverses.

CARLIN n. m. (de l'acteur *Carlo Bertinazzi*). Petit dogue à poil ras, à museau noir et écrasé.

CARLINE n. f. (prov. *carlino*, chardon). Genre de chardon des lieux secs.

CARLINGUE n. f. (scandin. *kerling*). Pièce de bois placée à l'intérieur d'un navire, parallèlement à la quille, pour renforcer celle-ci. ‖ Partie de l'avion où prennent place le pilote et les passagers.

CARLISME n. m. Tendance et système politique des partisans qui soutenaient don Carlos (Charles de Bourbon-Molina) [1788-1855], frère cadet de Ferdinand VII, contre sa nièce Isabelle II. (Le carlisme se maintient en Espagne : il alimente un sentiment traditionaliste.)

CARLISTE adj. Relatif au carlisme. ◆ adj. et n. Partisan de cette tendance et de ce système politique. (Trois guerres carlistes ont ébranlé l'Espagne au XIXᵉ s. [1833-1845, 1846-1849, 1872-1876].)

CARMAGNOLE n. f. Veste courte en usage pendant la Révolution. ‖ Chanson révolutionnaire et ronde farandolée, populaires durant la Terreur.

CARME n. m. Religieux appartenant à l'ordre du Carmel, dont la règle fut approuvée en 1245 et qui fut réformé par saint Jean de la Croix en 1593. (Ainsi, à côté des carmes réformés ou déchaux [déchaussés], subsistent les carmes de l'antique observance [chaussés]. Les carmes font partie des ordres mendiants.)

CARMÉLITE n. f. Religieuse de l'ordre contemplatif du Carmel, qui fut réformé en 1562 par sainte Thérèse d'Ávila.

CARMIN n. m. et adj. inv. (ar. *qirmiz*). Couleur d'un rouge intense, extraite des femelles de la cochenille du nopal.

CARMINATIF, IVE adj. (lat. *carminare*, nettoyer). Se dit des remèdes qui ont la propriété d'expulser les gaz de l'intestin (vx).

CARMINÉ, E adj. De la couleur du carmin.

CARNAGE n. m. (lat. *caro, carnis*, chair). Massacre, tuerie violente et sanglante.

CARNASSIER, ÈRE adj. (mot prov.; du lat. *caro, carnis*, chair). Qui se nourrit de chair crue.

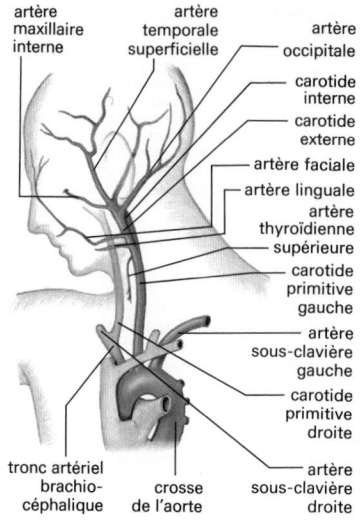

artère maxillaire interne — artère temporale superficielle — artère occipitale — carotide interne — carotide externe — artère faciale — artère linguale — artère thyroïdienne supérieure — carotide primitive gauche — artère sous-clavière gauche — carotide primitive droite — artère sous-clavière droite — tronc artériel brachio-céphalique — crosse de l'aorte

CAROTIDES

CARNASSIER ou **CARNIVORE** n. m. Mammifère terrestre muni de griffes, de canines dépassantes (crocs) et de molaires plus ou moins tranchantes, se nourrissant surtout de proies animales. (Les *carnassiers* forment un ordre comprenant le *chat*, le *chien*, l'*hyène*, l'*ours*, etc.)

CARNASSIÈRE n. f. (prov. *carnassiero*). Sac pour mettre le gibier. ‖ *Zool.* Grosse molaire coupante des carnassiers.

CARNATION [karnasjɔ̃] n. f. Teint, coloration de la peau.

CARNAVAL n. m. (it. *carnevale*, mardi gras) [pl. *carnavals*]. Temps destiné aux divertissements, depuis le jour des Rois jusqu'au mercredi des Cendres; ces divertissements eux-mêmes. ‖ Mannequin grotesque qui personnifie le carnaval.

CARNAVALESQUE adj. Relatif au carnaval; grotesque, extravagant. ‖ Qui concerne les manifestations de la culture populaire, particulièrement explicites dans la période du carnaval au Moyen Âge, et qui consiste en une représentation parodique des pratiques sociales et religieuses.

CARNE n. f. (normand *carne*, charogne). *Pop.* Vieux cheval. ‖ Mauvaise viande.

CARNÉ, E adj. (lat. *caro, carnis*, chair). *Bot.* Couleur de chair : *œillet carné.* ‖ Qui se compose de viande : *alimentation carnée.*

CARNEAU n. m. (anc. forme de *créneau*). Ouverture pratiquée dans la voûte d'un four.

CARNET n. m. (bas lat. *quaternio*, groupe de quatre). Petit cahier servant à inscrire des notes, des comptes, des adresses, etc. ‖ Assemblage de tickets, de timbres, etc., attachés ensemble. ‖ Rigole dans une galerie de mine.

CARNIER n. m. (mot prov.; lat. *caro, carnis*, chair). Sac à gibier.

CARNIVORE adj. (lat. *caro, carnis*, chair, et *vorare*, dévorer). Qui se nourrit de chair.

CARNIVORE n. m. → CARNASSIER.

CARNOTSET ou **CARNOTZET** [karnɔtze] n. m. En Suisse, local aménagé, généralement dans une cave, pour boire entre amis.

CAROLINGIEN, ENNE adj. Relatif à la dynastie des Carolingiens.

CAROLUS [karɔlys] n. m. (lat. *Carolus*, Charles). Anc. monnaie de billon, émise par Charles VIII.

CARONADE n. f. (de *Carron*, v. d'Écosse). Gros canon de marine (XVIIIᵉ et XIXᵉ s.) en fonte.

CARONCULE n. f. (lat. *caruncula*). Nom de diverses excroissances charnues de couleur rou-

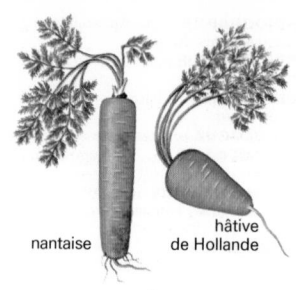

nantaise — hâtive de Hollande

carottes

geâtre, comme celle qui pend à la base du bec chez le dindon. ● *Caroncule lacrymale*, saillie rouge dans l'angle interne de l'œil. ‖ *Grande caroncule*, saillie de la paroi interne du duodénum, où débouchent le canal cholédoque et le canal principal du pancréas. ‖ *Petite caroncule*, saillie située 3 cm plus haut que la précédente, et où s'ouvre le canal accessoire du pancréas.

CAROTÈNE n. m. Pigment jaune ou rouge que l'on trouve chez les végétaux (carotte surtout) et chez les animaux (corps jaune de l'ovaire).

CAROTIDE n. f. (gr. *karôtides*; de *karoun*, assoupir). Chacune des artères qui conduisent le sang du cœur à la tête.

CAROTIDIEN, ENNE adj. Relatif à la carotide.

CAROTTAGE n. m. Extraction de carottes d'un sondage. ‖ *Fam.* Petite escroquerie.

CAROTTE n. f. (lat. *carota*; du gr.). Plante bisannuelle que l'on cultive pour sa racine pivotante, riche en sucre et comestible (famille des ombellifères); cette racine. ‖ Feuilles de tabac roulées en forme de carotte et destinées aux chiqueurs. ‖ Enseigne des bureaux de tabac. ‖ *Min.* Échantillon cylindrique de terrain retiré du sol grâce à un carottier. ● *La carotte ou le bâton*, méthodes de commandement par des promesses ou par des menaces. ‖ *Les carottes sont cuites* (Fam.), l'affaire est réglée; il n'y a plus rien à faire. ‖ *Tirer une carotte à qqn* (Fam.), lui extorquer qqch en le trompant. ◆ adj. inv. De couleur rouge tirant sur le roux.

CAROTTER v. t. Extraire du sol une carotte pour l'analyser. ‖ *Fam.* Soutirer qqch à qqn frauduleusement.

CAROTTEUR, EUSE ou **CAROTTIER, IÈRE** n. Personne qui carotte.

CAROTTIER n. m. Outil spécial qui permet de prélever des échantillons de terrains.

CAROUBE ou **CAROUGE** n. f. (ar. *kharrûba*). Fruit du caroubier, comestible et antidiarrhéique.

CAROUBIER n. m. Arbre méditerranéen, atteignant 10 m de haut et produisant les *caroubes*. (Famille des césalpiniacées.)

CARPATIQUE adj. Relatif aux Carpates.

CARPE n. f. (lat. *carpa*). Genre de poissons d'eau douce, de la famille des cyprinidés, habitant les eaux calmes et profondes des rivières et des étangs. ● *Muet comme une carpe*, totalement muet. ‖ *Saut de carpe*, bond à plat ventre, que l'on exécute en se retournant sans se servir des mains.

■ La carpe peut atteindre 80 cm de long et peser 15 kg. La femelle pond au printemps plusieurs centaines de milliers d'œufs. La carpe fournit une chair estimée, qui justifie son élevage en étangs ou en bassins (cyriniculture).

carpe

CARPE n. m. (gr. *karpos*, jointure). *Anat.* Partie du squelette de la main qui s'articule en haut avec l'avant-bras et en bas avec le métacarpe.

CARPEAU n. m. Jeune carpe.

CARPELLE n. f. (f. selon l'Acad.) [gr. *karpos*, fruit]. Chacune des pièces florales dont l'ensemble soudé forme le *pistil* des fleurs.

CARPETTE n. f. (angl. *carpet;* de l'anc. fr.). Petit tapis. ‖ *Fam.* Personne servile.

CARPICULTURE n. f. Élevage de la carpe.

CARPIEN, ENNE adj. *Anat.* Relatif au carpe.

CARPILLON n. m. Très petite carpe.

CARPOCAPSE n. f. (gr. *karpos*, fruit, et *kaptein*, cacher). Papillon appelé aussi *pyrale des pommes*, dont la chenille, ou *ver des fruits*, se développe dans les pommes et les poires.

CARQUOIS n. m. (bas lat. *tarcasius*, mot persan). Étui à flèches. •

CARRARE n. m. Marbre de Carrare.

CARRE n. f. (de *carrer*). Épaisseur d'un objet plat coupé à angle droit. ‖ Baguette d'acier bordant la semelle du ski. ‖ Tranche de l'arête du patin à glace.

CARRÉ, E adj. (lat. *quadratus*). Qui a la forme d'un carré. ‖ Qui a des angles plus ou moins marqués : *visage carré.* ‖ D'une grande franchise, sans détour : *être carré en affaires.* ‖ Se dit d'un gréement de voilier comportant des voiles carrées fixées à des vergues; se dit d'un voilier ayant ce gréement. • *Épaules carrées, épaules larges.* ‖ *Matrice carrée* (Math.), matrice qui a autant de colonnes que de lignes. ‖ *Mètre carré,* aire d'un carré ayant 1 mètre de côté. ‖ *Tête carrée* (Fam.), personne obstinée, têtue.

CARRÉ n. m. *Math.* Quadrilatère plan qui a ses côtés égaux et ses angles droits : *on obtient l'aire d'un carré en multipliant la mesure de son côté par elle-même.* ‖ Produit de deux facteurs égaux : *carré d'un nombre, d'une expression algébrique.* ‖ Signal de chemin de fer prescrivant l'arrêt absolu. ‖ Format de papier aux dimensions de 45 × 56 cm, employé en imprimerie. ‖ Sur un navire, chambre servant de lieu de réunion et de salle à manger aux officiers. ‖ Partie de jardin où l'on cultive une même plante. ‖ Réunion de quatre cartes semblables. ‖ *Bouch.* Ensemble des côtelettes du mouton, du porc. ‖ *Mil.* Anc. formation d'une troupe faisant front sur quatre faces. ‖ *Arg. scol.* Élève de deuxième année dans diverses classes préparatoires aux grandes écoles. • *Carré (ou rectangle) blanc,* signe apparaissant sur un récepteur de télévision et indiquant que l'émission est déconseillée aux enfants. ‖ *Carré de l'Est,* fromage fermenté fabriqué suivant une technique proche de celle qu'on emploie pour le camembert. ‖ *Carré du transept,* croisée d'une église.

CARREAU n. m. (bas lat. *quadrus,* carré). Élément de pavement de petites dimensions, de forme géométrique et généralement en céramique. ‖ Sol pavé de carreaux. ‖ Verre de fenêtre. ‖ Coussin carré des dentellières. ‖ Dessin de forme carrée : *une étoffe à carreaux.* ‖ Fer de tailleur. ‖ Une des couleurs du jeu de cartes, marquée par des losanges rouges. ‖ Grosse flèche d'arbalète dont le fer avait quatre faces. • *Carreau des Halles,* à Paris, endroit des Halles où l'on vendait les fruits, les légumes. ‖ *Carreau d'une mine,* terrain clos englobant les orifices des puits et les installations de surface d'une mine. ‖ *Mettre au carreau,* tracer sur un modèle (dessin, peinture, carton) un quadrillage qui permettra d'exécuter à partir de ce modèle une reproduction, un agrandissement ou une réduction exacts. ‖ *Se tenir à carreau* (Fam.), être sur ses gardes. ‖ *Sur le carreau* (Fam.), à terre, assommé ou tué.

CARRÉE n. f. *Arg.* Chambre.

CARREFOUR n. m. (bas lat. *quadrifurcus*). Lieu où se croisent plusieurs chemins ou rues. ‖ Rencontre organisée en vue d'une confrontation d'idées. ‖ Choix entre diverses perspectives.

CARRELAGE n. m. Action de carreler; pavement de carreaux.

CARRELER [karle] v. t. (conj. **3**). Assembler des carreaux pour former un revêtement.

CARRELET [karlɛ] n. m. Grosse aiguille dont l'extrémité, coupante, est utilisée par les bourreliers. ‖ Règle quadrangulaire. ‖ Filet monté sur deux cerceaux croisés, suspendus à une perche, pour pêcher le menu poisson. ‖ *Zool.* Autre nom de la PLIE.

CARRELEUR n. m. Ouvrier qui pose des carrelages.

CARRÉMENT adv. Franchement, sans détour : *il a carrément écrit au directeur.* ‖ À angle droit, d'équerre.

CARRER (SE) v. pr. (lat. *quadrare*). S'installer à l'aise : *se carrer dans un fauteuil.*

CARRICK n. m. (angl. *curricle;* du lat. *curriculum,* char de course). Redingote à plusieurs collets (vx).

CARRIER n. m. Celui qui exploite une carrière.

CARRIÈRE n. f. (lat. *carrus,* char). Profession à laquelle on consacre sa vie; ensemble des étapes de cette profession : *choisir une carrière.* ‖ (Avec une majuscule.) La diplomatie. ‖ Grand manège d'équitation en terrain découvert. • *Donner carrière* (Litt.), donner libre cours. ‖ *Faire carrière,* réussir dans une profession.

CARRIÈRE n. f. (lat. *quadrus,* carré). Endroit où l'on exploite des produits minéraux non métalliques ni carbonifères, et en particulier des roches propres à la construction.

CARRIÉRISME n. m. État d'esprit, activité d'un carriériste.

CARRIÉRISTE n. Personne qui ne cherche qu'à satisfaire son ambition personnelle dans son activité à l'intérieur d'une profession, d'un parti, d'un syndicat, etc.

CARRIOLE n. f. (mot prov.; lat. *carrus,* char). Voiture légère, non automobile.

CARROSSABLE adj. Où les voitures peuvent circuler.

CARROSSAGE n. m. Action de carrosser. ‖ Forme conique donnée à une roue pour lui assurer une bonne rigidité. ‖ Angle que fait l'axe de la fusée d'une roue avec l'horizontale.

CARROSSE n. m. (it. *carrozza*). Voiture de grand luxe, tirée par des chevaux, à quatre roues, couverte et suspendue. • *La cinquième roue du carrosse,* personne dont on se soucie peu.

CARROSSER v. t. Munir d'une carrosserie. ‖ Donner du carrossage à un train de roues de voiture automobile.

CARROSSERIE n. f. Bâti de véhicule fait de panneaux fixés sur une membrure. ‖ Industrie du carrossier. ‖ Enveloppe extérieure d'un appareil ménager (réfrigérateur, lave-vaisselle, etc.).

CARROSSIER n. m. Tôlier spécialisé dans la réalisation et la réparation des carrosseries automobiles.

CARROUSEL [karuzɛl] n. m. (it. *carosela*). Parade militaire où des cavaliers exécutent des évolutions variées; lieu où se donne cette parade. ‖ Circulation intense, succession rapide. ‖ En Belgique, manège forain.

CARROYAGE n. m. Syn. de QUADRILLAGE.

CARROYER [karwaje] v. i. (conj. **2**). Appliquer un quadrillage sur une carte.

CARRURE n. f. (de *carrer*). Largeur du dos d'une épaule à l'autre : *un homme de forte carrure.* ‖ Forme large et carrée : *carrure de la poitrine.* ‖ Forte personnalité. ‖ Croisement de galeries de mine.

CARTABLE n. m. Sac d'écolier.

J. Cabot

carrelet

CARTE n. f. (lat. *charta,* papier). Carton mince obtenu en collant ensemble plusieurs feuilles de papier. ‖ Petit carton fin portant des figures sur une de ses faces et servant à jouer. ‖ Document prouvant l'identité ou permettant d'exercer certains droits : *carte d'électeur, d'abonnement, etc.* ‖ Liste des mets dans un restaurant. ‖ Figuration conventionnelle, sur un plan, de la répartition de phénomènes géographiques, géologiques ou autres. • *À la carte,* se dit d'un choix libre concernant une activité quelconque : *horaire à la carte.* ‖ *Brouiller les cartes,* mettre du trouble. ‖ *Carte astronomique,* représentation, sur un plan, soit d'une portion du ciel étoilé, soit d'un objet céleste. ‖ *Carte blanche,* pleins pouvoirs. ‖ *Carte grise,* récépissé de déclaration d'un véhicule à moteur. ‖ *Carte perforée,* carton de format normalisé portant, sous forme de perforations, des renseignements directement utilisables en mécanographie. ‖ *Carte postale,* carte dont un des côtés sert à la correspondance et dont l'autre est illustré. ‖ *Cartes sur table,* sans rien dissimuler. ‖ *Carte de visite ou carte,* carte sur laquelle on a fait imprimer son nom. ‖ *C'est la carte forcée,* on est obligé de passer par ses exigences. ‖ *Déjeuner, dîner à la carte,* choisir ses plats librement sur la carte dans un restaurant. ‖ *Jouer la carte de qqch,* s'engager à fond dans un choix. ‖ *Jouer sa dernière carte,* faire une tentative ultime. ‖ *Le dessous des cartes,* ce qu'on cache d'un événement.

CARTEL n. m. (it. *cartello,* affiche). Entente entre groupements professionnels, syndicaux ou politiques, en vue d'une action commune. ‖ Entente entre producteurs d'une même branche d'industrie pour limiter la concurrence. ‖ Provocation en duel (vx). ‖ Sorte d'encadrement décoratif. ‖ Pendule murale qu'entoure un décor chantourné (XVIIIe s.).

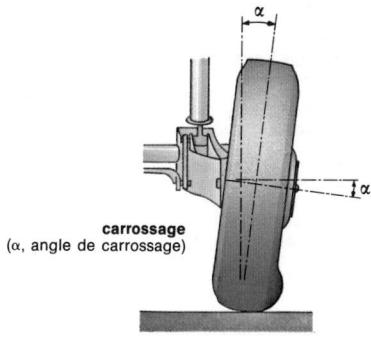

carrossage
(α, angle de carrossage)

CARROSSERIES

cabriolet coupé berline limousine break voiture de course

155

CARTE-LETTRE n. f. (pl. *cartes-lettres*). Carte se fermant au moyen de bords gommés, tarifée comme les lettres.

CARTELLISATION n. f. Action de grouper des entreprises en cartels; son résultat.

CARTER [kartɛr] n. m. (mot angl.; de l'inventeur *Carter*). Enveloppe protectrice des organes d'un mécanisme.

CARTE-RÉPONSE n. f. (pl. *cartes-réponses*). Carte jointe à un questionnaire, à utiliser pour y répondre.

CARTÉSIANISME n. m. (de *Cartesius*, nom lat. de Descartes). Philosophie de Descartes et de ses disciples.

CARTÉSIEN, ENNE adj. et n. Qui appartient à la doctrine de Descartes. ● *Esprit cartésien*, méthodique et rationnel. ‖ *Produit cartésien de deux ensembles E et F*, ensemble, noté E × F, des couples ordonnés (x, y) où x ∈ E et y ∈ F.

CARTE-VUE n. f. (pl. *cartes-vues*). En Belgique, carte postale illustrée.

CARTHAGINOIS, E adj. et n. De Carthage.

CARTIER n. m. Fabricant de cartes à jouer.

CARTILAGE n. m. (lat. *cartilago*). Tissu résistant et élastique formant le squelette de l'embryon avant l'apparition de l'os et persistant chez l'adulte dans le pavillon de l'oreille, dans le nez, à l'extrémité des os. (Certains poissons [esturgeon, raie, requin] ont un squelette qui reste toute la vie à l'état de cartilage.)

CARTILAGINEUX, EUSE adj. De la nature du cartilage.

CARTOGRAMME n. m. Schéma cartographique sur lequel on a représenté des renseignements statistiques.

CARTOGRAPHE n. Spécialiste qui dresse les cartes de géographie, de géologie, etc.

CARTOGRAPHIE n. f. Art de dresser les cartes de géographie, de géologie, etc.

CARTOGRAPHIQUE adj. Relatif à la cartographie.

CARTOMANCIE n. f. (gr. *manteia*, divination). Art de prédire l'avenir par les combinaisons qu'offrent les cartes à jouer.

CARTOMANCIEN, ENNE n. Personne qui pratique la cartomancie.

CARTON (it. *cartone*). Papier plus ou moins grossier, fabriqué avec des rognures de papier, des chiffons, etc. ‖ Boîte en carton fort servant à emballer ou à ranger des objets. ‖ Grand portefeuille à dessin. ‖ Feuille de carton servant de cible pour le tir d'entraînement. ‖ Modèle, dessiné ou peint, pour l'exécution d'une fresque, d'un vitrail, d'une tapisserie. ‖ Petite carte géographique. ‖ Fam. En sports, défaite sévère : *prendre un carton.* ● *Carton ondulé*, carton possédant des cannelures régulièrement espacées, contrecollées sur une ou deux feuilles de papier fort. ‖ *Faire un carton* (Fam.), tirer sur qqn.

CARTON-FEUTRE n. m. Carton à base de déchets textiles, de texture lâche et qui, après imprégnation de goudron, sert pour l'isolation et l'étanchéité des toitures légères.

CARTONNAGE n. m. Fabrication des objets en carton. ‖ Ouvrage en carton. ‖ Livre relié dont la couverture est formée de papier ou de toile, à l'exclusion de la peau.

CARTONNER v. t. Garnir, couvrir de carton.

CARTONNERIE n. f. Fabrique de carton.

CARTONNEUX, EUSE adj. Qui a la consistance, l'aspect du carton.

CARTONNIER, ÈRE n. Personne qui fabrique ou vend du carton ou de petits objets en carton. ‖ Artiste spécialisé dans la production de cartons de tapisserie.

CARTONNIER n. m. Meuble de bureau permettant de classer des dossiers cartonnés en forme de tiroir.

CARTON-PAILLE n. m. Carton fabriqué avec de la paille hachée.

CARTON-PÂTE n. m. Carton fait de déchets de papier additionnés de colle, et servant à fabriquer des objets par moulage.

CARTON-PIERRE n. m. Carton durci avec

lequel on fait des éléments de décoration intérieure.

CARTOON [kartun] n. m. (mot angl.). Chacun des dessins destinés à composer un film de dessins animés; bande dessinée.

CARTOPHILE n. Collectionneur de cartes postales.

CARTOPHILIE n. f. Collection, recherche de cartes postales.

CARTOTHÈQUE n. f. Local où sont conservées et classées les cartes de géographie.

CARTOUCHE n. f. (it. *cartuccia*; lat. *charta*, papier). Munition d'une arme de guerre ou de chasse comprenant, en un seul emballage, un projectile (balle, obus, plomb) et une charge propulsive incluse dans un étui ou une douille munis d'une amorce. ‖ Charge d'explosif ou de poudre logée dans un étui et prête à être employée. ‖ Présentation d'un produit sous forme de petits cylindres. ‖ Emballage groupant dix ou vingt paquets de cigarettes.

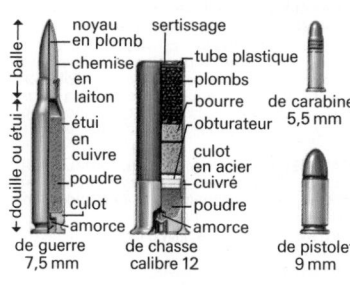

noyau en plomb — *sertissage* — *tube plastique* — *plombs* — *bourre* — *obturateur* — *de carabine 5,5 mm* — *chemise en laiton* — *étui en cuivre* — *poudre* — *culot* — *amorce* — *culot en acier cuivré* — *poudre* — *amorce* — *douille ou étui* — *balle* — *de guerre 7,5 mm* — *de chasse calibre 12* — *de pistolet 9 mm*

CARTOUCHES

CARTOUCHE n. m. (it. *cartoccio*, cornet de papier). Ornement en forme de feuille de papier à demi déroulée, ou de tous autres forme ou aspect, servant d'encadrement à une inscription. ‖ Dans un dessin, une carte géographique, emplacement réservé au titre. ‖ *Archéol.* Boucle ovale enserrant le prénom et le nom du pharaon dans l'écriture hiéroglyphique.

CARTOUCHERIE n. f. Usine où l'on fabrique les cartouches.

CARTOUCHIÈRE n. f. Sacoche ou ceinture où l'on met ses cartouches.

CARTULAIRE n. m. (lat. *charta*, papier). Recueil de titres relatifs aux droits temporels d'un monastère, d'une église.

CARVI n. m. (ar. *karawyā*). Plante des prairies, à fleurs aromatiques. (Famille des ombellifères.) ‖ Ses fruits, utilisés comme condiment.

CARY n. m. → CARI.

CARYATIDE ou **CARIATIDE** n. f. (gr. *karuatidēs*). Statue féminine servant de support architectonique vertical.

CARYOCINÈSE [karjɔsinɛz] n. f. (gr. *karuon*, noyau, et *kinêsis*, mouvement). *Biol.* Syn. de MITOSE.

CARYOGAMIE n. f. Fusion des deux noyaux du mycélium secondaire des champignons.

CARYOLYTIQUE adj. et n. m. Se dit de médicaments anticancéreux agissant en détruisant le noyau des cellules.

CARYOPHYLLACÉE n. f. (gr. *karuon*, noyau, et *phullon*, feuille). Plante dicotylédone à feuilles opposées et à tige renflée avec nœuds, telle que l'œillet, la saponaire, etc. (Les *caryophyllacées* forment une famille.)

CARYOPSE n. m. (gr. *karuon*, noyau, et *opsis*, apparence). Fruit sec indéhiscent, soudé à la graine unique qu'il contient. (Syn. GRAIN.)

CARYOTYPE n. m. (gr. *karuon*, noyau). Ensemble des chromosomes d'une cellule après que ceux-ci ont été réunis par paires de chromosomes identiques et classés selon certains critères.

CAS n. m. (lat. *casus*, accident). Ce qui arrive; situation d'une personne ou d'une chose : *le cas est rare; que faire en pareil cas?* ‖ *Dr.* Situation particulière par rapport à la loi. ‖ *Méd.* Manifestation d'une maladie; le malade luimême. ● *Cas de conscience*, difficulté sur ce que la religion ou la morale permettent ou défendent en certaines circonstances; scrupule. ‖ *Cas fortuit* (Dr.), événement dû au hasard, exclusif de toute faute du débiteur ou de l'auteur apparent du dommage. ‖ *Cas limite* (Psychol.), v. BORDERLINE. ‖ *Cas social*, personne qui doit être prise en charge par les services sociaux divers. ‖ *En ce cas*, alors. ‖ *En tout cas*, quoi qu'il arrive. ‖ *Faire cas*, *grand cas*, estimer, prendre en considération. ◆ loc. conj. *Au cas*, *dans le cas où*, supposé que.

CAS n. m. (lat. *casus*, terminaison). *Ling.* Chacune des formes prises par certains noms, adjectifs, pronoms, participes, suivant le rôle qu'ils ont dans la phrase.

CASANIER, ÈRE adj. et n. (esp. *casañero*). Qui aime à rester chez soi : *un homme casanier.* ◆ adj. Qui dénote ce caractère.

CASAQUE n. f. (persan *kazāgand*, jaquette). Anc. vêtement d'homme. ‖ Veste de femme, courte et droite, portée par-dessus la jupe, à manches longues ou courtes. ‖ Veste des jockeys. ● *Tourner casaque* (Fam.), changer de parti ou d'opinion.

CASAQUIN n. m. Corsage de femme (vx).

CASBAH [kazba] n. f. (mot ar.). En Afrique du Nord, citadelle ou palais d'un chef; quartier entourant ce palais.

CASCADE n. f. (it. *cascata*; de *cascare*, tomber). Chute d'eau provoquée par une rupture de pente importante du lit d'un cours d'eau. ● *En cascade*, en série.

CASCADER v. i. Tomber en cascade.

CASCADEUR, EUSE n. Au cirque, comique ou acrobate qui exécute des chutes volontaires. ‖ Au cinéma, artiste spécialisé dans les scènes dangereuses.

CASCATELLE n. f. *Litt.* Petite cascade.

CASE n. f. (lat. *casa*, hutte). Habitation rudimentaire.

CASE n. f. (esp. *casa*). Carré de l'échiquier, du damier, etc. ‖ Compartiment d'un meuble. ● *Avoir une case en moins*, *avoir une case vide* (Fam.), être faible d'esprit. ‖ *Case postale*, en Suisse, boîte postale.

CASÉEUX, EUSE [kazeø, øz] adj. (lat. *caseus*, fromage). De la nature du fromage. ● *Lésion caséeuse* (Pathol.), lésion tuberculeuse qui ressemble à du fromage.

CASÉIFICATION n. f. *Pathol.* Transformation d'un tissu en lésion caséeuse.

CASÉINE n. f. (lat. *caseus*, fromage). Substance protéique représentant la majeure partie des protides du lait. ● *Caséine végétale*, matière azotée extraite des tourteaux.

CASEMATE n. f. (it. *casamatta*; du gr. *khasma*, gouffre). Abri enterré d'un fort, destiné à loger les troupes ou à entreposer les munitions. ‖ Petit ouvrage fortifié.

CASER v. t. Placer judicieusement ou au prix d'un effort : *où caser ces livres?* ● *Caser qqn*, lui procurer un emploi, une situation. ◆ se caser v. pr. *Fam.* Se marier; trouver un emploi.

CASERNE n. f. (prov. *cazerna*, groupe de quatre personnes). Bâtiment affecté au logement des militaires. ‖ *Péjor.* Grande bâtisse austère.

CASERNEMENT n. m. Action de caserner. ‖ Ensemble des locaux d'une caserne.

CASERNER v. t. Installer dans une caserne.

CASERNIER n. m. Militaire chargé du matériel des casernements.

CASE-WORK [kezwɔrk] n. m. (mot angl.). Méthode visant à réinsérer un malade dans son milieu social en agissant sur celui-ci.

CASH [kaʃ] adv. (mot angl.). Comptant : *payer cash.*

CASH AND CARRY [kaʃɛndkari] n. m. inv. (mots angl.). Magasin de vente en libre service, proposant des produits en grandes quantités, avec paiement comptant, et dont l'accès est réservé aux détaillants.

CASHER [kaʃɛr] adj. inv. → KASHER.

CASH FLOW [kaʃflo] n. m. inv. (angl. *cash*, argent, et *flow*, écoulement). Capacité d'autofinancement d'une entreprise, représentée par l'ensemble des bénéfices nets, après impôt, des amortissements, des réserves et des provisions non assimilables à des dettes.

CASIER n. m. Meuble ou partie de meuble garni de cases. ‖ Nasse en osier : *casier à homards.* ‖ Service qui procède au classement et à la conservation des relevés des contributions. ● *Casier fiscal*, relevé des impositions et des amendes dont un contribuable a été l'objet. ‖ *Casier judiciaire*, relevé, au tribunal de grande instance du lieu de naissance, des condamnations encourues par une personne.

CASING [kezin] n. m. (mot angl.). Caisson étanche et calorifuge enveloppant le faisceau tubulaire des chaudières modernes, et constituant la chambre de chauffe.

CASINO n. m. (mot it.; de *casa*, maison). Établissement de jeu, de réunion, etc., dans les stations balnéaires ou thermales.

CASOAR n. m. (malais *kasouari*). Oiseau coureur d'Australie, mesurant 1,50 m, au plumage semblable à du crin, et qui a sur le crâne un casque osseux coloré. ‖ Plumet rouge-blanc ornant le shako des saint-cyriens depuis 1855.

Larousse

casoar

casoar

CASQUE n. m. (esp. *casco*). Coiffure en métal, en cuir ou en matière plastique servant à protéger la tête. ‖ Appareil dans lequel une ventilation d'air chaud permet de sécher les cheveux après une mise en plis. ‖ Appareil d'écoute téléphonique ou radiophonique. ‖ Mollusque gastéropode à coquille ventrue qui vit dans les mers chaudes. ‖ Sépale postérieur de la fleur des orchidées. ● *Casque d'acier*, association allemande d'anciens combattants (1918-1935). ‖ *Casques bleus*, surnom donné depuis 1956 aux membres de la force militaire internationale de l'O. N. U.

CASQUÉ, E adj. Coiffé d'un casque.

CASQUER v. i. *Pop.* Payer, faire les frais de qqch.

CASQUETTE n. f. (de *casque*). Coiffure d'homme, garnie d'une visière. ‖ Coiffure de l'armée française d'Afrique (XIXᵉ s.).

CASSABLE adj. Qui peut être cassé; fragile.

CASSAGE n. m. Action de casser.

CASSANT, E adj. Qui se casse facilement. ‖ Sans souplesse, intransigeant, tranchant.

CASSATE n. f. (mot it.). Crème glacée faite de tranches diversement parfumées.

CASSATION n. f. (de *casser*). Annulation, par une juridiction d'un rang supérieur, d'un jugement rendu en dernier ressort par une juridiction civile, pénale, administrative. (En France, la Cour de cassation et le Conseil d'État remplissent ce rôle.)

CASSATION n. f. (it. *cassazione*, départ). Suite instrumentale composée de morceaux brefs, légers, d'allure volontiers populaire, et qui était exécutée en plein air.

CASSE n. f. Action de casser; objets cassés : *bruit de casse; payer la casse.* ‖ Maladie des vins, qui en modifie l'aspect et la couleur. ● *Vendre à la casse*, vendre un objet usagé au poids de la matière première.

CASSE n. f. (gr. *kassia*). Pulpe purgative tirée du fruit du cassier.

CASSE n. f. (it. *cassa*). Boîte à compartiments inégaux, contenant les lettres employées pour la composition typographique. (On distingue les lettres du haut de casse, ou capitales, ou majuscules, et les lettres du bas de casse, ou bas-de-casse, ou minuscules.)

CASSE n. f. (prov. *cassa*, gr. *kuathos*, écuelle). Grande cuiller métallique de verrier.

CASSE n. m. (de *casser*). *Arg.* Cambriolage.

CASSÉ, E adj. Vieux, infirme : *vieillard tout cassé.* ‖ Tremblant, mal assuré : *voix cassée.* ● *Blanc cassé*, blanc tirant légèrement sur le gris ou le jaune.

CASSEAU n. m. Moitié de casse dont les compartiments, plus grands et plus profonds, servent de réserve à certains caractères.

CASSE-COU n. m. inv. Personne qui a un goût excessif du risque. ‖ Chemin escarpé où l'on risque de tomber. ● *Crier casse-cou à qqn*, l'avertir d'un danger.

CASSE-CROÛTE n. m. inv. Repas sommaire.

CASSE-GUEULE n. m. et adj. inv. *Pop.* Passage, exercice, entreprise comportant de gros dangers.

CASSEMENT n. m. *Cassement de tête*, grande fatigue intellectuelle.

CASSE-NOISETTES n. m. inv. Pince pour casser les noisettes.

CASSE-NOIX n. m. inv. Instrument pour casser les noix. ‖ Oiseau granivore voisin du corbeau.

CASSE-PATTES n. m. inv. *Pop.* Eau-de-vie très forte.

CASSE-PIEDS n. et adj. inv. *Fam.* Importun.

CASSE-PIERRES n. m. inv. *Bot.* Nom usuel de la *pariétaire.*

CASSE-PIPES ou **CASSE-PIPE** n. m. inv. *Fam.* La guerre.

CASSER v. t. (lat. *quassare*, secouer). Mettre en morceaux, sous l'action d'un choc, d'un coup; briser : *casser un verre.* ‖ Causer une fracture à un membre. ‖ Mettre hors d'usage un appareil; interrompre le cours de qqch. ‖ *Dr.* Annuler une décision juridictionnelle en dernier ressort. ‖ *Mil.* Destituer, dégrader. ● *À tout casser* (Fam.), sans frein; tout au plus, au maximum. ‖ *Ça ne casse rien* (Pop.), c'est inintéressant. ‖ *Casser les pieds* (Fam.), importuner, agacer. ‖ *Casser les prix*, provoquer une brusque chute des prix de vente. ‖ *Casser la tête, les oreilles* (Fam.), fatiguer par du bruit, des paroles. ‖ *Il ne casse rien* (Pop.), il n'est pas très fort. ◆ v. i. Se briser : *la corde a cassé.* ◆ **se casser** v. pr. Se rompre. ‖ *Pop.* S'en aller. ● *Ne pas se casser* (Fam.), ne pas se fatiguer. ‖ *Se casser la tête* (Fam.), se tourmenter pour trouver une solution.

CASSEROLE n. f. (anc. fr. *casse*, poêle). Ustensile de cuisine en métal ou en terre, à fond plat et à manche. ‖ *Fam.* Voix ou instrument discordant. ● *Passer à la casserole* (Pop.), être tué; subir une épreuve pénible.

CASSE-TÊTE n. m. inv. Massue dont la tête porte une protubérance excentrique. ‖ Arme portative à extrémité plombée. ‖ Travail ou jeu qui demande une grande application. ‖ Bruit assourdissant. ● *Casse-tête chinois*, jeu de combinaisons de pièces de bois.

CASSETIN n. m. Compartiment d'une casse d'imprimerie.

CASSETTE n. f. (anc. fr. *casse*; lat. *capsa*, petit coffre). Petit coffre servant à ranger de l'argent, des bijoux. ‖ Étui hermétique contenant une bande magnétique, un film radiographique ou un film de cinéma, qui dispense l'utilisateur de toute manipulation complexe. ● *Cassette royale* (Hist.), trésor royal.

CASSEUR n. m. Personne dont la profession est de casser : *un casseur de pierres.* ‖ Celui qui vend un objet usagé au poids brut. ‖ Celui qui se livre, au cours d'une manifestation, à des déprédations sur la voie publique, dans des locaux administratifs, etc. ‖ *Arg.* Cambrioleur.

CASSIER n. m., ou **CASSIE** n. f. Arbre antillais, de la famille des césalpiniacées, qui fournit la casse. (On dit aussi CANÉFICIER.)

CASSIS [kasis] n. m. (lat. *cassia*). Arbuste voisin du groseillier, haut de 1 à 2 m, produisant des baies noires comestibles, dont on fait une liqueur; le fruit lui-même; la liqueur. ‖ *Pop.* Tête.

CASSIS [kasi] n. m. (de *casser*). Rigole en travers d'une route. (Contr. DOS-D'ÂNE.)

CASSITÉRITE n. f. (gr. *kassiteros*, étain). Oxyde d'étain naturel SnO_2, principal minerai de ce métal.

CASSOLETTE [kasɔlɛt] n. f. (prov. *casoleta*). Réchaud en forme de vase où l'on fait brûler des parfums. ‖ Petit godet dans lequel est présenté un hors-d'œuvre chaud ou froid.

CASSON n. m. Pain informe de sucre fin.

CASSONADE n. f. (de *casson*). Sucre roux qui n'a été raffiné qu'une fois.

CASSOULET n. m. (mot du Languedoc; de *cassollo*, nom d'un récipient). Ragoût de haricots blancs et de viande d'oie, de canard, de mouton, et de porc.

CASSURE n. f. Endroit où un objet est cassé, brisure : *la cassure d'un pli.* ‖ Rupture : *cassure dans une amitié.*

CASTAGNETTES n. f. pl. (esp. *castañeta*, petite châtaigne). Instrument composé de deux petits morceaux de bois creusés, que l'on s'attache aux doigts et qu'on fait résonner en les frappant l'un contre l'autre.

CASTE n. f. (portug. *casta*, chaste). Classe sociale fermée, caractéristique de la société indienne. ‖ Catégorie de personnes qui se distingue des autres par ses privilèges et son esprit d'exclusive. ‖ Chez les insectes sociaux, ensemble des individus assurant les mêmes fonctions (les soldats chez les termites, les ouvrières chez les abeilles).

CASTEL n. m. (mot prov.). *Litt.* Petit manoir.

CASTILLAN, E adj. et n. De la Castille.

CASTILLAN n. m. Syn. de ESPAGNOL.

CASTINE n. f. (all. *Kalkstein*). Calcaire utilisé dans l'élaboration de la fonte au haut fourneau, comme fondant et comme épurateur.

CASTOR n. m. (gr. *kastôr*). Mammifère ron-

castor d'Amérique

geur de l'Amérique du Nord et d'Europe, à pattes postérieures palmées et à queue aplatie; fourrure de cet animal. ‖ Autref., chapeau d'homme fait en poils de castor. ● *Mouvement des castors,* groupement de personnes construisant en commun leur maison.

■ Les castors construisent des huttes de branchages et de terre et des digues dans les cours d'eau et abattent des arbres en les rongeant à la base. Ils atteignent 70 cm de long, dont 30 cm pour la queue, et peuvent vivre vingt ans.

CASTORÉUM [kastɔreɔm] n. m. Sécrétion odorante de la région anale du castor, employée en pharmacie et en parfumerie.

CASTRAT [kastra] n. m. (it. *castrato*). Celui qui a subi la castration. ‖ Chanteur que l'on castrait dès l'enfance pour qu'il conserve une voix de soprano.

CASTRATEUR, TRICE adj. Qui provoque un complexe de castration.

CASTRATION n. f. Ablation des glandes génitales. (Chez la femelle, l'opération s'appelle OVARIECTOMIE.) ● *Complexe de castration* (Psychanal.), réponse fantasmatique aux questions que suscite chez le jeune enfant la différence anatomique des sexes.

CASTRER v. t. (lat. *castrare,* châtrer). Pratiquer la castration.

CASTRISME n. m. Pratique révolutionnaire qui s'inspire des idées de Fidel Castro.

CASTRISTE adj. et n. Relatif au castrisme; partisan du castrisme.

CASUARINA n. m. (mot lat.). Grand arbre d'origine australienne, à croissance rapide et à bois très dur. (Type de l'ordre, très primitif, des *casuarinales.*)

CASUEL n. m. (lat. *casus,* événement). Ensemble des revenus variables qui s'ajoutent à un traitement fixe. (Se dit surtout pour les ecclésiastiques.)

CASUISTE n. m. (esp. *casuista*). Théologien spécialiste de la casuistique.

CASUISTIQUE [kazyistik] n. f. Partie de la théologie morale qui s'attache à résoudre les cas de conscience. ‖ Subtilité excessive.

CASUS BELLI [kazysbɛlli] n. m. inv. (mots lat., *cas de guerre*). Acte de nature à provoquer les hostilités entre deux peuples.

C. A. T., sigle de CENTRE D'AIDE PAR LE TRAVAIL.

CATABATIQUE adj. Se dit des vents descendants, soufflant du centre des inlandsis vers la périphérie.

CATABOLIQUE adj. Relatif au catabolisme.

CATABOLISME n. m. Ensemble des réactions biochimiques amenant la transformation de la matière vivante en déchets, et constituant la partie destructrice du métabolisme.

CATACHRÈSE [katakrɛz] n. f. (gr. *katakhrêsis,* abus). Métaphore qui consiste à employer un mot au-delà de son sens strict, comme *les pieds d'une table, à cheval sur un mur.*

CATACLYSMAL, E, AUX ou **CATACLYSMIQUE** adj. Qui a la nature d'un cataclysme.

CATACLYSME n. m. (gr. *kataklusmos,* inondation). Grand bouleversement, destruction causée par un tremblement de terre, un raz de marée, une tornade, etc.

CATACOMBES n. f. pl. (bas lat. *catacumba*). Souterrains ayant servi de sépulture. (Les catacombes de Paris sont d'anciennes carrières où l'on a transporté les ossements de cimetières désaffectés.)

CATADIOPTRE n. m. Dispositif optique réfléchissant les rayons lumineux vers leur source d'émission.

CATADIOPTRIQUE adj. Se dit d'un système optique qui comprend à la fois des lentilles et un miroir.

CATAFALQUE n. m. (it. *catafalco*). Estrade ou monument provisoire sur lesquels on place momentanément un cercueil réel ou simulé.

CATAIRE n. f. (bas lat. *cattus,* chat). Plante de la famille des labiacées, appelée aussi *herbe-aux-chats,* car elle attire ces animaux. (On dit aussi CHATAIRE.)

CATALAN, E adj. et n. De la Catalogne.

catalpa

catamaran

CATALAN n. m. Langue romane parlée en Catalogne.

CATALECTIQUE adj. Se dit d'un vers grec ou latin qui se termine par un pied incomplet.

CATALEPSIE n. f. (gr. *katalêpsis,* attaque). Trouble psychomoteur caractérisé par la conservation inutile et prolongée des attitudes imposées à un membre.

CATALEPTIQUE adj. et n. Relatif à la catalepsie; atteint de catalepsie.

CATALOGAGE n. m. Action de cataloguer.

CATALOGNE n. f. Au Canada, étoffe tissée artisanalement, utilisant en trame des bandes de tissu.

CATALOGUE n. m. (gr. *katalogos*). Liste énumératrice; ouvrage contenant cette liste.

CATALOGUER v. t. Inscrire par ordre des plantes, des livres, etc.; classer. ‖ Ranger qqn dans une catégorie défavorable.

CATALPA n. m. (mot amérindien). Arbre à très grandes feuilles et à fleurs en grosses grappes, originaire de l'Amérique du Nord. (Haut. 15 m; famille des bignoniacées.)

CATALYSE n. f. (gr. *katalusis,* dissolution). Modification de vitesse de réactions chimiques produite par certains corps qui se retrouvent inchangés à la fin du processus.

CATALYSER v. t. Chim. Agir comme catalyseur dans une réaction. ‖ Fam. Provoquer une réaction par sa seule présence.

CATALYSEUR n. m. Corps qui catalyse.

CATALYTIQUE adj. Relatif à la catalyse.

CATAMARAN n. m. (mot angl., du tamoul *kattu,* lien, et *maram,* bois). Mar. Embarcation à voiles, faite de deux coques accouplées. ‖ Pirogue munie d'un ou deux flotteurs latéraux.

CATAPHOTE n. m. Nom déposé d'une marque de catadioptre.

CATAPLASME n. m. (gr. *kataplasma,* emplâtre). Bouillie médicinale épaisse qu'on applique, entre deux linges, sur une partie du corps pour combattre une inflammation.

CATAPLEXIE n. f. (gr. *kataplêxis*). Perte brutale mais de courte durée du tonus d'attitude entraînant la chute du sujet, sans perte de conscience, et survenant à la suite d'une émotion vive.

CATAPULTAGE n. m. Action de catapulter.

CATAPULTE n. f. (gr. *katapeltês*). Autref., machine de guerre pour lancer les projectiles. ‖ Auj., dispositif mécanique constitué par un chariot coulissant sur une poutrelle et servant au lancement d'avions sur un navire de guerre.

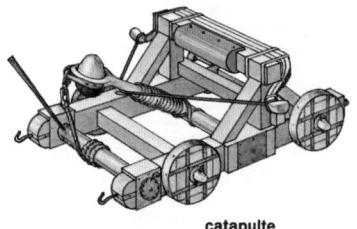

catapulte

CATAPULTE

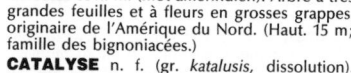

10 11   12 5 6

8   2   7 3 4 9   1

Fonctionnement d'une catapulte à vapeur équipant les porte-avions : l'arrivée de vapeur à haute pression (1) pousse dans des cylindres jumelés (2) les pistons (3) solidaires du chariot de lancement (4), auquel est accroché, par l'intermédiaire d'une élingue largable (5), l'avion à lancer (6). En fin de course, après le décollage, le chariot est rapidement arrêté, ses deux béliers (7) pénètrent dans les cylindres (8) remplis d'air, parcourus par un puissant jet d'eau. Le chariot, ramené à sa position initiale par le chariot de remise en batterie (9) puis par le chariot de tension (10), est prêt pour un nouveau lancement.

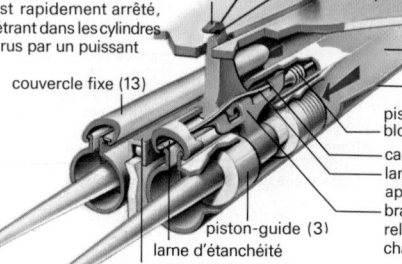

avion à lancer (6)

élingue (5)

croc (12)

pont du porte-avions (11)

couvercle fixe (13)

vapeur à haute pression (1)

cylindre (2)

piston et bloc d'étanchéité

came abaissant la lame d'étanchéité après le passage du bras d'assemblage reliant le piston au chariot

piston-guide (3)

lame d'étanchéité

chariot de lancement (4)

béliers (7)

CATAPULTER v. t. Lancer avec une catapulte. ‖ Lancer violemment et loin.

CATARACTE n. f. (gr. *kataraktês*). Chute d'eau importante sur le cours d'un fleuve. ‖ *Méd.* Opacité du cristallin ou de ses membranes, qui produit une cécité complète ou partielle.

CATARHINIEN n. m. Primate faisant partie d'un groupe comprenant les singes de l'ancien continent, à narines rapprochées, à queue non prenante, et pourvus de 32 dents *(cercopithèques, macaques, babouins).*

CATARRHAL, E, AUX adj. Qui tient du catarrhe.

CATARRHE n. m. (gr. *katarrhos*, écoulement). Inflammation aiguë ou chronique des muqueuses avec hypersécrétion.

CATARRHEUX, EUSE adj. et n. Sujet au catarrhe.

CATASTROPHE n. f. (gr. *katastrophê*, renversement). Événement subit qui cause un bouleversement, des destructions, des morts : *catastrophe ferroviaire, aérienne.* ‖ *Littér.* Événement décisif qui amène le dénouement de la tragédie classique. ● *En catastrophe,* se dit d'une action qu'il faut accomplir très vite, dans des conditions aléatoires. ‖ *Théorie des catastrophes,* théorie mathématique due à R. Thom et qui peut s'appliquer à la description de phénomènes discontinus.

CATASTROPHER v. t. *Fam.* Jeter dans un grand abattement : *cette nouvelle m'a catastrophé.*

CATASTROPHIQUE adj. Qui a le caractère d'une catastrophe.

CATASTROPHISME n. m. Tendance à voir partout des catastrophes. ‖ Théorie qui attribuait à des cataclysmes les changements survenus à la surface de la Terre.

CATATONIE n. f. Syndrome psychomoteur de certaines formes de schizophrénie, caractérisé notamment par le négativisme, l'opposition, la catalepsie et les stéréotypies gestuelles.

CATATONIQUE adj. et n. Relatif à la catatonie; atteint de catatonie.

CAT-BOAT [katbot] n. m. (mots angl.) [pl. *cat-boats*]. Voilier gréé d'un seul mât et d'une seule voile.

CATCH [katʃ] n. m. (angl. *catch as catch can*, attrape comme tu peux). Lutte où les concurrents pratiquent presque toutes les prises.

CATCHEUR, EUSE n. Personne qui pratique le catch.

CATÉCHÈSE [kateʃɛz] n. f. (gr. *katêkhêsis*). Enseignement religieux donné aux croyants.

CATÉCHISATION n. f. Action de catéchiser.

CATÉCHISER v. t. (gr. *katêkhizein*). Enseigner le catéchisme. ‖ Faire la leçon, endoctriner.

CATÉCHISME [kateʃism] n. m. Enseignement de la foi et de la morale chrétiennes selon un programme systématique; livre qui contient cet enseignement. ‖ Ce que qqn tient pour article de foi.

CATÉCHISTE n. Personne qui enseigne le catéchisme.

CATÉCHISTIQUE adj. Relatif à l'enseignement du catéchisme.

CATÉCHOLAMINE [katekɔlamin] n. f. Substance du groupe des amines dont l'action est analogue à celle du sympathique et qui joue le rôle de neurotransmetteur. (L'adrénaline, la noradrénaline, la dopamine, sont des catécholamines.)

CATÉCHUMÉNAT n. m. Période de formation religieuse avant le baptême.

CATÉCHUMÈNE [katekymɛn] n. (gr. *katêkhoumenos*, instruit de vive voix). Néophyte que l'on instruit pour le disposer à recevoir le baptême.

CATÉGORICITÉ n. f. *Log.* Propriété d'une théorie déductive dont tous les modèles sont isomorphes.

CATÉGORIE n. f. (gr. *katêgoria*). Classe de personnes ou d'objets de même nature. ‖ *Math.* Collection d'éléments, appelés *objets,* tout couple de ces objets étant muni d'un ensemble de transformations satisfaisant certains axiomes. ‖

Philos. Selon Kant, chacun des douze concepts fondamentaux de l'entendement pur, servant de forme *a priori* à la connaissance.

CATÉGORIEL, ELLE adj. Qui concerne une ou plusieurs catégories de personnes.

CATÉGORIQUE adj. Clair, précis, sans ambages, absolu : *refus catégorique.* ‖ Qui juge d'une manière définitive; affirmatif. ‖ *Philos.* Relatif aux catégories.

CATÉGORIQUEMENT adv. De façon catégorique : *répondre catégoriquement.*

CATÉGORISATION n. f. Classement par catégories en vue d'une étude statistique.

CATÉGORISER v. t. Ranger dans une catégorie.

CATELLE n. f. En Suisse, carreau vernissé d'un poêle de faïence; brique servant au carrelage d'une paroi.

CATÉNAIRE adj. (lat. *catena*, chaîne). *Ch. de f.* Se dit du système de suspension du câble électrique servant à l'alimentation des locomotives électriques, qui le maintient à une distance rigoureusement constante du sol.

CATÉNAIRE n. f. Câble électrique servant à l'alimentation des locomotives électriques.

CATGUT [katgyt] n. m. (mot angl., *boyau de chat*). Lien employé en chirurgie pour la suture des plaies. (Le catgut se résorbe spontanément en quelques jours.)

CATHARE n. et adj. Adepte d'une secte d'origine manichéenne du Moyen Âge, répandue dans le midi de la France. (Syn. ALBIGEOIS.)

CATHARISME n. m. Doctrine des cathares.

CATHARSIS [katarsis] n. f. (mot gr., *purification*). Mot par lequel Aristote désigne l'effet de « purification » produit sur les spectateurs par une représentation dramatique. ‖ Méthode psychothérapique reposant sur la décharge émotionnelle liée à l'extériorisation du souvenir d'événements traumatisants et refoulés.

■ Suivant les interprétations, la catharsis dramatique désigne soit la purification morale des passions, soit une épuration des sentiments de tout élément non esthétique, soit simplement un exutoire physiologique.

CATHARTIQUE adj. Se dit de certains laxatifs. ● *Méthode cathartique* (Psychanal.), syn. de CATHARSIS.

CATHÉDRALE n. f. (lat. *cathedra*, chaire). Église où siège l'évêque résidant. ‖ Église qui fut siège d'un évêché auj. supprimé. ● *Reliure à la cathédrale,* reliure romantique de style néogothique.

CATHÉDRALE adj. inv. *Verre cathédrale,* verre translucide à surface inégale.

CATHERINETTE n. f. Jeune fille qui fête la Sainte-Catherine l'année de ses vingt-cinq ans.

CATHÉTER [katetɛr] n. m. (gr. *kathetêr*, sonde). *Méd.* Tige creuse que l'on introduit dans un canal naturel.

CATHÉTÉRISME n. m. Introduction d'un cathéter dans un canal ou un conduit naturel à des fins exploratoires *(cathétérisme cardiaque, urétral)* ou thérapeutiques *(cathétérise œsophagien, duodénal).*

CATHÉTOMÈTRE n. m. (gr. *kathetos*, vertical). Instrument de physique servant à mesurer la distance verticale de deux points.

CATHODE n. f. (gr. *kata*, en bas, et *hodos*, chemin). *Électr.* Électrode de sortie du courant dans un électrolyseur, ou électrode qui est la source primaire d'électrons dans un tube électronique.

CATHODIQUE adj. Relatif à la cathode. ● *Rayons cathodiques,* faisceau d'électrons émis par la cathode d'un tube à vide parcouru par un courant. ‖ *Tube cathodique* (ou à *rayons cathodiques),* tube à vide dans lequel les rayons cathodiques sont dirigés sur une surface fluorescente *(écran cathodique)* où leur impact produit une image visible. (Le tube cathodique constitue l'élément essentiel des postes récepteurs de télévision et des consoles de visualisation associées à certains ordinateurs.)

CATHOLICISME n. m. Ensemble de la doctrine, des institutions et des pratiques de

l'Église catholique romaine. ● *Catholicisme libéral,* famille d'esprit dont les tenants, après 1830, virent le progrès de l'Église catholique dans la symbiose de l'esprit évangélique avec les libertés fondamentales proclamées en 1789. ‖ *Catholicisme social,* mouvement de pensée et d'action né au XIXe s., animé par la morale chrétienne et par l'esprit évangélique, qui est de justice et de charité.

■ Selon l'enseignement catholique, Jésus-Christ a donné à son Église pour chef le pape, successeur de saint Pierre; les évêques sont soumis à son autorité. L'Église est infaillible quand elle définit une doctrine de foi soit par un concile œcuménique, soit par le pape seul parlant *ex cathedra.* Les principaux articles de foi sont contenus dans le *Credo* (symbole des Apôtres, symbole de Nicée). Les sacrements (au nombre de sept) répondent aux diverses phases de la vie spirituelle.

CATHOLICITÉ n. f. Conformité à la doctrine de l'Église catholique. ‖ Ensemble de ceux qui pratiquent la religion catholique.

CATHOLIQUE adj. et n. (gr. *katholikos*, universel). Qui appartient au catholicisme, qui professe le catholicisme. ◆ adj. *Fam.* Conforme à la règle, à la morale courante, honnête : *ne pas avoir un air très catholique.*

CATHOLIQUEMENT adv. Conformément à la doctrine catholique.

CATIMINI (EN) loc. adv. (gr. *katamênia*, menstrues). En cachette, discrètement.

CATIN n. f. *Fam.* Femme de mauvaises mœurs (vx).

CATION [katjɔ̃] n. m. Ion de charge positive.

CATIONIQUE adj. Qui se rapporte aux ions acides.

CATOBLÉPAS [katɔblepas] n. m. (gr. *katôblepon,* antilope d'Afrique). Animal fantastique, chez les Anciens.

CATOGAN ou **CADOGAN** n. m. (du général angl. *Cadogan*). Nœud retenant les cheveux sur la nuque. ‖ Chignon bas sur la nuque (vx).

CATOPTRIQUE n. f. (gr. *katoptron,* miroir). Partie de l'optique qui traite de la réflexion de la lumière. ◆ adj. Relatif à la réflexion de la lumière.

CATTLEYA [katleja] n. m. Plante de l'Amérique tropicale, cultivée pour ses très belles fleurs. (Famille des orchidacées.)

CAUCASIEN, ENNE adj. et n. Du Caucase. ● *Langues caucasiennes,* famille de langues de la région du Caucase, à laquelle appartient le géorgien.

CAUCHEMAR n. m. (anc. fr. *caucher,* fouler, et néerl. *mare,* fantôme). Rêve pénible et agité. ‖ Chose ou personne qui importune, tourmente : *cet homme est mon cauchemar.*

CAUCHEMARDESQUE ou **CAUCHEMARDEUX, EUSE** adj. Qui produit une impression analogue à celle d'un cauchemar.

CAUCHOIS, E adj. et n. Du pays de Caux.

CAUDAL, E, AUX adj. (lat. *cauda,* queue). De la queue : *plumes caudales.* ● *Nageoire caudale,* ou *caudale* n. f., nageoire terminant la queue des cétacés, des poissons, des crustacés.

CAUDILLO [kawdijo] n. m. (mot esp.). *Hist.* Chef militaire en Espagne. ‖ Titre donné au général Franco.

CAUDRETTE n. f. Filet en forme de poche monté sur un cerceau.

CAURI ou **CAURIS** [kori] n. m. (mot hindi). Coquille d'un gastropode, qui servait de monnaie dans l'Inde et en Afrique noire.

CAUSAL, E, ALS adj. (lat. *causalis*). Qui annonce un rapport de cause à effet. ● *Proposition causale,* ou *causale* n. f., proposition qui donne la raison ou le motif de l'action contenue dans la principale.

CAUSALGIE n. f. (gr. *causis,* chaleur, et *algos,* douleur). Douleur permanente donnant l'impression d'une brûlure lancinante, exacerbée par le moindre contact.

CAUSALISME n. m. *Philos.* Théorie de la causalité.

CAUSALITÉ n. f. Rapport qui unit une ou plusieurs causes à un ou des effets. ● *Causalité structurale*, relations qu'entretiennent les éléments d'une structure avec cette structure qui détermine leur place et leur fonction respectives. ‖ *Principe de causalité*, principe philosophique selon lequel tout fait a une cause, les mêmes causes dans les mêmes conditions produisant les mêmes effets.

CAUSANT, E adj. *Fam.* Qui parle volontiers, communicatif.

CAUSATIF, IVE adj. *Ling.* Syn. de FACTITIF.

CAUSE n. f. (lat. *causa*). Ce qui fait qu'une chose existe; origine, principe : *connaître la cause d'un phénomène; il n'y a pas d'effet sans cause.* ‖ Ce pourquoi on fait qqch; sujet, raison : *cause juste, légitime; il n'a point fait cela sans cause.* ‖ Ensemble des intérêts à soutenir; parti : *la cause du peuple.* ‖ *Dr.* But que recherche une personne qui s'oblige envers une autre; ensemble des circonstances qui déterminent la situation d'une personne en justice au regard de la loi. ‖ *Philos.* Antécédent logique ou réel qui produit un effet. ● *En connaissance de cause*, en connaissant les faits, en sachant ce que l'on fait. ‖ *En tout état de cause*, de toute manière. ‖ *Être cause de*, être la cause de, être cause que, être l'auteur de, causer, occasionner. ‖ *Être en cause*, être l'objet d'un débat, être concerné. ‖ *Faire cause commune avec qqn*, unir ses intérêts aux siens. ‖ *La bonne cause*, celle qu'on considère comme juste (souvent ironiq.). ‖ *La cause est entendue*, l'affaire est jugée. ‖ *Mettre en cause*, incriminer. ‖ *Prendre fait et cause pour qqn*, prendre son parti, le soutenir. ◆ loc. prép. *À cause de*, en considération de; par la faute de.

CAUSER v. t. Être cause de qqch, occasionner : *causer de la peine.*

CAUSER v. i. (lat. *causari*, plaider). S'entretenir familièrement avec qqn : *je n'aime pas causer politique avec lui.* ‖ Parler avec malveillance : *on cause beaucoup sur lui dans le quartier.*

CAUSERIE n. f. Exposé fait à un auditoire, simple et sans prétention.

CAUSETTE n. f. *Faire un brin de causette* (Fam.), bavarder familièrement un instant.

CAUSEUR, EUSE adj. et n. Qui cause volontiers et agréablement.

CAUSEUSE n. f. Siège rembourré à dossier, pour deux personnes.

CAUSSE n. m. (mot prov.; lat. *calx, -cis*, chaux). Nom donné aux plateaux calcaires du

Laurós-Giraudon

causeuse Napoléon III

Massif central (*Grands Causses*) et du bassin d'Aquitaine (Quercy).

CAUSTICITÉ n. f. Caractère de ce qui est corrosif. ‖ *Litt.* Penchant à dire des choses mordantes.

CAUSTIQUE adj. et n. m. (gr. *kaustikos*, brûlant). Qui attaque les tissus organiques. ◆ adj. Qui se plaît à se moquer avec mordant; incisif.

CAUSTIQUE n. f. Surface qui enveloppe des rayons lumineux réfléchis ou réfractés, et sur

laquelle se trouve une accumulation de lumière.

CAUTÈLE [kotɛl] n. f. (lat. *cautela*, prudence). *Vx.* Prudence rusée.

CAUTELEUX, EUSE [kotlø, øz] adj. *Litt.* et *péjor.* Qui manifeste à la fois de la ruse et de la crainte.

CAUTÈRE n. m. (gr. *kautêrion*, brûlure). Tige métallique chauffée ou substance chimique, employée pour brûler superficiellement les tissus en vue de produire une révulsion, ou, d'une façon plus intense, pour détruire les parties malades ou pour obtenir une action hémostatique. ● *C'est un cautère sur une jambe de bois* (Fam.), c'est un remède qui ne peut servir à rien.

CAUTÉRISATION n. f. Action de cautériser.

CAUTÉRISER v. t. Brûler avec un agent chimique, un thermocautère ou un galvanocautère.

CAUTION [kosjɔ̃] n. f. (lat. *cautio*, précaution). *Dr.* Personne qui s'engage à l'égard du créancier d'une obligation à s'acquitter de celle-ci si le débiteur n'y satisfait pas de lui-même; bien affecté à la satisfaction de cet engagement. ‖ Garantie morale donnée par qqn qui jouit d'un grand crédit. ● *Société de caution mutuelle*, société ayant pour objet de cautionner les engagements professionnels de ses membres. ‖ *Sujet à caution*, dont la vérité n'est pas établie; suspect, douteux.

CAUTIONNEMENT n. m. Contrat par lequel une caution s'engage envers un créancier à payer la dette du débiteur principal si celui-ci ne l'acquitte pas. ‖ Somme déposée en garantie par un comptable, un adjudicataire, un directeur de journal, un candidat aux élections, etc.

CAUTIONNER v. t. Approuver, soutenir qqn, qqch. ‖ *Dr.* Se porter garant pour une autre personne.

CAVAGE n. m. *Min.* Abattage fait de bas en haut (en remontant).

CAVAILLON n. m. Bande de terre que la charrue vigneronne n'atteint pas entre les pieds de vigne. ‖ Variété de melon.

CAVALCADE n. f. (it. *cavalcata*). Course tumultueuse d'une troupe de cavaliers, d'une bande de gens.

CAVALCADER v. i. Courir en groupe.

CAVALE n. f. (it. *cavalla*). *Poét.* Jument.

CAVALE n. f. *Pop.* Évasion. ● *Être en cavale*, pour un prisonnier, s'être évadé.

CAVALER v. i. *Pop.* Courir. ‖ Mener une vie désordonnée. ◆ v. t. *Pop.* Ennuyer. ◆ **se cavaler** v. pr. *Pop.* S'enfuir.

CAVALERIE n. f. Ensemble des troupes à cheval chargées autrefois de missions de renseignement, de sûreté ou d'intervention. ‖ Création d'effets de complaisance.

■ On distinguait au XIXᵉ s. la *cavalerie lourde* (carabinier, cuirassier), la *cavalerie légère* (chasseur, hussard, spahi) et la *cavalerie de ligne* (dragon combattant à pied). La cavalerie, pratiquement disparue après 1940, a légué sa tradition à l'arme blindée (créée en France en 1942 sous le nom d'*arme blindée-cavalerie*).

CAVALEUR, EUSE adj. et n. *Fam.* Qui recherche les aventures galantes. (Syn. COUREUR.)

CAVALIER n. m. (it. *cavaliere*). Homme à cheval. ‖ Militaire servant dans la cavalerie. ‖ Celui avec qui on forme un couple dans un cortège, une danse. ‖ Papier dont le format mesure 46 × 62 cm. ‖ Petite pièce métallique portant les lettres ou des chiffres et servant au classement. ‖ Clou en U. ‖ Tas de matériaux alimenté par le dessus et soutiré par le côté. ‖ Pièce du jeu d'échecs. ‖ Carte du jeu de tarot. ‖ Ouvrage surélevé installé sur un fort pour accroître son champ de tir. ● *Faire cavalier seul* (Fam.), mener une action indépendante.

CAVALIER, ÈRE adj. Destiné aux cavaliers : *allée cavalière.* ‖ D'une liberté excessive et sans gêne; impertinent.

CAVALIÈRE n. f. Femme à cheval. ‖ Celle avec qui on forme un couple dans un cortège, une danse.

CAVALIÈREMENT adv. De façon cavalière, avec insolence.

CAVATINE n. f. (it. *cavatina*). *Mus.* Pièce vocale pour soliste, dans un opéra.

CAVE n. f. (lat. *cava*, fossé). Pièce en sous-sol servant de magasin. ‖ Vins en réserve, vieillissant en bouteilles. ‖ Boutique où l'on vend des vins. ‖ Coffret à liqueurs. ‖ Cabaret en sous-sol où se produit un orchestre. ‖ Fonds d'argent au jeu. ● *Cave à cigares*, coffret conçu pour la bonne conservation des cigares.

CAVE adj. (lat. *cavus*, creux). Creux : *joues caves* (vx). ● *Veines caves*, les deux grosses veines (veine cave supérieure et veine cave inférieure) qui collectent le sang de la circulation générale et aboutissent à l'oreillette droite du cœur.

CAVE n. m. *Arg.* Celui qui n'est pas du « milieu »; niais, dupe.

CAVEAU n. m. Petite cave. ‖ Cabaret littéraire, puis théâtre de chansonniers au XVIIIᵉ puis au XIXᵉ s. ‖ Construction souterraine servant de sépulture.

CAVEÇON n. m. (it. *cavezzone*). Demi-cercle de fer que l'on dispose sur le nez des chevaux pour les dresser. ‖ Muselière pour les agneaux.

CAVER v. t. (lat. *cavare*, creuser). *Litt.* Creuser : *l'eau cave la pierre.* ◆ v. i. Faire une mise au jeu (vx).

CAVERNE n. f. (lat. *caverna*). Excavation naturelle vaste et profonde. ‖ *Méd.* Cavité qui se forme dans un organe (par ex. le poumon) à la suite d'une maladie, principalement de la tuberculose.

CAVERNEUX, EUSE adj. *Géol.* Se dit d'une roche pénétrée de cavités, à la surface rugueuse (meulière). ‖ *Méd.* Relatif aux cavernes. ● *Corps caverneux*, tissu érectile des organes génitaux masculins. ‖ *Voix caverneuse*, grave et sonore.

CAVERNICOLE adj. et n. m. Se dit de certains animaux qui supportent l'obscurité et vivent dans les grottes. (Beaucoup d'entre eux sont aveugles et décolorés.)

CAVET [kavɛ] n. m. (it. *cavetto*). Moulure concave dont le profil est proche du quart de cercle. (Elle relie deux lignes décalées verticalement.)

CAVIAR n. m. (turc *khâviâr*). Œufs d'esturgeon salés.

CAVIARDER v. t. Supprimer un passage dans un écrit sur ordre d'une censure quelconque.

CAVICORNE adj. (lat. *cavus*, creux, et *cornu*, corne). Ruminant dont les cornes creuses sont fixées sur des prolongements osseux du crâne, les cornillons. (Les *cavicornes* constituent la famille des *bovidés*.)

CAVISTE n. m. Employé qui s'occupe des vins dans une cave.

CAVITATION n. f. Formation de cavités remplies de vapeur ou de gaz au sein d'un liquide en mouvement lorsque la pression en un point du liquide devient inférieure à la tension de vapeur de celui-ci.

CAVITÉ n. f. (bas lat. *cavitas*). Creux, vide dans un corps solide ou liquide : *les cavités d'un rocher.* ‖ Partie creuse du corps humain ou d'un de ses organes : *cavité de la bouche; cavité cotyloïde.* ● *Cavité articulaire*, cavité existant entre les surfaces osseuses qui se correspondent dans une diarthrose, et contenant de la synovie. ‖ *Cavité résonnante*, enceinte fermée par des parois conductrices utilisée pour régler à la valeur voulue un signal de fréquence très élevée.

CAYEU n. m. → CAÏEU.

CAZETTE n. f. Pièce d'argile utilisée en céramique pour protéger des flammes les objets en cours de cuisson.

C.B. [sibi] n. f. Abrév. de CITIZEN BAND.

Cb, symbole chimique du *colombium.*

C.C.P. [sesepe] n. m. Abrév. de COMPTE COURANT POSTAL : *payer par C.C.P.*

Cd, symbole chimique du *cadmium.*

cd, symbole de la *candela.*

cd/m², symbole de la *candela par mètre carré.*

CE pron. dém. neutre sing. (lat. *ecce hoc*). Marque la référence à ce qui a été dit ou ce qui va être dit : *ne remettez pas au lendemain ce que vous pouvez faire le jour même.* (C'est est utilisé pour mettre en évidence un mot, une phrase [on emploie *ce sont* ou *c'est* devant un nom ou un pronom pl. : *ce sont les vices qui dégradent l'homme,* mais le sing. : *ce sont nous et vous.*) ● *Ce que,* combien : *ce qu'il est amusant!* || *Sur ce,* alors, sur ces entrefaites.

CE, CET adj. dém. masc. sing., **CETTE** fém. sing., **CES** pl. des deux genres (lat. *ecce iste*). Marquent la référence à un mot cité, à une personne ou à une chose.

Ce, symbole chimique du *cérium.*

CÉANS [seᾱ] adv. (de çà et de l'anc. fr. *enz,* dedans, lat. *intus*). *Ma tre de céans* (Litt.), maître du logis.

CÉBIDÉ n. m. Mammifère primate à queue prenante et à narines plates d'Amérique : *alouate, capucin, atèle, singe laineux,* etc. (Les cébidés ont 36 dents et leurs doigts portent des ongles plats; ils forment une famille.)

CEBUANO n. m. Langue indonésienne parlée aux Philippines.

CECI [səsi] pron. dém. Annonce ce qui suit ou désigne ce qui est proche.

CÉCIDIE [sesidi] n. f. Nom scientifique des galles des végétaux.

CÉCILIE [sesili] n. f. Batracien fouisseur, aveugle et sans membres, de l'Amérique du Sud. (Ordre des apodes.)

CÉCITÉ n. f. (lat. *caecitas*; de *caecus,* aveugle). État d'une personne aveugle. ● *Cécité psychique,* syn. d'AGNOSIE. || *Cécité verbale,* syn. d'ALEXIE.

CÉDANT, E adj. et n. *Dr.* Qui cède son droit, son bien.

CÉDER [sede] v. t. (lat. *cedere,* s'en aller) [conj. 5]. Faire l'abandon de qqch qu'on possède, dont on jouit : *céder sa place.* || Transférer la propriété d'une chose à une autre personne, vendre : *céder son fonds de commerce.* ● *Ne le céder à qqn* (Litt.), lui être inférieur : *il ne le cède en courage à personne.* ◆ v. t. ind. [à]. Se soumettre, se plier; succomber : *céder à la force; céder à la douleur.* ◆ v. i. Ne pas résister : *la porte a cédé sous les coups; céder par faiblesse.*

CÉDÉTISTE adj. et n. De la Confédération française démocratique du travail.

CEDEX [sedɛks] n. m. Abrév. de COURRIER D'ENTREPRISE À DISTRIBUTION EXCEPTIONNELLE.

CÉDI n. m. Unité monétaire du Ghana.

CÉDILLE n. f. (esp. *cedilla,* petit c). Signe orthographique qui se met sous la lettre *c* devant *a, o, u* pour lui donner le son de *s,* comme dans : *façade, leçon, reçu.*

CÉDRAIE n. f. Endroit planté de cèdres.

CÉDRAT [sedra] n. m. (it. *cedrato*). Fruit du cédratier, sorte d'énorme citron à peau épaisse, utilisé en confiserie, en confiturerie et en parfumerie.

CÉDRATIER n. m. Espèce de citronnier, cultivé pour ses fruits ou cédrats.

CÈDRE n. m. (gr. *kedros*). Grand arbre d'Asie et d'Afrique, à branches étalées horizontalement en plans superposés. (Haut. 40 m; ordre des conifères.)

CÉDULAIRE adj. Relatif à la cédule.

CÉDULE n. f. (bas lat. *schedula,* feuillet). Feuillet sur lequel on inscrivait autrefois les revenus de même catégorie.

CÉGÉTISTE adj. et n. De la Confédération générale du travail.

CEINDRE v. t. (lat. *cingere*) [conj. 55]. *Litt.* Mettre autour d'une partie de son corps : *ceindre sa tête d'un bandeau.*

CEINTURAGE n. m. Action d'adapter une ceinture métallique à une roue, à un obus.

CEINTURE n. f. (lat. *cinctura*). Bande d'étoffe, de cuir, etc., serrant la taille. || Partie fixe d'un vêtement, qui maintient celui-ci autour de la taille. || Ce qui entoure en protégeant : *ceinture de murailles.* || Dispositif qui entoure la taille; sorte de corset : *ceinture orthopédique, ceinture de sauvetage.* || Endroit du corps où se place la ceinture. || Réseau routier ou ferré

concentrique à une agglomération. || Partie du squelette qui rattache les membres au tronc (omoplate et clavicule; bassin). || Bande métallique entourant une roue, un obus, etc. || En judo, chacun des grades des pratiquants. ● *Ceinture fléchée,* au Canada, large ceinture de laine à motifs en forme de flèche qui se porte au carnaval. || *Ceinture de rayonnement* (Astron.), zone de l'espace entourant une planète dotée d'un champ magnétique, dans laquelle se trouve un grand rayon de particules atomiques piégées par ce champ magnétique. || *Ceinture de sécurité,* dispositif destiné à maintenir sur leur siège les passagers d'une automobile, d'un avion. || *Ceinture verte,* ensemble de parcs et de forêts entourant une ville. || *Se mettre, se serrer la ceinture* (Pop.), se priver d'une chose.

CEINTURER v. t. Saisir par le milieu du corps en vue de maîtriser : *ceinturer un adversaire.* || Entourer qqch : *le balcon ceinture l'appartement.*

CEINTURON n. m. Ceinture en cuir ou en étoffe portée sur l'uniforme. || Grosse ceinture.

CELA pron. dém. Rappelle ce qui précède ou indique un objet éloigné.

CÉLADON n. m. et adj. inv. Couleur vert pâle; type de porcelaine d'Extrême-Orient de cette couleur.

CÉLASTRACÉE n. f. Plante à fleurs munie d'un anneau nectarifère, telle que le *fusain.* (Les célastracées forment une famille.)

CÉLÉBRANT n. m. Officiant principal d'une cérémonie liturgique.

CÉLÉBRATION n. f. Action de célébrer.

CÉLÈBRE adj. (lat. *celeber*). Connu de tous; illustre.

CÉLÉBRER v. t. (conj. 5). Marquer par des manifestations publiques ou solennelles : *célébrer l'anniversaire de la victoire.* || Accomplir un office liturgique : *célébrer la messe.* || *Litt.* Louer solennellement : *célébrer un poète.*

CELEBRET [selebrɛt] n. m. inv. (mot lat., *qu'il célèbre*). Dans l'Église catholique, pièce signée de l'autorité ecclésiastique et exigée de tout prêtre qui veut célébrer la messe dans une église où il n'est pas connu.

CÉLÉBRITÉ n. f. Grande réputation, gloire, renom : *acquérir de la célébrité.* || Personnage célèbre : *c'est une célébrité locale.*

CELER [səle] v. t. (lat. *celare*) [conj. 3]. *Litt.* Cacher, ne pas révéler.

CÉLERI [selri] n. m. (lombard *seleri*). Plante potagère dont on consomme comme légume les côtes des pétioles (*céleri ordinaire*) ou la racine (*céleri-rave*). [Famille des ombellifères, genre *apium.*]

CÉLÉRIFÈRE n. m. (lat. *celer,* rapide, et *ferre,* porter). Instrument de locomotion composé de deux roues reliées par une pièce de bois. (Le célérifère est l'ancêtre de la bicyclette.)

CÉLÉRITÉ n. f. (lat. *celeritas;* de *celer,* rapide). *Litt.* Promptitude dans l'exécution. || *Phys.* Vitesse de propagation d'une onde.

CÉLESTA n. m. Instrument de percussion, pourvu de marteaux qui frappent sur des lames d'acier et de cuivre.

CÉLESTE adj. (lat. *caelestis;* de *caelum,* ciel). Relatif au ciel, au firmament : *corps céleste.* || Divin, qui vient de Dieu : *bonté céleste.* ● *Sphère céleste,* sphère imaginaire de très grand rayon, dont l'observateur occupe le centre et à la surface intérieure de laquelle les corps célestes semblent situés.

CÉLESTIN n. m. Religieux d'un ordre d'ermites fondé en 1251 par le futur pape Célestin V.

CÉLIBAT [seliba] n. m. (lat. *caelebs, -libis,* célibataire). État d'une personne non mariée.

CÉLIBATAIRE adj. et n. Qui n'est pas marié.

CELLA [sɛlla] n. f. (mot lat.). Syn. de NAOS.

CELLE pron. dém. → CELUI.

CELLÉRIER, ÈRE n. Économe dans un monastère.

CELLIER n. m. (lat. *cellarium*). Lieu bas et frais où l'on entrepose le vin et d'autres provisions.

CELLOPHANE n. f. (nom déposé). Pellicule cellulosique transparente.

CELLULAIRE adj. *Biol.* Relatif à la cellule. ● *Membrane cellulaire,* enveloppe de la cellule vivante. || *Régime cellulaire,* régime dans lequel les prisonniers sont isolés. || *Tissu cellulaire,* nom donné spécialement au tissu conjonctif lâche sous-cutané. || *Voiture, fourgon cellulaire,* voiture qui sert à transporter les prisonniers.

CELLULASE n. f. Enzyme possédée par certaines bactéries et certains flagellés, et leur permettant de digérer la cellulose.

CELLULE n. f. (lat. *cellula*). Pièce individuelle d'un religieux ou d'une religieuse. || Local où

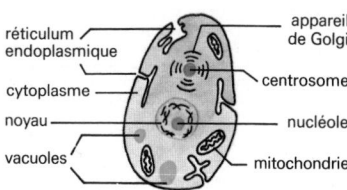

cellule animale

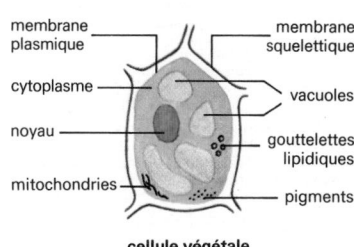

cellule végétale

céleri à côtes — céleri-rave

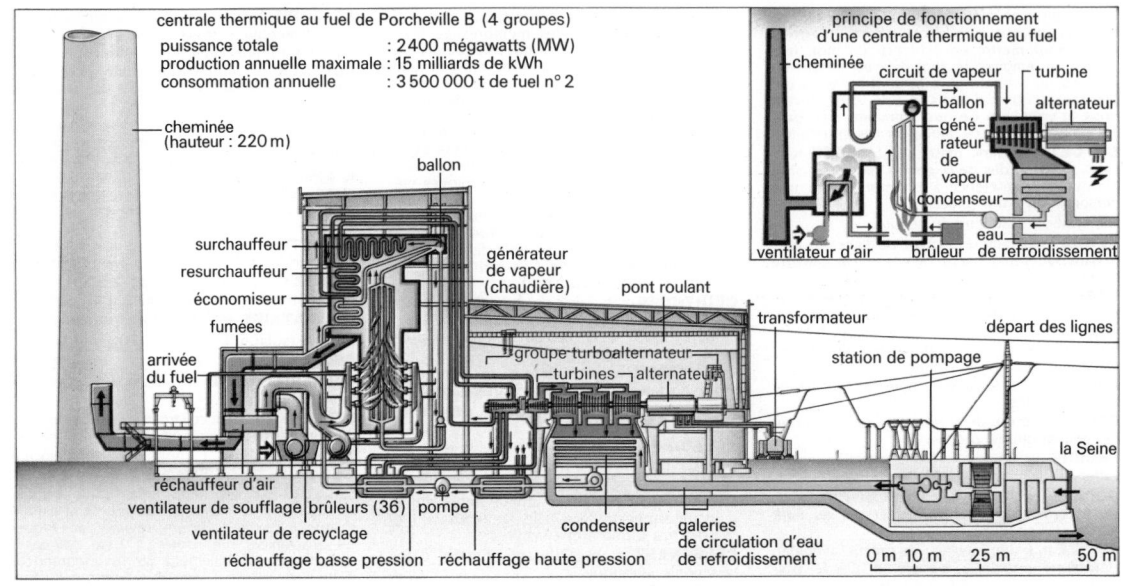

centrale thermique au fuel de Porcheville B (4 groupes)

puissance totale	: 2400 mégawatts (MW)
production annuelle maximale	: 15 milliards de kWh
consommation annuelle	: 3 500 000 t de fuel n° 2

cheminée (hauteur : 220 m)

ballon

surchauffeur
resurchauffeur
économiseur
fumées

générateur
de vapeur
(chaudière)

pont roulant

arrivée
du fuel

transformateur

départ des lignes

groupe turboalternateur
— turbines — alternateur

station de pompage

la Seine

réchauffeur d'air
ventilateur de soufflage brûleurs (36) pompe
ventilateur de recyclage
réchauffage basse pression réchauffage haute pression

condenseur

galeries
de circulation d'eau
de refroidissement

0 m 10 m   25 m   50 m

**principe de fonctionnement
d'une centrale thermique au fuel**

cheminée

circuit de vapeur — turbine

ballon

alternateur

géné-
rateur
de
vapeur

condenseur

ventilateur d'air   brûleur

eau
de refroidissement

CENTRALE THERMIQUE

---

l'on enferme un détenu. ‖ Élément constitutif fondamental d'un ensemble organisé : *la cellule familiale.* ‖ Groupement d'adhérents à un parti, partic. au parti communiste. ‖ Alvéole des rayons de cire des abeilles. ‖ *Aéron.* Ensemble des surfaces portantes et du fuselage d'un appareil volant. ‖ *Biol.* Élément constitutif de tout être vivant. ‖ *Techn.* Élément qui transforme en signal électrique les oscillations du sillon d'un disque. ● *Cellule photoélectrique,* appareil transformant la lumière en courant électrique.
■ *Biol.* Toute cellule est formée d'une masse visqueuse, le *cytoplasme,* qui contient un *noyau,* des *mitochondries* et des *vacuoles,* et qui est entouré d'une *membrane.* La dimension des cellules varie de quelques millièmes de millimètre à plusieurs millimètres, ou même centimètres (œufs, neurones). Les *bactéries* et les *protistes* sont formés d'une seule cellule. Les végétaux et les animaux, formés de milliards de cellules (métazoaires), dérivent tous d'une seule cellule, l'œuf, par divisions successives. Chaque cellule porte dans ses chromosomes la totalité du programme de construction et de fonctionnement de l'organisme tout entier.

CELLULITE n. f. Inflammation du tissu cellulaire, et spécialement du tissu cellulaire sous-cutané. (La cellulite se manifeste par un gonflement parfois douloureux, avec aspect capitonné de la peau à la pression.)

CELLULITIQUE adj. Relatif à la cellulite.

CELLULOÏD n. m. (marque déposée). Matière plastique très malléable à chaud, mais très inflammable, obtenue en plastifiant la nitrocellulose par le camphre.

CELLULOSE n. f. Substance macromoléculaire du groupe des glucides, de formule $(C_6H_{10}O_5)_n$, contenue dans la membrane des cellules végétales.

CELLULOSIQUE adj. À base de cellulose.

CELTIQUE ou **CELTE** n. m. Groupe de langues indo-européennes parlées par les Celtes. ◆ adj. Relatif aux Celtes.

CELTISANT, E n. et adj. Spécialiste de la langue et de l'histoire des Celtes.

CELUI, CELLE pron. dém.; pl. **CEUX, CELLES** (lat. *ecce,* voici, et *ille,* celui-là). Renvoient à des personnes ou à des choses et s'emploient avec *de* ou devant une relative ou

un participe. ● *Celui-ci, celle-ci,* etc., désignent ce qui est le plus proche; *celui-là, celle-là,* etc., ce qui est le plus éloigné.

CÉMENT n. m. (lat. *caementum*). *Anat.* Substance osseuse qui recouvre l'ivoire de la racine des dents. ‖ *Métall.* Matière que l'on chauffe au contact d'un métal et qui, en se décomposant, permet de faire diffuser à haute température un ou plusieurs de ses éléments dans la partie superficielle du métal.

CÉMENTATION n. f. *Métall.* Chauffage d'une pièce métallique au contact d'un cément afin de conférer à cette pièce des propriétés particulières. (La cémentation de l'acier par le carbone permet de durcir la surface de diverses pièces mécaniques.)

CÉMENTER v. t. Soumettre à la cémentation.

CÉMENTITE n. f. Carbure de fer (Fe_3C) qui se forme dans les aciers et les fontes blanches.

CÉNACLE n. m. (lat. *cenaculum,* salle à manger). Salle où Jésus-Christ réunit ses disciples pour la Cène. ‖ Cercle restreint d'écrivains ou d'artistes que rassemblent des principes communs.

CENDRE n. f. (lat. *cinis, cineris*). Résidu solide qui reste après la combustion complète d'une substance. ◆ pl. *Litt.* Restes des morts : *le retour des cendres de Napoléon.* ‖ *Géol.* Fines particules projetées à l'état solide par un volcan en éruption et qui, en retombant, s'empilent en strates meubles. ● *Mercredi des Cendres,* chez les catholiques, premier mercredi du carême, au cours duquel on impose les cendres. ‖ *Réduire en cendres,* brûler complètement. ‖ *Renaître de ses cendres,* reprendre une vie nouvelle.

CENDRÉ, E adj. Recouvert, fait de cendre : *piste cendrée.* ‖ Couleur de cendre, à reflets bleuâtres : *cheveux blond cendré.*

CENDRÉE n. f. Petit plomb pour la chasse du menu gibier. ‖ *Sports.* Piste dont le sol est fait de mâchefer et de cendre.

CENDREUX, EUSE adj. Plein de cendre : *sol cendreux.* ‖ *Litt.* Qui a l'aspect de la cendre : *teint cendreux.*

CENDRIER n. m. Partie d'un fourneau où tombe la cendre. ‖ Petit récipient où les fumeurs déposent la cendre de tabac.

CENDRILLON n. f. (de *Cendrillon,* n. pr.). *Litt.* Femme qui reste toujours chez elle. ‖ Femme à qui l'on réserve les travaux ménagers rebutants.

CÈNE n. f. (lat. *cena,* repas du soir). Dernier repas de Jésus-Christ avec ses Apôtres, la veille de sa Passion, pendant lequel il institua l'eucharistie. (Dans ce sens, prend une majuscule.) ‖ Dans le culte protestant, commémoration de ce repas : *la sainte cène.*

CENELLE n. f. Fruit de l'aubépine.

CÉNESTHÉSIE ou **CŒNESTHÉSIE** [senɛstezi] n. f. (gr. *koinos,* commun, et *aisthêsis,* sensation). Ensemble de nos sensations internes.

CÉNESTHÉSIQUE adj. Relatif à la cénesthésie.

CÉNESTHOPATHIE n. f. Douleur somatique d'origine psychique.

CÉNOBITE n. m. (gr. *koinobion,* vie en commun). Moine qui vit en communauté. ‖ Pagure terrestre d'Océanie.

CÉNOBITIQUE adj. Relatif au cénobite.

CÉNOBITISME n. m. État du cénobite.

CÉNOTAPHE n. m. (gr. *kenos,* vide, et *taphos,* tombeau). Monument élevé à la mémoire d'un mort, et qui ne contient pas son corps.

CÉNOZOÏQUE adj. et n. m. *Géol.* Syn. de TERTIAIRE.

CENS [sɑ̃s] n. m. (lat. *census*). Dans le suffrage censitaire, quotité d'imposition nécessaire pour être électeur ou éligible. ‖ Membre d'une commission de censure. ‖ *Féod.* Au Moyen Âge, redevance payée par des roturiers à leur seigneur.

CENSÉ, E adj. (lat. *censere,* juger bon). Supposé, considéré comme : *nul n'est censé ignorer la loi.*

CENSÉMENT adv. Pour ainsi dire, apparemment.

CENSEUR n. m. (lat. *censor*). Fonctionnaire responsable de la discipline générale dans un lycée. ‖ Membre d'une commission de censure. ‖ *Litt.* Personne qui critique avec malveillance les ouvrages ou les actions des autres. ‖ *Antiq.* Magistrat curule, inviolable et irresponsable, dont la fonction, dans la Rome républicaine, consistait à faire le recensement des citoyens, à imposer les propriétés et à surveiller les mœurs.

CENSIER, ÈRE adj. et n. *Féod.* À qui le cens était dû. ‖ Qui percevait le cens.

CENSITAIRE n. m. Celui qui payait le cens nécessaire pour être élu ou électeur. ‖ *Féod.* Celui qui devait le cens à un seigneur.

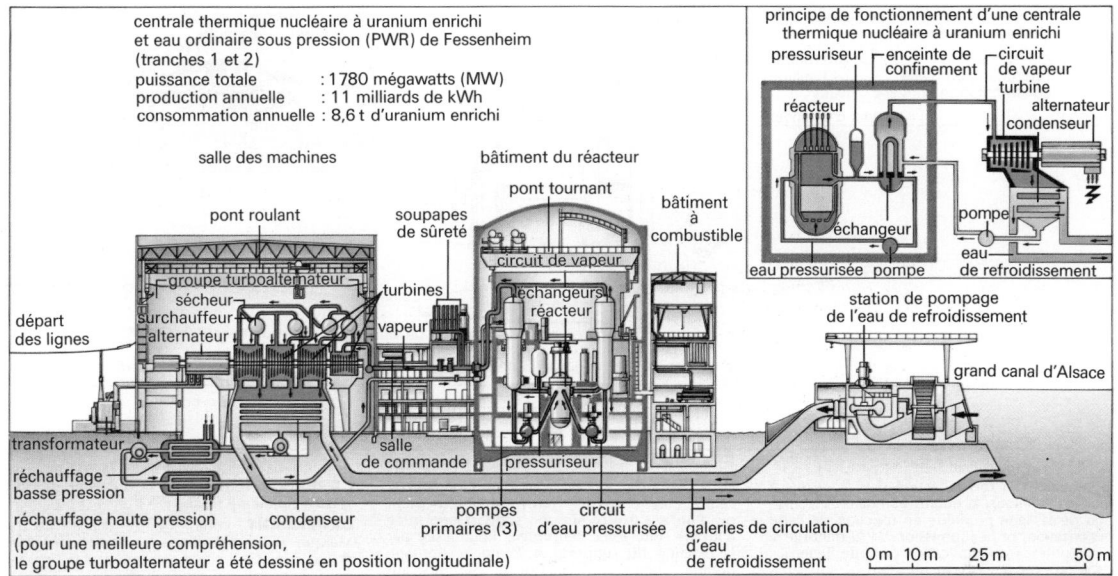

centrale thermique nucléaire à uranium enrichi et eau ordinaire sous pression (PWR) de Fessenheim (tranches 1 et 2)

puissance totale : 1780 mégawatts (MW)
production annuelle : 11 milliards de kWh
consommation annuelle : 8,6 t d'uranium enrichi

principe de fonctionnement d'une centrale thermique nucléaire à uranium enrichi

CENTRALE NUCLÉAIRE

CENSITAIRE adj. *Suffrage censitaire*, système dans lequel le droit de vote est réservé aux contribuables versant un minimum d'impôts. (En France, le système censitaire, établi en 1791, a été aboli par le suffrage universel en 1848.)

CENSIVE n. f. Sous le régime féodal, terre assujettie au cens annuel.

CENSORAT n. m. Fonctions de censeur.

CENSORIAL, E, AUX adj. Relatif à la censure.

CENSUEL, ELLE adj. Relatif au cens.

CENSURABLE adj. Qui mérite la censure.

CENSURE n. f. (lat. *censura*). Fonction de censeur; exercice de cette fonction. ‖ Examen qu'un gouvernement fait faire des livres, journaux, pièces de théâtre, films, etc., avant d'en permettre la publication. ‖ Commission des personnes chargées de cet examen. ‖ Sanction prononcée par une assemblée délibérante contre un de ses membres. ‖ Litt. Action de critiquer les actes ou les ouvrages de qqn. ‖ Jugement ecclésiastique qui prononce un blâme sévère. ‖ *Psychanal.* Fonction de contrôle qui règle en les déformant l'accès des désirs inconscients à la conscience. • *Motion de censure*, vote hostile à la politique du gouvernement.

CENSURER v. t. Interdire la publication ou la représentation : *censurer une pièce de théâtre.* ‖ Litt. Blâmer vivement, critiquer : *censurer la conduite de qqn.* ‖ *Psychanal.* Refouler. • *Censurer le gouvernement*, voter à la majorité une motion de censure.

CENT adj. num. et n. m. (lat. *centum*). Dix fois dix. (Prend un *s* quand il est multiplié : *deux cents hommes*; mais il reste invariable quand il est suivi d'un autre nombre ou quand il est employé pour *centième* : *deux cent dix chevaux; l'an neuf cent* [pour l'an neuf centième].) ‖ *Centième* : *page cent.* ‖ Grand nombre indéterminé : *avoir cent fois raison.* • *Cent pour cent*, entièrement : *cent pour cent parisien.* ‖ *Pour cent*, pour une quantité de cent unités : *prêter à douze pour cent.*

CENT [sɛnt] n. m. Dans divers pays (Australie, Canada, États-Unis, Pays-Bas, etc.), centième partie de l'unité monétaire principale.

CENTAINE n. f. (lat. *centena*). Groupe de cent unités ou environ.

CENTAURE n. m. (gr. *kentauros*). Être fabuleux, moitié homme, moitié cheval, de la mythologie grecque.

CENTAURÉE n. f. (gr. *kentauriê*, plante du Centaure). Plante herbacée, de la famille des composées, aux nombreuses espèces (*bleuet*).

CENTAVO [sɛntavo] n. m. (mot esp.). Centième partie de l'unité monétaire principale dans de nombreux pays de l'Amérique latine.

CENTENAIRE [sɑ̃tnɛr] adj. et n. (lat. *centenarius*). Qui a vécu sa centième année.

CENTENAIRE n. m. Anniversaire qui revient tous les cent ans.

CENTENIER n. m. Dans les armées romaines et médiévales, chef d'une troupe de cent hommes.

CENTENNAL, E, AUX [sɑ̃tɛnal, no] adj. Qui se fait ou qui revient tous les cent ans.

CENTÉSIMAL, E, AUX adj. (lat. *centesimus*). Divisé en cent parties. ‖ Relatif aux divisions d'une échelle graduée en cent parties égales.

CENT-GARDE n. m. (pl. *cent-gardes*). Cavalier de la garde d'honneur de Napoléon III (1854-1870).

CENTI-, préfixe (symb. : c) qui, placé devant une unité, la multiplie par 10^{-2}.

CENTIARE n. m. Centième partie de l'are (symb. : ca), équivalant à 1 m².

CENTIÈME adj. ord. et n. (lat. *centesimus*). Qui occupe un rang marqué par le numéro cent. ‖ Qui se trouve cent fois dans le tout.

CENTIGRADE n. m. Centième partie du grade (symb. : cgr), unité d'angle. • *Degré centigrade, thermomètre centigrade*, anc. dénominations abandonnées depuis 1948 au profit de DEGRÉ CELSIUS, THERMOMÈTRE CELSIUS.

CENTIGRAMME n. m. Centième partie du gramme (symb. : cg).

CENTILAGE n. m. *Stat.* Opération par laquelle on divise une distribution normale en cent classes d'effectif égal.

CENTILE n. m. Chacune des 99 valeurs qui divisent une distribution statistique en 100 parties d'effectifs égaux.

CENTILITRE n. m. Centième partie du litre (symb. : cl).

CENTIME n. m. Centième partie du franc. • *Centimes additionnels*, supplément d'impôt proportionnel au principal.

CENTIMÈTRE n. m. Centième partie du mètre (symb. : cm). ‖ Ruban divisé en centimètres, servant de mesure.

CENTIMÉTRIQUE adj. Relatif au centimètre, aux mesures auxquelles il sert de base.

CENTON n. m. (lat. *cento*, habit rapiécé). Pièce de vers ou de prose faite de fragments empruntés à divers auteurs.

CENTRAFRICAIN, E adj. et n. De la République centrafricaine (État d'Afrique).

CENTRAGE n. m. Action de centrer. ‖ Détermination du centre géométrique d'une figure ou du centre de gravité d'une pièce. ‖ Opération consistant à placer suivant une même ligne droite les axes de toutes les pièces d'un ensemble mécanique.

CENTRAL, E, AUX adj. Qui est au centre : *quartier central, pouvoir central.* • *Force centrale* (Phys.), force dont le support passe par un point fixe. ‖ *Prison centrale* ou *maison centrale*, prison où sont détenus les condamnés à de longues peines.

CENTRAL n. m. Organisme répartiteur : *central téléphonique.*

CENTRALE n. f. Usine génératrice d'électricité ou d'énergie en général : *centrale thermique, centrale hydraulique, centrale nucléaire, centrale solaire.* ‖ Confédération nationale de syndicats. ‖ *Prison centrale.* • *Centrale d'achats*, organisation groupant les achats de détaillants afin d'obtenir de meilleures conditions des fabricants. ‖ *Centrale à béton*, usine semi-fixe fabriquant de façon automatique en grande masse soit du béton de ciment prêt à l'emploi, soit du béton bitumineux destiné à la réalisation de chaussée ou de barrage.

CENTRALIEN, ENNE n. Ancien élève de l'École centrale des arts et manufactures.

CENTRALISATEUR, TRICE adj. Qui centralise.

CENTRALISATION n. f. Action de centraliser.

CENTRALISER v. t. Réunir, ramener vers un organisme central; faire dépendre d'un pouvoir central : *centraliser des fonds.*

CENTRALISME n. m. Système d'organisation qui entraîne la centralisation des décisions et de l'action. • *Centralisme démocratique*, mode d'organisation propre aux partis communistes,

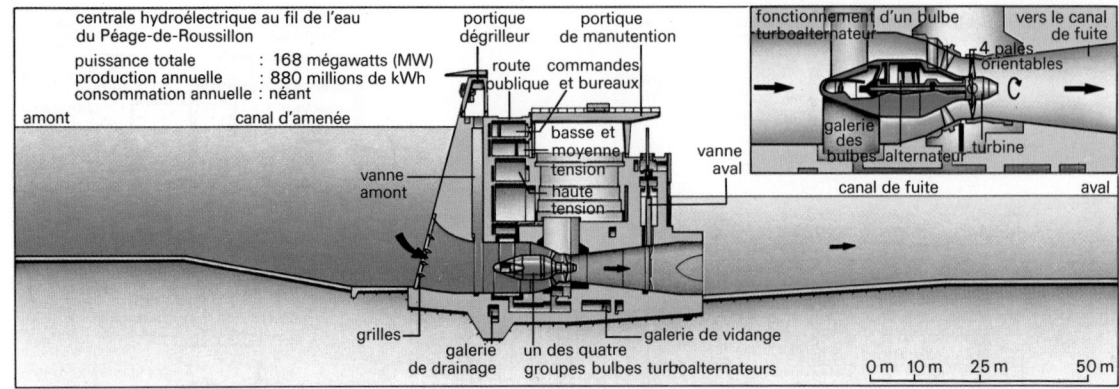

centrale hydroélectrique au fil de l'eau du Péage-de-Roussillon

puissance totale : 168 mégawatts (MW)
production annuelle : 880 millions de kWh
consommation annuelle : néant

amont — canal d'amenée

portique dégrilleur

portique de manutention

route publique

commandes et bureaux

basse et moyenne tension

haute tension

vanne amont

vanne aval

grilles

galerie de drainage

un des quatre groupes bulbes turboalternateurs

galerie de vidange

fonctionnement d'un bulbe turboalternateur

vers le canal de fuite

4 pales orientables

galerie des bulbes

alternateur

turbine

canal de fuite

aval

0 m 10 m   25 m   50 m

CENTRALE HYDROÉLECTRIQUE

impliquant à la fois l'élection des dirigeants à tous les échelons, la démocratie dans l'élaboration de la ligne politique en fonction de cette organisation, et la soumission de la minorité à la majorité dans l'application de cette ligne.

CENTRATION n. f. *Loi* ou *effet de centration* (Psychol.), surestimation du stimulus sur lequel on porte l'attention, par rapport aux autres stimuli du champ perceptif.

CENTRE n. m. (lat. *centrum*; gr. *kentron*, pointe). Milieu d'un espace quelconque : *le centre d'une ville*. ‖ Siège principal ou notable d'une activité à l'intérieur d'une ville : *le centre des affaires*. ‖ Localité caractérisée par l'importance de sa population et son activité : *un centre ouvrier, industriel*. ‖ Point principal, essentiel : *le centre de la question*. ‖ Point de convergence, de rayonnement; bureau, organisme centralisateur. ‖ Ensemble des membres d'une assemblée politique qui siègent entre la droite et la gauche. ‖ Dans certains sports d'équipe (basket-ball notamment), joueur qui se trouve au milieu de la ligne d'attaque. ‖ Manœuvre qui consiste à envoyer le ballon d'une aile vers le grand axe du terrain. ‖ *Math.* Point situé à égale distance de tous les points d'une ligne ou d'une surface courbe. ● *Centre d'action* (Météor.), anticyclone ou dépression ayant un caractère durable, voire permanent. ‖ *Centre d'aide par le travail (C. A. T.)*, établissement à caractère sanitaire fournissant du travail aux handicapés dont le rendement est limité. ‖ *Centre commercial*, ensemble regroupant des magasins de détail et divers services (banque, poste, etc.). ‖ *Centre dramatique*, organisme institué dans certaines villes à partir de 1947, pour lutter contre le déséquilibre culturel entre Paris et la province, et tenter de promouvoir un théâtre populaire. ‖ *Centre de figure* (Math.), point tel que les points de la figure soient deux à deux symétriques par rapport à lui. (Le point de rencontre des diagonales d'un rectangle est le centre de la figure.) ‖ *Centre nerveux*, groupe de neurones (substance grise du système nerveux) siège d'une fonction nerveuse déterminée.

CENTRÉ, E adj. Qui a un centre. ● *Système centré*, ensemble de lentilles (ou de miroirs) dont les centres de courbure sont alignés sur une même droite, dite « axe optique ».

CENTRE-AMÉRICAIN, E adj. et n. De l'Amérique centrale.

CENTRER v. t. Ramener au centre, équilibrer par rapport au centre. ‖ Donner une direction, une orientation précise : *centrer la caméra sur la vedette; la discussion a été centrée sur les moyens à employer*. ‖ Déterminer l'axe d'une pièce ou fixer une pièce en son centre. ‖ *Sports*. Envoyer le ballon vers le grand axe du terrain.

CENTREUR n. m. Dispositif de centrage.

CENTRIFUGATION n. f. Séparation des constituants d'un mélange par la force centrifuge.

CENTRIFUGE adj. Qui tend à éloigner du centre. (Tout corps qui tourne autour d'un point ou d'un axe exerce sur son support une force d'inertie, dite *force centrifuge*, neutralisée par l'action du support.) ● *Pompe centrifuge*, pompe rotative dont le principe est fondé sur l'action de la force centrifuge.

CENTRIFUGER v. t. Soumettre à l'action de la force centrifuge.

CENTRIFUGEUR, EUSE adj. et n. Se dit d'un appareil qui effectue la centrifugation.

CENTRIFUGEUSE n. f. Appareil ménager électrique destiné à produire du jus de fruits ou de légumes.

CENTRIOLE n. m. Corpuscule central du centrosome.

CENTRIPÈTE adj. Qui tend à rapprocher du centre.

CENTRISME n. m. Tendance politique du centre.

CENTRISTE adj. et n. En politique, du centre.

CENTROMÈRE n. m. Granule existant dans chaque chromosome et qui participe à la formation du fuseau pendant la mitose.

CENTROSOME n. m. *Biol.* Granulation située près du noyau des cellules vivantes, intervenant dans la mitose et dans les battements de cils et flagelles.

CENT-SUISSE n. m. Soldat suisse appartenant à la compagnie des *cent-suisses* affectée à la garde des rois de France (1481-1792).

CENTUMVIR [sɑ̃tɔmvir] n. m. (mot lat.). *Antiq. rom.* Membre d'un tribunal civil, compétent pour les procès de succession et de propriété, qui comprenait cent cinq membres.

CENTUPLE adj. et n. m. (lat. *centuplus*). Qui vaut cent fois autant. ● *Au centuple*, cent fois plus; en quantité beaucoup plus grande.

CENTUPLER v. t. Multiplier par cent; augmenter beaucoup. ◆ v. i. Être multiplié par cent.

CENTURIE n. f. (lat. *centuria*). *Antiq. rom.* Unité politique, administrative et militaire formée de cent citoyens.

CENTURION n. m. (lat. *centurio*). Officier commandant une centurie dans la légion romaine.

CÉNURE ou **CŒNURE** [senyr] n. m. Ténia parasite de l'intestin grêle du chien. (Sa larve vit dans l'encéphale du mouton et provoque le tournis.)

CEP n. m. (lat. *cippus*, pieu). Pied de vigne.

CÉPAGE n. m. Plant de vigne. ‖ Variété de vigne. (Les nombreux cépages, qui peuplent les vignobles du monde entier, résultent de l'adaptation de types de vigne aux conditions de climat, de soleil, de culture de chaque région et conduisent chacun à un vin déterminé.)

CÈPE n. m. (gascon *cep*, tronc). Syn. de BOLET.

CÉPÉE n. f. Touffe de tiges ou rejets de bois sortant du même tronc.

CEPENDANT conj. (de *ce* et *pendant*). Marque une opposition; pourtant, toutefois. ◆ loc. conj. *Cependant que*, marque la simultanéité, pendant que, tandis que.

CÉPHALÉE ou **CÉPHALALGIE** n. f. (gr. *kephalê*, tête). *Méd.* Mal de tête.

CÉPHALIQUE adj. Relatif à la tête.

CÉPHALOPODE n. m. (gr. *kephalê*, tête, et *pous, podos*, pied). Mollusque marin, carnivore et nageur, dont la tête porte des tentacules munis de ventouses et qui se propulse par réaction en expulsant de l'eau par un siphon. (Les *céphalopodes* forment une classe comportant la *seiche*, le *calmar*, la *pieuvre*, le *nautile*.)

CÉPHALO-RACHIDIEN, ENNE adj. Syn. de CÉRÉBRO-SPINAL. ● *Liquide céphalo-rachidien*, liquide clair contenu entre les méninges.

CÉPHALOSPORINE n. f. Antibiotique fongique agissant sur de nombreuses espèces microbiennes.

CÉPHALOTHORAX n. m. Région antérieure du corps de certains invertébrés (crustacés, arachnides), qui comprend la tête et le thorax soudés.

CÉPHÉIDE n. f. (δ *Cephei*, n. de l'une des étoiles de la constellation de Céphée). *Astron.* Étoile variable pulsante à courte ou moyenne période (de quelques heures à quelques semaines).

CÉRAMBYCIDÉ [serãbiside] n. m. (gr. *kerambux*, pot à cornes). Insecte coléoptère à longues antennes (d'où son nom usuel de *capricorne* ou *longicorne*), atteignant jusqu'à 5 cm de long, brillamment coloré, et dont les larves creusent des galeries dans les arbres. (Les *cérambycidés* forment une famille et on en compte plus de 13 000 espèces.)

CÉRAMBYX n. m. *Zool.* Nom scientifique du *capricorne*.

CÉRAME (gr. *keramos*). adj. *Grès cérame*, v. GRÈS.

CÉRAMIQUE adj. (gr. *keramikos*). Qui concerne la fabrication des poteries et autres produits de terre cuite (y compris faïence, grès, porcelaine).

CÉRAMIQUE n. f. Art de fabriquer des vases et autres objets de terre cuite. ‖ Objet en terre cuite. ‖ Corps isolant utilisé pour les isolateurs, les condensateurs.

CÉRAMISTE adj. et n. Qui fabrique ou décore de la céramique.

CÉRASTE n. m. (gr. *kerastês*, cornu). Serpent venimeux d'Afrique et d'Asie, dit aussi *vipère à cornes*, à cause des deux pointes situées au-dessus des yeux. (Long. 75 cm.)

CÉRAT [sera] n. m. (lat. *ceratum*). Onguent à base de cire et d'huile.

CÉRAUNIE n. f. (gr. *keraunos*, foudre). Nom sous lequel on a désigné, jusqu'au XVIIIe s., les outils préhistoriques appelés aussi *pierres de foudre.*

CERBÈRE n. m. *Litt.* et *ironiq.* Gardien sévère, intraitable.

CERCAIRE n. f. (gr. *kerkos*, queue). *Zool.* Larve des douves.

CERCE [sɛrs] n. f. (de *cerceau*). *Techn.* Calibre servant à exécuter une construction d'après une courbe donnée.

CERCEAU n. m. (lat. *circus*, cercle). Cercle de bois ou de métal servant à maintenir les douves d'un tonneau. ‖ Cercle léger que les enfants font rouler devant eux en le frappant avec un bâton. ‖ Demi-cercle en bois ou en métal. ◆ pl. Plumes de l'extrémité des ailes des oiseaux de proie.

CERCLAGE n. m. Action de cercler.

CERCLE n. m. (lat. *circus*). Surface plane limitée par une courbe dont tous les points sont à égale distance d'un point fixe appelé *centre* (on trouve l'aire d'un cercle en multipliant le carré du rayon par π ou 3,141 6); la circonférence elle-même. ‖ Objet circulaire. ‖ Ligne circulaire fermée. ‖ Objets, personnes disposés en rond. ‖ Groupement de personnes réunies pour un but particulier (littéraire, artistique, politique), ou pour des distractions communes; local où elles se réunissent. ‖ Circonscription administrative dans différents pays, notamment dans l'Empire germanique. ‖ Étendue de ce qui vous entoure, de ce qu'on peut embrasser par l'esprit : *le cercle des connaissances humaines.* ● *Cercle de famille,* la proche famille réunie. ‖ *Cercle de hauteur,* cercle de la sphère céleste parallèle à l'horizon, en un lieu donné. ‖ *Cercle horaire d'un astre,* grand cercle de la sphère céleste passant par l'astre et les pôles célestes. ‖ *Cercle vicieux,* raisonnement défectueux qui ramène à son point de départ; situation dans laquelle on se trouve enfermé. ‖ *Grand cercle d'une sphère,* section de la sphère par un plan passant par son centre. ‖ *Petit cercle d'une sphère,* section de la sphère par un plan ne passant pas par son centre.

CERCLER v. t. Garnir, entourer de cercles : *cercler un tonneau.*

CERCOPITHÈQUE n. m. (gr. *kerkos*, queue, et *pithêkos*, singe). Singe à longue queue, dont il existe en Afrique plusieurs espèces.

CERCUEIL n. m. (gr. *sarkophagos*, qui mange la chair). Coffre où l'on renferme le corps d'un mort.

CERDAN, ANE ou **CERDAGNOL, E** adj. et n. De Cerdagne.

CÉRÉALE n. f. (de *Cérès*, déesse des Moissons). Plante, généralement de la famille des graminacées, dont les grains servent, surtout réduits en farine, à la nourriture de l'homme et des animaux domestiques (*blé, seigle, avoine, orge, riz, maïs,* etc.).

CÉRÉALICULTURE n. f. Culture des céréales.

CÉRÉALIER, ÈRE adj. Relatif aux céréales.

CÉRÉALIER n. m. Producteur de céréales. ‖ Navire de charge spécialisé dans le transport des grains en vrac.

CÉRÉBELLEUX, EUSE adj. (lat. *cerebellum*, cervelle). Relatif au cervelet.

CÉRÉBRAL, E, AUX adj. (lat. *cerebrum*, cerveau). Relatif à l'encéphale ou à l'activité mentale.

CÉRÉBRO-SPINAL, E, AUX adj. Qui concerne l'encéphale et la moelle épinière.

CÉRÉMONIAL n. m. (pl. *cérémonials*). Ensemble des règles qui président aux cérémonies civiles, militaires ou religieuses. ‖ Livre contenant les règles liturgiques des cérémonies du culte.

CÉRÉMONIE n. f. (lat. *caeremonia*, caractère sacré). Forme extérieure et régulière d'un culte, d'un événement de la vie sociale : *les cérémonies du baptême.* ‖ Marque extérieure de solennité, témoignage de politesse excessive. ● *Sans cérémonie,* en toute simplicité.

CÉRÉMONIEL, ELLE adj. Relatif à une cérémonie.

cerisier
fleur et fruit

cercopithèque

CÉRÉALES

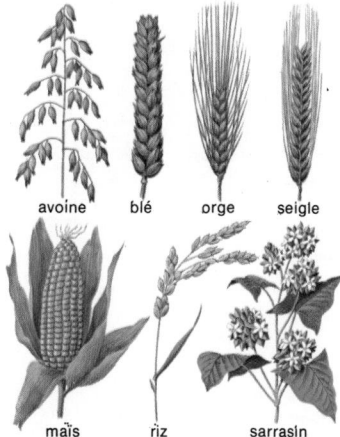

avoine   blé   orge   seigle

maïs   riz   sarrasin

CÉRÉMONIEUSEMENT adv. De façon cérémonieuse.

CÉRÉMONIEUX, EUSE adj. Qui fait trop de cérémonies, compassé.

CERF [sɛr] n. m. (lat. *cervus*). Ruminant de la famille des cervidés, des forêts d'Europe, d'Asie et d'Amérique, atteignant 1,50 m de haut et vivant en troupeau. (L'espèce d'Europe, qui pèse en moyenne 150 kg, est l'objet de la chasse à courre. La femelle du cerf est la *biche*, le petit est le *faon;* le mâle porte des bois d'autant plus développés et ramifiés qu'il est âgé : à un an c'est un *daguet,* vers six ans un *dix-cors.*) [Cri : le cerf *brame.*]

CERFEUIL n. m. (gr. *khairephullon*). Plante aromatique cultivée comme condiment. (Famille des ombellifères.)

CERF-VOLANT [sɛrvɔlɑ̃] n. m. (pl. *cerfs-volants*). Jouet composé d'une carcasse légère

sur laquelle on tend un papier fort ou une étoffe, et que l'on fait voler. ‖ Autre nom du LUCANE.

CÉRIFÈRE adj. Qui produit de la cire.

CERISAIE n. f. Lieu planté de cerisiers.

CERISE n. f. (lat. *cerasum*, gr. *kerasion*). Fruit comestible du cerisier. (La cerise est une drupe.) ◆ adj. inv. Rouge vif.

CERISIER n. m. Arbre, cultivé pour ses fruits, ou *cerises.* (On distingue le *cerisier à griottes,* provenant du cerisier sauvage, et les *cerisiers à guignes* et *à bigarreaux,* provenant du merisier.) [Famille des rosacées, genre *cerasus.*]

CÉRITE n. f. Silicate hydraté naturel de cérium.

CÉRITHE n. m. (lat. *cerithium*). Mollusque gastropode à coquille allongée, très abondant dans les roches tertiaires (calcaire grossier parisien).

CÉRIUM [serjɔm] n. m. Métal (Ce) n° 58, de masse atomique 140,12, dur, brillant, extrait de la cérite, et qui, allié au fer, entre dans la fabrication des pierres à briquet (ferrocérium).

CERMET n. m. Matériau composite formé de produits céramiques enrobés dans un liant métallique.

CERNE n. m. (lat. *circinus*, cercle). Cercle bleuâtre autour des yeux, autour d'une plaie, d'une contusion, etc. ‖ Couche concentrique d'un arbre coupé en travers. (Le nombre des cernes sert à reconnaître l'âge d'un arbre.) ‖ Trace d'un produit détachant autour de la partie nettoyée. ‖ Contour accusé d'une figure.

CERNÉ, E adj. *Yeux cernés,* entourés d'un cercle bleuâtre.

CERNEAU n. m. Chair des noix vertes. ‖ Nom de la noix avant sa complète maturité.

CERNER v. t. (lat. *circinare,* faire un cercle). Entourer : *cerner une ville.* ‖ Entourer d'un trait appuyé : *cerner une silhouette.* ● *Cerner un arbre,* le couper en cercle. ‖ *Cerner des noix,* les séparer de leur coque. ‖ *Cerner un problème, une question,* en marquer les limites pour les mieux comprendre.

CERS [sɛrs] n. m. (mot du Languedoc). Vent du bas Languedoc, analogue au mistral.

CERTAIN, E adj. (lat. *certus,* sûr). Considéré comme vrai, indubitable : *succès certain.* ‖ Qui n'a aucun doute : *témoin certain de ce qu'il a vu.* ‖ *Math.* Se dit d'un événement dont la probabilité est égale à l'unité. ● *Corps certain* (Dr.), tel objet déterminé, par opposition à une chose fongible. ‖ *Date certaine* (Dr.), jour à partir duquel l'existence d'un acte sous seing privé ne peut plus être contestée. ◆ adj. indéf. Un, quelque : *certain auteur; il avait une certaine popularité.* ◆ pron. indéf. pl. Plusieurs : *certains disent.*

CERTAIN n. m. En Bourse, contre-valeur en francs d'une devise étrangère.

CERTAINEMENT adv. Assurément, indubitablement : « *Viendrez-vous demain? — Certainement.* »

CERTES adv. (lat. *certo*). Assurément, bien sûr.

CERTIFICAT n. m. (lat. médiév. *certificatum*). Écrit officiel, ou dûment signé d'une personne compétente, qui atteste un fait : *un certificat d'arrêt de travail, de nationalité,* etc. ● *Certi-*

cerf

ficat d'aptitude pédagogique (C. A. P.), diplôme nécessaire pour enseigner dans le premier cycle. ‖ *Certificat d'aptitude professionnelle* (C. A. P.), diplôme décerné à la fin des études de l'enseignement technique court. ‖ *Certificat d'aptitude à l'enseignement secondaire* (C. A. P. E. S.), concours de recrutement des professeurs de l'enseignement secondaire. ‖ *Certificat d'aptitude à l'enseignement technique* (C. A. P. E. T.), concours de recrutement des professeurs de l'enseignement technique. ‖ *Certificat d'études primaires élémentaires* (C. E. P.), diplôme de fin d'études primaires. ‖ *Certificat d'urbanisme,* document indiquant sous quelles conditions un terrain est constructible.

CERTIFICATEUR adj. et n. m. *Dr.* Qui garantit en sous-ordre la solvabilité d'une première caution.

CERTIFICATION n. f. *Dr.* Assurance par écrit. ‖ Blocage de la provision, au profit du porteur d'un chèque, effectué par le tiré.

CERTIFIÉ, E n. et adj. Professeur titulaire du C. A. P. E. S.

CERTIFIER v. t. Donner pour certain, assurer comme valable ou comme vrai : *certifier une nouvelle, un chèque.*

CERTITUDE n. f. Conviction, assurance pleine et entière qu'on a de la vérité de qqch. ‖ Chose sur laquelle on n'a aucun doute : *ce n'est pas une hypothèse, c'est une certitude.*

CÉRULÉEN, ENNE adj. (lat. *caeruleus*). De teinte bleuâtre.

CÉRUMEN [serymɛn] n. m. (lat. *cera*, cire). Substance grasse, jaune-brun, formée dans le conduit auditif externe par les glandes qui tapissent ce conduit.

CÉRUMINEUX, EUSE adj. Qui forme le cérumen.

CÉRUSE n. f. (lat. *cerussa*). Carbonate basique de plomb, appelé aussi *blanc de céruse* ou *blanc d'argent,* et que l'on employait en peinture. (La céruse est un poison. Son usage est interdit depuis 1915.)

CÉRUSITE n. f. Carbonate naturel de plomb $PbCO_3$.

CERVAISON n. f. Époque où le cerf est gras et bon à chasser.

CERVEAU n. m. (lat. *cerebellum*, cervelle). Centre nerveux encéphalique situé dans la boîte crânienne des vertébrés, très développé chez l'homme, où il se compose de deux hémisphères portant de nombreuses circonvolutions. (Le cerveau est le support de la sensibilité consciente, des mouvements volontaires et de l'activité psychique.) ‖ Ensemble des facultés mentales; personne qui les possède à un haut degré. ‖ Centre de direction, d'organisation : *le cerveau d'une entreprise, d'un hold-up.* ‖ Partie supérieure d'une cloche. ● *Cerveau électronique,* nom donné improprement à des dispositifs électroniques pouvant effectuer certaines opérations (calcul, conduite de machines) sans intervention directe de l'homme.

CERVELAS [sɛrvəla] n. m. (it. *cervellato*). Saucisse cuite, grosse et courte.

CERVELET n. m. (de *cervelle*). Centre nerveux encéphalique situé sous le cerveau et en arrière du tronc cérébral. (Il intervient dans le contrôle des contractions musculaires, dans l'équilibration.)

CERVELLE n. f. (lat. *cerebella*). Substance du cerveau. ‖ Nom donné usuellement (commerce d'alimentation, cuisine) au cerveau ou à l'ensemble de l'encéphale d'un animal. ● *Brûler la cervelle,* tuer d'une balle dans la tête. ‖ *Cela lui trotte dans la cervelle,* cela le préoccupe. ‖ *Sans cervelle,* étourdi.

CERVICAL, E, AUX adj. (lat. *cervix, -icis,* cou). Relatif au cou : *vertèbre cervicale.* ‖ Relatif au col de l'utérus.

CERVICITE n. f. Inflammation du col de l'utérus. (Syn. MÉTRITE DU COL.)

CERVIDÉ n. m. (lat. *cervus,* cerf). Ruminant qui porte des cornes pleines, ramifiées, caduques, appelées *bois.* (Les *cervidés* forment une famille qui comprend le *cerf,* le *chevreuil,* le *daim,* l'*élan,* le *renne.*)

CERVOISE n. f. (gaul. *cervesia*). Bière fabri-

quée avec de l'orge ou d'autres céréales, et consommée dans l'Antiquité et au Moyen Âge.

CES adj. dém. → CE.

C. E. S. [seaɛs] n. m. Abrév. de COLLÈGE D'ENSEIGNEMENT SECONDAIRE.

CÉSALPINIACÉE n. f. Plante légumineuse que l'on trouve dans les pays chauds. (Les *césalpiniacées* forment une famille qui comprend le *caroubier,* le *févier,* le *gainier.*)

CÉSAR n. m. Surnom romain devenu titre en l'honneur de Jules César. (Jusqu'à la mort de Domitien [96], titre de l'empereur romain; à partir de 96, titre de l'héritier du trône.)

CÉSARIEN, ENNE adj. *Hist.* Relatif à un empereur romain. ‖ Relatif aux régimes politiques de dictature militaire.

CÉSARIENNE n. f. (lat. *caedere,* couper). Opération chirurgicale qui consiste à extraire le fœtus par incision de la paroi abdominale et de l'utérus, quand l'accouchement est impossible par les voies naturelles.

CÉSARISME n. m. Système de gouvernement dans lequel un homme se trouve être l'unique dépositaire du pouvoir.

CÉSIUM n. m. → CÆSIUM.

CESSANT, E adj. *Toutes affaires* ou *toutes choses cessantes,* avant toute chose.

CESSATION n. f. Action d'arrêter, suspension, arrêt : *cessation de travail, de paiements.*

CESSE n. f. *N'avoir point de cesse que,* ne pas prendre de repos avant que, ne pas s'arrêter avant que. ◆ loc. adv. *Sans cesse,* sans discontinuer.

CESSER v. t. (lat. *cessare*). Mettre fin à, interrompre : *cesser le travail, cesser de parler.* ◆ v. i. Prendre fin : *l'orage a cessé.*

CESSEZ-LE-FEU n. m. inv. Arrêt des hostilités.

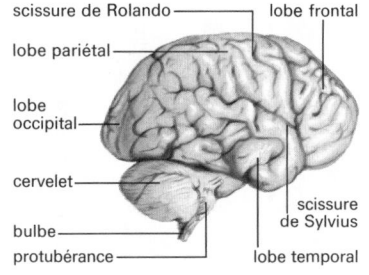

hémisphère droit, face externe

lobe frontal
lobe pariétal
lobe occipital
cervelet
bulbe
protubérance
scissure de Rolando
scissure de Sylvius
lobe temporal

CERVEAU HUMAIN

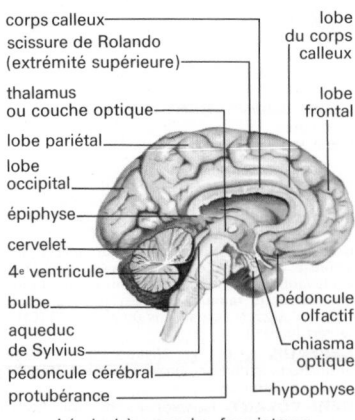

hémisphère gauche, face interne

corps calleux
scissure de Rolando (extrémité supérieure)
thalamus ou couche optique
lobe pariétal
lobe occipital
épiphyse
cervelet
4e ventricule
bulbe
aqueduc de Sylvius
pédoncule cérébral
protubérance
lobe du corps calleux
lobe frontal
pédoncule olfactif
chiasma optique
hypophyse

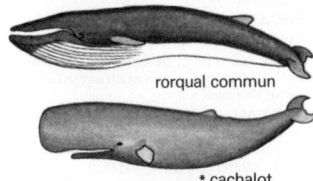

rorqual bleu

rorqual commun

* cachalot

baleine franche

6 m

baleine à bosse

* espèces munies de dents (les autres possèdent des fanons)

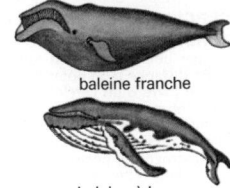

* épaulard

CÉTACÉS

CESSIBILITÉ n. f. *Dr.* Qualité de ce qui peut être cédé.

CESSIBLE adj. *Dr.* Qui peut être cédé.

CESSION n. f. (lat. *cedere,* céder). *Dr.* Transmission à un autre de la chose ou du droit dont on est propriétaire ou titulaire.

CESSIONNAIRE n. Bénéficiaire d'une cession.

C'EST-À-DIRE loc. adv. Annonce une explication, une rectification. (Abrév. C.-À-D.)

CESTE n. m. (lat. *caestus;* de *caedere,* frapper). Gantelet garni de plomb dont se servaient les athlètes dans les combats du pugilat.

CESTODE n. m. (gr. *kestos,* ceinture, et *eidos,* forme). Ver plat, parasite, comme le *ténia.* (Les *cestodes* forment une classe de l'embranchement des platodes.)

CÉSURE n. f. (lat. *caesura;* de *caedere,* couper). Repos ménagé dans un vers pour en régler le rythme. (La césure coupe le vers alexandrin en deux hémistiches : « Rien n'est beau que le vrai,/le vrai seul est aimable. »)

CET, CETTE adj. dém. → CE.

C. E. T. [seate] n. m. Abrév. de COLLÈGE D'ENSEIGNEMENT TECHNIQUE.

CÉTACÉ n. m. (gr. *kêtos,* gros poisson). Mammifère marin parfaitement adapté à la vie aquatique par son corps pisciforme et par ses bras transformés en nageoires. (L'ordre des *cétacés* comprend la *baleine,* le *cachalot,* le *dauphin.*)

CÉTANE n. m. Carbure d'hydrogène saturé $C_{16}H_{34}$. ● *Indice de cétane,* grandeur caractérisant l'aptitude à l'allumage d'un carburant pour moteur Diesel.

CÉTÉRACH [seterak] n. m. (ar. *chitaradj*). Genre de fougères communes sur les vieux murs.

CÉTOGÈNE adj. Se dit des aliments ou des régimes qui entraînent la formation de cétones (notamment d'acétone) dans l'organisme.

CÉTOINE n. f. (orig. obscure). Insecte vert doré, de l'ordre des coléoptères, qui se nourrit des fleurs, en particulier des roses, sur lesquelles il vit. (Long. 2 cm.) ▷

CÉTONE n. f. Nom générique des dérivés carbonylés secondaires R—CO—R' (R et R' étant deux radicaux hydrocarbonés).

CÉTONIQUE adj. Qui possède la fonction cétone.

CÉTONURIE n. f. Taux de corps cétoniques dans les urines.

CÉTOSE n. m. *Chim.* Ose à fonction cétone.

CÉTOSE n. f. *Méd.* Augmentation du taux sanguin de corps cétoniques.

CEUX, CELLES pron. dém. → CELUI.

CÉVENOL, E adj. et n. Des Cévennes.

CEYLANAIS, E adj. et n. → CINGHALAIS.

Cf, symbole chimique du *californium*.

C. F. A. (FRANC) n. m. (sigle de *Communauté financière africaine*). Unité monétaire principale de nombreux pays d'Afrique.

C. G. S., système d'unités dont les unités fondamentales sont le *centimètre* (longueur), le *gramme* (masse), la *seconde* (temps).

ch, symbole de *cheval-vapeur*.

CHABICHOU n. m. Fromage de chèvre.

CHABLIS n. m. Vin blanc sec, léger et capiteux, récolté à Chablis.

CHABOT n. m. (prov. *cabotz*, lat. pop. *capocius*, qui a une grosse tête). Poisson à grosse tête et à large bouche, mesurant de 10 à 30 cm de long. (Famille des cottidés.) [Syn. COTTE.]

chabot

CHABROT ou **CHABROL** n. m. *Faire chabrot* ou *chabrol*, dans le sud-ouest de la France, verser du vin dans la soupe.

CHACAL n. m. (persan *chagâl*) [pl. *chacals*]. Mammifère carnassier d'Asie et d'Afrique, de la taille d'un renard, se nourrissant surtout des reliefs laissés par les grands fauves. (Cri : le chacal *jappe*.)

CHA-CHA-CHA [tʃatʃatʃa] n. m. Danse d'origine mexicaine dérivée de la rumba.

CHACONNE ou **CHACONE** n. f. (esp. *chacona*). Danse lente à trois temps, peut-être d'origine mexicaine, qui parut en Espagne au XVIe s. (Écrite sur une basse obstinée, elle favorise une suite de variations.)

CHACUN, E pron. indéf. (lat. *unum cata unum*, un à un, et *quisque*, chacun). Toute personne ou toute chose faisant partie d'un tout ou considérée en elle-même : *chacun d'eux, de nous ; ces livres coûtent cent francs chacun.*

CHADBURN [tʃadbœrn] n. m. (mot angl.). Appareil transmetteur d'ordres à bord d'un navire.

CHADOUF n. m. (mot ar.). Appareil à bascule utilisé pour puiser l'eau.

CHÆNICHTHYS [keniktis] n. m. Poisson des mers froides, remarquable par son sang dépourvu de globules rouges.

CHÂFI'ISME n. m. Une des quatre grandes écoles juridiques de l'islâm sunnite, fondée par AL-CHÂFI'Î (767-820). [Son influence est prépondérante surtout en Égypte et dans le monde de l'océan Indien.]

CHAFOUIN, E adj. (de *chat* et *fouin* [masc. de *fouine*]). Sournois et rusé.

CHAGRIN, E adj. (de *chat* et *grigner*). *Litt.* Qui éprouve de la tristesse. || *Litt.* Porté à la mauvaise humeur.

CHAGRIN n. m. Souffrance morale, tristesse.

cétoine

CHAGRIN n. m. (turc *çâgri*). Cuir grenu, en peau de chèvre ou de mouton, utilisé en reliure. ● *Peau de chagrin*, se dit de quelque chose qui se réduit constamment.

CHAGRINANT, E adj. Qui chagrine, désolant.

CHAGRINÉ, E adj. Qui a l'apparence du chagrin (cuir).

CHAGRINER v. t. Attrister, peiner ; contrarier.

CHAGRINER v. t. Préparer une peau pour en faire du chagrin.

CHÂH ou **SHÂH** n. m. (mot persan, *roi*). Titre des souverains d'Iran.

CHAHUT n. m. Vacarme accompagné de désordre, en particulier pendant le cours d'un professeur. || Danse d'improvisation à la mode dans les bals publics entre 1830 et 1850.

CHAHUTER v. t. ou i. (de *chat-huant*). Faire du chahut. || *Fam.* Traiter sans ménagement qqn, qqch.

CHAHUTEUR, EUSE adj. et n. Qui chahute.

CHAI n. m. (gaul. *caio*). Lieu où sont emmagasinés les vins en fûts et les eaux-de-vie.

CHAÎNAGE n. m. Armature en bois, en pierre ou en métal, noyée dans une maçonnerie pour éviter sa dislocation ; opération consistant à placer cette armature. || Action de mesurer une distance à la chaîne d'arpenteur.

CHAÎNE n. f. (lat. *catena*). Succession d'anneaux métalliques passés les uns dans les autres et servant de lien, d'ornement, etc. || Série, succession d'éléments divers. || Ensemble d'établissements commerciaux faisant partie de la même organisation : *chaîne d'hôtels*. || Ensemble d'émetteurs de radiodiffusion ou de télévision diffusant simultanément le même programme, ou de journaux publiant une même série d'articles. || Système de reproduction du son comprenant une source (tuner, tourne-disque, magné-

chacal

tophone ou lecteur de cassettes), un élément amplificateur et des éléments reproducteurs (baffles ou enceintes acoustiques). || Organe de transmission de mouvement entre deux arbres parallèles sans glissement, constitué par un ensemble de maillons métalliques articulés. || Membre horizontal ou vertical d'une construction formé de plusieurs assises ou d'une superposition d'éléments, construit avec un matériau différent ou avec des éléments plus gros que le reste de la maçonnerie sur le parement duquel il apparaît. || Barre métallique plate reliant deux murs. || Ensemble des fils parallèles disposés dans le sens de la longueur d'une pièce de tissu, entre lesquels passe la trame. || Figure de danse qui fait progresser une ronde, dans les deux sens, les exécutants se donnant alternativement les mains. || Ensemble d'émetteurs pour la radionavigation, dont les signaux permettent par recoupement à un navire ou à un avion de déterminer sa position. || *Chim.* Dans une formule, suite d'atomes de carbone reliés, disposés soit en chaîne *ouverte* (série grasse), soit en chaîne *fermée* (série cyclique). || *Litt.* État de dépendance (surtout au pl.). ● *Chaîne d'action* (Inform.), chaîne d'asservissement qui achemine, en sens unique, des signaux sur tout ou partie du parcours compris entre un organe de mesure ou un comparateur et l'installation

réglée. || *Chaîne alimentaire*, ensemble d'espèces vivantes dont chacune se nourrit de la précédente (herbe, herbivore, carnivore, prédateur du carnivore) et le long de laquelle peuvent se concentrer les polluants. || *Chaîne d'arpenteur*, chaîne de dix mètres servant à mesurer le terrain. || *Chaîne d'asservissement* (Inform.), ensemble d'éléments ayant pour rôle d'assurer l'émission, la transmission et la réception de signaux, en vue de réaliser un asservissement. (On dit aussi CHAÎNE DE RÉGULATION.) || *Chaîne de fabrication* ou *de montage*, ensemble de postes de travail concourant à la fabrication ou au moulage d'un produit industriel, et spécialement conçu pour réduire les temps morts et les manutentions. || *Chaîne de froid*, ensemble des opérations de fabrication, d'entreposage, de transport et de distribution des denrées congelées ou surgelées. || *Chaîne de montagnes*, suite de montagnes qui forment une ligne continue. || *Chaîne parlée* (Ling.), succession des énoncés vocaux dans le temps. || *Chaîne de réaction* (Inform.), chaîne d'asservissement qui achemine, en sens unique, des signaux sur tout ou partie du parcours compris entre l'installation réglée et l'organe de mesure ou le comparateur. || *Chaîne volontaire*, association constituée entre diverses entreprises pour organiser en commun les achats et, parfois, la gestion et la vente. || *Faire la chaîne*, se mettre à la suite les uns des autres pour se transmettre quelque chose. || *Réaction en chaîne*, réaction chimique ou nucléaire qui, en se déclenchant, produit les corps ou l'énergie nécessaires à sa propagation ; conséquences multipliées. || *Travail à la chaîne*, mode d'exécution du travail dans lequel le produit à fabriquer se déplace successivement devant plusieurs exécutants chargés chacun d'une opération. ◆ pl. Dispositif que l'on adapte aux pneus des voitures pour leur permettre de rouler sur la neige.

CHAÎNÉ, E adj. *Chorégr.* Se dit de pas exécutés très rapidement ou avec très peu d'amplitude.

CHAÎNER v. t. Faire le chaînage d'un mur. || Mesurer avec la chaîne d'arpenteur. || Munir les pneus de chaînes.

CHAÎNETTE n. f. Petite chaîne. || *Mécan.* Courbe suivant laquelle se tend un fil homogène, pesant, flexible et inextensible, suspendu par ses extrémités à deux points fixes.

CHAÎNEUR n. m. Personne qui mesure avec la chaîne d'arpenteur.

CHAÎNIER ou **CHAÎNISTE** n. m. Ouvrier qui fait des chaînes.

CHAÎNON n. m. Anneau d'une chaîne. (Syn. MAILLON.) || Partie d'une chaîne de montagnes.

CHAIR n. f. (lat. *caro, carnis*). Substance des muscles de l'homme et des animaux : *chair crue, chair fraîche*. || *Litt.* La nature humaine ; le corps ; l'instinct sexuel : *la chair est faible*. || Aspect de la peau : *chairs rebondies*. || Préparation de viande hachée : *chair à saucisse*. || Pulpe des fruits : *la chair du melon*. || *Couleur chair*, d'un blanc rose. || *En chair et en os*, en personne. || *Être bien en chair*, être grassouillet. || *Ni chair ni poisson*, sans caractère, indécis.

CHAIRE n. f. (lat. *cathedra*). Siège du Moyen Âge à haut dossier et accotoirs pleins. || Tribune, estrade d'où un prédicateur, un professeur parle à l'auditoire. || Poste d'enseignement correspondant à une fonction de professeur. || Siège apostolique : *la chaire de saint Pierre*.

CHAISE n. f. (lat. *cathedra*). Siège à dossier, sans bras. || Support d'un arbre de transmission. || Planche permettant de monter dans la mâture d'un navire. || *Chaise électrique*, dans certains États des États-Unis, fauteuil sur lequel on place un condamné à mort pour l'exécuter par électrocution. || *Chaise longue*, fauteuil sur lequel on peut s'allonger. || *Chaise percée*, siège aménagé pour les besoins naturels (vx). || *Chaise de poste*, anc. voiture rapide de voyageurs. || *Chaise à porteurs*, siège fermé et couvert, dans lequel on se faisait porter par deux hommes. || *Entre deux chaises*, dans une position fausse ; entre deux solutions. || *Mener une vie de bâton de chaise*, vivre de façon désordonnée, déréglée. || *Nœud de chaise*, variété de nœud de corde.

CHAISIER, ÈRE n. Personne qui fabrique des

chaises, ou qui en perçoit la location dans un lieu public.

CHALAND n. m. (gr. byzantin *khelandion*). Bateau non ponté, à fond plat, destiné au transport des marchandises sur les rivières et les canaux.

CHALAND, E n. (anc. fr. *chaloir*, importer). Client (vx).

CHALAND-CITERNE n. m. (pl. *chalands-citernes*). Chaland spécialement conçu pour le transport des liquides en vrac, et particulièrement des produits pétroliers.

CHALAZE [ʃalaz] n. f. (gr. *khalazion*; de *khalaza*, grêle). Tortillon axial du blanc d'œuf des oiseaux. ‖ *Bot.* Point où le faisceau libéro-ligneux venu du placenta s'épanouit dans l'ovule.

CHALAZION [ʃalazjɔ̃] n. m. Petite tumeur inflammatoire du bord de la paupière.

CHALCOGRAPHIE [kalkɔgrafi] n. f. (gr. *khalkos*, cuivre). Anc., art de graver sur les métaux. ‖ Établissement public où l'on conserve des planches gravées sur lesquelles on tire des épreuves.

CHALCOLITHIQUE [kalkɔlitik] adj. et n. (gr. *khalkos*, cuivre, et *lithos*, pierre). Se dit de la phase préhistorique de transition entre le néolithique et l'âge du bronze, où les industries lithiques conservent une place prépondérante malgré les premiers façonnages de métal.

CHALCOPYRITE [kalkɔpirit] n. f. Pyrite de cuivre ou sulfure double naturel de cuivre et de fer $CuFeS_2$.

CHALCOSINE [kalkɔzin] ou **CHALCOSITE** [-zit] n. f. Sulfure naturel de cuivre Cu_2S.

CHALDÉEN, ENNE [kaldeɛ̃, ɛn] adj. et n. Relatif aux Chaldéens. ‖ Se dit d'une des fractions ralliées à Rome des Églises orientales.

CHÂLE n. m. (hindī *shal*, orig. persane). Grande pièce de laine, de soie, etc., que les femmes portent sur leurs épaules. ◆ *Col châle*, col rond large sur les épaules.

CHALET n. m. (mot de Suisse romande). Habitation dans laquelle le bois est l'élément principal, du point de vue de la structure comme de la décoration. ◆ *Chalet de nécessité*, édicule contenant des cabinets d'aisances publics.

CHALEUR n. f. (lat. *calor*). Qualité de ce qui est chaud; température élevée. ‖ Une des formes de l'énergie qui a pour effet d'élever la température, de dilater, fondre, vaporiser ou décomposer un corps. ‖ Sensation que produit un corps chaud : *la chaleur de la fièvre.* ‖ Ardeur des sentiments, animation : *défendre avec chaleur la cause d'un ami; dans la chaleur de la discussion.* ◆ *Chaleur animale* (Physiol.), chaleur produite par les réactions du catabolisme, dont tout animal est la source. ‖ *Chaleur massique* ou *spécifique*, quantité de chaleur nécessaire pour élever de 1 °C la température d'un corps. ‖ *Être en chaleur*, en parlant des femelles d'animaux domestiques, désirer l'approche du mâle. ◆ pl. *Temps chaud :* *les grandes chaleurs de l'été.* ‖ Période où les femelles sont en chaleur.

CHALEUREUSEMENT adv. De façon chaleureuse.

CHALEUREUX, EUSE adj. Qui manifeste de la chaleur, de l'animation; enthousiaste.

CHÂLIT [ʃali] n. m. (lat. pop. *catalectus*; de *lectus*, lit). Bois de lit ou armature métallique d'un lit.

CHALLENGE [ʃalɑ̃ʒ] n. m. (mot angl., *défi*). Épreuve sportive dans laquelle le gagnant détient un objet (coupe, statue, etc.) jusqu'à ce qu'un concurrent ultérieur l'en dépossède; cet objet lui-même.

CHALLENGER [ʃa- *ou* tʃalɛndʒœr] n. m. (mot angl.). Athlète défiant officiellement le détenteur d'un titre ou d'un challenge.

CHALOIR v. i. (lat. *calere*, avoir chaud). *Peu m'en chaut*, peu m'importe (vx).

CHALOUPE n. f. (anc. fr. *eschalope*, coquille de noix). Grand canot lourd et robuste, à avirons ou à moteur, pour le service des navires.

CHALOUPÉ, E adj. Se dit d'une danse ou d'une démarche qu'on effectue en remuant les épaules et les hanches.

CHALOUPER v. i. Marcher ou danser en remuant les épaules et les hanches.

CHALUMEAU n. m. (lat. *calamus*, roseau). Tuyau de paille, de roseau. ‖ Petit instrument à vent, à anche simple, ancêtre de la clarinette. ‖ Appareil produisant à travers une buse un jet de flamme de température très élevée, obtenue soit par la combustion d'un mélange d'air ou d'oxygène et d'un gaz (chalumeau oxhydrique, oxyacétylénique), soit par la recombinaison des atomes ou des molécules ou des électrons et des ions (chalumeau à hydrogène atomique, à plasma).

CHALUT n. m. Filet de pêche, en forme de poche, que l'on traîne sur le fond ou entre deux eaux (chalut pélagique).

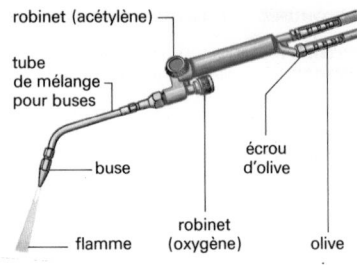

CHALUMEAU
oxyacétylénique

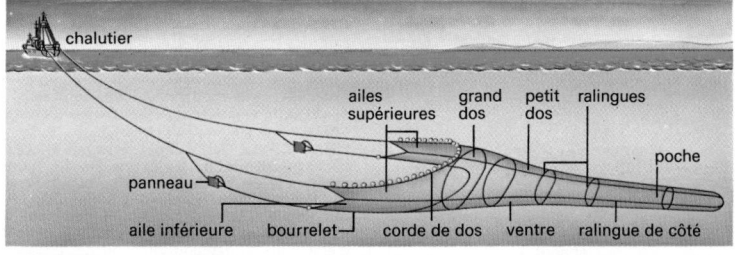

CHALUT

CHALUTAGE n. m. Pêche au moyen du chalut.

CHALUTIER n. m. Pêcheur qui se sert du chalut. ‖ Bateau de pêche qui traîne le chalut.

CHAMADE n. f. (it. *chiamata*, appel). Dans une ville assiégée, batterie de tambour ou sonnerie qui annonçait l'intention de capituler (vx). ◆ *Battre la chamade* (Vx), être affolé.

CHAMÆROPS n. m. → CHAMÉROPS.

CHAMAILLER (SE) v. pr. (anc. fr. *chapeler*, frapper, et *mailler*, même sens). Se quereller avec bruit, mais sans conséquences graves.

CHAMAILLERIE ou **CHAMAILLE** n. f. Dispute, querelle.

CHAMAILLEUR, EUSE adj. et n. Qui aime à se chamailler.

CHAMAN [ʃamã] n. m. *Anthropol.* Dans certaines religions (Asie septentrionale, Amérique du Nord, etc.), prêtre magicien dont la fonction est d'entrer en communication avec les esprits de la nature, en utilisant les techniques de l'extase et de la transe.

CHAMANISME n. m. Ensemble des pratiques magiques centrées sur la personne du chaman.

CHAMARRER v. t. (esp. *zamarra*, vêtement en peau de mouton). Charger de passementeries, de galons, etc.

CHAMARRURE n. f. Manière de chamarrer. ‖ Ornements de mauvais goût.

CHAMBARD n. m. *Fam.* Grand désordre accompagné de vacarme.

CHAMBARDEMENT n. m. *Fam.* Changement, bouleversement total.

CHAMBARDER v. t. (prov. *chambarda*). *Fam.* Mettre en désordre, sens dessus dessous.

CHAMBELLAN n. m. (mot germ.). Officier chargé de tout ce qui concerne le service intérieur de la chambre d'un souverain. (Les derniers chambellans figurèrent à la cour de Napoléon III.) ◆ *Grand chambellan*, le plus élevé en dignité des chambellans.

CHAMBERTIN n. m. Cru bourguignon (Côte-d'Or), du village de Gevrey-Chambertin.

CHAMBOULER v. t. *Fam.* Bouleverser, mettre sens dessus dessous.

CHAMBRANLE n. m. (lat. *camerare*, voûter). Encadrement d'une porte, d'une fenêtre, d'une cheminée.

CHAMBRE n. f. (lat. *camera*, plafond voûté). Pièce d'une habitation, et, en particulier, pièce où l'on couche. ‖ Lieu où se réunissent certains corps professionnels, certaines sections d'un tribunal, les assemblées parlementaires, et, plus partic., la *Chambre des députés* (avec majuscule); ensemble des membres de ces corps. ‖ *Arm.* Partie arrière du canon d'une arme à feu, qui reçoit la cartouche ou la charge. ● *Chambre à air*, tube circulaire en caoutchouc placé autour de la jante d'une roue et que l'on remplit d'air comprimé. ‖ *Chambre de chauffe*, compartiment dans lequel sont placés les foyers des chaudières d'un navire. ‖ *Chambre claire*, appareil composé principalement de prismes ou de miroirs semi-argentés permettant de superposer deux vues, une directe et une par réflexion. ‖ *Chambre de combustion*, partie d'une turbine à gaz où se produit la combustion du carburant. ‖ *Chambre d'exploitation* (Min.), chantier de surface rectangulaire. ‖ *Chambre forte*, dans une banque, pièce blindée où sont placés les coffres. ‖ *Chambre froide* ou *frigorifique*, pièce où règne artificiellement une température voisine de 0 °C et servant à conserver par le froid des matières périssables. ‖ *Chambre à gaz*, local servant à des exécutions capitales par asphyxie. ‖ *Chambre noire* ou *obscure*, boîte, noire intérieurement, dont l'une des faces est percée d'une ouverture (munie en général d'une lentille) par laquelle pénètrent les rayons envoyés par les objets extérieurs, dont l'image va se former sur un écran placé à une distance convenable. ‖ *Chambre de l'œil*, cavité de l'œil séparée en deux parties par le cristallin et occupée en avant par l'humeur aqueuse et en arrière par l'humeur vitrée. ‖ *Chambre sourde*, local aménagé, en vue de mesures acoustiques, de manière à présenter le minimum de réverbération par absorption des ondes sonores. ‖ *Chambre de veille* (Mar.), local à proximité immédiate de la passerelle de navigation, et où sont rassemblés les instruments de navigation. (On dit aussi CHAMBRE DES CARTES ou CHAMBRE DE NAVIGATION.) ‖ *Chambre de Wilson*, *chambre à bulles*, *chambre à étincelles*, instruments pour observer et photographier les trajectoires de particules élémentaires. ‖ *Femme de chambre*, valet de chambre, domestiques attachés au service des clients à l'hôtel ou au service d'un particulier. ‖ *Garder la chambre*, ne pas sortir par suite d'une indisposition. ‖ *Travailler en chambre*, travailler chez soi et pour un autre.

CHAMBRÉE n. f. Ensemble de personnes, particulièrement de soldats, logeant dans une même chambre; cette pièce.

CHAMBRER v. t. Tenir qqn à l'écart pour le convaincre. ‖ Fam. Se moquer de qqn. ● Chambrer une bouteille de vin, la faire séjourner dans une pièce tempérée pour qu'elle en prenne lentement la température.

CHAMBRETTE n. f. Petite chambre.

CHAMBRIER n. m. Grand officier de la chambre du roi.

CHAMBRIÈRE n. f. Long fouet de manège. ‖ Pièce mobile pour maintenir horizontal un véhicule non attelé. ‖ Litt. Femme de chambre.

CHAMEAU n. m. (gr. kamêlos). Mammifère ruminant d'Asie, à deux bosses graisseuses sur le dos. (Il sert de monture et fournit sa viande, sa laine, sa peau et son lait. Il mesure jusqu'à 3,50 m de long, pèse 700 kg et peut vivre quarante ans.) [Famille des camélidés.] (Cri : le chameau blatère.) ‖ Nom usuel du dromadaire. ‖ Fam. Personne méchante ou acariâtre.

CHAMELIER n. m. Conducteur de chameaux ou de dromadaires.

CHAMELLE n. f. Femelle du chameau.

CHAMÉROPS ou **CHAMÆROPS** [kamerɔps] n. m. (gr. khamarôps, buisson à terre). Palmier de petite taille, dit aussi palmier nain.

CHAMITO-SÉMITIQUE [ka-] adj. et n. m. Se dit d'une famille de langues comprenant le sémitique, l'égyptien, le berbère et le couchitique.

CHAMOIS n. m. (lat. camox). Ruminant à cornes recourbées au sommet, vivant dans les hautes montagnes d'Europe, où il grimpe et saute avec agilité. (Haut. au garrot 65 cm. Famille des bovidés.) ‖ Distinction, mesurant la valeur d'un skieur, après une épreuve de slalom en un temps donné. ● Peau de chamois, peau ayant subi un tannage spécial. ◆ adj. inv. Jaune clair.

CHAMOISAGE n. m. Tannage des peaux par traitement aux huiles de poisson.

CHAMOISER v. t. Préparer par chamoisage.

CHAMOISERIE n. f. Lieu où l'on chamoise les peaux. ‖ Ces peaux préparées.

CHAMOISEUR n. m. Ouvrier qui fait le chamoisage.

CHAMONIARD, E adj. et n. De Chamonix ou de sa vallée.

CHAMOTTE n. f. Argile cuite utilisée en céramique.

CHAMP n. m. (lat. campus). Étendue de terre labourable : champ de blé, de maïs. ‖ Domaine dans lequel s'exerce une activité, une recherche : le champ de la sociologie. ‖ Portion de l'espace qu'embrasse l'œil, un instrument d'optique, l'objectif d'un appareil photographique, etc. ‖ Surface sur laquelle se détache un motif sculpté, peint, etc. ‖ Hérald. Surface de l'écu sur laquelle sont représentés les meubles. ‖ Math. Ensemble des valeurs que prend une fonction (scalaire, vectorielle, tensorielle) en tous les points d'un espace donné. ‖ Phys. Ensemble des valeurs que prend une grandeur physique (vitesse, densité, vecteur champ électrique, force gravifique) en tous les points d'un espace déterminé; cet espace lui-même. ● À tout bout de champ, à tout propos. ‖ À travers champ, sans emprunter de route, en traversant des terres cultivées. ‖ Aux champs, batterie ou sonnerie pour rendre les honneurs militaires. ‖ Champ d'action, domaine où peut s'étendre l'activité de qqn. ‖ Champ de bataille, lieu où se livrent (ou se sont livrés) des combats. ‖ Champ clos, lieu où s'affrontaient des adversaires en combat singulier. ‖ Champ de courses, hippodrome. ‖ Champ d'honneur (Litt.), champ de bataille. ‖ Champ idéologique (Épistémol.), ensemble des méthodes, concepts et objets qui définissent les limites historiques à l'intérieur desquelles s'élabore une science. ‖ Champ libre, complète liberté d'action. ‖ Champ de manœuvre (Mil.), terrain d'exercices. ‖ Champ de Mars, autref., champ de manœuvre. ‖ Champ de mines, terrain ou zone maritime où sont disposées des mines. ‖ Champ opératoire, région sur laquelle porte une intervention chirurgicale; linges qui limitent

chameau

chamérops

cette région. ‖ Champ de tir, zone de l'espace dans laquelle une arme peut tirer; terrain militaire où sont exécutés les tirs d'exercice; base de lancement et d'expérimentation d'engins spatiaux et de missiles. ‖ Champ visuel, portion de l'espace dans laquelle doit être situé un objet pour être vu par un œil maintenu immobile. ‖ Dispositif à effet de champ (Électron.), dispositif à semi-conducteur dans lequel le courant est contrôlé par un champ électrique variable. ‖ Effets de champ (Psychol.), interaction des éléments simultanément perçus dans un champ perceptif unique. ‖ Prendre du champ, reculer afin de mieux observer un ensemble. ‖ Profondeur de champ, distance des points extrêmes de l'axe d'un objectif photographique dont les images sont suffisamment au point. ‖ Vecteur champ électrique, vecteur égal au rapport de la force électrique subie par une charge à la valeur de cette charge. ‖ Vecteur champ magnétique,

chamois

vecteur lié à l'existence d'un courant électrique ou d'un aimant et servant à déterminer les forces magnétiques. ◆ pl. Terres cultivées, prés, bois, etc. ● Champs ouverts (Géogr.), parcelles appartenant à plusieurs exploitations, qui sont juxtaposées et non séparées par des clôtures.

CHAMPAGNE n. m. Vin blanc mousseux très estimé que l'on prépare en Champagne.

CHAMPAGNE n. f. (lat. campania). Géogr. Syn. de CAMPAGNE. ‖ Hérald. Pièce honorable qui occupe le tiers inférieur de l'écu.

CHAMPAGNE adj. Fine champagne, eau-de-vie de qualité supérieure fabriquée dans les Charentes.

CHAMPAGNISATION n. f. Préparation des vins suivant la méthode utilisée en Champagne, et consistant à ajouter à du vin sec en bouteilles du sucre et des levures pour provoquer une seconde fermentation.

CHAMPAGNISER v. t. Préparer à la manière du champagne.

CHAMPART n. m. (de champ et part). Mélange de blé, d'orge et de seigle semés

ensemble. ‖ Féod. Part sur les récoltes qui revenait aux seigneurs de certains fiefs.

CHAMPENOIS, E adj. et n. De la Champagne.

CHAMPENOIS n. m. Dialecte de langue d'oïl parlé en Champagne.

CHAMPENOISE n. f. Bouteille épaisse d'une contenance de 77,5 cl, utilisée pour les vins de Champagne.

CHAMPÊTRE adj. (lat. campestris). Litt. Relatif aux champs, à la campagne.

CHAMPIGNON n. m. (anc. fr. champegnuel; lat. campus, champ). Végétal sans fleurs et sans chlorophylle, dont il existe environ 250 000 espèces et qui croît dans les lieux humides, riches en matière organique et peu éclairés. ‖ Fam. Pédale d'accélérateur. ● Champignon de couche, agaric des champs cultivé dans les champignonnières. ‖ Champignons hallucinogènes, champignons consommés rituellement provoquant des hallucinations, comme le psilocybe ou l'amanite tue-mouches. ‖ Pousser comme un champignon, grandir très vite.

■ L'embranchement des champignons groupe des formes microscopiques, telles les moisissures (certaines, parasites, déterminent les maladies cryptogamiques, comme le muguet, le mildiou, le charbon, la rouille), et des espèces de grande taille, montrant souvent des fructifications en chapeau surmontant un pied, comestibles ou toxiques et même mortelles. Les champignons supérieurs se reproduisent par des spores. On distingue les siphomycètes, les ascomycètes et les basidiomycètes.

V. ill. page suivante

CHAMPIGNONNIÈRE n. f. Endroit, le plus souvent souterrain, où l'on cultive les champignons de couche. ‖ Couche de terreau et de fumier préparée pour cultiver ces champignons.

CHAMPIGNONNISTE n. Personne qui cultive des champignons.

CHAMPION n. m. (mot germ.). Celui qui combattait en champ clos pour soutenir sa cause ou celle d'un autre.

CHAMPION, ONNE n. Vainqueur d'une épreuve sportive; sportif de valeur. ‖ Défenseur ardent : se faire le champion d'une cause.

CHAMPION adj. m. Fam. Remarquable, de premier ordre.

CHAMPIONNAT n. m. Épreuve sportive où le vainqueur reçoit le titre de champion.

CHAMPLEVER [∫ālve] v. t. Creuser une surface unie. ‖ En gravure par taille d'épargne, enlever les parties qui doivent donner les blancs. ‖ En émaillerie, ménager des alvéoles dans une plaque de cuivre pour y couler l'émail. (Les émaux champlevés s'opposent aux émaux cloisonnés.)

CHAMSIN n. m. → KHAMSIN.

CHAN [t∫an] n. m. Langue thaïe parlée en Birmanie.

CHANCE n. f. (lat. cadere, tomber). Ensemble de circonstances heureuses, sort favorable. ‖ (Surtout au plur.) Probabilité, possibilité, occasion : il a des chances de réussir. ● Donner sa chance à qqn, lui donner la possibilité de réussir.

CHAMPIGNONS

chapeau

lamelles
anneau

pied

volve

mycélium

amanite des Césars © (oronge)

bolet bai ©

agaric (champignon de couche) ©

hydne © (pied-de-mouton)

phalle impudique ⓘ

clavaire jolie ⓘ

polypore ⓘ

chanterelle (girolle) ©

fistuline ©

pleurote en huître ©

hygrophore perroquet ⓘ

comestibles ©
indifférents ⓘ

truffe ©

pezize (oreille-d'âne) ©

lycoperdon ⓘ

mortels

morille ©

géaster hygrométrique ⓘ

amanite vireuse

amanite phalloïde

cortinaire orellanus

utiles

levure

pénicillium

nuisibles

au seigle (ergot)

à la mouche (empuse)

à la pomme de terre (gale noire)

à la vigne (mildiou)

aux poissons (saprolegnia)

CHANCEL n. m. Dans les églises paléochrétiennes, clôture basse en avant du chœur.

CHANCELANT, E adj. Qui chancelle.

CHANCELER v. i. (lat. *cancellare*, disposer une grille) [conj. 3]. Perdre l'équilibre en risquant de tomber. || Être irrésolu, ébranlé.

CHANCELIER n. m. (lat. *cancellarius*, huissier). Chef suprême de la justice, second personnage du royaume, sous l'ancienne monarchie. || Dignitaire qui a la garde des sceaux dans un corps, un consulat, un ordre. || Chef du gouvernement en Allemagne et en Autriche.

CHANCELIÈRE n. f. Femme d'un chancelier. || Sac fourré pour tenir les pieds chauds.

CHANCELLERIE n. f. Lieu où l'on scelle avec le sceau de l'État. || Ministère de la Justice. || Bureaux, services que dirige un chancelier. || *Mil.* Dans un état-major, bureau chargé de questions relatives au personnel (notamment décorations, récompenses...). ● *Grande chancellerie de la Légion d'honneur,* organisme chargé de la direction et de la discipline de l'ordre.

CHANCEUX, EUSE adj. Qui a de la chance.

CHANCI n. m. Fumier sur lequel a poussé du blanc de champignon.

CHANCIR v. i. (anc. fr. *chanir*, blanchir, lat. *canere*). Moisir.

CHANCISSURE n. f. Moisissure.

CHANCRE n. m. (lat. *cancer*). Ulcération ayant tendance à s'étendre et à ronger les parties voisines. || Maladie des arbres. ● *Chancre induré* ou *chancre syphilitique,* lésion initiale de la syphilis. || *Chancre mou,* maladie vénérienne d'évolution bénigne.

CHANCRELLE n. f. Syn. de CHANCRE MOU.

CHANDAIL n. m. (de *marchand d'ail*). Tricot de laine ou de matière synthétique couvrant le torse et se passant par la tête.

CHANDELEUR n. f. (lat. *festa candelarum,* fête des chandelles). Fête catholique de la présentation de Jésus au Temple et de la purification de la Vierge (2 février).

CHANDELIER n. m. (lat. *candelabrum*). Support (notamment muni d'une pointe) pour chandelle, bougie. || Celui qui fait ou vend des chandelles. || *Mar.* Montant vertical percé de trous dans lesquels passent les tringles ou filières d'un garde-corps. ● *Chandelier pascal,* candélabre dressé près du maître-autel, et où brûle, pendant le temps pascal, un cierge monumental.

CHANDELLE n. f. (lat. *candela*). Flambeau de suif, de résine. || Pièce de bois ou de métal placée verticalement, en guise d'étai, dans une construction. || Figure de voltige aérienne. ● *Brûler la chandelle par les deux bouts,* ne pas être économe. || *Chandelle romaine,* pièce d'artifice. || *Devoir une fière chandelle à qqn,* lui avoir une grande obligation. || *Économie de bouts de chandelle,* économie insignifiante, mal entendue. || *En voir trente-six chandelles* (Fam.), éprouver un éblouissement à la suite d'un coup, d'un choc. || *Monter en chandelle,* verticalement.

CHANFREIN n. m. (lat. *caput*, tête, et *frenare,* freiner). Partie de la tête du cheval ou de certains mammifères, des oreilles à la base du front. || Pièce d'armure qui la protégeait.

CHANFREIN n. m. (anc. fr. *chant,* côté, et *fraindre,* briser). Surface oblique plane obtenue lorsque l'on abat l'arête d'une pierre, d'une pièce de bois ou de métal.

CHANFREINER v. t. Tailler en chanfrein.

CHANGE n. m. (bas lat. *cambiare,* échanger). Troc d'une chose contre une autre. || Opération qui consiste à changer une monnaie contre une autre monnaie; taux auquel se fait cette opération. || Action de changer les couches d'un bébé. || *Vén.* Ruse d'un animal poursuivi qui détourne les chiens vers une autre proie. ● *Change complet,* ensemble formé d'une couche et d'une feuille de plastique tenant lieu de culotte imperméable pour les bébés, et que l'on jette après usage. || *Contrôle des changes,* système dans lequel les opérations de change sur les monnaies sont subordonnées à une autorisation administrative ou font l'objet d'une limitation. || *Donner le change à qqn,* le tromper sur ses intentions. || *Lettre de change* ou *traite,* effet

de commerce transmissible par lequel un créancier (tireur) donne l'ordre à son débiteur (tiré) de payer à une date déterminée la somme qu'il lui doit, à l'ordre de lui-même ou à l'ordre d'un tiers (bénéficiaire). [Lorsque le tiré s'engage à payer l'effet à son échéance, on dit que la lettre de change est *acceptée.* Tous ceux qui ont signé, accepté, endossé ou avalisé la lettre de change sont solidairement tenus au paiement.] || *Marché des changes,* marché sur lequel se rencontrent les offres et les demandes de devises étrangères. || *Perdre, gagner au change,* être désavantagé, avantagé par un changement ou un échange. || *Prendre le change* (Litt.), se laisser tromper.

CHANGEABLE adj. Qui peut être changé.

CHANGEANT, E adj. Sujet à changer, inconstant, variable. || Se dit d'un tissu dont la couleur varie suivant la lumière et qui est tissé de fils (trame et chaîne) de deux tons différents.

CHANGEMENT n. m. Action de changer; modification, transformation, innovation. ● *Changement d'état* (Phys.), passage d'un état physique à un autre. || *Changement de pied* (Chorégr.), temps sauté simple (entrechat deux), appartenant à la petite batterie. || *Changement social* (Sociol.), ensemble de mécanismes permettant la transformation lente des sociétés et non leur reproduction. || *Changement de vitesse,* mécanisme qui transmet, avec des vitesses variées, le mouvement d'un moteur à un mécanisme.

CHANGER v. t. (bas lat. *cambiare*) [conj. **1**]. Remplacer une personne ou une chose par une autre : *changer son mobilier.* || Modifier, rendre différent : *changer a changé son caractère.* || Faire passer à un autre état : *la pluie a changé la rivière en un torrent.* || *Changer un enfant,* changer de linge, et plus spécialem. changer les couches d'un bébé. ◆ v. i. Passer d'un état à un autre : *le temps va changer.* ◆ v. t. ind. [de]. Remplacer par qqch d'autre : *changer d'assiettes.* || *Changer d'air,* partir, s'éloigner. || *Changer de visage,* pâlir, rougir, perdre contenance. ◆ **se changer** v. pr. Fam. Mettre d'autres vêtements.

CHANGEUR n. m. Personne qui se livre aux opérations de change. || Dispositif de changement automatique des disques. || Machine permettant d'obtenir des pièces de monnaie ou des jetons.

CHANLATE ou **CHANLATTE** n. f. Chevron refendu, posé dans le même sens que les lattes, en bas du versant d'un toit.

CHANNE n. f. En Suisse, broc d'étain.

CHANOINE n. m. (lat. *canonicus*; gr. *kanôn,* règle). Dignitaire ecclésiastique qui siège au chapitre de la cathédrale ou de la collégiale (*chanoine titulaire*) ou qui exerce une charge pastorale ou administrative dans le diocèse (*chanoine honoraire*).

CHANOINESSE n. f. Autref., religieuse qui possédait une prébende.

CHANSON n. f. (lat. *cantio*). Petite composition musicale de caractère populaire, sentimental ou satirique, divisée en couplets et destinée à être chantée. || Rengaine, propos sans importance : *on connaît la chanson!* ● *Chanson de geste,* v. GESTE. || *Chanson polyphonique,* composition musicale à plusieurs parties vocales, en honneur au XVIᵉ s.

CHANSONNER v. t. Faire une chanson satirique contre qqn.

CHANSONNETTE n. f. Petite chanson sans prétention.

CHANSONNIER, ÈRE n. Auteur de chansons, de sketches, surtout satiriques.

CHANSONNIER n. m. Recueil de chansons.

CHANT n. m. (de *chanter*). Suite de sons modulés émis par la voix. || Art consistant à chanter : *cultiver sa voix.* || Chacune des divisions d'un poème épique ou didactique.

CHANT n. m. (lat. *canthus,* bord). Le plus petit côté de la section d'une pièce équarrie. ● *De chant, sur chant,* dans le sens de la longueur et sur la petite face, dans un plan vertical.

CHANTAGE n. m. Délit consistant à soutirer à une personne de l'argent, des avantages, etc.,

sous la menace de révélations compromettantes ou sous quelque autre menace.

CHANTANT, E adj. Qui se chante aisément : *une mélodie très chantante.* || Mélodieux, musical : *voix, accent chantant.*

CHANTEAU n. m. (de *chant,* bord). Pièce de bois ajoutée sur le côté d'une table ou d'un fond de violon ou de violoncelle pour en augmenter la largeur.

CHANTEFABLE n. f. Littér. Récit médiéval mêlé de prose récitée et de vers chantés.

CHANTEPLEURE n. f. Entonnoir à long tuyau, percé de trous. || Robinet de tonneau mis en perce. || Fente verticale percée dans un mur, pour l'écoulement des eaux d'infiltration.

CHANTER v. i. et t. (lat. *cantare*). Faire entendre un chant, une chanson. ● *Faire chanter qqn,* pratiquer le chantage sur lui. ◆ v. t. Fam. Dire, raconter : *Qu'est-ce que tu nous chantes?* ● *Si ça lui chante* (Fam.), s'il en a envie.

CHANTERELLE n. f. (de *chanter*). Corde la plus aiguë d'un instrument à cordes et à manche. || Oiseau employé pour en attirer d'autres dans les filets. ● *Appuyer sur la chanterelle,* insister sur le point délicat (vx.)

CHANTERELLE n. f. (gr. *cantharos,* coupe). Champignon à chapeau jaune d'or, commun l'été dans les bois, très estimé. (Classe des basidiomycètes; nom usuel : *girolle.*)

CHANTEUR, EUSE n. (lat. *cantor*). Personne qui chante professionnellement ou non. ● *Chanteur de charme,* chanteur spécialisé dans les chansons tendres et sentimentales. || *Chanteur de rythme,* chanteur de jazz. || *Maître chanteur,* celui qui pratique le chantage. || *Oiseaux chanteurs,* ceux dont le chant est agréable (rossignol, merle, etc.).

CHANTIER n. m. (lat. *cantherius,* support). Lieu où se déroulent des travaux de construction ou d'exploitation. || *Fam.* Lieu en désordre. || Endroit où sont entreposés des matériaux de construction, des combustibles, etc. || Ensemble de madriers sur lesquels on place les tonneaux. || Charpente sur laquelle repose la quille d'un navire en construction. ● *En chantier,* en cours de réalisation. || *Mettre en chantier,* commencer.

CHANTIGNOLLE n. f. Pièce de charpente en bois fixée sur l'arbalétrier et supportant une panne.

CHANTILLY n. f. → CRÈME.

CHANTONNEMENT n. m. Action de chantonner.

CHANTONNER v. t. et i. Chanter à mi-voix.

CHANTOUNG n. m. → SHANTUNG.

CHANTOURNEMENT n. m. Action de chantourner.

CHANTOURNER v. t. Techn. Découper une pièce suivant un profil donné. || Arts décor. Donner à un motif un contour capricieux de courbes et de contre-courbes.

CHANTRE n. m. (lat. *cantor*). Celui qui chante aux offices religieux. ● *Chantre de qqch,* son laudateur. || *Herbe aux chantres,* v. SISYMBRE.

CHANVRE n. m. (gr. *kannabis*). Plante à feuilles palmées, cultivée pour sa tige, fournissant une excellente fibre textile, et pour ses graines, ou chènevis. (Famille des cannabinacées.) || Filasse retirée du chanvre; textile fait de cette matière. (Le rouissage, le broyage et le teillage sont les étapes de la préparation du chanvre.) ● *Chanvre indien,* variété de *Cannabis sativa,* dont on tire le hachisch et la marijuana. || *Chanvre de Manille,* v. ABACA.

CHANVRIER, ÈRE adj. Relatif au chanvre.

CHAOS [kao] n. m. (gr. *khaos*). Désordre, confusion générale. || Géomorphol. Entassement de blocs se formant sous l'action de l'érosion dans certains types de roches (grès, granite). || Philos. Confusion générale des éléments, de la matière, avant la création du monde.

CHAOTIQUE adj. Qui tient du chaos : *discussion chaotique.*

CHAOUCH [ʃauʃ] n. m. (mot turc). Huissier, appariteur, en Afrique ou au Moyen-Orient.

CHAPARDAGE n. m. Fam. Action de chaparder.

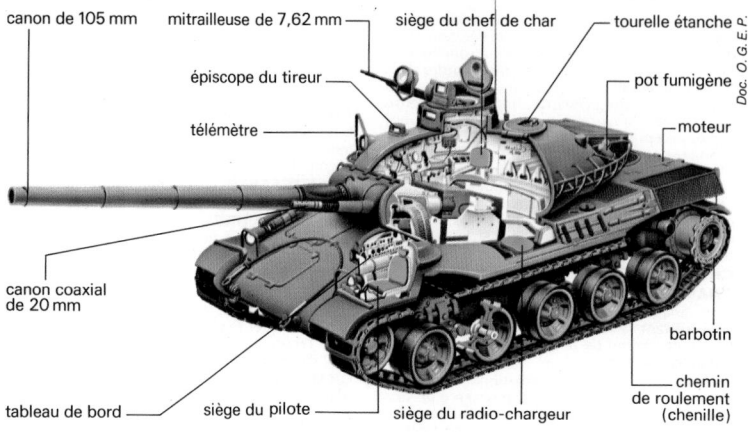

canon de 105 mm — mitrailleuse de 7,62 mm — siège du chef de char — tourelle étanche

épiscope du tireur — pot fumigène

télémètre — moteur

Doc. O. G. E. P.

canon coaxial de 20 mm

barbotin

chemin de roulement (chenille)

tableau de bord — siège du pilote — siège du radio-chargeur

CHAR FRANÇAIS AMX 30

CHAPARDER v. t. (de l'arg. *choper*). *Fam.* Commettre de petits larcins, chiper.

CHAPARDEUR, EUSE adj. et n. *Fam.* Personne qui chaparde.

CHAPE n. f. (lat. *cappa*, capuchon). Vêtement liturgique en forme d'ample pèlerine. ‖ Enduit imperméable recouvrant le sommet d'un mur, l'extrados d'une voûte, la surface d'un radier, etc., pour empêcher les infiltrations. ‖ Monture métallique qui porte l'axe d'une poulie, d'un galet, d'une pièce qui peut pivoter, etc. ‖ Enveloppe de certains objets (pneu).

CHAPÉ, E adj. Revêtu d'une chape. ‖ *Hérald.* Se dit d'un écu partagé par deux lignes obliques partant du milieu du bord supérieur pour aboutir aux deux cantons de la pointe.

CHAPEAU n. m. (lat. *cappa*, capuchon). Coiffure d'homme ou de femme, de forme variable, composée d'une calotte souple ou rigide avec ou sans bord. ‖ Partie supérieure ou terminale de certaines pièces mécaniques : *chapeau de coussinet; chapeau de roue*. ‖ Courte introduction placée en tête d'un article de journal ou de revue. ‖ Disque porté par le pied des champignons supérieurs. (Le dessous du chapeau porte les spores.) ● *Chapeau!* (Fam. et ironiq.), bravo. ‖ *Coup de chapeau*, salut qu'un homme fait en soulevant son chapeau; hommage rendu. ‖ *Porter le chapeau* (Fam.), être rendu responsable d'un échec. ‖ *Recevoir le chapeau*, pour un évêque, être élevé à la dignité de cardinal. ‖ *Sur les chapeaux de roue* (Fam.), démarrer ou prendre un virage à grande vitesse. ‖ *Travailler du chapeau* (Fam.), être un peu fou.

CHAPEAUTÉ, E adj. *Fam.* Coiffé d'un chapeau.

CHAPEAUTER v. t. Avoir autorité sur un groupe de personnes, un service, un organisme.

CHAPELAIN n. m. (de *chapelle*). Prêtre desservant une chapelle privée ou d'une église non paroissiale.

CHAPELET n. m. (dimin. de *chapeau*). Objet de piété formé de grains enfilés que l'on fait glisser entre ses doigts en récitant des prières; prières ainsi récitées. ‖ Série, suite ininterrompue de choses. ‖ Baguette décorative découpée en une suite continue de grains ronds ou ovales. ● *Pompe à chapelet*, pompe composée d'une chaîne sans fin garnie de godets ou de disques.

CHAPELIER, ÈRE n. et adj. Personne qui fait ou vend des chapeaux d'homme.

CHAPELLE n. f. (lat. *cappa*, capuchon). Petite église à desserte non régulière ou oratoire privé. ‖ Partie annexe d'une église, ayant un autel. ‖ Petit groupe artistique ou littéraire très fermé : *un esprit de chapelle*. ● *Maître de chapelle*, celui qui dirige le chant dans une église.

CHAPELLENIE n. f. Dignité d'un chapelain.

CHAPELLERIE n. f. Industrie, commerce du chapelier.

CHAPELURE n. f. Pain séché au four, puis écrasé ou râpé, dont on saupoudre certains mets avant de les faire cuire.

CHAPERON n. m. (de *chape*). Autref., capuchon qui couvrait la tête et les épaules. ‖ Bourrelet circulaire placé sur l'épaule gauche des robes de magistrats, de docteurs et de professeurs, d'où pend une bande d'étoffe. ‖ Petit capuchon dont on coiffe les faucons à la chasse. ‖ Couronnement d'un mur, en forme de toit, pour faciliter l'écoulement des eaux. ‖ Personne sérieuse ou âgée qui accompagne une jeune fille dans une sortie mondaine.

CHAPERONNER v. t. Accompagner qqn en qualité de chaperon.

CHAPITEAU n. m. (lat. *caput, capitis*, tête). *Archit.* Élément élargi formant le sommet d'une colonne, d'un pilier ou d'un pilastre. (Il est constitué de l'échine ou de la corbeille, surmontée de l'abaque ou tailloir.) ‖ Partie supérieure d'un alambic. ‖ Tente de cirque.

CHAPITRAL, E, AUX adj. Qui concerne un chapitre de religieux, de chanoines.

CHAPITRE n. m. (lat. *capitulum*). Division d'un livre, d'un traité, d'un code, etc. ‖ Collège de chanoines. ● *Au chapitre de, sur le chapitre de*, en ce qui concerne. ‖ *Avoir voix au chapitre*, avoir le droit de donner son avis. ‖ *Chapitre du budget*, subdivision du budget d'un ministère.

CHAPITRER v. t. Réprimander sévèrement.

CHAPKA n. f. Bonnet de fourrure à rabats pour les oreilles et le front.

CHAPON n. m. (lat. *capo, caponis*). Coq castré que l'on engraisse pour le manger. ‖ Croûte de pain frottée d'ail.

CHAPONNAGE n. m. Action de chaponner.

CHAPONNER v. t. Castrer un jeune coq.

CHAPSKA [ʃapska] n. m. (polon. *czapka*). Coiffure militaire polonaise, adoptée par les lanciers français au XIXᵉ s.

CHAPTALISATION n. f. Action de chaptaliser.

CHAPTALISER v. t. Ajouter du sucre au moût de raisin afin d'augmenter la teneur en alcool d'un vin.

Lauros-Giraudon

chapska

CHAQUE adj. indéf. (de *chacun*). Marque la répétition, la distribution (toujours devant un singulier). ‖ *Fam.* Chacun : *dix francs chaque*.

CHAR n. m. (lat. *carrus*). Chez les Anciens, voiture à deux roues pour les combats, les jeux, etc. ‖ Voiture décorée pour les fêtes publiques. ● *Char à bancs*, voiture hippomobile à bancs disposés en travers. ‖ *Char de combat, char d'assaut*, véhicule automoteur chenillé et blindé, armé de canons, de mitrailleuses, de missiles, de lance-flammes, etc. (v. BLINDÉ). ‖ *Char funèbre*, corbillard. ‖ *Char à voile*, voilier sur roues ou sur patins à glace, se déplaçant sur des étendues plates en utilisant la seule force du vent.
■ Les premiers chars furent employés par les Anglais en 1916 sous le nom de *tanks* et par les Français en 1917 sous celui de *chars d'assaut*. Combinant la puissance du feu, la mobilité et la protection, les chars ont joué un rôle déterminant en 1918, durant la guerre de 1939-1945 et conservent toute leur valeur sous menace nucléaire. On distingue les chars *légers* (moins de 25 t), *moyens* (de 25 à 50 t) et *lourds* (plus de 50 t) ; ces deux derniers types sont appelés aussi *chars de bataille*.

CHARABIA n. m. (mot prov.; esp. *algarabia*, la langue arabe). Langage bizarre, inintelligible; baragouin.

CHARADE n. f. (occitan *charrado*, causerie). Énigme où l'on doit deviner un mot à l'aide de chacune de ses syllabes présentant un sens complet, comme « mon premier se sert de mon dernier pour manger mon entier » (chiendent).

CHARADRIIDÉ [karadriide] n. m. (gr. *karadrios*, pluvier). Oiseau échassier, tel que le *pluvier*, le *vanneau*, etc. (Les *charadriidés* forment une famille.)

CHARADRIIFORME n. m. Oiseau échassier, tel que le *pluvier*, le *chionis*, etc. (Les *charadriiformes* constituent un ordre.)

CHARALE [karal] n. f. Plante aquatique sans fleurs, aux caractères botaniques très originaux. (Les *charales* forment un ordre ou, pour certains auteurs, une classe, les *charophytes*.)

CHARANÇON n. m. Insecte coléoptère à tête prolongée en bec, nuisible aux graines. (Les charançons forment la famille des curculionidés, qui compte plus de 50 000 espèces.)

charançon

CHARANÇONNÉ, E adj. Attaqué par les charançons.

CHARBON n. m. (lat. *carbo*). Combustible solide de couleur noire, d'origine végétale, renfermant une proportion élevée de carbone. ‖ Poussière de charbon : *avoir un charbon dans l'œil*. ‖ Crayon de fusain dont on se sert pour dessiner des cartons de fresques; croquis, esquisse fait avec ce crayon. ‖ Maladie cryptogamique des végétaux, due à des champignons qui, atteignant notamment les céréales, forment dans les ovaires des fleurs une poussière noire constituée par les spores du parasite, ce qui arrête la formation des grains. ‖ Maladie infectieuse septicémique atteignant certains animaux domestiques (ruminants, chevaux, lapins) ainsi que l'homme, due à une bactérie, le bacille charbonneux, découvert par Pasteur. ● *Aller au charbon* (Fam.), s'astreindre à une tâche pénible. ‖ *Charbon actif* ou *activé*, charbon spécialement traité pour accroître ses propriétés d'adsorption des gaz. ‖ *Charbon animal*, ou *noir animal*, résidu provenant de la calcination des os en vase clos, utilisé comme décolorant. ‖ *Charbon de bois*, produit riche en carbone, résultant de la carbonisation du bois vers 300-400 °C. ‖ *Charbon à coke*, charbon à teneur moyenne en matières volatiles, donnant par distillation un coke dur convenant à la sidérurgie. ‖ *Être sur des charbons ardents*, être impatient ou inquiet.

CHARBONNAGE n. m. Exploitation d'une mine de charbon.

172

CHARBONNER v. t. Noircir en écrivant, en dessinant avec du charbon : *charbonner les murs.* ◆ v. i. Produire une fumée, une suie épaisse : *le poêle charbonne.*

CHARBONNERIE n. f. Syn. de CARBONARISME.

CHARBONNEUX, EUSE adj. Sali, noirci. || De la nature du charbon (maladie).

CHARBONNIER, ÈRE n. Personne qui fait le commerce du charbon. ◆ adj. Relatif à la fabrication ou à la vente du charbon : *les centres charbonniers.*

CHARBONNIER n. m. Cargo destiné au transport du charbon en vrac.

CHARBONNIÈRE n. f. Mésange à tête noire.

CHARCUTER v. t. (de *charcutier*). Fam. Opérer maladroitement; entailler les chairs.

CHARCUTERIE n. f. Préparation à base de viande de porc (jambon, saucisson, boudin, etc.). || Commerce, boutique du charcutier.

CHARCUTIER, ÈRE n. (de *chair* et de *cuite*). Personne qui vend de la viande de porc et de la charcuterie.

CHARDON n. m. (lat. *carduus*). Nom usuel de plusieurs plantes à feuilles et tiges épineuses appartenant à la famille des composées (*carline, cirse*) ou à celle des ombellifères (*panicaut*). || Ensemble de pointes recourbées pour empêcher d'escalader les murs. ● *Chardon bleu,* v. PANICAUT. || *Chardon à foulon,* v. CARDÈRE.

CHARDONAY ou **CHARDONNAY** n. m. Cépage cultivé pour la production de vins blancs fins, notamment en Bourgogne et en Champagne.

CHARDONNERET n. m. (de *chardon*). Genre d'oiseaux passereaux chanteurs, à plumage rouge, noir, jaune et blanc, et qui aiment à se nourrir des graines du chardon. (Famille des fringillidés; long. 12 cm.)

CHARENTAIS, E adj. et n. Des Charentes.

CHARENTAISE n. f. Type de pantoufle confortable.

CHARGE n. f. (de *charger*). Ce que peut porter un homme, un cheval, une voiture, etc. || Quantité de poudre, d'explosif ou d'autre produit destiné à assurer la propulsion d'un projectile ou à produire un effet particulier (explosif, fumigène, incendiaire...). || Ce qui cause une gêne : *ce travail n'est pas une charge pour lui.* || Obligation onéreuse (souvent d'origine légale) : *charges de famille.* || Ruée à l'arme blanche sur l'ennemi; batterie de tambour, sonnerie de clairon, de trompette au moment de cette action. || Terme désignant certains offices ministériels. || Rôle, mission dont on a la responsabilité : *occuper de hautes charges.* || Présomption, preuve de culpabilité : *relever de lourdes charges contre un inculpé.* || Imitation outrée, exagération bouffonne en tout genre. || Substance que l'on ajoute à une matière (soie, papier, caoutchouc, etc.) pour lui donner du corps. || *Hydrogr.* Ensemble des matériaux transportés par un cours d'eau, qu'ils soient en solution, en suspension ou roulés au fond du lit. ● *À charge de revanche,* à condition qu'on rende la pareille. || *Charge d'un accumulateur,* opération pendant laquelle on fait passer dans l'accumulateur un courant de sens inverse à celui qu'il débitera. || *Charge affective,* possibilité, pour une idée ou une représentation, de susciter chez un sujet des réactions affectives fortes. || *Charge alaire,* poids théoriquement supporté par chaque mètre carré d'une aile d'avion. || *Charge creuse,* charge explosive à grande puissance perforante. (Sa forme conique, évidée vers l'avant du projectile, assure la concentration de la puissance explosive.) || *Charge électrique,* quantité d'électricité portée par un corps. || *Charge d'espace* ou *charge spatiale,* charge électrique dans une région de l'espace, due à la présence d'électrons ou d'ions. || *Charge limite* (Hydrogr.), charge maximale qu'un cours d'eau peut transporter et au-delà de laquelle il commence à alluvionner. (Syn. CAPACITÉ.) || *Charge d'une machine, d'un réseau,* puissance active ou apparente débitée ou absorbée par cette machine ou par ce réseau. || *Charge nucléaire,* ensemble constitué par l'explosif nucléaire et tous les dispositifs nécessaires à sa mise en œuvre. ||

Charge de rupture, effort de traction mesuré en kilogrammes par millimètre carré, sous lequel se rompt une barre dans les essais de métaux ou de matériaux de construction. || *Charges sociales,* ensemble des dépenses qui incombent à un employeur du fait de la législation sociale. || *Être à charge de qqn,* dépendre de lui pour sa subsistance; lui être pénible, lourd à supporter. || *Femme de charge,* employée de maison qui a pour tâche d'organiser et de veiller à l'exécution du travail des autres domestiques. || *Prendre en charge,* assurer l'entretien, la subsistance de qqn; s'occuper de qqch. || *Prise en charge,* acceptation par la Sécurité sociale de rembourser les frais de maladie de l'assuré. || *Revenir à la charge,* insister dans ses demandes. || *Témoin à charge,* personne qui dépose contre un accusé. || *Unité de charge,* groupement de marchandises dans un emballage (conteneurs, palettes, etc.) afin de faciliter leur chargement et leur déchargement.

CHARGÉ n. m. *Chargé d'affaires,* diplomate représentant momentanément son gouvernement auprès d'un souverain ou d'un chef d'État étranger. || *Chargé de cours,* professeur non titulaire de la chaire où il enseigne. || *Chargé de mission,* dénomination de certains agents de la

chardon

CHARGE CREUSE

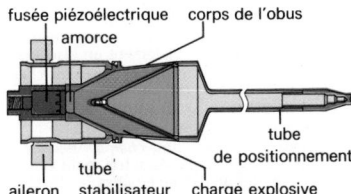

fusée piézoélectrique — corps de l'obus
amorce
tube
de positionnement
tube
aileron stabilisateur charge explosive

fonction publique ou de certains membres des cabinets ministériels.

CHARGÉ, E adj. *Hérald.* Se dit de toute pièce sur laquelle en figure une autre. ● *Estomac chargé,* alourdi, embarrassé. || *Langue chargée,* blanche. || *Lettre chargée,* qui contient des valeurs et dont l'envoi par la poste est soumis à des formalités pour garantie. || *Temps·chargé,* couvert de nuages.

CHARGEMENT n. m. Action de charger; marchandises chargées : *le chargement d'un camion, le chargement d'un fusil.*

CHARGER v. t. (lat. pop. *carricare*; de *carrus, char*) [conj. **1**]. Mettre un fardeau sur : *charger une voiture, un navire.* || Prendre dans sa voiture : *chauffeur de taxi qui charge un client; charger des bagages.* || Couvrir abondamment : *charger une table de plats.* || Munir un appareil de ce qui est nécessaire à son fonctionnement. || Accumuler de l'électricité dans : *charger un condensateur.* || Placer une cartouche ou une charge dans la chambre d'une arme ou d'une bouche à feu. || Se précipiter sur : *charger l'ennemi.* || Imposer une redevance : *charger d'impôts.* || Déposer contre : *charger un accusé.* || Donner la responsabilité : *charger qqn d'une affaire.* || Exagérer : *charger un récit; cet acteur charge trop son rôle.* ◆ **se charger** v. pr. Prendre la responsabilité de qqch ou de qqn.

CHARGEUR n. m. Celui qui charge des marchandises. || *Mar.* Négociant à qui appartient tout ou partie de la cargaison d'un navire. || Dispositif permettant d'introduire successivement plusieurs cartouches dans une arme à feu. || Servant d'une arme à feu collective. || Appareil servant à recharger une batterie d'accumulateurs. || *Phot.* Conditionnement assurant le chargement et le défilement automatiques de la pellicule dans l'appareil.

CHARGEUSE n. f. *Min.* Machine qui ramasse le minerai et le déverse dans les bennes. || *Trav. publ.* Engin muni d'un godet relevable pour ramasser des matériaux et les déverser dans un camion.

CHARI'A [ʃarija] n. f. (mot ar.). Loi canonique musulmane régissant la vie religieuse, politique, sociale et individuelle. (Bien qu'elle soit toujours en vigueur, de nombreux États arabes ont, dans les domaines public et pénal, instauré de lois provenant des codes européens.)

CHARIOT n. m. (lat. *carrus, char*). Voiture à quatre roues pour transporter des fardeaux. || Pièce mobile d'une machine-outil, portant l'outil de travail. || Organe d'une machine à écrire qui porte le rouleau. || Plate-forme portant la caméra et roulant sur des rails ou des pneus pendant le travelling. || Syn. de CADDY.

CHARIOTAGE n. m. Action de charioter.

CHARIOTER v. i. Sur un tour, réaliser des surfaces cylindriques de révolution, par déplacement axial de l'outil de coupe à l'aide du traînard.

CHARISMATIQUE [karismatik] adj. Relatif au charisme. || Se dit d'une personnalité jouissant d'un très grand prestige. || Se dit d'une assemblée de prière faisant une part importante à l'inspiration spirituelle des participants.

CHARISME [karism] n. m. (gr. *kharisma*). *Anthropol.* Autorité fondée sur les dons surnaturels d'un individu, qui s'exerce dans la conduite d'un groupe humain. || *Relig.* Nom donné à des dons spirituels extraordinaires octroyés transitoirement par Dieu à des groupes ou à des individus en vue du bien général de l'Église. || Grand prestige d'une personnalité exceptionnelle.

CHARITABLE adj. Se dit de qqn qui pratique la charité, de son attitude.

CHARITABLEMENT adv. De façon charitable.

CHARITÉ n. f. (lat. *caritas*). *Théol. chrét.* Amour de Dieu et du prochain; vertu qui porte à faire du bien aux autres. || Acte fait par amour du prochain. ● *Filles de la Charité,* congrégation de religieuses qui se vouent particulièrement au soulagement des pauvres et des malades, instituée en 1633 par saint Vincent de Paul. || *Vente de charité,* vente dont le profit financier est versé à une œuvre.

CHARIVARI n. m. (gr. *karêbaria,* mal de tête). Bruit très fort et discordant.

CHARLATAN n. m. (it. *ciarlatano,* habitant de Cerreto, en Italie). Autref., vendeur de drogues sur les places publiques. || Celui qui exploite la crédulité publique en vantant ses produits, sa science.

CHARLATANESQUE adj. Digne d'un charlatan.

CHARLATANISME n. m., ou **CHARLATANERIE** n. f. Agissements, comportement de charlatan.

CHARLEMAGNE n. m. *Faire charlemagne,* se retirer brusquement du jeu après avoir gagné et sans accorder de revanche.

CHARLESTON [ʃarlestɔn] n. m. Danse d'origine américaine, en vogue vers 1925 et remise à la mode dans les années 1970.

CHARLOTTE n. f. Entremets composé de fruits ou de crème et de tranches de pain de mie, de brioche ou de biscuits.

CHARMANT, E adj. Agréable, qui plaît; enchanteur, ravissant : *un site charmant.* || Se dit d'une situation désagréable : *c'est charmant!*

CHARME n. m. (lat. *carmen*). Qualité de celui ou de ce qui plaît extrêmement; attrait : *subir le charme de qqn; le charme de la musique.* ● *Être sous le charme,* subir un enchantement.

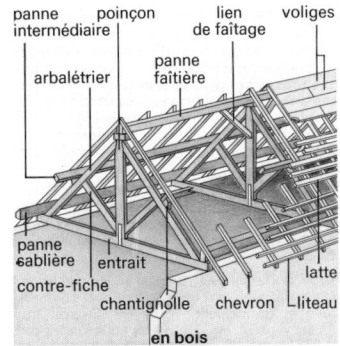

panne intermédiaire — poinçon — lien de faîtage — voliges
arbalétrier — panne faîtière
panne sablière — entrait — latte
contre-fiche — chantignolle — chevron — liteau

en bois

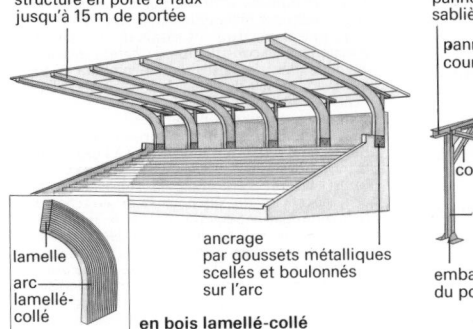

structure en porte à faux jusqu'à 15 m de portée

lamelle
arc lamellé-collé

ancrage par goussets métalliques scellés et boulonnés sur l'arc

en bois lamellé-collé

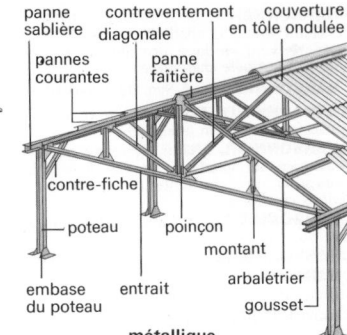

panne sablière — contreventement diagonale — couverture en tôle ondulée
pannes courantes — panne faîtière
contre-fiche — poteau — poinçon — montant
embase du poteau — entrait — arbalétrier — gousset

métallique

CHARPENTES

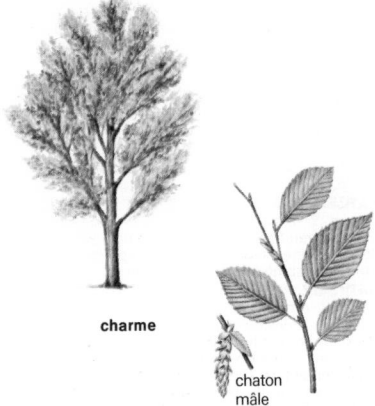

charme

chaton mâle

‖ *Faire du charme*, se mettre en valeur pour séduire. ‖ *Rompre le charme*, reprendre contact avec le réel. ‖ *Se porter comme un charme* (Fam.), jouir d'une bonne santé.

CHARME n. m. (lat. *carpinus*). Arbre de nos forêts, à bois blanc et dense, atteignant 25 m de hauteur. (Famille des bétulacées.)

CHARMER v. t. (du lat. *carmen*, chant). Causer un grand plaisir à qqn : *charmer un auditoire*. ● *Charmer des serpents*, les fasciner, les faire évoluer en jouant de la musique. ‖ *Être charmé de*, avoir plaisir à (formule de politesse).

CHARMEUR, EUSE n. Personne qui charme. ◆ adj. Qui plaît, qui séduit.

CHARMILLE n. f. (de *charme* [arbre]). Plant de petits charmes. ‖ Allée plantée de charmes.

CHARNEL, ELLE adj. (lat. *carnalis*; de *caro, carnis*, chair). Qui a trait aux plaisirs des sens.

CHARNELLEMENT adv. De façon charnelle.

CHARNIER n. m. (lat. *caro, carnis*, chair). Lieu où l'on déposait autrefois les ossements des morts (proprement : *ossuaire*). ‖ Fosse où l'on entasse les cadavres en grand nombre.

CHARNIÈRE n. f. (lat. *cardo, cardinis*, gond). Pièce de quincaillerie employée dans la ferrure des portes, des fenêtres, des abattants, etc., et composée de deux pièces métalliques assemblées sur un axe commun, l'une au moins étant mobile autour de cet axe. ‖ Point de jonction important entre deux événements, deux périodes. ‖ Petite bande de papier gommé pour coller les timbres-poste de collection. ‖ Angle, point de jonction d'un système de fortification. ● *Charnière lombo-sacrée* (Anat.), articulation entre la cinquième vertèbre lombaire et le sacrum, siège fréquent d'affections douloureuses. ‖ *Charnière d'un pli* (Géol.), région où se raccordent ses deux flancs.

CHARNU, E adj. (lat. *caro, carnis*, chair). Bien fourni de chair; constitué de chair : *les parties*

charnues du corps. ‖ Se dit des fruits dont la pulpe est épaisse.

CHAROGNARD n. m. Nom usuel des *vautours*. ‖ *Fam.* Personne qui agit avec méchanceté, qui tire profit du malheur des autres.

CHAROGNE n. f. (lat. *caro, carnis,* chair). Cadavre d'une bête en décomposition. ‖ *Pop.* Terme d'injure. .

CHAROLAIS, E adj. et n. Du Charolais. ‖ Se dit d'une race française de bovins fournissant une viande de grande qualité.

CHARPENTAGE n. m. Travail du charpentier.

CHARPENTE n. f. (lat. *carpentum*). Assemblage de pièces de bois ou de métal, servant à soutenir ou à élever des constructions et, notamment, les toits. ‖ Ensemble des branches principales d'un arbre fruitier. ‖ Assemblage des os du corps, squelette. ● *Bois de charpente*, bois propre à faire des pièces de charpente.

CHARPENTÉ, E adj. *Bien charpenté*, se dit d'une personne robuste, bien constituée, ou d'une chose rigoureusement structurée.

CHARPENTER v. t. Tailler des pièces de bois pour une charpente. ‖ Donner une structure rigoureuse, construire solidement un discours.

CHARPENTERIE n. f. Art ou travail du charpentier. ‖ Chantier de charpentes.

CHARPENTIER n. m. Spécialiste de l'exécution des travaux de charpente.

CHARPIE n. f. (anc. fr. *charpir*, déchirer). Filaments de linge employés autref. pour panser les plaies. ● *Mettre, réduire en charpie*, déchirer en menus morceaux.

CHARRETÉE [ʃarte] n. f. Contenu d'une charrette.

CHARRETIER, ÈRE n. Personne qui conduit une charrette. ● *Jurer comme un charretier*, proférer à tout propos des jurons grossiers.

CHARRETON ou **CHARRETIN** n. m. Petite charrette sans ridelles.

CHARRETTE n. f. (de *char*). Voiture de charge non suspendue, à deux roues, à deux ridelles et à limons. ● *Charrette anglaise*, petite voiture hippomobile de luxe, à deux roues (vx).

CHARRIAGE n. m. Action de charrier. ‖ *Géol.* Poussée latérale qui provoque le déplacement de masses de terrains loin de leur lieu d'origine. ● *Nappe de charriage*, paquet de terrains détaché de son lieu d'origine (racine) et anormalement superposé à des terrains parfois plus récents.

CHARRIÉ, E adj. *Géol.* Se dit de terrains affectés par un charriage.

CHARRIER v. t. (de *char*). Transporter des fardeaux : *charrier du foin*. ‖ Emporter dans son cours : *le fleuve charrie du sable*. ● *Charrier qqn* (Pop.), se moquer de lui. ◆ v. i. *Pop.* Exagérer.

CHARROI n. m. Transport par chariot, par charrette. ‖ Convoi militaire (vx).

CHARRON n. m. (de *char*). Ouvrier qui fait des chariots, des charrettes, des voitures hippomobiles, et qui les répare.

CHARRONNAGE n. m. Ouvrage de charron.

CHARROYER v. t. (conj. **2**). Transporter des fardeaux.

CHARRUAGE n. m. Labourage à la charrue.

CHARRUE n. f. (lat. *carruca*, char). Instrument agricole servant à labourer, travaillant d'une manière dissymétrique en rejetant et en retournant la terre d'un seul côté. ‖ Dans la France de l'Ancien Régime, unité de surface qui correspondait à ce que pouvait labourer une charrue. ● *Mettre la charrue devant les bœufs* (Fam.), commencer par où l'on devrait finir.

CHARTE n. f. (lat. *carta*, papier). Ancien titre concédant des franchises, des privilèges. ‖ Lois constitutionnelles d'un État, établies par concession du souverain et non par les représentants du peuple. ‖ Loi, règle fondamentale.

CHARTE-PARTIE n. f. (pl. *chartes-parties*). *Mar.* Écrit constatant l'existence d'un contrat d'affrètement.

CHARTER [ʃartɛr] n. m. (mot angl.). Avion affrété par une compagnie de tourisme ou par

CHARRUES

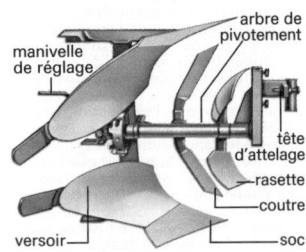

arbre de pivotement
manivelle de réglage
tête d'attelage
rasette
coutre
versoir — soc

bisoc réversible

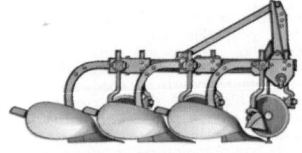

trisoc

à disques

174

un groupe, ce qui permet un tarif moins élevé que sur les lignes régulières.

CHARTISME n. m. Mouvement réformiste d'émancipation ouvrière qui anima la vie politique anglaise entre 1837 et 1848.

CHARTISTE adj. et n. Relatif au chartisme.

CHARTISTE n. Élève ou ancien élève de l'École des chartes.

CHARTRAIN, AINE adj. et n. De Chartres.

CHARTREUSE n. f. Monastère de chartreux. ‖ Liqueur aromatique fabriquée par les moines de la Grande-Chartreuse.

CHARTREUX n. m. Chat à poil gris cendré.

CHARTREUX, EUSE n. (de *Chartreuse*, nom du massif où saint Bruno, en 1084, fonda son premier monastère). Religieux, religieuse de l'ordre contemplatif de Saint-Bruno.

CHARTRIER n. m. Recueil de chartes. ‖ Salle où se trouvaient rangés les chartes, les titres.

CHAS [ʃa] n. m. (lat. *capsus*, boîte). Trou d'une aiguille, par où passe le fil.

CHASSAGE n. m. *Min.* Action de s'éloigner de la galerie principale.

CHASSANT, E adj. *Min.* Se dit d'un chantier qui s'éloigne de la galerie principale.

CHASSE n. f. Action de poursuivre, de prendre, de tuer le gibier. ‖ Espace de terrain réservé pour chasser. ‖ Gibier pris ou tué en chassant. ‖ Action de chercher qqn ou qqch avec obstination : *donner la chasse à un voleur, à des abus.* ‖ Partie des plats de la couverture d'un livre qui déborde le long des tranches. ‖ Angle formé par la verticale et l'axe du pivot d'une roue directrice d'une automobile ou de la direction d'une motocyclette ou d'une bicyclette. (La chasse est *positive* si la partie supérieure de l'axe de pivot est inclinée vers l'arrière du véhicule et *négative* dans le cas contraire.) ‖ *Impr.* Encombrement latéral du caractère ou, en photocomposition, de la lettre. • *Aviation de chasse* ou *chasse,* aviation spécialisée dans la chasse aérienne. ‖ *Chasse aérienne,* action menée par des appareils dits *avions de chasse, chasseurs* ou *intercepteurs,* en vue de détruire des appareils ennemis en vol. ‖ *Chasse d'eau,* appareil à écoulement d'eau rapide. ‖ *Être en chasse,* en parlant des chiens, poursuivre le gibier; en parlant des bêtes, être en chaleur. ‖ *Prendre en chasse,* poursuivre.

CHÂSSE n. f. (lat. *capsa*, boîte). Grand reliquaire renfermant en tout ou en partie importante le corps d'un saint. ‖ *Techn.* Monture, place réservée pour recevoir une pièce.

CHASSÉ n. m. *Chorégr.* Pas à terre avec parcours dans lequel une jambe, se rapprochant de l'autre, semble la chasser.

CHASSE-CLOU n. m. (pl. *chasse-clous*). Poinçon à pointe plate utilisé pour enfoncer profondément un clou.

CHASSÉ-CROISÉ n. m. (pl. *chassés-croisés*). Suite de mouvements qui se succèdent sans amener de résultat. ‖ Final des anciens quadrilles, où le danseur et sa cavalière passent alternativement l'un devant l'autre.

CHASSÉEN, ENNE adj. et n. m. (de *Chassey-le-Camp,* en Saône-et-Loire). Se dit d'un faciès culturel caractéristique du néolithique français.

CHASSE-GOUPILLE n. m. (pl. *chasse-goupilles*). Outil pour faire sortir une goupille de son logement.

CHASSELAS n. m. (nom d'un village de Saône-et-Loire). Variété de cépage qui produit des raisins blancs de table.

CHASSE-MARÉE n. m. inv. Bâtiment côtier à trois mâts et à l'arrière rond.

CHASSE-MOUCHES n. m. inv. Touffe de crins fixée à un manche, dont on se sert pour chasser les mouches.

CHASSE-NEIGE n. m. inv. Appareil destiné à débarrasser une voie ferrée, une route de la neige qui les obstrue, constitué par un engin de déblaiement mécanique. ‖ Vent violent d'hiver formant des congères. ‖ Position de ski consistant à écarter les talons de manière que les skis deviennent convergents; descente dans cette position.

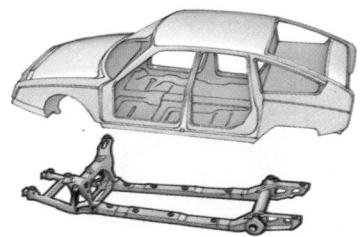

châssis et caisse (automobile)

CHASSE-PIERRES n. m. inv. Appareil fixé à l'avant d'une locomotive pour écarter des rails les pierres ou tout objet qui obstrue la voie.

CHASSEPOT n. m. (du nom de l'inventeur Antoine *Chassepot* [1832-1905]). Fusil de guerre français (1866-1874).

CHASSER v. t. (lat. *captare*, chercher à prendre). Chercher à tuer ou à capturer un animal. ‖ Mettre dehors avec violence : *chasser qqn de sa maison.* ‖ Repousser qqch : *chasser un clou; cette nouvelle a chassé mes soucis de mon esprit.* ◆ v. i. Déraper : *roue qui chasse.* ‖ Être poussé dans une certaine direction : *les nuages chassent du nord.* ‖ En cyclisme, se lancer à la poursuite des concurrents. ‖ *Mar.* Glisser sur un fond sans mordre. ‖ *Min.* S'éloigner de la galerie principale. • *Chasser de race* (Litt.), avoir les qualités de ses ascendants.

CHASSERESSE n. et adj. f. *Poét.* Chasseuse : *Diane chasseresse.*

CHASSE-ROUE n. m. (pl. *chasse-roues*). Borne ou arc métallique servant à protéger les murs d'angle d'un portail.

CHÂSSES n. m. pl. (abrév. de *châssis,* fenêtre). *Arg.* Yeux.

CHASSEUR, EUSE n. Personne qui chasse. ‖ Nom porté depuis le XVIIIe s. par certains corps d'infanterie (*chasseurs à pied, chasseurs alpins*) et de cavalerie légère (*chasseurs à cheval, chasseurs d'Afrique*). ‖ Navire ou véhicule conçu pour une mission particulière : *chasseur de chars, de mines, de sous-marins.* ‖ Appareil de l'aviation de chasse; pilote de ces appareils. ‖ Domestique en livrée qui, dans les hôtels, les restaurants, fait les commissions. • *Chasseur bombardier, chasseur d'assaut,* avions spécialisés dans l'attaque d'objectifs terrestres ou maritimes. ‖ *Chasseur d'images,* opérateur de prise de vues d'actualité. ‖ *Chasseur d'interception,* syn. de INTERCEPTEUR.

CHASSIE [ʃasi] n. f. (lat. *cacare,* déféquer). Liquide visqueux qui découle des yeux.

CHASSIEUX, EUSE adj. et n. Qui a de la chassie.

CHÂSSIS [ʃɑsi] n. m. (de *châsse*). Cadre entourant ou supportant qqch : *le châssis d'une fenêtre.* ‖ Cadre sur lequel on applique une toile, un tableau, une vitre. ‖ Bâti supportant la caisse d'un wagon, d'une voiture, l'affût de certains canons, etc. ‖ Charpente d'une machine à vapeur. ‖ Tiroir où se trouve la plaque sensible d'un appareil photographique. • *Châssis d'imprimerie,* cadre métallique pour serrer la composition.

CHÂSSIS-PRESSE n. m. (pl. *châssis-presses*). Cadre dans lequel on place un négatif photographique et le papier sensible afin d'obtenir, par exposition à la lumière, le positif.

CHASSOIR n. m. Nom de divers outils servant à enfoncer, à refouler, etc.

CHASTE adj. (lat. *castus,* pur). Qui réprime ses désirs sexuels. ‖ Qui se conforme aux règles de la décence, de la pudeur.

CHASTEMENT adv. Avec chasteté.

CHASTETÉ n. f. (lat. *castitas,* pureté). Comportement de qqn qui restreint sa vie sexuelle par conformité à une morale.

CHASUBLE [ʃazybl] n. f. (lat. *casula,* manteau à capuchon). Vêtement liturgique en forme de manteau sans manches utilisé pour la célébration de la messe. • *Robe chasuble,* robe échancrée sans manches, que l'on porte sur un corsage ou un chandail.

CHAT, CHATTE n. (lat. *cattus*). Petit mammifère carnassier généralement domestique et de mœurs surtout nocturnes. (Famille des félidés;

CHATS

chat siamois *seal-point*

chartreux

chat abyssin

chat européen Tabby

chat sauvage

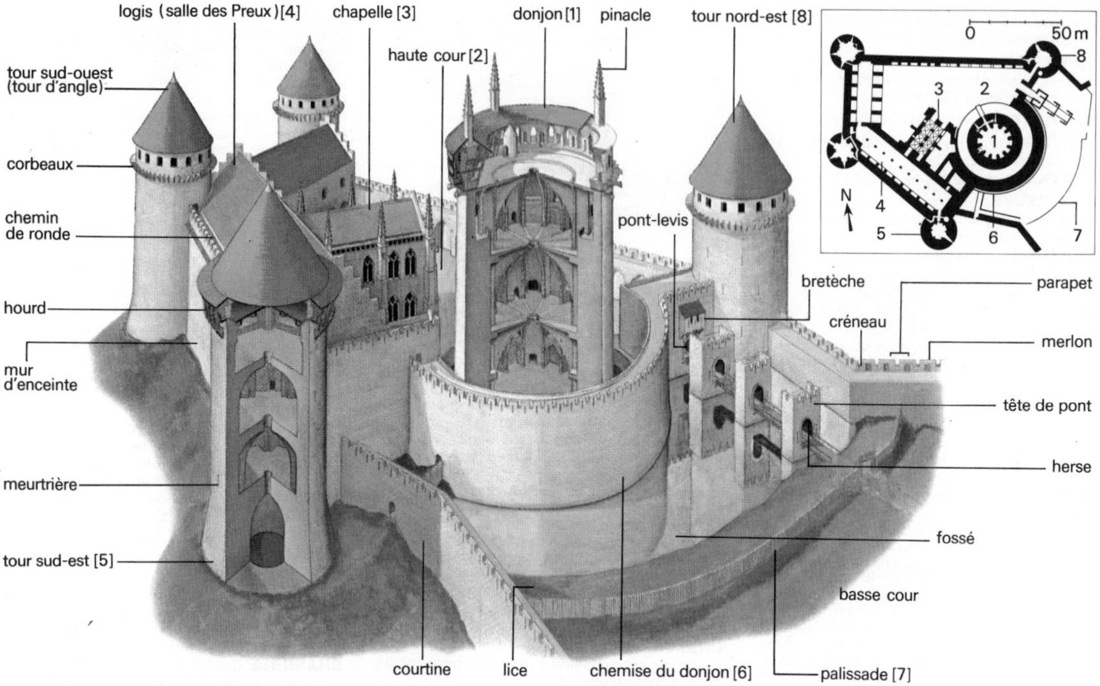

Labels on the castle illustration

logis (salle des Preux) [4]
chapelle [3]
donjon [1]
pinacle
tour sud-ouest (tour d'angle)
haute cour [2]
tour nord-est [8]
corbeaux
chemin de ronde
pont-levis
hourd
bretèche
parapet
créneau
merlon
mur d'enceinte
tête de pont
herse
meurtrière
fossé
tour sud-est [5]
basse cour
courtine
lice
chemise du donjon [6]
palissade [7]

0   50 m
N

CHÂTEAU FORT (reconstitution du château de Coucy)

---

cri : le chat *miaule*.) ● *Acheter chat en poche*, acheter sans examiner la marchandise. ‖ *Appeler un chat un chat*, dire les choses telles qu'elles sont. ‖ *Avoir un chat dans la gorge*, être enroué. ‖ *Avoir d'autres chats à fouetter*, avoir autre chose à faire. ‖ *Chat à neuf queues*, fouet à neuf lanières. ‖ *Donner sa langue au chat*, renoncer à trouver une solution, à deviner. ‖ *Il n'y a pas de quoi fouetter un chat*, la faute, l'affaire est sans gravité. ‖ *Il n'y a pas un chat* (Fam.), il n'y a personne. ‖ *Jouer à chat*, jeu d'enfant consistant à se poursuivre et à se toucher en criant « chat ».

châtaignier

CHÂTAIGNE n. f. (lat. *castanea*). Fruit comestible du châtaignier, riche en amidon, appelé aussi, à tort, *marron*. ‖ *Pop.* Coup de poing au visage. ● *Châtaigne d'eau*, syn. de MACRE.

CHÂTAIGNERAIE n. f. Lieu planté de châtaigniers. (Ce nom désigne plusieurs régions de France aux sols siliceux : en Corse, sur la bordure sud-ouest du Massif central, etc.)

CHÂTAIGNIER n. m. Arbre à feuilles dentées, pouvant atteindre 35 m de haut et vivre plusieurs siècles. (Ses fruits, ou *châtaignes*, sont entourés d'une cupule épineuse.) [Famille des fagacées, genre *castanea*.]

CHÂTAIN adj. et n. m. (de *châtaigne*). Brun clair : *des cheveux châtains*.

CHÂTAIRE n. f. → CATAIRE.

CHÂTEAU n. m. (lat. *castellum*). Au Moyen Âge, demeure féodale fortifiée : *château fort*; à partir de la Renaissance, habitation royale ou seigneuriale; à partir du XIXᵉ s., grosse demeure de notable, entourée d'un jardin ou d'un parc. ‖ Superstructure établie sur le pont supérieur d'un navire et qui s'étend d'un bord à l'autre. ● *Château de cartes*, ce qui, mal assuré, est incertain ou précaire. ‖ *Château d'eau*, réservoir d'eau. ‖ *Châteaux en Espagne*, projets chimériques. ‖ *Une vie de château*, une existence luxueuse et oisive.

CHATEAUBRIAND ou **CHÂTEAUBRIANT** n. m. Épaisse tranche de filet de bœuf grillé.

CHÂTELAIN, AINE n. (lat. *castellanus*). Propriétaire ou locataire d'un château.

CHÂTELAINE n. f. Ornement de ceinture de dame (fin du XVIIIᵉ s., époque romantique), auquel on suspendait, par une chaîne, des bijoux et des clefs.

CHÂTELET n. m. Petit château fort.

CHÂTELLENIE [ʃɑtɛlni] n. f. Autref., seigneurie et juridiction d'un châtelain.

CHÂTELPERRONIEN, ENNE adj. et n. m. (de *Châtelperron*, dans l'Allier). Se dit d'un faciès culturel correspondant au début de la phase supérieure du paléolithique en France, et marqué par le développement de l'outillage osseux.

CHAT-HUANT [même au pl. l'*h* de huant est

aspiré] n. m. (pl. *chats-huants*). Nom usuel de la *hulotte*. (Cri : le chat-huant *hue*.)

CHÂTIER v. t. (lat. *castigare*). *Litt.* Punir sévèrement : *châtier un criminel, l'insolence*. ● *Châtier son style* (Litt.), le corriger en vue d'une plus parfaite correction.

CHATIÈRE n. f. (de *chat*). Étroite ouverture au bas d'une porte ou d'un mur pour laisser passer les chats. ‖ Petit ouvrage couvrant une petite ouverture destinée à aérer un comble.

CHÂTIMENT n. m. Punition, sanction sévère.

CHATOIEMENT n. m. Reflet brillant et changeant d'une pierre, d'une étoffe, etc.

CHATON n. m. Jeune chat. ‖ *Bot.* Inflorescence constituée par un épi de très petites fleurs, souvent allongé comme la queue d'un chat. (Ex. : fleurs mâles du châtaignier, du noisetier.) ‖ Amas laineux de poussière qui s'accumule sous les meubles.

CHATON n. m. (francique *kasto*, caisse). Partie centrale d'une bague, dans laquelle une pierre ou une perle est enchâssée.

CHATOUILLE n. f. *Fam.* Syn. de CHATOUILLEMENT.

CHATOUILLE n. f. (lat. *septocula*, à sept yeux). *Zool.* Nom usuel de la larve de la lamproie.

CHATOUILLEMENT n. m. Action de chatouiller; sensation ainsi produite.

CHATOUILLER v. t. Exciter par des attouchements légers et répétés qui provoquent le rire ou l'agacement. ‖ Flatter agréablement : *chatouiller l'amour-propre de qqn; chatouiller l'odorat*. ‖ *Fam.* Exciter pour provoquer des réactions : *chatouiller l'adversaire*.

CHATOUILLEUX, EUSE adj. Sensible au chatouillement. ‖ Susceptible; qui se fâche aisément : *chatouilleux sur le chapitre de son autorité*.

CHATOUILLIS n. m. *Fam.* Petit chatouillement.

CHATOYANT, E adj. Qui a des reflets brillants.

CHATOYER v. i. (de *chat*, à cause de ses yeux changeants) [conj. 2]. Briller avec des reflets qui changent suivant les jeux de la lumière, en parlant des pierres précieuses, des étoffes, etc.

CHÂTRER v. t. (lat. *castrare*). Priver des organes de la génération. ● *Châtrer un fraisier, un melon*, en ôter les stolons, les fleurs staminées.

CHATTE n. f. → CHAT.

CHATTEMITE n. f. (de *chatte*, et lat. *mitis*, doux). *Faire la chattemite* (Litt.), affecter un faux air de douceur pour mieux tromper.

CHATTERIE n. f. Caresse insinuante. ‖ Friandise délicate.

CHATTERTON [ʃatɛrtɔn] n. m. (du nom de son inventeur). Ruban isolant et adhésif employé par les électriciens pour isoler les fils conducteurs.

CHAT-TIGRE n. m. (pl. *chats-tigres*). Nom commun à divers chats sauvages.

CHAUD, E adj. (lat. *calidus*). Qui a de la chaleur ou donne l'impression de la chaleur. ‖ Vif, ardent : *une chaude dispute, de chauds partisans.* ‖ Marqué par une violente agitation : *on va connaître un automne chaud.* ● *Avoir la tête chaude*, s'emporter facilement. ‖ *Couleurs chaudes*, couleurs du spectre autour de l'orangé. ‖ *Pleurer à chaudes larmes*, pleurer abondamment. ‖ *Point chaud*, ce qui provoque une violente contestation. ◆ adv. : *boire chaud.* ● *Cela ne me fait ni chaud ni froid*, cela m'est indifférent. ‖ *J'ai eu chaud*, j'ai eu peur.

CHAUD n. m. Chaleur : *craindre le chaud et le froid.* ● *Chaud et froid*, refroidissement soudain qui cause un rhume, une bronchite. ‖ *Opérer à chaud*, en état de fièvre, de crise.

CHAUDE n. f. Feu vif et clair pour se chauffer promptement (vx). ‖ *Techn.* Opération consistant à chauffer fortement une pièce à souder ou à marteler.

CHAUDEMENT adv. De manière à avoir chaud. ‖ Avec vivacité : *une place chaudement disputée.*

CHAUDE-PISSE n. f. (pl. *chaudes-pisses*). *Pop.* Syn. de BLENNORRAGIE.

CHAUD-FROID n. m. (pl. *chauds-froids*). Fricassée de volaille ou salmis de gibier refroidis, nappés de leur sauce et lustrés à la gelée.

CHAUDIÈRE n. f. (lat. *caldaria*, étuve). Générateur de vapeur d'eau ou d'eau chaude (parfois d'un autre fluide) servant au chauffage, à la production d'énergie. ‖ Grand récipient métallique où l'on fait chauffer, cuire, bouillir, etc.

CHAUDRON n. m. Récipient cylindrique profond, de cuivre ou de fonte, à anse mobile.

CHAUDRONNERIE n. f. Industrie de la construction des pièces métalliques rivées, embouties ou estampées.

CHAUDRONNIER, ÈRE n. Personne qui fabrique, vend ou répare des objets en tôle ou en cuivre, rivés, emboutis ou estampés.

CHAUFFAGE n. m. (de *chauffer*). Action, manière de chauffer, de se chauffer; appareil servant à chauffer. ● *Bois de chauffage*, tout bois destiné à être brûlé. ‖ *Chauffage central*, distribution de chaleur dans plusieurs pièces d'un appartement ou d'une maison, à partir d'une source unique. ‖ *Chauffage urbain*, chauffage des immeubles par usines alimentant des quartiers entiers.

CHAUFFAGISTE n. m. Spécialiste de l'installation et de la réparation du chauffage central.

CHAUFFANT, E adj. Qui produit de la chaleur.

CHAUFFARD n. m. Automobiliste maladroit ou imprudent.

CHAUFFE n. f. Opération consistant à produire par combustion la chaleur nécessaire à un chauffage industriel ou domestique, et plus particulièrement à conduire cette combustion; temps de cette combustion; lieu de cette combustion. ● *Chambre de chauffe*, local réservé aux chaudières à bord d'un navire. ‖ *Surface de chauffe*, surface d'une chaudière exposée à l'action du feu. (Dans une chaudière, on distingue la *surface de chauffe directe*, soumise au rayonnement du foyer, de la *surface de chauffe indirecte*, constituée par le faisceau tubulaire traversé par les gaz chauds.)

CHAUFFE-ASSIETTES n. m. inv. Appareil pour chauffer les assiettes.

CHAUFFE-BAIN n. m. (pl. *chauffe-bains*). Appareil de production instantanée d'eau chaude.

CHAUFFE-BIBERON n. m. (pl. *chauffe-biberons*). Appareil électrique qui chauffe les biberons au bain-marie.

CHAUFFE-EAU n. m. inv. Appareil de production d'eau chaude.

CHAUFFE-PIEDS n. m. inv. Syn. de CHAUFFE-RETTE.

CHAUFFE-PLATS n. m. inv. Réchaud pour conserver les plats chauds sur la table.

CHAUFFER v. t. (lat. *calefacere*). Rendre chaud; donner une impression de chaleur. ‖ Exciter, enthousiasmer : *l'orateur sut chauffer la foule.* ‖ Préparer avec un zèle hâtif un élève à un examen. ‖ *Pop.* Voler. ◆ v. i. Devenir chaud : *le bain chauffe; le moteur chauffe.* ‖ Produire de la chaleur : *cet appareil chauffe bien.* ‖ Produire de l'animation, du désordre : *ça va chauffer.* ◆ **se chauffer** v. pr. S'exposer à la chaleur. ‖ Chauffer sa maison : *se chauffer au gaz.* ● *Montrer de quel bois on se chauffe*, traiter qqn sans ménagement.

CHAUFFERETTE n. f. Petit réchaud où l'on met de la braise, ou appareil électrique, pour chauffer les pieds ou les mains.

CHAUFFERIE n. f. Chambre de chauffe d'une usine, d'un navire, etc.

CHAUFFEUR n. m. Ouvrier qui est chargé de la conduite et de la surveillance d'un feu, d'un four, d'une chaudière. ‖ Conducteur professionnel d'automobile ou de camion.

CHAUFFEUSE n. f. Chaise basse à haut dossier pour s'asseoir auprès du feu. ‖ Siège bas et rembourré, sans accoudoirs.

CHAUFOUR n. m. Four à chaux.

CHAUFOURNIER n. m. (de *chaux*, et *fournier*, qui tient un four). Ouvrier responsable de la bonne marche d'un four à chaux.

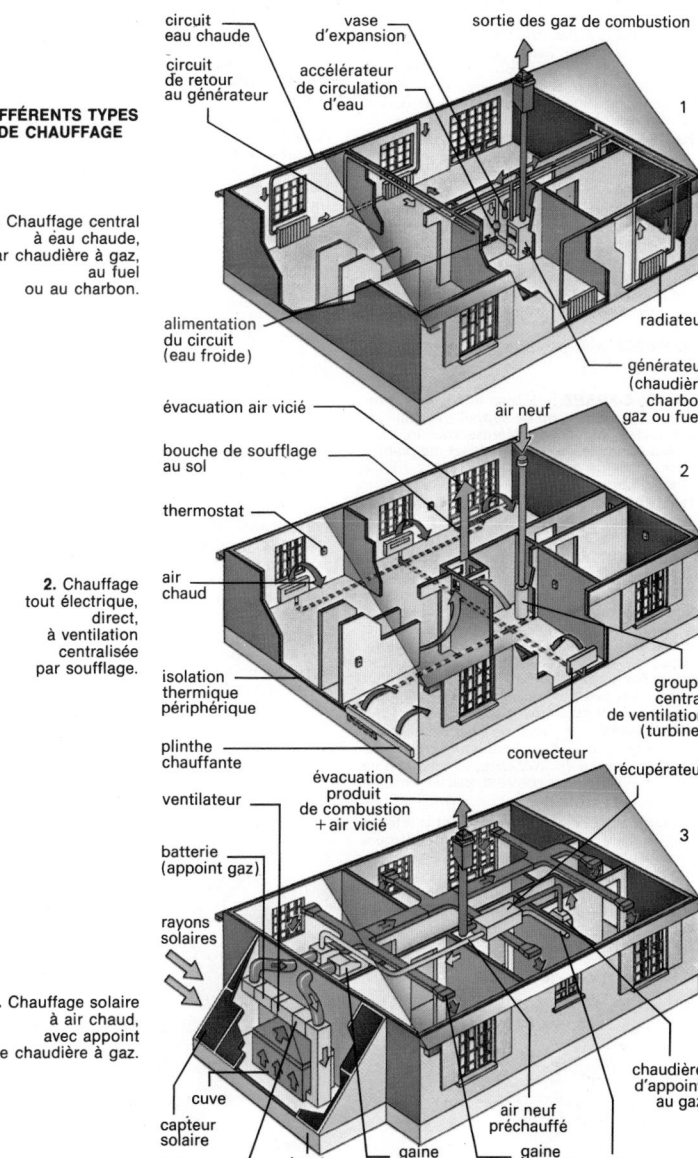

DIFFÉRENTS TYPES DE CHAUFFAGE

1. Chauffage central à eau chaude, par chaudière à gaz, au fuel ou au charbon.

circuit eau chaude — vase d'expansion — sortie des gaz de combustion — circuit de retour au générateur — accélérateur de circulation d'eau — 1 — radiateur — générateur (chaudière charbon gaz ou fuel) — alimentation du circuit (eau froide)

2. Chauffage tout électrique, direct, à ventilation centralisée par soufflage.

évacuation air vicié — air neuf — 2 — bouche de soufflage au sol — thermostat — air chaud — isolation thermique périphérique — groupe central de ventilation (turbine) — plinthe chauffante — convecteur — récupérateur

3. Chauffage solaire à air chaud, avec appoint de chaudière à gaz.

ventilateur — évacuation produit de combustion + air vicié — 3 — batterie (appoint gaz) — rayons solaires — chaudière d'appoint au gaz — cuve — capteur solaire — batterie solaire — local technique — gaine de reprise d'air refroidi — air neuf préchauffé — gaine de distribution d'air chaud — alimentation en air neuf

CHAULAGE n. m. Action de chauler.

CHAULER v. t. Passer au lait de chaux. ‖ Amender un sol avec de la chaux.

CHAUMARD n. m. *Mar.* Pièce de guidage pour les amarres.

CHAUME n. m. (lat. *calamus*). Partie de la tige des céréales qui reste sur le champ après la moisson. ‖ Paille longue dont on a enlevé le grain et qui sert à recouvrir les habitations dans les campagnes. ‖ *Bot.* Tige des graminacées. ◆ pl. Pâturages dénudés.

CHAUMER v. t. et i. Arracher le chaume.

CHAUMIÈRE n. f. Petite maison rustique couverte de chaume.

CHAUSSANT, E adj. Qui chausse bien.

CHAUSSE n. f. (lat. *calceus*, chaussure). Sac de feutre en forme d'entonnoir pour filtrer les liquides épais.

CHAUSSÉ n. m. *Hérald.* Partition en forme d'angle aigu, formée par deux lignes obliques partant de la pointe de l'écu pour aboutir aux deux angles du chef.

CHAUSSÉE n. f. (lat. *calciata via*, chemin durci par l'empierrement). Partie de la voie publique aménagée pour la circulation. ‖ Levée de terre pour retenir l'eau d'une rivière, d'un étang, pour servir de chemin. ‖ Long écueil dépassant peu le niveau de la mer.

CHAUSSE-PIED n. m. (pl. *chausse-pieds*). Lame incurvée qui facilite l'entrée du pied dans la chaussure.

CHAUSSER v. t. (lat. *calceare; de calceus*, chaussure). Mettre des chaussures, des skis, etc. ‖ Faire, fournir des chaussures. ‖ Munir de pneus un véhicule. ● *Chausser les étriers*, enfoncer les pieds dans les étriers. ‖ *Chausser ses lunettes* (Fam.), les ajuster sur son nez. ‖ *Chausser une plante*, l'entourer de terre. ◆ v. t. et i. Aller au pied : *ces chaussures vous chaussent parfaitement.*

CHAUSSES n. f. pl. Du haut Moyen Âge au XVIIᵉ s., sortes de bas de tissu. ‖ Syn. de HAUT-DE-CHAUSSES.

CHAUSSE-TRAPE n. f. (anc. fr. *chaucier*, fouler, et *traper*, sauter, ou de *trappe*) [pl. *chausse-trapes*]. *Arm.* Moyen de défense constitué par un pieu camouflé ou un assemblage de pointes de fer. ‖ Piège à renard et autres bêtes. ‖ Ruse destinée à tromper qqn.

CHAUSSETTE n. f. (de *chausse*). Pièce d'habillement en mailles qui s'enfile sur le pied et recouvre le mollet.

CHAUSSEUR n. m. Fabricant, marchand de chaussures.

CHAUSSON n. m. (de *chausse*). Chaussure souple d'appartement à talon bas. ‖ Soulier plat de danse, en coutil, en satin ou en peau, à la semelle de cuir léger. (Le *chausson de pointe*, à bout renforcé, est utilisé presque exclusivement par les danseuses.) ‖ Pâtisserie faite d'un rond de pâte plié en deux et fourré compote de pommes ou de crème pâtissière.

CHAUSSURE n. f. Pièce de l'habillement qui emboîte le pied; soulier. ‖ Industrie, commerce des chaussures. ● *Trouver chaussure à son pied* (Fam.), trouver ce qui convient exactement.

CHAUT → CHALOIR.

CHAUVE adj. et n. (lat. *calvus*). Dont la tête est complètement ou presque complètement dépouillée de cheveux. ‖ *Litt.* Pelé, dénudé.

CHAUVE-SOURIS n. f. (pl. *chauves-souris*). Mammifère insectivore volant de l'ordre des chiroptères. (On distingue environ 200 espèces

chauve-souris

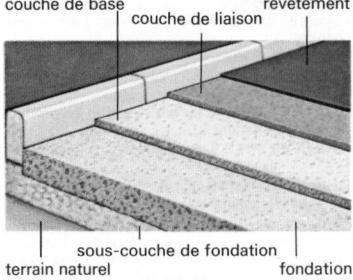

couche de base   revêtement
couche de liaison

sous-couche de fondation
terrain naturel   fondation

CHAUSSÉE

de chauves-souris; ces animaux hivernent dans des grottes et se dirigent par écholocation.)

CHAUVIN, E adj. et n. (de *Chauvin*, type de soldat enthousiaste du premier Empire). Qui manifeste une admiration exclusive pour son pays, un patriotisme belliqueux.

CHAUVINISME n. m. Patriotisme agressif et exclusif.

CHAUX n. f. (lat. *calx, calcis*, pierre). Oxyde de calcium obtenu par la calcination de pierres calcaires. ● *Bâti à chaux et à sable* ou (vx) *à chaux et à ciment*, très solide, très robuste. ‖ *Chaux éteinte*, chaux hydratée Ca(OH)₂, obtenue par action de l'eau sur la chaux vive. ‖ *Chaux grasse*, chaux hydratée préparée à partir de calcaire exempt d'argile et qui fait prise uniquement à l'air. ‖ *Chaux hydraulique*, chaux hydratée préparée à partir de calcaire légèrement argileux et qui, employée dans les mortiers hydrauliques, fait prise à l'air ou sous l'eau. ‖ *Chaux maigre*, chaux hydraulique contenant un peu d'argile cuite non alliée et qui, lors de sa prise, a moins de retrait que la chaux grasse. ‖ *Chaux vive*, oxyde de calcium anhydre obtenu directement par la cuisson du calcaire. ‖ *Eau de chaux*, solution de chaux. ‖ *Lait de chaux*, suspension de chaux dans de l'eau, utilisée surtout comme badigeon.

CHAVIREMENT n. m. Action de chavirer.

CHAVIRER v. t. (prov. *capvira*, tourner la tête en bas). Renverser, retourner sens dessus dessous; basculer. ‖ Émouvoir, bouleverser : *j'ai le cœur chaviré.* ◆ v. i. Se renverser.

CHEBEC ou **CHEBEK** [ʃebɛk] n. m. (ar. *chabbâk*). Bâtiment barbaresque très fin, à trois mâts, allant à la voile et à l'aviron.

CHÈCHE n. m. (ar. *châchīya*). Longue écharpe arabe pouvant servir de turban.

CHÉCHIA [ʃeʃja] n. f. (ar. *châchīya*). Coiffure cylindrique ou tronconique, en tricot foulé, de certaines populations d'Afrique.

CHECK-LIST [tʃɛklist] n. f. (mot angl.) [pl. *check-lists*]. *Aéron.* Série de questions permettant de vérifier le fonctionnement de tous les

chélidoine   fruit

---

organes et dispositifs d'un avion, d'une fusée avant son envol.

CHECK-UP [ʃɛkœp] n. m. inv. (mot angl.). Examen médical complet d'une personne. (On dit aussi BILAN DE SANTÉ.) ‖ Bilan complet du fonctionnement de qqch.

CHEDDAR n. m. Fromage de vache anglais ou américain à pâte dure et colorée.

CHEDDITE n. f. (de *Chedde*, village de Haute-Savoie). Explosif à base de chlorate de potassium ou de sodium, et de dinitrotoluène.

CHEF n. m. (lat. *caput*, tête). Celui qui dirige, qui a l'autorité sur qqch, qqn, qui sait se faire obéir. ‖ *Fam.* Personne remarquable. ‖ Nom donné à divers grades militaires, administratifs, privés : *chef de bataillon, de cabinet, de bureau.* ‖ Appellation du maréchal des logis-chef, du sergent-chef. ‖ *Dr.* Article, point capital à considérer, objet principal : *chef d'accusation.* ‖ *Hérald.* Pièce honorable qui occupe le tiers supérieur de l'écu. ● *Au premier chef*, au plus haut degré. ‖ *Chef de bord, de char*, responsable d'un avion pendant la durée d'une mission, d'un char au sein d'une unité. ‖ *Chef cuisinier* ou *chef*, celui qui est à la tête de la cuisine d'un restaurant. ‖ *Chef de gare*, employé chargé de la gestion d'une gare et de la coordination des différents services qu'elle comporte. ‖ *Chef d'orchestre*, musicien qui dirige l'exécution d'une œuvre. ‖ *De son propre chef*, de sa propre autorité. ‖ *En chef*, qui a qualité de chef : *commandant en chef.*

CHEF-D'ŒUVRE [ʃedœvr] n. m. (pl. *chefs-d'œuvre*). Œuvre, action parfaite, excellente en son genre. ‖ *Hist.* Ouvrage que tout compagnon aspirant à la maîtrise devait soumettre à l'examen d'un jury pour être admis.

CHEFFERIE [ʃefri] n. f. *Anthropol.* Autorité politique détenue de façon permanente par un individu dans un groupe. (Ce pouvoir politique est souvent joint à des fonctions religieuses et judiciaires.) ‖ *Mil.* Anc. circonscription du service du génie. (On dit auj. ARRONDISSEMENT.)

CHEF-LIEU n. m. (pl. *chefs-lieux*). Centre d'une division administrative.

CHEFTAINE n. f. (mot angl.; de l'anc. fr. *chevetain*, capitaine). Jeune fille dirigeant un groupe d'une association de scoutisme.

CHEIKH [ʃɛk] n. m. (ar. *chaikh*, vieillard). Chef de tribu arabe. ‖ Titre donné à un notable musulman.

CHÉILITE [keilit] n. f. (gr. *kheilos*, lèvre). Inflammation des lèvres.

CHEIRE [ʃɛr] n. f. (mot auvergnat). En Auvergne, coulée volcanique à surface rugueuse.

CHÉIROPTÈRE n. m. → CHIROPTÈRE.

CHÉLATE [kelat] n. m. (gr. *khêlê*, pince). Composé dans lequel un atome métallique est pris «en pince» entre les atomes électronégatifs liés à un radical organique.

CHÉLATEUR [kelatœr] n. m. Substance formant avec certains poisons (métaux) un chélate éliminable dans les urines et utilisée dans le traitement de certaines intoxications.

CHELEM [ʃlɛm] n. m. (angl. *slam*, écrasement). Au whist, au bridge, réunion de toutes les levées dans un camp. (On dit aussi GRAND CHELEM.) ● *Être chelem*, n'avoir fait aucune levée. ‖ *Faire le grand chelem*, au rugby international, vaincre successivement toutes les équipes adverses. ‖ *Petit chelem*, toutes les levées moins une.

CHÉLICÈRE [kelisɛr] n. f. Crochet de la tête des arachnides. (Les chélicères forment une paire et sont venimeuses chez l'araignée.)

CHÉLIDOINE [kelidwan] n. f. (gr. *khelidôn*, hirondelle). Plante commune près des murs, à latex orangé et à fleurs jaunes, appelée aussi *grande éclaire* et *herbe aux verrues*. (Famille des papavéracées.)

CHELLÉEN [ʃeleɛ̃] n. m. (de *Chelles*). Syn. anc. de ABBEVILLIEN.

CHÉLOÏDE [keloid] n. f. et adj. (gr. *khêlê*, pince). Boursouflure de la peau, fibreuse, apparaissant le plus souvent sur des cicatrices.

CHÉLONIEN [kelɔnjɛ̃] n. m. (gr. *khelônê*, tortue). Syn. de TORTUE.

CHEMIN n. m. (lat. *camminus*, mot gaul.). Voie de communication locale, en général à la campagne. ‖ Espace à parcourir pour aller d'un lieu à un autre; itinéraire : *la ligne droite est le plus court chemin d'un point à un autre*. ‖ Voie, moyen qui conduit à un but, à un résultat : *il s'est mis en travers de mon chemin*. ● *Chemin de croix*, suite de quatorze tableaux représentant les scènes de la Passion. ‖ *Chemin d'un graphe*, suite d'arcs d'un graphe telle que l'extrémité terminale de chaque arc coïncide avec l'extrémité initiale de l'arc suivant. ‖ *Chemin de ronde*, chemin situé derrière une muraille fortifiée. ‖ *Chemin de table*, bande de tissu décorative que l'on tend sur une table, sur une nappe. ‖ *En chemin*, pendant le trajet. ‖ *Faire du chemin*, progresser. ‖ *Faire son chemin*, réussir dans la vie. ‖ *Montrer le chemin*, donner l'exemple.

CHEMIN DE FER n. m. (calque de l'angl. *railway*) [pl. *chemins de fer*]. Moyen de transport utilisant la voie ferrée; entreprise, exploitation et administration de ce moyen de transport. ‖ Jeu de hasard, variété de baccara.

V. ill. page suivante

CHEMINEAU n. m. *Litt.* Celui qui parcourt les chemins à la recherche de travail et vit de mendicité.

CHEMINÉE n. f. (lat. *caminus*, four). Ouvrage, généralement de maçonnerie, destiné à assurer l'entretien d'un feu et l'évacuation de la fumée et à permettre le tirage; partie de cet ouvrage qui fait saillie dans une pièce; partie supérieure de cet ouvrage qui s'élève au-dessus du toit. ‖ Conduit cylindrique : *cheminée d'aération*. ‖ Pour les alpinistes, passage étroit plus ou moins vertical qui s'ouvre dans un mur rocheux ou glaciaire. ‖ *Géol.* Canal simple ou multiple par lequel montent les laves et les projections volcaniques. ● *Cheminée d'équilibre* (Techn.), dispositif hydraulique pour empêcher les coups de bélier. ‖ *Cheminée de fée*, colonne ciselée par les eaux de ruissellement dans une roche meuble et coiffée par un bloc résistant protecteur. (Syn. DEMOISELLE OU DEMOISELLE COIFFÉE.)

CHEMINEMENT n. m. Action de cheminer. ‖ Itinéraire défilé emprunté par une formation militaire. ‖ Progression : *le cheminement de la pensée*. ‖ Technique de levée topographique par mesure d'angles successifs.

CHEMINER v. i. Suivre un chemin; s'étendre sur tel ou tel itinéraire : *cheminer en silence, sur une petite route; sentier qui chemine dans la montagne*. ‖ Progresser : *c'est une idée qui chemine*. ‖ Faire un cheminement topographique.

CHEMINOT n. m. Employé de chemin de fer.

CHEMISAGE n. m. Action de chemiser.

CHEMISE n. f. (bas lat. *camisia*). Vêtement masculin de tissu léger couvrant le buste et les bras, avec col et boutonnage. ‖ Sous-vêtement féminin en tissu fin porté directement sur la peau (vx). ‖ Enveloppe cartonnée ou toilée servant à classer des papiers. ‖ Enveloppe intérieure ou extérieure d'une pièce mécanique, d'un projectile, etc. ‖ *Archit.* Ouvrage de maçonnerie entourant et protégeant une construction, enceinte basse d'un donjon. ● *Chemise américaine*, sous-vêtement en tricot. ‖ *Chemises brunes*, nom donné à partir de 1925 aux membres du parti national-socialiste allemand, et notamment aux S.A. ‖ *Chemises noires*, nom donné à partir de 1919 aux membres des milices fascistes italiennes. ‖ *Chemise de nuit*, vêtement de nuit en forme de robe plus ou moins longue. ‖ *Chemises rouges*, nom donné aux volontaires levés par Garibaldi (1860-1871).

CHEMISER v. t. Garnir d'un revêtement une pièce métallique. (Syn. ENCHEMISER.)

CHEMISERIE n. f. Fabrique, magasin de chemises.

CHEMISETTE n. f. Petite chemise d'homme, à manches courtes. ‖ Blouse de femme en tissu léger.

CHEMISIER, ÈRE n. Personne qui fait ou vend des chemises.

CHEMISIER n. m. Blouse de femme, s'inspirant de la chemise d'homme pour le col et les poignets. ● *Robe-chemisier*, robe dont le corsage a la forme d'un chemisier.

CHÉMOCEPTEUR [kemosɛptœr] ou **CHÉMORÉCEPTEUR, TRICE** adj. et n. m. Se dit d'un récepteur sensible aux stimulations chimiques.

CHÊNAIE n. f. Lieu planté de chênes.

CHENAL n. m. (lat. *canalis*). Courant d'eau pour alimenter un moulin. ‖ *Mar.* Passage resserré naturel ou artificiel entre des terres ou des hauts-fonds, utilisé pour la navigation. (Les chenaux sont balisés, pour éviter les échouages.)

CHENAPAN n. m. (all. *Schnapphahn*, maraudeur). Vaurien.

CHÊNE n. m. (gaul. *cassanus*). Grand arbre commun dans les forêts d'Europe et caractérisé par ses feuilles lobées et par ses fruits à cupule, les *glands*. (Famille des fagacées; genre *quercus*.) ● *Chêne vert*, espèce de chêne des régions méditerranéennes, à feuillage persistant.

chêne

CHÉNEAU n. m. (de *chenal*). Canal ménagé sur une corniche, à la base d'un versant de toit, pour recevoir les eaux pluviales.

CHÊNE-LIÈGE n. m. (pl. *chênes-lièges*). Espèce de chêne des régions méditerranéennes, dont le feuillage est persistant et qui fournit le liège, que l'on détache par larges plaques tous les dix ans environ.

CHENET [ʃənɛ] n. m. (de *chien*). Barre métallique pour supporter le bois dans le foyer d'une cheminée.

CHÈNEVIÈRE n. f. Champ de chanvre.

CHÈNEVIS [ʃɛnvi] n. m. (anc. fr. *cheneve*, chanvre). Graine de chanvre.

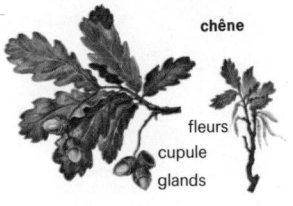

fleurs
cupule
glands

CHENIL [ʃənil ou -ni] n. m. (de *chien*). Local destiné au logement ou à la vente des chiens. ‖ *Litt.* Taudis. ‖ En Suisse, désordre, objets sans valeur.

CHENILLE n. f. (lat. *canicula*, petite chienne). Larve des papillons, se nourrissant de végétaux et, de ce fait, souvent très nuisible. (Une seule espèce est utile et domestique : le ver à soie, chenille du bombyx du mûrier.) ‖ Bande sans fin, faite de patins métalliques articulés et interposés entre les roues d'un véhicule et le sol, pour lui permettre d'avancer sur tous les terrains. ‖ Passement de soie veloutée.

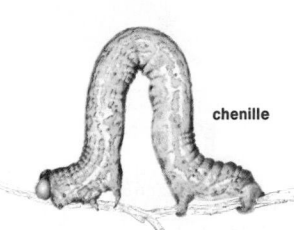

chenille

CHENILLÉ, E adj. Se dit d'un véhicule propulsé et dirigé au moyen de chenilles.

CHENILLETTE n. f. Petit véhicule chenillé, généralement blindé, servant au transport du matériel ou du personnel.

CHÉNOPODE [kenɔpɔd] n. m. (gr. *khênopous*, patte d'oie). Plante herbacée à feuilles plutôt triangulaires, commune dans les cultures, les décombres. (Le chénopode blanc est une plante toxique. L'*essence de chénopode* est vermifuge.) [Type de la famille des chénopodiacées; nom usuel : *ansérine*.]

CHÉNOPODIACÉE [kenɔpɔdjase] n. f. Plante dicotylédone apétale, telle que le chénopode, l'épinard, la betterave, etc. (Les chénopodiacées forment une famille.)

CHENU, E adj. (lat. *canus*, blanc). *Litt.* Blanchi par la vieillesse.

CHEPTEL [ʃɛptɛl ou (vx) ʃtɛl] n. m. (lat. *capitale*, ce qui est le principal d'un bien). Ensemble du bétail d'une exploitation agricole, d'un pays. ● *Bail à cheptel*, contrat par lequel on remet du bétail à garder et à nourrir selon des conditions convenues à l'avance. ‖ *Cheptel mort*, matériel de l'exploitation agricole. ‖ *Cheptel vif*, animaux de l'exploitation.

CHÈQUE n. m. (angl. *cheque*; de *Exchequer bill*, billet du Trésor). Écrit par lequel une personne titulaire d'un compte de dépôt ou d'un compte courant dans une banque, chez un agent de change ou dans un bureau de chèques postaux effectue à son profit ou au profit d'un tiers le retrait de fonds portés à son crédit. ● *Chèque barré*, v. BARRER. ‖ *Chèque en blanc*, chèque signé par le tireur sans indication de somme; autorisation donnée à qqn d'agir à sa guise. ‖ *Chèque en bois* (Fam.), chèque sans provision. ‖ *Chèque certifié*, chè-

que revêtu d'un visa de l'établissement où les fonds sont déposés, certifiant qu'il est dûment provisionné et que son montant est bloqué au bénéfice du porteur de ce chèque. ‖ *Chèque documentaire*, chèque qui ne peut être payé que s'il est accompagné d'un certain document (facture, connaissement, police d'assurance). ‖ *Chèque à ordre*, chèque comportant le nom du bénéficiaire, précédé de la clause « à ordre », et transmissible par endossement. ‖ *Chèque au porteur*, chèque ne comportant pas le nom du bénéficiaire, transmissible de la main à la main. ‖ *Chèque sans provision*, chèque qui ne peut être payé faute d'un dépôt suffisant. (Son porteur peut faire dresser un *protêt*.) ‖ *Chèque de voyage*, chèque à l'usage des touristes, émis par une banque et payable par l'un quelconque des correspondants de celle-ci. (Syn. TRAVELLER'S CHEQUE ou TRAVELLER'S CHECK.)

CHÉQUIER n. m. Carnet de chèques.

CHER, ÈRE adj. (lat. *carus*). Qui est l'objet d'une vive tendresse, d'un grand attachement. ‖ Simple terme de familiarité : *cher monsieur*. ‖ D'un prix élevé : *étoffe chère*. ‖ Qui vend à des prix élevés : *un restaurant cher*. ◆ adv. À haut prix : *ces denrées coûtent cher*.

CHERCHER v. t. (lat. *circare*, parcourir). S'efforcer de découvrir, de trouver : *chercher qqn dans une foule; chercher la solution*. ‖ Essayer d'atteindre : *chercher son avantage; chercher à plaire*. ‖ *Fam.* Provoquer : *c'est toi qui le cherches!* ● *Ça va chercher dans les...* (Fam.), cela atteindra approximativement la somme de. ‖ *Chercher la petite bête*, être méticuleux à l'excès.

CHERCHEUR, EUSE n. et adj. Qui cherche : *les chercheurs d'or; la tête chercheuse d'un engin*. ‖ Personne qui se consacre à la recherche scientifique, qui fait partie du Centre national de la recherche scientifique.

CHERCHEUR n. m. *Astron.* Petite lunette à courte focale et à grand champ, montée sur un télescope ou une lunette astronomique afin de

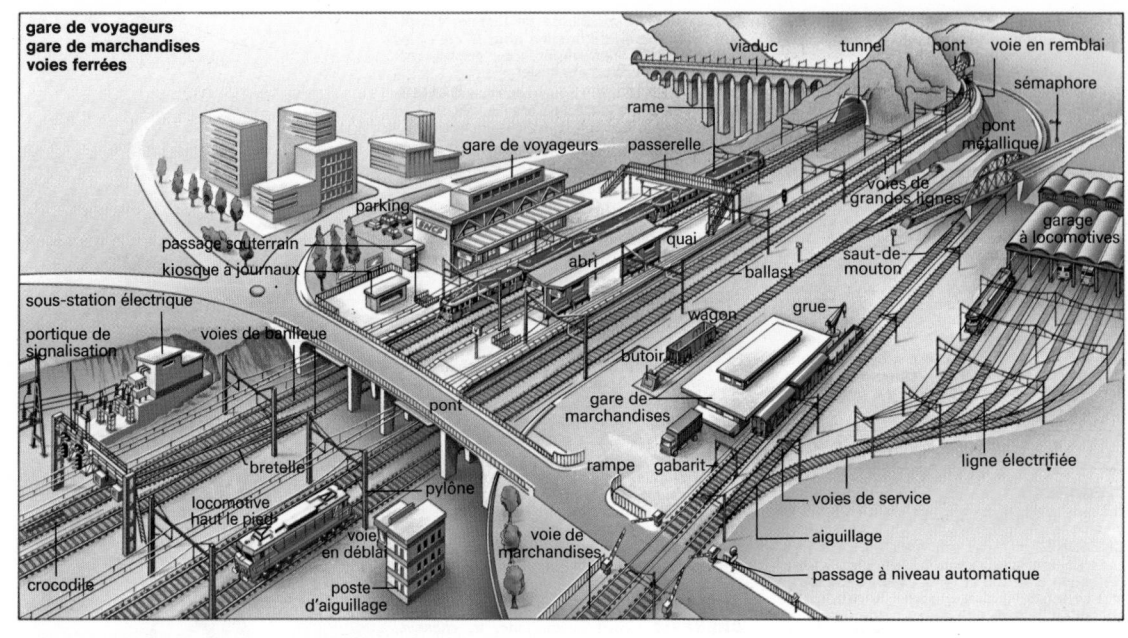

gare de voyageurs
gare de marchandises
voies ferrées

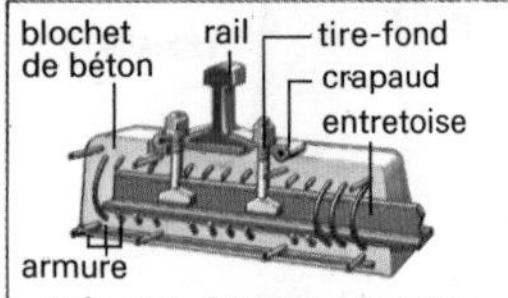

viaduc — tunnel — pont — voie en remblai — rame — sémaphore — gare de voyageurs — passerelle — voies de grandes lignes — pont métallique — parking — quai — saut-de-mouton — garage à locomotives — passage souterrain — abri — ballast — kiosque à journaux — wagon — grue — sous-station électrique — butoir — gare de marchandises — ligne électrifiée — portique de signalisation — voies de banlieue — rampe — gabarit — voies de service — pont — locomotive haut le pied — pylône — aiguillage — voie en déblai — voie de marchandises — passage à niveau automatique — crocodile — poste d'aiguillage

---

blochet de béton — rail — tire-fond — crapaud — entretoise — armure

voie avec traverse de béton

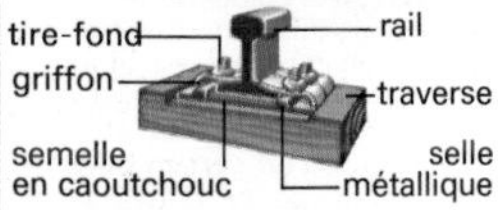

tire-fond — rail — griffon — traverse — semelle en caoutchouc — selle métallique

voie avec traverse de bois

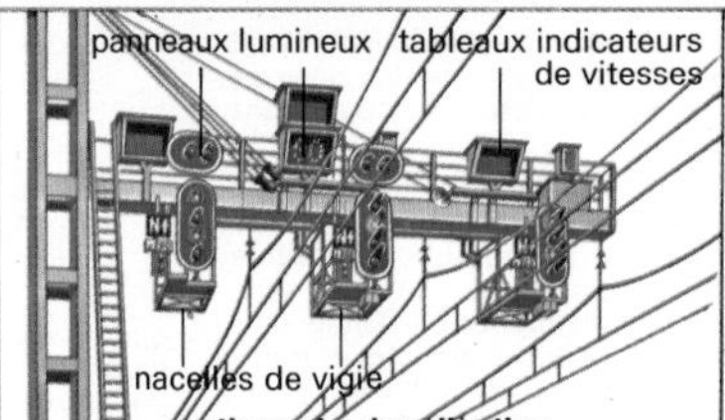

panneaux lumineux — tableaux indicateurs de vitesses — nacelles de vigie

portique de signalisation

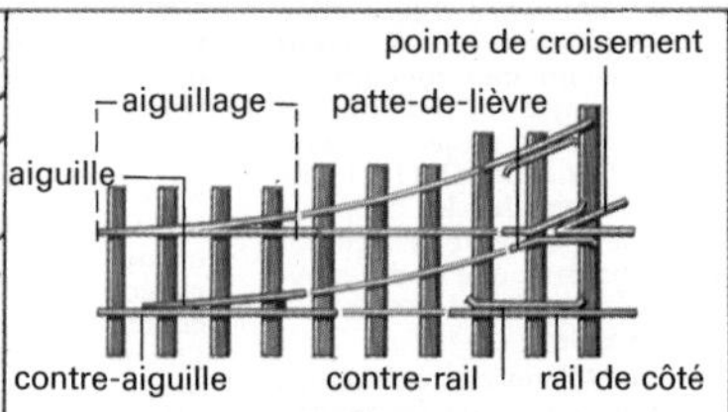

pointe de croisement — aiguillage — patte-de-lièvre — aiguille — contre-aiguille — contre-rail — rail de côté

aiguillage

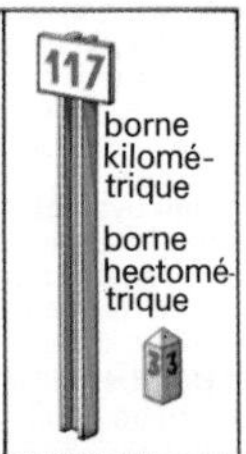

117

borne kilométrique

borne hectométrique

---

porteur principal — hauban — isolateur — porteur auxiliaire — pendule — feeder — antibalançant — fils de contact — pylône

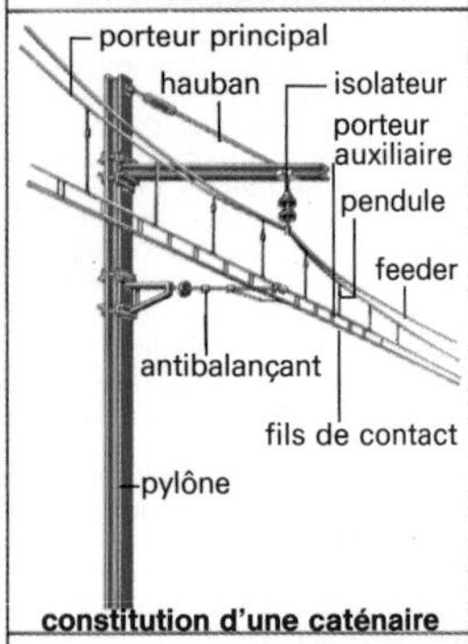

constitution d'une caténaire

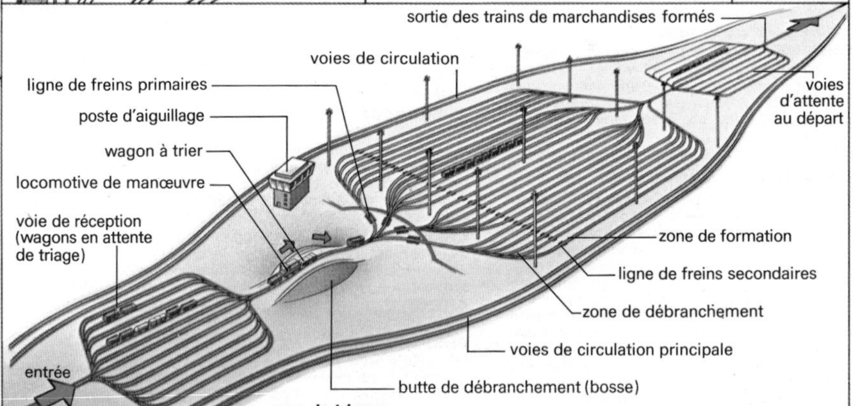

sortie des trains de marchandises formés — voies de circulation — ligne de freins primaires — poste d'aiguillage — wagon à trier — locomotive de manœuvre — voie de réception (wagons en attente de triage) — entrée — voies d'attente au départ — zone de formation — ligne de freins secondaires — zone de débranchement — voies de circulation principale — butte de débranchement (bosse)

gare de triage

---

marquage des wagons

1
31 RIV
87 SNCF
190 8 191-7
·Gas 8 16

5
23 200 kg
41.5 t

2 ◁ 42 m³ ▷ 3 Capacité 117 m³ 4 ◀11.75 m▶

1. Cartouche d'identification (régime d'échange, administration propriétaire, numéro du wagon); 2. Indication de la surface du plancher; 3. Indication de la capacité de la caisse; 4. Écartement des pivots des bogies; 5. Tare et poids-frein à vis maximal.

marquage des voitures

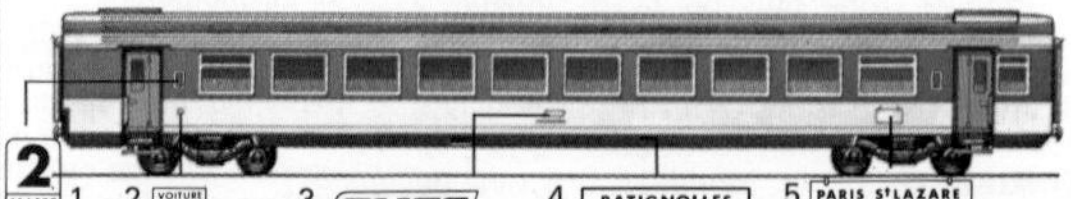

2 1 2 VOITURE 14 3 *SNCF* 4 BATIGNOLLES A *** 5 PARIS St LAZARE LE HAVRE PARIS St LAZARE

1. Indication de la classe; 2. Repère amovible du numéro de la voiture dans l'ordre de composition d'une rame de voyageurs; 3. Sigle de l'administration ferroviaire; 4. Gare gérante de la voiture; 5. Plaque amovible d'itinéraire.

diriger plus commodément l'instrument sur le point que l'on veut observer.

CHÈRE n. f. (du gr. *kara*, tête). *Litt.* Nourriture de qualité : *aimer la bonne chère.*

CHÈREMENT adv. Au prix de lourds sacrifices. ● *Vendre chèrement sa vie*, se défendre vaillamment.

CHERGUI n. m. Nom du sirocco au Maroc.

CHÉRI, E adj. et n. Tendrement aimé.

CHÉRIF n. m. (ar. *charîf*). Prince musulman descendant de Mahomet.

CHÉRIFIEN, ENNE adj. D'un chérif. ‖ Du Maroc : *État chérifien.*

CHÉRIR v. t. (de *cher*). Aimer tendrement, être attaché à qqn, qqch.

CHERMÈS [kɛrmɛs] n. m. Puceron provoquant une galle sur l'épicéa et le sapin.

CHÉROT adj. m. *Fam.* Syn. de CHER, COÛTEUX.

CHERRY [ʃeri] n. m. (mot angl., *cerise*). Liqueur de cerise.

CHERTÉ n. f. Prix élevé.

CHÉRUBIN n. m. (hébr. *keroûbîm*, anges). Nom donné dans la tradition chrétienne à une catégorie d'anges. ‖ *Bx-arts.* Dans l'art chrétien, tête ou buste d'enfant porté par deux ailes. ‖ *Fam.* Charmant enfant.

CHERVIS [ʃervi] n. m. (ar. *karawyâ*). Plante à racine alimentaire, très cultivée autrefois. (Famille des ombellifères.)

CHESTER [ʃɛster] n. m. Fromage de vache anglais, à pâte dure.

CHÉTIF, IVE adj. (lat. *captivus*). De faible constitution, malingre. ‖ *Litt.* Effacé, modeste, pauvre : *mener une existence chétive.*

CHEVAINE, CHEVESNE ou **CHEVENNE** [ʃəvɛn] n. m. (lat. *capito*). Poisson d'eau douce à dos brun verdâtre et à ventre argenté, attei-

gnant de 30 à 50 cm, appelé aussi *meunier.* (Famille des cyprinidés.)

CHEVAL n. m. (lat. *caballus*, rosse). Mammifère domestique de l'ordre des ongulés, famille des équidés, caractérisé par l'allongement des membres et la possession d'un seul doigt à chaque patte (doigt médian), ce qui fait de lui un coureur remarquable et une monture d'usage presque universel. (La femelle du cheval est la *jument*; son petit est le *poulain*. Sa longévité est de 25 à 30 ans.) [Cri : le cheval *hennit.*] ‖ Viande de cheval. ‖ Équitation : *faire du cheval.* ‖ *Fam.* Femme grande et forte; personne dure à l'ouvrage. ‖ Abrév. de CHEVAL-VAPEUR, qui, au pl., sert à désigner une automobile par sa puissance fiscale : *une sept-chevaux.* (Symb. : CV.) ● *À cheval*, sur un cheval; à califourchon, les jambes de chaque côté de. ‖ *Cheval d'arçons* ou *cheval-arçons*, appareil de gymnastique sur lequel on fait de la voltige. ‖ *Cheval de bataille*, argument auquel on revient sans cesse; revendication constamment renouvelée. ‖ *Cheval de frise*, pièce de bois hérissée de pointes. ‖ *Cheval de retour*, récidiviste. ‖ *Cheval de Troie*, gigantesque cheval de bois introduit dans leur ville par les Troyens, et grâce auquel les Grecs, cachés à l'intérieur, purent s'emparer de la ville. ‖ *Chevaux de bois*, v. MANÈGE. ‖ *Être à cheval sur*, être très strict sur. ‖ *Fièvre de cheval*, fièvre très forte. ‖ *Homme de cheval*, qui s'occupe d'équitation. ‖ *Monter sur ses grands chevaux*, s'emporter, le prendre de haut. ‖ *Ne pas être un mauvais cheval* (Fam.), être plutôt accommodant. ‖ *Petits chevaux*, jeu de hasard. ‖ *Remède de cheval*, remède très énergique.

CHEVAL-ARÇONS n. m. inv. Syn. de CHEVAL D'ARÇONS.

CHEVALEMENT n. m. Étaiement pour reprise en sous-œuvre. ‖ Charpente établie au-dessus d'un puits de mine.

chevalement : 1. Avant-carré;
2. Bigue; 3. Molette.

Granier-Atlas-Photo

CHEVALER v. t. Étayer à l'aide de chevalements.

CHEVALERESQUE adj. (it. *cavalleresco*). Qui manifeste des sentiments nobles et généreux.

CHEVALERIE n. f. *Féod.* Qualité, rang de chevalier; l'institution elle-même. ● *Ordre de chevalerie*, au Moyen Âge, corps religieux, militaire et hospitalier chargé de la défense des Lieux saints. ‖ *Auj.*, distinction honorifique.

■ Institution féodale, militaire et religieuse du Moyen Âge (XIe-XVe s.), dont les membres mettaient leur épée au service du droit et de la défense des faibles, la chevalerie se développa sous l'influence du christianisme. En principe, seuls les nobles pouvaient devenir chevaliers par la cérémonie de l'adoubement.

percheron

Labat-Jacana

anglo-arabe

Veiller-Jacana

CHEVAL

croupe — reins — garrot — coup de lance — crinière — ganache — salière — chanfrein — naseau — lèvres — encolure — épaule — poitrail — bras — coude — avant-bras — genou — canon — boulet — paturon — hanche — dos — auge — cuisse — flanc — ventre — grasset — châtaigne — jambe — corde du jarret — jarret — pince — couronne — fanon — sabot

vertèbre atlas — crâne — mâchoire inférieure — omoplate — humérus — sternum — radius — carpe — métacarpe — phalanges — colonne vertébrale — bassin — fémur — tibia — rotule — côtes — cubitus — calcanéum — tarse — astragale — métatarse — stylet — os crochu — phalange inguéale

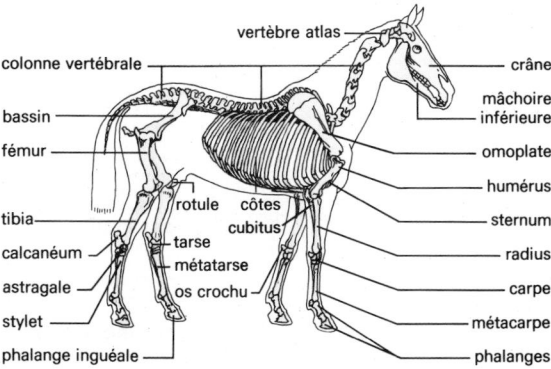

CHEVALET n. m. Support dont les peintres se servent pour poser leurs tableaux en cours d'exécution. ‖ Tout support servant à présenter un objet. ‖ Support des cordes d'un instrument de musique, délimitant leur longueur vibrante et transmettant leurs vibrations. ‖ Étai servant de soutien dans les réparations. ‖ Anc. instrument de torture.

CHEVALIER n. m. Antiq. Citoyen romain du second ordre, l'ordre équestre. ‖ Féod. Noble admis dans l'ordre de la chevalerie au Moyen Âge. ‖ Titre le moins élevé de la noblesse d'Empire. ‖ Auj., premier grade dans certains ordres honorifiques : chevalier de la Légion d'honneur. ‖ Oiseau échassier voisin du bécasseau, commun près des étangs ou sur les côtes

chevalier

de l'Europe occidentale. (Suivant les espèces, la taille varie entre 20 et 35 cm.) ● Chevalier d'industrie (Litt.), homme qui vit d'expédients.

CHEVALIÈRE n. f. (de bague à la chevalière). Bague dont le dessus en plateau s'orne d'initiales ou d'armoiries gravées.

CHEVALIN, E adj. Qui concerne le cheval. ‖ Qui a quelque ressemblance avec lui.

CHEVAL-VAPEUR n. m. (pl. chevaux-vapeur). Unité de puissance (symb. : ch) équivalant à 75 kilogrammètres par seconde, soit, approximativement, 736 watts.

CHEVAUCHANT, E adj. Se dit des parties d'un assemblage qui empiètent l'une sur l'autre.

CHEVAUCHÉE n. f. Course faite à cheval; grande randonnée à cheval.

CHEVAUCHEMENT n. m. Action de chevaucher. ‖ Géol. Avancée d'une série de terrains sur d'autres terrains.

CHEVAUCHER v. i. Litt. Aller à cheval. ◆ v. i. ou se chevaucher v. pr. Être superposé. ◆ v. t. Être à califourchon sur qqch.

CHEVAU-LÉGER n. m. (pl. chevau-légers). Soldat d'un corps de cavalerie légère (en France, du XVIe au XIXe s.).

CHEVÊCHE [ʃəvɛʃ] n. f. (de chouette). Chouette de petite taille, commune dans les bois. (Long. 25 cm.)

CHEVELU, E adj. et n. Qui a des cheveux; qui a des cheveux longs et touffus.

CHEVELURE n. f. Ensemble des cheveux. ‖ Astron. Nébulosité qui entoure le noyau d'une comète.

CHEVENNE, CHEVESNE n. m. → CHEVAINE.

CHEVET n. m. (lat. caput, capitis, tête) Tête de lit. ‖ Extrémité extérieure d'une église, du côté du maître-autel. ● Être au chevet d'un malade, rester auprès de son lit, le soigner. ‖ Livre de chevet, livre favori.

CHEVÊTRE n. m. Pièce de bois horizontale assemblée entre deux solives ou entre deux murs en équerre pour ménager une trémie.

CHEVEU n. m. (lat. capillus). Poil de la tête de l'homme. ● Avoir mal aux cheveux (Fam.), avoir mal à la tête après un excès de boisson. ‖ C'est tiré par les cheveux, ce raisonnement manque de naturel, de logique. ‖ Cheveu d'ange, guirlande très fine. ‖ Comme un cheveu sur la soupe (Fam.), mal à propos. ‖ Couper les cheveux en quatre, faire des distinctions très subtiles. ‖ Faire dresser les cheveux, faire horreur. ‖ Ne tenir qu'à un cheveu, dépendre de très peu de chose. ‖ Saisir l'occasion aux cheveux, la saisir au moment propice. ‖ Se faire des cheveux

(Fam.), se tourmenter, se faire du souci. ‖ Se prendre aux cheveux, se quereller, se battre.

CHEVEU-DE-VÉNUS n. m. (pl. cheveux-de-Vénus). Nom usuel de l'adiantum.

CHEVILLARD n. m. Boucher qui vend la viande à la cheville.

CHEVILLE n. f. (lat. clavicula, petite clef). Partie en saillie entre la jambe et le pied, formée par les apophyses inférieures, ou malléoles, du tibia et du péroné. ‖ Morceau de bois ou de métal pour boucher un trou, faire un assemblage, accrocher certains objets. ‖ Petite pièce de bois ou de métal qui sert à tendre ou à détendre les cordes d'un instrument de musique pour l'accorder. ‖ Addition complétant la mesure d'un vers, mais inutile pour le sens. ● Cheville ouvrière, grosse cheville sur laquelle pivote l'avant-train d'une voiture; principal agent ou instrument d'une affaire, d'une entreprise. ‖ Être en cheville avec qqn (Fam.), être en relations d'affaires ou d'intérêts avec lui. ‖ Ne pas arriver à la cheville de qqn, lui être très inférieur. ‖ Vente à la cheville, vente de la viande en gros ou en demi-gros aux abattoirs.

CHEVILLER v. t. Assembler avec des chevilles. ● Avoir l'âme chevillée au corps, avoir la vie dure.

CHEVILLETTE n. f. Petite cheville.

CHEVILLIER n. m. Partie des instruments de musique où sont enfoncées les chevilles.

CHEVIOTTE n. f. (angl. cheviot, mouton des Cheviot Hills). Laine d'agneau d'Écosse; étoffe faite avec cette laine.

CHÈVRE n. f. (lat. capra). Ruminant à cornes arquées en arrière, aux nombreuses races sauvages et domestiques, grimpeuses et sauteuses. ‖ Fourrure de cet animal. ‖ Appareil propre à élever des fardeaux; sorte de chevalet pour soutenir une pièce de bois que l'on façonne. ● Devenir chèvre (Fam.), s'énerver, s'impatienter. ‖ Ménager la chèvre et le chou, se conduire entre deux partis de manière à ne blesser ni l'un ni l'autre.

■ La chèvre vit une dizaine d'années et peut avoir annuellement une ou deux portées de deux ou trois petits chacune (durée de gestation : 150 jours). Dans le langage courant, chèvre désigne seulement la femelle, le mâle étant le bouc. (Cri : la chèvre bêle ou béguète.)

CHEVREAU n. m. Petit de la chèvre. ‖ Peau tannée, très simple, de chèvre ou de chevreau.

CHÈVREFEUILLE n. m. (lat. caprifolium). Genre de lianes aux fleurs odorantes, des bois de l'Europe occidentale, et dont plusieurs espèces sont ornementales. (Famille des caprifoliacées, genre lonicera.)

CHEVRETTE n. f. Petite chèvre. ‖ Femelle du chevreuil. ‖ Autre nom de la CREVETTE.

CHEVREUIL n. m. (lat. capreolus; de capra, chèvre). Ruminant des forêts d'Europe et d'Asie, de la famille des cervidés, et dont les bois, verticaux, n'ont que deux cors. (Haut. au garrot 70 cm; poids maximal 45 kg; longévité 15 ans.) [La femelle s'appelle chevrette, et son petit faon.]

CHEVRIER, ÈRE n. Gardeur, gardeuse de chèvres.

CHEVRIER n. m. Variété de haricot blanc.

CHEVRON n. m. (de chèvre). Pièce oblique d'un versant de toit inclinée dans le même sens que l'arbalétrier, posée sur les pannes et portant les lattes sur lesquelles on pose la couverture. ‖ Bois équarri pour les bâtis de grosse menuiserie. ‖ Galon en V renversé, qui était placé sur les manches de l'uniforme pour indiquer l'ancienneté des services ou les blessures reçues. ‖ Motif décoratif en forme de V. ‖ Tissu croisé présentant des côtes en zigzag. ‖ Hérald. Pièce honorable formée de deux pièces assemblées en angle aigu.

CHEVRONNÉ, E adj. Expérimenté, qui a de longues années de métier. ‖ Hérald. Se dit d'une pièce couverte de chevrons.

CHEVROTAIN n. m. Petit ruminant sans bois, d'Afrique et d'Asie. (Haut. au garrot : environ 35 cm.)

CHEVROTANT, E adj. Voix chevrotante, qui tremblote.

CHEVROTEMENT n. m. Tremblement de la voix.

CHEVROTER v. i. (de chèvre). Chanter, parler d'une voix tremblotante.

CHEVROTIN n. m. Peau de chevreau corroyée. ‖ Faon du chevreuil. ‖ Fromage de chèvre.

CHEVROTINE n. f. (de chevreuil). Gros plomb ou petite balle pour la chasse au gros gibier.

CHEWING-GUM [ʃwiŋɔm] n. m. (mot angl., de to chew, mâcher, et gum, gomme). Gomme parfumée que l'on mâche.

CHEZ prép. (lat. casa, hutte). Indique une localisation dans la maison, le pays, l'œuvre de qqn, la présence de qqch dans le comportement de qqn.

chèvre

chèvrefeuille

chicorée sauvage

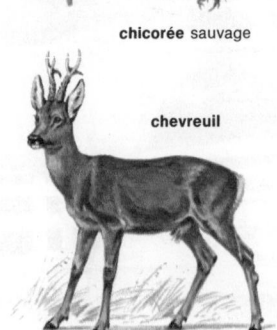

chevreuil

CHEZ-SOI, CHEZ-MOI, CHEZ-TOI n. m. inv. Domicile personnel.

CHIADER v. i. et t. *Pop.* Travailler beaucoup; soigner un travail.

CHIADEUR, EUSE adj. et n. *Pop.* Qui chiade.

CHIALER v. i. *Pop.* Pleurer, gémir.

CHIALEUR, EUSE adj. et n. *Pop.* Qui chiale.

CHIANT, E adj. *Pop.* Très ennuyeux.

CHIANTI [kjɑ̃ti] n. m. Vin rouge récolté dans le Chianti (Italie).

CHIASMA [kjasma] n. m. (gr. *khiasma*). *Anat.* Croisement en forme d'X.

CHIASMATIQUE adj. Relatif à un chiasma.

CHIASME [kjasm] n. m. (gr. *khiasma*, croisement). Procédé stylistique qui consiste à placer les éléments de deux groupes formant une antithèse dans l'ordre inverse de celui que laisse attendre la symétrie. (Ex. : *Un roi chantait en bas, en haut mourait un Dieu.*) ‖ Sorte de dissymétrie dynamique du corps dans la statuaire grecque classique.

CHIASSE [fjas] n. f. (lat. *cacare*, aller à la selle). *Pop.* Diarrhée.

CHIC n. m. *Fam.* Allure élégante, distinguée. ● *Avoir le chic pour*, avoir de l'habileté pour. ‖ *Travailler, dessiner, peindre de chic*, sans modèle, de mémoire. ◆ adj. inv. (en genre). Élégant et distingué : *des robes chics.* ‖ Généreux, serviable : *se montrer chic.* ◆ interj. fam. marquant le plaisir, la satisfaction.

CHICANE n. f. Querelle de mauvaise foi : *chercher chicane à qqn.* ‖ Série d'obstacles disposés sur une route pour imposer un parcours en zigzag. ‖ *Techn.* Dispositif qui contrarie le cheminement matériel d'un corps ou d'un fluide en mouvement. ● *La chicane* (Litt.), le goût du procès, la procédure.

CHICANER v. i. Contester sans motif, chercher des difficultés, ergoter : *il chicane sur tout.* ◆ v. t. Faire des reproches mal fondés à qqn.

CHICANERIE n. f. Difficulté suscitée par esprit de chicane.

CHICANEUR, EUSE ou **CHICANIER, ÈRE** adj. et n. Qui aime à chicaner.

CHICANO adj. et n. (de l'esp. *mexicano*, mexicain). *Fam.* Mexicain établi aux États-Unis.

CHICHE adj. (lat. *ciccum*, chose de peu de valeur). Qui répugne à dépenser, avare; qui témoigne de cet esprit.

CHICHE adj. m. (lat. *cicer*, pois). *Pois chiche*, gros pois gris.

CHICHE adj. *Chiche de* (Fam.), capable de, assez hardi pour. ◆ interj. fam. exprimant le défi.

CHICHE KEBAB n. m. (mot turc) [pl. *chiches kebabs*]. Brochette de mouton très assaisonnée.

CHICHEMENT adv. Avec parcimonie.

CHICHI n. m. (onomat.). *Fam.* Façons maniérées, simagrées : *faire du chichi, des chichis.*

CHICHITEUX, EUSE adj. et n. *Fam.* Qui fait des chichis.

CHICLE [tʃikle] n. m. (mot amér., d'orig. mexicaine). Latex qui s'écoule du sapotier et qui sert à la fabrication du chewing-gum.

CHICON n. m. Autre nom de la LAITUE ROMAINE. ‖ En Belgique et dans le nord de la France, endive.

CHICORÉE n. f. (gr. *kikhorion*). Plante herbacée de la famille des composées, dont on consomme en salade les feuilles de plusieurs espèces (*chicorée frisée, barbe-de-capucin, endive*). ‖ Racine torréfiée d'une espèce de chicorée que l'on mélange parfois au café.

CHICOT [fiko] n. m. (orig. obscure). Ce qui reste hors de terre d'un arbre rompu. ‖ *Fam.* Reste d'une dent cassée ou cariée.

CHICOTER v. i. Crier, en parlant de la souris.

CHICOTIN n. m. (de *socotrin*, aloès de Socotora). Suc amer extrait de l'aloès, de la coloquinte (vx).

CHIÉE n. f. *Pop.* Grande quantité.

CHIEN, CHIENNE n. (lat. *canis*). Mammifère domestique de l'ordre des carnassiers, famille des canidés, dont il existe un grand nombre de

teckel

CHIENS

lévrier afghan

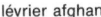

pékinois

loulou spitz nain

labrador « yellow »

bouledogue anglais

wippet bleu

berger allemand

dogue allemand

bouvier des Flandres

épagneul breton

CHIENS

fox-terrier

boxer

caniche

setter anglais

terre-neuve

Claye-Jacana

dalmatien

races, élevées comme chiens de garde, de berger, de trait, de chasse et de luxe. (Le chien peut vivre au maximum vingt ans.) [Cri : le chien *aboie, jappe, hurle.*] ‖ *Arm.* Autref., pièce d'une arme à feu qui portait le silex ; auj., masse additionnelle solidaire du percuteur, qui guide et renforce son action sur l'amorce de la cartouche. ● *Avoir du chien* (Fam.), avoir de l'élégance, de la séduction, en parlant d'une femme. ‖ *Avoir un mal de chien,* avoir bien des difficultés pour faire qqch. ‖ *Chien de, chienne de* ou *de chien,* indiquent qqch de pénible, de désagréable : *chienne de vie; caractère de chien.* ‖ *Chien de mer,* syn. de ROUSSETTE. ‖ *Chien de prairie,* rongeur hibernant et social construisant des villages de terriers dans le sud des États-Unis. ‖ *Coiffé à la chien,* coiffé avec des cheveux retombant sur le front. ‖ *Comme un chien,* très mal, de manière méprisable. ‖ *Coup de chien,* tempête subite. ‖ *Entre chien et loup,* à la tombée du jour. ‖ *Être chien,* être dur et avare. ‖ *Garder à qqn un chien de sa chienne* (Fam.), prévoir de se venger de lui. ‖ *Le chien du commissaire* (Fam.), son secrétaire. ‖ *Nom d'un chien* (Fam.), juron. ‖ *Recevoir qqn comme un chien dans un jeu de quilles,* le recevoir très mal. ‖ *Rompre les chiens* (Litt.), interrompre une conversation dont le sujet est dangereux. ‖ *Se coucher en chien de fusil,* sur le côté, en repliant les jambes. ‖ *Se regarder en chiens de faïence,* se regarder l'un l'autre d'un œil fixe et irrité. ‖ *Vivre, être comme chien et chat,* vivre en mauvaise intelligence.

CHIENDENT n. m. (de *chien* et de *dent*). Nom usuel de plusieurs graminacées vivaces par leurs rhizomes très développés, et nuisibles aux cultures (genres *agropyrum* et *cynodon*). ‖ *Racine séchée de chiendent.* ‖ *Fam.* Difficulté, ennui.

CHIENLIT [ʃjɑ̃li] n. m. ou f. *Fam.* Masque de carnaval; mascarade, déguisement (vx).

CHIENLIT n. f. *Fam.* Désordre.

CHIEN-LOUP n. m. (pl. *chiens-loups*). Nom donné à quelques races de chiens domestiques ressemblant au loup.

CHIENNERIE n. f. Ensemble de chiens (vx). ‖ *Fam.* et *vx.* Avarice.

CHIER v. i. *Pop.* Déféquer. ● *Ça va chier* (Pop.), ça va faire du remue-ménage. ‖ *Faire chier* (Pop.), importuner vivement. ‖ *Se faire chier* (Pop.), s'ennuyer. ‖ *Y a pas à chier* (Pop.), c'est inévitable.

CHIFFE n. f. (anc. angl. *chip,* petit morceau). Mauvaise étoffe. ● *Chiffe molle* ou *chiffe,* personne sans énergie.

CHIFFON n. m. Lambeau de vieux linge, de tissu. ‖ Morceau de papier sale et froissé. ● *Chiffon de papier,* engagement, contrat, traité de peu de valeur. ‖ *Papier de chiffon,* papier de luxe fabriqué à partir de chiffons ou de matières textiles. ‖ *Parler chiffons,* parler de toilettes féminines.

CHIFFONNADE n. f. Préparation culinaire composée d'oseille, de laitue, de persil et de cerfeuil, émincés et fondus au beurre.

CHIFFONNAGE ou **CHIFFONNEMENT** n. m. Action de chiffonner.

CHIFFONNE n. f. Branche flexible du pêcher, portant des yeux à fleurs sur toute sa longueur et un œil à bois à l'extrémité.

CHIFFONNER v. t. Froisser : *chiffonner une étoffe.* ‖ *Fam.* Contrarier, préoccuper : *cette affaire me chiffonne.* ● *Visage chiffonné,* visage fatigué.

CHIFFONNIER, ÈRE n. Personne qui ramasse les chiffons ou les vieux objets pour les revendre. ● *Se battre comme des chiffonniers* (Fam.), se battre avec acharnement.

CHIFFONNIER n. m. Petit meuble étroit et haut à tiroirs superposés.

CHIFFRABLE adj. Qui peut être évalué.

CHIFFRAGE n. m. Évaluation d'un montant, d'une dépense. ‖ *Mus.* Action de chiffrer un accord ou une basse.

CHIFFRE n. m. (it. *cifra*; ar. *sifr,* zéro). Chacun des caractères servant à représenter les nombres. ‖ Montant, total, valeur d'une chose : *chiffre de la population, de la dépense.* ‖ Code secret; service du ministère affecté à la correspondance par cryptogrammes. ‖ Combinaison d'un coffre-fort. ‖ Entrelacement des initiales d'un nom. ● *Chiffre d'affaires,* montant des opérations commerciales.

■ Les *chiffres romains* sont représentés par les lettres I, V, X, L, C, D, M, qui valent respectivement : 1, 5, 10, 50, 100, 500, 1000. Les *chiffres arabes* furent connus en France au Xᵉ s. Il y en a dix : 1, 2, 3, 4, 5, 6, 7, 8, 9, 0.

CHIFFRÉ, E adj. Qui utilise un code secret : *langage chiffré.* ● *Basse chiffrée* (Mus.), partie de basse dont certaines notes, surmontées de chiffres, doivent être complétées par les accords correspondants.

CHIFFREMENT n. m. Opération qui consiste à transformer un texte clair en cryptogramme.

CHIFFRER v. i. Atteindre un coût important : *ces réparations commencent à chiffrer.* ◆ v. t. Numéroter : *chiffrer des pages.* ‖ Graver ou broder des initiales. ‖ Transcrire en un langage chiffré. ‖ Évaluer le coût d'une opération financière. ‖ *Mus.* Mettre sur certaines notes de la basse des chiffres correspondant à des accords.

CHIFFREUR n. m. Attaché au service du chiffre.

CHIFFRIER ou **CHIFFRIER-BALANCE** (pl. *chiffriers-balance*) n. m. Registre comptable faisant la preuve de la concordance entre le journal et le grand-livre.

CHIGNOLE n. f. (lat. *ciconia,* cigogne). Perceuse portative, à main ou électrique. ‖ *Pop.* Mauvaise voiture.

CHIGNON n. m. (lat. *catena,* chaîne). Cheveux torsadés et roulés au sommet de la tête ou au-dessus de la nuque.

CHIHUAHUA n. m. (n. de ville). Petit chien d'agrément à poil ras.

CHI'ISME [ſiism] n. m. (ar. *chī'a,* parti). Doctrine des musulmans qui considèrent que la succession d'Abū Bakr au califat était illégale et que ce dernier devait revenir aux descendants d'Alī. (Les différentes sectes chi'ites [druzes, 'alawites, ismaéliens, duodécimains, zaydites], si elles identifient l'imâm [ou les imâms] avec le mahdi de tous les musulmans, se différencient par l'interprétation plus ou moins allégorique du Coran. Le chī'isme duodécimain [qui reconnaît douze imâms] est la religion nationale de l'Iran depuis le XVIᵉ s.)

CHI'ITE adj. et n. Adepte du chī'isme.

CHILIEN, ENNE adj. et n. Du Chili.

CHIMÈRE n. f. (lat. *chimaera,* chèvre). Projet séduisant, mais irréalisable; utopie. ‖ Poisson de l'ordre des holocéphales, vivant en eau profonde dans toutes les mers, mais peu commun, atteignant 1 m. ‖ Organisme constitué par des cellules et des tissus provenant de deux espèces différentes et coexistant en parfaite symbiose. ‖ Monstre fabuleux, dont le corps tenait du lion et de la chèvre, et qui avait la queue du dragon.

CHIMÉRIQUE adj. Qui se complaît dans les chimères : *esprit chimérique.* ‖ Qui a le caractère irréel d'une chimère; utopique.

CHIMIE n. f. (de *alchimie*). Science qui étudie les propriétés et la composition des corps ainsi que leurs transformations. ● *Chimie analytique,* branche qui utilise des moyens analytiques, en particulier pour obtenir la composition qualitative et quantitative de substances complexes. ‖ *Chimie biologique,* syn. de BIOCHIMIE. ‖ *Chimie générale,* celle qui traite des principes et des lois générales. ‖ *Chimie industrielle,* celle qui traite des opérations intéressant spécialement l'industrie. ‖ *Chimie minérale,* branche qui étudie les métalloïdes, les métaux et leurs combinaisons. ‖ *Chimie nucléaire,* branche qui étudie les propriétés et l'origine des noyaux atomiques ainsi que leurs transformations. ‖ *Chimie organique,* branche qui comprend l'étude des composés du carbone.

CHIMILUMINESCENCE n. f. Fluorescence provoquée par un apport d'énergie chimique.

CHIMIOSYNTHÈSE n. f. Synthèse bactérienne d'aliments, dont l'énergie est fournie par une réaction exothermique provoquée par la bactérie dans son milieu.

CHIMIOTHÉRAPIE n. f. *Méd.* Traitement par des substances chimiques.

CHIMIQUE adj. Relatif à la chimie. ● *Arme chimique,* arme utilisant des substances chimiques à effets toxiques sur l'homme, les animaux ou les plantes.

CHIMIQUEMENT adv. D'après les lois, les procédés de la chimie.

CHIMISME n. m. Ensemble de propriétés et de réactions chimiques relatives à un processus physiologique déterminé.

CHIMISTE n. Spécialiste de la chimie.

CHIMIURGIE n. f. Chimie utilisant les produits végétaux comme matière première.

CHIMPANZÉ n. m. (mot d'une langue d'Afrique). Singe anthropoïde de l'Afrique équato-

chimpanzé

riale, arboricole, sociable et s'apprivoisant facilement. (Le chimpanzé mesure 1,40 m, pèse 75 kg et, en liberté, peut vivre cinquante ans.)

CHINAGE n. m. Action de chiner.

CHINCHILLA [ſ̃ſila] n. m. (mot esp.; de *chinche,* punaise). Rongeur de l'Amérique du Sud, chassé pour sa fourrure gris perle de grande valeur. (Long. 25 cm sans la queue.) ‖ Sa fourrure : *une garniture de chinchilla.*

chinchilla

CHINE n. m. Porcelaine de Chine.

CHINÉ, E adj. De plusieurs couleurs mélangées.

CHINER v. t. (de s'*échiner*). *Fam.* et *vx.* Railler, critiquer qqn. ◆ v. i. Brocanter.

CHINETOQUE n. *Pop.* Terme raciste pour désigner un Chinois.

CHINEUR, EUSE n. *Fam.* Moqueur, railleur. ‖ *Pop.* Brocanteur.

CHINOIS, E adj. et n. De la Chine. ‖ Compliqué, bizarre, subtile à l'excès.

CHINOIS n. m. Langue parlée en Chine sous diverses formes dialectales et écrite grâce à un système idéographique. ‖ Passoire métallique à fond pointu. ● *C'est du chinois,* c'est incompréhensible.

CHINOISER v. i. Ergoter, chicaner.

CHINOISERIE n. f. Bibelot de Chine. ‖ Décor à la chinoise, en Occident (XVIIIᵉ s. surtout). ‖ Mesure compliquée et inutile.

CHINOOK [ſinuk] n. m. (mot indien). Vent chaud et sec qui descend des montagnes Rocheuses.

CHINTZ [ſints] n. m. Toile de coton glacée imprimée, originaire de Grande-Bretagne.

CHINURE n. f. Aspect de ce qui est chiné.

CHIONIS [kjɔnis] n. m. Oiseau blanc des côtes antarctiques, ressemblant à un pigeon. (Ordre des charadriiformes.)

CHIOT n. m. (lat. *catellus*). Jeune chien.

CHIOTTES n. f. pl. *Pop.* Syn. de LAVABOS, TOILETTES.

CHIOURME n. f. (it. *ciurma*). Ensemble des rameurs d'une galère, des forçats d'un bagne.

CHIPER v. t. (anc. fr. *chipe,* chiffon). *Fam.* Dérober.

CHIPIE n. f. *Fam.* Femme ou jeune fille désagréable, grincheuse ou prétentieuse.

CHIPOLATA n. f. (it. *cipolla,* oignon). Petite saucisse de porc.

CHIPOTAGE n. m. *Fam.* Action de chipoter.

CHIPOTER v. i. (anc. fr. *chipe,* chiffon). *Fam.* Faire des difficultés pour des vétilles. ‖ *Fam.* Faire le difficile pour manger.

CHIPOTEUR, EUSE adj. et n. *Fam.* Qui chipote.

CHIPS [ſips] n. f. pl. (mot angl., *copeaux*). Minces rondelles de pommes de terre frites.

CHIQUE n. f. Morceau de tabac à mâcher. ‖ *Fam.* Enflure de la joue. ‖ Puce des pays tropicaux qui s'introduit sous la peau. ‖ Petit cocon peu fourni en soie. ● *Avaler sa chique* (Pop.), mourir. ‖ *Couper la chique à qqn* (Fam.), l'interrompre brusquement. ‖ *Mou comme une chique* (Fam.), sans énergie.

CHIQUÉ n. m. *Pop.* Affectation, bluff.

CHIQUEMENT adv. *Fam.* D'une manière chic.

CHIQUENAUDE n. f. (prov. *chicanaudo*). Coup appliqué avec un doigt plié et raidi contre le pouce et détendu brusquement.

CHIQUER v. t. et i. Mâcher du tabac.

CHIQUEUR n. m. Celui qui chique.

CHIRALITÉ [kiralite] n. f. *Chim.* Propriété d'une molécule qui peut exister sous deux variétés inverses optiques l'une de l'autre.

CHIROGRAPHAIRE [kirografɛr] adj. (gr. *kheir,* main, et *graphein,* écrire). *Dr.* Se dit de toute créance qui n'est pas garantie par une hypothèque, ainsi que du créancier qui en est titulaire.

CHIROMANCIE [kirɔmɑ̃si] n. f. (gr. *kheir,* main, et *manteia,* divination). Procédé de divination fondé sur l'étude de la main (forme, lignes, etc.).

CHIROMANCIEN, ENNE [kirɔmɑ̃sjɛ̃, ɛn] n. Personne qui exerce la chiromancie.

CHIRONOME [kirɔnɔm] n. m. Petit moucheron, connu surtout par sa larve, ou *ver de vase,* abondante au fond des mares.

CHIROPRACTEUR [kirɔpraktœr] n. m. Personne qui pratique la chiropractie.

CHIROPRACTIE [kirɔprakti] ou **CHIROPRAXIE** [kirɔpraksi] n. f. (gr. *kheir,* main, et *praktikos,* mis en action). Traitement de certaines maladies par manipulations des vertèbres.

CHIROPRATICIEN, ENNE [kirɔpratisjɛ̃, ɛn] n. Terme préconisé par l'Administration pour remplacer CHIROPRACTEUR.

CHIROPTÈRE [kirɔptɛr] ou **CHÉIROPTÈRE** [keirɔptɛr] n. m. (gr. *kheir,* main, et *pteron,* aile). Mammifère, appelé aussi *chauve-souris,* caractérisé par l'adaptation au vol, ses membres antérieurs étant transformés en ailes. (Les *chiroptères* forment un ordre et sont pour la plupart des animaux nocturnes, insectivores, mais la roussette de l'Inde est frugivore.)

CHIRURGICAL, E, AUX adj. Relatif à la chirurgie.

CHIRURGIE n. f. (gr. *kheirourgia,* travail manuel). Discipline médicale qui consiste à pratiquer avec la main ou armée d'instruments des modifications sur un corps vivant.

CHIRURGIEN n. m. Médecin qui exerce la chirurgie.

CHIRURGIEN-DENTISTE n. m. (pl. *chirurgiens-dentistes*). Praticien spécialisé dans les soins de la bouche et des dents.

chistera

CHISTERA [ʃistera] n. m. (mot esp.). À la pelote basque, sorte de panier allongé et recourbé qui sert à renvoyer la balle contre le fronton.

CHITINE [kitin] n. f. (gr. *khitôn*, tunique). Substance organique azotée de la cuticule des insectes et autres arthropodes.

CHITINEUX, EUSE [ki-] adj. Contenant de la chitine ou formé de chitine.

CHITON [kitɔ̃] n. m. Mollusque marin des rochers littoraux, dont la coquille est formée de plaques articulées. (Long. 5 cm; nom usuel : *oscabrion.*) || Tunique de lin des anciens Grecs, finement plissée en Ionie.

CHIURE n. f. Excréments de mouche.

CHLAMYDE [klamid] n. f. (mot gr.). *Antiq. gr.* Pièce de laine drapée, attachée sur l'épaule par une fibule et servant de manteau.

CHLEUH, E adj. et n. *Fam.* et *péjor.* S'est dit des Allemands pendant la Seconde Guerre mondiale.

CHLOASMA [kloasma] n. m. (mot gr.). Ensemble de taches brunes sur la peau du visage, d'origine hormonale, et qui constituent notamment le «masque de grossesse».

CHLORAGE [klɔraʒ] n. m. Opération consistant à soumettre une matière textile à l'action du chlore.

CHLORAL [klɔral] n. m. Aldéhyde trichloré CCl_3CHO, obtenu par action du chlore sur l'alcool éthylique. • *Hydrate de chloral,* combinaison du chloral avec l'eau. (Calmant.)

CHLORAMPHÉNICOL n. m. Antibiotique actif sur le bacille des fièvres typhoïde et paratyphoïde et de nombreuses bactéries.

CHLORATE [klɔrat] n. m. Sel de l'acide chlorique.

CHLORATION n. f. Traitement de l'eau par le chlore en vue de la stériliser.

CHLORE [klɔr] n. m. (gr. *khlôros,* vert). Corps simple n° 17, de masse atomique 35,453, gazeux à la température ordinaire, de couleur verdâtre, d'odeur suffocante et toxique.
■ On prépare le chlore par électrolyse du chlorure de sodium. Gazeux ou dissous dans l'eau, le chlore, par son affinité pour l'hydrogène, agit comme un oxydant et détruit la partie colorante des matières végétales et animales. L'industrie l'emploie pour le blanchiment des tissus, la fabrication des hypochlorites, des chlorates, etc.; c'est un désinfectant puissant.

CHLORÉ, E [klɔre] adj. Qui contient du chlore.

CHLORELLE [klɔrɛl] n. f. Algue verte unicellulaire, capable de vivre en symbiose avec divers animaux et dont la culture «sans sol», à grande échelle, est envisagée pour l'alimentation humaine en raison de sa multiplication rapide.

CHLOREUX, EUSE [klɔrø] adj. Se dit de l'acide $HClO_2$.

CHLORHYDRATE [klɔridrat] n. m. Sel de l'acide chlorhydrique et d'une base azotée.

CHLORHYDRIQUE [klɔridrik] adj. *Acide chlorhydrique,* solution aqueuse de chlorure d'hydrogène HCl, gaz incolore d'odeur forte et étouffante. (Produit par l'action de l'acide sulfurique sur le sel marin, l'acide, très fort, sert notamment au traitement des métaux et dans la production de matières plastiques.)

CHLORIQUE [klɔrik] adj. Se dit de l'acide $HClO_3$.

CHLORITE [klɔrit] n. m. Sel de l'acide chloreux.

CHLOROFIBRE n. f. Fibre synthétique ininflammable, fabriquée à partir de polychlorure de vinyle pur.

CHLOROFORME [klɔrɔfɔrm] n. m. (de *chlore* et [*acide*] *formique*). Liquide incolore ($CHCl_3$), d'une odeur éthérée, résultant de l'action du chlore sur l'alcool, et utilisé autrefois comme anesthésique.

chiton

CHLOROFORMER [klɔrɔfɔrme] v. t. Soumettre à l'action anesthésique du chloroforme.

CHLOROMÉTRIE [klɔrɔmetri] n. f. Dosage du chlore contenu dans un chlorure décolorant.

CHLOROPHYCÉE [klɔrɔfise] n. f. Algue d'eau douce et marine, encore appelée *algue verte,* ne possédant comme pigment que de la chlorophylle. (Les *chlorophycées* forment une classe.)

CHLOROPHYLLE [klɔrɔfil] n. f. (gr. *khlôros,* vert, et *phullon,* feuille). Pigment vert des végétaux, fixé dans les chloroplastes, et qui ne se forme qu'à la lumière.

CHLOROPHYLLIEN, ENNE [klɔrɔfiljɛ̃, ɛn] adj. Relatif à la chlorophylle.

CHLOROPICRINE [klɔ-] n. f. Dérivé nitré du chloroforme, employé comme gaz de combat et aussi pour détruire les rongeurs (rats, etc.).

CHLOROPLASTE [klɔ-] n. m. Corpuscule des cellules végétales coloré par la chlorophylle et siège de la photosynthèse.

CHLOROQUINE [klɔrɔkin] n. f. Antiseptique dérivé de la quinoléine et employé dans le traitement du paludisme.

CHLOROSE [klɔroz] n. f. (gr. *khlôros,* vert). Anémie due à une teneur insuffisante des globules rouges en hémoglobine (vx). || Disparition partielle de la chlorophylle dans les feuilles d'un végétal, entraînant leur jaunissement.

CHLOROTIQUE [klɔ-] adj. et n. Atteint de chlorose.

CHLORPROMAZINE [klɔr-] n. f. Neuroleptique majeur, du groupe des phénothiazines, qui fut le premier neuroleptique synthétisé.

CHLORURE [klɔryr] n. m. Combinaison du chlore avec un corps simple ou composé, sel de l'acide chlorhydrique. • *Chlorure décolorant,* hypochlorite commercial.

CHLORURÉ, E adj. Qui contient un chlorure.

CHLORURER [klɔ-] v. t. Transformer un corps en chlorure.

CHOANES [kɔan] n. m. pl. (gr. *khoanê,* entonnoir). Orifices postérieurs des fosses nasales, qui font communiquer celles-ci avec le rhinopharynx.

CHOC n. m. (de *choquer*). Contact violent d'un corps avec un autre : *choc de deux voitures.* || Affrontement violent : *soutenir le choc de l'adversaire; de son choc des idées jaillit la lumière.* || Émotion violente et brusque : *subir un choc.* • *Choc en retour,* contrecoup d'un choc, d'un événement. || *Essai de choc,* procédé destructif

de mesure de la fragilité d'un métal ou d'un alliage. || *État de choc,* abattement physique consécutif à un traumatisme (*choc traumatique*), à une opération chirurgicale (*choc opératoire*), à l'anesthésie elle-même (*choc anesthésique*) ou à la présence dans l'organisme de protéines étrangères (*choc anaphylactique*). || *Traitement de choc,* méthodes thérapeutiques, parfois utilisées en psychiatrie, qui consistent à créer une brusque perturbation biologique chez un malade soit par introduction d'une protéine étrangère (*protéinothérapie*) ou d'une forte dose d'insuline (*choc insulinique*), soit par application d'un courant électrique (*électrochoc*). || *Unité de choc,* formation spécialisée dans les opérations difficiles à objectif limité. (V. COMMANDO.) ◆ adj. inv. Qui recherche un vif effet.

CHOCHOTTE n. f. *Fam.* Femme maniérée.

CHOCOLAT n. m. (esp. *chocolate,* mot aztèque). Aliment solide composé essentiellement de cacao et de sucre. || Boisson préparée à partir de cette substance délayée dans de l'eau ou du lait. ◆ adj. inv. Brun-rouge. ● *Être chocolat* (Fam.), être déçu, bredouille.

CHOCOLATÉ, E adj. Parfumé au chocolat.

CHOCOLATERIE n. f. Fabrique de chocolat.

CHOCOLATIER, ÈRE n. Fabricant de chocolat ou commerçant qui en vend.

CHOCOLATIÈRE n. f. Récipient à anse et à long bec verseur pour servir le chocolat liquide.

CHOCOTTES n. f. pl. *Avoir les chocottes* (Arg.), avoir peur.

CHOÉPHORE [kɔefɔr] n. f. (gr. *khoê,* libation, et *phoros,* qui porte). Femme qui, chez les Grecs, portait les offrandes destinées aux morts.

CHŒUR [kœr] n. m. (lat. *chorus,* gr. *khoros*). Groupe de personnes exécutant ensemble des danses et des chants réglés : *le chœur de la tragédie antique.* || Ensemble de chanteurs exécutant à l'unisson ou à plusieurs voix une œuvre musicale, avec ou sans le concours d'instruments. || Chant exécuté par plusieurs voix. || Partie de l'église en croix latine située au-delà du transept, vers l'est, et en principe réservée aux cérémonies liturgiques. || Groupe de personnes parlant et agissant ensemble. ● *En chœur,* unanimement, ensemble. || *Enfant de chœur,* enfant qui assiste le prêtre dans les cérémonies religieuses; personne naïve.

CHOIR v. i. (lat. *cadere,* tomber) [conj. 44]. *Laisser choir* (Litt.), laisser tomber, abandonner.

CHOISI, E adj. Recherché avec soin : *société, expression choisie.*

CHOISIR v. t. (gotique *kausjan,* goûter). Adopter qqn, qqch de préférence aux autres : *choisir ses députés; choisir la bonne route; j'ai choisi d'accepter; à vous de choisir si vous venez.*

CHOIX n. m. Action de choisir : *le choix des mots, d'une carrière.* || Ensemble des choses choisies : *un choix de livres.* ● *Au choix,* avec liberté de choisir. || *Choix d'objet* (Psychanal.), élection par le sujet d'un objet d'amour. (Le choix d'objet peut être *narcissique* [le sujet prend quelqu'un qui lui ressemble comme objet d'amour] ou par étayage sur les pulsions d'autoconservation [c'est alors quelqu'un qui ressemble à sa mère qui est choisi].) || *De choix,* de très bonne qualité. || *N'avoir que l'embarras du choix,* avoir de quoi choisir.

CHOKE-BORE [tʃɔkbɔr] ou **CHOKE** n. m. (angl. *to choke,* étrangler, et *to bore,* forer). Étranglement du canon de certains fusils de chasse, pour grouper les plombs.

CHOLAGOGUE [kɔlagɔg] adj. et n. m. (gr. *kholê,* bile, et *agein,* conduire). Se dit des substances qui provoquent l'excrétion biliaire.

CHOLÉCYSTECTOMIE [kɔ-] n. f. (gr. *kholê,* bile, *kustis,* vessie, et *ektomê,* ablation). Ablation de la vésicule biliaire.

CHOLÉCYSTITE [kɔlesistit] n. f. (gr. *kholê,* bile, et *kustis,* vessie). Inflammation de la vésicule biliaire.

CHOLÉCYSTOGRAPHIE [kɔ-] n. f. Radiographie de la vésicule biliaire après préparation par une substance de contraste.

CHOLÉCYSTOSTOMIE [kɔ-] n. f. *Chir.* Abouchement de la vésicule biliaire à la peau.

186

CHOLÉDOQUE [kɔledɔk] adj. m. (gr. *kholê*, bile, et *dekhesthai*, recevoir). Se dit du canal formé par la réunion du canal hépatique et du canal cystique, et qui conduit la bile au duodénum.

CHOLÉMIE [kɔlemi] n. f. (gr. *kholê*, bile, et *haima*, sang). Taux de la bile dans le sang, très faible à l'état normal, élevé dans les cas d'ictère.

CHOLÉRA [kɔlera] n. m. (gr. *kholera*). Maladie épidémique contagieuse, produite par le vibrion cholérique, ou bacille virgule, et caractérisée par des selles très fréquentes, des vomissements, une soif intense, un amaigrissement rapide, des crampes douloureuses dans les membres, un abattement profond avec abaissement de la température, et pouvant se terminer par la mort. ‖ *Fam.* Personne méchante. ● *Choléra nostras*, diarrhée saisonnière observée en Europe et due au colibacille.

CHOLÉRÉTIQUE [kɔleretik] adj. et n. m. Se dit des substances qui augmentent la sécrétion biliaire, comme l'artichaut, le boldo, etc.

CHOLÉRIFORME [kɔ-] adj. Qui a l'apparence du choléra.

CHOLÉRINE [kɔ-] n. f. Forme prémonitoire du choléra (selles fréquentes et abattement, sans coliques), ou forme bénigne du choléra nostras.

CHOLÉRIQUE [kɔ-] adj. et n. Relatif au choléra; atteint du choléra.

CHOLESTÉROL [kɔlɛsterɔl] n. m. (gr. *kholê*, bile, et *steros*, solide). Stérol d'origine alimentaire, présent dans toutes les cellules, dans le sang et, à un taux plus élevé, dans la bile. (À l'état pathologique, le cholestérol est précipité dans la vésicule ou les voies biliaires et forme certains calculs biliaires. Il est également considéré comme l'un des corps surchargeant les artères.)

CHOLESTÉROLÉMIE [kɔ-] n. f. Taux sanguin du cholestérol (compris normalement entre 1,50 et 2,50 g par litre).

CHOLINE [kɔlin] n. f. Corps azoté entrant dans la composition de la matière vivante. (Ses dérivés [acétylcholine, etc.] ont une grande importance dans le fonctionnement du système nerveux. La choline a un rôle protecteur de la cellule hépatique.)

CHOLINERGIQUE [kɔ-] adj. Se dit des éléments nerveux dont le médiateur chimique est l'acétylcholine, tels les nerfs parasympathiques et les fibres préganglionnaires du sympathique.

CHOLINESTÉRASE [kɔ-] n. f. Enzyme assurant la destruction rapide de l'acétylcholine formée aux extrémités des nerfs parasympathiques, ce qui limite la durée des actions exercées par ces nerfs.

CHOLURIE [kɔlyri] n. f. Présence dans l'urine des éléments de la bile, constante dans les ictères.

CHÔMABLE adj. Qui peut être chômé.

CHÔMAGE n. m. Période d'inactivité pour un travailleur, pour une industrie par manque d'ouvrage. ‖ Arrêt du travail les jours chômés. ● *Assistance chômage*, aide publique aux chômeurs totaux ou partiels dont les ressources sont insuffisantes. ‖ *Assurance chômage*, aide financière fournie aux chômeurs couverts par l'assurance, quel que soit le montant de leurs ressources. ‖ *Chômage déguisé*, excédent de travailleurs dans un secteur économique, agricole notamment, qui pourraient en être retirés sans nuire à la production. ‖ *Chômage partiel*, réduction de la durée du travail. ‖ *Chômage saisonnier*, chômage qui se produit dans une profession par suite des conditions atmosphériques, ou des conditions techniques inhérentes à l'activité économique en cause (mode, hôtellerie, etc.). ‖ *Chômage technique*, arrêt de travail imposé à certains secteurs d'une entreprise lorsque d'autres secteurs sont dans l'impossibilité de fournir les éléments nécessaires à l'ensemble des fabrications. ‖ *Chômage technologique*, chômage imputable au développement du progrès technique, qui conduit à la disparition de certains emplois, de certains métiers.

CHÔMÉ, E adj. *Jour chômé*, jour férié où l'on cesse le travail : *le 1er mai est un jour férié, chômé et payé.*

CHÔMER v. i. (bas lat. *caumare*, se reposer pendant la chaleur). Ne pas travailler par manque d'ouvrage, d'emploi. ‖ Suspendre le travail pendant les jours fériés. ‖ Cesser d'être actif : *la conversation n'a pas chômé pendant le repas.* ◆ v. t. Célébrer une fête par le repos : *chômer le 1er mai.*

CHÔMEUR, EUSE n. Personne qui se trouve involontairement sans travail.

CHONDRIOME [kɔ̃drijom] n. m. (gr. *khondrion*, petit grain). Ensemble des chondriosomes.

CHONDRIOSOME [kɔ̃drijozom] n. m. (gr. *khondrion*, petit grain, et *sôma*, corps). Organite en forme de petit grain, de bâtonnet, de filament, présent dans le cytoplasme de toute cellule animale ou végétale. (Syn. MITOCHONDRIE.)

CHONDROBLASTE [kɔ̃drɔblast] n. m. Cellule cartilagineuse. (Dans le cartilage, les chondroblastes sont entourés d'une membrane épaisse et souvent groupés en petites colonies à l'intérieur d'une même masse.)

CHONDROCALCINOSE [kɔ̃-] n. f. Trouble métabolique se manifestant par des crises douloureuses localisées aux grosses articulations et ressemblant aux crises de goutte.

CHONDRODYSTROPHIE [kɔ̃-] n. f. Ensemble des affections héréditaires réalisant un nanisme dysharmonieux.

CHONDROMATOSE [kɔ̃-] n. f. Affection des os dont la calcification ne se fait pas et qui restent cartilagineux.

CHONDROME [kɔ̃-] n. m. Tumeur bénigne du cartilage.

CHONDROSARCOME [kɔ̃-] n. m. Tumeur maligne d'un cartilage.

CHONDROSTÉEN [kɔ̃drɔsteɛ̃] n. m. Poisson cartilagineux aux écailles osseuses, tel que l'esturgeon. (Les *chondrostéens* forment une petite sous-classe.)

CHOPE n. f. (alsacien *schoppe*). Grand récipient pour boire la bière; son contenu.

CHOPER v. t. *Pop.* Prendre, attraper : *choper un rhume.* ‖ *Pop.* Voler. ● *Se faire choper* (Pop.), se faire prendre.

CHOPINE n. f. (moyen bas all. *schôpen*). Anc. mesure des liquides, d'environ un demi-litre. ‖ Au Canada, mesure de capacité équivalant à la moitié d'une pinte (un huitième de gallon, ou 0,568 litre). ‖ *Pop.* Bouteille.

CHOPPER [ʃɔpœr] n. m. (mot angl.). Outil préhistorique fruste issu d'un galet.

CHOPPER [ʃɔpœr] n. m. (mot angl.). Moto allongée à guidon haut, dont le siège, reculé, est muni d'un arceau d'appui pour le dos.

CHOP SUEY [ʃɔpsɔj] n. m. (mot chinois). Légumes divers émincés et sautés, souvent accompagnés de poulet ou de porc en lamelles.

CHOQUANT, E adj. Qui blesse; désagréable, offensant.

CHOQUER v. t. (onomat.). Donner un choc, heurter : *choquer un verre, une carafe.* ‖ Provoquer une violente perturbation physique ou psychique. ‖ Offenser, blesser qqn dans ses sentiments ou ses principes. ‖ *Mar.* Donner du mou à une écoute.

CHORAL, E, AUX ou **ALS** [kɔral, o] adj. (lat. *chorus*, chœur). Qui appartient au chœur.

CHORAL [kɔral] n. m. (pl. *chorals*). Chant à une voix de la liturgie protestante; ce même chant harmonisé. ‖ Composition pour orgue sur le thème de ce chant.

CHORALE [kɔral] n. f. Ensemble de personnes qui exécutent à l'unisson ou à plusieurs voix des œuvres musicales.

CHORDE ou **CORDE** [kɔrd] n. f. Partie dorsale et médiane du troisième feuillet embryonnaire, qui constitue le squelette axial de l'embryon.

CHORDÉ [kɔrde] n. m. → CORDÉ.

CHORÉDRAME [kɔredram] n. m. Drame dansé.

CHORÉE [kɔre] n. f. (gr. *khoreia*, danse). Syndrome neurologique caractérisé par des mouvements brusques touchant un ou plusieurs segments corporels. (Syn. DANSE DE SAINT-GUY.)

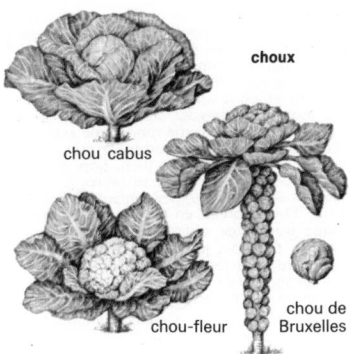

choux

chou cabus

chou-fleur

chou de Bruxelles

CHORÈGE [kɔrɛʒ] n. m. (gr. *khorêgos*). Antiq. gr. Citoyen qui organisait à ses frais les chœurs des concours dramatiques et musicaux.

CHORÉGRAPHE [kɔregraf] n. Personne qui compose des ballets (danse académique ou modern dance). [Syn. CHORÉAUTEUR.]

CHORÉGRAPHIE [kɔ-] n. f. (gr. *khoreia*, danse). Anc. notation des pas et des figures de la danse. ‖ Art de composer des ballets et des les transcrire; l'œuvre elle-même. (V. NOTATION.)

CHORÉGRAPHIQUE [kɔ-] adj. Relatif à la danse.

CHORÉIQUE [kɔreik] adj. et n. Relatif à la chorée; atteint de chorée.

CHOREUTE [kɔrøt] n. m. (gr. *khoreutês*). Choriste, dans le théâtre grec.

CHORIO-ÉPITHÉLIOME [kɔ-] n. m. Tumeur maligne se formant à partir d'une dégénérescence du placenta, la môle.

CHORION [kɔrjɔ̃] n. m. (gr. *khorion*, membrane). Enveloppe externe de l'embryon, chez les vertébrés supérieurs.

CHORISTE [kɔrist] n. Personne qui chante dans les chœurs.

CHORIZO [ʃɔrizo] n. m. (mot esp.). Saucisse de porc espagnole, assaisonnée et colorée au piment doux.

CHOROÏDE [kɔrɔid] n. f. (gr. *khorion*, membrane, et *eidos*, aspect). Membrane pigmentée et vascularisée de l'œil, située entre la rétine et la sclérotique, se continuant en avant par l'iris.

CHOROÏDIEN, ENNE adj. Relatif à la choroïde.

CHOROLOGIE [kɔrɔlɔʒi] n. f. (gr. *khôra*, pays). Étude de la répartition des êtres vivants à la surface du globe.

CHORUS [kɔrys] n. m. (lat. *chorus*, chœur). Partie principale d'un thème de jazz. ● *Faire chorus*, manifester bruyamment et collectivement son approbation; répéter avec ensemble les paroles de qqn.

CHOSE n. f. (lat. *causa*). Toute sorte d'objet matériel ou d'abstraction (peut remplacer un nom quelconque d'être inanimé) : *aller au fond des choses; il reste peu de chose à apprendre.* ● *C'est peu de chose*, c'est peu important. ‖ *Chose en soi* (Philos.), réalité absolue (par oppos. à l'apparence, ou représentation). ‖ *Chose jugée* (Dr.), ce qui a été décidé par le juge en conclusion d'un procès. ‖ *Faire bien les choses*, dépenser largement pour assurer la réussite extérieure. ‖ *La chose publique* (Litt.), l'État. ‖ *Les choses*, les événements : *il faut regarder les choses en face.* ◆ adj. *Être tout chose* (Fam.), être mal à l'aise.

CHOSIFICATION n. f. Action de chosifier.

CHOSIFIER v. t. Transformer des concepts, des idées en objets concrets. ‖ *Fam.* Donner de qqn une image statique et superficielle.

CHOTT [ʃɔt] n. m. (ar. *shâti*). Dans les régions arides, dépression fermée, souvent d'origine éolienne, dont le fond est occupé par une sebkha.

CHOU n. m. (lat. *caulis*) [pl. *choux*]. Genre de crucifères, comprenant plusieurs espèces cultivées pour l'alimentation ou le fourrage : *chou pommé* ou *cabus*, pour son énorme bourgeon terminal; *chou de Bruxelles*, pour ses bourgeons axillaires; *chou-fleur*, pour son inflorescence charnue; *chou-rave*, pour sa tige renflée; *chou-navet*, ou *rutabaga*, pour sa racine tubérisée (nom sc. : *Brassica oleracea*). ‖ Touffe de larges rubans. ‖ Pâtisserie ronde faite avec de la pâte à choux, souvent fourrée de crème pâtissière. ‖ Terme d'affection (fém. pop. CHOUTE). ● *Aller planter ses choux*, se retirer à la campagne. ‖ *Bout de chou*, petit enfant. ‖ *Faire chou blanc* (Fam.), obtenir un résultat nul. ‖ *Faire ses choux gras d'une chose*, en faire son profit. ‖ *Feuille de chou*, journal de peu de valeur. ‖ *Finir, être dans les choux*, échouer dans une entreprise. ‖ *Pâte à choux*, pâte à base de farine, de beurre et d'œufs liée au lait ou à l'eau.

CHOU adj. inv. *Fam.* Gentil, mignon : *il est chou, son chapeau.*

CHOUAN n. m. (de *Jean Cottereau*, dit *Jean Chouan*, chef des insurgés). Insurgé de l'Ouest pendant la Révolution.

CHOUANNERIE n. f. Insurrection paysanne née dans le Maine en 1793 sous l'influence de Jean Chouan, et qui gagna la Normandie et la Bretagne. (Elle prit fin en 1800.)

CHOUCAS [ʃuka] n. m. (onomat.). Oiseau voisin de la corneille, à plumage noir, sauf la nuque, qui est grise, vivant en bandes dans les tours, les clochers. (Long. 35 cm.)

CHOUCHOU, OUTE n. *Fam.* Enfant, élève favori.

CHOUCHOUTAGE n. m. *Fam.* Action de chouchouter.

CHOUCHOUTER v. t. *Fam.* Gâter, dorloter.

CHOUCROUTE [ʃukrut] n. f. (alsacien *sûrkrût*, herbe aigre). Conserve de choux fermentés dans de la saumure aromatisée de baies de genièvre. ● *Choucroute garnie*, plat préparé avec cette conserve accompagnée de charcuterie et de pommes de terre.

CHOUETTE n. f. (onomat.). Nom général donné aux oiseaux rapaces nocturnes qui ne possèdent pas de plumes en aigrette sur la tête. (Ex. : *chevêche, effraie*.) [Cri : la chouette *chuinte*.] ● *Vieille chouette* (Fam.), femme méchante, désagréable.

CHOUETTE adj. et interj. *Fam.* Beau, fameux, agréable.

CHOUETTEMENT adv. *Pop.* Bien, agréablement.

CHOU-FLEUR n. m. (pl. *choux-fleurs*) → CHOU.

CHOUIA [ʃuja] n. m. (ar. *chuwayya*). *Arg.* Petite quantité.

CHOU-NAVET n. m. (pl. *choux-navets*) → CHOU.

CHOU-PALMISTE n. m. (pl. *choux-palmistes*). Bourgeon comestible de certains palmiers (arec, cocotier, dattier).

CHOU-RAVE n. m. (pl. *choux-raves*) → CHOU.

CHOURINER v. t. → SURINER.

CHOW-CHOW [ʃoʃo] n. m. (pl. *chows-chows*). Race de chiens originaire de Chine.

CHOYER [ʃwaje] v. t. (conj. 2). Entourer qqn de soins affectueux.

CHRÉMATISTIQUE [kre-] adj. (gr. *khrêma, -atos*, richesse). *Écon.* Relatif à la production des richesses.

CHRÊME [krɛm] n. m. (gr. *khrisma*, huile). Huile bénite utilisée pour les consécrations et l'administration de certains sacrements.

CHRÉMEAU n. m. Bonnet de toile, dont on recouvre la tête de l'enfant après le baptême.

CHRESTOMATHIE [krɛstɔmati *ou* -si] n. f. (gr. *khrêstomatheia*, recueil de textes utiles). Recueil de textes choisis destinés à l'enseignement.

CHRÉTIEN, ENNE [kretjɛ̃, ɛn] adj. et n. (lat. *christianus*). Qui appartient à l'une des religions issues de la prédication du Christ.

CHRÉTIENNEMENT adv. De façon chrétienne.

CHRÉTIENTÉ n. f. Ensemble des pays ou des peuples chrétiens.

choucas

chouette
hulotte

CHRIS-CRAFT [kriskraft] n. m. inv. (nom déposé). Sorte de hors-bord.

CHRISME [krism] n. m. Monogramme du Christ, formé des lettres khi et rhô majuscules.

CHRIST [krist] n. m. (gr. *khristos*, oint). Le Messie, Jésus. (Avec une majuscule.) ‖ Crucifix.

CHRISTIANIA [kristjanja] n. m. (de l'anc. nom d'*Oslo*). Mouvement qui permet au skieur d'effectuer un virage ou un arrêt par un brusque quart de tour.

CHRISTIANISATION n. f. Action de christianiser.

CHRISTIANISER [kris-] v. t. Convertir à la religion chrétienne.

CHRISTIANISME [kris-] n. m. (de *Christ*). Ensemble des religions fondées sur la personne et l'enseignement de Jésus-Christ.

CHRISTIQUE [kris-] adj. Se dit de ce qui concerne la personne du Christ.

CHRISTOLOGIE n. f. Partie de la théologie consacrée à la personne et à l'œuvre du Christ.

CHROMAGE [krɔ-] n. m. Dépôt d'une mince pellicule résistante de chrome par électrolyse.

CHROMATE [krɔ-] n. m. Sel de l'acide chromique.

CHROMATINE [krɔ-] n. f. Substance caractéristique du noyau des cellules, fixant les colorants basiques tels que la *fuchsine*.

CHROMATIQUE [krɔ-] adj. (gr. *khrôma*, couleur). Relatif aux couleurs. ‖ Relatif aux chromosomes. ‖ *Mus.* Se dit d'une série de sons procédant par demi-tons soit en montant, soit en descendant. ● *Abstraction chromatique* (en angl. *color-field painting*, « peinture du champ coloré »), type de peinture abstraite créé par Newman, Rothko, etc.

CHROMATISME [krɔ-] n. m. Coloration. ‖ *Mus.* Caractère de ce qui est chromatique.

CHROMATOGRAMME n. m. Image obtenue par chromatographie.

CHROMATOGRAPHIE [krɔ-] n. f. Méthode de séparation des constituants d'un mélange, fondée sur leur adsorption sélective par des solides pulvérulents ou sur leur partage entre deux solvants.

CHROMATOPHORE [krɔ-] n. m. Cellule de la peau de l'homme et des animaux contenant un pigment qui donne sa coloration au tégument.

CHROME [krom] n. m. (gr. *khrôma*, couleur). Corps simple (Cr) nº 24, de masse atomique 51,966, métallique, blanc, dur, inoxydable. (Le

chrome fut découvert en 1797 par Vauquelin. Il est employé en revêtement protecteur et dans certains alliages.) ◆ pl. Pièces métalliques en acier chromé.

CHROMER [kro-] v. t. Recouvrir de chrome. ‖ Tanner du cuir aux sels de chrome.

CHROMEUR [kro-] n. m. Ouvrier qui pratique le chromage électrolytique.

CHROMEUX, EUSE [kro-] adj. Se dit des composés de chrome divalent.

CHROMINANCE [kro-] n. f. Signal contenant les informations de couleur en télévision.

CHROMIQUE [kro-] adj. Se dit de l'anhydride CrO$_3$ et des composés du chrome trivalent.

CHROMISATION [kro-] n. f. Cémentation par le chrome. (On dit aussi CHROMAGE THERMIQUE.)

CHROMISER [kro-] v. t. Traiter une pièce métallique par le procédé de chromisation.

CHROMISTE [kro-] n. m. Retoucheur en photogravure, en héliogravure et en offset.

CHROMO n. m. Syn. de CHROMOLITHOGRAPHIE. ‖ *Péjor.* Image en couleurs de mauvais goût.

CHROMODYNAMIQUE n. f. *Chromodynamique quantique*, théorie quantique des interactions fortes, comme celles entre quarks ponctuels.

CHROMOGÈNE [krɔ-] adj. Qui produit de la couleur.

CHROMOLITHOGRAPHIE n. f. (gr. *khrôma*, couleur, *lithos*, pierre, et *graphein*, écrire). Impression d'images en couleurs superposées par des procédés lithographiques; épreuve ainsi obtenue.

CHROMOSOME [kro-] n. m. (gr. *khrôma*, couleur, et *sôma*, corps). Élément de la cellule, particulièrement visible dans le noyau au moment de la division cellulaire.

■ Les chromosomes, en forme de grains, de filaments arqués ou de bâtonnets, sont en nombre constant (et pair) dans toutes les cellules d'un même individu et chez tous les individus de la même espèce. Ils contiennent les gènes, supports matériels de l'hérédité.

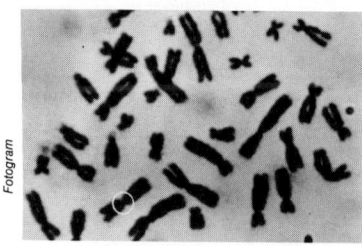

chromosomes humains

CHROMOSOMIQUE [kro-] adj. Relatif au chromosome.

CHROMOSPHÈRE [kro-] n. f. Couche moyenne de l'atmosphère solaire, entre la photosphère et la couronne.

CHROMOTYPOGRAPHIE ou **CHROMOTYPIE** [kro-] n. f. Procédé d'impression typographique en couleurs; épreuve obtenue par ce procédé.

CHRONAXIE [krɔnaksi] n. f. (gr. *khronos*, temps, et *axia*, valeur). Temps de passage du courant électrique nécessaire pour obtenir le seuil de la contraction avec une intensité double du courant liminaire (rhéobase).

CHRONICITÉ [krɔ-] n. f. *Méd.* État chronique.

CHRONIQUE [krɔnik] n. f. (gr. *khronos*, temps). Suite de faits consignés dans l'ordre de leur déroulement. ‖ Article de journal où sont rapportés les faits, les nouvelles du jour : *chronique politique, théâtrale*. ‖ Ensemble des nouvelles qui circulent sur des personnes : *défrayer la chronique; la chronique locale*. ‖ *Stat.* Suite ordonnée d'observations d'une variable au cours du temps, qui correspondent à des dates successives également espacées.

CHRONIQUE [krɔnik] adj. *Méd.* Se dit (par oppos. à AIGU) des maladies qui évoluent lentement et se prolongent. ‖ Se dit d'une situation fâcheuse qui dure longtemps : *chômage chronique.*

CHRONIQUEMENT [krɔ-] adv. De façon chronique.

CHRONIQUEUR, EUSE [krɔ-] n. Personne qui tient une chronique dans un journal : *chroniqueur littéraire, dramatique.* ‖ Auteur de chroniques : *les chroniqueurs du Moyen Âge.*

CHRONO n. m. → CHRONOMÈTRE.

CHRONOBIOLOGIE [krɔ-] n. f. Étude scientifique des rythmes biologiques des êtres vivants, en particulier du rythme circadien.

CHRONOGRAMME n. m. Représentation graphique de faits se succédant dans le temps.

CHRONOGRAPHE [krɔ-] n. m. Montre de précision, permettant de mesurer des intervalles de temps. (Syn. CHRONOMÈTRE.) ‖ Appareil permettant de faire constater par des procédés graphiques la durée d'un phénomène. ‖ *Astron.* Instrument permettant d'enregistrer avec précision l'instant d'un phénomène, par l'intermédiaire d'un signal électrique.

CHRONOLOGIE [krɔ-] n. f. (gr. *khronos,* temps, et *logos,* science). Science des temps ou des dates historiques. ‖ Succession dans le temps des événements historiques.

CHRONOLOGIQUE [krɔ-] adj. Relatif à la chronologie.

CHRONOLOGIQUEMENT [krɔ-] adv. D'après la chronologie; par ordre de dates.

CHRONOMÉTRAGE [krɔ-] n. m. Action de chronométrer.

CHRONOMÈTRE ou, fam., **CHRONO** [krɔ-] n. m. (gr. *khronos,* temps, et *metron,* mesure). Montre de précision, réglée dans différentes positions et sous des températures variées, ayant obtenu un bulletin officiel de marche.

CHRONOMÉTRER [krɔ-] v. t. (conj. **5**). Relever exactement le temps dans lequel s'accomplit une action, une épreuve sportive ou une opération industrielle.

CHRONOMÉTREUR, EUSE [krɔ-] n. Personne qui fait un chronométrage.

CHRONOMÉTRIE [krɔ-] n. f. Partie de la physique qui s'occupe de la mesure du temps.

CHRONOMÉTRIQUE adj. Relatif au chronomètre.

CHRONOPHOTOGRAPHIE [krɔ-] n. f. Procédé d'analyse du mouvement par des photographies successives.

CHRYSALIDE [krizalid] n. f. (gr. *khrusos,* or). Nymphe des lépidoptères, entre le stade chenille et le stade papillon. (La chrysalide est souvent enfermée dans un cocon de soie.)

CHRYSANTHÈME [krizɑ̃tɛm] n. m. (gr. *khrusos,* or, et *anthemon,* fleur). Genre de composées ayant donné de nombreuses et belles variétés ornementales.

CHRYSÉLÉPHANTIN, E [kri-] adj. (gr. *khrusos,* or, et *elephas,* ivoire). Se dit des objets et surtout des sculptures en or et ivoire.

CHRYSOBÉRYL [kri-] n. m. Aluminate naturel de béryllium pouvant former des pierres fines de couleur jaune vieil or à vert.

CHRYSOCALE [krizɔkal] n. m. (gr. *khrusos,* or, et *khalkos,* cuivre). Alliage de cuivre, d'étain et de zinc, qui imite l'or.

CHRYSOCOLLE [krizɔkɔl] n. f. Silicate hydraté de cuivre pouvant donner des pierres de couleur bleu turquoise intense.

CHRYSOLITE [kri-] n. f. (gr. *khrusos,* or, et *lithos,* pierre). Variété de péridot vert clair pouvant donner des pierres fines.

CHRYSOMÈLE [kri-] n. f. Insecte coléoptère brillamment coloré, dont les nombreuses espèces vivent sur diverses plantes.

CHRYSOMÉLIDÉ [kri-] n. m. Insecte coléoptère. (Les *chrysomélidés* forment une famille comprenant les *chrysomèles,* le *doryphore,* le *criocère,* la *donacie,* etc.)

CHRYSOPRASE [kri-] n. f. Variété vert pomme de calcédoine.

CH'TIMI adj. et n. *Fam.* Originaire du nord de la France.

CHTONIEN ou **CHTHONIEN, ENNE** [ktɔnjɛ̃, ɛn] adj. (du gr. *khthôn,* terre). *Myth.* Désigne les divinités de la terre, du monde souterrain.

C. H. U. [seaʃy ou ʃy] n. m. Abrév. de CENTRE HOSPITALO-UNIVERSITAIRE*.

CHUCHOTEMENT ou **CHUCHOTIS** n. m. Bruit de voix qui chuchotent.

CHUCHOTER v. i. ou t. (onomat.). Prononcer à voix basse : *chuchoter quelques mots à l'oreille.*

CHUCHOTERIE n. f. *Fam.* et *péjor.* Entretien à voix basse.

CHUCHOTEUR, EUSE adj. et n. Qui chuchote; qui aime à chuchoter.

CHUINTANT, E adj. et n. f. Se dit de certaines consonnes fricatives ([ʃ] et [ʒ]) qui se prononcent comme les sifflantes, mais avec les lèvres poussées en avant.

CHUINTEMENT n. m. Action de chuinter.

CHUINTER v. i. (onomat.). Crier, en parlant de la chouette. ‖ Prononcer un son chuintant. ‖ Siffler, en parlant d'un liquide ou d'un gaz qui s'échappe par un orifice étroit.

CHURINGA [ʃyrɛ̃ga] n. m. (d'une langue australienne). *Anthropol.* Objet rituel, réceptacle de l'âme des morts ou des êtres vivants à venir.

CHURRIGUERESQUE adj. (des *Churriguera*). Se dit de l'architecture baroque espagnole au comble de son exubérance (première moitié du XVIIIᵉ s. : œuvres de P. de Ribera à Madrid, de Narciso Tomé à Tolède, de Leonardo de Figueroa à Séville, etc.).

CHUT! [ʃyt] interj. (onomat.). Ordre de se taire.

CHUTE n. f. (de *chu,* part. pass. de *choir*). Le fait de tomber : *faire une chute; chute des cheveux.* ‖ Débris de matière (papier, tissu, bois, etc.) perdus après une coupe. ‖ Action de s'écrouler, ruine, effondrement; insuccès : *la chute d'un gouvernement.* ‖ *Litt.* Action de commettre une faute, de tomber dans la déchéance. ‖

chrysanthème

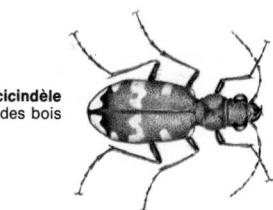

cicindèle
des bois

Aux cartes, levées demandées qu'on n'a pas faites. ‖ *Littér.* Pensée, trait final qui termine un texte. ● *Angle de chute* (ou *angle d'impact*), angle que fait la trajectoire avec le terrain au point d'impact. ‖ *Chute d'eau,* cascade, cataracte. ‖ *Chute du jour,* moment où la nuit arrive. ‖ *Chute des reins,* le bas du dos. ‖ *Chute d'une voile,* hauteur verticale d'une voile quand elle est tendue. ‖ *Chute d'un toit,* sa pente. ‖ *Point de chute,* lieu d'arrivée.

CHUTER v. i. *Fam.* Tomber. ‖ Aux cartes, ne pas effectuer les levées prévues.

CHUTER v. t. Crier « chut! » à qqn.

CHUTEUR n. m. *Chuteur opérationnel,* parachutiste employant pour des missions spéciales un parachute à ouverture retardée.

CHYLE [ʃil] n. m. (gr. *khulos,* suc). Liquide blanchâtre contenu dans l'intestin grêle et représentant le résultat de la digestion.

CHYLIFÈRE adj. Qui transporte le chyle.

CHYME [ʃim] n. m. (gr. *khumos,* humeur). Liquide contenu dans l'estomac et résultant de la digestion gastrique des aliments.

CHYPRIOTE adj. et n. → CYPRIOTE.

Ci, symbole du *curie.*

CI adv. (lat. *ecce hic,* voici ici). Joint aux noms précédés de *ce, cette, ces* et aux pronoms démonstratifs *celui, celle, ceux* (*cet homme-ci, ce monde-ci; celui-ci, celle-ci*), par oppos. à LÀ, pour désigner un objet proche ou un moment présent. ● *Comme ci comme ça,* ni bien ni mal. ‖ *Par-ci par-là, de-ci de-là,* de côté et d'autre.

CIAO! [tʃao] interj. (mot it.). *Fam.* Au revoir, adieu.

CI-APRÈS adv. Après ce passage-ci.

CIBARE n. m. En Suisse, soldat qui marque à la cible.

CIBISTE n. Utilisateur de la citizen band pour des communications privées.

CIBLE n. f. (all. de Suisse *sch be,* disque). Objet servant de but pour l'instruction du tir. ‖ *Phys.* Substance soumise à un bombardement par un faisceau de particules. ● *Cible publicitaire,* groupe de personnes auquel s'adresse une campagne de publicité et défini par des caractéristiques socioprofessionnelles. ‖ *Être la cible de,* être le point de mire, le but de.

CIBOIRE n. m. (lat. *ciborium*). Vase sacré où l'on conserve les hosties consacrées.

CIBORIUM [sibɔrjɔm] n. m. (mot lat.). Édicule surmontant un autel, sorte de baldaquin, d'origine paléochrétienne.

CIBOULE n. f. (lat. *caepula,* oignon). Plante cultivée, originaire de Sibérie, dont les feuilles ventrues servent de condiment. (Famille des liliacées.) [Syn. CIVE.]

CIBOULETTE n. f. Plante croissant dans le monde entier, mais que l'on cultive pour ses feuilles cylindriques servant de condiment. (Famille des liliacées.) [Syn. CIVETTE.]

CIBOULOT n. m. *Pop.* Tête.

CICATRICE n. f. (lat. *cicatrix, -icis*). Trace qui reste d'une plaie, d'une blessure : *un visage couvert de cicatrices.* ‖ Trace d'une catastrophe, d'une blessure morale.

CICATRICIEL, ELLE adj. Relatif à une cicatrice.

CICATRICULE n. f. *Biol.* Petit disque qui renferme le noyau femelle de l'œuf.

CICATRISABLE adj. Qui peut se cicatriser.

CICATRISANT, E adj. et n. m. Se dit d'un remède qui favorise la cicatrisation.

CICATRISATION n. f. Action de se cicatriser.

CICATRISER v. t. (lat. *cicatricare*). Fermer une plaie. ● *Cicatriser une douleur,* l'apaiser, la calmer. ◆ **se cicatriser** v. pr. Se fermer, en parlant d'une plaie.

CICÉRO [sisero] n. m. Épaisseur de douze points typographiques, qui sert d'unité de longueur en imprimerie. (Syn. DOUZE.)

CICÉRONE [siserɔn] n. m. (mot it.) [pl. *cicérones*]. *Litt.* Guide des étrangers dans une ville.

CICINDÈLE [sisɛdɛl] n. f. (lat. *cicindela,* ver luisant). Insecte coléoptère, voisin des carabes, utile à l'agriculture, car il détruit les limaces, les larves phytophages. (Il mesure 1 cm de long et a des élytres verts tachetés de jaune.)

CICONIIDÉ [sikoniide] n. m. (lat. *ciconia,* cigogne, et gr. *eidos,* apparence). Oiseau échassier. (Les *ciconiidés* forment une famille comprenant la *cigogne,* le *marabout,* l'*ombrette.*)

CI-CONTRE adv. En regard, vis-à-vis.

CICUTINE [sikytin] n. f. (lat. *cicuta,* ciguë). Alcaloïde très vénéneux qui se trouve dans la grande ciguë.

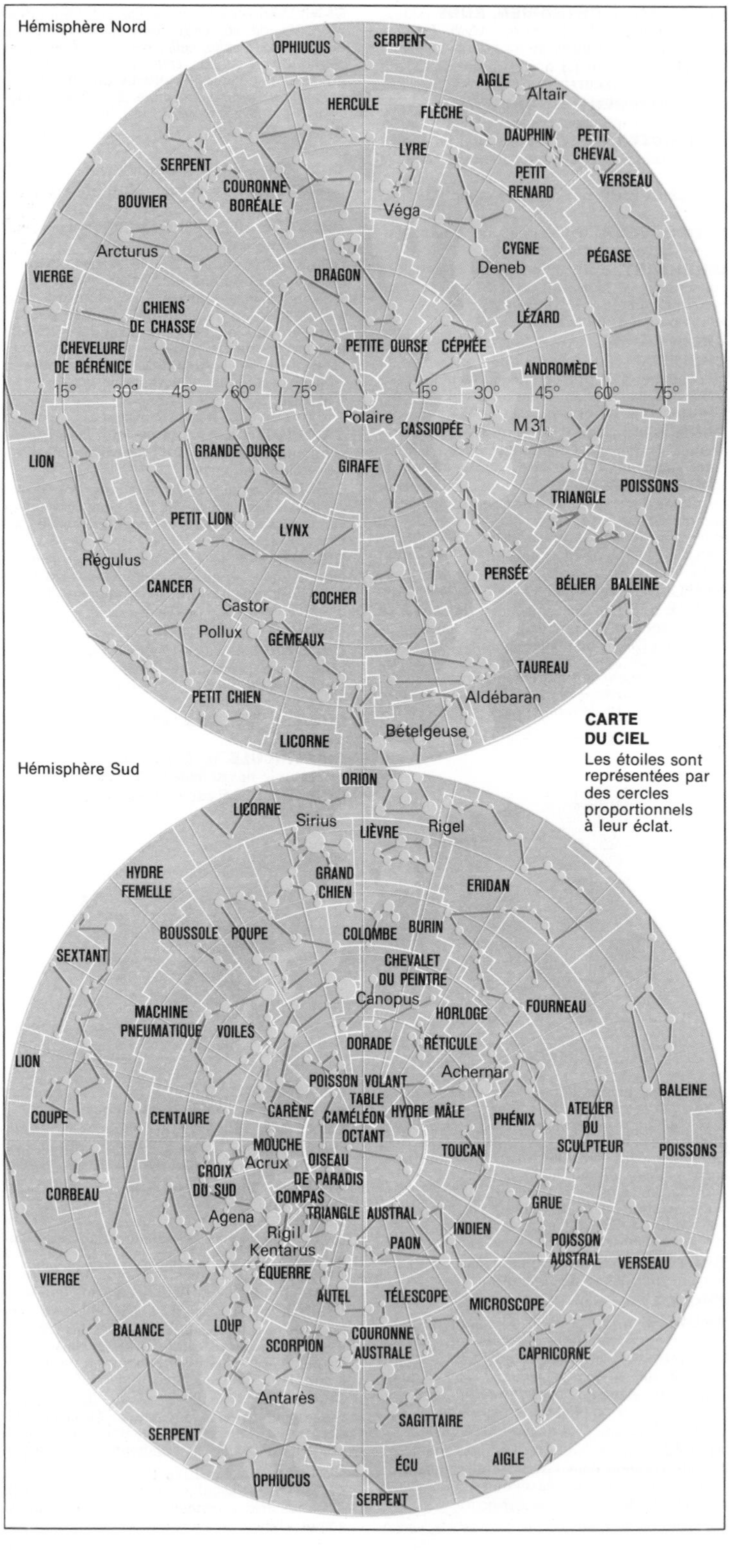

Carte du ciel

Hémisphère Nord

OPHIUCUS — SERPENT — AIGLE — Altaïr — HERCULE — FLÈCHE — DAUPHIN — PETIT CHEVAL — LYRE — PETIT RENARD — VERSEAU — SERPENT — COURONNE BORÉALE — Véga — CYGNE — Deneb — PÉGASE — BOUVIER — VIERGE — Arcturus — DRAGON — LÉZARD — CHIENS DE CHASSE — CÉPHÉE — PETITE OURSE — ANDROMÈDE — CHEVELURE DE BÉRÉNICE — 15° 30° 45° 60° 75° — 15° 30° 45° 60° 75° — Polaire — CASSIOPÉE — M 31 — LION — GRANDE OURSE — GIRAFE — TRIANGLE — POISSONS — PETIT LION — LYNX — Régulus — CANCER — COCHER — PERSÉE — BÉLIER — BALEINE — Castor — GÉMEAUX — Pollux — PETIT CHIEN — TAUREAU — Aldébaran — LICORNE — Bételgeuse

CARTE DU CIEL
Les étoiles sont représentées par des cercles proportionnels à leur éclat.

Hémisphère Sud

ORION — LICORNE — LIÈVRE — Rigel — Sirius — HYDRE FEMELLE — GRAND CHIEN — ÉRIDAN — BOUSSOLE — POUPE — COLOMBE — BURIN — SEXTANT — CHEVALET DU PEINTRE — Canopus — HORLOGE — FOURNEAU — MACHINE PNEUMATIQUE — VOILES — DORADE — RÉTICULE — LION — POISSON VOLANT — Achernar — BALEINE — COUPE — CENTAURE — CARÈNE — TABLE — HYDRE MÂLE — PHÉNIX — ATELIER DU SCULPTEUR — POISSONS — MOUCHE — CAMÉLÉON — OCTANT — TOUCAN — CROIX DU SUD — Acrux — OISEAU DE PARADIS — CORBEAU — COMPAS — Agena — TRIANGLE AUSTRAL — GRUE — Rigil Kentarus — PAON — INDIEN — POISSON AUSTRAL — VERSEAU — VIERGE — ÉQUERRE — AUTEL — TÉLESCOPE — MICROSCOPE — BALANCE — LOUP — COURONNE AUSTRALE — CAPRICORNE — SCORPION — Antarès — SERPENT — SAGITTAIRE — ÉCU — AIGLE — OPHIUCUS — SERPENT

CI-DESSOUS adv. Dans l'endroit qui est dessous.

CI-DESSUS adv. Plus haut.

CI-DEVANT adv. Avant ce temps-ci, précédemment.

CI-DEVANT n. inv. Pendant la Révolution, personne attachée à l'Ancien Régime par ses titres, sa position.

CIDRE n. m. (gr. *sikera*, boisson enivrante). Boisson faite avec le jus fermenté des pommes.

CIDRERIE n. f. Usine ou local où l'on fabrique du cidre.

Cie, abrév. de COMPAGNIE, désignant les associés d'une société commerciale.

CIEL n. m. (lat. *caelum*) [pl. *cieux*]. Espace infini au-dessus de nos têtes. ‖ Séjour de Dieu et des justes après leur mort. ‖ Puissance divine : *invoquer le ciel*. ‖ Aspect de l'atmosphère selon le temps qu'il fait (pl. *ciels*) : *ciel bas, sans nuages, bleu*. • *À ciel ouvert*, à l'air libre. ‖ *Ciel de lit*, dais placé au-dessus d'un lit pour y suspendre des rideaux. (Dans cette acception, le pluriel est *ciels*.) ‖ *Élever au ciel*, louer vivement. ‖ *Entre ciel et terre*, en l'air. ‖ *Le feu du ciel*, la foudre. ‖ *Remuer ciel et terre*, mettre tout en œuvre pour réussir. ‖ *Sous d'autres cieux*, dans un autre pays. ‖ *Tomber du ciel*, arriver à l'improviste, mais à propos; être stupéfait, ne rien comprendre. ◆ interj. de surprise, de douleur.

CIERGE n. m. (lat. *cera*, cire). Longue chandelle de cire à usage religieux. ‖ Genre de plantes grasses de la famille des cactacées, dont

cierge du Mexique

certaines espèces ont l'aspect de colonnes pouvant atteindre 15 m. • *Brûler un cierge à qqn*, lui manifester sa reconnaissance. ‖ *Cierge pascal*, grand cierge bénit que l'on allume durant tout le temps pascal aux offices solennels.

CIGALE n. f. (prov. *cigala*, lat. *cicada*). Insecte abondant dans la région méditerranéenne, vivant sur les arbres, dont il puise la sève. (Long. avec les ailes : 5 cm; ordre des homoptères. En été, les mâles font entendre un bruit strident et monotone.) [Cri : la cigale *stridule*.]

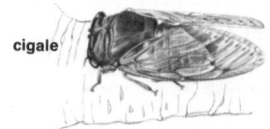

cigale

CIGARE n. m. (esp. *cigarro*). Petit rouleau de feuilles de tabac, que l'on fume. ‖ *Pop.* Tête.

CIGARETTE n. f. Tabac coupé et roulé dans du papier très fin, que l'on fume.

CIGARIÈRE n. f. Ouvrière qui confectionne des cigares.

CIGARILLO [sigarijo] n. m. (mot esp.). Petit cigare.

CI-GÎT adv. Formule ordinaire des épitaphes, précédant le nom du mort.

CIGOGNE [sigɔŋ] n. f. (prov. *cegonha*, lat. *ciconia*). Oiseau échassier migrateur, dont l'espèce la plus connue, la cigogne blanche à ailes noires, atteint plus d'un mètre de hauteur. (La cigogne *claquette* ou *craquette*.)

CIGOGNEAU n. m. Petit de la cigogne.

CIGUË [sigy] n. f. (lat. *cicuta*). Plante des décombres, des chemins, très vénéneuse, car elle contient un alcaloïde toxique, la cicutine. (La *grande ciguë* peut mesurer jusqu'à 2 m de haut; famille des ombellifères.) ‖ Poison extrait de cette plante, utilisé par les Anciens. ● *Petite ciguë*, syn. de ÆTHUSE.

CI-INCLUS, E adj. et adv. Contenu dans cet envoi : *vous trouverez la quittance ci-incluse; vous trouverez ci-inclus la quittance.*

CI-JOINT, E adj. et adv. Joint à cet envoi : *vous trouverez la quittance ci-jointe; vous trouverez ci-joint la quittance.*

CIL n. m. (lat. *cilium*). Poil garnissant le bord des paupières de l'homme et des singes. ● *Cils vibratiles,* expansions protoplasmiques très ténues et nombreuses dont sont munies certaines cellules animales ou végétales, et qui, par leurs mouvements rythmiques, provoquent le déplacement de la cellule dans son milieu liquide ou créent dans l'organisme un courant de liquide (cellules fixes de certains épithéliums).

CILIAIRE adj. Relatif aux cils. ● *Muscles ciliaires* ou *procès ciliaires,* muscles annulaires situés au pourtour de la cornée, et réglant l'ouverture de l'iris.

CILICE n. m. (lat. *cilicium,* étoffe en poil de chèvre de Cilicie). Chemise, large ceinture de crin qu'on porte sur la peau par pénitence.

CILIÉ, E adj. Garni de cils.

CILIÉ n. m. Protozoaire à cils vibratiles (*paramécie, vorticelle*).

CILLEMENT n. m. Action de ciller.

CILLER [sije] v. t. et i. (de *cil*). Fermer et rouvrir rapidement les paupières.

CIMAISE ou **CYMAISE** n. f. (gr. *kumation,* petite vague). Corps de moulures comprenant un talon ou une doucine et formant partie supérieure de corniche, corniche entière, cordon de lambris à hauteur d'appui. ‖ Mur propre à recevoir des tableaux dans une galerie, un musée.

CIME n. f. (gr. *kuma*). Sommet d'une montagne, d'un arbre, etc.

CIMENT n. m. (lat. *caementum,* pierre non taillée). Matière pulvérulente formant avec l'eau ou une solution saline une pâte plastique liante, capable d'agglomérer, en durcissant, des substances variées. ‖ Toute substance interposée entre deux corps durs pour les lier. ‖ *Litt.* Lien, moyen d'union. ‖ *Géol.* Matière qui consolide les roches détritiques en cristallisant dans les espaces compris entre les débris rocheux. ● *Ciment de laitier,* ciment obtenu à partir d'un mélange de 20 p. 100 de clinker et de 80 p. 100 de laitier de haut fourneau granulé. ‖ *Ciment métallurgique,* ciment obtenu à partir d'un mélange de 30 p. 100 de clinker et de 70 p. 100 de laitier de haut fourneau, avec une légère addition de gypse. ‖ *Ciment Portland,* ciment obtenu par le broyage, avec addition de gypse, des clinkers résultant de la cuisson vers 1 500 °C d'un mélange de calcaire et d'argile. ‖ *Ciment prompt* ou *ciment à prise rapide,* ciment qui fait prise en quelques minutes.

CIMENTATION n. f. Action de cimenter. ‖ Consolidation d'un puits de pétrole par injection de ciment derrière le cuvelage.

CIMENTER v. t. Lier, garnir avec du ciment. ‖ *Litt.* Affermir, consolider : *le pacte a cimenté leur union.*

CIMENTERIE n. f. Fabrique de ciment.

CIMENTIER n. m. Celui qui fabrique ou emploie du ciment.

CIMETERRE n. m. (it. *scimitarra,* mot turc). Sabre oriental large et recourbé.

cigogne

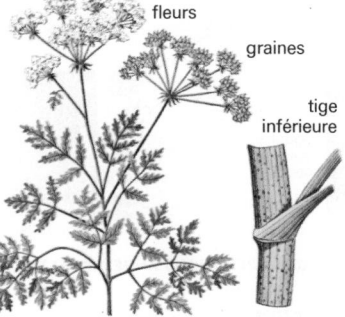

fleurs

graines

tige inférieure

ciguë officinale

CIMETIÈRE n. m. (lat. *coemeterium,* lieu de repos, mot gr.). Lieu où l'on enterre les morts. ● *Cimetière de voitures,* lieu où sont rassemblées les voitures hors d'usage.

CIMIER n. m. (de *cime*). Ornement qui forme la partie supérieure d'un casque. ‖ Pièce de viande sur le quartier de derrière du bœuf, du cerf. ‖ *Hérald.* Figure posée sur le timbre du casque qui surmonte l'écu des armoiries.

cimier

CINABRE [sinabr] n. m. (gr. *kinnabari*). Sulfure naturel de mercure HgS, d'un rouge vermillon, dont on extrait ce métal. ‖ Couleur rouge vermillon.

CINCHONINE [sɛ̃konin] n. f. (d'un n. pr.). Alcaloïde dérivé du quinquina.

CINCLE [sɛ̃kl] n. m. (gr. *kigklos*). Passereau de la famille des turdidés, à plumage gris-brun, mesurant 20 cm, vivant près des cours d'eau, où il plonge et marche sur le fond à la recherche de sa nourriture (vers, larves, insectes).

CINÉ n. m. *Fam.* Syn. de CINÉMA.

CINÉASTE n. Auteur ou réalisateur de films.

CINÉ-CLUB n. m. (pl. *ciné-clubs*). Association qui a pour objet de donner à ses membres une culture cinématographique.

CINÉMA n. m. (abrév. de *cinématographe*). Art de composer et de réaliser des films destinés à être projetés. ‖ Salle de spectacle destinée à la

FABRICATION DU CIMENT

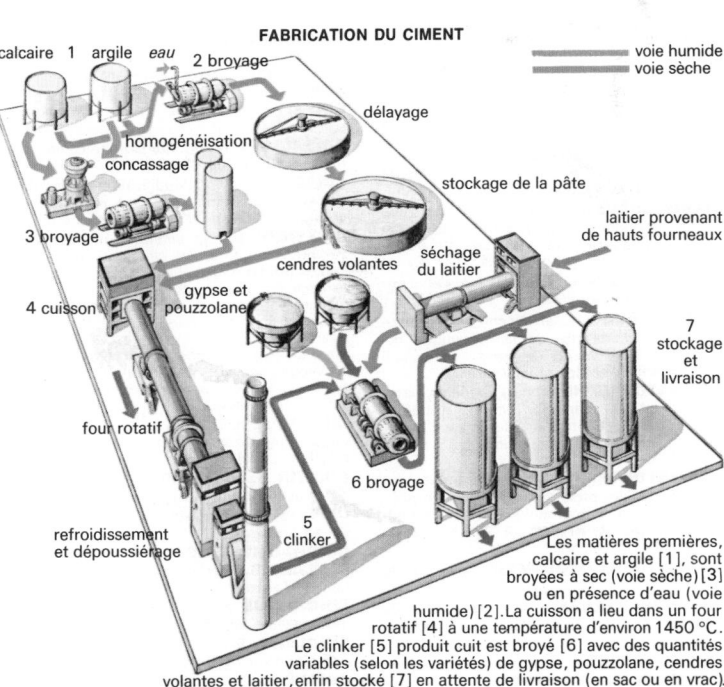

voie humide
voie sèche

calcaire 1   argile   *eau*   2 broyage
délayage
homogénéisation
concassage
stockage de la pâte
3 broyage
laitier provenant de hauts fourneaux
cendres volantes
séchage du laitier
gypse et pouzzolane
4 cuisson
7 stockage et livraison
four rotatif
6 broyage
refroidissement et dépoussiérage
5 clinker

Les matières premières, calcaire et argile [1], sont broyées à sec (voie sèche) [3] ou en présence d'eau (voie humide) [2]. La cuisson a lieu dans un four rotatif [4] à une température d'environ 1450 °C. Le clinker [5] produit cuit est broyé [6] avec des quantités variables (selon les variétés) de gypse, pouzzolane, cendres volantes et laitier, enfin stocké [7] en attente de livraison (en sac ou en vrac).

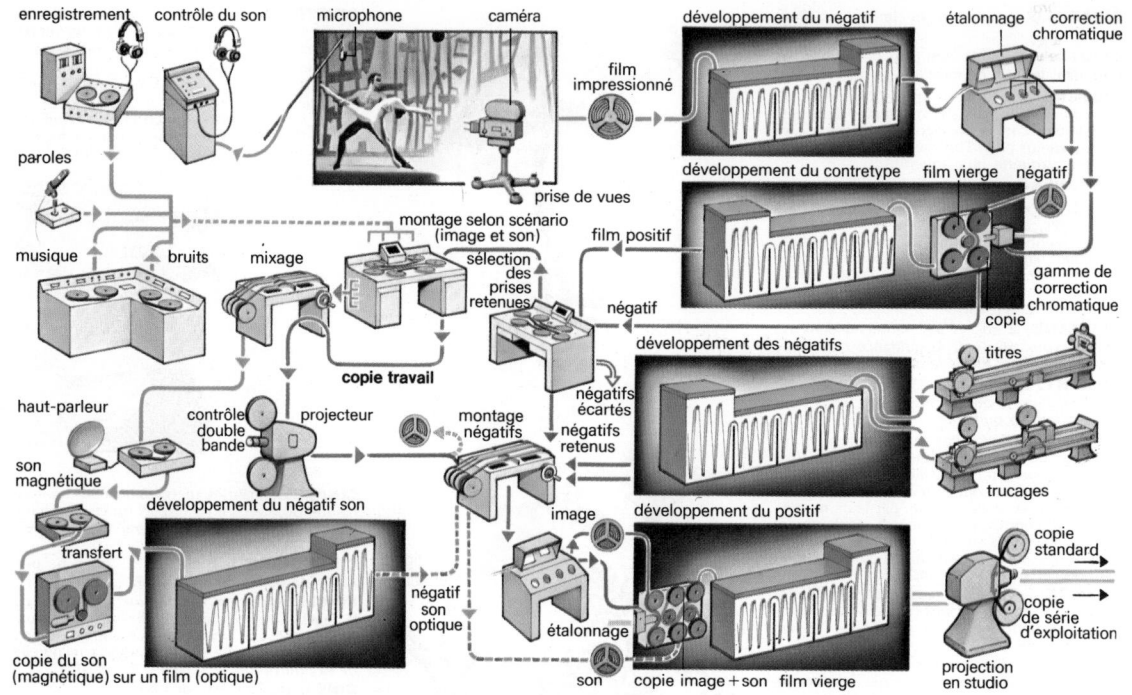

CINÉMA : SCHÉMA DES OPÉRATIONS ANNEXES DU TOURNAGE D'UN FILM

projection des films. ● *C'est du cinéma!* (Fam.), ce n'est pas sincère, c'est entièrement inventé. ‖ *Faire du cinéma, tout un cinéma* (Fam.), se faire remarquer par une attitude affectée.
■ En 1890, Marey réalisait un appareil pouvant prendre jusqu'à 16 photos par seconde; en 1892, Edison créait son kinétoscope, qui permettait de faire défiler devant un observateur un film perforé, portant des photographies, dont la succession donnait l'illusion du mouvement. En 1895, les frères Lumière mettaient au point le *cinématographe,* premier appareil rationnel permettant d'assurer à la fois la prise de vues et la projection. La première projection publique eut lieu à Paris le 28 décembre 1895. Le cinéma devint sonore en 1927, puis parlant. Après de multiples tentatives, il bénéficia de la couleur.

CINÉMASCOPE n. m. (nom déposé). Procédé cinématographique de projection sur un écran large par rétablissement de l'image préalablement déformée à la prise de vues.

CINÉMATHÈQUE n. f. Endroit où l'on conserve et projette les films.

CINÉMATIQUE n. f. (gr. *kinêma, -atos,* mouvement). *Math.* Partie de la mécanique qui étudie les mouvements des corps, abstraction faite des forces qui les produisent.

CINÉMATOGRAPHE n. m. (gr. *kinêma, -atos,* mouvement, et *graphein,* écrire). Autrefois, appareil destiné à enregistrer des images, à projeter sur un écran des vues animées. ‖ Syn. anc. de CINÉMA.

CINÉMATOGRAPHIE n. f. Ensemble des méthodes et des procédés mis en œuvre pour la reproduction photographique des films.

CINÉMATOGRAPHIQUE adj. Relatif au cinématographe, au cinéma.

CINÉMATOGRAPHIQUEMENT adv. Par le cinéma.

CINÉMITRAILLEUSE n. f. Appareil enregistrant les résultats du tir d'une arme automatique.

CINÉMOGRAPHE n. m. Instrument qui détermine et enregistre les vitesses.

CINÉMOMÈTRE n. m. Indicateur de vitesse.

CINÉPHILE n. Amateur de cinéma.

CINÉRAIRE adj. (lat. *cinis, cineris,* cendre). Qui renferme les cendres d'un corps incinéré.

CINÉRAIRE n. f. Plante ornementale à feuillage argenté, de la famille des composées.

CINÉRAMA n. m. (nom déposé). Procédé cinématographique sur écran, qui utilise la juxtaposition de trois images provenant de trois projecteurs.

CINÉRITE n. f. *Géol.* Cendres volcaniques consolidées.

CINÉROMAN n. m. Roman-photo tiré d'un film. ‖ Syn. anc. de SERIAL.

CINÈSE n. f. *Éthol.* Modification de la vitesse de locomotion d'un animal en réponse à une variation d'intensité d'un stimulus externe.

CINÉTIQUE adj. (gr. *kinêtikos,* mobile). Relatif au mouvement. ● *Art cinétique,* forme d'art contemporain issu de l'abstraction et fondé sur le caractère changeant de l'œuvre, son mouvement apparent ou réel (parmi ses maîtres : Vasarely, Schöffer, Jesús Raphaël Soto, Yaacov Agam...). [V. OP ART.] ‖ *Énergie cinétique,* énergie d'un corps en mouvement. (Pour un solide en mouvement de translation, l'énergie cinétique est le demi-produit de sa masse par le carré de sa vitesse.)

CINÉTIQUE n. f. Partie de la mécanique traitant des mouvements. ‖ Étude de la vitesse des réactions chimiques.

CINÉTIR ou **CINÉ-TIR** n. m. *Mil.* Procédé d'instruction du tir sur un objectif mobile.

CINÉTISME n. m. Caractère de l'art cinétique; cet art lui-même.

CINGHALAIS, CINGALAIS, E [sɛ̃galɛ, ɛz] ou **CEYLANAIS, E** [sɛlanɛ, ɛz] adj. et n. De Ceylan (auj. Sri Lanka).

CINGHALAIS ou **CINGALAIS** n. m. Langue indo-aryenne parlée au Sri Lanka.

CINGLANT, E adj. Qui cingle, frappe : *faire une réponse cinglante.*

CINGLÉ, E adj. *Pop.* Fou.

CINGLER [sɛ̃gle] v. i. (du scandin. *sigla*). *Mar.* Naviguer dans une direction déterminée.

CINGLER v. t. (de *sangler*). Frapper avec qqch de mince et de flexible : *cingler un cheval d'un coup de fouet.* ‖ Frapper avec force, fouetter, en parlant du vent, de la pluie, de la grêle, etc. ‖ Atteindre qqn par des mots blessants. ‖ Forger, corroyer le fer. ‖ Tracer une ligne droite avec une cordelette frottée de craie.

CINNAMIQUE adj. Se dit d'un alcool, d'un acide et d'un aldéhyde extraits du baume du Pérou.

CINNAMOME n. m. (gr. *kinnamon*). Nom scientifique du *cannelier,* du *camphrier.*

CINOCHE n. m. *Pop.* Cinéma.

CINQ [sɛ̃k; *devant une consonne,* sɛ̃] adj. num. et n. m. (lat. *quinque*). Quatre plus un. ‖ Cinquième : *tome cinq.*

CINQUANTAINE n. f. Nombre de cinquante ou environ. ‖ Âge d'à peu près cinquante ans.

CINQUANTE adj. num. et n. m. (lat. *quinquaginta*). Cinq fois dix. ‖ Cinquantième : *page cinquante.*

CINQUANTENAIRE adj. et n. Qui atteint cinquante ans.

CINQUANTENAIRE n. m. Cinquantième anniversaire.

CINQUANTIÈME adj. ord. et n. Qui occupe un rang marqué par le numéro cinquante. ‖ Qui se trouve cinquante fois dans le tout.

CINQUIÈME adj. ord. et n. Qui occupe un rang marqué par le numéro cinq. ‖ Qui se trouve cinq fois dans le tout. ● *Cinquième maladie,* maladie éruptive bénigne de l'enfance. ◆ n. f. *Chorégr.* Une des cinq positions fondamentales données par l'en-dehors.

CINQUIÈMEMENT adv. En cinquième lieu.

CINTRAGE n. m. Action de cintrer.

CINTRE n. m. (de *cintrer*). Courbure intérieure d'un arc ou d'une voûte. ‖ Échafaudage soutenant les voussoirs d'un arc ou d'une voûte pendant sa construction. ‖ Support pour vêtements. ‖ Partie du théâtre située au-dessus de la scène, entre le décor et les combles. (Généralement au pluriel.) ● *Plein cintre*, cintre dont la courbe est un demi-cercle.

CINTRÉ, E adj. *Pop.* Fou.

CINTRER v. t. (lat. *cinctura*, ceinture). Donner une courbure à : *cintrer une barre de fer.* ‖ Faire des pinces à un vêtement pour l'appuyer au buste et à la taille.

CIPAYE [sipaj] n. m. (mot portug., persan *sipāhi*, soldat). Soldat autochtone de la Compagnie, puis de l'armée anglaise des Indes. (La révolte des cipayes [1857-58] provoqua la disparition de la Compagnie anglaise des Indes.)

CIPOLIN [sipɔlɛ̃] n. m. (it. *cipollino*; de *cipolla*, oignon). Roche métamorphique constituée par un marbre impur renfermant divers minéraux (mica, serpentine).

CIPPE n. m. (lat. *cippus*). *Archéol.* Petite stèle funéraire ou votive.

CIRAGE n. m. Action de cirer. ‖ Composition à base de cire, pour l'entretien des chaussures. ● *Être dans le cirage* (Fam.), ne pas avoir les idées claires.

CIRCADIEN, IENNE adj. (lat. *circa*, environ, et *dies*, jour). Se dit du rythme de 24 heures, dit aussi « rythme jour-nuit », qui module les fonctions physiologiques du corps et le comportement de l'être vivant.

CIRCAÈTE [sirkaɛt] n. m. (gr. *kirkos*, faucon, et *aetos*, aigle). Oiseau rapace diurne, de grande taille (70 cm de long), habitant les régions boisées du centre et du sud de la France. (Autre nom : *jean-le-blanc.*)

CIRCASSIEN, ENNE adj. et n. De la Circassie, ancien nom d'une région du nord du Caucase.

CIRCONCIRE v. t. (lat. *circumcidere*, couper autour). Pratiquer la circoncision.

CIRCONCIS, E adj. et n. Qui est circoncis.

CIRCONCISION [sirkɔ̃sizjɔ̃] n. f. (lat. *circumcisio*). Opération chirurgicale ou rituelle consistant à sectionner le prépuce. (Elle facilite l'hygiène locale et constitue le traitement du phimosis. Le rite de la circoncision est en usage, en particulier, chez les juifs et les musulmans.)

CIRCONFÉRENCE n. f. (lat. *circumferre*, faire le tour). *Math.* Ligne courbe plane bordant une aire. ‖ Pourtour d'un cercle. (Dans un cercle, le rapport de la circonférence au diamètre est constant. On le désigne par la lettre grecque π.)

CIRCONFLEXE adj. (lat. *circumflexus accentus*, accent tiré autour). Se dit d'un signe d'accentuation (ˆ) destiné à noter certaines voyelles longues ou utilisé pour différencier deux homonymes. (Ex. : *tête, pâte, dû.*) ‖ Se dit d'un signe d'accentuation grec placé sur une voyelle ou sur une diphtongue, et notant une élévation suivie d'un fléchissement de la voix. ‖ *Anat.* Se dit de certains nerfs ou vaisseaux qui contournent un os.

CIRCONLOCUTION n. f. (lat. *circumlocutio*, périphrase). Manière de parler dans laquelle on exprime sa pensée d'une façon indirecte.

CIRCONSCRIPTIBLE adj. Se dit d'un polygone qui peut être circonscrit dans un cercle.

CIRCONSCRIPTION n. f. (lat. *circumscriptio*). Division administrative, militaire ou religieuse d'un territoire : *circonscription électorale, judiciaire.* ‖ *Math.* Action de circonscrire une figure à une autre.

CIRCONSCRIRE v. t. (lat. *circumscribere*) [conj. **65**]. Définir les limites de qqch; tracer une limite autour : *circonscrire un incendie; circonscrire une propriété par des murs; circonscrire un sujet.* ● *Circonscrire un polygone à une courbe, un polyèdre à une surface*, construire un polygone (ou un polyèdre) dont tous les côtés (toutes les faces) sont tangents à la courbe (à la surface).

CIRCONSPECT, E [sirkɔ̃spɛ ou sirkɔ̃spɛkt, ɛkt] adj. (lat. *circumspicere*, regarder autour). Qui fait preuve d'une prudence réfléchie ou la manifeste.

CIRCONSPECTION [sirkɔ̃spɛksjɔ̃] n. f. Prudence, discrétion dans ses actes ou ses paroles.

CIRCONSTANCE n. f. (lat. *circumstare*, se tenir autour). Ensemble des faits qui accompagnent un événement; conjoncture, situation.

cippe gallo-romain

● *Circonstances exceptionnelles* (Dr.), situation de fait impliquant un élargissement des compétences habituelles des pouvoirs publics. ‖ *De circonstance*, adapté à la situation et seulement à celle-ci.

CIRCONSTANCIÉ, E adj. Dont les circonstances sont rapportées en détail : *un rapport circonstancié.*

CIRCONSTANCIEL, ELLE adj. Qui est en rapport avec les circonstances. ‖ *Ling.* Se dit d'un complément prépositionnel (ou d'une subordonnée jouant ce rôle) qui indique une circonstance de lieu, de temps, de cause, etc.

CIRCONVALLATION [sirkɔ̃valasjɔ̃] n. f. (lat. *circumvallare*, entourer d'un retranchement). Ligne établie par l'assiégeant d'une place pour se garder contre une armée se portant au secours des assiégés.

CIRCONVENIR v. t. (lat. *circumvenire*, venir autour) [conj. **16**]. Chercher à se concilier par des manœuvres habiles : *circonvenir un juge.*

CIRCONVOISIN, E adj. Situé autour (vx).

CIRCONVOLUTION n. f. (lat. *circumvolvere*, rouler autour). Cercle, enroulement, fait autour d'un point central : *décrire des circonvolutions.* ● *Circonvolutions cérébrales*, replis de l'écorce cérébrale chez les mammifères, limités par des sillons.

CIRCUIT n. m. (lat. *circuire*, faire le tour). Parcours touristique ou d'une épreuve sportive avec retour au point de départ. ‖ Trajet à parcourir pour faire le tour d'un lieu. ‖ Suite de conducteurs électriques pouvant être parcourus par un courant. ‖ Ensemble de tuyauteries assurant l'écoulement d'un fluide. ‖ Ensemble de salles de cinéma dépendant d'une firme de production. ● *Circuit économique*, représentation des faits économiques comme résultant d'enchaînements d'opérations interdépendantes et non séparées. ‖ *Circuit fermé*, ensemble de conducteurs électriques à l'intérieur duquel le courant passe de bout en bout; groupe de personnes en communication réciproque. ‖ *Circuit imprimé*, dépôt métallique conducteur placé sur un support isolant pour constituer des éléments plans de câblage ou pour créer des éléments plans de circuit dans un schéma général de câblage. ‖ *Circuit intégré*, pastille de silicium dans laquelle sont diffusés des transistors, des diodes et des résistances formant une fonction électronique complexe miniaturisée. ‖ *Circuit logique*, circuit composé d'opérateurs effectuant les opérations logiques fondamentales telles que la négation (NON), l'intersection (ET) et la réunion (OU). ‖ *Remettre dans le circuit* (Fam.), remettre en circulation.

CIRCULAIRE adj. Qui a la forme d'un cercle; qui décrit un cercle : *mouvement circulaire.* ‖ Qui ramène au point de départ : *raisonnement circulaire.* ● *Folie circulaire* (Psychiatr.), ancien nom de la psychose maniaco-dépressive. ‖ *Fonc-*

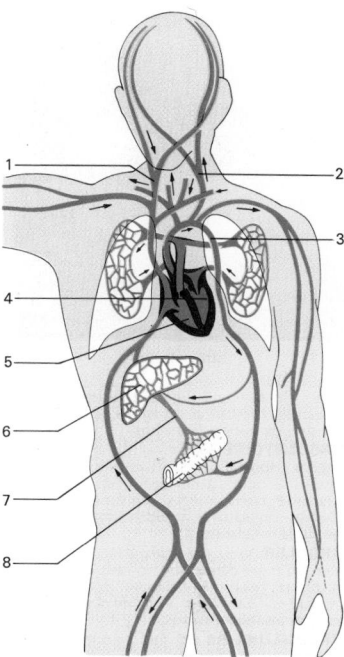

circulation du sang
1. Veines jugulaires; 2. Artère carotide; 3. Aorte; 4. Cœur gauche; 5. Cœur droit; 6. Foie; 7. Veine porte; 8. Intestin.

tions circulaires (Math.), fonctions trigonométriques. ‖ *Permutation circulaire*, permutation dans laquelle les éléments, disposés sur une circonférence, sont décalés du même nombre de rangs sans modification de leur ordre.

CIRCULAIRE n. f. Lettre adressée à plusieurs personnes pour le même objet, notamment par un supérieur hiérarchique à ses subordonnés.

CIRCULAIREMENT adv. En cercle.

CIRCULARITÉ n. f. État de ce qui est circulaire.

CIRCULATION n. f. Mouvement de ce qui circule : *circulation d'air dans une salle.* ‖ Action de se transporter ou d'être transporté d'un lieu à un autre; passage, trafic; les véhicules qui circulent. ‖ Échanges économiques, transactions. ● *Circulation atmosphérique*, ensemble des mouvements effectués par les grandes masses d'air du globe. ‖ *Circulation monétaire*, quantité de monnaie circulant aux cours d'un certain laps de temps. ‖ *Circulation du sang*, mouvement du sang que le cœur envoie aux artères aux organes et qui revient des organes au cœur par les veines, après être passé par les capil-

circuit imprimé : macrophotographie d'une plaquette au silicium portant quatre circuits intégrés imprimés et leurs connexions

Binois-Pitch

J.-P. Bourret-Pitch

cirro-stratus

cirro-cumulus

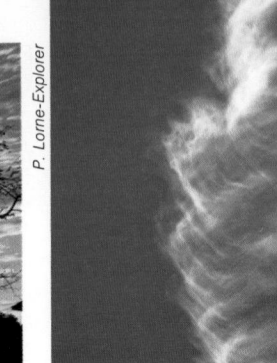

P. Lorne-Explorer

cirrus

laires. (On distingue une circulation générale, ou *grande circulation*, et une circulation pulmonaire, ou *petite circulation*.)

CIRCULATOIRE adj. Relatif à la circulation du sang. ● *Appareil circulatoire*, ensemble des organes assurant la circulation du sang et de la lymphe (cœur, artères, capillaires, veines). ‖ *Troubles circulatoires*, modification pathologique de la circulation.

CIRCULER v. i. (lat. *circulari*). Se déplacer selon un trajet défini, soit en sens unique, soit en divers sens; se répandre : *les voitures circulent mal dans Paris; il circule de faux billets, des histoires abominables.*

CIRCUMLUNAIRE adj. Qui entoure la Lune.

CIRCUMNAVIGATION n. f. Voyage maritime autour d'un continent.

CIRCUMPOLAIRE adj. Qui est ou qui se fait autour du pôle. ● *Étoile circumpolaire*, étoile qui reste toujours au-dessus de l'horizon, en un lieu donné.

CIRCUMSTELLAIRE adj. Qui entoure une étoile.

CIRCUMTERRESTRE adj. Qui entoure la Terre.

CIRE n. f. (lat. *cera*). Substance plastique et jaunâtre sécrétée par les abeilles, qui en font les rayons de leurs ruches. ‖ Substance analogue qui provient de certaines feuilles, fleurs ou graines. ‖ Composition de gomme laque et de térébenthine, pour cacheter les lettres, les bouteilles. ‖ Composition de cire d'abeille et de paraffine utilisée pour l'entretien du bois. ‖ *Zool.* Membrane qui recouvre la base du bec de certains oiseaux (rapaces, perroquets, pigeons). ● *Cire molle*, caractère malléable. ‖ *Cire vierge*, cire qui n'a pas été fondue.

CIRÉ, E adj. *Toile cirée*, toile recouverte d'une composition vernissée qui la rend imperméable.

CIRÉ n. m. Vêtement imperméable coupé dans un tissu enduit de vinyle qui lui donne son aspect brillant.

CIRER v. t. Enduire, frotter de cire, de cirage.

CIREUR, EUSE n. Personne qui fait métier de cirer.

CIREUSE n. f. Appareil ménager électrique qui sert à cirer les parquets.

CIREUX, EUSE adj. Dont la couleur rappelle celle de la cire, blême : *teint cireux.*

CIRIER, ÈRE adj. et n. f. Qui produit de la cire : *abeille cirière.*

CIRIER n. m. Ouvrier qui travaille la cire. ‖ Marchand ou fabricant de cierges. ‖ Arbuste de l'Amérique du Nord et d'Asie dont les fruits fournissent une cire qui sert à faire des bougies.

CIRON n. m. (mot francique). Animalcule qui vit dans les matières alimentaires, les détritus (partic. un acarien du genre *tyroglyphus*).

CIRQUE n. m. (lat. *circus*). Édifice à gradins, en forme de quadrilatère très allongé dont les petits côtés tracent deux courbes non symétriques, et où se disputaient les courses de chars de la Rome antique. ‖ Enceinte circulaire où se donnent divers spectacles, équestres, acrobatiques, etc. ‖ *Astron.* Grande dépression circu-

laire bordée de montagnes à la surface de la Lune ou de certaines planètes. ‖ *Fam.* Scène de désordre et de confusion. ● *Cirque glaciaire*, dépression de forme semi-circulaire, à bords raides, entaillée à l'amont d'un glacier.

CIRRE ou **CIRRHE** n. m. (lat. *cirrus*, boucle de cheveux). Vrille de certaines plantes. ‖ Appendice flexueux et rameux de certains animaux invertébrés (vers, mollusques, crustacés).

CIRRHOSE n. f. (gr. *kirrhos*, roux). Maladie du foie caractérisée par une atteinte inflammatoire de ses cellules et par une réaction de sclérose avec formation de travées fibreuses délimitant des granulations roussâtres visibles à sa surface et alternant avec des noyaux de régénération. (Les cirrhoses constituent un groupe important d'affections chroniques du foie, variables dans leurs causes [l'alcoolisme étant la plus fréquente], dans leurs symptômes [cirrhoses avec ascite ou avec ictère, avec gros ou petit foie, etc.] et dans leur évolution.)

CIRRIPÈDE n. m. (lat. *cirrus*, filament, et *pes, pedis*, pied). Crustacé marin, fixé comme l'*anatife* et la *balane*, ou parasite comme la *sacculine*. (Les *cirripèdes* forment une sous-classe.)

CIRRO-CUMULUS n. m. inv. Nuage formé par des groupes de flocons blancs souvent séparés (ciel moutonné).

CIRRO-STRATUS n. m. inv. Nuage de haute altitude qui a la forme d'un voile blanchâtre et ténu, dessinant un halo autour de la lune ou du soleil.

CIRRUS [sirys] n. m. (lat. *cirrus*, filament). Nuage blanc se formant entre 6 000 et 10 000 m et ayant l'aspect de bandes ou filaments isolés. (Les cirrus forment avec les altocumulus un ciel pommelé qui précède généralement de peu l'arrivée du mauvais temps.)

CIRSE n. m. (lat. *cirsium*). Chardon épineux dont les nombreuses espèces vivent dans les terrains incultes ou les lieux humides. (Famille des composées.)

CISAILLE n. f. (lat. *caedere*, couper). Machine servant à couper. ‖ Nom donné aux rognures d'argent qu'on refond en lames pour la fabrication des monnaies. ◆ pl. Gros ciseaux pour couper les métaux, élaguer les arbres, etc.

CISAILLEMENT n. m. Action de cisailler. ‖ Entaillage et section d'un corps par une force normale au plan de ce corps. ‖ Rencontre sous un angle faible de deux courants de circulation automobile qui vont dans le même sens.

CISAILLER v. t. Couper avec des cisailles.

CISALPIN, E adj. Situé en deçà des Alpes (par rapport à Rome).

CISEAU n. m. (lat. *caedere*, couper). Lame d'acier trempé dont l'une des extrémités est taillée en biseau, pour travailler le bois, le fer, la pierre, le marbre. ‖ *Sports.* Prise de lutte avec un mouvement de jambes rappelant des ciseaux qui s'ouvrent et se ferment. ◆ pl. Instrument en acier à deux branches mobiles, tranchantes intérieurement. ‖ Façon de sauter.

CISÈLEMENT ou **CISELAGE** n. m. Action de ciseler. ‖ Action de débarrasser une grappe de raisin des grains défectueux.

CISELER v. t. (de *ciseau*) [conj. **3**]. Sculpter finement les métaux, la pierre à l'aide du ciselet. ‖ Découper aux ciseaux : *velours ciselé.*

CISELET n. m. Petit ciseau à l'usage des orfèvres, des graveurs, des sculpteurs.

CISELEUR n. m. Artiste, artisan qui cisèle.

CISELURE n. f. Art du ciseleur. ‖ Décor ciselé.

CISJURAN, E adj. En deçà du Jura.

CISOIRES n. f. pl. Grosses cisailles de tôlier, de chaudronnier, etc., montées sur un établi.

CISTE n. m. (gr. *kisthos*). Arbrisseau méditerranéen à fleurs blanches ou roses, et dont une espèce fournit le labdanum.

CISTE n. f. (gr. *kistê*). Dans l'Antiquité, corbeille, coffret, boîte (notamment en bronze et cylindrique) surtout d'usage religieux. ‖ Tombe préhistorique (dite aussi *sépulture en coffre*) généralement individuelle, constituée de quatre dalles de chant et d'une cinquième, horizontale, formant couverture.

CISTERCIEN, ENNE adj. et n. Qui appartient à l'ordre de Cîteaux.
■ Les Cisterciens constituent une famille monastique issue de l'abbaye bénédictine de Cîteaux, près de Dijon, et dont le fondateur fut en 1115 saint Bernard de Clairvaux. Les Cisterciens veulent observer exactement la règle de saint Benoît par une plus grande austérité et l'exercice du travail manuel. À la fin du XVIIᵉ s., une branche réformée de cisterciens se créa à l'abbaye normande de Notre-Dame de la Trappe; si bien que l'ordre se compose de cisterciens et de cisterciennes de la commune observance, et de trappistes et trappistines.

CISTRE n. m. Instrument de musique à long manche, à cordes pincées et à fond plat.

CISTRON n. m. (de *cis-* et *trans-*). Fragment de gène formant une unité fonctionnelle.

CISTUDE n. f. (lat. *cistudo*). Tortue aquatique dont une espèce, atteignant 35 cm de long, vit dans les marais du sud et du centre de l'Europe.

cistude des étangs

CITADELLE n. f. (it. *cittadella*, du lat. *civitas*, cité). *Fortif.* Réduit de la défense d'une ville. ‖ Lieu où on défend certaines valeurs; centre de résistance.

CITADIN, E n. (it. *cittadino*, du lat. *civitas*, cité). Personne qui habite une ville. ◆ adj. De la ville.

CITATION n. f. (lat. *citatio*). Passage d'un auteur rapporté exactement. ‖ *Dr.* Sommation de comparaître en justice en qualité de défenseur ou de témoin. ‖ *Mil.* Mise à l'ordre du jour, pour une action d'éclat, d'une personne, d'une unité, d'un bâtiment de guerre (citation à l'ordre de l'armée, de la nation).

CITÉ n. f. (lat. *civitas*). *Litt.* Ville. ‖ Partie la plus ancienne de certaines villes : *la Cité de Londres, l'île de la Cité à Paris.* (Prend une majuscule en ce sens.) ‖ Groupe d'immeubles ayant même destination : *cité universitaire ; cité ouvrière.* ‖ *Antiq.* Unité politique constituée par une ville et ses environs. ● *Avoir droit de cité*, être intégré à un domaine, être admis. ‖ *La cité céleste,* être intégré à un domaine, être admis. ‖ *La cité sainte,* Jérusalem. ‖ *Droit de cité* (Antiq.), ensemble des droits publics et privés qu'avaient les citoyens selon la cité où l'État auxquels ils appartenaient, à condition d'être libres ou affranchis. (Les étrangers et les esclaves en étaient exclus.)

CITÉ-DORTOIR n. f. (pl. *cités-dortoirs*). Localité suburbaine à fonction surtout résidentielle.

CITÉ-JARDIN n. f. (pl. *cités-jardins*). Ensemble de maisons entourées d'espaces verts et de terres agricoles, tout le terrain étant propriété publique.

CITER v. t. (lat. *citare*). Reproduire exactement un texte ou les paroles de qqn, rapporter. ‖ Désigner avec précision, mentionner : *citez-moi quelques comédies de Molière.* ‖ *Mil.* Faire de qqn l'objet d'une citation. ‖ *Dr.* Appeler à comparaître en justice.

CITÉRIEUR, E adj. (lat. *citerior*). En deçà de, notre côté, plus près de nous.

CITERNE n. f. (lat. *cisterna* ; de *cista*, coffre). Réservoir pour recevoir et conserver les eaux pluviales. ‖ Cuve à mazout.

CITHARE n. f. (gr. *kithara*). Chez les Grecs, forme perfectionnée de lyre. ‖ En ethnomusicologie, tout instrument à cordes dépourvu de manche.

CITHARÈDE n. Personne qui chantait en s'accompagnant de la cithare.

CITHARISTE n. Joueur, joueuse de cithare.

CITIZEN BAND n. f. (mot angl.). Bande de fréquences autour de 27 MHz, utilisée notamment par des amateurs possédant des appareils récepteurs-émetteurs qui peuvent être montés sur leur automobile. (L'Administration préconise BANDE PUBLIQUE.)

CITOYEN, ENNE n. (de *cité*). Membre d'un État, considéré du point de vue de ses devoirs et de ses droits politiques. ‖ Sous la Révolution, appellation qui remplaça celle de « monsieur ». ‖ *Fam.* et *péjor.* Individu. ‖ *Hist.* Dans l'Antiquité, celui qui jouissait du droit de cité.

CITOYENNETÉ n. f. Qualité de citoyen.

CITRATE n. m. (lat. *citrus*, citron). *Chim.* Sel de l'acide citrique.

CITRINE n. f. Pierre fine, variété de quartz jaune.

CITRIQUE adj. Se dit d'un acide-alcool qu'on peut extraire du jus de citron.

CITRON n. m. (lat. *citrus*). Fruit du citronnier, d'un jaune pâle et renfermant un jus acide. ‖ *Pop.* Tête. ◆ adj. inv. Jaune clair.

CITRONNADE n. f. Boisson préparée avec du jus ou du sirop de citron et de l'eau sucrée.

CITRONNÉ, E adj. Qui sent le citron ; où l'on a mis du jus de citron.

CITRONNELLE n. f. Espèce d'armoise dont l'odeur rappelle celle du citron, de la famille des composées. (L'essence dite « de citronnelle » est extraite d'une graminée de l'Inde.) ‖ Labiacée voisine de la menthe et dont l'odeur rappelle celle du citron. (Syn. MÉLISSE.)

CITRONNIER n. m. Arbrisseau de la famille des rutacées, produisant les citrons, et dont le bois est utilisé en ébénisterie de luxe.

CITROUILLE n. f. (it. *citruolo* ; lat. *citrus*, citron). Nom usuel de certaines espèces de courges.

ÇIVAÏSME n. m. → ÇIVAÏSME.

CIVE n. f. (lat. *caepa*, oignon). Syn. de CIBOULE.

CIVELLE n. f. (lat. *caecus*, aveugle). Jeune anguille au moment de sa montée dans les cours d'eau. (Syn. PIBALE.)

CIVET [sivɛ] n. m. (de *cive*, ragoût préparé avec

des cives). Ragoût de lièvre ou d'autre gibier, préparé avec une sauce au sang et au vin rouge.

CIVETTE n. f. (it. *zibetto*, mot ar.). Mammifère carnassier de la famille des viverridés, à pelage gris orné de bandes et de taches noires, et mesurant 50 cm de long. ‖ Sécrétion de la poche anale de cet animal employée en parfumerie.

CIVETTE n. f. (de *cive*). Syn. de CIBOULETTE.

CIVIÈRE n. f. (lat. *cibarius*, qui sert au transport des provisions). Brancards réunis par une toile pour porter des blessés, des malades, des fardeaux, etc.

CIVIL, E adj. (lat. *civilis*). Relatif à l'État, aux relations entre citoyens (par oppos. à MILITAIRE et à RELIGIEUX) : *emploi civil ; mariage civil.* ‖ *Litt.* Qui observe les règles de la bonne société. ● *Code civil,* ensemble des lois relatives à l'état et à la capacité des personnes, à la famille, au patrimoine, à la transmission des biens, aux contrats et obligations. ‖ *Droits civils,* droits appartenant à tous les membres d'une société, quels que soient leur âge, leur sexe ou leur nationalité (par oppos. à DROITS POLITIQUES). ‖

cithare

Partie civile (Dr.), plaideur qui exerce devant un tribunal pénal une action civile en vue de la réparation du dommage qu'il a subi du fait de l'infraction commise par l'accusé. ‖ *Société civile* (Philos.), pour Hegel, ensemble des liens juridiques et économiques qui unissent les individus dans des rapports de dépendance réciproque.

CIVIL n. m. Celui qui n'est ni militaire ni religieux. ‖ *Dr.* Ce qui concerne les affaires des particuliers entre eux seulement (par oppos. à CRIMINEL, PÉNAL). ● *Dans le civil* (Fam.), en dehors de la vie militaire. ‖ *En civil,* sans uniforme.

CIVILEMENT adv. En matière civile, en droit civil (par oppos. aux tribunaux criminels ou aux autorités religieuses) : *civilement responsable ; se marier civilement.* ‖ *Litt.* Avec politesse.

CIVILISABLE adj. Qui peut être civilisé.

CIVILISATEUR, TRICE adj. et n. Qui développe, favorise la civilisation.

CIVILISATION n. f. Le fait de se civiliser. ‖ Ensemble des caractères propres à la vie intellectuelle, artistique, morale et matérielle d'un

pays ou d'une société : *civilisation occidentale, chinoise.*

CIVILISÉ, E adj. et n. Doté d'une civilisation.

CIVILISER v. t. Amener à un plus grand développement économique, culturel. ‖ *Fam.* Rendre qqn plus raffiné dans ses manières. ‖ *Dr.* Convertir en procès civil un procès criminel.

CIVILISTE n. Spécialiste du droit civil.

CIVILITÉ n. f. (lat. *civilitas*). *Litt.* Respect des bienséances. ◆ pl. Paroles de politesse, compliments d'usage.

CIVIQUE adj. (lat. *civis*, citoyen). Qui concerne le citoyen et son rôle dans la vie politique. ● *Droits civiques,* droits que la loi confère aux citoyens. ‖ *Garde civique,* garde nationale. ‖ *Éducation civique,* partie de l'enseignement destinée à donner aux élèves une formation qui les prépare à leur rôle de citoyen. ‖ *Sens civique,* dévouement envers la collectivité, l'État.

CIVISME n. m. Sens civique.

Cl, symbole chimique du *chlore.*

CLABAUD [klabo] n. m. (anc. fr. *clabet*, crécelle). Chien de chasse à oreilles longues, qui clabaude.

CLABAUDAGE n. m. Cri du chien qui clabaude. ‖ Criaillerie.

CLABAUDER v. i. *Véner.* Aboyer hors des voies. ‖ Criailler pour ameuter contre qqn.

CLABAUDERIE n. f. Médisance, criaillerie importune et sans raison.

CLABOTER v. i. *Pop.* Mourir.

CLAC ! interj. (onomat.). Exprime un bruit sec.

CLACTONIEN, ENNE adj. et n. m. (de *Clacton-on-Sea,* v. d'Angleterre). Se dit d'un faciès industriel du paléolithique inférieur, qui constitue la première industrie sur éclats.

CLADE n. m. (gr. *klados,* rameau). Très vaste groupe d'animaux ou de plantes caractérisé par une origine évolutive probablement commune. (Ex. : les cordés, les plantes vasculaires.)

CLADOCÈRE n. m. Petit crustacé des eaux douces, nageant à l'aide de longues antennes rameuses, tel que la *daphnie.* (Les *cladocères* forment un ordre.)

CLAFOUTIS [klafuti] n. m. (de *clafir,* remplir). Gâteau constitué par un mélange de pâte et de fruits, notamment de cerises.

CLAIE [klɛ] n. f. (mot gaul.). Panneau en osier, à claire-voie. ‖ Treillage en bois ou en fer.

CLAIM [klɛm] n. m. (mot angl.). Concession minière d'or, d'argent, etc.

CLAIR, E adj. (lat. *clarus*). Qui répand ou qui reçoit beaucoup de lumière : *une flamme claire ; salle claire.* ‖ De couleur peu foncée : *des étoffes rose clair.* ‖ Qui laisse passer la lumière, qui permet de voir distinctement ; transparent, pur : *vitres claires, eau claire ; temps clair.* ‖ Peu consistant : *sauce claire.* ‖ Net, distinct : *voix claire.* ‖ Facilement intelligible : *exposé très clair.* ‖ *Clair comme le jour,* tout à fait évident. ‖ *Esprit clair,* qui comprend bien et se fait bien comprendre. ◆ adv. *Il fait clair,* il fait grand jour. ‖ *Parler clair,* sans ambiguïté. ‖ *Voir clair,* distinctement.

CLAIR n. m. *Clair de lune,* clarté répandue par la Lune. ‖ *Le plus clair de,* l'essentiel. ‖ *Message en clair,* message non chiffré. ‖ *Mettre au clair,*

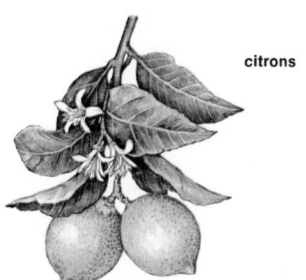

citrons

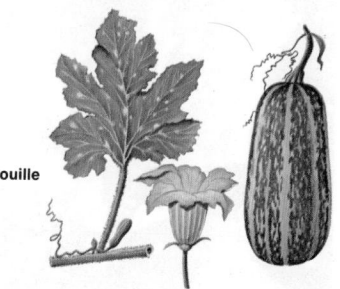

citrouille

rédiger de manière intelligible. ‖ *Tirer une affaire au clair*, l'éclaircir, l'élucider. ◆ pl. Partie éclairée d'un tableau : *les ombres et les clairs*.

CLAIRANCE n. f. Mot préconisé par l'Administration pour remplacer CLEARANCE.

CLAIRE n. f. Bassin d'élevage huîtrier; huître venue de cet élevage. ● *Fine de claire*, huître n'ayant séjourné que quelques semaines en claire (par oppos. aux spéciales).

CLAIREMENT adv. Nettement, franchement.

CLAIRET, ETTE adj. et n. m. (de *clair*). Se dit d'un vin rouge peu coloré.

CLAIRETTE n. f. (de *clair*). Vin blanc mousseux du Midi; cépage qui le produit.

CLAIRE-VOIE n. f. (pl. *claires-voies*). Clôture à jour. ‖ Suite de baies contiguës ajourant un niveau d'un bâtiment sur la longueur de plusieurs travées. ‖ Triforium dont le mur extérieur est percé d'une suite de baies. ● *À claire-voie*, à jour, d'une façon peu coloré.

CLAIRIÈRE n. f. Endroit dégarni d'arbres dans une forêt. ‖ *Text*. Endroit où le tissu d'une toile est moins serré.

CLAIR-OBSCUR n. m. (pl. *clairs-obscurs*). Lumière douce, tamisée. ‖ Dans un tableau, une gravure, un dessin, art de nuancer sur un fond d'ombre un effet de lumière diffuse. ‖ Gravure en camaïeu. (Vx.)

CLAIRON n. m. (de *clair*). Instrument de musique à vent, sans clé ni piston, en usage surtout dans l'armée (depuis 1822 dans l'infanterie) et dans la marine. ‖ Musicien, militaire qui joue de cet instrument.

CLAIRONNANT, E adj. Qui claironne.

CLAIRONNER v. i. et t. Parler d'une voix éclatante. ‖ Proclamer partout : *claironner une nouvelle*.

CLAIRSEMÉ, E adj. Répandu de-ci, de-là; épars, dispersé : *gazon clairsemé; applaudissements clairsemés*.

CLAIRVOYANCE n. f. Vue claire et pénétrante des choses, lucidité.

CLAIRVOYANT, E adj. Qui voit (par oppos. à AVEUGLE). ‖ Qui a l'esprit pénétrant, perspicace.

CLAM [klam] n. m. (angl. *to clam*, serrer). Nom courant d'un mollusque marin comestible.

CLAMER v. t. (lat. *clamare*). *Litt*. Manifester en termes violents ou par des cris : *clamer son indignation*.

CLAMEUR n. f. (lat. *clamor*). Cris tumultueux exprimant un sentiment vif.

CLAMP [klãp] n. m. (nordique *klamp*, crampon). Pince chirurgicale servant à obturer provisoirement des canaux.

CLAMSER [klamse] v. i. *Pop*. Mourir.

CLAN n. m. (mot irland., *descendant*). Tribu écossaise ou irlandaise, formée d'un certain nombre de familles. ‖ *Péjor*. Groupe fermé de personnes réunies par une communauté d'intérêts ou d'opinions. ● *Clan totémique*, unité sociologique désignant un ensemble d'individus consanguins dont un totem représente l'ancêtre commun.

clarinette

Ph. Gras

CLANDÉ n. m. *Arg*. Maison de prostitution clandestine.

CLANDESTIN, E adj. (lat. *clandestinus*; de *clam*, en secret). Qui va à l'encontre des règlements, qui se dérobe à la surveillance : *réunion clandestine; passager clandestin*.

CLANDESTINEMENT adv. De façon clandestine.

CLANDESTINITÉ n. f. Caractère de ce qui est clandestin : *travailler dans la clandestinité*. ‖ État de ceux qui sont contraints ou décident de se dissimuler aux recherches policières.

CLANIQUE adj. Relatif au clan totémique.

CLAPET [klapɛ] n. m. (anc. fr. *claper*, frapper). Partie mobile d'une soupape. ‖ *Pop*. Bouche, langue.

CLAPIER n. m. (anc. prov. *clapier*; de *clap*, tas de pierres). Cabane à lapins domestiques.

CLAPOTEMENT ou **CLAPOTIS** [klapɔti] n. m. Agitation légère de l'eau produisant un bruit particulier.

CLAPOTER v. i. (onomat.). Produire un bruit léger, en parlant des vagues.

CLAPOTEUX, EUSE ou **CLAPOTANT, E** adj. Qui clapote.

CLAPPEMENT n. m. (onomat.). Bruit sec de la langue quand on la détache du palais.

CLAPPER v. i. Faire entendre un clappement.

CLAQUAGE n. m. Distension d'un ligament, d'un muscle. ‖ Destruction d'un isolant par application d'un champ électrique dont la valeur est supérieure à la rigidité électrique. ● *Tension de claquage*, valeur limite d'une tension entraînant la destruction d'un isolant.

CLAQUANT, E adj. *Pop*. Épuisant.

CLAQUE n. f. (de *claquer*). Coup donné avec le plat de la main. ‖ Ensemble de personnes payées pour applaudir. ‖ Partie de la chaussure qui est fixée à la semelle et qui entoure le pied. ‖ Au Canada, chaussure légère en caoutchouc protégeant le soulier contre la boue. ● *En avoir sa claque* (pop.), être épuisé, excédé. ‖ *Tête à claques* (Fam.), personne désagréable.

CLAQUE n. m. Chapeau haut de forme à ressorts qui s'aplatit sous le bras. (On dit aussi CHAPEAU CLAQUE.) ‖ *Pop*. Maison de tolérance.

CLAQUEMENT n. m. Bruit de ce qui claque.

CLAQUEMURER v. t. (anc. fr. *à claquemur*, en un lieu si étroit que le mur claque). Enfermer étroitement : *claquemurer des prisonniers*. ◆ se claquemurer v. pr. S'enfermer chez soi.

CLAQUER v. i. (onomat.). Produire un bruit sec : *un fouet qui claque*. ‖ *Pop*. Mourir. ‖ *Pop*. Céder; devenir inutilisable. ● *Claquer dans les doigts*, échouer. ‖ *Claquer de froid, claquer des dents* (Fam.), avoir très froid. ◆ v. t. *Fam*. Éreinter, fatiguer : *ce travail m'a claqué*. ‖ *Fam*. Gaspiller : *claquer toutes ses économies*. ‖ *Claquer la porte*, la fermer avec violence et bruit. ◆ se claquer v. pr. *Pop*. S'épuiser. ● *Se claquer un muscle*, se déchirer un muscle.

CLAQUETER [klakte] v. i. (conj. 4). Crier, en parlant de la cigogne. (Syn. CRAQUETER.)

CLAQUETTE n. f. Instrument formé de deux planchettes, servant à donner le signal de certains exercices. ● *Danse à claquettes*, ou *claquettes* n. pl., style de danse d'origine américaine, dans lequel la pointe et le talon de la chaussure, munis de lames métalliques, jouent le rôle d'instruments à percussion.

CLAQUOIR n. m. Claquette.

CLARAIN n. m. Constituant macroscopique du charbon résultant de durain et de vitrain.

CLARIAS [klarjas] n. m. Poisson du Nil et des fleuves de l'Inde, qui peut respirer hors de l'eau. (Famille des siluridés.)

CLARIFIANT n. m. Substance qui clarifie.

CLARIFICATION n. f. Action de clarifier.

CLARIFIER v. t. Rendre clair; purifier, éclaircir : *clarifier un liquide trouble; clarifier la situation*.

CLARINE n. f. (de *clair*). Clochette qu'on pend au cou des animaux à l'alpage.

CLARINETTE n. f. (de l'anc. adj. *clarin*, sonne clair [fort]). Instrument à vent, à clés et à anche simple, de la catégorie des bois.

CLARINETTISTE n. Personne qui joue de la clarinette.

CLARISSE n. f. Religieuse de l'ordre contemplatif fondé par saint François d'Assise et sainte Claire (1212).

CLARTÉ n. f. (lat. *claritas*). État, qualité de ce qui est clair : *clarté du jour; clarté du verre; clarté d'un raisonnement*. ‖ Caractéristique d'un instrument d'optique, qui permet de comparer la luminosité de l'image à celle de l'objet vu à l'œil nu.

CLASH [klaʃ] n. m. (mot angl.). *Fam*. Rupture, conflit, désaccord brutaux et violents.

CLASSABLE adj. Qui peut être classé.

CLASSE n. f. (lat. *classis*). Ensemble de personnes qui ont même fonction, mêmes intérêts ou même condition dans une société. ‖ Échelon ou grade attribué à certaines personnes, rang attribué à certaines choses. ‖ Ensemble des qualités d'une personne, d'une chose qui se distingue par son mérite : *avoir de la classe; un athlète de classe internationale; un immeuble de classe*. ‖ Ensemble des élèves placés sous la direction d'un enseignant. ‖ Enseignement donné : *en classe; préparer sa classe*. ‖ Salle où se donne l'enseignement. ‖ *Chorégr*. Séance d'étude, de travail ou d'entraînement suivie quotidiennement par les danseurs; les cours qui y sont donnés. ‖ *Hist. nat*. Chacune des grandes divisions d'un embranchement d'êtres vivants, subdivisée elle-même en ordres. ‖ *Log*. Syn. de ENSEMBLE. ‖ *Mil*. Ensemble des jeunes gens atteignant la même année l'âge de leur service national. ‖ *Stat*. Dans une distribution statistique d'une variable continue, chacun des intervalles successifs en lesquels a été partagé l'intervalle total de variation de la variable considérée. ● *Classe d'équivalence* (Math.), dans un ensemble muni d'une loi d'équivalence, chacun des sous-ensembles formés par les éléments équivalents entre eux deux à deux. ‖ *Classe de mots* (Ling.), catégorie de mots remplissant la même fonction. ‖ *Classe de neige, classe verte*, séjours collectifs d'écoliers, avec leur instituteur, en station d'altitude ou à la campagne. ‖ *Classe politique*, ensemble des hommes politiques d'un pays supposés constituer une entité particulière. ‖ *En classe*, à l'école. ‖ *Être de la classe* (Fam.), être bientôt libéré du service national. ‖ *Faire ses classes*, recevoir l'instruction militaire de base au début du service militaire; acquérir de l'expérience dans une matière.

CLASSEMENT n. m. Action de classer; rangement; façon dont qqch est classé.

CLASSER v. t. Ranger par classes, par catégories, dans un ordre déterminé : *classer des documents*. ‖ Pour un site, un monument, mettre sa conservation à la charge de l'État. ● *Classer une affaire*, en cesser l'instruction, ne plus s'en occuper. ‖ *Classer qqn* (Péjor.), le juger définitivement. ◆ se classer v. pr. Obtenir un rang : *s'est classé parmi les premiers*.

CLASSEUR n. m. Chemise de carton ou de papier, meuble où l'on classe des documents.

CLASSEUSE n. f. *Classeuse totalisatrice*, machine de bureau permettant de classer et d'endosser les chèques, les pièces comptables.

CLASSICISME n. m. (lat. *classicus*, de première classe). Caractère de ce qui est classique. ‖ Ensemble de tendances et de théories qui se manifestent en France sous le règne de Louis XIV et qui s'expriment dans des œuvres littéraires et artistiques considérées comme des modèles. ‖ Doctrine littéraire et artistique fondée sur le respect de la tradition classique. ‖ Caractère de ce qui est conforme à certaine tradition littéraire ou artistique.

■ Dans l'histoire littéraire de la France, le classicisme est incarné par la génération de 1660-1680 (La Fontaine, Molière, Racine, Boileau, Bossuet) qui rassemble les écrivains liés non par une doctrine, mais par une communauté de goûts : la codification par Boileau des principes de l'esthétique classique (admiration des

Anciens, recherche du naturel et du vraisemblable, goût de la mesure, finesse dans l'analyse morale et psychologique, clarté du style) n'interviendra qu'après les grandes œuvres qui l'illustrent. Le classicisme n'a pris d'ailleurs sa figure définitive qu'à travers son affrontement à deux nouveaux courants de sensibilité, l'esprit des Lumières et le romantisme.

En art, les premiers maîtres classiques sont les grands Italiens de la seconde Renaissance, notamment les architectes Bramante et A. da Sangallo l'Ancien, puis Palladio, le peintre Raphaël, et aussi Titien, suivis, après la crise du *maniérisme*, par les Carrache et leurs élèves, créateurs de l'*académisme* pictural. Dans la seconde moitié du XVIIIe s., une meilleure connaissance de l'Antiquité suscite le *néoclassicisme**. Entre ces deux époques, l'influence de la seconde Renaissance italienne aboutit, alors que l'Italie même se voue à l'impulsion contraire du *baroque*, au classicisme de divers pays d'Europe du Nord, dont l'Angleterre et plus encore la France, où il s'impose en même temps que l'ordre monarchique absolu. Lescot et Delorme annoncent dès le XVIe s. ce classicisme, qu'expriment pleinement F. Mansart ainsi que Poussin et le Lorrain, établis à Rome; l'effort de coordination mené par Le Brun, par les Académies royales et par Colbert va l'ériger en doctrine officielle à partir de 1660. L'un de ses manifestes est la « colonnade » du Louvre, attribuée à Claude Perrault (1667). À Versailles, les jardins de Le Nôtre reçoivent, sous la direction de Girardon, une grande partie de leur statuaire et J. H.-Mansart entreprend, en 1678, sa grande campagne d'agrandissement et de régularisation du château. Par-delà l'époque *rocaille*, le classicisme architectural français atteindra à partir de 1750, avec J.-A. Gabriel, sa plus haute expression de mesure, d'harmonie vibrante et de délicatesse.

CLASSIFICATEUR, TRICE adj. et n. Qui classifie.

CLASSIFICATION n. f. Distribution systématique en diverses catégories, d'après des critères

genre : *ouvrage devenu classique.* ‖ Conforme à la tradition, aux habitudes, courant : *des arguments classiques.* ‖ Se dit d'une époque, dans l'évolution artistique d'une civilisation, où s'allient qualité technique, rationalité, harmonie (de 480 à 330 av. J.-C. en Grèce, de 250 à 950 chez les Mayas, etc.). ‖ À l'usage des classes (vx) : *fournitures, livres classiques.* ‖ *Arm.* Se dit de l'ensemble de toutes les armes, à l'exception des armes nucléaires, biologiques ou chimiques. (Syn. CONVENTIONNEL.) ● *École classique* (Écon.), ensemble de doctrines défendues par un certain nombre d'auteurs, de la fin du XVIIIe jusqu'au milieu du XIXe s., prônant notamment la liberté de la production et des échanges. ‖ *Logique classique*, logique bivalente comprenant obligatoirement certaines lois, notamment celle du tiers exclu et celle de la non-contradiction. ‖ *Logiques non classiques*, ensemble des logiques comprenant les logiques modales, plurivalentes et affaiblies. ‖ *Musique classique*, musique des grands auteurs, par oppos. à la musique folklorique, aux variétés, au jazz.

Château d'eau hexagonal
élevé par Jean Antoine Giral
sur la promenade du Peyrou à Montpellier (XVIIIe s.).

Philippe de Champaigne : *Ex-voto*
(mère Catherine-Agnès Arnauld
et sœur Catherine de Sainte-Suzanne).
1662. (Musée du Louvre, Paris.)

Apollon sur son char. Groupe de Jean-Baptiste Tuby ornant
le bassin d'Apollon dans le parc de Versailles. V. 1670.

Chapelle du château de Versailles,
commencée en 1699 par Jules Hardouin-Mansart,
achevée en 1710 par Robert de Cotte.

CLASSICISME FRANÇAIS

précis. ● *Société de classification*, société généralement privée ayant pour objet la surveillance de la construction et l'entretien des navires marchands.

CLASSIFICATOIRE adj. Qui constitue une classification. ● *Parenté classificatoire* (Ethnol.), parenté non biologique, reconnue socialement. (Dans les sociétés unilinéaires, par exemple, les cousins parallèles sont souvent considérés comme frères et sœurs.)

CLASSIFIER v. t. Ranger des ensembles par classes, selon un ordre logique.

CLASSIQUE adj. (lat. *classicus*, de première classe). Relatif à l'Antiquité gréco-latine telle que l'ont comprise et imitée nombre d'écrivains et d'artistes à partir de la Renaissance : *les langues classiques; le théâtre classique; l'architecture classique.* ‖ Qui est un modèle du

Jean-Baptiste Chardin : *Pipes et vase à boire.*
(Musée du Louvre, Paris.)

Nicolas Poussin : *les Bergers d'Arcadie*,
v. 1650-1655. (Musée du Louvre, Paris.)

CLASSIQUE n. m. Écrivain ou artiste de l'Antiquité, ou qui s'est inspiré de l'Antiquité. ‖ Partisan du classicisme. ‖ Auteur, ouvrage qui peut servir de modèle, dont la valeur est universellement reconnue. ‖ La musique classique.

CLASSIQUE n. f. Grande course cycliste sur route disputée en une seule journée.

CLASSIQUEMENT adv. Conformément à la norme, à l'habitude.

CLASTIQUE adj. (gr. *klastos*, brisé). *Géol.* Se dit de roches formées de débris d'autres roches (brèche, sable). ‖ Démontable, en parlant de pièces d'anatomie artificielles. ‖ *Psychiatr.* Se dit d'une crise d'agitation avec violence et bris d'objet.

CLAUDICANT, E adj. (lat. *claudicare*, boiter). *Litt.* Qui indique la claudication.

CLAUDICATION n. f. *Litt.* Action de boiter.

CLAUDIQUER v. i. *Litt.* Boiter.

CLAUSE n. f. (lat. *clausa*; de *claudere*, clore). Disposition particulière d'un acte, d'un contrat, etc. ● *Clause compromissoire*, clause par laquelle les parties s'engagent à soumettre à des arbitres les contestations pouvant naître du contrat. ‖ *Clause à ordre*, clause par laquelle le débiteur s'engage envers toute personne à laquelle le créancier aura transmis sa créance. ‖ *Clause pénale*, clause qui fixe le montant des dommages-intérêts à payer en cas d'inexécution du contrat. ‖ *Clause résolutoire*, clause aux termes de laquelle l'acte où elle est insérée sera résolu de plein droit au cas où l'un des contractants manquerait à son engagement en cas de survenance d'événement imprévisible. ‖ *Clause de style*, clause qui figure dans tous les actes de même nature et peut ainsi donner naissance à un usage permettant de la considérer comme sous-entendue dans les contrats où elle n'est pas expressément insérée; disposition formelle, sans importance.

CLAUSTRA n. m. pl. inv. (mot lat.). *Archit.* Paroi à appareil ajouré.

CLAUSTRAL, E, AUX adj. (lat. *claustrum*, clôture). Relatif au cloître.

CLAUSTRATION n. f. Séjour prolongé dans un lieu clos. ‖ *Psychiatr.* Réclusion volontaire d'un malade à son domicile pour se soustraire à la vie sociale.

CLAUSTRER v. t. (de *claustral*). Enfermer dans un lieu clos; isoler. ◆ **se claustrer** v. pr. S'enfermer.

CLAUSTROMANIE n. f. Comportement de malades qui s'enferment dans leur chambre et craignent d'en sortir.

CLAUSTROPHOBE adj. et n. Atteint de claustrophobie.

CLAUSTROPHOBIE n. f. (de *claustrer*, et gr. *phobos*, peur). Crainte morbide des espaces clos:

CLAVAIRE n. f. (lat. *clava*, massue). Champignon des bois, en touffes rameuses jaunes ou blanchâtres. (Classe des basidiomycètes.)

CLAVEAU n. m. (lat. *clavellus*, petit clou). *Archit.* Pierre taillée en forme de coin d'une plate-bande, d'un arc, d'une voûte. (Syn. VOUSSOIR.) ‖ *Vétér.* Syn. de CLAVELÉE.

CLAVECIN n. m. (lat. *clavis*, clef, et *cymbalum*, cymbale). Instrument de musique à clavier et à cordes, ces dernières étant griffées par un bec de plume.

CLAVECINISTE n. Personne qui joue du clavecin.

CLAVELÉ, E ou **CLAVELEUX, EUSE** adj. Qui a la clavelée.

CLAVELÉE n. f., ou **CLAVEAU** n. m. (lat. *clavus*, clou). Maladie contagieuse des bêtes à laine, analogue à la variole.

CLAVER v. t. *Min.* Mettre en serrage contre le terrain.

CLAVETAGE n. m. Assemblage par clavettes.

CLAVETER v. t. (conj. 4). Fixer à l'aide d'une clavette.

CLAVETTE n. f. (lat. *clavis*, clef). Cheville enfoncée à force dans une entaille pratiquée dans une pièce pour l'appuyer contre une autre ou entre deux pièces pour les rendre solidaires.

CLAVICORDE n. m. Instrument à clavier et à cordes frappées, ancêtre du piano.

CLAVICULE n. f. (lat. *clavicula*, petite clef). Chacun des deux os longs faisant partie de la ceinture scapulaire et s'étendant du sternum à l'omoplate.

CLAVIER n. m. (lat. *clavis*, clef). Ensemble des touches d'un accordéon, d'un piano, d'un orgue, d'un clavecin, d'une machine à écrire, d'une machine à composer, etc.

CLAVISTE n. *Arts graph.* Professionnel qui travaille sur un clavier de composition.

CLAYÈRE [klɛjɛr] n. f. (de *claie*). Parc à huîtres.

CLAYETTE [klɛjɛt] n. f. Étagère amovible à claire-voie qui sert de support dans les réfrigérateurs.

CLAYON [klɛjɔ̃] n. m. Petite claie pour faire égoutter les fromages, faire sécher les fruits, etc.

CLAYONNAGE n. m. Claie de pieux et de branches pour soutenir les terres. ‖ Action, manière de préparer cet ouvrage.

CLAYONNER v. t. Garnir d'un clayonnage le talus d'un cours d'eau, d'une route, etc.

CLÉ n. f. → CLEF.

CLEARANCE [klirãs] n. f. (mot angl., *enlèvement*). *Méd.* Rapport entre la concentration sanguine d'un corps et son élimination urinaire. (L'Administration préconise CLAIRANCE.)

CLEARING [kliriŋ] n. m. (mot angl.). Compensation d'opérations financières ou commerciales. ● *Accord de clearing*, accord entre deux pays, aux termes duquel le produit d'exportations est affecté au règlement d'importations.

CLÉBARD ou **CLEBS** n. m. (ar. *kalb*, chien). *Pop.* Chien.

CLEF ou **CLÉ** n. f. (lat. *clavis*). Pièce métallique servant à ouvrir et à fermer une serrure. ‖ Ce qui joue un rôle capital, de qui tout dépend : *la clef d'une affaire, d'un problème.* ‖ Position stratégique qui commande un accès. ‖ Renseignement qui permet de comprendre, de résoudre une difficulté; secret, solution. ‖ Outil utilisé pour serrer ou desserrer des écrous ou des vis, monter ou démonter, tendre ou détendre le ressort d'un mécanisme, etc. ‖ *Archit.* Claveau placé au milieu d'une plate-bande, au sommet d'un arc ou d'une voûte, et qui bloque les autres pierres dans la position voulue. ‖ *Mus.* Signe qui identifie les notes, partant la tonalité : *clef de « sol »; clef de « fa »; clef d'« ut »;* pièce mobile bouchant ou ouvrant les trous d'un instrument à vent. ‖ *Sports.* Prise de lutte, de judo immobilisant l'adversaire. ● *À la clef*, à la fin de l'opération. ‖ *Clef anglaise*, outil à mâchoires mobiles pour pouvoir s'adapter aux écrous de toutes tailles. ‖ *Clef des champs*, liberté d'aller où l'on veut. ‖ *Clef forée*, clef dont la tige est creuse pour lui permettre de s'engager sur la broche. ‖ *Clef en main*, se dit d'un logement, d'une usine vendus entièrement terminés, prêts à être utilisés. ‖ *Clef de voûte*, claveau central d'une voûte; point principal sur lequel repose un système, une théorie. ‖ *Être sous clef*, être enfermé. ‖ *Livre à clef*, ouvrage où l'auteur parle de personnages et de faits réels, mais travestis. ‖ *Mettre la clef sous la porte*, partir, disparaître furtivement. ‖ *Mettre sous clef*, enfermer. ◆ adj. Capital, essentiel, dont tout dépend : *industrie clef; personnage clef.*

CLÉMATITE n. f. (lat. *clematitis*; gr. *klêma*, sarment). Plante ligneuse grimpante, très commune dans les haies, envahissant parfois les arbres et qui conserve tout l'hiver son fruit, surmonté d'une aigrette duveteuse. (Famille des renonculacées.)

CLÉMENCE n. f. (lat. *clementia*). Qualité de ce qui est clément.

CLÉMENT, E adj. (lat. *clemens*). Porté à ne pas punir ceux qui sont coupables. ‖ Dont la température est agréable; doux : *un hiver clément.*

CLÉMENTINE n. f. (du nom du *P. Clément*, qui obtint le fruit en 1902). Variété de mandarine.

CLÉMENTINIER n. m. Arbrisseau voisin de l'oranger. (Famille des rutacées.)

CLENCHE [klɑ̃ʃ] n. f. (francique *klinka*). Pièce principale du loquet d'une porte, qui entre dans le mentonnet et tient la porte fermée.

CLEPHTE n. m. → KLEPHTE.

Publimages

clef d'« ut »

clef de « fa »

clef de « sol »

clavecin (XVIIIᵉ s.), par J.-Cl. Goujon.

clavaire dorée

clématites

clématite azurée

clématite des haies

CLEPSYDRE [klɛpsidr] n. f. (gr. *klepsudra*). Horloge antique, d'origine égyptienne, mesurant le temps par un écoulement régulier d'eau dans un récipient gradué.

CLEPTOMANE n. → KLEPTOMANE.

CLEPTOMANIE n. f. → KLEPTOMANIE.

CLERC [klɛr] n. m. (lat. *clericus*, du gr. *klêros*). Celui qui est entré dans l'état ecclésiastique. ‖ Employé dans l'étude d'un officier public ou ministériel. ● *N'être pas grand clerc*, être incompétent. ‖ *Pas de clerc*, maladresse due à l'inexpérience.

CLERGÉ n. m. (lat. *clericatus*). Ensemble des ecclésiastiques par opposition aux laïques : *le clergé catholique; le clergé de France*. ‖ Ensemble des clercs, par opposition aux laïques.

CLERGYMAN [klɛrdʒiman] n. m. (mot angl.) [pl. *clergymen*]. Ministre protestant anglo-saxon. ● *Habit de clergyman*, vêtement ecclésiastique de ville, en usage dans le clergé anglo-saxon et adopté depuis 1963 dans l'Église catholique romaine.

CLÉRICAL, E, AUX adj. (lat. *clericalis*). Relatif au clergé. ◆ adj. et n. Partisan du cléricalisme.

CLÉRICALISME n. m. Ensemble d'opinions favorables à l'intervention du clergé dans les affaires publiques.

CLÉRICATURE n. f. État ou condition des clercs.

CLÉROUQUE n. m. (gr. *klêros*, part). *Antiq.* Colon athénien qui restait citoyen de la mère patrie.

CLÉROUQUIE n. f. *Antiq.* Colonie athénienne.

CLIC! (onomat.). Interj. qui exprime un claquement sec.

CLICHAGE n. m. *Arts graph.* Action de clicher.

CLICHÉ n. m. Image photographique négative. ‖ *Péjor.* Lieu commun, banalité souvent redite. ‖ *Arts graph.* Plaque métallique ou en plastique photopolymérisable obtenue par clichage.

CLICHER v. t. *Arts graph.* Établir, à l'aide d'un métal fusible ou de plastique photopolymérisable, des plaques solides reproduisant en relief l'empreinte d'une composition typographique, destinées au tirage de multiples exemplaires.

CLICHERIE n. f. Atelier de clichage.

CLICHEUR n. et adj. m. Ouvrier qui procède aux opérations de clichage.

CLICK n. m. (onomat.). Phonème réalisé au moyen d'une double occlusion produite par le dos de la langue et par les lèvres, et ressemblant à un bruit de succion.

CLIENT, E n. (lat. *cliens*). Personne qui reçoit de qqn contre paiement des fournitures commerciales ou des services. ‖ *Hist.* À Rome, plébéien qui se plaçait sous le patronage d'un patricien.

CLIENTÈLE n. f. Ensemble des clients : *clientèle d'un médecin*. ‖ Ensemble des partisans, des électeurs d'un parti.

CLIENTÉLISME n. m. Fait pour un homme ou un parti politique de chercher à élargir son influence par des procédés plus ou moins démagogiques, l'attribution de petits privilèges.

CLIGNEMENT n. m. Action de cligner.

CLIGNER v. t. et i. (lat. *cludere*, fermer). Fermer les yeux à demi pour regarder, ou sous l'effet de la lumière, du vent, etc. ● *Cligner de l'œil*, faire signe de l'œil à qqn.

CLIGNOTANT n. m. Avertisseur lumineux à intermittence. *Écon.* Syn. d'INDICATEUR.

CLIGNOTEMENT n. m. Action de clignoter.

CLIGNOTER v. i. (de *cligner*). Remuer les paupières rapidement : *une lumière trop vive fait clignoter les yeux*. ‖ S'allumer et s'éteindre par intermittence : *lumière qui clignote*.

CLIMAT n. m. (lat. *clima*, inclinaison, mot gr.). Ensemble des phénomènes météorologiques (température, pression, vents, précipitations) qui caractérisent l'état moyen de l'atmosphère et son évolution en un lieu donné. ‖ Ensemble des circonstances dans lesquelles on vit; ambiance.

CLIMATÉRIQUE adj. (lat. *climatericus*, qui va par degrés, du gr.). *Année climatérique*, chaque septième ou neuvième année de la vie, que les Anciens disaient critiques, surtout la soixante-troisième (la *climatérique* n. f.), produit de 7×9.

CLIMATIQUE adj. Relatif au climat. ● *Station climatique*, station réputée pour l'action bienfaisante de son climat.

CLIMATISATION n. f. Ensemble des moyens permettant de maintenir l'atmosphère d'un endroit clos à une pression, à un degré d'humidité et à une température donnés.

CLIMATISER v. t. Assurer la climatisation d'un lieu fermé. ‖ Rendre un appareil propre à résister à l'action des climats extrêmes.

CLIMATISEUR n. m. (nom déposé). Appareil de climatisation.

CLIMATISME n. m. Ensemble des constatations et déductions tirées de l'étude des climats, en vue de leur application pratique à l'hygiène et au traitement des maladies.

CLIMATOLOGIE n. f. Science qui décrit les climats, les explique et les classe par zones.

CLIMATOLOGIQUE adj. Relatif à la climatologie.

CLIMATOLOGUE ou **CLIMATOLOGISTE** n. Spécialiste de la climatologie.

CLIMAX [klimaks] n. m. (gr. *klimax*, échelle). Terme final de l'évolution naturelle d'une formation végétale. (Le climax correspond à la plus forte biomasse que le terrain puisse nourrir.)

CLIN n. m. (de *cligner*). *Clin d'œil*, mouvement des paupières qu'on baisse et qu'on relève rapidement. (Pl. *clins d'œil*.) ● *En un clin d'œil*, en un temps très court.

CLIN n. m. (lat. *clinare*, pencher). *Construction à clin* (Mar.), construction dans laquelle les bordages se recouvrent l'un l'autre à la manière des ardoises.

CLINDAMYCINE n. f. Antibiotique actif sur les bactéries « Gram positif ».

CLINFOC n. m. (all. *klein Fock*, petit foc). *Mar.* Foc très léger.

CLINICAT n. m. Fonction de chef de clinique.

CLINICIEN adj. et n. m. Médecin qui étudie les maladies par l'observation directe des malades.

CLINIQUE adj. (lat. *clinicus*; gr. *klinê*, lit). Qui se fait près du lit des malades : *leçons cliniques*. ● *Signe clinique*, signe que le médecin peut déceler par la seule observation à partir de ses organes des sens.

CLINIQUE n. f. Établissement où l'on opère, où l'on soigne des malades, des blessés. ‖ Enseignement médical donné en présence des malades; connaissances ainsi dispensées. ● *Chef de clinique*, médecin désigné par concours pour assurer, dans un service d'hôpital, l'enseignement des stagiaires.

CLINKER [klinkœr] n. m. (mot angl.). Produit de la cuisson des constituants du ciment à la sortie du four, mais avant broyage.

CLINOMÈTRE n. m. (gr. *klinê*, lit, et *metron*, mesure). Niveau d'eau mesurant l'inclinaison d'un plan sur l'horizon. (Syn. INCLINOMÈTRE.)

CLINORHOMBIQUE adj. Se dit d'un prisme oblique à base losange.

CLINQUANT n. m. (anc. fr. *clinquer*, faire du bruit). Lamelle d'or, d'argent, etc., brillante et légère, employée pour rehausser une parure. ‖ Lame de cuivre doré ou argenté qui imite le vrai clinquant. ‖ Faux brillant, éclat trompeur : *le clinquant d'une conversation*.

CLINQUANT, E adj. Qui a plus d'éclat extérieur que de valeur.

CLIP [klip] n. m. (mot angl., *pince*). Pince à ressort sur laquelle est monté un bijou (boucle d'oreille, broche, etc.).

CLIPPER [klipœr] n. m. (mot angl.) Voilier fin de carène, spécialement construit pour avoir une grande vitesse.

CLIQUE n. f. (onomat.). *Péjor.* Groupe de personnes qui s'unissent pour intriguer ou nuire. ‖ Ensemble des tambours et des clairons d'une musique militaire. ‖ *Sociol.* Groupe primaire dont les membres sont unis pour des obligations réciproques. ◆ pl. *Prendre ses cliques et ses claques* (Fam.), s'en aller.

CLIQUET [klikɛ] n. m. (de *clique*). Petit levier destiné à ne permettre le mouvement d'une roue dentée que dans un sens.

CLIQUETER v. i. (anc. fr. *cliquer*, faire du bruit) [conj. 4]. Faire du bruit en se choquant.

CLIQUETIS [klikti], **CLIQUÈTEMENT** ou **CLIQUETTEMENT** [klikɛtmã] n. m. Bruit répété produit par des corps qui s'entrechoquent : *cliquetis de verres*.

CLIQUETTE n. f. Castagnette faite de deux os, de deux morceaux de bois, etc.

CLISSE n. f. (de *claie* et *éclisse*). Claie pour égoutter les fromages. ‖ Enveloppe d'osier, de jonc, pour bouteilles.

CLISSER v. t. Garnir de clisse.

CLITOCYBE n. m. (gr. *klitos*, incliné, et *kubê*, tête). Champignon à chapeau déprimé et à lames décurrentes, généralement comestible, parfois toxique (*clitocybe de l'olivier*). [Famille des agaricacées.]

CLITORIDECTOMIE n. f. Ablation chirurgicale du clitoris.

CLITORIDIEN, ENNE adj. Du clitoris.

CLITORIS [klitɔris] n. m. (gr. *kleitoris*). *Anat.* Petit organe érectile situé à la partie supérieure de la vulve.

CLIVABLE adj. Qui peut être clivé.

CLIVAGE n. m. Action ou manière de cliver les minéraux : *le clivage de l'ardoise*. ‖ Surface suivant laquelle une roche se fend. ‖ Distinction entre deux groupes selon un certain critère : *clivage social*. ● *Clivage du Moi* (Psychanal.), coexistence au sein du Moi de deux attitudes contradictoires, dont l'une tient compte de la réalité et l'autre la dénie. ‖ *Plan de clivage*, plan suivant lequel on peut cliver un cristal (diamant, etc.).

CLIVER v. t. (néerl. *klieven*). Fendre un minéral, un cristal suivant la direction de ses couches.

CLOACAL, E, AUX [klɔakal, o] adj. *Zool.* Relatif au cloaque. ● *Théorie cloacale* (Psychanal.), fantasme selon lequel les enfants naissent d'une zone indifférenciée confondue avec l'anus de la mère.

CLOAQUE [klɔak] n. m. (lat. *cloaca*, égout). Lieu destiné à recevoir les immondices. ‖ Masse d'eau croupie, mare boueuse. ‖ Lieu malpropre et infect. ‖ *Zool.* Orifice commun des voies urinaires, intestinales et génitales de certains vertébrés (notamment des oiseaux).

CLOCHARD, E n. (du v. *clocher*). *Fam.* Personne qui vit d'expédients ou de mendicité et qui n'a pas de domicile.

CLOCHARD n. f. Variété de reinette.

CLOCHARDISATION n. f. Action de clochardiser.

CLOCHARDISER v. t. Réduire aux conditions de vie les plus misérables.

CLOCHE n. f. (bas lat. *clocca*, mot celtique). Instrument dont on tire des sons au moyen d'un battant ou d'un marteau. ‖ Couvercle pour garantir les mets (fromages). ‖ Vase de verre pour couvrir les plantes. ‖ Vase de verre cylindrique, ouvert à une extrémité, dont on se sert en chimie. ‖ *Sports.* Sonnerie annonçant le dernier tour d'une course pédestre ou cycliste. ● *Cloche à plongeur*, installation au moyen de laquelle on peut travailler sous l'eau. ‖ *Courbe en cloche* ou *courbe de Laplace-Gauss*, courbe représentant une des lois de probabilité les plus courantes. ‖ *Déménager à la cloche de bois*, déménager secrètement. ‖ *Son de cloche*, opinion de l'une ou de plusieurs personnes. ‖ *Sonner les cloches à qqn* (Fam.), le réprimander vertement. ‖ *Se taper la cloche* (Pop.), faire un bon repas. ◆ adj. Se dit d'une jupe qui va en s'évasant. ● *Chapeau cloche*, ou *cloche* n. f., coiffure à bords rabattus.

CLOCHE n. f. *Fam.* Ensemble des clochards.

CLOCHE adj. et n. f. (du v. *clocher*). *Pop.* Maladroit, stupide, incapable.

CLOCHE-PIED (À) loc. adv. (du v. *clocher*). *Sauter, marcher à cloche-pied*, sur un seul pied.

CLOCHER n. m. Ouvrage destiné à recevoir les cloches (tour, mur percé de baies, etc.). ● *Esprit*

cloître roman de la cathédrale
Saint-Sauveur à Aix-en-Provence

Lauros-Giraudon

de *clocher*, attachement particulier au cercle habituel des gens dont on est entouré. ‖ *Querelles, rivalités de clocher,* querelles entre gens du même pays, entre localités voisines.

CLOCHER v. i. (lat. *cloppus,* boiteux). *Fam.* Être défectueux, aller de travers : *cette comparaison cloche.*

CLOCHETON n. m. *Archit.* Amortissement ayant l'aspect d'un clocher en réduction.

CLOCHETTE n. f. Petite cloche. ‖ Corolle de certaines fleurs en forme de cloche.

CLODO n. m. *Pop.* Clochard.

CLOFIBRATE n. m. Médicament qui diminue le taux du cholestérol et des triglycérides dans le sang.

CLOISON n. f. (lat. *clausus,* clos). Mur léger en brique, en plâtre ou en bois, et servant à former les divisions intérieures non portantes d'un bâtiment. ‖ Membrane qui sépare une cavité anatomique. ‖ Membrane qui divise l'intérieur des fruits. ‖ Séparation totale entre des catégories de personnes, des services administratifs. ‖ *Mar.* Séparation plane divisant un navire en différents compartiments. ● *Cloison étanche,* cloison métallique d'un navire, établie pour assurer une résistance suffisante à la pression de l'eau agissant d'un seul côté; séparation très stricte. ‖ *Cloison d'incendie,* cloison d'un navire, d'un bâtiment, spécialement isolée pour s'opposer à la propagation d'un incendie.

CLOISONNAGE ou **CLOISONNEMENT** n. m. Action de cloisonner. ‖ Ensemble de cloisons.

CLOISONNÉ, E adj. et n. m. Se dit des émaux dont les motifs sont délimités par de minces cloisons verticales retenant la matière vitrifiée.

CLOISONNER v. t. Séparer par des cloisons matérielles ou morales : *des équipes de recherche trop cloisonnées.*

CLOISONNISME n. m. Syn. de SYNTHÉTISME.

CLOÎTRE n. m. (lat. *claustrum*). Partie d'un monastère formée de galeries ouvertes entourant une cour ou un jardin. ‖ Partie d'un monastère ou d'un couvent réservée aux seuls religieux.

CLOÎTRÉ, E adj. Qui vit dans un cloître, séparé du monde.

CLOÎTRER v. t. Enfermer dans un cloître. ‖ Tenir qqn enfermé dans une pièce, un lieu clos. ◆ **se cloîtrer** v. pr. Vivre isolé, sans voir personne.

CLOMIFÈNE n. m. Médicament qui a la propriété de provoquer l'ovulation, et employé de ce fait dans le traitement de certaines stérilités.

CLONAGE n. m. Obtention, par voie de culture, de nombreuses cellules vivantes identiques à partir d'une cellule unique.

CLONE n. m. (gr. *klôn,* jeune pousse). Individu ou population provenant de la reproduction végétative ou asexuelle d'un même individu. ‖ Ensemble des cellules résultant des divisions successives d'une cellule unique. (Le cancer est considéré comme un clone résultant de la division d'une cellule devenue maligne.)

CLONER v. t. Pratiquer un clonage.

CLONIQUE adj. (gr. *klonos,* agitation). Se dit d'une série de contractions musculaires, involontaires et de grande amplitude.

CLONUS [klɔnys] n. m. Suite de contractions successives et involontaires des muscles fléchisseurs et extenseurs, provoquant une trépidation du segment de membre intéressé.

CLOPE n. m. *Pop.* Mégot; cigarette.

CLOPIN-CLOPANT loc. adv. (anc. fr. *clopin,* boiteux, et *cloper,* boiter). *Fam.* En marchant avec peine.

CLOPINER v. i. (anc. fr. *clopin,* boiteux). Marcher en boitant un peu.

CLOPINETTES n. f. pl. *Des clopinettes* (Fam.), rien, absolument rien.

CLOPORTE n. m. (de *clore* et de *porte*). Crustacé terrestre atteignant 2 cm de long, vivant sous les pierres et dans les lieux sombres et humides. (Ordre des isopodes.)

CLOQUE n. f. (mot celtique). Boursouflure qui se développe sur les feuilles du pêcher sous l'action d'un champignon parasite. ‖ Ampoule, boursouflure de la peau, causée par une brûlure, un frottement. (Syn. PHLYCTÈNE.)

CLOQUÉ, E adj. *Étoffe cloquée,* étoffe gaufrée, donnant l'apparence de cloques.

CLOQUER v. i. Se boursoufler, en parlant de la peinture, de la peau, etc.

CLORE v. t. (lat. *claudere*) [conj. **76**]. *Litt.* Fermer, boucher : *clore un passage.* ‖ Entourer d'une clôture : *clore un champ de fossés.* ‖ Mettre un terme à, finir : *clore un compte, une discussion.*

CLOS, E [klo, oz] adj. Fermé : *trouver porte close.* ‖ Terminé, achevé : *la session est close.* ● *À la nuit close,* à la nuit tombée. ‖ *Bouche close,* sans prononcer une seule parole. ‖ *Champ clos,* autref., terrain entouré de barrières, pour les tournois, les combats singuliers. ‖ *En vase clos,* sans contact avec l'extérieur. ‖ *L'incident est clos* se dit pour mettre fin à une querelle. ‖ *Lit clos,* lit breton fermé comme une armoire. ‖ *Maison close,* lieu de prostitution. ‖ *Système clos,* ensemble d'objets considéré comme soustrait à toute influence venue d'ailleurs.

CLOS [klo] n. m. (de *clore*). Terrain cultivé et fermé de murs, de haies ou de fossés. ‖ Vignoble : *un clos renommé.* ‖ Taux d'isolation thermique nécessaire au maintien du confort dans une pièce.

CLOSEAU n. m., ou **CLOSERIE** n. f. Petit clos possédant une maison d'habitation.

CLOSE-COMBAT n. m. (mot angl.). Méthode de combat rapproché, à mains nues.

CLOSERIE n. f. → CLOSEAU.

CLÔTURE n. f. (lat. *clausura*). Ouvrage, barrière qui délimite un espace, clôt un terrain. ‖ Enceinte d'un monastère réservée exclusivement aux religieux et dont ces derniers ne peuvent sortir librement. ‖ Action de terminer, de fermer : *clôture d'un inventaire, d'un scrutin.* ● *Séance de clôture,* dernière séance.

CLÔTURER v. t. Entourer, fermer d'une clôture : *clôturer un jardin.* ‖ Achever, mettre fin à : *clôturer la discussion, un compte.*

CLOU n. m. (lat. *clavus*). Tige métallique, pointue à un bout, aplatie à l'autre, et servant à fixer ou à suspendre qqch. ‖ *Fam.* Furoncle. ‖ Attraction principale : *le clou de la fête.* ● *Clou de girofle,* bouton de giroflier, employé comme épice. ‖ *Mettre au clou,* mettre au mont-de-piété; mettre en prison. ‖ *Vieux clou* (Fam.), vieille bicyclette, vieille voiture. ◆ pl. Passage clouté : *il faut traverser aux clous.* ● *Des clous!* (Pop.), rien!; non!

CLOUAGE n. m. Action ou manière de clouer.

CLOUER v. t. Fixer avec des clous. ‖ Immobiliser qqn : *la maladie le cloue au lit.*

CLOUTAGE n. m. Action de clouter.

CLOUTÉ, E adj. Garni de clous.

CLOUTER v. t. Garnir de clous.

CLOUTERIE n. f. Fabrication, commerce des clous.

CLOUTIER n. m. Fabricant ou vendeur de clous.

cloporte

clovisse

CLOVISSE n. f. (prov. *clauvisso*; de *claus,* qui se ferme). Nom donné en Méditerranée aux mollusques bivalves comestibles appelés ailleurs PALOURDES.

CLOWN [klun] n. m. (mot angl.). Comédien de cirque doué d'agilité et d'humour. ‖ Personne qui divertit les autres par sa drôlerie.

CLOWNERIE n. f. Facétie de clown; pitrerie.

CLOWNESQUE adj. Propre au clown.

CLOYÈRE [klwajɛr] n. f. (de *claie*). Panier pour poissons ou huîtres; son contenu (25 douzaines).

CLUB [klœb] n. m. (mot angl.). Association sportive, culturelle, politique. ‖ Cercle où l'on se réunit pour causer, lire, jouer. ‖ Canne de golf. ● *Fauteuil club,* fauteuil de cuir des années 30, caractérisé par sa forme cubique.

CLUNISIEN, ENNE adj. De l'ordre de Cluny.

CLUPÉIDÉ n. m. (lat. *clupea,* alose). Poisson de l'ordre des isospondyles, tel que l'*alose,* le *hareng,* la *sardine,* le *sprat.* (Les *clupéidés* forment une famille.)

CLUSE n. f. (lat. *clusa,* endroit fermé). *Géogr.* Gorge transversale dans un pli anticlinal.

CLUSTER [klystɛr] n. m. (mot angl., abrév. de *tone-cluster*). Dans la musique contemporaine, grappe de sons attaqués simultanément.

CLYSTÈRE n. m. (lat. *clyster;* gr. *kluzein,* laver). Lavement (vx).

cm, symbole du *centimètre.*

Cm, symbole chimique du *curium.*

cm², symbole du *centimètre carré.*

cm³, symbole du *centimètre cube.*

CNÉMIDE n. f. (gr. *knêmis*). Jambière en cuir ou en métal des soldats de la Grèce ancienne.

CNIDAIRE n. m. Cœlentéré muni de cellules urticantes dites *nématocystes.* (L'embranchement des *cnidaires* comprend les classes des hydrozoaires [hydre], des anthozoaires [anémones de mer, corail, madrépores] et des acalèphes [grandes méduses].)

Co, symbole chimique du *cobalt.*

COACCUSÉ, E n. Accusé avec un ou plusieurs autres.

COACH [kotʃ] n. m. (mot angl.) [pl. *coaches*]. Carrosserie automobile fermée à deux portes et quatre glaces, dont le dossier des sièges avant se rabat pour donner accès aux places arrière.

COACQUÉREUR n. m. Personne avec qui l'on acquiert en commun.

COADJUTEUR n. m. Évêque adjoint à un évêque en fonctions.

COADMINISTRATEUR, TRICE n. Personne qui administre en même temps que d'autres.

COAGULABILITÉ n. f. Caractère de ce qui est coagulable.

COAGULABLE adj. Capable de se coaguler.

COAGULANT, E adj. et n. m. Qui déclenche ou accélère la coagulation.

COAGULATEUR, TRICE adj. Qui produit la coagulation.

COAGULATION n. f. Phénomène par lequel un liquide organique (sang, lymphe, lait) se prend en une masse solide, ou coagulum.

COAGULER v. t. (lat. *coagulare*). Faire figer un liquide; lui donner une consistance solide. ◆ **se**

coaguler v. pr., ou **coaguler** v. i. Se figer, se prendre sous la forme d'une gelée.

COAGULUM [kɔagylɔm] n. m. Masse de substance coagulée.

COALESCENCE n. f. État de ce qui est coalescent. ‖ Agglomération des gouttelettes d'une émulsion pour former des granules plus volumineux. ‖ Soudure de deux surfaces tissulaires voisines. ‖ Contraction de deux ou plusieurs éléments phoniques en un seul. ‖ *Métall.* Rassemblement d'un constituant structural sous une forme globulaire, par l'action d'un traitement thermique approprié.

COALESCENT, E adj. Qui ne forme qu'un, bien que formé de pièces d'origines distinctes.

COALESCER v. t. (conj. **1**). *Métall.* Traiter thermiquement un alliage avec un refroidissement particulier, pour obtenir la coalescence d'un constituant.

COALISÉ, E adj. et n. Se dit de ceux qui sont ligués.

COALISER v. t. (de *coalition*). Réunir, grouper en vue d'une action commune. ◆ **se coaliser** v. pr. S'unir dans une coalition.

COALITION n. f. (mot angl.; lat. *coalescere*, s'unir). Réunion des forces, d'intérêts, de partis, de personnes en vue d'exercer une action commune. ‖ Alliance militaire et politique conclue entre plusieurs nations contre un adversaire commun. ‖ Spéculation délictueuse qui consiste à entraver le jeu normal de la loi de l'offre et de la demande.

COALTAR [koltar] n. m. (mot angl.; de *coal*, charbon, et *tar*, goudron). Anc. appellation du GOUDRON DE HOUILLE.

COAPTATION n. f. Emboîtement immédiatement correct de deux organes du même animal, formés indépendamment (ou, par ext., des organes sexuels mâle et femelle de la même espèce).

COAPTEUR n. m. Plaque ou appareil employé pour maintenir les fragments d'os fracturés en contact dans l'ostéosynthèse.

COARCTATION n. f. (lat. *coarctatio*). *Méd.* Rétrécissement de l'aorte.

COASSEMENT n. m. Action de coasser.

COASSER [kɔase] v. i. (lat. *coaxare*; gr. *koax*). Crier, en parlant de la grenouille, du crapaud.

COASSOCIÉ, E n. Associé d'autres.

COASSURANCE n. f. Assurance simultanée d'un même risque par plusieurs assureurs, dans la limite de la valeur du bien garanti.

COATI [kɔati] n. m. (mot indigène du Brésil). Mammifère de l'Amérique du Sud, à museau allongé, chassant lézards et insectes. (Long. : 45 cm sans la queue; ordre des carnassiers.)

COAUTEUR n. m. Auteur qui travaille avec un autre à une même œuvre littéraire. ‖ *Dr.* Celui qui a commis une infraction en participation directe et principale avec d'autres personnes (par oppos. à COMPLICE).

COAXIAL, E, AUX adj. Qui a le même axe qu'un autre corps. ● *Câble coaxial*, câble constitué par deux conducteurs concentriques, séparés par un espace rempli d'une substance diélectrique. ‖ *Hélices coaxiales*, ensemble de deux hélices d'avion tournant en sens inverse, et dont l'arbre de la première tourne à l'intérieur de l'arbre creux de la seconde.

COB [kɔb] n. m. (mot angl.). Cheval de demi-sang que l'on peut indifféremment utiliser pour la selle et le trait léger.

COBALT n. m. (mot all.). Métal blanc rougeâtre (Co), n° 27, de masse atomique 58,93, dur et cassant, fondant vers 1 490 °C, et de densité 8,8. (Ce métal est employé en alliages avec le cuivre, le fer et l'acier, et dans la préparation de certains colorants, en général bleus.) ● *Bombe au cobalt*, générateur de rayons γ thérapeutiques, émis par une charge de radiocobalt, et utilisé pour le traitement des tumeurs cancéreuses. ‖ *Cobalt 60, cobalt radioactif*, syn. de RADIOCOBALT.

COBALTINE n. f. Arséniosulfure naturel de cobalt CoAsS.

COBALTOTHÉRAPIE n. f. Traitement par les rayons gamma (γ) émis par le cobalt 60.

cobaye

coca

cobra

coccinelle

COBAYE [kɔbaj] n. m. (mot indigène d'Amérique). Petit mammifère de l'ordre des rongeurs, originaire de l'Amérique du Sud, élevé surtout comme animal de laboratoire, et appelé aussi *cochon d'Inde*. ‖ *Fam.* Personne sur qui on tente une expérience.

COBÉA n. m. (du n. du missionnaire *Cobo*). Liane originaire du Mexique, cultivée pour ses grandes fleurs bleues en cloche. (Famille des polémoniacées.)

COBELLIGÉRANT adj. et n. m. Se dit d'un pays qui est en guerre en même temps qu'un autre avec un ennemi commun.

COBOL n. m. (abrév. de *COmmon Business Oriented Language*). Langage de programmation utilisé pour les problèmes de gestion.

COBRA n. m. (mot portug.; lat. *colobra*). Serpent venimeux du genre naja, qui dépasse 4 m de long. (Un cobra de l'Inde est aussi appelé *serpent à lunettes* à cause de la forme du dessin visible à la face dorsale du cou, lorsque l'animal, inquiété, le dilate.)

COCA n. f. (mot esp., d'une langue amérindienne). Arbuste du Pérou, dont les feuilles ont une action stimulante et qui fournit la cocaïne. ◆ n. f. Masticatoire ayant pour base les feuilles de cet arbre.

COCA-COLA ou, *fam.,* **COCA** n. m. inv. (nom déposé). Boisson gazeuse fabriquée par la firme Coca Cola.

COCAGNE n. f. (orig. inconnue). *Mât de cocagne*, mât glissant au sommet duquel sont suspendus des objets qu'il faut aller décrocher. ‖ *Pays, vie de cocagne*, pays, vie d'abondance et d'insouciance.

COCAÏNE n. f. (de *coca*). Alcaloïde extrait des feuilles de coca, anesthésique local et excitant du système nerveux central, dont l'usage prolongé aboutit à une toxicomanie grave.

COCAÏNOMANE n. Personne qui abuse de la cocaïne.

COCAÏNOMANIE n. f., ou **COCAÏNISME** n. m. Toxicomanie à la cocaïne.

COCARDE n. f. (anc. fr. *coquart*, vaniteux). Insigne circulaire, aux couleurs nationales, porté sur une coiffure, un véhicule, un avion, etc. ‖ Nœud de ruban ou d'étoffe.

COCARDIER, ÈRE adj. et n. Qui aime l'armée, l'uniforme, le panache.

COCASSE adj. (anc. fr. *coquart*, sot). *Fam.* D'une bizarrerie drôle.

COCASSERIE n. f. Caractère de ce qui est cocasse; drôlerie.

COCCIDIE [kɔksidi] n. f. (gr. *kokkos*, grain, et *eidos*, apparence). Protozoaire de l'embranchement des sporozoaires, parasite des cellules épithéliales de vertébrés et d'invertébrés.

COCCIDIOSE n. f. Maladie grave du bétail et des volailles, dont l'agent est une coccidie.

COCCINELLE [kɔksinɛl] n. f. (lat. *coccinus*, écarlate). Petit insecte coléoptère, appelé aussi *bête à bon Dieu*, utile, car il se nourrit de pucerons. (L'espèce la plus commune possède des élytres orangés garnis de sept points noirs.)

COCCOLITE n. f. Écaille fossile d'un protiste marin du crétacé, dont l'accumulation en nombre immense a fourni la craie.

COCCOLITHOPHORE n. m. Protiste fossile qui était recouvert de coccolites.

COCCYGIEN, ENNE adj. Du coccyx.

COCCYX [kɔksis] n. m. (gr. *kokkux*, coucou). Os formé par la soudure de plusieurs vertèbres réduites, à l'extrémité du sacrum.

COCHE n. m. (hongr. *kocsi*, de Kocs, nom d'un relais de poste). Autref., grande diligence. ● *Mouche du coche*, personne qui montre un zèle excessif et inutile (par allusion à la fable de La Fontaine). ‖ *Rater, louper le coche* (Fam.), perdre une occasion favorable.

COCHE n. m. (bas lat. *caudica*, sorte de canot). *Coche d'eau*, bateau qui servait autrefois au transport des voyageurs et des marchandises.

COCHE n. f. (lat. pop. *cocca*). Entaille faite à un corps solide; marque, signe.

COCHENILLE n. f. (esp. *cochinilla*, cloporte). Nom donné à des pucerons souvent nuisibles aux plantes cultivées. (Une espèce mexicaine a fourni pendant longtemps un colorant, le *carmin*.)

COCHER n. m. (de *coche*, voiture). Conducteur d'une voiture hippomobile.

COCHER v. t. Marquer d'un trait : *cocher un nom sur une liste.*

CÔCHER v. t. (anc. fr. *caucher*; lat. *calcare*, presser). En parlant des oiseaux, couvrir la femelle.

COCHÈRE adj. f. *Porte cochère*, grande porte permettant le passage des voitures.

COCHET n. m. Jeune coq.

COCHEVIS [kɔʃvi] n. m. Alouette portant une huppe.

COCHLÉAIRE [kɔkleɛr] adj. (lat. *cochlear*, cuiller). Se dit de ce qui a rapport avec la cochlée. ● *Noyaux cochléaires* (Anat.), centres nerveux situés dans le myélencéphale et servant de relais aux voies auditives sensitives.

COCHLÉARIA [kɔklearja] n. m. (lat. *cochlear*, cuiller, à cause de la forme des feuilles). Plante du littoral ou des lieux humides, de la famille des crucifères, utilisée comme antiscorbutique.

COCHLÉE [kɔkle] n. f. Partie de l'oreille interne où se trouvent les éléments sensoriels de l'ouïe. (Syn. LIMAÇON.)

COCHON n. m. Mammifère domestique élevé pour sa chair (famille des suidés) [Cri : le cochon *grogne*.] (Syn. PORC.) ● *Cochon d'Inde*, v. COBAYE. ‖ *Cochon de lait*, petit cochon qui tète encore. ‖ *Cochon de mer*, marsouin. ‖ *Tour de cochon* (Fam.), méchanceté.

COCHON, ONNE adj. et n. *Fam.* Sale, dégoûtant. ‖ *Fam.* Se dit de qqn qui est malfaisant, désagréable. ‖ *Pop.* Pornographique.

COCHONNAILLE n. f. *Fam.* Viande de porc; charcuterie.

COCHONNER v. i. Mettre bas, en parlant de la truie.

COCHONNER v. t. *Fam.* Exécuter salement; mettre en mauvais état.

COCHONNERIE n. f. *Pop.* Objet ou parole sale, obscène. ‖ Objet de mauvaise qualité. ‖ Action méchante.

COCHONNET n. m. Petit cochon. ‖ Dé à jouer à 12 faces. ‖ Petite boule servant de but au jeu de boules.

COCHYLIS [kɔkilis] n. m. (gr. *konkhulion,* coquille). Papillon dont la chenille attaque les grappes de la vigne.

COCKER [kɔkɛr] n. m. (angl. *woodcocker,* bécassier). Race de chiens de chasse à poils longs, à oreilles très longues et tombantes.

COCKNEY adj. et n. Londonien caractérisé par son accent populaire.

COCKPIT [kɔkpit] n. m. (mot angl.). *Mar.* Réduit étanche ménagé à l'arrière de certains yachts et dans lequel se tient le barreur. ‖ *Aéron.* Emplacement réservé au pilote.

COCKTAIL [kɔktɛl] n. m. (mot anglo-amér.). Mélange de boissons alcooliques, de sirop et de glace. ‖ Réception avec buffet. ‖ Œuvre, ensemble constitués d'un mélange d'éléments très divers. ● *Cocktail Molotov,* bouteille explosive à base d'essence.

COCO n. m. (mot portug.). Fruit du cocotier. (On dit aussi NOIX DE COCO.) ‖ Boisson à base de jus de réglisse et d'eau. ● *Lait de coco,* albumen liquide et blanc contenu dans la noix de coco.
■ La *noix de coco* fournit le lait de coco, qui, dans le fruit mûr, forme l'amande, ou *coprah.* On en retire de l'huile, du beurre; on en fabrique du savon. Le péricarpe de la noix sert à faire des récipients, la bourre, ou *coir,* des balais, des brosses, des tapis.

COCO n. m. *Fam.* et péjor. Individu.

COCO n. f. *Fam.* Cocaïne.

COCON [kɔkɔ̃] n. m. (prov. *coucoun;* de *coco,* coque). Enveloppe de certaines chrysalides, dont le ver à soie, et des pontes d'araignées.

COCONTRACTANT, E n. Chacune des personnes qui sont parties à un contrat.

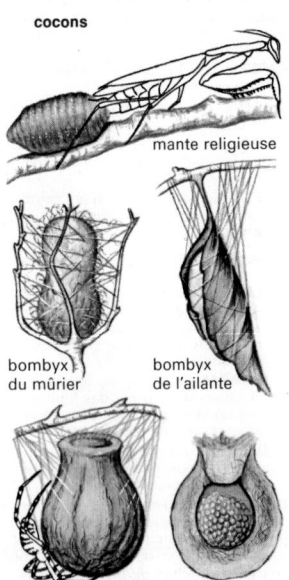

cocons

mante religieuse

bombyx du mûrier

bombyx de l'ailante

araignée (argiope)   coupe du cocon

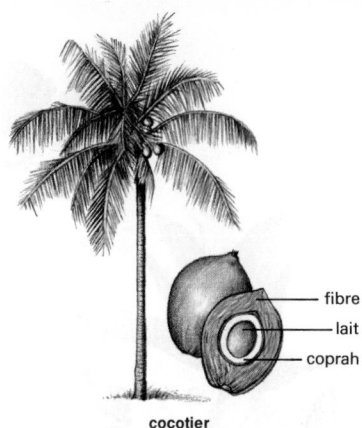

cocotier

fibre
lait
coprah

COCOON [kokun] n. m. inv. (nom déposé). Revêtement plastique de protection anticorrosion de matériel et d'étanchéité dans le domaine architectural.

COCORICO n. m. Onomatopée imitant le chant du coq.

COCOTERAIE n. f. Lieu planté de cocotiers.

COCOTIER n. m. Palmier des régions tropicales, atteignant 25 m de haut, et dont le fruit est la noix de coco.

COCOTTE n. f. (lat. *cucuma,* casserole). Petite marmite en fonte ou en verrerie culinaire, avec anses et couvercle. ‖ Fièvre aphteuse.

COCOTTE n. f. Poule, dans le langage des enfants. ‖ Papier plié figurant une poule. ‖ *Fam.* Femme de mœurs légères. ‖ Terme d'affection.

COCOTTE-MINUTE n. f. (nom déposé) [pl. *Cocottes-Minute*]. Syn. d'AUTOCUISEUR.

COCU, E n. et adj. (de *coucou*). *Fam.* Époux, épouse dont le conjoint est infidèle.

COCUAGE n. m. *Fam.* État d'un individu cocu.

COCUFIER v. t. *Fam.* Rendre cocu, tromper.

COCYCLIQUE adj. *Math.* Se dit de points situés sur un même cercle.

CODA n. f. (mot it.). Période musicale qui termine un morceau ou un épisode de ce morceau. ‖ *Chorégr.* Troisième et dernière partie d'un pas de deux. ‖ Final d'un ballet classique.

CODAGE n. m. Transformation d'un message exprimé en langage clair, suivant des équivalences convenues dans un code.

CODE n. m. (lat. *codex*). Ensemble des lois ou des décrets qui régissent une matière déterminée. ‖ Ensemble de conventions en usage dans un domaine déterminé. ‖ Système de symboles permettant de représenter une information. ‖ Ensemble des règles permettant de changer de système de symboles sans changer l'information qu'il exprime. ‖ *Autom.* Syn. de FEU DE CROISEMENT. ● *Code génétique,* succession des bases azotées le long de l'hélice d'A. D. N. des cellules vivantes, qui détermine avec rigueur la succession des acides aminés sur les protéines élaborées par ces cellules. ‖ *Code noir,* statut des esclaves édicté en 1685. ‖ *Code postal,* ensemble formé par cinq chiffres, suivi du nom d'une localité, identifiant un bureau distributeur, et dont la mention sur une adresse facilite le tri du courrier.

CODÉ, E adj. Exprimé en code : *langage codé.*

CODÉBITEUR, TRICE n. Personne qui doit une somme d'argent conjointement avec une autre.

CODÉINE n. f. (gr. *kôdeia,* tête de pavot). Alcaloïde extrait de l'opium.

CODEMANDEUR, ERESSE n. et adj. Qui demande conjointement en justice.

CODER v. t. Procéder au codage d'un message.

CODÉTENTEUR, TRICE n. Personne qui détient conjointement avec une autre.

CODÉTENU, E n. Personne détenue avec une autre dans un même lieu.

CODEUR n. m. Dispositif effectuant automatiquement le codage des éléments d'un message littéral en code.

CODEX [kɔdɛks] n. m. (mot lat.). Anc. nom de la PHARMACOPÉE.

CODICILLAIRE adj. Contenu dans un codicille.

CODICILLE [kɔdisil] n. m. (lat. *codicillus;* de *codex,* code). Acte postérieur à un testament et le modifiant.

CODIFICATEUR, TRICE adj. et n. Qui codifie.

CODIFICATION n. f. Action de codifier.

CODIFIER v. t. Rassembler en un corps unique des textes législatifs ou réglementaires régissant une même matière. ‖ Donner la forme d'un système.

CODIRECTEUR, TRICE adj. et n. Qui dirige avec un ou plusieurs autres.

CODON n. m. Très court segment de l'hélice d'A. D. N. des cellules vivantes, déterminant la synthèse d'un acide aminé défini.

COÉCHANGISTE adj. et n. Qui participe à un acte d'échange.

COÉDITEUR n. m. Personne ou société qui édite avec d'autres un même ouvrage.

COÉDITION n. f. Édition d'un même ouvrage réalisée par plusieurs éditeurs.

COÉDUCATION n. f. Éducation donnée ou reçue en commun.

COEFFICIENT n. m. Chiffre par lequel on multiplie les notes d'un candidat à un examen ou à un concours selon l'importance relative de l'épreuve. ‖ Facteur : *coefficient d'erreur.* ‖ *Math.* Dans un monôme, facteur qui multiplie la partie algébrique variable. ‖ *Phys.* Nombre caractérisant une propriété déterminée d'une substance. ● *Coefficient angulaire d'une droite,* nombre représentatif de son inclinaison sur l'horizontale.

cœlacanthe

CŒLACANTHE [selakɑ̃t] n. m. (gr. *koilos,* creux, et *akantha,* épine). Gros poisson de mer très adipeux, proche parent des ancêtres directs des vertébrés terrestres. (Des cœlacanthes mesurant 1,50 m et pesant 60 kg ont été pêchés au large des Comores.)

CŒLENTÉRÉ [selɑ̃tere] n. m. (gr. *koilos,* creux, et *enteron,* intestin). Animal, surtout marin, dont le corps, formé de deux parois entourant une cavité digestive, est muni de tentacules urticants : *hydre, méduse, corail, madrépore.* (Les cœlentérés, qui constituaient autrefois un embranchement, sont divisés aujourd'hui en deux embranchements très inégaux : *cnidaires* et *cténaires.*)

CŒLIAQUE [seljak] adj. (gr. *koilia,* ventre). Qui appartient aux viscères abdominaux. ● *Tronc cœliaque,* artère qui irrigue ces viscères.

CŒLIOSCOPIE n. f. Examen endoscopique de la cavité péritonéale. (Syn. LAPAROSCOPIE.)

CŒLOMATE n. m. Animal triploblastique dont le mésoderme forme une cavité interne ou *cœlome.* (Les principaux groupes de cœlomates sont les *annélides,* les *mollusques,* les *arthropodes,* les *échinodermes* et les *cordés.*)

CŒLOME [selom] n. m. Cavité interne des animaux supérieurs, dont les traces chez l'homme sont le péricarde, la plèvre et le péritoine.

CŒLOMIQUE adj. Relatif au cœlome.

CŒNURE n. m. → CÉNURE.

COENZYME n. m. ou f. Partie non protéique d'une enzyme nécessaire au déroulement de la catalyse biochimique.

COÉQUATION n. f. Répartition réglant la part proportionnelle de chaque contribuable.

COÉQUIPIER, ÈRE n. Personne qui fait partie d'une équipe avec d'autres.

COERCIBILITÉ n. f. Phys. Qualité de ce qui est coercible.

COERCIBLE adj. (lat. coercere, contraindre). Phys. Qui peut être comprimé, réduit : les gaz sont très coercibles.

COERCITIF, IVE adj. (lat. coercitus, contraint). Qui a un pouvoir de coercition; qui contraint : mesures coercitives.

COERCITION [koɛrsisjɔ̃] n. f. (lat. coercitio). Action de contraindre.

CŒUR n. m. (lat. cor, cordis). Organe thoracique, creux et musculaire, de forme ovoïde, qui est le principal organe de la circulation du sang. ‖ Une des quatre couleurs du jeu de cartes. ‖ Partie centrale, la plus importante de qqch : le cœur d'une ville; le cœur du problème. ‖ Siège des sentiments, des passions, de l'amour, du courage, de la générosité, des pensées intimes : avoir la rage au cœur; aimer qqn de tout son cœur; redonner du cœur. ‖ Bot. Nom donné au bois le plus ancien, dur et plus ou moins foncé, qui occupe le centre du tronc et des branches de beaucoup d'arbres. ● À cœur fermé, se dit d'interventions chirurgicales dans lesquelles on agit sans arrêter l'action physiologique du cœur. ‖ À cœur ouvert, se dit d'interventions chirurgicales dans lesquelles on dévie préalablement la circulation dans un appareil dit cœur-poumon artificiel, avant d'ouvrir les cavités cardiaques. ‖ À cœur ouvert, cœur à cœur, franchement, avec abandon. ‖ Aller (droit) au cœur, toucher, émouvoir. ‖ Avoir le cœur gros, être très affligé. ‖ Avoir le cœur serré, éprouver du chagrin, de l'angoisse. ‖ Avoir mal au cœur, avoir le cœur barbouillé, avoir la nausée. ‖ De bon cœur, volontiers. ‖ De tout cœur, avec cœur, avec zèle. ‖ En avoir le cœur net, s'assurer de la vérité d'une chose. ‖ Être de tout cœur avec qqn, s'associer à sa peine. ‖ Faire contre mauvaise fortune bon cœur, supporter la malchance avec courage. ‖ Ne pas porter dans son cœur, avoir de l'antipathie. ‖ Ouvrir son cœur, découvrir sa pensée. ‖ Par cœur, de mémoire. ‖ Pointe de cœur, dans un branchement ferroviaire ou un croisement de voies, ensemble de deux bouts de rails formant un angle aigu. ‖ Prendre une chose à cœur, s'y intéresser vivement. ‖ Serrer sur son cœur, sur sa poitrine. ‖ Tenir à cœur, être considéré comme très important.

■ Le cœur est un organe creux situé dans le médiastin; il est constitué principalement par un muscle, le myocarde, tapissé intérieurement par l'endocarde et recouvert extérieurement par le péricarde. Il est divisé en quatre cavités : l'oreillette et le ventricule droits, qui constituent le cœur droit; l'oreillette et le ventricule gauches, qui constituent le cœur gauche. Oreillette et ventricule communiquent par une valvule (tricuspide à droite, mitrale à gauche), qui ne permet le passage du sang que de l'oreillette vers le ventricule. Le sang arrive par les veines caves à l'oreillette droite, passe dans le ventricule droit, qui l'envoie au poumon, où il se débarrasse du gaz carbonique et où il se charge d'oxygène; il revient ensuite à l'oreillette gauche, passe dans le ventricule gauche et est enfin envoyé dans l'organisme en passant par l'aorte. Le myocarde est irrigué par les artères et les veines coronaires, qui lui apportent le sang nécessaire à son fonctionnement; un système nerveux autonome régit les contractions du cœur.
Ce système est lui-même contrôlé par le plexus cardiaque, formé de ramifications sympathiques et parasympathiques (pneumogastriques), qui lui transmettent les excitations venant du centre cardiorégulateur, situé dans le bulbe rachidien.

CŒUR-DE-PIGEON n. m. Variété de cerise.

COEXISTENCE n. f. Existence simultanée.
● Coexistence pacifique, principe selon lequel des États appartenant à des systèmes politiques différents participent à une organisation du monde qui accepte l'existence de chacun.

COEXISTER v. i. Exister en même temps.

COEXTENSIF, IVE adj. Se dit d'un concept qui recouvre tout ou partie d'un autre.

COFACTEUR n. m. Dans un déterminant développé suivant les éléments d'une ligne ou d'une colonne et pour un de ces éléments, multiplicateur dont cet élément est affecté.

COFFIN n. m. (gr. kophinos, corbeille). Étui, contenant de l'eau, dans lequel le faucheur met sa pierre à aiguiser.

COFFRAGE n. m. Garnissage en planches ou en métal destiné à maintenir les terres d'une excavation, à protéger une canalisation, etc. ‖ Forme servant de moule au béton.

COFFRE n. m. (gr. kophinos, corbeille). Meuble de bois en forme de parallélépipède dont la face supérieure est un couvercle mobile. ‖ Compartiment d'un coffre-fort mis pour une banque à la disposition de ses clients. ‖ Espace

chaîne sympathique
valvule mitrale
oreillette gauche
nerfs pneumogastriques
crosse de l'aorte
artère pulmonaire
veine cave supérieure
nœud de Keith et Flack
oreillette droite
veine cave inférieure
valvule tricuspide
ventricule droit
faisceau de His
ventricule gauche
branches gauche et droite du faisceau de His

CŒUR

pour le rangement des bagages, aménagé à l'arrière ou à l'avant d'une voiture. ‖ Grande caisse métallique flottante servant à l'amarrage des navires. ‖ Poisson osseux des mers chaudes, à carapace rigide. (Ordre des plectognathes.) ‖ Fam. Poitrine, poumons, voix.

COFFRE-FORT n. m. (pl. coffres-forts). Armoire d'acier, à serrure de sûreté, pour enfermer de l'argent, des valeurs.

COFFRER v. t. Poser un coffrage. ‖ Fam. Mettre en prison.

COFFRET n. m. Petit coffre, boîte de belle qualité. ‖ Ensemble de disques, de livres vendus dans un emballage cartonné.

COFFREUR n. m. Ouvrier spécialisé chargé d'exécuter des coffrages à béton.

COGÉRANCE n. f. Gérance en commun.

COGÉRANT, E n. Chargé d'une cogérance.

COGÉRER v. t. (conj. 5). Gérer, administrer en commun une entreprise, un service, etc.

COGESTION n. f. Administration exercée avec une ou plusieurs personnes. ‖ Gestion exercée par le chef d'entreprise et par les représentants des salariés, impliquant pour ces derniers une certaine participation aux décisions.

COGITATION n. f. Ironiq. Action de penser, de réfléchir.

COGITER v. i. (lat. cogitare). Ironiq. Réfléchir.

COGITO n. m. Abréviation de la formule de Descartes : Cogito, ergo sum (Je pense, donc je suis), qui désigne le sujet comme condition et exercice de la pensée.

COGNAC n. m. Eau-de-vie de vin fabriquée à Cognac et dans la région.

COGNASSIER n. m. (de coing). Arbre fruitier originaire d'Asie, produisant les coings. (Famille des rosacées.) ● Cognassier du Japon, arbuste ornemental tortueux, aux grandes fleurs solitaires d'un rouge éclatant, voisin du cognassier.

COGNAT [kɔɡna] n. m. (lat. cum, avec, et gnatus, parent). Anthropol. Parent par consanguinité.

COGNATION [kɔɡnasjɔ̃] n. f. Consanguinité (par oppos. à la parenté civile, ou AGNATION).

COGNE n. m. Pop. et vx. Agent de police, gendarme.

COGNÉE n. f. (lat. pop. cuneata, en forme de coin). Hache à fer étroit, à long manche, qui sert à abattre les arbres, à dégrossir des pièces de bois, etc. ● Jeter le manche après la cognée, tout abandonner par découragement.

COGNEMENT n. m. Action de cogner. ‖ Ensemble de bruits sourds dans un moteur à explosion, dus au déréglage de l'allumage ou produits par du jeu aux pieds et têtes de bielles.

COGNER v. i. et t. ind. (lat. cuneus, coin). Donner un coup, des coups : cogner à la fenêtre, cogner contre la table, cogner du poing sur la table. ‖ Produire un bruit significatif dû à un déréglage ou à l'usure, en parlant d'un moteur. ◆ v. t. Heurter qqch, qqn. ◆ se cogner v. pr. Se heurter.

COGNITIF, IVE adj. (lat. cognitus, connu). Capable de connaître ou de faire connaître. ‖ Psychol. Se dit des processus par lesquels un être vivant acquiert des informations sur son environnement.

COGNITION [kɔɡnisjɔ̃] n. f. Faculté d'acquérir des informations.

COHABITATION n. f. Action de cohabiter.

COHABITER v. i. Habiter ensemble sous le même toit.

COHÉRENCE n. f. (lat. cohaerentia). Union des divers éléments d'un corps. ‖ Liaison d'un ensemble d'idées, de faits, formant un tout logique. ‖ Phys. Caractère d'un ensemble de vibrations qui présentent entre elles une différence de phase constante.

COHÉRENT, E adj. (lat. cohaerens). Dont toutes les parties se tiennent et s'organisent logiquement. ‖ Géol. Se dit d'une roche dont les éléments sont soudés entre eux (par oppos. à MEUBLE). ‖ Phys. Se dit de vibrations ayant la propriété de cohérence.

COHÉREUR n. m. (lat. cohaerere, adhérer avec). Appareil imaginé par Branly pour la réception des signaux de télégraphie sans fil.

COHÉRITER v. i. Hériter avec d'autres.

COHÉRITIER, ÈRE n. Personne qui hérite avec une ou plusieurs autres.

COHÉSIF, IVE adj. Qui assure la cohésion.

COHÉSIFÈRE adj. et n. m. Se dit d'un produit qui, en agissant sur la teneur en eau de l'argile, donne de la cohésion à un sol.

COHÉSION n. f. Adhérence, force qui unit entre elles les différentes parties d'un liquide ou d'un solide. ‖ Caractère de ce qui forme un tout; organisation logique : la cohésion des parties d'un État; la cohésion d'un exposé.

COHORTE n. f. (lat. cohors). Unité tactique de base de la légion romaine (environ 600 hommes), ou corps de troupes auxiliaires. ‖ Stat. Ensemble des individus ou des couples ayant vécu un même événement démographique au cours d'une même période. ‖ Fam. Groupe de gens.

COHUE n. f. (breton cochuy). Foule confuse.

COI, COITE [kwa, kwat] adj. (lat. quietus). Rester, demeurer, se tenir coi (Litt.), rester calme, tranquille, silencieux.

COIFFE n. f. (mot germ.). Coiffure à l'usage des femmes, qui connaît de nombreuses variétés régionales. ‖ Enveloppe protégeant la pointe de la racine des végétaux. ‖ Capuchon recouvrant l'urne des mousses. ‖ Partie supérieure d'une fusée, dans laquelle est logée la charge utile et protégeant durant le sol son lancement. ‖ Rebord recouvert de peau fixé sur le dos en haut et en bas d'un livre relié. ‖ Membrane fœtale déchirée qui recouvre parfois la tête de l'enfant à la naissance. ● *Coiffe de chapeau*, garniture intérieure qui constitue le fond d'un chapeau.

COIFFÉ, E adj. *Être coiffé de qqn* (Vx), en être épris.

COIFFER v. t. Arranger les cheveux sur la tête. ‖ Couvrir la tête d'un chapeau, d'un morceau de tissu. ‖ Exercer une autorité sur plusieurs services ou organismes. ● *Coiffer sainte Catherine*, pour une fille, atteindre l'âge de vingt-cinq ans sans être mariée. ‖ *Coiffer un objectif* (Mil.), l'atteindre par le tir ou le conquérir. ‖ *Se faire coiffer au poteau* (Fam.), se laisser dépasser au moment de l'arrivée.

COIFFEUR, EUSE n. Personne qui a pour profession de couper et d'arranger les cheveux.

COIFFEUSE n. f. Petite table de toilette munie d'une glace, devant laquelle les femmes se coiffent, se maquillent.

COIFFURE n. f. Tout ce qui sert à couvrir la tête. ‖ Manière ou art de disposer les cheveux : *coiffure bouclée; salon de coiffure.*

COIN n. m. (lat. *cuneus*, coin à fendre). Angle formé par deux lignes, deux plans, deux objets qui se coupent : *le coin d'une rue.* ‖ Angle du ring où le boxeur se repose entre les rounds. ‖ Petit espace de terrain : *un coin de terre.* ‖ Endroit écarté, ou proche de celui où l'on est : *vivre dans un petit coin de campagne; j'habite dans le coin.* ‖ Instrument métallique ayant la forme d'un prisme triangulaire, pour fendre du bois, etc. ‖ Morceau d'acier trempé, gravé en creux, pour frapper les monnaies ou les médailles. ‖ Pièce prismatique servant à remplir un vide entre deux parties d'une construction ou à les serrer. ‖ Incisive latérale du cheval. ● *Au coin d'un bois*, dans un endroit solitaire. ‖ *Coins de la bouche, des yeux*, commissures des lèvres, des paupières. ‖ *Coin d'huile* (Mécan.), masse d'huile comprise entre deux surfaces convergentes qui, en se déplaçant, mettent cette huile sous pression. ‖ *En boucher un coin à qqn* (Fam.), le laisser muet de surprise. ‖ *Le petit coin* (Fam.), cabinets d'aisances. ‖ *Marqué au coin de* (Litt.), marqué de façon caractéristique par : *réflexion marquée au coin du bon sens.* ‖ *Regard en coin*, regard oblique, dérobé. ‖ *Regarder du coin de l'œil*, regarder sans en avoir l'air. ‖ *Sourire en coin*, sourire dissimulé.

COINÇAGE ou **COINCEMENT** n. m. Action de coincer; état de ce qui est coincé.

COINCER v. t. (de *coin*) [conj. 1]. Fixer, assujettir avec des coins : *coincer des rails.* ‖ Mettre qqn, qqch dans l'impossibilité de se déplacer; immobiliser. ‖ Fam. Mettre dans l'impossibilité de répondre : *coincer un candidat au permis de conduire.* ◆ *se coincer* v. pr. Se bloquer.

COÏNCIDENCE n. f. Concours heureux ou malheureux de circonstances. ‖ Math. État de deux figures géométriques qui se superposent.

COÏNCIDENT, E adj. Math. Qui coïncide.

COÏNCIDER v. i. (lat. *coincidere*, tomber en même temps). S'ajuster l'un sur l'autre, se recouvrir exactement : *ces deux surfaces coïncident.* ‖ Se produire en même temps. ‖ Correspondre exactement : *les deux témoignages coïncident.*

COIN-COIN n. m. inv. Onomatopée imitant le cri du canard.

COÏNCULPÉ, E n. Personne inculpée pour le même délit qu'une autre.

COING [kwɛ̃] n. m. (lat. *cotoneum*, mot gr.). Fruit jaune du cognassier, dont on fait des gelées et des pâtes un peu astringentes.

COÏT [kɔit] n. m. (lat. *coire*, aller ensemble). Accouplement du mâle et de la femelle, dans l'espèce humaine ou chez les animaux.

COKE n. m. (mot angl.). Combustible obtenu par distillation de la houille en vase clos et ne contenant qu'une très faible fraction de matières volatiles. ● *Coke métallurgique*, coke en gros morceaux très résistants à la compression, utilisé dans les fours sidérurgiques.

COKE n. f. Pop. Cocaïne.

COKÉFACTION n. f. Transformation de la houille et des résidus lourds du pétrole en coke par l'action de la chaleur.

COKÉFIABLE adj. Qui peut être converti en coke.

COKÉFIANT adj. m. Se dit d'un charbon qui, chauffé, tend à s'agglutiner en dégageant des matières volatiles, elles-mêmes combustibles.

COKÉFIER v. t. Transformer en coke.

COKERIE n. f. Usine qui fabrique du coke destiné à l'industrie, aux hauts fourneaux.

COKING ou **COKAGE** n. m. Transformation d'une fraction pétrolière d'une part en coke, d'autre part en une huile plus légère.

COL n. m. (lat. *collum*). Partie du vêtement qui entoure le cou. ‖ Partie rétrécie et cylindrique d'un organe, d'un objet : *le col du fémur, d'une bouteille.* ‖ Partie déprimée d'une crête montagneuse, formant passage. ● *Col blanc* (Fam.), employé de bureau. ‖ *Col bleu* (Fam.), groupe social constitué par les ouvriers et les contremaîtres. ‖ *Col châle*, col d'un seul tenant, à bord arrondi qui se prolonge en pointe par-devant. ‖ *Col chemisier*, col à pointes, rapporté à l'encolure par un pied de col. ‖ *Col Claudine*, col rond et plat. ‖ *Col officier*, col composé d'une bande de tissu étroite, non rabattue, fixé à une encolure ronde. (On dit aussi COL MAO.) ‖ *Demi sans faux col*, verre de bière sans trop de mousse. ‖ *Faux col*, col glacé amovible qui s'adapte à une chemise.

COLA n. m. → KOLA.

COLBACK [kɔlbak] n. m. (turc *qalpâq*, bonnet de fourrure). Bonnet à poil en forme de cône tronqué. ‖ Pop. Collet : *prendre qqn au colback.*

COLBERTISME n. m. Système économique dont Colbert fut, en France, le théoricien et le généralisateur, et qui constitue la version française du mercantilisme.

COL-BLEU n. m. (pl. *cols-bleus*). Fam. Marin français.

COLCHICINE n. f. Alcaloïde extrait des graines de colchique, utilisé dans le traitement de la goutte, mais très toxique à forte dose. (Cette substance bloque les mitoses cellulaires.)

COLCHIQUE [kɔlʃik] n. m. (lat. *colchicum*). Plante des prés humides, à fleurs roses, blanches ou violettes, très vénéneuse par la colchicine qu'elle contient. (Famille des liliacées; noms usuels : *safran des prés, tue-chien.*)

COLCOTAR n. m. (mot ar.). Oxyde ferrique employé pour polir le verre.

COLCRETE [kɔlkrɛt] n. et adj. m. (mot angl.). Béton composé de gros agrégats, dans lequel on a injecté un mortier composé uniquement de ciment et d'eau.

COLD-CREAM [koldkrim] n. m. (mot angl.). Pommade faite de blanc de baleine, de cire, d'huile d'amandes douces, utilisée pour les soins de beauté et comme excipient en dermatologie.

COL-DE-CYGNE n. m. (pl. *cols-de-cygne*). Robinet dont l'extrémité est recourbée.

COLÉGATAIRE n. Légataire avec une ou plusieurs autres personnes.

COLÉOPTÈRE n. m. (gr. *koleos*, étui, et *pteron*, aile). Insecte à métamorphoses complètes, pourvu de pièces buccales broyeuses et d'ailes postérieures pliantes protégées au repos par une paire d'élytres cornés (*hanneton, charançon, coccinelle*, etc.). [Les coléoptères forment un ordre dont on a décrit plus de 300 000 espèces.]

COLÉOPTILE n. m. Enveloppe entourant la jeune tige des graminacées et qui sécrète l'hormone de croissance (auxine).

COLÈRE n. f. (lat. *cholera*). Violent mécontentement, mouvement agressif à l'égard de qqn, de qqch. ● *En colère*, violemment irrité.

COLÉREUX, EUSE ou **COLÉRIQUE** adj. et n. Prompt à se mettre en colère.

COLIBACILLE n. m. (gr. *kôlon*, gros intestin, et *bacille*). Bactérie existant toujours dans le sol, souvent dans l'eau, le lait et certains aliments, qui vit normalement dans l'intestin de l'homme et des animaux, mais peut envahir différents tissus et organes, et devenir pathogène.

COLIBACILLOSE n. f. Affection causée par le colibacille.

COLIBRI n. m. (mot caraïbe). Nom donné à des oiseaux passereaux d'Amérique, de petite taille (certains ne sont pas plus gros qu'un bourdon), à long bec, qu'ils enfoncent dans les fleurs pour y puiser le nectar. (Leur vol est très rapide et leur plumage éclatant.) [Syn. OISEAU-MOUCHE.]

COLICITANT, E n. et adj. Chacun de ceux au profit desquels se fait une vente par licitation.

COLIFICHET n. m. (de *coefficher*, ornement d'une coiffe). Petit objet de fantaisie.

COLIMAÇON n. m. (normand *colimachon*). Syn. de LIMAÇON. ‖ Agaric à chapeau contourné. ● *Escalier en colimaçon*, à vis, en hélice.

COLIN n. m. (néerl. *colfish*). Poisson marin appelé aussi *lieu.* ‖ Nom donné sur les marchés à la *merluche.*

COLIN n. m. (de *Colin*, n. pr.). Oiseau d'Amérique, voisin de la caille.

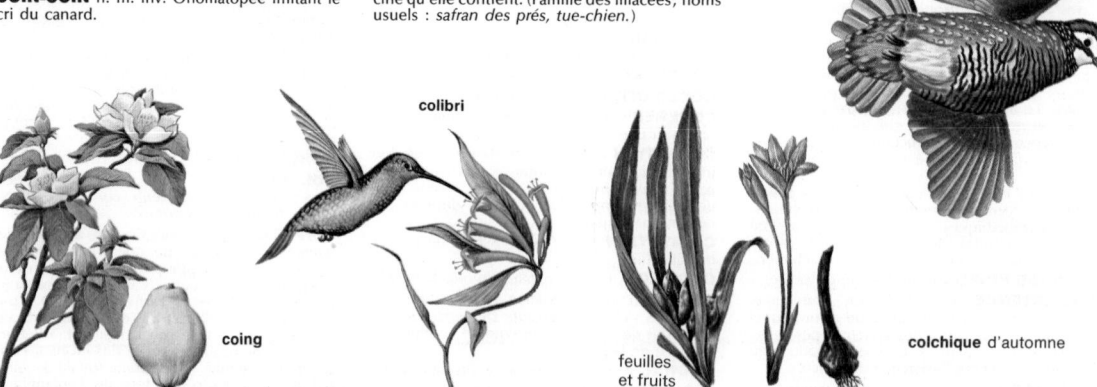

colin de Virginie

colibri

coing

feuilles
et fruits

colchique d'automne

COLINÉAIRE adj. *Math.* Se dit de points situés sur une même droite.

COLIN-MAILLARD n. m. Jeu où l'un des joueurs a les yeux bandés et poursuit les autres à tâtons.

COLINOT n. m. Petit colin (poisson).

COLIN-TAMPON n. m. *Se soucier de qqch comme de colin-tampon,* n'y prêter aucune attention.

COLIQUE n. f. (lat. *colicus;* gr. *kôlon,* gros intestin). *Méd.* Douleur au côlon et, *par extens.,* toute douleur intéressant un viscère creux, d'intensité variable et à début et à fin brusques. ‖ *Fam.* Diarrhée. ● *Colique hépatique,* douleur aiguë des voies biliaires. ‖ *Colique néphrétique,* douleur aiguë provoquée par l'obstruction soudaine d'un uretère. ‖ *Colique de plomb,* colique causée par le saturnisme. ◆ adj. Qui se rapporte au côlon.

COLIS n. m. (it. *colli,* charges sur le cou). Caisse, paquet de marchandises diverses. ● *Colis postal,* colis que transportent les compagnies de chemins de fer sous le contrôle de l'administration des Postes.

COLISTIER n. m. Dans une élection, candidat inscrit sur la même liste qu'un autre.

COLISTINE n. f. Antibiotique actif contre les bactéries « Gram négatif », et notamment le colibacille.

COLITE n. f. Inflammation du côlon.

COLITIGANT, E adj. *Dr.* Se dit des parties qui plaident l'une contre l'autre.

COLLABO n. Syn. pop. et péjor. de COLLABORATEUR.

COLLABORATEUR, TRICE n. Personne qui travaille avec d'autres à une œuvre commune. ‖ Personne qui pratique la politique de collaboration avec l'ennemi. (Syn. pop. et péjor. COLLABO.)

COLLABORATION n. f. Action de collaborer. ‖ Aide apportée à un ennemi occupant le territoire national.

COLLABORATIONNISTE n. et adj. Partisan d'une politique de collaboration.

COLLABORER v. t. ind. ou i. (lat. *cum,* avec, et *laborare,* travailler). Travailler avec une ou plusieurs personnes à une œuvre commune. ‖ *Péjor.* Pratiquer une politique de collaboration.

COLLAGE n. m. Action de coller. ‖ Addition de colle à la pâte à papier pour rendre le papier imperméable à l'encre. ‖ Action de clarifier le vin. ‖ *Arts du XXe s.* Procédé de composition (plastique, musicale, littéraire) consistant à introduire dans une œuvre des éléments préexistants hétérogènes, créateurs de contrastes inattendus. ‖ Syn. fam. de CONCUBINAGE.

COLLAGÈNE n. m. Protéide complexe qui constitue la substance intercellulaire du tissu conjonctif.

COLLAGÉNOSE n. f. Maladie caractérisée par une atteinte diffuse du collagène et touchant la peau, les muscles, les articulations, etc. (Syn. CONNECTIVITE.)

COLLANT, E adj. Qui colle : *la glu est une matière collante.* ‖ Qui adhère exactement : *pantalon collant.* ‖ *Fam.* Importun, ennuyeux.

COLLANT n. m. Sous-vêtement féminin associant le slip et les bas en une seule pièce. ‖ Vêtement de tissu extensible ou de laine couvrant la partie inférieure du corps (bassin, jambes, avec ou sans pieds).

COLLANTE n. f. *Arg. scol.* Convocation à un examen.

COLLAPSUS [kɔlapsys] n. m. (mot lat., *tombé*). Diminution rapide des forces et de la pression artérielle. ‖ Aplatissement d'un organe, notamment du poumon au cours du pneumothorax.

COLLATÉRAL, E, AUX adj. et n. (lat. *cum,* avec, et *latus, lateris,* côté). Parent hors de la ligne directe : *les frères, les oncles, les cousins sont des collatéraux.* ● *Artère, nerf, veine collatérales,* ceux qui proviennent d'un tronc principal ou y aboutissent. ‖ *Points collatéraux,* points médians entre les points cardinaux (N.-E., N.-O., S.-E., S.-O.).

COLLATÉRAL n. m. Vaisseau latéral d'une nef d'église.

COLLATEUR n. m. (lat. *collator*). Celui qui conférait un bénéfice ecclésiastique.

COLLATION n. f. (lat. *collatio;* de *conferre,* fournir, rassembler). Action de conférer un bénéfice ecclésiastique, un titre, un grade universitaire, etc. ‖ Action de comparer des textes, des documents.

COLLATION n. f. (lat. *collatio,* réunion). Léger repas.

COLLATIONNEMENT n. m. Action de collationner, de vérifier.

COLLATIONNER v. t. Comparer entre eux des manuscrits ou des imprimés pour les vérifier. ‖ Procéder à la collationnure.

COLLATIONNURE n. f. Vérification, après assemblage, du bon ordre des cahiers et des hors-texte d'un livre.

COLLE n. f. (lat. *kolla*). Matière gluante étalée à la surface d'un objet pour le faire adhérer à un autre : *colle de pâte.* ‖ *Fam.* Question embarrassante, problème difficile à résoudre. ‖ *Arg. scol.* Séance d'interrogation; punition, consigne.

COLLECTAGE n. m. Action de collecter.

COLLECTE n. f. (lat. *collecta;* de *colligere,* recueillir). Action de réunir des dons, dans un but de bienfaisance, ou de rassembler des signatures pour une pétition. ‖ Ramasser directement chez les producteurs des produits agricoles : *collecte du lait.*

COLLECTER v. t. Faire une collecte.

COLLECTEUR n. m. Celui qui fait une collecte ou qui reçoit des cotisations, des impôts. ‖ Pièce d'une dynamo ou d'un moteur électrique sur laquelle frottent les balais. ‖ Zone d'un transistor sur laquelle est recueilli le signal amplifié. ● *Collecteur d'admission,* boîtier qui fait la liaison entre le carburateur (ou le filtre à air) et la culasse d'un moteur à explosion. ‖ *Collecteur d'échappement,* boîtier qui rassemble les gaz d'échappement d'un moteur pour leur évacuation. ‖ *Collecteur d'ondes,* conducteur électrique dont le rôle est de capter les ondes hertziennes. ◆ adj. et n. m. Se dit d'un conduit ou tuyau dans lequel se rassemble un fluide amené par plusieurs conduits ou tuyaux de moindre section : *égout collecteur.*

COLLECTIF, IVE adj. (lat. *collectivus;* de *colligere,* recueillir). Qui concerne un groupe; qui est le fait d'un groupe : *démarche collective; conscience collective.*

COLLECTIF n. m. *Ling.* Nom singulier qui désigne un ensemble de personnes ou de choses, comme *nuée, amas, troupe, multitude,* etc. ‖ Projet de loi par lequel le gouvernement sollicite des modifications budgétaires en cours d'exercice. ‖ Groupe de personnes qui assurent d'une manière concertée une tâche politique, sociale, syndicale, professionnelle précise.

COLLECTION n. f. (lat. *collectio;* de *colligere,* recueillir). Réunion d'objets choisis pour leur beauté, leur rareté, leur caractère curieux, leur valeur documentaire ou leur prix. ‖ *Fam.* Ensemble de personnes caractérisées par un trait particulier. ‖ Ensemble des modèles créés et présentés à chaque saison par les couturiers. ‖ Ensemble d'ouvrages, de publications ayant une unité. ‖ *Méd.* Amas de liquide ou de gaz dans une cavité de l'organisme.

COLLECTIONNER v. t. Réunir en collection. ‖ *Fam.* Accumuler : *collectionner les gaffes.*

COLLECTIONNEUR, EUSE n. Personne qui se plaît à collectionner.

COLLECTIONNISME n. m. Besoin pathologique d'acquérir des objets hétéroclites et inutiles.

COLLECTIVEMENT adv. De façon collective.

COLLECTIVISATION n. f. Action de collectiviser.

COLLECTIVISER v. t. Mettre les moyens de production et d'échange au service de la collectivité par l'expropriation et la nationalisation.

COLLECTIVISME n. m. Système économique visant à la mise en commun, au profit de la collectivité, des moyens de production.

COLLECTIVISTE adj. et n. Qui appartient au collectivisme, qui en est partisan.

COLLECTIVITÉ n. f. Groupe d'individus habitant le même pays, la même agglomération ou ayant des intérêts communs. ● *Collectivité territoriale,* partie du territoire d'un État jouissant d'une autonomie de gestion au moins partielle (État fédéré, Région, département, commune).

COLLÈGE n. m. (lat. *collegium*). Réunion de personnes revêtues de la même dignité, de la même fonction : *collège des cardinaux.* ‖ Établissement du premier cycle de l'enseignement secondaire. ● *Collège électoral,* ensemble des électeurs d'une circonscription appelés à participer à une élection déterminée.

COLLÉGIAL, E, AUX adj. Relatif à un chapitre de chanoines qui n'est pas établi dans une cathédrale. ‖ Exercé par un organe collectif, un conseil : *direction collégiale.* ‖ *Église collégiale,* ou *collégiale* n. f., église non cathédrale possédant un chapitre de chanoines.

COLLÉGIALITÉ n. f. Caractère de tout pouvoir collégial.

COLLÉGIEN, ENNE n. Élève d'un collège.

COLLÈGUE n. (lat. *collega*). Personne qui remplit la même fonction ou qui fait partie d'un même établissement que l'autre.

COLLEMBOLE n. m. Petit insecte inférieur, sans ailes ni métamorphoses. (Les *collemboles,* qui forment un ordre, pullulent dans le sol végétal.)

COLLENCHYME [kɔlɑ̃ʃim] n. m. (gr. *kolla,* colle, et *enkhuma,* épanchement). *Bot.* Tissu de soutien des végétaux supérieurs, formé presque uniquement de cellulose.

COLLER v. t. Faire adhérer, fixer avec de la colle ou par quelque autre corps : *coller une affiche.* ‖ Appuyer, placer : *coller son front à la vitre.* ‖ Donner, appliquer; placer : *coller une gifle; coller le fauteuil dans le coin.* ‖ *Fam.* Mettre dans l'impossibilité de répondre à une question : *il est difficile de le coller en histoire.* ‖ *Fam.* Punir : *coller un élève.* ‖ *Fam.* Refuser à un examen. ● *Coller du vin,* le clarifier à l'aide de blanc d'œuf ou de colle de poisson. ◆ v. i. et t. ind. [à]. Adhérer; s'appliquer contre : *ce papier colle mal; son maillot colle à la poitrine.* ‖ Suivre de très près. ‖ *Fam.* S'adapter étroitement : *coller à la réalité.* ‖ *Ça colle* (Pop.), ça va bien; ça marche.

COLLERETTE n. f. Petit col, de forme ronde et souvent plissé, en linge fin. ‖ Objet en forme d'anneau. ‖ *Techn.* Syn. de BRIDE.

COLLET n. m. (de *col*). Partie du vêtement qui entoure le cou. ‖ Petite pèlerine courte couvrant les épaules. ‖ Nœud coulant pour prendre les oiseaux, les lièvres ou les lapins. ‖ Ligne de séparation entre la racine d'une dent et sa couronne, la tige d'une plante à sa racine. ‖ *Mécan.* Partie formant saillie ou rebord sur une pièce. ‖ *Collet monté,* guindé, affecté. ‖ *Prendre, saisir au collet,* arrêter.

COLLETER (SE) v. pr. (conj. 4). En venir aux mains, se battre.

COLLEUR, EUSE n. Personne qui colle : *colleur d'affiches.*

COLLEUSE n. f. Machine à coller. ‖ Appareil permettant de raccorder deux fragments de films.

COLLEY [kɔlɛ] n. m. (mot angl.). Chien de berger écossais.

COLLIER n. m. (lat. *collarium*). Bijou qui se porte autour du cou : *collier de perles.* ‖ Chaîne ouvragée des hauts dignitaires de certains ordres. ‖ Courroie de cuir ou de métal mise au cou de certains animaux domestiques pour les tenir à l'attache. Partie du harnais des chevaux de trait. ‖ Barbe courte qui rejoint les cheveux des tempes. ‖ Partie du plumage ou de la robe de certains animaux autour du cou, dont la couleur diffère de celle du reste du corps. ‖ Bande métallique circulaire entourant, pour le fixer à un appui, un tuyau, une conduite, etc. ‖ *Bouch.* Partie qui comprend le cou et la naissance des épaules. ● *Cheval franc du collier,* cheval qui tire bien. ‖ *Collier de serrage,* bague métallique permettant de relier un tuyau souple sur un embout. ‖ *Donner un coup de collier,* fournir un grand effort. ‖ *Reprendre le collier* (Fam.), se remettre à une tâche pénible.

COLLIGER v. t. (lat. *colligere*, recueillir) [conj. 1]. Faire des extraits d'un livre. ‖ Réunir en recueil : *colliger des lois.*

COLLIMATEUR n. m. (lat. savant *collimare*, pour *collineare*, viser). Appareil d'optique permettant d'obtenir un faisceau de rayons lumineux parallèles. ‖ Appareil de visée pour le tir. ● *Avoir qqn dans son collimateur* (Fam.), le surveiller de près, se préparer à l'attaquer.

COLLINE n. f. (lat. *collis*). Relief de forme arrondie et de dénivellation modérée.

COLLISION n. f. (lat. *collisio*). Choc plus ou moins rude entre des corps, des groupes hostiles. ‖ *Phys.* Phénomène d'interaction plus ou moins violente entre des particules qui se rapprochent l'une de l'autre à une distance de l'ordre de leur dimension. ● *Entrer en collision,* heurter avec violence.

COLLOCATION n. f. (lat. *collocatio*). *Dr.* Classement judiciaire des créanciers dans l'ordre où ils doivent être payés. ‖ Classement d'un objet par rapport à d'autres.

COLLODION n. m. (gr. *kollôdês*, collant). Solution de nitrocellulose dans un mélange d'alcool et d'éther, qu'on utilise en photographie, en pharmacie, etc.

COLLOÏDAL, E, AUX adj. De la nature des colloïdes. ● *État colloïdal,* état de dispersion de la matière au sein d'un liquide, caractérisé par des granules de dimension moyenne comprise entre 0,2 et 0,002 micron.

COLLOÏDE n. m. (angl. *colloid;* gr. *kolla,* colle). Nom donné à toute substance qui est de la nature de la colle de gélatine et ne peut être dialysée. (Contr. CRISTALLOÏDE.)

COLLOQUE n. m. (lat. *colloquium,* entretien). Entretien entre deux ou plusieurs personnes. ‖ Débat portant sur des questions scientifiques, politiques, etc.

COLLOQUER v. t. (lat. *collocare,* placer). *Colloquer des créanciers* (Dr.), les inscrire dans l'ordre suivant lequel ils doivent être payés.

COLLURE n. f. *Cin.* Joint entre deux bandes cinématographiques réalisé par collage.

COLLUSION n. f. (lat. *colludere,* jouer ensemble). Entente secrète en vue de tromper ou de causer préjudice.

COLLUSOIRE adj. *Dr.* Fait par collusion.

COLLUTOIRE n. m. (lat. *colluere,* laver). Médicament antiseptique destiné à agir sur le pharynx par pulvérisation.

COLLUVION n. f. *Géol.* Dépôt résultant d'une mobilisation et d'un transport à faible distance sur un versant.

COLLYBIE n. f. Champignon à lames, à pied dur souvent tordu, poussant sur les souches, comme la *souchette.* (Famille des agaricacées.)

COLLYRE n. m. (gr. *kollurion,* onguent). Médicament liquide qui s'applique sur la conjonctive de l'œil.

COLMATAGE n. m. Action de colmater.

COLMATER v. t. (it. *colmata;* de *colmare,* combler). Boucher, fermer plus ou moins complètement, un orifice, une fente. ‖ *Agric.* Exhausser et fertiliser artificiellement les terrains bas ou stériles au moyen de dépôts vaseux formés par les fleuves ou les mers. ‖ *Mil.* Rétablir un front continu après une percée de l'ennemi.

COLOBE n. m. Singe d'Afrique au pouce réduit et au pelage long et soyeux, voisin des semnopithèques.

COLOCASE n. f. Plante tropicale de la famille des aracées, cultivée notamment en Polynésie pour son rhizome, riche en féculents.

COLOCATAIRE n. Locataire d'un immeuble avec d'autres personnes.

COLOCATION n. f. Location en commun.

COLOGARITHME n. m. Logarithme de l'inverse du nombre considéré :

$$\operatorname{colg} a = \lg \frac{1}{a} = -\lg a.$$

colombage

colombe

COLOMBAGE n. m. (lat. *columna,* colonne). Construction en pan de bois.

COLOMBE n. f. (lat. *columba*). Nom donné à différents oiseaux voisins des pigeons, principalement aux variétés blanches. ‖ Dans un gouvernement, un parti, partisan de la paix. (Contr. FAUCON.)

COLOMBIEN, ENNE adj. et n. De la Colombie.

COLOMBIER n. m. (de *colombe*). Pigeonnier en forme de tour circulaire.

COLOMBIER n. m. (du n. du fabricant). Format de papier existant en plusieurs dimensions (0,60 × 0,80 m; 0,62 × 0,85 m; 0,63 × 0,90 m).

COLOMBIFORME ou **COLOMBIN** n. m. Oiseau tel que le *pigeon* et la *tourterelle.* (Les *colombiformes* constituent un ordre.)

COLOMBIN, E adj. (lat. *columbinus,* couleur de pigeon). Entre le rouge et le violet : *soie colombine.*

COLOMBIN n. m. Rouleau d'argile molle servant à confectionner des vases sans l'emploi du tour.

COLOMBINE n. f. Fiente des pigeons et des oiseaux de basse-cour.

COLOMBIUM ou **COLUMBIUM** [kɔlɔ̃bjɔm] n. m. Syn. de NIOBIUM.

COLOMBO n. m. Racine d'une plante de l'Afrique tropicale, à propriétés astringentes et apéritives.

COLOMBOPHILE adj. et n. Qui élève ou emploie des pigeons voyageurs.

COLOMBOPHILIE n. f. Élevage des pigeons voyageurs.

COLON [kɔlɔ̃] n. m. (lat. *colonus*). Habitant immigré ou descendant d'immigrés d'une colonie : *au XIXe siècle, de nombreux colons s'installèrent en Afrique et en Amérique.* ‖ Enfant d'une colonie de vacances. ‖ *Dr.* Agriculteur lié par un bail au propriétaire foncier auquel il paie un loyer en nature.

COLÓN [kɔlɔn] n. m. (pl. *colones*). Unité monétaire principale du Costa Rica et du Salvador.

CÔLON [kolɔ̃] n. m. (gr. *kôlon,* intestin). Partie du gros intestin qui commence au cæcum et se termine au rectum. (On le divise en côlon ascendant, transverse et descendant.)

COLONAGE n. m. *Colonage* ou *colonat partiaire* (Dr.), syn. de MÉTAYAGE.

COLONAT n. m. *Hist.* Mode d'exploitation de la terre dans le Bas-Empire romain, suivant lequel le colon et sa famille étaient attachés à perpétuité à la terre qu'ils cultivaient.

COLONEL n. m. *Mil.* Grade le plus élevé des officiers supérieurs des armées de terre et de l'air. (V. GRADE.)

COLONELLE n. f. *Fam.* Femme d'un colonel.

COLONIAL, E, AUX adj. Qui concerne les colonies. ● *Artillerie, infanterie coloniale,* v. MARINE (artillerie, infanterie de).

COLONIAL, E, AUX n. Personne qui a vécu aux colonies.

COLONIALISME n. m. Doctrine qui tend à légitimer la domination politique et économique d'un territoire ou d'une nation par le gouvernement d'un État étranger.

COLONIALISTE adj. et n. Qui appartient au colonialisme ou qui le soutient.

COLONIE n. f. (lat. *colonia;* de *colere,* cultiver). Territoire occupé et administré par une puissance étrangère et dont il dépend sur le plan politique, économique, culturel, etc. ‖ Ensemble d'étrangers originaires d'un même pays et vivant dans la même ville ou dans la même région : *la colonie française de Lima.* ‖ Groupe d'animaux ayant une vie collective : *colonie d'abeilles.* ‖ *Hist.* Population qui s'expatriait et allait s'établir dans un autre pays. ● *Colonie pénitentiaire,* établissement pour jeunes délinquants. ‖ *Colonie de vacances,* groupe d'enfants réunis pour passer leurs vacances à la campagne, à la mer ou à la montagne.

COLONISABLE adj. Qui peut être colonisé.

COLONISATEUR, TRICE adj. et n. Qui colonise, exploite une colonie.

COLONISATION n. f. Action de coloniser.

COLONISER v. t. Peupler de colons : *les Anglais ont colonisé l'Australie.* ‖ Transformer un pays en colonie. ‖ *Fam.* Envahir, occuper.

COLONNADE n. f. (it. *colonnato*). Rangée ou file de colonnes le long ou à l'intérieur d'un bâtiment.

COLONNE n. f. (lat. *columna*). Support vertical constitué d'un fût de section circulaire et, géné-

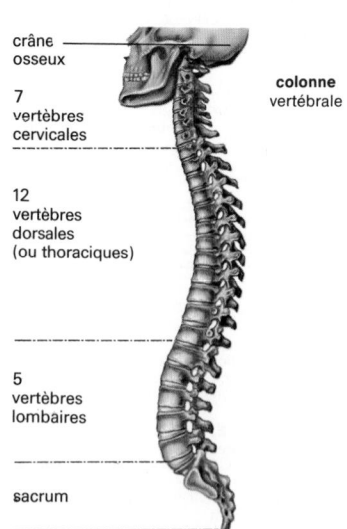

crâne osseux

colonne vertébrale

7 vertèbres cervicales

12 vertèbres dorsales (ou thoraciques)

5 vertèbres lombaires

sacrum

coccyx

du Malabar

plate rayée

bicolore

poire
rayée

galeuse

coloquintes

ralement, d'une base et d'un chapiteau. ‖ Monument commémoratif en forme de colonne. ‖ Portion d'une page divisée verticalement : *les colonnes d'un journal; une colonne de chiffres.* ‖ *Math.* Dans un déterminant ou une matrice, ensemble des éléments rangés suivant une perpendiculaire à une ligne. (Dans un déterminant ou une matrice carrée d'ordre *n*, le rang d'une colonne varie de 1 à *n*.) ‖ *Mil.* Formation dont les éléments sont placés les uns derrière les autres; détachement chargé d'une mission particulière : *une colonne de secours.* ‖ *Phys.* Masse de fluide ayant la forme d'un cylindre d'axe vertical : *colonne d'air, d'eau.* ● *Cinquième colonne,* nom donné aux partisans clandestins sur lesquels chaque adversaire peut compter dans les rangs de l'autre. ‖ *Colonne barométrique,* mercure du tube d'un baromètre, au-dessus du niveau du mercure de la cuvette. ‖ *Colonnes d'un lit,* montants qui en soutiennent le ciel. ‖ *Colonne montante,* canalisation principale d'un immeuble, sur laquelle se raccordent les tuyaux ou les câbles amenant l'eau, le gaz ou l'électricité chez chaque abonné. ‖ *Colonne vertébrale,* tige osseuse s'étendant de la base du crâne à la naissance des cuisses, chez les animaux vertébrés. (Chez l'homme, elle est formée par la superposition de 33 vertèbres et présente 4 courbures.) [Syn. RACHIS.]

COLONNETTE n. f. Colonne petite ou mince.

CÔLONOSCOPIE n. f. Examen endoscopique du côlon.

COLOPATHIE n. f. Terme générique désignant les affections du côlon (gros intestin).

COLOPHANE n. f. (gr. *kolophônia,* résine de

Colophon [ville d'Asie Mineure]). Résine jaune, solide, transparente, qui forme le résidu de la distillation de la térébenthine et avec laquelle on frotte le crins de l'archet. (On dit aussi ARCANSON.)

COLOQUINTE [kɔlɔkɛ̃t] n. f. (gr. *kolokunthis*). Plante voisine de la pastèque, dont le fruit fournit une pulpe amère et purgative. (Famille des cucurbitacées.)

COLORANT, E adj. Qui colore.

COLORANT n. m. Substance colorée naturelle ou synthétique utilisée pour donner à une matière une coloration durable. ‖ Substance employée pour la coloration de certains aliments.

COLORATION n. f. Action de colorer; état d'un corps coloré : *la coloration de la peau.*

COLORÉ, E adj. Qui a une couleur en général vive : *teint coloré.* ‖ Qui abonde en expressions imagées ou originales : *style coloré.*

COLORER v. t. (lat. *colorare*). Donner une couleur, généralement vive.

COLORIAGE n. m. Action de colorier; résultat ainsi obtenu.

COLORIER v. t. Appliquer des couleurs sur : *colorier un dessin.*

COLORIMÈTRE n. m. Appareil servant à définir une couleur par comparaison avec un étalon.

COLORIMÉTRIE n. f. Science qui permet de définir et de cataloguer les couleurs. ‖ *Chim.* Méthode d'analyse quantitative fondée sur la mesure des couleurs.

COLORIS [kɔlɔri] n. m. (it. *colorito*). Effet qui résulte de l'emploi et de la distribution des couleurs. ‖ Éclat du visage, des fleurs, des fruits.

COLORISTE n. Peintre qui s'exprime surtout par la couleur. ‖ *Arts graph.* Spécialiste qui mélange des encres de couleur pour obtenir une teinte déterminée.

COLOSSAL, E, AUX adj. De taille énorme : *statue colossale; entreprise colossale.* ● *Ordre colossal,* composition architecturale de façade dans laquelle colonnes ou pilastres s'élèvent sur la hauteur de plusieurs étages.

COLOSSALEMENT adv. De façon colossale.

COLOSSE n. m. (lat. *colossus,* du gr.). Statue d'une hauteur énorme : *le colosse de Rhodes.* ‖ Homme, animal très grand, très fort.

COLOSTOMIE n. f. Abouchement chirurgical du côlon à la peau (anus artificiel).

COLOSTRUM [kɔlɔstrɔm] n. m. (mot lat.). Liquide jaunâtre et opaque sécrété par la glande

mammaire durant les premiers jours qui suivent l'accouchement.

COLPOCÈLE n. f. Affaissement des parois du vagin, entraînant un prolapsus (descente) des organes génitaux.

COLPORTAGE n. m. Action de colporter. ● *Littérature de colportage,* livres de petit format, comprenant des ouvrages de piété, des almanachs, des guides pratiques d'agriculture ou de médecine, des contes de fées et des romans sentimentaux, qui furent diffusés, du XVIe s. à la fin du XIXe, par des marchands ambulants auprès du public populaire.

COLPORTER v. t. (lat. *comportare,* transporter). Transporter des marchandises de place en place pour les vendre. ‖ Répandre, propager des bruits, des nouvelles.

COLPORTEUR, EUSE n. Marchand ambulant. ‖ Propagateur : *colporteur de fausses nouvelles.*

COLPOSCOPIE n. f. Examen du col de l'utérus avec un appareil optique placé dans le vagin.

COLT [kɔlt] n. m. (du nom de l'inventeur). Dans les histoires du Far West, revolver. ‖ Pistolet automatique de 11,43 mm, réalisé aux États-Unis en 1911.

COLTINAGE n. m. Action de coltiner.

COLTINER v. t. (de *col*). Porter des fardeaux avec effort et difficulté. ◆ **se coltiner** v. pr. *Fam.* Se charger d'une tâche pénible et désagréable.

COLUBRIDÉ n. m. Serpent d'un type assez évolué, mais n'ayant pas les dents venimeuses creuses et pliantes des vipères. (La famille des *colubridés* contient plus de 90 p. 100 des espèces de serpents actuels.)

COLUMBARIUM [kɔlɔ̃barjɔm] n. m. (mot lat.). Bâtiment pourvu de niches où l'on place des urnes cinéraires.

COLUMBIUM n. m. → NIOBIUM.

COLUMELLE n. f. (lat. *columella,* petite colonne). Organe animal ou végétal en forme de colonne, en particulier axe de la coquille spiralée des mollusques gastropodes. ‖ *Anat.* Axe conique du limaçon de l'oreille interne.

COL-VERT (pl. *cols-verts*) ou **COLVERT** n. m.

col-vert

Le plus commun des canards sauvages, souche de canards domestiques. (Long. 60 cm.)

COLYMBIFORME n. m. Oiseau aquatique, tel que le *plongeon.* (Les *colymbiformes* constituent un ordre.)

COLZA n. m. (néerl. *coolzaad,* semence de chou). Plante voisine du chou, à fleurs jaunes, cultivée pour ses graines fournissant jusqu'à 45 p. 100 d'huile.

COLONNES

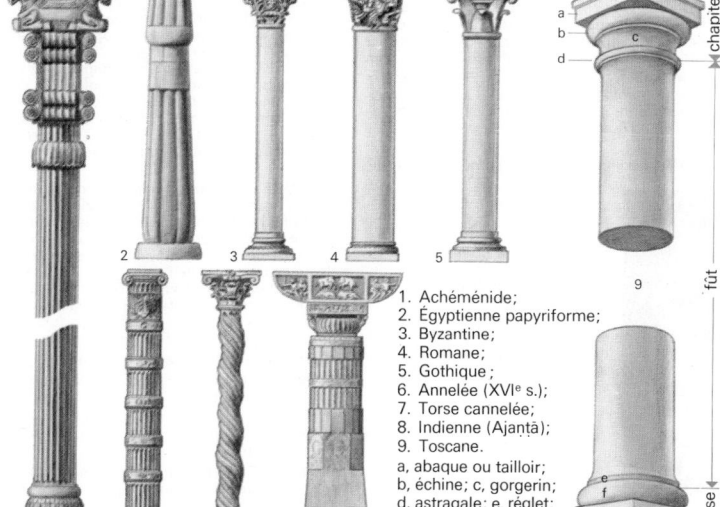

1. Achéménide;
2. Égyptienne papyriforme;
3. Byzantine;
4. Romane;
5. Gothique;
6. Annelée (XVIe s.);
7. Torse cannelée;
8. Indienne (Ajantà);
9. Toscane.
a, abaque ou tailloir;
b, échine; c, gorgerin;
d, astragale; e, réglet;
f, tore; g, plinthe.

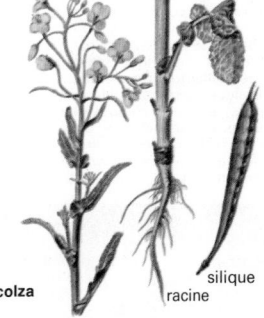

colza

silique

racine

COLZATIER n. m. Cultivateur de colza.

COMA n. m. (gr. *kôma*, sommeil profond). État caractérisé par l'abolition de la motricité volontaire et de la sensibilité, accompagné d'une dissolution plus ou moins profonde de la conscience avec conservation des fonctions végétatives. ● *Coma dépassé*, coma très profond, irréversible.

COMANDANT n. m. Personne qui, avec une ou plusieurs autres, donne un mandat.

COMATEUX, EUSE adj. Relatif au coma.

COMBAT n. m. Lutte engagée pour attaquer ou se défendre; lutte contre des obstacles de toutes sortes. ‖ *Mil.* Engagement limité dans l'espace et dans le temps de formations terrestres, aériennes ou navales adverses. ● *De combat*, combatif : *littérature de combat*; de guerre : *tenue de combat*.

COMBATIF, IVE adj. Porté à la lutte; agressif, belliqueux.

COMBATIVITÉ n. f. Penchant pour le combat, la lutte.

COMBATTANT, E adj. Qui combat.

COMBATTANT n. m. Homme, soldat qui prend part directement à un combat, à une guerre, à une rixe. ‖ *Zool.* Oiseau échassier voisin du chevalier, long de 30 cm, dont les mâles, au printemps, se livrent des combats furieux, mais peu dangereux. ‖ Petit poisson d'ornement, de couleurs vives. (Les mâles se livrent des combats souvent mortels.)

COMBATTRE v. t. (lat. *cum*, avec, et *battuere*, battre) [conj. **48**]. Se battre contre qqn, s'opposer à l'action de qqch. ◆ v. i. Livrer combat; essayer de faire triompher son point de vue.

COMBE n. f. (mot gaul.). *Géogr.* Vallée entaillée dans la voûte anticlinale d'un pli jurassien et dominée par deux escarpements, les crêts.

COMBIEN adv. (anc. fr. *com*, comment, et *bien*). Marque la quantité, le nombre, la grandeur, le prix, dans des phrases interrogatives ou exclamatives : *combien mesure-t-il?; combien a-t-on payé?; combien de fois j'ai bien pu te le répéter!* ● n. m. inv. *Fam.* Précédé de l'article, indique le rang, la date, la fréquence : *le combien êtes-vous en français?; le combien sommes-nous?; tous les combien?*

COMBIENTIÈME adj. et n. *Fam.* À quel rang, à quel ordre : *le combientième est-il dans sa classe?*

COMBINABLE adj. Qui peut être combiné.

COMBINAISON n. f. (lat. *combinare*, combiner). Assemblage, arrangement, dans un certain ordre, de choses semblables ou diverses : *combinaison de lettres, de couleurs.* ‖ Mesures prises pour assurer le succès d'une entreprise; calcul, projet. ‖ Sous-vêtement féminin d'une seule pièce qui se porte sous la robe. ‖ Vêtement de travail, de combat, de sport, d'une seule pièce, se fermant par-devant, avec ou sans manches et se prolongeant par des pantalons. ‖ Agencement mécanique intérieur d'un coffre-fort, permettant son ouverture. ‖ *Chim.* Union de plusieurs corps simples donnant un corps composé; ce corps composé lui-même. ‖ *Ling.* Processus par lequel une unité de la langue entre en relation avec d'autres unités réalisées dans le même énoncé. ● *Combinaison de m objets pris n à n* (m > n) [*Math.*], chacun des groupements que l'on peut former avec *n* de ces objets de toutes les manières possibles, mais sans tenir compte de leur ordre.

COMBINARD, E adj. et n. *Fam.* et péjor. Qui emploie des moyens souvent plus ingénieux qu'honnêtes pour arriver à ses fins.

COMBINAT [kɔbina] n. m. En U.R.S.S., unité industrielle groupant sur un territoire déterminé l'ensemble des établissements dont les activités sont solidaires, ou ensemble de régions industrielles aux aptitudes complémentaires, et, de ce fait, liées par des échanges privilégiés.

COMBINATEUR n. m. Appareil destiné à régler la marche des véhicules électriques en combinant les circuits des moteurs.

COMBINATOIRE adj. Relatif aux combinaisons.

COMBINATOIRE n. f. Ensemble des relations (distributionnelles) des éléments d'un ensemble; analyse de ces relations. ‖ *Psychol.* Dans la théorie de J. Piaget, structure fondamentale de la pensée formelle.

COMBINE n. f. *Fam.* Moyen peu scrupuleux pour parvenir à ses fins. ● *Être dans la combine* (Fam.), être au courant d'une intrigue.

COMBINÉ, E adj. *Mil.* Qui intéresse simultanément plusieurs armées de terre, de mer ou de l'air : *opérations combinées.*

COMBINÉ n. m. Appareil téléphonique ou radiotéléphonique dont le microphone et l'écouteur sont réunis en un même dispositif au moyen d'une seule poignée. ‖ Appareil présentant à la fois les caractéristiques de l'avion et celles de l'hélicoptère. ‖ Sous-vêtement réunissant en une seule pièce la gaine et le soutien-gorge. ‖ *Sports.* Épreuve réunissant plusieurs spécialités d'un sport.

COMBINER v. t. (lat. *combinare*). Disposer dans un certain ordre, assembler : *combiner des couleurs.* ‖ Organiser en vue d'un but précis, d'une réussite; préparer : *combiner un plan.* ‖ *Chim.* Faire la combinaison : *combiner de l'oxygène avec de l'hydrogène.*

COMBLANCHIEN n. m. Calcaire très dur et résistant, prenant le poli, utilisé pour faire des revêtements et des dallages.

COMBLE n. m. (lat. *cumulus*). Faîte d'un bâtiment, comportant charpente et toit; espace intérieur correspondant. ‖ Point culminant, degré extrême : *être au comble de la joie; cela mit un comble à ses malheurs.* ‖ *C'est un comble!, cela dépasse la mesure.* ‖ *De fond en comble,* entièrement, dans la totalité.

COMBLE adj. (de *combler*). *Faire salle comble,* attirer de nombreux spectateurs. ‖ *La mesure est comble,* il est impossible d'en supporter davantage. ‖ *La salle est comble,* elle est pleine de personnes.

COMBLEMENT n. m. Action de combler. ● *Action en comblement du passif social,* action tendant à la condamnation des dirigeants d'une société à supporter les dettes de celle-ci sur leurs biens propres en cas d'insuffisance d'actif.

COMBLER v. t. (lat. *cumulare*). Remplir entièrement : *combler un fossé.* ‖ Satisfaire pleinement qqn, ses désirs. ● *Combler qqn de bienfaits, d'honneurs,* les lui donner en grande quantité.

COMBO n. m. (amér. *combination*). Terme utilisé notamment aux États-Unis pour désigner des petits orchestres de jazz n'excédant pas 8 musiciens.

COMBURANT, E adj. et n. m. (lat. *comburens*, qui détruit par le feu). Se dit d'un corps qui, par combinaison avec un autre, amène la combustion de ce dernier.

COMBUSTIBILITÉ n. f. Propriété des corps combustibles.

COMBUSTIBLE adj. Qui a la propriété de brûler ou de se consumer.

COMBUSTIBLE n. m. Matière dont la combustion produit de l'énergie calorifique. ‖ Matière capable de dégager de l'énergie par fission ou fusion nucléaires.

COMBUSTION [kɔbystjɔ̃] n. f. (lat. *combustio*; de *comburere*, brûler). Action de brûler : *l'air est nécessaire à la combustion.* ‖ *Chim.* Ensemble des phénomènes qui se produisent lors d'une oxydation exothermique.

COME-BACK [kɔmbak] n. m. inv. (mot angl.). Retour en vogue d'un musicien, d'un acteur, d'un metteur en scène, d'un athlète, après une période d'oubli ou d'inactivité.

COMÉDIE n. f. (lat. *comoedia*, du gr.). Pièce de théâtre qui excite le rire par la peinture des mœurs, des caractères, ou la succession de situations inattendues, la représentation de cette pièce. ‖ Ensemble d'actions qui provoquent le rire. ‖ Simulation d'un sentiment; apparence trompeuse. ‖ *Fam.* Agissements insupportables; manœuvres compliquées. ● *Comédie musicale,* film ou pièce de théâtre comportant des scènes dansées et chantées.

COMÉDIEN, ENNE adj. et n. Acteur, actrice dont la profession est de jouer au théâtre, au cinéma, à la radio, à la télévision. ‖ Personne qui feint des sentiments qu'il n'a pas; hypocrite.

COMÉDON n. m. (lat. *comedere*, manger). Petit cylindre de matière sébacée, à l'extrémité noire, qui bouche un pore de la peau. (Syn. POINT NOIR.)

COMESTIBILITÉ n. f. Caractère de ce qui est comestible.

COMESTIBLE adj. (lat. *comestus*, mangé). Qui peut servir de nourriture à l'homme.

COMESTIBLES n. m. pl. Produits alimentaires.

COMÉTAIRE adj. Qui concerne les comètes.

COMÈTE n. f. (lat. *cometa*; gr. *komêtês*, chevelu). Astre du système solaire d'aspect diffus, habituellement invisible mais dont l'éclat augmente suffisamment au voisinage du Soleil pour en permettre alors l'observation. ‖ Tranchefile de relieur. ● *Tirer des plans sur la comète,* faire des projets chimériques.
■ Les comètes visibles à l'œil nu sont rares. Leur aspect fait apparaître une *tête,* comprenant un *noyau,* très petit, entouré d'un nuage gazeux et vaporeux, ou *chevelure,* et une *queue,* qui s'étend parfois sur une très grande longueur. La queue est toujours dirigée à l'opposé du Soleil; elle va s'accroître quand on s'approche du Soleil et précède la comète qui s'en éloigne. Elle ne se développe qu'au voisinage du Soleil. Les comètes décrivent des orbites elliptiques (elles sont alors périodiquement observables), paraboliques ou hyperboliques. Les plus célèbres des comètes périodiques sont celles d'Encke et de Halley.

COMICE n. m. (lat. *comitium*). Pendant la Révolution française, réunion des électeurs pour nommer les membres des assemblées délibérantes. ● *Comice agricole,* association privée formée par des exploitants agricoles pour favoriser le développement de l'agriculture. ◆ pl. Assemblées du peuple romain au nombre de trois : les comices *curiates, centuriates* et *tributes.* (Leurs attributions politiques et judiciaires furent progressivement supprimées sous l'Empire.)

COMICE n. f. Syn. de DOYENNÉ (poire).

COMICS n. m. pl. (mot angl.). Journal de bandes dessinées.

COMIQUE adj. (lat. *comicus*). Qui appartient à la comédie : *auteur comique.* ‖ Amusant, qui fait rire : *aventure comique.*

COMIQUE n. m. Ce qui est comique : *le comique de la situation.* ‖ Le genre de la

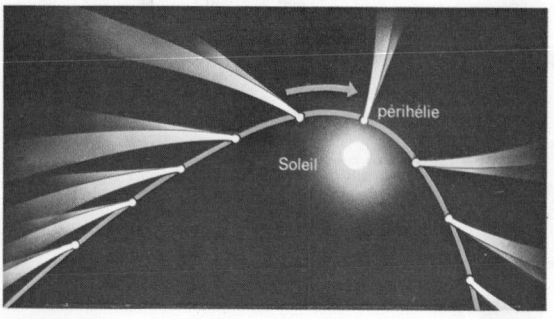

comète
La queue de la comète, malgré son nom et sa forme, n'est pas une traînée laissée par l'astre, mais une projection de gaz et de poussières sous l'effet du rayonnement solaire; toujours opposée au Soleil, elle peut précéder la tête.

périhélie

Soleil

comédie. ‖ Auteur comique. ‖ Acteur ou chanteur comique.

COMIQUEMENT adv. De façon comique.

COMITÉ n. m. (angl. *committee*). Réunion de membres choisis dans une assemblée, dans une société, pour examiner certaines affaires. ● *Comité d'entreprise,* comité formé par les délégués des ouvriers, des employés et des cadres, sous la présidence du chef d'entreprise, pour assumer certaines fonctions de gestion et de contrôle. ‖ *Comité d'hygiène et de sécurité,* comité qui associe l'employeur, les travailleurs et les techniciens à l'amélioration des conditions d'hygiène et de sécurité de l'entreprise, enquête sur les accidents du travail et les maladies professionnelles et organise le secourisme. ‖ *Comité de lecture,* réunion d'hommes, de femmes de lettres chargés d'admettre ou de rejeter des œuvres littéraires, et particulièrement les pièces de théâtre, après examen. ‖ *En petit comité, en comité restreint,* dans l'intimité, en petit nombre.

COMITIAL, E, AUX [kɔmisjal, o] adj. Relatif à l'épilepsie.

COMMA n. m. (mot gr., *coupure*). Microintervalle représentant la neuvième partie d'un ton.

COMMAND n. m. *Déclaration de command* (Dr.), en cas de vente publique d'immeuble, acte par lequel l'adjudicataire se substitue une autre personne.

COMMANDANT n. m. Officier supérieur des armées de terre ou de l'air dont le grade se situe entre celui de capitaine et celui de lieutenant-colonel, et qui commande une grande unité, une base, une place. ‖ Dans la marine militaire, appellation de tout officier supérieur ou, quel que soit son grade, de tout officier commandant un bâtiment de guerre. ● *Commandant de bord,* celui qui commande à bord d'un avion de ligne.

COMMANDE n. f. Demande de marchandises : *faire une commande.* ‖ Marchandises commandées : *livrer une commande.* ‖ Mécan. Organe qui provoque le mouvement, l'arrêt ou le réglage d'un mécanisme. ‖ Action produisant l'évolution d'une machine ou d'une installation par l'intermédiaire d'actionneurs convenables. ● *De commande,* qui n'est pas sincère : *joie de commande.* ‖ *Sur commande,* sur ordre. ‖ *Tenir les commandes, les leviers de commande,* diriger.

COMMANDEMENT n. m. Action, pouvoir de commander; fonction de celui qui commande. ‖ Ensemble des instances supérieures des armées. ‖ Dr. Acte d'huissier précédant la saisie et mettant une personne en demeure d'exécuter une obligation. ● *Commandements de Dieu,* principaux préceptes transmis par Moïse aux Hébreux et valables pour les chrétiens. ‖ *Être au commandement,* dans une course, être en tête.

COMMANDER v. t. ou t. ind. [à] (lat. *commandare,* recommander). Ordonner à qqn, en vertu de son autorité, ce qu'il doit faire : *je lui ai commandé de partir.* ‖ Avoir autorité, exercer son commandement sur : *commander un régiment.* ‖ Dominer par sa position : *le fort commande la ville.* ‖ Être le mobile de qqch; imposer, exiger : *commander le respect.* ‖ Gouverner, maîtriser un sentiment, une passion. ‖ Faire une commande à un fournisseur. ‖ Mécan. Manœuvrer, déclencher le mouvement. ◆ *se commander* v. pr. Dépendre de la volonté : *l'enthousiasme ne se commande pas.* ‖ Être disposé de telle manière que l'on est obligé de passer par une pièce pour aller dans l'autre : *ces salles se commandent.*

COMMANDERIE n. f. Bénéfice accordé à un dignitaire des ordres religieux hospitaliers (ordre de Malte, du Temple, etc.); établissement d'un de ces ordres.

COMMANDEUR n. m. Chevalier pourvu d'une commanderie. ‖ Grade élevé de nombreux ordres de chevalerie, caractérisé par le port de la décoration en cravate. ● *Commandeur des croyants,* titre protocolaire du calife.

COMMANDITAIRE n. m. et adj. Bailleur de fonds.

COMMANDITE n. f. (it. *accomandita,* dépôt). Société commerciale dans laquelle une partie des associés apportent des capitaux sans prendre

part à la gestion. ‖ Fraction du capital social apportée par les commanditaires. ‖ Association coopérative d'ouvriers typographes.

COMMANDITER v. t. Avancer des fonds à une entreprise commerciale.

COMMANDO n. m. (mot portug.). Formation militaire de faible effectif, chargée de missions spéciales et opérant isolément.

COMME conj. et adv. (lat. *quomodo*). Indique un rapport de comparaison, de manière, de cause, de temps : *un homme comme lui; cela est arrivé comme je l'espérais; comme je m'ennuyais, je suis sorti; il est arrivé comme nous dînions.* ◆ adv. exclam. Indique l'intensité ou la manière : *comme il fait noir ici!; comme c'est pénible!; comme il me traite!* ● *Comme ça,* dans ces conditions. ‖ *Comme tout* (Fam.), tout à fait : *aimable comme tout.* ‖ *Tout comme,* la même chose.

COMMEDIA DELL'ARTE [kɔmedjadɛlarte] n. f. (mots it.). Forme théâtrale utilisant des canevas traditionnels sur lesquels les acteurs improvisent (XVIIᵉ s.).

COMMÉMORAISON n. f. *Liturg. cath.* Mention de la fête d'un saint dans un office.

COMMÉMORATIF, IVE adj. Qui rappelle le souvenir.

COMMÉMORATION n. f. Action de commémorer; cérémonie faite à cette occasion.

COMMÉMORER v. t. (lat. *commemorare*). Rappeler le souvenir d'une personne ou d'un événement avec plus ou moins de solennité.

COMMENÇANT, E adj. et n. Qui en est aux premiers éléments d'un art, d'une science.

COMMENCEMENT n. m. Première partie d'une action, de qqch.

COMMENCER v. t. (lat. *cum,* et *initiare,* commencer) [conj. 1]. Faire la première partie de; entreprendre : *commencer un ouvrage.* ‖ Être au commencement de; entamer : *commencer l'année.* ‖ Se mettre à : *commencer à parler.* ◆ v. i. Débuter : *l'été commence le 21 juin; il commence par ranger ses notes.*

COMMENDATAIRE adj. et n. Pourvu d'une commende.

COMMENDE n. f. (lat. *commendare,* confier). Hist. Collation d'un bénéfice ecclésiastique (évêché, abbaye) à un clerc ou à un laïque qui ne résidait pas mais touchait les revenus.

COMMENSAL, E, AUX n. (lat. *cum,* avec, et *mensa,* table). *Litt.* Personne qui mange à la même table qu'une autre. ‖ *Biol.* Se dit d'espèces animales qui vivent associées à d'autres en profitant des débris des repas, mais sans leur porter préjudice (par ex. le poisson pilote et le requin).

COMMENSALISME n. m. *Biol.* Genre de vie caractéristique des espèces commensales.

COMMENSURABLE adj. (lat. *cum,* avec, et *mensurabilis,* qui peut être mesuré). Se dit de grandeurs qui ont une commune mesure.

COMMENT adv. (de *comme*). Sert à interroger sur la manière ou le moyen : *comment a-t-il pu réussir?* ◆ interj. exprimant la surprise, l'indignation : *comment vous voilà?* ● *Et comment!* (Pop.), insiste sur une affirmation. ◆ n. m. inv. Manière dont une chose s'est faite : *savoir le pourquoi et le comment d'une chose.*

COMMENTAIRE n. m. (lat. *commentarius*). Remarques et éclaircissements sur un texte : *commentaire littéraire.* ‖ Exposé et interprétation des nouvelles, des informations dans les journaux, à la radio, à la télévision. ‖ Interprétation malveillante des actes ou des paroles de qqn : *faire des commentaires sur autrui.* ‖ Ling. Partie de l'énoncé qui ajoute qqch de nouveau au thème.

COMMENTATEUR, TRICE n. Personne qui fait des commentaires à la radio, à la télévision.

COMMENTER v. t. (lat. *commentari,* réfléchir). Faire des remarques sur un texte, des événements.

COMMÉRAGE n. m. Fam. Bavardage indiscret.

COMMERÇANT, E n. Qui fait du commerce par profession. ◆ adj. Où il se fait du commerce : *quartier commerçant.*

COMMERCE n. m. (lat. *commercium*). Achat et vente de marchandises, de denrées ou d'espèces. ‖ Boutique, clientèle et marchandise constituant ce fonds : *acheter un commerce.* ‖ Litt. Fréquentation, relation sociale : *le commerce des honnêtes gens.* ● *Chambre de commerce,* assemblée consultative de commerçants. ‖ *Code de commerce,* ensemble des lois qui régissent le commerce. ‖ *Livres de commerce,* registres de comptabilité que la loi oblige tout commerçant à tenir. ‖ *Tribunal de commerce,* tribunal composé de commerçants élus pour deux ans, appelé à juger les contestations commerciales.

COMMERCER v. i. (conj. 1). Faire du commerce (avec un pays).

COMMERCIAL, E, AUX adj. Relatif au commerce : *entreprise commerciale.* ‖ Péjor. Exécuté dans un but purement lucratif : *film commercial.*

COMMERCIALE n. f. Voiture automobile pouvant se transformer en camionnette légère.

COMMERCIALEMENT adv. Du point de vue commercial.

COMMERCIALISABLE adj. Qui peut être commercialisé.

COMMERCIALISATION n. f. Action de commercialiser.

COMMERCIALISER v. t. Répandre dans le commerce; faire devenir l'objet d'un commerce : *commercialiser un produit.*

COMMERCIALITÉ n. f. Dr. Qualité de ce qui est régi par le droit commercial.

COMMÈRE n. f. (lat. *cum,* avec, et *mater,* mère). Fam. Femme curieuse, bavarde.

COMMÉRER v. i. (conj. 5). *Fam.* et vx. Parler de façon indiscrète.

COMMETTANT n. m. Celui qui charge une autre personne (commissionnaire) d'exécuter certains actes pour son compte.

COMMETTRE v. t. (lat. *committere*) [conj. 49]. Se rendre coupable d'un acte répréhensible : *commettre une erreur.* ‖ Dr. Désigner, nommer à une fonction déterminée : *cet avocat a été commis d'office à la défense de l'accusé.* ◆ *se commettre* v. pr. Litt. Entrer en rapport avec des gens louches.

COMMINATOIRE adj. (lat. *comminari,* menacer). Destiné à intimider, menaçant : *parler à qqn sur un ton comminatoire.* ‖ Dr. Se dit d'une sanction qui n'a que la valeur d'une menace.

COMMINUTIF, IVE adj. (lat. *comminuere,* mettre en pièces). Chir. Se dit d'une fracture présentant de nombreux fragments.

COMMIS n. m. Employé dans un bureau, une maison de commerce. ‖ Valet de ferme (vx). ● *Commis voyageur,* représentant de commerce. ‖ *Grand commis de l'État,* haut fonctionnaire.

COMMISÉRATION n. f. (lat. *commiseratio*). Litt. Sentiment de compassion en présence des malheurs d'autrui, pitié.

COMMISSAIRE n. m. (lat. *committere,* préposer). Personne chargée de fonctions en principe temporaires : *commissaire du gouvernement.* ‖ Membre d'une commission. ‖ Officiel chargé d'assurer la régularité d'une épreuve sportive. ● *Commissaire aux comptes,* spécialiste chargé de vérifier les comptes de sociétés. ‖ *Commissaire de la Marine, de l'Air,* officier chargé de l'administration et de la comptabilité dans les armées. ‖ *Commissaire du peuple,* fonctionnaire ayant rang de ministre au début de l'histoire de l'U.R.S.S. ‖ *Commissaire de police,* magistrat chargé, dans les villes, de veiller au maintien du bon ordre et de la sécurité publique, de contrôler les infractions et de poursuivre leurs auteurs. ‖ *Commissaire de la République, commissaire de la République adjoint,* nouvelles dénominations du préfet et du sous-préfet (instituées par la loi sur la décentralisation).

COMMISSAIRE-PRISEUR n. m. (pl. *commissaires-priseurs*). Officier ministériel chargé de l'estimation et de la vente, dans les ventes aux enchères publiques.

COMMISSARIAT n. m. Fonction de commissaire. ‖ Bureau d'un commissaire de police. ‖ Corps administratif des commissaires.

COMMISSION n. f. (lat. *commissio*). Attribution d'une fonction, d'une charge, par une autorité, une administration. ‖ Contrat par lequel qqn s'engage à accomplir des actes pour le compte d'un autre. ‖ Message que l'on transmet au nom d'une personne : *qqn a laissé une commission pour vous.* ‖ Ensemble des personnes désignées par une autorité ou choisies en son sein par une assemblée pour étudier un projet, surveiller divers actes, etc. ‖ Pourcentage qu'on laisse à un intermédiaire. ‖ Coût d'une opération de banque. ‖ Action de faire une chose répréhensible. ● *Commission parlementaire,* groupe constitué au sein d'une assemblée parlementaire, préparant les votes exprimés en assemblée plénière. ◆ pl. Achats journaliers des produits de consommation courante.

COMMISSIONNAIRE n. Personne qui vend ou qui achète pour le compte d'un tiers (*commettant*). ● *Commissionnaire en douane,* intermédiaire accomplissant pour autrui les formalités de douane. ‖ *Commissionnaire de transport,* personne qui se charge pour un client d'assurer toutes les opérations de transport.

COMMISSIONNEMENT n. m. Action de commissionner.

COMMISSIONNER v. t. Donner commission de vendre ou d'acheter. ‖ *Dr.* Déléguer un pouvoir; attribuer un emploi, une fonction.

COMMISSOIRE adj. (lat. *commissorius*). *Dr.* Se dit d'une clause dont l'inexécution annule l'acte qui la contient.

COMMISSURAL, E, AUX adj. Relatif à une commissure.

COMMISSURE n. f. (lat. *commissura*). *Anat.* Point de jonction de certaines parties : *commissure des lèvres.* ‖ Région réunissant les deux moitiés symétriques des centres nerveux.

COMMISSUROTOMIE n. f. Agrandissement chirurgical de la valvule mitrale par section des commissures.

COMMODAT [kɔmɔda] n. m. (lat. *commodatum*). *Dr.* Prêt à usage.

COMMODE adj. (lat. *commodus*). Bien approprié à l'usage qu'on veut en faire : *un outil commode.* ‖ D'un caractère facile, aimable : *un homme commode à vivre.* ‖ *Litt.* Trop facile, sans rigueur : *morale commode.* ● *Personne pas commode,* personne sévère, exigeante.

COMMODE n. f. (de *armoire commode*). Meuble bas, en général à tiroirs, où l'on range du linge, des vêtements, etc.

Giraudon

commode Louis-XVI, par Riesener

COMMODÉMENT adv. De façon commode.

COMMODITÉ n. f. Qualité de ce qui est commode, avantageux, agréable : *la commodité d'une maison.* ◆ pl. Aises, agréments, éléments de confort : *commodités de la vie.* ‖ Lieux d'aisances.

COMMODORE n. m. (mot angl.). Officier de certaines marines étrangères, d'un rang supérieur à celui de capitaine de vaisseau.

COMMOTION n. f. (lat. *commotio,* mouvement). *Litt.* Secousse violente : *la commotion d'un tremblement de terre.* ‖ Perturbation du fonctionnement d'un organe, consécutif à un choc sans atteinte anatomique irréversible : *commotion cérébrale.* ‖ Émotion violente.

● *Commotion électrique,* secousse nerveuse produite par une décharge électrique.

COMMOTIONNER v. t. Frapper d'une commotion; perturber.

COMMUABLE adj. Qui peut être commué.

COMMUER v. t. (lat. *commutare*). Changer une peine en une moindre.

COMMUN, E adj. (lat. *communis*). Se dit d'une chose qui appartient à tous, qui concerne tout le monde, qui est partagée, faite avec d'autres : *cour commune; salle commune; œuvre commune; repas commun; intérêt commun.* ‖ Qui est ordinaire, qui se trouve couramment : *expression peu commune; une variété de fraises des plus communes.* ‖ Dépourvu d'élégance, de distinction, vulgaire : *manières communes.* ● *En commun,* ensemble, en société. ‖ *Lieu commun,* banalité. ‖ *Nom commun* (Ling.), qui convient à tous les êtres et à toutes les choses de la même espèce. ‖ *Sans commune mesure,* sans comparaison possible. ‖ *Sens commun,* opinion spontanément partagée par une collectivité.

COMMUN n. m. *Le commun des mortels,* les gens en général. ◆ pl. Bâtiments consacrés au service, dans une grande demeure (vx).

COMMUNAL, E, AUX adj. Qui appartient à une commune, qui la concerne. ● *Conseil communal,* en Belgique, conseil municipal. ‖ *Maison communale,* en Belgique, mairie.

COMMUNALE n. f. *Fam.* École communale.

COMMUNALISER v. t. Mettre sous la dépendance de la commune.

COMMUNARD, E n. et adj. Partisan, acteur de la Commune de Paris, en 1871.

COMMUNAUTAIRE adj. Relatif à la communauté, à une communauté.

COMMUNAUTARISATION n. f. *Dr.* Gestion en commun par plusieurs États des espaces maritimes qui les bordent et des ressources qu'ils contiennent.

COMMUNAUTÉ n. f. (de *communal*). Caractère de ce qui est commun; parité, identité : *communauté de sentiments.* ‖ Groupe social ayant des intérêts communs : *communauté nationale.* ‖ Groupe de personnes qui vivent en commun pour briser les bases égocentristes du couple, de la famille, dans les domaines affectif et économique notamment. ‖ Société religieuse soumise à une règle commune. ‖ *Dr.* Régime d'association conjugale, en vertu duquel certains biens sont communs aux époux; ces biens eux-mêmes. ● *Communauté thérapeutique* (Psychiatr.), méthode de traitement utilisant le milieu social formé par les soignants et les soignés d'un hôpital psychiatrique considéré comme l'agent thérapeutique principal. ‖ *Communauté urbaine,* regroupement d'une ville et des communes voisines en vue de développer des équipements communs.

■ (*Dr.*) Depuis 1966, la communauté légale (régime des époux mariés sans contrat de mariage) est la communauté réduite aux acquêts, composée, en principe, des seuls biens (meubles ou immeubles) acquis pendant le mariage. La libre disposition des biens communs par le mari, qui en a l'administration et la jouissance, ne s'exerce qu'à condition d'être subordonnée à l'accord de la femme.

COMMUNAUX n. m. pl. Terrains, marais ou forêts appartenant à une commune.

COMMUNE n. f. (lat. *communia,* choses communes). Division territoriale administrée par un maire assisté du conseil municipal. ‖ *Hist.* Association de bourgeois d'une même localité jouissant du droit de se gouverner eux-mêmes. ● *Chambre des communes* ou *Communes,* assemblée des députés, en Grande-Bretagne. ‖ *Commune populaire,* en Chine, organisme regroupant plusieurs villages en vue de coordonner les travaux d'intérêt général.

COMMUNÉMENT adv. Ordinairement, généralement.

COMMUNIANT, E n. Personne qui communie.

COMMUNICABLE adj. Qui peut être communiqué.

COMMUNICANT, E adj. Qui communique par un passage commun.

COMMUNICATIF, IVE adj. Qui se communique, se gagne facilement : *rire communicatif.* ‖ Qui aime à faire part de ses pensées, de ses sentiments.

COMMUNICATION n. f. Le fait de communiquer : *être en communication avec qqn.* ‖ Conversation téléphonique : *prendre, recevoir une communication.* ‖ Action de communiquer qqch; avis, message, renseignement : *communication d'une nouvelle.* ‖ Moyen de liaison : *les communications ont été coupées.* ‖ *Psychol.* Transmission de l'information au sein d'un groupe, considérée dans ses rapports avec la structure de ce groupe. ● *Communication de masse* (Sociol.), ensemble des techniques qui permettent la diffusion de messages écrits ou audiovisuels auprès d'une audience vaste et hétérogène.

COMMUNIER v. i. (lat. *communicare,* s'associer à). Recevoir la communion. ‖ *Litt.* Être en communion d'idées ou de sentiments.

COMMUNION n. f. (lat. *communio*). Union dans une même foi : *la communion des fidèles.* ‖ Union dans un même état d'esprit : *être en communion d'idées avec qqn.* ‖ *Relig.* Réception du sacrement de l'eucharistie; partie de la messe où se sacrement est reçu; chant exécuté à ce moment. ● *Communion des saints,* communauté spirituelle de tous les chrétiens vivants et morts.

COMMUNIQUÉ n. m. Avis ou renseignement transmis officiellement; information diffusée par la presse, la radio, la télévision.

COMMUNIQUER [kɔmynike] v. t. Transmettre : *le soleil communique la chaleur.* ‖ Révéler; donner connaissance; faire partager : *communiquer une nouvelle importante, sa joie.* ◆ v. i. Être en rapport; être relié par un passage : *chambres qui communiquent.* ‖ Entretenir une correspondance, des relations avec qqn.

COMMUNISANT, E adj. et n. Qui sympathise plus ou moins avec le parti communiste.

COMMUNISME n. m. Doctrine tendant à la collectivisation des moyens de production, à la répartition des biens de consommation suivant les besoins de chacun et à la suppression des classes sociales. ● *Communisme primitif,* hypothèse selon laquelle les sociétés primitives ne connaîtraient pas la propriété privée.

COMMUNISTE adj. et n. Relatif au communisme, qui en est partisan, qui est membre d'un parti se réclamant du communisme. ● *Parti communiste français* (P. C. F.), organisation politique française fondée en 1920 à la suite de la scission du parti socialiste au congrès de Tours.

COMMUTABLE adj. Qui peut être commuté.

COMMUTATEUR n. m. (lat. *commutare,* changer). Appareil servant à substituer une portion de circuit électrique à une autre ou à modifier successivement les connexions de plusieurs circuits. ‖ Dispositif permettant d'établir la liaison entre deux abonnés au téléphone.

COMMUTATIF, IVE adj. *Ling.* Se dit d'une loi de composition portant sur deux éléments d'un ensemble et dont le résultat ne change pas si on change de place ces deux éléments. ‖ *Log.* et *Math.* Se dit d'une loi de composition interne T pour laquelle $a\,T\,b = b\,T\,a$. ● *Justice commutative* (Philos.), échange de droits et de devoirs fondé sur l'égalité des personnes (par oppos. à la JUSTICE DISTRIBUTIVE).

COMMUTATION n. f. (lat. *commutatio*). Action de commuter ou de commuer. ‖ Ensemble des opérations nécessaires pour mettre en communication deux abonnés au téléphone.

COMMUTATIVITÉ n. f. Caractère de ce qui est commutatif.

COMMUTATRICE n. f. *Électr.* Convertisseur servant à transformer du courant alternatif en courant continu, ou inversement.

COMMUTER v. t. *Ling.* Substituer un terme à un autre terme de même classe grammaticale ou lexicale. ‖ *Techn.* Mettre deux circuits en communication.

COMORIEN, ENNE adj. et n. Des îles Comores.

COMOURANTS n. m. pl. *Dr.* Personnes qui, susceptibles de se succéder réciproquement, meurent dans un même accident.

COMPACITÉ n. f. Qualité de ce qui est compact.

COMPACT, E [kɔ̃pakt] adj. (lat. *compactus*, resserré). Qui est condensé, dont les molécules sont fortement liées. ‖ Qui forme une masse épaisse; dense, serré : *foule compacte.* ● *Ski compact* ou *compact* (n. m.), type de ski relativement court (1,50 à 2 m), assez large, très maniable.

COMPACT n. m. Appareil réunissant en un seul ensemble un amplificateur, un tuner, un tourne-disque. ‖ Syn. de SKI COMPACT.

COMPACT adj. et n. f. Se dit d'une automobile américaine aux dimensions relativement réduites.

COMPACTAGE n. m. *Techn.* Pilonnage du sol pour le tasser et en accroître la densité.

COMPACTEUR n. m. Engin de travaux publics utilisé pour agglomérer et tasser uniformément les éléments constitutifs d'une chaussée.

COMPAGNE n. f. → COMPAGNON.

COMPAGNIE n. f. (lat. pop. *compania*). Présence d'une personne, d'un être animé auprès de qqn. ‖ *Litt.* Réunion de plusieurs personnes : *être en joyeuse compagnie.* ‖ *Dr.* Terme synonyme de société commerciale, employé de préférence pour les sociétés assurant un service public : *compagnies d'assurances.* ‖ Unité élémentaire de l'infanterie et des armes autrefois à pied, composée de plusieurs unités et commandée, en principe, par un capitaine. ‖ Bande d'animaux de même espèce : *une compagnie de perdreaux.* ● *Compagnie de ballet,* troupe de danseurs itinérante. ‖ *Compagnies républicaines de sécurité (C. R. S.),* unités de police créées en 1945 et chargées du maintien de l'ordre. ‖ *Dame, demoiselle de compagnie,* personne placée auprès d'une autre pour lui tenir compagnie. ‖ *En compagnie de,* ayant auprès de soi. ‖ *Et compagnie,* locution ajoutée à une raison sociale, après l'énumération des associés en nom. (Abrév. : *et Cⁱᵉ*.) ‖ *La bonne compagnie,* les gens bien élevés. ‖ *La noble, l'illustre Compagnie,* l'Académie française. ‖ *Tenir compagnie à qqn,* rester auprès de lui pour lui éviter d'être seul.

COMPAGNON, COMPAGNE n. (lat. *cum*, avec, et *panis*, pain). Personne qui accompagne qqn, vit en sa compagnie.

COMPAGNON n. m. Membre d'une association de compagnonnage. ‖ Ouvrier qui travaille pour un entrepreneur (par oppos. à PATRON).

COMPAGNONNAGE n. m. Association entre ouvriers d'une même profession à des fins d'instruction professionnelle et d'assistance mutuelle; temps pendant lequel l'ouvrier sorti d'apprentissage travaillait comme compagnon chez son patron.

COMPARABILITÉ n. f. Caractère de ce qui est comparable.

COMPARABLE adj. Qui peut être comparé.

COMPARAISON n. f. Action de comparer; parallèle : *établir une comparaison entre deux personnes, deux choses.* ● *Degrés de comparaison,* degrés de signification des adjectifs et des adverbes de manière (positif, comparatif, superlatif) exprimant une idée d'évaluation par rapport à un point de comparaison, ou une idée de supériorité indépendante de tout rapport comparaison. ‖ *En comparaison de,* par rapport à, eu égard à. ‖ *Par comparaison,* relativement.

COMPARAÎTRE v. i. (lat. *comparere*) [conj. 58]. *Dr.* Se présenter par ordre devant un magistrat ou un tribunal.

COMPARANT, E adj. et n. *Dr.* Qui comparaît devant un notaire ou en justice.

COMPARATEUR n. m. *Métrol.* Instrument amplificateur pour comparer la dimension d'une pièce à celle d'un étalon.

COMPARATIF, IVE adj. Qui établit une comparaison.

COMPARATIF n. m. Degré de signification des adjectifs et des adverbes, qui exprime une qualité égale, supérieure ou inférieure.

COMPARATISME n. m. Recherches portant sur la grammaire ou la littérature comparées.

COMPARATISTE n. Spécialiste de grammaire comparée ou de littérature comparées.

COMPARATIVEMENT adv. Par comparaison.

COMPARÉ, E adj. *Grammaire, linguistique comparée,* branche de la linguistique qui étudie les rapports des langues entre elles. ‖ *Littérature comparée,* branche de l'histoire littéraire qui étudie les rapports entre les littératures de différents pays ou l'évolution d'un genre ou d'un thème littéraire à différentes époques ou dans des domaines culturels différents.

COMPARER v. t. [à, avec] (lat. *comparare*). Examiner, établir les ressemblances ou les différences qui existent entre des personnes ou des choses : *comparer une copie avec l'original.* ‖ Souligner la ressemblance afin de mettre en évidence un trait caractéristique.

COMPAROIR v. i. (seulement à l'inf. et au part. prés. *comparant*). *Dr.* Comparaître (vx).

COMPARSE n. (it. *comparsa*). Personnage muet au théâtre. ‖ *Péjor.* Personnage qui joue un rôle peu important dans une affaire.

COMPARTIMENT n. m. Case, division d'un tiroir, d'un wagon, d'une surface, etc.

COMPARTIMENTAGE n. m., ou **COMPARTIMENTATION** n. f. Action de compartimenter.

COMPARTIMENTER v. t. Diviser en compartiments, en catégories; cloisonner.

COMPARUTION n. f. *Dr.* Action de comparaître en justice.

COMPAS [kɔ̃pa] n. m. (de *compasser*). Instrument de tracé ou de mesure composé de deux branches articulées à une extrémité. ‖ *Mar.* Boussole marine. ● *Avoir le compas dans l'œil,* apprécier exactement à l'œil une mesure. ‖ *Compas d'épaisseur,* instrument permettant de mesurer le diamètre extérieur d'un corps ou le diamètre intérieur d'un cylindre. ‖ *Compas gyroscopique* (Mar.), compas établi d'après la stabilité mécanique du gyroscope, et, de ce fait, insensible aux influences magnétiques. ‖ *Compas à verge,* compas dont la pointe et le traceur glissent sur une barre horizontale.

COMPASSÉ, E adj. Affecté, guindé.

COMPASSER v. t. (lat. *passus*, pas). *Techn.* Mesurer avec le compas. ‖ *Litt.* Régler avec minutie, sans rien laisser à la spontanéité.

COMPASSION n. f. (lat. *compassio*; de *pati*, souffrir). Sentiment de pitié qui nous rend sensibles aux maux d'autrui, pitié.

COMPATIBILITÉ n. f. Qualité, état des choses qui peuvent s'accorder ensemble.

COMPATIBLE adj. Qui peut s'accorder avec qqch d'autre. ‖ Se dit de machines qui peuvent être connectées. ‖ Se dit de disques qu'on peut écouter en monophonie et en stéréophonie. ● *Événements compatibles* (Stat.), événements pouvant se produire simultanément.

COMPATIR v. t. ind. [à] (lat. *compati*). S'associer par un sentiment de pitié (à la douleur, au deuil de qqn).

COMPATISSANT, E adj. Qui prend part aux souffrances d'autrui.

COMPATRIOTE n. Personne du même pays, de la même région qu'une autre.

COMPENDIUM [kɔ̃pɑ̃djɔm] n. m. (mot lat.). Abrégé (vx).

COMPENSABLE adj. Qui peut être compensé.

COMPENSATEUR, TRICE adj. Qui fournit une compensation. ● *Pendule compensateur,* pendule corrigeant les effets des variations de température sur la marche des horloges.

COMPENSATION n. f. Action de compenser; dédommagement. ‖ *Dr.* Mode d'extinction de deux obligations réciproques. ‖ *Opération financière dans laquelle achats et ventes se règlent au moyen de virements réciproques.* ‖ Système de règlement des échanges internationaux se caractérisant par des paiements en nature et non pas en devises. ‖ Système de répartition de certaines charges. ‖ *Pathol.* Mécanisme par lequel un organe ou l'organisme tout entier pallie l'altération d'une fonction physiologique.

COMPENSATOIRE adj. Qui compense.

COMPENSÉ, E adj. Se dit des semelles qui font corps avec le talon. ‖ *Méd.* Se dit de maladies ou de troubles bien supportés par l'organisme. ● *Publicité compensée,* publicité d'un organisme professionnel concernant un produit en général (le poisson, le fromage, etc.), mais non une marque particulière.

COMPENSER v. t. (lat. *compensare*). Équilibrer un effet par un autre; neutraliser un inconvénient par un avantage. ‖ *Mar.* Régler un compas. ● *Compenser les dépens* (Dr.), mettre à la charge de chaque partie d'un procès les frais lui incombant.

COMPÉRAGE n. m. *Litt.* Accord entre deux personnes pour tromper le public.

COMPÈRE n. m. (lat. *cum*, avec, et *pater*, père). Toute personne qui en seconde une autre pour faire une supercherie.

COMPÈRE-LORIOT n. m. (pl. *compères-loriots*). Nom usuel de l'*orgelet*.

COMPÉTENCE n. f. (lat. *competentia*, juste rapport). Aptitude d'une personne à décider; capacité reconnue en telle ou telle matière. ‖ *Dr.* Droit de juger une affaire : *compétence d'un tribunal.* ‖ *Géogr.* Aptitude d'un fluide (eau ou vent) à déplacer des éléments d'une taille donnée. ‖ *Ling.* Savoir linguistique implicite, intériorisé par les sujets parlant une langue. ● *Compétence liée* (Dr.), celle qui, pour l'Administration, s'exerce dans les limites de la loi qui lui dicte pratiquement les décisions à prendre.

COMPÉTENT, E adj. (lat. *competens*). Capable de bien juger d'une chose; qui a des connaissances approfondies dans une matière; qualifié, capable. ‖ *Dr.* Qui a le droit de connaître d'une affaire : *juge compétent.*

COMPÉTITEUR, TRICE n. (lat. *competitor*). Personne qui revendique une charge, une dignité, un emploi, en même temps qu'une autre. ‖ Personne qui dispute un prix; concurrent dans une épreuve.

COMPÉTITIF, IVE adj. Susceptible de supporter la concurrence avec d'autres : *prix compétitif; entreprise compétitive.*

COMPÉTITION n. f. (mot angl.; lat. *competitio*). Recherche simultanée par plusieurs personnes d'un même poste, de mêmes avantages. ‖ Épreuve sportive mettant aux prises plusieurs équipes ou concurrents. ● *En compétition,* en concurrence.

COMPÉTITIVITÉ n. f. Caractère de ce qui est compétitif.

COMPILATEUR, TRICE n. Personne qui compile.

COMPILATEUR n. m. *Inform.* Programme d'ordinateur traduisant en langage machine un programme établi en langage évolué.

COMPILATION n. f. Action de compiler. ‖ Œuvre sans originalité, composée d'emprunts.

COMPILER v. t. (lat. *compilare*, piller). Extraire des morceaux de divers auteurs pour en former un ouvrage. ‖ *Inform.* Traduire en langage machine un programme établi en langage évolué.

COMPLAINTE n. f. (lat. *plangere*, plaindre). Chanson populaire dont le thème est, en général, triste et langoureux. ‖ *Dr.* Action possessoire tendant à faire cesser un trouble de possession.

COMPLAIRE v. t. ind. [à] (lat. *complacere*) [conj. 71]. *Litt.* Se conformer aux sentiments, à l'humeur de qqn pour lui plaire. ● **se complaire** v. pr. Trouver du plaisir, de la satisfaction dans tel ou tel état.

COMPLAISAMMENT adv. Avec complaisance.

COMPLAISANCE n. f. Désir d'être agréable, de rendre service, obligeance, amabilité. ‖ Acte fait en vue de plaire, de flatter : *avoir des complaisances pour qqn.* ‖ Sentiment de satisfaction que l'on a par orgueil ou par indulgence envers soi-même. ● *De complaisance,* fait dans l'intention d'obliger qqn, mais non conforme à la vérité, à la loi. ‖ *Pavillon de complaisance,* nationalité fictive donnée par un armateur à un navire pour échapper au fisc de son pays.

COMPLAISANT, E adj. Qui cherche à plaire, .

à rendre service à autrui. ‖ Qui fait preuve d'une indulgence coupable.

COMPLANT n. m. *Louage à complant,* bail à charge pour le preneur d'effectuer des plantations.

COMPLANTER v. t. Planter d'espèces différentes; couvrir de plantations.

COMPLÉMENT n. m. (lat. *complementum*). Ce qu'il faut à une chose pour la rendre complète : *ajouter un complément à une somme.* ‖ *Biol.* Mélange de globulines intervenant dans les réactions immunologiques. ‖ *Ling.* Mot ou proposition qui s'ajoute à d'autres pour en compléter le sens. ‖ *Math.* Ce qu'il faut ajouter à un angle aigu pour obtenir un angle droit.

COMPLÉMENTAIRE adj. Qui sert à compléter : *somme complémentaire.* ● *Arcs ou angles complémentaires,* deux arcs ou deux angles dont la somme fait 90⁰. ‖ *Couleurs complémentaires,* ensemble d'une couleur primaire et d'une couleur dérivée dont le mélange optique produit le blanc. (Le vert est la couleur complémentaire du rouge, le violet du jaune, l'orangé du bleu.)

COMPLÉMENTAIRE n. m. *Complémentaire d'une partie A dans un ensemble E,* partie notée $\bar{A}$, formée des éléments de E qui n'appartiennent pas à A : $A \cap \bar{A} = \varnothing$ et $A \cup \bar{A} = E$.

COMPLÉMENTARITÉ n. f. Caractère de ce qui est complémentaire. ● *Principe de complémentarité* (Phys.), principe énoncé par Bohr selon lequel les deux aspects, corpusculaire et ondulatoire, du rayonnement et de la matière sont des formes « complémentaires » d'une même réalité.

COMPLET, ÈTE adj. (lat. *completus,* achevé). Qui a tous les éléments nécessaires; entièrement réalisé : *équipage complet, échec complet.* ‖ Qui n'a plus de place; rempli : *autobus complet.* ‖ Dont toutes les facultés, les possibilités sont pleinement développées : *athlète complet.* ● *Au complet, au grand complet,* en totalité, intégralement. ‖ *C'est complet!* (Fam.), se dit quand un dernier ennui vient s'ajouter à une série d'autres.

COMPLET n. m. Costume de ville masculin dont toutes les pièces (veste, pantalon et gilet) sont de la même étoffe.

COMPLÈTEMENT adv. De façon complète. ‖ Tout à fait : *complètement fou.*

COMPLÈTEMENT n. m. Action de compléter. ● *Méthode, test de complètement,* méthode, test projectif consistant à faire compléter une phrase, un dessin, etc., inachevés.

COMPLÉTER v. t. (conj. 5). Rendre complet en ajoutant ce qui manque. ◆ **se compléter** v. pr. Devenir complet : *le dossier se complète peu à peu.* ‖ Former un tout en s'associant : *caractères qui se complètent.*

COMPLÉTIF, IVE adj. *Proposition complétive,* ou *complétive* n. f. (Ling.), subordonnée qui joue le rôle de complément d'objet, de sujet ou d'attribut de la proposition principale (ex. : *je vois que tout va bien*).

COMPLÉTION [kɔ̃plesjɔ̃] n. f. Ensemble des opérations qui permettent de mettre un puits de pétrole en production.

COMPLÉTUDE n. f. *Log.* Propriété d'une théorie déductive consistante où toute formule est décidable.

COMPLEXE adj. (lat. *complexus,* qui contient). Qui contient plusieurs éléments différents et combinés d'une manière qui n'est pas immédiatement claire pour l'esprit, qui est difficile à analyser. ● *Nombre complexe,* nombre comportant une partie réelle et une partie imaginaire.

COMPLEXE n. m. Ensemble d'industries concourant à une production particulière : *complexe sidérurgique.* ‖ Ensemble de bâtiments ou d'installations groupés en fonction de leur utilisation. ‖ *Chim.* Composé formé d'un (ou de plusieurs) atome ou d'un ion central, généralement métallique, lié à un certain nombre d'ions ou de molécules. ‖ *Psychanal.* Ensemble de sentiments, de souvenirs partiellement ou totalement inconscients, pourvus d'une puissance affective qui détermine une manière stéréotypée de se comporter avec les autres. (Les psychanalystes ont dégagé plusieurs complexes,

parmi lesquels le complexe d'Œdipe, le complexe de castration.) ‖ *Fam.* Sentiment d'infériorité, conduite timide, inhibée (surtout au plur.) : *avoir des complexes, être sans complexes.* ● *Complexe absorbant* (Pédol.), ensemble des colloïdes électronégatifs d'un sol, ayant un pouvoir absorbant.

COMPLEXÉ, E adj. et n. *Fam.* Qui a des complexes, timide, inhibé.

COMPLEXER v. t. *Fam.* Donner des complexes, intimider.

COMPLEXIFIER v. t. Rendre plus compliqué.

COMPLEXION n. f. (lat. *complexio*). Constitution physique de qqn; état de son organisme.

COMPLEXITÉ n. f. Caractère de ce qui est complexe, difficile.

COMPLICATION n. f. État de ce qui est compliqué; ensemble compliqué : *la complication d'une machine.* ‖ Élément nouveau qui entrave le déroulement normal de qqch : *complications sentimentales.* ‖ *Méd.* Apparition de nouveaux phénomènes morbides au cours d'une maladie ou d'une blessure.

COMPLICE adj. et n. (lat. *complex, -icis*). Qui a part au délit, au crime d'un autre. ‖ Qui manifeste un accord secret : *sourire complice.*

COMPLICITÉ n. f. Participation à un crime, à un délit. ‖ Connivence, entente profonde.

COMPLIES [kɔ̃pli] n. f. pl. (lat. *completae horae*). Dernière partie de l'office divin, après vêpres, destinée à sanctifier le repos de la nuit.

COMPLIMENT n. m. (esp. *cumplimiento*). Paroles élogieuses ou affectueuses que l'on adresse à qqn pour le féliciter. ‖ Petit discours adressé à une personne à l'occasion d'une fête.

COMPLIMENTER v. t. Adresser à qqn des compliments, des félicitations.

COMPLIMENTEUR, EUSE adj. et n. Qui fait trop de compliments.

COMPLIQUÉ, E adj. Difficile à analyser, à comprendre, à exécuter, en raison de l'enchevêtrement de ses parties. ‖ Se dit de qqn qui n'agit pas simplement.

COMPLIQUER v. t. (lat. *complicare,* lier ensemble). Rendre difficile à comprendre; embrouiller. ◆ **se compliquer** v. pr. Devenir plus difficile, obscur, confus : *les choses se compliquent.* ‖ S'aggraver : *sa maladie se complique.*

COMPLOT n. m. Menées secrètes et concertées contre qqn, et particulièrement contre la sûreté intérieure de l'État.

COMPLOTER v. t. et i. Former un complot : *comploter de renverser l'État.* ‖ Préparer secrètement et de concert : *ils complotent notre ruine.*

COMPLOTEUR, EUSE n. Personne qui complote.

COMPONCTION [kɔ̃pɔ̃ksjɔ̃] n. f. (lat. *compungere,* affecter). *Relig.* Regret d'avoir offensé Dieu. ‖ Air de gravité affectée.

COMPONÉ, E adj. *Hérald.* Se dit de la bordure et des autres pièces honorables, divisées en fragments de couleurs alternées.

COMPORTE n. f. (mot prov.). Cuve de bois servant au transport de la vendange.

COMPORTEMENT n. m. Manière de se comporter, de se conduire; ensemble des réactions d'un individu, conduite. ‖ *Psychol.* Ensemble des réactions, observables objectivement, d'un organisme qui agit en réponse à une stimulation.

COMPORTEMENTAL, E, AUX adj. *Psychol.* Relatif au comportement.

COMPORTEMENTALISME n. m. Syn. de BÉHAVIORISME.

COMPORTER v. t. (lat. *comportare,* transporter). Comprendre essentiellement, par nature; contenir, être muni de : *l'appartement comporte trois pièces.* ◆ **se comporter** v. pr. Se conduire d'une certaine manière : *se comporter en honnête homme.* ‖ Fonctionner, marcher : *cette voiture se comporte bien sur la route.*

COMPOSACÉE n. f. → COMPOSÉE.

COMPOSANT, E adj. Qui entre dans la composition de qqch.

COMPOSANT n. m. Élément constitutif. ‖

Chim. Élément qui, combiné avec un ou plusieurs autres, forme un corps composé. ‖ *Techn.* Constituant élémentaire d'une machine, d'un appareil ou d'un circuit.

COMPOSANTE n. f. Élément constitutif : *le chômage est une composante de la crise.* ‖ *Astron.* Chacune des étoiles d'un système double ou multiple. ‖ *Math.* Projection d'un vecteur sur l'un des axes d'un système de coordonnées. ‖ *Mécan.* Chacune des forces qui concourent à former une résultante.

COMPOSÉ, E adj. Formé de plusieurs éléments. ● *Application composée* (Math.), produit de deux applications, d'un premier ensemble sur un second, puis du second sur un troisième. ‖ *Corps composé* (Chim.), corps formé par la combinaison de plusieurs éléments. ‖ *Mesure composée,* v. TERNAIRE. ‖ *Nom composé,* nom formé de plusieurs mots ou éléments et formant une unité significative. (Ex. : *chef-lieu, arc-en-ciel.*) ‖ *Temps composés,* temps d'un verbe qui se conjuguent avec le participe passé précédé d'un auxiliaire (*être* ou *avoir*).

COMPOSÉ n. m. Ensemble formé de plusieurs parties.

COMPOSÉE ou **COMPOSACÉE** n. f. Plante herbacée dont les fleurs, petites et nombreuses, sont réunies en capitules serrés ressemblant parfois à des fleurs simples, telle que la *pâquerette,* le *bleuet* et le *pissenlit.* (Les composées constituent une très vaste famille, avec plus de 20 000 espèces.)

COMPOSER v. t. (lat. *componere*). Former un tout en assemblant différentes parties : *composer un bouquet.* ‖ Former un numéro sur le cadran d'un appareil téléphonique. ‖ Écrire de la musique. ‖ Entrer comme élément constitutif : *les pommes de terre composent l'essentiel du menu.* ‖ *Litt.* Adopter une attitude suivant certaines intentions; apprêter : *composer son visage.* ‖ *Arts graph.* Assembler ou commander l'assemblage de caractères d'imprimerie pour former un texte. ◆ v. i. Faire un exercice scolaire en vue d'un examen, d'un concours : *composer en mathématiques.* ‖ Se prêter à un arrangement, transiger : *composer avec ses adversaires.*

COMPOSEUSE n. f. *Arts graph.* Machine servant à composer.

COMPOSITE adj. et n. m. (lat. *compositus*). Formé d'éléments très divers; hétéroclite : *mobilier, assemblée composite.* ‖ Matériau composé de plusieurs matières de nature et de composition différentes, et possédant de ce fait des caractéristiques spéciales. ‖ Se dit d'un ordre architectural élaboré par les Romains, adopté par les bâtisseurs classiques, et dont, notamment, le chapiteau combine les volutes de l'ionique et les feuilles d'acanthe du corinthien.

COMPOSITEUR, TRICE n. Personne qui compose de la musique. ‖ Personne qui compose un texte typographique, etc.

COMPOSITION n. f. Action ou manière de composer un tout en assemblant les parties; structure : *composition d'un plat; composition de l'Assemblée nationale.* ‖ Œuvre musicale. ‖ Exercice scolaire en vue d'un classement. ‖ *Arts graph.* Assemblage manuel, mécanique ou automatique de caractères d'imprimerie pour en former des mots, des lignes, des pages. ‖ *Bx-arts.* Grandes lignes, agencement d'une œuvre; l'œuvre elle-même. ‖ *Chim.* Proportion des éléments qui entrent dans une combinaison chimique. ● *Amener à composition,* amener à transiger. ‖ *Être de bonne composition,* être accommodant. ‖ *Loi de composition* (Math.), loi qui permet de définir un élément d'un ensemble E à partir soit d'un couple ordonné d'éléments de E (loi interne), soit d'un couple formé d'un élément de E et d'un élément d'un autre ensemble (loi externe). ‖ *Rôle de composition,* pour un acteur, un danseur, représentation d'un personnage très typé derrière lequel doit s'effacer sa personnalité.

COMPOST [kɔ̃pɔst] n. m. (mot angl.; de l'anc. fr. *compost,* composé). Mélange de résidus organiques, de chaux et de terre, qui se transforme en terreau par fermentation.

COMPOSTAGE n. m. Action de marquer avec un composteur.

COMPOSTAGE n. m. Préparation du compost.

COMPOSTER v. t. Marquer au composteur.

COMPOSTER v. t. Amender avec du compost.

COMPOSTEUR n. m. (it. *compostore*). Appareil à lettres ou à chiffres interchangeables, servant à marquer ou à dater des documents. ‖ Règle à rebord sur deux de ses côtés, sur laquelle le typographe assemble les caractères de façon à former des lignes d'égale longueur.

COMPOTE n. f. (lat. *compositus*, mélangé). Fruits cuits avec de l'eau et du sucre. ● *En compote* (Fam.), meurtri, malmené.

COMPOTIER n. m. Plat creux muni d'un pied pour servir des compotes, des fruits, etc.

COMPOUND [kɔ̃pund] adj. inv. (mot angl., *composé*). Se dit d'appareils associés. ● *Enroulement compound*, dans une machine électrique, combinaison d'un enroulement en série et d'un enroulement shunt. ‖ *Machine compound*, machine où la vapeur agit successivement dans plusieurs cylindres de diamètres inégaux. ‖ *Moteur compound*, moteur à piston où l'énergie des gaz d'échappement est en partie récupérée sur les aubes d'une turbine.

COMPRÉHENSIBILITÉ n. f. Qualité de ce qui est compréhensible.

COMPRÉHENSIBLE adj. Que l'on peut comprendre; intelligible.

COMPRÉHENSIF, IVE adj. Qui comprend les autres et les excuse volontiers; bienveillant, indulgent. ‖ *Log.* Qui embrasse sa signification un nombre plus ou moins grand de caractères.

COMPRÉHENSION n. f. (lat. *comprehensio*). Aptitude à comprendre; intelligence : *rapidité de compréhension*. ‖ Désir d'entrer dans les vues des autres; bienveillance, indulgence. ‖ Aptitude à être compris : *texte de compréhension difficile*. ‖ *Log.* Totalité des caractères renfermés dans une idée générale, un concept, un ensemble (par oppos. à EXTENSION).

COMPRENDRE v. t. (lat. *comprehendere*) [conj. 50]. Avoir en soi, être formé de : *Paris comprend vingt arrondissements*. ‖ Mettre dans un tout, incorporer : *comprendre toutes les taxes dans le prix*. ‖ Concevoir, saisir le sens : *comprendre la pensée de qqn*. ‖ Se représenter avec plus ou moins d'indulgence les raisons de qqn; approuver. ● *Y compris, non compris* (inv. avant le nom), en y incluant, sans y inclure.

COMPRESSE n. f. (anc. fr. *compresser*, accabler). Linge qui sert pour le pansement des plaies, ou au cours d'interventions chirurgicales.

COMPRESSER v. t. Serrer, presser : *on est compressé dans le métro aux heures de pointe*.

COMPRESSEUR adj. m. Se dit des appareils servant à comprimer, à aplanir.

COMPRESSEUR n. m. Appareil servant à comprimer un fluide à une pression voulue. ● *Compresseur frigorifique*, appareil d'une installation frigorifique aspirant les vapeurs formées dans l'évaporateur et les refoulant à une pression telle que le fluide se liquéfie à la température du condenseur.

COMPRESSIBILITÉ n. f. Aptitude d'un corps à diminuer de volume sous l'influence d'une pression. ● *Module de compressibilité*, rapport entre la pression qui s'exerce sur un corps et la diminution de volume unitaire qui en résulte.

COMPRESSIBLE adj. Qui peut être comprimé ou compressé.

COMPRESSIF, IVE adj. *Chir.* Qui sert à comprimer.

COMPRESSION n. f. (lat. *compressus*, comprimé). Action de comprimer; effet de cette action : *pompe de compression*. ‖ Réduction de personnel, des dépenses. ‖ Dans un moteur, pression atteinte par le mélange détonant dans la chambre d'explosion, avant son allumage. (Contr. DILATATION.) ● *Machine frigorifique à compression*, machine frigorifique dans laquelle le fluide frigorigène est mis en circulation par un compresseur mécanique.

COMPRIMÉ, E adj. Diminué de volume par pression.

COMPRIMÉ n. m. Pastille pharmaceutique contenant une certaine dose de médicament.

COMPRIMER v. t. (lat. *comprimere*). Agir sur un corps de manière à en réduire le volume; réduire, diminuer : *comprimer les dépenses*. ‖ Empêcher de se manifester : *comprimer sa colère*.

COMPROMETTANT, E adj. De nature à compromettre : *lettres compromettantes*.

COMPROMETTRE v. t. (lat. *compromittere*) [conj. 49]. Porter préjudice à qqn en l'engageant dans une entreprise contraire aux lois, à la morale. ‖ Exposer à un dommage : *compromettre sa santé*. ◆ v. i. *Dr.* S'en remettre à un arbitrage. ◆ **se compromettre** v. pr. Risquer sa réputation.

COMPROMIS [kɔ̃prɔmi] n. m. Accord obtenu par des concessions réciproques. ‖ *Dr.* Convention par laquelle on décide de soumettre un litige à un arbitre. ● *Compromis historique*, stratégie élaborée par le parti communiste italien préconisant, entre les couches sociales qu'il représente et les autres (dont la démocratie chrétienne), un pacte destiné à surmonter la crise. ‖ *Formation de compromis* (Psychanal.), processus par lequel un désir refoulé cherche à faire retour dans le conscient et qui ne peut y être accepté qu'à condition d'être déformé par les mécanismes de défense. (Le rêve est un exemple des formations de compromis.)

COMPROMISSION n. f. Action de compromettre ou de se compromettre, accommodement.

COMPROMISSOIRE adj. *Dr.* Qui concerne un compromis : *clause compromissoire*.

COMPTABILISATION n. f. Action de comptabiliser.

COMPTABILISER v. t. Faire apparaître en comptabilité une opération de commerce ou de production.

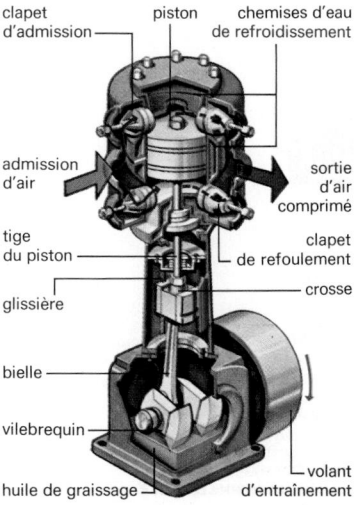

clapet d'admission

piston

chemises d'eau de refroidissement

admission d'air

sortie d'air comprimé

tige du piston

clapet de refoulement

glissière

crosse

bielle

vilebrequin

huile de graissage

volant d'entraînement

COMPRESSEUR

COMPTABILITÉ n. f. Technique des comptes. ‖ Ensemble des comptes d'un individu ou d'une collectivité. ‖ Service chargé des comptes. ● *Comptabilité à partie double*, enregistrement des opérations commerciales sous la forme de deux écritures égales et de sens contraires, chaque opération étant analysée et la valeur déplacée étant portée au *débit* d'un compte qui reçoit et au *crédit* d'un compte qui fournit. ‖ *Comptabilité analytique*, procédé permettant aux entreprises d'évaluer leur prix de revient sans intervention de la comptabilité générale. ‖ *Comptabilité industrielle*, anc. nom de COMPTABILITÉ ANALYTIQUE. ‖ *Comptabilité matières*, comptabilité portant sur les matières premières,

les produits semi-finis et les produits fabriqués. ‖ *Comptabilité nationale*, présentation chiffrée de l'ensemble des informations relatives à l'activité économique de la nation. ‖ *Comptabilité publique*, ensemble des règles spéciales applicables à la gestion des deniers publics.

COMPTABLE [kɔ̃tabl] adj. Qui concerne la comptabilité : *pièce comptable*. ‖ Responsable : *être comptable de ses actions envers qqn*. ‖ *Ling.* Se dit des noms qui peuvent être accompagnés d'un numéral. ‖ *Plan comptable*, ensemble des règles imposées par un organisme public ou professionnel en vue de fixer pour toutes les entreprises d'une même branche des principes généraux identiques de comptabilité.

COMPTABLE n. Personne qui tient les comptes. (Le *comptable agréé* et l'*expert-comptable* exercent une profession libérale réglementée par la loi — réservée aux titulaires du brevet professionnel comptable ou du diplôme d'expert-comptable — et érigée en ordre.)

COMPTAGE n. m. Action de compter.

COMPTANT adj. et n. m. Payé sur l'heure et en espèces. ● *Prendre pour argent comptant*, croire naïvement ce qui est dit ou promis. ‖ *Vendre au comptant*, moyennant paiement immédiat. ◆ adv. *Payer comptant*, payer immédiatement.

COMPTE [kɔ̃t] n. m. Action d'évaluer une quantité; état de ce qui est dû ou reçu : *faire le compte de sa fortune; vérifier ses comptes*. ● *À bon compte*, à bon marché. ‖ *À ce compte-là*, dans ces conditions. ‖ *À compte, à valoir. Au bout du compte, en fin de compte, tout compte fait*, tout bien considéré. ‖ *À compte d'auteur*, se dit d'un contrat d'édition par lequel l'auteur assume à l'avance les frais d'impression et de diffusion. ‖ *Avoir son compte* (Fam.), être épuisé, hors de combat. ‖ *Compte courant*, état, par *doit* et *avoir*, des opérations entre deux personnes. ‖ *Compte de dépôt*, compte ouvert par un banquier à un client et alimenté par les versements de ce dernier. ‖ *Comptes d'exploitation et de pertes et profits*, documents chiffrés permettant de suivre les résultats d'une entreprise pendant une période donnée. ‖ *De compte à demi*, en partageant les bénéfices et les charges. ‖ *Donner son compte à qqn*, le renvoyer. ‖ *Être en compte*, être dans la situation de débiteur ou de créancier envers qqn. ‖ *Être loin du compte*, se tromper de beaucoup. ‖ *Mettre sur le compte de qqn*, le rendre responsable. ‖ *Prendre à son compte*, assumer. ‖ *Régler un compte*, s'acquitter de qqch; se venger. ‖ *Régler son compte à qqn* (Fam.), le tuer. ‖ *Rendre compte de*, exposer, analyser : *rendre compte d'un livre*; rapporter, raconter. ‖ *Se rendre compte de*, apprécier par soi-même, s'apercevoir de. ‖ *Se rendre compte que*, comprendre, saisir. ‖ *Sur le compte de qqn*, à son sujet. ‖ *Tenir compte de*, prendre en considération. ‖ *Trouver son compte à qqch*, y trouver son avantage.

COMPTE CHÈQUES ou **COMPTE-CHÈQUES** n. m. (pl. comptes[-]chèques). Compte financier, bancaire ou postal, fonctionnant au moyen de chèques.

COMPTE-FILS n. m. inv. Petite loupe de fort grossissement, montée sur charnière.

COMPTE-GOUTTES n. m. inv. Pipette en verre pour compter les gouttes d'un liquide. ● *Au compte-gouttes* (Fam.), avec parcimonie.

COMPTER [kɔ̃te] v. t. (lat. *computare*). Calculer le nombre, la quantité de : *compter des livres*. ‖ Mettre au nombre de : *compter qqn parmi ses amis*. ‖ Estimer, évaluer à un certain prix : *compter qqch pour rien*. ‖ Posséder : *ville qui compte deux millions d'habitants*. ‖ Comprendre dans un total, dans une énumération. ● *Compter ses pas*, marcher lentement. ◆ v. i. Entrer dans un calcul : *syllabe qui ne compte pas*. ‖ Effectuer un calcul : *compter sur ses doigts*. ‖ Se proposer, avoir l'intention de (+ inf.) : *je compte partir demain*. ‖ Avoir de l'importance; être pris en considération : *cela compte beaucoup*. ● *À compter de*, à partir de, à dater de. ‖ *Compter avec*, tenir compte de, accorder de l'importance à. ‖ *Compter sur*, avoir confiance en. ‖ *Sans compter*, avec générosité, libéralement.

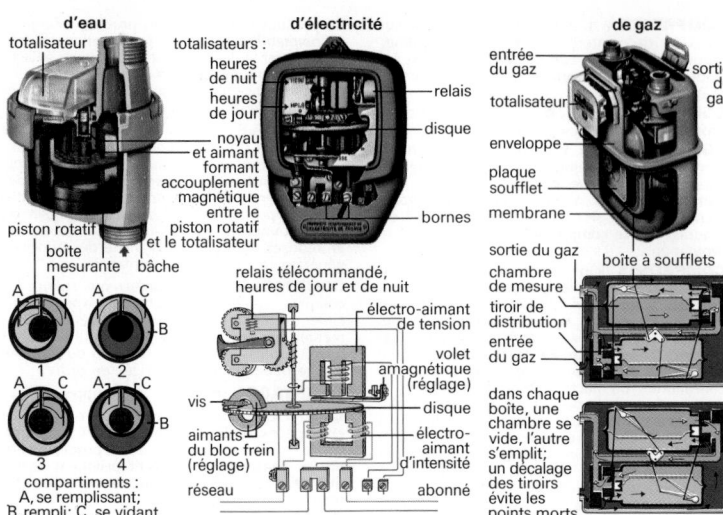

d'eau
totalisateur
piston rotatif
boîte mesurante
bâche
noyau et aimant formant accouplement magnétique entre le piston rotatif et le totalisateur

A C A C
A C A C
B
A C A C
1 2 B
A C A C
3 4
compartiments :
A, se remplissant;
B, rempli; C, se vidant

d'électricité
totalisateurs :
heures de nuit
heures de jour
relais
disque
bornes

relais télécommandé, heures de jour et de nuit
électro-aimant de tension
vis
aimants du bloc frein (réglage)
volet amagnétique (réglage)
disque
électro-aimant d'intensité
réseau
abonné

de gaz
entrée du gaz
totalisateur
enveloppe
plaque soufflet
membrane
sortie du gaz
chambre de mesure
tiroir de distribution
entrée du gaz
sortie du gaz
boîte à soufflets
dans chaque boîte, une chambre se vide, l'autre s'emplit; un décalage des tiroirs évite les points morts

COMPTEURS

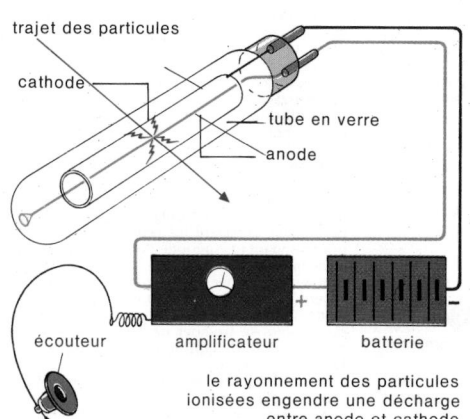

trajet des particules
cathode
tube en verre
anode

COMPTEUR DE GEIGER

écouteur
amplificateur
batterie
le rayonnement des particules ionisées engendre une décharge entre anode et cathode

COMPTE RENDU ou **COMPTE-RENDU** n. m. (pl. *comptes*[-]*rendus*). Rapport fait sur un événement, une situation, un ouvrage, la séance d'une assemblée.

COMPTE-TOURS n. m. inv. Appareil comptant le nombre de tours d'un arbre mobile dans un temps donné.

COMPTEUR n. m. Nom donné à divers appareils mesurant les distances parcourues, la vitesse ou le nombre des mouvements ou des opérations effectués dans un temps donné. ‖ Appareil destiné à mesurer, à compter et à enregistrer certaines grandeurs ou certains effets mécaniques, les quantités de gaz, d'électricité, d'eau, etc. ‖ *Compteur de Geiger, compteur à scintillations,* instruments qui servent à déceler et à compter les particules émises par un corps radioactif.

COMPTINE [kɔ̃tin] n. f. (de *compter*). Chanson que chantent les enfants pour désigner celui qui devra sortir du jeu ou courir après les autres, etc. : «*Am stram gram Pic et pic et colegram*» *sont des paroles de comptine.*

COMPTOIR [kɔ̃twar] n. m. Table longue sur laquelle les marchands étalent ou débitent leurs marchandises. ‖ Agence de commerce d'une nation en pays étranger. ‖ Établissement commercial ou financier. ‖ Cartel de vente qui se substitue à ses adhérents dans les rapports avec la clientèle.

COMPULSER v. t. (lat. *compulsare*). Rechercher dans un livre, des papiers, des notes, etc.

COMPULSIF, IVE adj. Qui fait preuve de compulsion.

COMPULSION n. f. *Psychiatr.* Type de conduites que le sujet est poussé à accomplir par une force intérieure à laquelle il ne peut résister sans angoisse.

COMPULSIONNEL, ELLE adj. Relatif à la compulsion.

COMPUT [kɔ̃pyt] n. m. (lat. *computus*). Calcul déterminant le temps pour les usages ecclésiastiques et particulièrement la date de la fête de Pâques.

COMPUTATION n. f. Manière de supputer le temps.

COMPUTER [kɔmpjutœr] n. m. (mot angl.). Syn. vieilli d'ORDINATEUR.

COMTADIN, E adj. et n. Du comtat Venaissin.

COMTAL, E, AUX [kɔ̃tal, o] adj. Relatif au comte.

COMTAT [kɔ̃ta] n. m. Comté, dans certaines expressions : *comtat Venaissin.*

COMTE [kɔ̃t] n. m. (lat. *comes, -itis,* compagnon). Au temps du Bas-Empire romain, haut fonctionnaire impérial. ‖ Au Moyen Âge, fonctionnaire, révocable par le roi, chargé d'administrer des circonscriptions appelées *pagi,* puis titre héréditaire, qui devint honorifique au XVe s. ‖ Titre de noblesse entre ceux de marquis et de vicomte.

COMTÉ n. m. Domaine qui donnait la qualité de comte. ‖ Au Canada, aux États-Unis, en Grande-Bretagne et dans la plupart des États du Commonwealth, division administrative.

COMTÉ n. m. Variété de gruyère fabriqué en Franche-Comté.

COMTESSE n. f. Femme possédant un comté ou épouse d'un comte.

COMTOIS, E adj. et n. De la Franche-Comté.

COMTOISE n. f. Haute horloge adossée à un mur et portant sur le sol.

CON n. m. *Pop.* Sexe de la femme.

CON, ONNE adj. et n. *Pop.* D'une grande stupidité.

CONCASSAGE n. m. Action de concasser.

CONCASSER v. t. (lat. *conquassare*). Broyer une substance en fragments grossiers.

CONCASSEUR n. m. et adj. Appareil pour concasser.

CONCATÉNATION n. f. (lat. *cum,* avec, et *catena,* chaîne). Enchaînement logique et évident des idées, des causes et des effets, des éléments constitutifs d'une phrase.

CONCAVE adj. (lat. *concavus*). Dont la surface est creuse. (Contr. CONVEXE.)

CONCAVITÉ n. f. État de ce qui est concave.

CONCÉDER v. t. (lat. *concedere*) [conj. 5]. Accorder comme une faveur un droit, un privilège : *concéder l'exploitation d'un service public.* ‖ Admettre le point de vue : *je vous concède volontiers que vous aviez raison.* ‖ *Sports.* Abandonner à l'adversaire.

CONCÉLÉBRER v. t. (conj. 5). Célébrer à plusieurs un service religieux.

CONCENTRATION n. f. Action de concentrer, de se concentrer. ‖ *Écon.* Ensemble des liens s'établissant, en vue de lutter contre la concurrence, entre des entreprises à un même stade (*concentration horizontale*) ou à des stades différents (*concentration verticale*) de la production d'un produit. ‖ *Phys.* Masse d'un corps dissoute dans l'unité de volume d'une solution. ● *Camp de concentration,* camp dans lequel sont rassemblés, sous surveillance militaire ou policière, soit des populations civiles de nationalité ennemie, soit des prisonniers ou détenus politiques.

CONCENTRATIONNAIRE adj. Relatif aux camps de concentration.

CONCENTRÉ, E adj. Dont la concentration est grande : *acide concentré.* ● *Lait concentré,* lait obtenu après avoir ôté environ 65 p. 100 de son eau, et que l'on peut reconstituer par addition d'eau. ‖ *Lait concentré sucré* ou *condensé,* lait concentré auquel on a incorporé une forte proportion de sucre donne une consistance sirupeuse.

CONCENTRÉ n. m. Extrait d'une sauce obtenu par élimination de l'eau.

CONCENTRER v. t. (de *centre*). Rassembler, réunir en un même point : *concentrer des troupes.* ‖ Fixer (son attention, son regard) sur qqn, qqch. ● *Concentrer une solution* (Phys.), en augmenter la concentration. ◆ **se concentrer** v. pr. Se rassembler. ‖ Réfléchir profondément.

CONCENTRIQUE adj. *Math.* Se dit des courbes ou des surfaces qui ont un même centre.

CONCEPT [kɔ̃sɛpt] n. m. (lat. *conceptus,* saisi). Idée d'un objet conçu par l'esprit, permettant d'organiser les perceptions et les connaissances.

CONCEPTACLE n. m. (lat. *conceptaculum*). *Bot.* Petite cavité où se forment les gamètes, chez certaines algues comme le fucus.

CONCEPTEUR, TRICE n. Personne qui conçoit un type de publicité.

CONCEPTION [kɔ̃sɛpsjɔ̃] n. f. (lat. *conceptio*). Action par laquelle l'enfant est conçu, reçoit l'existence. ‖ Représentation qu'on se fait de qqch; idée, opinion : *une conception originale de la vie.* ● *Conception assistée par ordinateur,* méthode faisant appel à l'ordinateur pour déterminer la forme à donner à une pièce, un appareil, un ouvrage d'art, etc.

CONCEPTISME n. m. Dans la littérature espagnole, style caractérisé par la recherche d'un raffinement dans la façon des idées.

CONCEPTUALISATION n. f. Action de conceptualiser.

CONCEPTUALISER v. t. Former des concepts à partir de qqch.

CONCEPTUALISME n. m. Doctrine scolastique, suivant laquelle le concept a une réalité distincte du mot qui l'exprime, réalité qui ne se trouve que dans l'esprit.

CONCEPTUEL, ELLE adj. *Philos.* Qui concerne le concept. ● *Art conceptuel,* tendance contemporaine qui fait primer l'idée sur la réalité matérielle de l'œuvre (depuis 1968 : les Américains Joseph Kosuth ou Lawrence Weiner, le groupe anglais « Art-Language », etc.).

CONCERNANT prép. À propos de.

CONCERNER v. t. (lat. *concernere*). Avoir rapport à; intéresser, impliquer : *cela concerne vos intérêts; vous n'êtes pas concerné par ce problème.* ● *En ce qui concerne,* quant à, pour ce qui est de.

CONCERT [kɔsɛr] n. m. (it. *concerto*). Séance où sont interprétées des œuvres musicales. ‖ Ensemble de bruits simultanés : *un concert d'avertisseurs.* ‖ *Mus.* Composition pour petit ensemble instrumental. ● *Concert de danse,* représentation publique d'un spectacle chorégraphique donné par des danseurs réunis spécialement pour cette prestation. ‖ *Concert d'éloges, de lamentations,* unanimité dans les éloges, les lamentations. ‖ *Concert des grandes puissances, des nations* (Litt.), l'accord, l'harmonie entre celles-ci. ‖ *Danseur de concert,* celui qui présente un spectacle à lui seul. ‖ *De concert,* avec entente, conjointement.

CONCERTANT, E adj. *Mus.* Se dit d'une musique, d'un style qui suppose des échanges entre différents plans sonores, vocaux ou instrumentaux.

CONCERTATION n. f. Action de se concerter, en particulier dans le domaine politique et social.

CONCERTÉ, E adj. Qui résulte d'une entente ou d'un calcul : *un plan concerté.*

CONCERTER v. t. Préparer en commun l'exécution d'un dessein : *concerter une randonnée de huit jours.* ◆ *se concerter* v. pr. Se mettre d'accord pour agir ensemble.

CONCERTINO n. m. (mot it.). *Mus.* Concerto de dimension réduite. ‖ Ensemble de solistes s'opposant au *ripieno* dans le *concerto grosso.*

CONCERTISTE n. Artiste qui se fait entendre dans des concerts.

CONCERTO n. m. (mot it.). *Mus.* Composition orchestrale de forme suite ou sonate, qui a pour caractère essentiel l'opposition entre l'orchestre et un ou plusieurs solistes dont on met en valeur la virtuosité. ● *Concerto grosso,* forme ancienne, opposant le *ripieno* au *concertino.*

CONCESSIF, IVE adj. Proposition concessive ou *de concession* (Ling.), qui indique une opposition ou une restriction à l'action exprimée dans la principale.

CONCESSION n. f. (lat. *concessio*). Abandon par une partie de ses droits, de ses prétentions. *Dr.* Contrat par lequel l'Administration charge une personne privée d'un service, d'un ouvrage public; contrat par lequel l'Administration autorise une personne privée à utiliser privativement le domaine public (concession de sépulture dans un cimetière). ‖ *Ling.* Relation logique exprimée dans la phrase par les propositions concessives.

CONCESSIONNAIRE adj. et n. Qui a obtenu de l'État une concession. ‖ Intermédiaire commercial qui a reçu d'un producteur un droit exclusif de vente dans un État, une région déterminée.

CONCEVABLE adj. Qui peut se concevoir.

CONCEVOIR v. t. (lat. *concipere,* prendre) [conj. 29]. Se représenter par la pensée, comprendre : *je ne conçois pas comment vous avez pu vous tromper.* ‖ Former, élaborer dans son imagination : *concevoir un projet.* ‖ *Litt.* Commencer à avoir, éprouver : *concevoir de l'amitié*

pour qqn. ● *Bien, mal conçu,* bien, mal organisé, agencé; bien, mal rédigé. ◆ v. t. et i. *Litt.* Devenir enceinte.

CONCHOÏDAL, E, AUX [kɔkɔidal, o] adj. Qui ressemble à une coquille.

CONCHOÏDE [kɔkɔid] n. f. (gr. *konkhê,* coquille). *Math.* Courbe obtenue en menant par un point fixe une sécante variable, qui rencontre une droite ou une courbe en un point, et en portant sur la sécante, à partir de ce point, une longueur constante de part et d'autre.

CONCHYLICULTURE [kɔkilikyltyr] n. f. Élevage industriel des huîtres, moules et autres coquillages.

CONCHYLIOLOGIE [kɔkiljɔlɔʒi] n. f. (gr. *konkhulion,* coquillage, et *logos,* science). Étude scientifique des coquilles, des coquillages.

CONCIERGE n. (lat. *conservus,* compagnon d'esclavage). Personne préposée à la garde d'un hôtel, d'un immeuble, etc.

CONCIERGERIE n. f. Fonctions et demeure d'un concierge d'un bâtiment administratif.

CONCILE n. m. (lat. *concilium,* assemblée). Assemblée régulière d'évêques et de théologiens, qui décident des questions de doctrine ou de discipline ecclésiastiques.
■ Les conciles sont œcuméniques, nationaux ou provinciaux, suivant que les évêques convoqués sont ceux du monde entier ou seulement ceux d'une nation ou d'une province. Les conciles œcuméniques, qui sont seuls à pouvoir légiférer en matière de foi, sont au nombre de vingt et un et peuvent être ainsi répartis :
— les *conciles de l'Antiquité* (IVe-IXe s.), les plus importants, surtout les quatre premiers, qui établissent les dogmes fondamentaux du christianisme : Nicée (325), Constantinople I (381), Éphèse (431), Chalcédoine (451), Constantinople II (553), Constantinople III (680-81), Nicée (787), Constantinople IV (869-70);
— les *conciles médiévaux* (XIIe-XIVe s.) : Latran I (1123), Latran II (1139), Latran IV (1179), Latran IV (1215), Lyon I (1245), Lyon II (1274), Vienne* (1311-12);
— les *conciles unitaires* (XVe s.) : Constance (1414-1418), Bâle (1431-1442);
— les *conciles modernes* : Latran V (1512-1517), Trente (1545-1563), Vatican I (1869-70), Vatican II (1962-1965).
Les Églises orientales ne reconnaissent que les sept premiers conciles œcuméniques, auxquels elles ajoutent le synode de Constantinople de 692, dit « concile in Trullo ».
Les protestants rejettent l'autorité des conciles en matière de foi.

CONCILIABLE adj. Qui peut se concilier avec une autre chose.

CONCILIABULE n. m. (lat. *conciliabulum*). Entretien privé, secret et suspect.

CONCILIAIRE adj. Relatif à un concile.

CONCILIANT, E adj. Porté à la conciliation; accommodant. ‖ Propre à concilier : *des paroles conciliantes.*

CONCILIATEUR, TRICE adj. et n. Qui concilie, aime à concilier. ‖ Personne dont la mission est de susciter le règlement amiable des conflits.

CONCILIATION n. f. Accord entre les personnes ou les choses. ‖ *Dr.* Accord de deux personnes en litige, réalisé par un juge ou un conciliateur. ‖ Procédé de règlement amiable des conflits collectifs du travail. ‖ Mode de résolution des conflits internationaux.

CONCILIATOIRE adj. *Dr.* Propre à concilier.

CONCILIER v. t. (lat. *conciliare*). Trouver un rapprochement entre des choses diverses. ‖ Disposer favorablement qqn en faveur d'une personne : *cette mesure lui a concilié les paysans.* ◆ *se concilier* v. pr. Disposer en sa faveur. ‖ Être compatible avec autre chose.

CONCIS, E [kɔsi, iz] adj. (lat. *concisus,* tranché). Qui exprime beaucoup de choses en peu de mots; bref et dense.

CONCISION n. f. Qualité de ce qui est concis.

CONCITOYEN, ENNE n. Du même pays, de la même ville.

CONCLAVE n. m. (lat. *conclave,* chambre fer-

mée à clé). Assemblée de cardinaux réunis pour l'élection du pape.

CONCLAVISTE n. m. Personne attachée au service des cardinaux durant l'élection du pape.

CONCLUANT, E adj. Qui apporte une preuve.

CONCLURE v. t. (lat. *concludere*) [conj. 62]. Achever, terminer : *conclure une affaire.* ‖ Donner une conclusion : *conclure son discours par un appel à l'unité.* ◆ v. t. et t. ind. [à]. Déduire comme conséquence : *il a conclu de mon silence que j'étais d'accord; les experts ont conclu à la folie.* ◆ v. i. Être probant : *les témoignages concluent contre lui.*

CONCLUSIF, IVE adj. Qui conclut.

CONCLUSION n. f. (lat. *conclusio*). Arrangement définitif, réalisation complète : *conclusion d'un traité.* ‖ Partie terminale d'une œuvre : *la conclusion d'un discours.* ‖ Conséquence d'un raisonnement. ● *En conclusion, en conséquence,* pour conclure. ◆ pl. *Dr.* Prétentions respectives de chacune des parties dans un procès. ‖ Écrit exposant ces prétentions. ‖ Réquisition du ministère public.

CONCOCTER v. t. *Fam.* Élaborer minutieusement.

CONCOMBRE n. m. (anc. prov. *cocombre*). Plante potagère de la famille des cucurbitacées, cultivée pour ses fruits allongés que l'on consomme comme légume ou en salade; ce fruit.

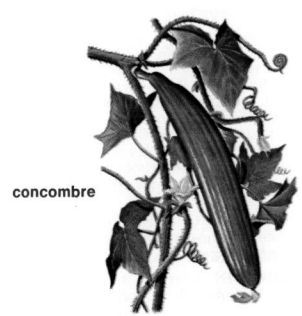

concombre

CONCOMITAMMENT adv. De façon concomitante.

CONCOMITANCE n. f. Simultanéité de deux ou de plusieurs faits.

CONCOMITANT, E adj. (lat. *concomitari,* accompagner). Qui se produit en même temps. ● *Variations concomitantes* (Log.), variations simultanées et proportionnelles de certains phénomènes.

CONCORDANCE n. f. Conformité, accord : *concordance de témoignages.* ‖ *Géol.* Disposition parallèle des couches sédimentaires, témoignant d'une continuité de leur dépôt. ● *Concordance de phases* (Phys.), état de plusieurs vibrations sinusoïdales de même nature et de même période, dont la différence de phases est nulle. ‖ *Concordance des temps* (Ling.), règles de syntaxe d'après lesquelles le temps du verbe d'une subordonnée varie selon celui du verbe de la principale.

CONCORDANT, E adj. Qui s'accorde, qui converge : *témoignages concordants.* ‖ *Géol.* Se dit d'un terrain reposant en concordance sur la couche sous-jacente.

CONCORDAT n. m. (lat. *concordatum*). *Relig.* Convention entre le Saint-Siège et un État souverain, réglant les rapports de l'Église catholique et de l'État. ‖ *Dr.* Accord entre le commerçant qui, ayant déposé son bilan, a été admis par le tribunal de commerce au règlement judiciaire, et ses créanciers.
■ Les plus anciens concordats sont le concordat de Worms (1122), entre Calixte II et Henri V; le concordat de 1516, entre Léon X et François Ier. Le concordat entre Bonaparte et Pie VII, conclu le 15 juillet 1801, a réglé les rapports de

la France avec le Saint-Siège, et de l'État avec l'Église jusqu'à la loi du 9 décembre 1905. Au XIXe s. et au XXe s., de nombreux concordats furent signés par les papes.

CONCORDATAIRE adj. *Relig.* Relatif à un concordat. ‖ *Dr.* Se dit du commerçant qui a obtenu un concordat.

CONCORDE n. f. (lat. *concordia*). Bonne entente entre les personnes.

CONCORDER v. i. (lat. *concordare*). Avoir des rapports de similitude, de correspondance, coïncider : *les dates concordent.*

CONCOURANT, E adj. Qui converge vers un même point, un même but.

CONCOURIR v. t. ind. [à] (lat. *concurrere*) [conj. **21**]. Tendre ensemble au même but, aider à : *concourir au succès d'une affaire.* ◆ v. i. Participer à un examen, un concours, une compétition.

CONCOURS n. m. (lat. *concursus*). Action de coopérer, d'aider : *offrir son concours.* ‖ Examen permettant un classement des candidats à une place, une entrée dans une grande école, etc. ‖ Compétition sportive : *concours hippique.* ‖ *Dr.* Compétition de personnes ayant les mêmes droits. ● *Concours de circonstances,* événements survenant en même temps. ‖ *Concours complet,* compétition hippique comprenant une épreuve de dressage, un parcours de fond et une épreuve d'obstacles. ‖ *Concours général,* concours annuel entre les premiers élèves des classes supérieures des lycées.

CONCRET, ÈTE adj. (lat. *concretus*). Qui se rapporte à la réalité, à ce qui est matériel : *théorie susceptible d'applications concrètes.* ‖ Qui a le sens des réalités précises : *esprit concret.* ● *Mot concret* (Ling.), terme qui désigne un être ou un objet accessible aux sens. ‖ *Musique concrète,* langage sonore qui utilise les bruits produits par divers objets enregistrés sur bande magnétique et susceptibles de transformations. ‖ *Pensée concrète* (Psychol.), pensée dont les structures opératoires portent directement sur le réel.

CONCRET n. m. Qualité de ce qui est concret; ensemble des choses concrètes.

CONCRÈTEMENT adv. De façon concrète.

CONCRÉTION [kɔ̃kresjɔ̃] n. f. (de *concret*). Réunion de parties en un corps solide. ‖ Agrégation solide dans les tissus vivants : *concrétions biliaires.* ‖ *Géol.* Masse de matière cristallisée résultant de la précipitation, autour d'un germe, de sels en solution dans les eaux de percolation.

CONCRÉTISATION n. f. Action de concrétiser; le fait de se concrétiser.

CONCRÉTISER v. t. Faire passer du projet à la réalisation; matérialiser : *concrétiser un avantage.* ◆ **se concrétiser** v. pr. Devenir réel.

CONCUBIN, E adj. et n. (lat. *concubina*). Qui vit en concubinage.

CONCUBINAGE n. m. État d'un homme et d'une femme qui vivent ensemble sans être mariés. (On dit aussi UNION LIBRE.)

CONCUPISCENCE n. f. (lat. *concupiscere*, désirer). *Litt.* Penchant à jouir des biens terrestres, particulièrement des plaisirs sensuels.

CONCUPISCENT, E [kɔ̃kypisɑ̃, ɑ̃t] adj. *Litt.* Qui éprouve de la concupiscence, qui l'exprime.

CONCURREMMENT [kɔ̃kyramɑ̃] adv. En même temps. ‖ Par un concours mutuel, de concert : *agir concurremment avec qqn.*

CONCURRENCE n. f. Rivalité d'intérêts entre plusieurs personnes provoquant une compétition, et, en particulier, entre commerçants ou industriels qui tentent d'attirer à eux la clientèle par les meilleures conditions de prix, de qualité, etc. ● *Jusqu'à concurrence de,* jusqu'à la somme de. ‖ *Régime de libre concurrence,* système économique qui ne comporte aucune intervention de l'État en vue de limiter la liberté de l'industrie et du commerce, et qui considère les coalitions de producteurs comme des délits.

CONCURRENCER v. t. (conj. **1**). Faire concurrence à.

CONCURRENT, E adj. (lat. *concurrere*, courir avec). Qui participe à une action commune (vx).

CONCURRENT, E adj. et n. Personne qui participe à un concours, à une compétition : *les concurrents ont pris le départ de la course.* ‖ Personne qui est en rivalité d'intérêts avec une autre, en particulier dans le domaine commercial et industriel.

CONCURRENTIEL, ELLE adj. Où joue la concurrence; compétitif.

CONCUSSION n. f. (lat. *concussio,* secousse). Malversation commise dans l'exercice d'une fonction publique, particulièrement dans le maniement des deniers publics.

CONCUSSIONNAIRE adj. et n. Coupable de concussion.

CONDAMNABLE adj. Qui mérite d'être condamné.

CONDAMNATION [kɔ̃danasjɔ̃] n. f. (lat. *condemnatio*). Blâme, désapprobation; fait qui constitue un témoignage accablant contre : *cet échec est la condamnation d'une politique.* ‖ Décision d'un tribunal imposant à l'un des plaideurs de s'incliner au moins partiellement devant les prétentions de son adversaire. ‖ Décision d'une juridiction prononçant une peine contre l'auteur d'un crime, d'un délit ou d'une contravention; la peine infligée. (En cour d'assises, le jury juge la culpabilité de l'accusé, et la cour prononce la condamnation.)

CONDAMNATOIRE adj. *Dr.* Qui condamne.

CONDAMNÉ, E n. Personne qui a subi une condamnation.

CONDAMNER [kɔ̃dane] v. t. (lat. *condemnare*). Prononcer un jugement contre un plaideur ou un inculpé : *condamner un criminel.* ‖ Mettre dans l'obligation pénible de; astreindre, réduire : *condamner au silence, à l'immobilité.* ‖ Désapprouver, blâmer, déclarer répréhensible, interdire : *condamner une opinion, un usage.* ● *Condamner un malade,* le déclarer incurable, perdu. ‖ *Condamner une porte, une ouverture,* en rendre l'usage impossible.

CONDÉ n. m. *Arg.* Fonctionnaire de police.

CONDENSABLE adj. Qui peut être condensé.

CONDENSATEUR n. m. *Opt.* Syn. de CONDENSEUR. ‖ *Phys.* Appareil constitué par deux arma-

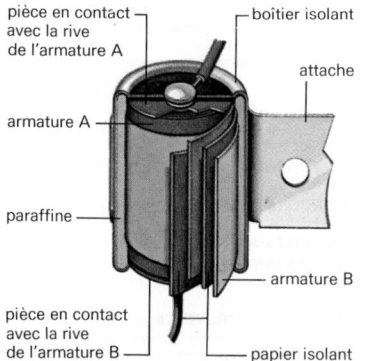

pièce en contact avec l'armature A — boîtier isolant
attache
armature A
paraffine
armature B
pièce en contact avec la rive de l'armature B — papier isolant

CONDENSATEUR ÉLECTRIQUE

tures conductrices séparées par un milieu isolant.

CONDENSATION n. f. Action de condenser ou effet qui en résulte; liquéfaction d'un gaz. ‖ Soudure de plusieurs molécules chimiques, avec élimination de molécules souvent simples (eau, chlorure d'hydrogène,...). ‖ *Psychanal.* Éléments du travail du rêve, qui consiste dans la fusion en un seul mot, un seul personnage ou une seule scène de plusieurs éléments différents, provenant d'associations différentes.

CONDENSÉ n. m. Résumé succinct.

CONDENSER v. t. (lat. *condensare,* rendre épais). Rendre plus dense, réduire à un moindre volume. ‖ Liquéfier un gaz par refroidissement ou compression. ‖ Résumer en peu de mots : *condenser sa pensée.* ◆ **se condenser** v. pr. Se résoudre en liquide.

CONDENSEUR n. m. Appareil servant à condenser une vapeur. ‖ Dans une installation frigorifique, appareil dans lequel le fluide frigorigène préalablement comprimé passe de l'état de vapeur à l'état liquide sous l'action d'un agent extérieur. ‖ Système optique convergent servant à concentrer un flux lumineux sur une surface ou dans une direction déterminée. (Dans le microscope il éclaire l'objet examiné.)

CONDESCENDANCE n. f. *Péjor.* Attitude d'une personne qui accorde qqch en faisant sentir sa supériorité.

CONDESCENDANT, E [kɔ̃desɑ̃dɑ̃, ɑ̃t] adj. Qui montre de la condescendance.

CONDESCENDRE [kɔ̃desɑ̃dr] v. t. ind. [à] (lat. *condescendere,* se mettre au niveau de) [conj. **46**]. *Péjor.* Consentir en donnant l'impression d'une faveur.

CONDIMENT n. m. (lat. *condimentum*). Substance aromatique qui relève la saveur des aliments.

CONDISCIPLE n. (lat. *condiscipulus*). Compagnon d'études.

CONDITION n. f. (lat. *condicio*). Manière d'être, état d'une personne ou d'une chose : *la condition humaine.* ‖ État physiologique : *être en bonne condition physique.* ‖ Circonstances extérieures dont dépendent les personnes ou les choses : *conditions politiques, sociales.* ‖ Base fondamentale, qualité requise : *le travail est la condition du succès.* ‖ *Litt.* Situation sociale, rang dans la société : *inégalité des conditions.* ‖ *Dr.* Clause, convention dont dépend la validité d'un acte. ‖ *Math.* Relation imposée par l'énoncé d'un problème entre les données et l'inconnue ● *Acheter à condition,* sous réserve de pouvoir rendre au marchand. ‖ *Conditions normales de température et de pression,* température de 0 ⁰C et pression de 760 mm de mercure. ‖ *Dans ces conditions,* dans cet état de choses. ‖ *Mettre en condition,* soumettre à une propagande intensive. ‖ *Sous condition,* en respectant certaines obligations. ◆ loc. prép. *À condition de,* à charge de. ◆ loc. conj. *À condition que,* pourvu que, si.

CONDITIONNÉ, E adj. Soumis à certaines conditions. ‖ Qui a subi un conditionnement : *produits conditionnés.* ● *Air conditionné,* air auquel on a donné une température et un degré hygrométrique déterminés. ‖ *Réflexe conditionné,* syn. de RÉFLEXE CONDITIONNEL.

CONDITIONNEL, ELLE adj. Qui dépend de certaines conditions : *promesse conditionnelle.* ● *Engagé conditionnel,* ou *conditionnel* n. m., jeune homme qui, possédant certains diplômes ou justifiant, par examen, d'une certaine instruction, versait une somme de 1500 francs et ne faisait qu'un an de service militaire. (Instauré par la loi de 1872, l'engagement conditionnel d'un an fut aboli par la loi de 1889.) ‖ *Mode conditionnel,* ou *conditionnel* n. m. (Ling.), temps du verbe exprimant le futur dans le passé, par ex. : «je ne savais s'il viendrait»; mode du verbe qui exprime une action éventuelle dépendant d'une condition, par ex. : «si j'étais riche, je vous aiderais»; ou une simple supposition, par ex. : «j'y retournerais les yeux fermés». ‖ *Proposition conditionnelle* (Log.), syn. d'IMPLICATION. ‖ *Réflexe conditionnel* ou *réaction conditionnelle,* réponse d'un organisme vivant obtenu à la suite d'un conditionnement. ‖ *Stimulus conditionnel* (Psychol.), signal quelconque, comme une sonnerie, une lumière, qui, après avoir été associé à la présentation d'un stimulus inconditionnel, provoque de lui-même une réaction chez le sujet. ‖ *Subordonnée conditionnelle* (Ling.), subordonnée exprimant une condition dont dépend la principale.

CONDITIONNELLEMENT adv. De façon conditionnelle.

CONDITIONNEMENT n. m. Action de conditionner, d'être conditionné. ‖ Emballage de présentation et de vente d'une marchandise. ‖ *Psychol.* Procédure expérimentale par laquelle on construit un comportement nouveau chez un être vivant en créant un lien entre ce comportement et un stimulus quelconque naturellement incapable de le déclencher.

CONDITIONNER v. t. Être la condition de

qqch : *son acceptation conditionne la mienne.* ‖ Ramener la soie, la laine, le blé, par dessiccation, à leur poids réel. ‖ Mettre dans des conditions physiques déterminées, en parlant d'un local. (Syn. CLIMATISER.) ‖ Emballer une marchandise en vue de sa présentation commerciale. ‖ Établir chez un être vivant un comportement nouveau. ‖ Déterminer qqn à agir de telle ou telle manière, à penser de telle ou telle façon.

CONDITIONNEUR, EUSE n. Personne employée au conditionnement des marchandises.

CONDITIONNEUR n. m. Appareil permettant de donner à l'atmosphère d'une enceinte des caractéristiques de température, de pression et d'humidité désirées.

CONDOLÉANCES n. f. pl. (anc. fr. *condouloir*, avoir de la douleur). Témoignage de regrets, de sympathie, devant la douleur d'autrui.

CONDOM n. m. Préservatif masculin.

CONDOMINIUM [kɔ̃dɔminjɔm] n. m. (mot angl.; lat. *dominium*, souveraineté). Droit de souveraineté exercé en commun par plusieurs puissances sur un pays, comme celui de la France et de la Grande-Bretagne aux Nouvelles-Hébrides.

CONDOR n. m. (mot esp., du quechua). Grand vautour des Andes.

CONDOTTIERE [kɔ̃dɔtjɛr] n. m. (mot it.) [pl. *condottieri*]. Autref., chef de soldats mercenaires, en Italie.

CONDUCTANCE n. f. Électr. Inverse de la résistance.

CONDUCTEUR, TRICE n. (lat. *conductor*). Personne qui conduit un véhicule : *le conducteur d'un autobus.*

CONDUCTEUR, TRICE adj. et n. Qui conduit. ‖ Tout corps capable de transmettre la chaleur, l'électricité. (V. SEMI-CONDUCTEUR.) ‖ Câble ou fil utilisé pour transporter un courant électrique. ● *Fil conducteur,* principe qui guide dans une recherche.

CONDUCTEUR n. m. Dans l'imprimerie et la papeterie, ouvrier chargé de la conduite d'une machine. ● *Conducteur de travaux,* agent qui, sur un chantier, dirige les travaux et surveille le personnel.

CONDUCTIBILITÉ n. f. (lat. *conductus*, conduit). Propriété que possèdent les corps de transmettre la chaleur ou l'électricité.

CONDUCTIBLE adj. Qui jouit de la conductibilité.

CONDUCTION n. f. Action de transmettre de proche en proche la chaleur, l'électricité. ‖ Action de transmettre l'influx nerveux.

CONDUCTIVITÉ n. f. Électr. Inverse de la résistivité.

CONDUIRE v. t. (lat. *conducere*) [conj. **64**]. Diriger, assurer la manœuvre de : *conduire une voiture.* ‖ Mener d'un lieu à un autre : *conduire une personne chez elle, un enfant à l'école.* ‖ Avoir la direction, le gouvernement : *conduire une affaire.* ‖ Pousser, entraîner : *conduire au désespoir.* ‖ Avoir pour conséquence : *politique qui conduit à l'inflation.* ◆ **se conduire** v. pr. Se comporter, agir de telle ou telle façon.

CONDUIT n. m. (de *conduire*). Canalisation guidant l'écoulement d'un fluide ou d'un solide pulvérulent. ● *Conduit auditif externe,* canal creusé dans l'os temporal par lequel les sons parviennent au tympan. ‖ *Conduit auditif interne,* canal creusé dans le rocher, où passent le nerf auditif et le nerf facial.

CONDUITE n. f. Manière de diriger; direction : *conduite d'un véhicule, d'un État, d'une entreprise.* ‖ Manière d'agir, manifestation de la personnalité dans une situation donnée; attitude, comportement. ‖ Pilotage d'une machine ou d'une installation comprenant les actions de commande appliquées à des actionneurs et des opérations de contrôle d'exécution de ces commandes. ‖ Service assuré par les conducteurs de trains. ‖ *Techn.* Tuyau de section variable, parcouru par un fluide. ● *Acheter une conduite* (Fam.), mener une vie plus rangée. ‖ *Conduite à droite, à gauche,* dans une automobile, position

du volant à droite, à gauche. ‖ *Conduite forcée,* conduite qui amène sous pression l'eau d'un barrage à l'usine d'utilisation. ‖ *Conduite intérieure,* automobile entièrement fermée.

CONDYLE n. m. (gr. *kondulos,* articulation). *Anat.* Surface articulaire arrondie ou ovoïde, et lisse.

CONDYLIEN, ENNE adj. Relatif à un condyle.

CONDYLOME n. m. Tumeur bénigne, arrondie, de la peau ou des muqueuses.

CÔNE n. m. (lat. *conus,* gr. *kônos*). *Math.* Surface engendrée par une droite mobile (*génératrice*), passant par un point fixe (*sommet*) et s'appuyant sur une courbe fixe (*directrice*); région de l'espace limitée par cette surface; solide déterminé par cette surface conique coupée par un plan. ‖ Coquillage pourvu d'un organe venimeux, commun sur les rochers de la Méditerranée. (Classe des gastropodes.) ‖ *Anat.* Prolongement en forme de cône de certaines cellules visuelles de la rétine, siège de la vision colorée. ‖ *Hist. nat.* Fruit des conifères (*pin, sapin,* etc.); inflorescence du houblon. ‖ *Techn.* Poulie de transmission à plusieurs diamètres. ● *Cône oblique,* cône dans lequel la droite qui joint le sommet au centre de la base est oblique au plan de base. ‖ *Cône d'ombre,* ombre en forme de cône, projetée par un astre dans la direction opposée à celle du Soleil. ‖ *Cône de révolution,* solide engendré par la rotation d'un triangle rectangle autour d'un des côtés de l'angle droit. (Ce cône est dit *cône droit.*) ‖ *Cône volcanique,* relief formé par l'entassement des produits émis par un volcan (laves, projections) autour de la cheminée. ‖ *Techn. Embrayage à cônes,* embrayage à friction formé de deux cônes dont l'un pénètre dans l'autre, s'y coince et provoque l'embrayage.

CONFABULATION n. f. Syn. de FABULATION.

CONFECTION n. f. (lat. *confectio*). Action de faire, de réaliser en plusieurs opérations. ‖ Fabrication en série de pièces d'habillement : *vêtements de confection.* (Syn. PRÊT-À-PORTER.)

CONFECTIONNER v. t. Exécuter qqch qui demande plusieurs opérations.

CONFECTIONNEUR, EUSE n. Industriel qui fabrique des vêtements de confection.

CONFÉDÉRAL, E, AUX adj. Relatif à une confédération : *congrès confédéral.*

CONFÉDÉRATION n. f. (lat. *confoederatio;* de *foedus, foederis,* traité). Union d'États souverains qui constitue une forme transitoire dont l'aboutissement consiste soit en sa dissolution, soit en sa transformation en État fédéral. (Bien qu'ayant conservé son nom officiel de Confédération suisse, la Suisse constitue depuis 1874 un véritable État fédéral.) ‖ Groupement d'associations syndicales, sportives, etc. : *la Confédération générale du travail.*

CONFÉDÉRÉ, E adj. et n. Uni par confédération. ‖ En Suisse, nom donné à un ressortissant d'un autre canton.

CONFÉDÉRER v. t. (lat. *foedus, foederis,* traité) [conj. **5**]. Réunir en confédération.

CONFÉDÉRÉS n. m. pl. Aux États-Unis, citoyens des États du Sud ligués contre le

gouvernement fédéral pendant la guerre de Sécession (1861-1865).

CONFER [kɔ̃fɛr] (mot lat., *comparez*). Terme dont on fait précéder toute indication d'ouvrage à consulter. (S'écrit aussi CONF. ou CF.)

CONFÉRENCE n. f. (lat. *conferre,* réunir). Échange de vues entre deux ou plusieurs personnes; réunion : *être en conférence.* ‖ Réunion de diplomates, de chefs de gouvernement ou de ministres, assistés de techniciens, en vue de régler un problème politique d'ordre international. ‖ Exposé oral public, où l'on traite de questions littéraires, religieuses, scientifiques, politiques, etc. ‖ Variété de poire sucrée. ● *Conférence de presse,* réunion au cours de laquelle une ou plusieurs personnalités répondent aux questions des journalistes. ‖ *Conférence du stage,* réunion périodique des avocats stagiaires.

CONFÉRENCIER, ÈRE n. Personne qui fait une conférence.

CONFÉRER v. i. [**avec**] (lat. *conferre,* réunir) [conj. **5**]. S'entretenir d'une affaire, discuter : *conférer avec son avocat.* ◆ v. t. Donner, accorder : *conférer le baptême, une décoration.*

CONFERVE n. f. (lat. *conferva*). Algue verte, filamenteuse.

CONFESSE n. f. Confession : *aller à confesse; revenir de confesse.* (Ne s'emploie qu'avec les prépositions *à* et *de,* et sans article.)

CONFESSER v. t. (lat. *confiteri,* avouer). *Litt.* Avouer, reconnaître à regret : *confesser son ignorance.* ‖ Faire acte public d'adhésion : *confesser sa foi.* ‖ Entendre en confession : *confesser un pénitent.* ● *Confesser qqn* (Fam.), obtenir de lui des aveux, un secret. ◆ **se confesser** v. pr. Déclarer ses péchés. ‖ Déclarer spontanément ses fautes.

CONFESSEUR n. m. Chrétien qui a proclamé sa foi au péril de sa vie. ‖ Prêtre qui confesse. ‖ Personne à qui l'on se confie.

CONFESSION n. f. (lat. *confessio*). Aveu d'un fait. ‖ Aveu de ses péchés à un prêtre afin d'en obtenir le pardon. ‖ Appartenance à telle ou telle religion.

CONFESSIONNAL n. m. (it. *confessionale*) [pl. *confessionnaux*]. Lieu où se met le prêtre pour entendre la confession du pénitent.

CONFESSIONNEL, ELLE adj. Relatif à la foi religieuse. ● *Établissement confessionnel,* école privée qui se réfère à une confession religieuse.

CONFETTI n. m. (mot it.). Rondelle de papier qu'on se lance dans les fêtes.

CONFIANCE n. f. (lat. *confidentia*). Sentiment d'assurance, de sécurité de celui qui se fie à qqn : *perdre confiance, avoir confiance en l'avenir.* ‖ Approbation donnée à la politique du gouvernement par la majorité de l'Assemblée nationale. ‖ *Avoir confiance en soi,* être assuré de ses possibilités. ‖ *De confiance, en confiance,* sans crainte, sans hésitation. ‖ *Faire confiance,* se fier. ‖ *Homme, femme de confiance,* personne à qui l'on peut se fier. ‖ *Intervalle de confiance* (Math.), pour un paramètre inconnu (moyenne, fréquence) d'une distribution statistique, intervalle auquel on associe une probabilité donnée de contenir la vraie

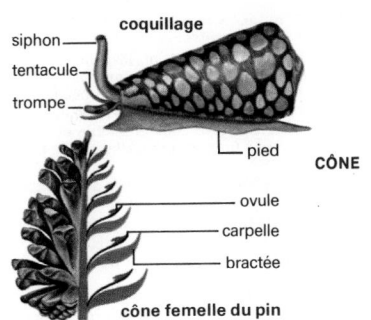

coquillage

siphon
tentacule
trompe

pied

ovule
carpelle
bractée

cône femelle du pin

CÔNE

condor

valeur de ce paramètre. ‖ *Poste de confiance,* poste à la tête duquel doit être placée une personne à qui l'on puisse se fier.

CONFIANT, E adj. Qui fait preuve de confiance.

CONFIDENCE n. f. (lat. *confidentia*). Déclaration faite en secret à qqn : *faire des confidences.* ● *En confidence,* en secret.

CONFIDENT, E (it. *confidente*; du lat. *confidens*). Personne à qui l'on confie ses plus secrètes pensées. ‖ *Littér.* Personnage de la tragédie classique qui reçoit les confidences des personnages principaux.

CONFIDENTIEL, ELLE adj. Qui se dit, se fait en confidence.

CONFIDENTIELLEMENT adv. De façon confidentielle.

CONFIER v. t. (lat. *confidere*). Remettre aux soins, à la garde de qqn, de qqch : *confier ses clefs au gardien.* ‖ Dire en secret : *confier ses peines.* ◆ **se confier** v. pr. Faire part de ses sentiments intimes, de ses idées : *se confier à un ami.*

CONFIGURATION n. f. (lat. *configuratio*). Forme générale, aspect d'ensemble : *configuration d'un pays.*

CONFINÉ, E adj. *Air confiné,* air non renouvelé.

CONFINEMENT n. m. Action de confiner. ‖ Situation d'une espèce animale resserrée en grand nombre dans un espace étroit.

CONFINER v. t. ind. [**à**] (de *confins*). Toucher aux confins d'un pays : *la Suisse confine à la France.* ‖ Être voisin de : *cet acte confine à la folie.* ‖ Enfermer dans d'étroites limites. ◆ **se confiner** v. pr. S'isoler, se retirer : *se confiner dans sa chambre.* ‖ Se limiter à une occupation, une activité.

CONFINS n. m. pl. (lat. *confines*). Limites, extrémités d'un pays, d'un territoire, d'un domaine.

CONFIRE v. t. (lat. *conficere*, achever) [conj. 67]. Conserver les aliments dans une substance (graisse, vinaigre, sirop) qui empêche toute altération. ◆ **se confire** v. pr. *Litt.* Se pénétrer avec exagération d'une habitude : *se confire en dévotion.*

CONFIRMAND, E n. Personne qui se prépare à recevoir le sacrement de confirmation.

CONFIRMATIF, IVE adj. Qui confirme.

CONFIRMATION n. f. (lat. *confirmatio*). Action de confirmer. ‖ Chez les catholiques, sacrement, habituellement administré par l'évêque, qui affermit dans la grâce du baptême. ‖ Chez les protestants, acte qui n'a pas valeur sacramentelle et par lequel on confirme publiquement les vœux du baptême avant d'être admis à la cène. ‖ *Dr.* Acte unilatéral déclarant valable un acte dont on pourrait demander la nullité; décision d'une juridiction du second degré qui maintient la décision des premiers juges.

CONFIRMER v. t. (lat. *confirmare*). Rendre qqn plus ferme, plus assuré dans ses opinions, ses croyances. ‖ Rendre qqch plus sûr; en assurer l'authenticité : *confirmer une nouvelle, un témoignage.* ‖ *Relig.* Conférer le sacrement de la confirmation.

CONFISCABLE adj. Qui peut être confisqué.

CONFISCATION n. f. (lat. *confiscatio*). Action de confisquer. ‖ *Dr.* Transfert à l'État ou à un établissement public de tout ou partie des biens d'un particulier par mesure de police ou en application d'une décision pénale.

CONFISERIE n. f. Art de travailler le sucre et de le transformer en diverses friandises. ‖ Commerce du confiseur; sucrerie. ‖ Produit vendu par le confiseur; sucrerie.

CONFISEUR, EUSE n. Personne qui fait ou vend toute espèce de sucreries.

CONFISQUER v. t. (lat. *confiscare*; de *fiscus*, fisc). Déposséder par un acte d'autorité : *confisquer des marchandises; confisquer à son profit certains avantages.*

CONFIT, E adj. Conservé dans le sucre, dans du vinaigre, dans la graisse, etc. : *fruits confits; cornichons confits;* etc.

CONFIT n. m. Morceau de viande cuit et conservé dans la graisse.

CONFITEOR [kɔ̃fiteɔr] n. m. inv. (mot lat., *je confesse*). Prière catholique commençant par ce mot, et par laquelle on se reconnaît pécheur.

CONFITURE n. f. (de *confire*). Préparation de fruits frais et de sucre cuits ensemble et où le sucre, souvent à proportions égales avec le fruit, assure la conservation.

CONFITURERIE n. f. Art, métier du fabricant de confitures. ‖ Fabrique de confitures.

CONFITURIER, ÈRE n. Personne qui fait ou vend des confitures.

CONFITURIER n. m. Récipient destiné à contenir les confitures.

CONFLAGRATION n. f. (lat. *conflagratio*). Conflit international de grande envergure aboutissant à la guerre.

CONFLICTUEL, ELLE adj. Relatif à un conflit, à un antagonisme personnel, social, etc.

CONFLIT n. m. (lat. *confligere*, heurter). Violente opposition matérielle ou morale. ‖ Opposition d'intérêts entre deux ou plusieurs États, dont la solution peut être recherchée soit par des mesures de violence (représailles, guerre), soit par des négociations, soit par l'intervention d'une tierce puissance ou de l'Organisation des Nations unies (médiation, arbitrage), soit par l'appel à un tribunal international. ‖ *Dr.* Incident de procédure résultant du fait que deux tribunaux d'ordre différent se considèrent comme compétents dans une même affaire ou, au contraire, se déclarent, l'un et l'autre, incompétents, ou encore, ayant l'un et l'autre statué, rendent des jugements contradictoires. (Le tribunal des conflits a pour objet de régler ces conflits.) ‖ *Psychanal.* Opposition vécue par l'individu entre les pulsions et les interdits sociaux, les différentes instances de l'appareil psychique. (Le conflit, manifeste ou latent, est considéré par la psychanalyse comme facteur constitutif de l'être humain.) ‖ *Psychol.* État d'un être vivant soumis à des motivations incompatibles.

CONFLUENCE n. f. Action de confluer.

CONFLUENT n. m. (lat. *confluens*). Lieu de rencontre de deux cours d'eau.

CONFLUER v. i. (lat. *confluere*). Se rejoindre, en parlant de deux cours d'eau. ‖ *Litt.* Venir ensemble, tendre à : *les manifestations confluent vers la République.*

CONFONDRE v. t. (lat. *confundere*) [conj. 46]. Mêler plusieurs choses jusqu'à ne plus les distinguer : *il confond les dates.* ‖ Réduire au silence, mettre hors d'état de se justifier, stupéfier : *confondre un accusé; voilà qui me confond.* ● *Être confondu,* être profondément pénétré, accablé, étonné. ◆ **se confondre** v. pr. Être ou devenir indistinct, mêlé. ● *Se confondre en remerciements, en excuses,* les multiplier.

CONFORMATION n. f. (lat. *conformatio*). Manière dont sont assemblées les parties d'un corps organisé. ‖ *Chim.* Arrangement que peut prendre une molécule organique par rotation autour d'une ou de plusieurs liaisons simples.

CONFORME adj. (lat. *conformis*). Dont la forme correspond à un modèle, à un point de référence : *discussion conforme aux règlements; mener une vie conforme à ses goûts.* ● *Pour copie conforme,* formule par laquelle on confirme que la copie reproduit exactement l'original. ‖ *Représentation conforme* (Math.), reproduction qui conserve les angles de la figure reproduite.

CONFORMÉ, E adj. *Bien, mal conformé,* se dit d'un nouveau-né né sans ou avec des déficiences physiques.

CONFORMÉMENT adv. En conformité avec : *conformément à vos ordres.*

CONFORMER v. t. (lat. *conformare*). Mettre en accord avec; adapter : *conformer un plan aux circonstances.* ◆ **se conformer** v. pr. Adapter sa conduite au modèle proposé; se régler sur qqch.

CONFORMISME n. m. Respect étroit des usages établis, de la morale en usage. ‖ En Angleterre, action de professer la religion établie.

CONFORMISTE adj. et n. (angl. *conformist*). Qui se conforme d'une manière absolue aux usages, aux traditions.

CONFORMITÉ n. f. (lat. *conformitas*). État de ce qui présente un accord complet, une adaptation totale. ‖ *Math.* Propriété d'un système de projection qui conserve les angles.

CONFORT n. m. (angl. *comfort*, l'anc. fr. *confort*, aide). Bien-être matériel résultant des commodités de ce dont on dispose. ● *Avoir le confort,* se dit d'un appartement qui a les aménagements le rendant agréable à habiter.

CONFORTABLE adj. Qui procure le confort : *une maison, un siège confortable.* ‖ Important, considérable : *se coureur a une confortable avance sur ses adversaires.*

CONFORTABLEMENT adv. De façon confortable.

CONFORTER v. t. Renforcer, rendre plus solide, raffermir : *ceci m'a conforté dans mon opinion.*

CONFRATERNEL, ELLE adj. Propre aux relations entre confrères.

CONFRATERNITÉ n. f. Bons rapports entre confrères.

CONFRÈRE n. m. Chacun de ceux qui exercent une même profession libérale, qui appartiennent à la même société littéraire, au même corps : *les médecins, les avocats, etc., sont confrères entre eux.*

CONFRÉRIE n. f. Association religieuse ou charitable.

CONFRONTATION n. f. Action de confronter.

CONFRONTER v. t. (lat. *confrontare*; de *frons, frontis*, front). Mettre des personnes en présence pour comparer leurs dires : *confronter des accusés.* ‖ Comparer : *confronter des écritures.* ● *Être confronté à un problème* (Fam.), devoir lui trouver une solution.

CONFUCÉEN, ENNE ou **CONFUCIANISTE** adj. et n. Qui appartient au confucianisme.

CONFUCIANISME [kɔ̃fysjanism] n. m. Philosophie de Confucius et de ses disciples.

CONFUS, E adj. (lat. *confusus*). Dont on ne peut distinguer les éléments; indistinct, brouillé : *une masse confuse; un murmure confus.* ‖ Qui manque d'ordre, de netteté; indistinct, embrouillé, vague : *exposé confus; souvenir confus.* ‖ Honteux, désolé : *être confus de son erreur.*

CONFUSÉMENT adv. De façon confuse.

CONFUSION n. f. (lat. *confusio*). État de ce qui est confus, mêlé, en désordre : *jeter la confusion dans une assemblée.* ‖ Action de prendre une personne ou une chose pour une autre : *confusion de noms, de dates.* ‖ Embarras que causent la honte, la modestie : *éprouver une grande confusion.* ‖ *Dr.* Mode d'extinction d'une dette résultant du fait qu'une même personne réunit les qualités de créancier et de débiteur. ● *Confusion mentale,* syndrome psychiatrique caractérisé par une dissolution plus ou moins complète de la conscience, par des troubles de l'idéation, de la perception, de la mémoire, une désorientation temporo-spatiale et fréquemment un onirisme. ‖ *Confusion des peines,* mesure par laquelle, en cas de concours d'infractions, seule la peine la plus forte est appliquée au condamné.

CONFUSIONNEL, ELLE adj. Qui présente les caractères de la confusion mentale.

CONFUSIONNISME n. m. Attitude d'esprit entretenant la confusion et empêchant l'analyse objective des faits.

CONGA n. f. Danse cubaine exécutée sur une musique à quatre temps.

CONGAÏ ou **CONGAYE** [kɔ̃gaj] n. f. (mot annamite). Au Viêt-nam, femme ou jeune fille.

CONGÉ n. m. (lat. *commeatus*, permission d'aller et de venir). Autorisation temporaire de s'absenter, de quitter son travail, son emploi : *congé de maladie, de maternité.* ‖ Courtes vacances : *les écoles ont congé le 11 novembre.* ‖ Résiliation d'un contrat de travail ou d'un contrat de location : *donner son congé à un employé.* ‖ Autorisation écrite donnée par le fisc de transporter une marchandise soumise à un droit de circulation, notamment les boissons alcoolisées. ‖ *Archit.* Adoucissement ou motif quelconque à l'extrémité d'une moulure; cavet servant d'adoucissement. ‖ *Mar.* Autorisation de partir donnée à un bâtiment. ● *Congé formation,* autorisation d'absence accordée à un salarié en vue de suivre un stage de formation. ‖ *Congé parental d'éducation,* congé bénéficiant aux parents à la suite d'une naissance ou adoption, suspendant le contrat de travail. ‖ *Congés payés,* vacances payées que la loi accorde à tout salarié qui a effectué au moins un mois de travail continu dans un même établissement. ‖ *Prendre congé,* quitter qqn en disant au revoir.

CONGÉABLE adj. Résiliable à la volonté du propriétaire. ● *Bail à domaine congéable,* bail rural dans lequel le preneur devient propriétaire des constructions et des plantations. (On dit encore *bail à convenant.*)

CONGÉDIABLE adj. Que l'on peut congédier.

CONGÉDIEMENT n. m. Action de congédier. ‖ Octroi ou réception d'un congé.

CONGÉDIER v. t. (it. *congedare;* du fr. *congé*). Donner ordre de se retirer, mettre dehors : *congédier un importun, un domestique.*

CONGELABLE adj. Qui peut être congelé.

CONGÉLATEUR n. m. Appareil ménager frigorifique permettant de congeler les aliments à – 30 ⁰C et de les conserver à – 18 ⁰C.

CONGÉLATION n. f. (lat. *congelatio*). Action de congeler.

CONGELER v. t. (lat. *congelare*) [conj. **3**]. Transformer un liquide en solide par l'action du froid; solidifier : *une température de* – 130 ⁰C *congèle l'alcool.* ‖ Coaguler : *congeler un sirop.* ‖ Soumettre au froid pour conserver : *congeler de la viande.* ◆ **se congeler** v. pr. Devenir solide, se coaguler par refroidissement.

CONGÉNÈRE adj. et n. (lat. *congener*). Se dit de plantes ou d'animaux qui appartiennent à la même espèce, à la même race. ‖ *Péjor.* Se dit de personnes qui sont de la même nature, du même genre.

CONGÉNITAL, E, AUX adj. (lat. *congenitus,* né avec). Qui est présent à la naissance : *une malformation congénitale.*

CONGÉNITALEMENT adv. D'une manière congénitale.

CONGÈRE n. f. (lat. *congeries,* amas). Amas de neige entassée par le vent.

CONGESTIF, IVE adj. Relatif à la congestion.

CONGESTION n. f. (lat. *congestio,* amas). Accumulation morbide du sang dans les vaisseaux d'un organe. ● *Congestion active,* augmentation du débit artériel, liée à une inflammation locale. ‖ *Congestion passive,* ralentissement du débit veineux, lié à un trouble circulatoire.

CONGESTIONNER v. t. Produire une congestion dans une partie du corps. ‖ Encombrer un lieu : *l'autoroute est congestionnée par le flux des voitures.* ◆ **se congestionner** v. pr. Devenir congestionné.

CONGLOMÉRAT n. m. Roche sédimentaire détritique, formée de galets (poudingues) ou de fragments anguleux (brèches) d'autres roches, ultérieurement cimentés. ‖ *Écon.* Groupe d'entreprises aux productions variées.

CONGLOMÉRATION n. f. Action de conglomérer; résultat de cette action.

CONGLOMÉRER v. t. (lat. *conglomerare;* de *glomus,* pelote) [conj. **5**]. Réunir en une seule masse.

CONGLUTINATION n. f. Action de conglutiner.

CONGLUTINER v. t. (lat. *conglutinare*). Joindre deux ou plusieurs corps au moyen d'une substance visqueuse.

CONGOLAIS, E adj. et n. Du Congo.

CONGOLAIS n. m. Gâteau à la noix de coco.

CONGRATULATIONS n. f. pl. *Litt.* Félicitations réciproques un peu exagérées.

CONGRATULER v. t. (lat. *congratulari*). *Litt.* Féliciter chaleureusement, complimenter.

CONGRE n. m. (gr. *gongros*). Poisson marin gris-bleu foncé, vivant dans les creux de rochers. (Long. 2 à 3 m; famille des anguillidés; autre nom : *anguille de mer.*)

CONGRÉER v. t. *Mar.* Entourer un cordage avec des brins peu épais, pour faire disparaître les vides entre les torons.

CONGRÉGANISTE adj. et n. Qui fait partie d'une congrégation. ● *École congréganiste,* école dirigée par une congrégation religieuse.

CONGRÉGATION n. f. (lat. *grex, gregis,* troupeau). Confrérie formée entre personnes pieuses, sous l'invocation d'un saint. ‖ Institut religieux d'hommes ou de femmes ne prononçant que des vœux simples. ‖ Assemblée de prélats chargés d'examiner certaines affaires en cour de Rome. ‖ *Hist.* Association religieuse qui groupa, sous la Restauration, de nombreux membres des classes dirigeantes et à qui les libéraux attribuèrent une influence politique occulte (avec une majuscule).

CONGRÉGATIONALISME n. m. Une des formes de l'organisation ecclésiale protestante, fondée sur l'autorité et l'autonomie des communautés locales (quakers).

CONGRÉGATIONALISTE adj. et n. Qui appartient au congrégationalisme.

CONGRÈS n. m. (lat. *congressus*). Réunion importante de personnes qui délibèrent sur des questions politiques, scientifiques, économiques, etc. ‖ Assemblée de souverains, d'ambassadeurs, pour traiter d'intérêts politiques. ‖ En France, nom donné à la réunion commune des deux Assemblées à Versailles. ‖ Nom donné à l'Assemblée constituante belge en 1830-31. ‖ Aux États-Unis, le Parlement, qui est composé du Sénat et de la Chambre des représentants. (Avec une majuscule dans ces trois dernières acceptions.) ● *Congrès national indien,* principal parti politique de l'Inde fondé en 1885, qui est à l'origine de l'indépendance de l'Inde (1947) et qui dirigea cet État de 1947 à 1977.

CONGRESSISTE n. Membre d'un congrès.

CONGRU, E adj. (lat. *congruus*). *Math.* Se dit de deux nombres qui donnent le même reste si on les divise par un même nombre. (On dit aussi CONGRUENT, E.) ● *Portion congrue,* ressources à peine suffisantes pour vivre.

CONGRUENCE n. f. *Math.* Égalité, dépendance : *congruence de deux figures.* ‖ *Relation* exprimant que deux nombres donnent le même reste si on les divise par un même nombre, ou *module.* ● *Congruence de droites,* famille de droites dépendant de deux paramètres.

CONGRUENT, E adj. *Math.* Syn. de CONGRU.

CONICINE n. f. Syn. de CICUTINE.

CONICITÉ n. f. Forme conique.

CONIDIE n. f. *Bot.* Spore assurant la reproduction asexuée des champignons.

CONIFÈRE n. m. (lat. *conus,* cône, et *ferre,* porter). *Bot.* Arbre dont les fruits sont de forme conique. (Les *conifères,* qui constituent un ordre de gymnospermes, sont surtout des arbres à feuillage persistant, résineux [pin, sapin].)

CONIQUE adj. Qui a la forme d'un cône. ‖ Qui appartient à un cône. ● *Section conique,* ou *conique,* n. f., lieu des points dont le rapport des distances à un point *(foyer)* et à une droite *(directrice)* a une valeur donnée *(excentricité).* [C'est une ellipse, une parabole ou une hyperbole, suivant que l'excentricité est inférieure, égale ou supérieure à l'unité.]

CONIROSTRE adj. (lat. *rostrum,* bec). Qui a un bec conique et court, comme certains passereaux (moineau, bouvreuil, pinson).

CONJECTURAL, E, AUX adj. Reposant sur des conjectures, incertain.

CONJECTURALEMENT adv. Par conjecture.

CONJECTURE n. f. Opinion fondée sur des apparences, sur des probabilités; hypothèse : *se livrer à des conjectures.*

CONJECTURER v. t. (bas lat. *conjecturare*). Juger par conjecture, présumer, supposer : *conjecturer l'issue d'un événement.*

CONJOINT, E adj. *Dr.* Uni par la même obligation. ● *Note conjointe,* note qui accompagne un texte.

congre

CONJOINT, E n. Chacun des époux par rapport à l'autre.

CONJOINTEMENT adv. Ensemble, de concert : *agir conjointement avec qqn.*

CONJONCTEUR-DISJONCTEUR n. m. (pl. *conjoncteurs-disjoncteurs*). Appareil électrique fermant et ouvrant un circuit sous l'action d'un relais lorsque la tension électrique atteint certaines valeurs limites.

CONJONCTIF, IVE adj. Qui sert à unir des parties organiques. ● *Locution conjonctive* (Ling.), qui joue le rôle d'une conjonction, comme *afin que, bien que, parce que,* etc. ‖ *Proposition conjonctive* (Ling.), qui commence par une conjonction de subordination. ‖ *Tissu conjonctif* (Anat.), tissu animal jouant un rôle de remplissage, de soutien ou de protection. (Le derme, les tendons des muscles, la sclérotique sont formés de tissus conjonctifs.)

CONJONCTION n. f. (lat. *conjunctio*). Rencontre, réunion : *une extraordinaire conjonction de talents.* ‖ *Astron.* Rencontre apparente de deux ou de plusieurs astres dans la même partie du ciel. ‖ *Ling.* Mot invariable qui sert à joindre entre eux deux mots ou deux propositions de même nature *(conj. de coordination)* ou à relier une proposition subordonnée à une principale *(conj. de subordination).* ‖ *Log.* Liaison de deux propositions par « et », généralement symbolisée par ∧ et ⋅.

CONJONCTIVAL, E, AUX adj. Relatif à la conjonctive.

CONIQUES

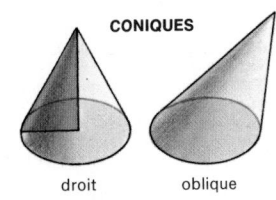

droit   oblique

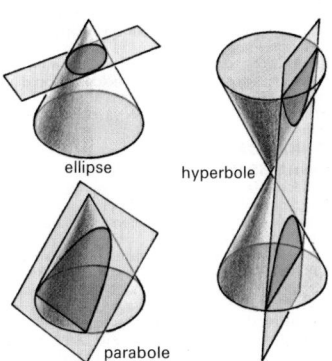

ellipse   hyperbole

parabole

CONJONCTIVE n. f. Muqueuse qui tapisse la face postérieure des paupières et la face antérieure de la sclérotique (blanc de l'œil).

CONJONCTIVITE n. f. Inflammation de la conjonctive.

CONJONCTURE n. f. (lat. *conjonctus*, conjoint). Situation résultant d'un ensemble de facteurs définis; concours de circonstances. ‖ Étude de l'évolution prochaine des événements dans le domaine économique, social, politique ou démographique.

CONJONCTUREL, ELLE adj. Relatif à la conjoncture.

CONJONCTURISTE n. Spécialiste des problèmes de conjoncture.

CONJUGABLE adj. Qui peut être conjugué.

CONJUGAISON n. f. (lat. *conjugatio*). Action de joindre : *la conjugaison des efforts.* ‖ *Ling.* Ensemble des formes des verbes, selon les personnes, les modes, les temps et les types de radicaux; groupe de verbes dont certaines terminaisons sont identiques : *il y a en français trois conjugaisons.* ‖ *Biol.* Mode de reproduction sexuée isogame de certains protozoaires ciliés et de certaines algues vertes. ● *Cartilages de conjugaison* (Anat.), cartilages situés entre la diaphyse et les épiphyses des os et assurant la croissance en longueur de ceux-ci. ‖ *Trous de conjugaison* (Anat.), espaces compris entre les pédicules de deux vertèbres voisines, et livrant passage aux racines des nerfs rachidiens.

CONJUGAL, E, AUX adj. Qui concerne l'union entre les époux : *la vie conjugale.*

CONJUGALEMENT adv. De façon conjugale.

CONJUGUÉ, E adj. Se dit des feuilles portant sur un pétiole commun une ou plusieurs paires de folioles opposées. ‖ *Math.* Se dit de deux éléments entre lesquels il existe une correspondance déterminée. ‖ *Mécan.* Se dit de deux organes qui concourent à une action commune. ● *Points conjugués,* point objet et son image dans un système optique; points divisant un segment de droite suivant une division harmonique.

CONJUGUÉE n. f. Algue verte unicellulaire ou filamenteuse, ne produisant jamais de spores mobiles et se reproduisant par une *conjugaison* isogame. (Les *conjuguées* forment une sous-classe des chlorophycées.)

CONJUGUER v. t. (lat. *conjugare*, unir). Unir, joindre en vue d'un résultat : *ils conjuguèrent leurs efforts.* ● *Conjuguer un verbe,* en énumérer toutes les formes, à tous les temps, à tous les modes et à toutes les personnes.

CONJUGUÉS n. m. pl. *Conjugués harmoniques* (Math.), syn. de POINTS CONJUGUÉS.

CONJUNGO [kɔ̃ʒɔ̃go] n. m. (mot lat., *j'unis*). *Fam.* et *vx.* Mariage.

CONJURATEUR n. m. Celui qui conjure.

CONJURATION n. f. (lat. *conjuratio*). Conspiration, entreprise concertée en vue d'un coup d'État. ‖ Action d'écarter le démon par des formules magiques; ces formules elles-mêmes (au plur.).

CONJURÉ, E n. Membre d'une conjuration.

CONJURER v. t. (lat. *conjurare*, jurer ensemble). Prier avec insistance : *je vous conjure de faire cela.* ‖ Écarter par des pratiques religieuses ou surnaturelles : *conjurer le diable.* ‖ Détourner par habileté un malheur qui menace : *conjurer un accident.* ‖ *Litt.* Décider, avec d'autres personnes, une chose avec la ferme intention de l'exécuter : *conjurer la perte de l'ennemi.*

CONNAISSABLE adj. Qui peut être connu.

CONNAISSANCE n. f. (de *connaître*). Activité intellectuelle visant à avoir la compétence de qqch; cette compétence elle-même : *la connaissance de l'anglais.* ‖ Personne que l'on connaît depuis longtemps : *une vieille connaissance.* ‖ *Dr.* Compétence pour juger. ● *À ma connaissance,* selon mes informations. ‖ *En connaissance de cause,* en sachant bien de quoi il s'agit. ‖ *En pays de connaissance,* en présence de gens ou de choses qu'on connaît bien. ‖ *Faire connaissance,* entrer en rapport avec qqn. ‖ *Perdre connaissance,* s'évanouir. ‖ *Prendre con-*

naissance, être informé. ‖ *Sans connaissance,* évanoui. ‖ *Théorie de la connaissance* (Philos.), système d'explication des rapports entre la pensée et des objets. ◆ pl. Savoir, instruction : *avoir des connaissances étendues.* ‖ *Véner.* Marques auxquelles on reconnaît l'âge, la grosseur d'une bête, etc.

CONNAISSEMENT n. m. *Mar.* Récépissé de chargement des marchandises transportées par un navire. (Les clauses du contrat de transport figurent fréquemment sur le connaissement.)

CONNAISSEUR, EUSE adj. et n. Qui se connaît en qqch, expert.

CONNAÎTRE v. t. (lat. *cognoscere*) [conj. **58**]. Avoir l'idée, la notion plus ou moins précise d'une chose : *connaître le nom, l'adresse de qqn.* ‖ Être en relation avec qqn : *connaître beaucoup de monde.* ‖ Être renseigné sur la nature de qqn, de qqch, sur leurs défauts et qualités : *connaître un restaurant où l'on mange bien.* ‖ Avoir la pratique, l'expérience de qqch : *connaître les langues, son métier.* ● *Ne connaître que,* ne considérer que. ‖ *Se faire connaître,* dire son nom; acquérir de la réputation. ◆ v. t. ind. [*de*]. *Dr.* Être compétent pour juger : *le tribunal de commerce ne connaît pas des causes civiles.* ◆ **se connaître** v. pr. Avoir une juste idée de soi-même. ● *Ne plus se connaître,* être furieux, hors de soi. ‖ *Se connaître, s'y connaître en qqch,* être habile, expert en qqch.

CONNECTER v. t. (lat. *connectere*, lier). Établir une connexion, en parlant de circuits électriques, de machines.

CONNECTEUR n. m. Appareil de connexion. ‖ *Log.* Mot qui permet de composer une proposition complexe à partir d'une ou de plusieurs propositions simples. (La valeur de vérité de la proposition complexe est fonction des valeurs de vérité des propositions simples.)

CONNECTIF n. m. *Bot.* Prolongement du filet au niveau de l'anthère de l'étamine.

CONNECTIVITE n. f. Syn. de COLLAGÉNOSE.

CONNERIE n. f. *Pop.* Stupidité.

CONNÉTABLE n. m. (lat. *comes stabuli,* comte de l'écurie). En France, commandant suprême de l'armée du XIIIe s. à 1627. (Napoléon Ier rétablit ce titre en 1804.)

CONNÉTABLIE n. f. Juridiction militaire du connétable, puis des maréchaux de France.

CONNEXE adj. (lat. *connexus*). Qui a des rapports de dépendance ou de similitude avec qqch. ‖ *Math.* Se dit d'un espace topologique tel qu'il n'en existe aucune partition en deux parties fermées non vides ou en deux parties ouvertes non vides.

CONNEXION n. f. (lat. *connexio*; de *connectere,* lier). Liaison, union, enchaînement : *connexion d'idées.* ‖ Liaison de circuits, d'appareils ou de machines électriques ou électroniques.

CONNEXITÉ n. f. Rapport, liaison entre deux choses.

CONNIVENCE n. f. (lat. *connivere,* fermer les yeux). Complicité, entente secrète : *être de connivence avec qqn.*

CONNIVENT, E adj. Qui tend à se rapprocher, en parlant des parties d'une plante. ● *Valvules conniventes,* chez l'homme, replis de la muqueuse intestinale.

CONNOTATION n. f. *Ling.* Ensemble des valeurs affectives prises par un mot en dehors de sa signification (ou *dénotation*).

CONNOTER v. t. Exprimer par connotation.

CONNU, E adj. Bien su, certain, officiel : *c'est une chose connue.* ‖ Découvert, exploré : *le monde connu.* ‖ Dont le nom est répandu; célèbre : *auteur connu.*

CONNU n. m. Ce que l'on sait : *aller du connu à l'inconnu.*

CONOÏDE [kɔnɔid] adj. et n. m. (gr. *konos,* cône, et *eidos,* forme). Qui affecte la forme d'un cône : *coquille conoïde.* ● *Surface conoïde,* ou *conoïde* n. m., surface engendrée par une droite assujettie à s'appuyer constamment sur une droite fixe, à rester parallèle à un plan fixe (*plan directeur*) et à satisfaire à une troisième condition.

CONOPÉE n. m. *Liturg.* Voile qui enveloppe le tabernacle.

CONQUE n. f. (lat. *concha,* du gr. *konkhê*). Grande coquille concave. ‖ Coquille des mollusques gastéropodes du genre *triton.* ‖ Excavation profonde du pavillon de l'oreille. ‖ *Myth.* Coquille servant de trompe des dieux de la mer. ‖ *Archit.* Anc. dénomination du cul-de-four d'une abside, de l'abside elle-même.

CONQUÉRANT, E adj. et n. Qui a fait des conquêtes ou vise à en faire.

CONQUÉRIR v. t. (lat. *quaerere,* chercher) [conj. **13**]. Se rendre maître par les armes, par la force; être victorieux. ‖ Gagner par ses qualités, obtenir au prix d'efforts ou de sacrifices : *conquérir l'estime de son entourage; conquérir les cœurs.*

CONQUÊTE n. f. Action de conquérir; le pays conquis. ‖ *Fam.* Personne dont on s'est fait aimer.

CONQUIS, E adj. Acquis, vaincu. ● *Se conduire comme en pays conquis,* sans ménagement.

CONQUISTADOR [kõkistadɔr] n. m. (mot esp.) [pl. *conquistadores*]. Nom donné aux aventuriers espagnols qui allèrent conquérir l'Amérique.

CONSACRANT ou **CONSÉCRATEUR** n. et adj. m. Évêque qui en sacre un autre.

CONSACRÉ, E adj. Qui a reçu la consécration religieuse : *hostie consacrée.* ‖ Qui a reçu la sanction de l'usage : *expression consacrée.*

CONSACRER v. t. (lat. *consecrare*). Faire une règle habituelle d'une pratique, d'une expression. ‖ Employer, vouer qqch à : *consacrer sa journée à lire.* ‖ *Relig.* Vouer au service de Dieu; accomplir l'acte de consécration eucharistique. ◆ **se consacrer** v. pr. Employer tout son temps à : *se consacrer au succès d'un projet.*

CONSANGUIN, E adj. et n. (lat. *consanguineus*). Parent du côté paternel : *frère consanguin.* (Son opposé est UTÉRIN.) ‖ Se dit des êtres ayant un ascendant commun. (L'union entre consanguins fait ressortir les qualités, mais aussi les défauts de la souche commune, dans la descendance.)

CONSANGUINITÉ [kõsãgɥinite] n. f. Parenté du côté du père. ‖ Parenté proche.

CONSCIEMMENT adv. De façon consciente.

CONSCIENCE n. f. (lat. *conscientia*). Perception plus ou moins claire des phénomènes qui nous renseignent sur notre propre existence : *perdre conscience; reprendre conscience.* ‖ Sentiment qui fait qu'on porte un jugement moral sur ce qu'on fait. ● *Avoir bonne, mauvaise conscience,* avoir le sentiment qu'on n'a rien (ou qu'on a qqch) à se reprocher. ‖ *Avoir qqch sur la conscience,* avoir qqch à se reprocher. ‖ *Conscience de classe,* ensemble des représentations au moyen desquelles une classe sociale se pense elle-même dans son rapport aux autres classes. ‖ *Conscience professionnelle,* soin avec lequel on fait son métier. ‖ *En conscience,* selon les règles de stricte probité, franchement. ‖ *En mon âme et conscience,* dans ma conviction. ‖ *Liberté de conscience,* droit de jouir d'une liberté complète en matière religieuse.

CONSCIENCIEUSEMENT adv. De façon consciencieuse, scrupuleuse.

CONSCIENCIEUX, EUSE adj. Qui fait preuve de probité, de conscience professionnelle; sérieux : *travail consciencieux.*

CONSCIENT n. m. L'ensemble des faits psychiques dont on a conscience.

CONSCIENT, E adj. (lat. *consciens*). Qui a conscience de ce qu'il fait : *être conscient de ses responsabilités.*

CONSCRIPTION n. f. (lat. *conscriptio,* enrôlement). Système de recrutement militaire fondé sur l'appel annuel du contingent.

CONSCRIT n. m. (lat. *conscriptus,* enrôlé). Recrue appelée suivant le système de la conscription. ◆ adj. *Pères conscrits,* sénateurs romains.

CONSÉCRATEUR n. et adj. m. → CONSACRANT.

CONSÉCRATION n. f. (lat. *consecratio*). Sanction solennelle donnée à qqn, à qqch : *la consécration du talent d'un artiste.* ‖ *Relig.* Rite liturgique par lequel on affecte au service de Dieu une personne, une chose, qui, par là, entre dans la catégorie du sacré : *la consécration d'une église.* ‖ Acte par lequel s'effectue à la messe la conversion du pain et du vin au corps et au sang de Jésus-Christ; moment de la messe où se fait cette action.

CONSÉCUTIF, IVE adj. (lat. *consecutus,* suivi). Qui se suit immédiatement dans le temps, dans l'espace ou dans l'ordre numérique : *avoir la fièvre trois jours consécutifs.* ‖ Qui résulte de : *fatigue consécutive à une longue marche.* ● *Proposition consécutive* (Ling.), v. CONSÉQUENCE.

CONSÉCUTION n. f. Suite, enchaînement logique d'idées, de concepts.

CONSÉCUTIVEMENT adv. Sans interruption. ● *Consécutivement à,* par suite de.

CONSEIL n. m. (lat. *consilium*). Avis donné ou demandé sur ce qu'il convient de faire : *suivre, demander un conseil.* ‖ Personne qui donne des avis, notamment en matière technique : *avocat-conseil; ingénieur-conseil.* ‖ Assemblée de personnes délibérant sur certaines affaires : *conseil municipal; conseil d'administration.* ● *Conseil de cabinet,* réunion des ministres sous la présidence du chef du gouvernement mais en l'absence du chef de l'État. ‖ *Conseil de classe,* dans un établissement scolaire, assemblée des professeurs, de représentants des parents et de représentants des élèves d'une classe, qui procède, sous la responsabilité du chef d'établissement, à l'établissement des bulletins trimestriels et dans certains cas à l'orientation des élèves. ‖ *Conseil de discipline,* assemblée chargée de faire respecter les règles d'une profession, la discipline dans un lycée. ‖ *Conseil de famille,* assemblée de parents présidée par le juge des tutelles, pour délibérer sur les intérêts d'un mineur ou d'un majeur en tutelle. ‖ *Conseil fiscal,* technicien dont les contribuables peuvent se faire assister au cours de la vérification de leur comptabilité. ‖ *Conseil général,* assemblée élective composée d'autant de membres qu'il y a de cantons dans le département, et qui délibère sur les affaires départementales. ‖ *Conseil de guerre,* nom des tribunaux militaires jusqu'en 1928; autrefois., réunion de généraux en cas de circonstances graves. ‖ *Conseil juridique,* spécialiste chargé de donner des consultations, de rédiger des actes sous seing privé, d'assister ou de représenter ses clients devant les administrations et juridictions, etc. ‖ *Conseil des ministres,* réunion des ministres sous la présidence du chef de l'État. ‖ *Conseil municipal,* assemblée élective présidée par le maire et chargée de délibérer sur les affaires de la commune. ‖ *Conseil des prises,* organisme chargé de statuer sur la validité des prises maritimes. ‖ *Conseil de prud'hommes,* juridiction instituée pour juger les conflits individuels du travail. ‖ *Conseil régional,* organe délibérant dont est dotée une région. ‖ *Conseil de révision,* conseil chargé jusqu'en 1970 de juger l'aptitude des jeunes gens au service militaire. ‖ *Conseil de sécurité, de tutelle,* v. ORGANISATION DES NATIONS UNIES. ‖ *Conseil supérieur,* organisme consultatif chargé de donner des avis au gouvernement : *Conseil supérieur de l'armée de terre, de la magistrature, de la Sécurité sociale, de l'Éducation nationale,* etc. ‖ *Conseil de surveillance,* organisme chargé de contrôler et de surveiller les sociétés à directoire.

CONSEILLER v. t. (lat. *consiliari*). Donner un avis pour modifier la conduite de qqn.

CONSEILLER, ÈRE n. Personne qui donne des conseils. ‖ Membre d'un conseil : *conseiller municipal; conseiller à la Cour des comptes.* ● *Conseiller principal d'éducation,* fonctionnaire qui exerce dans un lycée des tâches éducatives et contrôle le personnel de surveillance. ‖ *Conseiller du travail,* personne exerçant auprès d'un comité d'entreprise des fonctions de conseiller pour les questions sociales.

CONSEILLEUR, EUSE n. *Litt.* Qui a la manie de donner des conseils : *les conseilleurs ne sont pas les payeurs.*

CONSENSUEL, ELLE adj. *Dr.* Formé par le seul consentement des parties.

CONSENSUS [kɔ̃sɛ̃sys] n. m. (mot lat.). Accord de plusieurs personnes, de plusieurs textes.

CONSENTANT, E adj. Qui consent.

CONSENTEMENT n. m. Action de consentir, accord : *donner son consentement.*

CONSENTIR v. t. ind. [à] (lat. *consentire*) [conj. **15**]. Accepter qu'une chose ait lieu; approuver : *consentir à un arrangement.* ◆ v. t. *Dr.* Autoriser : *consentir une vente.*

CONSÉQUEMMENT adv. En conséquence.

CONSÉQUENCE n. f. (lat. *consequentia*). Suite qu'une chose peut avoir : *prévoir les conséquences d'une action.* ● *De conséquence,* important, grave, sérieux. ‖ *En conséquence,* d'une manière appropriée : *j'ai reçu votre lettre et j'agirai en conséquence.* ‖ *Proposition de conséquence* ou *consécutive* (Ling.), qui indique le résultat, l'effet de l'action de la principale ou de la proposition dont elle dépend. ‖ *Sans conséquence,* sans suite fâcheuse, sans importance. ‖ *Tirer à conséquence,* avoir des suites graves, être important.

CONSÉQUENT, E adj. (lat. *consequens*). Qui agit avec esprit de suite, avec logique : *homme conséquent dans sa conduite.* ‖ *Fam.* Important, considérable : *salaire conséquent.* ● *Rivière conséquente* (Géogr.), rivière qui, dans un relief de côte, s'écoule suivant une direction parallèle au pendage des couches géologiques. (Elle entaille une percée conséquente [vallée s'élargissant vers l'amont].) ◆ loc. adv. *Par conséquent,* comme suite logique, donc.

CONSÉQUENT n. m. *Math.* et *Log.* Second de deux énoncés liés par un rapport d'implication (par oppos. à ANTÉCÉDENT).

CONSERVATEUR, TRICE n. et adj. (lat. *conservator*). Partisan du maintien de l'ordre social et politique établi. ‖ Titre de certains fonctionnaires. ‖ Personne qui a la charge des collections d'un musée, d'une bibliothèque. ● *Conservateur des hypothèques,* fonctionnaire chargé d'assurer la publicité des hypothèques prises sur les immeubles ainsi que des actes translatifs de propriété immobilière.

■ Le parti conservateur britannique, officiellement fondé en 1832, est issu du parti tory; traditionnellement aristocratique, son recrutement a progressivement atteint les classes moyennes; ce parti, depuis son origine, dispute le pouvoir aux libéraux puis aux travaillistes. Ses principaux leaders ont été : Robert Peel, Benjamin Disraeli, lord Salisbury, Winston Churchill, Harold Macmillan, Edward Heath, Margaret Thatcher.

CONSERVATEUR n. m. Appareil frigorifique destiné à conserver à une température de − 18 °C des denrées déjà congelées. ‖ Produit qui assure la conservation des denrées alimentaires.

CONSERVATION n. f. (lat. *conservatio*). Action de conserver; état de ce qui est conservé : *ouvrage dans un état de bonne conservation.* ‖ Fonction d'un conservateur; administration qu'il régit. ● *Conservation des sols,* ensemble des actions entreprises pour lutter contre l'érosion des sols. ‖ *Loi de la conservation,* loi aux termes de laquelle, sous certaines conditions, certaines grandeurs physiques restent invariantes dans l'évolution d'un système donné.

CONSERVATISME n. m. État d'esprit, tendance de ceux qui sont hostiles aux innovations politiques et sociales.

CONSERVATOIRE adj. *Dr.* Qui a pour but de conserver.

CONSERVATOIRE n. m. École où l'on enseigne la musique, la déclamation, la danse académique, etc.

CONSERVE n. f. (de *conserver*). Substance alimentaire conservée, stérilisée, dans un récipient hermétiquement clos.

CONSERVE (DE) loc. adv. (anc. prov. *conserva*). *Mar.* Se dit de navires qui font route ensemble pour se secourir éventuellement.

CONSERVER v. t. (lat. *conservare*). Maintenir en bon état; préserver de l'altération : *conserver de la viande; conserver sa santé.* ‖ Maintenir durablement : *conserver un souvenir; conserver son calme.* ● *Bien conservé,* qui, malgré son

âge, paraît encore jeune. ◆ **se conserver** v. pr. Ménager sa santé.

CONSERVERIE n. f. Fabrique de conserves.

CONSERVEUR n. m. Industriel de la conserverie.

CONSIDÉRABLE adj. (de *considérer*). Dont l'importance est grande; notable : *situation considérable; dépense considérable.*

CONSIDÉRABLEMENT adv. Beaucoup, en grande quantité.

CONSIDÉRANT n. m. *Dr.* Motif d'une décision juridictionnelle ou administrative.

CONSIDÉRATION n. f. (lat. *consideratio*). Raison, motif : *cette considération m'a décidé.* ‖ Égards, estime : *avoir la considération de tous.* ‖ Raisonnement, développement : *se perdre en considérations oiseuses.* ● *En considération de,* en tenant compte de. ‖ *Mériter considération,* retenir l'attention pour son intérêt. ‖ *Prendre en considération,* ne pas négliger, tenir compte.

CONSIDÉRER v. t. (lat. *considerare*) [conj. **5**]. Regarder longuement et attentivement : *considérer qqn de la tête aux pieds.* ‖ Examiner de manière critique : *considérer les avantages; tout bien considéré.* ‖ Être d'avis que; croire, estimer : *je considère qu'il est trop tard.*

CONSIGNATAIRE n. m. Dépositaire d'une somme consignée. ‖ Négociant auquel on adresse des marchandises, un navire, etc.

CONSIGNATION n. f. Action de faire un dépôt entre les mains d'un officier public, d'une caisse publique, d'un négociant; somme, objet ainsi déposé. ‖ Action de consigner un emballage. ● *Caisse des dépôts et consignations,* établissement public qui reçoit des dépôts d'argent spontanés ou ordonnés par justice.

CONSIGNE n. f. Instruction formelle donnée à un gardien, à une sentinelle, etc. ‖ Privation de sortie infligée à un écolier, à un militaire. ‖ Mesure de sécurité maintenant la troupe dans ses casernements. ‖ Bureau de gare où l'on dépose provisoirement les bagages. ‖ Somme déposée en garantie d'un objet prêté. ‖ *Psychol.* Instructions d'application d'un test, en vue d'assurer l'invariabilité des conditions dans lesquelles les sujets y sont soumis. ● *Consigne automatique,* compartiment servant à déposer des bagages et dont l'ouverture est commandée par une pièce de monnaie.

CONSIGNER v. t. (lat. *consignare,* sceller). Mettre en dépôt : *consigner une somme, des marchandises.* ‖ Facturer provisoirement un article avec faculté de remboursement quand on le rapporte : *consigner un emballage.* ‖ Rapporter, mentionner dans un écrit : *consigner un fait.* ‖ Défendre de sortir : *consigner la troupe.*

CONSILIUM FRAUDIS [kɔ̃siljɔmfrodis] loc. adv. (mots lat.). Se dit de l'intention frauduleuse du débiteur (ou d'un tiers) causant un préjudice aux créanciers.

CONSISTANCE n. f. (lat. *consistere,* se tenir ensemble). État d'un liquide ou d'un solide quant à la cohésion de ses parties. ‖ Solidité, réalité : *bruit sans consistance.* ‖ *Log.* Syn. de NON-CONTRADICTION.

CONSISTANT, E adj. Qui a de la solidité, de la consistance; qui est fondé.

CONSISTER v. t. ind. [à, dans, en] (lat. *consistere*). Être composé, formé de : *leur conversation consistait en propos ménagers.* ‖ Se réduire à : *votre erreur consiste à croire tout sans critique.*

CONSISTOIRE n. m. (lat. *consistorium*). Assemblée de cardinaux convoquée par le pape en vue de sujets très importants. ‖ Assemblée dirigeante de rabbins ou de pasteurs protestants, assistés de laïques.

CONSISTORIAL, E, AUX adj. Relatif à un consistoire.

CONSŒUR n. f. Fém. de CONFRÈRE.

CONSOL n. m. (du n. de son inventeur). Procédé de navigation radioélectrique utilisant des signaux audibles.

CONSOLABLE adj. Qui peut être consolé.

CONSOLANT, E adj. Qui console; apaisant.

CONSOLATEUR, TRICE adj. et n. Qui apporte de la consolation.

console en bronze (XVIIIe s.)
d'après un modèle de V. Louis

CONSOLATION n. f. (lat. *consolatio*). Soulagement donné à la peine de qqn; paroles, raisons que l'on emploie pour consoler. ‖ Personne ou chose qui console. ● *Lot de consolation*, lot de moindre importance attribué parfois à des concurrents malchanceux.

CONSOLE n. f. (de *consoler*, avec influence de *consolider*). Sorte de table à pieds convergeant ou non vers le bas, appuyée contre un mur. ‖ *Archit.* Organe en saillie sur un mur, destiné à porter une charge et en général profilé en talon. ‖ *Inform.* Périphérique ou terminal d'un ordinateur, permettant la communication directe avec l'unité centrale. ‖ *Techn.* Support en porte à faux. ● *Console d'orgue*, meuble fixe ou mobile groupant les commandes de l'instrument (claviers, registres, combinaisons, etc.). ‖ *Console graphique* ou *de visualisation*, périphérique ou terminal d'un ordinateur possédant un écran cathodique pour l'affichage ou le tracé des résultats.

CONSOLER v. t. (lat. *consolari*). Soulager, adoucir les ennuis, la tristesse de qqn. ‖ Apaiser : *consoler la douleur de qqn.* ◆ **se consoler** v. pr. Cesser de souffrir.

CONSOLIDATION n. f. Action de consolider. ‖ Réunion de la nue-propriété et de l'usufruit ou d'une servitude. ● *Consolidation d'un bilan* (Dr.), technique comptable qui présente de façon synthétique le bilan ou les résultats d'activité d'un ensemble d'entreprises appartenant à un même groupe. ‖ *Consolidation d'une blessure*, époque à laquelle l'état de la victime d'un accident ne peut plus être modifié et à laquelle on peut apprécier le degré d'invalidité qui en résulte. ‖ *Consolidation de rente, de dette*, conversion de titres remboursables, à court ou à moyen terme, en titres à long terme ou perpétuels.

CONSOLIDÉ, E adj. Se dit d'un état comptable qui présente de façon synthétique le bilan ou les résultats d'activité d'un ensemble d'entreprises appartenant à un même groupe.

CONSOLIDER v. t. (lat. *consolidare*). Rendre plus solide, plus résistant, plus fort : *consolider un mur; consolider le pouvoir.* ‖ *Dr.* Procéder à une consolidation.

CONSOMMABLE adj. Que l'on peut consommer.

CONSOMMATEUR, TRICE n. et adj. Personne qui consomme, qui achète pour son usage des denrées, des marchandises. ‖ Personne qui mange ou boit dans un restaurant, dans un café, etc.

CONSOMMATION n. f. Action de consommer des produits naturels ou artificiels. ‖ Boisson prise dans un café, etc. ● *Consommation du mariage*, union charnelle des époux. ‖ *Jusqu'à la consommation des siècles* (Litt.), jusqu'à la fin des temps. ‖ *Société de consommation*, nom parfois donné aux sociétés des pays industriels avancés, dans lesquelles les besoins élémentaires étant considérés comme assurés pour la majorité de la population, les moyens de production et de commercialisation sont également aptes à répondre à des besoins multiformes, sans cesse renouvelés et qui sont, fréquemment, très factices.

CONSOMMÉ, E adj. Qui atteint une certaine qualité : *technicien consommé; art consommé.*

CONSOMMÉ n. m. Bouillon de viande.

CONSOMMER v. t. (lat. *consummare*). Faire usage de qqch pour sa subsistance : *consommer des aliments.* ‖ Utiliser comme source d'énergie ou comme matière première : *industrie qui consomme de l'électricité.* ◆ v. i. Prendre une boisson dans un café.

CONSOMPTIBLE adj. *Dr.* Se dit des biens dont on ne peut se servir sans les détruire.

CONSOMPTIF, IVE adj. *Litt.* Qui provoque l'amaigrissement ou qui s'accompagne de dénutrition.

CONSOMPTION [kɔ̃sɔ̃psjɔ̃] n. f. (lat. *consumptio*). *Litt.* Amaigrissement et dépérissement progressifs.

CONSONANCE n. f. (lat. *consonantia*). Uniformité de son dans la terminaison des mots ou des phrases. ‖ Succession, ensemble de sons : *un mot aux consonances harmonieuses.* ‖ *Mus.* Rapport de sons donnant une impression de repos. (Cette notion est en évolution constante.)

CONSONANT, E adj. (lat. *consonans*). Qui produit une consonance particulière. ● *Accord consonant* (Mus.), celui dont la perception procure un effet satisfaisant.

CONSONANTIQUE adj. Relatif aux consonnes.

CONSONANTISME n. m. *Ling.* Système des consonnes d'une langue.

CONSONNE n. f. (lat. *consona*). Son du langage qui est produit par l'ouverture brusque du canal buccal, consécutive à sa fermeture, qui ne se perçoit pas sans la voyelle et que l'on transcrit, dans les écritures alphabétiques, par une lettre ou un groupe de lettres.

CONSORT [kɔ̃sɔr] adj. (lat. *consors*, qui partage le sort). *Prince consort*, en Grande-Bretagne et aux Pays-Bas, mari de la reine.

CONSORTIAL, E, AUX adj. Relatif à un consortium.

CONSORTIUM [kɔ̃sɔrsjɔm] n. m. (mot lat., *association*). Groupement d'entreprises, en vue d'opérations communes.

CONSORTS n. m. pl. Cointéressés dans une même affaire de procédure civile ou criminelle. ● *Un tel et consorts* (Péjor.), d'une même catégorie.

CONSOUDE n. f. (lat. *consolidare*, affermir). Plante des endroits humides, mesurant jusqu'à 1 m de haut, qui fut utilisée en médecine. (Famille des borraginacées.)

CONSPIRATEUR, TRICE n. Personne qui prend part à une conspiration.

CONSPIRATION n. f. (lat. *conspiratio*). Action de conspirer, complot.

CONSPIRER v. i. (lat. *conspirare*). Préparer clandestinement un acte de violence visant à renverser un régime ou à tuer un homme politique; comploter. ◆ v. t. *Litt.* Préparer un mauvais coup : *conspirer la ruine de qqn.*

CONSPUER v. t. (lat. *conspuere*, cracher sur). Manifester en groupe, publiquement, son mépris : *conspuer un acteur.*

CONSTABLE [kɔ̃stabl] n. m. (mot angl.; de l'anc. fr. *conestable*). En Grande-Bretagne, officier de police.

CONSTAMMENT [kɔ̃stamɑ̃] adv. D'une manière continue.

CONSTANCE n. f. (lat. *constantia*). Qualité d'une personne qui persévère dans son action : *poursuivre un dessein avec constance.* ‖ Qualité de ce qui dure, de ce qui est stable, de ce qui se reproduit : *la constance d'un phénomène.* ‖ *Litt.* Force morale de celui qui ne se laisse abattre par rien : *souffrir avec constance.* ● *Constance perceptive* (Psychol.), permanence dans la perception de certaines caractéristiques de l'objet en dépit des modifications du champ sensoriel.

CONSTANT, E adj. (lat. *constans*). Qui dure et se répète sans modification. ‖ *Litt.* Ferme, résolu, persévérant.

CONSTANTAN n. m. Alliage de cuivre et de nickel (généralement 40 p. 100), dont la résis-

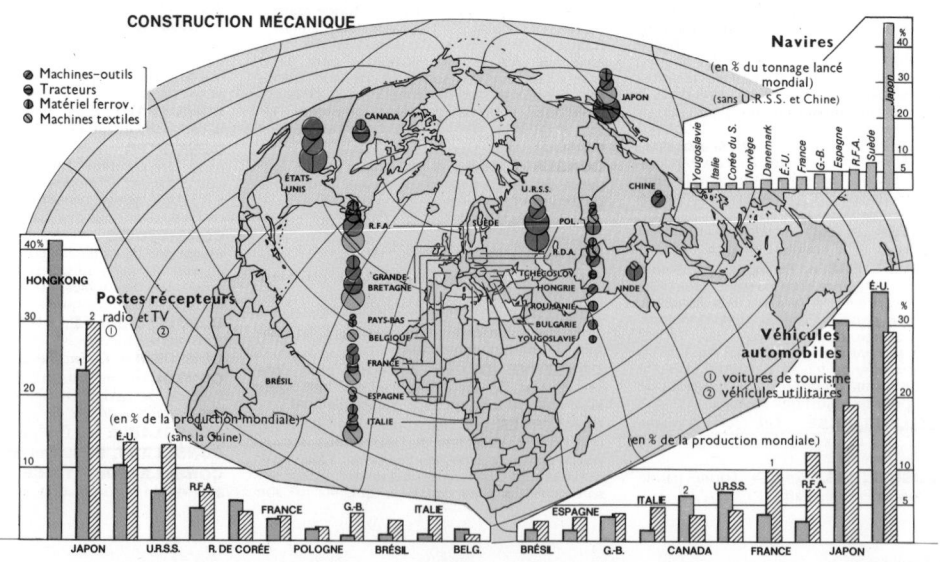

CONSTRUCTION MÉCANIQUE

Navires
(en % du tonnage lancé mondial)
(sans U.R.S.S. et Chine)

● Machines-outils
● Tracteurs
◐ Matériel ferrov.
◉ Machines textiles

Postes récepteurs
radio et TV
① ②

Véhicules automobiles
① voitures de tourisme
② véhicules utilitaires

(en % de la production mondiale)
(sans la Chine)

(en % de la production mondiale)

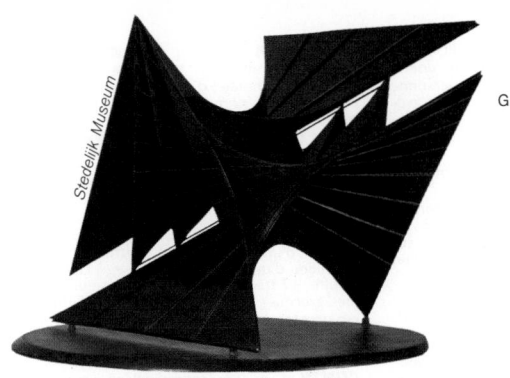

Antoine Pevsner : *Construction pour un aéroport*, 1937. Cuivre. (Stedelijk Museum, Amsterdam.)

G. T. Rietveld : maquette de la maison Schröder à Utrecht, 1924. (Stedelijk Museum, Amsterdam.)

Stedelijk Museum

CONSTRUCTIVISME

Auguste Herbin : relief en bois polychrome, 1921. (Musée national d'Art moderne, Paris.)

Musée national d'Art moderne

Aleksandra Exter (artiste russe, 1884-1949) : maquette de théâtre, 1924. Gouache sur papier.

Galerie Chauvelin

tance électrique est pratiquement indépendante de la température.

CONSTANTE n. f. Tendance qui se manifeste d'une manière durable. ‖ *Math.* Quantité de valeur fixe; nombre indépendant des variables figurant dans une équation. ‖ *Phys.* Caractéristique physique (point de fusion ou d'ébullition, masse volumique, etc.) permettant d'identifier un corps pur. ● *Constante fondamentale* (Phys.), valeur fixe de certaines grandeurs particulières (masse et charge de l'électron, constante de Planck, etc.) qui jouent un rôle important en physique.

CONSTANTINIEN, ENNE adj. Relatif à l'empereur Constantin Iᵉʳ le Grand.

CONSTAT [kɔ̃sta] n. m. Reconnaissance de qqch : *constat d'échec.* ‖ Procès-verbal dressé par un huissier ou par un agent de la force publique.

CONSTATATION n. f. Action de constater; fait servant de preuve.

CONSTATER v. t. (lat. *constat,* il est certain). Établir la vérité d'un fait; le consigner par écrit : *constater une absence; constater un décès.*

CONSTELLATION n. f. (lat. *stella,* étoile). Groupe d'étoiles voisines sur la sphère céleste, présentant une figure conventionnelle déterminée à laquelle on a donné un nom particulier. ‖ Région du ciel occupée par ce groupe d'étoiles.

CONSTELLER [kɔ̃stɛle] v. t. Couvrir d'étoiles : *le ciel est constellé d'étoiles.* ‖ *Litt.* Couvrir de choses brillantes : *les décorations qui constellent un uniforme.*

CONSTERNANT, E adj. Qui consterne.

CONSTERNATION n. f. Stupéfaction, abattement causé par un événement malheureux.

CONSTERNER v. t. (lat. *consternare,* abattre). Jeter dans la stupeur, dans l'abattement; atterrer.

CONSTIPATION n. f. (lat. *constipatio*). Difficulté ou impossibilité de déféquer.

CONSTIPÉ, E adj. et n. Qui souffre de constipation. ◆ adj. *Fam.* Embarrassé : *avoir l'air constipé.*

CONSTIPER v. t. (lat. *constipare,* serrer). Causer la constipation.

CONSTITUANT, E adj. Qui entre dans la constitution : *parties constituantes d'un corps.* ● *Assemblée constituante,* assemblée qui a mission d'établir une constitution politique. ◆ n. Personne qui participe à l'élaboration des lois constitutionnelles.

CONSTITUANT n. m. *Ling.* Chacun des éléments d'une unité syntaxique.

CONSTITUÉ, E adj. Qui est de bonne ou mauvaise complexion : *homme normalement constitué.* ‖ *Autorités constituées, corps constitués,* établis par la loi, la Constitution.

CONSTITUER v. t. (lat. *constituere*). Former un tout avec divers éléments : *ce projet constitue un système cohérent.* ‖ Être les éléments d'un tout : *ces personnes constituent l'avantgarde de la manifestation.* ‖ Former l'essence, la

base d'une chose : *l'intention constitue le crime.* ‖ *Dr.* Affecter à un usage donné, en parlant d'une somme à fournir. ◆ **se constituer** v. pr. *Se constituer prisonnier,* se livrer à la justice, se rendre.

CONSTITUTIF, IVE adj. Syn. de CONSTITUANT, E : *les éléments constitutifs d'un corps.* ‖ *Dr.* Qui établit un droit.

CONSTITUTION n. f. (lat. *constitutio*). Action de constituer; composition, organisation : *procéder à la constitution d'un gouvernement; la constitution de l'air.* ‖ Ensemble des aspects morphologiques qui caractérisent un individu. ‖ *Dr.* Placement, établissement : *constitution d'une rente.* ‖ Désignation : *constitution d'avoué.* ‖ Loi fondamentale d'une nation, ensemble de règles juridiques qui régissent les rapports réciproques des gouvernants et des gouvernés et déterminent l'organisation des pouvoirs publics. ● *Constitution de partie civile* (Dr.), demande de dommages et intérêts formée devant un tribunal pénal par une personne qui se prétend victime d'une infraction.

CONSTITUTIONNALISER v. t. Donner à une matière législative le caractère constitutionnel.

CONSTITUTIONNALITÉ n. f. Qualité de ce qui est conforme à la constitution d'un pays.

CONSTITUTIONNEL, ELLE adj. Relatif à la constitution physique d'une personne : *vice constitutionnel.* ‖ Conforme à la constitution du pays : *une procédure constitutionnelle.* ‖ Relatif à la constitution : *droit constitutionnel.* ‖ S'est dit des prêtres ayant adhéré à la Constitution civile du clergé de 1790.

CONSTITUTIONNELLEMENT adv. De façon conforme à la constitution d'un État.

CONSTRICTEUR adj. et n. m. (lat. *constrictus,* serré). *Anat.* Muscle qui resserre certains canaux ou orifices. ● *Boa constricteur,* ou *constrictor* n. m., boa ainsi nommé à cause de sa façon de serrer, dans ses replis, les animaux qu'il veut étouffer.

CONSTRICTION n. f. (lat. *constrictio*). Resserrement circulaire, tension violente.

CONSTRICTOR n. m. → CONSTRICTEUR.

CONSTRINGENT, E [kɔ̃strɛ̃ʒɑ̃, ɑ̃t] adj. (lat. *constringens*). Qui resserre circulairement.

CONSTRUCTEUR, TRICE adj. et n. Qui construit.

CONSTRUCTIF, IVE adj. Apte, propre à construire, à créer; positif.

CONSTRUCTION n. f. (lat. *constructio*). Action ou manière de construire : *la construction d'une maison, d'un barrage; la construction automobile; la construction d'une phrase.* ‖ Édifice construit. ‖ *Psychan.* Élaboration par l'analyste de l'histoire du patient à partir des fragments épars que celui-ci lui a livrés. ● *Construction aéronautique, automobile, électrique, navale,* etc., ensemble des techniques propres à l'industrie aéronautique, automobile, électrique, navale, etc.; activité industrielle concernant l'un de ces domaines regroupés souvent sous le nom de *construction mécanique.*

CONSTRUCTIVISME n. m. Courant des arts plastiques du XXᵉ s. qui privilégie une construction géométrique des formes.

■ Russe à l'origine, le mouvement est de nature spirituelle et esthétique chez les frères Gabo et Pevsner*, auteurs du *Manifeste réaliste* de 1920, ainsi que chez Malevitch* à la même époque, qui, tous, recherchent dans les constructions sculpturales ou picturales de lignes et de plans l'expression d'une essence de l'univers; il est, au contraire, tourné vers les réalisations pratiques chez Tatline* (qui l'avait inauguré avec ses «reliefs picturaux», assemblages de 1914), que Malevitch et Lissitski* rejoignent vers 1923 dans un même souci d'application à l'architecture, au design, aux arts graphiques. En Occident, des mouvements comme *De Stijl** relèvent du constructivisme, au sens large, de même que la sculpture abstraite de tendance géométrique; l'art cinétique en est issu.

CONSTRUCTIVISTE adj. et n. Qui appartient au constructivisme.

CONSTRUIRE v. t. (lat. *construere*) [conj. **64**]. Bâtir, assembler les différentes parties d'un édifice, d'une machine, d'un appareil, d'un ouvrage de l'esprit, d'une figure géométrique, etc. : *construire une maison; construire un avion.* ‖ *Ling.* Disposer les mots, les phrases dans un certain ordre.

CONSUBSTANTIALITÉ n. f. *Théol.* Unité et identité de substance.

CONSUBSTANTIATION n. f. Mode de présence du Christ dans l'eucharistie, selon la théorie luthérienne, pour laquelle la substance divine coexiste avec celles du pain et du vin.

CONSUBSTANTIEL, ELLE adj. (lat. *cum*, avec, et *substantia*, substance). De même substance : *les trois personnes de la Trinité sont consubstantielles.*

CONSUL n. m. (lat. *consul*). À Rome, magistrat, élu pour un an, qui partageait avec un collègue le pouvoir suprême (ce pouvoir, sous l'Empire, devint progressivement honorifique). ‖ Au Moyen Âge, nom donné à certains magistrats municipaux, notamment dans le midi de la France. ‖ En France, nom de chacun des trois chefs du pouvoir exécutif depuis l'an VIII jusqu'à l'Empire (de 1799 à 1804). ‖ Agent qui a pour mission de protéger ses compatriotes à l'étranger et de donner à son gouvernement des informations politiques et commerciales. (Les agents diplomatiques et consulaires ont des compétences vis-à-vis de leurs compatriotes en matière d'état civil ainsi qu'en matière notariale, dans la mesure où la législation du pays de leur résidence le permet.) ● *Le Premier consul,* Bonaparte.

CONSULAIRE adj. Qui appartient au consul : *dignité consulaire.* ‖ Qui appartient à la justice commerciale : *tribunaux consulaires.*

CONSULAT n. m. (lat. *consulatus*). Charge de consul. ‖ Résidence, bureaux d'un consul. ‖ *Hist.* Régime autoritaire établi en France au profit de Napoléon Bonaparte, au lendemain du coup d'État de brumaire an VIII (1799-1804). [Avec une majuscule.]

CONSULTABLE adj. Qui peut être consulté.

CONSULTANT, E adj. et n. Se dit de la personne qui, en droit ou en médecine, donne des consultations. ‖ Se dit d'une personne qui demande un avis d'un médecin, d'un avocat (vx).

CONSULTATIF, IVE adj. Qui donne des avis, des conseils, sur certaines choses : *comité consultatif.* ● *Avoir voix consultative,* avoir droit de délibérer, non de voter.

CONSULTATION n. f. Action de consulter, de demander un avis, un conseil. ‖ Action de donner un avis motivé (médecin, avocat) sur l'état d'un malade, d'une affaire; examen d'un malade par un médecin.

CONSULTER v. t. (lat. *consultare*). Prendre avis, conseil de qqn : *consulter des amis avant de prendre une décision.* ‖ Se faire examiner par un médecin. ‖ Chercher des renseignements, des explications dans : *consulter un dictionnaire.* ‖ Prendre pour règle : *ne consulter que son intérêt.* ◆ v. i. Recevoir des malades : *médecin qui consulte tous les jours.*

CONSULTEUR adj. et n. m. *Consulteur de la congrégation pour la doctrine de la foi* (anc. du *Saint-Office*), théologiens commis par le pape pour donner son avis sur des questions de foi, de discipline.

CONSUMABLE adj. Qui peut être consumé.

CONSUMER v. t. (lat. *consumere*). Détruire, anéantir, en particulier par le feu. ‖ *Litt.* Épuiser, ronger : *les soucis le consument.* ◆ **se consumer** v. pr. *Litt.* Dépérir : *le pauvre homme se consume de désespoir.*

CONSUMÉRISME n. m. (mot angl.). Action concertée des consommateurs en vue de défendre leurs intérêts.

CONSUMÉRISTE adj. et n. Relatif au consumérisme.

CONTACT n. m. (lat. *contactus*). État de corps qui se touchent : *le contact des mains, de l'air.* ‖ Dispositif permettant l'ouverture et la fermeture d'un circuit électrique. ‖ Rapport de connaissance entre des personnes : *avoir des contacts avec les milieux politiques.* ‖ Comportement vis-à-vis des autres, d'un public : *avoir un contact facile.* ‖ Dans les romans, les films d'espionnage, personne avec qui un agent doit rester en rapport. ● *Ligne de contact,* dans les installations de traction électrique, fil conducteur sous lequel frotte le pantographe ou le trolley. ‖ *Point de contact* (Math.), point commun à une courbe et à sa tangente, à deux courbes tangentes, etc. ‖ *Prendre contact avec qqn,* entrer en rapport avec lui. ‖ *Prise de contact* (Mil.), action destinée à préciser sur le terrain la situation de l'ennemi. ‖ *Rompre le contact,* se dérober au contact de l'ennemi. (Syn. DÉCROCHER.) ‖ *Verres de contact,* verres correcteurs de la vue qui s'appliquent directement sur la cornée. (Syn. LENTILLES CORNÉENNES.)

CONTACTER v. t. Entrer en rapport, en relation avec qqn, avec un organisme.

CONTACTEUR n. m. Interrupteur automatique servant à rétablir les liaisons entre différents circuits ou appareils électriques.

CONTACTOLOGIE n. f. Branche de l'ophtalmologie qui s'occupe des verres et lentilles de contact, leurs prescriptions et contre-indications.

CONTACTOLOGISTE n. Praticien qui adapte les prothèses oculaires de contact (lentilles cornéennes et verres scléraux).

CONTAGE n. m. (lat. *contagium*). *Méd.* Matière ou substance vivante par laquelle se fait la contagion. ‖ Temps écoulé entre la contamination par un virus ou par un germe et l'apparition des premiers signes cliniques de la maladie dont il est responsable.

CONTAGIEUX, EUSE adj. (lat. *contagiosis*). Qui se transmet par le contact, en parlant des maladies. ‖ Qui se communique facilement : *un rire contagieux.* ◆ adj. et n. Atteint d'une maladie contagieuse.

CONTAGION n. f. (lat. *contagio*, contact). Transmission d'une maladie par le contact médiat ou immédiat. ‖ Transmission par imitation involontaire : *la contagion du fou rire.*

CONTAGIOSITÉ n. f. Nature de ce qui est contagieux.

CONTAINER [kɔ̃tɛner] ou **CONTENEUR** [kɔ̃tɑnœr]. n. m. (mot anglo-amér.). Emballage pour le parachutage d'armes, de vivres. ‖ Caisse de dimensions normalisées pour le transport de meubles, de marchandises.

CONTAINÉRISATION ou **CONTENEURISATION** n. f. Action de containériser.

CONTAINÉRISER ou **CONTENEURISER** v. t. Mettre des marchandises dans des containers.

CONTAMINATION n. f. Transmission d'une maladie, d'un vice, d'un mal. ‖ Introduction dans un milieu d'une substance nocive. ‖ État qui en résulte. ‖ *Littér.* Amalgame de plusieurs comédies grecques en une seule comédie latine.

CONTAMINER v. t. (lat. *contaminare*, souiller). Infecter par une maladie contagieuse, par un vice, un mal quelconque.

CONTE n. m. (de *conter*). Récit assez court d'aventures imaginaires. ‖ Récit auquel on ne croit pas; histoire.

CONTEMPLATEUR, TRICE n. Personne qui contemple.

CONTEMPLATIF, IVE adj. et n. Qui se plaît dans la contemplation. ‖ Se dit des ordres religieux dont les membres vivent cloîtrés et se consacrent à la prière.

CONTEMPLATION n. f. (lat. *contemplatio*). Action de contempler : *rester en contemplation devant une vitrine.* ‖ Concentration de l'esprit sur des sujets intellectuels ou religieux; méditation religieuse, poétique.

CONTEMPLER v. t. (lat. *contemplari*). Regarder avec soin, admiration ou étonnement : *contempler un monument, un spectacle.*

CONTEMPORAIN, E adj. et n. (lat. *contemporaneus*). Qui est du même temps : *Barrès et Proust étaient contemporains.* ‖ Qui est du temps présent : *problèmes contemporains.*

CONTEMPTEUR, TRICE [kɔ̃tɑ̃ptœr, tris] n. (lat. *contemptor*). *Litt.* Personne qui méprise, dénigre : *les contempteurs de la religion.*

CONTENANCE n. f. (de *contenir*). Quantité que peut contenir qqch; capacité : *contenance d'un vase.* ‖ Étendue : *contenance d'un champ.* ‖ Attitude, manière de se tenir : *contenance embarrassée.* ● *Se donner une contenance,* dissimuler son trouble. ‖ *Faire bonne contenance,* témoigner, dans une circonstance difficile, de la sérénité. ‖ *Perdre contenance,* se troubler.

CONTENANT n. m. Ce qui contient qqch.

CONTENEUR n. m. → CONTAINER.

CONTENIR v. t. (lat. *continere*) [conj. **16**]. Comprendre dans son étendue, dans sa capacité, dans sa substance : *le décalitre contient dix litres.* ‖ Renfermer, avoir en soi : *l'enveloppe contenait deux feuilles.* ‖ Retenir dans certaines limites, empêcher de se répandre, de se manifester : *contenir la foule; contenir sa colère.* ◆ **se contenir** v. pr. Maîtriser les sentiments violents, en particulier la colère.

CONTENT, E adj. (lat. *contentus*). Qui a ce qui lui plaît : *je suis content de ma voiture.* ‖ Satisfait de la conduite, du travail de qqn. ‖ Joyeux, heureux : *un air content.* ● *Être content de soi,* avoir une bonne opinion de soi-même.

CONTENT n. m. *Avoir son content d'une chose,* en avoir autant qu'on désirait.

CONTENTEMENT n. m. Action de contenter, de satisfaire. ● *Contentement de soi,* vanité éprouvée à juger sa propre action.

CONTENTER v. t. Rendre content, satisfaire : *contenter la clientèle.* ◆ **se contenter** v. pr. [de]. Limiter ses désirs à; se borner à : *il se contente de peu; il se contenta d'acquiescer.*

CONTENTIEUX, EUSE adj. (lat. *contentiosus*). *Dr.* Qui est contesté, litigieux : *affaire contentieuse.* ● *Juridiction contentieuse,* celle qu'exercent les tribunaux (par oppos. à la JURIDICTION GRACIEUSE, exercée par une autorité).

CONTENTIEUX n. m. Tout ce qui est susceptible d'être mis en discussion devant les juges. ‖ Bureau d'une entreprise ou d'une administration, qui s'occupe des affaires litigieuses. ● *Contentieux administratif,* ensemble des litiges relevant des tribunaux administratifs.

containers

Windenberger-Rapho

CONTENTIF, IVE adj. *Chir.* Qui contient, maintient : *appareil contentif.*

CONTENTION n. f. (lat. *contentio*, lutte). Forte tension des muscles, des nerfs ou de l'esprit.

CONTENTION n. f. (de *contenir*). Moyens de contention, procédés ou appareils immobilisant momentanément un animal ou une partie du corps humain dans un but thérapeutique.

CONTENU n. m. Ce qui est à l'intérieur d'un récipient : *le contenu d'un flacon.* ‖ Idées qui sont exprimées dans un texte : *le contenu d'une lettre.* ● *Analyse de contenu*, dénombrement statistique et classification des éléments constituant la signification objective d'une production (journal, livre, émission de radio, etc.) destinée à un groupe.

CONTER v. t. (lat. *computare*, calculer). Faire le récit de, exposer en détail : *conter un récit.* ● *En conter de belles*, raconter des choses ridicules ou extraordinaires. ‖ *S'en laisser conter*, se laisser tromper.

CONTESTABLE adj. Qui peut être contesté.

CONTESTATAIRE adj. et n. Qui conteste la société.

CONTESTATION n. f. Discussion, désaccord sur le bien-fondé d'un fait, d'un droit; différend. ‖ Refus global et systématique des institutions, de la société, de l'idéologie dominante.

CONTESTE (SANS) loc. adv. Incontestablement : *il est sans conteste le plus fort.*

CONTESTER v. t. (lat. *contestari*). Refuser de reconnaître comme fondé, exact, valable : *contester une succession, un récit.* ◆ v. i. Faire de la contestation.

CONTEUR, EUSE n. Personne qui aime raconter (vx). ‖ Auteur de contes.

CONTEXTE n. m. (lat. *contexere*, tisser ensemble). Ensemble du texte qui précède ou suit une phrase, un groupe de mots, un mot. ‖ Ensemble des circonstances qui accompagnent un événement : *replacer un fait dans son contexte historique.* ● *Contexte imprimé*, ensemble des mentions imprimées sur une formule qui, remplie en bonne et due forme, valide le document dont il s'agit.

CONTEXTUEL, ELLE adj. Relatif au contexte.

CONTEXTURE n. f. (de *contexte*). Liaison des parties qui forment un tout : *la contexture d'une étoffe.*

CONTIGU, Ë [kɔ̃tigy] adj. (lat. *contiguus*). Qui touche à qqch : *chambre contiguë à une autre.* ‖ Qui ressemble à qqch : *une idée contiguë.*

CONTIGUÏTÉ [kɔ̃tigɥite] n. f. État de deux choses qui se touchent. ‖ Contigu : *association d'idées par contiguïté.*

CONTINENCE n. f. Abstinence des plaisirs sexuels.

CONTINENT, E adj. (lat. *continens*, qui retient). Qui pratique la continence.

CONTINENT n. m. (de *terre continente*, terre continue). Vaste étendue de terre qu'on peut parcourir sans traverser la mer. ● *Ancien Continent*, l'Europe, l'Asie et l'Afrique. ‖ *Nouveau Continent*, l'Amérique.

CONTINENTAL, E, AUX adj. Relatif à un continent. ● *Climat continental*, climat qui occupe l'intérieur des continents aux latitudes moyennes, et qui est caractérisé par de grands écarts de température entre l'été et l'hiver et par des précipitations généralement plus abondantes en été.

CONTINENTALITÉ n. f. Ensemble des caractères climatiques déterminés par l'affaiblissement des influences maritimes, résultant généralement d'un éloignement de l'océan.

CONTINGENCE n. f. (lat. *contingere*, arriver par hasard). Éventualité, possibilité qu'une chose arrive ou non. ◆ pl. Événements qui peuvent se produire ou non; circonstances fortuites : *tenir compte des contingences.*

CONTINGENT, E adj. *Philos.* Qui peut se produire ou non : *événement contingent.* (Contr. NÉCESSAIRE.)

CONTINGENT n. m. Quantité que chacun doit fournir ou recevoir : *réclamer son contingent.* ‖ Quantité maximale des marchandises qui peuvent être importées ou exportées au cours d'une période donnée. ‖ Ensemble des jeunes gens appelés au service national actif au cours d'une même année civile.

CONTINGENTEMENT n. m. Action de contingenter; limitation, répartition.

CONTINGENTER v. t. Fixer des contingents pour les marchandises; limiter.

CONTINU, E adj. (lat. *continuus*). Qui ne présente pas d'interruptions dans le temps ou dans l'espace : *ligne continue, travail continu.* ‖ *Phon.* Se dit d'une consonne réalisée avec rétrécissement du canal buccal au point d'articulation : [s], [z], [l], etc. ● *Basse continue*, ou *continuo* n. m., partie d'accompagnement dans la musique des XVIIe et XVIIIe s., généralement chiffrée. ‖ *Fonction continue en un point*, fonction *f(x)* tendant vers une limite égale à *f(x₀)* quand *x* tend vers *x₀*. ‖ *Journée continue*, horaire journalier de travail ne comportant qu'une brève interruption pour le repas.

CONTINU n. m. Ce qui ne présente pas d'intervalles. ● *Continu à filer*, machine de filature permettant de transformer la mèche en fil en lui donnant une certaine torsion et en l'enroulant sur un support. ‖ *Puissance du continu* (Math.), puissance de l'ensemble des points d'une droite, ou de l'ensemble ℝ des nombres réels.

CONTINUATEUR, TRICE n. Personne qui continue ce qu'une autre a commencé.

CONTINUATION n. f. (lat. *continuatio*). Action de continuer, de poursuivre; suite, prolongement : *la continuation de la grève, la continuation d'une route.*

CONTINUEL, ELLE adj. (lat. *continuus*). Qui dure sans interruption, qui se renouvelle constamment : *pannes continuelles.*

CONTINUELLEMENT adv. De façon continuelle, constamment, toujours.

CONTINUER v. t. (lat. *continuare*). Poursuivre ce qui est commencé, ce qui a été interrompu : *continuer un voyage.* ◆ v. t. ind. [**à**]. Persister : *continuer à fumer.* ◆ v. i. Ne pas cesser, se poursuivre : *la séance continue.* ◆ se *continuer* v. pr. Ne pas être interrompu.

CONTINUITÉ n. f. Caractère de ce qui est continu. ● *Solution de continuité*, interruption qui se présente dans l'étendue d'un corps, d'un ouvrage, dans le déroulement d'un phénomène.

CONTINÛMENT adv. De façon continue.

CONTINUO n. m. → CONTINU, E.

CONTINUUM [kɔ̃tinuɔm] n. m. (mot lat.). Ensemble d'éléments tels que l'on puisse passer de l'un à l'autre de façon continue. ● *Continuum spatio-temporel*, dans les théories relativistes, espace à quatre dimensions, dont la quatrième est le temps.

CONTONDANT, E adj. (lat. *contundere*, frapper). Qui meurtrit par écrasement, sans couper.

CONTORSION n. f. (bas lat. *contorsio*; de *torquere*, tordre). Mouvement acrobatique ou forcé qui donne au corps ou à une partie du corps une posture étrange ou grotesque.

CONTORSIONNER (SE) v. pr. Faire des contorsions, des grimaces.

CONTORSIONNISTE n. Acrobate spécialiste des contorsions.

CONTOUR n. m. (lat. *contorno*). Ligne qui marque la limite d'un corps : *des contours arrondis; le contour d'une figure.* ‖ Ligne sinueuse; détour : *les contours d'une rivière.* ● *Contour apparent* (Math.), limite extrême d'une figure vue en perspective ou en projection cylindrique.

CONTOURNÉ, E adj. Qui a un contour compliqué : *taille contournée.* ‖ *Hérald.* Se dit des animaux représentés de profil et regardant à senestre. ● *Style contourné*, maniéré.

CONTOURNER v. t. (it. *contornare*). Faire le tour de qqch pour l'éviter : *contourner un obstacle.* ‖ Déformer en courbant (vx).

CONTRACEPTIF, IVE adj. et n. m. Se dit de méthodes, de produits pouvant empêcher de façon temporaire et réversible la fécondation.

CONTRACEPTION n. f. Infécondité volontaire obtenue par l'emploi de méthodes contraceptives.

CONTRACTANT, E adj. et n. *Dr.* Qui passe contrat : *les parties contractantes.*

CONTRACTÉ, E adj. *Ling.* Se dit de deux voyelles ou de deux syllabes réunies en une seule, comme les articles contractés *du, des, au, aux*, pour *le de, de les, à le, à les.* ‖ Tendu, nerveux.

CONTRACTER v. t. (lat. *contractus*, resserré). Réduire en un moindre volume : *le froid contracte les corps.* ‖ Mettre qqn dans un état de tension; rendre nerveux : *la discussion l'a beaucoup contracté.* ● *Contracter le visage*, en durcir les traits. ◆ se *contracter* v. pr. Diminuer de volume, de longueur. ‖ Devenir dur : *ses traits se sont contractés.*

CONTRACTER v. t. (lat. *contractus*, convention). S'engager juridiquement ou moralement : *contracter une alliance; contracter des obligations envers qqn.* ‖ Attraper (une maladie), acquérir (une habitude). ● *Contracter des dettes*, s'endetter. ‖ *Contracter mariage*, se marier.

CONTRACTILE adj. Se dit des muscles et autres organes capables de se contracter.

CONTRACTILITÉ n. f. Faculté que possèdent certains corps de se contracter.

CONTRACTION n. f. (lat. *contractio*). Fait de se contracter, d'être contracté. ‖ *Physiol.* Réponse mécanique d'un muscle à une excitation, selon laquelle il se raccourcit en se gonflant.

CONTRACTUALISATION n. f. Action de contractualiser.

CONTRACTUALISER v. t. Donner à qqn le statut d'agent contractuel.

CONTRACTUEL, ELLE adj. Stipulé par un contrat. ● *Agent contractuel*, ou *contractuel, elle* n., agent public non fonctionnaire; auxiliaire de police chargé d'appliquer les règlements de stationnement.

CONTRACTURE n. f. (lat. *contractura*). *Pathol.* Contraction musculaire durable et involontaire d'un muscle, accompagnée de rigidité.

CONTRACTURER v. t. Causer des contractures.

CONTRADICTEUR n. m. (lat. *contradictor*). Personne qui contredit.

CONTRADICTION n. f. (lat. *contradictio*). Action de contredire ou de se contredire; opposition : *ne pas supporter la contradiction; les contradictions d'un accusé; être en contradiction avec ses paroles.* ‖ *Log.* Proposition fausse quelle que soit la valeur des variables (opposé à TAUTOLOGIE). ‖ *Philos.* Scission d'un même substrat où deux termes s'opposent et dépassent leur opposition en se réconciliant; mouvement dialectique dont les termes sont des réalités différenciées et non identiques. ● *Esprit de contradiction*, disposition à contredire sans cesse.

CONTRADICTOIRE adj. Qui implique une contradiction : *opinions contradictoires.* ‖ *Dr.* Fait en présence des parties intéressées : *jugement contradictoire.* ‖ *Math.* Se dit d'une théorie admettant une relation à la fois vraie et fausse. ● *Propositions contradictoires* (Log.), propositions opposées telles que de la fausseté de l'une entraîne la vérité de l'autre.

CONTRADICTOIREMENT adv. De façon contradictoire, avec présence de l'une et de l'autre des parties d'une procédure.

CONTRAIGNABLE adj. Qui peut être contraint.

CONTRAIGNANT, E adj. Qui contraint.

CONTRAINDRE v. t. (lat. *constringere*) [conj. 55]. Obliger qqn à faire une chose; imposer : *on l'a contraint à partir.* ‖ *Litt.* Empêcher qqch ou qqn de suivre son cours, son penchant naturel : *contraindre une personne dans ses goûts; contraindre ses désirs.*

CONTRAINT, E adj. Mal à l'aise, peu naturel : *air contraint.*

CONTRAINTE n. f. Violence à laquelle on soumet qqn ou qqch : *obtenir qqch par contrainte.* ‖ État de celui qui subit une violence; ce qui porte atteinte à la liberté : *vivre sous la contrainte.* ‖ État de gêne de qqn à qui on impose une attitude contraire à son naturel. ‖ *Dr.* Acte de poursuite contre un contribuable. ‖ *Mécan.* Effort exercé sur un corps et dû soit à une force extérieure, soit à des tensions internes à ce corps. ● *Contrainte par corps,* emprisonnement d'un débiteur en vue de l'amener au paiement de sa dette. (Depuis 1867, la contrainte par corps n'est plus applicable qu'aux personnes condamnées au pénal.)

CONTRAIRE adj. (lat. *contrarius*). Opposé, inverse : *courir en sens contraire.* ‖ Qui n'est pas conforme, incompatible avec; qui va à l'encontre de : *contraire à la vérité; ce procédé est contraire aux usages.* ● *Événements contraires* (Math.), événements n'ayant aucune éventualité commune et dont la somme des probabilités est égale à l'unité. ‖ *Propositions contraires* (Log.), propositions opposées qui peuvent être simultanément fausses.

CONTRAIRE n. m. L'opposé : *prouver le contraire.* ◆ loc. adv. *Au contraire,* d'une manière opposée.

CONTRAIREMENT adv. En opposition.

CONTRALTO n. m. (mot it.). La plus grave des voix de femme. ‖ Celle qui a cette voix.

CONTRAPUNTIQUE adj. Écrit suivant les règles du contrepoint.

CONTRAPUNTISTE [kɔ̃trapɔ̃tist], **CONTRAPONTISTE, CONTREPOINTISTE** n. *Mus.* Compositeur qui utilise le contrepoint.

CONTRARIANT, E adj. Qui contrarie; ennuyeux, fâcheux.

CONTRARIÉ, E adj. Dépité, fâché.

CONTRARIER v. t. (lat. *contrariare*). Faire obstacle à qqch, s'opposer aux actes, aux projets de qqn : *contrarier un dessein; le vent contrarie le bateau.* ‖ Causer du dépit, du mécontentement à qqn; ennuyer : *voilà qui me contrarie.* ‖ Grouper par opposition : *contrarier des couleurs.*

CONTRARIÉTÉ n. f. Ennui, mécontentement causé par l'opposition que l'on rencontre; irritation. ‖ *Log.* Relation logique entre deux propositions contraires.

CONTRAROTATIF, IVE adj. *Mécan.* Se dit de deux organes tournant en sens contraire.

CONTRASTE n. m. (it. *contrasto*). Opposition marquée entre deux choses ou deux personnes, entre le sombre et le clair. ● *Produit de contraste,* substance opaque aux rayons X, qu'on introduit dans l'organisme pour faire apparaître sur les radiographies les cavités ou canaux qui ne sont pas spontanément perceptibles.

CONTRASTÉ, E adj. Dont les oppositions sont très accusées : *une photographie contrastée.*

CONTRASTER v. i. et t. ind. [**avec**]. Être en contraste, s'opposer de façon frappante : *sa courtoisie contraste avec la mauvaise humeur de sa femme.* ◆ v. t. Mettre en contraste : *dans son tableau, il a su contraster les figures.*

CONTRAT n. m. (lat. *contractus*). Convention entre deux ou plusieurs personnes; écrit qui la constate : *contrat notarié; contrat sous seing privé.* ● *Contrat administratif,* celui qui est conclu par une administration publique pour assurer un service public (marché de travaux publics, concession de service public). ‖ *Contrat social,* dans la théorie du droit naturel, convention fictive qui fonde le droit politique sur la volonté. ‖ *Contrat de travail,* convention par laquelle un salarié met son activité au service d'un employeur en échange d'un salaire. ‖ *Réaliser, remplir son contrat,* au bridge, faire le nombre de levées annoncées; faire ce que l'on avait promis.

CONTRAVENTION n. f. (lat. *contra,* contre, et *venire,* venir). Procès-verbal constatant une infraction à un règlement, notamment en matière de circulation. ‖ Infraction qui relève des tribunaux de simple police.

CONTRE prép. (lat. *contra,* en face de). Indique le contact, l'opposition, la lutte, l'échange : *sa maison est contre la nôtre; agir contre son gré; remède contre la toux; acheter contre argent comptant.* ◆ adv. *Voter contre, aller contre, être contre,* marquer son opposition. ‖ *Là contre,* contre cela. ‖ *Par contre,* en compensation, en revanche.

CONTRE n. m. L'opposé : *soutenir le pour et le contre.* ‖ Au bridge, action de contrer. ‖ En sports, abrév. de CONTRE-ATTAQUE.

Leloir

contrebasse

CONTRE-ACCULTURATION n. f. (pl. *contre-acculturations*). Ensemble de manifestations marquant la protestation d'un groupe social contre une culture qu'il perçoit comme étrangère ou différente de la sienne.

CONTRE-ALIZÉ n. m. (pl. *contre-alizés*). Courant aérien de direction contraire à l'alizé.

CONTRE-ALLÉE n. f. (pl. *contre-allées*). Allée parallèle à une allée principale.

CONTRE-AMIRAL n. m. (pl. *contre-amiraux*). Premier grade des officiers généraux de la marine. (V. GRADE.)

CONTRE-APPEL n. m. (pl. *contre-appels*). Appel supplémentaire fait inopinément pour vérifier le premier.

CONTRE-ARC n. m. (pl. *contre-arcs*). Déformation convexe de la quille d'un navire, les extrémités de celle-ci étant alors plus hautes que la partie médiane.

CONTRE-ASSURANCE n. f. (pl. *contre-assurances*). Assurance qui en garantit une autre ou en limite les risques. ‖ Assurance accessoire.

CONTRE-ATTAQUE n. f. (pl. *contre-attaques*). Riposte offensive locale déclenchée contre un adversaire qui a attaqué.

CONTRE-ATTAQUER v. t. Exécuter une contre-attaque.

CONTREBALANCER v. t. (conj. **1**). Faire équilibre; compenser. ◆ **se contrebalancer** v. pr. *S'en contrebalancer* (Fam.), s'en moquer.

CONTREBANDE n. f. (it. *contrabbando*). Introduction, vente clandestine de marchandises prohibées ou soumises à des droits dont on fraude le Trésor; ces marchandises mêmes.

CONTREBANDIER, ÈRE n. Qui se livre à la contrebande.

CONTREBAS (EN) loc. adv. De haut en bas, à un niveau inférieur.

CONTREBASSE n. f. (it. *contrabbasso*). *Mus.* Le plus grand et le plus grave des instruments à cordes de la famille des violons.

CONTREBASSE ou **CONTREBASSISTE** n. Musicien qui joue de la contrebasse.

CONTREBASSON n. m. Instrument à vent, en bois, à anche double, avec pavillon plus grand que le basson, et sonnant à l'octave inférieure.

CONTREBATTERIE n. f. Tir exécuté contre les batteries d'artillerie ennemies.

CONTRE-BRAQUER v. i. Braquer les roues avant d'une voiture dans la direction inverse de celle que prend le véhicule.

CONTREBUTEMENT n. m. Action de contrebuter; dispositif qui permet de contrebuter.

CONTREBUTER v. t. *Constr.* Opposer à une poussée une poussée ou force en sens contraire qui la neutralise.

CONTRECARRER v. t. (anc. fr. *contrecarre,* résistance). S'opposer directement à qqn, susciter des obstacles devant qqch.

CONTRECHAMP n. m. *Cin.* Prise de vues effectuée dans la direction exactement opposée à celle de la précédente.

CONTRE-CHANT n. m. (pl. *contre-chants*). *Mus.* Phrase mélodique qui soutient le thème.

CONTRECŒUR n. m. *Constr.* Paroi du fond du foyer d'une cheminée. ‖ Rail coudé placé à l'intérieur d'un croisement de voies ferrées.

CONTRECŒUR (À) loc. adv. Avec répugnance, malgré soi.

CONTRECOLLÉ, E adj. Se dit d'un tissu dont l'envers est collé, à la fabrication, de mousse de polyuréthanne qui lui constitue une doublure.

CONTRECOUP n. m. Répercussion d'un choc, d'un coup. ‖ Conséquence indirecte d'un acte, d'un événement.

CONTRE-COURANT n. m. (pl. *contre-courants*). Courant dirigé dans le sens inverse d'un autre courant. ‖ Sens opposé, marche contraire. ‖ *Chim.* Procédé qui consiste à donner à deux corps devant agir l'un sur l'autre des mouvements en sens inverse.

CONTRE-COURBE n. f. (pl. *contre-courbes*). Courbe qui fait immédiatement suite à une autre, mais de sens contraire.

CONTRE-COUSSINET n. m. (pl. *contre-coussinets*). Pièce de métal maintenant le tourillon d'un arbre de transmission dans son coussinet.

CONTRE-CULTURE n. f. (pl. *contre-cultures*). Ensemble des manifestations marquant une révolte contre les activités idéologiques et artistiques dominantes.

CONTREDANSE n. f. (angl. *country dance*). Danse populaire d'origine anglaise et air de musique des XVIIe et XVIIIe s. ‖ *Fam.* Contravention.

CONTRE-DÉNONCIATION n. f. (pl. *contre-dénonciations*). Avertissement au débiteur d'une créance saisie (tiers saisi) que celle-ci fait l'objet d'une saisie-arrêt.

CONTREDIRE v. t. (lat. *contradicere*) [conj. **68**]. Dire le contraire de ce que qqn affirme : *contredire un témoin.* ‖ Être en opposition : *ses actes contredisent ses paroles.* ◆ **se contredire** v. pr. Être en opposition avec soi-même.

CONTREDIT (SANS) loc. adv. Sans contestation possible; indiscutablement.

CONTRÉE n. f. (lat. [*regio*] *contrata,* [pays] situé en face). *Litt.* Étendue de pays : *contrée fertile.*

CONTRE-ÉCROU n. m. (pl. *contre-écrous*). Écrou serré sur un autre pour éviter le desserrage de celui-ci.

CONTRE-ÉLECTROMOTRICE adj. f. Se dit de la force électromotrice inverse qui se développe dans les récepteurs électriques.

CONTRE-EMPREINTE n. f. (pl. *contre-empreintes*). *Techn.* Empreinte prise sur une première empreinte.

CONTRE-ENQUÊTE n. f. (pl. *contre-enquêtes*). Enquête destinée à contrôler les résultats d'une enquête précédente.

CONTRE-ÉPAULETTE n. f. (pl. *contre-épaulettes*). Épaulette sans franges.

CONTRE-ÉPREUVE n. f. (pl. *contre-épreuves*). Seconde expérience destinée à vérifier l'exactitude d'une première. ‖ Vote, sur la proposition contraire à celle qu'on a mise d'abord aux voix, afin de valider le premier vote. ‖ *Arts graph.* Épreuve inversée d'un dessin, obtenue par simple pression, le verso de la feuille ayant été mouillé d'eau; épreuve, par le même procédé, d'une gravure dont l'encre est encore fraîche.

CONTRE-ESPALIER n. m. (pl. *contre-espaliers*). Rangée d'arbres fruitiers palissés en plein air.

CONTRE-ESPIONNAGE n. m. (pl. *contre-espionnages*). Organisation chargée de déceler et de réprimer l'activité des services de renseignements étrangers tant à l'intérieur qu'à l'extérieur du territoire national.

CONTRE-ESSAI n. m. (pl. *contre-essais*). Second essai pour contrôler le premier.

CONTRE-EXEMPLE n. m. (pl. *contre-exemples*). Exemple qui contredit une affirmation, une règle.

CONTRE-EXPERTISE n. f. (pl. *contre-expertises*). Expertise destinée à en contrôler une autre.

CONTRE-EXTENSION n. f. (pl. *contre-extensions*). Méd. Application d'une force, égale et opposée à la force d'extension, faite sur diverses parties du corps, notamment sur les membres.

CONTREFAÇON n. f. Reproduction frauduleuse d'une œuvre littéraire, artistique, d'un produit manufacturé, d'une monnaie, etc.

CONTREFACTEUR n. m. Celui qui commet une contrefaçon.

CONTREFAIRE v. t. (lat. *contrafacere*, imiter) [conj. 72]. Imiter en déformant, reproduire de façon ridicule. ‖ Imiter frauduleusement : *contrefaire un billet de banque*. ‖ Déformer, simuler pour tromper : *contrefaire la folie*.

CONTREFAIT, E adj. Imité par contrefaçon : *écriture contrefaite*. ‖ Difforme : *taille contrefaite*.

CONTRE-FENÊTRE n. f. (pl. *contre-fenêtres*). Partie intérieure d'une double fenêtre.

CONTRE-FER n. m. (pl. *contre-fers*). Pièce métallique ajustée et serrée contre le fer de certains outils à fût (rabot, varlope) pour obtenir un bon corroyage en même temps que l'évacuation des copeaux.

CONTRE-FEU n. m. (pl. *contre-feux*). Feu que l'on allume dans certains secteurs pour créer un vide et arrêter ainsi un incendie.

CONTRE-FICHE n. f. (pl. *contre-fiches*). Étai oblique pour soutenir un mur. ‖ Pièce de charpente d'un comble, qui relie un arbalétrier à son poinçon. ‖ Dans l'établissement d'un index à double entrées d'un dictionnaire bilingue, fiche correspondant à la traduction ou à la référence du mot d'entrée.

CONTREFICHER (SE) v. pr. *Pop.* Se moquer complètement.

CONTRE-FIL n. m. (pl. *contre-fils*). Sens contraire à la direction normale.

CONTRE-FILET n. m. (pl. *contre-filets*). Morceau de bœuf de boucherie, correspondant à la région du rein.

CONTREFORT n. m. *Archit.* Massif de maçonnerie élevé en saillie contre un mur ou un support pour l'épauler. ‖ Pièce de cuir qui sert à renforcer la partie arrière d'une chaussure, au-dessus du talon. ‖ *Géogr.* Montagne moins élevée bordant le massif principal.

CONTRE-HAUT (EN) loc. adv. En dessus d'un objet.

CONTRE-HERMINE n. f. (pl. *contre-hermines*). *Héral.* Fourrure constituée par un fond noir semé de blanc.

CONTRE-INDICATION n. f. (pl. *contre-indications*). *Méd.* Circonstance particulière qui s'oppose à l'emploi d'une médication.

CONTRE-INDIQUÉ, E adj. Qui ne doit pas être employé : *médicament contre-indiqué aux diabétiques.*

CONTRE-INDIQUER v. t. Fournir une contre-indication.

CONTRE-INVESTISSEMENT n. m. (pl. *contre-investissements*). *Psychanal.* Processus de défense de l'individu, qui a pour fonction de faire barrière aux investissements soutenus par la pulsion.

CONTRE-JOUR n. m. (pl. *contre-jours*). Lumière qui éclaire un objet du côté opposé à celui par lequel on le regarde. ● *À contre-jour,* dans un sens opposé au jour, dans un faux jour.

CONTRE-LETTRE n. f. (pl. *contre-lettres*). Acte secret, annulant ou modifiant un autre acte.

CONTREMAÎTRE, ESSE n. Personne qui dirige les ouvriers dans leur travail.

CONTRE-MANIFESTANT, E n. (pl. *contre-manifestants*). Personne qui participe à une contre-manifestation.

CONTRE-MANIFESTATION n. f. (pl. *contre-manifestations*). Manifestation qui s'oppose à une autre.

CONTRE-MANIFESTER v. i. Manifester en opposition à d'autres.

CONTREMARCHE n. f. Marche d'une armée en sens opposé à la direction d'abord suivie. ‖ *Constr.* Paroi verticale formant le devant d'une marche.

CONTREMARQUE n. f. Seconde marque apposée sur qqch. ‖ Carte délivrée à des spectateurs qui sortent momentanément d'une salle de spectacle.

CONTREMARQUER v. t. Apposer une seconde marque sur.

CONTRE-MESURE n. f. (pl. *contre-mesures*). Disposition prise pour s'opposer à une action, à un événement, ou pour les prévenir. ● *Contre-mesure électronique* (Mil.), celle qui, à base de moyens électroniques, vise à gêner le fonctionnement des télécommunications ou de l'armement adverses.

CONTRE-MINE n. f. (pl. *contre-mines*). Autref., galerie souterraine établie préventivement pour se protéger d'une attaque à la mine.

CONTRE-MINER v. t. Faire une contre-mine.

CONTRE-OFFENSIVE n. f. (pl. *contre-offensives*). Opération offensive à objectif stratégique répondant à une offensive de l'adversaire.

CONTREPARTIE n. f. Ce que l'on fournit en échange d'autre chose. ‖ Ce qui constitue en quelque sorte la compensation : *ce métier pénible a pour contrepartie de longues vacances.* ‖ Opinion contraire : *soutenir la contrepartie.* ‖ Double d'un registre sur lequel on inscrit toutes les parties d'un compte. ● *En contrepartie,* en compensation, en échange. ‖ *Faire la contrepartie,* se porter acquéreur ou vendeur de marchandises ou de valeurs que l'on est chargé de négocier en Bourse.

CONTRE-PAS n. m. inv. *Mil.* Demi-pas rapide par lequel on se remet au pas.

CONTRE-PASSATION n. f. (pl. *contre-passations*). *Comptab.* Annulation d'une écriture erronée par une écriture contraire.

CONTRE-PASSER v. t. Faire une contre-passation.

CONTRE-PENTE n. f. (pl. *contre-pentes*). Pente opposée à une autre pente.

CONTRE-PERFORMANCE n. f. (pl. *contre-performances*). Échec subi par qqn dont on attendait la victoire, le succès.

CONTREPÈTERIE n. f. (anc. fr. *contrepéter*, imiter par dérision). Interversion plaisante de lettres ou de syllabes dans un groupe de mots. (Ex. : *trompez, sonnettes, pour sonnez, trompettes.*)

CONTRE-PIED n. m. (pl. *contre-pieds*). Ce qui va à l'encontre d'une opinion, de la volonté de qqn. ‖ *Véner.* Chemin que font les chiens en

contreforts

suivant à rebours les voies d'une bête. ● *Prendre un joueur à contre-pied,* dans certains sports, diriger l'action du côté opposé où l'élan de l'adversaire le porte. ‖ *Prendre le contre-pied,* faire l'inverse pour s'opposer.

CONTRE-PLACAGE n. m. (pl. *contre-placages*). Application, sur les deux faces d'un panneau, de feuilles de placage dont les fibres sont croisées avec celles du panneau.

CONTREPLAQUE n. f. Couche inférieure d'un ensemble de deux placages collés l'un à l'autre pour empêcher le placage mince de parement en bois précieux de se fendre.

CONTRE-PLAQUÉ n. m. (pl. *contre-plaqués*). Bois assemblé par collage en lames minces à fibres opposées.

CONTRE-PLAQUER v. t. Assembler par collage les lames de bois à fibres opposées.

CONTRE-PLONGÉE n. f. (pl. *contre-plongées*). Prise de vues cinématographique dirigée de bas en haut.

CONTREPOIDS n. m. Poids servant à équilibrer une force : *le contrepoids d'une horloge.* ‖ Balancier d'un équilibriste. ‖ Ce qui compense un effet : *apporter un contrepoids nécessaire.*

CONTRE-POIL (À) loc. adv. Dans le sens contraire à celui du poil. ● *Prendre qqn à contre-poil,* l'horripiler.

CONTREPOINT n. m. Discipline musicale qui a pour objet la superposition de lignes mélodiques. ‖ Composition faite d'après les règles du contrepoint. ‖ Thème secondaire qui se superpose à qqch.

CONTRE-POINTE n. f. (pl. *contre-pointes*). Partie tranchante de l'extrémité du dos de la lame d'un sabre. ‖ Point fixe en rotation et mobile en translation, qui, sur un tour, sert d'appui à la pièce que l'on usine.

CONTREPOISON n. m. Remède contre le poison; antidote.

CONTRE-PORTE n. f. (pl. *contre-portes*). Porte légère, capitonnée, placée devant une autre pour intercepter l'air et les bruits. ‖ Face interne de la porte d'un appareil électroménager, souvent aménagée en alvéoles de rangement.

CONTRE-POUVOIR n. m. (pl. *contre-pouvoirs*). Pouvoir qui s'organise pour faire échec à une autorité établie.

CONTRE-PRÉPARATION n. f. (pl. *contre-préparations*). *Mil.* Tir ayant pour objectif les préparatifs offensifs d'un adversaire.

CONTRE-PRESTATION n. f. (pl. *contre-prestations*). *Ethnol.* Dans certaines sociétés, nécessité de fournir des biens en contrepartie de biens reçus. (Le potlatch est une des formes que peut revêtir le système de la contre-prestation.)

CONTRE-PROJET n. m. (pl. *contre-projets*). Projet opposé à un autre.

CONTRE-PROPAGANDE n. f. (pl. *contre-propagandes*). Propagande visant à détruire les effets d'une autre propagande.

CONTRE-PROPOSITION n. f. (pl. *contre-propositions*). Proposition différente d'une autre, souvent opposée.

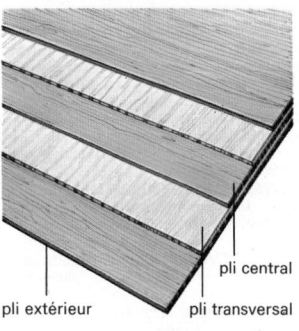

pli central
pli extérieur
pli transversal

contre-plaqué

Algar

227

CONTRE-PUBLICITÉ n. f. (pl. *contre-publicités*). Ce qui contrecarre une publicité.

CONTRER v. t. et i. (de *contre*). Au bridge, défier la partie adverse de réaliser son contrat. || S'opposer avec vigueur à l'action de qqn, à qqch.

CONTRE-RAIL n. m. (pl. *contre-rails*). Rail placé à l'intérieur de la voie pour guider les boudins des roues dans la traversée des aiguilles, passages à niveau, etc.

CONTRE-RÉVOLUTION n. f. (pl. *contre-révolutions*). Mouvement tendant à combattre une révolution, à détruire ses décisions, ses conséquences.

CONTRE-RÉVOLUTIONNAIRE adj. et n. (pl. *contre-révolutionnaires*). Agent, partisan d'une contre-révolution.

CONTRESCARPE n. f. *Fortif.* Talus extérieur du fossé d'un ouvrage.

CONTRESEING [kɔ̃trəsɛ̃] n. m. Signature de celui qui contresigne. ● *Contreseing ministériel*, signature d'un ou de plusieurs ministres, apposée à côté de celle du chef de l'État et permettant, dans le cadre d'un régime parlementaire, de faire jouer la responsabilité du gouvernement.

CONTRESENS [kɔ̃trəsɑ̃s] n. m. Sens contraire au sens naturel : *contresens d'une étoffe.* || Interprétation erronée d'un mot, d'une phrase. || Ce qui va à l'encontre de la logique, du bon sens : *sa conduite est un contresens.* ● *À contresens*, dans un sens contraire.

CONTRESIGNATAIRE adj. et n. Qui appose un contreseing.

CONTRESIGNER v. t. Signer après celui dont l'acte émane. || Apposer sa signature sur un acte pour en attester l'authenticité.

CONTRE-SUJET n. m. (pl. *contre-sujets*). *Mus.* Phrase musicale qui accompagne l'entrée d'un thème, notamment dans la fugue.

CONTRE-TAILLE n. f. (pl. *contre-tailles*). *Grav.* Taille qui croise les premières tailles.

CONTRETEMPS n. m. Événement fâcheux, imprévu, qui va contre les projets, les mesures prises, etc. || *Mus.* Procédé rythmique qui consiste à émettre un son sur un temps faible ou la partie faible d'un temps, en le faisant suivre d'un silence sur le temps fort ou la partie forte du temps qui lui succède. ● *À contretemps*, mal à propos.

CONTRE-TERRORISME n. m. Ensemble d'actions ripostant au terrorisme.

CONTRE-TERRORISTE adj. et n. (pl. *contre-terroristes*). Qui fait du contre-terrorisme.

CONTRE-TIMBRE n. m. (pl. *contre-timbres*). Empreinte apposée sur les papiers timbrés pour modifier la valeur du premier timbre.

CONTRE-TIRER v. t. Tirer en contre-épreuve une gravure, un dessin, etc.

CONTRE-TORPILLEUR n. m. (pl. *contre-torpilleurs*). Type de bâtiment de guerre créé à la fin du XIXᵉ s. pour lutter contre les torpilleurs. (Syn. DESTROYER.)

CONTRE-TRANSFERT n. m. (pl. *contre-transferts*). *Psychanal.* Ensemble des réactions inconscientes de l'analyste à l'égard du patient et qui peuvent interférer sur son interprétation.

CONTRETYPE n. m. Fac-similé d'une image photographique, obtenu en photographiant cette image. || Copie positive d'un film obtenue à partir d'un double du négatif original.

CONTRETYPER v. t. Établir un contretype.

CONTRE-VAIR n. m. (pl. *contre-vairs*). *Hérald.* Fourrure constituée par des clochetons d'azur et d'argent, réunis deux à deux par leur base.

contre-vair   vair

CONTRE-VALEUR n. f. (pl. *contre-valeurs*). Valeur donnée en échange d'une autre.

CONTREVALLATION n. f. (de *contre*, et lat. *vallatio*, retranchement). Ligne établie par l'assiégeant pour se garder des sorties des assiégés.

CONTRE-VAPEUR n. m. inv. Système qui permet le renversement de la vapeur pour arrêter un train roulant vite.

CONTREVENANT, E n. Personne qui enfreint les lois ou les règlements.

CONTREVENIR v. t. ind. [à] (conj. **16**; prend l'auxil. *avoir*). Agir contrairement à une prescription, à une obligation.

CONTREVENT n. m. Panneau pivotant sur un de ses bords verticaux et doublant extérieurement un châssis vitré. || Dans une charpente, pièce de bois placée obliquement entre les fermes pour les renforcer.

CONTREVENTEMENT n. m. Élément de construction destiné à protéger celle-ci contre le renversement et les déformations dues à des efforts horizontaux.

CONTREVENTER v. t. *Constr.* Renforcer à l'aide d'un contreventement.

CONTREVÉRITÉ n. f. Affirmation contraire à la vérité.

CONTRE-VISITE n. f. (pl. *contre-visites*). Visite médicale destinée à contrôler les résultats d'une autre.

CONTRE-VOIE n. f. (pl. *contre-voies*). Voie parallèle à celle que suit un train.

CONTRIBUABLE n. Qui paie des contributions.

CONTRIBUER v. t. ind. [à] (lat. *contribuere*). Participer à certain résultat par son action, son argent : *le mauvais temps contribue à la hausse des prix; contribuer à l'entretien d'une maison.*

CONTRIBUTIF, IVE adj. *Dr.* Qui concerne les contributions.

CONTRIBUTION n. f. (lat. *contributio*). Part apportée par qqn à une action commune. || (Surtout au plur.) Impôt payé à l'État. || Procédure de distribution, utilisée lorsque le bien saisi ou vendu n'est pas hypothéqué. ● *Contribution personnelle*, celle que l'on paie individuellement. || *Mettre qqn à contribution*, avoir recours à ses services.

CONTRIT, E adj. (lat. *contritus*, broyé). *Litt.* Qui a un regret de ses actes et se le reproche; repentant.

CONTRITION n. f. *Relig.* Regret sincère d'une faute; repentir.

CONTRÔLABILITÉ n. f. Qualité de ce qui est contrôlable.

CONTRÔLABLE adj. Qui peut être vérifié.

CONTROLATÉRAL, E, AUX adj. *Méd.* Se dit de certaines lésions ou paralysies dont l'effet se manifeste du côté opposé du corps.

CONTRÔLE n. m. (anc. fr. *contrerole*, registre tenu au double). Vérification, inspection attentive de la régularité d'un acte, de la validité d'une pièce. || Marque de l'État sur les ouvrages d'or, d'argent ou de platine. || Vérification de l'état d'un produit ou d'un élément de machine ou d'installation. || Maîtrise de sa propre conduite, de la manœuvre de véhicules, d'appareils : *perdre, garder le contrôle de soi-même.* || État nominatif des personnes qui appartiennent à un corps : *officier rayé des contrôles de l'armée.* || Endroit où se fait un contrôle, une vérification. ● *Contrôle continu des connaissances*, vérification du niveau des connaissances des étudiants par des interrogations et des travaux effectués tout au long de l'année. || *Contrôle des naissances*, expression traduite de l'anglais *birth control*, utilisée pour désigner la procréation dirigée, le planning familial. || *Contrôle général des armées*, corps de hauts fonctionnaires militaires chargés directement par le ministre de vérifier, dans toutes les formations ou établissements relevant de son autorité, l'observation des lois et des règlements, notamment en matière financière. || *Contrôle judiciaire*, mesure qui, tout en sauvegardant la liberté d'un inculpé, le soumet à une certaine surveillance.

CONTRÔLER v. t. Vérifier : *contrôler les dépenses, des bijoux.* || Avoir la maîtrise de la situation; administrer, diriger : *la flotte contrôle*

la Méditerranée; *contrôler la course en tête du peloton.* ◆ **se contrôler** v. pr. Se maîtriser.

CONTRÔLEUR, EUSE n. Personne chargée d'exercer un contrôle. ● *Contrôleur de la navigation aérienne*, professionnel chargé de suivre et de contrôler les mouvements des aéronefs afin d'éviter les risques de collision, particulièrement dans les zones terminales qui entourent les aéroports. (Syn. fam. AIGUILLEUR DU CIEL.)

CONTRÔLEUR n. m. Appareil de contrôle.

CONTRORDRE n. m. Annulation d'un ordre donné précédemment.

CONTROUVÉ, E adj. *Litt.* Entièrement inventé.

CONTROVERSABLE adj. Qui peut être discuté : *fait controversable.*

CONTROVERSE n. f. (lat. *controversia*). Débat, contestation sur une question, une opinion.

CONTROVERSÉ, E adj. Contesté, discuté : *une explication très controversée.*

CONTROVERSISTE n. Personne qui traite de controverse en matière de religion.

CONTUMACE [kɔ̃tymas] n. f. (lat. *contumacia*, orgueil). Refus, défaut de comparaître en justice pour affaire criminelle. ● *Purger sa contumace*, se présenter devant le juge après avoir été condamné par contumace.

CONTUMAX [kɔ̃tymaks] adj. et n. Personne en état de contumace.

CONTUSION n. f. (lat. *contusio*). Meurtrissure produite par un corps dur, contondant, sans déchirure de la peau ni fracture de l'os.

CONTUSIONNER v. t. Faire des contusions, blesser par contusion; meurtrir.

CONURBATION n. f. (lat. *cum*, avec, et *urbs*, ville). Agglomération formée par plusieurs villes voisines dont les banlieues se sont rejointes.

CONVAINCANT, E adj. Propre à convaincre, probant : *raisonnement convaincant.*

CONVAINCRE v. t. (lat. *convincere*) [conj. **47**]. Amener qqn, par raisonnement ou par preuves, à reconnaître la vérité, l'exactitude d'un fait ou sa nécessité; persuader : *convaincre un incrédule.* ● *Convaincre qqn de*, apporter des preuves certaines de sa culpabilité : *convaincre qqn de mensonge.*

CONVAINCU, E adj. et n. Personne qui adhère fortement à une opinion.

CONVALESCENCE n. f. (lat. *convalescere*, reprendre des forces). Retour progressif à la santé après une maladie.

CONVALESCENT, E adj. et n. Personne qui relève de maladie.

CONVECTEUR n. m. Appareil de chauffage dans lequel l'air est chauffé par convection au contact de surfaces de chauffe non apparentes.

CONVECTION n. f. (lat. *convectio*; de *convehere*, charrier). Mouvement d'un fluide sous l'influence de différences de température. || Mouvement vertical de l'air, d'origine souvent thermique ou orographique.

CONVENABLE adj. Approprié à son objet, à un usage, à une situation : *moment convenable; salaire convenable.* || Qui respecte les bienséances, qui est conforme à la morale, au bon sens : *une tenue convenable.* || Qui a les qualités requises, sans plus; passable : *un logement convenable.*

CONVENABLEMENT adv. De façon convenable.

CONVENANCE n. f. Qualité de ce qui convient à qqn, à qqch. ● *À votre convenance*, selon ce qui vous convient. || *Mariage de convenance*, mariage conclu sur des rapports d'argent, de famille, etc. ● pl. Bons usages, manière d'agir des gens bien élevés. ● *Convenances personnelles*, raisons qui ne sont pas indiquées.

CONVENANT n. m. *Bail à convenant*, syn. de BAIL À DOMAINE CONGÉABLE*.

CONVENIR v. t. ind. [de, à] (lat. *convenire*) [conj. **16**; auxil. *avoir* au sens de être approprié, dans les autres cas, auxil. *avoir* ou, litt., *être*]. Faire un accord, s'arranger à l'amiable : *ils conviennent de se réunir.* || Avouer, reconnaître comme vrai : *il convient de sa méprise.* || Être approprié à, agréer : *cet emploi lui convient.*

◆ v. impers. Etre utile, à propos : *il voudrait savoir ce qu'il convient de faire.*

CONVENT n. m. (mot angl.; lat. *conventus,* réunion). Assemblée générale de francs-maçons.

CONVENTION n. f. (lat. *conventio*). Accord permanent entre des personnes ou des groupes : *une langue est un système de conventions.* ‖ Accord officiel passé entre des individus, des groupes sociaux ou politiques, des États. ‖ Nom donné à quelques Assemblées nationales constituantes. (La plus célèbre est, en France, la Convention nationale [1792-1795].) ‖ Aux États-Unis, congrès d'un parti, réuni en vue de désigner un candidat à la présidence. ● *Convention collective de travail,* accord conclu entre salariés et employeurs pour régler les conditions de travail. ‖ *De convention,* admis par un accord tacite. ◆ pl. Ce qu'il est convenu de respecter suivant la bienséance.

CONVENTIONNALISME n. m. Tendance au conformisme social. ‖ *Philos.* Conception selon laquelle les axiomes des sciences, les principes moraux, les bases du langage, etc., ne constituent que des systèmes de conventions.

CONVENTIONNÉ, E adj. Lié à la Sécurité sociale par une convention de tarifs : *clinique conventionnée.*

CONVENTIONNEL, ELLE adj. Qui résulte d'une convention : *signe conventionnel; formule conventionnelle.* ‖ Admis en vertu des convenances sociales; qui manque de naturel, de vérité : *morale conventionnelle.* ● *Arme, armement conventionnels,* v. CLASSIQUE.

CONVENTIONNEL n. m. *Hist.* Membre de la Convention nationale.

CONVENTIONNELLEMENT adv. Par convention.

CONVENTIONNEMENT n. m. Action de conventionner.

CONVENTIONNER v. t. Lier à la Sécurité sociale par un système de conventions.

CONVENTUEL, ELLE adj. (lat. *conventualis;* de *conventus,* couvent). Relatif à la vie d'une communauté religieuse. ● *Frères mineurs conventuels,* ou *Conventuels* n. m. pl., un des trois ordres religieux issus de la fondation de saint François d'Assise. (Les Conventuels constituent la branche des religieux qui ne suivirent pas, au XIVᵉ s., la réforme des Observants.)

CONVERGENCE n. f. Fait de converger : *convergence de rayons lumineux.* ‖ Action de tendre vers un même but : *convergence des efforts.* ‖ Inverse de la distance focale. ‖ *Biol.* Tendance évolutive de divers organismes, appartenant à des groupes très différents, vers des formes, des structures ou des fonctionnements semblables. ‖ *Math.* Propriété d'une série dont la somme des termes tend vers une limite. ● *Convergence des méridiens,* variation de l'angle (azimut) sous lequel un même grand cercle de la sphère terrestre coupe les méridiens successifs. ‖ *Ligne de convergence* (Océanogr.), limite entre deux masses d'eau de densités différentes. ‖ *Ligne de convergence intertropicale* (en abrégé **C.I.T.**), ligne de contact entre les deux alizés.

CONVERGENT, E adj. Qui tend au même but, au même résultat : *des efforts convergents; des opinions convergentes.* ‖ *Math.* Se dit d'une suite de nombres, d'une série qui tend vers une limite déterminée. ● *Lentille convergente,* lentille qui fait converger des rayons parallèles.

CONVERGER v. i. (lat. *cum,* avec, et *vergere,* incliner vers) [conj. **1**]. Aboutir au même point ou au même résultat : *les voies ferrées convergent sur Paris.* ‖ *Math.* Tendre vers une valeur déterminée.

CONVERS, E adj. (lat. *conversus,* converti). Se dit d'un religieux, d'une religieuse employé aux services domestiques d'un couvent.

CONVERSATION n. f. Communication orale d'idées; manière de converser : *lier conversation avec qqn.* ● *Avoir de la conversation,* avoir toujours qqch à dire. ‖ *Conversations diplomatiques,* pourparlers.

CONVERSATIONNEL, ELLE adj. Se dit d'un mode d'utilisation d'ordinateur dans lequel l'uti-

lisateur dialogue avec la machine à l'aide d'un terminal fonctionnant en entrée et en sortie : *télétype, unité de visualisation avec clavier, etc.*

CONVERSER v. i. (lat. *conversari*). S'entretenir familièrement avec qqn.

CONVERSION n. f. (lat. *conversio*). Passage de l'incroyance à la foi, d'une religion à une autre, ou d'une opinion à une autre. ‖ Transformation du résultat d'une mesure exprimé avec certaines unités en un nouveau résultat exprimé avec d'autres unités. ‖ Changement de taux de l'intérêt d'un emprunt public. ‖ Changement d'une situation juridique en une autre. ‖ *Mil.* Changement de la direction du front d'une armée. ‖ *Psychiatr.* Transposition d'un conflit psychique avec tentative de résolution de celui-ci dans des symptômes somatiques. ‖ *Sports.* À skis, demi-tour effectué sur place.

CONVERTI, E adj. et n. Amené ou ramené à la religion. ‖ Qui a radicalement changé de conduite ou d'opinion. ● *Prêcher un converti,* vouloir convaincre qqn qui est déjà convaincu.

CONVERTIBILITÉ n. f. *Dr.* Propriété de ce qui est convertible.

CONVERTIBLE adj. *Dr.* Qui peut s'échanger contre d'autres titres, d'autres valeurs. ‖ Qui peut être transformé pour un autre usage. ● *Canapé convertible,* ou *convertible* n. m., canapé-lit.

CONVERTIBLE n. m. Avion dont la propulsion peut, par basculement de son dispositif, s'effectuer verticalement ou horizontalement.

CONVERTIR v. t. (lat. *convertere*). Amener qqn à la foi religieuse; faire changer qqn de religion, d'opinion, de conduite. ‖ Changer une chose en une autre; transformer, adapter à une nouvelle fonction. ‖ Réaliser la valeur en argent de biens, de valeurs mobilières; échanger une monnaie contre une autre.

CONVERTISSAGE n. m. Opération métallurgique faite au convertisseur.

CONVERTISSEUR n. m. Personne qui convertit des âmes (souvent ironiq.). ‖ Grande cornue métallique avec revêtement intérieur réfractaire acide ou basique, dans laquelle se produit une réaction d'oxydation et utilisée dans les métallurgies de l'acier, du cuivre et du nickel. ‖ Machine à transformer le courant électrique. ‖ Appareil permettant de faire varier de façon continue, entre des limites déterminées, la valeur d'un couple moteur. ‖ Machine qui transcrit une information d'un support à un autre, d'une forme à une autre. ‖ Dispositif

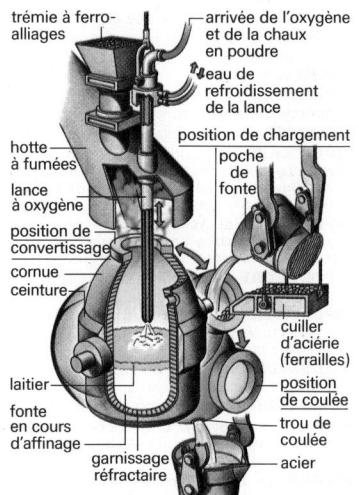

CONVERTISSEUR (sidérurgie)
procédé O. L. P. *(oxygène lance-poudre)*

trémie à ferro-alliages — arrivée de l'oxygène et de la chaux en poudre — eau de refroidissement de la lance — position de chargement — poche de fonte — hotte à fumées — lance à oxygène — position de convertissage — cornue — ceinture — cuiller d'aciérie (ferrailles) — laitier — position de coulée — fonte en cours d'affinage — trou de coulée — acier — garnissage réfractaire

permettant d'augmenter la brillance des images de télévision.

CONVEXE adj. (lat. *convexus,* voûté). Courbé et saillant à l'extérieur. (Contr. CONCAVE.) ‖ *Math.* Se dit d'un ensemble linéaire tel que, si *a* et *b* sont deux quelconques de ses éléments, il contient tous les éléments du segment fermé [*a, b*].

CONVEXITÉ n. f. Rondeur, courbure saillante d'un corps : *la convexité de la Terre.*

CONVICT [kɔ̃vikt] n. m. (mot angl.). En droit anglais, criminel emprisonné ou déporté (vx).

CONVICTION n. f. (lat. *convictus,* convaincu). Ferme adhésion fondée sur des sentiments personnels : *emporter la conviction.* ‖ Conscience que qqn a de l'importance de ses actes : *agir avec conviction.* ● *Conviction délirante* (Psychiatr.), certitude absolue non accessible à la critique du jugement ou de l'évidence.

CONVIER v. t. (lat. *cum,* avec, et *invitare,* inviter). Engager, inviter à une action : *le beau temps convie à la promenade.* ‖ *Litt.* Inviter qqn à un repas, à une fête.

CONVIVE n. (lat. *conviva*). Personne qui prend part à un repas avec d'autres personnes.

CONVIVIAL, E, AUX adj. Relatif à la convivialité.

CONVIVIALITÉ n. f. Capacité d'une société à favoriser la tolérance et les échanges réciproques des personnes et des groupes qui la composent.

CONVOCABLE adj. Qui peut être convoqué.

CONVOCATION n. f. (lat. *convocatio*). Action de convoquer; avis invitant à se présenter : *convocation d'une assemblée; lancer une convocation.* ● *Convocation verticale* (Mil.), appel de réservistes pour une période d'exercice.

CONVOI n. m. (de *convoyer*). Groupe de véhicules ou de personnes qui se dirigent ensemble vers un même lieu. ‖ Suite de voitures de chemin de fer entraînées par une seule machine (syn. TRAIN).

CONVOIEMENT ou **CONVOYAGE** n. m. Action de convoyer; prix d'un convoi.

CONVOITER v. t. (anc. fr. *coveitier;* lat. *cupiditas,* désir). Désirer avec avidité.

CONVOITISE n. f. Désir immodéré de possession; avidité; cupidité.

CONVOLER v. i. (lat. *convolare,* voler avec). *Ironiq.* et *vx.* Se marier.

CONVOLUTÉ, E adj. (lat. *convolutus;* de *convolvere,* enrouler). *Bot.* Roulé en spirale.

CONVOLUTION n. f. Opération mathématique consistant à intégrer les produits de deux fonctions d'une même variable décalées l'une par rapport à l'autre.

CONVOLVULACÉE n. f. Plante volubile aux pétales entièrement soudés, telle que le *liseron* ou l'*ipomée.* (Les *convolvulacées* forment une famille.)

CONVOQUER v. t. (lat. *convocare*). Faire assembler : *convoquer les candidats à un examen.* ‖ Faire venir près de soi.

CONVOYAGE n. m. → CONVOIEMENT.

CONVOYER v. t. (lat. *via,* chemin) [conj. **2**]. Accompagner un groupe pour le protéger.

CONVOYEUR adj. et n. m. Qui convoie : *navire convoyeur.* (Syn. ESCORTEUR.) ‖ Engin de transport continu.

CONVULSER v. t. (lat. *convellere,* arracher). Contracter violemment les traits du visage, tordre les membres : *visage convulsé par la terreur.*

CONVULSIF, IVE adj. Caractérisé par des convulsions; nerveux, saccadé : *rire convulsif.*

CONVULSION n. f. (lat. *convulsio*). Contraction spasmodique intéressant toute la musculature du corps. ‖ Soubresaut, agitation violente : *convulsion politique.*

CONVULSIONNAIRE n. Fanatique janséniste du début du XVIIIᵉ s., qui se livrait, sous l'effet de l'exaltation religieuse, à des manifestations d'hystérie collective.

CONVULSIONNER v. t. Déformer par une agitation violente.

CONVULSIVEMENT adv. De façon convulsive.

CONVULSIVOTHÉRAPIE n. f. *Psychiatr.* Thérapie utilisant les crises convulsives provoquées.

COOBLIGÉ, E adj. et n. Syn. de CODÉBITEUR.

COOCCUPANT, E n. Personne qui occupe un lieu avec une ou plusieurs autres.

COOCCURRENCE n. f. *Ling.* Apparition d'une unité linguistique en même temps qu'une autre.

COOL [kul] adj. inv. et n. m. inv. (angl. *cool*, frais). Se dit d'un style de jazz apparu à la fin des années 1940, au rythme moins complexe que dans le bop et aux sonorités feutrées et raffinées. ‖ *Fam.* Calme, décontracté.

COOLIE [kuli] n. m. (angl. *coolie*; mot hindī). Travailleur asiatique.

COOPÉRANT n. m. Jeune homme effectuant son service national actif dans le service de la coopération.

COOPÉRATEUR, TRICE n. Membre d'une société coopérative.

COOPÉRATIF, IVE adj. Qui a pour but une coopération. ‖ Qui participe volontiers à une action commune.

COOPÉRATION n. f. Action de coopérer. ‖ Méthode d'action économique par laquelle des personnes ayant des intérêts communs constituent une entreprise où les droits de chacun à la gestion sont égaux et où le profit est réparti entre les seuls associés au prorata de leur activité. ‖ Forme d'aide à certains pays en voie de développement. ● *Service de la coopération*, depuis 1965 forme du service national applicable à certains jeunes gens volontaires pour accomplir une mission de coopération culturelle ou technique en faveur d'États étrangers qui en font la demande.

COOPÉRATISME n. m. Théorie qui voit dans la coopération la solution du problème social.

COOPÉRATIVE n. f. Groupement d'acheteurs, de commerçants ou de producteurs pratiquant la coopération.

COOPÉRER v. t. ind. [à] (conj. **5**). Agir conjointement avec qqn : *coopérer à un travail*.

COOPTATION n. f. (lat. *cooptatio*). Mode de recrutement consistant, pour une assemblée, à désigner elle-même les membres nouveaux.

COOPTER v. t. Admettre par cooptation.

COORDINATEUR, TRICE ou **COORDONNATEUR, TRICE** adj. et n. Qui coordonne.

COORDINATION n. f. (lat. *ordinatio*, mise en ordre). Action de coordonner. ● *Coordination des transports*, réglementation étatique destinée à maintenir des possibilités de coexistence entre les entreprises de transports ferroviaires, routiers, fluviaux et aériens.

COORDINENCE n. f. Liaison chimique qui unit plusieurs molécules en un composé complexe. ‖ Nombre total d'ions ou d'atomes liés à un élément central.

COORDONNÉ, E adj. Organisé simultanément. ‖ *Ling.* Relié par une conjonction de coordination.

COORDONNÉE n. f. *Math.* Élément servant à déterminer la position d'un point sur une surface ou dans l'espace par rapport à un système de référence : *coordonnées rectilignes, sphériques*. ◆ ‖ Indications (adresse, téléphone, horaire) permettant de localiser qqn à un moment donné. ● *Coordonnées géographiques*, sur les globes terrestres et les cartes, quadrillé de lignes (méridiens et parallèles) qui permettent de repérer un point à la surface du globe.

COORDONNER v. t. Agencer des éléments pour constituer un ensemble cohérent : *coordonner des mouvements, des efforts*.

COORDONNÉS n. m. pl. Terme commercial désignant, dans le domaine de l'habillement, différentes pièces assorties entre elles, et, dans celui de la décoration, différents éléments en harmonie.

COPAHU [kɔpay] n. m. (mot tupi). Sécrétion oléorésineuse du copayer, autrefois utilisée en thérapeutique.

COPAÏER [kɔpaje] n. m. (de *copahu*). Arbre résineux de l'Amérique tropicale. (Famille des césalpiniacées.)

COPAIN, COPINE n. (lat. *cum*, avec, et *panis*, pain). *Fam.* Camarade, ami.

COPAL n. m. (mot esp., de l'aztèque) [pl. *copals*]. Résine produite par divers arbres tropicaux (conifères ou césalpiniacées) et utilisée dans la fabrication des vernis.

COPARTAGE n. m. Partage entre plusieurs.

COPARTAGEANT, E adj. et n. *Dr.* Qui partage avec d'autres.

COPARTAGER v. t. (conj. **1**). Partager avec d'autres.

COPARTICIPANT, E adj. et n. Qui participe avec d'autres à une entreprise, à une association.

COPARTICIPATION n. f. Participation commune de plusieurs personnes.

COPATERNITÉ n. f. Paternité assumée par deux ou plusieurs personnes. (Le terme est employé, dans le droit de la filiation, en cas de possibilité de plusieurs pères naturels d'un même enfant.)

COPEAU n. m. (lat. *cuspis*, fer d'une lance). Parcelle de bois ou de métal enlevée avec un instrument tranchant.

COPÉPODE n. m. Crustacé de petite taille, qui abonde dans le plancton d'eau douce ou marin (ex. : *cyclope*). [Les *copépodes* forment un ordre.]

COPIAGE n. m. Action de copier frauduleusement dans un examen. ‖ Fabrication automatique d'une pièce sur une machine-outil, identiquement à un modèle donné.

COPIE n. f. (lat. *copia*, abondance). Reproduction exacte d'un écrit, d'une œuvre d'art, du contenu d'un disque, d'une bande magnétique. ‖ *Devoir d'élève : corriger des copies.* ‖ Feuille double de format écolier. ‖ Personne qui reproduit les traits, les attitudes d'une autre (vx). ‖ *Fam.* Sujet d'article de journal : *journaliste en mal de copie.* ‖ *Arts graph.* Manuscrit ou imprimé sur lequel travaille le compositeur. ‖ *Cin.* Exemplaire d'un film.

COPIER v. t. Faire une copie : *copier un tableau.* ‖ Transcrire servilement : *copier le devoir d'un camarade.* ‖ Imiter sans originalité : *copier les manières de qqn.*

COPIEUR, EUSE n. Élève qui copie frauduleusement son devoir.

COPIEUR n. m. Syn. de PHOTOCOPIEUR. ‖ *Techn.* Dispositif permettant à une machine-outil de fabriquer une pièce de forme définie par un modèle, un gabarit ou un dessin.

COPIEUSEMENT adv. De façon copieuse.

COPIEUX, EUSE adj. (lat. *copiosus*). Abondant : *un repas copieux.*

COPILOTE n. m. *Aéron.* Pilote auxiliaire.

COPINAGE n. m. *Fam.* et péjor. Échange intéressé de petits services.

COPINE n. f. → COPAIN.

COPINER v. i. *Fam.* et péjor. Établir des liens de camaraderie avec qqn.

COPINERIE n. f. *Fam.* Relations entre copains.

COPISTE n. Personne qui copie, et notamment celle qui copiait des manuscrits, de la musique. ‖ *Impr.* Ouvrier qui effectue la copie de clichés sur une forme d'impression.

COPLANAIRE adj. *Math.* Se dit de points ou de droites situés dans un même plan, de vecteurs libres parallèles à un même plan.

COPOLYMÈRE n. m. *Chim.* Corps obtenu par copolymérisation.

COPOLYMÉRISATION n. f. *Chim.* Polymérisation effectuée à partir d'un mélange de deux ou plusieurs monomères.

COPOSSÉDER v. t. (conj. **5**). Posséder avec un ou plusieurs autres.

COPOSSESSION n. f. Possession en commun.

COPPA n. f. (mot it.). Charcuterie d'origine italienne, constituée par de l'échine de porc désossée, salée et fumée.

COPRAH ou **COPRA** n. m. (mot angl., du tamoul). Amande de coco débarrassée de sa

coprins

coque, desséchée et prête à être mise au moulin pour l'extraction de l'huile.

COPRIN n. m. (gr. *kopros*, excrément). Champignon à lames, à chapeau rabattu contre le pied, poussant sur les fumiers, et comestible à l'état jeune. (Classe des basidiomycètes, famille des agaricacées.)

COPRODUCTION n. f. Production en commun d'un film; ce film.

COPROLALIE n. f. (gr. *kopros*, excrément, et *lalein*, parler). *Psychiatr.* Langage ordurier provoqué par un trouble mental.

COPROLITHE n. m. Excrément fossile. ‖ Calcul dans les selles.

COPROLOGIE n. f. Étude biologique des selles.

COPROPHAGE adj. et n. m. Qui se nourrit d'excréments.

COPROPHAGIE n. f. (gr. *phagein*, manger). Action d'ingérer des excréments.

COPROPHILIE n. f. (gr. *philia*, amour). *Psychol.* Plaisir de manipuler, de toucher, de sentir les produits excrémentiels.

COPROPRIÉTAIRE n. Personne qui possède avec d'autres une maison, une terre, etc.

COPROPRIÉTÉ n. f. Propriété commune entre plusieurs personnes.

COPS [kɔps] n. m. (mot angl.). Petit support en bois de forme tronconique sur lequel est enroulé le fil de trame lors du tissage.

COPSAGE n. m. Action d'enrouler sur un cops le fil de trame.

COPTE adj. et n. (gr. *aiguptos*, égyptien). Chrétien d'Égypte et d'Éthiopie, qui professe le monophysisme. (Depuis le XVIIIᵉ s., une minorité de chrétiens coptes se sont ralliés à Rome.)

COPTE n. m. Égyptien ancien écrit en un alphabet dérivé du grec et servant de langue liturgique à l'Église copte.

COPULATIF, IVE adj. *Ling.* et *Log.* Qui établit une liaison entre des termes.

COPULATION n. f. (lat. *copulatio*, union). Accouplement d'un mâle et d'une femelle.

COPULE n. f. (lat. *copula*). *Ling.* Mot qui lie l'attribut au sujet d'une proposition : *le verbe « être » est la copule la plus fréquente.*

COPULER v. i. *Fam.* S'accoupler.

COPYRIGHT [kɔpirajt] n. m. (mot angl.). Droit exclusif pour un auteur ou son éditeur d'exploiter pendant plusieurs années une œuvre littéraire, artistique ou scientifique. ‖ Marque de ce droit symbolisé par le signe ©, qui est imprimé, dans un livre, au verso de la page de titre et qui est suivi du nom du titulaire du droit d'auteur et de l'indication de l'année de première publication.

COQ n. m. (onomat.). Oiseau domestique, mâle de la poule. ‖ Nom donné au mâle d'autres oiseaux (ex. : *faisan*). ‖ Dans certains apprêts culinaires, syn. de POULET : *coq au vin.* ‖ Disque de protection, ciselé, gravé ou émaillé, placé à l'intérieur des montres anciennes pour abriter le spiral régulateur. ‖ Catégorie de sportifs, déterminée par le poids. ● *Au chant du coq*, au point du jour. ‖ *Coq de bruyère*, oiseau de l'ordre des gallinacés, gibier estimé, devenu rare en France. (Long. 85 cm.) [Syn. TÉTRAS.] ‖ *Coq*

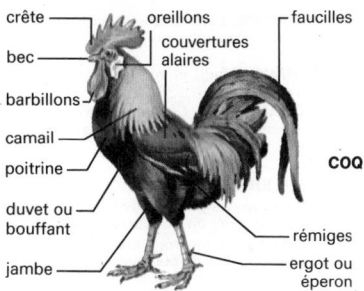

crête — oreillons — faucilles
bec — couvertures alaires
barbillons
camail
poitrine — COQ
duvet ou bouffant
jambe — rémiges — ergot ou éperon

praire
coquille Saint-Jacques
huître — couteau
escargot — planorbe
brachiopode
patelle
porcelaine
mitridé
ormeau

COQUILLES

coque

coquelicot

gaulois, un des emblèmes de la nation française. ‖ *Coq de roche,* oiseau passereau de l'Amérique du Sud, à plumage orangé chez le mâle. (Syn. RUPICOLE.) ‖ *Coq de village,* homme le plus admiré des femmes dans une localité. ‖ *Être comme un coq en pâte,* être entouré de soins, choyé. ‖ *Jambes, mollets de coq* (Fam.), jambes très grêles. ‖ *Passer du coq à l'âne,* passer sans raison d'un sujet à un autre.

COQ n. m. (néerl. *kok,* cuisinier). Cuisinier à bord d'un navire.

COQ-À-L'ÂNE [kɔkalɑn] n. m. inv. Propos qui n'ont point de suite, de liaison.

COQUART ou **COQUARD** [kɔkar] n. m. *Pop.* Coup, ecchymose, généralement à l'œil.

COQUE n. f. (lat. *coccum,* excroissance d'une plante). Enveloppe solide et dure de l'œuf. ‖ Enveloppe ligneuse de certains fruits : *coque de noix.* ‖ Cocon du ver à soie et d'autres insectes qui filent. ‖ Mollusque bivalve comestible, vivant dans le sable des plages. ‖ Carcasse d'une navire, d'un avion. ‖ Bâti métallique rigide d'une automobile, qui remplace le châssis et la carrosserie. ‖ *Archit.* Surface de couverture, voire d'enveloppe, en béton armé, qui tire sa résistance de sa courbure, en général double. ● *Œuf à la coque,* œuf non cassé, légèrement cuit dans l'eau bouillante, mais non durci.

COQUELET n. m. Jeune coq.

COQUELICOT n. m. (onomat.). Plante herbacée à fleurs rouges, de la famille des papavéracées, commune dans les champs de céréales, où elle constitue une mauvaise herbe.

COQUELUCHE n. f. Maladie contagieuse, avec toux convulsive, qui attaque surtout les enfants. ‖ *Fam.* Personne qui fait l'objet d'une admiration passagère.

COQUELUCHEUX, EUSE adj. et n. Relatif à la coqueluche; atteint de coqueluche.

COQUEMAR n. m. (néerl. *kookmoor*). Pot de métal à couvercle et anse.

COQUERET n. m. Syn. de PHYSALIS.

COQUERIE n. f. *Mar.* Cuisine à bord d'un navire ou sur un quai pour les matelots.

COQUERON n. m. Compartiment situé à l'extrémité d'un navire et servant souvent de citerne de lestage.

COQUET, ETTE adj. et n. (de *coq*). Qui cherche à plaire par sa toilette, son élégance, par ses manières. ◆ adj. Qui a un aspect plaisant, élégant : *appartement coquet.* ‖ Se dit d'une somme d'argent assez considérable.

COQUETIER n. m. (de *coque*). Petit godet creux qui permet de loger un œuf à la coque pour le manger.

COQUETIER n. m. (de *coq*). Marchand d'œufs et de volailles en gros.

COQUETTEMENT adv. De façon coquette.

COQUETTERIE n. f. Caractère d'une personne coquette; désir de plaire. ● *Avoir une coquette-rie dans l'œil* (Fam.), loucher légèrement.

COQUILLAGE n. m. Mollusque pourvu d'une coquille; la coquille elle-même.

COQUILLART n. m. Pierre calcaire renfermant des coquilles.

COQUILLE n. f. (lat. *conchylium*). Enveloppe dure, de nature calcaire, sécrétée par le tégu-

ment qui couvre le corps de beaucoup de mollusques et de brachiopodes. ‖ Coque vide des œufs et des noix. ‖ Appareil de protection du bas-ventre que l'on porte pour pratiquer certains sports. ‖ *Archit.* Ornement en forme de coquille de mollusque (notamment dans les styles Louis XIV et rocaille). ‖ *Arm.* Expansion de la garde d'une arme blanche, pour protéger la main. ‖ *Arts graph.* Format de papier aux dimensions de 44 × 56 cm. ‖ *Faute résultant, dans la composition typographique, d'une lettre ou d'un signe retourné, transposé ou mis à la place d'un autre.* ‖ *Chir.* Plâtre amovible pour les affections de la colonne vertébrale. ● *Coquille de noix,* petit bateau. ‖ *Coquille d'œuf,* couleur blanche à peine teintée de beige ou de jaune. ‖ *Coquille Saint-Jacques,* mollusque bivalve comestible, pouvant nager dans la mer en refermant brusquement ses valves. (Taille jusqu'à 10 cm.) [Syn. : PEIGNE, PECTEN.] ‖ *Rentrer dans sa coquille* (Fam.), se retirer, s'isoler.

COQUILLER v. i. Former des boursouflures (en parlant de la croûte du pain).

COQUILLETTE n. f. Pâte alimentaire en forme de petite coquille.

COQUILLIER, IÈRE adj. Se dit d'une roche formée en grande partie de débris de coquilles fossiles.

COQUIN, E adj. et n. (de *coq*). *Litt.* Se dit d'une personne de moralité douteuse. ‖ Se dit d'un enfant espiègle, malicieux. ‖ Se dit d'une chose plus ou moins licencieuse : *une histoire coquine.*

COQUINERIE n. f. *Litt.* Action de coquin.

COR n. m. (lat. *cornu*). Instrument de musique à vent, en cuivre, composé d'une embouchure et d'un long tube enroulé sur lui-même, terminé par un pavillon évasé. ● *À cor et à cri,* à grand bruit, avec insistance. ‖ *Cor anglais,* hautbois alto. ‖ *Cor de basset,* anc. nom de la CLARINETTE ALTO. ‖ *Cor de chasse,* instrument à vent employé dans certaines fanfares. ● pl. Ramifications des bois du cerf. ● *Cerf dix cors,* ou *dix-cors* n. m., cerf qui a atteint sa septième année.

COR n. m. (lat. *cornu*). Durillon sur les doigts du pied, dû au frottement.

CORACIADIFORME ou **CORACIIFORME** n. m. Oiseau tel que le *calao,* le *martin-pêcheur,* le *guêpier,* la *huppe.* (Les *coraciadiformes* constituent un ordre.)

CORACOÏDE adj. et n. f. (gr. *korax, -akos,* corbeau, et *eidos,* forme). Se dit d'une apophyse de l'omoplate et d'un os important de l'épaule des oiseaux.

CORAIL n. m. (lat. *corallium,* du gr.) [pl. *coraux*]. Animal des mers chaudes, fixé à quelque profondeur, constitué par une colonie de polypes sur un axe calcaire. (Haut. max. : 30 cm; embranchement des cnidaires, ordre des octocoralliaires gorgoniens.) [On donne souvent le nom de *coraux* à l'ensemble des animaux (madrépores, hydrocoralliaires) qui construisent ces récifs dans les mers chaudes.] ‖ Matière rouge ou blanche sur le squelette des coraux, utilisée en bijouterie. ‖ Partie rouge de la coquille Saint-Jacques. ◆ adj. inv. De la couleur rouge du corail rouge. ● *Serpent corail,* serpent très venimeux d'Amérique, à corps annelé de noir, jaune et rouge.

CORAILLEUR n. m. Celui qui pêche ou qui travaille le corail.

CORALLIAIRE n. m. *Zool.* Syn. anc. de ANTHOZOAIRE.

CORALLIEN, ENNE adj. Formé de coraux.

CORALLIN, E adj. *Litt.* Rouge comme du corail : *lèvres corallines.*

cor à pistons

corail

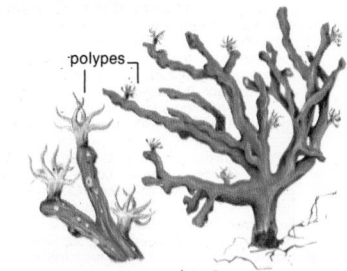

polypes

CORALLINE n. f. Algue marine calcaire, formant de petits buissons roses. (Sous-classe des floridées.)

CORANIQUE adj. Relatif au Coran.

CORBEAU n. m. (lat. *corvus*). Oiseau passe-

grand **corbeau**

reau de la famille des corvidés, mesurant plus de 60 cm de longueur, au plumage tout noir, devenu très rare en France. ‖ Nom générique donné aussi à des espèces voisines plus petites (corneilles et freux). [Cri : le corbeau *croasse*.] ‖ Grosse pierre, pièce de bois ou de métal en saillie sur le parement d'un mur, pour supporter une poutre ou toute autre charge. ‖ Auteur de lettres anonymes.

CORBEILLE n. f. (bas lat. *corbicula;* de *corbis*, panier). Panier en osier, en métal, en matière plastique, etc., avec ou sans anses; son contenu : *corbeille à papier; offrir une corbeille de fruits.* ‖ *Archit.* Partie d'un chapiteau comprise entre l'astragale et l'abaque. ‖ Élément décoratif du style Louis XVI. ‖ Parterre circulaire ou ovale couvert de fleurs. ‖ À la Bourse, espace circulaire entouré d'une balustrade, autour de laquelle se réunissent les agents de change. ‖ Dans une salle de spectacle, balcon au-dessus de l'orchestre. ● *Corbeille de mariage* (Litt.), ce que reçoit la jeune mariée, soit en dot, soit en cadeaux.

CORBEILLE-D'ARGENT n. f. (pl. *corbeilles-d'argent*). Crucifère ornementale du genre *alyssum*, aux fleurs jaunes ou bleues.

CORBIÈRES n. m. Vin rouge récolté dans les Corbières.

CORBILLARD n. m. (de *corbillat*, voiture faisant le service de Paris à Corbeil). Voiture dans laquelle on transporte les morts.

CORBILLAT n. m. Petit du corbeau.

CORBILLON n. m. Jeu de société où chacun doit, sous peine de donner un gage, répondre par un mot en *on* à la question *Dans mon corbillon, qu'y met-on?*

CORBIN [kɔrbɛ̃] n. m. *En bec de corbin*, recourbé en pointe. (V. BEC-DE-CORBIN.)

CORBLEU! interj. (altér. de *corps de Dieu*). Ancien juron.

CORDAGE n. m. Lien, en matière végétale, en fibres synthétiques ou en acier, constituant une manœuvre. ‖ Action de corder.

CORDE n. f. (lat. *chorda;* gr. *khordê*, boyau). Assemblage de fils de chanvre, de crin ou d'autres matières textiles, tordus ensemble. ‖ Câble tendu en l'air, sur lequel dansent certains bateleurs. ‖ Lien tendu entre les extrémités d'un arc. ‖ Limite intérieure d'une piste de course. ‖ *Math.* Segment de droite qui joint les extrémités d'un arc de cercle ou d'une courbe quelconque. ‖ *Mus.* Fil de boyau ou d'acier, dont on provoque les vibrations transversales par frottement, pincement ou percussion pour émettre un son. ‖ Trame d'un tissu. ‖ Anc. mesure de bois de chauffage, équivalant à 2 voies ou à 4 stères. ‖ *Litt.* Supplice de la potence : *mériter la corde.* ● *À la corde,* en serrant de près le bord de la route. ‖ *Avoir plusieurs cordes à son arc,* posséder plus d'une ressource. ‖ *Corde lisse, corde à nœuds,* cordes servant à se hisser à la force des bras. ‖ *Corde à sauter,* corde munie de poignées, que l'on fait tourner. ‖ *Corde du tympan,* nerf traversant la caisse du tympan et longeant la membrane de celui-ci. ‖ *Sur la corde raide,* dans une situation délicate. ‖ *Tenir la corde,* se trouver le plus près de la limite intérieure d'une

piste. ‖ *Trop tirer sur la corde,* pousser trop loin les choses. ‖ *Usé jusqu'à la corde,* limé, râpé; rebattu. ◆ pl. Terme générique désignant les instruments de musique à cordes frottées : violon, alto, violoncelle, contrebasse. ● *Cordes vocales,* épaississement de la couche musculo-membraneuse du larynx, formant une paire de replis qui limitent entre eux la glotte.

CORDE n. f. → CHORDE.

CORDÉ, E adj. (lat. *cor, cordis,* cœur). Qui a la forme d'un cœur, d'un cœur de carte à jouer.

CORDÉ ou **CHORDÉ** n. m. Animal présentant un axe gélatineux dorsal ou *chorde.* (Les *vertébrés,* les *procordés* et les *stomocordés* sont des *cordés.*)

CORDEAU n. m. Corde de faible diamètre, qui sert le plus souvent pour aligner : *allée tirée au cordeau.* ‖ Ligne de fond pour la pêche. ‖ *Mèche* d'une mine : *cordeau Bickford.* ● *Cordeau détonant,* artifice comprenant une âme d'explosif à l'intérieur d'une gaine et servant à transmettre une détonation.

CORDÉE n. f. Groupe d'alpinistes reliés les uns aux autres par une corde. ‖ Petite ficelle attachée à une ligne de fond (cordeau) et portant un hameçon.

CORDELER v. t. (conj. 3). Tordre en forme de corde.

CORDELETTE n. f. Corde fine.

CORDELIER n. m. (de *cordelle*). Nom donné en France, jusqu'à la Révolution, aux frères mineurs ou franciscains.

CORDELIÈRE n. f. Corde ronde employée dans l'habillement ou dans l'ameublement. ‖ Anc. nom des religieuses de l'ordre de Saint-François.

CORDER v. t. Tordre en forme de corde. ‖ Lier avec une corde : *corder une malle.* ● *Corder une raquette de tennis,* la garnir de boyaux.

CORDERIE n. f. Métier, commerce du cordier. ‖ Établissement industriel spécialisé dans la fabrication des cordes et des cordages.

CORDIAL, E, AUX adj. (lat. *cordialis*). Sympathique; qui part du cœur, amical : *invitation cordiale.* ‖ Se dit de sentiments profonds : *une haine cordiale.*

CORDIAL n. m. Potion, boisson fortifiante.

CORDIALEMENT adv. De façon cordiale.

CORDIALITÉ n. f. Bienveillance qui part du cœur, sympathie.

CORDIER n. m. Celui qui fabrique ou vend de la corde. ‖ Queue d'un violon.

CORDIÉRITE n. f. Silicate naturel d'aluminium, de magnésium et de fer.

CORDIFORME adj. Qui a la forme d'un cœur.

CORDILLÈRE n. f. (esp. *cordillera*). Chaîne de montagnes de forme allongée.

CORDITE n. f. Explosif très brisant, à base de nitrocellulose et de nitroglycérine.

CÓRDOBA n. m. Unité monétaire principale du Nicaragua.

CORDON n. m. Petite corde : *cordon de sonnette.* ‖ Corde au moyen de laquelle le concierge ouvrait la porte d'une maison (vx). ‖ Large ruban servant d'insigne aux dignitaires de certains ordres. ‖ Série de personnes, de choses alignées, rangées : *cordon de troupes, de police.* ‖ Bord des monnaies. ‖ *Archit.* Bandeau, moulure ou corps de moulure, ornés ou non, saillant horizontalement sur un mur. ● *Cordon littoral,* langue de sable formée (dans un golfe ou une baie) de débris déposés par un courant côtier, et qui emprisonne parfois en arrière une nappe d'eau (lagune). [Syn. FLÈCHE LITTORALE.] ‖ *Cordon ombilical,* canal contenant les vaisseaux qui unissent le fœtus au placenta. ‖ *Cordon sanitaire,* dispositif réglementant l'accès d'un pays en temps d'épidémie.

CORDON-BLEU n. m. (pl. *cordons-bleus*). Cuisinière très habile.

CORDONNER v. t. Tortiller en cordon.

CORDONNERIE n. f. Métier, commerce du cordonnier. ‖ Boutique du cordonnier.

CORDONNET n. m. Petit cordon de fil, de soie, d'or ou d'argent, pour passementerie. ‖ Fil de soie torse. ‖ Ganse ferrée à un bout.

CORDONNIER, ÈRE n. (anc. fr. *cordoan,* cuir de Cordoue). Personne qui répare les chaussures.

CORDOUAN, E adj. et n. De Cordoue, ville d'Espagne.

CORDOUAN n. m. Cuir de chèvre ou de mouton maroquiné, travaillé originairement à Cordoue.

CORÉ n. f. → KORÊ.

CORÉEN, ENNE adj. et n. De Corée.

CORÉEN n. m. Langue monosyllabique parlée en Corée, transcrite en un syllabaire particulier.

CORÉGONE n. m. (gr. *korê*, pupille de l'œil, et *gonia*, angle). Genre de poissons des lacs, de la famille des salmonidés, comprenant le *lavaret,* la *féra.*

CORELIGIONNAIRE n. Personne qui professe la même religion qu'une autre.

CORÉOPSIS [kɔreɔpsis] n. m. (gr. *koris,* punaise, et *opsis,* apparence). Genre de composée comprenant de nombreuses fleurs ornementales.

CORIACE adj. (lat. *coriaceus;* de *corium,* cuir). Dur comme du cuir, en parlant des viandes. ‖ *Fam.* Dont on peut difficilement vaincre la résistance, tenace.

CORIANDRE n. f. (gr. *koriandron*). Genre d'ombellifères de la région méditerranéenne, dont le fruit aromatique sert de condiment et dont l'huile, obtenue par distillation, entre en particulier dans la préparation de certaines liqueurs.

CORICIDE n. m. Topique pour détruire les cors aux pieds.

CORINDON n. m. (d'une langue dravidienne). Alumine cristallisée, pierre la plus dure après le diamant, utilisée comme abrasif ou en joaillerie. (Ses plus belles variétés sont le *rubis* et le *saphir.*)

CORINTHIEN, ENNE adj. et n. De Corinthe.

CORINTHIEN, ENNE adj. et n. m. Se dit d'un ordre d'architecture créé par les Grecs à la fin du Ve s. av. J.-C., caractérisé par un chapiteau à corbeille ornée de deux rangées de feuilles d'acanthe et par un entablement richement décoré.

CORME n. f. (mot gaul.). Fruit du cormier.

fruits
(cormes)

cormier

CORMIER n. m. Nom usuel du *sorbier* domestique, arbre de 5 à 10 m de haut, dont le bois, très dur, est utilisé pour fabriquer des manches d'outils.

CORMOPHYTE n. f. Plante possédant une tige (par oppos. à THALLOPHYTE).

CORMORAN n. m. (anc. fr. *corp,* corbeau, et *marenc,* marin). Oiseau palmipède vivant près des côtes, excellent plongeur, au plumage sombre. (Long. 60 à 80 cm.)

CORNAC [kɔrnak] n. m. (portug. *cornaca;* d'orig. indienne). Celui qui est chargé de soigner et de conduire un éléphant.

CORNACÉE n. f. Plante dialypétale telle que le *cornouiller,* l'*aucuba.* (Les *cornacées* forment une famille.)

CORNAGE n. m. (de *corner*). Bruit qui accompagne la respiration du cheval, du mulet, de l'âne, dans certaines maladies. ‖ Bruit que font les sujets atteints de laryngite suffocante (croup).

CORNALINE n. f. (de *corne*). Variété rouge d'agate, employée en bijouterie.

CORNARD n. m. *Pop.* Mari trompé.

CORNE n. f. (lat. *cornu*). Organe pair, dur et pointu, que porte la tête de beaucoup de mammifères ruminants. (Les bovidés ont des cornes creuses, les cervidés des cornes ramifiées et caduques, ou bois.) ‖ Organe impair de forme analogue, porté par les rhinocéros. ‖ Substance constituant les cornes, produite par l'épiderme et employée dans l'industrie : *bouton, peigne de corne*. ‖ Partie dure du pied de certains animaux. ‖ Callosité de la peau. ‖ Pli fait au coin d'un papier, d'un carton. ‖ Pointe charnue sur la tête des escargots. ‖ Trompe faite à l'origine avec une corne d'animal. ‖ *Fam.* Attribut que l'on prête aux maris trompés. ‖ *Fortif.* Angle saillant. ‖ *Mar.* Vergue placée obliquement et portant une voile aurique ou un pavillon. ● *Corne de brume*, instrument destiné, à bord d'un navire, à faire entendre des signaux sonores par temps de brume. ‖ *Corne à chaussure*, chausse-pied. ‖ *Cornes de gazelle*, sorte de gâteau oriental. ‖ *Corne de charge* (Mar.), corne pivotant sur un mât et utilisée pour charger et décharger des marchandises ou du matériel sur un navire. (La corne est la partie orientable d'un mât de charge.) ‖ *Faire les cornes à qqn* (Fam.), faire un geste enfantin de moquerie. ‖ *Prendre le taureau par les cornes* (Fam.), aborder résolument une difficulté.

CORNÉ, E adj. (lat. *corneus*). De la nature de la corne. ‖ Qui a l'apparence de la corne.

CORNED-BEEF [kɔrnbif] n. m. (mots angl., *bœuf salé*). Conserve de viande de bœuf salée.

CORNÉE n. f. (lat. *cornea* [*tunica*], [tunique] cornée). Partie antérieure, transparente, du globe oculaire, en forme de calotte sphérique un peu saillante.

CORNÉEN, ENNE adj. Relatif à la cornée.

CORNÉENNE n. f. Roche compacte, à grain très fin, résultant d'un métamorphisme de contact.

CORNEILLE n. f. (lat. *cornicula*). Oiseau passereau voisin des corbeaux, mais plus petit. (La corneille vit d'insectes et de petits rongeurs.) [Cri : la corneille *craille*.]

CORNÉLIEN, ENNE adj. Relatif à Corneille. ‖ Se dit d'une situation qui implique un débat et une décision analogues à ceux des héros de Corneille : *conflit cornélien*.

CORNEMUSE n. f. (de *corner*, et de l'anc. fr. *muser*, jouer de la musette). Instrument de musique champêtre à vent, composé d'une outre et de tuyaux à anches.

CORNEMUSEUR ou **CORNEMUSEUX** n. m. Joueur de cornemuse.

CORNER v. i. Sonner d'une corne, d'une trompe. ● *Corner aux oreilles de qqn*, lui parler très fort. ◆ v. t. Plier en forme de corne : *corner une carte de visite*. ‖ *Fam.* Répéter partout et sans cesse : *corner une nouvelle*.

CORNER [kɔrnɛr] n. m. (mot angl., *coin*). Au football, action d'un joueur qui envoie le ballon derrière la ligne de but de son équipe. ‖ Remise

grand **cormoran**

en jeu au pied, dans un angle du terrain, accordée à l'équipe adverse à la suite de cette action. ‖ Syndicat de spéculateurs formé en vue d'accaparer une denrée.

CORNET n. m. Papier roulé en forme de cône : *cornet de bonbons*. ‖ Cône de pâtisserie dans lequel on présente une crème glacée. ‖ Gobelet de cuir pour agiter les dés à certains jeux. ‖ *Anat.* Lame osseuse enroulée sur elle-même, faisant partie du squelette des fosses nasales. ‖ *Mus.* Petite trompe percée de trous. ‖ *Radio.* Collecteur ou émetteur d'ondes dont la section s'accroît progressivement vers l'ouverture. ● *Cornet à pistons*, instrument de cuivre, à vent et à embouchure, auquel sont adaptés des pistons et dont la sonorité est intermédiaire entre la trompette et le cor.

CORNETTE n. f. (de *corne*). Coiffure que portent certaines religieuses. ‖ *Anc.* Étendard de cavalerie. ‖ Long pavillon de marine à deux

L. Aarons

cornemuse

pointes, ou cornes. ‖ Variété de salade scarole, à feuilles enroulées. ◆ pl. En Suisse, sorte de pâtes alimentaires.

CORNETTE n. m. Porte-étendard, puis sous-lieutenant de cavalerie (XVIe-XVIIIe s.).

CORNETTISTE n. Musicien qui joue du cornet. (On dit aussi CORNET.)

CORN FLAKES [kɔrnfleks] n. m. pl. Aliment constitué à partir de grains de maïs coupés en lamelles.

CORNIAUD ou **CORNIOT** n. m. Chien mâtiné. ‖ *Pop.* Imbécile.

CORNICHE n. f. (it. *cornice*; du gr. *korônis*). Ensemble de moulures en surplomb les unes sur les autres, qui constituent le couronnement d'un entablement; dispositif semblable décorant le haut d'un piédestal, d'un meuble, etc. ‖ *Géogr.* Portion de versant, verticale ou à pente abrupte. ‖ *Arg.* Classe préparatoire à l'École spéciale militaire de Saint-Cyr.

CORNICHON n. m. (de *corne*). Nom donné à une variété de concombres à petits fruits, conservés dans du vinaigre et consommés comme condiments. ‖ *Fam.* Imbécile. ‖ *Arg.* Élève de la classe de corniche.

CORNIER n. et adj. m. Arbre marqué de façon particulière pour séparer deux coupes.

CORNIER, ÈRE adj. Qui est à l'angle de qqch.

CORNIÈRE n. f. Canal de tuiles ou de plomb qui est à la jointure de deux pentes d'un toit et qui en reçoit les eaux. ‖ Pièce d'acier profilée, à deux branches en équerre. ‖ *Archit.* L'un des quatre portiques entourant la place principale d'une bastide.

CORNILLON n. m. Prolongement osseux du crâne de certains ruminants, servant de squelette aux cornes.

CORNIQUE adj. Du pays de Cornouailles.

CORNIQUE n. m. Dialecte celte de Cornouailles.

CORNISTE n. Musicien qui joue du cor.

CORNOUILLE n. f. Fruit du cornouiller.

CORNOUILLER n. m. (de *corne*). Petit arbre commun des lisières, au bois dur. (Famille des cornacées.)

CORN-PICKER [kɔrnpikœr] n. m. (mot angl.) [pl. *corn-pickers*]. Machine à récolter le maïs qui cueille les épis et les dépouille de leurs enveloppes.

CORN-SHELLER [kɔrnʃɛlœr] n. m. (mot angl.) [pl. *corn-shellers*]. Machine à récolter le maïs qui cueille et égrène les épis.

CORNU, E adj. (lat. *cornutus*). Qui a des cornes. ‖ Qui a des saillies en forme de corne.

CORNUE n. f. (de *cornu*). *Chim.* Vase à col étroit et courbé, pour la distillation. ‖ Four industriel pour le même usage.

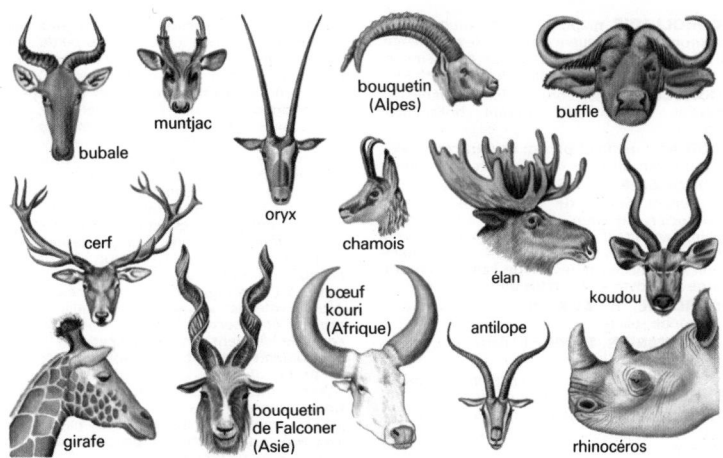

bouquetin (Alpes)
buffle
muntjac
bubale
oryx
cerf
chamois
élan
koudou
bœuf kouri (Afrique)
antilope
girafe
bouquetin de Falconer (Asie)
rhinocéros

CORNES

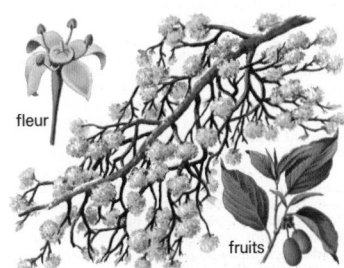

cornouiller

fleur

fruits

COROLLAIRE n. m. (lat. *corollarium*, petite couronne). Conséquence nécessaire et évidente. ‖ *Log.* et *Math.* Proposition qui se déduit immédiatement d'une proposition déjà démontrée.

COROLLE n. f. (lat. *corolla*). *Bot.* Ensemble des pétales d'une fleur, souvent brillamment colorés.

CORON n. m. (mot picard; anc. fr. *cor*, angle). Groupe d'habitations ouvrières en pays minier.

CORONAIRE adj. (lat. *coronarius*; de *corona*, couronne). Se dit de chacun des vaisseaux nourriciers du cœur. (Les deux artères coronaires apportent au muscle cardiaque le sang nécessaire à son fonctionnement. Leur oblitération entraîne les douleurs de l'angine de poitrine et aboutit à l'infarctus du myocarde.)

CORONAL, E, AUX adj. Qui concerne la couronne solaire.

CORONARIEN, ENNE adj. Relatif aux artères coronaires.

CORONARITE n. f. Inflammation des artères coronaires, aboutissant à leur oblitération.

CORONAROGRAPHIE n. f. Radiographie des artères coronaires après injection d'un produit de contraste.

CORONAROPATHIE n. f. Affection des artères coronaires.

CORONELLE n. f. Serpent inoffensif, voisin de la couleuvre, atteignant 85 cm de long.

CORONER [kɔrɔnœr] n. m. (mot angl.). Officier de police judiciaire en Angleterre.

CORONILLE n. f. (esp. *coronilla*). Plante herbacée ou arbrisseau. (Famille des papilionacées.)

CORONOGRAPHE n. m. Instrument pour l'étude de la couronne solaire en dehors des éclipses totales de Soleil.

COROZO n. m. (mot esp.). Substance très dure, tirée des grosses graines, dont elle représente l'albumen, d'un arbre de l'Amérique tropicale, le *phytelephas*. (On en fait notamment des boutons.) [Syn. IVOIRE VÉGÉTAL.]

CORPORAL n. m. (lat. *corporale*; de *corpus*, corps). Linge sacré sur lequel le prêtre pose l'hostie et le calice.

CORPORATIF, IVE adj. Relatif à une corporation.

CORPORATION n. f. (mot angl.; du lat. *corporari*, se former en corps). Ensemble des personnes exerçant la même profession. ‖ *Hist.* Sous l'Ancien Régime, association de personnes exerçant la même profession, et qui était soumise à une réglementation très stricte. (Les corporations furent supprimées en 1791.)

CORPORATISME n. m. Doctrine économique et sociale qui prône la création d'institutions professionnelles corporatives dotées de pouvoirs économiques, sociaux et même politiques.

CORPORATISTE adj. et n. Qui concerne ou soutient le corporatisme.

CORPOREL, ELLE adj. Relatif au corps humain. ● *Art corporel* (en angl. *body art*), forme d'art contemporain dans laquelle l'artiste prend pour matériau son propre corps (à partir de 1969-70 : « actions » de Vito Acconci aux États-Unis, de Gina Pane en France, etc.). ‖ *Bien corporel* (Dr.), bien doué d'une existence matérielle (par oppos. au bien incorporel ou droit).

CORPORELLEMENT adv. Matériellement, physiquement; somatiquement.

CORPS n. m. (lat. *corpus*). Toute substance matérielle, organique ou inorganique : *corps solide, liquide, gazeux.* ‖ Objet matériel : *la chute des corps.* ‖ Partie matérielle d'un être animé; cadavre : *le corps d'un homme, d'un animal.* ‖ Tronc (par oppos. aux membres) : *plier le corps en avant.* ‖ Consistance, solidité : *cette étoffe a du corps.* ‖ Partie principale : *corps d'un meuble, d'un article.* ‖ Ensemble de personnes exerçant la même profession : *le corps médical; le corps enseignant; le corps des officiers.* ‖ *Anat.* Nom donné à divers éléments anatomiques ou organes. ‖ *Impr.* Hauteur d'un caractère typographique, dans la partie qui porte l'œil; distance séparant une ligne de texte de la suivante, sans interligne. ‖ *Math.* En algèbre moderne, anneau tel que, si l'on supprime l'élément neutre de la première loi de composition

interne, l'ensemble restant forme un groupe par rapport à la seconde loi. ● *À corps perdu*, avec impétuosité, sans réflexion. ‖ *Chef de corps*, commandant d'un corps de troupes. ‖ *Corps à corps*, en s'attaquant directement au corps de l'adversaire; de front. ‖ *Corps et âme*, tout entier, sans réserve. ‖ *Corps d'armée*, grande unité militaire comprenant plusieurs divisions, ou brigades. ‖ *Corps de bâtiment*, partie d'un bâtiment important présentant une certaine autonomie. ‖ *Corps constitués*, les organes de l'Administration et les tribunaux. ‖ *Corps diplomatique*, ensemble des représentants des puissances étrangères auprès d'un gouvernement. ‖ *Corps franc*, syn. de COMMANDO. ‖ *Corps de garde*, local affecté à la troupe chargée d'une garde. ‖ *Corps législatif*, assemblée élue, chargée de voter les lois sous le Consulat, sous le premier et le second Empire. ‖ *Corps de logis*, corps de bâtiment servant à l'habitation. ‖ *Corps de moulures*, ensemble de moulures accolées, de profil complexe. ‖ *Corps d'ouvrage* (Impr.), volume cousu ou collé prêt pour la reliure. ‖ *Corps propre* (Philos.), pour la phénoménologie, ensemble des rapports vécus par le sujet avec son corps, aux termes desquels celui-ci ne peut être vécu comme objet par lui. ‖ *Corps de troupes*, formation militaire permanente d'une arme ou d'un service s'administrant de façon indépendante (régiment, bataillon). ‖ *Esprit de corps*, solidarité entre membres d'une même profession. ‖ *Faire corps*, adhérer; être solidaire. ‖ *Grands corps de l'État*, les organes supérieurs de l'Administration et de la Justice. ‖ *Perdu corps et biens*, se dit d'un bateau qui a sombré avec son équipage. ‖ *Prendre corps*, se réaliser, se préciser.

CORPS-MORT n. m. (pl. *corps-morts*). *Mar.* Ancre mouillée à poste fixe, pour s'amarrer dans une rade.

CORPULENCE n. f. Ampleur du volume du corps humain; tendance à l'obésité.

CORPULENT, E adj. (lat. *corpulentus*). Qui a une forte corpulence.

CORPUS [kɔrpys] n. m. (mot lat., *corps*). Ensemble de documents servant de base à la description dans un domaine ou à l'étude d'un phénomène; recueil reproduisant ces documents.

CORPUSCULAIRE adj. Relatif aux corpuscules, aux atomes (vx). ● *Théorie corpusculaire* (Phys.), théorie qui suppose une discontinuité de la matière, de l'électricité, de l'énergie.

CORPUSCULE n. m. (lat. *corpusculum*). Très petit élément de matière (vx). ● *Corpuscules de Nissl* (Anat.), granulations présentes dans le cytoplasme des neurones. ‖ *Corpuscules du tact* (Anat.), récepteurs périphériques des modifications de pression, présents dans la peau.

CORRAL n. m. (mot esp.) [pl. *corrals*]. Cour attenante aux arènes tauromachiques. ‖ Enclos où l'on enferme le bétail dans certains pays.

CORRASION [kɔrazjɔ̃] n. f. (lat. *corradere*, racler). Travail d'usure qu'accomplit dans les régions désertiques le vent chargé de sable.

CORRECT, E adj. (lat. *correctus*). Conforme aux règles, au goût, aux convenances : *style correct; tenue correcte.* ‖ D'une qualité moyenne; acceptable : *devoir correct.*

CORRECTEMENT adv. De façon correcte.

CORRECTEUR, TRICE n. Personne qui corrige des épreuves d'imprimerie. ‖ Examinateur. ◆ adj. Qui corrige : *verres correcteurs.*

CORRECTIF, IVE adj. Qui vise à corriger, à redresser : *gymnastique corrective.*

CORRECTIF n. m. Expression qui adoucit ce qu'il y a de trop fort dans un écrit ou des paroles.

CORRECTION n. f. (lat. *correctio*). Action de corriger des devoirs, des épreuves d'examen, etc. ‖ Punition corporelle : *recevoir une correction.* ‖ Qualité de ce qui est conforme aux règles, à la bienséance : *conduite d'une parfaite correction.* ‖ *Arts graph.* Contrôle de la composition avec indication et rectification des erreurs. ● *Sauf correction*, sauf erreur.

CORRECTIONNALISATION n. f. Action de correctionnaliser.

CORRECTIONNALISER v. t. Rendre une

infraction criminelle justiciable des tribunaux correctionnels.

CORRECTIONNEL, ELLE adj. Relatif aux délits. ● *Tribunal correctionnel*, ou *correctionnelle* n. f., tribunal qui juge les délits.

CORREGIDOR [kɔreʒidɔr] n. m. (mot esp.). Autref., premier officier de justice d'une ville espagnole.

CORRÉLATEUR n. m. Organe de calcul analogique ou numérique fournissant la fonction de corrélation d'une variable avec elle-même ou avec une autre variable.

CORRÉLATIF, IVE adj. Qui est en relation avec une autre chose. ◆ adj. et n. m. *Ling.* Se dit des termes indiquant une relation entre deux membres d'une phrase, comme *tel* et *que*, plus spécialement du premier de ces deux termes.

CORRÉLATION n. f. (lat. *correlatio*). Relation réciproque entre deux choses. ‖ *Log.* Rapport de deux termes, dont l'un appelle logiquement l'autre. ● *Coefficient de corrélation* (Stat.), indice indiquant le degré de liaison entre deux variables aléatoires.

CORRÉLATIONNEL, ELLE adj. Qui concerne une corrélation.

CORRÉLATIVEMENT adv. De façon corrélative.

CORRÉLÉ, E adj. *Stat.* Se dit des variables entre lesquelles, pour des unités d'un même groupe, on peut observer une certaine interdépendance, non fonctionnelle, caractérisée par un coefficient de corrélation.

CORRÉLER v. t. (conj. 5). Mettre en corrélation.

CORRESPONDANCE n. f. Rapport de conformité, de symétrie, de concordance : *correspondance d'idées.* ‖ Échange de lettres; les lettres elles-mêmes : *entretenir une correspondance avec qqn; lire sa correspondance.* ‖ Concordance d'horaires entre deux moyens de transport; moyen de transport qui assure cette communication : *attendre la correspondance.* ‖ *Math.* Relation entre deux ensembles permettant de passer d'un élément du premier à un élément du second.

CORRESPONDANCIER, ÈRE n. Employé qui s'occupe de la correspondance dans une entreprise commerciale.

CORRESPONDANT, E adj. Se dit des choses qui ont du rapport entre elles : *idées correspondantes.* ‖ Se dit de deux angles égaux formés par une sécante coupant deux droites parallèles,

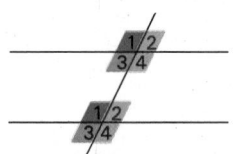

angles **correspondants**

et situés d'un même côté de la sécante, l'un interne, l'autre externe.

CORRESPONDANT, E n. Personne avec laquelle on entretient une communication épistolaire, téléphonique. ‖ Collaborateur d'un journal, chargé de recueillir les informations là où il se trouve. ‖ Personne chargée de veiller sur un élève interne lors de ses sorties. ‖ Celui qui correspond avec un corps savant : *correspondant de l'Académie des sciences.*

CORRESPONDRE v. i. (lat. *cum*, avec, et *respondere*, répondre) [conj. 46]. Entretenir des relations épistolaires ou téléphoniques : *correspondre avec ses amis.* ‖ Être en communication, en correspondance : *le car correspond avec le train de Paris.* ◆ v. t. ind. [à]. Être conforme à un état de fait : *cela correspond à la vérité.* ‖ Être dans un rapport de symétrie; être en relation avec : *le grade de lieutenant de vaisseau correspond à celui de capitaine dans l'armée de terre.*

CORRÉZIEN, ENNE adj. et n. De la Corrèze.

CORRIDA n. f. (mot esp.). Course de taureaux. ‖ *Fam.* Agitation désordonnée.

CORRIDOR n. m. (it. *corridore*). Syn. de COULOIR. ‖ Passage étroit entre deux territoires.

CORRIGÉ n. m. Devoir donné comme modèle aux élèves.

CORRIGER v. t. (lat. *corrigere*) [conj. **1**]. Faire disparaître les défauts, les erreurs ; réviser, revoir : *corriger ses jugements, une épreuve d'imprimerie.* ‖ Punir corporellement : *corriger un enfant.* ● *Corriger un devoir*, le noter après avoir relevé les fautes. ◆ **se corriger** v. pr. [**de**]. Se défaire : *se corriger d'un défaut.*

CORRIGEUR, EUSE n. Typographe qui exécute les corrections indiquées sur une épreuve typographique par les correcteurs.

CORRIGIBLE adj. Qui peut être corrigé : *un défaut qui n'est pas corrigible.*

CORROBORATION n. f. Action de corroborer.

CORROBORER v. t. (lat. *corroborare* ; de *robur, roboris*, force). Servir de preuve, de confirmation à : *le récit du témoin corrobore les déclarations de la victime.*

CORRODANT, E adj. et n. m. Qui corrode.

CORRODER v. t. (lat. *corrodere*). Ronger, consumer progressivement.

CORROI n. m. Façon donnée au cuir. ‖ *Trav. publ.* Couche de terre argileuse broyée et comprimée, très compacte et de grande cohésion, utilisée pour protéger une berge en terre contre la désagrégation.

CORROIERIE [kɔrwari] n. f. Préparation des cuirs après le tannage. ‖ Atelier du corroyeur.

CORROMPRE v. t. (lat. *corrumpere*) [conj. **46**]. Engager à agir contre son devoir, soudoyer : *corrompre un juge.* ‖ Rendre impropre à l'utilisation : *la chaleur corrompt la viande.* ‖ *Litt.* Rendre mauvais qqch : *corrompre le jugement.*

CORROSIF, IVE adj. et n. m. Qui corrode, qui ronge. ◆ adj. *Litt.* Méchant, virulent : *ironie corrosive.*

CORROSION n. f. (lat. *corrosio*). Action, effet des substances corrosives.

CORROYAGE n. m. Travail d'assouplissement du cuir. (Syn. HONGROYAGE.) ‖ Forgeage ou soudage de barres métalliques ou de tôles à chaud. ‖ Travail d'une pièce en bois sciée et avivée pour lui donner la forme requise pour l'usinage définitif.

CORROYER [kɔrwaje] v. t. (lat. pop. *conredare* ; mot germ.) [conj. **2**]. Apprêter le cuir. ‖ Souder à chaud des barres de fer. ‖ Dégrossir le bois par rabotage.

CORROYEUR n. m. Celui qui apprête le cuir.

CORRUPTEUR, TRICE adj. et n. Qui corrompt l'esprit, le goût, un texte, etc.

CORRUPTIBLE adj. Sujet à la corruption : *matériaux corruptibles.*

CORRUPTION n. f. (lat. *corruptio*). Action de corrompre ; état de ce qui est corrompu ; pourrissement. ‖ *Dr.* Infraction de ceux qui trafiquent de leur autorité, ou de ceux qui cherchent à les corrompre.

CORSAGE n. m. (de *corps*). Vêtement féminin en tissu qui recouvre le buste. ‖ *Cout.* Haut de robe d'un seul tenant.

CORSAIRE n. m. (it. *corsaro*). Navire rapide armé par un équipage habilité par son gouvernement à poursuivre et prendre à l'abordage des bâtiments de commerce ennemis (XVᵉ-XIXᵉ s.). ‖ Capitaine ou marin de ce navire.

CORSE adj. et n. De Corse.

CORSE n. f. Langue parlée en Corse, dont les formes septentrionales sont proches du toscan et les formes méridionales des dialectes du sud de l'Italie.

CORSÉ, E adj. Qui a un goût relevé : *vin corsé.* ‖ Scabreux : *histoire corsée.*

CORSELET n. m. (de *corps*). *Arm.* Cuirasse légère. ‖ *Zool.* Syn. de PROTHORAX. ‖ Ancien vêtement féminin lacé par-dessus un corsage et serrant la taille.

CORSER v. t. (de *corps*). Donner de la vigueur : *corser un récit de quelques détails savoureux.* ● *Corser une sauce*, l'épicer davan-

tage. ‖ *Corser la note, l'addition*, en grossir le total. ◆ **se corser** v. pr. Devenir important, compliqué, en parlant d'une affaire.

CORSET n. m. (de *corps*). Sous-vêtement féminin baleiné, destiné à maintenir le buste et les hanches. ● *Corset orthopédique*, appareil servant à maintenir l'abdomen, le thorax et à remédier aux déformations de la colonne vertébrale.

CORSETER v. t. (conj. **4**). Serrer dans un corset.

CORSETIER, ÈRE adj. et n. Qui fait des corsets.

CORSO n. m. (mot it., *promenade publique*). *Corso fleuri*, défilé de chars fleuris au cours de certaines fêtes en plein air.

CORTÈGE n. m. (it. *corteggio*). Ensemble de personnes qui suivent qqn ou qqch : *cortège nuptial.* ‖ *Litt.* Suite, accompagnement : *la guerre et son cortège de misères.*

CORTES [kɔrtes] n. f. pl. (mot esp.). Assemblée chargée, dans les États ibériques, de discuter des lois et de voter l'impôt.

CORTEX [kɔrteks] n. m. (mot lat., *écorce*). Partie périphérique d'un organe. ● *Cortex cérébral* (Anat.), revêtement superficiel de substance grise des hémisphères cérébraux, considéré comme l'instance supérieure du système nerveux central. (Syn. ÉCORCE CÉRÉBRALE.)

Corti (*organe de*), récepteur périphérique de l'audition, comportant des cellules ciliées.

CORTICAL, E, AUX adj. (lat. *cortex, -icis*, écorce). *Anat.* Relatif au cortex. ‖ Relatif à la corticosurrénale. ● *Aires corticales*, zones déterminées de l'écorce cérébrale, d'où partent les voies de la motricité volontaire ou auxquelles aboutissent les différentes voies de la sensibilité consciente.

CORTICOÏDE adj. et n. m. Se dit des hormones corticosurrénales, de leurs dérivés et de la corticostimuline.

CORTICOSTÉROÏDE adj. et n. m. Se dit des hormones stéroïdes de la corticosurrénale, et des dérivés synthétiques voisins.

CORTICOSTIMULINE n. f. Hormone de l'hypophyse qui stimule la sécrétion de la corticosurrénale. (Syn. A.C.T.H. [sigle anglais de ADRENO-CORTICO-TROPHIC-HORMONE].)

CORTICOSURRÉNAL, E, AUX adj. et n. f. Se dit de la région périphérique de la glande surrénale, dont les hormones agissent sur le métabolisme des substances organiques et minérales.

CORTICOTHÉRAPIE n. f. Traitement par les corticoïdes.

CORTINAIRE n. m. Genre de champignon dont une espèce, très rare en France, est mortellement toxique.

CORTISONE n. f. Hormone corticosurrénale, aux propriétés anti-inflammatoires et métaboliques.

CORTISONIQUE adj. Relatif à la cortisone.

CORTON n. m. Vin renommé récolté dans la commune d'Aloxe-Corton (Côte-d'Or).

CORVÉABLE adj. et n. *Hist.* Sujet à la corvée. ● *Corvéable et taillable à merci*, se dit d'un subordonné soumis à toutes sortes d'obligations.

CORVÉE n. f. (lat. *corrogare*, convoquer). Travail pénible ou rebutant imposé à qqn. ‖ *Hist.* Travail gratuit qui était dû par le paysan à son seigneur. ‖ *Mil.* Autref., travaux d'entretien exécutés par les militaires ; équipe de soldats qui en était chargée.

CORVETTE n. f. (moyen néerl. *korver*, bateau chasseur). Ancien bâtiment de guerre intermédiaire entre la frégate et le brick. ‖ Auj., bâtiment de moyen tonnage armé pour la lutte anti-sous-marine.

CORVICIDE n. m. Substance toxique employée en agriculture pour détruire les corbeaux et autres nuisibles. (Les corvicides peuvent être à l'origine d'intoxications humaines.)

CORVIDÉ n. m. (lat. *corvus*, corbeau). Oiseau passereau de grande taille, tel que le *corbeau*, la *corneille* et le *geai*. (Les *corvidés* forment une famille.)

CORYBANTE n. m. (gr. *korubas, korubantos*). Prêtre du culte de Cybèle.

CORYMBE [kɔrɛ̃b] n. m. (gr. *korumbos*). Inflorescence où les pédoncules sont de longueur inégale, mais où toutes les fleurs sont sur un même plan. (Ex. : *pommier.*)

CORYPHÉE n. m. (gr. *koruphaios*). Chef du chœur, dans le théâtre grec. ‖ Deuxième échelon dans la hiérarchie du corps de ballet de l'Opéra de Paris.

CORYZA n. m. (gr. *koruza*, écoulement nasal). Inflammation de la muqueuse des fosses nasales, dite *rhume de cerveau.*

COSAQUE n. m. (russe *kazak*). Soldat d'un corps de cavalerie russe, recruté parmi les populations jadis nomades ou semi-nomades des steppes de la Russie méridionale. (Les cosaques, qui encadrèrent militairement les révoltes paysannes de la Russie des XVIIᵉ et XVIIIᵉ s., perdirent ensuite progressivement leur indépendance.)

COSÉCANTE n. f. *Math.* Inverse du sinus d'un angle ou d'un arc (symb. : cosec).

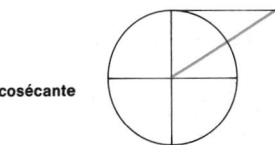

cosécante

COSIGNATAIRE n. et adj. Personne qui a signé avec d'autres.

COSINUS [kɔsinys] n. m. *Math.* Sinus du complément d'un angle (symb. : cos). ● *Cosinus*

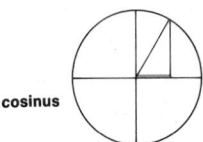

cosinus

phi, expression mathématique du facteur de puissance d'un circuit parcouru par un courant alternatif sinusoïdal, φ étant l'angle de déphasage entre la tension et l'intensité.

cortinaire

COSMÉTIQUE adj. et n. m. (gr. *kosmêtikos* ; de *kosmos*, parure). Se dit de tout produit destiné à nettoyer et à embellir la peau, les cheveux.

COSMÉTOLOGIE n. f. Étude de tout ce qui se rapporte aux cosmétiques et à leurs applications.

COSMÉTOLOGUE n. Spécialiste de cosmétologie.

COSMIQUE adj. (gr. *kosmikos* ; de *kosmos*, univers). Relatif à l'Univers, au cosmos. ● *Rayons cosmiques*, rayonnement complexe, de grande énergie, en provenance de l'espace, qui, en traversant l'atmosphère, produit une ionisation de l'air par suite de l'arrachement d'électrons aux atomes.

COSMODROME n. m. Base de lancement de satellites artificiels et d'engins spatiaux.

COSMOGONIE n. f. (gr. *kosmos*, univers, et *gonos*, génération). Récit mythique de la formation de l'Univers. ‖ Science de la formation des objets célestes : planètes, étoiles, systèmes d'étoiles, galaxies, etc.

COSMOGONIQUE adj. Relatif à la cosmogonie.

COSMOGRAPHE n. Spécialiste de cosmographie.

COSMOGRAPHIE n. f. Description des systèmes astronomiques de l'Univers.

COSMOGRAPHIQUE adj. Relatif à la cosmographie.

COSMOLOGIE n. f. Branche de l'astronomie qui étudie la structure et l'évolution de l'Univers considéré dans son ensemble.

COSMOLOGIQUE adj. Relatif à la cosmologie.

COSMONAUTE n. Pilote ou passager d'un engin spatial soviétique.

COSMOPOLITE adj. (gr. *kosmos*, univers, et *politês*, citoyen). Se dit d'un groupe, d'un lieu où se trouvent des personnalités de nationalités très diverses.

COSMOPOLITISME n. m. État de ce qui est cosmopolite.

COSMOS [kɔsmɔs] n. m. (mot gr.). L'Univers considéré dans son ensemble. ‖ Espace intersidéral.

COSSARD, E adj. et n. *Pop.* Paresseux.

COSSE n. f. (lat. *cochlea*, coquille). Enveloppe de certains légumes : *cosse de fève.* ‖ Garniture métallique de l'extrémité d'un conducteur électrique. ‖ Œillet fixé à l'extrémité d'un cordage.

COSSE n. f. *Pop.* Grande paresse.

COSSER v. i. (it. *cozzare*). Se heurter mutuellement de la tête, en parlant des béliers.

COSSETTE n. f. Fragment de betterave à sucre, de racine de chicorée coupées en lamelles.

COSSU, E adj. Qui vit dans l'aisance; qui dénote la richesse : *homme cossu; maison cossue.*

COSSUS [kɔsys] n. m. (mot lat.). Papillon nocturne à ailes brun clair, de 6 à 9 cm d'envergure, appelé *gâte-bois,* car sa chenille creuse des galeries dans le bois des arbres.

COSTAL, E, AUX adj. (lat. *costa*, côte). *Anat.* Qui appartient aux côtes.

COSTARD n. m. *Arg.* Costume.

COSTARICIEN, ENNE adj. et n. Du Costa Rica.

COSTAUD adj. et n. m. *Fam.* Fort, vigoureux.

COSTIÈRE n. f. Rainure dans le plateau d'un théâtre, pour la manœuvre et l'installation de décors.

COSTUME n. m. (it. *costume*, coutume). Vêtement typique d'un pays, d'une région ou d'une époque. ‖ Ensemble des différentes pièces d'un habillement. ‖ Vêtement d'homme comportant un pantalon, un veston et éventuellement un gilet.

COSTUMÉ, E adj. *Bal costumé,* bal où les danseurs sont travestis.

COSTUMER v. t. Travestir.

COSTUMIER, ÈRE n. Personne qui fait, vend ou loue des costumes de théâtre, de cinéma.

COSY n. m. Enveloppe dont on couvre les théières pour en conserver la chaleur.

COSY n. m. (mot angl.). Divan accompagné d'une étagère, servant à meubler une encoignure (vx).

COTANGENTE n. f. *Math.* Inverse de la tangente d'un angle (symb. : cotg).

cotangente

COTATION n. f. Action de coter.

COTE n. f. (lat. *quota* [*pars*], quote-part). Marque pour classer les pièces d'un inventaire. ‖ Part que chacun doit payer d'une dépense, d'un impôt : *cote mobilière.* ‖ Constatation officielle du cours des valeurs négociées sur le marché public; feuille périodique reproduisant ces cours. ‖ Tableau officieux des cours de certaines marchandises. ‖ Chiffre indiquant une dimension sur un dessin, ou une différence de niveau entre deux points sur un nivellement. ‖ Altitude signalée sur une carte. ‖ Chances de succès d'un concurrent comparées aux risques d'échec. ‖ Degré d'estime : *avoir une bonne cote.* ● *Avoir la cote* (Fam.), être très estimé. ‖ *Cote d'alerte,* niveau d'un cours d'eau au-dessus duquel il y a inondation; point critique d'un processus. ‖ *Cote d'amour,* appréciation fondée sur la valeur morale, sociale. ‖ *Cote mal taillée,* compromis. ‖ *Valeurs hors cote,* titres négociables en dehors des agents de change.

CÔTE n. f. (lat. *costa*). Chacun des os allongés et courbes qui forment la cage thoracique. ‖ Partie supérieure de la côte d'un animal de boucherie, avec les muscles qui y adhèrent. ‖ Rivage de la mer. ‖ Partie saillante, allongée : *les côtes d'un melon; étoffe à côtes.* ‖ Partie en pente d'un chemin, d'une route. ‖ Pente d'une colline. ‖ *Géogr.* Dans une région de structure faiblement inclinée où alternent couches dures et couches tendres, forme de relief caractérisée par un talus à profil concave en pente raide (*front*) et par un plateau doucement incliné en sens inverse (*revers*). [Syn. CUESTA.] ● *Côte à côte,* l'un à côté de l'autre. ‖ *Côtes flottantes,* les deux dernières côtes, non rattachées au sternum. ‖ *Faire côte, aller à la côte* (Mar.), s'échouer devant le rivage. ‖ *Point de côtes,* en tricot, série alternée de points à l'endroit et de points à l'envers donnant un aspect côtelé au tricot. ‖ *Se tenir les côtes* (Fam.), rire beaucoup.

COTÉ, E adj. Caractérisé par l'emploi de cotes : *croquis coté.* ‖ Apprécié, estimé : *un restaurant très coté.*

CÔTÉ n. m. (lat. pop. *costatum*; de *costa*, côte). Partie latérale extérieure de la poitrine, chez l'homme et les animaux. ‖ Partie latérale, limite extérieure d'une chose : *suivre le côté droit de la route.* ‖ Partie, endroit quelconque par opposition à d'autres : *de l'autre côté du parc.* ‖ Manière dont on envisage qqch; aspect sous lequel se présente qqch : *les bons côtés d'une affaire.* ‖ Ligne de parenté : *côté paternel.* ‖ *Math.* Chacune des lignes formant le contour d'une figure : *les trois côtés d'un triangle.* ● *À côté,* auprès; en dehors. ‖ *De côté,* de biais, obliquement. ‖ *De mon côté,* quant à moi. ‖ *De tous côtés,* partout. ‖ *Être aux côtés de qqn,* lui apporter son soutien. ‖ *Laisser de côté,* négliger, abandonner. ‖ *Mettre de côté,* en réserve. ‖ *Regarder de côté,* furtivement, avec embarras. ● prép. *Fam.* En ce qui concerne. ● loc. prép. *À côté de,* auprès de. ‖ *Du côté de,* dans la direction de; aux environs de.

COTEAU [kɔto] n. m. (de *côte*). Versant d'un plateau, d'une colline; la colline elle-même.

CÔTELÉ, E adj. Se dit d'une étoffe à côtes.

CÔTELETTE n. f. Côte des petits animaux de boucherie (mouton, veau, etc.).

COTER v. t. (de *cote*). Numéroter, chiffrer, marquer le prix de : *coter des marchandises.* ‖ Apprécier la valeur, le niveau; noter : *coter un devoir d'élève.* ‖ Inscrire à la cote, valoir, en parlant des valeurs, des marchandises.

COTERIE n. f. (anc. fr. *cotier*, association de paysans). *Péjor.* Petit groupe de personnes qui soutiennent ensemble leurs intérêts.

COTHURNE [kɔtyrn] n. m. (lat. *cothurnus*, du gr.). *Antiq.* Chaussure à semelle épaisse des acteurs tragiques.

COTICE n. f. *Hérald.* Bande ou barre diminuée de largeur.

COTIDAL, E, AUX adj. (angl. *tide*, marée). *Géogr.* Se dit d'une courbe passant par tous les points où la marée a lieu à la même heure.

CÔTIER, ÈRE adj. *Mar.* Qui se fait le long des côtes : *navigation côtière.* ● *Fleuve côtier,* qui a sa source près des côtes.

COTIGNAC n. m. (lat. *cotoneum*, coing). Confiture de coings.

COTILLON n. m. Jupe de dessous portée anciennement par les paysannes (vx). ‖ Danse accompagnée de jeux. ● *Accessoires de cotillon,* objets divers (confettis, serpentins, etc.) utilisés au cours d'un bal ou d'un banquet.

COTINGA [kɔtɛ̃ga] n. m. Oiseau passereau du Brésil, au splendide plumage bleu et pourpre ou lie-de-vin.

COTISANT, E adj. et n. Qui verse une cotisation.

COTISATION n. f. Somme versée en vue de cotiser.

COTISER v. i. Payer sa quote-part. ‖ Verser régulièrement de l'argent à un organisme, à une association : *cotiser à la Sécurité sociale, à un parti.* ◆ **se cotiser** v. pr. Se réunir pour contribuer à une dépense commune.

CÔTOIEMENT n. m. Action de côtoyer; fréquentation.

COTON n. m. (it. *cottone*, de l'ar. *qutun*). Fibre textile naturelle qui recouvre les graines du cotonnier. ‖ Fil ou étoffe que l'on fabrique avec cette matière. ‖ Morceau d'ouate, de coton hydrophile. ● *C'est coton* (Fam.), c'est difficile. ‖ *Coton de verre,* trame formée de fils de verre très fins ayant l'apparence de fils de coton. ‖ *Élever un enfant dans le coton,* l'élever trop mollement. ‖ *Filer un mauvais coton* (Fam.), avoir sa santé, ses affaires compromises.

COTONNADE n. f. Étoffe de coton pur ou mélangé avec d'autres fibres.

COTONNER (SE) v. pr. Se couvrir de duvet, en parlant des étoffes, des fruits.

COTONNERIE n. f. Culture du coton. ‖ Terrain planté de cotonniers.

COTONNEUX, EUSE adj. Recouvert de duvet : *fruit cotonneux.* ‖ Qui rappelle le coton par son aspect : *ciel cotonneux.* ‖ Fade, sans suc : *poire cotonneuse.*

COTONNIER, ÈRE n. et adj. Ouvrier, ouvrière des filatures de coton. ◆ adj. Relatif au coton.

COTONNIER n. m. Plante herbacée ou arbuste originaire de l'Inde, cultivé dans tous les pays chauds pour le coton qui entoure ses graines. (Celles-ci fournissent une huile alimentaire.) [Haut. : de 0,50 à 1,50 m; famille des malvacées.]

COTON-POUDRE n. m. Explosif formé de nitrocellulose, obtenu en traitant du coton cardé par un mélange d'acides nitrique et sulfurique. (Syn. FULMICOTON.)

COTON-TIGE n. m. (nom déposé) [pl. *Cotons-Tiges*]. Coton finement enroulé au bout d'un bâtonnet pour nettoyer les oreilles ou le nez.

CÔTOYER v. t. (de *côte*) [conj. 2]. Aller le long de : *côtoyer une rivière.* ‖ Marcher ou vivre à côté de qqn : *côtoyer des passants dans la rue.* ‖ S'approcher de, frôler : *côtoyer le ridicule.*

COTRE n. m. (angl. *cutter*). Petit bâtiment, à formes élancées, à un mât avec beaupré, et gréant grand-voile, flèche, trinquette et focs.

COTTAGE [kɔtedʒ ou kɔtaʒ] n. m. (mot angl.). Petite maison de campagne.

cotre

Édit. J. Audierne

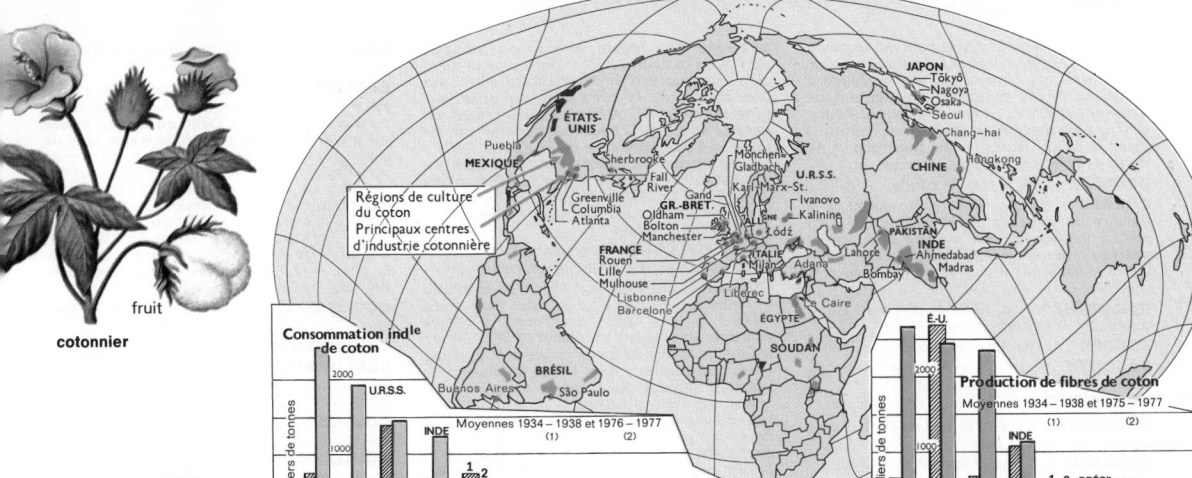

fruit

cotonnier

COTON

Consommation ind^le de coton — Moyennes 1934 – 1938 et 1976 – 1977 (1) (2)

Production de fibres de coton — Moyennes 1934 – 1938 et 1975 – 1977 (1) (2)

COTTE n. f. (mot germ.). Autref., sorte de tunique. ‖ Jupe de paysanne plissée à la taille (vx). ‖ Vêtement de travail quelconque (vx). ● *Cotte d'armes*, vêtement ample qui se portait sur l'armure. ‖ *Cotte de mailles*, syn. de HAUBERT.

COTYLE n. m. (gr. *kotulê*, cavité). *Anat.* Cavité d'un os qui reçoit un autre os.

COTYLÉDON n. m. (gr. *kotulêdôn*, creux d'une tasse). *Anat.* Lobe du placenta. ‖ *Bot.* Lobe charnu ou foliacé qui s'insère sur l'axe de la plantule, dans la graine. (Les plantes à fleurs [angiospermes] sont classées en deux sous-classes selon que la graine porte un ou deux cotylédons.)

COTYLOÏDE [kɔtilɔid] adj. *Anat.* Se dit de la cavité articulaire de l'os iliaque dans laquelle s'engage la tête du fémur.

COU n. m. (lat. *collum*). Partie du corps qui joint la tête aux épaules. ‖ Partie longue et étroite précédant l'orifice de certains récipients. ● *Prendre ses jambes à son cou* (Fam.), s'enfuir au plus vite. ‖ *Se casser, se rompre le cou*, se tuer. ‖ *Se jeter, sauter au cou de qqn*, l'embrasser avec effusion. ‖ *Tendre le cou*, s'offrir aux mauvais traitements sans se défendre.

COUAC n. m. Son faux et discordant produit par une voix ou par un instrument de musique.

COUARD, E adj. et n. (lat. *cauda*, queue). *Litt.* Qui manque de courage.

COUARDISE n. f. *Litt.* Poltronnerie, lâcheté.

COUCHAGE n. m. Action de coucher. ‖ Ensemble des objets qui servent à se coucher. ‖ Opération destinée à produire du papier couché. ● *Sac de couchage*, sac de tissu garni de duvet ou de toute autre matière isolante, dans lequel dorment les campeurs.

COUCHAILLER v. i. Avoir des aventures sexuelles épisodiques.

COUCHANT, E adj. *Chien couchant*, chien qui se couche en arrêtant le gibier. ‖ *Soleil couchant*, soleil près de disparaître à l'horizon.

COUCHANT n. m. Ouest, occident.

COUCHE n. f. (de *coucher*). Linge absorbant ou matière cellulosique que l'on intercale entre la peau d'un nourrisson et la culotte ou la pointe. ‖ Disposition d'éléments dont l'épaisseur est faible par rapport à la superficie. ‖ Toute substance appliquée sur une autre : *couche de plâtre*. ‖ Planche de terreau, de fumier. ‖ Catégorie, classe sociale. ‖ *Géol.* Masse de terrain sédimentaire présentant des caractères homogènes. ‖ *Litt.* Lit : *être étendu sur sa couche*. ● *Couche limite*, mince pellicule qui entoure un corps en mouvement par rapport à un fluide et qui est le siège de phénomènes aérodynamiques et thermiques affectant le comportement de ce

corps. ‖ *En tenir, en avoir une couche* (Fam.), faire preuve d'une grande stupidité. ‖ *Fausse couche*, avortement. ◆ pl. État d'une femme qui accouche : *une femme en couches*. ● *Retour de couches*, première menstruation après l'accouchement.

COUCHÉ, E adj. Penché : *écriture couchée*. ● *Papier couché*, papier recouvert d'un enduit spécial améliorant son opacité et son imperméabilité pour mieux faire ressortir la finesse de l'impression.

COUCHE-CULOTTE n. f. (pl. *couches-culottes*). Culotte doublée d'une couche de cellulose et que l'on jette généralement après un usage.

COUCHER v. t. (lat. *collocare*). Mettre au lit : *coucher un enfant*. ‖ Étendre sur le sol, sur un support : *coucher un blessé sur un brancard; coucher des bouteilles.* ‖ Mettre par écrit, inscrire : *coucher qqn sur un testament.* ● *Coucher en joue*, ajuster pour tirer. ◆ v. i. Passer la nuit : *coucher dans un hôtel.* ‖ *Mar.* S'incliner : *navire qui couche.* ● *Coucher avec qqn* (Fam.), avoir des relations sexuelles avec cette personne. ● *Nom à coucher dehors* (Fam.), saugrenu, bizarre. ◆ **se coucher** v. pr. Se mettre au lit, prendre le repos de la nuit : *se coucher à huit heures.* ‖ S'allonger : *se coucher sur l'herbe.* ‖ Se courber : *arbre qui se couche.* ‖ Disparaître à l'horizon, en parlant des astres.

COUCHER n. m. Action de se mettre au lit, de se coucher : *l'heure du coucher*. ● *Coucher d'un astre*, moment où il disparaît à l'horizon.

COUCHERIE n. f. *Fam.* et *péjor.* Relations sexuelles.

COUCHETTE n. f. Petit lit, dans les navires. ‖ Lit escamotable dans un compartiment de chemin de fer.

COUCHEUR, EUSE n. *Mauvais coucheur* (Fam.), homme difficile à vivre.

COUCHEUSE n. f. Machine appliquant en continu une couche de revêtement protecteur ou décoratif sur l'une ou les deux faces d'un matériau en feuilles.

COUCHIS n. m. *Constr.* Lit d'un matériau quelconque, ou pièces de bois formant assise intermédiaire dans l'établissement d'un sol.

COUCHITIQUE n. m. et adj. (de *Couch*, anc. n. de l'Éthiopie). Branche de la famille chamito-

coucou gris

sémitique, comprenant diverses langues parlées en Afrique orientale.

COUCI-COUÇA loc. adv. (it. *così così*, ainsi ainsi). *Fam.* Ni bien ni mal, pas très bien : *Comment allez-vous? — Couci-couça.*

COUCOU n. m. (onomat.). Oiseau des bois, en Europe occidentale, à dos gris et à ventre blanc rayé de brun, long de 35 cm, insectivore. (Le coucou dépose ses œufs dans le nid d'autres oiseaux.) ‖ Nom usuel de deux plantes à fleurs jaunes, la *primevère officinale* et le *narcisse des bois.* ‖ Pendule de bois munie d'un système d'horlogerie imitant le cri du coucou. ‖ Avion, voiture d'autrefois. ◆ interj. annonçant l'arrivée inopinée de qqn.

COUCOUMELLE n. f. (prov. *coucoumèlo*). Nom usuel de l'*amanite vaginée*, champignon comestible à chapeau gris ou jaunâtre.

COUDE n. m. (lat. *cubitus*). Articulation située à la partie moyenne du membre supérieur, réunissant le bras et l'avant-bras. ‖ Chez le cheval, jonction du bras et de l'avant-bras. ‖

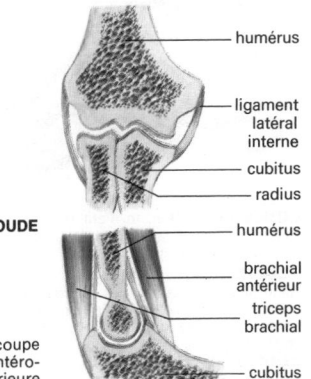

coupe frontale

— humérus

— ligament latéral interne

— cubitus

— radius

COUDE

— humérus

— brachial antérieur

— triceps brachial

— cubitus

coupe antéro-postérieure

237

Partie de la manche d'un vêtement qui recouvre le coude. ‖ Angle saillant que présente un mur, un chemin, une canalisation, etc. ● *Coude à coude*, se dit de personnes qui agissent de façon très solidaire. ‖ *Jouer des coudes* (Fam.), se frayer un passage en écartant ses voisins. ‖ *Lever le coude* (Fam.), boire beaucoup. ‖ *Se serrer, se tenir les coudes*, s'entraider.

COUDÉ, E adj. En forme de coude.

COUDÉE n. f. Anc. mesure équivalant à la distance qui sépare le coude de l'extrémité du médius (environ 50 cm). ● *Avoir les coudées franches*, avoir une entière liberté d'agir. ‖ *Être à cent coudées au-dessus de qqn*, lui être très supérieur.

COU-DE-PIED n. m. (pl. *cous-de-pied*). Partie supérieure et saillante du pied.

COUDER v. t. Plier en forme de coude.

COUDIÈRE n. f. Protection matelassée du coude, utilisée dans certains sports.

COUDOIEMENT n. m. Action de coudoyer.

COUDOYER v. t. (conj. 2). Être en contact avec qqn, fréquenter des gens.

COUDRAIE n. f. Lieu planté de coudriers.

COUDRE v. t. (lat. *consuere*) [conj. 52]. Attacher, joindre par une suite de points faits au moyen d'une aiguille et d'un fil, à la main ou avec une machine.

COUDRIER n. m. Noisetier.

COUENNE [kwan] n. f. (lat. *cutis*, peau). Peau de porc raclée. ‖ *Méd.* Dépôt inflammatoire tapissant un organe.

COUENNEUX, EUSE adj. Qui ressemble à la couenne. ‖ *Méd.* Couvert d'une couenne. ● *Angine couenneuse*, syn. de DIPHTÉRIE.

COUETTE n. f. (lat. *culcita*, oreiller). Édredon de plumes ou de matière synthétique habillé d'une housse amovible. ‖ Pièce de bois qui guide un navire, lors de son lancement.

COUETTE n. f. (de *coue*, anc. forme de *queue*). Fam. Touffe de cheveux rassemblés sur la nuque ou de chaque côté des oreilles.

COUFFIN n. m. (prov. *coufo*, mot ar.). Grand cabas en paille tressée.

COUFIQUE ou **KÛFIQUE** adj. et n. m. (du n. de la ville de *Kûfa*). La plus ancienne forme d'écriture arabe, rigide et angulaire, tracée sur une même ligne de base, souvent utilisée en décoration épigraphique.

COUGOUAR n. m. (brésilien *cuguacuara*). Autre nom du PUMA.

COUIC! interj. Onomatopée du cri d'un petit animal ou d'un homme qu'on étrangle.

COUILLE n. f. *Pop.* Testicule.

COUILLON n. m. *Pop.* Imbécile, sot.

COUILLONNADE n. f. *Pop.* Erreur, sottise.

COUILLONNER v. t. *Pop.* Tromper, duper.

COUINEMENT n. m. Cri du lapin, du lièvre.

COUINER [kwine] v. i. *Fam.* Pousser de petits cris.

COULABILITÉ n. f. Aptitude d'un métal ou d'un alliage à remplir un moule dans tous ses détails, lorsqu'on l'y verse à l'état liquide.

COULAGE n. m. Action de faire couler une matière en fusion, un liquide, un matériau pâteux. ‖ Perte de marchandises due au vol ou à la négligence.

COULANT, E adj. Qui coule : *pâte coulante.* ‖ Aisé, naturel : *style coulant.* ‖ *Fam.* Indulgent, peu exigeant : *un examinateur coulant.*

COULANT n. m. Anneau mobile servant à fermer, à rapprocher. ‖ *Bot.* Syn. de STOLON.

COULE n. f. (lat. *cucullus*). Ample manteau à capuchon et à larges manches dont font usage les moines.

COULE (À LA) loc. adv. *Être à la coule* (Fam.), être au courant.

COULÉ n. m. *Mus.* Passage lié d'une note à une autre. ‖ Au billard, coup par lequel on pousse une bille sur une autre de manière à les faire se suivre.

COULÉE n. f. Masse de matière en fusion ou plus ou moins liquide qui se répand : *une coulée de peinture.* ‖ Petit sentier. ‖ Avance

immergée d'un nageur en position allongée, sans effort moteur. ‖ *Géogr.* Déplacement méridien d'une masse d'air perpendiculairement aux flux zonaux de la circulation atmosphérique générale. ‖ *Techn.* Action de verser dans un moule. ● *Coulée boueuse*, écoulement en masse, à l'état pâteux, de boue gorgée d'eau. ‖ *Coulée en source*, coulée du métal dans un canal vertical alimentant le moule par sa partie inférieure. ‖ *Coulée de lave*, masse de lave en fusion qui s'échappe d'un volcan; masse de lave après sa solidification.

COULEMELLE n. f. (lat. *columella*). Nom usuel de la *lépiote élevée*, champignon comestible.

COULER v. i. (lat. *colare*). Aller d'un endroit à un autre, en parlant d'un liquide, d'un cours d'eau : *la Loire coule vers l'ouest.* ‖ Laisser échapper un liquide : *ce robinet coule.* ‖ Se laisser couler le long de qqch : *se laisser couler le long d'une corde.* ‖ S'enfoncer dans l'eau; se noyer : *le bateau a coulé à pic.* ‖ Passer, en parlant du temps : *les années coulent.* ● *Couler de source*, se produire sans effort; résulter naturellement de ce qui précède, être évident. ‖ *Faire couler de l'encre*, faire écrire ou parler beaucoup. ‖ *Laisser couler*, laisser faire, ne pas intervenir. ◆ v. t. Verser dans un creux ou sur une surface une matière en fusion, une substance liquide ou pâteuse. ‖ Fabriquer un objet en métal fondu. ‖ *Faire aller au fond de l'eau* : *couler un navire.* ‖ Ruiner une affaire, une entreprise. ‖ Discréditer qqn. ‖ Glisser adroitement : *couler un billet dans la poche.* ‖ *Mécan.* Détériorer un organe en mouvement par manque de graissage. ● *Couler des jours heureux*, mener une vie paisible et heureuse. ◆ *se couler* v. pr. Se glisser, s'introduire sans bruit. ● *Se la couler douce* (Fam.), ne pas se faire de souci, vivre heureux.

COULEUR n. f. (lat. *color*). Impression que fait sur l'œil la lumière émise par les sources lumineuses ou diffusée par les corps (v. SPECTRE). ‖ Ce qui n'est ni blanc ni noir : *linge de couleur.* ‖ Matière colorante. ‖ Chacune des quatre marques du jeu de cartes : cœur, carreau, trèfle, pique. ‖ Apparence, aspect : *peindre l'avenir sous de belles couleurs.* ‖ Brillant, éclat : *description pleine de couleur.* ‖ Opinion politique : *la couleur d'un journal.* ● *Annoncer la couleur* (Fam.), faire connaître ses intentions. ‖ *Changer de couleur*, pâlir ou rougir sous l'effet d'une émotion. ‖ *En voir de toutes les couleurs* (Fam.), subir toutes sortes d'épreuves. ‖ *Homme de couleur*, qui n'est pas blanc. ‖ *Sous couleur*, sous prétexte. ‖ *Ne pas voir la couleur de qqch* (Fam.), ne pas la recevoir alors qu'elle vous était due. ◆ pl. Carnation de la figure : *reprendre des couleurs.* ‖ Marque distinctive d'une nation, de ses drapeaux, pavillons et cocardes : *hisser les couleurs.* ‖ *Hérald.* Nom donné aux émaux autres que les métaux et les fourrures.

COULEUVRE n. f. (lat. *colubra*). Serpent ovipare, inoffensif pour l'homme, et dont plusieurs espèces vivent en France. (La plus commune, une *couleuvre à collier*, atteint au plus 2 m de long, préfère les lieux humides et peut nager.) ● *Avaler des couleuvres*, éprouver des affronts.

couleuvre à collier

COULEUVREAU n. m. Petit de la couleuvre.

COULEUVRINE n. f. Bouche à feu, fine et longue (XVe-XVIIe s.).

COULIS [kuli] n. m. (de *couler*). Jus extrait des viandes, des poissons, des légumes après une cuisson lente. ‖ Mortier liquide que l'on fait pénétrer dans les joints d'un ouvrage en maçonnerie.

COULIS adj. m. *Vent coulis*, qui se glisse à travers une fente.

COULISSANT, E adj. Qui glisse sur des coulisses : *porte coulissante.*

COULISSE n. f. (de *porte coulisse*, qui glisse). Pièce de bois à rainure dans laquelle glisse le bord d'un panneau. ‖ Partie du théâtre placée sur les côtés et en arrière de la scène, hors de la vue des spectateurs. ‖ À la Bourse, marché où se traitaient autref. les valeurs cotées par les courtiers en valeurs mobilières. ‖ Organe des locomotives à vapeur, servant à renverser le sens de la marche. ‖ Ourlet dans lequel on fait glisser un cordon pour serrer ou desserrer. ● *Dans la coulisse*, caché. ‖ *Regard en coulisse*, en coin. ◆ pl. Côté secret d'un domaine d'activité : *les coulisses de la politique.*

COULISSEAU n. m. Petite coulisse. ‖ Languette qui se déplace dans la coulisse.

COULISSEMENT n. m. Fait de coulisser.

COULISSER v. t. Munir d'une coulisse : *coulisser un tiroir.* ◆ v. i. Glisser sur des coulisses : *porte qui coulisse facilement.*

COULISSIER n. m. Dénomination ancienne des courtiers en valeurs mobilières.

COULOIR n. m. (de *couler*). Passage ou dégagement dans un appartement, une salle de spectacle, une voiture de chemin de fer, etc. ‖ Passage étroit. ‖ Sur certains terrains de sport, espace délimité par deux lignes parallèles. ● *Bruits, conversations de couloirs*, officieux. ‖ *Couloir aérien*, itinéraire que doivent suivre les avions. ‖ *Couloir d'autobus*, partie de la chaussée réservée à certains véhicules (autobus, taxis, ambulances). ‖ *Couloir d'avalanche*, ravin qui entaille un versant montagneux et qui est souvent suivi par les avalanches.

COULOMB [kulɔ̃] n. m. (du n. du physicien *Coulomb*). Unité de mesure de quantité d'électricité et de charge électrique (symb. : C), équivalant à la quantité d'électricité transportée en 1 seconde par un courant de 1 ampère. ● *Coulomb par kilogramme*, unité de mesure d'exposition (symb. : C/kg), équivalant à l'exposition telle que la charge de tous les ions d'un même signe produits dans l'air, lorsque les électrons (négatifs et positifs) libérés par les photons de façon uniforme dans une masse d'air égale à 1 kilogramme sont complètement arrêtés dans l'air, est égale en valeur absolue à 1 coulomb.

COULOMMIERS n. m. Fromage à pâte fermentée, à croûte d'un blanc grisâtre.

COULPE n. f. (lat. *culpa*, faute). *Relig.* Dans les monastères, cérémonie au cours de laquelle les religieux s'accusent publiquement de leurs manquements à la règle. ● *Battre sa coulpe* (Litt.), témoigner du regret.

COULURE n. f. Trace laissée sur une surface par un corps visqueux qui a coulé. ‖ Accident qui empêche la fécondation de la fleur, lorsque les pluies abondantes altèrent le pollen. ‖ Partie du métal qui s'échappe à travers les joints du moule.

COUMARINE n. f. Substance odorante extraite de la fève tonka ou produite par synthèse.

COUNTRY MUSIC [kɔntrimjuzik] n. f. Musique issue du folklore rural des États-Unis.

COUP n. m. (lat. *colaphus*; du gr. *kolaphos*, soufflet). Choc donné à un objet ou à qqn par qqch en mouvement : *donner un coup.* ‖ Décharge d'une arme à feu : *tirer un coup de canon.* ‖ La munition elle-même : *une batterie disposant de cinq cents coups.* ‖ Mouvement rapide et momentané pour faire fonctionner un instrument : *se donner un coup de peigne.* ‖ Choc moral qui atteint vivement. ‖ Action violente, acte décisif : *méditer un mauvais coup.* ‖ Syn. de FOIS (dans quelques expressions) : *du premier coup; d'un seul coup.* ‖ Action, combinaison d'un joueur dans une partie : *réussir un beau coup.* ‖ Bruit produit par un choc, une vibration : *coup de sonnette.* ‖ Ce qu'on boit en une fois. ● *Coup sûr*, certainement. ‖ *À tout coup*, à chaque fois. ‖ *Après coup*, quand ce n'est plus temps. ‖ *Au coup par coup*, par des actions spécifiques et différentes à chaque coup. ‖ *Coup bas*, en boxe, coup porté au-dessous de la ceinture. ‖ *Coup de barre* (Fam.), fatigue soudaine. ‖ *Coup de chaleur*, ensemble des manifestations pathologiques, souvent graves, surtout pour les enfants, provoquées par le séjour dans un milieu trop chaud. ‖ *Coup du ciel*, événement heureux, extraordinaire. ‖ *Coup dur*, événement fâcheux. ‖ *Coup d'éclat*, action qui a un grand retentissement. ‖ *Coup d'envoi*, en sports, début d'une partie; début d'un processus. ‖ *Coup d'essai*, ce qu'on fait pour la première fois. ‖ *Coup de foudre*, amour subit et irrésistible. ‖ *Coup franc*, en sports, sanction contre une équipe. ‖ *Coup de Jarnac*, coup porté traîtreusement. ‖ *Coup de main*, opération militaire locale menée par surprise sur un objectif limité; assistance passagère : *donner un coup de main à qqn*. ‖ *Coup de maître*, action habilement concertée et exécutée. ‖ *Coup de mer*, gros paquet de mer venant frapper le navire et embarquant à bord. ‖ *Coup d'œil*, regard rapide; vue d'ensemble d'un paysage, d'un édifice, etc. ‖ *Coup de pied de l'âne*, lâche insulte faite à un homme dont on n'a plus rien à craindre. ‖ *Coup de pompe* (Fam.), fatigue soudaine. ‖ *Coup de pouce* (Fam.), aide légère ou frauduleuse. ‖ *Coup de sang*, hémorragie cérébrale. ‖ *Coup de soleil*, brûlure de la peau par le soleil. ‖ *Coup de téléphone*, ou *coup de fil* (Fam.), appel téléphonique. ‖ *Coup de tête*, décision irréfléchie. ‖ *Coup de théâtre*, changement subit dans une situation. ‖ *Coup sur coup*, sans interruption. ‖ *En mettre un coup* (Fam.), faire un gros effort. ‖ *En prendre un coup*, subir une atteinte. ‖ *Être aux cent coups* (Fam.), être très inquiet. ‖ *Être (mettre) dans le coup*, participer (faire participer) à une affaire; être (mettre) au courant, à la mode. ‖ *Expliquer le coup* (Fam.), mettre au courant. ‖ *Faire les cent coups, les quatre cents coups*, mener une vie désordonnée. ‖ *Manquer son coup*, ne pas réussir. ‖ *Marquer le coup*, mettre en relief un incident, un événement important. ‖ *Passer en coup de vent*, rapidement, sans rester. ‖ *Pour le coup*, pour une fois. ‖ *Sous le coup*, sous l'effet, la menace. ‖ *Sur le coup*, tout de suite. ‖ *Tenir le coup* (Fam.), résister. ‖ *Tenter le coup* (Fam.), essayer. ‖ *Tir coup par coup*, tir exécuté une cartouche à la fois (par oppos. à TIR PAR RAFALES). ‖ *Tout à coup*, soudainement. ‖ *Tout d'un coup*, en une seule fois. ‖ *Valoir le coup* (Fam.), valoir la peine.

COUPABLE adj. et n. (lat. *culpabilis*; de *culpa*, faute). Qui a commis un crime, une faute. ‖ Qui doit être blâmé, condamné : *faiblesse coupable*.

COUPAGE n. m. Action de mélanger des liquides, en particulier des vins et des alcools.

COUPAILLER v. t. Couper irrégulièrement.

COUPANT, E adj. Qui coupe, tranchant. ‖ Péremptoire : *un ton coupant*.

COUPANT n. m. Fil d'un instrument tranchant : *le coupant d'une lame*.

COUP-DE-POING n. m. (pl. *coups-de-poing*). Arme de silex grossièrement taillée, caractéristique des premières industries paléolithiques. (Syn. BIFACE.) ● *Coup-de-poing américain*, arme de main faite d'une masse de métal percée de trous pour les doigts.

COUPE n. f. (lat. *cuppa*). Verre à boire, généralement plus large que profond; son contenu. ‖ Trophée attribué au vainqueur ou à l'équipe victorieuse d'une épreuve sportive se disputant généralement par élimination; la compétition elle-même.

COUPE n. f. Action, manière de couper, de tailler; ce qui a été coupé : *la coupe des cheveux, une coupe de bois*. ‖ Action, manière de tailler du tissu pour en faire un vêtement; la chose coupée. ‖ Étendue de bois destinée à être coupée. ‖ Légère pause marquée dans le débit d'un vers. ‖ Représentation graphique d'un bâtiment, d'un objet selon une section verticale. ‖ Art de tailler les pierres. ‖ *Jeux.* Séparation des cartes en deux parties. ● *Avoir une coupe*, à certains jeux, ne pas avoir de carte dans une couleur. ‖ *Coupe claire*, coupe sévère clairsemant les arbres. ‖ *Coupe géologique*, profil établi suivant un tracé linéaire, d'après une carte topographique et une carte géologique qui y correspond. ‖ *Coupe histologique*, coupe mince au microtome d'un tissu animal ou végétal pour son examen au microscope. ‖ *Coupe sombre,*

coupe partielle, qui épargne assez d'arbres pour laisser de l'ombre; suppression importante dans un ensemble. ‖ *Mettre en coupe réglée*, imposer périodiquement à une personne ou à un groupe des prélèvements excessifs. ‖ *Sous la coupe de qqn* (Fam.), sous sa dépendance.

COUPÉ, E adj. et n. m. *Hérald.* Se dit de l'écu ou d'une pièce partagés horizontalement en deux parties égales.

COUPÉ n. m. Voiture fermée, à quatre roues, généralement à deux places. ‖ Partie antérieure d'une diligence. ‖ *Chorégr.* Pas de dégagement qui permet l'enchaînement d'un autre pas.

COUPE-CHOU n. m. (pl. *coupe-choux*). *Fam.* Sabre court du fantassin, de 1831 à 1866.

COUPE-CIGARES n. m. inv. Instrument pour couper le bout des cigares.

COUPE-CIRCUIT n. m. inv. Appareil destiné à couper, par la fusion de l'un de ses éléments, le circuit dans lequel il est inséré, lorsque l'intensité y dépasse une certaine valeur.

COUPE-COUPE n. m. inv. Sabre d'abattis.

COUPÉE n. f. *Mar.* Ouverture pratiquée dans les parois d'un navire et permettant d'y entrer ou d'en sortir.

COUPE-FAIM n. m. inv. Anorexigène.

COUPE-FEU n. m. inv. Dispositif, élément de construction ou espace de terrain déboisé destiné à s'opposer à la propagation du feu. (Syn. PARE-FEU.)

COUPE-FILE n. m. inv. Carte officielle donnant certaines priorités de circulation.

COUPE-GORGE n. m. inv. Lieu, passage dangereux, fréquenté par des malfaiteurs.

COUPE-JAMBON n. m. inv. Couteau mécanique à couper en tranches le jambon désossé.

COUPE-JARRET n. m. (pl. *coupe-jarrets*). *Litt.* Brigand, assassin.

COUPE-LÉGUMES n. m. inv. Instrument pour couper les légumes en menus morceaux.

COUPELLATION n. f. Opération métallurgique ayant pour objet de séparer par oxydation un ou plusieurs éléments à partir d'un mélange liquide, lorsque leur affinité pour l'oxygène est différente.

COUPELLE n. f. Petite coupe.

COUPE-ONGLES n. m. inv. Pince ou ciseaux à lames courtes et incurvées pour couper les ongles.

COUPE-PAPIER n. m. inv. Sorte de couteau en bois, en os, en métal, etc., servant à couper le papier.

COUPE-PÂTE n. m. inv. Couteau de boulanger et de pâtissier pour couper la pâte.

COUPER v. t. (de *coup*). Diviser avec un instrument tranchant, un projectile; trancher : *couper du pain, couper une jambe*. ‖ Produire une entaille, une blessure ou une sensation identique : *l'éclat de verre lui a coupé le doigt; froid qui coupe le visage*. ‖ Tailler sur un patron : *couper une robe*. ‖ Mêler un liquide avec un autre : *couper du vin*. ‖ Rompre, interrompre : *couper un pont, une communication téléphonique, l'eau, la faim*. ‖ Passer au milieu, au travers de : *route qui en coupe une autre*. ‖ Isoler qqn en le séparant de qqch, de qqn. : *couper les vivres à qqn*. ‖ Au tennis, au Ping-Pong, renvoyer la balle en lui donnant un effet de rotation sur elle-même. ‖ Châtrer : *couper un chat, un chien*. ◆ À *couper au couteau*, très épais. ‖ *Couper les jambes*, causer une fatigue extrême. ‖ *Couper la parole à qqn*, l'interrompre. ‖ *Couper les vivres à qqn*, lui supprimer l'argent qu'on lui donne habituellement. ◆ v. i. Être tranchant : *ce couteau coupe bien*. ◆ v. t. et i. Prendre avec un atout une carte de son adversaire. ‖ Faire deux paquets d'un jeu de cartes : *couper les cartes*. ‖ Aller directement : *couper à travers champs*. ◆ v. t. ind. *Couper à qqch* (Fam.), y échapper. ◆ **se couper** v. pr. Se faire une coupure : *il s'est coupé le doigt*. ‖ Se croiser : *routes qui se coupent*. ‖ Rompre le contact avec : *se couper de sa famille*. ‖ *Fam.* Se trahir, se contredire : *elle s'est coupée dans ses réponses*.

COUPE-RACINES n. m. inv. Machine qui sert à découper les racines ou les tubercules.

COUPERET n. m. Couteau large et court, pour la cuisine ou la boucherie. ‖ Couteau de la guillotine. ‖ Outil pour couper les fils d'émail.

COUPEROSE n. f. (lat. *cupri rosa*, rose de cuivre). *Méd.* Coloration rouge du visage, due à une dilatation des vaisseaux capillaires.

COUPEROSÉ, E adj. Atteint de couperose.

COUPEUR, EUSE n. Personne qui coupe : *coupeur de canne*. ‖ Personne qui coupe les étoffes, les cuirs.

COUPE-VENT n. m. et adj. inv. Dispositif de tôle placé à l'avant de véhicules rapides pour réduire la résistance de l'air.

COUPLAGE n. m. Assemblage de pièces mécaniques. ‖ Association d'appareils électriques en vue de leur fonctionnement simultané.

COUPLE n. f. (lat. *copula*). *Litt.* Deux choses de même espèce, considérées ensemble : *une couple d'heures*.

COUPLE n. m. (de *couple* n. f.). Homme et femme mariés ou réunis momentanément : *ils forment un beau couple; les couples dansent sur la terrasse*. ‖ Personnes ou animaux réunis deux à deux : *un couple d'amis, de pigeons*. ‖ *Math.* Ensemble de deux éléments associés. ‖ *Mécan.* Système de deux forces égales, parallèles et dirigées en sens contraire l'une de l'autre; valeur de leur moment. ‖ Pièce de construction de la coque d'un navire ou du fuselage d'un avion, placée perpendiculairement à l'axe du navire ou de l'avion. ● *Couple conique*, ensemble des pignons d'engrenage d'une transmission associés par paire, et qui renvoient à angle droit le mouvement moteur à la machine utilisatrice. ‖ *Couple moteur*, moment, par rapport au centre de rotation, de la force transmise par le moteur. ‖ *Couple résistant d'une machine*, valeur du couple que doit vaincre un moteur d'entraînement pour faire fonctionner cette machine. ‖ *Couple de serrage*, valeur qui détermine le serrage d'un organe mécanique. ‖ *Couple thermoélectrique*, syn. de THERMOCOUPLE. ‖ *Maître couple*, couple placé dans la plus grande largeur d'un navire.

COUPLÉ n. m. Mode de pari mutuel, consistant à désigner les deux premiers d'une course de chevaux, dans l'ordre d'arrivée (*couplé gagnant*) ou non (*couplé placé*).

COUPLER v. t. Attacher deux à deux.

COUPLET [kuplɛ] n. m. Chaque strophe faisant partie d'une chanson et terminée par un refrain. ‖ Chanson, tirade en général.

COUPLEUR n. m. Dispositif d'accouplement.

COUPOIR n. m. Outil servant à couper.

COUPOLE n. f. (it. *cupola*). *Archit.* Voûte de base circulaire (parfois ovale ou polygonale) engendrée par la rotation sur un axe vertical d'un arc de cercle, d'une demi-ellipse ou de toute autre courbe, éventuellement exhaussée par un *tambour*; habillage externe de cette voûte, dôme. ‖ *L'Académie française*. (Prend une majuscule en ce sens.) ‖ *Mil.* Partie supérieure d'un blindage, dont le bombement facilite le ricochet des projectiles qui l'atteignent.

coupole (mosquée Süleymaniye, Istanbul)

R. Michaud - Rapho

COUPON n. m. (de *couper*). Reste d'une pièce d'étoffe : *coupon de soie.* ‖ Billet attestant l'acquittement d'un droit. ‖ Titre d'intérêt joint à une action, à une obligation, et qu'on détache à chaque échéance.

COUPON-RÉPONSE n. m. (pl. *coupons-réponse*). Coupon permettant à un correspondant d'obtenir, dans un pays étranger, un timbre pour affranchir sa réponse. ‖ Coupon détachable d'une annonce publicitaire permettant d'obtenir des informations sur le produit faisant l'objet de la publicité.

COUPURE n. f. Incision faite dans un corps par un instrument tranchant. ‖ Suppression de quelques passages dans une œuvre littéraire, cinématographique ; interruption ; divergence d'opinions : *coupure à l'intérieur de l'opposition.* ‖ Interruption dans la fourniture du courant électrique, du gaz, etc. ‖ Billet de banque. ● *Coupure épistémologique* (Philos.), ensemble d'opérations par lesquelles un domaine théorique se constitue comme science en élaborant son système de concepts, ses objets et ses modalités techniques d'expérimentation. (La coupure épistémologique permet ainsi à une science de se démarquer de l'idéologie*.) ‖ *Coupure (de journal)*, article découpé dans un journal.

COUQUE n. f. Dans le Nord et en Belgique, pain d'épice, sorte de brioche.

COUR n. f. (lat. *cohors, cohortis*). Terrain délimité par des bâtiments sur la totalité ou sur la plus grande partie de son périmètre. ‖ Dénomination de certains tribunaux importants ; ensemble des magistrats qui les composent : *cour d'appel ; Cour des comptes*, etc. ‖ Résidence d'un souverain ; ensemble des principaux personnages qui l'entourent ; le souverain et ses ministres. ‖ Ensemble de personnes empressées à plaire à qqn et particulièrement à une femme. ‖ En Belgique, toilettes. ● *Côté cour* (Théât.), côté de la scène à la droite des spectateurs (par oppos. à CÔTÉ JARDIN). ‖ *Cour anglaise*, fossé revêtu au pied d'un bâtiment, en contrebas du sol environnant et sur lequel donnent les portes et les fenêtres du sous-sol. ‖ *Cour des Miracles*, lieu où vivaient rassemblés des malfaiteurs ; lieu sordide et mal famé. ‖ *La cour du roi Pétaud* (Fam.), maison pleine de confusion. ‖ *Être bien, mal en cour*, jouir, ne pas jouir de la faveur d'un supérieur. ‖ *Faire la cour à qqn*, lui manifester son admiration, se montrer assidu en vue de lui plaire.

COURAGE n. m. (de *cœur*). Fermeté, énergie morale en face du danger, de la souffrance, des échecs. ‖ Ardeur mise à entreprendre une tâche : *travailler avec courage.* ● *Avoir le courage de faire qqch*, en avoir la volonté plus ou moins cruelle. ‖ *Prendre son courage à deux mains*, faire appel à toute son énergie.

COURAGEUSEMENT adv. Avec courage.

COURAGEUX, EUSE adj. Qui a du courage, qui le manifeste ; brave.

COURAMMENT adv. Facilement, rapidement : *lire, écrire couramment.* ‖ D'une façon habituelle, ordinairement : *c'est une question qu'on pose couramment.*

COURANT, E adj. (de *courir*). Qui est en cours, qui s'écoule au moment où l'on parle : *mois courant.* ‖ Habituel, usuel, quotidien : *langage courant ; dépenses courantes.* ‖ *Chien courant*, chien de chasse dressé à poursuivre le gibier. ‖ *Eau courante*, eau qui s'écoule ; installation de distribution d'eau dans une habitation. ‖ *Manœuvre courante*, partie mobile d'un cordage utilisée comme manœuvre et servant à transmettre un effort. ‖ *Monnaie courante*, pratique habituelle. ‖ *Prix courant*, prix habituel.

COURANT n. m. Déplacement d'ensemble des éléments d'un fluide ou d'un liquide : *suivre le courant d'un fleuve.* ‖ Mouvement orienté de sentiments, d'idées ; tendance générale : *un courant d'opinion.* ‖ Déplacement : *des courants de population.* ‖ Déplacement d'électricité à travers un conducteur. ● *Au courant de la plume*, en écrivant sans effort. ‖ *Courant d'air*, masse d'air qui se déplace d'un endroit à un autre. ‖ *Courant alternatif*, courant électrique circulant dans un sens puis dans

courgettes

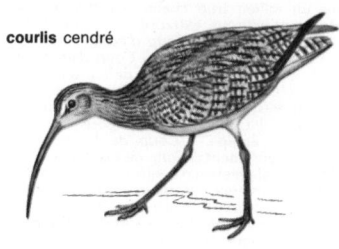

courlis cendré

l'autre, et dont l'intensité est une fonction périodique du temps, de valeur moyenne nulle. ‖ *Courant de charge*, courant produit à l'intérieur d'un diélectrique ou d'un électrolyte, soumis à une différence de potentiel. ‖ *Courant de conduction*, courant lié à l'application d'un champ électrique. ‖ *Courant continu*, courant électrique ayant toujours le même sens et dont l'intensité est constante. ‖ *Courants de Foucault*, courants induits dans les masses métalliques placées dans des champs magnétiques variables. ‖ *Courant d'induction*, courant prenant naissance dans une masse métallique conductrice se déplaçant dans un champ magnétique. ‖ *Courant de marée*, courant parfois violent au voisinage des côtes et dans les détroits, provoqué par les mouvements complexes de la marée. ‖ *Courant marin* ou *océanique*, mouvement qui entraîne des masses d'eau considérables à la surface et dans la masse même des océans. ‖ *Courant porteur*, courant alternatif de fréquence élevée que l'on module en vue de transmettre des signaux. ‖ *Dans le courant du mois, de la semaine*, à un moment quelconque de ces périodes de temps. ‖ *Être au courant*, être renseigné, informé. ‖ *Remonter le courant*, redresser la situation. ‖ *Tenir, mettre au courant*, informer.

COURANTE n. f. Danse française à trois temps, très en vogue au XVIIe s. et employée dans la suite instrumentale. ‖ Pop. Diarrhée.

COURBATU, E adj. (de *court* et *battu*). Litt. Très fatigué : *il est rentré tout courbatu.*

COURBATURE n. f. Douleur dans les membres, par suite de maladie, de fatigue.

COURBATURÉ, E adj. Qui souffre de courbatures ; très fatigué.

COURBATURER v. t. Donner, causer une courbature ; fatiguer extrêmement.

COURBE adj. (lat. *curvus*). En forme d'arc. ● *Ligne courbe*, ligne dont la direction change progressivement sans former aucun angle. ‖ *Tir courbe*, tir exécuté sous un angle au niveau supérieur à 45°. (Syn. TIR VERTICAL.)

COURBE n. f. Ligne courbe : *la route fait une courbe.* ‖ Graphique représentant les variations d'un phénomène : *courbe de température.* ‖ Math. Lieu de positions successives d'un point qui se meut selon une loi déterminée.

COURBEMENT n. m. Action de courber.

COURBER v. t. Rendre courbe ce qui est droit : *l'âge courbe la taille.* ‖ Incliner, pencher : *courber la tête.* ◆ v. i. Ployer : *les branches courbent sous le poids.* ◆ **se courber** v. pr. Incliner le corps en avant : *il se courba pour le saluer.* ‖ Être, devenir courbe.

COURBETTE n. f. Équit. Mouvement du cheval qui se cabre un peu. ● *Faire des courbettes à qqn*, lui prodiguer des marques exagérées de déférence.

COURBURE n. f. État d'une chose courbe. ‖ Math. Inverse du rayon de courbure. ‖ *Double courbure*, courbure en S. ‖ *Rayon de courbure en un point* (Math.), rayon du cercle osculateur en ce point.

COURCAILLER v. i. → CARCAILLER.

COURCAILLET n. m. (onomat.). Cri de la caille. ‖ Appeau avec lequel on imite ce cri.

COURÉE n. f. Dans les villes du Nord, impasse habitée, souvent insalubre.

COURETTE n. f. Petite cour intérieure.

COUREUR, EUSE n. Personne ou animal qui court : *bon coureur.* ‖ En sports, celui qui participe à une course. ‖ Personne qui recherche les aventures amoureuses. ● *Coureur des bois*, autrefois, au Canada, chasseur ou trafiquant de pelleteries.

COUREUR n. m. Syn. anc. de RATITE.

COURGE n. f. (lat. *cucurbita*). Genre de plantes aux tiges traînantes et aux fruits volumineux, comprenant le *potiron*, le *giraumon*, la *courgette* et les *courges* proprement dites, consommés comme légumes. (Famille des cucurbitacées.)

COURGETTE n. f. Fruit allongé de certaines courges, que l'on consomme à l'état jeune.

COURIR v. i. (lat. *currere*) [conj. 21]. Se déplacer en faisant mouvoir rapidement ses jambes ou ses pattes : *l'autruche court très vite.* ‖ Aller de divers côtés pour chercher qqch ; se précipiter vers : *courir partout pour trouver une pièce de rechange.* ‖ Parcourir : *un frisson lui courut par tout le corps.* ‖ Participer à une épreuve de course : *ce cheval ne court pas aujourd'hui.* ‖ Se dérouler, s'écouler : *le temps court.* ‖ Suivre son cours : *le mois qui court.* ‖ S'étendre le long de, entre : *route qui court parmi les vignes.* ‖ Se propager rapidement : *il court sur son compte une histoire curieuse.* ‖ Pop. Importuner, ennuyer. ● *Courir après* (Fam.), s'efforcer d'atteindre, en hâtant le pas : *courir après un voleur* ; rechercher, aspirer à : *courir après la fortune, les honneurs.* ‖ *En courant*, à la hâte. ‖ *Laisser courir*, laisser faire. ‖ *Tu peux courir* (Fam.), tu agis en pure perte, tu n'auras rien. ◆ v. t. Disputer, en parlant d'une épreuve de course : *courir un cent mètres.* ‖ Poursuivre, rechercher : *courir les places.* ‖ Parcourir : *courir la campagne.* ‖ Fréquenter assidûment qqn, se rendre habituellement dans : *courir les filles ; courir les magasins.* ‖ Être exposé à : *courir un danger.* ‖ Chass. Poursuivre un animal. ● *Courir les rues*, être très commun. ‖ *Courir sa chance*, la tenter.

COURLIS [kurli] n. m. Oiseau échassier migrateur à long bec arqué, habitant près des eaux douces ou sur les côtes. (Famille des charadriidés.)

COURONNE n. f. (lat. *corona*). Objet circulaire qu'on porte sur la tête en signe d'autorité, de récompense ou d'ornement. ‖ Autorité royale,

couronne solaire

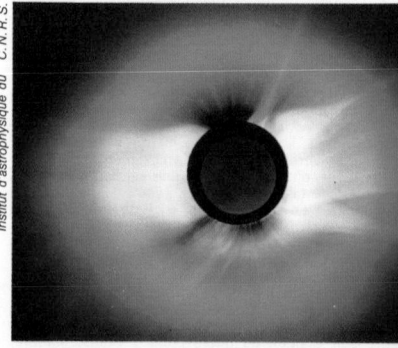

dynastie; État dirigé par un roi ou un empereur. ‖ Ensemble de fleurs, de feuilles, disposées en cercle : *couronne mortuaire.* ‖ Tonsure monacale. ‖ Objet circulaire en forme de couronne. ‖ Cercle métallique enserrant certains objets : *la couronne d'un cabestan.* ‖ Unité monétaire principale du Danemark, de l'Islande, de la Norvège, de la Suède et de la Tchécoslovaquie. ‖ Sommet du pied du cheval. ‖ Capsule métallique reproduisant la forme d'une dent et servant à la protéger. ‖ *Fortif.* Ensemble d'ouvrages de la fortification à tracé bastionné. ‖ *Min.* Terrain du toit d'une galerie. ● *Couronne circulaire* (Math.), surface comprise entre deux cercles coplanaires et concentriques. ‖ *Couronne d'une dent,* sa partie visible. ‖ *Couronne solaire,* région externe de l'atmosphère du Soleil, diffuse et de très haute température. ‖ *Couronne de sondage,* trépan annulaire, qui tourne au fond du trou de sonde en désagrégeant le terrain. ‖ *Triple couronne,* la tiare pontificale.

COURONNE n. f. et adj. Format de papier aux dimensions de 36 × 46 cm en papeterie et de 37 × 47 cm en édition.

COURONNÉ, E adj. Qui a reçu un prix, une récompense. ● *Cheval couronné,* qui s'est enlevé la peau du genou en tombant. ‖ *Tête couronnée,* souverain.

COURONNEMENT n. m. Action de couronner, d'être couronné. ‖ Cérémonie dans laquelle on couronne un souverain. ‖ Achèvement : *le couronnement d'une carrière.* ‖ Élément décoratif plus long que haut formant le sommet d'une élévation ou d'une partie d'élévation; partie supérieure d'un meuble, d'un objet, etc.

COURONNER v. t. Mettre une couronne sur la tête : *couronner de fleurs.* ‖ Poser solennellement une couronne sur la tête d'un souverain. ‖ *Litt.* Être disposé tout autour : *les montagnes couronnent la ville.* ‖ Former la partie supérieure d'un édifice. ‖ Honorer, récompenser, décerner un prix à : *couronner un ouvrage.* ‖ Porter au plus haut point, amener à la perfection : *cette nomination a couronné sa carrière; le succès a couronné son entreprise.* ◆ **se couronner** v. pr. Se blesser au genou, en parlant du cheval.

COUROS n. m. → KOUROS.

COURRE v. t. (lat. *currere*). Chasse à courre, qui se pratique avec des chiens courants.

COURRERIES [kurri] n. f. pl. (anc. fr. *courre,* courir). En Belgique, allées et venues, démarches, courses.

COURRIER n. m. Transport des lettres, des journaux, etc. : *le courrier du matin.* ‖ Totalité des lettres que l'on écrit ou que l'on reçoit. ‖ Chronique de journal consacrée à des informations littéraires, scientifiques, etc., ou à des informations locales. ‖ *Hist.* Homme qui était chargé de porter les dépêches. ● *Courrier électronique,* syn. de TÉLÉCOPIE.

COURRIÉRISTE n. Journaliste qui tient une chronique, un courrier littéraire, théâtral, etc.

COURROIE n. f. (lat. *corrigia*). Bande en un matériau souple, servant de moyen de transmission ou de commande du mouvement dans un grand nombre de machines. ‖ Lien en cuir pour maintenir un emballage, un équipement. ● *Courroie de transmission,* personne, organisme qui transmet les directives d'un autre organisme.

COURROUCER v. t. (lat. *corrumpere,* aigrir) [conj. 1]. *Litt.* Mettre en colère.

COURROUX [kuru] n. m. *Litt.* Vive colère.

COURS n. m. (lat. *cursus*). Mouvement des eaux d'une rivière, d'un fleuve : *le cours du Rhône.* ‖ Mouvement réel ou apparent des astres : *le cours de la Lune.* ‖ Trajet parcouru par un fleuve, une rivière : *la Volga a un cours de 3 700 km.* ‖ Avenue bordée d'arbres. ‖ Suite de faits dont l'enchaînement s'étend sur une certaine durée : *le cours de la vie; l'affaire suit son cours.* ‖ Enseignement : *cours d'histoire.* ‖ Nom donné à certains établissements d'enseignement privé. ‖ Traité sur une matière d'enseignement : *cours de chimie.* ‖ Prix des marchandises donnant lieu à des transactions suivies : *cours des halles.* ‖ Circulation régulière d'une marchandise, d'une valeur, d'une monnaie. (Les

billets de la Banque de France ayant *cours légal* ne peuvent être refusés pour leur valeur nominale; ces billets ayant, d'autre part, *cours forcé,* la Banque de France n'est pas obligée de les changer contre de l'or.) ● *Au cours de,* pendant toute la durée de. ‖ *Avoir cours,* être reconnu; avoir valeur légale. ‖ *Cours d'eau,* fleuve, rivière, torrent, etc. ‖ *Avoir cours,* être reconnu; avoir valeur légale. ‖ *Cours d'eau,* fleuve, rivière, torrent, etc. ‖ *Donner libre cours à,* laisser se manifester sans retenue. ‖ *Être en cours,* se dit de ce qui a commencé et va vers son achèvement. ‖ *Voyage au long cours,* longue traversée effectuée par un navire.

COURSE n. f. (it. *corsa*). Action de courir, déplacement de qqn, d'un animal qui court. ‖ Mouvement rectiligne d'un organe mécanique; étendue de ce mouvement : *course d'un piston.* ‖ Déplacement d'un objet dans l'espace. ‖ Épreuve sportive désignant le plus rapide : *course de vitesse; course cycliste; course de chevaux.* (On distingue dans les courses de chevaux les courses de *plat,* de *trot* [*monté* ou plus souvent *attelé*] ou de *galop,* et les courses d'*obstacles* [course de haies, steeple-chase].) ‖ Trajet parcouru en montagne par un alpiniste et correspondant à une ascension déterminée. ‖ Trajet fait par un taxi à la demande du client. ‖ Démarche, allées et venues : *faire plusieurs courses pour une affaire.* ‖ Achat fait chez un commerçant : *faire des courses dans les magasins.* ‖ Ensemble des opérations menées autrefois par les corsaires. ● *À bout de course,* épuisé. ‖ *En fin de course,* sur son déclin. ‖ *N'être pas dans la course* (Fam.), ne pas s'adapter à son temps, à une situation. ◆ pl. *Turf : le monde des courses.*

COURSE-CROISIÈRE n. f. (pl. *courses-croisières*). Compétition de yachting qui consiste en une course à la voile sur un long parcours en haute mer (plus de 100 milles).

COURSER v. t. *Fam.* Poursuivre à la course; suivre qqn.

COURSIER n. m. *Litt.* Grand et beau cheval.

COURSIER, ÈRE n. Employé qui fait les courses dans une administration, un hôtel, etc.

COURSIVE n. f. (it. *corsiva,* où l'on peut courir). Passage réservé entre les cabines, dans le sens de la longueur d'un navire.

COURSON n. m., ou **COURSONNE** n. f. (anc. fr. *corsier,* raccourcir). Branche à fruits, taillée généralement à trois ou quatre yeux.

COURT, E adj. (lat. *curtus*). De peu de longueur ou de hauteur : *taille courte.* ‖ Qui a peu de durée : *trouver le temps court.* ‖ *Fam.* Insuffisant. ● *À courte vue,* sans souci de l'avenir. ‖ *Avoir la mémoire courte,* oublier très vite.

COURT adv. D'une manière courte : *des cheveux coupés court.* ● *Aller au plus court,* procéder de la façon la plus simple. ‖ *Couper court,* arrêter une conversation, un récit. ‖ *Demeurer court,* oublier ce qu'on voulait dire. ‖ *Être à court de,* avoir épuisé toutes ses ressources en. ‖ *Prendre qqn de court,* le prendre au dépourvu. ‖ *Tourner court,* s'arrêter brusquement, sans conclure.

COURT [kur] n. m. (mot angl.; anc. fr. *court,* cour). Terrain de tennis.

COURTAGE n. m. (de *courtier*). Profession du courtier. ‖ Rémunération due à un courtier, à un agent de change.

COURTAUD, E adj. et n. (de *court*). De taille courte et ramassée.

COURTAUDER v. t. Raccourcir la queue, les oreilles d'un chien, d'un cheval.

COURT-BOUILLON n. m. (pl. *courts-bouillons*). Liquide aromatisé dans lequel on fait cuire le poisson ou la viande.

COURT-CIRCUIT n. m. (pl. *courts-circuits*). *Électr.* Mise en relation directe de deux points dont les potentiels sont différents; accident qui en résulte.

COURT-CIRCUITER v. t. Mettre en court-circuit. ‖ Passer par une voie plus courte que la normale.

COURT-COURRIER n. m. (pl. *court-courriers*). Avion destiné à assurer des transports sur de courtes distances (inférieures à 1 000 km).

COURTEPOINTE n. f. (anc. fr. *coite pointe*). Couverture de lit piquée et ouatinée.

COURTIER, ÈRE n. (anc. fr. *courre,* courir). Personne qui sert d'intermédiaire dans les opérations commerciales ou autres.

COURTILIÈRE n. f. (anc. fr. *courtil,* jardin). Insecte appelé usuellement *taupe-grillon,* car il creuse des galeries dans le sol à l'aide de ses pattes antérieures, larges et plates. (Son régime végétarien le rend nuisible.) [Long. : jusqu'à 5 cm; ordre des orthoptères.]

COURTINE n. f. (lat. *cortina,* tenture). Rideau de fenêtre ou de lit (vx). ‖ *Fortif.* Mur joignant les flancs de deux bastions voisins.

COURTISAN n. m. (it. *cortigiano*). Homme qui faisait partie de la cour d'un souverain. ‖ Celui qui flatte par intérêt un personnage important.

COURTISANE n. f. *Litt.* Prostituée d'un rang social élevé.

COURTISANERIE n. f. *Litt.* Bassesse de courtisan.

COURTISER v. t. Flatter qqn d'important par intérêt. ‖ Chercher à plaire à une femme.

COURT-JOINTÉ, E adj. (pl. *court-jointés, es*). Se dit d'un cheval aux paturons trop courts.

COURT-JUS n. m. (pl. *courts-jus*). *Fam.* Court-circuit.

COURTOIS, E adj. (anc. fr. *court,* cour). Qui se conduit avec une politesse distinguée; d'une parfaite correction. ● *Littérature courtoise,* littérature raffinée, apparue aux XIe-XIIe s. dans les cours seigneuriales du midi de la France, et célébrant l'amour et les exploits chevaleresques.

COURTOISEMENT adv. Avec courtoisie.

COURTOISIE n. f. Politesse raffinée.

COURT-VÊTU, E adj. (pl. *court-vêtus, es*). Qui porte un vêtement court.

COURU, E adj. Recherché : *spectacle très couru.* ● *C'est couru* (Fam.), c'est prévisible.

COUSCOUS [kuskus] n. m. (mot ar.). Spécialité culinaire d'Afrique du Nord, préparée avec de la semoule de blé dur, servie avec de la viande, des légumes et des sauces très relevées; cette semoule.

COUSETTE n. f. *Fam.* Jeune couturière. ‖ Petit nécessaire à couture.

COUSEUSE n. f. Femme qui coud. ‖ Machine servant à coudre les cahiers d'un livre. ‖ Machine à coudre industrielle.

COUSIN, E n. (lat. *consobrinus*). Personne née ou descendant de l'oncle ou de la tante d'une autre; conjoint de cette personne.

COUSIN n. m. (lat. *culex*). Espèce de moustiques, la plus commune en France.

COUSINAGE n. m. *Fam.* Parenté qui existe entre cousins. ‖ *Litt.* Ensemble des parents.

COUSINER v. i. *Litt.* Se fréquenter familièrement.

COUSSIN n. m. (lat. *coxa,* cuisse). Élément de confort et d'appoint constitué d'une enveloppe de tissu, de fourrure ou de cuir rembourrée. ● *Coussin d'air,* sustentation d'un véhicule ou

courtilière

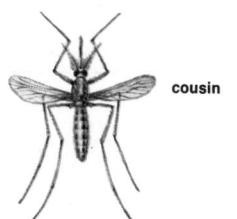
cousin

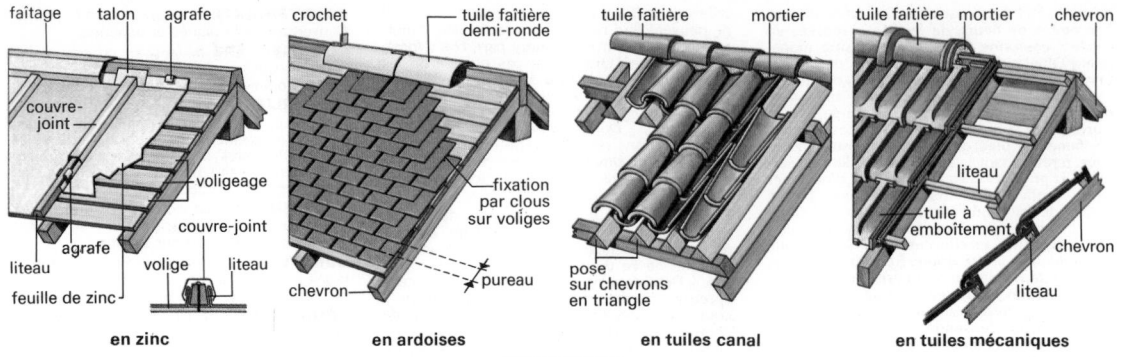

en zinc   en ardoises   en tuiles canal   en tuiles mécaniques

COUVERTURES

d'un navire en mouvement réalisée par insufflation, sous le châssis, d'air à faible pression.

COUSSINET n. m. Petit coussin. ‖ *Mécan.* Pièce cylindrique en métal doux dans laquelle peut tourner un arbre mobile. ‖ Pièce métallique maintenant les rails d'une voie ferrée et fixée à la traverse par des tire-fond.

COUSU, E adj. *Hérald.* Se dit des pièces honorables qui, contrairement à la loi héraldique, sont appliquées métal sur métal ou émail sur émail. ● *Cousu de fil blanc*, se dit d'une ruse, d'une malice qui saute aux yeux. ‖ *C'est du cousu main* (Fam.), c'est de très bonne qualité; c'est facile. ‖ *Cousu d'or*, extrêmement riche.

COÛT n. m. (de *coûter*). Prix d'une chose; dépense : *coût d'une marchandise.* ● *Coût de distribution*, écart entre le prix de vente d'un bien au consommateur et le prix de production. ‖ *Coût de production*, prix de revient industriel d'une marchandise. ‖ *Coût de la vie*, notion faisant ressortir, à une période donnée, le niveau des prix d'un certain nombre de biens et de services entrant dans un budget type, et son évolution entre deux ou plusieurs périodes.

COÛTANT, E adj. *Prix coûtant*, dépense engagée pour la fabrication et la distribution d'un objet.

COUTEAU n. m. (lat. *cultellus*). Instrument tranchant composé d'une lame et d'un manche. ‖ Arête de prisme supportant le fléau d'une balance. ‖ Coquillage allongé qui ressemble à un manche de couteau. (Syn. SOLEN.) ● *Couteau électrique*, outil de cuisine composé d'un petit moteur électrique à poignée qui anime, d'un mouvement alternatif, des lames d'acier choisies selon la denrée à couper. ‖ *Couteau à palette*, petite truelle d'acier flexible, dont les peintres se servent soit pour mélanger les couleurs sur la palette, soit pour peindre en pleine pâte sur la toile. ‖ *En lame de couteau*, allongé, au profil tranchant. ‖ *Être à couteaux tirés*, être en hostilité ouverte. ‖ *Mettre le couteau sous* (ou *sur*) *la gorge à qqn*, le contraindre à agir contre sa volonté.

COUTEAU-SCIE n. m. (pl. *couteaux-scies*). Couteau dont la lame porte de petites dents et qu'on utilise pour couper le pain, la viande, etc.

COUTELAS n. m. (it. *coltellaccio*). Grand couteau : *coutelas de boucher.* ‖ Sabre court et large qui ne tranche que d'un côté.

COUTELIER, ÈRE n. Personne qui fabrique, vend des couteaux et autres instruments tranchants.

COUTELLERIE n. f. Atelier, fabrication, commerce ou marchandises du coutelier.

COÛTER v. i. (lat. *constare*). Être au prix de : *combien coûtent ces livres?* ‖ Causer des dépenses : *cet accident lui a coûté cher.* ‖ Être pénible, peser : *aveu qui coûte;* ‖ *il lui en coûte de refuser.* ● *Coûter les yeux de la tête* (Fam.), coûter très cher. ‖ *Coûte que coûte*, à tout prix. ◆ v. t. Causer, occasionner : *les efforts que ce travail m'a coûtés.* ● *Coûter la vie*, causer la mort.

COÛTEUSEMENT adv. De façon coûteuse.

COÛTEUX, EUSE adj. Qui occasionne de grandes dépenses : *voyage coûteux.* ‖ *Litt.* Qui a des conséquences pénibles ou impose des efforts : *une démarche coûteuse.*

COUTIL [kuti] n. m. (de *couette*). Tissu d'armure croisée et très serrée, en fil ou coton, utilisé pour la confection de vêtements de travail ou de chasse.

COUTRE n. m. (lat. *culter*). Fer tranchant de la charrue, disposé en avant du soc, qui découpe la terre verticalement.

COUTUME n. f. (lat. *consuetudo*). Habitude, usage passé dans les mœurs : *chaque pays a ses coutumes.* ‖ *Litt.* Manière ordinaire d'agir, de parler, etc., chez qqn : *c'est sa coutume d'arriver en retard.* ‖ *Dr.* Règle de droit tirant sa valeur d'un usage général et prolongé. ● *Plus, moins, autant que de coutume*, en comparaison avec ce qui se passe ordinairement.

COUTUMIER, ÈRE adj. *Litt.* Que l'on fait habituellement : *travaux coutumiers.* ● *Droit coutumier*, autref., loi non écrite, mais consacrée par l'usage. ‖ *Être coutumier du fait*, avoir l'habitude de commettre une action déterminée.

COUTUMIER n. m. Recueil des coutumes d'une province, d'un pays, d'un ordre religieux.

COUTURE n. f. Action, art de coudre. ‖ Opération qui consiste à assembler des morceaux d'étoffe à l'aide d'une aiguille et de fil, soit à la main, soit à la machine à coudre. ‖ Profession de ceux qui confectionnent des vêtements : *être, travailler dans la couture.* ‖ Cicatrice d'une plaie : *visage plein de coutures.* ‖ *Arts graph.* Assemblage des cahiers composant un livre broché ou relié, à l'aide d'un fil passé successivement à l'intérieur du pli central de chaque cahier. ● *Battre à plate couture*, complètement. ‖ *Examiner sur toutes les coutures* (Fam.), très attentivement. ‖ *La haute couture*, ensemble des grands couturiers homologués par la chambre syndicale de la haute couture. ‖ *Maison de couture*, entreprise de haute couture ou de confection.

COUTURÉ, E adj. Couvert de cicatrices.

COUTURIER adj. et n. m. Se dit d'un muscle de la cuisse.

COUTURIER, ÈRE n. Personne qui confectionne des vêtements d'après des modèles ou qui crée elle-même ses modèles. ● *Répétition des couturières*, ou *couturière* n. f. (Théâtr.), la dernière avant la répétition générale, celle où l'on convie les couturières pour faire les dernières retouches aux costumes.

COUVAIN n. m. Ensemble des œufs, des larves et des nymphes des abeilles et d'autres insectes sociaux.

COUVAISON n. f. Temps pendant lequel un oiseau couve ses œufs pour les faire éclore; l'acte de couver lui-même. (Syn. INCUBATION.)

COUVÉE n. f. Ensemble des œufs qu'un oiseau couve en même temps. ‖ Les petits qui en proviennent. ‖ *Litt.* Jeunes enfants entourés de soins par leur mère.

COUVENT n. m. (lat. *conventus*, assemblée). Maison religieuse. ‖ Pensionnat de jeunes filles tenu par des religieuses (vx).

COUVENTINE n. f. Religieuse qui vit dans un couvent. ‖ Jeune fille élevée dans un couvent (vx).

COUVER v. t. (lat. *cubare*, être couché). Se tenir sur des œufs pour les faire éclore. ‖ Entourer qqn de soins attentifs. ‖ Nourrir en secret, préparer : *couver sa vengeance.* ● *Couver une maladie*, en éprouver les signes annonciateurs. ‖ *Couver des yeux*, regarder avec affection et convoitise. ◆ v. i. Être latent, prêt à éclater : *feu qui couve; complot qui couve.*

COUVERCLE n. m. (lat. *cooperculum*). Ce qui sert à couvrir une boîte, un récipient, etc. ‖ *Mécan.* Partie démontable d'un carter.

COUVERT n. m. (de *couvrir*). *Litt.* Massif d'arbres qui donne de l'ombre et un abri : *se réfugier sous les couverts.* ‖ Tout ce dont on couvre une table à manger : *mettre, ôter le couvert.* ‖ Cuillère, couteau et fourchette. ‖ Unité qui sert à calculer la capacité d'un lave-vaisselle et qui prend pour base les ustensiles et la vaisselle de table nécessaires à une personne. ● *À couvert*, à l'abri, hors de toute atteinte : *se mettre à couvert.* ‖ *Le vivre et le couvert*, la nourriture et le logement. ‖ *Sous le couvert de* (Litt.), sous la responsabilité de : *agir sous le couvert de ses chefs;* sous les apparences de : *trahir qqn sous le couvert de l'amitié.*

COUVERT, E adj. Muni d'un toit, d'un couvercle, d'un chapeau, etc. ‖ Boisé : *terrain couvert.* ● *À mots couverts*, d'une manière qui laisse deviner ce qu'on ne dit pas. ‖ *Temps couvert*, nuageux.

COUVERTE n. f. Glaçure transparente particulière aux céramiques obtenues à haute température (grès, porcelaine).

COUVERTURE n. f. (de *couvrir*). Grand rectangle de textile ou de fourrure destiné à protéger du froid. ‖ Ouvrage couronnant extérieurement une construction; matériaux revêtant une toiture. ‖ Enveloppe de protection : *une couverture de livre.* ‖ Occupation qui permet à une personne de se livrer plus facilement à des activités clandestines. ‖ Le fait, pour un journaliste, de couvrir un événement. ‖ *Fin.* Valeurs servant à la garantie d'une opération financière ou commerciale. ‖ *Géol.* Ensemble des sédiments recouvrant un socle. ‖ *Mil.* Dispositif de protection d'une zone ou d'une opération. ● *Couverture chauffante*, couverture en matière textile pourvue d'un dispositif électrique. ‖ *Tirer la couverture à soi* (Fam.), accaparer égoïstement tout le bénéfice d'une affaire.

COUVEUSE n. f. Animal qui couve. ‖ Appareil où l'on fait éclore des œufs; appareil dans lequel on maintient les enfants nés avant terme. (Syn. INCUBATEUR.)

COUVI adj. m. (de *couver*). Se dit d'un œuf à demi couvé ou pourri (vx).

COUVOIR n. m. Panier dans lequel on dispose

des œufs à couver. ‖ Local où l'on dispose ces nids ou des couveuses artificielles.

COUVRE-CHEF n. m. (pl. *couvre-chefs*). *Fam.* Tout ce qui sert à couvrir la tête.

COUVRE-FEU n. m. (pl. *couvre-feux*). Signal qui indiquait le moment de rentrer chez soi et d'éteindre les lumières. ‖ Mesure de police interdisant temporairement de sortir des maisons pendant certaines heures.

COUVRE-JOINT n. m. (pl. *couvre-joints*). *Constr.* Mortier ou latte remplissant ou recouvrant un joint. ‖ Dispositif recouvrant la jointure de deux pièces.

COUVRE-LIT n. m. (pl. *couvre-lits*). Couverture ou pièce d'étoffe qui recouvre un lit. (Syn. DESSUS-DE-LIT.)

COUVREMENT n. m. *Constr.* Organe, ouvrage qui limite par le haut un entrecolonnement, une baie, une pièce, un espace intérieur quelconque.

COUVRE-NUQUE n. m. (pl. *couvre-nuques*). Pièce de métal, de toile, adaptée à un casque ou à une coiffure pour préserver le cou.

COUVRE-PIEDS n. m. inv. Couverture de lit faite de deux tissus superposés, garnis intérieurement de laine ou de duvet et piqués de dessins décoratifs.

COUVRE-PLAT n. m. (pl. *couvre-plats*). Cloche en métal pour recouvrir un plat.

COUVREUR n. m. *Constr.* Ouvrier qui pose les matériaux de surface d'une couverture, assure la réparation de celle-ci.

COUVRIR v. t. (lat. *cooperire*) [conj. 10]. Mettre une chose sur une autre pour la protéger, la cacher, la conserver, l'orner, etc.; mettre qqch sur qqn pour le vêtir : *couvrir son visage de ses mains; couvrir un objet d'un enduit; couvrir chaudement un enfant*. ‖ Mettre une chose en grande quantité sur une autre chose, sur une personne; donner à qqn beaucoup de choses, combler; cribler : *couvrir de fleurs, de honte, de blessures*. ‖ S'accoupler à (en parlant d'un animal mâle) : *c'est un pur-sang qui va couvrir cette jument*. ‖ Être répandu sur qqch : *la neige couvre le chemin*. ‖ Parcourir une distance : *cette voiture a couvert tant de kilomètres*. ‖ Compenser, contrebalancer : *les recettes couvrent les dépenses*. ‖ Déployer un dispositif de protection : *couvrir ses arrières*. ‖ Prendre sous sa responsabilité et cacher un acte commis par un subordonné : *le ministre a couvert l'erreur du préfet*. ‖ Dans le langage des journalistes, assurer une information complète sur un événement. ‖ Fournir une couverture financière. ● *Couvrir un bruit, des voix*, etc., empêcher qu'on les entende. ‖ *Couvrir un risque*, le garantir, en assurer la responsabilité. ◆ **se couvrir** v. pr. Être progressivement gagné par ce qui se répand : *les champs se couvrent de fleurs*. ‖ Mettre son chapeau. ‖ S'obscurcir, en parlant du ciel, du temps. ‖ Se garantir, se ménager une protection : *se couvrir d'un risque par une assurance*. ‖ *Escr.* Rester en garde.

COUVRURE n. f. Action d'appliquer la couverture ou les matières de recouvrement sur le livre à brocher ou à relier.

COVALENCE n. f. Liaison chimique de deux atomes, par mise en commun d'électrons.

COVARIANCE n. f. *Stat.* Moyenne des produits des termes homologues de deux variables centrées.

COVENANT n. m. (mot angl., *pacte*). En Écosse, association formée en vue d'une action commune. (Le covenant de 1638 s'opposa à l'introduction de l'anglicanisme en Écosse.)

COVENDEUR, EUSE n. Personne qui vend une même chose avec une autre.

COVER-GIRL [kɔvœrɡœrl] n. f. (mot angl.; de *cover*, couverture, et *girl*, jeune femme) [pl. *cover-girls*]. Jeune femme posant pour les photographies des magazines, en particulier pour la page de couverture.

COW-BOY [kawbɔj ou kɔbɔj] n. m. (mot angl.) [pl. *cow-boys*]. Gardien de bestiaux dans un ranch américain.

COWPER [kawpœr] n. m. (du n. de l'inventeur). Appareil à inversion utilisé en sidérurgie pour la récupération de la chaleur latente des gaz des hauts fourneaux et pour le réchauffage de l'air envoyé aux tuyères.

COW-POX [kopɔks] n. m. inv. (angl. *cow*, vache, et *pox*, variole). Syn. de VACCINE.

COXAL, E, AUX adj. (lat. *coxa*, cuisse). Relatif à la hanche. ● *Os coxal*, os iliaque.

COXALGIE n. f. (lat. *coxa*, cuisse). Arthrite tuberculeuse de la hanche.

COXARTHROSE n. f. Arthrose de la hanche.

COYOTE n. m. (aztèque *coyotl*). Mammifère carnassier de l'Amérique du Nord, voisin du loup et du chacal.

C.Q.F.D., abrév. de CE QU'IL FALLAIT DÉMONTRER, formule en fin d'une démonstration mathématique.

Cr, symbole chimique du *chrome*.

CRABE n. m. (néerl. *crabbe*). Crustacé décapode, marin, littoral ou d'eau douce, à abdomen court et replié sous le céphalothorax, et portant une paire de grosses pinces. (Plusieurs espèces de crabes sont comestibles et communes sur les côtes européennes : *tourteau, étrille, crabe enragé*. Les *crabes*, au nombre de 2 000 espèces, constituent un sous-ordre.)

coyote

crabe (tourteau)

CRABIER n. m. Nom commun à divers animaux mangeurs de crabes comme un phoque, un héron, etc.

CRABOT n. m. *Mécan.* Dispositif permettant le clabotage de deux pièces mécaniques.

CRABOTAGE n. m. Accouplement de deux pièces mécaniques par l'engagement des dents de l'une d'elles dans des logements correspondants de l'autre pièce.

CRABOTER v. t. Assembler deux arbres par l'intermédiaire d'un clabotage.

COWPER

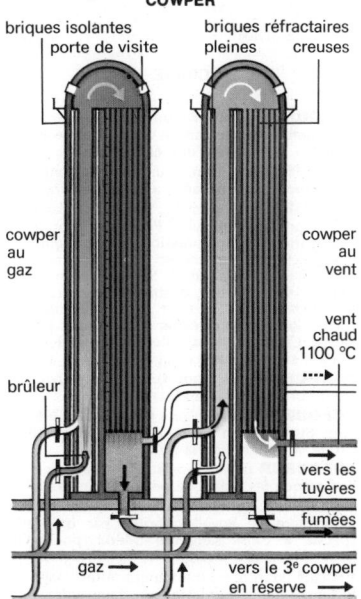

briques isolantes   briques réfractaires
porte de visite   pleines   creuses

cowper au gaz

cowper au vent

vent chaud 1100 °C

brûleur

vers les tuyères

fumées

gaz →

vers le 3e cowper en réserve

vent froid →

CRAC! interj. Exprime le bruit d'une chose dure qui se rompt, ou la soudaineté.

CRACHAT n. m. Matière que l'on crache; expectoration.

CRACHÉ, E adj. *Être le portrait craché de qqn* (Fam.), lui ressembler énormément.

CRACHEMENT n. m. Action de cracher. ‖ Projection de gaz ou d'étincelles. ‖ Crépitement d'un haut-parleur, d'un récepteur téléphonique.

CRACHER v. t. Rejeter hors de la bouche : *cracher du sang*. ‖ Projeter, lancer : *volcan qui crache des laves*. ‖ Pop. Donner de l'argent, payer. ◆ v. i. Rejeter des crachats par la bouche : *il ne cesse de cracher*. ‖ Émettre des crépitements. ● *Cracher sur qqch* (Fam.), le dédaigner. ‖ *Cracher sur qqn*, l'insulter. ‖ *Stylo, plume qui crache*, stylo, plume qui accroche le papier en projetant de l'encre.

CRACHEUR, EUSE adj. et n. Qui crache fréquemment.

CRACHIN n. m. Petite pluie fine et pénétrante.

CRACHINER v. impers. Tomber, en parlant du crachin.

CRACHOIR n. m. Récipient dans lequel on crache. ● *Tenir le crachoir* (Fam.), parler longuement.

CRACHOTEMENT n. m. Action de crachoter.

CRACHOTER v. i. Cracher souvent et peu à la fois.

CRACK [krak] n. m. (mot angl., *fameux*). Cheval de course ayant remporté de nombreux prix. ‖ Fam. Personne qui se distingue dans un sport ou dans une matière quelconque.

CRACKER [krakɛr ou krakœr] n. m. (mot angl.). Petit biscuit salé.

CRACKING [krakiŋ] ou **CRAQUAGE** n. m. (de l'angl.). Procédé de raffinage qui modifie la composition d'une fraction pétrolière par l'effet combiné de la température, de la pression et, généralement, d'un catalyseur.

CRACOVIENNE n. f. Danse populaire d'origine polonaise, à la mode en France vers 1840.

CRAIE n. f. (lat. *creta*). Calcaire d'origine marine, le plus souvent blanc ou blanchâtre, tendre et friable, qui s'est formé à la période crétacée. ‖ Petit bâton de cette substance pour écrire au tableau noir.

CRAILLER [kraje] v. i. (onomat.). Crier, en parlant de la corneille.

CRAINDRE v. t. (lat. *tremere*, et d'un mot gaulois) [conj. 55]. Éprouver de l'inquiétude, de la peur devant qqn, qqch : *je crains qu'il ne vienne; je ne crains pas qu'il vienne*. ‖ Être sensible à, risquer de subir un dommage : *ces plantes craignent le froid*.

CRAINTE n. f. Sentiment de qqn qui craint, qui a peur. ● *De crainte que* loc. conj. (suivie du subj. avec ne), *de crainte de* loc. prép. : *fuyez de crainte qu'on ne vous voie; de crainte d'une erreur*.

CRAINTIF, IVE adj. et n. Qui est porté à la crainte, qui la manifeste.

CRAINTIVEMENT adv. Avec crainte.

CRAMBE ou **CRAMBÉ** n. m. Crucifère, appelée aussi *chou marin*, cultivée pour ses pétioles, consommés comme légume, en Angleterre surtout. ‖ Papillon des prairies, du groupe des pyrales.

CRAMER v. i. et t. *Pop.* Brûler.

CRAMIQUE n. m. En Belgique, pain au lait et au beurre, contenant des raisins de Corinthe.

CRAMOISI, E adj. (ar. *qirmiz*). Rouge foncé. ‖ Se dit d'une personne dont le visage devient très rouge sous l'effet d'un sentiment violent.

CRAMPE n. f. (mot francique, *recourbé*). Contraction involontaire, prolongée et douloureuse de certains muscles. ● *Crampes d'estomac*, tiraillements douloureux dans cet organe.

CRAMPILLON n. m. Clou recourbé en forme d'U, à deux pointes parallèles. (Syn. CAVALIER.)

CRAMPON n. m. Pièce de métal recourbée, servant à lier, à retenir ou à saisir fortement. ‖ Petit cylindre de cuir, de caoutchouc ou de plastique, ou crochet fixé à la semelle des chaussures, pour empêcher de glisser. ‖ Nom donné à différents organes par lesquels les végétaux se fixent à leur support sans y puiser de nourriture (les racines adventives du lierre par ex.). ‖ *Fam.* Importun, raseur : *quel crampon!*

CRAMPONNEMENT n. m. Action de cramponner.

CRAMPONNER v. t. Attacher avec un crampon. ‖ *Fam.* Importuner. ◆ **se cramponner** v. pr. S'accrocher : *le lierre se cramponne au tronc des arbres.* ‖ Se tenir fortement malgré les obstacles : *se cramponner à une opinion.*

CRAN n. m. (anc. fr. *crener*, entailler). Entaille faite dans un corps dur pour accrocher ou arrêter. ‖ Entaille faite en bordure des pièces d'un vêtement en confection et qui sert de point de repère. ‖ Ondulation des cheveux. ‖ Degré : *monter, baisser d'un cran.* ‖ *Fam.* Énergie, courage : *avoir du cran.* ● *Cran d'arrêt, de sûreté*, cran qui cale la gâchette d'une arme à feu, la lame d'un couteau. ‖ *Être à cran* (Fam.), être exaspéré.

CRÂNE n. m. (lat. *cranium*). Cavité osseuse contenant et protégeant l'encéphale chez les vertébrés.

CRÂNE adj. *Litt.* Fier et décidé : *air crâne.*

CRÂNEMENT adv. *Litt.* De façon crâne.

CRÂNER v. i. *Fam.* Faire l'important.

CRÂNERIE n. f. *Litt.* Bravoure, fierté un peu ostentatoire.

CRÂNEUR, EUSE adj. et n. *Fam.* Qui crâne; prétentieux, vaniteux.

CRÂNIEN, ENNE adj. Relatif au crâne.

CRANIOPHARYNGIOME n. m. Tumeur intra-crânienne située au-dessus de la paroi postérieure du pharynx, et développée à partir de reliquats embryonnaires de la région hypophysaire.

CRANIOSTÉNOSE n. f. Malformation congénitale, caractérisée par la fermeture prématurée des sutures de la boîte crânienne et cause d'une souffrance cérébrale.

CRANTER v. t. Faire des crans, entailler.

CRAPAHUTER v. i. *Arg.* Se déplacer dans un terrain difficile.

CRAPAUD n. m. (mot germ.). Batracien de la

crapaud

sous-classe des anoures, à formes lourdes et trapues, à peau verruqueuse, insectivore, donc utile. (En France, les crapauds atteignent 10 cm de longueur; ils ont des mœurs terrestres et ne viennent à l'eau que pour pondre. Certains crapauds d'Amérique mesurent jusqu'à 20 cm de long; le crapaud *siffle*.) ‖ Petit piano à queue. ‖ Défaut dans une pierre précieuse. ● *Fauteuil crapaud*, fauteuil capitonné, évasé et bas.

CRAPAUDINE n. f. (de *crapaud*). Sorte de

filtre placé à l'entrée d'un tuyau de descente. ‖ Plot métallique scellé dans la maçonnerie et recevant le pivot d'une porte. ‖ *Mécan.* Palier de base d'un arbre vertical, servant de guide pour le mouvement de rotation et de butée pour les efforts verticaux. ● *À la crapaudine* (Cuis.), manière d'accommoder les jeunes poulets, les pigeons.

CRAPOUILLOT n. m. (de *crapaud*). Petit mortier de tranchée (1915-1918).

CRAPULE n. f. (lat. *crapula*, ivresse). Individu très malhonnête, capable de n'importe quelle bassesse. ‖ *Litt.* Gens qui vivent dans la débauche.

CRAPULERIE n. f. Action, état de crapule.

CRAPULEUSEMENT adv. De façon crapuleuse.

CRAPULEUX, EUSE adj. Plein de bassesse. ● *Crime crapuleux*, crime dont le mobile est le vol.

CRAQUAGE n. m. → CRACKING.

CRAQUE n. f. *Pop.* Mensonge, vantardise.

CRAQUELAGE n. m. Art ou manière de fabriquer la porcelaine craquelée.

CRAQUELÉ, E adj. Dont la glaçure est fendillée, en parlant des pièces de poterie.

CRAQUÈLEMENT n. m. État de ce qui est craquelé.

CRAQUELER v. t. (conj. 3). Fendiller le poli, la glaçure de : *craqueler de la porcelaine.* ◆ **se craqueler** v. pr. Se couvrir de fentes : *la terre se craquelle.*

CRAQUELIN n. m. (mot néerl.). Biscuit sec craquant sous la dent.

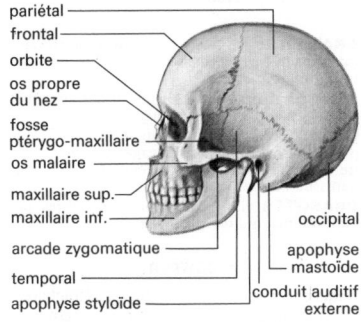

pariétal
frontal
orbite
os propre du nez
fosse ptérygo-maxillaire
os malaire
maxillaire sup.
maxillaire inf.
arcade zygomatique
temporal
apophyse styloïde
occipital
apophyse mastoïde
conduit auditif externe

CRÂNE

CRAQUELURE n. f. Fissure survenue ou artificiellement produite dans le vernis, la pâte d'une peinture, la glaçure d'une céramique.

CRAQUEMENT n. m. Bruit sec que font certains corps en se brisant ou en se déchirant.

CRAQUER v. i. (onomat.). Se briser, éclater en produisant un bruit sec. ‖ Produire un bruit dû à un frottement, une pression : *parquet qui craque.* ‖ Échouer, s'effondrer : *projet qui craque, entreprise qui craque.* ‖ S'effondrer nerveusement. ◆ v. t. Briser, déchirer : *tu vas craquer tes poches en y mettant tous ces objets.* ‖ *Techn.* Réaliser le cracking d'un produit pétrolier. ● *Craquer une allumette*, l'allumer en la frottant sur une surface rugueuse.

CRAQUETER v. i. (conj. 4). Craquer souvent et à petit bruit. ‖ Syn. de CLAQUETER.

CRAQUETTEMENT ou **CRAQUÈTEMENT** n. m. Bruit produit par un objet qui craquette. ‖ Cri de la cigogne, de la grue.

CRAQUEUR n. m. Installation de raffinage où l'on craque les huiles de pétrole lourdes.

CRASE n. f. (gr. *krasis*). En grec, contraction particulière de voyelles, notée par un signe spécial. ● *Crase sanguine* (Méd.), possibilité pour l'organisme d'arrêter les hémorragies.

CRASH [kraʃ] n. m. (mot angl.). Atterrissage de fortune effectué par un avion, train rentré.

CRASSE n. f. (lat. *crassus*, grossier). Saleté qui

s'amasse sur la peau, le linge, les objets. ‖ *Fam.* Mauvais tour, acte hostile à l'égard de qqn. ‖ *Techn.* Scories produites par les métaux en fusion. ◆ adj. *Ignorance crasse*, ignorance grossière.

CRASSEUX, EUSE adj. Couvert de crasse, malpropre.

CRASSIER n. m. Amoncellement des déchets, scories et résidus d'une usine métallurgique.

CRASSULACÉE n. f. Plante dicotylédone charnue, poussant dans les rocailles. (Les *crassulacées* forment une famille dont fait partie la joubarbe.)

CRATÈRE n. m. (lat. *crater*, mot gr.). Grand vase à large ouverture et à deux anses où les Anciens puisaient l'eau et le vin mélangés. ‖ Orifice d'un fourneau de verrerie. ‖ Dépression s'ouvrant à la partie supérieure d'un volcan, et par où les projections et les laves s'échappent. ● *Cratère météoritique*, ou *cratère*, dépression quasi circulaire creusée par l'impact d'une météorite à la surface d'un astre, en particulier de la Lune. ‖ *Lac de cratère*, lac formé dans le cratère d'un volcan éteint.

CRATERELLE [kratrɛl] n. f. Champignon comestible excellent, en forme d'entonnoir, brun-noir violacé. (Classe des basidiomycètes; nom usuel : trompette-des-morts.)

CRATÉRIFORME adj. En forme de cratère.

CRATON n. m. *Géol.* Vaste portion de croûte continentale en dehors des zones orogéniques.

CRAVACHE n. f. (all. *Karbatsche*, mot turc). Badine pour stimuler ou corriger un cheval.

CRAVACHER v. t. Frapper avec la cravache. ◆ v. i. *Fam.* Aller à toute allure, travailler à la hâte.

CRAVATE n. f. (de *Croate*). Bande d'étoffe qui se noue autour du col de la chemise d'homme. ‖ Insigne de grades élevés de certains ordres : *la cravate de commandeur de la Légion d'honneur.* ‖ Ornement tricolore fixé au fer de lance d'un drapeau ou d'un étendard. ‖ *Mar.* Cordage entourant un objet sans le serrer. ● *S'en jeter un derrière la cravate* (Pop.), boire un verre.

CRAVATER v. t. Mettre la cravate à qqn (surtout au passif). ‖ *Pop.* Mettre en état d'arrestation.

CRAVE n. m. Corbeau des montagnes, à bec et à pattes rouges.

CRAWL [krol] n. m. (mot angl.). Nage consistant en une rotation verticale alternative des bras et un battement continu des pieds.

CRAWLER v. i. Nager le crawl. ● *Dos crawlé*, nage en crawl sur le dos.

CRAWLEUR, EUSE n. Personne qui nage le crawl.

CRAYEUX, EUSE [krejø, øz] adj. Qui contient de la craie, qui en a l'aspect.

CRAYON n. m. (de *craie*). Baguette cylindrique formée d'une mine de graphite ou d'un autre produit (éventuellement coloré), contenue dans une gaine en bois, et servant à écrire ou à dessiner. ‖ Dessin fait au crayon. ‖ Bâtonnet de

cratère grec en bronze VIᵉ s. av. J.-C.

Laurus - Giraudon

substance médicinale ou de fard. ● *Crayon optique,* syn. de PHOTOSTYLE.

CRAYON-FEUTRE n. m. (pl. *crayons-feutres*). Sorte de stylo contenant un réservoir formé de feutre imprégné d'encre et relié à une pointe de feutre ou de Nylon. (On dit aussi FEUTRE.)

CRAYONNAGE n. m. Action de crayonner; dessin rapide fait au crayon.

CRAYONNER v. t. Écrire ou dessiner à la hâte avec un crayon.

CRAYONNEUR n. m. Mauvais dessinateur.

CRÉANCE n. f. (lat. *credentia*). Litt. Action de croire en la vérité de qqch : *cela ne mérite aucune créance.* ‖ Dr. Droit que l'on a d'exiger qqch de qqn; titre qui établit ce droit. ● *Lettres de créance,* lettres que remet un diplomate, à son arrivée, au chef de l'État auprès duquel il est accrédité.

CRÉANCIER, ÈRE n. Titulaire d'une créance; personne à qui l'on doit de l'argent.

CRÉATEUR, TRICE adj. et n. Qui crée, invente : *le créateur de l'univers; esprit créateur.* ‖ Premier réalisateur, auteur, interprète. ● *Le Créateur,* Dieu.

CRÉATIF, IVE adj. Qui a de la créativité.

CRÉATINE n. f. (gr. *kreas, kreatos,* chair). Substance azotée, produit intermédiaire du métabolisme des protides, rencontrée dans les muscles et, en très faible proportion (0,01 ou 0,02 p. 100), dans le plasma sanguin.

CRÉATININE n. f. Déchet azoté dérivé de la créatine.

CRÉATION n. f. Action de créer, de tirer du néant. ‖ L'univers, l'ensemble des êtres créés. ‖ Œuvre créée, réalisée par une ou plusieurs personnes; modèle inédit : *les créations des couturiers.* ‖ Fait de jouer un rôle le premier.

CRÉATIVITÉ n. f. Capacité d'imaginer des solutions originales et meilleures dans n'importe quel domaine.

CRÉATURE n. f. Tout être créé. ‖ L'homme, par rapport à Dieu. ‖ Péjor. Personne dévouée à une autre : *les créatures d'un ministre.*

CRÉCELLE [krɛsɛl] n. f. (lat. *crepitaculum,* hochet). Moulinet de bois très bruyant. (Dans la liturgie catholique, la crécelle remplace la cloche, le jeudi et le vendredi de la semaine sainte.) ● *Voix de crécelle,* voix criarde.

CRÉCERELLE n. f. (de *cercelle,* sarcelle). Oiseau voisin du faucon, à plumage brun tacheté de noir, se nourrissant de petits vertébrés et d'insectes. (Long. 35 cm.)

CRÈCHE n. f. (mot francique, *mangeoire*). Représentation, au moyen de statuettes disposées dans un décor, de la nativité du Christ. ● *Crèche collective,* établissement où l'on reçoit pendant le jour les enfants bien portants âgés de moins de trois ans et dont la mère travaille. ‖ *Crèche familiale,* placement des jeunes enfants pendant la journée au domicile d'une gardienne agréée par l'autorité sanitaire.

CRÉCHER v. i. (conj. 5). Pop. Habiter.

CRÉDENCE n. f. (it. *credenza,* confiance). Sorte de buffet pour ranger la vaisselle ordinaire et exposer la vaisselle précieuse. ‖ *Liturg.* Table sur laquelle on place les objets nécessaires au culte.

CRÉDIBILITÉ n. f. (lat. *credibilis,* croyable). Ce qui rend une chose croyable, digne de confiance : *la crédibilité d'un projet.* ‖ Capacité d'une personne à susciter la confiance : *la crédibilité d'un homme politique.* ‖ Degré de certitude éprouvé quant à la détermination d'un adversaire éventuel à faire usage d'armes nucléaires.

CRÉDIBLE adj. Digne de crédibilité.

CRÉDIRENTIER, ÈRE n. et adj. Créancier, créancière d'une rente.

CRÉDIT n. m. (it. *credito;* lat. *credere,* croire). Réputation de solvabilité. ‖ Délai pour le paiement : *avoir deux mois de crédit.* ‖ Partie d'un compte où est écrit sous le nom de qqn ce qui lui est dû ou ce qu'il a donné. ‖ Somme qui peut être dépensée en vertu de la loi budgétaire. ‖ Prêt consenti par une banque. ‖ Litt. Confiance

inspirée par qqn ou qqch; influence : *auteur, livre qui trouve crédit auprès du public.* ● *À crédit,* sans paiement immédiat. ‖ *Carte de crédit,* document permettant à son titulaire, sur simple présentation, d'obtenir un bien ou un service sans débours immédiat. ‖ *Crédit à court terme,* avance consentie pour moins d'un an. ‖ *Crédit à long terme,* crédit octroyé pour une durée de l'ordre de quinze ans. ‖ *Crédit à moyen terme,* prêt accordé pour une durée allant jusqu'à sept ans. ‖ *Crédit de campagne,* forme de découvert utilisée par les entreprises devant faire face à des charges saisonnières sensiblement antérieures aux recettes à attendre. ‖ *Crédit croisé,* syn. préconisé par l'Administration pour SWAP. ‖ *Crédit documentaire,* contrat par lequel un banquier s'engage à régler au vendeur — généralement un exportateur — le prix d'une marchandise contre remise de documents justifiant de sa livraison. ‖ *Crédit municipal,* nom actuel des anciens MONTS-DE-PIÉTÉ. ‖ *Faire crédit à qqn,* ne pas exiger de lui un paiement immédiat; lui faire confiance. ‖ *Lettre de crédit,* document délivré par un banquier à son client afin de lui permettre de toucher de l'argent chez un banquier d'une autre ville. ‖ *Ouverture de crédit,* engagement de mettre une somme à la disposition de qqn. ‖ *Société de crédit différé,* organisme destiné à faciliter l'accession à la propriété.

CRÉDIT-BAIL n. m. (pl. *crédits-bails*). Opération de financement à moyen et long terme consistant, pour un établissement financier, à acheter les biens d'équipement dont une entreprise a besoin et à les céder ensuite à celle-ci suivant un procédé de location-vente. (Syn.

crécerelle

LEASING.) [Il existe également un crédit-bail immobilier.]

CRÉDITER v. t. Comm. Inscrire au compte de qqn ce qu'on lui doit ou ce qu'il a fourni. ● *Être crédité de,* se voir attribuer un avantage, une qualité.

CRÉDITEUR, TRICE n. Personne qui a des sommes portées à son crédit. ◆ adj. Relatif au crédit : *compte créditeur.*

CRÉDIT-FOURNISSEUR n. m. (pl. *crédits-fournisseurs*). Crédit dont les entreprises bénéficient de la part de leurs fournisseurs.

CREDO n. m. inv. (mot lat., *je crois*). Formulaire abrégé des principaux points de la foi chrétienne, dit aussi Symbole des Apôtres. (Prend une majuscule.) ‖ Ensemble des principes d'après lesquels on agit : *un credo politique.*

CRÉDULE adj. (lat. *credulus*). Qui croit trop facilement ce qu'on lui dit.

CRÉDULEMENT adv. Avec crédulité.

CRÉDULITÉ n. f. Trop grande facilité à croire : *sa crédulité confine à la bêtise.*

CRÉER v. t. (lat. *creare*). Faire exister ce qui n'existait pas, tirer du néant. ‖ Donner une existence, une forme, créer à partir d'éléments existants : *créer un modèle de robe; créer une entreprise; créer une nouvelle technique.* ‖ Être la cause de, occasionner : *créer des*

embarras à qqn. ● *Créer un rôle,* être le premier à le jouer.

CRÉMAGE n. m. Séparation par différence de gravité des particules d'un produit en suspension du liquide qui les entoure.

CRÉMAILLÈRE n. f. (lat. pop. *cramaculus;* du gr. *kremastêr,* qui suspend). Instrument de cuisine, en fer et à crans, fixé à la cheminée pour suspendre les marmites, les chaudrons, etc. ‖ Pièce, munie de crans, servant à relever ou à baisser un élément mobile : *une bibliothèque à crémaillère.* ‖ *Mécan.* Pièce en acier, munie de crans, s'engrenant avec une roue dentée pour transformer un mouvement rectiligne en mouvement de rotation, et inversement. ‖ Sur certaines voies ferrées, rail supplémentaire, muni de dents, sur lesquelles engrène un pignon de la locomotive. ‖ Pièce utilisée pour la commande

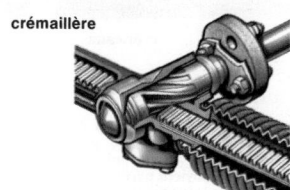

crémaillère

de la direction d'une automobile. ● *Parité à crémaillère,* régime des changes, aux termes duquel les parités sont susceptibles d'être révisées par une succession de modifications de faible amplitude. ‖ *Pendre la crémaillère* (Fam.), offrir une réception pour fêter une installation dans un nouveau logement.

CRÉMANT adj. et n. m. Se dit d'un vin de Champagne qui se couvre d'une mousse légère.

CRÉMATION n. f. (lat. *cremare,* brûler). Action de brûler les morts. (Syn. INCINÉRATION.)

CRÉMATISTE n. et adj. Partisan de la crémation.

CRÉMATOIRE adj. Relatif à la crémation. ● *Four crématoire,* four destiné à l'incinération des cadavres.

CRÉMATORIUM [krematɔrjɔm] n. m. Lieu où l'on incinère les morts.

CRÈME n. f. (gaul. *crama*). Matière grasse du lait (3 à 4 p. 100), dont on fait le beurre. ‖ Entremets fait de lait, d'œufs et de sucre. ‖ Pâte onctueuse pour la toilette ou les soins de beauté : *crème à raser.* ‖ Liqueur extraite de certains fruits : *crème de cacao.* ‖ Fam. Ce qu'il y a de meilleur : *la crème des maris.* ● *Crème fouettée,* crème Chantilly, ou *chantilly,* n. f., crème fraîche émulsionnée par un brassage énergique au moyen d'un fouet ou d'un batteur. ‖ *Crème glacée,* entremets congelé. ● *Crème renversée,* crème moulée faite de lait et d'œufs battus cuite au bain-marie. ◆ adj. inv. D'une couleur blanche, légèrement teintée de jaune.

CRÉMER v. i. (conj. 5). Se couvrir de crème, en parlant du lait.

CRÉMERIE n. f. Établissement où l'on vend de la crème, du lait, du beurre, des œufs, du fromage au détail. ● *Changer de crémerie* (Fam.), aller ailleurs.

CRÉMEUX, EUSE adj. Qui contient beaucoup de crème : *lait crémeux.* ‖ Qui a l'aspect de la crème.

CRÉMIER, ÈRE n. Personne qui vend de la crème, du lait, du fromage, etc.

CRÉMONE n. f. Double verrou pour fermer une croisée, mu par la rotation d'une poignée en forme de bouton.

CRÉNAGE n. m. Action de créner.

CRÉNEAU n. m. (anc. fr. *crener,* entailler). Ouverture, en général répétée, pratiquée dans un parapet pour observer ou à l'abri des coups de l'adversaire. ‖ Entaille au bord d'une pièce peu épaisse. ‖ Intervalle disponible entre deux espaces occupés. ‖ Courte période où l'on est disponible : *chercher un créneau dans un*

créneaux

emploi du temps chargé. ● *Créneau de vente,* segment de marché ou gamme de besoins auquel un type de produit ou de service d'une entreprise convient particulièrement bien. ‖ *Faire un créneau,* ranger une automobile dans l'espace compris entre deux autres véhicules.

CRÉNELÉ, E adj. Muni de créneaux : *tour crénelée.* ‖ Pourvu de crénelures sur les bords.

CRÉNELER v. t. (conj. **3**). Entailler de découpures, de crans. ‖ Exécuter le crénelage d'une pièce de monnaie.

CRÉNELURE n. f. Denteleure faite en créneaux.

CRÉNER v. t. (conj. **5**). *Impr.* Marquer d'un cran, d'une entaille une des faces d'une lettre.

CRÉNOM ! interj. (de [*sa*]cré *nom* [de Dieu]). Juron familier indiquant la surprise, l'indignation, la colère, etc.

CRÉNOTHÉRAPIE n. f. (gr. *krênê,* source). *Méd.* Traitement par les eaux de source, à la source elle-même.

CRÉOLE adj. et n. (esp. *criollo*). Personne de race blanche née dans les anciennes colonies (Antilles et Guyane en particulier).

CRÉOLE n. m. Langue provenant d'un parler constitué d'emprunts à plusieurs langues (en particulier à base de français, anglais ou espagnol) et devenue la langue maternelle d'une communauté linguistique (ainsi aux Antilles, à Haïti, à la Réunion, etc.).

CRÉOSOL [kreozɔl] n. m. Huile de la créosote de hêtre.

CRÉOSOTAGE n. m. Action de créosoter.

CRÉOSOTE n. f. (gr. *kreas,* chair, et *sôzein,* conserver). Liquide incolore, d'odeur forte, caustique, extrait du goudron de hêtre.

CRÉOSOTER v. t. Injecter de la créosote dans des bois pour en assurer la protection.

CRÊPAGE n. m. Action d'apprêter le crêpe et autres tissus analogues. ‖ Action de crêper les cheveux.

CRÊPE n. m. (anc. fr. *cresp,* crépu; lat. *crispus*). Tissu présentant un aspect ondulé obtenu par l'emploi de fils à forte torsion. ‖ Morceau de tissu noir qu'on porte sur soi en signe de deuil. ‖ Caoutchouc brut obtenu par séchage à l'air chaud d'un coagulat de latex. ● *Crêpe de Chine,* crêpe de soie à gros grain.

CRÊPE n. f. Galette légère de blé ou de sarrasin, cuite dans une poêle ou sur une plaque.

CRÊPELÉ, E adj. Frisé à petites ondulations : *cheveux crêpelés.*

CRÊPELURE n. f. État des cheveux crêpelés.

CRÊPER v. t. (lat. *crispare*). Friser pour donner l'aspect du crêpe : *crêper une étoffe.* ‖ Coiffer des mèches de cheveux en rebroussant le dos de la mèche et en lissant le dessus pour obtenir plus de volume. ● *Se crêper le chignon* (Fam.), se prendre aux cheveux, en venir aux mains.

CRÊPERIE n. f. Endroit où l'on fait des crêpes,

qui peuvent être consommées sur place ou emportées.

CRÉPI n. m. (de *crépir*). Couche d'un revêtement en mortier, en plâtre ou en ciment qui prend directement sur une construction.

CRÊPIER, ÈRE n. Marchand(e) de crêpes.

CRÉPINE n. f. Sorte de filtre placé à l'entrée d'un tuyau d'aspiration. ‖ *Bouch.* Membrane de la panse du porc, du veau ou du mouton.

CRÉPINETTE n. f. Saucisse plate entourée de crépine.

CRÉPIR v. t. (anc. fr. *cresp,* crépu). Enduire d'un crépi.

CRÉPISSAGE n. m. Action de crépir.

CRÉPITATION n. f., ou **CRÉPITEMENT** n. m. Bruit sec et fréquent, comme celui d'une flamme vive qui pétille ou du sel jeté sur le feu. ‖ *Méd.* Bruit anormal produit par le conflit d'un liquide et de l'air dans les alvéoles pulmonaires.

CRÉPITER v. i. (lat. *crepitare*). Faire entendre des bruits secs et répétés : *le feu crépite; la fusillade crépite.*

CRÉPON n. m. Tissu ou papier gaufré à la machine et présentant des ondulations irrégulières.

CRÉPU, E adj. Se dit des cheveux frisés en touffes serrées.

CRÉPURE n. f. État d'une chose crêpée.

CRÉPUSCULAIRE adj. Qui appartient au crépuscule : *lumière crépusculaire.* ‖ Se dit d'un animal qui ne sort qu'au crépuscule. ● *État crépusculaire* (Psychiatr.), obnubilation de la conscience.

CRÉPUSCULE n. m. (lat. *crepusculum*). Lumière qui suit le soleil couchant jusqu'à la nuit close. ‖ *Litt.* Déclin : *le crépuscule de la vie.*

CRESCENDO [kreʃendo] n. m. et adv. (mot it.). *Mus.* Augmentation progressive de l'intensité des sons. ● *Aller crescendo,* aller en augmentant.

CRÉSOL n. m. Phénol dérivé du toluène, extrait du goudron de houille.

CRESSON [kresɔ̃ *ou* krasɔ̃] n. m. (mot francique). Plante herbacée, de la famille des crucifères, qui croît dans l'eau douce (*cresson de fon-*

cresson

taine) et que l'on cultive dans les cressonnières pour ses parties vertes comestibles. ● *Cresson alénois,* espèce de passerage cultivée, de saveur piquante. (Syn. NASITORT.)

CRESSONNETTE n. f. Nom usuel de la *cardamine.*

CRESSONNIÈRE n. f. Bassin d'eau courante où l'on fait croître le cresson de fontaine.

CRÉSUS [krezys] n. m. (de *Crésus*). Homme très riche.

CRÉSYL n. m. (nom déposé). Produit désinfectant extrait des goudrons de houille.

CRÊT [krɛ] n. m. (mot jurassien). *Géogr.* Escarpement rocheux bordant une combe.

CRÉTACÉ, E adj. et n. m. (lat. *creta,* craie). Se dit d'une période géologique de la fin de l'ère secondaire, pendant laquelle s'est formée notamment la craie.

CRÊTE n. f. (lat. *crista*). Excroissance cutanée dont sont pourvus certains animaux. ‖ Ligne qui constitue le sommet d'une montagne. ‖ Sommet frangé d'une vague. ‖ Ornement qui court sur le faîte d'un toit; ce faîte, ou celui du chaperon d'un mur, d'un barrage, etc. ‖ *Géogr.* Relief

allongé du fond des océans. ● *Ligne de crête* (Géogr.), ligne de partage des eaux. ‖ *Puissance de crête* (Électr.), valeur instantanée maximale de la puissance pendant un certain intervalle de temps.

CRÊTÉ, E adj. Qui a une crête.

CRÊTE-DE-COQ n. f. (pl. *crêtes-de-coq*). *Méd.* Papillomes atteignant les muqueuses génitales. ‖ *Bot.* Syn. de RHINANTHE.

CRÉTIN, E n. et adj. (mot d'un parler du Valais). Individu atteint de crétinisme et souvent myxœdémateux. ‖ *Fam.* Personne stupide.

CRÉTINERIE n. f. *Fam.* Sottise, stupidité.

CRÉTINISANT, E adj. Qui crétinise : *des lectures crétinisantes.*

CRÉTINISATION n. f. Action de crétiniser.

CRÉTINISER v. t. Abêtir, abrutir.

CRÉTINISME n. m. Forme d'arriération intellectuelle due à une hypothyroïdie. ‖ *Fam.* Imbécillité, sottise profonde.

CRÉTOIS, E adj. et n. De la Crète.

CRETONNE n. f. (de Creton, village de l'Eure). Toile de coton, souvent imprimée de motifs variés.

CREUSEMENT ou **CREUSAGE** n. m. Action de creuser.

CREUSER v. t. Rendre creux en ôtant la matière : *creuser le sol.* ‖ Faire une cavité : *creuser un puits.* ‖ Approfondir : *creuser un sujet.* ‖ Donner de l'appétit : *la chasse creuse l'estomac.* ◆ **se creuser** v. pr. Devenir creux. ● *Se creuser (la tête, la cervelle)* [Fam.], chercher laborieusement.

CREUSET [krøzɛ] n. m. (anc. fr. *croisel,* lampe; lat. *crucibulum*). Récipient en terre réfractaire, en métal, en alliage, utilisé pour fondre ou calciner. ‖ *Industr.* Partie inférieure d'un haut fourneau, où se rassemble le métal fondu. ‖ *Litt.* Endroit où se mêlent diverses choses : *la Méditerranée est le creuset de plusieurs civilisations.*

CREUSOIS, E adj. et n. De la Creuse.

CREUSURE n. f. *Techn.* Ouverture de forme quelconque réalisée dans une pièce massive.

CREUX, EUSE adj. (lat. pop. *crosus;* du gaul.). Qui a une cavité, qui est évidé à l'intérieur : *arbre creux.* ‖ Vide d'idées, de sens : *phrase creuse; tenir des raisonnements creux.* ● *Assiette creuse,* assiette dont le centre est creux, et pouvant contenir des liquides ou de la soupe. ‖ *Avoir les joues creuses,* être amaigri. ‖ *Avoir le nez creux* (Fam.), avoir du flair, savoir deviner. ‖ *Avoir le ventre creux,* être affamé. ‖ *Chemin creux,* chemin encaissé des pays de bocage. ‖ *Classe creuse,* en démographie, tranche de la population née au cours d'une même année et dont l'importance numérique est anormalement faible. ‖ *Heure creuse,* heure de moindre consommation d'électricité; heure pendant laquelle les activités sont réduites. ‖ *Yeux creux,* enfoncés dans les orbites.

CREUX n. m. Cavité : *le creux d'un rocher.* ‖ Partie concave : *le creux de la main.* ‖ Période difficile de moindre activité : *un creux dans la vente d'un article.* ‖ Profondeur entre deux lames, mesurée de la crête à la base. ‖ Hauteur intérieure prise à mi-longueur d'un navire, entre le pont supérieur et le fond de cale. ● *Au creux de la vague,* dans une période d'échec, de dépression. ‖ *Avoir un creux dans l'estomac,* avoir faim.

CREVAISON n. f. Éclatement d'une chose gonflée ou tendue, et, en particulier, d'un pneu.

CREVANT, E adj. *Pop.* Épuisant : *un travail crevant.* ‖ *Pop.* Qui fait rire aux éclats, drôle : *un spectacle crevant.*

CREVASSE n. f. (de *crever*). Fente à la surface d'un corps. ‖ Fente étroite et profonde à la surface d'un glacier. ‖ Fente peu profonde dans l'épaisseur de la peau, surtout aux mains.

CREVASSER v. t. Faire des crevasses : *le froid crevasse les mains.* ◆ **se crevasser** v. pr. Être marqué de crevasses : *ce mur se crevasse.*

CRÈVE n. f. *Avoir, attraper la crève* (Pop.), être malade, en partic. prendre froid.

CREVÉ ou **CREVARD** n. m. (de *crever*). *Pop.* Individu malingre.

CRÈVE-CŒUR n. m. inv. Peine profonde, mêlée de dépit.

CRÈVE-LA-FAIM n. m. inv. *Fam.* Individu vivant misérablement.

CREVER v. t. (lat. *crepare*) [conj. 5]. Percer, déchirer, faire céder : *crever les yeux; crever un pneu.* ‖ Fatiguer jusqu'à épuisement. ● *Cela crève les yeux,* se dit d'une chose qu'on a devant soi et qu'on ne voit pas; de ce qui est évident. ‖ *Crever le cœur,* faire beaucoup de peine. ‖ *Crever l'écran,* jouer de manière remarquable. ◆ v. i. S'ouvrir en éclatant : *abcès qui crève.* ‖ *Fam.* Mourir, en parlant des animaux ou, *pop.,* des hommes. ‖ *Fam.* Être plein, comme prêt d'éclater : *crever de rire, d'orgueil.* ● *Crever de faim, de soif* (Fam.), avoir très faim, très soif.

CREVETTE n. f. (forme picarde de *chevrette*). Petit crustacé décapode marin, nageur. (Plusieurs espèces sont comestibles : *crevette grise,*

crevette grise

crevette rose ou *bouquet* [palémon].) ● *Crevette d'eau douce,* autre nom du GAMMARE.

CREVETTIER n. m. Filet à crevettes. ‖ Bateau qui fait la pêche à la crevette.

CRI n. m. (de *crier*). Éclat de voix : *pousser des cris; cri de douleur.* ‖ Sons inarticulés émis par les animaux et caractéristiques de chaque espèce. ‖ Mouvement de protestation : *le cri de la conscience.* ‖ Opinion favorable ou défavorable : *un cri de réprobation.* ● *À grands cris,* en insistant vivement. ‖ *Cri de guerre,* exclamation habituelle poussée autrefois par les soldats au combat. ‖ *Cri d'honneur* (Mil.), exclamation réglementaire de l'équipage d'un bâtiment de guerre pour rendre les honneurs. ‖ *Dernier cri,* le modèle le plus récent. ‖ *Pousser les hauts cris,* protester avec indignation.

CRIAILLEMENT n. m. Cri désagréable.

CRIAILLER v. i. Crier beaucoup, et le plus souvent pour rien. ‖ Crier, en parlant de l'oie, du faisan, du paon, de la pintade.

CRIAILLERIE n. f. Cris fréquents, querelles, suite de récriminations.

CRIAILLEUR, EUSE adj. et n. Qui ne fait que criailler, se plaindre.

CRIANT, E adj. Qui frappe vivement l'attention : *injustice criante; vérité criante.*

CRIARD, E adj. Qui crie désagréablement, qui se plaint, souvent sans motif sérieux. ‖ Aigu et désagréable : *voix criarde.* ● *Couleurs criardes,* couleurs crues contrastant désagréablement entre elles. ‖ *Dettes criardes,* dettes dont on réclame fréquemment le paiement.

CRIB n. m. (mot angl.). Cellule grillagée pour le stockage et le séchage des épis de maïs.

CRIBLAGE n. m. Action de cribler. ‖ Triage mécanique et classement par grosseur des minerais, de la houille, etc.

CRIBLE n. m. (lat. *cribrum*). Appareil pour nettoyer, trier et classer le grain, le sable, les minerais, etc. ● *Passer au crible,* examiner avec soin, trier.

CRIBLER v. t. (lat. *cribrare*). Passer à travers un crible : *cribler du sable.* ‖ Percer de trous, couvrir de marques : *être criblé de coups.* ● *Être criblé de dettes,* en être accablé.

CRIBLEUR n. m. Machine à cribler.

CRIBLURE n. f. Résidu du criblage des grains.

CRIC! interj. (onomat.). Exclamation servant à exprimer le bruit d'une chose qu'on déchire ou qui se rompt. (Se joint souvent au mot *crac!*)

CRIC [krik] n. m. (haut all. *kriec*). Appareil agissant par poussée directement sur un fardeau, et permettant de le soulever ou de le déplacer sur une faible course.

CRICKET [krikɛt] n. m. (mot angl.). Jeu de balle anglais qui se joue avec des battes de bois.

CRICOÏDE adj. Se dit de l'un des cartilages du larynx, en forme d'anneau.

CRICRI n. m. (onomat.). Nom usuel du *grillon.*

CRIÉE n. f. *Vente à la criée,* ou criée n. f., vente publique aux enchères.

CRIER v. i. (lat. *quiritare*). Pousser un cri ou des cris : *crier de douleur.* ‖ Parler très haut et avec colère : *discuter sans crier.* ‖ Produire un bruit aigre, grincer : *une porte qui crie.* ‖ Produire une sensation désagréable à l'œil. ● *Crier au scandale, à la trahison,* les dénoncer vigoureusement. ◆ v. t. ind. [**après, contre**]. Réprimander aigrement. ◆ v. t. Dire à haute voix, manifester énergiquement : *crier un ordre; crier une indignation.* ● *Crier famine, crier misère,* se plaindre. ‖ *Crier vengeance,* mériter une vengeance, en parlant d'un acte condamnable.

CRIEUR, EUSE n. *Crieur de journaux,* celui qui vend des journaux en criant leurs titres. ‖ *Crieur public,* autref., personne qui proclamait qqch en public.

CRIME n. m. (lat. *crimen,* accusation). Homicide volontaire. ‖ Action très blâmable. ‖ *Dr.* Infraction que la loi punit d'une peine afflictive ou infamante. ● *Crime de guerre,* crime contre la paix ou l'humanité défini par les Nations unies et jugé par un tribunal international.

CRIMINALISATION n. f. Action de criminaliser.

CRIMINALISER v. t. Transformer un procès correctionnel ou civil en un procès criminel.

CRIMINALISTE n. Juriste spécialisé en matière criminelle.

CRIMINALISTIQUE n. f. Ensemble des techniques mises en œuvre par la justice et la police pour établir la preuve du crime et identifier son auteur.

CRIMINALITÉ n. f. Nature de ce qui est criminel. ‖ Ensemble des actes criminels dans un milieu donné, à une époque donnée.

CRIMINEL, ELLE adj. et n. Coupable de crime. ◆ adj. Contraire aux lois naturelles et sociales : *acte criminel.* ‖ *Dr.* Relatif au crime : *procédure criminelle.* ‖ Syn. de PÉNAL : *droit criminel.*

CRIMINELLEMENT adv. De façon criminelle. ‖ *Dr.* Devant la juridiction criminelle.

CRIMINOGÈNE adj. Qui engendre des actes criminels.

CRIMINOLOGIE n. f. Étude scientifique du phénomène criminel.

CRIMINOLOGISTE ou **CRIMINOLOGUE** n. Spécialiste de criminologie.

CRIN n. m. (lat. *crinis,* cheveu). Poil long et rude qui pousse sur le cou et à la queue des chevaux et de quelques autres quadrupèdes. ● *À tous crins,* à outrance. ‖ *Crin végétal,* matière filamenteuse extraite du palmier, de l'agave, etc.

CRINCRIN n. m. *Fam.* Mauvais violon.

CRINIÈRE n. f. Ensemble du crin du cou d'un cheval ou d'un lion. ‖ Crins ornant le haut d'un casque et retombant par-derrière. ‖ *Fam.* Chevelure abondante.

CRINOÏDE n. m. Animal échinoderme dont le corps, formé d'un calice entouré de longs bras, est fixé au fond de la mer par une tige flexueuse. (Les *crinoïdes* forment une classe.)

CRINOLINE n. f. (it. *crinolino;* de *crino,* crin). Large jupon cerclé de baleines ou de lames d'acier qui maintenait l'ampleur de la jupe des robes à partir du milieu du XIXe s. ‖ La robe elle-même.

CRIOCÈRE [krijɔsɛr] n. m. (gr. *krios,* bélier, et *keras,* corne). Insecte coléoptère de moins de 1 cm de long. (Une espèce rouge attaque le lis; une autre, bleu et jaune, vit sur l'asperge.)

CRIQUE n. f. (scandin. *kriki*). Petite baie. ‖ *Métall.* Fente ouverte qui se produit dans un métal et qui provient de la séparation entre grains sous l'effet de contraintes anormales.

CRIQUET n. m. (onomat.). Insecte herbivore dont il existe de nombreuses espèces, se dépla-

çant en sautant et en volant. (Ordre des orthoptères, famille des acridiens. Certains criquets [*criquet pèlerin, criquet migrateur*] sont très dévastateurs dans les régions chaudes où s'abattent leurs nuées, comprenant plusieurs milliards d'individus.)

CRISE n. f. (gr. *krisis,* décision). Manifestation aiguë d'un trouble physique ou moral, ou décisive dans l'évolution des choses : *crise financière.* ‖ Absence, pénurie : *crise de main-d'œuvre.* ‖ Période difficile dans la vie d'une personne. ‖ Enthousiasme soudain, ardeur : *il travaille par crises.* ‖ *Méd.* Brusque changement dans le cours d'une maladie, en bien ou en mal, dû à la lutte entre l'agent d'agression et les forces de défense de l'organisme. ● *Crise économique,* rupture d'équilibre entre la production et la consommation, se traduisant, notamment, par du chômage, des faillites et, parfois,

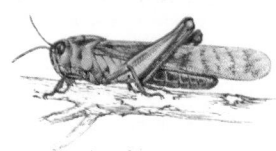

criquet

un effondrement des cours des valeurs mobilières. ‖ *Crise ministérielle,* période intermédiaire entre la démission d'un gouvernement et la formation d'un autre; démission du gouvernement. ‖ *Crise de nerfs,* état d'agitation bref et soudain avec cris et gesticulation, sans perte de connaissance.

CRISPANT, E adj. Qui agace, qui impatiente.

CRISPATION n. f. Contraction qui diminue l'étendue d'un objet et en ride la surface : *crispation du cuir sous l'action du feu.* ‖ Mouvement d'impatience, agacement. ‖ *Méd.* Contraction des muscles due à une irritation des nerfs.

CRISPER v. t. (lat. *crispare,* rider). Causer des crispations. ‖ Impatienter, agacer. ◆ **se crisper** v. pr. S'irriter.

CRISPIN n. m. (it. *Crispino,* nom d'un valet de comédie). Manchette de cuir adaptée à certains gants (d'escrimeur, de motocycliste, etc.).

CRISSEMENT n. m. Grincement aigu.

CRISSER v. i. (onomat.). Produire un bruit aigu, grinçant.

CRISTAL n. m. (lat. *crystallus,* mot gr.). Corps solide, pouvant affecter une forme géométrique bien définie, et caractérisé par une répartition régulière et périodique des atomes. ‖ Verre blanc, très limpide, sonore et renfermant généralement du plomb; objet de cette matière. ● *Cristal liquide,* autre nom d'un corps mésomorphe. ‖ *Cristal de roche,* quartz hyalin, dur et

crinoline

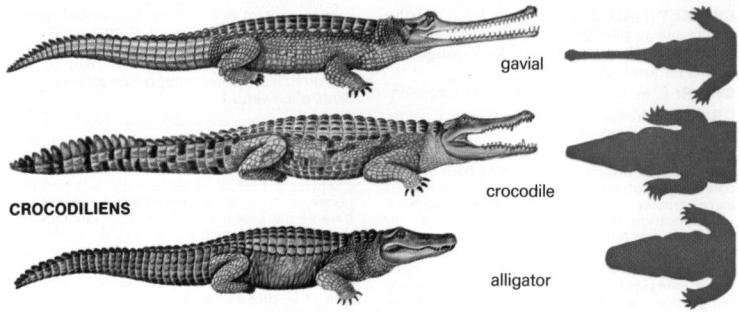

gavial

crocodile

CROCODILIENS

alligator

crocus

limpide, qui présente dans sa forme primitive des prismes hexagonaux terminés par deux pyramides à six pans. ◆ pl. *Fam.* Carbonate de sodium cristallisé utilisé pour le nettoyage (vx).

CRISTALLERIE n. f. Fabrication d'objets en cristal. ‖ Établissement où on les fabrique.

CRISTALLIN, E adj. De la nature d'un cristal. ‖ *Litt.* Semblable au cristal par la transparence ou la sonorité : *eaux cristallines; voix cristalline.* ● *Roches cristallines,* roches qui se sont formées en profondeur par cristallisation à l'état solide (roches métamorphiques) ou à partir d'un magma liquide (roches éruptives). ‖ *Système cristallin,* ensemble des éléments de symétries caractéristiques du réseau d'un cristal. (Il y a sept systèmes cristallins désignés par le nom de la forme type correspondante.)

CRISTALLIN n. m. Élément de l'œil, en forme de lentille biconvexe, placé dans le globe oculaire en arrière de la pupille, et faisant partie des milieux réfringents qui font converger les rayons lumineux sur la rétine.

CRISTALLINIEN, ENNE adj. Relatif au cristallin.

CRISTALLISABLE adj. Capable de cristalliser.

CRISTALLISATION n. f. Action de cristalliser, de se cristalliser. ‖ Changement d'état dans un milieu liquide ou gazeux conduisant à la formation de cristaux.

CRISTALLISÉ, E adj. Qui se présente sous forme de cristaux : *sucre cristallisé.*

CRISTALLISER v. t. (de *cristal*). Changer en cristaux : *cristalliser du sucre.* ‖ Donner de la cohérence, de la force : *cristalliser les énergies.* ◆ v. i. ou **se cristalliser** v. pr. Se former en cristaux. ‖ Devenir cohérent en prenant corps : *souvenirs qui se cristallisent.*

CRISTALLISOIR n. m. Récipient en verre dans lequel on peut faire cristalliser les corps dissous.

CRISTALLOCHIMIE n. f. Branche de la chimie qui traite de l'étude des milieux cristallisés.

CRISTALLOCHIMIQUE adj. Relatif à la cristallochimie.

CRISTALLOGRAPHIE n. f. Science des cristaux et des lois qui président à leur formation.

CRISTALLOGRAPHIQUE adj. Relatif à la cristallographie.

CRISTALLOÏDE n. m. Corps dissous pouvant être dialysé. (S'oppose à COLLOÏDE.)

CRISTALLOMANCIE n. f. Procédé de divination fondé sur la contemplation d'objets de verre ou de cristal.

CRISTALLOPHYLLIEN, ENNE adj. Se dit des roches métamorphiques à structure orientée, schisteuse.

CRISTE-MARINE n. f., ou **CRITHME** n. m. Plante à feuilles charnues comestibles, croissant sur les rochers (d'où son nom usuel de *percepierre*) et les sables littoraux. (Famille des ombellifères.)

CRISTOBALITE n. f. Variété de silice SiO_2 cristallisée.

CRITÈRE n. m. (gr. *kriterion;* de *krinein*, juger). Principe auquel on se réfère pour émettre un jugement, une appréciation, etc. ‖ Moyen permettant de conclure à l'existence d'une propriété mathématique.

CRITÉRIUM [kriterjɔm] n. m. Épreuve sportive permettant à des concurrents de se qualifier.

CRITICAILLER v. t. *Fam.* Critiquer mesquinement.

CRITICISME n. m. Philosophie fondée sur la critique de la connaissance (Kant).

CRITIQUABLE adj. Qui peut être critiqué.

CRITIQUE adj. (gr. *kritikos;* de *krinein*, juger). Dangereux, inquiétant : *se trouver dans une situation critique.* ‖ Qui a pour objet de distinguer les qualités ou les défauts d'une œuvre littéraire ou artistique : *observations critiques.* ‖ Qui est porté à critiquer : *être très critique sur qqch.* ‖ *Méd.* Relatif à la crise d'une maladie. ‖ *Phys.* Se dit des valeurs des grandeurs (masse, température, pression, etc.) pour lesquelles se produit un changement dans les propriétés d'un corps, dans l'allure d'un phénomène. ● *Édition critique,* établie après collation des textes originaux. ‖ *Esprit critique,* esprit de libre examen, ou prompt à blâmer.

CRITIQUE n. Personne qui porte son jugement sur des ouvrages littéraires ou artistiques.

CRITIQUE n. f. Art de juger une œuvre artistique ou littéraire : *critique dramatique, musicale.* ‖ Ensemble de ceux qui font métier de porter ses jugements : *la critique est unanime.* ‖ Appréciation de la valeur d'un texte, de l'authenticité de qqch : *critique historique, interne.* ‖ Blâme, reproche : *ne pas supporter les critiques.* ● *Nouvelle critique* (Litt.), ensemble des méthodes de lecture et d'analyse des textes littéraires inspirées des recherches des sciences humaines (psychanalyse, sociologie, anthropologie, linguistique, etc.).

CRITIQUER v. t. Procéder à une analyse critique. ‖ Faire ressortir les défauts des personnes, des choses; juger défavorablement.

CRITIQUEUR, EUSE n. Porté à critiquer, surtout avec malveillance.

CROASSEMENT n. m. Cri du corbeau et de la corneille.

CROASSER v. i. (onomat.). Pousser des croassements.

CROATE adj. et n. De la Croatie.

CROC [kro] n. m. (mot germ.). Crochet fixé à un câble, auquel on suspend quelque chose. ‖ Perche armée d'une pointe et d'un crochet, pour manœuvrer les bateaux. ‖ Chacune des quatre canines, fortes, longues et pointues, des mammifères carnassiers. ● *Avoir les crocs* (Fam.), être affamé.

CROC-EN-JAMBE [krɔkãȝãb] ou **CROCHE-PIED** n. m. (pl. *crocs-en-jambe* et *croche-pieds*). Manière de faire tomber qqn en passant le pied entre ses jambes. ‖ Manœuvre déloyale pour nuire à qqn.

CROCHE n. f. *Mus.* Note dont la queue porte

croches

un crochet, égale à la huitième partie de la ronde et représentée par le chiffre 8.

CROCHER v. t. *Mar.* Accrocher, saisir avec un croc.

CROCHET n. m. (de *croc*). Morceau de métal recourbé servant à suspendre ou à fixer qqch. ‖ Dent à venin des serpents venimeux. ‖ Appendice venimeux pair des araignées et des millepattes. ‖ Instrument recourbé pour ouvrir une serrure. ‖ Signe graphique proche de la parenthèse [ ]. ‖ Tige à pointe amincie et recourbée, et dont on se sert pour faire du tricot; travail ainsi exécuté. ‖ Détour : *faire un crochet.* ‖ Concours d'artistes amateurs dans lequel les spectateurs peuvent arrêter, en criant *Crochet!,* les candidats qu'ils estiment médiocres. ‖ *Archit.* Ornement en forme de crosse végétale (notamment dans l'art gothique des XIIe-XIIIe s., à l'angle des chapiteaux). ‖ *Sports.* En boxe, coup de poing porté horizontalement avec le bras replié. ● *Effort au crochet,* force capable d'être exercée par une locomotive pour remorquer un train. ● *Vivre aux crochets de qqn,* vivre à ses dépens.

CROCHETAGE n. m. Action de crocheter.

CROCHETER v. t. (conj. **4**). Ouvrir une serrure avec un crochet.

CROCHETEUR n. m. Celui qui crochète les serrures.

CROCHON n. m. *Min.* Pli d'une couche.

CROCHU, E adj. Recourbé en pointe. ● *Avoir des atomes crochus,* avoir des sympathies réciproques. ‖ *Avoir les doigts crochus,* être voleur, avide (vx).

CROCODILE n. m. (lat. *crocodilus*). Grand reptile africain et indien, de l'ordre des crocodiliens, dangereux dans l'eau pour l'homme et le bétail. (Cri : le crocodile *vagit*.) ‖ Peau traitée du crocodile. ‖ *Ch. de f.* Appareil de signalisation sonore dont la commande est fixée entre les rails. ● *Larmes de crocodile,* larmes hypocrites.

CROCODILIEN n. m. Crocodile, au sens large du mot, c'est-à-dire *crocodile, gavial, alligator* et *caïman.* (Les *crocodiliens* forment un ordre.)

CROCUS [krɔkys] n. m. (mot lat., gr. *krokos*). Genre de plantes herbacées à bulbe, de la famille des iridacées, dont une espèce est le safran.

CROIRE v. t. (lat. *credere*) [conj. **66**]. Tenir pour vrai : *je crois ce que vous me dites.* ‖ Tenir pour sincère : *on a cru les témoins.* ‖ Tenir pour possible, probable : *je crois qu'il viendra; je ne crois pas qu'il vienne.* ‖ Imaginer, supposer, considérer comme : *je n'aurais jamais cru cela de sa part, je le croyais plus intelligent.* ● *En croire qqn, qqch,* s'en rapporter à qqn, qqch, s'y fier : *à l'en croire, il est capable de tout; je n'en crois pas mes yeux.* ◆ v. t. ind. *Croire à qqn, qqch,* tenir pour certaine son existence : *croire au Père Noël;* avoir foi en sa véracité, s'y fier : *croire à la parole de qqn;* avoir foi en son efficacité : *croire à la médecine.* ‖ *Croire en qqn,* avoir confiance en lui : *croire en ses amis;* reconnaître l'existence de : *croire en Dieu.* ◆ v. i. Avoir la foi religieuse. ◆ **se croire** v. pr. Avoir une bonne opinion de soi, être vaniteux; s'estimer.

CROISADE n. f. (anc. fr. *croisée,* et it. *crociata*). Vive campagne menée pour créer un mouvement d'opinion, etc. : *une croisade pour la paix.* ‖ *Hist.* Expédition contre les hérétiques ou contre les musulmans en Terre sainte.

CROISÉ n. m. Celui qui participait à une croisade.

CROISÉ n. m. Mode d'entrelacement des fils d'un tissu. ‖ Étoffe croisée.

CROISÉ, E adj. Disposé en croix. ‖ *Biol.* Qui est le résultat d'un croisement. ‖ *Ethnol.* Se dit de certains parents (oncle, tante, cousin, neveu, nièce) qui descendent d'un parent du sexe opposé à celui de l'ascendant immédiat de l'individu considéré : *les enfants de la sœur de mon père sont mes cousins croisés.* (Dans ce système, les parents croisés appartiennent, en général, à deux clans différents.) [Contr. PARALLÈLE.] ● *Étoffe croisée,* ou *croisé* n. m., étoffe à fils très serrés. ‖ *Feux croisés* (Mil.), feux venant de divers côtés sur un seul objectif. ‖ *Rimes croisées,* rimes qui alternent.

CROISÉE n. f. Point où deux choses se croisent : *la croisée de deux chemins.* ‖ Intersection du transept et du vaisseau principal de la nef d'une église. ‖ Ouvrage de menuiserie servant à clore une fenêtre tout en laissant pénétrer le jour.

CROISEMENT n. m. Action de disposer en forme de croix, de faire se croiser : *croisement des jambes.* ‖ Action par laquelle des choses se rencontrent en allant dans des directions opposées : *croisement de deux voitures.* ‖ Endroit où se coupent plusieurs voies. ‖ *Biol.* Reproduction sexuelle à partir de deux êtres de races différentes. ‖ *Text.* Disposition des fils dont l'entrelacement forme un tissu.

CROISER v. t. Disposer en croix ou en X. ‖ Passer en travers, couper : *sentier qui croise une route.* ‖ Rencontrer en venant d'une direction opposée : *croiser un ami dans la rue.* ‖ Mêler des races d'animaux. ◆ v. i. En parlant des bords d'un vêtement, passer l'un sur l'autre. ‖ *Mar.* Aller et venir dans un même parage pour accomplir une mission de surveillance. ◆ **se croiser** v. pr. Se rencontrer. ● *Lettres qui se croisent,* qui sont échangées au même moment. ‖ *Se croiser les bras,* rester inactif.

CROISETTE n. f. Petite croix. ‖ *Bot.* Variété de gaillet.

CROISEUR n. m. Grand bâtiment de guerre puissamment armé et employé pour le commandement, l'escorte, la lutte antiaérienne ou anti-sous-marine. ● *Croiseur de bataille,* autref., croiseur de fort tonnage semblable au cuirassé mais plus rapide.

CROISIÈRE n. f. *Mar.* Autref., action de croiser. ‖ Voyage de tourisme par mer. ● *Vitesse de croisière,* la meilleure allure quant à la rapidité et à la consommation d'un véhicule.

CROISILLON n. m. Traverse horizontale d'une croix, d'une fenêtre; ensemble de pièces disposées en croix dans une fenêtre, un châssis, etc. ‖ Bras du transept.

CROISSANCE n. f. Développement progressif d'un être vivant, d'une chose, considéré dans son aspect quantitatif (taille, poids, valeur numérique). ● *Croissance économique,* élévation des différentes grandeurs marquant l'activité économique. ‖ *Croissance zéro,* absence de développement de la production économique, nécessaire, selon certains, pour lutter contre le gaspillage des ressources du globe, la pollution, la destruction de l'environnement.

CROISSANT n. m. Aspect d'un astre du système solaire dont la surface éclairée visible est inférieure à la moitié du disque. (La Lune est visible en croissant le soir entre la nouvelle lune et le premier quartier, et le matin entre le dernier quartier et la nouvelle lune.) ‖ Instrument à fer recourbé, qui sert à élaguer les arbres. ‖ Petite pâtisserie en forme de croissant. ‖ Symbole des musulmans, et en particulier des Turcs.

CROISSANT, E adj. Qui croît, s'augmente. ● *Fonction croissante dans un intervalle* (a, b), fonction f(x) de la variable x définie dans cet intervalle, telle que le rapport $\dfrac{f(x) - f(x')}{x - x'}$ soit positif quels que soient les nombres distincts x et x' appartenant à l'intervalle (a, b).

CROÎT [krwa] n. m. (de *croître*). Accroissement d'un troupeau par la naissance des petits.

CROÎTRE v. i. (lat. *crescere*) [conj. 60]. Se développer en grandeur, en importance, en durée : *le blé croît presque partout; son ambition croît tous les jours; les jours croissent au printemps.*

CROIX n. f. (lat. *crux*). Instrument de supplice formé de deux pièces de bois assemblées transversalement, où l'on attachait autrefois les condamnés à mort. ‖ Représentation de la croix de Jésus-Christ. ‖ Objet de piété ou bijou en forme de croix. ‖ Décoration : *la croix de guerre.* ‖ Signe figurant une croix : *mettre une croix en marge.* ‖ *Litt.* Peine, affliction : *chacun a sa croix dans ce monde.* ● *Croix grecque,* croix dont toutes les branches sont d'égale longueur. ‖ *Croix latine,* croix dont une branche est plus longue que les trois autres. ‖ *Croix de Lorraine,* croix qui a deux croisillons. ‖ *Croix de Malte,* croix à quatre branches égales, s'élargissant aux extrémités. ‖ *Croix rouge,* insigne des services de santé, constitué par une croix rouge sur fond blanc, qui est reconnu et protégé par les conventions internationales. ‖ *Croix de Saint-André,* en forme d'X. ‖ *Croix de Saint-Antoine,* ou *tau,* en forme de T. ‖ *En croix,* à angle droit ou presque droit. ‖ *Vous pouvez faire une croix dessus,* vous pouvez y renoncer définitivement.

CROMLECH [krɔmlɛk] n. m. (breton *crom,* rond, et *lech,* pierre). Monument mégalithique formé de plusieurs menhirs disposés en cercle.

CROMORNE n. m. (all. *Krummhorn*). Anc. instrument de musique à vent et à anche double, en bois, au corps recourbé. ‖ Un des jeux à anches de l'orgue.

CROONER [krunər] n. m. (mot anglo-amér.). Chanteur de charme.

CROQUANT n. m. *Hist.* Paysan révolté sous Henri IV et Louis XIII. ‖ Paysan, rustre (vx).

CROQUANT, E adj. Qui fait un bruit sec sous la dent.

CROQUE AU SEL (À LA) loc. adv. Cru et sans autre assaisonnement que du sel.

CROQUE-MADAME n. m. inv. Croque-monsieur surmonté d'un œuf sur le plat.

CROQUEMBOUCHE n. m. Pièce montée en petits choux caramélisés et fourrés.

CROQUE-MITAINE n. m. (pl. *croque-mitaines*). Personnage fantastique dont on menaçait les enfants. ‖ Personne très sévère.

CROQUE-MONSIEUR n. m. inv. Sandwich chaud composé de deux tranches de pain de mie grillées garnies de fromage et de jambon.

CROQUE-MORT n. m. (pl. *croque-morts*). *Fam.* Employé des pompes funèbres.

CROQUENOT [krɔkno] n. m. *Pop.* Soulier.

CROQUER v. i. (onomat.). Faire un bruit sec sous la dent : *le sucre croque dans la bouche.* ◆ v. t. Broyer entre ses dents en faisant un bruit sec : *croquer du sucre.* ‖ *Fam.* Dilapider, dépenser en peu de temps : *croquer un héritage.* ‖ Dessiner, peindre sur le vif, dans un style d'esquisse rapide. ● *Joli à croquer,* joli à donner envie d'en esquisser l'image.

CROQUET n. m. (mot angl.). Jeu qui consiste à faire passer sous des arceaux des boules de bois avec un maillet, en suivant un trajet déterminé.

CROQUET n. m. Petit biscuit sec aux amandes.

CROQUETTE n. f. Boulette de pâte, de viande, de légumes ou de poisson, enrobée et frite.

CROQUEUR, EUSE adj. et n. Qui croque.

CROQUIGNOLE n. f. Petite pâtisserie croquante.

CROQUIGNOLET, ETTE adj. *Fam.* Se dit de ce qui est petit et mignon.

CROQUIS n. m. Dessin rapide à main levée, qui ne fait qu'esquisser l'image d'un être ou d'une chose.

CROSKILL [krɔskil] n. m. (du nom de l'inventeur). *Agr.* Rouleau brise-mottes.

CROSNE [kron] n. m. (de *Crosne,* dans l'Essonne). Plante de la famille des labiacées, du genre *épiaire,* cultivée comme légume pour ses rhizomes tubérisés, en forme de chapelet.

CROSS ou **CROSS-COUNTRY** [krɔskuntri] n. m. (mot angl.). Épreuve de course à pied en terrain varié avec obstacles.

CROSSE n. f. (mot francique). Bâton pastoral d'évêque, d'abbé ou d'abbesse, dont la partie supérieure se recourbe en volute. ‖ Partie d'une arme à feu portative prolongeant le fût et servant à la maintenir ou à l'épauler. ‖ Partie de l'affût d'un canon qui repose sur le sol. ‖ Bâton recourbé utilisé dans le jeu de *crosse,* ou *hockey.* ‖ *Archit.* Tige enroulée, d'inspiration végétale, se terminant en volute. ● *Chercher des crosses à qqn* (Pop.), lui chercher querelle. ‖ *Crosse de l'aorte,* région recourbée de l'aorte, près de son origine dans le cœur.

CROSSÉ adj. m. *Relig.* Qui a le droit de porter la crosse : *abbé crossé et mitré.*

CROSSER v. t. Pousser avec une crosse une balle, un palet ou une pierre.

CROSSETTE n. f. *Agr.* Jeune branche de vigne, de figuier, etc., avec du vieux bois à sa base, pour faire des boutures.

CROSSING-OVER n. m. inv. *Biol.* Entrecroisement de deux chromosomes au cours de la formation des cellules reproductrices, permettant de nouvelles combinaisons de caractères héréditaires.

CROSSOPTÉRYGIEN n. m. Poisson marin dont les nageoires ressemblent aux pattes des premiers amphibiens, connu par plusieurs formes et l'être primaire et par le cœlacanthe actuel. (Les crossoptérygiens forment un ordre.)

CROTALE n. m. (lat. *crotalum,* mot gr.). Serpent venimeux de la famille des vipéridés, essentiellement américain, encore appelé *serpent à sonnette* à cause du grelot formé par les mues de la queue.

CROTON n. m. (gr. *krôton*). Genre d'arbustes

crotale diamantin

croiseur lance-missiles

ou d'arbres de la famille des euphorbiacées, dont les graines renferment une huile toxique.

CROTTE n. f. (mot francique). Fiente de certains animaux. ● *Crotte de bique* (Fam.), chose sans valeur. ‖ *Crotte de chocolat*, bonbon au chocolat.

CROTTÉ, E adj. Sali de boue : *bottes crottées*.

CROTTER v. i. *Pop.* Faire des crottes : *chien qui crotte sur le trottoir*.

CROTTIN n. m. Excrément des chevaux, des mulets et des ânes. ‖ Petit fromage de chèvre de forme ronde.

CROULANT, E adj. Qui croule, qui s'écroule : *murs croulants; autorité croulante*.

CROULANT, E n. *Pop.* Personne d'âge mûr.

CROULE n. f. Chasse à la bécasse, au passage de printemps.

CROULER v. i. Tomber en s'affaissant, s'effondrer : *cette maison croule*. ‖ Être ébranlé : *la salle croulait sous les applaudissements*. ‖ Être réduit à rien, perdre de sa puissance : *votre système croule*. ‖ Crier, en parlant de la bécasse.

CROUP [krup] n. m. (mot angl.). Localisation laryngée de la diphtérie, dont les fausses membranes obstruent l'orifice glottique, produisant une dyspnée laryngée grave.

CROUPADE n. f. Saut du cheval qui rue en étendant complètement en arrière ses membres postérieurs.

CROUPE n. f. (mot francique). Partie postérieure de certains animaux, qui s'étend depuis les reins jusqu'à l'origine de la queue. ‖ *Pop.* Derrière d'une personne. ‖ *Constr.* Extrémité d'un comble allongé, lorsqu'un toit l'enveloppe. ‖ *Géogr.* Petite colline. ● *En croupe*, se dit d'une deuxième personne sur la croupe, derrière le cavalier, ou sur la selle arrière d'une motocyclette.

CROUPETONS (À) loc. adv. (de *croupe*). Dans la position accroupie.

CROUPI, E adj. Stagnant et souillé.

CROUPIER n. m. Employé d'une maison de jeux, qui paie et ramasse l'argent pour le compte de l'établissement.

CROUPIÈRE n. f. Partie du harnais reposant sur la croupe du cheval, du mulet, etc. ● *Tailler des croupières à qqn*, lui susciter des difficultés (vx).

CROUPION n. m. Base de la queue chez les mammifères. ‖ Chez les oiseaux, courte queue vertébrale, portant les longues plumes caudales et qui sécrète une graisse. ‖ *Fam.* Derrière d'une personne.

CROUPIR v. i. (de *croupe*). Se corrompre, en parlant des eaux dormantes ou de matières qui s'y décomposent. ‖ Vivre dans un état honteux; être contraint à l'inactivité.

CROUPISSANT, E adj. Qui croupit.

CROUPISSEMENT n. m. Action de croupir.

CROUPON n. m. Morceau d'un cuir de bœuf ou de vache à l'emplacement de la croupe et du dos de l'animal.

CROUSTADE n. f. (prov. *croustado*). Nom donné à divers apprêts en pâte brisée ou feuilletée, que l'on garnit de viande, de poisson, etc. ‖ Préparation équivalente mais sucrée et garnie de fruits.

CROUSTILLANT, E adj. Qui croque sous la dent. ‖ Qui contient des détails licencieux.

CROUSTILLER v. i. Croquer sous la dent.

CROÛTE n. f. (lat. *crusta*). Partie extérieure du pain, du fromage, d'un pâté, etc., plus dure que l'intérieur. ‖ Tout ce qui se durcit sur qqch : *cette eau dépose une croûte calcaire*. ‖ *Fam.* Mauvais tableau : *peintre qui ne fait que des croûtes*. ‖ *Fam.* Paresseux et incompétent. ‖ Plaque formée sur la peau par le sang séché. ‖ Cuir non apprêté. ‖ *Cuis.* Pâte cuite au four qui sert à la préparation de certains mets que l'on garnit ou remplit de mets eux-mêmes. ‖ *Géol.* Zone superficielle du globe terrestre, d'une épaisseur moyenne de 35 km sous les continents (*croûte continentale*) et de 10 km sous les océans (*croûte océanique*). [Syn. ÉCORCE.] ● *Casser la croûte* (Pop.), manger. *Gagner sa croûte* (Fam.), gagner sa vie.

CROÛTER v. i. *Pop.* Manger.

CROÛTEUX, EUSE adj. Qui a des plaques semblables à des croûtes : *dermatose croûteuse*.

CROÛTON n. m. Extrémité d'un pain. ‖ Petit morceau de pain frit. ‖ *Fam.* Personne bornée.

CROWN-GLASS [kraunglas] n. m. inv. (mot angl.). Verre blanc de belle qualité employé en optique, souvent combiné avec le flint.

CROYABLE adj. Qui peut être cru.

CROYANCE n. f. Action de croire à la vérité ou à la possibilité d'une chose. ‖ Opinion, pleine conviction en matière religieuse, philosophique ou politique.

CROYANT, E adj. et n. Qui a la foi religieuse. ● *Les croyants*, nom que se donnent les musulmans : *le commandeur des croyants* (le calife).

C.R.S. [seɛrɛs] n. m. Abrév. désignant un membre d'une COMPAGNIE RÉPUBLICAINE DE SÉCURITÉ.

CRU n. m. (de *croître*). Terroir spécialisé dans la production d'un vin; ce vin lui-même. ● *Du cru* (Fam.), du pays, de la région où l'on est. ‖ *De son cru*, de son invention.

CRU, E adj. (lat. *crudus*). Qui n'est pas cuit : *viande crue*. ‖ Non apprêté : *soie crue*. ‖ Que rien n'atténue, violent : *une lumière, une couleur crue*. ‖ Qui n'use pas de détour; sans euphémisme : *paroles crues*. ● *Lait cru*, syn. de LAIT BOURRU. ‖ *Monter à cru*, sans selle.

CRUAUTÉ n. f. (lat. *crudelitas*). Caractère d'une personne ou d'une chose cruelle.

CRUCHE n. f. (mot germ.). Vase à large panse, à anse et à bec; son contenu. ‖ *Fam.* Personne stupide.

CRUCHON n. m. Petite cruche.

CRUCIAL, E, AUX adj. (lat. *crux*, croix). En forme de croix : *incision cruciale*. ‖ Qui permet de conclure de façon décisive : *expérience cruciale*. ‖ Fondamental : *question cruciale*.

CRUCIFÈRE adj. Qui porte une croix.

CRUCIFÈRE ou **CRUCIFÉRACÉE** n. f. (du lat. *crux, crucis*, croix). Plante herbacée dont la fleur a quatre pétales libres disposés en croix et six étamines dont deux plus petites, et dont le fruit est une silique. (Les *crucifères* forment une famille de 2500 espèces, dont la *moutarde*, le *chou*, le *cresson*, le *radis*, le *navet*.)

CRUCIFIÉ, E adj. et n. Attaché à une croix.

CRUCIFIEMENT n. m., ou **CRUCIFIXION** n. f. Action de crucifier. ‖ Tableau représentant la crucifixion de Jésus-Christ.

CRUCIFIER v. t. (lat. *crucifigere*; de *crux, crucis*, croix). Infliger le supplice de la croix.

CRUCIFIX n. m. Croix de bois, de métal, etc., sur laquelle le Christ est représenté crucifié.

CRUCIFIXION n. f. → CRUCIFIEMENT.

CRUCIFORME adj. En forme de croix.

CRUCIVERBISTE n. Amateur de mots croisés.

CRUDITÉ n. f. (lat. *cruditas*, indigestion). État de ce qui est cru : *crudité des fruits*. ‖ État de ce que rien ne vient atténuer, verdeur : *crudité du langage*. ● pl. Fruits, légumes crus : *assiette de crudités*.

CRUE n. f. Augmentation du débit moyen d'un cours d'eau : *rivière en crue*.

CRUEL, ELLE adj. (lat. *crudelis*). Qui aime à faire souffrir ou à voir souffrir : *un cruel tyran*. ‖ Qui témoigne de méchanceté, de cruauté : *sourire cruel*. ‖ Qui cause une souffrance morale ou physique : *un froid cruel; une perte cruelle*.

CRUELLEMENT adv. De façon cruelle.

CRUENTÉ, E adj. *Méd.* Qui est à vif, imprégné de sang.

CRUISER [kruzœr] n. m. (mot angl.). Yacht de croisière de faible tonnage.

CRÛMENT adv. De façon dure, sans ménagement : *dire crûment les choses*.

CRUOR n. m. (mot lat., *sang*). *Physiol.* Partie du sang qui se coagule (par oppos. au SÉRUM).

CRURAL, E, AUX adj. (lat. *cruralis*; de *crus*, jambe). *Anat.* Relatif aux membres inférieurs.

CRUSTACÉ [krystase] n. m. (lat. *crusta*, croûte). Arthropode aquatique, à respiration branchiale, et dont la carapace est formée de chitine imprégnée de calcaire. (La classe des *crustacés* comprend deux sous-classes : les *malacostracés* [crabes, crevettes, pagures, homards, etc.] et les *entomostracés* [daphnies, cyclopes, anatifes].)

CRUSTACÉ, E adj. *Bot.* Formant une croûte : *lichen crustacé*. ‖ *Méd.* Relatif aux croûtes qui se forment sur les plaies.

CRUZEIRO [kruzejru] n. m. Unité monétaire principale du Brésil.

CRYOALTERNATEUR n. m. (gr. *kruos*, froid). Alternateur dont l'inducteur est constitué par un matériau supraconducteur.

CRYOCLASTIE n. f. Fractionnement des roches par les alternances de gel et de dégel. (Syn. : GÉLIFRACTION, GÉLIVATION.)

CRYOCONDUCTEUR, TRICE adj. Se dit d'un conducteur électrique que l'on porte à très basse température pour diminuer sa résistivité.

CRYODESSICCATION n. f. Syn. de LYOPHILISATION.

CRYOGÉNIE n. f. Production des basses températures.

CRYOLITE ou **CRYOLITHE** n. f. Fluorure naturel d'aluminium et de sodium Na_3AlF_6.

CRYOLOGIE n. f. Ensemble des disciplines s'intéressant aux très basses températures.

CRYOLUMINESCENCE n. f. Émission de lumière froide par certains corps quand on les refroidit à très basse température.

CRYOSCOPIE ou **CRYOMÉTRIE** n. f. *Phys.* Mesure de l'abaissement de la température de congélation commençant d'un solvant lorsqu'on y dissout une substance.

CRYOSTAT n. m. Appareil servant à maintenir des températures basses.

CRYOTHÉRAPIE n. f. Traitement des maladies par le froid.

CRYOTRON n. m. Dispositif électronique utilisant les propriétés de supraconductibilité de certains métaux à très basse température.

CRYOTURBATION n. f. Déplacement des particules du sol sous l'effet des alternances du gel et du dégel. (Syn. GÉLITURBATION.)

CRYPTE n. f. (lat. *crypta*; du gr. *kruptos*, caché). Chapelle souterraine d'une église, où l'on plaçait autrefois le corps ou les reliques de martyrs, de saints.

CRYPTOBIOSE n. f. Syn. de ANHYDROBIOSE.

CRYPTOCOMMUNISTE adj. et n. *Péjor.* Se dit d'un partisan occulte du parti communiste.

CRYPTOGAME adj. et n. m. (gr. *kruptos*, caché, et *gamos*, mariage). Se dit des plantes pluricellulaires lorsqu'elles n'ont ni fleurs, ni fruits, ni graines, par oppos. aux *phanérogames*. (Les *cryptogames* forment trois embranchements : *thallophytes* [algues et champignons], *bryophytes* [mousses] et *ptéridophytes* [fougères et prêles].) ● *Cryptogames vasculaires*, nom donné aux *ptéridophytes*, parce qu'elles possèdent des vaisseaux.

CRYPTOGAMIE n. f. État d'une plante cryptogame. ‖ Étude des cryptogames.

CRYPTOGAMIQUE adj. Se dit des affections qui sont causées par un champignon parasite. (Le mildiou est une maladie cryptogamique.)

CRYPTOGÉNÉTIQUE adj. *Méd.* Dont l'origine n'est pas connue.

CRYPTOGRAMME n. m. Message écrit à l'aide d'un système chiffré ou codé.

CRYPTOGRAPHIE n. f. (gr. *kruptos*, caché). Ensemble des techniques permettant de protéger une communication au moyen d'une écriture conventionnelle secrète.

CRYPTOGRAPHIQUE adj. Relatif à la cryptographie.

CRYPTOMERIA n. m. Conifère utilisé en sylviculture et pour l'ornement des jardins.

CRYPTOPHYTE n. f. Plante des régions arides dont les parties aériennes n'apparaissent que pendant une courte période chaque année.

Cs, symbole chimique du *cæsium*.

CSARDAS [ksardas ou tʃardaʃ] n. f. (mot

hongr.). Danse populaire hongroise d'abord lente, puis très rapide.

CTÉNAIRE ou **CTÉNOPHORE** n. m. (gr. *kteis, ktenos,* peigne). Cœlentéré marin dépourvu de cellules urticantes et présentant un type particulier de symétrie. (Les *cténaires* ou *cténophores* forment un minuscule embranchement.)

Cu, symbole chimique du *cuivre.*

CUADRO n. m. (mot esp.). Groupe d'artistes flamencos.

CUBAGE n. m. Évaluation du volume d'un corps en unités cubiques; ce volume évalué.

CUBAIN, E adj. et n. De Cuba.

CUBATURE n. f. Détermination du côté du cube équivalant à un volume donné. ‖ Calcul d'un volume.

CUBE n. m. (gr. *kubos,* dé à jouer). Parallélépipède rectangle dont toutes les arêtes sont égales. (Le volume d'un cube s'obtient en multipliant deux fois par elle-même la longueur de son côté.) ‖ *Arg. scol.* Élève de troisième année dans diverses classes préparatoires aux grandes écoles. ● *Cube d'air,* volume d'air. ‖ *Cube d'un nombre,* produit de trois facteurs égaux à ce nombre : *27 est le cube de 3.* ‖ *Cube parfait,* nombre entier qui est le cube d'un autre nombre entier. ‖ *Cube d'un solide,* son volume. ‖ *Gros cube,* moto de forte cylindrée (plus de 500 cm³). ‖ *Jeu de cubes,* jeu fait d'un ensemble de cubes. ‖ *Test des cubes* (Psychol.), test d'intelligence destiné aux enfants, à qui on demande de reproduire des figures à l'aide de cubes colorés.

Picasso : *Portrait de D. H. Kahnweiller,* 1910.
(Art Institute of Chicago.)

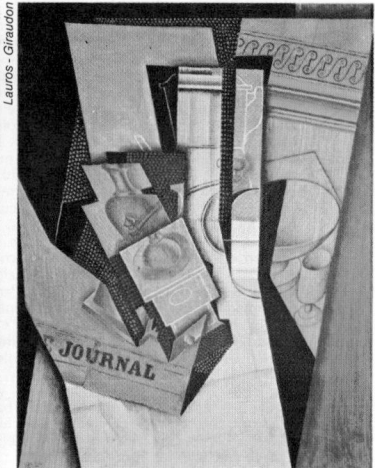

Juan Gris : *le Petit Déjeuner,* 1915.
(Musée national d'Art moderne, Paris.)

Albert Gleizes :
Paysage avec personnages,
1911. (Musée national
d'Art moderne, Paris.)

Serge Ferat :
Nature morte : verre,
pipe et bouteille,
1914-1915.
(Musée national
d'Art moderne, Paris.)

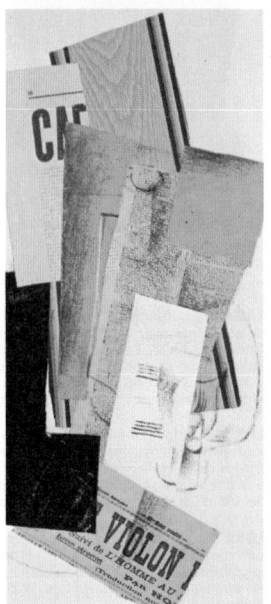

Georges Braque :
le Violon, 1913-1914. Papier collé.
(Coll. priv., Bâle.)

Georges Braque : *Violon et cruche,* 1909-1910.
(Musée de Bâle.)

CUBE adj. Se dit d'une mesure de volume : *deux mètres cubes.*

CUBER v. t. Évaluer en unités cubiques : *cuber des pierres.* ◆ v. i. Avoir en unités cubiques un volume de : *ce tonneau cube 300 litres.* ‖ *Fam.* S'élever rapidement à un total important.

CUBILOT n. m. (angl. *cupelow,* four à coupole). Four à cuve de fusion à carcasse métallique et garnissage réfractaire, utilisé en fonderie et parfois en aciérie.

CUBIQUE adj. Qui appartient au cube, a la forme d'un cube. ‖ Se dit d'un système cristallin dérivé du cube.

CUBIQUE n. f. Courbe du troisième degré.

CUBISME n. m. (de *cube*). École artistique moderne qui, vers les années 1908-1920, a substitué aux types de représentation issus de la Renaissance des modes nouveaux et plus autonomes de construction plastique.

■ La leçon de Cézanne et la découverte de l'art négro-africain (que connaissaient déjà les fauves) ouvrant la voie aux travaux de Picasso (*les Demoiselles d'Avignon,* 1906-07) et de Braque (dont les paysages «cézanniens» de 1908 paraissent à un critique comme réduits à une articulation de petits cubes.) Une phase *analytique*, à partir de 1909, voit l'adoption par les deux artistes amis de plusieurs angles de vue pour la figuration d'un même objet, disséqué en multiples facettes dans une gamme restreinte de teintes sourdes. Ces œuvres frôlent parfois l'abstraction (cubisme «hermétique»), mais l'introduction de chiffres ou de lettres au pochoir, puis, en 1912, l'invention du *collage* et du *papier collé* réintroduisent le réel sous une forme nouvelle, ouvrant la phase *synthétique* du cubisme. À la même époque, d'autres peintres, réunis dans le groupe dit «de Puteaux» puis «de la Section d'or», expérimentent — de façon plus ou moins fidèle, plus ou moins originale — la nouvelle esthétique et organisent à Paris des présentations de leurs œuvres qui font scandale : les frères Duchamp, Gleizes et Jean Metzinger (qui publient en 1912 un traité théorique), Louis Marcoussis (d'origine polonaise, 1878-1941), Lhote, Gris, Léger, Delaunay, Kupka (les deux derniers représentant une version lumineuse et colorée du cubisme, baptisée *orphisme* par Apollinaire), etc. Divers sculpteurs — sur les traces de Picasso — interprètent en trois dimensions les principes cubistes : Archipenko, Joseph Csáky (d'origine hongroise, 1888-1971), Duchamp-Villon, Laurens, Lipchitz, Zadkine. Après la Première Guerre mondiale, chacun des créateurs ou adeptes du cubisme prend du champ par rapport à celui-ci; il en est de même pour les artistes qui, des Pays-Bas à la Russie, en ont reçu l'influence, au premier rang desquels les constructivistes.

CUBISTE adj. et n. Relatif au cubisme; qui pratique le cubisme.

CUBITAINER [kybitɛnɛr] n. m. Cube de plastique enveloppé dans du carton, pour le transport des liquides (vin surtout).

CUBITAL, E, AUX adj. (lat. *cubitalis*). Du coude.

CUBITIÈRE n. f. Pièce d'armure protégeant le coude (XIVe-XVe s.).

CUBITUS [kybitys] n. m. (mot lat.). Le plus gros des deux os de l'avant-bras, portant à son extrémité supérieure une apophyse, l'olécrane, qui forme la saillie du coude.

CUCUL [kyky] adj. inv. *Pop.* D'une niaiserie naïve.

CUCURBITACÉE n. f. Plante dicotylédone à fortes tiges rampantes à gros fruits, comme le *citrouille*, la *courge*, le *melon*. (Les *cucurbitacées* forment une famille.)

CUCURBITE n. f. (lat. *cucurbita*, courge). Partie inférieure de la chaudière de l'alambic.

CUEILLAGE n. m. Prélèvement de verre fondu au moyen d'une cuillère.

CUEILLETTE n. f. (lat. *collecta*). Récolte ou ramassage de produits végétaux comestibles.

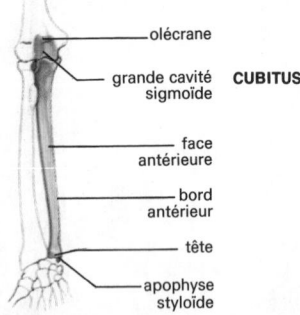

- olécrane
- grande cavité sigmoïde
- face antérieure
- bord antérieur
- tête
- apophyse styloïde

CUBITUS

CUEILLEUR, EUSE n. Personne qui cueille. ‖ Ouvrier chargé du cueillage du verre fondu.

CUEILLIR [kœjir] v. t. (lat. *colligere*) [conj. 12]. Détacher de leurs tiges des fruits, des fleurs. ‖ *Fam.* Aller chercher ou attendre pour emmener avec soi : *je passerai le cueillir chez lui.* ● *Cueillir un baiser* (Litt.), embrasser. ‖ *Être cueilli à froid*, être pris d'une manière inattendue.

CUEILLOIR n. m. Cisaille montée sur une hampe, accompagnée d'un panier, pour cueillir des fruits.

CUESTA [kwɛsta] n. f. (mot esp.). *Géogr.* Syn. de CÔTE.

CUEVA [kweva] n. f. (mot esp.). Cave, cabaret où se donnent des danses et des chants flamencos.

CUILLÈRE ou **CUILLER** n. f. (lat. *cochlearium*; de *cochlea*, escargot). Ustensile composé d'un manche et d'une partie creuse, servant à manger les aliments liquides ou à les remuer dans un récipient. ‖ Ustensile servant à puiser les métaux ou le verre en fusion. ‖ Engin de pêche en forme de cuillère et muni d'hameçons. ‖ Pièce qui permet d'amorcer une grenade. ● *En deux coups de cuillère à pot* (Fam.), très vite. ‖ *Être à ramasser à la petite cuillère* (Fam.), être en piteux état. ‖ *Ne pas y aller avec le dos de la cuillère* (Fam.), parler, agir sans ménagement.

CUILLERÉE [kɥijre ou kɥijere] n. f. Contenu d'une cuillère.

CUILLERON n. m. Partie creuse d'une cuillère. ‖ *Zool.* Organe protecteur du balancier des mouches.

CUIR n. m. (lat. *corium*). Peau épaisse de certains animaux. ‖ Peau tannée, corroyée, etc., propre aux usages de l'industrie. ‖ Veste de cuir. ‖ Faute de liaison ou de prononciation. ● *Cuir*

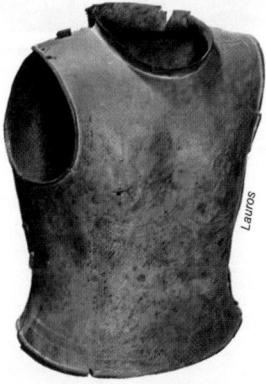

Lauros

cuirasse gauloise en bronze

chevelu, partie de la tête recouverte par les cheveux.

CUIRASSE n. f. (de *cuir*). Autref., pièce de l'armure qui protégeait le dos et la poitrine. ‖ Auj., blindage. ‖ *Géol.* Épais niveau de concrétion très dur qui se forme dans les sols des régions tropicales sèches. (Syn. CARAPACE.) ● *Le défaut de la cuirasse*, point faible de qqn ou de qqch.

CUIRASSÉ, E adj. Dont les éléments principaux sont protégés par un blindage : *navire cuirassé; tourelle cuirassée.* ‖ Préparé à tout, endurci : *être cuirassé contre les calomnies.* ‖ *Géol.* Se dit d'un sol contenant un niveau de cuirasse.

CUIRASSÉ n. m. Grand navire de ligne qui était doté d'une puissante artillerie et protégé par d'épais blindages. (Trop vulnérables à l'aviation, les cuirassés ont disparu des flottes de combat depuis 1950-1960.)

CUIRASSEMENT n. m. Action d'équiper d'une cuirasse; cette cuirasse.

CUIRASSER v. t. Équiper d'une cuirasse. ◆ **se cuirasser** v. pr. Devenir insensible : *se cuirasser contre l'attendrissement.*

CUIRASSIER n. m. Soldat de cavalerie lourde jadis porteur d'une cuirasse.

CUIRE v. t. (lat. *coquere*) [conj. 64]. Préparer les aliments par l'action de la chaleur. ‖ Transformer du plâtre, de la brique, etc., par l'action de la chaleur. ◆ v. i. Devenir propre à l'alimentation par l'action de la chaleur : *le dîner cuit.* ‖ Causer une sensation d'échauffement, une douleur aiguë : *les yeux me cuisent.* ‖ *Fam.* Être accablé de chaleur : *on cuit dans ce bureau.* ● *Cuire dans son jus* (Fam.), avoir très chaud; rester isolé, abandonné. ‖ *Il vous en cuira*, vous vous en repentirez.

CUISANT, E adj. Âpre, aigu : *douleur cuisante.* ‖ Qui affecte douloureusement : *échec cuisant.*

CUISEUR n. m. Récipient de grandes dimensions où l'on fait cuire des aliments.

CUISINE n. f. (lat. *cocina*). Pièce où l'on prépare les mets. ‖ Art d'apprêter les mets. ‖ Mets servis au repas : *aimer la bonne cuisine.* ‖ *Fam.* Manœuvre louche, intrigue, trafic : *cuisine électorale.*

CUISINÉ, E adj. *Plat cuisiné*, plat vendu tout préparé.

CUISINER v. i. Faire la cuisine. ◆ v. t. Préparer, accommoder un plat, un aliment. ● *Cuisiner qqn* (Fam.), l'interroger avec insistance pour obtenir un aveu, un renseignement.

CUISINETTE n. f. Mot préconisé par l'Administration pour remplacer KITCHENETTE.

CUISINIER, ÈRE n. Personne qui fait la cuisine.

CUISINIÈRE n. f. Appareil muni d'un ou de plusieurs foyers pour cuire les aliments.

CUISINISTE n. m. Fabricant et installateur de mobilier de cuisine.

CUISSAGE n. m. *Droit de cuissage* (Féod.), droit légendaire qu'avait le seigneur de passer avec la femme d'un vassal la première nuit de noces.

CUISSARD n. m. Culotte faisant partie de l'équipement du coureur cycliste. ‖ Partie de l'armure qui couvrait les cuisses.

CUISSARDES n. f. pl. Bottes dont la tige monte jusqu'en haut des cuisses.

CUISSE n. f. (lat. *coxa*, hanche). Partie du membre inférieur qui s'étend de la hanche au genou. ● *Se croire sorti de la cuisse de Jupiter*, se juger supérieur aux autres.

CUISSEAU n. m. Partie du veau prenant au-dessous de la queue et allant jusqu'au rognon.

CUISSETTES n. f. pl. En Suisse, short de sport.

CUISSON n. f. Action de cuire ou de faire cuire : *la cuisson du pain.* ‖ Douleur semblable à celle d'une brûlure.

CUISSOT n. m. Cuisse de sanglier, de chevreuil et de cerf.

CUISTANCE n. f. *Pop.* Cuisine : *faire la cuistance.*

CUISTOT n. m. *Pop.* Cuisinier.

CUISTRE n. m. (anc. fr. *quistre*, marmiton). *Litt.* Personne qui fait un étalage intempestif d'un savoir mal assimilé.

CUISTRERIE n. f. *Litt.* Pédanterie ridicule.

CUIT, E adj. Préparé par la cuisson. ‖ *Fam.* Perdu, ruiné : *il est cuit, il est cuit.* ‖ *Pop.* Ivre. ● *C'est du tout cuit* (Fam.), c'est gagné d'avance.

CUITE n. f. Action de cuire les briques, la porcelaine, etc. (On dit aussi CUISSON.) ‖ Concentration du sirop. ‖ *Pop.* Accès d'ivresse.

CUITER (SE) v. pr. *Pop.* S'enivrer, prendre une cuite.

CUIVRAGE n. m. Opération de revêtement d'une surface par une couche de cuivre.

CUIVRE n. m. (lat. *cyprium aes*, bronze de Chypre). Métal (Cu) no 29, de masse atomique 63,54, de couleur rouge-brun. ‖ *Arts graph.* Planche gravée sur cuivre. ● *Cuivre blanc*, alliage de cuivre, de zinc et d'arsenic. ‖ *Cuivre jaune*, laiton. ‖ *Cuivre rouge*, cuivre pur. ◆ pl. Objets en cuivre. ‖ *Mus.* Terme générique désignant les instruments à vent à embouchure, en métal, utilisés dans l'orchestre (cors, trompettes, trombones et saxhorns).

■ Le cuivre existe dans la nature à l'état natif ou combiné à différents corps, notamment au soufre. De densité 8,94, il fond à 1 084 °C. D'une faible dureté, mais très malléable et très ductile, il est, après l'argent, le meilleur conducteur de l'électricité. Inaltérable à l'eau ou à la vapeur d'eau, il sert à la fabrication de nombreux objets (fils, tubes, chaudrons, etc.) et entre dans la composition du laiton, du bronze et du bronze d'aluminium. Sous l'action de l'air humide chargé de gaz carbonique, il se couvre d'une couche d'hydrocarbonate, ou *vert-de-gris;* avec les acides faibles (vinaigre) il forme des dépôts toxiques.

CUIVRÉ, E adj. De la couleur du cuivre : *teint cuivré.* ‖ D'une sonorité éclatante : *voix cuivrée.*

CUIVRER v. t. Revêtir d'un dépôt de cuivre. ‖ Donner la teinte du cuivre.

CUIVREUX, EUSE adj. *Chim.* Qui contient du cuivre univalent.

CUIVRIQUE adj. *Chim.* Qui contient du cuivre divalent.

CUL [ky] n. m. (lat. *culus*). *Pop.* La partie de l'homme et de certains animaux qui comprend les fesses et le fondement. ‖ Partie postérieure ou inférieure de certaines choses. ● *Avoir le feu au cul* (Pop.), être très pressé. ‖ *L'avoir dans le cul* (Pop.), subir un échec. ‖ *Bouche en cul de poule* (Fam.), bouche dont on arrondit les lèvres. ‖ *En avoir plein le cul* (Pop.), être excédé. ‖ *Faire cul sec* (Fam.), vider son verre d'un trait. ‖ *Lécher le cul à qqn* (Pop.), le flatter bassement. ‖ *Tirer au cul* (Pop.), travailler le moins possible.

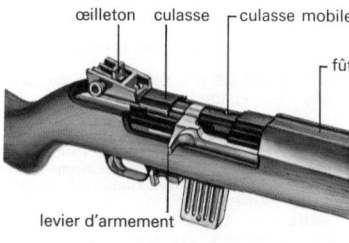

CULASSE
de fusil

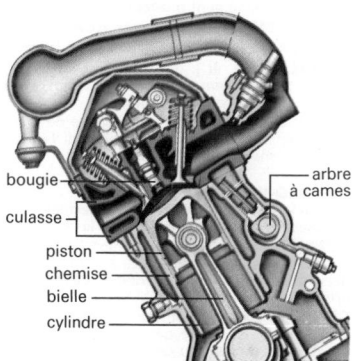

CULASSE
de moteur à explosion

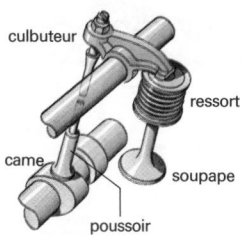

CULBUTEUR

culée de pont

Pavlovsky - Lauros

CULASSE n. f. (de *cul*). Pièce d'acier destinée à assurer l'obturation de l'orifice postérieur du canon d'une arme à feu. ‖ Couvercle fermant la partie supérieure des cylindres dans un moteur à explosion. ‖ Partie inférieure d'une pierre de bijouterie.

CUL-BLANC n. m. (pl. *culs-blancs*). Nom usuel de divers oiseaux d'Europe à croupion blanc (pétrel, chevalier, traquet motteux).

CULBUTAGE n. m. Action de culbuter.

CULBUTE n. f. Cabriole que l'on exécute en posant la tête à terre et en lançant les pieds en l'air pour retomber de l'autre côté. ‖ Chute brusque à la renverse ou en se retournant : *faire une culbute dans un escalier.* ‖ Manière de virer en natation. ‖ *Fam.* Revers de fortune, perte d'une situation. ● *Faire la culbute,* faire faillite; revendre au double du prix d'achat.

CULBUTER v. t. (de *cul* et *buter*). Faire tomber brusquement en renversant. ‖ *Litt.* Mettre en déroute : *culbuter l'ennemi.* ◆ v. i. Tomber à la renverse.

CULBUTEUR n. m. Dispositif pour faire bascu-

ler un récipient, un véhicule, etc. ‖ Pièce renvoyant la commande du mouvement des soupapes par-dessus la culasse du cylindre.

CUL-DE-BASSE-FOSSE n. m. (pl. *culs-de-basse-fosse*). Cachot souterrain.

CUL-DE-FOUR n. m. (pl. *culs-de-four*). *Archit.* Voûte formée d'une demi-coupole.

CUL-DE-JATTE [kydʒat] n. m. (pl. *culs-de-jatte*). Personne privée de ses jambes et de ses cuisses.

CUL-DE-LAMPE n. m. (pl. *culs-de-lampe*). *Archit.* Élément s'évasant à la manière d'un chapiteau, établi en saillie sur un mur pour porter une charge. ‖ *Arts graph.* Vignette placée à la fin d'un chapitre.

CUL-DE-SAC n. m. (pl. *culs-de-sac*). Rue, chemin sans issue. ‖ Entreprise qui ne mène à rien. ‖ Fond d'une cavité anatomique : *les culs-de-sac vaginaux.*

CULDOSCOPIE n. f. Examen endoscopique des organes génitaux féminins avec un endoscope introduit par les culs-de-sac du vagin.

CULÉE n. f. Massif de maçonnerie adossé à un terrassement (culée de pont) ou isolé (culée

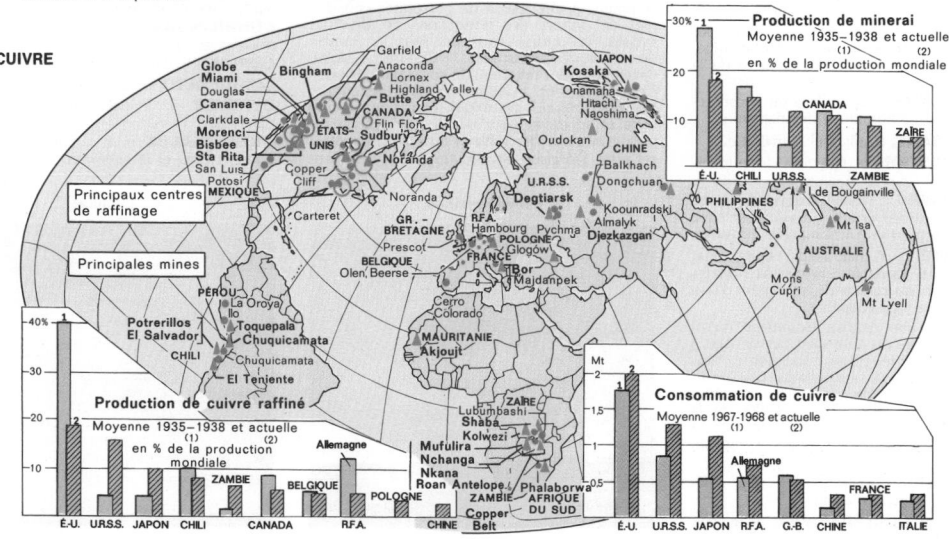

d'arc-boutant) pour épauler une construction et en amortir les poussées.

CULER v. i. *Mar.* Aller en arrière.

CULERON n. m. Partie de la croupière sur laquelle repose la queue du cheval harnaché.

CULIÈRE n. f. Sangle attachée à la naissance de la queue du cheval, pour tenir le harnais.

CULINAIRE adj. (lat. *culinarius*). Relatif à la cuisine : *art culinaire.*

CULMINANT, E adj. *Point culminant*, se dit de la partie la plus élevée d'une chose : *le sommet du mont Blanc est le point culminant des Alpes*; le plus haut degré possible : *le point culminant de la crise*; point où un astre atteint sa plus grande hauteur au-dessus de l'horizon.

CULMINATION n. f. Passage d'un astre à son point le plus élevé au-dessus de l'horizon; instant de ce passage.

CULMINER v. i. (lat. *culminare*; de *culmen*, sommet). Atteindre son point ou son degré le plus élevé. • Pour un astre, passer par le point de sa trajectoire diurne le plus élevé au-dessus de l'horizon.

CULOT [kylo] n. m. (de *cul*). Partie inférieure de divers objets, telles certaines lampes d'église. ‖ Dépôt accumulé dans le fourneau d'une pipe. ‖ *Fam.* et *vx.* Dernier-né d'une famille; dernier reçu à un concours. ‖ *Fam.* Audace, effronterie : *avoir du culot.* ‖ *Archit.* Ornement en forme de calice, d'où partent les volutes et des rinceaux; petit cul-de-lampe. ‖ *Arm.* Partie arrière métallique d'un étui de cartouche ou d'une douille, comprenant le logement de l'amorce, un bourrelet et une gorge. ‖ *Industr.* Lingot de métal qui reste au fond du creuset après la fusion. ‖ *Techn.* Fond métallique d'un creuset, d'une ampoule électrique. • *Culot de centrifugation,* portion la plus dense d'un mélange. ‖ *Culot de lave,* amas de lave dure qui remplissait la cheminée et que l'érosion a mis en relief.

CULOTTAGE n. m. Action de culotter une pipe. ‖ État de ce qui est culotté, noirci.

CULOTTE n. f. (de *cul*). Vêtement d'homme qui couvre de la ceinture aux genoux en enveloppant séparément les deux cuisses. ‖ Sous-vêtement de femme qui couvre le bas du tronc. (Syn. SLIP.) ‖ *Bouch.* Morceau de derrière du bœuf. ‖ *Culotte de cheval,* adiposité localisée aux hanches et aux cuisses, prédominante dans le sexe féminin. ‖ *Culotte de peau,* vieux militaire (vx). ‖ *Faire dans sa culotte* (Fam.), avoir peur. ‖ *Porter la culotte* (Fam.), en parlant d'une femme, commander dans le ménage. ‖ *Prendre une culotte* (Pop.), subir une perte au jeu.

CULOTTÉ, E adj. *Être culotté* (Fam.), avoir de l'audace, du toupet; être effronté.

CULOTTER v. t. Mettre une culotte à.

CULOTTER v. t. (de *culot*). Noircir par l'usage : *culotter des gants.* • *Culotter une pipe,* garnir son fourneau d'un culot, à force de la fumer.

CULOTTIER, ÈRE n. Spécialiste de la confection des culottes d'homme et des pantalons.

CULPABILISANT, E adj. Qui culpabilise.

CULPABILISATION n. f. Action de culpabiliser.

CULPABILISER v. t. Donner à qqn conscience de ses fautes, de ses erreurs; développer chez lui un remords pour une action jugée mauvaise.

CULPABILITÉ n. f. (lat. *culpa*, faute). État d'une personne coupable : *avouer sa culpabilité.* • *Sentiment de culpabilité,* sentiment d'une personne qui se juge coupable.

CULTE n. m. (lat. *cultus*). Hommage qu'on rend à une divinité ou à un saint personnage. ‖ Forme de pratique religieuse. ‖ Religion : *changer de culte.* ‖ Chez les protestants, office religieux. ‖ Vénération profonde; amour fervent : *avoir le culte de la famille.* • *Culte de la personnalité,* admiration excessive manifestée à l'égard d'un chef politique, d'une personnalité quelconque.

CUL-TERREUX [kytɛrø] n. m. (pl. *culs-terreux*). *Fam.* et *péjor.* Paysan.

CULTISME ou **CULTÉRANISME** n. m. (lat.

cultus, cultivé). Recherche particulière du style chez quelques écrivains espagnols du XVIIᵉ s.

CULTIVABLE adj. Qu'on peut cultiver : *terre cultivable.*

CULTIVAR n. m. Variété d'une espèce végétale qui n'existe pas dans la nature et qui est obtenue par l'effet de la culture.

CULTIVATEUR, TRICE n. Personne qui cultive la terre, chef d'exploitation agricole.

CULTIVATEUR n. m. Appareil permettant le travail superficiel du sol.

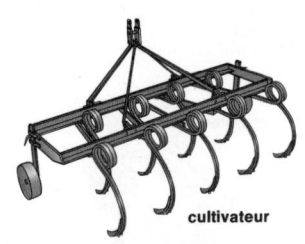
cultivateur

CULTIVÉ, E adj. Instruit : *esprit cultivé.*

CULTIVER v. t. (lat. *cultus,* cultivé). Travailler la terre pour qu'elle produise : *cultiver un champ.* ‖ Procéder aux opérations permettant de faire pousser et de récolter une plante : *cultiver des céréales.* ‖ S'adonner, s'intéresser à : *cultiver les sciences.* ‖ Former par l'instruction, développer par des lectures, des exercices : *cultiver sa mémoire.* ‖ Entretenir avec qqn des relations suivies et amicales, s'efforcer de lui plaire. ◆ **se cultiver** v. pr. Enrichir son esprit, accroître ses connaissances.

CULTUEL, ELLE adj. Relatif au culte.

CULTURAL, E, AUX adj. Relatif à la culture du sol.

CULTURALISME n. m. École et doctrine américaines d'anthropologie, tendant à estimer pour essentielle la spécificité de la culture, considérée comme habitude du groupe social, par opposition à la nature.

CULTURALISTE adj. et n. Relatif au culturalisme; partisan de cette doctrine.

CULTURE n. f. (lat. *cultura*). Action de cultiver : *la culture des fleurs.* ‖ Terrain cultivé : *l'étendue des cultures.* ‖ Ensemble des connaissances acquises; instruction, savoir : *une forte culture.* ‖ Ensemble des structures sociales, religieuses, etc., des manifestations intellectuelles, artistiques, etc., qui caractérisent une société : *la culture inca; la culture hellénistique.* • *Culture de masse,* ensemble des faits idéologiques communs à une masse de personnes considérées en dehors des distinctions de structure sociale, et diffusés en son sein au moyen de techniques industrielles. ‖ *Culture physique,* développement rationnel du corps par des exercices appropriés. ‖ *Culture microbienne, culture des tissus* (Biol.), technique consistant à faire vivre et se développer des tissus, des microorganismes sur des milieux nutritifs préparés à cet effet. ‖ *Maison de la culture,* établissement

(géré par l'État et la collectivité locale dont il dépend, et placé sous la tutelle des Affaires culturelles) chargé d'assurer la plus vaste audience à la culture, aux arts, etc. ‖ *Système de culture,* combinaison, dans le temps et dans l'espace, des productions végétales pratiquées dans une exploitation agricole, dans un village, dans une région.

CULTUREL, ELLE adj. Relatif à la culture intellectuelle : *relations culturelles, identité culturelle.* • *Centre culturel,* organisme chargé de diffuser la culture d'un pays à l'intérieur de ce pays ou dans un autre pays.

CULTURELLEMENT adv. Du point de vue culturel.

CULTURISME n. m. Culture physique destinée plus spécialement à développer la musculature.

CULTURISTE adj. et n. Qui pratique le culturisme.

CULTUROLOGIE n. f. *Anthropol.* Étude scientifique des cultures, notamment préindustrielles.

CUMIN n. m. (lat. *cuminum,* mot d'orig. orientale). Genre d'ombellifères, cultivées surtout en Europe centrale pour leurs graines aromatiques, base d'une liqueur appelée *kummel.* ‖ Les graines elles-mêmes.

CUMUL n. m. Action d'exercer simultanément plusieurs emplois, de commettre plusieurs infractions.

CUMULABLE adj. Que l'on peut cumuler.

CUMULARD n. m. *Fam.* et *péjor.* Personne qui exerce simultanément plusieurs emplois.

CUMULATIF, IVE adj. Fait par accumulation.

CUMULATIVEMENT adv. Par accumulation.

CUMULER v. t. et i. (lat. *cumulare,* entasser). Exercer plusieurs emplois en même temps, avoir en même temps plusieurs titres.

CUMULO-NIMBUS n. m. inv. Nuage de grandes dimensions à grand développement vertical, d'aspect foncé, qui, très souvent, annonce un orage.

CUMULO-VOLCAN n. m. (pl. *cumulo-volcans*). Volcan dont les laves acides, visqueuses, se solidifient en obturant la cheminée.

CUMULUS [kymylys] n. m. (mot lat., *amas*). Nuage de beau temps, blanc, à contours très nets, dont le sommet, en dôme, dessine des protubérances arrondies.

CUNÉIFORME adj. (lat. *cuneus,* clou). Se dit de l'écriture, en forme de clous, de la plupart des peuples de l'ancien Orient, inventée par les Sumériens au cours du IVᵉ millénaire.

CUNÉIFORME n. m. Un des os du tarse. ▷

CUNICULICULTURE n. f. (lat. *cuniculus,* lapin). Élevage du lapin.

CUNNILINGUS n. m. Excitation buccale des organes génitaux féminins.

CUPIDE adj. (lat. *cupidus*). *Litt.* Avide d'argent.

CUPIDEMENT adv. *Litt.* Avec cupidité.

CUPIDITÉ n. f. *Litt.* Désir immodéré des richesses.

CUPRESSACÉE n. f. Conifère résineux, tel que le *cyprès* et le *genévrier.* (Les *cupressacées*

cumulo-nimbus

cumulus

constituent, selon les auteurs, une famille, ou une tribu rangée dans les pinacées.)

CUPRIFÈRE adj. Qui contient du cuivre.

CUPRIQUE adj. *Chim.* De la nature du cuivre.

CUPRO-ALLIAGE n. m. Nom générique d'un alliage riche en cuivre n'ayant pas un nom particulier, comme le laiton ou le bronze.

CUPRO-ALUMINIUM n. m. Alliage de cuivre et d'aluminium, improprement appelé *bronze d'aluminium*.

CUPRO-AMMONIACALE adj. f. *Liqueur cupro-ammoniacale,* solution ammoniacale d'oxyde de cuivre, dissolvant la cellulose.

CUPROLITHIQUE adj. et n. m. (du lat. *cuprum,* cuivre, et du gr. *lithos,* pierre). *Préhist.* Syn. de CHALCOLITHIQUE.

CUPRONICKEL n. m. Alliage de cuivre et de nickel.

CUPROPLOMB n. m. Pseudo-alliage de cuivre et de plomb, utilisé comme alliage antifriction.

CUPULE n. f. (lat. *cupula,* petite coupe). *Bot.* Organe soutenant ou enveloppant les fruits des arbres de l'ordre des cupulifères. (La cupule est épineuse dans le cas de la châtaigne et de la faîne.)

CUPULIFÈRE n. f. Plante, généralement arborescente, dont le fruit est enchâssé dans une cupule. (Syn. FAGALE. Les *cupulifères* forment un ordre comprenant le hêtre, le chêne, le châtaignier.)

CURABILITÉ n. f. Caractère de ce qui est curable.

CURABLE adj. Qui peut se guérir.

CURAÇAO [kyraso] n. m. (de *Curaçao,* île des Antilles). Liqueur faite avec des écorces d'orange, du sucre et de l'eau-de-vie.

CURAGE n. m. Action de curer.

CURARE n. m. Poison végétal, d'action paralysante, dont les Indiens de l'Amérique du Sud enduisent leurs flèches. (Il est employé en anesthésie, ainsi que de nombreux curarisants de synthèse, pour supprimer la contraction des muscles.)

CURARISANT, E adj. et n. m. Se dit de substances paralysantes comme le curare.

CURARISATION n. f. *Méd.* Traitement par le curare ou les curarisants. ‖ État résultant de l'emploi de curarisants.

inscriptions gravées en caractères **cunéiformes** sur une pierre dite «caillou Michaux» (XIIᵉ s. av. J.-C.)

CURATELLE n. f. Fonction de curateur. ‖ Un des régimes de protection des incapables majeurs.

CURATEUR, TRICE n. (lat. *curare,* soigner). Personne commise à l'assistance d'un incapable majeur. ‖ Celui qui assiste un débiteur dans la préparation du plan de redressement, en cas de suspension provisoire des poursuites.

CURATIF, IVE adj. Qui a pour but la guérison d'une maladie déclarée.

CURCULIONIDÉ n. m. Coléoptère du groupe des charançons. (Les *curculionidés* forment une immense famille, de plus de 50 000 espèces.)

CURCUMA n. m. (mot esp., de l'ar. *kurkum*). Plante de l'Inde, dont le rhizome donne le cari. (Famille des zingibéracées.)

CURE n. f. (lat. *cura,* soin). Traitement médi-

cal : *cure thermale.* ‖ Traitement conduit selon les principes de la psychanalyse. ‖ Protection temporaire contre l'évaporation de l'eau d'un béton en cours de durcissement. ● *Établissement de cure,* établissement situé dans des régions généralement salubres et prévu pour le traitement de certaines maladies. ‖ *N'avoir cure de* (Litt.), ne pas se préoccuper de.

CURE n. f. (lat. *cura*). Fonction à laquelle sont attachées la direction spirituelle et l'administration d'une paroisse. ‖ Habitation d'un curé.

CURÉ n. m. (de *cure*). Prêtre chargé d'une cure.

CURE-DENT n. m., ou **CURE-DENTS** n. m. inv. Petit instrument pour se curer les dents.

CURÉE n. f. (de *cuir*). Lutte avide pour s'emparer des places, des honneurs, des biens laissés vacants. ‖ *Vèner.* Partie de la bête que l'on donne à la meute; cette distribution même.

CURE-ONGLES n. m. inv. Instrument pointu servant à nettoyer les ongles.

CURE-OREILLE n. m. (pl. *cure-oreilles*). Instrument pour nettoyer l'intérieur des oreilles.

CURE-PIPE n. m., ou **CURE-PIPES** n. m. inv. Instrument pour nettoyer les pipes.

CURER v. t. (lat. *curare,* soigner). Nettoyer, retirer les ordures de : *curer un fossé.* ◆ **se curer** v. pr. *Se curer une partie du corps,* la nettoyer.

CURETAGE n. m. Opération qui consiste à enlever avec une curette des corps étrangers ou des produits morbides de l'intérieur d'une cavité naturelle (utérus) ou pathologique (abcès osseux). ‖ Opération consistant à améliorer l'hygiène et les conditions de vie dans un secteur urbain, par un remaniement des bâtiments anciens, sans nuire à l'esthétique ni à l'harmonie de l'ensemble.

CURETER v. t. (conj. **4**). *Méd.* Faire un curetage.

CURETTE n. f. Instrument de chirurgie en forme de cuillère à bords tranchants ou mousses. ‖ Outil pour nettoyer.

CURIAL, E, AUX adj. Qui concerne une cure. ● *Maison curiale,* presbytère.

CURIE n. f. (lat. *curia*). Chez les Romains, division des trois tribus primitives. (Il y avait 10 curies par tribu.) ‖ Lieu où s'assemblait le sénat romain; ce sénat lui-même. ‖ Ensemble des organismes gouvernementaux du Saint-Siège.

CURIE n. m. (de *Curie* n. pr.). Unité de mesure d'activité d'une source radioactive (symb. : Ci), équivalant à l'activité d'une quantité de nucléide radioactif pour laquelle le nombre de transitions nucléaires spontanées par seconde est $3,7 \times 10^{10}$

CURIETHÉRAPIE [kyrjterapi] n. f. Traitement par des rayonnements radioactifs.

CURIEUSEMENT adv. D'une manière curieuse.

CURIEUX, EUSE adj. et n. (lat. *curiosus,* qui a soin de). Qui a une grande envie d'apprendre ou de voir : *un esprit curieux; un attroupement de curieux.* ‖ Avide de connaître les affaires, les secrets d'autrui, indiscret : *enfant trop curieux.* ◆ adj. Qui retient l'attention, éveille l'intérêt; singulier : *une curieuse nouvelle.* ● *Regarder qqn comme une bête curieuse,* le regarder de manière indiscrète.

CURIOSITÉ n. f. Qualité d'une personne ou d'une chose curieuse. ‖ Chose qui éveille l'intérêt ou la surprise.

CURISTE n. Personne qui fait une cure thermale.

CURIUM [kyrjɔm] n. m. (de *Curie*). Élément radioactif, n° 96, découvert en 1945.

CURLING [kərliŋ] n. m. (mot angl.). Sport d'hiver consistant à faire glisser sur la glace, avec une lourde pierre polie, en forme de disque, qu'il faut faire glisser vers une cible.

CURRICULUM VITAE [kyrikylɔmvite] n. m. (mots lat., *carrière de la vie*). Indications relatives à l'état civil, aux études et aux aptitudes professionnelles d'une personne, etc.

CURRY n. m. → CARI.

CURSEUR n. m. (lat. *cursor,* coureur). Petite lame ou pointe très fine qui glisse à volonté dans une coulisse pratiquée dans une règle, un

compas, une hausse de pointage, etc. ‖ *Astron.* Fil mobile qui traverse le champ d'un micromètre et qui sert à mesurer le diamètre apparent d'un astre.

CURSIF, IVE adj. (lat. *currere,* courir). *Lecture cursive,* faite rapidement et superficiellement. ◆ adj. et n. f. *Écriture cursive,* tracée au courant de la plume.

CURSUS [kyrsys] n. m. (abrév. de *cursus honorum*). Carrière professionnelle envisagée dans ses phases successives.

CURULE adj. (lat. *curulis*). Se disait d'un siège d'ivoire réservé à certains magistrats romains, et des magistratures dont il était le symbole.

CURVILIGNE adj. (lat. *curvus,* courbe). *Math.* Formé de lignes courbes.

CURVIMÈTRE n. m. Instrument servant à mesurer la longueur des lignes courbes.

CUSCUTE n. f. (ar. *kāchūth*). Plante sans chlorophylle, nuisible, car elle parasite le trèfle, la luzerne, des céréales, qu'elle entoure de ses tiges volubiles pourvues de suçoirs. (Famille des convolvulacées.)

Cushing (syndrome de), ensemble de troubles provoqués par un fonctionnement excessif de la corticosurrénale. (Ce syndrome peut être dû soit à une tumeur de la corticosurrénale, soit à une stimulation anormale de cette glande par la corticostimuline.)

CUSPIDE n. f. (lat. *cuspis, -idis,* pointe). *Bot.* Pointe acérée et allongée.

CUSTODE n. f. (lat. *custodia,* garde). *Autom.* Panneau latéral de la carrosserie, à hauteur de la roue arrière. ‖ *Liturg.* Boîte à paroi de verre dans laquelle on place l'hostie consacrée pour l'exposer dans l'ostensoir. ‖ Boîte dans laquelle le prêtre porte la sainte communion aux malades.

CUTANÉ, E adj. (lat. *cutis,* peau). Qui appartient à la peau, qui a rapport à la peau.

CUT-BACK [kœtbak] n. m. (mot angl.) [pl. *cutbacks*]. Bitume routier fluidifié par un diluant qui s'évapore après mise en place.

CUTICULE n. f. (lat. *cuticula*). *Anat.* Petite membrane, mince couche de peau : *la cuticule des ongles.* ‖ *Bot.* Pellicule superficielle des tiges jeunes et des feuilles, contenant de la cutine. ‖ *Zool.* Zone superficielle du tégument des arthropodes (insectes, crustacés), contenant de la chitine.

CUTINE n. f. *Bot.* Substance imperméable contenue dans la cuticule des végétaux.

CUTI-RÉACTION ou **CUTI** n. f. (lat. *cutis,* peau) [pl. *cuti-réactions*]. Test pour déceler diverses maladies (tuberculose, allergies), consistant à déposer sur la peau scarifiée certaines substances (tuberculine, allergènes) qui produisent ou non une réaction visible.

CUTTER [kœtœr] n. m. (angl. *to cut,* couper). Instrument tranchant muni d'une lame pour couper le papier, le carton, etc.

CUVAGE n. m., ou **CUVAISON** n. f. Opération qui consiste à soumettre à la fermentation, dans des cuves, le raisin destiné au vin rouge.

CUVE n. f. (lat. *cupa*). Grand réservoir pour la fermentation du raisin. ‖ Récipient servant à différents usages domestiques ou industriels. ‖ Partie interne utilisable d'un appareil électroménager (lave-vaisselle, réfrigérateur, etc.).

CUVEAU n. m. Petite cuve.

CUVÉE n. f. Le contenu d'une cuve. ‖ Récolte de toute une vigne.

CUVELAGE n. m. Revêtement intérieur d'un puits de mine ou d'un puits de pétrole pour en consolider les parois.

CUVELER v. t. (conj. **3**). Faire un cuvelage.

CUVER v. i. Fermenter dans la cuve. ◆ v. t. Faire séjourner dans une cuve. ‖ *Cuver son vin* (Fam.), dormir après avoir trop bu.

CUVETTE n. f. Récipient à eau, large et peu profond. ‖ Partie inférieure du tube d'un baromètre. ‖ *Géogr.* Dépression fermée. ‖ *Mécan.* Pièce dans laquelle se meuvent les billes d'un roulement.

CUVIER n. m. Cuve à lessive (vx).

cycas

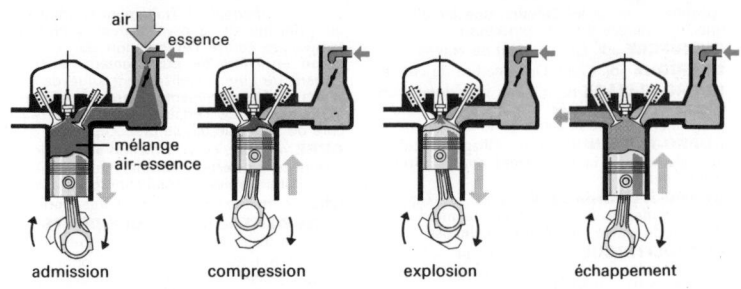

air essence

mélange air-essence

admission   compression   explosion   échappement

CYCLE À QUATRE TEMPS D'UN MOTEUR À EXPLOSION

CV, symbole de l'unité de puissance fiscale d'un moteur, exprimée en *chevaux.*

Cx n. m. inv. Coefficient de traînée, sans dimensions, caractérisant l'importance de la résistance à l'avancement d'un mobile dans l'air.

CYAN [sjɑ̃] n. m. et adj. Bleu vert de la synthèse soustractive des couleurs, en photographie, en imprimerie.

CYANAMIDE n. f. ou m. (gr. *kuanos,* bleu). Corps dérivant de l'ammoniac par substitution du groupe —CN à un atome d'hydrogène. (La cyanamide calcique est un engrais azoté.)

CYANHYDRIQUE adj. *Acide cyanhydrique,* hydracide de formule HCN, toxique violent. (Syn. ACIDE PRUSSIQUE.)

CYANOGÈNE n. m. *Chim.* Gaz toxique (C_2N_2), composé de carbone et d'azote.

CYANOPHYCÉE n. f. Algue d'un vert bleuâtre aux cellules sans noyau distinct, telle que le *nostoc* des sols humides et l'*oscillaire* des eaux douces. (Les *cyanophycées* forment une classe de procaryotes.)

CYANOSE n. f. (gr. *kuanos,* bleu). Coloration bleue ou bleuâtre de la peau, due à une oxygénation insuffisante du sang (anoxémie). [Elle peut être due à une trop grande consommation d'oxygène à la périphérie, à une insuffisance d'oxygénation pulmonaire, etc.]

CYANOSER v. t. Affecter de cyanose; engendrer la cyanose.

CYANURATION n. f. Fixation de l'acide cyanhydrique sur un composé organique. ‖ Cémentation de l'acier par immersion dans un bain à base de cyanure alcalin fondu. ‖ Traitement des minerais d'or et d'argent.

CYANURE n. m. Sel de l'acide cyanhydrique.

CYANURER v. t. Effectuer la cyanuration.

CYBERNÉTICIEN, ENNE n. et adj. Spécialiste de la cybernétique.

CYBERNÉTIQUE n. f. (gr. *kubernân,* diriger). Science qui étudie les mécanismes de communication et de contrôle dans les machines et chez les êtres vivants. ◆ adj. Relatif à la cybernétique.

CYCADALE n. f. Plante gymnosperme telle que les *cycas* et les *zamias.* (Les *cycadales* forment un ordre.)

CYCAS [sikɑs] n. m. Arbre gymnosperme des régions tropicales à port de palmier, cultivé parfois en serre.

CYCLABLE adj. *Piste cyclable,* réservée aux seuls cyclistes.

CYCLADIQUE adj. Relatif à la civilisation des Cyclades.

CYCLAMEN [siklamɛn] n. m. (gr. *kuklaminos*). Plante des Alpes et du Jura, à fleurs roses, dont on cultive certaines variétés à grandes fleurs. (Famille des primulacées.)

CYCLANE n. m. Hydrocarbure cyclique saturé.

CYCLE n. m. (lat. *cyclus;* gr. *kuklos,* cercle). Suite de phénomènes qui se suivent dans un ordre déterminé : *le cycle des saisons; un cycle économique.* ‖ Partie d'un phénomène périodique qui s'effectue durant une période. ‖ Ensemble de poèmes, en général épiques, groupés autour d'un fait, d'un héros. ‖ Division de l'enseignement secondaire. (Le premier cycle va de la 6e à la 3e; le second, de la seconde à la terminale.) ‖ Division de l'enseignement supérieur. ‖ Nom générique des appareils de locomotion tels que *bicyclette, tricycle,* etc. ‖ *Astron.* Période après laquelle les mêmes phénomènes astronomiques se reproduisent dans le même ordre. ‖ *Chim.* Chaîne carbonée fermée, existant dans les molécules de certains composés organiques. ‖ *Math.* Cercle sur lequel est fixé un sens de parcours. ‖ *Phys.* Transformation d'un système qui revient à son état initial. ● *Cycle biosphérique* ou *cycle biochimique du carbone, de l'azote,* etc., passage cyclique de ces éléments à travers les organismes animaux et végétaux, l'air, le sol et les eaux. ‖ *Cycle à deux temps,* cycle d'un moteur à explosion où toutes les opérations sont réalisées pendant un seul tour de vilebrequin. ‖ *Cycle économique,* période de temps comportant une phase ascensionnelle de l'économie, une crise ou un changement de tendance, une phase de dépression, une reprise. ‖ *Cycle d'érosion,* ensemble des états successifs du relief, selon une conception qui attribue aux divers agents d'érosion la possibilité de se poursuivre assez longtemps pour donner des aspects de jeunesse, de maturité et de sénilité. ‖ *Cycle lunaire,* période de dix-neuf ans, au bout de laquelle les phases de la Lune reviennent aux mêmes époques. ‖ *Cycle menstruel,* ensemble de manifestations physiologiques survenant périodiquement chez la femme pubère, comportant des modifications de la muqueuse utérine, l'ovulation et, s'il n'y a pas eu fécondation, se terminant par la menstruation. ‖ *Cycle d'un moteur à explosion,* succession des opérations nécessaires au fonctionnement d'un moteur à explosion et qui se reproduisent dans chacun des cylindres. ‖ *Cycle à quatre temps,* cycle d'un moteur à explosion comprenant quatre opérations (admission, compression, explosion, échappement) pendant deux tours de vilebrequin. ‖ *Cycle reproductif,* succession des formes d'un être vivant, d'une génération à la suivante. ‖ *Cycle par seconde,* unité de fréquence pour les phénomènes vibratoires. ‖ *Cycle solaire,* période de vingt-huit ans à l'expiration de laquelle l'année recommence par le même jour de la semaine; période d'environ onze ans séparant deux maximums ou deux minimums successifs de l'activité solaire.

cyclamen sauvage

CYCLIQUE adj. Relatif à un cycle périodique : *année cyclique.* ‖ Qui revient à intervalles réguliers : *phénomène cyclique.* ‖ *Chim.* Se dit des composés organiques dont la molécule contient une chaîne fermée. ● *Crise cyclique,* crise économique qui se reproduirait périodiquement en régime libéral. ‖ *Folie cyclique,* psychose maniaco-dépressive. ‖ *Musique cyclique,* composition dans laquelle un ou plusieurs thèmes réapparaissent dans tous les mouvements.

CYCLISATION n. f. Transformation, dans un composé chimique, d'une chaîne ouverte en une chaîne fermée.

CYCLISER v. t. Effectuer une cyclisation.

CYCLISME n. m. Utilisation et sport de la bicyclette.

CYCLISTE adj. Relatif au cyclisme : *une course cycliste.* ◆ n. Personne qui se déplace à bicyclette ou qui pratique le sport du cyclisme.

CYCLO-CROSS n. m. inv. Spécialité hivernale dérivée du cyclisme et du cross-country.

CYCLOHEXANE n. m. Cyclane de formule C_6H_{12}, utilisé pour la fabrication du Nylon.

CYCLOÏDAL, E, AUX adj. Relatif à la cycloïde.

CYCLOÏDE [siklɔid] n. f. (gr. *kukloeidês,* circulaire). *Math.* Courbe décrite par un point d'un cercle qui roule, sans glisser, sur une droite fixe.

CYCLOMOTEUR n. m. Bicyclette munie d'un moteur d'une cylindrée maximale de 50 cm³.

CYCLOMOTORISTE n. Personne qui se déplace à cyclomoteur.

CYCLONAL, E, AUX ou **CYCLONIQUE** adj. *Géogr.* Relatif aux cyclones.

CYCLONE n. m. (mot angl.; du gr. *kuklos,* cercle). Vent très violent. ‖ Perturbation atmosphérique qui se manifeste par le mauvais temps, correspondant à une zone de basses pressions et constituant un vaste tourbillon autour duquel tournent des vents parfois violents. ‖ Appareil destiné à récupérer les particules de déchets industriels entraînées par un fluide. ● *Cyclone tropical,* ouragan qui se forme sur les mers tropicales. (Syn. : HURRICANE, TYPHON.)

CYCLOPE n. m. (gr. *kuklôps,* œil de forme ronde). Petit crustacé à un seul œil abondant dans les eaux douces. (Long. 2 mm; ordre des copépodes.)

CYCLOPÉEN, ENNE adj. Énorme, gigantesque. ‖ *Archéol.* Se dit d'un appareil irrégulier formé d'énormes blocs, sommairement dégrossis, posés les uns sur les autres avec des cailloux comblant les interstices.

CYCLOPENTANE n. m. Cyclane de formule C_5H_{10}, entrant dans la molécule de certains siccatifs et dans celle du stérol.

CYCLO-POUSSE n. m. inv. Pousse-pousse tiré par un cycliste.

CYCLOPROPANE n. m. Cyclane gazeux, de formule C_3H_6. (C'est un gaz anesthésique peu toxique mais explosif.)

CYCLOSTOME n. m. (gr. *kuklos,* cercle, et *stoma,* bouche). Syn. de AGNATHE.

CYCLOTHYME n. Personne ayant tendance à la cyclothymie.

CYCLOTHYMIE n. f. (gr. *kuklos,* cercle, et *thumos,* humeur). Type psychologique caractérisé par l'alternance de phases d'euphorie et de lassitude. ‖ *Psychose maniaco-dépressive.*

CYCLOTHYMIQUE adj. et n. Qui concerne la cyclothymie; atteint de cyclothymie.

CYCLOTOURISME n. m. Tourisme pratiqué à bicyclette.

CYCLOTRON n. m. (de *électron*). Accélérateur circulaire de particules électrisées lourdes.

CYGNE n. m. (lat. *cycnus*, mot gr.). Oiseau palmipède ansériforme au long cou souple, des régions froides, migrateur, et dont une espèce toute blanche (cygne muet) de Sibérie est domestiquée comme élément décoratif des pièces d'eau. (Cri : le cygne « chanteur » *trompette.*) ● *Chant du cygne,* dernière œuvre d'un poète, d'un musicien, etc., d'un génie près de s'éteindre. ‖ *Cou de cygne,* cou long et flexible. ‖ *En col de cygne,* se dit d'un tuyau, d'un tube recourbé.

CYLINDRAGE n. m. Action de passer sous un cylindre. ‖ *Trav. publ.* Procédé de liaison des matériaux d'une route par compression sous un rouleau très lourd.

CYLINDRAXE ou **CYLINDRE-AXE** n. m. (pl. *cylindres-axes*). *Anat.* Syn. de AXONE.

CYLINDRE n. m. (lat. *cylindrus*, mot gr.). *Math.* Solide limité par une surface cylindrique et deux plans parallèles coupant les génératrices. ‖ *Mécan.* Pièce dans laquelle se meut le piston d'un moteur. ‖ *Corps de pompe.* ‖ *Techn.* Rouleau pour laminer les métaux, pour lustrer les étoffes, pour imprimer le papier, etc. ‖ *Trav. publ.* Gros rouleau de fonte pour comprimer les matériaux d'empierrement répandus sur les chaussées. ● *Bureau à cylindre,* bureau à abattant convexe escamotable. ‖ *Cylindre de révolution* ou *cylindre droit à base circulaire,* solide engendré par la rotation d'un rectangle autour d'un de ses côtés. ‖ *Cylindre urinaire* (Biol.), moulage microscopique des tubes du rein, que l'on trouve dans l'urine au cours des néphrites. ‖ *Maître cylindre,* piston hydraulique commandé par le conducteur d'une automobile, qui envoie du liquide sous pression dans le système de freinage.

CYLINDRÉE n. f. Capacité des cylindres d'un moteur à explosion. (La cylindrée d'un moteur est égale au produit de la surface du piston par sa course, multiplié par le nombre de cylindres que comporte le moteur.)

CYLINDRER v. t. Passer au cylindre ou soumettre au rouleau.

CYLINDRE-SCEAU n. m. (pl. *cylindres-sceaux*). Cylindre, généralement en pierre, gravé en creux de signes, de symboles, de textes, et

cylindre-sceau et son développement IIIᵉ millénaire av. J.-C.

dont le déroulement sur l'argile fraîche constituait un cachet en Mésopotamie (IVᵉ millénaire), puis dans la plupart des pays de l'ancien Orient.

CYLINDREUR, EUSE n. Ouvrier chargé d'un cylindrage.

CYLINDRIQUE adj. De la forme d'un cylindre : *rouleau cylindrique.* ‖ *Math.* Relatif au cylindre. ● *Surface cylindrique,* surface engendrée par une droite (*génératrice*) qui se déplace parallèlement à une direction fixe en s'appuyant sur une courbe plane fixe (*directrice*) dont le plan coupe la direction donnée.

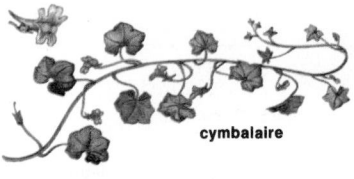

cymbalaire

cygne tuberculé

CYLINDROÏDE adj. Qui a approximativement la forme d'un cylindre.

CYMAISE n. f. → CIMAISE.

CYMBALAIRE n. f. Espèce de linaire aux petites feuilles rondes lobées, à port retombant, commune sur les vieux murs. (Nom usuel : *ruine-de-Rome.*)

CYMBALE n. f. (lat. *cymbalum*, mot gr.). Instrument de percussion fait d'un plateau circulaire en métal, suspendu ou tenu à la main, et que l'on frappe, ou que l'on entrechoque avec un second plateau.

CYMBALIER ou **CYMBALISTE** n. m. Joueur de cymbales.

CYMBALUM [sɛ̃balɔm] n. m. (mot hongr.). Instrument de musique à cordes frappées par des marteaux tenus par l'exécutant.

CYME [sim] n. f. (lat. *cyma*, tendron de chou).

cymbales

Bot. Inflorescence formée d'un axe principal terminé par une fleur et portant latéralement un ou plusieurs axes secondaires qui se ramifient de la même façon. (Ex. : *euphorbe, orpin, myosotis.*)

CYNÉGÉTIQUE n. f. (gr. *kunêgetein,* chasser). L'art de la chasse. ◆ adj. Qui concerne la chasse.

CYNIPIDÉ n. m. Insecte hyménoptère térébrant, tel que le *cynips.* (Les *cynipidés* forment une famille.)

CYNIPS n. m. (gr. *kuôn, kunos,* chien, et *ips,* ver rongeur). Insecte parasite mesurant quelques millimètres et provoquant, en pondant sur des végétaux, la formation de galles : bédégar sur l'églantier; noix de galle sur le chêne.

CYNIQUE adj. et n. (lat. *cynicus*). Qui brave avec impudence les principes moraux, effronté, éhonté. ‖ Se dit de philosophes anciens (comme Diogène) qui prétendaient vivre conformément

à la nature et s'opposaient radicalement aux conventions sociales.

CYNIQUEMENT adv. Avec cynisme.

CYNISME n. m. (gr. *kuôn, kunos,* chien). Attitude du cynique; effronterie, impudence. ‖ Doctrine des philosophes cyniques.

CYNOCÉPHALE [sinɔsefal] n. m. (gr. *kuôn, kunos,* chien, et *kephalê,* tête). Singe d'Afrique dont la tête est allongée comme celle d'un chien. (On en connaît plusieurs espèces, souvent élevées dans les ménageries : *babouin, hamadryas, mandrill.*)

CYNODROME n. m. (gr. *kuôn, kunos,* chien, et *dromos,* course). Piste aménagée pour des courses de lévriers.

CYNOGLOSSE n. f. (gr. *kuôn, kunos,* chien, et *glôssa,* langue). Plante à feuilles rugueuses, à fleurs pourpres, cultivée comme ornementale. (Famille des borraginacées.)

CYNOPHILE adj. Qui aime les chiens. ● *Formation cynophile* (Mil.), formation chargée du dressage et de l'emploi des chiens.

CYNORHODON n. m. Fruit de l'églantier, comestible en confiture. (Syn. GRATTE-CUL.)

CYON [sjɔ̃] n. m. (gr. *kuôn,* chien). Genre de canidé sauvage d'Asie.

CYPÉRACÉE n. f. Herbe des lieux humides, voisine des graminacées, mais à tige de section triangulaire, telle que le *souchet,* la *laîche,* le *scirpe.* (Les *cypéracées* forment une famille.)

CYPHO-SCOLIOSE n. f. (pl. *cypho-scolioses*). Déformation complexe de la colonne vertébrale, comportant l'association d'une cyphose et d'une scoliose.

CYPHOSE [sifoz] n. f. (gr. *kuphôsis,* courbure). Déviation, à convexité postérieure, de la colonne vertébrale.

CYPRÈS [siprɛ] n. m. (lat. *cupressus*). Genre de conifères, généralement à feuillage persistant, communs dans le sud de l'Europe, parfois plan-

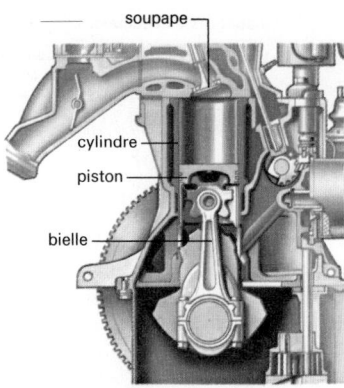

CYLINDRE D'UN MOTEUR

soupape — cylindre — piston — bielle —

cyprès

fruit

alphabet russe et bulgare

majuscules	minuscules	valeur	majuscules	minuscules	valeur
А	а	a	Р	р	r
Б	б	b	С	с	s
В	в	v	Т	т	t
Г	г	g	У	у	ou
Д	д	d	Ф	ф	f
Е	е	ié, é	Х	х	kh
Ж	ж	j	Ц	ц	ts
З	з	z	Ч	ч	tch
И	и	i	Ш	ш	ch
Й	й	ï	Щ	щ	chtch
К	к	k	Ъ	ъ	(signe dur)
Л	л	l	Ы	ы	y (i dur)
М	м	m	Ь	ь	signe de mouillure de consonne
Н	н	n	Э	э	e
О	о	o	Ю	ю	iou
П	п	p	Я	я	ia

lettres particulières

majuscules	minuscules	valeur		
I	i	i (dev. voy.)	}	lettres inusitées depuis la réforme de 1918
Ѣ	ѣ	ié, é		
Ѳ	ѳ	f		
Ѵ	ѵ	i		
Ђ	ђ	(dj) ou đ	}	lettres particulières à l'alphabet serbe
Љ	љ	lj		
Њ	њ	nj		
Ћ	ћ	c (t mouillé)		
Џ	џ	dz dj		

tés en haies comme coupe-vent. ● *Cyprès chauve*, nom usuel du *taxodium*.

CYPRIÈRE n. f. Bois planté de cyprès.

CYPRIN n. m. (gr. *kuprinos*, carpe). Nom scientifique de la *carpe*. ‖ Poisson de la famille des cyprinidés. (Le *cyprin* [ou *carassin*] *doré* est le *poisson rouge*.)

CYPRINIDÉ n. m. Poisson d'eau douce, tel que *carpe, barbeau, tanche, gardon, chevesne*, etc. (Les *cyprinidés* forment une vaste famille.)

CYPRIOTE [siprijɔt] ou **CHYPRIOTE** [ʃiprijɔt] adj. et n. De Chypre.

CYRÉNAÏQUE adj. et n. De Cyrène, ville grecque de Libye. ● *École cyrénaïque*, école philosophique fondée par Aristippe à Cyrène, au Ve s. av. J.-C., qui plaçait le souverain bien dans les plaisirs des sens.

CYRILLIQUE adj. Se dit de l'alphabet slave servant à transcrire le russe, le serbe et le bulgare. (Cet alphabet est attribué à Clément de Bulgarie [† 916], disciple des saints Cyrille et Méthode, mais l'origine de cet alphabet demeure controversée.)

ALPHABET CYRILLIQUE

cytise

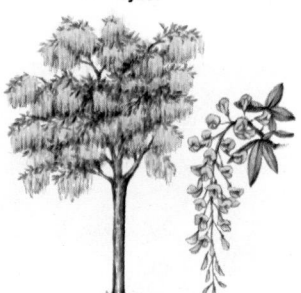

CYSTÉINE n. f. Acide aminé sulfureux jouant, par son oxydation en *cystine*, un rôle d'oxydo-réduction et un rôle de pont entre deux chaînes protéiniques.

CYSTICERQUE [sistisɛrk] n. m. (gr. *kustis*, vessie, et *kerkos*, queue). Dernier stade larvaire du ténia, vésicule d'environ 1 cm de diamètre qui se forme, suivant l'espèce, dans les muscles (ou sous la langue) du porc ou du bœuf.

CYSTINE n. f. Substance résultant de la réunion, par un pont de type disulfure, de deux molécules de cystéine.

CYSTIQUE adj. (gr. *kustis*, vessie). Relatif à la vessie ou à la vésicule biliaire. (Le canal cystique relie la vésicule au canal hépatique.)

CYSTITE n. f. Inflammation de la vessie.

CYSTOGRAPHIE n. f. Radiographie de la vessie.

CYSTOSCOPIE n. f. Examen endoscopique de la vessie.

CYSTOSTOMIE n. f. Abouchement chirurgical de la vessie à la peau.

CYSTOTOMIE n. f. Incision de la vessie.

CYTISE n. m. (gr. *kutisos*). Arbuste à grappes de fleurs jaunes, souvent planté comme ornemental. (Haut. : jusqu'à 7 m; famille des papilionacées.)

CYTOCHROME n. m. Pigment respiratoire présent dans toutes les cellules vivantes.

CYTODIAGNOSTIC n. m. Diagnostic fondé sur l'examen microscopique de cellules prélevées par ponction, raclage ou frottis.

CYTOGÉNÉTICIEN, ENNE n. Spécialiste de cytogénétique.

CYTOGÉNÉTIQUE n. f. Partie de la génétique qui étudie les chromosomes.

CYTOLOGIE n. f. (gr. *kutos*, cellule, et *logos*, science). Partie de la biologie qui étudie la cellule sous ses différents aspects morphologiques, biochimiques, etc.

CYTOLOGIQUE adj. Relatif à la cytologie.

CYTOLOGISTE n. Spécialiste de cytologie.

CYTOLYSE n. f. *Biol.* Dissolution ou destruction des éléments cellulaires.

CYTOLYTIQUE adj. et n. m. Se dit des substances qui détruisent les cellules, notamment les cellules tumorales.

CYTOPLASME n. m. Partie fondamentale, vivante, de la cellule, qui contient le noyau, les vacuoles, le chondriome et les autres organites.

CYTOPLASMIQUE adj. Relatif au cytoplasme.

CYTOSTATIQUE adj. et n. m. Se dit des substances qui inhibent les divisions cellulaires.

Cz n. m. inv. Coefficient de portance, sans dimensions, caractérisant la sustentation d'un aéronef ou d'un élément d'aéronef.

CZAR n. m. → TSAR.

digue en construction aux Pays-Bas, dans le cadre du *plan Delta* (phot. B. Hofmeester)

d

D n. m. Quatrième lettre de l'alphabet, notant la consonne occlusive dentale sonore [d]. ‖ **D,** chiffre romain qui vaut 500. ‖ **D,** nom de la note *ré* en anglais et en allemand. ‖ **D,** symbole chimique du *deutérium.* ‖ **d,** symbole de *déci-*, de *jour.*
● *Système D* (Fam.), habileté à se sortir de toutes les difficultés.

DA (des impératifs *dis* et *va*), particule qui, jointe parfois familièrement à *oui,* renforce l'affirmation *(oui-da)* [vx].

dactyle

da, symbole de *déca-*.

DA CAPO loc. adv. (loc. it., *à partir de la tête*). *Mus.* Locution indiquant qu'à un certain endroit d'un morceau il faut reprendre au début.

DACE adj. et n. De la Dacie.

DACQUOIS, E adj. et n. De Dax.

DACRON n. m. (nom déposé). Fibre textile synthétique acrylique.

DACRYADÉNITE ou **DACRYO-ADÉNITE** n. f. Inflammation de la glande lacrymale.

DACRYOCYSTITE n. f. Inflammation du sac lacrymal (situé à l'angle interne de l'œil).

DACTYLE n. m. (gr. *daktulos,* doigt). *Métr.* Pied formé d'une longue et de deux brèves, dans les vers grecs et latins. ‖ *Bot.* Graminacée fourragère des régions tempérées.

DACTYLIQUE adj. *Métr.* Se dit d'un mètre ou d'un rythme où domine le dactyle.

DACTYLO ou **DACTYLOGRAPHE** n. (gr. *daktulos,* doigt, et *graphein,* écrire). Personne dont la profession est d'écrire à la machine.

DACTYLOGRAPHIE n. f. Technique d'utilisa-

tion de la machine à écrire. ‖ Texte dactylographié.

DACTYLOGRAPHIER v. t. Écrire en se servant d'une machine.

DACTYLOGRAPHIQUE adj. Qui concerne la dactylographie.

DACTYLOSCOPIE n. f. Procédé d'identification des personnes par les empreintes digitales.

DADA n. m. (onomat.). Cheval, dans le langage des enfants. ‖ *Fam.* Idée favorite; thème de prédilection.

DADA n. m. et adj. inv. Dénomination adoptée en 1916 par un groupe d'artistes et d'écrivains insurgés contre l'absurdité de leur époque et résolus à remettre en question tous les modes d'expression traditionnels.

■ Succédant à des révoltes individuelles et solitaires contre la civilisation occidentale (Rimbaùd), cristallisée par l'épreuve du conflit de 1914-1918, la contestation culturelle de dada se manifeste par la truculence provocatrice et la dérision, souvent au cours de manifestations publiques. Ses principaux foyers sont : Zurich (1915-1919), avec notamment Tzara, Arp, les poètes allemands Hugo Ball et Richard Huelsenbeck, le peintre roumain Marcel Janco, le peintre et cinéaste allemand Hans Richter; New York (1915-1921), avec Duchamp *(ready-mades),* Picabia, Man Ray; Berlin (1917-1923), avec Huelsenbeck, Grosz, Raoul Hausmann (l'un des créateurs

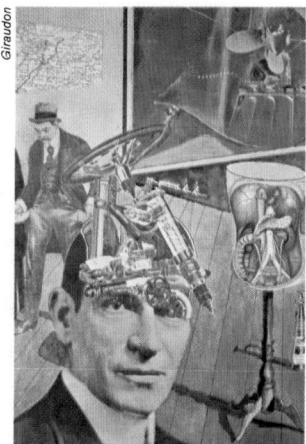

DADA *Tatline chez lui* (1920), de Raoul Hausmann. Collage. (Coll. priv.)

Novia (1917), de Francis Picabia. (Coll. priv.)

Katharina Ondulata d.i. Frau wirtin an der Lahn... (1920), de Max Ernst. Collage avec gouache et crayon. (Coll. priv.)

259

du *photomontage*); Cologne (1919-1921), avec Arp, M. Ernst (aux collages inventifs); Hanovre avec Schwitters; Paris (1920-1923), où dada connaît son apogée en tant que mouvement avec Tzara, Picabia, M. Ray, A. Breton, et sa fin avec la victoire de la dissidence surréaliste.

DADAIS n. m. (onomat.). Niais, nigaud.

DADAÏSME n. m. Le mouvement dada; les attitudes qui s'y rapportent.

DADAÏSTE adj. et n. Relatif au dadaïsme; qui en est adepte.

DAGUE n. f. (it. *daga*). Arme de main à lame large et courte. ‖ Bois de cerf après la première année. ‖ Défense du vieux sanglier.

DAGUERRÉOTYPE [dagɛrɔtip] n. m. Le premier de tous les appareils photographiques, inventé par Daguerre. ‖ Image obtenue par la daguerréotypie.

DAGUERRÉOTYPIE n. f. Procédé photographique imaginé par Daguerre et qui consistait à fixer chimiquement sur une feuille d'argent pur, plaquée sur cuivre, l'image obtenue dans la chambre noire.

DAGUET [dagɛ] n. m. (de *dague*). Jeune cerf (de un à deux ans) dont les bois sont des tiges droites et courtes, sans ramifications.

DAHABIEH [daabjɛ] n. f. (mot ar.). Barque du Nil, pour le transport des voyageurs.

DAHIR [dair] n. m. (mot ar.). Décret du roi du Maroc.

DAHLIA n. m. (de *Dahl*, botaniste suédois). Plante à racines tuberculeuses et à fleurs ornementales, dont on cultive de nombreuses variétés. (Famille des composées.) ‖ La fleur elle-même.

DAHOMÉEN, ENNE adj. et n. Du Dahomey (auj. Bénin).

DAIGNER v. t. (lat. *dignari*, juger digne) [part. pass. inv.]. Avoir la bonté de, condescendre à : *il n'a pas daigné me répondre.*

DAIM n. m. (bas lat. *damus*). Mammifère ruminant des forêts d'Europe, à robe tachetée de blanc et à bois aplatis à l'extrémité. (Haut. au garrot : 90 cm; longévité : 25 ans. Cri : le daim *brame*.) ‖ Cuir de veau imitant la peau de daim, utilisé en maroquinerie.

DAIMYO [dajmjo] n. m. inv. (mot jap.). Nom donné aux princes féodaux de l'ancien Japon.

DAINE n. f. Femelle du daim.

DAIS n. m. (lat. *discus*, disque). Ouvrage suspendu au-dessus d'un autel, d'un trône, etc. ‖ Pièce d'étoffe précieuse, sur des montants, que l'on porte dans certaines processions religieuses.

Dakin (*solution de*), solution diluée d'hypochlorite de sodium et de permanganate de potassium, employée pour désinfecter les plaies.

DALAÏ-LAMA n. m. (mot mongol) [pl. *dalaï-lamas*]. Titre donné au chef du bouddhisme tibétain, considéré comme le représentant d'Avalokitesvara, et qui résidait à Lhassa.

DALLAGE n. m. Action de daller. ‖ Pavement de dalles.

DALLE n. f. (scandin. *daela*, gouttière). Plaque de marbre, de pierre, de verre, de ciment, etc., servant à revêtir le sol, les murs des édifices, à recouvrir les tombes, etc. ‖ Plaque de béton de grande surface employée comme plancher, couverture ou sol artificiel.

DALLER v. t. Paver de dalles.

DALLEUR n. m. Ouvrier qui dalle.

DALMATE [dalmat] n. et adj. De la Dalmatie.

DALMATIEN, ENNE n. Chien à robe blanche couverte de nombreuses petites taches noires ou brun foncé.

DALMATIQUE n. f. (lat. *dalmatica*, vêtement de laine de Dalmatie). Riche tunique à manches larges des empereurs romains. ‖ Pièce d'apparat du costume des rois de France au Moyen Âge. ‖ Vêtement liturgique, insigne de l'ordre des diacres.

DALOT [dalo] n. m. (de *dalle*). Petit canal construit sous une route pour l'écoulement des eaux. ‖ Trou dans le pavois d'un navire pour faire écouler l'eau.

dahlia

DALTONIEN, ENNE adj. et n. Affecté de daltonisme.

DALTONISME n. m. (de *Dalton*, physicien angl.). Anomalie de la vision des couleurs, entraînant le plus souvent la confusion entre le rouge et le vert.

DAM [dɑ̃] n. m. (lat. *damnum*, perte). *Au grand dam* (Litt.), au préjudice de. ‖ *Peine du dam* (Relig.), selon la doctrine catholique, châtiment des damnés, qui consiste dans la privation éternelle de la vue de Dieu.

DAMAGE n. m. Action de damer.

DAMALISQUE n. m. (gr. *damalis*, génisse). Antilope africaine voisine du bubale.

DAMAN [damɑ̃] n. m. Mammifère ongulé aux caractères primitifs, d'Afrique et de l'Asie Mineure, herbivore, de la taille d'un lapin.

DAMAS [dama] n. m. (de *Damas*, n. de ville). Tissu de soie ou de laine monochrome dont le dessin, mat sur fond satiné, est obtenu par le jeu des armures. ‖ Acier très fin.

DAMASQUINAGE n. m. Art de damasquiner.

damasquinage : rondache italienne du XVIᵉ s.

Lauros-Giraudon

DAMASQUINER v. t. (it. *damaschino*, de Damas). Incruster par martelage des filets d'or, d'argent, de cuivre sur une surface métallique préalablement ciselée.

DAMASSÉ, E adj. et n. m. Tissé à la façon du damas.

DAMASSER v. t. (de *damas*). Fabriquer une étoffe à la façon du damas.

DAME n. f. (lat. *domina*). Autref., titre donné aux femmes de haut rang. ‖ Titre donné à toute femme mariée et à certaines religieuses. ‖ Toute femme : *coiffeur pour dames.* ‖ Figure du jeu de cartes. ‖ Pièce du jeu d'échecs. (Syn. REINE.) ‖ Pion doublé, au jeu de dames. ‖ Outil à main qui sert à enfoncer les pavés ou à compacter le sol. (Syn. DEMOISELLE, HIE.) ● *Aller à dame*, au jeu de dames et aux échecs, mener un de ses pions sur la dernière ligne de l'adversaire. ‖ *Dame de nage*, entaille pratiquée dans le bordage d'une embarcation et servant de point d'appui aux avirons. ‖ *Dame de remblai*, mur grossier en pierres sèches. ‖ *Jeu de dames*, jeu qui se joue à deux avec des pions sur un damier.

daman

daim

DAME! (de *par Notre-Dame!*). Région. Exclamation affirmative, qui marque aussi l'étonnement.

DAME-D'ONZE-HEURES n. f. (pl. *dames-d'onze-heures*). Plante du genre *ornithogale*, dont les fleurs s'ouvrent vers 11 heures.

DAME-JEANNE n. f. (pl. *dames-jeannes*). Grosse bouteille de grès ou de verre d'une contenance de 20 à 50 litres, souvent clissée.

DAMER v. t. Doubler un pion, au jeu de dames. ‖ Battre, compacter, enfoncer uniformément avec une dame. ‖ Tasser la neige avec des skis. ● *Damer le pion à qqn* (Fam.), prendre sur lui un avantage décisif.

DAMIER n. m. Plateau de bois divisé en cent cases, alternativement blanches et noires, pour jouer aux dames. ‖ Toute surface divisée en carrés de couleurs différentes.

DAMNABLE [danabl] adj. Relig. Qui peut attirer la damnation éternelle : *action damnable.* ‖ Litt. Qui mérite réprobation.

DAMNATION [danasjɔ̃] n. f. Condamnation aux peines éternelles de l'enfer. ◆ interj. Juron qui marque la colère (vx).

DAMNÉ, E [dane] adj. et n. Qui est en enfer. ● *Souffrir comme un damné*, souffrir horriblement. ◆ adj. Fam. Qui cause du désagrément : *cette damnée voiture.* ● *Âme damnée*, mauvais conseiller.

DAMNER [dane] v. t. (lat. *damnare*). Relig. Condamner aux peines de l'enfer, conduire à la damnation. ● *Faire damner qqn* (Fam.), l'exaspérer, le faire enrager. ◆ **se damner** v. pr. Relig. S'exposer par sa conduite à la damnation.

DAMOISEAU n. m. (lat. *dominicellus*). Nom donné, dans le haut Moyen Âge, au jeune gentilhomme qui n'était pas encore chevalier.

DAMOISELLE n. f. (lat. *dominicella*). Titre donné anciennement aux filles nobles avant le mariage ou aux femmes de damoiseaux.

DAMPER [dɑ̃pœr] n. m. (mot angl.). Techn. Petit amortisseur placé au bout du vilebrequin d'un moteur pour en amortir les vibrations.

DAN [dan] n. m. Chacun des dix degrés de qualification d'une ceinture noire de judo.

DANAÏDE n. f. Papillon diurne d'Afrique, à ailes vivement colorées.

DANCING [dɑ̃siŋ] n. m. (mot angl.). Établissement public où l'on danse.

DANDIN n. m. Fam. et vx. Homme niais, aux manières gauches.

DANDINEMENT n. m. Mouvement de celui qui se dandine.

DANDINER (SE) v. pr. (anc. fr. *dandin*, clochette). Balancer son corps d'une manière gauche et nonchalante.

DANDINETTE n. f. Pêcher à la dandinette, pêcher à la ligne avec un leurre que l'on remue constamment par petites saccades.

DANDY [dɑ̃di] n. m. (mot angl.) [pl. *dandys*]. Homme élégant, à la mode.

DANDYSME n. m. Mode vestimentaire et esthétique fondée sur un raffinement d'élégance perpétuellement renouvelé, et associée à une affectation d'esprit et d'impertinence.

DANGER n. m. (lat. *dominus*, seigneur). Situation où l'on a à redouter un inconvénient, un mal quelconque : *affronter un danger*. ● *Il n'y a pas de danger* (Fam.), cela n'a aucune chance de se produire. ‖ *Un danger public* (Fam.), personne qui, par son insouciance, met les autres en danger.

DANGEREUSEMENT adv. De façon dangereuse.

DANGEREUX, EUSE adj. Qui présente du danger; nuisible, pernicieux.

DANGEROSITÉ n. f. *Psychiatr.* Estimation de la probabilité de passage à l'acte délictueux chez un sujet. (Syn. ÉTAT DANGEREUX.)

DANOIS, E adj. et n. Du Danemark.

DANOIS n. m. Langue nordique parlée au Danemark. ‖ Chien à poils ras, de très grande taille.

DANS prép. (lat. *de*, et *intus*, dedans). Marque le lieu, le temps, la manière, l'évaluation : *être dans sa chambre; dans l'année; il reviendra dans trois jours; dans l'embarras; coûter dans les mille francs.*

DANSABLE adj. Qu'on peut danser.

DANSANT, E adj. *Musique dansante,* qui invite à la danse. ‖ *Soirée dansante,* réunion où l'on danse.

DANSE n. f. Action de danser, suite rythmée de gestes et de pas. ‖ Art de s'exprimer en dansant, en interprétant des compositions chorégraphiques. ‖ Manière de danser. ‖ Musique écrite sur des mouvements de danse. ‖ *Pop.* et *vx.* Correction, réprimande. ● *Danse classique,* ensemble de mouvements et de pas élaborés en système et utilisés dans l'enseignement chorégraphique. ‖ *Danse libre,* danse dégagée des contraintes techniques et vestimentaires de l'école de danse (ou classique), préconisée par Isadora Duncan. ‖ *Danse moderne,* v. MODERN DANCE. ‖ *Danse noble,* style de l'école classique française du XVIIIe s., caractérisé par l'allure et le maintien harmonieux des interprètes. ‖ *Danse de Saint-Guy,* la chorée. ‖ *Danse de société* ou *danse de salon,* danse pratiquée dans les réunions et les dancings. ‖ *Entrer dans la danse,* participer à une action.

■ Premier langage de l'homme primitif, la danse s'est manifestée d'abord par des actes spontanés, puis par des gestes, des pas. Par étapes successives elle atteint sa forme la plus élaborée, la danse dite «classique» ou «académique», codifiée par des règles impératives. Refusant ces règles, le courant moderne qui naît dans les années 1920-1930 implante durablement la modern* dance tandis qu'aux environs de 1965-1970 apparaît une nouvelle tendance, la post modern dance.

Dès ses origines, la danse a privilégié le corps, instrument parfait du langage de l'inexprimé.

Païennes, religieuses, guerrières, orgiaques, les danses participaient à la vie de l'homme. Battements de mains, frappements de pieds, puis voix et musique formèrent la base rythmique de la danse. Les danses de société, par groupe ou par couple (branle, pavane, chaconne, menuet), sont décrites par les premiers maîtres à danser dès le XIVe s.

La danse théâtrale issue des danses de cour se façonne un vocabulaire de pas de plus en plus complexe. Beauchamp propose le premier les positions fondamentales des pieds; R. A. Feuillet les décrit avec précision dans sa *Chorégraphie ou l'Art d'écrire la danse...* (1700). Carlo Blasis donne à la danse (1820 et 1830) ses véritables fondements après que Jean-Georges Noverre ait abordé — et résolu — les problèmes posés par la danse et les ballets dans ses *Lettres* (1760). L'époque romantique a une influence considérable sur la danse : issus du romantisme, les ballets blancs, *la Sylphide* (1832) et *Giselle* (1841), sont toujours au répertoire des grandes compagnies contemporaines!

Après une fin de siècle décadente, perdue tour à tour dans une recherche vaine de la virtuosité ou dans de déliquescentes prestations, la danse apparaît, grâce à l'impulsion et aux hardiesses des Ballets russes (1909-1929), un art véritable. Les danseurs russes émigrés imposent leur école et ouvrent des cours en Europe et aux États-Unis.

Le vocabulaire académique est vaste et fort complexe. La gamme des pas et des mouvements, dans lesquels pieds et bras ont des rôles complémentaires, est fondée sur le principe de l'en-dehors et les cinq positions fondamentales. Les pas à terre s'exécutent avec ou sans parcours; les temps sautés («en l'air») comprennent des pas simples et la batterie. Les emplois traditionnels sont ceux du danseur noble, de caractère, de demi-caractère, auxquels s'ajoutent ceux qui sont demandés par les genres nouveaux issus du répertoire contemporain (burlesque, tragique, romantique, comique, humoristique...).

L'enseignement de la danse, en France, est donné à l'école de danse de l'Opéra de Paris (qui dispose aujourd'hui d'un internat), au Conservatoire national supérieur de musique, où plusieurs classes sont ouvertes aux filles et aux garçons. Des écoles privées (École supérieure d'études chorégraphiques) préparent également au métier de danseur ou à celui de professeur de danse, professorat régi par une loi de 1965 dont les décrets d'application n'ont pas encore été promulgués à ce jour. Le baccalauréat de musique (préparé à Paris aux lycées Racine et La Fontaine) s'assortit depuis 1977 d'une option danse.

danse rituelle du Congo

Michaud-Rapho

danse classique
Giselle, avec N. Pontois et C. Atanassoff

Bernand

DANSER v. i. (mot francique). Mouvoir le corps en cadence. ‖ Interpréter une composition chorégraphique. ‖ Exécuter des mouvements rapides, être agile : *les flammes dansent dans la cheminée.* ● *Ne savoir sur quel pied danser,* ne savoir quel parti prendre, hésiter. ◆ v. t. Exécuter une danse : *danser une valse.*

DANSEUR, EUSE n. Personne qui danse. ‖ Artiste chorégraphique professionnel. ● *Danseur, danseuse étoile,* le plus haut titre dans la hiérarchie du corps de ballet de l'Opéra de Paris. ‖ *En danseuse,* position d'un cycliste qui pédale debout, en portant ses efforts alternativement sur chaque pédale. ‖ *Premier danseur, première danseuse,* échelon supérieur du corps de ballet de l'Opéra de Paris.

DANTESQUE adj. Particulier à Dante. ‖ Sombre et grandiose à la manière de Dante : *spectacle dantesque.*

DANUBIEN, ENNE adj. Du Danube.

DAPHNÉ [dafne] n. m. (gr. *daphnê,* laurier). Arbrisseau à fleurs rouges ou blanches, odorantes, à baie rouge toxique. (Le *garou,* ou *sainbois,* une espèce de daphné commune dans le Midi.)

DAPHNIE [dafni] n. f. Petit crustacé des eaux douces, nageant par saccades, d'où son nom usuel de *puce d'eau.* (Les daphnies, vivantes ou séchées, constituent une nourriture recherchée pour les poissons d'aquarium.) [Long. max. 5 mm; sous-classe des branchiopodes.]

DARAISE n. f. (gaul. *doraton,* porte). Déversoir d'un étang.

DARBYSME n. m. Secte protestante fondée en 1820 par J. N. DARBY (1800-1882) et rejetant toute organisation ecclésiastique. (Le darbysme est répandu dans les pays anglo-saxons et le sud de la France.)

DARBYSTE adj. et n. Adepte du darbysme; relatif au darbysme.

DARD n. m. (mot francique). Arme de jet ancienne, formée d'une pointe de fer fixée à une hampe de bois. ‖ Organe impair, pointu et creux de certains animaux, leur servant à inoculer le venin. ‖ Langue inoffensive du serpent. ‖ *Agric.* Rameau à fruits, très court, du poirier et du pommier.

DARDER v. t. Lancer un dard ou un objet ressemblant à un dard. ‖ *Litt.* Lancer vivement des rayons, un regard : *le soleil darde ses rayons; darder sur ses interlocuteurs un regard furieux.*

DARE-DARE loc. adv. (onomat.). *Fam.* Très vite, en toute hâte.

DARIQUE n. f. Monnaie d'or perse frappée par Darios Ier et qui fut en usage jusqu'à l'époque hellénistique. (La darique servait surtout de monnaie de compte avec l'étranger.)

DARNE n. f. (breton *darn,* morceau). Tranche de gros poisson : *une darne de saumon.*

DARSE n. f. (it. *darsena,* de l'ar.). *Mar.* Bassin dans un port, surtout dans la Méditerranée.

danse moderne : *Pilobolus*
ballet américain

Bernand

DARTOIS n. m. Gâteau feuilleté à la frangipane ou aux confitures.

DARTRE n. f. (bas lat. *derbita*, mot gaul.). Nom usuel des croûtes ou des exfoliations produites par diverses maladies de la peau (acné, eczéma, impétigo, urticaire, etc.).

DARTREUX, EUSE adj. De la nature des dartres; couvert de dartres.

DARTROSE n. f. Maladie de la pomme de terre, causée par un champignon.

DARWINIEN, ENNE adj. Relatif à la doctrine de Darwin.

DARWINISME [darwinism] n. m. Doctrine émise par Darwin dans son ouvrage *De l'origine des espèces* (1859), et où la lutte pour la vie et la sélection naturelle sont considérées comme les mécanismes essentiels de l'évolution des populations d'êtres vivants.

DARWINISTE adj. et n. Partisan de Darwin.

DASYURE [dazjyr] n. m. (gr. *dasus*, velu, et *oura*, queue). Nom donné à plusieurs marsupiaux d'Australie, arboricoles, carnivores ou insectivores.

DATABLE adj. Qui peut être daté.

DATAGE n. m. Action de porter une date sur un document.

DATATION n. f. Action de déterminer la date, d'indiquer le moment précis d'un événement. ‖ Détermination de l'âge d'une roche, d'un fossile, d'un objet, etc., faisant appel à diverses méthodes : stratigraphie, radio-isotopes, dendrochronologie, archéomagnétisme, palynologie.

DATCHA [datʃa] n. f. (mot russe). Maison de campagne russe, aux environs d'une grande ville.

DATE n. f. (lat. *data* [*littera*], [lettre] donnée). Indication du jour et de l'année; nombre qui l'indique : *mettre la date sur une lettre.* ‖ Événement d'une grande importance historique : *1968 est une date dans l'histoire de la Vᵉ République.* ● *De fraîche, de vieille date,* qui s'est produit ou qui dure depuis peu, depuis longtemps. ‖ *Être le premier en date,* avoir priorité sur s'être présenté le premier. ‖ *Faire date,* marquer dans l'histoire un moment important. ‖ *Prendre date,* fixer un jour pour un rendez-vous.

DATER v. t. Mettre la date : *dater une lettre, un testament.* ‖ Déterminer la date de qqch. ◆ v. i. Exister depuis telle époque, remonter à : *ceci date du siècle dernier.* ‖ Marquer une date importante : *événement qui date dans l'histoire.* ‖ Être vieilli, démodé : *robe qui date.* ● *À dater de,* à partir de : *à dater de ce jour.*

DATERIE n. f. Organisme de la curie romaine supprimé en 1967.

DATEUR n. et adj. m. Dispositif qui indique la date ou appareil qui imprime une date : *le dateur d'un cadran de montre; timbre dateur.*

DATIF, IVE adj. (lat. *dativus*; de *dare*, donner). *Dr.* Nommé par un juge ou par un conseil de famille.

DATIF n. m. Dans les langues à déclinaison, cas qui marque l'attribution, la destination.

DATION [dasjɔ̃] n. f. (lat. *datio*). *Dr.* Action de donner. ● *Dation en paiement,* mode d'exécution d'une obligation dans lequel le débiteur fournit, avec l'accord du créancier, une prestation autre que celle qui avait été prévue.

DATTE n. f. (anc. prov. *datil*; lat. *dactylus*, doigt). Fruit comestible du dattier, à pulpe sucrée très nutritive.

DATTIER n. m. Palmier cultivé dans les régions chaudes et sèches, mais irriguées (oasis), et dont les fruits (dattes) sont groupés en longues grappes, ou régimes. ‖ Variété de raisin de table.

DATURA n. m. (hindī *dhatūra*). Genre de plantes de la famille des solanacées, dont toutes les espèces sont très toxiques. (Plusieurs espèces exotiques servent des arbustes cultivés pour leurs fleurs décoratives. La *stramoine* est une espèce sauvage de France.)

DAUBE n. f. (esp. *dobar*, cuire à l'étouffée). Manière de faire cuire certaines viandes, à la braisière, et plus spécialement du bœuf dans un fond au vin rouge; viande ainsi préparée.

DAUBER v. t. et i. *Litt.* Parler mal de qqn, le dénigrer : *dauber (sur) un camarade.*

DAUBIÈRE n. f. Braisière pour accommoder une viande en daube.

DAUPHIN n. m. (lat. *delphinus*). Mammifère marin de l'ordre des cétacés, vivant en troupes dans toutes les mers et se nourrissant de poissons. (Long. 2 m.)

DAUPHIN n. m. Héritier présomptif de la couronne de France. ‖ Successeur prévu d'une personnalité. ● *Le Grand Dauphin,* le fils de Louis XIV.

DAUPHINE n. f. Femme du dauphin.

DAUPHINELLE n. f. Syn. de DELPHINIUM.

DAUPHINOIS, E adj. et n. Du Dauphiné. ● *Gratin dauphinois,* préparation de pommes de terre gratinées, avec lait, beurre et fromage.

DAURADE ou **DORADE** n. f. (anc. prov. *daurada*, doré). Nom donné à plusieurs poissons téléostéens à reflets dorés ou argentés. (Les daurades communes appartiennent à la famille des sparidés et sont pêchées en Méditerranée et dans le golfe de Gascogne.)

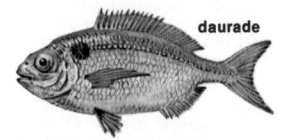

daurade

dattier

coupe du fruit

DAVANTAGE adv. Marque la supériorité en quantité, degré ou durée : *je n'en sais pas davantage; je l'aime davantage que son frère; ne restez pas davantage.*

DAVIER n. m. (anc. fr. *daviet,* dimin. de *david,* outil de menuisier). Instrument en forme de tenaille employé pour arracher les dents, les fragments osseux. ‖ *Mar.* Chacun des réas à gorge placés à l'avant et à l'arrière d'un navire câblier pour filer ou relever un câble. ‖ *Techn.* Rouleau mobile autour d'un axe supporté par deux montants.

Davis (coupe), épreuve annuelle de tennis, opposant les équipes nationales sur quatre simples et un double.

DAZIBAO n. m. (mot chin.). En Chine, affiche manuscrite sur un sujet politique d'actualité.

dB, symbole du *décibel.*

D.D.T. n. m. (abrév. de *dichlorodiphényltrichloréthane*). Insecticide puissant.

DE [də] prép. (lat. *de,* en séparant de). **1.** Marque : le lieu d'origine, le temps, la possession, la manière, la cause, l'instrument, etc. : *venir de Paris; eau de source; de midi à six heures; le livre de Pierre; mourir de faim; citer de mémoire; prendre de force; montrer du doigt.* — **2.** Introduit un complément d'objet indirect ou un complément d'objet secondaire : *se souvenir de qqn.*

DÉ n. m. (lat. *digitus,* doigt). Étui de métal pour protéger le doigt qui pousse l'aiguille.

DÉ n. m. (lat. *datum*). Petit cube à faces marquées de points, de un à six, ou de figures, utilisé pour différents jeux. ‖ Petit cube en matière quelconque. ‖ Élément de calage, en pierre ou en béton, sous une charge. ‖ *Archit.* Nom d'éléments de support de forme plus ou moins cubique. ● *Coup de dés,* affaire hasardeuse.

DEALER [dilər] n. m. (mot angl.). *Pop.* Revendeur de drogue.

DÉAMBULATION n. f. Action de déambuler.

DÉAMBULATOIRE n. m. Prolongement des collatéraux d'une église autour du chœur.

DÉAMBULER v. i. (lat. *deambulare*). Se promener çà et là, marcher sans but : *déambuler à travers les rues.*

dauphin

davier de navire câblier

DÉBÂCLE n. f. (de *bâcler*). Rupture des glaces d'un fleuve gelé. ‖ Débandade, déroute.

DÉBALLAGE n. m. (de *balle,* paquet de marchandises). Action de déballer. ‖ Marchandises vendues à bas prix dans une installation de passage; étalage de ces marchandises. ‖ *Fam.* Confession indiscrète; exposé pêle-mêle de ce qu'on sait, de ce qu'on ressent.

DÉBALLASTAGE n. m. *Mar.* Vidange des ballasts.

DÉBALLER v. t. Ouvrir une caisse et en ôter le contenu. ‖ Étaler des marchandises. ‖ *Fam.* Débiter ce qu'on a accumulé.

DÉBALLONNER (SE) v. pr. *Pop.* Manquer de courage, se dégonfler.

DÉBALOURDER v. t. *Mécan.* Supprimer le déséquilibre d'une pièce tournante.

DÉBANDADE n. f. Action de se disperser en désordre; déroute.

DÉBANDER v. t. Ôter une bande, un bandage. ‖ Détendre : *débander un ressort trop tendu.*

DÉBANDER (SE) v. pr. (de *bande,* troupe). *Litt.* Se disperser, s'enfuir en désordre.

DÉBAPTISER [debatize] v. t. Changer le nom d'une personne ou, plus souvent, d'une chose : *débaptiser une rue.*

DÉBARBOUILLAGE n. m. Action de se débarbouiller; nettoyage rapide.

DÉBARBOUILLER v. t. Laver, nettoyer (en particulier le visage).

DÉBARBOUILLETTE n. f. Au Canada, carré de tissu-éponge utilisé pour se laver le visage.

DÉBARCADÈRE n. m. Quai, môle ou jetée, sur la mer ou sur un fleuve, pour le débarquement des marchandises, des voyageurs.

DÉBARDAGE n. m. Action de débarder.

DÉBARDER [debarde] v. t. (de *bard*, civière). Décharger des marchandises. ‖ Transporter du bois du point où il a été abattu et façonné en forêt jusque sur une route carrossable.

DÉBARDEUR n. m. Ouvrier qui charge ou décharge un navire, une voiture, etc., qui débarde du bois. ‖ Tricot sans manches et à large encolure.

DÉBARQUÉ, E adj. et n. Qui vient de débarquer.

DÉBARQUEMENT n. m. Action de débarquer des passagers, des marchandises, des soldats, etc. ● *Chaland, péniche de débarquement,* bâtiment de guerre organisé pour le débarquement de troupes et de matériel.

DÉBARQUER v. t. (de *barque*). Enlever d'un navire, d'un train; mettre à terre : *débarquer des marchandises.* ‖ *Fam.* Se débarrasser de qqn, l'écarter d'un poste. ◆ v. i. Quitter un navire, un train. ‖ *Fam.* Ne pas être au courant des événements. ‖ *Fam.* Arriver à l'improviste chez qqn.

DÉBARRAS [debara] n. m. *Fam.* Délivrance de ce qui embarrassait, en parlant des personnes ou des choses : *il est parti, bon débarras!* ‖ Lieu où l'on entasse des objets encombrants.

DÉBARRASSER v. t. (lat. de, et barra, barre). Enlever ce qui embarrasse, ce qui est une gêne : *débarrasser qqn de son manteau.* ‖ Tirer d'embarras, soulager : *débarrasser qqn de ses soucis.* ◆ **se débarrasser** v. pr. Se défaire de qqch, éloigner qqn.

DÉBAT [deba] n. m. Échange de vues animé entre plusieurs personnes : *soulever, trancher un débat passionné.* ◆ pl. Discussions politiques au sein d'une assemblée. ‖ Phase d'un procès durant l'audience : *suivre les débats.*

DÉBATER [debatœr] n. m. (mot angl.). Orateur qui présente sa thèse avec habileté et répond facilement aux objections.

DÉBÂTIR v. t. Enlever le bâti d'une couture.

DÉBATTEMENT n. m. Espace libre entre la carrosserie d'une voiture et l'essieu, permettant à celui-ci d'osciller sous l'action des ressorts.

DÉBATTRE v. t. (conj. 48). Examiner avec un ou plusieurs interlocuteurs; mettre en discussion : *débattre une question.* ◆ **se débattre** v. pr. Lutter pour se dégager, se défendre.

DÉBAUCHAGE n. m. Action de débaucher des ouvriers; licenciement.

DÉBAUCHE n. f. Recherche effrénée des plaisirs sensuels. ‖ Abondance excessive : *faire une débauche de gestes.*

DÉBAUCHÉ, E adj. et n. Qui se livre à la débauche.

DÉBAUCHER v. t. Entraîner à une vie dissolue. ‖ Détourner de son travail. ‖ Renvoyer des ouvriers faute de travail; licencier.

DÉBECTER v. t. *Pop.* Dégoûter.

DÉBET [debɛ] n. m. (mot lat., *il doit*). *Dr.* Dette à l'égard d'une personne publique.

DÉBILE adj. (lat. *debilis*). Faible de constitution physique; qui manque de vigueur. ‖ *Fam.* Stupide. ● *Débile mental,* ou *débile* n., sujet atteint de débilité mentale; *fam.,* imbécile, idiot.

DÉBILISATION n. f. *Psychiatr.* Évolution d'un processus psychopathologique vers un déficit intellectuel.

DÉBILITANT, E adj. Qui débilite; déprimant.

DÉBILITÉ n. f. *Litt.* État de grande faiblesse. ● *Débilité mentale,* insuffisance de développement intellectuel qui permet néanmoins l'ap-

prentissage de la lecture et de l'écriture et qui est définie officiellement par un quotient intellectuel compris entre 80 et 50.

DÉBILITER v. t. Affaiblir physiquement ou moralement : *climat qui débilite.*

DÉBINE n. f. *Pop.* Misère, pauvreté.

DÉBINER v. t. *Pop.* Dénigrer, médire. ◆ **se débiner** v. pr. *Pop.* S'enfuir.

DÉBINEUR, EUSE n. *Pop.* Médisant.

DÉBIRENTIER, ÈRE n. (de *débit* et *rentier*). Celui, celle qui doit une rente.

DÉBIT [debi] n. m. (de *débiter*). Quantité de fluide, de rayonnement, etc., par unité de temps. ‖ Quantité de personnes ou de marchandises transportées par un moyen de communication. ‖ Manière de parler, de lire, de réciter; élocution : *avoir le débit rapide.* ‖ Manière de débiter le bois. (Syn. DÉBITAGE.) ‖ Écoulement de marchandises, et, plus souvent, vente active et rapide : *article d'un débit facile.* ‖ *Inform.* Mesure de performance d'un ordinateur, basée sur le nombre d'informations entrées, traitées et sorties pendant l'unité de temps. ‖ *Télécomm.* Quantité d'informations que peut fournir, par unité de temps, un appareil, une voie de communication. ● *Débit de tabac, de boissons,* établissement où l'on vend du tabac, des boissons à consommer sur place. ‖ *Débit d'un cours d'eau,* volume d'eau écoulé en un point donné pendant l'unité de temps. (Le débit s'exprime ordinairement en mètres cubes par seconde.) ‖ *Débit d'une pièce d'artillerie,* nombre de coups qu'elle peut tirer en un temps déterminé.

DÉBIT [debi] n. m. (lat. *debitum,* dette). Compte des sommes dues par une personne à une autre. ‖ Partie d'un compte où sont portées ces sommes.

DÉBITABLE adj. Qui peut être rendu débiteur. ‖ Qui peut être débité.

DÉBITAGE n. m. Action de découper des morceaux. ‖ *Préhist.* Extraction d'éclats à partir d'un bloc de pierre.

DÉBITANT, E n. Commerçant qui tient un débit de boissons ou de tabac.

DÉBITER v. t. (anc. fr. *bitte,* billot de bois). Découper en morceaux, réduire en planches : *débiter un bœuf, un hêtre.* ‖ Produire, fournir une certaine quantité de choses en un temps donné. ‖ Vendre au détail : *débiter du vin, du tabac.* ‖ Énoncer avec monotonie, exprimer de manière continue : *débiter son rôle; débiter des mensonges; débiter des sottises.*

DÉBITER v. t. Porter un article ou une somme au débit d'un compte.

DÉBITEUR, TRICE n. Personne qui doit (par oppos. à CRÉANCIER). ‖ Personne qui a une dette morale, qui est l'obligé de qqn. ◆ adj. *Compte débiteur,* qui se trouve en débit.

DÉBITMÈTRE [debimɛtr] n. m. Appareil permettant de mesurer le débit d'un fluide ou d'un rayonnement.

DÉBLAI n. m. *Trav. publ.* Enlèvement de terres pour niveler ou abaisser le sol. ◆ pl. Débris de construction, terrains enlevés.

DÉBLAIEMENT [deblɛmã] ou **DÉBLAYAGE** n. m. Action de déblayer.

DÉBLATÉRER v. t. ind. [**contre**] (lat. *deblaterare,* bavarder) [conj. 5]. *Fam.* Parler avec violence contre qqn ou qqch; dénigrer, vitupérer.

DÉBLAYER v. t. (anc. fr. *desbleer,* débarrasser la terre du blé) [conj. 2]. Enlever des terres, des décombres. ‖ Dégager un endroit de ce qui l'encombre : *déblayer le chemin.* ● *Déblayer le terrain,* préparer une affaire en levant les premiers obstacles.

DÉBLOCAGE n. m. Action de débloquer.

DÉBLOQUER v. t. Remettre en mouvement, en circulation; desserrer. ‖ Lever les obstacles qui bloquent un processus, une situation. ‖ Lever l'interdiction de transporter ou de vendre des denrées, et de disposer librement de crédits ou de comptes en banque, etc. ● *Débloquer les salaires, les prix,* permettre leur variation. ◆ v. i. *Pop.* Dire des choses qui n'ont pas de sens; divaguer.

DÉBOBINER v. t. Dérouler ce qui était en

bobine. ‖ Démonter les enroulements d'une machine ou d'un appareil électrique.

DÉBOIRES n. m. pl. Déceptions, échecs amèrement ressentis.

DÉBOISAGE n. m. *Min.* Action de déboiser.

DÉBOISEMENT n. m. Action de déboiser.

DÉBOISER v. t. Arracher les arbres d'un terrain, d'une montagne. ‖ *Min.* Enlever le boisage d'une galerie. ◆ **se déboiser** v. pr. Perdre ses arbres.

DÉBOÎTEMENT n. m. Déplacement d'un os de son articulation, luxation.

DÉBOÎTER v. t. Disloquer, ôter de sa place un objet encastré dans un autre : *déboîter des tuyaux.* ‖ Faire sortir un os de son articulation. ◆ v. i. Sortir d'une file (en parlant d'une voiture), d'un alignement (en parlant d'un élément de cortège).

DÉBONDER v. t. Ôter une bonde.

DÉBONNAIRE adj. Bon jusqu'à la faiblesse.

DÉBONNAIREMENT adv. De façon débonnaire.

DÉBORDANT, E adj. Qui ne peut se contenir : *un enthousiasme débordant.*

DÉBORDEMENT n. m. Action de déborder qqn. ‖ Déversement des eaux d'un cours d'eau par-dessus les bords de son lit. ‖ Grande abondance, exubérance : *débordement de joie.* ◆ pl. *Litt.* Excès; débauches.

DÉBORDER v. i. Dépasser les bords, se répandre par-dessus bord : *la rivière a débordé.* ‖ Dépasser, s'étendre au-delà, envahir : *la foule débordait sur la chaussée.* ◆ v. t. Ôter la bordure : *déborder un chapeau.* ‖ Dépasser le bord, les limites, le sujet : *il déborde son sujet; la terrasse du café déborde la maison.* ‖ Accabler en surpassant les forces : *les événements l'ont débordé.* ‖ *Mar.* Pousser au large, en parlant d'une embarcation accostée à un navire ou à un quai. ‖ *Sports.* Prendre la défense en défaut en la contournant. ● *Déborder l'ennemi,* dépasser en les contournant les positions qu'il occupe. ‖ *Déborder un lit,* tirer les draps, les couvertures dont les bords sont glissés sous le matelas. ‖ *Être débordé (de travail),* être surchargé de travail. ◆ v. t. ind. [**de**]. Manifester une surabondance : *il déborde de joie, de santé.*

DÉBOSSELER v. t. (conj. 3). *Techn.* Supprimer les bosses.

DÉBOTTÉ ou **DÉBOTTER** n. m. *Au débotté* ou *au débotter* (Litt.), au moment de l'arrivée, sans préparation.

DÉBOTTER [debɔte] v. t. Ôter les bottes à qqn.

DÉBOUCHÉ n. m. Endroit où une rue, un chemin débouchent dans un lieu : *le débouché d'une vallée.* ‖ Possibilité de vente pour les marchandises : *l'expansion économique implique la création de débouchés nouveaux.* ‖ Carrière accessible à qqn en fonction de ses études. ‖ Entrée en action d'une formation militaire. ● *Loi des débouchés,* théorie économique énoncée par J.-B. Say et selon laquelle toute vente d'un produit crée un débouché à un autre.

DÉBOUCHEMENT ou **DÉBOUCHAGE** n. m. Action de déboucher (v. t.).

DÉBOUCHER v. t. (de *boucher*). Débarrasser de ce qui bouche : *déboucher un tuyau.* ‖ Ôter le bouchon de : *déboucher une bouteille, un flacon.* ‖ Percer la fusée d'un obus pour provoquer son éclatement à un temps donné après le départ du coup.

DÉBOUCHER v. i. (de *bouche*). Apparaître tout à coup : *voiture qui débouche sur la route.* ‖ Aboutir en un lieu : *ruelle qui débouche sur le boulevard.* ‖ Avoir comme conséquence : *négociations qui débouchent sur un compromis.*

DÉBOUCHOIR n. m. Instrument qui sert à déboucher. ‖ Outil de lapidaire.

DÉBOUCLER v. t. Dégager l'ardillon d'une boucle.

DÉBOUILLIR v. t. Soumettre un fil ou un tissu à l'action de l'eau bouillante en présence de soude.

DÉBOUILLISSAGE n. m. Action de débouillir.

DÉBOULÉ n. m. Mouvement d'un animal qui sort de son terrier, de son gîte, d'un skieur qui descend rapidement une pente. ‖ *Chorégr.* Pas composé de deux demi-tours suivis effectués en pivotant très rapidement sur les demi-pointes ou sur les pointes. (Les déboulés, tours exécutés sur deux pieds, sont toujours utilisés par séries.)

DÉBOULER v. i. et t. (de *boule*). Partir à l'improviste devant le chasseur, en parlant du lièvre et du lapin. ‖ Descendre rapidement : *débouler dans un escalier; débouler une pente.*

DÉBOULONNEMENT ou **DÉBOULONNAGE** n. m. Action de déboulonner.

DÉBOULONNER v. t. Démonter ce qui était réuni par des boulons : *déboulonner un rail.* ‖ Chasser qqn de sa place; détruire son prestige.

DÉBOUQUEMENT n. m. Action de débouquer. ‖ Extrémité d'un canal, d'une passe.

DÉBOUQUER v. i. (prov. *bouca,* bouche). *Mar.* Sortir de l'embouchure d'un canal.

DÉBOURBAGE n. m. Action de débourber.

DÉBOURBER v. t. Ôter la boue : *débourber un marais.* ‖ Tirer de la boue : *débourber une voiture.* ‖ Laver un minerai argileux ou boueux.

DÉBOURBEUR n. m. Appareil qui enlève la boue d'un minerai, d'une racine, etc.

DÉBOURRAGE n. m. Action de débourrer.

DÉBOURREMENT n. m. *Agr.* Épanouissement des bourgeons des arbres.

DÉBOURRER v. t. Ôter la bourre. ‖ Ôter d'une pipe la cendre de tabac. ‖ Donner le premier dressage à un jeune cheval. ◆ v. i. *Agr.* S'ouvrir, en parlant des bourgeons.

DÉBOURS [debur] n. m. Argent avancé (surtout au pluriel) : *rentrer dans ses débours.*

DÉBOURSEMENT n. m. Action de débourser.

DÉBOURSER v. t. Payer, dépenser.

DÉBOUSSOLER v. t. *Fam.* Désorienter qqn, lui faire perdre la tête.

DEBOUT adv. (de *bouter*). Verticalement, sur les pieds. ‖ Hors du lit, levé : *il est toujours debout de bonne heure.* ‖ En bon état, non détruit : *il reste encore quelques maisons debout dans le village.* ● *Magistrature debout,* les membres du parquet, le ministère public. ‖ *Mettre debout,* organiser. ‖ *Tenir debout,* avoir de la vraisemblance, de la cohérence. ‖ *Vent debout,* vent soufflant en sens contraire de la marche. ◆ interj. *Debout!,* levez-vous!

DÉBOUTÉ n. m. *Dr.* Rejet d'une demande faite en justice.

DÉBOUTEMENT n. m. *Dr.* Action de débouter.

DÉBOUTER v. t. *Dr.* Rejeter par jugement la demande de qqn.

DÉBOUTONNAGE n. m. Action de déboutonner, de se déboutonner.

DÉBOUTONNER v. t. Dégager les boutons de leurs boutonnières. ◆ **se déboutonner** v. pr. Détacher ses boutons. ‖ *Fam.* Parler à cœur ouvert; avouer ce dont on est coupable.

DÉBRAILLÉ, E adj. Se dit d'une personne dont la mise est négligée ou désordonnée. ‖ Libre, sans retenue : *des manières débraillées.*

DÉBRAILLÉ n. m. Tenue négligée.

DÉBRAILLER (SE) v. pr. (anc. fr. *braiel,* ceinture). Se découvrir la poitrine; prendre une allure négligée.

DÉBRANCHEMENT n. m. Action de débrancher.

DÉBRANCHER v. t. Séparer les wagons ou les voitures d'une rame dans une gare de triage et les diriger sur des voies de classement. ‖ Supprimer une connexion électrique.

DÉBRAYAGE n. m. Action de débrayer. ● *Butée de débrayage,* dispositif qui commande le mécanisme permettant d'obtenir le débrayage ou l'embrayage dans une automobile.

DÉBRAYER v. t. (de *braie,* courroie) [conj. **2**]. *Mécan.* Supprimer la liaison entre un arbre moteur et un arbre entraîné. ◆ v. i. *Fam.* Cesser volontairement le travail dans une entreprise; se mettre en grève.

DÉBRIDÉ, E adj. Effréné, sans retenue.

DÉBRIDEMENT n. m. Action de débrider.

DÉBRIDER v. t. Ôter la bride à. ‖ *Chir.* Rompre

les brides, les adhérences qui cloisonnent une cavité infectée ou immobilisent un organe. ‖ *Cuis.* Enlever les ficelles qui entourent une volaille, un rôti. ● *Sans débrider,* sans interruption.

DÉBRIS n. m. (de *briser*). Morceau d'une chose brisée, détruite en partie. ◆ pl. Ce qui reste après la destruction d'une chose : *les débris d'une fortune.* ‖ Restes d'un homme ou d'un animal (vx).

DÉBROCHAGE n. m. *Rel.* Action de débrocher.

DÉBROCHER v. t. Retirer de la broche. ‖ *Rel.* Défaire la brochure d'un livre.

DÉBROUILLAGE ou **DÉBROUILLEMENT** n. m. Action de démêler une chose embrouillée.

DÉBROUILLARD, E adj. et n. *Fam.* Qui sait se débrouiller, habile.

DÉBROUILLARDISE ou **DÉBROUILLE** n. f. *Fam.* Habileté à se tirer d'affaire.

DÉBROUILLER v. t. Démêler, remettre en ordre : *débrouiller les fils d'un écheveau.* ‖ Éclaircir, élucider : *débrouiller une affaire.* ◆ **se débrouiller** v. pr. *Fam.* Se tirer d'affaire en faisant preuve d'ingéniosité.

DÉBROUSSAILLEMENT n. m. Action de débroussailler.

DÉBROUSSAILLER v. t. Débarrasser de ses broussailles. ‖ Effectuer des travaux préparatoires.

DÉBUCHER v. i. (de *bûche*). Sortir du bois, en parlant du gros gibier. ◆ v. t. Faire sortir une bête du bois : *débucher un cerf.*

DÉBUCHER ou **DÉBUCHÉ** n. m. *Véner.* Moment où la bête débuche. ‖ Sonnerie de trompe pour en avertir.

DÉBUDGÉTISATION n. f. Action de débudgétiser.

DÉBUDGÉTISER v. t. Supprimer une dépense budgétaire et couvrir la charge correspondante par une autre forme de financement.

DÉBUREAUCRATISER v. t. Enlever le caractère bureaucratique à un organisme, à un type de société.

DÉBUSQUEMENT n. m. Action de débusquer.

DÉBUSQUER v. t. Faire sortir du bois, du gîte ou du terrier : *débusquer un cerf, un lièvre.* ‖ Chasser qqn de son poste, de son refuge.

DÉBUT n. m. (de *débuter*). Première phase du déroulement d'une action, d'une série d'événements, commencement. ◆ pl. Période pendant laquelle on commence une carrière.

DÉBUTANT, E adj. et n. Qui débute dans une carrière.

DÉBUTANTE n. f. Jeune fille faisant son entrée dans le monde. (Abrév. fam. DÉB.)

DÉBUTER v. i. (de *but*). Faire les premiers pas dans une carrière, les premières démarches dans une entreprise : *acteur qui débute.* ‖ Commencer, en parlant d'une chose, d'une action : *la séance débute à neuf heures.* ◆ v. t. *Fam.* Commencer : *débuter la séance par un discours.*

DEBYE [dɛbaj] n. m. (de *Debye,* n. pr.). Unité de moment dipolaire électrique.

DÉCA- (gr. *deka,* dix), préfixe (symb. : da) qui, placé devant une unité, la multiplie par 10.

DEÇÀ adv. *Deçà delà,* de côté et d'autre. ◆ loc. prép. *En deçà de,* de ce côté-ci : *en deçà des Pyrénées;* au-dessous : *en deçà de la vérité.*

DÉCABRISTE ou **DÉCEMBRISTE** n. m. Membre de la conspiration qui s'organisa à Saint-Pétersbourg, en décembre 1825, contre Nicolas Ier.

DÉCACHETAGE n. m. Action de décacheter.

DÉCACHETER v. t. (conj. **4**). Ouvrir ce qui est cacheté.

DÉCADAIRE adj. Relatif aux décades du calendrier républicain : *le culte décadaire.*

DÉCADE n. f. (gr. *dekas, dekados,* groupe de dix). Partie d'un ouvrage composé de dix chapitres ou livres : *les décades de Tite-Live.* ‖ Période de dix jours, en particulier dans le calendrier républicain. ‖ *Fam.* Décennie : *la dernière décade du XIXe siècle.*

DÉCADENCE n. f. (lat. *decadentia;* de *cadere,* tomber). Commencement de la ruine, perte de prestige; déclin politique.

DÉCADENT, E adj. et n. En décadence.

DÉCADENTS n. m. pl. S'est dit, vers 1880, de certains écrivains ou artistes qui ont préparé la voie au symbolisme.

DÉCADI n. m. Dixième et dernier jour de la décade, dans le calendrier républicain. (Jour chômé, il remplaçait le dimanche chrétien.)

DÉCADRAGE n. m. Incident de projection cinématographique, faisant apparaître deux images partielles en même temps sur l'écran.

DÉCADRER v. t. Enlever les cadres d'une galerie de mine.

DÉCAÈDRE n. m. *Math.* Solide à dix faces.

DÉCAFÉINÉ adj. et n. m. *Café décaféiné,* café dont on a enlevé la caféine. (Abrév. fam. DÉCA.)

DÉCAGONAL, E, AUX adj. *Math.* Relatif au décagone. ‖ Qui a dix angles.

DÉCAGONE n. m. *Math.* Polygone qui a dix angles, et par conséquent dix côtés.

DÉCAISSEMENT n. m. Action de décaisser.

DÉCAISSER v. t. Tirer d'une caisse : *décaisser des marchandises, des orangers.* ‖ Tirer de la caisse pour payer : *décaisser une grosse somme.*

DÉCALAGE n. m. Action de décaler. ‖ Déplacement dans le temps ou dans l'espace : *décalage de date.* ‖ Manque de concordance : *décalage entre la pensée et l'action.* ● *Décalage vers le rouge,* déplacement vers le rouge des raies du spectre d'un astre par rapport à celles d'un spectre de référence, sous l'effet du mouvement d'éloignement de cet astre par rapport à la Terre.

DÉCALAMINAGE n. m. Action de décalaminer.

DÉCALAMINER v. t. Enlever la calamine qui recouvre une surface métallique.

DÉCALCIFICATION n. f. Diminution de la quantité de calcium contenue dans l'organisme.

DÉCALCIFIER v. t. Faire perdre à un corps, à un organisme le calcium qu'il contenait. ◆ **se décalcifier** v. pr. Être atteint de décalcification.

DÉCALCOMANIE n. f. Procédé permettant de reporter des images coloriées sur une surface à décorer; image ainsi obtenue. ● *Décalcomanie du désir,* exploitation poétique des hasards de la tache de peinture écrasée chez Oscar Dominguez (1936) et divers autres peintres surréalistes.

DÉCALER v. t. Enlever les cales. ‖ Déplacer dans l'espace ou dans le temps : *décaler le repas d'une heure.* ‖ Déplacer l'une par rapport à l'autre des pièces qui se trouvent dans un même plan.

DÉCALITRE n. m. Mesure de capacité valant 10 litres (symb. : dal).

DÉCALOGUE n. m. (gr. *deka,* dix, et *logos,* parole). Les dix commandements de Dieu, donnés, selon la Bible, à Moïse sur le Sinaï.

DÉCALOTTER v. t. Dégager le gland en tirant le prépuce vers la base de la verge.

DÉCALQUAGE ou **DÉCALQUE** n. m. Action de décalquer; image ainsi obtenue.

DÉCALQUER v. t. Reporter le calque d'un dessin, d'un tableau, sur une toile, sur une planche de cuivre, sur du papier, etc.

DÉCAMÈTRE n. m. Mesure de longueur de dix mètres (symb. : dam). ‖ Chaîne ou ruban d'acier de dix mètres, pour mesurer des distances sur le terrain.

DÉCAMPER v. i. (de *camp*). *Fam.* Se retirer précipitamment, s'enfuir.

DÉCAN n. m. (gr. *deka,* dix). *Astrol.* Région du ciel s'étalant sur 10° de longitude dans chacun des signes du zodiaque. (Chaque signe comporte trois décans.)

DÉCANAL, E, AUX adj. Relatif au décanat.

DÉCANAT n. m. Dignité, fonction de doyen.

DÉCANILLER v. i. *Pop.* S'enfuir, déguerpir.

DÉCANTATION n. f., ou **DÉCANTAGE** n. m. Action de décanter.

DÉCANTER v. t. (lat. *canthus,* bec de cruche). Débarrasser un liquide de ses impuretés en les laissant se déposer au fond d'un récipient : *décanter un sirop.* ‖ Éclaircir, mettre au net : *décanter ses idées.* ◆ **se décanter** v. pr. S'épurer, s'éclaircir.

DÉCANTEUR n. m. Appareil pour la décantation.

DÉCAPAGE ou **DÉCAPEMENT** n. m. Action de décaper.

DÉCAPANT n. m. Produit utilisé pour décaper.

DÉCAPELER v. t. (conj. 3). Enlever un capelage.

DÉCAPER v. t. (de *cape*). Nettoyer une surface en enlevant la couche des impuretés qui la recouvre.

DÉCAPEUSE n. f. Engin de terrassement constitué par une benne surbaissée permettant d'araser le sol par raclage, de transporter les matériaux ainsi enlevés et de les répandre en un point de décharge. (Syn. SCRAPER.)

DÉCAPITATION n. f. Action de décapiter.

DÉCAPITER v. t. (lat. *caput, capitis,* tête). Trancher la tête de qqn. ‖ Ôter l'extrémité de qqch. ‖ Priver qqch de ce qu'il a de principal : *décapiter un gang.*

DÉCAPODE n. m. Crustacé supérieur, généralement marin, ayant cinq paires de grandes pattes thoraciques. (Les *crabes,* les *crevettes,* le *homard,* la *langouste,* l'*écrevisse,* les *pagures* font partie de l'ordre des *décapodes.*) ‖ Mollusque céphalopode possédant dix bras *(seiche, calmar).*

DÉCAPOTABLE adj. *Voiture décapotable,* ou *décapotable* n. f., voiture dont la capote peut être enlevée ou repliée.

DÉCAPOTER v. t. Replier une partie du toit mobile de certaines automobiles.

DÉCAPSULAGE n. m. Action de décapsuler.

DÉCAPSULATION n. f. *Chir.* Ablation de la capsule d'un viscère.

DÉCAPSULER v. t. Retirer la capsule d'une bouteille.

DÉCAPSULEUR n. m. Petit outil de métal pour enlever les capsules des bouteilles.

DÉCARBONATER v. t. Enlever l'anhydride carbonique d'une substance.

DÉCARBOXYLATION n. f. Réaction enzymatique qui enlève un groupe CO_2 à un radical carboxylique d'un acide aminé.

DÉCARBURATION n. f. Élimination du carbone dans un produit métallurgique.

DÉCARBURER v. t. Effectuer la décarburation.

DÉCARCASSER (SE) v. pr. *Pop.* Se donner beaucoup de peine.

DÉCARRELER v. t. (conj. 3). Dégarnir de ses carreaux.

DÉCARTELLISATION n. f. Dissolution légale d'un cartel de producteurs.

DÉCASYLLABE adj. et n. m., ou **DÉCASYLLABIQUE** adj. Qui a dix syllabes.

DÉCATHLON n. m. Épreuve combinée d'athlétisme comprenant dix spécialités différentes de course (100 m, 400 m, 1 500 m, 110 m haies), de saut (hauteur, longueur, perche) et de lancer (poids, disque, javelot).

DÉCATHLONIEN n. m. Athlète qui participe à un décathlon.

DÉCATI, E adj. *Fam.* Qui a perdu sa beauté, sa fraîcheur.

DÉCATIR v. t. Soumettre un tissu à l'action de la vapeur pour lui enlever son apprêt. ◆ **se décatir** v. pr. Perdre sa fraîcheur, vieillir.

DÉCATISSAGE n. m. Action de décatir.

DÉCATISSEUR adj. et n. m. Qui décatit.

DÉCAVAILLONNER v. t. Travailler les cavaillons entre les ceps de vigne.

DÉCAVAILLONNEUSE n. f. Charrue qui sert à décavaillonner les ceps de vigne.

DÉCAVÉ, E adj. et n. Qui a tout perdu au jeu. ‖ Qui a perdu sa fortune.

DECCA n. m. (nom d'une firme angl.). Système de radionavigation maritime ou aérienne permettant de faire le point sur une carte spéciale.

DÉCÉDER v. i. (lat. *decedere,* s'en aller)

[conj. **5,** auxil. *être*]. Mourir de mort naturelle, en parlant de l'homme.

DÉCELABLE adj. Qui peut être décelé.

DÉCELER [desle] v. t. (de *celer*) [conj. 3]. Parvenir à distinguer d'après des indices; découvrir, remarquer : *déceler des traces de poison; déceler une lacune.* ‖ Montrer, révéler : *cette action décèle son désarroi.*

DÉCÉLÉRATION n. f. Accélération négative, ou réduction de la vitesse d'un mobile.

DÉCÉLÉRER v. i. (conj. 5). Effectuer la décélération.

DÉCEMBRE n. m. (lat. *decembris* [*mensis*], dixième [mois], l'année romaine commençant en mars). Douzième mois de l'année : *décembre a 31 jours.*

DÉCEMBRISTE n. m. → DÉCABRISTE.

DÉCEMMENT adv. De façon décente.

DÉCEMVIR [desεmvir] n. m. À Rome, membre d'un collège de dix magistrats dont les fonctions ont varié selon les époques.

DÉCEMVIRAT n. m. Dignité de décemvir.

DÉCENCE n. f. (lat. *decentia*). Respect des convenances; réserve, dignité dans les manières, le langage.

DÉCENNAL, E, AUX [desenal, o] adj. (lat. *decem,* dix, et *annus,* an). Qui dure dix ans : *magistrature décennale.* ‖ Qui revient tous les dix ans : *fête décennale.*

DÉCENNIE n. f. Période de dix ans.

DÉCENT, E adj. (lat. *decens*). Conforme à la décence : *conduite, tenue décente.* ‖ Convenable, suffisant, correct : *maintenir un examen à un niveau décent.*

DÉCENTRAGE n. m. Action de décentrer. ‖ *Opt.* Syn. de DÉCENTREMENT.

DÉCENTRALISATEUR, TRICE adj. et n. Relatif à la décentralisation; qui en est partisan.

DÉCENTRALISATION n. f. Action de décentraliser.

DÉCENTRALISER v. t. Donner certains pouvoirs aux collectivités locales. ‖ Disséminer à travers tout un pays des administrations, des industries, des organismes, etc., qui se trouvaient groupés en un même lieu.

DÉCENTREMENT n. m. *Opt.* Défaut d'alignement des centres des lentilles; action de décentrer l'objectif d'un appareil photographique. (Syn. DÉCENTRAGE.)

DÉCENTRER v. t. Déplacer le centre de. ‖ *Opt.* Effectuer le décentrement.

DÉCEPTION n. f. (lat. *deceptio*). Fait d'être trompé dans ses espérances.

DÉCERCLER v. t. Enlever les cercles de.

DÉCÉRÉBRATION n. f. Action de décérébrer.

DÉCÉRÉBRER v. t. (conj. 5). Enlever l'encéphale d'un animal; couper le névraxe au niveau du bulbe.

DÉCERNER v. t. Accorder, attribuer solennellement : *décerner un prix.* ‖ *Dr.* Ordonner juridiquement qqch contre qqn.

DÉCERVELAGE n. m. Action de décerveler.

DÉCERVELER v. t. (conj. 3). *Fam.* Faire jaillir la cervelle. ‖ *Fam.* Rendre stupide.

DÉCÈS [desε] n. m. (lat. *decessus*). Mort d'une personne. ‖ *Acte de décès,* acte rédigé par le maire du lieu où s'est produit le décès, après constatation de sa matérialité.

DÉCEVANT, E adj. Qui déçoit; trompeur : *des résultats décevants.*

DÉCEVOIR [desǝvwar] v. t. (lat. *decipere*) [conj. 29]. Ne pas répondre aux espoirs, à l'attente de qqn : *il a déçu tout le monde par sa manière d'agir.*

DÉCHAÎNÉ, E adj. Emporté, excité, furieux : *un enfant déchaîné; les flots déchaînés.*

DÉCHAÎNEMENT n. m. Action de se déchaîner. ‖ Emportement extrême : *le déchaînement des passions, des vents.*

DÉCHAÎNER [deʃεne] v. t. Détacher de la chaîne : *déchaîner un chien.* ‖ Donner libre cours à : *déchaîner l'hilarité.* ◆ **se déchaîner** v. pr. S'emporter. ‖ Faire rage, en parlant des vents, de la tempête, d'un sentiment violent.

DÉCHANTER v. i. *Fam.* Rabattre de ses prétentions, de ses espérances.

DÉCHAPERONNER v. t. Enlever le chaperon d'un oiseau de proie dressé pour le vol.

DÉCHARGE n. f. Action de tirer avec une arme ou simultanément avec plusieurs armes à feu; projectile tiré. ‖ Lieu où l'on dépose les décombres et les immondices. ‖ Écoulement des eaux accumulées : *tuyau de décharge.* ‖ *Archit.* Mode de construction consistant à reporter la charge des maçonneries sur des points d'appui solides (*arc de décharge,* construit dans le plein d'un mur). ‖ *Dr.* Acte par lequel on tient quitte d'une obligation. ● *À sa décharge,* pour diminuer sa responsabilité. ‖ *Courant de décharge,* courant marin assurant la vidange d'une baie ou d'un golfe à ouverture étroite. ‖ *Décharge électrique,* phénomène qui se produit quand un corps électrisé perd sa charge. ‖ *Témoin à décharge,* celui qui témoigne en faveur d'un accusé.

DÉCHARGEMENT n. m. Action de décharger un navire, un wagon, une arme à feu, etc.

DÉCHARGER v. t. (conj. 1). Débarrasser de sa charge : *décharger un navire.* ‖ Ôter la charge : *décharger des marchandises.* ‖ Retirer la cartouche d'une arme à feu, la charge d'une mine ou d'un projectile. ‖ Faire partir une arme à feu : *décharger son fusil.* ‖ Libérer d'une fonction, d'une charge : *être déchargé d'un travail pour raison de santé.* ‖ Donner libre cours à : *décharger sa colère sur qqn.* ‖ Annuler une charge électrique : *décharger un condensateur.* ‖ Atténuer ou annuler la responsabilité de qqn : *décharger un accusé.* ● *Décharger sa conscience,* faire des aveux. ◆ v. i. Débarquer un chargement : *le navire décharge.* ‖ Déteindre; étoffe qui décharge. ◆ **se décharger** v. pr. Se déverser. ● *Se décharger d'une affaire sur qqn,* lui en laisser le soin, lui faire confiance.

DÉCHARGEUR n. m. Appareil qui annule les coups de bélier lors d'un arrêt brusque d'une turbine hydraulique.

DÉCHARNÉ, E adj. Très maigre.

DÉCHAUMAGE n. m. Action de déchaumer.

DÉCHAUMER v. t. Enterrer le chaume.

DÉCHAUMEUSE n. f. Charrue servant à déchaumer.

DÉCHAUSSAGE n. m. Action de déchausser (un arbre).

DÉCHAUSSÉ ou **DÉCHAUX** adj. m. Se dit des moines, et plus particulièrement des carmes réformés, qui vont nu-pieds dans des sandales.

DÉCHAUSSEMENT n. m. Mise à nu du collet d'une dent.

DÉCHAUSSER v. t. Ôter à qqn sa chaussure. ‖ Enlever ses skis. ‖ Dépouiller, dégager par la base : *déchausser un arbre.* ◆ **se déchausser** v. pr. Enlever ses chaussures. ‖ En parlant d'une dent, avoir du jeu dans son alvéole.

DÉCHAUSSEUSE n. f. Charrue spéciale pour déchausser la vigne.

DÈCHE n. f. *Être dans la dèche* (Pop.), être dans la misère.

DÉCHÉANCE n. f. Passage à un état inférieur socialement ou moralement; perte d'autorité, de prestige. ‖ *Dr.* Perte d'un droit ou d'une fonction faute d'avoir accompli une formalité ou d'avoir rempli une condition en temps voulu ou du fait d'une sanction.

DÉCHET [deʃε] n. m. (de *déchoir*). Ce qui est perdu dans l'emploi d'une matière : *déchet de laine.* ● *Déchet de route,* syn. de FREINTE. ‖ *Déchet radioactif,* radioélément inutilisable qui s'accumule dans un réacteur nucléaire. ‖ *Il y a du déchet,* il y a de la perte, du mécompte.

DÉCHIFFONNER v. t. Défroisser.

DÉCHIFFRABLE adj. Que l'on peut déchiffrer.

DÉCHIFFRAGE n. m. Action de déchiffrer de la musique.

DÉCHIFFREMENT n. m. Action de déchiffrer un texte, un télégramme, un mystère, un code.

DÉCHIFFRER v. t. Parvenir à comprendre le sens d'une écriture secrète, inconnue ou peu lisible : *déchiffrer un message secret, une inscription, un manuscrit.* ‖ Comprendre, deviner ce qui est obscur : *déchiffrer une énigme.* ‖ Lire et exécuter une partition musicale sans l'avoir étudiée, à première vue.

DÉCHIFFREUR, EUSE n. Personne qui déchiffre.

DÉCHIQUETAGE n. m. Action de déchiqueter.

DÉCHIQUETÉ, E adj. *Bot.* Se dit des feuilles à bords dentelés inégalement.

DÉCHIQUETER v. t. (anc. fr. *échiqueté*, découpé en cases) [conj. **4**]. Mettre en pièces, en morceaux en arrachant : *il a eu la main déchiquetée par l'explosion.*

DÉCHIQUETEUR n. m. *Industr.* Appareil de fragmentation pour matières hétérogènes.

DÉCHIQUETURE n. f. Taillade, découpure faite dans une étoffe, une feuille, etc.

DÉCHIRANT, E adj. Qui déchire le cœur, navrant.

DÉCHIREMENT n. m. Action de déchirer, de se déchirer. ‖ Forte douleur morale : *le départ de son amie lui causa un vrai déchirement.* ‖ Division sociale grave : *pays en proie à des déchirements.*

DÉCHIRER v. t. (mot germ.). Mettre en pièces, en morceaux ; faire un accroc : *déchirer une lettre, un vêtement.* ‖ Diviser par des troubles : *la guerre civile déchira l'Espagne.* ‖ Causer une vive douleur physique ou morale : *déchirer les oreilles, le cœur.* ‖ Critiquer méchamment qqn.

DÉCHIRURE n. f. Rupture faite en déchirant. ‖ Distension des tissus par un effort violent : *déchirure musculaire.*

DÉCHLORURER v. t. Débarrasser des chlorures.

DÉCHOIR v. i. (lat. *cadere*, tomber) [conj. **43**, avec l'auxil. *avoir* ou *être*, selon que l'on veut exprimer l'action ou l'état). Tomber dans un état inférieur à celui où l'on était : *déchoir de son rang.* ‖ Diminuer peu à peu : *son influence a déchu de jour en jour.*

DÉCHRISTIANISATION n. f. Action de déchristianiser.

DÉCHRISTIANISER v. t. Amener à la perte de la foi chrétienne un pays, une personne.

DÉCHU, E adj. Qui a perdu sa force, son autorité, sa dignité.

DÉCI- (lat. *decem*, dix), préfixe (symb. : d) qui, placé devant une unité, la multiplie par 10^{-1}.

DÉCIBEL n. m. Dixième partie du *bel*, unité servant en acoustique à définir une échelle d'intensité sonore (symb. : dB). [La voix moyenne a pour intensité 55 dB.]

DÉCIDABILITÉ n. f. *Log.* Propriété d'une formule décidable.

DÉCIDABLE adj. *Log.* Se dit d'une formule qui est démontrable ou réfutable dans une théorie déductive.

DÉCIDÉ, E adj. Qui n'hésite pas pour prendre une décision ; résolu, plein d'assurance.

DÉCIDÉMENT adv. En définitive : *décidément, je ne peux plus le supporter.*

DÉCIDER v. t. (lat. *decidere*, trancher). Déterminer ce qu'on doit faire : *décider un programme de travail ; il a décidé de rester.* ‖ Pousser qqn à agir, à prendre le parti de : *il le décida à partir.* ‖ Avoir comme conséquence ; entraîner : *ce discours décida la chute du ministère.* ◆ v. t. ind. [**de**]. Donner une solution à, se prononcer sur : *l'enquête décidera de son innocence ; vous déciderez de la suite à donner à cette affaire.* ◆ v. i. Trancher d'une manière définitive : *il décide à tort et à travers.* ◆ **se décider** v. pr. Prendre un parti, une résolution, se déterminer à : *il n'arrive pas à se décider ; il s'est décidé à travailler.*

DÉCIDEUR n. m. Personne ou organisme qui a un pouvoir de décision.

DÉCIDU, E adj. (lat. *deciduus*, qui tombe). *Bot.* Relatif aux plantes dont les feuilles tombent selon un rythme saisonnier.

DÉCILAGE n. m. *Stat.* Division en déciles.

DÉCILE n. m. Chacune des 9 valeurs qui divisent une distribution statistique en 10 parties d'effectifs égaux.

DÉCILITRE n. m. Dixième partie du litre (symb. : dl).

DÉCIMAL, E, AUX adj. (lat. *decimus*, dixième). Qui a pour base le nombre dix. ‖ Composé de dixièmes, de centièmes, de millièmes. ● *Logarithme décimal* ou *vulgaire*, logarithme à base dix. ‖ *Système décimal*, système numérique qui procède par puissance de dix.

DÉCIMALE n. f. Chacun des chiffres concourant à former la partie décimale d'un nombre décimal.

DÉCIMALISATION n. f. Action de décimaliser.

DÉCIMALISER v. t. Appliquer le système décimal à des grandeurs.

DÉCIMATEUR n. m. *Hist.* Celui qui avait le droit de prélever les dîmes ecclésiastiques sous l'Ancien Régime.

DÉCIMATION n. f. Action de décimer.

DÉCIME n. m. (lat. *decimus*, dixième). Majoration d'un dixième (impôts, amendes). ‖ Un dixième de franc. ‖ Au Moyen Âge, contribution levée par la papauté sur les églises pour financer les croisades. ‖ Sous l'Ancien Régime, taxe perçue par le roi sur le clergé.

DÉCIMER v. t. Faire périr un grand nombre de personnes, d'animaux.

DÉCIMÈTRE n. m. Dixième partie du mètre (symb. : dm). ‖ Règle divisée en centimètres et millimètres.

DÉCIMÉTRIQUE adj. Dont la longueur est de l'ordre du décimètre.

DÉCINTREMENT n. m. Action de décintrer.

DÉCINTRER v. t. *Archit.* Ôter les cintres qui ont servi à construire une voûte, un arc, etc. ‖ *Cout.* Défaire les pinces d'un vêtement ajusté.

DÉCISIF, IVE adj. (lat. *decisivus ; de decidere*, trancher). Qui conduit à un résultat définitif, à une solution : *combat décisif ; argument décisif.*

DÉCISION n. f. (lat. *decisio*). Action de décider, de se décider, après examen ; chose décidée : *prendre une décision ; décision de justice.* ‖ Qualité de celui qui ne change pas de résolution, qui n'hésite pas ; détermination : *montrer de la décision.* ‖ Document transmettant aux échelons subordonnés les ordres d'une autorité militaire. ‖ Acte législatif émanant du président de la République lors de l'application des pouvoirs exceptionnels prévus par l'art. 16 de la Constitution de 1958. ● *Décision exécutoire*, décision de justice dont l'exécution peut être assurée par voie de contrainte. ‖ *Théorie de la décision*, théorie qui, à partir de données psychologiques, économiques, sociologiques, etc., tente de déterminer à l'aide, notamment, de modèles mathématiques le comportement optimal dans une situation donnée.

DÉCISIONNEL, ELLE adj. Relatif à une décision.

DÉCISOIRE adj. *Dr.* Qui concerne la décision volontaire.

DECK-HOUSE [dɛkawz] n. m. (mots angl.) [pl. *deck-houses*]. Habitacle placé sur le pont d'un yacht.

DÉCLAMATEUR adj. et n. m. Qui déclame.

DÉCLAMATION n. f. Discours pompeux.

DÉCLAMATOIRE adj. Qui relève de l'emphase, pompeux, emphatique.

DÉCLAMER v. t. (lat. *declamare*). Réciter un texte avec solennité, emphase. ◆ v. i. *Litt.* Parler avec violence contre qqn, qqch.

DÉCLARANT, E adj. et n. *Dr.* Qui fait une déclaration, notamment à un officier d'état civil.

DÉCLARATIF, IVE adj. *Dr.* Qui contient une déclaration.

DÉCLARATION n. f. Action de déclarer, acte, discours par lequel on déclare : *faire une déclaration publique.* ‖ Aveu, confession : *déclaration d'amour.* ‖ *Dr.* Affirmation de l'existence d'une situation juridique ou d'un fait.

DÉCLARATOIRE adj. *Dr.* Qui déclare juridiquement.

DÉCLARER v. t. (lat. *declarare*). Faire connaître d'une façon manifeste, officielle, solennelle : *déclarer ses intentions ; déclarer la guerre.* ‖ Faire connaître à l'Administration la nature et le montant d'une matière imposable : *déclarer ses revenus.* ● *Déclarer des marchandises*, en faire

connaître la quantité et la nature à la douane. ◆ **se déclarer** v. pr. Se manifester nettement : *maladie qui se déclare.* ‖ Faire connaître ses sentiments, ses idées.

DÉCLASSÉ, E adj. et n. Passé dans une classe sociale considérée comme inférieure.

DÉCLASSEMENT n. m. Action de déclasser.

DÉCLASSER v. t. Déranger des objets classés. ‖ Faire passer dans une condition plus médiocre, dans une catégorie inférieure, à une place plus basse d'un classement : *déclasser un hôtel.* ● *Déclasser un voyageur*, le faire changer de classe, dans les chemins de fer.

DÉCLAVETER v. t. (conj. **4**). *Techn.* Ôter la clavette pour libérer une ou plusieurs pièces.

DÉCLENCHE n. f. Appareil destiné à séparer deux pièces d'une machine, pour permettre le libre mouvement de l'une d'elles.

DÉCLENCHEMENT n. m. Action de déclencher, de se déclencher.

DÉCLENCHER v. t. (de *clenche*). Déterminer le fonctionnement, la mise en mouvement : *déclencher la sonnerie.* ‖ Mettre brusquement en mouvement : *déclencher un conflit.* ◆ **se déclencher** v. pr. Être mis en mouvement.

DÉCLENCHEUR n. m. Organe destiné à séparer deux pièces enclenchées, à mettre un mécanisme en mouvement.

DÉCLENCHEUR adj. m. *Stimulus déclencheur* (Éthol.), configuration perceptive capable de déclencher chez une espèce animale donnée un comportement inné. (Syn. ÉVOCATEUR.)

DÉCLIC [deklik] n. m. (anc. fr. *cliquer*, faire du bruit). Dispositif destiné à déclencher un mécanisme. ‖ Bruit provoqué par ce déclenchement.

DÉCLIN n. m. État de ce qui décline, diminution de grandeur, d'état : *déclin de popularité.*

DÉCLINABLE adj. *Ling.* Qui peut être décliné.

DÉCLINAISON n. f. *Astron.* Distance angulaire d'un astre ou d'un point quelconque du ciel à l'équateur céleste, mesurée par un arc de grand cercle perpendiculaire à l'équateur. ‖ *Ling.* Dans les langues à flexions, système des formes que prennent les noms, les adjectifs et les pronoms, suivant le genre, le nombre et le cas. ● *Déclinaison magnétique*, angle formé par le méridien magnétique (indiqué par l'aiguille aimantée) et le méridien géographique en un point de la surface du globe.

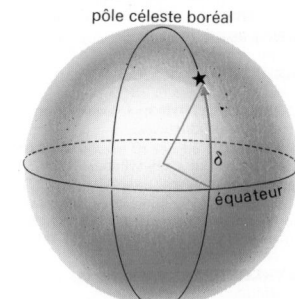

pôle céleste boréal

équateur

δ

pôle céleste austral

DÉCLINAISON D'UN ASTRE

DÉCLINANT, E adj. Qui décline, s'affaiblit.

DÉCLINATOIRE n. m. Sorte de boussole utilisée en topographie. ‖ *Dr.* Acte par lequel un plaideur décline, conteste la compétence d'un tribunal.

DÉCLINER v. i. (lat. *declinare*). Pencher vers sa fin, s'affaiblir : *le jour décline ; forces qui déclinent avec l'âge.* ‖ S'éloigner de l'équateur céleste, en parlant d'un astre. ‖ S'abaisser vers l'horizon. ◆ v. t. Refuser, rejeter : *décliner un honneur, toute responsabilité.* ‖ *Dr.* Rejeter la compétence d'un tribunal. ‖ *Ling.* Faire varier les désinences d'un mot selon la fonction grammaticale dans les langues à déclinaisons. ● *Décliner* *son nom, son identité,* les indiquer avec précision.

DÉCLINQUER [deklɛ̃ke] v. t. Dépouiller de son bordage enlever une embarcation à clins.

DÉCLIQUETAGE n. m. Action de décliqueter.

DÉCLIQUETER v. t. (conj. **4**). Dégager le cliquet d'un mécanisme.

DÉCLIVE adj. (lat. *declivis*). Qui va en pente, incliné : *terrain déclive.*

DÉCLIVITÉ n. f. État de ce qui est en pente.

DÉCLOISONNEMENT n. m. Action de décloisonner.

DÉCLOISONNER v. t. Enlever les obstacles qui isolent certaines activités les unes des autres.

DÉCLOUER v. t. Défaire ce qui est cloué.

DÉCOCHAGE n. m. *Métall.* Action de décocher.

DÉCOCHER v. t. (de *coche*, entaille). Lancer avec un arc ou un appareil analogue : *décocher une flèche.* ‖ Lancer dans un but hostile : *décocher une ruade, des traits satiriques.* ‖ *Métall.* Sortir une pièce de fonderie du moule.

DÉCOCTÉ n. m. Produit d'une décoction.

DÉCOCTION [dekɔksjɔ̃] n. f. (lat. *decoquere*, faire cuire). Action de faire bouillir des plantes aromatiques dans un liquide. ‖ Produit de cette action.

DÉCODAGE n. m. Action de décoder.

DÉCODER v. t. Rétablir en langage clair un message codé.

DÉCODEUR n. m. Appareil ou personne effectuant un décodage.

DÉCOFFRAGE n. m. Action de décoffrer.

DÉCOFFRER v. t. Enlever le coffrage d'un ouvrage de béton après durcissement de celui-ci.

DÉCOHÉSION n. f. Séparation d'un matériau en deux parties distinctes.

DÉCOIFFER v. t. Défaire l'ordonnancement des cheveux. ‖ Enlever le chapeau de qqn.

DÉCOINCEMENT n. m. Action de décoincer.

DÉCOINCER v. t. (conj. **1**). Dégager, en parlant d'une pièce coincée.

DÉCOLÉRER v. i. (conj. **5**). *Ne pas décolérer,* ne pas cesser d'être en colère.

DÉCOLLAGE n. m. Action de décoller (v. i.) : *le décollage d'un avion; le décollage d'une économie.*

DÉCOLLATION n. f. (lat. *decollare*, décapiter). *Litt.* Action de couper la tête.

DÉCOLLEMENT n. m. Action de décoller (v. t.), de se décoller.

DÉCOLLER v. t. Détacher ce qui est collé, ce qui adhère à un autre corps : *décoller un timbre.* ◆ v. i. Quitter le sol, en parlant d'un avion. ‖ *Écon.* Pour un pays, sortir du sous-développement. ‖ *Sports.* Dans une course, se séparer du peloton. ● *Ne pas décoller* (Fam.), ne pas s'en aller.

DÉCOLLETAGE n. m. Action de décolleter une robe ou fait d'être décolletée, en parlant d'une femme. ‖ *Agric.* Action de couper la partie supérieure de certaines plantes cultivées (betteraves). ‖ *Techn.* Fabrication de pièces diverses (vis, boulons, axes, etc.) obtenues sur un tour, en les usinant directement les unes à la suite des autres dans une même barre de métal.

DÉCOLLETÉ, E adj. Dont les épaules et le cou sont découverts; qui laisse les épaules et le cou découverts.

DÉCOLLETÉ n. m. Partie décolletée d'un vêtement de femme. ‖ Partie découverte des épaules et de la gorge.

DÉCOLLETER v. t. (conj. **4**). Découvrir le cou et les épaules. ‖ Couper un vêtement de manière à laisser le cou, les épaules à nu. ‖ *Agric.* et *Techn.* Pratiquer le décolletage.

DÉCOLLETEUR, EUSE n. *Techn.* Ouvrier, ouvrière travaillant au décolletage.

DÉCOLLETEUSE n. f. Machine-outil pour faire des vis, des boulons, etc. ‖ Machine servant à couper le collet des betteraves.

DÉCOLONISATION n. f. Action de décoloniser; la situation qui en résulte.

DÉCOLONISER v. t. Mettre fin au régime colonial d'un pays.

DÉCOLORANT, E adj. et n. m. Qui décolore.

DÉCOLORATION n. f. Destruction, perte ou affaiblissement de la couleur naturelle. ‖ Éclaircissement de la couleur naturelle du cheveu par application de différents produits appropriés (eau oxygénée, shampooing éclaircissant, etc.).

DÉCOLORER v. t. (lat. *decolorare*). Altérer, effacer, éclaircir la couleur de.

DÉCOMBRES n. m. pl. (anc. fr. *décombrer*, débarrasser). Débris de matériaux, d'un édifice ruiné ou écroulé.

DÉCOMMANDER v. t. Annuler une commande, un rendez-vous, une invitation.

DÉCOMPENSATION n. f. État pathologique au cours duquel les troubles dus à une fonction lésée ne sont plus compensés par une adaptation des fonctions restées saines.

DÉCOMPENSÉ, E adj. *Méd.* Soumis à la décompensation.

DÉCOMPLEXER v. t. *Fam.* Enlever les complexes de qqn; réduire son anxiété et le doute sur sa propre valeur.

DÉCOMPOSABLE adj. Qui peut être décomposé.

DÉCOMPOSER v. t. Séparer en ses éléments constituants : *décomposer l'eau; décomposer une phrase.* ‖ Altérer profondément une substance organique, putréfier : *les fermentations décomposent les viandes.* ‖ Altérer, troubler : *la peur décomposa ses traits.* ◆ **se décomposer** v. pr. S'altérer. ‖ Se modifier profondément.

DÉCOMPOSEUR n. m. Organisme qui, comme les bactéries, décompose la matière organique morte et libère des ions minéraux utilisables par les plantes vertes.

DÉCOMPOSITION n. f. Séparation de qqch en ses éléments constituants; analyse. ‖ Trouble, altération profonde : *décomposition des traits.* ‖ Altération suivie de putréfaction : *cadavre en décomposition.*

DÉCOMPRESSEUR n. m. Appareil qui sert à réduire la pression d'un fluide contenu dans un réservoir. ‖ Soupape d'un moteur à explosion facilitant le départ ou freinant le moteur.

DÉCOMPRESSION n. f. Diminution de la pression. ● *Accidents de décompression,* troubles qui surviennent chez les plongeurs, scaphandriers, etc., quand le retour à la pression atmosphérique se fait trop vite.

DÉCOMPRIMER v. t. Faire cesser ou diminuer la compression.

DÉCOMPTE n. m. Décomposition d'une somme en ses éléments de détail. ‖ Déduction à faire sur un compte que l'on solde.

DÉCOMPTER v. t. Soustraire une somme d'un compte, déduire. ◆ v. i. En parlant d'une horloge, sonner en désaccord avec l'heure indiquée.

DÉCONCENTRATION n. f. Action de diminuer ou de supprimer la concentration. ‖ *Dr. adm.* Action de donner davantage de pouvoirs aux organes de l'État dans les collectivités territoriales.

DÉCONCENTRER v. t. Diminuer ou supprimer la concentration de. ‖ Faire perdre à qqn sa concentration, distraire l'attention. ◆ **se déconcentrer** v. pr. S'éparpiller, se disperser.

DÉCONCERTANT, E adj. Qui déconcerte, surprenant.

DÉCONCERTER v. t. Troubler profondément les projets, les mesures prises par qqn; jeter dans l'incertitude, désorienter : *cette réponse nous a déconcertés.*

DÉCONDITIONNEMENT n. m. Action de déconditionner.

DÉCONDITIONNER v. t. Libérer qqn d'un comportement ayant les caractères d'un réflexe conditionné.

DÉCONFIT, E adj. Interdit, décontenancé à la suite d'un échec.

DÉCONFITURE n. f. Échec total. ‖ *Dr.* Situation de qqn qui ne peut faire face à ses engagements.

DÉCONGÉLATION n. f. Action de décongeler.

DÉCONGELER v. t. (conj. **3**). Ramener un produit congelé à son état ordinaire.

DÉCONGESTIONNER v. t. Faire cesser la congestion : *décongestionner les poumons.* ‖ Faire cesser l'encombrement : *décongestionner le centre d'une ville.*

DÉCONNECTER v. t. Séparer des choses connexes. ‖ *Techn.* Démonter un raccord branché sur un appareil, une tuyauterie; faire cesser une connexion électrique.

DÉCONNER v. i. *Pop.* Dire ou faire des bêtises.

DÉCONNEXION n. f. Action de déconnecter.

DÉCONSEILLER v. t. Conseiller de ne pas faire, dissuader.

DÉCONSIDÉRATION n. f. *Litt.* Perte de la considération; discrédit.

DÉCONSIDÉRER v. t. (conj. **5**). Faire perdre la considération, l'estime; discréditer. ◆ **se déconsidérer** v. pr. Agir de telle façon qu'on perd l'estime dont on était l'objet.

DÉCONSIGNER v. t. Affranchir de la consigne : *déconsigner des troupes.* ‖ Retirer de la consigne : *déconsigner une valise.* ‖ Rembourser le prix de la consigne d'un emballage.

DÉCONSTITUTIONNALISATION n. f. Action consistant à ôter sa valeur constitutionnelle à un texte juridique.

DÉCONTAMINATION n. f. Opération tendant à éliminer ou à réduire les agents et les effets d'une contamination.

DÉCONTAMINER v. t. Effectuer la décontamination.

DÉCONTENANCER v. t. (conj. **1**). Faire perdre contenance, embarrasser, déconcerter. ◆ **se décontenancer** v. pr. Se troubler.

DÉCONTRACTÉ, E adj. *Fam.* Détendu, à l'aise.

DÉCONTRACTER v. t. Faire cesser la contraction, la raideur : *décontracter ses muscles.* ‖ Faire cesser la tension psychique. ◆ **se décontracter** v. pr. Se détendre; diminuer sa tension psychique.

DÉCONTRACTION n. f. Action de décontracter, de se décontracter; détente.

DÉCONVENTIONNER v. t. Mettre fin aux effets d'une convention. (S'emploie spécialement en parlant de l'action d'un organisme de sécurité sociale qui place un médecin conventionné hors convention.)

DÉCONVENUE n. f. Désappointement causé par un insuccès inattendu ou humiliant.

DÉCOR n. m. (de *décorer*). Ensemble de ce qui sert à décorer, disposition de certains éléments produisant un effet ornemental. ‖ Cadre d'une action, d'un récit, d'une représentation scénique. ● *Changement de décor,* évolution brusque de la situation. ◆ pl. Toiles, portants, praticables, etc., qui servent à la mise en scène. ● *Aller, entrer dans les décors* (Fam.), quitter la route accidentellement.

DÉCORATEUR, TRICE n. Personne dont la profession est de concevoir et (ou) de réaliser des décorations de locaux, des décors de spectacles.

DÉCORATIF, IVE adj. Qui décore, qui produit un effet esthétique. ‖ Se dit de qqn qui a une belle prestance mais qui ne joue qu'un rôle secondaire. ● *Arts décoratifs,* disciplines visant à la production d'éléments décoratifs, d'objets plus ou moins utilitaires ayant une valeur esthétique (tapisserie, vitrail, sculpture ornementale, ébénisterie, céramique d'art, orfèvrerie, etc.). [On dit aussi ARTS APPLIQUÉS.] ‖ *Arts déco* ou *Art déco,* nom donné à un style décoratif mis en vedette, en 1925, par l'« Exposition internationale des arts décoratifs [...] » de Paris. (Ses fondements étaient établis dès avant la guerre de 1914-1918.)

DÉCORATION n. f. Action, art de décorer; ensemble de ce qui décore : *la décoration d'un appartement.* ‖ Insigne d'une distinction honorifique ou d'un ordre de chevalerie.

V. ill. page suivante

DÉCORATIONS FRANÇAISES

croix
de la Légion
d'honneur

croix de
la Libération

médaille
militaire

Ordre national
du Mérite

croix
de guerre
1914-1918

croix
de guerre
1939-1945

croix
de guerre
T. O. E.

valeur
militaire

médaille
de la
Résistance

plaque de grand officier
de la Légion d'honneur

médaille de
l'Aéronautique

Palmes
académiques

Mérite
agricole

Mérite
maritime

ordre des Arts
et des Lettres

médailles commémoratives
1914-1918   1939-1945

campagne
d'Indochine
1945 à 1954

méd. d'honneur
des actes de
courage et
de dévouement

DÉCORATIONS ÉTRANGÈRES

| Allemagne | Belgique | Espagne | États-Unis | Grande-Bretagne | Portugal | U. R. S. S. |

croix
fédérale
du Mérite

croix
de Léopold

ordre royal
de Charles III

médaille
d'honneur

Victoria
cross

ordre
du Christ

Drapeau
rouge

DÉCORDER (SE) v. pr. Se détacher d'une cordée.

DÉCORÉ, E adj. et n. Qui porte une décoration.

DÉCORER v. t. (lat. *decorare*). Pourvoir d'éléments, d'accessoires constituant un embellissement : *décorer un appartement.* ‖ Conférer une décoration.

DÉCORNER v. t. Enlever les cornes, les plis.

DÉCORTICAGE n. m. Action de décortiquer.

DÉCORTICATION n. f. Grattage de l'écorce des arbres. ‖ *Chir.* Ablation de l'enveloppe conjonctive d'un organe.

DÉCORTIQUER v. t. (lat. *decorticare*; de *cortex*, écorce). Enlever l'écorce des arbres, l'enveloppe du grain, la coquille d'un fruit, etc. ‖ Analyser minutieusement un texte, une phrase.

DÉCORUM [dekɔrɔm] n. m. (mot lat.). Ensemble des convenances, des manifestations donnant un éclat aux conventions sociales.

DÉCOTE n. f. Abattement consenti sur le montant de certains impôts. ‖ *Comptab.* Réfaction.

DÉCOUCHER v. i. Ne pas rentrer coucher chez soi.

DÉCOUDRE v. t. (conj. 52). Défaire ce qui était cousu. ‖ *Véner.* Faire une décousure. ◆ v. i. *En découdre*, en venir aux mains.

DÉCOULER v. i. Résulter, être une conséquence : *découler d'un principe.*

DÉCOUPAGE n. m. Action ou manière de découper, figure découpée. ‖ *Cin.* Division d'un scénario en un nombre de scènes déterminé, avec les indications techniques; le texte ainsi établi. ● *Découpage électoral*, établissement des circonscriptions électorales.

DÉCOUPE n. f. Résultat d'un découpage.

DÉCOUPÉ, E adj. Se dit des objets aux contours irréguliers : *côte découpée.*

DÉCOUPER v. t. Couper en morceaux, en parts. ‖ Tailler en suivant les contours d'un dessin : *découper des images.* ‖ Former des coupures dans; échancrer : *golfes qui découpent une côte.* ◆ **se découper** v. pr. Se détacher sur un fond : *montagne se découpant sur le ciel.*

DÉCOUPEUR, EUSE n. Personne qui découpe.

DÉCOUPEUSE n. f. Machine à découper la laine, le bois, les métaux, etc.

DÉCOUPLAGE n. m. Action de découpler.

DÉCOUPLÉ, E adj. *Bien découplé*, qui a un corps harmonieusement proportionné.

DÉCOUPLER v. t. *Électr.* Supprimer un couplage (souvent parasite) entre deux ou plusieurs circuits. ‖ *Véner.* Détacher des chiens attachés deux à deux.

DÉCOUPOIR n. m. Instrument pour découper. ‖ Taillant d'une machine à découper.

DÉCOUPURE n. f. Taillade faite à de la toile, à du papier : *les découpures d'une guirlande.* ‖ Morceau découpé.

DÉCOURAGEANT, E adj. De nature à décourager.

DÉCOURAGEMENT n. m. Perte de courage, abattement; démoralisation.

DÉCOURAGER v. t. (conj. 1). Abattre le courage, l'énergie; démoraliser. ‖ Ôter le désir de faire qqch. ◆ **se décourager** v. pr. Perdre courage.

DÉCOURONNEMENT n. m. Action de découronner.

DÉCOURONNER v. t. Priver de la couronne.

DÉCOURS [dekur] n. m. (lat. *decursus*, course rapide). *Méd.* Période de déclin d'une maladie. ‖ *Astron.* Décroissance de la Lune.

DÉCOUSU, E adj. Dont les éléments constituants sont mal liés : *explications décousues.*

DÉCOUSURE n. f. *Véner.* Blessure faite à un chien par un sanglier ou un cerf.

DÉCOUVERT, E adj. Qui n'est pas couvert. ● *À visage découvert*, franchement. ‖ *Pays découvert*, peu boisé.

DÉCOUVERT n. m. *Fin.* Prêt à court terme accordé par une banque au titulaire d'un compte courant. ● *À découvert*, sans que rien ne protège :

combattre à découvert; sans rien dissimuler. ‖ *Être à découvert*, avoir un découvert sur son compte. ‖ *Vendre à découvert*, céder en Bourse des valeurs qu'on ne possède pas.

DÉCOUVERTE n. f. Action de trouver ce qui était inconnu, ignoré; ce qui est ainsi dévoilé. ‖ *Cin.* Arrière-plan d'un décor constitué soit par une maquette, soit par des agrandissements photographiques de vastes dimensions. ‖ *Min.* Exploitation à ciel ouvert dans laquelle on a enlevé ce qui recouvrait le gisement. ● *À la découverte*, pour trouver.

DÉCOUVERTURE n. f. Enlèvement du stérile qui recouvre un gisement dans une exploitation à ciel ouvert. ● *Taux de découverture*, volume de stérile à enlever pour extraire une tonne de minerai.

DÉCOUVREUR, EUSE n. Celui, celle qui découvre.

DÉCOUVRIR v. t. (lat. *cooperire*, couvrir) [conj. 10]. Ôter ce qui couvrait, protégeait : *découvrir une casserole.* ‖ Trouver ce qui était caché, inconnu, ignoré : *découvrir un trésor, un vaccin.* ‖ Commencer à voir : *d'ici on découvre le mont Blanc.* ‖ Révéler ou apprendre : *découvrir un secret.* ◆ **se découvrir** v. pr. Ôter ses vêtements, son chapeau. ‖ S'éclaircir, en parlant du temps. ‖ S'exposer aux coups. ‖ Révéler sa pensée.

DÉCRASSAGE n. m. Action de décrasser.

DÉCRASSER v. t. Ôter la crasse. ‖ Ôter de la grille d'un foyer ou des tubes à fumée d'une chaudière les scories et les cendres qui s'opposent à la combustion. ‖ *Fam.* Débarrasser qqn de son ignorance.

DÉCRÉMENT n. m. *Math.* Diminution de la valeur d'une quantité variable.

DÉCRÉPAGE n. m. Action de décréper.

DÉCRÉPER v. t. Rendre lisse des cheveux crépus.

DÉCRÉPIR v. t. Enlever le crépi d'un mur. ◆ **se décrépir** v. pr. Perdre son crépi.

DÉCRÉPISSAGE n. m. Action de décrépir.

DÉCRÉPIT, E [dekrepi, it] adj. Affaibli par l'âge.

DÉCRÉPITER v. t. Calciner un sel jusqu'à ce qu'il ne crépite plus.

DÉCRÉPITUDE n. f. Affaiblissement dû à une extrême vieillesse.

DECRESCENDO [dekreʃɛdo *ou* dekrɛʃɛndo] adv. et n. m. inv. (mot it.). *Mus.* En diminuant progressivement l'intensité des sons.

DÉCRET [dekrɛ] n. m. (lat. *decretum*). Décision du président de la République ou du Premier ministre, dont les effets sont semblables à ceux de la loi ou, pour certains, sont individuels.

DÉCRÉTALE n. f. Décision papale sur une consultation, donnée sous forme de lettre et qui fait jurisprudence.

DÉCRÉTER v. t. (conj. 5). Ordonner, régler par un décret : *décréter une mobilisation.* ‖ Décider de sa propre autorité : *il décréta qu'il resterait.*

DÉCRET-LOI n. m. (pl. *décrets-lois*). Décret du gouvernement, possédant le caractère de loi.

DÉCREUSAGE n. m. Action de décreuser.

DÉCREUSER v. t. Éliminer le grès des fils et des tissus de soie grège.

DÉCRIER v. t. *Litt.* Critiquer qqn, qqch, en dire du mal.

DÉCRIRE v. t. (lat. *describere*) [conj. 65]. Représenter, dépeindre par l'écrit ou par la parole : *décrire un pays.* ‖ Tracer ou parcourir une ligne courbe : *décrire une circonférence.*

DÉCRISPATION n. f. Action de décrisper.

DÉCRISPER v. t. Atténuer le caractère tendu d'une situation quelconque.

DÉCROCHAGE n. m. Action de décrocher; son résultat. ‖ Chute de la portance d'un aéronef lorsque l'angle d'incidence devient trop élevé.

DÉCROCHEMENT n. m. Action de décrocher. ‖ Écart de niveau, partie en retrait, notamment dans une maçonnerie. ‖ *Géol.* Cassure le long de laquelle le terrain a été déplacé horizontalement.

DÉCROCHER v. t. (de *croc*). Détacher ce qui était accroché. ‖ En parlant d'un aéronef, subir une perte de portance. ‖ Mettre fin à une dépendance vis-à-vis d'une drogue. ‖ *Fam.* Obtenir : *décrocher une commande.* ◆ v. i. *Mil.* Rompre le contact avec l'ennemi à son insu. ‖ Cesser de s'intéresser à qqch, de suivre un exposé.

DÉCROCHEZ-MOI-ÇA n. m. inv. *Fam.* Boutique de fripier.

DÉCROISEMENT n. m. Action de décroiser.

DÉCROISER v. t. Séparer ce qui était croisé.

DÉCROISSANCE n. f., *ou* **DÉCROISSEMENT** n. m. Action de décroître; diminution.

DÉCROISSANT, E adj. Qui décroît. ● *Fonction décroissante sur un intervalle* [*a*, *b*] *de* ℝ, fonction numérique décroissante sur l'intervalle [*a*, *b*], telle que, pour tout x_1 et x_2 de cet intervalle, on a $f(x_2) - f(x_1) < 0$, $x_2 \neq x_1$. ‖ *Suite décroissante au sens large*, suite telle qu'à partir d'un certain rang on ait $u_{n+1} \leqslant u_n$. ‖ *Suite strictement décroissante*, suite telle qu'à partir d'un certain rang on ait $u_{n+1} < u_n$, l'égalité étant exclue.

DÉCROÎTRE v. i. (conj. 60). Diminuer progressivement.

DÉCROTTAGE n. m. Action de décrotter.

DÉCROTTER v. t. Ôter la boue : *décrotter des chaussures.* ● *Décrotter qqn* (Fam.), lui enlever ses manières grossières.

DÉCROTTEUR n. m. Machine agricole servant à nettoyer les tubercules et les racines.

DÉCROTTOIR n. m. Lame métallique horizontale fixée au mur extérieur d'un bâtiment pour ôter la boue des chaussures.

DÉCRUE n. f. Baisse de niveau des eaux après une crue. ‖ Quantité dont l'eau a décru.

DÉCRYPTAGE *ou* **DÉCRYPTEMENT** n. m. Action de décrypter.

DÉCRYPTER v. t. Déchiffrer un texte écrit en caractères secrets dont on ne connaît pas la clef.

DÉÇU, E adj. (de *decevoir*). Qui a éprouvé une déception. ● *Espoir déçu*, non réalisé.

DÉCUBITUS [dekybitys] n. m. (mot lat.). Attitude du corps, lorsqu'il repose sur un plan horizontal.

DÉCUIVRER v. t. Enlever le cuivrage par dissolution chimique ou électrolytique.

DE CUJUS [dekyʒys] n. m. (mots lat.). *Dr.* Le défunt dont dépend une succession.

DÉCULASSER v. t. Ôter la culasse.

DÉCULOTTÉE n. f. *Pop.* Défaite honteuse.

DÉCULOTTER v. t. Ôter la culotte, le pantalon. ◆ **se déculotter** v. pr. *Pop.* Perdre son assurance au moment de l'action.

DÉCULPABILISATION n. f. Suppression du sentiment de culpabilité.

DÉCULPABILISER v. t. Supprimer un sentiment de culpabilité.

DÉCUPLE adj. et n. m. (lat. *decuplus*; de *decem*, dix). Dix fois aussi grand.

DÉCUPLEMENT n. m. Action de décupler.

DÉCUPLER v. t. Multiplier par dix. ‖ Augmenter beaucoup : *la colère décuple les forces.* ◆ v. i. Être multiplié par dix : *population qui décuple en un siècle.*

DÉCURIE n. f. (lat. *decuria*). *Hist.* À Rome, division de la centurie, groupant dix soldats.

DÉCURION n. m. *Hist.* À Rome, chef d'une décurie. ‖ Dans les provinces romaines, membre d'une assemblée municipale.

DÉCURRENT, E adj. (lat. *decurrens*, qui court). *Bot.* Se dit d'une feuille ou d'une lamelle de champignon qui se prolonge sur la tige.

DÉCUSCUTEUSE n. f. Trieur au moyen duquel on débarrasse les graines de semences fourragères des graines de cuscute.

DÉCUSSÉ, E adj. (lat. *decussatus*, croisé). *Bot.* Se dit des feuilles opposées dont les paires se croisent à angle droit.

DÉCUVAGE n. m. Transvasement du vin de la cuve à fermenter dans les tonneaux.

DÉCUVER v. t. Opérer le décuvage.

DÉDAIGNABLE adj. Qui mérite le dédain.

DÉDAIGNER v. t. Traiter ou regarder qqn avec dédain, mépriser. ‖ Repousser, négliger comme indigne de soi : *dédaigner une offre; dédaigner de répondre.*

DÉDAIGNEUSEMENT adv. Avec dédain.

DÉDAIGNEUX, EUSE adj. et n. Qui a ou qui marque du dédain.

DÉDAIN n. m. (de *dédaigner*). Mépris orgueilleux exprimé par l'air, le ton, les manières.

DÉDALE n. m. (de *Dédale*). Ensemble compliqué de rues, de chemins, etc., où l'on s'égare. ‖ Ensemble embrouillé et confus : *le dédale des lois.*

DEDANS adv. Dans l'intérieur. ● *Mettre dedans* (Fam.), tromper. ‖ *Se ficher dedans* (Pop.), se tromper. ◆ loc. adv. *Là-dedans,* dans ce lieu.

DEDANS n. m. Partie intérieure d'une chose. ◆ loc. adv. *En dedans,* à l'intérieur. ‖ *Être en dedans,* pour un danseur, avoir les genoux et les pieds insuffisamment ouverts.

DÉDICACE n. f. (lat. *dedicatio*). Formule manuscrite ou imprimée par laquelle un auteur fait hommage de son livre à qqn. ‖ *Relig.* Consécration d'une église; anniversaire de cette consécration.

DÉDICACER v. t. (conj. 1). Faire hommage d'un ouvrage à qqn par une dédicace.

DÉDICATOIRE adj. Qui contient la dédicace d'un livre.

DÉDIER v. t. (lat. *dedicare*). Faire hommage d'un livre à qqn par une formule imprimée. ‖ Offrir : *dédier ses collections à l'État.* ‖ *Relig.* Consacrer un lieu de culte à Dieu ou à un saint.

DÉDIFFÉRENCIATION n. f. Évolution d'un processus qui tend à aller du plus complexe au plus simple. ‖ *Biol.* Perte totale ou partielle des caractères particuliers d'une cellule ou d'un tissu vivants.

DÉDIFFÉRENCIER (SE) v. pr. Procéder par dédifférenciation.

DÉDIRE (SE) v. pr. (conj. 68). Dire le contraire de ce qu'on a affirmé précédemment, se rétracter. ‖ Ne pas tenir sa parole; revenir sur sa promesse.

DÉDIT [dedi] n. m. Action de se dédire. ‖ Somme à payer en cas de non-accomplissement d'un contrat ou de rétractation d'un engagement pris.

DÉDOMMAGEMENT n. m. Réparation d'un dommage, compensation.

DÉDOMMAGER v. t. (conj. 1). Réparer les dommages subis par qqn ou la peine qu'il s'est donnée : *dédommager qqn d'une perte; la réussite l'a dédommagé de ses efforts.*

DÉDORER v. t. Enlever la dorure.

DÉDOUANEMENT ou **DÉDOUANAGE** n. m. Action de dédouaner.

DÉDOUANER v. t. Faire sortir une marchandise des entrepôts de la douane, en acquittant les droits. ‖ Relever qqn du discrédit dans lequel il était tombé. ◆ **se dédouaner** v. pr. *Fam.* Agir de façon à faire oublier un passé répréhensible.

DÉDOUBLEMENT ou **DÉDOUBLAGE** n. m. Action de diviser en deux. ● *Dédoublement de la personnalité,* trouble psychique où alternent chez un même sujet deux personnalités : l'une normale et l'autre pathologique, présentant un caractère d'automatisme et liée aux motivations inconscientes.

DÉDOUBLER v. t. Ôter la doublure d'un vêtement : *dédoubler un manteau.* ‖ Déplier ce qui est en double : *dédoubler une feuille de papier.* ‖ Partager en deux : *dédoubler une classe.* ● *Dédoubler un train,* faire partir successivement deux trains au lieu d'un, pour la même destination.

DÉDRAMATISER v. t. Retirer à une situation, un événement son caractère de drame, de crise.

DÉDUCTIBILITÉ n. f. Caractère de ce qui·est déductible.

DÉDUCTIBLE adj. Qui peut être déduit.

DÉDUCTIF, IVE adj. Qui progresse par déduction.

DÉDUCTION n. f. (lat. *deductio*). Soustraction,

retranchement : *faire déduction des sommes déjà payées.* ‖ Conséquence tirée d'un raisonnement, conclusion : *une suite de déductions.* ‖ *Log.* Raisonnement qui conclut, à partir d'hypothèses, à la vérité d'une proposition en usant de règles d'inférence.

DÉDUIRE v. t. (lat. *deducere,* amener) [conj. 49]. Soustraire d'une somme : *déduire ses frais.* ‖ Tirer comme conséquence logique : *je déduis de là que...*

DEEP TANK [diptāk] n. m. (pl. *deep tanks*). Cale à eau d'un navire utilisée pour le lestage par remplissage d'eau de mer.

DÉESSE n. f. Divinité féminine.

DE FACTO [defakto] loc. adv. (mots lat., *selon le fait*). *Dr.* De fait. (S'oppose à *de jure.*)

DÉFAILLANCE n. f. Perte momentanée des forces physiques ou morales. ‖ Absence de fonctionnement normal : *défaillance du système de sécurité; défaillance de mémoire.*

DÉFAILLANT, E adj. Qui a une défaillance.

DÉFAILLIR v. i. (conj. 11). *Litt.* Perdre momentanément ses forces physiques ou morales : *supporter sans défaillir des épreuves.* ‖ *Litt.* Manquer : *ses forces commencent à défaillir.*

DÉFAIRE v. t. (conj. 72). Remettre dans l'état premier, réaliser à l'inverse les actions précédentes : *défaire un paquet.* ‖ Modifier l'arrangement d'une chose : *défaire un lit, sa coiffure.* ‖ *Litt.* Vaincre : *défaire l'ennemi.* ‖ *Litt.* Délivrer, débarrasser : *défaites-moi de ce gêneur.* ◆ **se défaire** v. pr. [de]. Se débarrasser de qqn, de qqch : *se défaire d'un raseur, de sa voiture.*

DÉFAIT, E adj. Pâle, amaigri : *visage défait.*

DÉFAITE n. f. Perte d'une bataille, d'un combat, d'une guerre. ‖ Échec important : *défaite électorale.*

DÉFAITISME n. m. Manque de confiance dans la victoire. ‖ Manque de confiance en soi.

DÉFAITISTE adj. et n. Qui manque de confiance dans le succès; pessimiste.

DÉFALCATION n. f. Déduction, décompte.

DÉFALQUER v. t. (it. *defalcare*). Déduire, retrancher d'une somme, d'une quantité.

DÉFATIGANT adj. et n. m. Se dit d'un produit appliqué par massage pour décontracter les muscles.

DÉFATIGUER v. t. Ôter la fatigue.

DÉFAUFILER v. t. Défaire un vêtement qui avait été faufilé.

DÉFAUSSER v. t. Redresser : *défausser un axe.* ● *Défausser une carte,* se débarrasser au cours du jeu d'une carte jugée inutile. ◆ **se défausser** v. pr. Au jeu, se débarrasser des cartes jugées inutiles.

DÉFAUT n. m. (de *défaillir*). Manque, insuffisance de ce qui est nécessaire : *défaut de connaissances, de mémoire.* ‖ Imperfection physique, matérielle ou morale : *corriger ses défauts; défaut d'un appareil.* ‖ Ce qui n'est pas conforme aux règles de l'art : *les défauts d'un ouvrage, d'un tableau.* ‖ *Dr.* Le fait de ne pas se présenter en justice. ‖ *Véner.* Perte de la voie par les chiens. ‖ *Être en défaut,* se tromper; commettre une faute. ‖ *Faire défaut,* manquer; abandonner : *l'ambition ne lui faisait pas défaut; ses amis lui firent défaut.* ‖ *Mettre en défaut* (Litt.), mettre en échec. ◆ loc. prép. *À défaut de,* dans le cas d'un manque de, faute de.

DÉFAVEUR n. f. Perte de la faveur, de l'estime de qqn.

DÉFAVORABLE adj. Qui n'est point favorable; désavantageux; hostile.

DÉFAVORABLEMENT adv. De façon défavorable.

DÉFAVORISER v. t. Désavantager, handicaper.

DÉFÉCATION n. f. (lat. *defaecare,* purifier). Expulsion des matières fécales. ‖ *Chim.* Clarification d'un liquide.

DÉFECTIF, IVE adj. (lat. *deficere,* manquer). *Ling.* Se dit d'un verbe qui n'a pas tous ses temps, tous ses modes ou toutes ses personnes, comme *absoudre, braire, clore,* etc.

DÉFECTION n. f. Action d'abandonner une

cause, un parti. ‖ Fait d'être absent d'un lieu où l'on était attendu.

DÉFECTUEUSEMENT adv. De façon défectueuse.

DÉFECTUEUX, EUSE adj. (lat. *defectus,* manque). Qui présente des défauts : *produit défectueux.* ‖ Qui manque des conditions, des formalités requises : *jugement défectueux.*

DÉFECTUOSITÉ n. f. État de ce qui est défectueux; imperfection, défaut, malfaçon.

DÉFENDABLE adj. Qui peut être défendu.

DÉFENDEUR, ERESSE n. *Dr.* Personne contre laquelle est intentée une action en justice.

DÉFENDRE v. t. (lat. *defendere*) [conj. 46]. Apporter un soutien, une aide, une protection : *défendre un accusé.* ‖ Ne pas permettre de faire : *défendre de sortir.* ● *À son corps défendant,* à contrecœur. ◆ **se défendre** v. pr. Résister à une agression. ‖ Chercher à se disculper, nier : *se défendre d'avoir fait qqch.* ‖ *Fam.* Être apte à faire qqch : *il se défend bien malgré son âge; se défendre dans les affaires.* ‖ S'empêcher, se retenir de : *il ne put se défendre de sourire.* ● *Ça se défend* (Fam.), ça a des côtés mauvais.

DÉFENESTRATION n. f. Chute par la fenêtre.

DÉFENESTRER [defanɛstre] v. t. Jeter qqn par la fenêtre.

DÉFENS ou **DÉFENDS** [defã] n. m. *Dr.* Interdiction faite au propriétaire d'un bois d'y pratiquer des coupes. ‖ Interdiction de pacage dans un bois.

DÉFENSE n. f. Action de défendre, de protéger ou de se défendre : *la défense du territoire, d'une théorie.* ‖ Mesures prises pour défendre une troupe, un navire, une population contre certains types de menace (la défense aérienne, antichar, anti-sous-marine). ‖ Interdiction : *défense de fumer.* ‖ *Dr.* Moyens de justification de la personne qui est citée en justice. ‖ Ensemble des auxiliaires de justice qui interviennent au nom d'un accusé. ‖ *Mar.* Ballon en corde, vieux pneu que l'on met le long du bord d'un navire pour amortir un choc ou empêcher le frottement contre un quai ou un autre navire. ‖ *Sports.* Partie de l'équipe spécialement chargée de protéger son but. ‖ *Zool.* Dent allongée et saillante, comme les incisives des éléphants, les canines du sanglier, etc. ● *Avoir de la défense* (Fam.), être capable de résister aux attaques, aux railleries. ‖ *Défense nationale* ou *Défense,* ensemble des actions de tous ordres (politique, militaire, économique) qu'un pays met en œuvre pour assurer sa sécurité. ‖ *Mécanisme de défense* (Psychanal.), processus au service du Moi pour lutter contre les tensions résultant des exigences du Ça ou contre tout ce qui peut être générateur d'angoisse. ◆ pl. *Mil.* Ensemble des organisations défensives assurant la protection d'une place, d'un point sensible.

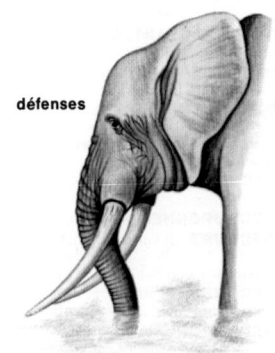

défenses

DÉFENSEUR n. m. Celui qui assure la défense, qui soutient une cause : *défenseur du peuple.* ‖ Avocat chargé de défendre un accusé.

DÉFENSIF, IVE adj. Destiné à la défense, qui vise à défendre.

DÉFENSIVE n. f. Attitude d'une personne, d'une armée, d'une nation qui se borne à se prémunir contre toute attaque.

DÉFENSIVEMENT adv. En vue de la défensive.

DÉFÉQUER v. i. (lat. *defaecare*) [conj. 5]. Expulser les matières fécales. ◆ v. t. *Chim.* Opérer la défécation de.

DÉFÉRENCE n. f. Respect qui porte à se conformer à la volonté, aux sentiments de qqn; politesse.

DÉFÉRENT, E adj. (lat. *deferens*). Qui a de la déférence, respectueux : *se montrer déférent à l'égard de qqn*. ‖ *Anat.* Qui conduit dehors : *canal déférent*.

DÉFÉRER v. t. (lat. *deferre*, porter) [conj. 5]. *Dr.* Attribuer à une juridiction; traduire devant un tribunal. ◆ v. t. ind. [à]. *Litt.* Céder par respect, par égard : *déférer à l'avis de qqn*.

DÉFERLANT, E adj. Se dit d'une vague qui déferle.

DÉFERLEMENT n. m. Action de déferler.

DÉFERLER v. t. (anc. fr. *fresler*). *Mar.* Déployer les voiles. ◆ v. i. Se développer et se briser avec bruit, en parlant des vagues. ‖ Se répandre avec force, se précipiter : *la foule déferlait*.

DÉFERRAGE ou **DÉFERREMENT** n. m. Action de déferrer.

DÉFERRER v. t. Ôter le fer fixé à un objet, aux pieds d'une bête de somme, enlever les rails d'une voie ferrée, etc.

DÉFERVESCENCE n. f. *Méd.* Diminution ou disparition de la fièvre.

DÉFET [defɛ] n. m. (lat. *defectus*, manque). *Impr.* Feuillet dépareillé d'un livre.

DÉFEUILLAISON ou **DÉFOLIATION** n. f. *Bot.* Chute des feuilles.

DÉFEUILLER v. t. *Litt.* Enlever les feuilles d'un arbre.

DÉFEUTRAGE n. m. *Industr.* Opération exécutée sur la laine peignée, pour la rendre propre à l'étirage.

DÉFI n. m. (de *défier*). Provocation dans laquelle on juge l'adversaire incapable de faire quelque chose : *accepter, relever un défi*. ‖ Refus de se soumettre : *défi à l'autorité*. ‖ *Hist.* Appel à un combat singulier. ● *Mettre qqn au défi de* (et inf.), parier avec lui qu'il n'est pas capable de.

DÉFIANCE n. f. Crainte d'être trompé; manque de confiance, soupçon.

DÉFIANT, E adj. Qui craint d'être trompé, soupçonneux, méfiant.

DÉFIBRAGE n. m. Action de défibrer.

DÉFIBRER v. t. Ôter les fibres de.

DÉFIBREUR n. m. Machine à défibrer le bois.

DÉFIBRILLATEUR n. m. Appareil servant à la défibrillation.

DÉFIBRILLATION n. f. Méthode thérapeutique employant un choc électrique pour arrêter la fibrillation du muscle cardiaque.

DÉFICELER v. t. (conj. 3). Enlever la ficelle qui entoure.

DÉFICIENCE n. f. Insuffisance organique ou psychique.

DÉFICIENT, E adj. (lat. *deficiens*, manquant). Qui présente une déficience.

DÉFICIT [defisit] n. m. (lat. *deficit*, il manque). Ce qui manque pour équilibrer les recettes avec les dépenses : *budget en déficit*. ● *Déficit intellectuel*, insuffisance congénitale ou acquise du développement intellectuel.

DÉFICITAIRE adj. Qui se solde par un déficit : *une entreprise déficitaire*.

DÉFIER v. t. (lat. *fidus*, fidèle). Provoquer qqn au combat, à la lutte en prétendant qu'il en est incapable : *défier qqn à la course; je te défie de lui parler*. ‖ Soutenir l'épreuve de : *ceci défie toute comparaison*. ‖ Affronter, braver : *défier l'autorité*.

DÉFIER (SE) v. pr. [de] (lat. *diffidere*). Ne pas avoir confiance en qqn, en qqch.

DÉFIGURER v. t. Déformer au point de rendre

méconnaissable : *visage défiguré par un accident; défigurer la pensée de qqn*.

DÉFILAGE n. m. Mise du chiffon en charpie, dans la fabrication du papier.

DÉFILÉ n. m. Passage étroit entre deux hauteurs. ‖ Marche de personnes, de formations militaires, de voitures, etc., disposées à la file, en colonnes : *défilé de manifestants, de visiteurs*.

DÉFILÉ, E adj. *Mil.* Se dit d'un itinéraire ou d'une zone de terrain à l'abri des vues et des coups de l'adversaire.

DÉFILEMENT n. m. *Cin.* Progression de la pellicule, de la bande magnétique dans l'appareil. ‖ *Mil.* Art d'utiliser les accidents du terrain pour se soustraire aux vues de l'ennemi.

DÉFILER v. i. (de *file*). Se succéder régulièrement et de manière continue : *témoins qui défilent*. ‖ Marcher en file, en colonne. ‖ Passer de manière continue : *faire défiler un film*.

DÉFILER v. t. (de *fil*). Ôter le fil passé dans une chose : *défiler un collier*. ‖ *Industr.* Réduire des chiffons en charpie pour préparer la pâte à papier. ‖ *Mil.* Utiliser un défilement. ◆ **se défiler** v. pr. *Fam.* S'esquiver, partir discrètement.

DÉFILEUSE n. f. *Techn.* Machine à défiler les chiffons.

DÉFINI, E adj. Déterminé : *il a un avis très défini sur la question*. ● *Article défini*, celui qui s'emploie avec un nom désignant un objet individuellement déterminé (*le, la, les; au, aux; du, des*). ‖ *Passé défini*, syn. anc. de PASSÉ SIMPLE.

DÉFINIR v. t. (lat. *definire*). Donner la définition de : *définir le triangle*. ‖ Indiquer, établir de manière précise : *définir un plan*.

DÉFINISSABLE adj. Qui peut être défini.

DÉFINITEUR n. m. Religieux délégué au chapitre de son ordre pour y traiter des points de discipline, d'administration, etc.

DÉFINITIF, IVE adj. Réglé, fixé de manière qu'on ne devra plus y revenir, irrévocable. ● *En définitive*, tout bien considéré, en fin de compte.

DÉFINITION n. f. Énonciation des caractères essentiels, des qualités propres à un être ou à une chose; signification du mot qui les désigne. ‖ *Log.* Substitution, à un complexe de symboles, d'un symbole abréviateur. ‖ *Télév.* Nombre de lignes en lesquelles est analysée une image à transmettre. ● *Domaine de définition* (Math.), pour une correspondance entre deux ensembles E et F, sous-ensemble de l'ensemble E dont les éléments admettent des correspondants dans l'ensemble F.

DÉFINITIONNEL, ELLE adj. Qui se rapporte à une définition.

DÉFINITIVEMENT adv. De façon définitive, une fois pour toutes.

DÉFLAGRANT, E adj. Qui a la propriété de déflagrer.

DÉFLAGRATION n. f. (lat. *deflagratio*). Décomposition brutale d'un corps. ‖ Violente explosion. ‖ Conflit généralisé, guerre.

DÉFLAGRER v. i. (lat. *deflagrare*). Se décomposer brutalement; faire explosion.

DÉFLATION n. f. (lat. *deflare*, enlever en soufflant). *Écon.* Restriction, par les pouvoirs publics, de la quantité de monnaie en circulation, notamment par un encadrement du crédit, des excédents budgétaires, ou même une ponction de signes monétaires. ‖ *Géogr.* Dans les déserts, balayage par le vent, qui opère un tri des débris en fonction de leur granulométrie.

DÉFLATIONNISTE adj. *Écon.* Relatif à la déflation.

DÉFLECTEUR n. m. (lat. *deflectere*, fléchir). Appareil servant à modifier la direction d'un écoulement. ‖ *Autom.* Petit volet mobile fixé à l'encadrement de la glace des portières avant et servant à orienter l'air.

DÉFLEURIR v. i. Perdre ses fleurs. ◆ v. t. Faire tomber les fleurs d'une tige.

DÉFLEXION n. f. État d'un membre ou d'une partie du corps qui n'est pas fléchi. (La déflexion de la tête du fœtus gêne l'accouchement.) ‖ Déformation, dans le sens vertical, d'un revêtement de chaussée sous le passage d'un véhi-

cule. ‖ *Phys.* Changement de direction d'un faisceau lumineux ou corpusculaire.

DÉFLORAISON n. f. Chute ou flétrissure naturelle des fleurs; époque de cette chute.

DÉFLORATION n. f. Perte de la virginité.

DÉFLORER v. t. (lat. *deflorare*, enlever la fleur). Traiter superficiellement un sujet en préservant ainsi l'originalité d'une étude ultérieure approfondie. ‖ Faire perdre sa virginité.

DÉFLUENT n. m. Bras formé par la division des eaux d'un cours d'eau.

DÉFLUVIATION n. f. Changement total du lit d'un cours d'eau.

DÉFOLIANT adj. et n. m. Se dit d'un produit chimique assurant la défoliation.

DÉFOLIATION n. f. Syn. de DÉFEUILLAISON. ‖ Action entreprise pour détruire la végétation à l'aide de défoliants.

DÉFOLIER v. t. Provoquer la défoliation.

DÉFONÇAGE ou **DÉFONCEMENT** n. m. Action de défoncer. ‖ Labour profond.

DÉFONCE n. f. *Pop.* Absorption de substances hallucinogènes; état qui en résulte.

DÉFONCER v. t. (de *fond*) [conj. 1]. Ôter le fond de : *défoncer un tonneau*. ‖ Briser en enfonçant, éventrer : *défoncer un fauteuil*. ‖ *Techn.* Usiner une cavité dans une pièce massive par avance axiale de l'outil de coupe. ● *Défoncer le sol*, le labourer profondément. ◆ **se défoncer** v. pr. *Fam.* Faire de grands efforts dans un domaine quelconque. ‖ *Pop.* Se droguer.

DÉFONCEUSE n. f. Charrue utilisée pour défoncer le sol.

DÉFORCER v. t. (conj. 1). En Belgique, affaiblir, diminuer le pouvoir de qqn.

DÉFORESTATION n. f. Action de détruire des forêts.

DÉFORMANT, E adj. Qui déforme.

DÉFORMATION n. f. Action de déformer. ● *Déformation professionnelle*, habitudes résultant de la pratique d'une profession et abusivement appliquées à la vie courante.

DÉFORMER v. t. Altérer la forme de qqch : *déformer les noms propres*. ‖ Ne pas reproduire avec exactitude : *déformer un récit*.

DÉFOULEMENT n. m. *Fam.* Fait de se défouler.

DÉFOULER (SE) v. pr. *Fam.* Se laisser aller à des débordements affectifs; exprimer librement ce qu'on pense.

DÉFOURNAGE ou **DÉFOURNEMENT** n. m. *Industr.* Action de défourner.

DÉFOURNER v. t. Retirer du four.

DÉFRAÎCHIR v. t. (de *frais* adj.). Enlever la fraîcheur, l'éclat; ternir.

DÉFRANCHI, E adj. Se dit, en Belgique, de qqn qui a perdu sa hardiesse, son assurance.

DÉFRAYER [defrɛje] v. t. (de *frais* n.) [conj. 2]. Payer les dépenses de qqn. ● *Défrayer la conversation, la chronique*, en être l'unique sujet.

DÉFRICHAGE ou **DÉFRICHEMENT** n. m. Action de défricher.

DÉFRICHE n. f. Terrain défriché.

DÉFRICHER v. t. (de *friche*). Rendre propre à la culture un terrain inculte. ‖ Aborder les points essentiels d'un sujet sans aller au fond.

DÉFRICHEUR, EUSE n. Personne qui défriche.

DÉFRIPER v. t. Faire qu'une chose ne soit plus fripée.

DÉFRISEMENT n. m. Action de défriser.

DÉFRISER v. t. Défaire la frisure. ‖ *Fam.* Contrarier, désappointer.

DÉFROISSER v. t. Défaire ce qui est froissé.

DÉFRONCER v. t. (conj. 1). Défaire les fronces d'une étoffe.

DÉFROQUE n. f. Vieux vêtement. ‖ Ce que laisse un religieux à sa mort.

DÉFROQUÉ, E adj. et n. Qui a quitté l'habit et l'état religieux ou ecclésiastique.

DÉFROQUER v. i. Abandonner l'état religieux ou ecclésiastique.

DÉFRUITER v. t. Enlever le parfum de fruit : *défruiter de l'huile d'olive.* ‖ *Min.* Réduire un pilier de minerai. (Syn. DÉPILER.)

DÉFUNT, E [defœ̃, œ̃t] adj. et n. (lat. *defunctus*). Qui est mort.

DÉGAGÉ, E adj. Qui a de l'aisance, de l'assurance : *taille dégagée; air dégagé.* ● *Ciel dégagé,* sans nuages.

DÉGAGÉ n. m. *Chorégr.* Mouvement de jambe sans déplacement qui permet le passage d'une position à une autre.

DÉGAGEMENT n. m. Action de dégager ou de se dégager de ce qui oblige : *dégagement d'une promesse.* ‖ Action de sortir, se dégager : *dégagement de chaleur.* ‖ Action de dégager ce qui est obstrué : *dégagement de la voie publique.* ‖ Ensemble de travaux exécutés pour faire apparaître certaines parties cachées d'un édifice. ‖ Dans un appartement, passage donnant une sortie secondaire à une ou deux pièces. ‖ Espace libre : *le dégagement devant la maison.* ‖ *Constr.* Passage, issue secondaire ménagée dans un local. ‖ *Méd.* Dernière phase de l'accouchement. ‖ *Sports.* Action de dégager la balle. ● *Dégagement des cadres, de l'armée, d'une administration,* réduction de l'effectif réel par licenciement du personnel en excédent.

DÉGAGER v. t. (de *gage*) [conj. 1]. Débarrasser de ce qui encombre : *dégager un passage.* ‖ Délivrer, libérer de ce qui emprisonne, contraint : *dégager son doigt d'un engrenage.* ‖ Donner de l'aisance, mettre en valeur : *encolure qui dégage la nuque.* ‖ Produire une émanation, exhaler : *fleur qui dégage un parfum délicieux.* ‖ Tirer d'un ensemble, mettre en évidence : *dégager l'idée essentielle.* ‖ Dans certains sports, éloigner le ballon de son camp. ‖ *Chorégr.* Amener une jambe tendue à une position précise, au sol ou à une hauteur déterminée. ● *Dégager des crédits,* les rendre disponibles. ‖ *Dégager sa parole,* se libérer d'une promesse. ◆ **se dégager** v. pr. [**de**]. Se libérer : *se dégager d'une obligation.* ‖ Se répandre, sortir : *une fumée épaisse se dégage des décombres.*

DÉGAINE n. f. *Fam.* et péjor. Démarche, attitude ridicule.

DÉGAINER v. t. Tirer une épée, un poignard du fourreau, un revolver de son étui.

DÉGANTER (SE) v. pr. Enlever ses gants.

DÉGARNIR v. t. Enlever, retirer ce qui munit, orne, occupe : *dégarnir une table.* ‖ *Techn.* Retirer le ballast autour des traverses d'une voie ferrée. ◆ **se dégarnir** v. pr. Devenir moins touffu, en parlant des arbres, des bois. ‖ Se vider : *la salle se dégarnit.* ‖ *Sa tête se dégarnit,* ses cheveux tombent.

DÉGARNISSAGE n. m. Action de dégarnir.

DÉGARNISSEUSE n. f. Appareil servant à dégarnir une voie ferrée.

DÉGASOLINAGE ou **DÉGAZOLINAGE** n. m. Action de dégasoliner.

DÉGASOLINER ou **DÉGAZOLINER** v. t. Enlever d'un gaz naturel les hydrocarbures liquides.

DÉGÂT [dega] n. m. (anc. v. *dégaster,* dévaster). Dommage occasionné par une cause violente (tempête, émeute, accident, etc.).

DÉGAUCHIR v. t. Redresser une pièce déformée. ‖ Dresser deux faces adjacentes d'une pièce de bois ou de métal.

DÉGAUCHISSAGE n. m. Action de dégauchir.

DÉGAUCHISSEUSE n. f. Raboteuse mécanique pour dégauchir une pièce de bois.

DÉGAZAGE n. m. Action de dégazer.

DÉGAZER v. t. Éliminer l'air ou les gaz occlus dans un liquide ou un produit solide fondu. ‖ Débarrasser les citernes d'un pétrolier de tous les gaz et dépôts qui y subsistent après déchargement.

DÉGAZOLINAGE n. m. → DÉGASOLINAGE.

DÉGAZOLINER v. t. → DÉGASOLINER.

DÉGAZONNEMENT ou **DÉGAZONNAGE** n. m. Action d'enlever le gazon.

DÉGAZONNER v. t. Enlever le gazon.

DÉGEL n. m. Fusion naturelle de la glace, de la neige. ‖ Apaisement d'une situation critique, d'une tension, etc.

DÉGELÉE n. f. *Fam.* Volée de coups.

DÉGELER v. t. (conj. 3). Faire fondre ce qui était gelé. ‖ Enlever à qqn sa froideur ou sa timidité; donner de l'animation à une réunion. ‖ *Écon.* Permettre l'utilisation de crédits, de créances en vue d'une consommation ou d'investissement. ◆ v. i. Cesser d'être gelé.

DÉGÉNÉRATIF, IVE adj. Relatif à la dégénérescence.

DÉGÉNÉRÉ, E n. et adj. Individu atteint de dégénérescence.

DÉGÉNÉRER v. i. (lat. *degenerare*) [conj. 5]. Perdre les qualités naturelles de sa race, s'abâtardir, en parlant d'animaux, de végétaux. ‖ Perdre de sa valeur physique ou morale, en parlant de qqn. ‖ Changer en mal, aboutir à : *dispute qui dégénère (en rixe).* ‖ *Math.* En parlant d'une courbe, se décomposer en des courbes distinctes plus simples.

DÉGÉNÉRESCENCE n. f. Altération de la cellule vivante. ‖ Fait de dégénérer. ● *Théorie de la dégénérescence,* théorie selon laquelle l'éclosion de certains troubles psychiques serait liée à une prédisposition héréditaire.

DÉGERMER v. t. Enlever le germe de.

DÉGINGANDÉ, E [deʒɛ̃gɑ̃de] adj. *Fam.* Qui est comme disloqué dans ses mouvements, sa démarche.

DÉGIVRAGE n. m. Action de dégivrer.

DÉGIVRER v. t. Faire fondre le givre qui se dépose sur les glaces d'auto, les ailes d'avion, les parois d'un réfrigérateur.

DÉGIVREUR n. m. Appareil pour dégivrer.

DÉGLAÇAGE ou **DÉGLACEMENT** n. m. Action de déglacer.

DÉGLACER v. t. (conj. 1). Faire fondre la glace. ‖ Enlever le lustre du papier. ‖ Dissoudre, en le mouillant d'un peu de liquide, le jus caramélisé au fond d'une casserole.

DÉGLACIATION n. f. *Géogr.* Recul des glaciers.

DÉGLAISAGE n. m. Nettoyage du revêtement d'une chaussée pour enlever la glaise apportée par la circulation de camions à la sortie des champs et des chantiers.

DÉGLINGUER [deglɛ̃ge] v. t. (de *déclinquer*). *Fam.* Disloquer, désarticuler.

DÉGLUER v. t. Débarrasser de la glu.

DÉGLUTINATION n. f. *Ling.* Séparation des éléments d'un mot unique (*ma mie* pour *m'amie*).

DÉGLUTIR v. t. (lat. *deglutire*). Avaler, ingurgiter.

DÉGLUTITION n. f. Acte réflexe par lequel le bol alimentaire passe de la bouche dans l'œsophage, puis l'estomac.

DÉGOBILLER v. t. et i. *Pop.* Vomir.

DÉGOISER v. t. et i. (de *gosier*). *Fam.* Dire, parler avec volubilité.

DÉGOMMAGE n. m. Action de dégommer.

DÉGOMMER v. t. Ôter la gomme. ‖ *Fam.* Destituer, priver d'un emploi.

DÉGONFLÉ, E adj. et n. *Pop.* Lâche, peureux.

DÉGONFLEMENT ou **DÉGONFLAGE** n. m. Action de dégonfler. ‖ Cessation d'une enflure.

DÉGONFLER v. t. Faire disparaître le gonflement, l'enflure, évacuer l'air, le gaz : *dégonfler un pneu.* ◆ **se dégonfler** v. pr. Perdre l'air ou le gaz qui gonflait. ‖ *Pop.* Manquer de courage, avoir peur.

DÉGORGEMENT n. m. Action de dégorger. ‖ Écoulement d'eaux, d'immondices retenues.

DÉGORGEOIR n. m. Instrument de forgeron servant à couper le fer à chaud. ‖ Ustensile pour retirer l'hameçon de la gorge d'un poisson. ‖ Extrémité d'un conduit par lequel se déverse l'eau d'un réservoir ou d'une pompe.

DÉGORGER v. t. (conj. 1). Déverser un trop-plein : *tuyau qui dégorge de l'eau.* ‖ Laver les soies, les laines, les étoffes, etc., pour éliminer les corps étrangers. ◆ v. i. Se déverser, s'écouler : *bassin qui dégorge dans la rivière.* ‖ *Faire dégorger,* faire tremper de la viande, du poisson, etc., dans de l'eau froide pour les débarrasser de certaines impuretés.

DÉGOTER ou **DÉGOTTER** v. t. *Fam.* Découvrir, trouver.

DÉGOULINADE n. f., ou **DÉGOULINEMENT** n. m. *Fam.* Trace laissée par une coulée liquide.

DÉGOULINER v. i. (de *dégouler,* s'épancher). *Fam.* Couler lentement, en traînée.

DÉGOUPILLER v. t. Mettre en état de fonctionner en tirant la goupille.

DÉGOURDI, E adj. et n. Adroit, ingénieux.

DÉGOURDIR v. t. (de *gourd*). Rendre le mouvement à ce qui était engourdi : *dégourdir ses membres.* ‖ Faire chauffer légèrement : *dégourdir de l'eau.* ‖ Faire perdre sa gaucherie, sa timidité à qqn.

DÉGOURDISSEMENT n. m. Action par laquelle l'engourdissement se dissipe.

DÉGOÛT n. m. (de *goût*). Vive répugnance pour certains aliments. ‖ Aversion, répulsion : *le dégoût de l'étude.*

DÉGOÛTANT, E adj. et n. Qui inspire du dégoût, de la répugnance, de l'aversion, du découragement, de la déception.

DÉGOÛTATION n. f. *Fam.* Chose dégoûtante.

DÉGOÛTÉ, E adj. et n. Délicat, difficile. ● *Faire le dégoûté,* être trop difficile.

DÉGOÛTER v. t. Inspirer du dégoût, de la répugnance, de l'aversion : *son hypocrisie me dégoûte.* ‖ Détourner qqn de faire qqch : *tout ça le dégoûte de travailler.*

DÉGOUTTER v. i. Couler goutte à goutte : *l'eau dégoutte du parapluie.*

DÉGRADANT, E adj. Qui dégrade, avilit.

DÉGRADATEUR n. m. *Phot.* Cache employé pour obtenir des images dégradées.

DÉGRADATION n. f. (lat. *gradus,* degré). Destitution d'un grade, d'une dignité. ‖ Détérioration d'un édifice, d'une propriété. ‖ Avilissement, déchéance. ‖ Remplacement d'une formation végétale par une autre de moindre biomasse, par exemple d'une forêt par une lande, à la suite d'incendies répétés. ‖ *Chim.* Décomposition d'une molécule organique avec diminution du nombre des atomes de carbone. ● *Dégradation civique,* peine infamante qui comporte privation des droits civiques et politiques ainsi que de certains droits civils. ‖ *Dégradation de l'énergie,* transformation irréversible d'énergie d'une forme en une autre moins apte à fournir du travail mécanique. ‖ *Dégradation d'une situation,* le fait qu'elle s'aggrave, aille vers l'empire.

DÉGRADATION n. f. (it. *digradazione*). *Peint.* Changement insensible et continu.

DÉGRADÉ n. m. Affaiblissement insensible et méthodique d'une couleur, de la lumière. ‖ *Cin.* Procédé donnant une intensité lumineuse différente aux diverses parties de l'image.

DÉGRADER v. t. Destituer de son grade; priver de ses droits : *dégrader un officier.* ‖ Détériorer, endommager : *dégrader une façade.* ‖ Avilir, faire perdre sa dignité, déshonorer : *sa conduite le dégrade.* ◆ **se dégrader** v. pr. Subir une détérioration.

DÉGRADER v. t. (it. *digradare*). Affaiblir insensiblement : *dégrader les teintes, la lumière.* ‖ Couper les cheveux de façon à modeler la coiffure suivant différentes épaisseurs.

DÉGRAFER v. t. (de *agrafer*). Détacher l'agrafe ou les agrafes de.

DÉGRAISSAGE n. m. Action de dégraisser.

DÉGRAISSANT adj. et n. m. Substance qui a la propriété d'enlever les taches de graisse.

DÉGRAISSER v. t. Retirer la graisse : *dégraisser un bouillon.* ‖ Ôter les taches de graisse : *dégraisser un vêtement.* ‖ Débarrasser d'un excédent. ‖ *Techn.* Enlever une pièce de bois, dans le bois dans les angles rentrants ou saillants d'un joint, afin d'avoir en surface un contact parfait. ◆ v. i. *Fam.* Diminuer les effectifs d'un service, d'une entreprise.

DÉGRAISSEUR n. m. Celui qui fait métier de dégraisser et de teindre les étoffes.

DÉGRAS [degra] n. m. (de *dégraisser*). Mélange d'huile de poisson et d'acide nitrique pour assouplir et imperméabiliser les cuirs.

DÉGRAVOIEMENT n. m. Effet d'une eau courante qui dégrade une construction.

DEGRÉ n. m. (lat. *gradus*). Chacune des divisions d'une échelle adaptée à un appareil de mesure. ‖ Unité de mesure d'angle plan (symbole : °), équivalant à l'angle au centre qui intercepte sur la circonférence un arc d'une longueur égale à 1/360 de celle de cette circonférence, soit π/180 radian. ‖ Chacun des sons d'une gamme par rapport à la tonique : *dans l'échelle d'« ut », « sol » est le 5ᵉ degré*. ‖ Proximité plus ou moins grande qui existe dans la parenté : *cousin au cinquième degré*. ‖ Chacun des postes, des emplois successifs par où l'on passe dans une hiérarchie; échelon, grade. ‖ Situation considérée par rapport à une série d'autres progressivement supérieures ou inférieures. ‖ *Litt.* Marche d'un escalier. ● *Degré alcoométrique centésimal*, unité de titre alcoométrique (symb. : °GL), équivalant au degré de l'échelle centésimale de Gay-Lussac, dans laquelle le titre alcoométrique de l'eau pure est 0 et celui de l'alcool absolu 100. ‖ *Degré Baumé*, unité servant à mesurer la concentration d'une solution d'après sa densité. (Cette unité n'est plus légale en France.) ‖ *Degré d'une brûlure*, profondeur de la lésion provoquée (*premier degré*, simple rougeur; *deuxième degré*, vésicule avec liquide; *troisième degré*, toutes les lésions plus profondes que le derme). ‖ *Degré Celsius*, unité de mesure de température (symb. : °C), égale à l'unité Kelvin; nom spécial du kelvin pour exprimer la température dans l'échelle Celsius. ‖ *Degré d'une équation entière ou d'un polynôme*, degré du monôme composant le plus haut degré. ‖ *Degré Fahrenheit*, unité de mesure de température (symb. : °F), égale à la 180ᵉ partie de l'écart entre la température de fusion de la glace et la température d'ébullition de l'eau à la pression atmosphérique. ‖ *Degré de juridiction*, chacun des tribunaux devant lesquels une affaire peut être successivement portée. ‖ *Degré d'un monôme entier par rapport à une variable*, exposant de la puissance à laquelle se trouve élevée cette variable dans le monôme. ‖ *Degré d'un monôme fractionnaire*, différence des degrés du numérateur et du dénominateur. ‖ *Par degrés*, progressivement, peu à peu.

DÉGRÉER v. t. *Mar.* Dégarnir un voilier de son gréement.

DÉGRESSIF, IVE adj. (lat. *degredi*, descendre). Qui va en diminuant : *tarif dégressif*. ● *Impôt dégressif*, impôt dont le taux diminue quand la matière imposable augmente.

DÉGRESSIVITÉ n. f. État de ce · qui est dégressif.

DÉGRÈVEMENT n. m. Diminution de taxe, de charges fiscales.

DÉGREVER v. t. (conj. 5). Décharger d'une partie des impôts.

DÉGRIFFÉ, E adj. et n. m. Se dit d'un vêtement vendu en solde sans la griffe d'origine.

DÉGRINGOLADE n. f. *Fam.* Action de dégringoler, chute.

DÉGRINGOLER v. i. (anc. fr. *gringoler*; de *gringole*, colline). *Fam.* Rouler de haut en bas, tomber de manière désordonnée. ‖ Aller à la faillite. ❖ v. t. *Fam.* Descendre précipitamment : *dégringoler un escalier*.

DÉGRISEMENT n. m. Action de dégriser.

DÉGRISER v. t. Faire passer l'ivresse. ‖ *Fam.* Faire perdre ses illusions, son enthousiasme. ❖ se **dégriser** v. pr. Cesser d'être ivre.

DÉGROSSIR v. t. Donner à un matériau brut un premier façonnage : *dégrossir un bloc de marbre*. ‖ Commencer à étudier qqch : *dégrossir un problème*. ‖ Rendre qqn moins grossier, moins ignorant.

DÉGROSSISSAGE n. m. Action de dégrossir.

DÉGROUILLER (SE) v. pr. *Pop.* Se hâter.

DÉGROUPEMENT n. m. Action de dégrouper.

DÉGROUPER v. t. Répartir différemment des personnes ou des choses groupées.

DÉGUENILLÉ, E adj. et n. Dont les vêtements sont en lambeaux.

DÉGUERPIR v. i. (anc. fr. *guerpir*, abandonner, mot germ.). Quitter rapidement un lieu par force ou par crainte.

DÉGUEULASSE adj. *Pop.* Dégoûtant.

DÉGUEULER v. i. et t. *Pop.* Vomir.

DÉGUISÉ, E adj. et n. Revêtu d'un déguisement. ● *Fruit déguisé*, confiserie faite de petits fruits (fraises, cerises) enrobés de sucre, ou imitation de fruits en pâte d'amandes.

DÉGUISEMENT n. m. Vêtements, apparence d'une personne qui est déguisée : *un déguisement de carnaval*. ‖ *Litt.* Dissimulation : *parler sans déguisement*.

DÉGUISER v. t. (de *guise*). Modifier la manière d'être, le costume, de façon à rendre méconnaissable. ‖ Cacher sous des apparences trompeuses; contrefaire : *déguiser ses sentiments, son écriture*. ❖ se **déguiser** v. pr. Se travestir.

DÉGURGITER v. t. Restituer ce qu'on avait ingurgité.

DÉGUSTATEUR n. m. Celui qui est chargé de déguster les vins, les liqueurs, etc.

DÉGUSTATION n. f. Action de déguster.

DÉGUSTER v. t. (lat. *degustare*). Apprécier par le goût les qualités d'un aliment solide ou liquide : *déguster du vin*. ‖ *Pop.* Subir de mauvais traitements.

DÉHALER v. t. (de *haler*). *Mar.* Déplacer un navire au moyen de ses amarres. ❖ se **déhaler** v. pr. S'éloigner d'une position dangereuse, en parlant d'un navire.

DÉHANCHÉ, E adj. et n. Qui se déhanche.

DÉHANCHEMENT n. m. Action de se déhancher.

DÉHANCHER (SE) v. pr. Balancer les hanches avec mollesse ou souplesse; faire porter le poids du corps sur une seule jambe.

DÉHARNACHER v. t. Ôter le harnais.

DÉHISCENCE [deisɑ̃s] n. f. *Bot.* Manière dont un organe clos, comme l'anthère, la gousse, s'ouvre naturellement.

DÉHISCENT, E adj. (lat. *dehiscere*, s'ouvrir). *Bot.* Se dit des organes clos qui s'ouvrent naturellement à leur maturité.

DEHORS adv. À l'extérieur d'un lieu. ● *Mettre dehors*, chasser, congédier. ❖ loc. adv. *De dehors*, de l'extérieur. ‖ *En dehors*, à l'extérieur, hors de la partie intérieure. ‖ *Être en dehors*, pour un danseur, avoir les genoux et les pieds bien ouverts. ❖ loc. prép. *En dehors de*, à l'extérieur de : *en dehors de cette limite* ; sans, indépendamment de : *cela s'est passé en dehors de moi*.

DEHORS n. m. Partie extérieure; aspect extérieur. ❖ pl. Apparences : *des dehors trompeurs*.

DÉHOUILLER [deuje] v. t. *Min.* Enlever toute la houille d'une couche en exploitation.

DÉICIDE adj. et n. (lat. chrétien *deicida*). Meurtrier de Dieu, en la personne du Christ.

DÉICIDE n. m. Meurtre de Dieu.

DÉICTIQUE adj. et n. m. (gr. *deiktikos*, démonstratif). *Ling.* Qui sert à désigner, à montrer.

DÉIFICATION n. f. Action de déifier.

DÉIFIER v. t. (lat. *deificare*). Mettre au nombre des dieux, élever à l'égal des dieux.

DÉISME n. m. Croyance en l'existence de Dieu, mais sans référence à une révélation.

DÉISTE adj. et n. Qui professe le déisme.

DÉITÉ n. f. *Litt.* Divinité mythologique. ‖ *Relig.* Nature divine.

DÉJÀ adv. (anc. fr. *des ja*). Indique ce qui est révolu, dès ce moment : *avez-vous déjà fini?* ‖ Marque la répétition, auparavant : *je vous ai déjà dit que...* ‖ Marque un degré non négligeable : *calmer la douleur d'un mal incurable, c'est déjà quelque chose*.

DÉJANTER v. t. Faire sortir un pneumatique de la jante d'une roue.

DÉJAUGER v. i. (conj. 1). *Mar.* S'élever sur l'eau au-dessus de la ligne de flottaison.

DÉJECTION n. f. (lat. *dejectio*; de *jacere*, jeter). Évacuation des excréments. ● *Cône de déjection*, accumulation détritique effectuée par un torrent à son extrémité aval. ❖ pl. Matières évacuées. ‖ Matières que rejettent les volcans.

DÉJETÉ, E adj. *Géol.* Se dit d'un pli montagneux dont les flancs n'ont pas le même pendage. ● *Taille déjetée*, déviée.

DÉJETER v. t. (de *jeter*) [conj. 4]. Déformer une chose en la faisant porter d'un côté plus que de l'autre.

DÉJEUNER v. i. (lat. *disjejunare*, rompre le jeûne). Prendre le repas du matin ou de midi.

DÉJEUNER n. m. Repas du matin ou de midi; les mets eux-mêmes. ‖ Tasse munie de sa soucoupe, pour le déjeuner du matin. ● *Déjeuner de soleil*, chose éphémère. ‖ *Petit déjeuner*, repas du matin.

DÉJOUER v. t. Faire échouer un projet, empêcher qqch de se réaliser.

DÉJUCHER v. i. Sortir du juchoir. ❖ v. t. Faire sortir du juchoir : *déjucher des volailles*.

DÉJUGER v. t. (conj. 1). *Dr.* Annuler par un jugement opposé à celui qu'on avait déjà porté. ❖ se **déjuger** v. pr. Revenir sur une opinion.

DE JURE [deʒyre] loc. adv. (mots lat., *selon le droit*). De droit : *reconnaître un gouvernement « de jure »*. (S'oppose à *de facto*.)

DELÀ adv. Deci, delà, par endroits. ❖ loc. adv. *Par-delà*, de l'autre côté.

DÉLABRÉ, E adj. Tombant en ruine, en mauvais état.

DÉLABREMENT n. m. État de ruine : *le délabrement d'une maison*. ‖ Dépérissement, affaiblissement : *le délabrement de la santé*.

DÉLABRER v. t. (mot francique). Endommager gravement, ruiner : *délabrer sa santé*. ❖ se **délabrer** v. pr. Tomber en ruine.

DÉLACER v. t. (conj. 1). Défaire le lacet d'un corset, d'un soulier, etc.

DÉLAI n. m. (anc. fr. *deslaier*, différer). Temps accordé pour faire qqch : *exécuter un travail dans le délai fixé*. ‖ Temps supplémentaire pour faire qqch : *obtenir un délai*. ● *Délai franc*, délai de procédure ne comprenant ni le jour d'origine ni le jour de l'expiration. ‖ *Sans délai*, immédiatement.

DÉLAI-CONGÉ n. m. (pl. *délais-congés*). *Dr.* Délai de préavis en matière de résiliation d'un contrat de location ou de travail.

DÉLAINAGE n. m. Action de délainer.

DÉLAINER v. t. Enlever la laine des peaux de mouton après écorchage de l'animal tué.

DÉLAISSÉ, E adj. et n. À l'abandon; laissé seul, sans assistance.

DÉLAISSEMENT n. m. *Litt.* Manque de secours. ‖ *Dr.* Abandon d'un bien, d'un droit.

DÉLAISSER v. t. Laisser de côté, abandonner, laisser tomber : *délaisser son travail, ses amis.* ‖ *Dr.* Abandonner un bien, un droit, une action.

DÉLAITEMENT ou **DÉLAITAGE** n. m. Action de délaiter.

DÉLAITER v. t. Enlever le petit-lait.

DÉLAITEUSE n. f. Machine permettant de débarrasser le beurre du petit-lait.

DÉLAMINAGE n. m. Séparation en lamelles d'un lamifié.

DÉLASSANT, E adj. Qui délasse.

DÉLASSEMENT n. m. Action de se délasser, de se détendre, détente, repos.

DÉLASSER v. t. Enlever la fatigue physique ou morale : *le repos délasse le corps*. ❖ se **délasser** v. pr. Se reposer de ses fatigues de corps ou d'esprit.

DÉLATEUR, TRICE n. Personne qui dénonce.

DÉLATION n. f. (lat. *delatio*; de *deferre*, dénoncer). Dénonciation intéressée et méprisable. ‖ *Dr.* Action de déférer.

DÉLAVAGE n. m. Action de délaver.

DÉLAVÉ, E adj. D'une couleur fade, pâle. ‖ Décoloré par l'action de l'eau.

DÉLAVER v. t. Enlever ou éclaircir avec de l'eau une couleur. ‖ Mouiller, détremper.

DÉLAYAGE n. m. Action de délayer; substance délayée. ‖ Verbiage, remplissage.

DÉLAYER v. t. (lat. *deliquare*, décanter) [conj. 2]. Mélanger un corps solide ou pulvérulent avec un liquide. ● *Délayer une idée*, l'exprimer trop longuement.

DELCO n. m. (nom déposé; de *Dayton Engineering Laboratories COmpany*). Dispositif d'allumage des moteurs à explosion.

DELEATUR [deleatyr] n. m. inv. (mot lat., *qu'il soit détruit*). Signe de correction typographique (ϑ) indiquant une suppression à effectuer.

DÉLECTABLE adj. *Litt.* Très agréable.

DÉLECTATION n. f. (lat. *delectatio*). *Litt.* Plaisir que procure une chose agréable.

DÉLECTER (SE) v. pr. (lat. *delectare*). *Litt.* Prendre un vif plaisir.

DÉLÉGATAIRE n. *Dr.* Personne à qui l'on délègue une chose.

DÉLÉGATEUR, TRICE n. *Dr.* Personne qui fait une délégation.

DÉLÉGATION n. f. (lat. *delegatio*, procuration). Groupe de personnes mandatées au nom d'une collectivité. ‖ *Dr.* Acte par lequel le dépositaire d'un pouvoir en transmet l'exercice à un tiers. ‖ Transfert d'une créance à un tiers. ‖ Nom donné à certains organismes publics (par exemple *la Délégation à l'aménagement du territoire*). ● *Délégation spéciale*, commission chargée d'administrer provisoirement une commune lorsqu'un conseil municipal est démissionnaire ou a été dissous.

DÉLÉGUÉ, E n. et adj. Personne chargée d'agir au nom d'une ou de plusieurs autres. ● *Délégué médical*, représentant utilisé par les laboratoires pharmaceutiques pour visiter les médecins et les établissements hospitaliers afin de les informer sur des produits nouveaux. ‖ *Délégué du personnel*, celui qui a pour mission de présenter à l'employeur des réclamations concernant les salaires et, plus généralement, les conditions du travail. ‖ *Délégué syndical*, représentant du syndicat auprès du chef d'entreprise.

DÉLÉGUER v. t. (lat. *delegare*) [conj. 5]. Envoyer qqn comme représentant d'une collectivité : *déléguer un représentant à une assemblée.* ‖ Transmettre, confier : *déléguer ses pouvoirs.*

DÉLESTAGE n. m. Action de délester.

DÉLESTER v. t. Enlever le lest, la charge : *délester un ballon.* ‖ Supprimer momentanément la fourniture de courant électrique dans un secteur du réseau. ‖ Empêcher momentanément l'accès des automobiles sur une voie routière pour y résorber les encombrements. ‖ *Fam.* Dévaliser, alléger de son argent.

DÉLÉTÈRE adj. (gr. *dêlêtêrios*, nuisible). Se dit d'un gaz nuisible à la santé. ‖ *Litt.* Se dit d'idées, de doctrines dangereuses.

DÉLÉTION n. f. (lat. *deletio*, destruction). *Biol.* Perte d'un fragment de chromosome, cause de malformations congénitales.

DÉLIBÉRANT, E adj. Qui délibère.

DÉLIBÉRATIF, IVE adj. *Avoir voix délibérative*, avoir droit de suffrage dans les délibérations d'une assemblée, d'un tribunal.

DÉLIBÉRATION n. f. (lat. *deliberatio*). Examen et discussion orale d'une affaire; résultat de cet examen, décision. ‖ Réflexion destinée à peser le pour et le contre avant décision.

DÉLIBÉRATOIRE adj. Relatif à la délibération.

DÉLIBÉRÉ, E adj. Assuré, libre : *avoir un air délibéré.* ‖ Conscient, réfléchi : *volonté délibérée.* ● *De propos délibéré*, à dessein, exprès. ◆ **DÉLIBÉRÉ** n. m. *Dr.* Délibération entre juges avant le prononcé de la décision.

DÉLIBÉRÉMENT adv. Après avoir réfléchi : *accepter délibérément une responsabilité.*

DÉLIBÉRER v. i. (lat. *deliberare*) [conj. 5]. Étudier une question avec d'autres personnes. ‖ Réfléchir en soi-même sur une décision à prendre.

DÉLICAT, E adj. (lat. *delicatus*). D'une grande finesse, exquis, raffiné : *un parfum délicat; un visage aux traits délicats.* ‖ Faible, fragile : *santé délicate.* ‖ Embarrassant, périlleux : *situation délicate.* ‖ Qui a des sentiments nobles et des manières distinguées; courtois. ◆ adj. et n. Difficile à contenter.

DÉLICATEMENT adv. De façon délicate.

DÉLICATESSE n. f. Qualité de ce qui est délicat, d'une personne délicate.

DÉLICE n. m. (lat. *delicium*). Plaisir extrême : *respirer avec délice un parfum.* ● *Faire les délices de qqn*, en être aimé. ‖ *Faire ses délices de qqch*, y prendre un grand plaisir. (Le pluriel est du féminin.)

DÉLICIEUSEMENT adv. De façon délicieuse.

DÉLICIEUX, EUSE adj. (lat. *deliciosus*). Extrêmement agréable, qui excite les sens ou l'esprit.

DÉLICTUEUX, EUSE adj. *Dr.* Qui constitue un délit.

DÉLIÉ, E adj. (lat. *delicatus*). *Litt.* Grêle, mince, menu : *taille déliée; écriture déliée.* ● *Esprit délié*, subtil.

DÉLIÉ n. m. Partie fine des lettres (par oppos. au PLEIN).

DÉLIER v. t. Défaire, détacher ce qui est lié : *délier un ruban.* ‖ Dégager, libérer d'une obligation : *délier d'un serment.* ‖ *Théol.* Absoudre. ● *Délier la langue de qqn*, le faire parler. ‖ *Avoir la langue bien déliée*, être bavard.

DÉLIGNAGE n. m. Opération consistant à éliminer d'une pièce de bois débitée tout vestige de la surface par un trait de scie.

DÉLIGNEUSE n. f. Scie circulaire spéciale pour découper des panneaux en bois ou en matière plastique.

DÉLIMITATION n. f. Action de délimiter.

DÉLIMITER v. t. Fixer les limites, circonscrire : *délimiter un terrain, un sujet.*

DÉLINÉATEUR n. m. *Trav. publ.* Balise munie de dispositifs réfléchissants blancs et placée le long des accotements d'une route, dont elle matérialise le tracé.

DÉLINQUANCE n. f. Ensemble des crimes et délits considérés sur le plan social.

DÉLINQUANT, E n. Personne qui a commis un délit. ● *Délinquant primaire*, celui qui a commis un délit pour la première fois.

DÉLIQUESCENCE n. f. Dépérissement, affaiblissement. ‖ *Phys.* Propriété qu'ont certains corps d'absorber l'humidité de l'air au point de devenir liquides.

DÉLIQUESCENT, E [delikɛsã, ãt] adj. (lat. *deliquescere*, se liquéfier). Qui perd sa consistance; qui est très affaibli intellectuellement. ‖ *Phys.* Doué de déliquescence.

DÉLIRANT, E adj. et n. Relatif au délire. ‖ Qui est atteint de délire. ‖ En délire, extravagant, frénétique. ● *C'est délirant* (Fam.), ce n'est pas raisonnable.

DÉLIRE n. m. (lat. *delirium*). Grande agitation causée par les émotions, les passions : *foule en délire.* ‖ *Psychiatr.* Trouble psychique caractérisé par la persistance d'idées en opposition manifeste avec la réalité ou le bon sens et entraînant la conviction du sujet.

DÉLIRER v. i. (lat. *delirare*). Avoir le délire. ‖ Parler ou agir de façon déraisonnable.

DELIRIUM TREMENS [delirjɔmtremɛs] n. m. (mots lat., *délire tremblant*). Agitation avec fièvre, tremblements, onirisme et troubles de la conscience, propre à l'intoxication alcoolique.

DÉLIT [deli] n. m. (lat. *delictum*). *Dr.* Faute causant un dommage à autrui. ‖ Infraction, et notamment celle qui est passible de peines correctionnelles (par oppos. au CRIME). ● *Corps du délit*, élément matériel de l'infraction. ‖ *Délit politique*, celui qui porte atteinte à l'organisation et au fonctionnement des pouvoirs publics.

DÉLIT [deli] n. m. (de *déliter*). Joint ou veine d'un bloc d'ardoise. ● *En délit*, se dit d'une pierre posée de telle manière que ses lits de carrière se trouvent verticaux.

DÉLITAGE n. m. Action de déliter.

DÉLITER v. t. (de *lit*). *Constr.* Placer une pierre de taille en délit. ‖ Couper une pierre de taille parallèlement à la face de son lit de carrière. ‖ Changer la litière du vers à soie. ◆ **se déliter** v. pr. Se désagréger sous l'action de l'air humide ou de l'eau.

DÉLITESCENCE n. f. (lat. *delitescere*, se cacher). *Chim.* Désagrégation d'un corps par absorption d'eau.

DÉLITESCENT, E adj. Soumis à la délitescence.

DÉLIVRANCE n. f. Action par laquelle on délivre; libération : *délivrance d'un prisonnier.* ‖ Action de soulager, de débarrasser : *délivrance d'une souffrance.* ‖ Action de remettre une chose. ‖ Formalité permettant d'exercer les droits sur un legs. ‖ Dernier stade de l'accouchement.

DÉLIVRE n. m. Syn. de PLACENTA (vx).

DÉLIVRER v. t. (lat. *liberare*, délivrer). Remettre en liberté : *délivrer un détenu.* ‖ Soulager, débarrasser : *délivrer d'une obligation.* ‖ Livrer, remettre : *délivrer des marchandises, une ordonnance.*

DÉLOGER v. i. (conj. 1). Quitter vivement un lieu. ‖ ◆ v. t. *Fam.* Faire quitter à qqn sa place; chasser, expulser. ‖ *Mil.* Faire évacuer de force une position.

DÉLOT [delo] n. m. (lat. *digitale*). Doigtier de cuir du calfat ou de la dentellière.

DÉLOYAL, E, AUX adj. Malhonnête, de mauvaise foi.

DÉLOYALEMENT adv. Avec déloyauté.

DÉLOYAUTÉ n. f. Manque de bonne foi, perfidie, fourberie.

DELPHINIUM [dɛlfinjɔm] n. m. Renonculacée champêtre, cultivée comme ornementale. (Syn. DAUPHINELLE, PIED-D'ALOUETTE.)

DELPHINOLOGIE n. f. (lat. *delphinus*, dauphin). Étude scientifique du dauphin, en particulier de ses aptitudes psychiques.

DELTA n. m. (mot gr.). Quatrième lettre de l'alphabet grec, dont la majuscule a la forme d'un triangle (Δ, δ). *Géogr.* Zone d'accumulation alluviale de forme grossièrement triangulaire, édifiée par un cours d'eau à son arrivée dans une mer à faible marée ou dans un lac. ● *Aile en delta* ou *aile delta*, aile d'avion ou de planeur en forme de triangle isocèle.

DELTAÏQUE adj. *Géogr.* Relatif à un delta.

DELTA-PLANE n. m. (nom déposé). Nom commercial d'un type de planeur ultra-léger, servant au vol libre.

DELTOÏDE adj. et n. m. Muscle de l'épaule, de forme triangulaire, élévateur du bras.

DELTOÏDIEN, ENNE adj. Relatif au deltoïde.

DÉLUGE n. m. (lat. *diluvium*). Le débordement universel des eaux, d'après la Bible. ‖ Pluie torrentielle. ‖ Grande quantité de choses : *déluge de maux, d'injures.* ● *Remonter au déluge*, reprendre de très loin le récit d'un événement.

DÉLURÉ, E adj. (mot dialect.; de *leurrer*). Vif, dégourdi ou effronté.

DÉLUSTRAGE n. m. Action de délustrer.

DÉLUSTRER v. t. Ôter le lustre, le brillant.

DÉLUTAGE n. m. Action de déluter.

DÉLUTER v. t. Ôter le lut d'un joint. ‖ *Métall.* Extraire le coke des cornues.

DÉMAGNÉTISATION n. f. Suppression de l'aimantation. ‖ Dispositif de protection des navires contre les mines magnétiques.

DÉMAGNÉTISER v. t. Détruire l'aimantation.

DÉMAGOGIE n. f. (gr. *dêmagôgia*). Politique qui flatte l'opinion publique.

DÉMAGOGIQUE adj. Relatif à la démagogie.

DÉMAGOGUE adj. et n. (gr. *dêmagôgos*, qui conduit le peuple). Qui flatte l'opinion publique afin de gagner sa faveur.

DÉMAIGRIR v. t. *Techn.* Rendre moins épais.

DÉMAIGRISSEMENT n. m. *Techn.* Action de démaigrir. ‖ *Géogr.* Enlèvement du sable d'une plage par les courants marins.

DÉMAILLAGE n. m. Action de démailler.

DÉMAILLER v. t. Défaire les mailles.

DÉMAILLOTER v. t. Enlever le maillot à un enfant.

DEMAIN adv. (lat. *de mane*, à partir du matin). Le jour qui suit immédiatement celui où l'on est : *demain est jour de fête.* ‖ Dans l'avenir : *que deviendrons-nous demain?*

DÉMANCHEMENT n. m. Action de démancher.

DÉMANCHER v. t. Ôter le manche d'un outil, d'un instrument. ‖ Défaire les parties de qqch.

disloquer : *chaise démanchée.* ◆ v. i. *Mus.* Avancer la main près du corps du violon. ◆ **se démancher** v. pr. Se démettre (le bras). || *Fam.* Se donner du mal, se démener.

DEMANDE n. f. Action de demander, de faire savoir ce que l'on souhaite ou désire : *faire une demande.* || La chose demandée : *accorder une demande.* || Question, interrogation : *questionnaire par demandes et réponses.* || *Dr.* Fait de solliciter d'un tribunal la reconnaissance d'un droit. || *Écon.* Somme des produits ou des services que les consommateurs sont disposés à acquérir en un temps et à un prix donnés.

DEMANDER v. t. (lat. *demandare*, confier). Faire savoir ce que l'on souhaite obtenir de qqn : *demander une faveur, la note à l'hôtel.* || Solliciter une réponse à une question : *je demande quelques explications.* || Avoir besoin : *la terre demande de la pluie.* || *Dr.* Engager une action en justice. ● *Demander une jeune fille en mariage,* faire une demande pour l'obtenir en mariage. || *Ne demander qu'à,* être tout disposé à. || *Ne pas demander mieux,* consentir volontiers. ◆ v. t. ind. *Demander après qqn,* désirer lui parler. ◆ **se demander** v. pr. Être dans l'incertitude à propos de qqch.

DEMANDEUR, EUSE n. Personne qui demande : *les demandeurs d'emploi.* || *Dr.* Personne qui engage une action en justice. (Au fém., dans ce sens, DEMANDERESSE.)

DÉMANGEAISON n. f. Sensation qui provoque le besoin de se gratter, prurit. || Grande envie de faire qqch.

DÉMANGER [demãʒe] v. i. (conj. **1**). Causer une démangeaison, une grande envie.

DÉMANTÈLEMENT n. m. Action de démanteler.

DÉMANTELER v. t. (conj. **3**). Démolir les murailles d'une ville, les fortifications d'une place. || Désorganiser, détruire.

DÉMANTIBULER v. t. (altér. de *mandibule*). *Fam.* Démonter maladroitement, rendre impropre à fonctionner ou à servir, disloquer.

DÉMAOÏSATION n. f. Mise en cause de la politique de Mao Tsö-tong.

DÉMAQUILLAGE n. m. Action de (se) démaquiller.

DÉMAQUILLANT, E adj. et n. m. Se dit d'un produit dissolvant servant à enlever les fards tout en nettoyant la peau.

DÉMAQUILLER v. t. Enlever le maquillage.

DÉMARCATIF, IVE adj. Qui indique la démarcation : *ligne démarcative.*

DÉMARCATION n. f. (esp. *demarcación*). Limite qui sépare deux pays, deux régions, deux choses. ● *Ligne de démarcation,* ligne qui marque les limites de deux territoires.

DÉMARCHAGE n. m. Recherche à domicile de clients éventuels.

DÉMARCHE n. f. (anc. fr. *démarcher,* fouler aux pieds). Manière de marcher. || Tentative faite en vue d'obtenir qqch : *entreprendre une démarche.* || Manière de conduire un raisonnement, de progresser vers un but.

DÉMARCHEUR, EUSE n. Qui fait du démarchage.

DÉMARIER v. t. *Agr.* Enlever certains pieds d'une plante semée dans un champ pour n'en laisser que le nombre souhaité.

DÉMARQUAGE n. m. Action de démarquer.

DÉMARQUE n. f. Dans certains jeux, partie où l'un des joueurs diminue le nombre de ses points d'une quantité égale à celle des points pris par l'autre joueur. || *Comm.* Action de démarquer des marchandises pour les solder. ● *Démarque inconnue,* différence d'inventaire entre les produits réellement en stock et le stock théorique (ou comptable).

DÉMARQUER v. t. Ôter ou changer la marque. || Baisser le prix en changeant la marque. || Copier une œuvre littéraire ou artistique en y apportant quelques changements pour dissimuler l'emprunt. || *Sports.* Libérer un partenaire du marquage adverse. ◆ v. i. Ne plus avoir aux dents de traces qui révèlent l'âge, en parlant du cheval. ◆ **se démarquer** v. pr. Prendre ses distances par rapport à qqn ou qqch ; se distin-

guer : *se démarquer de la droite.* || *Sports.* Se libérer de la surveillance d'un adversaire.

DÉMARRAGE n. m. Action de démarrer.

DÉMARRER v. t. (de *amarrer*). *Fam.* Commencer, mettre en train : *démarrer un travail.* || *Mar.* Détacher les amarres d'un bâtiment. ◆ v. i. Commencer à rouler, à fonctionner, à se mettre en mouvement. || Prendre son essor, commencer à marcher : *l'économie française a démarré.* || *Sports.* Accélérer brusquement.

DÉMARREUR n. m. Appareil servant à la mise en marche d'un moteur.

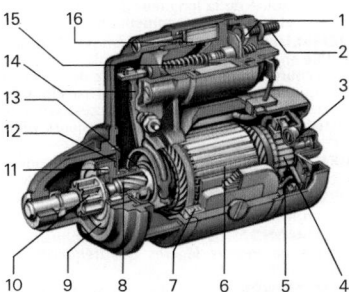

1. Contact; 2. Borne; 3. Ressort de balai; 4. Collecteur; 5. Balai; 6. Induit; 7. Enroulement d'excitation; 8. Arbre d'induit; 9. Roue libre; 10. Pignon; 11. Entraîneur; 12. Disque de frein;13. Ressort d'engrènement;14. Levier de commande;15. Ressort de rappel; 16. Enroulement d'attraction.

DÉMARREUR

1. Pignon désengrené

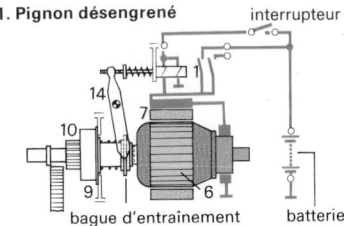

2. Pignon engrené

Doc. Bosch

FONCTIONNEMENT D'UN DÉMARREUR À SOLÉNOÏDE

DÉMASCLAGE n. m. Enlèvement du premier liège, ou *liège mâle,* sur un chêne-liège.

DÉMASCLER v. t. Opérer le démasclage.

DÉMASQUER v. t. Ôter à qqn le masque qu'il a sur le visage. || Faire apparaître sous son véritable aspect : *démasquer un menteur.* || Dévoiler, révéler : *démasquer son plan.* ● *Démasquer une batterie* (Mil.), en déceler l'emplacement. || *Démasquer ses batteries,* faire connaître ses projets. ◆ **se démasquer** v. pr. Faire connaître ses intentions.

DÉMASTIQUER v. t. Enlever le mastic.

DÉMÂTAGE n. m. *Mar.* Action de démâter.

DÉMÂTER v. t. *Mar.* Enlever, abattre les mâts. ◆ v. i. Perdre ses mâts.

DÉMATÉRIALISATION n. f. Annihilation de particules matérielles et apparition corrélative d'énergie.

DÈME n. m. (gr. *dêmos,* peuple). Circonscription administrative de la Grèce.

DÉMÊLAGE ou **DÉMÊLEMENT** n. m. Action de démêler.

DÉMÊLANT, E adj. et n. m. Se dit d'un produit qui démêle les cheveux après le shampooing.

DÉMÊLÉ n. m. Contestation née d'une opposition d'idées ou d'intérêts; difficulté : *avoir des démêlés avec la justice.*

DÉMÊLER v. t. (de *mêler*). Séparer et mettre en ordre ce qui est mêlé. || Débrouiller, éclaircir : *démêler une affaire.*

DÉMÊLOIR n. m. Peigne à dents espacées pour démêler les cheveux.

DÉMEMBREMENT n. m. Partage, division : *le démembrement de l'empire de Charlemagne.* || *Dr.* Action de transférer à un autre ou/au propriétaire des droits habituellement attachés à la propriété.

DÉMEMBRER [demãbre] v. t. Arracher, séparer les membres d'un corps. || Diviser, morceler : *démembrer un domaine.*

DÉMÉNAGEMENT n. m. Action de déménager.

DÉMÉNAGER v. t. (de *ménage*) [conj. **1**]. Transporter des meubles d'une maison dans une autre; vider une maison, un lieu du mobilier qu'il contiennent. ◆ v. i. Changer de logement : *nous avons déménagé le mois dernier.* || *Fam.* Déraisonner.

DÉMÉNAGEUR n. m. Entrepreneur, ouvrier qui fait les déménagements.

DÉMENCE n. f. (lat. *dementia*). Conduite dépourvue de raison; folie : *c'est de la démence d'agir ainsi.* || *Psychiatr.* Affaiblissement intellectuel global, progressif et irréversible.

DÉMENER (SE) v. pr. (conj. **5**). S'agiter vivement; se donner beaucoup de peine, se dépenser.

DÉMENT, E adj. et n. (lat. *demens*). Atteint de démence.

DÉMENTI n. m. Déclaration faite pour informer de l'inexactitude d'une nouvelle : *infliger un démenti à qqn.*

DÉMENTIEL, ELLE adj. Qui caractérise la démence.

DÉMENTIR v. t. (conj. **15**). Contredire qqn en affirmant qu'il dit des choses fausses : *démentir un témoin.* || Nier l'existence d'un fait : *démentir une nouvelle.* || Aller à l'encontre de, n'être pas conforme : *prédiction que les événements ont démentie.* ◆ **se démentir** v. pr. Cesser de se manifester : *sa fermeté ne s'est pas démentie un seul instant.*

DÉMERDER (SE) v. pr. *Pop.* Se débrouiller, sortir d'une difficulté.

DÉMÉRITE n. m. *Litt.* Ce qui peut attirer le blâme, la désapprobation.

DÉMÉRITER v. i. Agir de manière à perdre la bienveillance, l'affection ou l'estime de qqn.

DÉMESURE n. f. Outrance, violence des sentiments, excès d'orgueil.

DÉMESURÉ, E adj. Qui excède la mesure ordinaire : *taille démesurée.* || Excessif, déraisonnable : *ambition démesurée.*

DÉMESURÉMENT adv. De façon démesurée.

DÉMETTRE v. t. (conj. **49**). Déplacer un membre de sa position naturelle : *démettre un bras.* || Destituer, révoquer : *démettre qqn de ses fonctions.* ◆ **se démettre** v. pr. Renoncer à une fonction.

DÉMEUBLER v. t. Dégarnir de meubles.

DEMEURANT (AU) loc. adv. Au reste, tout bien considéré, en somme.

DEMEURE n. f. *Litt.* Domicile, lieu où l'on habite. || Maison d'une certaine importance. ● *Dernière demeure* (Litt.), le tombeau. || *Être quelque part à demeure,* y être installé d'une manière stable, définitive.

DEMEURE n. f. État du débiteur qui n'exécute pas son obligation bien qu'ayant reçu sommation de son créancier. ● *Il n'y a pas péril en la demeure,* on ne risque rien à attendre. ‖ *Mettre en demeure,* obliger à remplir son engagement.

DEMEURÉ, E adj. et n. Imbécile.

DEMEURER v. i. (lat. *demorari,* tarder [auxil. *avoir* ou *être*]). Être de façon continue dans un lieu ou un état; rester : *il est demeuré à son poste; il est demeuré silencieux.* ‖ Habiter, avoir son domicile : *il a demeuré à la campagne peu de temps.* ● *En demeurer là,* ne pas continuer; ne pas avoir de suite.

DEMI, E adj. (lat. *dimidius*). Qui est l'exacte moitié d'un tout : *un demi-litre; une demi-pomme.* ‖ Qui n'est pas complet : *un demi-succès.* ◆ loc. adv. *À demi,* à moitié, partiellement : *maison à demi détruite; faire les choses à demi.*
— *Demi,* adjectif, est invariable et s'écrit avec un trait d'union quand il précède le nom : *les demi-journées; une demi-heure.* Placé après le nom, il en prend le genre et reste au singulier : *deux heures et demie; trois jours et demi.*

DEMI n. m. Moitié d'une unité. ‖ Grand verre de bière. ‖ En football, joueur placé entre la défense et l'attaque. ● *Demi de mêlée,* au rugby, joueur qui lance le ballon dans la mêlée et le passe généralement au demi d'ouverture s'il a pu le récupérer. ‖ *Demi d'ouverture,* au rugby, joueur chargé de lancer l'offensive.

DEMIARD n. m. Au Canada, mesure de capacité équivalant au quart d'une pinte.

DEMI-BOUTEILLE n. f. (pl. *demi-bouteilles*). Bouteille contenant environ 37 cl.

DEMI-BRIGADE n. f. (pl. *demi-brigades*). Hist. En France, nom donné au régiment de 1793 à 1803. ‖ Réunion de deux ou trois bataillons sous les ordres d'un colonel.

DEMI-CANTON n. m. (pl. *demi-cantons*). En Suisse, État de la Confédération né de la partition, au cours de l'histoire, d'un canton.

DEMI-CERCLE n. m. (pl. *demi-cercles*). Portion de cercle limitée par une demi-circonférence et un diamètre.

DEMI-CIRCULAIRE adj. Syn. de SEMI-CIRCULAIRE.

DEMI-CLEF n. f. (pl. *demi-clefs*). Nœud fait du bout d'un cordage replié sur lui-même.

DEMI-COLONNE n. f. (pl. *demi-colonnes*). Colonne engagée de la moitié de son diamètre dans un mur.

DEMI-DEUIL n. m. (pl. *demi-deuils*). Vêtement de couleur sombre ou noir et blanc, que l'on porte dans la dernière moitié du deuil.

DEMI-DIEU n. m. (pl. *demi-dieux*). Myth. gr. et rom. Fils d'un dieu et d'une mortelle ou d'un mortel et d'une déesse. ‖ Divinité secondaire (faune, nymphe, satyre, etc.). ‖ Homme exceptionnel par son génie.

DEMI-DOUZAINE n. f. (pl. *demi-douzaines*). La moitié d'une douzaine.

DEMI-DROITE n. f. (pl. *demi-droites*). Math. Partie d'une droite ayant une extrémité fixée par un point, l'autre extrémité à l'infini.

DEMIE n. f. Moitié d'une unité. ‖ Demi-heure : *pendule qui sonne les demies.* ‖ Syn. de DEMI-BOUTEILLE.

DÉMIELLER v. t. Enlever le miel de la cire.

DEMI-FIGURE n. f. (pl. *demi-figures*). Bx-arts. Portrait s'arrêtant à mi-corps.

DEMI-FIN, E adj. Intermédiaire entre fin et gros.

DEMI-FINALE n. f. (pl. *demi-finales*). Épreuve sportive qui précède la finale.

DEMI-FINALISTE n. (pl. *demi-finalistes*). Personne, équipe qui participe à une demi-finale.

DEMI-FOND n. m. inv. Course de moyenne distance. (En athlétisme le 800 et le 1 500 mètres sont des épreuves de demi-fond; en cyclisme, les épreuves de demi-fond sont disputées sur piste par des concurrents derrière entraîneur.)

DEMI-FRÈRE n. m. (pl. *demi-frères*). Frère de père (frère consanguin) ou de mère (frère utérin) seulement.

DEMI-GROS n. m. inv. Commerce intermédiaire entre la vente en gros et la vente au détail.

DEMI-HEURE n. f. (pl. *demi-heures*). Moitié d'une heure.

DEMI-JOUR n. m. inv. Jour faible, comme celui qui précède le lever du soleil.

DEMI-JOURNÉE n. f. (pl. *demi-journées*). Moitié d'une journée.

DÉMILITARISATION n. f. Mesure de sûreté prévue par un traité, qui interdit toute présence ou activité militaire dans une zone déterminée.

DÉMILITARISER v. t. Faire la démilitarisation.

DEMI-LITRE n. m. (pl. *demi-litres*). Moitié d'un litre.

DEMI-LONGUEUR n. f. (pl. *demi-longueurs*). Sports. Moitié de la longueur d'un cheval, d'un bateau, etc., dans une compétition.

DEMI-LUNE n. f. (pl. *demi-lunes*). Ouvrage fortifié en forme de demi-cercle, placé en avant de la courtine. ‖ Espace en forme de demi-cercle devant un bâtiment, une entrée, au carrefour de plusieurs chemins. ‖ Voie ferrée accessoire permettant l'évitement d'un ou de plusieurs véhicules.

DEMI-MAL n. m. (pl. *demi-maux*). Inconvénient moins grave que celui qu'on redoutait.

DEMI-MESURE n. f. (pl. *demi-mesures*). Moyen insuffisant et peu efficace.

DEMI-MONDAINE n. f. (pl. *demi-mondaines*). Femme de mœurs légères qui fréquente les milieux riches (vx).

DEMI-MONDE n. m. Milieu où se mêlent les gens des classes riches et les prostituées (vx).

DEMI-MOT (À) loc. adv. À demi-mot, sans qu'il soit nécessaire de tout dire.

DÉMINAGE n. m. Action de déminer.

DÉMINER v. t. Retirer d'un terrain ou de l'eau des mines explosives.

DÉMINÉRALISATION n. f. Action de déminéraliser.

DÉMINÉRALISER v. t. Faire perdre ses sels minéraux. ‖ En parlant de l'eau, éliminer les corps minéraux dissous.

DÉMINEUR n. m. Spécialiste du déminage.

DEMI-ONDE adj. inv. Se dit d'une antenne dont la longueur est égale à la demi-longueur d'onde des ondes émises.

DEMI-PAUSE n. f. (pl. *demi-pauses*). Mus. Silence d'une durée égale à la blanche. ‖ Signe qui l'indique, se plaçant sur la 3e ligne de la portée.

demi-pause

DEMI-PENSION n. f. (pl. *demi-pensions*). Régime d'hôtellerie, comportant le prix de la chambre, celui du petit déjeuner et celui d'un repas. ‖ Régime des élèves qui prennent le repas de midi dans un établissement scolaire. ‖ Moitié de la pension d'invalidité, de vieillesse, etc.

DEMI-PENSIONNAIRE n. (pl. *demi-pensionnaires*). Élève qui suit le régime de la demi-pension.

DEMI-PIÈCE n. f. (pl. *demi-pièces*). La moitié d'une pièce d'étoffe, d'une pièce de vin.

DEMI-PLACE n. f. (pl. *demi-places*). Place payée à demi prix pour certains spectacles, dans les transports publics, etc.

DEMI-PLAN n. m. (pl. *demi-plans*). Math. Portion de plan limitée par une droite tracée dans ce plan.

DEMI-POINTE n. f. (pl. *demi-pointes*). Chorégr. Position intermédiaire entre la pointe et l'assiette à plat du pied, utilisant l'appui de la partie antérieure du pied, la voûte plantaire et le talon étant soulevés; attitude et manière de danser, en particulier des danseurs, les danseurs classiques utilisant la pointe.

DEMI-PORTION n. f. (pl. *demi-portions*). Fam. Personne malingre.

DEMI-POSITION n. f. (pl. *demi-positions*). Chorégr. Position dérivée d'une des cinq positions fondamentales et dans laquelle le pied libre touche le sol.

DEMI-PRODUIT n. m. (pl. *demi-produits*). Matière première ayant subi une première transformation. (Syn. SEMI-PRODUIT.)

DEMI-QUART n. m. (pl. *demi-quarts*). La moitié d'un quart.

DEMI-RELIEF n. m. (pl. *demi-reliefs*). Sculpt. Relief dont les figures ont une saillie proportionnelle à la moitié de leur volume réel.

DEMI-RELIURE n. f. (pl. *demi-reliures*). Reliure dans laquelle les plats ne sont pas recouverts de la même matière que le dos.

DEMI-RONDE n. f. (pl. *demi-rondes*). Lime plate d'un côté, arrondie de l'autre.

DEMI-SAISON n. f. (pl. *demi-saisons*). Le printemps et l'automne : *vêtements de demi-saison.*

DEMI-SANG n. m. inv. Cheval provenant du croisement du pur-sang anglais ou du trotteur de Norfolk avec une jument française.

DEMI-SEL n. m. inv. Fromage frais ou beurre légèrement salés. ‖ Pop. Personnage qui se croit affranchi.

DEMI-SŒUR n. f. (pl. *demi-sœurs*). Sœur de père ou de mère seulement.

DEMI-SOLDE n. f. (pl. *demi-soldes*). Solde réduite d'un militaire qui n'est plus en activité.

DEMI-SOLDE n. m. inv. Hist. Officier du premier Empire, mis en non-activité par la Restauration.

DEMI-SOMMEIL n. m. (pl. *demi-sommeils*). État intermédiaire entre la veille et le sommeil.

DEMI-SOUPIR n. m. (pl. *demi-soupirs*). Mus. Silence d'une durée égale à la croche; signe qui l'indique.

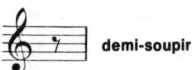
demi-soupir

DÉMISSION n. f. Acte par lequel on se démet d'une fonction, d'un emploi. ‖ Attitude de celui qui ne remplit pas sa mission, renoncement.

DÉMISSIONNAIRE adj. et n. Qui donne ou qui a donné sa démission.

DÉMISSIONNER v. i. Renoncer volontairement à une fonction, à un emploi : *démissionner d'un emploi.* ‖ Renoncer, abandonner. ◆ v. t. *Démissionner qqn* (Fam.), l'obliger à démissionner.

DEMI-TARIF n. m. (pl. *demi-tarifs*). Tarif réduit de moitié.

DEMI-TEINTE n. f. (pl. *demi-teintes*). Peint. et Grav. Partie colorée ou grisée d'une valeur intermédiaire entre le clair et le foncé.

DEMI-TIGE n. f. (pl. *demi-tiges*). Arbre fruitier dont on a arrêté la croissance.

DEMI-TON n. m. (pl. *demi-tons*). Le plus petit intervalle employé dans le système musical tempéré.

diatoniques

chromatiques

demi-tons

DEMI-TOUR n. m. (pl. *demi-tours*). Moitié d'un tour que l'on fait en pivotant sur soi-même. ● *Faire demi-tour,* revenir sur ses pas.

DÉMIURGE n. m. (gr. *dêmiourgos,* créateur du monde). Nom du dieu créateur de l'âme du monde, selon la philosophie platonicienne.

DEMI-VIE n. f. (pl. *demi-vies*). Temps au terme duquel une grandeur (physique, biologique) atteint la moitié de sa valeur initiale.

DEMI-VOLÉE n. f. (pl. *demi-volées*). Frappe de la balle ou du ballon au moment où ils quittent le sol après le rebond.

DÉMIXTION n. f. Solubilité partielle et réciproque d'un liquide dans un autre.

DÉMOBILISABLE adj. Qui peut être démobilisé.

DÉMOBILISATEUR, TRICE adj. Qui démobilise.

DÉMOBILISATION n. f. Renvoi dans leurs foyers d'hommes mobilisés. || Relâchement de l'énergie, du dynamisme.

DÉMOBILISER v. t. Procéder à la démobilisation. || Priver de toute volonté revendicatrice, de toute énergie.

DÉMOCRATE adj. et n. (gr. *dêmos*, peuple, et *kratos*, pouvoir). Attaché à la démocratie. || Membre de l'un des deux grands partis politiques aux États-Unis.
■ Né avec la république des États-Unis, le parti démocrate rassemble d'emblée tous les adversaires de la ploutocratie du Nord et de la centralisation. Au pouvoir de 1829 à 1837 avec Andrew Jackson, il ne retrouva une large audience qu'avec W. Wilson (1912-1920), puis avec Franklin D. Roosevelt (1932-1945), Harry S. Truman (1945-1953), John F. Kennedy (1960-1963), L. B. Johnson (1963-1969) et Jimmy Carter (1976-1981).

DÉMOCRATE-CHRÉTIEN, ENNE adj. et n. (pl. *démocrates-chrétiens, ennes*). Qui se réclame de l'idéal démocratique et des principes sociaux du christianisme.

DÉMOCRATIE [demɔkrasi] n. f. Régime politique dans lequel le peuple exerce sa souveraineté lui-même sans l'intermédiaire d'un organe représentatif (*démocratie directe*) ou par représentants interposés (*démocratie représentative*).
● *Démocratie chrétienne*, mouvement cherchant à concilier les principes démocratiques et les exigences de la foi chrétienne. || *Démocratie populaire*, régime des pays socialistes d'Europe de l'Est.
■ La démocratie chrétienne s'est développée en France à la fin du XIXe s. et fut au pouvoir avec le M. R. P. après la Seconde Guerre mondiale. Elle joue un rôle primordial dans la vie politique de la Belgique (parti social-chrétien), de l'Allemagne fédérale (CDU), de l'Autriche (parti populiste) et de l'Italie (PDC).

DÉMOCRATIQUE adj. Qui appartient à la démocratie; conforme à la démocratie.

DÉMOCRATIQUEMENT adv. De façon démocratique.

DÉMOCRATISATION n. f. Action de démocratiser.

DÉMOCRATISER v. t. Introduire les idées, les institutions démocratiques dans un pays. || Mettre à la portée de toutes les classes de la société : *démocratiser l'enseignement*.

DÉMODÉ, E adj. Qui n'est plus à la mode : *vêtement démodé*. || Dépassé, périmé : *théorie démodée*.

DÉMODER (SE) v. pr. Cesser d'être à la mode.

DEMODEX [demɔdɛks] n. m. Genre d'acariens, parasites des follicules pileux de la face de divers mammifères ou de l'homme, provoquant des comédons.

DÉMODULATEUR n. m. Dispositif effectuant la démodulation.

DÉMODULATION n. f. Action de démoduler.

DÉMODULER v. t. Extraire un signal de l'onde porteuse modulée par ce signal.

DÉMOGRAPHE adj. et n. Spécialiste de démographie.

DÉMOGRAPHIE n. f. Science ayant pour objet l'étude quantitative des populations humaines, de leur état et de leurs variations.

DÉMOGRAPHIQUE adj. De la démographie.

DEMOISELLE n. f. (lat. *dominicella*). Fille qui n'est pas mariée. || *Techn.* Syn. de DAME. || *Zool.* Nom usuel de la petite libellule bleue (*agrion*).
● *Demoiselle* ou *demoiselle coiffée* (Géogr.), syn. de CHEMINÉE DE FÉE. || *Demoiselle de compagnie*, jeune fille au service d'une dame.

DÉMOLIR v. t. (lat. *demoliri*). Détruire, mettre en pièces : *démolir une maison*. || Ruiner la réputation, l'influence, la santé de qqn. || Détruire, anéantir : *démolir un projet*. || *Fam.* Frapper à coups de poing.

DÉMOLISSAGE n. m. Action de démolir.

DÉMOLISSEUR n. m. Personne procédant à la démolition des vieux bâtiments. || Destructeur d'une doctrine, d'une théorie, etc.

DÉMOLITION n. f. Action de démolir. ◆ pl. Matériaux qui proviennent de bâtiments démolis.

DÉMON n. m. (gr. *daimôn*, divinité, génie). Chez les Anciens, divinité, génie, bon ou mauvais, attaché à la destinée d'un homme, d'un État. || Chez les Modernes et les chrétiens, ange déchu, diable. || Personnification d'un vice, d'une passion : *le démon de l'alcool, de la curiosité*. || Personne dangereuse. || Enfant turbulent.

DÉMONÉTISATION n. f. Action de démonétiser.

DÉMONÉTISER v. t. (lat. *moneta*, monnaie). Ôter sa valeur légale à une monnaie. || Déprécier, discréditer.

DÉMONIAQUE adj. et n. Possédé du démon.

DÉMONISME n. m. Croyance aux démons.

DÉMONOLOGIE n. f. Étude de la nature et de l'influence des démons.

DÉMONSTRATEUR, TRICE n. Personne qui assure la publicité d'un objet mis en vente et en explique au public le fonctionnement.

DÉMONSTRATIF, IVE adj. Qui démontre : *argument démonstratif*. || Qui manifeste extérieurement ses sentiments : *il n'est guère démonstratif*.

DÉMONSTRATIF adj. et m. *Ling.* Qui sert à montrer, à préciser l'être ou la chose dont il est question.

DÉMONSTRATION n. f. (lat. *demonstratio*). Action de démontrer. || Marque, témoignage extérieur qui manifeste les sentiments, les intentions : *faire de grandes démonstrations d'amitié*. || *Log.* Raisonnement qui conclut à la vérité d'une proposition à partir des axiomes que l'on a posés. (Dans la démonstration, le raisonnement s'effectue au moyen des règles d'inférence de la théorie déductive. On dit alors que la proposition est démontrable ou encore qu'elle est un théorème de la théorie déductive.) || *Mil.* Manœuvre ayant pour but d'induire l'adversaire en erreur ou de l'intimider.

DÉMONSTRATIVEMENT adv. De manière démonstrative.

DÉMONTABLE adj. Qui peut être démonté.

DÉMONTAGE n. m. Action de démonter.

DÉMONTÉ, E adj. *Mer démontée*, mer très houleuse.

DÉMONTE-PNEU n. m. (pl. *démonte-pneus*). Levier pour retirer un pneu de la jante.

DÉMONTER v. t. Séparer, désassembler les parties d'un objet fabriqué : *démonter un appareil*. || Déconcerter, troubler, mettre dans l'embarras : *démonter un adversaire*. || Jeter qqn à bas de sa monture : *démonter un cavalier*. ◆ se démonter v. pr. Perdre son assurance.

DÉMONTRABILITÉ n. f. *Log.* Propriété de toute formule d'une théorie déductive dont il existe une démonstration.

DÉMONTRABLE adj. Que l'on peut démontrer.

DÉMONTRER v. t. (lat. *demonstrare*). Prouver d'une manière incontestable. || Témoigner par des marques extérieures : *cette action démontre sa bonté*.

DÉMORALISANT, E adj. Qui fait perdre le courage, la confiance.

DÉMORALISATEUR, TRICE adj. et n. Qui tend à démoraliser.

DÉMORALISATION n. f. Action de démoraliser; découragement.

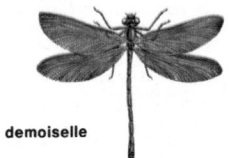

demoiselle

DÉMORALISER v. t. Ôter le courage, la confiance; décourager, abattre qqn.

DÉMORDRE v. t. ind. [de] (conj. 46). *Ne pas démordre d'une opinion, d'une idée*, ne pas vouloir y renoncer, s'entêter.

DÉMOTIQUE adj. (gr. *dêmos*, peuple). Se dit d'une écriture cursive de l'ancienne Égypte, dérivée du hiératique et couramment utilisée à partir du VIIe s. av. J.-C. || Se dit de l'état populaire de la langue grecque, par opposition à un état savant.

DÉMOTIVÉ, E adj. *Ling.* Se dit d'un mot dérivé qui n'est plus perçu comme tel.

DÉMOULAGE n. m. Action de démouler.

DÉMOULER v. t. Retirer d'un moule.

DÉMOUSTICATION n. f. Action de démoustiquer.

DÉMOUSTIQUER v. t. Éliminer les moustiques d'une région.

DÉMULTIPLICATEUR n. m. Système de transmission assurant une réduction de vitesse.

DÉMULTIPLICATION n. f. *Mécan.* Rapport de réduction de vitesse entre deux pignons d'une transmission.

DÉMULTIPLIER v. t. et i. *Mécan.* Réduire la vitesse dans la transmission d'un mouvement.

DÉMUNIR v. t. Priver de ce qu'on possédait. ◆ se démunir v. pr. Se dessaisir, se priver de.

DÉMUSELER v. t. (conj. 3). Ôter la muselière.

DÉMUTISATION n. f. Technique pour apprendre aux sourds à parler.

DÉMUTISER v. t. (de *muet*). Apprendre aux sourds à parler.

DÉMYSTIFIANT, E adj. Qui démystifie.

DÉMYSTIFICATEUR, TRICE adj. et n. Qui démystifie.

DÉMYSTIFICATION n. f. Action de démystifier.

DÉMYSTIFIER v. t. Dissiper l'erreur, le mensonge.

DÉMYTHIFICATION n. f. Action de démythifier.

DÉMYTHIFIER v. t. Ôter le caractère de mythe à qqch, à qqn.

DÉNANTIR v. t. *Dr.* Enlever son nantissement à qqn.

DÉNASALISATION n. f. Action de dénasaliser.

DÉNASALISER v. t. *Phon.* Enlever la résonance nasale d'un phonème nasal : *la voyelle* [ã] *dénasalisée devient la voyelle orale* [a].

DÉNATALITÉ n. f. Diminution du nombre des naissances.

DÉNATIONALISATION n. f. Action de dénationaliser.

DÉNATIONALISER v. t. Restituer aux intérêts privés une entreprise ou une industrie jusque-là nationalisée.

DÉNATURALISER v. t. Priver des droits acquis par naturalisation.

DÉNATURANT, E adj. Qui dénature.

DÉNATURATION n. f. Action de dénaturer.

DÉNATURÉ, E adj. Qui a subi la dénaturation : *alcool dénaturé*. || Contraire à ce qui est considéré comme naturel : *goûts dénaturés*.

DÉNATURER v. t. Mélanger à certaines substances d'autres substances qui les rendent impropres à leur destination première. || Altérer considérablement un goût, une saveur. || Fausser le sens, altérer : *dénaturer la pensée, les paroles de qqn*.

DÉNAZIFIER v. t. En Allemagne, après 1945, faire disparaître l'influence nazie.

DENDRITE [dẽ- *ou* dãdrit] n. f. (gr. *dendron*, arbre). Forme ramifiée dans les trois directions de l'espace prise par certains cristaux. || Arbre fossile. || Prolongement arborisé du cytoplasme d'une cellule nerveuse.

DENDRITIQUE [dẽ- *ou* dãdritik] adj. Qui a la forme des dendrites. || Se dit d'un réseau fluvial densément et régulièrement ramifié.

DENDROCHRONOLOGIE [dẽ- *ou* dãdrokrɔnɔlɔʒi] n. f. Datation absolue des climats par l'étude des variations d'épaisseur des anneaux de croissance des arbres.

DÉNÉBULER v. t. Dissiper le brouillard.

DÉNÉGATION n. f. (lat. *denegare*, nier). Action de nier, de dénier : *signe de dénégation*. || *Psychanal.* Processus par lequel le sujet nie un désir qu'il vient de formuler.

DÉNEIGEMENT n. m. Action de déneiger.

DÉNEIGER v. t. (conj. **1**). Déblayer la neige sur une route.

DENGUE [dɛ̃g] n. f. Maladie épidémique tropicale, ressemblant à la grippe.

DÉNI n. m. (de *dénier*). Refus d'une chose due. || *Psychanal.* Refus de reconnaître une réalité existant dans le monde extérieur. ● *Déni de justice*, refus fait par un juge de rendre justice.

DÉNIAISER v. t. Instruire qqn pour le rendre moins naïf; faire perdre sa virginité.

DÉNICHER v. t. Prendre dans un nid. || Trouver à la suite de longues recherches : *dénicher un livre rare*. ◆ v. i. Quitter le nid.

DÉNICHEUR, EUSE n. Celui, celle qui déniche les oiseaux. || Personne habile à découvrir.

DÉNICOTINISATION n. f. Action de dénicotiniser.

DÉNICOTINISER v. t. Débarrasser le tabac d'une partie de sa nicotine.

DÉNICOTINISEUR n. m. Filtre qui retient une partie de la nicotine du tabac.

DENIER n. m. (lat. *denarius*). Anc. monnaie romaine, apparue au IIIe s. av. J.-C. (Équivalant au début au 1/72 de la livre romaine, le denier ne cessa de se déprécier au point de n'être plus qu'une monnaie de compte à la fin de l'Empire.) || Anc. monnaie française, douzième partie d'un sou. || *Industr.* Unité exprimant la finesse des fils et des fibres textiles, et représentée par le poids, évalué en grammes, pour une longueur de 9 000 m de fils ou de fibres. ● *Denier du culte*, contribution volontaire des catholiques pour l'entretien du culte et du clergé. || *Denier de Saint-Pierre*, offrande faite au pape par les diocèses à partir de 1849. ◆ pl. *Litt.* Somme d'argent : *il l'a acheté de ses propres deniers*. ● *Les deniers publics*, les revenus de l'État.

DÉNIER v. t. (lat. *denegare*). Refuser de reconnaître : *dénier toute responsabilité*. || Refuser d'une manière absolue d'accorder : *dénier un droit à qqn*.

DÉNIGREMENT n. m. Action de dénigrer, de déprécier la valeur morale.

DÉNIGRER [denigre] v. t. (lat. *denigrare*, noircir). Attaquer la réputation, le talent de qqn; discréditer, décrier.

DÉNIGREUR, EUSE n. Personne qui dénigre.

DÉNITRIFICATION n. f. Appauvrissement du sol en composés azotés, dû à une action bactérienne.

DÉNITRIFIER v. t. Enlever l'azote du sol, d'une substance.

DÉNIVELÉE n. f. Différence d'altitude, notamment entre une arme à feu et son objectif.

DÉNIVELER v. t. (conj. **3**). Mettre à un niveau différent, rendre une surface inégale.

DÉNIVELLATION n. f., ou **DÉNIVELLEMENT** n. m. Différence de niveau.

DÉNOMBRABLE adj. Qui peut être dénombré. || *Math.* Se dit d'un ensemble dont les éléments peuvent être numérotés à l'aide des entiers.

DÉNOMBREMENT n. m. Recensement de personnes, de choses.

DÉNOMBRER v. t. (lat. *denumerare*). Faire le compte exact de personnes, de choses.

DÉNOMINATEUR n. m. Celui de deux termes d'une fraction qui indique en combien de parties l'unité a été divisée. ● *Dénominateur commun*, point commun à des choses ou à des personnes.

DÉNOMINATIF n. m. *Ling.* Mot dérivé d'un nom.

DÉNOMINATION n. f. Désignation d'une personne ou d'une chose par un nom qui en exprime les propriétés.

DÉNOMMÉ, E n. et adj. Celui qui est appelé : *le dénommé Georges*.

DÉNOMMER v. t. (lat. *denominare*). Donner un nom à une personne, à une chose. || *Dr.* Nommer une personne dans un acte.

DÉNONCER v. t. (lat. *denuntiare*) [conj. **1**]. Signaler comme coupable à la justice, à l'autorité ou à l'opinion publique : *dénoncer un criminel*. || Annuler, rompre un engagement : *dénoncer un traité*.

DÉNONCIATEUR, TRICE adj. et n. Qui dénonce à la justice, à l'autorité.

DÉNONCIATION n. f. Accusation, délation. || Annulation, rupture : *dénonciation d'un armistice*. ● *Dénonciation de nouvel œuvre* (Dr.), procédure dont l'objectif consiste à mettre fin à des travaux susceptibles de gêner l'exercice d'un droit de propriété.

DÉNOTATION n. f. *Ling.* Sens permanent d'un mot par opposition aux valeurs variables qu'il prend dans des contextes différents. (Contr. CONNOTATION.) || *Log.* Objet réel désigné par un signe. (Syn. RÉFÉRENCE.)

DÉNOTER v. t. Indiquer, marquer par quelque signe : *son attitude dénote un grand embarras*.

DÉNOUEMENT n. m. Événement qui termine; solution d'une affaire. || Point où aboutit une intrigue dramatique : *dénouement imprévu*.

DÉNOUER v. t. Défaire un nœud. || Donner une solution, résoudre une difficulté : *dénouer une situation*. ● *Dénouer les langues*, faire parler.

DÉNOYAGE n. m. Action de dénoyer.

DÉNOYAUTAGE n. m. Action de dénoyauter.

DÉNOYAUTER v. t. Enlever les noyaux de.

DÉNOYAUTEUR n. m. Ustensile ménager pour dénoyauter.

DÉNOYER v. t. Épuiser l'eau d'une mine noyée.

DENRÉE n. f. (anc. fr. *denerée*, la valeur d'un denier). Marchandise quelconque destinée à la consommation : *denrées alimentaires*. ● *Une denrée rare*, une chose, une qualité précieuse que l'on trouve difficilement.

DENSE adj. (lat. *densus*). Compact, épais : *brouillard dense*. || Serré sur un espace limité : *foule dense*. || Lourd par rapport à son volume : *l'iridium est le plus dense des métaux*. || *Math.* Se dit d'une partie d'un espace topologique telle que, dans tout ouvert de cet espace, il y ait des éléments de cette partie. ● *Style, pensée dense*, concis.

DENSÉMENT adv. De façon dense.

DENSIFICATION n. f. Augmentation de la densité.

DENSIFIER v. t. Augmenter la densité de qqch. || *Techn.* Améliorer un bois en le comprimant.

DENSIMÈTRE n. m. Instrument servant à mesurer directement la densité des liquides.

DENSIMÉTRIE n. f. Mesure des densités.

DENSIMÉTRIQUE adj. Relatif à la densimétrie.

DENSITÉ n. f. Qualité de ce qui est dense. || Rapport de la masse d'un certain volume d'un corps à celle du même volume d'eau (ou d'air, pour les gaz). ● *Densité de courant* (Électr.), quotient de l'intensité du courant circulant dans un conducteur par la surface de la section droite de ce dernier. || *Densité de population*, nombre moyen d'habitants au kilomètre carré.

DENT n. f. (lat. *dens, dentis*). Organe dur enchâssé dans la mâchoire, formé d'ivoire recouvert d'émail sur la couronne, servant à broyer les aliments, à mordre. (On distingue, de l'avant vers l'arrière, les incisives, les canines, les prémolaires, les molaires.) || Chacune des cinq tiges calcaires portées par les mâchoires de l'oursin. || Sommet pointu d'une montagne : *la dent d'Oche, en Haute-Savoie*. || Découpure saillante : *les dents d'une scie*. || Saillie d'une roue d'engrenage. ● *Avoir la dent* (Pop.), avoir faim. || *Avoir la dent dure*, avoir la critique sévère. || *Avoir, garder une dent contre qqn*, lui en vouloir. || *Déchirer à belles dents*, médire outrageusement. || *Dents de lait*, dents de la première dentition des mammifères. || *Dents de sagesse*, les quatre dernières molaires de l'homme, qui poussent à partir de dix-huit ans, mais qui,

parfois, n'apparaissent pas. || *Du bout des dents*, à regret, avec dégoût. || *Entre les dents*, bas et peu distinctement. || *Être armé jusqu'aux dents*, être très bien armé. || *Être sur les dents*, être dans une attente fébrile. || *Faire ses dents*, se dit d'un enfant quand ses premières dents poussent. || *Montrer les dents*, menacer qqn, lui résister. || *N'avoir rien à se mettre sous la dent*, n'avoir rien à manger. || *Se casser les dents sur qqch*, ne pas en venir à bout.

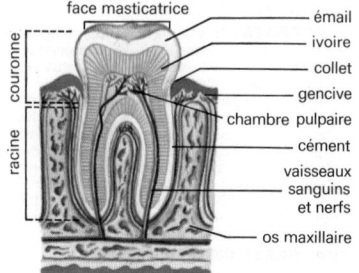

molaire humaine

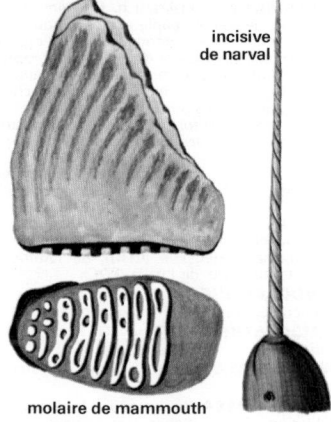

incisive de narval

molaire de mammouth

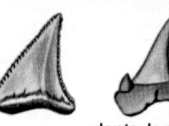

dents de squale

DENTS

DENTAIRE adj. Relatif aux dents.

DENTAIRE n. f. Plante voisine de la cardamine, à grandes fleurs. (Famille des crucifères.)

DENTAL, E, AUX adj. et n. f. *Phon.* Se dit des consonnes, comme *d, t*, qu'on prononce en appuyant la pointe de la langue contre les dents.

DENTALE n. m. Mollusque marin vivant dans le sable ou la vase, à coquille en tube arqué, atteignant 4 cm de long. (Type de la petite classe des scaphopodes.)

DENT-DE-LION n. f. (pl. *dents-de-lion*). Nom spécifique du *pissenlit*.

DENTÉ, E adj. Qui a des saillies en forme de dents : *feuille, roue dentée*.

DENTELAIRE n. f. Plante des rocailles du Midi, à fleurs violettes et dont la racine, mâchée, passait pour guérir les maux de dents. (Famille des plombaginacées.)

DENTELÉ, E adj. Bordé de petites échancrures, régulières ou non.

DENTELÉ n. m. *Anat.* Nom donné à divers muscles du tronc en raison de la forme de leurs insertions sur les côtes. ● *Grand dentelé,* muscle abaisseur de l'omoplate.

DENTELER v. t. (conj. **3**). Faire des découpures, des entailles en forme de dents.

DENTELLE n. f. (de *dent*). Tissu léger formé de fils entrelacés suivant divers motifs. ‖ Ce qui rappelle ce tissu : *dentelle de papier.* ● *Dentelle à l'aiguille,* dentelle exécutée en fil de lin blanc avec toutes les variantes du point de feston. ‖ *Dentelle au fuseau,* dentelle exécutée au carreau, en fils de couleur ou en fil de lin blanc.

DENTELLIER, ÈRE adj. Qui concerne la dentelle.

DENTELLIÈRE n. f. Personne qui fabrique la dentelle, particulièrement la dentelle au fuseau.

DENTELURE n. f. Découpure en forme de dents. ‖ Motif décoratif dentelé.

DENTICULE n. m. Dent très petite. ‖ *Archit.* Petite saillie cubique dont la répétition, en ligne, sert à orner, par ex., une corniche.

DENTICULÉ, E adj. Garni de denticules.

DENTIER n. m. Appareil formé d'une série de dents artificielles.

DENTIFRICE n. m. et adj. (lat. *dentifricium*; de *fricare*, frotter). Produit pour nettoyer les dents.

DENTINE n. f. Ivoire des dents.

DENTIROSTRE n. m. (lat. *dens, dentis*, dent, et *rostrum*, bec). Passereau, tel que les *merles*, les *corbeaux*, etc., caractérisé par un bec à mandibule supérieure échancrée. (Les *dentirostres* formaient autrefois un sous-ordre.)

DENTISTE n. Praticien diplômé spécialisé dans les soins dentaires.

DENTISTERIE n. f. Science qui a pour objet l'étude et les soins des dents.

DENTITION n. f. (lat. *dentitio*). Ensemble des dents. ‖ *Physiol.* Formation et sortie naturelle des dents. (Chez l'homme, on distingue la dentition de lait [apparaissant entre le 6ᵉ et le 34ᵉ mois, et tombant entre 6 et 12 ans] et la dentition définitive [débutant vers 6 ans par les premières grosses molaires].)

DENTURE n. f. Nombre et disposition des différentes catégories de dents sur les mâchoires. (La denture est appelée en langue courante *dentition* et s'exprime par la *formule dentaire*.) ‖ Ensemble des dents d'une roue d'engrenage, d'une crémaillère, d'une scie.

DÉNUCLÉARISATION n. f. Action de dénucléariser.

DÉNUCLÉARISER v. t. Interdire la possession ou la fabrication d'armes nucléaires.

DÉNUDATION n. f. État d'un organe (dent, os, veine) mis à nu. ‖ État d'un arbre dépouillé de son écorce, de son feuillage; état de la terre privée de sa végétation, etc.

DÉNUDER v. t. (lat. *denudare*; de *nudus*, nu). Dépouiller un arbre de son écorce, un os de la chair qui le recouvre, un fil électrique de son isolant, etc. ● *Crâne dénudé,* chauve. ◆ *se dénuder* v. pr. Se mettre partiellement ou totalement nu.

DÉNUÉ, E adj. Dépourvu, privé de.

DÉNUEMENT [denymã] n. m. Situation de qqn qui manque des choses nécessaires.

DÉNUTRITION n. f. État d'un tissu ou d'un organisme vivant chez lequel l'assimilation est moins rapide que la désassimilation.

DÉODORANT adj. et n. m. Se dit d'un produit qui enlève les odeurs corporelles de transpiration.

DÉONTOLOGIE n. f. (gr. *deon, -ontos,* ce qu'il faut faire, et *logos*, discours). Science qui traite des devoirs à remplir. ● *Déontologie médicale,* ensemble des règles qui régissent les rapports des médecins entre eux ou entre leurs malades ou la société et eux.

DÉONTOLOGIQUE adj. Relatif à la déontologie.

DÉPAILLAGE n. m. Action de dépailler.

DÉPAILLER v. t. Dégarnir de sa paille.

DÉPALISSER v. t. Défaire un palissage.

DÉPANNAGE n. m. Action de dépanner.

DÉPANNER v. t. Remettre en marche une machine arrêtée à la suite d'une avarie. ‖ *Fam.*

Tirer qqn d'embarras en lui rendant un service.

DÉPANNEUR, EUSE adj. et n. Qui dépanne.

DÉPANNEUSE n. f. Voiture équipée d'un matériel de dépannage.

DÉPAQUETAGE n. m. Action de dépaqueter.

DÉPAQUETER v. t. (conj. **4**). Défaire un paquet, un paquetage.

DÉPARAFFINAGE n. m. Séparation de la paraffine contenue dans une huile de pétrole.

DÉPAREILLÉ, E adj. Incomplet : *service dépareillé.* ‖ Qui appartient à un ensemble dont il manque les autres parties : *tome dépareillé.*

DÉPAREILLER v. t. (de *pareil*). Rendre incomplet un ensemble.

DÉPARER v. t. Rendre moins agréable, nuire au bon effet d'un ensemble.

DÉPARIER ou **DÉSAPPARIER** v. t. Ôter l'une des deux choses qui font la paire.

DÉPART n. m. Action de partir : *être sur le départ.* ● *Point de départ,* commencement.

DÉPART n. m. *Faire le départ de,* séparer, distinguer.

DÉPARTAGER v. t. (conj. **1**). Faire cesser l'égalité des voix, des mérites : *départager des concurrents.* ‖ Arbitrer un différend entre deux personnes, deux camps.

DÉPARTEMENT n. m. Chacune des divisions principales de la France, en métropole et outre-mer. (Créés par l'Assemblée constituante en 1790, les départements sont, depuis le Consulat, administrés par un préfet, qui doit prendre le nom de « commissaire de la République » après l'application de la réforme administrative entamée en 1981.) ‖ Chacune des administrations du gouvernement d'un État, des branches spécialisées d'une administration : *le département de la Justice.*

DÉPARTEMENTAL, E, AUX adj. Qui concerne le département.

DÉPARTEMENTALISATION n. f. Action de donner le statut d'un département.

DÉPARTEMENTALISER v. t. Effectuer la départementalisation.

DÉPARTIR v. t. (lat. *partiri*, partager) [conj. **22**]. *Litt.* Attribuer en partage : *la tâche qui lui a été départie.* ◆ *se départir* v. pr. Quitter, renoncer à : *il ne se départait pas de son calme.*

DÉPARTITEUR n. et adj. m. *Dr.* Celui qui départage.

DÉPASSANT n. m. Bande de tissu en biais pris entre deux bords d'un vêtement.

DÉPASSEMENT n. m. Action de dépasser.

DÉPASSER v. t. (de *passer*). Aller plus loin que qqch, que qqn; laisser derrière soi : *dépasser la ligne d'arrivée, le but; dépasser un concurrent à la course.* ‖ Être plus haut, plus long, plus étendu que : *ce sapin dépasse tous les arbres qui l'entourent.* ‖ Aller au-delà de ce qui est attendu, possible ou imaginable; excéder : *le succès a dépassé nos espérances; cela dépasse sa compétence.* ‖ Être supérieur à, l'emporter sur : *dépasser ses camarades.* ‖ Causer un vif étonnement, déconcerter : *cette nouvelle me dépasse.* ‖ *Être dépassé,* ne plus être à la hauteur; être démodé. ◆ *se dépasser* v. pr. Réussir ce qui paraissait inaccessible.

DÉPASSIONNER v. t. Enlever à un sujet, à un débat son caractère brûlant.

DÉPATOUILLER (SE) v. pr. *Fam.* Se dépêtrer d'un mauvais pas; se débrouiller.

DÉPAVAGE n. m. Action de dépaver.

DÉPAVER v. t. Enlever les pavés.

DÉPAYSEMENT n. m. Action de dépayser.

DÉPAYSER v. t. Faire changer de pays, de milieu. ‖ Dérouter, désorienter.

DÉPÈCEMENT ou **DÉPEÇAGE** n. m. Action de dépecer.

DÉPECER v. t. (de *pièce*) [conj. **1** et **5**]. Mettre en pièces, couper en morceaux.

DÉPECEUR n. m. Celui qui dépèce.

DÉPÊCHE n. f. Lettre concernant les affaires publiques : *dépêche diplomatique.* ‖ Syn. vieilli de TÉLÉGRAMME.

DÉPÊCHER v. t. (de *désempêcher*), débarras-

ser). *Litt.* Envoyer en toute hâte : *dépêcher un messager.* ◆ *se dépêcher* v. pr. Se hâter.

DÉPEIGNER v. t. Déranger l'ordonnancement des cheveux.

DÉPEINDRE v. t. (lat. *depingere*) [conj. **55**]. Décrire, représenter avec exactitude.

DÉPENAILLÉ, E [depənaje] adj. (anc. fr. *penaille*, loques). Dont les vêtements sont en lambeaux; déguenillé.

DÉPÉNALISATION n. f. Action de dépénaliser.

DÉPÉNALISER v. t. *Dr.* Supprimer légalement une infraction.

DÉPENDANCE n. f. Sujétion, subordination : *être sous la dépendance de ses parents.* ‖ *Écon.* État dans lequel se trouve l'économie d'une nation par rapport à celle d'une autre, et, notamment, d'un pays « développé ». *Psychiatr.* Besoin impérieux de continuer d'absorber certaines drogues afin de chasser un état de malaise somatique ou psychique dû au sevrage. ◆ pl. Bâtiment, terrain, territoire qui se rattache à un bâtiment ou à un domaine plus important.

DÉPENDANT, E adj. Qui est dans la dépendance, subordonné, qui n'est pas autonome.

DÉPENDRE v. t. (de *pendre*) [conj. **46**]. Détacher ce qui était pendu.

DÉPENDRE v. t. ind. [**de**] (lat. *dependere*, être lié à) [conj. **46**]. Être sous la dépendance, l'autorité de qqn, sous la juridiction, du ressort d'un organisme. ‖ Être subordonné à la décision de qqn, être soumis à la condition de qqch : *la solution dépend de vous; cela dépendra des circonstances.* ● *Ça dépend,* c'est variable.

DÉPENS [depã] n. m. pl. (lat. *dispensum*; de *dispendere*, peser). *Dr.* Frais taxables d'un procès. ● *Aux dépens de qqn, qqch,* à la charge, aux frais de qqn; à leur détriment.

DÉPENSE n. f. (lat. *dispensa*). Emploi qu'on fait de son argent pour payer; montant de la somme à payer. ‖ Utilisation des ressources à des fins autres qu'un placement. ‖ Quantité de matière, de produit consommée. ‖ Usage, emploi : *une grande dépense de forces.* ● *Dépense nationale,* ensemble des dépenses de consommation des particuliers et du secteur public ainsi que des investissements productifs au cours d'une année. ‖ *Dépenses publiques,* dépenses de l'État, des collectivités et établissements publics.

DÉPENSER v. t. Employer de l'argent pour un achat. ‖ Utiliser pour son fonctionnement; consommer : *ce poêle dépense beaucoup de charbon.* ‖ Employer dans un but précis : *dépenser son énergie.* ◆ *se dépenser* v. pr. Faire des efforts, se démener.

DÉPENSIER, ÈRE adj. et n. Qui aime la dépense, qui dépense beaucoup.

DÉPERDITION n. f. Perte, diminution : *déperdition de chaleur, d'énergie.*

DÉPÉRIR v. i. (lat. *deperire*). S'affaiblir, perdre de sa vitalité : *sa santé dépérit.* ‖ Perdre de son importance, de sa force : *cette entreprise dépérit.*

DÉPÉRISSEMENT n. m. État d'une chose ou d'un homme qui dépérit.

DÉPERSONNALISATION n. f. *Psychiatr.* Altération de la conscience du corps et du vécu corporel caractérisée par un sentiment d'étrangeté présente dans certains troubles psychiques.

DÉPERSONNALISER v. t. Faire perdre son caractère personnel à qqn, qqch; rendre banal, anonyme.

DÉPÊTRER v. t. (de *empêtrer*). Dégager de ce qui empêche de se mouvoir. ‖ Tirer d'embarras : *dépêtrer qqn d'une mauvaise affaire.* ◆ *se dépêtrer* v. pr. [**de**]. Se libérer, se débarrasser : *il n'arrivais pas à se dépêtrer de son emprise.*

DÉPEUPLEMENT n. m., ou **DÉPOPULATION** n. f. Action de dépeupler, fait d'être dépeuplé.

DÉPEUPLER v. t. Dégarnir d'habitants : *la guerre a dépeuplé ce pays.* ‖ Vider des occupants, dégarnir : *dépeupler un étang.*

DÉPHASAGE n. m. *Phys.* Différence de phase entre deux phénomènes alternatifs de même fréquence. ‖ *Fam.* Perte de contact avec la réalité.

DÉPHASÉ, E adj. Se dit d'une grandeur alternative qui présente une différence de phase avec une autre grandeur de même fréquence. ‖ *Fam.* Qui a perdu contact avec le réel.

DÉPHASER v. t. Produire un déphasage.

DÉPHASEUR n. m. Dispositif produisant un déphasage fixe ou réglable.

DÉPHOSPHORATION n. f. *Métall.* Opération par laquelle on enlève le phosphore de la fonte et de l'acier.

DÉPHOSPHORER v. t. Effectuer la déphosphoration.

DÉPIAUTER v. t. (mot dialect. *piau*, peau). *Fam.* Enlever la peau d'un animal, l'écorcher.

DÉPILAGE n. m. *Techn.* Enlèvement des poils qui couvrent une peau, pour la tanner.

DÉPILAGE n. m. *Min.* Exploitation des piliers de minerai.

DÉPILATION n. f. Action de dépiler.

DÉPILATOIRE adj. et n. m. Se dit d'une préparation spéciale pour faire tomber le poil. (On dit aussi ÉPILATOIRE.)

DÉPILER v. t. (lat. *depilare*; de *pilus*, poil). Faire tomber le poil, les cheveux.

DÉPILER v. t. (de *pile*). *Min.* Abattre des piliers réservés dans une couche exploitée.

DÉPIQUAGE n. m. *Agr.* Action de dépiquer.

DÉPIQUER v. t. (de *piquer*). *Cout.* Défaire les piqûres faites à une étoffe.

DÉPIQUER v. t. (prov. *depica*). *Agr.* Faire sortir le grain de son épi.

DÉPISTAGE n. m. Action de dépister.

DÉPISTER v. t. Découvrir le gibier à la piste : *dépister un lièvre.* ‖ Découvrir au terme d'une recherche : *dépister un voleur; dépister une maladie.* ‖ Détourner de la piste, mettre en défaut : *dépister les recherches de la police.*

DÉPIT n. m. (lat. *despectus*, mépris). Chagrin mêlé de ressentiment, dû à une déception. ● *En dépit de,* malgré. ‖ *En dépit du bon sens,* très mal.

DÉPITER v. t. (lat. *despectare*). Causer du dépit. ◆ **se dépiter** v. pr. Concevoir du dépit, se froisser.

DÉPLACÉ, E adj. Qui ne convient pas aux circonstances; inconvenant : *propos déplacés.* ● *Personne déplacée,* celle qui, à la suite d'un conflit ou d'un changement de régime politique, a été contrainte de quitter son pays.

DÉPLACEMENT n. m. Action de déplacer, de se déplacer, mouvement : *le déplacement d'une statue, d'un fonctionnaire.* ‖ Voyage effectué dans l'exercice d'une profession. ‖ Volume d'eau dont un navire tient la place quand il flotte, et dont le poids est rigoureusement égal au poids total du bâtiment. ‖ *Math.* Transformation ponctuelle de l'espace euclidien de dimension deux ou trois et conservant les distances. (Une translation, une rotation, une symétrie sont des déplacements.) ‖ *Psychanal.* Report de l'énergie psychique liée à un désir inconscient sur un objet substitutif. ● *Activité de déplacement* (Éthol.), exécution par un animal de mouvements sans rapport avec le comportement dans lequel il est engagé, lorsque celui-ci ne peut s'exprimer normalement.

DÉPLACER v. t. (conj. **1**). Changer une chose, une personne de place. ‖ Affecter d'office à un autre poste. ‖ *Mar.* Avoir un déplacement de : *navire qui déplace 10 000 tonnes.* ● *Déplacer la question,* s'écarter du sujet. ◆ **se déplacer** v. pr. Changer de place, bouger.

DÉPLAFONNEMENT n. m. Action de déplafonner.

DÉPLAFONNER v. t. Supprimer la limite supérieure d'un crédit, d'une cotisation.

DÉPLAIRE v. t. ind. [à] (conj. **71**). Ne pas plaire, être désagréable, contrarier : *il fait un travail qui lui déplaît.* ‖ *Ne vous en déplaise,* quoi que vous en pensiez. ◆ **se déplaire** v. pr. Ne pas se trouver bien où l'on est.

DÉPLAISANT, E adj. Qui déplaît; fâcheux, désagréable, antipathique.

DÉPLAISIR n. m. Sentiment pénible, contrariété.

DÉPLANTAGE n. m., ou **DÉPLANTATION** n. f. Action de déplanter.

DÉPLANTER v. t. Arracher pour replanter.

DÉPLANTOIR n. m. Instrument pour déplanter les végétaux de petite taille.

DÉPLÂTRAGE n. m. Action de déplâtrer.

DÉPLÂTRER v. t. Enlever le plâtre.

DÉPLÉTION n. f. *Astron.* Diminution locale du champ de gravitation d'un astre. ‖ *Méd.* Diminution de la quantité de liquide, en partic. de sang, contenu dans l'organisme ou dans un organe. ‖ *Pétr.* Réduction de l'importance d'un gisement de pétrole, du fait de son exploitation.

DÉPLIAGE n. m. Action de déplier.

DÉPLIANT n. m. Prospectus plié.

DÉPLIER v. t. Étendre, ouvrir une chose pliée.

DÉPLISSAGE n. m. Action de défaire les plis d'une étoffe, d'un papier, etc.

DÉPLISSER v. t. Défaire les plis.

DÉPLOIEMENT n. m. Action de déployer.

DÉPLOMBAGE n. m. Action de déplomber.

DÉPLOMBER v. t. Enlever les plombs apposés sur un objet. ‖ Ôter le plombage d'une dent.

DÉPLORABLE adj. Qui attriste, chagrine : *situation déplorable.* ‖ Qui provoque du désagrément, désagréable : *temps déplorable.* ‖ *Fam.* Très médiocre : *résultats déplorables.*

DÉPLORABLEMENT adv. De façon déplorable.

DÉPLORATION n. f. *Déploration du Christ,* scène de l'iconographie chrétienne qui suit la *Déposition.*

DÉPLORER v. t. (lat. *deplorare*). Exprimer de vifs regrets à propos de qqch; regretter : *on déplora de nombreuses victimes après l'accident; on a déploré votre absence.*

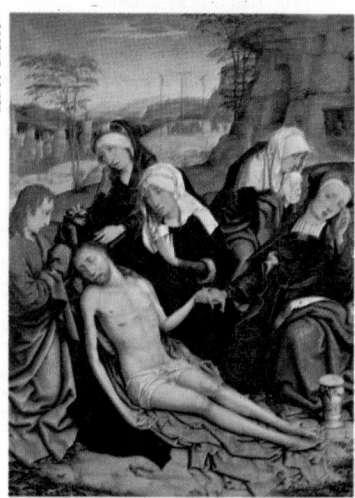

déploration du Christ
détail d'un triptyque de J. Bellegambe
fin du XVIe s.

DÉPLOYER v. t. (conj. **2**). Étendre largement : *déployer un journal.* ‖ Montrer, manifester : *déployer un grand courage.* ● *Déployer des troupes,* les faire passer d'une formation de marche ou de transport à une formation de combat. ‖ *Rire à gorge déployée,* rire aux éclats.

DÉPLUMER (SE) v. pr. Perdre ses plumes. ‖ *Fam.* Perdre ses cheveux.

DÉPOÉTISER v. t. Priver de caractère poétique.

DÉPOINTER v. t. *Arm.* Déplacer une arme de sa position de pointage.

DÉPOITRAILLÉ, E adj. *Fam.* Qui porte un vêtement largement ouvert sur la poitrine.

DÉPOLARISANT, E adj. et n. m. Qui s'oppose à la polarisation d'une pile électrique.

DÉPOLARISATION n. f. Action de dépolariser.

DÉPOLARISER v. t. *Phys.* Détruire la polarisation.

DÉPOLIR v. t. Ôter l'éclat, le poli.

DÉPOLISSAGE n. m. Action de dépolir.

DÉPOLITISATION n. f. Action de dépolitiser.

DÉPOLITISER v. t. Retirer tout caractère politique à.

DÉPOLLUER v. t. Supprimer ou réduire la pollution de l'air, de l'eau utilisée par l'industrie, du sable des plages, etc.

DÉPOLLUTION n. f. Action de dépolluer.

DÉPOLYMÉRISATION n. f. Dégradation d'un polymère donnant des composés de masses moléculaires plus faibles.

DÉPONENT, E adj. et n. m. *Ling.* Se dit d'un verbe latin de forme passive et de sens actif.

DÉPOPULATION n. f. → DÉPEUPLEMENT.

DÉPORT n. m. (de *report*). *Dr.* Acte par lequel on se récuse. ‖ *Bourse,* commission payée par le vendeur à terme au prêteur des titres.

DÉPORTATION n. f. Peine consistant en un exil dans un lieu déterminé. ‖ Internement dans un camp de concentration situé à l'étranger ou dans un bagne.

DÉPORTÉ, E n. Personne condamnée à la déportation, internée dans un camp de concentration.

DÉPORTEMENT n. m. Fait d'être déporté, en parlant d'un véhicule.

DÉPORTER v. t. (lat. *deportare*). Condamner à la déportation; envoyer en déportation. ‖ Dévier de sa direction une voiture, un avion.

DÉPOSANT, E adj. et n. Qui fait un dépôt. ‖ *Dr.* Qui fait une déposition.

DÉPOSE n. f. Action d'enlever ce qui était posé.

DÉPOSER v. t. (lat. *deponere*). Poser une chose que l'on portait : *déposer sa veste.* ‖ Enlever un objet fixé à demeure ou accroché : *déposer un tableau.* ‖ Laisser en un endroit : *je peux vous déposer chez vous; déposer un paquet chez le concierge.* ‖ Donner en garantie : *déposer une caution.* ‖ Destituer : *déposer un évêque.* ‖ Enlever ce qui était posé. ● *Déposer de l'argent,* le mettre en dépôt. ● *Déposer les armes,* cesser de combattre. ‖ *Déposer son bilan,* en parlant d'un commerçant, se déclarer en cessation de paiement. ◆ v. t. ou i. Former un dépôt : *ce vin dépose (de la lie).* ◆ v. i. Faire une déposition en justice.

DÉPOSITAIRE n. Personne à qui a été remis un dépôt. ‖ Intermédiaire à qui des marchandises sont confiées afin de les vendre pour le compte de leur propriétaire.

DÉPOSITION n. f. Déclaration d'un témoin en justice : *faire sa déposition.* ‖ Acte par lequel on retire certaines dignités : *déposition d'un roi.* ● *Déposition de Croix,* tableau représentant le Christ étendu au pied de la Croix.

DÉPOSSÉDER v. t. (conj. **5**). Ôter la possession : *déposséder un propriétaire.*

DÉPOSSESSION n. f. Action de déposséder.

DÉPÔT [depo] n. m. (lat. *depositum*). Action de déposer : *dépôt d'une somme.* ‖ Chose, somme déposée : *s'approprier un dépôt.* ‖ Ensemble de matières solides qui se déposent au fond d'un liquide impur au repos. ‖ Lieu où l'on dépose, où l'on gare : *dépôt d'autobus.* ‖ Lieu de détention de la Préfecture de police, à Paris. ‖ *Dr.* Contrat par lequel une personne (le déposant) remet à une autre (le dépositaire) une chose, à charge pour celle-ci de la garder et de la restituer lorsque la demande lui en sera faite. ‖ *Géomorphol.* Abandon de matière solide par un agent de transport (*dépôt éolien, fluvial, marin*). ‖ *Mil.* Partie d'une unité restant en garnison quand cette unité fait campagne; lieu où cette fraction reste stationnée. ● *Dépôt bancaire,* somme confiée à une banque. (Les dépôts à vue sont remboursables à première demande, alors que les dépôts à terme ne sont remboursables qu'à l'arrivée du terme.) ‖ Dépôt de bilan, situation dans laquelle se trouve une entreprise qui cesse ses paiements. (Elle mène au règlement judiciaire ou à la liquidation des biens.) ‖ Dépôt légal, remise obligatoire à l'Administration d'exemplaires d'un ouvrage ou d'une publication imprimés, photographiés ou enregistrés.

DÉPOTAGE ou **DÉPOTEMENT** n. m. Action de dépoter.

DÉPOTER v. t. Ôter une plante d'un pot. ‖ Changer un liquide de vase.

DÉPOTOIR n. m. Usine où l'on reçoit et où l'on traite les matières provenant des vidanges. ‖ Endroit où l'on jette les objets de rebut.

DÉPOUILLE n. f. Peau que rejettent certains animaux (lézards, serpents, insectes, crustacés). [On dit aussi MUE.] ‖ Peau enlevée à un animal : dépouille d'un tigre. ● Angle de dépouille, angle formé par la face coupante d'un outil avec le plan tangent de la pièce à usiner. ‖ Dépouille mortelle (Litt.), corps de l'homme après la mort. ◆ pl. Tout ce qu'on prend à l'ennemi, butin.

DÉPOUILLEMENT n. m. Action de dépouiller. ‖ Examen d'un dossier, d'un compte, etc. ‖ Absence d'ornements, grande sobriété. ● Dépouillement du scrutin, action de compter les suffrages d'une élection.

DÉPOUILLER v. t. (lat. despoliare). Arracher, enlever la peau d'un animal : dépouiller un lapin. ‖ Enlever ce qui couvre, garnit, habille : dépouiller un arbre de ses branches. ‖ Priver qqn de qqch, le voler. ‖ Examiner attentivement un texte. ‖ Compter les votes d'un scrutin. ● Style dépouillé, sans ornement. ◆ se dépouiller v. pr. Se dit d'un vin qui dépose, d'un serpent qui mue, de qqn qui abandonne ses biens, etc.

DÉPOURVU, E adj. Privé, dénué : dépourvu d'esprit. ● Au dépourvu, à l'improviste, sans être préparé.

DÉPOUSSIÉRAGE n. m. Élimination des poussières.

DÉPOUSSIÉRER v. t. (conj. 5). Enlever la poussière.

DÉPOUSSIÉREUR n. m. Appareil à dépoussiérer.

DÉPRAVATION n. f. Corruption, avilissement.

DÉPRAVÉ, E adj. et n. Gâté : goût dépravé. ‖ Perverti, débauché : société dépravée.

DÉPRAVER v. t. (lat. depravare; de pravus, pervers). Pervertir, corrompre : dépraver la jeunesse. ‖ Altérer, gâter : dépraver le goût.

DÉPRÉCATION n. f. (lat. deprecatio). Relig. Prière faite pour détourner un malheur ou pour obtenir une faveur particulière.

DÉPRÉCIATEUR, TRICE adj. et n. Qui déprécie, porté à déprécier.

DÉPRÉCIATIF, IVE adj. Ling. Qui tend à déprécier. (Syn. PÉJORATIF.)

DÉPRÉCIATION n. f. Action de déprécier, de se déprécier.

DÉPRÉCIER v. t. (lat. depretiare; de pretium, prix). Diminuer, rabaisser la valeur de qqch ou le mérite de qqn. ◆ se déprécier v. pr. Perdre de sa valeur : la monnaie se déprécie.

DÉPRÉDATEUR, TRICE adj. et n. Qui commet des déprédations.

DÉPRÉDATION n. f. (lat. praeda, proie). Dommage causé à la propriété d'autrui. ‖ Acte malhonnête, détournement, malversation.

DÉPRENDRE (SE) v. pr. (conj. 50). Litt. Se détacher de qqn, perdre une habitude.

DÉPRESSIF, IVE adj. et n. Qui manifeste de la dépression.

DÉPRESSION n. f. (lat. depressio, enfoncement). Partie en creux par rapport à une surface. ‖ Période de ralentissement économique. ‖ Dépression atmosphérique, dans les pays tempérés, aire cyclonale. ‖ Dépression nerveuse, état pathologique de souffrance psychique marqué par un abaissement du sentiment de valeur personnelle, par le pessimisme et par une inappétence face à la vie.

DÉPRESSIONNAIRE adj. Qui est le siège d'une dépression atmosphérique.

DÉPRESSURISATION n. f. Action de dépressuriser.

DÉPRESSURISER v. t. Faire cesser la pressurisation d'un avion, d'un engin spatial.

DÉPRIMANT, E adj. Qui déprime, affaiblit.

DÉPRIME n. f. Fam. État dépressif qui succède à une période d'exaltation psychique.

DÉPRIMÉ, E adj. et n. En état de dépression. ‖ Se dit d'une conjoncture et d'une économie qui, sans être dans un état de crise caractérisé, connaissent un ralentissement notable.

DÉPRIMER v. t. (lat. deprimere). Abattre physiquement ou moralement; démoraliser. ◆ v. i. Fam. Être atteint de dépression nerveuse.

DE PROFUNDIS [deprɔfɔ̃dis] n. m. (mots lat., des profondeurs). Premiers mots du psaume CXXX de la Bible, que l'on récite à l'ordinaire dans la prière pour les morts.

DÉPUCELER v. t. (conj. 3). Pop. Faire perdre sa virginité, déflorer.

DEPUIS prép. (de de et puis). Indique le point de départ, en parlant du temps, du lieu, de l'ordre : depuis huit jours; depuis Paris; depuis le premier jusqu'au dernier. ◆ adv. À partir de ce moment : je ne l'ai pas revu depuis. ◆ loc. conj. Depuis que, depuis le temps que.

DÉPULPER v. t. Enlever la pulpe.

DÉPURATIF, IVE adj. et n. m. Méd. Propre à dépurer l'organisme.

DÉPURATION n. f. Action de dépurer.

DÉPURER v. t. Rendre plus pur.

DÉPUTATION n. f. Envoi de personnes chargées d'une mission; ces personnes elles-mêmes : recevoir une députation. ‖ Fonction de député : aspirer à la députation.

DÉPUTÉ n. m. Personne envoyée en mission, ambassadeur. ‖ Membre d'une assemblée législative élu au suffrage universel.

DÉPUTER v. t. Envoyer comme représentant; déléguer, mandater.

DER n. m. ou f. inv. La der des der (Pop.), la dernière fois de toutes, la dernière guerre. ‖ Dix de der, les derniers dix points à la belote.

DÉRACINABLE adj. Qui peut être déraciné.

DÉRACINÉ, E n. Personne qui a quitté son pays, son milieu d'origine.

DÉRACINEMENT n. m. Action de déraciner, fait d'être déraciné.

DÉRACINER v. t. Arracher de terre un arbre, une plante avec ses racines. ‖ Extirper, faire disparaître : déraciner une habitude. ‖ Déraciner qqn, le retirer de son milieu d'origine.

DÉRADER v. i. Mar. Quitter une rade, en parlant d'un navire qui, sous l'effet de la tempête, ne peut plus tenir à l'ancre.

DÉRAGER v. i. (conj. 1). Cesser d'être en rage.

DÉRAILLEMENT n. m. Accident survenant sur une voie ferrée quand un train quitte les rails.

DÉRAILLER v. i. Sortir des rails. ‖ Fam. Déraisonner, divaguer, fonctionner mal.

DÉRAILLEUR n. m. Dispositif qui permet de provoquer le déraillement, en vue de protéger les installations d'un train à l'aval. ‖ Mécanisme qui fait passer une chaîne de bicyclette d'un pignon sur un autre, d'un plateau sur un autre.

DÉRAISON n. f. Litt. État d'esprit contraire au bon sens.

DÉRAISONNABLE adj. Qui manque de réflexion, insensé, extravagant.

DÉRAISONNABLEMENT adv. De manière déraisonnable.

DÉRAISONNER v. i. Litt. Dire des paroles dénuées de raison, de sens.

DÉRANGEMENT n. m. Action de déranger, d'être dérangé : ligne téléphonique en dérangement.

DÉRANGER v. t. (conj. 1). Déplacer ce qui était rangé : déranger des livres. ‖ Troubler le fonctionnement, détraquer, dérégler : déranger une machine; déranger la santé. ‖ Gêner qqn dans ses occupations ou son repos, importuner : je

ne voudrais pas vous déranger. ◆ se déranger v. pr. Quitter sa place, ses occupations.

DÉRAPAGE n. m. Action de déraper.

DÉRAPER v. i. (prov. rapar, saisir). Glisser de côté par suite d'une insuffisance d'adhérence au sol, en parlant des roues d'une bicyclette, d'une automobile, des skis, etc. ‖ Changer défavorablement : les prix ont dérapé en juillet. ‖ Aéron. Exécuter un virage en glissant de côté. ‖ Mar. Se détacher du fond où elle était crochée, en parlant d'une ancre.

DÉRASEMENT n. m. Techn. Action de déraser.

DÉRASER v. t. Détruire les parties hautes d'une construction pour l'araser à un niveau inférieur.

DÉRATÉ, E n. Courir comme un dératé, courir très vite.

DÉRATISATION n. f. Extermination systématique des rats.

DÉRATISER v. t. Détruire systématiquement les rats dans un endroit.

DÉRAYER [deʀɛje] v. t. (conj. 2). Tracer le dernier sillon d'un champ, d'une planche.

DÉRAYURE n. f. Espace libre qui sépare deux planches de labour ou deux billons.

DERBY [dɛʀbi] n. m. (de lord Derby). Grande course de chevaux qui a lieu chaque année à Epsom, en Angleterre. ‖ Chaussure dont les oreilles se rejoignent par laçage. ‖ Rencontre sportive entre équipes voisines.

DÉRÉALISATION n. f. Sentiment de déréalisation (Psychol.), impression d'étrangeté du monde extérieur qui entre dans le cadre de la dépersonnalisation.

DÉRÉALISER v. t. Faire éprouver un sentiment de déréalisation.

DERECHEF [dərəʃɛf] adv. Litt. De nouveau.

DÉRÉEL, ELLE adj. Pensée déréelle, pensée qui reconstruit le réel selon ses propres exigences affectives.

DÉRÈGLEMENT n. m. Désordre, détraquement : le dérèglement des saisons. ‖ Désordre mental.

DÉRÉGLER v. t. (conj. 5). Troubler le fonctionnement, déranger, détraquer. ‖ Vie déréglée, non contrôlée par des principes moraux.

DÉRÉLICTION n. f. (lat. derelictio). Philos. État d'abandon et de solitude morale complète.

DÉRIDER v. t. Faire disparaître les rides. ‖ Rendre moins grave, égayer. ◆ se dérider v. pr. S'égayer, sourire.

DÉRISION [deʀizjɔ̃] n. f. (lat. deridere, se moquer). Moquerie méprisante, dédaigneuse : tourner en dérision.

DÉRISOIRE adj. Qui porte à rire par son caractère déraisonnable, minable, ridicule. ‖ Qui est insignifiant, faible : prix dérisoire.

DÉRISOIREMENT adv. De façon dérisoire.

DÉRIVABLE adj. Math. Se dit d'une fonction admettant une dérivée en un point ou dans un intervalle.

DÉRIVATIF n. m. Ce qui détourne l'esprit vers d'autres pensées.

DÉRIVATION n. f. Action de détourner un cours d'eau. ‖ Électr. Communication au moyen d'un second conducteur entre deux points d'un circuit fermé. ‖ Ling. Procédé de formation des mots qui consiste à ajouter un suffixe ou un préfixe à un autre mot ou radical. ‖ Math. Calcul de la dérivée d'une fonction. ‖ Méd. Détournement de liquides organiques de leur circuit naturel. ● En dérivation (Électr.), se dit de circuits bifurqués, entre lesquels le courant se partage. (Syn. EN PARALLÈLE.)

DÉRIVATION n. f. Action de dériver sous l'action du vent ou d'un courant. ‖ Mil. Déplacement d'un projectile par rapport au plan de tir, dû à sa rotation sur la trajectoire.

DÉRIVE n. f. (de dériver, s'écarter de sa direction). Déviation d'un navire ou d'un avion de sa route par l'effet d'un courant ou du vent. ‖ Aileron vertical immergé pour réduire la dérivation d'un navire. ‖ Gouvernail de direction d'un avion. ‖ *Arm.* Angle latéral dont il faut déplacer le pointage d'une arme pour annuler la dérivation. ● *A la dérive*, qui se laisse aller, qui va à vau-l'eau. ‖ *Dérive des continents*, théorie développée par Wegener, d'après laquelle les continents flotteraient sur le sima à la suite de la scission d'un continent unique. ‖ *Puits de dérive*, coffrage étanche situé dans l'axe d'un dériveur et dans lequel peut se déplacer la dérive.

DÉRIVÉ, E adj. *Courants dérivés*, courants électriques traversant diverses dérivations. ‖ *Position dérivée* (Chorégr.), position issue d'une des positions fondamentales, dans laquelle un seul pied est à plat, la jambe libre étant levée, tendue ou pliée.

DÉRIVÉ n. m. *Chim.* Corps obtenu par la transformation d'un autre : *un sel est un dérivé d'un acide.* ‖ *Ling.* Mot qui dérive d'un autre : « *fruitier* » *est un dérivé de* « *fruit* ».

DÉRIVÉE n. f. *Math.* Limite vers laquelle tend le rapport de l'accroissement d'une fonction à l'accroissement correspondant de la variable, lorsque ce dernier tend vers zéro.

DÉRIVER v. t. (lat. *derivare*, détourner un cours d'eau). Détourner de son cours : *dériver un fleuve.* ◆ v. t. ind. [de]. Être issu de : *tous ces malheurs dérivent de la guerre.* ‖ *Ling.* Tirer son origine, provenir : *mot qui dérive du grec.*

DÉRIVER v. i. (angl. *to drive*, pousser). S'écarter de sa direction. ‖ Être porté par les courants ou par le vent dans une direction transversale à celle qui doit être suivie, en parlant d'un navire, d'un avion.

DÉRIVER v. t. Défaire ce qui est rivé.

DÉRIVEUR n. m. *Mar.* Voile de tempête. ‖ Bateau muni d'une dérive.

DERMATITE n. f. → DERMITE.

DERMATOLOGIE n. f. Partie de la médecine qui s'occupe des maladies de la peau.

DERMATOLOGISTE ou **DERMATOLOGUE** n. Médecin spécialisé en dermatologie.

DERMATOMYOSITE n. f. Affection de cause inconnue touchant la peau et les muscles striés.

DERMATOPTIQUE adj. Se dit d'un type de sensibilité par lequel un animal manifeste, sans organe visuel, une réaction à la lumière.

DERMATOSE n. f. Maladie de peau en général.

DERME n. m. (gr. *derma*, peau). *Anat.* Tissu qui constitue la couche profonde de la peau.

DERMESTE [dɛrmɛst] n. m. (gr. *dermêstês*, ver qui ronge la peau). Insecte coléoptère gris ou noirâtre, atteignant 1 cm de long, qui se nourrit de viande séchée, de plumes, etc.

DERMIQUE adj. Relatif au derme.

DERMITE ou **DERMATITE** n. f. Inflammation du derme.

DERMOGRAPHISME n. m. Propriété de la peau de certains sujets de présenter un relief après frottement ou griffure.

DERNIER, ÈRE adj. et n. (lat. *de retro*, derrière). Qui vient après tous les autres dans le temps, selon le mérite, le rang : *décembre est le dernier mois de l'année; c'est le dernier des hommes.* ◆ adj. Qui est le plus récent : *l'an dernier; dernière mode.* ‖ *Extrême* : *protester avec la dernière énergie.* ● *Avoir le dernier mot*, l'emporter dans une discussion, dans un conflit. ‖ *En dernière analyse*, tout bien pesé, examiné. ‖ *Ne pas avoir dit son dernier mot*, ne pas avoir montré tout ce dont on était capable.

DERNIÈREMENT adv. Depuis peu.

DERNIER-NÉ, DERNIÈRE-NÉE n. (pl. *derniers-nés, dernières-nées*). Enfant né le dernier dans une famille.

DERNY n. m. (du n. de l'inventeur). Cyclomoteur utilisé autrefois pour entraîner des coureurs cyclistes dans certaines épreuves.

DÉROBADE n. f. Action d'esquiver une difficulté, de se dérober à ses obligations. ‖ *Équit.* Action de se dérober, en parlant d'un cheval.

DÉROBÉ, E adj. *Culture dérobée* (Agr.), type de culture secondaire occupant le sol une courte

partie de l'année, après la culture principale. ‖ *Porte, escalier dérobé*, caché, secret.

DÉROBÉE (À LA) loc. adv. En cachette et rapidement.

DÉROBER v. t. (anc. fr. *rober*, voler). *Litt.* Prendre furtivement ce qui appartient ou revient à autrui : *dérober de l'argent, un secret.* ‖ Soustraire : *l'obscurité le déroba aux yeux de ses poursuivants.* ◆ **se dérober** v. pr. Se dit d'un cheval qui ne veut pas franchir un obstacle ou passe à côté. ‖ Se soustraire : *se dérober à une discussion, à ses obligations.* ‖ Faiblir : *ses genoux se dérobent.*

DÉROCHAGE n. m. *Techn.* Action de dérocher un métal.

DÉROCHEMENT n. m. Action de dérocher.

DÉROCHER v. t. Enlever les roches d'un chenal, d'un cours d'eau, d'une terre qu'on veut cultiver. ‖ Décaper une surface métallique par un acide. ◆ v. i. Tomber du rocher.

DÉROCTAGE n. m. Action de briser, à l'aide d'explosifs, les rocs très durs situés en proéminence sur les fonds maritimes ou fluviaux.

DÉROGATION n. f. Action de déroger à une loi, à un contrat; exception.

DÉROGATOIRE adj. *Dr.* Qui contient une dérogation.

DÉROGER v. t. ind. [à] (lat. *derogare*) [conj. **1**]. *Litt.* S'écarter d'un sens fixé par une loi, une convention : *déroger à l'usage établi.* ◆ v. i. *Litt.* Manquer à sa dignité, à son rang.

DÉROUILLÉE n. f. *Pop.* Volée de coups.

DÉROUILLER v. t. Enlever la rouille. ‖ *Fam.* Dégourdir, réveiller : *dérouiller ses jambes, sa mémoire.* ‖ *Pop.* Donner des coups à qqn. ◆ v. i. *Pop.* Recevoir des coups; avoir très mal.

DÉROULAGE n. m. *Techn.* Action de dérouler une bille de bois.

DÉROULEMENT n. m. Action de dérouler, de se dérouler.

DÉROULER v. t. Étendre ce qui était enroulé : *dérouler une pièce d'étoffe.* ‖ Étaler sous le regard, développer, passer en revue : *dérouler les événements de la journée, ses souvenirs.* ‖ *Techn.* Transformer une bille de bois en une feuille mince continue. ◆ **se dérouler** v. pr. Avoir lieu, s'écouler, s'enchaîner : *la manifestation s'est déroulée sans incident.*

DÉROULEUR n. m. Dans un calculateur électronique, ensemble d'organes permettant le déroulement et l'enroulement d'une bande magnétique. (Il comprend généralement une tête de lecture et d'écriture de la bande.)

DÉROULEUSE n. f. Machine à dérouler du bois, du fil, etc.

DÉROUTAGE ou **DÉROUTEMENT** n. m. Action de dérouter un navire, un avion.

DÉROUTANT, E adj. Qui déroute, qui déconcerte.

DÉROUTE n. f. Défaite sévère; situation catastrophique.

DÉROUTER v. t. Faire perdre sa trace, dépister. ‖ Faire changer de route, de direction : *dérouter un navire.* ‖ Déconcerter, décontenancer : *dérouter l'opinion publique.*

DERRICK [dɛrik] n. m. (mot angl.). Charpente en métal supportant l'appareil de forage d'un puits de pétrole. (L'Administration préconise TOUR DE FORAGE.)

DERRIÈRE prép. (lat. *de*, et *retro*, en arrière). Indique une situation, un lieu dans le dos de qqn, de qqch, ou dans un rang suivant : *se cacher derrière un arbre; marcher derrière qqn.* ◆ adv. En arrière, à la suite : *rester derrière.* ● *Par-derrière*, par la partie postérieure : *attaquer par-derrière*; secrètement : *calomnier par-derrière.* ‖ *Sens devant derrière*, en mettant le devant à la place du derrière.

DERRIÈRE n. m. Partie postérieure d'un objet. ‖ Partie inférieure et postérieure du corps de l'homme et des animaux.

DERVICHE [dɛrviʃ] n. m. (persan *darwich*). Membre de confréries religieuses musulmanes.

DES art. masc. et fém. pluriel correspondant au sing. *un* (indéfini), *du* (*de la*) [partitif ou défini].

DÈS prép. (préf. *de*, et *ex*, hors de). Marque le point de départ en parlant du temps, du lieu : *dès l'enfance; dès sa source.* ◆ loc. adv. *Dès lors*, en conséquence. ◆ loc. conj. *Dès que*, aussitôt que : *dès que le discours sera achevé.* ‖ *Dès lors que*, dès l'instant où; puisque.

DÉSABONNER v. t. Faire cesser un abonnement. ◆ **se désabonner** v. pr. Cesser son abonnement.

DÉSABUSÉ, E adj. et n. Qui a perdu ses illusions, désenchanté, blasé.

DÉSABUSER v. t. *Litt.* Tirer qqn de son erreur, de ses illusions, détromper.

DÉSACCORD n. m. Manque d'harmonie, d'accord; mésentente, différend : *famille en désaccord.* ‖ Contradiction, contraste : *désaccord entre les paroles et les actes.*

DÉSACCORDER v. t. Détruire l'accord d'un instrument de musique.

DÉSACCOUPLER v. t. Séparer ce qui était accouplé, ce qui était par couple.

DÉSACCOUTUMANCE n. f. Action de se désaccoutumer.

DÉSACCOUTUMER v. t. Défaire d'une habitude.

DÉSACRALISATION n. f. Action de désacraliser.

DÉSACRALISER v. t. Retirer sa signification religieuse à une fête, un rite, etc., ou sa signification sacrée à qqn, à qqch.

DÉSACTIVER v. t. Supprimer l'activité.

DÉSADAPTATION n. f. Perte de l'adaptation à une situation ou à un milieu de vie.

DÉSADAPTÉ, E adj. et n. Qui a perdu son adaptation.

DÉSAÉRÉ, E adj. *Techn.* Dont on a ôté l'air : *béton désaéré.*

DÉSAFFECTATION n. f. Action de désaffecter.

DÉSAFFECTER v. t. Changer la destination d'un édifice public, d'un local; lui retirer sa destination primitive.

DÉSAFFECTION n. f. Perte progressive de l'affection, de l'intérêt que l'on éprouvait.

DÉSAFFÉRENTATION n. f. *Désafférentation sensorielle*, état d'un sujet privé de système sensoriel.

DÉSAGRÉABLE adj. Qui cause une impression pénible, qui déplaît, ennuyeux, fâcheux, déplaisant.

DÉSAGRÉABLEMENT adv. De façon désagréable.

DÉSAGRÉGATION n. f. Séparation des parties dont l'assemblage constitue un tout, décomposition : *désagrégation des pierres sous l'action du froid; désagrégation de l'État.* ‖ *Écon.* Opéra-

derrick de forage
monté sur véhicule à chenilles,
pour la recherche pétrolière et minière

Gardner-Denver

tion consistant à dissocier des grandeurs économiques auparavant agrégées.

DÉSAGRÉGER v. t. (conj. **1** et **5**). Produire la désagrégation. ◆ **se désagréger** v. pr. Se décomposer, s'effriter.

DÉSAGRÉMENT n. m. Sentiment causé par ce qui déplaît; sujet de contrariété; ennui, souci.

DÉSAIMANTATION n. f. Action de désaimanter, fait de se désaimanter.

DÉSAIMANTER v. t. Supprimer l'aimantation.

DÉSALIÉNATION n. f. Action de désaliéner.

DÉSALIÉNER v. t. (conj. **5**). Faire cesser l'aliénation, libérer.

DÉSALTÉRANT, E adj. Propre à désaltérer.

DÉSALTÉRER v. t. (conj. **5**). Faire cesser la soif. ◆ **se désaltérer** v. pr. Faire cesser la soif en buvant.

DÉSAMIDONNER v. t. Dépouiller de son amidon.

DÉSAMORÇAGE n. m. Action de désamorcer.

DÉSAMORCER v. t. (conj. **1**). Ôter l'amorce de : *désamorcer un obus*. ‖ Interrompre la marche d'un appareil, d'une machine : *désamorcer une pompe*. ‖ Prévenir le développement dangereux de qqch : *désamorcer un conflit*.

DÉSAPPARIER v. t. → DÉPARIER.

DÉSAPPOINTÉ, E adj. Déconcerté, déçu.

DÉSAPPOINTEMENT n. m. État d'une personne désappointée; déception.

DÉSAPPOINTER v. t. (angl. *disappointed*, déçu). Tromper l'attente, les espérances de qqn; décevoir : *cet échec l'a désappointé*.

DÉSAPPRENDRE v. t. (conj. **50**). Oublier ce qu'on avait appris.

DÉSAPPROBATEUR, TRICE adj. Qui désapprouve.

DÉSAPPROBATION n. f. Action de désapprouver, de blâmer.

DÉSAPPROUVER v. t. Ne pas approuver; blâmer, critiquer : *désapprouver un projet*.

DÉSAPPROVISIONNEMENT n. m. Action de désapprovisionner.

DÉSAPPROVISIONNER v. t. Enlever l'approvisionnement : *désapprovisionner une arme*.

DÉSARÇONNER v. t. Faire tomber de cheval. ‖ Déconcerter, mettre dans l'embarras, dans l'impossibilité de répondre.

DÉSARGENTÉ, E adj. Fam. Démuni d'argent.

DÉSARGENTER v. t. Enlever la couche d'argent qui recouvrait un objet argenté.

DÉSARMANT, E adj. Qui rend toute réplique impossible.

DÉSARMEMENT n. m. Action de désarmer. ‖ Action concertée visant à limiter, supprimer ou interdire la fabrication ou l'emploi de certaines armes.

DÉSARMER v. t. Enlever à qqn ses armes. ‖ Fléchir, adoucir, faire cesser un sentiment violent : *désarmer la colère de qqn*. ‖ Détendre le ressort de percussion d'une arme à feu. ‖ *Désarmer un navire*, en retirer l'équipage et le matériel. ◆ v. i. Réduire ses armements. ‖ Abandonner un sentiment violent ou hostile : *sa haine ne désarme pas*. ‖ Cesser toute activité : *malgré l'âge, il ne désarme pas*.

DÉSARRIMAGE n. m. Action de désarrimer.

DÉSARRIMER v. t. Déranger l'arrimage des marchandises.

DÉSARROI n. m. (anc. fr. *désarroyer*, mettre en désordre). État d'une personne profondément troublée : *être en plein désarroi*.

DÉSARTICULATION n. f. Action de désarticuler, fait d'être désarticulé.

DÉSARTICULER v. t. Méd. Faire sortir de l'articulation. ‖ Amputer dans l'articulation. ◆ **se désarticuler** v. pr. Assouplir à l'excès ses articulations.

DÉSASSEMBLER v. t. Séparer les pièces composant un assemblage, disjoindre.

DÉSASSIMILATION n. f. Ensemble des réactions chimiques exothermiques qui, chez les êtres vivants, transforment les substances organiques complexes en produits plus simples, lesquels seront finalement excrétés.

DÉSASSIMILER v. t. Produire la désassimilation. ‖ Assimiler incomplètement ses aliments.

DÉSASSORTI, E adj. Dégarni de marchandises : *magasin désassorti*. ‖ Qui n'est plus assorti, dont certaines pièces ne sont plus assorties.

DÉSASSORTIMENT n. m. Action d'être désassorti; réunion de choses mal assorties.

DÉSASTRE n. m. (it. *disastro*). Événement grave qui cause de grands dommages; catastrophe.

DÉSASTREUSEMENT adv. De façon désastreuse.

DÉSASTREUX, EUSE adj. Très mauvais.

DÉSATELLISATION n. f. Action de désatelliser.

DÉSATELLISER v. t. Faire quitter sa trajectoire à un engin spatial en orbite autour de la Terre ou d'un astre quelconque.

DÉSAVANTAGE n. m. Ce qui cause une infériorité, un inconvénient, un préjudice.

DÉSAVANTAGER v. t. (conj. **1**). Faire subir un désavantage à, léser, handicaper.

DÉSAVANTAGEUSEMENT adv. De façon désavantageuse.

DÉSAVANTAGEUX, EUSE adj. Qui cause, peut causer un désavantage; défavorable.

DÉSAVEU n. m. Rétractation d'un aveu. ‖ Acte par lequel on désavoue une personne ou une chose, attesté; désapprobation. ‖ Psychanal. Syn. de DÉNI. ● *Désaveu de paternité* (Dr.), procédure par laquelle le mari prouve qu'il n'est pas le père de l'enfant de sa femme.

DÉSAVOUER v. t. Revenir sur ce qu'on a dit ou fait : *désavouer une promesse*. ‖ Refuser de reconnaître comme sien : *désavouer sa signature*. ‖ Déclarer qu'on n'a pas autorisé qqn à agir comme il l'a fait, qu'on n'est pas d'accord avec qqn, qqch : *désavouer un ambassadeur; désavouer une politique*.

DÉSAXÉ, E n. et adj. Personne qui présente des troubles mentaux.

DÉSAXER v. t. Mettre hors de son axe : *désaxer une roue*. ‖ Rompre l'équilibre intellectuel ou moral, déséquilibrer.

DESCELLEMENT n. m. Action de desceller.

DESCELLER v. t. Ôter de son scellement.

DESCENDANCE n. f. Ensemble des descendants, postérité, lignée, parenté.

DESCENDANT, E adj. Qui descend : *marée descendante*. ● *Garde descendante* (Mil.), celle qui est relevée de son poste. ‖ *Ligne descendante*, postérité de qqn. ‖ *Train descendant*, train allant vers la tête de ligne.

DESCENDANT, E n. Personne considérée par rapport à ceux de qui elle est issue.

DESCENDERIE n. f. Galerie de mine en pente. (On dit aussi DESCENTE.)

DESCENDEUR n. m. Alp. Matériel utilisé lors des descentes en rappel.

DESCENDEUR, EUSE n. Sportif qui possède les qualités particulières pour descendre rapidement une pente (ski) ou une côte (cyclisme).

DESCENDRE [desɑ̃dʀ] v. i. (lat. *descendere*) [conj. **45**, auxil. *être*]. Aller de haut en bas, se porter à un niveau inférieur : *descendre à la cave*. ‖ S'étendre de haut en bas, être en pente : *mine qui descend à 1 500 mètres; le sentier descend vers la rivière*. ‖ Baisser de niveau : *la marée descend*. ‖ Faire irruption : *la police est descendue dans le café*. ‖ S'arrêter au cours d'un voyage : *descendre à l'hôtel*. ‖ Tirer son origine : *descendre d'une famille illustre*. ● *En descendant* (Chorégr.), indique que les pas sont exécutés vers l'avant, en se rapprochant de la rampe de la scène. (Contr. EN REMONTANT.) ◆ v. t. (auxil. *avoir*). Mettre ou porter plus bas : *descendre un tableau*. ‖ Parcourir de haut en bas, suivre le cours de : *descendre un escalier, un fleuve*. ‖ Abattre : *descendre un avion*. ‖ Fam. Tuer avec une arme à feu : *descendre un ennemi*. ● *Descendre en flammes* (Fam.), critiquer violemment. ‖ *Descendre un verre, une bouteille* (Fam.), les boire en entier.

DESCENTE n. f. Action de descendre, d'aller plus bas. ‖ Chemin par lequel on descend : *une descente rapide*. ‖ Attaque brusque, irruption en vue d'un contrôle, d'une rafle : *descente de police*. ‖ Action de déposer, de mettre en bas : *la descente d'un tableau*. ‖ Constr. Tuyau d'évacuation des eaux, vertical ou en très forte pente. ‖ Min. Syn. de DESCENDERIE. ‖ Sports. Épreuve de ski dans laquelle les concurrents sont classés d'après le temps, et qui, en forte pente, ne comporte pas de portes à franchir. ● *Descente de Croix*, représentation du corps du Christ mort, décloué de la Croix, mais pas encore déposé sur le sol. ‖ *Descente d'estomac, du rein*, etc. (Méd.), syn. de PTÔSE. ‖ *Descente de lit*, petit tapis placé le long d'un lit. ‖ *Descente sur les lieux*, visite d'un lieu par des magistrats pour y faire des constatations, des perquisitions.

DÉSCOLARISATION n. f. Action de déscolariser.

DÉSCOLARISER v. t. Ôter au système scolaire le monopole de l'éducation et de l'instruction des enfants. ‖ Retirer des enfants d'âge scolaire hors de l'école.

DESCRIPTEUR, TRICE n. Celui, celle qui décrit.

DESCRIPTIBLE adj. Qui peut être décrit.

DESCRIPTIF, IVE adj. (lat. *descriptus*, décrit). Qui a pour objet de décrire. ● *Anatomie descriptive*, anatomie qui décrit les formes et la figure de chaque organe.

DESCRIPTIF n. m. Document qui donne une description par plans, schémas, etc.

DESCRIPTION n. f. (lat. *descriptio*). Action de décrire; développement qui décrit.

DÉSÉCHOUER v. t. Remettre à flot un navire échoué.

DÉSÉGRÉGATION n. f. Action de mettre fin à la ségrégation raciale.

DÉSEMBOURGEOISER v. t. Ôter le caractère bourgeois.

DÉSEMBOUTEILLER v. t. Faire cesser un embouteillage.

DÉSEMPARÉ, E adj. Se dit d'un navire qui a subi des avaries l'empêchant de manœuvrer. ‖ Qui est privé de ses moyens, qui ne sait que dire, que faire; déconte nancé.

DÉSEMPARER v. i. (de *emparer*, fortifier). *Sans désemparer*, sans interruption, avec persévérance.

DÉSEMPLIR v. i. *Ne pas désemplir*, continuer d'être plein : *la maison ne désemplit pas*.

DÉSENCADRER v. t. Ôter de son cadre.

DÉSENCHAÎNER v. t. Délivrer de ses chaînes.

DÉSENCHANTEMENT n. m. Cessation des illusions, déception.

DÉSENCHANTER v. t. Faire perdre l'enthousiasme, les illusions, désillusionner.

DÉSENCLAVEMENT n. m. Action de désenclaver.

DÉSENCLAVER v. t. Rompre l'isolement d'une région sur le plan économique.

DÉSENCOLLAGE n. m. Action de désencoller.

DÉSENCOLLER v. t. Éliminer d'un tissu les produits à base d'amidon déposés sur les fils avant tissage.

DÉSENCOMBREMENT n. m. Action de désencombrer un lieu.

DÉSENCOMBRER v. t. Débarrasser de ce qui encombre.

DÉSENFLAMMER v. t. Faire cesser l'inflammation.

DÉSENFLER v. i. Cesser d'être enflé.

DÉSENFUMER v. t. Faire sortir la fumée de.

DÉSENGAGEMENT n. m. Action de désengager ou de se désengager.

DÉSENGAGER v. t. (conj. **1**). Libérer d'un engagement. ◆ **se désengager** v. pr. Cesser son engagement (dans un parti politique, un conflit).

DÉSENGORGER v. t. (conj. **1**). Déboucher.

DÉSENGRENER v. t. (conj. **5**). Mécan. Faire cesser l'engrènement de deux roues.

DÉSENIVRER [dezɑ̃nivʀe] v. t. Tirer de l'ivresse.

DÉSENNUYER v. t. Dissiper l'ennui.

DÉSENRAYER v. t. (conj. 2). *Techn.* Remettre en état de fonctionnement.

DÉSENSABLEMENT n. m. Action de désensabler.

DÉSENSABLER v. t. Dégager ce qui est ensablé.

DÉSENSIBILISATEUR n. m. Produit diminuant la sensibilité d'une émulsion photographique.

DÉSENSIBILISATION n. f. Diminution de la sensibilité d'une émulsion photographique. ‖ Traitement supprimant la sensibilisation, ou *allergie*, de l'organisme à l'égard de certaines substances (pollens, poussières, protéines, etc.).

DÉSENSIBILISER [desãsibilize] v. t. Faire perdre ou diminuer la sensibilité.

DÉSENSIMAGE n. m. Action de désensimer.

DÉSENSIMER v. t. Éliminer d'un fil ou d'un tissu les corps gras déposés sur les fibres avant filature.

DÉSENSORCELER v. t. (conj. 3). Délivrer de l'ensorcellement.

DÉSENTOILAGE n. m. Action de désentoiler.

DÉSENTOILER v. t. Dépouiller (un tableau) de sa toile pour la remplacer par une neuve.

DÉSENTORTILLER v. t. Démêler ce qui est entortillé.

DÉSENTRAVER v. t. Ôter les entraves.

DÉSENVASER v. t. Retirer la vase de. ‖ Sortir de la vase.

DÉSENVELOPPER v. t. Dépouiller de ce qui enveloppe.

DÉSENVENIMER v. t. Détruire le venin de. ‖ Rendre moins violent, moins virulent.

DÉSÉQUILIBRE n. m. Absence d'équilibre. ● *Déséquilibre mental* ou *psychique,* syn. de PSYCHOPATHIE.

DÉSÉQUILIBRÉ, E n. et adj. Personne présentant un déséquilibre mental.

DÉSÉQUILIBRER v. t. Faire perdre l'équilibre. ‖ Bouleverser l'équilibre mental.

DÉSERT, E adj. (lat. *desertus,* abandonné). Inhabité ou peu fréquenté : *île, rue déserte.*

DÉSERT n. m. Lieu inhabité. ‖ *Géogr.* Région caractérisée par une grande sécheresse ou par une température moyenne très basse entraînant la pauvreté extrême de la végétation et une très grande faiblesse de peuplement. ● *Prêcher, parler dans le désert,* n'être pas écouté.

DÉSERTER v. t. Abandonner complètement un lieu : *déserter une région.* ‖ Quitter, trahir : *déserter une cause.* ◆ v. i. *Mil.* Quitter son corps ou son poste sans autorisation.

DÉSERTEUR n. m. Militaire qui a déserté. ‖ Celui qui abandonne un parti, une cause.

DÉSERTIFICATION n. f. Transformation d'une région en désert.

DÉSERTION n. f. Action de déserter.

DÉSERTIQUE adj. Relatif au désert. ● *Relief désertique,* relief des régions où la faiblesse des précipitations et la discontinuité du couvert végétal expliquent la prédominance de l'action du vent et du ruissellement diffus.

DÉSESCALADE n. f. *Défens.* Diminution progressive de la menace et de la tension qui résultent d'un processus d'escalade.

DÉSESPÉRANCE n. f. *Litt.* État d'une personne désespérée.

DÉSESPÉRANT, E adj. Qui fait perdre espoir; décourageant : *nouvelle désespérante.* ‖ Qui chagrine, contrarie : *un enfant désespérant.*

DÉSESPÉRÉ, E adj. et n. Plongé dans le désespoir : *famille désespérée.* ◆ adj. Qui donne plus d'espoir : *situation désespérée.* ‖ Qui exprime le désespoir : *regard désespéré.* ‖ Extrême : *tentative désespérée.*

DÉSESPÉRÉMENT adv. De façon désespérée.

DÉSESPÉRER v. t. (conj. 5). Faire perdre l'espérance à qqn. ‖ Ne plus espérer : *je désespère qu'il réussisse.* ◆ v. i. ou v. t. ind. [de]. Perdre courage, cesser d'espérer : *désespérer de sa réussite; dans les pires situations, il n'a jamais désespéré.* ◆ se **désespérer** v. pr. Se tourmenter.

DÉSESPOIR n. m. Abattement total de qqn qui n'espère plus. ‖ Ce qui désespère, contrarie : *être le désespoir de sa famille.* ● *En désespoir de cause,* en dernier ressort. ‖ *Être au désespoir,* être très chagriné; regretter vivement.

DÉSÉTABLISSEMENT n. m. Séparation d'avec l'État de l'Église anglicane d'Irlande, depuis 1869, et de celle du pays de Galles, depuis 1920.

DÉSÉTATISER v. t. Réduire la part de l'État dans l'économie d'un pays.

DÉSEXCITATION n. f. Retour d'une molécule, d'un atome, d'un noyau excités à leur état d'énergie minimale.

DÉSEXCITER v. t. Faire subir une désexcitation.

DÉSHABILLAGE n. m. Action de déshabiller, de se déshabiller.

DÉSHABILLÉ n. m. Vêtement léger que les femmes portent au lever ou au coucher.

DÉSHABILLER v. t. Ôter à qqn ses vêtements. ‖ Ôter à un objet un ornement, un revêtement. ◆ se **déshabiller** v. pr. Enlever ses vêtements.

DÉSHABITUER v. t. Faire perdre une habitude.

DÉSHERBAGE n. m. Action de désherber.

DÉSHERBANT, E adj. et n. m. Se dit d'un produit chimique détruisant les mauvaises herbes.

DÉSHERBER v. t. Enlever les mauvaises herbes.

DÉSHÉRENCE n. f. (lat. *heres,* héritier). *Dr.* Absence d'héritiers pour recueillir une succession.

DÉSHÉRITÉ, E n. Personne dépourvue de dons naturels ou de certains biens que les autres possèdent.

DÉSHÉRITEMENT n. m. Action de déshériter, fait d'être déshérité.

DÉSHÉRITER v. t. Priver qqn de sa succession. ‖ Priver des avantages naturels.

DÉSHONNÊTE adj. *Litt.* Contraire à la morale, à la pudeur, inconvenant, indécent.

DÉSHONNEUR n. m. Perte de l'honneur.

DÉSHONORANT, E adj. Qui déshonore.

DÉSHONORER v. t. Porter atteinte à l'honneur de qqn. ◆ se **déshonorer** v. pr. Perdre son honneur, se couvrir d'ignominie.

DÉSHUILAGE n. m. Action de déshuiler.

DÉSHUILER v. t. Séparer d'une matière l'huile qui s'y trouve mélangée.

DÉSHUILEUR n. m. Appareil servant à déshuiler une matière.

DÉSHUMANISATION n. f. Action de déshumaniser.

DÉSHUMANISER v. t. Faire perdre tout caractère humain.

DÉSHUMIDIFICATEUR n. m. Appareil servant à déshumidifier.

DÉSHUMIDIFICATION n. f. Action de déshumidifier.

DÉSHUMIDIFIER v. t. Réduire la teneur en vapeur d'eau.

DÉSHYDRATATION n. f. Action de déshydrater, de priver d'eau. ‖ *Méd.* État d'un organisme qui a perdu une partie de son eau (insuffisance de boisson, sudation, évaporation pulmonaire, vomissements et diarrhées).

DÉSHYDRATER v. t. Éliminer, totalement ou partiellement, l'eau contenue dans un corps.

DÉSHYDROGÉNATION n. f. *Chim.* Action de déshydrogéner. ‖ *Biochim.* Oxydation d'un composé organique par libération d'hydrogène, sous l'action d'une enzyme (*déshydrogénase*).

DÉSHYDROGÉNER v. t. (conj. 5). *Chim.* Éliminer une ou plusieurs molécules d'hydrogène d'un composé.

DÉSIDÉRABILITÉ n. f. *Écon.* Utilité d'un bien ou d'un service.

DESIDERATA [deziderata] n. m. pl. (mot lat., *choses désirées*). Ce qui manque, ce dont on regrette l'absence; revendication.

DESIGN [dizajn] n. m. (mot angl.). Discipline visant à une harmonisation de l'environnement humain, de la conception des objets usuels à celle de l'urbanisme.

DÉSIGNATION n. f. Action de désigner.

DÉSIGNER v. t. (lat. *designare*). Montrer, attirer l'attention sur qqch, qqn; signaler : *désigner le coupable.* ‖ Signifier, représenter : *en allemand « Meister » désigne « le maître ».* ‖ Choisir pour exercer une fonction, investir d'un rôle : *désigner un expert; vous êtes tout désigné pour ce travail.*

DESIGNER [dizajnœr] n. m. Spécialiste du design.

DÉSILICIAGE n. m. Traitement des eaux industrielles pour en éliminer la silice.

DÉSILLUSION n. f. Perte d'une illusion, déception, désappointement.

DÉSILLUSIONNEMENT n. m. Action de désillusionner; fait d'être désillusionné.

DÉSILLUSIONNER v. t. Faire perdre ses illusions à qqn.

DÉSINCARCÉRATION n. f. Ensemble des techniques permettant le dégagement des personnes prisonnières d'un véhicule accidenté.

DÉSINCARNATION n. f. État de ce qui est désincarné.

DÉSINCARNÉ, E adj. Qui ne tient pas assez compte des conditions concrètes de l'existence.

DÉSINCRUSTANT, E adj. et n. m. Se dit d'une substance qui, ajoutée à l'eau des chaudières ou des radiateurs, empêche les dépôts de se former.

DÉSINCRUSTATION n. f. Action de désincruster.

DÉSINCRUSTER v. t. Ôter les incrustations.

DÉSINENCE n. f. (lat. *desinere,* finir). *Ling.* Terminaison variable des mots (par oppos. au RADICAL), ayant une fonction grammaticale ou lexicale. ‖ *Bot.* Manière dont se terminent certains organes.

DÉSINFECTANT, E adj. et n. m. Se dit de substances, agents physiques ou produits propres à désinfecter.

DÉSINFECTER v. t. Détruire les germes microbiens d'un objet, d'un appartement, de la peau, d'une plaie, etc.

DÉSINFECTION n. f. Action de désinfecter.

DÉSINFORMATION n. f. Action de supprimer une information, d'en minimiser l'importance ou d'en modifier le sens.

DÉSINSECTISATION n. f. Destruction des insectes nuisibles par procédés physiques, chimiques ou biologiques.

DÉSINSERTION n. f. Fait de perdre sa place dans la société.

DÉSINTÉGRATION n. f. Action de désintégrer ou de se désintégrer. ‖ *Phys.* Transformation spontanée ou provoquée d'un noyau atomique, d'une particule élémentaire, donnant naissance à un ou plusieurs autres atomes et à d'autres particules.

DÉSINTÉGRER v. t. (conj. 5). Détruire l'unité, la cohésion d'un ensemble. ‖ *Phys.* Produire la désintégration. ◆ se **désintégrer** v. pr. Se désagréger, perdre sa cohésion. ‖ *Phys.* Subir la désintégration.

DÉSINTÉRESSÉ, E adj. Qui n'agit pas par intérêt; qui n'est pas inspiré par l'intérêt, généreux; objectif.

DÉSINTÉRESSEMENT n. m. Action de désintéresser; fait d'être désintéressé.

DÉSINTÉRESSER v. t. Payer son dû à qqn, dédommager. ◆ se **désintéresser** v. pr. [de]. Ne plus prendre d'intérêt à : *se désintéresser de son travail.*

DÉSINTÉRÊT n. m. Absence d'intérêt, détachement.

DÉSINTOXICATION n. f. Traitement destiné à faire cesser la dépendance vis-à-vis d'un toxique (alcool, stupéfiant). ‖ Action d'éliminer ce qui influence insidieusement des personnes.

DÉSINTOXIQUER v. t. Délivrer d'une intoxication.

DÉSINVESTIR v. t. Réduire les actifs investis dans le secteur économique. ‖ Cesser d'attacher une valeur affective à qqch.

DÉSINVESTISSEMENT n. m. Action de désinvestir. ‖ *Psychanal.* Opération de retrait de la libido d'un objet ou d'une représentation.

DÉSINVOLTE adj. (it. *disinvolto*). Qui a des manières trop libres, impertinent, décontracté.

DÉSINVOLTURE n. f. (it. *disinvoltura*). Sansgêne, impertinence, effronterie.

DÉSIR n. m. Action de désirer; sentiment de celui qui désire; ce que l'on désire. ‖ *Psychanal.* Force qui est le propre de l'ordre inconscient.

DÉSIRABLE adj. Qui mérite d'être désiré.

DÉSIRER v. t. (lat. *desiderare*). Souhaiter la réalisation, la possession de : *désirer le succès, désirer une voiture*. ‖ Éprouver un désir sexuel. ● *Laisser à désirer*, être défectueux, inachevé, médiocre. ‖ *Se faire désirer*, se faire attendre.

DÉSIREUX, EUSE adj. Qui désire : *désireux de plaire*.

DÉSISTEMENT n. m. Action de se désister.

DÉSISTER (SE) v. pr. (lat. *desistere*). Renoncer, après un premier tour de scrutin, à briguer un mandat. ‖ *Dr.* Renoncer à une action, à une poursuite en justice.

DESMAN [desmɑ̃] n. m. Mammifère vivant près des cours d'eau des Pyrénées et de Russie, se nourrissant d'insectes aquatiques et d'œufs de poissons. (Long. 15 cm; ordre des insectivores.)

desman

DESMODROMIQUE adj. (gr. *desmos*, lien, et *dromos*, course). Se dit, dans un mécanisme, d'une liaison entre deux points telle que la vitesse de l'un entraîne une vitesse bien déterminée pour l'autre.

DESMOLASE n. f. Enzyme provoquant une oxydation ou une réduction.

DESMOTROPIE n. f. (gr. *desmos*, lien, et *tropos*, direction). *Chim.* Syn. anc. de TAUTOMÉRIE.

DÉSOBÉIR v. t. ind. [à]. Ne pas obéir : *désobéir à des ordres*.

DÉSOBÉISSANCE n. f. Action de désobéir, insubordination.

DÉSOBÉISSANT, E adj. Qui désobéit.

DÉSOBLIGEAMMENT adv. De façon désobligeante.

DÉSOBLIGEANT, E adj. Qui désoblige.

DÉSOBLIGER v. t. (conj. **1**). Causer de la peine, de la contrariété.

DÉSOBSTRUCTION n. f. Action de désobstruer.

DÉSOBSTRUER v. t. Débarrasser de ce qui encombre.

DÉSODÉ, E [desɔde] adj. Dont on a enlevé le sodium, le sel : *régime désodé*.

DÉSODORISANT, E adj. et n. m. Se dit d'un produit qui enlève les mauvaises odeurs dans un local.

DÉSODORISER v. t. Enlever les mauvaises odeurs.

DÉSŒUVRÉ, E adj. et n. Qui n'a rien à faire, qui ne sait que s'occuper.

DÉSŒUVREMENT n. m. État d'une personne désœuvrée, inaction, oisiveté.

DÉSOLANT, E adj. Qui désole, affligeant.

DÉSOLATION n. f. Extrême affliction.

DÉSOLÉ, E adj. Très affligé. ‖ Aride, désertique : *paysage désolé*.

DÉSOLER v. t. (lat. *desolare*). Causer du chagrin, consterner, navrer. ● *Être désolé*, regretter vivement. ◆ **se désoler** v. pr. Éprouver du chagrin.

DÉSOLIDARISER (SE) v. pr. Cesser d'être solidaire.

DÉSOPERCULER v. t. (lat. *operculum*, couvercle). Enlever les opercules qui ferment les alvéoles des rayons de miel.

DÉSOPILANT, E adj. Qui fait beaucoup rire.

DÉSORDONNÉ, E adj. Qui est en désordre : *maison désordonnée*. ‖ Qui manque d'ordre : *écolier désordonné*. ● *Vie désordonnée* (Litt.), déréglée.

DÉSORDRE n. m. Manque d'ordre, d'organisation : *vêtements en désordre; désordre dans une administration*. ‖ Agitation qui trouble le fonctionnement régulier. ‖ *Litt.* Dérèglement moral. ◆ pl. Troubles dans l'ordre social.

DÉSORGANISATEUR, TRICE adj. et n. Qui désorganise, qui engendre le trouble.

DÉSORGANISATION n. f. Action de désorganiser; dérangement, trouble.

DÉSORGANISER v. t. Déranger l'organisation, bouleverser : *désorganiser des plans*.

DÉSORIENTATION n. f. Action de désorienter; son résultat. ● *Désorientation spatio-temporelle*, état pathologique caractérisé par l'incapacité de se situer dans l'espace et dans le temps.

DÉSORIENTÉ, E adj. Qui ne sait pas quelle conduite adopter; déconcerté. ‖ Atteint de désorientation spatio-temporelle.

DÉSORIENTER v. t. Faire perdre à qqn sa direction. ‖ Détruire l'orientation d'un appareil topographique. ‖ Déconcerter, troubler : *cette question l'a désorienté*.

DÉSORMAIS adv. (de *dès, or,* maintenant, et *mais,* davantage). À partir du moment actuel, dorénavant.

DÉSORPTION [desɔrpsjɔ̃] n. f. (lat. *sorbere,* avaler). Phénomène inverse de l'absorption et de l'adsorption.

DÉSOSSEMENT n. m. Action de désosser.

DÉSOSSER [dezɔse] v. t. Retirer les os d'une viande, les arêtes d'un poisson.

DÉSOXYDANT, E adj. et n. m. Qui désoxyde.

DÉSOXYDER ou **DÉSOXYGÉNER** (conj. **5**) v. t. Enlever l'oxygène d'une substance.

DÉSOXYRIBONUCLÉIQUE adj. Se dit d'un groupe d'acides nucléiques qui donnent par hydrolyse un ose caractéristique. (Ils jouent un rôle génétique primordial.) [V. A. D. N.]

DESPERADO n. m. Hors-la-loi prêt à se battre jusqu'à la mort.

DESPOTAT n. m. *Hist.* Dans l'Empire byzantin, territoire gouverné par un prince investi de la dignité de despote. (Les principaux despotats, en fait États indépendants, furent ceux d'Épire [1205-1418], de Mistra [1348-1480], de Valachie [1271-1318], de Roumanie [1274-1384].)

DESPOTE n. m. (gr. *despotês,* maître). Souverain qui gouverne arbitrairement. ‖ Personne qui impose arbitrairement sa volonté à son entourage. ‖ *Hist.* Prince jouissant dans son territoire d'une large indépendance à l'égard du pouvoir central.

DESPOTIQUE adj. Arbitraire, tyrannique : *un régime despotique*.

DESPOTIQUEMENT adv. De façon despotique.

DESPOTISME n. m. Pouvoir absolu et arbitraire; autorité tyrannique. ● *Despotisme éclairé* (Hist.), au XVIII⁰ s., gouvernement autoritaire d'un État, conciliant l'absolutisme avec certaines théories politiques des philosophes. (Le despotisme éclairé trouva ses points d'application : en Prusse, avec Frédéric II; en Russie, avec Catherine II; en Autriche, avec Marie-Thérèse et Joseph II; en Suède, avec Gustave III; en Espagne, avec Charles III; au Portugal, avec Pombal.)

DESQUAMATION [deskwamasjɔ̃] n. f. Enlèvement, chute des écailles. ‖ Chute de la partie superficielle de l'épiderme par lambeaux (squames).

DESQUAMER [deskwame] v. t. (lat. *squama,* écaille). Détacher des parties qui forment squames ou écailles. ◆ **se desquamer** v. pr. S'enlever par écailles.

DESQUELS, DESQUELLES [dekɛl] pron.

relat. Forme contractée pour *de lesquels, de lesquelles*.

DESSABLAGE ou **DESSABLEMENT** n. m. Action de dessabler. ‖ Traitement des eaux usées pour en éliminer les matières lourdes en suspension.

DESSABLER v. t. Ôter le sable de.

DESSAISIR v. t. Déposséder d'une prérogative : *dessaisir un tribunal d'une affaire*. ◆ **se dessaisir** v. pr. [de]. Céder volontairement ce qu'on possède, abandonner : *se dessaisir de ses livres*.

DESSAISISSEMENT n. m. Action de dessaisir ou de se dessaisir.

DESSALEMENT ou **DESSALAGE** n. m. Action de dessaler.

DESSALER v. t. Débarrasser de son sel : *dessaler de la morue; dessaler l'eau de mer*. ◆ v. i. *Fam.* Chavirer, en parlant d'un voilier. ◆ **se dessaler** v. pr. *Fam.* Se dégourdir : *il commence à se dessaler*.

DESSALEUR n. m. Séparateur décanteur pour débarrasser le pétrole brut de l'eau salée qu'il contient, avant de le raffiner.

DESSANGLER v. t. Défaire les sangles.

DESSÉCHANT, E adj. Qui dessèche.

DESSÈCHEMENT n. m. Action de dessécher ou état d'une chose desséchée.

DESSÉCHER [deseʃe] v. t. (conj. **5**). Rendre sec : *la chaleur dessèche la végétation*. ‖ Rendre insensible : *dessécher le cœur*. ● *Être desséché,* en parlant de qqn, être devenu très maigre. ◆ **se dessécher** v. pr. Devenir sec.

DESSEIN n. m. (it. *disegno*). *Litt.* Projet, résolution. ● *À dessein,* avec intention.

DESSELLER v. t. Ôter la selle à.

DESSERRAGE ou **DESSERREMENT** n. m. Action de desserrer.

DESSERRER v. t. Relâcher ce qui est serré. ● *Ne pas desserrer les dents,* ne rien dire.

DESSERT n. m. (de *desservir*). Dernière partie d'un repas; les pâtisseries, les fruits, etc., qui le composent.

DESSERTE n. f. Fait d'assurer un service régulier de transports pour tel ou tel lieu : *l'autocar assure la desserte de la plage*. ‖ *Relig.* Service assuré par un prêtre.

DESSERTE n. f. Meuble à portée de main où se trouvent la vaisselle et les plats prêts à être servis.

DESSERTIR v. t. (de *sertir*). Enlever de sa monture une pierre fine.

DESSERTISSAGE n. m. Action de dessertir.

DESSERVANT n. m. Prêtre chargé d'une paroisse.

DESSERVIR v. t. (lat. *deservire,* servir avec zèle). S'acquitter du service d'une église, d'une chapelle : *ce vicaire dessert notre hameau*. ‖ Assurer une communication : *l'avion dessert cette ville*.

DESSERVIR v. t. (de *servir*). Enlever les plats de dessus la table. ‖ Nuire à qqn.

DESSÉVAGE n. m. Élimination de la sève des bois avant leur mise en œuvre, pour les protéger contre les micro-organismes.

DESSICCATEUR n. m. Appareil servant à la dessiccation.

DESSICCATION n. f. Élimination de l'humidité d'un corps.

DESSILLER [desije] v. t. (anc. fr. *ciller,* coudre les paupières d'un oiseau de proie). *Dessiller les yeux à* ou *de qqn,* l'amener à voir ce qu'il ignorait ou voulait ignorer.

DESSIN n. m. Figuration sur une surface, au crayon, à la plume, au pinceau, etc., de la forme (et éventuellement des valeurs de lumière et d'ombre) plutôt que de la couleur d'une chose quelconque. ‖ Art de cette figuration; mode d'expression par la ligne, le signe graphique, qui en résulte. ‖ Contour, profil, ligne : *dessin d'un*

V. ill. page suivante

PRINCIPALES PHASES DE LA RÉALISATION D'UN DESSIN ANIMÉ

1

Le scénario est décomposé en scènes principales, dont les esquisses annotées constituent le story-board.

2

Pour l'animation de chaque scène, le dessinateur trace, sur des calques repérés, les personnages dans des attitudes successives, suivant la décomposition du mouvement à la cadence de 24 images par seconde.

3

Le tracé de chacun de ces calques est ensuite fidèlement reproduit, à l'encre de Chine, sur une feuille de Rhodoïd mise préalablement en repère.

7

Décor et trois Rhodoïd constituant les éléments de la scène filmée, *ci-dessus, à gauche;* à droite, entre la perforation et l'image, la piste sonore.

4

Le dessin terminé, le sujet est mis en couleurs au verso du Rhodoïd; la gouache employée rend en même temps le sujet opaque.

5

Le décor de la scène est exécuté à part. Si l'action comporte un travelling, il prendra la forme d'une longue bande qui se déplacera progressivement à chaque prise de vue sous le Rhodoïd des personnages.

6

Sous la caméra située à la verticale, on dispose le décor, qui apparaîtra à chaque prise de vue au travers des Rhodoïd superposés des personnages et sujets opaques.

visage. ● *Dessin animé,* suite de dessins qui, filmés, donnent l'apparence du mouvement. ‖ *Dessin géométral,* dessin objectivement exécuté, à la règle et au compas. ‖ *Dessin à main levée,* dessin réalisé sans règle ni compas. **DESSINATEUR, TRICE** n. Personne qui dessine, qui en fait profession.

DESSINATEUR-CARTOGRAPHE n. m. (pl. *dessinateurs-cartographes*). Personne qui dessine les cartes et les plans. (Fém. : une *dessinatrice-cartographe*.)
DESSINER v. t. (lat. *designare*). Pratiquer le dessin. ‖ Faire ressortir les contours : *robe qui dessine la taille.* ◆ **se dessiner** v. pr. Laisser

apparaître son tracé. ‖ Se préciser, prendre tournure : *la conclusion se dessine.*
DESSOLER v. t. Ôter la sole à.
DESSOUDER v. t. Détruire la soudure.
DESSOUDURE n. f. Action de dessouder.
DESSOÛLER ou **DESSOULER** v. t. Faire cesser l'ivresse. ◆ v. i. Cesser d'être ivre.
DESSOUS adv. Indique la position d'une chose sous une autre : *regardez dessous.* ◆ loc. adv. et prép. *De dessous, de sous.* ‖ *En dessous (de),* dans la partie située sous une autre : *vêtement usé en dessous.* ‖ *Là-dessous,* sous cela. ‖ *Par-dessous,* par la partie qui est dessous. ‖ *Regarder en dessous,* regarder sans lever les yeux, sournoisement.
DESSOUS n. m. Partie inférieure d'une chose : *le dessous d'une table.* ● *Avoir le dessous,* avoir le désavantage, être inférieur dans une lutte, dans une compétition. ‖ *Être dans le trente-sixième dessous* (Fam.), être dans une situation catastrophique. ◆ pl. Lingerie de femme; sous-vêtements. ‖ Côté secret : *connaître les dessous d'une affaire.*
DESSOUS-DE-BOUTEILLE n. m. inv. Petit disque de bois, de verre, etc., que l'on met sous les bouteilles pour protéger la nappe.
DESSOUS-DE-BRAS n. m. inv. Garniture de toile caoutchoutée ou de tissu épais protégeant un vêtement à l'endroit de l'aisselle.
DESSOUS-DE-PLAT n. m. inv. Support que l'on met sur la table pour y poser les plats.
DESSOUS-DE-TABLE n. m. inv. Somme que l'acheteur donne secrètement au vendeur en plus du prix officiel, dans un marché.
DESSUINTAGE n. m. Action de dessuinter.
DESSUINTER v. t. Débarrasser du suint.
DESSUS adv. Indique la situation d'une chose qui est sur une autre. ● *Bras dessus bras dessous,* le bras de l'un sur le bras de l'autre. ‖ *Sens dessus dessous,* dans le plus complet désordre. ◆ loc. adv. et prép. *De dessus, de sur.* ‖ *En dessus, par-dessus,* à un niveau supérieur. ‖ *Là-dessus,* sur cela.
DESSUS n. m. Partie supérieure d'une chose : *le dessus de la main.* ‖ Nom donné à des objets destinés à être placés sur d'autres : *un dessus de cheminée, de table,* etc. (Ces mots peuvent s'écrire aussi avec des traits d'union.) ‖ *Mus.* Partie la plus haute, opposée à la BASSE; voix ou instrument qui reproduit cette partie. ● *Avoir le dessus,* l'emporter. ‖ *Le dessus du panier,* ce qu'il y a de meilleur. ‖ *Reprendre le dessus,* regagner l'avantage.
DESSUS-DE-LIT n. m. inv. Syn. de COUVRE-LIT.
DESSUS-DE-PORTE n. m. inv. Décoration sculptée ou, plus souvent, peinte en grisaille pour simuler un bas-relief, placée au-dessus d'une porte.
DÉSTABILISATION n. f. Action de déstabiliser.
DÉSTABILISER v. t. Faire perdre sa stabilité à un État, à un régime, à une situation.
DÉSTALINISATION n. f. Action de déstaliniser; son résultat.
DÉSTALINISER v. t. Modifier une organisation communiste, une politique, etc., de sorte qu'elles n'aient plus recours au culte de la personnalité ni aux méthodes dictatoriales du régime stalinien.
DESTIN n. m. Puissance mystérieuse fixant le cours des événements; ensemble des événements constituant la vie humaine et qui semblent dirigés par une puissance supérieure : *subir son destin.* ‖ L'avenir, le sort : *le destin d'un roman.*
DESTINATAIRE n. Personne à qui s'adresse un envoi, un message.
DESTINATION n. f. (lat. *destinatio*). Emploi prévu pour qqn, qqch. ‖ Lieu vers lequel on dirige un objet, une personne : *se rendre à sa destination.*
DESTINÉE n. f. Volonté souveraine qui règle d'avance tout ce qui doit être : *accuser la destinée.* ‖ Ensemble des événements de la vie humaine envisagée comme indépendante de la volonté de l'homme : *accomplir sa destinée.*
DESTINER v. t. (lat. *destinare*). Fixer à l'avance

une occupation à qqn, un usage à qqch : *destiner son fils au barreau; destiner son argent à l'achat d'une maison.*

DESTITUABLE adj. Qui peut être destitué.

DESTITUER v. t. (lat. *destituere*). Retirer à un officier, à un officier ministériel ou à certains fonctionnaires leur charge, leur emploi.

DESTITUTION n. f. Révocation disciplinaire ou pénale d'un officier ministériel ou de certains fonctionnaires; peine militaire entraînant la perte du grade.

DÉSTOCKER v. t. Mettre sur le marché des marchandises que l'on stockait.

DESTRIER n. m. (anc. fr. *destre*, main droite). Autref., cheval de bataille (tenu de la main droite par l'écuyer).

DESTROYER [dɛstrwaje *ou* dɛstrɔjœr] n. m. (mot angl.). Bâtiment de guerre de moyen tonnage, rapide, bien armé, chargé notamment de missions d'escorte.

DESTRUCTEUR, TRICE adj. et n. Qui détruit, anéantit. ∥ *Comm.* Personne qui consomme le produit ou qui utilise le bien ou le service proposé par le producteur ou le distributeur.

DESTRUCTIBLE adj. Qui peut être détruit.

DESTRUCTIF, IVE adj. Qui cause la destruction.

DESTRUCTION n. f. Action de détruire; son résultat.

DÉSTRUCTURATION n. f. Action de déstructurer.

DÉSTRUCTURER v. t. Désorganiser, détruire un ensemble structuré.

DÉSUET, ÈTE [desɥɛ, ɛt] adj. (lat. *desuetus*). Qui n'est plus en usage, démodé, suranné.

DÉSUÉTUDE n. f. Abandon d'une chose par le défaut de pratique ou d'application.

DÉSULFITER v. t. Débarrasser les moûts de l'anhydride sulfureux.

DÉSULFURATION n. f. Action de désulfurer.

DÉSULFURER v. t. Éliminer le soufre, les composés sulfurés d'une substance.

DÉSUNI, E [dezyni] adj. En désaccord. ● *Cheval désuni,* cheval dont les membres de devant ne sont pas au rythme de ceux de derrière.

DÉSUNION n. f. Désaccord, mésintelligence.

DÉSUNIR v. t. Séparer ce qui était joint. ∥ Faire cesser la bonne entente; brouiller. ◆ **se désunir** v. pr. Perdre la coordination des mouvements (en parlant d'un cheval, d'un athlète).

DÉSURCHAUFFE n. f. Opération ramenant à l'état saturé une vapeur surchauffée.

DÉSURCHAUFFER v. t. Ramener à l'état saturé une vapeur surchauffée.

DÉSURCHAUFFEUR n. m. Appareil servant à désurchauffer une vapeur.

DÉTACHABLE adj. Que l'on peut détacher, amovible.

DÉTACHAGE n. m. Action d'ôter les taches.

DÉTACHANT adj. et n. m. Se dit d'un produit servant à enlever les taches.

DÉTACHÉ, E adj. Qui n'est pas lié. ∥ Indifférent, insensible : *air détaché.* ● *Note détachée* (Mus.), note non liée aux autres.

DÉTACHEMENT n. m. État de celui qui est détaché d'une passion, d'un sentiment; indifférence. ∥ Position d'un fonctionnaire, d'un militaire détaché. ∥ *Mil.* Élément d'une troupe chargé d'une mission particulière.

DÉTACHER v. t. Enlever les taches de.

DÉTACHER v. t. (anc. fr. *tache*, agrafe). Enlever le lien qui attachait : *détacher un chien.* ∥ Éloigner, séparer : *détacher les bras du corps.* ∥ Écarter, détourner : *détacher qqn d'une habitude.* ∥ Faire partir qqn pour faire qqch : *détacher une estafette.* ∥ Placer un fonctionnaire hors de son corps d'origine. ∥ *Peint.* Faire ressortir les contours des objets. ◆ **se détacher** v. pr. Apparaître nettement. ∥ Dans une épreuve sportive, lâcher les autres concurrents.

DÉTAIL n. m. Vente des marchandises par petites quantités : *commerce de détail.* ∥ Énumération complète et minutieuse : *détail des frais d'un acte.* ∥ Circonstance particulière d'un événement : *donne-moi les détails sur ce qui est arrivé.* ∥ Élément d'un ensemble : *détail d'un tableau.* ● *C'est un détail* (Fam.), cela n'a pas d'importance, ce n'est rien. ∥ *En détail,* dans toutes ses parties. ∥ *Officier des détails,* officier chargé des services administratifs dans une unité formant corps.

DÉTAILLANT, E adj. et n. Qui vend au détail.

DÉTAILLER v. t. (de *tailler*). Vendre au détail, par petites quantités : *détailler du vin.* ∥ Énumérer, passer en revue les éléments d'un ensemble : *détailler un plan.*

DÉTALER v. i. (de *étaler*). Fam. Se sauver très vite.

DÉTALONNAGE n. m. Action de détalonner.

DÉTALONNER v. t. *Mécan.* Affûter un outil de coupe de façon telle qu'au cours du travail la face de l'outil qui regarde la surface façonnée ne vienne pas en contact avec cette surface.

DÉTARTRAGE n. m. Action de détartrer.

DÉTARTRANT, E adj. et n. m. Se dit d'une substance qui dissout le tartre des chaudières, des conduits, etc.

DÉTARTRER v. t. Enlever le tartre.

DÉTAXATION n. f. Action de détaxer.

DÉTAXE n. f. Diminution ou suppression d'une taxe.

DÉTAXER v. t. Diminuer ou supprimer les taxes sur un produit.

DÉTECTABLE adj. Que l'on peut détecter.

DÉTECTER v. t. Déceler l'existence de ce qui est caché.

DÉTECTEUR n. m. (lat. *detegere*, découvrir). Nom de divers appareils servant à détecter des gaz, des mines, des ondes radioélectriques, des particules, des minerais radioactifs, etc.

DÉTECTION n. f. Action de détecter. ∥ *Mil.* Opération permettant de déterminer la position d'un avion, d'un sous-marin, etc.

DÉTECTIVE n. m. (mot angl.). Personne chargée d'enquêtes policières privées.

DÉTEINDRE v. t. (lat. *distingere*) [conj. 55]. Faire perdre la couleur : *le chlore déteint les étoffes.* ◆ v. i. Perdre sa couleur. ● *Déteindre sur qqch,* communiquer à cette chose une partie de sa couleur. ∥ *Déteindre sur qqn,* l'influencer au point qu'il adopte vos manières.

DÉTELAGE n. m. Action de dételer.

DÉTELER v. t. (conj. 3). Détacher des animaux attelés. ◆ v. i. *Fam.* Arrêter de travailler.

DÉTENDEUR n. m. Appareil servant à diminuer la pression d'un gaz comprimé.

DÉTENDRE v. t. (conj. 46). Relâcher ce qui était tendu : *détendre une corde.* ∥ Diminuer la pression d'un gaz. ∥ Faire cesser la tension nerveuse, l'anxiété, la fatigue : *détendre son esprit.* ◆ **se détendre** v. pr. Se distraire, se reposer. ∥ Relâcher sa tension nerveuse.

DÉTENDU, E adj. Calme, apaisé.

DÉTENIR v. t. (lat. *detinere*) [conj. 16]. Garder, tenir en sa possession : *détenir un secret.* ∥ Tenir en prison.

DÉTENTE n. f. Pièce du mécanisme d'une arme à feu portative qui, pressée par le tireur, agit sur la gâchette et fait partir le coup. ∥ Diminution de la tension entre États, de l'anxiété, de la fatigue de qqn. ∥ Diminution de la pression d'un gaz par augmentation de son volume. ∥ *Sports.* Grande souplesse corporelle, traduite dans les sauts. ● *Dur à la détente* (Fam.), qui ne donne de l'argent qu'avec peine; qui est long à comprendre.

MÉCANISME DE LA DÉTENTE D'UN FUSIL

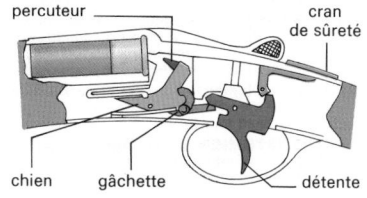

percuteur

cran de sûreté

chien gâchette détente

DÉTENTEUR, TRICE adj. et n. Qui détient, titulaire.

DÉTENTION n. f. Action de détenir : *détention d'armes.* ∥ État d'une personne détenue en prison, ou d'une chose saisie par autorité de justice. ● *Détention criminelle,* peine politique afflictive et infamante, subie en France dans une maison centrale pourvue d'un quartier spécial. (Sa durée varie de 5 ans à perpétuité.) ∥ *Détention provisoire,* mesure prescrite à l'égard d'un inculpé, en matière criminelle ou correctionnelle, pour les nécessités de l'instruction, et subie dans une maison d'arrêt.

DÉTENU, E n. et adj. Personne incarcérée.

DÉTERGENT, E ou **DÉTERSIF, IVE** adj. et n. m. (lat. *detergere*, nettoyer). Se dit d'un produit qui sert à nettoyer.

DÉTERGER v. t. (conj. **1**). *Techn.* Enlever les souillures avec des détersifs.

DÉTÉRIORATION n. f. Action de détériorer, de se détériorer. ● *Détérioration mentale,* baisse de l'efficience intellectuelle.

DÉTÉRIORER v. t. (lat. *deteriorare;* de *deterior,* plus mauvais). Mettre en mauvais état; détruire l'équilibre, le caractère heureux : *détériorer des meubles; détériorer sa santé, le climat social.* ◆ **se détériorer** v. pr. Subir un dommage.

DÉTERMINABLE adj. Qui peut être déterminé.

DÉTERMINANT, E adj. Qui détermine.

DÉTERMINANT n. m. Facteur qui détermine, qui exerce une action spécifique. ∥ *Ling.* Constituant du groupe du nom indiquant en français le genre, le nombre, le caractère déterminé, etc. (Les démonstratifs, les possessifs, les articles sont des déterminants.) ∥ *Math.* Expression que l'on forme d'après certaines lois, et figurée à l'aide de quantités rangées suivant un nombre égal de lignes et de colonnes.

DÉTERMINATIF, IVE adj. et n. m. *Ling.* Qui détermine le sens d'un mot en le précisant. (Les compléments du nom sont déterminatifs.)

DÉTERMINATION n. f. (lat. *determinatio*). Action de déterminer : *la détermination d'une date.* ∥ Résolution qu'on prend après avoir hésité. ∥ Caractère résolu, décidé : *montrer de la détermination.* ∥ *Philos.* Élément contribuant à identifier un objet, à spécifier un concept.

DÉTERMINÉ, E adj. Précise, fixé : *heure déterminée.* ∥ Ferme, résolu : *air déterminé.*

DÉTERMINER v. t. (lat. *determinare*). Indiquer, fixer avec précision : *déterminer la composition de l'air.* ∥ Faire prendre une résolution, pousser à : *cet événement m'a déterminé à partir.* ∥ Causer, provoquer : *incident qui détermine une crise.* ∥ *Ling.* Préciser le sens d'un mot. ◆ **se déterminer** v. pr. Se décider à agir, prendre un parti.

DÉTERMINISME n. m. (all. *Determinismus*). Théorie philosophique selon laquelle les phénomènes naturels et les faits humains sont causés par leurs antécédents. ● *Déterminisme laplacien* ou *universel,* hypothèse suivant laquelle la connaissance des lois de l'évolution de l'Univers et de son état actuel permet de prévoir rigoureusement ses états futurs.

DÉTERMINISTE adj. et n. Relatif au déterminisme; partisan du déterminisme.

DÉTERRAGE n. m. *Agric.* Action de soulever hors de terre un soc de charrue. ∥ *Chass.* Ensemble de moyens utilisés pour atteindre dans leur terrier certaines bêtes puantes.

DÉTERRÉ, E n. Avoir l'air d'un déterré, être pâle, défait.

DÉTERREMENT n. m. Action de déterrer. ∥ *Agric.* Syn. de DÉTERRAGE.

DÉTERRER v. t. Tirer de la terre : *déterrer un trésor.* ∥ Découvrir : *déterrer un vieux manuscrit.*

DÉTERSIF, IVE adj. et n. m. → DÉTERGENT.

DÉTERSION n. f. Effet des détergents.

DÉTESTABLE adj. Très mauvais, horrible : *temps détestable; une détestable manie.*

DÉTESTABLEMENT adv. De façon détestable.

DÉTESTER v. t. (lat. *detestari,* maudire). Avoir de l'aversion pour qqn, qqch; avoir en horreur, exécrer : *détester les bavardages, la pluie.*

DÉTHÉINÉ adj. et n. m. Se dit du thé dont on a éliminé la plus grande partie de la théine.

DÉTIRÉ n. m. *Chorégr.* Exercice d'assouplissement de la jambe, effectué à la barre ou au milieu, avec l'aide du bras. (On dit aussi PIED DANS LA MAIN.)

détiré

DÉTIRER v. t. Étendre en tirant.

DÉTONANT, E adj. Qui produit une détonation. ‖ Se dit d'un explosif dont la vitesse de décomposition est de plusieurs kilomètres à la seconde. ● *Mélange détonant,* mélange de gaz dont l'inflammation entraîne une réaction explosive.

DÉTONATEUR n. m. Dispositif d'amorçage qui provoque la détonation d'une charge explosive.

DÉTONATION n. f. Bruit produit par une explosion. ‖ Décomposition extrêmement rapide d'un explosif.

DÉTONER v. i. (lat. *detonare*). Exploser avec une vitesse de décomposition considérable (de 4 000 à 10 000 m/s).

DÉTONNER v. i. *Mus.* Sortir du ton. ‖ Contraster, choquer : *couleurs qui détonnent.*

DÉTORDRE v. t. (conj. 46). Remettre dans son premier état ce qui était tordu.

DÉTORSION n. f. Action de détordre.

DÉTORTILLER v. t. Défaire ce qui était tortillé.

DÉTOUR n. m. Tracé sinueux d'une voie, d'une rivière : *les détours d'une rue.* ‖ Chemin plus long que la voie directe : *faire un détour.* ‖ Moyen détourné, biais : *s'expliquer sans détour.* ● *Au détour d'un chemin,* après un tournant; au hasard d'une promenade.

DÉTOURAGE n. m. Action de détourer.

DÉTOURER v. t. *Techn.* Donner à une pièce, lors de sa fabrication, le contour exact qu'elle doit présenter. ‖ *Phot.* Isoler un sujet sur un cliché.

DÉTOURNÉ, E adj. Qui n'est pas direct : *chemin détourné.* ‖ Secret, caché : *prendre des moyens détournés pour arriver à ses fins.*

DÉTOURNEMENT n. m. Action de détourner : *détournement d'avion.* ‖ Soustraction frauduleuse : *détournements de fonds.* ● *Détournement d'actif,* dissimulation d'une partie de son actif par un commerçant en état de cessation de paiements. ‖ *Détournement de pouvoir,* mise en œuvre de la compétence d'une autorité administrative dans un but étranger à celui en vue duquel elle avait été conférée.

DÉTOURNER v. t. Faire changer de direction : *détourner un fleuve; détourner la conversation.* ‖ Écarter, éloigner, détacher : *détourner qqn de son chemin, d'une occupation, de ses soucis.* ‖ Tourner d'un autre côté : *détourner la tête.* ‖ Soustraire frauduleusement : *détourner de l'argent.*

DÉTOXICATION n. f. Mécanisme physique ou biochimique par lequel un organisme neutralise un toxique et s'en débarrasse.

DÉTOXIQUER v. t. Effectuer la détoxication.

DÉTRACTEUR, TRICE adj. et n. (lat. *detra-here,* tirer en bas). Qui rabaisse le mérite de qqn, la valeur de qqch.

DÉTRAQUÉ, E adj. et n. *Fam.* Dont les facultés physiques ou intellectuelles sont dérangées.

DÉTRAQUEMENT n. m. Action de détraquer ; fait d'être détraqué.

DÉTRAQUER v. t. (anc. fr. *trac,* trace). Déranger le mécanisme : *détraquer une pendule.* ‖ *Fam.* Nuire à l'état physique ou mental de qqn : *détraquer la santé, la digestion, l'esprit.*

DÉTREMPE n. f. Peinture aqueuse plus ou moins riche en colle et autres liants ou substances émulsionnées. ‖ *Bx-arts.* Tableau exécuté à l'aide de cette peinture.

DÉTREMPE n. f. Action de détremper l'acier.

DÉTREMPER v. t. (lat. *distemperare,* délayer). Amollir en imprégnant d'un liquide.

DÉTREMPER v. t. *Techn.* Détruire la trempe d'un objet en acier.

DÉTRESSE n. f. (lat. pop. *districtia,* étroitesse). Sentiment d'abandon, de délaissement : *pousser des cris de détresse.* ‖ Situation critique : *signal de détresse.*

DÉTRIMENT n. m. (lat. *detrimentum*). *Litt.* Dommage, tort. ● *Au détriment de,* en faisant tort à.

DÉTRITIQUE adj. (lat. *detritus,* broyé). *Géol.* Se dit de toute formation sédimentaire résultant de la désagrégation mécanique de roches préexistantes.

DÉTRITIVORE adj. Se dit des animaux ou des bactéries qui se nourrissent de détritus organiques d'origine naturelle ou industrielle.

DÉTRITUS [detritys] n. m. (mot lat., *broyé*). Résidu inutilisable d'une fabrication, d'un nettoyage, etc.

DÉTROIT n. m. (lat. *districtus,* serré). Bras de mer resserré entre deux terres.

DÉTROMPER v. t. Tirer d'erreur.

DÉTRÔNER v. t. Chasser du trône. ‖ Faire perdre la prééminence : *le plastique a détrôné le métal dans bien beaucoup d'utilisations.*

DÉTROUSSER v. t. *Litt.* Dépouiller qqn de ce qu'il porte sur lui en usant de la violence.

DÉTROUSSEUR n. m. *Litt.* Voleur qui détrousse les passants.

DÉTRUIRE v. t. (lat. *destruere*) [conj. 64]. Jeter bas, mettre en ruine, démolir : *détruire une ville.* ‖ Faire périr : *détruire des animaux nuisibles.* ‖ Anéantir, supprimer : *détruire un projet, une légende.*

■ **DETTE** n. f. (lat. *debita*). Somme qu'on doit : *être couvert de dettes.* ‖ Devoir indispensable : *payer sa dette à son pays.* ● *Dette publique,* ensemble des engagements à la charge d'un État, composés de la dette intérieure et de la dette extérieure.

■ La dette intérieure se compose de la *dette flottante,* contractée par le Trésor et représentée notamment par les dépôts ou des valeurs (bons du Trésor) à court terme, de la *dette amortissable,* dont l'État doit rembourser le capital dans un délai, à des conditions et à des époques déterminés par l'acte d'emprunt (dette à long terme et dette à moyen terme), de la *dette perpétuelle,* et, enfin, de la *dette viagère,* constituée par l'ensemble des pensions à la charge du Trésor.

DÉTUMESCENCE n. f. *Méd.* Diminution de volume d'une tumeur, d'une inflammation ou d'un organe érectile.

DEUIL n. m. (lat. *dolere,* souffrir). Profonde tristesse, causée par la mort de qqn. ‖ Signes extérieurs du deuil, et en particulier vêtements, le plus souvent noirs, que l'on porte quand on est en deuil. ‖ Temps pendant lequel on les porte. ● *Conduire le deuil,* marcher à la tête du convoi funèbre. ‖ *Faire son deuil de qqch* (Fam.), se résigner à en être privé. ‖ *Prendre le deuil,* s'habiller de noir à la suite d'un décès.

DEUS EX MACHINA [deysɛksmakina] n. m. (mots lat., *un dieu* [descendu] *au moyen d'une machine*). Intervention inattendue venant opportunément dénouer une action dramatique.

DEUTÉRIUM [døterjɔm] n. m. Isotope lourd de l'hydrogène (D), de masse atomique 2, qui figure dans l'eau lourde.

DEUTÉROSTOMIEN n. m. Animal dont le développement embryonnaire donne au blastopore la fonction d'anus, la bouche se formant

secondairement. (Les *deutérostomiens* forment l'un des deux grands groupes d'animaux supérieurs et comprennent les *échinodermes,* les *procordés* et les *vertébrés.*)

DEUTON [døtɔ̃] ou **DEUTÉRON** [døterɔ̃] n. m. *Chim.* Noyau de l'atome de deutérium, formé d'un proton et d'un neutron.

DEUTSCHE MARK [dɔjtʃmark] ou **MARK** n. m. Unité monétaire principale de la République fédérale d'Allemagne.

DEUX adj. num. et n. m. inv. (lat. *duo*). Nombre qui suit 1 dans la série naturelle des entiers. ‖ Deuxième : *tome deux.* ‖ Petit nombre, quelques : *à deux pas d'ici.* ● *En moins de deux* (Fam.), très vite. ‖ *Ne faire ni une ni deux,* ne pas hésiter.

DEUX-HUIT n. m. inv. *Mus.* Mesure peu usitée, à deux temps, ayant la noire pour unité de mesure.

DEUXIÈME adj. ord. et n. Qui occupe un rang marqué par le numéro deux.

DEUXIÈMEMENT adv. En deuxième lieu dans une énumération.

DEUX-MÂTS n. m. inv. Voilier à deux mâts.

DEUX-PIÈCES n. m. inv. Vêtement féminin composé d'une jupe et d'une veste assorties. ‖ Maillot de bain composé d'un soutien-gorge et d'un slip. ‖ Appartement de deux pièces.

DEUX-POINTS n. m. inv. Signe de ponctuation figuré par deux points superposés (:), placé avant une énumération ou une citation.

DEUX-PONTS n. m. inv. Avion-cargo dont le fuselage comprend deux étages superposés.

DEUX-QUATRE n. m. inv. *Mus.* Mesure à deux temps, ayant la blanche pour unité de mesure.

DEUX-ROUES n. m. inv. Terme générique désignant les bicyclettes, les scooters, les cyclomoteurs, les vélomoteurs et les motocyclettes.

DEUX-SEIZE n. m. inv. *Mus.* Mesure à deux temps, ayant la croche pour unité de mesure.

DEUX-TEMPS n. m. inv. *Mus.* Mesure écrite comme une mesure à quatre temps, mais qui se bat à deux et s'indique par un C barré verticalement. ‖ Moteur à deux temps.

DÉVALER v. t. et i. (de *val*). Descendre rapidement.

DÉVALISER v. t. Voler à qqn ses vêtements, son argent. ‖ Cambrioler : *dévaliser une maison.* ● *Dévaliser un magasin* (Fam.), y faire des achats importants et divers.

DÉVALOIR n. m. En Suisse, couloir dans les forêts de montagne servant à faire descendre les billes de bois; vide-ordures dans un immeuble.

DÉVALORISATION n. f. Action de dévaloriser.

DÉVALORISER v. t. Diminuer la valeur d'une monnaie, d'un capital, d'un produit, d'une matière première. ‖ Faire perdre de sa valeur à.

DÉVALUATION n. f. Action de dévaluer.

DÉVALUER v. t. Diminuer le taux de change de la monnaie d'un pays pour enregistrer légalement une dépréciation monétaire antérieure ou pour favoriser les exportations de ce pays. ‖ Faire perdre de sa valeur à, déprécier.

DEVANAGARI n. f. et adj. Écriture moderne du sanskrit classique et de certaines langues de l'Inde. (Syn. NÀGARI.)

DEVANCEMENT n. m. Action de devancer.

DEVANCER v. t. (de *devant*) [conj. 1]. Venir avant, précéder : *devancer qqn à un rendez-vous.* ‖ Surpasser, surclasser : *devancer ses rivaux.* ● *Devancer l'appel* (Mil.), naguère, effectuer son service militaire à une date précédant celle de l'appel de sa classe d'âge.

DEVANCIER, ÈRE n. Prédécesseur dans une fonction, une carrière quelconque, un genre d'études, etc.

DEVANT prép. (lat. *d*[e] et *avant*). Indique une situation, un lieu en face d'une personne, d'une chose : *regarder devant soi; marcher devant qqn; discourir devant une assemblée.* ◆ adv. En avant : *partir devant.* ◆ loc. adv. et prép. *Par-devant,* par l'avant; en présence de : *par-devant notaire.*

DEVANT n. m. Partie antérieure d'une chose :

le devant d'une maison. ● *Prendre les devants,* partir avant qqn; devancer qqn pour l'empêcher d'agir.

DEVANTURE n. f. Partie d'un magasin où les articles sont exposés à la vue des passants, soit derrière une vitre, soit à l'extérieur.

DÉVASTATEUR, TRICE adj. et n. Qui dévaste.

DÉVASTATION n. f. Action de dévaster; ravage, ruine.

DÉVASTER v. t. (lat. *devastare*). Causer de grands dégâts, ravager, ruiner.

DÉVEINE n. f. (de *veine*). Fam. Malchance.

DÉVELOPPABLE adj. *Math.* Se dit d'une surface qui peut être appliquée sur un plan sans déchirure. (Un cône est développable, mais une sphère ne l'est pas.)

DÉVELOPPANTE n. f. *Math.* Courbe pouvant être considérée comme décrite par l'une des extrémités d'un fil d'abord enroulé sur une courbe à laquelle il est fixé par son autre extrémité, et que l'on déroule de manière qu'il soit toujours tendu.

DÉVELOPPÉ n. m. Mouvement exécuté avec un haltère qu'on amène à l'épaule et qu'on soulève en étendant le ou les bras verticalement. ‖ Mouvement d'adage de la danse académique, dans lequel une jambe repliée se déploie dans des directions différentes.

DÉVELOPPÉE n. f. *Math.* Pour une courbe plane, enveloppe de ses normales; pour une courbe gauche, lieu des tangentes aux normales à la courbe donnée.

DÉVELOPPEMENT n. m. Action de développer, de se développer : *développement d'une situation, de la production.* ‖ Transformation individuelle d'un être vivant, depuis l'œuf jusqu'à l'adulte : *développement intellectuel, affectif.* ‖ Exposition détaillée dans un discours, un récit, etc. ‖ Suite, conséquence : *l'affaire a connu de grands développements.* ‖ Distance que parcourt une bicyclette pendant un tour complet du pédalier. ‖ Action de développer une pellicule sensible. ‖ *Écon.* Amélioration qualitative et durable d'une économie et de son fonctionnement. ‖ *Math.* Application, sur un plan, d'une surface développable ou d'une polyèdre. ‖ *Mus.* Partie centrale d'une forme sonate ou d'une fugue, qui fait suite à l'exposition, et dans laquelle le ou les thèmes sont transformés. ● *Pays en voie de développement,* v. SOUS-DÉVELOPPEMENT.

DÉVELOPPER v. t. Étendre, étaler ce qui était plié ou roulé : *développer une carte, un rouleau, du tissu.* ‖ Donner de la force; augmenter : *développer les échanges économiques.* ‖ Ôter l'enveloppe de qqch : *développer un paquet.* ‖ Expliquer, exposer de manière détaillée : *développer sa pensée.* ‖ *Phot.* Faire apparaître, sur l'émulsion photosensible, l'image latente à l'aide d'un révélateur. ● *Développer un calcul,* effectuer les opérations successives qui constituent ce calcul. ‖ *Développer une fonction en série,* former la série entière qui, au voisinage d'un point, a pour somme la fonction considérée. ‖ *Développer une surface sur une autre,* dans le cas de surfaces applicables, établir la loi de correspondance entre leurs éléments. ◆ **se développer** v. pr. S'accroître, s'étendre. ‖ Grandir.

DEVENIR v. i. (lat. *devenire*, venir de) [conj. **16**; auxil. *être*]. Passer d'un autre état, acquérir une qualité : *il est devenu ministre; devenir irritable; qu'est-ce que vous devenez?*

DEVENIR n. m. *Philos.* Mouvement par lequel les choses se transforment.

DÉVERBAL, E, AUX adj. et n. m. *Ling.* Se dit d'un mot formé sur le radical du verbe.

DÉVERGONDAGE n. m. Conduite relâchée.

DÉVERGONDÉ, E adj. et n. (anc. fr. *vergonde,* de *vergogne*). Qui mène une vie licencieuse.

DÉVERGONDER (SE) v. pr. Adopter une conduite relâchée.

DÉVERNIR v. t. Ôter le vernis de.

DÉVERROUILLAGE n. m. Action de déverrouiller.

DÉVERROUILLER v. t. Tirer le verrou de. ● *Déverrouiller une arme,* supprimer le lien mécanique établi au départ du coup entre la culasse et le canon d'une arme à feu pour permettre l'ouverture de ce dernier.

DEVERS [dəvɛr] prép. (préf. *de* et *vers*). Par-devers, en présence de : *par-devers le juge;* en la possession de : *retenir des documents par-devers soi.*

DÉVERS [devɛr] n. m. (lat. *deversus,* tourné vers le bas). Défaut d'aplomb d'un mur, d'un support vertical. ‖ Relèvement du bord extérieur d'une route dans les virages. ‖ Différence de niveau entre les deux rails d'une voie en courbe.

DÉVERSEMENT n. m. Action de déverser les eaux d'un canal. ‖ Déformation d'un mur ou d'un support vertical dont la partie supérieure s'éloigne de l'aplomb.

DÉVERSER v. t. Faire couler : *déverser le trop-plein d'un seau.* ‖ Débarquer : *les autocars déversaient les touristes.* ‖ Répandre, épancher : *déverser sa rancune sur qqn.*

DÉVERSOIR n. m. Évacuateur de crues.

DÉVÊTIR v. t. Dépouiller de ses vêtements.

DÉVIANCE n. f. Type de conduite qui sort des normes admises par une société donnée.

DÉVIANT, E adj. et n. Se dit d'une personne qui a une conduite de déviance.

DÉVIATEUR, TRICE adj. Qui produit la déviation.

DÉVIATEUR n. m. Instrument permettant de dévier de la verticale un puits en cours de forage. ‖ Bobine magnétique parcourue par des signaux spéciaux dans un tube cathodique et déviant le faisceau électronique pour former les lignes et les images en télévision. ● *Déviateur de jet,* dispositif permettant d'orienter le jet d'un turboréacteur ou d'un moteur-fusée. (Sur un turboréacteur, lorsque la déviation atteint 180°, le dispositif est appelé *inverseur de poussée.*)

DÉVIATION n. f. Changement dans la direction normale, habituelle : *déviation de la colonne vertébrale.* ‖ Route qui détourne la voie normale pour éviter la traversée d'une localité ou contourner un obstacle. ‖ Écart, variation dans la conduite.

DÉVIATIONNISME n. m. Position de celui qui s'écarte de celle que définit son parti politique.

DÉVIATIONNISTE adj. et n. Qui relève du déviationnisme.

DÉVIDAGE n. m. Action de dévider.

DÉVIDER v. t. Mettre du fil, de la soie, etc., en écheveau ou en peloton. ‖ Dérouler : *dévider une bobine.* ‖ Fam. Exposer rapidement et avec prolixité.

DÉVIDEUR, EUSE n. Celui, celle qui dévide.

DÉVIDOIR n. m. Instrument servant à dérouler du fil, de la soie, des tuyaux d'incendie, etc.

DÉVIER v. i. (lat. *deviare,* sortir du chemin). S'écarter de son droit, de son projet, de son orientation. ◆ v. t. Modifier le trajet, la direction d'un mouvement.

DEVIN, DEVINERESSE n. (lat. *divinus,* devin). Personne qui prétend découvrir l'avenir. ● *Je ne suis pas devin,* je ne sais pas ce qui va se passer.

DEVINABLE adj. Qui peut être deviné.

DEVINER v. t. Découvrir intuitivement ou par conjecture; prédire, prévoir, trouver : *deviner la pensée d'un autre; deviner l'avenir.*

DEVINETTE n. f. Question plaisante dont on demande à qqn de trouver la réponse.

DÉVIRER v. t. *Mar.* Tourner en sens contraire.

DEVIS [dəvi] n. m. (de *deviser*). Description détaillée des pièces, des matériaux et des opérations nécessaires pour réaliser une production, une construction, une installation ou une réparation, avec l'estimation des dépenses.

DÉVISAGER v. t. (conj. **1**). Regarder qqn avec insistance, avec hauteur : *dévisager son voisin.*

DEVISE [dəviz] n. f. Moyen de paiement libellé dans une monnaie étrangère. ‖ Paroles caractéristiques exprimant d'une manière concise une pensée, un sentiment. ‖ Figure emblématique

accompagnée d'une inscription généralement en latin (le *porc-épic* de Louis XII, l'*hermine* d'Anne de Bretagne, la *salamandre* de François Ier, le *soleil* de Louis XIV).

DEVISER [dəvize] v. i. (lat. *dividere,* diviser). *Litt.* S'entretenir familièrement; converser.

DÉVISSAGE n. m. Action de dévisser.

DÉVISSER v. t. Retirer les vis qui retiennent un objet. ‖ Séparer des éléments vissés. ◆ v. i. Tomber, en parlant d'un alpiniste.

DE VISU [devizy] loc. adv. (mots lat., *d'après ce qu'on a vu*). Pour l'avoir vu; en témoin oculaire.

DÉVITALISER v. t. Enlever le tissu vital, la pulpe d'une dent.

DÉVITRIFICATION n. f. Perte de transparence que subit le verre longtemps chauffé, par suite de sa cristallisation.

DÉVITRIFIER v. t. Opérer la dévitrification.

DÉVOILEMENT n. m. Action de dévoiler; son résultat. ‖ *Philos.* Mouvement par lequel la vérité de l'être se manifeste en se délestant du sensible.

DÉVOILER v. t. Ôter le voile de : *dévoiler une statue.* ‖ Redresser une roue faussée. ‖ Découvrir, révéler ce qui était secret : *dévoiler ses intentions.* ◆ **se dévoiler** v. pr. Devenir compréhensible, connu.

DEVOIR v. t. (lat. *debere*) [conj. **30**]. Être tenu de payer, de restituer, de fournir : *devoir de l'argent.* ‖ Être redevable : *devoir la vie à qqn.* ‖ Être obligé à qqch par la loi, la morale, les convenances : *un enfant doit obéissance à ses parents.* ‖ Suivi d'un infinitif, indique : 1° la nécessité : *tout doit finir;* 2° l'intention : *il doit vous accompagner;* 3° la probabilité, la supposition : *c'est lui qui a dû faire cette sottise;* 4° le futur indéterminé : *il doit partir prochainement.* ◆ **se devoir** v. pr. Être moralement tenu de. ● *Comme il se doit,* comme il faut, comme prévu.

DEVOIR n. m. Ce à quoi l'on est obligé par la loi, la morale, etc. : *les devoirs de l'amitié; faire son devoir.* ‖ Travail, exercices qu'un maître donne à ses élèves. ● *Derniers devoirs,* honneurs funèbres. ‖ *Rendre ses devoirs à qqn,* le saluer avec déférence. ‖ *Se mettre en devoir de,* se préparer à.

DÉVOLU, E adj. (lat. *devolutus,* déroulé). Acquis, échu par droit.

DÉVOLU n. m. *Jeter son dévolu sur qqn, sur qqch,* fixer son choix sur cette personne, sur cette chose.

DÉVOLUTIF, IVE adj. *Dr.* Qui fait qu'une chose passe d'une personne à une autre.

DÉVOLUTION n. f. (lat. *devolutio*). *Dr.* Attribution à certaines personnes de biens confisqués à d'autres. ‖ Attribution d'une succession ou d'une tutelle.

DEVON [dəvɔ̃] n. m. Poisson artificiel muni d'hameçon, pour la pêche.

DÉVONIEN, ENNE adj. et n. m. (de *Devon,* comté d'Angleterre). Se dit de la quatrième période de l'ère primaire, pendant laquelle sont apparus les premiers vertébrés terrestres et les premières plantes vasculaires. ‖ Nom de ces terrains et fossiles datant de cette période.

DÉVORANT, E adj. Excessif, insatiable.

DÉVORATEUR, TRICE adj. *Litt.* Qui dévore.

DÉVORER v. t. (lat. *devorare*). Manger en déchirant avec les dents, en parlant des bêtes féroces. ‖ Mordre, piquer abondamment : *être dévoré de moustiques.* ‖ Manger avidement : *dévorer son dîner.* ‖ Consumer, détruire : *le feu dévore tout.* ‖ *Litt.* Tourmenter, ronger : *l'ennui le dévore.* ● *Dévorer l'espace,* aller très vite. ‖ *Dévorer un livre,* le lire avec avidité. ‖ *Dévorer des yeux,* regarder avec avidité, passion.

DÉVOREUR, EUSE n. Personne qui dévore.

DÉVOT, E adj. et n. (lat. *devotus,* dévoué). Attaché aux pratiques religieuses, qui manifeste un zèle outrancier pour la religion.

DÉVOTEMENT adv. Avec dévotion.

DÉVOTION n. f. (lat. *devotio*). Piété, attachement à la religion, aux pratiques religieuses. ● *Dévotion moderne* ou *devotio moderna,* mouvement de réforme religieuse catholique du

XVᵉ s., fondé sur des notions évangéliques simples et pratiques. ‖ *Être à la dévotion de qqn,* lui être entièrement dévoué. ‖ *Faire ses dévotions,* dire ses prières dans une église, suivre l'office.

DÉVOUÉ, E adj. Plein de dévouement.

DÉVOUEMENT n. m. Action de se dévouer à une personne, à une cause.

DÉVOUER (SE) v. pr. (lat. *devovere*). Faire abnégation de soi-même. ‖ Se consacrer entièrement; donner toute son activité : *se dévouer à la science.*

DÉVOYÉ, E n. Personne sans moralité qui commet des vols, des crimes, etc.

DÉVOYER v. t. (de *voie*) [conj. 2]. *Litt.* Détourner du droit chemin.

DÉWATTÉ, E [dewate] adj. Se dit d'un courant alternatif en quadrature avec la tension.

DEXTÉRITÉ n. f. (lat. *dexteritas*; de *dexter*, droit). Adresse des mains : *la dextérité d'un prestidigitateur.* ‖ Habileté dans la manière de faire qqch : *conduire une affaire avec dextérité.*

DEXTRALITÉ n. f. (lat. *dextra*, main droite). Fait d'utiliser de préférence sa main droite.

DEXTRINE n. f. (de *dextrogyre*). Matière gommeuse que l'on tire de l'amidon et qui sert d'apprêt en teinturerie.

DEXTROCARDIE n. f. Position du cœur à droite, congénitale, soit acquise.

DEXTROGYRE adj. (lat. *dexter,* droit, et bas lat. *gyrare,* faire tourner). *Chim.* Qui fait tourner à droite le plan de polarisation de la lumière. (Le glucose est dextrogyre.) [Contr. LÉVOGYRE.]

DEXTROMORAMIDE n. m. Puissant analgésique de synthèse utilisé à la place de la morphine et inscrit comme elle au tableau B.

DEXTROSE n. m. *Chim.* Syn. de GLUCOSE.

DEY [dɛ] n. m. (turc *day*). Officier de janissaires dans les régences barbaresques.

DIA! [dja] interj. (onomat.). Cri des charretiers pour faire aller leurs chevaux à gauche.

DIABÈTE n. m. (gr. *diabêtês,* qui traverse). Nom des maladies se manifestant par une abondante élimination d'urine, spécialement du diabète sucré.

■ Le *diabète sucré* est un trouble du métabolisme des glucides avec augmentation du sucre sanguin (hyperglycémie) et présence de sucre dans les urines (glycosurie). L'insuline, les hypoglycémiants de synthèse, un régime alimentaire bien équilibré permettent de donner aux diabétiques une existence normale et d'éviter les complications infectieuses ou le coma. Le *diabète insipide* est un trouble du métabolisme de l'eau, lié à une lésion de l'hypophyse. Le *diabète rénal* est dû à un abaissement du seuil d'excrétion rénale du glucose.

DIABÉTIQUE adj. et n. Qui relève du diabète; qui est atteint de diabète.

DIABLE [djabl] n. m. (lat. *diabolus*; gr. *diabolos,* calomniateur). Démon, esprit malin. ‖ Enfant turbulent et espiègle. ‖ *Techn.* Petit chariot à bras, à deux roues basses, servant au transport de lourds fardeaux. ● *À la diable,* très mal, sans soin. ‖ *Au diable, au diable vauvert,* très loin. ‖ *Avoir le diable au corps,* être agité, capable de commettre toutes sortes de méfaits. ‖ *Beauté du diable,* fraîcheur, éclat de la jeunesse. ‖ *Bon diable,* bon garçon. ‖ *C'est bien le diable si...,* ce serait extraordinaire si... ‖ *Ce n'est pas le diable,* ce n'est pas difficile. ‖ *De tous les diables,* extrême : *faire un bruit de tous les diables.* ‖ *Diable!,* interj. marquant la surprise. ‖ *Diables bleus,* surnom donné aux chasseurs à pied depuis la Première Guerre mondiale. ‖ *Du diable,* extrême. ‖ *En diable,* fort, extrêment. ‖ *Envoyer au diable,* repousser avec colère. ‖ *Faire le diable à quatre,* faire du vacarme; se démener pour. ‖ *Grand diable,* homme d'une taille supérieure à la normale. ‖ *Pauvre diable,* misérable. ‖ *Tirer le diable par la queue,* avoir des difficultés d'argent.

DIABLEMENT adv. *Fam.* Excessivement.

DIABLERIE n. f. Malice, espièglerie. ◆ pl. *Litt.* Scènes, pièces populaires où figurent des diables.

DIABLESSE n. f. Femme méchante, acariâtre.

DIABLOTIN n. m. Petit diable.

DIABOLIQUE adj. (lat. *diabolicus,* mot gr.). Qui vient du diable, démoniaque : *inspiration diabolique.* ‖ Très méchant, pernicieux : *invention diabolique.* ‖ Bizarre, étonnant : *une habileté diabolique.*

DIABOLIQUEMENT adv. De façon diabolique.

DIABOLO n. m. (gr. *diabolos,* diable). Jouet formé de deux cônes opposés par les sommets, qu'on lance en l'air et qu'on rattrape par le moyen d'une ficelle tendue entre deux baguettes. ‖ Boisson faite de limonade additionnée d'un sirop : *diabolo menthe.*

DIACÉTYLMORPHINE n. f. Nom scientifique de l'*héroïne.*

DIACHRONIE [djakrɔni] n. f. Caractère des phénomènes linguistiques étudiés du point de vue de leur évolution dans le temps. (Contr. SYNCHRONIE.)

DIACHRONIQUE adj. Relatif à la diachronie.

DIACIDE n. m. Corps possédant deux fonctions acide.

DIACLASE n. f. Fissure affectant les roches et y facilitant la pénétration de l'eau.

DIACONAL, E, AUX adj. Relatif au diacre.

DIACONAT [djakɔna] n. m. Office ou ordre du diacre.

DIACONESSE n. f. Femme qui, dans l'Église primitive, était chargée officiellement de fonctions religieuses ou charitables. ‖ Religieuse, chez les protestants.

DIACOUSTIQUE n. f. Partie de la physique qui étudie la réfraction des sons.

DIACRE n. m. (gr. *diakonos,* serviteur). Chez les catholiques, celui qui a reçu l'ordre immédiatement inférieur à la prêtrise. (À l'origine le diacre avait pour mission d'aider les responsables des communautés chrétiennes sur le plan matériel et pastoral. Par la suite, la fonction de diacre se sclérosa; elle a été revivifiée par Paul VI, qui l'a ouverte aux hommes mariés.) ‖ Chez les protestants, laïc chargé du soin des pauvres et de l'administration des fonds de l'église.

DIACRITIQUE adj. (gr. *diakrinein,* distinguer). *Signe diacritique,* signe qui donne à un caractère de l'alphabet une valeur spéciale.

DIADÈME n. m. (gr. *diadêma*). Bandeau royal; symbole de la royauté. ‖ Parure féminine en demi-cercle qui orne le sommet de la tête. ‖ Nom d'une espèce commune d'*épeire.*

DIADOQUE n. m. (gr. *diadokhos,* successeur). Nom donné aux généraux qui se disputèrent l'empire d'Alexandre après sa mort (323 av. J.-C.).

DIAGENÈSE [djaʒɛnɛz] n. f. Ensemble des phénomènes assurant la transformation d'un sédiment meuble en une roche cohérente.

DIAGNOSE [djagnoz] n. f. (gr. *diagnôsis,* connaissance). Description abrégée d'une plante, qui la distingue des autres. ‖ Art de faire un diagnostic.

DIAGNOSTIC [djagnɔstik] n. m. (gr. *diagnôsis,* connaissance). Identification d'une maladie par ses symptômes. ‖ Jugement porté sur une situation, sur un état.

DIAGNOSTIQUE adj. Se dit des signes qui font connaître la nature des maladies.

DIAGNOSTIQUER v. t. Déterminer la nature d'une maladie d'après les symptômes.

DIAGONAL, E, AUX adj. et n. f. (gr. *dia,* à travers, et *gônia,* angle). Se dit d'une droite qui joint deux sommets non consécutifs d'un polygone, ou deux sommets d'un polyèdre n'appartenant pas à une même face. ‖ *Chorégr.* Parcours particulier à certains pas (brisés, déboulés, piqués), effectué entre deux angles opposés de la salle de classe ou de la scène. ● *En diagonale,* en biais, obliquement : *traverser une rue en diagonale.* ‖ *Diagonale principale d'un déterminant, d'une matrice carrée,* diagonale d'un carré contenant les éléments notés a_{ii}, les colonnes étant indexées de gauche à droite et les lignes de haut en bas. ‖ *Lire en diagonale,* lire très rapidement, d'une manière superficielle. ‖ *Matrice diagonale,* matrice carrée dont tous les éléments extérieurs à la diagonale principale sont nuls.

DIAGONALEMENT adv. En diagonale.

DIAGONALISABLE adj. *Math.* Se dit d'une matrice carrée dont il existe une matrice semblable diagonale.

DIAGONALISATION n. f. *Math.* Pour une matrice carrée considérée comme opérateur d'une transformation linéaire d'un espace vectoriel, recherche d'une base pour laquelle la matrice de transformation se réduit à une matrice diagonale.

DIAGONALISER v. t. *Math.* Effectuer la diagonalisation d'une matrice.

DIAGRAMME n. m. (gr. *diagramma,* dessin). Courbe représentant les variations d'un phénomène. ● *Diagramme d'une fleur* (Bot.), schéma

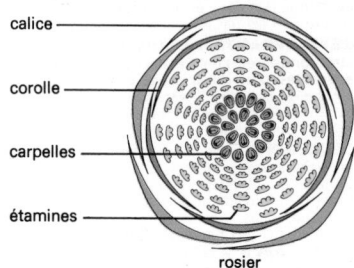

calice — corolle — carpelles — étamines — rosier

DIAGRAMME FLORAL

où sont représentés le nombre et la disposition relative des pièces de ses verticilles. ‖ *Diagramme thermodynamique* (Phys.), diagramme représentant la relation fondamentale entre les paramètres intéressants d'un système. ‖ *Diagramme de Wenn,* représentation graphique d'opérations, telles que réunion, intersection, effectuées sur des ensembles et utilisées dans l'étude des mathématiques et de la logique.

DIAGRAPHE n. m. Instrument qui permet de reproduire, sans connaître l'art du dessin et d'après le principe de la chambre claire, les objets qu'on a devant les yeux.

DIAGRAPHIE n. f. Art de dessiner au moyen du diagraphe. ‖ Représentation graphique, en fonction de la profondeur, des caractéristiques des formations géologiques rencontrées lors d'un forage minier ou pétrolier.

DIALCOOL n. m. *Chim.* Corps ayant deux fois la fonction alcool.

DIALECTAL, E, AUX adj. Relatif à un dialecte.

DIALECTE n. m. (lat. *dialectus,* mot gr.). Variété régionale d'une langue.

DIALECTICIEN, ENNE n. Celui, celle qui pratique la dialectique. ‖ Personne qui donne à ses raisonnements une forme méthodique.

DIALECTIQUE adj. (gr. *dialektikê,* art de discuter). Qui concerne la dialectique. ● *Matérialisme dialectique,* v. MARXISME.

DIALECTIQUE n. f. Forme de réciprocité ou d'interaction. ‖ Art du dialogue pour accéder à la vérité. ‖ Processus d'autodéveloppement du concept par lequel ce qui est vient à être puis à être dit et pensé. ‖ Articulation concrète des multiples aspects de l'histoire. ‖ Méthode d'analyse de la réalité sociale qui met en évidence les contradictions qu'elle présente et qui permet de saisir leur résolution au cours du développement de l'histoire.

DIALECTIQUEMENT adv. D'une manière dialectique.

DIALECTISER v. t. Interpréter dialectiquement un phénomène, une situation.

DIALECTOLOGIE n. f. Étude des dialectes.

DIALECTOLOGUE n. Spécialiste des dialectes.

DIALOGUE n. m. (lat. *dialogus,* entretien philosophique). Conversation entre deux ou plusieurs personnes. ‖ Ensemble des paroles échangées entre les personnages d'une pièce de théâtre, d'un film. ‖ Ouvrage en forme de conversation. ‖ Discussion visant à trouver un terrain d'entente : *chercher à renouer le dialogue.*

DIALOGUER v. i. Converser, s'entretenir. ‖ Faire parler des personnages entre eux.

DIALOGUISTE n. Auteur des dialogues d'un film.

DIALYPÉTALE adj. (gr. *dialuein*, séparer). *Bot.* Se dit d'une fleur à pétales séparés.

DIALYPÉTALE n. f. Dicotylédone à fleurs à pétales séparés. (Les *dialypétales* sont une ancienne sous-classe comprenant plusieurs familles : *renonculacées, crucifères, rosacées, ombellifères,* etc.)

DIALYSE n. f. (gr. *dialusis*, séparation). Séparation des constituants d'un mélange, fondée sur la propriété que possèdent les membranes de laisser passer certaines molécules et pas d'autres. ● *Dialyse péritonéale* (Méd.), méthode thérapeutique pour éliminer les déchets de l'organisme au cours des insuffisances rénales.

DIALYSER v. t. Opérer la dialyse.

DIALYSEUR n. m. Instrument à l'aide duquel on effectue la dialyse.

DIAMAGNÉTIQUE adj. Se dit d'une substance qui, dans un champ magnétique, prend une aimantation dirigée en sens inverse.

DIAMAGNÉTISME n. m. Propriété des corps diamagnétiques.

DIAMANT n. m. (lat. *adamas, adamantis*). Pierre précieuse composée de carbone pur cristallisé. ‖ Outil de vitrier servant à couper le verre. ‖ Pointe de lecture d'un phonocapteur. ● *Diamants (ou joyaux) de la Couronne,* autref., en France, tous les joyaux qui faisaient partie de la dotation mobilière du souverain. ‖ *Édition diamant,* livre de très petit format. ‖ *Pointe de diamant,* saillie pyramidale, forme que peuvent affecter les pierres d'un bossage, les aspérités données à un outil, etc.
■ Le diamant appartient au système cubique. Il a pour dureté 3,5. Il est le plus dur des minéraux naturels. On trouve dans la nature : le *diamant* incolore, considéré comme la plus belle des pierres précieuses; le *bort,* à faces courbes, qui sert à polir le précédent, et le *carbonado,* de couleur noire, employé pour le forage des roches dures. Le diamant se taille à facettes pour augmenter son éclat, en rose, en brillant, en poire, en navette ou en forme rectangulaire (taille émeraude). On le trouve principalement au Zaïre et en Afrique du Sud. Le *Régent* (ainsi nommé parce qu'il fut acheté pendant la minorité de Louis XV par le duc d'Orléans) est regardé comme le plus beau et le plus pur des diamants d'Europe (musée du Louvre). Il pèse 135 carats (27 grammes).

DIAMANTAIRE n. Personne qui travaille ou vend le diamant.

DIAMANTÉ, E adj. Garni d'une pointe de diamant.

DIAMANTIFÈRE adj. Qui contient du diamant.

DIAMÉTRAL, E, AUX adj. Relatif au diamètre.

DIAMÉTRALEMENT adv. Tout à fait, absolument : *opinions diamétralement opposées.*

DIAMÈTRE n. m. (gr. *diametros;* de *metron,* mesure). Droite passant par le centre d'un cercle, d'une conique, d'une sphère, d'une quadrique. ‖ Segment de cette droite limité à la courbe ou à la surface : *le diamètre partage le cercle en deux parties égales.* ‖ Ligne droite qui partage symétriquement une figure ronde ou arrondie. ● *Diamètre apparent,* angle sous lequel un observateur aperçoit un objet.

DIAMIDE n. m. Corps possédant deux fonctions amide.

DIAMINE n. f. Corps possédant deux fonctions amine.

DIAMINOPHÉNOL n. m. Dérivé du pyrogallol, dont le chlorure est employé comme révélateur en photographie.

DIANE n. f. (esp. *diana;* lat. *dies,* jour). *Mil.* Ancienne batterie de tambour ou sonnerie de clairon pour annoncer le réveil.

DIANTRE! interj. *Litt.* Juron exprimant l'étonnement, l'admiration, etc.

DIAPASON n. m. (gr. *dia pasôn khordôn,* par

toutes les cordes). Son de référence conventionnel pour déterminer l'accord des instruments de musique. (L'usage a prévalu de le fixer sur la note *la.* Un accord international de 1953 donne au *la* la fréquence de 440 hertz.) ‖ Appareil qui donne le *la.* ‖ Niveau, ton, manière de voir : *se mettre au diapason de qqn.*

DIAPAUSE n. f. Période d'arrêt dans le développement d'un insecte, n'impliquant pas de métamorphose.

DIAPÉDÈSE n. f. (gr. *diapêdân,* traverser). *Méd.* Migration des globules blancs hors des capillaires.

DIAPHANE adj. (gr. *diaphanês,* transparent). Qui laisse passer la lumière sans qu'on puisse distinguer au travers des objets. ‖ *Litt.* Dont la maigreur donne une sorte de demi-transparence.

DIAPHANOSCOPIE n. f. *Méd.* Procédé d'examen qui consiste à éclairer par transparence certains organes ou certaines parties du corps.

DIAPHONIE n. f. Interférence nuisible de signaux provenant de deux émetteurs, de deux circuits ou de deux zones d'un même enregistrement.

DIAPHORÈSE n. f. (gr. *diaphorein,* passer au travers). *Méd.* Transpiration abondante.

DIAPHRAGMATIQUE adj. *Anat.* Relatif au diaphragme.

DIAPHRAGME [djafragm] n. m. (gr. *diaphragma,* cloison). *Anat.* Muscle très large et mince qui sépare la poitrine de l'abdomen et dont la contraction provoque l'augmentation de volume de la cage thoracique et, par suite, l'inspiration. (Le diaphragme intervient dans le rire, le hoquet, la toux, l'éternuement.) ‖ Membrane de caoutchouc qui, placée de façon à obturer le col de l'utérus, est employée comme moyen anticonceptionnel féminin. ‖ Cloison transversale séparant les tubes de divers instruments et machines. ‖ Ouverture de diamètre réglable servant à faire varier la quantité de lumière entrant dans un appareil optique ou photographique.

DIAPHRAGMER v. t. Munir d'un diaphragme. ◆ v. i. Diminuer l'ouverture d'un objectif en utilisant un diaphragme.

DIAPHYSE n. f. (gr. *diaphusis,* interstice). Partie moyenne d'un os long (par oppos. aux extrémités, ou *épiphyses*).

DIAPIR n. m. *Géol.* Montée de roches salines plastiques et de faible densité à travers les terrains sus-jacents.

DIAPOSITIVE ou, fam., **DIAPO** n. f. Image photographique positive sur support transparent pour la projection.

DIAPRÉ, E adj. *Litt.* De couleurs variées.

DIAPRER v. t. (lat. médiév. *diasprum,* de *jaspis,* jaspe). *Litt.* Parer de couleurs variées.

DIAPRURE n. f. *Litt.* Variété de couleurs.

DIARRHÉE [djare] n. f. (gr. *diarrhoia,* écoulement). Selles liquides et fréquentes. (Les causes en sont diverses : troubles de sécrétions digestives, infection, intoxication, etc. La diarrhée des nourrissons expose à de graves désordres.)

DIARRHÉIQUE adj. Relatif à la diarrhée.

DIARTHROSE n. f. (gr. *dia,* à travers, et *arthrôsis,* articulation). *Anat.* Articulation permettant des mouvements étendus (comme le genou, le coude), dans laquelle les os sont maintenus par une capsule fibreuse et dont les surfaces articulaires sont recouvertes de cartilage.

DIASCOPE n. m. Instrument d'optique employé dans les blindés pour l'observation.

DIASPORA n. f. Dispersion d'un peuple, de certains de ses éléments, d'une communauté. ‖ Se dit plus particulièrement de l'ensemble des communautés juives qui se sont établies hors de Palestine.

DIASTASE n. f. (gr. *diastasis,* séparation). Syn. anc. de ENZYME.

DIASTOLE n. f. (gr. *diastolê,* dilatation). Décontraction du cœur et des artères. (Contr. SYSTOLE.)

DIASTOLIQUE adj. Relatif à la diastole.

DIATHERMANE adj. (gr. *dia,* à travers, et *thermos,* chaud). Qui laisse passer la chaleur.

DIATHERMIE n. f. Thérapeutique qui utilise la chaleur produite par un courant de haute fréquence.

DIATOMÉE n. f. (gr. *diatomos,* coupé en deux). Algue unicellulaire entourée d'une coque siliceuse bivalve souvent finement ornementée, et qui vit en mer ou en eau douce. (Les *diatomées* constituent une classe. Leurs coques accumulées forment une roche, le *tripoli.*)

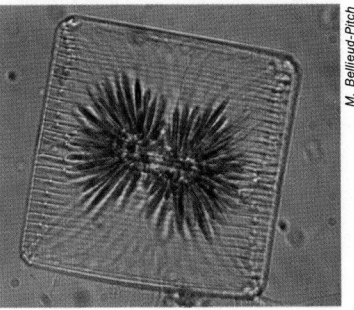

diatomée

DIATOMIQUE adj. *Chim.* Se dit d'un corps dont la molécule est formée de deux atomes.

DIATOMITE n. f. Roche siliceuse stratifiée, d'origine organique (diatomées), utilisée comme abrasif et comme absorbant. (Syn. TRIPOLI.)

DIATONIQUE adj. (gr. *dia,* par, et *tonos,* ton). *Mus.* Se dit d'une gamme qui procède par mouvements conjoints et ne possède que deux demi-tons.

DIATONIQUEMENT adv. Suivant l'ordre diatonique.

DIATONISME n. m. *Mus.* Système qui procède par les tons et les demi-tons en passant une gamme.

DIATRIBE n. f. (gr. *diatribê,* exercice d'école). Critique amère et violente; pamphlet.

DIAULE [djol] n. m. (gr. *dis,* deux fois, et *aulos,* flûte). Chez les Grecs, double flûte.

DIAZÉPAM n. m. Anxiolytique du groupe des benzodiazépines.

DIAZOCOPIE n. f. Procédé de reproduction de documents transparents sur un papier contenant un diazoïque sensible aux rayons ultraviolets.

DIAZOÏQUE adj. et n. m. Se dit de certains corps organiques dont la molécule contient un groupement de deux atomes d'azote, et qui servent à préparer de nombreux colorants.

DICARBONYLÉ, E adj. et n. m. Qui contient deux fois le groupe carbonyle.

DICARYON n. m. Cellule à deux noyaux, caractéristique des champignons supérieurs.

DICARYOTIQUE adj. Relatif aux dicaryons.

DICASTÈRE n. m. En Suisse, subdivision d'une administration communale.

DICENTRA [disɛtra] n. f. Plante cultivée dans les jardins sous le nom de *cœur-de-Marie* et *cœur-de-Jeannette,* à cause de la forme de ses fleurs. (Famille des fumariacées.)

DICÉTONE n. f. Corps possédant deux fois la fonction cétone.

DICHOTOME [dikɔtɔm] adj. (gr. *dikha,* en deux, et *tomê,* section). *Bot.* Qui se divise par bifurcation : *tige dichotome.* ‖ Se dit de la Lune, quand on ne voit que la moitié de son disque.

DICHOTOMIE n. f. (gr. *dikhotomia*). Division en deux; opposition entre deux choses. ‖ Partage illicite d'honoraires entre médecins. ‖ *Astron.* Phase de la Lune à son premier ou à son dernier quartier. ‖ *Bot.* Mode de division de certaines tiges en rameaux bifurqués. ‖ *Log.* Division d'un concept en deux autres qui recouvrent toute son extension.

DICHOTOMIQUE adj. Relatif à la dichotomie.

DICHROÏQUE adj. Qui présente du dichroïsme.

DICHROÏSME [dikrɔism] n. m. (gr. *dikhroos*, bicolore). *Phys.* Propriété que possèdent certaines substances d'offrir des colorations diverses suivant la direction de l'observation. (Les cristaux et les gemmes anisotropes présentent souvent un dichroïsme marqué.)

DICHROMATIQUE [dikrɔmatik] adj. (gr. *khrôma, -atos*, couleur). Qui a deux couleurs.

DICLINE adj. (gr. *klinê*, lit). Se dit d'une fleur portant des organes d'un seul sexe (étamines ou pistil). [Syn. UNISEXUÉ, E.]

DICOTYLÉDONE n. f. et adj. (gr. *kotulêdôn*, lobe). Plante dont la graine contient une plantule à deux cotylédons. (Les plantes *dicotylédones* ont généralement des feuilles horizontales, aux nervures ramifiées et aux deux faces différentes, des fleurs du type 4 et 5. Si elles sont vivaces, elles ont des formations secondaires, ce qui oppose cette classe à celle des *monocotylédones*.)

DICROTE adj. (gr. *krotos*, bruit). Se dit du pouls quand il donne la sensation de deux impulsions à chaque battement du cœur.

DICTAME [diktam] n. m. (gr. *diktamnon*). *Bot.* Espèce de labiacée originaire de Crète et considérée comme vulnéraire par les Anciens.

DICTAPHONE [diktafɔn] n. m. Nom déposé d'un magnétophone, servant notamment à la dictée du courrier.

DICTATEUR n. m. (lat. *dictator*). Celui qui concentre en lui tous les pouvoirs; maître absolu. ‖ *Antiq. rom.* Magistrat investi, à Rome, de l'autorité suprême dans les moments difficiles de la République.

DICTATORIAL, E, AUX adj. Qui relève de la dictature; absolu, sans contrôle : *pouvoir dictatorial.*

DICTATURE n. f. (lat. *dictatura*). Exercice sans contrôle du pouvoir absolu et souverain. ‖ Durée pendant laquelle s'exerce le pouvoir d'un dictateur. ‖ *Antiq. rom.* À Rome, dignité, autorité du dictateur. (Instituée vers la fin du VIᵉ s. av. J.-C., la dictature était à Rome une magistrature militaire extraordinaire, échappant aux règles de la collégialité. Encore utilisée en 216 av. J.-C., au lendemain du désastre de Cannes, elle tomba en désuétude et ne réapparut qu'au Iᵉʳ s. av. J.-C. pour légaliser le pouvoir personnel de Sulla et de César.) ● *Dictature du prolétariat*, selon les marxistes, régime politique transitoire par lequel le prolétariat détruit l'État bourgeois pour lui substituer un État prolétarien par le biais duquel il exerce seul le pouvoir.

DICTÉE n. f. Action de dicter : *écrire sous la dictée de qqn.* ‖ Exercice scolaire visant à l'acquisition de l'orthographe.

DICTER v. t. (lat. *dictare*). Prononcer des mots qu'un autre écrit au fur et à mesure : *dicter une lettre.* ‖ Inspirer, imposer la conduite à tenir : *dicter à qqn ce qu'il doit faire.*

DICTION n. f. Manière de dire des vers, d'articuler les mots en jouant un rôle, etc.

DICTIONNAIRE n. m. Recueil des mots d'une langue rangés par ordre alphabétique et suivis de leur définition ou de leur traduction dans une autre langue. ‖ Recueil des mots relatifs à une science, à une technique, etc. ● *Dictionnaire encyclopédique*, dictionnaire qui, outre les informations sur les mots eux-mêmes, contient des développements scientifiques ou historiques sur les choses, les personnes, etc., représentées par ces mots. ‖ *Dictionnaire de langue*, dictionnaire qui donne des informations sur la nature et le genre grammatical des mots, leurs formes graphique et sonore, leurs sens, leurs emplois, leurs niveaux de langue, etc.

DICTON n. m. (lat. *dictum*). Mot, sentence passés en proverbe, comme : « Un *tiens* vaut mieux que deux *tu l'auras.* »

DICTYOPTÈRE n. m. Insecte aux métamorphoses incomplètes, aux ailes réticulées, tel que la *blatte*. (Les *dictyoptères* forment un ordre.)

DIDACTIQUE adj. (gr. *didaskein*, enseigner). Qui a pour objet d'instruire; pédagogique. ● *Poésie didactique*, poésie qui se propose l'exposé d'une doctrine philosophique ou de connaissances scientifiques et techniques.

DIDACTIQUE n. f. Science ayant pour objet les méthodes d'enseignement.

DIDACTIQUEMENT adv. De façon didactique.

DIDACTISME n. m. Caractère de ce qui est didactique.

DIDACTYLE adj. Qui porte deux doigts, comme par exemple les pinces des crabes.

DIDASCALIE [didaskali] n. f. (gr. *didaskalia*, enseignement). Dans le théâtre antique, indication donnée à un acteur par l'auteur sur son manuscrit.

DIDUCTION n. f. *Physiol.* Mouvement latéral de la mâchoire inférieure.

DIDYME n. m. Terre rare qui est un mélange de néodyme et de praséodyme.

DIÈDRE n. m. (gr. *hedra*, siège). *Math.* Figure formée par deux demi-plans, ou *faces*, limités à

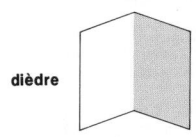

dièdre

une même droite, ou *arête.* ‖ Sur un avion, angle formé par le plan horizontal et le plan des ailes. ● *Angle plan* ou *rectiligne d'un dièdre*, section de ce dièdre par un plan perpendiculaire à l'arête. ◆ adj. *Math.* Déterminé par l'intersection de deux plans.

DIÉLECTRIQUE adj. et n. m. Se dit d'une substance capable d'emmagasiner de l'énergie électrostatique.

DIENCÉPHALE [diãsefal] n. m. Seconde partie de l'encéphale embryonnaire, qui forme l'épiphyse, le lobe nerveux de l'hypophyse, le thalamus, ou couches optiques, les nerfs optiques et les rétines. ‖ Dans l'organisme adulte, partie du cerveau située entre les hémisphères cérébraux et le tronc cérébral, formée par les parois du 3ᵉ ventricule, le thalamus et l'hypothalamus, et comprenant de nombreux centres régulateurs de l'activité vitale (sommeil, métabolismes, etc.).

DIENCÉPHALIQUE adj. Relatif au diencéphale.

DIÈNE [djɛn] n. m. Hydrocarbure diéthylénique. (Syn. DIOLÉFINE.)

DIÉRÈSE [djerɛz] n. f. (gr. *diairesis*, division). *Chir.* Division, séparation de parties dont la continuité pourrait être nuisible. ‖ *Phon.* Dans la prononciation d'une diphtongue, dissociation de celle-ci en ses éléments constitutifs.

DIERGOL n. m. Propergol constitué par deux ergols liquides, un combustible et un comburant, injectés séparément dans la chambre de combustion.

DIÈSE [djɛz] n. m. (gr. *diesis*, intervalle). *Mus.* Signe d'altération qui hausse d'un demi-ton chromatique la note qu'il précède. ● *Double*

dièse et double dièse

dièse, signe d'altération qui hausse de deux demi-tons chromatiques la note qu'il précède. ◆ adj. Se dit de la note elle-même affectée de ce signe : *« fa » dièse.*

DIESEL [djezɛl] n. m. (du n. de l'inventeur). Moteur à combustion interne, consommant des huiles lourdes et fonctionnant par auto-allumage du combustible injecté dans de l'air fortement comprimé.

DIESEL-ÉLECTRIQUE adj. et n. m. (pl. *diesels-électriques*). Se dit d'une locomotive dont la puissance est donnée par un diesel entraînant une génératrice électrique qui fournit du

courant aux moteurs entraînant les essieux.

DIÉSÉLISATION n. f. Remplacement des locomotives à vapeur d'une compagnie ferroviaire par des locomotives à diesel.

DIÉSÉLISTE n. m. Mécanicien spécialiste des diesels.

DIES IRAE [djɛsire] n. m. inv. (mots lat., *jour de colère*). Chant de la messe des morts dans le rite catholique romain.

DIÈTE n. f. (bas lat. *dieta*, jour assigné). Assemblée délibérante dans certains pays (Pologne, Hongrie, Suède, Suisse...). [Autref., la plus importante des diètes était la *Diète germanique*, qui prenait des décisions appelées *recez de l'Empire* et disparut avec le Saint Empire au début du XIXᵉ s.]

DIÈTE n. f. (gr. *diaita*, genre de vie). Suppression d'une partie ou de la totalité des aliments à des fins thérapeutiques. ● *Diète hydrique*, régime ne comportant que de l'eau, des tisanes, des jus de fruits, etc. ‖ *Mettre à la diète*, réglementer le régime alimentaire.

DIÉTÉTICIEN, ENNE n. Personne chargée d'adapter le régime alimentaire aux besoins d'un malade, d'un sportif, etc.

DIÉTÉTIQUE adj. Qui concerne la diète ou la diététique.

DIÉTÉTIQUE n. f. Science ayant pour objet l'étude de la valeur alimentaire des denrées et celle des maladies entraînées par la mauvaise nutrition, ainsi que la détermination des rations convenant aux diverses catégories de consommateurs.

DIÉTHYLÉNIQUE adj. Qui possède deux fois le caractère éthylénique.

DIEU n. m. (lat. *deus*). Entité ou être surnaturel, créateur, maître de l'univers et des destinées humaines, généralement objet d'un culte religieux. (Les diverses religions admettent plusieurs dieux [polythéisme] ou un seul Dieu [monothéisme]. En ce dernier cas, prend une majuscule.) ‖ Personne, chose auxquelles on voue une sorte de culte, pour lesquelles on a un attachement passionné. ● *Bon Dieu!, Mon Dieu!, Grand Dieu!, Juste Dieu!, Nom de Dieu!,*

COUPE D'UN MOTEUR DIESEL

1. Injecteur ; 2. Culasse ; 3. Collecteur d'échappement ; 4. Soupape ; 5. Cylindre ; 6. Passage d'eau de refroidissement ; 7. Piston ; 8. Pompe d'injection ; 9. Bielle ; 10. Filtre à huile ; 11. Maneton de vilebrequin ; 12. Pompe à huile ; 13. Culbuteur ; 14. Ressort de soupape ; 15. Collecteur d'admission ; 16. Poussoir de culbuteur ; 17. Arbre à cames ; 18. Vilebrequin ; 19. Palier de vilebrequin ; 20. Carter d'huile ; 21. Huile moteur.

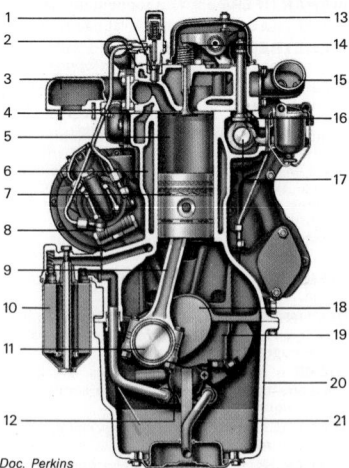

Doc. Perkins

jurons ponctuant la force de ce qu'on dit. ‖ *Dieu merci, grâce à Dieu,* heureusement. ‖ *Dieu sait,* exprime une affirmation ou une négation; exprime l'incertitude. ‖ *Homme de Dieu,* prêtre, saint homme. ‖ *Pour l'amour de Dieu,* insiste sur une prière adressée à qqn.

DIFFA n. f. En Afrique du Nord, réception des hôtes de marque, accompagnée d'un repas.

DIFFAMANT, E adj. Qui diffame.

DIFFAMATEUR, TRICE adj. et n. Personne qui diffame.

DIFFAMATION n. f. Action de diffamer; écrit ou parole diffamatoire. ‖ *Dr.* Allégation d'un fait qui est de nature à porter atteinte à l'honneur ou à la considération de qqn.

DIFFAMATOIRE adj. Se dit des écrits, des discours qui tendent à diffamer.

DIFFAMER v. t. (lat. *diffamare; de fama,* renommée). Porter atteinte à la réputation de qqn, par des paroles ou par des écrits; calomnier.

DIFFÉRÉ, E adj. Remis à un moment ultérieur.

DIFFÉRÉ n. m. Émission radiophonique ou télévisée transmise après son enregistrement.

DIFFÉREMMENT adv. De façon différente.

DIFFÉRENCE n. f. (lat. *differentia*). Caractère qui distingue un être d'un autre être, une chose d'une autre chose. ‖ Résultat de la soustraction de deux grandeurs : *2 est la différence entre 7 et 5.* ● *À la différence de,* différemment de. ‖ *Différence de deux ensembles A et B,* ensemble noté A—B, formé par les éléments de A n'appartenant pas à B. ‖ *Différence symétrique de deux ensembles A et B,* ensemble formé des éléments de A n'appartenant pas à B et des éléments de B n'appartenant pas à A, c'est-à-dire la réunion des différences A—B et B—A. ‖ *Faire la différence,* établir une distinction; créer un écart.

DIFFÉRENCIATEUR, TRICE adj. Qui différencie.

DIFFÉRENCIATION n. f. Action de différencier ou de se différencier; résultat de cette action. ‖ *Biol.* Acquisition par les organismes vivants de différences croissantes entre leurs diverses parties au cours de leur développement.

DIFFÉRENCIER v. t. Distinguer par une différence. ◆ **se différencier** v. pr. Se distinguer des autres par une marque quelconque.

DIFFÉREND n. m. Désaccord sur des points précis entre des individus ou des groupes. ● *Partager le différend,* accorder les parties en prenant le moyen terme.

DIFFÉRENT, E adj. Qui présente une différence, qui n'est pas semblable, identique : *un mot peut avoir des sens différents.* ◆ pl. Divers, plusieurs : *différentes personnes me l'ont assuré.*

DIFFÉRENTIATEUR n. m. Organe de calcul analogique ou numérique effectuant automatiquement le calcul des différentielles ou des dérivées.

DIFFÉRENTIATION n. f. *Math.* Calcul d'une différentielle ou d'une dérivée.

DIFFÉRENTIEL, ELLE [diferãsjɛl] adj. *Math.* Qui procède par différences infiniment petites. ● *Psychologie différentielle,* branche de la psychologie qui étudie les variations que fait subir à un sujet ou un groupe de sujets aux lois générales du comportement. ‖ *Tarif différentiel,* tarif de transport calculé en fonction inverse du poids et de la distance.

DIFFÉRENTIEL n. m. Train d'engrenages qui permet de transmettre à un arbre rotatif un mouvement équivalant à la somme ou à la différence de deux autres mouvements. (Le différentiel d'une automobile permet à la roue extérieure de prendre, dans un virage, une vitesse supérieure à celle de la roue intérieure.)

DIFFÉRENTIELLE n. f. Accroissement infiniment petit d'une fonction correspondant à un accroissement infiniment petit de la variable.

DIFFÉRENTIER [diferãsje] v. t. *Math.* Calculer la différentielle ou la dérivée : *différentier une fonction.* (On écrit parfois DIFFÉRENCIER.)

DIFFÉRER v. t. (lat. *differre*) [conj. **5**]. Remettre à un autre temps : *différer son départ.* ◆ v. i.

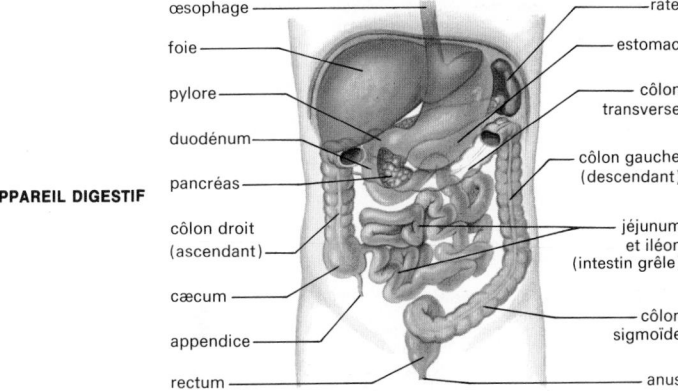

APPAREIL DIGESTIF

œsophage — rate
foie — estomac
pylore — côlon transverse
duodénum — côlon gauche (descendant)
pancréas — jéjunum et iléon (intestin grêle)
côlon droit (ascendant) — côlon sigmoïde
cæcum — anus
appendice
rectum

Être différent, dissemblable : *mon opinion diffère de la sienne.* ‖ N'être pas du même avis : *nous différons sur ce point.*

DIFFICILE adj. (lat. *difficilis*). Qui ne se fait pas, qui ne peut être résolu qu'avec peine, qui exige des efforts; compliqué, pénible : *problème difficile à résoudre.* ‖ Exigeant, peu facile à contenter : *caractère difficile.* ‖ Pénible, douloureux : *moment, situation difficile.* ◆ n. *Faire le* ou *la difficile,* n'être pas facile à contenter.

DIFFICILEMENT adv. Avec difficulté.

DIFFICULTÉ n. f. (lat. *difficultas*). Caractère de ce qui est difficile : *difficulté d'un problème.* ‖ Chose difficile, qui embarrasse; empêchement, obstacle : *éprouver des difficultés, soulever une difficulté.* ● *Faire des difficultés,* ne pas accepter facilement.

DIFFLUENCE n. f. *Géogr.* Division d'un cours d'eau, d'un glacier, en plusieurs bras qui ne se rejoignent pas.

DIFFLUENT, E adj. Qui se développe dans des directions divergentes, qui se disperse.

DIFFORME adj. (lat. *deformis*). De forme irrégulière, contrefait.

DIFFORMITÉ n. f. Défaut dans la forme, dans les proportions.

DIFFRACTER v. t. Produire la diffraction.

DIFFRACTION n. f. (lat. *diffractus,* mis en morceaux). Déviation que subit la propagation des ondes (acoustiques, lumineuses, hertziennes, rayons X, etc.), lorsqu'elles rencontrent un obstacle ou une ouverture de dimensions sensiblement égales à leur longueur d'onde.

DIFFUS, E [dify, yz] adj. (lat. *diffusus*). Répandu en tous sens, partout : *douleur diffuse.* ‖ Qui manque de netteté, vague, sans vigueur.

DIFFUSÉMENT adv. De façon diffuse.

DIFFUSER v. t. Répandre dans toutes les directions : *le verre dépoli diffuse la lumière.* ‖ Propager, émettre (en parlant de la radio, de la télévision) : *diffuser le français à l'étranger; diffuser la nouvelle de la mort de qqn.* ‖ Répandre dans le public en distribuant, en vendant : *diffuser des livres.*

DIFFUSEUR n. m. Celui qui diffuse. ‖ Accessoire d'éclairage qui donne une lumière diffuse. ‖ Haut-parleur. ‖ Appareil servant à extraire le

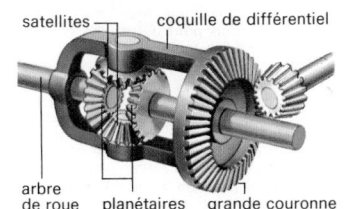

**ÉLÉMENTS CONSTITUTIFS
D'UN DIFFÉRENTIEL**

satellites — coquille de différentiel
arbre de roue — planétaires — grande couronne

jus sucré des betteraves. ‖ Conduit servant à ralentir l'écoulement d'un fluide en augmentant sa pression. ‖ Partie du carburateur d'un moteur à explosion, dans laquelle s'effectue le mélange carburé. ‖ Ajutage fixé sur un fût de lance d'incendie pour diviser le jet d'eau.

DIFFUSIBLE adj. Susceptible de se diffuser.

DIFFUSION n. f. (lat. *diffusio*). Action de répandre, de propager : *diffusion des journaux.* ‖ *Méd.* Distribution d'une substance dans l'organisme. ‖ *Phys.* Mouvement d'un ensemble de particules dans un milieu, sous l'action de différences de concentration, de température, etc., tendant à l'égalisation des grandeurs. ‖ Transformation par certains milieux d'un rayonnement incident (lumière, rayons X, son) en un rayonnement émis dans toutes les directions. ‖ Changement de la direction ou de l'énergie d'une particule lors d'une collision avec une autre particule. ● *Diffusion de l'impôt,* diminution de revenu due à la pression fiscale, qui, ressentie par le contribuable, modifie son comportement et se répercute sur l'environnement économique.

DIFFUSIONNISME n. m. Théorie anthropologique selon laquelle les cultures humaines se sont répandues progressivement, par affinité.

DIFFUSIONNISTE adj. et n. Relatif au diffusionnisme; partisan de cette doctrine.

DIGAMMA n. m. Lettre de l'alphabet grec ancien (notée F), disparue à date historique et correspondant au son [w].

DIGASTRIQUE adj. Se dit des muscles qui ont deux groupes de fibres musculaires séparés par un tendon.

DIGÉRER v. t. (lat. *digerere,* distribuer) [conj. **5**]. Faire la digestion. ‖ Assimiler par la réflexion, par la lecture. ‖ *Fam.* Supporter patiemment, endurer, subir : *digérer un affront.*

DIGEST [dajdʒɛst *ou* diʒɛst] n. m. (angl. *to digest,* résumer). Résumé d'un livre ou d'un article; publication périodique renfermant de tels résumés.

DIGESTE n. m. Recueil méthodique de droit. (Le plus célèbre est le *Digeste de Justinien* ou *Pandectae* [533].)

DIGESTE adj. Facile à digérer.

DIGESTEUR n. m. Appareil servant à extraire les parties solubles de certaines substances.

DIGESTIBLE adj. Se dit d'un aliment qui peut être aisément digéré.

DIGESTIF, IVE adj. Relatif à la digestion : *troubles digestifs.* ‖ *Appareil digestif,* ensemble des organes qui concourent à la digestion. ‖ *Suc digestif,* liquide sécrété par une glande digestive, et contenant des enzymes.

DIGESTIF n. m. Alcool qu'on prend après le repas.

DIGESTION n. f. (lat. *digestio,* distribution). Transformation des aliments dans l'appareil digestif; moment où l'on digère.

■ La digestion consiste en un ensemble d'actions mécaniques (mastication, déglutition, mouvements de brassage de l'estomac et de l'intestin) et de réactions chimiques simplifiant les aliments et les rendant solubles dans l'eau. Ces réactions sont assurées par les enzymes des sucs digestifs (salive, sucs gastrique, pancréatique et intestinal); la bile permet la mise sous forme d'émulsion des graisses. Le résultat de la digestion est un liquide, le chyle, que les villosités de l'intestin grêle absorbent (v. ABSORPTION); les parties non élaborées passent dans le gros intestin, où elles subissent une fermentation et contribuent à former les fèces.

DIGIT [diʒit] n. m. (mot angl.). Élément d'information digitale qui peut prendre un nombre fini de valeurs différentes. ● *Digit binaire*, syn. de BIT.

DIGITAL, E, AUX adj. (lat. *digitus*, doigt). Qui appartient aux doigts : *muscle digital; empreintes digitales*. ‖ Exprimé ou fonctionnant au moyen de nombres. (Syn. NUMÉRIQUE.)

DIGITALE n. f. Genre de scrofulariacées dont ▷ les fleurs ont la forme d'un doigt de gant et qui croît dans les sous-bois clairs, sur sol siliceux.

DIGITALINE n. f. Principe actif de la digitale pourprée, qui constitue un poison violent, utilisé dans le traitement de certaines maladies du cœur.

DIGITÉ, E adj. Découpé en forme de doigts.

DIGITIGRADE adj. et n. m. (lat. *digitus*, doigt, et *gradi*, marcher). Qui marche en appuyant seulement les doigts sur le sol. (Les oiseaux et beaucoup de carnassiers sont digitigrades.)

DIGITOPLASTIE n. f. Réfection chirurgicale d'un doigt.

DIGITOXINE n. f. Syn. de DIGITALINE.

DIGLOSSIE n. f. *Ling.* Coexistence, dans un même pays, soit de deux langues différentes, soit de deux états d'une même langue, l'un savant, l'autre populaire.

DIGNE adj. (lat. *dignus*). Qui mérite, soit en bien, soit en mal : *digne de récompense.* ‖ Qui est en conformité, en convenance avec : *fils digne de son père.* ‖ Plein de retenue, de gravité; noble : *maintien digne.* ● *Personne digne*, personne qui a le respect de soi-même.

DIGNEMENT adv. Avec dignité; comme il faut.

DIGNITAIRE n. m. Personnage revêtu d'une fonction éminente.

DIGNITÉ n. f. (lat. *dignitas*). Retenue, gravité dans les manières : *manquer de dignité.* ‖ Respect dû à une personne, à une chose ou à soi-même. ‖ Fonction éminente, charge considérable : *la dignité de grand-croix de la Légion d'honneur.*

DIGON [digɔ̃] n. m. Fer barbelé, destiné à harponner le poisson.

DIGRAMME n. m. *Ling.* Groupe de deux caractères, de deux lettres pour représenter un seul son.

DIGRAPHIE n. f. Comptabilité en partie double.

DIGRESSION n. f. (lat. *digressio; de digredi*, s'écarter de son chemin). Dans un discours, une conversation, développement étranger au sujet.

DIGUE n. f. (anc. néerl. *dijc*). Obstacle artificiel servant à contenir les eaux, à élever leur niveau ou à détourner leur cours. ‖ Ce qui retient; obstacle.

DIHOLOSIDE n. m. *Chim.* Composé résultant de l'union de deux oses.

DIJONNAIS, E adj. et n. De Dijon.

DIKTAT [diktat] n. m. (mot all.). Exigence absolue, imposée par le plus fort, notamment dans les relations internationales.

DILACÉRATION n. f. Action de dilacérer.

DILACÉRER v. t. (lat. *dilacerare*) [conj. 5]. *Méd.* Déchirer des tissus en provoquant une plaie.

DILAPIDATEUR, TRICE adj. et n. Qui dilapide, qui dépense sans raison ni règle.

DILAPIDATION n. f. Action de dilapider.

DILAPIDER v. t. (lat. *dilapidare*). Dépenser à tort et à travers; gaspiller : *dilapider son bien.*

DILATABILITÉ n. f. *Phys.* Propriété qu'ont les corps de se dilater par échauffement.

DILATABLE adj. *Phys.* Susceptible de dilatation.

DILATANT, E adj. Qui dilate.

DILATATEUR, TRICE adj. *Anat.* Qui dilate.

DILATATEUR n. m. *Chir.* Instrument servant à dilater un orifice ou une cavité.

DILATATION n. f. (lat. *dilatatio*). Action de dilater ou de se dilater. ‖ *Méd.* Augmentation du calibre d'un conduit naturel, soit pathologique *(dilatation des bronches)*, soit thérapeutique *(dilatation de l'urètre).* ‖ *Phys.* Augmentation de la longueur ou du volume d'un corps par éléva-

digitales

digitale pourpre · digitale à grandes fleurs

tion de température, sans changement dans la nature du corps.

DILATER v. t. (lat. *dilatare; de latus*, large). Augmenter la longueur ou le volume de qqch. ● *Dilater le cœur*, remplir de joie. ◆ **se dilater** v. tr. Augmenter de volume. ● *Se dilater les poumons*, respirer largement.

DILATOIRE adj. (lat. *dilatorius*). Qui tend à gagner du temps, à retarder une décision : *réponse dilatoire.* ‖ *Dr.* Qui tend à retarder un jugement, à prolonger un procès.

DILATOMÈTRE n. m. *Phys.* Instrument pour mesurer la dilatation.

DILECTION [dilɛksjɔ̃] n. f. (lat. *dilectio*). *Litt.* Amour tendre et pur.

DILEMME [dilɛm] n. m. (gr. *dilêmma*). *Log.* Raisonnement comprenant deux prémisses contradictoires, mais menant à une même conclusion, laquelle, par conséquent, s'impose. ‖ Obligation de choisir entre deux partis possibles, entre deux inconvénients : *être devant un dilemme.*

DILETTANTE [dilɛtɑ̃t] n. (mot it.). Personne qui s'adonne à un travail, à un art pour son seul plaisir, en amateur, avec une certaine fantaisie.

DILETTANTISME n. m. Caractère du dilettante.

DILIGEMMENT [diliʒamɑ̃] adv. Avec diligence, avec zèle.

DILIGENCE n. f. (lat. *diligentia*). *Litt.* Promptitude dans l'exécution; empressement, zèle. ‖ Voiture tirée par des chevaux qui servait au transport des voyageurs. ● *À la diligence de* (Dr.), à la demande de. ‖ *Due diligence* (Dr.), clause du droit maritime aux termes de laquelle un transporteur doit employer tous les moyens pour assurer le transport de marchandises dans les conditions normales.

DILIGENT, E adj. (lat. *diligens*). *Litt.* Qui agit avec rapidité et efficacité.

DILUANT n. m. Liquide volatil incorporé aux peintures et vernis pour obtenir les caractéristiques d'application requises.

DILUER v. t. (lat. *diluere*, détremper). Accroître une quantité de liquide et en altérer la teneur par l'adjonction d'une certaine quantité d'eau ou d'un autre liquide : *diluer de l'alcool avec de l'eau.* ● *Diluer un exposé*, l'affaiblir, le développer trop longuement. ◆ **se diluer** v. pr. S'étendre en perdant sa force.

DILUTION n. f. Action de diluer; liquide ainsi obtenu.

DILUVIEN, ENNE adj. (lat. *diluvium*, déluge). Relatif au déluge. ● *Pluie diluvienne*, pluie très abondante.

DIMANCHE n. m. (lat. *dies dominicus*, jour du Seigneur). Septième jour de la semaine, consacré au repos. ● *Du dimanche* (Péjor.), se dit de qqn qui agit en amateur : *peintre, conducteur du dimanche.*

DÎME n. f. (lat. *decima*, dixième partie). Impôt qui était constitué par une redevance en nature au clergé. (Très lourde pour la paysannerie, elle fut supprimée dans la nuit du 4 août 1789.)

DIMENSION n. f. (lat. *dimensio*). Chacune des grandeurs nécessaires à l'évaluation des figures et des solides *(longueur, largeur, hauteur ou profondeur).* ‖ Importance, grandeur, taille : *une faute de cette dimension.* ‖ *Math.* Chacune des grandeurs permettant de déterminer la position d'un point dans un espace donné. ‖ *Phys.* Chacune des grandeurs fondamentales (longueur, masse, temps, etc.) auxquelles peut se ramener toute grandeur physique. ● *Quatrième dimension*, le temps dans la théorie de la relativité.

DIMENSIONNEL, ELLE adj. Relatif aux dimensions de qqch. ● *Analyse dimensionnelle* (Phys.), étude des dimensions des grandeurs physiques servant à vérifier l'homogénéité des formules ou à établir, par similitude, des modèles de systèmes complexes.

DIMENSIONNER v. t. Fixer les dimensions d'une pièce afin qu'elle joue correctement son rôle dans l'ensemble dont elle fait partie.

DIMINUÉ, E adj. Se dit d'une personne dont les facultés physiques ou intellectuelles sont amoindries.

DIMINUENDO [diminɥɛndo] adv. (mot it.). *Mus.* En affaiblissant graduellement le son.

DIMINUER v. t. (lat. *diminuere; de minus*, moins). Rendre moins grand, moins important, réduire : *diminuer la longueur d'une planche; diminuer les frais, la vitesse.* ‖ Réduire le nombre de mailles d'un rang de tricot. ● Déprécier, rabaisser : *diminuer le mérite de qqn.* ● *Diminuer un employé*, réduire son salaire. ◆ v. i. Devenir moins grand, moins étendu, moins intense, moins coûteux : *les jours diminuent; la pluie a diminué; les légumes ont diminué.*

DIMINUTIF, IVE adj. et n. m. *Ling.* Qui diminue ou atténue le sens d'un mot; qui comporte une nuance de petitesse, d'atténuation et de familiarité : *« fillette », « menotte » sont les diminutifs de « fille », de « main ».*

DIMINUTION n. f. Action de diminuer en dimension, en quantité, en intensité, en valeur; rabais, réduction. ‖ Opération qui consiste à tricoter deux mailles ensemble ou à prendre une maille sur l'aiguille sans la tricoter et à la rejeter sur la maille suivante.

DIMORPHE adj. (gr. *morphê*, forme). Qui peut revêtir deux formes différentes. ‖ Qui peut cristalliser sous deux formes différentes.

DIMORPHISME n. m. Propriété des corps dimorphes. ● *Dimorphisme sexuel* (Biol.), ensemble des caractères non indispensables à la reproduction et qui permettent de distinguer les deux sexes d'une espèce.

DINANDERIE n. f. (de *Dinant*). Objet en laiton coulé. ‖ Fabrication d'objets en laiton coulé.

DINANDIER n. m. Fabricant de dinanderie.

DINAR ou **DÎNÂR** n. m. (lat. *denarius*). Unité monétaire principale de l'Algérie, de l'Iraq, de la Jordanie, du Koweït, de la Libye, de la Tunisie, du Yémen et de la Yougoslavie.

DÎNATOIRE adj. *Goûter dînatoire*, qui tient lieu de dîner.

DINDE n. f. (de *poule d'Inde*). Femelle du dindon. ‖ Femme ou fille stupide.

DINDON n. m. (de *dinde*). Oiseau gallinacé ▷ originaire de l'Amérique du Nord, introduit et domestiqué en Europe depuis le XVIᵉ s. (Le terme *dindon* désigne plus spécialement le mâle, qui peut peser jusqu'à 19 kg; il porte sur la tête des verrues et des caroncules colorées et peut dresser les plumes de sa queue.) ● Homme stupide et vaniteux. ● *Être le dindon de la farce*, être la victime, la dupe.

DINDONNEAU n. m. Petit dindon.

DÎNER v. i. (lat. pop. *disjejunare*, rompre le jeûne). Prendre le repas du soir.

DÎNER n. m. Repas du soir. ‖ En Suisse, en Belgique et au Canada, repas de midi.

DÎNETTE n. f. Petit dîner que les enfants font ensemble ou avec leur poupée. ‖ Petit service de table servant de jouet aux enfants. ‖ *Fam.* Repas léger.

DÎNEUR, EUSE n. Personne qui prend part à un dîner.

DINGHY [dingi] n. m. (mot angl.; de l'hindoustānī). Canot pneumatique de sauvetage.

DINGO [dε̃go] n. m. Chien sauvage d'Australie.

DINGO n. et adj. *Pop.* Fou.

DINGUE adj. et n. *Pop.* Fou. ◆ adj. *Pop.* Se dit d'une chose bizarre, absurde, dépourvue de sens : *il m'est arrivé une histoire dingue.*

DINGUER v. i. *Envoyer dinguer* (Pop.), éconduire brutalement.

DINITROTOLUÈNE n. m. Dérivé deux fois nitré du toluène entrant dans la composition d'explosifs.

DINORNIS [dinɔrnis] n. m. (gr. *deinos*, terrible). Oiseau de l'ordre des coureurs, qui a vécu en Nouvelle-Zélande à la fin de l'ère tertiaire et dont la taille atteignait 3,50 m.

DINOSAURIEN [dinɔsorjε̃] ou **DINOSAURE** [dinɔzɔr] n. m. (gr. *deinos*, terrible, et *saura*, lézard). Reptile de l'ère secondaire. (Le groupe des *dinosauriens* comprenait le *brontosaure*, le *diplodocus* et d'autres formes parfois géantes.)

DINOTHERIUM [dinɔterjɔm] n. m. (gr. *deinos*, terrible, et *thêrion*, bête sauvage). Genre de proboscidiens fossiles, ayant vécu au miocène en Europe. (De la taille des éléphants, ils possédaient deux défenses recourbées vers le sol à la mâchoire inférieure.)

DIOCÉSAIN, E adj. et n. Qui est du diocèse.

DIOCÈSE n. m. Territoire placé sous la juridiction d'un évêque. ‖ *Hist.* Circonscription administrative de l'Empire romain, créée par Dioclétien, qui groupait plusieurs provinces et qui était placée sous l'autorité d'un vicaire.

DIODE n. f. (gr. *hodos*, route). *Électr.* Composant électronique utilisé comme redresseur de courant (tube à deux électrodes, jonction de deux semi-conducteurs). ● *Diode électroluminescente*, diode qui émet des radiations lumineuses lorsqu'elle est parcourue par un courant électrique. (Les diodes électroluminescentes sont utilisées concurremment avec les cristaux liquides pour l'affichage électronique de l'heure ou de données diverses.)

DIOÏQUE adj. (gr. *oikos*, maison). *Bot.* Se dit des plantes qui ont les fleurs mâles et les fleurs femelles sur des pieds séparés. (Ex. : *chanvre, houblon, dattier.*)

DIOLÉFINE n. f. Syn. de DIÈNE.

DIONÉE n. f. (de *Dioné*, mère d'Aphrodite). Petite plante de l'Amérique du Nord, dont les feuilles emprisonnent brusquement et digèrent les insectes qui s'y posent. (Famille des droséracées; nom usuel : *attrape-mouches*.)

DIONYSIAQUE adj. Relatif à Dionysos.

DIONYSIEN, ENNE adj. et n. De la ville de Saint-Denis.

DIONYSIES n. f. pl. Fêtes en l'honneur de Dionysos, dans la Grèce ancienne.

dindon

diplodocus

tyrannosaure (carnivore)

brontosaure

tricératops

stégosaure

DINOSAURES

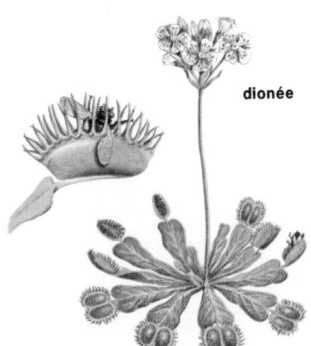

dionée

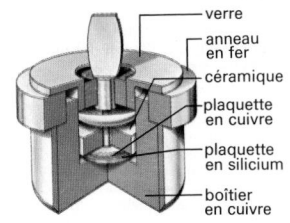

COUPE D'UNE DIODE EN VERRE COULÉ

verre
anneau en fer
céramique
plaquette en cuivre
plaquette en silicium
boîtier en cuivre

DIOPTRE n. m. (gr. *dioptron*; de *dia*, à travers, et *optesthai*, voir). Surface optique séparant deux milieux transparents inégalement réfringents.

DIOPTRIE n. f. Unité de mesure de vergence des systèmes optiques (symb. : δ), équivalant à la vergence d'un système optique dont la distance focale est 1 mètre dans un milieu dont l'indice de réfraction est 1.

DIOPTRIQUE n. f. (gr. *dioptrikê*, art de mesurer les distances). Partie de la physique qui s'occupe de la réfraction de la lumière. ◆ adj. Relatif à la dioptrique : *instrument dioptrique.*

DIORAMA n. m. (sur *panorama*, avec gr. *dia*, à travers). Tableau panoramique sur toile, sans bords visibles, présenté dans une salle obscure afin de donner l'illusion, grâce à des jeux de lumière, du réel en mouvement. (Le premier diorama fut installé à Paris en 1822 par Daguerre et Bouton.)

DIORITE n. f. (gr. *diorizein*, distinguer). Roche plutonique constituée essentiellement de plagioclase, d'amphibole et de mica.

DIOSCORÉACÉE n. f. Plante monocotylédone, comme le *tamier* et l'*igname*. (Les *dioscoréacées* forment une famille.)

DIOXYDE n. m. Oxyde contenant deux atomes d'oxygène.

DIPHASÉ, E adj. *Électr.* Se dit du courant qui présente deux phases.

DIPHÉNOL n. m. Corps possédant deux fois la fonction phénol.

DIPHTÉRIE n. f. (gr. *diphtera*, membrane). Maladie contagieuse provoquée par le bacille de Klebs-Löffler.
■ Le bacille diphtérique se développe dans la gorge, où il provoque la formation de fausses membranes adhérentes et envahissantes. Leur extension au larynx provoque le *croup*. Par ailleurs, le bacille déverse dans le sang une toxine paralysante et nocive pour de nombreux organes. La vaccination en a rendu les cas rarissimes.

DIPHTÉRIQUE adj. et n. Relatif à la diphtérie; atteint de la diphtérie.

DIPHTONGAISON n. f. *Phon.* Fusion en un seul élément vocalique (ou diphtongue) de deux voyelles qui se suivent.

DIPHTONGUE [diftɔ̃g] n. f. (gr. *diphtongos*, de *phtongos*, son). *Phon.* Voyelle unique qui change de timbre au cours de son émission (p. ex. l'angl. *make*). ● *Fausse diphtongue*, en français, groupe de deux lettres notant un phonème *(ai)* ou une semi-consonne suivie d'une voyelle *(oi)*.

DIPHTONGUER v. t. *Phon.* Convertir en diphtongue une voyelle en modifiant son timbre.

DIPLOBLASTIQUE adj. Se dit d'un animal qui n'a que deux feuillets embryonnaires au lieu de trois, tel que les méduses.

DIPLOCOQUE n. m. Bactérie dont les éléments, sphériques, sont groupés par deux (pneumocoque, méningocoque, etc.).

DIPLODOCUS [diplɔdɔkys] n. m. (gr. *diplous*, double, et *dokos*, poutre). Reptile dinosaurien, long de 25 m, qui a vécu en Amérique au crétacé et dont le cou et la queue étaient très allongés.

DIPLOÏDE [diplɔid] adj. *Biol.* Se dit d'un noyau cellulaire possédant un nombre pair de chromosomes, double de celui des gamètes.

DIPLOMATE n. m. (de *diplôme*). Celui qui est chargé d'une fonction diplomatique. ‖ Pudding à base de biscuits et de crème anglaise, garni de fruits confits. ◆ adj. et n. Qui agit habilement, adroitement pour obtenir un résultat.

DIPLOMATIE [diplɔmasi] n. f. Science des rapports internationaux. ‖ Carrière diplomatique : *entrer dans la diplomatie.* ‖ Habileté, tact dans les relations avec autrui : *user de diplomatie.*

DIPLOMATIQUE adj. Relatif à la diplomatie. ‖ Adroit, habile. ● *Maladie diplomatique* (Fam.), prétexte allégué pour se soustraire à une obligation professionnelle ou sociale.

DIPLOMATIQUE n. f. Science qui étudie les règles de forme présidant à l'établissement des écrits constatant soit des actes juridiques (chartes, titres), soit des faits juridiques (correspondance, rapports...).

DIPLOMATIQUEMENT adv. De façon diplomatique.

DIPLÔME n. m. (gr. *diplôma,* objet plié en deux). Titre délivré par une école, une université, etc., pour constater la dignité, le degré conféré au récipiendaire. ‖ *Hist.* Acte solennel des souverains ou de grands feudataires, authentifié par un sceau.

DIPLÔMÉ, E adj. et n. Pourvu d'un diplôme.

DIPLOPIE n. f. (gr. *diplous,* double, et *ôps, ôpos,* œil). Trouble de la vue, qui fait voir double les objets.

DIPNEUSTE [dipnøst] n. m. (gr. *pneuein,* respirer). Poisson des mares temporaires pouvant respirer par des branchies ou par des poumons selon le milieu où il se trouve. (Les *dipneustes* forment une petite sous-classe de poissons osseux.)

DIPOLAIRE adj. *Phys.* Qui possède deux pôles.

DIPÔLE n. m. *Phys.* Ensemble de deux pôles magnétiques ou de deux charges électriques de signes opposés infiniment voisins.

DIPSACÉE [dipsakase] ou **DIPSACÉE** [dipsase] n. f. Plante voisine des composées, comme la *cardère* et la *scabieuse.* (Les *dipsacacées* forment une petite famille.)

DIPSOMANIE n. f. (gr. *dipsos,* soif). Besoin irrésistible et intermittent de boire des boissons alcoolisées.

DIPTÈRE adj. et n. (gr. *pteron,* aile). Qui a deux ailes. ‖ *Archit.* Se dit d'un temple antique rectangulaire, à péristyle, et double colonnade sur les côtés.

DIPTÈRE n. m. Insecte possédant une seule paire d'ailes membraneuses sur le deuxième anneau du thorax, une paire de balanciers (servant à l'équilibrage pendant le vol) sur le troisième anneau du thorax, et des pièces buccales piqueuses ou suceuses. (Les *diptères* — mouches et moustiques — constituent un ordre, qui compte plus de 200 000 espèces.)

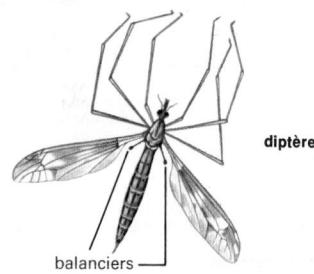

diptère

balanciers

DIPTYQUE n. m. (gr. *diptukhos,* plié en deux). Chez les Anciens, registre public formé de deux tablettes reliées par une charnière. ‖ Œuvre d'art composée de deux panneaux, fixes ou mobiles. ‖ Œuvre composée de deux parties qui s'opposent ou se mettent en valeur.

DIRE v. t. (lat. *dicere*) [conj. 68]. Exprimer au moyen de la parole ou par l'écrit; avancer, affirmer, raconter : *n'avoir rien à dire.* ‖ Ordonner, inviter, conseiller (de faire) : *je vous dis de partir.* ‖ Indiquer par des marques extérieures, signifier, révéler : *pendule qui dit l'heure exacte; son silence en dit long.* ● *Aller sans dire,* être tout naturel. ‖ *Ce n'est pas à dire que,*

introduit une réserve, une objection à ce qui vient d'être dit. ‖ *Ça ne me dit rien* (Fam.), je n'en ai pas envie; cela n'évoque rien pour moi. ‖ *Comme qui dirait* (Pop.), en quelque sorte. ‖ *Si le cœur vous en dit,* si vous en avez envie. ‖ *Soit dit en passant,* pour ne pas s'appesantir sur ce point. ‖ *Dire* n. m. Ce qu'une personne dit, déclare : *au dire de chacun.* ‖ *Dr.* Mémoire remis à un expert juridique.

DIRECT, E adj. (lat. *directus*). Droit au but, sans détour : *voie directe.* ‖ Sans intermédiaire, en relation immédiate avec qqch : *conséquences directes.* ‖ Se dit d'un train qui, entre deux grandes gares, ne s'arrête à aucune station intermédiaire. ‖ Qui a lieu de père en fils : *succession en ligne directe.* ‖ Se dit du sens d'un mouvement circulaire opposé au mouvement des aiguilles d'une montre. ● *Complément d'objet direct,* complément d'objet introduit directement sans l'intermédiaire d'une préposition. (Ex. : *aimez vos* PARENTS; *il* SE *lave; je veux* PARTIR.) ‖ *Tir direct,* tir dans lequel l'objectif est vu de l'emplacement de l'arme.

DIRECT n. m. En boxe, coup porté en étendant brusquement le bras. ‖ Train direct. ‖ Émission de radiodiffusion ou de télévision transmise sans enregistrement ni film préalable.

DIRECTEMENT adv. De façon directe.

DIRECTEUR, TRICE n. Personne qui dirige, est à la tête d'une entreprise, d'un service, etc. : *directeur d'école; d'usine.* ‖ Fonctionnaire d'une administration occupant le poste le plus élevé dans la hiérarchie. ‖ *Hist.* Chacun des cinq membres du Directoire, en France, de 1795 à 1799. (Prend une majuscule en ce sens.) ● *Directeur de conscience,* ecclésiastique choisi par une personne pour diriger sa vie spirituelle. ◆ adj. Qui dirige : *comité directeur; roue directrice.*

DIRECTIF, IVE adj. Se dit de ce qui règle, de celui qui dirige : *pédagogie directive.* ‖ Syn. de DIRECTIONNEL, ELLE.

DIRECTION n. f. (lat. *directio*). Action de diriger, conduite, administration : *avoir la direction d'une équipe; prendre la direction d'une affaire.* ‖ Personnel dirigeant d'une entreprise; bureau du directeur; ses services. ‖ Orientation vers un point déterminé : *direction de l'aiguille aimantée.* ‖ Ligne de mouvement d'un corps. ‖ Ensemble des mécanismes qui permettent de diriger un véhicule. ‖ Subdivision d'un ministère : *la direction du Trésor.* ‖ *Math.* Caractère commun à toutes les droites parallèles entre elles.

DIRECTIONNEL, ELLE adj. Qui émet ou reçoit dans une seule direction : *antenne directionnelle.*

DIRECTIVE n. f. (lat. *directus,* dirigé). Ensemble des indications générales, ligne de conduite à suivre, etc., qu'une autorité politique, militaire, religieuse donne à ses subordonnés. (S'emploie le plus souvent au pl.)

DIRECTIVISME n. m. *Péjor.* Caractère autoritaire.

DIRECTIVITÉ n. f. Caractère de ce ou de celui qui est directif. ‖ Caractère d'un émetteur ou d'un récepteur directif.

DIRECTOIRE n. m. Organe collégial ayant des fonctions gouvernementales. ‖ Organisme collégial chargé de diriger certaines sociétés commerciales ou industrielles. ● *Style Directoire,* caractéristique de l'époque du Directoire.

DIRECTORAT n. m. Fonction de directeur.

DIRECTORIAL, E, AUX adj. Relatif à une direction, à un directeur, au Directoire.

DIRECTRICE n. f. Dans une turbine, chacune des aubes qui ont pour fonction de diriger le fluide moteur vers les aubes «réceptrices» d'une roue mobile. ‖ *Math.* Courbe sur laquelle s'appuie constamment une courbe mobile, ou *génératrice,* engendrant une surface. ‖ Droite servant, avec le foyer, à définir les coniques.

DIRHAM [diram] n. m. Unité monétaire principale des Émirats arabes unis et du Maroc.

DIRIGEABLE adj. et n. m. *Ballon dirigeable,* ou *dirigeable,* aéronef plus léger que l'air, muni d'hélices propulsives et d'un système de direction. ▷

DIRIGEANT, E adj. et n. Qui dirige.

DIRIGER v. t. (lat. *dirigere*) [conj. 1]. Conduire, mener dans une certaine direction : *diriger une barque, un débat.* ‖ Commander, exercer une autorité sur qqn, qqch, régler : *diriger une entreprise, un orchestre.* ‖ Donner telle ou telle orientation : *diriger ses regards vers la côte.*

DIRIGISME n. m. Système dans lequel le gouvernement exerce un pouvoir d'orientation ou de décision en matière économique.

DIRIGISTE n. et adj. Partisan du dirigisme.

DIRIMANT, E adj. (lat. *dirimere,* annuler). *Dr.* Qui annule ou fait obstacle.

DISACCHARIDE n. m. *Chim.* Syn. anc. de DIHOLOSIDE.

DISAMARE n. f. *Bot.* Fruit résultant du groupement de deux samares, comme chez l'érable.

DISCAL, E, AUX adj. *Méd.* Relatif à un disque.

DISCALE n. f. → DISCOMYCÈTE.

DISCARTHROSE [diskartroz] n. f. Arthrose atteignant les disques intervertébraux.

DISCERNABLE adj. Qui peut être discerné.

DISCERNEMENT n. m. Faculté de juger sainement : *agir sans discernement.* ‖ *Litt.* Opération de l'esprit qui distingue les choses.

DISCERNER v. t. (lat. *discernere,* séparer). Reconnaître distinctement en faisant un effort de la vue ou du jugement; apercevoir, distinguer : *discerner un bruit lointain, les intentions de qqn.*

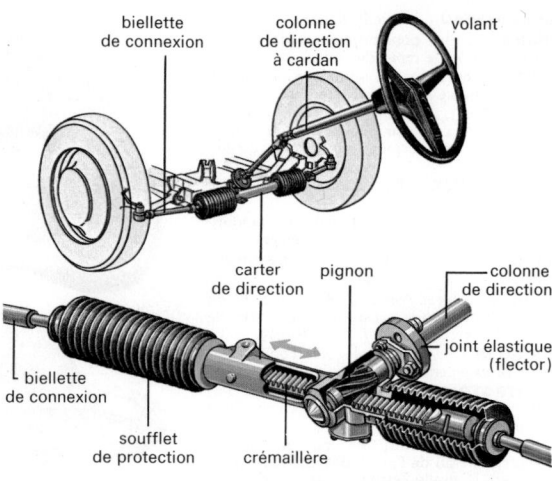

ÉLÉMENTS CONSTITUTIFS D'UNE DIRECTION AUTOMOBILE

biellette de connexion — colonne de direction à cardan — volant

carter de direction — pignon — colonne de direction

biellette de connexion — joint élastique (flector)

soufflet de protection — crémaillère

DISCIPLE n. m. (lat. *discipulus*, élève). Personne qui se met sous le patronage de qqn, qui suit la doctrine d'un maître.

DISCIPLINABLE adj. Qui peut être discipliné.

DISCIPLINAIRE adj. Relatif à la discipline.

DISCIPLINAIREMENT adv. Selon les règles de la discipline.

DISCIPLINE n. f. (lat. *disciplina*). Matière d'enseignement, objet d'étude, science : *exceller dans une discipline.* || Soumission à une règle : *maintenir la discipline.* || Ensemble des règlements qui régissent certains corps, certaines assemblées, comme l'Église, les armées, la magistrature, les écoles. || Sorte de fouet, instrument de pénitence (vx).

DISCIPLINÉ, E adj. Qui se soumet à une discipline.

DISCIPLINER v. t. Former à la discipline, plier à une règle, maîtriser : *discipliner une classe.*

DISC-JOKEY n. m. (mot angl.). Personne qui choisit et qui passe de la musique enregistrée à la radio, dans une discothèque, etc.

DISCO adj. et n. m. Se dit d'un style de musique de variétés, violemment rythmé.

DISCOBOLE n. m. (gr. *diskobolos*). Chez les Grecs, athlète qui lançait le disque.

DISCOGRAPHIE n. f. Ensemble des disques parus sur un sujet, un certain domaine.

DISCOGRAPHIQUE adj. De discographie.

DISCOÏDE [diskɔid] adj. En forme de disque.

DISCOMYCÈTE [diskɔmisɛt] n. m., ou **DISCALE** n. f. Champignon ascomycète dont le périthèce, en forme de coupe, porte les asques sur sa face supérieure, comme la *morille* ou la *pezize.* (Les *discales* forment un ordre.)

DISCONTINU, E adj. (lat. *discontinuus*). Qui présente des interruptions : *effort discontinu.* || Composé d'éléments séparés : *Épicure conçoit le monde comme discontinu et formé d'atomes.*

DISCONTINUATION n. f. Dr. Cessation, interruption, suspension.

DISCONTINUER v. i. (lat. *discontinuare*). *Sans discontinuer*, sans cesser un moment.

DISCONTINUITÉ n. f. Absence de continuité.

DISCONVENIR v. t. ind. [**de**] (lat. *disconve-*

ou d'érosion entre les deux phases de sédimentation.) || *Psychiatr.* Syn. de DISSOCIATION.

DISCORDANT, E adj. Qui manque de justesse, d'harmonie, d'ensemble, d'ordre : *diagnostics discordants; sons musicaux discordants.* || *Géol.* Se dit d'un terrain reposant en discordance sur les couches sous-jacentes.

DISCORDE n. f. (lat. *discordia*). *Litt.* Dissension, division entre deux ou plusieurs personnes : *semer la discorde.* ● *Pomme de discorde,* ce qui est un sujet de dispute.

DISCOTHÈQUE n. f. (gr. *thêkê*, coffre). Collection de disques. || Meuble destiné à les contenir. || Établissement dans lequel on peut écouter des disques et danser. || Organisme de prêt de disques.

DISCOUNT [diskaunt] n. m. (mot angl.). Remise faite par certains commerçants. || Formule de vente pratiquée généralement dans les grandes surfaces et caractérisée par des prix de détail sensiblement moins élevés que dans les secteurs commerciaux traditionnels.

DISCOUNTER [diskauntər] n. m. Commerçant qui pratique le discount.

DISCOUREUR, EUSE n. Personne qui aime faire de longs discours.

DISCOURIR v. i. (lat. *discurrere*, courir çà et là) [conj. **21**]. Parler sur un sujet en le développant longuement; pérorer.

DISCOURS n. m. (lat. *discursus*). Paroles échangées, conversation : *discours superflu.* || Développement oratoire : *discours d'un avocat.* || *Ling.* Énoncé supérieur à la phrase, considéré du point de vue de son emploi. || *Philos.* Ensemble des énoncés se référant à un même objet, à une époque donnée. ● *Discours direct,* paroles rapportées directement à la première personne. || *Discours indirect,* paroles de qqn rapportées par l'intermédiaire d'un verbe d'énonciation (ex. : *il disait que...*). || *Parties du discours,* catégories grammaticales (article, adjectif, etc.).

DISCOURTOIS, E adj. Qui n'est pas courtois.

DISCOURTOISEMENT adv. De façon discourtoise.

DISCOURTOISIE n. f. Manque de courtoisie.

structure métallique en éventail — intérieur rempli d'hélium (gaz ininflammable) — suspension caténaire intérieure — feux de navigation — longueur : 58,70 m — largeur : 15,00 m — hauteur : 18,00 m — volume de l'enveloppe : 5 740 m³ — empennage (gouvernail de direction et gouvernail de profondeur) — enveloppe extérieure souple — soupape de purge des ballasts — ballast d'air avant — cabine — moteur — prise d'air des ballasts — ballast d'air arrière

D'après doc. Goodyear

DIRIGEABLE EUROPA N2A

nire) [conj. **16**]. *Ne pas disconvenir de qqch* (Litt.), ne pas le contester.

DISCOPATHIE n. f. *Méd.* Affection des disques intervertébraux.

DISCOPHILE n. Collectionneur de disques.

DISCORDANCE n. f. Caractère de ce qui est discordant. || *Géol.* Disposition d'une série de couches reposant sur des couches plus anciennes qui ne leur sont pas parallèles. (La discordance indique une phase de plissement

DISCRÉDIT n. m. Diminution, perte d'influence, de considération. ● *Jeter le discrédit sur qqn, qqch,* lui nuire auprès de ceux qui le connaissent, dans l'opinion publique.

DISCRÉDITER v. t. Faire baisser dans l'estime des gens; dénigrer : *discréditer un artiste.* ◆ **se discréditer**. v. pr. Se comporter de manière à perdre l'estime des gens.

DISCRET, ÈTE adj. (lat. *discretus*, capable de discerner). Réservé dans ses paroles et ses actions : *soyez sincère, mais discret.* || Qui

n'attire pas trop l'attention, sobre : *une toilette discrète.* || Qui sait garder un secret : *ami discret.* || *Math.* Se dit d'une grandeur formée d'unités distinctes (par oppos. aux grandeurs continues [longueur, temps]) ou d'une variation (d'un phénomène, d'un processus...) par quantités entières.

DISCRÈTEMENT adv. Avec discrétion.

DISCRÉTION n. f. (lat. *discretio*, discernement). Retenue judicieuse dans les paroles, dans les actions, réserve dans la toilette. || Aptitude à garder les secrets, le silence : *compter sur la discrétion de qqn.* ● *À discrétion,* à volonté : *pain servi à discrétion.* || *À la discrétion de qqn,* à sa merci, en son pouvoir.

DISCRÉTIONNAIRE adj. *Pouvoir discrétionnaire* (Dr.), faculté laissée à l'Administration de prendre l'initiative de certaines mesures.

DISCRIMINANT, E adj. (lat. *discrimen, -inis,* séparation). Qui établit une séparation entre deux termes.

DISCRIMINANT n. m. *Math.* Expression formée avec les coefficients d'une équation du second degré et qui sert à déterminer l'existence et la nature des racines réelles.

DISCRIMINATION n. f. Action d'établir une différence, d'exclure par une ségrégation : *discrimination raciale.* || *Litt.* Action de discerner, de distinguer; distinction : *faire la discrimination entre le vrai et le faux.*

DISCRIMINATOIRE adj. Qui tend à distinguer, à son détriment, un groupe humain des autres.

DISCRIMINER v. t. (lat. *discriminare*). Distinguer, séparer.

DISCULPER [diskylpe] v. t. (lat. *culpa,* faute). Reconnaître qu'un accusé n'est pas coupable; innocenter. ◆ **se disculper** v. pr. Se justifier.

DISCURSIF, IVE adj. (lat. *discursivus,* de *discursus,* discours). Qui concerne le discours. || Qui repose sur le raisonnement : *la pensée discursive s'oppose à la pensée intuitive.*

DISCUSSION n. f. (lat. *discussio,* secousse). Examen, débat contradictoire : *discussion d'un projet de loi.* || Échange de propos vifs, différend : *j'ai eu une discussion avec mon père.* || Conversation : *dans la discussion on en est venu à parler de toi.*

DISCUTABLE adj. Qui peut être discuté; qui offre matière à discussion, douteux.

DISCUTAILLER v. i. *Fam.* Discuter sur des riens.

DISCUTAILLEUR, EUSE adj. et n. *Fam.* Personne qui discutaille.

DISCUTÉ, E adj. Critiqué, mis en cause.

DISCUTER v. t. (lat. *discutere,* secouer). Examiner avec soin une question, en débattre le pour et le contre : *discuter un problème.* || Mettre en question, contester, protester contre qqch : *discuter les ordres.* ◆ v. t. ind. [**de**]. Échanger des idées, des arguments sur un sujet : *discuter de politique* (ou, par ellipse, *discuter politique*).

DISERT, E [dizɛr, ɛrt] adj. (lat. *disertus*). *Litt.* Qui parle aisément et avec élégance.

DISERTEMENT adv. *Litt.* De façon diserte.

DISETTE n. f. Manque des choses nécessaires, et spécialement de vivres.

DISEUR, EUSE n. Personne qui dit habituellement des choses d'un genre particulier : *diseuse de bonne aventure.* || *Litt.* Personne qui déclame : *fin diseur.*

DISGRÂCE n. f. (it. *disgrazia*). État d'une personne qui a perdu la faveur dont elle jouissait : *tomber en disgrâce.* || *Litt.* Infortune, malheur.

DISGRACIÉ, E adj. et n. Peu favorisé physiquement.

DISGRACIER v. t. Retirer à qqn la faveur dont il jouissait.

DISGRACIEUX, EUSE adj. Qui manque de grâce, d'agrément; désagréable.

DISJOINDRE v. t. (lat. *disjungere*) [conj. **55**]. Séparer des choses jointes; désunir. ● *Disjoindre deux causes* (Dr.), les soumettre chacune à une procédure spéciale.

DISJOINT, E adj. *Math.* Se dit de deux

ensembles qui n'ont aucun élément commun. ● *Intervalle disjoint* (Mus.), intervalle formé de deux notes ne se suivant pas dans la gamme : de *do* à *fa*. (S'oppose à *intervalle conjoint,* celui qui sépare deux notes se suivant dans la gamme : *do* à *ré*.)

DISJONCTEUR n. m. *Électr.* Interrupteur automatique de courant, fonctionnant lors d'une variation anormale de l'intensité ou de la tension.

DISJONCTIF, IVE adj. et n. m. *Ling.* Se dit d'une particule qui marque une distinction entre deux termes qu'elle coordonne : « *ou* », « *soit* » sont des disjonctifs.

DISJONCTION n. f. (lat. *disjunctio*). Action de disjoindre. ‖ *Dr.* Séparation de deux causes. ‖ Retrait, par une assemblée délibérante, d'une partie d'un texte en vue de la réexaminer. ‖ *Log.* Liaison, notée V, de deux propositions par *ou*. (Syn. SOMME LOGIQUE.)

DISLOCATION n. f. Écartement de choses contiguës ou emboîtées : *la dislocation des pierres d'un mur.* ‖ Séparation, démembrement : *la dislocation d'un cortège, d'un État.* ‖ *Phys.* Défaut d'un cristal caractérisé par l'absence d'atomes le long d'une ligne du réseau.

DISLOQUER v. t. (lat. *dislocare,* déplacer). Démettre, déboîter : *disloquer un membre.* ‖ Séparer les éléments qui le forment : *disloquer un cortège, un raisonnement.*

DISPARAÎTRE v. i. (conj. 58, mais avec l'auxil. *avoir* ou [litt.] *être*). Cesser de paraître, d'être visible : *le soleil disparaît à l'horizon.* ‖ S'esquiver, partir plus ou moins fortuitement : *il a disparu de chez lui.* ‖ Être soustrait, égaré, volé : *mes gants ont disparu.* ‖ Ne plus exister, mourir : *elle a disparu dans la fleur de l'âge.* ● *Faire disparaître,* détruire.

DISPARATE adj. (lat. *disparatus,* inégal). Qui manque d'harmonie, d'unité : *un mobilier disparate; une assemblée disparate.*

DISPARATE n. f. *Litt.* Manque de rapport, de conformité, d'unité.

DISPARATION n. f. *Disparation rétinienne* (Physiol.), différence existant entre les images rétiniennes d'un même objet.

DISPARITÉ n. f. Manque d'égalité; différence marquée : *disparité des salaires.*

DISPARITION n. f. Action de disparaître; absence, mort.

DISPARU, E adj. et n. Se dit d'une personne et notamment d'un militaire qui est mort ou dont on ignore le sort.

DISPATCHER [dispatʃœr] n. m. Personne qui s'occupe d'un dispatching. (L'Administration préconise RÉGULATEUR ou RÉPARTITEUR.)

DISPATCHING [dispatʃiŋ] n. m. (angl. *to dispatch,* expédier). Centre de commande assurant la régulation du trafic des trains, des avions, la répartition de l'énergie électrique dans les secteurs d'utilisation, etc. (L'Administration préconise DISTRIBUTION.)

DISPENDIEUX, EUSE adj. (lat. *dispendium,* dépense). Qui occasionne beaucoup de dépenses.

DISPENSABLE adj. *Dr.* Pour lequel on peut accorder une dispense.

DISPENSAIRE n. m. Établissement de soins médicaux ou de petite chirurgie, où les malades ne sont pas hospitalisés.

DISPENSATEUR, TRICE n. Personne qui distribue qqch.

DISPENSE n. f. Exemption pour un cas particulier de la règle ordinaire.

DISPENSER v. t. (lat. *dispensare*). Distribuer, accorder largement : *dispenser ses soins aux blessés.* ‖ Exempter d'une obligation, autoriser à ne pas faire : *dispenser d'un travail difficile; je vous dispense de m'accompagner.* ◆ **se dispenser** v. pr. Ne pas se soumettre à une obligation.

DISPERSANT, E adj. et n. m. Produit dissolvant les hydrocarbures répandus sur l'eau.

DISPERSÉ, E adj. Se dit d'un système physique dans lequel un solide ou un liquide est dans un état de division très fine.

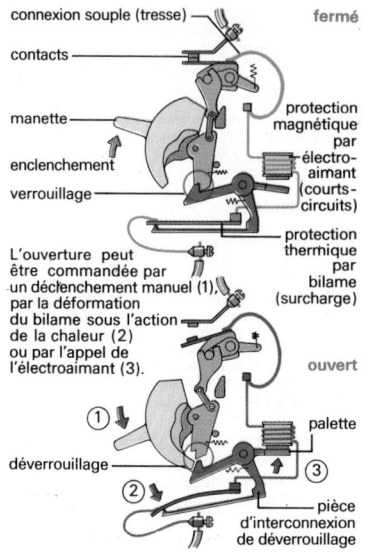

L'ouverture peut être commandée par un déclenchement manuel (1), par la déformation du bilame sous l'action de la chaleur (2) ou par l'appel de l'électroaimant (3).

connexion souple (tresse)
fermé
contacts
manette
protection magnétique par électro-aimant (courts-circuits)
enclenchement
verrouillage
protection thermique par bilame (surcharge)
ouvert
① ↓
palette
déverrouillage
② ← ↑ ③
pièce d'interconnexion de déverrouillage

**FONCTIONNEMENT
D'UN DISJONCTEUR ÉLECTRIQUE**

DISPERSEMENT n. m. Action de disperser, de se disperser.

DISPERSER v. t. (lat. *dispergere,* répandre). Répandre, jeter çà et là, éparpiller, répartir, envoyer de tous côtés : *disperser des papiers; disperser des troupes; disperser un attroupement.* ‖ Faire porter de divers côtés : *disperser ses efforts.* ● *Disperser une collection,* la vendre. ‖ *En ordre dispersé,* de façon désordonnée. ◆ **se disperser** v. pr. S'en aller de tous les côtés : *la foule se dispersa.* ‖ S'occuper à des travaux trop différents.

DISPERSIF, IVE adj. Qui provoque la dispersion de la lumière.

DISPERSION n. f. Action de se disperser ou de disperser. ‖ Phénomène balistique d'où il résulte que les points d'impact des différents coups tirés par une même arme dans des conditions identiques ne sont pas confondus mais dispersés. ‖ *Chim.* Solide, liquide ou gaz contenant un autre corps uniformément réparti dans sa masse. ‖ *Phys.* Décomposition d'un rayonnement complexe en ses différentes radiations. ‖ *Stat.* Étalement des valeurs de la distribution statistique d'une variable autour d'une valeur centrale.

DISPONIBILITÉ n. f. État de ce qui est disponible. ‖ Position spéciale des fonctionnaires et des officiers qui, momentanément, n'exercent pas leurs fonctions. ‖ Fraction des cinq premières années des obligations militaires restant à couvrir à l'issue du service actif. ◆ pl. Fonds dont on peut disposer.

DISPONIBLE adj. Dont on peut disposer, qu'on peut utiliser : *logement disponible.* ‖ Se dit de qqn libre de toute occupation et pouvant s'adonner à une tâche. ● *Quotité disponible* (Dr.), portion de biens dont on peut disposer par donation ou par testament.

DISPONIBLE n. Fonctionnaire en disponibilité ou jeune homme appartenant aux classes de la disponibilité.

DISPOS, E adj. (it. *disposto*). Qui est en bonne santé, qui éprouve un bien-être physique.

DISPOSANT, E n. *Dr.* Personne qui fait une donation entre vifs ou par testament.

DISPOSER v. t. (lat. *disponere*). Arranger, mettre dans un certain ordre : *disposer des fleurs dans un vase.* ‖ Préparer qqn à qqch, l'y engager, l'y pousser : *je ne suis pas disposé à vous écouter.* ◆ v. t. ind. [**de**]. Avoir l'usage, la possession de qqn, qqch : *disposer de ses amis,* de ses biens, d'une voiture. ● *Être bien disposé,* être de bonne humeur. ‖ *Vous pouvez disposer,* vous pouvez partir. ◆ **se disposer** v. pr. [à]. Se préparer : *se disposer à partir pour la campagne.*

DISPOSITIF n. m. Ensemble de pièces constituant un appareil, une machine; l'appareil lui-même : *dispositif d'alarme.* ‖ Ensemble de mesures constituant une organisation, un plan : *dispositif de contrôle.* ‖ *Dr.* Partie finale d'un jugement, dans laquelle s'exprime la décision du tribunal, justifiée par les *motifs,* qui la précèdent dans l'énoncé du jugement. ‖ *Mil.* Articulation des moyens d'une formation adoptée pour l'exécution d'une mission. ● *Dispositif scénique* (Chorégr. et Théâtr.), ensemble des éléments de décoration et de mise en scène.

DISPOSITION n. f. (lat. *dispositio*). Arrangement, distribution : *la disposition des mots dans la phrase.* ‖ État de la santé, du caractère : *être en bonne disposition.* ‖ Tendance : *disposition des prix à la hausse.* ‖ État d'esprit à l'égard de qqn : *ses dispositions à votre égard sont excellentes.* ‖ Pouvoir d'user à son gré : *avoir beaucoup de livres à sa disposition.* ‖ Point que règle un arrêt, une loi, un contrat : *dispositions testamentaires.* ● *À la disposition de,* à la discrétion, au pouvoir de. ‖ *Disposition à titre gratuit* (Dr.), transfert d'un bien par donation ou par testament. ◆ pl. Aptitude, penchant : *cet enfant a des dispositions pour le dessin.* ● *Prendre ses dispositions,* se préparer, s'organiser.

DISPROPORTION n. f. Défaut de proportion, de convenance; différence, disparité : *disproportion d'âge, de longueur.*

DISPROPORTIONNÉ, E adj. Qui manque de proportion; anormal.

DISPUTE n. f. Discussion vive, opposition violente.

DISPUTER v. t. Lutter pour obtenir un succès, une victoire : *disputer un prix, un match.* ‖ *Fam.* Réprimander : *disputer un enfant.* ● *Disputer qqch à qqn,* le lui refuser, le réclamer pour soi. ◆ **se disputer** v. pr. Se quereller.

DISQUAIRE n. Marchand de disques.

DISQUALIFICATION n. f. Action de disqualifier un cheval, un coureur, etc.

DISQUALIFIER v. t. (angl. *to disqualify*). Mettre hors de concours pour infraction au règlement : *disqualifier un coureur.* ‖ Frapper de discrédit. ◆ **se disqualifier** v. pr. Perdre tout crédit par sa conduite.

DISQUE [disk] n. m. (lat. *discus,* palet). Sorte de palet que lancent les athlètes (2 kg pour les hommes, 1 kg pour les femmes). ‖ Plaque circulaire pour l'enregistrement et la reproduction de sons, d'images (disque vidéo), de données informatiques (disque magnétique). ‖ *Astron.* Surface apparente d'un astre du système solaire. ‖ *Ch. de f.* Plaque mobile qui, par sa position ou par sa couleur, indique si une voie est libre ou non. ‖ *Cytol.* Chacun des éléments alternativement clairs et sombres constituant les fibrilles des muscles striés. ‖ *Math.* Ensemble des points d'un cercle et de sa région intérieure. (Le cercle est appelé *frontière du disque*.) ● *Disque intervertébral* (Anat.), cartilage élastique séparant deux vertèbres superposées.

DISQUETTE n. f. *Inform.* Support magnétique d'informations, de faible capacité, ayant l'aspect d'un disque de petit format et pouvant facilement s'insérer dans un lecteur associé à l'équipement informatique.

DISRUPTIF, IVE adj. Qui éclate. (Se dit de la décharge électrique avec étincelle.)

DISRUPTION n. f. Ouverture brusque d'un circuit électrique. ‖ Rupture partielle produite dans un matériau solide par application d'un champ électrique trop intense.

DISSECTION n. f. Action de disséquer.

DISSEMBLABLE adj. Qui n'est pas semblable.

DISSÉMINATION n. f. Action de disséminer; dispersion. ‖ Dispersion des graines au moment de leur maturité.

DISSÉMINER v. t. (lat. *disseminare;* de *semen,* semence). Répandre çà et là, éparpiller.

DISSENSION n. f. (lat. *dissensio*). Vive opposition de sentiments, d'intérêts, d'idées.

DISSENTIMENT n. m. (lat. *dissentire*, être en désaccord). Opposition de sentiments, d'opinions.

DISSÉQUER v. t. (lat. *dissecare*, couper en deux) [conj. 5]. Ouvrir un corps organisé pour en faire l'analyse : *disséquer un cadavre*. ‖ Analyser minutieusement : *disséquer un roman*.

DISSERTATION n. f. Exercice écrit portant sur une question historique, littéraire, etc., en usage dans les lycées et dans le supérieur.

DISSERTER v. i. (lat. *dissertare*). Faire un exposé oral ou écrit sur un sujet, en parler longuement.

DISSIDENCE n. f. Action ou état d'une personne qui cesse de se soumettre à une autorité établie, qui se sépare d'une société, d'une communauté religieuse, politique, etc. ‖ Groupe de dissidents.

DISSIDENT, E adj. et n. Qui est en dissidence.

DISSIMILATION n. f. *Phon.* Tendance de deux phonèmes identiques et voisins à se différencier.

DISSIMILITUDE n. f. Défaut de similitude, de ressemblance.

DISSIMULATEUR, TRICE n. et adj. Qui dissimule.

DISSIMULATION n. f. Action de dissimuler, de cacher; duplicité, hypocrisie.

DISSIMULÉ, E adj. Accoutumé à cacher ses sentiments; fourbe, hypocrite.

DISSIMULER v. t. (lat. *dissimulare*). Ne pas laisser paraître ses sentiments, ses intentions; cacher adroitement, soustraire aux regards : *dissimuler son envie de rire, son visage*. ◆ **se dissimuler** v. pr. Se cacher. ‖ Se faire des illusions au sujet de qqch.

DISSIPATEUR, TRICE n. Celui, celle qui dissipe son bien.

DISSIPATION n. f. Action de dissiper ou de se dissiper : *la dissipation du brouillard*. ‖ Inattention, indiscipline. ‖ *Litt.* État d'une personne qui vit dans la débauche.

DISSIPÉ, E adj. Qui n'est pas docile; turbulent.

DISSIPER v. t. (lat. *dissipare*). Faire disparaître, chasser : *le vent a dissipé la fumée; dissiper les soupçons*. ‖ *Litt.* Porter à l'indiscipline, à l'inattention. ‖ *Litt.* Dépenser inconsidérément : *dissiper sa fortune*. ◆ **se dissiper** v. pr. Disparaître. ‖ Être agité, turbulent.

DISSOCIABILITÉ n. f. Qualité de ce qui est dissociable.

DISSOCIABLE adj. Qui peut être dissocié.

DISSOCIATION n. f. Action de dissocier. ‖ *Chim.* Rupture d'un composé chimique en éléments susceptibles de se recombiner de la même façon ou autrement. ‖ *Psychiatr.* Rupture de l'unité psychique, considérée comme l'un des principaux symptômes de la schizophrénie. (Syn. DISCORDANCE.)

DISSOCIER v. t. (lat. *dissociare*). Séparer des éléments associés; disjoindre, distinguer.

DISSOLU, E adj. et n. (lat. *dissolutus*). *Litt.* Se dit de qqn dont la conduite est corrompue.

DISSOLUTION n. f. (lat. *dissolutio*). Action de dissoudre ou de se dissoudre : *prononcer la dissolution d'un parti; dissolution d'une assemblée*. ‖ *Dr.* Séparation légale. ‖ *Géomorphol.* Érosion chimique agissant par la mise en solution dans les eaux météoriques de certains éléments constituant les roches. ‖ *Phys.* Absorption d'un gaz ou d'un solide par un liquide qui en donne une solution. ‖ *Techn.* Solution visqueuse de caoutchouc, servant à réparer les chambres à air des pneumatiques.

DISSOLVANT, E adj. Qui a la propriété de dissoudre : *un produit dissolvant*. ‖ Amollissant : *un climat dissolvant*.

DISSOLVANT n. m. Produit servant à dissoudre un corps.

DISSONANCE n. f. (lat. *dissonantia*). Rencontre de sons désagréables à l'oreille. ‖ *Mus.* Rapport de sons qui ne donne pas l'impression d'un repos et qui, dans le langage traditionnel, réclame une résolution sur une consonance. ● *Dissonance cognitive* (Psychol.), absence

de cohérence des éléments de connaissance, entraînant, de la part de l'individu, un effort pour la réduire.

DISSONANT, E adj. Dont la perception révèle un déséquilibre sonore.

DISSONER v. i. (lat. *dissonare*). Former une harmonie désagréable à l'oreille.

DISSOUDRE v. t. (lat. *dissolvere*) [conj. 53]. Amener un corps solide ou gazeux à former un mélange homogène avec un liquide : *l'eau dissout le sel*. ‖ Supprimer légalement un parti, une association, annuler un mariage. ‖ Mettre fin aux fonctions d'une assemblée délibérante.

DISSUADER v. t. (lat. *dissuadere*). Détourner qqn d'une résolution.

DISSUASIF, IVE adj. Qui dissuade un adversaire d'attaquer.

DISSUASION n. f. Action de dissuader. ‖ *Mil.* Action menée par un État en vue de décourager un éventuel adversaire d'entreprendre contre lui un acte d'agression, en lui prouvant que la valeur de l'enjeu qu'il convoite est inférieure à celle des dommages que l'État menacé est déterminé à lui infliger. ■ La dissuasion, donnée permanente de l'art de la guerre, caractérise la stratégie moderne. Pour être crédible, elle suppose la possession de forces, notamment nucléaires, maintenues constamment en état d'exécuter des actions de représailles.

DISSYLLABE ou **DISSYLLABIQUE** adj. et n. m. Qui a deux syllabes.

DISSYMÉTRIE n. f. Défaut de symétrie.

DISSYMÉTRIQUE adj. Qui manque de symétrie.

DISTANCE n. f. (lat. *distantia*). Longueur du segment qui joint deux points, ou longueur minimale des chemins possibles de l'un à l'autre : *le son faiblit à mesure que la distance augmente*. ‖ Écart entre deux instants, deux époques : *une distance de dix ans entre deux événements*. ‖ Différence de niveau social, de degré de civilisation, d'importance. ‖ *Math.* Pour deux nombres *x* et *y* du corps des nombres réels, valeur absolue de la différence $x - y$. ● *À distance*, à une certaine distance dans l'espace : *vous apprécierez mieux ce tableau à distance*; dans un temps éloigné, avec le recul du temps : *à distance, on juge mieux*. ‖ *Distance angulaire de deux points par rapport à un observateur*, angle formé par les demi-droites qui joignent l'observateur aux deux points considérés. ‖ *Prendre ses distances*, s'écarter, cesser toute relation familière avec qqn. ‖ *Tenir à distance*, ne pas se laisser approcher, décourager toute familiarité.

DISTANCER v. t. (conj. 1). Devancer, laisser derrière soi. ‖ Dans une course de trot, éliminer un cheval pour allure irrégulière.

DISTANCIATION n. f. Au théâtre, effet par lequel l'acteur prend ses distances à l'égard du personnage qu'il incarne. ‖ Recul pris par rapport à un événement.

DISTANCIER (SE) v. pr. Mettre une distance entre soi-même et qqch.

DISTANT, E adj. (lat. *distans*). Éloigné, écarté : *deux villes distantes de 100 kilomètres*. ‖ Qui ne se lie pas facilement; réservé, froid.

DISTENDRE v. t. (lat. *distendere*) [conj. 46]. Augmenter les dimensions d'un corps en le tendant. ◆ **se distendre** v. pr. S'affaiblir, se relâcher : *leurs relations se sont distendues*.

DISTENSION n. f. Augmentation de surface ou de volume sous l'effet d'une tension.

DISTHÈNE n. m. (gr. *sthenos*, force). *Minér.* Silicate naturel d'aluminium.

DISTILLAT [distila] n. m. Produit d'une distillation.

DISTILLATEUR n. m. Personne qui distille, fabricant d'eau-de-vie, de liqueurs.

DISTILLATION [distilasjɔ̃] n. f. Opération consistant à vaporiser partiellement un liquide et à condenser les vapeurs formées pour les séparer (ainsi la distillation du vin donne de l'alcool). ‖ Opération qui consiste à débarrasser un solide de ses composants gazeux (le coke s'obtient par distillation de la houille grasse).

DISTILLER [distile] v. t. (lat. *distillare*, tomber

goutte à goutte). Opérer la distillation : *distiller du vin*. ‖ *Litt.* Laisser couler goutte à goutte, sécréter : *l'abeille distille du miel*. ‖ *Litt.* Causer, répandre : *distiller l'ennui*.

DISTILLERIE [distilri] n. f. Usine où l'on distille les produits agricoles (betteraves, fruits, etc.).

DISTINCT, E [distɛ̃ ou -tɛ̃kt, ɛ̃kt] adj. (lat. *distinctus*). Qui se perçoit ou se conçoit nettement, clair, net : *bruit distinct, paroles distinctes*. ‖ Différent : *deux problèmes bien distincts*.

DISTINCTEMENT adv. De façon distincte.

DISTINCTIF, IVE adj. Qui distingue, caractéristique, spécifique.

DISTINCTION n. f. (lat. *distinctio*). Action de distinguer, de séparer : *distinction des pouvoirs*. ‖ Fait d'être séparé; différence : *faire de subtiles distinctions*. ‖ Marque d'honneur, d'estime : *recevoir une distinction*. ‖ Manières élégantes : *manquer de distinction*.

DISTINGUÉ, E adj. D'une courtoisie élégante : *une personne distinguée; des manières distinguées*. ‖ *Litt.* Remarquable par son rang, son talent; éminent : *écrivain distingué*.

DISTINGUER v. t. (lat. *distinguere*). Percevoir nettement par les sens, par l'esprit, reconnaître : *distinguer une personne dans une foule*. ‖ Percevoir la différence entre des personnes, des choses, différencier : *distinguer deux jumeaux l'un de l'autre*. ‖ Rendre reconnaissable, marquer d'un signe particulier : *un détail distingue le vrai billet du faux*. ◆ **se distinguer** v. pr. Se signaler, se rendre célèbre.

DISTINGUO [distɛ̃go] n. m. (mot lat., je distingue). Distinction, nuance subtile.

DISTIQUE n. m. (gr. *distikhon*; de *stikhos*, vers). En grec et en latin, groupe formé d'un hexamètre et d'un pentamètre. ‖ En français, groupe de deux vers formant un sens complet. (Ex. : *Le menteur n'est plus écouté / Quand même il dit la vérité*.)

DISTOMATOSE n. f. Affection du foie de certains herbivores, qui peut être contractée accidentellement par l'homme, et qui est due à la présence de douves.

DISTOME n. m. Nom scientifique de la douve.

DISTORDRE v. t. (conj. 46). Déformer en tordant.

DISTORSION n. f. (lat. *distorsio*). Déformation. ‖ Torsion de certaines parties du corps : *distorsion de la bouche*. ‖ Aberration géométrique d'un instrument d'optique qui déforme les images. ‖ Déformation parasite d'un signal (distorsion d'amplitude, de fréquence, de phase). ‖ Tension résultant d'un déséquilibre entre deux facteurs.

DISTRACTION n. f. (lat. *distractio*). Manque d'attention : *se tromper d'étage par distraction*. ‖ Chose faite par inadvertance. ‖ Ce qui amuse, délasse; divertissement. ‖ *Dr.* Prélèvement d'argent.

DISTRAIRE v. t. (lat. *distrahere*) [conj. 73]. Détourner l'esprit de ce qui l'occupe; rendre inattentif : *il travaille, ne le distrais pas*. ‖ Occuper agréablement, divertir : *chercher à distraire ses invités par des anecdotes*. ‖ *Litt.* Séparer une partie d'un tout : *distraire une somme d'une autre*. ‖ *Dr.* Détourner à son profit. ◆ **se distraire** v. pr. Occuper agréablement ses loisirs.

DISTRAIT, E adj. et n. Peu attentif à ce qu'il dit ou à ce qu'il fait, étourdi.

DISTRAITEMENT adv. De façon distraite.

DISTRAYANT, E [distrɛjɑ̃, ɑ̃t] adj. Propre à distraire, à délasser.

DISTRIBUABLE adj. Que l'on peut distribuer.

DISTRIBUÉ, E adj. *Appartement bien (mal) distribué*, dont les différentes pièces sont bien (mal) réparties.

DISTRIBUER v. t. Répartir, donner à plusieurs personnes, fournir : *distribuer des copies, distribuer du travail*. ‖ Donner au hasard : *distribuer des sourires, des coups de poing*. ‖ Assurer la distribution d'un produit.

DISTRIBUTAIRE adj. et n. *Dr.* Qui a reçu une part dans une distribution.

DISTRIBUTEUR, TRICE n. Personne qui distribue : *distributeur de tracts.* ‖ Personne ou entreprise qui prend en charge la distribution. ‖ Appareil servant à distribuer, à répartir également. ● *Distributeur automatique,* appareil distribuant automatiquement des billets, des boissons, etc., après introduction d'une ou de plusieurs pièces de monnaie ou d'une carte de crédit.

DISTRIBUTIF, IVE adj. Qui distribue. ‖ *Ling.* Se dit de noms de nombres, d'adjectifs ou de pronoms indéfinis qui expriment la répartition. (Ex. : *deux fois, chaque, chacun.*) ‖ *Math.* Se dit d'une opération qui, effectuée sur une somme de termes, donne un résultat semblable à celui qu'on obtient en faisant la somme des résultats obtenus en effectuant cette opération sur chaque terme de la somme. ● *Justice distributive,* justice qui donne à chacun ce qui lui revient.

DISTRIBUTION n. f. (lat. *distributio*). Action de distribuer, répartition : *distribution de vivres.* ‖ Arrangement, division selon un certain ordre : *distribution des chapitres d'un livre.* ‖ Organisation de l'espace intérieur d'un bâtiment. ‖ Répartition des rôles entre les interprètes d'une pièce de théâtre, d'un film, d'un ballet. ‖ Activité de celui qui diffuse un film (édition et location des copies, publicité). ‖ *Dr.* Ensemble de procédures par lesquelles le prix de biens vendus, au titre, notamment, de mesures d'exécution, est réparti entre les créanciers. ‖ *Écon.* Ensemble des opérations par lesquelles les produits et les services sont diffusés entre les divers consommateurs dans le cadre national. ‖ *Mécan.* Ensemble des organes mécaniques qui règlent l'admission et l'échappement du fluide moteur. ‖ *Stat.* Ensemble des données statistiques, classées et ordonnées par rapport à un ou plusieurs caractères. ● *Calage de la distribution,* positionnement rigoureux de l'arbre à cames par rapport au vilebrequin d'un moteur à explosion ou à combustion interne.

DISTRIBUTIONNALISME n. m. Syn. de LINGUISTIQUE DISTRIBUTIONNELLE.

DISTRIBUTIONNEL, ELLE adj. *Ling.* Relatif à la distribution, à la répartition des éléments d'un énoncé. ● *Linguistique distributionnelle,* théorie linguistique fondée sur la distribution des éléments linguistiques.

DISTRIBUTIVITÉ n. f. *Math.* Caractère d'une opération distributive par rapport à une autre opération.

DISTRICT [distrikt] n. m. (lat. *districtus,* fortement attaché). Division territoriale de peu d'étendue. ‖ De 1790 à 1795, subdivision territoriale française correspondant aux futurs arrondissements. ‖ En 1789-90, une des soixante divisions électorales de Paris. ● *District urbain,* groupement administratif de communes voisines formant une même agglomération.

DISULFIRAME n. m. Produit de synthèse utilisé pour provoquer le dégoût de l'alcool chez les alcooliques.

DIT, E adj. (lat. *dictus*). Appelé : *un endroit dit touristique; Jean, dit le Bon.* ● *À l'heure dite,* à l'heure fixée. ‖ *Ceci dit, cela dit,* quoi qu'il en soit. ‖ *Ledit, ladite, dudit,* etc. (Procéd.), la personne ou la chose dont on vient de parler.

DIT n. m. *Littér.* Au Moyen Âge, petite pièce de vers traitant d'un sujet familier.

DITHYRAMBE [ditirãb] n. m. (gr. *dithurambos*). Éloge exagéré. ‖ *Antiq.* Chant liturgique en l'honneur de Dionysos.

DITHYRAMBIQUE adj. Très élogieux; d'un enthousiasme excessif.

DITO mot inv. (it. *detto,* dit). *Comm.* Comme ci-dessus, de même. (S'abrège en *d°.*)

DIURÈSE n. f. Sécrétion de l'urine.

DIURÉTIQUE adj. et n. m. (gr. *dia,* à travers, et *ouron,* urine). Qui fait uriner.

DIURNAL n. m. *Relig.* Partie du bréviaire qui contient seulement l'office du jour.

DIURNE adj. (lat. *diurnus;* de *dies,* jour). Qui se fait pendant le jour : *travaux diurnes.* ‖ Se dit des animaux qui sont actifs pendant le jour et des fleurs qui ne s'ouvrent que le jour. ● *Mouvement diurne,* mouvement quotidien apparent

de rotation du ciel, dû à la rotation de la Terre sur elle-même.

DIVA n. f. (mot it.). Cantatrice célèbre.

DIVAGATION n. f. Action de divaguer; délire. ‖ *Géogr.* Déplacement du lit des cours d'eau dans certaines plaines.

DIVAGUER v. i. Parler à tort et à travers, déraisonner, délirer. ‖ En parlant du lit d'une rivière, se déplacer.

DIVALENT, E adj. Syn. de BIVALENT.

DIVAN n. m. (pers. et ar. *dīwān*). Canapé sans bras ni dossier, garni de coussins et qui peut servir de lit. ‖ *Hist.* Conseil du Sultan; gouvernement ottoman. ‖ *Littér.* Recueil de poésies lyriques, dans les littératures orientales.

DIVERGENCE n. f. (lat. *divergentia*). Situation de deux lignes qui vont en s'écartant. ‖ Différence, désaccord, opposition : *divergence d'opinions.* ‖ Établissement de la réaction en chaîne dans un réacteur atomique. ‖ *Math.* Propriété d'une série dont la somme des termes ne tend vers aucune limite.

DIVERGENT, E adj. Qui diverge : *rayons, avis divergents.* ‖ Qui fait diverger : *lentille divergente.* ‖ *Math.* Qui diverge.

DIVERGER v. i. (lat. *divergere,* pencher) [conj. 1]. S'écarter l'un de l'autre, en parlant des rayons, des lignes. ‖ Être en désaccord, différer, s'opposer. ‖ Pour un réacteur atomique, entrer en divergence. ‖ *Math.* Avoir la propriété de divergence.

DIVERS, E adj. (lat. *diversus*). Qui présente des caractères de nature ou de qualité différente : *pays divers; les diverses acceptions d'un mot.* ◆ pl. Plusieurs, quelques : *divers écrivains.*

DIVERSEMENT adv. De plusieurs façons, différemment.

DIVERSIFICATION n. f. Action de diversifier.

DIVERSIFIER v. t. Faire varier, mettre de la variété dans.

DIVERSION n. f. (bas lat. *diversio;* de *divertere,* détourner). Opération visant à détourner l'adversaire du point où l'on veut l'attaquer. ‖ *Litt.* Action par laquelle on détourne l'esprit de ce qui l'ennuie, le préoccupe. ● *Faire diversion,* détourner l'attention par une action quelconque.

DIVERSITÉ n. f. Caractère de ce qui est divers; pluralité, différence, opposition : *diversité entre deux opinions.*

DIVERTICULE n. m. *Méd.* Cavité anormale communiquant avec un organe creux.

DIVERTICULOSE n. f. *Méd.* Affection caractérisée par la présence de nombreux diverticules.

DIVERTIR v. t. (lat. *divertere,* distraire). Détourner de l'ennui, des soucis; amuser. ‖ *Dr.* Opérer un divertissement. ◆ **se divertir** v. pr. S'amuser, s'égayer.

DIVERTISSANT, E adj. Drôle, amusant.

DIVERTISSEMENT n. m. Action ou moyen de s'amuser; passe-temps, distraction. ‖ *Dr.* Détournement frauduleux, par un héritier ou un époux, d'un bien de la succession ou de la communauté. ‖ *Chorégr.* Dans un ballet classique, série de danses, généralement placées à la fin du dernier acte. ‖ *Mus.* Intermède dans la fugue; grande pièce chorégraphique introduite dans un opéra. ‖ *Théâtr.* Intermède de danse, de chant, etc., pendant un entracte.

DIVETTE n. f. (dimin. de *diva*). Chanteuse d'opérette, de café-concert (vx).

DIVIDENDE n. m. (lat. *dividendus,* qui doit être divisé). *Math.* Dans une division, nombre que l'on divise par un autre. ‖ Portion d'intérêt ou de bénéfice qui revient à chaque actionnaire.

DIVIN, E adj. (lat. *divinus*). Relatif à Dieu, aux dieux ou à une divinité : *la grâce divine.* ‖ Se dit de qqn, de qqch doué des plus grandes qualités; merveilleux, exquis.

DIVINATEUR, TRICE adj. et n. Pénétrant, qui prévoit.

DIVINATION n. f. (lat. *divinatio*). Art de deviner l'inconnu, et, en particulier, de prévoir l'avenir. ‖ Sagacité.

DIVINATOIRE adj. Relatif à la divination : *les techniques divinatoires.*

DIVINEMENT adv. À la perfection.

DIVINISATION n. f. Action de diviniser.

DIVINISER v. t. Mettre au rang des dieux : *diviniser un héros.* ‖ *Litt.* Vouer un culte à; exalter, magnifier : *diviniser la force, la violence.*

DIVINITÉ n. f. Nature divine : *la divinité de Jésus-Christ.* ‖ Être auquel on attribue une nature divine : *divinités antiques.*

DIVISER v. t. (lat. *dividere*). Séparer en plusieurs parties : *diviser une somme.* ‖ Partager par une séparation : *diviser une pièce par une cloison.* ‖ *Math.* Faire l'opération de la division. ‖ Désunir, être une occasion de désaccord : *mai 68 divisa les familles.* ● *Machine à diviser* (Mécan.), machine servant à établir des échelles sur les instruments de précision. ◆ **se diviser** v. pr. Se séparer en plusieurs parties. ‖ Être d'opinions différentes.

DIVISEUR n. m. et adj. *Math.* Dans une division, nombre par lequel on en divise un autre. ‖ Organe de calcul analogique ou numérique permettant d'effectuer le quotient de deux nombres. ‖ Celui qui désunit. ● *Commun diviseur,* nombre qui en divise exactement plusieurs autres *(5 pour 15 et 20).* ‖ *Diviseur de zéro,* dans un anneau, élément *a* non nul pour lequel on peut associer un second élément *b* tel que le produit *a* × *b* soit nul. ‖ *Plus grand commun diviseur de plusieurs nombres* (on *p. g. c. d.*), le plus grand de tous leurs diviseurs communs *(15 pour 30 et 45).*

DIVISIBILITÉ n. f. *Math.* Qualité de ce qui est divisible sans reste.

DIVISIBLE adj. *Math.* Qui peut être divisé. ‖ Qui ne donne pas de reste à la division.

DIVISION n. f. (lat. *divisio*). Action de séparer en parties distinctes, de répartir : *la division de la France en départements.* ‖ Partie d'un tout : *la minute est une division de l'heure.* ‖ Trait, barre qui divise. ‖ Groupement de plusieurs services sous une même autorité. ‖ Désaccord, dissension : *semer la division dans une famille.* ‖ *Math.* Opération par laquelle on cherche, à partir de deux nombres appelés *dividende* et *diviseur,* deux nombres, appelés *quotient* et *reste,* tels que le dividende soit égal au produit du quotient par le diviseur augmenté du reste. ‖ *Mil.* Grande unité militaire rassemblant des formations de toutes armes ou services : *division mécanisée, blindée,* etc. ● *Division cellulaire,* mode de reproduction des cellules. (On distingue la *division directe,* ou *amitose,* par scissiparité, et la *division indirecte,* ou *mitose.*) ‖ *Division du travail,* répartition technique des tâches dans une société, qui se double d'une distribution des agents de travail en classes et catégories sociales.

DIVISIONNAIRE adj. Qui appartient à une division militaire ou administrative. ● *Monnaie divisionnaire,* celle qui est représentée par des pièces de faible valeur.

DIVISIONNAIRE n. m. Général de division (vx).

DIVISIONNISME n. m. Technique des peintres néo-impressionnistes, dits aussi « pointillistes », qui juxtaposaient les touches de couleurs sur la toile au lieu de mélanger ces couleurs sur la palette.

DIVORCE n. m. (lat. *divortium,* séparation). Rupture légale du mariage civil. ‖ Opposition, divergence profonde : *il y a divorce entre la théorie et la pratique.*
■ On distingue, dans la législation française contemporaine, le divorce par consentement mutuel, le divorce pour faute et le divorce pour rupture de la vie commune.

DIVORCÉ, E adj. et n. Dont le mariage a été rompu.

DIVORCER v. i. (conj. 1). Rompre un mariage par divorce : *elle a divorcé d'avec* (ou *avec*) *lui.*

DIVORTIALITÉ [divɔrsjalite] n. f. Rapport annuel du nombre de divorces à l'effectif moyen de la population.

DIVULGATEUR, TRICE n. Personne qui divulgue.

DIVULGATION n. f. Action de divulguer; révélation : *divulgation d'un secret d'État.*

DIVULGUER v. t. (lat. *divulgare*; de *vulgus*, peuple). Rendre public ce qui devait rester ignoré.

DIVULSION [divylsjɔ̃] n. f. *Chir.* Dilatation forcée d'un canal rétréci (rectum, anus).

DIX [dis *devant une pause*; diz *devant une voyelle ou un « h » muet*; di *devant une consonne ou un « h » aspiré*] adj. num. et n. m. inv. (lat. *decem*). Nombre qui suit neuf dans la série naturelle des entiers. ‖ *Dixième : Léon X.* ‖ Un grand nombre de fois : *répéter dix fois la même chose.*

DIX-CORS n. m. inv. → COR.

DIX-HUIT [dizɥit] adj. num. et n. m. inv. Nombre qui suit dix-sept dans la série naturelle des entiers. ‖ Dix-huitième : *Louis XVIII.*

DIX-HUITIÈME adj. ord. et n. Qui occupe un rang marqué par le numéro dix-huit. ‖ Qui se trouve dix-huit fois dans le tout.

DIXIELAND [diksilɑ̃d] ou **DIXIE** [diksi] n. m. Style de jazz né dans le sud des États-Unis, résultant d'une combinaison de ragtimes, de blues et d'airs de parades, et pratiqué par de petits groupes se livrant à l'improvisation collective. (Le dixieland s'imposa surtout de 1900 à 1930, puis réapparut vers 1940 [New Orleans Revival].)

DIXIÈME [dizjɛm] adj. ord. et n. Qui occupe un rang marqué par le numéro dix. ‖ Qui se trouve dix fois dans le tout. ◆ n. m. Billet de la Loterie nationale valant le dixième d'un billet entier. ‖ *Hist.* Sous l'Ancien Régime, impôt extraordinaire.

DIXIÈMEMENT adv. En dixième lieu.

DIX-NEUF [diznœf] adj. num. et n. m. inv. Nombre qui suit dix-huit dans la série naturelle des entiers. ‖ Dix-neuvième : *page dix-neuf.*

DIX-NEUVIÈME adj. ord. et n. Qui occupe un rang marqué par le numéro dix-neuf. ‖ Qui se trouve dix-neuf fois dans le tout.

DIX-SEPT [dissɛt] adj. num. et n. m. inv. Nombre qui suit seize dans la série naturelle des entiers. ‖ Dix-septième : *tome dix-sept.*

DIX-SEPTIÈME adj. ord. et n. Qui occupe un rang marqué par le numéro dix-sept. ‖ Qui se trouve dix-sept fois dans le tout.

DIZAIN [dizɛ̃] n. m. (lat. *decim*, dix). *Littér.* Strophe de dix vers.

DIZAINE n. f. Groupe de dix unités ou environ. ‖ Succession de dix grains d'un chapelet.

DJAMÂ'A n. f. inv. (mot ar.). En Afrique du Nord, réunion de notables qui représentent un douar.

DJEBEL [dʒebɛl] n. m. (mot ar.). Montagne (en Afrique du Nord).

DJELLABA [dʒelaba] n. f. (mot ar.). Robe longue, à capuchon, portée en Afrique du Nord.

DJIHĀD [dʒiad] n. m. (ar. *djihād*, effort). Guerre sainte de défense que les musulmans peuvent mener contre les infidèles.

DJINN n. m. (mot ar.). Dans les croyances musulmanes, esprit bienfaisant ou malfaisant.

DO n. m. inv. (mot it.). Note de musique, syn. de UT.

DOBERMAN [dɔbɛrman] n. m. Chien de garde, d'origine allemande.

DOCÉTISME n. m. Doctrine religieuse des premiers siècles qui professait que le corps du Christ n'avait été qu'une pure apparence et que la passion et la mort de Jésus n'avaient eu aucune réalité.

DOCILE adj. (lat. *docilis*; de *docere*, enseigner). Qui obéit volontiers, soumis.

DOCILEMENT adv. Avec docilité.

DOCILITÉ n. f. Disposition à se laisser diriger, à obéir; obéissance.

DOCIMASIE [dɔsimazi] n. f. (gr. *dokimasia*, épreuve). *Antiq.* À Athènes, enquête sur les citoyens appelés à remplir diverses fonctions. ‖ *Méd. légale.* Recherche des circonstances de la mort par examens spéciaux de certains organes.

DOCIMOLOGIE [dɔsimɔlɔʒi] n. f. (gr. *dokimê*, épreuve, et *logos*, science). Étude systématique

des facteurs déterminant la notation des examens et des concours.

DOCK n. m. (mot angl.). Bassin entouré de quais, pour le déchargement des navires. ‖ Bâtiment construit en bordure d'un quai pour entreposer les marchandises. ● *Dock flottant,* bassin mobile et flottant permettant de caréner les navires.

DOCKER [dɔkɛr] n. m. (mot angl.). Ouvrier employé au chargement et au déchargement des navires.

DOCTE [dɔkt] adj. (lat. *doctus*). *Litt.* Infatué de son savoir. ‖ *Litt.* Savant.

DOCTEMENT adv. De façon pédantesque (vx).

DOCTEUR n. m. (lat. *doctor*). Celui qui est pourvu du doctorat. ‖ Personne qui, pourvue du doctorat, exerce la médecine. ‖ Homme très savant dans un genre déterminé. ● *Docteur de l'Église,* titre officiel donné à un théologien remarquable par l'importance et l'orthodoxie de ses écrits. ‖ *Docteur de la loi,* interprète des livres sacrés dans les religions juive et islamique.

DOCTORAL, E, AUX adj. *Péjor.* Grave, solennel : *ton doctoral.*

DOCTORALEMENT adv. De façon doctorale.

DOCTORAT n. m. Grade le plus élevé conféré par une université (*doctorat d'État*), ou titre conféré après l'obtention d'un diplôme délivré par les universités après deux ans d'études et un travail de recherche (*doctorat de 3ᵉ cycle*).

DOCTORESSE n. f. Femme qui, ayant le doctorat, exerce la médecine (vx).

DOCTRINAIRE adj. et n. Attaché de manière systématique à une opinion, à une doctrine. ‖ *Hist.* Sous la Restauration, qui était partisan, avec Royer-Collard et Guizot, de théories politiques libérales, de l'application de la charte de 1814.

DOCTRINAL, E, AUX adj. Relatif à une doctrine.

DOCTRINE n. f. (lat. *doctrina*). Ensemble des opinions, des croyances, des idées d'une école littéraire, religieuse ou philosophique, d'un système politique, économique, etc., d'une religion. ‖ *Dr.* Source du droit, constituée par l'opinion exprimée des jurisconsultes.

DOCUMENT n. m. (lat. *documentum*; de *docere*, instruire). Renseignement écrit ou objet servant de preuve ou d'information : *document historique, photographique.* ‖ *Dr.* Titre qui permet d'identifier des marchandises pendant leur transport.

DOCUMENTAIRE adj. Qui a le caractère d'un document, qui s'appuie sur des documents : *ce récit a un intérêt documentaire.* ‖ Relatif à la science de la documentation : *langage documentaire.* ● *Film documentaire,* ou *documentaire* n. m., film exclusivement établi d'après des documents pris dans la réalité.

DOCUMENTALISTE n. Professionnel de la recherche, de la sélection, du classement, de l'utilisation et de la diffusion des documents.

DOCUMENTARISTE n. et adj. Auteur de films documentaires.

DOCUMENTATION n. f. Action de sélectionner, de classer, d'utiliser et de diffuser des documents. ‖ Ensemble de renseignements, de documents. ● *Documentation automatique,* système informatique fournissant à la demande des réponses pertinentes sélectionnées dans un ensemble de connaissances préalablement mémorisées.

DOCUMENTÉ, E adj. Appuyé sur, connu par des documents.

DOCUMENTER v. t. Fournir des renseignements, des documents. ◆ **se documenter** v. pr. [sur]. Rechercher des documents.

DODÉCAÈDRE n. m. (gr. *dôdeka*, douze, et *edra*, face). *Math.* Polyèdre à douze faces.

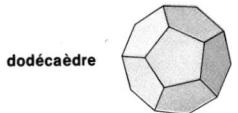

dodécaèdre

DODÉCAGONE n. m. *Math.* Polygone qui a douze angles et, par conséquent, douze côtés.

DODÉCAPHONIQUE adj. Relatif au dodécaphonisme.

DODÉCAPHONISME n. m. (gr. *dôdeka*, douze, et *phônê*, voix). Langage musical atonal, fondé sur l'emploi systématique de la série des douze sons de la gamme chromatique à l'exclusion de toute autre échelle sonore.

DODÉCAPHONISTE n. Compositeur pratiquant le dodécaphonisme.

DODÉCASYLLABE n. m. Mot qui a douze syllabes.

DODELINEMENT n. m. Oscillation légère de la tête, du corps.

DODELINER [dɔdline] v. t. ind. [de] (onomat.). Produire un balancement lent et régulier : *dodeliner de la tête.*

DODO n. m. (de *dormir*). Lit ou sommeil, dans le langage enfantin : *aller au dodo; faire dodo.*

DODO n. m. (néerl. *dod-aers*). Autre nom du DRONTE.

DODU, E adj. *Fam.* Bien en chair, potelé : *des joues dodues.*

DOG-CART [dɔgkart] n. m. (mot angl.) [pl. *dog-carts*]. Voiture spéciale permettant de transporter des chiens de chasse.

DOGE n. m. (mot it.). *Hist.* Chef élu des anciennes républiques de Gênes et de Venise. (À partir du XIVᵉ s., ses pouvoirs s'amenuisèrent au profit du collège aristocratique qui le désignait.)

DOGMATIQUE adj. et n. Qui exprime une opinion de manière catégorique, péremptoire : *esprit dogmatique; ton dogmatique.*

DOGMATIQUE n. f. *Relig.* Exposé systématique des vérités de la foi.

DOGMATIQUEMENT adv. De façon dogmatique; d'un ton décisif.

DOGMATISER v. i. Parler d'un ton tranchant, péremptoire.

DOGMATISME n. m. Philosophie ou religion qui rejette catégoriquement le doute et la critique. ‖ Disposition à affirmer sans discussion certaines idées considérées comme valables une fois pour toutes.

DOGMATISTE adj. et n. Qui relève du dogmatisme.

DOGME n. m. (gr. *dogma*, opinion). Point fondamental de doctrine, en religion ou en philosophie. ‖ Ensemble de croyances, d'opinions; principes.

DOGUE n. m. (angl. *dog*). Chien de garde à grosse tête, à museau aplati.

DOIGT n. m. (lat. *digitus*). Chacun des appendices articulés terminant les mains et les pieds de l'homme et des vertébrés tétrapodes. (Habituellement, chaque doigt est formé de trois phalanges.) ‖ Mesure équivalant à l'épaisseur d'un doigt : *un doigt de vin.* ‖ Pièce mécanique présentant une extrémité pointue ou arrondie, et destinée à pousser une autre pièce. ● *Être à deux doigts de,* être très près de. ‖ *Faire toucher du doigt,* donner à qqn des preuves incontestables. ‖ *Mettre le doigt sur,* deviner juste. ‖ *Montrer qqn du doigt,* s'en moquer publiquement. ‖ *Le petit doigt,* l'auriculaire. ‖ *Savoir sur le bout du doigt,* parfaitement. ‖ *Toucher du doigt,* être près de la solution.

DOIGT

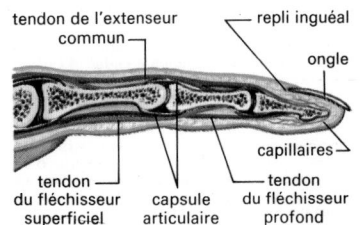

tendon de l'extenseur commun — repli inguéal
ongle
tendon du fléchisseur superficiel — capsule articulaire — tendon du fléchisseur profond
capillaires

DOIGTÉ n. m. Adresse manuelle ou intellectuelle, habileté, savoir-faire. ‖ *Mus.* Manière de doigter.

DOIGTER v. t. *Mus.* Indiquer sur la partition musicale, par des chiffres, le doigt qui convient pour l'exécution de chaque note.

DOIGTIER n. m. Fourreau qui protège un doigt ou plusieurs pour certaines manipulations ou en cas de blessure. ‖ Nom usuel de la DIGITALE.

DOIT n. m. (du verbe *devoir*). Partie d'un compte établissant ce qu'une personne doit. ● *Doit et avoir*, le passif et l'actif.

DOJO n. m. (mot jap.). Salle d'entraînement ou de compétition pour les arts martiaux (judo notamment).

DOL n. m. (lat. *dolus*, ruse). *Dr.* Manœuvre frauduleuse destinée à tromper.

DOLCE [dɔltʃe] adv. (mot it.). *Mus.* Avec douceur.

DOLCE STIL NUOVO (mots it., *le doux style nouveau*), expression de Dante qui désigne l'école poétique dont il fut le meilleur représentant, et qui se caractérise par une conception spiritualiste de l'amour.

DOLCISSIMO [dɔltʃisimo] adv. (mot it.). *Mus.* D'une manière très douce.

DOLDRUMS [dɔldrœms] n. m. pl. (mot angl., *calmes plats*). *Météor.* Zone des basses pressions équatoriales.

DOLÉANCES n. f. pl. (lat. *dolere*, souffrir). Plaintes, récriminations.

DOLENT, E adj. (lat. *dolens*; de *dolere*, souffrir). *Litt.* Qui se plaint de ses maux d'un ton languissant; mal à l'aise; plaintif.

DOLIC ou **DOLIQUE** [dɔlik] n. m. Plante des pays chauds, voisine du haricot, à graines comestibles. (Famille des papilionacées.)

DOLICHOCÉPHALE [dɔlikosefal] adj. et n. (gr. *dolikhos*, long, et *kephalê*, tête). Se dit d'un homme dont la longueur du crâne l'emporte sur la largeur. (Contr. BRACHYCÉPHALE.)

DOLICHOCÔLON [dɔlikokolɔ̃] n. m. Allongement excessif du gros intestin.

DOLINE n. f. (slave *dole*, bas). *Géogr.* Petite cuvette circulaire à fond plat, caractéristique de la topographie karstique.

DOLLAR n. m. (mot anglo-amér.). Unité monétaire principale de l'Australie, du Canada, des États-Unis, de Hongkong, du Liberia, de la Nouvelle-Zélande et de la Rhodésie.

DOLMAN [dɔlmã] n. m. (mot all., du turc par l'intermédiaire du hongrois). Veste d'uniforme garnie de brandebourgs.

DOLMEN [dɔlmɛn] n. m. (breton *dol*, table, et *men*, pierre). Monument mégalithique constitué par une dalle horizontale reposant sur des blocs verticaux.

DOLOIRE n. f. Outil tranchant pour amincir, aplanir le bois. ‖ Instrument de maçon pour gâcher le sable et la chaux.

DOLOMIE n. f. (de *Dolomieu*, n. pr.). Roche sédimentaire constituée essentiellement de dolomite à laquelle se mêle souvent de la calcite, dont la dissolution différentielle donne des reliefs ruiniformes caractéristiques (Dolomites).

DOLOMITE n. f. Carbonate naturel double de calcium et de magnésium.

DOLOMITIQUE adj. Relatif à la dolomie.

DOLOSIF, IVE adj. *Dr.* Qui présente le caractère du dol, de la fraude, de la tromperie.

DOM [dɔ̃] n. m. (lat. *dominus*, maître). Titre donné à certains religieux (bénédictins, chartreux). ‖ Titre d'honneur donné aux nobles, au Portugal.

DOMAINE n. m. (lat. *dominium*). Propriété foncière d'une assez grande étendue. ‖ Champ d'activité d'une personne; ensemble des objets qu'embrasse un art, une science; spécialité : *cette question n'est pas de mon domaine; le domaine de la littérature*. ‖ *Math.* Ensemble en chaque élément duquel est définie une fonction ou un opérateur. ‖ *Phys.* Petite région d'un matériau ferromagnétique dont l'aimantation est uniforme. ● *Le domaine de l'État* ou, absol., le *Domaine*, les biens de l'État, divisés en *domaine*

Lauros-Giraudon

dôme

public et en *domaine privé;* administration de ces biens. ‖ *Domaine privé,* ensemble des biens de l'État ou des collectivités publiques soumis aux règles du droit privé. ‖ *Domaine public,* ensemble des biens immeubles et meubles appartenant à l'État ou à une collectivité locale et qui, du fait qu'ils sont indispensables à la satisfaction du bien commun, sont soumis à un régime juridique particulier. ‖ *Domaine royal* (Hist.), à l'époque féodale, ensemble des possessions relevant directement du roi. ‖ *Tomber dans le domaine public,* se dit d'une production littéraire ou artistique qui, après un temps déterminé, peut être, sans droits d'auteur, reproduite et vendue par tout le monde.

DOMANIAL, E, AUX adj. Qui appartient à un domaine, spécialement au domaine public.

DOMANIALITÉ n. f. Régime juridique des biens composant le Domaine, et plus particulièrement du domaine public.

DÔME n. m. (it. *duomo*). Nom donné, en Italie, à certaines églises cathédrales : *le dôme de Milan.*

DÔME n. m. (prov. *doma*, gr. *dôma*, maison). Toit galbé de plan centré, à versant continu (c'est alors, souvent, une demi-sphère) ou à pans. ‖ *Géogr.* Relief de forme grossièrement semi-sphérique. ‖ *Techn.* Réservoir, de forme cylindro-sphérique, surmontant une chaudière. ● *Dôme de verdure, de feuillage,* voûte formée par les branchages.

DOMESTICATION n. f. Action de domestiquer.

DOMESTICITÉ n. f. Ensemble des domestiques d'une maison.

DOMESTIQUE adj. (lat. *domesticus*). Qui concerne la maison, la famille : *travaux domestiques.* ‖ Se dit d'un animal dont l'espèce est depuis longtemps apprivoisée.

DOMESTIQUE n. Personne employée au service personnel d'une famille, d'une maison, d'un hôtel, etc.

DOMESTIQUER v. t. Rendre domestique une espèce animale sauvage. ‖ Amener à une soumission servile. ● *Domestiquer le vent, les marées,* utiliser leur force sous forme d'énergie.

DOMICILE n. m. (lat. *domicilium;* de *domus,* maison). Maison, demeure ordinaire d'une personne. ● *À domicile,* à la demeure même de la personne. ‖ *Domicile conjugal,* domicile commun des époux. ‖ *Domicile élu,* lieu fixé pour l'exécution d'un acte ou d'un contrat. ‖ *Domicile légal,* lieu où la loi présume qu'une personne se trouve pour l'exercice de ses droits et l'accomplissement de ses devoirs.

DOMICILIAIRE adj. Relatif au domicile. ● *Visite domiciliaire,* visite faite au domicile de qqn par autorité de justice.

DOMICILIATAIRE n. m. *Dr.* Tiers au domicile duquel est payable un effet de commerce (en général un banquier).

DOMICILIATION n. f. Indication du domicile choisi pour le paiement d'un effet de commerce (banque, agent de change, bureau de chèques postaux).

DOMICILIER v. t. Assigner un domicile. ● *Être domicilié à,* avoir son domicile à.

DOMINANCE n. f. *Biol.* État présenté par un caractère ou un gène dominant. ‖ *Éthol.* Supériorité d'un animal sur ses congénères, établie à l'issue de relations agressives et se manifestant

par des comportements particuliers. ‖ *Physiol.* Rôle fonctionnel prédominant d'une des deux parties d'un organe pair et symétrique.

DOMINANT, E adj. Qui domine, qui l'emporte parmi d'autres : *qualité dominante.* ‖ Se dit d'un caractère héréditaire ou d'un gène qui se manifeste seul chez un hybride, lorsque le caractère opposé (*récessif*) est présent dans le génotype. ● *Fonds dominant* (Dr.), propriété bénéficiant d'une servitude à l'encontre d'une autre (appelée *fonds servant*).

DOMINANTE n. f. Partie, trait caractéristique : *la dominante d'une œuvre.* ‖ Option principale choisie par un étudiant. ‖ *Agric.* Substance alimentaire dont une plante a un besoin plus particulier. ‖ *Mus.* Cinquième degré de la gamme, et l'une des trois notes génératrices. ● *Septième de dominante,* accord majeur avec septième mineure, placé sur le 5e degré de la gamme.

DOMINATEUR, TRICE adj. et n. Qui domine, aime à gouverner.

DOMINATION n. f. Autorité souveraine, hégémonie. ◆ pl. L'un des neuf chœurs des anges.

DOMINER v. i. (lat. *dominari;* de *dominus,* maître). Exercer sa suprématie : *l'équipe adverse a dominé en première mi-temps.* ‖ L'emporter en intensité, en nombre : *couleur qui domine.* ◆ v. t. Tenir sous son autorité; être maître de, supérieur à, maîtriser : *dominer tout le monde; dominer son sujet, le bruit, une question.* ‖ Occuper une position plus élevée : *le fort domine la ville.* ◆ se *dominer* v. pr. Se maîtriser.

DOMINICAIN, E n. Religieux, religieuse de l'ordre de Saint-Dominique.

■ Fondé au XIIIe s. par saint Dominique, l'ordre des Frères prêcheurs ou des Dominicains s'orienta vers une forme de vie communautaire et démocratique entièrement commandée par la prédication de la parole de Dieu. Les dominicaines sont ou des moniales ou des religieuses du tiers ordre régulier.

DOMINICAIN, E adj. et n. Relatif à la république Dominicaine.

DOMINICAL, E, AUX adj. (bas lat. *dominicalis,* du Seigneur). Qui appartient au Seigneur : *le jour dominical.* ‖ Relatif au dimanche : *repos dominical.* ‖ *L'oraison dominicale,* le Pater.

DOMINION [dɔminjɔ̃ ou dɔminjɔn] n. m. (mot angl.). Nom donné avant 1947 à divers États indépendants du Commonwealth unis à la Couronne par des liens d'allégeance (le Canada, l'Australie, la Nouvelle-Zélande, etc.).

DOMINO n. m. Chacune des pièces du jeu de dominos, constitué d'un rectangle plat, dont une face, blanche, est marquée de points; le jeu lui-même. ‖ Costume de bal masqué, formé d'une sorte de robe ouverte par-devant, avec un capuchon. ‖ Personne qui porte ce costume.

DOMINOTERIE n. f. Papier marbré ou colorié pour servir à certains jeux et, autref., à la garniture intérieure des coffres, des tiroirs, ainsi qu'à tapisser les murs.

DOMMAGE n. m. (anc. fr. *dam;* lat. *damnum*). Perte, dégât causé à qqch, préjudice causé à qqn. ● *C'est dommage* (Fam.), c'est fâcheux, c'est regrettable. ● pl. *Dommages de guerre,* dommages subis en temps de guerre et donnant lieu à l'indemnisation de l'État; cette indemnisation. ‖ *Dommages et intérêts* ou *dommages-intérêts,* indemnité due à qqn pour réparation d'un préjudice causé.

DOMMAGEABLE adj. Qui cause un dommage, un préjudice.

DOMPTABLE adj. Qui peut être dompté.

DOMPTAGE n. m. Action de dompter.

DOMPTER [dɔ̃te ou dɔpte] v. t. (lat. *domitare*). Dresser un animal sauvage. ‖ Soumettre à son autorité, à son pouvoir; maîtriser.

DOMPTEUR, EUSE n. Personne qui dompte.

DOMPTE-VENIN n. m. inv. Plante à racine toxique, qui possède parfois comme contre-poison. (Famille des asclépiadacées.)

DON n. m. (lat. *donum*). Action de donner : *faire don de ses biens.* ‖ Toute libéralité à titre gracieux, donation, legs. ‖ Qualité naturelle, disposition, talent : *le don de la parole.*

DON [dɔ̃] n. m., **DOÑA** [dɔɲa] n. f. (mots esp.). [Ne s'emploie que devant les prénoms.] En Espagne, titre de courtoisie.

DONACIE [dɔnasi] n. f. (gr. *donax, -akos,* roseau). Insecte coléoptère de couleur métallique, vivant sur les plantes aquatiques.

DONATAIRE n. Dr. Personne à qui une donation est faite.

DONATEUR, TRICE n. Personne qui fait un don, une donation.

DONATION n. f. (lat. *donatio*). Acte par lequel une personne transmet sans contrepartie un bien à une autre personne. ‖ Acte qui constate cette transmission. ● *Donation pure et simple,* acte qui ne donne sans condition.

DONATION-PARTAGE n. f. (pl. *donations-partages*). Acte par lequel un ascendant donne et partage de son vivant tout ou partie de ses biens entre ses descendants.

DONATISME n. m. Schisme de l'évêque Donat († v. 355) qui déniait toute valeur aux sacrements administrés par des évêques indignes ou jugés tels. (Son principal adversaire fut saint Augustin.)

DONATISTE n. et adj. Partisan du donatisme.

DONAX [dɔnaks] n. m. (mot gr., roseau). Petit mollusque bivalve, comestible, très abondant dans le sable des côtes européennes. (Long. 3 cm; noms usuels : *pignon, olive, trialle,* etc.)

DONC [dɔ̃k ou dɔ̃] conj. (lat. *dumque;* de *dum,* alors). Indique la conséquence de la proposition avancée : *je pense, donc je suis.* ‖ Renforce une interrogation, une injonction : *qu'as-tu donc? viens donc!*

DONDON n. f. Fam. Grosse femme.

DÔNG n. m. Unité monétaire principale du Viêt-nam.

DONJON n. m. (lat. *dominus,* seigneur). Tour maîtresse d'un château fort, qui était à l'origine la demeure du seigneur et qui constituait son réduit défensif.

DON JUAN n. m. (pl. *dons Juans*). Séducteur.

DONJUANESQUE adj. Qui rappelle le caractère de don Juan.

DONJUANISME n. m. Recherche de satisfactions narcissiques au moyen de conquêtes amoureuses.

DONNE n. f. Jeux. Action de distribuer les cartes. ● *Fausse donne,* syn. de MALDONNE.

DONNÉ, E adj. Nettement précisé : *en un temps donné.* ● *Étant donné que,* puisque.

DONNÉ n. m. Ce qui est observable. (Syn. SENSIBLE.)

DONNÉE n. f. Élément fondamental servant de base à un raisonnement, à une recherche : *les données sont truquées.* ‖ Idée fondamentale qui sert de point de départ : *la donnée d'un roman.* ‖ Résultat d'observations ou d'expériences. ‖ Représentation conventionnelle d'une information sous une forme convenant à son traitement par ordinateur. ◆ pl. Ensemble de circonstances qui conditionnent tel ou tel événement : *les données de la situation au Portugal.* ‖ Math. Quantités connues citées dans l'énoncé, et constituant les bases d'un problème. ● *Analyse des données,* procédure d'élaboration de données recueillies par la statistique, destinée à faciliter l'utilisation de celles-ci.

DONNER v. t. (lat. *donare*). Attribuer qqch à qqn définitivement ou temporairement : *donner des bonbons aux enfants; le facteur donne le courrier.* ‖ Produire : *cette vigne donne un bon vin.* ‖ Communiquer qqch à qqn, l'en informer : *donner un renseignement, donner l'alerte.* ‖ Exercer une action sur qqn, qqch : *donner la fièvre, du courage, du souci.* ‖ Manifester, émettre : *donner libre cours à sa colère.* ‖ Forme avec des noms des loc. avec le sens de *faire : donner envie, donner faim.* ‖ Arg. Dénoncer. ◆ v. i. Exercer son activité, son action : *la publicité donne à plein.* ‖ Avoir vue : *cette fenêtre donne sur la rue.* ● *Donnant, donnant,* rien n'est donné sans contrepartie, rien sans rien. ‖ *Donner dans qqch,* avoir du goût pour cela; y croire sottement. ‖ *Donner de la tête,* heurter. ‖ *Ne savoir où donner de la tête,* ne savoir que faire. ◆ **se donner** v. pr. Consacrer son activité. ● *Se donner du bon temps, s'en donner à cœur joie,*

s'amuser beaucoup. ‖ *Se donner pour,* se faire passer pour. ◆ loc. prép. et conj. inv. *Étant donné (que),* exprime la cause.

DONNEUR, EUSE n. Celui, celle qui donne : *donneur de sang.* ‖ Personne qui accepte que, de son vivant (pour un rein, par exemple) ou après sa mort (pour le cœur), un organe soit prélevé sur son corps afin d'être transplanté sur celui d'un malade. ‖ Arg. Celui, celle qui fait des dénonciations auprès de la police. ‖ Phys. Atome qui peut céder un électron. ● *Donneur universel,* individu dont le sang peut être transfusé aux personnes appartenant aux autres groupes sanguins que celui auquel il appartient. ◆ n. m. Joueur distribuant les cartes.

DONQUICHOTTISME [dɔ̃kiʃɔtism] n. m. Caractère, attitude de celui qui se pose, comme don Quichotte, en redresseur de torts.

DONT (lat. pop. *de unde*), pron. relat. des deux genres et des deux nombres. S'emploie : 1° comme complément d'un verbe indiquant l'origine : *la famille dont je descends;* l'agent : *les parents dont je suis aimé;* la cause : *la maladie dont il est mort;* la matière : *le bois dont est fait ce meuble;* 2° comme complément d'un nom ou d'un pronom : *un pays dont le climat est agréable; il parle d'une chose dont il ignore tout;* 3° comme complément d'un adjectif : *l'ami dont il est jaloux.*

DONZELLE n. f. (anc. prov. *donzela,* demoiselle). Péjor. Femme.

DOPAGE n. m. Électron. Addition d'une quantité minimale d'impuretés à un monocristal pour le transformer en semi-conducteur. ‖ Syn. de DOPING.

DOPAMINE n. f. Nom usuel de l'hydroxytyramine, précurseur de l'adrénaline et des hormones voisines.

DOPANT, E adj. et n. Se dit des produits capables de doper, de stimuler.

DOPE n. m. Substance dont l'addition en petite quantité améliore un produit pétrolier. ‖ Adjuvant d'adhésivité dans l'enrobage des matériaux routiers par le bitume.

DOPER v. t. (angl. *to dope*). Faire prendre un stimulant avant une épreuve sportive, un examen. ‖ Ajouter un dope. ● *Bombe dopée,* bombe à fission dans laquelle la charge nucléaire comporte un noyau thermonucléaire dont la fusion augmente le rendement.

DOPING n. m. Emploi d'excitants par un concurrent d'une épreuve sportive. (Syn. DOPAGE.)

DORADE n. f. → DAURADE.

DORAGE n. m. Action de dorer.

DORÉ, E adj. Recouvert d'une mince couche d'or ou d'une substance qui en imite l'aspect. ‖ Jaune, de couleur d'or. ● *Jeunesse dorée,* jeunes gens de la riche bourgeoisie qui participèrent, après Thermidor, à la réaction contre la Terreur; jeunes gens riches, élégants et oisifs.

DORÉ n. m. Au Canada, poisson d'eau douce.

DORÉE n. f. Autre nom du SAINT-PIERRE.

DORÉNAVANT [dɔrenavã] adv. (anc. fr. *d'or en avant,* de l'heure actuelle en avant). À partir du moment présent; désormais.

DORER v. t. (lat. *deaurare;* de *aurum,* or). Recouvrir d'une mince couche d'or : *dorer les tranches d'un livre.* ‖ Cuis. Étaler du jaune d'œuf au pinceau sur une préparation pour la colorer au four.

donjon (XIIe-XIIIe s.)
Giraudon

DOREUR, EUSE n. et adj. Spécialiste qui travaille en dorure.

DORIEN, ENNE adj. et n. Relatif aux Doriens, à la Doride. ● *Mode dorien,* en musique d'Église, mode de *ré;* dans l'Antiquité, mode de *mi.*

DORIEN n. m. Un des quatre principaux dialectes de la langue grecque ancienne.

DORIQUE adj. *Ordre dorique,* le plus ancien des ordres de l'architecture grecque, défini par une colonne cannelée à arêtes vives sans base, un chapiteau à échine nue, et un entablement à triglyphes et métopes alternés.

DORIS [dɔris] n. m. (mot amér.). Bateau de pêche à fond plat.

DORIS [dɔris] n. f. Mollusque marin ressemblant à une grosse limace.

DORLOTEMENT n. m. Action de dorloter.

DORLOTER [dɔrlɔte] v. t. Traiter délicatement, entourer de petits soins : *dorloter un enfant.*

DORMANCE n. f. État des organes, surtout végétaux, dont les conditions climatiques ou physiologiques empêchent temporairement le développement.

DORMANT, E adj. Qui reste immobile : *les eaux dormantes.* ● *Châssis dormant,* dans une baie, châssis qui ne s'ouvre pas. ‖ *Manœuvre dormante,* partie fixe d'un cordage utilisé comme manœuvre.

DORMANT n. m. Constr. Ensemble des éléments fixes de menuiserie rapportés dans l'embrasure d'une baie pour supporter les parties mobiles de la fermeture. (On dit aussi BÂTI DORMANT.)

DORMEUR, EUSE adj. et n. Qui dort, qui aime à dormir.

DORMEUR adj. et n. m. *Crabe dormeur,* ou *dormeur,* nom commun du *tourteau.*

DORMIR v. i. (lat. *dormire*) [conj. 17]. Être, se reposer dans le sommeil. ‖ Demeurer sans mouvement ou inactif : *la nature dort; capitaux qui dorment sans être investis.* ● *Conte, histoire à dormir debout,* récit absolument invraisemblable. ‖ *Dormir sur ses deux oreilles,* être dans une profonde sécurité. ‖ *Laisser dormir une affaire,* la négliger.

DORMITIF, IVE adj. Fam. Qui endort.

DORMITION n. f. (lat. *dormitio,* sommeil). Relig. Mort de la Vierge dans l'ancienne liturgie.

DORSAL, E, AUX adj. (lat. *dorsum,* dos). Qui appartient au dos : *vertèbres dorsales.* ‖ Phon. Phonème dans l'articulation duquel intervient le dos de la langue.

DORSALE n. f. Puissante chaîne de montagnes sous-marine. (Syn. RIDE.) ‖ Ligne continue de montagnes terrestres ou sous-marines. ● *Dorsale barométrique* (Météor.), ligne continue de hautes pressions.

DORSALGIE n. f. Douleur du dos, en partic. de la colonne vertébrale.

DORTOIR n. m. (lat. *dormitorium*). Salle où sont les lits, dans les communautés, les internats, etc.

DORURE n. f. Action de dorer. ‖ Revêtement doré. ‖ Préparation employée pour dorer les pièces de pâtisserie.

DORYPHORE n. m. (gr. *doruphoros,* porteur de lance). Insecte coléoptère à élytres ornés de

doryphore

dix lignes noires. (Long. 1 cm. Le doryphore et sa larve se nourrissent de feuilles de pomme de terre et causent de grands ravages.)

DOS n. m. (lat. *dorsum*). Face postérieure ou supérieure du tronc des vertébrés, des épaules au bassin. ‖ Partie supérieure convexe d'un objet : *dos de la main.* ‖ Verso, revers : *dos d'une lettre.* ‖ Partie postérieure d'un fauteuil, d'un livre, etc. ● *Avoir bon dos,* être accusé au lieu d'un autre. ‖ *Être sur le dos de qqn* (Fam.), le harceler. ‖ *En avoir plein le dos* (Pop.), être excédé. ‖ *L'avoir dans le dos* (Pop.), échouer. ‖ *Mettre qqch sur le dos de qqn*, lui en donner la responsabilité. ‖ *Renvoyer dos à dos*, ne donner gain de cause à aucune des parties. ‖ *Se mettre qqn à dos*, s'en faire un ennemi. ‖ *Tomber sur le dos de qqn*, arriver à l'improviste.

DOSABLE adj. Que l'on peut doser.

DOSAGE n. m. Action de doser.

DOS-D'ÂNE n. m. inv. Disposition d'une surface formée de deux pentes inclinées de chaque côté de leur ligne de jonction; profil d'une portion de route présentant cet aspect.

DOSE n. f. (gr. *dosis*, action de donner). Quantité déterminée d'un médicament, prise en une fois ou en une journée : *dose tonique.* ‖ Quantité de ce qui entre dans un composé. ‖ Quantité de rayonnement absorbé. ‖ Quantité quelconque : *avoir une forte dose d'amour-propre.* ‖ *Forcer la dose.*

DOSER v. t. Déterminer la dose, la concentration d'une solution, les proportions d'un mélange. ‖ Proportionner, mesurer, régler : *doser ses efforts.*

DOSEUR n. m. Appareil servant au dosage.

DOSIMÈTRE n. m. Appareil servant à mesurer les doses de radiations absorbées.

DOSSARD n. m. Pièce d'étoffe reproduisant un numéro d'ordre, que les concurrents d'une épreuve sportive portent sur leur maillot.

DOSSE n. f. (de *dos*). Dans le sciage des arbres, première ou dernière planche que l'on enlève et qui conserve son écorce.

DOSSERET [dɔsrɛ] n. m. (de *dossier*). Pièce de fer avec laquelle on renforce le dos d'une scie. ‖ *Archit.* Pilastre ou saillie rectangulaire contre lesquels sont appliqués un autre pilastre, une colonne; sorte de jambage.

DOSSIER n. m. Partie d'un siège contre laquelle s'appuie le dos. ‖ Ensemble des documents concernant une personne, une question quelconque. ● *Dossier de presse,* syn. de PRESS BOOK.

DOSSIÈRE n. f. Partie du harnais posée sur le dos et soutenant les brancards. ‖ Partie du dos d'une cuirasse. ‖ Partie supérieure de la carapace d'une tortue.

DOT [dɔt] n. f. (lat. *dos, dotis*). Biens qu'apporte une femme en mariage, ou donnés aux époux par les parents ou par des tiers en vue du mariage.

DOTAL, E, AUX adj. Relatif à la dot. ● *Régime dotal,* régime matrimonial qui, jusqu'en 1966, avait pour objet d'assurer à la femme la conservation intégrale et la restitution de sa dot.

DOTALITÉ n. f. Caractère de ce qui est dotal.

DOTATION n. f. Action de doter un équipement. ‖ Ensemble des revenus assignés à un établissement d'utilité publique, à une église, à un hôpital, etc. ‖ *Hist.* Revenu attribué à certains hauts fonctionnaires.

DOTER [dɔte] v. t. (lat. *dotare*). Fournir d'un équipement, pourvoir : *doter une usine d'un matériel neuf.* ‖ Constituer une dot à : *doter sa fille.* ‖ Assigner un revenu à une communauté : *doter un hôpital.*

DOUAIRE n. m. (lat. *dos, dotis,* dot). Biens assurés par le mari à la femme survivante (vx).

DOUAIRIÈRE n. f. Veuve qui jouissait d'un douaire. ‖ Vieille dame de la haute société.

DOUANE n. f. (anc. it. *doana,* mot ar.). Administration chargée de percevoir les droits imposés sur les marchandises qui franchissent la frontière; siège de cette administration. ‖ Ces droits : *payer la douane.*

DOUANIER n. m. Employé de la douane.

DOUANIER, ÈRE adj. Qui concerne la douane. ● *Union douanière,* conventions commerciales entre États, pour l'importation et l'exportation.

DOUAR n. m. (mot ar.). Agglomération de tentes, en Afrique du Nord. ‖ Division administrative rurale en Afrique du Nord.

DOUBLAGE n. m. Action de doubler une quantité, de garnir d'une doublure, de doubler un comédien. ‖ Jonction et égalisation de plusieurs rubans de textile pendant l'étirage. ‖ *Cin.*

Postsynchronisation d'un film dont la version d'origine est parlée dans une langue étrangère. ‖ *Mar.* Revêtement métallique d'un navire.

DOUBLE adj. (lat. *duplus*). Multiplié par deux. ‖ Répété deux fois : *consonne double.* ‖ Formé de deux choses identiques : *double semelle, double fenêtre.* ‖ Qui a deux aspects opposés; hypocrite, sournois : *double jeu.* ● *À double sens,* qui a deux significations. ‖ *Double liaison* (Chim.), liaison entre deux atomes assurée par deux paires d'électrons. (Elle est représentée par le symbole = placé entre les deux atomes.) ‖ *Faire double emploi,* être superflu, inutile. ‖ *Fleur double* (Bot.), qui a plus de pétales qu'à l'état naturel. ‖ *Point double* (Math.), point qui, dans une transformation, coïncide avec son image. ◆ adv. *Voir double,* voir deux choses où il n'y en a qu'une.

DOUBLE n. m. Quantité égale à deux fois une autre : *payer le double.* ‖ Reproduction, copie; duplicata obtenu au moyen d'un carbone : *le double d'une note.* ‖ Autre échantillon d'une pièce (de collection), d'un article. ‖ Dans certaines croyances, corps impalpable qui reproduirait l'image d'une personne. ‖ Reprise variée et ornée d'un morceau de musique. ‖ Au tennis et au tennis de table, partie opposant deux équipes composées de deux joueurs. ● *Au double,* beaucoup plus : *rendre au double.* ‖ *En double,* en deux parties; en deux exemplaires.

DOUBLÉ n. m. Matière formée d'une épaisseur d'or adhérant à une feuille de cuivre, que l'on utilise en bijouterie. ‖ Action d'abattre deux pièces de gibier de deux coups de fusil rapprochés; double réussite obtenue d'un seul coup.

DOUBLÉ ou **DOUBLER** n. m. *Equit.* Action de traverser le manège dans sa longueur ou sa largeur et de reprendre la piste dans le même sens.

DOUBLEAU n. m. Arc qui double l'intrados d'une voûte en berceau ou délimite deux compartiments voûtés consécutifs. (L'espace entre deux doubleaux correspond en général à une travée de voûte.) [Syn. ARC-DOUBLEAU.]

DOUBLE-CRÈME adj. et n. m. (pl. *doubles-crèmes*). Fromage blanc additionné de crème après l'égouttage.

DOUBLEMENT n. m. Action de doubler : *doublement des prix.*

DOUBLEMENT adv. Pour deux raisons, en deux manières.

DOUBLER v. t. Multiplier par deux, porter au double; augmenter : *doubler son capital, doubler un fil, doubler le travail.* ‖ Garnir d'une doublure : *doubler un manteau.* ‖ Dépasser un véhicule. ‖ *Fam.* Devancer qqn dans une affaire, trahir sa confiance. ‖ Jouer un rôle à la place d'un autre acteur. ‖ *Cin.* Exécuter un doublage. ‖ *Sports.* Prendre un tour d'avance à un concurrent. ‖ *Text.* Assembler deux ou plusieurs fils textiles sans leur donner de torsion. ● *Doubler un cap* (Mar.), le contourner; dépasser une certaine limite, un certain âge, une période critique. ‖ *Doubler une classe,* la redoubler. ‖ *Doubler le pas,* marcher plus vite. ◆ v. i. Devenir double. ◆ **se doubler** v. pr. [de]. Accompagner, être en plus : *mauvaise foi qui se double d'impolitesse.*

DOUBLET n. m. (de *double*). Ensemble de deux objets de même nature. ‖ *Ling.* Mot de même étymologie qu'un autre, mais qui a pénétré dans la langue d'une manière différente (*hôtel* et *hôpital* sont des doublets qui proviennent du même mot latin *hospitalem,* mais le premier est d'origine populaire et le second un emprunt savant). ‖ Pierre d'imitation obtenue en fixant un corps coloré derrière un morceau de cristal. ‖ *Chim.* Ensemble des deux électrons mis en commun par deux atomes et créant par leur liaison. ● *Doublet électronique,* syn. de DIPÔLE.

DOUBLEUR, EUSE n. En Belgique, élève qui redouble une classe.

DOUBLIER n. m. *Archéol.* Grande nappe.

DOUBLON n. m. (esp. *doblón*). Monnaie d'or espagnole.

DOUBLON n. m. (de *doubler*). *Arts graph.* Répétition erronée d'un mot, d'une ligne, etc.

DOUBLURE n. f. (de *doubler*). Étoffe dont un vêtement est doublé. ‖ Acteur qui en remplace un autre.

DOUCE adj. → DOUX.

DOUCE-AMÈRE n. f. (pl. *douces-amères*). Morelle sauvage, toxique, à fleurs violettes et à baies rouges.

DOUCEÂTRE adj. Qui a une douceur fade.

DOUCEMENT adv. D'une manière douce; sans violence ni brutalité : *frapper tout doucement à une porte.* ‖ Avec lenteur; discrètement : *avancer doucement.* ‖ *Fam.* À part soi : *se payer doucement la tête de qqn.* ● *Parler doucement,* parler à voix basse. ‖ *Se porter, aller tout doucement,* ni bien ni mal. ◆ interj. Sert à engager à la modération : *doucement! prenez votre temps.*

DOUCEREUSEMENT adv. De façon doucereuse.

DOUCEREUX, EUSE adj. D'une douceur fade, désagréable : *vin doucereux.* ‖ D'une douceur affectée, mielleux : *air doucereux.*

DOUCETTE n. f. Nom usuel de la *mâche.*

DOUCETTEMENT adv. *Fam.* Tout doucement.

DOUCEUR n. f. Qualité de ce qui est doux : *la douceur du miel, de la voix, de vivre; traiter avec douceur.* ● *En douceur* (Fam.), tout doucement. ◆ pl. Friandises. ‖ *Paroles douces et aimables.*

DOUCHE n. f. (it. *doccia,* conduite d'eau). Jet d'eau dirigé sur le corps comme moyen hygiénique ou curatif : *douche froide, chaude; douche en jet, en pluie; prendre une douche.* ‖ Appareil pour se doucher. ‖ Désappointement, déception; violente réprimande. ● *Douche écossaise,* alternativement chaude et froide; alternance de bonnes et mauvaises nouvelles.

DOUCHER v. t. Donner une douche. ‖ *Fam.* Infliger une réprimande. ‖ Faire éprouver une déception. ● *Se faire doucher* (Fam.), recevoir une averse.

DOUCIN n. m. Pommier sauvage employé comme porte-greffe.

DOUCINE n. f. *Archit.* Moulure dont le profil dessine un S aux extrémités tendant vers l'horizontale, en général concave en haut, convexe en bas. ‖ Rabot servant à faire des moulures.

DOUCIR v. t. Opérer un doucissage.

DOUCISSAGE n. m. Usure des bosses sur chacune des faces d'une glace brute. ‖ Opération intermédiaire entre l'ébauchage et le polissage d'une pièce d'optique.

DOUDOUNE n. f. *Fam.* Veste fourrée de duvet.

DOUÉ, E adj. Qui a des dons naturels, intelligent.

DOUELLE n. f. (anc. fr. *doue,* douve). *Archit.* Parement intérieur (*intrados*) ou extérieur (*extrados*) d'un voussoir. ‖ Petite douve du tonneau.

DOUER v. t. (lat. *dotare*). Pourvoir d'avantages : *la nature l'a doué de mémoire.*

DOUILLE n. f. Partie creuse d'un instrument, qui reçoit le manche. ‖ Étui contenant la charge de poudre d'une cartouche d'arme à feu. ‖ Pièce dans laquelle se fixe le culot d'une ampoule électrique.

DOUILLET, ETTE adj. (lat. *ductilis,* malléable). Doux, moelleux : *lit douillet.* ‖ Sensible à la moindre douleur : *enfant douillet.*

DOUILLETTE n. f. Vêtement d'intérieur ouatiné et piqué. ‖ Petit manteau ouaté pour bébé. ‖ Vêtement d'hiver des ecclésiastiques.

DOUILLETTEMENT adv. De façon douillette.

DOULEUR n. f. (lat. *dolor*). Souffrance physique : *douleur aiguë.* ‖ Affliction, souffrance morale : *apaiser la douleur de qqn.* ● *Douleur morale* (Psychiatr.), tristesse profonde, accompagnée d'auto-accusations de fautes imaginaires, qui est un des symptômes de la mélancolie.

DOULOUREUSE n. f. *Fam.* Note à payer.

DOULOUREUSEMENT adv. Avec douleur.

DOULOUREUX, EUSE adj. Qui cause une douleur physique ou morale : *mal douloureux; séparation douloureuse.* ‖ Qui exprime la douleur : *regard douloureux.* ● *Point douloureux* (Méd.), zone de l'organisme limitée, précise, où existe une douleur spontanée ou provoquée.

DOUM n. m. Palmier d'Afrique à tige bifurquée.

DOUMA n. f. Nom donné à l'assemblée législative russe sous Nicolas II. (Il y eut quatre doumas [1906, 1907, 1907-1912, 1912-1917], qui essayèrent en vain d'instaurer la démocratie.

DOURINE n. f. Maladie contagieuse des équidés, due à un trypanosome.

DOURO [duro] n. m. Anc. monnaie d'argent d'Espagne, valant 5 pesetas.

DOUTE [dut] n. m. État d'esprit d'une personne qui est incertaine de la réalité d'un fait, qui hésite à prendre parti entre plusieurs opinions et suspend son jugement : *laisser dans le doute.* ‖ Manque de confiance dans la sincérité de qqn, dans la réalisation de qqch. ‖ Soupçon, méfiance : *avoir des doutes sur qqn.* ● *Mettre, révoquer en doute,* contester la certitude de. ‖ *Nul doute que,* il est certain que. ‖ *Sans aucun doute,* assurément. ◆ loc. adv. *Sans doute,* probablement : *il viendra sans doute demain.*

DOUTER v. t. ind. [**de**] (lat. *dubitare*). Être dans l'incertitude sur la réalité d'un fait : *je doute qu'il accepte; je ne doute pas qu'il n'accepte* ou *qu'il accepte.* ‖ Ne pas avoir confiance en : *je doute de sa parole.* ‖ *Ne douter de rien,* n'hésiter devant aucun obstacle, avoir une audace aveugle. ◆ **se douter** v. pr. [**de**]. Soupçonner, avoir le pressentiment.

DOUTEUSEMENT adv. De manière douteuse, suspecte.

DOUTEUX, EUSE adj. Qui présente des doutes, incertain : *interprétation douteuse.* ‖ Dont on n'est pas sûr, équivoque, indécis : *fidélité douteuse.* ‖ Sur qui l'on ne peut compter, suspect : *un ami douteux.*

DOUVAIN n. m. Bois de chêne propre à faire des douves de tonneau.

DOUVE n. f. (gr. *dokhê*, récipient). Large fossé rempli d'eau : *les douves d'un château.* ‖ Dans le steeple-chase, large fossé plein d'eau, précédé d'une haie ou d'une barrière. ‖ Chacune des pièces de bois longitudinales assemblées pour former le corps d'une futaille.

DOUVE n. f. (bas lat. *dolva*). Ver plat parasite, à l'état adulte, du foie de plusieurs mammifères (homme, mouton, bœuf), cause des distomatoses. (Long. 3 cm; classe des trématodes.)

DOUX, DOUCE adj. (lat. *dulcis*). Qui produit une sensation agréable : *voix douce; lumière douce; laine douce.* ‖ Qui manque d'assaisonnement : *potage trop doux.* ‖ Qui cause un sentiment de bien-être, de contentement : *des souvenirs bien doux.* ‖ Qui n'est pas brusque, qui n'est pas excessif : *pente douce, vent doux.* ‖ Qui agit sans brusquerie, qui est de caractère facile. ‖ *Techn.* Ductile, malléable, non cassant : *acier doux.* ● *Eau douce,* qui ne contient pas de sels. ‖ *En douce* (Fam.), discrètement, sans bruit. ‖ *Énergies, technologies douces,* celles qui ne font pas appel aux modes d'exploitation jugés dangereux (notamment pour l'environnement) et qui préservent à long terme les ressources naturelles (énergie éolienne, marémotrice, etc.). ‖ *Marin d'eau douce,* qui n'a navigué que sur les fleuves ou rivières. ‖ *Médecine douce,* attitude thérapeutique qui s'efforce d'éviter tout médicament ou toute intervention susceptible d'avoir un effet néfaste. ◆ adv. *Filer doux,* obéir sans résistance. ● *Tout doux,* doucement. ◆ n. m. Ce qui est doux. ◆ n. Personne douce.

DOUZAIN n. m. Anc. monnaie d'argent française, frappée à partir de François Ier. ‖ Pièce de poésie de douze vers.

DOUZAINE n. f. Ensemble de douze objets : *une douzaine d'œufs.* ● *À la douzaine,* en quantité.

DOUZE adj. num. et n. m. inv. (lat. *duodecim*). Nombre qui suit onze dans la série des entiers. ‖ *Douzième : Louis XII.* ‖ *Impr.* Syn. de CICÉRO.

DOUZE-HUIT n. m. inv. *Mus.* Mesure à quatre temps, qui a la noire pointée (ou trois croches) pour unité de temps.

DOUZIÈME adj. ord. et n. Qui occupe un rang marqué par le numéro douze. ‖ Qui se trouve douze fois dans le tout. ◆ n. m. *Douzième provisoire,* fraction d'un budget dont les Chambres autorisent le gouvernement à disposer, quand le budget n'a pas été voté avant le 1er janvier.

dragonnier

DOUZIÈMEMENT adv. En douzième lieu.

Dow Jones *(indice)*, indice boursier créé en 1896 par le *Wall Street Journal* et correspondant à la moyenne pondérée du cours de Bourse de 30 actions américaines, spécialement choisies.

DOXOLOGIE n. f. (gr. *doxa*, gloire). Formule de louange à Dieu dans la liturgie chrétienne *(Gloria Patri...).* ‖ Énoncé d'une opinion communément admise.

DOYEN, ENNE n. (lat. *decanus*, chef de dix hommes). Le plus ancien d'âge ou d'appartenance à une compagnie, un corps, un groupe.

DOYEN n. m. Administrateur d'une circonscription ecclésiastique coïncidant souvent avec le canton. ‖ Administrateur d'une faculté (vx).

DOYENNÉ n. m. Circonscription administrée par un doyen.

DOYENNÉ n. f. Poire fondante et sucrée.

DOYENNETÉ n. f. Qualité de doyen d'âge.

DRACENA n. m. Liliacée plus ou moins arborescente des régions chaudes.

DRACHME [drakm] n. f. (gr. *drakhmê*). Unité de poids et de monnaie dans la Grèce ancienne. ‖ Unité monétaire principale de la Grèce.

DRACONIEN, ENNE adj. (de *Dracon*, législateur gr.). D'une sévérité exceptionnelle : *mesures draconiennes.*

DRAG [drag] n. m. (angl. *to drag*, traîner). Course simulant une chasse à courre; mail-coach dans lequel les dames suivaient cette course (vx).

DRAGAGE n. m. Extraction de roches meubles au-dessous du niveau de l'eau. ‖ Action d'enlever ou de détruire les mines marines.

DRAGÉE n. f. (gr. *tragêmata*, dessert). Amande recouverte de sucre durci. ‖ Médicament enrobé de sucre. ‖ Menu plomb de chasse. ● *Tenir la dragée haute à qqn,* lui faire payer cher ce qu'il désire.

DRAGÉE n. f. (lat. *dravoca*, ivraie). Fourrage obtenu en semant des graines diverses.

DRAGÉIFIÉ, E adj. Se dit d'un médicament, d'une confiserie qui a la forme d'une dragée.

DRAGEOIR n. m. Petite boîte pour mettre des dragées ou des bonbons.

DRAGEON [draʒɔ̃] n. m. (mot francique). Rejeton qui naît de la racine des arbres.

DRAGEONNEMENT ou **DRAGEONNAGE** n. m. Action de drageonner.

DRAGEONNER v. i. Pousser des drageons.

DRAGLINE [draglajn] n. f. (angl. *drag*, herse, et *line*, câble). *Constr.* Matériel de terrassement agissant par raclage du terrain au moyen de godets traînés par des câbles.

DRAGON n. m. (lat. *draco*). Monstre fabuleux représenté avec des ailes et une queue de serpent. ‖ Soldat d'un corps militaire de cavalerie créé au XVIe s. pour combattre à pied ou à cheval. (La tradition des dragons a été reprise par certains régiments blindés.) ‖ Personne autoritaire ou acariâtre. ● *Dragon de vertu,* personne d'une vertu austère.

Larousse
dragonne

DRAGONNADES n. f. pl. *Hist.* Nom donné aux persécutions organisées par Louvois (1681-1685) et qu'exécutèrent les dragons royaux contre les protestants dans l'Aunis, le Poitou, le Béarn, la Guyenne, le Languedoc, et surtout dans les Cévennes. (Elles consistaient à imposer aux familles huguenotes la charge, souvent intolérable, du logement de ces soldats, appelés ironiquement «missionnaires bottés».)

DRAGONNE n. f. Courroie reliant le poignet à la garde d'un sabre, un bâton de ski, etc.

DRAGONNIER n. m. Arbre des pays chauds, dont le tronc peut atteindre plusieurs mètres de diamètre et l'âge dépasser mille ans. (Famille des liliacées, genre *dracaena*.)

DRAGSTER [dragstɛr] n. m. (mot angl.). Sorte de motocyclette ou d'automobile, au moteur très puissant, capable d'accélérations brutales et de grandes vitesses instantanées.

DRAGUE SUCEUSE PORTEUSE À OUVERTURE LONGITUDINALE

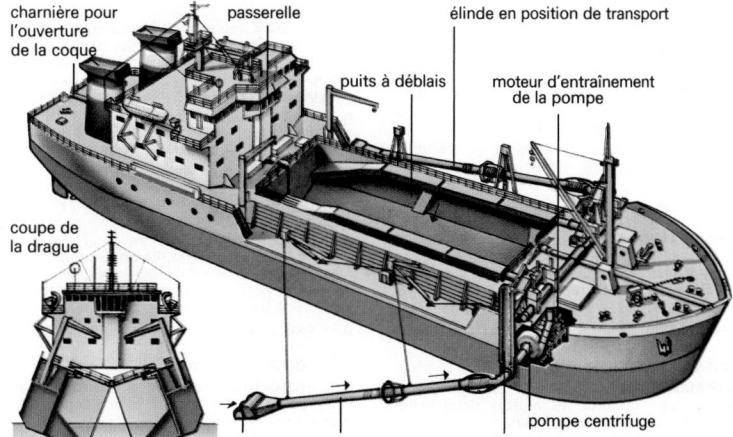

charnière pour l'ouverture de la coque
passerelle
élinde en position de transport
puits à déblais
moteur d'entraînement de la pompe
coupe de la drague
crépine
élinde de dragage
crémaillère d'abaissement de l'élinde
pompe centrifuge

draisienne

DRAGUE n. f. (angl. *drag*, crochet). Engin destiné à enlever, du fond d'un cours d'eau ou de la mer, du sable, du gravier, de la vase, etc. ‖ Ponton flottant supportant une drague. ‖ Filet à manche pour pêcher à la traîne. ‖ Dispositif mécanique, acoustique ou magnétique permettant la destruction ou la relève des mines sous-marines. ◆ *Fam.* Action de draguer qqn.

DRAGUER v. t. Curer avec la drague : *draguer un chenal.* ‖ Détecter des mines sous-marines en vue de les détruire ou de les relever. ‖ *Fam.* Chercher à racoler qqn pour une aventure amoureuse : *draguer une fille dans la rue.*

DRAGUEUR n. m. Bateau aménagé pour draguer. ● *Dragueur de mines,* bateau spécialisé dans la recherche ou la relève des mines sous-marines. ◆ adj. *Bateau dragueur,* bateau portant une drague.

DRAGUEUR, EUSE n. *Fam.* Celui, celle qui drague une autre personne.

DRAILLE n. f. (de *traille*). Câble le long duquel une embarcation se déplace sous l'influence du courant.

DRAILLE n. f. (prov. *drayo*). *Région.* Chemin emprunté par les troupeaux transhumants.

DRAIN n. m. (mot angl.). *Méd.* Tube souple percé de trous, qu'on place dans certaines plaies et qui permet l'écoulement de liquides pathologiques. ‖ Conduit souterrain pour l'épuisement des eaux d'un terrain trop humide.

DRAINAGE n. m. Action de drainer. ‖ Opération qui consiste à faciliter, au moyen de drains ou de fossés, l'écoulement des eaux dans les terrains trop humides. ‖ *Géogr.* Mode d'écoulement des eaux météoriques dans une région donnée. ‖ *Méd.* Opération qui consiste à faire écouler un liquide de l'organisme par un drain.

DRAINE n. f. → DRENNE.

DRAINER v. t. (angl. *to drain,* égoutter). Débarrasser un sol de son excès d'eau au moyen de drains. ‖ Mettre un drain dans une plaie. ‖ Pour un cours d'eau, rassembler les eaux d'une région. ‖ Attirer à soi de divers côtés : *drainer des capitaux.*

DRAISIENNE n. f. (de l'inventeur *Drais*). Anc. instrument de locomotion à deux roues mû par l'action alternative des pieds sur le sol.

DRAISINE n. f. Petit wagon automoteur utilisé par le personnel des chemins de fer pour l'entretien des voies.

DRAKKAR n. m. (mot scandin.). Bateau utilisé par les anciens Normands pour leurs expéditions.

DRALON n. m. (nom déposé). Fibre synthétique, de fabrication allemande.

DRAMATIQUE adj. Qui s'occupe de théâtre, relatif au théâtre : *auteur dramatique.* ‖ Qui émeut vivement, qui comporte un grave danger : *situation dramatique.*

DRAMATIQUE n. f. Pièce de théâtre télévisée.

DRAMATIQUEMENT adv. De façon dramatique.

DRAMATISATION n. f. Action de dramatiser.

DRAMATISER v. t. Donner un tour dramatique, faire ressortir les aspects dramatiques, graves : *dramatiser la situation.*

DRAMATURGE n. m. (gr. *dramatourgos*). Auteur de pièces de théâtre.

DRAMATURGIE n. f. Art de la composition des pièces de théâtre; traité sur la composition théâtrale.

DRAME n. m. (gr. *drâma*). Événement violent ou tragique, catastrophe, tragédie : *drame passionnel.* ‖ *Littér.* Pièce de théâtre de ton moins élevé que la tragédie, représentant une action violente ou douloureuse, où le comique peut se mêler au tragique. ● *Drame liturgique,* au Moyen Âge, mise en scène de textes sacrés. ‖ *Drame satyrique,* dans la Grèce antique, pièce comique dont le chœur est composé de satyres et qui accompagnait chaque trilogie tragique dans les représentations officielles. ‖ *En faire tout un drame,* attribuer à un événement une gravité excessive. ‖ *Tourner au drame,* prendre soudain un caractère grave.

DRAP n. m. (lat. *drappus,* mot celtique). Pièce de tissu recouvrant le matelas d'un lit ou doublant les couvertures. ‖ Tissu de laine dont les fils ont été feutrés. ● *Drap de plage,* grand morceau de tissu-éponge sur lequel on s'allonge sur le sable. ‖ *Dans de beaux draps* (Fam.), dans une situation fâcheuse, embarrassante.

DRAPÉ n. m. Plis souples effectués dans le biais du tissu pour orner un vêtement. ‖ Agencement des étoffes tel qu'il est représenté en sculpture, en peinture.

DRAPEAU n. m. (de *drap*). Pièce d'étoffe attachée à une hampe, servant autrefois d'enseigne militaire et devenue, en outre, depuis le XIXe s., l'emblème d'une nation, dont elle porte les couleurs. ‖ Objet similaire servant de signal. ● *Au drapeau!,* sonnerie militaire pour rendre les honneurs au drapeau. ‖ *Drapeau blanc,* drapeau qui indique que l'on veut parlementer ou capituler. ‖ *Drapeau noir,* emblème anarchiste. ‖ *Drapeau rouge,* emblème révolutionnaire. ‖ *Être sous les drapeaux,* appartenir aux armées, et notamment accomplir son service militaire. ‖ *Mise en drapeau,* action de mettre les pales d'une hélice à pas variable au pas qui offre le moins de résistance à l'avancement, lorsque le moteur est stoppé. ‖ *Se ranger sous le drapeau de qqn,* embrasser son parti.

DRAPEMENT n. m. Action ou manière de draper.

DRAPER v. t. Couvrir, habiller d'une draperie : *draper une statue.* ‖ Disposer d'une façon harmonieuse les plis des vêtements : *draper une robe.* ◆ **se draper** v. pr. Arranger ses vêtements de manière à former d'amples plis; s'envelopper : *se draper dans une cape.* ‖ S'enorgueillir, se prévaloir : *se draper dans sa dignité.*

DRAPERIE n. f. Fabrication et commerce du drap. ‖ Tissu disposé de manière à retomber en plis harmonieux.

DRAP-HOUSSE n. m. (pl. *draps-housses*). Drap dont les coins repliés sont conçus pour emboîter le matelas.

DRAPIER, ÈRE adj. et n. Qui fabrique ou vend du drap.

DRASTIQUE adj. et n. m. (gr. *drastikos,* énergique). Se dit des purgatifs qui agissent avec violence. ‖ D'une grande sévérité : *mesures financières drastiques.*

DRAVIDIEN, ENNE adj. Relatif aux Dravidiens. ● *Langues dravidiennes,* famille de langues parlées dans le sud de l'Inde et comprenant le telugu, le tamoul, le kannara et le malayalam.

DRAVIDIEN n. m. Style artistique médiéval du sud de l'Inde, qui se manifeste notamment par des temples aux enceintes multiples rythmées de gopura monumentaux.

DRAWBACK [dʀɔbak] n. m. (angl. *to draw,* tirer, et *back,* en arrière). Remboursement, à la réexportation de produits fabriqués, des droits de douane payés sur les matières premières qui ont servi à les préparer.

DRAYER [dʀɛje] v. t. (conj. **2**). *Techn.* Égaliser l'épaisseur du cuir.

DRAYOIRE n. f. Couteau pour drayer.

DREADNOUGHT [dʀɛdnɔt] n. m. (mot angl., *intrépide*). Type de cuirassé utilisé depuis 1907 jusque vers 1945.

DRÈCHE n. f. (mot celte). Résidu solide de l'orge utilisé dans la fabrication de la bière. (Les drèches fraîches constituent un bon aliment pour le bétail.)

DRÈGE ou **DREIGE** n. f. (néerl. *dreg,* petite ancre). Grand filet pour la pêche au fond de la mer.

DRENNE ou **DRAINE** n. f. Grive européenne de grande taille (30 cm de long).

DRÉPANORNIS n. m. Paradisier de la Nouvelle-Guinée.

DRESSAGE n. m. Action de rendre plan, de mettre droit, d'installer. ‖ Action de dresser un animal.

DRESSANT n. m. *Min.* Couche de très forte pente.

DRESSER v. t. (lat. *directus,* droit). Lever, tenir droit, vertical : *dresser la tête; dresser une échelle.* ‖ Monter, construire : *dresser une tente.* ‖ Rédiger, établir avec soin : *dresser un acte, une carte.* ‖ Rendre soumis, dompter : *dresser des animaux de cirque.* ‖ Plier qqn à une discipline stricte. ‖ Mettre en opposition; exciter : *dresser une personne contre une autre.* ‖ *Techn.* Rendre uni, aplanir, mettre d'équerre : *dresser une planche.* ‖ *Dresser l'oreille,* devenir attentif. ‖ *Dresser un piège,* le préparer. ‖ *Dresser le couvert, la table,* disposer les couverts pour un repas. ◆ **se dresser** v. pr. Se mettre debout, se tenir droit. ‖ Prendre une attitude fière, hostile.

DRESSEUR, EUSE n. Personne qui dresse des animaux.

DRESSOIR n. m. (de *dresser*). Meuble à étagères servant à exposer la vaisselle.

DRÈVE n. f. Dans le Nord et en Belgique, allée carrossable bordée d'arbres.

DREYFUSARD, E n. et adj. *Hist.* Partisan de la révision du procès du capitaine Dreyfus.

DRIBBLE n. m. Action de dribbler.

DRIBBLER v. i. (angl. *to dribble*). Dans divers sports, conduire le ballon en contournant les adversaires. ◆ v. t. Éviter ainsi un adversaire.

DRILL [dʀij] n. m. Singe cynocéphale du Cameroun. (Long. 70 cm, sans la queue.)

DRILLE [dʀij] n. m. (anc. fr. *drille,* chiffon). Autref., soudard. ● *Joyeux drille,* homme jovial.

DRILLE n. f. (all. *drillen,* percer). Porte-foret des horlogers et des bijoutiers.

DRINK [drink] n. m. Boisson alcoolisée.

DRISSE n. f. (it. *drizza*). *Mar.* Cordage qui sert à hisser. ● *Point de drisse,* partie de la vergue ou de la voile où est frappée la drisse.

DRIVE [drajv] n. m. (mot angl.). Au tennis, coup droit. ‖ Au golf, coup de longue distance donné au départ d'un trou.

DRIVE-IN [drajvin] n. m. inv. (mot amér., *entrer dans*). Cinéma de plein air où les spectateurs peuvent voir un film dans leurs voitures.

DRIVER [dʀajvœʀ ou dʀivœʀ] n. m. Au golf, club avec lequel on exécute le drive. ‖ Jockey d'une course de trot attelé.

DRIVER [dʀajve ou drive] v. i. Au tennis ou au golf, faire un drive. ◆ v. t. Conduire un cheval attelé à un sulky dans une course de trot.

DROGMAN [dʀɔgman] n. m. (it. *drogomanno,* mot gr. byzantin). *Hist.* Anc. nom des interprètes officiels à Constantinople et dans tout le Levant.

DROGUE n. f. (néerl. *droog,* sec). Médicament médiocre. ‖ Substance capable de modifier l'état de conscience. ‖ Nom donné aux ingrédients propres à la teinture, à la chimie, à la pharmacie (vx). ● *Drogue douce,* stupéfiant qui a des effets mineurs sur l'organisme, comme les dérivés du cannabis. ‖ *Drogue dure,* stupéfiant engendrant un état de dépendance.

DROGUÉ, E n. Personne intoxiquée par l'emploi de drogues. (Syn. TOXICOMANE.)

DROGUER v. t. Donner beaucoup de médicaments à un malade. ◆ **se droguer** v. pr. Prendre avec excès des médicaments ou des stupéfiants.

DROGUER v. i. (de *drogue,* anc. jeu de cartes). *Faire droguer qqn* (Fam. et vx), le faire attendre.

DROGUERIE n. f. Commerce du droguiste.

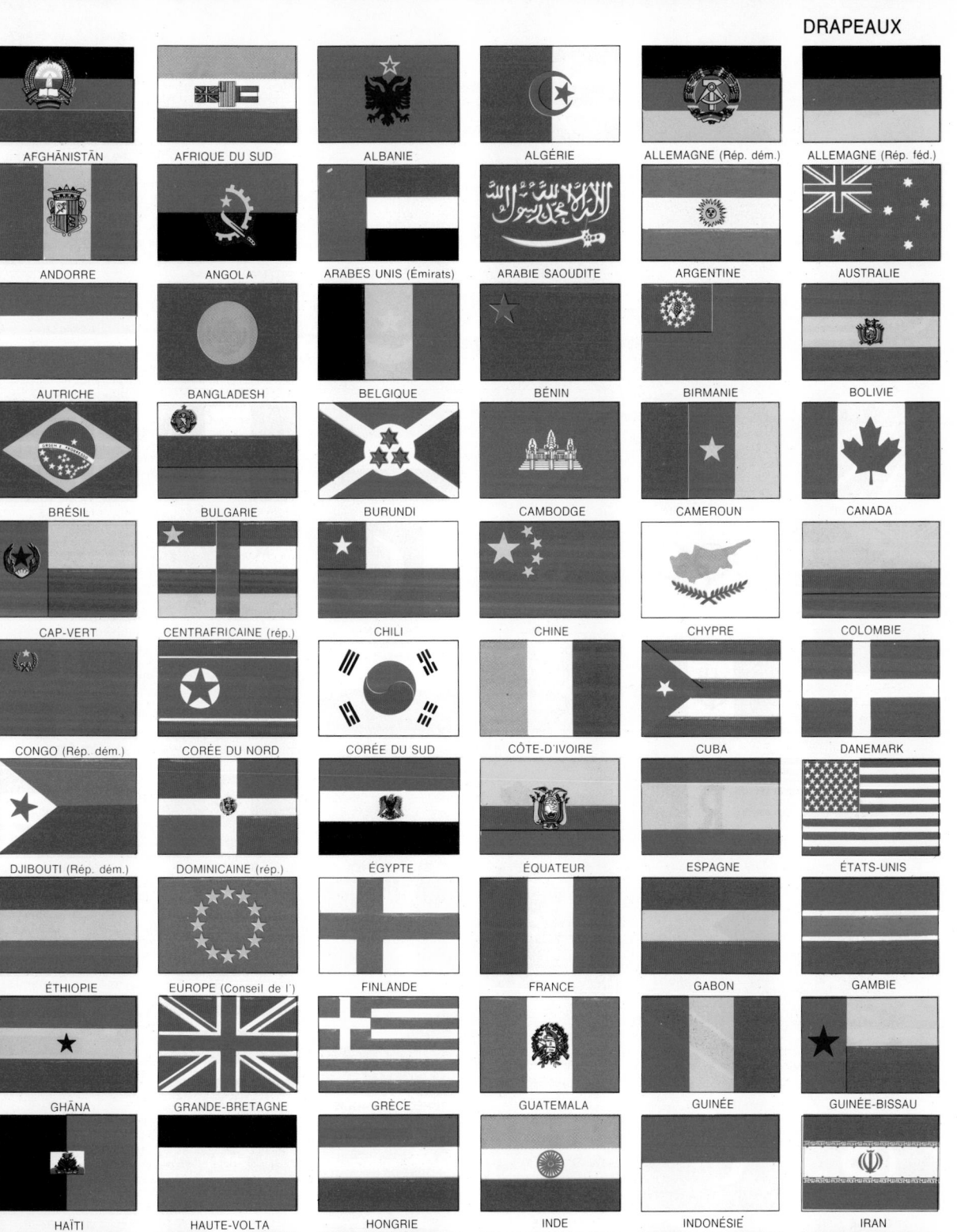

AFGHĀNISTĀN	AFRIQUE DU SUD	ALBANIE	ALGÉRIE	ALLEMAGNE (Rép. dém.)	ALLEMAGNE (Rép. féd.)
ANDORRE	ANGOLA	ARABES UNIS (Émirats)	ARABIE SAOUDITE	ARGENTINE	AUSTRALIE
AUTRICHE	BANGLADESH	BELGIQUE	BÉNIN	BIRMANIE	BOLIVIE
BRÉSIL	BULGARIE	BURUNDI	CAMBODGE	CAMEROUN	CANADA
CAP-VERT	CENTRAFRICAINE (rép.)	CHILI	CHINE	CHYPRE	COLOMBIE
CONGO (Rép. dém.)	CORÉE DU NORD	CORÉE DU SUD	CÔTE-D'IVOIRE	CUBA	DANEMARK
DJIBOUTI (Rép. dém.)	DOMINICAINE (rép.)	ÉGYPTE	ÉQUATEUR	ESPAGNE	ÉTATS-UNIS
ÉTHIOPIE	EUROPE (Conseil de l')	FINLANDE	FRANCE	GABON	GAMBIE
GHĀNA	GRANDE-BRETAGNE	GRÈCE	GUATEMALA	GUINÉE	GUINÉE-BISSAU
HAÏTI	HAUTE-VOLTA	HONGRIE	INDE	INDONÉSIE	IRAN
IRAQ	IRLANDE	ISLANDE	ISRAËL	ITALIE	JAMAÏQUE

DRAPEAUX

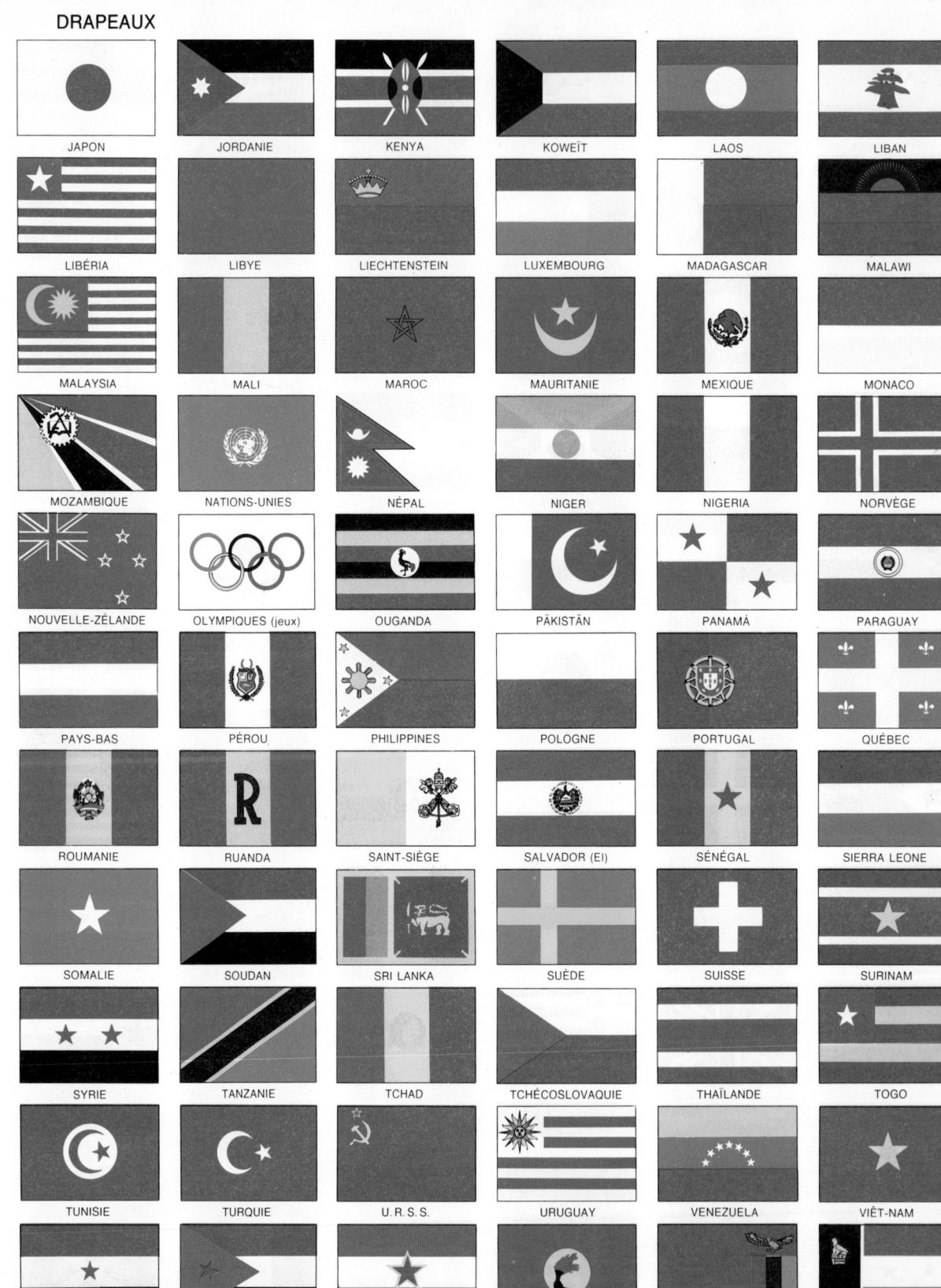

JAPON	JORDANIE	KENYA	KOWEÏT	LAOS	LIBAN
LIBÉRIA	LIBYE	LIECHTENSTEIN	LUXEMBOURG	MADAGASCAR	MALAWI
MALAYSIA	MALI	MAROC	MAURITANIE	MEXIQUE	MONACO
MOZAMBIQUE	NATIONS-UNIES	NÉPAL	NIGER	NIGERIA	NORVÈGE
NOUVELLE-ZÉLANDE	OLYMPIQUES (jeux)	OUGANDA	PÄKISTÄN	PANAMÁ	PARAGUAY
PAYS-BAS	PÉROU	PHILIPPINES	POLOGNE	PORTUGAL	QUÉBEC
ROUMANIE	RUANDA	SAINT-SIÈGE	SALVADOR (El)	SÉNÉGAL	SIERRA LEONE
SOMALIE	SOUDAN	SRI LANKA	SUÈDE	SUISSE	SURINAM
SYRIE	TANZANIE	TCHAD	TCHÉCOSLOVAQUIE	THAÏLANDE	TOGO
TUNISIE	TURQUIE	U.R.S.S.	URUGUAY	VENEZUELA	VIÊT-NAM
YÉMEN (Rép. ar.)	YÉMEN (Rép. dém. et pop.)	YOUGOSLAVIE	ZAÏRE	ZAMBIE	ZIMBABWE

DROGUET [drɔgɛ] n. m. Étoffe de soie, de laine et coton, etc., ornée d'un dessin produit par un effet de poil obtenu au moyen d'une chaîne supplémentaire.

DROGUISTE n. Personne qui fait le commerce de détail des produits chimiques, des articles d'hygiène, de ménage, etc.

DROIT n. m. (bas lat. *directum*, ce qui est juste). Ensemble des règles qui régissent les rapports des hommes constituant une même société. ‖ Science de l'étude de ces règles. ‖ Impôt, taxe, somme d'argent exigée : *droit de mutation; droit d'acte*. ‖ Faculté de faire un acte, de jouir d'une chose, d'en disposer ou d'exiger qqch que d'une autre personne : *la Constituante a défini les droits de l'homme*. ‖ Ce qui donne une autorité morale, une influence, un pouvoir : *vous n'en avez pas le droit*. ‖ Math. Anc. unité d'angle égale à 90⁰. ‖ *Sports*. Pied ou poing droit : *tirer du droit; frapper du droit*. ● *À bon droit*, justement. ‖ *Avoir droit à* (Fam.), ne pas pouvoir éviter qqch de désagréable. ‖ *De plein droit*, sans qu'il y ait matière à contestation. ‖ *Droit administratif*, branche du droit public ayant pour objet le fonctionnement de l'Administration et ses rapports avec les particuliers. ‖ *Droit canon* ou *canonique*, v. CANON. ‖ *Droit civil*, branche du droit privé portant sur l'état et la capacité des personnes, la famille, le patrimoine, la transmission des biens, les contrats, les obligations. ‖ *Droit commercial*, branche du droit privé régissant les actes de commerce, les commerçants, les sociétés commerciales. ‖ *Droit commun*, ensemble des règles juridiques qui s'appliquent à un rapport de droit donné en l'absence de dispositions législatives ou réglementaires impératives et de stipulations particulières des parties. ‖ *Droit constitutionnel*, branche du droit public qui définit la structure et les rapports des pouvoirs publics ainsi que la participation des citoyens à leur fonctionnement. ‖ *Droit divin*, qui vient de Dieu. ‖ *Droit écrit*, exprimé dans un texte élaboré à cet effet par le législateur. ‖ *Droit fiscal*, partie du droit public s'appliquant à l'impôt et aux techniques permettant de le percevoir. ‖ *Droit des gens*, anc. dénomination du DROIT INTERNATIONAL PUBLIC. ‖ *Droit international privé*, ensemble des règles qui servent à trancher les conflits entre individus de nationalités différentes. ‖ *Droit international public*, ensemble des règles que les États appliquent à leurs rapports. ‖ *Droit naturel*, ensemble des normes prenant en considération la nature de l'homme et sa finalité dans le monde. ‖ *Droit pénal*, ensemble des règles qui définissent, préviennent et sanctionnent les infractions. ‖ *Droit positif*, droit effectivement appliqué dans une société donnée. ‖ *Droit privé*, ensemble des règles qui régissent les rapports des individus entre eux. ‖ *Droit public*, ensemble des règles relatives à l'organisation de l'État et à ses rapports avec les particuliers. ‖ *Droit du travail*, ensemble des règles qui régissent les rapports entre employeurs et employés. ‖ *État de droit*, système d'organisation des sociétés dans lequel l'ensemble des rapports politiques et sociaux est soumis au droit. ‖ *Être en droit de*, avoir le droit de. ‖ *Faire droit à une demande*, l'accueillir favorablement. ‖ *Qui de droit*, la personne compétente, celle qui a l'autorité requise.

DROIT, E adj. (lat. *directus*, direct). Qui n'est pas courbe : *la ligne droite est le plus court chemin d'un point à un autre*. ‖ Vertical, debout; stable : *mur droit, cadre droit*. ‖ Math. Se dit de l'un quelconque des angles formés par deux lignes droites, lorsque ces angles sont tous égaux. ‖ Qui est du côté opposé à celui du cœur : *main droite*. ‖ Qui n'est ni ample ni cintré : *jupe droite*. ‖ Qui juge sainement : *jugement droit*. ‖ Qui agit honnêtement; honnête, loyal. ● *Coup droit*, au tennis, attaque de la balle du côté où le joueur tient sa raquette; en escrime, coup porté sans dégagement. ‖ *Engrenage droit*, engrenage dont les pignons ont leurs axes parallèles. ‖ *En droite ligne*, directement. ‖ *Veste droite*, dont la fermeture se fait bord à bord. (Contr. VESTE CROISÉE.) ◆ adv. Directement; sans intermédiaire; honnêtement : *aller droit au but, marcher droit*.

DROITE n. f. Le côté droit. ‖ La main droite. ‖ Partie d'une assemblée délibérante, siégeant habituellement à la droite du président, et constituée par les éléments conservateurs de la représentation nationale. ‖ *Boxe*. Coup porté avec le poing droit. (On dit aussi DROIT.) ‖ Math. Ligne droite indéfinie. ● *À droite*, à main droite. ‖ *À droite et à gauche*, de tous côtés. ‖ *Extrême droite*, parti politique ou fraction d'une assemblée de l'opinion la plus conservatrice.

DROITEMENT adv. De manière franche.

DROIT-FIL adj. et n. m. (pl. *droits-fils*). Se dit, en couture, d'un tissu que l'on utilise dans le sens de la trame ou de la chaîne.

DROITIER, ÈRE adj. et n. Qui se sert mieux de la main droite. ‖ *Polit*. Dans un parti de gauche, celui qui est accusé de suivre une ligne opportuniste de droite.

DROITISME n. m. *Polit*. Attitude des droitiers.

DROITURE n. f. Loyauté, honnêteté, probité.

DROLATIQUE [drɔlatik] adj. *Litt*. Récréatif; qui fait rire.

DRÔLE adj. (moyen néerl. *drol*, lutin). Qui fait rire par son originalité, sa singularité : *une anecdote très drôle*. ‖ Bizarre, étonnant, anormal : *se sentir tout drôle; une drôle d'idée; avoir un drôle d'air*.

DRÔLE n. m. *Litt*. Personne peu scrupuleuse qui n'inspire pas confiance.

DRÔLEMENT adv. De façon drôle, bizarre : *être drôlement habillé*. ‖ *Fam*. Très, extrêmement : *il fait drôlement froid*.

DRÔLERIE n. f. Qualité de ce qui est drôle : *la drôlerie de cette aventure*. ‖ Parole ou action drôle, bouffonnerie : *dire des drôleries*.

DRÔLESSE n. f. *Litt*. Femme effrontée.

DROMADAIRE n. m. (gr. *dromas*, coureur). Chameau à une seule bosse, sobre et résistant, utilisé comme monture (on l'appelle alors *méhari*) ou comme bête de somme dans les déserts d'Afrique et d'Arabie.

DROME n. f. (néerl. *drommer*, poutre). *Mar*. Ensemble des embarcations d'un navire.

DROMON n. m. (gr. *dromôn*, coureur). Au Moyen Âge, navire de guerre à rames, bâtiment type de la flotte byzantine (Vᵉ-XIIᵉ s.).

DRONTE n. m. (mot de l'île Maurice). Oiseau des îles Mascareignes. (Massif, incapable de voler, le dronte a été exterminé par l'homme au XVIIIᵉ s.)

DROP-GOAL [drɔpgol] ou **DROP** n. m. (pl. *drop-goals*). Au rugby, coup de pied en demi-volée, envoyant le ballon par-dessus la barre du but adverse et rapportant 3 points à l'équipe.

DROSERA [drozera] n. m. (gr. *droseros*, humide de rosée). Plante des tourbières d'Europe, dont les petites feuilles, étalées en rosette, portent des tentacules capables d'engluer et de digérer les menus insectes qui s'y posent. (Nom usuel : *rossolis*.)

DROSOPHILE [drozɔfil] n. f. (gr. *drosos*, rosée, et *philos*, qui aime). Insecte de l'ordre des diptères, appelé aussi *mouche du vinaigre*, utilisé de nombreuses expériences de génétique. (Long. 2 mm.)

DROSSE n. f. (it. *trozza*). *Mar*. Organe de transmission qui fait mouvoir la barre du gouvernail à partir de la roue ou du servomoteur.

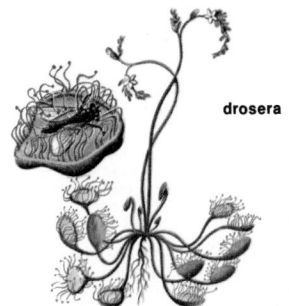

drosera

DROSSER v. t. *Mar*. En parlant du vent ou d'un courant, entraîner dans une direction différente de la route à suivre.

DRU, E adj. (mot gaulois). Épais, serré, touffu : *barbe drue*. ◆ adv. En grande quantité, serré : *tomber dru*.

DRUGSTORE [drœgstɔr] n. m. (mot amér.). Centre commercial vendant des produits de parfumerie, des journaux et des marchandises diverses, et pouvant comprendre aussi une pharmacie, un restaurant, une salle de cinéma.

DRUIDE n. m. (lat. *druida*, mot gaulois). Prêtre celte.
■ Les druides, qui formaient une classe sacerdotale, étaient aussi des docteurs et des devins. Leurs attributions judiciaires et politiques leur permirent d'avoir une influence politique, sociale et religieuse sur l'ensemble des pays celtes (Gaule, Bretagne, Irlande); ils furent l'âme de la résistance à l'occupation romaine et à la christianisation de l'Irlande.

DRUIDIQUE adj. Relatif aux druides.

DRUIDISME n. m. Institution religieuse des Celtes dirigée par les druides.

DRUMLIN [drœmlin] n. m. (mot irland.). *Géogr*. Bosse elliptique et allongée constituée par des éléments de moraine de fond et caractéristique des pays d'accumulation glaciaire.

DRUPACÉ, E adj. *Bot*. Qui ressemble à une drupe. ‖ Qui a pour fruit une drupe.

DRUPE n. f. (lat. *drupa*, pulpe). *Bot*. Fruit charnu dont l'endocarpe lignifié forme un noyau (cerise, abricot, prune, etc.).

DRY [draj] adj. et n. m. inv. (mot angl.). Sec, en parlant du champagne, d'un apéritif.

DRYADE [drijad] n. f. (gr. *druas, druados*, chêne). *Myth. gr*. Nymphe des forêts.

DRY-FARMING [drajfarmiŋ] n. m. (mot angl.). Méthode de culture appliquée dans les régions semi-arides, visant à retenir l'eau dans le sol par de fréquentes façons superficielles pendant la période de jachère.

DU art. contracté, issu de *de le*.

DÛ n. m. Ce qui est dû à qqn : *réclamer son dû*.

DÛ, DUE part. pass. de *devoir*.

DUAL, E, AUX adj. *Log*. Se dit de deux relations d'ordre, telles que si, pour la première, *a* précède *b*, pour la seconde, *b* précède *a*. ‖ Math. Se dit de l'espace vectoriel constitué par les formes linéaires sur un espace vectoriel.

DUALISME n. m. (lat. *dualis*, de deux). Pensée religieuse ou philosophique qui admet deux principes, comme la matière et l'esprit, le corps et l'âme, le bien et le mal, opposés dès l'origine. (Contr. MONISME.) ‖ Coexistence de deux systèmes politiques, de deux partis opposés. ‖ Hist. Système politique qui, de 1867 à 1918, régla les relations de l'Autriche et de la Hongrie, et des pays qui dépendaient de ces deux États.

DUALISTE adj. et n. Qui appartient au dualisme; partisan du dualisme.

DUALITÉ n. f. Caractère de ce qui est double en soi : *la dualité de l'être humain*. ‖ Math. Correspondance biunivoque entre deux ensembles, telle qu'à toute assertion relative aux éléments de l'un corresponde une assertion relative aux éléments de l'autre.

DUBITATIF, IVE adj. (lat. *dubitare*, douter). Qui exprime le doute, l'incertitude : *réponse dubitative*.

DUBITATIVEMENT adv. De façon dubitative.

DUC n. m. (lat. *dux, ducis*, chef). Souverain d'un duché. ‖ Titre de noblesse le plus élevé sous l'Ancien Régime. (Il continua à être attribué, en France, par les monarchies qui se succédèrent au XIXᵉ s.) ‖ Ancienne voiture de luxe à quatre roues et à deux places, avec un siège par-devant et un autre par-derrière pour les domestiques. ‖ Nom de trois espèces de hiboux : *grand duc, moyen duc et petit duc*.

DUCAL, E, AUX adj. De duc : *manteau ducal*.

DUCASSE n. f. Fête communale, en Flandre, en Artois et en Belgique.

DUCAT [dyka] n. m. (it. *ducato*). Anc. monnaie, généralement en or, de valeur différente suivant les pays. (Les premiers ducats furent frappés à Venise au XIIIe s.)

DUC-D'ALBE n. m. (pl. *ducs-d'Albe*). Faisceau de pieux enfoncé dans le fond d'un bassin ou d'un cours d'eau et auquel viennent s'amarrer les navires.

DUCE [dutʃe] n. m. (mot it., *chef*). Titre pris par Mussolini, chef de l'Italie fasciste de 1922 à 1945.

DUCHÉ n. m. (de *duc*). Ensemble des terres et seigneuries auquel le titre de duc était attaché. (Apparus dès le VIIe s., les duchés, au IXe s., entrent dans le système féodal : les ducs sont vassaux du roi ou de l'empereur; ils ont pour vassaux les comtes.)

DUCHÉ-PAIRIE n. m. (pl. *duchés-pairies*). Terre à laquelle était attaché le titre de duc et pair.

DUCHESSE n. f. Femme d'un duc, ou qui possède un duché. ‖ *Fam.* Femme qui affecte des airs au-dessus de sa condition. ‖ Variété de poire à chair fondante et parfumée.

DUCROIRE n. m. (de *dû*, et *croire*, dans le sens de *vendre à crédit*). Convention suivant laquelle un commissionnaire se porte garant, à l'égard du commettant, de l'exécution de l'opération par le tiers avec qui il traite. ‖ Prime qu'il reçoit dans ce cas. ‖ Le commissionnaire lui-même.

DUCTILE adj. (lat. *ductilis*, malléable). Qui peut être étiré, allongé, sans se rompre : *l'or est très ductile.*

DUCTILITÉ n. f. Propriété de certains métaux de pouvoir être étirés en fils très minces.

DUDGEON n. m. Outil de chaudronnier servant à dudgeonner.

DUDGEONNER v. t. *Techn.* Fixer l'extrémité d'un tube, par déformation de la matière à l'état solide, dans l'ouverture d'une plaque pour obtenir un ensemble étanche.

DUÈGNE [dɥɛɲ] n. f. (esp. *dueña*). Gouvernante ou femme âgée qui était chargée, en Espagne, de veiller sur une jeune fille, une jeune femme.

DUEL n. m. (lat. *duellum*, forme anc. de *bellum*, guerre). Combat entre deux adversaires, dont l'un a demandé à l'autre réparation d'une offense par les armes. ● *Duel judiciaire*, au haut Moyen Âge, combat entre un accusateur et un accusé, admis comme preuve juridique.

DUEL n. m. (lat. *duo*, deux). *Ling.* Nombre, distinct du singulier et du pluriel, employé dans certaines langues pour désigner deux personnes ou deux choses.

DUELLISTE n. Personne qui se bat en duel.

DUETTISTE n. Personne qui chante ou qui joue en duo.

DUETTO [dɥeto] n. m. (mot it.). Petit duo pour deux voix ou deux instruments.

DUFFLE-COAT ou **DUFFEL-COAT** [dœfalkot] n. m. (de *Duffel*, ville de Belgique, et angl. *coat*, manteau) [pl. *duffle-coats*]. Manteau trois quarts, en tissu molletonné imperméabilisé, avec capuchon.

DUGONG [dygɔ̃] n. m. (mot malais). Mammifère marin à corps massif, vivant sur le littoral de l'océan Indien. (Long. : jusqu'à 3 m; ordre des siréniens.)

DUITE n. f. (anc. fr. *duire*, conduire). Quantité de fil de trame déroulée et insérée par la navette du métier à tisser, d'une lisière à l'autre. ‖ Dans la tapisserie, aller et retour du fil de trame à travers la chaîne, recouvrant entièrement celle-ci.

DULÇAQUICOLE ou **DULCICOLE** adj. Qui vit dans les eaux douces de façon exclusive.

DULCIFICATION n. f. Action de dulcifier (vx).

DULCIFIER v. t. (lat. *dulcis*, doux). Tempérer l'amertume de certaines substances (vx).

DULCINÉE n. f. (de *Dulcinée*, n. pr.). *Ironiq.* Femme aimée.

DULCITE n. f. *Chim.* Matière sucrée que l'on retire du mélampyre.

DULIE n. f. (gr. *douleia*, servitude). *Culte de dulie*, culte d'honneur rendu aux anges et aux saints, par opposition au culte d'adoration dit de *latrie*, rendu à Dieu seul.

DUM-DUM [dumdum] adj. inv. (nom du cantonnement anglais de l'Inde où ce projectile fut inventé). Se dit d'une balle de fusil dont l'ogive cisaillée en croix produit des blessures particulièrement graves.

DÛMENT adv. Selon les formes prescrites.

DUMPING [dœmpiŋ] n. m. (angl. *to dump*, jeter bas). Pratique du commerce international consistant à vendre une marchandise sur un marché étranger à un prix inférieur à celui du marché intérieur. (Réalisé souvent avec l'appui de l'État, il permet aux produits nationaux de concurrencer les productions étrangères.)

DUNDEE [dœndi] n. m. (mot angl.). Bateau de pêche et de cabotage à deux mâts.

DUNE n. f. (moyen néerl. *dûne*, mot gaul.). Monticule sablonneux édifié par le vent sur les littoraux et dans les déserts.

DUNETTE n. f. (dimin. de *dune*). Superstructure sur le pont arrière d'un navire, et qui s'étend en largeur d'un bord à l'autre.

DUO n. m. (lat. *duo*, deux). Morceau de musique pour deux voix ou deux instruments. ‖ *Fam.* Propos échangés simultanément entre deux personnes : *duo d'injures*. ‖ *Métall.* Laminoir à deux cylindres.

DUODÉCIMAL, E, AUX adj. (lat. *duodecimus*, douzième). Qui se compte, se divise par douze.

DUODÉNAL, E, AUX adj. Relatif au duodénum.

DUODÉNITE n. f. Inflammation du duodénum.

DUODÉNUM [dɥɔdenɔm] n. m. (lat. *duodenum digitorum*, de douze doigts). Première portion de l'intestin, qui succède à l'estomac et où débouchent le canal pancréatique et le cholédoque.

DUOPOLE n. m. (de *duo*, deux, d'apr. *monopole*). Situation d'un marché sur lequel la concurrence ne s'exerce qu'entre deux vendeurs face à une multitude d'acheteurs.

DUPE n. f. et adj. (anc. forme de *huppe*). Personne qui a été trompée ou qu'on peut tromper aisément.

DUPER v. t. *Litt.* Tromper, abuser.

DUPERIE n. f. *Litt.* Tromperie, mystification.

DUPEUR, EUSE n. *Litt.* Personne qui trompe.

DUPLEX n. m. Appartement réparti sur deux étages réunis par un escalier intérieur. ‖ Liaison électrique ou radioélectrique entre deux points, utilisable simultanément dans les deux sens.

DUPLEXAGE n. m. *Radio.* Syn. de DUPLICATION.

DUPLEXER ou **DUPLIQUER** v. t. *Radio.* Établir un équipement en duplex.

DUPLICATA n. m. inv. (lat. *duplicata littera*, lettre redoublée). Double d'un acte, d'un écrit.

DUPLICATEUR n. m. Machine permettant de reproduire un document manuscrit ou dactylographié à de nombreux exemplaires.

DUPLICATION n. f. Action de doubler. ‖ Opération donnant des duplicata. ‖ *Biol.* Doublement des filaments des chromosomes, rendant possible la division cellulaire. (Syn. RÉPLICATION.) ‖ *Radio.* Action d'établir un duplex.

DUPLICITÉ n. f. (bas lat. *duplicitas*). Mauvaise foi, hypocrisie.

DUPLIQUER v. t. → DUPLEXER.

DUQUEL pron. relat. (pl. *desquels*). Forme contractée de *de lequel*.

DUR, E adj. (lat. *durus*). Difficile à entamer; ferme, solide : *bois dur*. ‖ Qui offre de la résistance : *cette porte est dure*. ‖ Qui supporte fermement la fatigue, la douleur; énergique, résistant. ‖ Pénible à supporter, rigoureux, sévère : *une dure obligation*. ‖ Qui ne se laisse pas attendrir, insensible : *être dur avec ses enfants*. ‖ Qui n'accepte pas les compromis en politique : *les éléments durs d'un parti*. ‖ Rebelle à la discipline : *cet enfant est très dur*. ‖ Qui demande un effort physique ou intellectuel : *un trajet dur; le problème est dur*. ‖ *Phys.* Se dit des rayons X les plus pénétrants. ● *Avoir l'oreille dure*, entendre difficilement; être entêté, obstiné. ‖ *Cœur dur*, cœur insensible. ‖ *Eau dure*, eau qui, contenant certains composés minéraux, ne forme pas de

mousse avec le savon. ‖ *Mer dure*, mer dont les lames sont courtes et hachées. ‖ *Œuf dur*, œuf dont le blanc et le jaune ont été solidifiés dans la coquille par une cuisson prolongée. ‖ *Rendre la vie dure à qqn*, le tourmenter, le rendre malheureux. ◆ adv. Durement, énergiquement : *il travaille dur*. ‖ Avec violence : *frapper dur*.

DUR, E n. *Fam.* Personne qui n'a peur de rien, ne recule devant rien. ‖ Personne qui manifeste de l'intransigeance. ◆ n. m. *Construction en dur*, construction en matériau dur.

DURABILITÉ n. f. Qualité de ce qui est durable. ‖ *Dr.* Période d'utilisation d'un bien.

DURABLE adj. De nature à durer longtemps.

DURABLEMENT adv. De façon durable.

DURAIN n. m. Constituant macroscopique du charbon, dur et mat.

DURAL, E, AUX adj. Relatif à la dure-mère.

DURALUMIN [dyralymɛ̃] n. m. (nom déposé). Alliage léger d'aluminium à haute résistance mécanique.

DURANT prép. (part. prés. de *durer*). Pendant toute la durée de : *durant une heure*. (*Durant* peut se placer après le nom pour insister sur la continuité : *sa vie durant*.)

DURATIF, IVE adj. et n. m. *Ling.* Se dit d'une forme verbale envisageant une action dans son développement ou sa durée.

DURCIR v. t. Rendre dur : *la gelée durcit le sol; durcir sa position*. ◆ v. i. et **se durcir** v. pr. Devenir dur.

DURCISSEMENT n. m. Action de se durcir : *durcissement du mortier; le net durcissement des négociations*.

DURCISSEUR n. m. Produit qui, ajouté à un matériau, provoque son durcissement.

DURE n. f. *Coucher sur la dure*, sur la terre, sur des planches. ‖ *À la dure*, de manière rude, sans ménagement. ◆ pl. *En voir de dures*, être malmené.

DURÉE n. f. Intervalle de temps que dure une chose : *la durée des études*. ‖ *Psychol.* Qualité psychologique et subjective qui s'oppose au temps mesurable et objectif.

DUREMENT adv. Avec dureté.

DURE-MÈRE n. f. (pl. *dures-mères*). La plus externe des méninges, fibreuse, résistante.

DURER v. i. (lat. *durare*). Avoir une durée de : *son discours a duré deux heures*. ‖ Se prolonger : *la sécheresse dure*. ‖ Résister aux causes de destruction, au temps.

DURETÉ n. f. Qualité de ce qui est dur (dans tous les sens de l'adj.) : *la dureté de l'acier; la dureté du climat; répondre avec dureté*. ‖ Teneur d'une eau en ions calcium et magnésium. ● *Clause de dureté*, clause atténuant le caractère automatique du divorce pour rupture de la vie commune, au cas où celui-ci aurait des conséquences très graves pour l'un des conjoints et pour les enfants.

DURHAM [dyram] n. m. et adj. Autre nom de la race bovine SHORTHORN.

DURILLON n. m. Callosité qui se forme aux pieds ou aux mains, aux points de frottement.

DURIT [dyrit] n. f. (nom déposé). Tuyau en caoutchouc spécial utilisé pour faire des raccords dans les canalisations des moteurs à explosion.

DUUMVIR [dyɔmvir] n. m. (mot lat.). *Antiq.* Magistrat romain exerçant une charge conjointement avec un autre.

DUUMVIRAT n. m. *Antiq.* Fonction de duumvir; durée de cette fonction.

DUVET n. m. (anc. fr. *dumet*, petite plume). Plume légère qui garnit le dessous du corps des oiseaux. ‖ Premières plumes des oiseaux nouvellement éclos. ‖ Sac de couchage fourré de plumes ou d'une matière isolante. ‖ Poils doux et fins sur le visage des jeunes gens, sur certains fruits, etc.

DUVETER (SE) v. pr. (conj. 4). Se couvrir de duvet.

DUVETEUX, EUSE [dyvtø, øz] adj. Qui a du duvet; qui a l'apparence du duvet.

Dy, symbole chimique du *dysprosium*.

DYADE n. f. (gr. *duas*, couple). Idée métaphysique de la dualité ou de certains couples de contraires, chez les anciens philosophes grecs. ‖ *Psychol.* Couple de deux sujets en interaction.
DYADIQUE adj. *Math.* Se dit de l'écriture d'un nombre dans le système binaire. ‖ *Psychol.* Relatif à la dyade.
DYARCHIE n. f. (gr. *duo*, deux, et *arkhê*, commandement). Régime politique où deux instances se partagent le pouvoir, chacune d'entre elles pouvant se réclamer de la souveraineté nationale.
DYKE [dik *ou* dajk] n. m. (mot angl.). Filon de roche éruptive injecté dans une fissure et qui, dégagé par l'érosion différentielle, forme une muraille escarpée.
dyn, symbole de la dyne.
DYNAMIQUE adj. (gr. *dunamikos*; de *dunamis*, puissance). Relatif à la force, au mouvement. ‖ Qui considère les choses dans leur mouvement. ‖ Plein d'entrain, d'activité, d'énergie; entreprenant.
DYNAMIQUE n. f. Partie de la mécanique qui étudie les relations entre les forces et les mouvements. ● *Dynamique de(s) groupe(s)* [Psychol.], étude expérimentale de l'évolution des petits groupes, qui concerne essentiellement les communications, les décisions et la créativité.
DYNAMIQUEMENT adv. Au point de vue dynamique. ‖ Avec dynamisme.
DYNAMISATION n. f. Action de dynamiser.
DYNAMISER v. t. Donner du dynamisme, de l'énergie : *dynamiser une équipe.* ‖ En homéopathie, accroître l'homogénéité et le pouvoir thérapeutique d'un médicament par dilution, trituration, etc.
DYNAMISME n. m. Énergie, vitalité, efficacité : *le dynamisme d'un collaborateur, d'une entreprise.* ‖ *Philos.* Doctrine qui ne reconnaît dans les éléments matériels que des combinaisons de forces.
DYNAMISTE adj. et n. *Philos.* Qui concerne ou soutient le dynamisme.
DYNAMITAGE n. m. Action de dynamiter.
DYNAMITE n. f. (gr. *dunamis*, force). Substance explosive, due à Nobel (1866), et composée de nitroglycérine et d'une substance absorbante qui rend l'explosif stable. ● *C'est de la dynamite,* se dit d'une situation explosive, d'une personne dynamique.
DYNAMITER v. t. Faire sauter à la dynamite.
DYNAMITEUR, EUSE n. Personne qui effectue un dynamitage.
DYNAMO n. f. (abrév. de *dynamoélectrique*). Machine dynamoélectrique.
DYNAMOÉLECTRIQUE adj. *Machine dynamoélectrique,* ou *dynamo* n. f., machine qui transforme l'énergie mécanique en énergie électrique, sous forme de courant continu.
■ Une dynamo comprend : un *inducteur fixe,* électroaimant qui comporte un nombre pair de pôles et est excité soit par une source indépendante, soit par le courant de la dynamo après amorçage; un *induit mobile,* comportant des bobines réunies en série; des organes de connexion : le *collecteur* et les *balais.* Les dynamos peuvent fonctionner comme moteur, mais, dans ce cas, le sens de rotation de la machine est inverse de celui dans lequel il faudrait faire tourner l'induit pour si obtenir un courant de même sens.
DYNAMOGÈNE ou **DYNAMOGÉNIQUE** adj. *Physiol.* Qui accroît l'énergie, stimulant.
DYNAMOMÈTRE n. m. Instrument qui sert à la mesure des forces.
DYNAMOMÉTRIQUE adj. Relatif à la mesure des forces.
DYNASTE n. m. *Antiq.* Nom donné à certains oligarques ou à des souverains de petits territoires. ‖ Grand coléoptère d'Amérique, dont le mâle porte deux longues cornes horizontales.
DYNASTIE n. f. (gr. *dunasteia*, puissance). Suite de souverains issus du même sang : *la dynastie capétienne.* ‖ Suite de personnalités dans une même famille : *la dynastie des Bach.*
DYNASTIQUE adj. Qui concerne une dynastie.
DYNE n. f. (gr. *dunamis*, force). Unité de mesure de force (symb. : dyn), valant 10^{-5} newton.
DYSARTHRIE [dizartri] n. f. (gr. *arthron*, articulation). Difficulté d'articuler les mots, résultant d'une paralysie ou d'une ataxie des centres nerveux commandant les organes phonatoires.
DYSCALCULIE n. f. Difficulté spécifique dans l'apprentissage du calcul, l'intelligence étant par ailleurs normale.
DYSCHROMATOPSIE n. f. (gr. *khrôma*, couleur, et *opsis*, vue). Trouble de la perception des couleurs.
DYSCHROMIE [diskromi] n. f. (gr. *khrôma*, couleur). Troubles de la pigmentation de la peau.
DYSEMBRYOME n. m. Tumeur embryonnaire, constituée par des tissus matures ou immatures.
DYSEMBRYOPLASIE n. f. Trouble grave du développement d'un tissu pendant la vie intra-utérine, cause d'anomalies importantes.
DYSENTERIE [dizãtri] n. f. (gr. *entera*, intestin). Maladie infectieuse ou parasitaire, provoquant une diarrhée douloureuse et sanglante. ● *Dysenterie amibienne,* affection chronique, due aux amibes, caractérisée par des ulcérations intestinales et des complications hépatiques.
DYSENTÉRIQUE adj. et n. Qui relève de la dysenterie; atteint de dysenterie.
DYSFONCTIONNEMENT n. m. Fonctionnement irrégulier, anormal, exagéré ou diminué d'un organe, d'un mécanisme, etc.
DYSGÉNÉSIE n. f. Anomalie du développement sexuel due à une aberration chromosomique.
DYSGRAPHIE n. f. Altération de l'écriture sans atteinte neurologique ni déficit intellectuel.
DYSHARMONIE n. f. Absence d'harmonie. ● *Dysharmonie évolutive* (Psychiatr.), état pathologique constitué par un déséquilibre du développement des différents secteurs de la vie intellectuelle et affective de l'enfant.
DYSIDROSE ou **DYSHIDROSE** [dizidroz] n. f. (gr. *idros*, sueur). Trouble de la sécrétion de la sueur, engendrant des lésions de la peau.
DYSKÉRATOSE n. f. Anomalie de formation de la couche cornée de la peau, observée dans de nombreuses dermatoses.
DYSKINÉSIE n. f. Trouble de l'activité motrice quelle qu'en soit la cause. ● *Dyskinésie biliaire,* trouble de l'évacuation de la vésicule biliaire.
DYSLALIE [dislali] n. f. (gr. *lalein,* bavarder). Trouble de l'émission de la parole.
DYSLEXIE n. f. (gr. *lexis,* mot). Difficulté spécifique d'apprentissage de la lecture courante chez un enfant qui ne présente pas par ailleurs de déficit intellectuel ou sensoriel et qui est normalement scolarisé.
DYSLEXIQUE adj. et n. Atteint de dyslexie, relatif à la dyslexie.
DYSMÉNORRHÉE [dismenɔre] n. f. (gr. *mên,* mois, et *rhein,* couler). Troubles du flux menstruel; règles douloureuses.
DYSMORPHIE ou **DYSMORPHOSE** n. f. Anomalie de la forme d'une partie du corps.
DYSORTHOGRAPHIE n. f. Difficulté spécifique d'apprentissage de l'orthographe chez un enfant qui ne présente pas par ailleurs de déficit intellectuel ou sensoriel et qui est normalement scolarisé. (La dysorthographie est souvent liée à la dyslexie.)
DYSPAREUNIE n. f. Chez la femme, douleur provoquée par les rapports sexuels.
DYSPEPSIE [dispɛpsi] n. f. (gr. *peptein,* cuire). Digestion difficile.
DYSPEPSIQUE ou **DYSPEPTIQUE** adj. et n. Qui relève, qui est atteint de la dyspepsie.
DYSPHAGIE n. f. Difficulté à avaler les aliments ou même les liquides.
DYSPHONIE n. f. Modification pathologique du timbre de la voix (voix cassée, rauque, éteinte).
DYSPLASIE n. f. (gr. *plassein,* façonner). Trouble du développement des tissus entraînant des malformations.
DYSPNÉE [dispne] n. f. (gr. *pnein,* respirer). Difficulté à respirer, provenant soit de l'appareil respiratoire, soit de l'appareil circulatoire, ou encore de la composition du sang.
DYSPRAXIE n. f. Désordre de la réalisation motrice, lié à un trouble de la représentation corporelle et de l'organisation spatiale.
DYSPROSIUM [disprozjɔm] n. m. Métal (Dy), n° 66, de masse atomique 162,50, du groupe des terres rares.
DYSSOCIAL, E, AUX adj. Se dit d'un type de comportement entrant en conflit avec les codes sociaux usuels.
DYSSOCIALITÉ n. f. Caractère de ce qui est dyssocial.
DYSTHYMIE n. f. Trouble de la régulation de l'humeur (excitation ou dépression).
DYSTOCIE n. f. (gr. *dustokia*). Difficulté à l'accouchement provoquée par une anomalie d'origine maternelle ou fœtale.
DYSTOCIQUE adj. Se dit d'un accouchement difficile qui exige une intervention médicale.
DYSTONIE n. f. Anomalie du tonus musculaire. ● *Dystonie neurovégétative,* trouble du fonctionnement des systèmes sympathique et parasympathique, cause de symptômes multiples.
DYSTROPHIE n. f. (gr. *trophê,* nourriture). Lésion organique due à un trouble de la nutrition.
DYSURIE [dizyri] n. f. (gr. *ouron,* urine). Difficulté d'uriner.
DYSURIQUE adj. et n. Atteint de dysurie.
DYTIQUE n. m. (gr. *dutikos,* plongeur). Insecte coléoptère carnivore, à corps ovale et à pattes postérieures nageuses, vivant dans les eaux douces. (Les plus grandes espèces atteignent 5 cm de long.)

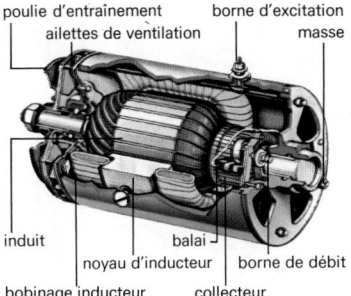

DYNAMO

poulie d'entraînement — borne d'excitation
ailettes de ventilation — masse
induit — balai
noyau d'inducteur — borne de débit
bobinage inducteur — collecteur

dytique

e

éléphants d'Afrique *(phot. Montoya-Pitch)*

E n. m. Cinquième lettre de l'alphabet et la deuxième des voyelles : *un petit e; des E majuscules.* ‖ **e,** base des logarithmes népériens. ‖ **e,** symbole de l'*électron.* ‖ **E,** symbole de l'einsteinium. ‖ **E,** symbole de *exa.* ‖ **E** (Mus.), nom de la note *mi,* en anglais et en allemand. • *E fermé* [e], qui se prononce la bouche presque close, comme dans *bonté, assez,* et qui porte en général l'accent aigu. ‖ *E muet,* qui ne se prononce pas, comme dans *soierie.* ‖ *E ouvert* [ɛ], qu'on prononce la bouche presque grande ouverte, comme dans *succès, revêche, pelle, furet,* et qui porte souvent l'accent grave ou l'accent circonflexe. ‖ *E sourd* [ə], qui se prononce presque comme [œ] dans *renouveau.*

EAU n. f. (lat. *aqua*). Liquide incolore transparent, inodore, insipide, fait d'oxygène et d'hydrogène combinés, et presque partout présent dans la nature. ‖ Rivière, lac, mer : *promenade sur l'eau.* ‖ Nom donné à un grand nombre de liquides alcooliques, ou obtenus par distillation, infusion, etc. ‖ Tout liquide comme la sueur, la salive, les larmes, etc. : *être tout en eau.* ‖ Suc de certains fruits. ‖ Limpidité des pierres précieuses. • *Eau de Cologne,* eau de toilette consistant en une solution alcoolique d'huiles essentielles (bergamote, citron, lavande, etc.). ‖ *Eau de constitution,* eau qui fait partie intégrante de la molécule d'un composé. ‖ *Eau de cristallisation,* eau en combinaison chimique avec certaines substances à l'état de cristaux. ‖ *Eau mère,* résidu d'une solution après cristallisation d'une substance qui y était dissoute. ‖ *Eau de Seltz,* solution de gaz carbonique sous pression, naturelle ou artificielle. ‖ *Eau de toilette,* lotion alcoolisée et parfumée utilisée pour la toilette. ‖ *Écran d'eau,* nappe de tubes d'eau disposée dans une chaudière de manière à constituer la paroi de la chambre de combustion ou à protéger du rayonnement les parois, tout en servant de surface de chauffe. ‖ *Faire eau,* se remplir d'eau, en parlant d'un navire. ‖ *Faire de l'eau,* faire sa provision d'eau douce. ◆ pl. Eaux thermales ou minérales : *une ville d'eaux.* ‖ Liquide amniotique : *perdre les eaux.* • *Eaux et Forêts,* administration chargée de tout ce qui concerne les cours d'eau, les étangs et les forêts de l'État. ‖ *Basses eaux, hautes eaux,* niveau le plus bas, le plus haut des eaux d'un fleuve, à une période de l'année qui varie selon le régime.

■ L'eau est un corps composé résultant de la combinaison de deux volumes d'hydrogène à un volume d'oxygène, de formule H_2O. Elle bout à la température de 100 ⁰C, sous la pression de 1 atmosphère, et se solidifie à 0 ⁰C. Elle existe dans l'atmosphère à l'état de vapeur. 1 cm³ d'eau à 4 ⁰C pèse sensiblement 1 g. Les eaux naturelles tiennent en dissolution des gaz et des sels, et en suspension des poussières et quelquefois des microbes pathogènes. Les eaux suspectes doivent être filtrées ou stérilisées.

EAU-DE-VIE n. f. (pl. *eaux-de-vie*). Liquide fortement alcoolisé produit par distillation du vin, du marc, du cidre, du grain, etc.

EAU-FORTE n. f. (pl. *eaux-fortes*). Nom de l'acide nitrique du commerce. ‖ Estampe obtenue au moyen d'une planche gravée avec cet acide.

EAUX-VANNES n. f. pl. Parties liquides contenues dans les fosses d'aisances.

ÉBAHIR v. t. (anc. fr. *baer,* bayer). Frapper d'étonnement; stupéfier : *cette nouvelle m'a ébahi.* ◆ **s'ébahir** v. pr. S'étonner.

ÉBAHISSEMENT n. m. Étonnement extrême.

ÉBARBAGE n. m. Action d'ébarber.

ÉBARBER v. t. (de *barbe*). Enlever les barbes ou bavures d'une pièce moulée ou usinée. ‖ *Agr.* Tondre la racine d'une plante. ‖ *Rel.* Couper les bords irréguliers des feuillets dépassant les tranches d'un livre.

ÉBARBEUSE n. f. Machine à ébarber.

ÉBARBOIR n. m. Outil pour ébarber les métaux.

ÉBARBURE n. f. Partie enlevée en ébarbant.

ÉBATS [eba] n. m. pl. Mouvements folâtres, détente joyeuse : *prendre ses ébats.*

ÉBATTRE (S') v. pr. (conj. **48**). Se détendre en se donnant du mouvement.

ÉPURATION DE L'EAU DESTINÉE À LA CONSOMMATION.

Après dégrillage, déshuilage et tamisage, pour retenir les corps solides en suspension, l'eau, additionnée de chlore gazeux, de sulfate d'alumine et de charbon actif, est envoyée dans des bassins de décantation où les boues se déposent avant d'être ultérieurement traitées. Puis l'eau est clarifiée dans des bassins filtrants, à travers des couches successives de sable et de graviers. Épurée, elle est ensuite soumise à une stérilisation par l'ozone, puis refoulée dans les canalisations d'alimentation.

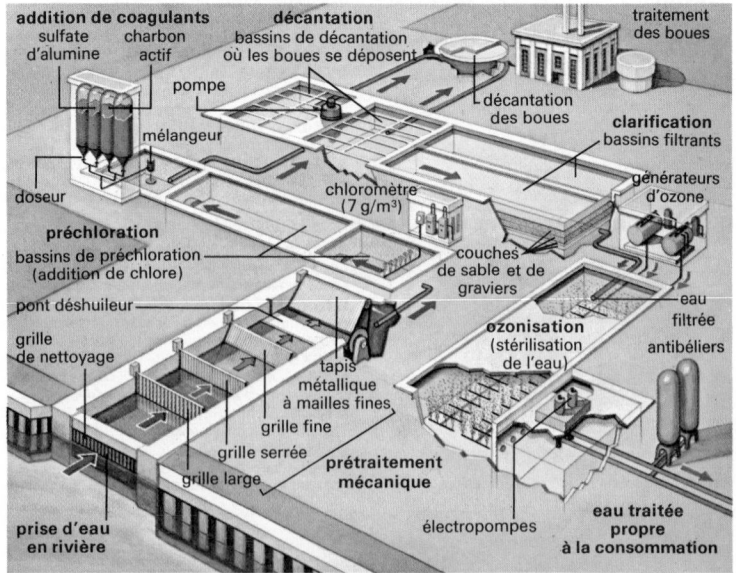

ÉBAUBI, E [ebobi] adj. (anc. fr. *abaubir*, rendre bègue). *Fam.* et *vx.* Surpris.

ÉBAUCHAGE n. m. Action de donner une première façon à un objet.

ÉBAUCHE n. f. Premier stade d'exécution d'une œuvre d'art : *l'ébauche d'un tableau.* ‖ Commencement : *l'ébauche d'un sourire.* ‖ *Techn.* Ouvrage dont l'ensemble est terminé, et dont les détails restent à exécuter.

ÉBAUCHER v. t. (anc. fr. *bauch*, poutre). Donner la première forme, la première façon à une œuvre. ‖ Commencer, esquisser sans aller jusqu'au bout : *ébaucher un geste, un projet.*

ÉBAUCHEUR n. m. Ouvrier qui ébauche.

ÉBAUCHOIR n. m. Outil de sculpteur, de charpentier, pour ébaucher.

ÉBAVURAGE n. m. Syn. d'ÉBARBAGE. (Ce terme est plus spécialement utilisé pour des pièces usinées.)

ÉBAVURER v. t. Syn. d'ÉBARBER.

ÉBÉNACÉE n. f. Arbre ou arbuste des régions tropicales. (Les *ébénacées* forment une famille qui comprend l'*ébénier* et le *plaqueminier*.)

ÉBÈNE n. f. (gr. *ebenos*). Bois noir, dur et pesant de l'ébénier. ‖ Couleur d'un beau noir : *cheveux d'ébène.* ● *Bois d'ébène,* nom donné autref. aux Noirs par les négriers.

ÉBÉNIER n. m. Arbre de l'Afrique équatoriale qui fournit le bois d'ébène. ● *Faux ébénier,* nom usuel du *cytise.*

ÉBÉNISTE n. m. Menuisier qui travaille les bois de placage pour meubles de luxe.

ÉBÉNISTERIE n. f. Travail, métier de l'ébéniste.

ÉBERLUÉ, E [ebɛrlɥe] adj. (de *berlue*). Stupéfait, étonné.

ÉBIONITES n. m. pl. Nom donné à diverses sectes judéo-chrétiennes, répandues surtout dans l'Orient chrétien aux IIe et IIIe s.

ÉBLOUIR v. t. (mot germ.). Troubler la vue par un éclat trop vif : *la lumière du soleil nous éblouit.* ‖ Frapper vivement par sa beauté, fasciner, émerveiller : *se laisser éblouir par les* apparences. ‖ Rendre orgueilleux; aveugler : *ses succès l'ont ébloui.*

ÉBLOUISSANT, E adj. Qui trouble la vue par un trop grand éclat : *une couleur éblouissante.* ‖ Merveilleux, brillant : *fête éblouissante.*

ÉBLOUISSEMENT n. m. Trouble momentané de la vue, causé par une trop vive lumière. ‖ Sensation de vertige. ‖ Admiration mêlée d'étonnement, émerveillement.

ÉBONITE n. f. (angl. *ebony*, ébène). Caoutchouc durci par addition de soufre, utilisé pour ses propriétés isolantes.

ÉBORGNAGE n. m. *Agr.* Action d'éborgner.

ÉBORGNEMENT n. m. Action d'éborgner.

ÉBORGNER v. t. Rendre borgne. ‖ *Agr.* Enlever les bourgeons (yeux) inutiles d'un arbre, d'une plante.

ÉBOUEUR n. m. (de *boue*). Ouvrier chargé d'enlever les ordures ménagères. (Syn. fam. BOUEUX.)

ÉBOUILLANTAGE n. m. Action d'ébouillanter.

ÉBOUILLANTER v. t. Tremper dans l'eau bouillante ou passer à la vapeur; arroser d'eau bouillante. ◆ **s'ébouillanter** v. pr. Se brûler avec de l'eau bouillante.

ÉBOULEMENT n. m. Chute de ce qui s'écroule. ‖ Matériaux éboulés.

ÉBOULER v. t. (anc. fr. *esboeler*, éventrer; de *bouel*, boyau). Faire écrouler. ◆ **s'ébouler** v. pr. Tomber en s'affaissant, s'effondrer, s'écrouler.

ÉBOULIS [ebuli] n. m. Amas de matières éboulées : *un éboulis de roches.*

ÉBOURGEONNEMENT ou **ÉBOURGEONNAGE** n. m. Action d'ébourgeonner.

ÉBOURGEONNER v. t. Ôter les bourgeons superflus d'un arbre, de la vigne.

ÉBOURIFFAGE n. m. Action d'ébouriffer.

ÉBOURIFFANT, E adj. Extraordinaire, incroyable : *aventure ébouriffante.*

ÉBOURIFFÉ, E adj. (prov. *esbourifat*; de *bourro*, bourre). Qui a les cheveux en désordre.

ÉBOURIFFER v. t. Embrouiller les cheveux, les mettre en désordre. ‖ Étonner vivement, ahurir : *cette nouvelle m'a ébouriffé.*

ÉBOURRER v. t. *Techn.* Dépouiller une peau d'animal de la bourre qui la recouvre.

ÉBOUTER v. t. Couper le bout de : *ébouter les branches d'un arbre.*

ÉBRANCHAGE ou **ÉBRANCHEMENT** n. m. Action d'ébrancher un arbre.

ÉBRANCHER v. t. Dépouiller de ses branches.

ÉBRANCHOIR n. m. Serpe à long manche qui sert à tailler les arbres.

ÉBRANLEMENT n. m. Action d'ébranler, de s'ébranler : *l'ébranlement du convoi, de la santé, de la confiance.* ‖ Bouleversement provoqué par une émotion : *ébranlement nerveux.*

ÉBRANLER v. t. Faire osciller, faire trembler : *les camions ébranlent la rue.* ‖ Rendre moins solide, moins stable : *ébranler la santé.* ‖ Amener qqn à douter, modifier ses convictions; toucher : *ce témoignage l'ébranla.* ◆ **s'ébranler** v. pr. Se mettre en mouvement.

ÉBRASEMENT n. m. Biais donné aux côtés de l'embrasure d'une baie, pour faciliter l'ouverture des vantaux ou donner plus de lumière. (On dit aussi ÉBRASURE.)

ÉBRASER v. t. (de *embraser*). Élargir progressivement, de dehors en dedans, l'épaisseur de la baie d'une porte, d'une fenêtre, etc.

ÉBRÈCHEMENT n. m. Action d'ébrécher.

ÉBRÉCHER v. t. (conj. **5**). Endommager en faisant une brèche : *ébrécher un couteau.* ‖ Entamer, diminuer : *ébrécher sa fortune.*

ÉBRÉCHURE n. f. Partie ébréchée d'un objet.

ÉBRIÉTÉ n. f. État d'une personne ivre.

ÉBROÏCIEN, ENNE adj. et n. D'Évreux.

ÉBROUEMENT n. m. Expiration forte et sonore, avec vive secousse de la tête, chez certains animaux (cheval, bœuf, etc.).

ÉBROUER (S') v. pr. (anc. fr. *brou*, bouillon). Souffler de frayeur, d'impatience, en parlant du cheval. ‖ S'ébattre, s'agiter pour se nettoyer : *le chien s'est ébroué au sortir de l'eau.*

ÉBRUITEMENT n. m. Action d'ébruiter.

ÉBRUITER v. t. Rendre public : *ébruiter une nouvelle.* ◆ **s'ébruiter** v. pr. Devenir connu.

ÉBULLIOMÈTRE ou **ÉBULLIOSCOPE** n. m. Appareil servant à mesurer les températures d'ébullition.

ÉBULLIOMÉTRIE ou **ÉBULLIOSCOPIE** n. f. Mesure de l'élévation de la température d'ébullition d'un solvant lorsqu'on y dissout une substance.

ÉBULLITION n. f. (lat. *ebullire*, bouillir). Passage d'un liquide à l'état gazeux, les deux phases étant en équilibre. ‖ Effervescence, agitation passagère : *ville en ébullition.*

ÉBURNÉEN, ENNE ou **ÉBURNÉ, E** adj. (lat. *eburneus*, d'ivoire). Qui a la couleur ou la consistance de l'ivoire. (Syn. IVOIRIN.)

ÉCAILLAGE n. m. Action d'enlever les écailles. ‖ Action d'ouvrir les huîtres. ‖ Défaut des vernis, des glaçures, etc., qui s'écaillent.

ÉCAILLE [ekaj] n. f. (germ. *skalja*, tuile). Chacune des lames recouvrant le corps de certains animaux, cornées chez les reptiles, osseuses chez les poissons. ‖ Parcelle d'une chose qui se détache en petites plaques. ‖ Partie aplatie et latérale de l'os temporal. ‖ Chacune des valves d'une coquille bivalve. ‖ *Bot.* Feuille rudimentaire protégeant les bourgeons d'hiver. ‖ Feuille charnue et gonflée de réserves entourant le bulbe de l'oignon, du lis, etc. ‖ Matière première provenant de la carapace de certaines tortues, utilisée en tabletterie et en marqueterie. ◆ pl. Ornement d'architecture formé de demi-disques se chevauchant.

ÉCAILLÉ, E adj. Qui s'écaille : *peinture écaillée.*

ÉCAILLER v. t. Enlever les écailles de : *écailler un poisson.* ‖ Séparer les écailles d'une huître ou de quelque autre coquillage. ◆ **s'écailler** v. pr. Se détacher en plaques minces comme des écailles : *peinture qui s'écaille.*

ÉCAILLER, ÈRE n. Personne qui ouvre ou qui vend des huîtres.

TRAITEMENT DES EAUX USÉES.
Après dégrillage et dessablement, les eaux d'égout passent dans un décanteur primaire pour séparer de l'effluent les matières en suspension. Les boues sont soumises à une fermentation anaérobie, au cours de laquelle des micro-organismes désagrègent les molécules organiques complexes. Fluides et inodores, les boues digérées sont, après séchage, utilisées comme engrais agricoles. Débarrassé de ses boues, l'effluent est désintégré biologiquement par fermentation aérobie dans des bassins d'aération, puis, après décantation, rejeté en rivière.

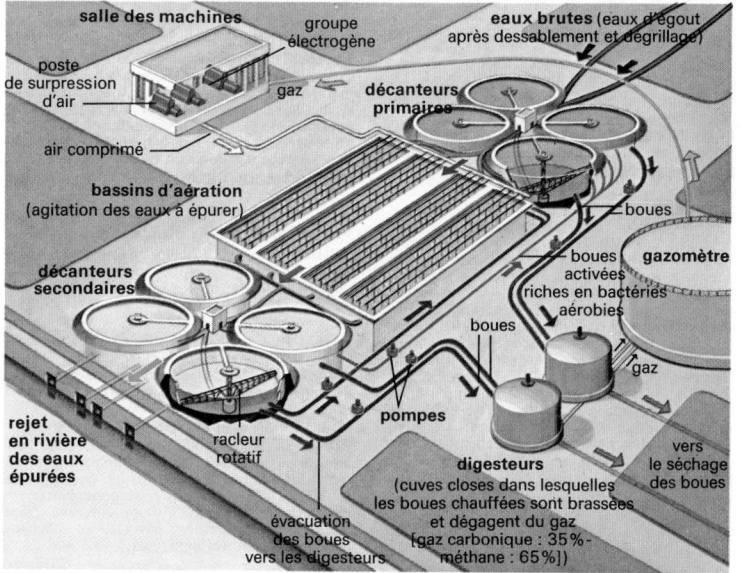

salle des machines — groupe électrogène — eaux brutes (eaux d'égout après dessablement et dégrillage) — poste de surpression d'air — gaz — décanteurs primaires — air comprimé — bassins d'aération (agitation des eaux à épurer) — boues — décanteurs secondaires — boues activées riches en bactéries aérobies — gazomètre — boues — gaz — rejet en rivière des eaux épurées — racleur rotatif — pompes — digesteurs (cuves closes dans lesquelles les boues chauffées sont brassées et dégagent du gaz [gaz carbonique : 35 %- méthane : 65 %]) — évacuation des boues vers les digesteurs — vers le séchage des boues

ÉCAILLEUX, EUSE adj. Qui a des écailles : *poissons écailleux.* ‖ Qui se lève par écailles : *ardoise écailleuse.*

ÉCAILLURE n. f. Partie écaillée d'une surface.

ÉCALE [ekal] n. f. (de l'anc. haut all. *skala,* de même racine que *écaille*). Enveloppe coriace de quelques fruits (noix, noisettes, amandes, etc.).

ÉCALER v. t. Ôter l'écale, l'enveloppe, la coquille de.

ÉCANG [ekã] n. m., ou **ÉCANGUE** n. f. Instrument pour écanguer.

ÉCANGUER v. t. (mot germ.). *Techn.* Broyer la tige du lin, du chanvre, etc., pour séparer les parties ligneuses de la filasse.

ÉCARLATE n. f. (persan *saqirlāt,* mot ar.). Couleur d'un rouge vif. ‖ Étoffe de cette couleur : *manteau d'écarlate.* ◆ adj. Rouge vif : *rubans écarlates; visage écarlate.*

ÉCARQUILLER [ekarkije] v. t. (anc. fr. *équartiller,* mettre en quatre). *Écarquiller les yeux,* les ouvrir tout grands.

ÉCART n. m. (de *écarter,* séparer). Action de se détourner de son chemin, de sa ligne de conduite : *faire un écart; un écart d'humeur.* ‖ Distance, intervalle, différence : *diminuer l'écart entre le prix d'achat et le prix de vente.* ‖ Petite agglomération distincte du centre principal de la commune à laquelle elle appartient. ‖ *Ling.* Acte de parole qui s'écarte de la norme. ‖ *Stat.* Valeur absolue de la différence entre une valeur observée et une valeur particulière prise comme origine. ● *À l'écart,* loin : *se tenir à l'écart. Écart type* (Stat.), mesure de la dispersion équivalant à la racine carrée de la moyenne des carrés des différences entre les valeurs observées et leur moyenne dans une distribution. ‖ *Grand écart,* mouvement au cours duquel les jambes, qui ont deux directions opposées

grand **écart**

(devant et derrière, droite et gauche) par rapport au buste, touchent le sol sur toute leur longueur.

ÉCARTÉ, E adj. Situé à l'écart, éloigné, isolé : *endroit écarté.*

ÉCARTÉ n. m. Jeu de cartes qui se joue ordinairement à deux, avec 32 cartes.

ÉCARTELÉ, E adj. et n. m. *Hérald.* Se dit d'un écu partagé en quatre quartiers par une ligne horizontale et une perpendiculaire.

ÉCARTÈLEMENT n. m. Supplice par lequel on écartelait un condamné.

ÉCARTELER v. t. (anc. fr. *esquarterer,* mettre en pièces) [conj. 3]. Tirer, solliciter en sens opposés, partager, tirailler : *être écartelé entre des idées contraires.* ‖ Faire tirer en sens inverse par des chevaux les quatre membres d'un condamné, jusqu'à ce qu'ils soient détachés du corps. ‖ *Hérald.* Diviser un écu en quatre quartiers.

ÉCARTEMENT n. m. Action d'écarter ou d'être écarté; distance entre deux choses : *l'écartement des rails.*

ÉCARTER v. t. (lat. pop. *exquartare;* de *quartus,* quart). Mettre des choses, des personnes à une certaine distance l'une de l'autre : *écarter les jambes.* ‖ Repousser, tenir à distance; évincer : *écarter les curieux; écarter un candidat de la compétition.* ‖ Rejeter, ne pas en tenir compte; éliminer : *écarter les obstacles.* ◆ **s'écarter** v. pr. S'éloigner d'une personne, d'une chose, d'une direction.

ÉCARTER v. t. (de *carte*). Rejeter une ou plusieurs cartes de son jeu pour en prendre de nouvelles.

ÉCARTEUR n. m. Dans les courses landaises, celui qui provoque l'animal et l'évite par un

écart. ‖ Instrument de chirurgie servant à écarter les lèvres d'une plaie.

ECBALLIUM [ɛkbaljɔm] n. m. (gr. *ekballein,* projeter). Plante basse du sud de la France, à fleurs jaunes et à fruits verts qui, à maturité, s'ouvrent avec bruit et projettent au loin leurs graines. (Famille des cucurbitacées.)

ECCE HOMO [ɛkseɔmo] n. m. inv. (mots lat., *voilà l'homme,* dits par Pilate). Représentation du Christ couronné d'épines et portant un roseau en guise de sceptre.

ECCHYMOSE [ekimoz] n. f. (gr. *ekkhumôsis;* de *ekkhein,* s'écouler). Épanchement de sang dans l'épaisseur de la peau, dont la couleur passe du rouge au bleu, puis au jaune, par altération de l'hémoglobine.

ECCLÉSIA [eklezja] n. f. (mot gr.). Assemblée des citoyens jouissant de leurs droits politiques dans une cité grecque antique.

ECCLÉSIAL, E, AUX adj. Qui concerne l'Église en tant que communauté de tous les fidèles chrétiens.

ECCLÉSIASTIQUE adj. (gr. *ekklêsiastikos*). Qui concerne l'Église, le clergé.

ECCLÉSIASTIQUE n. m. Membre du clergé.

ECCLÉSIOLOGIE n. f. Partie de la théologie qui traite de la nature et de la vie de l'Église.

ECDYSONE n. f. Hormone provoquant la mue chez les insectes.

ÉCERVELÉ, E adj. et n. Qui agit sans réflexion; étourdi.

ÉCHAFAUD [eʃafo] n. m. (lat. pop. *catafalicum*). Plate-forme sur laquelle on exécute les condamnés à mort. ‖ Peine de mort, exécution : *risquer l'échafaud.*

ÉCHAFAUDAGE n. m. Ouvrage provisoire en charpente établi pour l'édification, l'entretien ou la réparation de constructions. ‖ Accumulation d'objets : *échafaudage de meubles.* ‖ Action de construire avec difficulté ou d'une manière compliquée : *l'échafaudage d'un système.*

ÉCHAFAUDER v. i. Dresser un échafaudage. ◆ v. t. Amonceler, dresser l'un sur l'autre (vx). ‖ Préparer avec difficulté, élaborer, combiner : *échafauder des projets.*

ÉCHALAS [eʃala] n. m. (gr. *kharax,* pieu). Pieu qui soutient la vigne ou d'autres plantes trop faibles pour demeurer verticales. ‖ *Fam.* Personne grande et maigre.

ÉCHALASSER v. t. Soutenir avec des échalas : *échalasser une vigne.*

ÉCHALIER n. m. (lat. *scalarium*). Sorte d'échelle permettant de franchir une haie. ‖ Clôture d'échalas.

ÉCHALOTE n. f. (lat. *ascalonia cepa,* oignon d'Ascalon). Plante voisine de l'oignon, dont on se sert comme condiment. (Famille des liliacées.)

ÉCHANCRÉ, E adj. *Côte échancrée,* qui présente une ou des échancrures. ‖ *Vêtement échancré,* dont l'encolure est ouverte.

ÉCHANCRER v. t. (de *chancre*). Tailler le bord, entamer, creuser : *échancrer le col d'une robe.*

ÉCHANCRURE n. f. Partie échancrée. ‖ Petit golfe.

ÉCHANGE n. m. Opération par laquelle on échange : *faire un échange avantageux; des échanges culturels; échange de politesses.* ‖ *Biol.* Passage et circulation de substances entre une cellule et le milieu extérieur. ● *Échange international* (Écon.), relations commerciales entre les nations. ‖ *Échange restreint, généralisé* (Anthropol.), type de mariage entre individus appartenant à des groupes plus ou moins importants. ‖ *En échange,* en compensation, en contrepartie, en revanche. ‖ *En échange de,* à la place de. ‖ *Valeur d'échange,* faculté que donne un objet d'en acquérir d'autres. (Elle résulte de ce que l'homme ou la machine qui a produit l'objet l'a transformé en marchandise. Elle diffère de la *valeur d'usage**.)

ÉCHANGEABLE adj. Qui peut être échangé.

ÉCHANGER v. t. (de *changer*) [conj. 1]. Donner une chose et en recevoir une autre en contrepartie : *échanger des timbres.* ‖ Adresser qqch à qqn de qui on reçoit qqch d'autre en réponse : *échanger des lettres, des opinions.*

échafaudage métallique

ÉCHANGEUR n. m. Dispositif de raccordement entre plusieurs voies routières ou autoroutières sans aucun croisement à niveau. ● *Échangeur de chaleur,* appareil destiné à réchauffer ou à refroidir un fluide au moyen d'un autre fluide circulant à une température différente. ‖ *Échangeur d'ions,* substance solide, naturelle ou synthétique, capable d'échanger ses ions avec ceux contenus dans une solution.

ÉCHANGISME n. m. Pratique qui, dans un groupe, entre deux couples, consiste à changer de partenaire sexuel avec l'accord de tous.

ÉCHANGISTE n. *Dr.* Personne qui effectue un échange de biens. ‖ Personne qui pratique l'échangisme.

ÉCHANSON [eʃãsɔ̃] n. m. (mot francique). Officier qui servait à boire à un grand personnage. ‖ *Litt.* Personne qui verse à boire.

ÉCHANTILLON n. m. (anc. fr. *eschandillon,* échelle pour mesurer). Petit morceau coupé dans une pièce d'étoffe. ‖ Petite quantité d'un produit, qui permet d'en apprécier les qualités ou d'en faire l'analyse. ‖ *Spécimen : échantillon d'écriture.* ‖ Aperçu, exemple : *donner un échantillon de son talent.* ‖ *Cybern.* Valeur d'une grandeur échantillonnée à un instant d'échantillonnage. ‖ *Mar.* Ensemble des dimensions des pièces formant un navire. ‖ *Stat.* Fraction représentative d'une population ou d'un univers statistique.

ÉCHANTILLONNAGE n. m. Action d'échantillonner; série d'échantillons.

ÉCHANTILLONNÉ, E adj. Qui a fait l'objet d'un échantillonnage. ● *Système échantillonné* (Cybern.), système dans lequel l'information est échantillonnée.

ÉCHANTILLONNER v. t. Choisir, réunir des échantillons. ‖ *Cybern.* Définir la variation d'une grandeur par la suite de ses valeurs, appelées *échantillons,* à des instants définis généralement périodiques. ‖ Choisir les personnes qui seront interrogées au cours d'une enquête par sondage, en vue d'obtenir un résultat représentatif.

ÉCHANTILLONNEUR, EUSE n. Personne qui échantillonne.

ÉCHAPPATOIRE n. f. Moyen adroit ou détourné pour se tirer d'embarras.

ÉCHAPPÉ n. m. *Chorégr.* Mouvement dans lequel la danseuse, après avoir effectué une flexion, se relève sur les pointes (ou les demi-pointes) en écartant légèrement les jambes, pour revenir ensuite à la position initiale.

ÉCHAPPÉE n. f. Action de distancer ses concurrents : *l'échappée d'un coureur.* ‖ Espace étroit laissé libre à un passage : *échappée sur la mer.* ‖ Court voyage pour lequel on se libère d'une contrainte (vx). ‖ Dans un escalier, espace entre les marches et la voûte.

ÉCHAPPEMENT n. m. Expulsion, dans l'atmosphère, des gaz de la combustion d'un moteur thermique. ‖ Dispositif qui permet cette expulsion. ‖ Mécanisme d'horlogerie qui sert à régulariser le mouvement d'une pendule, d'une montre. ● *Échappement libre,* tuyau d'échappement démuni de silencieux.

ÉCHAPPER v. i. (lat. pop. *excappare,* sortir à

la chape). Se sauver, fuir : *laisser échapper un prisonnier.* ◆ v. t. ind. [**à, de**]. Se soustraire, se dérober à qqn : *échapper aux gardiens.* ‖ Ne pas être atteint, concerné par qqch : *échapper à la maladie.* ‖ Ne pas être compris, reçu par qqn : *ceci m'échappe; son nom m'échappe.* ● *Ce mot m'a échappé,* je l'ai prononcé sans y prendre garde. ‖ *Échapper des mains,* tomber. ‖ *Laisser échapper,* ne pas retenir, ne pas contenir. ◆ v. t. *L'échapper belle,* éviter de peu un danger. ◆ **s'échapper** v. pr. Sortir de, s'enfuir : *deux détenus se sont échappés de la prison.* ‖ Se répandre brusquement : *la vapeur s'échappe de la chaudière.* ‖ Se dissiper : *son dernier espoir s'est échappé.*

ÉCHARDE n. f. (mot francique). Petit fragment d'un corps quelconque entré dans la chair.

ÉCHARDONNAGE n. m. Action d'échardonner.

ÉCHARDONNER v. t. Arracher les chardons d'un champ.

ÉCHARNEMENT ou **ÉCHARNAGE** n. m. Action d'écharner les peaux.

ÉCHARNER v. t. (lat. *caro, carnis,* chair). Enlever d'une peau les chairs qui y adhèrent et qui ne doivent pas être tannées.

ÉCHARNOIR n. m. Couteau à deux poignées et en forme de plane, pour écharner les peaux.

ÉCHARPE n. f. (mot francique). Large bande d'étoffe qui se porte obliquement d'une épaule à la hanche opposée, ou autour de la ceinture : *l'écharpe d'un maire.* ‖ Bandage qui sert à soutenir une main ou un bras blessés. ‖ Bande d'étoffe (lainage, soie, etc.) que l'on porte sur les épaules ou autour du cou. ‖ Pièce oblique posée obliquement pour assurer l'indéformabilité d'un ouvrage de menuiserie ou de charpente. ● *En écharpe,* d'une épaule à la hanche opposée; en bandoulière; obliquement, latéralement : *automobile prise en écharpe par un train.* ‖ *Tir d'écharpe,* tir dirigé obliquement par rapport à l'objectif.

ÉCHARPER v. t. (anc. fr. *escharpir*). Blesser grièvement. ● *Se faire écharper* (Fam.), subir les insultes, les coups de qqn.

ÉCHASSE n. f. (mot francique). Long bâton garni d'un étrier, pour marcher à une certaine hauteur au-dessus du sol. ‖ Oiseau charadriiforme, à plumage noir et blanc et à longues pattes roses, mesurant 35 cm et nichant près des rivages, dans le sud de la France.

ÉCHASSIER n. m. (de *échasse*). Oiseau aux longues pattes cherchant sa nourriture dans les eaux douces peu profondes. (Les *échassiers* sont partagés en trois ordres : *ardéiformes, ralliformes* et *charadriiformes,* parfois réunis en un superordre.)

ÉCHAUBOULURE n. f. (de *échauder* et *bouillure*). Vétér. Ancien nom de l'urticaire chez les animaux domestiques, encore utilisé pour désigner cette maladie chez les bovins.

ÉCHAUDAGE n. m. Action d'échauder. ‖ Accident de croissance des grains de céréales provoqué par un excès de chaleur.

ÉCHAUDEMENT n. m. État du blé échaudé.

ÉCHAUDER v. t. (bas lat. *excaldare;* de *calidus,* chaud). Plonger dans l'eau bouillante : *on échaude une bête tuée pour la dépouiller.* ‖ Brûler avec un liquide chaud. ‖ Faire subir à qqn une mésaventure qui lui sert de leçon : *échauder un client.* ● *Blé échaudé,* blé dont le grain ridé, flétri par la chaleur, contient peu de farine.

ÉCHAUDOIR n. m. Salle d'abattoir où les animaux sont abattus, dépecés et préparés pour la vente en gros. ‖ Récipient pour échauder.

ÉCHAUFFANT, E adj. Se dit d'un aliment qui constipe (vx).

ÉCHAUFFÉ n. m. Odeur de matières trop chauffées ou en fermentation (vx).

ÉCHAUFFEMENT n. m. Action d'échauffer, de s'échauffer. ‖ État d'une pièce de frottement ou de roulement dont la température s'élève par défaut de graissage ou de refroidissement. ‖ État de céréales, de farines, de foin qui commencent à fermenter. ‖ Surexcitation morale. ‖ Entraînement léger précédant immédiatement une compétition sportive.

ÉCHAUFFER v. t. (lat. *excalefacere*). Donner de la chaleur; élever la température. ‖ Animer, exciter : *échauffer les esprits.* ● *Échauffer la bile, les oreilles,* mettre en colère. ◆ **s'échauffer** v. pr. S'exciter, s'animer : *la discussion s'échauffe.* ‖ S'entraîner avant un match, une course.

ÉCHAUFFOURÉE n. f. Léger combat, bagarre confuse.

ÉCHAUGUETTE n. f. (mot francique). Guérite de guet placée en surplomb sur une muraille fortifiée, une tour, etc.

ÈCHE n. f. → AICHE.

ÉCHÉANCE n. f. (de *échéant*). Délai entre la date d'un engagement et son exigibilité : *emprunter à longue échéance.* ‖ Date de paiement d'une dette, de l'exécution d'une obligation : *respecter ses échéances.*

ÉCHÉANCIER n. m. Registre où sont placés, à leur date d'échéance, des effets de commerce.

ÉCHÉANT, E adj. *Dr.* Qui peut ou doit échoir, en parlant d'un effet de commerce. ● *Le cas échéant,* si le cas se présente, à l'occasion.

échasse

ÉCHEC [eʃɛk] n. m. (empr. au jeu des *échecs*). Insuccès, manque de réussite : *un échec dans des négociations.* ● *Faire échec à,* empêcher de réussir.

ÉCHECS n. m. pl. (persan *châh,* roi). Jeu qui se joue sur un échiquier de 64 cases, au moyen de 32 pièces, de valeurs diverses. ◆ *sing.* Situation du roi en position d'être pris par une pièce de l'adversaire. ● *Échec et mat,* coup qui met fin à la partie. ◆ adj. *Être échec,* avoir son roi mis en échec.

ÉCHELETTE n. f. Autre nom du TICHODROME.

ÉCHELIER n. m. Échelle composée d'un seul montant traversé par des chevilles débordant des deux côtés.

ÉCHELLE n. f. (lat. *scala*). Dispositif portatif, composé de deux montants reliés entre eux par des barreaux transversaux. ‖ Suite de degrés, de niveaux différents, se succédant progressivement : *échelle sociale; échelle des valeurs, de traitements.* ‖ Succession des sons de la gamme : *échelle diatonique.* ‖ Série de divisions sur un instrument de mesure : *échelle thermométrique; échelle d'un test.* ‖ Moyen de comparaison ou d'évaluation; ordre de grandeur : *problème à l'échelle nationale.* ‖ Rapport entre les distances figurées sur une carte, un plan et les distances réelles sur le terrain : *sur une carte à l'échelle de 1/25 000, un millimètre vaut 25 000 mm sur le terrain, soit 25 m.* ‖ En Suisse, ridelle : *char agricole à échelles.* ● *À l'échelle de,* selon un ordre de grandeur : *à l'échelle de l'homme.* ‖ *Échelle d'attitudes* (Psychol.), traitement des données recueillies par questionnaire et permettant de classer hiérarchiquement les différentes manifestations d'une attitude. ‖ *Échelle de corde,* échelle dont les montants, et parfois les traverses, sont en corde. ‖ *Échelle d'incendie,* échelle métallique, faite de plusieurs plans coulissants, utilisée par les pompiers. ‖ *Échelle mobile,* système qui fait varier le montant d'un paiement (salaire, rente, loyer, etc.) en fonction des prix. ‖ *Faire la courte échelle à qqn,* l'aider à monter en lui fournissant comme appui ses mains, ses épaules. ‖ *Sur une grande échelle,* de façon importante, dans

échauguette

de grandes proportions. ‖ *Tirer l'échelle après une personne, une chose,* reconnaître qu'on ne peut pas faire mieux. ◆ pl. *Hist.* Comptoirs commerciaux établis au XVIᵉ s. par les nations chrétiennes en pays d'islâm : en Méditerranée orientale *(Échelles du Levant)* ou en Afrique du Nord *(Échelles de Barbarie).*

ÉCHELON n. m. Chacun des barreaux transversaux d'une échelle. ‖ Chacun des degrés successifs d'une série, d'une hiérarchie. ‖ Subdivision d'un grade, en matière d'avancement administratif. ‖ Chacun des éléments successifs d'une formation militaire articulée en profondeur.

ÉCHELONNEMENT n. m. Action d'échelonner ou d'être échelonné.

ÉCHELONNER v. t. Disposer par échelons, de distance en distance : *échelonner des troupes.* ‖ Répartir sur un laps de temps; espacer, étaler : *échelonner des paiements, des livraisons.*

ÉCHENILLAGE n. m. Action d'écheniller.

ÉCHENILLER [eʃnije] v. t. Débarrasser des chenilles.

ÉCHENILLOIR n. m. Instrument formé par

ÉCHECS
marche des diverses pièces sur l'échiquier;
en bas, disposition de l'ensemble
des pièces blanches au début de la partie

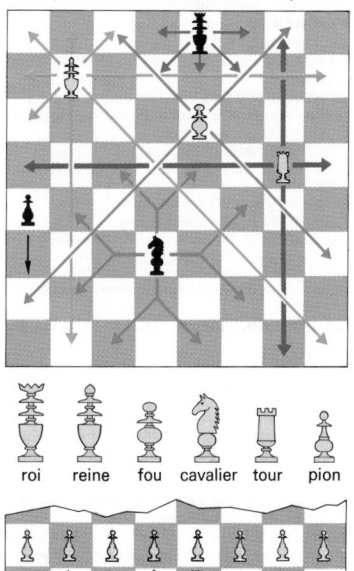

roi   reine   fou   cavalier   tour   pion

une cisaille fixée au bout d'une perche, dont on se sert pour écheniller les arbres.

ÉCHEVEAU [eʃvo] n. m. (lat. *scabellum*, petit banc). Assemblage de fils de laine, de soie, de coton, etc., repliés sur eux-mêmes en plusieurs tours. ● *Débrouiller, démêler l'écheveau d'une intrigue, d'un récit,* l'élucider.

ÉCHEVELÉ, E adj. Qui a les cheveux en désordre; ébouriffé, hirsute. ‖ Effréné : *danse échevelée.*

ÉCHEVELER [eʃəvle] v. t. (conj. **3**). Litt. Dépeigner : *le vent l'a échevelées.*

ÉCHEVETTE n. f. (de *écheveau*). Longueur fixe de fil dévidé sur le moulin d'un dévidoir, et dont les deux extrémités sont liées ensemble.

ÉCHEVIN [eʃvɛ̃] n. m. (mot francique). *Hist.* Magistrat municipal, chargé d'assister le maire sous l'Ancien Régime. ‖ Titre des magistrats adjoints au bourgmestre, aux Pays-Bas et en Belgique.

ÉCHEVINAGE n. m. Fonction d'échevin. ‖ Corps des échevins. ‖ Territoire administré par des échevins.

ÉCHEVINAL, E, AUX adj. Relatif à l'échevin. ● *Collège échevinal,* en Belgique, collège formé du bourgmestre et des échevins d'une commune.

ÉCHIDNÉ [ekidne] n. m. (gr. *ekhidna*, vipère). Mammifère ovipare d'Australie et de Nouvelle-

échidné

Guinée, couvert de piquants, portant un bec corné, fouisseur et insectivore. (Long. 25 cm; sous-classe des monotrèmes.)

ÉCHIFFRE n. f. *Mur d'échiffre,* mur dont la faîte, rampant, porte le limon ou le bout des marches d'un escalier.

ÉCHINE n. f. (mot francique). Colonne vertébrale, dos d'un animal ou d'une personne. ‖ *Géogr.* Hauteur étroite et allongée. ● *Avoir l'échine souple* (Fam.), être servile.

ÉCHINE n. f. (gr. *ekhinos,* hérisson). *Archit.* Grosse moulure, en forme de coussinet, qui constitue le corps du chapiteau dorique.

ÉCHINER (S') v. pr. Se fatiguer.

ÉCHINOCACTUS [ekinɔkaktys] n. m. Espèce de cactacée épineuse à la tige trapue, telle que le peyotl.

ÉCHINOCOCCOSE [ekinɔkɔkoz] n. f. Maladie provoquée par l'échinocoque ou par sa larve, l'hydatide (kyste hydatique).

ÉCHINOCOQUE [ekinɔkɔk] n. m. Espèce de ténia vivant dans l'intestin des carnassiers à l'état adulte, et dont la larve se développe dans le foie de plusieurs mammifères.

ÉCHINODERME [ekinɔdɛrm] n. m. (gr. *ekhinos,* hérisson). Animal marin présentant une symétrie axiale d'ordre 5 et un système de ventouses (ambulacres), comme l'oursin et l'étoile de mer. (Les *échinodermes* forment un embranchement.)

ÉCHIQUÉEN, ENNE adj. Relatif au jeu d'échecs.

ÉCHIQUETÉ, E adj. (de *échiquier*). *Hérald.* Se dit d'un écu divisé en carrés égaux.

ÉCHIQUIER n. m. (anc. fr. *eschequier*). Surface carrée divisée en 64 cases, pour jouer aux échecs. ‖ Disposition d'objets en carrés égaux et contigus : *arbres plantés en échiquier.* ‖ Lieu où s'opposent des partis, des intérêts, où se jouent des manœuvres habiles : *l'échiquier parlementaire.* ● *Chancelier de l'Échiquier,* ministre des Finances, en Grande-Bretagne.

ÉCHO [eko] n. m. (gr. *êkhô,* son). Répétition d'un son due à la réflexion des ondes sonores par un obstacle; lieu où se produit l'écho. ‖ Réponse à une sollicitation, une suggestion : *ce livre a trouvé un écho chez moi.* ‖ Propos

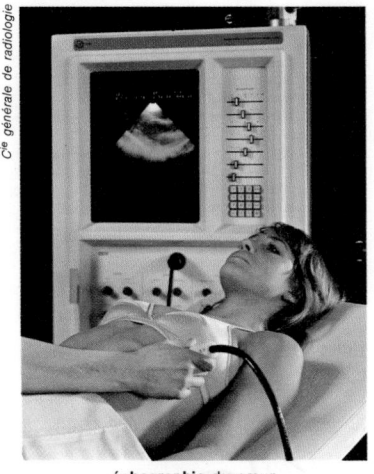

échographie du cœur

recueillis par qqn : *quels sont les échos de la réunion?* ‖ Petite nouvelle, anecdote : *les échos d'un journal.* ‖ Onde électromagnétique émise par un poste de radar, qui revient à l'appareil après avoir été réfléchie par un obstacle. ‖ Image perturbatrice due, en télévision, à une onde indirecte qui a parcouru un chemin plus long que l'onde directe. ● *Écho de la pensée* (Psychiatr.), trouble du langage intérieur au cours duquel le sujet entend sa pensée répétée tout haut. ‖ *Se faire l'écho de,* répéter, propager.

ÉCHOCARDIOGRAMME [ekokardjɔgram] n. m. Enregistrement graphique par échographie des structures du cœur.

ÉCHOENCÉPHALOGRAMME [ekoɑ̃sefalɔgram] n. m. Enregistrement graphique par échographie des structures du cerveau.

ÉCHOGRAPHIE [ekɔgrafi] n. f. *Méd.* Méthode d'exploration utilisant la réflexion (écho) des ultrasons dans les organes. (Syn. ULTRASONOGRAPHIE.)

ÉCHOIR v. i. ou t. ind. [**à**] (lat. *excidere*; de *cadere,* tomber) [conj. **45,** avec l'auxil. *être*]. Arriver par hasard : *le gros lot lui échut.* ‖ Arriver à échéance, parlant d'une dette, d'un engagement, etc. : *le terme échoit demain.*

ÉCHOLALIE [ekɔlali] n. f. (gr. *lalein,* parler). *Psychiatr.* Fait de répéter machinalement les paroles entendues.

ÉCHOLOCATION [ekɔlɔkasjɔ̃] n. f. Mode particulier d'orientation fondé sur le principe de l'écho.

ÉCHOPPE [eʃɔp] n. f. (anc. néerl. *schoppe*). Petite boutique en matériau léger, adossée à une autre construction.

ÉCHOPPE n. f. (lat. *scalprum*). Sorte de burin, de dimensions variables, des ciseleurs, graveurs, clicheurs, orfèvres, etc.

ÉCHOPPER v. t. Travailler, enlever avec l'échoppe.

ÉCHOTIER, ÈRE [ekɔtje, ɛr] n. Personne chargée des échos dans un journal.

ÉCHOUAGE ou **ÉCHOUEMENT** n. m. Situation d'un navire échoué. ‖ Endroit où un navire peut s'échouer sans danger.

ÉCHOUER v. i. Toucher le fond et cesser de flotter librement, en parlant d'un navire, d'une épave. ‖ *Fam.* Se trouver porté en un lieu que l'on n'a pas choisi. ‖ Ne pas réussir, ne pas atteindre le but visé : *l'entreprise a échoué.* ◆ v. t. Pousser, précipiter un navire sur un haut-fond. ◆ **s'échouer** v. pr. Toucher le fond et s'arrêter.

ÉCIDIE [esidi] n. f. Forme de fructification de la rouille du blé, localisée sur les feuilles d'épine-vinette.

ÉCIMAGE n. m. Action d'écimer.

ÉCIMER [esime] v. t. Enlever la cime d'un

---

végétal pour favoriser la croissance en épaisseur.

ÉCLABOUSSEMENT n. m. Action d'éclabousser.

ÉCLABOUSSER v. t. (anc. fr. *esclaboter*; de *éclater*). Faire rejaillir de la boue, de la matière sur. ‖ Compromettre qqn. ‖ Écraser de son luxe, de sa richesse.

ÉCLABOUSSURE n. f. Boue, matière quelconque qui rejaillit. ‖ Conséquence fâcheuse qui rejaillit sur qqn, sur sa réputation.

ÉCLAIR n. m. (de *éclairer*). Décharge électrique sous forme d'étincelle éclatant entre deux nuages chargés d'électricité, ou entre un nuage et la terre. ‖ Vive lumière de courte durée : *les éclairs des flashes.* ‖ Litt. Lueur, éclat vif : *des yeux qui lancent des éclairs.* ‖ Petit gâteau allongé, en pâte à choux, fourré de crème pâtissière et glacé par-dessus. ● *Éclair de génie, de bon sens, d'intelligence,* bref instant où l'on comprend aisément. ‖ *Passer comme l'éclair,* très vite. ◆ adj. inv. Très rapide : *une guerre éclair.*

ÉCLAIRAGE n. m. Action, moyen, manière d'éclairer : *éclairage défectueux.* ‖ Manière de voir, point de vue. ‖ Mil. Mission de recherche du renseignement confiée à une unité qui doit en principe éviter d'engager le combat. ● *Éclairage indirect,* mode d'éclairage dans lequel toute la lumière est dirigée vers le plafond.

ÉCLAIRAGISME n. m. Technique des éclairages rationnels.

ÉCLAIRAGISTE n. Technicien spécialisé en éclairagisme.

ÉCLAIRANT, E adj. Qui éclaire.

ÉCLAIRCIE n. f. Endroit clair dans un ciel brumeux. ‖ Courte interruption du mauvais temps. ‖ Espace dégarni d'arbres dans un bois.

ÉCLAIRCIR v. t. (bas lat. *claricare,* scintiller). Rendre plus clair, moins sombre : *ce papier éclaircit la pièce.* ‖ Rendre moins épais : *éclaircir une sauce, une futaie.* ‖ Rendre plus intelligible : *éclaircir une question.* ‖ Agr. Procéder à l'éclaircissage. ◆ **s'éclaircir** v. pr. Devenir plus clair. ‖ Devenir moins nombreux : *ses cheveux commencent à s'éclaircir au sommet du crâne.* ‖ Devenir plus compréhensible.

ÉCLAIRCISSAGE n. m. Agr. Action de supprimer des plants dans un semis, des arbres dans une forêt.

ÉCLAIRCISSEMENT n. m. Explication d'une chose équivoque.

ÉCLAIRE n. f. Autre nom de la CHÉLIDOINE.

ÉCLAIRÉ, E adj. Qui a des connaissances, de l'expérience; instruit : *lecteurs éclairés.*

ÉCLAIREMENT n. m. *Phys.* Flux lumineux reçu par unité de surface.

ÉCLAIRER v. t. (lat. *exclarare*; de *clarus,* clair). Répandre de la lumière sur : *les phares éclairent la route.* ‖ Fournir à qqn de la lumière pour qu'il voie. ‖ Rendre compréhensible : *ce témoignage éclaire la question.* ‖ Litt. Instruire. ‖ Mil. Reconnaître le terrain ou la mer en avant d'une formation pour assurer sa sûreté. ◆ **s'éclairer** v. pr. Devenir lumineux. ‖ Devenir compréhensible.

ÉCLAIREUR n. m. Soldat, navire éclairant la marche d'une troupe ou d'une flotte.

ÉCLAIREUR, EUSE n. Adolescent, adolescente membre d'une patrouille, dans le scoutisme non catholique.

ÉCLAMPSIE [eklɑ̃psi] n. f. (gr. *eklampsis,* accès subit). Crise convulsive frappant les femmes enceintes et due à une toxémie gravidique.

ÉCLAMPTIQUE adj. et n. f. Relatif à l'éclampsie; atteinte d'éclampsie.

ÉCLAT [ekla] n. m. Fragment d'un objet brisé : *un éclat de verre.* ‖ Lueur vive : *éclat du soleil.* ‖ Qualité d'une couleur vive. ‖ Bruit soudain et violent : *éclat de tonnerre, de voix.* ‖ Litt. Gloire, splendeur : *l'éclat des grandeurs.* ‖ Astron. Quantité qui caractérise l'intensité lumineuse d'un astre (*éclat absolu*) ou l'éclairement, dû à cet astre, d'un récepteur perpendiculaire aux rayons lumineux (*éclat apparent*). ‖ Préhist. Fragment de pierre provenant du débitage d'un nucléus. ● *Action d'éclat,* action remarquable,

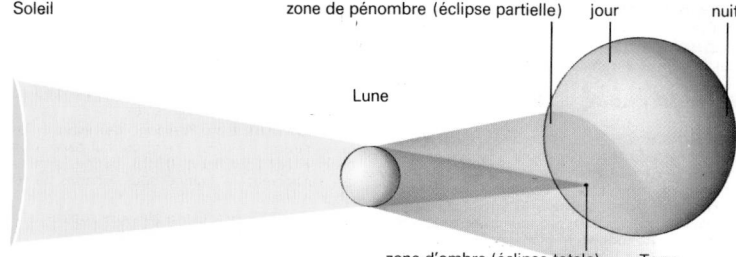

Soleil — zone de pénombre (éclipse partielle) — jour — nuit — Lune — zone d'ombre (éclipse totale) — Terre

ÉCLIPSE DE SOLEIL

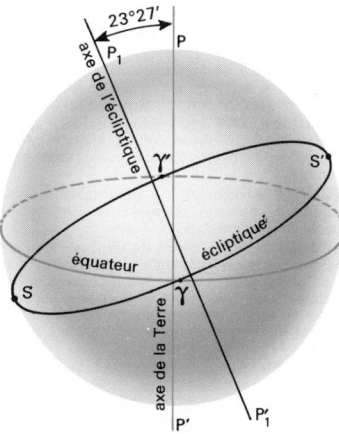

ÉCLIPTIQUE
S et S', solstices d'hiver et d'été ;
γ et γ', équinoxes de printemps et d'automne ;
P₁ et P'₁, pôles boréal et austral
de l'écliptique ; P et P', pôles célestes boréal
et austral. L'angle du plan de l'écliptique
avec celui de l'équateur est mesuré
par l'arc PP₁.

exploit. ‖ *Faire un éclat,* se signaler à l'attention par une manifestation bruyante, par un scandale.
ÉCLATANT, E adj. Qui a de l'éclat, qui brille : *soleil éclatant.* ‖ Qui fait un bruit perçant : *cris éclatants.* ‖ Admirable, spectaculaire : *victoire éclatante.*
ÉCLATÉ n. m. *Techn.* Représentation graphique d'un objet (moteur, avion, etc.) ou d'un corps permettant d'en montrer, en perspective, les différents éléments.
ÉCLATEMENT n. m. Action d'éclater : *éclatement d'un obus ; l'éclatement d'un groupe.*
ÉCLATER v. i. (mot francique). Se briser soudain sous l'effet de la pression : *obus qui éclate.* ‖ Faire entendre un bruit subit et violent : *la foudre éclate.* ‖ Ne pas pouvoir contenir ses sentiments : *éclater en reproches.* ‖ Se manifester avec force : *le scandale a éclaté.* ‖ Briller : *l'or et les diamants éclataient de toutes parts.* ‖ Accéder soudain à la célébrité. ● *Éclater de rire,* rire avec soudaineté et bruyamment. ◆ **s'éclater** v. pr. *Fam.* Atteindre un plaisir extrême.
ÉCLATEUR n. m. Appareil entre les pièces duquel on fait jaillir des étincelles électriques.
ÉCLECTIQUE adj. et n. (gr. *eklegein,* choisir). Qui adopte, dans plusieurs opinions ou dans divers genres, ce qui lui paraît bon.
ÉCLECTISME n. m. Disposition d'esprit éclectique. ‖ Procédé utilisé par ceux qui tentent de fondre les divers systèmes existants, en choisissant les opinions qui leur paraissent les plus proches de la vérité. ‖ *Bx-arts.* Tendance à une libre exploitation des styles du passé, qui caractérise spécialement une grande partie de la production des pays occidentaux au XIXᵉ s.
ÉCLIMÈTRE n. m. (gr. *klinein,* incliner). Instrument topographique mesurant les pentes.
ÉCLIPSE [eklips] n. f. (lat. *eclipsis,* mot gr.). *Astron.* Disparition d'un astre produite par l'interposition d'un corps entre cet astre et l'œil de l'observateur ou entre cet astre et le Soleil, qui l'éclaire. ‖ Occultation momentanée d'une lumière : *phare à éclipses.* ‖ Disparition momentanée de qqch ou de qqn. ● *Éclipse de Lune,* disparition de la Lune dans le cône d'ombre de la Terre. (Les éclipses de Lune sont totales ou partielles. Elles se produisent à la pleine lune mais à condition que, à ce moment, la Lune soit suffisamment proche de l'écliptique, sur lequel son orbite est inclinée.) ‖ *Éclipse partielle,* éclipse d'un astre dont le disque paraît échancré. ‖ *Éclipse de Soleil,* disparition du Soleil produite par l'interposition de la Lune entre cet astre et la Terre. (Les éclipses de Soleil sont totales, partielles ou annulaires. Elles se produisent à la nouvelle lune, mais n'ont lieu que si la Lune est suffisamment voisine de l'écliptique.) ‖ *Éclipse totale,* éclipse dans laquelle l'astre disparaît complètement.
ÉCLIPSER v. t. Surpasser, faire en sorte qu'on ne remarque plus qqn, qqch : *éclipser ses rivaux.* ‖ *Astron.* Provoquer une éclipse. ◆ **s'éclipser** v. pr. Disparaître furtivement, s'éloigner : *s'éclipser avant la fin du spectacle.*
ÉCLIPTIQUE n. m. (de *éclipse*). *Astron.* Grand cercle de la sphère céleste décrit en un an par le Soleil dans son mouvement propre apparent, ou par la Terre dans son mouvement réel de révolution autour du Soleil ; plan de ce grand cercle. ● *Obliquité de l'écliptique,* angle du

plan de l'écliptique avec celui de l'équateur céleste.
ÉCLISSE n. f. Éclat de bois en forme de coin. ‖ *Chir.* Syn. de ATTELLE. ‖ Bois de petites dimensions pour faire des ouvrages légers. ‖ Plaque de bois formant les côtés de la caisse d'un instrument de musique. ‖ Rond d'osier sur lequel on fait égoutter le fromage. ‖ Plaque d'acier qui unit les rails.
ÉCLISSER v. t. (mot francique, *fendre*). Assujettir par des éclisses.
ÉCLOGITE n. f. Roche métamorphique constituée de grenat et de pyroxène sodique, se formant à très haute pression.
ÉCLOPÉ, E adj. et n. (anc. fr. *cloper,* boiter). Qui marche péniblement par suite d'une blessure légère.
ÉCLORE [eklɔr] v. i. (lat. pop. *exclaudere,* faire sortir) [conj. **77,** avec l'auxil. *être* et quelquefois avec *avoir*]. Sortir de l'œuf ou de l'enveloppe nymphale. ‖ S'ouvrir, en parlant des fleurs. ‖ *Litt.* Commencer à se manifester : *son projet est très près d'éclore.*

ÉCLOSION n. f. Action d'éclore : *l'éclosion d'une couvée, d'une fleur, d'une idée.*
ÉCLUSAGE n. m. Action d'écluser.
ÉCLUSE n. f. (lat. [aqua] *exclusa,* [eau] séparée du courant). Ouvrage construit sur les voies d'eau pour permettre au matériel flottant le franchissement d'une dénivellation.

FONCTIONNEMENT D'UNE ÉCLUSE FLUVIALE

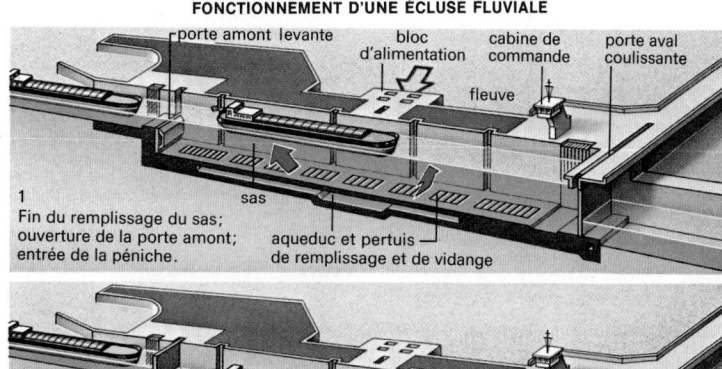

porte amont levante — bloc d'alimentation — cabine de commande — porte aval coulissante — fleuve

1
Fin du remplissage du sas ;
ouverture de la porte amont ;
entrée de la péniche.

sas — aqueduc et pertuis de remplissage et de vidange

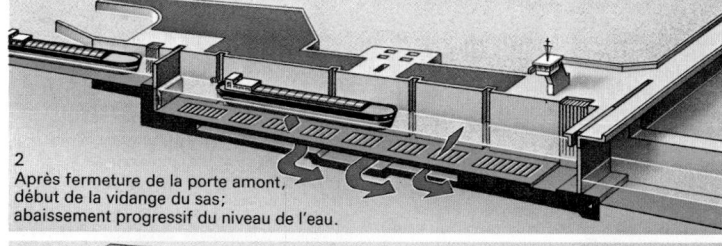

2
Après fermeture de la porte amont,
début de la vidange du sas ;
abaissement progressif du niveau de l'eau.

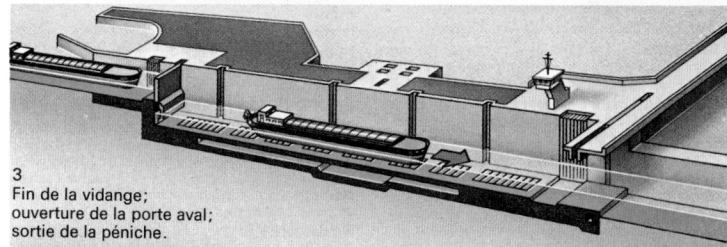

3
Fin de la vidange ;
ouverture de la porte aval ;
sortie de la péniche.

D'après doc. C. N. R.

317

ÉCLUSÉE n. f. Quantité d'eau qui coule entre l'ouverture d'une porte d'une écluse et sa fermeture.

ÉCLUSER v. t. Fermer au moyen d'une écluse. ‖ *Pop.* Boire. ● *Écluser un bateau*, le faire passer d'un bief dans un autre au moyen d'une écluse.

ÉCLUSIER, ÈRE adj. Relatif à l'écluse : *porte éclusière*. ◆ n. Professionnel chargé de la manœuvre des portes d'écluse ou des vannes de barrage.

ECMNÉSIE [ɛkmnezi] n. f. Résurgence hallucinatoire de tranches du passé vécues avec la valeur du présent.

ÉCOBUAGE n. m. Mode de fertilisation et de préparation du sol à la culture, qui consiste soit à brûler sur pied la végétation spontanée, soit à incinérer cette végétation et la couche superficielle du terrain après qu'elles aient été entassées et séchées, les cendres étant ensuite épandues.

ÉCOBUER v. t. (poitevin *gobuis*, terre pelée). Pratiquer l'écobuage.

ÉCŒURANT, E adj. Qui soulève le cœur, infect : *odeur écœurante.* ‖ Qui inspire de la répulsion, du dégoût, répugnant : *conduite écœurante.*

ÉCŒUREMENT n. m. Action d'écœurer, fait d'être écœuré.

ÉCŒURER v. t. Causer du dégoût, de la nausée : *odeur qui écœure.* ‖ Inspirer de la répugnance, de l'indignation, du découragement.

ÉCOIN n. m. *Min.* Planche brute utilisée pour le soutènement des galeries.

ÉCOINÇON n. m. (de *coin*). *Constr.* Ouvrage de menuiserie ou de maçonnerie établi à l'intersection de deux murs pour en combler l'angle. ‖ Partie de mur située au-dessus de la montée d'un arc, ou entre les montées de deux arcs successifs.

ÉCOLAGE n. m. En Suisse, somme qu'on paie pour un écolier.

ÉCOLÂTRE n. m. Au Moyen Âge, clerc dirigeant d'une école ecclésiastique ou monastique.

ÉCOLE n. f. (lat. *schola*). Établissement où l'on enseigne; travail qui y est fait : *aller à l'école.* ‖ Ensemble des élèves et du personnel de cet établissement. ‖ Ensemble des partisans d'une doctrine philosophique, littéraire, etc., des disciples d'un penseur, d'un artiste; cette doctrine elle-même : *l'école rationaliste.* ‖ Ensemble des artistes d'une même nation, d'une même ville, d'une même tendance : *l'école italienne; l'école impressionniste.* ‖ *Litt.* Source de connaissance et d'expérience : *l'œuvre de Corneille est une école de grandeur.* ● *École du soldat*, instruction militaire élémentaire. ‖ *Être à bonne école*, être avec des gens très capables. ‖ *Faire école*, trouver beaucoup d'imitateurs; propager ses idées. ‖ *Haute école*, équitation savante ou académique.

ÉCOLIER, ÈRE n. Jeune élève qui fréquente l'école. ‖ Personne peu habile, novice : *une faute d'écolier.* ● *Le chemin des écoliers*, le chemin le plus long.

ÉCOLOGIE [ekɔlɔʒi] n. f. (gr. *oikos*, maison, et *logos*, science). Étude scientifique des rapports des êtres vivants avec leur milieu naturel.

ÉCOLOGIQUE adj. Relatif à l'écologie.

ÉCOLOGIQUEMENT adv. Relativement à l'écologie.

ÉCOLOGISME n. m. Défense du milieu naturel, protection de l'environnement.

ÉCOLOGISTE n. Adepte de l'écologisme.

ÉCONDUIRE v. t. (lat. *condicere*, s'excuser de) [conj. 64]. Refuser de recevoir qqn, ne pas accepter sa demande : *éconduire un visiteur.*

ÉCONOMAT n. m. Charge, bureau d'économe. ‖ Nom donné à certains magasins : *les économats de la S. N. C. F.*

ÉCONOME n. (gr. *oikonomos*). Personne chargée des dépenses d'un établissement scolaire, hospitalier, d'une communauté.

ÉCONOME adj. Qui sait éviter toute dépense inutile, qui donne avec mesure : *il est économe de son temps.*

ÉCONOMÈTRE n. Spécialiste de l'économétrie.

ÉCONOMÉTRIE n. f. Recherche économique qui fait appel à l'analyse mathématique et à la statistique.

ÉCONOMÉTRIQUE adj. Relatif à l'économétrie.

ÉCONOMIE n. f. (gr. *oikonomia*). Qualité qui consiste à réduire ses dépenses, à les régler avec rigueur : *vivre avec économie.* ‖ Ce que l'on épargne : *réaliser une économie de temps.* ‖ Ensemble des activités d'une collectivité humaine, relatives à la production et à la consommation des richesses. ‖ Ordre qui préside à la distribution des différentes parties d'un ensemble, organisation, structure : *l'économie d'une pièce de théâtre, d'un projet.* ‖ *Économie concertée*, système économique intermédiaire entre l'*économie libérale*, qui suppose l'absence de toute intervention étatique, et l'*économie dirigée*, qui comporte une planification autoritaire poussée. ‖ *Économie des forces* (Mil.), principe de la stratégie exigeant que les moyens soient répartis en fonction de l'importance relative des objectifs poursuivis. ‖ *Économie politique*, syn. de SCIENCE ÉCONOMIQUE. ‖ *Économie rurale*, partie de l'économie politique consacrée au monde rural. ‖ *Société d'économie mixte*, société industrielle ou commerciale dont le capital est détenu conjointement par des collectivités publiques et par des capitalistes. ◆ pl. Somme d'argent mise de côté en vue de dépenses à venir. ● *Économies d'échelle*, celles qui sont réalisées par des entreprises qui augmentent considérablement leur production. ‖ *Économies externes*, celles qui sont réalisées par des entreprises en dehors de leurs efforts propres et résultent d'un environnement économique favorable.

ÉCONOMIQUE adj. Relatif à l'économie : *problèmes économiques.* ‖ Qui diminue les frais, avantageux : *chauffage économique.* ● *Science économique*, science qui a pour objet l'étude des mécanismes de la vie économique.

ÉCONOMIQUEMENT adv. Avec économie : *se nourrir économiquement.* ‖ Relativement à la vie ou à la science économique. ● *Économiquement faible*, se dit d'une personne qui, sans être considérée comme indigente, dispose de ressources insuffisantes.

ÉCONOMISER v. t. Épargner, utiliser avec mesure : *économiser son argent, son temps.*

ÉCONOMISEUR n. m. Appareil permettant de réaliser une économie de gaz, d'essence, etc.

ÉCONOMISME n. m. Doctrine privilégiant les faits économiques dans l'explication des phénomènes sociaux et politiques.

ÉCONOMISTE n. Spécialiste de science économique.

ÉCOPE n. f. (mot francique). Pelle pour vider l'eau d'une embarcation.

ÉCOPER v. t. Vider l'eau avec une écope : *écoper un bateau.* ◆ v. i. *Fam.* Recevoir des coups, des reproches, etc. ◆ v. t. ou v. t. ind. [de] *Fam.* Faire l'objet d'une sanction, d'une peine : *écoper (de) trois ans de prison.*

ÉCOPERCHE n. f. (de *écot* et *perche*). Grande perche verticale supportant un échafaudage. ‖ Pièce de bois dressée, portant une poulie.

ÉCORÇAGE n. m. Action d'écorcer.

ÉCORCE n. f. (lat. *scortea*; de *scortum*, peau). Partie superficielle et protectrice des troncs, des branches et des rameaux, riche en liège et en tanins. (On appelle aussi *écorce* la région externe des racines et des tiges jeunes.) ‖ Enveloppe de certains fruits : *écorce de citron.* ‖ *Anat.* Syn. de CORTEX. ‖ *Écorce terrestre*, syn. de CROÛTE TERRESTRE.

ÉCORCER v. t. (conj. 1). Ôter l'écorce.

ÉCORCEUR n. m. Ouvrier qui écorce.

ÉCORCHÉ n. m. *Bx-arts.* Représentation d'homme ou d'animal dépouillé de sa peau. ‖ *Techn.* Dessin d'une machine, d'une installation dont sont omises les parties extérieures cachant des organes intérieurs importants. ● *Un écorché vif*, une personne très sensible.

ÉCORCHEMENT n. m. Action d'écorcher un animal.

ÉCORCHER v. t. (lat. *cortex, corticis*, peau). Dépouiller de sa peau un être vivant : *écorcher un lapin.* ● Blesser en enlevant une partie de la peau : *elle s'est écorché la jambe.* ● *Écorcher un client*, le faire payer trop cher. ‖ *Écorcher une langue*, la parler mal. ‖ *Écorcher les oreilles*, produire des sons désagréables.

ÉCORCHEUR n. m. Personne qui écorche les bêtes mortes. ‖ Voleur; celui qui fait payer trop cher. ● *Les Écorcheurs* (Hist.), bandes armées qui ravagèrent la France sous Charles VI et Charles VII.

ÉCORCHURE n. f. Petite blessure superficielle de la peau; égratignure, éraflure.

ÉCORNER [ekɔrne] v. t. Amputer, briser les cornes : *écorner un taureau.* ‖ Briser les angles : *écorner un livre.* ‖ Entamer : *écorner sa fortune.*

ÉCORNIFLEUR, EUSE n. (de *écorner*, et anc. fr. *nifler*, renifler). *Fam.* et vx. Pique-assiette.

ÉCORNURE n. f. Éclat enlevé de l'angle d'une pierre, d'un meuble, etc.

ÉCOSSAIS, E adj. et n. De l'Écosse. ‖ Se dit d'un tissu à carreaux de diverses couleurs. ● *Rite écossais*, une des divisions de la franc-maçonnerie française.

ÉCOSSER v. t. Ouvrir la cosse de certaines légumineuses pour en retirer la graine.

ÉCOSYSTÈME n. m. *Écol.* Ensemble des êtres vivants d'un même milieu et des éléments non vivants qui leur sont liés vitalement.

ÉCOT [eko] n. m. (mot francique). *Agr.* Tronc d'arbre, rameau imparfaitement élagué.

ÉCOT [eko] n. m. (mot francique). Quote-part de chacun dans un repas commun (vx).

ÉCOTONE n. m. *Écol.* Zone formant lisière entre deux milieux naturels différents.

ÉCOTYPE n. m. *Écol.* Forme particulière prise par une espèce vivante lorsqu'elle vit dans un milieu bien déterminé (rivage marin, haute montagne, agglomération urbaine, etc.).

ÉCOULEMENT n. m. Mouvement d'un fluide ou d'un corps visqueux qui s'écoule. ‖ Débit, vente des marchandises : *l'écoulement d'un produit.* ● *Coefficient d'écoulement*, rapport entre l'indice d'écoulement et l'indice pluviométrique (hauteur moyenne des précipitations tombées sur le bassin). ‖ *Déficit d'écoulement*, différence entre l'indice pluviométrique et l'indice d'écoulement. ‖ *Indice d'écoulement*, hauteur moyenne des précipitations écoulées pour un bassin.

ÉCOULER v. t. (de *couler*). Se défaire en vendant : *écouler des marchandises.* ◆ s'écouler v. pr. Se répandre, se retirer en coulant, s'évacuer : *l'eau de pluie s'écoule par la gouttière.* ‖ Se retirer, sortir : *la foule s'écoule.* ‖ Passer, se dissiper : *le temps s'écoule vite.*

ÉCOUMÈNE ou **ŒKOUMÈNE** n. m. (gr. *[gê] oikoumenê*, [terre] habitée). Partie habitable de la surface terrestre.

ÉCOURGEON n. m. → ESCOURGEON.

ÉCOURTER v. t. (de *court*). Diminuer la durée ou la longueur de. ‖ Abréger, tronquer : *écourter un séjour, une citation.*

ÉCOUTE n. f. (néerl. *schoote*, du francique). *Mar.* Cordage servant à orienter une voile. ● *Point d'écoute*, angle inférieur et arrière d'une voile sous le vent.

ÉCOUTE n. f. Action d'écouter une émission radiophonique, une conversation téléphonique, etc. : *au bout d'une heure d'écoute; rester à l'écoute.* ‖ *Mil.* Détection par le son de la présence et de l'activité ennemie (notamment sous-marine). ‖ *Psychol.* Qualité de qqn, en particulier d'un médecin, qui sait écouter les autres. ● *Être aux écoutes*, être aux aguets pour tout entendre. ‖ *Heure de grande écoute*, moment de la journée où les auditeurs de la radio et de la télévision sont les plus nombreux. ‖ *Poste d'écoute*, poste de repérage par le son. ‖ *Table d'écoute*, installation permettant de surveiller les conversations téléphoniques. ◆ pl. *Vén.* Oreilles du sanglier.

ÉCOUTER v. t. (lat. *auscultare*). Prêter l'oreille pour entendre : *écouter de la musique.* ‖ Tenir compte de qqn, de ses paroles, de sa volonté, de ses désirs : *écouter les conseils d'un ami.*

◆ **s'écouter** v. pr. Prendre trop de soins de sa santé. ● *S'écouter parler,* parler avec lenteur et suffisance.

ÉCOUTEUR n. m. Transducteur servant à l'écoute individuelle d'émission radio, de conversations téléphoniques, etc.

ÉCOUTILLE n. f. (esp. *escotilla*). Mar. Ouverture rectangulaire pratiquée dans le pont d'un navire pour accéder aux entreponts et aux cales.

ÉCOUVILLON n. m. (lat. *scopa,* balai). Brosse longue et étroite, montée sur un manche, qui sert à nettoyer les bouteilles, les pots, etc. ‖ Brosse cylindrique à manche pour nettoyer le canon d'une arme à feu. ‖ *Chir.* Petite brosse servant à effectuer des prélèvements dans les cavités naturelles.

ÉCRABOUILLAGE ou **ÉCRABOUILLE-MENT** n. m. Fam. Action d'écrabouiller.

ÉCRABOUILLER v. t. (de *écraser,* et anc. fr. *esbouiller,* éventrer). Fam. Écraser, réduire en bouillie.

ÉCRAN n. m. (moyen néerl. *scherm,* grille). Dispositif, appareil qui arrête la chaleur, la lumière, etc., qui empêche de voir ou qui protège. ‖ Surface blanche sur laquelle on projette des vues fixes ou animées. ‖ Le cinéma : *les vedettes de l'écran.* ‖ Forme d'impression de la sérigraphie. ‖ *Constr.* Blindage de construction relativement simple. ‖ *Phot.* Nom donné aux filtres. ● *Écran cathodique,* surface fluorescente sur laquelle se forme l'image dans un tube cathodique (télévision, radar). ‖ *Faire écran,* empêcher de voir, de comprendre. ‖ *Le petit écran,* la télévision.

ÉCRASANT, E adj. Qui écrase, accable : *charge écrasante; une écrasante défaite.*

ÉCRASEMENT n. m. Action d'écraser. ● *Écrasement des salaires,* réduction des écarts entre les rémunérations.

ÉCRASER v. t. (moyen angl. *crasen*). Aplatir, déformer ou meurtrir par une compression, par un choc : *écraser sa cigarette dans le cendrier; écraser le pied de qqn.* ‖ Accabler, peser lourdement sur qqn, sur qqch par sa masse, son poids : *écraser d'impôts.* ‖ Vaincre complètement. ● *Écrase!* (Pop.), n'insiste pas. ‖ *En écraser* (Pop.), dormir profondément. ◆ **s'écraser** v. pr. Être aplati, déformé par un choc. ‖ Se porter en foule, se presser. ‖ *Pop.* Se taire, ne pas insister quand on n'a pas le dessus.

ÉCRASEUR, EUSE n. Chauffard.

ÉCRÉMAGE n. m. Action d'écrémer.

ÉCRÉMER v. t. (conj. **5**). Retirer la crème du lait. ‖ Prendre ce qu'il y a de meilleur dans : *écrémer une collection.*

ÉCRÉMEUSE n. f. Machine servant à retirer la matière grasse du lait.

ÉCRÊTEMENT n. m. Action d'écrêter.

ÉCRÊTER v. t. Enlever la crête. ‖ Supprimer la partie la plus élevée : *écrêter les revenus élevés.* ‖ *Arm.* Rencontrer une crête, le sommet d'un ouvrage, en parlant d'un projectile. ‖ *Phys.* Supprimer dans un signal la partie supérieure à une valeur donnée.

ÉCREVISSE n. f. (mot francique). Crustacé d'eau douce, atteignant 10 cm de long, muni de pinces et comestible. (Ordre des décapodes; longévité : 20 ans.)

écrevisse

ÉCRIER (S') v. pr. (de *cri*). Dire en criant : *« Tout est perdu! » s'écria-t-il.*

ÉCRIN n. m. (lat. *scrinium*). Coffret servant à ranger des bijoux, de l'argenterie; son contenu.

ÉCRIRE v. t. (lat. *scribere*) [conj. **65**]. Exprimer les sons de la parole ou la pensée par des signes graphiques convenus : *écrire son nom.* ‖ Rédiger, exposer dans un ouvrage : *comment écrire ce mot?* ‖ Orthographier : *je lui écris mon j'accepte.* ‖ Correspondre, informer par lettre : *je lui écris que j'accepte.* ● *C'était écrit,* formule pour marquer sa résignation. ◆ v. i. Faire métier d'écrivain, composer un ouvrage.

ÉCRIT n. m. Papier portant témoignage; convention signée : *on n'a pas pu produire d'écrit contre l'accusé.* ‖ Ensemble des épreuves écrites d'un examen, d'un concours. ‖ Ouvrage littéraire ou scientifique. ‖ (Par opposition à langue parlée ou ORAL). ● *Par écrit,* sur le papier : *mentionner par écrit.*

ÉCRITEAU n. m. Inscription en grosses lettres, donnant un renseignement, un avis, etc.

ÉCRITOIRE n. f. Petit étui ou coffret (parfois en forme de pupitre) rassemblant ce qu'il faut pour écrire.

ÉCRITURE n. f. (lat. *scriptura*). Représentation de la pensée par des signes graphiques conventionnels. ‖ Ensemble de signes graphiques exprimant un énoncé, manière d'écrire : *écriture cunéiforme; une écriture serrée.* ‖ Manière personnelle d'écrire : *reconnaître l'écriture de qqn.* ‖ Style : *l'écriture artiste des Goncourt.* ‖ Ensemble des livres de la Bible (avec une majuscule en ce sens). ● *Écriture de la danse,* v. NOTATION. ◆ pl. *Comm.* Les comptes, la correspondance d'un commerçant. ‖ Action de procédure. ● *Écritures publiques* (Dr.), écrits qui émanent d'officiers publics.

ÉCRIVAILLER v. i. Fam. Écrire des œuvres de qualité médiocre.

ÉCRIVAILLON n. m. Fam. Personne qui écrit facilement, mais sans talent.

ÉCRIVAIN n. m. (lat. *scriba,* scribe). Personne qui compose des ouvrages littéraires, scientifiques, etc. ● *Écrivain public,* celui qui, pour les illettrés, rédige des textes divers.

ÉCRIVASSIER, ÈRE n. Fam. Personne qui a la manie d'écrire, qui écrit beaucoup et mal.

ÉCROU n. m. (lat. *scrofa,* truie). Pièce percée d'un trou cylindrique, dont la surface interne est creusée d'un sillon en hélice pour le logement du filet d'une vis.

ÉCROU n. m. (mot francique). Dr. Acte par lequel le directeur d'une prison prend possession d'un prisonnier. ● *Levée d'écrou,* mise en liberté d'un prisonnier.

ÉCROUELLES n. f. pl. (bas lat. *scrofulae*). Inflammation et abcès d'origine tuberculeuse, atteignant surtout les ganglions lymphatiques du cou (vx). [Syn. SCROFULE.]

ÉCROUER v. t. Mettre en prison : *écrouer un malfaiteur.*

ÉCROUIR v. t. (lat. *crudus,* cru). Travailler un métal ou un alliage, sous des efforts supérieurs à sa limite d'élasticité, pour le transformer en un autre corps à limite d'élasticité accrue, mais à domaine plastique réduit.

ÉCROUISSAGE n. m. Action d'écrouir.

ÉCROULEMENT n. m. Éboulement d'un mur, d'un talus, d'un pont, etc. ‖ Ruine complète; anéantissement : *l'écroulement d'une théorie.*

ÉCROULER (S') v. pr. Tomber en s'affaissant avec fracas; s'effondrer. ‖ Perdre toute valeur; être anéanti : *ses espoirs se sont écroulés.* ‖ Être atteint d'une défaillance brutale. ● *Être écroulé* (Fam.), être pris d'une crise de fou rire.

ÉCROÛTER v. t. Ôter la croûte.

ÉCROÛTEUSE n. f. Herse utilisée pour pulvériser la surface d'une terre labourée.

ÉCRU, E adj. (de *cru*). Non préparé; à l'état naturel. ● *Fil écru,* fil qui n'a pas été lavé. ‖ *Soie écrue,* soie qui n'a pas été mise à l'eau bouillante. ‖ *Toile écrue,* toile qui n'a pas été blanchie.

ECTHYMA [ɛktima] n. m. (gr. *ekthuma,* éruption). Infection croûteuse de la peau.

ECTOBLASTE ou **ECTODERME** n. m. (gr. *ektos,* dehors, et *blastos,* germe, ou *derma,* peau). Feuillet embryonnaire externe qui fournit

la peau et ses annexes, ainsi que le système nerveux.

ECTOBLASTIQUE ou **ECTODERMIQUE** adj. Relatif à l'ectoblaste ou ectoderme ou qui en dérive.

ECTOPARASITE adj. et n. m. Zool. Se dit d'un parasite externe (puce, punaise des lits).

ECTOPIE n. f. (gr. *ek,* hors de, et *topos,* lieu). Anomalie de position d'un organe. (Dans l'ectopie du testicule, cet organe, formé dans l'abdomen, n'a pas effectué sa descente dans les bourses; une intervention chirurgicale est nécessaire avant la puberté pour l'y abaisser.)

ECTOPLASME n. m. (gr. *ektos,* dehors, et *plasma,* ouvrage façonné). En parapsychologie, corps matériel issu du médium en état de transe. ‖ *Cytol.* Zone superficielle hyaline du cytoplasme de certains protozoaires.

ECTROPION n. m. (gr. *ektos,* hors de, et *trepein,* tourner). *Méd.* État des paupières renversées en dehors.

ÉCU n. m. (lat. *scutum,* bouclier). Bouclier des hommes d'armes au Moyen Âge. ‖ Anc. monnaie d'argent, valant 3 livres dans son acception la plus ordinaire, car il y avait aussi l'écu de 6 livres. ‖ *Hérald.* Corps de tout blason, ordinairement en forme de bouclier. ◆ pl. Monnaie, richesse (vx).

ECU n. m. (de *European Currency Unit*). Monnaie de compte de la Communauté économique européenne.

ÉCUBIER n. m. (esp. *escoben*). Ouverture pratiquée dans la muraille d'un navire, généralement à l'avant de chaque bord, pour le passage de la chaîne d'ancre.

ÉCUEIL [ekœj] n. m. (lat. *scopulus*). Rocher à fleur d'eau. ‖ Obstacle dangereux, difficulté qui met en péril.

ÉCUELLE [ekɥɛl] n. f. (lat. *scutella*). Assiette creuse sans rebord; son contenu.

ÉCUISSER v. t. Faire éclater le tronc d'un arbre en l'abattant.

ÉCULÉ, E adj. Banal à force d'être connu : *des arguments éculés.* ● *Chaussures à talons éculés,* usés, déformés.

ÉCUMAGE n. m. Action d'écumer.

ÉCUMANT, E adj. Couvert d'écume, de bave.

ÉCUME n. f. (mot francique). Mousse blanchâtre qui se forme sur un liquide agité ou sur le point de bouillir. ‖ Bave mousseuse. ‖ Sueur du cheval. ‖ *Litt.* Partie vile, rebut de la société. ‖ *Industr.* Masse de scories qui surnagent sur les métaux en fusion. ● *Écume de mer,* silicate naturel de magnésium hydraté, blanchâtre et poreux, dont on fait des pipes.

ÉCUMER v. t. Enlever l'écume. ● *Écumer les mers,* y exercer la piraterie. ‖ *Écumer une région, un quartier,* y rafler tout ce qui est intéressant. ◆ v. i. Se couvrir d'écume : *le vin écume.* ‖ Être furieux : *écumer de rage.*

ÉCUMEUR n. m. *Écumeur de mer,* pirate.

ÉCUMEUX, EUSE adj. Litt. Couvert d'écume : *flots écumeux.*

ÉCUMOIRE n. f. Grande cuillère plate, percée de trous, pour écumer ou retirer des aliments du liquide où ils ont cuit.

écureuil

ÉCUREUIL n. m. (lat. *sciuroleus*). Mammifère rongeur arboricole, à pelage roux et à queue touffue, se nourrissant surtout de graines et de fruits secs. (Long. 25 cm; queue : 20 cm.)

ÉCURIE n. f. (de *écuyer*). Lieu destiné à loger les chevaux, les mulets, les ânes. ‖ Ensemble de chevaux de course d'un même propriétaire. ‖ Ensemble des écrivains, des artistes, des sportifs bénéficiant du soutien d'un même éditeur, d'une même marque commerciale.

ÉCUSSON n. m. (de *écu*). Petit écu d'armoiries. ‖ Cartouche portant des pièces héraldiques, des inscriptions. ‖ Plaque de métal en forme d'écu, placée sur une serrure. ‖ Nom donné à des plaques calcaires situées sur le corps de certains poissons. ‖ Syn. de MÉSOTHORAX. ‖ Disposition du poil au voisinage des mamelles de la vache. ‖ *Agric.* Morceau d'écorce portant un œil ou un bouton, pour greffer. ‖ *Mil.* Petit morceau de drap cousu au col ou sur la manche de l'uniforme pour indiquer l'arme et le numéro du corps de troupes.

ÉCUSSONNAGE n. m. Action d'écussonner.

ÉCUSSONNER v. t. Fixer un écusson sur un vêtement militaire. ‖ *Agr.* Greffer en écusson.

ÉCUSSONNOIR n. m. Petit couteau servant à greffer en écusson.

ÉCUYER [ekɥije] n. m. (lat. *scutarius*, qui porte l'écu). Gentilhomme qui accompagnait un chevalier et portait son écu. ‖ Titre des jeunes nobles non encore armés chevaliers. ‖ Instructeur d'équitation (notamment dans le *Cadre noir*). ● *Grand écuyer*, intendant général des écuries.

ÉCUYER, ÈRE n. Personne qui sait monter à cheval. ‖ Personne qui fait des exercices d'équitation dans un cirque. ● *Bottes à l'écuyère*, longues bottes pour monter à cheval.

ECZÉMA [ɛgzema] n. m. (gr. *ekzema*, éruption cutanée). Maladie de peau, de nature inflammatoire, caractérisée par un érythème (rougeur) et par de fines vésicules épidermiques. (Dans l'*eczéma suintant*, les vésicules laissent couler un liquide; dans l'*eczéma sec*, elles restent fermées et se dessèchent; dans la plupart des cas, une desquamation accompagne ou suit les lésions.)

ECZÉMATEUX, EUSE adj. et n. Qui relève de l'eczéma; atteint d'eczéma.

ÉDAM [edam] n. m. Fromage de Hollande, au lait de vache, en forme de boule, généralement recouvert de paraffine colorée en rouge.

ÉDAPHIQUE adj. (gr. *edaphos*, sol). Se dit des facteurs liés au sol qui ont une influence profonde sur la répartition des êtres vivants.

EDELWEISS [edɛlvɛs] n. m. (mot all.). Plante cotonneuse poussant dans les Alpes et les Pyrénées au-dessus de 1 000 m et devenue très rare. (Famille des composées; noms usuels : *pied-de-lion, étoile-d'argent*).

ÉDEN [edɛn] n. m. (mot hébr.). Lieu où la Bible situe le paradis terrestre. (En ce sens, prend une majuscule.) ‖ Lieu de délices.

ÉDÉNIQUE adj. Qui évoque le paradis terrestre.

ÉDENTÉ, E adj. Qui a perdu ses dents.

ÉDENTÉ n. m. Mammifère dépourvu de dents ou à dents réduites. (Les *édentés* forment deux ordres comprenant le *fourmilier*, le *paresseux*, le *tatou*, le *pangolin*.)

ÉDENTER v. t. Briser les dents de qqch.

ÉDICTER v. t. (lat. *edictum*, édit). Prescrire d'une manière absolue.

ÉDICULE n. m. (lat. *aedes*, maison). Petite construction secondaire à l'intérieur d'un bâtiment. ‖ Partie décorative d'une façade, imitant une petite construction. ‖ Petit édifice élevé sur la voie publique.

ÉDIFIANT, E adj. Qui porte à la vertu, à la piété : *lecture édifiante*. ‖ Très instructif : *spectacle édifiant*.

ÉDIFICATION n. f. Action d'édifier, de bâtir : *l'édification d'un temple*. ‖ Création : *l'édification d'un empire*. ‖ Sentiment de piété, de vertu, qu'on inspire par l'exemple : *une vie pleine d'édification*.

ÉDIFICE [edifis] n. m. (lat. *aedificium*). Cons-

truction importante ou ensemble de constructions comprises dans un même programme. ‖ Ensemble organisé : *l'édifice social*.

ÉDIFIER v. t. (lat. *aedificare*, construire). Construire, bâtir : *édifier un immeuble, une ville*. ‖ Concevoir et réaliser : *édifier une théorie*. ‖ Porter à la piété, à la vertu, par l'exemple : *édifier son prochain*. ‖ Renseigner sur des faits répréhensibles, éclairer : *vous êtes maintenant édifiés sur ses intentions*.

ÉDILE n. m. (lat. *aedilis*). Magistrat municipal. ‖ *Hist.* Magistrat romain chargé de l'administration municipale.

ÉDILITAIRE adj. Relatif à l'édilité.

ÉDILITÉ n. f. *Hist.* Charge des édiles.

ÉDIT [edi] n. m. (lat. *edictum*). *Hist.* Loi ou ordonnance promulguée par l'autorité souveraine.

ÉDITER v. t. (lat. *edere*, publier). Publier et mettre en vente l'œuvre d'un écrivain, d'un artiste, etc. ‖ *Inform.* Présenter dans une forme et sur un support permettant leur utilisation humaine des résultats de traitements faits dans un ordinateur.

ÉDITEUR, TRICE n. et adj. Personne ou société qui édite.

ÉDITION n. f. Publication d'un ouvrage littéraire; impression et diffusion de toute espèce d'œuvre : *une édition de disques*. ‖ Ensemble des exemplaires que l'on imprime d'un ouvrage, soit en un seul tirage, soit en plusieurs sans y apporter de modifications notables; texte d'une œuvre correspondant à tel ou tel tirage : *la deuxième édition d'un livre*. ‖ Industrie et commerce du livre en général : *travailler dans l'édition*. ‖ Ensemble des exemplaires d'un journal imprimés en une fois : *une édition spéciale*. ‖ *Inform.* Matérialisation par l'homme de résultats de traitements dans un ordinateur, le plus souvent sous forme de texte imprimé.

edelweiss

ÉDITORIAL, E, AUX adj. Relatif à l'édition.

ÉDITORIAL n. m. Article qui exprime les vues de la direction d'un journal.

ÉDITORIALISTE n. Personne qui écrit l'éditorial d'un journal.

ÉDREDON n. m. (islandais *ederduun*, duvet d'eider). Couvre-pieds rempli de duvet.

ÉDUCABLE adj. Apte à recevoir l'éducation.

ÉDUCATEUR, TRICE n. et adj. Personne qui s'occupe de l'éducation d'enfants, de jeunes. ● *Éducateur spécialisé*, éducateur s'occupant d'enfants handicapés.

ÉDUCATIF, IVE adj. Qui concerne l'éducation.

ÉDUCATION n. f. (lat. *educatio*). Action ou manière d'éduquer, d'être éduqué; ensemble des aptitudes intellectuelles et physiques et des acquisitions morales de qqn. ‖ Connaissance des bons usages d'une société; savoir-vivre : *un homme sans éducation*. ● *Éducation nationale* ou *Éducation*, ensemble des services chargés de l'organisation, de la direction et de la gestion de tous les ordres de l'enseignement public et du contrôle de l'enseignement privé. ‖ *Éducation permanente*, enseignement qui est dispensé tout au long de la vie professionnelle. ‖ *Éducation physique*, ensemble des exercices corpo-

rels visant à l'amélioration des qualités physiques de l'homme. ‖ *Éducation spécialisée*, ensemble des mesures organisant l'enseignement des enfants handicapés. ‖ *Éducation surveillée*, administration dont dépendent les établissements auxquels peuvent être confiés les mineurs délinquants et l'enfance en danger moral.

ÉDUCATIONNEL, ELLE adj. Relatif à l'éducation.

ÉDULCORANT, E adj. et n. m. Se dit d'une substance qui édulcore.

ÉDULCORATION n. f. Action d'édulcorer.

ÉDULCORER v. t. (lat. *dulcor*, douceur). Adoucir une boisson ou un médicament en y ajoutant du sucre. ‖ Atténuer les termes, les hardiesses d'un texte; affadir.

ÉDUQUER v. t. (lat. *educare*). Former l'esprit de qqn, développer ses aptitudes intellectuelles, physiques, faire acquérir des principes moraux.

ÉFAUFILER v. t. Tirer les fils d'un tissu.

ÉFENDI [efɛdi] n. m. (mot turc, du gr.). Titre donné aux savants, dignitaires et magistrats dans l'Empire ottoman.

EFFAÇABLE adj. Qui peut être effacé.

EFFACÉ, E adj. Qui se tient à l'écart, modeste. ● *Position effacée* (Chorégr.), position du danseur qui se place de biais par rapport au public.

EFFACEMENT n. m. Action d'effacer, de s'effacer. ‖ État d'une personne qui reste à l'écart par modestie ou par discrétion. ● *Tête d'effacement*, composant d'un magnétophone, servant à annuler par saturation de l'oxyde magnétique toute impression antérieure d'une bande enregistrée.

EFFACER v. t. (de *face*) [conj. 1]. Faire disparaître en frottant, en grattant, en lavant, en faisant défiler devant une tête d'effacement, etc. : *effacer des traces de crayon*. ‖ *Litt.* Faire oublier : *effacer le souvenir de qqn*. ● *Effacer qqn* (Litt.), l'empêcher de briller. ‖ *Effacer ses épaules*, les mettre en retrait. ◆ **s'effacer** v. pr. Se tourner un peu de côté, pour tenir moins de place : *s'effacer pour laisser entrer qqn*. ‖ Ne pas se mettre en valeur; se tenir à l'écart. ● *S'effacer devant qqn*, s'incliner devant sa supériorité.

EFFANER v. t. *Agr.* Ôter les fanes.

EFFARANT, E adj. Incroyable, stupéfiant : *des prix effarants*.

EFFARÉ, E adj. Qui présente un grand trouble, une grande peur.

EFFAREMENT n. m. Trouble qui donne un air égaré.

EFFARER v. t. (lat. *ferus*, sauvage). Troubler, effrayer au point de donner un air hagard et inquiet.

EFFAROUCHEMENT n. m. Fait d'être effarouché.

EFFAROUCHER v. t. Effrayer, intimider : *effaroucher un lièvre; effaroucher un candidat*.

EFFARVATTE n. f. Oiseau voisin de la rousserolle. (Famille des sylviidés.)

EFFECTEUR adj. m. *Physiol.* Se dit des organes qui sont à l'origine des réactions aux stimulations reçues par les organes récepteurs.

EFFECTIF, IVE adj. (lat. *effectus*, influence). Qui existe réellement, qui se traduit en action.

EFFECTIF n. m. Nombre des militaires composant une armée ou une formation quelconque, des fonctionnaires d'une administration, des travailleurs d'une entreprise, des élèves d'une classe, etc.

EFFECTIVEMENT adv. En effet, réellement.

EFFECTIVITÉ n. f. *Dr.* Qualité de ce qui est effectif.

EFFECTUER v. t. Mettre à exécution, accomplir : *effectuer un paiement; effectuer un tournant*.

EFFÉMINÉ, E adj. Qui ressemble à une femme, qui est exagérément délicat.

EFFÉMINER v. t. (lat. *femina*, femme). Rendre délicat.

EFFÉRENT, E adj. (lat. *efferens*, qui porte dehors). *Anat.* Se dit des nerfs, des vaisseaux qui sortent d'un organe, qui vont du centre vers la périphérie. (Contr. AFFÉRENT.)

EFFERVESCENCE n. f. Bouillonnement produit par un vif dégagement de bulles gazeuses dans un liquide. ‖ Agitation extrême : *ville en pleine effervescence.*

EFFERVESCENT, E adj. (lat. *effervescens,* bouillonnant). Qui est en effervescence ou susceptible d'entrer en effervescence.

EFFET n. m. (lat. *effectus,* influence). Résultat d'une action, ce qui est produit par qqch : *il n'y a pas d'effet sans cause; l'effet de la crainte; les effets d'un remède.* ‖ Impression produite sur qqn : *effet d'un discours.* ‖ Procédé employé pour attirer l'attention, frapper, émouvoir : *acteur qui vise à l'effet.* ‖ Phénomène particulier en physique, en biologie, etc. : *effet Joule.* ‖ Rotation imprimée à une bille, à une balle, à un ballon, en vue d'obtenir des trajectoires ou des rebonds volontairement anormaux. ● *À cet effet,* en vue de cela. ‖ *Effet de commerce* ou *effet* (Dr.), nom générique de tout titre à ordre transmissible par voie d'endossement, et constatant l'obligation de payer une somme d'argent à une époque donnée. (La lettre de change, ou traite, le billet à ordre, le chèque et le warrant sont des effets de commerce.) ‖ *Effet de complaisance* ou *de cavalerie* (Dr.), effet de commerce mis en circulation sans qu'aucune affaire réelle ait été conclue, en vue d'obtenir frauduleusement des fonds au moyen de l'escompte. ‖ *Faire l'effet,* avoir l'apparence de : *faire l'effet d'un homme honnête.* ‖ *Faire de l'effet,* produire une vive impression : *son attitude a fait mauvais effet.* ‖ *Faire des effets de voix, de jambes,* avoir une attitude affectée dans sa voix, dans sa marche. ‖ *Prendre effet* (Dr.), devenir applicable. ‖ *Sous l'effet de,* sous l'influence de. ◆ pl. Vêtements, pièces de l'habillement : *des effets militaires.* ‖ *Effets publics* (Dr.), titres émis par l'État. ‖ *Effets spéciaux,* trucages cinématographiques. ◆ loc. conj. *En effet* (marque une explication), car : *il mérite aucune récompense; en effet, il n'a pas travaillé.*

EFFEUILLAGE n. m. Action d'effeuiller les arbres et les plantes.

EFFEUILLAISON n. f., ou **EFFEUILLEMENT** n. m. Chute naturelle des feuilles, en automne. (Syn. DÉFOLIATION.)

EFFEUILLER v. t. Ôter les feuilles : *effeuiller un arbre.* ‖ Arracher les pétales de : *effeuiller des roses.* ◆ s'effeuiller v. pr. Perdre ses feuilles ou ses pétales.

EFFEUILLEUSE n. f. *Fam.* Strip-teaseuse. ‖ En Suisse, femme ou jeune fille engagée pour épamprer la vigne.

EFFICACE adj. (lat. *efficax*). Qui produit l'effet attendu : *traitement efficace.* ‖ Se dit de qqn dont l'action aboutit à des résultats utiles. ● *Cause efficace* (Philos.), cause véritable et unique d'un phénomène. ‖ *Intensité efficace d'un courant alternatif,* intensité du courant continu qui produirait le même dégagement de chaleur dans le même conducteur.

EFFICACEMENT adv. De façon efficace.

EFFICACITÉ n. f. Qualité d'une chose, d'une personne efficaces.

EFFICIENCE n. f. Rendement satisfaisant imputable à une recherche volontaire systématique : *l'efficience d'une technique, d'une entreprise.* ● *Efficience intellectuelle,* rendement de l'intelligence individuelle lorsqu'elle est soumise à des situations concrètes, tels les tests d'intelligence.

EFFICIENT, E adj. Qui aboutit à de bons résultats; compétent : *homme efficient.* ● *Cause efficiente,* dans la philosophie scolastique, phénomène qui en produit un autre.

EFFIGIE n. f. (lat. *effigies,* figure). Représentation, image d'une personne, surtout sur une monnaie, une médaille.

EFFILAGE n. m. Action d'effiler.

EFFILÉ, E adj. Mince et allongé : *des doigts effilés.*

EFFILEMENT n. m. État de ce qui est effilé.

EFFILER v. t. Défaire un tissu fil à fil. ‖ Diminuer l'épaisseur des cheveux en amincissant les pointes.

EFFILOCHAGE n. m. Action d'effilocher.

EFFILOCHE n. f. Soie trop légère, que l'on met au rebut. ‖ Bout de soie, fil qui se trouve aux lisières d'une étoffe.

EFFILOCHER v. t. Déchiqueter un tissu. ◆ s'effilocher v. pr. S'effiler par suite de l'usure.

EFFILOCHEUR, EUSE ou **EFFILEUR, EUSE** n. Personne qui effiloche des chiffons destinés à faire du papier.

EFFILOCHEUSE n. f. Machine à effilocher.

EFFILOCHURE ou **EFFILURE** n. f. Produit de l'effilochage.

EFFLANQUÉ, E adj. Maigre et long; décharné.

EFFLEURAGE n. m. *Méd.* Massage léger, fait du bout des doigts ou de la main entière, en agissant sur les tissus par voie réflexe. ‖ *Techn.* Action d'effleurer les cuirs.

EFFLEUREMENT n. m. Action d'effleurer; légère atteinte.

EFFLEURER v. t. (de *fleur*). Toucher à peine, légèrement : *effleurer le visage.* ‖ Entamer superficiellement : *effleurer la peau.* ‖ Examiner superficiellement : *effleurer une question.* ‖ *Techn.* Enlever une couche très mince sur un cuir pour faire disparaître les éraflures.

EFFLORAISON n. f. Action d'entrer en fleur.

EFFLORESCENCE n. f. Transformation des sels hydratés qui perdent une partie de leur eau de cristallisation au contact de l'air. ‖ Poussière naturelle qui recouvre certains fruits. ‖ *Litt.* Épanouissement.

EFFLORESCENT, E adj. En état d'efflorescence.

EFFLUENT, E adj. (lat. *effluens*). Se dit d'un fluide qui émane d'une source.

EFFLUENT n. m. *Effluent pluvial,* eau de ruissellement. ‖ *Effluent radioactif,* fluide (gaz ou liquide) se dégageant d'une enceinte contenant des radioéléments. ‖ *Effluent urbain,* ensemble des eaux usées, des eaux de ruissellement et des eaux superficielles évacuées par les égouts.

EFFLUVE n. m. (lat. *effluvium,* écoulement). Sorte d'émanation qui s'exhale du corps de l'homme et des animaux, et, en général, des corps organisés. ‖ *Effluve électrique,* décharge électrique obscure ou faiblement lumineuse, sans échauffement ni effets mécaniques.

EFFONDREMENT n. m. Action de s'effondrer, écroulement; ruine, anéantissement.

EFFONDRER v. t. (lat. *fundus,* fond). *Agric.* Remuer, fouiller, briser la terre profondément. ‖ Être effondré, abattu, prostré. ◆ s'effondrer v. pr. Crouler sous un poids excessif : *plancher qui s'effondre.* ‖ Être brusquement anéanti : *projets qui s'effondrent.*

EFFORCER (S') v. pr. [de] (conj. 1). Faire tous ses efforts; s'appliquer, s'évertuer : *s'efforcer de travailler.*

EFFORT n. m. (de *s'efforcer*). Action énergique du corps ou de l'esprit vers un objectif, un but : *faire un effort pour soulever un fardeau; un effort de mémoire.* ‖ Douleur produite par une tension trop forte des muscles (vx). ‖ *Phys.* Force tendant à déformer un matériau par traction, compression, flexion, torsion ou cisaillement.

EFFRACTION n. f. (lat. *effractus,* brisé). Forcement d'une clôture, d'une serrure : *vol avec effraction.*

EFFRAIE [efrɛ] n. f. (de *orfraie*). Chouette à plumage fauve clair tacheté de gris, et dont les yeux sont entourés d'une collerette de plumes blanches. (Long. 35 cm.)

EFFRANGER v. t. (conj. 1). Découper un tissu en franges sur les bords.

EFFRAYANT, E adj. Qui cause une grande peur; épouvantable, horrible : *un bruit effrayant.* ‖ *Fam.* Qui accable, excessif : *une chaleur effrayante.*

EFFRAYER v. t. (lat. pop. *exfridare*; mot francique) [conj. 2]. Remplir de frayeur : *ce bruit a effrayé tout le monde.* ‖ Causer du souci, rebuter, décourager : *l'importance du travail l'a effrayé.*

EFFRÉNÉ, E adj. (lat. *frenum,* frein). Sans retenue; démesuré, excessif : *propagande effrénée.*

EFFRITEMENT n. m. Action d'effriter, de s'effriter.

EFFRITER v. t. (anc. fr. *effruiter,* dépouiller de ses fruits). Réduire en poussière; rendre friable : *le gel effrite les roches les plus dures.* ◆ s'effriter v. pr. Tomber en poussière : *les roches s'effritent.* ‖ Se désagréger, s'amenuiser : *la majorité gouvernementale s'est effritée.*

EFFROI [efrwa] n. m. (de *effrayer*). *Litt.* Grande frayeur; épouvante, terreur : *répandre l'effroi.*

EFFRONTÉ, E adj. Qui agit avec une très grande hardiesse à l'égard des autres, qui ne garde aucune retenue; impudent.

EFFRONTÉMENT adv. Avec effronterie : *il ment effrontément.*

EFFRONTERIE n. f. Manière d'agir d'une personne effrontée; impudence, sans-gêne.

EFFROYABLE adj. Qui cause de l'effroi; épouvantable : *crime effroyable.* ‖ Qui impressionne vivement, énorme : *misère effroyable.*

EFFROYABLEMENT adv. De façon effroyable, terriblement.

EFFUSIF, IVE adj. *Géol.* Se dit d'une roche résultant du refroidissement d'un magma qui s'est épanché à l'air libre.

EFFUSION n. f. (lat. *effundere,* épandre). Manifestation de tendresse, d'affection. ● *Effusion de sang,* action de verser du sang, de blesser, de tuer.

ÉFOURCEAU n. m. Véhicule à deux roues pour le transport de fardeaux pesants.

ÉFRIT [efrit] n. m. (mot ar.). Dans la mythologie arabe, espèce de génie malfaisant.

ÉGAIEMENT [egɛmɑ̃] n. m. Action d'égayer.

ÉGAILLER (S') [segaje] v. pr. (anc. fr. *esgailler,* disperser). Se disperser, en général pour se dissimuler.

ÉGAL, E, AUX adj. (lat. *aequalis*). Semblable en nature, en quantité, en qualité, en valeur : *deux quantités égales à une troisième sont égales entre elles.* ‖ Qui ne varie pas, qui ne présente pas de brusques différences : *température égale.* ‖ *Litt.* Uni, de niveau : *chemin égal.* ‖ Qui s'applique à tous dans les mêmes conditions : *une justice égale.* ‖ *Math.* Se dit de deux figures exactement superposables. ● *Ça m'est égal* (Fam.), ça m'est indifférent. ‖ *C'est égal* (Fam.), quoi qu'il en soit, malgré tout. ‖ *Ensembles égaux* (Math.), ensembles constitués des mêmes éléments. ‖ *Fonctions égales* (Math.), fonctions prenant les mêmes valeurs pour toute valeur de la variable. ◆ n. Qui est de même condition, qui a les mêmes droits : *vivre avec des égaux.* ● *À l'égal de,* autant que, au même titre que. ‖ *D'égal à égal,* sur un pied d'égalité. ‖ *N'avoir d'égal que,* n'être égalé que par une chose : *sa fatuité n'a d'égal que sa sottise.* ‖ *N'avoir point d'égal,* être sans égal, être unique en son genre.

ÉGALABLE adj. Qui peut être égalé.

ÉGALEMENT adv. De façon égale : *aimer également tous ses enfants.* ‖ Aussi, de même : *vous l'avez vu, je viens de le voir également.*

ÉGALER v. t. Être égal à : *deux multiplié par deux égale quatre.* ‖ Atteindre le même niveau, la même importance; rivaliser avec : *rien n'égale sa beauté.*

ÉGALISATEUR, TRICE adj. *Sports.* Qui permet d'égaliser : *but égalisateur.*

ÉGALISATION n. f. Action d'égaliser.

ÉGALISER v. t. Rendre égal : *égaliser les salaires; égaliser un terrain.* ◆ v. i. *Sports.* Marquer un but ou un point rendant le score égal.

ÉGALITAIRE adj. et n. Qui vise à l'égalité civile, politique et sociale.

ÉGALITARISME n. m. Doctrine égalitaire.

ÉGALITÉ n. f. (lat. *aequalitas*). Qualité de choses ou de personnes égales; identité, équivalence, constance : *égalité de deux nombres; égalité du terrain; égalité politique, civile, égalité d'humeur.*

ÉGARD n. m. (anc. fr. *esgarder,* veiller sur). Action de prendre en considération. ● *À cet égard,* sous ce rapport, sur ce point. ‖ *À l'égard de,* relativement à, en ce qui concerne. ‖ *À tous*

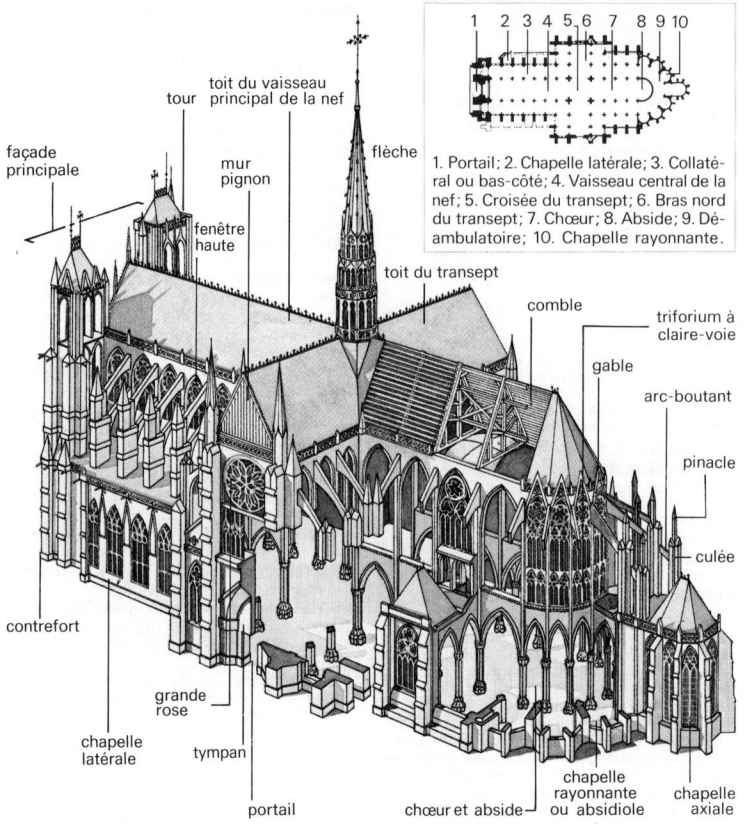

tour | toit du vaisseau principal de la nef
façade principale
mur pignon
fenêtre haute
flèche
toit du transept
comble
triforium à claire-voie
gable
arc-boutant
pinacle
culée
contrefort
grande rose
chapelle latérale
tympan
portail
chœur et abside
chapelle rayonnante ou absidiole
chapelle axiale

1. Portail; 2. Chapelle latérale; 3. Collatéral ou bas-côté; 4. Vaisseau central de la nef; 5. Croisée du transept; 6. Bras nord du transept; 7. Chœur; 8. Abside; 9. Déambulatoire; 10. Chapelle rayonnante.

VUE ÉCORCHÉE ET PLAN D'UNE ÉGLISE GOTHIQUE

les égards, à tous égards, sous tous les rapports. ‖ *Eu égard à,* en considération de. ‖ *Sans égard pour,* en ne tenant aucun compte de. ◆ pl. Attentions, marques d'estime, de respect : *témoigner de grands égards à qqn.*

ÉGARÉ, E adj. Troublé, hagard : *un air égaré.*

ÉGAREMENT n. m. Dérèglement de la conduite, de l'esprit; affolement : *avoir un moment d'égarement.*

ÉGARER v. t. Mettre hors de son chemin; dérouter : *ces témoignages ont égaré les enquêteurs.* ‖ Perdre pour un moment; ne plus retrouver : *égarer ses lunettes.* ‖ Jeter dans l'erreur, faire perdre le contrôle : *la douleur l'égare.* ◆ **s'égarer** v. pr. Faire fausse route. ‖ S'écarter du bon sens, de la vérité. ‖ S'éparpiller, se disséminer : *les voix se sont égarées sur d'autres candidats.*

ÉGAYER [egeje] v. t. (conj. **2**). Rendre gai : *son histoire n'a pas réussi à m'égayer.* ‖ Orner de quelque agrément : *égayer un appartement.* ◆ **s'égayer** v. pr. Rire (en général aux dépens de qqn).

ÉGÉEN, ENNE adj. Qui a rapport aux anciens peuples de la mer Égée. ● *Civilisation égéenne,* nom donné aux civilisations préhelléniques qui se sont développées durant les IIIᵉ et IIᵉ millénaires dans les îles et sur les côtes de la mer Égée, et dont le foyer principal fut la Crète.

ÉGÉRIE [eʒeri] n. f. (de *Égérie,* n. pr.). *Litt.* Conseillère secrète, mais écoutée.

ÉGIDE n. f. (gr. *aigis, -idos,* peau de chèvre). *Myth.* Bouclier d'Athéna. ● *Sous l'égide de,* sous le patronage de.

ÉGLANTIER n. m. (lat. pop. *aquilentum*). Arbrisseau épineux des haies et des buissons, dont sont issus les rosiers cultivés. (Famille des rosacées.)

ÉGLANTINE n. f. Fleur de l'églantier.

ÉGLEFIN [eglafɛ] n. m. Poisson de la mer du Nord, voisin de la morue et qui, fumé, fournit le haddock. (Long. 1 m; famille des gadidés.) [On écrit aussi AIGLEFIN.]

ÉGLISE n. f. (gr. *ekklêsia,* assemblée). Société religieuse fondée par Jésus-Christ. ‖ Communauté organisée de personnes professant la même doctrine : *Église catholique; Église orthodoxe.* (Avec une majuscule dans ces deux sens.) ‖ Édifice où se réunissent les fidèles : *le clocher d'une église.* ● *Homme d'Église,* ecclésiastique.

ÉGLISE-HALLE n. f. (pl. *églises-halles*). Église

fruits

églantier

à plusieurs vaisseaux de même hauteur, très ouverts les uns sur les autres.

ÉGLOGUE n. f. (gr. *eklogê,* choix). Petit poème pastoral.

EGO [ego] n. m. inv. (mot lat., *moi*). *Philos.* Désigne depuis Descartes le moi comme sujet pensant. ‖ *Psychanal.* Syn. du MOI.

ÉGOCENTRIQUE adj. et n. Caractérisé par l'égocentrisme.

ÉGOCENTRISME n. m. Disposition mentale consistant à ramener tout à soi-même, à se considérer comme le centre de l'univers.

ÉGOÏNE [egɔin] n. f. (lat. *scobina,* lime). Petite scie à lame rigide, munie d'une poignée à l'une de ses extrémités.

ÉGOÏSME n. m. (lat. *ego,* moi). Vice de l'homme qui rapporte tout à soi.

ÉGOÏSTE adj. et n. Qui rapporte tout à soi, qui ne considère que ses intérêts.

ÉGOÏSTEMENT adv. Avec égoïsme.

ÉGORGEMENT n. m. Action d'égorger; meurtre, tuerie.

ÉGORGER v. t. (conj. **1**). Tuer en coupant la gorge. ‖ Faire payer trop cher : *hôtelier qui égorge ses clients.* ◆ **s'égorger** v. pr. S'entre-tuer.

ÉGORGEUR n. m. Personne qui égorge.

ÉGOSILLER (S') v. pr. (de *gosier*). Crier fort et longtemps.

ÉGOTISME n. m. (angl. *egotism;* lat. *ego,* moi). Manie de parler de soi; sentiment exagéré de sa personnalité, de sa valeur.

ÉGOTISTE adj. et n. Qui fait preuve d'égotisme.

ÉGOUT n. m. (de *égoutter*). Conduite souterraine et étanche destinée à recueillir et à écarter des agglomérations les eaux de pluie et les eaux usées. ‖ Partie inférieure (parfois retroussée) du versant d'un toit. ▷

ÉGOUTIER n. m. Ouvrier chargé du nettoyage et de l'entretien des égouts.

ÉGOUTTAGE ou **ÉGOUTTEMENT** n. m. Action d'égoutter.

ÉGOUTTER v. t. Débarrasser d'un liquide : *égoutter du linge.* ‖ Éliminer le petit-lait du caillé lors de la fabrication du fromage. ‖ *Agr.* Débarrasser les terres de l'excès d'humidité. ◆ **s'égoutter** v. pr. Perdre son eau goutte à goutte.

ÉGOUTTOIR n. m. Casier où l'on fait égoutter la vaisselle, les bouteilles, etc. ‖ Passoire demi-sphérique et à pieds dans laquelle on met les aliments à égoutter.

ÉGOUTTURE n. f. Liquide fourni par un objet qui s'égoutte.

ÉGRAINAGE n. m. → ÉGRENAGE.

ÉGRAINER v. t. → ÉGRENER.

ÉGRAPPAGE n. m. Action d'égrapper.

ÉGRAPPER v. t. Détacher de la grappe.

ÉGRATIGNER v. t. (anc. fr. *gratiner,* gratter). Déchirer légèrement la peau. ‖ Rayer la surface : *égratigner la carrosserie d'une voiture.* ‖ Blesser légèrement par des railleries.

ÉGRATIGNURE n. f. Blessure faite en égratignant. ‖ Blessure légère d'amour-propre.

ÉGRENAGE ou **ÉGRAINAGE** n. m. Action d'égrener.

ÉGRENER [egrəne] (conj. **5**) ou **ÉGRAINER** [egrɛne] v. t. (lat. *granum,* grain). Détacher le grain de l'épi, de la grappe, etc. ● *Égrener un chapelet,* en faire passer tous les grains entre ses doigts en récitant les prières prescrites. ‖ *Pendule qui égrène les heures,* qui marque successivement les heures. ◆ **s'égrener** ou **s'égrainer** v. pr. Tomber en grains. ‖ S'allonger en file : *les voitures s'égrenaient sur l'autoroute.*

ÉGRENEUSE ou **ÉGRÉNEUSE** n. f. Machine à égrener le maïs, le lin, le coton, etc.

ÉGRESSION n. f. *Méd.* Évolution d'une ou plusieurs dents qui, n'ayant pas ou plus de dents antagonistes, quittent leur plan articulaire normal, paraissant ainsi sortir de leurs alvéoles.

ÉGRILLARD, E adj. et n. (anc. fr. *escriller,* glisser). Qui aime les propos licencieux.

ÉGRISAGE n. m. Action d'égriser.

ÉGRISÉE n. f. Poudre de diamant pour polir les pierres précieuses.

ÉGRISER v. t. Polir par frottement avec un abrasif en poudre.

ÉGRUGEAGE n. m. Action d'égruger.

ÉGRUGEOIR n. m. Petit récipient dans lequel on égruge du sel ou tout autre aliment.

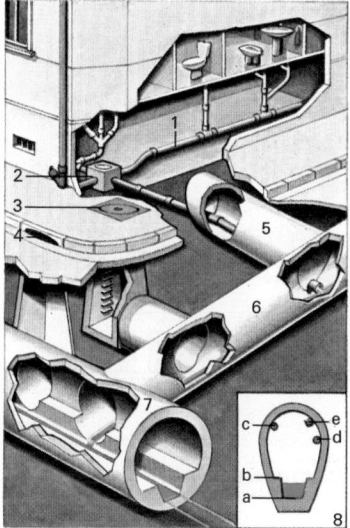

ÉGOUT

1. Évacuation des eaux usées; 2. Branchement particulier; 3. Branchement de regard; 4. Branchement de bouche; 5 et 6. Égouts; 7. Collecteur; 8. Coupe d'un égout :
a, radier; b, banquette;
c, eau potable; d, air comprimé;
e, câbles du téléphone.

ÉGRUGER v. t. (conj. 1). Réduire en poudre du sel, du poivre, etc.

ÉGUEULÉ, E adj. Géogr. Se dit d'un cratère dont la couronne a été entamée par une violente éruption volcanique.

ÉGYPTIEN, ENNE adj. et n. De l'Égypte.

ÉGYPTIEN n. m. Langue chamito-sémitique de l'ancienne Égypte.

ÉGYPTOLOGIE n. f. Étude de l'Antiquité égyptienne.

ÉGYPTOLOGUE n. Spécialiste d'égyptologie.

EH ! [e] interj. de surprise, d'admiration, d'interpellation.

ÉHONTÉ, E adj. Sans pudeur, cynique : un tricheur éhonté. ‖ Honteux, scandaleux : un mensonge éhonté.

eider

EIDER [edɛr] n. m. (islandais aedar). Oiseau voisin des canards, nichant sur les côtes scandinaves et dont le duvet est recherché. (Long. 60 cm.)

EIDÉTIQUE [ɛjdetik] adj. (gr. eidos, image). Philos. Dans la phénoménologie, relatif à l'es-

sence des choses. ● Image eidétique (Psychol.), reviviscence d'une perception après un certain temps de latence.

EIDÉTISME n. m. Faculté de revoir, avec une grande acuité sensorielle, des objets perçus plus ou moins longtemps auparavant, sans croire à la réalité matérielle du phénomène.

EINSTEINIUM [ajnʃtɛnjɔm] n. m. Élément chimique artificiel (E) nᵒ 99.

ÉJACULATION n. f. Action d'éjaculer. ● Éjaculation précoce, éjaculation survenant avant l'orgasme de la partenaire.

ÉJACULER v. t. (lat. ejaculari). Lancer avec force hors de soi, en parlant de certaines sécrétions, et en particulier du sperme.

ÉJECTABLE adj. Siège éjectable, siège d'avion qui, en cas de détresse, est projeté à l'extérieur par une charge propulsive et permet au pilote d'évacuer le bord malgré la résistance de l'air.

ÉJECTER v. t. Rejeter au-dehors. ‖ En parlant d'une pièce mécanique, l'enlever d'un emplacement et la projeter à une certaine distance. ● Éjecter qqn (Fam.), l'expulser, le renvoyer.

ÉJECTEUR n. m. Appareil servant à l'évacuation d'un fluide. ‖ Pièce d'une arme à feu réalisant l'éjection. ‖ Mécanisme servant à enlever des pièces hors d'un emplacement et à les projeter à une certaine distance.

ÉJECTION n. f. (lat. jacere, jeter). Action d'éjecter. ‖ Opération qui projette automatiquement hors de l'arme l'étui vide d'une cartouche après le départ du coup. ‖ Physiol. Évacuation, rejet : l'éjection des urines. ● Machine frigorifique à éjection, machine frigorifique dans laquelle le frigorigène est mis en circulation par un éjecteur.

ÉJOINTER v. t. Rogner les ailes d'un oiseau pour l'empêcher de voler.

ÉLABORATION n. f. Action d'élaborer, de s'élaborer : l'élaboration de la sève. ‖ Travail organique qui rend les aliments assimilables. ‖ Composition, construction, préparation : élaboration d'un système. ● Élaboration des métaux (Métall.), ensemble des opérations permettant d'extraire le métal de son minerai puis d'affiner ce métal brut pour obtenir un métal pur. ‖ Élaboration psychique (Psychanal.), remaniement effectué par l'appareil psychique de l'énergie pulsionnelle qu'il reçoit, et dont l'accumulation serait pathogène.

ÉLABORÉ, E adj. Qui a subi une élaboration. ● Sève élaborée (Bot.), sève enrichie en substances organiques par l'activité des feuilles et qui circule dans les tubes du liber.

ÉLABORER v. t. (lat. elaborare, perfectionner). Rendre assimilable : l'estomac élabore les aliments. ‖ Métall. Faire subir une élaboration. ‖ Préparer par un long travail : élaborer un plan. ◆ s'élaborer v. pr. Se former.

ELÆIS ou **ELEIS** [eleis] n. m. (gr. elaiêeis, huileux). Palmier d'Afrique et d'Asie, dont le fruit fournit l'huile de palme et les graines l'huile de palmiste.

ÉLAGAGE n. m. Action d'élaguer.

ÉLAGUER v. t. (mot francique). Dépouiller un arbre des branches inutiles. ‖ Retrancher d'un texte, d'une phrase, les parties inutiles.

ÉLAGUEUR n. m. Personne qui élague. ‖ Sorte de serpe.

ÉLAN n. m. Mouvement pour s'élancer : prendre son élan. ‖ Brusque mouvement intérieur : les élans du cœur.

ÉLAN n. m. (haut all. elend). Mammifère ruminant, aux bois aplatis, qui vit en Scandinavie, en Sibérie et au Canada. (Long. 2,80 m; poids 1 000 kg; famille des cervidés.) [Au Canada, syn. ORIGNAL.]

ÉLANCÉ, E adj. Mince et de haute taille.

ÉLANCEMENT n. m. Douleur vive et intermittente. ‖ Mar. Angle formé par l'étrave ou l'étambot avec le prolongement de la quille.

ÉLANCER v. i. (conj. 1). Produire des élancements : le doigt m'élance. ◆ s'élancer v. pr. Se jeter en avant avec impétuosité, se précipiter.

ÉLAND n. m. Grande antilope africaine.

ÉLARGIR v. t. Rendre plus large : élargir une

route. ‖ Mettre hors de prison, libérer : élargir un détenu. ‖ Augmenter, étendre : élargir ses connaissances; élargir la majorité. ◆ s'élargir v. pr. Devenir plus large.

ÉLARGISSEMENT n. m. Action d'élargir, de s'élargir : élargissement d'un prisonnier; élargissement d'une route.

ÉLASTICIMÉTRIE n. f. Mesure des contraintes subies par un corps et des déformations qui en résultent.

ÉLASTICITÉ n. f. Propriété qu'ont certains corps de reprendre leur forme quand la force qui les déformait a cessé d'agir. ‖ Grande souplesse, manque de rigidité. ‖ Écon. Faculté de variation d'un phénomène en fonction de la variation d'un autre. ● Limite d'élasticité, valeur maximale d'une contrainte agissant sur un corps dont la déformation disparaît complètement lorsque cesse cette contrainte. ‖ Module d'élasticité, quotient de la contrainte agissant sur un corps par la déformation obtenue.

ÉLASTIQUE adj. (gr. elastos, ductile). Qui a de l'élasticité. ‖ Souple, qui peut se plier facilement. ● Conscience élastique, qui s'accommode facilement de ce qui est jugé répréhensible.

ÉLASTIQUE n. m. Fil ou tissu de caoutchouc. ‖ Lien circulaire en caoutchouc.

ÉLASTOMÈRE n. m. Polymère, naturel ou synthétique, présentant des propriétés élastiques et pouvant servir de caoutchouc.

ÉLATÉRIDÉ n. m. (gr. elatêr, qui pousse). Insecte coléoptère de la famille des taupins. (Les adultes, placés sur le dos, sautent en produisant un bruit sec; les larves, souvent végétariennes, sont très nuisibles.)

ÉLAVÉ, E adj. Véner. Dont la couleur pâle semble avoir déteint.

ELDORADO n. m. (esp. el, le, et dorado, doré). Pays chimérique où l'on a des richesses à foison.

élan

ÉLÉATE ou **ÉLÉATIQUE** adj. Relatif à Élée. ◆ n. Les Éléates, les philosophes de l'école d'Élée.

ÉLECTEUR, TRICE n. et adj. (lat. elector, qui choisit). Personne qui a l'aptitude juridique pour participer à une élection. ‖ Hist. Membre d'un collège, constitué, en 1138, par trois archevêques et quatre ducs nationaux, pour proposer à la diète germanique un candidat à l'Empire. (Prend une majuscule dans ce sens.) [Modifié au cours du Moyen Âge, porté à huit au XVIIᵉ s., le collège des Électeurs cessa, à partir de 1438, d'influer sur le choix de l'empereur, la couronne étant désormais monopolisée par les

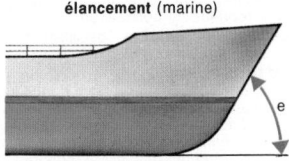

élancement (marine)

e = élancement

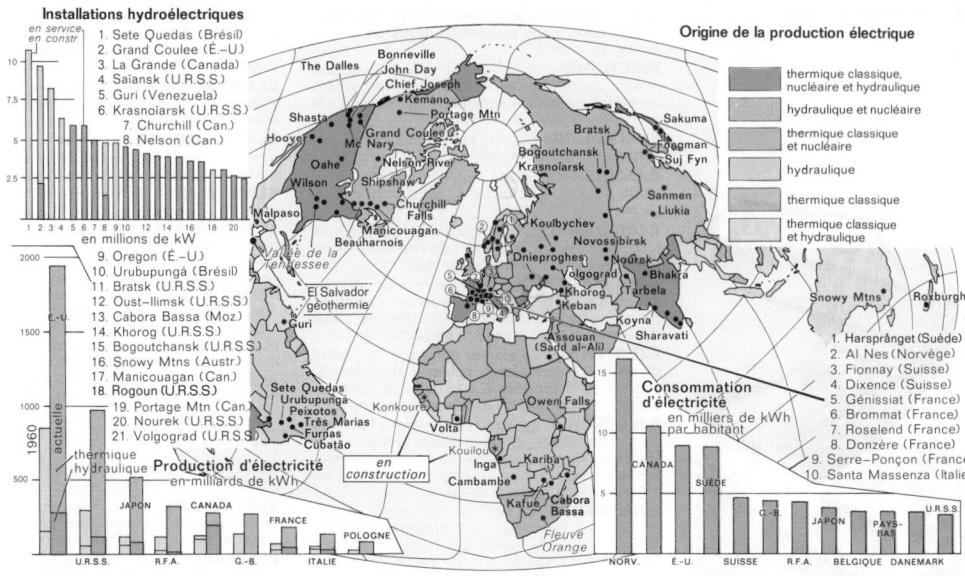

Installations hydroélectriques

en service
en constr.

1. Sete Quedas (Brésil)
2. Grand Coulee (É.-U.)
3. La Grande (Canada)
4. Saïansk (U.R.S.S.)
5. Guri (Venezuela)
6. Krasnoïarsk (U.R.S.S.)
7. Churchill (Can.)
8. Nelson (Can.)

en millions de kW

9. Oregon (É.-U.)
10. Urubupungá (Brésil)
11. Bratsk (U.R.S.S.)
12. Oust-Ilimsk (U.R.S.S.)
13. Cabora Bassa (Moz.)
14. Khorog (U.R.S.S.)
15. Bogoutchansk (U.R.S.S.)
16. Snowy Mtns (Austr.)
17. Manicouagan (Can.)
18. Rogoun (U.R.S.S.)
19. Portage Mtn (Can.)
20. Nourek (U.R.S.S.)
21. Volgograd (U.R.S.S.)

Production d'électricité
en milliards de kWh

thermique
hydraulique

1960
actuelle

Origine de la production électrique

thermique classique, nucléaire et hydraulique
hydraulique et nucléaire
thermique classique et nucléaire
hydraulique
thermique classique
thermique classique et hydraulique

Consommation d'électricité
en milliers de kWh par habitant

1. Harsprånget (Suède)
2. Al Nes (Norvège)
3. Fionnay (Suisse)
4. Dixence (Suisse)
5. Génissiat (France)
6. Brommat (France)
7. Roselend (France)
8. Donzère (France)
9. Serre-Ponçon (France)
10. Santa Massenza (Italie)

ÉLECTRICITÉ

Habsbourg.] ● *Grands électeurs,* en France, collège composé des députés et conseillers généraux et de délégués des conseils municipaux, chargé d'élire les sénateurs.

ÉLECTIF, IVE adj. Nommé ou conféré par élection : *président électif; charge élective.* ‖ *Méd.* Qui agit seulement dans des cas bien déterminés : *traitement électif.* ● *Affinités électives,* entente profonde résultant d'un choix. ‖ *Amnésie élective,* celle qui sélectionne les objets de souvenir.

ÉLECTION n. f. (lat. *electio; de eligere,* choisir). Choix fait par la voie des suffrages : *élection au suffrage universel.* ● *Élection de domicile* (Dr.), choix, en vue d'un acte juridique déterminé, d'un domicile, le plus souvent distinct du domicile réel. ‖ *Patrie, terre d'élection,* celle qui a été choisie entre toutes. ‖ *Pays d'élections* (Hist.), subdivisions inférieures des finances extraordinaires de l'ancienne France (s'opposaient aux PAYS D'ÉTATS).

ÉLECTIVITÉ n. f. Qualité de la personne ou de la chose élective : *l'électivité d'un président.*

ÉLECTORAL, E, AUX adj. Relatif aux élections : *campagne électorale.*

ÉLECTORALISME n. m. Intervention de considérations purement électorales dans la politique d'un parti.

ÉLECTORALISTE adj. et n. Qui s'inspire de considérations purement électorales : *une pratique électoraliste.*

ÉLECTORAT n. m. Ensemble des électeurs d'un pays, d'un parti : *l'électorat français; l'électorat socialiste.* ‖ *Dr.* Aptitude juridique pour participer à une élection. ‖ *Hist.* Dignité des princes ou évêques électeurs, dans l'Empire romain germanique, chargés de nommer l'empereur; pays soumis à la juridiction d'un Électeur germanique : *l'électorat de Trèves.*

ÉLECTRET n. m. Corps dans lequel les molécules conservent une orientation donnée par les lignes de force d'un champ électrique. ● *Microphone à électret,* microphone fonctionnant sans tension continue de polarisation.

ÉLECTRICIEN, ENNE n. Spécialiste d'électricité ou des installations électriques.

ÉLECTRICITÉ n. f. (gr. *êlektron,* ambre jaune [à cause de ses propriétés]). Nom donné à l'une des formes de l'énergie qui se manifeste son action par des phénomènes mécaniques, calorifiques, lumineux, chimiques, etc. ● *Électricité animale,* décharges produites par divers poissons pour paralyser leurs proies ou leurs prédateurs. ‖

Quantité d'électricité, produit de l'intensité d'un courant par le temps de passage.

■ Lorsqu'on frotte, sous certaines conditions, deux corps l'un contre l'autre, il y a formation de deux espèces d'*électricité,* l'une *positive,* l'autre *négative;* chacune d'elles se manifeste sur l'un des corps frottés.

Le développement de ces charges électriques est dû au fait que les atomes sont formés d'un noyau central, électrisé positivement, entouré d'électrons, corpuscules d'électricité négative. Ces charges, de signes contraires, se compensent pour les corps électriquement neutres; mais un excès d'électrons détermine une charge négative, et un défaut d'électrons laisse subsister une charge résiduelle positive. L'électricité ainsi développée par frottement, en équilibre sur les corps, est dite *électricité statique.* Les charges électriques en mouvement dans les conducteurs, sous forme de courant électrique, constituent de l'*électricité dynamique.* L'électricité est une forme d'énergie d'un emploi particulièrement commode pour l'aisance avec laquelle elle peut être transportée et pour sa transformation facile en une autre sorte d'énergie : mécanique dans les moteurs, thermique dans les résistances de chauffage, lumineuse dans l'éclairage électrique, chimique dans l'électrolyse.

ÉLECTRIFICATION n. f. Utilisation, installation de l'électricité dans une région, dans un réseau de chemin de fer, etc.

ÉLECTRIFIER v. t. Doter d'une installation électrique : *électrifier un réseau ferroviaire.*

ÉLECTRIQUE adj. Relatif à l'électricité. ‖ Qui fonctionne à l'électricité.

ÉLECTRIQUEMENT adv. Par l'électricité.

ÉLECTRISABLE adj. Qui peut être électrisé.

ÉLECTRISANT, E adj. Qui électrise. ‖ Qui enflamme, qui enthousiasme.

ÉLECTRISATION n. f. Action, manière d'électriser, fait d'être électrisé.

ÉLECTRISER v. t. Développer sur un corps des charges électriques. ‖ Produire une impression exaltante, exciter : *électriser une assemblée par la parole.*

ÉLECTROACOUSTIQUE adj. et n. f. Se dit de la technique de conversion des signaux acoustiques en signaux électriques et réciproquement, en vue de la production, de la transmission, de l'enregistrement et de la reproduction des sons. ‖ Se dit de la musique qui utilise cette technique. (La musique électroacoustique regroupe

la *musique concrète* et la *musique électronique.*)

ÉLECTROAFFINITÉ n. f. Qualité que présente un élément chimique de se transformer en ion.

ÉLECTROAIMANT n. m. Appareil servant à la production de champs magnétiques, grâce à un

ÉLECTROAIMANT DE LEVAGE

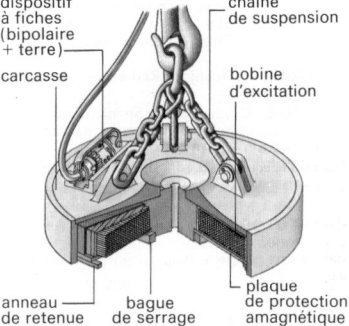

dispositif à fiches (bipolaire + terre)
carcasse
chaîne de suspension
bobine d'excitation
anneau de retenue
bague de serrage
plaque de protection amagnétique

système de bobines à noyau de fer doux parcourues par un courant.

ÉLECTROCAPILLARITÉ n. f. Variation de tension superficielle résultant de l'action d'un champ électrique.

ÉLECTROCARDIOGRAMME n. m. Tracé ▷ obtenu par enregistrement des courants produits par la contraction du muscle cardiaque. (Il permet le diagnostic des affections du myocarde et celui des troubles du rythme.)

ÉLECTROCARDIOGRAPHE n. m. Appareil permettant d'établir, sur papier ou sur film, le tracé de l'électrocardiogramme.

ÉLECTROCARDIOGRAPHIE n. f. Technique de l'enregistrement et de l'interprétation des électrocardiogrammes.

ÉLECTROCAUTÈRE n. m. *Méd.* Cautère constitué par une anse de platine portée au rouge par un courant électrique de faible tension et de forte intensité.

ÉLECTROCHIMIE n. f. Technique des applications de l'énergie électrique aux opérations de la chimie.

ÉLECTROCHIMIQUE adj. Relatif à l'électrochimie.

ÉLECTROCHOC n. m. Thérapeutique de certaines maladies mentales par passage, à travers le cerveau, d'un courant électrique provoquant, pendant une très courte durée, une crise épileptique.

ÉLECTROCINÈSE n. f. *Éthol.* Déplacement d'un animal provoqué par la présence d'un champ électrique.

ÉLECTROCINÉTIQUE n. f. Étude des courants électriques.

ÉLECTROCOAGULATION n. f. *Méd.* Technique de destruction des tissus par courants de haute fréquence. (L'électrocoagulation permet de traiter certaines tumeurs sans risque de dissémination ni d'hémorragie.)

ÉLECTROCOPIE n. f. Procédé de reproduction fondé sur l'électrostatique.

ÉLECTROCUTER v. t. (angl. *to electrocute*). Tuer par l'action d'une décharge électrique.

ÉLECTROCUTION n. f. Mort produite par passage d'un courant électrique dans l'organisme. (Aux États-Unis, dans certains États, on exécute les condamnés à mort par électrocution sur la chaise électrique.)

ÉLECTRODE n. f. Dans un voltamètre, un tube à gaz raréfié, un arc électrique, extrémité de chacun des conducteurs fixés aux pôles d'un générateur électrique. (Celle qui communique avec le pôle positif est l'*anode*, l'autre la *cathode*.) ‖ *Méd.* Corps conducteur employé pour appliquer un traitement électrique sur une partie de l'organisme ou pour recueillir les courants produits par celui-ci.

ÉLECTRODÉPOSITION n. f. Procédé électrolytique d'obtention d'un dépôt métallique ou d'une pièce mince.

ÉLECTRODERMAL, E, AUX adj. *Réponse électrodermale* (Physiol.), variation du potentiel électrique recueillie à la surface de la peau et provoquée par une émotion.

ÉLECTRODIAGNOSTIC n. m. Diagnostic des maladies des nerfs et des muscles par leur excitation avec un courant électrique mesuré.

ÉLECTRODIALYSE n. f. Purification ionique d'un liquide entre deux membranes semi-perméables en présence d'un champ électrique.

ÉLECTRODYNAMIQUE n. f. Partie de la physique qui traite de l'action dynamique des courants électriques. ◆ adj. Relatif à l'électrodynamique.

ÉLECTRODYNAMOMÈTRE n. m. Appareil mesurant l'intensité d'un courant électrique.

ÉLECTROENCÉPHALOGRAMME n. m. Tracé obtenu par l'enregistrement, au moyen d'électrodes fixées sur le cuir chevelu et reliées à un oscillographe, des potentiels électriques des neurones du cortex cérébral. (Les ondes varient d'amplitude et de fréquence avec le niveau d'activité du cerveau.)

ÉLECTROENCÉPHALOGRAPHIE n. f. Enregistrement et étude des électroencéphalogrammes.

ÉLECTROÉROSION n. f. Formation de petits cratères sur la surface d'un conducteur soumis à une succession extrêmement rapide de décharges électriques de très courte durée.

ÉLECTROFORMAGE n. m. *Métall.* Procédé d'obtention de pièces formées directement par électrodéposition.

ÉLECTROGÈNE adj. Qui produit de l'électricité : *l'appareil électrogène du gymnote*. ● *Groupe électrogène*, ensemble d'un moteur et d'une dynamo sur un même socle.

ÉLECTROLUMINESCENCE n. f. Luminescence provoquée par un phénomène électrique.

ÉLECTROLUMINESCENT, E adj. Qui est doué d'électroluminescence.

ÉLECTROLYSABLE adj. Qui peut être électrolysé.

ÉLECTROLYSE n. f. Décomposition chimique de certaines substances en fusion ou en solution par le passage d'un courant électrique (on prépare l'aluminium par électrolyse de l'alumine).

ÉLECTROLYSER v. t. Décomposer par électrolyse.

ÉLECTROLYSEUR n. m. Appareil destiné à effectuer une électrolyse.

ÉLECTROLYTE n. m. Composé chimique qui, fondu ou dissous, peut subir l'électrolyse.

ÉLECTROLYTIQUE adj. Relatif à un électrolyte. ‖ Qui s'effectue par électrolyse.

ÉLECTROMAGNÉTIQUE adj. Qui concerne l'électromagnétisme.

ÉLECTROMAGNÉTISME n. m. Partie de la physique qui étudie les interactions entre courants électriques et champs magnétiques.

ÉLECTROMÉCANICIEN n. m. et adj. Mécanicien ayant une formation d'électricien.

ÉLECTROMÉCANIQUE adj. Se dit d'un dispositif mécanique de commande électrique.

ÉLECTROMÉCANIQUE n. f. Science des applications communes de l'électricité et de la mécanique.

ÉLECTROMÉNAGER adj. m. Se dit d'appareils électriques à usage domestique (fer à repasser, aspirateur, réfrigérateur, etc.). ◆ n. m. L'ensemble de ces appareils; l'industrie qui en dépend.

ÉLECTROMÉTALLURGIE n. f. Utilisation des propriétés thermiques et électrolytiques de l'électricité pour la production, l'affinage ou le traitement thermique des produits métallurgiques.

ÉLECTROMÉTALLURGIQUE adj. Qui concerne l'électrométallurgie.

ÉLECTROMÉTALLURGISTE n. m. et adj. Spécialiste de l'électrométallurgie.

ÉLECTROMÈTRE n. m. Instrument mettant en œuvre des forces électrostatiques et servant à la mesure de grandeurs électriques (surtout des différences de potentiel).

ÉLECTROMÉTRIE n. f. Ensemble des méthodes utilisant les électromètres pour mesurer les grandeurs électriques.

ÉLECTROMOTEUR, TRICE adj. Qui développe de l'électricité sous l'influence d'une action chimique ou mécanique.

ÉLECTROMOTEUR n. m. Appareil qui transforme l'énergie électrique en énergie mécanique.

ÉLECTROMYOGRAMME n. m. Enregistrement graphique des courants électriques qui naissent dans le muscle au moment de ses contractions.

ÉLECTROMYOGRAPHIE n. f. Étude, par l'électromyogramme, des phénomènes électriques accompagnant la contraction musculaire.

ÉLECTRON n. m. Particule élémentaire chargée d'électricité négative, l'un des éléments constitutifs des atomes, de charge $1,602.10^{-19}$ C. ‖ Alliage très léger à base de magnésium.

ÉLECTRONÉGATIF, IVE adj. Se dit d'un élément ou d'un radical qui, dans une électrolyse, se porte à l'anode (les halogènes, l'oxygène, les métalloïdes).

ÉLECTRONICIEN, ENNE n. Spécialiste de l'électronique.

ÉLECTRONIQUE adj. Qui concerne l'électron : *faisceau électronique*. ‖ Qui fonctionne suivant les principes de l'électronique : *microscope électronique*. ● *Musique électronique*, musique qui utilise des oscillations électriques pour créer des sons musicaux.

ÉLECTRONIQUE n. f. Partie de la physique et de la technique qui étudie et utilise les variations de grandeurs électriques (champs électromagnétiques, charges électriques) pour capter, transmettre et exploiter de l'information.

ÉLECTRONOGRAPHIE n. f. Image obtenue à l'aide d'une caméra ou d'un microscope électroniques.

ÉLECTRONUCLÉAIRE adj. et n. m. Relatif à l'électricité produite par des centrales nucléaires.

ÉLECTRONVOLT n. m. Unité de mesure d'énergie utilisée en physique nucléaire (symb. : eV), équivalant à l'énergie acquise par un électron accéléré sous une différence de potentiel de 1 volt dans le vide, et valant approximativement $1,602\ 19.10^{-19}$ joule.

ÉLECTRO-OSMOSE n. f. (pl. *électro-osmoses*). Filtration d'un liquide à travers une paroi sous l'effet d'un courant électrique.

ÉLECTROPHONE n. m. Appareil reproduisant les sons enregistrés sur un disque par les procédés électromécaniques. (Il se compose d'un tourne-disque, d'un amplificateur et d'un haut-parleur.)

culot revêtement / anneau / queusot
fluorescent / de protection / pied

ampoule / électrode / entrée
tubulaire / mercure / du courant
broches

lumière visible émise
par la poudre fluorescente
excitée par les rayons
ultraviolets

verre

revêtement interne
fluorescent

rayons ultraviolets
invisibles

ÉLECTROLUMINESCENCE
structure et principe
de fonctionnement d'un tube fluorescent

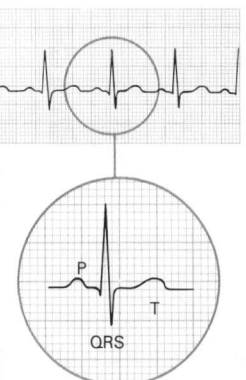
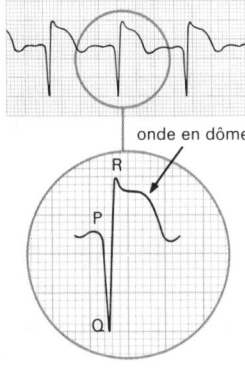

onde en dôme

P T
QRS

R
P
Q

ÉLECTROCARDIOGRAMME

À gauche,
électrocardiogramme
normal :
P, onde de
l'oreillette;
QRS, complexe
ventriculaire;
T, onde
de repolarisation.
À droite,
électrocardiogramme
d'infarctus
du myocarde :
onde en dôme
(de Pardee)
et onde Q profonde.

V. ill. page suivante

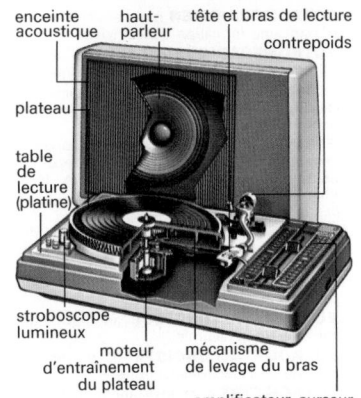

enceinte acoustique — haut-parleur — tête et bras de lecture — contrepoids

plateau

table de lecture (platine)

stroboscope lumineux

moteur d'entraînement du plateau — mécanisme de levage du bras

amplificateur, curseur et bouton de réglage

ÉLECTROPHONE

ÉLECTROPHORÈSE n. f. Méthode de séparation de constituants des solutions colloïdales, utilisant l'action d'un champ électrique sur les micelles chargées électriquement.

ÉLECTROPHYSIOLOGIE n. f. Partie de la physiologie qui étudie les courants électriques produits par les organismes vivants et l'action des courants électriques sur ceux-ci.

ÉLECTROPONCTURE n. f. Méthode thérapeutique consistant à faire passer un courant dans les tissus au moyen d'aiguilles.

ÉLECTROPORTATIF, IVE adj. Se dit du petit outillage électrique portatif (perceuse, ponceuse, etc.).

ÉLECTROPOSITIF, IVE adj. Se dit d'un élément ou d'un radical qui, dans une électrolyse, se porte à la cathode (métaux, hydrogène).

ÉLECTRORADIOLOGIE n. f. Spécialité médicale qui englobe les applications de l'électricité et celles des rayons au diagnostic et au traitement des maladies.

ÉLECTRORADIOLOGISTE n. Médecin spécialisé en électroradiologie.

ÉLECTRORÉTINOGRAMME n. m. Enregistrement des différences de potentiel au niveau de la rétine.

ÉLECTROSCOPE n. m. Instrument permettant de détecter les charges électriques et de déterminer leur signe.

ÉLECTROSTATIQUE n. f. Partie de la physique qui étudie l'électricité statique. ◆ adj. Relatif à l'électricité statique.

ÉLECTROTECHNICIEN, ENNE n. Spécialiste des applications techniques de l'électricité.

ÉLECTROTECHNIQUE n. f. Étude des applications techniques de l'électricité. ◆ adj. Relatif à l'électrotechnique.

ÉLECTROTHÉRAPIE n. f. Traitement des maladies par l'électricité.

ÉLECTROTHERMIE n. f. Étude des transformations de l'énergie électrique en chaleur. ‖ Utilisation de ce phénomène en électrométallurgie.

ÉLECTROTROPISME n. m. Éthol. Réaction d'orientation de certains animaux par rapport à un champ électrique.

ÉLECTROVALENCE n. f. Valence chimique définie par le phénomène d'électrolyse.

ÉLECTROVALVE n. f. Valve ou soupape commandée par un électroaimant.

ÉLECTROVANNE n. f. Vanne réglant le débit d'un fluide et commandée par électroaimant.

ÉLECTRUM [elɛktrɔm] n. m. Alliage naturel d'or et d'argent.

ÉLECTUAIRE n. m. (lat. electus, choisi). Autref., remède préparé en mélangeant des poudres dans du miel.

ÉLÉGAMMENT adv. Avec élégance.

ÉLÉGANCE n. f. (lat. elegantia). Grâce, distinc-

tion dans les manières, dans l'habillement : l'élégance de la taille, de la toilette; se présenter avec élégance. ‖ Art de choisir les mots et les tours : parler, écrire avec élégance; l'élégance du style.

ÉLÉGANT, E adj. et n. (lat. elegans). Qui a de l'élégance : costume élégant; tournure élégante. ◆ adj. Qui est d'une simplicité ingénieuse : une démonstration élégante. ‖ Dont la forme et l'aspect sont gracieux, fins : une reliure élégante.

ÉLÉGIAQUE adj. et n. Qui appartient à l'élégie : vers élégiaques. ‖ Qui fait des élégies.

ÉLÉGIE n. f. (gr. elegeia, chant de deuil). Chez les Grecs et les Latins, pièce de vers formée d'hexamètres et de pentamètres alternés. ‖ Poème lyrique dont le ton est le plus souvent tendre et triste : les élégies de Chénier.

ELEIS n. m. → ELÆIS.

ÉLÉMENT n. m. (lat. elementum). Chaque objet, chaque chose concourant avec d'autres à la formation d'un tout : les éléments d'un ouvrage. ‖ Module destiné à se combiner avec d'autres pour former un équipement mobilier. ‖ Milieu dans lequel un être est fait pour vivre, dans lequel il exerce son activité : l'eau est l'élément des poissons; être dans son élément. ‖ Personne appartenant à un groupe : des éléments ennemis se sont infiltrés derrière les lignes. ‖ Chim. Principe chimique commun aux diverses variétés d'un corps simple ainsi qu'aux combinaisons de ce corps avec d'autres. ‖ Math. Chacun des « objets » composant un ensemble. ‖ Phys. Couple d'une pile électrique, d'un accumulateur. ● Élément générique (Math.), un quelconque des éléments d'un ensemble, représenté souvent par x (par oppos. à l'élément particulier, représenté par l'une des premières lettres de l'alphabet). ‖ Élément maximal, dans un ensemble muni d'une relation d'ordre, élément qui vient après tous ceux qui lui sont comparables. ‖ Élément minimal, dans un ensemble muni d'une relation d'ordre, élément qui vient avant tous ceux qui lui sont comparables. ‖ Élément neutre, dans un ensemble possédant

TABLEAU PÉRIODIQUE DES ÉLÉMENTS CHIMIQUES

1 1,0080 H HYDROGÈNE																	2 4,00260 He HÉLIUM
3 6,941 Li LITHIUM	4 9,01218 Be BÉRYLLIUM	Chaque case du tableau correspond à un élément, dont on trouve le nom, le symbole, le numéro atomique (nombre d'électrons de l'atome) en haut à gauche, la masse atomique au-dessus du symbole. Les électrons de l'atome sont disposés en couches successives; les éléments qui figurent sur une même ligne, ou période, comportent le même nombre de couches, une seule pour l'hydrogène et l'hélium, 2 pour la période suivante, qui va du lithium au néon, et ainsi de suite.									5 10,81 B BORE	6 12,011 C CARBONE	7 14,0067 N AZOTE	8 15,9994 O OXYGÈNE	9 18,9984 F FLUOR	10 20,179 Ne NÉON
11 22,9898 Na SODIUM	12 24,305 Mg MAGNÉSIUM	Les éléments placés dans une même colonne verticale contiennent le même nombre d'électrons pour la couche externe, depuis 1 pour la colonne de l'hydrogène jusqu'à 8 pour celle de l'hélium; ils présentent de grandes analogies. Une seule case a été réservée aux métaux des terres rares (lanthanides), éléments très voisins dont le détail est donné plus bas; il en est de même pour les éléments qui suivent le radium (actinides). Les éléments 104, 105, 106 ont été obtenus artificiellement mais n'ont pas encore fait l'objet d'une désignation officielle.									13 26,9815 Al ALUMINIUM	14 28,086 Si SILICIUM	15 30,9738 P PHOSPHORE	16 32,06 S SOUFRE	17 35,453 Cl CHLORE	18 39,949 Ar ARGON
19 39,102 K POTASSIUM	20 40,08 Ca CALCIUM	21 44,9559 Sc SCANDIUM	22 47,90 Ti TITANE	23 50,9414 V VANADIUM	24 51,996 Cr CHROME	25 54,9380 Mn MANGANÈSE	26 55,847 Fe FER	27 58,9332 Co COBALT	28 58,71 Ni NICKEL	29 63,546 Cu CUIVRE	30 65,37 Zn ZINC	31 69,72 Ga GALLIUM	32 72,59 Ge GERMANIUM	33 74,9216 As ARSENIC	34 78,96 Se SÉLÉNIUM	35 79,904 Br BROME	36 83,80 Kr KRYPTON
37 85,4678 Rb RUBIDIUM	38 87,62 Sr STRONTIUM	39 88,059 Y YTTRIUM	40 91,22 Zr ZIRCONIUM	41 92,9064 Nb NIOBIUM	42 95,94 Mo MOLYBDÈNE	43 98,9062 Tc TECHNÉTIUM	44 101,07 Ru RUTHÉNIUM	45 102,9055 Rh RHODIUM	46 106,4 Pd PALLADIUM	47 107,868 Ag ARGENT	48 112,40 Cd CADMIUM	49 114,82 In INDIUM	50 118,69 Sn ÉTAIN	51 121,75 Sb ANTIMOINE	52 127,60 Te TELLURE	53 126,9045 I IODE	54 131,30 Xe XÉNON
55 132,9055 Cs CÆSIUM	56 137,34 Ba BARYUM	57 à 71 TERRES RARES SÉRIE DES LANTHANIDES	72 178,49 Hf HAFNIUM	73 180,9479 Ta TANTALE	74 183,85 W TUNGSTÈNE	75 186,2 Re RHÉNIUM	76 190,2 Os OSMIUM	77 192,22 Ir IRIDIUM	78 195,09 Pt PLATINE	79 196,9665 Au OR	80 200,59 Hg MERCURE	81 204,37 Tl THALLIUM	82 207,2 Pb PLOMB	83 208,9806 Bi BISMUTH	84 210 Po POLONIUM	85 210 At ASTATE	86 222 Rn RADON
87 223 Fr FRANCIUM	88 226,0254 Ra RADIUM	89 à 103 ÉLÉMENTS RARES SÉRIE DES ACTINIDES															

LANTHANIDES

57 138,9055 La LANTHANE	58 140,12 Ce CÉRIUM	59 140,9077 Pr PRASÉODYME	60 144,24 Nd NÉODYME	61 147 Pm PROMÉTHIUM	62 150,4 Sm SAMARIUM	63 151,96 Eu EUROPIUM	64 157,25 Gd GADOLINIUM	65 158,9254 Tb TERBIUM	66 162,50 Dy DYSPROSIUM	67 164,9303 Ho HOLMIUM	68 167,26 Er ERBIUM	69 168,9342 Tm THULIUM	70 173,04 Yb YTTERBIUM	71 174,97 Lu LUTÉCIUM

ACTINIDES

89 227 Ac ACTINIUM	90 232,0381 Th THORIUM	91 231,0359 Pa PROTACTINIUM	92 238,029 U URANIUM	93 237,0482 Np NEPTUNIUM	94 242 Pu PLUTONIUM	95 243 Am AMÉRICIUM	96 247 Cm CURIUM	97 247 Bk BERKÉLIUM	98 249 Cf CALIFORNIUM	99 254 E EINSTEINIUM	100 253 Fm FERMIUM	101 256 Mv MENDÉLÉVIUM	102 254 No NOBÉLIUM	103 257 Lw LAWRENCIUM

une loi de composition interne, élément e tel que, combiné avec tout autre élément a, il donne pour résultat a. || *Éléments symétriques,* dans un ensemble possédant une loi de composition interne avec élément neutre, éléments dont la composition donne l'élément neutre. ◆ pl. *Litt.* L'ensemble des forces naturelles : *lutter contre les éléments déchaînés.* || Principes fondamentaux, notions de base : *éléments de physique.* ● *Les quatre éléments,* l'air, le feu, la terre et l'eau considérés par les Anciens comme les composants ultimes de la réalité.

ÉLÉMENTAIRE adj. (lat. *elementarius*). Qui concerne l'élément : *analyse chimique élémentaire.* || Très simple, réduit à l'essentiel : *installation élémentaire.* || Qui sert de base à un ensemble : *la plus élémentaire politesse.* || *Stat.* Se dit d'un événement réduit à une éventualité. ● *Cours élémentaire,* enseignement du premier degré, cours, réparti sur deux années, qui succède au cours préparatoire, où l'on reçoit les enfants de sept à neuf ans.

ÉLÉPHANT n. m. (lat. *elephantus,* mot gr.). Mammifère ongulé du sous-ordre des proboscidiens, vivant, selon l'espèce, en Asie ou en Afrique, herbivore, caractérisé par sa peau épaisse, ses incisives supérieures allongées en défenses, qui peuvent peser 100 kg et fournissent l'ivoire du commerce, et par sa trompe souple et préhensile, qui forme le nez et la lèvre supérieure. (Avec une hauteur de 2 à 3,70 m et un poids atteignant 5 ou 6 tonnes, l'éléphant est le plus gros animal terrestre actuel; il peut vivre cent ans et la gestation atteint vingt et un mois. L'espèce africaine est menacée et sa chasse est sévèrement réglementée.) [Cri : l'éléphant *barète* ou *barrit.*] ● *Éléphant de mer,* gros phoque des îles Kerguelen, atteignant une longueur de 6 m et un poids de 3 tonnes.

ÉLÉPHANTEAU n. m. Jeune éléphant.

ÉLÉPHANTESQUE adj. Énorme, gigantesque.

ÉLÉPHANTIASIQUE adj. et n. Relatif à l'éléphantiasis; atteint d'éléphantiasis.

ÉLÉPHANTIASIS [elefɑ̃tjazis] n. m. Maladie parasitaire qui rend la peau rugueuse comme celle de l'éléphant et qui, parfois, produit le gonflement des tissus. (L'éléphantiasis est endémique dans les pays chauds.)

ÉLÉPHANTIN, E adj. Qui ressemble à l'éléphant. || Propre à l'éléphant.

ÉLEVAGE n. m. Production et entretien des animaux domestiques, en particulier du bétail.

ÉLÉVATEUR, TRICE adj. Qui sert à élever.

ÉLÉVATEUR n. m. Muscle qui sert à élever : *l'élévateur de la paupière.* || Appareil pour soulever des fardeaux.

ÉLÉVATION n. f. Action d'élever, de s'élever : *élévation des bras au-dessus de la tête; élévation au grade d'officier; élévation du prix des transports; élévation du niveau des eaux; élévation de la voix.* || Terrain élevé, éminence. || *Chorégr.* Aptitude du danseur à sauter et à exécuter des mouvements « en l'air ». || *Géom.* Représentation d'un objet ou de la façade d'une construction, projetés sur un plan vertical parallèle à l'axe de cet objet. || Représentation géométrale d'une face verticale; cette face elle-même. || *Math.* Formation d'une puissance d'un nombre ou d'une expression : *élévation au cube.* || *Relig. cath.* Moment de la messe où le prêtre élève l'hostie et le calice, après la consécration.

ÉLÉVATOIRE adj. Qui sert à élever des fardeaux, des liquides.

ÉLÈVE n. (de *élever*). Personne qui reçoit les leçons d'un maître; qui fréquente un établissement d'enseignement. || *Agr.* Animal né et soigné chez un éleveur; plante ou arbre dont on dirige la croissance. || *Mil.* Candidat à une fonction ou à un grade.

ÉLEVÉ, E adj. Qui atteint une grande hauteur : *arbre élevé, prix élevé.* || *Litt.* Qui a de la grandeur morale, noble : *livres d'une inspiration élevée.* ● *Bien, mal élevé,* qui a une bonne, une mauvaise éducation.

ÉLEVER v. t. (de *lever*) [conj 5]. Porter vers le haut, dresser : *élever un mât.* || Rendre plus

éléphants d'Asie

éléphant d'Afrique

haut, construire, bâtir : *élever un mur, élever un monument.* || Porter à un haut rang, à un niveau supérieur : *élever au pouvoir.* || Augmenter : *élever les prix.* || Nourrir, soigner : *élever des animaux.* || Donner de l'éducation, former : *bien élever ses enfants.* || *Élever des critiques, des protestations,* les formuler. || *Élever le ton,* parler sur un ton menaçant, plus fort. || *Élever la voix,* parler plus fort; prendre la parole. ◆ *s'élever* v. pr. Atteindre une certaine hauteur, une certaine quantité, un certain niveau : *le clocher s'élève à vingt mètres; la foule s'élevait à mille personnes; la facture s'élève à mille francs.* || Parvenir à un degré supérieur : *la température s'élève.* || Se faire entendre : *des cris s'élevèrent dans la salle.* ● *S'élever contre,* protester contre, attaquer.

ÉLEVEUR, EUSE n. Personne qui élève des animaux.

ÉLEVON [elvɔ̃] n. m. Gouverne employée particulièrement dans les avions sans queue.

ELFE [ɛlf] n. m. (angl. *elf*). *Myth. scandin.* Génie symbolisant les forces de la nature et spécialement les phénomènes atmosphériques.

ÉLIDER v. t. (lat. *elidere,* écraser). *Ling.* Faire une élision.

ÉLIGIBILITÉ n. f. Aptitude à être élu.

ÉLIGIBLE adj. et n. (lat. *eligere,* choisir). Qui peut être élu.

ÉLIMER v. t. User, amincir par l'usage, en parlant d'une étoffe.

ÉLIMINATEUR, TRICE adj. Qui élimine.

ÉLIMINATION n. f. Action d'éliminer. || *Math.* Opération qui permet de faire disparaître une inconnue d'un système d'équations. || *Physiol.* Syn. de EXCRÉTION. ● *Réaction d'élimination* (Chim.), réaction dans laquelle deux radicaux univalents quittent simultanément une molécule organique.

ÉLIMINATOIRE adj. Qui élimine.

ÉLIMINATOIRE n. f. *Sports.* Épreuve préalable servant à éliminer les concurrents les plus faibles.

ÉLIMINER v. t. (lat. *eliminare,* faire sortir). Ôter d'un groupe, rejeter, faire disparaître : *éliminer un candidat.* || *Math.* Effectuer l'élimination (d'une inconnue). || *Physiol.* Faire sortir de l'organisme (des déchets, des toxines).

ÉLINDE n. f. Bras articulé le long duquel se déplace la chaîne sans fin d'un excavateur ou d'une drague à godets; bras articulé portant l'organe d'aspiration d'une drague suceuse.

ÉLINGUE n. f. (mot francique). *Mar.* Câble servant à entourer ou à accrocher un objet, et à l'élever au moyen d'un engin.

ÉLINGUER v. t. *Mar.* Entourer un fardeau d'une élingue pour le hisser avec un palan.

ÉLIRE v. t. (lat. *eligere*) [conj. 69]. Nommer à une fonction par la voie des suffrages : *élire un député.* ● *Élire domicile,* choisir un domicile légal; fixer sa demeure habituelle.

ÉLISABÉTHAIN, E adj. Relatif à Élisabeth Ire d'Angleterre, à son temps : *théâtre élisabéthain.*

ÉLISION n. f. (lat. *elisio*). *Ling.* Suppression, dans l'écriture ou la prononciation, de la voyelle finale d'un mot devant la voyelle initiale du mot qui suit ou devant un h muet. (L'élision se marque par une apostrophe.)

ÉLITAIRE adj. Relatif à une élite.

ÉLITE n. f. (anc. part. de *élire*). Petit groupe

considéré comme ce qu'il y a de meilleur, de plus distingué. || Dans l'armée suisse, troupes formées par les classes d'âge entre 20 et 32 ans. ● *D'élite,* qui se distingue par de grandes qualités : *sujet d'élite.*

ÉLITISME n. m. Système favorisant les meilleurs éléments d'un groupe aux dépens de la masse.

ÉLITISTE adj. et n. Relatif à l'élitisme; partisan de l'élitisme.

ÉLIXIR n. m. (ar. *al-iksîr,* essence) : Médicament liquide, formé d'une ou de plusieurs substances dissoutes dans l'alcool. || Boisson magique.

ELLE, ELLES pron. pers. fém. de la 3e pers., fém. de *il, ils, lui, eux.*

ELLÉBORE n. m. → HELLÉBORE.

ELLIPSE n. f. (gr. *elleipsis,* manque). Sous-entendu, raccourci dans l'expression de la pensée. || *Ling.* Fait de syntaxe ou de style qui consiste à omettre un ou plusieurs éléments de la phrase. || *Math.* Conique possédant deux axes de symétrie, et dont chaque point est tel que la somme de ses distances à deux points fixes, appelés *foyers,* est constante.

■ Pour tracer une ellipse sur le terrain, on plante en terre deux piquets A et B; ces piquets vont former les foyers de l'ellipse à tracer. On passe sur ces deux piquets une corde sans fin

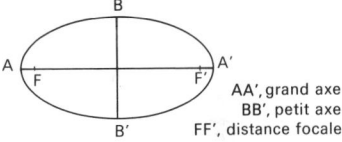

AA', grand axe
BB', petit axe
FF', distance focale

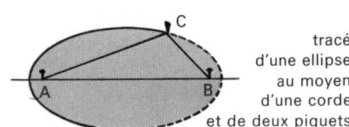

tracé
d'une ellipse
au moyen
d'une corde
et de deux piquets

ELLIPSE

ABC, que l'on tend à l'aide d'un troisième piquet mobile C, puis, en maintenant la corde bien tendue, on trace l'ellipse avec le piquet mobile.

ELLIPSOÏDAL, E, AUX adj. Qui a la forme d'un ellipsoïde.

ELLIPSOÏDE n. m. *Math.* Quadrique qui admet trois plans de symétrie deux à deux orthogonaux, et trois axes de symétrie deux à deux orthogonaux, ces trois plans et ces trois axes se coupant en un même point, qui est le *centre* de l'ellipsoïde. ● *Ellipsoïde de révolution,* surface engendrée par la rotation d'une ellipse autour de l'un de ses axes. (L'ellipsoïde de révolution est *allongé* ou *aplati,* suivant que la rotation a lieu autour du grand axe ou du petit axe.)

ELLIPTIQUE adj. Qui procède par sous-entendus. || *Bx-arts.* Se dit d'un style graphique qui rejette les détails, synthétise hardiment la forme. || *Ling.* Qui comporte une ellipse. || *Math.* Relatif à l'ellipse, en forme d'ellipse.

émaux champlevés, plaque de coffret : XIIe s.

ELLIPTIQUEMENT adv. Par ellipse.

ÉLOCUTION n. f. (lat. *elocutio;* de *eloqui,* parler). Manière dont on s'exprime oralement : *élocution facile, lente, rapide.*

ÉLODÉE ou **HÉLODÉE** n. f. (gr. *helôdês,* marécageux). Petite plante d'eau douce originaire du Canada, souvent plantée en aquarium. (Famille des hydrocharidacées.)

ÉLOGE n. m. (lat. *elogium*). Paroles ou écrit à la louange de qqn, de qqch : *faire l'éloge de qqn; ne pas tarir d'éloges sur qqn.*

ÉLOGIEUSEMENT adv. De façon élogieuse.

ÉLOGIEUX, EUSE adj. Rempli de louanges, flatteur, louangeur.

ÉLOIGNÉ, E adj. Loin dans le temps ou dans l'espace. ● *Parent éloigné,* qui n'a qu'un degré minime de parenté.

ÉLOIGNEMENT n. m. Action d'éloigner, de s'éloigner; fait d'être éloigné : *mesures d'éloignement; l'éloignement des affaires.*

ÉLOIGNER v. t. (de *loin*). Mettre, envoyer plus loin dans l'espace ou dans le temps, écarter, reporter : *éloigner les enfants du feu; éloigner une date, des soupçons; éloigner ses visites.* ● *Être éloigné de faire qqch,* ne pas y être porté. ◆ **s'éloigner** v. pr. Accroître la distance entre soi et qqn, qqch : *s'éloigner de sa famille; s'éloigner de son sujet.*

ÉLONGATION n. f. (lat. *longus,* long). *Astron.* Distance angulaire d'un astre au Soleil pour un observateur terrestre. ║ *Méd.* Augmentation accidentelle ou thérapeutique de la longueur d'un membre ou d'un nerf. ║ *Phys.* Abscisse, à un instant donné, d'un point animé d'un mouvement vibratoire. (Sa valeur maximale est l'*amplitude.*)

ÉLOQUEMMENT adv. Avec éloquence.

ÉLOQUENCE n. f. (lat. *eloquentia*). Talent de bien dire, d'émouvoir, de persuader. ║ Caractère de ce qui est expressif : *l'éloquence des chiffres.*

ÉLOQUENT, E adj. (lat. *eloquens*). Qui a l'art de convaincre par la parole; convaincant, persuasif : *parler en termes éloquents.* ║ Expressif, significatif : *silence éloquent, chiffres éloquents.*

ÉLU, E n. Personne choisie, aimée : *qui est l'heureux élu?* ║ Toute personne choisie par une élection : *les élus du suffrage universel.* ║ *Hist.* Sous l'Ancien Régime, officier chargé de la taille et des aides dans une élection. ║ *Relig.* Qui jouit de la béatitude éternelle.

ÉLUCIDATION n. f. Action d'élucider; éclaircissement, explication.

ÉLUCIDER v. t. (lat. *lucidus,* clair). Débrouiller la complexité de qqch, éclaircir, expliquer : *élucider une question.*

ÉLUCUBRATION n. f. (lat. *elucubrare,* travailler à la lampe). Imagination déraisonnable, divagation, extravagance : *écouter les élucubrations de qqn.*

ÉLUDER v. t. (lat. *eludere,* se jouer de). Éviter avec adresse, se soustraire à : *éluder une question.*

ÉLUVIAL, E, AUX adj. Relatif aux éluvions.

ÉLUVION n. f. (lat. *eluvium,* d'apr. *alluvion*). *Géol.* Produit non évacué de la décomposition sur place des roches.

ÉLYSÉEN, ENNE adj. Relatif aux champs Élysées, séjour des bienheureux dans la mythologie gréco-romaine.

ÉLYSÉEN, ENNE adj. *Fam.* Du palais de l'Élysée, de la présidence de la République.

ÉLYTRE n. m. (gr. *elutron,* étui). Aile antérieure, coriace, de certains insectes (coléoptères, orthoptères), protégeant au repos l'aile postérieure membraneuse.

ELZÉVIR [elzevir] n. m. Volume imprimé ou publié par les Elzévir (famille d'imprimeurs du XVIIe s.). ║ Famille de caractères typographiques.

ELZÉVIRIEN, ENNE adj. Relatif aux elzévirs.

ÉMACIATION n. f. Amaigrissement extrême.

ÉMACIÉ, E adj. (lat. *macies,* maigreur). Très amaigri : *visage émacié.*

ÉMACIER (S') v. pr. Devenir très maigre.

ÉMAIL n. m. (francique *smalt*) [pl. *émaux*]. Substance vitreuse, opaque ou transparente, dont on recouvre certaines matières pour leur donner de l'éclat ou les colorer d'une façon inaltérable. (Un émail est généralement composé de sable siliceux, d'un mélange de potasse et de soude, d'oxydes métalliques colorants, le tout fondu à chaud.) ║ Ouvrage émaillé. ║ Substance dure et blanche qui, chez l'homme et divers animaux, recouvre la couronne des dents. ║ *Hérald.* Nom des couleurs du blason. (On distingue dans les émaux les métaux, les couleurs et les fourrures.)

ÉMAILLAGE n. m. Action d'émailler.

ÉMAILLER v. t. Appliquer de l'émail sur : *émailler un vase.* ║ *Litt.* Parsemer, remplir d'ornements : *émailler un discours de citations.*

ÉMAILLERIE n. f. Art de l'émailleur.

fleurs

élodée

ÉMAILLEUR n. m. Ouvrier qui émaille.

ÉMAILLURE n. f. Art ou action d'émailler (vx). ║ Ouvrage émaillé.

ÉMANATION n. f. (lat. *emanatio*). Action par laquelle les substances volatiles abandonnent, à l'état gazeux, les corps qui les contenaient. ║ Expression, manifestation : *émanation de l'autorité.* ║ *Chim.* Corps simple gazeux, provenant de la désintégration du radium, du thorium ou de l'actinium, et appelé, suivant le cas, *radon* (Rn), *thoron* et *actinon.*

ÉMANCIPATEUR, TRICE adj. Propre à émanciper : *idées émancipatrices.*

ÉMANCIPATION n. f. Action d'émanciper; résultat de cette action. ║ *Dr.* Acte juridique solennel (ou effet légal du mariage) qui confère à un enfant mineur le gouvernement de sa personne et la capacité d'accomplir les actes de la vie civile.

ÉMANCIPÉ, E adj. Affranchi de toutes contraintes. ║ *Dr.* Qui a été légalement affranchi d'une tutelle.

ÉMANCIPER v. t. (lat. *mancipare,* vendre). Affranchir, rendre libre : *émanciper un peuple.* ║ *Dr.* Conférer l'émancipation à un mineur. ◆ **s'émanciper** v. pr. S'affranchir des contraintes morales et sociales; prendre des libertés.

ÉMANER v. i. [de] (lat. *emanare,* couler de). En parlant d'une odeur, de la lumière, d'un rayonnement, etc., se dégager d'un corps. ║ Provenir, tirer son origine : *le pouvoir émane du peuple.*

ÉMARGEMENT n. m. Action d'émarger; ce qui est émargé ou porté en marge.

ÉMARGER v. t. (conj. **1**). Couper les marges. ║ Apposer sa signature pour prouver qu'on a eu connaissance d'un document ou qu'on a été présent à une assemblée. ◆ v. t. ind. [**à**]. Toucher un traitement, une indemnité ou une subvention : *émarger au budget.*

ÉMASCULATION n. f. Castration d'un mâle.

ÉMASCULER v. t. (lat. *masculus,* mâle). Priver des organes de la virilité, châtrer. ║ Enlever toute force, rendre faible.

EMBÂCLE n. m. Amoncellement de glaçons dans un cours d'eau, pouvant former des barrages de glace et provoquer de graves inondations.

EMBALLAGE n. m. Action d'emballer. ║ Tout ce qui sert à emballer (papier, toile, caisse). ● *Emballage perdu,* emballage qui ne sert commercialement qu'une seule fois.

EMBALLEMENT n. m. Action de s'emballer, de se laisser emporter; enthousiasme. ║ *Mécan.* Régime anormal d'une machine qui s'emballe.

EMBALLER v. t. Mettre dans un emballage. ║ *Fam.* Remplir d'admiration, enthousiasmer. ● *Emballer un moteur,* le faire tourner trop vite. ◆ **s'emballer** v. pr. Se laisser emporter par la colère, l'enthousiasme, etc. ║ S'emporter, en parlant d'un cheval. ║ *Mécan.* En parlant d'une machine ou d'un appareil, prendre un régime de marche qui, caractérisé par une vitesse exagérée, risque de compromettre la sécurité.

EMBALLEUR, EUSE n. Personne dont la profession est d'emballer.

EMBARBOUILLER v. t. *Fam.* Faire perdre le fil de ses idées. ◆ **s'embarbouiller** v. pr. *Fam.* Ne plus savoir ce qu'on dit; s'embarrasser : *s'embarbouiller dans ses explications.*

EMBARCADÈRE n. m. (esp. *embarcadero*). *Mar.* Môle, jetée, appontement permettant l'embarquement ou le débarquement. (Syn. DÉBARCADÈRE.)

EMBARCATION n. f. (esp. *embarcación*). *Mar.* Terme générique pour désigner tous les petits bateaux.

EMBARDÉE n. f. (prov. *embarda,* embourber). Brusque changement de direction d'un véhicule par l'effet d'un obstacle, d'une réaction vive du conducteur.

EMBARGO n. m. (mot esp.). Défense faite aux navires étrangers de sortir du port : *lever l'embargo.* ║ Interdiction d'exporter certaines marchandises.

EMBARQUEMENT n. m. Action de s'embarquer, d'embarquer. ║ Inscription d'un marin sur le rôle de l'équipage, d'un passager sur le registre de bord.

EMBARQUER v. t. Mettre à bord d'un navire. ║ *Fam.* Emporter avec soi (qqch, du matériel). ║ *Fam.* Conduire au commissariat, en prison : *embarquer un voleur.* ║ Engager, entraîner dans une affaire : *on l'a embarqué dans un procès.* ║ *Mar.* Recevoir de l'eau qui passe par-dessus bord, en parlant d'un navire. ● *Aviation embarquée,* ensemble des avions de l'aéronavale basés sur des porte-avions. ◆ v. i. Monter dans un navire, un avion, une voiture, un wagon. ║ *Mar.* En parlant des vagues, pénétrer dans un navire par-dessus bord. ◆ **s'embarquer** v. pr. Monter dans un navire. ║ *Fam.* S'engager (dans une affaire).

EMBARRAS [ɑ̃bara] n. m. Obstacle qui s'oppose à l'action de qqn : *il m'a créé des embarras.* ║ Situation difficile, gêne : *tirer qqn d'embarras.* ║ Irrésolution, perplexité : *être dans un grand embarras.* ● *Embarras gastrique,* inflammation de la muqueuse de l'estomac, ou trouble de sa commande neurovégétative, entraînant une difficulté à digérer, des nausées et parfois des vomissements. ║ *Faire de l'embarras, des embarras,* se donner des airs importants.

EMBARRASSANT, E adj. Qui embarrasse : *colis, problème embarrassant.*

EMBARRASSÉ, E adj. Qui éprouve de la gêne, de la contrainte. ● *Avoir l'estomac embarrassé,* avoir un embarras gastrique.

EMBARRASSER v. t. (esp. *embarazar*). Encombrer : *des colis embarrassent le couloir.*

Gêner les mouvements : *ce manteau m'embarrasse.* ‖ Mettre dans l'embarras, déconcerter : *votre question m'embarrasse.* ◆ **s'embarrasser** v. pr. Se soucier, tenir compte de : *il ne s'embarrasse pas de scrupules.*

EMBARRER v. i. Placer un levier sous un fardeau, afin de le soulever. ◆ **s'embarrer** v. pr. Passer sa jambe de l'autre côté du bat-flanc, de la barre, en parlant d'un cheval à l'écurie.

EMBARRURE n. f. Fracture de la voûte du crâne avec déplacement d'un fragment osseux.

EMBASE n. f. (de *base*). Partie d'une pièce servant d'appui à une autre.

EMBASTILLER v. t. Jadis, emprisonner à la Bastille. ‖ *Litt.* Mettre en prison.

EMBATTAGE n. m. Fixation à chaud du bandage métallique d'une roue de voiture.

EMBATTRE v. t. (conj. 48). Faire l'embattage.

EMBAUCHAGE n. m., ou **EMBAUCHE** n. f. Action d'embaucher.

EMBAUCHER v. t. Engager un salarié, passer avec lui un contrat de travail. ‖ *Fam.* Entraîner qqn avec soi dans un travail.

EMBAUCHOIR n. m. Forme de bois ou de plastique, munie d'un ressort, que l'on introduit dans une chaussure pour la tendre.

EMBAUMEMENT n. m. Action d'embaumer; conservation artificielle des cadavres.

EMBAUMER v. t. Conserver un cadavre en le traitant par des substances qui le préservent de la corruption. ‖ Remplir d'une odeur agréable, parfumer : *la lavande embaume le linge.* ◆ v. i. Répandre une odeur agréable : *ces fleurs embaument.*

EMBAUMEUR n. m. Celui qui fait métier d'embaumer les corps.

EMBELLIE n. f. *Mar.* Calme relatif qui se produit pendant une bourrasque ou après un violent coup de vent.

EMBELLIR v. t. Rendre ou faire paraître plus beau, orner : *embellir sa maison, son imagination; embellir la réalité.* ◆ v. i. Devenir plus beau : *cette jeune fille embellit de jour en jour.* ● *Difficultés qui ne font que croître et embellir, qui deviennent plus importantes.*

EMBELLISSEMENT n. m. Action d'embellir; ce qui embellit : *les embellissements d'une ville.*

EMBERLIFICOTER v. t. *Fam.* Faire tomber dans un piège, tromper. ‖ Embrouiller.

EMBERLIFICOTEUR, EUSE adj. et n. *Fam.* Qui emberlificote.

EMBÊTANT, E adj. *Fam.* Ennuyeux.

EMBÊTEMENT n. m. *Fam.* Ce qui embête; ennui, tracas.

EMBÊTER v. t. *Fam.* Ennuyer, importuner vivement; contrarier.

EMBIELLAGE n. m. Montage et ajustage des bielles d'une machine ou d'un moteur alternatif. ‖ Ensemble des bielles et du vilebrequin d'un moteur.

EMBLAVAGE n. m. Action d'emblaver.

EMBLAVE n. f. Terre où il y a du blé nouvellement semé ou déjà levé.

EMBLAVER v. t. (anc. fr. *emblaer*, mot francique). Ensemencer une terre en blé ou en toute autre graine.

EMBLAVURE n. f. Terre ensemencée de blé, ou d'une autre plante.

EMBLÉE (D') loc. adv. (lat. *involare*, voler sur). Du premier coup, aussitôt.

EMBLÉMATIQUE adj. Qui a le caractère d'un emblème.

EMBLÈME n. m. (lat. *emblema*, mot gr.). Figure symbolique, accompagnée d'une devise. ‖ Figure, attribut, être ou objet concret destinés à symboliser une notion abstraite, à représenter une collectivité, un personnage, etc. : *la femme au bonnet phrygien est l'emblème de la République française.*

EMBOBELINER ou **EMBOBINER** v. t. (anc. fr. *bobelin*, chaussure grossière). *Fam.* Enjôler, tromper par des paroles insidieuses.

EMBOÎTABLE adj. Qui peut s'emboîter.

EMBOÎTAGE n. m. Action d'emboîter. ‖ Couverture mobile et supplémentaire d'un ouvrage de luxe. ‖ *Rel.* Réunion du corps de l'ouvrage et de la couverture.

EMBOÎTEMENT n. m. Position de deux choses qui entrent l'une dans l'autre.

EMBOÎTER v. t. Faire entrer une chose dans une autre. ‖ *Rel.* Procéder à l'emboîtage d'un livre. ● *Emboîter le pas,* marcher juste derrière qqn; modeler son attitude sur qqn. ◆ **s'emboîter** v. pr. Prendre place exactement.

EMBOÎTURE n. f. Endroit où les choses entrent l'une dans l'autre; mode d'emboîtement.

EMBOLIE n. f. (gr. *embolê*, attaque). *Méd.* Oblitération d'un vaisseau sanguin par un caillot ou un corps étranger véhiculé par le sang jusqu'au lieu où le calibre est insuffisant pour permettre son passage. ● *Embolie gazeuse,* obstruction des vaisseaux par des bulles de gaz (surtout de l'azote), accompagnant une brusque décompression de l'air respiré, ou pénétrant par une plaie d'un vaisseau.

EMBONPOINT n. m. (de *en bon point,* en bonne santé). État d'une personne un peu grasse, corpulence : *avoir, prendre de l'embonpoint.*

EMBOSSAGE n. m. *Mar.* Action d'embosser un navire; position du navire embossé.

EMBOSSER v. t. *Mar.* Maintenir un navire à l'ancre dans une direction déterminée.

EMBOUAGE n. m. Action d'embouer.

EMBOUCHE n. f. Prairie où les bestiaux s'engraissent. ‖ Engraissement du bétail, surtout bovin, sur prairies.

EMBOUCHÉ, E adj. *Mal embouché* (Fam.), grossier dans ses paroles ou dans ses actes.

EMBOUCHER v. t. Mettre à sa bouche un instrument à vent, afin d'en tirer des sons. ● *Emboucher la trompette,* prendre un ton élevé; annoncer qqch à grand fracas.

EMBOUCHOIR n. m. *Mil.* Cercle métallique réunissant le canon au fût d'une arme à feu.

EMBOUCHURE n. f. Entrée d'un fleuve dans la mer : *l'embouchure de la Loire.* ‖ Partie du mors qui entre dans la bouche du cheval. ‖ *Mus.* Partie d'un instrument à vent que l'on porte à la bouche.

EMBOUER v. i. *Min.* Injecter dans un terrain un mélange de cendres et d'eau pour étouffer un feu de mine.

EMBOUQUEMENT n. m. *Mar.* Entrée d'une passe, d'un canal resserré; action d'y pénétrer.

EMBOUQUER v. i. et t. *Mar.* S'engager dans un canal, un détroit, une passe étroite.

EMBOURBER v. t. Mettre dans un bourbier, dans la boue. ◆ **s'embourber** v. pr. S'engager dans une mauvaise affaire, s'empêtrer.

EMBOURGEOISEMENT n. m. Action de s'embourgeoiser.

EMBOURGEOISER v. t. Donner à qqn le confort et l'aspect propres à la bourgeoisie. ◆ **s'embourgeoiser** v. pr. Prendre des habitudes, des préjugés bourgeois.

EMBOURRER v. t. Garnir de bourre.

EMBOURRURE n. f. Action d'embourrer. ‖ Grosse toile pour couvrir la matière dont on embourre certains meubles.

EMBOUT [ãbu] n. m. (de *bout*). Garniture de métal au bout d'un outil, d'une canne. ‖ Tube permettant l'adaptation de deux orifices de calibre différent : *l'embout d'une seringue.*

EMBOUTEILLAGE n. m. Encombrement de la circulation sur la voie publique. ‖ Mise en bouteilles.

EMBOUTEILLER v. t. Obstruer, gêner, arrêter la circulation par accumulation de véhicules ou de personnes : *embouteiller un carrefour.* ‖ Mettre en bouteilles.

EMBOUTIR v. t. (de *en* et *bout*). Heurter violemment en défonçant ou en déformant : *emboutir l'aile d'une voiture.* ‖ Marteler, comprimer à chaud ou à froid une pièce de métal pour lui donner une forme déterminée. ‖ Revêtir d'une garniture métallique.

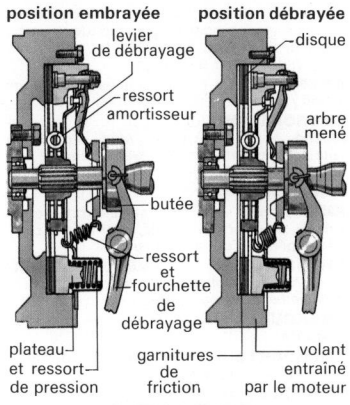

position embrayée   position débrayée

levier de débrayage — disque — ressort amortisseur — arbre mené — butée — ressort et fourchette de débrayage — plateau et ressort de pression — garnitures de friction — volant entraîné par le moteur

FONCTIONNEMENT D'UN EMBRAYAGE À DISQUE

EMBOUTISSAGE n. m. Action d'emboutir.

EMBOUTISSEUR n. m. Ouvrier qui emboutit.

EMBOUTISSOIR n. m., ou **EMBOUTISSEUSE** n. f. Marteau, machine pour emboutir.

EMBRANCHEMENT n. m. Division en plusieurs branches du tronc d'un arbre, d'une route, d'une voie ferrée, d'un conduit, etc.; point de rencontre de ces branches. ‖ Division principale du règne animal ou du règne végétal.

EMBRANCHER (S') v. pr. Se raccorder, en parlant d'une route, d'une canalisation, etc.

EMBRAQUER v. t. *Mar.* Raidir, en parlant d'un cordage.

EMBRASEMENT n. m. Effet de feu d'artifice. ‖ *Litt.* Grand incendie. ‖ *Litt.* Grande illumination.

EMBRASER v. t. (de *braise*). Illuminer vivement : *ciel qu'embrase le soleil couchant.* ‖ *Litt.* Accabler de chaleur : *le soleil embrase la route.* ‖ *Litt.* Exalter, enflammer. ◆ **s'embraser** v. pr. *Litt.* Prendre feu.

EMBRASSADE n. f. Action de deux personnes qui s'embrassent.

EMBRASSE n. f. (de *embrasser*). Lien de passementerie ou bande de tissu qui sert à retenir un rideau sur le côté.

EMBRASSÉ, E adj. *Rimes embrassées,* rimes masculines et féminines et se succédant sous la forme *a b b a.*

EMBRASSÉ adj. et n. m. *Hérald.* Partition de forme triangulaire dont la pointe touche le milieu d'un des flancs de l'écu.

EMBRASSEMENT n. m. *Litt.* Action d'embrasser, de s'embrasser.

EMBRASSER v. t. Donner des baisers. ‖ *Litt.* Adopter, choisir : *embrasser un parti.* ‖ Contenir, renfermer : *ce roman embrasse les cinquante dernières années.* ● *Embrasser du regard,* voir dans son ensemble. ◆ **s'embrasser** v. pr. Se donner des baisers.

EMBRASURE [ãbrazyr] n. f. Ouverture pratiquée dans un ouvrage fortifié pour permettre le tir d'une arme. ‖ Espace ménagé dans l'épaisseur d'une construction pour le percement d'une baie.

EMBRAYAGE n. m. Mécanisme permettant de mettre une machine en mouvement en la reliant au moteur.

EMBRAYER [ãbreje] v. t. (de *braie,* traverse de bois) [conj. 2]. Établir la communication entre le moteur et les organes qu'il doit mettre en mouvement. ‖ *Fam.* Commencer une activité quelconque, la continuer après interruption.

EMBRAYEUR n. m. Appareil pour embrayer.

EMBRÈVEMENT n. m. Assemblage oblique de deux pièces de bois.

EMBREVER [ãbrəve] v. t. (conj. 5). Joindre par un embrèvement.

EMBRIGADEMENT n. m. Action d'embrigader; recrutement.

EMBRIGADER v. t. Faire entrer, par contrainte

329

ou persuasion, qqn dans une association, un parti, un groupe quelconque; recruter : *embrigader des partisans*. ‖ Grouper des unités militaires pour former une brigade.

EMBRINGUER v. t. *Fam.* Faire participer à une action commune; engager, enrôler.

EMBROCATION [ãbrɔkasjɔ̃] n. f. (gr. *embrokhê*, action d'arroser). *Méd.* Application faite sur une partie malade, avec un liquide gras, spécial; le liquide lui-même.

EMBROCHEMENT n. m. Action d'embrocher.

EMBROCHER v. t. Enfiler sur une broche une volaille, une pièce de viande, pour la faire cuire. ‖ Transpercer d'un coup d'épée.

EMBROUILLAGE ou **EMBROUILLEMENT** n. m. Action d'embrouiller; son résultat : *l'embrouillement des questions.*

EMBROUILLE n. f. *Pop.* Désordre destiné à embrouiller, à tromper.

EMBROUILLER v. t. Mettre en désordre, emmêler : *embrouiller du fil.* ‖ Compliquer, rendre obscur : *embrouiller une question.* ● *Embrouiller qqn*, lui faire perdre le fil de ses idées. ◆ **s'embrouiller** v. pr. Perdre le fil de ses idées; s'embarrasser : *s'embrouiller dans une affaire, dans des dates.*

EMBROUSSAILLÉ, E [ãbrusaje] adj. Garni de broussailles. ‖ En désordre : *cheveux embroussaillés.*

EMBRUINÉ, E adj. Couvert de bruine.

EMBRUMER v. t. Envelopper de brume, de brouillard. ‖ Assombrir, attrister.

EMBRUNS [ãbrœ̃] n. m. pl. (mot prov.). Pluie fine que forment les vagues en se brisant.

EMBRYOGENÈSE ou **EMBRYOGÉNIE** n. f. (gr. *embruon*, embryon, et *gennan*, engendrer). Série de formes par lesquelles passe un organisme animal ou végétal depuis l'état d'œuf ou de spore jusqu'à l'état adulte. (Syn. ONTOGENÈSE.)

EMBRYOGÉNIQUE adj. Relatif à l'embryogenèse.

EMBRYOLOGIE n. f. Partie de la biologie qui traite de l'embryon.

EMBRYOLOGIQUE adj. Relatif à l'embryologie.

EMBRYOLOGISTE n. Spécialiste d'embryologie.

EMBRYON n. m. (gr. *embruon*). Organisme en voie de développement, depuis l'œuf fécondé jusqu'à la réalisation d'une forme capable de vie autonome et active (larve, poussin, etc.). [Chez l'homme, on appelle *fœtus* l'embryon de plus de trois mois. Chez les phanérogames, le terme d'*embryon* désigne les stades qui aboutissent à la formation de la plantule.] ‖ État de ce qui est inachevé, rudimentaire.

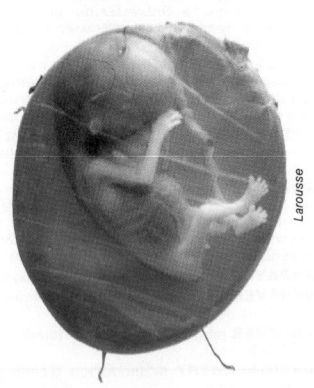

embryon humain de huit semaines environ

EMBRYONNAIRE adj. De l'embryon. ‖ En germe, à l'état rudimentaire. ● *Sac embryonnaire*, ensemble de cellules à huit noyaux haploïdes, contenu dans l'ovule des phanérogames et représentant le prothalle femelle, lequel subira une double fécondation et fournira la plantule (à partir de l'oosphère) et l'albumen (à partir du noyau secondaire).

EMBRYOPATHIE n. f. Maladie de l'embryon. (Beaucoup de malformations congénitales sont dues à des embryopathies.)

EMBU, E adj. (de *boire*). Dont les couleurs sont ternes : *tableau embu.*

EMBU n. m. Aspect mat et terne pris accidentellement par l'ensemble ou une partie de la surface d'un tableau peint à l'huile.

EMBÛCHE n. f. Machination, traquenard : *tendre, dresser des embûches.*

EMBUER v. t. Couvrir de buée. ● *Yeux embués de larmes*, yeux d'une personne prête à pleurer.

EMBUSCADE n. f. (it. *imboscare*). Attaque déclenchée brutalement et par surprise sur un élément ennemi en déplacement.

EMBUSQUÉ n. et adj. m. Soldat occupant un emploi éloigné de la ligne de feu.

EMBUSQUER v. t. Disposer en embuscade : *embusquer une troupe dans un défilé.* ◆ **s'embusquer** v. pr. Se mettre en embuscade. ‖ Se faire affecter dans un poste sans danger.

EMBUVAGE n. m. *Text.* Différence entre la longueur d'un fil extrait d'un tissu après l'avoir tendu et la longueur que ce même fil occupait dans le tissu.

ÉMÉCHÉ, E adj. *Fam.* Légèrement ivre.

ÉMERAUDE n. f. (gr. *smaragdos*). Pierre précieuse d'une belle couleur verte, silicate d'aluminium et de béryllium que l'on trouve dans les pegmatites. ◆ adj. inv. D'une couleur verte très vive.

ÉMERGEMENT n. m. Action d'émerger.

ÉMERGENCE n. f. État de ce qui émerge; apparition brusque. ● *Point d'émergence*, point d'où sort un rayon lumineux ayant traversé un milieu; endroit où une source sort de terre.

ÉMERGENT, E adj. *Opt.* Qui sort d'un milieu après l'avoir traversé.

ÉMERGER v. i. (lat. *emergere*, sortir de l'eau) [conj. 1]. S'élever, surgir au-dessus d'un milieu où l'on est plongé. ‖ Se montrer : *le soleil émerge à l'horizon.* ‖ Dépasser le niveau moyen, retenir l'attention : *une copie émergeait du lot.*

ÉMERI n. m. (bas lat. *smyris*). Roche contenant des cristaux d'alumine d'une grande dureté, et dont la poudre est utilisée comme abrasif. ● *Bouché à l'émeri* (Fam.), complètement stupide. ‖ *Bouchon à l'émeri*, bouchon de verre usé sur le flacon même, à l'aide d'émeri, pour que le bouchage soit absolument hermétique. ‖ *Papier, toile (d')émeri*, papier, toile enduits d'émeri et servant à polir.

ÉMERILLON n. m. (mot francique). Espèce de faucon vif et hardi, de passage en été dans toute la France. (Il ne dépasse pas 35 cm de long.) ‖ Crochet, ou boucle, rivé par une petite tige dans un anneau, de manière à pouvoir y tourner librement.

ÉMERISER v. t. Couvrir de poudre d'émeri.

ÉMÉRITE adj. (lat. *emeritus*, qui a accompli son service militaire). Qui est d'une grande compétence, d'une habileté remarquable.

ÉMERSION n. f. (lat. *emersus*, sorti de l'eau). Mouvement d'un corps sortant d'un fluide dans lequel il était plongé. *Astron.* Réapparition d'un astre ayant subi une occultation.

ÉMERVEILLEMENT n. m. État de celui qui est émerveillé.

ÉMERVEILLER v. t. Inspirer une grande admiration.

ÉMÉTINE n. f. Alcaloïde de l'ipéca, utilisé dans le traitement de l'amibiase.

ÉMÉTIQUE adj. et n. m. (gr. *emein*, vomir). Qui fait vomir.

ÉMETTEUR, TRICE n. et adj. Personne qui émet : *l'émetteur d'une traite.*

ÉMETTEUR n. m. Poste d'émission de signaux

électromagnétiques porteurs de messages télégraphiques, de sons, d'images. ‖ *Électron.* Jonction semi-conductrice, généralement reliée à la masse, qui avec la base et le collecteur forme un transistor.

ÉMETTRE v. t. (lat. *emittere*) [conj. 49]. Produire, faire sortir de soi : *émettre des sons.* ‖ Mettre en circulation : *émettre un emprunt.* ‖ Exprimer, formuler : *émettre un vœu.* ◆ v. i. Faire une émission de radio ou de télévision.

ÉMEU n. m. (pl. *émeus*). Oiseau d'Australie, au plumage gris, incapable de voler. (Haut. 2 m; sous-classe des ratites.)

émeu

ÉMEUTE n. f. (anc. part. pass. de *émouvoir*). Soulèvement populaire spontané.

ÉMEUTIER, IÈRE n. Personne qui prend part à une émeute.

ÉMIETTEMENT n. m. Action d'émietter, fait de s'émietter.

ÉMIETTER v. t. Réduire en miettes, en petits fragments : *émietter du pain.* ‖ Disperser en tous sens; éparpiller : *émietter son attention.*

ÉMIGRANT, E n. et adj. Personne qui émigre.

ÉMIGRATION n. f. Action d'émigrer. ‖ *Hist.* Sortie de France des nobles pendant la Révolution. ‖ *Zool.* Migration.

ÉMIGRÉ, E n. et adj. Personne qui a émigré. ‖ *Hist.* Personne, généralement un aristocrate, qui, entre 1789 et 1799, quitta la France pour échapper à la Révolution française.

ÉMIGRER v. i. (lat. *ex*, hors de, et *migrare*, s'en aller). Quitter son pays pour s'établir dans un autre. ‖ Changer de climat : *les palombes émigrent.*

ÉMILIEN, ENNE adj. De l'Émilie. (L'école émilienne de peinture a joué un grand rôle dans l'histoire de l'art italien, surtout aux XVe et XVIe s., grâce notamment au Corrège dont l'influence s'exerce à Parme principalement, et aux Carrache qui dominent la deuxième moitié du XVIe s.)

ÉMINCÉ n. m. Tranche de viande coupée très mince.

ÉMINCER v. t. (conj. 1). Couper en tranches minces.

ÉMINEMMENT [eminamã] adv. Au plus haut point; excellemment.

ÉMINENCE n. f. Élévation de terrain. ‖ *Anat.* Saillie quelconque. ‖ *Relig.* Titre des cardinaux. ● *Éminence grise*, conseiller intime qui manœuvre dans l'ombre. (Désignait à l'origine le P. Joseph du Tremblay [1577-1638], capucin, confident de Richelieu et son principal agent en politique étrangère.)

ÉMINENT, E adj. (lat. *eminens*, qui s'élève). Supérieur, remarquable, au-dessus des autres : *juriste éminent.*

ÉMIR n. m. (ar. *amir*). Gouverneur, prince dans le monde musulman.

ÉMIRAT n. m. État gouverné par un émir; dignité d'émir.

ÉMISSAIRE adj. (lat. *emissarium*, déversoir). Qui sert à porter dehors : *canal émissaire.*

ÉMISSAIRE n. m. (lat. *emissarius*, espion).

Personne chargée d'une mission auprès d'une autre : *être prévenu par un émissaire.* ‖ Canal, cours d'eau qui évacue le trop-plein d'un bassin, d'un lac : *l'Angara est l'émissaire du lac Baïkal.* ‖ Canal d'évacuation des eaux de drainage.

ÉMISSIF, IVE adj. (lat. *emissus,* envoyé). *Phys.* Qui a la faculté d'émettre une radiation, en particulier de la lumière.

ÉMISSION n. f. (lat. *emissio*). Action de produire et de transmettre ; de livrer à la circulation : *émission de lumière; émission d'actions, de monnaie.* ‖ Programme ou tranche de programme de radio ou de télévision. ‖ *Phys.* Action d'émettre des ondes électromagnétiques, des particules. ● *Émission de voix,* production d'un son articulé.

ÉMISSOLE n. f. (it. *mussolo*). Poisson sélacien comestible, d'une allure de requin, atteignant 2 m, commun sur les côtes de France. (Nom usuel : *chien de mer.*)

EMMAGASINAGE n. m. Action d'emmagasiner.

EMMAGASINER v. t. Mettre en magasin. ‖ Accumuler, mettre en réserve : *emmagasiner de l'énergie; emmagasiner des souvenirs.*

EMMAILLOTEMENT n. m. Manière ou action d'emmailloter.

EMMAILLOTER v. t. Envelopper un bébé dans des langes. ‖ Envelopper complètement : *emmailloter son doigt blessé.*

EMMANCHEMENT n. m. Action d'emmancher, manière de s'emmancher. ‖ Manière dont une pièce est montée dans le logement prévu à cet effet à l'intérieur d'une autre pièce.

EMMANCHER v. t. Ajuster, monter sur un manche. ‖ Engager une pièce dans une autre avec un jeu d'ajustement donné. ◆ **s'emmancher** v. pr. S'ajuster. ‖ *Fam.* Commencer (bien ou mal) : *l'affaire s'emmanche mal.*

EMMANCHURE n. f. Ouverture d'un vêtement pour y adapter les manches ou pour laisser passer les bras.

EMMARCHEMENT n. m. Disposition des marches d'un escalier. ‖ Largeur d'un escalier. ‖ Escalier de quelques marches disposé sur toute la longueur d'une terrasse, d'un soubassement.

EMMÊLEMENT n. m. Action d'emmêler.

EMMÊLER v. t. Mêler ensemble, embrouiller : *emmêler un écheveau.* ‖ Mettre du trouble, de la confusion dans : *emmêler une affaire.*

EMMÉNAGEMENT n. m. Action d'emménager.

EMMÉNAGER v. t. et i. (conj. 1). Transporter et ranger ses meubles dans un nouveau logement.

EMMÉNAGOGUE [ãmenagɔg] adj. et n. m. (gr. *emména,* menstrues, et *agôgos,* qui amène). Se dit d'un traitement qui provoque ou régularise la menstruation.

EMMENER v. t. (conj. 5). Mener avec soi du lieu où l'on est dans un autre, emporter : *emmener un ami à la campagne.* ‖ *Sports.* Conduire, diriger : *emmener le sprint.*

EMMENTAL ou **EMMENTHAL** [emãtal *ou* emãtal] n. m. Variété de fromage de gruyère de grand format, fabriqué d'abord dans l'Emmental (Suisse) puis dans le Jura français.

EMMERDANT, E adj. *Pop.* Ennuyeux.

EMMERDEMENT n. m. *Pop.* Ennui, souci.

EMMERDER v. t. *Pop.* Importuner. ◆ **s'emmerder** v. pr. *Pop.* S'ennuyer.

EMMERDEUR, EUSE adj. et n. *Pop.* Importun.

EMMÉTROPE [ãmetrɔp] adj. et n. (gr. *en,* dans, *metron,* mesure, et *ôps,* œil). Se dit d'un œil dont la vue est normale.

EMMIELLER v. t. Enduire de miel, mêler avec du miel : *emmieller une tisane.*

EMMITOUFLER v. t. (anc. fr. *mitoufle,* mitaine). Envelopper, couvrir de vêtements chauds. ◆ **s'emmitoufler** v. pr. Se couvrir chaudement.

EMMOUSCAILLER v. t. *Pop.* Ennuyer.

EMMURER v. t. Enfermer dans un endroit d'où l'on ne peut sortir.

ÉMOI n. m. (anc. fr. *esmayer,* troubler, mot germ.). *Litt.* Émotion, trouble. ● *En émoi,* en proie à une vive agitation.

ÉMOLLIENT, E adj. et n. m. (lat. *emollire,* amollir). *Méd.* Qui détend et amollit les tissus.

ÉMOLUMENT n. m. (lat. *emolumentum,* bénéfice). *Dr.* Part d'une succession ou d'une communauté attribuée à un copartageant. ◆ pl. Rétribution d'un officier ministériel. ‖ Traitement attaché à un emploi, salaire.

ÉMONCTOIRE n. m. (lat. *emunctum;* de *emungere,* moucher). Organe, ouverture naturelle ou artificielle du corps, donnant issue aux sécrétions.

ÉMONDAGE n. m. Action d'émonder : *l'émondage favorise la croissance.*

ÉMONDER v. t. (lat. *emundare,* nettoyer). Couper les branches inutiles d'un arbre. ‖ Débarrasser certaines graines de leur peau : *émonder des amandes.* (Syn. MONDER.)

ÉMONDES n. f. pl. Branches émondées.

ÉMONDEUR n. m. Personne qui émonde.

ÉMONDOIR n. m. Outil pour émonder.

ÉMORFILAGE n. m. Action d'émorfiler.

ÉMORFILER v. t. Enlever le morfil, les arêtes vives : *émorfiler un couteau.*

ÉMOTIF, IVE adj. Relatif à l'émotion : *troubles émotifs.* ◆ adj. et n. Prompt à ressentir des émotions : *personne émotive.*

ÉMOTION [emɔsjɔ̃] n. f. Réaction affective intense s'accompagnant de modifications neurovégétatives.

ÉMOTIONNABLE adj. Émotif, impressionnable.

ÉMOTIONNANT, E adj. Qui cause une vive émotion.

ÉMOTIONNEL, ELLE adj. Qui concerne l'émotion : *réaction émotionnelle.*

ÉMOTIONNER v. t. Donner, causer de l'émotion : *émotionner les spectateurs.*

ÉMOTIVITÉ n. f. Disposition à ressentir des émotions.

ÉMOTTAGE ou **ÉMOTTEMENT** n. m. Action d'émotter.

ÉMOTTER v. t. Briser les mottes de terre après un labour.

ÉMOTTEUR n. m. Rouleau servant à l'émottage.

ÉMOTTEUSE n. f. Herse servant à l'émottage.

ÉMOUCHET [emuʃɛ] n. m. (anc. fr. *mouchet,* petite mouche). Nom usuel de divers petits rapaces, principalement le crécerelle.

ÉMOUCHETTE n. f. Filet garni de cordelettes flottantes, dont on couvre les chevaux pour éloigner les mouches.

ÉMOUCHOIR n. m. Queue de cheval attachée à un manche, pour chasser les mouches.

ÉMOULU, E adj. (anc. fr. *émoudre,* aiguiser). *Frais émoulu,* qui a récemment obtenu un diplôme, ou qui vient de sortir d'une école. ‖ *Se battre à fer émoulu,* dans les tournois, combattre avec des armes affilées.

ÉMOUSSER v. t. Rendre moins tranchant, moins pointu. ‖ Rendre moins vif; affaiblir, atténuer un sentiment.

ÉMOUSTILLANT, E adj. *Fam.* Qui émoustille.

ÉMOUSTILLER v. t. (de *mousse,* écume). *Fam.* Exciter à la gaieté : *le champagne émoustillait les convives.*

ÉMOUVANT, E adj. Qui émeut.

ÉMOUVOIR v. t. (lat. *emovere*) [conj. 31, sauf au part. pass., *ému,* qui n'a pas d'accent circonflexe]. Agir sur la sensibilité de qqn, causer du trouble dans son esprit : *un homme que rien ne peut émouvoir.* ◆ **s'émouvoir** v. pr. Se troubler, s'inquiéter.

EMPAILLAGE ou **EMPAILLEMENT** n. m. Action d'empailler.

EMPAILLÉ, E n. *Pop.* Personne stupide et indolente.

EMPAILLER v. t. Garnir ou envelopper de paille : *empailler une chaise, des bouteilles.* ‖ Remplir de paille la peau d'un animal mort, pour lui conserver ses formes.

EMPAILLEUR, EUSE n. Personne qui empaille les sièges. ‖ Naturaliste.

EMPALEMENT n. m. Action d'empaler.

EMPALER v. t. Transpercer le corps d'un pieu. ◆ **s'empaler** v. pr. *Fam.* Tomber sur un objet qui blesse ou défonce.

EMPAN n. m. (mot francique). Distance comprise entre l'extrémité du pouce et celle du petit doigt très écartés (de 22 à 24 cm).

EMPANACHER v. t. Orner d'un panache.

EMPANNAGE n. m. *Mar.* Action d'empanner.

EMPANNER v. t. *Mar.* Mettre en panne. ‖ Faire passer la voilure d'un bord à l'autre, au moment du virement de bord vent arrière.

EMPAQUETAGE n. m. Action d'empaqueter.

EMPAQUETER v. t. (conj. 4). Mettre en paquet.

EMPARER (S') v. pr. [de] (prov. *amparar,* fortifier). Prendre une chose ou une personne par la force, s'en rendre maître : *s'emparer d'une ville; s'emparer du ballon.* ‖ Prendre possession d'une personne, la gagner : *quelle idée s'est emparée de son esprit?*

EMPÂTÉ, E adj. Qui présente de l'empâtement; gonflé : *visage empâté.*

EMPÂTEMENT n. m. Engraissement d'une volaille avec de la pâtée. ‖ Effacement des traits sous l'épaississement des tissus. ‖ Relief produit dans un tableau par une couche épaisse de peinture.

EMPÂTER v. t. Remplir de pâte. ‖ Rendre pâteux : *empâter la langue.* ‖ Alourdir, détruire l'harmonie de : *l'âge empâte les traits.* ‖ Engraisser une volaille. ‖ *Peint.* Poser les couleurs par touches épaisses. ◆ **s'empâter** v. pr. Devenir épais, gras.

EMPATHIE n. f. Mode de connaissance intuitive d'autrui, qui repose sur la capacité de se mettre à la place de l'autre.

EMPATTEMENT n. m. *Constr.* Surépaisseur d'un mur dans sa partie inférieure. ‖ Base élargie d'un tronc d'arbre ou d'une branche. ‖ Dis-

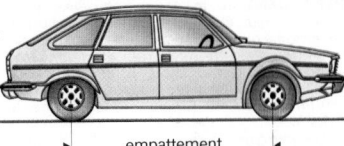

empattement

empattement d'automobile

tance séparant les axes des essieux d'une voiture. ‖ Épaississement terminal des jambages d'un caractère.

EMPAUMER v. t. Recevoir une balle élastique avec la paume de la main. ‖ Cacher une carte dans la main. ● *Se faire empaumer* (Fam.), se faire duper.

EMPAUMURE n. f. Ensemble des extrémités des merrains des bois du cerf et dont la disposition rappelle les doigts de la main.

EMPÊCHÉ, E adj. Retenu par des obligations.

EMPÊCHEMENT n. m. Ce qui s'oppose à la réalisation de qqch; obstacle, entrave : *empêchement de dernière minute.* ‖ Impossibilité pour un gouvernement d'exercer ses fonctions. ● *Empêchement au mariage* (Dr.), circonstances qui constituent pour les intéressés un obstacle à la célébration du mariage.

EMPÊCHER v. t. (bas lat. *impedicare,* prendre au piège). Apporter de l'opposition, faire obstacle à qqch, à qqn : *la pluie empêche le départ, qu'on ne parte.* ◆ **s'empêcher** v. pr. [de]. Se retenir : *il ne peut s'empêcher de rire.*

EMPÊCHEUR, EUSE n. *Empêcheur de danser, de tourner en rond* (Fam.), ennemi de la gaieté, gêneur.

EMPEIGNE n. f. (anc. fr. *peigne,* métacarpe). Le dessus d'une chaussure.

EMPENNAGE n. m. Garniture de plumes d'une flèche. ‖ Chacune des surfaces placées à l'arrière des ailes ou de la queue d'un avion, pour lui donner de la stabilité. ‖ Ensemble des ailettes placées à l'arrière d'un projectile et destinées à assurer sa stabilité.

EMPENNE n. f. Garniture de plumes placée sur le talon d'une flèche pour régulariser son mouvement.

EMPENNÉ, E adj. (lat. *penna*, plume). Garni de plumes : *une flèche empennée.*

EMPEREUR n. m. (lat. *imperator*). *Hist.* À Rome, distinction transitoire décernée à un général vainqueur qui gardait ce titre seulement jusqu'au triomphe. (César le conserva. Auguste fit même d'*imperator* son prénom, devenant ainsi le premier empereur romain.) ‖ Chef, souverain d'un empire. (Le fém. est IMPÉRA-TRICE.) ‖ Chef du Saint Empire romain germanique; Napoléon Ier. (Prend une majuscule dans ce dernier sens.)

EMPERLER v. t. *Litt.* Couvrir de gouttelettes : *la sueur emperlait son front.*

EMPESAGE n. m. Action d'empeser.

EMPESÉ, E adj. Qui manque de naturel : *air, style empesé.*

EMPESER v. t. (anc. fr. *empoise*, empois) [conj. 5]. Apprêter avec de l'empois.

EMPESTER v. t. et i. Infecter de mauvaises odeurs. ‖ Dégager une mauvaise odeur : *il empeste le tabac.*

EMPÊTRÉ, E adj. Qui manque d'aisance; gauche, maladroit : *avoir l'air empêtré.*

EMPÊTRER v. t. (lat. *pastorium*, entrave). Embarrasser les pieds. ‖ Engager d'une façon malheureuse : *empêtrer qqn dans une mauvaise affaire.* ◆ **s'empêtrer** v. pr. S'embarrasser, s'embrouiller.

EMPHASE n. f. (lat. *emphasis*, mot gr.). Exagération dans le ton, dans les termes employés, dans les manières.

EMPHATIQUE adj. Qui a de l'emphase, pompeux, solennel : *discours emphatique.*

EMPHATIQUEMENT adv. Avec emphase.

EMPHYSÉMATEUX, EUSE adj. et n. Relatif à l'emphysème; atteint d'emphysème.

EMPHYSÈME n. m. (gr. *emphusêma*, gonflement). *Méd.* Gonflement du tissu cellulaire par introduction d'air, à la suite d'un traumatisme des voies respiratoires. ● *Emphysème pulmonaire*, dilatation excessive et permanente des alvéoles pulmonaires, avec rupture des cloisons interalvéolaires. (L'emphysème entraîne de la dyspnée.)

EMPHYTÉOSE [ãfiteoz] n. f. (gr. *emphuteuein*, planter dans). Bail à très long terme, qui confère au preneur un droit réel, susceptible d'hypothèque.

EMPHYTÉOTE n. Preneur à emphytéose.

EMPHYTÉOTIQUE adj. Se dit d'un bail à longue durée.

EMPIÈCEMENT n. m. Pièce rapportée dans le haut d'un vêtement.

EMPIERREMENT n. m. Action d'empierrer. ‖ Lit de pierres cassées étendu et comprimé pour former la chaussée d'une route.

EMPIERRER v. t. Couvrir d'une couche de pierres.

EMPIÉTEMENT n. m. Action d'empiéter; usurpation.

EMPIÉTER v. i. (de *pied*) [conj. 5]. Usurper une partie de la propriété ou des droits d'autrui, s'étendre sur son domaine : *empiéter sur son voisin.*

EMPIFFRER (S') v. pr. (anc. fr. *pifre*, gros individu). *Fam.* Se bourrer de nourriture.

EMPILAGE n. m. Action d'attacher un hameçon à une empile. ‖ Syn. d'EMPILEMENT.

EMPILE n. f. Fil délié ou crin auquel on attache l'hameçon.

EMPILEMENT n. m. Action d'empiler; ensemble des choses empilées. (Syn. EMPILAGE.)

EMPILER v. t. Mettre en pile, en tas : *empiler des fagots, des livres.* ‖ *Fam.* Duper, voler. ◆ **s'empiler** v. pr. S'entasser, s'amonceler.

EMPILEUR, EUSE n. Celui ou celle qui empile des marchandises.

EMPIRE n. m. (lat. *imperium*). Forme de gou-

empennage d'un avion militaire

vernement monarchique ayant pour chef un empereur; nation ainsi gouvernée. ‖ Ensemble important de territoires relevant d'un même gouvernement : *les empires coloniaux.* ‖ Influence, prestige, autorité morale : *l'empire de la volonté.* ● *Céleste Empire*, nom donné autref. à la Chine, dont l'empereur était appelé *Fils du ciel.* ‖ *Pas pour un empire*, pour rien au monde. ◆ adj. inv. *Style premier Empire*, style décoratif du temps de Napoléon Ier. ‖ *Style second Empire*, style décoratif du temps de Napoléon III.

EMPIRER v. i. Devenir plus grave, plus mauvais : *son état empira.*

EMPIRIOCRITICISME n. m. Courant philosophique (Du Bois-Reymond, Avenarius, Mach, Ostwald) d'après lequel la thermodynamique bouleverse la mécanique au point que la matière n'existe plus.

EMPIRIQUE adj. (gr. *empeirikos*). Qui s'appuie exclusivement sur l'expérience et l'observation, et non sur une théorie : *procédé empirique.*

EMPIRIQUEMENT adv. Par la seule expérience.

EMPIRISME n. m. Méthode fondée uniquement sur l'expérience. ‖ *Philos.* Théorie de la connaissance d'après laquelle le savoir procède de l'expérience, et nos idées des sens. ● *Empirisme logique*, mouvement philosophique contemporain selon lequel les sciences de la matière reposent sur des propositions empiriques qui doivent être transcrites dans une langue logique. (Syn. POSITIVISME LOGIQUE.)

EMPIRISTE adj. et n. Qui appartient à l'empirisme.

EMPLACEMENT n. m. Place, lieu occupé par un édifice, une maison, etc., ou qui lui est réservé.

EMPLANTURE n. f. *Aéron.* Ligne de raccordement de l'aile au fuselage. ‖ *Mar.* Pièce portant le pied du mât.

EMPLÂTRE n. m. (gr. *emplattein*, façonner). Onguent se ramollissant à la chaleur, sans couler, et qu'on utilise dans le traitement des affections cutanées. ‖ *Fam.* Personne apathique et incapable.

EMPLETTE n. f. (lat. *implicare*, engager). Achat d'une chose; chose achetée.

EMPLIR v. t. (lat. *implere*). *Litt.* Rendre plein : *emplir un verre; la foule emplit les rues.* ‖ Combler : *nouvelle qui emplit de joie.* (Remplacé auj. par *remplir*.)

EMPLISSAGE n. m. Action d'emplir (vx).

EMPLOI n. m. (de *employer*). Usage qu'on fait d'une chose : *emploi d'un appareil; emploi d'une somme.* ‖ Occupation confiée à une personne, travail, fonction, place : *obtenir un emploi; chercher un emploi.* ‖ Acquisition d'un bien avec des fonds disponibles. ‖ *Chorégr.* et *Théâtr.* Rôle assigné à qqn : *emploi de danseur de caractère, de père noble.* ● *Demandeur d'emploi*, personne qui cherche un travail rémunéré. ‖ *Emploi du temps*, distribution des occupations dans la journée, la semaine. ‖ *Mode d'emploi*, notice expliquant la manière de se servir d'un appareil. ‖ *Offre d'emploi*, annonce proposant un travail rémunéré.

EMPLOYABLE adj. Qu'on peut employer.

EMPLOYÉ, E n. Personne qui travaille dans un bureau, un magasin : *employé de banque; employé de bureau.* ● *Employé de maison*, domestique.

EMPLOYER v. t. (lat. *implicare*, engager) [conj. 2]. Faire usage de qqch : *employer un marteau pour enfoncer un clou; employer la force.* ‖ Faire travailler à son compte : *employer peu d'ouvriers.* ◆ **s'employer** v. pr. Être en usage : *ce mot ne s'emploie plus.* ● *S'employer à, s'appliquer à*, consacrer ses efforts à : *s'employer à bien faire.*

EMPLOYEUR, EUSE n. Personne qui occupe du personnel salarié.

EMPLUMER v. t. Garnir de plumes.

EMPOCHER v. t. Mettre en poche, percevoir, toucher : *empocher de l'argent.*

EMPOIGNADE n. f. Altercation, discussion violente.

EMPOIGNE n. f. *La foire d'empoigne* (Fam.), lieu où chacun cherche à tirer le plus de profit possible.

EMPOIGNER v. t. (de *poing*). Prendre et serrer avec la main. ‖ *Fam.* Se saisir de qqn. ‖ Émouvoir fortement : *le dénouement empoignait les spectateurs.* ◆ **s'empoigner** v. pr. En venir aux mains; se quereller.

EMPOIS n. m. (de *empeser*). Colle ou apprêt légers faits avec de l'amidon.

EMPOISE n. f. *Métall.* Boîte sur laquelle reposent les coussinets dans un laminoir.

EMPOISONNANT, E adj. Ennuyeux, agaçant.

EMPOISONNEMENT n. m. Action d'empoisonner, fait d'être empoisonné; crime qui consiste à administrer une substance toxique à une personne, avec l'intention de donner la mort. ‖ *Fam.* Ennui : *avoir des empoisonnements.*

EMPOISONNER v. t. Faire mourir ou intoxiquer par le poison : *il a été empoisonné par des champignons.* ‖ Répandre une odeur infecte, des éléments nocifs : *il empoisonne toute la maison avec son tabac.* ‖ *Fam.* Importuner vivement, causer du souci : *il m'empoisonne avec ses récriminations.* ● *Flèche empoisonnée*, sur laquelle on a répandu du poison. ◆ **s'empoisonner** v. pr. Absorber des substances toxiques. ‖ *Fam.* S'ennuyer.

EMPOISONNEUR, EUSE adj. et n. Qui empoisonne; qui ennuie.

EMPOISSER v. t. Enduire de poix.

EMPOISSONNEMENT n. m. Action d'empoissonner un étang, une rivière.

EMPOISSONNER v. t. Peupler de poissons un étang, une rivière.

EMPORIUM [ãpɔrjɔm] n. m. (mot lat.) [pl. *emporia*]. *Antiq.* Comptoir commercial créé en pays étranger.

EMPORT n. m. *Capacité d'emport*, charge qu'un avion est susceptible de transporter.

EMPORTÉ, E adj. Violent, irritable, fougueux.

EMPORTEMENT n. m. Action de s'emporter, de se laisser aller à la colère.

EMPORTE-PIÈCE n. m. inv. Instrument en acier dur, pour trouer ou découper. ● *À l'emporte-pièce*, mordant, incisif, entier : *caractère, style à l'emporte-pièce.*

EMPORTER v. t. Prendre avec soi et emmener ailleurs : *emporter un blessé.* ‖ Enlever, entraîner avec effort, vivacité ou violence : *le vent a emporté des branches.* ‖ Porter qqn à une action excessive : *la colère l'emporte.* ● *L'emporter*, avoir la supériorité. ◆ **s'emporter** v. pr. Se laisser aller à la colère. ‖ Prendre le mors aux dents, en parlant d'un cheval.

EMPOSIEU [ãpozjø] n. m. (mot du Jura). Syn. de AVEN.

EMPOTÉ, E adj. et n. (anc. fr. *main pote*, main gauche). *Fam.* Gauche, maladroit.

EMPOTER v. t. Mettre une plante, un arbuste en pot.

EMPOURPRER v. t. Colorer de pourpre ou de rouge.

EMPOUSSIÉRER v. t. (conj. 5). Couvrir de poussière.

EMPREINDRE v. t. (lat. *imprimere*) [conj. 55].

Litt. Imprimer, marquer par la pression : *empreindre ses pas sur la neige.* ‖ Marquer profondément : *son visage était empreint de tristesse.*

EMPREINTE n. f. Marque en creux ou en relief : *l'empreinte d'un cachet.* ‖ Marque distinctive laissée par une influence, un sentiment : *l'empreinte du génie.* ‖ *Éthol.* Fixation d'une manière irréversible au premier objet qui se présente comme but à un besoin instinctuel. (Ce phénomène permet de rendre compte de la spécificité des buts instinctuels des différentes espèces animales.) ◆ pl. *Empreintes digitales,* marques laissées par les sillons de la peau des doigts.

EMPRESSÉ, E adj. et n. Plein de prévenances, d'attentions.

EMPRESSEMENT n. m. Action de s'empresser, hâte : *répondre avec empressement.*

EMPRESSER (S') v. pr. Montrer de l'ardeur, du zèle, de la prévenance à l'égard de qqn : *s'empresser auprès d'un client.* ‖ Se hâter, agir vivement : *s'empresser de partir.*

EMPRÉSURER [ãprezyre] v. t. Additionner de présure.

EMPRISE n. f. (lat. *prehendere,* saisir). Domination morale, intellectuelle, ascendant : *avoir de l'emprise sur qqn.* ‖ Surface d'une route et de ses bordures. ‖ *Dr.* Dépossession d'un immeuble, subie par un particulier de la part de l'Administration.

EMPRISONNEMENT n. m. Action de mettre en prison; peine qui consiste à y demeurer enfermé.

EMPRISONNER v. t. Mettre en prison. ‖ Contenir en un lieu, resserrer : *un col qui emprisonne le cou.*

EMPRUNT [ãprœ̃] n. m. Action d'emprunter; chose, somme empruntée : *rembourser un emprunt.* ‖ Imitation : *les emprunts d'un écrivain.* ‖ *Ling.* Élément emprunté a une autre langue. ● *D'emprunt,* qui n'est pas naturel; supposé, factice : *nom d'emprunt.*

EMPRUNTÉ, E adj. Qui manque d'aisance, de naturel; embarrassé, gauche : *air emprunté.*

EMPRUNTER v. t. (lat. *promutuari*). Obtenir à titre de prêt, se faire prêter : *emprunter de l'argent a un ami.* ‖ Prendre de qqn, de qqch : *emprunter le sujet d'un roman à l'actualité; le français a emprunté de nombreux mots à l'anglais.* ● *Emprunter une route,* la suivre.

EMPRUNTEUR, EUSE n. Celui, celle qui emprunte.

EMPUANTIR v. t. Infecter d'une mauvaise odeur; empester.

EMPUANTISSEMENT n. m. Action d'empuantir ou de s'empuantir.

EMPUSE n. f. *Bot.* Moisissure parasite des mouches et de divers insectes. ‖ *Zool.* Insecte orthoptère voisin de la mante.

EMPYÈME [ãpjɛm] n. m. (gr. *puon,* pus). *Méd.* Amas de pus dans une cavité naturelle.

EMPYRÉE n. m. (gr. *empurios,* en feu). *Myth.* Partie la plus élevée du ciel, habitée par les dieux. ‖ *Poét.* Ciel, paradis.

EMPYREUMATIQUE adj. Relatif à l'empyreume.

EMPYREUME [ãpirøm] n. m. (gr. *empureuma;* de *pur,* feu). *Chim.* Saveur et odeur âcres que contracte une matière organique soumise à l'action d'un feu violent.

ÉMU, E adj. (part. pass. de *émouvoir*). Qui éprouve ou manifeste de l'émotion : *parler d'une voix émue.*

ÉMULATION n. f. Sentiment qui porte à égaler ou à surpasser qqn.

ÉMULE n. (lat. *aemulus,* rival). Personne qui cherche à égaler, à surpasser une autre.

ÉMULSEUR n. m. Appareil servant à préparer les émulsions.

ÉMULSIF, IVE ou **ÉMULSIFIANT, E** ou **ÉMULSIONNANT, E** adj. et n. m. Se dit d'un produit capable de faciliter et parfois de stabiliser une émulsion.

ÉMULSIFIABLE adj. Que l'on peut mettre en émulsion.

ÉMULSION n. f. (lat. *emulsus,* extrait). Préparation obtenue par division d'un liquide en globules microscopiques (de l'ordre du micron) au sein d'un autre liquide avec lequel il n'est pas miscible. ‖ *Phot.* Préparation sensible à la lumière, qui couvre les films et les papiers photographiques.

ÉMULSIONNER v. t. Mettre à l'état d'émulsion.

EN (lat. *in*), prép. marquant le lieu, le temps, l'état, la manière, etc. : *en France; en été; en bonne santé; de mal en pis; en colère; en deuil; en marbre; en bois.*

EN adv. de lieu (lat. *inde*). De là : *j'en viens; s'en aller.*

EN pron. pers. inv. (lat. *inde*). De lui, d'elle, d'eux, d'elles, de cela, à cause de cela, etc. (*En* peut être complément : 1° d'un verbe : *c'est un ami, je n'oublierai pas les services que j'en ai reçus;* 2° d'un nom ou d'un pronom : *vous avez de belles fleurs, donnez-m'en quelques-unes;* 3° d'un adjectif : *cette nouvelle est exacte, soyez-en certain.* — *En* remplace surtout des noms de choses ou d'animaux.)

ENAMOURER (S') [ãnamure] ou **ÉNAMOURER (S')** v. pr. *Litt.* Devenir amoureux.

ÉNANTHÈME [enãtɛm] n. m. (gr. *anthein,* fleurir). *Méd.* Éruption rouge sur les muqueuses des cavités naturelles.

ÉNANTIOMORPHE adj. (gr. *enantios,* contraire). Formé des mêmes parties disposées en ordre inverse, de façon à être symétrique par rapport à un plan. ‖ *Chim.* Se dit de composés qui sont des inverses optiques.

ÉNARCHIE n. f. *Fam.* Ensemble des énarques. ‖ Accaparement technocratique des hautes fonctions administratives de l'État par les énarques.

ÉNARQUE n. Ancien élève de l'École nationale d'administration.

EN-AVANT [ãnavã] n. m. inv. Au rugby, faute commise par un joueur lâchant le ballon (qui touche terre) devant lui ou le passant à un partenaire plus proche que lui de la ligne du but adverse.

EN-BUT n. m. inv. Au rugby, surface située derrière la ligne du but, où doit être marqué l'essai.

ENCABANAGE n. m. Action de placer les vers à soie sur des claies pour favoriser la formation des cocons.

ENCABANER v. t. Faire l'encabanage.

ENCABLURE n. f. *Mar.* Longueur de 120 brasses, soit environ 200 m, employée pour évaluer les courtes distances.

ENCADRÉ n. m. *Arts graph.* Dans une page, texte mis en valeur par un filet qui le sépare du reste du texte.

ENCADREMENT n. m. Action d'encadrer : *procéder à l'encadrement des recrues.* ‖ Ce qui encadre; cadre : *l'encadrement d'un tableau.* ‖ Ensemble des cadres d'une troupe ou d'une entreprise. ‖ *Archit.* Moulures ou suite de motifs entourant une baie ou un panneau. ● *Encadrement du crédit,* ensemble des dispositions prises par les pouvoirs publics en vue de limiter l'octroi de nouveaux crédits bancaires aux entreprises afin de lutter contre l'inflation.

ENCADRER v. t. Mettre dans un cadre. ‖ Entourer et faire ressortir, enserrer : *cheveux noirs encadrant un visage.* ‖ Mettre sous une tutelle, une autorité afin de constituer un ensemble hiérarchique. ‖ Dans un tir, placer des coups de part et d'autre de l'objectif. ‖ Entourer, flanquer : *encadrer un prisonnier.* ‖ *Pop.* Supporter : *je ne peux pas encadrer cette fille.* ● *faire encadrer* (Pop.), se faire heurter (en voiture).

ENCADREUR n. m. Ouvrier assurant le montage, sous cadres, des tableaux.

ENCAGEMENT n. m. *Tir d'encagement* (Mil.), tir destiné à isoler un objectif.

ENCAGER v. t. (conj. 1). Mettre en cage.

ENCAISSABLE adj. Qui peut être encaissé.

ENCAISSAGE n. m. Action de mettre en caisse.

ENCAISSANT, E adj. *Géol.* Se dit des roches qui se trouvent autour d'une masse rocheuse homogène, d'un filon.

ENCAISSE n. f. Argent, valeurs en caisse. ● *Encaisse métallique,* valeurs en or ou en argent.

ENCAISSÉ, E adj. Qui a des bords escarpés, resserré entre les montagnes : *chemin encaissé; rivière encaissée.*

ENCAISSEMENT n. m. Action de mettre en caisse, de toucher de l'argent. ‖ État d'une rivière, d'une route encaissée.

ENCAISSER v. t. Mettre en caisse : *encaisser des marchandises.* ‖ Toucher, recevoir de l'argent, des valeurs. ‖ *Fam.* Je ne peux pas encaisser cet individu. ‖ *Fam.* Recevoir (des coups). ‖ Resserrer en bordant des deux côtés.

ENCAISSEUR n. m. Celui qui encaisse de l'argent.

ENCALMINÉ, E adj. (de *en* et *calme*). *Mar.* Arrêté par le manque de vent.

ENCAN n. m. (lat. *in quantum,* pour combien). Vente aux enchères : *vendre des meubles à l'encan.* ● *Mettre à l'encan,* vendre au plus offrant; brader.

ENCANAILLEMENT n. m. Fait de s'encanailler.

ENCANAILLER (S') v. pr. Prendre des airs vulgaires, fréquenter ou imiter la canaille.

ENCAPUCHONNER v. t. Couvrir d'un capuchon.

ENCAQUEMENT n. m. Action de mettre les harengs en caque.

ENCAQUER v. t. Mettre dans une caque. ‖ *Fam.* et *vx.* Entasser des gens dans un petit espace.

ENCART [ãkar] n. m. Feuille volante ou cahier qui s'intercalent entre les feuillets d'un cahier, d'un livre.

ENCARTAGE n. m. Action d'encarter.

ENCARTER v. t. Insérer entre les pages d'un livre, d'une revue, etc. ‖ Fixer sur une carte : *encarter des boutons, des microfilms.*

ENCARTOUCHÉ, E adj. *Arm.* Se dit d'une munition se présentant sous la forme d'une cartouche.

EN-CAS ou **ENCAS** n. m. inv. Ce qui est réservé pour des circonstances imprévues (vx). ‖ Repas léger préparé pour être servi en cas de besoin.

ENCASERNER v. t. Syn. de CASERNER.

ENCASTELER (S') v. pr. (conj. 3). En parlant d'un cheval, être atteint d'encastelure.

ENCASTELURE n. f. Maladie du pied du cheval, qui resserre la fourchette.

ENCASTRABLE adj. Qui peut être encastré.

ENCASTREMENT n. m. Action, manière d'encastrer. ‖ *Techn.* Entaille dans une pièce, destinée à recevoir une autre pièce.

ENCASTRER v. t. (it. *incastrare*). Disposer un objet dans un autre, d'où il ne fait aucun jeu : *encastrer une prise de courant dans la plinthe.* ◆ *s'encastrer* v. pr. S'ajuster très exactement.

ENCAUSTIQUAGE n. m. Action d'encaustiquer.

ENCAUSTIQUE n. f. (gr. *egkaiein,* brûler). Chez les Anciens, peinture faite de couleurs délayées dans de la cire fondue. ‖ Produit à base de cire et d'essence, pour faire briller les meubles, les parquets.

ENCAUSTIQUER v. t. Enduire d'encaustique : *encaustiquer un parquet.*

ENCAVER v. t. Mettre en cave.

ENCEINDRE v. t. (lat. *incingere*) [conj. 55]. *Litt.* Entourer d'une enceinte.

ENCEINTE n. f. Ce qui entoure un espace fermé et en interdit l'accès : *enceinte de fossés.* ‖ Espace clos : *l'enceinte d'un tribunal.* ● *Enceinte acoustique,* élément d'une chaîne de haute fidélité, comprenant un ou plusieurs haut-parleurs.

ENCEINTE adj. f. (lat. *incincta,* sans ceinture). Se dit d'une femme en état de grossesse.

ENCENS [ãsã] n. m. (lat. *incensum,* brûlé). Résine aromatique, tirée principalement d'une plante d'Arabie et d'Abyssinie (le *boswalia*, de la famille des térébinthacées), et qui dégage par combustion une odeur agréable et forte. || *Litt.* Louange, flatterie.

ENCENSEMENT n. m. Action d'encenser.

ENCENSER v. t. Honorer en brûlant de l'encens ou en balançant l'encensoir. || *Litt.* Flatter avec excès. ◆ v. i. Faire avec la tête un mouvement de bas en haut, en parlant du cheval.

ENCENSOIR n. m. Cassolette suspendue à de petites chaînes, dans laquelle on brûle l'encens au cours des cérémonies religieuses. ● *Donner des coups d'encensoir* (Litt.), flatter excessivement.

ENCÉPAGEMENT n. m. Ensemble des cépages d'un vignoble.

ENCÉPHALE n. m. (gr. *egkephalos*, cervelle). Ensemble des centres nerveux (cerveau, cervelet, tronc cérébral) contenus dans la boîte crânienne des vertébrés.

ENCÉPHALINE n. f. Syn de ENKÉPHALINE.

ENCÉPHALIQUE adj. Relatif à l'encéphale.

ENCÉPHALITE n. f. Atteinte de l'encéphale par une agression toxique ou infectieuse. (Les encéphalites ont souvent des troubles mentaux comme séquelles.)

ENCÉPHALOGRAPHIE n. f. *Encéphalographie gazeuse*, radiographie de l'encéphale permettant, par l'insufflation d'air ou de gaz dans le canal rachidien ou les ventricules cérébraux, de visualiser par contraste les espaces où circule le liquide céphalo-rachidien.

ENCÉPHALOPATHIE n. f. Ensemble des séquelles neurologiques et psychiques chroniques consécutives à des lésions de l'encéphale d'étiologies diverses.

ENCERCLEMENT n. m. Action d'entourer, d'encercler, fait d'être encerclé.

ENCERCLER v. t. Entourer d'un cercle, d'une ligne courbe. || Entourer étroitement, cerner, investir : *la police a encerclé le quartier*. ● *Encercler une armée, une ville*, l'entourer de troupes pour l'isoler entièrement. || *Encercler un État*, l'entourer d'un réseau d'alliances.

ENCHAÎNÉ n. m. *Cin.* Procédé qui consiste à relier entre elles deux scènes d'un film, par exemple au moyen d'un *fondu*.

ENCHAÎNEMENT n. m. Action d'enchaîner. || Agencement, liaison de choses de même nature ou qui ont entre elles certains rapports : *l'enchaînement des idées, des circonstances*. || *Mus.* Juxtaposition de deux accords. || Suite de temps et de pas constituant une phrase chorégraphique ; cette suite considérée comme un pas complexe.

ENCHAÎNER v. t. Attacher avec une chaîne : *enchaîner un chien*. || *Litt.* Priver de liberté, soumettre, asservir : *enchaîner un peuple*. || Coordonner, disposer dans un ordre logique : *enchaîner des idées*. ◆ v. i. Reprendre rapidement la suite d'un dialogue, d'un discours, d'une action. ◆ **s'enchaîner** v. pr. Être lié par un rapport de dépendance logique.

ENCHANTEMENT n. m. Formule magique. || Action d'enchanter. || Chose merveilleuse, d'un charme irrésistible : *cette fête était un enchantement*. || Émerveillement, ravissement : *être dans l'enchantement*. ● *Comme par enchantement*, d'une façon merveilleuse, inattendue : *la douleur a disparu comme par enchantement*.

ENCHANTER v. t. (lat. *incantare*, prononcer des formules magiques). Agir sur qqn par des procédés magiques. || Remplir d'un vif plaisir ; charmer, enthousiasmer : *je suis enchanté de vous revoir*. || Être charmé de son séjour.

ENCHANTEUR, ERESSE adj. Qui charme, séduit : *voix enchanteresse, un spectacle enchanteur*. ◆ n. Qui fait des enchantements, magicien : *l'enchanteur Merlin*.

ENCHÂSSEMENT n. m. Action d'enchâsser, d'être enchâssé.

ENCHÂSSER v. t. Placer dans une châsse : *enchâsser des reliques*. || Sertir une pierre précieuse dans sa monture. || *Litt.* Intercaler, insérer ; enclaver : *enchâsser une citation dans un discours ; enchâsser une relative dans un groupe de noms*.

ENCHÂSSURE n. f. Support dans lequel on enchâsse ; manière dont un objet est enchâssé.

ENCHATONNER v. t. Insérer dans un chaton : *enchatonner un rubis*.

ENCHAUSSER v. t. (de *chausser*). Couvrir les légumes de paille ou de fumier, pour les faire blanchir, les préserver de la gelée. (Syn. PAILLER.)

ENCHEMISER v. t. Syn. de CHEMISER.

ENCHÈRE n. f. Offre d'un prix supérieur à celui qu'un autre propose pour l'achat d'une chose à vendre au plus offrant. || Manière de vendre au plus offrant : *vente aux enchères*. || À certains jeux de cartes, somme que les joueurs ont le droit d'ajouter à l'enjeu pour obtenir certains avantages ; au bridge, demande supérieure à celle de l'adversaire. ● *Folle enchère*, enchère à laquelle l'enchérisseur ne peut satisfaire.

ENCHÉRIR v. i. Devenir plus cher, renchérir (vx). || Mettre une enchère. || *Litt.* Aller au-delà de ce qui a été dit ou fait ; renchérir.

ENCHÉRISSEMENT n. m. Syn. de RENCHÉRISSEMENT (vx).

ENCHÉRISSEUR, EUSE n. Personne qui met une enchère.

ENCHEVAUCHER v. t. Faire joindre par recouvrement des planches, des ardoises, etc.

ENCHEVAUCHURE n. f. État de choses, de pièces qui se joignent par recouvrement. || Quantité dont ces choses, ces pièces se recouvrent.

ENCHEVÊTREMENT n. m. Action d'enchevêtrer, d'emmêler ; son résultat. || Confusion, désordre : *enchevêtrement des pensées*.

ENCHEVÊTRER v. t. (de *chevêtre*). Emmêler de façon inextricable : *enchevêtrer des lignes*. || *Techn.* Unir par un chevêtre. ◆ **s'enchevêtrer** v. pr. S'engager les unes dans les autres, en parlant des choses : *des phrases qui s'enchevêtrent*. || S'embrouiller, s'embarrasser : *s'enchevêtrer dans un long raisonnement*. || Engager son pied dans la longe du licou, en parlant d'un cheval.

ENCHEVÊTRURE n. f. Assemblage de pièces de charpente, formant un cadre autour d'une trémie.

ENCHIFRENÉ, E adj. (de *chanfrein*). Qui est enrhumé (vx).

ENCLAVE n. f. Terrain ou territoire enclavé dans un autre. || *Géol.* Portion de roche contenue dans une roche endogène.

ENCLAVEMENT n. m. Action d'enclaver, fait d'être enclavé.

ENCLAVER v. t. (lat. *clavis*, clef). Enfermer, enclore dans un autre, en parlant d'un terrain, d'un territoire. || Insérer, placer entre : *enclaver un adjectif entre l'article et le nom*.

ENCLENCHE n. f. Coche circulaire que porte une pièce mise en mouvement et dans laquelle pénètre le bouton d'une autre pièce qui doit entraîner la première.

ENCLENCHEMENT n. m. Action d'enclencher. || Dispositif mécanique, électrique ou autre, permettant de subordonner le fonctionnement d'un appareil à l'état ou à la position d'un ou de plusieurs autres.

ENCLENCHER v. t. Rendre solidaires diverses pièces mécaniques par un dispositif à enclenche. ◆ **s'enclencher** v. pr. S'engager.

ENCLIN, E adj. (lat. *inclinare*, incliner). Porté naturellement à, sujet à : *enclin à la colère*.

ENCLIQUETAGE n. m. *Mécan.* Dispositif ne permettant le mouvement de rotation d'une roue que dans un sens.

encliquetage
d'une roue
libre
de bicyclette

ressort — — cliquet

ENCLIQUETER v. t. (conj. 4). Faire un encliquetage.

ENCLISE n. f. (gr. *egklisis*, inclinaison). *Ling.* Fusion plus ou moins complète d'une particule avec le mot qui précède, et sur lequel elle semble prendre appui.

ENCLITIQUE adj. et n. m. ou f. (gr. *egklitikos*, penché). *Ling.* Mot qui s'unit au mot précédent de façon à n'en former qu'un pour la prononciation, comme *je* dans *sais-je, ce* dans *est-ce*.

ENCLORE v. t. (lat. *includere*) [conj. **78**]. Entourer de murs, de haies, d'une clôture, etc. : *enclore un jardin*.

ENCLOS [ãklo] n. m. Espace contenu dans une clôture. || La clôture elle-même : *réparer l'enclos*.

ENCLOSURE n. f. (mot angl.). Technique employée par les grands propriétaires anglais du XVIe au XVIIIe s., et qui consistait à entourer de clôtures les terres (*closed field*) acquises par eux à la suite du partage des communaux, transformant ainsi en bocage l'ancien *openfield*. (Cette pratique supprimait aux paysans l'accès aux prairies et, de ce fait, ceux-ci allaient constituer une main-d'œuvre à bon marché pour l'industrie naissante.)

ENCLOUAGE n. m. *Chir.* Fixation solide d'une fracture par une prothèse en forme de clou.

ENCLOUER v. t. Blesser avec un clou un animal que l'on ferre. || Fixer une fracture par un enclouage. || Introduire un clou dans la lumière d'un canon pour le mettre hors service (vx).

ENCLOUURE [ãkluyr] n. f. Blessure faite au pied d'un animal en le ferrant.

ENCLUME n. f. (lat. *incus, incudis*). Bloc de fer aciéré, sur lequel on bat les métaux. || *Anat.* Deuxième osselet de l'oreille moyenne. ● *Se trouver entre l'enclume et le marteau*, se trouver entre deux partis opposés, avec la perspective d'être victime dans tous les cas.

ENCOCHE n. f. Petite entaille. || Rainure faite sur le pêne d'une serrure pour former arrêt.

ENCOCHEMENT ou **ENCOCHAGE** n. m. Action d'encocher.

ENCOCHER v. t. Faire une entaille à. || Mettre la corde de l'arc dans la coche de la flèche.

ENCODAGE n. m. *Ling.* Action d'encoder ; production d'un message.

ENCODER v. t. *Ling.* Traduire un discours, un message, selon le code définissant une langue naturelle ou artificielle.

ENCODEUR n. m. Personne ou machine qui effectue les opérations d'encodage.

ENCOIGNURE [ãkɔɲyr] n. f. Angle intérieur formé par deux murs qui se rencontrent. || Petit meuble destiné à prendre place dans un coin de pièce d'habitation.

ENCOLLAGE n. m. Action d'encoller. || Préparation pour encoller.

ENCOLLER v. t. Enduire une surface de colle, de gomme, etc. : *encoller du papier peint*.

ENCOLLEUSE n. f. Machine à encoller.

ENCOLURE n. f. Partie du corps du cheval qui s'étend depuis la tête jusqu'aux épaules et au poitrail. || *Chez un homme* : *une forte encolure*. || Partie du vêtement échancrée autour du cou. || Partie du vêtement qui soutient le col : *l'encolure d'une chemise*.

ENCOMBRANT, E adj. Qui encombre, gênant, embarrassant : *colis encombrant*.

ENCOMBRE n. m. *Sans encombre*, sans rencontrer d'obstacle, sans incident, sans ennui.

ENCOMBREMENT n. m. Affluence de personnes, de voitures, amas de matériaux, objets qui encombrent, qui obstruent. || Place, volume pris par un objet.

ENCOMBRER v. t. (anc. fr. *combre*, barrage). Obstruer, embarrasser par accumulation : *encombrer un corridor*. || Surcharger, occuper à l'excès : *il encombre sa mémoire de petits détails*. ◆ **s'encombrer** v. pr. [de]. Prendre ou garder avec soi qqch qui gêne.

ENCONTRE DE (À L') loc. prép. (bas lat. *incontra*). *Aller à l'encontre de*, être contraire à.

ENCOPRÉSIE n. f. (gr. *kopros*, excrément).

Lauros-Giraudon

encorbellement

Défécation involontaire survenant chez un enfant de plus de trois ans qui ne présente pas d'atteinte organique.

ENCOPRÉTIQUE adj. et n. Relatif à l'encoprésie; atteint d'encoprésie.

ENCORBELLEMENT n. m. *Archit.* Construction établie en surplomb sur le nu d'un mur et supportée par des consoles ou des corbeaux. ● *Voûte en encorbellement,* fausse voûte appareillée en tas de charge.

ENCORDER (S') v. pr. S'attacher les uns aux autres avec une corde, en parlant des alpinistes.

ENCORE adv. (lat. *hinc ad horam,* de là jusqu'à cette heure). Indique que : 1° l'action ou l'état dure au moment où on est : *nous sommes encore en vacances;* 2° la répétition : *je veux encore essayer;* 3° le renforcement : *il fait encore plus chaud;* 4° la restriction : *si encore elle était à l'heure!* ◆ loc. conj. *Encore que* (Litt.), bien que, quoique : *encore qu'il soit jeune.* (En poésie, parfois écrit ENCOR.)

ENCORNER v. t. Percer, blesser d'un coup de corne.

ENCORNET n. m. Autre nom du CALMAR.

ENCOUBLER (S') v. pr. En Suisse, s'empêtrer dans qqch qui traîne par terre.

ENCOURAGEANT, E adj. Qui encourage.

ENCOURAGEMENT n. m. Action d'encourager. ‖ Ce qui encourage : *prodiguer des encouragements.*

ENCOURAGER v. t. (conj. **1**). Donner du courage à, porter à agir : *encourager à partir.* ‖ Favoriser la réalisation, le développement : *encourager l'industrie.*

ENCOURIR v. t. (lat. *incurrere*) [conj. **21**]. *Litt.* S'exposer à; attirer à soi qqch de fâcheux : *encourir la réprobation générale.*

ENCRAGE n. m. Action d'encrer, partic. les rouleaux d'une presse d'imprimerie.

ENCRASSEMENT n. m. Action d'encrasser ou de s'encrasser.

ENCRASSER v. t. Salir de crasse : *la poussière encrasse les vêtements.* ◆ **s'encrasser** v. pr. Devenir sale.

ENCRE n. f. (lat. *encaustum,* mot gr.). Préparation colorée liquide ou pâteuse dont on se sert pour écrire, pour imprimer, etc. ‖ Liquide produit chez les céphalopodes par la *poche du noir,* et qui leur permet de se cacher en cas de danger. ● *Encre de Chine,* composition solide ou liquide de noir de fumée pour le dessin au lavis. ‖ *Encre sympathique,* liquide dont la trace est incolore sur le papier, mais qui devient visible avec certains traitements. ‖ *Faire couler de l'encre,* provoquer de nombreux commentaires.

ENCRER v. t. Enduire d'encre.

ENCREUR adj. m. Qui sert à encrer : *rouleau encreur d'une presse d'imprimerie.*

ENCRIER n. m. Petit récipient destiné à contenir de l'encre. ‖ Réservoir alimentant d'encre grasse les rouleaux encreurs d'une machine d'impression.

ENCRINE n. f. (gr. *en,* dans, et *krinon,* lis). Échinoderme fixé au fond des mers par une longue tige et présentant un calice tentaculé.

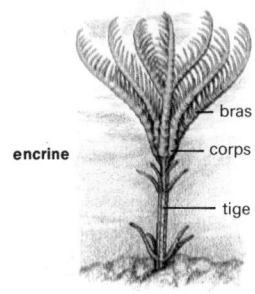

encrine

— bras

— corps

— tige

(Les segments de tiges d'encrines fossiles constituent le *calcaire à entroques* du trias.)

ENCROUÉ, E adj. (lat. pop. *incrocare,* pendre au croc). Se dit d'un arbre qui, en tombant, s'embarrasse dans les branches d'un autre.

ENCROÛTÉ, E adj. Obstiné dans son ignorance, sa routine; sclérosé.

ENCROÛTEMENT n. m. Action d'encroûter, de s'encroûter. ‖ Diminution ou disparition de l'esprit critique, de l'activité intellectuelle.

ENCROÛTER v. t. Recouvrir d'une croûte. ◆ **s'encroûter** v. pr. Se couvrir d'une espèce de croûte : *les chaudières s'encroûtent.* ‖ Devenir impénétrable à des idées, à des opinions nouvelles.

ENCUVAGE n. m. Action d'encuver.

ENCUVER v. t. Mettre en cuve.

ENCYCLIQUE n. f. et adj. (gr. *egkuklios,* circulaire). Lettre solennelle adressée par le pape aux évêques (et par eux aux fidèles) du monde entier ou d'une partie du monde. (Elle est désignée par les premiers mots du texte.)

ENCYCLOPÉDIE n. f. (gr. *egkuklios paideia,* enseignement complet). Ouvrage où l'on expose méthodiquement les résultats et les principes des sciences, des techniques, des connaissances en général.

■ L'Antiquité et le Moyen Âge ont laissé des œuvres qui contiennent l'ensemble des connaissances d'une époque : c'est le cas des traités d'Aristote ou du *Livre du Trésor* de Brunetto Latini. Mais la forme moderne de l'encyclopédie est liée depuis le XVIIIᵉ s. à l'ordre alphabétique du dictionnaire : le modèle de ce genre est l'*Encyclopédie* de Diderot. C'est selon le même type que furent conçus : en France, le *Dictionnaire universel* de P. Larousse (1866-1876), la *Grande Encyclopédie* de M. Berthelot (1885-1892), le *Larousse du XXᵉ siècle* (1928-1933), le *Grand Larousse encyclopédique* (1960-1964), le *Grand Dictionnaire encyclopédique Larousse* (depuis 1982, 10 vol.), *Encyclopædia Universalis* (1968-1975, 20 vol.), *la Grande Encyclopédie* (1971-1978, 21 vol.); à l'étranger *Encyclopædia Britannica* (1768; 15ᵉ éd., 1975, 30 vol.), *Enciclopedia italiana di scienze, lettere ed arti* de G. Treccani (1929-1939, 37 vol.), *Brockhaus Enzyklopädie* (17ᵉ éd., 1966-1974, 20 vol.), *The Encyclopedia Americana* (1962, 30 vol.), *Enciclopedia europea-americana* d'Espasa (1905-1933, 80 vol.), *Bolchaïa Sovietskaïa Entsiklopedia* (3ᵉ éd., 1970 et suiv., 30 vol.), *Encyclopedia judaica* (1971, 16 vol.), etc.

ENCYCLOPÉDIQUE adj. Qui relève de l'encyclopédie : *dictionnaire encyclopédique.* ‖ Qui est d'une érudition étendue : *esprit encyclopédique.*

ENCYCLOPÉDISME n. m. Tendance à l'accumulation des connaissances hétéroclites.

ENCYCLOPÉDISTE n. Auteur d'une encyclopédie. ‖ Nom donné aux collaborateurs de l'*Encyclopédie* de Diderot (avec une majuscule).

ENDÉANS prép. En Belgique, dans l'intervalle, dans la limite de.

EN-DEHORS n. m. inv. Principe fondamental de la danse académique, qui détermine la position particulière des jambes et des pieds dont la direction est donnée par la rotation vers l'extérieur de l'articulation de la hanche.

ENDÉMICITÉ n. f. État endémique d'une maladie.

ENDÉMIE n. f. (gr. *endêmon nosêma,* maladie fixée dans un pays). Maladie spéciale à une contrée ou y régnant de façon continue.

ENDÉMIQUE adj. Se dit d'une maladie permanente dans une contrée déterminée. ‖ Se dit d'un phénomène économique, social, néfaste, qui sévit d'une manière permanente : *chômage endémique.*

ENDENTEMENT n. m. Action d'endenter; état de ce qui est endenté. ‖ Ensemble des dents d'une roue.

ENDENTER v. t. *Mécan.* Garnir de dents. ‖ Engager l'une dans l'autre deux pièces de bois au moyen de dents.

ENDETTEMENT n. m. Action de s'endetter.

ENDETTER v. t. Charger de dettes : *ses dépenses l'ont endetté.* ◆ **s'endetter** v. pr. Contracter des dettes.

ENDEUILLER v. t. Plonger dans le deuil, la tristesse, par la mort de qqn.

ENDÊVER [ɑ̃dɛve] v. i. (anc. fr. *desver,* être fou). *Faire endêver* (Fam. et vx), tourmenter.

ENDIABLÉ, E adj. Remuant, infernal : *enfant endiablé.* ‖ D'un mouvement vif, impétueux : *allure endiablée.*

ENDIGUEMENT n. m. Action d'endiguer.

ENDIGUER v. t. Contenir par des digues : *endiguer un fleuve.* ‖ Faire obstacle à qqch : *endiguer la marche du progrès.*

ENDIMANCHÉ, E adj. Revêtu des vêtements du dimanche. ‖ Se dit de qqn qui a l'air emprunté dans une toilette plus soignée que d'habitude.

ENDIVE n. f. (lat. *intibum*). Espèce cultivée de

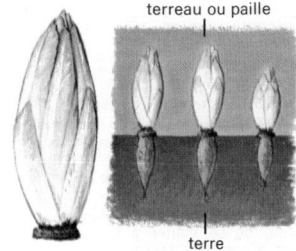

terreau ou paille

terre

endives

chicorée, blanchie à l'obscurité et dont on mange les pousses feuillues.

ENDIVISIONNER v. t. Grouper des unités militaires pour former une division.

ENDOBLASTE ou **ENDODERME** n. m. (gr. *endon,* dedans, et *blastos,* germe ou, *derma,* peau). *Biol.* Feuillet embryonnaire interne qui fournira le tube digestif, ses glandes annexes (foie, pancréas) et l'appareil respiratoire.

ENDOBLASTIQUE adj. Relatif à l'endoblaste.

ENDOCARDE n. m. (gr. *endon,* dedans, et *kardia,* cœur). Membrane tapissant intérieurement les cavités du cœur.

ENDOCARDITE n. f. Inflammation de l'endocarde, pouvant atteindre les valvules.

ENDOCARPE n. m. (gr. *endon,* dedans, et *karpos,* fruit). *Bot.* Partie la plus interne du fruit. (Dans la prune, la cerise, l'endocarpe forme le *noyau* autour de la graine.)

ENDOCRINE adj. (gr. *endon,* dedans, et *krinein,* sécréter). *Glande endocrine* (Anat.), glande déversant dans le sang son produit de sécrétion. (L'hypophyse, la thyroïde, les ovaires, les testicules, les surrénales sont des glandes endocrines.)

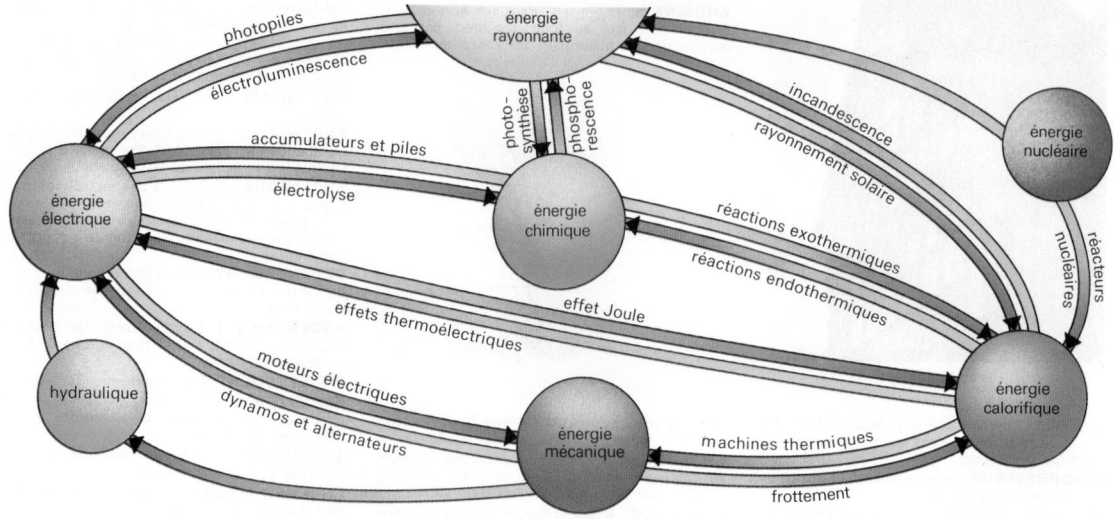

CONVERSIONS ENTRE ELLES DES DIFFÉRENTES FORMES D'ÉNERGIE

énergie rayonnante

photopiles

électroluminescence

accumulateurs et piles

électrolyse

photo-synthèse

phospho-rescence

incandescence

rayonnement solaire

énergie nucléaire

énergie électrique

énergie chimique

réactions exothermiques

réactions endothermiques

réacteurs nucléaires

effets thermoélectriques

effet Joule

moteurs électriques

dynamos et alternateurs

hydraulique

énergie mécanique

énergie calorifique

machines thermiques

frottement

ENDOCRINIEN, ENNE adj. Relatif aux glandes endocrines.

ENDOCRINOLOGIE n. f. Partie de la biologie et de la médecine qui étudie le développement, les fonctions et les maladies des glandes endocrines.

ENDOCRINOLOGUE ou **ENDOCRINOLOGISTE** n. Médecin spécialiste des glandes endocrines.

ENDOCTRINEMENT n. m. Action d'endoctriner.

ENDOCTRINER v. t. Gagner à ses idées, à ses opinions.

ENDODERME n. m. → ENDOBLASTE.

ENDODONTIE n. f. Partie de l'odontostomatologie qui se rapporte aux cavités pulpaire et radiculaire des dents et à leur contenu.

ENDOGAME adj. et n. Qui pratique l'endogamie.

ENDOGAMIE n. f. *Ethnol.* Obligation, pour un individu, de se marier à l'intérieur de son groupe. (Contr. EXOGAMIE.)

ENDOGÉ, E adj. *Zool.* Qui vit dans le sol.

ENDOGÈNE adj. (gr. *endon*, dedans, et *genos*, origine). Qui se forme à l'intérieur. ‖ *Géol.* Se dit d'une roche qui se forme à l'intérieur de la terre (roches volcaniques, plutoniques, métamorphiques). [Contr. EXOGÈNE.]

ENDOLORIR v. t. (lat. *dolor*, douleur). Rendre douloureux, meurtrir : *pieds endoloris par la marche.*

ENDOLORISSEMENT n. m. Action d'endolorir; état de ce qui est endolori.

ENDOMÈTRE n. m. Muqueuse interne de l'utérus.

ENDOMÉTRIOSE n. f. Affection gynécologique caractérisée par la présence de muqueuse utérine normale en dehors de la cavité de l'utérus. (Elle est consécutive à un accouchement avec déchirures, à une intervention chirurgicale, ou n'a pas de cause apparente.)

ENDOMÉTRITE n. f. Inflammation de la muqueuse interne de l'utérus.

ENDOMMAGEMENT n. m. Action d'endommager.

ENDOMMAGER [ɑ̃dɔmaʒe] v. t. (conj. **1**). Causer du dommage, abîmer, détériorer : *la voiture a été endommagée dans l'accident.*

ENDOMORPHISME n. m. *Math.* Morphisme d'un ensemble dans lui-même.

ENDOPARASITE adj. et n. m. *Biol.* Se dit d'un

---

parasite qui vit à l'intérieur du corps de son hôte, comme le ténia.

ENDOPLASME n. m. Partie interne ou centrale du corps cellulaire des êtres unicellulaires.

ENDORÉIQUE adj. Relatif à l'endoréisme.

ENDORÉISME n. m. (gr. *endon*, dedans, et *rhein*, couler). *Géogr.* Caractère des régions où l'écoulement des eaux n'atteint pas la mer et se perd dans les dépressions intérieures.

ENDORMANT, E adj. Qui endort; qui provoque le sommeil par l'ennui.

ENDORMEUR, EUSE n. *Litt.* Personne qui flatte, cajole pour tromper.

ENDORMI, E adj. Indolent, mou, paresseux : *écolier un peu endormi.* ‖ Où tout semble en sommeil, silencieux : *campagne endormie.*

ENDORMIR v. t. (lat. *indormire*) [conj. **17**]. Faire dormir, provoquer le sommeil naturel ou artificiel. ‖ Ennuyer par la monotonie, le manque d'intérêt : *ses discours m'endorment.* ‖ Faire perdre à un sentiment, à une sensation son acuité. ‖ Bercer qqn de vaines espérances. ◆ **s'endormir** v. pr. Se laisser aller au sommeil. ‖ Ralentir son activité; manquer de vigilance.

ENDORMISSEMENT n. m. Fait de s'endormir; passage de l'état de veille à l'état de sommeil.

ENDORPHINE n. f. Hormone sécrétée par l'hypothalamus et présentant les propriétés antalgiques de la morphine.

ENDOS [ɑ̃do] n. m. → ENDOSSEMENT.

ENDOSCOPE n. m. (gr. *endon*, dedans, et *skopein*, examiner). *Méd.* Appareil optique muni d'un dispositif d'éclairage, destiné à être intro-

endoscopie de la cavité péritonéale

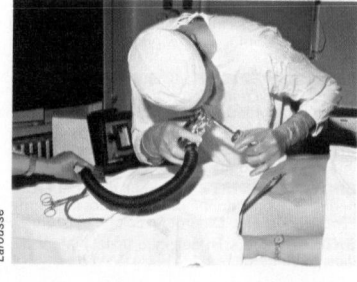

Larousse

---

duit dans une cavité de l'organisme afin de l'examiner.

ENDOSCOPIE n. f. Examen d'une cavité interne du corps, avec un endoscope. (L'endoscopie permet, outre le diagnostic des lésions, certains traitements tels que l'extraction de corps étrangers, la destruction de tumeurs par coagulation ou résection, l'introduction de médicaments ou de substances opaques aux rayons X.)

ENDOSCOPIQUE adj. Relatif à l'endoscopie.

ENDOSMOSE n. f. (gr. *endon*, dedans, et *ôsmos*, poussée). Courant de solvant qui s'établit de la solution la moins concentrée vers la plus concentrée, à travers une membrane poreuse.

ENDOSPERME n. m. Tissu à *n* chromosomes propre aux plantes gymnospermes et qui, lors de la maturation de la graine, assure la nutrition de l'embryon.

ENDOSSATAIRE n. Personne qui bénéficie d'un endossement.

ENDOSSEMENT ou **ENDOS** n. m. Mention signée qui, portée au dos d'un effet de commerce ou d'un titre à ordre, en transfère la propriété à une autre personne.

ENDOSSER v. t. Revêtir, mettre sur soi : *endosser son manteau.* ‖ Assumer la responsabilité de qqch : *endosser une affaire.* ‖ *Dr.* Enjoindre au tiré ou au souscripteur d'un effet de commerce de le payer à une tierce personne. ‖ *Rel.* Donner au dos d'un livre une forme arrondie en ménageant l'emplacement des cartons des plats de couverture.

ENDOSSEUR n. m. Celui qui endosse. ‖ Celui qui a endossé une lettre de change, un chèque.

ENDOTHÉLIAL, E, AUX adj. Relatif à l'endothélium.

ENDOTHÉLIUM [ɑ̃doteljɔm] n. m. (gr. *endon*, dedans, et *thelê*, mamelon) [pl. *endothéliums*]. *Histol.* Tissu formé de cellules plates, qui tapisse les vaisseaux, les cavités internes.

ENDOTHERMIQUE adj. (gr. *endon*, dedans, et *thermos*, chaleur). *Chim.* Se dit d'une transformation qui absorbe de la chaleur.

ENDOTOXINE n. f. Toxine contenue dans certaines bactéries, et qui n'est libérée dans le milieu qu'après destruction de ces bactéries.

ENDROIT n. m. (de *droit*). Lieu, place déterminés : *on ne peut être à deux endroits à la fois.* ‖ Localité où l'on habite : *les gens de l'endroit sont aimables.* ‖ Passage d'un texte, d'un livre. ‖ Le beau côté d'une chose, la face : *l'envers est opposé à l'endroit.* ‖ *Géogr.* Syn. de ADRET. ◆ À

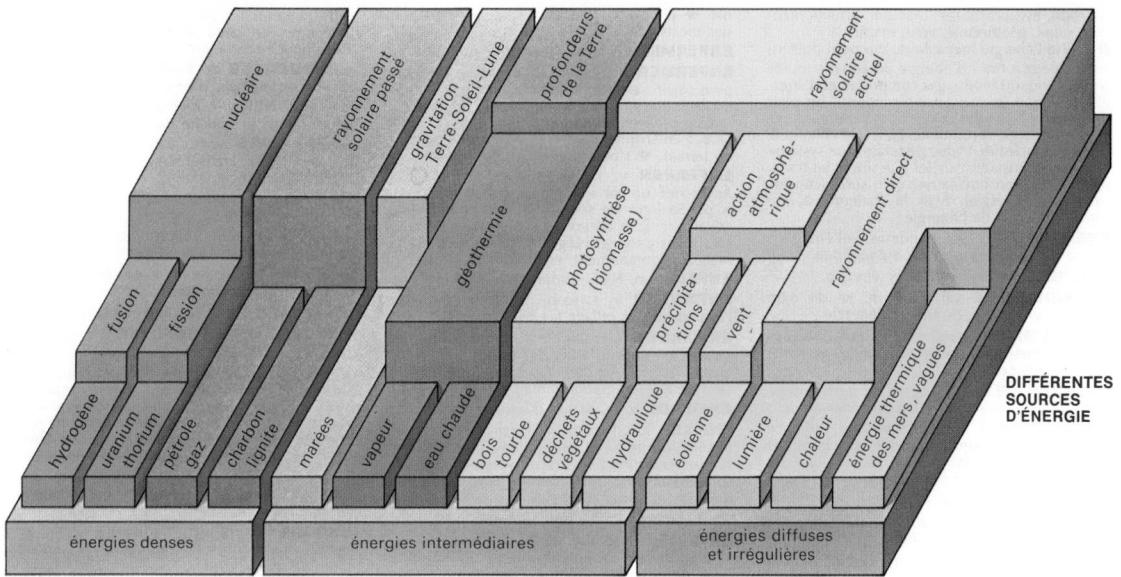

DIFFÉRENTES SOURCES D'ÉNERGIE

énergies denses | énergies intermédiaires | énergies diffuses et irrégulières

Sources: nucléaire (fusion, fission — hydrogène, uranium, thorium, pétrole, gaz, charbon, lignite), rayonnement solaire passé, gravitation Terre-Soleil-Lune (marées), profondeurs de la Terre (géothermie — vapeur, eau chaude), rayonnement solaire actuel (photosynthèse (biomasse) — bois, tourbe, déchets végétaux; action atmosphérique — précipitations (hydraulique), vent (éolienne); rayonnement direct — lumière, chaleur, énergie thermique des mers, vagues)

---

l'endroit, du bon côté. (Contr. À L'ENVERS.) ‖ *À l'endroit de* (Litt.), en ce qui concerne. ‖ *Le petit endroit* (Fam.), les cabinets.

ENDUCTION n. f. Action d'étendre sur la surface d'un support textile un produit destiné à lui conférer des qualités particulières, à en modifier l'aspect, etc.

ENDUIRE v. t. (lat. *inducere*) [conj. **64**]. Recouvrir d'un enduit : *enduire de graisse l'axe d'un moteur.*

ENDUIT [ɑ̃dɥi] n. m. Mince couche de mortier appliquée sur les parements d'un ouvrage. ‖ Préparation pâteuse ou semi-fluide appliquée en couche assez épaisse sur un subjectile.

ENDURABLE adj. Que l'on peut endurer.

ENDURANCE n. f. Aptitude à résister aux fatigues, à la souffrance.

ENDURANT, E adj. Dur à la fatigue, à la souffrance.

ENDURCI, E adj. Qu'une longue habitude a rendu insensible; invétéré : *cœur endurci; criminel endurci.*

ENDURCIR v. t. Rendre dur : *le gel endurcit le sol.* ‖ Rendre résistant, aguerrir : *le sport endurcit.* ◆ **s'endurcir** v. pr. Devenir insensible, s'aguerrir : *le cœur s'endurcit avec l'âge; s'endurcir à la douleur, aux privations.*

ENDURCISSEMENT n. m. Action de s'endurcir; résistance, endurance, insensibilité : *endurcissement de la peau; endurcissement aux souffrances.*

ENDURER v. t. (lat. *indurare*, rendre dur). Supporter ce qui est dur, pénible : *endurer le froid, la faim; endurer les insolences de qqn.*

ENDURO n. m. Compétition de motocyclisme, épreuve d'endurance et de régularité en terrain varié.

ENDYMION [ɑ̃dimjɔ̃] n. m. Plante à bulbe, dont les fleurs bleues s'épanouissent dans les bois au printemps. (Famille des liliacées; nom usuel : *jacinthe des bois.*)

ÉNÉMA n. m. Poire à deux valves utilisée en O.R.L. pour le lavage du conduit auditif.

ÉNÉOLITHIQUE adj. et n. m. (lat. *aeneus*, d'airain). Syn. de CHALCOLITHIQUE.

ÉNERGÉTIQUE adj. Relatif à l'énergie : *les ressources énergétiques d'un pays.* ● *Contenu énergétique*, quantité d'énergie (directe et/ou indirecte) consommée pour la fabrication d'un produit ou dans la prestation d'un service.

ÉNERGIE n. f. (gr. *energeia*, force en action). Force morale ou physique, fermeté, détermination : *montrer de l'énergie.* ‖ Phys. Faculté que possède un système de corps de fournir du travail mécanique ou son équivalent. ● *Énergie psychique* (Psychanal.), syn. de LIBIDO. ‖ *Sources d'énergie*, matières premières et phénomènes naturels utilisés pour la production d'énergie :

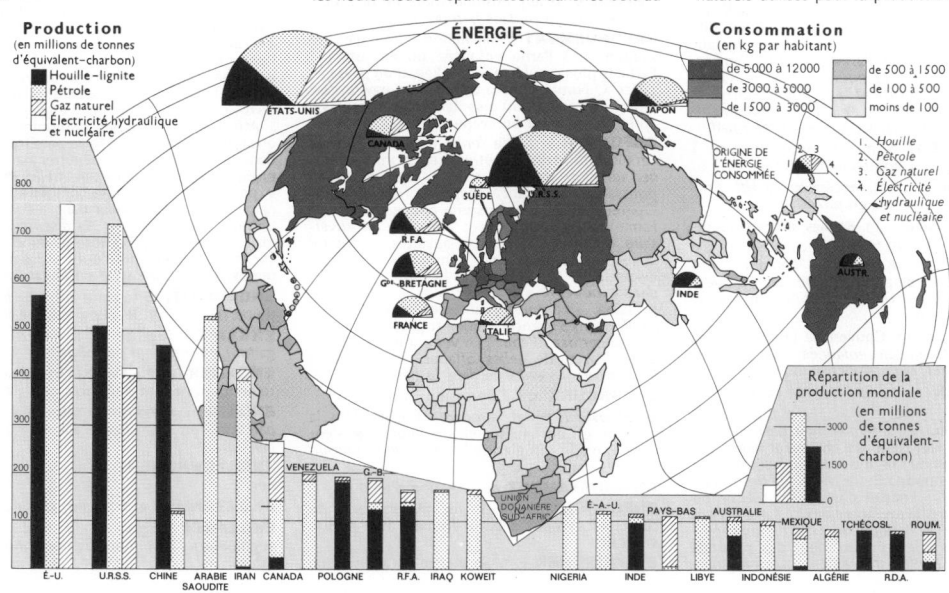

Production (en millions de tonnes d'équivalent-charbon)
- Houille–lignite
- Pétrole
- Gaz naturel
- Électricité hydraulique et nucléaire

ÉNERGIE

Consommation (en kg par habitant)
- de 5 000 à 12 000
- de 3 000 à 5 000
- de 1 500 à 3 000
- de 500 à 1 500
- de 100 à 500
- moins de 100

ORIGINE DE L'ÉNERGIE CONSOMMÉE
1. Houille
2. Pétrole
3. Gaz naturel
4. Électricité hydraulique et nucléaire

Répartition de la production mondiale (en millions de tonnes d'équivalent-charbon)

charbon, hydrocarbures, uranium, houille blanche, soleil, géothermie, vent, marée.
■ Outre l'énergie mécanique, qui peut présenter les deux formes d'énergie potentielle (poids soulevé, ressort tendu, gaz comprimé) et d'énergie cinétique (masse en mouvement), on peut mentionner l'énergie calorifique, l'énergie électrique, l'énergie rayonnante, l'énergie chimique, l'énergie nucléaire. L'énergie totale d'un système isolé reste constante quelles que soient les transformations (non nucléaires) qu'il subit (conservation de l'énergie). Mais la chaleur est une forme dégradée de l'énergie.

ÉNERGIQUE adj. Qui manifeste de l'énergie : *visage énergique; protestation énergique.*

ÉNERGIQUEMENT adv. Avec énergie.

ÉNERGISANT, E adj. et n. m. Se dit d'un produit qui stimule, donne de l'énergie.

ÉNERGUMÈNE [enεrgymεn] n. (gr. *energoumenos*). Personne exaltée, qui parle, gesticule avec véhémence.

ÉNERVANT, E adj. Qui agace les nerfs, insupportable, exaspérant : *discussions énervantes.*

ÉNERVATION n. f. Au Moyen Âge, supplice qui consistait à brûler les tendons des jarrets et des genoux. ‖ *Méd.* Section traumatique ou chirurgicale d'un nerf ou d'un groupe de nerfs.

ÉNERVÉ, E adj. Agacé, irrité.

ÉNERVEMENT n. m. État d'une personne qui est dans un état de nervosité.

ÉNERVER v. t. (lat. *enervare*, affaiblir). Provoquer l'irritation, agacer, irriter, surexciter : *un bruit qui énerve.* ◆ **s'énerver** v. pr. Perdre son contrôle, s'impatienter.

ENFAÎTER [ɑ̃fεte] v. t. Couvrir le faîte d'un toit, d'un mur avec des tuiles, du plomb, etc.

ENFANCE n. f. (lat. *infantia*). Période de la vie humaine depuis la naissance jusqu'à la puberté. ‖ Les enfants : *l'enfance abandonnée.* ‖ Commencement de ce qui se développe, origine : *science qui est encore dans l'enfance.* ● *C'est l'enfance de l'art,* c'est la chose la plus facile. ‖ *Petite enfance,* période de la vie qui va de la naissance à l'âge d'acquisition de la marche. ‖ *Retomber en enfance,* avoir l'intelligence détériorée par le grand âge.

ENFANT n. (lat. *infans*). Garçon, fille dans l'âge de l'enfance. (Ce mot est *féminin* quand il désigne une fille : *une charmante enfant.*) ‖ Fils ou fille, quel que soit l'âge : *cet homme a quatre enfants.* ● *Attendre un enfant,* être enceinte. ‖ *Enfant adoptif,* qu'on a pris légalement pour enfant. ‖ *Enfant légitime,* né de parents unis par le mariage. ‖ *Enfant de Marie,* personne chaste ou naïve. ‖ *Enfant naturel,* né hors du mariage. ‖ *Enfant de troupe,* autref., fils de militaire élevé aux frais de l'État et figurant sur les contrôles de l'armée. ‖ *Faire l'enfant,* s'amuser à des choses puériles. ◆ n. m. Originaire de; qui appartient à la population de : *c'est un enfant du pays.* ◆ adj. inv. *Bon enfant,* qui a un caractère facile, qui est un peu naïf.

ENFANTEMENT n. m. *Litt.* Accouchement. ‖ *Litt.* Production, élaboration, création.

ENFANTER v. t. *Litt.* Accoucher. ‖ *Litt.* Produire, créer : *enfanter un projet.*

ENFANTILLAGE n. m. Paroles, actions qui ne conviennent qu'à un enfant.

ENFANTIN, E adj. Relatif à l'enfant : *rire enfantin.* ‖ Peu compliqué, puéril, facile : *question enfantine.* ● *École enfantine,* en Suisse, école maternelle.

ENFARINÉ, E adj. Couvert de farine : *visage enfariné.* ● *La gueule enfarinée* (Pop.), le bec enfariné (Fam.), avec hypocrisie ou gêne.

ENFARINER v. t. Saupoudrer, couvrir de farine.

ENFER n. m. (lat. *infernus*, lieu bas). Lieu où les damnés subissent un châtiment éternel. ‖ Lieu, situation où l'on a beaucoup à souffrir, où il n'est pas supportable de vivre : *cette maison est un enfer.* ‖ Endroit d'une bibliothèque où l'on garde les livres licencieux. ‖ Taux majoré pratiqué par la Banque de France pour réescompter des effets en excédent des plafonds prescrits. ● *D'enfer,* très violent, excessif, infer-

nal. ◆ pl. *Les Enfers* (Myth.), séjour des âmes des morts.

ENFERMEMENT n. m. Action d'enfermer.

ENFERMER v. t. Mettre en un lieu d'où on ne peut sortir : *enfermer un oiseau dans une cage, un délinquant en prison.* ‖ Mettre en lieu sûr, ranger : *enfermer des papiers dans un secrétaire.* ‖ Environner, enserrer : *enfermer de murs un terrain.* ◆ **s'enfermer** v. pr. S'isoler chez soi.

ENFERRER v. t. Percer avec une épée. ‖ Accrocher un vif à l'hameçon. ‖ ◆ **s'enferrer** v. pr. Se jeter de soi-même sur l'épée de son adversaire. ‖ Se prendre à ses propres mensonges, à ses propres pièges. ‖ Se prendre à l'hameçon spontanément, en parlant du poisson.

ENFEU n. m. Niche funéraire à fond plat.

ENFIÉVRER v. t. (conj. **5**). *Litt.* Jeter dans l'exaltation : *le pillage les enfiévrait.*

ENFILADE n. f. Ensemble de choses disposées, situées les unes à la file des autres : *chambres en enfilade.* ● *Tir d'enfilade,* tir dirigé dans le sens de la plus grande dimension de l'objectif.

ENFILAGE n. m. Action d'enfiler.

ENFILER v. t. Passer un fil dans le trou d'une aiguille, d'une perle, etc. ‖ S'engager dans (une rue, un chemin). ‖ Mettre un vêtement : *enfiler son pantalon.*

ENFIN adv. Marque la conclusion, la fin d'une énumération, la fin d'une attente.

ENFLAMMÉ, E adj. Qui est dans un état inflammatoire : *plaie enflammée.* ‖ Rempli d'ardeur, de passion : *discours enflammé.*

ENFLAMMER v. t. (lat. *inflammare*). Mettre en feu, faire brûler : *enflammer de la paille.* ‖ Animer, remplir d'ardeur, de passion, exciter : *ce discours enflamma leur courage.* ‖ Causer de l'inflammation.

ENFLÉ, E n. *Pop.* Imbécile.

ENFLÉCHURE n. f. *Mar.* Chacun des échelons en corde entre les haubans, pour monter dans la mâture.

ENFLER v. t. (lat. *inflare*). Gonfler en remplissant d'air, de gaz : *enfler ses joues.* ‖ Augmenter, grossir; rendre plus important : *la fonte des neiges enfle les rivières.* ‖ Être enflé d'orgueil, en être rempli. ◆ v. i. Augmenter de volume : *ses jambes enflent.*

ENFLEURAGE n. m. Extraction des parfums des fleurs par contact avec une matière grasse.

ENFLEURER v. t. Pratiquer l'enfleurage.

ENFLURE n. f. Gonflement, boursouflure. ‖ Exagération, emphase : *l'enflure du style.*

ENFONCÉ, E adj. Profondément entré : *avoir les yeux enfoncés dans la tête.*

ENFONCEMENT n. m. Action d'enfoncer, de s'enfoncer. ‖ Partie enfoncée ou en retrait. ‖ Partie la plus reculée d'une vallée, d'un paysage. ‖ *Mar.* Quantité dont la coque du navire s'est enfoncée par rapport à sa ligne d'eau primitive, après chargement ou avarie.

ENFONCER v. t. (de *fond*) [conj. **1**]. Pousser vers le fond, faire pénétrer bien avant : *enfoncer un clou dans un mur.* ‖ Faire céder en poussant, en pesant : *enfoncer une porte.* Opérer une percée dans une armée ennemie. ‖ *Fam.* Vaincre, surpasser : *enfoncer un adversaire.* ● *Enfoncer des portes ouvertes,* se donner beaucoup de peine pour démontrer une chose évidente. ◆ v. i. Aller vers le fond : *enfoncer dans la boue.* ◆ **s'enfoncer** v. pr. Céder sous la pression, s'écrouler, s'affaisser : *le plancher s'enfonce.* ‖ S'avancer, pénétrer profondément : *s'enfoncer dans l'eau.* ‖ En venir à une situation pire : *avec de telles affaires, il a fini par s'enfoncer;* il s'enfonce dans le désespoir.

ENFONÇURE n. f. Dépression, creux.

ENFOUIR v. t. (lat. *infodere*). Cacher dans la terre ou en lieu secret, dissimuler. ◆ **s'enfouir** v. pr. Se réfugier, se blottir : *aller s'enfouir sous les draps.*

ENFOUISSEMENT n. m. Action d'enfouir.

ENFOURCHEMENT n. m. Assemblage de deux pièces bout à bout, formant une enture verticale.

ENFOURCHER v. t. Se mettre à califourchon

sur : *enfourcher une bicyclette.* ● *Enfourcher une idée, un dada* (Fam.), se lancer dans un développement favori.

ENFOURNAGE ou **ENFOURNEMENT** n. m. Action ou manière d'enfourner.

ENFOURNER v. t. Mettre dans le four. ‖ *Fam.* Mettre dans sa bouche par grandes quantités.

ENFREINDRE v. t. (lat. *infringere*, briser) [conj. **55**]. *Litt.* Transgresser, ne pas respecter : *enfreindre la règle.*

ENFUIR (S') v. pr. (conj. **18**). Fuir, s'en aller à la hâte, se sauver, disparaître.

ENFUMAGE n. m. Action d'enfumer, en particulier les abeilles.

ENFUMER v. t. Remplir ou environner de fumée : *enfumer un terrier.*

ENFÛTAGE n. m. Action d'enfutailler.

ENFUTAILLER ou **ENFÛTER** v. t. Mettre en futaille, en fût.

ENGAGÉ, E adj. Se dit d'un écrivain, d'une littérature, d'un artiste qui prennent position sur les problèmes politiques ou sociaux. ● *Colonne engagée* (Archit.), colonne dont une partie n'existe pas, étant supposée encastrée dans le mur. ‖ *Navire engagé,* navire qui donne de la bande et ne peut plus se relever.

ENGAGÉ, E n. et adj. Militaire qui a contracté un engagement.

ENGAGEANT, E adj. Qui donne envie, sympathique, attirant : *une proposition engageante.*

ENGAGEMENT n. m. Promesse par laquelle on s'engage : *signer un engagement.* ‖ Action de mettre en gage : *engagement de bijoux.* ‖ Acte par lequel un citoyen déclare vouloir servir dans les armées pendant une durée déterminée. ‖ Action de faire intervenir dans la bataille : *l'engagement des réserves.* ‖ Combat localisé et de courte durée. ‖ Fait d'intervenir et de prendre parti dans les problèmes de l'époque. ‖ Ce qui engage à agir : *c'est un engagement à continuer.* ‖ *Dr.* Première phase de la réalisation d'une dépense publique. ‖ *Fin.* Montant des devises d'une nation détenues par des étrangers, et à la conversion desquelles doit, en principe, faire face la banque centrale de cette nation. ‖ *Méd.* Première partie de l'accouchement. (L'engagement de la tête du fœtus précède la descente et le dégagement.) ‖ *Sports.* Action de mettre le ballon en jeu, spécialement au début d'une partie. ● *Faire honneur à ses engagements,* s'acquitter de ses promesses.

ENGAGER v. t. (conj. **1**). Lier par une promesse, une obligation : *un serment vous engage.* ‖ Mettre en gage : *engager ses bijoux.* ‖ Lier par une convention, un contrat; recruter par engagement; attacher à son service : *engager un employé, un domestique.* ‖ Effectuer l'engagement d'une dépense. ‖ Commencer, entamer : *engager des négociations, le combat.* ‖ Introduire dans la bataille : *engager une division.* ‖ Exhorter, inciter : *engager à travailler.* ‖ Affecter à un usage déterminé, investir : *engager des capitaux.* ‖ Faire pénétrer une pièce dans une autre. ‖ Faire pénétrer dans un lieu : *engager sa voiture dans une ruelle.* ◆ **s'engager** v. pr. S'inscrire dans une compétition. ‖ S'avancer, pénétrer, s'enfoncer dans : *s'engager dans un bois.* ‖ Commencer : *la discussion s'engage mal.* ‖ Promettre. ‖ Prendre position activement sur les problèmes politiques ou sociaux de son temps. ‖ *Mil.* Contracter un engagement.

ENGAINANT, E [ɑ̃gεnɑ̃, ɑ̃t] adj. *Bot.* Se dit d'une feuille dont la gaine entoure la tige.

ENGAINER [ɑ̃gεne] v. t. Mettre dans une gaine : *engainer un parapluie.*

ENGAMER v. t. Avaler l'hameçon complètement, en parlant du poisson.

ENGANE n. f. Prairie de salicornes servant de parcours, en Camargue, aux chevaux et aux taureaux.

ENGAZONNEMENT n. m. Action d'engazonner.

ENGAZONNER v. t. Semer, garnir de gazon.

ENGEANCE [ɑ̃ʒɑ̃s] n. f. (anc. fr. *enger*, augmenter). Ensemble de personnes méprisables.

ENGELURE [ɑ̃ʒlyr] n. f. Lésion inflammatoire provoquée par le froid, mais dont les causes profondes sont multiples : troubles circulatoires, endocriniens, neurovégétatifs, ou carence alimentaire (avitaminose). [Elle atteint surtout les extrémités et est caractérisée par de la cyanose, de l'œdème, des crevasses.]

ENGENDREMENT n. m. Action d'engendrer.

ENGENDRER v. t. (lat. *ingenerare;* de *genus,* race). Donner l'existence, procréer. ‖ Être à l'origine, produire, occasionner : *la guerre engendre des catastrophes.* ‖ *Math.* Produire en se déplaçant. ‖ Pour un système d'éléments d'un ensemble muni d'une loi de composition interne ou externe, avoir la propriété de donner par leurs compositions tous les éléments de cet ensemble.

ENGERBAGE n. m. Action d'engerber.

ENGERBER v. t. Mettre en gerbes des céréales moissonnées qui sont en javelles.

ENGIN n. m. (lat. *ingenium,* intelligence). Appareil, instrument, machine destinés à un usage défini. ‖ *Mil.* Terme générique pour désigner le matériel de guerre.

ENGINEERING [endʒinirin ou ɛnʒinirin] n. m. (mot angl.). Ensemble des plans et des études qui permettent de déterminer, pour la réalisation d'un ouvrage ou d'un programme d'investissement, les tendances les plus souhaitables, les modalités de conception les meilleures, les conditions de rentabilité optimales, les matériels et les procédés les mieux adaptés. (L'Administration préconise INGÉNIERIE.)

ENGLOBER v. t. Réunir en un tout, contenir : *il englobe tout le monde dans ses critiques.*

ENGLOUTIR v. t. (bas lat. *ingluttire,* avaler). Avaler gloutonnement. ‖ Faire disparaître, submerger : *la mer a englouti bien des navires.* ● *Engloutir sa fortune,* la faire disparaître complètement, la dépenser. ◆ **s'engloutir** v. pr. Disparaître.

ENGLOUTISSEMENT n. m. Action d'engloutir; fait d'être englouti.

ENGLUEMENT ou **ENGLUAGE** n. m. Action d'engluer.

ENGLUER v. t. Couvrir, enduire de glu ou de matière gluante. ‖ Prendre à la glu : *engluer des oiseaux.*

ENGOBAGE n. m. Action d'engober.

ENGOBE n. m. Enduit terreux blanc ou coloré servant à engober.

ENGOBER v. t. Recouvrir d'un engobe une pièce céramique, à des fins décoratives.

ENGONCER v. t. (de *gond*) [conj. **1**]. Faire paraître le cou enfoncé dans les épaules, en parlant d'un vêtement.

ENGORGEMENT n. m. Embarras dans un conduit, sur une voie de circulation. ‖ *Méd.* Obstruction produite dans une partie du corps par l'accumulation de fluides.

ENGORGER v. t. (conj. **1**). Embarrasser, obstruer, par accumulation de matières.

ENGOUEMENT n. m. Admiration exagérée : *l'engouement du public pour un acteur.* ‖ *Méd.* Obstruction de l'intestin au niveau du hernie.

ENGOUER (S') v. pr., ou **ÊTRE ENGOUÉ** v. passif. Se passionner exagérément pour : *s'engouer d'une nouvelle mode.*

ENGOUFFREMENT n. m. Fait de s'engouffrer.

ENGOUFFRER v. t. Faire disparaître en consommant, en dépensant : *engouffrer de la nourriture; il a engouffré une fortune.* ◆ **s'engouffrer** v. pr. En parlant du vent, des eaux,

pénétrer avec violence dans quelque endroit. ‖ Entrer rapidement, en hâte quelque part : *s'engouffrer dans le métro.*

ENGOULEVENT [ɑ̃gulvɑ̃] n. m. (anc. fr. *engouler,* avaler). Oiseau micropodiforme, au plumage brun-roux, qui la nuit, chasse les insectes en volant le bec grand ouvert. (Long. 30 cm.)

ENGOURDIR v. t. (de *gourd*). Rendre insensible, ralentir le mouvement, l'activité : *le froid engourdit les mains.*

ENGOURDISSEMENT n. m. Paralysie momentanée d'un membre, accompagnée de fourmillements, et due à des troubles circulatoires. ‖ Torpeur.

ENGRAIN [ɑ̃grɛ̃] n. m. Autre nom du *petit épeautre,* espèce de blé rustique qui n'est pas cultivée.

ENGRAIS n. m. (de *engraisser*). Produit incorporé au sol pour en maintenir ou en accroître la fertilité. ● *A l'engrais,* se dit d'animaux qu'on engraisse. ‖ *Engrais vert,* herbes et feuilles que l'on enfouit vertes pour fertiliser le sol.
■ On distingue les *engrais organiques* (fumier, résidus d'industries agricoles, ordures ménagères, etc.) et les *engrais minéraux* (azotés, phosphatés, potassiques). Les uns et les autres jouent un rôle chimique, en complétant les ressources propres du sol en éléments nutritifs utilisés par les végétaux. Les engrais organiques sont en outre indispensables pour l'entretien de la vie microbienne dans le sol.

ENGRAISSEMENT ou **ENGRAISSAGE** n. m. Action d'engraisser. ‖ Augmentation du volume de sable constituant une plage.

ENGRAISSER v. t. (bas lat. *incrassare*). Rendre plus gras : *engraisser un porc.* ‖ Fertiliser par l'engrais : *le fumier engraisse la terre.* ‖ Enrichir, rendre florissant. ◆ v. i. Devenir plus gras : *il a engraissé.*

ENGRAISSEUR n. m. Celui qui engraisse des bestiaux.

ENGRAMME n. m. (gr. *en,* dans, et *gramma,* écriture). *Psychol.* Trace laissée en mémoire, par tout événement, dans le fonctionnement bioélectrique du cerveau.

ENGRANGEMENT n. m. Action d'engranger.

ENGRANGER v. t. (conj. **1**). Mettre dans une grange : *engranger du blé.*

ENGRAVER v. t. (de *gravier*). Recouvrir de gravier.

ENGRAVURE n. f. Petite tranchée pratiquée dans une maçonnerie.

ENGRÊLÉ, E adj. *Hérald.* Se dit des pièces honorables bordées de dents fines dont les intervalles sont arrondis.

ENGRENAGE n. m. Disposition de roues dentées se commandant les unes les autres. ‖ Enchaînement de circonstances dont on ne peut se dégager : *être pris dans un engrenage.* ● *Engrenage à chevrons,* engrenage formé de deux parties à dentures hélicoïdales de sens contraire. ‖ *Mettre le doigt dans l'engrenage,* entrer imprudemment dans une affaire.

ENGRÈNEMENT n. m. Action d'engrener.

ENGRENER v. t. et i. (lat. *granum,* grain) [conj. **5**]. Mettre du grain dans la trémie d'un moulin, les épis dans une batteuse. ‖ *Mécan.* Mettre en liaison deux roues dentées.

ENGRENEUR n. m. Ouvrier chargé d'alimenter la batteuse.

ENGRENEUSE n. f. Appareil engrenant mécaniquement une batteuse.

ENGROIS n. m. Syn. de ANGROIS.

ENGROSSER v. t. *Pop.* Rendre une femme enceinte.

ENGUEULADE n. f. *Pop.* Action d'engueuler, de s'engueuler.

ENGUEULER v. t. *Pop.* Accabler de reproches, d'injures grossières.

ENGUICHURE n. f. Cordon servant à porter le cor de chasse. ‖ Courroie du bouclier.

ENGUIRLANDER v. t. Entourer de guirlandes. ‖ *Fam.* Invectiver, faire de vifs reproches.

ENHARDIR [ɑ̃ardir] v. t. Rendre hardi, donner

de l'assurance. ◆ **s'enhardir** v. pr. [à]. Devenir hardi, se permettre de, aller jusqu'à.

ENHARMONIE [ɑ̃narmɔni] n. f. *Mus.* Rapport entre deux notes consécutives qui ne diffèrent que d'un comma, et qui, dans la pratique, sont confondues (par ex., sur un piano, *do* dièse et *ré* bémol s'exécutent sur la même touche).

ENHARMONIQUE adj. *Mus.* Se dit de notes de noms distincts, mais qui, par l'effet des dièses et des bémols, ont la même intonation.

ENHARNACHER [ɑ̃arnaʃe] v. t. Mettre les harnais à un cheval.

ENHERBER [ɑ̃nɛrbe] v. t. Mettre en herbe un terrain.

ÉNIÈME [enjɛm] adj. et n. (*n* et suffixe *-ième*). *Fam.* Qui est à un rang indéterminé, mais très grand : *pour la énième fois.*

ÉNIGMATIQUE adj. Qui renferme une énigme, qui tient de l'énigme, obscur.

ÉNIGMATIQUEMENT adv. De manière énigmatique.

ÉNIGME n. f. (lat. *aenigma,* mot gr.). Jeu d'esprit où l'on donne à deviner une chose en la décrivant en termes obscurs, ambigus : *Œdipe devina l'énigme du Sphinx.* ‖ Chose difficile à comprendre, à connaître à fond, mystère.

ENIVRANT, E [ɑ̃nivrɑ̃, ɑ̃t] adj. Qui enivre.

ENIVREMENT [ɑ̃nivrəmɑ̃] n. m. Action de s'enivrer; état d'une personne ivre. ‖ Transport, exaltation : *l'enivrement de la victoire.*

ENIVRER [ɑ̃nivre] v. t. Rendre ivre. ‖ Transporter, exalter, enorgueillir : *enivrer de joie.*

ENJAMBÉE n. f. Action d'enjamber; espace qu'on enjambe : *faire de grandes enjambées.*

ENJAMBEMENT n. m. Rejet au vers suivant d'un ou plusieurs mots étroitement unis par le sens à ceux du vers précédent :
> *Un astrologue un jour, se laissa choir*
> *Au fond d'un puits.*
> LA FONTAINE.

ENJAMBER v. t. Franchir en faisant un grand pas : *enjamber un ruisseau.* ◆ v. i. Faire un grand pas. ‖ Empiéter, faire saillie sur : *poutre qui enjambe sur l'immeuble voisin.* ‖ *Littér.* Produire l'enjambement.

ENJAVELER [ɑ̃ʒavle] v. t. (conj. **3**). Mettre en javelles le blé, l'avoine, etc.

ENJEU n. m. Somme d'argent ou objet que l'on risque dans une partie de jeu et qui revient au gagnant : *perdre son enjeu.* ‖ Ce qu'on peut gagner ou perdre dans une entreprise : *l'enjeu d'une guerre.*

ENJOINDRE v. t. (lat. *injungere*) [conj. **55**]. *Litt.* Ordonner expressément qqch à qqn.

DIFFÉRENTES SORTES D'ENGRENAGES

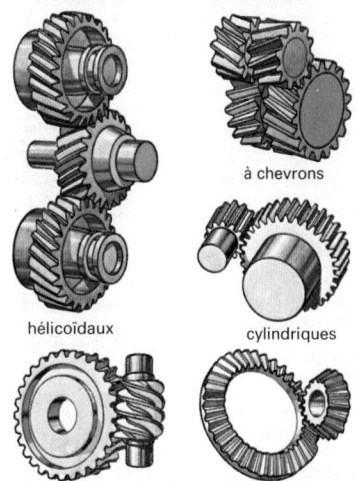

à chevrons

hélicoïdaux

cylindriques

par roue et vis globiques

coniques

engoulevent

ENJÔLEMENT n. m. Action d'enjôler.

ENJÔLER [ãʒole] v. t. (de *geôle*, prison). Tromper par des caresses, des paroles flatteuses; séduire.

ENJÔLEUR, EUSE adj. et n. Qui enjôle.

ENJOLIVEMENT n. m. Ornement qui rend une chose plus jolie.

ENJOLIVER v. t. Rendre joli ou plus joli, en ajoutant des ornements, embellir, agrémenter : *enjoliver un récit.*

ENJOLIVEUR n. m. Garniture servant d'ornement à une automobile; en particulier, pièce circulaire recouvrant les moyeux des roues.

ENJOLIVEUR, EUSE n. Personne qui enjolive.

ENJOLIVURE n. f. Petit enjolivement.

ENJOUÉ, E adj. (de *en* et *jeu*). Qui montre une humeur gaie.

ENJOUEMENT n. m. Bonne humeur, gaieté aimable et souriante.

ENJUGUER v. t. Attacher au joug.

ENKÉPHALINE n. f. Substance sécrétée par le cerveau, agissant comme neurotransmetteur et ayant les effets antalgiques de la morphine.

ENKYSTÉ, E adj. Se dit d'un corps étranger ou d'une lésion qui reste dans l'organisme sans inflammation aiguë et qui s'entoure de tissu conjonctif. || *Zool.* Se dit d'un animal à l'état de vie ralentie dans un kyste.

ENKYSTEMENT n. m. *Méd.* Fixation, dans un tissu, d'un corps étranger insoluble ou d'une lésion torpide.

ENKYSTER (S') v. pr. S'envelopper d'un kyste : *tumeur qui s'enkyste.*

ENLACEMENT n. m. Action d'enlacer; étreinte; disposition de choses enlacées.

ENLACER v. t. (conj. 1). Passer l'un dans l'autre des cordons, des lacets, etc. || Serrer contre soi, en entourant de ses bras; étreindre. ◆ **s'enlacer** v. pr. Se prendre mutuellement dans les bras.

ENLAIDIR v. t. Rendre laid : *ces panneaux publicitaires enlaidissent le paysage.* ◆ v. i. Devenir laid : *il a enlaidi.*

ENLAIDISSEMENT n. m. Action d'enlaidir, fait d'être enlaidi.

ENLEVAGE n. m. *Text.* Action d'enlever une partie de la teinte donnée à une étoffe.

ENLEVÉ, E adj. Se dit d'une œuvre exécutée avec facilité, avec brio : *portrait enlevé.*

ENLÈVEMENT n. m. Action d'enlever.

ENLEVER [ãlve] v. t. (conj. 5). Retirer de la place occupée pour porter à un autre endroit : *enlever des meubles.* || Faire disparaître : *enlever une tache.* || Prendre par force, par rapt ou par ruse : *enlever un enfant.* || Retirer à, priver de : *enlever à qqn son commandement.* || Gagner : *enlever la victoire.* • *Enlever les suffrages,* les gagner. || *Enlever un morceau de musique,* l'exécuter brillamment. || *Maladie qui enlève qqn,* qui le fait mourir.

ENLIASSER v. t. Mettre en liasse.

ENLISEMENT n. m. Action de s'enliser.

ENLISER v. t. (normand *lize*, sable mouvant). Enfoncer dans les sables mouvants, dans la boue, etc. || Mettre dans des difficultés insurmontables : *il a réussi à enliser ses adversaires dans des procès interminables.* ◆ **s'enliser** v. pr. S'enfoncer. || S'embarrasser dans une situation inextricable.

ENLUMINER v. t. (lat. *illuminare*). Orner d'enluminures : *enluminer un missel.* || Colorer vivement : *la fièvre enlumine le visage.*

ENLUMINEUR, EUSE n. Artiste qui enlumine.

ENLUMINURE n. f. Art d'enluminer. || Décor et illustration, surtout en couleurs, d'un manuscrit (Moyen Âge).

ENNÉADE [enead] n. f. (gr. *enneas, -ados;* de *ennea,* neuf). Assemblage de neuf choses semblables, ou assemblée de neuf personnes.

ENNÉAGONAL, E, AUX adj. Qui a neuf angles.

ENNÉAGONE [εneagɔn] n. m. et adj. (gr. *ennea,* neuf, et *gónia,* angle). Polygone qui a neuf angles, donc neuf côtés.

ENNEIGÉ, E adj. Couvert de neige : *une montagne enneigée.*

ENNEIGEMENT n. m. État d'un endroit couvert de neige; épaisseur de la couche de neige qui s'y trouve.

ENNEIGER [ãnεʒe] v. t. Couvrir de neige.

ENNEMI, E n. et adj. (lat. *inimicus*). Personne qui hait qqn, qui cherche à lui nuire. || Personne qui a de l'aversion pour certaines choses : *ennemi du bruit.* || Nation, pays avec qui l'on est en guerre, adversaire : *battre les ennemis.* • *Ennemi public,* homme dangereux pour la société. || *Passer à l'ennemi,* trahir.

ENNOBLIR [ãnɔblir] v. t. Donner de la noblesse morale, de la dignité.

ENNOBLISSEMENT n. m. Action d'ennoblir, de rendre digne; fait d'être ennobli. || *Industr.* Ensemble des opérations donnant aux articles textiles leurs qualités finales.

ENNOYAGE [ãnwajaʒ] n. m. *Géol.* Disparition progressive d'une structure sous une couverture sédimentaire, ou d'un relief sous ses propres débris. || Invasion d'une région continentale par la mer.

ENNUAGER v. t. (conj. 1). Couvrir de nuages.

ENNUI [ãnɥi] n. m. Lassitude morale, malaise produit par l'inaction, la monotonie, le manque d'intérêt d'une chose. || Difficulté, inquiétude, souci : *j'ai des ennuis de santé.*

ENNUYER v. t. (lat. *in odio esse,* être un objet de haine) [conj. 2]. Causer de la contrariété, du souci : *je suis ennuyé de vous faire attendre.* || Lasser, rebuter par manque d'intérêt, monotonie, etc. : *ce livre m'a ennuyé.* ◆ **s'ennuyer** v. pr. Éprouver de l'ennui.

ENNUYEUX, EUSE adj. Qui cause de l'ennui, des soucis : *conversation ennuyeuse.*

ÉNONCÉ n. m. Action d'énoncer : *l'énoncé d'une clause.* || Ensemble des données d'un problème, d'une proposition, d'une relation entre des êtres mathématiques : *l'énoncé d'un théorème.* || *Ling.* Résultat de l'activité de celui qui parle sous la forme d'une suite de phrases.

ÉNONCER v. t. (lat. *enuntiare*) [conj. 1]. Exprimer par des paroles ou par écrit, formuler : *énoncer un axiome.*

ÉNONCIATIF, IVE adj. Relatif à l'énoncé.

ÉNONCIATION n. f. Action, manière d'énoncer : *l'énonciation d'un fait.* || *Dr.* Déclaration faite dans un acte juridique. || *Ling.* Attitude que le sujet parlant adopte en face de son énoncé; acte de production du discours.

ÉNOPHTALMIE n. f. Enfoncement pathologique du globe oculaire dans l'orbite.

ENORGUEILLIR [ãnɔrgœjir] v. t. Rendre orgueilleux : *les succès les ont enorgueillis.* ◆ **s'enorgueillir** v. pr. [de]. Tirer vanité de.

ÉNORME adj. (lat. *enormis;* de *norma,* règle). Qui dépasse toute mesure; excessif en grandeur, en quantité, considérable, colossal. || *Fam.* Remarquable par quelque qualité, extraordinaire : *une histoire énorme.*

ÉNORMÉMENT adv. Excessivement.

ÉNORMITÉ n. f. Caractère de ce qui dépasse toute mesure : *l'énormité de la tâche, du crime.* || *Fam.* Balourdise, parole extravagante : *dire des énormités.*

ENQUÉRIR (S') v. pr. (lat. *inquirere,* rechercher) [conj. 13]. S'informer, faire des recherches sur qqn, qqch : *s'enquérir d'une adresse.*

ENQUERRE [ãkεr] v. t. (anc. forme de *enquérir*). *Armes à enquerre* (Hérald.), armes qui contreviennent aux lois héraldiques défendant de mettre émail sur émail.

ENQUÊTE n. f. Étude d'une question réunissant des témoignages, des expériences, des documents : *enquête sociologique.* || Recherches ordonnées par une autorité administrative ou judiciaire : *le tribunal ordonne une enquête.*

ENQUÊTER v. i. Faire, conduire une enquête : *enquêter sur un crime.*

ENQUÊTEUR, EUSE ou **TRICE** n. Personne qui fait des enquêtes (policières, sociologiques, etc.).

ENQUIQUINANT, E adj. *Fam.* Embêtant, agaçant.

ENQUIQUINEMENT n. m. *Fam.* Ennui.

ENQUIQUINER v. t. *Fam.* Ennuyer, importuner.

ENQUIQUINEUR, EUSE adj. et n. *Fam.* Qui importune, embête.

ENRACINEMENT n. m. Action d'enraciner, de s'enraciner.

ENRACINER v. t. Faire prendre racine à, planter : *enraciner un arbre.* || Fixer profondément dans l'esprit, le cœur : *idée que le temps a enracinée.* ◆ **s'enraciner** v. pr. Prendre racine. || Se fixer dans l'esprit : *les préjugés s'enracinent facilement.*

ENRAGÉ, E adj. et n. Acharné, passionné : *joueur enragé.* ◆ adj. Qui a la rage : *chien enragé.* ◆ n. m. pl. *Hist.* Pendant la Révolution française, nom donné aux membres de la fraction la plus radicale des sans-culottes.

ENRAGEANT, E adj. Qui cause du dépit, de l'irritation.

ENRAGER v. i. (conj. 1). Éprouver un violent dépit, être vexé, furieux. • *Faire enrager,* tourmenter, taquiner.

ENRAIEMENT [ãrεmã] ou **ENRAYEMENT** [ãrεjmã] n. m. Action d'enrayer. || *Mécan.* Arrêt accidentel d'un mécanisme.

ENRAYAGE [ãrεjaʒ] n. m. Fixation des rayons d'une roue dans le moyeu et la jante. || Arrêt accidentel du mécanisme d'une arme à feu.

ENRAYER [ãrεje] v. t. (lat. *radius,* rayon) [conj. 2]. Suspendre l'action de, arrêter : *enrayer une maladie, la hausse des prix.* || Garnir une roue de ses rayons. || Entraver le mouvement des roues d'une voiture ou de tout autre mécanisme. || *Agr.* Faire une enrayure. ◆ **s'enrayer** v. pr. En parlant d'une arme ou de tout autre mécanisme, s'arrêter accidentellement.

ENRAYOIR n. m. Mécanisme pour enrayer une voiture. || Baguette qui servait à bander l'arbalète.

ENRAYURE [ãrεjyr] n. f. Ce qui sert à enrayer une roue. || *Agric.* Premier sillon que trace la charrue dans un champ. || *Constr.* Assemblage de pièces de bois ou de métal en forme de cercle, sur lesquelles s'appuie la charpente d'un comble.

ENRÉGIMENTER v. t. Grouper des unités militaires par régiment. || Faire entrer dans un groupe ayant une discipline stricte.

ENREGISTRABLE adj. Qui peut être enregistré.

ENREGISTREMENT n. m. Action d'enregistrer; son résultat. ▷ || Diagramme donné par un appareil enregistreur. || Formalité administrative consistant, contre des droits perçus par le Trésor, à inscrire dans un registre l'existence d'un acte juridique, et conférant à celui-ci date certaine; administration chargée de cette fonction.

ENREGISTRER v. t. Transcrire, mentionner un acte, un jugement dans les registres publics, pour en assurer l'authenticité. || Consigner certains faits par écrit ou dans sa mémoire. || Constater objectivement : *on a enregistré des chutes de neige.* || Faire noter le dépôt de : *enregistrer des bagages.* || Transcrire et fixer sur un support matériel (disque, bande magnétique, papier, film) une information (son, image, phénomène physique ou physiologique).

ENREGISTREUR, EUSE adj. et n. Se dit d'un appareil qui inscrit automatiquement une mesure, un phénomène physique : *thermomètre enregistreur.*

ENRÉSINEMENT n. m. Introduction de résineux dans un taillis sous futaie.

ENRHUMER v. t. Causer du rhume. ◆ **s'enrhumer** v. pr. Attraper un rhume.

ENRICHI, E adj. et n. Dont la fortune est de date récente. || *Phys.* Se dit d'un corps dont l'un des constituants est en proportion plus forte que la normale.

ENRICHIR v. t. Augmenter la richesse, la fortune, la teneur. || Développer, embellir : *livre enrichi d'illustrations.*

ENRICHISSANT, E adj. Qui enrichit l'esprit.

ENRICHISSEMENT n. m. Action d'enrichir, de s'enrichir. || Procédé physico-chimique permettant d'augmenter la teneur en métal dans un minerai, la teneur en un isotope donné dans un mélange d'isotopes (uranium). ● *Enrichissement des tâches,* dans un travail répétitif, organisation du travail qui, au lieu de ramener chaque opération à un geste élémentaire, permet de faire, lors de chaque tâche, plusieurs opérations ou plusieurs gestes de même niveau.

ENROBAGE ou **ENROBEMENT** n. m. Action d'enrober; couche qui enrobe.

ENROBÉ n. m. *Trav. publ.* Granulat recouvert de bitume, utilisé dans les revêtements de chaussée.

ENROBER [ɑ̃rɔbe] v. t. Recouvrir (certains aliments, les médicaments, etc.) d'une enveloppe protectrice. ‖ Déguiser, envelopper : *information enrobée de commentaires.* ‖ *Trav. publ.* Former un film de bitume ou de goudron sur toute la surface d'un agrégat.

ENROBEUSE n. f. Machine recouvrant certains articles de confiserie d'une couche uniforme de caramel ou de chocolat.

ENROCHEMENT n. m. Ensemble de gros blocs de roche liés ou non et utilisés pour la protection des parties immergées des ouvrages d'art.

ENRÔLÉ n. m. Soldat inscrit sur les rôles des armées.

ENRÔLEMENT n. m. Action d'enrôler ou de s'enrôler. ‖ Action de porter une affaire à l'audience d'un tribunal. ‖ Feuille certifiant qu'on est enrôlé.

ENRÔLER v. t. Inscrire sur les rôles des armées : *enrôler des soldats.* ‖ Inscrire dans un parti, un groupe. ◆ **s'enrôler** v. pr. Entrer dans les armées. ‖ Se faire admettre dans un groupe.

ENROUEMENT [ɑ̃rumɑ̃] n. m. État de celui qui est enroué; altération de la voix.

ENROUER v. t. (lat. *raucus,* rauque). Rendre la voix sourde, voilée.

ENROULEMENT n. m. Action d'enrouler, de s'enrouler. ‖ Bobinage d'une machine électrique. ‖ Motif décoratif s'enroulant en spirale.

ENROULER v. t. Rouler une chose autour d'une autre ou sur elle-même.

ENROULEUR, EUSE adj. Qui sert à enrouler.

ENROULEUR n. m. *Mécan.* Dispositif placé sur le parcours d'une courroie pour augmenter l'arc de contact de la courroie avec les poulies. ‖ Système qui sert à enrouler.

ENRUBANNER v. t. Couvrir, orner de rubans.

ENSABLEMENT n. m. Amas de sable, formé par l'eau ou par le vent; état d'un lieu ensablé.

ENSABLER v. t. Couvrir, engorger de sable. ‖ Faire échouer une embarcation sur le sable; engager un véhicule dans le sable.

ENSACHAGE n. m. Action d'ensacher.

ENSACHER v. t. Mettre en sac.

ENSAISINEMENT n. m. Action d'ensaisiner.

ENSAISINER [ɑ̃sezine] v. t. (de *saisine*). *Féod.* Reconnaître par un acte le nouveau tenancier; le mettre en possession du fief.

ENSANGLANTER v. t. Tacher, couvrir de sang. ‖ *Litt.* Souiller en faisant couler le sang : *guerre qui a ensanglanté l'Europe.*

ENSEIGNANT, E adj. et n. Qui donne un enseignement. ● *Le corps enseignant* ou *les enseignants,* l'ensemble des professeurs et des instituteurs.

ENSEIGNE n. f. (lat. *insignia,* choses remarquables). Marque distinctive placée sur la façade d'une maison de commerce. ‖ *Litt.* Drapeau, étendard : *marcher enseignes déployées.* ● *À telle enseigne* ou *à telles enseignes que,* la preuve en est que, à tel point que. ‖ *Être logé à la même enseigne,* être dans le même cas.

ENSEIGNE n. m. Autref., officier porte-drapeau. ● *Enseigne de vaisseau de 1re, de 2e classe,* dans la marine militaire française, premiers grades des officiers subalternes, correspondant à ceux de lieutenant et sous-lieutenant dans les armées de terre et de l'air.

ENSEIGNEMENT n. m. Action, manière d'enseigner, de transmettre des connaissances. ‖ Profession de celui qui enseigne : *être dans*

l'enseignement. ‖ Leçon donnée par les faits ou l'expérience : *les enseignements d'un échec.* ● *Enseignement assisté par ordinateur* (E. A. O.), ensemble des techniques et des méthodes d'utilisation de l'informatique appliquée à l'enseignement de toutes disciplines. ‖ *Enseignement élémentaire* (ou *primaire*), enseignement qui donne les premiers éléments des connaissances. ‖ *Enseignement privé* (ou *libre*), enseignement dispensé dans des établissements qui ne relèvent pas de l'État. ‖ *Enseignement public,* enseignement donné par l'État. ‖ *Enseignement du second degré* (ou *secondaire*), enseignement qui prépare au B. E. P. C. (fin du *premier cycle*) et au baccalauréat (fin du *second cycle*). ‖ *Enseignement supérieur,* enseignement qui, dispensé dans les universités et dans les grandes écoles, approfondit les études spéciales. ‖ *Enseignement technologique* (ou *technique*), enseignement qui a pour but la formation d'ouvriers et d'employés qualifiés et spécialisés, et de techniciens supérieurs.

V. ill. page suivante

ENSEIGNER v. t. (lat. *insignire,* signaler). Faire acquérir la connaissance ou la pratique : *enseigner les mathématiques; enseigner un moyen d'éviter un encombrement.*

ENSELLÉ, E adj. Se dit d'un cheval dont la ligne du dos est d'une concavité exagérée.

ENSELLEMENT n. m. *Géogr.* Abaissement du relief entre deux hauteurs.

ENSELLURE n. f. Courbure normale, en forme de selle, de la région lombaire.

ENSEMBLE adv. (lat. *insimul*). L'un avec l'autre, les uns avec les autres : *aller dîner tous ensemble.* ‖ En même temps : *ils ont commencé ensemble.* ● *Aller ensemble,* s'harmoniser.

ENSEMBLE n. m. Résultat de l'union des parties d'un tout : *un bel ensemble.* ‖ Réunion de personnes, de choses qui forment un tout : *l'ensemble du personnel.* ‖ Costume féminin composé de deux pièces assorties. ‖ Accord, harmonie entre les éléments divers : *le chœur chante avec un ensemble parfait.* ‖ *Math., Log.* et *Stat.* Collection d'éléments ou de nombres ayant en commun une ou plusieurs propriétés qui les caractérisent. ● *Dans son ensemble,* en gros, au total. ‖ *D'ensemble,* général : *étude d'ensemble.* ‖ *Ensemble fini* (Math.), ensemble ayant un nombre limité d'éléments. ‖ *Ensemble infini* (Math.), ensemble formé d'un nombre illimité d'éléments. ‖ *Ensemble quotient* (Math.), ensemble des classes d'équivalence formé par un ensemble E par une relation d'équivalence. (L'ensemble quotient déterminé dans l'ensemble E par la relation d'équivalence ε se note E/ε.) ‖ *Grand ensemble,* groupe d'immeubles d'habitation édifiés sur la périphérie d'une grande ville et bénéficiant de certains équipements collectifs. ‖ *Théorie des ensembles* (Math.), partie des mathématiques qui étudie les propriétés des ensembles et les opérations auxquelles ils peuvent être soumis. (La théorie des ensembles, due à Georg Cantor, est à la base des mathématiques modernes.) ‖ *Vue d'ensemble,* vue générale qui domine tous les détails.

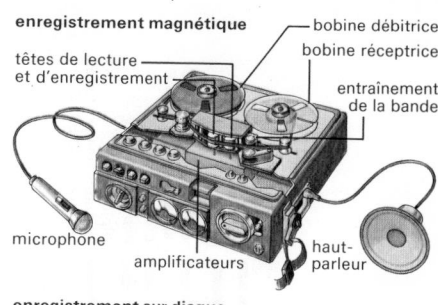

enregistrement magnétique

bobine débitrice — bobine réceptrice — têtes de lecture et d'enregistrement — entraînement de la bande — microphone — amplificateurs — haut-parleur

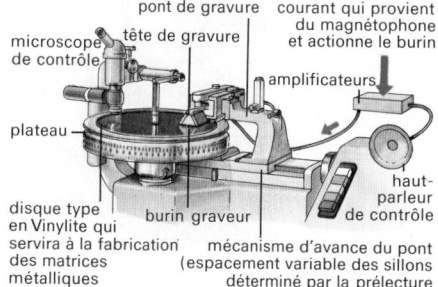

enregistrement sur disque

pont de gravure — courant qui provient du magnétophone et actionne le burin — microscope de contrôle — tête de gravure — amplificateurs — plateau — haut-parleur de contrôle — disque type en Vinylite qui servira à la fabrication des matrices métalliques de pressage — burin graveur — mécanisme d'avance du pont (espacement variable des sillons déterminé par la préfecture de la bande magnétique)

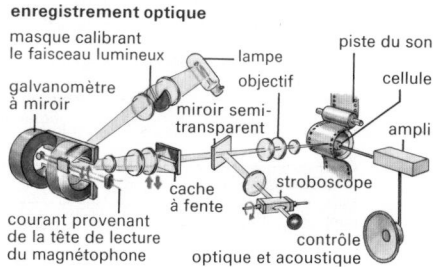

enregistrement optique

masque calibrant le faisceau lumineux — lampe — piste du son — galvanomètre à miroir — objectif — cellule — miroir semi-transparent — ampli — cache à fente — stroboscope — courant provenant de la tête de lecture du magnétophone — contrôle optique et acoustique

PROCÉDÉS D'ENREGISTREMENT

ENSEMBLIER n. m. Professionnel qui agence en vue d'un certain effet meubles et décors. ‖ Au cinéma, à la télévision, adjoint du chef décorateur, chargé de l'ameublement des décors.

ENSEMBLISTE adj. Relatif à la théorie des ensembles.

ENSEMENCEMENT n. m. Action d'ensemencer.

ENSEMENCER v. t. (conj. 1). Pourvoir de semence : *ensemencer une terre.* ‖ Déposer des microbes ou leurs spores sur un milieu de culture approprié.

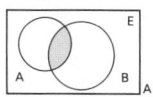

intersection de deux parties A et B de E

A∩B

$x \in A\cap B \Longleftrightarrow (x \in A \underline{et} x \in B)$
si A∩B = Ø, A et B sont disjoints
si A ⊂ B, A∩B = A

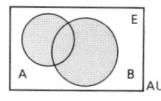

union de deux parties A et B de E

A∪B

$x \in A \cup B \Longleftrightarrow (x \in A \text{ ou } x \in B)$
$(x \notin A\cup B \text{ et } x \notin A) \Longrightarrow x \in B$
on a toujours A∩B ⊂ A∪B
si A⊂B, A∪B = B

ENSEMBLES

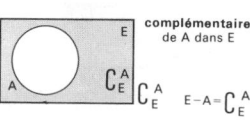

complémentaire de A dans E

$\complement_E^A$ $E-A = \complement_E^A$

on a : $A \cap \complement_E^A = \varnothing$ et $A \cup \complement_E^A = E$

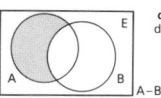

différence de A et de B

A−B

$x \in A-B \Longleftrightarrow (x \in A \underline{et} x \notin B)$
si B = E, A−B = A−E = Ø
car A⊂E

différence symétrique de A et de B

A △ B

C'est l'ensemble des éléments de E qui appartiennent à l'une des deux parties A ou B et à une seule.

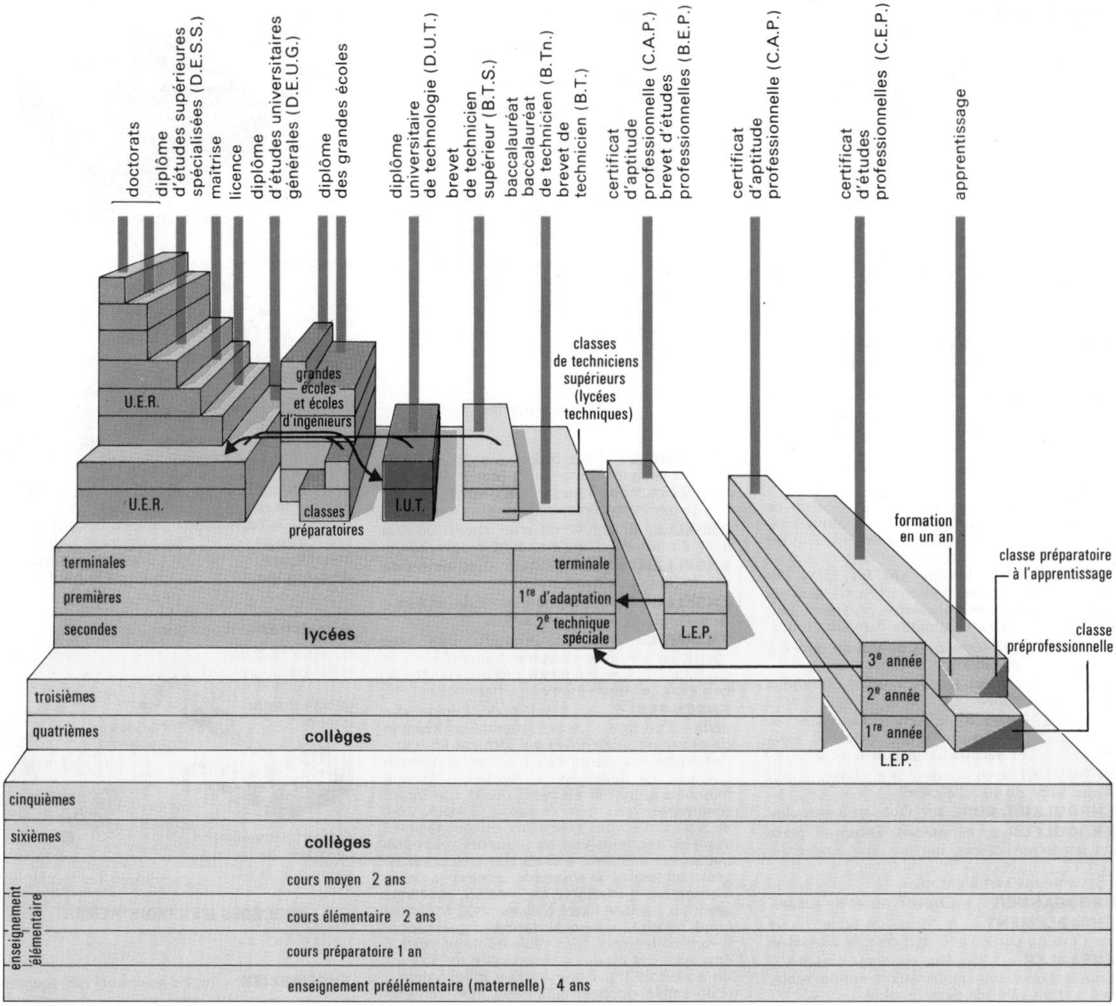

doctorats

diplôme d'études supérieures spécialisées (D.E.S.S.)

maîtrise

licence

diplôme d'études universitaires générales (D.E.U.G.)

diplôme des grandes écoles

diplôme universitaire de technologie (D.U.T.)

brevet de technicien supérieur (B.T.S.)

baccalauréat

baccalauréat de technicien (B.Tn.)

brevet de technicien (B.T.)

certificat d'aptitude professionnelle (C.A.P.)

brevet d'études professionnelles (B.E.P.)

certificat d'aptitude professionnelle (C.A.P.)

certificat d'études professionnelles (C.E.P.)

apprentissage

U.E.R.

grandes écoles et écoles d'ingénieurs

U.E.R.

classes préparatoires

I.U.T.

classes de techniciens supérieurs (lycées techniques)

terminales

premières

secondes

lycées

terminale

1re d'adaptation

2e technique spéciale

L.E.P.

formation en un an

classe préparatoire à l'apprentissage

classe préprofessionnelle

troisièmes

quatrièmes

collèges

3e année

2e année

1re année

L.E.P.

cinquièmes

sixièmes

collèges

cours moyen 2 ans

cours élémentaire 2 ans

cours préparatoire 1 an

enseignement préélémentaire (maternelle) 4 ans

enseignement élémentaire

U.E.R. unité d'enseignement et de recherche   L.E.P. lycée d'enseignement professionnel   I.U.T. institut universitaire de technologie

L'ENSEIGNEMENT EN FRANCE

ENSERRER v. t. Entourer en serrant étroitement.

ENSEVELIR v. t. (lat. *insepelire*). *Litt.* Envelopper un corps mort dans un linceul ou l'enterrer : *ensevelir les morts au cimetière.* ‖ *Litt.* Faire disparaître sous un entassement : *village enseveli sous la neige.* ‖ *Litt.* Cacher, garder secret : *il a enseveli son secret avec lui.* ◆ **s'ensevelir** v. pr. Se retirer, s'enfermer : *s'ensevelir dans la retraite.*

ENSEVELISSEMENT n. m. *Litt.* Action d'ensevelir, de s'ensevelir.

ENSILAGE n. m. Méthode de conservation des produits végétaux qui consiste à les placer dans des silos. ‖ Produit d'alimentation du bétail provenant des fourrages humides conservés en silo et transformés par fermentation lactique.

ENSILER v. t. Mettre dans un silo.

ENSILEUSE n. f. Machine agricole servant à hacher les fourrages verts et à les transporter dans un silo.

ENSIMAGE n. m. *Techn.* Opération consistant à déposer sur les fibres textiles un corps gras pour en faciliter le cardage et la filature.

EN-SOI n. m. *Philos.* Identité du soi avec l'être, par oppos. à POUR-SOI.

ENSOLEILLÉ, E adj. Exposé au soleil : *un*

FONCTIONNEMENT D'UNE ENSILEUSE

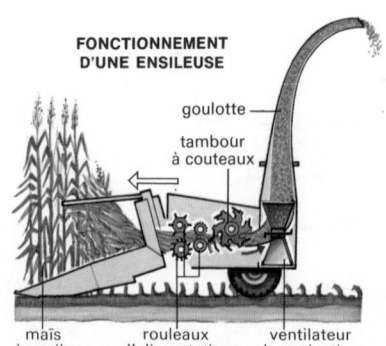

goulotte

tambour à couteaux

maïs à ensiler

rouleaux d'alimentation

ventilateur de projection

appartement ensoleillé. ‖ Où brille le soleil : *une journée ensoleillée.*

ENSOLEILLEMENT n. m. État de ce qui est rempli de la lumière du soleil : *l'ensoleillement d'une vallée.* ‖ *Météor.* Temps pendant lequel un lieu est ensoleillé. (Syn. INSOLATION.)

ENSOLEILLER v. t. Remplir de la lumière du soleil. ‖ *Litt.* Illuminer : *ce succès a ensoleillé toute sa vie.*

ENSOMMEILLÉ, E adj. À demi plongé dans le sommeil; mal réveillé.

ENSORCELANT, E adj. Qui ensorcelle.

ENSORCELER [ɑ̃sɔrsəle] v. t. (de *sorcier*) [conj. **3**]. Exercer sur qqn une influence magique par un sortilège. ‖ Exercer un charme irrésistible sur qqn, séduire.

ENSORCELEUR, EUSE adj. et n. Qui ensorcelle; charmeur, séducteur.

ENSORCELLEMENT n. m. Action d'ensorceler par un sortilège. ‖ Séduction, charme.

ENSOUFRER v. t. Enduire de soufre. ‖ Exposer à la vapeur de soufre.

ENSOUPLE n. f. (lat. *insubulum*). Rouleau sur

lequel on enroule les fils de chaîne d'un tissu et qui alimente le métier à tisser.

ENSUITE adv. Indique une succession dans l'espace ou le temps.

ENSUIVRE (S') v. pr. (lat. *insequi*) [conj. 56]. Suivre, être la conséquence : *le problème était important, une longue discussion s'ensuivit.*

ENTABLEMENT n. m. Partie supérieure d'un ordre d'architecture, superposant en général architrave, frise et corniche. ‖ Couronnement mouluré d'un meuble, d'une porte, d'une fenêtre, etc.

ENTABLURE n. f. Point de rotation des deux lames d'une paire de ciseaux.

ENTACHER v. t. Souiller moralement, porter atteinte à : *entacher l'honneur.* ● *Acte entaché de nullité* (Dr.), qui est vicié pour n'être pas fait dans les formes.

ENTAILLAGE n. m. Action d'entailler.

ENTAILLE n. f. Coupure avec enlèvement de matière, dans une pierre, du bois, etc. ‖ Blessure faite avec un instrument tranchant.

ENTAILLER v. t. Faire une entaille.

ENTAME n. f. Premier morceau que l'on coupe d'un pain, d'un rôti, etc. ‖ Première carte jouée dans une partie.

ENTAMER v. t. (lat. *intaminare*, souiller). Couper, retrancher le premier morceau d'un tout : *entamer un pain.* ‖ Entreprendre, mettre la main à qqch, commencer : *entamer une conversation; entamer des négociations.* ‖ Faire une légère incision, une petite déchirure : *entamer la peau.* ‖ Porter atteinte à, ébranler : *entamer la réputation de qqn, la conviction.*

ENTARTRAGE n. m. État de ce qui est entartré; acte d'entartrer.

ENTARTRER v. t. Encrasser de tartre.

ENTASSEMENT n. m. Action d'entasser; réunion de choses, de personnes.

ENTASSER v. t. Mettre en tas, réunir en grande quantité : *entasser des caisses, des provisions.* ‖ Tasser, serrer dans un lieu trop étroit : *voyageurs entassés.* ‖ Multiplier, accumuler : *entasser les citations.*

ENTE [ãt] n. f. (de *enter*). *Prune d'ente*, variété de prune utilisée pour la préparation des pruneaux.

ENTÉ, E adj. *Hérald.* Se dit de l'écu ou d'une pièce divisés suivant des lignes courbes s'engrenant les unes dans les autres.

ENTÉLÉCHIE [ãteleʃi] n. f. (gr. *entelekheia*). Dans la philosophie d'Aristote, toute réalité parvenue ou en voie de parvenir à son point d'achèvement.

ENTENDANT, E adj. et n. *Mal entendant,* personne atteinte d'un certain degré de surdité.

ENTENDEMENT n. m. *Philos.* Faculté de comprendre, distincte de la sensibilité. ‖ Aptitude à comprendre, bon sens, raisonnement, jugement : *cela dépasse l'entendement.*

ENTENDEUR n. m. *À bon entendeur salut,* que celui qui comprend en fasse son profit.

ENTENDRE v. t. (lat. *intendere*, appliquer son esprit) [conj. 46]. Percevoir par l'ouïe. ‖ Prêter l'oreille à, écouter : *entendre des témoins.* ‖ *Litt.* Comprendre, saisir le sens : *entendre la plaisanterie.* ‖ *Litt.* Vouloir dire, insinuer : *qu'entendez-vous par là?* ‖ *Litt.* Exiger, vouloir, avoir l'intention de : *j'entends que l'on m'obéisse; j'entends partir bientôt.* ● *À l'entendre,* si on l'en croit : *à l'entendre, il sait tout faire.* ‖ *Comme vous l'entendez,* à votre guise. ‖ *Donner à entendre, laisser entendre,* faire entendre, insinuer, laisser croire. ‖ *Entendre la messe,* assister à sa célébration. ‖ *Entendre parler de qqch,* en être informé. ‖ *Entendre raison,* acquiescer à ce qui est juste. ‖ *Ne rien entendre à,* ne pas connaître, ne pas savoir apprécier : *il n'entend rien à la musique.* ◆ **s'entendre** v. pr. Se comprendre, se mettre d'accord, avoir les mêmes idées, sympathiser. ‖ Se connaître à, être habile en : *elle s'y entend en cuisine.* ● *Cela s'entend,* cela va de soi.

ENTENDU, E adj. Convenu, décidé : *c'est une affaire entendue.* ‖ *Litt.* Compétent en qqch : *un homme entendu en affaires.* ● *Bien entendu,*

c'est bien convenu; assurément. ‖ *Entendu!* (Fam.), d'accord. ‖ *Prendre un air entendu,* avoir l'air de comprendre pleinement.

ENTÉNÉBRER v. t. (conj. 5). *Litt.* Plonger dans les ténèbres, assombrir.

ENTENTE n. f. Action de s'entendre, accord : *parvenir à une entente.* ‖ Relations amicales entre des personnes. ‖ Accord entre États, entre groupes, entre producteurs : *politique d'entente.* ● *À double entente,* qu'on peut comprendre de deux façons.

ENTER v. t. (lat. *impotus,* greffe). Greffer : *enter un sauvageon.* ‖ *Techn.* Assembler par une enture deux pièces de bois bout à bout.

ENTÉRALGIE n. f. Douleur intestinale.

ENTÉRINEMENT n. m. Action d'entériner.

ENTÉRINER v. t. (anc. fr. *enterin,* loyal). Rendre valable, consacrer. ‖ Ratifier, donner confirmation à un acte dont la validité dépend de cette formalité.

ENTÉRIQUE adj. Relatif aux intestins.

ENTÉRITE n. f. Inflammation de l'intestin grêle, généralement accompagnée de diarrhée.

ENTÉROBACTÉRIE n. f. Bactérie du tube digestif de l'homme et des animaux.

ENTÉROCOLITE n. f. Inflammation de l'intestin grêle et du côlon.

ENTÉROCOQUE n. m. Microbe (microcoque à Gram positif) de l'intestin. (Normale dans cet organe, la présence d'entérocoques provoque dans d'autres organes des infections de gravité variable.)

ENTÉROKINASE n. f. (gr. *enteron,* intestin, et *kinêsis,* mouvement). Enzyme sécrétée par la muqueuse intestinale, et qui active la sécrétion pancréatique.

ENTÉROPNEUSTE n. m. → BALANOGLOSSE.

ENTÉROVACCIN n. m. Vaccin introduit par la bouche et absorbé par l'intestin.

ENTERREMENT n. m. Action de mettre un mort en terre; inhumation. ‖ Cérémonie qui accompagne la mise en terre. ‖ Convoi funèbre : *voir passer un enterrement.* ‖ Abandon, rejet, renonciation : *enterrement d'une loi.* ● *Avoir une tête, une figure d'enterrement,* avoir l'air sombre, triste.

ENTERRER [ãtere] v. t. Mettre en terre, enfouir. ‖ Mettre en terre, inhumer. ‖ Survivre à : *vieillard qui enterre ses héritiers.* ● *Enterrer un projet,* faire qu'on n'en parle plus; y renoncer. ◆ **s'enterrer** v. pr. Se retirer, s'isoler.

ENTÊTANT, E adj. Qui entête.

EN-TÊTE n. m. (pl. *en-têtes*). Ce qui est imprimé, écrit ou gravé en tête d'une lettre, d'une feuille.

ENTÊTÉ, E adj. et n. Obstiné, têtu, buté.

ENTÊTEMENT n. m. Attachement obstiné à ses idées, à ses goûts, etc.; obstination, ténacité : *son entêtement le perdra.*

ENTÊTER v. t. Faire mal à la tête, causer un étourdissement, en parlant des odeurs : *ce parfum entête.* ◆ **s'entêter** v. pr. [à]. S'obstiner avec une grande ténacité : *il s'entête à refuser.*

ENTHALPIE [ãtalpi] n. f. (gr. *thalpein,* chauffer). Grandeur thermodynamique égale à la somme de l'énergie interne et du produit de la pression par le volume.

ENTHOUSIASMANT, E adj. Qui enthousiasme.

ENTHOUSIASME n. m. (gr. *enthousiasmos,* transport divin). Admiration passionnée, ardeur : *parler d'un auteur avec enthousiasme.* ‖ Exaltation joyeuse, excitation, passion : *pièce écrite dans l'enthousiasme.*

ENTHOUSIASMER v. t. Remplir d'enthousiasme : *enthousiasmer la foule.* ◆ **s'enthousiasmer** v. pr. Se passionner pour qqn, qqch : *ils se sont enthousiasmés pour ce projet.*

ENTHOUSIASTE adj. et n. Qui ressent ou manifeste de l'enthousiasme.

ENTICHEMENT n. m. Attachement excessif.

ENTICHER (S') v. pr. [de] (anc. fr. *entrechier;* de *teche,* tache). S'attacher opiniâtrement à : *s'enticher d'un acteur.*

ENTIER, ÈRE adj. (lat. *integer,* intact). Dont on n'a rien retranché, complet : *il reste un gâteau entier.* ‖ Sans restriction ni altération, absolu : *jouir d'une entière liberté.* ‖ Sans modification : *la question reste entière.* ‖ Catégorique, intransigeant, d'une seule pièce : *caractère entier.* ‖ Qui n'a pas été castré : *cheval entier.* ‖ *Math.* Se dit d'une série dont le terme général dépend d'une variable complexe, $u_n = a_n z^n$, qui converge à l'intérieur d'un cercle de centre O, de rayon R, éventuellement nul ou infini, appelé *rayon de convergence de la série.* ● *Nombre entier,* ou *entier* n. m. (Math.), l'un quelconque des nombres de la suite 0, 1, 2, 3... pris positivement ou négativement.

ENTIER n. m. Totalité : *lisez-le dans son entier.* ● *En entier,* complètement.

ENTIÈREMENT adv. Tout à fait, complètement : *être entièrement d'accord.*

ENTIÈRETÉ n. f. En Belgique, totalité, intégralité.

ENTITÉ n. f. (lat. *ens, entis,* être). Chose considérée comme une individualité : *entité supranationale.* ‖ *Log.* Ce que dénote un symbole. ‖ *Philos.* Ce qui constitue l'essence d'un être. ● *Entité morbide,* affection bien définie.

ENTOILAGE n. m. Action d'entoiler. ‖ Toile pour entoiler.

ENTOILER v. t. Fixer sur une toile : *entoiler une carte.* ‖ Fixer de la toile sur : *entoiler l'empennage d'un planeur.* ‖ Fixer une toile apprêtée à l'intérieur d'un vêtement pour lui donner de la tenue.

ENTÔLAGE n. m. *Arg.* Vol pratiqué par une prostituée aux dépens de son client.

ENTÔLER v. t. *Arg.* Pratiquer l'entôlage.

ENTOLOME n. m. Champignon des bois, à lames roses : *l'entolome livide est vénéneux.* (Classe des basidiomycètes; famille des agaricacées.)

ENTOMOLOGIE n. f. (gr. *entomon,* insecte, et *logos,* science). Partie de la zoologie qui traite des arthropodes et spécialement des insectes.

ENTOMOLOGIQUE adj. Relatif à l'entomologie.

ENTOMOLOGISTE n. Spécialiste d'entomologie.

ENTOMOPHAGE adj. Qui se nourrit d'insectes.

ENTOMOPHILE adj. Se dit des plantes dont la pollinisation est assurée par les insectes.

ENTOMOSTRACÉ [ãtɔmɔstrase] n. m. Crustacé inférieur (daphnie, cyclope, anatife, sacculine, etc.). [Les *entomostracés* constituent une sous-classe.]

ENTONNAGE, ENTONNEMENT n. m., **ENTONNAISON** n. f. Mise en tonneau.

ENTONNER v. t. (de *tonne*). Verser un liquide dans un tonneau.

ENTONNER v. t. Commencer un chant : *entonner le « Te Deum ».* ● *Entonner les louanges de qqn,* le louer.

ENTONNOIR n. m. Ustensile en forme de cône, servant à transvaser des liquides. ‖ Cavité qui va en se rétrécissant, naturelle ou formée par l'explosion d'un obus.

ENTORSE n. f. (anc. fr. *entors,* tordu). Extension violente et déchirure des ligaments articulaires, accompagnée d'un gonflement douloureux, qui atteint particulièrement la cheville. ● *Faire une entorse à qqch,* ne pas s'y conformer, y porter atteinte.

ENTORTILLEMENT ou **ENTORTILLAGE** n. m. Action d'entortiller ou de s'entortiller.

ENTORTILLER v. t. Envelopper en tortillant pour fermer, serrer : *entortiller un bonbon dans du papier.* ‖ Exprimer d'une manière embarrassée : *entortiller ses phrases.* ‖ *Fam.* Séduire par des paroles trompeuses : *entortiller qqn.* ◆ **s'entortiller** v. pr. S'enrouler plusieurs fois autour d'une chose. ‖ S'embrouiller.

ENTOURAGE n. m. Tout ce qui entoure pour orner : *entourage de perles.* ‖ Personnes qui vivent habituellement auprès de qqn : *être contesté par son entourage.*

ENTOURER

ENTOURER v. t. Placer, disposer autour de : *entourer de rouge un mot du texte.* ‖ Être placé autour de : *des murs entourent le jardin.* ‖ Témoigner de la sympathie, des soins à qqn, être auprès de lui. ◆ **s'entourer** v. pr. Mettre, réunir autour de soi : *s'entourer de mystère, de précautions.*

ENTOURLOUPETTE n. f. *Fam.* Mauvais tour joué à qqn.

ENTOURNURE n. f. Syn. de EMMANCHURE. ● *Gêné dans les* (ou *aux*) *entournures* (Fam.), mal à l'aise.

ENTRACTE n. m. Intervalle entre les actes d'une pièce de théâtre, entre les différentes parties d'un spectacle. ‖ Temps de repos.

ENTRAIDE n. f. Aide mutuelle.

ENTRAIDER (S') v. pr. S'aider mutuellement.

ENTRAILLES n. f. pl. (lat. *interanea,* qui est à l'intérieur). Intestins, boyaux. ‖ *Litt.* Sensibilité, cœur : *cette affaire lui a remué les entrailles.* ● *Les entrailles de la terre* (Litt.), les profondeurs de la terre.

ENTR'AIMER (S') v. pr. S'aimer l'un l'autre.

ENTRAIN n. m. Vivacité joyeuse; gaieté charmante, enthousiasme : *la fête manque d'entrain.*

ENTRAÎNABLE adj. Qui peut être entraîné.

ENTRAÎNANT, E adj. Qui entraîne, séduit.

ENTRAÎNEMENT n. m. Action d'entraîner, fait d'être entraîné : *céder à des entraînements.* ‖ Préparation à un sport, à une compétition : *mettre un cheval à l'entraînement; manquer d'entraînement.* ‖ *Mécan.* Dans un mouvement, dispositif permettant de solidariser l'organe qui commande et l'organe commandé.

ENTRAÎNER v. t. Traîner avec soi, tirer après soi : *locomotive qui entraîne un lourd convoi.* ‖ Mettre en mouvement : *moteur qui entraîne une pompe.* ‖ Conduire avec soi, amener de force : *il l'entraîna vers la sortie.* ‖ Préparer à un sport, à un exercice. ‖ Attirer par une pression morale : *entraîner qqn dans une discussion.* ‖ Exercer un effet stimulant (en parlant de la musique). ‖ Occasionner, produire : *la guerre entraîne bien des maux.* ◆ **s'entraîner** v. pr. Se préparer à une compétition, à un exercice, etc.

ENTRAÎNEUR n. m. Celui qui s'occupe de l'entraînement des chevaux, des sportifs, etc. ● *Entraîneur d'hommes,* chef.

ENTRAÎNEUSE n. f. Jeune femme employée dans une boîte de nuit pour engager les clients à danser et à consommer.

ENTRAIT n. m. (anc. fr. *entraire,* attirer). Pièce horizontale d'une ferme dans laquelle sont assemblés les pieds des arbalétriers pour s'opposer à leur écartement et dont les extrémités reposent sur des murs ou sur des poteaux. ● *Entrait retroussé,* entrait placé plus haut que le pied des arbalétriers pour dégager l'espace du comble.

ENTRANT, E n. et adj. Personne qui entre (se dit surtout au pl.) : *les entrants et les sortants.*

ENTR'APERCEVOIR v. t. (conj. 29). Apercevoir à peine.

ENTRAVE n. f. Lien que l'on fixe aux pieds d'un cheval ou d'un autre animal, pour gêner sa marche. ‖ Obstacle, empêchement : *apporter des entraves à l'exercice d'un droit.*

ENTRAVER v. t. (lat. *trabs, trabis,* poutre). Mettre des entraves à un animal. ‖ Gêner, embarrasser dans ses mouvements, dans ses actes : *entraver la marche d'une armée.* ‖ Mettre des obstacles : *entraver une négociation.*

ENTRE prép. (lat. *inter*). Indique un intervalle, une relation, une réciprocité : *entre Paris et Versailles; entre onze heures et midi; entre parents, entre amis.* ‖ Jointe comme préfixe au verbe pronominal, elle indique une action réciproque : *s'entre-déchirer.* ‖ Jointe à certains verbes, elle indique une action faite à moitié : *entrevoir, entrouvrir.*

ENTREBÂILLEMENT n. m. Ouverture laissée par un objet légèrement ouvert.

ENTREBÂILLER v. t. Entrouvrir légèrement.

ENTREBÂILLEUR n. m. Pièce métallique qui limite le mouvement d'une porte lorsque la serrure est ouverte.

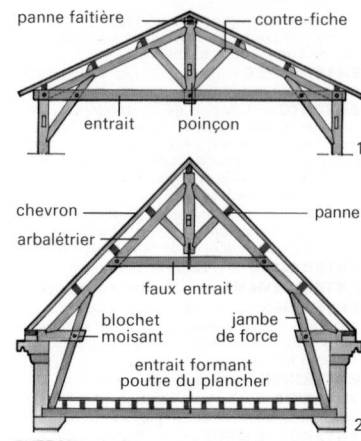

ENTRAIT : 1. dans une ferme à deux pannes ; 2. dans une ferme à entrait relevé.

ENTRE-BANDE n. f. (pl. *entre-bandes*). Chacune des bandes travaillées avec une chaîne de couleur différente aux extrémités d'une pièce d'étoffe.

ENTRECHAT [ɑ̃trəʃa] n. m. (it. [*capriola*] *intrecciata,* [saut] entrelacé). Saut léger et rapide, gambade. ‖ *Chorégr.* Pas appartenant à la petite batterie, et consistant en un saut vertical au cours duquel le danseur fait passer ses pointes baissées l'une devant l'autre, une ou plusieurs fois, avant de retomber au sol. (Les entrechats proprement dits sont numérotés de 3 à 8, et 10; l'entrechat 1 est le soubresaut, l'entrechat 2 le changement de pied.)

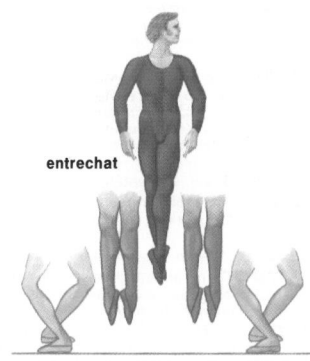

entrechat

ENTRECHOQUEMENT n. m. Choc de choses qui se heurtent.

ENTRECHOQUER v. t. Choquer l'un contre l'autre : *entrechoquer des verres.* ◆ **s'entrechoquer** v. pr. Se heurter : *les mots s'entrechoquaient dans sa tête.*

ENTRECOLONNEMENT n. m. *Archit.* Espacement entre deux colonnes.

ENTRECÔTE n. f. Morceau de viande de bœuf prélevé dans la région des côtes.

ENTRECOUPÉ, E adj. Interrompu, saccadé.

ENTRECOUPER v. t. Interrompre par intervalles : *entrecouper ses paroles de sanglots.*

ENTRECROISEMENT n. m. Disposition des choses qui s'entrecroisent.

ENTRECROISER v. t. Croiser en divers sens, ou à plusieurs reprises.

ENTRECUISSE n. m. Espace entre les cuisses.

ENTRE-DÉCHIRER (S') v. pr. Se déchirer mutuellement. ‖ Médire l'un de l'autre.

ENTRE-DEUX n. m. inv. Partie située au milieu de deux choses; état intermédiaire entre deux extrêmes. ‖ Meuble placé entre deux fenêtres. ‖ Bande de broderie, de dentelle à bords droits, cousue des deux-côtés, ornant un ouvrage de lingerie. ‖ Au basket-ball, jet du ballon par l'arbitre entre deux joueurs, pour la reprise du jeu.

ENTRE-DEUX-GUERRES n. f. ou m. inv. Période située entre 1918 et 1940.

ENTRE-DÉVORER (S') v. pr. Se dévorer mutuellement.

ENTRÉE n. f. Action d'entrer. ‖ Faculté, possibilité d'entrer; accès : *entrée gratuite.* ‖ Endroit par où l'on entre, voie d'accès : *entrée de garage.* ‖ Pièce d'un appartement assurant la communication entre l'extérieur et les autres pièces. (Syn. VESTIBULE.) ‖ Début : *entrée en fonctions.* ‖ Moment où un artiste entre en scène. ‖ *Litt.* Commencement : *à l'entrée de l'hiver.* ‖ Plat servi avant la viande et après le potage ou les hors-d'œuvre. ‖ *Écon.* Accès à une profession, à un secteur de la production. ‖ *Inform.* Opération par laquelle des données sont introduites dans un ordinateur. ‖ *Ling.* Dans un dictionnaire, mot imprimé en gras, faisant l'objet d'un article. ‖ *Mus.* Scène d'un ballet de cour ou d'un opéra-ballet. ● *Avoir ses entrées chez qqn, dans un lieu,* y être reçu.

ENTREFAITES [ɑ̃trəfɛt] n. f. pl. (part. pass. de l'anc. fr. *entrefaire*). *Sur ces entrefaites,* à ce moment-là.

ENTREFENÊTRE n. m. Partie du mur comprise entre deux fenêtres. ‖ Panneau de tapisserie haut et étroit.

ENTREFER n. m. Partie d'un circuit magnétique où le flux d'induction ne circule pas dans le fer.

ENTREFILET n. m. Petit article dans un journal.

ENTREGENT [ɑ̃trəʒɑ̃] n. m. (de *gent*). Habileté, adresse à se conduire, à se faire valoir.

ENTR'ÉGORGER (S') v. pr. (conj. 1). S'égorger, se tuer les uns les autres.

ENTREJAMBE n. m. Partie de la culotte ou du pantalon située entre les jambes. ‖ Espace compris entre les pieds d'un meuble. ‖ Traverse reliant les pieds d'un siège.

ENTRELACEMENT n. m. État de plusieurs choses entrelacées.

ENTRELACER v. t. (conj. 1). Enlacer l'un dans l'autre : *entrelacer des branches.* ◆ **s'entrelacer** v. pr. S'enchevêtrer.

ENTRELACS [ɑ̃trəlɑ] n. m. Ornement composé de lignes entrelacées. (Surtout au pl.)

ENTRELARDÉ, E adj. Mêlé de gras et de maigre : *morceau de bœuf entrelardé.*

ENTRELARDER v. t. Piquer une viande avec du lard. ‖ *Fam.* Mêler, farcir : *entrelarder un discours de citations.*

ENTREMÊLEMENT n. m. Action d'entremêler; état de ce qui est entremêlé.

ENTREMÊLER v. t. Mêler plusieurs choses avec d'autres. ‖ Entrecouper : *paroles entremêlées de silences.* ◆ **s'entremêler** v. pr. Se mélanger.

ENTREMETS [ɑ̃trəmɛ] n. m. Plat sucré que l'on sert après le fromage et avant les fruits.

ENTREMETTEUR, EUSE n. m. *Péjor.* Personne qui s'entremet, qui sert d'intermédiaire dans une intrigue galante. (S'emploie surtout au fém.)

ENTREMETTRE (S') v. pr. (conj. 49). Intervenir activement dans une affaire pour mettre en relation plusieurs personnes, s'interposer : *s'entremettre pour obtenir la grâce de qqn.*

ENTREMISE n. f. Action de s'entremettre; bons offices : *offrir son entremise.* ● *Par l'entremise de,* par l'intermédiaire de.

ENTRE-NŒUD n. m. (pl. *entre-nœuds*). *Bot.* Espace compris entre deux nœuds d'une tige.

ENTREPONT n. m. Espace compris entre deux ponts d'un bateau.

ENTREPOSAGE n. m. Action d'entreposer, de mettre en entrepôt.

ENTREPOSER v. t. Déposer provisoirement

des marchandises dans un entrepôt; mettre en dépôt.

ENTREPOSEUR n. m. Celui qui tient un entrepôt. || Agent préposé à la garde ou à la vente de produits dont l'État a le monopole.

ENTREPOSITAIRE n. et adj. Qui dépose ou reçoit des marchandises dans un entrepôt.

ENTREPÔT n. m. Lieu, magasin où l'on met pour un temps limité des marchandises en dépôt. ● *Entrepôt frigorifique*, bâtiment comportant des chambres froides à parois isolantes, dans lesquelles les denrées sont conservées par le froid.

ENTREPRENANT, E adj. Hardi à entreprendre, plein d'allant : *un homme actif et entreprenant.* || Hardi auprès des femmes.

ENTREPRENDRE v. t. (conj. 50). Commencer à exécuter qqch : *entreprendre un travail.* || *Fam.* Tenter de convaincre, de persuader, de séduire : *entreprendre sur un sujet.*

ENTREPRENEUR, EUSE n. Chef d'une entreprise, et en particulier d'une entreprise spécialisée dans la construction ou les travaux publics. || *Dr.* Celui, celle qui effectue un ouvrage, une fourniture pour un client.

ENTREPRISE n. f. Mise à exécution d'un projet : *échouer dans son entreprise.* || Unité économique de production : *il existe des entreprises privées, publiques, d'économie mixte.*

ENTRER v. i. (lat. *intrare*) [auxil. *être*]. Passer du dehors au dedans, pénétrer : *entrer dans une maison.* || Passer dans une nouvelle situation, un nouvel état : *entrer en convalescence.* || Commencer à participer à : *entrer dans une affaire.* || Commencer à être : *entrer en ébullition.* || S'engager dans une profession, commencer à faire partie d'un groupe : *entrer dans l'enseignement, dans un parti politique.* || Être employé dans la composition ou la confection d'une chose, être un élément de : *les ingrédients qui entrent dans cette crème; ce travail entre dans vos attributions.* ● *Entrer dans le détail,* examiner avec minutie. || *Entrer en matière,* commencer. || *Entrer en religion,* se faire religieux. ◆ v. t. (auxil. *avoir*). *Fam.* Introduire : *entrer des marchandises dans un pays.*

ENTRE-RAIL n. m. (pl. *entre-rails*). Espace compris entre les rails d'une voie ferrée.

ENTRESOL n. m. (esp. *entresuelo;* de *suelo,* sol). Étage entresolé situé entre le rez-de-chaussée et le premier étage. ● *Étage en entresol,* demi-étage non entresolé placé entre le rez-de-chaussée et le premier étage.

ENTRESOLÉ, E adj. Dans un édifice, se dit d'un demi-étage formé par le recoupement d'un étage plus grand.

ENTRETAILLE n. f. Taille légère pratiquée par le graveur entre des tailles plus fortes.

ENTRETAILLER (S') v. pr. Se blesser en se heurtant les jambes l'une contre l'autre, en parlant d'un cheval.

ENTRE-TEMPS adv. (anc. fr. *entretant*). Dans cet intervalle de temps : *entre-temps, il eut un grave accident.*

ENTRETENIR v. t. (conj. 16). Tenir en bon état : *entretenir une maison.* || Pourvoir à la subsistance : *entretenir une famille.* || Faire durer, maintenir dans le même état : *entretenir la paix.* ● *Entretenir qqn de,* causer avec lui sur. || *Se faire entretenir par qqn,* vivre à ses frais. ◆ s'entretenir v. pr. Converser avec qqn : *s'entretenir d'une question.* || Se nourrir de : *elle s'entretient d'espoirs chimériques.*

ENTRETIEN n. m. Action de tenir une chose en bon état, de fournir ce qui est nécessaire à : *l'entretien d'un moteur; les frais d'entretien.* || Service d'une entreprise chargé de maintenir les performances des équipements et des matériels. || Conversation suivie : *solliciter un entretien.*

ENTRE-TISSER v. t. Tisser ensemble.

ENTRETOISE n. f. (anc. fr. *enteser,* ajuster). Étrésillon horizontal placé entre deux pièces parallèles et perpendiculaires à celles-ci.

ENTRETOISEMENT n. m. Action d'entretoiser; ensemble d'entretoises.

ENTRETOISER v. t. Placer des entretoises entre deux pièces.

ENTRE-TUER (S') v. pr. Se tuer l'un l'autre ou les uns les autres.

ENTREVOIE n. f. Espace compris entre deux voies de chemin de fer.

ENTREVOIR v. t. (conj. 36). Ne faire qu'apercevoir. || Connaître, prévoir confusément : *entrevoir la vérité, un malheur.*

ENTREVOUS n. m. Hourdis ou ouvrage de maçonnerie remplissant l'espace entre deux solives; cet espace lui-même.

ENTREVUE n. f. Rencontre concertée entre deux ou plusieurs personnes en vue de traiter une affaire.

ENTRISME n. m. Introduction systématique dans un parti, dans un syndicat, de nouveaux militants venant d'une autre organisation, en vue d'en modifier la ligne politique.

ENTROPIE n. f. (gr. *entropê,* retour). *Phys.* Grandeur qui, en thermodynamique, permet d'évaluer la dégradation de l'énergie d'un système. (L'entropie d'un système caractérise son degré de désordre.) || Dans la théorie de la communication, nombre qui mesure l'incertitude de la nature d'un message donné à partir de celui qui le précède. (L'entropie est nulle quand il n'existe pas d'incertitude.)

ENTROPION [ɑ̃tʀɔpjɔ̃] n. m. Renversement des paupières vers le globe de l'œil.

ENTROQUE n. m. (gr. *en,* dans, et *trokhos,* disque). *Calcaire à entroques* (Géol.), calcaire triasique formé d'éléments de tiges d'encrines.

ENTROUVERT, E adj. Ouvert à demi.

ENTROUVRIR v. t. (conj. 10). Ouvrir en écartant : *entrouvrir les rideaux d'une fenêtre.* || Ouvrir un peu : *entrouvrir une fenêtre.*

ENTUBER v. t. *Pop.* Duper, escroquer.

ENTURE n. f. Assemblage par entailles de deux pièces de bois mises bout à bout.

ÉNUCLÉATION n. f. (lat. *nucleus,* noyau). Extirpation d'un organe après incision : *l'énucléation de l'œil.* || Extraction de l'amande ou du noyau d'un fruit.

ÉNUCLÉER v. t. Extirper par énucléation.

ÉNUMÉRATIF, IVE adj. Qui contient une énumération : *dresser un état énumératif.*

ÉNUMÉRATION n. f. Action d'énumérer.

ÉNUMÉRER v. t. (lat. *enumerare*) [conj. 5]. Énoncer successivement les parties d'un tout, passer en revue : *énumérer ses griefs.*

ÉNUQUER (S') v. pr. En Suisse, se briser la nuque.

ÉNURÉSIE n. f. Émission involontaire d'urine, généralement nocturne, persistant ou apparaissant à un âge où la propreté est habituellement acquise.

ÉNURÉTIQUE adj. et n. Atteint d'énurésie.

ENVAHIR [ɑ̃vair] v. t. (lat. *invadere*). Se répandre dans un pays de manière abusive sur ou dans un lieu, l'occuper entièrement : *la foule envahissait les rues.* || Gagner l'esprit de qqn : *le doute l'envahit.*

ENVAHISSANT, E adj. Qui envahit; importun, indiscret.

ENVAHISSEMENT n. m. Action d'envahir. || Occupation progressive, empiétement : *les envahissements du pouvoir.*

ENVAHISSEUR n. m. Celui qui envahit militairement.

ENVASEMENT n. m. Action d'envaser; état de ce qui est envasé.

ENVASER v. t. Remplir de vase. || Enfoncer dans la vase.

ENVELOPPANT, E adj. Qui enveloppe : *ligne enveloppante.* || Qui charme, captive : *paroles enveloppantes.*

ENVELOPPANTE n. f. *Math.* Courbe qui en enveloppe une autre.

ENVELOPPE n. f. Ce qui sert à envelopper. || Morceau de papier plié de manière à former une pochette, et destiné à contenir une lettre, une carte, etc. || Syn. de PNEUMATIQUE. || *Math.* Courbe fixe à laquelle une courbe plane, mobile dans son plan, reste constamment tangente. || Membrane enveloppant un organe. ● *Enveloppe*

budgétaire, limites du budget à l'intérieur desquelles certains aménagements peuvent être apportés.

ENVELOPPÉ n. m. *Chorégr.* Rotation du corps exécutée de dehors en dedans, en prenant une jambe pour pivot.

ENVELOPPÉE n. f. *Math.* Courbe plane considérée par rapport à son enveloppe.

ENVELOPPEMENT n. m. Action d'envelopper, fait d'être enveloppé.

ENVELOPPER v. t. (anc. fr. *voloper,* envelopper). Couvrir, entourer complètement d'un tissu, d'un papier, d'une matière quelconque : *envelopper des fruits dans du papier.* || Entourer, encercler : *envelopper l'ennemi.* || *Litt.* Entourer comme de qqch qui couvre : *envelopper qqn d'un regard.* || Cacher, déguiser : *envelopper sa pensée sous d'habiles périphrases.*

ENVENIMATION n. f. Introduction de venin dans une plaie à la suite d'une morsure de serpent, d'une piqûre de scorpion, etc.

ENVENIMEMENT n. m. Action d'envenimer, de s'envenimer.

ENVENIMER v. t. (de *en* et *venin*). Provoquer l'infection, infecter : *envenimer une plaie en la grattant.* || Aggraver, exaspérer : *envenimer une discussion.* ◆ s'envenimer v. pr. S'infecter. || Se détériorer : *les relations entre eux deux se sont envenimées.*

ENVERGUER v. t. *Mar.* Fixer à une vergue : *enverguer un voile.*

ENVERGURE n. f. Dimension d'une aile, mesurée perpendiculairement au sens du déplacement de l'avion. || Étendue des ailes déployées d'un oiseau. || Ampleur de l'intelligence, de la volonté : *esprit d'une grande envergure.* || Importance d'une action, ampleur d'un projet : *son entreprise a pris de l'envergure.* || *Mar.* Longueur du côté par lequel une voile est fixée à sa vergue.

ENVERS prép. (de *en* et *vers*). À l'égard de : *loyal envers ses amis.* ● *Envers et contre tous,* en dépit de tout le monde.

ENVERS n. m. L'opposé de l'endroit : *l'envers d'une étoffe.* || Le contraire : *l'envers de la vérité.* || En montagne, versant d'une vallée exposé à l'ombre. (Syn. : OMBRÉE, UBAC.) ● *À l'envers,* du mauvais côté : *mettre ses bas à l'envers;* en dépit du bon sens, en désordre : *toutes ses affaires sont à l'envers.*

ENVI (À L') [ɑ̃vi] loc. adv. (anc. fr. *envier,* provoquer au jeu). *Litt.* Avec émulation, à qui mieux mieux.

ENVIABLE adj. Digne d'envie.

ENVIE n. f. (lat. *invidia*). Sentiment de convoitise à la vue du bonheur, des avantages d'autrui : *faire envie à qqn.* || Désir soudain et vif d'avoir, de faire qqch : *avoir envie d'un bijou; avoir envie de rire.* || Besoin qu'on a le désir de satisfaire : *avoir envie de manger.* || Tache sur la peau présente à la naissance. || Petite pellicule de peau qui se détache près des ongles.

ENVIER v. t. Souhaiter d'avoir ce que l'autre a : *envier la place de qqn; je vous envie d'avoir fini.*

ENVIEUSEMENT adv. Avec envie.

ENVIEUX, EUSE adj. et n. Tourmenté par l'envie.

ENVIRON adv. (anc. fr. *viron,* tour). À peu près : *environ cent personnes.*

ENVIRONNANT, E adj. Qui environne; proche, voisin.

ENVIRONNEMENT n. m. Ce qui entoure. || Ensemble des éléments naturels et artificiels où se déroule la vie humaine. || *Art contemp.* Œuvre faite d'éléments quelconques répartis dans un espace que l'on peut parcourir. (On dit aussi INSTALLATION.) || *Zool.* Ensemble des éléments du milieu qu'un animal peut percevoir.

ENVIRONNEMENTAL, E, AUX adj. Relatif à l'environnement.

ENVIRONNER v. t. Entourer, être disposé autour : *la ville environnée de montagnes; les dangers qui l'environnent.*

ENVIRONS n. m. pl. Lieux qui sont alentour : *les environs de Paris.* ● *Aux environs de,* aux abords de, aux approches de, vers : *aux environs de midi; aux environs de mille francs.*

ENVISAGEABLE adj. Qui peut être envisagé.

ENVISAGER v. t. (conj. **1**). Examiner, considérer, tenir compte : *envisageons cette question.* ‖ Projeter : *envisager de partir.*

ENVOI n. m. Action d'envoyer. ‖ Chose envoyée. ‖ *Littér.* Vers placés à la fin d'une ballade pour en faire hommage à qqn. ● *Coup d'envoi,* dans plusieurs sports, mise en jeu du ballon marquant le début d'une partie. ‖ *Envoi en possession* (Dr.), autorisation, par jugement, d'entrer en possession des biens d'un absent ou d'un défunt.

ENVOL n. m. Action de s'envoler; décollage : *l'envol d'un avion.*

ENVOLÉE n. f. Mouvement oratoire.

ENVOLER (S') v. pr. Prendre son vol, s'enfuir. ‖ Décoller : *l'avion s'envola.* ‖ *Litt.* Passer rapidement : *le temps s'envole.*

ENVOÛTANT, E adj. Qui subjugue : *spectacle envoûtant.*

ENVOÛTEMENT n. m. Action de subjuguer; état de charme mystérieux; fascination. ‖ Opération magique par laquelle on pratique sur une effigie en cire, symbolisant la personne à qui l'on veut nuire, des blessures dont il est censée souffrir elle-même.

ENVOÛTER v. t. (anc. fr. *vout,* image; lat. *vultus*). Séduire comme par magie; subjuguer, exercer un attrait irrésistible. ‖ Pratiquer un envoûtement.

ENVOÛTEUR, EUSE n. Personne qui pratique l'envoûtement.

ENVOYÉ, E n. Personne envoyée quelque part pour y remplir une mission. ● *Envoyé spécial,* journaliste chargé de recueillir sur place des informations.

ENVOYER v. t. (lat. *inviare,* faire route) [conj. **6**]. Faire partir pour une destination : *envoyer un enfant à l'école.* ‖ Faire parvenir, faire porter, expédier : *envoyer une lettre.* ‖ Jeter, lancer : *envoyer une balle, des pierres.* ● *Envoyer les couleurs,* hisser le pavillon national pour lui rendre les honneurs. ‖ *Envoyer promener, paître, coucher* (Fam.), repousser, renvoyer avec rudesse. ‖ *Ne pas envoyer dire,* dire en face, sans ménagement. ◆ **s'envoyer** v. pr. *Pop.* Prendre, absorber : *s'envoyer un verre de vin.*

ENVOYEUR, EUSE n. Personne qui envoie.

ENZOOTIE [ɑ̃zɔɔti ou -si] n. f. Épizootie limitée aux animaux d'une seule localité, frappant une ou plusieurs espèces.

ENZYMATIQUE adj. Relatif aux enzymes; qui se fait par les enzymes.

ENZYME n. f. (Académie) ou m. (gr. *en,* dans, et *zumê,* levain). *Chim.* Substance organique soluble, provoquant ou accélérant une réaction biochimique. (Syn. vieilli DIASTASE.)

ENZYMOLOGIE n. f. Étude des enzymes.

ENZYMOPATHIE n. f. Maladie due à un défaut de production d'une enzyme.

ÉOCÈNE [eɔsɛn] n. m. et adj. (gr. *eôs,* aurore, et *kainos,* récent). *Géol.* Première période de l'ère tertiaire, marquée par la diversification des mammifères et le début de la formation des Alpes.

ÉOLIEN, ENNE adj. (de *Éole*). Relatif au vent. ● *Énergie éolienne,* énergie produite par le vent. ‖ *Érosion éolienne,* érosion du vent, dans les déserts et les régions semi-arides, qui se caractérise par un travail de destruction (déflation et corrasion) et par un travail d'accumulation (dunes). ‖ *Harpe éolienne,* instrument à cordes vibrant au vent.

ÉOLIEN, ENNE adj. et n. De l'Éolie : *dialecte éolien.*

ÉOLIENNE n. f. Moteur actionné par le vent.

ÉOLIPILE ou **ÉOLIPYLE** n. m. Appareil imaginé par Héron d'Alexandrie pour mettre en évidence la force motrice de la vapeur d'eau.

ÉOLITHE n. f. Fragment de pierre façonné par l'action des agents naturels et qui peut ressembler à des pierres travaillées par l'homme.

ÉOSINE [eɔzin] n. f. Matière colorante rouge, dérivée de la fluorescéine.

ÉOSINOPHILE adj. et n. m. Se dit des leucocytes polynucléaires dont le cytoplasme contient des granulations sensibles aux colorants acides comme l'éosine. (Dans le sang humain normal, les éosinophiles forment 2 à 3 p. 100 des leucocytes.)

ÉOSINOPHILIE n. f. *Méd.* Présence excessive d'éosinophiles dans le sang.

ÉPACTE [epakt] n. f. (gr. *epaktai* [*hêmerai*], [jours] intercalaires). Âge de la lune, au 1er janvier, diminué d'une unité, en convenant d'appeler 0 son âge à la nouvelle lune.

ÉPAGNEUL, E n. (esp. *español*). Chien d'arrêt à long poil et à oreilles pendantes, originaire d'Espagne.

ÉPAIR n. m. Aspect du papier apprécié par transparence.

ÉPAIS, AISSE [epɛ, ɛs] adj. (lat. *spissus*). Qui a de l'épaisseur : *une planche épaisse de trois centimètres.* ‖ Massif et trapu : *un petit homme épais.* ‖ Dense, serré, compact, consistant : *brouillard épais; bois épais; encre épaisse.* ‖ Grossier, qui manque de finesse, de pénétration : *plaisanterie épaisse.* ◆ adv. *Il n'y en a pas épais!* (Fam.), il n'y en a pas beaucoup.

ÉPAISSEUR n. f. Troisième dimension d'un solide, les deux autres étant la longueur et la largeur. ‖ La plus petite des dimensions principales d'un corps. ‖ État de ce qui est dense, serré : *l'épaisseur d'un feuillage; l'épaisseur des ténèbres.* ‖ Lourdeur d'esprit, lenteur d'intelligence.

ÉPAISSIR [epɛsir] v. t. Rendre plus épais : *épaissir une sauce.* ◆ v. i. et **s'épaissir** v. pr. Devenir épais, plus large, plus consistant.

ÉPAISSISSANT, E adj. Se dit d'une matière qui épaissit, qui augmente la viscosité.

ÉPAISSISSEMENT n. m. Action d'épaissir, de s'épaissir; résultat de cette action.

ÉPAISSISSEUR n. m. Appareil servant à concentrer un corps en solution.

ÉPAMPRAGE ou **ÉPAMPREMENT** n. m. Action d'épamprer.

ÉPAMPRER v. t. (de *pampre*). Enlever sur un cep de vigne les jeunes pousses inutiles.

ÉPANCHEMENT n. m. Écoulement. ‖ *Méd.* Accumulation de liquide organique : *épanchement de sang.* ‖ Action de s'épancher, effusion de sentiments, de pensées intimes : *doux épanchements.*

ÉPANCHER v. t. (lat. *expandere*). Dire avec sincérité ce qu'on ressent : *épancher son ressentiment.* ◆ **s'épancher** v. pr. Parler avec une entière confiance, décharger son cœur.

ÉPANDAGE n. m. Action d'épandre. ● *Champs*

d'épandage, terrains destinés à épurer les eaux d'égout par filtration à travers les couches du sol.

ÉPANDEUR n. m. Machine utilisée pour l'épandage des engrais.

ÉPANDEUSE n. f. Engin de travaux publics qui répartit régulièrement des matériaux.

ÉPANDRE v. t. (lat. *expandere*) [conj. **46**]. Étendre en dispersant : *épandre des engrais.*

ÉPANNELER v. t. (conj. **3**). *Constr.* Dresser une pierre qui doit être moulurée ou sculptée en lui donnant sa forme approchée.

ÉPANOUIR v. t. (mot francique). Faire ouvrir, en parlant des fleurs : *la chaleur épanouit les roses.* ‖ Rendre joyeux qqn. ◆ **s'épanouir** v. pr. S'ouvrir largement. ‖ Se détendre pleinement : *cet enfant s'épanouit chez ses grands-parents.* ‖ Faire paraître une joie sereine. ‖ Se développer dans toutes ses potentialités.

ÉPANOUISSEMENT n. m. Action de s'épanouir. ‖ Manifestation de joie : *l'épanouissement d'un visage.*

ÉPAR n. m. (mot germ.). Barre servant à fermer une porte.

ÉPARCHIE [eparʃi] n. f. (gr. *eparchia*). Dans l'Empire romain d'Orient, circonscription administrative. ‖ Dans les Églises orientales, subdivision territoriale correspondant au diocèse de l'Église latine.

ÉPARGNANT, E adj. et n. Qui épargne.

ÉPARGNE n. f. Économie dans la dépense. ‖ Fraction du revenu individuel ou du revenu national qui n'est pas affectée à la consommation. ● *Aliments d'épargne,* se dit des aliments (café, thé, kola, coca) qui permettent de manger moins en utilisant les réserves de l'organisme. ‖ *Bassin d'épargne,* bassin attenant à une écluse et destiné à réduire la consommation d'eau à chaque éclusée. ‖ *Caisse d'épargne,* établissement financier qui reçoit (dans la limite d'un plafond) des dépôts en numéraire, dont il capitalise annuellement les intérêts. ‖ *Épargne logement,* octroi de prêt, en vue de l'accession à la propriété, fait aux personnes physiques ayant effectué des dépôts à un compte spécial. ‖ *Poire d'épargne,* variété de poire qui mûrit à la fin du mois de juillet. ‖ *Taille d'épargne,* taille de la surface d'un matériau conduite de façon à former un dessin avec les parties non attaquées (ex. : gravure en relief, surtout xylographie).

ÉPARGNER v. t. (germ. *sparanjan*). Amasser par économie, mettre en réserve, éviter de dépenser : *épargner sou après sou.* ‖ Éviter, dispenser de : *épargnez-moi les explications inutiles.* ‖ Employer avec ménagement : *épargner ses forces.* ‖ Traiter avec ménagement, laisser la vie : *épargner les enfants et les vieillards.* ‖ Ne pas endommager, ne pas détruire : *la sécheresse a épargné cette région.*

ÉPARPILLEMENT n. m. Action d'éparpiller; état de ce qui est éparpillé.

ÉPARPILLER v. t. (lat. pop. *sparpiliare, spargere,* répandre, et *papilio,* papillon). Disperser, répandre de tous côtés : *éparpiller des papiers.* ‖ Employer sans méthode et à des buts divers : *éparpiller son attention.* ◆ **s'éparpiller** v. pr. Se disperser.

ÉPARQUE n. m. Gouverneur d'une éparchie, puis titre donné au préfet de Constantinople.

ÉPARS, E [epar, ars] adj. (lat. *sparsus*). Dispersé, en désordre : *des renseignements épars.*

ÉPARVIN ou **ÉPERVIN** n. m. (mot francique). Tumeur dure au jarret d'un cheval.

ÉPATAMMENT adv. *Fam.* De façon épatante; admirablement : *ça marche épatamment.*

ÉPATANT, E adj. *Fam.* Admirable, formidable, splendide : *un temps, un film épatant.*

ÉPATE n. f. *Faire de l'épate* (Pop.), chercher à épater son entourage.

ÉPATÉ, E adj. *Nez épaté,* court, gros et large.

ÉPATEMENT n. m. État d'un nez épaté. ‖ *Fam.* Stupéfaction, surprise.

ÉPATER v. t. *Fam.* Remplir d'une surprise admirative, se faire remarquer.

ÉPAUFRER v. t. Écraser, écorner par négligence ou accident les arêtes d'un bloc de pierre.

éolienne

Brihat-Rapho

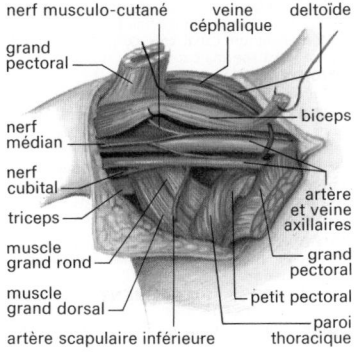

nerf musculo-cutané   veine   deltoïde
céphalique
grand
pectoral
biceps
nerf
médian
nerf
cubital
artère
et veine
triceps
axillaires
muscle
grand rond
grand
pectoral
muscle
grand dorsal
petit pectoral
paroi
thoracique
artère scapulaire inférieure

ÉPAULE

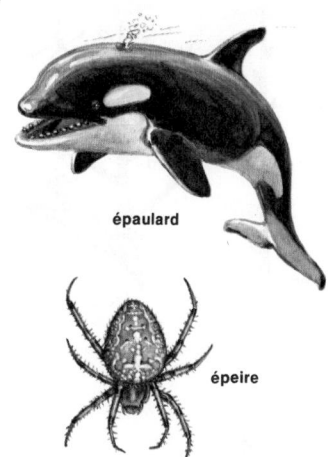

épaulard

épeire

épervier

ÉPAUFRURE n. f. Entaille, brisure sur l'arête d'une pierre de taille ou d'une brique.

ÉPAULARD n. m. Cétacé de l'Atlantique Nord, voisin du marsouin, mesurant de 5 à 9 m de long selon l'espèce. (Très vorace, l'épaulard s'attaque même aux baleines, dont il déchire les lèvres.) [Syn. ORQUE.]

ÉPAULE n. f. (lat. *spathula*, spatule). Articulation de l'humérus avec la ceinture scapulaire. || Partie supérieure du membre supérieur ou antérieur des animaux. ● *Avoir la tête sur les épaules* (Fam.), être sensé. || *Donner un coup d'épaule* (Fam.), venir en aide. || *Par-dessus l'épaule* (Fam.), avec négligence, avec dédain.

ÉPAULÉ n. m. Pour un haltérophile, mouvement qui consiste à amener la barre, en un seul temps, à hauteur d'épaules.

ÉPAULÉ-JETÉ n. m. (pl. *épaulés-jetés*). Mouvement d'haltérophilie qui consiste, après avoir effectué l'épaulé, à soulever, d'une seule détente, la barre à bout de bras.

ÉPAULEMENT n. m. Terrassement protégeant une bouche à feu et ses servants contre les coups latéraux. || Massif ou mur de soutènement. || Partie saillante, sur une face, d'un tenon pour donner de la solidité à l'assemblage. || Brusque changement de section d'une pièce mécanique, destiné à servir d'appui ou de butée. || *Géogr.* Dans une vallée glaciaire, replat qui, à une certaine hauteur des versants, succède aux parois abruptes de la partie inférieure.

ÉPAULER v. t. Appuyer contre l'épaule : *épauler son fusil pour tirer*. || Aider, appuyer : *il a besoin de se sentir épaulé*. || *Constr.* Renforcer un support, à l'opposé de la poussée s'exerçant sur lui, à l'aide d'un massif qui augmente sa base de sustentation. || Établir l'épaulement d'un tenon. || Maintenir une pièce mécanique à l'aide de l'épaulement d'une autre pièce. ◆ v. i. *Cho'égr.* Effacer une épaule en arrière en avançant l'autre vers le public.

ÉPAULETTE n. f. Patte que certains militaires portent sur chaque épaule, et qui sert souvent à désigner leur grade; symbole du grade d'officier. || Bande de tissu étroit retenant un vêtement féminin aux épaules. || Superposition d'ouate qui rembourre les épaules d'un vêtement.

ÉPAULIÈRE n. f. Partie de l'armure couvrant l'épaule.

ÉPAVE n. f. (lat. *expavidus*, épouvanté). Objet abandonné en mer ou rejeté sur le rivage. || Chose égarée dont on ne connaît pas le propriétaire. || Personne tombée dans la misère, complètement désemparée.

ÉPEAUTRE n. m. (lat. *spelta*). Espèce de blé rustique dont le grain adhère fortement à la balle.

ÉPÉE n. f. (lat. *spatha*, mot gr.). Arme faite d'une lame d'acier pointue fixée à une poignée munie d'une garde. || L'une des trois armes de l'escrime, formée d'une lame triangulaire longue de 90 cm (son impact est valable quelle que soit la partie touchée du corps de l'adversaire). ● *Coup d'épée dans l'eau*, effort sans résultat.

|| *Épée de Damoclès*, danger qui peut s'abattre sur qqn d'un moment à l'autre. || *Mettre l'épée dans les reins*, harceler, presser.

ÉPEICHE [epɛʃ] n. f. (all. *Specht*). Oiseau grimpeur du genre *pic*, à plumage blanc et noir sur le dos, rouge sous le ventre, commun dans les bois. (Long. 25 cm.)

ÉPEICHETTE n. f. Espèce de pic à plumage noir et blanc, ne dépassant pas 15 cm de long.

ÉPEIRE [epɛr] n. f. (lat. *epeira*). Araignée à abdomen diversement coloré, qui construit de grandes toiles verticales et régulières dans les jardins, les bois.

ÉPEIROGENÈSE n. f. → ÉPIROGENÈSE.

ÉPEIROGÉNIQUE adj. → ÉPIROGÉNIQUE.

ÉPÉISTE n. Escrimeur à l'épée.

ÉPELER [eple] v. t. (mot francique) [conj. **3**]. Nommer successivement les lettres composant un mot.

ÉPELLATION n. f. Action d'épeler.

ÉPENDYME [epɑ̃dim] n. m. (gr. *epi*, sur, et *enduma*, vêtement). Membrane mince qui tapisse les ventricules cérébraux et le canal central de la moelle épinière.

ÉPENTHÈSE [epɑ̃tɛz] n. f. (gr. *epenthesis*). Apparition d'une voyelle ou d'une consonne non étymologiques au milieu d'un mot : *il y a épenthèse de « b » dans* CHAMBRE, *qui vient du latin « camera »*.

ÉPENTHÉTIQUE adj. Ajouté par épenthèse.

ÉPÉPINER v. t. Enlever les pépins.

ÉPERDU, E adj. (anc. fr. *esperdre*, perdre complètement). Troublé par une violente émotion : *éperdu de joie*. || Vif, violent : *amour éperdu*.

ÉPERDUMENT adv. D'une manière éperdue.

ÉPERLAN n. m. (néerl. *spierlinc*). Poisson marin voisin du saumon, à chair délicate, qui pond au printemps dans les embouchures des fleuves. (Long. 25 cm.)

ÉPÉE

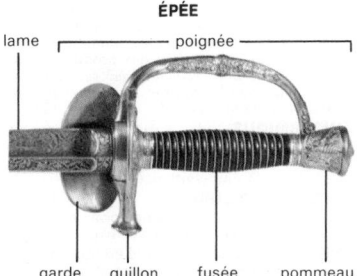

lame   poignée

garde   quillon   fusée   pommeau

ÉPERON n. m. (mot germ.). Tige de métal, terminée par un ergot ou une molette, que le cavalier fixe à la partie postérieure de ses bottes pour piquer son cheval et activer son allure. || Ergot des coqs, des chiens, etc. || *Bot.* Sorte de cornet formé par un pétale ou un sépale, et contenant souvent du nectar. || *Géogr.* Promon-

toire entre deux vallées. || *Mar. anc.* Partie saillante, en avant de la proue d'un navire. || *Fortif.* Ouvrage formant un angle saillant. || *Trav. publ.* Syn. de AVANT-BEC.

ÉPERONNER v. t. Piquer avec l'éperon : *éperonner un cheval*. || Munir d'éperons : *éperonner un coq de combat*. || *Litt.* Exciter, stimuler : *être éperonné par la faim*. ● *Éperonner un navire*, l'aborder par l'étrave.

ÉPERVIER n. m. (mot francique). Oiseau rapace diurne, commun dans les bois, où il chasse les petits oiseaux. (Long. 30 à 40 cm.) || Espèce de filet de pêche de forme conique, garni de plomb, qu'on lance à la main.

ÉPERVIÈRE n. f. Plante herbacée à fleurs jaunes, de la famille des composées.

ÉPERVIN n. m. → ÉPARVIN.

ÉPHÈBE n. m. (gr. *ephêbos*; de *hêbê*, jeunesse). *Antiq. gr.* Adolescent de 18 à 20 ans. || Jeune homme d'une grande beauté (ironiq.).

ÉPHÉBIE n. f. À Athènes, système de formation civique et militaire du soldat-citoyen. (Il touchait les jeunes gens de 18 à 20 ans et durait deux années.)

ÉPHÉDRA n. m. (mot lat.). Arbrisseau à fleurs jaunes et à baies rouges comestibles.

ÉPHÉDRINE n. f. Alcaloïde de l'éphédra, utilisé en oto-rhino-laryngologie pour ses effets vasoconstricteurs.

ÉPHÉLIDE n. f. (gr. *ephêlis*). Petite tache jaunâtre se trouvant à la surface de la peau, habituellement appelée *tache de rousseur*.

ÉPHÉMÈRE adj. (gr. *ephêmeros*). Qui ne vit qu'un jour : *insecte éphémère*. || De très courte durée, fugitif : *bonheur éphémère*.

ÉPHÉMÈRE n. m. Insecte qui, à l'état adulte, ne vit qu'un ou deux jours. (La larve, aquatique, peut vivre plusieurs années. Les éphémères se reconnaissent à leurs trois longs filaments prolongeant l'abdomen.) [Type de l'ordre des *éphéméroptères*.]

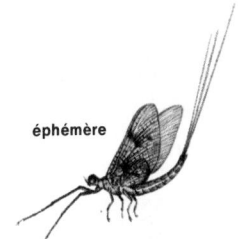

éphémère

ÉPHÉMÉRIDE n. f. (lat. *ephemeris*, du gr. *hêmera*, jour). Livre ou notice qui contient les événements accomplis dans un même jour, à

347

différentes époques. ‖ Calendrier dont on retire chaque jour une feuille. ◆ pl. *Astron.* Tables donnant pour chaque jour de l'année les valeurs de certaines grandeurs astronomiques variables, en particulier celles des coordonnées des planètes, de la Lune et du Soleil.

ÉPHOD [efɔd] n. m. (mot hébr.). Pièce du vêtement sacerdotal chez les Hébreux.

ÉPHORAT n. m., ou **ÉPHORIE** n. f. Charge, dignité d'éphore.

ÉPHORE n. m. (gr. *ephoros*). *Antiq. gr.* Magistrat de Sparte élu annuellement. (Les éphores étaient cinq et exerçaient un pouvoir de contrôle dans le domaine de la politique, de la justice, des finances et de l'administration. Ils ont été supprimés en IIIᵉ s. av. J.-C.)

ÉPI n. m. (lat. *spica*, pointe). Inflorescence dans laquelle les fleurs, sans pédoncules, sont insérées le long d'un axe principal. ‖ Mèche de cheveux, de poils qui poussent en sens contraire de celui des autres. ‖ Cloison mobile dressée perpendiculairement au mur, dans une salle d'exposition, afin de protéger la surface utilisable. ‖ *Trav. publ.* Ouvrage léger établi perpendiculairement à la berge d'un cours d'eau, au littoral, pour entraver l'érosion. ● *Appareil en épi,* appareil dont les éléments sont posés obliquement et dont les joints sont, d'une assise sur l'autre, alternativement dans un sens et dans l'autre. ‖ *En épi,* se dit d'objets, de véhicules disposés parallèlement les uns aux autres, mais en oblique. ‖ *Épi de faîtage,* ornement vertical en métal ou en céramique, décorant un point de la crête d'un toit.

ÉPIAGE n. m., ou **ÉPIAISON** n. f. Développement de l'épi dans les céréales; époque de cette apparition.

ÉPIAIRE n. m. Genre de labiacées dont une espèce, le *crosne du Japon*, est cultivée comme alimentaire (nom scientifique *stachys*).

ÉPICANTHUS n. m. Repli cutané siégeant à l'angle interne de l'œil.

ÉPICARPE n. m. (gr. *epi*, sur, et *karpos*, fruit). *Bot.* Pellicule qui recouvre le fruit, appelée couramment la «peau» du fruit.

ÉPICE n. f. (lat. *species*, substance). Substance aromatique d'origine végétale (clou de girofle, noix muscade, gingembre, etc.) pour l'assaisonnement des mets.

ÉPICÉ, E adj. Au goût relevé des épices : *un plat très épicé.* ‖ Qui contient des traits égrillards, grivois : *un récit épicé.*

ÉPICÉA [episea] n. m. (lat. *picea*, pin). Arbre voisin du sapin, mais beaucoup plus commun, au tronc roux, aux aiguilles vertes, aux cônes pendants. (On l'exploite pour sa résine et son bois, et on l'utilise fréquemment comme «arbre de Noël». Il peut atteindre 50 m de haut.)

ÉPICÈNE [episɛn] adj. (gr. *epikoinos*, commun). *Ling.* Se dit des noms communs aux deux sexes, tels que *enfant, aigle, caille,* etc.

ÉPICENTRE n. m. (gr. *epi,* sur, et *centre*). Point de la surface terrestre où un séisme a été le plus intense.

ÉPICER v. t. (conj. 1). Assaisonner avec des épices. ‖ Relever de traits égrillards.

ÉPICERIE n. f. Ensemble de denrées de consommation courante (épices, sucre, café, etc.). ‖ Commerce, magasin de l'épicier.

ÉPICIER, ÈRE n. Commerçant vendant en gros ou en détail des comestibles, des épices, du sucre, du café, des boissons, etc.

ÉPICONDYLE n. m. Apophyse de l'extrémité inférieure de l'humérus.

ÉPICONDYLITE n. f. Inflammation des tendons des muscles qui s'insèrent sur l'épicondyle. (Syn. TENNIS-ELBOW.)

ÉPICONTINENTAL, E, AUX adj. Se dit des mers ou océans qui recouvrent le plateau continental.

ÉPICRÂNIEN, ENNE adj. *Anat.* Qui entoure le crâne : *aponévrose épicrânienne.*

ÉPICURIEN, ENNE adj. et n. D'Épicure et de ses disciples. ‖ Qui recherche son seul plaisir.

ÉPICURISME n. m. Doctrine d'Épicure et des épicuriens.

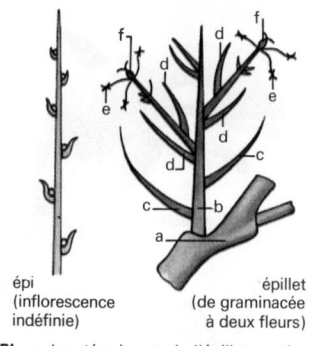

épi   épillet
(inflorescence   (de graminacée
indéfinie)   à deux fleurs)

ÉPI : *a,* bractée; *b,* axe de l'épillet; *c,* glume; *d,* glumelle; *e,* étamine; *f,* gynécée.

épicéa

écaille
avec   cône
graines

ÉPICYCLOÏDAL, E, AUX adj. Relatif à l'épicycloïde. ● *Train épicycloïdal,* train d'engrenages dont certains axes peuvent eux-mêmes tourner autour de l'arbre qui les commande.

ÉPICYCLOÏDE n. f. *Math.* Courbe décrite par un point d'une courbe mobile qui roule sans glisser sur une courbe fixe. ‖ Courbe décrite par un point d'un cercle mobile roulant sans glisser sur un cercle fixe et qui peut être soit intérieur, soit extérieur au cercle mobile.

ÉPIDÉMIE n. f. (gr. *epi,* sur, et *dêmos,* peuple). Atteinte simultanée d'un grand nombre d'individus d'un pays ou d'une région par une maladie particulière, comme la grippe, le choléra, la fièvre typhoïde, etc. (L'*épidémie* diffère de l'*endémie* en ce que la première est un état aigu accidentel et la seconde un état constant ou périodique.)

ÉPIDÉMIOLOGIE n. f. Étude des facteurs déterminant la fréquence et la distribution des maladies dans les populations humaines.

ÉPIDÉMIQUE adj. Qui tient de l'épidémie : *maladie épidémique.* ‖ Qui se répand à la façon d'une épidémie, contagieux, communicatif : *enthousiasme épidémique.*

ÉPIDERME n. m. (gr. *epi,* sur, et *derma,* peau). Membrane épithéliale formant la zone externe de la peau, dont la couche superficielle est cornée et desquamée. (Poils, plumes, cornes, ongles, griffes, sabots sont des productions de l'épiderme.) ‖ *Bot.* Pellicule qui recouvre les feuilles ainsi que les tiges et les racines jeunes. ● *Avoir l'épiderme sensible,* être susceptible.

ÉPIDERMIQUE adj. Relatif à l'épiderme. ● *Réaction épidermique,* attitude d'une personne qui réagit vivement et immédiatement à une critique, à une contrariété.

ÉPIDERMOMYCOSE n. f. Affection due au développement d'un champignon microscopique, parasite, sur la peau. (V. MYCOSE.)

ÉPIDIASCOPE n. m. Appareil éducatif de projection par réflexion et transparence.

ÉPIDIDYME n. m. (gr. *epi,* sur, et *didumos,* testicule). *Anat.* Corps allongé flanquant le testicule et contenant un canal très contourné qu'empruntent les spermatozoïdes.

ÉPIDIDYMITE n. f. Atteinte infectieuse, aiguë ou chronique, de l'épididyme.

ÉPIDOTE n. f. Silicate hydraté naturel d'aluminium, de calcium et de fer, que l'on rencontre dans les roches faiblement métamorphiques.

ÉPIDURAL, E, AUX adj. Situé autour de la dure-mère, entre celle-ci et le canal rachidien osseux.

ÉPIER v. i. Se former en épi.

ÉPIER v. t. (mot francique). Observer secrètement et attentivement : *épier les allées et venues de qqn.*

ÉPIERRAGE ou **ÉPIERREMENT** n. m. Action d'épierrer un terrain.

ÉPIERRER v. t. Ôter les pierres d'un jardin, d'un champ, etc.

ÉPIERREUSE n. f., ou **ÉPIERREUR** n. m. Machine utilisée pour débarrasser un produit agricole des petites pierres qu'il peut contenir.

ÉPIEU n. m. (mot francique). Gros et long bâton garni de fer, et employé pour chasser.

ÉPIEUR, EUSE n. Celui, celle qui épie.

ÉPIGASTRE n. m. (gr. *epi,* sur, et *gastêr,* ventre). Partie supérieure de l'abdomen, comprise entre l'ombilic et le sternum.

ÉPIGASTRIQUE adj. De l'épigastre.

ÉPIGÉ, E [epiʒe] adj. (gr. *epi,* sur, et *gê,* terre). *Bot.* Se dit d'un mode de germination dans lequel la croissance de la tigelle porte les cotylédons au-dessus du sol, comme chez le haricot.

ÉPIGENÈSE n. f. (gr. *epi,* sur, et *genesis,* formation). *Biol.* Théorie qui admet que l'embryon se constitue graduellement dans l'œuf par formation successive de parties nouvelles.

ÉPIGÉNIE n. f. *Géomorphol.* Syn. vieilli de SURIMPOSITION. ‖ *Minér.* Dans une roche, remplacement d'un minéral par une autre.

ÉPIGLOTTE n. f. (gr. *epi,* sur, et *glôtta,* langue). Languette cartilagineuse qui ferme la glotte pendant la déglutition.

ÉPIGONE n. m. (gr. *epigonos,* descendant). *Litt.* Successeur, disciple sans originalité personnelle.

ÉPIGRAMMATIQUE adj. Qui tient de l'épigramme.

ÉPIGRAMME n. f. (gr. *epigramma,* inscription). Petite pièce de vers qui se termine par un trait, généralement satirique. ‖ Mot jeté dans la conversation ou dans un écrit, et qui exprime une critique vive, une raillerie mordante. ● *Épigramme d'agneau,* côtelette ou poitrine d'agneau parée.

ÉPIGRAPHE n. f. (gr. *epigraphê,* inscription). Inscription sur un édifice pour indiquer sa date, la dédicace, l'intention des constructeurs, etc. ‖ Citation d'un auteur, en tête d'un livre, d'un chapitre, pour en résumer l'objet ou l'esprit.

ÉPIGRAPHIE n. f. Science auxiliaire de l'histoire qui a pour objet l'étude des inscriptions sur matières durables (pierre, métal, bois).

ÉPIGRAPHIQUE adj. Qui concerne l'épigraphie.

ÉPIGRAPHISTE n. Spécialiste d'épigraphie.

ÉPIGYNE [epiʒin] adj. et n. f. (gr. *gunê,* femelle). *Bot.* Se dit d'une pièce florale insérée au-dessus de l'ovaire, et d'une fleur où le périanthe et l'androcée sont insérés au-dessus de l'ovaire, alors qualifié d'*infère.*

ÉPILATION n. f. Action d'épiler.

ÉPILATOIRE adj. Qui sert à épiler. (Syn. DÉPILATOIRE.)

ÉPILEPSIE n. f. (gr. *epilêpsia,* attaque). État caractérisé par la survenue de crises convulsives paroxystiques, correspondant à l'excitation simultanée d'un groupe ou de la totalité des cellules cérébrales.

■ Le *petit mal* est un type d'épilepsie touchant les enfants, où prédominent les absences. Le *grand mal* est une forme d'épilepsie faite de crises convulsives généralisées à tout le corps et s'accompagnant d'une chute avec perte de conscience, miction involontaire et morsure de la langue. Les antiépileptiques, à condition d'être pris régulièrement et de façon prolongée, font disparaître les manifestations cliniques d'épilepsie. L'épilepsie peut avoir une cause lésionnelle (cicatrice cérébrale, malformation du système nerveux), ou être sans cause décelable.

ÉPILEPTIFORME adj. Qui ressemble à une attaque d'épilepsie.

ÉPILEPTIQUE adj. et n. Qui relève de l'épilepsie, qui y est sujet.

ÉPILEPTOÏDE adj. et n. Se dit d'un sujet ayant tendance aux réactions impulsives et violentes.

ÉPILER v. t. (lat. *pilus*, poil). Arracher les poils avec une pince ou les supprimer à l'aide d'un dépilatoire.

ÉPILLET n. m. (de *épi*). Chacun des épis secondaires dont la réunion forme un épi.

ÉPILOBE n. m. (gr. *epi*, sur, et *lobos*, lobe). Genre de plantes à fleurs pourpres, communes en France dans les endroits humides. (Famille des onagrariacées.)

ÉPILOGUE n. m. (gr. *epilogos*, péroraison). Conclusion d'un ouvrage littéraire. ‖ Ce qui termine une aventure, une histoire.

ÉPILOGUER v. i. [**sur**]. Faire des commentaires sur toutes choses, critiquer.

ÉPIMAQUE n. m. Sorte de paradisier de la Nouvelle-Guinée.

ÉPINARD n. m. (ar. *isbinâkh*). Plante potagère dont on consomme les feuilles. (Famille des chénopodiacées.) ◆ pl. Feuilles d'épinard comestibles. ● *Mettre du beurre dans les épinards*, améliorer ses revenus, la situation.

ÉPINCER v. t. (conj. 1). *Bot.* Supprimer entre deux sèves les bourgeons qui ont poussé sur un arbre.

ÉPINCETER (conj. 4), **ÉPINCELER** (conj. 3), **ÉPINCER** (conj. 1) v. t. Enlever les nœuds et les corps qui restent à la surface des étoffes de laine.

ÉPINE n. f. (lat. *spina*). Excroissance dure et pointue sur certains végétaux. ‖ Arbrisseau épineux. ● *Épine dorsale*, colonne vertébrale. ‖ *Épine irritative*, phénomène qui entretient un processus pathologique. ‖ *Tirer, enlever une épine du pied*, débarrasser d'un souci.

ÉPINETTE n. f. Petit clavecin. ‖ Cage utilisée autrefois pour engraisser les volailles. ‖ Au Canada, épicéa.

ÉPINEURIEN, ENNE adj. et n. m. Animal dont le système nerveux est dorsal (vertébré et procordé). [Contr. HYPONEURIEN.]

ÉPINEUX, EUSE adj. (lat. *spinosus*). Couvert d'épines. ‖ Plein de difficultés, embarrassant, délicat. ● *Apophyse épineuse*, apophyse postérieure des vertèbres, faisant saillie sous la peau.

ÉPINE-VINETTE n. f. (pl. *épines-vinettes*). Arbrisseau épineux à fleurs jaunes et baies rouges, et qui héberge, pendant une partie de son cycle de développement, un champignon déterminant sur les céréales la maladie appelée *rouille*. (Famille des berbéridacées.)

ÉPINGLAGE n. m. Action d'épingler.

ÉPINGLE n. f. (lat. *spinula*). Petite tige métallique, garnie d'une tête à l'une des extrémités et terminée par une pointe à l'autre. ‖ Bijou en forme d'épingle plus ou moins ornée. ● *Chercher une épingle dans une meule (une botte) de foin*, chercher une chose introuvable. ‖ *Coup d'épingle*, petite méchanceté. ‖ *Épingle à cheveux*, petite tige recourbée à deux branches, avec laquelle les femmes fixent leurs cheveux. ‖ *Épingle de sûreté, épingle de nourrice* ou *épingle anglaise*, petite tige recourbée formant ressort, dont la pointe est protégée et maintenue par un crochet plat. ‖ *Monter en épingle* (Fam.), mettre en évidence, donner une importance excessive à. ‖ *Tiré à quatre épingles*, habillé soigneusement. ‖ *Tirer son épingle du jeu*, se tirer adroitement d'une affaire délicate. ‖ *Virage en épingle à cheveux*, virage très serré d'une route qui repart brusquement dans le sens opposé.

épinard

ÉPINGLÉ, E adj. et n. m. Se dit de certaines étoffes à cannelures : *velours épinglé*.

ÉPINGLER v. t. Attacher, fixer avec des épingles : *épingler un papillon*. ‖ *Fam.* Arrêter, faire prisonnier.

ÉPINGLETTE n. f. Aiguille qui servait autref. à déboucher la lumière des armes à feu. ‖ Ancien insigne des meilleurs tireurs.

ÉPINGLIER, ÈRE n. Personne qui fabrique des épingles.

ÉPINIER n. m. *Véner.* Fourré d'épines.

ÉPINIÈRE adj. f. *Moelle épinière*, v. MOELLE.

ÉPINOCHE n. f. (de *épine*). Petit poisson marin ou d'eau douce, portant des épines sur le dos. (L'épinoche d'eau douce atteint 8 cm de long, et le mâle construit sur le fond un nid où il surveille les œufs.)

ÉPINOCHETTE n. f. Petite épinoche (long. 6 cm) des ruisseaux.

ÉPIPALÉOLITHIQUE adj. et n. m. Se dit d'une période préhistorique faisant suite au paléolithique à partir de l'holocène, caractérisée par un développement de l'outillage microlithique sans abandon de l'économie de prédation et s'opposant ainsi au mésolithique.

ÉPIPÉLAGIQUE adj. Se dit de la zone océanique recouvrant le plateau continental (jusqu'à 250 m de profondeur).

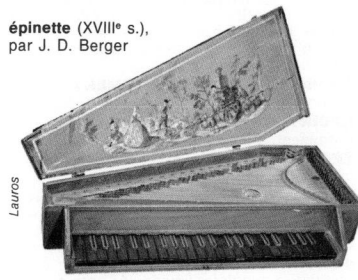
épinette (XVIIIe s.), par J. D. Berger

Larousse

ÉPIPHANIE n. f. (gr. *epiphaneia*, apparition). Fête chrétienne célébrant la manifestation du Christ aux païens, figurée dans l'Évangile par l'épisode des Rois mages. (Elle est appelée pour cette raison *jour* ou *fête des Rois*.)

ÉPIPHÉNOMÈNE n. m. *Philos.* Phénomène qui vient s'ajouter à un autre sans le modifier. ‖ Phénomène accessoire qui s'ajoute à l'essentiel dont il dépend.

ÉPIPHÉNOMÉNISME n. m. Théorie philosophique selon laquelle la conscience se surajoute aux phénomènes physiologiques, sans les influencer.

ÉPIPHÉNOMÉNISTE adj. et n. Qui relève de l'épiphénoménisme.

ÉPIPHYSE n. f. (gr. *epi*, sur, et *phusis*, croissance). Extrémité d'un os long, contenant de la moelle rouge. ‖ Glande attenante au plafond du diencéphale. (Syn. ancien : GLANDE PINÉALE.)

ÉPIPHYSITE n. f. Inflammation de l'extrémité (épiphyse) des os chez l'enfant et l'adolescent. (L'épiphyse supérieure du fémur et les vertèbres sont les plus souvent touchées.)

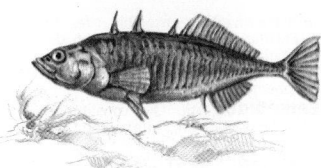
épinoche

épiphyte

ÉPIPHYTE adj. et n. m. (gr. *epi*, sur, et *phuton*, plante). Se dit d'un végétal fixé sur un autre, mais non parasite, comme certaines orchidacées équatoriales des arbres.

ÉPIPHYTIE [epifiti] n. f. Maladie contagieuse ravageant localement ou régionalement une espèce végétale.

ÉPIPLOON [epiplɔɔ] n. m. (mot gr., *flottant*). *Anat.* Nom donné à deux replis du péritoine : le *grand épiploon*, qui relie l'estomac au côlon transverse, et le *petit épiploon*, qui relie le foie à l'estomac. (Ils peuvent se charger d'une grande quantité de graisse dans les cas d'obésité.)

ÉPIQUE adj. (gr. *epikos*). Propre à l'épopée, digne de l'épopée. ‖ Extraordinaire, mémorable : *discussion épique*. ● *Théâtre épique*, forme dramatique définie par B. Brecht, par opposition au théâtre occidental traditionnel, et qui invite le spectateur non plus à s'identifier à un héros ou à s'abandonner à une action, mais à porter un regard critique sur un spectacle qui se veut un modèle pratique du monde réel qu'il appelle à transformer.

ÉPIROGENÈSE ou **ÉPEIROGENÈSE** n. f. (gr. *êpeiros*, continent). *Géol.* Soulèvement ou affaissement d'ensemble d'un grand compartiment de l'écorce terrestre.

ÉPIROGÉNIQUE ou **ÉPEIROGÉNIQUE** adj. Relatif à l'épirogenèse.

ÉPIROTE adj. et n. De l'Épire.

ÉPISCLÉRITE n. f. Inflammation superficielle de la sclérotique, se manifestant par une rougeur légèrement saillante du blanc de l'œil.

ÉPISCOPAL, E, AUX adj. Qui appartient à l'évêque : *palais épiscopal*.

ÉPISCOPALIEN, ENNE adj. et n. Partisan de l'épiscopalisme. ◆ adj. Se dit des Églises réformées qui ont gardé la hiérarchie épiscopale.

ÉPISCOPALISME n. m. Théorie selon laquelle l'assemblée des évêques est supérieure au pape.

ÉPISCOPAT n. m. (lat. *episcopus*, évêque). Dignité d'évêque; durée de cette fonction. ‖ Ensemble des évêques.

ÉPISCOPE n. m. (gr. *epi*, sur, et *skopein*, regarder). Appareil servant à la projection sur écran, par réflexion, d'objets opaques. ‖ Instrument d'optique permettant d'observer le terrain de l'intérieur d'un véhicule blindé de combat.

ÉPISIOTOMIE n. f. Section de la vulve et des muscles du périnée, que l'on pratique lors de certains accouchements pour faciliter le passage de la tête de l'enfant.

ÉPISODE n. m. (gr. *epeisodion*, accessoire). Circonstance appartenant à une série d'événements formant un ensemble : *les épisodes de la Révolution française.* ‖ Division d'une action dramatique : *feuilleton en plusieurs épisodes.* ‖ Action incidente, liée à l'action principale, dans un poème, un roman, etc.

ÉPISODIQUE adj. Qui constitue un simple épisode; secondaire, intermittent : *rôle épisodique; séjour épisodique.*

ÉPISODIQUEMENT adv. De façon épisodique.

ÉPISOME n. m. Particule cellulaire du cytoplasme, porteuse d'information génétique.

ÉPISSER v. t. (néerl. *splissen*). Assembler deux cordages ou deux câbles en entrelaçant les torons qui les composent.

ÉPISSOIR n. m., ou **ÉPISSOIRE** n. f. Poinçon pour écarter les torons des cordages à épisser.

ÉPISSURE n. f. Réunion de deux cordages ou de deux câbles électriques par entrelacement des torons qui les composent.

ÉPISTASIE n. f. *Biol.* Dominance d'un gène sur tout autre gène non allèle.

ÉPISTAXIS [epistaksis] n. f. (gr. *epi*, sur, et *staxis*, écoulement). *Méd.* Saignement de nez.

ÉPISTÉMÉ n. f. (mot gr., *science*). *Philos.* Configuration du savoir, à une époque historique donnée, qui rend possibles les diverses formes de science.

ÉPISTÉMOLOGIE n. f. (gr. *epistêmê*, science, et *logos*, étude). Étude critique du développement, des méthodes et des résultats des sciences. ● *Épistémologie génétique*, théorie de la connaissance scientifique, développée par J. Piaget, fondée sur l'analyse du développement même de cette connaissance chez l'enfant, et sur celle de la constitution du système de notions utilisées par une science particulière au cours de son histoire.

■ Née au XIXᵉ s., l'épistémologie est d'abord une philosophie de la science qui prétend énoncer la valeur et garantir le fondement de vérité de la science. Aujourd'hui, elle étudie davantage la vie interne des sciences pour analyser ses procédés opératoires. L'épistémologie est historique, car elle tient compte des étapes du développement des sciences, et régionale dans la mesure où elle examine les méthodes propres à chaque science.

ÉPISTÉMOLOGIQUE adj. Qui concerne l'épistémologie.

ÉPISTÉMOLOGISTE ou **ÉPISTÉMOLOGUE** n. Spécialiste d'épistémologie.

ÉPISTOLAIRE adj. (lat. *epistola*, lettre). Qui concerne les lettres, la correspondance. ● *Roman épistolaire*, roman dont l'action se développe dans une correspondance échangée par les personnages.

ÉPISTOLIER, ÈRE n. Personne qui écrit beaucoup de lettres à caractère littéraire (vx).

ÉPITAPHE n. f. (gr. *epi*, sur, et *taphos*, tombe). Inscription sur un tombeau.

ÉPITAXIE n. f. Phénomène d'orientation mutuelle de cristaux de substances différentes, dû à des analogies étroites dans l'arrangement des atomes des faces communes.

ÉPITHALAME n. m. (gr. *epi*, sur, et *thalamos*, chambre à coucher). *Littér.* Poème lyrique composé à l'occasion d'un mariage.

ÉPITHÉLIAL, E, AUX adj. Qui appartient à l'épithélium.

ÉPITHÉLIALISATION n. f. Reconstitution de l'épithélium au-dessus du tissu conjonctif, au cours de la cicatrisation.

ÉPITHÉLIOMA n. m. Tumeur maligne constituée à partir du tissu épithélial.

ÉPITHÉLIONEURIEN n. m. Animal qui, comme les échinodermes, a un système nerveux superficiel.

ÉPITHÉLIUM [epiteljɔm] n. m. (gr. *epi*, sur, et *thêlê*, mamelon). *Histol.* Tissu formé d'une ou de plusieurs couches de cellules jointives et recouvrant le corps, les cavités internes, les organes, comme par exemple l'épiderme.

ÉPITHÈTE n. f. (gr. *epitheton*, qui est ajouté). Mot ou expression employés pour qualifier qqn

ou qqch : *épithète injurieuse.* ◆ n. f. et adj. Fonction d'un adjectif qualificatif se rapportant directement au nom sans l'intermédiaire d'un verbe (par oppos. à ATTRIBUT).

ÉPITOGE n. f. (gr. *epi*, sur, et lat. *toga*, toge). Bande d'étoffe distinctive que les professeurs, les magistrats, les avocats en robe portent sur l'épaule.

ÉPITOMÉ n. m. (mot gr., *abrégé*). Abrégé d'un livre, particulièrement d'un livre d'histoire.

ÉPÎTRE n. f. (lat. *epistola*). Lettre écrite par un auteur ancien. ‖ *Littér.* Lettre en vers. ‖ *Litt.* Lettre : *écrire à un ami une épître chaleureuse.* ‖ Passage de l'Écriture sainte, et surtout des lettres des Apôtres, qui est lu à la messe avant l'évangile. ● *Épître dédicatoire*, lettre par laquelle on dédie un livre à qqn.

ÉPIZOOTIE [epizɔɔti ou -si] n. f. (gr. *zôotês*, nature animale). Maladie contagieuse qui atteint un grand nombre d'animaux.

ÉPIZOOTIQUE adj. Relatif à l'épizootie.

ÉPLORÉ, E adj. (lat. *plorare*, pleurer). Qui est tout en pleurs, désolé, accablé de chagrin.

ÉPLUCHAGE n. m. Action d'éplucher.

ÉPLUCHER v. t. Ôter la peau, les parties non comestibles ou moins bonnes d'un légume, d'un fruit : *éplucher des oignons, des oranges, des haricots.* ‖ Enlever les bourres des étoffes : *éplucher un drap.* ‖ Rechercher minutieusement ce qu'il y a de répréhensible dans : *éplucher la conduite de qqn.* ‖ Lire attentivement un texte afin d'y découvrir un détail qu'on cherche.

ÉPLUCHETTE n. f. Au Canada, fête organisée à l'occasion de la récolte du maïs.

ÉPLUCHEUR, EUSE n. Personne qui épluche.

ÉPLUCHEUR adj. et n. m. Couteau spécial à lame courte et pointue pour gratter, éplucher les légumes.

ÉPLUCHEUSE n. f. Appareil ménager pour éplucher les légumes, projetés par un mouvement rotatif sur une râpe ou un abrasif.

ÉPLUCHURE n. f. Déchet qu'on enlève en épluchant : *balayer les épluchures.*

ÉPODE n. f. (gr. *epi*, sur, et *ôdê*, chant). *Littér. anc.* Couplet lyrique formé de deux vers inégaux. ‖ Dans les chœurs de tragédies, partie lyrique qui se chantait après la strophe et l'antistrophe. ‖ Nom donné à de petits poèmes satiriques d'Horace.

ÉPOINTAGE ou **ÉPOINTEMENT** n. m. Action d'épointer.

ÉPOINTER v. t. Casser ou user la pointe d'un instrument, d'un outil.

ÉPOISSES n. f. Fromage de lait de vache, fabriqué en Bourgogne.

ÉPONGE n. f. (lat. *spongia*). Nom usuel des *spongiaires.* ‖ Substance cornée, légère et poreuse, constituant le squelette de certains spongiaires des mers chaudes, et employée à différents usages domestiques à cause de sa propriété à retenir les liquides. ‖ Chose d'aspect analogue à l'éponge : *éponge de caoutchouc; éponge métallique.* ● *Éponge végétale*, v. LUFFA. ‖ *Jeter l'éponge* (Sports), abandonner la partie. ‖ *Passer l'éponge sur*, pardonner, oublier volon-

tairement. ‖ *Tissu éponge*, article textile qui présente des bouclettes à sa surface.

ÉPONGE n. f. (lat. *sponda*, bord). Extrémité de chacune des branches du fer à cheval. ‖ Tumeur molle que produit l'éponge du fer sur le coude, lorsque le cheval se couche *en vache.*

ÉPONGEAGE n. m. Action d'éponger.

ÉPONGER v. t. (conj. **1**). Étancher un liquide avec une éponge ou qqch de spongieux. ‖ Résorber un excédent quelconque, combler un retard. ◆ **s'éponger** v. pr. S'essuyer, se sécher.

ÉPONTE n. f. (lat. *sponda*, bord). Chacune des parois d'un filon de minerai.

ÉPONYME adj. (gr. *epônumos*). *Antiq.* Qui donne son nom : *Athéna, déesse éponyme d'Athènes.* ● *Magistrat éponyme*, à Athènes, celui des neuf archontes qui donnait son nom à l'année.

ÉPOPÉE n. f. (gr. *epopoiia*). Récit poétique d'aventures héroïques, où intervient le merveilleux. ‖ Suite d'actions sublimes ou héroïques.

ÉPOQUE n. f. (gr. *epokhê*, point d'arrêt). Moment de l'histoire qui est marqué par quelque événement important, par un certain état de choses. ‖ Moment déterminé de l'année, de la vie d'une personne ou d'une société : *l'époque des vendanges.* ‖ Subdivision d'une période géologique. ● *D'époque*, se dit d'un objet datant réellement de l'époque à laquelle correspond son style. ‖ *Faire époque*, laisser un souvenir durable. ‖ *Haute époque* (Bx-arts), se dit, dans le langage des antiquaires, du Moyen Âge et du XVIᵉ s. ‖ *La Belle Époque*, celle des premières années du XXᵉ s.

ÉPOUILLAGE n. m. Action d'épouiller.

ÉPOUILLER v. t. Débarrasser de ses poux.

ÉPOUMONER (S') v. pr. Se fatiguer à force de parler, de crier.

ÉPOUSAILLES n. f. pl. (lat. *sponsalia*, fiançailles). Célébration du mariage (vx ou ironiq.). ● *Épousailles de la mer*, à Venise, cérémonie annuelle par laquelle le doge prenait possession de l'Adriatique en jetant dans les flots un anneau bénit par le patriarche.

ÉPOUSE n. f. → ÉPOUX.

ÉPOUSÉE n. f. Celle qu'un homme vient d'épouser ou qu'il va épouser (vx).

ÉPOUSER v. t. (lat. *sponsare*). Prendre en mariage. ‖ S'attacher vivement à, rallier : *épouser les intérêts de qqn.* ‖ S'adapter exactement à : *la route épouse le cours sinueux de la rivière.*

ÉPOUSSETAGE n. m. Action d'épousseter des habits, des meubles, etc.

ÉPOUSSETER v. t. (conj. **4**). Ôter la poussière.

ÉPOUSTOUFLANT, E adj. *Fam.* Étonnant, extraordinaire : *une nouvelle époustouflante.*

ÉPOUSTOUFLER v. t. *Fam.* Surprendre par qqch d'insolite.

ÉPOUVANTABLE adj. Qui cause de l'épouvante, de la répulsion : *des cris épouvantables; une odeur épouvantable.* ‖ Étrange, excessif : *laideur épouvantable.*

ÉPOUVANTABLEMENT adv. De façon épouvantable.

ÉPOUVANTAIL n. m. Mannequin mis dans les champs, les jardins, pour effrayer les oiseaux. ‖ Ce qui cause de vaines terreurs : *se servir d'un parti comme d'un épouvantail.* ‖ Personne très laide ou mal habillée.

ÉPOUVANTE n. f. Terreur soudaine accompagnée d'un grand trouble; effroi, horreur.

ÉPOUVANTER v. t. (lat. pop. *expaventare*). Remplir d'épouvante; effrayer, terrifier.

ÉPOUX, ÉPOUSE n. (lat. *sponsus, sponsa*). Personne unie à une autre par le mariage. ◆ n. m. pl. Le mari et la femme.

ÉPOXYDE n. m. *Chim.* Fonction constituée par la liaison de deux atomes voisins d'une chaîne carbonée à un même atome d'oxygène extérieur à la chaîne. ◆ adj. *Résine époxyde*, matière plastique obtenue par polycondensation.

ÉPREINTES n. f. pl. Fausse envie douloureuse et soudaine d'aller à la selle. ‖ Fiente de la loutre.

ÉPONGES

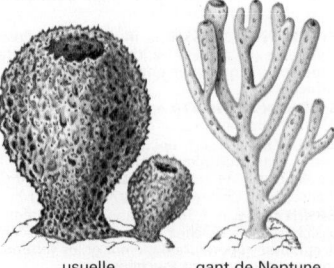

usuelle   gant de Neptune

ÉPRENDRE (S') v. pr. [**de**] (conj. 50). *Litt.* Concevoir de l'attachement pour qqn, qqch.

ÉPREUVE n. f. Expérience, essai qu'on fait d'une chose : *faire l'épreuve d'un moteur, d'une voiture.* ‖ Chagrin, douleur, malheur qui frappe qqn : *passer que de rudes épreuves.* ‖ Composition ou interrogation, à un examen : *épreuves écrites.* ‖ Compétition sportive. ‖ Feuille sur laquelle on a imprimé un texte ou copié des clichés et qui sert à la correction, au bon à composer, à graver, à tirer. ‖ *Phot.* Exemplaire tiré d'après un cliché photographique. ‖ *Bx-arts.* Tout exemplaire d'une estampe ou d'un moulage. ● *À l'épreuve de,* en état de supporter : *À toute épreuve,* capable de résister à tout : *courage à toute épreuve.* ‖ *Épreuve aléatoire* (Stat.), déclenchement d'un processus dont l'issue appartient à un ensemble connu à l'avance, chaque issue étant incertaine et ayant une probabilité estimée à l'avance. ‖ *Épreuve d'artiste,* estampe tirée pour l'artiste à titre d'essai. ‖ *Épreuve de force,* affrontement. ‖ *Épreuve de tournage* (Cin.), expression préconisée par l'Administration pour remplacer RUSH. ‖ *Mettre à l'épreuve,* éprouver.

ÉPRIS, E adj. Pris de passion pour qqn ou pour qqch.

ÉPROUVANT, E adj. Pénible à supporter : *un climat éprouvant.*

ÉPROUVER v. t. Essayer, vérifier les qualités ou la valeur, mettre à l'épreuve : *éprouver un pont, l'honnêteté de qqn.* ‖ Connaître par expérience, ressentir, subir, supporter : *éprouver de la joie; éprouver des difficultés.* ‖ Faire souffrir : *ce malheur l'a cruellement éprouvé.* ‖ Supporter, subir des dommages : *le navire a éprouvé des avaries.*

ÉPROUVETTE n. f. Tube de verre fermé à l'un des bouts, et dans lequel on fait diverses expériences : *une éprouvette graduée.* ‖ Pièce de forme particulière, soumise à un essai physique ou mécanique, pour déterminer les caractéristiques d'un matériau.

EPSILON [εpsilɔn] n. m. Cinquième lettre (ε) de l'alphabet grec, correspondant à l'e bref.

EPSOMITE n. f. Sulfate naturel hydraté de magnésium.

ÉPUCER v. t. (conj. **1**). Débarrasser de ses puces.

ÉPUISABLE adj. Qui peut être épuisé.

ÉPUISANT, E adj. Qui fatigue beaucoup.

ÉPUISÉ, E adj. Qui ne produit plus rien. ‖ À bout de forces. ● *Livre épuisé,* livre dont tous les exemplaires ont été vendus.

ÉPUISEMENT n. m. Action d'épuiser : *l'épuisement du stock.* ‖ Déperdition des forces physiques ou morales : *mourir d'épuisement.*

ÉPUISER v. t. (de *puits*). Vider entièrement de son contenu, de ses réserves : *épuiser une citerne, une mine.* ‖ Consommer, utiliser complètement : *épuiser ses munitions.* ‖ Appauvrir, rendre stérile : *épuiser une terre.* ‖ Traiter à fond : *épuiser un sujet.* ‖ Affaiblir, abattre : *cette marche m'a épuisé.* ‖ User jusqu'au bout, causer de la lassitude morale : *épuiser la patience de qqn.* ◆ **s'épuiser** v. pr. Se tarir, s'affaiblir, se fatiguer : *la source s'est épuisée; je m'épuise à vous répéter toujours la même chose.*

ÉPUISETTE n. f. Petit filet de pêche monté sur un cerceau et fixé à l'extrémité d'un long manche de bois. ‖ Pelle creuse pour rejeter l'eau qui s'est introduite dans un bateau.

ÉPULIS [epylis] n. m., ou **ÉPULIDE, ÉPULIE** n. f. (gr. *epi,* sur, et *oulon,* gencive). Tumeur inflammatoire de la gencive.

ÉPULPEUR n. m. Appareil de sucrerie pour séparer des jus de betteraves les pulpes et les matières solides tenues en suspension.

ÉPURATEUR n. et adj. m. Appareil servant à détecter et à éliminer des impuretés ou des parties défectueuses.

ÉPURATION n. f. Action d'épurer, de purifier : *épuration de la langue, d'une huile; l'épuration après la Seconde Guerre mondiale.* ● *Épuration extrarénale* (Méd.), élimination artificielle des déchets de l'organisme lorsque les fonctions rénales sont perturbées. (L'épuration extra-

rénale emploie le rein artificiel [hémodialyse], la dialyse péritonéale, l'exsanguino-transfusion.)

ÉPURATOIRE adj. *Industr.* Qui sert à épurer.

ÉPURE n. f. Dessin, à une échelle donnée, qui représente sur un ou plusieurs plans les projections d'un objet à trois dimensions. ‖ Dessin achevé (par oppos. à CROQUIS).

ÉPURER v. t. Rendre pur, plus pur : *épurer de l'huile; épurer la langue.* ‖ Rejeter certains membres d'un corps ou d'un groupe comme indignes d'en faire partie.

ÉPURGE n. f. Nom usuel d'une espèce d'euphorbe qui purge violemment.

ÉPYORNIS n. m. → ÆPYORNIS.

ÉQUARRIR [ekarir] v. t. (lat. pop. *exquadrare*). Dépecer des animaux pour en tirer la peau, la graisse, les os, etc. ‖ *Constr.* Dresser une pierre, une pièce de bois de façon à leur donner des faces planes et d'équerre. ‖ *Mécan.* Augmenter les dimensions d'un trou.

ÉQUARRISSAGE n. m. Action de dépecer les bêtes de somme. ‖ Action d'équarrir. (On dit aussi ÉQUARRISSEMENT.) ‖ Grosseur d'une pièce de bois équarrie.

ÉQUARRISSEUR n. m. Personne qui équarrit le bois, la pierre, les animaux.

ÉQUARRISSOIR n. m. Poinçon utilisé en menuiserie pour élargir les trous.

ÉQUATEUR [ekwatœr] n. m. (lat. *aequare,* rendre égal). Grand cercle de la sphère terrestre dont le plan est perpendiculaire à la ligne des pôles. ‖ *Math.* Parallèle de rayon maximal d'une surface de révolution. ● *Équateur céleste,* grand cercle de la sphère céleste, perpendiculaire à l'axe du monde et servant de repère pour les coordonnées équatoriales. ‖ *Équateur magnétique,* lieu des points de la surface terrestre où l'inclinaison est nulle.

ÉQUATION [ekwasjɔ̃] n. f. (lat. *aequatio,* égalité). *Math.* Égalité qui n'est vérifiée que pour des valeurs convenables de certaines quantités qui y figurent, ou *inconnues.* ‖ Quantité dont il faut modifier la position d'un corps céleste pour le ramener à ce qu'elle serait si ce corps était animé d'un mouvement uniforme. ● *Équation d'une courbe,* en géométrie plane, relation qui lie les coordonnées d'un point de cette courbe; en géométrie dans l'espace, ensemble des deux équations définissant une courbe. ‖ *Équation aux dérivées partielles,* équation où figurent une fonction inconnue de plusieurs variables et ses dérivées partielles. ‖ *Équation différentielle,* équation dans laquelle figurent une fonction inconnue d'une variable et ses dérivées de différents ordres. ‖ *Équation aux dimensions,* formule indiquant comment, dans un système cohérent d'unités, une unité dérivée dépend des unités fondamentales. ‖ *Équation à plusieurs inconnues,* équation où figurent plusieurs quantités inconnues $x, y, z...,$ une solution étant un système de valeur de ces inconnues. ‖ *Équation intégrale,* équation liant une fonction inconnue à une intégrale définie portant sur cette fonction. ‖ *Équation personnelle,* correction à apporter à une observation sur un phénomène fugitif dont il convient d'apprécier exactement l'instant où il s'est produit. ‖ *Équation du temps,* différence entre le temps solaire moyen et le temps solaire vrai.

ÉQUATORIAL, E, AUX adj. Relatif à l'équateur. ● *Climat équatorial,* climat des régions proches de l'équateur, caractérisé par une température constamment élevée et par une pluviosité abondante et régulière, avec deux maximums correspondant aux équinoxes. ‖ *Coordonnées équatoriales d'un astre,* son ascension droite et sa déclinaison. ‖ *Monture équatoriale,* dispositif permettant de faire tourner un instrument astronomique autour de deux axes perpendiculaires, dont l'un est parallèle à l'axe du monde. ‖ *Plaque équatoriale* (Cytol.), plan médian d'une cellule, où les chromosomes fissurés se groupent pendant la mitose, avant de se séparer en deux stocks égaux.

ÉQUATORIAL n. m. Lunette astronomique à monture équatoriale (vx).

ÉQUATORIEN, ENNE adj. et n. De l'Équateur.

ÉQUERRAGE n. m. Valeur de l'angle formé

par deux plans adjacents d'une pièce de bois ou de métal.

ÉQUERRE [ekεr] n. f. (lat. *exquadrare,* rendre carré). Instrument de dessin pour tracer des angles droits. ‖ Outil analogue de charpentier et de menuisier. ‖ Pièce métallique droite, en T ou en L, pour consolider des assemblages. ● *À l'équerre, d'équerre,* à angle droit, d'aplomb. ‖ *Équerre d'arpenteur,* instrument servant au levé des plans et au tracé des alignements sur le terrain. ‖ *Fausse équerre,* équerre à branches mobiles.

ÉQUESTRE adj. (lat. *equestris; de equus,* cheval). Relatif à l'équitation : *exercices équestres.* ● *Ordre équestre* (Hist.), ordre des chevaliers romains, qui disparut au Bas-Empire. ‖ *Statue équestre,* statue qui représente un personnage à cheval.

ÉQUEUTAGE n. m. Action d'équeuter.

ÉQUEUTER v. t. Dépouiller un fruit de sa queue.

ÉQUIANGLE [ekɥiɑ̃gl] adj. (lat. *aequus,* égal, et *angle*). Dont les angles sont égaux : *un triangle équiangle est aussi équilatéral.*

ÉQUIDÉ [ekɥide ou ekide] n. m. (lat. *equus,* cheval). Mammifère ongulé à un seul doigt par patte, comme le *cheval,* le *zèbre* et l'*âne.* (Les *équidés* forment une famille.)

ÉQUIDISTANCE n. f. Qualité de ce qui est équidistant.

ÉQUIDISTANT, E [ekɥidistɑ̃, ɑ̃t] adj. Situé à une égale distance : *tous les points de la circonférence sont équidistants du centre.*

ÉQUILATÉRAL, E, AUX [ekɥilateral, o] adj. Dont tous les côtés sont égaux : *triangle équilatéral.*

ÉQUILATÈRE adj. *Math.* Se dit d'une hyperbole dont les deux asymptotes sont perpendiculaires.

ÉQUILIBRAGE n. m. Action d'équilibrer.

ÉQUILIBRATION n. f. Fonction qui assure le maintien du corps en équilibre et dont le centre principal est le cervelet (qui réagit aux messages de l'oreille interne).

ÉQUILIBRE n. m. (lat. *aequus,* égal, et *libra,* balance). État de repos d'un corps sollicité par plusieurs forces qui s'annulent. ‖ Position stable du corps humain. ‖ Pondération, calme, bon fonctionnement de l'activité mentale : *l'équilibre de l'esprit.* ‖ Juste combinaison de forces, d'éléments : *équilibre des pouvoirs.* ‖ *Chim.* État d'un système de corps dont la composition ne varie pas, soit par absence de réaction, soit par existence de deux réactions inverses de même vitesse. ● *Équilibre budgétaire,* concordance des recettes avec les dépenses prévues au même budget. ‖ *Équilibre économique,* situation d'un pays ou d'un groupe de pays caractérisée par l'égalité entre les volumes d'offre et de demande sur les marchés des marchandises, des capitaux, du travail, ainsi que par une tendance au retour à la stabilité, et (pour certains auteurs) par l'interdépendance des différents marchés. ‖

grand **équatorial** de l'observatoire de Meudon

Équilibre indifférent, équilibre dans lequel un corps, légèrement écarté de sa position d'équilibre, reste en équilibre dans sa nouvelle position. ‖ *Équilibre instable*, équilibre dans lequel un corps, écarté de sa position, s'en écarte davantage. ‖ *Équilibre naturel*, état d'un milieu où la composition de la faune et de la flore reste à peu près constante. ‖ *Équilibre radioactif*, état d'un corps radioactif dans lequel le nombre d'atomes désintégrés est égal au nombre d'atomes formés dans le même temps. ‖ *Équilibre stable*, équilibre dans lequel un corps, légèrement déplacé de sa position d'équilibre, tend à y revenir. ‖ *Perdre l'équilibre*, pencher d'un côté ou de l'autre, de manière à tomber.

ÉQUILIBRÉ, E adj. Dont les facultés, les qualités, les composants sont en harmonie; sain, sensé.

ÉQUILIBRER v. t. Mettre en équilibre : *équilibrer un budget*. ◆ **s'équilibrer** v. pr. Être équivalent, en équilibre.

ÉQUILIBREUR n. m. Organe qui maintient l'équilibre : *les avions sont munis d'équilibreurs automatiques*. (On dit aussi STABILISATEUR.)

ÉQUILIBRISTE n. Personne dont le métier est de faire des tours d'adresse ou d'équilibre acrobatique.

ÉQUILLE [ekij] n. f. Poisson long et mince, à dos vert ou bleu sombre, s'enfouissant avec

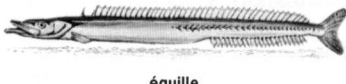

équille

agilité dans les sables de la Manche et de l'Atlantique. (Long. 20 à 30 cm; sous-classe des téléostéens.) [Syn. LANÇON.]

ÉQUIMOLÉCULAIRE [ekimɔlekyler] adj. *Chim.* Se dit d'un mélange contenant différents corps en égales proportions moléculaires.

ÉQUIMULTIPLE [ekimyltipl] adj. et n. m. *Math.* Se dit de deux nombres par rapport à deux autres, lorsqu'ils résultent de la multiplication de ces derniers par un même nombre.

ÉQUIN, E [ekɛ̃, in] adj. (lat. *equinus*; de *equus*, cheval). Qui a rapport au cheval. ● *Sérum équin*, sérum curatif fourni par le cheval. ‖ *Pied équin*, attitude vicieuse irréductible du pied, fixé en extension.

ÉQUINISME n. m. *Méd.* Déformation qui constitue le pied équin.

ÉQUINOXE [ekinɔks] n. m. (lat. *aequus*, égal, et *nox*, nuit). Époque de l'année où le Soleil, dans son mouvement propre apparent sur l'écliptique, coupe l'équateur céleste, et qui correspond à l'égalité de la durée des jours et des nuits. (Il y a deux équinoxes par an : le 20 ou le 21 mars et le 22 ou le 23 septembre.) ‖ Point de l'équateur céleste où se produit ce passage. ● *Ligne des équinoxes*, droite d'intersection des deux plans de l'écliptique et de l'équateur céleste. ‖ *Précession des équinoxes*, avance du moment de l'équinoxe, liée au lent déplacement de l'axe des pôles autour d'une position moyenne, par suite de l'attraction de la Lune et du Soleil sur le renflement équatorial de la Terre.

ÉQUINOXIAL, E, AUX adj. Relatif à l'équinoxe.

ÉQUIPAGE n. m. Ensemble des hommes assurant le service d'un navire, d'un avion, d'un char, etc. ◆ pl. Autref., ensemble des voitures et du matériel affectés à une armée en campagne. ● *Corps des équipages de la flotte*, ensemble du personnel non officier de la marine nationale.

ÉQUIPARTITION [ekɥipartisjɔ̃] n. f. Répartition égale dans les diverses parties d'un tout.

ÉQUIPE n. f. Groupe de personnes travaillant à une même tâche ou unissant leurs efforts dans le même dessein. ‖ Groupe de joueurs associés, en nombre déterminé. ● *Esprit d'équipe*, esprit

de solidarité qui anime les membres d'un même groupe.

ÉQUIPÉE n. f. Aventure dans laquelle on se lance à la légère; escapade. ‖ Sortie, promenade.

ÉQUIPEMENT n. m. Action d'équiper, de doter du matériel ou des installations nécessaires. ‖ Ensemble du matériel industriel d'une entreprise, de l'infrastructure d'une nation, d'une région. ‖ Ensemble des objets nécessaires à un militaire, à une troupe, pour faire campagne. ‖ Ensemble de l'armement et du matériel nécessaires à la mise en œuvre d'un engin de combat (avion, navire, char...).

ÉQUIPER v. t. (mot germ.). Pourvoir du nécessaire en vue d'une activité déterminée, d'une utilisation : *téléviseur équipé pour recevoir les trois chaînes*. ◆ **s'équiper** v. pr. Se munir du nécessaire : *s'équiper pour le ski*.

ÉQUIPIER, ÈRE n. Personne qui fait partie d'une équipe sportive.

ÉQUIPOLLÉ ou **ÉQUIPOLÉ** [ekipɔle] adj. m. *Hérald.* Se dit des carrés égaux que donne la réunion du tiercé en pal et du tiercé en fasce.

ÉQUIPOLLENCE [ekipɔlɑ̃s] n. f. (lat. *aequipollentia*, équivalence). Relation existant entre deux ou plusieurs vecteurs égaux, parallèles et de même sens.

ÉQUIPOLLENT, E adj. Se dit de vecteurs liés par une relation d'équipollence. ● *Systèmes déductifs équipollents* (Log.), se dit de systèmes dans lesquels tout théorème de l'un est théorème ou axiome des autres.

ÉQUIPOTENT [ekipɔtɑ̃] adj. m. *Math.* Se dit de deux ensembles de même puissance.

ÉQUIPOTENTIEL, ELLE [ekɥipɔtɑ̃sjɛl] adj. De même potentiel.

ÉQUIPROBABLE [ekɥiprɔbabl] adj. Se dit d'événements qui ont autant de chances de se produire les uns que les autres.

ÉQUISÉTALE [ekɥisetal] n. f. Plante sans fleurs, avec prothalles unisexués, telle que la *prêle*. (Les *équisétales* forment aujourd'hui un seul ordre.)

ÉQUITABLE adj. Qui agit selon l'équité : *juge équitable*. ‖ Conforme aux règles de l'équité : *décision équitable*.

ÉQUITABLEMENT adv. De façon équitable.

ÉQUITANT, E [ekitɑ̃, ɑ̃t] adj. *Bot.* Se dit de deux organes végétaux identiques se faisant face et emboîtés l'un dans l'autre.

ÉQUITATION n. f. (lat. *equitare*, aller à cheval). Action et art de monter à cheval.

ÉQUITÉ [ekite] n. f. (lat. *aequitas*, égalité). Disposition à respecter les droits de chacun, impartialité : *décider en toute équité*. ● *Juger en équité* (Dr.), trancher un différend en s'appuyant plus sur la conviction intime et le droit naturel que sur la lettre de la loi.

ÉQUIVALENCE n. f. Qualité de ce qui est équivalent : *équivalence de diplômes; équivalence de la chaleur et du travail mécanique*. ● *Équivalence logique*, relation exprimant que deux propositions P et Q sont conséquences l'une de l'autre. (On écrit P ⟺ Q, qui se lit « P est vrai si et seulement si Q est vrai ».) ‖ *Relation d'équivalence*, relation liant deux éléments *a* et *b* d'un ensemble, vérifiée si *a* et *b* sont confondus (relation *réflexive*), vraie pour *b* et *a* si elle l'est pour *a* et *b* (relation *symétrique*), vraie pour *a* et *c* si elle l'est d'une part pour *a* et *b*, d'autre part pour *b* et *c* (relation *transitive*).

ÉQUIVALENT, E adj. (lat. *aequivalens*). Qui a la même valeur, égal : *quantités équivalentes; expression équivalente*. ‖ *Math.* Lié à un autre élément par une relation d'équivalence. ● *Figures équivalentes*, figures ayant même surface, indépendamment des formes, qui peuvent être différentes. ‖ *Projection équivalente*, projection cartographique qui respecte les surfaces et les proportions, mais déforme le dessin des continents. ‖ *Théories déductives équivalentes*, théories déductives qui ont les mêmes théorèmes.

ÉQUIVALENT n. m. Ce qui équivaut, chose équivalente : *rendre l'équivalent de ce qu'on a reçu*. ‖ *Méd.* Manifestation pathologique d'origine épileptique ayant la même incidence sur le diagnostic que la crise clonique typique. ● *Équi-*

ÉRABLE

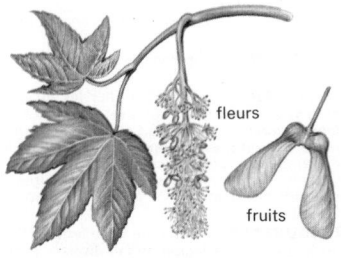

fleurs

fruits

valent mécanique de la chaleur, rapport constant, égal à 4,1855 joules par calorie, qui existe entre un travail et la quantité de chaleur correspondante.

ÉQUIVALOIR [ekivalwar] v. t. ind. [**à**] (conj. 34). Être de même valeur, de même importance, de même effet : *le prix de cette voiture équivaut à un an de mon salaire*.

ÉQUIVOQUE [ekivɔk] adj. (lat. *aequus*, égal, et *vox, vocis*, voix). Qui a un double sens, ambigu : *mot équivoque*. ‖ Suspect, qui suscite la méfiance : *une attitude équivoque*.

ÉQUIVOQUE n. f. Situation, expression qui n'est pas nette, qui laisse dans l'incertitude : *dissiper l'équivoque*.

Er, symbole chimique de l'*erbium*.

ÉRABLE n. m. (lat. *acerabulus*). Arbre des forêts tempérées, à fruits secs munis d'une paire d'ailes et dispersés par le vent. (Il peut atteindre 40 m de haut, et son bois est apprécié en ébénisterie; une espèce est le *sycomore*, et une autre, du Canada, fournit une sève sucrée.)

ÉRABLIÈRE n. f. Plantation d'érables.

ÉRADICATION n. f. (préf. *é*, et lat. *radix, -icis*, racine). Action d'extirper, d'arracher. ‖ *Méd.* Action de faire disparaître les maladies endémiques.

ÉRAFLEMENT n. m. Action d'érafler.

ÉRAFLER v. t. Écorcher, entamer superficiellement, égratigner : *érafler la peau, la peinture d'une voiture*.

ÉRAFLURE n. f. Écorchure légère; entaille superficielle.

ÉRAILLÉ, E adj. Avoir l'œil éraillé, avoir des filets rouges dans l'œil. ‖ *Voix éraillée*, rauque.

ÉRAILLEMENT n. m. Action d'érailler, fait d'être éraillé. ‖ Renversement de la paupière. (Syn. ECTROPION.)

ÉRAILLER v. t. (lat. *rotare*, rouler). Écarter, relâcher les fils d'un tissu : *érailler du linge*. ‖ Déchirer superficiellement, érafler : *érailler du cuir*. ‖ Rendre rauque : *érailler la voix*.

ÉRAILLURE n. f. Partie éraillée d'une étoffe, d'un vêtement. ‖ Écorchure superficielle.

ERBIUM [ɛrbjɔm] n. m. (de *Ytterby*, localité suédoise). Métal (Er) du groupe des lanthanides, n° 68, de masse atomique 167,2.

ÈRE [εr] n. f. (bas lat. *aera*, nombre). Époque fixe d'où l'on commence à compter les années. ‖ Époque où s'établit un nouvel ordre de choses : *une ère de prospérité.* ● *Ère géologique*, chacune des cinq grandes divisions de l'histoire de la Terre.

ÉRECTEUR, TRICE adj. *Physiol.* Qui produit l'érection.

ÉRECTILE adj. Capable de se redresser en devenant raide, dur et gonflé.

ÉRECTILITÉ n. f. Qualité de ce qui est érectile.

ÉRECTION n. f. (lat. *erectio*). *Litt.* Action d'élever, de construire : *l'érection d'une statue.* ‖ *Litt.* Institution, établissement : *l'érection d'un tribunal.* ‖ *Physiol.* État de gonflement de certains tissus organiques, de certains organes, en particulier le pénis, en état de turgescence.

ÉREINTAGE ou **ÉREINTEMENT** n. m. Action d'éreinter. ‖ *Fam.* Critique violente.

ÉREINTANT, E adj. *Fam.* Qui éreinte; qui brise de fatigue : *travail éreintant.*

ÉREINTER v. t. Briser de fatigue : *cette discussion, cette marche m'a éreinté.* ‖ Critiquer avec violence : *éreinter un auteur.*

ÉREINTEUR, EUSE adj. et n. Qui critique méchamment.

ÉRÉMITIQUE adj. (lat. *eremeticus*). Relatif aux ermites : *vie érémitique.*

ÉREPSINE n. f. Enzyme du suc intestinal, qui transforme les peptones en acides aminés.

ÉRÉSIPÈLE n. m. → ÉRYSIPÈLE.

ÉRÉTHISME n. m. (gr. *erethismos*, irritation). *Méd.* État anormal d'irritabilité de certains tissus ou du système nerveux.

ÉREUTOPHOBIE ou **ÉRYTHROPHOBIE** n. f. (gr. *ereuthein*, rougir, et *phobos*, crainte). Crainte obsédante de rougir en public.

ERG [εrg] n. m. (gr. *ergon*, travail). Unité de mesure de travail, d'énergie et de quantité de chaleur (symb. : erg), valant 10^{-7} joule.

ERG [εrg] n. m. (mot ar.). Dans les déserts de sable, vaste étendue couverte de dunes.

ERGASTOPLASME n. m. Organite intracellulaire formant une sorte de réseau de parois, où se fixent les ribosomes. (Syn. RÉTICULUM ENDOPLASMIQUE.)

ERGASTULE n. m. (lat. *ergastulum*). Dans l'ancienne Rome, bâtiment, souvent souterrain, où étaient enfermés les esclaves punis et les condamnés astreints à de durs travaux.

ERGATIF n. m. (gr. *ergon*, action). *Ling.* Cas grammatical indiquant, dans certaines langues flexionnelles, le sujet d'une action qui s'exerce sur un objet.

ERGOGRAPHE n. m. Appareil pour l'étude du travail musculaire.

ERGOL n. m. Nom générique de toute substance chimique susceptible d'entrer dans la composition d'un mélange fusant.

ERGONOMIE n. f. Ensemble des études et des recherches sur l'organisation méthodique du travail et l'aménagement de l'équipement en fonction des possibilités de l'homme.

ERGONOMIQUE adj. Relatif à l'ergonomie.

ERGONOMISTE n. Spécialiste d'ergonomie.

ERGOSTÉROL n. m. Stérol répandu dans les tissus animaux et végétaux, et qui peut se transformer en vitamine D sous l'influence des rayons ultraviolets.

ERGOT [εrgo] n. m. Pointe de corne derrière la patte du coq, du paon, du chien. ‖ *Bot.* Petit corps oblong, vénéneux, maladie cryptogamique des céréales, en particulier du seigle. (Le champignon produit un organe de fructification en forme d'ergot ou *sclérote* sur l'épi parasité.) ‖ *Techn.* Saillie d'une pièce de bois, de fer. ● *Monter, se dresser sur ses ergots*, prendre une attitude hautaine et menaçante.

ERGOTAGE n. m., ou **ERGOTERIE** n. f. Manie de chicaner.

ERGOTAMINE n. f. Base azotée toxique extraite de l'ergot du seigle et utilisée en médecine comme sympatholytique.

ERGOTÉ, E adj. Muni d'ergots : *coq ergoté.* ‖ Attaqué de l'ergot : *seigle ergoté.*

ERGOTER v. i. Chicaner sur des riens; contester mal à propos.

ERGOTEUR, EUSE adj. et n. Qui aime à ergoter.

ERGOTHÉRAPEUTE n. Auxiliaire médical spécialiste d'ergothérapie.

ERGOTHÉRAPIE n. f. Thérapeutique par l'activité physique, manuelle, spécialement utilisée dans les affections mentales comme moyen de réadaptation sociale.

ERGOTINE [εrgɔtin] n. f. Alcaloïde de l'ergot du seigle. (Son ingestion dans le pain ergoté entraîne l'ergotisme.)

ERGOTISME n. m. Intoxication produite par l'usage alimentaire du seigle ergoté, et qui se manifeste par des troubles nerveux et psychiques et par des troubles vasculaires pouvant entraîner une gangrène des membres.

ÉRICACÉE [erikase] n. f. Plante dicotylédone gamopétale. (Les *éricacées* forment une famille comprenant les *bruyères*, la *myrtille*, les *rhododendrons* et les *azalées.*)

ÉRIGER [eriʒe] v. t. (lat. *erigere*, dresser) [conj. **1**]. *Litt.* Élever, construire : *ériger un monument.* ‖ *Litt.* Créer, instituer : *ériger un tribunal.* ‖ *Litt.* Donner le caractère de, élever au rang de : *ériger une église en cathédrale.* ◆ **s'ériger** v. pr. *Litt.* S'attribuer un droit, se poser en : *s'ériger en juge.*

ÉRIGÉRON n. m. Plante herbacée, parfois cultivée, d'Europe et d'Amérique. (Famille des composées.)

ÉRIGNE ou **ÉRINE** n. f. (lat. *aranea*, araignée). *Chir.* Instrument qui sert, dans les opérations, à maintenir certaines parties écartées.

ÉRISTALE n. m. Grosse mouche à abdomen jaune et noir, ressemblant à une guêpe.

ÉRISTIQUE n. f. (gr. *erizein*, disputer). Art de la controverse. ◆ adj. Relatif à la controverse.

ERMITAGE n. m. Lieu solitaire habité par un ermite. ‖ Maison de campagne retirée.

ERMITE n. m. (gr. *erêmitês*, qui vit seul). Moine qui vit dans la solitude pour prier et faire pénitence. ‖ Personne qui vit retirée : *vivre en ermite.*

ÉRODER v. t. (lat. *erodere*). User par frottement, ronger : *l'eau érode les roches.*

ÉROGÈNE ou **ÉROTOGÈNE** adj. (gr. *erôs*, amour, et *gennân*, engendrer). Se dit d'une partie du corps susceptible de provoquer une excitation sexuelle.

ÉROS [erɔs] n. m. (gr. *Erôs*, divinité de l'Amour, chez les Grecs). *Psychanal.* Ensemble des pulsions de vie dans la théorie freudienne (par oppos. à *thanatos**).

ÉROSIF, IVE adj. Qui produit l'érosion.

ÉROSION n. f. (lat. *erosio*). Ensemble des phénomènes constitués par la dégradation du relief, le transport et l'accumulation des matériaux arrachés. (On parle d'*érosion éolienne, glaciaire, fluviale*, en fonction des agents qui en sont responsables, d'*érosion littorale*, d'après le milieu dans lequel elle s'exerce.) ‖ Dégradation progressive, usure lente : *l'érosion du pouvoir.* ● *Érosion différentielle*, ablation inégale résultant des différences de résistance des diverses roches en face des agents de l'érosion. ‖ *Érosion monétaire*, détérioration lente et continue du pouvoir d'achat présentée par une monnaie. ‖ *Érosion régressive*, reprise du creusement par un cours d'eau, se propageant de l'aval vers l'amont, à la suite d'un abaissement du niveau de base. ‖ *Érosion du sol*, dégradation due essentiellement à l'action de l'homme. ‖ *Surface d'érosion*, surface entaillant des terrains variés et résultant d'un long travail de l'érosion. ‖ *Système d'érosion*, combinaison relativement constante, dans une zone climatique du globe, de divers processus d'érosion.

ÉROTIQUE adj. (gr. *erôtikos*; de *erôs*, amour). Relatif à l'amour sexuel, à la sexualité : *littérature érotique.*

ÉROTIQUEMENT adv. De façon érotique.

ÉROTISATION n. f. Fait d'introduire de l'éro-

tisme dans des domaines où il n'était pas ou de l'intensifier là où il était déjà.

ÉROTISER v. t. Donner un caractère érotique.

ÉROTISME n. m. Caractère du plaisir qui est érotique. ‖ Recherche variée de l'excitation sexuelle.

ÉROTOGÈNE adj. → ÉROGÈNE.

ÉROTOLOGIE n. f. Étude scientifique de l'amour physique et des ouvrages érotiques.

ÉROTOLOGIQUE adj. Relatif à l'érotologie.

ÉROTOMANE n. et adj. Personne atteinte d'érotomanie.

ÉROTOMANIE n. f. Obsession sexuelle. ‖ *Psychiatr.* Affection mentale caractérisée par l'illusion délirante d'être aimé.

ERPÉTOLOGIE ou **HERPÉTOLOGIE** n. f. (gr. *herpeton*, reptile, et *logos*, science). Partie de l'histoire naturelle qui traite des reptiles.

ERPÉTOLOGIQUE ou **HERPÉTOLOGIQUE** adj. Relatif à l'erpétologie.

ERPÉTOLOGISTE ou **HERPÉTOLOGISTE** n. Naturaliste qui étudie les reptiles.

ERRANCE n. f. Action d'errer.

ERRANT, E adj. Nomade, qui n'a pas de demeure fixe : *tribus errantes.* ● *Chevalier errant*, chevalier qui allait de pays en pays pour chercher des aventures et redresser les torts.

éristale

ERRATA n. m. pl. → ERRATUM.

ERRATIQUE [εratik] adj. (lat. *errare*, errer). *Méd.* Intermittent, irrégulier : *fièvre erratique.* ● *Bloc erratique* (Géol.), bloc arrondi ou anguleux qui subsiste après le recul du glacier.

ERRATUM [εratɔm] n. m. (pl. *errata*). Faute survenue dans l'impression d'un ouvrage : *liste des errata.*

ERRE n. f. (anc. fr. *errer*, marcher). *Mar.* Vitesse restante d'un navire, moteur arrêté ou voiles amenées.

ERREMENTS n. m. pl. Manière d'agir habituelle (vx) : *les errements de l'Administration.* ‖ Manière d'agir considérée comme blâmable : *retomber dans ses anciens errements.*

ERRER v. i. (lat. *errare*). Aller çà et là, à l'aventure, sans but : *errer dans la campagne.*

ERREUR n. f. (lat. *error*). Action de se tromper, faute commise en se trompant, méprise : *rectifier une erreur; erreur de calcul.* ‖ État de qqn qui se trompe : *vous êtes dans l'erreur.* ‖ Action inconsidérée, regrettable, maladresse : *cette intervention fut une erreur.* ‖ *Dr.* Vice du consentement pouvant entraîner la nullité d'un contrat. ● *Erreur absolue*, différence entre la valeur exacte d'une grandeur et la valeur donnée par la mesure. ‖ *Erreur judiciaire*, erreur d'une juridiction portant sur la culpabilité d'une personne. ‖ *Erreur relative*, rapport de l'erreur absolue à la valeur de la grandeur mesurée. ‖ *Faire erreur*, se tromper.

ERRONÉ, E adj. (lat. *erroneus*). Qui contient des erreurs, faux, inexact.

ERS [εr] n. m. (mot prov.). Genre de légumineuses voisines des vesces, et dont le type est la *lentille.*

ERSATZ [εrzats] n. m. (mot all.). Produit de remplacement d'un autre.

ERSE n. f. *Mar.* Anneau de cordage.

ERSE adj. Relatif aux habitants de la haute Écosse : *langue, littérature erse.*

ERSE n. m. Dialecte gaélique parlé en Écosse.

ÉRUCIFORME adj. (lat. *eruca*, chenille). *Zool.* Se dit d'une larve d'insecte ayant l'aspect d'une chenille.

ÉRUCTATION n. f. Émission bruyante, par la bouche, de gaz accumulés dans l'estomac.

ÉRUCTER v. i. (lat. *eructare*). Rejeter par la bouche et avec bruit les gaz contenus dans l'estomac. ◆ v. t. *Litt.* Lancer, proférer : *éructer des injures.*

ÉRUDIT, E adj. et n. (lat. *eruditus*). Qui manifeste des connaissances approfondies dans une matière : *historien érudit.*

ÉRUDITION n. f. Savoir approfondi dans un ordre de connaissances.

ÉRUGINEUX, EUSE adj. (lat. *aerugo, -inis,* rouille). Qui a l'aspect de la rouille.

ÉRUPTIF, IVE adj. (lat. *eruptus,* sorti brusquement). *Méd.* Qui a lieu par éruption : *fièvre éruptive.* ● *Roche éruptive,* roche d'origine interne, cristallisant à partir d'un magma. (On distingue les roches plutoniques ou intrusives, dont le type est le granite, et les roches volcaniques ou extrusives, dont le type est le basalte.) [Syn. ROCHES MAGMATIQUES.]

ÉRUPTION n. f. (lat. *eruptio*). *Méd.* Sortie de boutons, de taches, de rougeurs qui se forment sur la peau. ‖ *Éruption des dents,* leur sortie hors de l'alvéole et leur traversée de la muqueuse de la gencive. ‖ *Éruption solaire,* phénomène de l'activité solaire se manifestant par l'accroissement brutal et temporaire des émissions de radiations électromagnétiques et de corpuscules d'une région de la chromosphère, et provoquant d'importantes perturbations du champ magnétique terrestre. ‖ *Éruption volcanique,* émission plus ou moins violente, par un volcan, de laves, de projections (bombes, cendres, lapilli) et de gaz.

ÉRYSIPÉLATEUX, EUSE adj. et n. Qui dénote ou accompagne l'érysipèle; atteint d'érysipèle.

ÉRYSIPÈLE n. m. (gr. *erusipelas*). Maladie infectieuse, due à un streptocoque, caractérisée par une inflammation de la peau atteignant surtout le derme *(dermite)* et siégeant fréquemment sur la face.

ÉRYTHÉMATEUX, EUSE adj. Qui a les caractères de l'érythème.

ÉRYTHÈME n. m. (gr. *eruthêma,* rougeur). Congestion cutanée qui donne lieu à une rougeur de la peau. (L'*érythème* est la partie externe des éruptions, l'*énanthème* en étant la partie interne.)

ÉRYTHRASMA n. m. *Méd.* Dermatose des aines, très fréquente, caractérisée par une plaque rouge-brun symétrique. (Considérée autrefois comme une mycose, elle est due en fait à un bacille.)

ÉRYTHRINE n. f. Arbre exotique à fleurs rouges, à bois très résistant et dont les graines servent à faire des colliers. (Famille des papilionacées.)

ÉRYTHROBLASTE n. m. Cellule mère des érythrocytes, qui comporte encore un noyau. (À l'état normal, les érythroblastes ne se trouvent que dans les organes hématopoïétiques.)

ÉRYTHROBLASTOSE n. f. Présence pathologique d'érythroblastes dans le sang circulant.

ÉRYTHROCYTAIRE adj. Relatif aux érythrocytes.

ÉRYTHROCYTE n. m. Syn. de HÉMATIE.

ÉRYTHROMYCINE n. f. Antibiotique actif contre les bactéries à Gram positif et contre les *brucella.*

ÉRYTHROPHOBIE n. f. → ÉREUTOPHOBIE.

ÈS [ɛs] prép. (contraction de *en les*). En matière de (ne s'emploie plus que dans quelques expressions et devant un nom au pl.) : *docteur ès sciences.*

ESBIGNER (S') v. pr. *Pop.* et *vx.* S'enfuir.

ESBROUFE n. f. *Faire de l'esbroufe* (Fam.), chercher à s'imposer en prenant un air important. ‖ *Vol à l'esbroufe,* vol qui se pratique en bousculant la personne qu'on veut dévaliser.

ESBROUFER v. t. (prov. *esbroufa,* s'ébrouer). *Fam.* Étonner par de grands airs.

ESBROUFEUR, EUSE n. *Fam.* Personne qui fait de l'esbroufe.

ESCABEAU n. m. (lat. *scabellum*). Siège de bois sans bras ni dossier. ‖ Petit escalier portatif servant d'échelle.

ESCADRE n. f. (it. *squadra,* équerre). Réunion importante de navires de guerre ou d'avions de combat. ● *Chef d'escadre,* avant 1789, grade correspondant à celui de contre-amiral.

ESCADRILLE n. f. Petit groupe de navires ou d'aéronefs militaires.

ESCADRON n. m. (it. *squadrone*). Unité de la cavalerie, de l'armée blindée ou de la gendarmerie, analogue à la compagnie. ‖ Unité de l'armée de l'air : *un escadron de chasse.* ● *Chef d'escadron,* dans la cavalerie, capitaine commandant un escadron; dans l'artillerie, la gendarmerie et le train, officier supérieur du grade de commandant. ‖ *Chef d'escadrons,* dans la cavalerie et l'arme blindée, commandant.

ESCALADE n. f. (it. *scalata*). Action de gravir en s'élevant : *l'escalade d'un rocher.* ‖ Progression en violence ou en intensité dans un conflit ou une activité quelconque : *escalade de la violence, escalade des prix.* ‖ *Dr.* Action de passer par-dessus une clôture, de s'introduire dans une maison par une fenêtre ou par le toit. ‖ *Mil.* Dans le vocabulaire de la stratégie moderne, terme désignant l'accélération inéluctable de l'importance des moyens militaires mis en œuvre, à partir du moment où l'emploi d'un armement nucléaire est envisageable. ● *Escalade artificielle,* en alpinisme, escalade au cours de laquelle le grimpeur s'aide de prises et d'appuis formés en enfonçant des pitons dans les fissures du rocher. ‖ *Escalade libre,* escalade au cours de laquelle le grimpeur progresse par ses propres moyens en utilisant les prises et appuis naturels qu'offre le rocher.

ESCALADER v. t. Franchir en passant pardessus : *escalader une grille.* ‖ Gravir avec effort : *escalader une montagne, un pic.*

ESCALATOR n. m. (nom déposé). Escalier mécanique.

ESCALE n. f. (it. *scala*). Lieu de relâche et de ravitaillement pour les navires et les avions. ‖ Action de s'arrêter pour se ravitailler ou pour débarquer ou embarquer des passagers.

ESCALIER n. m. (lat. *scalaria*). Ouvrage formé de marches et permettant de passer d'un niveau à un autre. ● *Avoir l'esprit de l'escalier* (Fam.), penser trop tard à ce qu'on aurait dû dire, par manque de vivacité. ‖ *Escalier roulant, mécanique,* escalier à marches articulées, qui transporte les gens vers le haut ou vers le bas. ‖ *Fonction en escalier* (Math.), fonction définie sur une suite d'intervalles, constante dans chacun des intervalles et discontinue à chaque extrémité d'intervalle.

ESCALIER

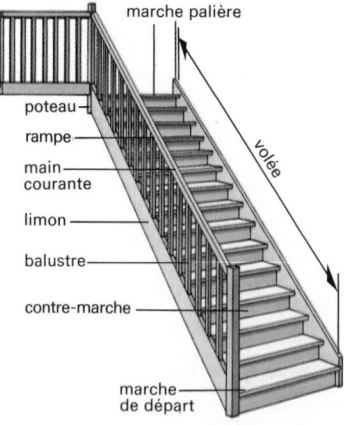

marche palière

poteau
rampe
main courante
limon
balustre
contre-marche
volée
marche de départ

ESCALOPE n. f. Tranche mince de viande, principalement de veau.

ESCAMOTABLE adj. Qui peut être escamoté. ● *Meuble escamotable,* lit ou table que l'on

escargot

peut rabattre contre un mur ou dans un placard.

ESCAMOTAGE n. m. Art ou action d'escamoter. ‖ Vol détourné ou subtil.

ESCAMOTER [ɛskamɔte] v. t. (occitan *escamotar*). Faire disparaître un objet par une manœuvre habile. ‖ Dérober subtilement : *escamoter un portefeuille.* ‖ Faire disparaître automatiquement un organe saillant d'un appareil : *escamoter le train d'atterrissage d'un avion.* ‖ Supprimer, prononcer vite ou bas : *escamoter des mots.* ‖ Éluder, éviter ce qui est difficile : *escamoter une question.*

ESCAMOTEUR, EUSE n. Personne qui escamote, qui dérobe subtilement.

ESCAMPETTE n. f. (anc. fr. *escamper,* s'enfuir). *Prendre la poudre d'escampette* (Fam.), partir sans demander son reste.

ESCAPADE n. f. (it. *scappata*). Action de s'échapper d'un lieu, d'échapper à des obligations habituelles par un départ ou une rupture. (Syn. FUGUE.)

ESCARBILLE n. f. (mot wallon). Résidu de combustible incomplètement brûlé, qui s'échappe du foyer.

ESCARBOT [ɛskarbo] n. m. (lat. *scarabeus*). Nom usuel de divers coléoptères.

ESCARBOUCLE n. f. (lat. *carbunculus,* petit charbon). Nom ancien d'une pierre fine rouge foncé, le grenat. ‖ *Hérald.* Pièce embrassant le champ de l'écu et formée de huit rais fleurdelisés.

ESCARCELLE n. f. (it. *scarsella,* petite bourse avare). Bourse portée à la ceinture, en usage au Moyen Âge. ‖ *Ironiq.* Réserve d'argent.

ESCARGOT n. m. (prov. *escaragol*). Mollusque gastropode pulmoné, dont les grandes espèces sont comestibles, et qui dévore les feuilles des plantes cultivées. (Syn. LIMAÇON, COLIMAÇON.)

ESCARGOTIÈRE n. f. Lieu où l'on élève les escargots. ‖ Plat présentant de petits creux, utilisé pour servir les escargots.

ESCARMOUCHE n. f. (it. *scaramuccia*). Léger engagement entre les éléments avancés de deux armées. ‖ Propos hostiles adressés à un adversaire avant une lutte plus importante.

ESCARPE n. f. (it. *scarpa*). Talus intérieur du fossé d'un ouvrage fortifié.

ESCARPE n. m. Bandit, voleur (vx).

ESCARPÉ, E [ɛskarpe] adj. Qui a une pente raide, d'accès difficile, abrupt : *chemin escarpé.*

ESCARPEMENT n. m. Pente raide d'une hauteur, d'un versant, d'un rempart. ● *Escarpement de faille* (Géogr.), talus raide, au tracé souvent rectiligne, créé par une faille.

ESCARPIN n. m. (it. *scarpino*). Soulier élégant, découvert, à semelle mince, avec ou sans talon.

ESCARPOLETTE n. f. (it. *scarpoletta,* petite écharpe). Siège ou planchette que l'on suspend par des cordes, pour se balancer.

ESCARRE ou **ESQUARRE** n. f. (de *équerre*). *Hérald.* Pièce honorable constituée par une équerre qui isole du champ un des coins de l'écu.

ESCARRE n. f. (gr. *eskhara,* foyer). *Méd.* Croûte noirâtre qui se forme sur la peau, les plaies, etc., par la nécrose des tissus (derme, aponévrose, muscles).

ESCARRIFIER v. t. Former une escarre sur : *escarrifier une plaie en la brûlant.*

ESCHATOLOGIE [ɛskatɔlɔʒi] n. f. (gr. *eschatos,* dernier, et *logos,* discours). Ensemble de doctrines et de croyances portant sur le sort ultime de l'homme *(eschatologie individuelle)* et de l'univers *(eschatologie universelle)*.

ESCHATOLOGIQUE adj. Qui concerne l'eschatologie.

ESCHE n. f. → AICHE.

ESCIENT [ɛsjɑ̃] n. m. (lat. *sciens, scientis,* sachant). *À bon escient,* avec discernement.

ESCLAFFER (S') v. pr. (prov. *esclafa,* éclater). Rire bruyamment.

ESCLANDRE n. m. (lat. *scandalum).* Bruit, scandale provoqué par un événement fâcheux; querelle, tapage. ● *Faire de l'esclandre,* faire du scandale.

ESCLAVAGE n. m. État, condition d'esclave. ‖ État de ceux qui sont soumis à une autorité tyrannique ou à qqch qui ne leur laisse pas de liberté; servitude, asservissement.

ESCLAVAGISME n. m. Système social fondé sur l'esclavage.

ESCLAVAGISTE n. et adj. Partisan de l'esclavage, en partic. des Noirs.

ESCLAVE [ɛsklav] adj. et n. (lat. *slavus,* slave). Qui est sous la puissance absolue d'un maître qui l'a rendu captif ou qui l'a acheté. ‖ Qui se soumet servilement à un autre. ‖ Qui subit la domination d'un sentiment, d'un principe : *esclave de la mode.* ● *Être esclave de sa parole* (Litt.), le tenir scrupuleusement.

ESCLAVON, ONNE adj. et n. De l'Esclavonie (anc. nom de la Slavonie).

ESCOGRIFFE n. m. *Fam.* Homme grand et mal bâti.

ESCOMPTABLE adj. Qui peut être escompté.

ESCOMPTE n. m. (it. *sconto).* Prime payée à un débiteur qui acquitte sa dette avant l'échéance : *faire un escompte de 2 %.* ‖ Opération consistant à avancer au porteur d'un effet de commerce le montant de celui-ci, avant l'échéance, moyennant une rémunération dont le montant varie en fonction de l'agio demandé par la Banque de France pour le réescompte des effets bancables *(taux d'escompte),* et des conditions régnant sur le marché monétaire.

ESCOMPTER v. t. (it. *scontare,* décompter). Payer un effet de commerce avant l'échéance, moyennant escompte. ‖ Compter sur, espérer : *escompter le succès d'une affaire.*

ESCOMPTEUR adj. et n. m. Qui escompte des effets de commerce.

ESCOPETTE n. f. (it. *schioppetto).* Terme général désignant diverses armes à feu portatives (XVe-XVIIIe s.) et notamment à partir du XVIIe s. les armes à bouche évasée.

ESCORTE n. f. (it. *scorta).* Formation militaire terrestre, aérienne ou navale chargée d'escorter : *escadron, avion, bâtiment d'escorte.* ‖ Suite de personnes qui accompagnent. ● *Faire escorte,* accompagner.

ESCORTER v. t. Accompagner pour protéger, surveiller ou faire honneur : *escorter un convoi.*

ESCORTEUR n. m. Bâtiment de guerre spécialement équipé pour la protection des communications et la lutte anti-sous-marine.

ESCOUADE n. f. (autre forme de *escadre).* Autref., petit groupe de soldats commandé par un caporal ou un brigadier. ‖ Petit groupe, troupe quelconque : *une escouade d'ouvriers.*

ESCOURGEON ou **ÉCOURGEON** n. m. Orge hâtive, qu'on sème en automne.

ESCRIME n. f. (it. *scrima,* mot germ.). Art du maniement du fleuret, de l'épée, du sabre.

ESCRIMER (S') v. pr. [à]. Faire tous ses efforts en vue d'un résultat difficile à atteindre; s'appliquer, s'évertuer : *s'escrimer à faire des vers.*

ESCRIMEUR, EUSE n. Personne qui pratique l'escrime.

ESCROC [ɛskro] n. m. Personne qui use de manœuvres frauduleuses.

ESCROQUER v. t. (it. *scroccare,* décrocher). S'emparer de qqch par tromperie : *escroquer de l'argent.* ‖ *Escroquer qqn,* le voler en abusant de sa bonne foi.

ESCROQUERIE n. f. Action d'obtenir le bien d'autrui par des manœuvres frauduleuses.

ESCUDO [ɛskudo] n. m. Unité monétaire principale du Portugal.

ESCULINE n. f. Glucoside extrait de l'écorce de marron d'Inde, qui a l'action de la vitamine P.

ÉSÉRINE n. f. Alcaloïde de la fève de Calabar, très toxique.

ESGOURDE n. f. *Arg.* Oreille.

ESKUARA [ɛskwara], **EUSCARA** [øskara] ou **EUSKERA** [øskera] n. m. Nom que donnent les Basques à leur langue.

ESKUARIEN, ENNE, EUSCARIEN, ENNE ou **EUSKERIEN, ENNE** adj. et n. Du Pays basque.

ÉSOTÉRIQUE adj. (gr. *esôterikos,* réservé aux seuls adeptes). Qualification donnée, dans les écoles des anciens philosophes, à leur doctrine secrète. ‖ Incompréhensible aux personnes non initiées; difficilement interprétable.

ÉSOTÉRISME n. m. Doctrine ésotérique. ‖ Caractère ésotérique.

ESPACE n. m. (lat. *spatium).* Étendue indéfinie qui contient et entoure tous les objets : *l'espace est supposé à trois dimensions.* ‖ Étendue limitée, intervalle d'un point à un autre : *un grand, un petit espace.* ‖ Étendue de l'Univers hors de l'atmosphère terrestre : *la conquête de l'espace.* ‖ Intervalle de temps : *dans l'espace d'un an.* ‖ *Math.* Ensemble muni de certaines structures algébriques, géométriques ou topologiques : *espace vectoriel, projectif, normé.* ● *Espace auditif,* étendue dont la connaissance est possible par l'ouïe. ‖ *Espace publicitaire,* surface réservée à la publicité dans les différents médias. ‖ *Espace vert,* surface réservée aux parcs et jardins dans une agglomération. ‖ *Espace visuel,* espace perceptif appréhendé par la vision. ‖ *Espace vital* (traduction de l'all. *Lebensraum),* territoire qu'une nation juge nécessaire d'acquérir.

ESPACE n. f. *Arts graph.* Petite pièce de métal, plus basse que les caractères typographiques, pour séparer les mots.

ESPACEMENT n. m. Action d'espacer. ‖ Distance entre deux corps. ‖ *Arts graph.* Manière dont les mots sont espacés.

ESPACER v. t. (conj. 1). Séparer par un espace, un intervalle : *espacer des arbres; espacer ses visites.* ‖ *Arts graph.* Séparer les mots par des espaces.

ESPACE-TEMPS n. m. (pl. *espaces-temps).* Espace à quatre dimensions liées entre elles, les trois premières étant celles de l'espace ordinaire, et la quatrième étant le temps, nécessaires à un observateur donné, selon la théorie de la relativité, pour situer un événement.

ESPADON n. m. (it. *spadone,* grande épée). Grande et large épée qu'on tenait à deux mains (XVe-XVIIe s.). ‖ Poisson des mers chaudes et tempérées, atteignant 4 m de long, et dont la mâchoire supérieure est allongée comme une lame d'épée. (Ordre des percomorphes.)

ESPADRILLE n. f. (dialecte pyrénéen *espardillo).* Chaussure à empeigne de toile et semelle de corde.

ESPAGNOL, E adj. et n. De l'Espagne.

ESPAGNOL n. m. Langue romane parlée en Espagne et en Amérique latine (sauf au Brésil).

ESPAGNOLETTE n. f. (dimin. de *espagnol).* *Constr.* Mécanisme de fermeture d'une croisée ou d'un châssis, constitué par une tige métallique munie de crochets à ses extrémités et manœuvré par une poignée.

ESPALIER n. m. (it. *spalliera).* Rangée d'arbres fruitiers appuyés contre un mur ou contre un treillage. ‖ Sorte d'échelle fixée à un mur et dont les barreaux servent à divers mouvements de gymnastique.

ESPALIER n. m. Chacun des deux galériens qui réglaient les mouvements des rameurs.

ESPAR n. m. Levier à l'usage de la grosse artillerie. ‖ *Mar.* Longue pièce de bois pouvant servir de mât, de vergue, etc.

ESPARCETTE n. f. (prov. *esparceto).* Nom usuel du *sainfoin des prés.*

ESPÈCE n. f. (lat. *species).* Ensemble d'êtres animés ou de choses d'un caractère commun distingue des autres du même genre : *espèce minérale.* ‖ Catégorie de choses; sorte, qualité : *les différentes espèces de délits, de fruits.* ‖ Groupe d'individus animaux ou végétaux ayant un aspect semblable, un habitat particulier, féconds entre eux, mais ordinairement stériles à l'égard des individus d'autres espèces. (L'*espèce animale* se divise en sous-espèces, races et variétés; plusieurs espèces voisines forment un genre.) ● *Cas d'espèce,* cas qui ne rentre pas dans la règle générale; situation de fait qui caractérise l'objet d'un litige donné, soumis à une juridiction. ‖ *En l'espèce,* en la matière, en ce cas. ‖ *Espèce chimique,* syn. de CORPS PUR. ‖ *Espèce de...,* terme de mépris. ‖ *Une espèce de...,* personne ou chose que l'on ne peut définir avec précision et que l'on assimile à une autre qui lui ressemble : *une espèce de marchand, de comédie.* ◆ pl. Monnaie ayant cours légal : *la loi interdit le paiement en espèces des sommes importantes et exige l'emploi du chèque.* ‖ *Théol.* Apparences du pain et du vin après la transsubstantiation. ● *Espèces de mots* (Ling.), parties du discours, classes grammaticales de mots.

ESPÉRANCE n. f. (de *espérer).* Attente d'un bien qu'on désire; objet attendu : *on vit dans l'espérance d'une amélioration de son état; il est toute mon espérance.* ‖ *Théol.* L'une des trois vertus théologales. ● *Espérance mathématique d'une variable aléatoire discrète X,* moyenne arithmétique pondérée des valeurs possibles de la variable X par leur probabilité $E(X) = \sum_i p_i x_i,$ x_i désignant les valeurs possibles et p_i les probabilités correspondantes. ‖ *Espérance de vie,* durée moyenne de vie, dans un groupe humain déterminé. ◆ pl. Accroissement dont est susceptible le bien de qqn; héritage possible : *apporter des espérances en dot.*

ESPÉRANTISTE adj. et n. Relatif à l'espéranto; qui connaît ou pratique l'espéranto.

ESPÉRANTO n. m. Langue internationale, créée en 1887 par Zamenhof, et qui repose sur le maximum d'internationalité des racines et l'invariabilité des éléments lexicaux.

ESPÉRER v. t. (lat. *sperare)* [conj. 5]. Considérer ce qu'on désire comme capable de se réaliser; attendre avec confiance : *espérer une récompense; j'espère que vous réussirez.* ● *On ne vous espérait plus,* on ne vous attendait plus (en parlant de qqn qui est très en retard). ◆ v. t. ind. **[en].** Mettre sa confiance en : *espérer en Dieu.*

ESPIÈGLE adj. et n. (de *Ulespiegle,* nom francisé du néerl. *Till Uilenspiegel).* Vif et malicieux.

espadon

ESPIÈGLERIE n. f. Petite malice.

ESPINGOLE [ɛspɛɡɔl] n. f. (anc. fr. *espringuer,* danser, mot francique). Gros fusil court, à canon évasé (XVIe s.).

ESPION, ONNE n. (it. *spione).* Personne chargée de recueillir des renseignements sur une puissance étrangère. ‖ Personne qui épie, observe, cherche à surprendre les secrets d'autrui.

ESPION n. m. Miroir oblique installé devant une fenêtre.

ESPIONNAGE n. m. Action d'espionner. ‖ Ensemble d'actes qui, accomplis au profit de pays étrangers, ont pour but de nuire à la sécurité d'un pays. ● *Espionnage industriel,* recherche de renseignements concernant l'industrie, et, notamment, des procédés de fabrication.

ESPIONNER v. t. Surveiller sournoisement qqn dans ses actions, ses paroles.

ESPIONNITE n. f. Obsession de ceux qui voient des espions partout.

ESPLANADE n. f. (it. *spianata*; lat. *planus*, uni). Terrain plat, uni et découvert, en avant d'une fortification ou devant un édifice : *l'esplanade des Invalides.*

ESPOIR [espwar] n. m. État d'attente confiante; objet de ce sentiment : *perdre l'espoir; il est tout son espoir.* ● *Dans l'espoir de* ou *que,* dans la pensée de ou que. ‖ *Il n'y a plus d'espoir,* se dit en parlant d'une personne qui va mourir.

ESPONTON n. m. (it. *spuntone*). Pique à manche court portée par les officiers d'infanterie (XVIIᵉ-XVIIIᵉ s.).

ESPRESSIVO [ɛspresivo] adj. et adv. (mot it., *expressif*). Mus. Expressif, plein de sentiment.

ESPRIT n. m. (lat. *spiritus*). Principe immatériel, substance incorporelle, âme. ‖ Être imaginaire ou incorporel, comme les revenants, les fantômes, les âmes des morts... : *croire aux esprits.* ‖ Activité intellectuelle; intelligence : *avoir l'esprit vif.* ‖ Manière de penser, comportement, intention définie : *l'esprit d'invention, l'esprit d'entreprise.* ‖ Humour, ironie : *avoir de l'esprit.* ‖ Personne considérée sur le plan de son activité intellectuelle : *un esprit avisé; les grands esprits se rencontrent.* ‖ Caractère essentiel : *l'esprit d'une époque.* ‖ Sens, signification : *entrer dans l'esprit de la loi.* ‖ Chim. anc. La partie la plus volatile des corps soumis à la distillation. ‖ *Philos.* Principe de la pensée; ce principe considéré comme cause de phénomènes particuliers tels que les institutions, la morale, etc.; pour Hegel, idée parvenue au savoir d'elle-même qui constitue la vérité de la nature. ● *Avoir bon, mauvais esprit,* juger les autres avec bienveillance ou malveillance; se soumettre ou ne pas se soumettre à une autorité, une discipline. ‖ *Bel esprit* (Litt.), personne qui cherche à se distinguer par son goût et sa pratique des lettres. ‖ *Dans mon esprit,* selon moi. ‖ *Esprit rude,* signe qui marque l'aspiration dans la langue grecque (ʿ); *esprit doux,* signe contraire (ʾ). ‖ *Faire de l'esprit,* s'exprimer en termes vifs et ingénieux, faire des jeux de mots. ‖ *Perdre l'esprit,* devenir fou. ‖ *Présence d'esprit,* promptitude à dire ou à faire ce qui est le plus à propos. ‖ *Reprendre ses esprits,* revenir à la vie, se remettre d'un grand trouble. ‖ *Trait d'esprit, mot d'esprit,* pensée fine, ingénieuse, brillante. ‖ *Vue de l'esprit,* idée chimérique, utopique.

ESPRIT-DE-SEL n. m. Nom anc. de l'ACIDE CHLORHYDRIQUE.

ESPRIT-DE-VIN n. m. Nom anc. de l'ALCOOL ÉTHYLIQUE.

ESQUARRE n. f. → ESCARRE.

ESQUIF [ɛskif] n. m. (it. *schifo*). Litt. Petite embarcation légère.

ESQUILLE n. f. (lat. *schidia*, copeau). Petit fragment d'un os fracturé.

ESQUIMAU, AUDE adj. et n. Qui appartient au peuple des Esquimaux.

ESQUIMAU n. m. Langue parlée par les Esquimaux.

ESQUIMAU n. m. (nom déposé). Crème glacée enrobée de chocolat, fixée sur un bâtonnet.

ESQUIMAUTAGE n. m. Acrobatie d'un kayakiste qui se retourne dans l'eau avec son embarcation et se redresse ensuite.

ESQUINTANT, E adj. Fam. Très fatigant.

ESQUINTER v. t. (prov. *esquinta*, déchirer). Fam. Fatiguer beaucoup : *cette marche au soleil m'a esquinté.* ‖ Détériorer, abîmer : *esquinter sa voiture.* ‖ Critiquer de manière à détruire la réputation, dénigrer : *esquinter un auteur, une pièce.*

ESQUIRE [ɛskwajœr] n. m. (mot angl., *écuyer*) [par abrév., *esq.*]. Terme honorifique dont, en Angleterre, on fait parfois suivre tout nom d'homme non accompagné de titre nobiliaire.

ESQUISSE n. f. (it. *schizzo*). Premier tracé d'un dessin ou d'un projet d'architecture, indiquant seulement l'ensemble et les divisions principales de l'œuvre définitive. ‖ Indication sommaire de l'ensemble d'une œuvre et de ses parties; plan général. ‖ Commencement, ébauche : *esquisse d'un sourire.*

ESQUISSER v. t. Faire une esquisse, décrire à grands traits : *esquisser un portrait, le plan d'un roman.* ‖ Commencer à faire : *esquisser un geste de défense.*

ESQUIVE n. f. Action de se dérober à l'attaque de l'adversaire.

ESQUIVER [ɛskive] v. t. (it. *schivare*; de *schivo*, dédaigneux). Éviter adroitement : *esquiver un coup, une difficulté.* ◆ **s'esquiver** v. pr. Se retirer furtivement : *pendant la réunion, il s'esquiva par une porte dérobée.*

ESSAI n. m. (lat. *exagium*, pesée). Épreuve à laquelle on soumet qqn, qqch pour voir s'ils sont aptes à ce qu'on en attend : *faire l'essai d'une machine; mettre à l'essai.* ‖ Au rugby, action de porter le ballon et de le poser à terre derrière la ligne du but adverse. ‖ Littér. Titre d'ouvrages regroupant des réflexions diverses ou traitant un sujet qu'ils ne prétendent pas épuiser. ‖ Min. Recherche rapide des métaux dans les minerais. ● *Apprentissage par essais et erreurs* (Psychol.), forme d'apprentissage dans laquelle la solution est découverte progressivement et faite d'échecs qui tendent à s'éliminer et de succès qui tendent à se fixer, car produisant un effet favorable à l'organisme.

ESSAIM n. m. (lat. *examen*). Groupe d'abeilles, comportant une reine et plusieurs dizaines de milliers d'ouvrières, qui, à la belle saison, abandonne une ruche surpeuplée en vue de fonder une nouvelle ruche. ‖ *Litt.* Multitude, foule : *un essaim d'écoliers au sortir de l'école.*

ESSAIMAGE n. m. Multiplication des colonies d'abeilles, consistant dans l'émigration d'une partie de la population d'une ruche; époque où les abeilles essaiment.

ESSAIMER v. i. Quitter la ruche pour former une colonie nouvelle, en parlant des jeunes abeilles. ‖ *Litt.* Se disperser : *les Phéniciens ont essaimé dans tout le bassin méditerranéen.*

ESSARTAGE ou **ESSARTEMENT** n. m. Brûlis de broussailles après déboisement, qui permet la culture temporaire.

ESSARTER v. t. Arracher et brûler les broussailles après déboisement.

ESSARTS [esar] n. m. pl. (lat. *sarire*, sarcler). Terre essartée.

ESSAYAGE n. m. Action d'essayer un vêtement en cours de confection pour le mettre au point.

ESSAYER v. t. (lat. pop. *exagiare*) [conj. 2]. Utiliser pour en éprouver les qualités, en contrôler le fonctionnement : *essayer une voiture.* ‖ Faire l'essayage d'un vêtement : ‖ Tâcher de, s'efforcer de, tenter : *essayez de le persuader.* ● *Essayer de l'or,* en déterminer le titre. ◆ **s'essayer** v. pr. [à]. S'exercer à : *s'essayer à monter à cheval.*

ESSAYEUR, EUSE n. Fonctionnaire qui fait l'essai des matières d'or ou d'argent. ‖ Personne qui essaie les vêtements aux clients chez les tailleurs et les couturiers. ‖ Personne chargée de procéder à des essais.

ESSAYISTE n. (angl. *essayist*). Auteur d'essais littéraires.

ESSE [ɛs] n. f. Cheville de métal en forme de S. ‖ Sorte de crochet double.

ESSENCE n. f. (lat. *esse,* être). Ce qui constitue la nature d'un être, d'une chose : *essence divine.* ‖ *Philos.* Réalité permanente d'une chose (opposé à ACCIDENT; syn. SUBSTANCE); nature d'un être indépendamment de son existence. ‖ Espèce, en parlant des arbres d'une forêt : *les essences résineuses.* ‖ Liquide pétrolier léger, incolore ou artificiellement coloré, à odeur caractéristique, distillant entre 40 et 210 °C environ, utilisé comme carburant, comme solvant ou pour divers usages industriels. ‖ Extrait, concentré par distillation : *essence de roses, de café.* ● *Par essence* (Litt.), par définition. ‖ *Service des essences* (Mil.), service chargé de ravitailler les armées en produits pétroliers.

ESSÉNIEN, ENNE adj. Relatif aux esséniens.

ESSENTIEL, ELLE adj. (bas lat. *essentialis*). Nécessaire, indispensable : *condition essentielle; la pièce essentielle d'un mécanisme.* ‖ Relatif à une essence : *huile essentielle.* ‖ Méd. Se dit d'une maladie dont la cause est inconnue.

ESSENTIEL n. m. Le point le plus important : *l'essentiel est d'être honnête.*

ESSENTIELLEMENT adv. Par-dessus tout, absolument, principalement.

ESSEULÉ, E adj. Qui est seul.

ESSIEU n. m. (lat. *axis*, axe). Pièce de métal recevant une roue à chacune de ses extrémités et supportant le poids du véhicule.

ESSOR n. m. (de *essorer*, au sens anc. de *s'envoler*). Développement, progrès de qqch : *l'essor de l'industrie.* ● *Donner l'essor à son imagination* (Litt.), lui donner libre cours. ‖ *Prendre son essor,* s'envoler (en parlant d'un oiseau).

ESSORAGE n. m. Action d'essorer.

ESSORER v. t. (lat. pop. *exaurare*; de *aura*, air). Extraire l'eau du linge après le rinçage, soit à la main, soit en machine à laver le linge.

ESSOREUSE n. f. Appareil servant à essorer le linge en le faisant tourner dans un tambour. ‖ Appareil servant à séparer le sucre cristallisé des mélasses.

ESSORILLER v. t. (préf. *es* et *oreille*). Litt. Couper les oreilles.

ESSOUCHEMENT n. m. Action d'essoucher.

ESSOUCHER v. t. (de *souche*). Arracher les souches qui sont restées dans un terrain après qu'on en a abattu les arbres.

ESSOUFFLEMENT n. m. État de celui qui est essoufflé. ‖ Respiration difficile.

ESSOUFFLER v. t. Mettre presque hors d'haleine, à bout de souffle. ‖ Ne plus pouvoir suivre un rythme de développement trop rapide : *une économie qui s'essouffle.*

ESSUIE n. m. En Belgique, essuie-mains, serviette de bain, torchon.

ESSUIE-GLACE n. m. (pl. *essuie-glaces*). Dispositif, muni d'un balai muni d'une lame de caoutchouc, qui essuie automatiquement le pare-brise mouillé d'une automobile.

ESSUIE-MAINS n. m. inv. Linge pour s'essuyer les mains.

ESSUIE-MEUBLES n. m. inv. Torchon pour essuyer les meubles.

ESSUIE-PIEDS n. m. inv. Paillasson pour s'essuyer les pieds.

ESSUIE-VERRES n. m. inv. Torchon spécialement affecté à l'essuyage des verres à boire.

ESSUYAGE n. m. Action ou manière d'essuyer.

ESSUYER v. t. (lat. *exsucare*, exprimer le suc) [conj. 2]. Débarrasser d'un liquide, de la poussière, etc. : *essuyer la vaisselle; essuyer des meubles.* ‖ Subir, souffrir : *essuyer le feu de l'ennemi, un échec.* ● *Essuyer les plâtres* (Fam.), habiter une maison nouvellement bâtie; subir les premiers inconvénients d'une affaire, d'une entreprise.

EST [ɛst] n. m. et adj. inv. (angl. *east*). L'un des quatre points cardinaux, côté de l'horizon où le soleil se lève; orient.

ESTABLISHMENT [establiʃmɛnt] n. m. (mot angl.). Groupe puissant de gens installés qui défendent leurs privilèges, leur position sociale.

ESTACADE n. f. (it. *steccata*). Jetée à claire-voie, formée de grands pieux et établie dans un port ou un cours d'eau pour fermer un passage, protéger des travaux, etc.

ESTAFETTE n. f. (it. *staffetta*, petit étrier). Mil. Militaire chargé de transmettre un courrier.

ESTAFIER n. m. (it. *staffiere*). Valet armé, spadassin (vx).

ESTAFILADE n. f. (it. *staffilata*, coup de fouet). Coupure faite avec un instrument tranchant, principalement au visage.

ESTAGNON n. m. (mot prov.; de *estanh*, étain). Région. Récipient métallique destiné à contenir de l'huile, des essences.

EST-ALLEMAND, E adj. Relatif à l'Allemagne de l'Est ou Allemagne démocratique.

Larousse

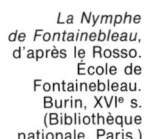

La Nymphe
de Fontainebleau,
d'après le Rosso.
École de
Fontainebleau.
Burin, XVIᵉ s.
(Bibliothèque
nationale, Paris.)

ESTAMPE

B. N.

Vue de l'Omval, de Rembrandt.
Eau-forte, 1645.
(Bibliothèque nationale, Paris.)

Se Repulen (« Ils se font beaux »), de la série des
Caprices de Goya. Eau-forte et aquatinte, 1797-98.
(Bibliothèque nationale, Paris.)

Giraudon

Yama Uba et Kintoki, de Utamaro Kitagawa
(1753-1806). Gravure sur bois.
(Musée Guimet, Paris.)

La Lune rousse, de Johnny Friedlaender.
Gravure sur bois, 1967. (Coll. priv., Paris.)

Normandy-Photo

ESTAMINET [εstaminε] n. m. (wallon staminé).
Petit café, débit de boissons (vx).

ESTAMPAGE n. m. Façonnage, par déformation plastique, d'une masse de métal à l'aide de
matrices, afin de lui donner une forme et des
dimensions déterminées très proches de celles
de la pièce finie. ‖ Empreinte d'une inscription,
d'un cachet ou d'un bas-relief méplat, obtenue
par pression sur une feuille de papier mouillée,
un bloc de plâtre humide, une poterie avant
cuisson.

ESTAMPE n. f. (it. stampa). Image imprimée
après avoir été gravée sur métal, bois, etc., ou
dessinée sur support lithographique. ‖ Outil
pour estamper.

ESTAMPER v. t. (it. stampare; mot francique).
Imprimer en relief ou en creux, par repoussage,
au moyen d'une matrice gravée : estamper des
monnaies. ‖ Fam. Faire payer trop cher, escroquer qqn.

ESTAMPEUR n. m. Ouvrier qui estampe. ‖
Fam. Escroc.

ESTAMPILLAGE n. m. Action d'estampiller :
l'estampillage des livres, des actions.

ESTAMPILLE n. f. (esp. estampilla). Marque
appliquée sur un objet d'art en guise de signature ou sur un produit industriel comme garantie d'authenticité.

ESTAMPILLER v. t. Marquer d'une estampille.

ESTANCIA n. m. (mot esp.). Grande propriété
rurale (notamment pour l'élevage) en Amérique
latine.

EST-CE QUE [εskə] adv. interr. Marque l'interrogation dans les phrases interrogatives directes : est-ce qu'il fait beau?; est-ce que vous
venez avec nous?

ESTE n. et adj. → ESTONIEN.

ESTER [εste] v. i. (lat. stare, se tenir debout)
[seulement à l'inf.]. Ester en justice (Dr.), se présenter devant un tribunal soit comme demandeur, soit comme défendeur.

ESTER [εstεr] n. m. Corps résultant de l'action
d'un acide carboxylique sur un alcool, avec
élimination d'eau. (Syn. anc. ÉTHER-SEL.)

ESTÉRASE n. f. Enzyme qui, en décomposant
l'acétylcholine, limite la durée de son effet
inhibiteur sur le cœur.

ESTÉRIFICATION n. f. Chim. Réaction réversible d'un acide carboxylique sur un alcool.

ESTÉRIFIER v. t. Chim. Transformer en ester.

ESTHÈTE n. et adj. (gr. aisthêtês, qui sent).
Personne qui affecte de considérer la beauté
comme la valeur suprême.

ESTHÉTICIEN, ENNE n. Personne, écrivain
qui s'occupe d'esthétique. ‖ Personne dont la
profession consiste à donner des soins dans un
institut de beauté.

ESTHÉTIQUE adj. (gr. aisthêtikos, qui a la
faculté de sentir). Qui a rapport au sentiment du
beau : le sens esthétique. ‖ Qui a une certaine
beauté, agréable à voir : un geste esthétique.
● Chirurgie esthétique ou correctrice, celle qui a
pour but de rendre leur aspect normal aux alté-
rations congénitales ou traumatiques du corps.

B. N.

La Madone, d'Edvard Munch. Lithographie,
v. 1895-1902. (Musée Munch, Oslo.)

O. Voering

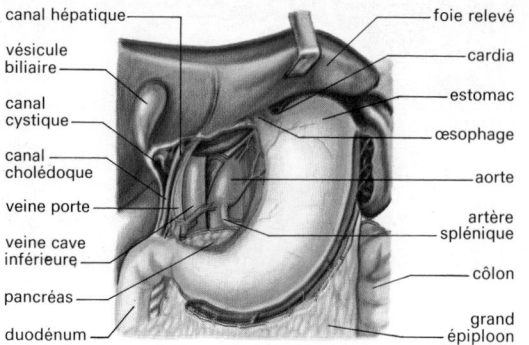

canal hépatique
vésicule biliaire
canal cystique
canal cholédoque
veine porte
veine cave inférieure
pancréas
duodénum

foie relevé
cardia
estomac
œsophage **ESTOMAC**
aorte
artère splénique
côlon
grand épiploon

ESTHÉTIQUE n. f. Théorie de la beauté en général et du sentiment qu'elle fait naître en nous; théorie de l'art. ‖ Mode, langage expressifs d'un artiste, d'une œuvre, etc. • *Esthétique industrielle,* discipline qui étudie l'objet fabriqué selon des critères de beauté, mais en envisageant aussi son usage.

ESTHÉTIQUEMENT adv. De façon esthétique.

ESTHÉTISANT, E adj. Qui donne une trop grande importance aux valeurs formelles.

ESTHÉTISME n. m. Doctrine ou attitude artistique qui met au premier plan les valeurs formelles. ‖ École littéraire et artistique anglo-saxonne, qui se proposait de ramener les arts à leurs formes primitives (fin du XIXᵉ s.).

ESTIMABLE adj. Qui mérite l'estime.

ESTIMATEUR n. m. *Litt.* Personne qui fait une estimation.

ESTIMATIF, IVE adj. Qui constitue une estimation : *devis estimatif.*

ESTIMATION n. f. Évaluation. ‖ *Stat.* Recherche d'un ou plusieurs paramètres caractéristiques d'une population dont on a observé un échantillon.

ESTIMATOIRE adj. Relatif à l'estimation.

ESTIME n. f. Appréciation favorable d'une personne ou d'une chose : *il a l'estime de tous.* ‖ *Mar.* Détermination de la position approchée d'un navire, en tenant compte des courants et de la dérive. • *À l'estime,* au jugé, approximativement.

ESTIMER v. t. (lat. *aestimare*). Déterminer la valeur d'une chose : *estimer un tableau.* ‖ Calculer approximativement : *estimer une distance.* ‖ Faire cas de, avoir une opinion favorable de, reconnaître la valeur : *estimer un adversaire.* ‖ Juger, être d'avis, considérer : *j'estime que vous pourriez mieux faire.* ◆ **s'estimer** v. pr. Se considérer comme, se croire : *s'estimer perdu.*

ESTIVAGE n. m. Migration des troupeaux dans les pâturages de montagne pendant l'été.

ESTIVAL, E, AUX adj. (lat. *aestivus,* de l'été). Qui a lieu en été; relatif à l'été : *travail estival; toilette estivale.*

ESTIVANT, E n. Personne qui passe ses vacances d'été dans une station balnéaire ou thermale, à la campagne, etc.

ESTIVATION n. f. (lat. *aestas,* été). *Zool.* Engourdissement de certains animaux en été.

ESTOC [ɛstɔk] n. m. (mot francique). Épée d'armes frappant de pointe (XVᵉ-XVIᵉ s.). • *Frapper d'estoc et de taille,* en se servant de la pointe et du tranchant d'une arme blanche.

ESTOCADE n. f. (it. *stoccata*). Épée de ville (XVIᵉ-XVIIᵉ s.). ‖ Coup de pointe (vx). ‖ Coup d'épée porté par le matador pour tuer le taureau. ‖ Attaque violente et soudaine.

ESTOMAC [ɛstɔma] n. m. (lat. *stomachus*). Partie du tube digestif renflée en poche et située entre le diaphragme, entre l'œsophage et l'intestin grêle, où les aliments sont brassés plusieurs heures et imprégnés de suc gastrique, qui coagule le lait et hydrolyse les protéines. ‖

Partie du corps qui correspond à l'estomac : *recevoir un coup dans l'estomac.* • *Avoir de l'estomac* (Fam.), avoir de la hardiesse. ‖ *Avoir l'estomac dans les talons* (Fam.), être affamé. ‖ *Avoir un estomac d'autruche* (Fam.), avoir une grande facilité à digérer. ‖ *Le faire à l'estomac* (Fam.), agir en se payant d'audace.
■ Chez les ruminants, l'estomac est formé de quatre poches : l'herbe non mâchée s'accumule dans la *panse,* passe dans le *bonnet* avant de remonter dans la bouche pour y être triturée; puis elle traverse le *feuillet* et est digérée dans la *caillette.* Chez les oiseaux, l'estomac se divise en un *jabot* où s'accumulent les aliments, un *ventricule succenturié* sécrétant les sucs digestifs, et un *gésier* broyeur où s'accomplit la digestion.

ESTOMAQUER v. t. *Fam.* Causer une vive surprise à qqn en le choquant; scandaliser : *cette nouvelle l'a estomaqué.*

ESTOMPAGE ou **ESTOMPEMENT** n. m. Action d'estomper; caractère de ce qui est estompé.

ESTOMPE n. f. (néerl. *stomp,* bout). Peau, papier roulé en pointe pour estomper un dessin. ‖ Ce dessin lui-même.

ESTOMPER v. t. Étaler les traits de crayon d'un dessin de façon dégradée. ‖ Couvrir d'une ombre légèrement dégradée. ◆ **s'estomper** v. pr. S'effacer; devenir flou : *souvenirs qui s'estompent.*

ESTONIEN, ENNE ou **ESTE** adj. et n. De l'Estonie.

ESTONIEN n. m. Langue finno-ougrienne parlée en Estonie.

ESTOPPEL n. m. *Dr. intern.* Objection s'opposant à ce que, au cours d'une instance, une partie soutienne une position qui, bien qu'éventuellement conforme à la réalité, contredit une position antérieurement soutenue ou qu'elle prétend soutenir au cours de la même instance.

ESTOQUER v. t. Porter l'estocade au taureau.

ESTOURBIR v. t. (all. *gestorben,* mort). *Pop.* Assommer, tuer.

ESTRADE n. f. (esp. *estrado;* lat. *stratum,* ce qui est étendu). Petit plancher surélevé pour y placer des sièges, une table.

ESTRADIOT n. m. → STRADIOT.

ESTRAGON n. m. (mot ar.). Plante potagère aromatique. (Famille des composées.)

ESTRAMAÇON n. m. (it. *stramazzone;* de *mazza,* masse). Épée longue, à deux tranchants (XVIᵉ et XVIIᵉ s.).

ESTRAN n. m. (angl. *strand,* rivage). *Géogr.* Portion du littoral comprise entre les plus hautes et les plus basses mers.

ESTRAPADE n. f. (it. *strappata*). Supplice qui consistait à hisser le coupable à une certaine hauteur, puis à le laisser tomber plusieurs fois; mât, potence servant à ce supplice.

ESTRAPASSER v. t. *Équit.* Harasser un cheval en lui faisant faire un trop long manège.

ESTROPE n. f. (lat. *stroppus,* corde). *Mar.* Ceinture en filin avec laquelle on entoure une

poulie et qui sert à la suspendre ou à la fixer.

ESTROPIÉ, E adj. et n. Se dit de qqn privé de l'usage d'un ou de plusieurs membres.

ESTROPIER v. t. (it. *stroppiare*). Priver de l'usage normal d'un ou de plusieurs membres. ‖ Altérer, écorcher dans la prononciation ou l'orthographe : *estropier un nom.*

ESTUAIRE n. m. (lat. *aestus,* marée). Embouchure d'un fleuve où se font sentir les marées.

ESTUDIANTIN, E adj. Relatif aux étudiants : *vie estudiantine.*

ESTURGEON n. m. (mot francique). Poisson chondrostéen à bouche ventrale et à cinq rangées longitudinales de plaques. (Chaque femelle, qui peut atteindre 6 m de long et 200 kg, pond dans les grands cours d'eau de 3 à 4 millions d'œufs, que l'on consomme sous le nom de *caviar*; les jeunes passent un ou deux ans dans les estuaires, avant d'achever leur croissance en mer.)

esturgeon

ET conj. (lat. *et*). Indique la liaison (addition, opposition, conséquence) entre deux mots ou deux propositions de même fonction. • *Et/ou,* formule indiquant que les deux termes coordonnés le sont, au choix, soit par *et,* soit par *ou.*

ÊTA n. m. Septième lettre (η) de l'alphabet grec, notant un ê long.

ÉTABLE n. f. (lat. *stabulum*). Bâtiment destiné au logement des bovins.

ÉTABLI n. m. Table de travail des menuisiers, des ajusteurs, des tailleurs, etc.

ÉTABLIR v. t. (lat. *stabilire*; de *stabilis,* stable). Fixer, installer dans un lieu, une position : *établir sa demeure.* ‖ Instituer, mettre en vigueur : *établir un usage.* ‖ *Litt.* Pourvoir d'une fonction : *établir ses enfants.* ‖ Démontrer la réalité, prouver : *établir un fait.* ◆ **s'établir** v. pr. Fixer sa demeure, son commerce, son activité.

ÉTABLISSEMENT n. m. Action d'établir : *l'établissement d'une république.* ‖ Maison où se donne un enseignement (école, collège, lycée). ‖ Exploitation commerciale ou industrielle ne disposant ni d'une personnalité juridique ni de l'autonomie financière. • *Établissement classé,* établissement affecté à une industrie dangereuse ou incommode pour le voisinage. ‖ *Établissement financier,* entreprise qui, sans posséder la qualification de banque, participe à des opérations comme le financement de ventes à crédit, les opérations sur titres, les

estragon

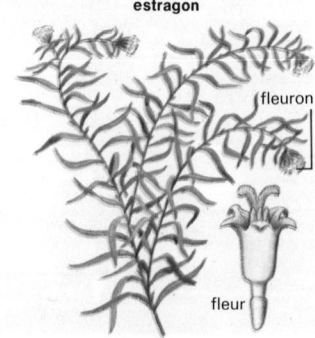

fleuron

fleur

crédit-bail, etc. || *Établissement public*, personne morale de droit public, généralement chargée d'assurer un service public, et dotée d'un budget et d'un patrimoine propres. || *Établissement d'utilité publique*, organisme privé ayant un but d'intérêt général.

ÉTAGE n. m. (lat. *stare*, se tenir debout). Dans un bâtiment, espace habitable délimité par des divisions horizontales, planchers ou voûtes (dans le décompte des étages, le rez-de-chaussée n'est pas compris). || Chacune des divisions d'une chose formée de parties superposées : *compresseur à neuf étages*. || Division d'une période géologique, correspondant à un ensemble de terrains de même âge. ● *De bas étage*, de qualité médiocre.

ÉTAGEMENT n. m. Action d'étager; disposition en étages.

ÉTAGER v. t. (conj. **1**). Mettre à des niveaux différents, échelonner, superposer. ◆ **s'étager** v. pr. Être disposé par rangs superposés.

ÉTAGÈRE n. f. Tablette fixée horizontalement sur un mur. || Meuble formé d'un ensemble de tablettes superposées.

ÉTAI [etɛ] n. m. (mot francique). Élément constitutif d'un étaiement.

ÉTAI [etɛ] n. m. (anc. angl. *staeg*). Mar. Cordage destiné à consolider un mât.

ÉTAIEMENT [etɛmã] ou **ÉTAYAGE** n. m. Action d'étayer. || Ouvrage provisoire en charpente, destiné à soutenir ou à épauler une construction.

ÉTAIN n. m. (lat. *stagnum*; de *stannum*, plomb argentifère). Métal usuel (Sn), n° 50, de masse atomique 118,69, blanc, relativement léger et très malléable. || Objet en étain.
■ L'étain, de densité 7,2, est peu tenace et très fusible. Il fond à 232 °C et bout vers 2 250 °C. Il est inaltérable à l'air, et on le trouve dans la nature surtout à l'état d'oxyde, principalement en Malaisie. Réduit en feuilles, il sert à la fabrication des glaces, ou comme enveloppe de certaines substances alimentaires, qu'il préserve de l'air et de l'humidité. Allié au cuivre, il fournit le bronze; allié au plomb, il sert à fabriquer des poteries et de la soudure très fusible. Enfin, on recouvre d'étain (*étamage*), pour les préserver de l'oxydation, le cuivre des ustensiles de cuisine, la tôle (*ferblanc*), etc.

ÉTAL n. m. (mot francique) [pl. *étaux* ou *étals*]. Table sur laquelle on débite de la viande de boucherie. || Table où l'on dispose les marchandises dans les marchés.

ÉTALAGE n. m. Disposition des marchandises, de la devanture. || Ensemble de ces marchandises. || Lieu où on les expose, devanture : *décoration de l'étalage*. || Action de montrer avec ostentation, par vanité : *faire étalage de sa richesse, de son prestige*. ◆ pl. Partie d'un haut fourneau qui se trouve au-dessous du ventre et au-dessus de la région des tuyères.

ÉTALAGER v. t. (conj. **1**). Disposer en étalage.

ÉTALAGISTE n. Décorateur sachant mettre en valeur un étalage par sa présentation et sa décoration. || Vendeur exerçant son activité à l'étalage.

ÉTALE adj. Sans mouvement, immobile : *navire étale*. ● *Mer ou cours d'eau étale*, mer ou cours d'eau qui ne monte ni ne descend.

ÉTALE n. m. Moment où la mer ne monte ni ne baisse.

ÉTALEMENT n. m. Action d'étaler.

ÉTALER v. t. Exposer pour la vente : *étaler des marchandises*. || Disposer à plat et éparpillant, en déployant : *étaler une carte*. || Appliquer une couche fine : *étaler de la peinture sur un mur*. || Répartir dans le temps : *étaler des paiements, les vacances*. || Montrer avec ostentation : *étaler ses connaissances*. ● *Étaler son jeu*, montrer toutes ses cartes. ● *Étaler le vent* (Mar.), lui résister. ◆ **s'étaler** v. pr. Fam. S'étendre, tomber : *s'étaler sur l'herbe*. || Prendre de la place.

ÉTALIER, ÈRE adj. et n. Qui tient un étal pour le compte d'un maître boucher.

ÉTALON n. m. (anc. fr. *estel*, pieu). Métrol. Norme en général. ● *Étalon de mesure*, modèle servant à définir une unité de grandeur. || *Étalon*

monétaire, valeur, ou métal, adoptée par un ou plusieurs pays comme pivot de leur système monétaire. (Ce peut être une monnaie.)

ÉTALON n. m. (mot francique). Cheval entier spécialement destiné à la reproduction.

ÉTALONNAGE ou **ÉTALONNEMENT** n. m. Action d'étalonner.

ÉTALONNER v. t. Vérifier, par comparaison avec un étalon, l'exactitude des indications d'un instrument de mesure. || Établir la graduation d'un instrument. || Appliquer un test psychologique à un groupe de référence et lui donner des valeurs chiffrées en fonction de la répartition statistique des résultats. || Assurer l'unité ou l'équilibre photographique d'un film.

ÉTAMAGE n. m. Action d'étamer.

ÉTAMBOT n. m. (mot scandin.). Mar. Pièce de bois ou de métal formant la limite arrière de la carène.

ÉTAMBRAI n. m. Mar. Pièce soutenant un mât à hauteur du pont.

ÉTAMER v. t. (de *étain*). Recouvrir d'une couche d'étain. || Mettre le tain à une glace.

ÉTAMEUR n. m. Ouvrier qui étame.

ÉTAMINE n. f. (lat. *stamineus*, fait de fil). Petite étoffe mince non croisée. || Tissu non croisé, de crin, de soie, etc., pour passer au tamis.

ÉTAMINE n. f. (lat. *stamina*). Organe sexuel mâle des végétaux à fleurs, comprenant une partie grêle, le *filet*, et une partie renflée, l'*anthère*, qui renferme le pollen.

ÉTAMPAGE n. m. Action d'étamper.

ÉTAMPE n. f. Outil en acier analogue à une matrice, servant à produire des empreintes sur des pièces métalliques à chaud ou à froid.

ÉTAMPER v. t. Exécuter un travail à l'étampe.

ÉTAMPEUR n. m. Ouvrier qui réalise à la machine des pièces de forge diverses.

ÉTANCHE adj. Qui retient bien les fluides, ne les laisse pas pénétrer ou s'écouler. || Qui maintient une séparation absolue : *les cloisons étanches entre les classes sociales*. ● *Porte étanche*, porte métallique fermant hermétiquement une ouverture dans une cloison étanche.

ÉTANCHÉITÉ n. f. Qualité de ce qui est étanche.

ÉTANCHEMENT n. m. Action d'étancher.

ÉTANCHER v. t. (lat. *stare*, s'arrêter). Arrêter l'écoulement d'un liquide : *étancher le sang*. || Rendre étanche : *étancher un tonneau*. ● *Étancher la soif*, l'apaiser en buvant.

ÉTANÇON n. m. (lat. *stare*, se tenir debout). Pièce en bois ou en acier soutenant ou appuyant un mur, un plancher, les flancs d'une tranchée, etc. || Pièce d'assemblage dans les charrues.

ÉTANÇONNEMENT n. m. Action d'étançonner.

ÉTANÇONNER v. t. Soutenir avec des étançons; étayer.

ÉTANG n. m. (anc. fr. *estanchier*, arrêter l'eau). Étendue d'eau stagnante, naturelle ou artificielle.

ÉTANT n. m. Philos. Être en tant qu'il existe.

ÉTAPE n. f. (moyen néerl. *stapel*, entrepôt). Lieu où s'arrête une troupe en mouvement, une équipe de coureurs cyclistes, etc., avant de repartir. || Distance d'un de ces lieux à un autre; épreuve sportive consistant à franchir cette distance : *gagner une étape*. || Période, degré : *procéder par étapes*.

ÉTARQUER v. t. Mar. Raidir, tendre le plus possible : *étarquer un foc*.

ÉTAT n. m. (lat. *status*). Manière d'être, situation d'une personne ou d'une chose : *état de santé; bâtiment en mauvais état*. || Manière d'être d'un corps relative à sa cohésion, sa fluidité, l'arrangement ou la ionisation de ses atomes (état solide, état cristallin, etc.). || Ensemble des données caractérisant un système thermodynamique ou cybernétique. || Liste énumérative, inventaire, compte : *état du personnel, des dépenses*. || Litt. Condition sociale, profession : *état militaire*. || Litt. Forme de gouvernement : *état républicain*. ● *Équation d'état* (Phys.), équa-

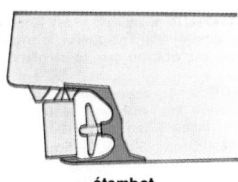
étambot

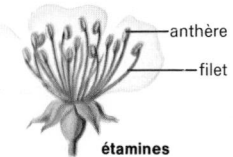
anthère
filet

étamines

tion entre les grandeurs qui définissent l'état d'un corps pur. || *État d'âme*, disposition particulière de l'humeur. || *État de choses*, circonstances, conjonctures particulières. || *État civil*, condition des individus en ce qui touche les relations de famille, la naissance, le mariage, le décès, etc. || *État des lieux*, acte intervenant entre le propriétaire et le locataire d'une maison, d'un appartement, à l'effet d'en constater l'état lors de l'entrée du locataire et lors de son départ. || *État de nature*, état hypothétique de l'humanité, logiquement antérieur à la vie en société. || *État des personnes*, ce qui caractérise l'existence juridique, la situation familiale des personnes. || *Être en état de*, être capable de. || *Être hors d'état de*, être dans l'incapacité de. || *Faire état de*, tenir compte de; s'appuyer sur; citer. || *Tenir en état*, conserver, réparer. ◆ pl. *États généraux*, sous l'Ancien Régime, assemblées convoquées par le roi de France pour traiter des affaires importantes concernant l'État. || *États provinciaux*, sous l'Ancien Régime, assemblées des représentants des trois ordres de certaines provinces dites *pays d'état*.
■ Les *états généraux* comprenaient des représentants de toutes les provinces appartenant aux trois ordres : clergé, noblesse, tiers état. La première assemblée répondant à cette définition se tint en 1347, la dernière — la plus importante parce qu'elle préluda à la Révolution française — en 1789.

ÉTAT n. m. Entité politique constituée d'institutions diverses qui préside aux destinées collectives d'une société et exerce, à ce titre, le pouvoir. ● *Affaire d'État*, affaire importante. || *Appareil d'État*, pour les marxistes, institutions politiques ou juridiques aux mains d'une classe sociale. || *Coup d'État*, action d'une autorité qui viole les formes constitutionnelles; conquête du pouvoir politique par des moyens illégaux. || *Homme d'État*, homme qui participe à la direction de l'État ou exerce un rôle politique important. || *Raison d'État*, considération de l'intérêt public au nom duquel est justifiée une action le plus souvent injuste.

ÉTATIQUE adj. Relatif à l'État.

ÉTATISATION n. f. Action d'étatiser.

ÉTATISER v. t. Faire administrer par l'État.

ÉTATISME n. m. Système politique dans lequel l'État intervient directement dans le domaine économique et social.

ÉTATISTE adj. et n. Relatif à l'étatisme; partisan de l'étatisme.

ÉTAT-MAJOR n. m. (pl. *états-majors*). Groupe d'officiers chargés d'assister un chef militaire dans l'exercice de son commandement; lieu où il se réunit. || Ensemble des collaborateurs les plus proches d'un chef, des personnes les plus importantes d'un groupe : *l'état-major d'un ministre, d'un parti*.

ÉTAU n. m. (pl. de *estoc*). Instrument formé de deux mâchoires que l'on rapproche pour maintenir des objets qu'on veut limer, buriner, etc.

ÉTAU-LIMEUR n. m. (pl. *étaux-limeurs*). Machine à raboter dans laquelle le mouvement de coupe est obtenu par le déplacement de l'outil.

ÉTAYAGE n. m. *Psychanal.* Appui originaire que trouvent les pulsions sexuelles sur les fonctions vitales. ‖ Syn. de ÉTAIEMENT.

ÉTAYER [eteje] v. t. (conj. **2**). Soutenir avec des étais : *étayer un mur.* ‖ Appuyer par des arguments, soutenir : *étayer un raisonnement.*

ET CETERA, ET CÆTERA ou **ETC.** [etsetera] loc. adv. (loc. lat., *et le reste*). S'ajoute à une énumération pour indiquer qu'elle est incomplète.

ÉTÉ n. m. (lat. *aestas, aestatis*). Saison qui suit le printemps et précède l'automne (du solstice de juin [21 ou 22] à l'équinoxe de septembre [22 ou 23] dans l'hémisphère Nord). ‖ Période des chaleurs en général.

ÉTEIGNOIR n. m. Petit cône métallique servant à éteindre les bougies ou les chandelles. ‖ *Fam.* et *vx.* Personne triste, austère.

ÉTEINDRE v. t. (lat. *extinguere*) [conj. **55**]. Faire cesser de brûler, de briller : *éteindre le feu, une lampe.* ‖ Faire cesser d'être éclairé : *éteindre le bureau.* ‖ Interrompre le fonctionnement d'un appareil de chauffage, d'un poste de radio, etc. ‖ Faire cesser, mettre un terme, effacer : *éteindre la soif, un souvenir, une dette.* ◆ **s'éteindre** v. pr. Cesser de brûler, de briller. ‖ Mourir doucement, expirer.

ÉTEINT, E adj. Qui a perdu son éclat, sa vivacité : *regard éteint.*

ÉTENDAGE n. m. Action d'étendre. ‖ Bâtiment très ventilé pour faire sécher les fils et les tissus après teinture.

ÉTENDARD n. m. (mot francique). Enseigne de guerre et, notamment, drapeau des troupes autref. à cheval (artillerie, cavalerie, train). ‖ *Bot.* Pétale supérieur de la corolle d'une papilionacée. ● *Lever l'étendard de la révolte,* se révolter.

ÉTENDERIE n. f. Four dans lequel on transforme en verre plat des cylindres de verre soufflé ou dans lequel on recuit le verre plat.

ÉTENDOIR n. m. Corde ou fil sur lesquels on étend le linge ; lieu où l'on dresse ces fils.

ÉTENDRE v. t. (lat. *extendere*) [conj. **46**]. Déployer en long et en large, allonger : *étendre du linge, étendre les bras.* ‖ Coucher tout du long : *étendre un homme à terre.* ‖ Appliquer sur une surface, étaler : *étendre du beurre sur une tartine.* ‖ Ajouter de l'eau pour diminuer la concentration : *étendre du vin.* ‖ Augmenter, agrandir : *étendre son pouvoir.* ‖ *Fam.* Refuser qqn à un examen. ◆ **s'étendre** v. pr. Se coucher ; s'allonger. ‖ Se développer : *son pouvoir s'est étendu.* ‖ Avoir une certaine étendue. ● *S'étendre sur un sujet,* le développer longuement.

ÉTENDU, E adj. Vaste : *plaine très étendue.* ‖ Déployé : *ailes étendues.* ‖ À quoi l'on a ajouté de l'eau : *alcool étendu.*

ÉTENDUE n. f. Dimension en superficie : *un pays d'une grande étendue.* ‖ Durée d'une chose : *l'étendue de la vie.* ‖ Développement, longueur, ampleur : *l'étendue d'un discours, d'un désastre.* ‖ *Philos.* Propriété de ce qui est situé dans l'espace ; réalité ontologique. (Syn. : MATIÈRE, CORPS.) ‖ *Stat.* Différence entre la plus grande et la plus petite valeur d'un groupe d'observations ou échantillons. ● *Étendue de la voix,* écart entre le son le plus grave et le son le plus aigu. (On dit aussi REGISTRE.)

ÉTERNEL, ELLE adj. (lat. *aeternalis*). Sans commencement ni fin : *on ne peut concevoir Dieu autrement qu'éternel.* ‖ Qui n'a point de fin, qui dure autant que la vie : *reconnaissance éternelle.* ‖ Qui ne semble pas se terminer ; qui lasse par sa longueur, sa répétition : *d'éternelles discussions.* ‖ Qui est associé continuellement à qqn : *son éternelle cigarette à la bouche.* ● *Feu éternel,* supplice sans fin des damnés. ‖ *La Ville éternelle,* Rome.

ÉTERNEL (l') n. m. Dieu.

ÉTERNELLEMENT adv. De toute éternité. ‖ Sans cesse, continuellement.

ÉTERNISER v. t. Faire durer très longtemps, faire traîner en longueur : *éterniser un procès, un débat.* ◆ **s'éterniser** v. pr. Durer très longtemps : *crise qui s'éternise.* ‖ *Fam.* Rester longtemps en un lieu.

ÉTERNITÉ n. f. (lat. *aeternitas*). Durée qui n'a ni commencement ni fin. ‖ La vie future : *songer à l'éternité.* ‖ Temps très long : *il y a une éternité que je ne l'ai pas vu.* ● *De toute éternité,* de temps immémorial.

ÉTERNUEMENT n. m. Contraction subite des muscles expiratoires, par suite de laquelle l'air est chassé tout à coup et avec violence par le nez et par la bouche. (L'éternuement est produit par un réflexe à point de départ rhino-pharyngien ou oculaire [nerf trijumeau].)

ÉTERNUER v. i. (lat. *sternutare*). Faire un éternuement.

ÉTÉSIEN adj. m. (gr. *etêsioi* [*anemoi*], [vents] annuels). *Litt.* Se dit d'un vent qui souffle du nord sur la Méditerranée orientale.

ÉTÊTAGE ou **ÉTÊTEMENT** n. m. Action ou manière d'étêter les arbres.

ÉTÊTER v. t. Couper, enlever la tête de : *étêter un clou.* ‖ Couper la cime d'un arbre. ‖ Enlever à un produit pétrolier la fraction la plus légère, ou tête de distillation.

ÉTEULE [etœl] n. f. (lat. *stipula*). *Litt.* Chaume qui reste sur place après la moisson.

ÉTHANE n. m. *Chim.* Hydrocarbure saturé, de formule C_2H_6.

ÉTHER n. m. (lat. *aether*, mot gr.). *Antiq.* Fluide subtil remplissant, selon les Anciens, les espaces situés au-delà de l'atmosphère terrestre. ‖ Fluide hypothétique, impondérable, élastique, que l'on regardait comme l'agent de transmission de la lumière. ‖ *Chim.* Oxyde d'éthyle $(C_2H_5)_2O$, liquide très volatil et inflammable, bon solvant, dit aussi *éther sulfurique.* (L'éther est un anesthésique général employé en inhalations.) ‖ *Poét.* Les espaces célestes.

ÉTHÉRÉ, E adj. Qui a l'odeur de l'éther. ‖ *Litt.* Qui a quelque chose de léger, d'inconsistant, d'aérien, de très pur : *regard éthéré.*

ÉTHÉROMANE n. et adj. Toxicomane à l'éther.

ÉTHÉROMANIE n. f. Intoxication chronique par l'éther consommé par inhalation, boisson ou injection.

ÉTHER-SEL n. m. Syn. vieilli de ESTER.

ÉTHIONAMIDE n. m. Antibiotique antituberculeux dérivé de l'acide isonicotinique.

ÉTHIOPIEN, ENNE adj. et n. D'Éthiopie. ● *Langues éthiopiennes,* langues sémitiques de l'Éthiopie et de l'Érythrée (guèze, amharique, tigré, etc.).

ÉTHIQUE adj. (gr. *êthikos,* moral ; de *êthos,* mœurs). Qui concerne les principes de la morale : *jugement éthique.*

ÉTHIQUE n. f. *Philos.* Doctrine du bonheur des hommes et des moyens d'accès à cette fin. ‖ Ensemble particulier de règles de conduite (syn. MORALE). ‖ Partie théorique de la morale.

ETHMOÏDAL, E, AUX adj. Qui concerne l'os ethmoïde.

ETHMOÏDE adj. et n. m. (gr. *êthmos,* crible, et *eidos,* forme). Os impair et médian de la tête, qui forme la partie supérieure du squelette du nez et dont la lame criblée, située à la base du crâne, est traversée par les nerfs olfactifs.

ETHNARCHIE [etnarʃi] n. f. (gr. *ethnos,* peuple, et *arkhê,* commandement). Dignité d'ethnarque ; province dirigée par un ethnarque.

ETHNARQUE n. m. *Antiq.* Gouverneur de provinces d'Orient relativement autonomes, vassales des Romains. ‖ Chef civil de communautés juives de la diaspora romaine. ‖ Évêque de certaines Églises orthodoxes.

ETHNIE n. f. (gr. *ethnos,* peuple). Groupement de familles au sens large, qui possède une structure familiale, économique et sociale homogène et dont l'unité repose sur une langue, une culture et une conscience de groupe communes.

ETHNIQUE adj. Relatif à l'ethnie : *influences ethniques.* ‖ Qui désigne les habitants d'un pays : FRANÇAIS *est un nom ethnique.*

ETHNOBIOLOGIE n. f. Science qui inventorie

et analyse les connaissances botaniques (*ethnobotanique*) et zoologiques (*ethnozoologie*) des populations de chasseurs-ramasseurs.

ETHNOCENTRIQUE adj. Relatif à l'ethnocentrisme.

ETHNOCENTRISME n. m. Tendance d'un individu ou d'un groupe à valoriser son groupe, son pays, sa nationalité.

ETHNOCIDE n. m. Destruction d'une ethnie sur le plan culturel.

ETHNOGRAPHE n. Spécialiste d'ethnographie.

ETHNOGRAPHIE n. f. Branche des sciences humaines qui a pour objet l'étude descriptive des ethnies.

ETHNOGRAPHIQUE adj. Relatif à l'ethnographie.

ETHNOLINGUISTIQUE n. f. Science qui étudie le langage des peuples sans écriture. ◆ adj. Relatif à l'ethnolinguistique.

ETHNOLOGIE n. f. Étude scientifique des ethnies, dans l'unité de la structure linguistique, économique et sociale de chacune, dans les liens de civilisation qui les caractérisent et dans leur évolution.

ETHNOLOGIQUE adj. Relatif à l'ethnologie.

ETHNOLOGUE n. Spécialiste d'ethnologie.

ETHNOMUSICOLOGIE n. f. Branche de la musicologie qui étudie notamment la musique des sociétés primitives et la musique populaire des sociétés plus évoluées.

ETHNOPSYCHIATRIE n. f. Étude du sens que revêt ce qui est considéré comme anomalie ou trouble psychique dans une culture donnée, en fonction des autres caractéristiques de cette culture.

ÉTHOGRAMME n. m. Enregistrement graphique de l'ensemble des mouvements et déplacements spontanés d'un animal en liberté apparente.

ÉTHOLOGIE n. f. (gr. *êthos,* mœurs, et *logos,* science). Étude scientifique du comportement des animaux dans leur milieu naturel, s'intéressant à leur évolution aussi bien ontogénétique que phylogénétique.

ÉTHOLOGIQUE adj. Relatif à l'éthologie.

ETHOS [etɔs] n. m. (mot gr.). *Anthropol.* Caractère commun à un groupe d'individus appartenant à une même société.

ÉTHUSE n. f. → ÆTHUSE.

ÉTHYLE n. m. (lat. *aether,* et gr. *hulê,* bois). Radical univalent C_2H_5, dérivé de l'éthane.

ÉTHYLÈNE n. m. Hydrocarbure gazeux incolore (C_2H_4), légèrement odorant, produit à partir du pétrole et à la base de nombreuses synthèses.

ÉTHYLÉNIQUE adj. Se dit des hydrocarbures contenant une liaison double, de formule générale C_nH_{2n}, encore appelés *alcènes* et *oléfines.*

ÉTHYLIQUE adj. Se dit des dérivés de l'éthane : *alcool éthylique* (ou alcool ordinaire), de formule $C_2H_5OH.$ ◆ adj. et n. Syn. de ALCOOLIQUE.

ÉTHYLISME n. m. Syn. de ALCOOLISME.

ÉTHYLSULFURIQUE adj. Syn. de SULFOVINIQUE.

ÉTIAGE n. m. (de *étier*). Niveau moyen le plus bas d'un cours d'eau. (Syn. MAIGRE.)

ÉTIER n. m. (lat. *aestuarium,* bassin au bord de la mer). Canal qui amène l'eau de mer dans les marais salants.

ÉTINCELAGE n. m. Procédé d'usinage utilisant l'action abrasive d'étincelles électriques à haute fréquence. ‖ *Chir.* Procédé permettant de détruire certains tissus organiques par l'utilisation de courants de haute fréquence.

ÉTINCELANT, E adj. Qui étincelle, brillant : *couleurs étincelantes ; esprit étincelant.*

ÉTINCELER v. i. (conj. **3**). Briller d'un vif éclat, scintiller : *les étoiles étincellent.* ● *Étinceler d'esprit* (Litt.), abonder en traits d'esprit.

ÉTINCELLE n. f. (lat. *scintilla*). Parcelle qui, portée à l'incandescence, est projetée au loin : *jeter des étincelles.* ‖ Manifestation brillante et fugitive : *étincelle de génie.* ● *Étincelle électri-*

que, phénomène lumineux et crépitant, dû à une décharge brusque et se produisant lorsqu'on rapproche deux corps électrisés à des potentiels différents. || *Faire des étincelles* (Fam.), être brillant.

ÉTINCELLEMENT n. m. Éclat de ce qui étincelle; scintillement.

ÉTIOLEMENT n. m. Affaiblissement, appauvrissement : *l'étiolement de l'esprit.* || *Agric.* Action d'étioler une plante; état d'une plante étiolée.

ÉTIOLER v. t. *Agric.* Faire pousser une plante à l'abri de la lumière, afin qu'elle reste blanche. ◆ **s'étioler** v. pr. Devenir chétif, malingre; s'affaiblir.

ÉTIOLOGIE n. f. (gr. *aitia*, cause, et *logos*, science). Partie de la médecine qui recherche les causes des maladies.

ÉTIOLOGIQUE adj. Relatif à l'étiologie. || Se dit d'un récit qui vise à expliquer, par certains faits (réels ou mythiques) des origines, la signification d'un phénomène naturel, d'un nom, d'une institution, etc.

ÉTIQUE adj. (anc. fr. *fièvre hectique*, qui amaigrit). *Litt.* Maigre, décharné.

ÉTIQUETAGE n. m. Action d'étiqueter.

ÉTIQUETER v. t. (conj. 4). Marquer d'une étiquette. || Classer qqn.

ÉTIQUETEUR, EUSE n. Personne qui pose des étiquettes.

ÉTIQUETEUSE n. f. Machine servant à étiqueter.

ÉTIQUETTE n. f. (anc. fr. *estiquer*, attacher). Petit écriteau qu'on met sur un objet pour en indiquer le prix, le contenu, etc. || Cérémonial en usage dans une cour, dans la maison d'un chef d'État, dans une réception : *observer l'étiquette.* || *Inform.* Instruction particulière au sein d'un groupe de données et destiné à l'identifier. ● *Mettre une étiquette*, classer qqn selon son appartenance politique, sociale ou idéologique.

ÉTIRABLE adj. Qui peut être étiré.

ÉTIRAGE n. m. Action d'étirer. || Opération qui amène une barre ou un tube, par passage à froid à travers une filière, à une longueur plus grande et à une section plus réduite. ● *Banc d'étirage*, machine utilisée pour l'étirage.

ÉTIREMENT n. m. Action d'étirer, de s'étirer.

ÉTIRER v. t. Étendre, allonger par traction. || Former en continu une feuille de verre plat ou un tube de verre. || Réduire la section des rubans et des mèches en filature. ◆ **s'étirer** v. pr. S'allonger en étendant les membres, pour se délasser.

ÉTOFFE n. f. (mot germ.). Article textile ayant une certaine cohésion. || Alliage dont on fait les tuyaux d'orgue. ● *Avoir de l'étoffe*, avoir de grandes qualités. ◆ pl. Bénéfices que l'imprimeur prélève sur le papier et les fournitures diverses qu'il facture.

ÉTOFFÉ, E adj. Abondant, consistant : *devoir bien étoffé.* || *Voix étoffée*, pleine et sonore.

ÉTOFFER v. t. Garnir d'étoffe. || Enrichir de faits, développer : *étoffer un roman.*

ÉTOILE n. f. (lat. *stella*). Dans le langage courant, tout astre qui brille dans le ciel, à l'exception de la Lune et du Soleil. || *Astron.* Astre doué d'un éclat propre. || Influence attribuée aux astres sur le sort des hommes, destinée : *être né sous une bonne étoile.* || Objet, ornement formé de branches qui rayonnent à partir d'un point central. || Fêlure à fentes rayonnantes. || Carrefour à plus de quatre branches rayonnantes. || Artiste célèbre au théâtre, au cinéma. || Danseur, danseuse de classe internationale; suprême échelon dans la hiérarchie de certains corps de ballet (Opéra de Paris). || Insigne du grade des officiers généraux (v. GRADE). || En France, étoile en plein air, la nuit. || *Étoile de David*, symbole judaïque constitué par une étoile à six branches. || *Étoile double*, ensemble de deux étoiles proches l'une

étoile de mer

étourneau

de l'autre dans le ciel. (Certaines étoiles n'apparaissent doubles que par suite d'un effet de perspective, mais le plus souvent les deux composantes d'une étoile double sont liées physiquement et tournent autour de leur centre de gravité commun.) || *Étoile filante*, phénomène lumineux provoqué par le déplacement rapide d'un corpuscule solide, généralement de très petites dimensions, porté à l'incandescence par suite du frottement dans les couches atmosphériques supérieures. || *Étoile géante*, étoile possédant une grande luminosité et une faible densité. || *Étoile de mer*, animal marin en forme d'étoile à cinq branches, de l'embranchement des échinodermes. (Les étoiles de mer, ou *astéries*, carnassières, aux bras souples et régénérant facilement, atteignent chez certaines espèces un diamètre de 50 cm. Elles forment la classe des *astérides*.) || *Étoile multiple*, ensemble d'étoiles qui gravitent les unes et les autres autour de leur centre de gravité commun. || *Étoile naine*, étoile de forte densité moyenne et de luminosité relativement faible. || *Étoile à neutrons*, étoile extrêmement dense et de petite dimension, constituée d'un gaz de neutrons. || *Étoile Polaire*, celle des étoiles visibles à l'œil nu qui est, actuellement, la plus proche du pôle Nord de la sphère céleste. || *Étoile à sursauts*, étoile jeune caractérisée par des changements brusques et brefs d'éclat et de spectre. || *Étoile variable*, étoile soumise à d'importantes variations d'éclat.
■ Les étoiles naissent de la contraction de vastes nuages de matière interstellaire (nébuleuses). Lorsque leur température devient suffisante, des réactions thermonucléaires s'amorcent dans leurs régions centrales et leur permettent de rayonner. Leur évolution comporte une succession de périodes durant lesquelles elles se contractent sous l'effet de leur propre gravitation; la matière qui les constitue subit ainsi un échauffement de plus en plus intense, qui autorise le déclenchement de réactions nucléaires entre éléments de plus en plus lourds. Pendant la majeure partie de leur vie elles tirent leur énergie de la transformation d'hydrogène en hélium. Lorsque leur combustible nucléaire s'épuise, elles connaissent une phase explosive puis meurent suivant un processus étroitement lié à leur masse. C'est grâce à l'enregistrement et à l'analyse des spectres que l'on parvient à déterminer la composition chimique des étoiles, les conditions physiques (température et pression) régnant dans leurs atmosphères, leurs mouvements, etc.

ÉTOILÉ, E adj. Semé d'étoiles : *ciel étoilé.* || Formé de branches qui rayonnent à partir d'un

point central. ● *Bannière étoilée*, drapeau des États-Unis.

ÉTOILEMENT n. m. Fêlure en étoile.

ÉTOILER v. t. Fêler en étoile : *étoiler un carreau.* || *Litt.* Semer d'étoiles ou d'objets en forme d'étoile.

ÉTOLE n. f. (lat. *stola*, robe). Ornement liturgique fait d'une large bande d'étoffe, porté de façon différente par l'évêque, le prêtre et le diacre. || Fourrure en forme d'étole.

ÉTOLIEN, ENNE adj. et n. De l'Étolie.

ÉTONNAMMENT adv. De façon étonnante.

ÉTONNANT, E adj. Qui frappe par qqch d'extraordinaire, d'inattendu, d'étrange; prodigieux, remarquable : *une mémoire étonnante.*

ÉTONNEMENT n. m. Surprise causée par qqch de singulier, d'inattendu.

ÉTONNER v. t. (lat. pop. *extonare*, frapper de stupeur). Surprendre par qqch d'extraordinaire, d'inattendu; abasourdir, stupéfier. ◆ **s'étonner** v. pr. Être surpris.

ÉTOUFFAGE n. m. Action de tuer la chrysalide d'un cocon de ver à soie.

ÉTOUFFANT, E adj. Qui fait qu'on étouffe; suffocant : *la chaleur étouffante d'une salle.*

ÉTOUFFE-CHRÉTIEN n. m. inv. *Fam.* Aliment, pâtisserie difficiles à avaler à cause de leur consistance épaisse ou farineuse.

ÉTOUFFÉE (À L') loc. adv. Mode de cuisson des viandes ou des légumes en vase clos, avec peu ou pas de liquide. (Syn. À L'ÉTUVÉE.)

ÉTOUFFEMENT n. m. Action d'étouffer. || Grande difficulté à respirer.

ÉTOUFFER v. t. (lat. pop. *stuffare*, boucher). Faire périr par asphyxie. || Gêner en rendant la respiration difficile : *chaleur qui étouffe.* || Assourdir, amortir : *tapis qui étouffe les pas.* || Empêcher d'éclater ou de se développer : *étouffer un scandale, une révolte.* ● *Étouffer le feu*, l'éteindre. ◆ v. i. Respirer avec peine; être mal à l'aise : *on étouffe ici.* ◆ **s'étouffer** v. pr. Perdre la respiration.

ÉTOUFFOIR n. m. *Mus.* Mécanisme à l'aide duquel on arrête subitement les vibrations des cordes d'un instrument de musique. || *Fam.* Salle dont l'atmosphère est chaude et confinée.

ÉTOUPE n. f. (lat. *stuppa*). Partie la plus grossière de la filasse de chanvre ou de lin.

ÉTOUPILLE [etupij] n. f. Artifice contenant une composition fulminante servant à la mise à feu d'une charge de poudre.

ÉTOUPILLER v. t. Munir d'une étoupille.

ÉTOURDERIE n. f. Caractère de celui qui ne réfléchit pas avant d'agir; irréflexion, distraction, inattention. || Acte irréfléchi : *commettre des étourderies.*

ÉTOURDI, E adj. et n. Qui agit sans réflexion, sans attention : *enfant étourdi.*

ÉTOURDIMENT adv. En étourdi, inconsidérément, imprudemment.

ÉTOURDIR v. t. (lat. *turdus*, grive). Faire perdre à demi connaissance : *étourdir d'un coup de bâton.* || Fatiguer, importuner par le bruit, les paroles : *ce bruit m'étourdit.* || Causer une sorte de griserie : *le vin l'étourdit un peu.* ◆ **s'étourdir** v. pr. Se distraire pour ne penser à rien.

ÉTOURDISSANT, E adj. Qui étourdit : *bruit étourdissant.* || Extraordinaire, éblouissant : *nouvelle étourdissante.*

ÉTOURDISSEMENT n. m. Vertige, perte de conscience passagère. || État de griserie.

ÉTOURNEAU n. m. (lat. *sturnus*). Passereau à plumage sombre tacheté de blanc, insectivore et frugivore. (Long. 20 cm. Famille des sturnidés.) [Syn. SANSONNET.] || *Fig.* Étourdi.

ÉTRANGE adj. (lat. *extraneus*). Contraire à l'usage, à l'ordre, à l'habitude; bizarre, extraordinaire : *une nouvelle, une aventure étrange.*

ÉTRANGEMENT adv. De façon étrange.

ÉTRANGER, ÈRE adj. et n. Qui n'appartient pas à la nation, à la famille, au groupe. ◆ adj. Qui n'appartient pas à la chose dont on parle : *dissertation étrangère au sujet.* || Qui n'est pas connu : *visage étranger.* || Qui est sans rapport,

sans relation avec : *étranger à une affaire.*
● *Corps étranger* (Méd.), chose qui se trouve,
contre nature, dans le corps de l'homme ou de
l'animal.

ÉTRANGER n. m. Pays autre que celui dont on
est citoyen : *partir pour l'étranger.*

ÉTRANGETÉ n. f. Caractère de ce qui est
étrange, extraordinaire. ‖ Chose étrange. ● *Sentiment d'étrangeté* (Psychol.), altération de la
résonance affective des perceptions.

ÉTRANGLÉ, E adj. Resserré, rétréci. ● *Voix
étranglée,* à demi étouffée.

ÉTRANGLEMENT n. m. Action d'étrangler. ‖
Resserrement, rétrécissement : *l'étranglement
d'une vallée.* ● *Goulet ou goulot d'étranglement,* difficulté limitant ou retardant une évolution.

ÉTRANGLER v. t. (lat. *strangulare*). Serrer,
comprimer excessivement le cou, en gênant ou
en faisant perdre la respiration. ‖ Resserrer
fortement. ‖ Empêcher de se manifester, de
s'exprimer librement : *étrangler la presse, les
libertés.*

ÉTRANGLEUR, EUSE n. Celui, celle qui
étrangle.

ÉTRANGLOIR n. m. *Mar.* Appareil destiné à
ralentir la course d'une chaîne d'ancre.

ÉTRAVE n. f. (mot scandin.). *Mar.* Forte pièce
de charpente qui termine la coque d'un navire à
l'avant. ● *Propulseur d'étrave,* petite hélice placée dans un tunnel transversal, près de l'étrave,
et permettant le déplacement latéral du navire.

ÊTRE v. i. (lat. pop. *essere,* class. *esse*) [v. tableau des conjugaisons]. Sert : 1° à lier l'attribut,
le compl. de lieu, de manière, etc., au sujet : *la
neige est blanche; il est sans ressources; il est
à Paris;* 2° d'auxiliaire dans les temps composés
des verbes passifs, pronominaux, et de certains
verbes neutres : *nous sommes venus; je me
suis promené;* 3° de syn. de ALLER aux temps
composés : *j'ai été à Rome.* ‖ Exister : *je pense,
donc je suis.* ● *C'est, ce sont,* etc., servent à
présenter qqn, qqch. ‖ *En être,* marque le point
où on est parvenu, le résultat. ‖ *En être pour sa
peine,* avoir perdu sa peine. ‖ *Être de,* marque
l'origine, la participation, la condition, etc. ‖ *Être
en,* être vêtu en : *être en deuil.* ‖ *Être pour,* être
partisan de. ‖ *N'être plus,* avoir cessé de vivre.
‖ *Y être,* être chez soi; comprendre.

ÊTRE n. m. Tout ce qui possède l'existence,
tout ce qui est : *les êtres vivants.* ‖ Personne,
individu : *un être détestable.* ‖ *Philos.* Existence.
‖ Ce à quoi on peut penser ou dont on
peut parler. (Syn. ENTITÉ.) ● *L'Être suprême,*
Dieu. (L'expression s'applique particulièrement
au culte déiste organisé par Robespierre en mai-
juin 1794.)

ÉTREINDRE v. t. (lat. *stringere*) [conj. 55]. *Litt.*
Serrer fortement en entourant : *éteindre dans
ses bras.* ‖ Oppresser, saisir l'esprit : *l'émotion
étreignait les spectateurs.*

ÉTREINTE n. f. Action d'étreindre, de serrer
dans ses bras.

ÊTRE-LÀ n. m. inv. (trad. de l'all. *Dasein*).
Philos. Étant dont l'essence réside dans son
existence. (Syn. HOMME.)

ÉTRENNE n. f. (lat. *strena*). Présent fait à
l'occasion du premier jour de l'année ou de tout
autre jour consacré par l'usage (surtout au pl.) :
recevoir, donner des étrennes. ● *Avoir l'étrenne
de qqch,* en avoir l'usage le premier ou pour la
première fois.

ÉTRENNER v. t. Faire usage d'une chose pour
la première fois : *étrenner une robe.* ◆ v. i. Être
le premier à subir un inconvénient.

ÊTRES n. m. pl. (lat. *extera,* ce qui est à
l'extérieur). *Litt.* Disposition des diverses parties
d'une habitation.

ÉTRÉSILLON n. m. (altér. d'*estesillon,* bâton).
Élément de construction placé entre deux parties qui tendent à se rapprocher.

ÉTRÉSILLONNEMENT n. m. Action d'étrésillonner. ‖ Assemblage d'étrésillons.

ÉTRÉSILLONNER v. t. Neutraliser l'une par
l'autre deux poussées convergentes.

ÉTRIER n. m. (mot francique). Anneau en
métal, suspendu par une courroie de chaque

étrave

côté de la selle, et sur lequel le cavalier appuie
le pied. ‖ Petite échelle de corde avec planchettes ou barreaux de métal léger, qui sert à
l'alpiniste en escalade artificielle. ‖ Pièce métallique pour renforcer une pièce de charpente ou
pour la lier à une autre. ‖ Pièce métallique de la
fixation du ski, qui maintient solidement l'avant
de la chaussure. ‖ *Anat.* Osselet de l'oreille
moyenne, placé en dedans de l'enclume et
s'articulant avec la fenêtre ovale. ● *Avoir le pied
à l'étrier,* être prêt à partir; être en bonne voie
pour réussir. ‖ *Coup de l'étrier,* verre que l'on
boit avant de partir. ‖ *Tenir l'étrier à qqn,* l'aider
à monter à cheval; (litt.) favoriser ses desseins.
‖ *Vider les étriers,* tomber de cheval.

ÉTRILLE n. f. (lat. *strigilis*). Instrument formé
de petites lames dentelées, pour enlever les
malpropretés qui s'attachent au poil des chevaux. ‖ Crabe comestible, à pattes postérieures
aplaties en palette, commun sous les rochers
littoraux. (Long. 6 cm.)

ÉTRILLER v. t. Frotter avec l'étrille. ‖ *Fam.*
Malmener, battre, réprimander : *étriller un
adversaire.* ‖ *Fam.* Faire payer trop cher.

ÉTRIPAGE n. m. Action d'étriper.

ÉTRIPER v. t. Retirer les tripes de : *étriper un
lapin.* ‖ *Fam.* Blesser ou tuer à l'arme blanche.

ÉTRIQUÉ, E adj. (néerl. *strijken,* amincir). Qui
manque d'ampleur : *un vêtement étriqué.* ‖
Mesquin, d'esprit étroit.

ÉTRIVE n. f. *Mar.* Amarrage sur un ou deux
cordages.

ÉTRIVIÈRE n. f. (de *étrier*). Courroie servant à
soutenir les étriers.

ÉTROIT, E adj. (lat. *strictus*). Qui a peu de
largeur : *chemin étroit.* ‖ Qui tient serré : *nœud
étroit.* ‖ Borné, qui manque d'envergure : *esprit
étroit.* ‖ Strict, rigoureux : *étroite obligation.* ‖
Intime, qui lie fortement : *amitié étroite.* ● *À
l'étroit,* dans un espace trop petit : *être logé à
l'étroit.*

ÉTROITEMENT adv. À l'étroit. ‖ Intimement :
amis étroitement unis. ‖ Strictement, rigoureusement : *s'en tenir étroitement à la consigne.*

ÉTROITESSE n. f. Caractère de ce qui est
étroit; exiguïté. ‖ Défaut de largeur dans l'esprit,
les sentiments : *étroitesse de vues.*

ÉTRON n. m. (mot germ.). Matière fécale
moulée.

ÉTRONÇONNER v. t. Dépouiller un tronc de
ses branches, sauf au sommet.

ÉTRUSQUE adj. et n. D'Étrurie.

ÉTRUSQUE n. m. Langue non indo-européenne parlée par les Étrusques.

ÉTUDE n. f. (lat. *studium,* zèle). Travail de l'esprit qui s'applique à apprendre ou approfondir :
s'intéresser à l'étude des sciences. ‖ Ouvrage
où s'expriment les résultats d'une recherche :
savante étude d'un auteur. ‖ Salle de travail
des élèves. ‖ Charge des officiers ministériels;
bureau où ils travaillent avec leurs clercs. ‖
Travaux qui précèdent, préparent l'exécution
d'un projet : *étude d'un port.* ‖ Croquis de

détail : *étude de main.* ‖ Morceau de musique
instrumentale ou vocale composé pour vaincre
une difficulté technique. ◆ pl. Ensemble des
cours suivis dans un établissement scolaire ou
universitaire : *terminer ses études.*

ÉTUDIANT, E n. Personne qui suit les cours
d'une université ou d'un établissement supérieur spécialisé. ◆ adj. Relatif aux étudiants,
organisé par les étudiants : *le syndicalisme
étudiant.*

ÉTUDIÉ, E adj. Préparé avec soin : *discours
étudié.* ‖ Qui manque de naturel : *des gestes
étudiés.* ● *Prix étudié,* aussi bas que possible.

ÉTUDIER v. t. Chercher à acquérir la connaissance de, apprendre : *étudier la musique.* ‖
Examiner, analyser : *étudier un projet de loi, un
phénomène.* ◆ s'étudier v. pr. S'observer avec
attention, soigneusement.

ÉTUI n. m. (anc. fr. *estuier,* garder). Sorte de
boîte qui sert à mettre, à porter, à conserver un
objet : *étui à lunettes.* ‖ *Arm.* Cylindre qui
contient la charge d'une cartouche et auquel est
fixé le projectile. (Syn. DOUILLE.) ‖ *Mar.* Enveloppe de toile peinte dont on recouvre les
voiles, les embarcations, etc.

ÉTUVAGE n. m. Action d'étuver.

ÉTUVE n. f. Chambre de bain chauffée par des
bouches de chaleur ou des radiateurs pour
provoquer la transpiration. ‖ Petit four pour
faire sécher différentes substances. ‖ Fosse dans
laquelle on traite à la vapeur des grumes de bois
écorcées avant le déroulage. ‖ Appareil pour la
désinfection ou la stérilisation par la chaleur. ‖
Appareil utilisé en microbiologie pour maintenir
les cultures à une température constante. ‖ *Fam.*
Pièce où il fait très chaud.

ÉTUVÉE (À L') loc. adv. Syn. de À L'ÉTOUFFÉE.

ÉTUVER v. t. (gr. *tuphos,* vapeur). Cuire à
l'étouffée. ‖ Sécher ou chauffer dans une étuve.

ÉTUVEUR n. m., ou **ÉTUVEUSE** n. f. Appareil
servant à l'étuvage de certains produits.

ÉTYMOLOGIE n. f. (gr. *etumos,* vrai, et *logos,*
science). Science qui a pour objet l'origine des
mots. ‖ Origine d'un mot.

ÉTYMOLOGIQUE adj. Relatif à l'étymologie.

ÉTYMOLOGIQUEMENT adv. D'après l'étymologie.

ÉTYMOLOGISTE n. Spécialiste d'étymologie.

ÉTYMON [etimɔ̃] n. m. Mot que l'on considère
comme donnant l'étymologie d'un terme.

Eu, symbole chimique de l'*europium.*

EUCALYPTOL n. m. Huile essentielle retirée
des feuilles d'eucalyptus et qu'on emploie en
médecine.

EUCALYPTUS [økaliptys] n. m. (gr. *eu,* bien,
et *kaluptos,* couvert). Grand arbre originaire
d'Australie, qui pousse surtout dans les régions
chaudes et dont les feuilles sont très odorantes.
(Haut. : jusqu'à 150 m en Australie, environ 30 m
dans le midi de la France; famille des myrtacées.)

EUCARYOTE adj. et n. m. Espèce vivante dont
les cellules ont un noyau nettement séparé du
cytoplasme. (Contr. PROCARYOTE.)

EUCHARISTIE [økaristi] n. f. (gr. *eukharistia,*
action de grâce). Sacrement qui, suivant la doc-

eucalyptus

trine catholique, contient réellement et substantiellement le corps, le sang, l'âme et la divinité de Jésus-Christ sous les apparences du pain et du vin. (Luther enseigne la coexistence de la substance du pain et du vin avec la substance du corps et du sang du Christ. Calvin admet une présence réelle mais spirituelle.)

EUCHARISTIQUE adj. Relatif à l'eucharistie.

EUCLIDIEN, ENNE adj. Relatif à Euclide et à sa méthode. ● *Géométrie euclidienne*, géométrie qui repose sur le postulat des parallèles d'Euclide. ‖ *Géométrie non euclidienne*, géométrie qui rejette le postulat des parallèles d'Euclide.

EUDÉMIS [ødemis] n. m. Papillon dont la chenille, appelée encore *ver de la grappe*, attaque la vigne. (Famille des tortricidés.)

EUDIOMÈTRE n. m. (gr. *eudia*, beau temps). *Phys.* Tube de verre gradué servant à mesurer les variations de volume dans les réactions chimiques entre gaz.

EUDIOMÉTRIE n. f. Détermination de la composition d'un gaz par emploi de l'eudiomètre.

EUDIOMÉTRIQUE adj. Relatif à l'eudiométrie.

EUDISTE n. m. Membre de la société cléricale fondée à Caen, en 1643, par saint Jean Eudes pour les missions intérieures et la direction des séminaires.

EUGÉNATE n. m. Pâte durcissante très utilisée en chirurgie dentaire.

EUGÉNIQUE adj. Relatif à l'eugénisme.

EUGÉNISME n. m., ou **EUGÉNIQUE** n. f. (gr. *eu*, bien, et *gennān*, engendrer). Étude des conditions favorables au maintien de la qualité de l'espèce humaine. ‖ Théorie sociale fondée sur cette science.

EUGÉNISTE n. Partisan de l'eugénisme.

EUGLÈNE n. f. (gr. *euglênos*, aux beaux yeux). Protozoaire flagellé des eaux douces, à la fois nageur et chlorophyllien.

EUH! interj. (onomat.). Marque l'étonnement, le doute, l'embarras.

EUMÈNE n. m. Guêpe solitaire des régions chaudes.

EUMYCÈTE n. m. Champignon, au sens botanique précis du mot, par oppos. aux groupes voisins.

EUNECTE n. m. Autre nom de l'ANACONDA.

EUNUQUE n. m. (gr. *eunoukhos*, qui garde le lit). Homme castré, jadis préposé en Orient à la garde du harem. ‖ Homme sans énergie virile.

EUPATOIRE n. f. Plante de la famille des composées, dont une espèce à fleurs roses, appelée usuellement *chanvre d'eau*, est commune dans les lieux humides. (Haut. 1,50 m.)

EUPHAUSIACÉ n. m. Petit crustacé marin vivant en troupes immenses et formant aussi le *krill* dont se nourrissent les baleines. (Les *euphausiacés* forment un ordre.)

EUPHÉMIQUE adj. Qui relève de l'euphémisme.

EUPHÉMISME n. m. (gr. *euphêmismos*, emploi d'un mot favorable). Adoucissement d'une expression trop crue, trop choquante : *par euphémisme on dit « n'être plus jeune », pour « être vieux ».*

EUPHONIE n. f. (gr. *eu*, bien, et *phônê*, voix). Suite harmonieuse de sons.

EUPHONIQUE adj. Qui produit l'euphonie : *lettre euphonique* (le *t* dans *viendra-t-il*).

EUPHONIQUEMENT adv. De façon euphonique.

EUPHORBE n. m. (lat. *euphorbia herba*; de *Euphorbe*, médecin de Juba, roi de Numidie). Plante très commune, à latex blanc, type de la famille des euphorbiacées. (Certaines espèces des régions chaudes sont charnues ou arborescentes.)

EUPHORBIACÉE n. f. Plante dicotylédone, telle que l'*euphorbe*, la *mercuriale*, l'*hévéa*, le *croton*, le *ricin*. (Les *euphorbiacées* forment une famille.)

EUPHORIE n. f. (gr. *eu*, bien, et *pherein*, porter). Sensation de joie intérieure, de satisfaction.

EUPHORIQUE adj. Relatif à l'euphorie.

EUPHORISANT, E adj. et n. m. Qui provoque un état de bien-être, de joie intérieure.

EUPHORISATION n. f. Action de rendre euphorique.

EUPHORISER v. t. Rendre euphorique.

EUPHOTIQUE adj. Se dit de la zone terrestre ou océanique directement éclairée par le Soleil.

EUPHRAISE n. f. Plante qui parasite les racines des graminées. (Haut. 10 cm; famille des scrofulariacées.)

EUPHUISME n. m. (de *Euphuês*, roman de l'Anglais J. Lyly, 1580). Forme anglaise de la préciosité.

EUPLECTELLE n. f. Éponge des mers chaudes, à squelette siliceux.

EUPRAXIQUE adj. (gr. *eu*, bien, et *praxis*, action). *Psychol.* Qui accompagne un comportement normal et bien adapté.

EURAFRICAIN, E adj. Qui concerne à la fois l'Europe et l'Afrique.

EURASIATIQUE adj. Relatif à l'Eurasie.

EURASIEN, ENNE n. et adj. Métis d'Européen et d'Asiatique.

EURÊKA! [øreka] interj. (gr. *heurêka*, j'ai trouvé). Selon la légende, exclamation d'Archimède découvrant tout d'un coup dans son bain la poussée des liquides sur les corps immergés, et employée auj. lorsqu'on trouve brusquement une solution, une bonne idée.

EURISTIQUE adj. et n. f. → HEURISTIQUE.

EUROCOMMUNISME n. m. Adaptation du communisme à la situation politique existant dans les pays de l'Europe occidentale.

EUROCOMMUNISTE adj. et n. Qui appartient à l'eurocommunisme.

EUROCRATE n. *Fam.* et *péjor.* Fonctionnaire des institutions européennes.

EURODOLLAR n. m. Dollar déposé à l'extérieur des États-Unis, dans une banque européenne. ● *Marché de l'eurodollar*, marché de prêts et d'emprunts, généralement à court terme, libellés en dollars, dont les intermédiaires sont des banques situées en Europe et dont les conditions sont distinctes de celles du marché des États-Unis.

EUROMISSILE n. m. Missile nucléaire basé en Europe.

EUROMONNAIE n. f. Ensemble des dépôts effectués dans des banques européennes extérieures au pays où a cours la devise déposée. (Un « eurofranc » est, ainsi, un franc déposé

dans une banque européenne extérieure à la France.)

EURO-OBLIGATION n. f. (pl. *euro-obligations*). Titre d'emprunt émis par une collectivité en dehors de son pays d'origine et libellé en une monnaie cotée, essentiellement en Europe.

EUROPÉANISATION n. f. Action d'européaniser.

EUROPÉANISER v. t. Façonner aux mœurs européennes. ‖ Considérer une question politique ou économique à l'échelle de l'Europe.

EUROPÉEN, ENNE adj. et n. Qui habite l'Europe; qui lui est relatif. ‖ Relatif à la communauté économique ou politique de l'Europe unifiée.

EUROPIUM [ørɔpjɔm] n. m. Métal (Eu) n° 63, de masse atomique 151,96, du groupe des terres rares.

EURYHALIN, E adj. Se dit des organismes marins capables de supporter de grandes différences de salinité.

EURYHALINITÉ n. f. Caractère d'un organisme euryhalin.

EURYTHERME adj. Se dit des organismes poïkilothermes capables de supporter de grandes différences de température.

EURYTHERMIE n. f. Caractère d'un organisme eurytherme.

EURYTHMIE n. f. (gr. *eu*, bien, et *ruthmos*, rythme). Combinaison harmonieuse des proportions, des lignes, des couleurs, des sons.

EURYTHMIQUE adj. Qui a un rythme régulier, harmonieux.

EUSCARA ou **EUSKERA** n. m. → ESKUARA.

EUSCARIEN ou **EUSKERIEN** adj. et n. → ESKUARIEN.

EUSTATIQUE adj. Relatif à l'eustatisme.

EUSTATISME n. m. (gr. *eu*, bon, et *stasis*, niveau). Variation du niveau général des océans, due à un changement climatique ou à des mouvements tectoniques.

EUTECTIQUE adj. Se dit d'un mélange de corps solides dont la fusion se fait à température constante, comme celle des corps purs.

EUTEXIE n. f. (gr. *eu*, bien, et *têkein*, fondre). *Point d'eutexie*, température de fusion d'un mélange eutectique.

EUTHANASIE n. f. (gr. *eu*, bien, et *thanatos*, mort). Doctrine selon laquelle il est licite d'abréger la vie d'un malade incurable pour mettre fin à ses souffrances.

EUTHANASIQUE adj. Relatif à l'euthanasie.

EUTHÉRIEN n. m. Syn. de PLACENTAIRE.

EUTOCIE [øtɔsi] n. f. (gr. *eutokia*). Accouchement normal.

EUTROPHICATION n. f. Évolution biochimique des eaux où sont déversés trop de déchets industriels nutritifs, ce qui perturbe leur équilibre biologique par diminution de l'oxygène dissous.

EUTROPHISATION n. f. Évolution naturelle des eaux semblable à l'eutrophication, mais plus limitée.

EUX pron. pers. masc. pl. de *lui*.

eV, symbole de l'*électronvolt*.

ÉVACUATEUR, TRICE adj. Qui sert à l'évacuation.

ÉVACUATEUR n. m. *Évacuateur de crues*, dispositif assurant l'évacuation des eaux surabondantes d'un barrage.

ÉVACUATION n. f. Action d'évacuer. ‖ *Méd.* Rejet par voie naturelle ou artificielle de certaines matières nuisibles ou trop abondantes.

ÉVACUÉ, E adj. et n. Qui est évacué d'une zone de combat, d'une zone sinistrée.

ÉVACUER v. t. (lat. *evacuare*, vider). Faire sortir d'un endroit : *évacuer un blessé*. ‖ Faire quitter en masse un lieu, cesser de l'occuper : *évacuer un théâtre*. ‖ Faire sortir de l'organisme : *évacuer de la bile*. ‖ Rejeter à l'extérieur, déverser, vider : *évacuer les eaux d'égout*.

ÉVADÉ, E adj. et n. Se dit d'une personne qui s'est échappée de l'endroit où elle était enfermée.

stigma
flagelle
chloroplaste
noyau
fibrille contractile

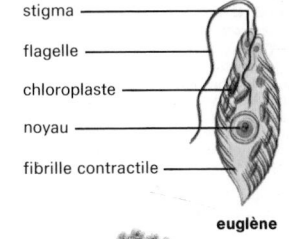

euglène

euphorbe

ÉVADER (S') v. pr. (lat. *evadere,* sortir de). S'échapper furtivement d'un lieu où l'on était enfermé : *les prisonniers se sont évadés.* || Se libérer des contraintes, des soucis, etc. : *s'évader quelques heures à la campagne.*

ÉVAGINATION n. f. (lat. *vagina,* gaine). *Pathol.* Sortie d'un organe hors de sa gaine.

ÉVALUABLE adj. Qui peut être évalué.

ÉVALUATION. n. f. Action d'évaluer; la quantité évaluée.

ÉVALUER v. t. (lat. *valere,* valoir). Déterminer la valeur, le prix, l'importance de qqch.

ÉVANESCENCE n. f. *Litt.* Qualité de ce qui est évanescent.

ÉVANESCENT, E adj. (lat. *evanescens*). *Litt.* Qui disparaît, fugitif : *impression évanescente.*

ÉVANGÉLIAIRE n. m. Livre liturgique contenant l'ensemble des passages de l'Évangile qui sont lus à la messe.

ÉVANGÉLIQUE adj. Relatif à l'Évangile; conforme à l'Évangile. || Terme employé par les protestants pour caractériser leur réforme comme un retour à l'esprit de l'Évangile.

ÉVANGÉLIQUEMENT adv. De façon évangélique.

ÉVANGÉLISATEUR, TRICE adj. et n. Qui évangélise.

ÉVANGÉLISATION n. f. Action d'évangéliser.

ÉVANGÉLISER [evāʒelize] v. t. Prêcher l'Évangile à ceux qui l'ignorent.

ÉVANGÉLISME n. m. Aspiration ou tendance à retourner à une vie religieuse selon l'esprit évangélique. || Doctrine de l'Église évangélique.

ÉVANGÉLISTE n. m. Auteur d'un des quatre Évangiles. || Dans les Églises protestantes, prédicateur itinérant.

ÉVANGILE n. m. (gr. *euaggelion,* bonne nouvelle). Enseignement de Jésus-Christ : *prêcher l'Évangile.* || Chacun des quatre livres qui le contient. (Dans ces deux sens, prend une majuscule.) || Passage des Évangiles lu au début de la messe. || Document, livre qui sert de base à une doctrine. ● *Parole d'évangile,* chose tout à fait digne de foi.

ÉVANOUIR (S') v. pr. (lat. *evanescere*). Perdre connaissance. || Disparaître, cesser d'être : *mes illusions se sont évanouies.*

ÉVANOUISSEMENT n. m. Action de s'évanouir; perte de connaissance. || Disparition, effacement. || Mot préconisé par l'Administration pour remplacer FADING.

ÉVAPORABLE adj. Susceptible d'évaporation.

ÉVAPORATEUR n. m. Appareil servant à la dessiccation des fruits, des légumes, du lait, etc. || Élément d'une machine frigorifique dans lequel le liquide frigorigène se vaporise en produisant du froid. || *Mar.* Appareil chauffé à la vapeur et servant à distiller l'eau de mer.

ÉVAPORATION n. f. Transformation sans ébullition d'un liquide en vapeur par sa surface.

ÉVAPORATOIRE adj. Propre à provoquer l'évaporation.

ÉVAPORÉ, E adj. et n. Étourdi, léger.

ÉVAPORER v. t. (lat. *evaporare*). Produire l'évaporation de : *évaporer un liquide.* ◆ *s'évaporer* v. pr. Se transformer en vapeur par évaporation. || Disparaître brusquement, se dissiper.

ÉVAPORITE n. f. Formation sédimentaire (sel gemme, gypse, etc.) résultant d'une évaporation.

ÉVAPOTRANSPIRATION n. f. Rejet global de vapeur d'eau par un terrain et par les plantes qui le couvrent.

ÉVASÉ, E adj. Large, bien ouvert.

ÉVASEMENT n. m. État de ce qui est évasé; orifice ou sommet élargi.

ÉVASER v. t. (lat. *vas,* vase). Élargir une ouverture. ◆ *s'évaser* v. pr. S'ouvrir largement.

ÉVASIF, IVE adj. Qui n'est pas catégorique, pas précis : *réponse évasive.*

ÉVASION n. f. Action de s'évader, de s'échapper, de s'en aller au loin. || Distraction, changement : *besoin d'évasion.* ● *Évasion fiscale,* utilisation intentionnelle et abusive de possibilités

fiscales plus favorables que celles auxquelles on est assujetti. (Elle se distingue de la fraude fiscale.)

ÉVASIVEMENT adv. De façon évasive.

ÉVASURE n. f. Ouverture plus ou moins grande d'un orifice.

ÉVÊCHÉ n. m. Territoire soumis à la juridiction d'un évêque. (Syn. DIOCÈSE.) || Siège, palais épiscopal.

ÉVECTION. n. f. (lat. *evectio*). *Astron.* Inégalité périodique dans le mouvement de la Lune.

ÉVEIL n. m. Action de sortir de sa torpeur : *l'éveil du peuple.* || Action de se manifester, d'apparaître : *l'éveil de l'intelligence.* || *Physiol.* État d'un être qui ne dort pas. ● *Disciplines d'éveil,* disciplines destinées à stimuler le développement sensori-moteur et perceptif ainsi que la socialisation de l'enfant, comme l'histoire, la géographie, l'éducation artistique, par rapport aux disciplines dites « fondamentales », comme le français, les mathématiques, les langues étrangères. || *Donner l'éveil,* inciter à se mettre sur ses gardes. || *En éveil,* sur ses gardes, aux aguets.

ÉVEILLÉ, E adj. Vif, alerte : *esprit éveillé.*

ÉVEILLER v. t. (lat. *evigilare*). *Litt.* Tirer du sommeil. || Provoquer une réaction, exciter un sentiment : *éveiller l'attention, un désir.*

ÉVEINAGE n. m. Ablation de veines. (Mot recommandé par l'Administration pour traduire STRIPPING.)

ÉVÉNEMENT n. m. (lat. *evenire,* arriver). Ce qui arrive; ce qui se produit. || Fait historique important. || *Stat.* Éventualité qui se réalise. || *Psychol.* Scène ou fait déterminé capable d'appeler les réactions intimes d'un sujet et d'infléchir son histoire. ◆ pl. Situation générale dans ce qu'elle a d'exceptionnel.

ÉVÉNEMENTIEL, ELLE adj. *Histoire événementielle,* celle qui se borne à la narration des événements.

ÉVENT n. m. (de *éventer*). Altération des aliments ou des boissons causée par l'action de l'air. || *Techn.* Chacun des orifices ménagés dans un moule de fonderie, un réservoir, un tuyau, etc., pour laisser échapper les gaz. || *Zool.* Narine naturelle ou double des cétacés.

ÉVENTAIL n. m. (pl. *éventails*). Instrument portatif qui se replie sur lui-même et avec lequel on s'évente. || Ensemble différencié de choses de même catégorie. ● *Voûte en éventail,* variété de voûte très ouvragée que l'on rencontre dans le style gothique anglais perpendiculaire.

ÉVENTAIRE n. m. Étalage de marchandises, à l'extérieur d'une boutique. || Plateau que portent devant eux certains marchands ambulants.

ÉVENTÉ, E adj. Altéré par l'air : *vin éventé.* || Divulgué : *un secret éventé.*

ÉVENTER v. t. (lat. *ventus,* vent). Exposer au vent : *éventer des vêtements.* || Agiter l'air autour : *se faire éventer.* ● *Éventer le grain,* le remuer pour éviter la fermentation. || *Éventer la mèche* (Fam.), pénétrer un secret. || *Éventer une mine,* la découvrir et l'empêcher de fonctionner. || *Éventer un secret,* le révéler. ◆ *s'éventer* v. pr. Se rafraîchir à l'aide d'un éventail. || Perdre de ses qualités par le contact de l'air : *parfum qui s'est éventé.*

ÉVENTRATION n. f. Rupture de la paroi musculaire abdominale, laissant la peau seule pour contenir les viscères.

ÉVENTRER v. t. Ouvrir le ventre. || Défoncer, ouvrir de force, faire une brèche dans qqch : *éventrer une porte.*

ÉVENTREUR n. m. Qui éventre.

ÉVENTUALITÉ n. f. Caractère de ce qui est éventuel; hypothèse, possibilité. || Fait qui peut se réaliser : *parer à toute éventualité.*

ÉVENTUEL, ELLE adj. (lat. *eventus,* événement). Qui dépend des circonstances; hypothétique, possible.

ÉVENTUELLEMENT adv. De façon éventuelle; le cas échéant.

ÉVÊQUE n. m. Dans les Églises catholique et orientales, prêtre qui a reçu la plénitude du sacerdoce et qui a la direction spirituelle d'un diocèse. || Dans plusieurs Églises réformées, dignitaire ecclésiastique.

voûte en **éventail**

ÉVERTUER (S') v. pr. Faire des efforts pour; s'efforcer de : *s'évertuer à faire de l'esprit.*

ÉVHÉMÉRISME [evemerism] n. m. Ensemble de théories anciennes et modernes sur l'origine des religions, fondées sur la pensée du Grec Évhémère (IIIe s. av. J.-C.) et faisant dériver le surnaturel de faits historiques transposés sur le plan du mythe.

ÉVICTION n. f. (lat. *evictio*). Expulsion par force ou intrigue. || *Dr.* Perte d'un droit sur une chose en raison de l'existence d'un droit d'un tiers sur la même chose.

ÉVIDAGE n. m. Action d'évider.

ÉVIDEMENT n. m. Action d'évider. || Partie évidée d'une pièce; échancrure. || *Chir.* Enlèvement des parties intérieures d'un os malade sans attaquer le périoste.

ÉVIDEMMENT [evidamã] adv. De façon évidente; certainement, sans aucun doute.

ÉVIDENCE n. f. Caractère de ce qui est évident : *l'évidence d'une preuve.* || Chose évidente. ● *De toute évidence,* à l'évidence, sûrement. || *Mettre en évidence,* rendre manifeste. || *Se mettre en évidence,* se faire remarquer.

ÉVIDENT, E adj. (lat. *evidens*). Qui s'impose immédiatement à l'esprit par son caractère de certitude; manifeste, indiscutable.

ÉVIDER v. t. (de *vide*). Creuser intérieurement, tailler à jour, découper.

ÉVIDOIR n. m. Outil servant à évider.

ÉVIER n. m. (lat. *aquarius,* relatif à l'eau). Cuvette munie d'une alimentation en eau et d'une vidange, et dans laquelle on lave en particulier la vaisselle.

ÉVINCEMENT n. m. Action d'évincer.

ÉVINCER v. t. (lat. *evincere,* vaincre) [conj. 1]. Éloigner, écarter par intrigue : *évincer un concurrent.* || *Dr.* Déposséder juridiquement un possesseur de bonne foi.

ÉVISCÉRATION [eviserasjõ] n. f. Sortie des viscères hors de l'abdomen.

ÉVISCÉRER v. t. (conj. 5). Enlever les viscères.

ÉVITABLE adj. Qui peut être évité.

ÉVITAGE n. m. *Mar.* Changement de direction du cap d'un navire autour de son ancre sous l'action du vent ou de la marée.

ÉVITEMENT n. m. *Réaction conditionnelle d'évitement,* réaction conditionnée par laquelle un être vivant apprend à éviter une stimulation punitive. || *Voie d'évitement* (Ch. de f.), voie secondaire ménagée à côté d'une voie principale pour servir de garage.

ÉVITER v. t. (lat. *evitare*). Échapper, parer à ce qui peut être nuisible, désagréable : *éviter un obstacle.* || Faire en sorte que qqn ne subisse pas les inconvénients : *éviter une corvée à qqn.* || S'abstenir, se garder de : *éviter de parler; éviter le sel dans les aliments.* ◆ v. i. *Mar.* Faire un évitage.

ÉVOCABLE adj. Que l'on peut évoquer.

ÉVOCATEUR, TRICE adj. Qui a la propriété ou le pouvoir d'évoquer : *mot évocateur.*

ÉVOCATEUR n. m. *Éthol.* Syn. de STIMULUS DÉCLENCHEUR.

ÉVOCATION n. f. Action d'évoquer. || *Psychol.* Fonction mnésique permettant le rappel des souvenirs passés.

ÉVOCATOIRE adj. Qui donne lieu à une évocation.

ÉVOÉ! ou **ÉVOHÉ!** interj. *Antiq.* Cri des bacchantes en l'honneur de Dionysos.

ÉVOLUÉ, E adj. Qui a atteint un certain degré avancé de civilisation.

ÉVOLUER v. i. Exécuter des évolutions. ‖ Passer par une série progressive de transformations : *la société évolue sans cesse.* ‖ Changer d'opinion.

ÉVOLUTIF, IVE adj. Susceptible d'évolution ou qui produit l'évolution. ‖ Se dit d'une maladie dont les symptômes ou manifestations se succèdent sans interruption.

ÉVOLUTION n. f. (lat. *evolutio,* déroulement). Mouvement d'ensemble exécuté par une troupe, une flotte, des avions, une équipe sportive, etc. ‖ Série de transformations successives : *l'évolution des idées.* ‖ *Biol.* Série des transformations successives qu'ont subies les êtres vivants pendant les temps géologiques et qui ont conduit à la faune et à la flore actuelles. ‖ *Méd.* Succession des phases d'une maladie : *l'évolution d'une tumeur.*

ÉVOLUTIONNISME n. m. Ensemble des théories explicatives du mécanisme de l'évolution des êtres vivants (lamarckisme, darwinisme, mutationnisme). ‖ Doctrine sociologique et anthropologique selon laquelle l'histoire des sociétés humaines se déroule de façon progressive et sans discontinuité.

ÉVOLUTIONNISTE n. et adj. Partisan de l'évolutionnisme.

ÉVOQUER v. t. (lat. *evocare*). Appeler, faire apparaître par la magie : *évoquer les esprits.* ‖ Rappeler à la mémoire : *évoquer le passé.* ‖ Faire apparaître à l'esprit par l'imagination ou par écrit : *évoquer une question, l'avenir.* ‖ Avoir quelque ressemblance, quelque lien avec : *ce dessin évoque un rocher.* ‖ *Dr.* Se réserver une cause qui devait être examinée par une juridiction inférieure.

EVZONE [ɛfzɔn] n. m. (gr. *euzônos,* qui a une belle ceinture). Fantassin grec.

EX- (mot lat., *hors de*), préfixe qui, placé devant un nom, exprime ce qu'une personne ou une chose a cessé d'être : *un ex-ministre;* ou ce qu'elle ne possède plus : *un titre de rente ex-coupon.*

EXA-, préfixe (symb. : E) qui, placé devant une unité, la multiplie par 10^{18}.

EX ABRUPTO loc. adv. (lat. *abruptus,* abrupt). Brusquement, sans préparation.

EXACERBATION n. f. Paroxysme, redoublement d'un mal.

EXACERBER v. t. (lat. *exacerbare,* irriter). Porter à un très haut degré : *exacerber un désir.*

EXACT, E [ɛgzakt ou ɛgza, akt] adj. (lat. *exactus,* achevé). Juste, conforme à la règle ou à la vérité : *calcul exact.* ‖ Qui respecte l'horaire, qui arrive à l'heure, ponctuel : *employé exact.* ● *Les sciences exactes,* mathématiques, astronomie, sciences physiques, par opposition aux SCIENCES HUMAINES.

EXACTEMENT adv. Avec exactitude, précisément, rigoureusement : *régler exactement un compte.*

EXACTEUR n. m. Celui qui commet une exaction.

EXACTION n. f. (lat. *exactio,* action de faire payer). Action de celui qui exige plus qu'il n'est dû, ou même ce qui n'est pas dû. ● pl. Abus de pouvoir, actes de violence.

EXACTITUDE n. f. Caractère de ce qui est exact, de celui qui est exact.

EX AEQUO [egzeko] loc. adv. et n. m. inv. (mots lat., *à égalité*). Sur le même rang : *élèves ex aequo à une composition; deux ex aequo.*

EXAGÉRATION n. f. Action d'exagérer; excès.

EXAGÉRÉ, E adj. Où il y a de l'exagération, excessif : *bénéfices exagérés.*

EXAGÉRÉMENT adv. De façon exagérée.

EXAGÉRER v. t. (lat. *exaggerare,* entasser) [conj. **5**]. Dépasser la mesure, la vérité, dans ses paroles, ses actes; accentuer, outrer : *exagérer*

un détail. ◆ **s'exagérer** v. pr. *S'exagérer qqch,* lui donner une importance démesurée.

EXALTANT, E adj. Qui exalte, qui stimule : *une mission exaltante.*

EXALTATION n. f. *Litt.* Action d'élever à un plus haut degré de mérite; glorification : *exaltation de la vertu.* ‖ Surexcitation intellectuelle associée le plus souvent à l'hyperactivité et à l'euphorie : *parler avec exaltation.* ● *Exaltation de la sainte Croix,* fête de l'Église (14 septembre) en mémoire du retour à Jérusalem des reliques de la Croix de Jésus reconquises sur les Perses (628).

EXALTÉ, E adj. et n. Pris d'une sorte de délire; passionné, surexcité : *tête exaltée.*

EXALTER v. t. (lat. *exaltare,* élever). Inspirer de l'enthousiasme : *musique qui exalte l'imagination.* ‖ Porter à un haut degré un sentiment. ◆ **s'exalter** v. pr. S'enthousiasmer jusqu'à un point exagéré.

EXAMEN n. m. (mot lat.). Recherche, investigation réfléchie : *examen d'une question.* ‖ Épreuve que subit un candidat : *passer un examen.* ● *Examen de conscience,* examen critique de sa propre conduite. ‖ *Libre examen,* droit pour tout homme de ne croire que ce que sa raison individuelle peut contrôler.

EXAMINATEUR, TRICE n. Personne chargée d'examiner des candidats.

EXAMINER v. t. (lat. *examinare*). Observer attentivement, minutieusement : *examiner une affaire.* ‖ Faire subir un examen : *examiner un candidat, un malade.*

EX ANTE loc. adv. (mots lat., *d'avant*). S'emploie pour désigner la période antérieure à des faits économiques que l'on analyse. (Contr. EX POST.)

EXANTHÉMATIQUE adj. De la nature de l'exanthème, ou qui s'accompagne d'exanthème.

EXANTHÈME n. m. (gr. *exanthêma,* efflorescence). Éruption cutanée accompagnant certaines maladies infectieuses (rougeole, scarlatine, érysipèle, typhus).

EXARCHAT [ɛgzarka] n. m. *Hist.* Circonscription militaire byzantine où commandait un exarque. (Il y eut deux exarchats, celui de Ravenne [Italie], de 584 à 751, et celui de Carthage [Afrique], qui succomba en 709 sous les coups des Arabes.) ‖ En Orient, circonscription ecclésiastique administrée par un exarque. ‖ Dignité d'exarque.

EXARQUE n. m. (gr. *exarkhos*). Gouverneur d'un exarchat. ‖ Prélat de l'Église orientale qui a juridiction épiscopale.

EXASPÉRANT, E adj. Qui irrite à l'excès.

EXASPÉRATION n. f. État de violente irritation. ‖ *Litt.* Aggravation : *l'exaspération d'une douleur.*

EXASPÉRER v. t. (lat. *exasperare,* de *asper,* âpre) [conj. **5**]. Irriter vivement, énerver fortement. ‖ *Litt.* Rendre plus intense.

EXAUCEMENT n. m. Action d'exaucer.

EXAUCER v. t. (lat. *exaltare,* élever) [conj. **1**]. Satisfaire qqn en lui accordant ce qu'il demande; accueillir favorablement ce qui est demandé : *exaucer un désir.*

EX CATHEDRA loc. adv. (mots lat., *du haut de la chaire*). *Théol.* Se dit du pape lorsqu'en tant que chef de l'Église il proclame une vérité de foi. ‖ D'un ton doctoral.

EXCAVATEUR, TRICE n. *Trav. publ.* Engin de terrassement muni d'une chaîne à godets circulant sur une élinde.

EXCAVATION n. f. Action de creuser dans le sol. ‖ Creux, cavité.

EXCAVER v. t. (lat. *cavus,* creux). Creuser (dans la terre) : *excaver le sol.*

EXCÉDANT, E adj. Qui excède; qui fatigue ou importune extrêmement.

EXCÉDENT n. m. Nombre, quantité qui dépasse la limite : *excédent de bagages.*

EXCÉDENTAIRE adj. Qui est en excédent.

EXCÉDER v. t. (lat. *excedere,* s'en aller) [conj. **5**]. Dépasser en nombre, en quantité, en durée la limite fixée : *la dépense excède les recettes.* ‖ Aller au-delà de certaines limites,

outrepasser : *excéder son pouvoir.* ‖ Importuner, exaspérer : *ce bruit m'excède.*

EXCELLEMMENT adv. Très bien.

EXCELLENCE n. f. Degré de perfection : *l'excellence de ma vue.* ‖ Titre donné aux ambassadeurs, aux ministres, aux évêques, etc. (Prend une majuscule.) ● *Par excellence,* au plus haut point; tout spécialement. ‖ *Prix d'excellence,* prix donné au meilleur élève d'une classe.

EXCELLENT, E adj. Supérieur dans son genre; très bon, parfait.

EXCELLER v. i. (lat. *excellere*). Être supérieur en son genre, l'emporter sur les autres : *exceller en mathématiques.*

EXCENTRATION n. f. *Mécan.* Déplacement du centre.

EXCENTRÉ, E adj. Loin du centre : *région excentrée.*

EXCENTRER v. t. *Mécan.* Déplacer le centre, l'axe de qqch.

EXCENTRICITÉ n. f. Éloignement par rapport à un centre : *l'excentricité d'un quartier.* ‖ Originalité, bizarrerie de caractère, extravagance; acte extravagant. ● *Excentricité d'une conique* (Math.), rapport constant que la distances d'un point de la courbe à un foyer et à la directrice correspondante. ‖ *Excentricité de l'orbite d'une planète, d'un satellite* (Astron.), excentricité de l'ellipse décrite autour de l'astre attirant.

EXCENTRIQUE adj. Situé loin du centre : *les quartiers excentriques de Paris.* ‖ *Math.* Se dit d'un cercle qui, renfermé dans un autre, n'a pas le même centre que ce dernier.

EXCENTRIQUE adj. et n. Qui est en opposition avec les usages reçus; bizarre, extravagant : *conduite excentrique.*

EXCENTRIQUE n. m. *Mécan.* Dispositif excentré, calé sur un arbre tournant et utilisé pour la commande de certains mouvements.

EXCENTRIQUEMENT adv. De façon excentrique.

EXCEPTÉ prép. Hormis, à la réserve de.

EXCEPTÉ, E adj. Non compris dans un ensemble.

EXCEPTER v. t. (lat. *exceptare,* exclure). Ne pas comprendre dans un nombre : *excepter certains condamnés d'une amnistie.*

EXCEPTION n. f. (lat. *exceptio*). Action d'excepter, de mettre à part. ‖ Ce qui est exclu de la règle commune : *les exceptions confirment la règle.* ‖ *Dr.* Moyen de défense qui tend soit à différer la solution du procès, soit à soulever l'illégalité d'un acte au cours de l'instance. ● *À l'exception de,* à la réserve de. ‖ *Faire exception,* échapper à la règle. ‖ *Loi, tribunal d'exception* (Dr.), en dehors du droit commun.

EXCEPTIONNEL, ELLE adj. Qui forme exception, qui n'est pas ordinaire. ‖ Qui se distingue par ses mérites, sa valeur.

EXCEPTIONNELLEMENT adv. De façon exceptionnelle.

EXCÈS [ɛksɛ] n. m. (lat. *excessus*). Quantité qui se trouve en plus : *l'excès d'un nombre sur un autre.* ‖ Ce qui dépasse la mesure normale : *excès d'indulgence.* ‖ Dérèglement de conduite, abus. ● *Excès de langage,* propos discourtois, injurieux. ‖ *Excès de pouvoir* (Dr.), dépassement de la compétence d'une autorité administrative. ◆ pl. Actes de violence, de démesure.

EXCESSIF, IVE adj. Qui excède la mesure; exagéré, exorbitant : *une rigueur excessive.* ‖ Qui pousse les choses à l'excès.

EXCESSIVEMENT adv. Avec excès : *boire excessivement.* ‖ Extrêmement, tout à fait : *cela me déplaît excessivement.*

EXCIPER v. t. ind. **[de]** (lat. *excipere,* excepter). *Dr.* Alléguer une exception, une excuse : *exciper de sa bonne foi.*

EXCIPIENT n. m. (lat. *excipio,* je reçois). Substance à laquelle on incorpore certains médicaments : *le miel est un excipient.*

EXCISER v. t. (lat. *excidere,* couper). Enlever avec un instrument tranchant : *exciser une tumeur.*

EXCISION n. f. Action d'exciser, de couper.

EXCITABILITÉ n. f. Faculté d'entrer en action sous l'influence d'une cause stimulante.

EXCITABLE adj. Prompt à s'exciter, instable. || *Physiol.* Qui peut être excité.

EXCITANT, E adj. Qui éveille des sensations, des sentiments, très intéressant : *lecture excitante.* || *Méd.* Qui excite, stimule l'organisme.

EXCITANT n. m. Substance propre à augmenter l'activité organique.

EXCITATEUR, TRICE adj. et n. Qui excite.

EXCITATEUR n. m. *Phys.* Instrument à poignées isolantes, pour décharger un condensateur.

EXCITATION n. f. Action d'exciter; ce qui excite. || Activité anormale de l'organisme. || Encouragement, provocation : *excitation à la violence.* || *Psychiatr.* Agitation psychomotrice.

EXCITATRICE n. f. Machine électrique secondaire, envoyant du courant dans l'inducteur d'un alternateur.

EXCITÉ, E adj. et n. Qui est énervé, agité.

EXCITER [ɛksite] v. t. (lat. *excitare*). Donner de la vivacité, de l'énergie; mettre dans un état de tension : *exciter au travail; exciter la soif; exciter la foule; exciter un chien.* || Provoquer, faire naître : *exciter le rire.* || *Phys.* Faire passer un atome, un noyau, une molécule d'un niveau d'énergie à un niveau plus élevé. || Produire un flux d'induction magnétique dans une génératrice, un moteur électriques. ◆ **s'exciter** v. pr. S'énerver. || Prendre un vif intérêt à qqch.

EXCLAMATIF, IVE adj. Qui marque l'exclamation.

EXCLAMATION n. f. Cri de joie, de surprise, d'indignation, etc. ● *Point d'exclamation* (!), signe de ponctuation placé après une exclamation, une interjection.

EXCLAMER (S') v. pr. (lat. *exclamare*). Pousser des exclamations.

EXCLU, E adj. et n. Qui a été rejeté, chassé d'un groupe.

EXCLURE v. t. (lat. *excludere*) [conj. 62]. Renvoyer, mettre dehors : *exclure d'un parti; exclure d'une salle.* || Ne pas compter dans un ensemble : *on a exclu l'hypothèse du suicide.* || Être incompatible avec : *ces exigences excluent tout accord.* ● *Il n'est pas exclu que*, il est possible que.

EXCLUSIF, IVE adj. Qui appartient par privilège spécial : *droit exclusif.* || Qui repousse tout ce qui est étranger : *amour exclusif.* || Absolu, de parti pris : *homme exclusif dans ses idées.*

EXCLUSION n. f. Action d'exclure; renvoi. ● *À l'exclusion de*, à l'exception de.

EXCLUSIVE n. f. Mesure d'exclusion : *prononcer l'exclusive contre qqn.*

EXCLUSIVEMENT adv. En excluant, non compris : *du mois de janvier au mois d'août exclusivement.* || Uniquement : *s'occuper exclusivement d'histoire.*

EXCLUSIVISME n. m. Caractère des gens exclusifs.

EXCLUSIVITÉ n. f. Possession sans partage. || Droit exclusif de publier un article, de vendre un livre, de projeter un film. || Produit, film bénéficiant de ce droit. ● *Salle d'exclusivité*, salle de cinéma qui projette les films avant les salles d'exploitation générale.

EXCOMMUNICATION n. f. Censure ecclésiastique qui retranche qqn de la communion des fidèles. || Exclusion d'un groupe.

EXCOMMUNIÉ, E adj. et n. Frappé d'excommunication.

EXCOMMUNIER v. t. Retrancher de la communion de l'Église. || Rejeter hors d'un groupe.

EXCORIATION n. f. Légère écorchure.

EXCORIER v. t. (lat. *corium*, cuir). Écorcher légèrement la peau.

EXCRÉMENT n. m. (lat. *excrementum*, sécrétion). Matière évacuée du corps par les voies naturelles, et, en particulier, résidus de la digestion évacués par le rectum. (Le plus souvent au plur.) [Syn. FÈCES.] || *Biol.* Déchet extrait du sang pour être rejeté (bile, urine, sueur, gaz carbonique de l'air expiré, etc.).

EXCRÉMENTIEL, ELLE adj. De la nature de l'excrément.

EXCRÉTER v. t. (conj. 5). Éliminer hors de l'organisme.

EXCRÉTEUR, TRICE ou **EXCRÉTOIRE** adj. Qui sert à l'excrétion : *conduit excréteur.*

EXCRÉTION n. f. (lat. *excretio*). Rejet par les organismes animaux des constituants nuisibles du sang, sous forme de gaz (air expiré) ou de liquide (urine, sueur). [Le rejet des déchets intestinaux est la *défécation.*]

EXCROISSANCE n. f. Tumeur qui vient sur quelque partie du corps de l'homme ou de l'animal (les *verrues*, les *polypes*, les *loupes*), ou sur des végétaux (les *bourrelets* de l'orme).

EXCURSION n. f. (lat. *excursio*). Voyage ou promenade d'agrément, de recherche.

EXCURSIONNER v. i. Faire une excursion.

EXCURSIONNISTE n. Personne qui fait une excursion.

EXCUSABLE adj. Qui peut être excusé : *une erreur excusable.*

EXCUSE n. f. Raison que l'on donne pour se disculper ou disculper autrui : *fournir une excuse.* || Raison invoquée pour se soustraire à une obligation : *se trouver de bonnes excuses pour ne rien faire.* || Carte du jeu de tarot. || *Dr.* Fait qui, accompagnant une infraction, peut entraîner une atténuation ou la suppression de la peine. ◆ pl. Expression du regret d'avoir commis une faute ou offensé qqn : *faire des excuses.*

EXCUSER v. t. (lat. *excusare*). Disculper qqn d'une faute : *excuser un coupable.* || Servir d'excuse : *rien ne peut vous excuser.* || Accepter les motifs allégués : *je vous excuse.* || Pardonner, tolérer par indulgence : *excuser les fautes de la jeunesse.* ◆ **s'excuser** v. pr. Présenter ses excuses, exprimer des regrets.

EXEAT [ɛgzeat] n. m. inv. (mot lat., *qu'il sorte*). Permission donnée à un prêtre par son évêque de quitter le diocèse, à un fonctionnaire par son chef de service pour quitter sa circonscription. ● *Donner son exeat à qqn* (Litt.), le congédier.

EXÉCRABLE adj. *Litt.* Qui excite l'horreur : *crime exécrable.* || Très mauvais : *humeur, temps exécrable.*

EXÉCRABLEMENT adv. *Litt.* Très mal.

EXÉCRATION n. f. *Litt.* Sentiment d'horreur extrême; objet de ce sentiment.

EXÉCRER [ɛgzekre ou ɛksecre] v. t. (lat. *execrari*, maudire) [conj. 5]. *Litt.* Avoir en exécration, en horreur; avoir de l'aversion pour.

EXÉCUTABLE adj. Qui peut être exécuté.

EXÉCUTANT, E n. Musicien, musicienne qui exécute sa partie dans un concert. || Personne qui exécute une tâche, un ordre.

EXÉCUTER v. t. (lat. *exsequi*, poursuivre). Mettre à effet, accomplir, réaliser : *exécuter un projet.* || Mener à bien, achever un ouvrage : *exécuter un tableau.* || Jouer : *exécuter une sonate.* || Mettre à mort : *exécuter un condamné.* || Contraindre un débiteur (Dr.), saisir ses biens et les faire vendre par autorité de justice. ◆ **s'exécuter** v. pr. Se résoudre à agir.

EXÉCUTEUR, TRICE n. *Exécuteur testamentaire*, personne à laquelle le testateur a confié le soin d'exécuter son testament. || *Exécuteur des hautes œuvres*, le bourreau.

EXÉCUTIF, IVE adj. et n. m. Se dit du pouvoir chargé d'appliquer les lois.

EXÉCUTION n. f. Action, manière d'exécuter, d'accomplir : *l'exécution d'un plan mûrement réfléchi.* || Action de jouer une œuvre musicale. ● *Exécution capitale*, ou *exécution*, mise à mort d'un condamné. || *Exécution forcée* (Dr.), exécution d'une obligation à l'aide de la force publique ou d'une saisie. || *Mettre à exécution*, réaliser.

EXÉCUTOIRE adj. et n. m. *Dr.* Qui donne pouvoir de procéder à une exécution. ● *Formule exécutoire*, formule apposée sur un acte ou sur un jugement, et qui contient l'ordre aux agents de la force publique de le faire exécuter.

EXÉCUTOIREMENT adv. *Dr.* De façon exécutoire.

EXÈDRE n. f. (gr. *exedra*). Dans l'Antiquité, salle munie de sièges pour la conversation, parfois semi-circulaire. || Dans les anciennes basiliques chrétiennes, banc de pierre adossé au fond de l'abside. || Édicule de pierre formant banquette semi-circulaire.

EXÉGÈSE n. f. (gr. *exêgêsis*). Science qui consiste à établir, selon les normes de la critique scientifique, le sens d'un texte ou d'une œuvre littéraire. (Ce terme est surtout utilisé pour l'interprétation des textes bibliques.) || Interprétation d'un texte.

EXÉGÈTE n. Spécialiste de l'exégèse.

EXÉGÉTIQUE adj. Relatif à l'exégèse.

EXEMPLAIRE adj. (lat. *exemplaris*). Qui peut servir d'exemple : *conduite exemplaire.* || Qui peut servir de leçon, d'avertissement : *punition exemplaire.*

EXEMPLAIRE n. m. (lat. *exemplarium*). Chacun des objets (livres, gravures, etc.) produits d'après un type commun. || Individu d'une espèce minérale, végétale ou animale.

EXEMPLAIREMENT adv. De façon exemplaire.

EXEMPLARITÉ n. f. Caractère de ce qui est exemplaire.

EXEMPLE n. m. (lat. *exemplum*). Personne ou chose qui peut servir de modèle : *un exemple à suivre.* || Châtiment qui peut servir de leçon : *punir qqn pour l'exemple.* || Fait antérieur, considéré par rapport à ce dont il s'agit : *ce que vous dites là est sans exemple.* || Chose précise, événement, phrase qui sert à illustrer, à éclairer : *appuyer son raisonnement d'un exemple.* ● *À l'exemple de*, à l'imitation de. || *Par exemple*, pour en citer un exemple; interj. fam. exprimant la surprise : *par exemple! vous voilà!*

EXEMPLIFICATION n. f. Action d'exemplifier.

EXEMPLIFIER v. t. Expliquer, illustrer par des exemples.

EXEMPT, E [ɛgzɑ̃, ɑ̃t] adj. (lat. *exemptus*, affranchi). Qui n'est pas assujetti à une charge : *exempt de service.* || Qui est à l'abri de : *exempt de soucis.* || Dépourvu de : *exempt d'erreurs.*

EXEMPT n. m. Anc. officier de police.

EXEMPTÉ, E adj. et n. Se dit d'une personne dispensée de qqch.

EXEMPTER [ɛgzɑ̃te] v. t. Rendre exempt, dispenser d'une charge.

EXEMPTION [ɛgzɑ̃psjɔ̃] n. f. Privilège qui exempte : *obtenir une exemption d'impôts.*

EXEQUATUR [ɛgzekwatyr] n. m. inv. (mot lat., *qu'on exécute*). Acte autorisant un consul étranger à exercer ses fonctions. || Jugement ou ordonnance rendant exécutoire une sentence rendue en pays étranger ou par des arbitres.

EXERCÉ, E adj. Devenu habile à la suite d'exercices : *oreille exercée.*

EXERCER v. t. (lat. *exercere*) [conj. 1]. Soumettre à un entraînement méthodique, former : *exercer des soldats au maniement des armes.* || Mettre à l'épreuve : *exercer sa patience.* || Mettre en usage, faire agir : *exercer un contrôle.* || Pratiquer, s'acquitter de : *exercer la médecine, des fonctions.* || Mettre en jeu, donner cours à : *exercer l'hospitalité.* || Jouir d'un droit, en faire usage. ◆ **s'exercer** v. pr. S'entraîner, se former par la pratique : *s'exercer à l'escrime.* || Se manifester, agir : *ses qualités n'ont pas eu la possibilité de s'exercer.*

EXERCICE n. m. (lat. *exercitium*). Action de s'exercer, travail destiné à exercer qqn; dépense physique : *cela ne s'apprend que par un long exercice; faire de l'exercice.* || Action de pratiquer une activité, un métier : *l'exercice de la médecine.* || Séance d'instruction militaire pratique : *aller à l'exercice.* || Devoir donné à des élèves en application des cours. || Période comprise entre deux inventaires comptables ou deux budgets. ● *Entrer en exercice*, entrer en fonctions. ◆ pl. *Exercices spirituels*, pratiques de dévotion.

EXERCISEUR n. m. Appareil de gymnastique pour la musculation des membres.

EXÉRÈSE n. f. (gr. *exairesis*, enlèvement). *Chir.* Opération par laquelle on retranche du corps humain ce qui lui est étranger ou nuisible (tumeur, calcul, organe malade).

EXERGUE n. m. (gr. *ex,* hors de, et *ergon,* œuvre). Petit espace laissé en bas d'une médaille pour y mettre une inscription, une date; ce qu'on y grave. ● *Mettre en exergue,* mettre en évidence.

EXFOLIATION n. f. *Méd.* Séparation des parties mortes qui se détachent d'un os, d'un tendon, de la peau par petites lames.

EXFOLIER v. t. (lat. *ex,* hors de, et *folium,* feuille). Séparer par lames minces et superficielles : *exfolier une roche, des ardoises.* ◆ *s'exhaler* v. pr.

EXHALAISON n. f. Gaz ou odeur qui s'exhale d'un corps.

EXHALATION n. f. Action d'exhaler. || *Méd.* Évaporation cutanée.

EXHALER [ɛgzale] v. t. (lat. *exhalare*). Pousser hors de soi, répandre des vapeurs, des odeurs : *ces roses exhalent une odeur agréable.* || *Litt.* Donner libre cours à, exprimer : *exhaler sa colère; exhaler des plaintes.* ◆ *s'exhaler* v. pr. Se répandre dans l'atmosphère. || Se manifester.

EXHAURE n. f. (lat. *exhaurire,* épuiser). *Min.* Épuisement des eaux d'infiltration. || Ensemble des installations permettant cet épuisement.

EXHAUSSEMENT n. m. Action d'exhausser; état de ce qui est exhaussé.

EXHAUSSER v. t. Augmenter en hauteur; rendre plus élevé : *exhausser une maison d'un étage.*

EXHAUSTEUR n. m. Appareil amenant dans une nourrice le liquide d'un réservoir placé plus bas.

EXHAUSTIF, IVE adj. (angl. *exhaustive;* de *to exhaust,* épuiser; lat. *exhaurire*). Qui épuise à fond un sujet : *étude exhaustive.*

EXHAUSTIVEMENT adv. De façon exhaustive.

EXHÉRÉDATION n. f. *Dr.* Action de déshériter : *l'exhérédation de Jean sans Terre (1206).*

EXHÉRÉDER v. t. (lat. *exheredare;* de *ex,* hors de, et *heres,* héritier) [conj. 5]. *Dr.* Déshériter.

EXHIBER v. t. (lat. *exhibere*). Mettre sous les yeux, présenter : *exhiber ses papiers.* || Faire étalage de, montrer avec ostentation ou impudeur : *exhiber ses décorations.* ◆ *s'exhiber* v. pr. Se montrer au public avec affectation; s'afficher.

EXHIBITION n. f. Action de faire voir, de présenter. || Présentation au public d'animaux ou de choses. || Action de faire un étalage impudent de : *exhibition d'un luxe révoltant.*

EXHIBITIONNISME n. m. Tendance pathologique à exhiber ses organes génitaux. || Fait d'afficher en public des idées, des sentiments ou des actes qu'on devrait tenir secrets.

EXHIBITIONNISTE n. Personne qui pratique l'exhibitionnisme.

EXHORTATION n. f. Encouragement. || Discours, paroles par lesquels on exhorte.

EXHORTER v. t. (lat. *exhortari*). Exciter, encourager par ses paroles : *exhorter qqn à la patience.*

EXHUMATION n. f. Action d'exhumer.

EXHUMER v. t. (lat. *ex,* hors de, et *humus,* terre). Extraire un cadavre de la terre. || Tirer de l'oubli, rappeler : *exhumer le passé.*

EXIGEANT, E adj. Difficile à contenter.

EXIGENCE n. f. Ce qu'une personne exige, réclame à une autre : *les exigences de la clientèle.* || Caractère d'une personne exigeante. || Ce qui est commandé par qqch, nécessité, obligation : *les exigences d'une profession.*

EXIGER v. t. (lat. *exigere*) [conj. 1]. Demander comme due; ordonner : *exiger le paiement d'une dette.* || Nécessiter, réclamer : *son état exige des soins.*

EXIGIBILITÉ n. f. Caractère de ce qui est exigible : *l'exigibilité d'une dette.*

EXIGIBLE adj. Qui peut être exigé : *indiquer la date à laquelle l'impôt est exigible.*

EXIGU, É adj. (lat. *exiguus*). Qui est de trop petite dimension : *logement exigu.*

EXIGUÏTÉ [ɛgziguite] n. f. Petitesse, étroitesse : *l'exiguïté d'un appartement.*

EXIL n. m. (lat. *exilium*). Expulsion de qqn hors de sa patrie. || Lieu où réside l'exilé : *Victor Hugo passa dix-huit ans en exil.* || Obligation de vivre éloigné d'un lieu, d'une personne qu'on regrette.

EXILÉ, E n. Personne condamnée à l'exil, ou qui vit dans l'exil.

EXILER v. t. Bannir de sa patrie. || Éloigner d'un lieu. ◆ *s'exiler* v. pr. Se retirer pour vivre à l'écart. || Quitter volontairement sa patrie.

EXINSCRIT [ɛgzɛ̃skri] adj. m. *Math.* Se dit d'un cercle tangent à un côté d'un triangle et aux prolongements des deux autres.

EXISTANT, E adj. Qui existe, actuel.

EXISTENCE n. f. (lat. *existentia,* choses existantes). Le fait d'exister : *l'existence d'une nappe de pétrole, d'un traité.* || Vie, manière de vivre : *finir son existence; une existence heureuse.* || Durée : *gouvernement qui a trois mois d'existence.*

EXISTENTIALISME n. m. Doctrine philosophique qui s'interroge sur la notion d'être à partir de l'existence vécue par l'homme. (Ce mouvement, qui s'inspire surtout des idées de Kierkegaard et de Heidegger, a pour principal représentant en France J.-P. Sartre.)

EXISTENTIALISTE adj. et n. Relatif à l'existentialisme. || Nom donné, au lendemain de la Seconde Guerre mondiale, à une jeunesse à la mode qui fréquentait les cafés de Saint-Germain-des-Prés à Paris et qui se réclamait de l'existentialisme.

EXISTENTIEL, ELLE adj. Relatif à l'existence. ● *Quantificateur existentiel* (Log.), symbole noté Ǝ (s'énonçant *il existe*), exprimant le fait que certains éléments d'un ensemble (au moins un) vérifient une propriété donnée.

EXISTER v. i. (lat. *existere*). Être actuellement en vie, vivre : *tant qu'il existera des hommes.* || Être en réalité, durer, subsister : *cette coutume n'existe plus.* || Être important, compter : *cet échec n'existait pas pour lui.* ● *Ça n'existe pas,* c'est sans valeur.

EXIT [ɛgzit] (mot lat., *il sort*), indication scénique de la sortie d'un acteur.

EX-LIBRIS [ɛkslibris] n. m. inv. (mots lat., *d'entre les livres de*). Vignette dessinée ou gravée que les bibliophiles collent au revers des reliures de leurs livres, et qui porte leur nom ou leur devise.

EXOBIOLOGIE n. f. Discipline qui étudie la possibilité d'existence de la vie dans l'Univers. (Syn. ASTROBIOLOGIE.)

EXOCET [ɛgzɔsɛ] n. m. (gr. *exô,* au-dehors, et *koitê,* gîte). Poisson des mers chaudes, appelé usuellement *poisson volant* parce que ses nageoires pectorales, très développées, lui permettent de planer sur 200 ou 300 m de distance.

EXOCRINE adj. Se dit des glandes qui rejettent leur produit sur la peau ou dans une cavité naturelle (glandes sébacées, mammaires, digestives, etc.).

EXODE n. m. (gr. *exodos,* sortie). Émigration en masse d'un peuple. || Départ en foule : *l'exode des vacanciers au mois d'août.* ● *Exode des capitaux,* déplacement des capitaux vers l'étranger. || *Exode rural,* migration définitive des habitants des campagnes vers la ville.

EXOGAME adj. et n. Qui pratique l'exogamie. (Contr. ENDOGAME.)

EXOGAMIE n. f. *Anthropol.* Règle contraignant un individu à choisir son conjoint en dehors du groupe auquel il appartient.

EXOGAMIQUE adj. Relatif à l'exogamie.

EXOGÈNE adj. (gr. *exô,* au-dehors, et *gennân,* engendrer). Qui se forme à l'extérieur.

EXONDÉ, E adj. Se dit d'une terre sortie de l'eau et précédemment immergée.

EXONÉRATION n. f. Action d'exonérer; dispense, dégrèvement.

EXONÉRER v. t. (lat. *exonerare;* de *onus, oneris,* charge) [conj. 5]. Dispenser totalement ou en partie d'une charge, d'une obligation, fiscale en particulier.

EXOPHTALMIE n. f. (gr. *ophtalmos,* œil). Saillie du globe oculaire hors de son orbite.

EXOPHTALMIQUE adj. Qui relève de l'exophtalmie.

EXORBITANT, E adj. Tout à fait excessif : *prix exorbitant.*

EXORBITÉ, E adj. Se dit des yeux qui ont l'air de sortir de leur orbite.

EXORCISATION n. f. Action d'exorciser.

EXORCISER v. t. (gr. *exorkizein,* prêter serment). Conjurer, chasser les démons par des prières, des formules et actes rituels fixés par la liturgie.

EXORCISME n. m. Cérémonie au cours de laquelle on exorcise. || Texte liturgique utilisé pour cette cérémonie.

EXORCISTE n. m. Celui qui exorcise, conjure les démons. || Clerc qui avait reçu le troisième ordre mineur. (Cet ordre a été supprimé en 1972.)

EXORDE n. m. (lat. *exordium*). Première partie d'un discours oratoire. || *Litt.* Début, entrée en matière.

EXORÉIQUE adj. Qui est propre aux régions dont les eaux courantes gagnent la mer.

EXORÉISME n. m. Caractère des régions (72 p. 100 de la surface du globe) dont les eaux courantes rejoignent la mer.

EXOSMOSE n. f. (gr. *exô,* au-dehors, et *ôsmos,* poussée). Courant de liquide qui s'établit d'un système fermé (une cellule par exemple) vers l'extérieur, à travers une membrane semi-perméable, lorsque le milieu extérieur est plus concentré.

EXOSPHÈRE n. f. Couche atmosphérique qui s'étend au-dessus de 1 000 km environ, où les molécules les plus légères échappent à la pesanteur et s'élèvent lentement vers l'espace interplanétaire.

EXOSTOSE n. f. (gr. *osteon,* os). Tumeur bénigne d'un os, causée par un traumatisme, une inflammation ou un trouble de l'ossification. || *Bot.* Syn. de LOUPE.

EXOTÉRIQUE adj. (gr. *exôterikos,* public). Se dit des doctrines philosophiques et religieuses enseignées publiquement (par oppos. aux doctrines ÉSOTÉRIQUES).

EXOTHERMIQUE adj. (gr. *exô,* au-dehors, et *thermos,* chaleur). Se dit d'une transformation qui dégage de la chaleur.

EXOTIQUE [ɛgzɔtik] adj. (gr. *exôtikos*). Qui appartient aux pays étrangers, qui en provient.

EXOTISME n. m. Caractère de ce qui est exotique. || Goût pour ce qui est exotique.

EXOTOXINE n. f. Toxine diffusée dans le milieu extérieur par une bactérie.

exp, symbole représentant la fonction exponentielle.

EXPANSÉ, E adj. Se dit d'une résine synthétique à structure alvéolaire, utilisée pour l'isolation thermique ou acoustique ainsi que pour la fabrication de meubles moulés.

EXPANSIBILITÉ n. f. Tendance qu'ont les corps gazeux à occuper un plus grand espace.

EXPANSIBLE adj. (lat. *expansus,* étendu). Capable d'expansion.

EXPANSIF, IVE adj. Qui aime à communiquer ses sentiments; communicatif, démonstratif. || Se dit du ciment dont le durcissement est accompagné d'un gonflement contrôlable.

EXPANSION n. f. (lat. *expandere,* déployer). Développement en volume ou en surface : *l'expansion des gaz.* || Développement de certains organes. || Tendance à communiquer ses sentiments : *besoin d'expansion.* || Mouvement de ce qui se développe; tendance à s'agrandir : *expansion industrielle, coloniale.* ● *Expansion économique,* développement économique. || *Expansion de l'Univers* (Astron.), théorie suggérée par W. De Sitter en 1917, et relative à un état d'évolution continue de l'Univers impliquant que les différentes galaxies s'éloignent systématiquement les unes des autres.

EXPANSIONNISME n. m. Attitude politique visant à l'expansion d'un pays au-delà de ses limites. || Tendance d'un pays où l'accroissement de la puissance économique est systématiquement encouragé par l'État.

EXPANSIONNISTE adj. et n. Qui vise à l'expansion.

EXPANSIVITÉ n. f. Caractère de celui ou de ce qui est expansif.

EXPATRIATION n. f. Action d'expatrier ou de s'expatrier; état de celui qui est expatrié.

EXPATRIER v. t. Obliger qqn à quitter sa patrie. ◆ **s'expatrier** v. pr. Quitter sa patrie pour s'établir ailleurs.

EXPECTATIVE n. f. Attitude prudente de qqn qui attend pour se décider : *rester dans l'expectative.*

EXPECTORANT, E adj. et n. m. Qui facilite l'expectoration.

EXPECTORATION n. f. Action d'expectorer. (L'expectoration peut être séreuse [sérosité, eau], muqueuse [mucus], muco-purulente [mucus et pus], purulente ou sanglante.)

EXPECTORER v. t. (lat. *expectorare*; de *pectus, pectoris*, poitrine). Rejeter par la bouche les substances contenues dans les bronches.

EXPÉDIENT n. m. Moyen de résoudre momentanément une difficulté, de se tirer d'embarras : *user d'expédients.* ● *Vivre d'expédients,* recourir à toutes sortes de moyens indélicats pour subsister.

EXPÉDIER v. t. (lat. *expedire*, dégager). Envoyer à destination : *expédier des marchandises.* ‖ Faire promptement qqch pour s'en débarrasser : *expédier un travail.* ‖ Se débarrasser de qqn : *expédier un importun.* ‖ *Dr.* Délivrer copie conforme : *expédier un contrat de mariage.*

EXPÉDITEUR, TRICE adj. et n. Qui fait un envoi par la poste, par le chemin de fer, etc.

EXPÉDITIF, IVE adj. Qui agit promptement, qui expédie vivement un travail. ‖ Qui permet de faire vite : *des procédés expéditifs.*

EXPÉDITION n. f. (lat. *expeditio*). Action d'envoyer; envoi. ‖ Exécution, règlement : *expédition des affaires courantes.* ‖ Opération militaire en dehors du pays d'origine : *l'expédition d'Égypte.* ‖ Voyage, excursion, mission : *une expédition polaire.* ‖ *Dr.* Copie d'un acte notarié ou d'un jugement.

EXPÉDITIONNAIRE n. Employé d'administration chargé de recopier les états, etc. ‖ Expéditeur de marchandises. ◆ adj. *Corps expéditionnaire,* ensemble des troupes d'une expédition militaire.

EXPÉDITIVEMENT adv. De façon expéditive.

EXPÉRIENCE n. f. (lat. *experientia*). Connaissance acquise par une longue pratique jointe à l'observation : *avoir de l'expérience.* ‖ Épreuve, essai effectué pour étudier un phénomène : *faire une expérience de chimie.* ‖ *Philos.* Tout ce qui est appréhendé par les sens et constitue la matière de la connaissance humaine; ensemble des phénomènes connus et connaissables.

EXPÉRIMENTAL, E, AUX adj. Fondé sur l'expérience scientifique : *la méthode expérimentale.* ‖ Qui sert à expérimenter : *avion expérimental.*

EXPÉRIMENTALEMENT adv. De façon expérimentale.

EXPÉRIMENTATEUR, TRICE adj. et n. Qui fait des expériences en physique, en chimie, etc.

EXPÉRIMENTATION n. f. Action d'expérimenter; essai d'application, expérience. ‖ *Épistémol.* Utilisation de montages techniques pour analyser la production de phénomènes et vérifier des hypothèses scientifiques.

EXPÉRIMENTÉ, E adj. Instruit par l'expérience.

EXPÉRIMENTER v. t. Soumettre à des expériences : *expérimenter un appareil.*

EXPERT, E adj. (lat. *expertus*). Versé dans la connaissance d'une chose par la pratique; exercé, habile : *un ouvrier expert.*

EXPERT n. m. Connaisseur, spécialiste. ‖ Personne nommée pour éclairer le tribunal sur certains aspects du procès. ● *À dire d'experts,* suivant leur avis.

EXPERT-COMPTABLE n. m. (pl. *experts-comptables*). Personne faisant profession d'analyser, de contrôler ou d'organiser des comptabilités.

EXPERTEMENT adv. Avec adresse.

EXPERTISE n. f. Intervention, opération d'un expert : *faire une expertise.* ‖ Rapport d'un expert : *attaquer une expertise.* ● *Expertise médicale,* mode de solution d'un différend entre le médecin traitant d'un assuré social et le médecin-conseil de la caisse de l'organisme de sécurité sociale. ‖ *Expertise mentale,* examen médico-légal effectué par un psychiatre désigné par le juge d'instruction, en vue d'évaluer l'état mental de l'inculpé au moment du délit, son degré de responsabilité et ses possibilités de réadaptation sociale.

EXPERTISER v. t. Soumettre à une expertise : *expertiser un mobilier, un tableau.*

EXPIABLE adj. Qui peut être expié.

EXPIATION n. f. Action d'expier; châtiment, peine.

EXPIATOIRE adj. Se dit de ce qui sert à expier : *sacrifice expiatoire.*

EXPIER [ɛkspje] v. t. (lat. *expiare*). Subir un châtiment, une peine pour réparer une faute. ‖ *Relig.* Réparer un péché par la pénitence.

EXPIRANT, E adj. Qui se meurt, qui expire.

EXPIRATEUR adj. et n. m. Se dit des muscles dont la contraction produit une expiration (muscles intercostaux et abdominaux).

EXPIRATION n. f. Action de chasser hors de la poitrine l'air qu'on a inspiré. ‖ Époque où se termine un temps prescrit ou convenu : *expiration d'un bail.*

EXPIRATOIRE adj. Qui se rapporte à l'expiration de l'air pulmonaire.

EXPIRER v. t. (lat. *exspirare*, souffler). Expulser par une contraction de la poitrine. ◆ v. i. Mourir. ‖ Arriver à son terme, prendre fin : *son bail expire à mi-janvier.*

EXPLÉTIF, IVE adj. et n. m. *Ling.* Se dit d'un mot, d'une expression qui n'est pas nécessaire au sens de la phrase, mais qui sert parfois à lui donner plus de force (comme *vous* dans : *on* VOUS *le prend, on* VOUS *l'assomme*), ou qui dépend des seules règles de la syntaxe (comme *ne* dans : *je crains qu'il* NE *vienne*).

EXPLICABLE adj. Qu'on peut expliquer.

EXPLICATIF, IVE adj. Qui sert à expliquer : *note explicative.*

EXPLICATION n. f. Action d'expliquer, de s'expliquer; commentaire, justification, discussion. ● *Avoir une explication avec qqn,* lui demander compte de sa conduite.

EXPLICITATION n. f. Action d'expliciter.

EXPLICITE adj. (lat. *explicitus*). Clair, qui ne prête à aucune contestation : *réponse explicite.* ‖ *Dr.* Énoncé formellement, complètement : *clause explicite.*

EXPLICITEMENT adv. En termes clairs; sans équivoque : *poser explicitement une condition.*

EXPLICITER v. t. Rendre explicite, plus clair; éclairer : *expliciter sa pensée.*

EXPLIQUER v. t. (lat. *explicare*, déplier). Faire comprendre ou faire connaître en détail par un développement oral ou écrit; éclaircir, exposer : *expliquer un problème, un projet.* ‖ Être une justification, apparaître comme une cause : *le danger d'avalanche explique qu'on ne peut construire à cet endroit.* ‖ Commenter : *expliquer un auteur.* ◆ **s'expliquer** v. pr. Exprimer sa pensée. ‖ Avoir une discussion avec qqn. ‖ Comprendre la raison, le bien-fondé : *je m'explique mal sa présence ici.* ‖ Devenir intelligible : *sa réaction s'explique très bien.*

EXPLOIT n. m. (lat. *explicitum*; de *explicare*, accomplir). Action d'éclat, action mémorable. ● *Exploit d'huissier,* acte de procédure rédigé et signé par un huissier.

EXPLOITABILITÉ n. f. Qualité de ce qui est exploitable.

EXPLOITABLE adj. Qui peut être exploité, cultivé : *gisement exploitable.*

EXPLOITANT, E n. Personne qui met en valeur un bien productif de richesse : *les exploitants agricoles.* ‖ Personne qui s'occupe de la gestion d'une salle de cinéma.

EXPLOITATION n. f. Action de mettre en valeur des biens, des bois, des mines, des usines, des fonds de commerce. ‖ Affaire qu'on exploite, lieu où l'on exploite (terres, mine, etc.) : *exploitation agricole, minière, commerciale.* ‖ Action d'abuser à son profit : *exploitation de l'homme par l'homme.* ‖ Utilisation méthodique : *l'exploitation d'un succès.* ‖ *Mil.* Phase du combat offensif, visant à tirer un parti maximal de la réussite d'une attaque. ● *Compte d'exploitation,* état comptable inventoriant les charges et les produits résultant de l'activité courante d'une entreprise au cours d'un exercice.

EXPLOITÉ, E adj. et n. Se dit d'une personne dont on tire un profit abusif.

EXPLOITER v. t. Faire valoir une chose, en tirer du profit : *exploiter une ferme, un brevet.* ‖ Tirer parti, user à propos : *exploiter la situation.* ‖ Profiter abusivement de qqn; faire travailler qqn à bas salaire.

EXPLOITEUR, EUSE n. Personne qui tire du travail d'autrui des profits abusifs.

EXPLORATEUR, TRICE n. Personne qui va à la découverte d'un pays.

EXPLORATEUR, TRICE adj. et n. m. *Méd.* Se dit d'instruments ou d'actions qui servent à explorer.

EXPLORATION n. f. Action d'explorer; résultat de cette action. ● *Exploration fonctionnelle,* ensemble d'examens biologiques ou cliniques permettant d'apprécier l'état de fonctionnement d'un organe.

EXPLORATOIRE adj. Se dit de négociations préliminaires : *des conversations exploratoires.*

EXPLORER v. t. (lat. *explorare*). Visiter un lieu en l'étudiant avec soin. ‖ Examiner les différents aspects d'une question, d'un texte, etc. : *explorer les possibilités d'un accord.* ‖ *Méd.* Observer le fonctionnement d'un organe à l'aide d'instruments spéciaux.

EXPLOSER v. i. Faire explosion : *la nitroglycérine explose facilement.* ‖ Se manifester bruyamment, ne pas pouvoir se contenir. ‖ Se développer, progresser rapidement : *cet athlète a explosé aux jeux Olympiques.*

EXPLOSEUR n. m. Appareil servant à faire exploser à distance une mine au moyen d'un courant électrique.

EXPLOSIBILITÉ n. f. Qualité de ce qui est explosible.

EXPLOSIBLE adj. Qui peut exploser.

EXPLOSIF, IVE adj. Relatif à l'explosion. ‖ Critique, tendu : *situation explosive.*

EXPLOSIF n. m. Corps destiné à exploser sous l'influence de la chaleur ou d'un choc.

EXPLOSION n. f. (lat. *explodere*, rejeter en frappant des mains). Action d'éclater violemment : *l'explosion d'une bombe.* ‖ Libération très rapide, sous forme de gaz à haute pression et à haute température, d'une énergie stockée sous un volume réduit. ‖ Troisième temps de fonctionnement d'un moteur suivant le cycle à quatre temps. ‖ Manifestation vive et soudaine : *l'explosion de la colère.* ‖ Développement, accroissement brutal : *l'explosion démographique.*

EXPONENTIEL, ELLE adj. (lat. *exponens,* exposant). *Math.* Se dit d'une quantité dont l'exposant est variable ou inconnu : *fonction exponentielle.* ● *Équation exponentielle,* équation où l'inconnue entre en exposant.

EXPORTABLE adj. Que l'on peut exporter.

EXPORTATEUR, TRICE adj. et n. Qui exporte.

EXPORTATION n. f. Action d'exporter; marchandises exportées.

EXPORTER v. t. (lat. *exportare*). Transporter et vendre à l'étranger des produits ou des capitaux.

EXPOSANT, E n. Personne qui présente ses produits, ses œuvres dans une exposition publique.

EXPOSANT n. m. *Math.* Signe, lettre ou chiffre indiquant la puissance à laquelle est élevée une quantité (on l'écrit au-dessus et à droite de cette quantité) : *dans* $4^3 = 4 \times 4 \times 4$, *3 est l'exposant.*

EXPOSÉ n. m. Développement explicatif dans lequel on présente, par écrit ou oralement, des faits ou des idées : *un exposé de la situation; demander à un élève un exposé.* • *Exposé des motifs* (Dr.), remarques qui précèdent le dispositif d'un projet de loi, afin d'expliquer les raisons qui sont à son origine.

EXPOSER v. t. (lat. *exponere*). Mettre en vue, présenter aux regards : *exposer des produits.* ‖ Placer, tourner d'un certain côté, orienter : *exposer au midi.* ‖ Soumettre à l'action de : *exposer des plantes à la lumière.* ‖ Mettre en péril, faire courir un risque : *exposer sa vie.* ‖ Expliquer, faire connaître : *exposer une théorie.* ‖ *Phot.* Soumettre une surface sensible à un rayonnement. ◆ **s'exposer** v. pr. Courir un risque : *un novateur ne craint pas de s'exposer aux critiques.*

EXPOSITION n. f. Action d'exposer, de placer sous les regards du public des objets divers, des œuvres d'art, des produits industriels ou agricoles; le lieu où on les expose. ‖ Orientation, situation par rapport à la lumière : *exposition agréable.* ‖ Autref., peine infamante par laquelle on exposait le condamné, attaché à un poteau. ‖ Action de faire connaître, récit : *exposition d'un fait.* ‖ Partie d'une œuvre littéraire dans laquelle on fait connaître le sujet. ‖ *Mus.* Partie d'une fugue ou d'une œuvre en forme de sonate, dans laquelle le thème est énoncé. ‖ *Phot.* Action d'exposer une surface sensible. ‖ *Phys.* Quotient par la masse d'un volume d'air de la somme des charges électriques de tous les ions de même signe produits dans ce volume par un rayonnement γ ou X, lorsque tous les électrons libérés par les photons sont complètement arrêtés dans l'air. • *Exposition universelle,* exposition admettant les produits et réalisations de tous les pays.

EX POST [ɛkspɔst] loc. adv. S'emploie en science économique pour désigner les faits perçus après leur survenance. (Contr. EX ANTE.)

EXPRÈS, ESSE [ɛksprɛ, ɛs] adj. (lat. *expressus*, nettement exprimé). Précis, nettement exprimé, formel : *ordre exprès; défense expresse.* ◆ adj. inv. et n. m. Qui est chargé d'une mission rapide; remis immédiatement au destinataire : *lettre exprès; par exprès.* ◆ adv. À dessein, avec intention : *il est venu tout exprès pour vous voir.* • *Fait exprès,* coïncidence plus ou moins fâcheuse, qui semble déterminée à l'avance.

EXPRESS [ɛksprɛs] adj. et n. m. inv. Qui assure un service, une liaison rapide : *une voie express; prendre l'express.* ‖ Café plus ou moins concentré obtenu par le passage de la vapeur sous pression à travers de la poudre de café.

EXPRESSÉMENT adv. En termes exprès; d'une façon nette, précise : *il est expressément défendu de fumer dans la salle; la plus grande prudence est expressément recommandée.*

EXPRESSIF, IVE adj. Qui exprime avec force une pensée, un sentiment, une émotion : *un geste expressif.*

EXPRESSION n. f. (lat. *expressio*). Manifestation de la pensée, du sentiment par la parole, la physionomie, le geste, etc. : *l'expression de la joie.* ‖ Mot ou groupe de mots, considérés sur le plan de la signification : *expression démodée.* ‖ Ensemble de signes propres à exprimer un sentiment sur le visage. ‖ *Mus.* Faculté, pour le compositeur ou pour l'interprète, de rendre sensibles certaines idées d'une œuvre. • *Expression abdominale* (Obstétr.), pressions faites sur l'abdomen pour aider l'expulsion du fœtus lors de l'accouchement. ‖ *Expression algébrique* (Math.), ensemble de lettres et de nombres liés les uns aux autres par des signes d'opérations algébriques, et indiquant les opérations qu'il faudrait effectuer sur les mesures de grandeurs données ou inconnues pour en déduire la mesure d'une grandeur dépendant de celles-ci. ‖ *Expression corporelle,* ensemble d'attitudes, de gestes et de sons vocaux, susceptibles de traduire des situations émotionnelles ou physiques. ‖ *Réduire une fraction à sa plus simple expression,* trouver une fraction égale à la fraction donnée et ayant les termes les plus simples possible. ‖ *Réduire à sa plus simple expression,*

amener à la forme la plus simple ou supprimer totalement.

EXPRESSIONNISME n. m. Tendance artistique et littéraire du XXᵉ s. qui s'attache à

Ernst Ludwig Kirchner : *Femme au divan bleu,* 1910-1920. (Institute of Arts, Minneapolis.)

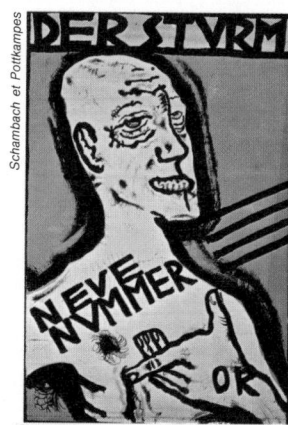

Oskar Kokoschka : affiche réalisée en 1911 pour la revue « Der Sturm »

Franz Kline : *Painting Number Two,* 1957. (Janis Gallery Sidney.)

Gustave de Smet : *Femme de Spakenburg,* 1917. (Mus. royaux des beaux-arts, Anvers.)

Ossip Zadkine : *l'Homme foudroyé* ou *la Ville détruite.* Bronze, 1948-1951. (Rotterdam.)

EXPRESSIONNISME

Chaïm Soutine : *la Route folle à Cagnes,* 1924. (Galerie Pétridès, Paris.)

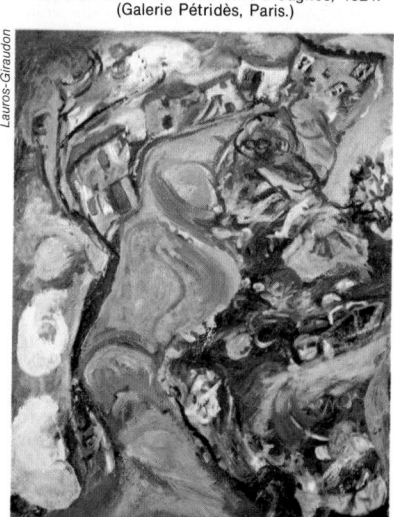

l'intensité de l'expression. ‖ Caractère d'intensité et de singularité expressives.

■ Les précurseurs sont, à la fin du XIXᵉ s., Van Gogh, Munch, Ensor, dans la peinture desquels la vigueur de la touche, les rapports de couleurs insolites sont au service de l'intensité expressive et d'une conception généralement pessimiste de la destinée humaine. Profondément nordique, ce courant se développe en Allemagne avec les peintres du groupe « Die Brücke » (Dresde, puis Berlin, 1905-1913), Kirchner, Nolde, Max Pechstein (1881-1955), Karl Schmidt-Rottluff (né en 1884), etc., imprégnés de primitivisme, cultivant les déformations expressives, la violence graphique, l'irréalisme de la couleur. À Munich, le groupe « Der Blaue* Reiter » évolue vers l'abstraction lyrique.

La Première Guerre mondiale suscite l'expression pathétique de Kokoschka, le pessimisme sec et dur de Beckmann, la critique sociale de G. Grosz et d'Otto Dix (1891-1970) [mouvement de la « nouvelle objectivité »], tandis qu'un robuste courant flamand est illustré par les peintres de l'école de Laethem-Saint-Martin*, tels Permeke, Gustave de Smet, Frits Van den Berghe. Au Mexique se développe l'expressionnisme populaire, issu de la révolution, des « muralistes » Rivera, Orozco et Siqueiros. L'école française offre des individualités puissantes comme celles de Rouault et de Soutine.

Après 1945, l'expressionnisme connaît un regain dans des courants qui combinent une volonté primitiviste avec la spontanéité gestuelle apprise des surréalistes : ainsi en Europe le mouvement Cobra*, aux États-Unis l'expressionnisme abstrait, action painting (fondée sur le geste) de Pollock, de De Kooning, de Kline, ou « abstraction chromatique » d'un Adolf Gottlieb (1903-1974), d'un Rothko ou d'un Newman.

À l'expressionnisme appartiennent des sculpteurs comme les Allemands Barlach et Käte Kollwitz (1867-1945, également graveur), comme Zadkine dans une certaine mesure, suivis après 1945 par de nombreux artistes, tels l'Américain Theodore Roszak (né en 1907) ou la Française G. Richier.

EXPRESSIONNISTE adj. et n. Qui se rapporte, se rattache à l'expressionnisme.

EXPRESSIVEMENT adv. De façon expressive.

EXPRESSIVITÉ n. f. Caractère de ce qui est expressif.

EXPRIMABLE adj. Qui peut être exprimé, énoncé, traduit.

EXPRIMER v. t. (lat. exprimere). Faire sortir un liquide par pression. ‖ Manifester sa pensée, ses impressions par le geste, la parole, le visage : exprimer sa douleur par des larmes ; la littérature exprime les goûts d'une époque. ‖ Définir, en parlant d'unités. ◆ **s'exprimer** v. pr. Se faire comprendre, exprimer sa pensée : s'exprimer avec élégance.

EXPROMISSION n. f. (lat. expromissio). Dr. rom. Substitution de débiteurs dans laquelle le nouveau débiteur s'engage sans s'être préalablement engagé avec celui qu'il remplace.

EXPROPRIATEUR, TRICE n. et adj. Personne, organisme qui exproprie.

EXPROPRIATION n. f. Action d'exproprier. ● Expropriation forcée, saisie immobilière suivie de vente par adjudication judiciaire.

EXPROPRIER v. t. Déposséder qqn de sa propriété, dans un but d'utilité générale, suivant des formes légales et avec indemnité.

EXPULSÉ, E adj. et n. Se dit d'une personne que l'on expulse.

EXPULSER v. t. (lat. expulsare). Chasser qqn avec violence ou par une décision de l'autorité du lieu où il était établi. ‖ Évacuer, rejeter : expulser le mucus des bronches.

EXPULSIF, IVE adj. Méd. Qui accompagne ou favorise l'expulsion.

EXPULSION n. f. Action d'expulser, de faire sortir, d'exclure. ‖ Méd. Période terminale de l'accouchement. ‖

EXPURGATION n. f. Action d'expurger. ‖ Agric. Action de couper dans une futaie les arbres qui gênent le développement des autres.

EXPURGER v. t. (lat. expurgare, nettoyer)

[conj. 1]. Retrancher d'un écrit ce que l'on juge contraire à la morale, aux convenances, etc.

EXQUIS, E adj. (lat. exquisitus). Très bon, délicieux, en particulier dans le domaine du goût : vin exquis. ‖ Délicat, distingué : politesse exquise. ● Douleur exquise (Méd.), douleur aiguë, localisée en un point très précis.

EXSANGUE [ɛksɑ̃g] adj. (lat. exsanguis). Qui a perdu beaucoup de sang ; très pâle.

EXSANGUINATION n. f. Soustraction du sang d'un sujet pour le remplacer par un sang étranger.

EXSANGUINO-TRANSFUSION n. f. (pl. exsanguino-transfusions). Méd. Succession de saignées et de transfusions de sang sain, permettant de changer complètement le sang dans certaines maladies. (L'exsanguino-transfusion nécessite de nombreux donneurs du même groupe que le malade.)

EXSTROPHIE n. f. Exstrophie vésicale, malformation dans laquelle la vessie s'abouche directement à la peau de l'abdomen.

EXSUDAT [ɛksyda] n. m. Méd. Produit qui se trouve dans les tissus par exsudation des liquides ou du sang à travers les parois vasculaires. ‖ Liquide suintant à la surface de la peau, des muqueuses ou des séreuses, et contenant de nombreux leucocytes.

EXSUDATION n. f. Méd. Suintement pathologique. ‖ Métall. Présence anormale, en surface d'un alliage, d'un de ses constituants.

EXSUDER v. i. (lat. exsudare). Sortir comme la sueur. ‖ Métall. Présenter une exsudation. ◆ v. t. Méd. Produire un exsudat.

EXTASE n. f. (gr. extasis, égarement d'esprit). État d'une personne qui se trouve comme transportée hors du monde sensible par l'intensité d'un sentiment mystique. ‖ Vive admiration, plaisir extrême causé par une personne ou par une chose.

EXTASIÉ, E adj. Rempli d'admiration, admiratif, ravi : regard extasié.

EXTASIER (S') v. pr. Manifester son ravissement, son admiration : s'extasier devant un paysage.

EXTATIQUE adj. Causé par l'extase : transport extatique. ◆ n. Personne sujette à l'extase.

EXTEMPORANÉ, E adj. (lat. extemporaneus). Pharm. Préparé et administré sur-le-champ. ‖ Chir. Se dit d'un examen pratiqué au cours d'une opération.

EXTEMPORANÉMENT adv. De manière extemporanée.

EXTENDEUR n. m. Industr. Produit de charge ajouté à un matériau.

EXTENSEUR adj. et n. m. Qui sert à étendre : muscles extenseurs.

EXTENSEUR n. m. Appareil de gymnastique servant à développer les muscles.

EXTENSIBILITÉ n. f. Propriété qu'ont certains corps de pouvoir être étendus, allongés.

EXTENSIBLE adj. Qui a de l'extensibilité.

EXTENSIF, IVE adj. Qui produit l'extension : force extensive. ‖ Se dit d'une culture, d'un élevage pratiqués sur de vastes superficies, et à rendement en général faible.

EXTENSION n. f. (lat. extensus, étendu). Action d'étendre ou de s'étendre : l'extension du bras. ‖ Allongement d'un corps soumis à une traction. ‖ Fait de s'étendre, accroissement : l'extension du commerce. ‖ Ling. Action d'étendre par analogie la signification d'un mot. ‖ Philos. Propriété de la matière par laquelle les corps sont dans l'espace ; ensemble des objets que peut désigner un concept. ● Extension d'une théorie déductive (Log.), possibilité pour cette théorie de comporter tous les théorèmes d'une autre théorie.

EXTENSOMÈTRE n. m. Instrument servant à mesurer les déformations produites dans un corps sous l'effet de contraintes mécaniques.

EXTÉNUANT, E adj. Qui exténue, épuise.

EXTÉNUATION n. f. Affaiblissement extrême.

EXTÉNUER v. t. (lat. extenuare). Causer un grand affaiblissement par épuisement des

forces : le jeûne exténue le corps. ◆ **s'exténuer** v. pr. S'épuiser de fatigue.

EXTÉRIEUR, E adj. (lat. exterior). Qui est au-dehors : quartiers extérieurs. ‖ Visible, manifeste : signes extérieurs de richesse. ‖ Qui existe au-dehors de l'individu : le monde extérieur. ‖ Qui a rapport aux pays étrangers : politique extérieure. ● Angle extérieur à un cercle, angle ayant son sommet à l'extérieur d'un cercle et dont les côtés coupent ce cercle. ‖ Angle extérieur d'un triangle, d'un polygone, angle formé par un côté du triangle ou du polygone avec le prolongement du côté adjacent.

EXTÉRIEUR n. m. Ce qui est au-dehors, à la surface : l'extérieur d'une maison. ‖ Aspect général d'une personne (vx). ‖ Pays étrangers : nouvelles de l'extérieur. ◆ pl. Cin. Scènes filmées hors d'un studio.

EXTÉRIEUREMENT adv. À l'extérieur. ‖ En apparence.

EXTÉRIORISATION n. f. Action d'extérioriser.

EXTÉRIORISER v. t. Exprimer, manifester par son comportement : extérioriser sa joie. ‖ Psychol. Imaginer en dehors de soi-même ce qu'on voit en dedans. ◆ **s'extérioriser** v. pr. Manifester ses sentiments, son caractère.

EXTÉRIORITÉ n. f. Philos. Qualité de ce qui est en dehors de la conscience.

EXTERMINATEUR, TRICE adj. et n. Qui extermine. ● L'ange exterminateur, dans la Bible, ange chargé de porter la mort parmi les Égyptiens qui persécutaient les Hébreux.

EXTERMINATION n. f. Destruction très grande d'hommes ou d'animaux.

EXTERMINER v. t. (lat. exterminare, chasser). Massacrer, faire périr entièrement ou en grand nombre.

EXTERNAT n. m. Maison d'éducation qui n'admet que des élèves externes. ‖ État de celui qui est externe dans un établissement scolaire. ‖ Avant la réforme de 1968, fonction d'externe dans un hôpital.

EXTERNE adj. (lat. externus). Qui paraît au-dehors : maladie externe. ‖ Qui vient du dehors. ● Angle externe, chacun des angles formés par deux droites coupées par une sécante, et situés à l'extérieur de ces droites.

EXTERNE n. Élève qui suit les cours d'une école sans y coucher et sans y prendre ses repas. ‖ Avant la réforme de 1968, étudiant en médecine qui assistait les internes dans le service des hôpitaux.

EXTÉROCEPTEUR n. m. Récepteur de la sensibilité extéroceptive. (Syn. CORPUSCULE DU TACT.)

EXTÉROCEPTIF, IVE adj. Se dit de la sensibilité qui reçoit ses informations de récepteurs sensoriels situés à la surface du corps et stimulés par des agents extérieurs à l'organisme (chaleur, tact, piqûre) [par oppos. à INTÉROCEPTIF et PROPRIOCEPTIF].

EXTÉROCEPTIVITÉ n. f. Caractère de la sensibilité extéroceptive.

EXTERRITORIALITÉ n. f. Fiction juridique aux termes de laquelle les diplomates accrédités auprès d'un chef d'État sont censés habiter dans leur propre pays et ne peuvent, de ce fait, être soumis aux lois du pays où ils exercent leurs fonctions. (L'exterritorialité s'applique aussi au personnel des navires de guerre séjournant dans un port.)

EXTINCTEUR, TRICE adj. et n. m. Qui sert à éteindre les incendies ou les commencements d'incendie.

EXTINCTION n. f. (lat. extinguere, éteindre). Action d'éteindre ce qui était allumé : l'extinction d'un incendie. ‖ Affaiblissement, cessation d'une fonction, d'une activité : une extinction de voix. ‖ Suppression, anéantissement : l'extinction d'une dette, d'une espèce animale. ● Extinction des feux, sonnerie du soir enjoignant aux militaires d'éteindre les lumières.

EXTIRPABLE adj. Qui peut être extirpé.

EXTIRPATEUR n. m. Instrument agricole pour arracher les mauvaises herbes et pour effectuer des labours superficiels légers.

EXTIRPATION n. f. Action d'extirper.

EXTIRPER v. t. (lat. *extirpare*; de *stirps*, racine). Arracher avec la racine, enlever complètement : *extirper du chiendent, une tumeur.* ‖ Anéantir, faire cesser : *extirper des préjugés.*

EXTORQUER v. t. (lat. *extorquere*). Obtenir par force, violence, menace, ruse : *extorquer de l'argent à qqn.*

EXTORQUEUR, EUSE n. Celui, celle qui extorque.

EXTORSION n. f. Action d'extorquer : *l'extorsion d'une signature.* (L'extorsion de fonds sous la menace de révélations scandaleuses constitue le chantage.)

EXTRA n. m. inv. (mot lat., *au-delà de*). Ce qui est en dehors des habitudes courantes (dépenses, repas, etc.) : *faire un extra pour des invités.* ‖ Service occasionnel supplémentaire. ‖ Personne qui fait ce service. ◆ adj. inv. De qualité supérieure : *des fruits extra.*

EXTRABUDGÉTAIRE adj. En dehors du budget.

EXTRA-COURANT n. m. (pl. *extra-courants*). *Électr.* Courant qui se produit dans l'air au moment où l'on ouvre un circuit parcouru par un courant électrique, en raison du phénomène d'auto-induction, et qui se manifeste par un arc.

EXTRACTEUR n. m. Celui qui pratique une extraction. ‖ Élément mécanique servant à retirer une pièce (étui d'un projectile) hors d'un logement ou d'une cavité. ‖ Appareil servant à séparer le miel de la cire par application de la force centrifuge. ‖ *Chim.* Appareil servant à extraire une substance. ‖ *Chir.* Instrument pour extraire des corps étrangers de l'organisme. ‖ Appareil accélérant la circulation d'un fluide.

EXTRACTIBLE adj. Qui peut être extrait.

EXTRACTIF, IVE adj. Qui a trait à l'extraction : *industrie extractive.*

EXTRACTION n. f. (lat. *extractus*, extrait). Action d'extraire, d'arracher : *l'extraction d'un clou.* ‖ *Litt.* Naissance, origine : *être de noble extraction.* ‖ *Math.* Opération qui a pour objet de trouver la racine d'un nombre : *extraction d'une racine carrée.*

EXTRADER v. t. Livrer par extradition : *extrader des criminels de guerre.*

EXTRADITION n. f. (lat. *ex*, hors de, et *traditio*, action de livrer). Action de livrer un inculpé ou un condamné à un gouvernement étranger qui le réclame.

EXTRADOS [ɛkstrado] n. m. Face extérieure d'un arc, d'une voûte, d'une aile d'avion, opposée à l'*intrados.*

EXTRA-DRY [ɛkstradraj] adj. et n. m. inv. (angl. *dry*, sec). Se dit d'un champagne très sec.

EXTRA-FIN, E adj. (pl. *extra-fins, es*). D'une qualité supérieure.

EXTRA-FORT n. m. (pl. *extra-forts*). Ruban très solide servant à border les ourlets.

EXTRAGALACTIQUE adj. Qui appartient à l'espace situé en dehors de la Galaxie.

EXTRAIRE v. t. (lat. *extrahere*) [conj. 73]. Retirer d'un corps, d'un ensemble : *extraire une balle, une dent; extraire un passage d'un livre.* ‖ Faire sortir : *extraire un prisonnier de sa cellule.* ‖ Séparer par voie physique ou chimique une substance d'une autre. ‖ Remonter au jour les produits d'une mine souterraine. ● *Extraire la racine d'un nombre*, la calculer.

EXTRAIT n. m. Substance extraite d'une autre par une opération physique ou chimique : *extrait de quinquina.* ‖ Préparation soluble et concentrée obtenue à partir d'un aliment : *extrait de viande.* ‖ Parfum concentré. ‖ Passage tiré d'un livre, morceau choisi d'un auteur. ‖ Copie littérale de la partie d'un acte : *extrait de naissance.*

EXTRAJUDICIAIRE adj. Se dit de ce qui est fait sans l'intervention de la justice. ● *Acte extrajudiciaire*, sommation par exploit d'huissier.

EXTRAJUDICIAIREMENT adv. En dehors des formes judiciaires.

EXTRALÉGAL, E, AUX adj. Qui est en dehors de la légalité : *moyens extralégaux.*

EXTRALUCIDE adj. Qui possède le don de voir ce qui est caché au commun des hommes, par télépathie, par voyance, par divination, etc. : *voyante extralucide.*

EXTRA-MUROS [ɛkstramyros] loc. adv. (mots lat.). Hors de la ville, à l'extérieur.

EXTRAORDINAIRE adj. En dehors de l'usage ordinaire; qui arrive rarement : *un événement extraordinaire.* ‖ Qui dépasse le niveau ordinaire de beaucoup, très grand, remarquable : *idée extraordinaire.* ‖ Qui étonne par sa bizarrerie : *idée extraordinaire.* ‖ Qui dépasse le niveau ordinaire de beaucoup, très grand, remarquable : *une chaleur extraordinaire.* ● *Par extraordinaire*, par une éventualité peu probable.

EXTRAORDINAIREMENT adv. De façon extraordinaire; extrêmement, très.

EXTRAPARLEMENTAIRE adj. En dehors du Parlement.

EXTRAPOLATION n. f. Extension, généralisation. ‖ *Math.* Procédé consistant à prolonger une série statistique en introduisant, à la suite des termes anciens, un terme nouveau qui obéit à la loi de la série, ou à déterminer l'ordonnée d'un point situé dans le prolongement d'une courbe et qui vérifie l'équation de celle-ci.

EXTRAPOLER v. t. et i. Généraliser, déduire à partir de données partielles ou réduites. ‖ *Math.* Pratiquer l'extrapolation.

EXTRAPYRAMIDAL, E, AUX adj. *Système extrapyramidal*, ensemble de centres nerveux disséminés dans le cerveau et qui régissent les mouvements automatiques et semi-automatiques qui accompagnent la motricité volontaire. ‖ *Syndrome extrapyramidal*, ensemble des manifestations (tremblements, hypertonie, akinésie, dyskinésie) dues à une lésion du système extrapyramidal.

EXTRASENSIBLE adj. Qui n'est pas perçu directement par les sens.

EXTRASENSORIEL, ELLE adj. *Perception extrasensorielle* (Psychol.), mode de connaissance perceptive sans intervention de récepteurs sensoriels connus. (L'existence de telles perceptions est fortement contestée.)

EXTRASYSTOLE n. f. Contraction supplémentaire du cœur, survenant entre des contractions normales et entraînant parfois une légère douleur.

EXTRATERRESTRE adj. et n. Extérieur à l'atmosphère terrestre. ‖ Habitant supposé d'une autre planète que la Terre.

EXTRA-UTÉRIN, E adj. Qui se trouve ou qui évolue en dehors de l'utérus : *grossesse extra-utérine.*

EXTRAVAGANCE n. f. Caractère de celui ou de ce qui est extravagant, excentrique, bizarre; action, idée extravagante : *l'extravagance d'un projet; faire mille extravagances.*

EXTRAVAGANT, E [ɛkstravagɑ̃, ɑ̃t] adj. et n. (lat. *vagari*, errer). Hors du sens commun, déraisonnable : *idée extravagante.* ‖ Qui dépasse la mesure : *prix extravagants.*

EXTRAVASER (S') v. pr. Se dit du sang, de la sève, etc., qui se répandent hors de leurs canaux.

EXTRAVERSION n. f. *Psychol.* Caractéristique d'une personnalité qui s'extériorise facilement et qui est réceptive aux modifications de son environnement.

EXTRAVERTI, E ou **EXTROVERTI, E** adj. et n. Qui est tourné vers le monde extérieur.

EXTRÉMAL, E, AUX adj. Qui a atteint l'une de ses valeurs extrêmes (maximum ou minimum).

EXTRÊME adj. (lat. *extremus*). Qui est au degré le plus intense, au point le plus élevé : *un froid extrême; un courage extrême.* ‖ Qui dépasse les limites normales, violent, excessif : *moyens extrêmes; être extrême en tout.* ‖ Qui est tout à fait au bout, au terme : *la limite extrême du territoire.*

EXTRÊME n. m. L'opposé, le contraire : *passer d'un extrême à l'autre.* ‖ *À l'extrême*, au-delà de toute mesure. ‖ *Les extrêmes* (Math.), le premier et le dernier terme d'une proportion : *dans une proportion* $\frac{a}{b} = \frac{c}{d}$, *le produit des extrêmes* (a · d) *est égal à celui des moyens* (b · c).

EXTRÊMEMENT adv. À un très haut degré : *il fait extrêmement chaud.*

EXTRÊME-ONCTION n. f. (pl. *extrêmes-onctions*). Dans l'Église catholique, sacrement conféré à un malade en danger de mort par des onctions d'huile sainte sur le front et sur les mains. (Depuis 1973, le sacrement des malades peut être reçu par des personnes — des vieillards surtout — qui ne sont pas en danger de mort immédiat.)

EXTRÊME-ORIENTAL, E, AUX adj. Relatif à l'Extrême-Orient.

EXTRÉMISME n. m. Tendance à recourir à des moyens extrêmes, violents, dans la lutte politique.

EXTRÉMISTE adj. et n. Qui fait preuve d'extrémisme; qui est partisan de l'extrémisme.

EXTRÉMITÉ n. f. (lat. *extremitas*). Le bout, la fin : *l'extrémité d'une corde.* ‖ Attitude, décision extrême : *tomber d'une extrémité à l'autre.* ● *La dernière extrémité*, état misérable d'une personne; les derniers moments de la vie. ◆ pl. Actes de violence, d'emportement : *en venir à des extrémités.* ‖ Les pieds et les mains : *avoir les extrémités froides.*

EXTREMUM n. m. (pl. *extremums*). *Math.* Limite supérieure ou inférieure de la plage de variation d'une quantité variable.

EXTRINSÈQUE [ɛkstrɛ̃sɛk] adj. (lat. *extrinsecus*, en dehors). Qui vient du dehors : *causes extrinsèques d'une maladie.* ● *Valeur extrinsèque d'une monnaie*, valeur légale, conventionnelle. (On dit aussi VALEUR FACIALE.)

EXTRINSÈQUEMENT adv. De façon extrinsèque.

EXTRORSE adj. *Bot.* Se dit d'une étamine dont l'anthère s'ouvre vers l'extérieur de la fleur, comme chez les renonculacées.

EXTROVERTI, E adj. et n. → EXTRAVERTI.

EXTRUDER v. t. *Techn.* Pratiquer l'extrusion. ◆ v. i. *Géol.* Subir l'extrusion.

EXTRUDEUSE n. f. *Techn.* Appareil servant à l'extrusion.

EXTRUSIF, IVE adj. *Géol.* Qui se rapporte à une extrusion.

EXTRUSION n. f. *Géol.* Mise en place de matières volcaniques résultant surtout de la montée d'une masse quasi solide, ou en cours de solidification très rapide, sans écoulement ni projection. ‖ *Techn.* Action de donner à une matière rendue malléable la forme d'un profilé à section droite constante.

EXUBÉRANCE n. f. (ɛgzyberɑ̃s) n. f. Surabondance : *l'exubérance de la sève.* ‖ Vivacité excessive : *son exubérance me fatigue.*

EXUBÉRANT, E adj. (lat. *exuberans*, regorgeant). Surabondant : *végétation exubérante.* ‖ Qui manifeste ses sentiments par d'excessives démonstrations.

EXULCÉRATION n. f. *Méd.* Ulcération superficielle, sur un relief.

EXULTATION n. f. Très grande joie, allégresse.

EXULTER v. i. (lat. *exultare*, sauter). Éprouver une joie très vive.

EXUTOIRE n. m. (lat. *exutus*, enlevé). Moyen de se débarrasser de ce qui gêne; dérivatif : *un exutoire à sa colère.*

EXUVIE n. f. (lat. *exuviae*, dépouilles). Peau abandonnée par un arthropode ou un serpent lors de sa mue.

EX VIVO loc. adv. (loc. lat.). Se dit d'une chirurgie faite sur un organe prélevé sur le sujet, réparé, puis réimplanté.

EX-VOTO n. m. inv. (lat. *ex voto*, en conséquence d'un vœu). Tableau, inscription, objet qu'on place dans un sanctuaire à la suite d'un vœu ou en remerciement d'une grâce obtenue.

EYE-LINER [ajlajnœr] n. m. (mots angl.) [pl. *eye-liners*]. Liquide coloré employé dans le maquillage des yeux pour souligner le bord des paupières.

EYRA [ɛra] n. m. (mot d'une langue du Brésil). Petit puma de l'Amérique du Sud.

flottage du bois à Vancouver (Canada) [*phot. Berry-Magnum*]

F n. m. Sixième lettre de l'alphabet et la quatrième des consonnes : *le f est une fricative sourde.* ‖ **f,** symbole de *femto.* ‖ **F** (Phys.), symbole du *farad.* ‖ **F,** symbole du *franc.* ‖ **F** (Mus.), nom de la note *fa* en anglais et en allemand. ‖ **F** (Chim.), symbole chimique du *fluor.* ‖ **⁰F,** symbole du degré Fahrenheit, unité de température dans les pays anglo-saxons.

FA n. m. inv. Note de musique; quatrième degré de la gamme de *do;* signe qui le représente. ● *Clef de « fa »,* clef représentée par un C retourné suivi de deux points, et qui indique

fa

clef de fa

que la note placée sur la ligne passant entre les deux points est un *fa.* (La clef de fa se place ordinairement sur la quatrième ligne.)

FABLE n. f. (lat. *fabula*). Petit récit, le plus souvent en vers, d'où l'on tire une moralité : *fables de La Fontaine.* ‖ *Litt.* Mythe. ‖ Récit mensonger : *cette nouvelle est une fable.* ‖ Sujet de la risée publique : *être la fable du quartier.*

FABLIAU [fɑblijo] n. m. (forme picarde de l'anc. fr. *fableau,* petite fable). Conte en vers, édifiant ou satirique, du XIIᵉ et du XIIIᵉ s.

FABLIER n. m. Recueil de fables.

FABRICANT n. m. Propriétaire d'une entreprise destinée à la fabrication d'objets, de produits, etc. ‖ Celui qui fabrique lui-même ou fait fabriquer pour vendre.

FABRICATEUR, TRICE n. *Péjor.* et *litt.* Celui, celle qui fabrique : *fabricateur de calomnies.*

FABRICATION n. f. Action ou manière de fabriquer : *défaut de fabrication.*

FABRIQUE n. f. (lat. *fabrica*). Établissement industriel de moyenne importance et peu mécanisé où sont transformés des produits semi-finis ou des matières premières en vue de la création de produits destinés à la consommation ou à la production d'autres marchandises. ‖ Petit bâtiment pittoresque décorant un parc, notamment

un jardin « à l'anglaise »; en peinture, ruine ou édifice décoratifs d'un paysage « historique ». ‖ Autref., biens, revenus d'une église. ● *Conseil de fabrique,* ou *fabrique,* groupe de clercs ou de laïcs qui veillent à l'administration des biens d'une église. ‖ *Prix de fabrique,* prix auquel le fabricant vend ses produits au commerce.

FABRIQUER v. t. (lat. *fabricare;* de *faber,* artisan). Transformer des matières en objets d'usage courant : *fabriquer des draps.* ‖ Arranger un événement; inventer, forger : *fabriquer une histoire.* ‖ *Fam.* Faire, avoir telle ou telle occupation : *qu'est-ce qu'il fabrique encore?*

FABULATEUR, TRICE adj. et n. Qui fabule, qui raconte sur son compte des histoires extraordinaires.

FABULATION n. f. Construction d'événements imaginaires, à la réalité desquels on croit et dont on fait le récit.

FABULER v. i. Élaborer des fabulations.

FABULEUSEMENT adv. De façon fabuleuse, à l'excès : *fabuleusement riche.*

FABULEUX, EUSE adj. (lat. *fabulosus*). *Litt.* Qui appartient à l'imagination; chimérique : *animal fabuleux.* ‖ Étonnant, extraordinaire : *fortune fabuleuse.*

FABULISTE n. Auteur qui compose des fables.

FAÇADE n. f. (it. *facciata*). Face extérieure, importante par sa fonction ou son ordonnance, d'un bâtiment. ‖ Apparence trompeuse : *luxe tout en façade.*

FACE [fas] n. f. (lat. *facies*). Partie antérieure de la tête de l'homme, visage : *face glabre.* (La face comprend la région antérieure de la tête, dont le squelette est formé, chez l'homme, de 14 os soudés entre eux, sauf la mâchoire inférieure, et solidement fixés au crâne.) ‖ Côté d'une monnaie qui porte l'effigie du souverain ou l'image personnifiant l'autorité au nom de laquelle la pièce est émise. ‖ Chacun des côtés d'une chose : *les faces d'un diamant.* ‖ *Litt.* Aspect, tournure, état : *examiner une question sous toutes ses faces.* ‖ *Math.* Chacun des polygones qui limitent un polyèdre. ‖ Chacun des angles plans qui limitent un angle polyèdre. ‖ Chacun des demi-plans qui limitent un dièdre. ● *À la face de qqn, qqch,* en sa présence, ouvertement. ‖ *Changer de face,* modifier son aspect. ‖ *De face,* du côté où l'on voit toute la face. ‖ *En face,* en présence l'un de l'autre. ‖ *En face,* vis-à-vis; par-devant; fixement : *regarder qqn en face;* sans crainte : *regarder la mort en face.* ‖ *Faire face à,* être tourné du côté de : *sa maison fait face à la mer;* faire front, s'opposer à : *faire face au danger;* pourvoir à : *faire face*

à *une dépense.* ‖ *Perdre la face,* perdre son prestige. ‖ *Sauver la face,* garder sa dignité.

FACE-À-FACE n. m. inv. Débat contradictoire, le plus souvent télévisé, entre deux personnalités.

FACE-À-MAIN n. m. (pl. *faces-à-main*). Lorgnon que l'on tient à la main.

FACÉTIE [fasesi] n. f. (lat. *facetia*). Plaisanterie un peu grosse; anecdote burlesque.

FACÉTIEUSEMENT adv. De façon facétieuse.

FACÉTIEUX, EUSE adj. et n. Qui aime à faire des facéties. ‖ Qui fait rire par des plaisanteries, des blagues; cocasse, drôle : *livre facétieux.*

FACETTE n. f. Petite surface plane : *diamant taillé à facettes.* ‖ *Zool.* Chacun des éléments polygonaux dont l'ensemble forme la surface des yeux composés des arthropodes.

FACETTER v. t. *Techn.* Tailler à facettes.

FÂCHÉ, E adj. En colère. ‖ Contrarié, irrité, agacé : *je suis fâché de vous quitter.*

FÂCHER v. t. (lat. *fastidiare,* dégoûter). Mécontenter, mettre en colère. ◆ **se fâcher** v. pr. S'irriter : *se fâcher contre qqn.* ‖ Se brouiller : *se fâcher avec qqn.*

FÂCHERIE n. f. Brouille, désaccord.

FÂCHEUSEMENT adv. De façon fâcheuse : *être fâcheusement impressionné.*

FÂCHEUX, EUSE adj. Qui entraîne des conséquences ennuyeuses, malencontreux : *une fâcheuse initiative.*

FÂCHEUX adj. et n. m. *Litt.* Importun, gêneur.

FACIAL, E, AUX adj. Qui appartient à la face. ● *Angle facial,* angle formé par la rencontre de deux lignes, l'une qui passe par les incisives supérieures et par le point le plus saillant du front, l'autre qui va du conduit auditif aux mêmes dents. ‖ *Nerf facial,* septième nerf crânien, qui commande les muscles peauciers de la face et du crâne, et qui provoque la mimique. ‖ *Valeur faciale,* v. EXTRINSÈQUE.

FACIÈS [fasjɛs] n. m. (lat. *facies*). Aspect général du visage, physionomie : *un faciès simiesque.* ‖ *Géol.* Ensemble des caractères d'une roche, considérés du point de vue de sa formation. ‖ *Préhist.* Ensemble de traits composant un aspect particulier d'une période culturelle.

FACILE adj. (lat. *facilis*). Qui se fait sans peine, sans difficulté, aisé : *travail facile.* ‖ Qui a peu de valeur, qui exige trop peu d'effort pour être fait : *littérature, ironie facile.* ‖ Accommodant, de rapports simples et directs : *caractère facile; il n'est pas facile tous les jours.* ‖ Se dit d'une femme dont on obtient aisément les faveurs.

FACILEMENT adv. Avec facilité; sans peine, aisément : *se laisser facilement convaincre.*

FACILITATION n. f. Action de faciliter.

FACILITÉ n. f. Qualité d'une chose facile à faire, à concevoir. ‖ Moyen de faire sans peine; occasion, possibilité : *j'ai eu toute facilité pour le rencontrer.* ‖ Aptitude à faire qqch sans peine : *avoir une grande facilité pour les mathématiques.* ◆ pl. Commodités : *des facilités de transport.* ‖ Délais accordés pour payer : *obtenir des facilités de paiement.* ● *Facilités de caisse,* découvert de quelques jours accordé par le banquier à son client.

FACILITER v. t. (it. *facilitare*). Rendre facile : *faciliter un travail.*

FAÇON n. f. (lat. *factio*; de *facere*, faire). Manière d'être ou d'agir : *ce n'est pas une façon de faire.* ‖ Forme d'un vêtement. ‖ Imitation : *un châle façon cachemire.* ‖ Main-d'œuvre; exécution d'un travail par un artisan : *payer tant pour la façon.* ‖ Labour, culture : *donner une première façon à la vigne.* ● À façon, se dit d'un travail exécuté sans fournir les matériaux. ‖ *C'est une façon de parler,* il ne faut pas le prendre au pied de la lettre. ‖ *De toute façon,* quoi qu'il arrive. ‖ *En aucune façon,* pas du tout. ‖ *Sans façon,* sans cérémonie. ◆ pl. Manière d'agir, de se comporter, conduite : *des façons vulgaires.* ‖ Politesses affectées : *faire des façons.* ◆ loc. conj. *De façon que,* de telle façon que indiquent : 1° la conséquence (avec l'indicatif) : *il s'est conduit de telle façon qu'il a mérité l'estime de tous;* 2° le but (avec le subjonctif) : *agissez de façon que vous méritiez l'estime des gens de bien.* ◆ loc. prép. *De façon à,* de manière à.

FACONDE [fakɔ̃d] n. f. (lat. *facundia*, éloquence). Péjor. et litt. Grande facilité à parler, abondance de paroles.

FAÇONNAGE n. m. Ensemble des opérations (coupe, pliage, piqûre, brochage, reliure) qui terminent la fabrication d'un livre et de certains imprimés. ‖ Syn. de FAÇONNEMENT.

FAÇONNÉ n. m. Tissu dont le croisement produit des dessins.

FAÇONNEMENT n. m. Action, manière de façonner. (Syn. FAÇONNAGE.)

FAÇONNER v. t. Travailler une matière solide, lui donner une certaine forme : *façonner un tronc d'arbre.* ‖ Fabriquer : *façonner une pièce mécanique.* ‖ Litt. Former par la vie, l'expérience : *il a été façonné par son éducation.*

FAÇONNIER, ÈRE n. et adj. Ouvrier, ouvrière travaillant à façon.

FAC-SIMILÉ [faksimile] n. m. (lat. *facere,* faire, et *simile,* chose semblable) [pl. *fac-similés*]. Reproduction fidèle d'une peinture, d'un dessin, d'un objet d'art. ‖ Procédé de transmission des pages d'un journal pour son impression simultanée en plusieurs endroits.

FACTAGE n. m. Transport de marchandises au domicile ou au dépôt de consignation. ‖ Prix de ce transport. ‖ Distribution des lettres et des dépêches à domicile.

FACTEUR n. m. (lat. *factor,* celui qui fait). Fabricant d'instruments de musique : *facteur d'orgues, de pianos.* ‖ Employé des postes qui distribue les lettres. ‖ Employé d'un bureau de messageries ou d'un chemin de fer, qui livre les colis. ‖ Élément qui concourt à un résultat : *le facteur moral est un élément de la victoire.* ‖ Math. Chacun des nombres figurant dans un produit. (L'interversion des facteurs ne change pas la valeur d'un produit.) ‖ Psychol. Variable latente proposée par l'analyse factorielle pour rendre compte des corrélations entre les notes obtenues par un sujet à une série de tests psychologiques. ● *Facteur aux halles,* professionnel chargé d'effectuer la vente en gros, à la criée, des denrées alimentaires dans les halles et marchés publics. ‖ *Facteur de multiplication,* nombre de neutrons libérés quand un neutron disparaît au cours d'une réaction nucléaire. ‖ *Facteurs premiers d'un nombre,* nombres premiers, distincts ou non, dont le produit est égal à ce nombre. (Un nombre admet une décomposition unique en facteurs premiers.) ‖ *Facteurs de la production,* éléments concourant à la production des biens ou des services, essentiel-

lement le capital et le travail. ‖ *Facteur de puissance,* rapport de la puissance active dissipée dans un circuit électrique, exprimée en watts, à la puissance apparente, exprimée en voltampères. ‖ *Facteur Rhésus,* substance contenue dans le sang du macaque (*Macacus rhesus*) et de certains hommes (85 p. 100 des Européens), et qui est responsable de divers accidents lors de transfusions sanguines et de grossesses pathologiques.

FACTICE adj. (lat. *facticius*). Faux, imité : *diamant factice.* ‖ Qui n'est pas naturel, forcé, contraint : *gaieté factice.* ● *Idée factice* (Philos.), selon les cartésiens, idée produite par la connaissance rationnelle ou par l'imagination, par opposition aux idées ADVENTIVE et INNÉE.

FACTICEMENT adv. De manière factice.

FACTICITÉ n. f. Caractère de ce qui est factice. ‖ *Philos.* Caractère de ce qui constitue un fait.

FACTIEUX, EUSE [faksjø, øz] adj. et n. Qui exerce ou prépare une action violente contre le pouvoir établi; séditieux.

FACTION n. f. (lat. *factio*). Service de surveillance ou de garde dont est chargé un militaire. ‖ Attente, surveillance prolongée : *la police demeurait en faction devant la banque.* ‖ Groupe ou parti se livrant à une activité fractionnelle ou subversive à l'intérieur d'un groupe plus important. ‖ Dans une entreprise, l'une des tranches de la journée de travail, lorsque celle-ci est divisée en trois séries de huit heures.

FACTIONNAIRE n. m. Militaire en faction. ‖ Travailleur dont la tâche journalière est effectuée dans le cadre d'une faction.

FACTITIF, IVE adj. et n. Ling. Se dit d'un verbe qui exprime que le sujet fait faire l'action. (Syn. CAUSATIF.)

FACTORERIE n. f. Bureau d'une compagnie de commerce à l'étranger (vx).

FACTORIEL, ELLE adj. *Analyse factorielle,* méthode statistique ayant pour but de chercher les facteurs communs à un ensemble de variables qui ont entre elles de fortes corrélations. ◆ n. f. *Factorielle* n, produit des n premiers nombres entiers : *la factorielle de 5 est 5! = 5 × 4 × 3 × 2 × 1 = 120.*

FACTORING [faktɔriŋ] n. m. (mot angl.). Encaissement des factures pour des tiers, réalisé par des sociétés spécialisées.

FACTORISATION n. f. Math. Transformation d'une expression en produit de facteurs.

FACTOTUM [faktɔtɔm] n. m. (lat. *facere,* faire, et *totum,* tout) [pl. *factotums*]. Personnage de second plan qui s'occupe un peu de tout dans une maison.

FACTRICE n. f. Fam. Employée des postes qui distribue les lettres.

FACTUEL, ELLE adj. Qui se rapporte aux faits.

FACTUM [faktɔm] n. m. (mot lat., *chose faite*) [pl. *factums*]. Litt. Écrit polémique.

FACTURATION n. f. Action de facturer. ‖ Service où l'on fait les factures.

FACTURE n. f. (lat. *factura*). Manière dont une chose est faite, exécutée : *vers d'une bonne facture.*

FACTURE n. f. (de *facteur*). Note détaillée de marchandises vendues, de services exécutés. ● *Facture pro forma,* devis établi par le vendeur, en vue de permettre à l'acheteur d'obtenir une licence d'importation ou l'octroi d'un crédit. ‖ *Prix de facture,* prix auquel le marchand a acheté qqch en fabrique.

FACTURER v. t. Établir la facture.

FACTURIER, IÈRE adj. et n. Employé(e) qui établit les factures : *dactylo facturière.*

FACULE n. f. (lat. *facula,* petite torche). Astron. Petite zone extrêmement brillante du disque du Soleil, dont l'apparition précède celle d'une tache solaire.

FACULTATIF, IVE adj. Qu'on peut faire ou ne pas faire : *travail facultatif.*

FACULTATIVEMENT adv. De façon facultative.

FACULTÉ n. f. (lat. *facultas*; de *facere,* faire). Litt. Possibilité physique, morale ou intellec-

tuelle : *la faculté de prévoir, de choisir.* ‖ Pouvoir, droit de faire une chose : *tout individu a la faculté de disposer de ses biens par testament.* ‖ Établissement d'enseignement supérieur. ● *La faculté de médecine* ou, absol., *la Faculté,* les médecins. ◆ pl. Dispositions, aptitudes naturelles d'une personne : *facultés intellectuelles.* ‖ Dr. Ressources dont une personne peut disposer. ● *Ne pas avoir, ne pas jouir de toutes ses facultés,* avoir un comportement anormal ou avoir son intelligence diminuée.

FADA n. m. (mot prov.). Fam. Un peu fou, niais.

FADAISE n. f. (prov. *fadeza*). Niaiserie, plaisanterie stupide.

FADASSE adj. Fam. Très fade : *sauce fadasse.*

FADE adj. (lat. *fatuus,* fade, influencé par *sapidus,* qui a de la saveur). Qui manque de saveur : *soupe fade.* ‖ Sans caractère, sans intérêt : *beauté fade; style fade.*

FADEUR n. f. Caractère de ce qui est fade : *la fadeur d'un plat; la fadeur d'une conversation.* ◆ pl. Compliments, galanteries fades : *débiter des fadeurs.*

FADING [fadiŋ] n. m. (mot angl.). Diminution temporaire de l'intensité des signaux radioélectriques. (L'Administration préconise ÉVANOUISSEMENT.)

FADO n. m. (mot portug., *destin*). Au Portugal, chanson populaire souvent mélancolique.

FAENA [faena] n. f. (mot esp.). Dans une corrida, travail à la muleta.

FAGALE n. f. Plante dicotylédone, aux fleurs sans pétales et unisexuées, groupées en chatons, au fruit serti dans une cupule. (Les *fagales,* qui comprennent surtout des arbres de la forêt tempérée, comme le *chêne* et le *hêtre,* font partie du groupe des cupulifères et constituent un ordre.)

FAGNE [faɲ] n. f. Dans les Ardennes, marais sur une hauteur.

FAGOT n. m. (lat. pop. *facus*). Faisceau de menu bois, de branchages. ● *De derrière les fagots* (Fam.), très bon, mis en réserve pour une grande occasion. ‖ *Sentir le fagot,* être soupçonné d'hérésie (parce qu'on brûlait autref. les hérétiques).

FAGOTAGE n. m. Fabrication de fagots. ‖ Fam. Habillement sans élégance.

FAGOTER v. t. Mettre en fagots. ● *Être fagoté* (Fam.), être mal habillé, sans élégance.

FAGOTIER n. m. Ouvrier d'abattage du bois, qui fait des fagots.

FAGOTIN n. m. Petit fagot.

FAGOUE n. f. Nom du *thymus,* chez les animaux. ‖ Pancréas du porc.

Fahrenheit [farenajt] (*degré*), unité de mesure de température anglo-saxonne (symb. : °F), équivalant à 180e partie de l'écart entre la température de fusion de la glace et la température d'ébullition de l'eau à la pression atmosphérique normale. [Une température de t degrés Fahrenheit correspond à $\frac{5}{9}(t-32)$ degrés Celsius. 32 °F correspondent à 0 °C et 212 °F correspondent à 100 °C.]

FAIBLARD, E adj. Fam. Assez faible.

FAIBLE adj. et n. (lat. *flebilis,* digne d'être pleuré). Qui manque de vigueur, de force physique ou morale : *se sentir faible; caractère faible.* ‖ Qui manque d'intensité, d'acuité : *vue faible.* ‖ Qui manque de capacité intellectuelle, de savoir : *faible en mathématiques.* ‖ Qui manque de résistance : *une faible passerelle.* ‖ Peu considérable : *faible revenu.* ‖ Chim. Se dit d'un acide, d'une base, d'un électrolyte peu dissocié. ● *Côté, point faible de qqn, de qqch,* sa faiblesse, son défaut. ‖ *Faible d'esprit,* personne dont les facultés intellectuelles sont peu développées.

FAIBLE n. m. Penchant pour qqn ou qqch : *le jeu est son faible.* ‖ *Avoir un faible pour,* un goût prononcé pour.

FAIBLEMENT adv. De façon faible.

FAIBLESSE n. f. État de ce qui est faible, de celui qui est faible : *faiblesse de constitution; faiblesse d'un élève en histoire; les faiblesses*

Réunion des mus. nat.

Vase à col cylindrique
de Faenza (Italie). 1543.
(Musée du Louvre, Paris.)

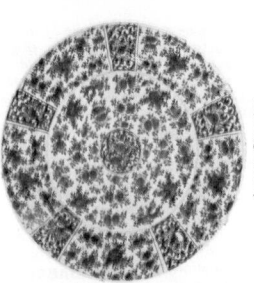

Lauros-Giraudon

Assiette en faïence de Delft
(Pays-Bas). 1764.
(Musée de Sèvres.)

FAÏENCE

Réunion des mus. nat.

Fontaine en faïence
de Marseille. XVIIIᵉ s.
(Musée du Louvre, Paris.)

faisan

d'un roman. ‖ Perte subite des forces, évanouissement. ● *Avoir de la faiblesse pour,* faire preuve d'une indulgence trop grande pour.

FAIBLIR v. i. Perdre de ses forces, de sa capacité, de sa fermeté.

FAÏENÇAGE n. m. Formation d'un réseau plus ou moins serré de fissures à la surface d'une peinture.

FAÏENCE n. f. (de *Faenza,* v. d'Italie). Poterie de terre à revêtement opaque d'émail stannifère. ● *Faïence fine,* poterie à pâte blanche et fine revêtue d'une glaçure transparente.

FAÏENCÉ, E adj. Qui imite, rappelle la faïence.

FAÏENCERIE n. f. Fabrique ou commerce de faïence. ‖ Ensemble d'ouvrages en faïence.

FAÏENCIER, ÈRE n. Personne qui fabrique ou vend des objets en faïence.

FAIGNANT, E adj. et n. → FEIGNANT.

FAILLE [faj] n. f. (de *faillir*). Cassure des couches géologiques, accompagnée d'une dénivellation des blocs séparés. ‖ Point faible, rupture dans un raisonnement, un sentiment, etc.

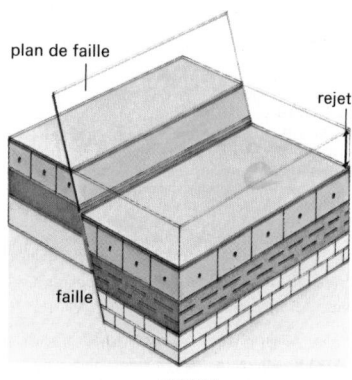

plan de faille

rejet

faille

FAILLE

FAILLE n. f. Soie noire à gros grains formant des côtes.

FAILLÉ, E adj. *Géol.* Affecté par des failles.

FAILLI, E adj. et n. Qui est déclaré en faillite.

FAILLIBILITÉ n. f. Possibilité de se tromper : *la faillibilité d'un juge.*

FAILLIBLE adj. Qui peut se tromper.

FAILLIR v. i. (lat. *fallere,* tromper) [conj. 25]. Suivi d'un inf., être sur le point de : *j'ai failli tomber.* ◆ v. t. ind. [à]. *Litt.* Manquer à : *faillir à une promesse, à un engagement.*

FAILLITE n. f. (it. *fallita*). État d'un débiteur qui ne peut plus payer ses créanciers : *être en faillite; faire faillite.* ‖ Échec complet d'une entreprise : *la faillite d'une politique.* ● *Faillite personnelle* (Dr.), ensemble de déchéances et

d'incapacités frappant les commerçants ou dirigeants d'entreprises en état de règlement judiciaire ou de liquidation des biens, coupables d'agissements irréguliers ou imprudents.

FAIM n. f. (lat. *fames*). Vif besoin de manger, rendu sensible par des contractions de l'estomac vide. ‖ Syn. de SOUS-ALIMENTATION : *la faim dans le monde.* ‖ Désir ardent de qqch, ambition : *avoir faim de richesses.* ● *Faim de loup,* très grande faim.

FAINE [fɛn] n. f. (lat. *fagina* [*glans*], [gland] de hêtre). Fruit du hêtre.

FAINÉANT, E adj. et n. (anc. fr. *faignant;* de *feindre,* rester inactif). Qui ne veut rien faire, paresseux. ● *Rois fainéants* (Hist.), nom donné aux derniers rois mérovingiens.

FAINÉANTER v. i. Ne rien faire; se livrer à la paresse.

FAINÉANTISE n. f. Paresse.

FAIRE v. t. (lat. *facere*) [conj. 72]. Créer, former, construire, fabriquer : *faire un poème; faire une maison, une machine.* ‖ Commettre, réaliser : *faire une erreur.* ‖ Causer, occasionner : *faire du bien; faire peur, envie.* ‖ Donner, accorder : *faire un cadeau; faire grâce.* ‖ Constituer essentiellement : *la richesse ne fait pas le bonheur.* ‖ Accomplir : *faire son devoir.* ‖ Disposer, arranger : *faire un lit.* ‖ Nettoyer : *faire les chaussures.* ‖ Représenter, jouer le rôle de : *faire un personnage; faire le mort.* ‖ Se livrer à certaines études : *faire sa philosophie.* ‖ S'occuper : *n'avoir rien à faire.* ‖ Exercer une activité, pratiquer un sport : *faire un métier.* ‖ Être atteint par une maladie, être dans tel ou tel état : *faire de la neurasthénie.* ‖ *Fam.* Vendre : *combien faites-vous ce tableau?* ‖ Égaler : *2 et 2 font 4.* ‖ *Ling.* Prendre certaine forme : *« cheval » fait « chevaux » au pluriel.* ● *Avoir fort à faire,* avoir de grandes difficultés à surmonter. ‖ *C'en est fait,* c'est fini. ‖ *Faire faire,* charger qqn de faire : *la maison que vous avez fait faire.* ‖ *Faire de son mieux,* s'efforcer. ‖ *Il ne fait que d'arriver,* il vient seulement d'arriver. ‖ *Il ne fait que crier,* il crie sans cesse. ◆ v. impers. Indique un état du ciel ou de l'atmosphère : *il fait nuit; il fait beau; il fait du vent.* ◆ v. i. Produire un certain effet : *le gris fait bien avec le bleu.* ‖ Agir : *bien faire et laisser dire.* ◆ **se faire** v. pr. Devenir : *se faire vieux.* ‖ S'améliorer : *ce vin se fera.* ‖ S'habituer : *se faire à la fatigue.* ‖ Embrasser une carrière : *se faire avocat.* ‖ Être à la mode : *ça se fait aujourd'hui.* ● *S'en faire* (Fam.), se faire du souci, s'inquiéter.

FAIRE n. m. Manière, exécution propre à un artiste.

FAIRE-PART n. m. inv. Lettre annonçant une naissance, un mariage, un décès.

FAIRE-VALOIR n. m. inv. Acteur de second plan qui sert à mettre en valeur l'acteur principal. ● *Faire-valoir direct,* mode d'exploitation agricole dans lequel l'exploitant est propriétaire des terres.

FAIR-PLAY [fɛrplɛ] n. m. (mots angl.). Comportement loyal. (L'Administration préconise FRANC-JEU.) ◆ adj. inv. Se dit de qqn qui accepte

loyalement les règles d'un jeu, d'un sport, des affaires, qui ne triche pas.

FAISABILITÉ n. f. *Techn.* Caractère de ce qui est faisable, réalisable, dans des conditions techniques, financières et de délai définies.

FAISABLE [fəzabl] adj. Qui peut être fait.

FAISAN [fəzɑ̃] n. m. (gr. *phasianos* [*ornis*], [oiseau] de Phase, en Colchide). Oiseau gallinacé originaire d'Asie, à plumage éclatant, surtout chez le mâle, et à chair estimée. (L'espèce acclimatée en France mesure 85 cm; certaines espèces atteignent 2 m de long.) [Cri : le faisan criaille.] ‖ *Pop.* Homme malhonnête, escroc.

FAISANDAGE n. m. Action de faisander.

FAISANDEAU n. m. Jeune faisan.

FAISANDER [fəzɑ̃de] v. t. Donner au gibier un goût particulier en lui faisant subir un commencement de décomposition. ● *Viande faisandée,* en voie de décomposition. ◆ **se faisander** v. pr. Acquérir le fumet du faisan.

FAISANDERIE n. f. Lieu où l'on élève les faisans.

FAISANE [fəzan] n. et adj. f. Femelle du faisan : *poule faisane.*

FAISCEAU [fɛso] n. m. (lat. *fascis,* botte, paquet). Réunion de choses semblables liées ensemble : *un faisceau de brindilles.* ‖ Ensemble d'ondes, de particules suivant des trajectoires voisines. ‖ *Anat.* Groupe de fibres nerveuses dans l'axe cérébro-spinal. ‖ *Bot.* Groupe de tubes conducteurs de la sève. ‖ *Math.* Ensemble de droites, de courbes, de surfaces dépendant d'un paramètre. ‖ *Mil.* Assemblage d'armes qui se soutiennent entre elles. ● *Colonne en faisceau* (Archit.), pilier fasciculé. ‖ *Faisceau hertzien,* faisceau d'ondes électromagnétiques servant à transmettre des signaux. ‖ *Faisceau de His,* faisceau de fibres nerveuses du cœur qui commence au nœud de Tawara, puis se divise en deux branches, droite et gauche, pour transmettre l'influx nerveux aux ventricules. ‖ *Faisceau lumineux,* ensemble de rayons lumineux. ‖ *Faisceau de tir,* ensemble des plans de tir des pièces d'une batterie d'artillerie. ‖ *Faisceau de voies,* ensemble de voies ferrées groupées de façon sensiblement parallèle et réunies par des aiguillages. ◆ pl. *Antiq.* Verges liées autour d'une hache, que portait le licteur romain. ‖ Motif décoratif, notamment à l'époque de la Révolution. ‖ Emblème du fascisme.

FAISEUR, EUSE [fəzœr, øz] n. Personne qui fait qqch sans soin, en grand nombre, etc. : *un faiseur d'embarras.* ‖ Personne qui cherche à se faire valoir, hâbleur : *passer pour un faiseur.*

FAISSELLE n. f. Récipient à parois perforées dans lequel on fait égoutter les fromages.

FAIT, E adj. Fabriqué, exécuté : *travail bien fait.* ‖ Mûr : *un homme fait.* ‖ Fermenté : *fromage trop fait.* ● *Caractère mal fait,* trop susceptible. ‖ *Être fait,* être pris, enfermé dans une nécessité inéluctable. ‖ *Fait pour,* destiné à, apte à : *ce garçon est fait pour l'armée.* ‖ *Tout fait,* préparé à l'avance; sans originalité : *idée toute faite.*

FAIT n. m. (lat. *factum*). Action de faire, chose faite, événement : *le fait de parler; rien ne craint; un fait singulier.* ‖ Ce qui est vrai, réel : *souvent, les faits détruisent les théories.* ● *Aller au fait,* à l'essentiel. ‖ *Au fait,* à propos, à ce sujet. ‖

C'est un fait, cela existe réellement. ‖ *De fait,* en réalité, véritablement. ‖ *Dire à qqn son fait,* lui dire ce qu'on pense de lui. ‖ *État de fait,* réalité. ‖ *Être le fait de qqn,* constituer ce qui lui appartient en propre. ‖ *Être sûr de son fait,* être sûr de ce qu'on avance. ‖ *Fait divers,* événement sans portée générale qui appartient à la vie quotidienne. ‖ *Le fait du prince,* une décision arbitraire. ‖ *Le fait est que...,* la vérité est que... ‖ *Faits et gestes,* actions de qqn. ‖ *Fait scientifique* (Épistémol.), objet que construit une science. ‖ *Hauts faits,* exploits. ‖ *Mettre au fait,* instruire. ‖ *Par le fait, en fait,* en réalité, effectivement. ‖ *Prendre sur le fait,* surprendre qqn au moment où il commet une action qu'il voulait cacher. ◆ loc. adv. *Tout à fait,* entièrement. ‖ loc. prép. *Du fait de,* par suite de. ‖ *En fait de,* en matière de.

FAÎTAGE n. m. Pièce maîtresse de charpente reliant horizontalement l'angle supérieur des fermes et sur laquelle s'appuient les chevrons.

FAÎTE n. m. (lat. *fastigium*). Partie la plus élevée d'une construction, d'un arbre, d'une montagne; sommet : *le faîte d'une toiture; le faîte d'un arbre.* ‖ *Litt.* Le plus haut degré : *le faîte de la gloire.* ‖ *Ligne* de faîte, ligne qui suit les points les plus élevés déterminés par l'intersection de deux versants.

FAÎTIÈRE adj. f. *Tuile faîtière,* ou *faîtière* n. f., tuile courbe dont on recouvre l'arête supérieure d'un toit. ‖ *Lucarne faîtière,* lucarne placée sur le versant d'un toit, en arrière du plan du mur gouttereau.

FAIT-TOUT n. m. inv., ou **FAITOUT** n. m. Marmite basse en métal ou en terre vernissée.

FAIX [fɛ] n. m. (lat. *fascis*). *Litt.* Charge, fardeau : *ployer sous le faix.* ‖ *Techn.* Affaissement dans une maison récemment construite.

FAKIR n. m. (mot ar.). Ascète musulman ou hindou. ‖ Personne qui exécute en public des tours de diverses sortes (voyance, hypnose, insensibilité, etc.).

FAKIRISME n. m. Exercices des fakirs.

FALAISE [falɛz] n. f. (mot francique). *Géogr.* Haut talus et, en particulier, sur les côtes, talus raide façonné par l'érosion marine : *les falaises du pays de Caux.* ● *Falaise morte,* dans une région côtière, talus autref. façonné par l'érosion marine.

FALARIQUE n. f. (lat. *falarica*). Arme de jet incendiaire, en usage jusqu'au XVIe s.

FALBALA n. m. (prov. *farbella,* dentelle). Volant, ornement de tissu froncé d'un effet voyant.

FALCONIDÉ n. m. (lat. *falco,* faucon). Oiseau rapace diurne, tels l'*aigle,* le *milan,* le *faucon,* etc. (Les *falconidés* forment une famille.)

FALERNE n. m. Vin estimé dans l'Antiquité, que l'on récoltait en Campanie.

FALLACIEUSEMENT adv. De façon fallacieuse.

FALLACIEUX, EUSE adj. (lat. *fallaciosus*). Destiné à tromper, trompeur, spécieux : *argument fallacieux.*

FALLOIR v. impers. (lat. *fallere*) [conj. **42**]. Être nécessaire, obligatoire : *il faut manger pour vivre.* ‖ Être un besoin pour, être nécessaire à : *il lui faut du repos.* ● *Comme il faut,* qui est bien, convenable : *personne, toilette comme il faut.* ‖ *Il s'en faut de beaucoup, de peu, que...,* beaucoup, peu de choses manquent pour que... ‖ *S'en falloir,* être en moins : *il s'en faut de deux francs que le compte soit bon.* ‖ *Tant s'en faut que,* bien loin de.

FALOT n. m. (it. *falo*). Sorte de lanterne. ‖ *Arg.* Tribunal militaire.

FALOT, OTE adj. (angl. *fellow,* compagnon). Terne, effacé : *personnage falot.*

FALOURDE n. f. Fagot de grosses branches liées ensemble (vx).

FALSIFIABILITÉ n. f. *Épistémol.* Possibilité, pour un énoncé scientifique, d'être réfuté par une expérimentation.

FALSIFIABLE adj. Qui peut être falsifié. ‖ *Épistémol.* Susceptible de falsifiabilité.

FALSIFICATEUR, TRICE n. Personne qui falsifie.

FALSIFICATION n. f. Action de falsifier.

FALSIFIER v. t. (lat. *falsus,* faux). Altérer, dénaturer, modifier en vue de tromper : *falsifier du vin, une signature.*

FALUCHE n. f. Autref., béret traditionnel des étudiants.

FALUN n. m. (mot prov.). Dépôt calcaire riche en débris coquilliers fossiles, datant du tertiaire, abondant en Anjou et en Touraine, et utilisé comme engrais.

FALUNER v. t. *Agr.* Amender avec du falun.

FALZAR n. m. (mot turc). *Arg.* Pantalon.

FAMÉ, E adj. (lat. *fama,* renommée). *Mal famé,* autre graphie de MALFAMÉ.

FAMÉLIQUE adj. (lat. *famelicus;* de *fames,* faim). *Litt.* Tourmenté par la faim.

FAMEUSEMENT adv. *Fam.* De façon remarquable, très : *un repas fameusement bon.*

FAMEUX, EUSE adj. (lat. *famosus;* de *fama,* renommée). Dont on a parlé en bien ou en mal, célèbre : *le fameux village de Waterloo.* ‖ *Fam.* Supérieur, remarquable en son genre : *un vin fameux.* ● *Pas fameux,* médiocre.

FAMILIAL, E, AUX adj. Qui concerne la famille : *réunion familiale; allocations familiales.* ● *Maladie familiale,* maladie héréditaire qui touche plusieurs membres d'une même famille.

FAMILIALE n. f. Voiture automobile de tourisme, carrossée de manière à admettre le maximum de personnes pour une puissance déterminée.

FAMILIARISER v. t. Rendre familier, accoutumer, habituer : *familiariser qqn avec la montagne.* ◆ *se familiariser* v. pr. [**avec**]. Se rendre une chose familière par la pratique, s'accoutumer : *se familiariser avec le bruit de la rue.*

FAMILIARITÉ n. f. Grande intimité. ‖ Manière familière de se comporter. ◆ pl. Manières trop libres, privautés : *prendre des familiarités avec qqn.*

FAMILIER, ÈRE adj. (lat. *familiaris*). Qui a des manières libres : *être familier avec les femmes.* ‖ Que l'on sait, que l'on connaît bien, que l'on fait bien par habitude : *cette question lui est familière, une voix familière.* ‖ Se dit d'un mot ou d'une construction propres à la langue de la conversation courante.

FAMILIER n. m. Celui qui vit dans l'intimité d'une personne, qui fréquente habituellement un lieu, habitué : *les familiers d'une maison, d'un café.*

FAMILIÈREMENT adv. De façon familière.

FAMILISTÈRE n. m. Dans le système de Fourier, nom donné à un établissement coopératif. ‖ Coopérative ouvrière de production.

FAMILLE n. f. (lat. *familia*). Le père, la mère et les enfants : *famille nombreuse.* ‖ Les enfants seulement : *être chargé de famille.* ‖ Toutes les personnes d'un même sang, comme enfants, frères, neveux, etc. ‖ Groupe d'êtres ou de choses présentant des caractères communs : *famille spirituelle, politique.* ‖ *Hist. nat.* Chacune des divisions d'un ordre d'êtres vivants. ● *Air de famille,* ressemblance marquée entre des personnes. ‖ *Famille de courbes* (Math.), ensemble de courbes dépendant d'un ou de plusieurs paramètres. ‖ *Famille indexée* (Math.), suite d'éléments pris dans un ensemble, auxquels on fait correspondre de façon biunivoque la suite des entiers naturels. ‖ *Famille de langues,* groupe de langues ayant une origine commune ou des liens de parenté structurels étroits. ‖ *Famille de mots,* groupe de mots issus d'une racine commune. ‖ *Famille de vecteurs* (Math.), ensemble constitué par un certain nombre de vecteurs. ‖ *Fils de famille,* fils d'une famille aisée.

FAMINE n. f. (lat. *fames,* faim). Manque total d'aliments dans une région pendant une certaine période. ● *Salaire de famine,* salaire trop bas.

FAN [fan] n. (angl. *fanatic*). *Fam.* Admirateur enthousiaste de qqn ou de qqch.

FANA adj. et n. (abrév. de *fanatique*). *Fam.* Enthousiaste, passionné.

FANAGE n. m. Action de faner.

FANAL n. m. (it. *fanale;* gr. *phanos*). Lanterne ou feu employés à bord des navires et pour le balisage des côtes. ‖ Falot de locomotive. ‖ Lanterne quelconque.

FANATIQUE [fanatik] adj. et n. (lat. *fanaticus,* inspiré). Qui manifeste une passion ou une admiration passionnée pour qqn ou pour une opinion, un parti, etc. : *un fanatique du jazz.*

FANATIQUEMENT adv. Avec fanatisme.

FANATISER v. t. Rendre fanatique : *fanatiser les foules.*

FANATISME n. m. Zèle passionné pour une religion, une doctrine, un parti.

FANDANGO [fādāgo] n. m. (mot esp.). Danse et air de danse espagnols de rythme assez vif, avec accompagnement de guitare et de castagnettes.

FANE n. f. Feuille sèche tombée d'un arbre. ‖ Tiges et feuilles de certaines plantes herbacées : *des fanes de radis, de carottes.*

FANER [fane] v. t. (lat. pop. *fenare;* de *fenum,* foin). Tourner et retourner l'herbe fauchée d'un pré, pour la faire sécher. ‖ Faire perdre sa fraîcheur, ternir, décolorer : *le soleil fane les étoffes.* ◆ *se faner* v. pr. Perdre son éclat, se flétrir.

FANEUR, EUSE n. Personne qui fane l'herbe fauchée.

FANEUSE n. f. Machine à faner.

FANFARE n. f. Concert de trompettes, de clairons, etc. ‖ *Véner.* Air pour lancer le cerf. ‖ Orchestre composé de cuivres. ‖ Musique militaire à base d'instruments de cuivre.

FANFARON, ONNE adj. et n. (esp. *fanfarrón*). Qui se vante de vertus qu'il n'a pas; hâbleur, vantard.

FANFARONNADE n. f. Action, parole de fanfaron.

FANFARONNER v. i. Faire, dire des fanfaronnades.

FANFRELUCHE n. f. (gr. *pompholux,* bulle d'air). Ornement de peu de prix pour la toilette féminine.

FANGE n. f. (germ. *fanga*). *Litt.* Boue épaisse. ‖ *Litt.* Condition abjecte, vie de débauche.

FANGEUX, EUSE adj. *Litt.* Plein de fange : *eau fangeuse.* ‖ *Litt.* Abject.

FANGOTHÉRAPIE n. f. Traitement par les bains de boue.

FANION n. m. (mot francique). Petit drapeau.

FANON n. m. (mot francique). Région de la peau qui pend sous le cou de certains animaux (bœufs, dindons, etc.). ‖ Touffe de crins derrière

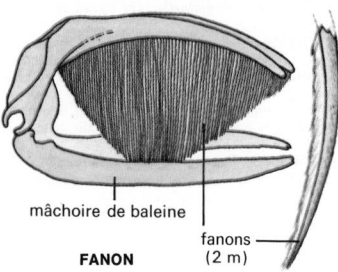

mâchoire de baleine

fanons (2 m)

FANON

le boulet du cheval. ‖ Lame de corne atteignant 2 m de long, effilochée sur son bord interne et fixée à la mâchoire supérieure de la baleine, qui en possède plusieurs centaines. ‖ Chacun des deux pendants de la mitre d'un évêque.

FANTAISIE n. f. (gr. *phantasia,* apparition). Créativité libre et imprévisible : *donner libre cours à sa fantaisie.* ‖ Caprice; goût bizarre et passager : *se plier aux fantaisies de qqn.* ‖ Goût particulier à qqn : *vivre à sa fantaisie.* ‖ Œuvre d'imagination : *une fantaisie littéraire.* ‖ *Mus.* Jusqu'au XVIIIe s., œuvre instrumentale de structure assez libre et parfois encore contrapuntique, devenant, au XIXe s., une juxtaposition d'épisodes de caractère improvisé; paraphrase d'un air. ● *Bijou (de) fantaisie,* bijou qui n'est pas en matière précieuse. ‖ *De fantaisie*, où l'imagination personnelle joue le rôle principal : *œuvre de fantaisie;* qui n'est pas selon la règle : *costume de fantaisie.* ‖ *Kirsch fantaisie*, eau-de-vie imitant le kirsch. ‖ *Pain (de) fantaisie*, pain qui se vend à la pièce, non au poids.

FANTAISISTE adj. et n. Qui n'obéit qu'aux caprices de son imagination. ● n. Artiste de music-hall qui chante ou raconte des histoires.

FANTASIA [fɑ̃tazja] n. f. (pl. *fantasias*). Démonstration équestre de cavaliers arabes.

FANTASMAGORIE n. f. (gr. *phantasma*, apparition, et *agoreuein*, parler en public, avec influence d'*allégorie*). Art de faire apparaître des fantômes dans une salle obscure à l'aide d'illusions d'optique. ‖ Spectacle fantastique. ‖ Abus des effets produits par des moyens surnaturels ou extraordinaires, en littérature et dans les arts.

FANTASMAGORIQUE adj. Qui appartient à la fantasmagorie.

FANTASMATIQUE adj. Relatif au fantasme.

FANTASME n. m. (gr. *phantasma*). Production de l'imagination. ‖ *Psychanal.* Situation imaginaire où le sujet est présent et qui accomplit un de ses désirs en le déformant plus ou moins. (Les fantasmes peuvent être conscients [rêveries diurnes, projets, réalisations artistiques] ou inconscients [rêves, symptômes névrotiques]; ils animent toute l'activité mentale.) [On écrit parfois PHANTASME.]

FANTASMER v. i. Faire des fantasmes.

FANTASQUE adj. (abrév. et altér. de *fantastique*). Sujet à des caprices, à des fantaisies bizarres.

FANTASSIN n. m. Militaire de l'infanterie.

FANTASTIQUE adj. (gr. *phantastikos*, qui concerne l'imagination). Chimérique, créé par l'imagination : *vision fantastique.* ‖ Incroyable, extravagant : *des projets fantastiques.* ‖ Où domine le surnaturel : *art fantastique.* ● *Délire fantastique* (Psychiatr.), syn. de PARAPHRÉNIE.

FANTASTIQUE n. m. Forme artistique et littéraire qui reprend, en les laïcisant, les éléments traditionnels du merveilleux, et qui met en évidence l'irruption de l'irrationnel dans la vie individuelle ou collective.

FANTASTIQUEMENT adv. De façon fantastique.

FANTOCHE n. m. (it. *fantoccio*). Marionnette mue à l'aide d'un fil. ‖ Individu sans consistance, qui ne mérite pas d'être pris au sérieux. ● *Gouvernement fantoche*, gouvernement qui se maintient au pouvoir grâce au soutien d'une puissance étrangère.

FANTOMATIQUE adj. Qui tient du fantôme : *une lumière fantomatique; un travail fantomatique.*

FANTÔME n. m. (gr. *phantasma*). Être fantastique, qu'on croit être la manifestation d'une personne décédée. ‖ Apparence sans réalité : *un fantôme de roi.* ● adj. Inexistant : *gouvernement fantôme.* ● *Membre fantôme*, membre que certains amputés ont l'illusion de posséder encore.

FANURE n. f. État de ce qui est fané.

FANZINE n. m. (de *fanatique* et de *magazine*). Publication de faible diffusion élaborée par des amateurs de science-fiction, de bandes dessinées, de cinéma, etc.

FAON [fɑ̃] n. m. (lat. *fetus*, petit d'animal). Petit de la biche et du cerf, ou d'espèces voisines. (Cri : le faon *râle.*)

FAQUIN n. m. (anc. fr. *facque*, sac, mot néerl.). *Litt.* Homme méprisable et impertinent.

FAR n. m. Flan breton à base de farine, de lait ou de crème, et d'œufs.

FARAD n. m. (de *Faraday*, n. pr.). Unité de mesure de capacité électrique (symb. : F), équivalant à la capacité d'un condensateur électrique entre les armatures duquel apparaît une différence de potentiel de 1 volt lorsqu'il est chargé d'une quantité d'électricité de 1 coulomb.

FARADAY [faradɛ] n. m. (de *Faraday*, n. pr.). Quantité d'électricité, égale à 96 490 coulombs, qui dissocie une valence-gramme d'un électrolyte.

FARADIQUE adj. Se dit d'un courant d'induction employé en thérapeutique.

FARADISATION n. f. Utilisation médicale de courants de haute tension.

FARAMINEUX, EUSE adj. *Fam.* Étonnant, extraordinaire : *des prix faramineux.* (On écrit parfois PHARAMINEUX.)

FARANDOLE n. f. (prov. *farandoulo*). Danse provençale en 6/8, exécutée par une chaîne alternée de danseurs et de danseuses, avec accompagnement de galoubets et de tambourins.

FARAUD, E adj. et n. (anc. prov. *faraute*, héraut). *Fam.* Fanfaron, prétentieux.

FARCE n. f. (lat. *farcire*, remplir). Hachis d'herbes, de légumes et de viande, qu'on met dans l'intérieur d'une volaille, d'un poisson, d'un légume. ‖ *Bon tour joué à qqn pour se divertir;* blague : *faire une farce à qqn.* ‖ *Littér.* Au Moyen Âge, intermède comique dans la représentation d'un mystère; à partir du XIIIe s., petite pièce comique qui présente une peinture satirique des mœurs et de la vie quotidienne. ● adj. inv. Drôle, comique (vx).

FARCEUR, EUSE n. Personne qui fait rire par ses propos, ses bouffonneries. ‖ Personne qui n'agit pas sérieusement.

FARCI, E adj. Se dit d'un mets préparé avec une farce.

FARCIN n. m. (lat. *farcimen*, farce). *Vétér.* Forme cutanée de la morve, chez le cheval.

FARCIR v. t. (lat. *farcire*). Remplir de farce un mets : *farcir un poulet.* ‖ Bourrer, surcharger : *farcir un discours de citations.* ● **se farcir** v. pr. *Pop.* Faire une chose désagréable; supporter qqn.

FARD n. m. (mot francique). Produit coloré dont on se sert pour donner plus d'éclat au visage. ● *Parler sans fard* (Vx), sans feinte, directement. ‖ *Piquer un fard* (Fam.), rougir.

FARDAGE n. m. *Comm.* Action de farder.

FARDE n. f. En Belgique, cahier de copies; chemise, dossier.

FARDEAU n. m. (mot ar.). Ce qui pèse lourdement : *porter un fardeau sur ses épaules.* ‖ Charge difficile à supporter, poids : *le fardeau des impôts.* ● *Le fardeau des ans* (Litt.), la vieillesse.

FARDER v. t. Mettre du fard : *farder le visage d'un acteur.* ‖ *Comm.* Couvrir des produits défectueux par des produits de choix, pour flatter l'œil de l'acheteur. ● *Farder la vérité*, cacher ce qui peut déplaire. ● **se farder** v. pr. Se mettre du fard sur le visage.

FARDIER n. m. Voiture à roues très basses, qui sert au transport de charges très lourdes.

FARFADET n. m. (mot prov.). Lutin, esprit follet.

FARFELU, E adj. *Fam.* Bizarre, extravagant, fantasque : *projet farfelu.*

FARFOUILLER v. i. *Fam.* Fouiller en mettant tout sens dessus dessous.

FARGUES n. f. pl. Bordage supérieur d'une embarcation, dans lequel sont pratiquées les dames de nage. ‖ Pavois de protection au-dessus du pont découvert, à l'extrémité avant d'un navire.

FARIBOLE n. f. (mot dialect.; anc. fr. *falourde*, tromperie). *Fam.* Propos sans valeur, frivole.

FARINACÉ, E adj. Qui a la nature ou l'apparence de la farine.

FARINAGE n. m. Altération d'une peinture qui, sous l'action d'agents atmosphériques, se recouvre de fine poussière peu adhérente.

FARINE n. f. (lat. *farina*). Poudre provenant de la mouture des grains de céréales et de certaines légumineuses. ● *Farine de bois*, produit obtenu par la fragmentation de copeaux et de sciures, utilisé comme abrasif, comme produit de nettoyage, etc.

FARINER v. t. Saupoudrer de farine.

FARINEUX, EUSE adj. Qui contient de la farine ou de la fécule. ‖ Qui est ou semble couvert de farine. ‖ Qui a l'aspect ou le goût de la farine.

FARINEUX n. m. Végétal alimentaire pouvant fournir une farine (graines des céréales, des légumineuses, etc.).

FARLOUSE n. f. Oiseau passereau commun dans les prés, à plumage jaunâtre rayé de brun. (La farlouse appartient au genre *pipit*. Long. 15 cm.)

FARNIENTE [farnjɛnte ou farnjɛt] n. m. (it. *fare*, faire, et *niente*, rien). *Fam.* Douce oisiveté.

FAROUCH [farutʃ] n. m. (mot prov.). Autre nom du TRÈFLE INCARNAT.

FAROUCHE adj. (lat. *forasticus*, étranger). Qui fuit quand on l'approche; sauvage : *un animal farouche.* ‖ Se dit de qqn peu sociable, dont l'abord est difficile : *enfant farouche.* ‖ Violent ou qui exprime la violence : *haine, air farouche.*

FAROUCHEMENT adv. D'une manière farouche.

FART [fart] n. m. (mot scandin.). Corps gras dont on enduit les semelles de skis pour les rendre plus glissantes.

FARTAGE n. m. Action de farter.

FARTER v. t. Enduire de fart.

FASCE [fas] n. f. (lat. *fascia*, bande). *Archit.* Sorte de bandeau plat. ‖ *Hérald.* Pièce honorable constituée par une bande horizontale occupant le milieu de l'écu.

FASCIA [fasja] n. m. (mot lat., *bande*). *Anat.* Formation aponévrotique qui recouvre des muscles ou des organes.

FASCIATION [fasjasjɔ̃] n. f. *Bot.* Anomalie des plantes chez lesquelles certains organes s'aplatissent et se groupent en faisceaux.

FASCICULE [fasikyl] n. m. (lat. *fasciculus*, petit paquet). Chacune des livraisons d'un ouvrage publié par parties successives. ● *Fascicule de mobilisation*, document remis à un réserviste et lui indiquant ce qu'il doit faire en cas de mobilisation.

FASCICULÉ, E adj. Réuni en faisceau. ‖ *Archit.* Se dit d'un pilier composé d'au moins cinq colonnes jointives. ● *Racine fasciculée* (Bot.), celle où l'on ne peut distinguer l'axe principal, ou pivot.

FASCIÉ, E [fasje] adj. (lat. *fascia*, bandelette). *Hist. nat.* Marqué de bandes : *élytres fasciés.*

FASCINAGE n. m. Action d'établir des fascines; ouvrage ainsi réalisé.

FASCINANT, E adj., ou **FASCINATEUR, TRICE** adj. et n. Qui subjugue : *regard fascinateur.*

FASCINATION n. f. Action de fasciner. ‖ Attrait irrésistible : *la fascination du pouvoir.*

FASCINE [fasin] n. f. (lat. *fascina*). Fagot. ‖ Assemblage de branchages pour combler les fossés, empêcher l'éboulement des terres, etc.

faon
de chevreuil

farlouse

FASCINER [fasine] v. t. Garnir de fascines.

FASCINER [fasine] v. t. (lat. *fascinare; de fascinum,* enchantement). Attirer irrésistiblement l'attention par sa beauté, son charme, etc.; séduire, charmer : *fasciner ses auditeurs.*

FASCISANT, E [fasizɑ̃, ɑ̃t] adj. Qui tend vers le fascisme : *une idéologie fascisante.*

FASCISATION n. f. Introduction de méthodes fascistes dans un pays.

FASCISER v. t. Rendre fasciste.

FASCISME [faʃism] n. m. (it. *fascismo*). Régime établi en Italie de 1922 à 1945, fondé par Mussolini sur la dictature d'un parti unique, l'exaltation nationaliste et le corporatisme. ‖ Doctrine et pratique visant à établir un régime hiérarchisé et totalitaire.

FASCISTE [faʃist] adj. et n. Qui appartient au fascisme. ‖ Partisan d'un régime dictatorial.

FASEYER v. i. (néerl. *faselen,* agiter) [conj. 2]. *Mar.* En parlant d'une voile, flotter, battre au vent.

FASTE n. m. (lat. *fastus,* orgueil). Déploiement de magnificence, de luxe : *le faste d'une cérémonie.*

FASTE adj. (lat. *fastus; de fas,* ce qui est permis). Se disait, chez les Romains, d'un jour où il était permis de vaquer aux affaires publiques.
● *Jour faste,* jour heureux.

FASTES n. m. pl. Tables chronologiques des anciens Romains : *les fastes consulaires.* ‖ *Litt.* Histoire d'actions mémorables.

FASTIDIEUSEMENT adv. De façon fastidieuse.

FASTIDIEUX, EUSE adj. (lat. *fastidiosus; de fastidium,* ennui). Qui cause de l'ennui, du dégoût par sa monotonie : *travail fastidieux.*

FASTIGIÉ, E [fastiʒje] adj. (lat. *fastigium,* faîte). *Bot.* Se dit des arbres dont les rameaux s'élèvent vers le ciel, comme chez les cyprès.

FASTUEUSEMENT adv. Avec faste.

FASTUEUX, EUSE adj. Qui étale un grand faste : *mener une vie fastueuse.*

FAT [fat ou fa] n. et adj. m. (mot prov.; du lat. *fatuus,* sot). *Litt.* Personnage vaniteux, satisfait de lui-même.

FATAL, E, ALS adj. (lat. *fatalis; de fatum,* destin). Fixé d'avance, qui doit arriver inévitablement : *le terme fatal de notre vie; conséquence fatale.* ‖ Qui entraîne inévitablement la ruine, la mort : *erreur fatale; coup fatal.*
● *Femme fatale,* qui attire irrésistiblement.

FATALEMENT adv. De façon fatale; inévitablement : *cela devait fatalement arriver.*

FATALISME n. m. Doctrine considérant tous les événements comme irrévocablement fixés d'avance par une cause unique et surnaturelle.

FATALISTE adj. et n. Qui s'abandonne sans réaction aux événements : *mentalité fataliste.*

FATALITÉ n. f. Force surnaturelle qui déterminerait les événements : *caractère fatal : la fatalité de la mort.* ‖ Coïncidence fâcheuse, hasard malencontreux.

FATIDIQUE adj. (lat. *fatidicus*). Marqué par le destin : *date, jour fatidique.*

FATIGABILITÉ n. f. Propension plus ou moins grande à être fatigué.

FATIGABLE adj. Sujet à la fatigue.

FATIGANT, E adj. Qui cause de la fatigue, épuisant : *marche fatigante.* ‖ Assommant, ennuyeux : *homme fatigant.*

FATIGUE n. f. (de *fatiguer*). Sensation pénible causée par l'effort, l'excès de dépense physique ou intellectuelle : *accablé par la fatigue.* ‖ Effort supporté par l'unité de section d'un corps soumis à des forces extérieures. ‖ Détérioration interne d'un matériau soumis à des efforts répétés supérieurs à la limite d'endurance, inférieurs à la limite d'élasticité.

FATIGUÉ, E adj. Qui marque la fatigue : *traits fatigués.* ‖ *Fam.* Défraîchi, usé : *vêtement fatigué.*

FATIGUER v. t. (lat. *fatigare*). Causer de la fatigue, de la lassitude. ‖ Affecter désagréablement : *le soleil fatigue la vue.* ‖ Ennuyer, importuner : *fatiguer qqn par ses questions.*

● *Fatiguer la salade,* la remuer après l'avoir assaisonnée. ◆ v. i. Donner des signes de fatigue. ‖ Supporter un effort : *poutre qui fatigue.* ◆ **se fatiguer** v. pr. Éprouver ou se donner de la fatigue. ‖ Se lasser de qqn, de qqch.

FATRAS [fatra] n. m. (lat. *farsura,* remplissage). Amas confus de choses, ensemble incohérent : *un fatras de livres, d'idées.*

FATRASIE n. f. Genre littéraire du Moyen Âge, qui consiste en un assemblage de pièces satiriques.

FATUITÉ n. f. Caractère du fat; sotte suffisance.

FATUM [fatɔm] n. m. (mot lat.). Fatalité, destin.

FAUBERT n. m. (néerl. *zwabber*). *Mar.* Balai de vieux cordages, pour sécher le pont des navires.

FAUBOURG n. m. (lat. *foris,* en dehors, et *bourg*). Quartier périphérique d'une ville (qui était, autref., hors de l'enceinte de celle-ci). ‖ Population, surtout ouvrière, qui habitait ces quartiers : *la révolte des faubourgs.*

FAUBOURIEN, ENNE adj. et n. Qui habite un faubourg populaire. ◆ adj. Relatif aux faubourgs : *accent faubourien.*

FAUCARD n. m. Faux à long manche, pour couper les herbes des rivières ou des étangs.

FAUCARDER v. t. (picard *fauquer,* faucher). Couper avec le faucard.

FAUCHAGE n. m., ou **FAUCHAISON** n. f. Action de faucher; temps où l'on fauche.

FAUCHARD n. m. Serpe à deux tranchants, que l'on utilise pour couper les branches d'un arbre. ‖ Arme d'hast dérivée de la faux (XIIIᵉ-XVᵉ s.).

FAUCHE n. f. Syn. vieilli de FAUCHAGE. ‖ *Pop.* Vol.

FAUCHÉ, E adj. et n. *Fam.* Sans argent.

FAUCHER v. t. Couper avec une faux : *faucher l'herbe d'un champ.* ‖ Abattre, détruire : *la grêle a fauché les blés.* ‖ *Pop.* Voler, dérober : *on lui a fauché sa montre.*

FAUCHET n. m. Râteau à dents de bois, pour amasser l'herbe fauchée.

FAUCHEUR, EUSE n. Personne qui fauche, qui coupe les foins, les céréales.

FAUCHEUSE n. f. Machine qui sert à faucher.

FAUCHEUX ou **FAUCHEUR** n. m. Animal voisin des araignées, mais sans soie ni venin, à longues pattes fragiles, très commun dans les champs et les bois. (Sous-classe des opilions.)

FAUCILLE n. f. (dimin. de *faux*). Instrument pour couper les herbes, qui consiste en une lame d'acier courbée en demi-cercle et montée sur un petit manche.

FAUCILLON n. m. Petite faucille.

FAUCON n. m. (lat. *falco*). Oiseau rapace diurne, atteignant au plus 50 cm de long, adroit, puissant et rapide. (On dressait autref. les faucons pour la chasse.) ‖ Canon des XVIᵉ-XVIIᵉ s. ‖ Dans un gouvernement, une organisation politique, partisan d'une politique dure, allant jusqu'à la guerre. (Contr. COLOMBE.)

FAUCONNEAU n. m. Jeune faucon.

FAUCONNERIE n. f. Art de dresser les oiseaux de proie destinés à la chasse. ‖ Lieu où on les élève.

FAUCONNIER n. m. Celui qui dresse les oiseaux de proie pour la chasse.

FAUCRE n. m. Support fixé sur le côté droit d'une armure, et qui servait à soutenir la lance.

FAUFIL n. m. Fil passé en faufilant.

FAUFILAGE n. m. Action de faufiler.

FAUFILER v. t. (anc. fr. *forfiler; de fors,* en dehors, et *filer*). Coudre provisoirement à longs points. ◆ **se faufiler** v. pr. Se glisser adroitement : *se faufiler dans une réunion.*

FAUNE n. m., **FAUNESSE** n. f. (lat. *faunus*). Divinité champêtre, chez les Romains.

FAUNE n. f. Ensemble des espèces animales que renferme une région, un milieu : *la faune alpestre.* ‖ Ouvrage décrivant les animaux d'un pays. ‖ *Péjor.* Groupe de personnes très caractéristiques qui fréquentent les mêmes endroits : *la faune de Saint-Germain-des-Prés.*

FAUNESQUE adj. Relatif, ressemblant aux faunes.

FAUNIQUE adj. Relatif à la faune.

FAUSSAIRE n. Personne qui commet, fabrique un faux.

FAUSSEMENT adv. Contre la vérité.

FAUSSER v. t. (de *faux*). Déformer un corps solide par une pression excessive : *fausser une clef.* ‖ Donner une fausse interprétation, déformer, altérer : *fausser un résultat.* ‖ Rendre faux; détruire la justesse, l'exactitude de : *fausser le jugement, le sens d'une loi.* ● *Fausser compagnie à qqn* (Fam.), le quitter sans prendre congé. ‖ *Fausser l'esprit de qqn,* lui inculquer des raisonnements faux.

FAUSSET n. m. (de *faux*). Voix aiguë, dite aussi *voix de tête.*

FAUSSET n. m. (anc. fr. *fausser,* percer). Cheville bouchant le trou fait à un tonneau avec un foret, en vue de goûter le vin.

FAUSSETÉ n. f. Caractère de ce qui est faux.

FAUTE n. f. (bas lat. *fallita; de fallere,* tromper). Manquement au devoir, à une règle, à la morale. ‖ Manquement aux règles d'une science, d'un art, d'un sport, etc.; maladresse : *faute de grammaire; faute de frappe.* ‖ *Dr.* Acte ou omission constituant un manquement à une obligation contractuelle ou légale. ● *Double faute,* au tennis, le fait de manquer deux services consécutifs. ‖ *Faire faute,* manquer. ‖ *Faute lourde* (Dr. adm.), qui, dans certains domaines de l'action administrative, se caractérise notamment par sa gravité et son caractère inexcusable. ‖ *Ne pas se faire faute de,* ne pas manquer de. ‖ *Sans faute,* à coup sûr. ◆ loc. prép. *Faute de,* par l'absence de.

FAUTER v. i. *Fam.* et *vx.* Se laisser séduire, en parlant d'une jeune fille, d'une femme.

FAUTEUIL n. m. (mot francique). Siège à bras et à dossier. ‖ Place à l'Académie française. ● *Arriver dans un fauteuil* (Fam.), arriver facilement premier dans une compétition.

FAUTEUR, TRICE n. (lat. *fautor,* qui favorise). *Fauteur de troubles, de guerre* (Péjor.), celui qui provoque des troubles, une guerre.

FAUTIF, IVE adj. et n. Qui est en faute, coupable. ◆ adj. Qui contient des fautes : *liste fautive.*

FAUTIVEMENT adv. Par erreur, par faute.

FAUVE adj. (mot germ.). D'une couleur qui tire

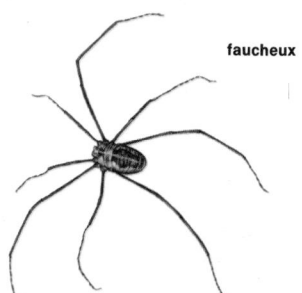

faucheux

faucon pèlerin

FAUVE

sur le roux. ● *Bête fauve,* quadrupède dont le pelage tire sur le roux et qui vit à l'état sauvage dans les bois (cerf, daim, etc.). ‖ *Odeur fauve,* forte et animale.

FAUVE n. m. Couleur fauve. ‖ Animal sauvage de grande taille, comme le lion, le tigre, etc. ‖ Peintre appartenant au courant du fauvisme.

FAUVERIE n. f. Endroit d'une ménagerie où se trouvent les fauves.

FAUVETTE n. f. (de *fauve*). Oiseau passereau de plumage fauve, au chant agréable, insecti-

fauvette
à tête noire

vore, commun dans les buissons. (Long. 15 cm; famille des sylvidés.)

FAUVISME n. m. Courant pictural français du début du XXe s.

■ Le qualificatif de « fauves » fut appliqué par un critique à un ensemble de peintres réunis dans une salle du Salon d'automne de 1905, à Paris, dont l'art semblait d'un modernisme agressif. Procédant à une simplification des formes et de la perspective, le fauvisme s'exprime avant tout par une orchestration de couleurs pures, ordonnées dans chaque toile de façon autonome. Il ne s'agit pas de donner une transcription fidèle du monde, mais d'exprimer les sensations et émotions qu'il fait naître chez le peintre. Les fauves comprennent certains élèves de l'atelier de Gustave Moreau (qui professait de ne croire à nulle autre réalité que celle du « sentiment intérieur ») : Matisse, Marquet, Charles Camoin (1879-1965), Henri Manguin (1874-1949); deux autodidactes qui communient dans leur amour pour Van Gogh et travaillent ensemble à Chatou : Vlaminck et Derain; un Normand, Friesz, que suivent Dufy et Braque. Matisse, Vlaminck étaient déjà « fauves » avant 1905, de même que Van Dongen et un autre précurseur, Louis Valtat (1869-1952). Vers 1908, les audaces du fauvisme s'estompent chez certains, ouvrent pour d'autres la voie à de nouvelles libertés, et les routes de tous ces artistes divergent.

FAUVISME

André Derain :
les Barques, 1904.
(Coll. priv., Paris.)

Van Dongen : *Liverpool Night Club,* 1906.
(Coll. priv., Paris.)

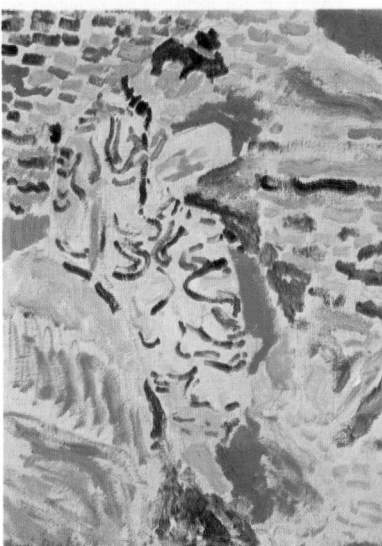

Henri Matisse : *la Japonaise au bord de l'eau,*
1905. (Coll. priv.)

Maurice de Vlaminck : *Nature morte*
au compotier, 1905. (Coll. priv.)

Henri Manguin :
la Gitane
à l'atelier, 1906.
(Galerie de Paris,
Paris.)

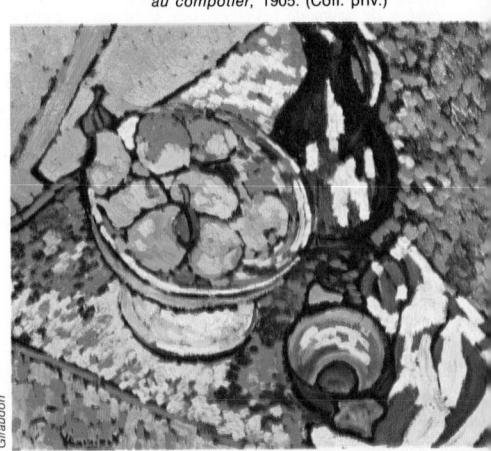

FAUX n. f. (lat. *falx, falcis*). Lame d'acier recourbée, fixée à un manche, et dont on se sert pour faucher. ● *Faux du cerveau* (Anat.), repli courbe de la dure-mère qui sépare les deux hémisphères du cerveau.

FAUX, FAUSSE adj. (lat. *falsus*, trompé). Contraire à la vérité, à l'exactitude : *un faux témoignage*. ‖ Qui n'est pas ce qu'il devrait être ; feint, simulé, contrefait, imité : *fausse douceur ; fausse monnaie ; fausses dents ; faux cils*. ‖ Contre la bonne foi : *fausse promesse*. ‖ Qui n'a que l'apparence : *fausse porte*. ‖ Qui manque de justesse, de rectitude : *voix fausse ; esprit faux*. ‖ Qui trompe ou dissimule ses sentiments : *homme faux ; regard faux*. ‖ Qui détourne du but : *fausse route*. ‖ *Fausse reconnaissance* (Psychol.), illusion qui consiste à assimiler des personnes, des objets ou des lieux inconnus à d'autres déjà connus par suite de ressemblances superficielles. ‖ *Faux titre*, premier titre abrégé, imprimé sur le feuillet qui précède le titre complet d'un ouvrage. ◆ adv. De façon fausse : *jouer, chanter faux*.

FAUX n. m. Ce qui est contraire à la vérité. ‖ Imitation frauduleuse d'un tableau, d'un objet d'art, d'un acte, d'un timbre, d'une signature, etc. ● *À faux*, injustement. ‖ *Faux en écriture*, altération frauduleuse et intentionnelle de la vérité dans un écrit, pouvant causer un préjudice. ‖ *Faux incident*, rejet, au cours d'un procès, d'une pièce fausse ou falsifiée. ‖ *Faux principal*, procédure criminelle tendant à punir le faux.

FAUX-BORD n. m. (pl. *faux-bords*). Inclinaison d'un navire sur un bord, résultant d'une répartition dissymétrique des poids à bord.

FAUX-BOURDON n. m. (pl. *faux-bourdons*). Au XIIIe s., procédé d'écriture musicale, originaire d'Angleterre (contrepoint à trois voix note contre note). ‖ Chant d'église, plus spécialement harmonisation de psaumes. ‖ *Entomol.* Syn. de BOURDON.

FAUX-FUYANT n. m. (pl. *faux-fuyants*). Moyen détourné pour se tirer d'embarras, pour éviter de répondre.

FAUX-MONNAYEUR n. m. (pl. *faux-monnayeurs*). Personne qui fabrique de la fausse monnaie, de faux billets de banque.

FAUX-PONT n. m. (pl. *faux-ponts*). Pont ou plancher mobile sur les anciens navires, au-dessous du pont supérieur.

FAUX-SEMBLANT n. m. (pl. *faux-semblants*). Ruse, prétexte mensonger.

FAUX-SENS n. m. inv. Erreur consistant à interpréter d'une manière erronée le sens précis d'un mot dans un texte.

FAVELA n. f. (mot portug. du Brésil). Au Brésil, syn. de BIDONVILLE.

FAVEUR n. f. (lat. *favor*). Bienfait qui avantage qqn : *implorer la faveur de qqn*. ‖ *Litt.* Crédit, pouvoir que l'on a auprès de qqn, auprès du public : *sa faveur diminue*. ‖ Ruban de soie étroit. ● *À la faveur de qqch*, en profitant de qqch. ‖ *En faveur de qqn, qqch*, au profit de qqn, qqch. ◆ pl. Marques d'amour qu'une femme donne à un homme.

FAVORABLE adj. Qui est à l'avantage de qqn, propice : *occasion favorable*. ‖ Animé de dispositions bienveillantes, indulgentes : *être favorable à un projet*.

FAVORABLEMENT adv. De façon favorable.

FAVORI, ITE adj. et n. (it. *favorito*). Qui tient le premier rang dans les bonnes grâces de qqn ; qui est préféré. ‖ Se dit d'un concurrent qui a le plus de chances de gagner une compétition.

FAVORIS n. m. pl. Touffe de barbe sur chaque côté du visage.

FAVORISER v. t. Traiter de façon à avantager : *favoriser un débutant*. ‖ Contribuer au développement de : *favoriser le commerce*. ‖ *Litt.* Seconder les desseins, les désirs : *l'obscurité favorisa sa fuite*.

FAVORITE n. f. Maîtresse préférée d'un roi.

FAVORITISME n. m. Tendance à accorder des faveurs injustes ou illégales.

FAVUS [favys] n. m. (mot lat., *rayon de miel*). *Méd.* Dermatose due à un champignon microscopique.

FAYARD n. m. Nom méridional du *hêtre*.

FAYOT [fajo] n. m. (prov. *faïou*). *Pop.* Haricot sec. ‖ *Arg.* Personne qui fait du zèle auprès de ses chefs.

FAYOTER v. i. *Arg.* Chercher à se faire bien voir de ses chefs, faire du zèle.

FAZENDA [fazɛnda] n. f. (mot portug.). Au Brésil, grande propriété de culture ou d'élevage.

f. c. é. m., abrév. de FORCE CONTRE-ÉLECTROMOTRICE.

Fe, symbole chimique du *fer*.

FÉAL, E, AUX adj. *Litt.* Loyal, fidèle.

FÉBRIFUGE adj. et n. m. Qui fait tomber la fièvre.

FÉBRILE adj. (lat. *febrilis* ; de *febris*, fièvre). Qui accuse ou a de la fièvre : *malade fébrile*. ‖ Qui est le signe d'une nervosité excessive : *impatience fébrile*. ‖ Nerveux, excité : *se montrer fébrile*. ● *Capitaux fébriles* (Écon.), capitaux qui passent rapidement d'une place à une autre pour profiter des variations des taux d'intérêt. (On emploie aussi l'anglais HOT MONEY.)

FÉBRILEMENT adv. De façon fébrile.

FÉBRILITÉ n. f. État fébrile ; agitation.

FÉCAL, E, AUX adj. (lat. *faex, faecis*, résidu). Relatif aux fèces. ● *Matières fécales*, résidus de la digestion éliminés par l'anus.

FÉCALOME n. m. Masse de matières fécales durcies obstruant le rectum ou le côlon et pouvant faire croire à une tumeur.

FÈCES [fɛs] n. f. pl. Matières fécales.

FÉCOND, E adj. (lat. *fecundus*). Propre à la reproduction. ‖ Qui produit beaucoup : *écrivain fécond*. ‖ Riche : *journée féconde en événements*.

FÉCONDABILITÉ n. f. Aptitude des femmes à être fécondées.

FÉCONDABLE adj. Se dit d'une femelle susceptible d'être fécondée.

FÉCONDANT, E adj. Qui féconde, rend fécond.

FÉCONDATEUR, TRICE adj. et n. Qui a la puissance de féconder.

FÉCONDATION n. f. Action de féconder. ‖ *Biol.* Union de deux cellules sexuelles, mâle et femelle (les gamètes), contenant chacune *n* chromosomes. (Cette union forme l'œuf [ou zygote], qui contient 2 *n* chromosomes et donne un nouvel individu.)

FÉCONDER v. t. *Litt.* Rendre fécond : *les pluies fécondent la terre*. ‖ Réaliser la fécondation.

FÉCONDITÉ n. f. Aptitude à la reproduction. ‖ Fertilité, abondance : *la fécondité d'un terrain, d'un auteur*.

FÉCULE n. f. (lat. *faecula*). Substance pulvérulente, composée de grains d'amidon, abondante dans certains tubercules, comme la pomme de terre, le manioc, etc.

FÉCULENCE n. f. État d'une substance féculente. ‖ État d'un liquide qui dépose des sédiments.

FÉCULENT, E adj. et n. m. Qui contient de la fécule.

FÉCULER v. t. Réduire en fécule.

FÉCULERIE n. f. Fabrique de fécule.

FEDAYIN ou **FEDDAYIN** [fedajin] n. m. inv. (mot ar., *ceux qui ont fait le sacrifice de leur vie*). Résistant palestinien menant une action de guérilla.

FÉDÉRAL, E, AUX adj. (lat. *foedus, foederis*, alliance). Relatif à une fédération. ‖ Se dit, en Suisse, de ce qui est relatif à la Confédération helvétique.

FÉDÉRALISER v. t. Constituer un pays à l'état de fédération.

FÉDÉRALISME n. m. Système politique dans lequel plusieurs États indépendants abandonnent une part de leur souveraineté au profit d'une autorité supérieure.

FÉDÉRALISTE adj. et n. Relatif au fédéralisme ; qui en est partisan. ● *Insurrections fédéralistes*, soulèvements fomentés en province (Normandie, Bretagne, Sud-Est, Sud-Ouest), après le 2 juin 1793, par les députés girondins poursuivis par les Jacobins dont ils contestaient la conception centraliste de la République. ‖ *Parti fédéraliste*, premier parti politique ayant existé aux États-Unis, considéré comme l'expression du capitalisme américain à ses débuts.

FÉDÉRATEUR, TRICE adj. et n. Qui organise ou favorise une fédération.

FÉDÉRATIF, IVE adj. Constitué en fédération.

FÉDÉRATION n. f. Groupement d'États — succédant souvent à une confédération — qui constitue une unité internationale distincte, superposée aux États membres, et à qui appartient exclusivement la souveraineté externe. ‖ Association de personnes pratiquant le même sport. ‖ Ensemble de plusieurs syndicats ou groupements corporatifs. ‖ Groupement de partis, mouvements ou clubs politiques. ‖ *Hist.* Sous la Révolution, association formée pour lutter contre les ennemis de la nation. (Le 14 juillet 1790, une fête de la Fédération, à Paris, rassembla les délégués des fédérations provinciales.)

FÉDÉRAUX n. m. pl. Nom donné par les États du Nord à leurs soldats, pendant la guerre américaine de Sécession (1861-1865).

FÉDÉRÉ, E adj. Qui fait partie d'une fédération.

FÉDÉRÉ n. m. Délégué à la fête de la Fédération en 1790. ‖ Soldat au service de la Commune de Paris en 1871.

FÉDÉRER v. t. (conj. 5). Former en fédération.

FÉE n. f. (lat. *fatum*, destin). Être imaginaire que l'on représente comme une femme douée d'un pouvoir magique. ‖ *Litt.* Femme remarquable par sa grâce, son esprit, sa bonté, son adresse. ● *Conte de fées*, conte dans lequel les fées interviennent ; récit imaginaire, aventure extraordinaire. ‖ *Travail, ouvrage de fée*, travail d'une perfection extrême.

FEED-BACK [fidbak] n. m. inv. (mots angl.). En cybernétique, action en retour des corrections et des régulations d'un système d'informations sur le centre de commande du système. (Syn. RÉACTION, RÉTROACTION.) ‖ *Physiol.* Mécanisme par lequel les variations du taux sanguin d'une hormone entraînent, au niveau de l'hypophyse, des variations inverses de la stimuline qui règle la sécrétion de la glande correspondante. (L'Administration préconise le mot RÉTROCONTRÔLE.)

FEEDER [fidœr] n. m. (mot angl., *nourrisseur*). Canalisation, électrique ou autre, reliant directement l'usine génératrice ou une sous-station à un point du réseau de distribution, sans aucune dérivation sur son parcours.

FÉERIE [feri ou feeri] n. f. Ce qui est d'une merveilleuse beauté : *paysage de féerie*. ‖ Pièce de théâtre, spectacle fondé sur le merveilleux.

FÉERIQUE adj. Qui tient de la féerie : *vivre dans un univers féerique*.

FEIGNANT, E ou **FAIGNANT, E** [feɲɑ̃ ou fɛɲɑ̃, ɑ̃t] adj. et n. *Pop.* Fainéant.

FEINDRE v. t. (lat. *fingere*) [conj. 55]. Simuler pour tromper : *feindre la colère*. ● *Feindre de*, faire semblant de. ◆ v. i. Boiter légèrement, en parlant d'un cheval.

FEINTE n. f. Acte destiné à tromper. ‖ *Sports.* Coup, geste simulé, qui trompe l'adversaire.

FEINTER v. i. *Sports.* Faire une feinte. ◆ v. t. *Fam.* Surprendre par une ruse soudaine.

FELD-MARÉCHAL n. m. (pl. *feld-maréchaux*). Grade le plus élevé de la hiérarchie militaire en Allemagne, en Angleterre, etc.

FELDSPATH [feldspat] n. m. (mot all.). Nom donné à un groupe d'aluminosilicates naturels de potassium, de sodium et de calcium, fréquents dans les roches éruptives.

FELDSPATHIQUE adj. Qui contient un feldspath.

FELDSPATHOÏDE n. m. Silicate naturel présent dans les roches sous-saturées.

FELDWEBEL [fɛltvebəl] n. m. (mot all.). Adjudant, dans l'armée allemande.

FÊLE ou **FELLE** n. f. (lat. *fistula*). Canne creuse pour souffler le verre en fusion.

FÊLÉ, E adj. Qui présente une fêlure. ● *Avoir le cerveau fêlé* (Fam.), être un peu fou.

FÊLER v. t. Fendre légèrement un objet sans que les parties se séparent par le choc.

FÉLIBRE n. m. (mot prov. traduit, par Mistral, par *docteur de la loi*). Poète ou prosateur de langue d'oc.

FÉLIBRIGE n. m. École littéraire fondée en 1854 pour restituer à la langue provençale son rang de langue littéraire.

FÉLICITATIONS n. f. pl. Compliments.

FÉLICITÉ n. f. *Litt.* Bonheur suprême.

FÉLICITER v. t. (lat. *felicitare*). Complimenter qqn sur un succès, sur un événement heureux, sur sa conduite. ◆ **se féliciter** v. pr. [**de**]. Éprouver une grande satisfaction de : *se féliciter d'un succès.*

FÉLIDÉ ou **FÉLIN** n. m. (lat. *felis*, chat). Mammifère carnivore digitigrade à griffes rétractiles et à molaires coupantes et peu nombreuses. (Les *félidés* forment une famille comprenant le *chat*, le *lion*, le *serval*, etc.) [Ordre des carnassiers.]

FÉLIN, E adj. Qui tient du chat, qui en a la souplesse et la grâce : *allure féline.*

FELLAGA ou **FELLAGHA** n. m. (mot ar.). Partisan algérien ou tunisien soulevé contre l'autorité française pour obtenir l'indépendance de son pays.

FELLAH n. m. (mot ar.). Paysan d'Égypte et de divers pays arabes.

FELLATION ou **FELLATIO** n. f. (lat. *fellare*, sucer). Excitation buccale du sexe de l'homme.

FELLE n. f. → FÊLE.

FÉLON, ONNE adj. et n. (mot francique). *Litt.* Déloyal, traître à son seigneur.

FÉLONIE n. f. *Litt.* Trahison.

FELOUQUE n. f. (esp. *faluca;* mot ar.). *Mar.* Petit bâtiment, long, léger et étroit, à voiles et à rames.

felouques sur le Nil

FÊLURE n. f. Fente d'une chose fêlée.

f. é. m., abrév. de FORCE ÉLECTROMOTRICE.

FEMELLE n. f. (lat. *femina*, femme). Animal de sexe femelle. ◆ adj. Se dit d'un individu ou d'un organe animal ou végétal apte à produire des cellules fécondables (« œufs vierges ») et souvent à abriter le développement du produit de la fécondation (œuf fécondé, graine). ‖ Se dit d'un outil ou d'un instrument qui est creusé pour en recevoir un autre, appelé *mâle.*

FÉMELOT n. m. *Mar.* Ferrure faisant corps avec l'étambot et comportant des logements dans lesquels pivotent les aiguillots du gouvernail.

FÉMININ, E adj. (lat. *femininus;* de *femina*, femme). Propre à la femme : *revendication féminine.* ‖ Qui évoque la femme : *allure féminine.* ● *Rime féminine*, rime que termine une syllabe muette, comme *chimère.*

FÉMININ n. m. Un des genres grammaticaux, s'appliquant en principe aux êtres femelles, mais le plus souvent arbitrairement à certaines catégories de mots.

FÉMINISATION n. f. Action de féminiser.

FÉMINISER v. t. Donner un caractère féminin. ‖ Rendre efféminé.

FÉMINISME n. m. Doctrine qui a pour but d'améliorer la situation de la femme dans la société, d'étendre ses droits, etc.

FÉMINISTE adj. et n. Partisan du féminisme.

FÉMINITÉ n. f. Caractère féminin.

FEMME n. f. (lat. *femina*). Être humain du sexe féminin. ‖ Adulte du sexe féminin. ‖ Épouse. ● *Bonne femme*, v. BONHOMME. ‖ *Femme au foyer*, femme sans profession qui s'occupe du ménage, de ses enfants. ‖ *Femme de ménage*, femme employée à faire le ménage dans des appartements, des bureaux.

FEMMELETTE n. f. Petite femme. ‖ Homme faible, sans énergie.

FÉMORAL, E, AUX adj. Relatif au fémur ou aux régions voisines.

FÉMORO-CUTANÉ, E adj. Se dit d'un important nerf sensitif de la partie externe de la cuisse, et des névralgies dont il peut être le siège. (Ces névralgies ont un mécanisme analogue à celui des sciatiques.)

FEMTO-, préfixe (symb. : f) qui, placé devant une unité, la multiplie par 10^{-15}.

FÉMUR n. m. (lat. *femur*, cuisse). Os de la cuisse, le plus fort de tous les os du corps. (Les parties du fémur sont : la *tête*, le *col*, le *grand trochanter*, la *diaphyse*, les *condyles*.)

FENAISON n. f. (lat. *fenum*, foin). Récolte des foins; époque où elle se fait.

FENDAGE n. m. Action de fendre.

FENDANT n. m. Coup donné avec le tranchant de l'épée.

FENDANT n. m. Vin blanc du Valais.

FENDEUR n. m. Ouvrier qui travaille à fendre le bois, l'ardoise, etc.

FENDILLÉ, E adj. Où l'on remarque de petites fentes, des gerçures.

FENDILLEMENT n. m. Action de fendiller ou de se fendiller.

FENDILLER v. t. Produire de petites fentes. ◆ **se fendiller** v. pr. Se couvrir de fentes.

FENDOIR n. m. Outil qui sert à fendre.

FENDRE v. t. (lat. *findere*) [conj. **46**). Couper dans le sens de la longueur : *fendre du bois.* ‖ Faire des ouvertures, des crevasses : *la sécheresse fend la terre.* ‖ *Litt.* Traverser les parties d'une masse, d'un fluide : *fendre les flots, la foule.* ● *Fendre l'air*, avancer rapidement. ‖ *Fendre le cœur*, causer une vive affliction. ‖ *Geler à pierre fendre*, geler très fort. ◆ **se fendre** v. pr. S'entrouvrir. ‖ *Pop.* Donner, débourser : *se fendre d'un gros pourboire.* ‖ *Escr.* Porter un pied vivement en avant.

FENESTRAGE ou **FENÊTRAGE** n. m.

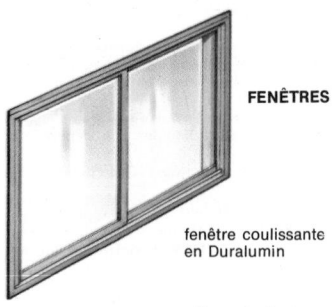

FENÊTRES

fenêtre coulissante en Duralumin

vitrage isolant

glace double

matelas d'a

profilé en aluminium

montant

joint de finition

joint en plastique

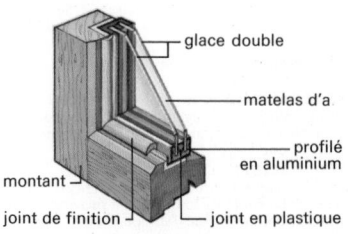

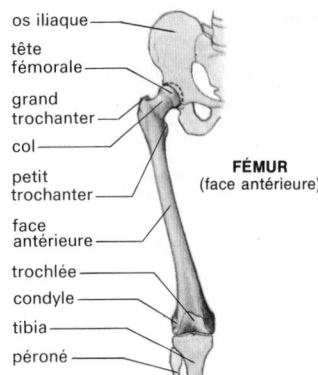

os iliaque
tête fémorale
grand trochanter
col
petit trochanter
face antérieure
trochlée
condyle
tibia
péroné

FÉMUR
(face antérieure)

Ensemble, disposition des fenêtres d'un bâtiment.

FENESTRON n. m. Petit rotor encastré dans la paroi de la dérive verticale d'un hélicoptère et destiné à annuler le couple de rotation du fuselage.

FENÊTRE n. f. (lat. *fenestra*). Baie pratiquée dans un mur, munie d'une fermeture vitrée et donnant du jour et de l'air à l'intérieur d'un bâtiment; cette fermeture vitrée. ‖ *Géol.* Ouverture creusée par l'érosion dans une nappe de charriage, faisant apparaître les terrains sous-jacents. ● *Fenêtre haute* (Archit.), fenêtre pratiquée dans la partie supérieure du vaisseau central d'une église, lui assurant un éclairage direct. ‖ *Fenêtre de lancement*, période pendant laquelle le lancement d'un engin spatial est possible ou favorable. ‖ *Fenêtre ronde, fenêtre ovale* (Anat.), deux ouvertures placées à la paroi interne de l'oreille moyenne. ‖ *Jeter son argent par les fenêtres*, le dépenser follement.

FENÊTRER v. t. Ménager des fenêtres et les munir de châssis avec la vitrerie nécessaire.

FENIAN, E adj. et n. Relatif au mouvement de libération de l'Irlande, dirigé contre la domination britannique.

FENIL [fənil ou fəni] n. m. (lat. *fenile; fenum*, foin). Lieu où l'on emmagasine le foin.

FENNEC [fenɛk] n. m. (mot ar.). Petit renard du ▷ Sahara, à longues oreilles. (Long. 60 cm.)

FENOUIL n. m. (lat. *feniculum*, petit foin). Plante aromatique, à feuilles divisées en fines lanières, et dont on consomme la base des pétioles charnus. (Famille des ombellifères.) ▷

FENTE n. f. Ouverture étroite et longue à la surface de qqch. ‖ *Dr.* En l'absence d'ascendants, partage d'une succession en deux parts, l'une attribuée à la ligne paternelle, l'autre à la ligne maternelle.

fenêtre traditionnelle en bois à deux battants

traverse dormante ou dormant
traverse supérieure
montant
petit bois
paumelle
crémone
dormant
traverse de base
pièce d'appui

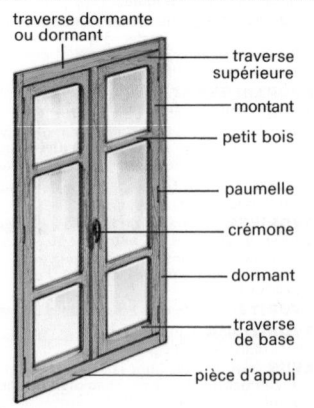

FENUGREC n. m. (lat. *fenugraecum*, foin grec). Plante à odeur forte. (Famille des papilionacées.)

FÉODAL, E, AUX adj. (bas lat. *feodalis*). Qui concerne les fiefs, la féodalité. ● *Mode de production féodal*, celui qui est caractérisé par la domination du groupe familial propriétaire, et par la suprématie des campagnes sur les villes.

FÉODAL n. m. Grand propriétaire terrien.

FÉODALEMENT adv. En vertu du droit féodal.

FÉODALISME n. m. Système féodal.

FÉODALITÉ n. f. Ensemble des lois et coutumes qui régirent l'ordre politique et social dans une partie de l'Europe, de la fin de l'époque carolingienne à la fin du Moyen Âge, et qui impliquaient d'une part la prédominance d'une classe de guerriers, d'autre part des liens de dépendance d'homme à homme. || *Péjor.* Puissance économique ou sociale qui rappelle l'organisation féodale : *féodalité financière.*

FER n. m. (lat. *ferrum*). Métal (Fe) no 26, de masse atomique 55,847, tenace et malléable, le plus important pour son utilisation industrielle et technologique, surtout sous forme d'alliages, d'aciers et de fontes. || Objet en fer ou en acier. || Épée, fleuret : *croiser le fer.* || Semelle de fer en forme d'arc outrepassé dont on garnit la corne des pieds des chevaux, des ânes, etc. || Barre d'acier doux présentant une section particulière : *fer à T, en U.* || Barre d'acier servant d'armature au béton armé. || Lame d'acier constituant la partie coupante d'un outil ou d'une arme blanche. || *Âge du fer,* période protohistorique pendant laquelle se généralisa la métallurgie du fer (à partir du VIIIe s. av. J.-C. en Europe occidentale, où les stations éponymes de Hallstatt et de La Tène désignent le premier et le second âge du fer). || *Coup de fer,* repassage rapide au fer chaud. || *De fer,* robuste : *santé de fer;* inébranlable, inflexible : *discipline de fer.* || *Fer battu,* fer travaillé par martelage, sous forme de tôle ou de feuille. || *Fer à dorer,* outil en métal gravé utilisé pour décorer à la main ou au balancier la couverture des livres reliés. || *Fer doux,* acier extradoux recuit, utilisé pour les noyaux de circuits magnétiques. || *Fer électrolytique,* fer très pur obtenu par électrolyse d'un sel de fer. || *Fer à friser,* instrument de métal ayant la forme de longs ciseaux et dont les branches une fois chauffées servent à rouler les cheveux pour les boucler. || *Fer de lance,* pointe en fer placée au bout d'une lance; élément jugé le plus efficace d'une force militaire, le plus combatif d'un groupe. || *Fer à repasser,* appareil ménager formé d'une semelle de métal qui, une fois chaude, sert à repasser. || *Fer à souder,* outil utilisé pour les soudures avec apport de plomb ou d'étain. || *Fer à vapeur,* fer à repasser électrique muni d'un réservoir à eau permettant d'humidifier les tissus par projection de vapeur ou d'eau pendant le repassage. || *Fil de fer,* fil obtenu par le passage de barres cylindriques de fer ou d'acier doux dans les trous d'une filière. || *Tomber les quatre fers en l'air,* tomber à la renverse. ◆ pl. Chaînes. || *Litt.* Esclavage : *gémir dans les fers.*

■ Le fer pur, ou fer doux, a une densité de 7,88 et fond à 1 535 °C. Il est capable de s'aimanter. Très ductile, mais en même temps très résistant, il se travaille facilement à chaud et à froid. C'est le métal usuel par excellence, connu de haute antiquité; on le trouve sous forme d'oxydes, de sulfures et de carbonates. Traité dans les hauts fourneaux, le minerai donne de la *fonte,* que l'on transforme ensuite en fer ou en acier en éliminant l'excès de carbone. Le fer s'oxyde facilement à l'air humide en formant de la *rouille;* mais on évite cet inconvénient en recouvrant le métal d'une couche de corps gras, de peinture ou de métal inoxydable (fer galvanisé, fer-blanc, etc.).

FÉRA n. f. Poisson des lacs alpins, apprécié pour sa chair. (Long de 50 cm, il appartient au genre *corégone.*)

FÉRALIES n. f. pl. (lat. *feralis*). Fêtes en l'honneur des morts, chez les Romains.

FER-BLANC n. m. (pl. *fers-blancs*). Tôle fine en acier doux, recouverte d'étain.

FERBLANTERIE n. f. Métier, commerce, boutique du ferblantier. || Ustensiles en fer-blanc.

FERBLANTIER n. m. Celui qui fabrique, vend toutes sortes d'objets en fer-blanc.

FÉRIAL, E, AUX adj. Relatif à la férie.

FÉRIE n. f. (lat. *feria*, jour de fête). *Hist. rom.* Jour pendant lequel la religion prescrivait la cessation du travail. || *Liturg.* Jour ordinaire qui ne comporte aucune fête particulière.

FÉRIÉ, E adj. (lat. *feriatus*). Se dit d'un jour de repos prescrit par la loi ou par la religion.

■ Les *jours fériés* reconnus par la loi sont au nombre de dix : ce sont le jour de l'An, le lundi de Pâques, le 1er mai (fête du Travail), l'Ascension, le lundi de Pentecôte, le 14 juillet (fête nationale), l'Assomption, la Toussaint, le 11 novembre (armistice 1918) et Noël. Les jours fériés — autres que le 1er mai — doivent obligatoirement être chômés par les femmes et les enfants de moins de dix-huit ans. Le 1er mai est un jour chômé pour tous et payé. Il n'est pas permis, en principe, durant ces jours, de signifier ou exécuter un acte ou jugement.

FÉRIR v. t. (lat. *ferire,* frapper). *Sans coup férir* (Litt.), sans difficulté.

FERLER v. t. (anc. fr. *fresler*). *Mar.* Serrer étroitement contre une vergue tous les plis d'une voile carguée.

FERMAGE n. m. Mode de faire-valoir d'une exploitation agricole ou d'une parcelle de terrain dans lequel l'exploitant, n'ayant pas la propriété du sol, verse un loyer au propriétaire; ce loyer lui-même.

FERMAIL n. m. (de *fermer*) [pl. *fermaux*]. Agrafe de manteau, boucle de ceinture, fermoir de livre, etc. (vx).

FERME adj. (lat. *firmus*). Solide, stable, qui offre une certaine résistance : *terrain ferme; être ferme sur ses jambes.* || Assuré : *ton ferme.* || Qui ne faiblit pas, qui ne fléchit pas : constant, inébranlable : *ferme dans ses résolutions.* || Se dit des opérations commerciales qui ont un caractère définitif : *achat, vente ferme.* || Se dit d'une valeur dont le cours est stable : *les pétroles sont fermes.* ● *Terre ferme,* continent. ◆ adv. Avec assurance : *parler ferme.* || Beaucoup : *travailler ferme.* || Définitivement : *vendre ferme.*

FERME n. f. (de *fermer*). *Constr.* Assemblage de pièces de bois ou de métal triangulées, placées de distance en distance pour supporter le faîte d'un comble. || Décor de théâtre monté sur châssis qui s'élève par dessous.

FERME n. f. Contrat par lequel un propriétaire abandonne à qqn l'exploitation d'un domaine ou d'un terrain moyennant le paiement d'un loyer; ce domaine. || *Exploitation agricole.* || *Hist.* Perception de divers impôts, affermés jadis à des compagnies ou à des individus.

FERMÉ, E adj. Insensible, inaccessible à : *fermé à la poésie, à toute idée nouvelle.* || Où il est difficile de s'introduire : *société fermée.* || *Phon.* Se dit d'une voyelle prononcée avec une fermeture partielle ou totale du canal vocal : *é fermé* [e]. || *Math.* Se dit d'un intervalle dans lequel on englobe les valeurs qui le limitent.

FERMEMENT adv. Avec force et fermeté.

FERMENT n. m. (lat. *fermentum*). Agent produisant la fermentation d'une substance. || *Litt.* Ce qui fait naître ou entretient les passions, les haines : *ferment de discorde.*

FERMENTATIF, IVE adj. Qui produit une fermentation.

FERMENTATION n. f. Dégradation de certaines substances organiques par des enzymes microbiennes, souvent accompagnée de dégagements gazeux. (La *fermentation alcoolique* transforme les jus sucrés des fruits en boissons alcoolisées; la *fermentation acétique* transforme le vin en vinaigre; la *fermentation lactique* entraîne la coagulation du lait.) || Agitation sourde.

FERMENTÉ, E adj. Qui a subi une fermentation.

FERMENTER v. i. Être en fermentation. || *Litt.* Être dans un état d'agitation latent : *les esprits fermentent.*

FERMENTESCIBLE ou, rare, **FERMENTABLE** adj. Qui peut fermenter.

FERMER v. t. (lat. *firmare*). Appliquer une partie mobile de manière à boucher une ouverture : *fermer une porte, un robinet.* || Empêcher ou interdire l'accès d'un local, d'un lieu, d'un passage : *fermer les frontières.* || Isoler l'intérieur d'un lieu en rabattant la porte, le couvercle : *fermer son appartement, une lettre, un sac.* || Faire cesser le fonctionnement de : *fermer le gaz, la radio.* || *Fermer la marche,* marcher le dernier. || *La fermer* (Pop.), se taire. ◆ v. i. Être, rester fermé : *cette porte ferme mal.*

FERMETÉ n. f. (lat. *firmitas*). État de ce qui est ferme, solide : *la fermeté d'un pont; fermeté du jugement.* || Qualité de celui que rien n'ébranle, énergie morale : *répondre avec fermeté.* || Autorité, rigueur : *montrer de la fermeté.*

FERMETTE n. f. Petite maison rurale.

FERMETURE n. f. Action, manière, moment de fermer : *la fermeture des théâtres.* || Ce qui sert à fermer : *fermeture automatique.* ● *Fermeture à glissière* ou *fermeture Éclair* (nom déposé), fermeture souple constituée de deux chaînes à mailles qui se joignent au moyen d'un curseur.

FERMI n. m. (de *Fermi,* n. pr.). Unité de mesure de longueur utilisée en microphysique et valant 10⁻¹⁵ m. (Cette unité n'est pas légale en France.)

FERMIER, ÈRE n. Personne qui loue des terres qu'elle exploite. || Agriculteur, propriétaire ou non des terres qu'il exploite. ● *Fermier général* (Hist.), financier qui, sous l'Ancien Régime, prenait à ferme le droit de percevoir l'impôt. ◆ adj. Qui tient à ferme une exploitation : *société fermière.* || De ferme : *beurre fermier.*

FERMION n. m. (de *Fermi,* n. pr.). Nom donné à toute particule obéissant à la statistique de *Fermi-Dirac* (électrons, nucléons, etc.).

FERMIUM [fɛrmjɔm] n. m. Élément chimique artificiel (Fm), no 100.

FERMOIR n. m. Attache ou dispositif pour tenir fermé un livre, un collier, etc.

FÉROCE adj. (lat. *ferox;* de *ferus,* sauvage). Très cruel : *une bête féroce.* || Impitoyable; qui manifeste ce sentiment : *examinateur féroce; regard féroce.* || D'une grande violence : *envie féroce.*

FÉROCEMENT adv. De façon féroce.

FÉROCITÉ n. f. Caractère féroce.

FERRADE n. f. (prov. *ferrado*). Action de marquer les bestiaux au fer rouge. ·

FERRAGE n. m. Action de ferrer.

FERRAILLAGE n. m. Ensemble des fers d'un ouvrage en béton armé.

FERRAILLE n. f. Débris de pièces en fer, fonte ou acier; vieux fers hors d'usage. || *Fam.* Pièces de monnaie.

FERRAILLEMENT n. m. Action de ferrailler.

FERRAILLER v. i. Se battre au sabre ou à l'épée. || Disposer un ferraillage.

fennec

fenouil

graines
fleurs

fenouil
de Florence

ferronnerie : penture en fer forgé
(Notre-Dame de Paris, XIIIᵉ s.)

FERRAILLEUR n. m. Commerçant en ferraille. ‖ *Constr.* Ouvrier effectuant le ferraillage. ‖ Homme qui aimait à se battre à l'épée (vx).

FERRALITIQUE adj. Se dit d'un sol tropical présentant une concentration en alumine et en fer.

FERRÉ, E adj. Garni de fer. ● *Être ferré sur une matière* (Fam.), la connaître à fond. ‖ *Voie ferrée,* voie de chemin de fer.

FERREDOXINE n. f. Protéine très simple, contenant du fer et du soufre, et qui joue depuis l'origine de la vie un rôle fondamental dans les oxydations et réductions de tous les êtres vivants, en particulier dans la photosynthèse des plantes vertes.

FERREMENT n. m. Objet ou garniture en fer.

FERRER v. t. Garnir un objet avec du fer. ‖ Clouer des fers aux pieds d'un cheval, d'un bœuf, etc. ● *Ferrer à glace,* avec des fers cramponnés, qui ne glissent pas sur la glace. ‖ *Ferrer un poisson,* donner une légère secousse à l'hameçon pour accrocher le poisson.

FERRET n. m. Bout métallique d'une aiguillette, d'un lacet. ‖ Tige utilisée pour prélever du verre fondu.

FERREUX adj. m. Qui contient du fer : *minerais ferreux.* ‖ *Chim.* Se dit des composés du fer bivalent.

FERRICYANURE n. m. *Chim.* Sel complexe formé par l'union de cyanure ferrique et d'un cyanure alcalin.

FERRIÈRE n. f. Sac de cuir renfermant les outils d'un maréchal-ferrant ou d'un serrurier.

FERRIMAGNÉTISME n. m. Magnétisme particulier présenté par les ferrites.

FERRIQUE adj. *Chim.* Se dit des composés du fer trivalent : *chlorure ferrique FeCl₃.*

FERRITE n. m. Céramique magnétique composée d'oxydes binaires de la forme MFe₂O₄, dans laquelle M représente un ou plusieurs métaux tels que le nickel, le manganèse, le zinc, le magnésium ou le cuivre. (Le ferrite constitue le circuit magnétique des bobines de self-induction à haute fréquence.)

FERRITE n. f. *Métall.* Variété allotropique de fer pur présente dans les alliages ferreux.

FERRO-ALLIAGE n. m. (pl. *ferro-alliages*). Nom générique des alliages contenant du fer.

FERROCÉRIUM [fɛrɔserjɔm] n. m. Alliage de fer et de cérium.

FERROCHROME n. m. Alliage de fer et de chrome pour la fabrication des aciers inoxydables et spéciaux.

FERROCYANURE n. m. *Chim.* Sel complexe formé par l'union de cyanure ferreux et d'un cyanure alcalin.

FERROÉLECTRICITÉ n. f. Propriété que présentent certains cristaux de posséder une polarisation électrique spontanée, permanente et réversible sous l'action d'un champ électrique extérieur.

FERROÉLECTRIQUE adj. Relatif à la ferroélectricité.

FERROMAGNÉTIQUE adj. Se dit des substances douées de ferromagnétisme.

FERROMAGNÉTISME n. m. Propriété de certaines substances (fer, cobalt, nickel) qui peuvent prendre une forte aimantation.

FERROMANGANÈSE n. m. Alliage de fer à haute teneur en manganèse (jusqu'à 80 p. 100).

FERROMOLYBDÈNE n. m. Alliage de fer et de molybdène (de 40 à 80 p. 100).

FERRONICKEL n. m. Alliage de fer et de nickel.

FERRONNERIE n. f. Travail artistique du fer; ouvrages qui en résultent; atelier, commerce du ferronnier.

FERRONNIER, ÈRE n. Spécialiste de la ferronnerie.

FERRONNIÈRE n. f. Joyau porté par les femmes au milieu du front, à la Renaissance.

FERROPRUSSIATE n. m. Syn. anc. de FERROCYANURE.

FERROVIAIRE adj. (it. *ferroviario*). Qui concerne le transport par chemin de fer.

FERRUGINEUX, EUSE adj. (lat. *ferrugo, -ginis,* rouille du fer). Qui contient du fer ou l'un de ses composés.

FERRURE n. f. Garniture de fer d'une porte, d'une croisée, etc. ‖ Action ou manière de ferrer un cheval, un bœuf, etc.

FERRY-BOAT [feribot] n. m. (mot angl.) [pl. *ferry-boats*]. Navire aménagé pour le transport

ferry-boat

des voitures ou des trains. (L'Administration préconise [NAVIRE] TRANSBORDEUR.)

FERTÉ n. f. (lat. *firmitas,* fermeté). Anc. mot signif. *place forte, forteresse,* conservé dans plusieurs noms de villes autref. fortifiées.

FERTILE adj. (lat. *fertilis*). Fécond, qui produit beaucoup : *la Beauce est très fertile; esprit fertile.* ‖ Qui abonde en : *année fertile en événements.* ‖ *Biol.* Se dit d'une femelle qui est capable de procréer. ‖ *Phys.* Se dit d'un élément chimique qui peut devenir fissile sous l'action de neutrons.

FERTILISABLE adj. Qui peut être fertilisé.

FERTILISANT, E adj. Qui fertilise.

FERTILISATION n. f. Action de fertiliser.

FERTILISER v. t. Rendre fertile.

FERTILITÉ n. f. Qualité de ce qui est fertile.

FÉRU, E adj. (part. pass. de *férir*). Très épris, passionné : *féru de grammaire.*

FÉRULE n. f. (lat. *ferula*). Palette de cuir ou de bois avec laquelle on frappait sur les doigts les écoliers en faute. ● *Sous la férule de qqn,* sous son autorité.

FÉRULE n. f. Plante odorante des régions méditerranéennes. (Famille des ombellifères.)

FERVENT, E adj. (lat. *fervens,* qui bout). Rempli de ferveur, ardent : *prière fervente; disciple fervent.* ◆ adj. et n. Passionné pour qqch : *les fervents du football.*

FERVEUR n. f. (lat. *fervor*). Zèle, ardeur, enthousiasme.

FESSE n. f. (lat. *fissum,* fente). Chacune des deux parties charnues qui forment le derrière de l'homme et de certains animaux. ‖ *Mar.* Partie arrondie de la voûte d'un navire en bois. ● *Histoire de fesses* (Pop.), histoire pornographique. ‖ *Serrer les fesses* (Fam.), avoir peur.

FESSÉE n. f. Correction appliquée sur les fesses. ‖ *Fam.* Défaite humiliante.

FESSE-MATHIEU n. m. (pl. *fesse-mathieux*). Usurier, avare (vx).

FESSER v. t. Frapper sur les fesses.

FESSIER, ÈRE adj. Qui appartient aux fesses.

FESSIER n. m. Les deux fesses.

FESSU, E adj. Qui a de grosses fesses.

FESTIN n. m. (it. *festino*). Repas d'apparat, banquet somptueux.

FESTIVAL n. m. (pl. *festivals*). Série de représentations artistiques consacrées à un genre donné.

FESTIVALIER, ÈRE adj. Relatif à un festival. ◆ adj. et n. Participant à un festival.

FESTIVITÉ n. f. Fête, réjouissances. (Surtout au pl.)

FEST-NOZ n. m. (mot celt.). En Bretagne, fête nocturne autour d'un feu, caractérisée par des danses accompagnées au basad.

FESTOIEMENT n. m. Action de festoyer.

FESTON n. m. (it. *festone*). Tresse souple, guirlande de fleurs et de feuillage. ‖ Point de broderie dont le dessin forme des dents arrondies. ‖ *Archit.* Ornement en forme de guirlande ou de petits lobes répétés.

FESTONNER v. t. Orner de festons. ‖ Dessiner, découper en festons.

FESTOYER v. i. (conj. **2**). Faire un festin.

FÊTARD n. m. *Fam.* Celui qui fait la fête.

FÊTE n. f. (lat. *festa dies,* jour de fête). Solennité religieuse ou civile, en commémoration d'un fait important. (En France, les jours de *fêtes nationales* sont le 8 mai [armistice 1945], fêté le second dimanche de mai, en même temps que la fête de Jeanne d'Arc, le 14 juillet et le 11 novembre [armistice 1918].) ‖ Réjouissances organisées par un particulier ou une collectivité. ‖ *Jour de la fête* du saint dont on porte le nom : *souhaiter une fête.* ● *Air de fête,* air gai. ‖ *Ça va être sa fête* (Pop.), il va être malmené. ‖ *Être à la fête,* éprouver une grande satisfaction. ‖ *Faire fête à qqn,* l'accueillir avec empressement. ‖ *Faire la fête,* se divertir en buvant, en mangeant, en dansant; mener une vie de désordre. ‖ *Ne pas être à la fête,* être dans une situation désagréable.

FÊTE-DIEU n. f. Fête de l'Eucharistie, instituée en 1264 par Urbain IV, fixée au deuxième jeudi après la Pentecôte.

FÊTER v. t. Célébrer, honorer par une fête. ‖ Accueillir qqn avec joie.

FÉTICHE n. m. (portug. *feitiço,* sortilège). Objet ou animal auquel sont attribuées des propriétés magiques, bénéfiques pour leur possesseur. ‖ *Psychan.* Objet inanimé ou partie du corps non sexuelle, capables de devenir à eux seuls objets de la sexualité.

FÉTICHEUR n. m. Sorcier du culte des fétiches.

FÉTICHISME n. m. Culte des fétiches. ‖ Vénération outrée, superstitieuse pour qqch, qqn. ‖ *Psychan.* Remplacement de l'objet sexuel par un fétiche. ● *Fétichisme de la marchandise,* selon les marxistes, illusion qui fait apparaître la valeur d'échange des marchandises comme le résultat de leur rapport entre elles, alors qu'elle résulte d'un rapport des humains entre eux.

FÉTICHISTE adj. et n. Qui appartient au fétichisme; qui pratique le fétichisme.

FÉTIDE adj. (lat. *foetidus*). Se dit d'une odeur forte et répugnante.

FÉTIDITÉ n. f. État de ce qui est fétide.

FÉTU n. m. (lat. *festuca*). Brin de paille.

FÉTUQUE n. f. (lat. *festuca*). Graminée fourragère vivace des prairies naturelles ou cultivées. (Famille des graminacées.)

FEU n. m. (lat. *focus*). Dégagement simultané de chaleur, de lumière et de flamme, produit par la combustion vive de certains corps, tels que le bois, le charbon, etc.; incendie; matières en combustion : *faire un bon feu.* || Lieu où l'on fait le feu : *causerie au coin du feu.* || Ce qui est nécessaire pour faire du feu, pour allumer une cigarette : *avez-vous du feu sur vous?* || Foyer, famille (vx) : *village de quarante feux.* || Sensation de chaleur, de brûlure : *avoir la bouche en feu.* || Lumière, éclairage : *les feux de la rampe.* || Signal lumineux conventionnel : *feu réglementaire d'un navire.* || Tir : *le feu de l'ennemi.* || Ardeur, véhémence, fougue : *le feu de la colère.* || Imagination vive : *auteur plein de feu.* || Éclat : *les feux d'un diamant.* || Pop. Pistolet. ● *Aller au feu,* au combat. || *Cercle de feu,* immense ceinture de volcans, souvent encore actifs, qui fait le tour de l'océan Pacifique. || *Coup de feu,* décharge d'une arme à feu; moment de presse. || *École à feu,* exercice de tir réel d'artillerie. || *En feu,* en train de brûler; très chaud. || *Épreuve du feu,* autref., épreuve consistant à faire porter au prévenu une barre de fer rouge et à le condamner selon l'évolution de la plaie. || *Être entre deux feux,* attaqué de deux côtés. || *Être tout feu tout flamme,* être rempli d'ardeur, de zèle. || *Faire feu,* tirer. || *Faire feu de tout bois,* utiliser toutes les possibilités. || *Faire long feu,* se dit d'une cartouche qui part avec un retard non voulu; *fam.,* ne pas réussir : *projet qui fait long feu.* || *Feu!,* ordre de tirer. || *Feu de Bengale,* artifice brûlant avec une flamme vive, blanche ou colorée. || *Feu de cheminée,* embrasement de la suie accumulée dans une cheminée. || *Feux de croisement,* ou *codes,* dispositif d'éclairage que tout conducteur de véhicule routier doit allumer en substitution aux feux de route lorsqu'il croise un autre véhicule. || *Feux de gabarit,* dispositif lumineux particulier dont doit être muni tout véhicule routier de grandes dimensions. || *Feu orange,* signal de circulation précédant le feu rouge et indiquant que l'on doit s'apprêter à stopper. || *Feu de paille,* ardeur passagère. || *Feu de position,* lumière qu'arbore tout navire en stationnement pour signaler sa présence; dispositif d'éclairage dont tout véhicule routier doit être muni à l'avant gauche et à l'avant droit. || *Feu rouge,* signal d'arrêt; dispositif lumineux dont doit être muni, à l'arrière, tout véhicule routier. || *Feu roulant,* série ininterrompue (de décharges, de questions). || *Feu de navigation,* dispositif lumineux que tout navire ou avion en marche doit présenter pour signaler sa position et sa route. || *Feux de route,* dispositif lumineux dont doit être muni tout véhicule routier pour éclairer sa route sur une distance minimale de 100 m lorsqu'il circule de

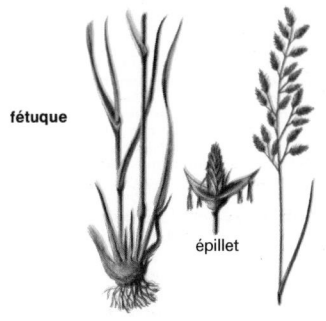

fétuque

épillet

nuit hors des agglomérations. || *Feu sacré,* zèle ardent. || *Feu Saint-Elme,* phénomène électrique lumineux qui se manifeste quelquefois à l'extrémité des vergues et des mâts. || *Feux de stationnement,* dispositif lumineux disposé à gauche et à droite d'un véhicule routier pour signaler sa position pendant un stationnement nocturne. || *Feu vert,* signal de libre passage; autorisation de faire qqch : *donner, obtenir le feu vert.* || *Jouer avec le feu,* traiter légèrement de choses dangereuses. || *Mourir à petit feu,* lentement. || *Ne pas faire long feu,* ne pas durer longtemps. || *N'y voir que du feu,* n'y rien comprendre. || *Ouvrir le feu,* commencer à tirer. || *Prendre feu,* s'enflammer; s'irriter; s'enthousiasmer.

FEU, E adj. (lat. *fatum,* destin). *Litt.* Défunt depuis peu : *ma feue tante; feu ma tante.* (Invariable quand il précède l'art. ou le possessif.)

FEUDATAIRE n. (lat. médiéval *feudum,* fief). Possesseur d'un fief. || Vassal qui devait foi et hommage à son suzerain.

FEUDISTE n. Spécialiste du droit féodal.

FEUIL n. m. (de *feuille*). *Techn.* Pellicule, couche très mince recouvrant qqch. (Syn. FILM.)

FEUILLAGE n. m. Ensemble des feuilles d'un arbre, persistant chez certaines formes (pin, sapin, laurier), annuellement caduc chez d'autres (chêne, hêtre, etc.). || Branches coupées, chargées de feuilles.

FEUILLAISON n. f. Renouvellement annuel des feuilles.

FEUILLANT, ANTINE n. Religieux, religieuse appartenant à une branche de l'ordre cistercien réformée en 1577 et disparue en 1789.

FEUILLANTINE n. f. (de *feuilleter*). Pâtisserie feuilletée.

FEUILLANTS n. m. pl. *Hist.* Nom donné, en 1791-1792, aux royalistes « constitutionnels »,

dont le club siégeait dans l'ancien couvent des Feuillants, près des Tuileries.

FEUILLARD n. m. Branche de saule ou de châtaignier qui, fendue en deux, sert à faire des cercles de tonneaux. || Bande de métal ou de plastique large et très mince, servant à différents usages.

FEUILLE n. f. (lat. *folium*). Organe végétal chlorophyllien fixé le long d'une tige ou d'un rameau, et dont la partie plate et large (limbe) contient de nombreux vaisseaux, groupés en nervures. || Pétale : *des feuilles de rose.* || Écaille de l'artichaut. || Plaque extrêmement mince d'un métal ou d'un solide quelconque : *feuille de carton, de bois, d'or,* etc. || Morceau de papier d'une certaine grandeur. || Journal de caractère polémique : *cette feuille a cessé de paraître.* ● *Bonne feuille,* feuille du tirage définitif d'un livre. || *Feuille de chou* (Fam.), petit journal sans intérêt. || *Feuille d'impôts,* document adressé au contribuable et indiquant le montant et la date du versement à effectuer au titre des contributions directes. || *Feuille de maladie,* imprimé sur lequel sont portés les soins dispensés aux assurés sociaux. || *Feuille morte,* feuille qui se détache à l'automne. || *Feuille de route* (auj. *feuille de déplacement*), document indiquant les différentes étapes d'une troupe ou d'un militaire en voyage.

■ Au niveau des feuilles, la chlorophylle permet la synthèse de substances organiques à partir du gaz carbonique de l'air; les échanges d'oxygène, de gaz carbonique, de vapeur d'eau entre le végétal et l'atmosphère se font par les stomates des feuilles.

FEUILLÉE n. f. *Litt.* Abri formé de branches garnies de feuilles. ◆ pl. Fosse servant de latrines aux troupes en campagne.

FEUILLE-MORTE adj. inv. De la couleur des feuilles sèches, jaune-brun.

FEUILLER v. i. *Litt.* Se garnir de feuilles. || Pratiquer une feuillure.

FEUILLERET n. m. Rabot servant à faire les feuillures.

FEUILLET n. m. Ensemble de deux pages recto et verso d'un livre ou d'un cahier. || Planche mince pour les panneaux de menuiserie. || Troisième poche de l'estomac des ruminants, aux parois feuilletées. || *Biol.* Couche de cellules embryonnaires.

FEUILLETAGE n. m. Action de feuilleter de la pâte. || Pâtisserie feuilletée.

FEUILLETÉ, E adj. Constitué de lames minces superposées. ● *Pâte feuilletée,* pâte à base de farine et de beurre et qui se gonfle à la cuisson en se séparant en feuilles.

FEUILLETÉ n. m. Gâteau à base de pâte feuilletée.

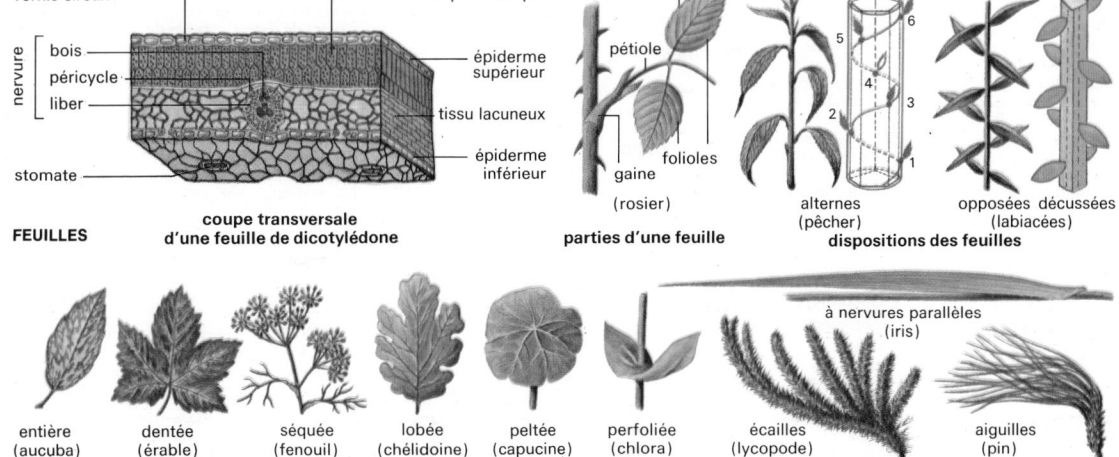

FEUILLES

coupe transversale
d'une feuille de dicotylédone

vernis cireux — tissu palissadique
bois — épiderme supérieur
péricycle
liber
stomate — tissu lacuneux
épiderme inférieur
nervure

parties d'une feuille

limbe
pétiole
folioles
gaine
(rosier)

dispositions des feuilles

alternes
(pêcher)

opposées décussées
(labiacées)

formes des feuilles ou des folioles

entière
(aucuba)

dentée
(érable)

séquée
(fenouil)

lobée
(chélidoine)

peltée
(capucine)

perfoliée
(chlora)

écailles
(lycopode)

à nervures parallèles
(iris)

aiguilles
(pin)

FEUILLETER v. t. (conj. 4). Tourner rapidement les pages d'un livre, le parcourir rapidement. ‖ Préparer la pâte de manière qu'elle présente un feuilletage.

FEUILLETIS n. m. Angle d'un diamant ou d'une autre pierre fine taillée.

FEUILLETON n. m. Œuvre romanesque présentée en plusieurs fragments dans un journal. ‖ Article de critique, de science, etc., inséré dans un journal. ‖ Film présenté à la télévision en plusieurs épisodes de courte durée.

FEUILLETONESQUE adj. Qui a les caractères du roman-feuilleton.

FEUILLETONISTE n. Auteur de feuilletons.

FEUILLETTE n. f. Tonneau dont la contenance varie, suivant les régions, de 114 à 136 litres.

FEUILLU, E adj. et n. m. Se dit des arbres qui ont des feuilles, par opposition aux *résineux*.

FEUILLURE n. f. Angle rentrant le plus souvent d'équerre, ménagé le long d'un élément de construction pour recevoir une partie de menuiserie fixe ou mobile. ‖ Entaille ou ressaut pratiqués dans l'embrasure d'une baie pour y loger un bâti dormant ou un vantail.

FEULEMENT n. m. Action de feuler.

FEULER v. i. Crier, en parlant du tigre. ‖ Grogner, en parlant du chat.

FEUTRAGE n. m. Action de feutrer, de se feutrer.

FEUTRE n. m. (mot francique). Étoffe de laine ou de poils foulés et agglutinés. ‖ Chapeau fait de feutre. ‖ Abrév. de CRAYON-FEUTRE.

FEUTRÉ, E adj. Qui a l'aspect du feutre. ‖ Dont le bruit est étouffé : *pas feutrés.* ‖ Sans contact avec l'extérieur : *atmosphère feutrée.* ‖ Qui se manifeste discrètement, sans faire d'éclat.

FEUTRER v. t. Mettre en feutre du poil, de la laine. ‖ Garnir de feutre. ◆ v. i. ou **se feutrer** v. pr. Prendre l'apparence du feutre.

FEUTRINE n. f. Feutre léger, mais très serré.

FÈVE n. f. (lat. *faba*). Légumineuse annuelle cultivée pour sa graine destinée à l'alimentation humaine ou animale. (Famille des papilionacées.) ‖ Graine de cette plante.

FÉVEROLE n. f. Variété de fève à petite graine cultivée pour l'alimentation du bétail.

FÉVIER n. m. Arbre ornemental à belles fleurs, à longues gousses plates. (Famille des césalpiniacées ; syn. GLEDITSCHIA.)

FÉVRIER n. m. (lat. *februarius*). Deuxième mois de l'année, qui a 28 jours (29 dans les années bissextiles).

FEZ [fez] n. m. (de *Fez*, n. de ville). Calotte tronconique en laine.

fg, symbole de la *frigorie.*

FI! interj. (onomat.). Litt. Marque le dédain, le mépris. ● *Faire fi de qqn, qqch*, les mépriser, ne pas en tenir compte.

FIABILITÉ n. f. Probabilité de fonctionnement sans défaillance d'un dispositif dans des conditions spécifiées et pendant une période de temps déterminée.

FIABLE adj. (de [se] *fier*). Se dit d'une machine, d'un dispositif doué de fiabilité. ‖ À qui on peut se fier.

FIACRE n. m. (de [saint] *Fiacre*, dont l'effigie ornait une enseigne). Voiture hippomobile de place et de louage.

FIANÇAILLES n. f. pl. Promesse mutuelle de mariage. ‖ Temps qui s'écoule entre cette promesse et le mariage.

FIANCÉ, E n. Personne qui s'est fiancée.

FIANCER v. t. (anc. fr. *fiance*, engagement) [conj. 1]. Promettre solennellement en mariage. ◆ **se fiancer** v. pr. S'engager à épouser qqn.

FIASCO n. m. (mot it.). Fam. Échec complet. ‖ Éjaculation précoce.

FIASQUE n. f. (it. *fiasco*). Bouteille à col long et à large panse clissée, employée en Italie.

FIBRANNE n. f. Fibre textile artificielle à base de cellulose régénérée obtenue par le procédé viscose.

FIBRE n. f. (lat. *fibra*). Filament ou cellule allongée, constituant certains tissus animaux et végétaux ou certaines substances minérales : *fibre musculaire ; fibre ligneuse.* ‖ Élément naturel ou chimique de courte longueur, caractérisé par sa flexibilité et sa finesse qui le rendent apte à des applications textiles. ‖ Sensibilité intime : *avoir la fibre paternelle.* ● *Fibre optique*, conducteur souple en verre ou en plastique, transmettant des informations lumineuses suivant un chemin non rectiligne. ‖ *Fibre de verre*, fil de verre très mince et très souple constituant de la laine et des tissus de verre ou servant à renforcer les plastiques.

FIBREUX, EUSE adj. Qui contient des fibres.

FIBRILLAIRE adj. Histol. Relatif aux fibrilles.

FIBRILLATION n. f. Série de contractions violentes et désordonnées des fibres du muscle cardiaque.

FIBRILLE n. f. Petite fibre. ‖ Histol. Élément allongé, lisse ou strié, des fibres musculaires, siège de la contractilité.

FIBRILLÉ n. m. Produit qui résulte du clivage longitudinal d'un matériau se présentant sous la forme d'un film et qui comporte des fissures se décomposant en fibrilles.

FIBRINE n. f. Substance protéique filamenteuse provenant du fibrinogène, qui emprisonne les globules du sang et de la lymphe au cours de la coagulation et qui contribue à la formation du caillot.

FIBRINEUX, EUSE adj. Relatif à la fibrine.

FIBRINOGÈNE n. m. Protéine du plasma sanguin, qui se transforme en fibrine lors de la coagulation.

FIBRINOLYSE n. f. Phénomène de dégradation de la fibrine.

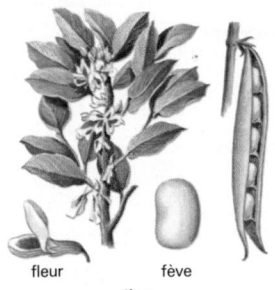

fleur   fève

fève

FIBROBLASTE n. m. Cellule conjonctive jeune, génératrice des cellules du tissu fibreux.

FIBROCIMENT n. m. (nom déposé). Constr. Matériau en amiante-ciment.

FIBROÏNE n. f. L'un des constituants protéiques de la soie, conférant à celle-ci sa solidité et son élasticité, et seul conservé dans la soie traitée industriellement.

FIBROMATEUX, EUSE adj. Relatif au fibrome.

FIBROMATOSE n. f. Méd. Affection caractérisée par l'existence de plusieurs fibromes.

FIBROME n. m. Tumeur faite de tissu fibreux.

FIBROMYOME n. m. Tumeur bénigne formée de noyaux fibreux envahissant un muscle lisse. (C'est le nom scientifique des « fibromes » de l'utérus.)

FIBROSCOPE n. m. Endoscope flexible dans lequel la lumière est canalisée par un réseau de fibres de quartz.

FIBROSE n. f. Méd. Transformation fibreuse d'un tissu.

FIBULE n. f. (lat. *fibula*). Antiq. Épingle de

fibule
en bronze,
époque de
La Tène

Lauros-Giraudon

sûreté en métal servant à fixer les vêtements.

FIC n. m. (lat. *ficus*, figue). Grosse verrue du cheval, de la vache, etc.

FICAIRE n. f. Petite plante qui épanouit ses fleurs jaunes au début du printemps. (Famille des renonculacées.)

FICELAGE n. m. Action de ficeler.

FICELÉ, E adj. Fam. et péjor. Arrangé, habillé.

FICELER v. t. (conj. 3). Attacher avec de la ficelle.

FICELLE n. f. (lat. pop. *funicella* ; de *funis*, corde). Corde très mince. ‖ Pain de fantaisie mince. ● *Connaître les ficelles*, connaître qqch par expérience. ‖ *Tenir, tirer les ficelles*, faire agir les autres sans être vu, comme celui qui fait mouvoir les marionnettes.

FICELLERIE n. f. Fabrique, magasin de ficelle.

FICHAGE n. m. Action de ficher qqn.

FICHANT, E adj. *Tir fichant*, tir qui frappe presque verticalement un objectif.

FICHE n. f. (de *ficher*). Pièce rigide de bois ou de métal destinée à être enfoncée, fichée. ‖ Ferrure de rotation : *fiches de portes, de fenêtres.* ‖ Petite feuille de papier ou de carton sur laquelle on inscrit un renseignement susceptible d'être utilisé ultérieurement. ‖ *Électr.* Pièce qui, engagée dans une alvéole de forme appropriée, permet d'établir un ou plusieurs contacts. ‖ *Jeux.* Plaque d'os, d'ivoire, etc., servant de marque ou de monnaie d'échange. ● *Fiche de consolation*, petit dédommagement qu'on reçoit à la suite d'un échec, d'une perte.

FICHER v. t. (lat. *figere*, attacher). Enfoncer par la pointe : *ficher un pieu en terre.* ‖ Inscrire sur une fiche (un renseignement). ‖ Inscrire qqn sur une liste de suspects.

FICHER ou **FICHE** v. t. (part. pass. *fichu*). Fam. Mettre, jeter : *ficher qqn à la porte.* ‖ Fam. Donner, appliquer : *ficher une gifle.* ‖ Fam. Faire : *Qu'est-ce que tu fiches ici?* ◆ **se ficher** ou **se fiche** v. pr. [de]. Fam. Se moquer. ‖ Ne prêter aucune attention à qqn, qqch.

FICHIER n. m. Collection de fiches. ‖ Boîte, meuble à fiches. ‖ *Fam.* Service d'études et de documentation de la Cour de cassation. ‖ *Inform.* Collection organisée d'informations de même nature, pouvant être utilisées dans un même traitement ; support matériel de ces informations.

FICHISTE n. Personne qui fait des fiches de documentation.

FICHTRE! interj. (de *ficher*). Fam. Marque l'étonnement, l'admiration, le mécontentement.

FICHTREMENT adv. Fam. Extrêmement.

FICHU n. m. (de *ficher*). Triangle d'étoffe, dont les femmes se couvrent les épaules ou la tête.

FICHU, E adj. (de *ficher*). Fam. Mal fait, ridicule : *un fichu nez.* ‖ Pénible, mauvais : *un fichu caractère ; un fichu temps.* ‖ Ruiné, perdu : *santé fichue ; une voiture fichue.* ● *Bien, mal fichu*, bien, mal fait ; en bonne, mauvaise santé. ‖ *Fichu de* (Fam.), capable de : *il n'est pas fichu de gagner sa vie.*

FICTIF, IVE adj. (lat. *fictus*, inventé). Imaginaire ; qui n'a rien de réel : *personnage fictif.* ‖ Qui n'existe que par convention : *les billets de banque n'ont qu'une valeur fictive.*

FICTION n. f. Création de l'imagination.

FICTIVEMENT adv. De façon fictive.

FIDÉICOMMIS [fideikɔmi] n. m. (lat. *fidei*, à la foi, et *commissum*, confié). Dr. Legs testamentaire fait au nom d'une personne chargée secrètement ou expressément de le restituer à une autre.

FIDÉISME n. m. (lat. *fides*, foi). Doctrine qui place la foi à la base de toute connaissance religieuse, déniant toute valeur aux preuves rationnelles.

FIDÉISTE adj. et n. Qui appartient au fidéisme.

FIDÈLE adj. (lat. *fidelis*). Qui remplit ses engagements : *fidèle à ses promesses.* ‖ Qui manifeste un attachement constant : *ami fidèle.* ‖ Exact : *historien fidèle.* ‖ Conforme : *copie fidèle.* ‖ Sûr : *guide fidèle.* ‖ Qui retient bien ce qui lui a été confié : *mémoire fidèle.* ‖ Qui n'a de relations sexuelles qu'avec son conjoint. ‖ Métrol. Se dit d'un instrument de mesure, d'un test qui donne toujours la même indication quand il est placé dans les mêmes conditions.

FIDÈLE n. m. Personne qui adhère à une religion et à une pratique.

FIDÈLEMENT adv. De façon fidèle.

FIDÉLISATION n. f. Action de fidéliser.

FIDÉLISER v. t. Rendre fidèle, s'attacher une clientèle par divers moyens (informations publicitaires, prix préférentiels, etc.).

FIDÉLITÉ n. f. Qualité d'une personne ou d'une chose fidèle.

FIDUCIAIRE adj. (lat. fiduciarius; de fiducia, confiance). Se dit de valeurs fictives, fondées sur la confiance accordée à qui les émet : *le billet de banque est une monnaie fiduciaire.* ● *Société fiduciaire,* société ayant pour objet d'effectuer des travaux comptables, juridiques, fiscaux, d'organisation, d'expertise, etc., pour le compte des entreprises privées.

FIDUCIAIREMENT adv. À titre fiduciaire.

FIDUCIE n. f. Acquisition d'un bien par un créancier, qui le restitue au débiteur à l'extinction de la dette.

FIEF [fjɛf] n. m. (mot francique). Zone d'influence prépondérante, secteur réservé : *fief électoral.* ‖ *Hist.* Domaine noble qu'un vassal tenait d'un seigneur, à charge de redevance et en prêtant foi et hommage.

FIEFFÉ, E adj. *Fam.* Qui a atteint le dernier degré d'un défaut, d'un vice : *fieffé menteur.*

FIEL n. m. (lat. *fel*). Bile des animaux. ‖ *Litt.* Amertume, méchanceté.

FIELLEUX, EUSE adj. *Litt.* Plein d'acrimonie, d'animosité.

FIENTE n. f. (lat. pop. *femita*). Excrément de certains animaux : *fiente de poule, de pigeon.*

FIENTER v. i. Faire de la fiente.

FIER, FIÈRE [fjɛr] adj. (lat. *ferus*, sauvage). Qui s'enorgueillit, qui tire vanité de : *être fier de sa fortune.* ‖ Qui affecte un air hautain, arrogant : *il n'était pas fier avec ses fermiers.* ‖ *Litt.* Qui a des sentiments nobles, élevés. ‖ *Fam.* Remarquable en son genre : *un fier imbécile.*

FIER (SE) v. pr. [à] (lat. pop. *fidare*, confier). Mettre sa confiance en : *ne vous fiez pas à lui.*

FIER-À-BRAS n. m. (pl. *fiers-à-bras* ou *fier-à-bras*). Fanfaron, matamore.

FIÈREMENT adv. De façon fière, hautaine.

FIÉROT, E adj. et n. *Fam.* et *vx.* Ridiculement fat et orgueilleux.

FIERTÉ n. f. Caractère d'une personne fière.

FIESTA [fjɛsta] n. f. (mot esp.). *Fam.* Fête.

FIÈVRE n. f. (lat. *febris*). Élévation pathologique de la température centrale du corps des animaux supérieurs et de l'homme, chez qui elle est normalement constante; ensemble des troubles qui accompagnent cet état (sudation, accélération du pouls et de la respiration, sensation de chaleur et de malaise). ‖ État de tension ou d'agitation d'un individu ou d'un groupe : *fièvre politique.* ‖ Désir ardent : *fièvre de collectionneur.* ‖ *Fièvre de cheval* (Fam.), fièvre violente. ‖ *Fièvre de Malte,* syn. de BRUCELLOSE. ‖ *Fièvre quarte, tierce,* deux formes du paludisme, où les accès de fièvre ont lieu toutes les 72 heures ou toutes les 48 heures.

FIÉVREUSEMENT adv. De façon agitée.

FIÉVREUX, EUSE adj. Qui a ou qui dénote la fièvre : *yeux fiévreux.* ‖ Inquiet, agité : *attente fiévreuse.*

FIFRE n. m. (suisse all. *Pfifer*, qui joue du fifre). Petite flûte en bois, d'un son aigu. ‖ Celui qui en joue.

FIFRELIN n. m. (all. *Pfifferling*). *Fam.* et *vx.* Chose sans valeur.

FIFTY-FIFTY n. m. (pl. *fifty-fifties*). Yacht de croisière où on a donné la même importance à la propulsion mécanique et à la voilure.

FIFTY-FIFTY loc. adv. *Fam.* Par moitié : *partager les bénéfices fifty-fifty.*

FIGARO n. m. (de Figaro, personnage de Beaumarchais). *Fam.* et *vx.* Coiffeur.

FIGÉ, E adj. Fixé, stéréotypé : *expression figée.*

FIGEMENT n. m. Action d'un corps gras qui se fige. ‖ État de ce qui est figé.

FIGER v. t. (lat. pop. *feticare*; de *feticum*, foie) [conj. **1**]. Épaissir, solidifier par un abaissement de la température : *le froid fige la graisse.* ‖ Causer un grand saisissement qui immobilise.

FIGNOLAGE n. m. Action de fignoler.

FIGNOLER v. t. et i. (de *fin* adj.). *Fam.* Exécuter un travail avec un soin minutieux.

FIGNOLEUR, EUSE adj. et n. Qui fignole.

FIGUE n. f. (lat. *ficus*). Fruit comestible du figuier, formé par toute l'inflorescence, qui devient charnue après la fécondation. ● *Figue de Barbarie,* fruit charnu et sucré de l'opuntia. ‖ *Figue caque,* syn. de KAKI. ● *Figue de mer* (Zool.), nom usuel d'une espèce méditerranéenne d'ascidie, le microcosme, que l'on consomme crue. ‖ *Mi-figue, mi-raisin,* moitié bien, moitié mal; mitigé, ambigu.

FIGUIER n. m. Arbre des pays chauds, dont le fruit est la figue. (Une espèce, le *figuier élastique,* peut fournir un caoutchouc; une autre, le *figuier banian,* a une frondaison étalée, soutenue par de nombreuses racines semblables à

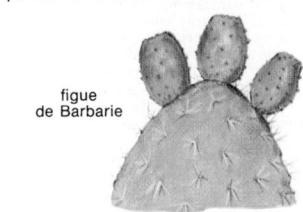

figue de Barbarie

FIGUES

figue commune

des troncs. [Famille des moracées.]) ● *Figuier de Barbarie,* nom usuel de l'*opuntia.*

FIGULINE n. f. Objet de terre cuite (vx).

FIGURANT, E n. Personnage accessoire, généralement muet, dans une pièce de théâtre, dans un ballet, au cinéma. ‖ Personne qui ne joue aucun rôle déterminant.

FIGURATIF, IVE adj. Qui représente la forme réelle des choses : *plan figuratif.* ● *Art figuratif,* celui qui représente les choses de la nature plutôt telles qu'on les voit (par oppos. à l'art ABSTRAIT OU NON FIGURATIF).

FIGURATIF n. m. Peintre ou sculpteur qui pratique l'art figuratif.

FIGURATION n. f. Action de figurer. ‖ Ensemble des figurants d'un théâtre, d'un film; métier ou rôle de figurant. ‖ *Psychanal.* Traduction des pensées en images visuelles qui constitue l'un des aspects du travail du rêve. ● *Nouvelle figuration,* dans l'art contemporain, ensemble de courants figuratifs qui, avec des techniques nouvelles et souvent dans un esprit contestataire, se sont développés depuis 1960.

FIGURE n. f. (lat. *figura*). Visage de l'homme; air, mine : *figure aimable.* ‖ Personnalité marquante : *les grandes figures du passé.* ‖ Symbole : *l'agneau pascal est une figure de l'eucharistie.* ‖ Dessin servant à la représentation d'êtres mathématiques. ‖ *Bx-arts.* Dessin, gravure, représentation peinte ou sculptée d'un être humain, d'un animal. ‖ *Chorégr.* Enchaînement de pas constituant une des différentes parties d'une

danse. ‖ *Ling.* Modification de l'emploi des mots, visant à un certain effet. ‖ *Psychol.* Tendance d'une forme perceptive à se détacher du fond et à se constituer en structure autonome. ‖ *Sports.* Exercice de patinage, de ski, de carrousel équestre, de plongeon, qui est au programme de certaines compétitions. ● *Faire bonne figure,* se montrer digne de ce qu'on attend de vous. ‖ *Faire figure de,* apparaître comme. ‖ *Faire triste figure,* avoir l'air triste; ne pas se montrer à la hauteur. ‖ *Prendre figure,* commencer à se réaliser.

FIGURÉ, E adj. *Bx-arts.* Qui comporte des représentations de figures : *chapiteau figuré.* ● *Sens figuré* (Ling.), signification d'un mot passée du concret à l'abstrait (sentiment, idée, etc.), par opposition au SENS PROPRE.

FIGURER v. t. Représenter par la peinture, la sculpture, le dessin, etc. : *figurer une rivière dans un paysage.* ‖ Représenter par un signe quelconque, symboliser. ◆ v. i. Se trouver dans un ensemble : *figurer sur une liste.* ‖ Jouer le rôle d'un figurant : *figurer dans une pièce.* ◆ se **figurer** v. pr. S'imaginer, croire, se représenter : *elle s'était figuré qu'elle réussirait facilement.*

FIGURINE n. f. (it. *figurina*). Très petite représentation, surtout sculptée en ronde bosse, d'un être animé.

FIGURISTE n. m. Mouleur de figures en plâtre.

FIL n. m. (lat. *filum*). Brin long et fin formé par l'assemblage de fibres textiles ou de filaments directement utilisables pour les fabrications textiles. ‖ Direction des fibres du bois. ‖ Métal finement étiré : *fil de fer, de cuivre.* ‖ Matière sécrétée par les araignées, certaines chenilles. ‖ Conducteur électrique fait de fil métallique entouré d'une gaine isolante. ‖ Tranchant d'un instrument : *le fil d'un rasoir.* ‖ Suite, liaison, enchaînement logique : *le fil d'un discours.* ‖ Courant : *suivre le fil de l'eau.* ‖ Série, succession continue : *le fil de la vie, des jours.* ● *Au fil de,* au long de. ‖ *Au fil de l'eau,* se dit d'une centrale hydroélectrique ne possédant pas de barrage, dont le canal d'amenée à faible pente, ne comporte aucune réserve d'eau. ‖ *Bois de fil,* bois utilisé par les graveurs sous forme de planche découpée dans le sens des fibres (pratique traditionnelle, et plus fréquente que celle du *bois de bout*). ● *Coup de fil,* coup de téléphone. ‖ *Être au bout du fil,* être en communication téléphonique avec qqn. ‖ *Fil à plomb,* fil muni d'un morceau de plomb ou de fer, pour matérialiser la verticale. ‖ *Fil de la Vierge,* syn. de FILANDRE. ‖ *Ne pas avoir inventé le fil à couper le beurre,* n'être pas très malin. ‖ *Ne tenir qu'à un fil,* dépendre d'une moindre chose.

FIL-À-FIL n. m. inv. Tissu à effet chiné, obtenu en ourdissant et en tramant successivement un fil clair, un fil foncé, etc.

FILAGE n. m. Transformation des fibres textiles en fils; ouvrage du fileur. ‖ Procédé de mise en forme des métaux par déformation plastique à chaud.

FILAIRE adj. (de *fil*). Se dit des appareils de transmission fonctionnant par fil (par oppos. aux appareils de radio).

FILAIRE n. f. Ver parasite des régions chaudes, mince comme un fil, vivant sous la peau de divers vertébrés. (Classe des nématodes.) [Certaines filaires sont pathogènes pour l'homme.]

FILAMENT n. m. (lat. *filamentum*). Élément fin et allongé d'un organe animal ou végétal; fil très mince. ‖ Dans une lampe électrique, fil conducteur, rendu incandescent par le passage du courant. ‖ Fibre textile de très grande longueur.

FILAMENTEUX, EUSE adj. Qui a des filaments.

FILANDIÈRE n. et adj. f. *Litt.* Qui fait métier de filer. ● *Les sœurs filandières* (Poét.), les Parques.

FILANDRE n. f. Fil qui flotte en l'air et qu'on appelle usuellement *fil de la Vierge.* (Il est produit par diverses araignées.) ‖ Fibre de certains légumes, de certaines viandes.

FILANDREUX, EUSE adj. Rempli de fibres longues et coriaces : *viande filandreuse.* ‖ Enchevêtré, confus et long : *explications filandreuses.*

FILANT, E adj. Qui file sans se diviser en gouttes : *liquide filant.* ● *Pouls filant,* pouls très faible.

FILANZANE n. m. (mot malgache). Chaise à porteurs employée autref. à Madagascar.

FILARIOSE n. f. Affection parasitaire causée par une filaire.

FILASSE n. f. (lat. *filum*, fil). Amas de filaments extraits de la tige du chanvre, du lin, etc., que l'on soumet au rouissage avant de les filer. ◆ adj. inv. *Cheveux filasse,* cheveux d'un blond pâle.

FILATEUR n. m. Exploitant d'une filature.

FILATURE n. f. Ensemble des opérations que subissent les fibres textiles pour être transformées en fil. ‖ Établissement industriel où l'on file les matières textiles : coton, laine, lin, etc. ‖ Action de filer qqn pour le surveiller.

FILDEFÉRISTE n. Équilibriste qui fait des exercices sur un fil métallique.

FILE n. f. (de *fil*). Rangée de personnes ou de choses placées à la suite les unes des autres. ● *À la file, en file, en file indienne,* l'un derrière l'autre. ‖ *Chef de file,* celui qui dirige un groupe, une entreprise. ‖ *Ligne de file,* ordre tactique que prennent les navires de guerre les uns derrière les autres. ‖ *Prendre la file,* se mettre à la suite.

FILÉ n. m. Fil destiné au tissage.

FILER v. t. Mettre en fil : *filer la laine.* ‖ Sécréter un fil de soie, en parlant des invertébrés comme les araignées et de nombreuses chenilles. ‖ Suivre secrètement pour surveiller : *filer un suspect.* ‖ *Pop.* Donner, prêter, passer. ● *Filer un câble, une amarre,* etc. (Mar.), les laisser glisser. ‖ *Filer n nœuds,* en parlant d'un navire, parcourir *n* milles marins en une heure. ‖ *Filer le parfait amour,* être dans une période de grand bonheur (avec qqn). ‖ *Filer un son* (Mus.), tenir longuement un son, à la voix ou à l'instrument. ◆ v. i. Couler lentement comme de l'huile : *ce sirop file.* ‖ Se disait d'une lampe à huile qui avait une flamme qui s'allongeait et fumait. ‖ *Fam.* Aller, partir vite. ‖ Se dérouler, se dévider : *maille qui file.* ● *Filer à l'anglaise,* s'en aller sans prendre congé ou sans permission. ‖ *Filer doux,* se montrer docile; céder par crainte. ‖ *L'argent lui file entre les doigts,* il le dépense très vite.

FILET n. m. (dimin. de *fil*). Tissu à larges mailles, destiné à prendre les poissons, les oiseaux. ‖ Réseau de mailles servant à divers usages : *filet d'acrobate.* ‖ Sac à provisions fait de mailles. ‖ Résille à fils très fins pour maintenir la coiffure en place. ‖ Très petite quantité qui s'écoule : *filet d'eau.* ‖ Réseau de fils tendu au milieu du terrain de tennis, de volley-ball, etc., ou fixé derrière le poteau de but (football, handball). ‖ *Anat.* Très petite membrane sous la langue. ‖ *Arts graph.* Trait d'épaisseur variable utilisé pour séparer ou encadrer des textes ou des illustrations. ‖ *Bot.* Partie fine qui supporte l'anthère d'une étamine. ‖ *Bouch.* Partie charnue qui se lève le long de l'épine dorsale. ‖ *Techn.* Saillie en spirale d'une vis. ‖ Ornement fin et délié, en architecture, en menuiserie, etc. ‖ *Text.* Dentelle de lin composée d'une broderie sur un réseau de mailles carrées. ● *Coup de filet,* opération de police au cours de laquelle on procède à des vérifications d'identité ou à des arrestations. ‖ *Faux filet* (Bouch.), partie

moins estimée que le filet, située le long de l'échine. ‖ *Filet de poisson,* bande de chair prélevée parallèlement à l'arête dorsale. ‖ *Filet de voix,* voix très faible. ‖ *Travailler sans filet,* pour un équilibriste, exécuter son numéro sans filet de protection; affronter les dangers seul, assumer seul les risques d'une entreprise.

FILETAGE n. m. Opération consistant à creuser une rainure hélicoïdale le long d'une surface cylindrique. ‖ Ensemble des filets d'une vis.

FILETÉ n. m. Étoffe de coton dont un fil de chaîne est plus gros que les autres et forme de fines rayures en relief.

FILETER v. t. (conj. 4). Faire un filetage.

FILEUR, EUSE n. Ouvrier, ouvrière conduisant un métier à filer.

FILIAL, E, AUX adj. Qui est du devoir d'un enfant vis-à-vis de ses parents,.

FILIALE n. f. Société dont une société mère détient plus de la moitié du capital social.

FILIALEMENT adv. De façon filiale.

FILIATION n. f. Lien qui unit un individu à son père ou à sa mère. ‖ Suite d'individus directement issus les uns des autres. ‖ Suite, liaison logique de choses : *filiation des idées, des mots.*

FILICALE n. f. (lat. *filix, filicis,* fougère). Syn. de FOUGÈRE en langage scientifique. (Les *filicales* forment un ordre.)

FILIÈRE n. f. Suite de formalités, d'emplois à remplir avant d'arriver à un certain résultat : *la filière administrative; passer par la filière.* ‖ Plaque d'acier pour étirer le métal et le transformer en fil d'une section déterminée. ‖ Plaque finement perforée utilisée pour la fabrication des textiles chimiques. ‖ Pièce pour fileter une vis. ‖ Orifice par lequel une araignée émet ses fils de soie. ‖ Dans les Bourses de commerce, titre à ordre endossable portant offre de livraison d'une marchandise. ‖ *Industr.* Ensemble des activités des industries relatives à un produit de base, à une technique : *filière bois, filière électronique;* ensemble des trois éléments constitutifs d'un réacteur nucléaire, c'est-à-dire le combustible, le modérateur (pour les réacteurs à neutrons lents) et le fluide caloporteur. ‖ *Mar.* Tringle horizontale un garde-corps.

FILIFORME adj. Mince, grêle, délié comme un fil.

FILIGRANE n. m. (it. *filigrana*). Marque, dessin ou ligne se trouvant dans le corps d'un papier et que l'on peut voir par transparence. ‖ Ouvrage d'orfèvrerie (voire de métal non précieux) ajouré, fait de fils entrelacés et soudés. ‖ Entrelacs décoratif utilisé en verrerie. ● *En filigrane,* dont on devine la présence, à l'arrière-plan; qui n'est pas explicite.

FILIGRANER v. t. Façonner en filigrane.

FILIN n. m. (de *fil*). *Mar.* Nom générique de tous les cordages employés à bord.

FILIPENDULE n. f. *Bot.* Espèce de spirée aux racines tubérisées. (Famille des rosacées.)

FILLE n. f. (lat. *filia*). Personne du sexe féminin, considérée par rapport à son père ou à sa mère. ‖ Enfant ou jeune du sexe féminin. ‖ Personne du sexe féminin non mariée (vx). ‖ Servante :

Hassia

filigrane
boucle
d'oreille
filigranée
(art
byzantin,
XIe s.)

fille de salle. ‖ Nom des membres de certaines communautés de femmes. ● *Fille de joie,* prostituée. ‖ *Fille mère,* syn. péjor. de MÈRE CÉLIBATAIRE. ‖ *Jeune fille,* femme ou fille jeune non mariée. ‖ *Jouer la fille de l'air* (Fam.), partir sans avertir. ‖ *Vieille fille,* femme célibataire d'un certain âge.

FILLER n. m. (mot angl.). Roche finement broyée, ajoutée au bitume pour les revêtements routiers ou pour modifier les propriétés de certains matériaux (bétons, matières plastiques, etc.). [L'Administration préconise FINES.]

FILLETTE n. f. Petite fille (jusqu'à l'adolescence). ‖ Demi-bouteille utilisée surtout pour les vins d'Anjou et de la région nantaise.

FILLEUL, E n. (lat. *filiolus,* jeune fils). Celui, celle dont on est le parrain, la marraine. ● *Filleul de guerre,* soldat dont s'occupe une dame en temps de guerre.

FILM n. m. (mot angl.). Bande pelliculaire perforée d'acétylcellulose, chargée d'une couche de gélatino-bromure d'argent, qu'on emploie en photographie et en cinématographie. ‖ Œuvre cinématographique. ‖ Déroulement continu : *le film des événements.* ‖ *Techn.* Feuille de plastique d'une épaisseur inférieure à 0,5 mm. ‖ Mince pellicule d'un corps gras. ‖ Pellicule qui subsiste, sur un subjectile, du produit de revêtement dont on l'a recouvert. (Syn. FEUIL.)

FILMER v. t. Enregistrer sur un film cinématographique, prendre un film.

FILMIQUE adj. Relatif aux films de cinéma ou de télévision.

FILMOGRAPHIE n. f. Liste des films réalisés par un metteur en scène, un technicien du cinéma ou interprétés par un acteur.

FILMOLOGIE n. f. Science du cinéma, de son esthétique et de ses influences sur la vie sociale.

FILMOTHÈQUE n. f. Collection de microfilms.

FILOGUIDÉ, E adj. *Arm.* Se dit d'un missile relié à son poste de tir par un fil qui sert à transmettre les ordres du tireur à son système de guidage.

FILON n. m. (it. *filone*). *Minér.* Suite ininterrompue d'une même matière (minéral, roche), recoupant des couches de nature différente. ‖ *Fam.* Situation lucrative et peu fatigante.

FILONIEN, ENNE adj. *Min.* Se dit d'un gisement en filon. ‖ *Géol.* Se dit d'un groupe de roches résultant de l'injection de magma le long de cassures à proximité de la surface.

FILOSELLE n. f. (it. *filosello*). Fil irrégulier obtenu en filant la bourre des cocons de soie (vx).

FILOU n. m. (forme dialect. de *fileur*). *Fam.* Personne malhonnête, voleur, tricheur.

FILOUTAGE n. m. *Fam.* Action de filouter.

FILOUTER v. t. *Fam.* Voler avec adresse. ◆ v. i. Tricher au jeu.

FILOUTERIE n. f. *Fam.* Petite escroquerie. ● *Filouterie d'aliments, d'hôtel, de carburant, de taxi,* etc., syn. de GRIVÈLERIE.

FILS [fis] n. m. (lat. *filius*). Personne du sexe masculin, considérée par rapport à son père ou à sa mère. ‖ *Litt.* Descendant : *les fils des Gaulois.* ‖ *Litt.* Homme considéré par rapport à son pays. ‖ *Être fils de ses œuvres,* ne devoir qu'à soi-même sa situation. ‖ *Fils à papa* (Fam.), fils d'un père riche ou influent et de conduite égoïste ou prodigue. ‖ *Le Fils de l'homme,* Jésus-Christ.

FILTRAGE n. m. Action de filtrer. ● *Filtrage optique,* technique permettant la recherche et l'amélioration des informations contenues dans un objet lumineux.

FILTRANT, E adj. Qui sert à filtrer.

FILTRAT n. m. Liquide filtré dans lequel ne subsiste aucune matière en suspension.

FILTRATION n. f. Passage d'un liquide à travers un filtre qui arrête les particules solides.

FILTRE n. m. (bas lat. *filtrum*). Étoffe, cornet de papier non collé, pierre poreuse, appareil, embout en matière absorbante, à travers lesquels on fait passer un liquide, un gaz dont on veut séparer les particules solides en suspension. ‖ Café obtenu en faisant passer l'eau à travers une plaque à trous qui retient le marc. ‖ *Phot.* Corps transparent coloré placé devant un objectif pour intercepter certains rayons du spectre. ‖ *Techn.* Dispositif transmettant l'énergie d'une sonore ou lumineux dont la fréquence est comprise dans certaines bandes et s'opposant à son passage dans le cas contraire.

FILTRE-PRESSE n. m. (pl. *filtres-presses*). Appareil filtrant les liquides sous pression.

FILTRER v. t. Faire passer à travers un filtre. ‖ Soumettre à un contrôle sévère de passage : *filtrer des passants.* ◆ v. i. Pénétrer : *l'eau filtre à travers les terres.* ‖ Passer subrepticement, en dépit des obstacles : *laisser filtrer une information.*

FIN n. f. (lat. *finis*). Ce qui termine; extrémité dans le temps et dans l'espace : *la fin de l'année; la fin d'un livre.* ‖ Cessation, interruption : *la fin d'une maladie.* ‖ Mort, disparition : *sentir sa fin.* ● *À la fin,* en définitive. ‖ *À toutes fins utiles,* pour servir quand cela deviendra utile. ‖ *Faire une fin,* changer de vie; se marier. ‖ *Fin en soi,* résultat recherché pour lui-même. ‖ *Mener à bonne fin,* bien terminer. ‖ *Mot de la fin,* mot qui clôt un débat, un problème. ‖ *Prendre fin, tirer, toucher à sa fin,* s'achever. ‖ *Sans fin,* sans cesse, continuellement. ◆ pl. *Dr.* Objet d'une demande exprimé dans une requête ou dans des conclusions. ‖ Objectif, but auquel on tend; intention : *en venir à ses fins.*

FIN, FINE adj. (de *fin* n. f.). Très menu ou dont les éléments sont très petits : *écriture fine.* ‖ Étroit, effilé, mince et considéré comme beau : *taille fine; tissu fin.* ‖ Très aigu : *pointe fine.* ‖ D'une qualité supérieure : *vin fin.* ‖ Précis, exact : *une observation fine.* ‖ Pur : *or fin.* ‖ Qui perçoit les moindres nuances : *oreille fine; goût fin.* ‖ Qui fait preuve de pénétration, du sens des nuances : *plaisanterie fine; en fin connaisseur.* ● *Le fin fond,* l'endroit le plus reculé. ‖ *Le fin mot,* le motif secret. ◆ adv. Complètement : *elle est fin prête.*

FIN n. m. Linge fin (vx). ● *Le fin du fin,* ce qu'il y a de plus subtil, de plus accompli.

FINAGE n. m. Circonscription sur laquelle un seigneur ou une ville avait droit de juridiction.

FINAL, E, ALS ou **AUX** adj. Qui finit, termine : *un point final.* ‖ *Ling.* Qui indique le but. (Les propositions finales sont introduites par les conjonctions *afin que, pour que,* etc.) ● *Cause finale,* principe d'explication d'un phénomène par le but qu'il est censé atteindre.

FINAL ou **FINALE** n. m. Morceau qui termine une symphonie, un acte d'opéra, etc.

FINALE n. f. Dernière syllabe ou dernière lettre d'un mot. ‖ Dernière épreuve d'une compétition sportive par élimination.

FINALEMENT adv. À la fin, pour en finir.

FINALISME n. m. *Philos.* Système qui fait des causes finales le principe explicatif de toute chose.

FINALISTE adj. et n. *Philos.* Qui concerne ou qui soutient le finalisme. ‖ *Sports.* Qui est qualifié pour disputer une finale.

FINALITÉ n. f. Caractère de ce qui a un but, une fin; fait d'être organisé selon un plan ou un dessein.

FINANCE n. f. (anc. fr. *finer*, mener à bien, payer). Profession de financier; ensemble de financiers : *la haute finance.* ‖ *Moyennant finance,* en échange d'argent comptant. ◆ pl. État de fortune, ressources pécuniaires : *quel est l'état de vos finances?* ● *Finances publiques,* ensemble des dépenses et des recettes de l'État et des autres collectivités publiques; les règles qui les concernent. ‖ *Loi de finances,* loi par laquelle le gouvernement est autorisé à engager les dépenses et doit recouvrer les recettes.

FINANCEMENT n. m. Action de financer.

FINANCER v. t. (conj. 1). Fournir des capitaux à : *financer une entreprise.*

FINANCIER, ÈRE adj. Relatif aux finances.

FINANCIER n. m. Spécialiste en matière d'opérations financières et de gestion de patrimoines privés ou publics.

FINANCIÈRE adj. et n. f. Se dit d'une sauce brune agrémentée de champignons, de truffes, de ris de veau, etc.

FINANCIÈREMENT adv. En matière de finances.

FINASSER v. i. *Fam.* User de subterfuges, de finesses plus ou moins bien intentionnées.

FINASSERIE n. f. *Fam.* Finesse mêlée de ruse.

FINASSEUR, EUSE ou **FINASSIER, ÈRE** n. *Fam. et vx.* Personne qui finasse.

FINAUD, E adj. et n. Rusé, sous un air de simplicité.

FINAUDERIE n. f. Caractère du finaud.

FINE n. f. (de *eau-de-vie fine*). Eau-de-vie naturelle de qualité supérieure.

FINEMENT adv. De façon fine.

FINES n. f. pl. Houille menue, dans les houillères du nord de la France. ‖ V. FILLER.

FINESSE n. f. Qualité de ce qui est fin : *finesse des cheveux, d'une étoffe, des traits, d'un parfum, du jeu.* ‖ Rapport entre les coefficients de portance et de traînée d'une aile ou d'un avion. ‖ Étroitesse des lignes d'eau de l'avant et de l'arrière d'un navire.

FINETTE n. f. Tissu de coton rendu pelucheux à l'envers au moyen d'un grattage.

FINI, E adj. Limité; qui a des bornes. ‖ Achevé, parfait en son genre : *un ivrogne fini.* ‖ Usé : *un homme fini, une voiture finie.* ● *Produit fini,* produit industriel propre à l'utilisation.

FINI n. m. Perfection : *le fini d'un ouvrage.* ‖ Ce qui a des bornes : *le fini et l'infini.*

FINIR v. t. (lat. *finire*). Mener à son terme, mener à épuisement, cesser : *finir une tâche, finir de parler.* ‖ Être au terme de : *le verbe, en latin, finit la phrase.* ◆ v. i. Être terminé en forme de : *finir en pointe.* ‖ Arriver à son terme : *son bail finit à Pâques.* ‖ Mourir, expirer : *il a fini dans la misère.* ● *En finir,* mettre fin à une chose longue, arriver à une solution. ‖ *Finir par,* en venir à : *finir par trouver.*

FINISH [finiʃ] n. m. (mot angl.). Dernier effort d'un concurrent à la fin d'une épreuve.

FINISSAGE n. m. Dernière opération destinée à rendre un travail parfait.

FINISSANT, E adj. En train de finir.

FINISSEUR, EUSE n. Personne qui effectue la dernière opération d'un travail. ‖ Athlète qui termine très bien les compétitions.

FINISSEUR n. m. Engin utilisé pour la construction des chaussées, qui répand, nivelle, dame et lisse les matériaux qu'il reçoit.

FINISSURE n. f. Ensemble des opérations terminant la fabrication d'un livre relié.

FINITION n. f. Action de finir avec soin; caractère de ce qui est bien fini. ‖ Phase d'achèvement d'un travail.

FINITISME n. m. Doctrine métamathématique selon laquelle n'existent que les êtres mathématiques qui peuvent être construits par des processus finis.

FINITUDE n. f. *Philos.* Caractère fini de l'existence humaine.

FINLANDAIS, E adj. et n. De la Finlande.

FINNOIS, E adj. et n. Se dit d'un peuple qui habite la Finlande et les régions voisines.

FINNOIS n. m. Langue finno-ougrienne parlée en Finlande.

FINNO-OUGRIEN, ENNE adj. et n. m. Se dit d'une famille de langues rattachées à l'ensemble ouralo-altaïque et comprenant le finnois, le hongrois, l'estonien et diverses langues d'U. R. S. S.

FIOLE n. f. (lat. *phiala*; mot gr.). Petit flacon de verre. ‖ *Pop.* Tête.

FION n. m. *Pop.* Dernière main, achèvement. ‖ En Suisse, moquerie.

FIORITURES n. f. pl. (it. *fioritura*). Ornements en nombre excessif : *parler sans fioritures.* ‖ *Mus.* Ornements ajoutés à la ligne mélodique.

FIRMAMENT n. m. (lat. *firmamentum,* soutien). *Litt.* Voûte céleste.

FIRMAN n. m. (persan *fermän,* ordre). Édit du souverain dans l'Empire ottoman et en Iran.

FIRME n. f. (mot angl.). Entreprise industrielle ou commerciale.

FISC n. m. (lat. *fiscus,* panier). Administration chargée de calculer et de percevoir les impôts.

FISCAL, E, AUX adj. Qui concerne le fisc.

FISCALEMENT adv. Du point de vue fiscal.

FISCALISATION n. f. Action de fiscaliser.

FISCALISER v. t. Financer par l'impôt.

FISCALISTE n. Spécialiste des problèmes fiscaux.

FISCALITÉ n. f. Système de perception des impôts; ensemble des lois qui s'y rapportent.

FISH-EYE [fiʃaj] n. m. *Phot.* Objectif à très grand angle.

FISSIBLE ou **FISSILE** adj. (lat. *fissilis*). Qui se divise facilement en feuillets ou en lames minces : *l'ardoise est fissile.* ‖ Susceptible de subir une fission nucléaire.

FISSION n. f. Éclatement d'un noyau d'atome lourd (uranium, plutonium, etc.) en deux ou plusieurs fragments, déterminé par un bombardement de neutrons, et libérant une énorme quantité d'énergie et plusieurs neutrons.

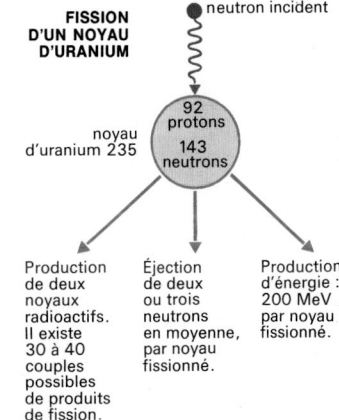

FISSION D'UN NOYAU D'URANIUM

neutron incident

noyau d'uranium 235

92 protons 143 neutrons

Production de deux noyaux radioactifs. Il existe 30 à 40 couples possibles de produits de fission.

Éjection de deux ou trois neutrons en moyenne, par noyau fissionné.

Production d'énergie : 200 MeV par noyau fissionné.

FISSURATION n. f. Production de fissure.

FISSURE n. f. Petite crevasse, fente légère. ‖ Point faible qui peut provoquer la rupture dans un raisonnement. ‖ *Pathol.* Lésion ulcéreuse d'une région plissée.

FISSURER v. t. Crevasser, fendre.

FISTON n. m. *Pop.* Fils.

FISTULAIRE adj. Qui dépend d'une fistule.

FISTULE n. f. (lat. *fistula*). *Méd.* Canal pathologique qui met en communication directe et anormale deux viscères ou un viscère avec la peau.

FISTULEUX, EUSE adj. De la nature de la fistule.

FISTULINE n. f. Champignon rouge sang, du groupe des polypores, vivant sur les troncs des chênes et des châtaigniers, et qui est comestible quand il est jeune. (Noms usuels : *langue-de-bœuf, foie-de-bœuf.*)

FIXAGE n. m. Action de fixer. ‖ Opération par laquelle une image photographique est rendue inaltérable à la lumière.

FIXATEUR, TRICE adj. Qui a la propriété de fixer.

FIXATEUR n. m. Vaporisateur qui sert à fixer un dessin sur papier. ‖ Substance qui rend une image photographique inaltérable à la lumière. ‖ *Biol.* Liquide coagulant les protéines des cellules sans altérer leur structure.

FIXATIF, IVE adj. Qui sert à fixer.

FIXATIF n. m. Préparation pour fixer, stabiliser sur le papier les dessins au crayon, au fusain, au pastel.

FIXATION n. f. Action de fixer, d'établir, de déterminer : *la fixation de l'impôt.* ‖ Attache, dispositif servant à fixer : *fixations de skis*. ‖ *Biol.* Opération par laquelle un tissu vivant est tué par un fixateur avant son examen microscopique. ‖ *Psychanal.* Stade où se fixe la libido et qui est caractérisé par la persistance de modes de satisfaction liés à un objet disparu.

FIXE adj. (lat. *fixus*). Qui ne bouge pas : *point fixe*. ‖ Qui reste arrêté sur un point : *un regard fixe*. ‖ Qui ne change pas : *encre bleu fixe*. ‖ Qui est réglé, déterminé d'avance : *prix fixe*. ● *Droit fixe*, taxe fiscale dont le montant est invariable. ‖ *Idée fixe*, idée dont l'esprit est sans cesse occupé, obsédé. ‖ *Point fixe*, axe d'articulation d'un mécanisme solidaire du châssis. ‖ *Roue fixe*, roue solidaire de son axe (par oppos. à ROUE LIBRE). ‖ *Virgule fixe*, mode de représentation des nombres à l'aide d'une quantité donnée de chiffres, dans lequel la virgule séparant la partie entière de la partie décimale occupe un emplacement fixe par rapport à l'une des extrémités de l'ensemble des positions de chiffres. ◆ interj. *Fixe!*, commandement militaire imposant l'immobilité.

FIXE n. m. Fraction invariable des appointements d'un employé. ‖ *Arg.* Injection intraveineuse d'une drogue. ● *Sphère des fixes*, sphère céleste fictive participant au mouvement diurne des étoiles.

FIXEMENT adv. D'un regard fixe.

FIXER v. t. Établir à une place de manière stable; attacher : *fixer un tableau sur le mur*. ‖ Diriger d'une manière permanente : *fixer les yeux au ciel*. ‖ Regarder avec une grande attention : *fixer qqn*. ‖ Renseigner qqn de manière définitive. ‖ Déterminer, préciser : *fixer une heure*. ‖ Arrêter définitivement : *fixer son choix*. ‖ Établir d'une manière durable : *fixer sa résidence*. ‖ Empêcher de vivre sans attache, stabiliser : *le mariage le fixera*. ‖ *Phot.* Passer dans un bain de fixage. ‖ Pulvériser du fixatif sur un dessin. ◆ **se fixer** v. pr. S'établir d'une façon permanente : *il s'est fixé dans le Midi*. ‖ *Arg.* S'injecter une drogue par voie intraveineuse. ‖ Cesser de bouger. ‖ Choisir en définitive : *se fixer sur une cravate bleue*.

FIXING [fiksiŋ] n. m. (mot angl.). Cotation de la barre d'or sur le marché du métal.

FIXISME n. m. Théorie biologique selon laquelle les espèces vivantes n'ont subi aucune évolution depuis leur création. ‖ Théorie géologique selon laquelle bassins océaniques et boucliers continentaux auraient été permanents et fixes à travers l'histoire géologique.

FIXISTE adj. et n. Qui appartient au fixisme.

FIXITÉ n. f. Qualité, état de ce qui est fixe.

FJELD [fjɛld] n. m. (mot norvég.). *Géogr.* Plateau rocheux qui a été usé par un glacier continental.

FJORD [fjɔr] n. m. (mot norvég.). Ancienne auge glaciaire envahie par la mer.

FLA n. m. inv. (onomat.). Double coup de baguette frappé sur un tambour, d'abord légèrement de la main droite, puis fortement de la gauche.

FLACCIDITÉ [flaksidite] n. f. (lat. *flaccidus*, flasque). État de ce qui est flasque.

le **fjord** Hardanger, en Norvège

J. Guillard

FLACHE n. f. (lat. *flaccus*, mou). Endroit d'un tronc d'arbre où l'écorce est enlevée et le bois mis à nu; inégalité dans l'équarrissage d'une pièce de bois.

FLACHERIE n. f. Maladie mortelle des vers à soie.

FLACHEUX, EUSE adj. Qui a des flaches.

FLACON n. m. (bas lat. *flasco*; mot germ.). Sorte de bouteille de verre à bouchon de même matière ou de métal; son contenu.

FLACONNAGE n. m. Ensemble de flacons. ‖ Fabrication des flacons de verre. ‖ Opération de remplissage des flacons en cosmétologie.

FLA-FLA n. m. *Faire du fla-fla, des fla-flas* (Fam.), rechercher des effets.

FLAGADA adj. inv. *Pop.* Qui a perdu de sa vigueur, de sa force; fatigué.

FLAGELLAIRE adj. *Biol.* Relatif au flagelle.

FLAGELLANT n. m. Membre de sectes médiévales dont les membres se flagellaient en public.

FLAGELLATEUR, TRICE n. Celui, celle qui flagelle.

FLAGELLATION n. f. Action de flageller ou de se flageller. ‖ Représentation de la flagellation de Jésus-Christ.

FLAGELLE n. m. (lat. *flagellum*, fouet). *Biol.* Filament mobile servant d'organe locomoteur à certains protozoaires et aux spermatozoïdes.

FLAGELLÉ, E adj. Muni d'un flagelle.

FLAGELLÉ n. m. Protozoaire caractérisé par la

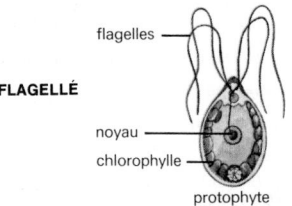

FLAGELLÉ

flagelles

noyau

chlorophylle

protophyte

présence de flagelles. (Les *flagellés* forment un embranchement.)

FLAGELLER v. t. (lat. *flagellare*; de *flagellum*, fouet). Battre de coups de fouet, de verges.

FLAGEOLANT, E adj. Qui flageole.

FLAGEOLER v. i. (anc. fr. *flageoler*, jambe grêle). Avoir les jambes tremblantes; chanceler d'émotion, de faiblesse.

FLAGEOLET n. m. (lat. pop. *flabeolum*). Petit instrument de musique à vent, de la famille des flûtes à bec.

FLAGEOLET n. m. et adj. (prov. *faioulet*; lat. *faba*, fève). Petit haricot d'un goût fin.

FLAGORNER v. t. Flatter bassement.

FLAGORNERIE n. f. Flatterie grossière.

FLAGORNEUR, EUSE n. Personne qui flagorne.

FLAGRANT, E adj. (lat. *flagrans*, brûlant). Évident, incontestable. ● *Flagrant délit*, délit commis sous les yeux de ceux qui le constatent.

FLAIR n. m. Odorat du chien. ‖ Perspicacité, discernement.

FLAIRER v. t. (lat. *fragrare*, exhaler une odeur). Appliquer son odorat à, sentir discrètement : *flairer une rose*. ‖ Pressentir une chose nuisible ou secrète, prévoir : *flairer un danger*.

FLAMAND, E adj. et n. De la Flandre. ● *École flamande*, ensemble des artistes et de la production artistique des pays de langue flamande avant la constitution de l'actuelle Belgique. (Les historiens d'art, au XIXe s. et au début du XXe, ont souvent étendu cette notion à la production des Pays-Bas du Sud en général, Wallonie comprise.) ‖ *Race flamande*, race bovine laitière à robe acajou foncé.

FLAMAND n. m. Ensemble des parlers néerlandais utilisés en Belgique et dans la région de Dunkerque.

flamant rose

FLAMANT n. m. (prov. *flamenc*). Oiseau de grande taille (haut. 1,50 m), au magnifique plumage rose, écarlate et noir, aux grandes pattes palmées, à long cou souple et à gros bec lamelleux. (Famille des phœnicoptéridés.)

FLAMBAGE n. m. Action ou manière de flamber. ‖ Action de soumettre à l'action d'une flamme un tissu pour éliminer le duvet superficiel. ‖ *Mécan.* Déformation latérale d'une pièce longue verticale qui travaille à la compression sous l'action d'une charge placée en son sommet. (On dit aussi FLAMBEMENT.)

FLAMBANT, E adj. Qui flambe. ● *Charbon flambant*, charbon à haute teneur en matières volatiles. ‖ *Flambant neuf* (Fam.), entièrement neuf.

FLAMBARD n. m. *Fam.* Fanfaron, orgueilleux.

FLAMBEAU n. m. Torche, chandelle de cire ou de suif : *retraite aux flambeaux*. ‖ Sorte de chandelier à douille. ● *Se passer le flambeau* (Litt.), continuer la tradition.

FLAMBÉE n. f. Feu clair de menu bois. ● *Flambée des prix*, rapide augmentation des prix de détail.

FLAMBEMENT n. m. *Mécan.* Syn. de FLAMBAGE.

FLAMBER v. t. (lat. *flammare*). Passer qqch par le feu : *flamber une volaille*. ‖ Arroser un aliment d'alcool que l'on fait brûler. ● *Être flambé* (Fam.), être perdu, ruiné. ◆ v. i. Brûler en faisant une flamme claire. ‖ *Pop.* Dépenser beaucoup d'argent, gaspiller.

FLAMBERGE n. f. (n. de l'épée de Renaud de Montauban). Aux XVIIe et XVIIIe s., longue épée de duel très légère.

FLAMBEUR n. m. *Arg.* Celui qui joue gros jeu.

FLAMBOIEMENT n. m. Éclat de ce qui flamboie.

FLAMBOYANT, E adj. Qui flamboie : *feux flamboyants*. ‖ *Archit.* Se dit de la dernière période gothique (France et Europe centrale et du Nord, à partir de la fin du XIVe s.), qui affectionna les décors de courbes et contre-courbes articulées notamment en soufflets et mouchettes, formant comme des flammes dansantes (remplages, gâbles, etc.).

FLAMBOYANT n. m. *Bot.* Arbre des Antilles, à fleurs rouges.

FLAMBOYER v. i. (conj. **2**). Jeter une flamme brillante. ‖ *Litt.* Briller comme la flamme : *des yeux qui flamboient*.

FLAMENCO, CA [flamɛnko, ka] adj. et n. m. (mot esp.). Se dit de la musique, de la danse et du chant populaires andalous.

FLAMINE n. m. (lat. *flamen, flaminis*). *Antiq. rom.* Prêtre attaché au culte d'un dieu particulier.

FLAMINGANT, E adj. et n. Se dit des dialectes flamands. ‖ Se dit des partisans de l'autonomie de la Flandre et de la limitation de la culture française en Flandre belge.

FLAMINGANTISME n. m. Doctrine du mouvement flamingant.

FLAMME n. f. (lat. *flamma*). Gaz incandescent produit par une substance en combustion. ‖ Ardeur, vivacité de sentiment : *discours plein de* *flamme.* || Pavillon long et étroit, hissé au haut des mâts d'un navire de guerre. || Marque postale apposée sur les lettres à côté du cachet d'oblitération. || Banderole à deux pointes flottantes qui garnissaient les lances de la cavalerie. ● *Être tout feu tout flamme,* se donner à une entreprise avec ardeur. ◆ pl. *Litt.* Incendie, feu. ● *Les flammes éternelles,* les peines de l'enfer.

FLAMME n. f. (gr. *phlebotomos,* qui coupe les veines). *Vétér.* Espèce de lancette pour saigner les chevaux.

FLAMMÉ, E adj. Se dit d'une pièce de céramique sur laquelle le feu a produit des colorations variées.

FLAMMÈCHE n. f. (mot francique). Parcelle de matière embrasée qui s'élève d'un foyer.

FLAMMEROLE n. f. Feu follet.

FLAN n. m. (mot francique). Sorte de tarte à la crème ou, dans certaines régions, crème renversée. || Disque de métal préparé pour recevoir une empreinte. || *Arts graph.* Sorte de carton mou qu'on applique sur la forme d'impression typographique pour en prendre l'empreinte en vue du clichage. ● *C'est du flan!* (Pop.), ce n'est pas vrai. || *En être, en rester comme deux ronds de flan* (Pop.), être, rester ébahi, stupéfait.

FLANC n. m. (mot francique). Partie latérale de l'abdomen de l'homme, de l'animal, depuis les côtes jusqu'aux hanches. || Côté du corps : *se coucher sur le flanc.* || Partie latérale d'une chose : *les flancs d'un vaisseau, d'une montagne.* || *Hérald.* Chacune des divisions qui touchent aux bords dextre et senestre de l'écu, quand celui-ci est tiercé en pal. || *Mil.* Partie latérale en position ou d'une troupe échelonnée en profondeur. ● *À flanc de,* sur la pente de. || *Se battre les flancs* (Pop.), se donner du mal sans grand résultat. || *Sur le flanc* (Fam.), alité; exténué. || *Tirer au flanc* (Pop.), se soustraire à une obligation.

FLANC-GARDE n. f. (pl. *flancs-gardes*). Élément de sûreté fixe ou mobile qu'une troupe détache sur ses flancs pour se renseigner et se couvrir.

FLANCHER v. i. (mot francique). *Fam.* Cesser de fonctionner, céder, faiblir : *le cœur du malade a flanché.* || *Fam.* Ne pas persister dans une résolution; mollir.

FLANCHET n. m. Morceau du bœuf ou du veau formé par la partie inférieure des parois abdominales.

FLANDRE n. f. *Min.* Rondin plaqué contre le toit, parallèle au front de taille.

FLANDRICISME n. m. Mot emprunté au flamand ou tour calqué sur la syntaxe flamande, employés dans le français régional du Nord ou de la Belgique.

FLANDRIN n. m. *Grand flandrin,* homme mince, élancé et d'une tournure gauche.

FLANELLE n. f. (angl. *flannel*). Tissu léger, en laine ou en coton, peigné ou cardé.

FLÂNER v. i. (anc. scandin. *flana*). Errer sans but, en s'arrêtant souvent pour regarder. || Paresser.

FLÂNERIE n. f. Action de flâner.

FLÂNEUR, EUSE n. Personne qui flâne.

FLANQUEMENT n. m. *Fortif.* Action de flanquer. ● *Tir de flanquement* (Mil.), tir dirigé parallèlement au front à défendre.

FLANQUER v. t. (de *flanc*). Être placé à côté de, être ajouté : *un garage flanquant la maison.* || Accompagner : *flanqué de quelques complices.* || *Fortif.* Défendre par des ouvrages établis sur les côtés. || *Mil.* Appuyer ou défendre le flanc d'une unité ou d'une position par des troupes ou par des tirs.

FLANQUER v. t. *Fam.* Lancer, jeter, appliquer fortement. ● *Flanquer qqn à la porte* (Fam.), le faire sortir brutalement; le congédier.

FLAPI, E adj. *Fam.* Abattu, épuisé.

FLAQUE n. f. (anc. fr. *flache,* mou). Petite mare.

FLASH [flaʃ] n. m. (mot anglo-amér.) [pl. *flashes*]. Éclair pour prise de vue photographique. || Au cinéma, plan très court. || Information importante transmise en priorité. || *Arg.*

Sensation brutale et courte de jouissance après l'injection intraveineuse d'une drogue. ● *Flash électronique* (Phot.), flash utilisant des décharges de condensateur dans un tube à gaz rare.

FLASH-BACK [flaʃbak] n. m. inv. Séquence cinématographique retraçant une action passée par rapport à l'événement représenté. (L'Administration préconise RETOUR EN ARRIÈRE.)

FLASQUE adj. (anc. fr. *flache,* mou). Mou, sans fermeté.

FLASQUE n. m. (néerl. *vlacke,* plat). Chacune des parties latérales de l'affût d'un canon. || Plaque métallique bordant les côtés d'une pièce de machine. || Garniture en métal de roues d'automobile.

FLASQUE n. f. (it. *fiasca*). Flacon plat.

FLAT [fla] adj. m. Se dit du ver à soie atteint de flacherie.

FLATTER v. t. (mot francique). Chercher à plaire à qqn par des louanges ou des attentions. || Éveiller un sentiment : *flatter l'orgueil de qqn.* || Charmer, procurer un contentement : *la musique flatte l'oreille.* || Embellir, avantager : *flatter un portrait.* || Caresser un animal avec le plat de la main. ◆ **se flatter** v. pr. **[de].** Se vanter, prétendre : *se flatter d'être habile.*

FLATTERIE n. f. Louange intéressée.

FLATTEUR, EUSE adj. et n. Qui flatte; qui loue avec exagération. ◆ adj. Qui plaît à l'amour-propre : *éloge flatteur.* || Qui tend à idéaliser : *portrait flatteur.*

FLATTEUSEMENT adv. De façon flatteuse.

FLATULENCE ou **FLATUOSITÉ** n. f. (lat. *flatus,* vent). *Méd.* Accumulation de gaz dans une cavité naturelle, particulièrement dans l'estomac ou l'intestin.

FLATULENT, E adj. *Méd.* Produit par la flatulence.

FLAVESCENT, E adj. (lat. *flavus,* jaune). *Litt.* Jaune doré.

FLAVINE n. f. (lat. *flavus,* jaune). *Biol.* Molécule organique appartenant à un groupe qui comprend la vitamine B2 (riboflavine), les pigments jaunes de nombreux animaux et des enzymes respiratoires.

FLÉAU n. m. (lat. *flagellum,* fouet). Outil utilisé pour battre les céréales. || Tige horizontale d'une balance, aux extrémités de laquelle sont suspendus ou fixés les plateaux. || Grande calamité publique. ● *Fléau d'armes,* arme ancienne, for-

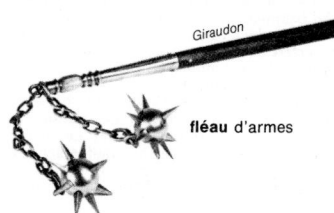

Giraudon

fléau d'armes

mée d'une ou deux masses reliées à un manche par une chaîne (XIᵉ-XVIᵉ s.).

FLÉCHAGE n. m. Action de flécher un itinéraire.

FLÈCHE n. f. (mot francique). Trait formé d'une hampe en bois armée d'une pointe, et

pointe   hampe   empenne talon

FLÈCHE

lancé par un arc ou une arbalète. || Représentation schématique d'une flèche, et servant à indiquer un sens. || Trait d'esprit, raillerie ou critique acerbe. || *Aéron.* Angle que fait le bord d'attaque d'une aile d'avion avec la perpendiculaire à l'axe du fuselage. || *Agric.* Timon mobile qui remplace les brancards lorsqu'on attelle deux chevaux; syn. de AGE. || *Archit.* Couverture, surtout de clocher, conique, pyramidale, polygonale, très développée en hauteur; hauteur

verticale de la clef d'une voûte. || *Math.* Perpendiculaire abaissée du milieu d'un arc de cercle sur la corde qui sous-tend cet arc; maximum de la distance d'un point d'un arc de courbe à sa corde. || *Mil.* Partie arrière de l'affût roulant d'un canon. ● *Avion à flèche variable,* avion dont les ailes peuvent changer de configuration en fonction de la vitesse de vol. ● *Chevaux attelés en flèche,* chevaux attelés l'un devant l'autre. || *En flèche,* en ligne verticale; très vite : *monter en flèche;* à l'avant-garde. || *Faire flèche de tout bois,* employer toutes sortes de moyens pour arriver à ses fins. || *Flèche d'eau* (Bot.), autre nom de la SAGITTAIRE. || *Flèche littorale,* syn. de CORDON LITTORAL. || *Flèche d'une trajectoire,* hauteur maximale atteinte par un projectile sur sa trajectoire. || *La flèche du Parthe,* trait ironique que qqn lance à la fin d'une conversation.

FLÈCHE n. f. (mot scandin.). Pièce de lard sur le côté du porc, de l'épaule à la cuisse.

FLÈCHE n. f. *Mar.* Voile établie au-dessus d'une grande voile à corne.

FLÉCHÉ, E adj. Orné de flèches.

FLÉCHER v. t. (conj. 5). Garnir un parcours de panneaux pour indiquer un itinéraire.

FLÉCHETTE n. f. Petite flèche.

FLÉCHIR v. t. (lat. *flectere*). Faire plier, courber : *fléchir le genou.* || Toucher de pitié, faire céder : *fléchir ses juges.* ◆ v. i. Plier sous la charge : *poutre qui fléchit.* || Faiblir, lâcher prise : *l'ennemi commençait à fléchir.* || Baisser : *les prix ont fléchi.*

FLÉCHISSEMENT n. m. Action de fléchir.

FLÉCHISSEUR adj. et n. m. *Anat.* Se dit de tout muscle destiné à faire fléchir certaine partie du corps. (Contr. EXTENSEUR.)

FLEGMATIQUE adj. et n. Qui contrôle ses émotions; impassible, imperturbable.

FLEGMATIQUEMENT adv. Avec flegme.

FLEGMATISANT n. m. Substance ajoutée à un explosif pour en diminuer la sensibilité aux chocs et aux frictions.

FLEGME n. m. (gr. *phlegma,* humeur). Caractère d'un homme calme, impassible. || Alcool brut, obtenu par distillation des liquides alcoolisés.

FLEGMON n. m. → PHLEGMON.

FLEIN n. m. Petit panier d'osier pour emballer fruits et primeurs.

FLEMMARD, E adj. et n. (de *flemme*). *Fam.* Se dit d'une personne paresseuse, molle.

FLEMMARDER v. i. *Fam.* Paresser.

FLEMMARDISE n. f. *Fam.* Paresse.

FLEMME n. f. (de *flegme*). *Fam.* Grande paresse, inertie. ● *Tirer sa flemme,* ne rien faire.

FLÉNU, E adj. Se dit d'un charbon flambant.

FLÉOLE ou **PHLÉOLE** n. f. (gr. *phleôs,* roseau). Graminacée fourragère vivace des prairies, préférant aux sols calcaires.

FLET [flɛ] n. m. (anc. néerl. *vlete*). Poisson plat comestible, commun dans les mers et les estuaires. (Long. 50 cm; famille des pleuronectidés.)

FLÉTAN n. m. (mot néerl.). Poisson plat des mers froides, dont le foie est riche en vitamines A et D. (Long. : de 2 à 3 m; poids : 250 kg; famille des pleuronectidés.)

FLÉTRIR v. t. (lat. *flaccidus,* flasque). Faner, ôter l'éclat, la fraîcheur : *fleur flétrie.* ◆ **se flétrir** v. pr. Perdre sa fraîcheur.

FLÉTRIR v. t. (mot francique). Autref., marquer un condamné au fer rouge à l'épaule droite. || *Litt.* Blâmer, condamner pour ce qu'il y a de répréhensible : *flétrir l'injustice.*

FLÉTRISSURE n. f. Altération de la fraîcheur.

FLÉTRISSURE n. f. Autref., marque faite au fer rouge sur l'épaule d'un criminel. || *Litt.* Grave atteinte à l'honneur, à la réputation.

FLEUR n. f. (lat. *flos, floris*). Organe reproducteur des végétaux à graines (spermaphytes). || Plante à fleurs : *la culture des fleurs.* || Partie la plus fine, la meilleure de quelques substances : *fleur de farine.* || Produit pulvérulent obtenu par la sublimation ou la décomposition : *fleur de soufre.* || Élite, choix : *la fleur de la jeunesse.* || Côté d'une peau tannée qui porte les poils. ● *À*

389

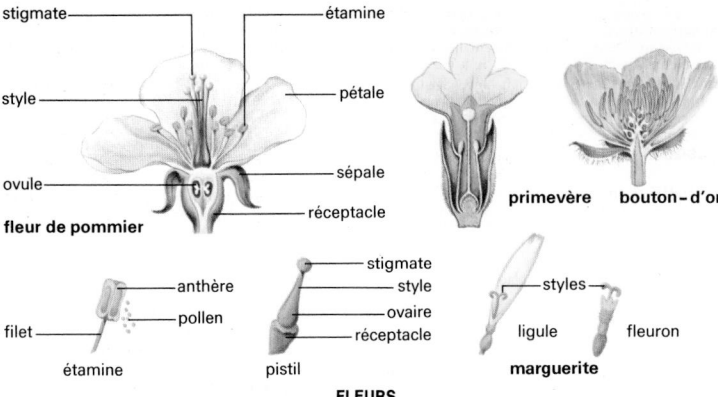

fleur de pommier

stigmate — étamine

style — pétale

ovule — sépale

— réceptacle

primevère   bouton-d'or

filet — anthère
— pollen

étamine

stigmate
style
ovaire
réceptacle

pistil

styles
ligule   fleuron

marguerite

FLEURS

la fleur de l'âge, dans l'éclat de la jeunesse. ‖ *Comme une fleur* (Fam.), facilement ou avec innocence. ‖ *Être fleur bleue,* sentimental. ‖ *Faire une fleur à qqn* (Fam.), lui rendre un service inattendu. ‖ *Fine fleur,* farine de froment très fine; ceux qui, dans un groupe, sont les plus estimés. ‖ *Fleur artificielle,* imitation de la fleur naturelle, en papier, en tissu, en métal, etc. ‖ *La fleur des pois* (Fam.), un homme élégant, à la mode. ◆ pl. Sorte de moisissure qui se développe sur le vin, la bière, le cidre, au contact de l'air. ‖ *Litt.* Ornement poétique : *les fleurs de la rhétorique.* ● *Couvrir qqn de fleurs,* faire son éloge. ◆ **à fleur de** loc. prép. Presque au niveau de : *à fleur de terre,* au ras de : *à fleur de l'eau.* ■ Rattachée à la tige par un pédoncule à la base duquel se trouve une bractée, une fleur complète se compose : d'un *périanthe,* où l'on distingue un *calice* externe, formé de *sépales,* et une *corolle,* formée de *pétales,* souvent colorés et odorants; d'un *androcée,* formé des organes mâles, ou *étamines,* dont l'*anthère* produit les grains de *pollen;* d'un *gynécée,* ou *pistil,* organe femelle, dont l'*ovaire,* surmonté d'un *style* et d'un *stigmate,* est garni d'*ovules.* Après la fécondation, l'ovaire donne un fruit, tandis que chaque ovule fournit une graine. Chez de nombreux végétaux, les fleurs sont incomplètes, soit par réduction du périanthe (gymnospermes, apétales), soit par l'absence des étamines ou du pistil (fleurs unisexuées).

FLEURAGE n. m. Remoulage employé pour empêcher les pâtons de coller aux instruments du boulanger.

FLEURDELISÉ, E adj. Orné de fleurs de lis.

FLEURER v. t. et i. (lat. *flatare,* souffler). *Litt.* Répandre une odeur : *cela fleure bon.*

FLEURET n. m. Épée fine, très légère (moins de 500 g), sans tranchant, terminée par un bouton, et dont on se sert à l'escrime (au

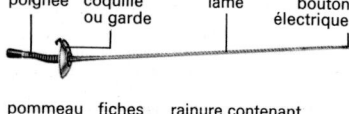

poignée coquille
ou garde   lame   bouton
électrique

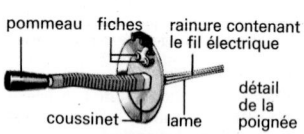

pommeau fiches rainure contenant
le fil électrique

détail
de la
poignée

coussinet   lame   poignée

FLEURET ÉLECTRIQUE

fleuret, la surface de touche est délimitée par une cuirasse métallique). ‖ Tige d'acier des perforatrices par percussion, ou marteaux pneumatiques.

FLEURETTE n. f. Petite fleur. ● *Conter fleurette,* tenir des propos galants à une femme.

FLEURETTISTE n. Escrimeur au fleuret.

FLEURI, E adj. Garni de fleurs : *jardin fleuri.* ● *Style fleuri,* style orné. ‖ *Teint fleuri,* qui a de la fraîcheur, de l'éclat.

FLEURIR v. i. (lat. *florere*) [conj. 7]. Produire des fleurs, s'en couvrir. ‖ Être prospère, se développer : *le commerce fleurit.* (En ce sens, l'imp. de l'ind. est *je florissais,* etc., et le part. prés. *florissant.*) ◆ v. t. Orner de fleurs : *fleurir sa chambre.*

FLEURISTE adj. et n. Qui cultive ou vend des fleurs. ‖ Qui fait des fleurs artificielles.

FLEURON n. m. Ornement en forme de fleur ou de bouquet de feuilles stylisés. ‖ *Bot.* Chacune des petites fleurs régulières dont la réunion forme tout ou partie du capitule, chez les composées. ● *Le plus beau fleuron* (Litt.), ce qu'il y a de plus remarquable.

FLEURONNÉ, E adj. Orné de fleurs, de fleurons.

FLEUVE n. m. (lat. *fluvius*). Cours d'eau qui aboutit à la mer. ‖ Ce qui a un cours continu, incessant : *des fleuves de boue.*

FLEXIBILITÉ n. f. (lat. *flexus,* courbé). Qualité de ce qui est flexible.

FLEXIBLE adj. Qui plie aisément : *roseau flexible.* ● *Architecture flexible,* architecture d'un bâtiment dont les dispositions intérieures peuvent varier à volonté en fonction des besoins. ‖ *Caractère flexible,* celui qui cède facilement aux impressions, aux influences. ‖ *Changes flexibles,* pratique consistant, pour un pays, à laisser sa devise fluctuer sur les marchés des changes.

FLEXIBLE n. m. Organe de transmission souple. ● *Atelier flexible,* atelier de mécanique à gestion informatique assurant, grâce à des machines-outils automatisées (souvent des centres d'usinages), la production de pièces ou d'ensembles divers.

FLEXION n. f. Action de fléchir : *flexion du genou.* ‖ État de ce qui est fléchi : *flexion d'un ressort.* ‖ Déformation d'un solide soumis à des forces agissant dans son plan de symétrie ou disposées symétriquement deux à deux par rapport à ce plan. ‖ *Ling.* Ensemble des désinences d'un mot, caractéristiques de la catégorie grammaticale et de la fonction.

FLEXIONNEL, ELLE adj. *Ling.* Qui possède des flexions.

FLEXOGRAPHIE n. f. Procédé d'impression avec formes en relief, constituées de clichés souples en caoutchouc ou en plastique.

FLEXUEUX, EUSE adj. *Litt.* Courbé alternativement dans des sens différents.

FLEXUOSITÉ n. f. *Litt.* Ligne flexueuse.

FLEXURE n. f. *Géol.* Forme intermédiaire entre la faille et le pli, dans laquelle les couches sont étirées vers le compartiment affaissé. ● *Flexure continentale* ou *littorale,* plan de contact, incliné, entre la terre et la mer, susceptible de s'atténuer, de s'accentuer, de migrer.

FLIBUSTE n. f. Piraterie; ensemble des flibustiers.

FLIBUSTIER n. m. (altér. du néerl. *vrijbuiter,* pirate). Pirate de la mer des Antilles, aux XVIIe et XVIIIe s. ‖ Filou.

FLIC n. m. *Pop.* Agent de police.

FLINGOT n. m. *Pop.* et *vx.* Fusil de guerre.

FLINGUE n. m. *Arg.* Arme à feu individuelle.

FLINGUER v. t. *Arg.* Tirer sur qqn avec une arme à feu.

FLINT [flint] n. m. (mot angl., *silex*). Verre d'optique à base de plomb, dispersif et réfringent.

FLIPOT n. m. Petite pièce de bois rapportée pour dissimuler une fente dans un ouvrage en bois.

FLIPPER [flipœr] n. m. (mot angl.; de *to flip,* donner une chiquenaude). Petit levier d'un billard électrique, qui renvoie la bille vers le haut; le billard lui-même.

FLIPPER [flipe] v. i. (angl. *to flip,* secouer). *Arg.* Ressentir la dépression lorsque la drogue a fini d'agir. ‖ *Fam.* Être déprimé.

FLIRT [flœrt] n. m. (mot angl.). Action de flirter. ‖ Personne avec qui l'on flirte.

FLIRTER v. i. Entretenir des relations sentimentales souvent superficielles.

FLIRTEUR, EUSE adj. et n. Qui flirte.

FLOCAGE ou **FLOCKAGE** n. m. Application de fibres textiles sur un support adhésif.

FLOCHE adj. (anc. fr. *floche,* flocon de laine). Se dit d'une étoffe dont les fils présentent, par endroits, des grosseurs. ● *Soie floche,* soie qui n'est pas torse.

FLOCK-BOOK [flɔkbuk] n. m. (mot angl.) [pl. *flock-books*]. Livre généalogique des moutons de race.

FLOCON n. m. (lat. *floccus*). Amas léger de laine, de neige, etc. ‖ Grains de céréales, légumes réduits en lamelles. ‖ Défaut en forme de cavité allongée, apparaissant dans la masse de pièces en acier laminé ou forgé.

FLOCONNER v. i. Former des flocons.

FLOCONNEUX, EUSE adj. Qui ressemble à des flocons.

FLOCULATION n. f. Transformation réversible d'un système colloïdal sous l'action d'un facteur extérieur donnant des sortes de flocons. ● *Réactions de floculation,* réactions biochimiques pour diagnostiquer certaines maladies, dont la syphilis.

FLOCULER v. i. Précipiter sous forme de flocons, en parlant de systèmes colloïdaux.

FLONFLON n. m. (onomat.). *Fam.* Refrain de chanson populaire et musique qui s'y rapporte.

FLOOD [flud] adj. inv. (mot angl.). *Lampe flood,* ampoule survoltée, de durée limitée, à température de couleur très élevée, utilisée en photographie d'intérieur.

FLOPÉE n. f. *Fam.* Grande quantité.

FLOQUER v. t. Déposer des fibres sur une surface par flocage.

FLORAISON n. f. Épanouissement de la fleur; temps de cet épanouissement. ‖ Épanouissement de qqch.

FLORAL, E, AUX adj. (lat. *flos, floris,* fleur). Relatif à la fleur, aux fleurs.

FLORALIES n. f. pl. Exposition horticole.

FLORE n. f. (lat. *Flora,* déesse des Fleurs). Ensemble des espèces de plantes qui croissent dans une région. ‖ Livre qui décrit les plantes et permet la détermination des espèces. ● *Flore microbienne* ou *bactérienne* (Méd.), ensemble des bactéries, champignons microscopiques, protozoaires qui se trouvent dans une cavité de l'organisme communiquant avec l'extérieur. (Il existe une flore microbienne normale dans l'intestin, le vagin, la bouche, qui peut devenir anormale par l'introduction de souches microbiennes pathogènes.)

FLORÉAL n. m. Huitième mois du calendrier républicain, commençant le 20 ou le 21 avril.

FLORENCE n. f. (de *Florence,* ville d'Italie). *Crin de Florence* ou *florence,* crin très résistant pour la pêche à la ligne.

FLORENTIN, E adj. et n. De Florence.

FLORÈS (FAIRE) [fɛrflɔrɛs] loc. verbale. *Litt.* Briller dans le monde; être à la mode.

FLORICOLE adj. Qui vit sur les fleurs.

FLORICULTURE n. f. Branche de l'horticulture qui s'occupe spécialement des fleurs.

FLORIDÉE n. f. *Bot.* Syn. de RHODOPHYCÉE.

FLORIFÈRE adj. Qui porte des fleurs.

FLORILÈGE n. m. (lat. *flos, floris,* fleur, et *legere,* choisir). Recueil de poésies. ‖ Sélection de choses remarquables.

FLORIN n. m. (it. *florino*). Unité monétaire principale des Pays-Bas.

FLORISSANT, E adj. Qui est en pleine prospérité : *pays florissant.* ‖ Qui indique un parfait état de santé : *mine florissante.*

FLOT n. m. (mot francique). Eau agitée; vague. ‖ Marée montante. ‖ Multitude, grande quantité : *flot d'auditeurs; flot de sang.* ‖ Syn. de FLOTTAGE. ● *À flots,* abondamment. ‖ *Être à flot,* flotter; cesser d'être submergé par les soucis d'argent, de travail, etc. ‖ *Remettre à flot,* renflouer.

FLOTTABILITÉ n. f. Force due à la poussée de l'eau sur le volume immergé d'un corps, opposée au poids total de ce corps. ● *Réserve de flottabilité,* supplément de flottabilité correspondant à la partie de la coque d'un navire qui n'est pas immergée.

FLOTTABLE adj. Qui peut flotter : *bois flottable.* ‖ Qui permet le flottage de trains de bois ou de radeaux : *rivière flottable.*

FLOTTAGE n. m. Transport des bois, débités en grumes, que l'on fait flotter, liés ensemble et qui descendent un cours d'eau. (Syn. FLOT.)

FLOTTAISON n. f. *Écon.* État de la monnaie flottante. (Syn. FLOTTEMENT.) ‖ *Mar.* Plan correspondant à la surface d'une eau calme à l'extérieur d'un navire et délimitant les parties immergée et émergée. ● *Ligne de flottaison,* intersection de la surface de l'eau avec la coque d'un navire.

FLOTTANT, E adj. Qui flotte sur un liquide. ‖ Ample, qui ne serre pas : *robe flottante.* ‖ Qui n'est pas nettement fixé, irrésolu, instable : *esprit flottant.* ● *Dette flottante,* portion de la dette publique non consolidée, susceptible d'augmentation ou de diminution journalière. ‖ *Monnaie flottante,* monnaie dont la parité vis-à-vis des autres monnaies n'est pas déterminée par un taux de change fixe. ‖ *Moteur flottant,* moteur d'automobile fixé sur le châssis par des attaches souples. ‖ *Virgule flottante,* mode de représentation d'un nombre dans lequel la position de la virgule n'est pas fixée par rapport à l'une des extrémités du nombre; méthode permettant d'effectuer des opérations arithmétiques sur ce format.

FLOTTARD n. m. *Arg. scol.* Élève préparant le concours de l'École navale.

FLOTTATION n. f. (angl. *flotation*). Procédé de triage d'un mélange de corps finement broyés, utilisant la différence de tension superficielle d'un corps à l'autre, lorsqu'ils sont dans l'eau.

FLOTTE n. f. (anc. scandin. *flotti*). Ensemble de navires dont les activités sont coordonnées par une même autorité ou opérant dans une zone déterminée. ‖ Ensemble des forces navales d'un pays ou d'une compagnie maritime. ‖ Importante formation d'aviation militaire. ‖ *Pop.* Eau, pluie.

FLOTTE n. f. Morceau de liège maintenant une ligne ou un filet à fleur d'eau.

FLOTTEMENT n. m. État d'un objet qui flotte. ‖ Mouvement désordonné dans une troupe en marche. ‖ En parlant des roues directrices d'un véhicule, mouvement incontrôlé, répété successivement d'un côté et de l'autre. ‖ Hésitation, incertitude dans les idées, dans les actions de qqn. ‖ *Écon.* Syn. de FLOTTAISON.

FLOTTER v. i. (de *flot*). Rester en équilibre à la surface d'un liquide. ‖ Avoir de l'ampleur : *son manteau flotte autour de lui.* ‖ Avoir un vêtement trop grand : *il flotte dans son costume.* ‖ Être indécis, irrésolu : *flotter entre l'espérance et la crainte.* ‖ En parlant d'une monnaie, avoir une valeur variable par rapport à l'or ou à une autre monnaie. ◆ v. t. *Flotter du*

flûte de Pan

bois,* l'acheminer par flottage. ◆ v. impers. *Pop.* Pleuvoir.

FLOTTEUR n. m. Professionnel procédant au transport du bois par flottage. ‖ Corps léger flottant sur un liquide : *le flotteur d'une ligne de pêche.* ‖ Organe qui permet à un hydravion de se poser sur l'eau. ● *Flotteur d'alarme,* boule creuse flottant sur l'eau d'une chaudière et actionnant un sifflet quand le niveau baisse.

FLOTTILLE n. f. (esp. *flotilla*). Ensemble de bâtiments ou d'aéronefs ayant une même mission ou un même type d'activité. ‖ Réunion de petits bateaux : *une flottille de pêche.*

FLOU, E adj. (lat. *flavus,* jaune, fané). Fondu, vaporeux, dans la langue artistique : *un dessin flou; des tons flous.* ‖ Qui manque de netteté : *photographie floue; idée floue.* ‖ *Cout.* Vague, non ajusté : *robe floue.*

FLOU n. m. *Cin.* et *Phot.* Diminution de la netteté des images par changement dans la mise au point. ‖ *Cout.* Spécialité dans un atelier de couture qui a trait à la réalisation de vêtements souples, par opposition à la technique du tailleur.

FLOUER v. t. *Fam.* Voler qqn, duper.

FLOUVE n. f. Herbe fourragère odorante des bois et des prés. (Famille des graminacées.)

FLUAGE n. m. Déformation lente que subit un matériau soumis à une contrainte permanente.

FLUATATION n. f. Procédé d'imperméabilisation et de durcissement superficiel des bétons.

FLUCTUANT, E adj. Variable.

FLUCTUATION n. f. (lat. *fluctuare,* flotter). Déplacement alternatif dans la masse d'un liquide. ‖ Variation d'une grandeur physique de part et d'autre d'une valeur moyenne. ‖ Variation continuelle, transformation alternative : *fluctuation des prix.*

FLUCTUER v. i. Être fluctuant, changer.

FLUENT, E adj. (lat. *fluere,* couler). *Méd.* Se dit de lésions d'organes qui suintent ou qui coulent. ‖ Qui change sans cesse, mouvant.

FLUET, ETTE adj. (de *flou*). Mince et délicat : *taille fluette.* ● *Voix fluette,* qui manque de force.

FLUIDE adj. (lat. *fluidus*). Se dit des corps (gaz et liquides) qui, n'ayant pas de forme propre, sont déformables sans effort. ‖ Qui coule, s'écoule aisément : *huile très fluide.* ‖ Difficile à fixer, à apprécier : *situation fluide.* ● *Circulation fluide,* circulation routière qui se fait sans à-coups, régulièrement.

FLUIDE n. m. Corps fluide. ‖ Énergie mystérieuse que posséderaient certains individus. ● *Mécanique des fluides,* partie de la mécanique qui étudie les fluides considérés comme des milieux continus déformables.

FLUIDIFIANT, E adj. et n. m. Se dit de médicaments qui rendent plus fluides les sécrétions bronchiques.

FLUIDIFIÉ, E adj. Se dit d'un bitume dont on a diminué la consistance par incorporation de produits pétroliers.

FLUIDIFIER v. t. Faire passer à l'état fluide.

FLUIDIQUE adj. Relatif au fluide occulte de qqn.

FLUIDIQUE n. f. Technologie utilisant un fluide ainsi que des composants sans pièces mobiles pour réaliser les opérations d'amplification, de commutation, de logique ou de mémoire.

flûte traversière

flûte à bec

FLUIDITÉ n. f. Caractère de ce qui est fluide. ‖ *Écon.* Condition d'une concurrence parfaite.

FLUOGRAPHIE n. f. Procédé photographique consistant à imprégner le sujet de produits fluorescents qui se fixent dans les creux et qui font ressortir tous les détails de ces derniers.

FLUOR n. m. (mot lat., *écoulement*). *Chim.* Corps simple gazeux (F), jaune-vert, n° 9, de masse atomique 18,998. (Le plus électronégatif de tous les éléments, il fournit des réactions énergiques.) ● *Spath fluor,* syn. de FLUORINE.

FLUORÉ, E adj. Qui contient du fluor.

FLUORESCÉINE n. f. Matière colorante jaune, à fluorescence verte, tirée de la résorcine.

FLUORESCENCE n. f. Propriété de certains corps d'émettre de la lumière lorsqu'ils reçoivent un rayonnement, qui peut être invisible (rayons ultraviolets, rayons X, rayons cathodiques).

FLUORESCENT, E adj. Doué de fluorescence. ‖ Produit par la fluorescence.

FLUORHYDRIQUE adj. m. Se dit d'un acide (HF) formé par le fluor et l'hydrogène, employé dans la gravure sur verre.

FLUORINE n. f. *Chim.* Fluorure naturel de calcium CaF$_2$, dont les cristaux, jaunes, verts ou violets, se rencontrent associés au quartz ou à la calcite dans la gangue des gîtes minéraux.

FLUORURE n. m. Composé du fluor. ‖ Sel de l'acide fluorhydrique.

FLUOTOURNAGE n. m. Procédé d'usinage par déformation, permettant d'obtenir des pièces creuses de révolution.

FLUSH [flœʃ ou flɔʃ] n. m. (mot angl.) [pl. *flushes*]. Au poker, réunion de cinq cartes, toutes de la même couleur.

FLUTA n. m. Poisson pulmoné du Sud-Est asiatique.

FLÛTE n. f. Instrument de musique à vent et à embouchure, formé d'un tube creux et percé de trous. (On distingue : la *flûte à bec,* tenue droite, de perce conique, en bois, avec une

391

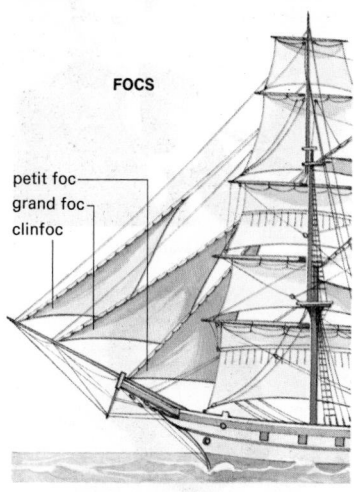

FOCS

petit foc
grand foc
clinfoc

embouchure en forme de bec; la *flûte traversière*, en bois ou en métal, et dont l'embouchure est percée sur le côté.) ‖ Petit pain long. ‖ Verre à pied, étroit et haut, utilisé, en général, pour boire du champagne. ‖ En Suisse, bouteille à col long. ‖ *Flûte de Pan*, instrument de musique, composé de roseaux d'inégale longueur. ‖ *Jeu de flûte*, jeu d'orgue qui imite les sons de la flûte. ‖ *Petite flûte*, ou *piccolo*, petite flûte donnant des sons très aigus. ◆ pl. *Fam.* Jambes maigres. ● *Jouer des flûtes* (Fam.), se sauver. ◆ interj. *Flûte!* (Fam.), exclamation marquant l'impatience, la déception.

FLÛTE n. f. (néerl. *fluit*). Mar. Anc. bâtiment de guerre réservé au transport du matériel.

FLÛTÉ, E adj. Se dit d'un son doux imitant celui de la flûte.

FLÛTISTE n. Musicien qui joue de la flûte.

FLUTTER [flœtœr] n. m. (mot angl., *mouvement rapide*). Aéron. Vibration de faible amplitude et de fréquence élevée des surfaces portantes d'un avion. ‖ Méd. Tachycardie importante des oreillettes avec rythme ventriculaire deux ou trois fois plus lent.

FLUVIAL, E, AUX adj. (lat. *fluvius*, ruisseau). Relatif aux cours d'eau.

FLUVIATILE adj. Relatif aux fleuves, aux eaux courantes : *des dépôts fluviatiles*.

FLUVIO-GLACIAIRE adj. Relatif à la fois aux fleuves et aux glaciers. ● *Cône fluvio-glaciaire* (Géogr.), glacis d'alluvions très aplati, étalé par le ruissellement et les eaux courantes en avant des moraines frontales laissées par les glaciers quaternaires.

FLUVIOGRAPHE ou **FLUVIOMÈTRE** n. m. Appareil pour mesurer le niveau d'un fleuve canalisé.

FLUVIOMÉTRIQUE adj. Relatif à la mesure du niveau et du débit des cours d'eau.

FLUX [fly] n. m. (lat. *fluxus*, écoulement). Montée de la mer, due à la marée. ‖ Grande quantité : *un flux de paroles.* ‖ Climatol. Déplacement de masses d'air à l'échelle planétaire, de caractère zonal (dans le sens des parallèles) ou méridien (on parle alors aussi de *coulée*). ‖ Métall. Produit déposé en surface d'un métal en fusion pour l'affiner, le fluidifier et le protéger de l'oxydation de l'air. ● *Flux électrique, magnétique*, flux des vecteurs champ électrique, champ magnétique. ‖ *Flux lumineux*, débit d'énergie rayonnante, évalué d'après la sensation lumineuse qu'il produit. ‖ *Flux d'un vecteur à travers une surface*, produit de la composante normale de ce vecteur par la superficie de cette surface.

FLUXION n. f. (lat. *fluxio*; de *fluere*, couler). Œdème et vasodilatation localisés représentant le stade initial d'une inflammation. ● *Fluxion de poitrine* (Méd.), expression vieillie désignant une pneumopathie aiguë.

FLUXMÈTRE [flymɛtr] n. m. Galvanomètre servant à la mesure des flux magnétiques.

FLYSCH [fliʃ] n. m. Géol. Formation détritique se déposant dans les géosynclinaux et caractérisée par de rapides variations de faciès (bancs calcaires, gréseux, schisteux).

Fm, symbole chimique du *fermium*.

FOB adj. inv. ou adv. (abrév. commerciale de *free on board*, franco à bord). Se dit d'une transaction commerciale maritime dans laquelle le prix convenu comprend tous les frais que supporte la marchandise jusqu'à sa destination sur le navire désigné par l'acquéreur.

FOC n. m. (mot néerl.). Mar. Chacune des voiles triangulaires établies à l'avant d'un navire. ● *Foc d'artimon*, voile d'étai, qui s'installe entre le grand mât et le mât d'artimon.

FOCAL, E, AUX adj. (lat. *focus*, foyer). Phys. Qui concerne le foyer des miroirs ou des lentilles. ● *Distance focale*, ou *focale* n. f., distance du foyer principal au centre optique; en

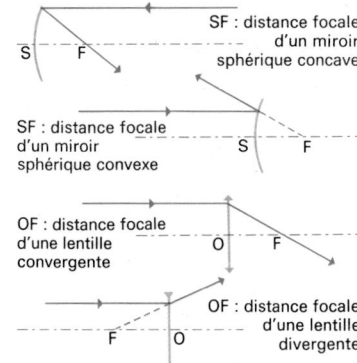

SF : distance focale d'un miroir sphérique concave

SF : distance focale d'un miroir sphérique convexe

OF : distance focale d'une lentille convergente

OF : distance focale d'une lentille divergente

DISTANCE FOCALE

mathématiques, distance entre les deux foyers d'une conique.

FOCALISER v. t. Faire converger en un point un faisceau lumineux ou un flux de particules. ‖ Concentrer des éléments divers : *focaliser l'intérêt.*

FŒHN ou **FÖHN** [føn] n. m. Vent du sud, chaud et très sec, fréquent au printemps et en automne, qui souffle avec violence dans les vallées alpines, en Suisse et au Tyrol. ‖ En Suisse, syn. de SÈCHE-CHEVEUX.

FOÈNE ou **FOUÈNE** [fwɛn] n. f. (lat. *fuscina*). Gros harpon. (Syn. FOUINE.)

FŒTAL, E, AUX adj. Relatif au fœtus.

FŒTOPATHIE n. f. Maladie du fœtus.

FŒTUS [fetys] n. m. (mot lat.). Produit de la conception non encore arrivé à terme, mais ayant déjà les formes de l'espèce. (Chez l'homme, l'embryon prend le nom de *fœtus* du troisième mois de la grossesse jusqu'à la naissance.)

FOGGARA n. f. (mot ar.). Dans le Sahara, galerie souterraine qui conduit l'eau d'irrigation, captée au pied des montagnes.

FOI n. f. (lat. *fides*, engagement, lien). Confiance en qqn ou qqch : *témoin digne de foi.* ‖ Croyance fervente : *foi patriotique.* ‖ Fidélité à remplir ses engagements, loyauté, garantie : *la foi des traités.* ‖ Philos. Croyance non fondée sur des arguments rationnels. ‖ Relig. Assentiment de l'intelligence à des vérités religieuses révélées, qui oriente la pensée et l'action. ‖ L'ensemble des doctrines religieuses. ● *Avoir foi en*, avoir confiance dans. ‖ *Être de bonne foi*, être convaincu de la vérité de ce que l'on dit; *être de mauvaise foi*, savoir fort bien que l'on dit une chose fausse. ‖ *Faire foi*, prouver. ‖ *Ligne de foi*, ligne du rayon visuel dans un instrument de visée. ‖ *Ma foi*, en effet. ‖ *Mauvaise foi* (Philos.), pour les existentialistes, attitude qui consiste à se dissimuler à soi-même la vérité. ‖ *Ni foi ni loi*, ni religion ni conscience. ‖ *Sur la foi de*, en vertu de la confiance accordée à.

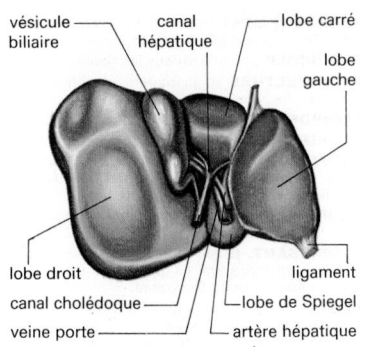

vésicule biliaire — canal hépatique — lobe carré — lobe gauche

lobe droit — ligament

canal cholédoque — lobe de Spiegel

veine porte — artère hépatique

FOIE (face inférieure)

FOIE n. m. (lat. [*jecur*] *ficatum*, foie d'oie engraissée avec des figues). Organe contenu dans l'abdomen, annexé au tube digestif, qui sécrète la bile et remplit de multiples fonctions dans le métabolisme des glucides, des lipides et des protides. ● *Avoir les foies* (Pop.), avoir peur. ‖ *Foie gras*, foie d'oie ou de canard engraissés. ■ Le foie a une couleur rouge-brun; sa forme et son poids varient suivant les espèces (1 800 g chez l'homme). Il reçoit par la veine porte tout le sang provenant du tube digestif, et, par l'artère hépatique, un peu de sang oxygéné, l'ensemble retournant vers la veine cave inférieure. Du foie partent les voies biliaires, qui portent la bile vers l'intestin, après passage dans la vésicule biliaire. Outre la formation de la bile et ses actions dans les divers métabolismes, le foie intervient pour neutraliser certains toxiques, pour maintenir et régulariser la teneur du sang en glucose, et dans les différents mécanismes qui s'opposent aux hémorragies (crase sanguine). Les diverses affections du foie perturbent une ou plusieurs de ces fonctions, réalisant l'*insuffisance hépatique*.

FOIE-DE-BŒUF n. m. (pl. *foies-de-bœuf*). Nom usuel de la *fistuline*.

FOIN n. m. (lat. *fenum*). Herbe fauchée et séchée pour la nourriture du bétail : *une meule de foin.* ‖ Herbe sur pied, destinée à être fauchée. ‖ Poils soyeux qui garnissent le fond d'un artichaut. ● *Bête à manger du foin*, totalement stupide. ‖ *Faire du foin* (Pop.), faire du bruit, causer du scandale.

FOIN! interj. Litt. Exprime le dégoût, le mépris.

FOIRAIL ou **FOIRAL** n. m. (pl. *foirails, foirals*). Champ de foire.

FOIRE n. f. (lat. *feria*, jours de fête). Grand marché public se tenant à des époques fixes dans un endroit. ‖ Fête populaire à date fixe : *la foire du Trône.* ‖ Exposition commerciale périodique : *la foire de Lyon.* ‖ Fam. Désordre tumultueux, confusion : *quelle foire!* ‖ Emplacement où se tient une foire. ‖ *Faire la foire* (Fam.), mener une vie de débauche. ‖ *Théâtre de la Foire*, désignation d'un ensemble de spectacles (acrobates, marionnettes, animaux savants, comédies à ariettes, etc.) qui furent donnés du XVIe au XVIIIe s. dans les foires Saint-Germain et Saint-Laurent à Paris, et qui sont à l'origine du théâtre du Boulevard.

FOIRE n. f. (lat. *foria*). Pop. Diarrhée.

FOIRER v. i. Pop. Avoir la diarrhée. ‖ Fam. Ne plus prendre, en parlant d'un pas de vis usé. ‖ Pop. Échouer, rater : *affaire, fusée qui foire.*

FOIREUX, EUSE adj. et n. Pop. Qui a la diarrhée. ‖ Pop. Poltron. ◆ adj. Pop. Qui fonctionne mal, raté.

FOIROLLE n. f. Mercuriale annuelle, purgative. (Famille des euphorbiacées.)

FOIS n. f. (lat. *vices*, vicissitudes). Joint à un nom de nombre, marque la quantité, la répétition, un degré « de grandeur » : *il est venu trois fois.* ● *À la fois*, ensemble, en même temps. ‖ *Des fois* (Fam.), parfois. ‖ *Des fois que* (Pop.), peut-être, au cas où. ‖ *Pour une fois*, marque l'exception. ‖ *Une fois*, à une certaine époque : *il y avait une fois...* ‖ *Une fois pour toutes,* définitivement. || *Y regarder à deux fois,* bien réfléchir avant d'agir.

FOISON (À) loc. adv. (lat. *fusio,* écoulement). Abondamment.

FOISONNANT, E adj. Qui foisonne, abondant.

FOISONNEMENT n. m. Action de foisonner. || Augmentation de volume.

FOISONNER v. i. Abonder, pulluler. || Se développer à l'excès : *les idées foisonnaient.* || Augmenter de volume.

FOL adj. et n. m. → FOU.

FOLÂTRE adj. (de *fol*). Gai, enjoué.

FOLÂTRER v. i. S'amuser avec une gaieté enfantine, badiner.

FOLÂTRERIE n. f. Caractère d'une personne folâtre.

FOLIACÉ, E adj. (lat. *folium,* feuille). De la nature des feuilles, qui en a l'apparence.

FOLIAIRE adj. *Bot.* Relatif aux feuilles.

FOLIATION n. f. *Bot.* Disposition des feuilles sur la tige. (Syn. PHYLLOTAXIE.) || Moment où les bourgeons commencent à développer leurs feuilles. (Syn. FEUILLAISON.) || *Géol.* Dans les roches métamorphiques, ensemble de plans parallèles suivant lesquels cristallisent les minéraux nouveaux.

FOLICHON, ONNE adj. *Fam.* D'une gaieté un peu folle, drôle.

FOLIE n. f. (de *fol*). Terme générique ancien qui désignait les troubles mentaux. || Manque de jugement, absence de raison. || Acte déraisonnable, passionné, excessif : *faire une folie.* || Désir passionné de qqch : *avoir la folie des vieux livres.* || Autref., maison de plaisance. ● *Aimer à la folie, avec folie, éperdument.* || *Faire une, des folies,* faire des dépenses excessives. || *Folie des grandeurs,* mégalomanie.

FOLIÉ, E adj. (lat. *foliatus*). Disposé en lames minces.

FOLIO n. m. (lat. *folium,* feuille). Feuillet d'un registre, d'un livre. || Numéro de chaque page d'un livre.

FOLIOLE n. f. (dimin. du lat. *folium,* feuille). Chaque division du limbe d'une feuille composée, comme celle de l'acacia ou du marronnier d'Inde.

FOLIOT n. m. Balancier horizontal dont les oscillations réglaient la marche des premières horloges.

FOLIOTAGE n. m. Action de folioter.

FOLIOTER v. t. Numéroter les feuilles d'un registre, les pages d'un livre. (Syn. PAGINER.)

FOLIOTEUR n. m., ou **FOLIOTEUSE** n. f. Instrument servant à folioter.

FOLIQUE adj. (lat. *folium,* feuille). *Acide folique,* vitamine contenue dans les feuilles d'épinard, dans le foie et dans de nombreux aliments. (Syn. VITAMINE Bc.)

FOLKLORE n. m. (angl. *folk,* peuple, et *lore,* science). Ensemble des traditions populaires et des coutumes relatives à la culture et à la civilisation d'un pays ou d'une région; étude scientifique de ces traditions. || Manifestation d'un pittoresque superficiel.

FOLKLORIQUE adj. Relatif au folklore : *danse folklorique.* || *Fam.* Pittoresque, mais dépourvu de sérieux : *personnage folklorique.*

FOLKLORISTE n. Spécialiste du folklore.

FOLKSONG [fɔlksɔ̃g] n. m., ou **FOLK** n. m. et adj. Aux États-Unis, chant qui, dans le cadre de la musique pop, dérive du folklore.

FOLLE n. f. Filet de pêche fixe à grandes mailles.

FOLLE adj. et n. f. V. FOU. || *Pop.* Homosexuel.

FOLLEMENT adv. Éperdument; extrêmement.

FOLLET adj. m. *Esprit follet,* lutin familier. || *Feu follet,* flamme légère et fugitive, produite par la combustion spontanée du méthane et d'autres gaz inflammables qui se dégagent des endroits marécageux et des lieux où se décomposent des matières animales. || *Poil follet,* premier poil du menton; duvet des petits oiseaux.

FOLLICULAIRE adj. Relatif à un follicule.

FOLLICULE n. m. (lat. *folliculus,* petit sac). Fruit sec dérivant d'un carpelle isolé et s'ouvrant

par une seule fente. || *Anat.* Nom de divers petits organes en forme de sac : *follicule pileux.*

FOLLICULINE n. f. Hormone sécrétée seule par l'ovaire avant la libération cyclique de l'ovule, chez la femme et les mammifères, puis, conjointement avec la progestérone, après l'ovulation et pendant la grossesse.

FOLLICULITE n. f. Inflammation d'un follicule pileux, notamment celle à l'origine de l'acné.

FOMENTATION n. f. *Litt.* Action de fomenter. || *Méd.* Application externe d'une médication chaude, sèche ou humide (serviettes, boues) pour calmer une inflammation (vx).

FOMENTER v. t. (lat. *fomentum,* cataplasme). *Litt.* Susciter, préparer secrètement : *fomenter des troubles.*

FONÇAGE n. m. Action de creuser un puits de mine. || Pose d'une couche uniforme de couleur qui servira de fond.

FONÇAILLES n. f. pl. Pièces qui forment le fond d'un tonneau.

FONCÉ, E adj. Sombre, en parlant des couleurs : *vert foncé.*

FONCER v. t. (de *fond*) [conj. **1**]. Mettre un fond à un tonneau, à une cuve. || Creuser verticalement : *foncer un puits.* || Rendre plus foncé, en parlant d'une couleur. || *Cuis.* Garnir le fond d'un appareil de cuisson avec de la pâte ou des bardes de lard. ◆ v. i. Devenir foncé : *ses cheveux ont foncé.* || Se précipiter pour attaquer : *foncer sur l'ennemi.* || *Fam.* Aller très vite.

FONCEUR, EUSE adj. et n. *Fam.* Personne qui n'hésite pas à aller de l'avant (en sports, dans le domaine commercial, etc.).

FONCEUSE n. f. Machine utilisée pour la fabrication des papiers couchés.

FONCIER, ÈRE adj. (de *fonds*). Qui constitue un fonds de terre : *propriété foncière.* || Relatif à l'exploitation d'une terre : *revenu foncier.* || Relatif à l'imposition d'un fonds de terre : *impôt foncier.* || Qui possède des biens-fonds : *propriétaire foncier.* || Qui est le principal, qui est fondamental : *qualités foncières, différence foncière.*

FONCIER n. m. La propriété foncière et tout ce qui s'y rapporte.

FONCIÈREMENT adv. Fondamentalement, absolument.

FONCTION n. f. (lat. *functio*). Profession, activité d'une personne dans la société, dans une entreprise, emploi : *la fonction d'enseignant.* || Travail professionnel : *s'acquitter de ses fonctions; entrer en fonctions.* || Rôle, utilité d'un élément dans un ensemble : *remplir une fonction.* || Activité exercée par un élément vivant, organe ou cellule, et qu'étudie la physiologie : *fonctions de nutrition, de reproduction.* || *Chim.* Ensemble de propriétés appartenant à un groupe de corps : *fonction acide.* || *Ling.* Rôle syntaxique d'un mot ou d'un groupe de mots dans une phrase. || *Math.* Grandeur dépendant d'une ou de plusieurs variables. ● *En fonction de,* en suivant les variations de; par rapport à. || *Être fonction de,* dépendre de. || *Faire fonction de,* remplir l'emploi de. || *Fonction algébrique* (Math.), fonction qui se calcule à l'aide des opérations ordinaires de l'algèbre. || *Fonction complexe d'une variable réelle,* fonction comportant une partie réelle et une partie imaginaire. || *Fonction définie dans un intervalle* (a, b), fonction dont les valeurs peuvent être calculées ou obtenues dans cet intervalle. || *Fonction de fonction,* fonction qui dépend de la variable indépendante par l'intermédiaire d'une autre fonction. || *Fonction périodique,* fonction qui reprend les mêmes valeurs lorsque la variable dont elle dépend s'accroît d'un multiple entier d'une quantité appelée « période ». || *Fonction de production* (Écon.), relation entre une quantité de biens ou de produits obtenus et les volumes des services producteurs utilisés pour l'obtenir. || *Fonction propositionnelle* (Log.), syn. de PRÉDICAT. || *Fonction transcendante,* fonction qui n'est pas algébrique. || *Fonctions de l'entreprise,* missions diverses que doit remplir celle-ci (fonction technique, commerciale, financière, etc.).

FONCTIONNAIRE n. Agent public titulaire d'un emploi permanent dans un grade de la hiérarchie administrative. || Agent d'une organisation internationale.

FONCTIONNALISER v. t. Rendre fonctionnel, pratique.

FONCTIONNALISME n. m. Doctrine du XXe s. (prolongement du rationalisme du XIXe) selon laquelle, en architecture et dans les arts du mobilier, la beauté de la forme est le résultat d'une appropriation exacte du bâtiment, du meuble, de l'objet à un service utilitaire. || En anthropologie et en sociologie, doctrine qui tire ses outils d'observation du postulat selon lequel la société est une totalité organique dont les divers éléments s'expliquent par la fonction qu'ils y remplissent. (Le fonctionnalisme envisage la manière dont certains phénomènes sociaux affectent le fonctionnement, l'adaptation ou l'ajustement normal d'un système social donné.)

FONCTIONNALISTE adj. et n. Qui appartient au fonctionnalisme.

FONCTIONNALITÉ n. f. Caractère de ce qui est fonctionnel, pratique.

FONCTIONNARIAT n. m. Qualité, état de fonctionnaire.

FONCTIONNARISATION n. f. Action de fonctionnariser.

FONCTIONNARISER v. t. Transformer en employé de l'État; organiser en service public.

FONCTIONNARISME n. m. *Péjor.* Tendance à la multiplication des fonctionnaires et à l'accroissement de leur rôle dans l'État.

FONCTIONNEL, ELLE adj. Qui s'adapte exactement à une fonction déterminée, bien adapté à son but : *meubles fonctionnels.* || Relatif aux fonctions organiques, mathématiques, chimiques, etc. ● *Calcul fonctionnel,* syn. de CALCUL DES PRÉDICATS. || *Linguistique fonctionnelle,* étude des éléments de la langue du point de vue de leur fonction dans l'énoncé et dans la communication. || *Trouble fonctionnel* (Méd.), perturbation dans le fonctionnement d'un appareil (digestif, respiratoire, sphinctérien, etc.) ou dans la réalisation d'une fonction en l'absence d'atteinte organique.

FONCTIONNELLEMENT adv. De manière fonctionnelle.

FONCTIONNEMENT n. m. Manière dont qqch fonctionne.

FONCTIONNER v. i. Remplir sa fonction; être en état de marche.

FOND n. m. (lat. *fundus*). L'endroit le plus bas, le plus profond de qqch : *le fond d'un puits.* || Partie solide au-dessous des eaux : *le fond de la mer, d'une rivière.* || Petite quantité qui reste au fond : *le fond de la bouteille.* || Partie la plus éloignée de l'entrée, la plus retirée d'un pays, la moins exposée aux regards : *le fond d'une boutique, d'une province, d'une armoire.* || Arrière-plan spatial, sonore : *bruit de fond.* || Ce qui fait la matière, l'essence d'une chose (par oppos. à la FORME, à l'APPARENCE) : *comédies qui diffèrent par le fond.* || Ce qu'il y a de plus caché, de plus secret : *le fond du cœur; aller au fond des choses.* || Ce qu'il y a d'essentiel, de fondamental : *le fond du caractère.* || Première couche de peinture, de ton neutre, par laquelle certains peintres commencent leurs tableaux; champ d'un tableau sur lequel se détache le sujet : *un fond de paysage.* || Décoration qui ferme la scène d'un théâtre, dans la partie opposée à la salle. || *Cin.* Dessin exécuté sur une feuille opaque et qui sert de décor pour les dessins animés. || *Dr.* Ce qui a trait à l'essence et à la nature d'un acte juridique (par oppos. à la FORME). || *Impr.* Chacune des marges de la page d'un livre. || *Text.* Tissure sur laquelle on fait un dessin. ● *À fond,* complètement. || *À fond de train,* très vite. || *Course de fond,* course effectuée sur un long parcours (5 000 m au minimum en athlétisme). || *Dans le fond, au fond,* en réalité, à considérer la réalité profonde de la chose. || *De fond,* qui porte sur l'essentiel : *article de fond.* || *De fond en comble,* de la base au sommet, entièrement : *démolir une maison de fond en comble.* || *Envoyer par le fond,* couler. ‖ *Faire fond sur*, mettre sa confiance en. ‖ *Fond de cuisine*, bouillon ou jus destiné au mouillement des sauces, ragoûts, etc. ‖ *Fond de robe* (Cout.), fourreau en tissu léger que l'on porte sous une robe transparente. ‖ *Fond sonore*, ensemble des bruits, des sons, de la musique qui mettent en relief un spectacle. ‖ *Fond de teint*, préparation semi-liquide ou crème colorée que l'on applique sur le visage et le cou comme maquillage.

FONDAMENTAL, E, AUX adj. (lat. *fundamentalis*). Qui a un caractère essentiel, déterminant, qui est à la base : *vérité fondamentale*. ● *Niveau fondamental* (Phys.), niveau de plus basse énergie d'une molécule, d'un atome, d'un noyau, etc. ‖ *Note fondamentale* (Mus.), son qui sert de base à un accord, quelle que soit sa place dans cet accord. ‖ *Recherche, science fondamentale*, travail scientifique accompli sans fixer d'applications pratiques immédiates.

FONDAMENTALEMENT adv. De façon fondamentale.

FONDAMENTALISME n. m. Tendance conservatrice de certains milieux protestants, notamment aux États-Unis, qui maintiennent une interprétation strictement littérale de l'Écriture et font obstacle au mouvement œcuménique.

FONDAMENTALISTE adj. et n. Qui appartient au fondamentalisme. ‖ Se dit d'un scientifique s'occupant de science fondamentale.

FONDANT, E adj. Qui fond dans la bouche : *poire fondante*.

FONDANT n. m. Bonbon fait d'une pâte de sucre. ‖ *Industr.* Substance qui facilite la fusion.

FONDATEUR, TRICE n. Personne qui fonde qqch, crée un établissement destiné à se perpétuer après sa mort.

FONDATION n. f. Action de fonder, de créer : *fondation de Rome*. ‖ (Souvent au pl.) Ensemble des parties inférieures d'une construction, cachées dans le sol ou l'eau. ‖ Création, par voie de donation ou de legs, d'un établissement d'intérêt général; cet établissement lui-même. ‖ Attribution à une œuvre existante de fonds destinés à un usage précis.

FONDÉ, E adj. Autorisé : *être fondé à dire*. ‖ Justifié, établi solidement : *accusation fondée*.

FONDÉ n. m. *Fondé de pouvoir*, personne qui est chargée d'agir au nom d'une autre.

FONDEMENT n. m. Élément essentiel servant de base à qqch : *les fondements d'une théorie*. (Souvent au pl.) ‖ Cause, motif : *bruit sans fondement*. ‖ *Philos.* Principe d'une science ou d'une théorie qui en délimite le champ et en garantit la validité; ce sur quoi reposent une science ou une théorie. ‖ *Fam.* L'anus.

FONDER v. t. (lat. *fundare*). Établir, créer, poser les statuts, la base, les principes : *fonder un empire, une théorie*. ‖ Donner des fonds suffisants pour l'établissement de qqch d'utile : *fonder un prix*. ‖ Appuyer de raisons, de motifs, de preuves, justifier : *fonder ses soupçons sur un fait*. ● *Fonder un foyer*, se marier.

FONDERIE n. f. Fusion et purification des métaux et des alliages. ‖ Installation métallurgique dans laquelle on fond les métaux ou les alliages soit pour en faire des lingots, soit pour leur donner la forme d'emploi.

FONDEUR n. m. Exploitant d'une fonderie. ‖ Ouvrier qui surveille ou effectue les opérations de fusion et de coulée dans une fonderie. ‖ Pratiquant du ski de fond.

FONDIS n. m. → FONTIS.

FONDOIR n. m. Partie d'un abattoir où l'on prépare les suifs.

FONDOUK n. m. (mot ar.). Dans les pays arabes, entrepôts et hôtelleries pour les marchands.

FONDRE v. t. (lat. *fundere*, faire couler) [conj. 46]. Amener par élévation de la température un solide à l'état liquide : *fondre du plomb*. ‖ *Mettre en moule : fondre une cloche*. ‖ Combiner plusieurs choses en un tout : *fondre un ouvrage avec un autre*. ‖ *Peint.* Mêler, unir en adoucissant : *fondre les couleurs*. ◆ v. i. Devenir liquide : *la glace fond*. ‖ Se dissoudre dans un liquide : *le sucre fond*. ‖ Disparaître,

diminuer rapidement : *l'argent fond entre ses mains*. ‖ Se précipiter, s'abattre sur : *l'épervier fond sur sa proie*. ‖ *Fam.* Maigrir. ● *Fondre en larmes*, pleurer abondamment. ◆ **se fondre** v. pr. Se combiner, se confondre.

FONDRIÈRE n. f. Crevasse dans le sol.

FONDS [f5] n. m. (lat. *fundus*, fond). Immeuble non bâti. ‖ Capital d'un bien. ‖ Ensemble des prélèvements effectués sur certaines recettes fiscales *(Fonds routier, Fonds national de solidarité)* ou sur les ressources de certains organismes *(fonds spécial)* en vue d'une action déterminée des pouvoirs publics. ‖ Ensemble des qualités morales et affectives : *un grand fonds de bon sens*. ‖ Dans une bibliothèque, un musée, ensemble de livres, d'œuvres d'une provenance déterminée. ● *Fonds de commerce*, ensemble des biens corporels et incorporels groupés par un commerçant pour l'exercice de sa profession. ‖ *Fonds commun de placement*, ensemble de valeurs mobilières appartenant à plusieurs personnes qui ont sur lui un droit de propriété indivise exprimé en parts dont chacune correspond à une fraction des avoirs du fonds. ‖ *Fonds de roulement*, excédent des valeurs réalisables d'une entreprise sur ses dettes à court terme. ◆ pl. Argent disponible : *chercher des fonds*. ● *Être en fonds*, avoir de l'argent. ‖ *Fonds publics*, valeurs mobilières émises par l'État; argent procuré par l'État. ‖ *Fonds secrets*, somme dont la disposition appartient à certains fonctionnaires. ‖ *Mise de fonds*, investissement.

FONDU, E adj. Amené à l'état liquide. ‖ Se dit d'une couleur peu intense, d'un contour peu net.

FONDU n. m. Diminution progressive de l'intensité. ‖ *Cin.* Procédé qui consiste à faire apparaître ou disparaître lentement une image. ● *Fondu enchaîné*, apparition en fondu d'une image avec disparition de la précédente.

FONDUE n. f. Mets composé de fromage fondu et de vin blanc, dans lequel on plonge des petits cubes de pain. ● *Fondue bourguignonne*, plat composé de menus morceaux de viande que l'on plonge dans l'huile bouillante au moment d'être consommés et que l'on mange avec des sauces très relevées.

FONGIBILITÉ n. f. Caractère de ce qui est fongible.

FONGIBLE adj. (lat. *fungibilis*). *Dr.* Se dit de choses considérées comme interchangeables, identiques les unes aux autres et qui ne sont pas individualisées.

FONGICIDE adj. et n. (lat. *fungus*, champignon). Se dit d'une substance propre à détruire les champignons microscopiques.

FONGIFORME adj. Qui a la forme d'un champignon.

FONGIQUE adj. Relatif à un champignon ou qui en provient.

FONGOSITÉ n. f. État de ce qui est fongueux; excroissance fongueuse.

FONGUEUX, EUSE adj. (lat. *fungosus*). Qui ressemble à un champignon ou à une éponge.

FONTAINE n. f. (lat. pop. *fontana*; de *fons, fontis*, source). Eau vive qui sort de terre. ‖ Construction destinée à la distribution et à l'écoulement des eaux. ‖ Récipient de céramique, de métal, muni d'un robinet, dans lequel on conserve de l'eau.

FONTAINEBLEAU n. m. Fromage frais fait d'un mélange de caillé et de crème.

FONTAINIER n. m. Spécialiste de la pose et de l'entretien des appareils branchés sur une canalisation d'eau.

FONTANELLE n. f. (de *fontaine*). Nom des espaces situés entre les os de la boîte crânienne avant son entière ossification (la *grande fontanelle*, ou *bregma*, se ferme à l'âge d'un an).

FONTANGE n. f. (du n. de Mlle de Fontanges, maîtresse de Louis XIV). Coiffure féminine de toile et de dentelle, retenue droite sur la tête par des fils de laiton, portée à la cour de Louis XIV.

FONTE n. f. (lat. *fundere*, répandre). Action de fondre ou de se fondre : *la fonte des neiges*. ‖

Tir
d'un corner.

Tir d'un
penalty
à contre-pied.

Joch-S. A. M.

Alliage de fer et de carbone, dont la teneur en carbone est supérieure à 2,5 p. 100 et qui est élaboré à l'état liquide directement à partir du minerai de fer. ‖ *Art*, travail du fondeur : *fonte d'une statue*. (La fonte traditionnelle, en bronze, des œuvres d'art, se fait *à la cire perdue* ou *au sable*.) ‖ *Arts graph.* Assortiment complet de caractères de même type. ‖ *Fonte aciérée*, fonte obtenue par addition d'acier dans les charges fondues au cubilot. ‖ *Fonte blanche*, fonte ayant un aspect blanc à la cassure en raison de sa structure à base de carbure de fer. ‖ *Fonte grise*, fonte dont la cassure présente un aspect gris en raison de sa structure à base de carbone sous forme de graphite. ‖ *Fonte malléable*, fonte présentant une certaine malléabilité en raison de la structure particulière de son graphite. ‖ *Fonte phosphoreuse*, fonte élaborée à partir de minerai phosphoreux.

FONTE n. f. (it. *fonda*, poche). Chacune des poches de cuir qui étaient attachées de part et d'autre de l'arçon de la selle, pour recevoir des pistolets.

FONTINE n. f. Fromage de lait de vache, à pâte cuite, fabriqué dans le Val d'Aoste.

FONTIS [f5ti] ou **FONDIS** [-di] n. m. Affaissement du sol, causé par un éboulement souterrain.

FONTS [f5] n. m. pl. (lat. *fons*, fontaine). *Fonts baptismaux*, bassin qui sert pour l'administration du baptême.

FOOT n. m. Abrév. fam. de FOOTBALL.

FOOTBALL [futbol] n. m. (mot angl., *balle au pied*). Sport dans lequel 22 joueurs, divisés en deux camps, s'efforcent d'envoyer un ballon rond dans le but du camp adverse, sans l'intervention des mains, au cours d'une partie divisée en deux mi-temps de quarante-cinq minutes chacune. ● *Football américain*, sport pratiqué essentiellement aux États-Unis et plus proche du rugby (jeu à la main, ballon ovale) que du football.

FOOTBALLEUR, EUSE n. Celui, celle qui pratique le football.

FOOTING [futiŋ] n. m. Marche ou course à pied, pratiquée dans un but hygiénique ou en vue d'une compétition.

FOR n. m. (lat. *forum*, tribunal). *For extérieur*, l'autorité de la justice humaine (vx). ‖ *For intérieur* (Litt.), la conscience. ‖ *En son (mon,*

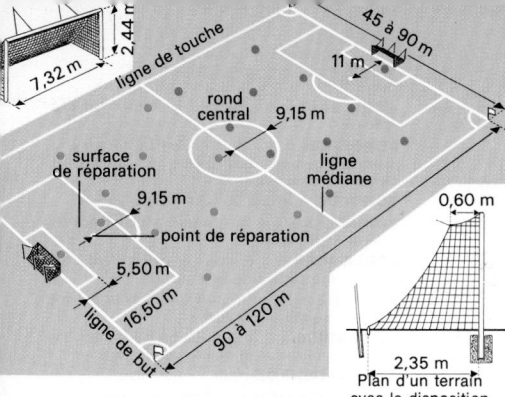

2,44 m

7,32 m

ligne de touche

45 à 90 m

11 m

rond central

9,15 m

surface de réparation

ligne médiane

9,15 m

point de réparation

0,60 m

5,50 m

16,50 m

ligne de but

90 à 120 m

Coup de tête.

Rentrée en touche.

Interception d'un centre par le gardien de but.

2,35 m

Plan d'un terrain avec la disposition des joueurs (en haut, en 4-2-4 ; en bas, avec un libero en retrait des quatre arrières, ne laissant que trois attaquants). Ce placement, au coup d'envoi, est tout théorique.

FOOTBALL

Tir d'un coup franc contournant le mur.

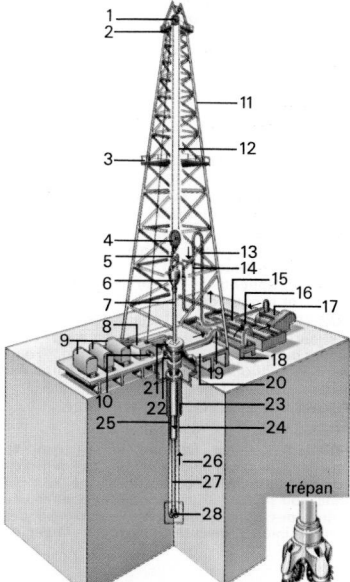

Amorce de dribble.

Tir au but.

---

ton, etc.) *for intérieur*, au plus profond de lui-même (moi-même, toi-même, etc.).
FORAGE n. m. Action de forer.
FORAIN, E adj. (bas lat. *foranus*, étranger). *Fête foraine*, fête publique organisée par des forains. ‖ *Marchand forain*, ou *forain* n. m., personne qui exerce son activité sur les foires, les marchés, dans les fêtes.
FORAMINIFÈRE n. m. Protozoaire marin dont la cellule est entourée d'une capsule calcaire

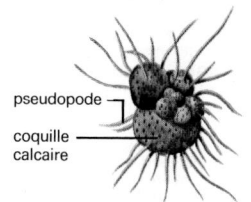

pseudopode

coquille calcaire

perforée de minuscules orifices (ex. : *nummulites*). [Les *foraminifères* forment une sous-classe.]
FORBAN n. m. (anc. fr. *forbannir*, bannir à l'étranger). Pirate qui entreprenait une expédition armée sur mer, pour son propre compte. ‖ Individu sans scrupule.
FORÇAGE n. m. *Agr.* Ensemble des opérations permettant d'obtenir des fleurs, des fruits ou des légumes prématurément.
FORÇAT n. m. (it. *forzato*). Autref., homme condamné aux galères ou aux travaux forcés du bagne. ‖ Homme réduit à une condition pénible.
FORCE n. f. (bas lat. *fortia*, pl. neutre de *fortis*, courageux). Vigueur physique : *frapper de toute sa force*. ‖ Intensité, efficacité : *la force de la voix, d'un remède*. ‖ Violence, contrainte : *céder à la force*. ‖ Ensemble de moyens militaires réunis en vue d'une mission. ‖ Capacités intellectuelles ou morales, énergie, habileté, niveau : *être de même force au jeu*. ‖ Autorité : *les lois étaient sans force*. ‖ *Phys.* Toute cause capable de déformer un corps, d'en modifier l'état de repos ou mouvement. • *À force de*, par des efforts répétés ; par l'usage fréquent de qqch. ‖ *À toute force*, à tout prix. ‖ *De force*, en

ÉLÉMENTS D'UN FORAGE ROTARY :
1. Moufle fixe ; 2. Plate-forme du tambour ;
3. Plate-forme d'accrochage des tiges ;
4. Moufle mobile ; 5. Crochet de levage ;
6. Tête d'injection de la boue ;
7. Tige carrée ; 8. Treuil de forage ;
9. Groupe moteur ; 10. Tambour de treuil ;
11. Derrick ; 12. Câble ; 13. Colonne montante ;
14. Flexible d'injection de la boue ;
15. Conduite de refoulement de la boue ;
16. Bassin à boue ; 17. Pompe à boue ;
18. Tamis vibrant ; 19. Goulotte ;
20. Plate-forme du derrick ;
21. Table de rotation entraînant la tige carrée ; 22. Dispositif antiéruption ;
23. Ciment ; 24. Tubage ;
25. Descente de la boue ; 26. Remontée de la boue ; 27. Tige ronde ; 28. Trépan.

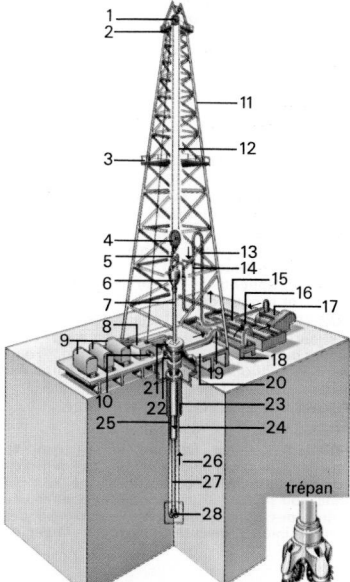

trépan

PLATE-FORME DE FORAGE et de production en mer (forage offshore) : 1. Derrick ;
2. Plate-forme pour hélicoptère ;
3. Modules préfabriqués renfermant les équipements de forage ;
4. Structure métallique ; 5. Ancrage ;
6. Fond de la mer.

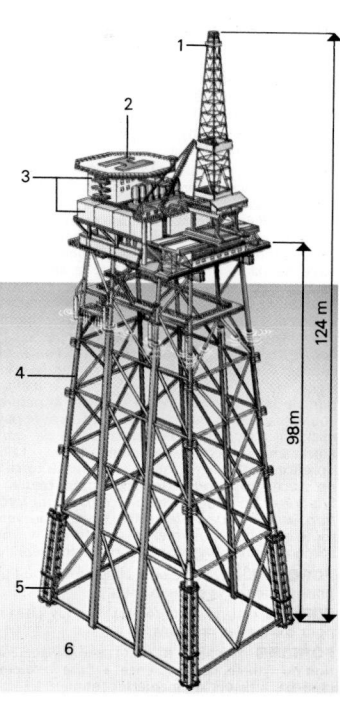

124 m

98 m

faisant un effort. ‖ *De vive force*, avec violence. ‖ *Épreuve de force*, affrontement inévitable après un échec des négociations. ‖ *Être en force*, être nombreux. ‖ *Faire force de rames*, ramer vigoureusement. ‖ *Force d'âme*, courage, fermeté. ‖ *Force contre-électromotrice*, v. CONTRE-ÉLECTRO-MOTRICE. ‖ *Force de dissuasion* ou *force de frappe* (en France, force nucléaire stratégique), force militaire rassemblant, aux ordres directs de la plus haute instance politique d'un État, l'ensemble de ses armements nucléaires stratégiques. ‖ *Force d'un électrolyte*, caractéristique relative à sa plus ou moins grande dissociation. ‖ *Force électromotrice*, caractéristique essentielle d'une source d'énergie électrique, qui permet de faire circuler un courant dans un circuit et détermine l'intensité de ce courant. ‖ *Force exécutoire* (Dr.), qualité d'un acte ou d'un jugement, qui permet le recours à la force publique pour son exécution. ‖ *Force majeure*, cause à laquelle on ne peut résister ; événement qu'on ne peut empêcher et dont on n'est pas responsable. ‖ *Force de la nature*, personne à qui rien ne résiste. ‖ *Force publique*, ensemble des formations de la police, de la gendarmerie et des armées, qui sont à la disposition du gouvernement pour assurer le respect de la loi et le maintien de l'ordre. ‖ *Force de travail*, concept marxiste, mettant en valeur l'apport au cycle productif de l'activité du travailleur. (Elle engendre la plus-value.) ‖ *Par force*, par nécessité. ‖ *Tour de force*, exercice corporel qui exige beaucoup de vigueur ; résultat qui suppose des qualités exceptionnelles. ◆ pl. *Forces* ou *forces armées*, ensemble des formations militaires d'un État ; troupes ou autres moyens militaires en état d'intervenir : *concentrer ses forces.* ‖ *Forces aériennes, navales, terrestres*, l'aviation militaire, la marine de guerre, l'armée de terre.

FORCÉ, E adj. Qui n'est pas naturel, faux : *rire forcé.* ‖ Qui est au-dessus des forces ordinaires : *marche forcée.* ‖ Inévitable, évident : *il gagnera, c'est forcé ; atterrissage forcé.* ◆ *Avoir la main forcée*, agir malgré soi. ‖ *Culture forcée*, culture qu'on hâte artificiellement la croissance d'une plante, la maturation d'un fruit.

FORCEMENT n. m. Action de forcer : *le forcement d'un coffre.*

FORCÉMENT adv. Fatalement, par une conséquence obligatoire.

FORCENÉ, E adj. et n. (anc. fr. *forsener*, être hors de sens). Qui n'a plus le contrôle de soi, furieux : *maîtriser un forcené.* ◆ adj. Acharné, passionné : *résistance forcenée.* ‖ Qui dépasse toute mesure, fanatique : *partisan forcené.*

FORCEPS [fɔrsɛps] n. m. (mot lat., *tenailles*). Instrument de chirurgie employé dans certains accouchements difficiles.

FORCER v. t. (conj. 1). Faire céder par force ; briser, enfoncer : *forcer une porte.* ‖ Fausser : *forcer une clef.* ‖ Pousser à un effort excessif au-delà des limites normales : *forcer un moteur ; forcer sa voix ; forcer la dose d'un médicament.* ‖ Contraindre, obliger qqn à faire qqch : *il a été forcé de partir.* ‖ Outrer : *forcer le sens d'un mot.* ‖ Agr. Hâter la maturation de. ‖ Chass. Poursuivre dans ses derniers retranchements. ◆ *Forcer l'attention, l'admiration*, etc., obtenir qu'on vous écoute, qu'on vous admire, etc. ‖ *Forcer un cerf*, le réduire aux abois. ‖ *Forcer un cheval*, l'excéder de fatigue. ‖ *Forcer la consigne*, ne pas s'y conformer. ‖ *Forcer la main à qqn*, le faire agir malgré lui. ‖ *Forcer la nature*, vouloir faire plus qu'on ne peut. ‖ *Forcer le pas*, marcher plus vite. ‖ *Forcer la porte de qqn*, entrer chez lui contre sa volonté. ◆ v. i. Faire un effort particulier : *Agir avec trop de force : ne forcez pas, vous risquez de tout casser.* ‖ Supporter un effort excessif : *cordage qui force trop.* ◆ *Forcer de voiles* (Mar.), mettre au vent toute la voile possible. ◆ **se forcer** v. pr. S'imposer une obligation plus ou moins pénible.

FORCERIE n. f. Serre ou établissement où l'on pratique le forçage des plantes.

FORCES n. f. pl. (lat. *forfex*). Grands ciseaux pour tondre les moutons.

FORCING [fɔrsiŋ] n. m. (mot angl.). Accélération du rythme, de la cadence. ● *Faire le forcing* (Sports), attaquer de manière continue.

FORCIPRESSURE n. f. *Chir.* Application sur un vaisseau, lésé ou non, d'une pince pour arrêter la circulation.

FORCIR v. i. *Fam.* Engraisser.

FORCLORE v. t. (de *fors* et *clore*) [conj. 76], usité seulement à l'inf. et au part. pass. *forclos, e*]. *Dr.* Priver du recours en justice passé un certain délai.

FORCLOS, E adj. *Dr.* Se dit de la personne qui a laissé prescrire son droit.

FORCLUSION n. f. *Dr.* Perte de la faculté de faire valoir un droit par l'expiration d'un délai. ‖ *Psychanal.* Absence de prise en compte d'un secteur du réel par les processus de symbolisation et qui représente un mécanisme de défense spécifique des psychoses.

FORER v. t. (lat. *forare*). Percer, creuser à l'aide d'un instrument mécanique : *forer un puits.*

FORESTIER, ÈRE adj. (de *forêt*). Qui concerne les forêts : *code forestier, exploitation forestière.*

FORESTIER n. et adj. m. Employé de l'administration forestière.

FORET n. m. Instrument tranchant en acier, qui sert à faire des trous dans le bois, la pierre, les métaux.

FORÊT n. f. (bas lat. *forestis*). Grande étendue de terrain couverte d'arbres. ‖ Un grand nombre : *une forêt de mâts.* ● *Forêt dense*, forêt équatoriale, riche en espèces et en étages de végétation. ‖ *Forêt vierge* ou *primaire*, forêt non remaniée par l'intervention de l'homme.
■ La forêt équatoriale, ou *sylve*, et la forêt tempérée froide, ou *taïga*, sont des producteurs irremplaçables de bois et d'oxygène. Elles constituent en outre des régulateurs fluviaux et climatiques. C'est pourquoi leur régression suscite l'inquiétude des écologistes.

FORÊT-GALERIE n. f. (pl. *forêts-galeries*). Forêt dense qui forme de longues bandes de part et d'autre des cours d'eau de la savane.

FOREUR n. et adj. m. Ouvrier qui fore.

FOREUSE n. f. *Techn.* Machine à forer.

FORFAIRE v. t. ind. [à] (conj. 72], n'est usité qu'à l'inf. prés., au sing. du prés. de l'ind. et aux temps composés). *Litt.* Faire qqch contre le devoir, l'honneur : *forfaire à ses engagements.*

FORFAIT n. m. (de *forfaire*). *Litt.* Crime abominable.

FORFAIT n. m. (de *for*, altér. de *fur*, taux). Contrat dans lequel le prix d'une chose ou d'un service est fixé par avance à un montant invariable. ‖ Évaluation par le fisc des revenus ou du chiffre d'affaires de certains contribuables.

FORFAIT n. m. (angl. *forfeit*, du fr. *forfait*). Somme que le propriétaire d'un cheval engagé dans une course est forcé de payer s'il ne le fait pas courir. ● *Déclarer forfait*, ne pas se présenter à une épreuve sportive où l'on s'est engagé ; renoncer à qqch.

FORFAITAIRE adj. À forfait, déterminé par forfait : *prix forfaitaire.*

FORFAITURE n. f. *Féod.* Crime commis par un vassal contre son seigneur. ‖ *Dr.* Crime commis par un fonctionnaire dans l'exercice de ses fonctions.

FORFANTERIE n. f. (anc. fr. *forfant*, coquin). *Litt.* Hâblerie, fanfaronnade.

FORFICULE n. f. (lat. *forficula*, petits ciseaux). Insecte commun sous les pierres et dans les fruits, appelé usuellement *perce-oreille* à cause des deux appendices en forme de pince qui terminent son abdomen. (Long. 3 cm.)

FORGE n. f. (lat. *fabrica*). Établissement industriel où l'on transforme la fonte en acier (vx). ‖ Atelier du serrurier, du maréchal-ferrant. ‖ Fourneau à soufflerie pour le travail à chaud des métaux et des alliages.

FORGEABLE adj. Qui peut être forgé.

FORGEAGE n. m. Action de forger.

FORGER v. t. (lat. *fabricare*, forger) [conj. 1]. Façonner (généralement à chaud) par déformation plastique un métal ou un alliage, soit par choc, soit par pression, afin de lui donner une forme, des dimensions et des caractéristiques bien définies. ‖ Inventer, imaginer : *forger un*

---

alibi. ● *Forger un caractère*, le former par des épreuves.

FORGERON n. m. Ouvrier sachant forger à la main et tremper des pièces de petites et moyennes dimensions.

FORGEUR n. et adj. m. Ouvrier qui forge.

FORINT [fɔrint] n. m. Unité monétaire principale de la Hongrie.

FORLANCER v. t. (de *fors* et *lancer*) [conj. 1]. *Vén.* Faire sortir une bête de son gîte.

FORLANE n. f. Danse du Frioul, très populaire à Venise au début du XVIIe s.

FORMAGE n. m. *Techn.* Action de former, de donner la forme à un objet manufacturé.

FORMALDÉHYDE n. m. → FORMIQUE.

FORMALISATION n. f. Action de formaliser.

FORMALISÉ, E adj. *Théorie déductive formalisée* (Log.), syn. de SYSTÈME HYPOTHÉTICO-DÉDUCTIF.

FORMALISER v. t. *Log.* Poser explicitement dans une théorie déductive les règles de formation des expressions, ou formules, ainsi que les règles d'inférence suivant lesquelles on raisonne. ◆ **se formaliser** v. pr. Être blessé par un manquement aux règles, aux conventions, s'offenser.

FORMALISME n. m. Attachement excessif aux formes, aux formalités. ‖ *Épistémol.* Thèse qui soutient que la vérité des sciences ne dépend que des règles d'usage de symboles conventionnels (par oppos. à INTUITIONNISME). ‖ *Log.* Doctrine selon laquelle les énoncés mathématiques sont des assemblages de signes vides de sens comme tels. ‖ Tendance artistique qui consiste à privilégier la forme. ● *Formalisme russe*, école de critique littéraire dont l'activité s'exerça, de 1916 à 1930, à Moscou, à Leningrad puis à Prague, et dont l'objet était la définition des caractères spécifiques d'une œuvre littéraire.

FORMALISTE adj. et n. Très attaché aux formes, à l'étiquette. ‖ Relatif au formalisme. ‖ Membre du groupe du formalisme russe.

FORMALITÉ n. f. Opération obligatoire pour l'accomplissement de certains actes judiciaires, administratifs. ‖ Règle de conduite imposée par la civilité, les convenances. ‖ Acte de peu d'importance.

FORMANT n. m. *Ling.* Élément constitutif essentiel d'un phonème.

FORMARIAGE n. m. (de *fors* et *marier*). *Féod.* Mariage d'un serf hors de la seigneurie, ou avec une personne d'une autre condition.

FORMAT [fɔrma] n. m. (de *forme*). Dimensions, taille de qqch. ‖ Dimensions d'un livre, en hauteur et en largeur ; indication de ces dimensions par la mention, à l'aide de formules conventionnelles, de la feuille imprimée à plat et du nombre de pages formant le cahier. ‖ *Inform.* Structure caractérisant la disposition des données sur un support d'information, indépendamment de leur représentation codée. ● *Petit format* (Phot.), terme désignant les formats égaux ou inférieurs à 24 × 36 mm.

FORMATEUR, TRICE adj. et n. Qui forme.

FORMATION n. f. Action de former, de se former, processus entraînant l'apparition de qqch qui n'existait pas auparavant : *la formation d'un mot, d'un abcès.* ‖ Développement des organes, du corps, et, *spécialem.*, puberté. ‖ Éducation, instruction : *la formation d'un enfant.* ‖ Groupement de personnes : *formation politique.* ‖ Ordonnance particulière prise par un groupe de danseurs ou de gymnastes sur le lieu scénique ; au *pl.*, dessins que leurs évolutions déterminent devant le spectateur. ‖ *Géol.* Couche constitutive du sol. ‖ *Mil.* Terme générique désignant un groupe militaire organisé ; dispositif pris par une troupe, un ensemble d'aéronefs ou de bâtiments de guerre, sur terre, dans les airs ou sur mer, pour l'instruction, la manœuvre ou le combat. ● *Formation permanente* ou *formation continue*, enseignement qui est dispensé tout au long de la vie professionnelle. ‖ *Formation professionnelle*, ensemble des mesures adoptées pour la formation des travailleurs. || *Formation réactionnelle* (Psychanal.), trait de comportement qui est l'opposé d'un désir refoulé. || *Formation sociale*, réalité sociale historiquement déterminée, produite par le chevauchement de plusieurs modes de production dont l'un est dominant. || *Formation végétale*, groupement naturel de plantes de même taille : arbres (forêt), hautes herbes (savane), buissons (maquis), herbes rases (steppe), etc. (Une formation est *ouverte* lorsqu'elle laisse par endroits le sol à nu, *fermée* lorsqu'elle le recouvre entièrement.)

FORME n. f. (lat. *forma*). Manière d'être extérieure, configuration des corps, des objets, aspect particulier : *la forme d'une table, d'une maison.* || Manière dont une idée est présentée : *juger sur la forme.* || *Dr.* Aspect extérieur d'un acte juridique ou d'un jugement. || Caractère d'un gouvernement, d'un État, selon la Constitution : *forme monarchique, républicaine.* || Ensemble des moyens propres à chaque art, à une école : *forme littéraire.* || Structure perceptive, expressive, plastique. || Structure, plan de composition d'une œuvre musicale. || Condition physique ou intellectuelle de qqn, d'un sportif. || *Ling.* Aspect sous lequel se présente un mot, une construction : *forme active, passive d'un verbe.* || Moule sur lequel on fait un chapeau, une chaussure, etc. || *Impr.* Châssis où l'on serre les pages composées; cliché, plaque ou cylindre servant à l'impression. || *Vétér.* Exostose développée sur les phalanges du cheval. || *Math.* Dans un espace vectoriel, sur un corps K, scalaire $f(\vec{X})$ attaché à chacun des vecteurs de cet espace; scalaire $f(\vec{X}_1, \vec{X}_2, ..., \vec{X}_p)$ attaché à p vecteurs de l'espace considéré. ● *De pure forme*, qui ne concerne que l'apparence extérieure. || *En forme, en bonne forme, en bonne et due forme*, selon les lois, les règles. || *En forme de*, avec les apparences de, avec l'aspect de. || *Pour la forme*, pour se conformer à l'usage, pour sauver les apparences. || *Prendre forme*, commencer à avoir une apparence reconnaissable. || *Théorie de la forme*, v. GESTALTISME. ◆ pl. Les contours du corps humain. || Manière de se conduire conforme aux règles convenues, en partic. aux règles de la politesse. ● *Dans les formes*, conformément aux règles établies. || *Mettre les formes*, user de précautions oratoires.

FORMÉ, E adj. Qui a atteint un certain développement.

FORMEL, ELLE adj. Formulé avec précision : *recevoir un ordre formel.* || Relatif au style, aux structures expressives. || Qui s'attache à la forme, à l'aspect extérieur : *une politesse purement formelle.* ● *Logique formelle*, étude générale des raisonnements déductifs, abstraction faite de leur application à des cas particuliers. (Syn. LOGIQUE SYMBOLIQUE.)

FORMELLEMENT adv. De façon formelle.

FORMER v. t. (lat. *formare*). Créer, constituer ce qui n'existe pas : *former un gouvernement, un projet.* || Être disposé d'une certaine manière, prendre la forme, l'aspect de : *former un cortège.* || Constituer : *ces parties forment un tout.* || Façonner par l'instruction, par l'éducation; exercer, entraîner : *former un apprenti.* ◆ **se former** v. pr. Prendre forme, apparaître. || Devenir plus habile, s'instruire.

FORMERET [fɔrmərɛ] n. m. Arc latéral d'un compartiment voûté, inséré dans un mur et parallèle, le cas échéant, à l'axe du vaisseau dont peut faire partie ce compartiment. (On dit aussi ARC FORMERET.)

FORMIATE n. m. Sel de l'acide formique.

FORMICA n. m. (nom déposé; mot angl.). Matériau stratifié, revêtu de résine artificielle.

FORMIDABLE adj. (lat. *formidare*, avoir peur). D'une grandeur qui cause un sentiment de respect, de crainte : *une puissance formidable.* || *Fam.* Très grand : *des dépenses formidables.* || *Fam.* Extraordinaire : *un type formidable.*

FORMIDABLEMENT adv. De façon formidable.

FORMIQUE adj. (lat. *formica*, fourmi). *Acide formique* (Chim.), acide (HCOOH) qui existe dans les orties, le corps des fourmis, etc. || *Aldéhyde formique*, ou *formaldéhyde* n. m.,

liquide volatil (HCHO), d'odeur forte, obtenu par oxydation incomplète de l'alcool méthylique et qui est un antiseptique très efficace.

FORMOL n. m. Solution aqueuse d'aldéhyde formique, employée comme antiseptique.

FORMOLER v. t. Soumettre à l'action du formol ou de ses vapeurs.

FORMOSAN, E adj. et n. De Formose (T'aiwan).

FORMULABLE adj. Qui peut être formulé.

FORMULAIRE n. m. Recueil de formules : *le codex est un formulaire pharmaceutique.* || Recueil de modèles d'actes : *le formulaire des notaires.* || Imprimé administratif où sont formulées des questions auxquelles l'intéressé doit répondre.

FORMULATION n. f. Action de formuler; expression : *formulation d'une doctrine.*

FORMULE n. f. (lat. *formula*). Façon de s'exprimer, d'agir, conforme à l'usage : *formule de politesse.* || Ensemble d'indications, d'éléments aptes à fournir une solution dans un domaine précis; manière d'organiser qqch : *une nouvelle formule de crédit.* || *Dr.* Modèle qui contient les termes formels dans lesquels un acte doit être conçu. || Résultat d'un calcul; expression d'une loi physique. || Ensemble de symboles chimiques et de nombres indiquant la composition et parfois la structure d'une combinaison chimique. || Catégorie de voitures possédant des puissances voisines : *voitures de formule 1.* || Imprimé administratif. || *Log.* Suite de signes qui satisfait aux règles de formation des énoncés d'une théorie déductive. (On dit aussi une EXPRESSION BIEN FORMÉE.) ● *Formule dentaire, formule florale*, indication schématique du nombre et de l'emplacement des dents, de la constitution d'une fleur. || *Formule leucocytaire* ou *formule blanche*, taux des différentes catégories de leucocytes (globules blancs) contenus dans le sang.

FORMULER v. t. Dresser, rédiger d'après une formule : *formuler un problème d'algèbre.* || Exprimer d'une façon précise ou non : *formuler une objection, un souhait.*

FORNICATEUR, TRICE n. Celui, celle qui fornique.

FORNICATION n. f. *Relig.* Relations sexuelles entre personnes non mariées ou liées par un vœu. || *Pop.* Relations sexuelles en général.

FORNIQUER v. i. (lat. *fornicari*). *Relig.* Commettre le péché de fornication. || *Pop.* Avoir des relations sexuelles.

FORS [fɔr] prép. (lat. *foris*, hors de). *Litt.* Hors, excepté (vx) : *tout est perdu, fors l'honneur.*

FORSYTHIA [fɔrsisja] n. m. (de *Forsyth*, arboriculteur angl.). Arbrisseau dont les fleurs jaunes apparaissent au début du printemps, avant les feuilles. (Haut. 2 à 4 m; famille des oléacées.)

FORT, E adj. (lat. *fortis*). Robuste, vigoureux : *un homme gros et fort.* || Corpulent : *une femme*

un peu forte. || Doté de puissants moyens de défense : *place forte.* || Solide, résistant : *étoffe forte.* || Qui a beaucoup d'intensité, d'énergie, de violence : *voix forte; forte fièvre.* || Qui fait une vive impression sur les sens : *café, tabac fort.* || Difficile à croire, à supporter : *c'est un peu fort.* || Âcre, désagréable au goût : *beurre fort.* || Qui a des capacités intellectuelles ou morales : *fort en mathématiques; âme forte.* Considérable : *forte somme.* || *Chim.* Se dit d'une base, d'un acide, d'un électrolyte très dissociés. ● *Avoir affaire à forte partie*, avoir un adversaire redoutable. || *C'est fort!, c'est un peu fort!*, marquent la surprise, l'incrédulité ou l'indignation. || *Ce n'est pas fort* (Fam.), ce n'est pas intelligent. || *Esprit fort*, personne incrédule en matière religieuse ou qui se met au-dessus des opinions reçues. || *Forte tête*, se dit de qqn qui est obstiné, indocile. || *Homme fort*, celui qui, par son autorité, a une influence déterminante dans l'évolution d'un parti, d'un régime, d'un pays. || *Prix fort*, sans réduction. || *Régime fort*, autoritaire. || *Se faire fort de*, prendre l'engagement de, se vanter de. || *Temps fort*, temps de la mesure où l'on renforce le son; moment important d'une action, d'un spectacle. || *Terre forte*, grasse, difficile à labourer.

FORT adv. D'une manière forte, intense : *crier fort; frapper fort.* || Beaucoup, extrêmement : *être fort inquiet.*

FORT n. m. (de l'adj. *fort*). Ouvrage de fortification : *les forts de Metz.* || Homme puissant, qui a des ressources : *protéger le faible contre le fort.* || Ce en quoi une personne excelle : *l'algèbre est son fort.* ● *Au fort de qqch*, au moment où qqch atteint son plus haut degré. || *Fort des Halles*, portefaix des Halles de Paris.

FORTAGE n. m. Redevance au mètre cube, payée au propriétaire du sol par l'exploitant d'une carrière.

FORTE [fɔrte] adv. et n. m. inv. (mot it.). *Mus.* Expression indiquant que l'on doit renforcer le son. (Abrév. : *f* ou *F.*)

FORTEMENT adv. Avec force. || Beaucoup, très.

FORTE-PIANO [fɔrtepjano] adv. et n. m. inv. (mots it.). *Mus.* Expression indiquant une *forte* suivi d'un *piano*. (Abrév. : *Fp.*)

FORTERESSE n. f. Lieu fortifié, organisé pour la défense d'une ville, d'une région. || Citadelle servant de prison d'État. ● *Forteresse volante, superforteresse, stratoforteresse*, bombardiers lourds américains (Boeing B-17, B-29, B-52, 1942-1952).

FORTICHE adj. *Fam.* Fort physiquement. || *Fam.* Intelligent, astucieux.

FORTIFIANT, E adj. et n. m. Se dit des substances qui augmentent les forces physiques. ◆ adj. *Litt.* Qui donne de la force morale : *un exemple fortifiant.*

FORTIFICATION n. f. Art ou action d'organi-

FORTIFICATIONS (XVIIᵉ et XVIIIᵉ s.)

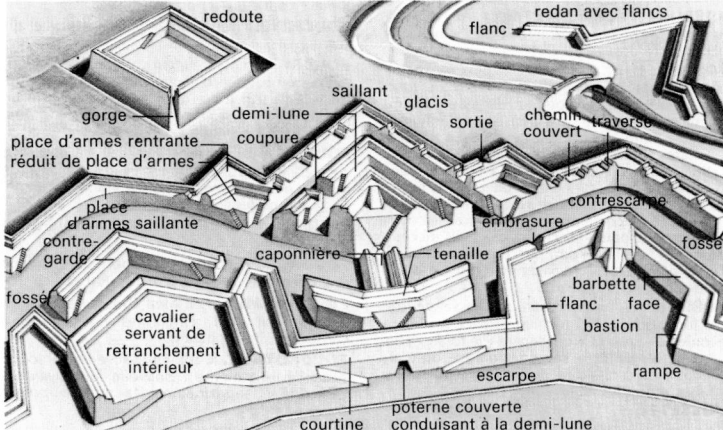

redoute — flanc — redan avec flancs — saillant — glacis — sortie — chemin couvert — traverse — gorge — demi-lune — place d'armes rentrante — coupure — réduit de place d'armes — contrescarpe — place d'armes saillante — contre-garde — embrasure — fossé — fossé — caponnière — tenaille — barbette — flanc — face — bastion — cavalier servant de retranchement intérieur — escarpe — rampe — poterne couverte conduisant à la demi-lune — courtine

forum romain de Djerach (Jordanie)

ser, au moyen d'ouvrages militaires, la défense d'une région. ‖ Ouvrage de défense militaire.

FORTIFIER v. t. (de *fort*). Protéger par des ouvrages de défense : *fortifier une ville.* ‖ Donner plus de force, rendre plus fort : *l'exercice fortifie le corps; ce témoignage fortifie mon opinion.* ‖ Affermir moralement : *fortifier qqn dans une résolution.*

FORTIN n. m. (it. *fortino*). Petit fort.

FORTIORI (A) [afɔrsjɔri] loc. adv. (mots du bas lat., *en partant du plus fort*). À plus forte raison.

FORTISSIMO adv. et n. m. inv. (mot it.). *Mus.* Aussi fort que possible.

FORTRAN n. m. (abrév. de FORmula TRANSlator). *Inform.* Langage de programmation utilisé sur certains ordinateurs, particulièrement pour des calculs scientifiques ou techniques.

FORTUIT, E [fɔrtɥi, it] adj. (lat. *fortuitus*; de *fors*, hasard). Qui arrive par hasard; imprévu.

FORTUITEMENT adv. Par hasard.

FORTUNE n. f. (lat. *fortuna*). Sort réservé à qqch : *la fortune d'un livre.* ‖ Biens, richesses : *acquérir de la fortune.* ‖ *Litt.* Hasard, chance : *la fortune est aveugle.* ‖ *Mar.* Misaine carrée d'une goélette. ● *À la fortune du pot,* se dit d'une invitation impromptue à un repas. ‖ *De fortune,* improvisé et provisoire : *une installation de fortune.* ‖ *Faire fortune,* s'enrichir. ‖ *La Fortune,* divinité romaine du Hasard. ‖ *Fortune de mer* (Dr.), perte ou dommage fortuitement occasionné à un navire ou à sa cargaison et dont doit répondre l'assureur maritime. ‖ *Revers de fortune,* malheur, accident qui changent une situation. ‖ *Tenter fortune,* commencer une carrière, une vie.

FORTUNÉ, E adj. (lat. *fortunatus*). Pourvu de richesses.

FORUM [fɔrɔm] n. m. (mot lat.). Place de Rome, située entre le Capitole et le Palatin, centre de l'activité politique, religieuse, commerciale et judiciaire, correspondant à l'Agora d'Athènes. (En ce sens, prend une majuscule.) ‖ Place centrale des villes antiques d'origine romaine, portant les principaux édifices publics. ‖ Réunion accompagnée d'un débat, colloque : *un forum sur la musique contemporaine.*

FORURE n. f. Trou pratiqué avec un foret. ‖ Trou percé dans la tige d'une clef.

FOSBURY FLOP n. m. *Sports.* Au saut en hauteur, technique permettant de franchir la barre sur le dos.

FOSSE n. f. (lat. *fossa*). Creux plus ou moins large et profond dans le sol. ‖ Creux du fond des océans, où la profondeur dépasse 6 000 m. ‖ Mine souterraine. ‖ Trou creusé pour l'inhumation des morts. ‖ *Anat.* Cavité : *fosses nasales.* ‖ *Sports.* Creux rempli de matériau mou où l'athlète se reçoit après un saut. ● *Fosse d'aisances,* installation destinée à la collecte, à la liquéfaction et à l'aseptisation des matières excrémentielles. ‖ *Fosse commune,* tranchée creusée dans un cimetière, pour y placer les cercueils de ceux dont les familles n'ont pas de concession. ‖ *Fosse d'orchestre,* emplacement réservé à un orchestre dans un théâtre.

FOSSÉ n. m. (bas lat. *fossatum*). Fosse creusée en long pour enfermer un espace ou faire écouler les eaux. ‖ Ce qui sépare : *le fossé s'élargit entre les partis.* ● *Fossé tectonique,* compartiment de l'écorce terrestre, affaissé entre des failles. (Syn. GRABEN.)

FOSSETTE n. f. Cavité que quelques per-

sonnes ont naturellement au menton, ou qui se forme sur la joue quand elles rient.

FOSSILE adj. et n. m. (lat. *fossilis*). Se dit d'un reste ou d'une empreinte d'une plante ou d'un animal ayant vécu avant l'époque historique, qui ont été conservés dans des dépôts sédimentaires. ‖ Se dit d'une idée surannée, d'une personne aux idées arriérées. ● *Combustible fossile,* la houille, le lignite, le pétrole, le gaz naturel, l'uranium.

FOSSILIFÈRE adj. Qui renferme des fossiles.

FOSSILISATION n. f. Passage d'un corps organisé à l'état de fossile.

FOSSILISER v. t. Amener à l'état de fossile.

FOSSOYEUR n. m. Celui qui creuse les fosses pour enterrer les morts. ‖ Personne qui cause la ruine de qqch, qui anéantit : *les fossoyeurs d'un régime.*

FOU ou **FOL, FOLLE** adj. et n. (lat. *follis*, ballon). Qui a perdu la raison ou dont le comportement est extravagant. ◆ adj. Qui est hors de soi : *fou de joie, de douleur.* ‖ Contraire à la raison : *une folle passion; un fol espoir.* ‖ Excessif; prodigieux : *folle dépense; succès fou.* ● *Fou de,* passionné pour. ‖ *Fou rire,* rire qu'on ne peut pas retenir. ‖ *Herbes folles,* herbes qui croissent eh abondance et sans culture. ‖ *Poulie folle,* poulie indépendante de l'axe qui la porte, employée pour débrayer. ‖ *Tourner fou,* tourner sans entraîner l'axe, l'arbre.
— *Fol,* adj. masc., est employé devant les mots commençant par une voyelle ou un *h* muet.

FOU n. m. Bouffon des princes. ‖ Pièce du jeu d'échecs. ‖ Oiseau palmipède de la taille d'une

fou de Bassan

oie, nichant sur les côtes rocheuses et plongeant à la recherche des poissons. (L'espèce commune est le *fou de Bassan;* ordre des pélécaniformes.)

FOUACE n. f. → FOUGASSE.

FOUAGE n. m. *Féod.* Redevance qui était payée par maison ou par feu.

FOUAILLER v. t. (de *fouet*). *Litt.* Frapper souvent et à grands coups de fouet. ‖ *Litt.* Cingler de mots blessants.

FOUCADE n. f. (de *fougue*). *Litt.* Élan, emportement capricieux et passager.

FOUCHTRA! [fuʃtra] interj. Juron attribué aux Auvergnats.

FOUDRE n. f. (lat. *fulgur*). Décharge disruptive accompagnée d'explosion (tonnerre) et de lumière (éclair) entre deux nuages ou entre un nuage et le sol. ● *S'attirer les foudres de qqn,* se mettre en situation de subir sa colère.

FOUDRE n. m. *Mythol.* Faisceau de dards en zigzags, attribut de Jupiter. ● *Un foudre de guerre* (Litt.), un grand capitaine, un grand orateur.

FOUDRE n. m. (all. *Fuder*). Tonneau d'une grande capacité.

FOUDROIEMENT n. m. Action par laquelle une personne, une chose est foudroyée.

FOUDROYAGE n. m. *Min.* Éboulement volontaire du toit pour remplir les vides laissés à l'arrière de l'exploitation.

FOUDROYANT, E adj. Qui cause une émotion soudaine et violente : *nouvelle foudroyante.* ‖ Qui donne soudainement la mort : *poison foudroyant.*

FOUDROYER v. t. (conj. 2). Frapper de la foudre ou d'une décharge électrique. ‖ Tuer d'un coup soudain et irrésistible : *foudroyé par la congestion.* ‖ Regarder intensément pour marquer sa haine, sa réprobation : *foudroyer qqn du regard.*

FOUÉE n. f. (de *feu*). Chasse aux petits oiseaux, qui se fait la nuit à la clarté d'un feu (vx).

FOUÈNE n. f. → FOËNE.

FOUET n. m. (lat. *fagus*, hêtre). Instrument formé d'une corde ou d'une lanière de cuir liée à un manche, dont on se sert pour conduire ou exciter certains animaux. ‖ Châtiment infligé avec un fouet ou des verges. ‖ Ustensile servant à battre les œufs, les crèmes, les sauces. ‖ Ensemble des longs poils garnissant la queue d'un animal. ● *Coup de fouet,* douleur soudaine, provenant de la déchirure d'un tendon ou d'un muscle; stimulation qui a un effet immédiat. ‖ *Fouet de l'aile,* articulation extérieure de l'aile des oiseaux. ‖ *Tir de plein fouet,* tir direct sur un but visible.

FOUETTARD adj. m. *Père fouettard,* personnage légendaire muni d'un fouet et dont on menaçait les enfants.

FOUETTÉ, E adj. *Crème fouettée,* crème de lait que l'on fait mousser au fouet.

FOUETTÉ n. m. *Chorégr.* Tour à terre consistant dans une rotation rapide et continue effectuée sur pointe, ou demi-pointe, et dont la répétition est obtenue grâce à l'élan imprimé par les mouvements des bras et de l'autre

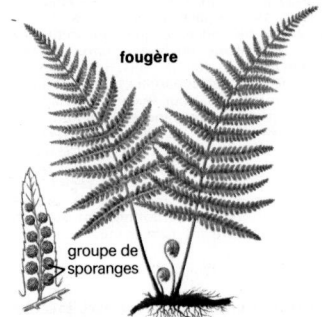
fougère

groupe de sporanges

jambe. (Les fouettés s'exécutent par séries de seize ou de trente-deux.)

FOUETTEMENT n. m. Action de fouetter.

FOUETTER v. t. Donner des coups de fouet : *fouetter son cheval.* ‖ Battre vivement : *fouetter des œufs.* ‖ Frapper, cingler : *la pluie fouette les vitres.* ◆ v. i. *Pop.* Avoir peur.

FOUGASSE n. f. (de *fougade;* de *fou,* forme anc. de *feu*). Anc. appellation des mines souterraines camouflées.

FOUGASSE ou **FOUACE** n. f. (lat. *focacius panis,* pain cuit sous la cendre). Galette de froment non levée, cuite au four ou sous la cendre.

FOUGER v. i. (lat. *fodicare*) [conj. 1]. Fouiller la terre avec ses boutoirs, en parlant du sanglier.

FOUGERAIE n. f. Lieu planté de fougères.

FOUGÈRE n. f. (lat. pop. *filicaria,* de *filix, filicis*). Plante sans fleurs, à feuilles souvent très divisées, vivant dans les bois, les landes, sur les murs. (Les fougères forment, sous le nom de *filicales,* un ordre de cryptogames vasculaires. Dans les pays tempérés, elles ne dépassent pas 2 m de haut, mais certaines espèces tropicales sont arborescentes.)

FOUGUE n. f. (it. *foga*). Mouvement violent et impétueux : *cheval plein de fougue.* ‖ Ardeur impulsive et enthousiaste : *la fougue de la jeunesse.*

FOUGUE n. f. (de *fouler*). Perroquet de fougue, voile carrée envergurée sur un mât qui surmonte le mât d'artimon.

FOUGUEUSEMENT adv. Avec fougue.

FOUGUEUX, EUSE adj. Qui a ou qui montre de la fougue.

FOUILLAGE n. m. *Agric.* Façon culturale consistant à travailler le sous-sol tout en le laissant en place, qu'on exécute avec des sous-soleuses.

FOUILLE n. f. Activité de qqn qui creuse le sol. || Excavation pratiquée dans le sol pour recevoir les fondations ou le sous-sol d'une construction ou pour retrouver des monuments anciens. || Action d'explorer, de visiter minutieusement : *la fouille d'une armoire, des poches.* || *Pop.* Poche (d'un vêtement).

FOUILLER v. t. (lat. *fodicare*, percer). Creuser pour chercher, pour mettre au jour des vestiges : *fouiller l'emplacement d'une ville détruite.* || Explorer minutieusement, perquisitionner : *fouiller un quartier.* || Approfondir avec soin et minutie : *fouiller une étude.* || Inspecter les poches, les vêtements de qqn. ◆ v. i. Se livrer à des recherches : *fouiller dans une armoire.* ◆ se fouiller v. pr. *Il peut se fouiller* (Fam.), il peut attendre longtemps ce qu'il désire.

FOUILLEUR, EUSE n. Personne qui fouille.

FOUILLEUSE n. f. *Agric.* Sorte de soussoleuse.

FOUILLIS [fuji] n. m. Désordre, pêle-mêle, confusion.

FOUINARD, E adj. et n. *Fam.* Indiscret, curieux.

FOUINE n. f. (lat. *fagina* [mustela], [martre] du hêtre). Mammifère carnassier au pelage grisbrun, court sur pattes, atteignant 50 cm de long sans la queue, vivant dans les bois et commettant la nuit des ravages dans les poulaillers. (Famille des mustélidés.)

fouine

FOUINE n. f. (lat. *fuscina*). Fourche de fer à deux ou trois pointes. || Syn. de FOËNE.

FOUINER v. i. *Fam.* Se mêler des affaires d'autrui. || Explorer les moindres recoins pour découvrir qqch : *fouiner chez les brocanteurs.*

FOUINEUR, EUSE adj. et n. Syn. de FOUINARD.

FOUIR v. t. (lat. *fodere*). Creuser (le sol).

FOUISSAGE n. m. Action de fouir.

FOUISSEUR, EUSE adj. Qui fouit.

FOUISSEUR n. m. Animal qui creuse la terre, comme la taupe, etc.

FOULAGE n. m. Action de fouler.

FOULANT, E adj. *Pop.* Fatigant. ● *Pompe foulante,* qui élève l'eau au moyen de la pression exercée sur le liquide.

FOULARD n. m. Carré de soie ou de tissu léger que l'on met autour du cou ou que les femmes portent sur la tête. || *Text.* Étoffe de soie légère, pour robes, cravates, fichus, etc.

FOULE n. f. (de *fouler*). Multitude de personnes réunies. ● *En foule,* en grande quantité. || *La foule,* les hommes ordinaires, par opposition à l'*élite.* || *Une foule de,* une masse de (choses ou personnes).

FOULÉE n. f. Manière dont un cheval ou un coureur prend appui sur le sol à chaque pas. || Distance couverte par un coureur entre deux appuis des pieds au sol. ● *Dans la foulée de qqn, qqch,* sur la même lancée que qqn, dans le prolongement immédiat de qqch. ◆ pl. *Vén.* Empreintes qu'une bête laisse sur le sol.

FOULER v. t. (lat. *fullo,* foulon). Marcher sur : *fouler le sol natal.* || Faire une foulure : *fouler le poignet.* || Presser, écraser une chose peu résistante : *fouler le raisin.* || Presser le cuir dans l'eau pour l'amollir. || Faire passer des draps ou des étoffes entre des cylindres métalliques pour les comprimer et les rendre plus serrés. ● *Fouler*

aux pieds (Litt.), mépriser. ◆ se fouler v. pr. Se faire une foulure. ● *Ne pas se fouler* (Pop.), ne pas se donner beaucoup de peine.

FOULOIR n. m. Appareil servant à fouler les draps, les peaux.

FOULON n. m. (lat. *fullo*). Ouvrier conduisant une machine à fouler pour la fabrication du feutre. || Machine utilisée pour la fabrication du feutre ou pour le foulage des tissus de laine. ● *Terre à foulon,* argile smectique provenant de la décomposition de certains schistes.

FOULONNIER adj. et n. m. Qui dirige un foulon. || Ouvrier qui foule les draps.

FOULQUE n. f. (lat. *fulica*). Oiseau échassier à plumage sombre, voisin de la poule d'eau, vivant dans les roseaux des lacs et étangs. (Long. 20 cm; famille des rallidés.)

FOULTITUDE n. f. *Fam.* Grand nombre.

FOULURE n. f. Étirement accidentel des ligaments articulaires; légère entorse.

FOUR n. m. (lat. *furnus*). Ouvrage de maçonnerie voûté, qui sert à la cuisson de diverses substances ou à la production de températures très élevées. || Appareil dans lequel on chauffe une matière en vue de lui faire subir des transformations physiques ou chimiques. || Partie du cuisinière calorifugée ou enceinte calorifugée indépendante et encastrable dans laquelle on met les aliments à cuire. || *Fam.* Insuccès, échec, en particulier en parlant d'une œuvre théâtrale, littéraire. ● *Four à catalyse,* four autonettoyant électrique ou à gaz où les graisses sont oxydées au contact de l'émail des parois. || *Four à chaux, à ciment,* four soit vertical, soit horizontal et alors animé d'un mouvement de rotation, pour la fabrication de la chaux ou du ciment. || *Four électrique,* très employé en métallurgie, dans lequel la chaleur est fournie par l'arc électrique, par induction électromagnétique, par bombardement électronique ou par une résistance que parcourt un courant électrique. || *Four Martin,* four à sole pour l'affinage de la fonte. || *Four à pyrolyse,* four autonettoyant électrique où la combustion des graisses s'opère à 500 °C. || *Four solaire,* miroir concave de grand diamètre, qui concentre les rayons solaires en son foyer, y produisant une température très élevée. || *Four à sole,* four dans lequel le foyer est séparé de la zone où l'on utilise la chaleur. (Dirigés par une voûte de forme appropriée, les gaz viennent lécher les corps à réchauffer placés sur une voûte réfractaire.) || *Four tunnel,* four de grandes dimensions dans lequel les produits à traiter se déplacent en sens inverse des gaz chauds en vue d'un chauffage méthodique. || *Petit four,* catégorie de pâtisserie qui comprend de petits gâteaux secs ou glacés, ou des fruits enrobés de sucre.

FOURBE adj. et n. (de *fourbir*). Qui trompe avec une adresse perfide; sournois.

FOURBERIE n. f. Ruse basse et odieuse, jointe au mensonge; hypocrisie, perfidie.

FOURBI n. m. *Fam.* Ensemble d'objets, d'affaires sans valeur.

FOURBIR v. t. (mot germ.). Nettoyer, rendre clair en frottant : *fourbir des armes.* || Préparer soigneusement : *fourbir des arguments.*

FOURBISSAGE n. m. Action de fourbir.

FOURBU, E adj. (anc. fr. *fourboire,* boire à l'excès). Se dit des chevaux affectés de fourbure. || Harassé de fatigue, éreinté.

FOURBURE n. f. *Vétér.* Congestion et inflammation du pied des ongulés, spécialement du cheval.

FOURCHE n. f. (lat. *furca*). Outil à dents, de fer ou de bois, muni d'un long manche et servant à la manutention des fourrages, du fumier, etc. || Endroit où un chemin, un arbre, etc., se divise en plusieurs branches. || Partie du cadre d'un deux-roues où se place la roue avant. || En Belgique, temps libre dans un horaire de professeur ou d'étudiant. ◆ pl. *Fourches patibulaires,* gibet à plusieurs piliers, que les seigneurs hauts justiciers avaient droit d'élever dans la campagne.

FOURCHER v. i. Se séparer en deux ou plusieurs branches par l'extrémité (vx). ● *La langue*

lui a fourché (Fam.), il a dit un mot pour un autre.

FOURCHET n. m. *Vétér.* Inflammation qui attaque le pied, chez les ruminants.

FOURCHETTE n. f. Ustensile de table dont le manche se termine par des dents. || *Arm.* Écart résultant de la dispersion du tir et utilisé pour le réglage. || *Jeux.* Deux cartes dont l'une précède et l'autre suit immédiatement une carte de l'adversaire. || *Stat.* Écart entre deux nombres à l'intérieur duquel on fait une appréciation. || *Techn.* Pièce mécanique ayant la forme d'une petite fourche. || *Zool.* Os résultant de la soudure des deux clavicules, chez les oiseaux; espèce de fourche formée par la corne, dans la cavité du sabot du cheval. ● *Avoir un bon, un joli coup de fourchette* (Fam.), être un gros mangeur. || *Prendre en fourchette,* au jeu, prendre une carte de son adversaire entre deux cartes, l'une inférieure, l'autre supérieure; coincer.

FOURCHU, E adj. Qui se divise ainsi qu'une fourche : *chemin fourchu.* ● *Pied fourchu,* pied divisé en deux, des ruminants; pied que l'on attribue au diable.

FOURGON n. m. Véhicule long et couvert, utilisé pour le transport des marchandises (vx). || Wagon à bagages, dans un train. ● *Fourgon funéraire,* corbillard automobile dans lequel peuvent prendre place quelques personnes accompagnant le corps.

FOURGON-CHAUDIÈRE n. m. (pl. *fourgons-chaudières*). Véhicule ferroviaire incorporé à certains trains de voyageurs et équipé d'un générateur de vapeur pour le chauffage des voitures.

FOURGONNER v. i. *Fam.* Fouiller en bouleversant tout.

FOURGONNETTE n. f. Petite voiture commerciale à carrosserie tôlée, s'ouvrant par l'arrière.

FOURGON-POMPE n. m. (pl. *fourgons-pompes*). Véhicule d'intervention contre l'incendie.

FOURGUER v. t. *Arg.* Céder à bas prix.

FOURIÉRISME n. m. Doctrine de Ch. Fourier.

FOURIÉRISTE adj. et n. Qui appartient au fouriérisme.

FOURME n. f. (lat. *forma,* forme à fromage). Fromage voisin du cantal. ● *Fourme d'Ambert,* bleu fabriqué au lait de vache dans le Forez.

FOURMI n. f. (lat. *formica*). Insecte de quelques millimètres de long, vivant en sociétés, ou fourmilières, où l'on rencontre des reines fécondes et de nombreuses ouvrières sans ailes (jusqu'à 500 000 dans certaines colonies). [Ordre des hyménoptères.] ● *Avoir des fourmis* (Fam.), éprouver des picotements nombreux. || *Fourmis blanches,* nom donné improprement aux termites.

FOURMILIER n. m. Nom donné à plusieurs mammifères édentés qui capturent les insectes avec leur langue visqueuse. (V. TAMANOIR.)

FOURMILIÈRE n. f. Habitation des fourmis;

FOURMI ET FOURMILIÈRE

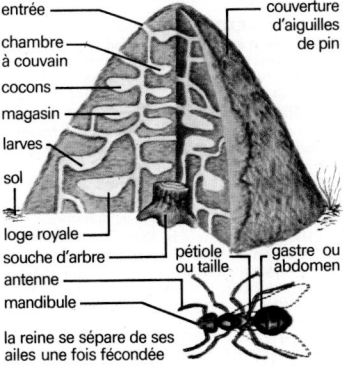

entrée
chambre à couvain
cocons
magasin
larves
sol
loge royale
souche d'arbre
antenne
mandibule
couverture d'aiguilles de pin
pétiole ou taille
gastre ou abdomen
la reine se sépare de ses ailes une fois fécondée

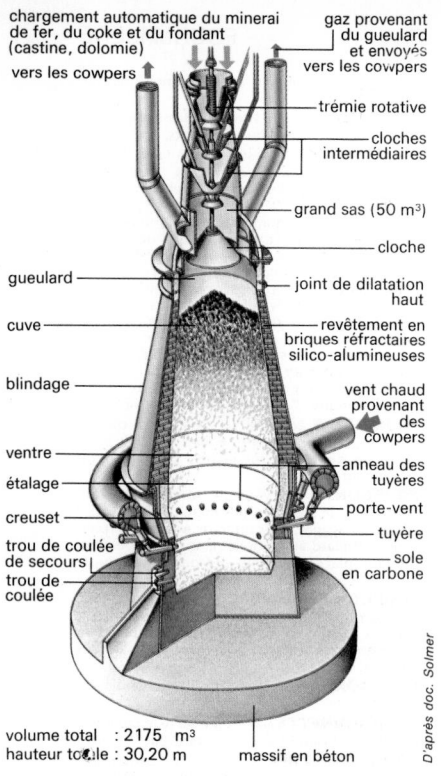

chargement automatique du minerai de fer, du coke et du fondant (castine, dolomie)

vers les cowpers

gaz provenant du gueulard et envoyés vers les cowpers

trémie rotative

cloches intermédiaires

grand sas (50 m³)

cloche

gueulard

joint de dilatation haut

cuve

revêtement en briques réfractaires silico-alumineuses

blindage

vent chaud provenant des cowpers

ventre

étalage

anneau des tuyères

creuset

porte-vent

trou de coulée de secours

tuyère

trou de coulée

sole en carbone

volume total : 2175 m³
hauteur totale : 30,20 m

massif en béton

D'après doc. Solmer

HAUT FOURNEAU

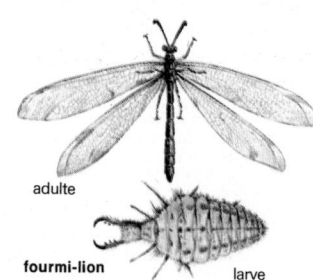

adulte

fourmi-lion

larve

ensemble des fourmis qui habitent un même endroit. ‖ Multitude de gens qui s'agitent beaucoup.

FOURMI-LION (pl. *fourmis-lions*) ou **FOURMILION** n. m. Insecte dont la larve creuse dans le sable un piège en entonnoir où elle capture les fourmis. (Long. de la larve : 1 cm; ordre des névroptères.)

FOURMILLEMENT n. m. Mouvement d'êtres qui s'agitent comme des fourmis. ‖ Sensation de picotement dans un membre, survenant spontanément ou après compression d'un nerf ou de vaisseaux sanguins.

FOURMILLER v. i. S'agiter en grand nombre : *les vers fourmillent dans ce fromage.* ‖ Abonder, pulluler : *les fautes fourmillent dans ce devoir.* ‖ Faire éprouver du fourmillement.

FOURNAISE n. f. (lat. *fornax, fornacis,* four). Feu très ardent. ‖ Lieu extrêmement chaud. ‖ Lieu où se livrent les combats acharnés.

FOURNEAU n. m. (de *four*). Construction de maçonnerie ou ustensile portatif, où l'on fait du feu. ‖ Appareil destiné à la cuisson des aliments. ‖ Cavité destinée à recevoir une charge d'explosif. ‖ Partie de la pipe où se met le tabac. ● *Bas fourneau,* four à cuve de faible hauteur utilisé pour l'élaboration de la fonte et des ferro-alliages, à partir de minerais pauvres. ‖ *Haut four-*

neau, construction spécialement établie pour effectuer la fusion et la réduction des minerais de fer en vue d'élaborer la fonte. ■ Le *haut fourneau,* dont le profil est déterminé pour assurer la descente régulière des charges et la répartition uniforme des gaz, se présente sous la forme de deux troncs de cône, à axe vertical, réunis à leur grande base par une partie cylindrique. Il comprend : le *gueulard,* que ferme la *trémie de chargement,* équilibrée par le *contrepoids,* et par lequel on charge le minerai, le coke métallurgique et le fondant; la *cuve,* dans laquelle s'effectue la réduction du minerai; le *ventre,* partie la plus large de l'appareil, où se poursuit la réduction du minerai; l'*étalage,* où s'achève cette réduction; l'*ouvrage,* partie cylindrique qui reçoit l'air sous pression amené par les *tuyères*; le *creuset,* partie basse de l'appareil, qui recueille la fonte liquide, et le *laitier,* dont l'évacuation est assurée par deux trous de coulée séparés. Le haut fourneau comprend également une installation accessoire qui conditionne le rendement de l'exploitation. Celle-ci se compose : des *récupérateurs de chaleur,* des *épurateurs de gaz,* des *appareils de chargement,* des *installations de fabrication* à partir du laitier et d'une *centrale* pour la récupération des gaz.

FOURNÉE n. f. Quantité (de pain, de pièces de céramique, etc.) qu'on fait cuire à la fois dans un four. ‖ *Fam.* Ensemble de personnes nommées aux mêmes fonctions, aux mêmes dignités, ou bien qui font ou qui subissent la même chose.

FOURNI, E adj. Épais, touffu : *barbe fournie.* ‖ Approvisionné : *magasin bien fourni.*

FOURNIER n. m. Oiseau voisin des passereaux, qui construit un nid de terre en forme de fourneau. (Il vit en Amérique du Sud.)

FOURNIL [furni] n. m. Local d'une boulangerie où se trouve le four et où l'on pétrit la pâte.

FOURNIMENT n. m. Ensemble des objets d'équipement d'un soldat.

FOURNIR v. t. (mot germ.). Pourvoir du nécessaire, procurer, mettre à la disposition de qqn : *fournir de l'argent.* ‖ Produire qqch : *ce vignoble fournit un bon vin; fournir un effort.* ‖ Approvisionner : *ce commerçant fournit tout le quartier en vin.* ‖ Présenter, donner : *fournir un alibi.* ◆ v. t. ind. [à]. Subvenir : *fournir aux besoins de qqn.* ◆ se fournir v. pr. S'approvisionner.

FOURNISSEUR n. m. Personne ou établissement auquel on achète.

FOURNITURE n. f. Action de fournir; provision fournie. ‖ Ce qui est fourni par certains artisans, tels que tailleurs, tapissiers, etc., en confectionnant un objet.

FOURRAGE n. m. (mot germ.). Tout produit végétal destiné à l'alimentation des animaux, à l'exception des grains et des produits à base de grain. ‖ Pelleterie préparée pour servir de doublure à un vêtement.

FOURRAGER v. i. (conj. 1). *Fam.* Chercher en mettant du désordre; fouiller.

FOURRAGÈRE adj. f. Se dit des plantes propres à être employées comme fourrage.

FOURRAGÈRE n. f. Cordelière aux couleurs de la Légion d'honneur, de la médaille militaire ou des croix de guerre, portée sur l'épaule gauche et devenue, depuis 1916, l'insigne collectif attribué aux unités militaires plusieurs fois citées à l'ordre de l'armée.

FOURRAGEUR n. m. *Mil.* Autref., celui qui allait en terrain ennemi enlever le fourrage. ‖ Cavalier combattant en ordre dispersé.

FOURRE n. f. En Suisse, taie d'oreiller; enveloppe protectrice d'un livre, d'un cahier, d'un disque.

FOURRÉ, E adj. Doublé, garni d'une peau qui a encore son poil. ‖ Garni de confiture, de

crème, etc. ● *Coup fourré* (Escr.), coup porté et reçu en même temps par chacun des deux adversaires; entreprise sans résultat. ‖ *Paix fourrée,* paix conclue avec mauvaise foi de part et d'autre.

FOURREAU n. m. (mot germ.). Gaine, étui allongé servant d'enveloppe à un objet. ‖ Robe de forme étroite.

FOURRER v. t. (mot germ.). Garnir de fourrure ou de matière : *fourrer un manteau.* ‖ *Fam.* Introduire, mettre parmi d'autres choses : *fourrer la main dans sa poche.* ‖ *Fam.* Faire entrer : *fourrer qqch dans la tête de qqn.* ‖ *Fam.* Enfermer : *fourrer qqn en prison.* ● *Fourrer son nez dans* (Fam.), se mêler indiscrètement. ◆ se fourrer v. pr. *Fam.* Se mettre, se placer. ● *Ne savoir où se fourrer,* ne savoir comment dissimuler sa confusion.

FOURRE-TOUT n. m. inv. Cabinet de débarras. ‖ Sac de voyage souple et extensible.

FOURREUR n. m. Marchand de fourrures. ‖ Personne qui travaille les peaux pour les transformer en fourrures.

FOURRIER n. m. (anc. fr. *fuerre,* fourrage). Sous-officier chargé autref. de distribuer les vivres et de pourvoir au logement des militaires (auj. responsable du matériel d'une unité).

FOURRIÈRE n. f. (de *fourrage*). Lieu de dépôt des animaux, des voitures, etc., qu'on a saisis pour dégât, dette ou contravention.

FOURRURE n. f. (de *fourrer*). Peau de mammifère avec son poil et préparée pour doubler, garnir ou faire un vêtement; ce vêtement luimême. ‖ *Constr.* Blocage compris entre deux appareils de revêtement. ‖ *Hérald.* L'un des émaux de l'écu. ‖ *Techn.* Pièce servant à remplir un vide, à masquer un joint, à rattraper un jeu important entre diverses pièces mécaniques.

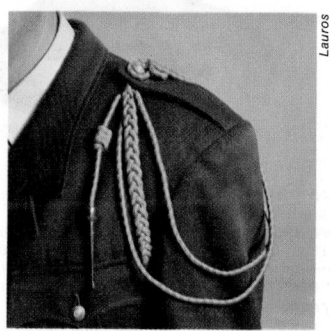

Larousse

fourragère

FOURVOIEMENT n. m. *Litt.* Erreur de celui qui se fourvoie.

FOURVOYER v. t. (préf. *fors* et *voie*) [conj. 2]. *Litt.* Égarer, détourner du chemin : *guide qui a fourvoyé des touristes.* ‖ Mettre dans l'erreur : *ce rapport nous a fourvoyés.* ◆ se fourvoyer v. pr. S'égarer, se tromper complètement, faire fausse route.

FOUTAISE n. f. *Pop.* Chose sans valeur.

FOUTOIR n. m. *Pop.* Grand désordre.

FOUTRAL, E, ALS adj. *Pop.* Extraordinaire.

FOUTRE v. t. (lat. *futuere,* avoir des rapports sexuels avec une femme) [inusité au passé simple]. *Pop.* Jeter violemment : *foutre qqn par terre.* ‖ *Pop.* Faire, travailler : *ne rien foutre de la journée.* ● *Ça la fout mal* (Fam.), cela fait mauvais effet. ◆ se foutre v. pr. [de]. *Pop.* Ne faire aucun cas de qqn, de qqch; se moquer.

FOUTREMENT adv. *Pop.* Beaucoup, très.

FOUTRIQUET n. m. *Fam.* Personnage insignifiant.

FOUTU, E adj. *Pop.* Se dit de ce qui échoue : *une affaire foutue.* ‖ *Être foutu* (Pop.), être dans une situation sans espoir. ‖ *Être foutu de* (Pop.), être capable de : *il est foutu d'être élu.* ‖ *Être mal foutu* (Pop.), être un peu souffrant.

FOVÉA n. f. (mot lat., *fosse*). *Anat.* Dépression

de la rétine, située au centre de la tache jaune, où la vision atteint la plus grande netteté.

FOXÉ, E adj. Se dit d'un goût particulier à certains vins provenant de cépages américains.

FOX-HOUND [fɔksawnd] n. m. (mot angl.) [pl. *fox-hounds*]. Chien courant de grande taille.

FOX-TERRIER ou, par abrév., **FOX** n. m. (angl. fox, renard). Race de chiens terriers d'origine anglaise. (Il existe deux variétés de fox-terriers, à poil dur et à poil ras.)

FOX-TROT [fɔkstrɔt] n. m. inv. (mots angl., *trot de renard*). Danse américaine, très en vogue vers 1920.

FOYARD n. m. En Suisse, syn. de HÊTRE.

FOYER n. m. (bas lat. *focarium*, class. *focus*, foyer). Lieu où l'on fait le feu. ‖ Lieu où habite une famille; la famille elle-même : *fonder un foyer.* ‖ Partie du théâtre où se rassemblent les acteurs. ‖ Salon où le public se réunit pendant les entractes. ‖ Local servant de lieu de réunion, de distraction et même d'habitation à certaines catégories de personnes : *foyer des artistes; foyer rural.* ‖ Partie d'un appareil de chauffage dans laquelle a lieu la combustion. ‖ Centre principal d'où provient qqch : *le foyer de la rébellion.* ‖ *Méd.* Siège productif d'une maladie, siège principal de ses manifestations. ‖ *Phys.* Point où se rencontrent les rayons initialement parallèles, après réflexion ou réfraction. ● *Foyer d'une conique*, point auquel on peut associer une droite (directrice relative à ce foyer), et tel que la conique est l'ensemble des points dont le rapport des distances au foyer et à la directrice a une valeur constante, appelée *excentricité de la conique.* ‖ *Foyer d'un séisme*, point où se déclenche le séisme. ◆ pl. Pays natal, demeure familiale : *rentrer dans ses foyers.*

Fr, symbole chimique du *francium.*

FRAC n. m. (angl. *frock*). Habit masculin de cérémonie, noir et à basques étroites.

FRACAS n. m. (it. *fracasso*). Bruit violent et soudain : *le fracas des vagues sur les rochers.* ● *Avec perte et fracas*, brutalement.

FRACASSANT, E adj. Bruyant; visant à l'effet : *bruit fracassant; démission fracassante.*

FRACASSEMENT n. m. Action de fracasser.

FRACASSER v. t. Briser avec violence.

FRACTAL, E, ALS adj. Dont la forme est extrêmement irrégulière, éventuellement interrompue, fragmentée, quelle que soit l'échelle d'examen. ● *Dimension fractale*, nombre qui sert à quantifier le degré d'irrégularité et de fragmentation.

FRACTION n. f. (bas lat. *fractio*). Partie d'un tout : *une fraction de l'Assemblée vota pour lui.* ‖ *Liturg.* Action de diviser le pain eucharistique. ‖ *Math.* Opérateur formé de deux nombres entiers : *a* (numérateur) et *b* (dénominateur),

qui se note $\dfrac{a}{b}$ et qui définit le résultat obtenu en

partant d'une grandeur en la divisant par *b* et en la multipliant par *a*, les deux opérations pouvant être interverties. ● *Fraction décimale*, fraction dont le dénominateur est une puissance de 10 :
$\dfrac{23}{100}$ ou 0,23.

FRACTIONNAIRE adj. *Math.* Qui est lié aux propriétés des fractions. ● *Nombre fractionnaire*, syn. anc. de NOMBRE RATIONNEL.

FRACTIONNÉ, E adj. *Distillation, congélation, cristallisation fractionnées*, séparation des constituants d'un mélange liquide grâce à la différence de leurs points d'ébullition, de fusion ou à leur différence de solubilité.

FRACTIONNEL, ELLE adj. Qui vise à la désunion, au fractionnement d'un parti.

FRACTIONNEMENT n. m. Action de fractionner.

FRACTIONNER v. t. Diviser en fractions, en parties : *fractionner un défilé.*

FRACTIONNISME n. m. Action visant à détruire l'unité d'un parti politique.

FRACTIONNISTE adj. et n. Qui vise à détruire l'unité d'un parti politique.

FRACTURATION n. f. *Techn.* Stimulation d'un puits de pétrole par fissuration à haute pression de la roche réservoir.

FRACTURE n. f. (lat. *fractura*). Rupture avec effort (vx). ‖ *Chir.* Rupture violente d'un os ou d'un cartilage dur. (Les fractures se traitent par l'immobilisation des parties blessées, après réduction des déplacements.) ‖ *Géol.* Cassure de l'écorce terrestre.

FRACTURER v. t. Casser, briser, forcer : *fracturer un coffre-fort; se fracturer la jambe.*

FRAGILE adj. (lat. *fragilis*). Qui se casse, se détériore facilement : *le verre est fragile; meuble fragile.* ‖ Qui est de faible constitution : *un enfant fragile.* ‖ Peu stable, mal assuré, sujet à disparaître : *équilibre fragile.*

FRAGILISATION n. f. Traitement thermique rendant fragile un métal ou un alliage par précipitation d'un constituant aux joints de cristaux.

FRAGILISER v. t. Rendre plus fragile.

FRAGILITÉ n. f. État de ce qui est fragile.

FRAGMENT n. m. (lat. *fragmentum*). Morceau d'un objet qui a été cassé, déchiré. ‖ Ce qui reste d'un ouvrage ancien. ‖ Partie extraite d'un livre, d'un discours.

FRAGMENTAIRE adj. Qui constitue un fragment d'un tout; partiel, incomplet.

FRAGMENTAIREMENT adv. De manière fragmentaire.

FRAGMENTATION n. f. Action de se partager en fragments.

FRAGMENTER v. t. Réduire en fragments, morceler, diviser.

FRAGON n. m. (bas lat. *frisco*). Arbrisseau à petits rameaux en forme de feuille et à baies rouges. (Famille des liliacées; nom usuel : *petit houx.*)

FRAI n. m. (de *frayer*). Époque, acte, résultat de la reproduction chez les poissons et les amphibiens. ‖ Œufs pondus par les poissons. ‖ Très jeunes poissons.

FRAI n. m. Diminution du poids d'une monnaie par suite du frottement dû à l'usage.

FRAÎCHE n. f. Moment du jour où il fait frais.

FRAÎCHEMENT adv. Récemment, depuis peu de temps : *fraîchement arrivé.* ‖ *Fam.* Avec froideur : *être reçu fraîchement.* ● *Ça va fraîchement* (Fam.), il fait un peu froid.

FRAÎCHEUR n. f. Qualité de ce qui est frais.

FRAÎCHIR v. i. Devenir plus frais, en parlant de la température. ‖ *Mar.* Augmenter d'intensité, en parlant du vent.

FRAIS, FRAÎCHE adj. (mot germ.). Qui produit une sensation de froid léger : *vent frais.* ‖ Qui n'est pas terni, qui a conservé son éclat : *teint frais.* ‖ Qui n'est pas fatigué : *troupes fraîches.* ‖ Qui n'est pas encore sec : *peinture fraîche.* ‖ Qui n'est pas encore abîmé, altéré : *poisson frais.* ‖ Récent, qui vient de se produire : *nouvelle de fraîche date.* ● *Argent frais*, nouvellement reçu et dont on peut disposer. ‖ *Te voilà frais!* (Fam.), te voilà dans une situation fâcheuse. ◆ adv. : *boire frais.* ‖ Récemment : *fleur fraîche cueillie.*

FRAIS n. m. Air frais, froid agréable : *prendre le frais.* ‖ *Mar.* Vent relativement fort. ● *Bon frais*, bonne brise. ‖ *Grand frais*, brise forte.

FRAIS n. m. pl. (anc. fr. *fret*, dommage fait en brisant). Dépenses occasionnées par une opération quelconque : *faire de grands frais.* ‖ *Dr.* Dépenses occasionnées par un procès. ● *À peu de frais*, sans beaucoup de dépense, de peine. ‖ *En être pour ses frais*, ne tirer aucun profit de ses dépenses; s'être donné de la peine pour rien. ‖ *Faire les frais de la conversation*, y prendre la part principale, ou en être le principal sujet. ‖ *Faire les frais de qqch*, en supporter les conséquences fâcheuses. ‖ *Faire ses frais*, retirer d'une dépense autant qu'elle avait coûté. ‖ *Faux frais*, petites dépenses imprévues. ‖ *Frais financiers*, charge représentée, pour une entreprise, par le coût des capitaux empruntés. ‖ *Frais fixes*, fraction des frais généraux dépensée quelle que soit l'activité de l'entreprise. ‖ *Frais généraux*, dépenses diverses faites pour le fonctionnement d'une entreprise. ‖ *Frais variables*, charges dont le volume varie en fonction de

fraisier : feuilles, fleurs et fruit

l'activité de l'entreprise. ‖ *Se mettre en frais* (Fam.), dépenser plus que de coutume; prodiguer sa peine, ses efforts.

FRAISAGE n. m. Action de fraiser.

FRAISE n. f. (lat. *fragum*). Fruit du fraisier. (C'est le réceptacle de la fleur qui devient charnu et sucré après la fécondation.) ‖ *Pop.* Figure, tête. ‖ *Méd.* Lésion de la peau, nævus. ● *Sucrer les fraises* (Pop.), être gâteux.

FRAISE n. f. (anc. fr. *fraiser*, peler). Membrane qui enveloppe les intestins du veau, de l'agneau, etc. ‖ Collerette de linon ou de dentelle empesée

fraise (collerette)

(XVIe et XVIIe s.). ‖ Chair rouge et plissée qui pend sous le bec des dindons.

FRAISE n. f. Outil rotatif de coupe, comportant une ou plusieurs arêtes tranchantes, régulièrement disposées autour d'un axe. ‖ Outil utilisé pour faire un forage. ‖ Outil monté sur le tour de cabinet et servant au traitement des lésions dentaires et aux interventions portant sur les tissus durs de la dent.

FRAISER v. t. Usiner une pièce au moyen d'une fraise. ‖ Évaser l'orifice d'un trou dans lequel une vis ou tout autre objet doit être inséré.

FRAISER ou **FRASER** v. t. Rouler de la pâte sous la paume de la main pour la rendre lisse.

FRAISERAIE n. f. Terrain planté de fraisiers.

FRAISEUR n. m. Ouvrier qui travaille sur une fraiseuse.

FRAISEUR-OUTILLEUR n. m. (pl. *fraiseurs-outilleurs*). Ouvrier hautement qualifié, capable d'exécuter sur machine et sur tous métaux les travaux les plus difficiles.

FRAISEUSE n. f. Machine-outil servant pour le fraisage.

FRAISIER n. m. Plante basse, se propageant par stolons, et qui fournit les fraises. (Famille des rosacées.)

FRAISIL [frɛzi] n. m. (anc. fr. *faisil*; lat. *fax, facis*, tison). Produit de la combustion incomplète du charbon.

FRAISURE n. f. Évasement pratiqué à l'orifice d'un trou.

FRAMBOISE n. f. (mot francique). Fruit comestible du framboisier, composé de petites drupes distinctes.

FRAMBOISER v. t. Parfumer à la framboise.

FRAMBOISIER n. m. Sous-arbrisseau voisin de

framboisier : feuilles, fleurs et fruits

la ronce et cultivé pour ses fruits parfumés, les framboises. (Famille des rosacées.)

FRAMÉE n. f. (lat. *framea*; mot germ.). Sorte de javelot, arme d'hast des Francs.

FRANC n. m. Unité monétaire principale de la France, de la Belgique, du Luxembourg et de la Suisse. ● *Franc constant,* franc fictif exprimant, entre deux dates, une valeur stable corrigeant les effets de l'érosion monétaire. (On l'oppose, en ce sens, à *franc courant.*)
■ Le franc français a été institué par la loi du 17 germinal an XI (7 avril 1803). Monnaie fondée originellement sur l'argent et l'or, puis sur l'or seul, et convertible, le franc a joui d'une stabilité quasi totale de 1803 à 1914, date à laquelle le gouvernement décréta l'inconvertibilité du franc-papier en or.
Le franc perdit rapidement de sa valeur lors du premier conflit mondial, le gouvernement demandant de massives « avances » à la Banque de France, qui lui permirent de régler ses fournisseurs et ses créanciers : l'indice moyen des prix fut multiplié par 7 (par rapport aux prix de la période allant de 1900 à 1910) dès 1925.
Le franc, qui valait originellement 322,5 mg d'or, fut dévalué le 25 juin 1928, sur la base de 65,5 mg d'or, et de nouveau le 1er octobre 1936 (de 43 à 49 mg d'or). En novembre 1938, puis en février 1940, deux dévaluations furent opérées, sous le couvert de « réévaluations du stock d'or de la Banque de France ». Le 29 décembre 1945, le Fonds monétaire international enregistra une parité du franc de 7,46 mg d'or. Le 20 septembre 1949, le franc fut ramené à une parité de 2,53 mg d'or, parité maintenue jusqu'en 1957 (date d'une « taxe à l'importation », de 20 p. 100).
En décembre 1958, le franc fut déprécié de 17,5 p. 100 (1,80 mg d'or) puis regroupé (le « nouveau franc » valait alors 180 mg d'or fin). Cette nouvelle unité a joui d'une remarquable stabilité de 1959 à 1969, puis, le 8 août 1969, fut dévaluée de 12,5 p. 100 (160 mg d'or fin).

FRANC, FRANCHE adj. (mot francique). Loyal, sincère : *langage franc.* ‖ *Litt.* Vrai, achevé (devant le nom) : *franc pédant.* ‖ Pur, sans mélange : *rouge franc; une franche hostilité.* ● *Franc jeu,* jeu loyal. ‖ *Franc de port,* se dit de lettres, de colis pour le port desquels il n'y a rien à payer. ‖ *Port franc, zone franche,* port, région frontière où les marchandises étrangères pénètrent librement sans avoir à payer de droits. ‖ *Ville franche* (Hist.), ville qui ne payait pas la taille. ● adv. *Parler franc* (Litt.).

FRANC, FRANQUE adj. Qui appartient aux Francs.

FRANÇAIS, E adj. et n. Qui est de France.

FRANÇAIS n. m. Langue parlée notamment en France, au Canada, en Belgique et en Suisse. ● *Le Français,* la Comédie-Française.

FRANC-ALLEU [frãkalø] n. m. (pl. *francs-alleux*). *Féod.* Alleu affranchi de toute servitude.

FRANC-BORD n. m. (pl. *francs-bords*). *Mar.* Distance verticale mesurée au milieu d'un navire entre la flottaison en charge et la partie supérieure du pont continu le plus élevé. ‖ *Trav. publ.* Espace de terrain libre de propriétaire qui borde une rivière ou un canal. ● *Anneau, marques de franc-bord,* signes tracés de chaque bord sur les murailles d'un navire et indiquant la limite réglementaire d'enfoncement.

FRANC-BOURGEOIS n. m. (pl. *francs-bourgeois*). Au Moyen Âge, celui qui, dépendant d'un seigneur, ne participait pas aux charges municipales.

FRANC-COMTOIS, E adj. et n. (pl. *francs-comtois, franc-comtoises*). De Franche-Comté.

FRANC-FIEF n. m. (pl. *francs-fiefs*). *Féod.* Héritage noble, féodal ou allodial. ‖ Fief exempt d'hommage. ‖ Taxe due par un roturier possédant un fief noble.

FRANCHEMENT adv. De manière directe, sans hésitation : *parler franchement; sauter franchement.* ‖ Très : *c'est franchement désagréable.*

FRANCHIR v. t. (de *franc*). Passer un obstacle par un moyen quelconque : *franchir un fossé.* ‖ Passer une limite : *franchir une porte; franchir la cinquantaine.* ● *Franchir le Rubicon,* se décider à faire une chose importante et en accepter les conséquences.

FRANCHISAGE ou **FRANCHISING** [frãʃajziŋ] n. m. (mot angl.). Contrat par lequel une entreprise autorise une autre entreprise à utiliser sa raison sociale et sa marque pour commercialiser des produits ou des services.

FRANCHISE n. f. Exemption de certains droits : *franchise douanière, postale.* ‖ Sincérité, droiture : *parler avec franchise.*

FRANCHISSABLE adj. Qui peut être franchi.

FRANCHISSEMENT n. m. Action de franchir.

FRANCIEN n. m. Dialecte de langue d'oïl, parlé en Île-de-France au Moyen Âge, et qui est à l'origine du français.

FRANCIQUE n. m. et adj. Langue des anciens Francs, faisant partie du germanique occidental.

FRANCISATION n. f. Action de franciser. ‖ *Mar.* Acte qui constate qu'un navire est français.

FRANCISCAIN, E n. et adj. Religieux, religieuse de l'ordre fondé par saint François d'Assise. ‖ Relatif à saint François d'Assise ou à son ordre.

FRANCISER v. t. Donner le caractère français : *franciser un mot.*

FRANCISQUE n. f. (bas lat. *francisca*). Hache

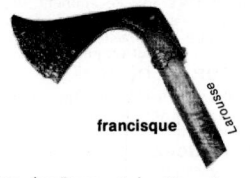

francisque

de guerre des Francs et des Germains. ● *Francisque gallique,* hache à deux fers, emblème adopté par le régime de Vichy (1940-1944).

FRANCISTE n. Spécialiste de langue française.

FRANCITÉ n. f. Caractère de ce qui est français.

FRANCIUM [frãsjɔm] n. m. Métal alcalin radioactif (Fr), no 87.

FRANC-JEU n. m. (pl. *francs-jeux*). V. FAIR-PLAY.

FRANC-MAÇON n. m. (calqué sur l'angl. *free mason*) [pl. *francs-maçons*]. Membre de la franc-maçonnerie.

FRANC-MAÇONNERIE n. f. (pl. *franc-maçonneries*). Association en partie secrète répandue dans divers pays et dont les membres professent des principes de fraternité, se reconnaissent entre eux à des signes et à des emblèmes, et se divisent en groupes appelés « loges ». ‖ Alliance entre personnes partageant les mêmes idées, les mêmes goûts.
■ La franc-maçonnerie moderne est apparue en Grande-Bretagne au XVIIe s.; en France au XVIIIe s.; tandis que la franc-maçonnerie anglo-saxonne restait déiste, la franc-maçonnerie française, dans son ensemble, fut gagnée, au XIXe s., par les idées républicaines et rationalistes.

FRANC-MAÇONNIQUE adj. (pl. *franc-maçonniques*). Relatif à la franc-maçonnerie. (On dit aussi MAÇONNIQUE.)

FRANCO adv. (it. *porto franco*). Sans frais pour le destinataire : *un paquet franco de port.*

FRANCO-, élément tiré du mot *français,* et entrant en composition avec d'autres noms ethniques : *traité franco-italien.*

FRANCO-CANADIEN, ENNE adj. et n. m. Se dit du français propre aux régions francophones du Canada.

FRANCOLIN n. m. (it. *francolino*). Oiseau gallinacé africain, voisin de la perdrix.

FRANCOPHILE adj. et n. Ami de la France.

FRANCOPHILIE n. f. Amitié envers la France.

FRANCOPHOBE adj. et n. Hostile à la France.

FRANCOPHOBIE n. f. Hostilité envers la France.

FRANCOPHONE adj. et n. Qui parle le français.

FRANCOPHONIE n. f. Collectivité constituée par les peuples parlant le français.

FRANCO-PROVENÇAL, E, AUX adj. et n. m. Se dit des dialectes français de la Suisse romande, de la Savoie, du Dauphiné, du Lyonnais et de la Bresse.

FRANC-PARLER n. m. Absence de contrainte ou de réserve dans la façon de s'exprimer.

FRANC-QUARTIER n. m. (pl. *francs-quartiers*). *Hérald.* Carré occupant le quart de l'écu.

FRANC-TIREUR n. m. (pl. *francs-tireurs*). Combattant qui ne fait pas partie d'une armée régulière. ‖ Celui qui mène une action indépendante, sans observer la discipline d'un groupe : *agir en franc-tireur.*

FRANGE n. f. (lat. *fimbria*). Passementerie composée de fils qui pendent en garniture sur une robe, une tenture, aux extrémités d'une écharpe. ‖ Cheveux retombant sur le front. ‖ Partie marginale d'une collectivité : *une frange d'indécis.* ‖ Limite floue, imprécise. ● *Franges d'interférence,* bandes, alternativement brillantes et obscures, dues à l'interférence des radiations lumineuses. (Les franges d'interférence permettent de calculer les longueurs d'onde des radiations correspondantes.)

FRANGEANT adj. *Récif frangeant,* chaîne de récifs accolés à un littoral.

FRANGER v. t. (conj. 1). Garnir de franges.

FRANGIN, E n. *Pop.* Frère, sœur.

FRANGIPANE n. f. (de *Frangipani,* n. pr.). Crème épaisse, parfumée aux amandes; gâteau garni de cette crème.

FRANGIPANIER n. m. Arbuste d'Amérique cultivé pour ses fleurs. (Famille des apocynacées.)

FRANGLAIS n. m. Ensemble des néologismes d'origine anglaise introduits dans la langue française.

FRANQUETTE (À LA BONNE) loc. adv. *Fam.* Sans cérémonie, simplement.

FRANQUISME n. m. Système de gouvernement instauré en Espagne par le général Franco en 1936.

FRANQUISTE adj. et n. Relatif au franquisme; partisan du franquisme.

FRANSQUILLON n. m. *Péjor.* En Belgique, personne qui parle le français.

FRAPPAGE n. m. Action de frapper les monnaies, le champagne.

FRAPPANT, E adj. Qui fait une vive impression, qui étonne; caractéristique, saisissant.

FRAPPE n. f. Action de composer un texte à l'aide d'une machine à clavier. ‖ Opération de fabrication des monnaies et des médailles par estampage de flans à l'aide de coins qui laissent sur les deux côtés de ces flans les empreintes voulues. ‖ Assortiment de matrices pour fondre les caractères d'imprimerie. ‖ *Sports.* Qualité de l'attaque d'un boxeur; manière d'attaquer un ballon, une balle. ‖ *Pop.* Voyou.

FRAPPÉ, E adj. Rafraîchi dans la glace : *champagne frappé.* ‖ *Fam.* Fou. ● *Temps frappé,* ou *frappé* n. m. (Mus.), temps de la mesure marqué en frappant un coup. ‖ *Velours frappé,* velours orné de dessins en creux. ‖ *Vers bien frappés,* où il y a de la force, qui sonnent bien.

FRAPPEMENT n. m. Action de frapper; bruit produit par ce qui frappe.

FRAPPER v. t. ou i. (onomat.). Donner un ou plusieurs coups : *frapper la terre du pied; frapper du poing.* ◆ v. t. Donner une empreinte à : *frapper une médaille, de la monnaie.* ‖ Affliger d'un mal : *être frappé de cécité.* ‖ Atteindre par une décision juridique ou administrative : *frapper une marchandise d'un impôt.* ‖ Faire une vive impression sur qqn : *frapper de stupeur.* ‖ Plonger dans la glace pour rafraîchir : *frapper du champagne.* ‖ Mar. Assujettir un cordage quelconque à un endroit fixe. ● *Frapper à la porte de qqn,* le solliciter. ‖ *Frapper à toutes les portes,* solliciter de nombreuses personnes. ‖ *Frapper un grand coup,* faire un acte décisif. ◆ se frapper v. pr. *Fam.* S'inquiéter, s'émouvoir beaucoup.

FRAPPEUR adj. m. *Esprit frappeur,* esprit des morts, qui, selon les spirites, se manifeste par des frappements sur les meubles, les murs, etc.

FRASER v. t. → FRAISER.

FRASIL [frazil] n. m. Au Canada, pellicule formée par la glace qui commence à prendre; fragments de glace flottante.

FRASQUE n. f. (it. *frasca*). Écart de conduite.

FRATERNEL, ELLE adj. (lat. *fraternus*). Propre à des frères et sœurs. ‖ Qui a lieu entre personnes très liées : *salut fraternel.*

FRATERNELLEMENT adv. De façon fraternelle.

FRATERNISATION n. f. Action de fraterniser.

FRATERNISER v. i. Cesser de se traiter en ennemi, se réconcilier.

FRATERNITÉ n. f. Lien de parenté entre frères et sœurs. ‖ Lien de solidarité et d'amitié entre les hommes, entre les membres d'une société.

FRATRICIDE n. m. Meurtre d'un frère ou d'une sœur.

FRATRICIDE adj. et n. Qui tue son frère ou sa sœur. ◆ adj. Qui oppose des êtres qui devraient être solidaires : *luttes fratricides.*

FRATRIE n. f. *Stat.* Ensemble des enfants issus d'un même couple de géniteurs, en se plaçant du point de vue de l'un de ces enfants.

FRAUDE n. f. (lat. *fraus, fraudis*). Acte de mauvaise foi accompli en vue de nuire au droit d'autrui : *fraude électorale.* ● *En fraude,* frauduleusement. ‖ *Fraude fiscale,* ensemble des agissements ou des dissimulations qui ont pour conséquence de mettre obstacle à l'application des lois fiscales. ‖ *Fraude sur les produits* (Dr.), tromperie sur la nature, l'origine, la qualité ou la quantité de marchandises.

FRAUDER v. t. et i. Commettre une fraude : *frauder dans un examen; frauder la douane.*

FRAUDEUR, EUSE adj. et n. Qui fraude.

FRAUDULEUSEMENT adv. De façon frauduleuse.

FRAUDULEUX, EUSE adj. Entaché de fraude.

FRAXINELLE n. f. (lat. *fraxinus*, frêne). Plante du midi de la France. (Famille des rutacées.)

FRAYÉE n. f. Ornière créée en surface d'une chaussée au revêtement peu résistant.

FRAYEMENT n. m. *Vétér.* Érythème causé par le frottement, chez les animaux.

FRAYER [frɛje] v. t. (lat. *fricare*, frotter) [conj. **2**]. Rendre praticable, tracer (un chemin) : *frayer un sentier.* ● *Frayer le chemin, la voie à qqn,* lui faciliter la tâche. ◆ v. i. Se reproduire, en parlant des poissons. ● *Frayer avec qqn,* le fréquenter.

FRAYÈRE n. f. Lieu où les poissons fraient.

FRAYEUR n. f. (lat. *fragor,* bruit). Peur violente causée par le sentiment d'un danger, effroi.

FREAK [frik] n. m. (mot amér., *monstre*). *Fam.* Nom que se donnent certains marginaux.

FREDAINE n. f. (anc. fr. *fredain,* méchant). *Fam.* Écart de conduite sans gravité.

FREDONNEMENT n. m. Action de fredonner; chant de celui qui fredonne.

FREDONNER v. t. et i. (lat. *fritinnire,* gazouiller). Chanter à mi-voix, sans articuler les paroles.

FREE JAZZ [fridʒaz] n. m. (mots amér., *jazz libre*). École de jazz apparue aux États-Unis en 1958, groupant des musiciens partisans de l'improvisation intégrale.

FREE-LANCE [frilɑ̃s] adj. inv. et n. m. (mot angl.). Se dit du travail qu'un professionnel (publicitaire, architecte, etc.) effectue indépendamment d'une agence.

FREE-MARTIN [frimartin] n. m. *Biol.* Génisse jumelle d'un mâle normal, présentant une stérilité d'origine génétique.

FREEZER [frizœr] n. m. (mot amér.). Compartiment de congélation d'un réfrigérateur.

FRÉGATAGE n. m. *Mar.* Renflement de la coque d'un navire au voisinage de la flottaison.

FRÉGATE n. f. (it. *fregata*). Dans la marine à voile, bâtiment moins lourd et plus rapide que le vaisseau. ‖ Auj., bâtiment de combat de moyen tonnage, intermédiaire entre la corvette et le croiseur. ‖ Oiseau palmipède des mers tropicales, à plumage sombre et à vol puissant et rapide. (Ordre des pélécaniformes.)

FREIN n. m. (lat. *frenum*). Organe destiné à ralentir ou à arrêter un ensemble mécanique doué de mouvement. ‖ Ce qui retient, entrave : *le manque d'investissement est un frein à l'expansion.* ‖ Mors, partie de la bride qu'on met dans la bouche du cheval pour le diriger. ‖ Anat. Ce qui bride ou retient un organe : *frein de la langue.* ● *Bloc frein,* ensemble constitué d'un cylindre de commande et de la semelle de frein propre à chaque roue freinée d'un véhicule ferroviaire. ‖ *Frein d'écrou,* élément mécanique empêchant le desserrage d'un assemblage par vis et écrou sous l'effet de vibrations. ‖ *Frein moteur,* action du moteur d'une voiture, qui agit comme frein quand on cesse d'accélérer. ‖ *Mettre un frein à qqch* (Litt.), chercher à l'arrêter. ‖ *Ronger son frein,* supporter impatiemment une chose. ‖ *Sans frein,* sans limites.

FREINAGE n. m. Action de freiner. ‖ Système de freins.

FREINER v. t. ou i. Ralentir ou arrêter la marche d'une machine au moyen d'un frein. ◆ v. t. Faire obstacle à qqch, retenir, modérer : *freiner l'économie; freiner son enthousiasme.*

FREINTE n. f. (anc. fr. *frainte,* chose brisée). Diminution de valeur subie par des marchandises pendant la fabrication, le transport, etc.

FRELATAGE n. m. Action de frelater.

FRELATÉ, E adj. Corrompu : *société frelatée.*

FRELATER v. t. (moyen néerl. *verlaten,* transvaser). Falsifier une substance en y mêlant des substances étrangères.

frégate japonaise *Haruna*

frelon

frégate superbe

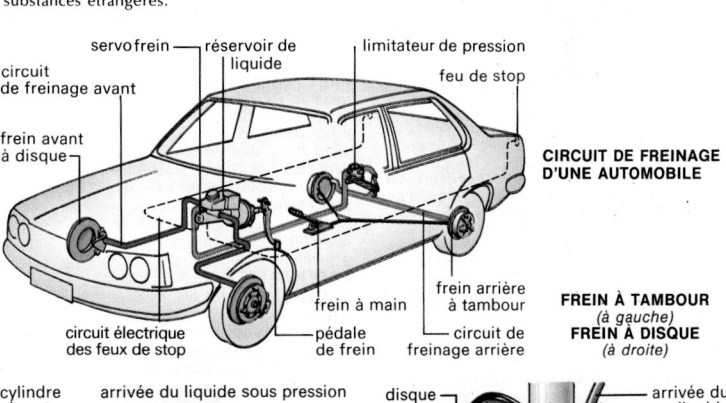

servo frein — réservoir de liquide — limitateur de pression

circuit de freinage avant

feu de stop

frein avant à disque

CIRCUIT DE FREINAGE D'UNE AUTOMOBILE

frein à main

frein arrière à tambour

circuit électrique des feux de stop

pédale de frein

circuit de freinage arrière

FREIN À TAMBOUR
(à gauche)
FREIN À DISQUE
(à droite)

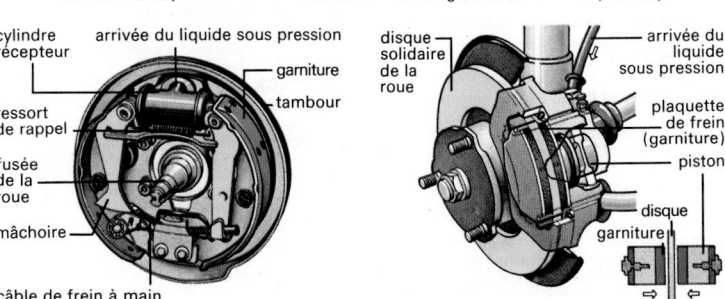

cylindre récepteur

arrivée du liquide sous pression

garniture

tambour

ressort de rappel

fusée de la roue

mâchoire

câble de frein à main

disque solidaire de la roue

arrivée du liquide sous pression

plaquette de frein (garniture)

piston

disque

garniture

fresque du XVe s. (château d'Issogne, Italie)

FRÊLE adj. (lat. *fragilis*). Qui manque de solidité, de force : *de frêles épaules*.

FRELON n. m. (mot francique). Grosse guêpe sociale dont la piqûre est très douloureuse et dont le nid peut atteindre 60 cm de diamètre.

FRELUQUET n. m. (de *fanfreluche*). *Fam.* Homme de peu d'importance, mais prétentieux.

FRÉMIR v. i. (lat. *fremere*). Être agité d'un tremblement causé par le froid, la peur, la surprise, une émotion, etc. ‖ En parlant d'un liquide, être agité d'un léger frissonnement qui précède l'ébullition.

FRÉMISSANT, E adj. Qui frémit.

FRÉMISSEMENT n. m. Agitation, tremblement : *frémissement des lèvres*. ‖ Léger mouvement dans un liquide près de bouillir. ‖ Émotion qui se traduit par un tremblement : *frémissement de colère*.

FRÊNAIE n. f. Lieu planté de frênes.

FRÉNATEUR, TRICE adj. *Physiol.* Qui freine l'activité de certains organes.

FRENCH CANCAN n. m. → CANCAN.

FRÊNE n. m. (lat. *fraxinus*). Arbre des forêts tempérées, à bois clair, souple et résistant. (Haut. max. 40 m; famille des oléacées.)

FRÉNÉSIE n. f. (gr. *phrenêsis*; de *phrên*, pensée). Degré extrême atteint par un sentiment; état d'exaltation; emportement, furie.

FRÉNÉTIQUE adj. et n. Poussé au point extrême, violent, passionné : *rires frénétiques*.

FRÉNÉTIQUEMENT adv. Avec frénésie.

FRÉON n. m. (nom déposé). Fluide utilisé comme agent frigorifique. (C'est un dérivé chloré et fluoré du méthane ou de l'éthane.)

FRÉQUEMMENT adv. Souvent.

FRÉQUENCE n. f. (lat. *frequentia*). Caractère de ce qui arrive plusieurs fois, qui se répète. ‖ *Phys.* Nombre de vibrations par unité de temps, dans un phénomène périodique. ‖ *Stat.* Nombre d'observations d'un type donné d'événements. ● *Basse fréquence*, fréquence comprise entre 30 kHz et 300 kHz pour les télécommunications; fréquence inférieure à 250 Hz, pour les applications industrielles. ‖ *Fréquence de coupure*, fréquence définissant la limite supérieure ou inférieure de la bande passante d'un filtre, d'un amplificateur, d'un capteur, etc. ‖ *Fréquences cumulées* (Stat.), fréquences correspondant à un intervalle particulier de variation des valeurs de la variable considérée ou à l'ensemble des valeurs inférieures à une valeur fixée. ‖ *Fréquence du pouls*, nombre de battements cardiaques par minute. ‖ *Gamme de fréquence*, ensemble des fréquences comprises dans un intervalle donné. ‖ *Haute fréquence*, fréquence de plusieurs millions de hertz.

FRÉQUENCEMÈTRE n. m. Appareil servant à mesurer la fréquence d'un courant alternatif.

FRÉQUENT, E adj. (lat. *frequens*). Qui se produit souvent; réitéré, courant.

FRÉQUENTABLE adj. Que l'on peut fréquenter.

FRÉQUENTATIF, IVE adj. et n. m. *Ling.* Se dit d'un verbe qui marque une action qui se répète, comme *clignoter*, *criailler*. (Syn. ITÉRATIF.)

FRÉQUENTATION n. f. Action de fréquenter un lieu, une personne. ‖ Personne que l'on fréquente.

FRÉQUENTER v. t. (lat. *frequentare*). Aller souvent, habituellement dans un lieu : *fréquenter les théâtres*. ‖ Avoir des relations suivies avec qqn : *fréquenter ses voisins*.

FRÈRE n. m. (lat. *frater*). Né du même père et de la même mère. ‖ Titre donné aux membres de certains ordres religieux. ‖ Membre de congrégations religieuses laïques : *frère des Écoles chrétiennes*. ‖ Nom que se donnent entre eux les membres de certaines confréries ou associations (par ex., les francs-maçons). ● *Faux frère*, celui qui trahit une société, un groupe dont il fait partie. ‖ *Frères d'armes*, compagnons de guerre. ‖ *Frères mineurs*, nom donné aux religieux qui suivent la règle de saint François d'Assise. (Cet ordre est divisé en trois branches : les Franciscains, les Capucins et les Conventuels.) ‖ *Frères prêcheurs*, nom primitif de l'ordre mendiant fondé au XIIIe s. par saint Dominique et dont les religieux, voués à l'étude et à la prédication, sont généralement désignés sous le nom de Dominicains. ◆ adj. et n. m. Uni par d'étroits rapports de solidarité : *des pays frères*.

FRÉROT n. m. *Fam.* Petit frère.

FRESQUE n. f. (it. *fresco*, frais). Type de peinture murale exécutée, à l'aide de couleurs délayées à l'eau, sur une couche de mortier frais à laquelle ces couleurs s'incorporent : *peindre à fresque*. ‖ Improprement, toute peinture murale. ‖ Vaste composition littéraire peignant toute une époque.

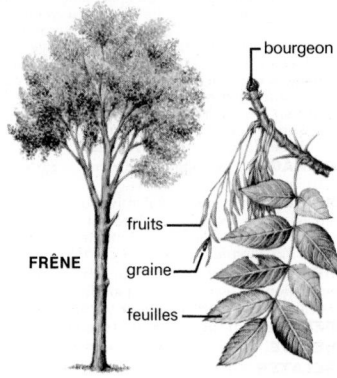

FRÊNE — bourgeon — fruits — graine — feuilles

FRESQUISTE n. Peintre de fresques.

FRESSURE n. f. (lat. *frixare*, frire). Ensemble formé par le cœur, la rate, le foie et les poumons d'un animal.

FRET [frɛ] n. m. (moyen néerl. *vrecht*). Rémunération due par l'affréteur, ou expéditeur de marchandises, pour le transport de marchandises par navire, par avion, par camion. ‖ Cargaison : *fret d'aller; fret de retour*.

FRÉTER v. t. (conj. 5). Donner un navire en location. ‖ Louer un véhicule quelconque.

FRÉTEUR n. m. Armateur qui s'engage à mettre un navire à la disposition d'un *affréteur*, qui utilisera celui-ci moyennant une somme appelée *fret*.

FRÉTILLANT, E adj. Qui frétille.

FRÉTILLEMENT n. m. Mouvement de ce qui frétille.

FRÉTILLER v. i. (lat. *frictare*, frotter). S'agiter par des mouvements vifs et courts. ‖ S'agiter sous l'effet d'un sentiment : *frétiller de joie*.

FRETIN n. m. (anc. fr. *fraindre*; lat. *frangere*, briser). Menu poisson. ● *Menu fretin*, personne ou chose de peu de valeur.

FRETTAGE n. m. Action de fretter.

FRETTE n. f. (mot francique). Cercle de métal dont on entoure l'extrémité de certaines pièces pour les empêcher de se fendre, ou qui sert à réunir des pièces juxtaposées. ‖ Corde de boyau réglable ou fine baguette fixe servant à diviser le manche d'un instrument de musique (guitare, luth, viole...) en demi-tons.

FRETTE n. f. (anc. fr. *fraindre*, briser). Ligne brisée employée comme ornement. ‖ Les types sont variés : « bâtons rompus », frette crénelée, grecque...) ‖ *Hérald.* Meuble fait de six cotices entrelacées.

FRETTER v. t. Garnir d'une frette (cercle métallique).

FREUDIEN, ENNE adj. et n. Relatif au freudisme ou qui se réclame du freudisme.

FREUDISME n. m. (de *Freud*, n. pr.). Théorie du fonctionnement psychique normal et pathologique développée par S. Freud.

FREUDO-MARXISME n. m. Combinaison théorique du marxisme et de la psychanalyse.

FREUX n. m. (mot francique). Oiseau voisin du corbeau. (Long. 45 cm.)

FRIABILITÉ n. f. Nature de ce qui est friable.

FRIABLE adj. (lat. *friare*, réduire en morceaux). Qui peut être aisément réduit en poussière.

FRIAND, E adj. (de *frire*). Qui est gourmand de, qui recherche avidement : *friand de chocolat, de romans*.

FRIAND n. m. Petit pâté de charcutier, fait de pâte feuilletée garnie d'un hachis de viande, de champignons, etc. ‖ Petit gâteau en pâte d'amandes.

FRIANDISE n. f. Sucrerie ou petite pièce de pâtisserie.

FRIBOURG n. m. Variété de gruyère suisse.

FRIC n. m. (abrév. de *fricot*). *Arg.* Argent.

FRICANDEAU n. m. (de *fricasser*). Tranche de veau piquée de menus morceaux de lard.

FRICASSÉE n. f. Ragoût de viande blanche cuite dans un court bouillon spécial.

FRICASSER v. t. (de *frire* et *casser*). Accommoder dans une sauce de la viande coupée en morceaux.

FRICATIF, IVE adj. et n. f. *Phon.* Se dit des consonnes dont la prononciation se caractérise par un frottement de l'air contre les dents ou les lèvres (*f, v, s, z, ch, j*).

FRIC-FRAC n. m. inv. *Pop.* Cambriolage avec effraction.

FRICHE n. f. (moyen néerl. *versch*, frais). Terre non cultivée, mais qui l'a été ou qui pourrait l'être. ● *En friche*, sans culture; qui n'est pas développé, inculte.

FRICHTI n. m. (mot alsacien). *Pop.* Repas.

FRICOT n. m. (de *fricasser*). *Fam.* Mets préparé grossièrement.

FRICOTAGE n. m. *Pop.* Trafic malhonnête.

FRICOTER v. i. et t. *Fam.* Accommoder en ragoût. ‖ *Pop.* Manigancer une affaire louche. ‖ *Pop.* Avoir des relations sexuelles avec qqn.

FRICOTEUR, EUSE n. *Pop.* Personne qui fricote.

FRICTION n. f. (lat. *frictare*, frotter). Frottement que l'on fait sur une partie du corps. ‖ Nettoyage du cuir chevelu avec une lotion aromatique. ‖ Résistance que présentent deux surfaces en contact à un mouvement de l'une par rapport à l'autre. ‖ Désaccord, heurt, accrochage avec qqn. ● *Entraînement par friction*, entraînement d'une surface par une autre sous l'effet des forces de frottement.

FRICTIONNEL, ELLE adj. Relatif à la friction, au frottement. ● *Chômage frictionnel*, période d'inactivité entre deux emplois.

FRICTIONNER v. t. Faire des frictions à : *se frictionner la tête*.

FRIGIDE adj. f. (lat. *frigidus*). Se dit d'une femme souffrant de frigidité.

FRIGIDITÉ n. f. Absence d'orgasme chez la femme lors des rapports sexuels.

FRIGO n. m. *Fam.* Réfrigérateur.

FRIGORIE n. f. Unité de mesure de quantité de chaleur enlevée (symb. : fg), équivalant à 1 kilocalorie négative et valant – 4,185 5 . 10³ joules. (Cette unité n'est plus légale en France.)

FRIGORIFIÉ, E adj. *Fam.* Se dit d'une personne qui a très froid.

FRIGORIFIER v. t. Soumettre au froid pour conserver.

FRIGORIFIQUE adj. (lat. *frigorificus*). Qui produit le froid. ‖ Où l'on conserve des produits périssables : *armoire frigorifique*.

FRIGORIFIQUE n. m. Établissement de froid industriel. ‖ Appareil frigorifique.

FRIGORIGÈNE adj. et n. m. Qui engendre le froid.

FRIGORISTE adj. et n. m. Se dit du technicien qui procède au montage, au réglage et à l'entretien des appareils frigorifiques.

FRILEUSEMENT adv. De façon frileuse.

FRILEUX, EUSE adj. et n. (lat. *frigus, frigoris*, froid). Sensible au froid, en parlant de qqn.

FRIMAIRE n. m. (de *frimas*). Troisième mois du calendrier républicain, commençant le 21, le 22 ou le 23 novembre.

FRIMAS [frima] n. m. (mot francique). *Litt.* Brouillard froid qui se glace en tombant.

FRIME n. f. (anc. fr. *frume*, mauvaise mine). *C'est de la frime* (Fam.), c'est de la blague, ce n'est pas sérieux. ‖ *Pour la frime* (Fam.), en apparence seulement.

FRIMER v. i. *Pop.* Prendre des airs entendus, bluffer.

FRIMEUR, EUSE adj. et n. *Pop.* Qui frime.

FRIMOUSSE n. f. (de *frimer*). *Fam.* Figure d'un enfant ou d'une jeune personne.

FRINGALE n. f. Faim subite et pressante. ‖ Désir ardent de qqch : *une fringale de lecture.*

FRINGANT, E adj. *Litt.* Vif, élégant, de belle humeur.

FRINGILLIDÉ n. m. (lat. *fringilla*, pinson). Oiseau passereau comme le *pinson*, le *chardonneret*, le *bouvreuil*, le *moineau*, le *serin.* (Les *fringillidés* forment une famille.)

FRINGUER v. t. *Pop.* Habiller.

FRINGUES n. f. pl. *Pop.* Habits.

FRIPER v. t. (anc. fr. *frepe*, vieux habits). Chiffonner, froisser : *friper une robe.*

FRIPERIE n. f. Commerce de vêtements d'occasion; ces vêtements.

FRIPES n. f. pl. *Pop.* Vêtements d'occasion.

FRIPIER, ÈRE n. Commerçant en vêtements d'occasion.

FRIPON, ONNE adj. et n. (anc. fr. *frepe;* bas lat. *faluppa*, chose sans valeur). *Litt.* Qui trompe adroitement; escroc, filou. ◆ *Air, œil fripon,* éveillé, malicieux. ‖ *Petit fripon,* enfant espiègle.

FRIPONNERIE n. f. Espièglerie, malice.

FRIPOUILLE n. f. *Fam.* Personne d'une grande malhonnêteté, crapule.

FRIPOUILLERIE n. f. *Fam.* Canaillerie.

FRIQUÉ, E adj. et n. *Pop.* Qui a beaucoup d'argent.

FRIQUET n. m. Espèce de moineau des champs *(Passer montanus).*

FRIRE v. t. défectif (lat. *frigere*) [conj. 79]. Faire cuire un aliment dans un bain de corps gras bouillant. ◆ v. i. Cuire dans la poêle : *le poisson frit.*

FRISANT, E adj. Se dit de la lumière qui frappe de biais en effleurant.

FRISBEE [frizbi] n. m. (nom déposé). Jeu pratiqué avec un disque que les partenaires se renvoient.

FRISE n. f. (lat. *phrygium*, frange). *Archit.* Partie de l'entablement comprise entre l'architrave et la corniche. ‖ Surface plane, éventuellement décorée, formant une bande continue. ‖ *Constr.* Sciage aligné parallèle de section rectangulaire, dont l'épaisseur est comprise entre 18 et 35 mm et la largeur entre 40 et 120 mm. ‖ *Théâtr.* Bande de toile placée au cintre pour figurer le ciel.

FRISÉ, E adj. Qui forme des boucles : *cheveux, poils frisés.* ‖ Dont les feuilles sont finement dentelées : *chou frisé, chicorée frisée.* ◆ adj. et n. Dont les poils ou les cheveux frisent.

FRISÉE n. f. Variété de chicorée dont les feuilles sont frisées.

FRISELIS n. m. *Litt.* Frémissement doux.

FRISER v. t. (même radical que *frire*). Mettre en boucles : *friser les cheveux.* ‖ Raser, effleurer : *la balle lui a frisé le visage.* ‖ Être près d'atteindre, toucher à : *friser la quarantaine; friser la mort.* ◆ v. i. Se mettre en boucles : *ses cheveux frisent naturellement.*

FRISETTE n. f. Petite planche de parquet.

FRISETTE n. f., ou **FRISOTTIS** n. m. Petite boucle de cheveux frisés.

FRISOLÉE n. f. Maladie à virus de la pomme de terre.

FRISON n. m. Boucle d'une frisure.

FRISON n. m. Langue germanique parlée dans le nord des Pays-Bas et de l'Allemagne.

FRISON, ONNE adj. et n. De la Frise.

FRISONNE adj. et n. f. Race bovine laitière à robe pie noir. (Syn. HOLLANDAISE.)

FRISOTTANT, E adj. Qui frisotte.

FRISOTTER v. t. et i. Friser légèrement.

FRISQUET, ETTE adj. (mot flamand). *Fam.* D'un froid léger.

FRISSON n. m. (lat. *frigere*, avoir froid). Série de secousses musculaires rapides et involontaires, contribuant à la lutte de l'organisme contre le refroidissement. ‖ Saisissement qui vient de la peur, d'une émotion vive.

FRISSONNANT, E adj. Qui frissonne.

FRISSONNEMENT n. m. Léger frisson.

FRISSONNER v. i. Avoir des frissons. ‖ S'agiter vivement ou légèrement : *les feuilles frissonnent.* ‖ Être fortement ému : *frissonner d'horreur.*

FRISURE n. f. Cheveux frisés, boucles.

FRITE n. f. Pomme de terre frite.

FRITERIE n. f. Établissement, local où l'on fait des fritures. ‖ Baraque de marchand de frites.

FRITEUSE n. f. Récipient pourvu d'un panier-égouttoir amovible, permettant de faire cuire un aliment dans un bain de friture.

FRITILLAIRE n. f. (lat. *fritillus*, cornet à dés). Genre de liliacées, dont l'espèce principale est la *couronne impériale.*

FRITON n. m. Résidu frit que l'on obtient en faisant fondre par petits morceaux la graisse d'oie ou de porc.

FRITTAGE n. m. Opération effectuée dans la métallurgie des poudres, pour réaliser une agglomération des produits traités afin de leur donner une cohésion et une rigidité suffisantes. ‖ Vitrification préparatoire incomplète de certains matériaux, en céramique, en émaillerie.

FRITTE n. f. (de *frire*). Mélange de sable siliceux et de soude, incomplètement fondu, entrant dans la composition de certains produits céramiques ou dans certains verres.

FRITTER v. t. Soumettre au frittage.

FRITURE n. f. Action et manière de frire. ‖ Corps gras servant à frire. ‖ Poisson frit : *friture de goujons.* ‖ Bruit parasite dans un appareil de radio, un téléphone. ‖ En Belgique, endroit où l'on mange des frites.

FRITZ [frits] n. m. *Fam.* et péjor. Allemand (vx).

FRIVOLE adj. (lat. *frivolus*). Sans importance; léger et uniquement divertissant : *spectacle frivole.* ‖ Qui a du goût pour les choses futiles : *esprit frivole.*

FRIVOLEMENT adv. Avec frivolité.

FRIVOLITÉ n. f. Caractère frivole; chose frivole. ◆ pl. Petits objets de mode.

FROC [frɔk] n. m. (mot francique). Vêtement monastique. ‖ *Pop.* Pantalon. ● *Jeter le froc aux orties,* quitter les ordres.

FRŒBÉLIEN, ENNE adj. et n. (de *Fröbel,* pédagogue all.). En Belgique, relatif à l'éducation donnée dans les jardins d'enfants. ◆ n. f. En Belgique, jardinière d'enfants.

FROID, E adj. (lat. *frigidus*). Qui est à basse température; qui donne la sensation d'être à une température inférieure à celle du corps humain. ‖ Refroidi : *viandes froides.* ‖ Qui donne une impression d'indifférence, d'impassibilité, d'insensibilité : *un cœur froid; une colère froide.* ● *Battre froid à qqn,* lui faire moins bon accueil qu'à l'habitude. ‖ *Couleurs froides,* couleurs du spectre autour du bleu.

FROID n. m. Basse température. ‖ Sensation que fait éprouver l'absence, la perte, la diminution de la chaleur. ‖ Absence de sympathie, relâchement dans l'amitié : *il y a un froid entre eux.* ● *À froid,* sans mettre au feu, sans chauffer; sans émotion apparente. ‖ *Attraper, prendre froid,* s'enrhumer. ‖ *Avoir froid,* éprouver une sensation de froid. ‖ *Jeter un froid,* faire naître, par un acte ou une parole, la gêne, la contrainte. ‖ *Opérer à froid,* faire une opération chirurgicale quand l'inflammation a disparu; agir quand les passions se sont calmées.

FROIDEMENT adv. De façon froide.

FROIDEUR n. f. Absence de sensibilité, indifférence.

FROIDURE n. f. *Litt.* Atmosphère, saison froide.

FROISSABLE adj. Qui se froisse facilement.

FROISSEMENT n. m. Action de froisser, fait d'être froissé.

FROISSER v. t. (lat. *frustum*, fragment). Meurtrir par une pression violente, un choc : *se froisser un muscle.* ‖ Chiffonner : *froisser une robe.* ‖ Blesser moralement, offenser, heurter : *froisser un ami.*

FROISSURE n. f. Trace laissée sur un objet qui a été froissé.

FRÔLEMENT n. m. Action de frôler; bruit léger qui en résulte.

FRÔLER v. t. Toucher légèrement en passant. ‖ Passer très près de : *frôler un record, la mort.*

FRÔLEUR n. m. Maniaque qui se glisse dans les foules pour rechercher les contacts féminins.

FROMAGE n. m. (lat. pop. *formaticus*). Aliment fabriqué à partir du caillé obtenu par coagulation du lait. ‖ *Fam.* Sinécure. ● *Entre la poire et le fromage* (Fam.), à la fin du repas, lorsque la gaieté et la liberté sont plus grandes. ‖ *Fromage de tête,* sorte de pâté composé de morceaux de tête de porc enrobés de gelée.

FRIGORIFIQUE
principe d'une machine frigorifique à compression (*à gauche*)
et d'une machine frigorifique à absorption (*à droite*)

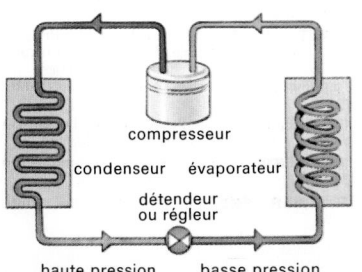

compresseur
condenseur   évaporateur
détendeur
ou régleur
haute pression   basse pression

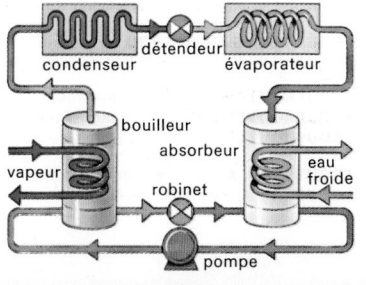

condenseur   détendeur   évaporateur
bouilleur
absorbeur
vapeur   eau froide
robinet
pompe

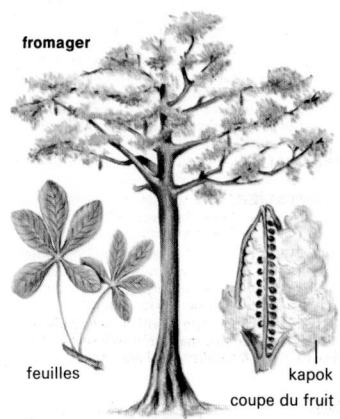

fromager

feuilles   kapok
coupe du fruit

FROMAGEON n. m. Fromage blanc de lait de brebis, du midi de la France.

FROMAGER n. m. Très grand arbre d'Afrique, à bois tendre et blanc, dont les fruits fournissent du kapok. (Famille des malvacées.) ◆ Récipient percé pour faire égoutter le fromage.

FROMAGER, ÈRE adj. Relatif au fromage : *industrie fromagère.* ◆ n. Personne qui fabrique ou vend du fromage.

FROMAGERIE n. f. Endroit où l'on fait, où l'on garde, où l'on vend les fromages.

FROMENT n. m. (lat. *frumentum*). Nom générique et ancienne dénomination usuelle du *blé*.

FROMENTAL n. m. Nom usuel de l'*avoine élevée*, graminée fourragère vivace.

FRONCE n. f. (mot francique). Série de plis non aplatis coulissés sur un fil.

FRONCEMENT n. m. Action de froncer, de rider, surtout en parlant des sourcils ou du front.

FRONCER v. t. (conj. 1). Rider, en contractant, en resserrant : *froncer les sourcils.* ‖ Resserrer ou orner par des fronces : *froncer une robe.*

FRONCIS [frɔ̃si] n. m. Ensemble des plis faits à une chemise, à une chemise, etc.

FRONDAISON n. f. (lat. *frons, frondis*, feuillage). Époque où paraissent les feuilles des arbres; le feuillage lui-même.

FRONDE n. f. (lat. *funda*). Arme de jet constituée d'une pièce de cuir attachée à deux lanières. ‖ Syn. de LANCE-PIERRES. ‖ *Litt.* Mouvement d'opposition envers une autorité.

FRONDE n. f. (lat. *frons, frondis*, feuillage). *Bot.* Feuille aérienne des fougères, portant des sporanges.

FRONDER v. t. (de *la Fronde*, n. pr.). Critiquer en raillant qqch ou qqn.

FRONDEUR, EUSE n. et adj. Personne armée d'une fronde (vx). ‖ Personne qui participa au mouvement de la Fronde. ‖ Personne qui aime à critiquer, à contredire, à blâmer.

FRONT n. m. (lat. *frons, frontis*). Région antérieure du crâne des vertébrés, allant, chez l'homme, de la naissance des cheveux jusqu'aux sourcils. ‖ Partie supérieure et antérieure de qqch : *le front d'une montagne.* ‖ *Litt.* Hardiesse, impudence : *vous avez le front de soutenir ce qu'il a dit.* ‖ Organisation politique regroupant plusieurs partis autour d'un programme. ‖ *Météor.* Surface idéale marquant le contact entre des masses d'air convergentes, différenciées par leur température et par leur degré d'humidité. ‖ *Mil.* Ligne extérieure présentée par une troupe en ordre de bataille; limite avant de la zone de combat, cette zone de combat elle-même; dans les forces soviétiques, grande unité équivalant au groupe d'armées. ● *Baisser, courber le front* (Litt.), éprouver un sentiment de honte. ‖ *De front*, par-devant : *attaquer de front;* sur une même ligne, ensemble : *aller, mener de front;* sans ménagement : *heurter de front les opinions de qqn.* ‖ *Faire front*, tenir tête à une attaque. ‖ *Front de mer*, secteur de défense côtière; avenue en bord de mer. ‖ *Front pionnier*, limite indécise entre les régions mises en valeur et l'espace non encore défriché. ‖ *Front de taille* (Min.), dans une taille, surface d'attaque du massif.

FRONTAL, E, AUX adj. De front : *attaque frontale.* ‖ *Anat.* Qui concerne le front : *os frontal.* ‖ *Math.* Se dit, en géométrie descriptive, d'une droite parallèle au plan vertical de projection. ● *Lobe frontal*, partie des hémisphères cérébraux située en avant de la scissure de Sylvius et qui joue un rôle important dans la motricité, la régulation de l'humeur et la douleur.

FRONTAL n. m. Os du front. ‖ Partie du harnais qui passe sur le front du cheval.

FRONTALIER, ÈRE adj. et n. Qui habite une région voisine d'une frontière. ‖ Qui va travailler chaque jour au-delà de cette frontière.

FRONTALITÉ n. f. *Loi de frontalité*, principe fondamental de la sculpture archaïque, caractérisé par la symétrie du corps humain, qui n'est jamais désaxé par une flexion latérale.

FRONTIÈRE n. f. (de *front*). Limite qui sépare deux États. ‖ Ce qui marque une limite entre les choses : *les frontières de l'impossible.* ‖ *Math.*

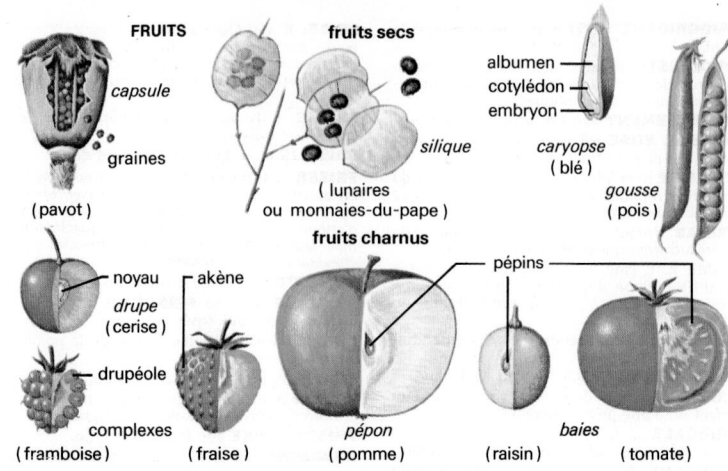

FRUITS

capsule

graines

(pavot)

fruits secs

silique

(lunaires ou monnaies-du-pape)

albumen
cotylédon
embryon

caryopse
(blé)

gousse
(pois)

fruits charnus

noyau

drupe
(cerise)

akène

drupéole

complexes
(framboise)

pépins

pépon
(pomme)

(fraise)

baies

(raisin)

(tomate)

Ensemble des éléments qui limitent un domaine. ● *Frontière naturelle*, frontière formée par un élément géographique (fleuve, montagne). ◆ adj. À la frontière : *poste frontière.*

FRONTIGNAN n. m. Vin muscat de l'Hérault.

FRONTISPICE n. m. (bas lat. *frontispicium*). Titre principal et complètement développé d'un livre. ‖ Gravure placée en regard du titre d'un livre.

FRONTON n. m. (it. *frontone*). Couronnement (d'une façade, d'une baie, d'un meuble...) de forme triangulaire, ou arquée sur base horizontale, plus large que haut et fait d'un tympan qu'entoure un cadre mouluré. ‖ Mur contre lequel on lance la balle, à la pelote basque.

FROTTAGE n. m. Action de frotter.

FROTTÉE n. f. *Pop.* Coups nombreux que l'on donne ou que l'on reçoit.

FROTTEMENT n. m. Action de deux corps en contact et en mouvement l'un par rapport à l'autre. ● *À frottement*, se dit d'une manière d'ajuster une pièce dans une autre, de façon que l'une ne soit mobile sur l'autre qu'avec un frottement plus ou moins grand. ‖ *Coefficient de frottement*, fraction de la pression normale qu'il faudrait appliquer tangentiellement pour vaincre le frottement. ‖ *Frottement de glissement*, frottement d'un corps qui glisse simplement sur un autre. ‖ *Frottement interne*, phénomène physico-chimique responsable de l'amortissement des vibrations dans un matériau. ‖ *Frottement pleural, péricardique*, etc. (Méd.), bruit anormal perçu à l'auscultation au cours de l'inflammation de la plèvre, du péricarde, etc.

FROTTER v. t. (anc. fr. *freter;* bas lat. *frictare*). Passer à plusieurs reprises, en appuyant, un corps sur un autre : *frotter ses mains.* ‖ Rendre plus propre, plus brillant : *frotter un parquet.* ◆ v. i. Produire un frottement. ◆ **se frotter** v. pr. [à]. *Fam.* S'en prendre vivement à, provoquer. ‖ *Litt.* Se mettre en rapport, en contact avec : *se frotter aux artistes.*

FROTTEUR n. m. *Mécan.* Pièce frottant sur une autre.

FROTTIS [frɔti] n. m. Couleur appliquée en couche très légère, non opaque. ‖ Étalement d'un exsudat en vue d'un examen au microscope.

FROTTOIR n. m. Surface enduite de produits provoquant par friction l'inflammation du bouton d'une allumette.

FROUFROU ou **FROU-FROU** (pl. *frous-frous*) n. m. Léger bruit que produit le froissement des feuilles, des vêtements.

FROUFROUTANT, E adj. Qui froufroute.

FROUFROUTEMENT n. m. Bruit de froufrou.

FROUFROUTER v. i. Faire un bruit de froufrou.

FROUSSARD, E adj. et n. *Fam.* Poltron.

FROUSSE n. f. *Fam.* Peur extrême.

FRUCTIDOR n. m. (lat. *fructus*, fruit, et gr. *dôron*, don). Douzième mois du calendrier républicain, commençant le 18 ou le 19 août.

FRUCTIFÈRE adj. Qui produit des fruits.

FRUCTIFICATION n. f. Formation du fruit; époque de cette formation. ‖ Ensemble des organes reproducteurs, chez les cryptogames.

FRUCTIFIER v. i. (lat. *fructus*, fruit). Produire, porter des fruits, des récoltes. ‖ Avoir des résultats avantageux; apporter des bénéfices : *idée qui fructifie; somme qui a fructifié.*

FRUCTOSE n. m. Ose, de formule $C_6H_{12}O_6$, isomère du glucose, contenu dans le miel et de nombreux fruits. (Syn. LÉVULOSE.)

FRUCTUEUSEMENT adv. De façon fructueuse.

FRUCTUEUX, EUSE adj. (lat. *fructuosus*). Profitable, avantageux : *commerce fructueux.*

FRUGAL, E, AUX adj. (lat. *frugalis*). Qui se nourrit de peu, qui vit d'une manière simple. ‖ Composé d'aliments peu recherchés et peu abondants : *nourriture frugale.*

FRUGALEMENT adv. De façon frugale.

FRUGALITÉ n. f. Qualité d'une personne frugale, de ce qui est frugal.

FRUGIVORE adj. et n. Qui se nourrit de fruits.

FRUIT n. m. (lat. *fructus*). Organe contenant les graines et provenant généralement de l'ovaire de la fleur. (On distingue les *fruits secs* [gousse, capsule, akène] et les *fruits charnus* [drupe, baie], souvent comestibles.) ‖ Profit, avantage, résultat : *le fruit de l'expérience.* ● *Fruit confit*, fruit cuit légèrement dans un sirop de sucre, puis séché lentement. ‖ *Fruit défendu* (allusion au fruit de l'arbre de vie de la Genèse), objet dont il n'est pas permis d'user. ‖ *Fruit sec*, fruit sans pulpe; élève, homme qui n'a pas réussi. ‖ *Fruit vert*, se dit d'une très jeune fille. ◆ pl. *Dr.* Produits réguliers et périodiques que les choses donnent d'après leur destination et sans perte de leur substance, soit naturellement, soit par le travail de l'homme. ● *Fruits de mer*, nom collectif donné aux crustacés, aux coquillages comestibles. ‖ *Fruits pendants par les branches* (Dr.), fruits qui viennent des arbres et qui ne sont pas encore récoltés. ‖ *Fruits pendants par les racines* (Dr.), récoltes encore sur pied. ‖ *Fruits rafraîchis*, salade de fruits frais divers au sucre ou arrosés d'alcool.

FRUIT n. m. Obliquité, du dehors en dedans, de la face d'un mur par rapport à la verticale. (Quand la base du mur est en arrière de l'aplomb pris à partir du sommet, il y a CONTRE-FRUIT.)

FRUITÉ, E adj. Se dit de l'huile d'olive, du vin, etc., qui ont conservé le goût du fruit.

FRUITERIE n. f. Commerce, boutique du fruitier.

FRUITIER, ÈRE adj. Qui porte des fruits

comestibles : *arbre fruitier*. ◆ adj. et n. Qui fait le commerce des fruits frais.

FRUITIER n. m. Local, étagère où l'on conserve les fruits.

FRUITIÈRE n. f. Association de producteurs de lait créée pour la fabrication du fromage, principalement celle du gruyère. ‖ Local où se fait la fabrication.

FRUMENTAIRE [frymɑ̃tɛr] adj. *Hist.* Relatif au blé ou aux ressources alimentaires.

FRUSQUES n. f. pl. (de *saint-frusquin*). *Pop.* Vieux vêtements.

FRUSTE adj. (it. *frusto*, usé). Grossier, sans culture, sans élégance, rustre. ‖ Se dit de certaines maladies ne présentant qu'une partie de leurs symptômes habituels.

FRUSTRANT, E adj. Qui frustre.

FRUSTRATION n. f. Action de frustrer. ‖ *Psychol.* État de tension psychologique engendré par un obstacle venant s'interposer entre un sujet et un but valorisé positivement par lui.

FRUSTRÉ, E adj. et n. Se dit de qqn qui souffre de frustration.

FRUSTRER v. t. (lat. *frustrari*). Priver qqn de ce qui lui est dû. ‖ Décevoir, tromper : *être frustré dans son attente*.

FRUTESCENT, E adj. (lat. *frutex*, arbrisseau). *Espèce frutescente* (Bot.), arbrisseau.

FUCALE n. f. Algue brune (phéophycée) telle que le *fucus*. (Les *fucales* forment un ordre.)

FUCHSIA [fyksja *ou* fyʃja] n. m. (du botaniste all. *Fuchs*). Arbrisseau originaire d'Amérique, souvent planté pour ses fleurs rouges décoratives. (Famille des onagrariacées.)

FUCHSIEN, ENNE [fyksjɛ̃, ɛn] adj. (du mathématicien all. *Fuchs*). Se dit de fonctions transcendantes restant invariables dans certaines transformations constituant le groupe *fuchsien*.

FUCHSINE [fyksin] n. f. (all. *Fuchs*). Matière colorante rouge, utilisée en cytologie et en bactériologie.

FUCUS [fykys] n. m. (mot lat.). Algue brune, abondante sur les côtes rocheuses, dans la zone de balancement des marées, et dont une espèce commune est munie de flotteurs.

FUÉGIEN, ENNE adj. et n. (esp. *fueguino*; de *fuego*, feu). De la Terre de Feu.

FUEL [fjul] *ou* **FUEL-OIL** [fjulɔjl] n. m. (mot anglo-amér.). Combustible liquide, brun foncé ou noir, plus ou moins visqueux, provenant de la distillation du pétrole brut. ● *Fuel domestique*, gas-oil de chauffage, teinté en rouge pour le distinguer du carburant. (Syn. MAZOUT.)

FUERO [fwero] n. m. (mot esp.). Anc. charte espagnole, émanant le plus souvent du roi, et garantissant les privilèges d'une ville, d'un pays, notamment en Aragon, au Pays basque.

FUGACE adj. (lat. *fugax*). Qui ne dure pas, disparaît; fugitif : *désir, parfum fugace*.

FUGACITÉ n. f. Caractère de ce qui est fugace.

FUGITIF, IVE adj. et n. (lat. *fugitivus*). Qui a pris la fuite, qui s'est échappé. ◆ adj. Qui ne dure pas, qui disparaît rapidement : *bonheur, espoir fugitif*.

FUGITIVEMENT adv. De façon fugitive.

FUGUE n. f. (it. *fuga*, fuite). Disparition momentanée d'une personne hors de son domicile. ‖ Forme musicale, fondée sur l'exploitation d'un sujet (et parfois d'un contre-sujet), qui utilise les procédés d'écriture du canon et de l'imitation, et qui comporte une exposition, un développement, des divertissements, des strettes et une coda.

FUGUÉ, E adj. *Mus.* En style de fugue.

FUGUER v. i. *Fam.* Faire une fugue.

FUGUEUR, EUSE adj. et n. *Psychiatr.* Se dit d'une personne qui a tendance à répéter les fugues.

FÜHRER [fyrɛr] n. m. (mot all., *chef*). Titre pris par Hitler à partir de 1934.

FUIR v. i. (lat. *fugere*) [conj. **18**]. S'éloigner rapidement pour échapper à qqn : *fuir à travers champs*. ‖ S'éloigner, s'écouler avec rapidité; s'échapper par une fêlure, un orifice : *l'hiver a fui; le gaz*

a fui par le robinet. ‖ Laisser échapper son contenu : *mon stylo fuit*. ◆ v. t. Chercher à éviter en s'éloignant : *fuir le danger*.

FUITE n. f. Action de fuir, mouvement de qqn, de qqch qui fuit : *prendre la fuite, fuite devant les responsabilités*. ‖ Échappement d'un fluide, d'un gaz. ‖ Fissure par laquelle un fluide, un gaz s'échappe. ‖ Indiscrétion commise en matière judiciaire, militaire, etc. ● *Délit de fuite*, délit commis par le conducteur d'un véhicule qui, ayant causé ou occasionné un accident, ne s'arrête pas aussitôt pour identification. ‖ *Point de fuite*, point d'un dessin perspectif où concourent des droites qui sont parallèles dans la réalité.

FULGURANT, E adj. (lat. *fulgurans*). Qui frappe vivement l'esprit : *découverte fulgurante*. ‖ Qui est très rapide : *vitesse fulgurante*. ● *Douleur fulgurante*, douleur vive et de courte durée. ‖ *Regard fulgurant* (Litt.), brillant et chargé d'intentions.

FULGURATION n. f. Éclair sans tonnerre.

FULGURER v. i. *Litt.* Briller d'un vif éclat.

FULIGINEUX, EUSE adj. (lat. *fuligo*, suie). De la couleur de la suie : *enduit fuligineux*. ‖ Qui produit de la suie : *flamme fuligineuse*.

FULIGULE n. m. (lat. *fuligo*, suie [par allusion à la couleur du plumage]). Canard plongeur, de passage en France en hiver. (Le *milouin* et le *morillon* sont les espèces les plus communes de fuligules.)

FULL [ful] n. m. (mot angl., *plein*). Au poker, ensemble formé par un brelan et une paire.

FULMICOTON n. m. Syn. de COTON-POUDRE.

FULMINANT, E adj. Menaçant : *regards fulminants*. ‖ *Chim.* Qui produit une détonation : *poudre fulminante*.

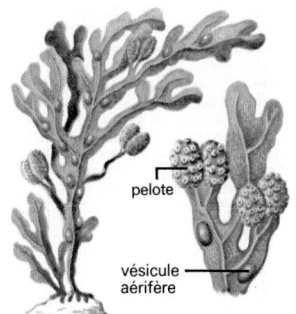

pelote

vésicule
aérifère

FUCUS VÉSICULEUX

FULMINATE n. m. *Chim.* Sel de l'acide fulminique. (Le fulminate de mercure sert à la fabrication des amorces.)

FULMINATION n. f. Action de fulminer.

FULMINER v. i. (lat. *fulminare*). Faire explosion. ‖ S'emporter, éclater en menaces. ◆ v. t. Formuler avec véhémence : *fulminer des reproches*.

FULMINIQUE adj. *Chim.* Se dit de l'acide CNOH, formant des sels détonants.

FUMABLE adj. Qui peut être fumé.

FUMAGE n. m. Action de fumer une terre.

FUMAGE n. m., ou **FUMAISON** n. f. Action d'exposer à la fumée certaines denrées (viande, poisson) pour les conserver.

FUMAGINE n. f. (lat. *fumus*, suie). Maladie cryptogamique des arbres et arbustes, caractérisée par un enduit noir à la surface des feuilles.

FUMANT, E adj. Qui émet de la fumée : *cendre fumante*. ‖ *Fam.* Furieux. ‖ *Pop.* Extraordinaire : *un coup fumant*. ● *Acide fumant*, acide nitrique ou sulfurique très concentré.

FUMARIACÉE n. f. Plante dialypétale telle que la *fumeterre* et le *dicentra*. (Les *fumariacées* forment une famille.)

FUMÉ, E adj. Se dit d'un aliment qui a été

soumis au fumage : *saumon fumé*. ● *Verres fumés*, verres de lunettes colorés sombres.

FUMÉ n. m. Épreuve d'essai, en noir ou en bleu, d'un cliché.

FUME-CIGARE, FUME-CIGARETTE n. m. inv. Petit tuyau auquel on adapte un cigare ou une cigarette pour les fumer.

FUMÉE n. f. Ensemble des produits gazeux et des particules solides extrêmement ténues, se dégageant des corps en combustion. ‖ Vapeur exhalée par un liquide chaud. ● *S'en aller, partir en fumée*, disparaître sans résultat. ◆ pl. *Litt.* Excitation produite au cerveau par les boissons alcooliques : *les fumées du vin*.

FUMER v. i. (lat. *fumare*). Dégager de la fumée. ‖ Exhaler des vapeurs : *la soupe chaude fume sur la table*. ‖ *Pop.* Éprouver du dépit, de la colère, être furieux. ◆ v. t. Brûler du tabac en aspirant la fumée : *fumer une cigarette*. ‖ Exposer à la fumée pour sécher et conserver : *fumer des jambons*.

FUMER v. t. (lat. pop. *femus*, fumier). Apporter à une terre du fumier ou des engrais minéraux.

FUMERIE n. f. Lieu où l'on fume l'opium.

FUMEROLLE n. f. (it. *fumaruolo*). Émission de gaz d'origine volcanique.

FUMERON n. m. Bois insuffisamment carbonisé et qui brûle avec beaucoup de fumée.

FUMET n. m. Odeur agréable d'une viande, d'un vin, etc. ‖ *Cuis.* Préparation liquide pour corser les sauces, obtenue en faisant bouillir une substance appropriée soit avec un bouillon, soit avec du vin. ‖ *Chass.* Odeur du gibier.

FUMETERRE n. f. (lat. *fumus terrae*, fumée de la terre). Plante annuelle des champs, à petites fleurs roses munies d'un éperon. (Haut. 30 cm; famille des fumariacées.)

FUMEUR, EUSE n. Personne qui fume.

FUMEUX, EUSE adj. Qui répand de la fumée. ‖ Peu clair, peu net : *idées fumeuses*.

FUMIER n. m. (lat. pop. *femarium*, tas de fumier). Mélange fermenté des litières et des déjections des animaux, utilisé comme engrais. ‖ *Pop.* Terme d'injure.

FUMIGATEUR n. m. Inhalateur. ‖ Appareil pour effectuer des fumigations.

FUMIGATION n. f. Action de produire une fumée ou une vapeur désinfectante.

FUMIGATOIRE adj. Relatif aux fumigations.

FUMIGÈNE adj. et n. m. Qui produit de la fumée.

FUMISTE n. m. (de *fumée*). Celui dont le métier est d'entretenir les cheminées, de fabriquer et d'installer les appareils de chauffage.

FUMISTE n. et adj. *Fam.* Farceur, personne peu sérieuse.

FUMISTERIE n. f. Profession, commerce du fumiste. ‖ *Fam.* Action, chose dépourvue de sérieux.

FUMIVORE adj. et n. Se dit d'un foyer qui ne produit pas de fumée ou d'un appareil qui fume disparaître.

FUMIVORITÉ n. f. Caractère d'un foyer, d'un appareil fumivores.

FUMOIR n. m. Local où l'on fume le poisson, la viande. ‖ Pièce réservée aux fumeurs.

FUMURE n. f. Engrais apportés à un sol pour une culture ou une période déterminées.

FUNAMBULE n. (lat. *funis*, corde, et *ambulare*, marcher). Acrobate marchant sur une corde.

FUNAMBULESQUE adj. Relatif aux funambules. ‖ *Litt.* Bizarre.

FUNDUS [fɔ̃dys] n. m. Région de l'estomac comprenant la partie verticale et une portion de la partie horizontale de cet organe. (C'est dans le fundus que se trouvent les glandes qui sécrètent la pepsine et celles qui sécrètent l'acide chlorhydrique nécessaire à l'activation de celle-ci.)

FUNÈBRE adj. (lat. *funus, funeris*, funérailles). Qui évoque la mort; qui inspire un sentiment de tristesse. ‖ Relatif aux funérailles.

FUNÉRAILLES n. f. pl. (bas lat. *funeralia*). Cérémonies qui s'accomplissent pour l'enterrement d'une personne.

FUNÉRAIRE adj. (bas lat. *funerarius*). Qui concerne les funérailles, la sépulture.

FUNÉRARIUM [funerarjɔm] n. m. Établissement où l'on se réunit avant les obsèques.

FUNESTE adj. (lat. *funestus*). Qui apporte la mort, le malheur, qui est nuisible : *funeste accident; conseil funeste.*

FUNESTEMENT adv. *Litt.* De façon funeste.

FUNICULAIRE n. m. (lat. *funiculus*, petite corde). Chemin de fer destiné à gravir de très fortes rampes et dont les convois sont mus par un câble.

FUNICULAIRE adj. *Méd.* Relatif au cordon ombilical ou au cordon spermatique.

FUNICULE n. m. (lat. *funiculus*, cordon). *Bot.* Fin cordon qui relie l'ovule au placenta chez les plantes à graines.

FUR n. m. (lat. *forum*, place). *Au fur et à mesure*, v. MESURE.

FURANNE n. m. Composé hétérocyclique C_4H_4O, existant dans le goudron de sapin.

FURAX adj. inv. *Fam.* Furieux.

FURET n. m. (lat. *fur*, voleur). Variété albinos de putois, utilisée pour la chasse du lapin de garenne. ‖ Personne curieuse, toujours en quête de découvertes. ‖ Jeu de société dans lequel les joueurs, assis en rond, se passent de main en main un objet (le furet), tandis qu'un autre joueur cherche à deviner où il se trouve.

FURETAGE n. m. Action de fureter.

FURETER v. i. (conj. **4**). Chasser au furet. ‖ Fouiller, chercher pour découvrir des choses cachées ou des secrets.

FURETEUR, EUSE adj. et n. Qui furète, s'enquiert de tout.

FUREUR n. f. (lat. *furor*). Violente colère : *entrer en fureur.* ‖ Passion démesurée : *la fureur du jeu.* ● *Faire fureur*, jouir d'une grande vogue.

FURFURACÉ, E adj. (lat. *furfur*, son). Qui a l'apparence du son (de blé).

FURFURAL n. m. Aldéhyde de la série du furanne, obtenu à partir de céréales.

FURIA n. f. (mot it.). Impétuosité.

FURIBARD, E adj. *Fam.* Furieux.

FURIBOND, E adj. et n. (lat. *furibundus*). Furieux, sujet à la fureur. ◆ adj. Qui exprime la fureur : *regards furibonds.*

FURIE n. f. (lat. *furia*). Accès de rage, de colère. ‖ *Litt.* Mouvement impétueux des choses : *les vagues en furie.* ‖ Femme déchaînée, qui ne se maîtrise pas.

FURIEUSEMENT adv. De façon furieuse.

FURIEUX, EUSE adj. et n. Qui est en furie, en fureur. ◆ adj. Qui manifeste de la fureur. ‖ D'une grande violence : *combat furieux.* ● *Fou furieux*, personne qui a une crise de folie.

FURIOSO [fyrjozo] adj. et adv. (mot it.). *Mus.* Qui a un caractère violent, furieux.

FURONCLE n. m. (lat. *furunculus*). Inflammation du follicule pilo-sébacé produite par un staphylocoque. (Le furoncle commence par un gonflement rouge, dur, douloureux, centré autour d'un poil, puis le centre se nécrose en formant le bourbillon, dont l'élimination précède la guérison.) [Syn. fam. CLOU.]

FURONCULEUX, EUSE adj. et n. Relatif au furoncle, à la furonculose; atteint de furonculose.

FURONCULOSE n. f. Maladie caractérisée par des éruptions de furoncles.

FUROSÉMIDE n. m. Diurétique de synthèse ayant une action puissante, rapide et brève.

FURTIF, IVE adj. (lat. *furtivus*; de *furtum*, vol).

furet putoisé

fruits   fleur

fusain d'Europe

Qui se fait à la dérobée, de manière à échapper à l'attention : *lancer un regard furtif.*

FURTIVEMENT adv. À la dérobée.

FUSAIN n. m. (lat. *fusus*, fuseau). Arbrisseau ornemental à feuilles luisantes, originaire du Japon, souvent cultivé dans les haies. (Genre *evonymus*, famille des célastracées.) ‖ Charbon fait avec le bois de fusain ou avec un autre bois, servant pour dessiner; dessin fait avec ce charbon.

FUSAINISTE ou **FUSINISTE** n. Artiste qui dessine au fusain.

FUSANT, E adj. Qui fuse : *poudre fusante.* ◆ adj. et n. m. Se dit d'un obus qui explose en l'air par l'action d'une fusée-détonateur.

FUSARIOSE n. f. Maladie des plantes causée par un champignon parasite.

FUSEAU n. m. (lat. *fusus*). Petite bobine galbée pour filer à la quenouille. ‖ Pantalon de sport dont les jambes vont en se rétrécissant vers le bas. ‖ *Cytol.* Ensemble de filaments apparaissant pendant la division cellulaire, et que suivent les chromosomes pendant leur ascension vers chaque sphère attractive. ‖ *Math.* Portion d'une surface de révolution découpée par deux demi-plans passant par l'axe de cette surface et limités à celui-ci. ‖ *Text.* Broche conique autour de laquelle on enroule le fil de coton, de soie, etc. ‖ *Zool.* Genre de mollusques gastropodes à coquille longue et pointue. ● *Dentelle aux fuseaux*, dentelle exécutée sur un métier appelé

FUSÉE D'UNE ROUE D'AUTOMOBILE

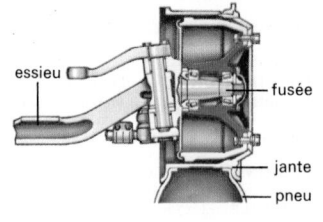

essieu

fusée

jante

pneu

FUSIL DE GUERRE
(arme individuelle, fusil d'assaut)

«carreau». ‖ *En fuseau*, de forme allongée et aux extrémités fines. ‖ *Fuseau horaire*, chacun des 24 fuseaux géométriques conventionnels entre lesquels est partagée la surface de la Terre et dont tous les points ont la même heure légale. (V. carte part. hist. pp. 1418-1419.)

FUSÉE n. f. (lat. *fusus*, fuseau). Pièce d'artifice se propulsant par réaction grâce à la combustion de la poudre : *fusée éclairante.* ‖ Ensemble constitué par le moteur-fusée et l'engin qu'il véhicule (projectile, satellite, véhicule spatial, etc.). ‖ Chacune des extrémités d'un essieu, supportant une roue et ses roulements. ‖ Petite bobine sur laquelle la filature expédie le fil. ‖ Meuble héraldique qui a la forme d'un losange allongé. ‖ Pièce conique rainurée, à génératrice non rectiligne, et présentant une rainure hélicoïdale dans laquelle s'enroule une chaîne reliée au ressort principal, dans certains appareils d'horlogerie. ‖ *Méd.* Trajet parcouru par le pus, depuis l'abcès où il s'est formé jusqu'à son point d'émergence.

FUSÉE-DÉTONATEUR n. f. (pl. *fusées-détonateurs*). Artifice provoquant l'explosion de la charge de certains projectiles.

FUSÉE-SONDE n. f. (pl. *fusées-sondes*). Fusée suborbitale non habitée, équipée d'appareils de mesure.

FUSELAGE n. m. Corps d'un avion auquel sont fixées les ailes et qui contient l'habitacle.

FUSELÉ, E adj. Mince et galbé comme un fuseau. ‖ *Hérald.* Couvert de fusées de deux émaux alternés.

FUSELER v. t. (conj. **3**). Tailler en fuseau.

FUSER v. i. (lat. *fusus*, fondu). Se décomposer en éclatant avec une légère crépitation. ‖ En parlant de la poudre, se décomposer sans détoner. ‖ Se faire entendre bruyamment et subitement : *des rires fusèrent de tous côtés.*

FUSETTE n. f. Tube de carton ou de matière plastique pour enrouler du fil à coudre.

FUSIBILITÉ n. f. Qualité de ce qui est fusible.

FUSIBLE adj. Qui peut être fondu. ‖ Dont le point de fusion est relativement peu élevé.

FUSIBLE n. m. Fil d'alliage spécial qui, placé dans un circuit électrique, coupe le courant en fondant si l'intensité est trop forte. ● *Boîte à fusibles*, boîtier comprenant plusieurs fusibles protégeant une installation électrique.

FUSIFORME adj. En forme de fuseau.

FUSIL [fyzi] n. m. (lat. *focus*, feu). Arme à feu portative de chasse ou de guerre, constituée par un canon de petit calibre reposant sur une monture en bois (fût et crosse), et équipée de dispositifs de mise à feu et de visée. ‖ Le tireur lui-même. ‖ Baguette d'acier pour affiler les couteaux; pierre à aiguiser les faux. ● *Changer son fusil d'épaule*, changer sa façon de faire, changer d'opinion. ‖ *Coup de fusil* (Fam.), addition trop élevée dans un restaurant.

FUSILIER n. m. Militaire armé d'un fusil. ● *Fusilier marin*, en France, marin des formations de la marine nationale destiné à être employé à terre.

FUSILLADE n. f. Décharge simultanée de plusieurs fusils. ‖ Échange de coups de feu.

FUSILLER v. t. Exécuter un condamné à coups de fusil. ‖ *Fam.* Abîmer. ● *Fusiller qqn du regard*, le clouer sur place par un regard dur.

FUSILLEUR n. m. Celui qui fusille, qui donne l'ordre de fusiller.

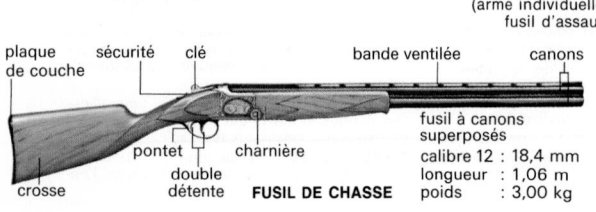

plaque de couche   sécurité   clé   bande ventilée   canons

pontet   charnière

crosse   double détente   **FUSIL DE CHASSE**

fusil à canons superposés
calibre 12 : 18,4 mm
longueur : 1,06 m
poids   : 3,00 kg

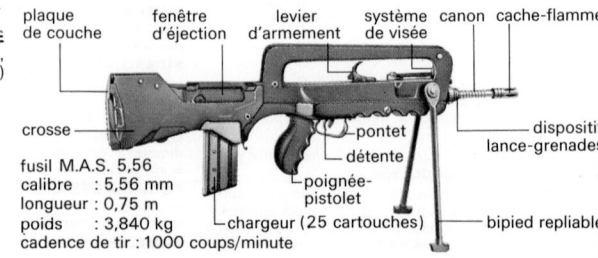

plaque de couche   fenêtre d'éjection   levier d'armement   système de visée   canon   cache-flamme

crosse   pontet   dispositif lance-grenades

détente

poignée-pistolet

chargeur (25 cartouches)   bipied repliable

fusil M.A.S. 5,56
calibre   : 5,56 mm
longueur : 0,75 m
poids   : 3,840 kg
cadence de tir : 1000 coups/minute

FUSIL-MITRAILLEUR n. m. (pl. *fusils-mitrailleurs*). Arme automatique légère, pouvant tirer coup par coup ou par rafales. (Abrév. F.-M.)

FUSINISTE n. → FUSAINISTE.

FUSION n. f. (lat. *fusio*). Réunion, combinaison étroite : *la fusion de deux partis.* ‖ Réunion de deux ou plusieurs sociétés indépendantes qui abandonnent leur entité juridique pour en créer une nouvelle, regroupant leurs biens sociaux. ‖ *Phys.* Passage d'un corps solide à l'état liquide, sous l'action de la chaleur. (Sous une pression donnée, la température reste constante pendant toute la durée de la fusion d'un corps pur.) ‖ *Phys. nucl.* Union de plusieurs atomes légers à très haute température, donnant des atomes plus lourds et un grand dégagement d'énergie (par ex., isotopes de l'hydrogène et lithium dans la bombe thermonucléaire).

FUSIONNEMENT n. m. Action de fusionner.

FUSIONNER v. t. Réunir en une seule société, en une seule association, un seul parti, etc. : *fusionner deux entreprises.* ◆ v. i. Se réunir, s'associer : *les partis ont fusionné.*

FUSO-SPIRILLE n. m. (pl. *fuso-spirilles*). Association d'un bacille fusiforme anaérobie et d'un spirochète. (L'agent de l'angine de Vincent est un fuso-spirille.)

FUSTANELLE n. f. (lat. *fustaneum*, tissu de coton). Court jupon masculin, à plis, évasé, qui fait partie du costume national grec.

FUSTET n. m. (mot ar.). Arbrisseau cultivé dans les parcs pour les houppes plumeuses dont il se couvre après la floraison. (Haut. 3 m; famille des anacardiacées; genre *sumac.*)

FUSTIGATION n. f. Action de fustiger.

FUSTIGER v. t. (lat. *fustigare*; de *fustis*, bâton) [conj. 1]. Battre à coups de bâton, de fouet (vx). ‖ *Litt.* Critiquer vivement : *fustiger ses adversaires.*

FÛT [fy] n. m. (lat. *fustis*, bâton). Partie du tronc d'un arbre dépourvue de rameaux. ‖ Tonneau. ‖ Monture en bois sur laquelle repose le canon d'une arme à feu portative. ‖ Corps d'un rabot. ‖ Corps d'une colonne compris entre la base et le chapiteau.

FUTAIE n. f. (de *fût*). Forêt dont on exploite les arbres quand ils sont arrivés à une grande dimension. ● *Haute futaie,* futaie qui est parvenue à toute sa hauteur. (Les arbres ont plus de 100 ans.)

FUTAILLE n. f. (de *fût*). Tonneau pour le vin.

FUTAINE n. f. (bas lat. *fustaneum*, tissu de coton). Étoffe pelucheuse, de fil et de coton.

FUTÉ, E adj. *Fam.* Fin et rusé.

FUTÉE n. f. (de *fût*). Mastic de colle forte et de sciure de bois, pour boucher les trous du bois.

FUTILE adj. (lat. *futilis*). Qui est dépourvu d'intérêt, de valeur, d'importance.

FUTILEMENT adv. De façon futile.

FUTILITÉ n. f. Caractère de ce qui est futile; chose futile : *dire des futilités.*

FUTUR, E adj. (lat. *futurus*). Qui est à venir. ◆ n. Celui, celle qu'on doit épouser bientôt (vx).

Manifestation interventionniste ou *Peinture-mots en liberté* (1914), de Carlo Carrà. Collage. (Coll. priv., Milan.)

FUTURISME

Formes uniques dans la continuité de l'espace (1913), de Umberto Boccioni. (Galleria d'Arte moderna, Milan.)

FUTUR n. m. Avenir : *s'inquiéter du futur.* ‖ *Ling.* Temps du verbe exprimant une action, un état à venir. ● *Futur antérieur,* temps indiquant une action future qui aura lieu avant une autre action future.

FUTURISME n. m. Mouvement littéraire et artistique du début du XXe s., qui condamne la tradition esthétique et cherche à intégrer le monde moderne, dans ses manifestations technologiques et sociales, à l'expression poétique et plastique. ‖ Attitude de celui qui se tourne vers des formules qu'il croit être celles de l'avenir.

■ Né en Italie autour du poète Marinetti (*Manifeste du futurisme,* 1909), le futurisme prolonge et double la révolte de l'expressionnisme* et annonce le mouvement dada*. Auteurs de deux manifestes en 1910, les premiers peintres du mouvement, Balla, Boccioni, Carrà, Severini, Luigi Russolo (1885-1947), empruntent à la technique divisionniste et au cubisme pour faire interférer formes, rythmes, couleurs et lumières afin d'exprimer une «sensation dyna-mique», une simultanéité des états d'âme et des structures multiples du monde visible. Un mouvement futuriste, ou «cubo-futuriste», a existé en Russie v. 1911-12 (Maïakovski, Malevitch).

FUTURISTE adj. et n. Qui appartient, se rattache au futurisme. ‖ Qui cherche à évoquer la société, les techniques de l'avenir : *une architecture futuriste.*

FUTUROLOGIE n. f. Ensemble des recherches qui étudient le futur et cherchent à prévoir quel sera, à un moment donné de l'avenir, l'état du monde ou d'un pays dans les domaines technique, social, politique, etc.

FUTUROLOGUE n. Spécialiste de futurologie.

FUYANT, E adj. Qui paraît s'éloigner par l'effet de la perspective : *horizon fuyant.* ‖ Qui s'incurve vers l'arrière : *front fuyant.* ‖ Qui se dérobe à l'analyse, aux regards.

FUYANT n. m. Ligne fuyante; perspective.

FUYARD n. m. Celui qui s'enfuit, qui prend la fuite au combat.

g

glacier d'Aletsch (Valais, Suisse) [*phot. Rapho*]

G n. m. Septième lettre de l'alphabet et la cinquième des consonnes. (Le *g* se prononce [ʒ] [fricative sonore] devant *e, i, y;* il se prononce [g] [occlusive gutturale sonore] devant *a, o, u.*) ‖ **G,** symbole de *giga.* ‖ **G,** symbole du *gauss.* ‖ **G,** nom de la note *sol* en anglais et en allemand. ‖ **g,** symbole de l'accélération de la pesanteur. ‖ **g,** symbole du *gramme.* ● *Facteur G,* aptitude générale intellectuelle d'un sujet, correspondant à la corrélation entre les résultats qu'il a obtenus à plusieurs tests de niveau.

Ga, symbole chimique du *gallium.*

GABARDINE n. f. (esp. *gabardina,* justaucorps). Étoffe de laine croisée à côtes en relief. ‖ Manteau imperméable fait de cette étoffe.

GABARE n. f. (prov. *gabarra*). Grande embarcation pour le transport des marchandises ou pour le chargement et le déchargement des navires. ‖ *Pêch.* Sorte de grande seine.

GABARIAGE n. m. Action de faire un gabarit ou de comparer un objet au gabarit.

GABARIER n. m. Patron, conducteur ou déchargeur de gabares.

GABARIT [gabari] n. m. (prov. *gabarrit*). Modèle sur lequel on façonne certaines pièces, dans la construction des navires ou des pièces d'artillerie. ‖ Appareil de vérification et de mesure. ‖ Dimension, forme imposée d'un objet. ‖ *Fam.* Dimension physique ou morale, stature. ● *Gabarit de chargement,* profil extérieur maximal offert à un véhicule, chargement compris.

GABBRO n. m. (mot it.). Roche plutonique, constituée essentiellement de plagioclase calcique et de pyroxène.

GABEGIE [gabʒi] n. f. (anc. fr. *gaber,* tromper). *Fam.* Désordre provenant d'une gestion défectueuse ou malhonnête.

GABELLE n. f. (it. *gabella,* impôt; mot ar.). Impôt sur le sel, monopole d'État sous l'Ancien Régime, avec obligation pour chaque sujet du roi d'acheter tous les ans une certaine quantité de sel. (La disparité des modes de taxation engendra une vaste contrebande. Très impopulaire, la gabelle fut abolie en 1790.)

GABELOU n. m. Autref., employé de la gabelle. ‖ *Péjor.* Employé de la douane ou des contributions indirectes.

GABIE n. f. (prov. *gabia,* cage). *Mar.* Anc. nom de la HUNE.

GABIER n. m. Matelot autref. préposé aux voiles et au gréement, et actuellement à tout ce qui concerne la manœuvre du navire.

GABION n. m. (it. *gabbione,* grande cage). Panier cylindrique sans fond, rempli de terre, qui servait de protection dans la guerre de siège (vx). ‖ Abri des chasseurs de sauvagine. ‖ Panier à deux anses pour transporter du fumier, de la terre.

GABIONNAGE n. m. Action de fabriquer ou d'installer des gabions.

GÂBLE ou **GABLE** n. m. (norrois *gafl*). Surface décorative pyramidée, à rampants moulurés, qui couronne certains arcs (portails gothiques, etc.).

gâble
(cathédrale
de Troyes)

Lauros-Giraudon

GABONAIS, E adj. et n. Du Gabon.

GÂCHAGE n. m. Action de gâcher.

GÂCHE n. f. (mot francique). Pièce métallique formant boîtier, fixée au chambranle d'une porte, et dans laquelle s'engage le pêne d'une serrure. ‖ Outil de maçon servant au gâchage.

GÂCHER v. t. (mot francique). Tremper et malaxer du plâtre, du ciment, du béton, etc. ‖ Compromettre l'existence, la qualité de qqch; détruire par un emploi mauvais : *gâcher une occasion, gâcher de l'argent.* ● *Gâcher le métier* (Fam.), travailler à trop bon marché.

GÂCHETTE n. f. (de *gâche*). Pièce d'acier solidaire de la détente, et commandant le départ du coup d'une arme à feu. ‖ Petite pièce d'une serrure qui se met sous le pêne pour lui servir d'arrêt à chaque tour de clef. ‖ Électrode de commande d'un thyristor.

GÂCHEUR, EUSE adj. et n. Qui gâche.

GÂCHIS [gɑʃi] n. m. Terre détrempée par la pluie. ‖ Choses gâchées, détériorées. ‖ *Fam.* Situation confuse et embrouillée due à une mauvaise organisation; gaspillage.

GADGET [gadʒɛt] n. m. (mot amér.). Petit objet plus ou moins pratique, amusant par son caractère de nouveauté.

GADIDÉ ou **GADE** n. m. Poisson marin comme la *morue, l'églefin,* le *merlan* ou le *colin,* ou d'eau douce telle la *lotte* de rivière. (Les *gadidés* forment une famille.)

GADOLINIUM [gadɔlinjɔm] n. m. Métal (Gd) du groupe des terres rares, nº 64, de masse atomique 157,25.

GADOUE n. f. Engrais constitué par les ordures ménagères et les boues des villes. ‖ Terre détrempée, boue. (On dit aussi, pop., GADOUILLE.)

GAÉLIQUE adj. Relatif aux Gaëls, ancien peuple celtique.

GAÉLIQUE n. m. Ensemble des dialectes celtes d'Irlande et d'Écosse.

GAFFE n. f. (anc. prov. *gafar,* saisir). *Mar.* Perche munie d'un croc et d'une pointe métallique, pour accrocher, accoster, etc. ‖ *Fam.* Action, parole maladroite, sottise. ● *Faire gaffe* (Pop.), se méfier, être sur ses gardes.

GAFFER v. t. *Mar.* Accrocher avec une gaffe. ◆ v. i. *Fam.* Commettre une maladresse.

GAFFEUR, EUSE adj. et n. *Fam.* Qui commet des gaffes, des maladresses.

GAG [gag] n. m. (mot angl.). Grimace, mot, situation, etc., engendrant un effet comique.

GAGA adj. et n. *Fam.* Gâteux.

GAGAKU [gagaku] n. m. (mot jap.). Musique de cour de l'Empire japonais, comprenant des concerts pour ensemble instrumental, le chant et la danse.

GAGE n. m. (mot francique). Garantie, assurance : *donner des gages de sa bonne foi.* ‖ Témoignage, preuve : *gage de sympathie.* ‖ Contrat par lequel un créancier reçoit, pour garantir sa créance, un objet mobilier (lorsque le gage est immobilier, on parle d'*antichrèse*; la chose donnée en garantie. ‖ Ce qu'on dépose à certains jeux de société quand on a commis une faute, et qu'on ne peut reprendre qu'en accomplissant une pénitence; cette pénitence. ◆ pl. *Être aux gages de qqn,* le servir moyennant argent; le servir aveuglément.

GAGÉ, E adj. *Meubles gagés,* meubles saisis en garantie d'une dette.

GAGER v. t. (conj. 1). *Litt.* Parier. ‖ Garantir par un gage.

GAGEUR, EUSE n. *Dr.* Qui gage.

GAGEURE [gaʒyr] n. f. *Litt.* Promesse de payer telle chose si l'on perd un pari. ‖ *Litt.* Pari, opinion, action impossible ou incroyable : *ça ressemble à une gageure.*

GAGISTE adj. et n. *Dr.* Qui détient un gage.

GAGMAN [gagman] n. m. (mot angl.) [pl. *gagmen* (-mɛn)]. Auteur spécialisé dans la création des gags, au cinéma.

GAGNAGE n. m., ou **GAGNERIE** n. f. Lieu où vont paître les bestiaux, où le gibier va chercher la nourriture.

GAGNANT, E adj. et n. Qui gagne.

GAGNE-PAIN n. m. inv. Travail, instrument qui fait subsister qqn.

GAGNE-PETIT n. inv. Personne dont le métier rapporte peu.

GAGNER v. t. (mot francique). Faire un gain, acquérir qqch par son travail, par le sort, etc. : *gagner de l'argent, un lot; gagner l'affection, l'estime.* ‖ Être vainqueur : *gagner une bataille, une course, un procès.* ‖ Atteindre un lieu : *gagner la frontière.* ‖ Envahir progressivement : *le sommeil me gagne.* ‖ Atteindre dans sa progression : *le feu gagne les maisons voisines.* ● *Gagner du terrain,* avancer; progresser en bien ou en mal : *idées qui gagnent du terrain.* ◆ v. i. Croître en estime, obtenir un avantage : *il gagne à être connu.*

GAGNEUR, EUSE n. Personne qui gagne, qui aime gagner.

GAI, E adj. (mot francique). De bonne humeur. ‖ Qui inspire la bonne humeur : *chanson gaie.* ‖ Se dit d'une couleur claire et fraîche. ‖ *Fam.* Un peu ivre.

GAÏAC [gajak] n. m. (mot de Haïti). Arbre de l'Amérique centrale, dont le bois dur fournit une résine balsamique. (Ordre des *rutales.*)

GAÏACOL [gajakɔl] n. m. Substance extraite de la résine de gaïac et de la créosote du hêtre.

GAIEMENT adv. Avec gaieté.

GAIETÉ n. f. Bonne humeur, disposition à rire, à s'amuser. ‖ Caractère de ce qui est gai. ● *De gaieté de cœur,* de propos délibéré et sans être contraint.

GAILLARD, E adj. (mot gaulois). Plein de vigueur, d'entrain, de bonne santé. ‖ Un peu libre, en parlant des paroles. ◆ n. Personne vigoureuse. ‖ Personne adroite, maligne : *je vous vois venir, mon gaillard!*

GAILLARD n. m. *Mar. anc.* Chacune des superstructures placées à l'avant et à l'arrière sur le pont supérieur, et servant de logement. (Actuellement, seul le *gaillard d'arrière* a gardé son nom, et le *gaillard d'arrière* s'appelle DUNETTE.)

GAILLARDE n. f. Danse et morceau instrumental (XVIe-XVIIe s.) à trois temps, de rythme vif, qui succédaient à la pavane dans la suite.

GAILLARDE ou **GAILLARDIE** n. f. (de *Gaillard,* n. pr.). Plante ornementale à fleurs jaune et rouge. (Famille des composées.)

GAILLARDEMENT adv. De façon gaillarde.

GAILLARDISE n. f. *Litt.* Gaieté se complaisant à des allusions érotiques. ‖ Action ou parole assez libre.

GAILLET n. m. (lat. *galium*). Plante herbacée, commune dans les prés, à très petites fleurs jaunes ou blanches. (Famille des rubiacées; autre nom : *caille-lait.*)

GAILLETIN [gajtɛ̃] n. m. (wallon *gaille,* grosse noix). Morceau de charbon calibré, de grosseur moyenne.

GAILLETTE n. f. Gros morceau de charbon.

GAIN n. m. (de *gagner*). Action de gagner : *l'appât du gain.* ‖ Ce que l'on gagne : *gain de temps.* ‖ *Électron.* Grandeur, exprimée en décibels, caractérisant, pour un dispositif, l'amplification en puissance, en intensité ou en tension qu'il donne à un signal. ● *Gain de cause,* avantage obtenu dans un procès, dans un débat quelconque.

GAINE n. f. (lat. *vagina*). Étui qui a la forme de l'objet qu'il protège. ‖ Sous-vêtement féminin en tissu élastique qui sert à maintenir l'abdomen et les hanches. ‖ Communication souterraine reliant les éléments d'un ouvrage fortifié. ‖ *Bot.* Base élargie par laquelle le pétiole d'une feuille s'insère sur la tige. ‖ *Bx-arts.* Support vertical en forme de tronc de pyramide renversé. ‖ *Techn.* Galerie de faible section : *gaine d'aération.*

GAINE-CULOTTE n. f. (pl. *gaines-culottes*). Gaine formant culotte.

GAINER v. t. Recouvrir d'une gaine.

GAINERIE n. f. Fabrique de gaines. ‖ Art, commerce, ouvrage du gainier.

GAINIER n. m. Ouvrier qui fabrique des gaines, fourreaux, etc. ‖ Arbre à fleurs roses apparaissant au printemps avant les feuilles, souvent cultivé. (Haut. 5 à 10 m; famille des césalpiniacées; autre nom : *arbre de Judée.*)

GAIZE n. f. Roche sédimentaire siliceuse, formée de débris d'éponges.

GAL n. m. (de *Galilée*) [pl. *gals*]. Unité de mesure d'accélération (symb. : Gal), employée en géodésie et en géophysique pour exprimer l'accélération de la pesanteur et valant 10^{-2} mètre par seconde carrée.

GALA n. m. (mot esp.). Grande fête, généralement de caractère officiel.

GALACTIQUE adj. (gr. *gala, galaktos,* lait). Relatif à la Galaxie ou à une galaxie. ● *Plan galactique,* plan de symétrie de la Galaxie.

GALACTOGÈNE adj. et n. m. Se dit d'une substance qui favorise la sécrétion du lait.

GALACTOMÈTRE n. m. Instrument pour apprécier la qualité (densité) du lait, nommé aussi *pèse-lait.*

GALACTOPHORE adj. Se dit des canaux qui effectuent l'excrétion du lait.

GALACTOSE n. m. Sucre (hexose) obtenu par hydrolyse du lactose.

GALAGO n. m. Petit lémurien d'Afrique, carnassier.

GALALITHE n. f. (nom déposé). Matière plastique préparée à partir de la caséine.

GALAMMENT adv. De façon galante.

GALANDAGE n. m. Mur léger en briques posées de chant.

GALANT, E adj. (anc. fr. *galer,* s'amuser). Inspiré par des sentiments amoureux. ● *Femme galante* (Litt.), femme de mœurs légères. ◆ adj. et n. m. Poli, prévenant à l'égard des femmes : *agir en galant homme.* ● *Vert galant* (Litt.), homme entreprenant malgré son âge.

GALANTERIE n. f. Politesse, courtoisie à l'égard des femmes. ‖ Propos flatteurs adressés à une femme.

GALANTINE n. f. (anc. fr. *galatine,* gelée). Pâté de viande ou de volaille enrobé de gelée.

GALAPIAT n. m. *Fam.* Vaurien, vagabond.

GALATE adj. et n. De la Galatie.

GALAXIE n. f. (gr. *galaxias,* de *gala, galaktos,* lait). Ensemble d'étoiles, de poussières et de gaz interstellaires possédant une unité dynamique, affectant la forme d'un disque d'environ 100 000 années de lumière de diamètre avec un bulbe central, qui contient une centaine de milliards d'étoiles, parmi lesquelles le Soleil, et qui, vu par la tranche, se traduit pour un observateur terrestre par une traînée brillante (Voie lactée) qui n'est qu'un fourmillement innombrable d'étoiles. (En ce sens, prend une majuscule.) ‖ Ensemble d'étoiles et de matière interstellaire dont la cohésion est assurée par les forces d'attraction gravitationnelles et qui présente les mêmes caractères généraux que celui auquel appartient le Soleil.

GALBANUM [galbanɔm] n. m. (mot lat.). Gomme-résine extraite d'une espèce de férule.

GALBE n. m. (it. *garbo,* grâce). Contour, profil d'un élément d'architecture, d'une pièce de céramique, d'une statue, d'un corps humain.

GALBÉ, E adj. Dont le profil présente une ligne convexe : *colonne galbée.* ‖ Se dit d'un meuble dont la face et (ou) les côtés présentent une surface non-concave, mi-concave, mi-convexe.

GALBER v. t. Donner un galbe, profiler.

GALE n. f. (lat. *galla*). Affection contagieuse de la peau, déterminée par la femelle d'un arachnide microscopique, l'acarus de la gale, qui creuse dans l'épiderme des galeries où elle dépose ses œufs, provoquant ainsi l'éruption de vésicules accompagnées de vives démangeaisons. ‖ Maladie des végétaux produisant des pustules à la surface des tissus externes de la plante. ‖ *Fam.* Personne médisante, de mauvais caractère.

GALÉASSE ou **GALÉACE** n. f. (it. *galeazza*).

galéopithèque

Navire à voiles et à rames, plus fort et plus lourd que la galère, usité jusqu'au XVIIIe s.

GALÉJADE n. f. (prov. *galejado*). Histoire exagérée ou mystification propre au folklore provençal.

GALÉJER v. i. (conj. 5). Dire des galéjades.

GALÈNE n. f. (lat. *galena,* plomb; mot gr.). *Minér.* Sulfure naturel de plomb, PbS. (La galène est le principal minerai de plomb.)

GALÉNIQUE adj. Relatif à la méthode de Galien. ● *Forme galénique,* préparation pharmaceutique prête à l'emploi, que le pharmacien prépare en général d'avance.

GALÉNISME n. m. (lat. *Galenus,* Galien). Doctrine médicale de Galien.

GALÉOPITHÈQUE n. m. (gr. *galê,* belette, et *pithêkos,* singe). Mammifère insectivore des îles de la Sonde et d'Indochine, de la taille d'un chat, pouvant planer grâce à une membrane latérale soutenue par les membres et la queue.

GALÈRE n. f. (catalan *galera*). Bâtiment de guerre ou de commerce à rames et à voiles en usage de l'Antiquité au XVIIIe s. ‖ Peine des criminels condamnés autref. à ramer sur les galères de l'État. ‖ *Litt.* Travail, condition pénibles et durs.

GALERIE n. f. (it. *galleria*). Large passage intérieur ou extérieur (mais couvert) d'un édifice, de plain-pied avec les autres parties d'un même étage, à usage de communication ou de dégagement. ‖ Grande salle d'apparat, plus longue que large. ‖ Local disposé pour recevoir une collection d'objets d'art; cette collection. ‖ Local d'exposition où se fait le commerce de tableaux ou d'objets d'art. ‖ Balcon sur le pourtour d'une salle de spectacle, d'une église. ‖ Petite balustrade métallique en haut de certains meubles,

galère phénicienne

galaxie spirale M 51 dans la constellation des *Chiens de chasse*

galion du XVIᵉ s.

galiote flamande du XVIIIᵉ s.

des marquises, des serres. ‖ Cadre métallique fixé sur le toit d'une voiture pour le transport des bagages. ‖ Ensemble de personnes (assistance, public) qui en regardent d'autres (acteurs) jouer. ‖ Communication enterrée ou souterraine : *galeries de siège; galeries de termites.* ‖ Min. Passage souterrain pour l'exploitation d'un filon. ● *Galerie marchande,* passage couvert bordé de boutiques. ‖ *Pour la galerie,* seulement pour les apparences.

GALÉRIEN n. m. Homme condamné aux galères. ● *Vie de galérien* (Litt.), dure et pénible.

GALÉRUQUE n. f. Insecte coléoptère végétarien très nuisible aux arbres (orme, saule, etc.).

GALET n. m. (anc. fr. *gal,* caillou). Caillou poli et arrondi par l'action de la mer, des torrents ou des glaciers. ‖ *Mécan.* Petite roue pleine servant à diminuer le frottement et à permettre le roulement. ● *Galet aménagé* (Préhist.), outil primitif composé d'un galet sur lequel a été aménagée une arête tranchante. ‖ *Galet porteur,* dans un engin chenillé, roue sur laquelle repose la chenille.

GALETAGE n. m. Mode particulier d'usinage par écoulement et déformation de la matière sous l'action de galets en rotation et entre lesquels celle-ci est insérée.

GALETAS [galta] n. m. (du n. de la tour *Galata,* à Constantinople). *Litt.* Réduit misérable, souvent dans les combles d'un immeuble. ‖ En Suisse, local de débarras dans les combles d'un bâtiment.

GALETTE n. f. (de *galet*). Gâteau plat et rond constitué d'une pâte cuite au four. ‖ Dans certaines régions, crêpe de farine de sarrasin ou de maïs. ‖ *Mil.* Autref. contre-épaulette du sous-lieutenant. ‖ *Marche* traditionnelle de l'école de Saint-Cyr. ‖ *Pop.* Argent. ● *Galette des Rois,* galette de pâte feuilletée contenant une fève, et dont on tire les parts au jour de fête des Rois.

GALEUX, EUSE adj. et n. Qui a la gale. ● *Brebis galeuse,* personne méprisée, rejetée par un groupe social.

GALGAL n. m. (gaélique *gal,* caillou) [pl. *galgals*]. Tumulus en pierres sèches couvrant un monument mégalithique.

GALHAUBAN n. m. (de *hauban*). *Mar.* Cordage servant à étayer les mâts supérieurs par le travers et vers l'arrière.

GALIBOT n. m. (mot picard). Apprenti mineur de moins de dix-huit ans.

GALICIEN, ENNE adj. et n. De la Galice (Espagne) ou de la Galicie (Europe centrale).

GALICIEN n. m. Dialecte du nord-ouest de l'Espagne.

GALIDIE n. f. Petit mammifère carnassier de Madagascar. (Famille des viverridés.)

GALILÉEN, ENNE adj. et n. De Galilée, province de Palestine. ‖ Relatif aux travaux de Galilée.

GALIMATIAS [galimatja] n. m. Discours, écrit embrouillé et confus.

GALION n. m. (anc. fr. *galie,* galère). Grand navire armé en guerre, servant à rapporter l'or, l'argent et les marchandises précieuses que l'Espagne retirait de ses colonies (XVIᵉ-XVIIIᵉ s.).

GALIOTE n. f. (anc. fr. *galie,* galère). Navire à voiles hollandais, gréé en goélette, arrondi tant à l'avant qu'à l'arrière.

GALIPETTE n. f. *Fam.* Cabriole, culbute.

GALIPOT n. m. Résine du pin maritime, appelée aussi *térébenthine de Bordeaux.*

GALLE n. f. (lat. *galla*). Excroissance produite chez les végétaux sous l'influence de certains parasites (insectes, champignons). [Syn. CÉCIDIE.] ● *Noix de galle,* excroissance des feuilles et des jeunes pousses du chêne, riche en tanin, qui se

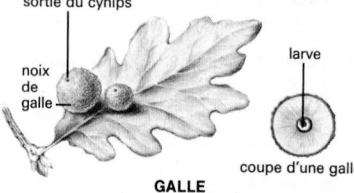

sortie du cynips

noix de galle

larve

coupe d'une galle

GALLE

forme autour de l'œuf et de la larve d'un hyménoptère, le cynips.

GALLÉRIE n. f. (lat. *galleria*). Insecte lépidoptère qui fait de gros ravages dans les ruches. (Syn. FAUSSE TEIGNE.)

GALLICAN, E adj. et n. (lat. *gallicanus,* gaulois). Relatif à l'Église de France ou au gallicanisme.

GALLICANISME n. m. Doctrine qui a pour objet l'indépendance des franchises de l'Église de France (gallicane) à l'égard du Saint-Siège.

■ L'indépendance des souverains en matière temporelle, confortée par les théories conciliaires du XVᵉ s., prit une forme juridique sous Charles VII avec la pragmatique sanction de 1438; le concordat de 1516 et l'absolutisme de Louis XIV firent du gallicanisme politique un système de gouvernement, s'appuyant sur l'assentiment des parlements (gallicanisme parlementaire) et même du clergé (*Déclaration des quatre articles,* rédigée par Bossuet en 1682). La *Constitution civile du clergé* (12 juill. 1790) et le Concordat de Bonaparte (1801) se situèrent dans la même ligne. Sous Pie IX (1846-1878), l'ultramontanisme triompha définitivement du gallicanisme.

GALLICISME n. m. (lat. *gallicus,* gaulois). Construction ou emploi propre à la langue française. (Ex. : *il VIENT de mourir.*)

GALLICOLE adj. Se dit d'un animal qui provoque sur les végétaux la formation d'une galle où il vit.

GALLINACÉ ou **GALLIFORME** n. m. (lat. *gallina,* poule). Oiseau omnivore, au vol lourd (*coq, perdrix, caille, faisan, pintade, dindon*). [Les gallinacés forment un ordre.]

GALLIQUE adj. Se dit d'un acide qui se développe dans une infusion de noix de galle exposée à l'air. (Il est le résultat de la décomposition du tanin.)

GALLIUM [galjɔm] n. m. Métal (Ga), nº 31, de masse atomique 69,72, proche de l'aluminium.

GALLO n. m. (breton *gall,* français). Dialecte français parlé dans l'est de la Bretagne.

GALLOIS, E adj. et n. Du pays de Galles.

GALLOIS n. m. Langue celtique du pays de Galles.

GALLON n. m. (mot angl.). Anc. mesure de capacité. ● *Gallon (UK),* unité de capacité utilisée en Grande-Bretagne et au Canada, équivalant à 4,546 litres [symb. : gal(UK)]. ‖ *Gallon (US),* unité de capacité américaine égale à 3,785 litres [symb. : gal(US)].

GALLO-ROMAIN, E adj. et n. Relatif à la civilisation qui s'épanouit en Gaule du Iᵉʳ av. J.-C. au IVᵉ s. apr. J.-C.

GALLO-ROMAN n. m. Langue romane qui était parlée en Gaule.

GALOCHE n. f. (anc. fr. *gal,* caillou). Chaussure de cuir à semelle de bois. ‖ *Mar.* Poulie longue et plate, ouverte sur l'une de ses faces. ● *Menton en galoche* (Fam.), long, pointu et recourbé.

GALON n. m. Ruban épais, d'or, d'argent, de soie, etc., utilisé comme ornement dans l'habillement et l'ameublement. ‖ *Mil.* Signe distinctif des grades portés sur l'uniforme (sauf pour les officiers généraux). ● *Prendre du galon,* monter en grade.

GALONNER v. t. Mettre un galon; orner de galons.

GALOP n. m. La plus rapide des allures du cheval. ‖ Danse très vive, à deux temps, en vogue au XIXᵉ s. ‖ *Méd.* Bruit anormal du cœur. ▷ ● *Au galop,* rapidement.

GALOPADE n. f. Course au galop. ‖ Course précipitée.

GALOPANT, E adj. Se dit d'un phénomène économique ou social qu'on ne peut maîtriser : *inflation galopante.* ● *Phtisie galopante,* tuberculose à évolution très rapide (vx).

GALOPER v. i. (mot francique). Aller au galop. ‖ Marcher, courir très vite.

GALOPEUR, EUSE adj. et n. Qui galope.

GALOPIN n. m. *Fam.* Petit garçon effronté.

GALOUBET n. m. (mot prov.). Petite flûte droite des tambourinaires de Provence.

GALUCHAT n. m. (du n. de l'inventeur). Peau de la raie, du squale, préparée et teinte pour la reliure, la gainerie.

GALURE ou **GALURIN** n. m. *Pop.* Chapeau.

GALVANIQUE adj. Relatif au galvanisme.

GALVANISATION n. f. Action de galvaniser.

GALVANISER v. t. Donner une énergie passagère; enthousiasmer, exalter : *galvaniser la foule.* ‖ Électriser au moyen d'une pile. ‖ Recouvrir une pièce métallique d'une couche de zinc à chaud, par immersion dans un bain de zinc fondu.

GALVANISME n. m. (du n. du physicien it. *Galvani*). Action des courants électriques continus sur les organes vivants.

GALVANO n. m. Abrév. de GALVANOTYPE.

GALVANOCAUTÈRE n. m. Cautère formé d'un fil de platine porté au rouge par le courant électrique.

GALVANOMÈTRE n. m. Instrument qui sert à mesurer l'intensité des courants électriques faibles par l'observation des déviations imprimées à une aiguille aimantée ou à un cadre conducteur placé dans l'entrefer d'un aimant. ▷

GALVANOPLASTIE n. f. Ensemble des procédés électrochimiques de dorure, argenture, etc. ‖ Procédé électrolytique de reproduction d'un objet.

GALVANOPLASTIQUE adj. Qui concerne la galvanoplastie. ‖ Obtenu par la galvanoplastie.

GALVANOTYPE n. m. Cliché d'imprimerie obtenu par galvanoplastie.

GALVANOTYPIE n. f. Galvanoplastie appliquée spécialement à la production de clichés typographiques.

GALVAUDER v. t. (anc. fr. *galer,* s'amuser, et *ravauder*). *Fam.* Compromettre en faisant un mauvais usage : *galvauder son talent.*

GAMAY ou **GAMET** [gamɛ] n. m. Cépage noir qui donne des vins rouges fins ou ordinaires, et

Larousse

Museo naval, Madrid

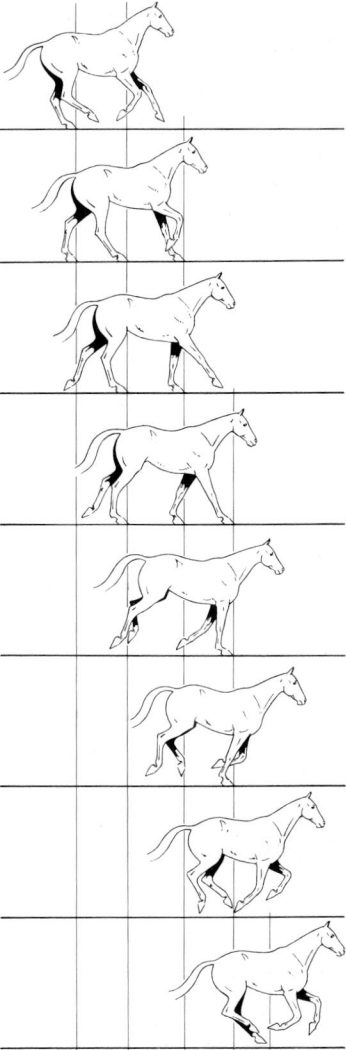

galop du cheval

GALVANOMÈTRE À CADRE MOBILE

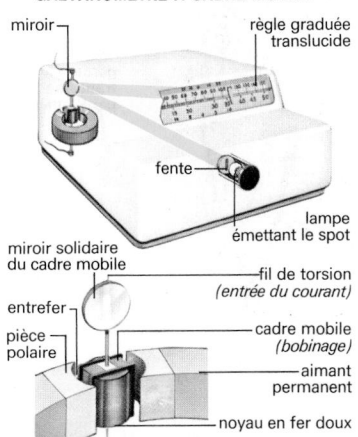

miroir

règle graduée
translucide

fente

lampe
émettant le spot

miroir solidaire
du cadre mobile

fil de torsion
(entrée du courant)

entrefer

pièce
polaire

cadre mobile
(bobinage)

aimant
permanent

noyau en fer doux

fil de torsion *(sortie du courant)*

qui est cultivé en Lorraine, en Bourgogne, dans le Beaujolais et dans le Centre.

GAMBA [gămba ou gâba] n. f. (mot esp.). Grosse crevette des eaux profondes de la Méditerranée et de l'Atlantique.

GAMBADE n. f. (prov. *cambo,* jambe). Bond qui marque la gaieté.

GAMBADER v. i. Faire des gambades, s'ébattre : *gambader de joie.*

GAMBERGE n. f. Pop. Imagination.

GAMBERGER v. i. et t. Pop. Imaginer, réfléchir à qqch.

GAMBETTE n. m. Échassier du genre *chevalier,* haut de 30 cm, nichant dans les marais et sur les côtes. (Famille des charadriidés.)

GAMBETTE n. f. Pop. Jambe.

GAMBILLER v. i. (picard *gambille,* jambe). Pop. Danser.

GAMBIT [gâbi] n. m. (it. *gambetto,* croc-en-jambe). Aux échecs, sacrifice volontaire d'une pièce en vue d'obtenir un avantage d'attaque ou quelque autre supériorité de position.

GAMBUSIE n. f. (esp. *gambusina*). Poisson originaire d'Amérique et acclimaté dans de nombreux étangs et marais des régions tropicales et tempérées, où il détruit les larves de moustiques. (Long. 5 cm.)

GAMELAN n. m. Ensemble d'instruments à percussion à lames métalliques, de formations variées, d'origine javanaise ou balinaise.

GAMELLE n. f. (it. *gamella*). Écuelle métallique. ‖ *Fam.* Projecteur utilisé au théâtre et au cinéma. ‖ *Mar.* Ensemble des officiers ou des officiers mariniers qui prennent leurs repas à une même table. ● *Manger à la gamelle* (Mil.), se nourrir à l'ordinaire de la troupe. ‖ *Ramasser une gamelle* (Pop.), tomber ou subir un échec.

GAMÈTE n. m. (gr. *gamos,* mariage). Cellule reproductrice, mâle ou femelle, dont le noyau ne contient qu'un seul chromosome de chaque paire, et qui peut s'unir au gamète de sexe opposé (fécondation) mais non se multiplier seule.

GAMÉTOGENÈSE n. f. Formation des gamètes.

GAMÉTOPHYTE n. m. Individu végétal issu de la germination d'une spore et élaborant les gamètes des deux sexes ou d'un seul d'entre eux. (Les cellules du gamétophyte sont toutes *haploïdes;* le prothalle de fougère, les tiges des mousses sont des gamétophytes.)

GAMIN, E n. Enfant ou adolescent.

GAMINERIE n. f. Comportement, acte, parole de gamin; enfantillage.

GAMMA n. m. Troisième lettre de l'alphabet grec (γ), correspondant au g. ● *Rayons gamma,* radiations émises par les corps radioactifs, analogues aux rayons X, mais beaucoup plus pénétrantes et de longueur d'onde plus petite, ayant une action biologique puissante.

GAMMAGLOBULINE n. f. Substance protéique du plasma sanguin, qui se comporte comme le support matériel des anticorps.

GAMMAGRAPHIE n. f. Procédé d'étude ou d'analyse de la structure des corps opaques au moyen de rayons gamma. (Syn. SCINTIGRAPHIE.) ■ En médecine, la gammagraphie est obtenue, après injection d'un corps radioactif, par balayage de la surface correspondant à l'organe à examiner avec un détecteur de particules.

GAMMARE n. m. (lat. *gammarus,* écrevisse). Crustacé commun dans les eaux douces aérées.

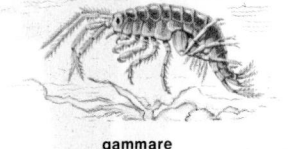

gammare

(Long. 1 cm; ordre des amphipodes; nom usuel : *crevette d'eau douce.*)

GAMMATHÉRAPIE n. f. Traitement par les rayons gamma.

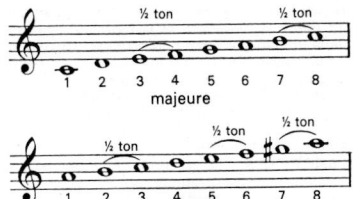

½ ton ½ ton

1 2 3 4 5 6 7 8
majeure

½ ton ½ ton

½ ton

1 2 3 4 5 6 7 8
mineure

LES GAMMES

GAMME n. f. (de *gamma*). *Mus.* Série de sons conjoints, ascendants ou descendants, disposés à des intervalles convenus, suivant les modes auxquels cette série appartient. ‖ Série continue dont les éléments sont classés par gradation : *gamme de couleurs, de saveurs.* ■ En musique occidentale, les gammes se divisent en gammes diatoniques et en gammes chromatiques. Il y a deux sortes de gammes diatoniques : 1° la gamme *majeure,* qui se compose de cinq tons et de deux demi-tons; 2° la gamme *mineure,* qui se compose de trois tons, d'un ton et demi et de trois demi-tons. Toutes les gammes prennent le nom de la note par laquelle elles commencent. Chaque gamme chromatique comprend les douze sons de l'échelle tempérée.

GAMMÉE adj. f. *Croix gammée,* croix dont les quatre branches se terminent en forme de gamma majuscule. (En Allemagne, la croix gammée était l'insigne du parti national-socialiste ou hitlérien.) [Syn. SVASTIKA.]

GAMOPÉTALE [gamopetal] adj. (gr. *gamos,* mariage). Se dit d'une fleur à pétales soudés. (Contr. DIALYPÉTALE.)

GAMOPÉTALE n. f. Dicotylédone à fleurs à pétales soudés. (Les *gamopétales* sont un ancien groupe réunissant plusieurs familles importantes : *primulacées, solanacées, labiacées, composées,* etc.)

GAMOSÉPALE adj. Se dit d'une fleur aux sépales plus ou moins soudés entre eux.

GAN [gan] n. m. Dialecte chinois parlé au Kiang-si.

GANACHE n. f. (it. *ganascia,* mâchoire). Rebord postérieur de la mâchoire inférieure du cheval. ‖ *Fam.* Personne peu intelligente, incapable.

GANADERIA n. f. (mot esp.). Élevage de taureaux de combat.

GANDIN n. m. (de l'anc. boulevard de *Gand,* à Paris). Jeune homme qui a un soin excessif de son élégance.

GANDOURA n. f. (mot ar.). Tunique de laine, de soie ou de coton sans manches, portée par les Arabes sous le burnous.

GANG n. m. (mot angl., *équipe*). Bande organisée de malfaiteurs.

GANGA n. m. (mot catalan). Oiseau de la région méditerranéenne, voisin des pigeons. (Long. 30 cm.)

GANGÉTIQUE adj. Relatif au Gange.

GANGLION n. m. (gr. *ganglion,* glande). Renflement sur le trajet d'un nerf, contenant des corps cellulaires de neurones. ● *Ganglion lymphatique,* renflement situé sur le trajet des vaisseaux lymphatiques. (Les ganglions lymphatiques sont groupés en chaînes dans le cou, les aisselles, les thorax, l'abdomen. Chaque chaîne draine la lymphe du territoire correspondant.)

GANGLIONNAIRE adj. Relatif aux ganglions.

GANGLIOPLÉGIQUE adj. et n. m. Se dit de médicaments capables de couper ou de réduire la conduction des influx nerveux au niveau des ganglions du système neurovégétatif.

GANGRÈNE n. f. (gr. *gangraina,* pourriture). Nécrose locale des tissus. ● *Gangrène gazeuse,* forme due à des microbes anaérobies qui développent des gaz de putréfaction dans les tissus, fréquente autref. à la suite de blessures souillées de terre. (Les traitements antiseptiques en ont réduit la fréquence et la mortalité.) ‖ *Gangrène humide*, nécrose infectieuse survenant sur une plaie ou une lésion infectées, ou compliquant la gangrène sèche. (Elle envahit les tissus voisins et même tout l'organisme [septicémie].) ‖ *Gangrène sèche*, gangrène due à l'obstruction d'une artère (par embolie, thrombose, artérite, compression).

GANGRENER v. t. (conj. **5**). Attaquer par la gangrène. ‖ *Litt.* Corrompre moralement.

GANGRENEUX, EUSE adj. De la nature de la gangrène.

GANGSTER [gɑ̃gstɛr] n. m. (mot amér.). Membre d'une bande de malfaiteurs.

GANGSTÉRISME n. m. Acte, comportement propre aux gangsters; banditisme.

GANGUE n. f. (all. *Gang*, chemin, filon). Substance stérile mélangée aux minéraux utiles, dans un filon.

GANOÏDE n. m. (gr. *ganos*, brillant). Poisson d'eau douce à squelette cartilagineux et à queue aux lobes inégaux. (Les *ganoïdes* forment une sous-classe comprenant l'*esturgeon*, le *lépisostée*.)

GANSE n. f. (prov. *ganso*). Cordonnet de fil, de soie, d'or, etc., employé dans l'industrie du costume, de l'ameublement, etc.

GANSER v. t. Garnir d'une ganse.

GANT n. m. (mot francique). Accessoire de l'habillement qui épouse la forme de la main et des doigts. ‖ Objet analogue servant à différents usages : *gant de boxeur.* ‖ Instrument de jeu, en osier ou en cuir, utilisé à la pelote basque. ● *Aller comme un gant*, convenir parfaitement. ‖ *Gant de crin*, moufle en crin tricoté, utilisée pour frictionner le corps. ‖ *Gant de toilette*, poche de tissu, utilisée pour se laver. ‖ *Jeter le gant*, défier. ‖ *Prendre, mettre des gants*, agir avec ménagement. ‖ *Relever le gant*, accepter le défi. ‖ *Retourner qqn comme un gant*, le faire complètement changer d'avis. ‖ *Se donner des gants*, s'attribuer le succès d'une affaire.

GANTELET n. m. Gant couvert de lames de fer, qui faisait partie de l'armure. ‖ Syn. de MANICLE.

GANTER v. t. Mettre des gants à. ◆ v. i. Avoir comme pointure pour les gants : *ganter du 8.*

GANTERIE n. f. Profession, commerce, magasin du gantier.

GANTIER, ÈRE adj. et n. Qui fait ou vend des gants.

GANTOIS, E adj. et n. De Gand.

GAPERON n. m. Fromage de lait de vache, aromatisé à l'ail, fabriqué en Auvergne.

GARAGE n. m. Action de garer. ‖ Lieu couvert, destiné à servir d'abri aux véhicules. ‖ Entreprise de réparation et d'entretien d'automobiles. ● *Voie de garage*, voie destinée à garer des wagons de chemin de fer; fonction secondaire, sans responsabilité.

GARAGISTE n. Exploitant d'un garage.

GARANÇAGE n. m. Action de teindre à la garance.

GARANCE n. f. (mot francique). Plante grimpante de la famille des rubiacées, autref. cultivée dans le midi de la France pour sa racine, qui fournit l'alizarine, substance colorante rouge. ◆ adj. inv. Rouge légèrement pourpré.

GARANT, E adj. et n. (mot germ.). Qui répond de ses actes et de ceux d'autrui.

GARANT n. m. Personne ou chose qui sert de garantie, d'assurance, de caution. ‖ *Mar.* Cordage formant un palan.

GARANTIE n. f. Responsabilité assumée par un contractant : *garantie du transporteur.* ‖ Ce qui assure la possession ou l'exécution de qqch, la qualité de qqch. ‖ Obligation imposée par la loi au vendeur ou au bailleur de livrer à l'acquéreur ou au locataire une chose exempte de vices cachés qui en empêchent l'usage ou en diminuent l'utilité (*garantie des vices*), et de le défendre contre les troubles de possession (*garantie d'éviction*). ‖ Constatation légale, par un service public spécialisé, du titre des matières et ouvrages de métal précieux. ● *Contrat de garantie*,

contrat par lequel une personne s'engage envers un créancier à se substituer à son débiteur en cas de défaillance de ce dernier (exemple : le cautionnement). ‖ *Garantie totale*, engagement pris par un constructeur d'assumer la charge totale des frais de réparation de la chose vendue, rendus nécessaires par des défauts de construction.

GARANTIR v. t. Répondre de la valeur, de la qualité d'une chose. ‖ S'engager à maintenir en état de marche un appareil vendu : *garantir une montre pour un an.* ‖ Donner pour authentique, certain, sûr; certifier : *je vous garantis que c'est la pure vérité.* ‖ Répondre pour : *le passé ne garantit pas toujours l'avenir.* ‖ Assurer sous sa responsabilité le maintien, l'exécution : *garantir l'indépendance d'un pays.* ‖ Mettre à l'abri, préserver : *rideaux qui garantissent du soleil.*

GARBURE n. f. (gascon *garburo*). Soupe béarnaise de légumes, auxquels on ajoute du lard et du confit d'oie ou de canard.

GARCE [gars] n. f. (de *gars*). *Pop.* Fille de mauvaise vie. ‖ Femme méchante, désagréable.

GARCETTE n. f. (de *garce*). *Mar.* Petit cordage tressé, servant à faire différents amarrages.

GARCETTE n. f. (esp. *garceta*, aigrette). Anc. coiffure féminine espagnole, dans laquelle on rabattait les cheveux sur le front, et qui fut portée en France sous Anne d'Autriche.

GARÇON n. m. (mot francique). Enfant mâle. ‖ Célibataire : *un vieux garçon.* ‖ Ouvrier ou employé travaillant chez un artisan : *garçon tailleur.* ‖ Serveur dans un café, dans un restaurant, etc.

GARÇONNE n. f. Autref., jeune fille qui menait une vie indépendante, comme un garçon. ● *À la garçonne*, se dit d'un type de coiffure féminine où les cheveux sont très courts.

GARÇONNET n. m. Jeune garçon. ● *Taille garçonnet*, dans la confection, taille intermédiaire entre « enfant » et « homme ».

GARÇONNIÈRE adj. f. Se dit de ce qui, chez une fille, rappelle un garçon ou conviendrait à un garçon.

GARÇONNIÈRE n. f. Petit appartement d'un célibataire.

GARDE n. f. Surveillance exercée pour défendre ou protéger : *la garde des frontières, d'un trésor.* ‖ Commission de garder : *confier la garde de sa maison.* ‖ Service périodique de surveillance, assuré à tour de rôle par plusieurs personnes : *être de garde; médecin de garde.* ‖ Service de sécurité assuré par une formation militaire, notamment pour garder un accès; la formation qui en est chargée : *appeler la garde.* ‖ Corps de troupes spécialement chargé de garder un chef d'État ou des services d'honneur. ‖ *Arm.* Partie d'une arme blanche couvrant sa poignée et protégeant la main. ‖ *Arts graph.* Feuillet blanc ou de couleur, placé au début et à la fin d'un livre. (On dit aussi FEUILLE DE GARDE.)

‖ *Dr.* Obligation légale, pour le possesseur d'un animal ou d'une chose, d'empêcher qu'il ne cause un dommage à autrui. ‖ *Sports.* Position de protection, de défense, en boxe, escrime, lutte, etc. ● *Droit de garde*, droit de retenir l'enfant au lieu que l'on a choisi, de surveiller sa personne et de diriger son éducation, qui appartient aux parents dans le cadre de l'autorité parentale ou au tuteur. ‖ *Droits de garde*, émoluments payés à un établissement financier qui conserve les titres de son client, en assure la garde et l'encaissement des coupons. ‖ *Être sur ses gardes*, se méfier. ‖ *Garde à vue*, institution qui permet à la police de garder pendant une période limitée toute personne pour les besoins de l'enquête. ‖ *Garde nationale*, milice civique créée en 1789, préposée au maintien de l'ordre. ‖ *Garde républicaine*, corps de gendarmerie préposé aux services d'honneur et de sécurité du chef de l'État, du Premier ministre, etc. ‖ *Monter la garde*, être de faction. ‖ *Prendre garde*, faire attention, chercher à éviter : *prenez garde de tomber!* ‖ *Vieille garde*, les plus anciens partisans d'une personnalité politique. ◆ pl. Pièces qui, dans une serrure, s'opposent aux mouvements de toute clef étrangère.

■ La *garde nationale*, longtemps garde bourgeoise, fut dissoute en 1827, reconstituée en 1830, démocratisée en 1848, mise en disponibilité en 1852, enfin rappelée en activité en 1870 pour la surveillance des fortifications de Paris. Elle disparut après l'échec de la Commune de Paris (loi du 30 août 1871), à laquelle la garde nationale fédérée s'était ralliée et dont elle avait constitué l'armée.

GARDE n. m. Personne chargée de la garde de qqn ou de qqch ou appartenant à un corps appelé « garde » : *un garde républicain.* ● Surveillant : *garde des archives.* ● *Garde champêtre*, agent communal chargé de l'application des règlements de police. ‖ *Garde du corps*, homme attaché à la garde personnelle de qqn. ‖ *Garde forestier*, agent subalterne préposé à la conservation des forêts. ‖ *Garde des Sceaux*, ministre de la Justice, en France.

GARDE n. f. Syn. de GARDE-MALADE.

GARDE-À-VOUS n. m. inv. Commandement militaire ou sonnerie réglementaire imposant l'immobilité. ‖ Position du militaire correspondant à ce commandement.

GARDE-BARRIÈRE n. (pl. *gardes-barrière[s]*). Agent préposé à la manœuvre des barrières d'un passage à niveau.

GARDE-BŒUF n. m. (pl. *gardes-bœuf[s]*). Petit héron qui se perche sur les bœufs et les buffles, et qui mange les larves parasites de leur peau.

GARDE-BOUE n. m. inv. Bande de métal ou de matière plastique disposée au-dessus des roues d'une bicyclette, d'une motocyclette, etc., pour protéger des projections de boue.

GARDE-CHASSE n. m. (pl. *gardes-chasse[s]*).

garde
républicain

garde-
française
par Watteau

Lauros

Giraudon

Agent chargé de veiller, sur un domaine, à la conservation du gibier.

GARDE-CHIOURME n. m. (pl. *gardes-chiourme[s]*). *Péjor.* Surveillant dans un bagne, une prison.

GARDE-CORPS n. m. inv. *Constr.* Ouvrage à hauteur d'appui, formant protection devant un vide. (Syn. GARDE-FOU.) ‖ *Mar.* Syn. de RAMBARDE.

GARDE-CÔTE n. m. (pl. *garde-côtes*). Bâtiment chargé de la surveillance des côtes.

GARDE-FEU n. m. inv. Grille, plaque qu'on met devant la cheminée pour éviter les accidents.

GARDE-FOU n. m. (pl. *garde-fous*). *Constr.* Syn. de GARDE-CORPS.

GARDE-FRANÇAISE n. m. (pl. *gardes-françaises*). Soldat du régiment des gardes françaises, créé en 1563 et chargé jusqu'en 1789 de la garde des palais royaux de Paris.

GARDE-MAGASIN n. m. (pl. *gardes-magasin[s]*). Surveillant d'un magasin dans les corps de troupes, les arsenaux, etc.

GARDE-MALADE n. m. (pl. *gardes-malades*). Personne qui aide les malades dans les actes élémentaires de la vie, sans donner les soins relevant des praticiens.

GARDE-MANÈGE n. m. (pl. *gardes-manège[s]*). Cavalier chargé de la garde d'un manège.

GARDE-MANGER n. m. inv. Petite armoire garnie de toile métallique ou placard extérieur, servant à conserver les aliments.

GARDE-MARINE n. m. (pl. *gardes-marine*). Élève officier de marine sous l'Ancien Régime.

GARDE-MEUBLE n. m. (pl. *gardes-meuble[s]*). Lieu où l'on peut entreposer temporairement meubles et objets mobiliers.

GARDÉNIA n. m. (du n. du botaniste *Garden*). Plante ornementale à grandes fleurs odorantes, souvent blanches. (Famille des rubiacées.)

GARDEN-PARTY [gardɛnparti] n. f. (mot angl.) [pl. *garden-parties*]. Fête, réception mondaine donnée dans un jardin.

GARDE-PÊCHE n. m. (pl. *gardes-pêche*). Personne chargée de faire observer les règlements de police sur la pêche.

GARDE-PÊCHE n. m. inv. Bateau destiné à la police de la pêche.

GARDE-PLACE n. m. (pl. *garde-places*). Cadre fixé au-dessus de chaque place, dans un compartiment d'une voiture de chemin de fer, pour recevoir le ticket numéroté du voyageur qui a loué sa place.

GARDE-PORT n. m. (pl. *gardes-port[s]*). Agent qui reçoit et place les marchandises dans les ports fluviaux.

GARDER v. t. (mot germ.). Surveiller pour défendre, protéger, empêcher de s'échapper : *garder un passage, un enfant, des prisonniers*. ‖ Conserver, retenir pour soi, près de soi : *garder le double d'un acte; garder un employé*. ‖ Tenir un temps limité, ne pas quitter un lieu : *garder la chambre, son chapeau*. ‖ Conserver, mettre en réserve : *il est des fruits qu'on ne peut garder longtemps*. ‖ Ne pas révéler : *garder un secret*. ‖ Maintenir : *garder son rang*. ‖ Rester dans tel état, conserver tel sentiment : *garder rancune*. ‖ Réserver : *garder une place pour un ami*. ● *Garder le silence*, ne pas parler. ◆ **se garder** v. pr. [de]. Éviter : *gardez-vous de mentir*. ‖ Se préserver, se défendre contre : *se garder du froid*.

GARDERIE n. f. Étendue de bois que surveille un garde forestier. ‖ Local où l'on garde les enfants en bas âge ou les jeunes élèves en dehors des heures de classe.

GARDE-RIVIÈRE n. m. (pl. *gardes-rivière[s]*). Agent chargé de la police des rivières.

GARDE-ROBE n. f. (pl. *garde-robes*). Armoire destinée à renfermer les vêtements. ‖ Tous les vêtements à l'usage d'une personne.

GARDE-ROBIER, ÈRE n. (pl. *garde-robiers, ères*). Dans une compagnie de ballet, personne chargée du soin, de l'entretien des costumes.

GARDE-TEMPS n. m. inv. Chronomètre d'une grande précision.

GARDEUR, EUSE n. Personne qui garde des animaux.

GARDE-VOIE n. m. (pl. *gardes-voie[s]*). Agent, soldat qui surveille une voie ferrée.

GARDE-VUE n. m. inv. Visière pour garantir la vue de l'impression de la lumière.

GARDIAN n. m. (mot prov.). Gardien de taureaux ou de chevaux, en Camargue.

GARDIEN, ENNE n. Personne qui garde qqn, qqch. ‖ Protecteur, conservateur : *gardien des traditions*. ‖ Personne préposée à la garde d'un immeuble. ‖ *Gardien de but* ou *gardien*, dernier défenseur du but d'une équipe de football, de hockey, de handball, etc. ‖ *Gardien de la paix*, à Paris, agent de police. ◆ adj. Qui protège : *ange gardien*.

GARDIENNAGE n. m. Emploi, service de gardien. ‖ Service de garde et de surveillance.

GARDIENNE n. f. Syn. de NOURRICE, de ASSISTANTE MATERNELLE.

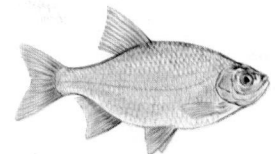

gardon

GARDON n. m. Poisson des eaux douces tranquilles, à ventre argenté, à dos brun-vert et à nageoires rougeâtres. (Long. 15 à 30 cm; famille des cyprinidés.) ‖ Nom donné aux torrents des Cévennes.

GARE n. f. (de *garer*). Ensemble des bâtiments et des voies d'un chemin de fer où se font le dépôt des marchandises et l'embarquement ou le débarquement des voyageurs. ‖ Lieu où se garent les bateaux sur les cours d'eau, les canaux. ● *Gare aérienne*, aéroport. ‖ *Gare maritime*, gare aménagée sur les quais d'un port pour faciliter le transbordement des voyageurs et des marchandises. ‖ *Gare routière*, emplacement aménagé pour accueillir les véhicules routiers, de gros tonnage pour le transport public de voyageurs et de marchandises.

GARE! interj. pour avertir de se ranger, de prendre garde à soi. ● *Sans crier gare*, sans prévenir.

GARENNE n. f. (bas lat. *warenna*). Lieu boisé où vivent les lapins à l'état sauvage. ‖ Endroit d'une rivière où la pêche est réservée.

GARENNE n. m. Lapin de garenne.

GARER v. t. (mot francique). Faire entrer dans une gare, dans un garage, ranger à l'écart de la circulation : *garer un train; garer sa voiture*. ‖ *Fam.* Mettre en lieu sûr, à l'abri : *garer fortune*. ◆ **se garer** v. pr. Se mettre à l'écart, à l'abri, éviter : *se garer des coups*. ‖ Ranger sa voiture.

GARGANTUA n. m. Gros mangeur.

GARGANTUESQUE adj. Propre à Gargantua.

GARGARISER (SE) v. pr. (gr. *gargarizein*). Se rincer la bouche et l'arrière-bouche avec un liquide qu'on y agite en chassant l'air. ‖ *Fam.* Se délecter d'une chose.

GARGARISME n. m. Médicament liquide pour se gargariser. ‖ Action de se gargariser.

GARGOTE n. f. (arg. *gargoter*, boire). Petit restaurant à bas prix.

GARGOTIER, ÈRE n. *Fam.* Personne qui tient une gargote.

GARGOUILLADE n. f. *Chorégr.* Saut de chat précédé d'un petit rond de jambe.

GARGOUILLE n. f. Conduit saillant, généralement en forme de figure fantastique, adapté à une gouttière ou à un chéneau, et dont la gueule éjecte les eaux de pluie à distance. ‖ Tuyau pour l'écoulement des eaux de pluie.

GARGOUILLEMENT ou **GARGOUILLIS** n. m. Bruit produit par un fluide dans la gorge, les entrailles, ou dans une canalisation.

GARGOUILLER v. i. Faire entendre un gargouillement.

GARGOULETTE n. f. (anc. fr. *gargoule*). Vase poreux où l'eau se rafraîchit par évaporation.

GARGOUSSE n. f. (prov. *cargousso*). Sac contenant la charge de poudre destinée à la propulsion d'un projectile non encartouché.

GARIBALDIEN n. m. Volontaire italien qui participa aux campagnes de Garibaldi.

GARNEMENT n. m. Enfant insupportable.

GARNI, E adj. Pourvu de meubles : *chambre garnie*. ‖ Accompagné d'un autre aliment : *entrecôte garnie, choucroute garnie*.

GARNI n. m. Maison, chambre qui se loue toute meublée (vx).

GARNIÉRITE n. f. Silicate naturel de nickel et de magnésium, constituant un minerai de nickel.

GARNIR v. t. (mot francique). Pourvoir de ce qui est nécessaire : *garnir une maison de meubles*. ‖ Orner : *garnir une étagère de bibelots*. ‖ Renforcer : *garnir d'un revêtement*. ◆ **se garnir** v. pr. Se remplir : *la salle se garnit*.

GARNISON n. f. Ensemble des formations militaires stationnées dans une ville ou assurant la défense d'un ouvrage fortifié; cette ville elle-même.

GARNISSAGE n. m. Action de garnir. ‖ Aménagement intérieur d'un véhicule. ‖ Revêtement intérieur réfractaire d'un appareil thermique (four, réacteur, creuset, convertisseur, etc.).

GARNITURE n. f. Ce qui est mis pour compléter, orner une chose : *garniture de chapeau*. ‖ Accessoires que l'on ajoute à un plat pour l'assaisonner, le parer ou le compléter : *garniture de persil*. ‖ Assortiment complet : *garniture de boutons*. ‖ Bloc métallique servant à séparer les pages dans une forme d'imprimerie, et qui représente les marges; ‖ pièces qui servent à consolider une forme d'imprimerie. ‖ Ensemble des travaux faits à l'intérieur d'une voiture pour la rendre plus confortable. ‖ *Mécan.* Dispositif ou matière formant un joint hermétique autour de divers organes. ‖ *Garniture de cheminée*, ensemble d'objets assortis décorant le dessus d'une cheminée. ‖ *Garniture d'embrayage, de frein*, matériau de friction qui assure l'embrayage, le freinage d'une voiture, d'une motocyclette, etc.

GARONNAIS, E adj. et n. Relatif à la Garonne.

GAROU n. m. (mot francique). Arbrisseau du genre *daphné*, à fleurs blanches, odorantes, des garrigues du Midi. (Syn. SAINBOIS.)

GARRIGUE n. f. (prov. *garriga*). Dans les pays méditerranéens, formation végétale secondaire (chênes verts mélangés à des buissons et à des plantes herbacées) qui apparaît sur sols calcaires après destruction de la forêt.

GARROT n. m. (mot prov.). Partie du corps des grands quadrupèdes, située au-dessus de l'épaule et dont la distance au sol (hauteur au garrot) est couramment mesurée.

GARROT n. m. (mot francique). Morceau de bois que l'on passe dans une corde pour la tendre par torsion. ‖ Lien servant à comprimer un membre pour arrêter une hémorragie.

GARROTTAGE n. m. Action de garrotter.

GARROTTE n. f. (de *garrot*). Supplice par strangulation, usité autrefois en Espagne.

GARROTTER v. t. Lier étroitement et fortement.

GARS [gɑ] n. m. *Fam.* Garçon, jeune homme.

GASCON, ONNE adj. et n. De la Gascogne. ‖ Fanfaron, hâbleur; homme habile et avisé.

GASCON n. m. Dialecte parlé en Gascogne.

GASCONNADE n. f. Fanfaronnade.

GAS-OIL ou **GASOIL** [gazɔjl ou gazwal] n. m. (mot angl.). Liquide pétrolier jaune clair, utilisé comme carburant et comme combustible. (L'Administration préconise GAZOLE.)

GASPACHO [gaspatʃo] n. m. (mot esp.). Potage froid à base de tomates, servi avec des dés de pain, de concombres, etc.

GASPILLAGE n. m. Action de gaspiller; emploi abusif et désordonné.

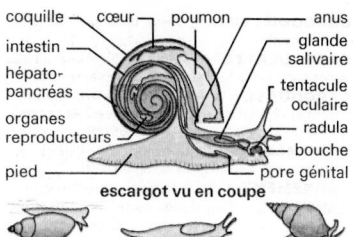

coquille — cœur — poumon — anus
intestin
hépato-pancréas
organes reproducteurs
pied
glande salivaire
tentacule oculaire
radula
bouche
pore génital

escargot vu en coupe

limnée
eau douce

limace
terrestre

buccin
marin

GASTROPODES

GASPILLER v. t. (mot gaul.). Dépenser inutilement, follement; mal employer : *gaspiller son argent, son talent.*

GASPILLEUR, EUSE adj. et n. Qui gaspille.

GASTÉROMYCÈTE n. m. → GASTROMYCÈTE.

GASTÉROPODE n. m. → GASTROPODE.

GASTRALGIE n. f. Douleur à l'estomac.

GASTRECTOMIE n. f. Ablation totale ou partielle de l'estomac.

GASTRIQUE adj. (gr. *gastêr*, ventre). Relatif à l'estomac. ● *Suc gastrique,* liquide acide produit par l'estomac et qui contribue à la digestion.

GASTRITE n. f. Inflammation de la muqueuse de l'estomac.

GASTRO-ENTÉRITE n. f. (pl. *gastro-entérites*). Inflammation simultanée de la muqueuse de l'estomac et de celle des intestins.

GASTRO-ENTÉROLOGIE n. f. Spécialité consacrée aux maladies du tube digestif.

GASTRO-ENTÉROLOGUE n. (pl. *gastro-entérologues*). Spécialiste de gastro-entérologie.

GASTRO-INTESTINAL, E, AUX adj. Qui concerne l'estomac et l'intestin.

GASTROMYCÈTE ou **GASTÉROMYCÈTE** n. m. Champignon basidiomycète dont les spores sont renfermées dans une enveloppe close, comme la *vesse-de-loup.*

GASTRONOME n. Personne qui aime et apprécie la bonne chère.

GASTRONOMIE n. f. (gr. *gastronomia*). Art de cuisiner et de faire bonne chère.

GASTRONOMIQUE adj. Relatif à la gastronomie.

GASTROPODE ou **GASTÉROPODE** n. m. (gr. *gastêr*, ventre, et *pous, podos*, pied). Mollusque rampant sur un large pied ventral, souvent pourvu d'une coquille dorsale spiralée, et vivant dans les mers *(buccin),* en eau douce *(limnée)* ou dans les lieux humides *(escargot, limace).* [Les *gastropodes* forment une classe, en expansion constante depuis ses origines.]

GASTROSCOPIE n. f. Examen visuel de l'intérieur de l'estomac, en introduisant un fibroscope par l'œsophage.

GASTROTOMIE n. f. Ouverture chirurgicale de l'estomac.

GASTRULA n. f. Forme embryonnaire des animaux, succédant à la blastula, et où l'embryon est formé de deux feuillets, endoblaste et ectoblaste, entourant une cavité centrale.

GÂTEAU n. m. (mot francique). Pâtisserie faite avec de la farine, du beurre, du sucre et des œufs : *gâteau aux amandes; gâteau feuilleté.* ‖ En Suisse, syn. de TARTE. ‖ Matière solide qui affecte la forme d'un gâteau : *gâteau de plomb.* ‖ Ensemble des alvéoles en cire que construisent les abeilles pour faire leur miel. ● *Avoir part au gâteau* (Fam.), participer aux bénéfices d'une affaire. ‖ *C'est du gâteau !* (Pop.), c'est très facile à faire. ‖ *Partager le gâteau,* partager le profit. ◆ adj. inv. *Fam.* Trop indulgent : *papa gâteau.*

GÂTE-BOIS n. m. inv. Nom usuel du *cossus.*

GÂTER v. t. (lat. *vastare*). Avarier, pourrir : *l'humidité gâte les fruits.* ‖ Enlaidir, dégrader : *cet édifice gâte le paysage.* ‖ Traiter avec une grande bonté, combler de présents : *vous me gâtez.* ● *Gâter un enfant,* le traiter avec trop d'indulgence. ◆ **se gâter** v. pr. Devenir pourri, se corrompre : *les fruits se gâtent vite avec cette chaleur.* ● *Le temps se gâte,* le temps commence à devenir mauvais.

GÂTERIE n. f. Indulgence excessive. ‖ Petit présent; friandise.

GÂTE-SAUCE n. m. inv. Mauvais cuisinier (vx). ‖ Marmiton.

GÂTEUX, EUSE adj. et n. *Méd.* Atteint de gâtisme. ‖ *Fam.* Affaibli physiquement et intellectuellement.

GÂTIFIER v. i. *Fam.* Devenir gâteux.

GÂTINE n. f. (de *gâter*). *Région.* Terre imperméable, marécageuse et stérile.

GÂTISME n. m. État d'une personne qui semble retombée en enfance. ‖ *Méd.* Incontinence diurne et nocturne des urines et des matières fécales par déficience du contrôle nerveux.

GATTILIER n. m. (esp. *gatillo*). Arbrisseau du littoral méditerranéen, à longues grappes de fleurs mauves. (Famille des verbénacées.) [Syn. POIVRE SAUVAGE.]

GAUCHE adj. (de *gauchir*). En parlant de l'homme et des animaux, qui est situé du côté où se font sentir les battements du cœur : *côté, œil gauche.* ‖ En parlant des choses (surtout non orientées), se dit de la partie située du côté gauche de celui qui regarde : *le battant gauche d'une porte.* ‖ *Suc s'y prend de travers;* emprunté, gêné, maladroit : *avoir des manières gauches.* ‖ Dévié par rapport à un plan de comparaison, de travers, tordu. ‖ Se dit d'une figure dont les éléments ne sont pas tous dans un même plan. ● *Surface gauche,* surface réglée qui n'est pas développable.

GAUCHE n. m. Déviation : *le gauche d'une bielle.* ‖ En sports, pied ou poing gauche : *tirer du gauche; frapper du gauche.*

GAUCHE n. f. La main, le côté gauche : *tourner sur sa gauche.* ‖ Le côté gauche (par rapport au président) d'une salle où siège une assemblée délibérante. ‖ Ensemble des groupements et partis qui professent des opinions avancées, par opposition à la DROITE, conservatrice. ‖ En boxe, syn. de GAUCHE (n. m.). ● *À gauche,* à main gauche. ‖ *Extrême gauche,* parti politique ou fraction d'une assemblée de l'opinion la plus radicale.

GAUCHEMENT adv. De façon gauche.

GAUCHER, ÈRE adj. et n. Qui se sert ordinairement de la main gauche.

GAUCHERIE n. f. Manque d'aisance, maladresse; acte, geste gauche. ‖ *Méd.* Dominance hémisphérique latérale droite entraînant une manualité dominante gauche.

GAUCHIR v. i. (mot francique). Subir une déviation ou une torsion, perdre sa forme : *cette planche gauchit.* ◆ v. t. Rendre gauche, fausser. ‖ Détourner qqch de sa direction première, de son sens véritable.

GAUCHISANT, E adj. Dont les sympathies politiques vont aux partis de gauche.

GAUCHISME n. m. Doctrine de ceux qui, à l'extrême gauche, préconisent des solutions politiques extrêmes et des actions révolutionnaires immédiates.

GAUCHISSEMENT n. m. Action de gauchir.

GAUCHISTE adj. et n. Qui appartient au gauchisme.

GAUCHO [goʃo *ou* gautʃo] n. m. (mot esp.; du quechua). Gardien de troupeaux de la pampa.

GAUDE n. f. (mot germ.). Espèce de réséda fournissant une teinture jaune.

GAUDRIOLE n. f. (anc. fr. *se gaudir, se réjouir*). *Fam.* Plaisanterie libre. ‖ *Fam.* Relations sexuelles.

GAUFRAGE n. m. Action de gaufrer.

GAUFRE n. f. (mot francique). Gâteau de cire des abeilles. ‖ Pâtisserie mince et légère, cuite au gaufrier.

GAUFRER v. t. Imprimer, au moyen de fers chauds ou de cylindres gravés, des dessins sur des étoffes, du cuir, etc.

GAUFRETTE n. f. Petite gaufre sèche.

GAUFREUR, EUSE n. Ouvrier, ouvrière qui gaufre les étoffes, les cuirs, etc.

GAUFRIER n. m. Moule formé de deux fers quadrillés, entre lesquels on cuit les gaufres.

GAUFROIR n. m. Fer à gaufrer les tissus, les cuirs, etc.

GAUFRURE n. f. Empreinte que l'on fait sur une étoffe en la gaufrant.

GAULAGE n. m. Action de gauler.

GAULE n. f. (mot francique). Longue perche. ‖ Canne à pêche.

GAULEITER [gaulajtœr] n. m. (mot all.; de *Gau*, district, et *Leiter*, chef). Chef d'un district dans l'Allemagne nationale-socialiste et dans les territoires occupés rattachés au Reich.

GAULER v. t. Battre un arbre avec une gaule pour en faire tomber les fruits. ● *Gauler des noix, des châtaignes,* les abattre avec une gaule.

GAULIS n. m. Massif forestier dont les jeunes pousses sont devenues gaules. ‖ Chacune de ces pousses.

GAULLIEN, ENNE adj. Qui se rapporte au général de Gaulle, à son action et à sa pensée.

GAULLISME n. m. Doctrine se réclamant du général de Gaulle.

GAULLISTE adj. et n. Qui appartient au gaullisme.

GAULOIS, E adj. et n. De la Gaule. ‖ D'une gaieté un peu leste, grasse et franche.

GAULOIS n. m. Langue celte des Gaulois.

GAULOISE n. f. Cigarette de tabac brun fabriquée en France avec ou sans filtre.

GAULOISEMENT adv. Avec une gaieté un peu libre.

GAULOISERIE n. f. Plaisanterie un peu libre.

GAULTHERIA [golterja] n. f. (de *Gaulther*, n. pr.). Arbrisseau de l'Amérique du Nord, à feuilles aromatiques (ces feuilles fournissent l'essence de Wintergreen). [Famille des éricacées.]

GAUPE n. f. (all. *Walpe*, femme sotte). *Pop.* et *vx.* Femme de mauvaise vie.

GAUR n. m. (mot hindī). Buffle sauvage des montagnes de l'Inde et de Malaisie.

GAUSS n. m. (de *Gauss*, n. pr.). Unité d'induction magnétique (symb. : G) dans le système C. G. S. électromagnétique.

GAUSSER (SE) v. pr. [de]. *Litt.* Se moquer ouvertement.

GAVAGE n. m. Action de gaver. ‖ *Méd.* Alimentation artificielle effectuée au moyen d'une sonde introduite dans l'estomac.

GAVE n. m. (béarnais *gabe*). *Région.* Torrent pyrénéen.

GAVER v. t. (mot picard; de *gave*, gosier). Faire manger beaucoup et par force : *gaver des oies.* ‖ Faire manger beaucoup, bourrer : *gaver un enfant de bonbons.* ◆ **se gaver** v. pr. [de]. Manger beaucoup.

GAVIAL n. m. (mot hindī) [pl. *gavials*]. Reptile crocodilien d'Inde et de Birmanie, à museau long et fin. (Le mâle atteint 10 m de long, la femelle 6 à 7 m.)

GAVOTTE n. f. (prov. *gavoto*). Danse à deux temps; air sur lequel on la danse.

GAVROCHE n. et adj. (d'un personnage des *Misérables*, de V. Hugo). Gamin parisien, spirituel, frondeur et généreux.

GAY [gɛ] adj. et n. (mot amér.). *Fam.* Se dit d'une personne homosexuelle.

GAYAL n. m. (mot hindī) [pl. *gayals*]. Espèce de buffle de l'Inde, semi-domestique.

GAZ n. m. inv. (mot créé sur le gr. *khaos*, gouffre). Corps qui se trouve dans l'état de la matière caractérisé par la fluidité, la compressibilité et l'expansibilité. ‖ Corps gazeux utilisé pour le chauffage. ‖ Service de fabrication et de distribution du gaz de ville : *un employé du gaz.* ‖ Mélange, dans le tube digestif, d'air dégluti et de produits volatils des fermentations. ● *Gaz à l'air* ou *gaz pauvre,* gaz obtenu dans un gazomètre après passage des produits de la combustion de combustibles solides sur une masse de coke porté au rouge. ‖ *Gaz de combat,* sub-

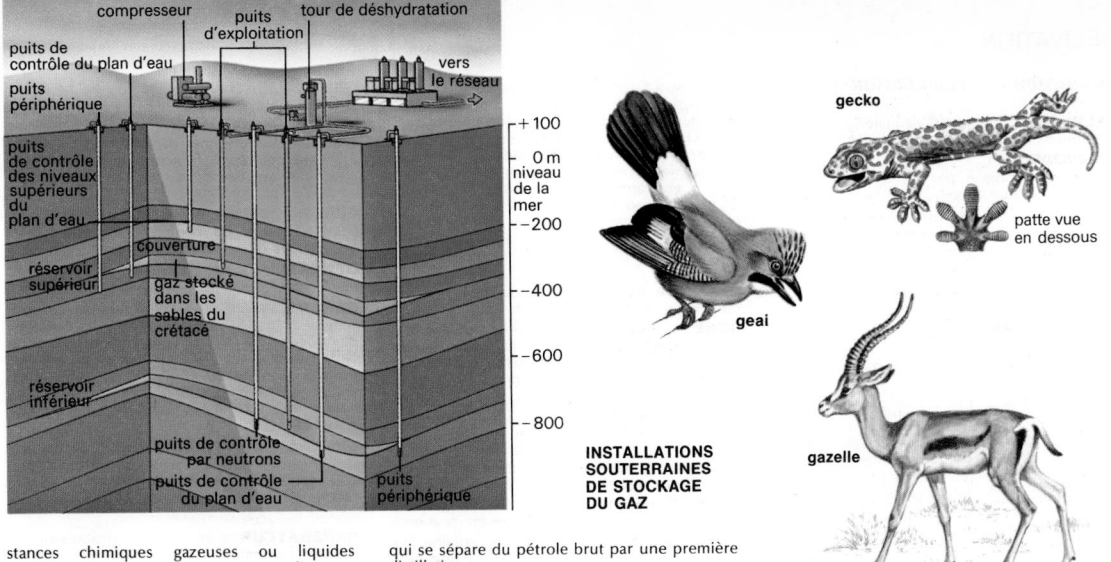

compresseur
puits d'exploitation
tour de déshydratation
puits de contrôle du plan d'eau
puits périphérique
vers le réseau
puits de contrôle des niveaux supérieurs du plan d'eau
réservoir supérieur
couverture
gaz stocké dans les sables du crétacé
réservoir inférieur
puits de contrôle pour neutrons
puits de contrôle du plan d'eau
puits périphérique

+ 100
0 m niveau de la mer
— 200
— 400
— 600
— 800

INSTALLATIONS SOUTERRAINES DE STOCKAGE DU GAZ

gecko

patte vue en dessous

geai

gazelle

---

stances chimiques gazeuses ou liquides employées comme arme pour neutraliser un adversaire. ‖ *Gaz à l'eau,* gaz combustible résultant de la décomposition de la vapeur d'eau par du ·coke porté à température élevée (1 000-1 200 °C). ‖ *Gaz liquéfié,* hydrocarbure léger normalement gazeux, extrait soit du gaz naturel, soit des gaz de raffinerie, conservé à l'état liquide dans des récipients sous pression. ‖ *Gaz des marais,* méthane. ‖ *Gaz naturel,* gaz essentiellement constitué par du méthane, piégé dans certaines couches géologiques, constituant un excellent combustible. ‖ *Gaz parfait,* gaz fictif qui suivrait exactement les lois de Mariotte et Gay-Lussac, vers lequel tendent les gaz réels lorsque leur pression tend vers zéro. ‖ *Gaz permanent,* gaz que l'on ne peut liquéfier par simple augmentation de pression. ‖ *Gaz rares,* hélium, néon, argon, krypton, xénon. ‖ *Gaz de ville,* gaz obtenu par la distillation de la houille ou de produits pétroliers et distribué par conduites. ‖ *Il y a de l'eau dans le gaz* (Pop.), il y a des difficultés dans cette affaire. ‖ *Mettre les gaz,* donner de la vitesse à un moteur en appuyant sur l'accélérateur.

GAZAGE n. m. Action de gazer.

GAZE n. f. (de *Gaza,* v. de Palestine). Étoffe légère et transparente, de soie, de lin, etc. ‖ Bande d'étoffe légère, stérilisée, utilisée pour les compresses, les pansements, etc.

GAZÉ, E adj. et n. Qui a subi l'action de gaz asphyxiants.

GAZÉIFICATION n. f. Action de gazéifier. ‖ Production de gaz à partir du charbon.

GAZÉIFIER v. t. Faire passer un corps à l'état gazeux. ‖ Dissoudre du gaz carbonique dans un liquide.

GAZELLE n. f. (mot ar.). Petit mammifère ruminant de la famille des antilopes, très rapide, vivant dans les steppes d'Afrique et d'Asie.

GAZER v. t. Soumettre à l'action de gaz toxiques ou asphyxiants. ‖ Soumettre à l'action rapide d'une flamme, en parlant de tissus. ◆ v. i. *Fam.* Aller à toute vitesse. ● *Ça gaze* (Fam.), ça va bien, ça prend bonne tournure.

GAZETIER n. m. Qui publie une gazette (vx).

GAZETTE n. f. (it. *gazzetta*). Journal (vx).

GAZEUX, EUSE adj. De la nature du gaz. ● *Eau gazeuse,* eau qui contient du gaz carbonique dissous.

GAZIER, ÈRE adj. Relatif au gaz.

GAZIER n. m. Employé d'une compagnie du gaz.

GAZODUC n. m. Canalisation à longue distance de gaz naturel ou de gaz de cokerie.

GAZOGÈNE n. m. Appareil transformant, par oxydation incomplète, le charbon ou le bois en gaz combustible.

GAZOLE n. m. → GAS-OIL.

GAZOLINE n. f. Essence légère, très volatile,

qui se sépare du pétrole brut par une première distillation.

GAZOMÈTRE n. m. Réservoir pour emmagasiner le gaz.

GAZOMÉTRIE n. f. Mesure des volumes gazeux.

GAZON n. m. (mot francique). Herbe tondue ras; surface couverte par cette herbe.

GAZONNANT, E adj. Se dit des plantes qui forment un gazon.

GAZONNEMENT ou **GAZONNAGE** n. m. Action de revêtir de gazon.

GAZONNER v. t. Revêtir de gazon.

GAZOUILLANT, E adj. Qui gazouille.

GAZOUILLEMENT n. m. Petit bruit que font les oiseaux en chantant, les ruisseaux en coulant, etc.

GAZOUILLER v. i. (onomat.). Faire entendre un chant doux, faible et confus : *les oiseaux gazouillent.* ‖ Produire un murmure en coulant : *un ruisseau qui gazouille.* ‖ Commencer à parler : *bébé qui gazouille.*

GAZOUILLEUR, EUSE adj. Qui gazouille.

GAZOUILLIS n. m. Léger gazouillement. Émission vocale spontanée du nourrisson.

Gd, symbole chimique du gadolinium.

Ge, symbole chimique du germanium.

GEAI n. m. (bas lat. *gaius*). Oiseau passereau de la famille des corvidés, à plumage brun clair tacheté de bleu, de blanc et de noir, commun dans les bois. (Long. 35 cm.) [Cri : le geai *cajole.*]

GÉANT, E n. et adj. (gr. *gigas*). Personne, animal, végétal, etc., qui excède de beaucoup la taille ordinaire. ● *À pas de géant,* très vite. ◆ adj. Très grand : *agglomération géante.*

GÉASTER [ʒeastɛr] n. m. (gr. *gê,* terre, et *astêr,* étoile). Champignon basidiomycète, dont l'enveloppe externe se déchire et s'étale en étoile à maturité. (Classe des basidiomycètes gastromycètes.)

GECKO [ʒeko] n. m. (mot malais). Lézard des régions chaudes, à doigts adhésifs.

GÉHENNE [ʒeɛn] n. f. (mot hébr.). Enfer, dans les écrits bibliques.

GEIGNARD, E adj. et n. *Fam.* Qui geint, qui pleurniche sans cesse.

GEIGNEMENT n. m. Action de geindre; plainte.

GEINDRE [ʒɛdr] v. i. (lat. *gemere*) [conj. 55]. Se plaindre d'une voix faible et inarticulée. ‖ *Fam.* Se lamenter à tout propos; pleurnicher.

GEINDRE n. m. → GINDRE.

GEISHA [ɡeʃa ou ɡɛjʃa] n. f. (mot jap.). Chanteuse et danseuse japonaise.

GEL n. m. (lat. *gelu*). Gelée des eaux. ‖ Temps où il gèle. ‖ Substance colloïdale, de consistance

visqueuse, qui a tendance à gonfler en absorbant de l'eau. ‖ Suspension d'une action, arrêt d'une activité.

GÉLATINE n. f. (it. *gelatina*). Protéine ayant l'aspect d'une gelée, fondant vers 25 °C, que l'on obtient par action de l'eau chaude sur le collagène des tissus de soutien animaux. (On l'emploie en microbiologie comme milieu de culture, et dans l'industrie [plaques photographiques, colles, etc.].)

GÉLATINÉ, E adj. Enduit de gélatine.

GÉLATINEUX, EUSE adj. De la nature de la gélatine, ou qui y ressemble.

GÉLATINIFORME adj. *Méd.* Qui a un aspect gélatineux.

GÉLATINO-BROMURE ou **GÉLATINO-CHLORURE** n. m. Composition formée d'un sel d'argent (bromure ou chlorure) en suspension dans la gélatine (le gélatino-bromure, très sensible à la lumière, est utilisé en photographie).

GELÉ, E adj. *Crédits gelés,* crédits bloqués.

GELÉE n. f. Abaissement de la température au-dessous de zéro, à la suite duquel l'eau se transforme en glace. ‖ Suc de viande clarifié et solidifié : *poulet à la gelée.* ‖ Jus de fruits cuits avec le sucre, qui se solidifie par le refroidissement : *gelée de groseille.* ‖ Produit de beauté translucide, à base d'eau ou d'huile. ● *Gelée blanche,* congélation de la rosée. ‖ *Gelée royale,* substance fluide et blanchâtre, riche en vitamines, déposée par les abeilles nourricières à l'intention des larves.

GELER v. t. (lat. *gelare*) [conj. 3]. Transformer en glace : *le froid gèle l'eau des fontaines.* ‖ Atteindre les tissus vivants, en parlant du froid : *le froid lui a gelé les pieds.* ‖ Interrompre une activité, mettre momentanément en réserve : *geler des négociations.* ‖ Repousser par un accueil glacial. ◆ v. i. Se transformer en glace : *la rivière a gelé.* ‖ Être atteint dans ses fonctions vitales par le froid : *ses oreilles ont gelé.* ‖ Avoir très froid : *on gèle dans cette pièce.*

GÉLIF, IVE adj. Se dit des roches, des arbres susceptibles d'éclater lors de la congélation de l'eau qu'ils y sont infiltrée.

GÉLIFICATION n. f. Formation d'un gel.

GÉLIFIER v. t. Transformer en gel par addition d'une substance appropriée.

GELINOTTE ou **GÉLINOTTE** n. f. (anc. fr. *geline;* lat. *gallina,* poule). Oiseau gallinacé à plumage roux, long de 35 cm, vivant dans les forêts montagneuses. (Cri : la gelinotte *glousse.*) [Syn. POULE DES BOIS.]

GÉLITURBATION n. f. Syn. de CRYOTURBATION.

GÉLIVATION ou **GÉLIFRACTION** n. f. Syn. de CRYOCLASTIE.

GÉLIVITÉ n. f. Altérabilité de matériaux poreux qui, gorgés d'eau, se fissurent au gel.

GÉLIVURE n. f. Gerçure des arbres, des pierres, etc., causée par de fortes gelées. ‖ Fente, fissure due au gel.

GÉLOSE n. f. Syn. de AGAR-AGAR.

GÉLULE n. f. Forme médicamenteuse constituée par une petite capsule de gélatine.

GELURE n. f. Résultat de l'action des basses températures sur les tissus vivants.

GÉMELLAIRE adj. Relatif aux jumeaux.

GEMELLIPARE adj. Qui accouche de jumeaux.

GÉMELLIPARITÉ n. f. État d'une femelle gémellipare.

GÉMELLITÉ n. f. Cas où se présentent des jumeaux.

GÉMINATION n. f. État ou création de deux objets identiques ou symétriques. ‖ *Ling.* Redoublement d'un phonème ou d'une syllabe.

GÉMINÉ, E adj. Se dit de choses groupées par deux : *colonnes géminées.*

GÉMINER v. t. Grouper deux à deux.

GÉMIR v. i. (lat. *gemere*). Exprimer sa peine, sa douleur par des sons inarticulés. ‖ Faire entendre un bruit semblable à une plainte : *le vent gémit dans la forêt.* ‖ *Litt.* Être accablé, oppressé ; souffrir : *gémir dans les fers.*

GÉMISSANT, E adj. Qui gémit.

GÉMISSEMENT n. m. Plainte douloureuse, inarticulée. ‖ *Litt.* Cri qui a quelque chose de plaintif ; bruit plaintif.

GEMMAGE n. m. Action d'inciser les pins pour en recueillir la résine.

GEMMAIL [ʒemaj] n. m. (pl. *gemmaux*). Vitrail sans plombs, obtenu par collage de morceaux de verre de couleur juxtaposés et superposés.

GEMMATION n. f. Développement des bourgeons ; époque à laquelle il se produit. ‖ Ensemble des bourgeons.

GEMME [ʒɛm] n. f. et adj. (lat. *gemma*). Pierre précieuse ou pierre fine. ‖ Bourgeon. ‖ Résine de pin. ● *Sel gemme*, sel fossile.

GEMME, E adj. Orné de pierres précieuses.

GEMMER v. t. Effectuer le gemmage des pins.

GEMMEUR n. et adj. m. Celui qui gemme.

GEMMIFÈRE adj. Qui porte des bourgeons.

GEMMIPARITÉ n. f. *Zool.* Mode de multiplication végétative de certains animaux, à partir d'un bourgeon unicellulaire.

GEMMOLOGIE n. f. Science des gemmes.

GEMMOLOGISTE n. Spécialiste de la gemmologie.

GEMMULE n. f. *Bot.* Petit bourgeon d'une plantule, dont la croissance pendant la germination fournira tige et feuilles.

GÉMONIES n. f. pl. (lat. *gemoniae*). *Antiq. rom.* Escalier, au flanc nord-ouest du Capitolin, où l'on exposait les corps des suppliciés avant qu'ils ne soient jetés dans le Tibre. ● *Traîner qqn aux gémonies*, l'accabler d'outrages. ‖ *Vouer qqn aux gémonies*, le livrer au mépris public.

GÊNANT, E adj. Qui gêne.

GENCIVE n. f. (lat. *gingiva*). Muqueuse richement vascularisée, entourant la base des dents.

GENDARME n. m. (de *gens d'armes*). Militaire appartenant à la gendarmerie. ‖ Premier grade des sous-officiers de cette arme. ‖ Petit défaut qui diminue la valeur d'un diamant. ‖ *Alp.* Pointement rocheux difficile à franchir. ‖ *Zool.* Nom usuel d'une punaise des bois rouge et noir. (Nom sc. : *pyrrhocoris*.) ‖ *Fam.* Personne autoritaire. ‖ *Pop.* Hareng saur. ‖ Saucisse sèche et plate.

GENDARMER (SE) v. pr. Se mettre en colère ; hausser la voix sévèrement. ‖ Protester, réagir avec vivacité.

GENDARMERIE n. f. Corps militaire chargé sur tout le territoire national et aux armées de veiller à la sécurité publique, au maintien de l'ordre et à l'exécution des lois. ‖ Bâtiment où sont logés les gendarmes.

■ **La gendarmerie nationale**, créée sous ce nom en 1791, comprend la *gendarmerie départementale* organisée en groupements (département), compagnies (arrondissement) et brigades (canton), la *gendarmerie mobile*, articulée en escadrons motorisés ou blindés, la *garde républicaine*, la *gendarmerie de l'air*, la *gendarmerie maritime*, la *gendarmerie des transports aériens*, la *gendarmerie de l'armement* et la *gendarmerie d'outre-mer.*

GENDRE n. m. (lat. *gener*). Époux de la fille, par rapport au père et à la mère de celle-ci.

GÈNE n. m. (gr. *genos*, origine). *Biol.* Élément du chromosome, conditionnant la transmission et la manifestation d'un caractère héréditaire.

GÊNE n. f. (anc. fr. *gehir*, avouer ; mot francique). Malaise que l'on éprouve quand on se sent oppressé : *avoir de la gêne à respirer.* ‖ Contrainte, embarras de qqn qui est mal à l'aise : *éprouver de la gêne en face de qqn.* ‖ Manque d'argent : *être dans la gêne.* ● *Être sans gêne* (Fam.), agir sans s'inquiéter des autres.

GÊNÉ, E adj. Mal à l'aise : *sourire gêné.* ‖ Dépourvu d'argent : *être gêné en fin de mois.*

GÉNÉALOGIE n. f. (gr. *genos*, origine, et *logos*, science). Suite des ancêtres d'une personne, d'une famille. ‖ Discipline qui a pour objet la recherche de l'origine et de la filiation des familles.

GÉNÉALOGIQUE adj. Relatif à la généalogie.

GÉNÉALOGISTE n. Personne qui dresse les généalogies des familles.

GÉNÉPI ou **GENÉPI** n. m. (mot savoyard). Nom usuel de quelques espèces aromatiques d'armoise des Alpes et des Pyrénées. ‖ Liqueur fabriquée avec ces plantes.

GÊNER v. t. Causer une gêne physique ou morale : *la fumée me gêne ; sa présence me gêne.* ‖ Entraver, mettre des obstacles à l'action de : *gêner la circulation.* ‖ Mettre à court d'argent : *cette dépense me gêne en ce moment.* ◆ **se gêner** v. pr. S'imposer une contrainte par discrétion ou timidité : *que personne ne se gêne chez moi.*

GÉNÉRAL, E, AUX adj. (lat. *generalis*). Relatif à un ensemble de personnes, de choses : *idées générales.* ‖ Qui concerne la majorité ou la totalité d'un groupe : *intérêt général ; opinion générale.* ‖ Vague, sans précision : *parler en termes généraux.* ‖ Relatif à l'ensemble d'un service, d'un commandement : *inspecteur, directeur, officier général.* ‖ *Médecine générale*, dont le domaine englobe toutes les spécialités. ‖ *Répétition générale*, ou *générale* n. f., dernière répétition avant la représentation publique d'une pièce de théâtre, réservée à la presse et à des invités.

GÉNÉRAL n. m. Ensemble des principes généraux, par opposition aux cas particuliers. ● *En général*, le plus souvent.

GÉNÉRAL n. m. (de *général* adj.). Officier titulaire d'un des grades les plus élevés dans la hiérarchie des armées de terre ou de l'air. (V. GRADE.) ‖ Supérieur majeur de certains ordres religieux : *le général des Jésuites.*

GÉNÉRALAT n. m. Fonctions de supérieur général de certains ordres religieux.

GÉNÉRALE n. f. Femme d'un général. ‖ Autref., sonnerie ou batterie de tambour appelant les militaires à rejoindre leur poste de combat.

GÉNÉRALEMENT adv. En général.

GÉNÉRALISABLE adj. Qui peut être généralisé.

GÉNÉRALISATEUR, TRICE adj. Qui généralise ; qui aime à généraliser.

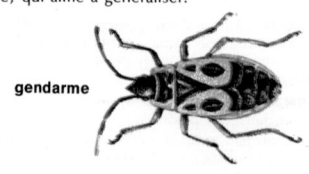

gendarme

GÉNÉRALISATION n. f. Action de généraliser ; son résultat.

GÉNÉRALISER v. t. Rendre applicable à un ensemble de personnes ou de choses : *généraliser une méthode.* ‖ Conclure du particulier au général. ◆ **se généraliser** v. pr. Devenir général, concerner un ensemble.

GÉNÉRALISSIME n. m. (it. *generalissimo*). Général investi du commandement suprême des troupes d'un État ou d'une coalition.

GÉNÉRALISTE n. Praticien qui exerce la médecine générale, par oppos. au SPÉCIALISTE.

GÉNÉRALITÉ n. f. Qualité de ce qui est général. ‖ Le plus grand nombre : *la généralité des hommes.* ‖ *Hist.* Circonscription financière de la France avant 1789, à la tête de laquelle se trouvait un intendant. ‖ En Catalogne, organisme chargé de l'administration de la région autonome. ◆ pl. Notions générales sans rapport direct avec le sujet traité.

GÉNÉRATEUR, TRICE adj. (lat. *generator*). Qui engendre, produit, est la cause de. ‖ Relatif à la génération. ● *Assise génératrice* (Bot.), couche de cellules qui assure la croissance en largeur des plantes vivaces.

GÉNÉRATEUR n. m. Appareil produisant du courant électrique à partir d'énergie fournie sous une autre forme. ‖ Chaudière à vapeur.

GÉNÉRATIF, IVE adj. Relatif à la génération. ● *Grammaire générative* (Ling.), grammaire consistant en une suite finie de règles et d'opérations capables d'énumérer l'ensemble infini des phrases grammaticales d'une langue.

GÉNÉRATION n. f. (lat. *generare*, engendrer). Fonction par laquelle les êtres organisés se reproduisent. ‖ Ensemble des êtres qui descendent au même degré de filiation : *nom qui s'est éteint à la cinquième génération.* ‖ Espace de temps qui sépare chacun des degrés de filiation : *il y a environ trois générations par siècle.* ‖ Ensemble de personnes ayant à peu près le même âge en même temps. ‖ Ensemble des techniques et des produits caractérisant une branche d'activité industrielle ou scientifique à un moment donné : *des ordinateurs de la deuxième génération.* ● *Génération spontanée*, théorie admise pendant l'Antiquité et le Moyen Âge pour certains animaux, et jusqu'à Pasteur pour les microbes, selon laquelle il existait une formation spontanée d'êtres vivants à partir de matières minérales ou de substances organiques en décomposition.

GÉNÉRATRICE n. f. Machine transformant l'énergie mécanique en courant électrique continu. ‖ *Math.* Ligne droite dont le déplacement engendre une surface réglée.

GÉNÉRER v. t. (conj. 5). Engendrer, produire.

GÉNÉREUSEMENT adv. De façon généreuse.

GÉNÉREUX, EUSE adj. (lat. *generosus*, de bonne race). Qui donne largement ; dévoué, désintéressé : *se montrer généreux.* ‖ *Litt.* Fertile : *une terre généreuse.* ‖ Copieux : *repas généreux.* ● *Vin généreux*, fort, de bonne qualité.

GÉNÉRIQUE adj. (lat. *genus, generis*, race). Qui appartient au genre, à tout un genre : *caractère générique.* ‖ *Ling.* Se dit d'un mot qui convient à toute une catégorie : *« oiseau » est un terme générique.* ‖ *Math.* Se dit de l'élément d'un ensemble pris sous sa forme générale. ● *Médicament générique*, ou *générique* n. m., médicament dont la formule est tombée dans le domaine public et qui est vendu sous la dénomination commune à un prix inférieur à celui de la spécialité correspondante.

GÉNÉRIQUE n. m. Partie d'un film ou d'une émission de télévision où sont indiqués les noms de ceux qui y ont collaboré.

GÉNÉROSITÉ n. f. Disposition à la bienfaisance, à la bonté, à l'indulgence. ◆ pl. Dons, largesses.

GENÈSE n. f. (lat. *genesis*, naissance). Ensemble des faits et des éléments qui ont concouru à la formation de qqch : *la genèse d'une œuvre d'art.*

GÉNÉSIAQUE adj. Relatif à la Genèse, à une genèse.

GÉNÉSIQUE adj. Relatif à la génération.

GENET n. m. (esp. *jinete*, bon cavalier). Cheval de petite taille, originaire d'Espagne.

GENÊT n. m. (lat. *genesta*). Arbrisseau à fleurs jaunes, commun dans certaines landes et formant de nombreuses espèces, parfois épineuses. (Famille des papilionacées.)

GÉNÉTHLIAQUE [ʒenetlijak] adj. (gr. *genethlê*, naissance). Relatif à l'horoscope.

GÉNÉTICIEN, ENNE n. Spécialiste de la génétique.

GÉNÉTIQUE n. f. (gr. *genos*, race). Science de l'hérédité, dont les premières lois ont été dégagées par Mendel en 1865, et qui étudie la transmission des caractères anatomiques, cytologiques et fonctionnels des parents aux enfants. ● *Génétique des populations,* partie de la biologie qui étudie les caractéristiques génétiques des populations (polymorphisme, structure génétique, sélection et mutations).

GÉNÉTIQUE adj. Qui concerne la génétique, les gènes. ‖ *Philos.* Relatif à la succession logique, à la filiation d'idées entre elles. ● *Épistémologie génétique* (Philos.), théorie de la connaissance qui consiste à décrire les processus par lesquels se produit la connaissance scientifique. ‖ *Psychologie génétique,* étude du développement mental de l'enfant et de l'adolescent pour autant que ce développement explique les structures intellectuelles de l'adulte.

GÉNÉTIQUEMENT adv. D'un point de vue génétique.

GÉNÉTISME n. m. Théorie psychologique selon laquelle la perception de l'espace est le fruit de l'éducation des sens, et n'est pas innée comme le soutient le *nativisme.*

GÉNÉTISTE n. Partisan du génétisme.

GENETTE n. f. (mot ar.). Mammifère carnassier de la famille des viverridés, au pelage clair taché de noir, vivant en Europe et en Afrique.

GÊNEUR, EUSE n. Personne qui gêne; importun, fâcheux.

GENEVOIS, E adj. et n. De Genève.

GENÉVRIER n. m. Arbuste à feuilles épineuses et à baies violettes, diurétiques. (Haut. : jusqu'à 6 m; famille des cupressacées.)

GÉNIAL, E, AUX adj. Qui a du génie. ‖ Inspiré par le génie. ‖ *Fam.* Astucieux.

GÉNIALEMENT adv. De façon géniale.

GÉNIALITÉ n. f. Caractère de ce qui est génial.

GÉNIE n. m. (lat. *genius*). Disposition, aptitude naturelle à créer qqch d'original et de grand : *un homme de génie.* ‖ Personne ainsi douée. ‖ Talent, goût, penchant naturel pour une chose : *avoir le génie des affaires, de l'intrigue.* ‖ Caractère original et distinctif : *le génie d'une langue.* ‖ Dans la mythologie gréco-romaine, esprit qui présidait à la destinée d'un être ou d'une collectivité. ‖ Esprit ou être mythique détenteur de pouvoirs magiques : *bon, mauvais génie.* ‖ Être allégorique personnifiant une idée abstraite. ‖ Ensemble des connaissances et des techniques concernant la conception, la

genêt

mise en œuvre et les applications de procédés, de dispositifs, de machines propres à un domaine déterminé. ‖ *Mil.* Dans l'armée de terre, arme chargée des travaux relatifs aux voies de communication et à l'aménagement du terrain; service assurant la gestion du domaine militaire. ● *Génie chimique,* ensemble des connaissances nécessaires pour installer une usine chimique et en optimiser la production. ‖ *Génie civil,* art des constructions civiles. ‖ *Génie épidémique,* ensemble des conditions climatiques, bactériologiques et physiologiques qui déterminent des épidémies. ‖ *Génie génétique,* technique de modification du programme génétique de certaines cellules vivantes (bactéries), destinée à leur faire fabriquer des substances utiles par bioconversion. (Syn. INGÉNIERIE GÉNÉTIQUE.) ‖ *Génie maritime,* anc. nom du corps des ingénieurs d'armement chargé des constructions navales.

GENIÈVRE n. m. (lat. *juniperus*). Nom usuel du *genévrier* ou de son fruit. ‖ Eau-de-vie obtenue par distillation de grains en présence de baies du genévrier.

GÉNIQUE adj. Relatif aux gènes.

GÉNISSE n. f. (lat. *junix, junicis*). Jeune bovine n'ayant pas encore vêlé.

GÉNITAL, E, AUX adj. (lat. *genitalis*). Relatif à la reproduction des animaux et de l'homme : *organes génitaux.* ● *Stade génital* (Psychanal.), achèvement du développement de la libido qui n'apparaît qu'à la puberté et se caractérise par la subordination des pulsions partielles à la zone génitale.

GÉNITALITÉ n. f. Aptitude à la reproduction.

GÉNITEUR, TRICE adj. et n. Personne ou animal qui engendre.

GÉNITIF n. m. *Ling.* Dans les langues à déclinaison, cas qui indique l'appartenance, la possession.

GÉNITO-URINAIRE adj. (pl. *génito-urinaires*). Relatif à l'ensemble des appareils reproducteur et urinaire. (On dit aussi URO-GÉNITAL.)

GÉNOCIDE n. m. (gr. *genos*, race, et lat. *caedere*, tuer). Crime commis contre un peuple, un groupe national, ethnique ou religieux.

genévrier

GÉNOIS, E adj. et n. De Gênes.

GÉNOIS n. m. *Mar.* Grand foc.

GÉNOISE n. f. Gâteau fait de sucre et d'œufs battus auxquels on ajoute de la farine et du beurre fondu. ‖ Frise composée de tuiles romaines superposées.

GÉNOME ou **GÉNOTYPE** n. m. Ensemble des facteurs héréditaires constitutionnels d'un individu ou d'une lignée.

GENOU n. m. (lat. *geniculum*) [pl. *genoux*]. Partie du corps où la jambe se joint à la cuisse. ‖ Chez le cheval, articulation des os carpiens et métacarpiens avec le radius. ‖ *Mécan.* Joint articulé; pièce courbe. ● *À genoux,* les genoux sur le sol. ‖ *Être à genoux devant qqn,* lui être complètement soumis. ‖ *Être sur les genoux* (Fam.), être très fatigué. ‖ *Faire du genou à qqn,* lui faire signe en lui touchant le genou avec son propre genou.

GENOUILLÉ, E adj. *Corps genouillés* (Anat.), structure symétrique du diencéphale, servant de relais à la voie visuelle et à la voie auditive.

GENOUILLÈRE n. f. Partie de l'armure qui couvrait le genou. ‖ Partie d'une botte qui recouvre le genou. ‖ Bande de tricot élastique qui sert à protéger les genoux. ‖ Articulation de certains mécanismes.

GÉNOVÉFAIN n. m. (lat. *Genovefa*, Geneviève). Chanoine régulier de Saint-Augustin de la congrégation de Sainte-Geneviève.

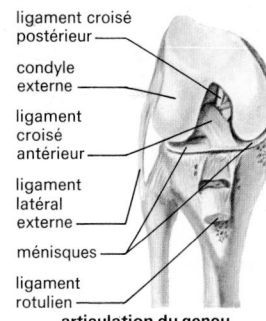

ligament croisé postérieur
condyle externe
ligament croisé antérieur
ligament latéral externe
ménisques
ligament rotulien

articulation du genou

fémur
rotule
condyles
plateau tibial
tête du péroné
tibia

squelette du genou

APPAREIL GÉNITAL FÉMININ :
1. Trompe; 2. Ovaire; 3. Corne de l'utérus; 4. Utérus; 5. Rectum; 6. Col utérin; 7. Vessie; 8. Vagin; 9. Vulve : a, clitoris; b, petite lèvre; c, grande lèvre; 10. Urètre.

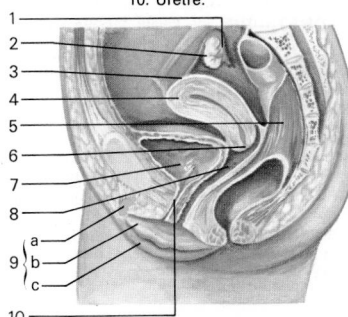

APPAREIL GÉNITAL MASCULIN :
1. Rectum; 2. Uretère; 3. Vessie; 4. Vésicule séminale; 5. Prostate; 6. Urètre; 7. Verge; 8. Cordon spermatique; 9. Scrotum; 10. Épididyme; 11. Testicule.

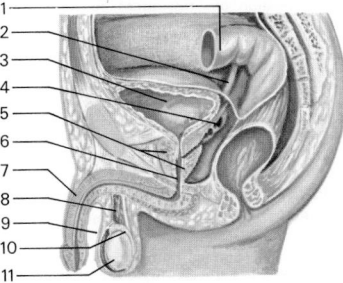

GENRE n. m. (lat. *genus, generis*). Sorte, manière : *genre de beauté; marchandises de tout genre.* ‖ Mode, goût : *vêtement d'un nouveau genre.* ‖ *Bx-arts.* En peinture, représentation de scènes tirées de la vie familière et populaire, ou de la chronique anecdotique : *tableau de genre.* ‖ *Hist. nat.* Subdivision de la famille, qui se décompose elle-même en espèces. ‖ *Ling.* Caractéristique grammaticale des noms par laquelle ceux-ci se trouvent placés dans la classe des masculins ou des féminins (ou des neutres, dans certaines langues), correspondant soit au sexe, soit à un classement arbitraire. ‖ *Littér.* Style, ton d'un ouvrage : *le genre sublime;* catégorie d'œuvres définies par des lois et des caractères communs : *le genre romanesque.* ● *Avoir bon, mauvais genre,* avoir de bonnes, de mauvaises manières. ‖ *Faire du genre* (Fam.), avoir des manières affectées. ‖ *Genre de vie* (Géogr.), ensemble des modes d'activité d'un groupe humain. ‖ *Le genre humain,* l'ensemble des hommes.

GENS [ʒɛs] n. f. (mot lat.) [pl. *gentes* (ʒɛ̃tɛs)]. À Rome, groupe de familles patriciennes se rattachant à un ancêtre commun et portant le même nom, le *gentilice.*

GENS [ʒɑ̃] n. m. ou f. pl. (mot lat.). Personnes en nombre indéterminé : *les gens du village.* ● *Gens d'armes,* au Moyen Âge, soldats, cavaliers (notamment des compagnies d'ordonnance de Charles VII). ‖ *Gens d'épée,* nobles, soldats. ‖ *Gens de lettres,* personnes qui font profession d'écrire. ‖ *Gens de maison,* employés de maison, domestiques. ‖ *Gens de mer,* marins. ‖ *Gens de robe,* magistrats, avocats.
— *Gens* gouverne le masculin *(des gens sots)* sauf dans le cas d'un adjectif épithète placé avant *(de vieilles gens).*

GENT [ʒɑ̃] n. f. (lat. *gens*) [au sing. seulement]. *Litt.* Nation, race : *la gent trotte-menu* (les souris).

GENTAMYCINE n. f. Antibiotique administré par voie parentérale, actif contre les bactéries « Gram positif » et « Gram négatif ».

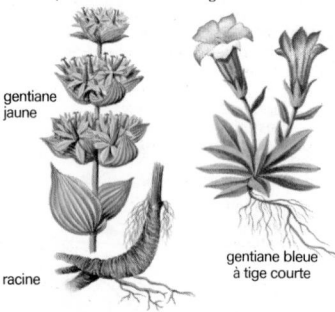

gentiane jaune

gentiane bleue à tige courte

racine

GENTIANE

GENTIANE [ʒɑ̃sjan] n. f. (lat. *gentiana*). Plante des prés montagneux, à fleurs gamopétales, jaunes, bleues ou violettes. (La grande gentiane à fleurs jaunes fournit une racine amère et apéritive.) ‖ Boisson faite avec cette racine.

GENTIL [ʒɑ̃ti] n. m. (lat. *gentiles,* païens; mot hébr.). Pour les anciens Hébreux, étranger. ‖ Pour les chrétiens, païen.

GENTIL, ILLE adj. (lat. *gentilis,* de race). Agréable, qui plaît par sa délicatesse, son charme : *gentille petite fille.* ‖ Aimable, complaisant : *être gentil avec qqn.* ‖ Dont on ne fait pas grand cas : *c'est gentil, sans plus.* ‖ *Fam.* Important : *ça a coûté une gentille somme.*

GENTILHOMME [ʒɑ̃tijɔm] n. m. (pl. *gentilshommes* [ʒɑ̃tizɔm]). Tout homme noble.

GENTILHOMMERIE n. f. *Fam.* Qualité de gentilhomme, les gentilshommes d'un pays.

GENTILHOMMIÈRE n. f. Petit château campagnard, coquettement aménagé.

GENTILITÉ n. f. *Relig.* Les nations païennes.

GENTILLESSE n. f. Bonne grâce, amabilité. ‖ Action, parole aimable, gracieuse.

GENTILLET, ETTE adj. Assez gentil.

GENTIMENT adv. De façon gentille, aimable.

GENTLEMAN [dʒɛntləman] n. m. (mot angl.) [pl. *gentlemen* (-mɛn)]. Homme bien élevé, de bonne compagnie.

GENTLEMAN-FARMER [-farmœr] n. m. (mot angl.) [pl. *gentlemen-farmers*]. Grand propriétaire foncier qui exploite lui-même ses terres.

GENTLEMAN-RIDER [-ridœr] n. m. (pl. *gentlemen-riders*). Jockey amateur qui monte un cheval dans les courses.

GENTLEMAN'S AGREEMENT [dʒɛntləmans-agrimɛnt] n. m. (mots angl.) [pl. *gentlemen's agreements*]. *Dr.* Accords internationaux dépourvus d'effets juridiques obligatoires mais considérés comme engageant les parties moralement.

GENTRY [dʒɛntri] n. f. (mot angl.). En Angleterre, ensemble des familles ayant droit à des armoiries, mais non titrées.

GÉNUFLEXION n. f. (lat. *genuflectere,* fléchir le genou). Action de fléchir le genou.

GÉOCENTRIQUE adj. Qui est considéré par rapport à la Terre prise comme centre. ● *Mouvement géocentrique,* mouvement apparent d'un astre autour de la Terre, considérée comme centre d'observation.

GÉOCHIMIE n. f. Science qui traite, du point de vue de la Terre entière, de l'abondance absolue et relative des éléments et des isotopes, de leur distribution et de leurs migrations.

GÉOCHIMIQUE adj. Relatif à la géochimie.

GÉOCHIMISTE n. Spécialiste de géochimie.

GÉOCHRONOLOGIE n. f. Branche de la géologie cherchant à dater les événements successifs qui ont affecté le globe terrestre et plus particulièrement à déterminer l'âge des roches.

GÉODE n. f. (gr. *geôdês,* terreux). Cavité d'une roche tapissée de cristaux. ‖ *Méd.* Cavité pathologique à l'intérieur d'un organe.

GÉODÉSIE n. f. (gr. *gê,* terre, et *daiein,* partager). Science qui a pour objet de définir la forme de la Terre, de décrire en détail le champ de la pesanteur et d'en étudier les variations éventuelles dans le temps.

GÉODÉSIQUE adj. Relatif à la géodésie.

GÉODÉSIQUE n. f. La plus courte des lignes joignant deux points d'une surface.

GÉODYNAMIQUE n. f. Partie des sciences de la Terre qui étudie les processus évolutifs et analyse les forces dont ils résultent; ensemble de ces processus. (Syn. GÉOLOGIE DYNAMIQUE.) ‖ Science qui a pour objet l'étude des propriétés dynamiques et mécaniques d'ensemble de la Terre et de la Lune, en tenant compte de l'interaction mutuelle des deux astres. ◆ adj. Relatif à la géodynamique.

GÉOGRAPHE n. Spécialiste de géographie.

GÉOGRAPHIE n. f. Science qui a pour objet la description et l'explication de l'aspect actuel, naturel et humain, de la surface de la Terre. ● *Géographie appliquée,* étude géographique destinée à faciliter un aménagement de l'espace. ‖ *Géographie quantitative,* étude géographique faisant largement appel à la statistique et à la construction de modèles mathématiques.
■ La géographie analyse les conditions offertes par le milieu aux groupes humains, dont elle examine la mise en place, l'évolution démographique et spatiale, en même temps que les formes d'action sur ce milieu du point de vue de l'exploitation des ressources du sol et du sous-sol. Elle se divise en *géographie régionale* (étude monographique d'une région ou d'une combinaison de phénomènes dans le cadre d'une région) et en *géographie générale* (étude des combinaisons des phénomènes de diverses natures sur l'ensemble du globe). Celle-ci se subdivise en *géographie physique* (géomorphologie, climatologie, hydrologie fluviale et marine [océanologie], biogéographie) et en *géographie humaine et économique.*

GÉOGRAPHIQUE adj. Relatif à la géographie.

GÉOGRAPHIQUEMENT adv. Par la géographie.

GÉOÏDE n. m. Surface normale, en tout point de la Terre, à la verticale du lieu, et coïncidant

avec le niveau moyen des mers, abstraction faite des marées. (Le géoïde correspond conventionnellement à l'altitude zéro.)

GEÔLE [ʒol] n. f. (bas lat. *caveola;* de *cavea,* cage). *Litt.* Prison.

GEÔLIER, ÈRE [ʒolje, ɛr] n. *Litt.* Concierge, surveillant d'une prison.

GÉOLOGIE n. f. Science qui a pour objet la description des matériaux constituant le globe terrestre, l'étude des transformations actuelles et passées subies par la Terre, et l'étude des fossiles. (Elle se divise en plusieurs branches : pétrographie, paléontologie, géologie structurale ou tectonique, géologie dynamique ou géodynamique, stratigraphie ou géologie historique, géologie appliquée [études relatives aux eaux souterraines, aux mines et aux ouvrages d'art].) ‖ Ensemble des caractères du sous-sol d'une région, traduisant son histoire géologique : *la géologie des Alpes.*

GÉOLOGIQUE adj. Relatif à la géologie.

GÉOLOGIQUEMENT adv. Par la géologie.

GÉOLOGUE n. Spécialiste de géologie.

GÉOMAGNÉTIQUE adj. Relatif au géomagnétisme.

GÉOMAGNÉTISME n. m. Magnétisme terrestre.

GÉOMANCIE n. f. Technique divinatoire fondée sur l'observation des figures formées par la terre (poussière, caillou) jetée au hasard sur une surface plane.

GÉOMÉTRAL, E, AUX adj et n. m. Se dit d'un dessin qui représente un objet en plan, coupe et élévation, avec ses dimensions relatives exactes et sans égard à la perspective.

GÉOMÈTRE n. Spécialiste de géométrie. ‖ Spécialiste des levés de terrains. ‖ Papillon nocturne ou crépusculaire, dont les chenilles, appelées *arpenteuses,* n'ont que deux paires de pattes abdominales et cheminent en rapprochant et en écartant tour à tour l'avant et l'arrière du corps.

GÉOMÉTRIDÉ n. m. Papillon nocturne ou crépusculaire, tel que le *géomètre* ou *phalène.* (Les *géométridés* forment une importante famille de l'ordre des lépidoptères.)

GÉOMÉTRIE n. f. Discipline mathématique ayant pour objet l'étude rigoureuse de l'espace et des formes (figures et corps) qu'on peut y imaginer. ● *Géométrie analytique,* étude des figures par l'algèbre grâce à l'emploi des coordonnées. ‖ *Géométrie cotée,* représentation des points de l'espace par leurs projections orthogonales sur un plan horizontal, et par leurs distances à ce plan. ‖ *Géométrie descriptive,* étude des figures de l'espace à partir de leurs projections orthogonales sur deux plans perpendiculaires entre eux. ‖ *Géométrie différentielle,* étude des courbes et des surfaces à l'aide de l'analyse infinitésimale. ‖ *Géométrie à n dimensions,* géométrie qui opère dans un espace à *n* dimensions (*n* pouvant être supérieur à trois). ‖ *Géométrie élémentaire,* géométrie qui, sans l'emploi de coordonnées, traite un programme traditionnellement limité à la droite, au cercle et aux coniques. ‖ *Géométrie de l'espace,* géométrie qui correspond à notre représentation intuitive de l'espace et qui comporte trois dimensions. ‖ *Géométrie euclidienne, géométrie non euclidienne,* v. EUCLIDIEN. ‖ *Géométrie plane,* étude des figures dans le plan. ‖ *Géométrie projective,* v. PROJECTIF.

GÉOMÉTRIQUE adj. Relatif à la géométrie. ‖ Exact, rigoureux, précis comme une démonstration de géométrie. ‖ *Abstraction géométrique,* tendance de l'art du XXᵉ s. qui expérimente systématiquement le pouvoir esthétique ou expressif des signes, lignes, surfaces géométriques, des couleurs en aplats. ‖ *Style géométrique,* période (1050-725 av. J.-C.) de l'art grec qui atteint son apogée au VIIIᵉ s. et qui est définie par le caractère géométrique du décor céramique.

GÉOMÉTRIQUEMENT adv. De façon géométrique.

GÉOMORPHOLOGIE n. f. Partie de la géographie physique qui a pour objet la description et l'explication du relief terrestre actuel, permises par l'étude de son évolution.

GÉOLOGIE

ÈRE	PÉRIODE			ÉTAGE
QUATERNAIRE (2 à 3 millions d'années)	HOLOCÈNE			
	PLÉISTOCÈNE			
TERTIAIRE ou Cénozoïque (60 millions d'années)	PLIOCÈNE	Néogène		Astien / Plaisancien
	MIOCÈNE			Pontien / Tortonien / Helvétien / Burdigalien / Aquitanien
	OLIGOCÈNE	Éogène ou Nummulitique ou Paléogène		Stampien / Sannoisien
	ÉOCÈNE			Bartonien / Lutétien / Yprésien / Thanétien / Montien
SECONDAIRE ou Mésozoïque (150 millions d'années)	CRÉTACÉ		sup.	Danien / Sénonien / Turonien / Cénomanien
			inférieur	Albien / Aptien / Barrémien / Néocomien
	JURASSIQUE		moyen sup. (Oolithique)	Portlandien / Kimmeridgien / Oxfordien
				Callovien / Bathonien / Bajocien / Aalénien
			inférieur (Lias)	Toarcien / Pliensbachien / Sinémurien / Hettangien
	TRIAS			Rhétien / Keuper / Muschelkalk / Grès bigarré
PRIMAIRE ou Paléozoïque (350 millions d'années)	PERMIEN			Thuringien / Saxonien
	CARBONIFÈRE			Autunien / Stéphanien / Westphalien / Dinantien
	DÉVONIEN			Famennien / Frasnien / Givétien / Eifélien / Coblentzien / Gédinnien
	SILURIEN			Ludlow / Wenlock / Tarannon / Llandovery
	ORDOVICIEN			Asghill / Caradoc / Llandeïlo / Llanvirn / Skiddaw / Tremadoc
	CAMBRIEN			Potsdamien / Acadien / Géorgien
PRÉCAMBRIEN OU ANTÉCAMBRIEN (4 milliards d'années)				Algonkien / Archéen

GÉOMORPHOLOGUE n. Spécialiste de géomorphologie.

GÉOPHAGE adj. et n. Qui mange de la terre.

GÉOPHILE n. m. Genre de mille-pattes à corps long et grêle, vivant dans l'humus et sous les mousses. (Long. : jusqu'à 5 cm.)

GÉOPHYSICIEN, ENNE n. Spécialiste de géophysique.

GÉOPHYSIQUE n. f. Étude, par les moyens de la physique, de la structure d'ensemble du globe terrestre et des mouvements qui l'affectent. (Syn. PHYSIQUE DU GLOBE.) ◆ adj. Relatif à la géophysique.

GÉOPOLITIQUE n. f. Étude des rapports entre les données naturelles (relief, climat, etc.) et la politique des États. ◆ adj. De la géopolitique.

GÉORGIEN, ENNE adj. et n. De la Géorgie, république soviétique ou État des États-Unis.

GÉORGIEN n. m. Langue caucasienne parlée dans la république de Géorgie.

GÉORGIQUE adj. Litt. Qui concerne les travaux des champs et la vie rurale.

GÉOSTATIONNAIRE adj. Se dit d'un satellite artificiel géosynchrone qui gravite sur une trajectoire équatoriale et, de ce fait, paraît immobile pour un observateur terrestre. (L'orbite des satellites géostationnaires est unique; son altitude est voisine de 35 800 km.)

GÉOSTATIQUE n. f. Min. Évaluation des gisements par la méthode statique.

GÉOSTRATÉGIE n. f. Étude de l'influence des données fournies par la géographie sur la stratégie des États.

GÉOSTRATÉGIQUE adj. Relatif à la géostratégie.

GÉOSTROPHIQUE adj. Se dit d'un vent circulant parallèlement aux isobares.

GÉOSYNCHRONE adj. Se dit d'un satellite artificiel de la Terre dont la période de révolution est égale à celle de rotation de la Terre.

GÉOSYNCLINAL n. m. (gr. gê, terre, sun, avec, et klinê, lit). Dans les zones orogéniques, vaste fosse en bordure du continent, s'approfondissant progressivement sous le poids de dépôts (flysch) qui s'y entassent et dont le plissement ultérieur aboutit à la formation d'une chaîne de montagnes.

GÉOTAXIE n. f. Éthol. Mouvement d'orientation taxique dans le sens de la force de pesanteur.

GÉOTECHNIQUE adj. Relatif aux applications techniques de la géologie.

GÉOTECHNIQUE n. f. Partie de la géologie appliquée qui étudie les propriétés des sols et des roches en fonction des projets de construction d'ouvrages d'art.

GÉOTEXTILE n. m. Matériau non tissé en fibres artificielles, utilisé pour assurer le drainage ou éviter la contamination des couches de chaussée.

GÉOTHERMIE n. f. Chaleur interne de la Terre. ‖ Étude de ces phénomènes thermiques.

GÉOTHERMIQUE adj. Qui concerne la chaleur de la Terre. • Degré géothermique, profondeur terrestre correspondant à une élévation de température de 1 °C. (Cette profondeur est de l'ordre de 33 m pour la couche superficielle.) ‖ Énergie géothermique, énergie extraite des eaux chaudes ou de la vapeur présentes dans certaines zones à fort degré géothermique.

GÉOTHERMOMÈTRE n. m. Donnée physique ou chimique permettant d'évaluer la température qui régnait lors d'un phénomène géologique.

GÉOTHERMOMÉTRIE n. f. Partie des sciences de la Terre qui s'intéresse à l'évaluation et à la mesure des températures qui régnaient lors d'un phénomène géologique.

GÉOTROPISME n. m. Croissance d'un organe végétal orientée par rapport à la terre et due à la pesanteur. (Le géotropisme des racines est positif, celui des tiges négatif.)

GÉOTRUPE n. m. (gr. trupân, percer). Insecte coléoptère du groupe des bousiers.

GÉRANCE n. f. Fonction de gérant; durée de cette fonction. • Gérance libre, mode d'exploitation d'un fonds de commerce par un gérant locataire. ‖ *Gérance salariée*, exploitation d'un fonds de commerce par un gérant salarié.

GÉRANIACÉE n. f. Plante dicotylédone à cinq pétales, telle que le *géranium* et le *pélargonium*. (Les *géraniacées* forment une famille.)

GÉRANIUM [ʒeranjɔm] n. m. (mot lat.; gr. *geranos*, grue [à cause de la forme du fruit]). Plante sauvage très commune, dont le fruit rappelle une bec de grue. (Le géranium cultivé, aux fleurs ornementales et parfumées, appartient au genre *pélargonium*.)

géranium

gerboise

GÉRANT, E n. Mandataire placé à la tête d'un établissement commercial ou d'une société.

GERBAGE n. m. Action de gerber.

GERBE n. f. (mot francique). Botte d'épis, de fleurs, etc., coupés et disposés de telle sorte que les têtes soient toutes du même côté. ‖ Assemblage de fusées, de jets d'eau, etc., qui ressemble à une gerbe. ‖ Faisceau d'éclats projetés par l'explosion d'un obus. ‖ Ensemble des trajectoires des projectiles tirés par une même arme avec les mêmes éléments de tir. ‖ *Phys.* Groupe de particules chargées produites par l'interaction d'une particule de haute énergie avec la matière.

GERBER v. t. Mettre en gerbes. ‖ Empiler des fûts, des sacs, etc., les uns sur les autres. ◆ v. i. Imiter la forme d'une gerbe : *fusée qui gerbe.*

GERBEUSE n. f. Appareil de levage au moyen duquel on empile des charges.

GERBIER n. m. Tas de gerbes, meule.

GERBIÈRE n. f. Charrette servant à transporter les gerbes.

GERBILLE n. f. (lat. *gerbillus*). Petit rongeur des régions steppiques d'Afrique. (Longueur du corps : 8 cm.)

GERBOISE n. f. (mot ar.). Mammifère rongeur aux longues pattes postérieures à trois doigts, qui bondit et creuse des terriers dans les plaines sablonneuses de l'Ancien Monde et de l'Amérique du Nord.

GERCE n. f. Fente dans une pièce de bois.

GERCEMENT n. m. Action de gercer.

GERCER v. t. (gr. *kharassein*, faire une entaille) [conj. **1**]. Faire de petites crevasses. ◆ v. i. et **se gercer** v. pr. Se couvrir de petites crevasses.

GERÇURE n. f. Petite fente de la peau, due au froid, à une avitaminose, etc. ‖ Petite fente à la surface d'un arbre, d'une matière.

GÉRER v. t. (lat. *gerere*) [conj. **5**]. Administrer pour son propre compte ou pour le compte d'une autre personne.

GERFAUT n. m. (mot germ.). Espèce de faucon à plumage clair et quelquefois blanc, d'Europe septentrionale. (Long. 50 cm.)

GÉRIATRE n. Médecin spécialisé en gériatrie.

GÉRIATRIE n. f. (gr. *gerôn*, vieillard, et *iatreia*, traitement). Partie de la médecine qui étudie les maladies des vieillards.

GÉRIATRIQUE adj. Qui relève de la gériatrie.

GERMAIN, E adj. (lat. *germanus*). Issu du même père et de la même mère : *frères germains.* ◆ *Cousins germains*, nés du frère ou de la sœur du père ou de la mère. ‖ *Cousins issus de germains*, se dit des personnes qui sont nées de cousins germains.

GERMAIN, E adj. et n. De Germanie.

GERMANDRÉE n. f. (gr. *khamaidrus*, chêne nain). Petite plante de la famille des labiacées, du genre *teucrium.*

GERMANIQUE adj. De la Germanie, de l'Allemagne ou de ses habitants.

GERMANIQUE n. m. Rameau de l'indo-européen dont sont issus l'anglais, l'allemand, le néerlandais et les langues scandinaves.

GERMANISANT, E n. Syn. de GERMANISTE.

GERMANISATION n. f. Action de germaniser.

GERMANISER v. t. Rendre allemand. ‖ Donner une forme allemande à un mot.

GERMANISME n. m. Expression propre à la langue allemande. ‖ Emprunt à l'allemand.

GERMANISTE n. Spécialiste de la langue et de la civilisation allemandes.

GERMANIUM [ʒermanjɔm] n. m. Métal (Ge), n° 32, de masse atomique 72,59, ressemblant au silicium. (Cristallisé à l'état pur, il est utilisé dans la fabrication des semi-conducteurs.)

GERMANOPHILE adj. Favorable aux Allemands.

GERMANOPHILIE n. f. Sympathie pour l'Allemagne et les Allemands.

GERMANOPHOBE adj. Hostile aux Allemands.

GERMANOPHOBIE n. f. Haine des Allemands.

GERMANOPHONE adj. et n. Qui est de langue allemande.

GERME n. m. (lat. *germen*). Cause, origine de qqch : *le germe d'une erreur.* ‖ Stade simple et primitif d'où dérive tout être vivant (œuf, jeune embryon, plantule, spore, etc.). ‖ Jeune pousse d'un tubercule de pomme de terre. ‖ *Méd.* Microbe pathogène cause d'une maladie.

GERMÉ, E adj. Qui a germé.

GERMEN [ʒermɛn] n. m. (mot lat.). *Biol.* Lignée des éléments reproducteurs d'un être vivant. (Weismann admettait la continuité du *germen* à travers les générations successives d'une espèce, en l'opposant au *soma*, périssable.)

GERMER v. i. (lat. *germinare*). Développer son germe, en parlant d'une graine, d'une pomme de terre. ‖ Commencer à se développer : *une idée a germé dans son esprit.*

GERMICIDE adj. Qui tue les germes.

GERMINAL, E, AUX adj. Qui se rapporte au germe ou au germen.

GERMINAL n. m. (lat. *germen, germe*). Septième mois du calendrier républicain (du 21 ou 22 mars au 18 ou 19 avril).

GERMINATEUR, TRICE adj. Qui a la faculté de faire germer.

GERMINATIF, IVE adj. Qui a rapport à la germination. ◆ *Pouvoir germinatif*, faculté, pour une graine mûre, de germer lorsqu'elle se trouve dans un milieu satisfaisant.

GERMINATION n. f. Développement du germe contenu dans une graine, mettant fin à la période de vie latente ou anhydrobiose.

GERMOIR n. m. Endroit où l'on fait germer l'orge, dans les brasseries. ‖ Récipient destiné à recevoir les graines qu'on veut faire germer.

GERMON n. m. Espèce de thon pêché dans l'Atlantique en été, appelé aussi *thon blanc.* (Long de 60 cm à 1 m.)

GÉROMÉ n. m. Fromage de Gérardmer et des environs (Vosges).

GÉRONDIF n. m. (lat. *gerundivus*; de *gerere*, faire). *Ling.* En latin, forme verbale qui fournit des cas à l'infinitif. ‖ En français, participe présent accompagné de la préposition *en* (*il la regardait* EN RIANT).

GÉRONTE n. m. (gr. *gerôn*, vieillard). Type de vieillard ridicule dans la comédie classique.

gesse

fruits

GÉRONTOCRATIE n. f. Société où le pouvoir politique est exercé par des hommes âgés.

GÉRONTOLOGIE n. f. Étude de la vieillesse et des phénomènes de vieillissement sous leurs divers aspects, morphologiques, physiopathologiques (gériatrie), psychologiques, sociaux, etc.

GÉRONTOLOGUE n. Spécialiste de gérontologie.

GÉRONTOPHILIE n. f. Appétence sexuelle à l'égard des vieillards.

GERRIS n. m. Insecte aux longues pattes, marchant rapidement sur le film de surface des eaux calmes. (Ordre des hétéroptères.)

GERSEAU n. m. (dimin. de *herse*). *Mar.* Filin ou cordage servant à renforcer une poulie.

GERSOIS, E adj. et n. Relatif au Gers.

GERZEAU n. m. Autre nom de la *nielle des blés.*

GÉSIER n. m. (lat. *gigerium*). Dernière poche de l'estomac des oiseaux, assurant le broyage des aliments grâce à son épaisse paroi musclée et aux petits cailloux qu'il contient souvent.

GÉSINE n. f. (de *gésir*). *En gésine* (Litt.), se dit d'une femme sur le point d'accoucher.

GÉSIR v. i. (lat. *jacere*) [conj. **26**]. *Litt.* Être étendu, tombé : *il gisait sur le sol.* ‖ *Litt.* Se trouver : *là gît la difficulté.* ◆ *Ci-gît*, ici repose (formule ordinaire des épitaphes).

GESSE n. f. Plante grimpante de la famille des papilionacées, du genre *lathyrus*, dont certaines espèces sont cultivées comme fourragères (*jarosse*) ou comme ornementales (*pois de senteur* ou *gesse odorante*).

GESTALTISME [geʃtaltism] n. m. (all. *Gestalt*, structure). Théorie psychologique et philosophique, due à Köhler, Wertheimer et Koffka, qui refuse d'isoler les phénomènes les uns des autres pour les expliquer, et qui les considère comme des ensembles indissociables structurés (*formes*). [Cette théorie a notamment permis de découvrir certaines lois de la perception.] (Syn. THÉORIE DE LA FORME.)

GESTALTISTE adj. et n. Qui appartient au gestaltisme.

GESTATION [ʒɛstasjɔ̃] n. f. (lat. *gestare*, porter). État d'une femelle de mammifère qui porte son petit. (Chez la femme, syn. GROSSESSE.) ‖ Temps que dure cet état, variant entre 21 jours chez la souris et 640 jours chez l'éléphant. ‖ Temps d'élaboration d'un ouvrage de l'esprit : *la gestation d'une pièce de théâtre.*

GESTE n. m. (lat. *gestus*). Mouvement du corps, de la main, des bras.

GESTE n. f. (lat. *gestus*; de *gerere*, faire). Ensemble de poèmes épiques ou héroïques du Moyen Âge, qui racontait les hauts faits de personnages historiques ou légendaires. ● *Chanson de geste*, un des poèmes de cet ensemble. ■ Les chansons de geste françaises, composées du XIe au XIVe s., probablement récitées oralement entre 21 jours jusqu'au XIIIe s., exaltent l'idéal d'un monde féodal et d'une civilisation chrétienne dominée par l'esprit de croisade contre les infidèles. Les chansons de geste ont été très tôt regroupées en *cycles.*

GESTES n. f. pl. *Faits et gestes de qqn*, sa conduite considérée dans ses détails.

GESTICULANT, E adj. Qui gesticule.

GESTICULATION n. f. Action de gesticuler.

GESTICULER v. i. (lat. *gesticulari*). Faire beaucoup de gestes.

GESTION [ʒεstjɔ̃] n. f. (lat. *gestio*). Action de gérer; administration. ‖ *Fin.* Système consistant à rattacher au budget d'une année les dépenses payées et les recettes recouvrées au cours de cette année, quelle que soit l'année où elles ont pris naissance. (Il s'oppose à l'EXERCICE.) ● *Gestion d'affaires*, quasi-contrat consistant dans l'intervention d'une personne, qui n'en a pas reçu le pouvoir, dans les affaires d'une autre, dans l'intérêt et sans opposition de celle-ci.

GESTIONNAIRE adj. et n. Chargé d'une gestion, d'une gérance. ◆ adj. Relatif à une gestion.

GESTIONNAIRE n. m. Officier chargé d'administrer un établissement, un hôpital militaire.

GESTUEL, ELLE adj. Qui concerne les gestes; qui se fait avec des gestes. ● *Peinture gestuelle*, celle qui privilégie la vitesse d'exécution et la spontanéité du geste (notamment dans l'expressionnisme abstrait et dans l'abstraction lyrique).

GETTER [getər] n. m. (mot angl.). *Phys.* Substance utilisée dans un tube électronique pour y parfaire le vide.

GeV [ʒεv] n. m. Symbole de *gigaélectronvolt* (un milliard d'électronvolts), unité pratique d'énergie utilisée en physique des particules.

GEYSER [ʒezεr] n. m. (mot island.). Source d'eau chaude jaillissant par intermittence. (Phénomènes volcaniques, les geysers s'accompagnent souvent de dégagements sulfureux et de dépôts minéraux.)

GHANÉEN, ENNE adj. et n. Du Ghâna.

GHETTO [gεto] n. m. (mot it.). Autref., quartier d'une ville où les juifs étaient tenus de résider. ‖ Endroit où une minorité est séparée du reste de la société : *à New York, Harlem est un ghetto noir.* ‖ Milieu refermé sur lui-même, condition marginale : *le ghetto culturel de la littérature d'avant-garde.*

GHILDE [gild] n. f. → GILDE.

G. I. [dʒiaj] n. m. inv. (amér. *Government Issue*). *Fam.* Soldat de l'armée américaine.

GIBBÉRELLINE n. f. (lat. *gibber*, bosse). Substance extraite du champignon et qui accélère la croissance et la germination de nombreuses espèces de plantes.

GIBBÉRELLIQUE adj. *Acide gibbérellique*, principe actif contenu dans la gibbérelline.

GIBBON [ʒibɔ̃] n. m. (mot d'une langue de l'Inde). Singe sans queue d'Inde et de Malaisie, grimpant avec agilité aux arbres grâce à ses bras très longs. (Haut. 1 m.)

GIBBOSITÉ n. f. (lat. *gibbosus*, bossu). *Méd.* Bosse.

GIBECIÈRE n. f. (de *gibier*). Sac, fait ordinairement de peau, à l'usage des chasseurs, des écoliers, etc.

GIBELET n. m. (angl. *wimble*, vilebrequin). Foret pour percer les barriques.

GIBELIN, E n. et adj. (it. *ghibellino*). *Hist.* Nom donné, en Italie, aux partisans des empereurs romains germaniques (par oppos. aux GUELFES, partisans des papes et de l'indépendance italienne).

GIBELOTTE n. f. (anc. fr. *gibelet*, plat d'oiseaux). Fricassée de lapin au vin blanc.

GIBERNE n. f. (bas lat. *zaberna*). Anc. boîte à cartouches des soldats (XVIIe-XIXe s.). ● *Avoir son bâton de maréchal dans sa giberne* (Fam.), de simple soldat pouvoir devenir maréchal.

GIBET n. m. (mot francique). Potence pour pendre les criminels.

GIBIER n. m. (mot francique). Nom générique des animaux que l'on chasse : *gibier à poil, à plume.* ● *Gibier de potence*, personne qui mérite la potence.

GIBOULÉE n. f. Pluie soudaine et de peu de durée, accompagnée souvent de grêle.

GIBOYEUX, EUSE adj. Abondant en gibier.

GIBUS [ʒibys] n. m. (du n. du fabricant). Chapeau haut de forme à ressort, pouvant s'aplatir.

GICLÉE n. f. Jet d'un liquide qui gicle.

GICLEMENT n. m. Action de gicler.

GICLER v. i. Jaillir ou rejaillir en éclaboussant.

GICLEUR n. m. Orifice calibré servant à limiter le débit d'un fluide dans les canalisations d'un carburateur.

GIFLE n. f. (mot francique). Coup donné sur la joue avec la main ouverte. ‖ Affront, humiliation : *cet échec a été une gifle pour lui.*

GIFLER v. t. Donner une gifle à qqn.

GIGA-, préfixe (symb. : G) qui, placé devant une unité, la multiplie par 10⁹.

GIGANTESQUE adj. (it. *gigantesco*). Très grand par rapport à l'homme : *taille gigantesque.* ‖ De proportions énormes, démesuré : *entreprise gigantesque.*

GIGANTISME n. m. (gr. *gigas, -antos*, géant). Exagération du développement du corps en général, ou de certaines de ses parties. ‖ Développement excessif d'un organisme quelconque : *gigantisme d'une entreprise.*

GIGANTOMACHIE n. f. (gr. *gigas, -antos*, géant, et *makhê*, combat). Combat mythologique des Géants contre les dieux.

GIGOGNE adj. (de *mère Gigogne*, personnage du théâtre de marionnettes, altér. de *cigogne*). Se dit d'objets qui s'emboîtent les uns dans les autres.

GIGOLO n. m. (de *gigue*, jambe). *Fam.* Jeune homme entretenu par une femme plus âgée que lui. ‖ Jeune homme élégant d'allure suspecte.

GIGOT n. m. (anc. fr. *gigue*, instrument de musique). Cuisse de mouton, d'agneau ou de chevreuil, coupée pour la table. ● *Manche (à) gigot*, manche bouffante dans sa partie supérieure, étroite et ajustée sur l'avant-bras. ‖ *Manche à gigot*, instrument qui, emboîtant l'os du gigot, permet de le découper.

GIGOTÉ, E adj. Qui a les cuisses faites d'une certaine façon : *un cheval bien gigoté.*

GIGOTEMENT n. m. *Fam.* Action de gigoter.

GIGOTER v. i. *Fam.* Remuer sans cesse.

GIGUE n. f. (de *gigot*). Cuisse de chevreuil. ‖ *Fam.* Jambe. ● *Grande gigue* (Fam.), fille grande et maigre.

GIGUE n. f. (angl. *jig*). *Mus.* Danse vive de mesure ternaire, d'origine anglaise, mouvement final de la *suite*. ‖ *Chorégr.* Danse populaire exécutée sur le même rythme, caractérisée par des frappements vifs, et souvent alternés, des talons et des pointes.

GILDE, GHILDE ou **GUILDE** [gild] n. f. (anc. néerl. *gilde*). Au Moyen Âge, organisation de marchands, d'ouvriers ou d'artistes liés entre eux par un serment d'entraide et de défense mutuelle (XIe-XIVe s.). ‖ Association privée, d'intérêt culturel et commercial.

GILET n. m. (esp. *jileco*; mot turc). Vêtement masculin court et sans manches, boutonné sur le devant, qui se porte sous le veston. ‖ Sous-vêtement de flanelle, de coton, etc. ‖ Tricot ouvert devant à manches longues. (Syn. CARDIGAN.)

GILETIÈRE n. f. Sorte de chaîne de montre.

GILLE n. m. (d'un n. pr.). Personnage des théâtres de la foire, qui jouait les niais.

GIMBLETTE n. f. (prov. *gimbleto*). Petite pâtisserie dure et sèche, en forme d'anneau.

GIN [dʒin] n. m. (mot angl.). Eau-de-vie de grain aromatisée avec des baies de genièvre.

GINDRE ou **GEINDRE** n. m. (lat. *junior*, plus jeune). Ouvrier boulanger qui pétrit le pain.

GIN-FIZZ [dʒinfiz] n. m. inv. Cocktail constitué d'un mélange de gin et de jus de citron.

GINGEMBRE n. m. (lat. *zingiber*). Plante originaire d'Asie, à rhizome aromatique, utilisée comme condiment. (Famille des zingibéracées.)

GINGIVAL, E, AUX adj. (lat. *gingiva*, gencive). Relatif aux gencives.

GINGIVITE n. f. Inflammation des gencives.

GINGUET [ʒɛ̃gɛ] adj. et n. m. (de *ginguer*, pétiller). *Fam.* Se dit d'un vin un peu aigre.

GINKGO [ʒɛ̃ko] n. m. (mot chin.). Arbre de

gibbon

M. Claye

geyser en Islande

Pergammon Museum, Berlin

gigantomachie : combat d'Athéna contre les Géants; frise de l'autel de Zeus à Pergame

ginkgo

423

girafe

Chine à feuilles en éventail, cultivé comme arbre ornemental, et considéré en Extrême-Orient comme un arbre sacré. (Haut. 30 m; sous-embranchement des gymnospermes.)

GINSENG [ʒinsɛ̃g] n. m. (chin. *gen-chen*, plante-homme). Racine d'une plante du genre *panax*, possédant de remarquables qualités toniques.

GIOBERTITE n. f. Carbonate naturel de magnésium MgCO$_3$. (Syn. MAGNÉSITE.)

GIORNO (A) [adʒjɔrno] loc. adj. inv. (mot it.). Se dit d'un éclairage brillant, comparable à la lumière du jour.

GIOTTESQUE adj. et n. Qui se rapporte à Giotto et à son art.

GIRAFE n. f. (it. *giraffa;* mot ar.). Mammifère ruminant d'Afrique, de taille très élevée. ‖ *Cin.* et *Radio.* Perche articulée supportant un micro. ● *Peigner la girafe* (Fam.), ne rien faire d'utile. ■ Les girafes ont le cou très long et rigide; leur pelage fauve, rosé clair, blanc en dessous, est marqué de larges taches brunes; elles atteignent les feuilles des arbres à six mètres de haut, et ne peuvent brouter les plantes à terre qu'en écartant les pattes de devant. Elles vivent par troupes. Elles vont l'amble et marchent rapidement.

GIRAFEAU ou **GIRAFON** n. m. Petit de la girafe.

GIRANDOLE n. f. (it. *girandola*). Candélabre, notamment orné de cristaux. ‖ Guirlande lumineuse. ‖ Gerbe tournante de feu d'artifice.

GIRASOL n. m. (it. *girasole*). Variété d'opale laiteuse et bleutée.

GIRATION n. f. Rotation autour d'un axe ou d'un centre fixe.

GIRATOIRE adj. (lat. *girare*, faire tourner). Se dit d'un mouvement circulaire : *sens giratoire.*

GIRAUMON ou **GIRAUMONT** n. m. Nom de certaines variétés de courges.

GIRAVIATION n. f. Conception, construction et mise en œuvre des giravions.

GIRAVION n. m. Aéronef dit « à voilures tournantes », dans lequel la sustentation est assurée par la rotation d'un ou de plusieurs rotors à axes sensiblement verticaux.

GIRELLE n. f. (prov. *girello*). Poisson de la Méditerranée, à couleurs vives.

GIRL [gœrl] n. f. (mot angl.). Danseuse de music-hall.

GIRODYNE n. m. Giravion dans lequel le rotor, entraîné par un moteur, assure la sustentation et les mouvements verticaux de l'appareil, la translation étant obtenue par un autre moteur.

GIROFLE n. m. (lat. *caryophyllon;* mot gr.). Bouton desséché des fleurs du giroflier, dit aussi *clou de girofle,* utilisé comme condiment.

GIROFLÉE n. f. Plante vivace cultivée pour ses fleurs ornementales. (Famille des crucifères.) ● *Giroflée à cinq feuilles* (Pop.), gifle laissant la marque des cinq doigts.

GIROFLIER n. m. Arbre de la famille des

myrtacées, originaire d'Indonésie et fournissant les clous de girofle.

GIROLLE n. f. Nom usuel des champignons du genre *chanterelle.*

GIRON n. m. (mot francique). Partie du corps qui s'étend de la ceinture aux genoux quand on est assis. ‖ *Constr.* Partie horizontale d'une marche d'escalier. ‖ *Hérald.* Triangle régulier dont le sommet occupe le centre de l'écu. ● *Rentrer dans le giron de,* retourner dans une société, un parti, etc., qu'on avait quitté.

GIROND, E adj. *Pop.* Bien fait, en parlant de qqn. ‖ *Pop.* Bien en chair, en parlant d'une femme.

GIRONDIN, E adj. et n. De la Gironde. ‖ *Hist.* Qui appartient au parti politique des Girondins.

GIRONNÉ adj. et n. m. *Hérald.* Se dit de l'écu divisé en huit parties triangulaires égales entre elles, à émaux alternés.

GIROUETTE n. f. (anc. normand *wire-wite* et fr. *girer,* tourner). Plaque de forme variable, mobile autour d'un axe vertical et fixée au sommet d'un toit, pour indiquer la direction du vent. ‖ *Mar.* Bande d'étamine au sommet d'un mât. ‖ *Fam.* Personne qui change souvent d'opinion.

GISANT, E adj. (de *gésir*). *Litt.* Couché, étendu sans mouvement.

GISANT n. m. Sculpture funéraire représentant un personnage couché, par opposition à ORANT, qui désigne une figure tombale à genoux.

GISELLE n. f. Mousseline imitant la guipure.

GISEMENT n. m. (de *gésir*). Accumulation naturelle, locale, de matière minérale, solide, liquide ou gazeuse, susceptible d'être exploitée. (Syn. GÎTE.) ● *Gisement d'une direction* (Mar.), angle que fait cette direction avec une direction méridienne de référence ou avec l'axe d'un navire, compté dans le sens des aiguilles d'une montre.

GÎT 3e pers. du sing. du prés. de l'ind. de *gésir.*

GITAN, E n. (esp. *gitano;* de *Egiptano,* Égyptien). Membre d'un des groupes tsiganes dispersés en Espagne, en Afrique du Nord et dans le sud de la France. ◆ adj. Qui appartient aux gitans : *folklore gitan.*

GITANE n. f. Cigarette française de tabac brun apparentée à la gauloise en version de luxe.

GÎTE n. m. (de *gésir*). Lieu où l'on demeure, où l'on se couche (vx). ‖ Lieu où le lièvre se retire. ‖ Morceau de la cuisse du bœuf. ‖ *Minér.* Syn. de GISEMENT. ● *Gîte rural,* maison paysanne aménagée selon certaines normes pour recevoir des hôtes payants.

GÎTE n. f. *Mar.* Syn. de BANDE.

GÎTER v. i. Avoir son gîte, en parlant d'un lièvre. ‖ *Mar.* Donner de la bande.

GITON n. m. Jeune homme entretenu par un homosexuel.

GIVRAGE n. m. Dépôt de glace, compacte ou cristalline, sur une surface froide.

GIVRANT, E adj. Qui provoque la formation de givre : *brouillard givrant.*

GIVRE n. m. (mot prélatin). Condensation du brouillard en minces lamelles de glace au contact d'un corps solide.

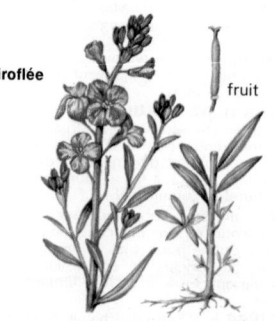

giroflée / fruit

GIVRÉ, E adj. *Pop.* Fou. ‖ Se dit d'un fruit, orange ou citron, dont l'intérieur est fourré de glace aromatisée avec la pulpe du fruit.

GIVRER v. t. Couvrir de givre. ‖ Saupoudrer de verre pilé imitant le givre.

GIVREUX, EUSE adj. Se dit d'une pierre précieuse qui présente des traces d'éclat.

GIVRURE n. f. Défaut d'une pierre givreuse.

GLABELLE n. f. (lat. *glaber,* glabre). *Anat.* Espace nu compris entre les sourcils.

GLABRE adj. (lat. *glaber*). Imberbe. ‖ *Bot.* Dépourvu de poils.

GLAÇAGE n. m. Action de glacer.

GLAÇANT, E adj. Qui glace, intimide.

GLACE n. f. (lat. *glacies*). Eau congelée par le froid : *la glace est moins dense que l'eau.* ‖ Crème sucrée et aromatisée à base de lait ou de sirop, que l'on congèle dans un moule. ‖ Lame de verre assez épaisse dont on fait les miroirs, des vitrages. ‖ *Miroir : se regarder dans une glace.* ‖ Vitre à châssis mobile : *baisser la glace d'une voiture.* ‖ Tache d'une pierre précieuse. ‖ *Cuis.* Préparation utilisée pour le glaçage (jus de viande, blanc d'œuf, sucre, etc.). ‖ *Mécan.* Surface d'appui polie d'une pièce mécanique sur laquelle glisse une autre pièce mécanique.

gisants (basilique Saint-Denis)

Lauros-Giraudon

● *Être, rester de glace,* être, rester insensible. ‖ *Rompre la glace,* faire cesser la contrainte, la gêne.

GLACÉ, E adj. Durci par le froid : *terre glacée.* ‖ Très froid : *avoir les mains glacées.* ‖ Refroidi par la mort. ‖ Qui marque des dispositions hostiles, ou du moins indifférentes : *accueil glacé.* ‖ Cuis. Recouvert d'une glace.

GLACER v. t. (conj. **1**). Solidifier un liquide par le froid : *la rivière s'est glacée.* ‖ Amener à une température nettement plus basse : *glacer un jus de fruits.* ‖ Causer une vive sensation de froid : *le vent m'a glacé.* ‖ Intimider, remplir d'effroi : *son aspect me glace.* ‖ Cuis. Recouvrir de gelée une pièce cuite ou enrober un gâteau d'une couche de sirop de sucre. ‖ *Phot.* Donner à une photographie un aspect brillant. ‖ *Techn.* Donner mécaniquement un aspect brillant à une étoffe, un papier.

GLACERIE n. f. Art et commerce du glacier (limonadier).

GLACEUR n. m. Ouvrier employé au glaçage.

GLACEUSE n. f. Machine qui permet d'effectuer le glaçage des épreuves photographiques.

GLACIAIRE adj. Relatif aux glaciers. ● *Érosion glaciaire,* travail d'usure, de transport et d'accumulation de matériaux, effectué par les inlandsis ou les langues glaciaires de montagne. ‖ *Périodes glaciaires,* périodes géologiques marquées par le développement des glaciers. ‖ *Régime glaciaire,* régime d'un cours d'eau caractérisé par de hautes eaux d'été (fusion des glaces) et de basses eaux d'hiver (rétention nivale et glaciaire).

GLACIAL, E, ALS ou **AUX** adj. Qui pénètre d'un froid vif : *vent glacial.* ‖ Qui est d'une extrême froideur, qui paralyse : *abord glacial.*

GLACIALEMENT adv. De façon glaciale.

GLACIATION n. f. Action de se transformer en glace. ‖ *Géol.* Période glaciaire.

GLACIER n. m. Accumulation de neige transformée en glace, animée de mouvements lents, qui forme de vastes coupoles dans les régions polaires *(inlandsis* ou *glacier continental),* qui, dans les vallées de montagnes, s'étend en aval du névé *(glacier de montagne* ou *de vallée)* ou qui s'étale en lobe au sortir de la montagne *(glacier de piémont).* ‖ Personne qui prépare et vend des glaces, des sorbets.

GLACIÈRE n. f. Local où l'on conserve de la glace (vx). ‖ Garde-manger refroidi artificiellement. ‖ *Fam.* Lieu très froid.

GLACIOLOGIE n. f. Étude des glaciers, de la neige, de la glace de mer et, en général, de toute eau solide présente à la surface du globe.

GLACIOLOGIQUE adj. Relatif à la glaciologie.

GLACIOLOGUE n. Spécialiste de glaciologie.

GLACIS [glasi] n. m. *Archit.* Pente pour l'écoulement des eaux pluviales. ‖ *Fortif.* Terrain découvert aménagé en pente douce à partir des éléments extérieurs d'un ouvrage fortifié. ‖ *Géogr.* Surface d'érosion, en pente douce, développée dans les régions semi-arides ou périglaciaires, au pied des reliefs. ‖ *Peint.* Peinture peu chargée en pigments, donnant un film transparent.

GLAÇON n. m. Morceau de glace. ‖ *Fam.* Personne froide, des sorbets.

GLAÇURE n. f. (all. *Glasur).* Substance vitreuse transparente ou colorée appliquée sur certaines poteries pour les imperméabiliser.

GLADIATEUR n. m. (lat. *gladiator).* Celui qui, à Rome, dans les jeux du cirque, combattait contre un autre homme ou une bête féroce.

GLAGOLITIQUE adj. (slavon *glagol,* parole). Se dit d'une écriture usitée dans les premiers monuments de la littérature slave.

GLAÏEUL [glajœl] n. m. (lat. *gladiolus).* Plante à bulbe, de la famille des iridacées, cultivée pour ses fleurs aux coloris variés.

GLAIRE n. f. (lat *clarus,* clair). Sécrétion blanchâtre et gluante d'une muqueuse. ‖ Blanc d'œuf non cuit.

GLAIRER v. t. *Rel.* Frotter de blanc d'œuf la couverture d'un livre pour lui donner de l'éclat ou pour la préparer à la dorure.

GLAIREUX, EUSE adj. De la nature de la glaire, visqueux.

GLAISE n. et adj. f. (mot gaul.). Terre grasse et compacte très argileuse, dont on fait les tuiles et la poterie.

GLAISER v. t. Amender avec de la glaise : *glaiser un champ.*

GLAISEUX, EUSE adj. Qui contient de la glaise.

GLAISIÈRE n. f. Terrain d'où l'on tire la glaise.

GLAIVE n. m. (lat. *gladius).* Épée courte à deux tranchants. ‖ Symbole de puissance.

GLANAGE n. m. Action de glaner.

GLAND n. m. (lat. *glans).* Fruit du chêne, enchâssé dans une cupule. ‖ Ornement de bois, de passementerie, etc., en forme de gland. ‖ *Anat.* Extrémité de la verge.

GLANDAGE n. m. Lieu où l'on recueille les glands. ‖ Action de recueillir les glands. ‖ *Pop.* Action de glander.

GLANDE n. f. (lat. *glandula).* Organe ayant pour fonction d'élaborer certaines substances et de les déverser soit à l'extérieur de l'organisme (glandes *exocrines,* comme les glandes sudoripares et salivaires), soit dans le sang (glandes *endocrines,* comme le foie, la thyroïde, etc.). ‖ *Fam.* Ganglion lymphatique enflammé et tuméfié au cou, de l'aisselle, de l'aine.

GLANDÉE n. f. Récolte des glands pour la nourriture des cochons.

GLANDER ou **GLANDOUILLER** v. i. *Pop.* Se promener sans but précis, perdre son temps.

GLANDEUR, EUSE n. *Pop.* Qui glande.

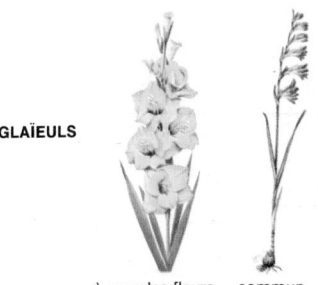

GLAÏEULS

à grandes fleurs   commun

GLANDULAIRE ou **GLANDULEUX, EUSE** adj. Relatif aux glandes.

GLANE n. f. Poignée d'épis glanés. ‖ Chapelet d'oignons, d'aulx, de petites poires, etc.

GLANEMENT n. m. Action de glaner.

GLANER v. t. (mot gaul.). Ramasser les épis restés sur le sol après la moisson. ‖ Recueillir au hasard des connaissances fragmentaires qui peuvent être utiles.

GLANEUR, EUSE n. Personne qui glane.

GLANURE n. f. Ce que l'on glane.

GLAPIR v. i. (altér. de *glatir).* Crier, en parlant des renards, des lapins, des tout petits chiens, de la grue. ‖ Crier d'une voix aigre.

GLAPISSANT, E adj. Aigu, criard.

GLAPISSEMENT n. m. Action de glapir; cri aigu.

GLARÉOLE n. f. (lat. *glarea,* gravier). Oiseau échassier du midi de la France. (Long. 22 cm; nom usuel : *perdrix de mer.)*

GLAS [glɑ] n. m. (lat. *classicum,* sonnerie de trompette). Sonnerie de cloches pour les cérémonies funèbres.

GLATIR v. i. (lat. *glattire).* Crier, en parlant de l'aigle.

GLAUCOME n. m. (gr. *glaukos,* glauque). *Méd.* Durcissement du globe oculaire par augmentation de la pression interne, entraînant une diminution de la vision et des maux de tête.

GLAUCONIE ou **GLAUCONITE** n. f. Silicate hydraté naturel de fer et de potassium, de couleur verte.

GLAUQUE adj. (gr. *glaukos).* D'un vert bleuâtre rappelant celui de la mer.

GLAVIOT n. m. *Pop.* Crachat.

GLÈBE n. f. (lat. *gleba). Litt.* Sol en culture. ‖ *Féod.* Sol auquel les serfs étaient attachés.

GLÉCHOME ou **GLÉCOME** [glekom] n. m. Petite plante à fleurs violettes, de la famille des labiacées. (Nom usuel : *lierre terrestre.)*

GLEDITSCHIA n. m. Syn. de FÉVIER.

GLÉNOÏDE ou **GLÉNOÏDAL, E, AUX** adj. *Anat.* Se dit de certaines cavités articulaires où s'emboîte un os : *cavité glénoïde de l'omoplate.*

GLIAL, E, AUX adj. *Tissu glial,* tissu conjonctif intimement mêlé au tissu nerveux, dont il semble contrôler la nutrition. (Syn. NÉVROGLIE.)

GLIOME n. m. (lat. *glioma).* Tumeur du système nerveux, constituée par une prolifération anormale des cellules de soutien du tissu cérébral (tissu glial).

GLISCHROÏDE adj. et n. Qui a les caractères de la glischroïdie.

GLISCHROÏDIE n. f. (gr. *glishkhros,* visqueux). *Psychol.* Attitude mentale des épileptiques se traduisant par une affectivité particulière et une lenteur des processus psychiques.

GLISSADE n. f. Action de glisser sur une surface lisse. ‖ Syn. de GLISSOIRE. ‖ *Chorégr.* Pas dérivé de la marche, effectué au ras du sol, facilitant l'enchaînement des pas ou servant d'élan à certains temps sautés.

GLISSAGE n. m. Opération consistant à faire descendre, le long des montagnes, les bois abattus.

GLISSANCE n. f. État d'une surface présentant un très faible coefficient de frottement.

GLISSANDO n. m. (mot it.). *Mus.* Technique d'exécution vocale ou instrumentale consistant à franchir un intervalle en passant par tous les micro-intervalles qui le composent.

GLISSANT, E adj. Sur quoi on glisse facilement : *sol glissant.* ‖ *Math.* Se dit d'un vecteur qui peut se déplacer sur son support en conservant son sens et sa longueur. ● *Terrain glissant, pente glissante,* affaire hasardeuse, circonstance délicate et difficile.

GLISSE n. f. *Fam.* Qualité du déplacement d'un ski sur la neige.

GLISSEMENT n. m. Action de glisser; mouvement de ce qui glisse. ● *Glissement de terrain,* avancée en masse de matériaux meubles sur un versant.

GLISSER v. i. (mot francique). Se déplacer d'un mouvement continu sur une surface lisse : *les patineurs glissent sur le lac.* ‖ S'avancer comme en glissant : *le cygne glisse sur l'eau.* ‖ Échapper, tomber : *le verre lui glissa des mains.* ‖ Passer progressivement à un autre état : *électorat qui glisse à gauche.* ‖ Passer légèrement sur quelque matière, ne pas insister : *glissons sur le passé.* ‖ Ne pas faire impression sur qqn : *les reproches glissent sur lui.* ◆ v. t. Mettre délicatement une chose en un lieu :

névé

moraine médiane
moraine latérale
moraine de fond

coupe transversale

langue glaciaire

COUPE D'UN GLACIER ALPIN

rimaye
ombilic
verrou
moraine de fond
verrou
moraine frontale
eau de fusion
moraine médiane
moraine latérale
moraine frontale

coupe longitudinale à l'aval

glisser une lettre à la poste. ‖ Communiquer, adresser en cachette : glisser un mot à l'oreille de qqn. ◆ **se glisser** v. pr. S'introduire, passer adroitement, insensiblement.

GLISSEUR, EUSE adj. et n. Qui glisse.

GLISSEUR n. m. Math. Vecteur glissant.

GLISSIÈRE n. f. Pièce métallique destinée à guider dans son mouvement, par l'intermédiaire d'une rainure, une autre pièce mobile. ● Glissière de sécurité, bande métallique bordant une route ou une autoroute, destinée à maintenir sur la chaussée un véhicule dont le conducteur n'est plus en mesure de contrôler la direction.

GLISSOIRE n. f. Sentier de glace.

GLOBAL, E, AUX adj. Total, pris en bloc, considéré dans sa totalité : somme globale. ● Méthode globale, méthode d'apprentissage de la lecture, fondée sur l'idée que la perception d'un ensemble (syllabe) est antérieure, chez l'enfant, à l'analyse de cet ensemble (lettre).

GLOBALEMENT adv. En bloc.

GLOBALISATION n. f. Action de globaliser.

GLOBALISER v. t. Réunir en un tout des éléments dispersés.

GLOBALISME n. m. Doctrine qui attribue à un ensemble composé des propriétés que les composants n'ont pas.

GLOBALITÉ n. f. Qualité de ce qui constitue un tout.

GLOBE n. m. (lat. globus). Corps sphérique. ‖ Enveloppe sphéroïdale de verre. ● Globe céleste, globe représentatif de la sphère céleste avec un système de coordonnées horizontales. ‖ Globe oculaire, l'œil. ‖ Globe terrestre, sphère sur laquelle est dessinée une carte de la Terre; la Terre.

GLOBE-TROTTER [glɔbtrɔtœr] n. (mot angl.) [pl. globe-trotters]. Personne qui voyage à travers le monde.

GLOBIGÉRINE n. f. Foraminifère des mers tempérées et chaudes, dont on retrouve les microscopiques coquilles spiralées dans les vases pélagiques.

GLOBINE n. f. Protéine entrant dans la composition de l'hémoglobine du sang.

GLOBIQUE adj. Qui est en forme de globe. ● Roue globique, roue d'engrenage dont les dents concaves sont en forme d'arc de cercle. ‖ Vis globique, vis de diamètre variable ayant de ce fait plusieurs filets successifs en contact avec la roue d'engrenage associée.

GLOBULAIRE adj. En forme de globe. ‖ Relatif aux globules sanguins : numération globulaire.

GLOBULAIRE n. f. Plante dicotylédone gamopétale, à petites fleurs bleues groupées en inflorescences globuleuses.

GLOBULE n. m. (lat. globulus). Très petit corps sphérique (vx). ‖ Élément que l'on trouve en suspension dans divers liquides organiques. ● Globule blanc, leucocyte. ‖ Globule rouge, hématie ou érythrocyte.

GLOBULEUX, EUSE adj. En forme de globule. ● Œil globuleux, œil au globe saillant.

GLOBULINE n. f. Protéine à grosse molécule, l'un des constituants du sang.

GLOIRE n. f. (lat. gloria). Renommée brillante due à de grands mérites : se couvrir de gloire. ‖ Personne qui a une renommée incontestée : une des gloires du pays. ‖ Béatitude céleste : la gloire éternelle. ‖ Auréole lumineuse entourant l'image du Christ. ● Gloire à..., formule d'hommage. ‖ Rendre gloire à, rendre un hommage mêlé d'admiration. ‖ Se faire gloire de, tirer vanité de. ‖ Travailler pour la gloire, sans profit matériel.

GLOMÉRIS n. m. (lat. glomus, glomeris, peloton). Petit mille-pattes qui se roule en boule quand on le touche.

GLOMÉRULE n. m. (lat. glomus, peloton). Anat. Petit amas de vaisseaux sanguins ou de filets nerveux. ‖ Bot. Type d'inflorescence où les fleurs, portées par des axes très courts, semblent insérées au même niveau. (Ex. : lamier blanc.)

GLOMÉRULONÉPHRITE n. f. Variété de néphrite caractérisée par l'atteinte prédominante des glomérules du rein.

GLORIA n. m. (mot lat.). Prière de louange, dans la liturgie romaine et grecque (Gloria in excelsis...). ‖ Fam. Café mêlé d'eau-de-vie (vx).

GLORIETTE n. f. Pavillon de repos ou cabinet de verdure dans un parc.

GLORIEUSEMENT adv. De façon glorieuse.

GLORIEUX, EUSE adj. (lat. gloriosus). Qui s'est acquis beaucoup de gloire : actes glorieux. ‖ Litt. Qui tire vanité de, orgueilleux : être glorieux de sa naissance. ● Les Trois Glorieuses, nom donné aux journées révolutionnaires de 1830.

GLORIFICATEUR, TRICE n. et adj. Litt. Personne ou chose qui glorifie.

GLORIFICATION n. f. Action de glorifier.

GLORIFIER v. t. Honorer, rendre gloire à. ◆ **se glorifier** v. pr. [de]. Tirer vanité de qqch.

GLORIOLE n. f. Vanité qui a pour objet de petites choses.

GLOSE n. f. (lat. glosa; gr. glôssa, langue). Annotation ou commentaire écrit destiné à expliquer un mot obscur ou un texte difficile. ‖ Fam. Critique, interprétation malveillante : tu as fini de faire des gloses sur tout le monde!

GLOSER v. t. ind. [sur]. Commenter, critiquer par malice.

GLOSSAIRE n. m. (lat. glossarium). Dictionnaire expliquant les mots rares d'une langue, d'une œuvre littéraire, d'un traité. ‖ Ensemble des termes relatifs à une activité donnée.

GLOSSATEUR n. m. Auteur d'une glose.

GLOSSINE n. f. Insecte diptère, appelé aussi mouche tsé-tsé, répandu en Afrique et transmettant le trypanosome de la maladie du sommeil.

GLOSSITE n. f. Méd. Inflammation de la langue.

GLOSSOLALIE n. f. (gr. glôssa, langue, et lalein, parler). Langage personnel de certains malades mentaux, constitué par des néologismes et une syntaxe déformée. ‖ Relig. Phénomène extatique, dit aussi don des langues, dans lequel le sujet émet une série de sons et de mots dont les auditeurs ne peuvent saisir le sens sans le concours d'un autre sujet possédant le don de l'interprétation.

GLOSSO-PHARYNGIEN, ENNE adj. Relatif à la langue et au pharynx.

GLOTTAL, E, AUX adj. Émis par la glotte.

GLOTTE n. f. (gr. glôttis). Orifice du larynx, circonscrit par les deux cordes vocales inférieures.

GLOTTIQUE adj. Relatif à la glotte.

GLOUGLOU n. m. (onomat.). Fam. Bruit d'un liquide s'échappant d'une bouteille, d'un tuyau, etc. ‖ Cri du dindon.

GLOUGLOUTER v. i. Produire des glouglous.

GLOUSSANT, E adj. Qui glousse.

GLOUSSEMENT n. m. Cri de la poule appelant ses petits.

GLOUSSER v. i. (lat. glocire). Appeler ses petits, en parlant de la poule. ‖ Fam. Rire en poussant de petits cris.

GLOUTON, ONNE adj. et n. (lat. gluttus, gosier). Qui mange avec avidité, goinfre.

GLOUTON n. m. Mammifère carnassier voisin de la martre, vivant dans le nord de l'Europe et de l'Amérique. (Famille des mustélidés.)

glouton

GLOUTONNEMENT adv. À la manière d'un glouton.

GLOUTONNERIE n. f. Défaut du glouton. ‖ Psychiatr. Excès des conduites alimentaires s'observant lors de certaines démences.

GLU n. f. (lat. glus, colle). Matière visqueuse et tenace, obtenue principalement en pilant l'écorce intérieure du houx épineux.

GLUANT, E adj. Qui colle comme la glu, visqueux : liquide gluant. ‖ Tenace, importun.

GLUAU n. m. Petite branche frottée de glu, pour prendre les oiseaux.

GLUCAGON n. m. Hormone sécrétée par les îlots de Langerhans du pancréas, et qui a une action hyperglycémiante.

GLUCIDE n. m. Nom donné aux substances organiques ternaires de formule générale $C_n(H_2O)_{p'}$ appelées aussi hydrates de carbone. (On divise les glucides en oses, non hydrolysables, et dont la molécule contient de 3 à 6 atomes de carbone [glucose], et en osides, formés par l'union de deux ou plusieurs oses libérables par hydrolyse [saccharose, amidon, glycogène]. Le principal trouble du métabolisme des glucides est le diabète.)

GLUCIDIQUE adj. Relatif aux glucides.

GLUCINE n. f. Oxyde de glucinium.

GLUCINIUM [glysinjɔm] n. m. Syn. de BÉRYLLIUM.

GLUCOCORTICOÏDE n. m. Corticoïde qui agit sur le métabolisme des glucides.

GLUCOMÈTRE ou **GLYCOMÈTRE** n. m. Aréomètre destiné à évaluer la quantité de sucre que renferme un moût. (Syn. PÈSE-MOÛT.)

GLUCONIQUE adj. Se dit d'un acide formé par oxydation du glucose.

GLUCOSE n. m. (gr. glukus, doux). Glucide de saveur sucrée, de formule $C_6H_{12}O_6$, contenu dans certains fruits (raisin) et entrant dans la composition de presque tous les glucides. (Syn. DEXTROSE.) [Synthétisé par les plantes vertes au cours de l'assimilation chlorophyllienne, il joue un rôle fondamental dans le métabolisme des êtres vivants.]

GLUCOSERIE n. f. Usine où l'on fabrique le glucose.

GLUCOSIDE n. m. Nom générique donné à divers composés donnant du glucose par hydrolyse, que l'on rencontre dans de nombreux végétaux.

GLUME n. f. (lat. gluma, balle des graines). Bot. Bractée membraneuse située à la base de chaque épillet des graminacées.

GLUMELLE n. f. Chacune des deux bractées qui entourent les fleurs de graminacées.

GLUTAMATE n. m. Chim. Sel de l'acide glutamique.

GLUTAMIQUE adj. (de gluten). Se dit d'un acide aminé présent dans les tissus nerveux, et qui joue un rôle métabolique important.

GLUTEN [glytɛn] n. m. (mot lat., colle). Substance protidique visqueuse, contenue dans la farine des céréales.

GLUTINEUX, EUSE adj. De la nature du gluten; qui en contient.

GLYCÉMIE n. f. Présence de glucose dans le sang. (Le taux normal est de 1 g de glucose par litre de sang; il augmente dans le diabète sucré.)

GLYCÉRIDE n. m. Ester de la glycérine.

GLYCÉRIE n. f. Plante de la famille des graminacées, abondante au bord de la mer et près des étangs.

GLYCÉRINE n. f., ou **GLYCÉROL** n. m. (gr. glukeros, doux). Trialcool liquide, de formule $CH_2OH—CHOH—CH_2OH$, incolore, sirupeux, extrait des corps gras par saponification.

GLYCÉRINER v. t. Enduire de glycérine.

GLYCÉRIQUE adj. Acide glycérique, acide formé par oxydation de la glycérine.

GLYCÉROLÉ n. m. Médicament à base de glycérine.

GLYCÉROPHTALIQUE adj. Se dit d'une résine dérivée du glycérol et de composés phtaliques. ● Peinture glycérophtalique, peinture à base de cette résine.

GLYCINE n. f. (gr. glukus, doux). Plante grimpante originaire de Chine et cultivée pour ses longues grappes de fleurs mauves. (Famille des papilionacées.)

GLYCOCOLLE n. m., ou **GLYCINE** n. f. Acide aminé contenu dans de nombreuses protéines.

GLYCOGÈNE n. m. Glucide complexe, forme de réserve du glucose dans le foie et les muscles.

GLYCOGENÈSE ou **GLYCOGÉNIE** n. f. Formation du glucose par hydrolyse du glycogène.

GLYCOGÉNIQUE adj. Relatif au glycogène.

GLYCOGÉNOGENÈSE n. f. Formation du glycogène par polymérisation du glucose.

GLYCOL n. m. Dialcool de formule $CH_2OH—CH_2OH$. ‖ Syn. de DIALCOOL.

GLYCOLIQUE adj. Se dit d'un acide dérivant de l'oxydation du glycol.

GLYCOLYSE n. f. Utilisation du glucose au cours des phénomènes métaboliques.

GLYCOMÈTRE n. m. → GLUCOMÈTRE.

GLYCOPROTÉINE n. f. Protéine combinée à des glucides.

GLYCORÉGULATION n. f. Ensemble des mécanismes physiologiques qui permettent à l'organisme de maintenir le taux du sucre sanguin constant.

■ Le glucose provenant de la digestion des glucides est mis en réserve dans le foie et les muscles sous forme de glycogène. Celui-ci est ensuite retransformé en glucose, suivant les besoins de l'organisme, afin de maintenir la glycémie à un niveau constant (1 g par litre chez l'homme). L'insuline, hormone hypoglycémiante, favorise le stockage et diminue le taux sanguin du glucose; au contraire, le glucagon, l'adrénaline, certains corticoïdes sont hyperglycémiants. Les anomalies de la glycorégulation sont le diabète (hyperglycémie) et l'hypoglycémie (taux sanguin du glucose trop bas).

GLYCOSURIE [glikozyri] n. f. Présence du glucose dans l'urine, l'un des signes du diabète.

GLYCOSURIQUE adj. et n. Atteint de glycosurie. (Syn. DIABÉTIQUE.)

GLYPHE n. m. (gr. *gluphê*, ciseler). *Archit.* Trait gravé en creux dans un ornement.

GLYPTIQUE n. f. (gr. *gluptikos*, relatif à la gravure). Art de graver sur pierres fines.

GLYPTODON ou **GLYPTODONTE** n. m. Mammifère édenté fossile, mesurant 4 m de long, à carapace osseuse, qui a vécu en Amérique à la fin du tertiaire et au début du quaternaire.

GLYPTOGRAPHIE n. f. Étude des gravures sur pierres fines antiques.

GLYPTOTHÈQUE n. f. Collection, musée de pierres fines gravées. ‖ Musée de sculptures.

GMT, sigle de l'expression britannique GREENWICH MEAN TIME, signif. « temps moyen de Greenwich ». (Ce repère est utilisé en astronomie pour désigner un temps dont l'origine est midi. On emploie parfois improprement ces initiales pour désigner le temps universel [TU], temps civil dont l'origine est minuit.)

GNANGNAN n. et adj. inv. *Fam.* Mou et lent, qui se plaint sans cesse.

GNEISS [gnɛs] n. m. (mot all.). Roche métamorphique constituée de cristaux de mica, de quartz et de feldspath, disposés en lits.

GNEISSIQUE adj. Relatif au gneiss.

GNETUM [gnetɔm] n. m. Liane des forêts tropicales. (Il est le type d'une classe de gymnospermes, les *gnétales*.)

GNOCCHI [nɔki] n. m. (mot it.). Sorte de quenelle de semoule ou de pommes de terre, pochée à l'eau bouillante.

GNOGNOTE [nɔnɔt] n. f. *Fam.* Chose sans valeur : *c'est de la gnognote.*

GNOLE, GNIOLE, GNÔLE, GNAULE, NIAULE [nol] n. f. *Pop.* Eau-de-vie.

GNOME [gnom] n. m. (gr. *gnômê*, intelligence). Petit génie difforme qui, selon les kabbalistes, habite à l'intérieur de la terre, dont il garde les richesses. ‖ Homme petit et contrefait.

GNOMIQUE [gnɔmik] adj. (gr. *gnômikos*, sentencieux). Qui exprime des vérités morales sous forme de maximes, de sentences : *poésie gnomique.* ‖ *Ling.* Se dit d'une forme verbale qui sert à exprimer une idée générale.

GNOMON [gnɔmɔ̃] n. m. (gr. *gnômôn*, indicateur). Cadran solaire primitif, constitué d'une simple tige verticale dont l'ombre se projette sur une surface plane horizontale.

GNOMONIQUE n. f. Technique relative au calcul et à la construction des cadrans solaires. ◆ adj. Relatif à la gnomonique.

GNON [nɔ̃] n. m. *Pop.* Coup.

GNOSE [gnoz] n. f. (gr. *gnôsis*, connaissance). Doctrine ésotérique philosophico-religieuse proposant une connaissance des mystères de Dieu et de sa création, qui se veut supérieure à celle des simples croyants et procurant ainsi la certitude du salut.

GNOSÉOLOGIE [gnozeɔlɔʒi] n. f. Philosophie qui traite des fondements de la connaissance.

GNOSIE [gnozi] n. f. Reconnaissance d'un objet par l'intermédiaire de l'un des sens.

GNOSTICISME [gnɔstisism] n. m. Doctrine

glyptodon

d'un ensemble de sectes hérétiques des trois premiers siècles. (Professant un dualisme plus ou moins radical, le gnosticisme fondait le salut sur le rejet de la matière soumise aux forces du mal et sur une connaissance supérieure [gnose] des réalités divines.)

GNOSTIQUE n. et adj. Adepte du gnosticisme.

GNOU [gnu] n. m. (mot hottentot). Antilope de l'Afrique du Sud, à tête épaisse portant des cornes recourbées. (Haut. au garrot 1,20 m.)

GO n. m. (mot jap.). Jeu d'origine chinoise, qui se dispute entre deux partenaires munis chacun de pions sur un support comportant trois cent soixante et une intersections.

GO (TOUT DE) loc. adv. (de *gober*). *Fam.* Sans préparation, sans préliminaires : *aborder une question tout de go.*

GOAL [gol] n. m. (mot angl., *but*). Gardien de but, au football, au handball, etc.

GOAL-AVERAGE [golaveraʒ] n. m. (mots angl.) [pl. *goal-averages*]. Dans divers sports, décompte des buts ou points marqués et reçus par une équipe, et destiné à départager deux équipes ex aequo à l'issue d'une compétition.

GOBELET n. m. (anc. fr. *gobel*). Récipient pour boire, sans pied ni anse.

GOBELETERIE n. f. Fabrication et commerce de gobelets, verres à boire, etc.

GOBE-MOUCHES n. m. inv. Nom commun à deux groupes d'oiseaux passereaux qui capturent des insectes au vol : les *muscicapidés* de

l'Ancien Monde et certains *tyrannidés* d'Amérique. ‖ Niais qui croit tout (vx).

GOBER v. t. (orig. celtique). Avaler en aspirant et sans mâcher : *gober une huître.* ‖ *Fam.* Croire naïvement. ‖ *Fam.* Avoir de la sympathie pour qqn. ◆ **se gober** v. pr. *Fam.* Avoir une haute opinion de soi.

GOBERGER (SE) v. pr. (anc. fr. *gobert*, facétieux) [conj. **1**]. *Fam.* Prendre ses aises, se prélasser; faire bonne chère.

GOBEUR, EUSE n. Celui, celle qui gobe, qui avale avec avidité. ‖ *Fam.* Crédule, naïf.

GOBIE n. m. (lat. *gobio*). Poisson du littoral, pouvant se fixer aux rochers par ses nageoires ventrales en ventouse.

GOBILLE n. f. *Techn.* Bille de pierre.

GODAGE n. m. État de ce qui gode.

GODASSE n. f. *Pop.* Soulier.

GODELUREAU n. m. *Fam.* Jeune élégant.

GODER ou **GODAILLER** v. i. (de *godet*). *Cout.* Faire des faux plis par suite d'une mauvaise coupe ou d'un mauvais assemblage.

GODET n. m. (moyen néerl. *kodde*, billot). Petit vase à boire, sans anse et, en général, sans pied. ‖ Sorte d'auge utilisée dans certains appareils de manutention ou engins de travaux publics. ‖ Petit récipient à divers usages. ‖ *Cout.* Pli rond qui va en s'évasant, formé par un tissu coupé dans le biais.

GODICHE adj. et n. (de *Godon*, forme pop. de *Claude*). *Fam.* Gauche, maladroit, benêt.

GODICHON, ONNE adj. et n. *Fam.* Naïf, maladroit, gauche.

GODILLE n. f. Aviron qui, placé à l'arrière d'un canot, en permet la propulsion lorsqu'on lui imprime des mouvements hélicoïdaux. ‖ À skis, enchaînement de virages rapprochés le long de la ligne de plus grande pente.

GODILLER v. i. Faire avancer une embarcation en se servant de la godille. ‖ À skis, descendre en godille.

GODILLOT n. m. (n. d'un fournisseur de l'armée). *Fam.* Ancienne chaussure militaire à tige courte. ‖ *Pop.* Gros soulier. ‖ *Fam.* Député inconditionnel de la majorité.

GODIVEAU n. m. *Cuis.* Boulette de hachis de viande pochée au bouillon.

GODRON n. m. (de *godet*). Ornement en relief ou en creux, de forme ovale allongée, employé de façon répétitive (chapiteaux romans, décor baroque, orfèvrerie), l'ensemble formé par la répétition de cet ornement. ‖ Pli rond, tuyau qu'on faisait aux fraises, aux jabots.

GOÉLAND [gɔelɑ̃] n. m. (breton *gwelan*). Oiseau palmipède piscivore, à plumage dorsal gris, fréquent sur les rivages. (Les goélands proprement dits ont une longueur supérieure à

goéland

gnou

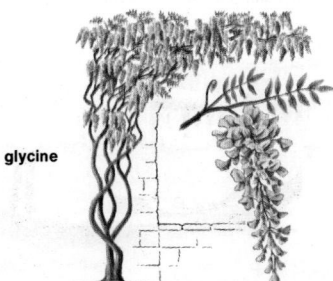

glycine

40 cm; plus petits, on les appelle ordinairement *mouettes*. Ordre des lariformes.)

GOÉLETTE n. f. (de *goéland*). *Mar.* Petit bâtiment généralement à deux mâts, aux formes élancées.

GOÉMON [gɔemɔ̃] n. m. (breton *gwemon*). Nom donné au varech, en Bretagne et en Normandie. ● *Goémon de coupe,* celui qu'on récolte dans l'eau. ‖ *Goémon de laisse,* celui qu'on ramasse sur la plage.

GOGLU n. m. Au Canada, variété de passereau.

GOGO n. m. *Fam.* Personne crédule, facile à tromper.

GOGO (À) loc. adv. *Fam.* À souhait, en abondance : *avoir tout à gogo.*

GOGUENARD, E adj. (anc. fr. *gogue*, plaisanterie). Moqueur, railleur : *ton goguenard.*

GOGUENARDISE n. f. Raillerie méprisante.

GOGUENOTS ou **GOGUES** n. m. pl. *Pop.* Latrines.

GOGUETTE [gɔgɛt] n. f. (anc. fr. *gogue*, réjouissance). *Être en goguette* (Fam.), légèrement ivre.

GOÏ, GOÏM adj. et n. → GOY.

GOINFRE adj. et n. Qui mange beaucoup, avidement et salement.

GOINFRER v. i., ou **SE GOINFRER** v. pr. *Fam.* Manger comme un goinfre.

GOINFRERIE n. f. Caractère du goinfre.

GOITRE n. m. (mot dialect.). *Méd.* Augmentation de volume de la glande thyroïde.

GOITREUX, EUSE adj. et n. Qui a un goitre.

GOLDEN [gɔldɛn] n. f. (mot angl., *doré*). Variété de pomme à peau jaune.

GOLF n. m. (mot angl.). Sport qui consiste à envoyer, en un minimum de coups, une balle, à l'aide de crosses (clubs), dans dix-huit trous successifs d'un vaste terrain. ● *Culotte, pantalon de golf,* pantalon bouffant, resserré au-dessous du genou. ‖ *Golf miniature,* jeu imitant le golf, sur un parcours très réduit.

GOLFE n. m. (it. *golfo*; gr. *kolpos*, pli). Partie de la mer qui avance dans les terres.

GOLFEUR, EUSE n. Joueur de golf.

Golgi (appareil de), organite cellulaire universellement présent et voisin du noyau.

GOLMOTE n. f. Nom usuel de la *lépiote élevée* et de l'*amanite rougeâtre* ou *vineuse,* comestibles. ● *Fausse golmote,* nom usuel de l'*amanite panthère,* vénéneuse.

GOMBO n. m. Plante tropicale à fleurs jaunes et dont le fruit est une capsule de forme pyramidale; ce fruit, employé comme légume et comme condiment.

GOMMAGE n. m. Action de gommer.

GOMME n. f. (gr. *kommi*). Petit bloc de caoutchouc servant à effacer le crayon, l'encre. ‖ *Bot.* Substance visqueuse pouvant exsuder de certains arbres. ‖ *Méd.* Lésion nodulaire d'origine infectieuse (syphilis ou tuberculose). ● *À la gomme* (Pop.), de mauvaise qualité. ‖ *Gomme arabique,* gomme qui provient des différentes espèces d'acacias, et qui fut d'abord récoltée en Arabie. ‖ *Mettre (toute) la gomme* (Pop.), activer l'allure.

GOMMÉ, E adj. Recouvert d'une couche de gomme adhésive sèche, qui se dilue au contact d'un liquide : *papier gommé.*

GOMME-GUTTE [gɔmgyt] n. f. (pl. *gommes-guttes*). Gomme-résine jaune extraite d'un arbuste d'Asie, utilisée dans la fabrication de peintures, et employée aussi comme purgatif.

GOMME-LAQUE n. f. (pl. *gommes-laques*). Substance résineuse produite par une espèce de cochenille de l'Inde, et utilisée dans la fabrication des vernis.

GOMMER v. t. Enduire de gomme : *gommer une étiquette.* ‖ Effacer avec une gomme : *gommer un trait de crayon.* ‖ Atténuer, tendre à faire disparaître : *gommer certains détails.*

GOMME-RÉSINE n. f. (pl. *gommes-résines*). Substance végétale où se trouvent associées une gomme et une résine, comme le galbanum, la myrrhe, etc.

Larousse

goélette

GOMMETTE n. f. Petit morceau de papier gommé, de couleur et de forme variées.

GOMMEUX, EUSE adj. De la nature de la gomme.

GOMMEUX n. m. *Fam.* Jeune homme prétentieux et d'une élégance excessive (vx).

GOMMIER n. m. Nom donné à divers arbres (acacias notamment) producteurs de gomme.

GOMMOSE n. f. Maladie des plantes, caractérisée par la production abondante de gomme.

GON n. m. Unité de mesure d'angle plan

Christian Sappa

golf : drive (coup long)

(symb. : gon), syn. de GRADE. (Le gon est surtout employé dans les pays germaniques.)

GONADE n. f. (gr. *gonê*, semence). Glande sexuelle qui produit les gamètes et sécrète des hormones. (Le testicule est la gonade mâle, l'ovaire la gonade femelle.)

GONADIQUE adj. Relatif aux gonades.

GONADOSTIMULINE n. f. Hormone gonadotrope d'origine hypophysaire.

GONADOTROPE adj. Qui agit sur les gonades. ● *Hormone gonadotrope,* hormone sécrétée par l'hypophyse et, chez la femelle ou la femme gravide, par le placenta, qui stimule l'activité des gonades. (Les hormones gonadotropes de l'hypophyse sont appelées *gonadostimulines,* celles du placenta *gonadotrophines.*)
■ Il existe deux hormones gonadotropes, dites A et B. La première stimule la formation du follicule de De Graaf chez la femelle et la spermatogenèse chez le mâle; la seconde est à l'origine de la ponte ovulaire et de la formation du corps jaune chez la femelle, et stimule la sécrétion de testostérone chez le mâle.

GONADOTROPHINE n. f. Hormone gonadotrope d'origine placentaire.

GOND n. m. (lat. *gomphus,* cheville). Pièce métallique sur laquelle pivote un vantail de porte ou de fenêtre. ● *Sortir de ses gonds* (Fam.), s'emporter.

GONDOLAGE ou **GONDOLEMENT** n. m. Fait de se gondoler.

GONDOLANT, E adj. *Pop.* Très drôle.

GONDOLE n. f. (it. *gondola,* petit bateau). Embarcation vénitienne, longue et plate, à un

seul aviron. ‖ Meuble composé d'étagères et utilisé dans les magasins à libre service pour la présentation des produits. ‖ Se dit de types anciens de vases en forme de nef, ou de sièges à dossier cintré.

GONDOLER v. i., ou **GONDOLER (SE)** v. pr. Se bomber : *bois qui gondole.* ◆ **se gondoler** v. pr. *Pop.* Se tordre de rire.

GONDOLIER n. m. Batelier qui conduit une gondole.

GONELLE ou **GONNELLE** [gɔnɛl] n. f. Poisson des côtes rocheuses de la Manche, à flancs tachetés de noir. (Long. 20 cm; nom usuel : *papillon de mer.*)

GONFALON ou **GONFANON** n. m. (mot francique). Étendard sous lequel, au Moyen Âge, se rangeaient les vassaux.

GONFALONIER ou **GONFANONIER** n. m. Porteur de gonfalon. ‖ Officier de justice de cités républicaines italiennes, au Moyen Âge.

GONFLABLE adj. Qui prend sa forme véritable, utile, par gonflage.

GONFLAGE n. m. Action de gonfler. ‖ Agrandissement d'un film pour le faire passer d'un format donné à un format supérieur.

GONFLE n. f. En Suisse, congère.

GONFLEMENT n. m. État de ce qui est gonflé. ‖ Augmentation exagérée.

GONFLER v. t. (lat. *conflare,* souffler). Distendre, faire enfler : *gonfler un ballon.* ‖ Grossir le volume, l'importance de : *la pluie a gonflé le torrent.* ‖ *Litt.* Envahir le cœur de qqn : *cette nouvelle gonfle son cœur.* ● *Être gonflé* (Pop.), être plein de courage ou d'impudence; exagérer. ◆ v. i. Devenir enflé : *le bois gonfle à l'humidité.* ◆ **se gonfler** v. pr. Devenir enflé. ‖ Être envahi par un sentiment : *se gonfler d'orgueil, d'espoir.*

GONFLEUR n. m. Appareil servant à gonfler.

GONG [gɔ̃g] n. m. (mot malais). Instrument de musique ou d'appel, importé d'Extrême-Orient, et fait d'un disque de métal aux bords relevés que l'on frappe avec une mailloche recouverte de tissu. ‖ Timbre annonçant le début et la fin de chaque reprise d'un match de boxe.

GONGORISME n. m. (de *Góngora,* auteur esp.). Recherche du style fondée sur l'emploi de mots rares, de métaphores et de constructions de phrases inattendues.

GONIOMÈTRE n. m. (gr. *gônia,* angle). Instrument servant à la mesure des angles.

GONIOMÉTRIE n. f. Détermination des angles.

GONIOMÉTRIQUE adj. Relatif à la goniométrie.

GONNELLE n. f. → GONELLE.

GONOCHORIQUE adj. Relatif au gonochorisme.

GONOCHORISME [gɔnɔkɔrism] n. m. (gr. *gonos,* génération, et *khôrismos,* séparation). *Biol.* Caractère des espèces animales dont les gamètes mâles et femelles sont produits par des individus distincts.

GONOCOCCIE [gɔnɔkɔksi] n. f. Infection produite par le gonocoque.

GONOCOQUE n. m. Microbe pathogène spécifique de la blennorragie.

GONOCYTAIRE adj. Relatif au gonocyte.

GONOCYTE n. m. Cellule embryonnaire des animaux qui, selon le sexe, donnera par la suite

gondole

A. Petit-Atlas-Photo

Nou-Lauros-Giraudon

gopura du temple de Mīnākṣī (v. 1600)
à Madurai (Inde)

quatre spermatozoïdes ou un seul ovule, ou ovotide.

GONZESSE n. f. (it. *gonzo,* lourdaud). *Arg.* Femme. ‖ Homme qui manque d'énergie, lâche.

GOPAK n. m. → HOPAK.

GOPURA n. m. inv. Pavillon d'accès en forme de tour pyramidale des temples de style dravidien, dans le sud de l'Inde.

GORD [gɔr] n. m. (gaul. *gorto,* haie). Pêcherie fluviale formée de deux rangs convergents de perches avec un verveux au sommet de l'angle.

GORDIEN adj. m. *Trancher le nœud gordien,* résoudre une difficulté d'une manière violente.

GORET n. m. (anc. fr. *gore,* truie). Jeune cochon. ‖ *Fam.* Homme, petit garçon malpropre.

GORFOU n. m. Petit manchot de l'Antarctique, pourvu d'une huppe de plumes jaunes.

GORGE n. f. (lat. *gurges,* gouffre). Partie antérieure du cou. ‖ Gosier : *mal de gorge.* ‖ *Litt.* Poitrine d'une femme. ‖ Dans une serrure, pièce mobile soumise à l'action d'un ressort, qui immobilise le pêne dormant et le libère par action de la clef. ‖ *Évidement semi-circulaire* à la périphérie d'une poulie. ‖ *Archit.* Moulure creuse arrondie. ‖ *Fortif.* Arrière d'un ouvrage fortifié. ‖ *Géogr.* Vallée étroite et encaissée. ● *Ça m'est resté dans la gorge* (Fam.), je ne peux l'admettre. ‖ *Faire des gorges chaudes* (Fam.), se moquer bruyamment. ‖ *Faire rentrer dans la gorge,* forcer qqn à se rétracter. ‖ *Rendre gorge,* restituer ce qu'on a pris par des moyens illicites.

GORGE-DE-PIGEON adj. et n. m. inv. Se dit d'une couleur à reflets changeants.

GORGÉE n. f. Ce qu'on peut avaler de liquide en une seule fois.

GORGER v. t. (conj. **1**). Faire manger avec excès. ‖ Combler, remplir : *gorger qqn d'argent.*

GORGERIN n. m. Partie inférieure d'un casque fermé, qui couvrait la gorge et le cou. ‖ *Archit.* Base, ornée ou non, de certains chapiteaux, surmontant l'astragale.

GORGET n. m. Rabot de menuisier servant à faire des moulures creuses appelées *gorges.*

GORGONAIRE n. m. Cnidaire octocorallaire de la classe des anthozoaires. (Les *gorgonaires* forment un ordre.)

GORGONE n. f. (bas lat. *Gorgona,* n. pr.). Animal des mers chaudes formant des colonies

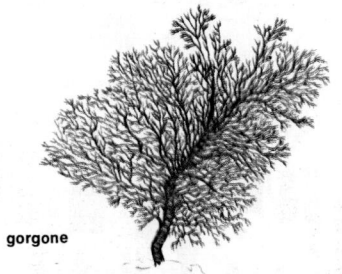

gorgone

arborescentes de polypes. (Embranchement des cnidaires, classe des anthozoaires.)

GORGONZOLA n. m. (mot it.). Fromage italien à moisissure interne, proche des bleus.

GORILLE n. m. (gr. *gorillai*). Singe anthropoïde de l'Afrique équatoriale, frugivore et farouche. (Sa taille, qui atteint 2 m, son poids [jusqu'à 250 kg] en font le plus grand et le plus fort de tous les singes.) ‖ *Fam.* Garde du corps.

GOSIER n. m. (mot gaul.). Partie interne du cou, comprenant le pharynx et l'entrée de l'œsophage et du larynx. ‖ Organe de la voix : *chanter à plein gosier.*

GOSPEL [gɔspɛl] n. m. (amér. *gospel song,* chant d'évangile). Chant religieux des Noirs de l'Amérique du Nord.

GOSSE n. *Fam.* Enfant. ● *Beau gosse, belle gosse,* beau garçon, belle fille.

GOTHIQUE adj. et n. m. Désigne, depuis le début du XIXe s., une forme d'art qui s'est épanouie en Europe du XIIe s. jusqu'à la Renaissance. ‖ *Aéron.* Se dit d'une forme d'aile pour vitesse supersonique, présentant un bord d'attaque incurvé.

■ Les conséquences sur la structure de l'église de l'usage combiné de la voûte sur croisée d'ogives* — report des poussées sur les supports d'angles, allégement des murs, généralisation de la brisure des arcs qui encadrent chaque travée, agrandissement des fenêtres — apparaissent clairement, v. 1140, dans le déambulatoire du chœur de la basilique de Saint-Denis. La cathédrale de Sens est le premier monument entièrement gothique. Celles de Noyon, Laon, Paris donnent, dans la seconde moitié du XIIe s., le type complexe du *gothique primitif.* Chartres, après 1194, définit un type classique, avec voûtes barlongues, élévation à trois étages et systématisation des arcs-boutants, qui remplacent la tribune dans sa fonction de butement. C'est encore dans le domaine capétien qu'apparaît, v. 1230-1240, le style *rayonnant,* que caractérisent une plus grande unité spatiale et le développement des vitrages (Saint-Denis, Amiens, Sainte-Cha-

gorgerin

pelle de Paris). Ce style se répand dans le sud de la France (où il est concurrencé, au XIVe s., par un type méridional à nef unique) et en Europe, où les moines cisterciens ont commencé, dès le XIIe s., à exporter l'art gothique. Celui-ci se combine en Espagne avec le décor mudéjar; l'Angleterre connaît ses propres phases, originales, de gothique primitif, « décoré » (v. 1280), puis « perpendiculaire » (v. 1350); l'Allemagne développe au XIVe s. le type de l'*église-halle*; l'Italie est le pays qui accepte le moins bien le système gothique, son acuité, son élan vertical matérialisé par les faisceaux de colonnettes que l'œil voit s'épanouir dans les nervures des voûtes. L'accentuation de cet effet de continuité, allant jusqu'à la disparition des chapiteaux, l'effervescence graphique des voûtes, des fenestrages, des gâbles, caractérisent l'art *flamboyant,* qui apparaît en France et en Allemagne à la fin du XIVe s., et qui connaîtra des modalités très variées.

L'architecture civile, surtout militaire aux XIIe et XIIIe s., ne cesse par la suite de s'enrichir dans les édifices publics d'Italie ou des Pays-Bas du Sud et certains châteaux de France.

Comme le vitrail et les autres arts décoratifs, la sculpture demeure longtemps soumise au « pri-

mat » de l'architecture. Les façades occidentales de Saint-Denis (très mutilée) et de Chartres inaugurent la rigueur — aussi bien plastique qu'iconographique — de la répartition de la statuaire et des reliefs sur les portails gothiques. À leur hiératisme encore proche de l'art roman succède, à Senlis, à la fin du XIIe s., puis à Chartres (transept), à Paris, à Reims, à Amiens, une tendance à la souplesse, à un naturalisme encore idéalisé qui évoluera vers plus d'expression et de mouvement (Reims, Amiens, Bourges, Strasbourg, Bamberg, etc.). Statues isolées, Vierges à l'élégant hanchement, aux beaux drapés, gisants qui tendent au portrait se multiplient à partir du XIVe s. La violence de Claus Sluter, dans le milieu bourguignon, transforme l'art du XVe s., où apparaissent des thèmes douloureux, comme celui de la Mise au tombeau. Détachée de l'architecture, la vogue des retables de bois sculpté se développe en Europe centrale, dans les Flandres, en Espagne.

On donne le nom de « style gothique international » à une esthétique gracieuse, voire maniérée, qui se répand en Europe à la jonction des XIVe et XVe s., embrassant une grande partie de la sculpture, des arts décoratifs et surtout de la peinture (miniature et panneaux). Préparé par le raffinement de l'enluminure parisienne ou anglaise, par l'évolution de la peinture en Italie (notamment à Sienne : les Lorenzetti), ce style se rencontre en Allemagne et en Bohême (le Maître de Třeboň), en Catalogne (Borrassá), dans l'école franco-flamande (Broederlam, les Limbourg), à Paris (miniaturistes), en Italie (L. Monaco, Gentile da Fabriano, Sassetta, Pisanello, etc.). L'esthétique réaliste, les nouvelles

gorille

valeurs spatiales des Masaccio ou des Van Eyck mettront fin à la féerie narrative et décorative de ce courant au ton aristocratique.

V. ill. pages suivantes

GOTHIQUE n. f. L'écriture gothique, que l'on commença d'employer au XIIe s.

GOTIQUE n. f. Langue germanique orientale, parlée autrefois par les Wisigoths.

GOUACHE n. f. (it. *guazzo,* endroit où il y a de l'eau). Sorte de détrempe, peinture à l'eau pâteuse, riche en agglutinant, d'où son opacité. ‖ Œuvre, en général sur papier, ainsi peinte.

GOUACHER v. t. Rehausser à la gouache.

GOUAILLE n. f. Action de gouailler.

GOUAILLER v. i. *Fam.* Railler d'une façon vulgaire.

GOUAILLERIE n. f. *Fam.* Raillerie.

GOUAILLEUR, EUSE adj. *Fam.* Moqueur et vulgaire : *ton gouailleur.*

GOUAPE n. f. (esp. *guapo*). *Pop.* Voyou.

GOUDA n. m. Fromage de Hollande de forme cylindrique au lait de vache, à pâte non cuite.

La Sainte-Chapelle de Paris, construite de 1241 à 1248.

Lauros-Giraudon

Lauros-Giraudon

ART GOTHIQUE

Châsse de saint Taurin, église Saint-Taurin à Évreux. Argent, cuivre doré et émaux. Milieu du XIIIᵉ s.

Salou

La cathédrale Santa María à Burgos (Espagne), œuvre d'inspiration française entreprise en 1221, achevée au XVIᵉ s.

Everts-Rapho

Retable du maître-autel de l'église Saint-Jacques à Levoča (Slovaquie) par le Maître Pavel. XIVᵉ s.

Garanger-Giraudon

Cathédrale de Reims : l'Ange de l'Annonciation (portail central de la façade). XIIIᵉ s.

Myers-Rapho

La cathédrale d'York, représentative des trois phases du style gothique anglais : « primitif » (transept, XIIIᵉ s.), « décoré » (nef, XIIIᵉ-XIVᵉ s.), « perpendiculaire » (chœur, fin XIVᵉ s. ; tours, XVᵉ s.).

430

C. Sarramon-Rapho

Bottin

Église des Jacobins à Toulouse : la voûte repose sur une file de sept colonnes qui séparent l'édifice en deux vaisseaux. On voit ici le pilier qui soutient la voûte de l'abside. XIIIe-XIVe s.

Ruines du château de La Ferté-Milon (Aisne), construit pour le duc Louis d'Orléans à la fin du XIVe s. Au-dessus de l'arc d'entrée, grand relief du *Couronnement de la Vierge*.

Lauros-Giraudon

La Geste de Jourdain de Blaye, tapisserie de la fin du XIVe s., attribuée aux ateliers d'Arras. (Musée civique, Padoue.)

Lauros-Giraudon

Vitrail de la cathédrale Saint-Pierre de Beauvais représentant saint Jean écrivant l'Apocalypse. Vers 1350.

L'hôtel de ville d'Audenarde (Belgique), construit en style gothique brabançon autour de 1530.

Garanger-Giraudon

La Présentation au Temple, panneau de prédelle du retable florentin de *l'Adoration des Mages* (1423) de Gentile da Fabriano. (Musée du Louvre, Paris.)

Lauros-Giraudon

431

GOUDRON n. m. (mot ar.). Substance sombre et visqueuse, obtenue par distillation de divers produits. (Le *goudron de houille* fournit de nombreux dérivés : benzène, toluène, xylène, phénol, naphtalène, crésol, anthracène, brai; le *goudron végétal,* tiré du bois, contient du naphtalène, de la paraffine.) ‖ *Fam.* Bitume.

GOUDRONNAGE n. m. Action de goudronner.

GOUDRONNER v. t. Recouvrir de goudron.

GOUDRONNEUR n. m. Ouvrier procédant à des revêtements d'asphalte ou de bitume.

GOUDRONNEUSE n. f. Machine à goudronner.

GOUDRONNEUX, EUSE adj. De la nature du goudron.

GOUET [gwɛ] n. m. Nom usuel de l'*arum.*

GOUFFRE n. m. (gr. *kolpos,* golfe). Cavité béante très profonde. ‖ Ce qui cause de grands frais, de grandes pertes; qui semble insondable : *ce procès est un gouffre.*

GOUGE n. f. (lat. *gubia,* burin). Ciseau creusé en forme de canal, et servant à faire des entailles, des moulures.

GOUGÈRE n. f. Gâteau au fromage de Gruyère.

GOUGNAFIER n. m. *Pop.* Bon à rien.

GOUILLE n. f. En Suisse, mare, flaque d'eau.

GOUINE n. f. (anc. fr. *goin,* lourdaud). *Pop.* Femme homosexuelle.

GOUJAT n. m. (anc. gascon *gojat*). Homme mal élevé, grossier. ‖ *Hist.* Valet d'armée.

GOUJATERIE n. f. Caractère, action de goujat.

GOUJON n. m. (lat. *gobio*). Petit poisson des rivières limpides. (Long. 15 cm; famille des cyprinidés.)

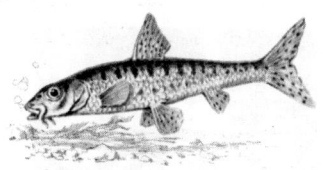

goujon

GOUJON n. m. (de *gouge*). Tige métallique servant à lier deux pièces et dont les extrémités sont filetées, l'une servant à la fixation à demeure du goujon, l'autre à fixer par des écrous les pièces à unir.

GOUJONNER v. t. Fixer par des goujons.

GOUJONNIÈRE adj. f. *Perche goujonnière,* nom usuel de la *grémille commune.*

GOULACHE ou **GOULASCH** n. m. (hongr. *gulyas*). Ragoût de bœuf apprêté à la hongroise.

GOULAG n. m. (du russe *Gueneralnoïe Oupravlenie Laguere,* signif. Direction générale des camps de travail), camp de travail forcé en U.R.S.S. ‖ Régime politique oppressif.

GOULE n. f. (mot ar.). Démon femelle qui, selon les superstitions orientales, dévore les cadavres dans les cimetières.

GOULÉE n. f. *Pop.* Gorgée, bouchée*.*

GOULET n. m. Passage étroit faisant communiquer un port ou une rade avec la haute mer : *le goulet de Brest.* ‖ Tout passage étroit.

GOULETTE n. f. Petite rigole pour l'écoulement des eaux. (Syn. GOULOTTE.)

GOULEYANT, E adj. *Fam.* Se dit d'un vin agréable, frais et léger.

GOULOT n. m. (de *gueule*). Col d'un vase à entrée étroite : *goulot de carafe.*

GOULOTTE n. f. Sorte de couloir ou de tuyau incliné guidant la descente de colis ou de matériaux qui se déplacent sous l'action de la pesanteur. ‖ Syn. de GOULETTE.

GOULU, E adj. et n. (de *gueule*). Qui aime à manger et qui mange avec avidité; glouton.

GOULÛMENT adv. De façon goulue.

GOUM n. m. (mot ar., *troupe*). Formation militaire supplétive qui était recrutée par la France au Maroc (1908-1956).

GOUMIER n. m. Militaire d'un goum.

GOUPILLE n. f. (de *goupil*). Petite broche métallique formant clavette et maintenant un assemblage.

GOUPILLER v. t. Assembler à l'aide de goupilles. ‖ *Pop.* Arranger qqch, combiner. ◆ **se goupiller** v. pr. *Pop.* S'arranger.

GOUPILLON n. m. (anc. fr. *guipon,* pinceau). Instrument liturgique qui sert pour l'aspersion d'eau bénite. ‖ Brosse cylindrique à manche, pour nettoyer les bouteilles, etc.

GOURA n. m. Gros pigeon de la Nouvelle-Guinée, portant une huppe érectile.

GOURAMI n. m. Poisson d'ornement originaire de la Thaïlande et de Sumatra, long de 10 cm. (Il vit dans une eau comprise entre 20 et 30 ⁰C.)

GOURANCE ou **GOURANTE** n. f. *Pop.* Erreur.

GOURBI n. m. (mot ar.). Cabane, en Afrique du Nord. ‖ *Pop.* Habitation misérable.

GOURD, E adj. (lat. *gurdus,* grossier). Engourdi par le froid, en parlant des doigts ou des mains.

GOURDE n. et adj. f. *Fam.* Imbécile, stupide.

GOURDE n. f. (esp. *gordo,* gros). Unité monétaire principale d'Haïti.

GOURDE n. f. (lat. *cucurbita*). Plante grimpante de la famille des cucurbitacées, dont une espèce fournit la calebasse. ‖ Récipient servant à conserver la boisson en voyage.

GOURDIN n. m. (it. *cordino*). Gros bâton court.

GOURER (SE) v. pr. *Pop.* Se tromper.

GOURGANDINE n. f. *Fam.* Femme de mauvaise vie.

GOURMAND, E adj. et n. Qui aime manger de bonnes choses. ● *Branche gourmande,* ou *gourmand* n. m. (Bot.), rameau inutile poussant audessous d'une greffe ou d'une branche à fruit.

GOURMANDER v. t. *Litt.* Réprimander sévèrement.

GOURMANDISE n. f. Caractère de celui qui est gourmand. ‖ pl. Mets dont on est friand, sucreries : *offrir des gourmandises.*

GOURME n. f. (mot francique). *Méd.* Syn. fam. de IMPÉTIGO. ‖ *Vétér.* Maladie contagieuse qui atteint surtout les poulains. ● *Jeter sa gourme,* en parlant de jeunes gens, se dévergonder, avoir des aventures.

GOURMÉ, E adj. *Litt.* Qui affecte un maintien composé et trop grave.

GOURMET n. m. Connaisseur en vins, en bonne chère.

GOURMETTE n. f. Petite chaînette fixée de chaque côté du mors d'un cheval et passant sous la mâchoire inférieure. ‖ Chaîne de montre, bracelet dont les mailles sont aplaties.

GOUROU ou **GURU** n. m. (mot sanskrit). Maître spirituel.

GOUSSE n. f. Fruit des légumineuses, souvent

gousse

allongé, à plusieurs graines et s'ouvrant par deux valves. ‖ Nom usuel du *caïeu* du bulbe de l'ail, utilisé comme condiment en cuisine.

GOUSSET n. m. Petite poche placée en dedans de la ceinture d'un pantalon. ‖ Poche du gilet. ‖ Console pour soutenir des tablettes. ‖ *Constr.* Élément d'assemblage ou de contreventement, de forme triangulaire, utilisé en charpente et en construction mécanique. ‖ *Hérald.* Pièce formée de deux lignes diagonales partant des angles et qui rejoignent un pal au tiers de la longueur normale de celui-ci.

GOÛT n. m. (lat. *gustus*). Sens qui permet de discerner les saveurs des substances liquides ou dissoutes. (Le goût siège sur les papilles gustatives de la langue chez l'homme, qui perçoit quatre saveurs : salée, sucrée, amère, acide; chez les poissons, le goût est assuré par les barbillons; chez les insectes broyeurs, par les pièces buccales; chez les papillons et les mouches, par les tarses.) ‖ Saveur d'un aliment. ‖ Discernement, sentiment du beau : *se fier au goût de qqn.* ‖ Sens intuitif des valeurs esthétiques : *homme de goût.* ‖ Prédilection, penchant particulier : *goût pour la peinture.* ‖ Opinion, préférence : *juger d'après son goût.* ● *Au goût du jour,* selon la mode. ‖ *Dans ce goût-là,* de cette sorte. ‖ *Dans le goût de,* dans le style de. ‖ *Faire passer le goût du pain à qqn* (Pop.), le faire mourir.

GOÛTER v. t. (lat. *gustare*). Sentir la saveur d'un aliment, d'une boisson. ‖ Trouver bon ou agréable, jouir de : *goûter la musique.* ‖ Apprécier, estimer : *goûter un auteur.* ◆ v. t. ind. [**à, de**]. Manger ou boire pour la première fois ou en petite quantité : *goûtez à ces gâteaux; goûter d'un mets.* ‖ Essayer, expérimenter : *goûter d'un métier.* ◆ v. i. Faire un léger repas dans l'après-midi : *donner à goûter aux enfants.*

GOÛTER n. m. Petit repas que l'on prend dans l'après-midi.

GOÛTEUR, EUSE n. Personne chargée de goûter une boisson, une préparation.

GOÛTEUX, EUSE adj. Qui a du goût.

GOUTTE n. f. (lat. *gutta*). Petite partie sphérique qui se détache d'un liquide. ‖ Très petite quantité d'une boisson : *boire une goutte de vin.* ‖ *Fam.* Alcool, eau-de-vie. ‖ *Archit.* Chacun des petits cônes bordant le soffite de la corniche, sous les triglyphes dans l'entablement dorique. ● *Goutte à goutte,* goutte après goutte. ◆ pl. Médicament à prendre sous forme de gouttes. ◆ loc. adv. *Ne ... goutte* (Litt.), ne ... rien, aucunement : *ne voir,* *n'entendre goutte.*

GOUTTE n. f. *Méd.* Affection caractérisée par l'*accès de goutte,* inflammation articulaire très douloureuse, siégeant le plus souvent au gros orteil, et par divers troubles viscéraux. (Elle est provoquée par une augmentation de l'uricémie.)

GOUTTE-À-GOUTTE n. m. inv. Appareil médical permettant de régler le débit d'une perfusion; la perfusion elle-même.

GOUTTELETTE n. f. Petite goutte.

GOUTTER v. i. Laisser tomber des gouttes : *robinet qui goutte.*

GOUTTEREAU [gutro] adj. m. Se dit d'un mur qui porte un chéneau ou une gouttière, par opposition à un mur pignon.

GOUTTEUX, EUSE adj. et n. *Méd.* Relatif à la goutte; atteint de la goutte.

GOUTTIÈRE n. f. Petit canal ouvert recevant les eaux de pluie à la base d'un toit. ‖ *Chir.* Appareil employé pour maintenir un membre malade ou fracturé.

GOUVERNABLE adj. Qu'on peut gouverner.

GOUVERNAIL n. m. (lat. *gubernaculum*). Plan mince, vertical et orientable servant à diriger un navire, un sous-marin ou un avion dans un plan horizontal. ● *Être au gouvernail,* tenir le gouvernail, diriger. ‖ *Gouvernail automatique,* servomécanisme qui, sous l'effet du vent, permet de maintenir un voilier au cap désiré, sans intervention humaine. ‖ *Gouvernail de profondeur,* plan orientable disposé à l'arrière des avions, ainsi qu'à l'avant et à l'arrière des sous-marins, pour les mouvements dans un plan vertical.

GOUVERNANT, E adj. et n. Qui possède le pouvoir politique.

GOUVERNANTE n. f. Femme à laquelle est confiée l'éducation d'un ou de plusieurs enfants. ‖ Femme qui a soin du ménage, de la maison d'un homme veuf ou célibataire.

GOUVERNE n. f. Chacun des organes d'un avion, permettant de le diriger. ● *Pour ma (ta, sa,* etc.) *gouverne* (Litt.), pour servir de règle de conduite.

GOUVERNEMENT n. m. Action de gouverner, d'administrer. ‖ Constitution politique : *gouvernement démocratique.* ‖ Dans un État, ensemble

ARMÉE DE TERRE			MARINE NATIONALE			ARMÉE DE L'AIR		

(Insignes des grades dans l'armée française)

ARMÉE DE TERRE — MARÉCHAUX / OFFICIERS GÉNÉRAUX / OFFICIERS SUPÉRIEURS ET SUBALTERNES / SOUS-OFFICIERS / HOMMES DU RANG

MARINE NATIONALE — OFFICIERS GÉNÉRAUX / OFFICIERS SUPÉRIEURS / OFFICIERS SUBALTERNES / OFFICIERS MARINIERS / OFFICIERS MARINIERS / QUARTIERS-MAÎTRES

ARMÉE DE L'AIR — OFFICIERS GÉNÉRAUX / OFFICIERS SUPÉRIEURS / OFFICIERS SUBALTERNES / SOUS-OFFICIERS / SOUS-OFFICIERS / HOMMES DU RANG

1. Maréchal de France; 2. Général d'armée; 3. Général de corps d'armée; 4. Général de division; 5. Général de brigade; 6. Colonel; 7. Lieutenant-colonel; 8. Chef de bataillon ou d'escadron (s); 9. Capitaine; 10. Lieutenant; 11. Sous-lieutenant; 12. Aspirant; 13. Major; 14. Adjudant-chef; 15. Adjudant; 16. Sergent-chef ou maréchal des logis-chef; 17. Sergent ou maréchal des logis (de carrière); 18. Sergent ou maréchal des logis; 19. Caporal-chef ou brigadier-chef; 20. Caporal ou brigadier.

1. Amiral; 2. Vice-amiral d'escadre; 3. Vice-amiral; 4. Contre-amiral; 5. Capitaine de vaisseau; 6. Capitaine de frégate; 7. Capitaine de corvette; 8. Lieutenant de vaisseau; 9 et 10. Enseignes de vaisseau (1re et 2e classe); 11. Aspirant; 12. Major; 13. Maître principal; 14. Premier maître; 15. Maître; 16 et 17. Seconds maîtres; 18. Quartier-maître de 1re classe; 19. Quartier-maître de 2e classe.

1. Général d'armée aérienne; 2. Général de corps aérien; 3. Général de division aérienne; 4. Général de brigade aérienne; 5. Colonel; 6. Lieutenant-colonel; 7. Commandant; 8. Capitaine; 9. Lieutenant; 10. Sous-lieutenant; 11. Aspirant; 12. Major; 13. Adjudant-chef; 14. Adjudant; 15. Sergent-chef; 16. Sergent (de carrière); 17. Sergent; 18. Caporal-chef; 19. Caporal.

INSIGNES DES GRADES DANS L'ARMÉE FRANÇAISE

des organismes politiques et des personnes exerçant le pouvoir exécutif. ‖ *Hist.* Circonscription administrative de la France d'Ancien Régime. (Il y avait vingt-six gouvernements sous Louis XIV; leur nombre s'accrut au XVIIIe s.) ● *Acte de gouvernement* (Dr.), acte émanant d'une autorité administrative, mais qui, notamment pour des raisons politiques, échappe à tout contrôle juridictionnel.

GOUVERNEMENTAL, E, AUX adj. Relatif au gouvernement. ‖ Qui soutient le gouvernement : *journal gouvernemental.* ● *Fonction gouvernementale,* pouvoir exécutif.

GOUVERNER v. t. (lat. *gubernare*). Diriger à l'aide d'un gouvernail : *gouverner une barque.* ‖ Administrer, exercer la conduite politique de : *gouverner un État.* ‖ En Suisse, s'occuper du bétail matin et soir. ‖ *Ling.* Imposer tel cas, régir tel mode. ● v. i. *Mar.* Obéir au gouvernail.

GOUVERNÉS n. m. pl. Ceux qui sont soumis à un pouvoir politique.

GOUVERNEUR n. m. Personne qui gouvernait un territoire, une place, etc. ‖ Aux États-Unis,

GOUVERNAIL DE BATEAU

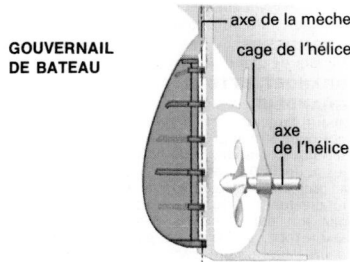

- axe de la mèche
- cage de l'hélice
- axe de l'hélice

GOUVERNAILS D'AVION

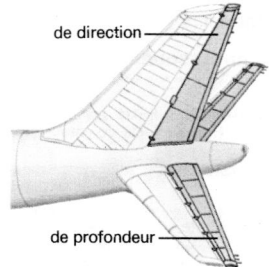

- de direction
- de profondeur

titulaire du pouvoir exécutif dans le cadre d'un État. ‖ Celui qui était jadis chargé de l'éducation d'un prince, d'un jeune homme de famille riche. ‖ Directeur d'un grand établissement public : *gouverneur de la Banque de France.* ‖ *Hist.* Personnage, aux attributions surtout honorifiques, qui commandait un gouvernement.

GOY ou **GOÏ** [gɔj] adj. et n. (mot hébr.) [pl. *goyim, goïm*]. Nom donné par les juifs aux peuples étrangers à leur culte.

GOYAVE [gɔjav] n. f. (esp. *guyaba*). Fruit du goyavier.

GOYAVIER n. m. Genre d'arbres de la famille des myrtacées, cultivés en Amérique tropicale pour leurs baies sucrées, ou goyaves.

gr, symbole du grade.

GRABAT n. m. (lat. *grabatus;* mot gr.). *Litt.* Lit misérable, où l'on souffre.

GRABATAIRE adj. et n. Se dit d'un malade qui ne quitte pas le lit.

GRABEN [grabən] n. m. (mot all.). *Géomorphol.* Syn. de FOSSÉ TECTONIQUE.

GRABUGE n. m. *Fam.* Bruit; bagarre.

GRÂCE n. f. (lat. *gratia*). Beauté, charme particulier de qqn ou de qqch : *marcher, danser avec grâce; geste plein de grâce.* ‖ Faveur que l'on fait sans y être obligé : *demander, accorder une grâce.* ‖ Don surnaturel gratuit que Dieu accorde en vue du salut. ‖ Mesure de clémence par laquelle la peine d'un condamné est supprimée ou réduite. ● *Coup de grâce,* qui achève, donne la mort; qui achève de perdre qqn. ‖ *Crier grâce,* se déclarer vaincu. ‖ *De bonne grâce,* de bon gré, spontanément. ‖ *De grâce,* par bonté, par bienveillance. ‖ *Délai de grâce,* délai supplémentaire accordé pour l'exécution d'une obligation. ‖ *État de grâce,* état de celui auquel Dieu accorde le salut; période où tout semble favorable. ‖ *Être en grâce auprès de qqn,* jouir de sa considération, de sa faveur. ‖ *Faire grâce à qqn de qqch,* ne pas l'exiger de lui, l'en dispenser : *faire grâce d'une dette.* ‖ *Grâce amnistiante* (Dr.), grâce accordée par le chef de l'État en application d'une mesure législative, et qui, de ce fait, a les effets de l'amnistie. ‖ *Mauvaise grâce,* mauvaise volonté. ‖ *Rendre grâce* ou *grâces* (Litt.), remercier. ◆ pl. Prière de remerciement après le repas. ‖ *Faire des grâces,* minauder, faire des manières. ◆ loc. prép. *Grâce à,* par l'action heureuse de : *grâce à votre aide.* ‖ *Grâce à Dieu,* par bonheur.

GRÂCE! interj. Cri par lequel on demande à être épargné.

GRACIABLE adj. Digne d'être gracié.

GRACIER v. t. Réduire ou supprimer la peine d'un condamné.

GRACIEUSEMENT adv. De façon gracieuse. ‖ Gratuitement.

GRACIEUSETÉ n. f. *Litt.* Manière aimable d'agir envers qqn : *il m'a fait mille gracieusetés.* ‖ Gratification donnée en plus (vx).

GRACIEUX, EUSE adj. (lat. *gratiosus*). Qui a du charme : *visage gracieux.* ● À titre gracieux, gratuitement. ‖ *Concours gracieux,* aide bénévole. ‖ *Juridiction gracieuse,* celle qui s'exerce en dehors de tout litige.

GRACILE adj. (lat. *gracilis*). *Litt.* Mince, élancé et fragile.

GRACILITÉ n. f. *Litt.* Caractère gracile.

GRADATION n. f. (lat. *gradatio*). Progression par degrés successifs, par valeurs croissantes (ou décroissantes) : *gradation des efforts.*

GRADE n. m. (lat. *gradus*). Chacun des échelons d'une hiérarchie : *le grade de lieutenant; monter en grade.* ‖ Unité de mesure d'angle plan (symb. : gr), équivalant à l'angle au centre qui intercepte sur la circonférence un arc d'une longueur égale à 1/400 de celle de cette circonférence, soit π/200 radian. (Syn. GON.) ‖ *Techn.* Qualité d'une huile de graissage. ‖ Qualité en vertu de laquelle un agglomérant retient les grains d'abrasif dans une meule. ● *En prendre pour son grade* (Fam.), recevoir une vive remontrance. ‖ *Grade universitaire,* titre décerné par une université (baccalauréat, licence, doctorat).

GRADÉ, E adj. et n. Militaire non officier titulaire d'un grade supérieur à celui de soldat (ou de matelot).

GRADIENT n. m. Taux de variation d'un élément météorologique en fonction de la distance. (Dans le sens vertical, le *gradient de température* s'exprime en 0C par 100 m; dans le sens horizontal, le *gradient de pression* s'exprime en millibars par 100 km ou par degré géographique [111 km].) ‖ *Biol.* Variation, progressivement décroissante à partir d'un point maximal, de la concentration d'une substance ou d'une propriété physiologique, dans un biotope, une cellule ou un organisme. ● *Gradient d'une fonction* (Math.), vecteur ayant pour composantes les dérivées partielles de la fonction par rapport à chacune des coordonnées. ‖ *Gradient de potentiel* (Électr.), variation du potentiel entre deux points, dans la direction du champ.

GRADIN n. m. (it. *gradino*). Petite marche formant degré, à un autel, un meuble, etc. ‖ Chacune des dénivellations, des bancs superposés d'un amphithéâtre, d'un stade. ‖ Chacun des degrés d'un terrain, d'une construction, qui sont en retrait les uns par rapport aux autres.

GRADUAT n. m. En Belgique, cycle d'études techniques, immédiatement inférieur au niveau universitaire.

GRADUATION n. f. Action de graduer. ‖

Chacune des divisions établies en graduant; ensemble de ces divisions.

GRADUÉ, E adj. (de *graduer*). Divisé en degrés : *échelle graduée.* ‖ Qui va progressivement : *exercices gradués.* ◆ n. En Belgique, qui a un diplôme de graduat.

GRADUEL, ELLE adj. Qui va par degrés.

GRADUEL n. m. *Liturg.* Chant qui, à la messe romaine, suit la lecture de l'épître. ‖ Livre qui contient les chants liturgiques de la messe.

GRADUELLEMENT adv. Par degrés.

GRADUER v. t. (lat. *gradus*, degré). Augmenter par degrés : *graduer les difficultés.* ‖ Diviser en degrés : *graduer un thermomètre.*

GRAFFITI n. m. pl. (it. *graffito*, pl. *graffiti*). Inscriptions, dessins griffonnés à la main sur un mur.

GRAILLEMENT n. m. Son émis par la corneille.

GRAILLER v. i. (anc. fr. *graille*, corneille). Crier, en parlant de la corneille. ‖ Parler d'une voix enrouée. ‖ *Véner.* Sonner du cor d'une certaine façon pour rappeler les chiens.

GRAILLER v. t. (de *graillon*). *Arg.* Manger.

GRAILLON n. m. (de *griller*). Odeur de graisse brûlée, de mauvaise cuisine. ‖ *Pop.* Crachat épais.

GRAILLONNER v. i. Prendre une odeur de graillon. ‖ *Pop.* Tousser pour expulser souvent des crachats épais.

GRAIN n. m. (lat. *granum*). Caryopse, fruit formé presque uniquement de la graine : *grain de blé.* ‖ Céréales : *silo à grain.* ‖ Petite baie : *grain de raisin.* ‖ Petit corps sphérique : *les grains d'un chapelet.* ‖ Petite parcelle, corpuscule : *grain de sable, grain de chlorophylle.* ‖ Une petite partie, une faible dose : *un grain de folie.* ‖ Inégalité à la surface d'un cuir, d'une étoffe, d'une pierre, d'une céramique, etc. ‖ *Mar.* Coup de vent violent et subit, généralement de peu de durée. ‖ Averse soudaine. ‖ *Mécan.* Pièce en acier très dur, servant d'appui à un pivot vertical. ‖ *Phot.* Particule formant l'émulsion. ● *Grain de beauté*, petite tache sur la peau. (Syn. LENTIGO.) ‖ *Grain métrique*, unité de mesure de masse, non légale mais tolérée pour les perles fines, équivalant à 0,25 carat métrique, soit 0,05 g. ‖ *Gros grain*, v. GROS-GRAIN. ‖ *Mettre son grain de sel* (Fam.), se mêler de ce qui ne vous regarde pas en intervenant dans une conversation. ‖ *Veiller au grain*, être sur ses gardes. ◆ pl. Les céréales.

GRAINAGE n. m. Production d'œufs de vers à soie. ‖ Syn. de GRENAGE.

GRAINE n. f. (lat. *grana*). Organe dormant enfermé dans un fruit, et qui, après dispersion et germination, donnera une nouvelle plante. ‖ Œufs du bombyx du mûrier (dont la chenille est le ver à soie). ● *En prendre de la graine* (Fam.), prendre modèle, exemple. ‖ *Mauvaise graine*, mauvais sujet. ‖ *Monter en graine*, se développer jusqu'à la production des graines; *fam.*, grandir.

GRAINER v. i. et t. → GRENER.

GRAINETERIE [grɛntri] n. f. Commerce, magasin du grainetier.

GRAINETIER, ÈRE n. et adj. Commerçant en grains, graines, oignons, bulbes, grana.

GRAISSAGE n. m. Action de graisser un moteur, un mécanisme.

GRAISSE n. f. (lat. *crassus*, épais). Substance lipidique onctueuse, fondant entre 25 et 50°C, d'origine animale ou végétale. ‖ Tout corps gras utilisé comme lubrifiant ou pour protéger. ‖ Altération du vin, du cidre, de la bière, qui deviennent filants comme de l'huile. ‖ *Impr.* Épaisseur des traits de la lettre.

GRAISSER v. t. Frotter, enduire de graisse : *graisser une machine.* ‖ Tacher de graisse : *graisser ses vêtements.* ● *Graisser la patte à qqn* (Fam.), lui donner de l'argent pour obtenir ses bons offices. ◆ v. i. Tourner à la graisse, en parlant du vin ou du cidre.

GRAISSEUR, EUSE adj. Qui graisse.

GRAISSEUR n. m. Ouvrier ou dispositif qui effectue le graissage d'appareils mécaniques.

GRAISSEUX, EUSE adj. Qui contient de la graisse : *tissu graisseux.* ‖ Taché de graisse : *vêtements graisseux.*

GRAM n. m. inv. (du médecin danois *Gram*). Solution d'iode et d'iodure de potassium employée avec le violet de gentiane pour colorer et différencier les microbes. (Les bactéries qui, après lavage à l'alcool, gardent cette coloration sont dites « Gram positif » [Gram +], celles qui la perdent « Gram négatif » [Gram −].)

GRAMINACÉE ou **GRAMINÉE** n. f. Plante monocotylédone aux épis de fleurs peu voyants, aux fruits farineux réduits à des grains, et au port herbacé. (Les *graminacées* forment une très importante famille comprenant les céréales, les herbes des prairies, des steppes et des savanes, le bambou, la canne à sucre.)

GRAMMAIRE n. f. (lat. *grammatica*). Étude et description des structures syntaxiques, morphologiques et phonétiques d'une langue. ‖ Livre enseignant méthodiquement ces structures. ‖ Ensemble des règles d'un art, d'une technique.

GRAMMAIRIEN, ENNE n. Spécialiste de grammaire; qui connaît parfaitement les règles de la grammaire.

GRAMMATICAL, E, AUX adj. Qui concerne la grammaire : *exercices grammaticaux.* ‖ Conforme aux règles de la grammaire.

GRAMMATICALEMENT adv. Selon les règles de la grammaire.

GRAMMATICALISATION n. f. Action de grammaticaliser : *la grammaticalisation du nom latin «mente» en suffixe d'adverbe «ment».*

GRAMMATICALISER v. t. *Ling.* Donner à un élément lexical une fonction grammaticale.

GRAMMATICALITÉ n. f. Propriété d'une phrase d'être conforme aux règles de la grammaire d'une langue.

GRAMME n. m. (gr. *gramma*, petit poids). Anc. unité de masse (symb. : g) du système C. G. S.,

valant un millième de kilogramme. (Le gramme représente sensiblement la masse d'un centimètre cube d'eau pure à 4°C.) ● *Gramme-poids, gramme-force*, force avec laquelle une masse de 1 g est attirée par la Terre.

GRANA n. f. Fromage italien, variété de parmesan.

GRAND, E adj. (lat. *grandis*). Qui a des dimensions étendues : *une grande ville.* ‖ De taille élevée : *il est grand pour son âge.* ‖ Qui dépasse la moyenne en intensité, en quantité, etc. : *un grand vent; un grand bruit; marcher à grands pas.* ‖ Qui l'emporte par sa fortune, sa naissance, son influence : *un grand constructeur d'automobiles.* ‖ Qui est important, exceptionnel, remarquable par les qualités, le talent, la situation, etc. : *un grand poète.* ‖ Titre donné aux premiers dignitaires d'un ordre : *grand prêtre; grand officier.* ● *Grand jour*, pleine lumière du soleil. ◆ adv. *Faire qqch en grand*, sans rien ménager. ‖ *Travailler en grand*, sur une vaste échelle. ‖ *Voir grand*, avoir de grands projets.

GRAND n. m. Personne adulte : *un ouvrage utile aux petits et aux grands.* ‖ *Litt.* Personne qui occupe une position sociale élevée : *les grands de ce monde.* ‖ *Hist.* Membre de la plus haute noblesse d'Espagne. ● *Les Grands*, les grandes puissances mondiales.

GRAND-ANGLE ou **GRAND-ANGULAIRE** n. m. (pl. *grands-angles, grands-angulaires*). Objectif photographique couvrant une grande largeur de champ.

GRAND-CHOSE pron. indéf. *Pas grand-chose*, pas beaucoup, peu de chose, pas grand.

GRAND-CROIX n. f. inv. Dignité la plus haute dans la plupart des ordres de chevalerie (Légion d'honneur).

GRAND-CROIX n. m. (pl. *grands-croix*). Personne revêtue de la dignité de grand-croix.

GRAND-DUC n. m. (pl. *grands-ducs*). Titre de quelques princes souverains. ‖ Prince de la famille impériale de Russie.

GRAND-DUCAL, E, AUX adj. Qui concerne un grand-duc ou un grand-duché.

GRAND-DUCHÉ n. m. (pl. *grands-duchés*). Pays gouverné par un grand-duc.

GRANDE-DUCHESSE n. f. (pl. *grandes-duchesses*). Femme ou fille d'un grand-duc. ‖ Souveraine d'un grand-duché.

GRANDELET, ETTE adj. Déjà un peu grand.

GRANDEMENT adv. Beaucoup, largement : *se tromper grandement.* ‖ Au-delà de ce qui est habituel : *être logé grandement.*

GRANDESSE n. f. (esp. *grandeza*). *Hist.* Dignité de grand d'Espagne.

GRANDET, ETTE adj. Assez grand.

GRANDEUR n. f. Étendue en hauteur, longueur, largeur : *la grandeur d'une maison.* ‖ Ce qui peut être augmenté ou diminué : *grandeur physique; grandeur de l'offense.* ‖ Titre donné jusqu'en 1930 à un évêque. ‖ Qualité de qqn qui a puissance et gloire, ou élévation morale, intellectuelle. ‖ Qualité de qqch de remarquable par son importance. ‖ *Astron.* Syn. anc. de MAGNITUDE. ● *Délire de grandeur* (Psychiatr.), délire euphorique reposant sur des thèmes d'expansion du moi. ‖ *Folie des grandeurs*, syn. de MÉGALOMANIE. ‖ *Grandeur nature* ou *en vraie grandeur*, dont les dimensions sont celles du modèle, de la chose imitée. ‖ *Regarder du haut de sa grandeur*, traiter avec un air de dédain.

GRAND-GARDE n. f. (pl. *grand-gardes*). Syn. anc. de AVANT-POSTE.

GRAND-GUIGNOLESQUE adj. (pl. *grand-guignolesques*). Qui a un caractère outré et invraisemblable.

GRANDILOQUENCE n. f. (lat. *grandis*, grand, et *loqui*, parler). Emploi affecté de grands mots, du style pompeux.

GRANDILOQUENT, E adj. Emphatique, pompeux.

GRANDIOSE adj. (it. *grandioso*). Imposant par la grandeur, la majesté : *édifice grandiose.*

GRANDIR v. i. Devenir grand. ◆ v. t. Rendre ou faire paraître plus grand : *ces chaussures le*

coupe
du grain
de maïs

— tégument
— cotylédon
— gemmule
— radicule
— albumen

dissémination des graines

pissenlit   violette   clématite   pin

tilleul   pois de senteur   balsamine

germination   GRAINES

chêne

haricot

melon

grandissent. ‖ Rendre plus élevé, plus prestigieux : *cela le grandira dans l'estime publique.*

GRANDISSANT, E adj. Qui va croissant.

GRANDISSEMENT n. m. *Opt.* Rapport de la longueur d'une image à la longueur de l'objet.

GRANDISSIME adj. (it. *grandissimo*). Très grand.

GRAND-LIVRE n. m. (pl. *grands-livres*). Liste qui mentionne tous les créanciers de l'État. (On dit aussi : GRAND LIVRE DE LA DETTE PUBLIQUE.) ‖ Registre sur lequel on reporte, compte par compte, toutes les opérations du *journal.*

GRAND-MAMAN n. f. (pl. *grand(s)-mamans*). Grand-mère, dans le langage enfantin.

GRAND-MÈRE n. f. (pl. *grand(s)-mères*). Mère du père ou de la mère. ‖ *Fam.* Vieille femme.

GRAND-MESSE n. f. (pl. *grand(s)-messes*). Messe solennelle chantée.

GRAND-ONCLE n. m. (pl. *grands-oncles*). Le frère du grand-père ou de la grand-mère.

GRAND-PAPA n. m. (pl. *grands-papas*). Grand-père, dans le langage enfantin.

GRAND-PEINE (À) loc. adv. Avec difficulté.

GRAND-PÈRE n. m. (pl. *grands-pères*). Père du père ou de la mère. ‖ *Fam.* Vieillard.

GRANDS-PARENTS n. m. pl. Le grand-père et la grand-mère.

GRAND-TANTE n. f. (pl. *grand(s)-tantes*). La sœur du grand-père ou de la grand-mère.

GRAND-VOILE n. f. (pl. *grand(s)-voiles*). Voile du grand mât.

GRANGE n. f. (lat. *granum*, grain). Bâtiment rural servant à abriter la paille, le foin, les récoltes.

GRANITE ou **GRANIT** n. m. (it. *granito*, grenu). Roche plutonique formée principalement de quartz, de feldspath alcalin et de mica, constituant l'essentiel de la croûte continentale.

GRANITÉ, E adj. Qui présente des grains comme le granite; peint, moucheté d'une manière qui rappelle le granite.

GRANITÉ n. m. Étoffe de laine, de coton, à gros grains. ‖ Sorte de sorbet constitué de glace au sirop peu sucré (de 12 à 13º).

GRANITIQUE adj. De la nature du granite.

GRANITOÏDE n. m. Ensemble de roches appartenant à la famille du granite. ◆ adj. Qui a l'apparence du granite.

GRANIVORE adj. et n. Qui se nourrit de graines.

GRANULAIRE adj. Qui se compose de petits grains.

GRANULAT n. m. Ensemble des constituants inertes (sables, graviers, cailloux) des mortiers, des enrobés et des bétons.

GRANULATION n. f. Agglomération en petits grains. ‖ *Méd.* Lésion organique consistant en de petites tumeurs qui se forment dans les organes, sur les muqueuses ou sur les plaies. ‖ *Techn.* Fragmentation d'un produit fondu que l'on soumet à l'action d'un jet d'eau et qui se solidifie en éléments divisés, à contours arrondis.

GRANULE n. m. (lat. *granulum*). Petit grain. ‖ *Pharm.* Petite pilule renfermant une quantité infime mais rigoureusement dosée d'une substance très active.

GRANULÉ, E adj. Qui présente des granulations. ‖ En forme de granule.

GRANULÉ n. m. Préparation pharmaceutique faite de grains irréguliers, et dont l'excipient est un sucre. (Syn. SACCHARURE.)

GRANULER v. t. Mettre en petits grains.

GRANULEUX, EUSE adj. Divisé en petits grains : *terre granuleuse.* ‖ *Méd.* Qui présente des granulations.

GRANULIE n. f. *Méd.* Forme grave de tuberculose, caractérisée par la dissémination dans les poumons (granulie pulmonaire) ou dans tout l'organisme (granulie généralisée) de granulations tuberculeuses du volume d'un grain de mil. (Syn. TUBERCULOSE MILIAIRE.)

GRANULITE n. f. Roche métamorphique constituée essentiellement de quartz et de feldspath

et, accessoirement, de grenat ou de pyroxène. ‖ Granite à mica blanc (vx).

GRANULOCYTE n. m. *Biol.* Leucocyte polynucléaire du sang.

GRANULOME n. m. (lat. *granulum*, petite graine). Petite tumeur conjonctive, bénigne, arrondie.

GRANULOMÉTRIE n. f. Classement d'un produit pulvérulent en pourcentage des grains de différentes grosseurs qui le composent. ‖ Mesure des particules minérales du sol ou d'une roche.

GRANY-SMITH [granismis] n. f. Variété de pomme verte à chair ferme.

GRAPE-FRUIT [grɛpfrut] n. m. inv. (mot angl.). Pamplemousse.

GRAPHE n. m. Système de couples formés par l'application d'un ensemble dans un second ensemble ou dans le même ensemble. (Si les deux ensembles sont l'ensemble R des nombres réels, le graphe est un système de points et se confond avec la représentation graphique d'une fonction.) ‖ Ensemble de points nommés *sommets*, dont certains couples sont reliés par une ligne orientée *(flèche)* ou non *(arête).*

GRAPHÈME n. m. *Ling.* Syn. de LETTRE.

GRAPHIE n. f. (gr. *graphein*, écrire). Manière dont un mot est écrit.

GRAPHIQUE adj. Qui représente par des signes écrits : *l'alphabet est un système graphique.* ‖ Qui se rapporte au dessin ou à la gravure originale. ‖ Qui se rapporte aux procédés d'impression et aux arts de l'imprimé (texte et image), par exemple en publicité. ● *Arts graphiques*, arts du dessin et de la gravure originale, ou arts de l'imprimé.

GRAPHIQUE n. m. Représentation plane de données par des grandeurs géométriques ou des figures.

GRAPHIQUE n. f. Système de signes qui utilise les propriétés du plan pour faire apparaître les relations de ressemblance, d'ordre et de proportionnalité entre des ensembles donnés.

GRAPHIQUEMENT adv. De façon graphique.

GRAPHISME n. m. Syn. de GRAPHIE. ‖ Manière de tracer un trait considéré sous l'angle esthétique : *le graphisme de Jacques Villon.*

GRAPHISTE n. Professionnel des arts graphiques.

GRAPHITE n. m. Carbone naturel ou artificiel cristallisé, presque pur, gris-noir, tendre et friable. (Syn. PLOMBAGINE.)

GRAPHITEUX, EUSE ou **GRAPHITIQUE** adj. Qui contient du graphite.

GRAPHITISATION n. f. Traitement thermique effectué sur les fontes, pour précipiter le carbone à l'état de graphite.

GRAPHOLOGIE n. f. (gr. *graphein*, écrire, et *logos*, science). Étude de la personnalité d'un sujet d'après l'examen de son écriture.

GRAPHOLOGIQUE adj. Relatif à la graphologie.

GRAPHOLOGUE n. et adj. Spécialiste de graphologie.

GRAPHOMÈTRE n. m. Instrument anciennement employé dans le lever des plans pour mesurer les angles sur le terrain.

GRAPPA n. f. (mot it.). Eau-de-vie de marc de raisin, fabriquée en Italie.

GRAPPE n. f. (mot francique). Inflorescence dans laquelle les fleurs sont fixées par un pédoncule d'inégale longueur à un axe principal, comme chez le groseillier, la vigne, le lilas. ‖ Agglomération analogue de personnes ou de choses : *une grappe humaine.*

GRAPPILLAGE n. m. Action de grappiller.

GRAPPILLER v. i. Cueillir ce qui reste de raisin dans une vigne après la vendange. ◆ v. t. et i. *Fam.* Faire de petits gains secrets, souvent peu licites. ‖ Prendre par-ci, par-là des restes épars.

GRAPPILLEUR, EUSE adj. et n. Qui grappille.

GRAPPILLON n. m. Petite grappe. ‖ Partie d'une grappe.

GRAPPIN n. m. (de *grappe*, crochet). *Mar.*

Petite ancre à plusieurs pattes recourbées et aiguës. ‖ Crochet d'abordage. ‖ Accessoire d'appareils de levage permettant de saisir des objets ou des matériaux. ● *Jeter, mettre le grappin sur qqn, qqch* (Fam.), l'accaparer, s'en emparer.

GRAPTOLITE n. m. Organisme fossile du début de l'ère primaire, vivant en colonies dans les mers, et que l'on rattache aujourd'hui aux procordés.

GRAS, GRASSE adj. (lat. *crassus*, épais). Qui est formé de graisse ou en contient : *matières grasses; crème grasse pour peaux sèches.* ‖ Fait ou préparé avec de la viande, de la graisse : *bouillon gras.* ‖ Qui a beaucoup de graisse : *un porc gras.* ‖ Enduit de graisse, d'une substance épaisse, glissante : *cheveux gras; boue grasse.* ‖ Épais (traits d'un dessin, caractère typographique). ‖ Abondant : *grasses moissons.* ‖ Qui produit un son pâteux : *toux grasse.* ‖ Grossier : *de grasses plaisanteries.* ● *Ce n'est pas gras,* c'est peu. ‖ *Charbon gras,* charbon à teneur assez forte en matières volatiles, s'agglomérant à la chaleur avant de brûler. ‖ *Corps gras,* substances neutres, d'origine organique, comprenant les huiles, beurres, graisses et suifs. (Ce sont des esters de la glycérine, que l'on peut décomposer par hydrolyse ou saponification.) ‖ *Faire la grasse matinée,* s'attarder dans son lit le matin. ‖ *Jours gras,* les trois derniers jours du carnaval, avant le carême. ‖ *Plantes grasses,* plantes à feuilles épaisses et charnues. ‖ *Série grasse* (Chim.), ensemble des composés organiques à chaîne ouverte. ‖ *Terre grasse,* terre argileuse et fertile. ◆ adv. D'une manière grasse.

GRAS n. m. Partie grasse d'une viande : *le gras du jambon.* ‖ *Au gras,* préparé avec de la viande ou de la graisse : *du riz au gras.* ‖ *Avoir du gras* (Techn.), avoir des dimensions plus fortes qu'il n'est nécessaire. ‖ *Discuter le bout de gras* (Fam.), bavarder. ‖ *Faire gras,* manger de la viande.

GRAS-DOUBLE n. m. (pl. *gras-doubles*). Préparation culinaire des parties les plus grasses de l'estomac du bœuf.

GRASPING-REFLEX n. m. *Neurol.* Syn. de RÉFLEXE D'AGRIPPEMENT.

GRASSEMENT adv. Largement, généreusement : *payer grassement.* ‖ Grossièrement : *rire grassement.*

GRASSERIE n. f. Maladie contagieuse du ver à soie, provoquée par un virus.

GRASSET n. m. Région du membre postérieur des solipèdes, ayant pour base la rotule et les parties molles environnantes.

GRASSEYANT, E adj. Qui grasseye.

GRASSEYEMENT n. m. Prononciation d'une personne qui grasseye.

GRASSEYER v. i. Prononcer les r du fond de la gorge.

GRASSOUILLET, ETTE adj. *Fam.* Un peu gras, potelé : *enfant grassouillet.*

GRATERON n. m. → GRATTERON.

GRATIFIANT, E adj. Qui procure une satisfaction.

GRATIFICATION n. f. Somme versée en plus de la rémunération régulière. ‖ Satisfaction narcissique.

GRATIFIER v. t. (lat. *gratificari*, faire plaisir). Faire généreusement un cadeau, une faveur à qqn : *gratifier qqn d'un pourboire.* ‖ Donner en rétribution qqch de désagréable. ‖ Procurer des satisfactions narcissiques.

GRATIN n. m. (de *gratter*). Partie de certains mets qui reste attachée au fond du récipient dans lequel on les fait cuire. ‖ Mets recouvert de chapelure ou de fromage râpé et doré au four; la croûte qui se forme à la surface. ‖ *Fam.* Élite, société choisie. ‖ Pâte séchée formant l'enduit des frottoirs pour l'inflammation des allumettes.

GRATINÉ, E adj. Se dit d'un plat cuit au gratin. ‖ *Fam.* Qui sort de l'ordinaire, extravagant.

GRATINÉE n. f. Soupe à l'oignon, saupoudrée de fromage râpé, que l'on fait gratiner au four.

GRATINER v. t. Accommoder au gratin.

GRATIOLE [grasjɔl] n. f. (lat. *gratia*, grâce).

Genre de plantes vivaces, de la famille des scrofulariacées, croissant au bord de l'eau.

GRATIS [gratis] adv. (mot lat.). Sans qu'il en coûte rien.

GRATITUDE n. f. Reconnaissance d'un bienfait reçu : *témoigner sa gratitude.*

GRATTAGE n. m. Action de gratter.

GRATTE n. f. Fam. Petit profit illégitime. ‖ *Pop.* Guitare.

GRATTE-CIEL n. m. inv. (angl. *sky-scraper*). Bâtiment en forme de tour et à très grand nombre d'étages.

GRATTE-CUL n. m. inv. Syn. fam. de CYNORHODON.

GRATTE-DOS n. m. inv. Baguette terminée par une main d'ivoire ou d'os, pour se gratter le dos.

GRATTEMENT n. m. Bruit fait en grattant.

GRATTE-PAPIER n. m. inv. *Fam. et péjor.* Modeste employé de bureau.

GRATTE-PIEDS n. m. inv. Paillasson fait de lames métalliques, placé à l'entrée des maisons.

GRATTER v. t. (mot francique). Frotter avec les ongles une partie du corps : *se gratter la tête.* ‖ Effacer au grattoir : *gratter un mot.* ‖ Racler, frotter pour nettoyer, polir : *gratter un mur.* ‖ Faire éprouver une démangeaison : *ce pull me gratte.* ‖ *Fam.* Faire un petit bénéfice secret. ‖ *Pop.* Devancer : *gratter un concurrent.* ◆ v. i. *Pop.* Travailler. ● *Gratter à la porte*, frapper discrètement.

GRATTERON ou **GRATERON** n. m. (mot francique). Nom usuel d'un *gaillet* dont la tige porte de petits aiguillons.

GRATTOIR n. m. Canif à large lame, pour effacer l'écriture en grattant le papier. ‖ Outil pour gratter. ‖ Pâte séchée formant l'enduit des frottoirs pour l'inflammation des allumettes. ‖ *Préhist.* Outil lithique façonné sur un éclat ou sur une lame et présentant un front arrondi.

GRATUIT, E adj. (lat. *gratuitus*). Fait ou donné sans faire payer : *consultation gratuite; enseignement gratuit.* ‖ Sans fondement, sans justification : *supposition gratuite.* ● *Acte gratuit*, acte sans aucun motif, ni utilité, ni justification.

GRATUITÉ n. f. Caractère de ce qui est gratuit : *la gratuité de l'enseignement.*

GRATUITEMENT adv. Sans payer. ‖ Sans preuve; sans motif.

GRAU n. m. (mot languedocien). Chenal, à travers un cordon littoral, qui fait communiquer un étang et la mer.

GRAVATIER n. m. Celui qui enlève les gravats d'un chantier.

GRAVATS n. m. pl. (de *grève*, au sens anc. de *gravier*). Partie la plus grossière du plâtre, qui ne traverse pas le crible. ‖ Menus décombres de démolition. (Syn. GRAVOIS.)

GRAVE adj. (lat. *gravis*). Qui a de l'importance ou qui peut avoir des conséquences fâcheuses : *affaire grave; maladie grave.* ‖ Sérieux, compassé : *air, ton grave.* ‖ *Mus.* Solennel et lent. ‖ De faible fréquence : *voix ou son grave.* ● *Accent grave* (è) [Ling.], accent qui est tourné de gauche à droite.

GRAVE n. m. Ce qui est grave. ‖ Œuvre ou fragment d'œuvre musicale de caractère majestueux et de tempo retenu. ‖ Ensemble des sons de faible fréquence.

GRAVE n. f. (de *grève*, au sens de *sable*). Terrain alluvionnaire possédant une granulométrie homogène et utilisé pour la constitution de la couche de base d'une chaussée.

GRAVELEUX, EUSE adj. Mêlé de gravier : *terre graveleuse.* ‖ Se dit des fruits dont la chair contient de petits corps durs. ‖ Très licencieux, grivois : *paroles graveleuses.*

GRAVELLE n. f. (de *grève*, au sens anc. de *gravier*). Syn. anc. de LITHIASE URINAIRE.

GRAVELURE n. f. Propos grivois, licencieux.

GRAVEMENT adv. De façon grave.

GRAVER v. t. (mot francique). Tracer une figure, des caractères, sur une matière dure (métal, bois, pierre) avec un instrument pointu (ciseau, burin) : *graver un cuivre, une inscrip-*

tion. ‖ Rendre durable dans l'esprit : *graver dans la mémoire.* ● *Graver un disque*, y tracer un sillon portant l'enregistrement.

GRAVES n. m. pl. (de *grève*). Vins blancs produits dans les *graves*, région du Bordelais formée de terrasses caillouteuses sur la rive gauche de la Gironde et surtout de la Garonne.

GRAVETTIEN, ENNE adj. et n. m. (de *la Gravette*, en Dordogne). Faciès culturel du paléolithique supérieur, caractérisé par un burin sur troncature retouchée et une pointe élancée à bord rectiligne abattu par retouches abruptes. (Situé entre l'aurignacien et le solutréen [27000-20000 av. notre ère], le gravettien a produit de remarquables statuettes féminines en ivoire.)

GRAVEUR n. m. Ouvrier, praticien qui grave; artiste dont le mode d'expression est l'estampe. ‖ Transducteur électromécanique servant à graver les disques.

GRAVIDE adj. (lat. *gravidus*). Qui porte un fœtus ou un embryon, en parlant d'une femelle ou d'un utérus.

GRAVIDIQUE adj. *Méd.* Qui a rapport à la grossesse.

GRAVIDITÉ n. f. État d'une femelle ou d'un utérus gravides.

GRAVIER n. m. (de *grève*, au sens de *sable*). Débris de pierre, de grosseur intermédiaire entre le sable et les cailloux.

GRAVIÈRE n. f. Carrière de gravier.

GRAVIFIQUE adj. (lat. *gravis*, lourd). *Phys.* Qui concerne la pesanteur.

GRAVILLON n. m. Produit du triage d'une roche concassée dont la grosseur des éléments est comprise entre cinq et vingt-cinq millimètres.

GRAVILLONNAGE n. m. Épandage de gravillon sur une chaussée.

GRAVILLONNER v. t. Couvrir de gravillon.

GRAVIMÈTRE n. m. Appareil servant à mesurer la composante verticale du champ de la pesanteur.

GRAVIMÉTRIE n. f. Mesure de l'intensité de la pesanteur. ‖ *Chim.* Analyse effectuée par pesées.

GRAVIMÉTRIQUE adj. De la gravimétrie.

GRAVIR v. t. (mot francique). Monter avec effort : *gravir une pente.* ‖ Franchir, parcourir : *gravir les échelons de la hiérarchie.*

GRAVISPHÈRE n. f. Région située autour d'un astre, dans laquelle l'attraction de cet astre l'emporte sur celle des astres voisins.

GRAVITANT, E adj. Qui gravite.

GRAVITATION n. f. (lat. *gravitas*, pesanteur). *Phys.* Phénomène en vertu duquel tous les corps matériels s'attirent en raison directe de leur masse et en raison inverse du carré de leur distance. (V. ATTRACTION.)

GRAVITATIONNEL, ELLE adj. *Phys.* Qui concerne la gravitation. ● *Écroulement* ou *effondrement gravitationnel* (Astron.), événement cataclysmique de la vie d'une étoile, survenant lorsque les forces gravitationnelles l'emportent sur les forces thermonucléaires au sein de cette étoile.

GRAVITÉ n. f. (lat. *gravitas*, pesanteur). Qualité d'une personne grave (ou de son comportement); dignité, sérieux : *la gravité d'un magistrat; perdre sa gravité.* ‖ Caractère important ou dangereux : *gravité d'une faute; la gravité d'une maladie.* ‖ *Phys.* Force de gravitation exercée par un astre sur un corps. ‖ En acoustique, caractère d'un son musical relativement bas. ● *Centre de gravité*, point d'application de la résultante des actions de la pesanteur sur toutes les parties d'un corps. ‖ *Tectonique par gravité*, mouvement tectonique correspondant au glissement par gravité d'une couverture, dû à la surrection du socle sous-jacent.

GRAVITER v. i. Évoluer autour de qqn : *graviter dans l'entourage d'un ministre.* ‖ Être sous la dépendance économique et politique d'un État puissant. ‖ *Phys.* Décrire une trajectoire autour d'un point central, en vertu de la gravitation.

GRAVOIS n. m. pl. Syn. anc. de GRAVATS.

GRAVURE n. f. Manière, art ou action de graver. ‖ Ouvrage du graveur; estampe obtenue à l'aide d'une planche gravée. ● *Reproduction d'un dessin, d'un tableau.* ● *Gravure sur disque*, action de creuser à la surface d'un disque un sillon portant l'enregistrement; le disque lui-même.

GRAY n. m. (de Stephen *Gray*). Unité de mesure de dose absorbée (symb. : Gy), équivalant à la dose absorbée dans un élément de matière de masse 1 kilogramme auquel les rayonnements ionisants communiquent de façon uniforme une énergie de 1 joule.

GRAZIOSO [grasjozo] adv. *Mus.* Gracieusement.

GRÉ n. m. (lat. *gratum*, ce qui est agréable). *Au gré de qqn*, selon ses désirs, ses goûts. ‖ *Au gré de qqch*, en se laissant aller à. ‖ *Bon gré mal gré*, volontairement ou de force. ‖ *De gré à gré*, à l'amiable : *vendre de gré à gré.* ‖ *De son plein gré*, volontairement. ‖ *Savoir gré, bon gré, mauvais gré à qqn* (Litt.), se montrer satisfait ou mécontent de qqn.

GRÈBE n. m. Oiseau palmipède qui pêche dans les étangs poissons et insectes, et construit un nid flottant. (Famille des podicipitidés; long. 30 cm.)

GREC, GRECQUE adj. et n. De la Grèce : *peuple grec.* ● *À la grecque*, mode de préparation de divers légumes que l'on fait cuire avec de l'huile, du vin et des aromates, et que l'on sert froids. ‖ *Église grecque*, nom improprement donné à l'Église orthodoxe.

grèbe

imprimerie	appellation (grec ancien)	imprimerie	appellation (grec ancien)
A α	a alpha	N ν	n nu
Bϐ, β	b bêta	Ξ ξ	ks xi
Γ γ	g gamma	O o	o omicron
Δ δ	d delta	Π π	p pi
E ε	e epsilon	P ρ	r rhô
Z ζ	dz dzêta	Σ σ, ς	s sigma
H η	e êta	T τ	t tau
Θ θ	t aspiré : thêta	Υ υ	u upsilon
I ι	i iota	Φ φ	p aspiré : phi
K κ	k kappa	X χ	k aspiré : khi
Λ λ	l lambda	Ψ ψ	ps psi
M μ	m mu	Ω ω	o oméga

ALPHABET GREC

GREC n. m. La langue grecque.

GRÉCISER v. t. Donner une forme grecque aux mots d'une autre langue.

GRÉCO-BOUDDHIQUE adj. Se disait de l'art du Gāndhāra qui a subi des influences grecques.

GRÉCO-LATIN, E adj. Commun au grec et au latin.

GRÉCO-ROMAIN, E adj. Relatif à la civilisation née de la rencontre des cultures grecque et latine. ● *Époque gréco-romaine*, période qui s'étend de 146 av. J.-C. (conquête de la Grèce par les Romains) à la fin du Ve s. (chute de l'Empire d'Occident). ‖ *Lutte gréco-romaine,* variété de lutte n'admettant les prises qu'au-dessus de la ceinture et interdisant l'action des jambes pour porter des prises.

GRECQUE n. f. *Bx-arts.* Bande ornementale composée de lignes brisées formant une suite

Lauros-Giraudon

grecque

d'angles droits et revenant périodiquement sur elles-mêmes. ‖ Scie de relieur. ‖ Coiffe féminine.

GRECQUER v. t. Scier à l'aide de la grecque.

GREDIN, E n. (anc. néerl. *gredich,* avide). Individu malhonnête.

GREDINERIE n. f. Action, caractère de gredin.

GRÉEMENT [gremã] n. m. Ensemble des cordages, manœuvres, poulies qui servent à l'établissement, à la tenue et à la manœuvre des voiles d'un bateau.

GREEN [grin] n. m. (mot angl., *pelouse*). Espace gazonné, très roulant, aménagé autour de chaque trou du golf.

GRÉER [gree] v. t. (mot scandin.). Garnir un voilier, un mât de son gréement.

GRÉEUR n. m. Spécialiste de la pose des agrès d'un navire.

GREFFAGE n. m. Action ou manière de greffer.

GREFFE n. m. (lat. *graphium,* poinçon à écrire). Lieu où sont déposées les minutes des jugements, où se font les déclarations concernant la procédure.

GREFFE n. f. (lat. *graphium,* poinçon). Opération qui permet la multiplication asexuée des arbres à fruits et à fleurs par l'insertion sur une plante *(sujet)* d'une partie d'une autre *(greffon)* dont on désire développer les caractères; le greffon lui-même. ‖ Opération chirurgicale consistant à transférer sur un individu (homme ou animal) des parties prélevées sur lui-même *(autogreffe),* sur un autre individu de la même espèce *(homogreffe)* ou sur un individu d'une autre espèce *(hétérogreffe).* [Lorsqu'il y a raccordement de vaisseaux et de conduits naturels, on parle de *transplantation.*]

GREFFER v. t. Soumettre à l'opération de la greffe : *greffer un pommier.* ◆ **se greffer** v. pr. S'ajouter : *sur cette affaire s'en est greffée une autre.*

GREFFEUR n. m. Celui qui greffe.

GREFFIER n. m. Personne qui dirige les services du greffe d'un tribunal.

GREFFOIR n. m. Outil pour greffer.

GREFFON n. m. Bourgeon, jeune rameau ou tissu animal destiné à être greffé.

GRÉGAIRE adj. (lat. *grex, gregis,* troupeau). Se dit des animaux qui vivent en troupes. ‖ Qui pousse les êtres humains à constituer des groupes où se perd la personnalité de chacun. ● *Instinct grégaire,* instinct qui pousse les animaux à s'assembler en troupeau.

GRÉGARINE n. f. Protiste sporozoaire parasite de divers animaux.

GRÉGARISME n. m. Tendance chez des individus de même espèce à se grouper en troupeau.

GRÈGE adj. f. (it. *[seta] greggia,* [soie] brute). Se dit de la soie brute obtenue par le dévidage du cocon.

GRÈGE adj. et n. m. Se dit d'une couleur qui tient du gris et du beige.

GRÉGEOIS adj. m. (lat. *graecus,* grec). *Feu*

grégeois (Hist.), composition incendiaire à base de salpêtre et de bitume, qui brûlait même au contact de l'eau.

GRÉGORIEN, ENNE adj. *Relatif au pape Grégoire Ier.* ● *Chant grégorien,* chant liturgique dont la codification fut attribuée au pape Grégoire Ier, et restauré au XIXe s. par les moines de Solesmes.

GRÈGUES n. f. pl. (prov. *grega*). Haut-de-chausses (vx).

GRÊLE adj. (lat. *gracilis*). Long et menu : *jambes grêles.* ‖ Aigu et faible : *voix grêle.* ● *Intestin grêle,* ou *grêle* n. m., v. INTESTIN.

GRÊLE n. f. (mot francique). Précipitation météorologique constituée de grains de glace. ‖ Grande quantité d'objets qui tombent dru : *une grêle de pierres.*

GRÊLÉ, E adj. Qui a des marques de variole : *visage grêlé.*

GRÊLER v. impers. Tomber, en parlant de la grêle. ◆ v. t. Gâter par la grêle : *l'orage a grêlé les vignes.*

GRÊLEUX, EUSE adj. Se dit d'un temps, d'une saison où la grêle est à redouter.

GRELIN n. m. (néerl. *greling*). *Mar.* Gros cordage pour l'amarrage d'un navire,

GRÊLON n. m. Grain de grêle.

GRELOT n. m. (moyen haut all. *grell,* aigu). Boule métallique creuse, contenant un morceau de métal qui la fait résonner dès qu'on la remue. ● *Attacher le grelot,* prendre l'initiative. ‖ *Avoir les grelots* (Pop.), avoir peur.

GRELOTTANT, E adj. Qui grelotte.

GRELOTTEMENT n. m. Action de grelotter.

GRELOTTER v. i. Trembler de froid.

GRÉMILLE n. f. Poisson voisin des perches, vivant dans les eaux courantes à fond sableux. (Syn. PERCHE GOUJONNIÈRE.)

GRENACHE n. m. (it. *vernaccia*). Cépage noir, à gros grains, du Languedoc et du Roussillon; vin fait avec ce raisin.

GRENADAGE n. m. Action de lancer des grenades.

GRENADE n. f. (lat. *granatum,* fruit à grains).

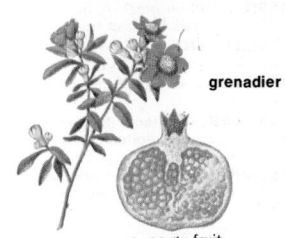

GRENADES
à gauche, grenade à fusil antichar de 65 mm ; *à droite,* grenade à main offensive d'exercice

ogive

levier de déclenchement
goupille de sécurité
charge creuse conique (explosif)
bouchon allumeur
amorce détonateur
fusée
goupille de sécurité
tube stabilisateur contenant la cartouche de lancement
explosif
détonateur
empennage
corps en plastique

Fruit du grenadier, de la grosseur d'une belle pomme, et renfermant des graines nombreuses, rouges ou rosées, d'une saveur aigrelette agréable. ‖ *Mil.* Projectile léger (explosif, incendiaire, fumigène ou lacrymogène), qui peut être lancé à courte distance soit à la main, soit à l'aide d'un fusil. ‖ Ornement militaire représentant une grenade allumée (insigne de l'infanterie, du

génie, etc.). ● *Grenade sous-marine,* engin conçu pour l'attaque des sous-marins en plongée.

GRENADEUR n. m. Appareil servant à lancer les grenades sous-marines.

GRENADIER n. m. Arbre cultivé dans les pays méditerranéens, à fleurs rouge vif et dont le fruit est la grenade. (Famille des myrtacées.) ‖ Soldat chargé de lancer des grenades. ‖ *Hist.* Soldat de certains corps d'élite.

GRENADIÈRE n. f. Giberne à grenades (vx).

GRENADILLE n. f. Espèce de passiflore d'Australie et de Malaisie, dont le fruit, par sa forme et par son goût, rappelle la grenade.

GRENADIN, E adj. et n. De Grenade, du royaume de Grenade.

GRENADIN n. m. Variété d'œillet. ‖ Espèce de pinson africain. ‖ Tranche de filet de veau peu épaisse et entourée de lard.

GRENADINE n. f. Sirop à base de jus de grenade.

GRENAGE ou **GRAINAGE** n. m. Action de réduire en grains. ‖ Action de transformer la surface lisse d'un corps en une surface légèrement rugueuse pour faciliter un travail ultérieur.

GRENAILLAGE n. m. Décapage d'une surface au moyen de grenaille projetée par la force centrifuge d'une turbine.

GRENAILLE n. f. Métal ou métalloïde réduit

Giraudon

grenadier
par Detaille

grenadier
coupe du fruit

en menus grains : *grenaille de plomb.* ‖ Rebut de graine, qu'on jette aux volailles.

GRENAILLER v. t. Réduire en grenaille.

GRENAISON n. f. *Bot.* Formation des graines.

GRENAT n. m. (anc. fr. *pomme grenade,* grenade). Silicate double de divers métaux, qui se rencontre dans les roches métamorphiques, et dont plusieurs variétés sont des pierres fines. ◆ adj. inv. D'un rouge sombre : *velours grenat.*

GRENÉ, E adj. Qui offre de nombreux points rapprochés : *dessin grené.*

GRENELER v. t. (conj. 3). Marquer de petits points très rapprochés un papier, une peau, etc.

GRENER (conj. 5) ou **GRAINER** v. i. Produire de la graine. ◆ v. t. Réduire en grains.

GRENETIS [grɛnti] n. m. Ensemble de petits grains en relief au bord des monnaies en métal précieux, pour empêcher de les rogner.

GRENIER n. m. (lat. *granarium*). Partie d'un bâtiment destinée à emmagasiner les grains. ‖ Le plus haut étage d'une maison, sous le comble. ‖ *Litt.* Région fertile produisant de grandes quantités de blé : *la Beauce est le grenier de la France.*

GRENOBLOIS, E adj. et n. De Grenoble.

GRENOUILLAGE n. m. (de *grenouille*). *Fam.* et *péjor.* Dans le domaine politique, ensemble d'intrigues, de manœuvres.

GRENOUILLE n. f. (lat. pop. *ranucula*). Amphibien sauteur et nageur, à peau lisse, verte ou rousse, vivant au bord des mares et des étangs. (La larve de la grenouille, ou *têtard*, vit dans l'eau. Ordre des anoures.) [Cri : la grenouille *coasse*.] ● *Manger la grenouille* (Fam.), en parlant du dépositaire d'un fonds commun, se l'approprier.

GRENOUILLER v. i. *Fam.* et *péjor.* S'agiter dans l'entourage de personnalités politiques pour obtenir un avantage.

GRENOUILLÈRE n. f. Marécage à grenouilles. ‖ Combinaison pour bébé, avec jambes à chaussons.

GRENOUILLETTE n. f. Renoncule aquatique à fleurs blanches. ‖ *Méd.* Tumeur d'origine salivaire qui se forme sous la langue.

GRENU, E adj. (lat. *granum*, grain). Riche en grains : *épi grenu.* ‖ Couvert de petites saillies arrondies : *cuir grenu.* ‖ Se dit d'une roche éruptive dont les cristaux sont visibles à l'œil nu (granite, diorite).

GRENU n. m. Aspect grenu : *le grenu d'un marbre.*

GRENURE n. f. État d'un cuir, d'un métal grenus.

GRÈS [grɛ] n. m. (mot francique). Roche sédimentaire formée de grains de sable réunis par un ciment siliceux ou calcaire, et utilisée pour la construction ou le pavage. ‖ Matériau céramique dont la dureté et l'imperméabilité caractéristiques sont dues à une vitrification partielle d'argile réfractaire (kaolin) et de feldspath, obtenue entre 1 150 et 1 300 ⁰C; objet fait de cette matière. (On dit parfois *grès cérame.*) ‖ Produit sécrété par le ver à soie accolant les deux filaments qui forment le cocon. (Syn. SÉRICINE.)

GRÉSAGE n. m. Action de gréser.

GRÉSER v. t. (conj. 5). *Techn.* Polir, poncer avec une meule, avec de la poudre de grès.

GRÉSEUX, EUSE adj. De la nature du grès.

GRÉSIL [grezil ou grezi] n. m. (de *grès*). Petit grain de grêle très blanc et très dur.

GRÉSILLEMENT n. m. Action de grésiller; résultat de cette action. ‖ Cri du grillon.

GRÉSILLER v. impers. Tomber, en parlant du grésil.

GRÉSILLER v. i. (anc. fr. *grediller*, griller). Produire de petits crépitements : *huile chaude qui grésille.*

GRESSIN [grɛsɛ̃] n. m. (it. *grissino*). Petit pain très friable, en forme de baguette.

GRÈVE n. f. (mot prélatin, *sable*). Terrain plat et uni, couvert de gravier et de sable, le long de la mer ou d'un cours d'eau.

GRÈVE n. f. (du n. de la place de *Grève* où se réunissaient les ouvriers en chômage). Arrêt collectif du travail décidé par les travailleurs. ● *Faire (la) grève, se mettre en grève,* arrêter le travail. ‖ *Grève de la faim,* refus d'absorber de la nourriture afin d'attirer l'attention sur des revendications. ‖ *Grève de l'impôt,* refus concerté d'acquitter l'impôt. ‖ *Grève perlée,* succession de ralentissements dans la production. ‖ *Grève sauvage,* arrêt de travail effectué brusquement par la base sans consignes syndicales. ‖ *Grève surprise,* arrêt collectif de travail avant

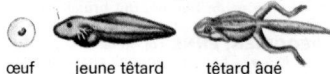
métamorphoses de la grenouille

œuf   jeune têtard   têtard âgé

grenouille

toute négociation ou en cours de négociation. ‖ *Grève sur le tas,* grève avec occupation du lieu de travail. ‖ *Grève tournante,* arrêt du travail atteignant tour à tour les divers ateliers d'une entreprise, les divers secteurs d'une profession. ‖ *Grève du zèle,* manifestation de mécontentement consistant à effectuer son travail avec une minutie excessive.

GREVER v. t. (lat. *gravare*, charger) [conj. 5]. Soumettre à de lourdes charges : *grever son budget.*

GRÉVISTE n. et adj. Personne qui participe à une grève.

GRIBICHE adj. (mot normand, *grimacier*). Se dit d'une sauce vinaigrette dans laquelle on ajoute un jaune d'œuf cuit et des fines herbes.

GRIBICHE n. f. En Suisse, femme acariâtre, méchante.

GRIBOUILLAGE ou **GRIBOUILLIS** n. m. *Fam.* Écriture illisible; dessin, peinture brouillés, informes.

GRIBOUILLE n. m. *Fam.* Personne brouillonne, sotte et naïve.

GRIBOUILLER v. i. et t. (néerl. *kriebelen,* griffonner). *Fam.* Écrire, dessiner, peindre d'une manière confuse : *un enfant qui gribouille sur son cahier.*

GRIBOUILLEUR, EUSE n. *Fam.* Personne qui fait des gribouillages.

GRIÈCHE adj. → PIE-GRIÈCHE.

GRIEF n. m. (lat. *gravis,* pénible). Sujet de plainte : *formuler ses griefs.* ● *Faire grief de qqch à qqn,* le lui reprocher.

GRIÈVEMENT adv. (anc. fr. *grief;* lat. *gravis*). *Grièvement blessé,* très gravement blessé.

GRIFFADE n. f. Coup de griffe.

GRIFFE n. f. (mot francique). Ongle de corne, pointu et courbe, porté par la phalange terminale des doigts de nombreux vertébrés : mammifères carnassiers et rongeurs, oiseaux, reptiles. ‖ Pouvoir, domination : *être sous la griffe de qqn.* ‖ Cachet, empreinte reproduisant une signature : *apposer sa griffe.* ‖ Petit crochet de métal qui maintient en place la pierre d'un bijou. ‖ Nom donné à divers outils en forme de griffe. ‖ Marque propre à un créateur, à un fournisseur, et destiné à marquer sa production. ‖ *Archit.* Au Moyen Âge, ornement sculpté sur le dessus des angles de la plinthe d'une colonne. ‖ *Bot.* Nom donné aux rhizomes de certaines plantes : *griffes d'asperges.*

GRIFFER v. t. Donner un coup de griffe ou un coup d'ongle, égratigner : *le chat l'a griffé au visage.*

GRIFFEUR, EUSE adj. et n. Qui griffe.

GRIFFON n. m. (lat. *gryphus*). Nom usuel du vautour fauve. ‖ Chien d'arrêt, à poil long et rude au toucher. ‖ Animal fabuleux, doté du corps du lion, de la tête et des ailes de l'aigle, des oreilles du cheval et d'une crête de nageoires de poisson. ‖ Point d'émergence d'une source minérale ou thermale.

griffon miniature d'un manuscrit du XVe s.

GRIFFONNAGE n. m. Action de griffonner.

GRIFFONNER v. t. (de *griffe*). Écrire très mal ou hâtivement : *griffonner une lettre.*

GRIFFONNEUR, EUSE n. Personne qui griffonne.

GRIFFU, E adj. Armé de griffes.

GRIFFURE n. f. Coup de griffe, égratignure.

GRIGNE n. f. (de *grigner*). Inégalité dans le feutre. ‖ Fente en long du pain; couleur dorée du pain bien cuit.

GRIGNER v. i. (mot francique, *faire la moue*). Goder, faire des faux plis.

GRIGNON n. m. Morceau de pain du côté le plus cuit, et que l'on peut grignoter (vx).

GRIGNOTAGE n. m. *Fam.* Action de s'approprier progressivement qqch.

GRIGNOTEMENT n. m. Action de grignoter.

GRIGNOTER v. t. (anc. fr. *grigner,* grincer). Manger du bout des dents, par petites parcelles : *grignoter un gâteau.* ‖ *Fam.* Gagner du terrain, faire quelque profit : *il trouve toujours qqch à grignoter.*

GRIGNOTEUSE n. f. Machine-outil utilisée au découpage du bois et des métaux tendres en feuilles.

GRIGNOTIS [griɲɔti] n. m. Taille en spirale du graveur.

GRIGOU n. m. (mot languedocien, *gredin*). *Fam.* Homme d'une avarice sordide.

GRI-GRI ou **GRIGRI** n. m. (pl. *gris-gris* ou *grigris*). Nom africain des amulettes et des talismans contre les mauvais sorts.

GRIL [gril ou gri] n. m. (lat. *craticulum*). Ustensile de cuisine constitué de tiges métalliques parallèles ou d'une plaque de métal strié pour faire cuire à feu vif la viande, le poisson, etc. ‖ Claire-voie en amont d'une vanne. ‖ Plancher à claire-voie au-dessus du cintre d'un théâtre pour pendre certains décors. ‖ *Mar.* Chantier horizontal de carénage. ● *Être sur le gril* (Fam.), être anxieux ou impatient. ‖ *Gril costal* (Anat.), la cage thoracique.

GRILLADE n. f. Viande grillée.

GRILLAGE n. m. Action de griller. ‖ *Techn.* Action de chauffer un minerai dans un courant d'air; action de passer les étoffes sur la flamme pour les débarrasser de leurs déchets.

GRILLAGE n. m. (de *grille*). Treillis de fil de fer placé aux fenêtres, aux portes, etc., ou pouvant servir de clôture.

GRILLAGER v. t. (conj. 1). Garnir d'un grillage.

GRILLE n. f. (lat. *craticula*). Assemblage de barreaux fermant une ouverture ou établissant une séparation. ‖ Châssis métallique disposé pour recevoir le combustible solide d'un foyer. ‖ Quadrillage percé de trous conventionnels servant à écrire et à lire des cryptogrammes. ‖ Quadrillage pour mots croisés. ‖ Tableau représentant un ensemble de faits, de renseignements : *une grille de programme radiophonique.* ‖ *Électron.* Électrode en forme de grille placée entre la cathode et l'anode de certains tubes électroniques. ● *Être derrière les grilles,* être prisonnier. ‖ *Grille de loto,* formulaire servant à jouer au Loto national. ‖ *Grille des salaires*, ensemble des salaires dans une profession ou chez les employés de l'État.

GRILLE-ÉCRAN n. f. (pl. *grilles-écrans*). Dans un tube électronique à plusieurs grilles, électrode portée à un potentiel positif inférieur à celui de la plaque.

GRILLE-PAIN n. m. inv. Appareil pour griller les tranches de pain.

GRILLER v. t. Protéger, fermer avec une grille.

GRILLER v. t. Faire rôtir sur le gril, en exposant à la flamme. ‖ Torréfier : *griller du café*. ‖ Dessécher, racornir par un excès de chaleur ou de froid : *la gelée grille les bourgeons*. ‖ Mettre hors d'usage par un court-circuit ou un excès de tension : *griller un moteur, une lampe*. ‖ *Fam.* Dépasser dans une course. ‖ *Techn.* Effectuer le grillage. ● *Griller un feu rouge* (Fam.), ne pas s'y arrêter. ◆ v. i. Être exposé à une forte chaleur. ● *Griller de*, désirer vivement.

GRILLOIR n. m. Dispositif d'un four destiné à cuire à feu vif.

grillon

GRILLON n. m. (lat. *gryllus*). Insecte sauteur de couleur noire, dont une espèce vit parfois dans les cuisines et les boulangeries, et une autre creuse des terriers dans les champs. (Long. 3 cm; ordre des orthoptères.) [Cri : le grillon *stridule*.]

GRILL-ROOM [grilrum] n. m. (mots angl.) [pl. *grill-rooms*]. Salle de restaurant où l'on grille viandes et poissons sous les yeux des consommateurs.

GRIMAÇANT, E adj. Qui grimace : *visage grimaçant*.

GRIMACE n. f. (mot francique). Contorsion du visage, involontaire ou non, exprimant la douleur, le mécontentement, le dégoût, etc. ◆ pl. *Litt.* Mines hypocrites. ‖ Mauvais plis d'un vêtement.

GRIMACER v. i. (conj. 1). Faire des grimaces. ‖ Faire des faux plis.

GRIMACIER, ÈRE adj. et n. Qui fait des grimaces.

GRIMAGE n. m. Action de grimer.

GRIMAUD n. m. (mot francique). *Litt.* Mauvais écrivain.

GRIME n. m. (it. *grimo*, ride). Rôle de vieillard ridicule; acteur qui joue ce rôle (vx).

GRIMER v. t. *Théâtr.* et *Cin.* Maquiller.

GRIMOIRE n. m. (altér. de *grammaire*). Livre à l'écriture et aux formules mystérieuses dont se servaient les magiciens et les sorciers. ‖ Livre, écrit indéchiffrable.

GRIMPANT, E adj. Se dit des plantes qui montent le long des corps voisins, soit par enroulement de la tige (liseron, haricot), soit par des organes fixateurs spécialisés (crampons du lierre, vrilles du pois).

GRIMPÉE n. f. *Fam.* Montée d'une côte.

GRIMPER v. i. (de *gripper*). Monter en s'aidant des pieds et des mains : *grimper aux arbres*. ‖ Monter sur un point élevé, sur une pente raide : *grimper au sommet d'un piton rocheux*. ‖ S'élever en pente raide : *chemin qui grimpe dans la montagne*. ‖ En parlant des plantes, monter le long des corps voisins. ‖ *Fam.* Atteindre une valeur plus élevée, en parlant d'une action, de l'or, etc. ◆ v. t. Escalader : *grimper un escalier à toute vitesse*.

GRIMPER n. m. *Sports.* Exercice qui consiste à monter à la corde lisse ou à nœuds.

GRIMPEREAU n. m. Oiseau passereau qui grimpe sur le tronc des arbres. (Long. 12 cm.)

GRIMPETTE n. f. *Fam.* Chemin en pente raide.

GRIMPEUR, EUSE adj. et n. Qui grimpe.

GRIMPEUR n. m. Coureur cycliste qui excelle à monter les côtes. ‖ Alpiniste. ‖ Oiseau arboricole à deux doigts antérieurs et deux doigts postérieurs à chaque patte, comme le *pic*, le *coucou*, le *perroquet*. (Les *grimpeurs*, ou *piciformes*, forment un ordre.)

GRINÇANT, E adj. Qui grince; discordant, aigu.

GRINCEMENT n. m. Action de grincer; bruit désagréable produit par certains frottements.

GRINCER v. i. (conj. 1). Produire par frottement un bruit strident : *des roues qui grincent*. ● *Grincer des dents*, les frotter les unes contre les autres par rage ou douleur.

GRINCHEUX, EUSE adj. et n. (mot dialect.; de *grincer*). Qui a un caractère désagréable; qui se plaint continuellement; de mauvaise humeur.

GRINGALET n. m. *Fam.* Petit homme maigre et chétif.

GRINGE adj. En Suisse, grincheux, de mauvaise humeur.

grive

GRIOT [grijo] n. m. Poète et musicien ambulant en Afrique noire.

GRIOTTE n. f. (prov. *agriota*; de *agre*, aigre). Cerise acidulée à queue courte. ‖ Marbre brun-rouge tacheté de blanc.

GRIOTTIER n. m. Variété de cerisier qui produit les griottes.

GRIPPAGE ou **GRIPPEMENT** n. m. *Mécan.* Effet dû au frottement de deux surfaces en contact qui, faute d'un graissage suffisant, adhèrent fortement ensemble.

GRIPPAL, E, AUX adj. Relatif à la grippe : *affection grippale*.

GRIPPE n. f. Nom donné à diverses affections saisonnières contagieuses d'origine virale et s'accompagnant de fièvre ainsi que de catarrhe nasal ou bronchique. ● *Prendre qqn en grippe*, éprouver à son égard de l'antipathie.

GRIPPÉ, E adj. et n. Atteint de la grippe. ◆ adj. Se dit des surfaces qui adhèrent ensemble par suite de grippage.

GRIPPER v. i. (mot francique). Adhérer fortement par défaut de graissage, en parlant de pièces mécaniques. ◆ **se gripper** v. pr. Se coincer.

GRIPPE-SOU n. m. (pl. *grippe-sou* ou *grippe-sous*). *Fam.* Homme avare, qui fait de petits gains sordides.

GRIS, E adj. (mot francique). De couleur intermédiaire entre le blanc et le noir. ‖ Sans éclat, sans intérêt : *une vie grise*. ‖ *Fam.* À moitié ivre, éméché. ● *Matière, substance grise* (Anat.), tissu gris rosé qui constitue en particulier la surface du cerveau et du cervelet; *fam.*, intelligence, réflexion : *faire travailler sa matière grise*. ‖ *Papier gris*, papier épais et fait de chiffons non blanchis. ‖ *Temps gris*, temps couvert.

GRIS n. m. Couleur grise. ‖ Tabac ordinaire. ● *Gris perle*, couleur grise qui a un certain éclat blanc.

GRISAILLE n. f. Atmosphère triste et monotone, caractère terne et sans intérêt : *la grisaille d'une journée d'automne*. ‖ *Bx-arts*. Peinture en camaïeu gris, donnant l'illusion du relief. ‖ Couleur noire des peintres verriers, vitrifiée par cuisson.

GRISAILLER v. t. Barbouiller de gris. ◆ v. i. Devenir grisâtre.

GRISANT, E adj. Qui exalte, surexcite : *succès grisant*.

GRISARD n. m. Peuplier gris ou blanc.

GRISÂTRE adj. Qui tire sur le gris.

GRISBI n. m. *Arg.* Argent.

GRISÉ n. m. Teinte grise donnée à un tableau, à une gravure, à un plan.

GRISÉOFULVINE n. f. Antifongique extrait de *Penicillium griseofulvum*, et actif contre les principales mycoses de la peau.

GRISER v. t. Faire boire qqn jusqu'à le rendre à moitié ivre. ‖ Porter à la tête, étourdir, en parlant des liqueurs enivrantes. ‖ Mettre dans un état d'excitation physique : *la vitesse grise*. ‖ Transporter d'enthousiasme, exalter : *se laisser griser de flatteries*.

GRISERIE n. f. Demi-ivresse. ‖ Excitation qui fait perdre le sens des réalités : *la griserie du succès*.

GRISET n. m. Requin de la Méditerranée, de couleur grise, sauf les flancs, qui sont blancs. (Long. : 2 à 4 m.)

GRISETTE n. f. Ouvrière jeune et coquette (vx).

GRISOLLER v. i. Chanter, en parlant de l'alouette.

GRISON, ONNE adj. et n. Du canton des Grisons (Suisse).

GRISON n. m. *Litt.* Âne.

GRISONNANT, E adj. Qui grisonne.

GRISONNEMENT n. m. Le fait de grisonner.

GRISONNER v. i. Devenir gris, en parlant du poil, des cheveux.

GRISOU n. m. (mot wallon). Gaz inflammable, composé en grande partie de méthane, qui se dégage dans les mines de houille et qui, mélangé avec l'air, explose au contact d'une flamme (*coup de grisou*).

GRISOUMÈTRE n. m. Appareil pour déterminer la quantité de grisou dans une mine.

GRISOUTEUX, EUSE adj. Qui contient du grisou : *mine grisouteuse*.

GRIVE n. f. (anc. fr. *grieu*, grec). Oiseau passereau voisin du merle, à plumage brun et gris. (Famille des turdidés.)

GRIVELÉ, E adj. Tacheté, mêlé de gris et de blanc, comme le ventre de la grive.

GRIVELER v. t. et i. (de *grive*) [conj. 3]. Faire une grivèlerie.

GRIVELERIE n. f. Délit commis par celui qui ne paie pas une note d'hôtel, de restaurant, etc.

GRIVETON n. m. *Pop.* Simple soldat.

GRIVOIS, E adj. (arg. *grive*, guerre). Qui est d'une gaieté libre; licencieux : *chanson grivoise*.

GRIVOISERIE n. f. Caractère de ce qui est grivois; action ou parole grivoise : *dire des grivoiseries*.

GRIZZLI ou **GRIZZLY** [grizli] n. m. (mot anglo-amér.). Espèce d'ours gris de grande taille, des montagnes Rocheuses.

GRŒNENDAEL [grɔnɛndal] n. m. (mot flamand). Race belge de chiens de berger, à poil long noir.

GROENLANDAIS, E [grɔenlɑ̃dɛ, ɛz] adj. et n. Du Groenland.

GROG n. m. (mot angl.). Boisson composée d'eau-de-vie ou de rhum, d'eau chaude sucrée et de citron.

GROGGY [grɔgi] adj. (mot angl.). Se dit d'un boxeur qui a perdu conscience pendant quelques instants sans être knock-out. ‖ Étourdi, assommé par un choc physique ou moral.

GROGNARD n. m. *Hist.* Soldat de la vieille garde de Napoléon Ier.

GROGNE n. f. *Fam.* Expression de mécontentement : *la grogne des commerçants*.

GROGNEMENT n. m. Cri des porcins. ‖ *Fam.* Murmure de mécontentement.

GROGNER v. i. (lat. *grunnire*). Crier, en parlant des porcins, de l'ours, etc. ‖ *Fam.* Manifester son mécontentement.

GROGNEUR, EUSE adj. et n. Qui grogne.

GROGNON, ONNE adj. et n. Qui a l'habitude de grogner : *enfant grognon*.

GROIE n. f. (anc. fr. *groe*, gravier). Terre de

groie, sol argileux contenant des morceaux calcaires.

GROIN n. m. (lat. pop. *grunnium*; de *grunnire*, grogner). Museau du porc et du sanglier.

GROISIL n. m. *Techn.* Ensemble de déchets provenant de la fabrication du verre.

GROLE ou **GROLLE** n. f. (lat. pop. *grolla*). *Pop.* Chaussure.

GROMMELER v. t. et i. (moyen néerl. *grommen*) [conj. **3**]. *Fam.* Murmurer entre ses dents.

GROMMELLEMENT n. m. Action de grommeler.

GRONDANT, E adj. Qui gronde.

GRONDEMENT n. m. Bruit sourd et prolongé.

GRONDER v. i. (lat. *grundire*). Produire un bruit sourd et menaçant : *le chien se mit à gronder.* ‖ Être menaçant, imminent : *l'émeute grondait.* ‖ Exprimer son mécontentement à voix indistincte : *gronder entre ses dents.* ◆ v. t. Réprimander : *gronder un enfant paresseux.*

GRONDERIE n. f. Action de gronder qqn; réprimande.

GRONDEUR, EUSE adj. Qui gronde : *une voix grondeuse.*

GRONDIN n. m. (de *gronder*, allusion au grognement émis par la vessie natatoire). Poisson marin des fonds vaseux du plateau continental, à museau proéminent, atteignant parfois 60 cm de long. (Sous-classe des téléostéens, genre *trigle*. Les individus roses sont les *rougets grondins*.)

GROOM [grum] n. m. (mot angl.). Jeune domestique en livrée, dans certains hôtels et restaurants.

GROS, GROSSE adj. (lat. pop. *grossus*). Qui a des dimensions importantes en volume, en épaisseur, en quantité, en intensité : *un gros arbre; grosse somme; grosse fièvre.* ‖ Qui n'est pas fin, grossier : *gros drap; de gros souliers; du gros rouge.* ‖ Riche : *gros commerçant.* ● *Avoir le cœur gros*, avoir du chagrin. ‖ *Avoir les yeux gros de larmes*, les yeux gonflés de larmes. ‖ *Faire les gros yeux*, menacer silencieusement. ‖ *Grosse mer*, mer agitée. ‖ *Grosse voix*, voix grave et forte; voix menaçante. ◆ adv. Beaucoup : *gagner gros.* ● *Écrire gros*, en gros caractères. ● *En gros*, par grandes quantités : *acheter en gros*; sans entrer dans les détails : *en gros, voilà ce que je veux.* ◆ n. Personne grosse. ‖ Personne riche, influente.

GROS n. m. La partie la plus considérable : *le gros de l'armée.* ‖ Vente ou achat par grandes quantités : *prix de gros.* ‖ Ce qu'il y a de plus important; le principal : *le gros de l'affaire; faites le plus gros.* ● *En avoir gros sur le cœur*, avoir beaucoup de chagrin, de ressentiment.

GROS-BEC n. m. (pl. *gros-becs*). Oiseau passereau granivore, à bec très large. (Long. 18 cm.)

GROSEILLE n. f. (mot francique). Petit fruit rouge ou blanc, qui vient par grappes. ● *Groseille à maquereau*, variété de groseille, verte ou rouge, plus grosse que les groseilles ordinaires, à goût acidulé, employée dans une sauce accompagnant le maquereau. ◆ adj. inv. De couleur rouge.

GROSEILLIER n. m. Arbrisseau de la famille des ribésiacées, dont le fruit est la groseille.

GROS-GRAIN n. m. (pl. *gros-grains*). Tissu de soie à grosses rayures transversales. ‖ Ruban sans lisière caractérisé par des côtes verticales plus ou moins grosses.

GROS-PORTEUR n. m. (pl. *gros-porteurs*). Avion de grande capacité.

GROSSE n. f. Douze douzaines de certaines marchandises : *une grosse de boutons.* ‖ *Dr.* Copie d'un acte authentique ou d'un jugement, revêtue de la formule exécutoire.

GROSSESSE n. f. État de la femme enceinte, entre la fécondation et l'accouchement. ● *Grossesse nerveuse*, ensemble de manifestations somatiques évoquant une grossesse, sans qu'il y ait eu fécondation, et lié à des motivations inconscientes.

■ La grossesse est le développement dans l'utérus du produit de la fécondation, l'*œuf*, qui devient l'*embryon*, s'entoure de membranes et se nourrit aux dépens de la mère par le *placenta*. Après trois mois, l'embryon prend le nom de *fœtus*. La grossesse dure de 270 à 280 jours et se termine par l'accouchement. La *grossesse extra-utérine* est le développement d'un œuf fécondé en dehors de l'utérus (trompes, abdomen); c'est la cause d'accidents graves et surtout d'hémorragies internes.

GROSSEUR n. f. Volume, dimension en général : *la grosseur d'une personne, d'un mur.* ‖ Tumeur, enflure : *grosseur à la gorge.*

GROSSIER, ÈRE adj. Épais, sans finesse : *étoffe grossière.* ‖ Qui n'est pas fait avec délicatesse, avec soin : *travail grossier.* ‖ Qui manque d'éducation, de culture : *esprit grossier.* ‖ Contraire à la bienséance, à la pudeur : *des propos grossiers.* ‖ Qui indique de l'ignorance; rudimentaire, élémentaire : *erreur grossière.*

GROSSIÈREMENT adv. De façon grossière.

GROSSIÈRETÉ n. f. Caractère de ce qui est grossier, de ce qui manque de finesse : *la grossièreté d'un aliment, des traits.* ‖ Parole ou acte grossier : *dire des grossièretés.*

GROSSIR v. t. Rendre ou faire paraître plus gros, plus ample, plus volumineux, plus important : *son manteau la grossit ; lunette qui grossit les objets; grossir des difficultés.* ◆ v. i. Devenir ou paraître plus gros, augmenter de volume : *la rivière a grossi.* ‖ Devenir plus considérable : *la somme a grossi.*

GROSSISSANT, E adj. Qui devient plus important. ‖ Qui augmente les dimensions apparentes : *verres grossissants.*

GROSSISSEMENT n. m. Action, fait de grossir. ‖ Rapport des angles sous lesquels on voit un même objet avec un instrument d'optique et à l'œil nu.

GROSSISTE n. Marchand en gros et en demigros, intermédiaire entre le fabricant et le détaillant.

GROSSO MODO loc. adv. (mots lat.). En gros, sans entrer dans le détail.

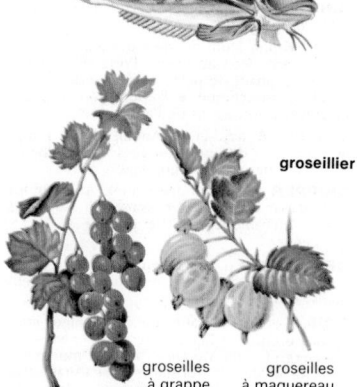

grondin

groseillier

groseilles à grappe   groseilles à maquereau

GROTESQUE adj. (it. *grottesco*). Qui suscite le rire par son extravagance, ridicule : *personnage grotesque; idée grotesque.*

GROTESQUE n. m. Genre littéraire et artistique caractérisé par le goût du bizarre, du bouffon et de la caricature.

■ À l'époque romantique, le grotesque fut réhabilité comme symbole de l'animalité de l'homme par opposition au sublime*, qui en est la part divine : l'œuvre d'art, pour être totale et vraie comme la nature, doit donc mêler grotesque et sublime.

GROTESQUES n. f. pl. Ornements redécouverts à la Renaissance dans les vestiges souterrains de certains monuments antiques de Rome. (Elles mêlent de façon capricieuse arabesques légères, éléments végétaux et petites figures de fantaisie.)

Giraudon

plat en faïence orné de **grotesques**
Espagne, XVIIIe s.

GROTTE n. f. (it. *grotta*). Excavation naturelle ou artificielle.

GROUILLANT, E adj. Qui grouille.

GROUILLEMENT n. m. Mouvement et bruit de ce qui grouille : *le grouillement de la foule.*

GROUILLER v. i. Fourmiller, s'agiter ensemble et en grand nombre : *les vers grouillent dans ce fromage.* ‖ Être plein d'une masse confuse en mouvement : *la rue grouille de monde.* ◆ **se grouiller** v. pr. *Pop.* Se dépêcher.

GROUILLOT n. m. *Fam.* Apprenti, jeune employé chargé de faire les courses, de porter des messages.

GROUP n. m. (it. *groppo*). Sac d'argent cacheté, qu'on expédie d'un lieu à un autre.

GROUPAGE n. m. Action de grouper des colis ayant une même destination. ‖ *Méd.* Détermination du groupe sanguin.

GROUPE n. m. (it. *groppo*, nœud). Ensemble de personnes ou de choses réunies dans un même endroit : *un groupe de curieux.* ‖ Ensemble de personnes qui ont des attitudes et des comportements communs, ayant un objectif commun qui conditionne la cohésion de ses membres : *un groupe politique; groupe de travail.* ‖ *Bx-arts.* Réunion de figures formant un ensemble, surtout dans la sculpture en ronde bosse. ‖ *Math.* En algèbre moderne, ensemble d'éléments de même nature qui contient, avec chaque élément, son inverse, et, avec chaque groupe d'éléments, leur résultante. ‖ *Mil.* Unité des anciennes armes montées ou de l'aviation, sous les ordres d'un officier supérieur. ● *Cabinet, médecine de groupe* (Méd.), forme d'exercice libéral de la médecine, où plusieurs praticiens exercent dans les mêmes locaux. ‖ *Effet de groupe* (Éthol.), modification comportementale provoquée par le groupement, dans un même espace vital, de deux ou plusieurs animaux de la même espèce, sans que leur concentration présente un caractère de contrainte pour leurs déplacements ou leur alimentation. ‖ *Groupe additif, groupe multiplicatif* (Math.), groupe dans lequel l'opération de définition est notée comme l'addition ou la multiplication en algèbre, quelle que soit la nature des éléments ou celle de l'opération. ‖ *Groupe d'armées*, réunion de plusieurs armées sous les ordres d'un chef pour accomplir une mission stratégique. ‖ *Groupe de combat*, unité élémentaire de combat d'infanterie. ‖ *Groupe expérimental* (Psychol.), ensemble des individus que l'on soumet à l'action d'un stimulus que l'on veut étudier. ‖ *Groupe franc*, unité légère de combat, chargée de missions délicates. (Syn. COMMANDO.) ‖ *Groupe industriel* (Écon.), ensemble d'entreprises établissant entre elles des liaisons, notamment financières. ‖ *Groupe parlementaire*, formation permanente réunissant les membres d'une assemblée parlementaire partageant les mêmes idées politiques. (Le groupe doit avoir au moins trente membres à l'Assemblée nationale, quatorze au Sénat.) ‖ *Groupe primaire* (Psychol.), groupe de personnes communiquant entre elles directement. ‖ *Groupe sanguin*, ensemble d'individus entre lesquels le sang peut être transfusé sans agglutination des hématies. (Dans l'espèce humaine, on distingue quatre groupes sanguins principaux et des sous-groupes.) [V. FACTEUR* RHÉSUS.] ‖ *Groupe secondaire* (Psychol.), groupe de personnes où les relations se font par personnes interposées. ‖ *Groupe témoin* (Psychol.), groupe d'individus équivalant au point de vue de l'échantillonnage au groupe expérimental et qui n'est pas soumis au stimulus dont on veut étudier les effets. ‖ *Groupe tissulaire* (Méd.), ensemble d'individus entre lesquels peuvent être faites des greffes ou des transplantations d'organes sans apparition de phénomènes immunologiques de rejet.

GROUPEMENT n. m. Action de grouper. ‖ Réunion importante de personnes ou de choses groupées : *groupement politique.* ● *Groupement foncier agricole,* organisme, de caractère civil, ayant pour objet la propriété de sols à usage agricole destinés à être exploités ou donnés à bail par location à long terme. ‖ *Groupement de gendarmerie,* unité de gendarmerie correspondant à un département. ‖ *Groupement d'intérêt économique (G. I. E.),* groupement d'entreprises réalisé dans le but d'exercer en commun certaines activités. ‖ *Groupement tactique,* réunion, sous un même chef, d'unités diverses concourant à une même mission.

GROUPER v. t. Assembler en groupe, réunir : *grouper des enfants; grouper des faits.* ◆ v. i. Dans un saut, ramener les genoux le plus haut possible, soit au cours du temps d'élévation, soit à la chute.

GROUPIE n. f. (mot angl.). Admiratrice inconditionnelle d'un musicien, d'un chanteur ou d'un groupe de musique pop et qui le suit dans tous ses déplacements.

GROUPUSCULE n. m. *Fam.* et péjor. Petit groupe de personnes.

GROUSE [gruz] n. f. Syn. de LAGOPÈDE.

GRUAU n. m. (mot francique). Granules obtenus par le fractionnement des grains lors du broyage des céréales. (Syn. SEMOULE.) ‖ Farine très pure provenant de l'écrasement des semoules. ● *Pain de gruau,* pain fait de fleur de farine.

GRUE n. f. (lat. *grus*). Oiseau échassier dont une espèce, gris cendré, traverse la France pour hiverner en Afrique. (Long. 1,15 m.) [Cri : la grue *glapit, trompette, craque.*] ‖ *Fam.* Femme de mœurs légères; prostituée. ● *Faire le pied de grue,* attendre longtemps, debout.

GRUE n. f. (même étym. qu'à l'art. précéd.). Appareil de levage pour soulever et déplacer de lourds fardeaux. ‖ *Cin.* Plate-forme mobile et orientable portant la caméra et l'opérateur, et permettant des mouvements combinés. ● *Grue hydraulique,* appareil servant à alimenter en eau les locomotives à vapeur.

GRUGEOIR [gryʒwar] n. m. Pince du peintre verrier, servant à rogner le bord des verres.

GRUGER [gryʒe] v. t. (néerl. *gruizen,* écraser) [conj. 1]. *Gruger qqn* (Litt.), le tromper, le voler.

GRUME n. f. (lat. *gruma*). Tronc d'arbre abattu, ébranché et recouvert de son écorce. ‖ Grain de raisin. ● *Bois en grume,* tout bois abattu, ébranché, propre à fournir du bois d'œuvre.

GRUMEAU n. m. (lat. *grumulus*). Petite portion de matière caillée, agglomérée dans une bouillie, une pâte.

GRUMELER (SE) v. pr. (conj. 3). Se mettre en grumeaux.

GRUMELEUX, EUSE adj. Composé de grumeaux. ‖ Qui a de petites inégalités dures, au-dedans ou au-dehors : *poire grumeleuse.*

GRUMELURE n. f. Petit trou accidentel dans la masse d'une pièce de métal fondu.

GRUPPETTO [grupɛto] n. m. (mot it.) [pl. *gruppetti*]. *Mus.* Ornement constitué par 3 ou 4 notes brèves qui précèdent ou suivent la note principale.

GRUTIER n. m. Conducteur d'une grue.

GRUYÈRE [gryjɛr] n. m. Fromage d'origine suisse obtenu à partir de lait de vache dont le caillé est cuit puis pressé. (Il se présente sous forme cylindrique, plus ou moins gros selon la variété : de 60 à 110 kg pour l'*emmenthal,* de 20 à 45 kg pour le *comté.*)

GRYPHÉE n. f. (bas lat. *grypus,* recourbé). Mollusque très voisin de l'huître.

GUADELOUPÉEN, ENNE adj. et n. De la Guadeloupe.

GUAI ou **GUAIS** adj. m. Se dit d'un hareng qui a frayé et qui n'a plus ni œufs ni laitance.

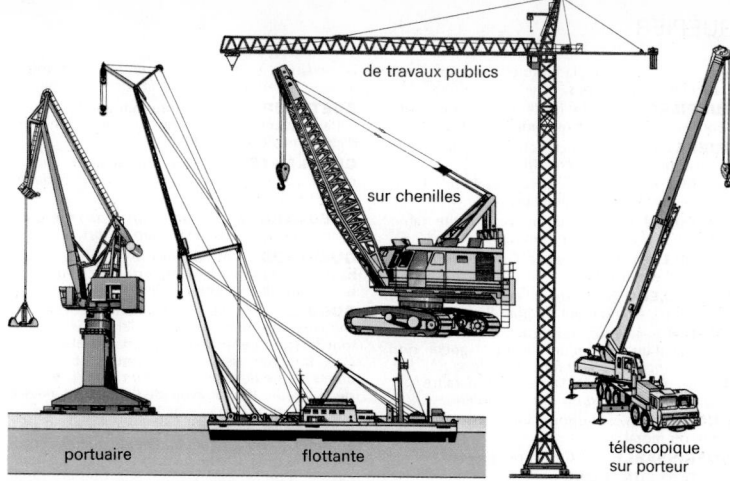

de travaux publics

sur chenilles

portuaire   flottante

télescopique
sur porteur

GRUES

GUANACO [gwanako] n. m. (mot esp.; du quechua). Race de lamas sauvages des Andes.

GUANINE n. f. L'une des quatre bases azotées de l'A. D. N. du noyau cellulaire. (Son nom lui vient du *guano,* d'où elle fut extraite en premier lieu.)

GUANO [gwano] n. m. (du quechua). Matière provenant de l'accumulation d'excréments et de cadavres d'animaux marins, qui constitue un engrais riche en azote et en acide phosphorique. ‖ Nom donné à des matières fertilisantes d'origines diverses.

GUARANI [gwarani] n. m. (mot guarani). Langue indienne du Paraguay et du Brésil. ‖ Unité monétaire principale du Paraguay.

GUATÉMALTÈQUE [gwatemaltɛk] adj. et n. Du Guatemala.

GUÉ n. m. (lat. *vadum*). Endroit d'une rivière où l'on peut passer sans perdre pied.

GUÉ ! interj. Forme de *gai,* dans certaines chansons : *la bonne aventure, ô gué!*

GUÉABLE adj. Qu'on peut passer à gué.

GUÈBRE n. et adj. (persan *ghebr*). *Hist.* Adepte de la religion de Zarathushtra en Iran.

GUÈDE n. f. (mot germ.). Pastel des teinturiers, qui donne une couleur bleue.

GUELFE [gɛlf] n. m. et adj. (all. *Welf*). *Hist.* Partisan des papes en Italie, ennemi des gibelins.

■ Les *Welfs (guelfes)* étaient les ducs de Bavière, qui, au XIIᵉ s., s'opposaient aux Hohenstaufen, ducs de Souabe et seigneurs de *Waiblingen* (d'où le mot *gibelins*). Quand les Hohenstaufen, avec Frédéric Iᵉʳ Barberousse († 1190), voulurent faire échec à la suprématie pontificale et aux visées angevines en Italie, l'antagonisme allemand se transporta en Italie, les partisans de l'empereur, ou *gibelins,* s'opposant aux alliés du pape et des Angevins, les *guelfes.*

GUELTE [gɛlt] n. f. (all. *Geld,* argent). Pourcentage accordé à un vendeur sur ses ventes.

GUENILLE n. f. Vêtement sale, en lambeaux.

GUENON n. f. Singe femelle. ‖ Nom usuel du *cercopithèque.* ‖ *Fam.* Femme très laide.

GUÉPARD n. m. (it. *gattopardo; de gatto,* chat, et *pardo,* léopard). Mammifère carnassier d'Afrique et d'Asie, pouvant être domestiqué, très rapide (sa vitesse peut atteindre 100 km/h). [Long. 75 cm, sans la queue.] (Famille des félidés.)

GUÊPE n. f. (lat. *vespa*). Insecte social à abdomen annelé de jaune et de noir, construisant, en une sorte de carton, des nids annuels ou guêpiers, où se développent les larves. (Les ouvrières sont munies d'un aiguillon venimeux. Ordre des hyménoptères.) ● *Taille de guêpe,* taille très fine.

GUÊPIER n. m. Nid de guêpes. ‖ Situation dangereuse, désagréable : *tomber dans un guê-*

grues

guépard

GUÊPE ET **GUÊPIER**

sol

cavité
souterraine

larves
et œufs

enveloppe
en pâte
de bois
mâché

rayon

adulte   entrée du nid

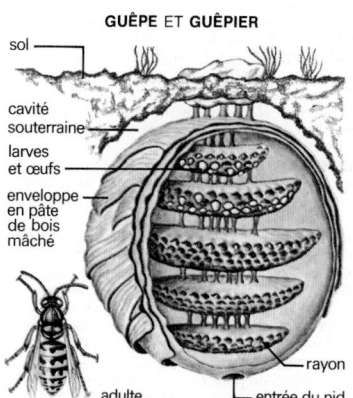

pier. ‖ Oiseau coraciadiforme se nourrissant d'abeilles et de guêpes.

GUÊPIÈRE n. f. (de [taille de] guêpe; nom déposé). Corset étroit qui amincit la taille.

GUÈRE adv. (mot francique). *Ne ... guère*, pas beaucoup : *il n'est guère attentif.*

GUÉRET n. m. (lat. *vervactum*, jachère). Terre labourée mais non ensemencée.

GUÉRIDON n. m. (d'un n. pr.). Petite table ronde à pied central ou à trois pieds.

GUÉRILLA n. f. (mot esp.). Guerre de harcèlement, d'embuscade.

GUÉRILLERO [gerijero] n. m. (mot esp.) [pl. *guérilleros*]. Combattant de guérilla.

GUÉRIR v. t. (mot francique). Délivrer d'une maladie, d'un mal, d'un défaut : *guérir qqn d'une bronchite; guérir un enfant de sa timidité.* ◆ v. i. Recouvrer la santé. ‖ Disparaître par retour à la santé : *mon rhume a guéri.*

GUÉRISON n. f. Suppression d'un mal, physique ou moral.

GUÉRISSABLE adj. Qu'on peut guérir.

GUÉRISSEUR, EUSE n. Personne qui soigne en dehors de l'exercice légal de la médecine.

GUÉRITE n. f. (anc. prov. *garida*). Abri d'un factionnaire.

GUERRE n. f. (mot francique). Épreuve de force entre États, entre peuples, entre partis : *déclarer, faire la guerre.* ● *De bonne guerre*, loyalement, légitimement. ‖ *De guerre lasse*, en renonçant à la lutte après une longue résistance. ‖ *Faire la guerre à qqch*, chercher à le détruire. ‖ *Faire la guerre à qqn*, lui faire constamment des réprimandes, des observations. ‖ *Guerre chimique, nucléaire*, celle dans laquelle sont employées des armes chimiques ou nucléaires. ‖ *Guerre civile*, lutte armée entre partis d'un même pays. ‖ *Guerre classique*, celle où est exclu l'emploi de l'arme nucléaire. ‖ *Guerre électronique*, celle qui vise à paralyser l'emploi des moyens radioélectriques de l'adversaire. (Syn. GUERRE DES ONDES.) ‖ *Guerre froide*, état des relations entre deux pays caractérisé par une attitude constante d'hostilité en tout domaine, mais excluant délibérément qu'elle aboutisse à un conflit armé. ‖ *Guerre psychologique*, mise en œuvre systématique de moyens de propagande de tous ordres destinés à influencer l'attitude des populations ou des armées. ‖ *Guerre révolutionnaire*, doctrine visant à exploiter les contradictions internes existant chez un adversaire afin de s'assurer le contrôle de sa population. ‖ *Guerre sainte*, guerre menée au nom de motifs religieux, croisade. ‖ *Guerre subversive*, action concertée dirigée contre les pouvoirs publics d'un État afin de paralyser leur fonctionnement. ‖ *Guerre totale*, celle qui embrasse toutes les activités d'un peuple ou se donne pour objectif l'anéantissement complet de l'adversaire. ‖ *Homme de guerre*, militaire. ‖ *Nom de guerre*, faux nom que l'on prend dans certaines circonstances. ‖ *Petite guerre*, simulacre de combat ; guerre d'escarmouches.

GUERRIER, ÈRE adj. *Litt.* Qui a trait à la guerre : *activités guerrières.* ‖ Porté à la guerre : *nation guerrière.*

GUERRIER n. m. *Litt.* Combattant, soldat.

GUERROYER v. i. (conj. 2). Faire la guerre.

GUET n. m. (de *guetter*). Surveillance destinée à surprendre qqn ou à éviter d'être pris : *faire le guet.* ‖ *Hist.* Troupe chargée du contrôle pendant la nuit. ● *Guet aérien*, détection des aéronefs.

GUET-APENS [gɛtapɑ̃, au sing. et au pl.] n. m. (pl. *guets-apens*). Embûche dressée pour assassiner, dévaliser ; dessein prémédité de nuire à qqn ou de le mettre en difficulté.

GUÊTRE n. f. (anc. angl. *wrist*). Jambière de cuir ou de toile, qui couvre le bas de la jambe et le dessus du soulier.

GUETTE ou **GUÈTE** n. f. Tourelle du château fort où se tenait le guetteur.

GUETTE ou **GUÈTE** n. f. Pièce oblique dans un pan de bois.

GUETTER v. t. (mot francique). Épier pour surprendre ou pour ne pas être surpris : *guetter l'ennemi.* ‖ Faire peser une menace imminente :

la maladie le guette. ‖ Attendre avec impatience : *guetter l'occasion, la sortie de qqn.*

GUETTEUR n. m. Personne qui guette. ‖ Combattant ayant une mission de renseignement, d'alerte et de surveillance.

GUEULANTE n. f. *Pop.* Ensemble de grands cris de protestation ou d'acclamation : *pousser une gueulante.*

GUEULARD, E n. et adj. *Pop.* Personne qui a l'habitude de parler beaucoup et fort.

GUEULARD n. m. Ouverture supérieure d'un haut fourneau, par laquelle on verse le minerai, le fondant et le combustible.

GUEULE n. f. (lat. *gula*). Bouche de divers animaux vertébrés munis de dents. (Se dit surtout lorsque cette bouche est large et plate.) ‖ *Pop.* Bouche; visage. ‖ Ouverture de certains objets : *gueule d'un four, d'un canon.* ● *Avoir de la gueule* (Pop.), avoir de l'allure. ‖ *Casser la gueule à qqn* (Pop.), le battre, le frapper. ‖ *Faire la gueule* (Pop.), bouder. ‖ *Fine gueule* (Fam.), gourmet. ‖ *Fort en gueule, grande gueule* (Pop.), personne qui parle beaucoup sans agir. ‖ *Gueule cassée* (Pop.), nom donné aux blessés de la face. ‖ *Gueule noire* (Fam.), ouvrier d'une mine de charbon. ‖ *Se casser la gueule* (Pop.), tomber; échouer.

GUEULE-DE-LOUP n. f. (pl. *gueules-de-loup*). Nom usuel du *muflier.*

GUEULER v. i. et t. *Pop.* Parler beaucoup et fort, crier : *gueuler des chansons.*

GUEULES n. m. (de *gueule*). *Hérald.* L'une des couleurs des émaux (rouge), figurée dans le dessin par des traits verticaux.

GUEULETON n. m. *Pop.* Repas copieux.

GUEULETONNER v. i. *Pop.* Faire un gueuleton.

GUEUSE [gøz] n. f. (all. *Guss*, fonte). Lingot de fonte de première fusion.

GUEUSERIE n. f. Condition de gueux (vx).

GUEUX, EUSE adj. et n. (anc. néerl. *guit*, coquin). Indigent, qui est réduit à mendier. ‖ Coquin, fripon. ‖ *Hist.* Nom donné, à partir de 1556, aux partisans de la résistance flamande à l'occupation espagnole qui se livrèrent à des actions de guérilla contre les troupes du duc d'Albe. ● *Courir la gueuse*, fréquenter les femmes de mauvaise vie. ‖ *Herbe aux gueux*, autre nom de la CLÉMATITE.

GUEUZE ou **GUEUSE** n. f. Variété de bière belge, forte et aigre.

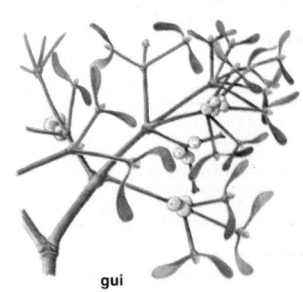

gui

gueule-de-loup   fruits

GUI n. m. (lat. *viscum*). Plante à fleurs apétales, qui vit en parasite sur les branches de certains arbres (peuplier, pommier, très rarement chêne), et dont les fruits, blancs, contiennent une substance visqueuse.

GUI n. m. (néerl. *giek*). *Mar.* Sorte de vergue qui s'appuie contre le pied du mât d'artimon.

GUIBOLLE n. f. *Pop.* Jambe.

GUIBRE n. f. *Mar.* Construction qui fournit au gréement de beaupré des points d'appui en saillie de l'étrave.

GUICHE n. f. Syn. de ACCROCHE-CŒUR.

GUICHET n. m. (anc. scandin. *vik*, cachette). Petite ouverture à hauteur d'homme munie ou non d'une tablette et permettant de parler à quelqu'un et de lui faire passer un objet. ‖

Petite porte pratiquée dans le vantail d'une grande (vx).

GUICHETIER, ÈRE n. Personne à laquelle s'adresse le public au guichet.

GUIDAGE n. m. Action de diriger le mouvement d'un mobile au moyen d'un dispositif approprié. (V. AUTO- et TÉLÉGUIDAGE.) ‖ *Mécan.* Ensemble de dispositifs obligeant un organe mobile à suivre une trajectoire déterminée.

GUIDE n. m. (anc. prov. *guida*). Personne qui conduit, qui accompagne qqn pour lui montrer le chemin, qui fait visiter. ‖ Personne qui donne des conseils, des instructions. ‖ Principe d'après lequel on se dirige. ‖ Ouvrage de renseignements sur un sujet donné. ‖ *Hist.* Cavalier d'un corps d'élite. (En France aux XVIIIe et XIXe s. et auj. en Belgique.) ‖ *Techn.* Organe mécanique servant à diriger un outil, une pièce travaillée sur une machine-outil. ‖ *Guide d'ondes*, tube métallique, parfois isolant, à l'intérieur duquel sont transmises des ondes électromagnétiques de fréquence élevée par réflexion sur les parois internes.

GUIDE n. f. Longue lanière attachée au mors, pour conduire un cheval attelé. ‖ Jeune fille faisant partie d'une association de scoutisme.

GUIDE-ÂNE n. m. (pl. *guide-ânes*). Livre qui contient des règles propres à guider dans un travail.

GUIDEAU n. m. Filet de pêche allongé.

GUIDE-FIL n. m. inv. *Techn.* Appareil qui règle la distribution des fils sur les bobines d'une machine textile.

GUIDER v. t. (de *guide*). Accompagner qqn pour lui montrer le chemin : *guider un aveugle.* ‖ Aider pour faire aller dans une certaine direction : *guider un enfant dans ses études.* ‖ Aider à reconnaître un chemin : *les poteaux indicateurs vous guideront.* ‖ Mener, faire agir : *c'est son intérêt qui le guide.*

GUIDEROPE [gidrɔp] n. m. (mot angl.). *Aéron.* Longue corde qu'on laisse traîner quand un ballon s'approche de terre, et qui agit comme un frein.

GUIDON n. m. (it. *guidone*, étendard). Barre à poignées, commandant la direction de certains véhicules à deux ou trois roues. ‖ *Arm.* Petite pièce métallique fixée à l'avant du canon d'une arme à feu, et qui, avec le cran de mire ou l'œilleton de la hausse, sert à prendre la ligne de mire. ‖ *Hist.* Étendard des gens d'armes de Charles VII, puis des dragons (XVIIe s.); officier qui le portait. ‖ *Mar.* Pavillon servant souvent d'insigne de commandement. ‖ *Mus. anc.* Petite note ou marque placée au bout des lignes pour annoncer la note qui commence la ligne suivante.

GUIGNARD, E adj. *Fam.* Qui a la guigne, malchanceux.

GUIGNE n. f. (mot all.). Variété de cerise à chair sucrée, de couleur noire ou rouge foncé.

GUIGNE n. f. (de *guigner*). *Fam.* Malchance.

GUIGNER v. i. (mot germ.). Regarder du coin de l'œil. ◆ v. t. Regarder qqn ou qqch à la dérobée ou avec convoitise : *guigner le jeu de son voisin, un héritage.*

GUIGNIER n. m. Variété de cerisier qui donne les guignes.

GUIGNOL n. m. (mot lyonnais). Marionnette d'origine lyonnaise. ‖ Théâtre de marionnettes : *aller au guignol.* ‖ Personne comique ou ridicule : *faire le guignol.*

GUIGNOLET n. m. Liqueur faite avec des guignes.

GUIGNON n. m. *Litt.* Malchance.

GUILDE n. f. → GILDE.

GUILLAUME n. m. (du n. pr. *Guillaume*). Rabot à fer étroit et échancré pour faire des feuillures droites.

GUILLEDOU n. m. *Courir le guilledou* (Fam.), chercher des aventures galantes.

GUILLEMET [gijmɛ] n. m. (du n. de l'inventeur, *Guillaume*). Petit crochet double, qui se met au commencement («) et à la fin (») d'une citation, d'un discours direct. ● *Entre guillemets,* expression indiquant qu'on ne prend pas à son compte une affirmation.

GUILLEMETER v. t. (conj. 4). Distinguer par des guillemets.

GUILLEMOT n. m. (dimin. de *Guillaume*). Oiseau palmipède proche du pingouin, à bec droit et long, nichant sur les côtes arctiques. (Long. 40 cm.)

GUILLERET, ETTE adj. Vif et gai.

GUILLOCHAGE n. m. Action, manière de guillocher; son résultat.

GUILLOCHER v. t. (it. dialect. *ghiocciare*; lat. pop. *guttiare*, dégoutter). Orner d'un guillochis.

GUILLOCHIS [gijɔʃi] n. m., ou **GUILLOCHURE** n. f. Ornement gravé constitué par un champ de lignes brisées ou onduleuses qui se croisent de façon régulière.

GUILLON n. m. En Suisse, fausset d'un tonneau.

GUILLOTINE n. f. (de *Guillotin*, n. pr.). Instrument de décapitation pour les condamnés à mort. ‖ Exécution capitale par cet instrument. ● *Fenêtre à guillotine,* fenêtre à un ou plusieurs châssis superposés, ouvrant par translation verticale dans leur plan.

■ La guillotine doit son nom au docteur Guillotin (1738-1814), membre de la Constituante, qui proposa, en 1789, de remplacer par la décapitation les supplices alors en usage, et préconisa une machine employée déjà chez les Italiens. La guillotine fonctionna pour la première fois en France le 25 avril 1792.

GUILLOTINÉ, E adj. et n. Qui a eu la tête tranchée par la guillotine.

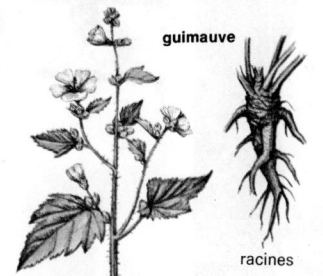
guimauve

racines

GUILLOTINEMENT n. m. Action de guillotiner.

GUILLOTINER v. t. Trancher la tête au moyen de la guillotine.

GUILLOTINEUR n. m. Celui qui fait guillotiner ou qui guillotine.

GUIMAUVE n. f. (gr. *hibiskos*, mauve, croisé avec *gui*, et lat. *malva*, mauve). Genre de plantes de la famille des malvacées, dont une espèce est cultivée sous le nom de *rose trémière* ou *althæa.* ‖ *C'est de la guimauve,* c'est de la sentimentalité niaise. ‖ *Pâte de guimauve,* sorte de confiserie molle qui, en fait, ne contient pas de guimauve.

GUIMBARDE n. f. (mot prov.). *Fam.* Vieille voiture. ‖ Danse populaire ancienne. ‖ Petit

Bernand
guignol du jardin des Tuileries à Paris

instrument dont on tire le son en faisant vibrer une languette d'acier.

GUIMPE n. f. (mot francique). Pièce de toile encadrant le visage et retombant sur le cou et la poitrine (conservée dans le costume de certains ordres religieux féminins). ‖ Petite chemisette en tissu léger qui se porte avec des robes très décolletées.

GUINCHER v. i. (mot francique, *chanceler*). *Pop.* Danser.

GUINDAGE n. m. Action de guinder.

GUINDANT n. m. *Mar.* Hauteur d'un pavillon, d'une voile. (La longueur se nomme le *battant.*)

GUINDÉ, E adj. Qui affecte la raideur et la distinction.

GUINDEAU n. m. (anc. scandin. *vindáss*, cabestan). *Mar.* Treuil spécial muni d'une roue à empreintes sur laquelle passe la chaîne d'ancre.

GUINDER v. t. (anc. scandin. *vinda*, hausser). *Mar.* Lever, hisser au moyen d'une grue, d'une poulie, etc.

GUINDERESSE n. f. *Mar.* Gros cordage.

GUINÉE n. f. (angl. *guinea*). Anc. monnaie de compte anglaise, valant 21 shillings.

GUINÉEN, ENNE adj. et n. De la Guinée.

GUINGOIS (DE) [dagɛ̃gwa] loc. adv. (anc. fr. *guinguer*, sauter). De travers : *marcher de guingois.*

GUINGUETTE n. f. (anc. fr. *guinguet*, étroit, assimilé à l'anc. fr. *ginguer*, *guinguer*, sauter). Cabaret de banlieue.

GUIPAGE n. m. Tresse de matière isolante qui entoure les fils électriques.

GUIPER v. t. (mot francique). Faire des torsades. ‖ Entourer d'isolant un fil électrique.

GUIPURE n. f. Dentelle dont le tissage comporte trois systèmes de fils et dont les motifs sont très en relief.

GUIRLANDE n. f. (it. *ghirlanda*). Cordon ornemental de verdure, de fleurs, etc.

GUISARME [gizarm] n. f. Arme d'hast, à fer asymétrique, et possédant un ou deux crochets sur le dos (XIIᵉ-XVᵉ s.).

GUISE [giz] n. f. (mot francique). *À ma* (ta, sa, etc.) *guise,* selon ma manière d'agir, selon mon goût. ◆ loc. prép. *En guise de,* à la place de, en manière de : *en guise de consolation, il lui a donné un cadeau.*

GUITARE n. f. (esp. *guitarra*; mot ar.). Instrument de musique à cordes pincées et à caisse plate. (Dans la *guitare électrique,* les sons sont amplifiés électriquement.)

GUITARISTE n. Personne qui joue de la guitare.

GUITOUNE n. f. (mot ar.). *Arg.* Tente.

GUJARÂTI n. m. Langue indo-aryenne parlée au Gujerat.

GULDEN [guldɛn] n. m. Autre nom du FLORIN, unité monétaire des Pays-Bas.

GUMMIFÈRE adj. Qui produit de la gomme.

GUNITAGE n. m. Procédé de revêtement par projection de gunite.

GUNITE n. f. (angl. *gun*, canon). Béton spécial

projeté pneumatiquement sur une surface à enduire.

GUNITER v. t. Recouvrir de gunite.

GÜNZ [gynz] n. m. (n. d'une riv. d'Allemagne). *Géol.* En Europe, la première des quatre grandes glaciations de l'ère quaternaire.

GUPPY [gypi] n. m. Poisson de coloration riche et variée, originaire de l'Amérique du Sud, souvent élevé en aquarium, car il supporte des températures comprises entre 18 et 38°C et se reproduit rapidement. (Long. du mâle : 3 cm; de la femelle : 6 cm.)

GURU [guru] n. m. → GOUROU.

GUSTATIF, IVE adj. (lat. *gustus*, goût). Qui a rapport au goût. ● *Nerf gustatif,* nom de deux nerfs provenant des bourgeons de la langue et atteignant l'encéphale.

GUSTATION n. f. (lat. *gustare*, goûter). Action de goûter; perception des saveurs.

GUTTA-PERCHA [gytapɛrka] n. f. (mot angl., du malais). Substance plastique et isolante, tirée du latex des feuilles d'un arbre de Malaisie de la famille des sapotacées.

GUTTIFÈRE ou **GUTTIFÉRALE** n. f. Plante à fleurs de la famille des théacées (thé), des hypéricacées (millepertuis) ou des guttiféracées. (Les *guttifères* forment un ordre.)

GUTTURAL, E, AUX adj. (lat. *guttur*, gosier). Qui a une sonorité rauque. ‖ *Anat.* Qui appartient au gosier : *artère gutturale.*

GUTTURALE adj. et n. f. *Phon.* Se dit d'une consonne qui comporte l'articulation du dos de la langue vers le palais, comme [k], [g].

GUYANAIS, E [gɥijanɛ, ɛz] adj. et n. De la Guyane.

GUYOT n. m. Dans l'océan Pacifique, volcan sous-marin à sommet aplani.

GUYOT n. f. Variété de poire sucrée.

Gy, symbole du *gray.*

GYMKHANA [ʒimkana] n. m. (hindî *gend-khâna*, salle de jeu de balle). Ensemble d'épreuves en automobile ou à motocyclette, où les concurrents doivent suivre un parcours compliqué de chicanes, de barrières, etc.

GYMNASE n. m. (lat. *gymnasium*; mot gr.). Établissement et salle où l'on se livre aux exercices du corps. ‖ Lycée, en Allemagne, en Suisse. ‖ *Antiq. gr.* Édifice public d'abord destiné aux

Riby-Larousse
guitare électrique

guitare traditionnelle

Ph. Gras

seuls exercices physiques et qui devint par la suite un centre de vie intellectuelle.

GYMNASTE n. (gr. *gumnastês*). Sportif qui exécute des exercices de gymnastique.

GYMNASTIQUE adj. Relatif aux exercices du corps. ● *Pas gymnastique*, pas de course cadencée.

GYMNASTIQUE n. f. Art d'exercer, de fortifier et de développer le corps par un certain nombre d'exercices physiques. ‖ Ensemble d'exercices propres à assouplir des facultés intellectuelles : *gymnastique intellectuelle.* ● *Gymnastique corrective*, celle qui a pour objet le redressement de la colonne vertébrale, ainsi que le traitement de certaines anomalies musculaires et malformations. ‖ *Gymnastique rythmique*, ou *rythmique* n. f., méthode d'éducation musicale, musculaire et respiratoire, créée par E. Jaques-Dalcroze et ayant pour objet l'harmonisation des mouvements du corps.

GYMNIQUE adj. Relatif à la gymnastique, au naturisme.

GYMNIQUE n. f. Science des exercices du corps propres aux athlètes.

GYMNOSOPHISTE n. m. (gr. *gumnos*, nu, et *sophos*, sage). Nom donné par les Grecs de l'Antiquité à certains ascètes de l'Inde.

GYMNOSPERME n. f. (gr. *gumnos*, nu). Arbre portant ses graines dans un fruit ouvert, comme les conifères. (Les *gymnospermes* forment un sous-embranchement.)

GYMNOTE [ʒimnɔt] n. m. (gr. *gumnos*, nu, et *nôtos*, dos). Poisson des eaux douces de l'Amérique du Sud, à aspect d'anguille, dont une espèce, atteignant 2,50 m de long, paralyse ses proies en produisant de puissantes décharges électriques.

GYNANDROMORPHISME n. m. (gr. *gunê*, femelle, et *anêr*, *andros*, mâle). Présence simultanée chez un même individu de caractères sexuels mâles et femelles juxtaposés.

GYNÉCÉE [ʒinese] n. m. (gr. *gunê*, femme). Appartement des femmes chez les Grecs anciens. ‖ *Bot.* Pistil.

GYNÉCOLOGIE n. f. (gr. *gunê*, femme, et *logos*, science). Spécialité médicale consacrée à l'organisme de la femme et à son appareil génital.

GYNÉCOLOGIQUE adj. Relatif à la gynécologie.

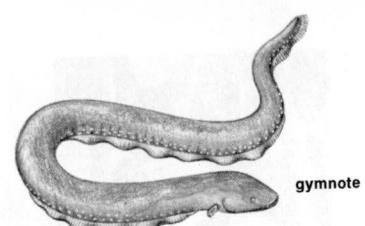
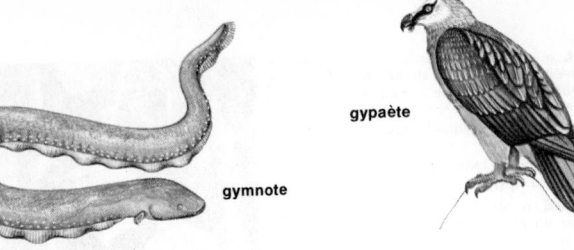

gymnote

gypaète

GYNÉCOLOGUE n. Médecin spécialiste de gynécologie.

GYNÉCOMASTIE n. f. Développement anormal des glandes mammaires chez l'homme.

GYNÉRIUM [ʒinerjɔm] n. m. Roseau cultivé pour son épi ornemental en panache.

GYPAÈTE [ʒipaɛt] n. m. (gr. *gups*, *gupos*, vautour, et *aetos*, aigle). Oiseau rapace diurne, vivant dans les hautes montagnes, se nourrissant de charognes comme les vautours. (Son envergure peut dépasser 2,50 m.)

GYPSAGE n. m. Addition de gypse au clinker de ciment Portland pour régulariser la prise.

GYPSE [ʒips] n. m. (lat. *gypsum*). Roche sédimentaire formée de sulfate de calcium hydraté, cristallisé. (On l'appelle souvent *pierre à plâtre*, car, chauffé entre 150 et 200 °C, le gypse perd de l'eau et se transforme en plâtre.)

GYPSEUX, EUSE adj. De la nature du gypse; qui en contient.

GYPSOPHILE n. f. Plante herbacée, de la famille des caryophyllacées, parfois cultivée pour ses fleurs blanches.

GYRIN [ʒirɛ̃] n. m. (gr. *guros*, cercle). Insecte coléoptère tournoyant à la surface des eaux douces calmes. (Long. 5 mm.)

GYROCOMPAS n. m. (gr. *guros*, cercle). Appareil d'orientation comprenant un gyroscope entretenu électriquement, et dont l'axe conserve une direction invariable dans le plan horizontal. (Syn. COMPAS GYROSCOPIQUE.)

GYROMAGNÉTIQUE adj. *Rapport gyromagnétique* (Phys.), rapport du moment magnétique d'une particule à son moment cinétique.

GYROMÈTRE n. m. Appareil servant à indiquer les changements de direction d'un avion.

GYROMITRE n. m. Champignon ascomycète,

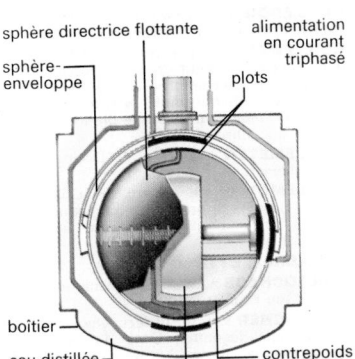

sphère directrice flottante   alimentation en courant triphasé

sphère-enveloppe

plots

boîtier

eau distillée acidulée   contrepoids d'équilibrage

moteur constituant le volant du gyroscope; il est relié électriquement au circuit par l'eau acidulée

GYROCOMPAS

dont le chapeau a une forme de cervelle. (Sa toxicité disparaît par dessiccation.)

GYROSCOPE n. m. (gr. *guros*, cercle, et *skopein*, examiner). Appareil fournissant une direction invariable de référence grâce à la rotation rapide d'une lourde masse autour d'un axe qui possède un ou deux degrés de liberté par rapport au boîtier de l'instrument.

GYROSCOPIQUE adj. Se dit de ce qui a rapport au gyroscope ou est équipé d'un gyroscope.

cheval-arçons

exercice à la poutre

barre fixe

barres parallèles

exercice aux anneaux

mouvement féminin au sol

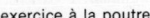

GYMNASTIQUE

mouvement masculin au sol

(Phot. Presse Sports)

hockey sur glace

h

H n. m. Huitième lettre de l'alphabet et la sixième des consonnes. ‖ **H** (Mus.), nom de la note *si* ♮ en allemand. ‖ **H** (Chim.), symbole de l'*hydrogène*. ‖ **H** (Électr.), symbole du *henry*. ‖ **h**, symbole de l'*heure* et de l'*hecto*. ● *Bombe H* ou *bombe à hydrogène*, bombe thermonucléaire. ‖ *Heure H*, heure de l'attaque; heure fixée à l'avance pour une opération quelconque. ■ L'*h* initial peut être *muet* ou *aspiré*. Dans les deux cas, il ne représente aucun son. La différence n'apparaît qu'à l'intérieur d'un groupe de mots. Si l'*h* est *muet*, il y a élision ou liaison : *l'homme; les hommes*. Si l'*h* est *aspiré*, il n'y a ni élision ni liaison : *le héros; les héros*.

ha, symbole de l'*hectare*.

HA ! interj. qui marque la surprise et, répétée, figure le rire : *ha! ha! que c'est drôle!*

HABANERA n. f. (mot esp.). Danse d'origine incertaine (Cuba, Espagne), à 2/4 et dont le premier temps est fortement accentué.

HABEAS CORPUS [abeaskɔrpys] n. m. (mots lat., *que tu aies le corps*). Loi anglaise qui, depuis 1679, garantit la liberté individuelle et protège contre les arrestations arbitraires.

HABILE adj. (lat. *habilis*). Qui agit avec adresse, avec ingéniosité ou ruse : *un homme habile dans son métier; un habile faussaire.* ‖ Qui est fait adroitement : *une démarche habile.*

HABILEMENT adv. Avec habileté.

HABILETÉ n. f. Qualité de celui ou de ce qui est habile; adresse, dextérité. ‖ Ce qui est fait avec ingéniosité.

HABILITATION n. f. *Dr.* Action de conférer une capacité juridique. ‖ Aptitude à conférer un diplôme national accordée par arrêté ministériel à une université.

HABILITÉ n. f. *Dr.* Aptitude légale.

HABILITER v. t. (lat. *habilitare*, rendre apte). Rendre légalement apte à accomplir un acte.

HABILLABLE adj. Que l'on peut habiller.

HABILLAGE n. m. Action de s'habiller, d'habiller qqn, qqch. : *l'habillage d'une poupée, d'une bouteille.* ‖ Disposition d'un texte autour d'une illustration.

HABILLÉ, E adj. Qui convient à une réunion élégante, à une cérémonie : *une robe habillée.*

HABILLEMENT n. m. Action d'habiller : *magasin d'habillement.* ‖ Ensemble des vêtements dont on est vêtu. ‖ Profession du vêtement : *le syndicat de l'habillement.*

L'« h » aspiré est indiqué par un astérisque à l'initiale.

HABILLER v. t. (anc. fr. *abillier*, préparer une bille de bois). Couvrir, fournir, pourvoir de vêtements : *habiller un enfant des pieds à la tête.* ‖ Couvrir de qqch qui enveloppe, dissimuler, orner : *habiller des fauteuils de housses.* ‖ Être seyant : *robe qui habille bien.* ‖ Préparer pour la cuisson une volaille, une pièce de gibier, etc. ◆ **s'habiller** v. pr. Se vêtir. ‖ Se faire confectionner des vêtements. ‖ Se mettre en tenue de soirée.

HABILLEUR, EUSE n. Personne qui aide les acteurs ou les actrices à s'habiller et qui est chargée de l'entretien des costumes.

HABIT n. m. (lat. *habitus*, manière d'être). Vêtement masculin de cérémonie, en drap noir, et dont les basques, échancrées sur les hanches, pendent par-derrière. (On dit aussi HABIT DE CÉRÉMONIE, DE SOIRÉE.) ● *Habit vert*, habit de cérémonie des académiciens. ‖ *Prendre l'habit*, entrer en religion. ‖ *Prise d'habit*, cérémonie qui marque l'entrée en religion. ◆ pl. Ensemble des pièces de l'habillement : *enlever ses habits.*

HABITABILITÉ n. f. Qualité de ce qui est habitable.

HABITABLE adj. Qui peut être habité.

HABITACLE n. m. (lat. *habitaculum*). Partie de la carrosserie d'un véhicule qui contient les passagers. ‖ Partie d'un avion réservée à l'équipage. ‖ *Mar.* Boîte en cuivre vitrée, où l'on renferme les divers instruments de navigation (boussole, compas, etc.).

HABITANT, E n. Personne qui réside habituellement en un lieu. ‖ Au Canada, paysan.

HABITAT n. m. Lieu habité par une population, une plante, un animal à l'état de nature : *la jungle est l'habitat du tigre.* ‖ Ensemble de faits géographiques relatifs à la résidence de l'homme (forme, emplacement, groupement des maisons, etc.) : *l'habitat rural; l'habitat urbain.* ‖ Ensemble des conditions relatives à l'habitation : *amélioration de l'habitat.*

HABITATION n. f. Action d'habiter : *les conditions d'habitation.* ‖ Lieu où l'on habite : *construire des habitations.* ● *Habitation à loyer modéré* (H. L. M.), immeuble de logements destinés aux familles à revenus modestes.

HABITÉ, E adj. Occupé par des habitants, des personnes.

HABITER v. t. et i. (lat. *habitare*). Avoir sa demeure, sa résidence en un lieu : *habiter une jolie maison; vivre, habiter à la campagne.*

HABITUATION n. f. *Psychol.* Réduction progressive et disparition d'une réponse à la suite de la répétition du stimulus.

HABITUDE n. f. (lat. *habitudo*). Disposition acquise par des actes répétés; manière de vivre : *avoir de bonnes habitudes.* ◆ loc. adv. *D'habitude*, ordinairement.

HABITUÉ, E n. Qui fréquente habituellement un lieu : *les habitués d'un café.*

HABITUEL, ELLE adj. Passé en habitude; très fréquent : *faire sa promenade habituelle.*

HABITUELLEMENT adv. Par habitude; de façon presque constante.

HABITUER v. t. (lat. *habitus*, manière d'être). Accoutumer, faire prendre l'habitude : *habituer les enfants à se lever tôt.* ◆ **s'habituer** v. pr. [à]. Prendre l'habitude de; se familiariser avec : *s'habituer au bruit.*

HABITUS [abitys] n. m. (mot lat.). *Méd.* Aspect extérieur du corps, de la face, en rapport avec l'état de santé ou de maladie.

HÂBLERIE n. f. *Litt.* Discours plein de vanterie, d'exagération, de suffisance.

HÂBLEUR, EUSE adj. et n. *Litt.* Qui aime à se vanter; fanfaron.

HACHAGE ou ***HACHEMENT*** n. m. Action de hacher; son résultat.

HACHE n. f. (mot francique). Instrument tranchant, muni d'un manche, et qui sert à fendre,

Snark International

hache en fer viking

à couper. ● *Hache d'armes*, hache des gens de guerre au Moyen Âge.

HACHÉ, E adj. Coupé en menus morceaux : *de la viande hachée.* ‖ Entrecoupé, interrompu : *style haché.* ‖ Couvert de hachures : *dessin haché.*

HACHE-LÉGUMES n. m. inv. Instrument pour couper menu des légumes.

HACHE-PAILLE n. m. inv. Machine servant à hacher la paille, le fourrage.

HACHER v. t. Couper en petits morceaux : *hacher de la viande.* ‖ Tailler, mettre en pièces :

445

halles (Bretagne, fin XVIᵉ s.)

blés hachés par la grêle. ‖ Entrecouper, interrompre : *un discours haché d'éclats de rire.*

* **HACHEREAU** n. m., * **HACHETTE** n. f. Petite hache.

* **HACHEUR** n. m. Celui qui hache. ● *Hacheur électrique,* contacteur statique se fermant et s'ouvrant à fréquence élevée.

* **HACHE-VIANDE** n. m. inv. Appareil pour hacher la viande.

* **HACHIS** [aʃi] n. m. Préparation culinaire de viandes, poissons ou légumes hachés.

* **HACHISCH** n. m. → HASCHISCH.

* **HACHOIR** n. m. Table ou planche sur laquelle on hache les viandes. ‖ Couperet ou appareil pour hacher.

* **HACHURE** n. f. Chacun des traits parallèles ou entrecroisés qui, dans le dessin, la peinture et la gravure, servent à marquer les ombres, les demi-teintes. ‖ Sur certaines cartes hypsométriques, chacun des petits traits dessinés suivant les lignes de plus grande pente. (Les hachures sont d'autant plus courtes et plus serrées que la pente est plus raide.)

* **HACHURER** v. t. Marquer de hachures.

HACIENDA [asjɛnda] n. f. (mot esp.). En Amérique latine, habitation accompagnée d'une exploitation agricole.

HADAL, E, AUX adj. Relatif aux profondeurs océaniques dépassant 6 000 m.

* **HADDOCK** [adɔk] n. m. Nom anglais de l'églefin, poisson de la famille des morues, qui se mange fumé.

* **HADÎTH** [adit] n. m. (mot ar., *conversation, récit*). Récit traditionnel rapportant un acte ou une parole du Prophète. (Les hadîths font autorité, après le Coran, en matière de foi islamique.)

* **HÂDJDJ** [adʒ] n. m. Pèlerinage à La Mecque que le Coran impose aux musulmans au moins une fois dans leur vie. ‖ Titre donné à celui qui a fait ce pèlerinage.

HADRON n. m. Particule élémentaire susceptible d'interaction forte (nucléon, mésons...), par opposition aux *leptons.*

* **HAFNIUM** [afnjɔm] n. m. Métal (Hf), n° 72, de masse atomique 178,49.

* **HAGARD, E** adj. (moyen angl. *hagger,* sauvage). Qui a une expression affolée, égarée : *il me regardait d'un air hagard.*

HAGGIS [agis] n. m. (mot écossais). Plat national écossais, composé d'un estomac de mouton farci.

HAGIOGRAPHE [aʒjɔgraf] n. (gr. *hagios,* saint, et *graphein,* écrire). Auteur de vies de saints. ‖ Spécialiste de l'hagiographie.

HAGIOGRAPHIE n. f. Science qui traite de la vie et du culte des saints. (La critique historique s'applique notamment aux actes des martyrs, aux martyrologes et aux biographies de saints. L'œuvre fondamentale en matière hagiographique reste celle des bollandistes.) ‖ Biographie excessivement embellie.

HAGIOGRAPHIQUE adj. Relatif à l'hagiographie.

* **HAHNIUM** n. m. (de *Hahn,* n. pr.). Élément chimique artificiel, n° 105.

* **HAIE** n. f. (mot francique). Clôture faite d'arbustes, épineux ou non, et d'arbres *(haies vives)* ou de branchages entrelacés sur des pieux *(haies mortes).* ‖ Rangée de personnes, de choses sur le passage de qqn : *une haie de soldats.* ‖ Sports.

Obstacle artificiel employé dans certaines courses.

* **HAÏK** [aik] n. m. (mot ar.). Grand voile carré dont s'enveloppent les musulmanes.

* **HAÏKU** [aiku] ou * **HAÏKAÏ** [aikai] n. m. (mot jap.). Petit poème japonais.

* **HAILLON** n. m. (moyen haut all. *hadel,* chiffon). Vêtement en lambeaux.

* **HAILLONNEUX, EUSE** adj. *Litt.* En haillons.

* **HAINE** n. f. (de *haïr*). Vive hostilité qui porte à souhaiter ou à faire du mal à qqn : *une haine mortelle.* ‖ Vive répugnance, aversion pour qqch : *avoir de la haine pour le mensonge.*

* **HAINEUSEMENT** adv. Avec haine.

* **HAINEUX, EUSE** adj. Naturellement porté à la haine : *un caractère haineux.* ‖ Inspiré par la haine : *des sentiments haineux.*

* **HAINUYER, ÈRE** ou * **HENNUYER, ÈRE** [ɛnɥje, ɛr] adj. et n. Du Hainaut.

* **HAÏR** v. t. (mot francique) [conj. 7]. Vouloir du mal à qqn; détester : *se faire haïr de ses subordonnés.* ‖ Avoir de la répugnance, de l'aversion : *haïr la flatterie, la bassesse.*

* **HAIRE** [ɛr] n. f. (mot francique). Chemise de crin ou de poil de chèvre, qu'on met sur la peau par esprit de mortification (vx).

* **HAÏSSABLE** adj. Qui mérite la haine.

* **HAÏTIEN, ENNE** adj. et n. D'Haïti.

* **HAKKA** n. m. Dialecte chinois parlé au Kouang-tong et au Kouang-si.

* **HALAGE** n. m. Action de haler un bateau. ● *Chemin de halage,* chemin destiné au halage le long d'un cours d'eau, d'un canal.

* **HALBRAN** n. m. (moyen haut all. *halberant*). Jeune canard sauvage de l'année.

* **HALBRENÉ, E** adj. (de *halbran*). Qui a les pennes rompues : *faucon halbrené.*

* **HÂLE** n. m. Brunissement de la peau par le soleil et l'air.

* **HALECRET** [alkrɛ] n. m. (néerl. *halskleedt*). Corps d'armure fait de lames se recouvrant (XVIᵉ-XVIIᵉ s.)

HALEINE n. f. (lat. *anhelare,* souffler). Air qui sort des poumons pendant l'expiration. ‖ Respiration, souffle : *perdre haleine.* ● *À perdre haleine,* longuement, sans s'arrêter : *courir, discuter à perdre haleine.* ‖ *Ouvrage de longue haleine,* ouvrage qui demande un long temps. ‖ *Reprendre haleine,* s'arrêter pour se reposer. ‖ *Tenir en haleine,* retenir l'attention; maintenir l'incertitude. ‖ *Tout d'une haleine* (Litt.), sans interruption.

* **HALER** v. t. (germ. *halon*). Faire effort en tirant sur : *haler un câble.* ‖ Remorquer un bateau à l'aide d'un câble à partir du rivage.

* **HÂLER** v. t. (lat. pop. *assulare,* griller). Brunir le teint, en parlant de l'action du soleil et du grand air.

* **HALETANT, E** adj. Essoufflé, hors d'haleine.

* **HALÈTEMENT** n. m. Action de haleter; bruit qui en résulte.

* **HALETER** v. i. (lat. *halare,* exhaler) [conj. 4]. Respirer avec un rythme précipité et avec force.

* **HALEUR** n. m. Celui qui hale un bateau.

* **HALF-TRACK** [aftrak] n. m. (mot angl.) [pl. *half-tracks*]. Véhicule semi-chenillé, blindé, datant de la Seconde Guerre mondiale.

HALICTE n. m. Insecte voisin de l'abeille, et dont les sociétés vivent dans des nids souterrains.

HALIEUTIQUE adj. et n. f. (gr. *halieutikos*). Qui concerne l'art de la pêche.

HALIOTIDE n. f., ou **HALIOTIS** n. m. (gr. *halios,* marin). Mollusque gastropode marin, à coquille plate, nacrée à l'intérieur. (Long. 10 cm.) [Syn. : OREILLE-DE-MER, ORMEAU.]

HALITE n. f. Chlorure naturel de sodium.

* **HALL** [ol] n. m. (mot angl.). Grand vestibule. ‖ Salle de grande dimension et largement ouverte.

HALLALI n. m. Cri des chasseurs, ou sonnerie de trompe, annonçant que le cerf est aux abois.

* **HALLE** n. f. (mot francique). Grand bâtiment servant au commerce en gros d'une marchandise. ● *Dames de la halle,* marchandes des anciennes Halles centrales de Paris. ◆ pl. Bâtiment, place publique couverte où se tient le principal marché des denrées alimentaires d'une ville.

* **HALLEBARDE** n. f. (moyen all. *helmbarte*). Arme d'hast, à fer pointu d'un côté et tranchant de l'autre (XIVᵉ-XVIIᵉ s.). ● *Il pleut des hallebardes,* il pleut très fort.

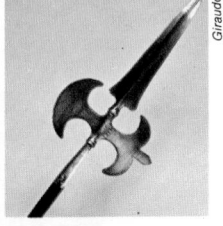

hallebarde
(XIIIᵉ s.)

* **HALLEBARDIER** n. m. Militaire armé d'une hallebarde.

* **HALLIER** n. m. (mot germ.). Groupe de buissons touffus.

* **HALLSTATTIEN, ENNE** [alʃtatjɛ̃, ɛn] adj. et n. m. Qui a rapport à la période protohistorique dite « de Hallstatt » ou premier âge du fer.

HALLUCINANT, E adj. Extraordinaire, qui frappe de saisissement : *une ressemblance hallucinante.*

HALLUCINATION n. f. *Psychiatr.* Perception sans objet et entraînant une croyance de la part du sujet.

HALLUCINATOIRE adj. Qui a le caractère de l'hallucination.

HALLUCINÉ, E adj. et n. Qui a des hallucinations.

HALLUCINER v. t. (lat. *hallucinari*). Étonner fortement, obséder.

HALLUCINOGÈNE adj. et n. m. Se dit de substances psychodysleptiques qui créent artificiellement des hallucinations.

HALLUCINOSE n. f. *Psychiatr.* Hallucination dont le caractère anormal est reconnu par le malade.

* **HALO** n. m. (gr. *halôs,* aire). Zone circulaire diffuse autour d'une source lumineuse : *le halo des réverbères.* ‖ Cercle lumineux légèrement irisé qui entoure quelquefois le Soleil ou la Lune, par suite de la réfraction de la lumière au sein de nuages de glace. (Rouge vers l'intérieur, violet vers l'extérieur, le halo présente un rayon de 22⁰ ou, plus rarement, de 46⁰.) ‖ *Phot.* Auréole qui entoure parfois l'image photographique d'un point brillant.

HALOGÉNATION n. f. *Chim.* Introduction d'halogènes dans une molécule organique.

HALOGÈNE adj. et n. m. (gr. *hals, halos,* sel, et *gennân,* engendrer). *Chim.* Se dit du chlore et des éléments de la même famille.

HALOGÉNÉ, E adj. Qui contient un halogène. ● *Dérivés halogénés,* composés organiques comportant un ou plusieurs atomes d'halogène, qui jouent un grand rôle dans les synthèses.

HALOGÉNURE n. m. Combinaison chimique contenant un halogène.

* **HÂLOIR** n. m. (de *hâler*). Séchoir pour certains fromages.

HALOPÉRIDOL n. m. Neuroleptique majeur du groupe des butyrophénones, utilisé dans le traitement de certains troubles psychotiques.

HALOPHILE ou **HALOPHYTE** adj. et n. f. (gr. *hals, halos,* sel, et *phuton,* plante). *Bot.* Se dit d'une plante vivant sur les sols salés.

HALOTHANE n. m. Gaz anesthésique non inflammable et peu toxique.

* **HALTE** n. f. (all. *Halt*). Moment d'arrêt pendant une marche, un voyage. ‖ Lieu où l'on s'arrête; station. ◆ interj. *Halte!, halte-là!,* arrêtez!; en voilà assez!

*HALTE-GARDERIE n. f. (pl. haltes-garde-ries). Petit établissement de quartier accueillant pour une durée limitée et occasionnellement des enfants de trois mois à six ans.

HALTÈRE n. m. (gr. haltêres, balanciers). Sports. Instrument formé de deux masses métalliques sphériques ou de disques de fonte, réunis par une tige.

HALTÉROPHILE adj. et n. Qui pratique l'haltérophilie.

HALTÉROPHILIE n. f. Sport consistant à soulever des haltères.

*HALVA n. f. (mot turc). Confiserie orientale faite de farine, de miel, de gommes, de jus de fruits, auxquels on incorpore des fragments d'amandes, de noisettes, de pistaches.

*HAMAC [amak] n. m. (mot d'une langue des Caraïbes). Toile ou filet suspendu horizontalement, servant de lit.

*HAMADA n. f. (mot ar.). Dans les déserts, plateau où affleurent de grandes dalles rocheuses.

HAMADRYADE n. f. (gr. hama, avec, et drûs, arbre). Mythol. Nymphe des arbres, dont elle partageait le destin.

HAMADRYAS [amadrijɑs] n. m. Singe d'Éthiopie, genre cynocéphale. (Long. 70 cm, sans la queue.)

HAMAMÉLIS [amamelis] n. m. (gr. hamamêlis, néflier). Arbuste des États-Unis dont l'écorce et les feuilles sont douées de propriétés vaso-constrictrices.

*HAMBURGER [ɑburgœr] n. m. (mot angl.). Bifteck haché grillé, qui peut être servi sur une tranche de pain chaud.

*HAMEAU n. m. (mot francique). Groupement de quelques maisons situé en dehors de l'agglomération principale d'une commune.

HAMEÇON n. m. (lat. hamus). Petit crochet d'acier placé au bout d'une ligne avec un appât, pour prendre du poisson. ● Mordre à l'hameçon (Fam.), se laisser prendre au piège.

HAMEÇONNER v. t. Garnir une ligne d'hameçons.

*HAMMÂM [amam] n. m. (mot ar.). Établissement de bains, dans les pays musulmans.

*HAMMERLESS [amɛrlɛs] n. m. (mot angl., sans marteau). Fusil de chasse à percussion centrale et sans chien apparent.

*HAMPE n. f. (anc. fr. hante, lance). Manche en bois qui supporte un drapeau, une arme d'hast, etc. ‖ Trait d'écriture vertical des lettres t, h, j, etc. ‖ Bot. Axe florifère allongé, terminé par une fleur ou un groupe de fleurs.

*HAMPE n. f. (haut all. wampa). Véner. Poitrine du cerf. ‖ Bouch. Diaphragme des animaux.

*HAMSTER [amstɛr] n. m. Rongeur d'Europe centrale, nuisible, qui accumule légumes et graines dans un terrier compliqué. (Sa taille est inférieure à celle du cobaye.)

*HAN n. m. inv. (onomat.). Cri sourd d'un homme qui frappe avec effort.

*HANAFISME n. m. Une des quatre grandes écoles juridiques de l'islam sunnite. (Le hanafisme, fondé par Abû Ḥanîfa [v. 696-767], fut adopté par l'Empire ottoman.)

*HANAP [anap] n. m. (mot francique). Vase à boire à haut pied, du Moyen Âge.

*HANBALISME n. m. Une des quatre grandes écoles de l'islam. (Le hanbalisme, fondé par Aḥmad ibn Ḥanbal [780-855], est en vigueur en Arabie Saoudite.)

*HANCHE n. f. (mot francique). Région qui correspond à la jonction du membre inférieur (ou postérieur) avec le tronc. ‖ Articulation du fémur avec l'os iliaque : une luxation congénitale de la hanche. ‖ Partie du thorax des insectes qui reçoit la cuisse. ‖ Mar. Partie supérieure de la muraille d'un navire qui avoisine l'arrière et présente normalement une certaine courbure. ‖ Partie rebondie d'un vase.

*HANCHEMENT n. m. Mouvement ou attitude faisant saillir la hanche.

*HANCHER (SE) v. pr. S'appuyer sur une jambe en faisant saillir la hanche.

haltérophilie
le Soviétique Vassili Alexeïev
aux jeux Olympiques de Munich (1972)

*HANDBALL [ɑdbal] n. m. (all. Hand, main, et Ball, ballon). Sport d'équipe (sept joueurs chacune) qui se joue avec un ballon rond et uniquement avec les mains.

*HANDBALLEUR, EUSE n. Joueur, joueuse de handball.

*HANDICAP n. m. (mot angl.). Désavantage quelconque, souvent naturel; infirmité. ‖ Sports. Épreuve sportive dans laquelle on avantage certains concurrents pour égaliser les chances ; désavantage de poids, de distance, etc., imposé à un concurrent.

*HANDICAPÉ, E adj. et n. Se dit d'une personne diminuée physiquement par suite d'une maladie chronique, d'une déficience sensorielle ou motrice, ou mentalement (débilité mentale).

*HANDICAPER v. t. Désavantager : être handicapé par l'insuffisance de ses connaissances. ‖ Sports. Soumettre un concurrent aux conditions du handicap : handicaper un cheval.

*HANDICAPEUR n. m. Sports. Commissaire chargé de handicaper.

*HANGAR n. m. (mot francique). Abri ouvert pour des matériels, des marchandises, constitué en général d'un toit et de supports verticaux.

*HANNETON n. m. (mot francique). Insecte coléoptère très commun en France. (L'adulte, qui apparaît entre avril et juin, et la larve ou ver blanc, qui vit sous terre pendant trois ans, sont herbivores et très nuisibles.)

*HANNETONNAGE n. m. Action de hannetonner.

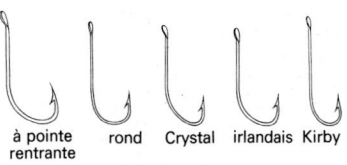

à pointe rentrante   rond   Crystal   irlandais   Kirby

PROFILS D'HAMEÇONS À PALETTE

hamster

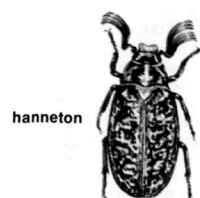

hanneton

HANCHE
1. Muscle psoas-iliaque ;
2. Tête du fémur (derrière
les ligaments); 3. Ligaments de Bertin;
4. Grand trochanter;
5. Ligament pubo-fémoral; 6. Tendon
du psoas-iliaque; 7. Petit trochanter;
8. Ischion; 9. Trou ischio-pubien.

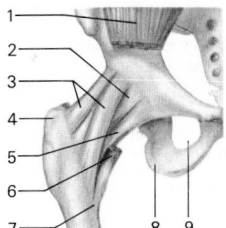

1
2
3
4
5
6
7   8 9

HANDBALL
plan et dimensions d'un terrain avec la disposition des joueurs

table de marque —
emplacement
des remplaçants
couloir
des remplaçants
(3 m)
ligne
de surface de but
longueur : 40 m
largeur : 20 m
surface
de but

ligne de jet franc   but   ligne de but
jet de coin
ligne de 7 m
(penalty)
ligne de milieu
emplacement de joueur

6 m 9 m

3 m
2 m

*HANNETONNER v. t. Détruire les hannetons.

*HANOVRIEN, ENNE adj. et n. Du Hanovre.

*HANSE n. f. (haut all. *hansa*, troupe). *Hist.* Compagnie de marchands. ‖ Association de cités marchandes de l'Allemagne du Nord, constituée, à partir du XIIIe s., en vue de favoriser la pénétration du courant commercial dans le monde slave et de trouver des débouchés vers la mer du Nord, la Scandinavie et l'Europe occidentale pour les produits de la Baltique (avec une majuscule en ce sens).

■ Prospère surtout au XVe siècle, la Hanse, qui groupa jusqu'à 150 cités, ne comptait plus, en 1669, que les villes de Lübeck, Brême et Hambourg : la montée des Pays-Bas et de l'Angleterre et la guerre de Trente Ans l'avaient pratiquement ruinée.

*HANSÉATIQUE adj. Relatif à la Hanse.

*Hansen (*bacille de*), bacille acido-alcoolo-résistant, agent de la lèpre.

*HANTÉ, E adj. Se dit d'un lieu visité par des fantômes.

*HANTER v. t. (mot scandin.). Obséder, occuper entièrement les pensées : *être hanté par la mort, par le remords.*

*HANTISE n. f. Obsession, idée fixe.

*HAOUSSA n. m. Langue négro-africaine parlée dans le sud du Niger et le nord du Nigeria.

*HAPALIDÉ n. m. Singe d'Amérique, de la famille du ouistiti et du tamarin.

HAPAX [apaks] n. m. (gr. *hapax legomenon*, chose dite une fois). *Ling.* Mot ou expression dont on n'a qu'un exemple dans un corpus.

HAPLOÏDE adj. *Biol.* Se dit d'un noyau cellulaire possédant *n* chromosomes (c'est-à-dire la moitié du nombre de chromosomes de l'œuf fécondé), comme celui des cellules reproductrices ou d'un organisme (prothalle de fougères, mousse feuillée) formé de cellules pourvues de tels noyaux.

HAPLOLOGIE n. f. *Phon.* Processus par lequel une de deux séries de phonèmes successifs et semblables disparaît. (Le latin *nutrix* est issu par haplologie de *nutritrix*.)

*HAPPE n. f. Crampon qui se fixe dans un mur, dans une charpente.

*HAPPEMENT n. m. Action de happer.

*HAPPENING [apəniŋ] n. m. (mot angl., événement). Spectacle d'origine américaine (apparu dans les années 1950-1960) qui exige la participation active du public et cherche à provoquer une création artistique spontanée.

*HAPPER v. t. (néerl. *happen*, mordre). Saisir brusquement avec la gueule, le bec : *le chien a happé un morceau de viande.* ‖ Attraper brusquement, avec violence : *le train a happé le cycliste sur le passage à niveau.*

*HAPPY END [apiɛnd] n. m. ou f. (mots angl.) [pl. *happy ends*]. Dénouement heureux d'un film, d'un roman ou d'une histoire quelconque.

HAPTÈNE n. m. Substance non protéique qui, combinée à une substance protéique, acquiert les qualités d'antigène (ou d'allergène) que, seule, elle ne possède pas.

*HAQUEBUTE [akbyt] n. f. Arquebuse primitive employée comme arme de rempart (XVe s.).

*HAQUENÉE [akne] n. f. (moyen angl. *haquenei*). Jument qui va l'amble. ‖ Autref., monture de dame.

*HAQUET [akɛ] n. m. Charrette étroite et longue pour le transport des tonneaux (vx).

*HARA-KIRI n. m. (mot jap.) [pl. *hara-kiris*]. Mode de suicide japonais, qui consiste à s'ouvrir le ventre.

*HARANGUE n. f. (mot francique). Discours prononcé devant une assemblée, des troupes, etc. ‖ Discours solennel, fait de remontrances ennuyeuses.

*HARANGUER v. t. Adresser une harangue à : *haranguer une foule.*

*HARANGUEUR, EUSE n. Personne qui harangue.

*HARAS [aɾɑ] n. m. (anc. scandin. *hârr*, au poil gris). Établissement où l'on entretient des éta-

lons et des juments pour propager et améliorer la race chevaline.

*HARASSANT, E adj. Extrêmement fatigant : *un travail harassant.*

*HARASSE n. f. (mot germ.). Cage en osier ou caisse à claire-voie, servant à emballer le verre, la porcelaine et la faïence.

*HARASSEMENT n. m. Fatigue extrême.

*HARASSER v. t. (mot francique). Fatiguer à l'excès.

*HARCELANT, E adj. Qui harcelle.

*HARCÈLEMENT n. m. Action de harceler.
● *Tir de harcèlement*, tir visant à créer un sentiment d'insécurité dans une zone limitée que l'on sait occupée par l'ennemi.

*HARCELER v. t. (anc. fr. *herser*, frapper) [conj. 3]. Soumettre à des attaques répétées, à des critiques ou à des moqueries incessantes : *harceler l'ennemi; harceler qqn de questions.*

*HARDE n. f. (mot francique). *Véner.* Troupe de bêtes sauvages : *une harde de cerfs.*

*HARDE n. f. (de *hart*). Lien avec lequel on attache les chiens quatre à quatre ou six à six.
● *Harde de chiens*, réunion de plusieurs couples de chiens.

*HARDER v. t. *Véner.* Attacher les chiens par quatre ou par six, avec la harde.

*HARDES [ard] n. f. pl. (aragonais *farda*, habit). *Litt.* Vêtements usagés : *un paquet de hardes.*

*HARDI, E adj. (anc. fr. *hardir*, rendre dur). Qui manifeste de l'audace et de la décision en face d'un danger, d'une difficulté. ‖ Audacieux, original dans sa réalisation. ‖ *Litt.* Imprudent, effronté, leste : *vous êtes bien hardi de m'interrompre.* ◆ interj. Sert à encourager : *hardi les gars!*

*HARDIESSE n. f. Qualité d'une personne ou d'une chose hardie; audace, assurance : *la hardiesse du dompteur.* ‖ Originalité dans l'expression ou l'exécution des œuvres littéraires ou artistiques : *les hardiesses d'un metteur en scène.* ‖ *Litt.* Insolence, effronterie : *la hardiesse de certains propos.* ◆ pl. Actions, paroles, idées hardies : *se permettre certaines hardiesses.*

*HARDIMENT adv. Avec hardiesse : *nier hardiment l'évidence.*

*HARD-TOP [ardtɔp] n. m. (angl. *hard*, dur, et *top*, toit) [pl. *hard-tops*]. Toit démontable de certaines automobiles (cabriolets notamment).

*HARDWARE [ardwɛr] n. m. (mot angl., quincaillerie). *Inform.* Syn. de MATÉRIEL.

*HAREM [aɾɛm] n. m. (mot ar.). Appartement des femmes, dans les pays musulmans. ‖ Ensemble des femmes d'un habitant.

*HARENG [aɾɑ̃] n. m. (mot francique). Poisson à dos bleu-vert, à ventre argenté, abondant dans

hareng

la Manche et la mer du Nord, où se rassemblent en bancs, au moment de la ponte, des millions d'individus, que l'on pêche alors pour leur chair estimée. (Long. de 20 à 30 cm; famille des clupéidés.) ● *Filet de hareng*, chair de hareng découpée le long de l'arête dorsale et mise à mariner. ‖ *Hareng saur*, hareng fumé.

*HARENGAISON n. f. Pêche et époque de pêche du hareng.

*HARENGÈRE [aɾɑ̃ʒɛr] n. f. Marchande de poisson. ‖ *Fam.* et *vx.* Femme qui se plaît à quereller et à dire des injures.

*HARENGUET n. m. Syn. de SPRAT.

*HARENGUIER n. m. Bateau spécialisé dans la pêche du hareng.

*HARET [aɾɛ] adj. et n. m. Se dit d'un chat resté ou retourné à l'état sauvage.

*HARFANG [aɾfɑ̃] n. m. (mot suédois). Grande chouette blanche de l'Arctique.

*HARGNE n. f. (mot francique). Irritation qui se manifeste par de l'agressivité, des paroles méchantes.

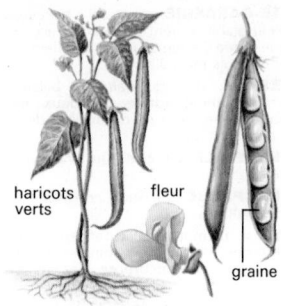

haricots verts — fleur — graine

HARICOTS

*HARGNEUSEMENT adv. De façon hargneuse.

*HARGNEUX, EUSE adj. Qui manifeste une humeur agressive et méchante.

*HARICOT n. m. (anc. fr. *harigoter*, couper en morceaux; mot francique). Plante annuelle de la famille des papilionacées, originaire d'Amérique, dont plusieurs espèces sont cultivées pour leurs fleurs ornementales ou, surtout, pour leurs fruits comestibles (haricots verts) et leurs graines riches en féculents; cette graine. (Le haricot se mange en gousses vertes [*haricots verts*], en graines peu mûres [*flageolets*] ou en graines mûres et sèches [*haricots secs*].) ‖ Vase en forme de haricot, utilisé en chirurgie. ● *C'est la fin des haricots* (Pop.), c'est la fin de tout. ‖ *Courir sur le haricot* (Pop.), ennuyer, agacer. ‖ *Des haricots!* (Fam.), exclamation indiquant qu'on en sera pour les frais. ‖ *Haricot de mouton*, ragoût de mouton et de pommes de terre ou de navets.

*HARIDELLE n. f. (mot scandin.). Mauvais cheval maigre.

*HARISSA n. m. Sauce forte, d'origine nord-africaine.

*HARKI n. m. (mot ar.). Ancien militaire ayant servi comme supplétif dans l'armée française en Algérie.

*HARLE n. m. (mot dialect.). Canard plongeur piscivore, venant en France pendant l'hiver. (Long. : jusqu'à 65 cm.)

HARMATTAN [armatɑ̃] n. m. (mot africain). Vent d'est, chaud et sec, originaire du Sahara et soufflant sur l'Afrique occidentale.

HARMONICA n. m. Petit instrument de musique rectangulaire dont le son est produit

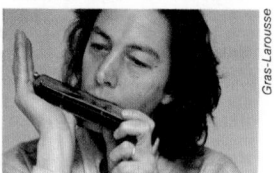

harmonica

par des anches libres métalliques, que l'on met en vibration en soufflant et en aspirant.

HARMONICISTE n. Joueur d'harmonica.

HARMONIE n. f. (gr. *harmonia*, assemblage). Ensemble ou suite de sons agréables à l'oreille. ‖ Accord bien réglé entre les parties d'un tout : *l'harmonie des couleurs dans un tableau.* ‖ Accord des sentiments, entente, union : *vivre en harmonie.* ‖ *Mus.* Science de la formation et de l'enchaînement des accords. ‖ Orchestre composé uniquement d'instruments à vent.
● *Harmonie imitative*, procédé expressif qui consiste à reproduire, par les sons ou le rythme, des sensations diverses. (Ex. : *L'or des pailles s'effondre au vol siffleur des faux* [Verlaine].)

HARMONIEUSEMENT adv. Avec harmonie.

HARMONIEUX, EUSE adj. Qui produit des sons agréables à l'oreille : *une voix harmonieuse.* ‖ Dont les parties forment un ensemble bien proportionné, agréable.

HARMONIQUE adj. *Mus*. Qui appartient à l'harmonie. ● *Division harmonique* (Math.), ensemble de quatre points alignés A, B, C, D tels que $\dfrac{\overline{CA}}{\overline{CB}} = -\dfrac{\overline{DA}}{\overline{DB}}$. (C et D sont dits *conjugués harmoniques* de A et B.)

HARMONIQUE n. m. Chacun des sons accessoires, ayant des fréquences multiples de celle du son fondamental, qui se surajoutent à ce son et dont l'ensemble donne le timbre. (On dit aussi SON HARMONIQUE.)

HARMONIQUEMENT adv. Suivant les lois de l'harmonie.

HARMONISATION n. f. Action d'harmoniser; résultat de cette action.

HARMONISER v. t. Mettre en harmonie, en accord : *harmoniser des intérêts opposés*. ‖ *Mus*. Soutenir par un accompagnement (le plus souvent d'accords) une mélodie. ‖ Tailler les becs d'un clavecin ou régler les tuyaux d'un orgue pour leur donner la sonorité voulue. ◆ **s'harmoniser** v. pr. Être en harmonie.

HARMONISTE n. m. *Mus*. Personne qui connaît et met en pratique les règles de l'harmonie. ‖ Celui qui harmonise un instrument.

HARMONIUM [armɔnjɔm] n. m. Instrument de musique à vent, à anches libres commandées par un clavier.

*HARNACHEMENT n. m. Action de harnacher. ‖ Ensemble des pièces qui composent le harnais. ‖ Accoutrement pesant et encombrant.

*HARNACHER v. t. Mettre le harnais à : *harnacher un cheval*. ● *Être harnaché*, être accoutré d'une façon grotesque.

*HARNAIS [arnɛ] n. m. (mot scandin.). Ensemble des pièces qui servent à équiper un cheval de selle ou de trait : *un harnais en cuir*. ‖ Ensemble des sangles qui entourent un parachutiste, un alpiniste, un monteur de lignes téléphoniques, etc., et qui, attachées en un point, répartissent sur l'ensemble du corps la traction exercée lors d'une chute. ‖ Dans un tour, ensemble d'engrenages destiné à faire varier le rapport des vitesses de rotation de la broche et de la vis mère.

*HARNOIS n. m. (forme anc. de *harnais*). *Blanchi sous le harnois* (Litt.), qui a vieilli dans une certaine activité.

*HARO n. m. (de *hare*, cri pour exciter les chiens). *Crier haro sur* (Litt.), s'élever avec indignation contre qqn, qqch.

*HARPAIL n. m. *Véner*. Harde composée de biches.

*HARPE n. f. (mot germ.). Instrument de musique triangulaire monté de cordes à vide de

harpe

longueur inégale, que l'on pince des deux mains et dont l'origine remonte à la plus haute antiquité.

*HARPE n. f. (gr. *harpê*, crochet). *Constr*.

Chacune des pierres laissées en saillies inégales à l'extrémité d'un mur pour faire liaison avec un autre mur construit ultérieurement. ‖ Pierre qui, dans les chaînes de mur, est plus large que celles de dessous et de dessus.

*HARPIE n. f. (lat. *Harpyia*; mot gr.). Monstre fabuleux à tête de femme de la mythologie grecque. ‖ *Fam*. Femme acariâtre. ‖ *Zool*. Espèce d'aigle de l'Amérique du Sud.

*HARPISTE n. f. Personne qui joue de la harpe.

*HARPON n. m. (mot germ.). Dard barbelé et acéré, emmanché, dont on se sert pour la pêche des gros poissons et la chasse de la baleine. ‖ *Constr*. Crochet de fer. ‖ *Préhist*. Arme de jet dont l'extrémité vulnérante se sépare de la hampe lorsqu'elle atteint le gibier.

*HARPONNAGE ou ***HARPONNEMENT** n. m. Action de harponner.

*HARPONNER v. t. Accrocher, atteindre avec un harpon. ‖ *Fam*. Arrêter au passage : *se faire harponner par un importun*.

*HARPONNEUR n. m. Pêcheur qui lance le harpon.

*HART [ar] n. f. (mot francique). *Litt*. Corde avec laquelle on pendait les criminels; la pendaison elle-même.

HARUSPICE [aryspis] n. m. (lat. *haruspex*). Chez les Romains, prêtre qui interprétait la volonté des dieux, notamment par l'examen des entrailles des victimes. (Cette forme de divination est d'origine étrusque.)

HARNACHEMENT D'UN CHEVAL DE SELLE
(ensemble et détail)

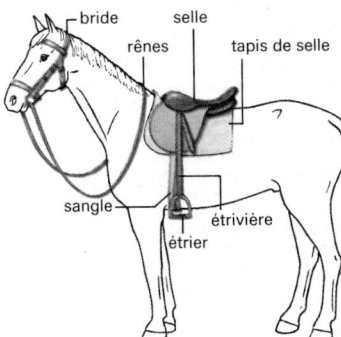

1. Têtière
2. Frontal
3. Montant
4. Muserolle
5. Mors de filet
6. Anneau porte-rêne
7. Arrêtoir
8. Sous-gorge
9. Rêne

*HASARD n. m. (mot ar., *jeu de dés*). Imprévisibilité des événements soumis à la seule loi des probabilités : *s'en remettre au hasard*. ‖ Événement imprévu, heureux ou malheureux : *le hasard d'une rencontre*. ● *À tout hasard*, en prévision d'un événement possible. ‖ *Au hasard*, à l'aventure. ‖ *Jeu de hasard*, jeu où le hasard seul décide. ‖ *Par hasard*, fortuitement. ‖ *Par le plus grand des hasards*, d'une manière extraordinaire.

*HASARDÉ, E adj. Risqué, imprudent : *entreprise hasardée*.

*HASARDER v. t. Entreprendre qqch, avancer une opinion, une idée en risquant d'échouer : *hasarder une démarche, un conseil*. ‖ *Litt*. Exposer à un risque, un danger : *hasarder sa vie*. ◆ **se hasarder** v. pr. S'exposer à un risque.

*HASARDEUX, EUSE adj. Où il y a des risques; aléatoire : *projet hasardeux*.

*HASCH [aʃ] n. m. *Fam*. Abrév. de HASCHISCH.

harpon pour la pêche à la baleine

haubert

*HASCHISCH, *HASCHICH ou ***HACHISCH** [aʃiʃ] n. m. (mot ar.). Résine extraite des feuilles et des inflorescences femelles du chanvre indien, consommée mâchée ou fumée pour l'état d'esprit particulier qu'elle provoque.

*HASE n. f. (mot all., *lièvre*). Femelle du lièvre.

*HASSIDISME n. m. Nom donné à deux courants mystiques juifs. (Le premier se situe aux XIIe et XIIIe s.; le second, né en Pologne au XIXe s., forme de nos jours des groupes très fervents dans l'ensemble du monde juif.)

HAST [ast] n. m. (lat. *hasta*, lance). *Arme d'hast*, arme blanche dont le fer est emmanché au bout d'une longue hampe.

HASTÉ, E adj. (de *hast*). *Bot*. Qui a la forme d'un fer de lance.

*HÂTE n. f. (mot francique). Grande rapidité à faire qqch; précipitation. ● *À la hâte*, avec précipitation. ‖ *En hâte*, sans perdre de temps.

*HÂTER v. t. Rendre plus rapide, faire arriver plus tôt : *hâter le pas; hâter son départ*. ◆ **se hâter** v. pr. Se dépêcher; ne pas perdre de temps pour : *se hâter de descendre du train*.

*HÂTIER n. m. (lat. *hasta*, lance). Grand chenet à crochets sur lequel on appuie les broches pour les faire tourner.

*HÂTIF, IVE adj. Qui vient avant le temps, précoce : *fruit hâtif*. ‖ Fait trop vite : *travail hâtif*.

*HÂTIVEAU n. m. Pois hâtif.

*HÂTIVEMENT adv. Rapidement, avec précipitation.

*HATTÉRIA n. m. Reptile océanien, seul survivant actuel du groupe des rhynchocéphales. (Syn. SPHÉNODON.)

*HAUBAN [obã] n. m. (mot scandin.). *Mar*. Nom générique des manœuvres dormantes servant à soutenir et à assujettir les mâts par le travers et par l'arrière. ‖ Câble servant à maintenir ou à consolider : *les haubans d'une grue*.

*HAUBANAGE n. m. Ensemble des haubans qui renforcent un appareil.

*HAUBANER v. t. Fixer au moyen de haubans : *haubaner un pylône*.

*HAUBERT [obɛr] n. m. (mot francique). Longue cotte de mailles des hommes d'armes au Moyen Âge.

*HAUSSE [os] n. f. (de *hausser*). Augmentation de valeur : *la hausse des loyers*. || *Arm.* Appareil placé sur le canon d'une arme à feu et servant à son pointage. || *Techn.* Objet qui sert à hausser. ● *Angle de hausse*, angle dont il faut hausser le canon d'une arme au-dessus de la ligne de site pour atteindre l'objectif. (C'est l'angle formé par les lignes de tir et de site.) [V. TIR.]

*HAUSSE-COL n. m. (mot germ.) [pl. *hausse-cols*]. Pièce de métal qui protégeait le cou dans l'équipement militaire. (Il fut porté par les officiers français d'infanterie jusqu'en 1881.)

*HAUSSEMENT n. m. *Haussement d'épaules*, mouvement des épaules, pour marquer du mépris, de l'indifférence.

*HAUSSER v. t. (lat. *altus*, haut). Élever, rendre plus haut : *hausser un mur*. || Faire monter, majorer, augmenter : *hausser les prix*. ● *Hausser la voix, le ton*, prendre un ton de menace, de supériorité.

*HAUSSIER, ÈRE adj. Se dit d'un marché en Bourse dont les cours sont orientés à la hausse.

*HAUSSIÈRE n. f. → AUSSIÈRE.

*HAUT, E adj. (lat. *altus*). Qui a une certaine dimension dans le sens vertical : *une maison haute de 20 mètres*. || Grand en dimension verticale, élevé; qui a beaucoup d'intensité, qui dépasse le niveau ordinaire : *haute montagne; fleuve dont les eaux sont hautes*. || Aigu : *notes hautes*. || Qui est jugé supérieur, éminent sur le plan social, culturel, sur celui de l'argent, de la force, du pouvoir : *les hautes classes de la société; de hauts faits d'armes; calcul de haute précision*. || Reculé dans le temps : *la haute Antiquité*. || Se dit d'une région située plus loin de la mer, du cours d'un fleuve situé plus près de la source. ● *Haute Cour de justice*, tribunal élu, en leur sein, par l'Assemblée nationale et le Sénat, et devant lequel peuvent être renvoyés le président de la République et les ministres, dans le cas de fautes lourdes dans l'exercice de leurs fonctions. || *Haut en couleur*, dont les couleurs sont très vives; coloré, en parlant du teint, du style, etc. || *Haute trahison*, crime pour lequel le président de la République peut être mis en accusation devant la Haute Cour de justice. || *Marcher la tête haute*, n'avoir rien à se reprocher. ◆ adv. À haute altitude, en un lieu élevé, à un degré élevé : *voler haut dans le ciel*. || À haute voix : *parler haut et fort*. ● *De haut*, d'un endroit élevé; avec mépris, insolence : *traiter qqn au haut de*. || *D'en haut*, du pouvoir, des hautes classes de la société. || *En haut*, sur un lieu élevé, à l'étage supérieur. || *Locomotive haut le pied*, locomotive qui n'est pas attelée.

*HAUT n. m. Dimension verticale d'un corps; hauteur, élévation : *cette colonne a 20 mètres de haut*. || Partie haute, sommet : *le haut d'un arbre*. ● *Tomber de son haut*, de toute sa hauteur; être extrêmement surpris.

*HAUTAIN, E adj. Qui montre un orgueil autoritaire, méprisant, condescendant : *une femme hautaine; regard hautain*.

*HAUTBOIS [obwa] n. m. (de *haut* et *bois*). Instrument de musique à vent, à anche double et au tuyau de perce conique.

*HAUTBOÏSTE [oboist] n. Personne qui joue du hautbois. (On dit aussi HAUTBOIS.)

*HAUT-COMMISSAIRE n. m. (pl. *hauts-commissaires*). Titre donné à un certain nombre de hauts fonctionnaires.

*HAUT-COMMISSARIAT n. m. (pl. *hauts-commissariats*). Fonction de haut-commissaire.

*HAUT-DE-CHAUSSES ou ***HAUT-DE-CHAUSSE** [odʃos] n. m. (pl. *hauts-de-chausses* ou *hauts-de-chausse*). La culotte d'autrefois, bouffant à mi-cuisses ou descendant à mi-mollets (fin du Moyen Âge - XVIIe s.).

*HAUT-DE-FORME n. m. (pl. *hauts-de-forme*). Chapeau masculin de cérémonie, à calotte haute et cylindrique.

*HAUTE n. f. *La haute* (Pop.), les hautes classes de la société.

*HAUTE-CONTRE n. f. (pl. *hautes-contre*). *Mus.* Voix masculine de tête, dans le registre de l'alto. ◆ n. m. et adj. Chanteur qui a cette voix.

*HAUTE-FIDÉLITÉ ou ***HI-FI** n. f. Technique visant à une grande qualité de reproduction du son.

*HAUTEMENT adv. À un haut degré : *ouvrier hautement qualifié*. || Ouvertement, nettement : *se déclarer hautement pour qqn*.

*HAUTEUR n. f. Dimension verticale; caractère élevé : *la hauteur d'un immeuble, prendre de la hauteur; hauteur des sentiments*. || Lieu élevé; colline, éminence : *gagner les hauteurs*. || Fierté, arrogance : *parler avec hauteur*. || *Math.* Dans un triangle ou un tétraèdre, perpendiculaire abaissée d'un sommet sur le côté ou sur la face opposés; longueur de cette perpendiculaire. ● *À la hauteur, à la demi-hauteur* (Chorégr.), se dit d'une élévation de jambe atteignant 90° (hauteur de la hanche), 45°. || *À la hauteur de* (Mar.), à la latitude de. || *Être à la hauteur* (Fam.), avoir les capacités nécessaires; être au niveau. || *Hauteur d'appui*, hauteur (d'une balustrade, d'un meuble...) propre à l'accoudement. || *Hauteur d'un astre*, angle de sa direction avec le plan horizontal du lieu d'observation. (La hauteur d'un astre est le complément de sa distance zénithale.) || *Hauteur barométrique*, longueur de la colonne de mercure au-dessus du niveau de la cuvette d'un baromètre. || *Hauteur d'éclatement*, dans un tir aérien nucléaire, hauteur mesurée à partir de l'objectif où se produit l'explosion de la charge. || *Hauteur d'une montagne*, son altitude au-dessus du niveau moyen de la mer. || *Hauteur d'un son*, caractéristique liée à la fréquence de vibrations d'un son audible. || *Hauteur de vues*, ampleur de conception.

*HAUT-FOND n. m. (pl. *hauts-fonds*). Élévation du fond de la mer ou d'un cours d'eau, de moindre étendue qu'un banc, toujours recouverte d'eau, mais dangereuse pour la navigation.

*HAUTIN ou ***HAUTAIN** n. m. Vigne cultivée en hauteur et s'appuyant sur des arbres ou des échalas. || Arbre ou grand échalas soutenant ces pieds de vigne.

*HAUT-LE-CŒUR n. m. inv. Nausée, envie de vomir. || Sentiment de dégoût.

*HAUT-LE-CORPS n. m. inv. Brusque mouvement du corps, marquant surtout la surprise.

*HAUT-PARLEUR n. m. (pl. *haut-parleurs*). Appareil qui convertit en ondes acoustiques les courants électriques correspondant aux sons de la parole ou de la musique.

*HAUT-RELIEF n. m. (pl. *hauts-reliefs*). En sculpture, relief dont les figures sont presque en ronde bosse, presque indépendants du fond.

*HAUTURIER, ÈRE adj. *Mar.* Relatif à la haute mer : *navigation hauturière*.

*HAVAGE n. m. Coupure pratiquée dans le front d'abattage d'une mine, parallèlement au mur ou horizontalement.

*HAVANAIS, E adj. et n. De La Havane.

*HAVANAIS n. m. Chien de petite taille, à poils longs et soyeux, généralement blancs, avec des taches beiges ou gris foncé.

*HAVANE n. m. Tabac ou cigare de La Havane. ◆ adj. inv. Couleur marron clair.

haut-relief : *la Marseillaise* de Rude

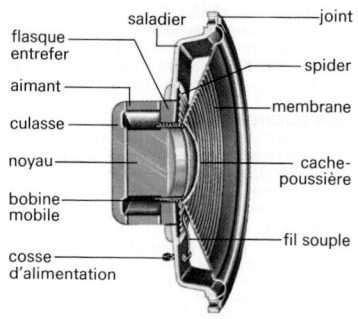

flasque entrefer — saladier — joint
aimant — spider
culasse — membrane
noyau —
bobine mobile — cache-poussière
cosse d'alimentation — fil souple

COUPE D'UN HAUT-PARLEUR

DISPOSITION DE HAUT-PARLEURS DANS UNE ENCEINTE

tweeter (fréquences élevées)
médium (fréquences moyennes)
boomer (fréquences basses)

hautbois

*HÂVE adj. (mot francique). *Litt.* D'une pâleur et d'une maigreur maladives : *visage hâve*.

*HAVENEAU ou ***HAVENET** [avnɛ] n. m. (mot scandin.). Filet à poche et à manche, pour pêcher sur les plages.

*HAVER v. t. Pratiquer l'opération du havage.

*Havers (canaux de), canaux nutritifs situés dans le tissu osseux compact, et autour desquels les cellules osseuses se disposent en lamelles concentriques, l'ensemble formant le *système de Havers*.

*HAVEUR n. m. Ouvrier qui pratique le havage.

*HAVEUSE n. f. Machine pour exécuter le ▷ havage.

*HAVRAIS, E adj. et n. Du Havre.

*HAVRE n. m. (moyen néerl. *havene*). *Mar.* Petit port très à l'abri. || *Litt.* Refuge contre l'adversité : *havre de bonheur*.

*HAVRESAC n. m. (all. *Habersack*, sac à

avoine). Sac porté derrière le dos par les militaires et les campeurs, et contenant ce dont ils ont besoin.

*HAVRIT n. m. *Min.* Ensemble des fragments détachés par la haveuse.

HAWAIIEN, ENNE [awajɛ̃, jɛn] adj. et n. Des îles Hawaii. ‖ *Géol.* Se dit d'un type de volcan caractérisé par l'émission, sans explosions ni projections, d'une lave basaltique très fluide.

*HAYON [ɛjɔ̃] n. m. (de *haie*). Partie mobile de bas en haut, servant de porte à l'arrière d'une voiture, d'une camionnette. ‖ Pièce de bois amovible à l'avant et à l'arrière d'une charrette.

He, symbole chimique de l'*hélium*.

*HÉ! interj. qui sert à appeler, à exprimer la surprise, le regret.

*HEAUME [om] n. m. (mot francique). Au Moyen Âge, grand casque des hommes d'armes enveloppant toute la tête et le visage.

HEBDOMADAIRE adj. (gr. *hebdomas*, semaine). De la semaine, de chaque semaine : *travail hebdomadaire*. ◆ n. m. et adj. Publication qui paraît chaque semaine.

HEBDOMADAIREMENT adv. Par semaine.

HEBDOMADIER, ÈRE n. Religieux chargé d'une fonction donnée pendant la semaine.

HÉBÉPHRÈNE n. et adj. Atteint d'hébéphrénie.

HÉBÉPHRÉNIE [ebefreni] n. f. (gr. *hêbê*, adolescence, et *phrên*, esprit). *Psychiatr.* Une des formes cliniques de la schizophrénie où prédomine le retrait dans le monde intérieur.

HÉBÉPHRÉNIQUE adj. Relatif à l'hébéphrénie.

HÉBERGE n. f. Ligne à partir de laquelle un mur mitoyen entre deux bâtiments d'inégale hauteur appartient uniquement au propriétaire du bâtiment le plus élevé.

HÉBERGEMENT n. m. Action d'héberger : *centre d'hébergement*.

HÉBERGER v. t. (mot francique) [conj. **1**]. Loger, accueillir : *héberger des amis*.

HÉBERTISME n. m. Nom donné à la *méthode naturelle* d'éducation physique de G. Hébert.

HÉBERTISTE n. et adj. Partisan du révolutionnaire J. Hébert (1757-1794).

HÉBÉTÉ, E adj. et n. Stupide, abruti. ‖ *Psychiatr.* Qui présente les signes d'une sidération de la vie psychique.

HÉBÉTEMENT n. m. État d'une personne hébétée.

HÉBÉTER v. t. (lat. *hebetare*, émousser) [conj. **5**]. Faire perdre toute intelligence, toute volonté de réaction; ahurir.

HÉBÉTUDE n. f. Syn. de HÉBÉTEMENT. ‖ *Méd.* Obnubilation intellectuelle.

HÉBOÏDOPHRÉNIE n. f. *Psychiatr.* Forme fruste de schizophrénie où prédominent les tendances antisociales.

HÉBRAÏQUE [ebraik] adj. Qui concerne les Hébreux : *langue hébraïque*.

HÉBRAÏSANT, E ou HÉBRAÏSTE n. et adj. Spécialiste de l'hébreu.

haveuse

HÉBRAÏSME n. m. Forme syntaxique ou morphologique propre à la langue hébraïque.

HÉBREU adj. m. (lat. *hebraeus*). Qui concerne les Hébreux. (Au fém., on dit HÉBRAÏQUE.)

HÉBREU n. m. Langue sémitique parlée autref. par les Hébreux et actuellement en Israël. ● *C'est de l'hébreu* (Fam.), c'est incompréhensible.

HÉCATOMBE n. f. (gr. *hekatombê*). Massacre d'un grand nombre de personnes ou d'animaux. ‖ Grand nombre de refusés à un examen. ‖ *Antiq.* Sacrifice de cent bœufs ou grand sacrifice public.

HECTARE n. m. (gr. *hekaton*, cent, et *are*). Unité de mesure d'aire ou superficie (symb. : ha), valant 10^4 mètres carrés.

HECTIQUE [ɛktik] adj. (gr. *hektikos*, habituel). *Méd.* Se dit d'une fièvre continue, de longue durée.

HECTO- ou HECT- devant une voyelle (gr. *hekaton*, cent), préfixe (symb. : h) qui, placé devant le nom d'une unité, la multiplie par 10^2.

HECTOGRAMME ou, fam., HECTO n. m. Masse de cent grammes (symb. : hg).

HECTOLITRE n. m. Volume de cent litres (symb. : hl).

HECTOMÈTRE n. m. Longueur de cent mètres (symb. : hm).

HECTOMÉTRIQUE adj. Relatif à l'hectomètre.

HÉDONISME n. m. (gr. *hêdonê*, plaisir). Morale qui fait du plaisir un principe ou le but de la vie.

HÉDONISTE adj. et n. Qui concerne l'hédonisme, qui en est partisan.

HÉDONISTIQUE adj. Relatif à l'hédonisme. ● *Principe hédonistique* ou *loi du moindre effort*, principe posé par les économistes libéraux, et selon lequel l'homme cherche ordinairement à acquérir le maximum de jouissance au prix du minimum d'efforts.

HÉGÉLIANISME [egeljanism] n. m. Philosophie de Hegel et de ses continuateurs.

HÉGÉLIEN, ENNE adj. et n. Qui est partisan de Hegel, qui relève de sa philosophie.

HÉGÉMONIE n. f. (gr. *hêgemonia*). Suprématie, pouvoir prépondérant, dominateur, d'un État, d'une classe sociale sur d'autres.

HÉGÉMONIQUE adj. Relatif à l'hégémonie.

HÉGIRE n. f. (mot ar., *fuite*). Ère de l'islām, qui commence en 622 de l'ère chrétienne, date à laquelle Mahomet s'enfuit à Médine.

*HEIN! interj. *Fam.* Sollicite une explication ou exprime la surprise.

HÉLAS! interj. Exprime la plainte, le regret, la douleur, etc.

*HÉLER v. t. (angl. *to hail*) [conj. **5**]. Appeler de loin : *héler un taxi*.

HÉLIANTHE n. m. (gr. *hêlios*, soleil, et *anthos*, fleur). Plante venant d'Amérique, cultivée pour ses grands capitules jaunes. (Famille des composées; noms usuels : *soleil, tournesol*.)

HÉLIANTHÈME ou HÉLIANTHEMUM [eljãtemɔm] n. m. (gr. *hêlios*, soleil, et *anthêmon*, fleur). Genre de plantes voisines des cistes, à fleurs jaune d'or.

HÉLIANTHINE n. f. Indicateur coloré, jaune

heaume
(XIIIᵉ s.)
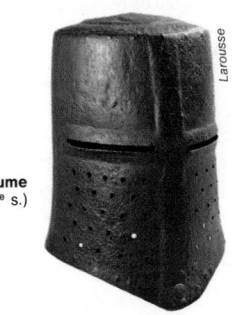

en milieu basique, rose en milieu acide. (Syn. MÉTHYLORANGE.)

HÉLIAQUE adj. *Astron.* Se dit du lever ou du coucher d'un astre qui se produit en même temps que le lever ou le coucher du Soleil.

HÉLIASTE n. m. (gr. *hêliastês*). Membre de l'Héliée, tribunal populaire d'Athènes.

HÉLICE n. f. (gr. *helix*, spirale). Appareil de propulsion, de traction ou de sustentation, constitué par des pales (ou ailes) qui présentent des surfaces disposées régulièrement autour d'un moyeu actionné par un moteur. ‖ *Archit.* Petite volute ou crosse du chapiteau corinthien. ‖ *Math.* Courbe gauche qui coupe sous un angle constant les génératrices d'un cylindre. ● *Escalier en hélice*, escalier à vis.

HÉLICHRYSUM [elikrizɔm] n. m. Immortelle à fleurs jaunes.

HÉLICICULTEUR, TRICE n. Personne qui élève des escargots.

hélice d'avion monomoteur

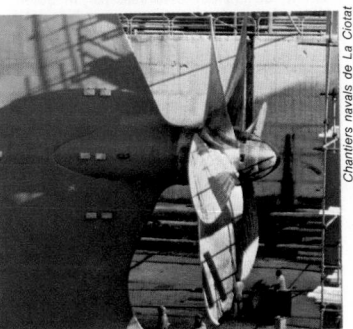

hélice de navire pétrolier

HÉLICICULTURE n. f. Élevage des escargots.

HÉLICOÏDAL, E, AUX adj. (gr. *helikoeidês*). En forme d'hélice : *engrenage hélicoïdal*. ● *Mouvement hélicoïdal*, mouvement d'un solide dont les différents points décrivent des hélices qui ont même axe et même pas.

HÉLICOÏDE adj. En forme d'hélice.

HÉLICOÏDE n. m. *Math.* Surface (ou volume) engendrée par une courbe (ou une surface) animée d'un mouvement hélicoïdal.

HÉLICON n. m. Instrument de musique en cuivre, à vent et à embouchure, muni de pistons, de la catégorie des saxhorns.

HÉLICOPTÈRE n. m. (gr. *helix*, spirale, et *pteron*, aile). Giravion dont la ou les voilures tournantes assurent à la fois la sustentation et la translation pendant toute la durée du vol.

V. ill. page suivante

HÉLIOCENTRIQUE adj. Considéré par rapport au Soleil pris comme centre.

HÉLIODORE n. m. Pierre fine constituée par un béryl de couleur jaune d'or.

HÉLIOGRAPHE n. m. (gr. *hêlios*, soleil, et

451

hélicoptère lourd américain « Skycrane »

hélicoptère lourd soviétique à rotors latéraux Mil « Mi-12 »

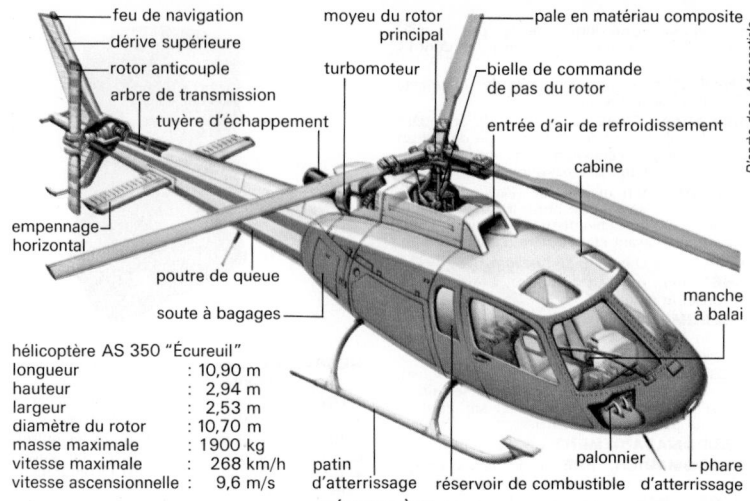

feu de navigation
dérive supérieure
rotor anticouple
arbre de transmission
tuyère d'échappement
empennage horizontal
poutre de queue
soute à bagages

moyeu du rotor principal
turbomoteur
pale en matériau composite
bielle de commande de pas du rotor
entrée d'air de refroidissement
cabine
manche à balai
palonnier
phare
patin d'atterrissage
réservoir de combustible
d'atterrissage

hélicoptère AS 350 "Écureuil"
longueur	: 10,90 m
hauteur	: 2,94 m
largeur	: 2,53 m
diamètre du rotor	: 10,70 m
masse maximale	: 1900 kg
vitesse maximale	: 268 km/h
vitesse ascensionnelle	: 9,6 m/s

HÉLICOPTÈRE

graphein, écrire). Appareil servant à mesurer la quantité de chaleur rayonnée par le Soleil. ‖ *Météor.* Appareil servant à mesurer l'insolation.

HÉLIOGRAPHIE n. f. *Arts graph.* Procédé de reproduction d'originaux transparents ou translucides sur papier aux diazoïques. ‖ *Astron.* Description du Soleil.

HÉLIOGRAVEUR n. m. Professionnel pratiquant l'héliogravure.

HÉLIOGRAVURE ou **HÉLIO** n. f. Désignation générique des procédés d'obtention, par voie photomécanique, de formes d'impression gravées en creux, ainsi que des procédés d'impression utilisant ces formes.

HÉLIOMARIN, E adj. Qui combine l'héliothérapie et le séjour au bord de la mer.

HÉLION [eljɔ̃] n. m. Noyau de l'atome d'hélium, dit encore *particule alpha.*

HÉLIOSTAT n. m. Miroir plan ou légèrement concave permettant de réfléchir les rayons du Soleil dans une direction fixe malgré le mouvement diurne.

HÉLIOSYNCHRONE adj. Se dit de l'orbite d'un satellite artificiel de la Terre dont le plan fait un angle constant avec la direction Terre-Soleil. ‖ Se dit d'un satellite dont l'orbite présente la caractéristique précédente. (Un satellite héliosynchrone survole toujours aux mêmes heures en un lieu donné. De nombreux satellites météorologiques ou d'observation de la Terre présentent cette particularité.)

HÉLIOTHÉRAPIE n. f. Traitement médical par la lumière solaire, active par ses rayons ultraviolets. (On l'utilise, sous contrôle médical, contre le rachitisme, certaines tuberculoses osseuses et des maladies de la peau.)

HÉLIOTROPE n. m. (gr. *hêliotropion,* qui se tourne vers le soleil). Plante dont on cultive certaines espèces à fleurs odorantes. (Famille des borraginacées.) ‖ Nom donné aux plantes dont la fleur se tourne vers le soleil, comme l'hélianthe.

HÉLIOTROPINE n. f. Composé d'une odeur analogue à celle de l'héliotrope, et qui s'obtient en partant de l'essence de sassafras. (Syn. PIPÉRONAL.)

HÉLIPORT n. m. Aéroport pour hélicoptères.

HÉLIPORTAGE n. m. Transport par hélicoptère.

HÉLIPORTÉ, E adj. Transporté par hélicoptère : *troupes héliportées.* ‖ Exécuté à l'aide d'hélicoptères : *opérations héliportées.*

HÉLITREUILLAGE n. m. Action de faire monter une personne ou un objet dans un hélicoptère en vol à l'aide d'un treuil.

HÉLIUM [eljɔm] n. m. Corps simple gazeux (He), n° 2, de masse atomique 4,0026, de densité 0,138, découvert dans l'atmosphère solaire, et qui existe en très petite quantité dans l'air. (Très léger et ininflammable, il est utilisé pour le gonflement des ballons et aérostats.)

HÉLIX [eliks] n. m. (mot gr., *spirale*). *Anat.* Repli qui forme le tour du pavillon de l'oreille externe. ‖ *Zool.* Nom scientifique de l'*escargot.*

HELLADIQUE adj. Se dit de l'âge du bronze (v. 3000-1100 av. J.-C.) sur le continent grec, dont la dernière phase correspond à la civilisation mycénienne.

HELLÉBORE n. m. Plante vivace, de la famille des renonculacées, à feuilles en éventail, et

hellébore

dont les fleurs s'épanouissent en hiver. (On écrit aussi ELLÉBORE.)

HELLÈNE adj. et n. (gr. *Hellên,* Grec). De la Grèce ancienne.

HELLÉNIQUE adj. Relatif à la Grèce.

HELLÉNISANT, E ou **HELLÉNISTE** n. Spécialiste des études grecques.

HELLÉNISATION n. f. Action d'helléniser.

HELLÉNISER v. t. Donner un caractère hellénique.

HELLÉNISME n. m. Civilisation grecque; civilisation développée hors de Grèce sous l'influence de la culture grecque. ‖ *Ling.* Expression particulière à la langue grecque.

HELLÉNISTIQUE adj. Se dit de la période de la civilisation grecque allant de la conquête

d'Alexandre à la conquête romaine. (On appelle *monde hellénistique* l'ensemble des États [Macédoine, Asie, Égypte] et des dynasties [Antigonides, Séleucides, Lagides] issus de l'empire d'Alexandre.)

HELMINTHE [ɛlmɛ̃t] n. m. (gr. *helmins, helminthos,* ver). *Zool.* et *Méd.* Ver parasite.

HELMINTHIASE n. f. Maladie causée par la présence d'un helminthe.

HELMINTHIQUE adj. Relatif aux helminthes.

HÉLOBIALE n. f. Plante monocotylédone aquatique, telle que la *sagittaire,* l'*élodée,* la *vallisnérie* et les plantes voisines, en particulier les *zostères,* qui sont les seules angiospermes marines. (Les *hélobiales,* dites aussi *fluviales,* forment un ordre.)

HÉLODÉE n. f. → ÉLODÉE.

HÉLODERME n. m. Lézard à morsure dangereusement venimeuse, du Mexique.

HELVELLE n. f. (lat. *helvella,* petit chou). Champignon des bois, comestible, à chapeau brun ou blanc, lobé et contourné. (Groupe des discomycètes.)

HELVÉTIQUE adj. Relatif à la Suisse.

HELVÉTISME n. m. *Ling.* Façon de parler propre aux habitants de la Suisse francophone.

*HEM ! [ɛm] interj. Exprime le doute ou attire l'attention.

HÉMARTHROSE n. f. Épanchement de sang dans une articulation.

HÉMATÉMÈSE n. f. Vomissement de sang.

HÉMATIE [emati *ou* emasi] n. f. (gr. *haima,* sang). Globule rouge du sang coloré par l'hémoglobine. (On en compte 5 millions dans 1 mm³ de sang humain.)

HÉMATIQUE adj. Relatif au sang.

HÉMATITE n. f. Oxyde ferrique Fe_2O_3 naturel, dont il existe deux variétés : l'*hématite rouge,* ou *oligiste,* et l'*hématite brune,* ou *limonite,* toutes deux minerais de fer recherchés.

HÉMATOCRITE n. m. Volume occupé par les éléments figurés du sang (globules), dans un volume donné de sang, en pourcentage. (L'hématocrite normal est de 40 p. 100 environ.)

HÉMATOLOGIE n. f. Science qui étudie la structure histologique, la composition chimique et les propriétés physiques du sang. ‖ Spécialité médicale qui s'occupe des maladies du sang et des organes de l'hématopoïèse.

HÉMATOLOGIQUE adj. Relatif à l'hématologie.

HÉMATOLOGISTE ou **HÉMATOLOGUE** n. Spécialiste d'hématologie.

HÉMATOME [ematɔm] n. m. Épanchement de sang dans une cavité naturelle ou sous la peau, consécutif à une rupture des vaisseaux.

HÉMATOPOÏÈSE [ematopɔjɛz] n. f. Formation des globules du sang, qui a lieu principalement dans la moelle rouge des os.

HÉMATOPOÏÉTIQUE adj. Relatif à l'hématopoïèse.

HÉMATOSE [ematoz] n. f. Transformation, dans l'appareil respiratoire, du sang veineux rouge sombre en sang artériel rouge vif, par perte de gaz carbonique et enrichissement en oxygène.

HÉMATOZOAIRE n. m. Protozoaire parasite des globules rouges du sang, agent du paludisme. (Syn. PLASMODIUM.)

HÉMATURIE n. f. (gr. *ouron*, urine). Émission de sang par les voies urinaires.

HÉMÉRALOPIE n. f. (gr. *hêmera*, jour, et *ôps*, vue). Affaiblissement ou perte de la vision en lumière peu intense (par ex. au crépuscule).

HÉMÉROCALLE n. f. Plante bulbeuse, de la famille des liliacées, cultivée pour ses fleurs décoratives jaunes ou rougeâtres.

HÉMIANOPSIE n. f. Perte de la vue atteignant une moitié (droite ou gauche) du champ visuel.

HÉMICYCLE n. m. (gr. *hêmikuklion*, demi-cercle). Tout espace qui a la forme d'un demi-cercle. ‖ Lieu demi-circulaire, muni de gradins, pour recevoir des spectateurs, des auditeurs, les membres d'une assemblée.

HÉMIÈDRE ou **HÉMIÉDRIQUE** adj. Qui présente les caractères de l'hémiédrie.

HÉMIÉDRIE n. f. (gr. *hêmi*, à demi, et *edra*, face). Propriété des cristaux dont la symétrie est la moitié de celle de leur réseau cristallin.

HEMIGRAMMUS [emigramys] n. m. Poisson d'Amazonie, long de 4 à 5 cm, pouvant vivre en aquarium entre 20 et 28 °C, et se reproduisant rapidement.

HÉMIONE n. m. (gr. *hêmionos*, mulet). Équidé, intermédiaire entre le cheval et l'âne, vivant au Tibet.

HÉMIOXYDE n. m. Oxyde comprenant un atome d'oxygène pour deux atomes du corps auquel il est lié.

HÉMIPLÉGIE n. f. (gr. *hêmi*, à demi, et *plêgê*, coup). Paralysie d'une moitié du corps, due le plus souvent à une lésion cérébrale dans l'hémisphère opposé.

HÉMIPLÉGIQUE adj. et n. Relatif à l'hémiplégie; atteint d'hémiplégie.

HÉMIPTÉROÏDE ou **HÉMIPTÈRE** n. m. (gr. *hêmi*, à demi, et *pteron*, aile). Insecte tel que les punaises, la cigale, les pucerons, ayant des pièces buccales piqueuses et suceuses et, souvent, des ailes antérieures à moitié coriaces et à moitié membraneuses. (Les *hémiptéroïdes*, aussi appelés RHYNCHOTES, comprennent deux ordres : les *homoptères*, ou pucerons, et les *hétéroptères*, ou punaises.)

HÉMISPHÈRE n. m. (gr. *hêmisphairion*). Chacune des deux moitiés du globe terrestre ou de la sphère céleste : *hémisphère Nord*, ou *septentrional*, ou *boréal*; *hémisphère Sud*, ou *méridional*, ou *austral*. ‖ Anat. Chacune des deux moitiés du cerveau. ‖ Math. Portion de sphère limitée par un grand cercle. ● *Hémisphères de Magdebourg*, demi-sphères métalliques creuses dont Otto von Guericke se servit en 1654 pour prouver la pression atmosphérique.

HÉMISPHÉRIQUE adj. Qui a la forme d'une demi-sphère.

HÉMISTICHE [emistiʃ] n. m. (gr. *hêmistikhion*, moitié de vers). Chacune des deux parties d'un vers coupé par la césure. ‖ La césure elle-même.

HÉMITROPIE n. f. *Minér.* Groupement régulier de cristaux identiques.

HÉMOCHROMATOSE n. f. (gr. *haima*, sang). Maladie due à une surcharge en fer de l'organisme. (L'hémochromatose peut être héréditaire ou secondaire à une cirrhose, à des transfusions multiples, etc.)

HÉMOCULTURE n. f. Méthode de recherche des bactéries qui peuvent se trouver dans le sang au cours de certaines maladies. (Elle consiste en l'ensemencement d'un milieu de culture avec quelques grammes de sang du malade.)

HÉMOCYANINE n. f. Pigment respiratoire

hémérocalle

contenant du cuivre, qui existe dans le sang des mollusques et des crustacés.

HÉMODIALYSE n. f. Procédé permettant l'épuration du sang en cas d'insuffisance rénale grave.

HÉMODYNAMIQUE n. f. Étude des différents facteurs régissant la circulation du sang dans l'organisme.

HÉMOGLOBINE n. f. Pigment des globules rouges du sang, assurant le transport de l'oxygène et du gaz carbonique entre l'appareil respiratoire et les cellules de l'organisme.

HÉMOGLOBINOPATHIE n. f. Maladie caractérisée par une anomalie héréditaire de l'hémoglobine, et qui se manifeste par une grande anémie, des douleurs osseuses, des crises douloureuses abdominales.

HÉMOGLOBINURIE n. f. Présence d'hémoglobine dans les urines.

HÉMOGRAMME n. m. Étude quantitative et qualitative des globules du sang. (L'hémogramme comprend la numération globulaire et la formule leucocytaire.)

HÉMOLYSE n. f. Destruction des globules rouges du sang par éclatement.

HÉMOLYSINE n. f. Anticorps provoquant l'hémolyse.

HÉMOLYTIQUE adj. Qui provoque l'hémolyse; qui s'accompagne d'hémolyse.

HÉMOPATHIE n. f. Maladie du sang en général.

HÉMOPHILE adj. et n. Atteint d'hémophilie.

HÉMOPHILIE n. f. Anomalie du sang caractérisée par un retard ou une absence de coagulation (temps de coagulation allongé), et par laquelle la moindre blessure peut être à l'origine d'une hémorragie importante. (Cette affection héréditaire est transmise par les femmes et n'atteint que les hommes.)

HÉMOPTYSIE n. f. Crachement de sang.

HÉMORRAGIE n. f. (gr. *haima*, sang, et *rhagê*, rupture). Sortie du sang hors des vaisseaux sanguins. ‖ Grave déperdition de ce qui est essentiel : *une hémorragie de devises, de main-d'œuvre.*
■ On distingue des *hémorragies externes*, où le sang fait issue à l'extérieur du corps, par une plaie ou par un orifice naturel, des *hémorragies internes*, où le sang se répand dans une cavité naturelle (péritoine, intestin, etc.). On distingue encore des *hémorragies artérielles* (sang rouge, projeté avec violence et par saccades), des *hémorragies veineuses* (sang noir, sortant sous faible pression et à débit continu) et des *hémorragies capillaires* (souvent en nappe, se produisant sur toute surface par suintement).

HÉMORRAGIQUE adj. Relatif à l'hémorragie.

HÉMORROÏDAIRE adj. et n. Affecté d'hémorroïdes.

HÉMORROÏDAL, E, AUX adj. Relatif aux hémorroïdes.

HÉMORROÏDE n. f. (gr. *haima*, sang, et *rhein*, couler). Varice des veines de l'anus. (On distingue des *hémorroïdes externes* et des *hémorroïdes internes*, situées à l'intérieur du canal anal. Le gonflement des hémorroïdes, ou *fluxion*, en général très douloureux, est le plus souvent en rapport avec une thrombophlébite; l'*hémorragie* représente une autre complication.)

HÉMOSTASE n. f. Arrêt d'une hémorragie.

HÉMOSTATIQUE adj. et n. m. Se dit d'un agent mécanique (compresse, pince), physique (cautère) ou médicamenteux (produit coagulant ou vasoconstricteur) arrêtant les hémorragies.

HENDÉCAGONE [ɛ̃dekagɔn] adj. et n. m. (gr. *hendeka*, onze, et *gonia*, angle). *Math.* Polygone qui a onze angles, et donc onze côtés.

HENDÉCASYLLABE adj. et n. m. Qui a onze syllabes.

HENDIADIS ou **HENDIADYIN** [ɛ̃djadis, -din] n. m. (mots grecs, *un au moyen de deux*). Figure stylistique consistant à remplacer un nom déterminé par un adjectif ou un complément par deux noms coordonnés.

*****HENNÉ** n. m. (mot ar.). Arbuste originaire d'Arabie, fournissant une teinture rouge utilisée surtout pour les cheveux; cette teinture.

*****HENNIN** n. m. (néerl. *henninck*, coq). Anc. coiffure féminine, haute et conique.

hennin

*****HENNIR** v. i. (lat. *hinnire*). Crier, en parlant du cheval.

*****HENNISSANT, E** adj. Qui hennit.

*****HENNISSEMENT** n. m. Cri ordinaire du cheval. ‖ Cri ressemblant à celui du cheval.

*****HENNUYER, ÈRE** adj. et n. → HAINUYER.

HENRY n. m. Unité de mesure d'inductance électrique (symb. : H), équivalant à l'inductance électrique d'un circuit fermé dans lequel une force électromotrice de 1 volt est produite lorsque le courant électrique qui parcourt le circuit varie uniformément à raison de 1 ampère par seconde.

*****HEP !** interj. Sert à appeler.

HÉPARINE n. f. (gr. *hêpar*, foie). Substance anticoagulante extraite du foie et utilisée dans toutes les affections où une thrombose est à craindre.

HÉPATALGIE n. f. Douleur au foie.

HÉPATIQUE adj. (gr. *hêpar*, *hêpatos*, foie). Qui souffre du foie. ◆ adj. Relatif au foie : *artère, canal hépatique.* ● *Insuffisance hépatique*, troubles produits par l'altération d'une ou de plusieurs fonctions du foie.

HÉPATIQUE n. f. Plante vivant généralement dans les régions chaudes et humides, telle la *marchantia*. (Les *hépatiques* forment une classe, de l'embranchement des bryophytes.)

HÉPATISATION n. f. Lésion d'un tissu, qui lui donne l'aspect et la consistance du foie.

HÉPATISME n. m. Insuffisance hépatique.

HÉPATITE n. f. Inflammation du foie, d'origine toxique ou infectieuse. (L'*hépatite virale* est caractérisée par l'élévation des transaminases, à laquelle s'associent à la phase ictérique des signes variables d'insuffisance hépatique.)

HÉPATOLOGIE n. f. Étude de l'anatomie, de la physiologie et de la pathologie du foie.

HÉPATOMÉGALIE n. f. Augmentation de volume du foie.

HÉPATONÉPHRITE n. f. Affection grave caractérisée par une atteinte simultanée du foie et des reins.

HÉPATOPANCRÉAS n. m. Organe de certains invertébrés, assurant à la fois les fonctions du foie et du pancréas.

HEPTAÈDRE n. m. (gr. *hepta*, sept, et *edra*, face). Solide limité par sept faces.

HEPTAÉDRIQUE adj. Relatif à l'heptaèdre.

HEPTAGONAL, E, AUX adj. Relatif à l'hepta-gone.

HEPTAGONE n. m. (gr. *hepta*, sept, et *gônia*, angle). *Math.* Polygone qui a sept angles, et par conséquent sept côtés.

HEPTANE n. m. Hydrocarbure saturé (C₇H₁₆), contenu dans certains pétroles, et utilisé comme solvant et dans la mesure de l'indice d'octane.

HÉRALDIQUE adj. (bas lat. *heraldus*, héraut). Relatif au blason, aux armoiries.

HÉRALDIQUE n. f. Connaissance du blason.

HÉRALDISTE n. Spécialiste d'héraldique.

* **HÉRAUT** n. m. (mot francique). Officier public dont la fonction était de signifier les déclarations de guerre, de porter les messages, d'ordonnancer les cérémonies.

HERBACÉ, E adj. (lat. *herbaceus*; de *herba*, herbe). *Bot.* Qui a l'aspect, qui est de la nature de l'herbe. ● *Plantes herbacées*, plantes frêles, non ligneuses, et dont les parties aériennes meurent après la fructification.

HERBAGE n. m. Prairie naturelle dont l'herbe est pâturée par le bétail.

HERBAGEMENT n. m. Action de mettre du bétail à l'herbage.

HERBAGER, ÈRE n. Éleveur exploitant des herbages, généralement pour engraisser des bovins.

HERBAGER v. t. (conj. **1**). Mettre à l'herbage.

HERBE n. f. (lat. *herba*). Plante non ligneuse dont les parties aériennes, y compris la tige, meurent chaque année. ‖ Réunion de plantes de ce type formant un gazon, une pâture : *se reposer sur l'herbe*. ‖ *Pop.* Marijuana, haschisch. ● *Couper l'herbe sous le pied de qqn*, le devancer en le frustrant d'un avantage. ‖ *En herbe*, qui n'est pas encore mûr; en puissance, qui se destine à une profession : *avocat en herbe*. ‖ *Fines herbes*, herbes odorantes et comestibles, employées comme assaisonnement (persil, estragon, ciboulette, etc.). ‖ *Herbe aux écus*, nom usuel de la LUNAIRE. ‖ *Mauvaise herbe*, herbe sauvage nuisible aux cultures; vaurien.

HERBEUX, EUSE adj. Où il croît de l'herbe : *un sentier herbeux*.

HERBICIDE adj. et n. m. Qui détruit les mauvaises herbes.

HERBIER n. m. Collection, pour l'étude, de plantes desséchées et conservées entre des feuilles de papier. ‖ Agglomération de plantes ou d'algues sous l'eau.

HERBIVORE n. m. et adj. Qui se nourrit d'herbes, de substances végétales.

HERBORISATION n. f. Action d'herboriser.

HERBORISER v. i. Recueillir dans la nature des plantes pour les étudier.

HERBORISTE n. Professionnel titulaire d'un diplôme l'habilitant à vendre des plantes médicinales.

HERBORISTERIE n. f. Commerce, boutique de l'herboriste.

HERBU, E adj. Couvert d'une herbe abondante.

HERBUE n. f. *Agric.* Terre maigre. ‖ *Métall.* Fondant argileux utilisé dans le haut fourneau lorsque la gangue est calcaire.

* **HERCHER** ou * **HERSCHER** [ɛrʃe] v. i. Pousser à bras une berline dans une mine.

* **HERCHEUR** ou * **HERSCHEUR, EUSE** n. Ouvrier mineur qui fait du roulage à bras en poussant les berlines.

HERCULE n. m. (de *Hercule*, dieu romain). Homme fort, robuste. ‖ Forain qui exécute des tours de force.

HERCULÉEN, ENNE adj. Digne d'Hercule, colossal : *force herculéenne*.

HERCYNIEN, ENNE adj. *Plissement hercynien*, le dernier des plissements primaires, qui eut lieu au carbonifère et qui créa toute une série de hauts reliefs, des Appalaches à l'Asie centrale en passant par l'Europe. (Détruites par l'érosion, puis souvent rajeunies par des mouvements tectoniques tertiaires, les *chaînes her-*

cyniennes forment auj. une série de « massifs anciens » [*massifs hercyniens*], d'altitude variable, entaillés par des vallées profondes [Ardennes, Massif central, Massif armoricain, Vosges, en France].)

* **HERD-BOOK** [œrdbuk] n. m. (angl. *herd*, troupeau, et *book*, livre) [pl. *herd-books*]. Livre généalogique des races bovines et de certaines races porcines.

* **HÈRE** n. m. (anc. fr. *haire*, pauvre). *Un pauvre hère* (Litt.), homme misérable, sans fortune, sans considération.

* **HÈRE** n. m. (néerl. *hert*, cerf). Jeune cerf ou jeune daim âgé de six mois à un an et n'ayant pas encore ses premiers bois.

HÉRÉDITAIRE adj. (lat. *hereditarius*). Transmis par hérédité : *titre héréditaire; maladie héréditaire*. ● *Prince héréditaire*, qui héritera de la couronne.

HÉRÉDITAIREMENT adv. Par droit d'hérédité; en passant des parents aux enfants.

HÉRÉDITÉ n. f. (lat. *hereditas*). Transmission des caractères génétiques d'une génération aux suivantes. ‖ Caractère d'une possession, d'une dignité, d'une charge transmise par voie de succession. ‖ *Dr.* Ensemble des biens que laisse une personne à son décès.

* **HEREFORD** [ɛrfɔrd] adj. et n. Race anglaise de bovins à viande, très répandue dans les pays anglo-saxons et en Amérique latine.

HÉRÉSIARQUE n. Auteur ou propagateur d'une hérésie.

HÉRÉSIE n. f. (gr. *hairesis*, choix). Opinion ou usage en contradiction avec les manières de penser ou de se comporter du plus grand nombre. ‖ *Relig.* Doctrine d'origine chrétienne contraire à la foi catholique et condamnée par l'Église.

HÉRÉTIQUE adj. et n. Qui tient de l'hérésie; qui professe une hérésie.

* **HÉRISSEMENT** n. m. État de ce qui est hérissé.

* **HÉRISSER** v. t. (de *hérisson*). Dresser les cheveux, le poil, en parlant de l'homme, des animaux : *le chat hérisse ses poils; une barbe hérissée*. ‖ Faire saillie sur une surface, un objet; garnir d'objets menaçants (surtout au passif) : *planche hérissée de clous*. ‖ Remplir de choses désagréables (surtout au passif) : *un cours hérissé de difficultés*. ◆ **se hérisser** v. pr. S'indigner, se mettre en défense.

* **HÉRISSON** n. m. (lat. *ericius*). Mammifère de l'ordre des insectivores, à corps couvert de piquants sur le dos. (Le hérisson est très utile,

hérisson

car il détruit insectes, vers, mollusques, reptiles; long. 20 cm.) ‖ Brosse métallique sphérique. ‖ Ensemble de couronnes métalliques étagées et garnies de chevilles pour faire égoutter les bouteilles. (Syn. PORTE-BOUTEILLES.) ‖ *Agric.* Organe distributeur du semoir d'engrais. ‖ *Constr.* Fondation de chaussée constituée de grosses pierres dures en forme de coin disposées de chant. ‖ *Fortif.* Poutre hérissée de pointes de fer, utilisée autref. comme cheval de frise. ● *Défense en hérisson* (Mil.), celle qui est menée en toute direction par un point d'appui isolé. ‖ *Hérisson de mer*, syn. de OURSIN.

* **HÉRISSONNE** adj. f. *Chenille hérissonne*, chenille poilue de divers papillons nocturnes.

HÉRITAGE n. m. Action d'hériter. ‖ Biens transmis par voie de succession. ‖ *Dr.* Syn. d'IMMEUBLE (vx). ‖ Ce qu'on tient de ses parents, des générations précédentes : *l'héritage culturel*.

HÉRITER v. i. (lat. *hereditare*). Recueillir une succession : *hériter d'un oncle*. ◆ v. t. ind. [**de**]. Obtenir par héritage ou par hérédité : *hériter d'une grande fortune, d'une race physiologique*. ◆ v. t. Posséder après qqn; être doté de qqch qui existait antérieurement : *il a hérité de ses parents tous les préjugés de son milieu*.

HÉRITIER, ÈRE n. (lat. *hereditarius*). Celui qui est appelé par la loi ou par un testament à recevoir une succession. ‖ Toute personne qui hérite des biens d'un défunt. ‖ *Fam.* Enfant. ‖ Personne qui recueille et continue une tradition.

HERMAPHRODISME n. m. Juxtaposition, chez un même individu, des organes reproducteurs des deux sexes.

HERMAPHRODITE adj. et n. (d'un n. pr.). Se dit d'un être vivant où sont réunis les organes reproducteurs des deux sexes. (Syn. BISEXUÉ.)

HERMÉNEUTIQUE n. f. (gr. *hermeneuein*, expliquer). Science qui définit les principes et les méthodes de la critique et de l'interprétation des textes anciens. ◆ adj. Relatif à l'herméneutique.

HERMÈS [ɛrmɛs] n. m. Statue virile engainée, qu'elle soit d'Hermès ou non. ● *Buste en hermès*, buste dont les épaules, la poitrine, le dos sont coupés par des plans verticaux.

HERMÉTICITÉ n. f. Caractère hermétique de qqch.

HERMÉTIQUE adj. (de *Hermès* [*Trismegistus*], n. pr.). Se dit d'une fermeture parfaite. ‖ Difficile à comprendre, impénétrable : *un discours hermétisme, visage hermétique*. ‖ Relatif à l'hermétisme (doctrine).

HERMÉTIQUEMENT adv. De façon à ne rien laisser passer.

HERMÉTISME n. m. Caractère de ce qui est hermétique, difficile à comprendre. ‖ Doctrine ésotérique fondée sur des écrits de l'époque gréco-romaine (*Livres hermétiques*), attribués à l'inspiration du dieu Hermès Trismégiste; au Moyen Âge et à la Renaissance, doctrine occulte des alchimistes.

HERMÉTISTE n. Personne qui étudiait ou professait l'hermétisme.

HERMINE n. f. (lat. *Armenius mus*, rat d'Arménie). Mammifère carnassier proche de la belette, dont le pelage, fauve l'été, devient blanc l'hiver (sauf le bout de la queue, toujours noir) et constitue alors une fourrure précieuse. (Long. 27 cm.) ‖ Bande de fourrure d'hermine, fixée à certains costumes de cérémonie. ‖ *Hérald.* Fourrure à mouchetures de sable semées sur champ d'argent.

hermine

HERMINETTE n. f. Fourrure fauve d'été de l'hermine. ‖ Hache de charpentier ou de tonnelier, à fer recourbé, dont le tranchant se trouve dans un plan perpendiculaire au manche.

* **HERNIAIRE** adj. Relatif aux hernies.

* **HERNIE** n. f. (lat. *hernia*). Sortie d'un organe ou d'une partie d'organe hors de la cavité où il se trouve normalement, par un orifice naturel ou accidentel de la paroi de cette cavité (hernies inguinales, crurales, ombilicales, lombaires, diaphragmatiques, discales). ‖ Tuméfaction formée par cet organe sous la peau. ‖ Saillie d'une chambre à air à travers la déchirure du pneu. ● *Hernie étranglée*, hernie qu'on ne peut faire rentrer par des moyens externes, qui expose à de graves complications (occlusion, péritonite) et qui doit être opérée d'urgence.

* **HERNIÉ, E** adj. Se dit d'une partie qui fait hernie : *intestin hernié*.

*HERNIEUX, EUSE adj. et n. Atteint de hernie.

HÉROÏ-COMIQUE adj. Qui mêle l'héroïque et le comique. ‖ Se dit de poèmes parodiques qui traitent sur le ton de l'épopée un thème trivial ou ridicule.

HÉROÏDE n. f. *Litt.* Épître en vers dans laquelle parle un héros ou un personnage fameux.

HÉROÏNE n. f. (gr. *hêrôinê*). Femme d'un grand courage, douée de sentiments nobles et élevés. ‖ Femme qui est le principal personnage d'une œuvre littéraire ou cinématographique.

HÉROÏNE n. f. (mot all.). Stupéfiant dérivé de la morphine et plus toxique qu'elle.

HÉROÏNOMANE n. Toxicomane à l'héroïne.

HÉROÏNOMANIE n. f. Toxicomanie à l'héroïne.

HÉROÏQUE adj. (lat. *heroicus*). Qui se conduit en héros, digne d'un héros : *combattant, résistance héroïque.* ‖ Dont la conséquence est dangereuse : *résolution héroïque.* ‖ Qui chante les exploits des héros, épique : *poésie héroïque.* ● *Temps héroïques,* temps fabuleux où vivaient les héros; époque reculée où se sont produits des faits mémorables.

HÉROÏQUEMENT adv. De façon héroïque.

HÉROÏSME n. m. Qualité de celui, de ce qui est héroïque, courage, force d'âme.

*HÉRON n. m. (mot francique). Oiseau échassier à long bec et à cou long et grêle, vivant au bord des eaux, où il pêche divers animaux aquatiques. (Le héron cendré atteint 1,50 m de haut et vole le cou replié entre les épaules.)

*HÉRONNEAU n. m. Petit héron.

*HÉRONNIÈRE n. f. Lieu où les hérons se réunissent pour nicher. ‖ Endroit où l'on élève les hérons.

*HÉROS n. m. (gr. *hêrôs*). Nom donné par les Grecs aux demi-dieux ou aux grands hommes divinisés. ‖ Celui qui se distingue par des qualités ou des actions extraordinaires, particulièrement à la guerre. ‖ Principal personnage d'une œuvre de fiction. ‖ Personne qui tient le rôle principal dans un événement.

HERPÈS [ɛrpɛs] n. m. (mot gr., *dartre*). Éruption cutanée, d'origine virale, consistant en vésicules groupées sur une base enflammée.

HERPÉTIQUE adj. Relatif à l'herpès.

HERPÉTOLOGIE n. f., **HERPÉTOLOGIQUE** adj., **HERPÉTOLOGISTE** n. → ERPÉTOLOGIE, ERPÉTOLOGIQUE, ERPÉTOLOGISTE.

héron

*HERSAGE n. m. Action de herser.

*HERSCHER v. i., ***HERSCHEUR, EUSE** n. → HERCHER, HERCHEUR.

*HERSE [ɛrs] n. f. (lat. *hirpex*). Instrument agricole formé d'un châssis muni de dents métalliques et servant aux façons superficielles appliquées au sol. ‖ Grille mobile armée de pointes, fermant l'accès d'une forteresse. ‖ Appareil d'éclairage de la partie supérieure de la scène d'un théâtre.

*HERSER v. t. *Agric.* Passer la herse sur un sol.

*HERTZ [ɛrts] n. m. (du n. du physicien H. *Hertz*). Unité de mesure de fréquence

(symb. : Hz), équivalant à la fréquence d'un phénomène périodique dont la période est 1 seconde.

*HERTZIEN, ENNE adj. *Électr.* Se dit des ondes et des phénomènes radioélectriques.

HÉSITANT, E adj. n. Qui hésite, qui manque d'assurance : *réponse hésitante.*

HÉSITATION n. f. Le fait d'hésiter; indécision, doute : *marquer un temps d'hésitation.*

HÉSITER v. i. (lat. *haesitare*). Être incertain sur le parti qu'on doit prendre : *hésiter à partir; hésiter sur la route à suivre.* ‖ Marquer une irrésolution, une ignorance par un arrêt : *il hésitait dans ses réponses.*

HESSOIS, E adj. et n. De la Hesse.

HÉSYCHASME [ezikasm] n. m. École de spiritualité orientale, dont le principal représentant est Grégoire Palamas.

HÉTAÏRE [etair] n. f. (gr. *hetaira*). *Antiq. gr.* Courtisane.

HÉTAÏRIE [etɛri] n. f. (gr. *hetaireia*). *Antiq. gr.* Association socio-politique des grandes familles. ‖ *Hist.* Société secrète qui contribua à l'indépendance de la Grèce au début du XIXe s.

HÉTÉROCERQUE [eterosɛrk] adj. (gr. *heteros,* autre, et *kerkos,* queue). Se dit de la nageoire caudale de certains poissons (raie, requin), dont le lobe dorsal, plus développé que le ventral, contient l'extrémité de la colonne vertébrale.

HÉTÉROCHROMOSOME n. m. *Biol.* Chromosome dont dépend le sexe du zygote.

HÉTÉROCLITE adj. (gr. *heteroklitos*). Qui s'écarte des règles de l'art : *bâtiment hétéroclite.* ‖ Fait de pièces et de morceaux; bizarre, disparate : *amalgame hétéroclite.*

HÉTÉROCYCLE n. m. Composé organique dont la molécule contient des atomes en chaîne fermée, le cycle comprenant certains atomes d'éléments autres que le carbone.

HÉTÉROCYCLIQUE adj. *Chim.* Relatif à un hétérocycle.

HÉTÉRODOXE adj. et n. Contraire à la doctrine orthodoxe ou à une opinion reçue.

HÉTÉRODOXIE n. f. Caractère de ce qui est hétérodoxe, non-conformisme.

HÉTÉRODYNE n. f. et adj. Appareil permettant de produire des oscillations de haute fréquence, pures ou modulées.

HÉTÉROGAMÉTIQUE adj. *Sexe hétérogamétique,* celui dont les gamètes sont de deux catégories, en nombre égal, et déterminent le sexe du produit. (Chez les mammifères, c'est le mâle qui est hétérogamétique; chez les oiseaux, c'est la femelle.)

HÉTÉROGAMIE n. f. *Biol.* Fusion de deux gamètes plus ou moins dissemblables, cas qui se présente le plus généralement. (Contr. ISO-GAMIE.)

HÉTÉROGÈNE adj. Se dit d'un tout formé d'éléments disparates, différents, contraires : *population hétérogène.*

HÉTÉROGÉNÉITÉ n. f. Caractère de ce qui est hétérogène.

HÉTÉROGREFFE ou **HÉTÉROPLASTIE** n. f. *Chir.* Greffe dans laquelle le greffon est emprunté à une espèce différente.

HÉTÉROMÉTABOLE adj. Se dit des insectes qui ont des métamorphoses progressives et qui ne présentent pas ordinairement de stade nymphal.

HÉTÉROMORPHE adj. Qui présente des formes très différentes chez une même espèce.

HÉTÉROMORPHISME n. m., ou **HÉTÉRO-MORPHIE** n. f. Caractère hétéromorphe.

HÉTÉRONOME adj. (gr. *heteros,* autre, et *nomos,* loi). Qui reçoit de l'extérieur les lois régissant sa conduite. (Contr. AUTONOME.)

HÉTÉRONOMIE n. f. Absence d'autonomie.

HÉTÉROPROTÉINE n. f. Protéine complexe formée d'acides aminés et d'un groupement prosthétique.

HÉTÉROPTÈRE n. m. Insecte dont les ailes supérieures sont à demi coriaces. (Les *hétéroptères* forment un ordre comprenant la *cigale* et la *punaise.*)

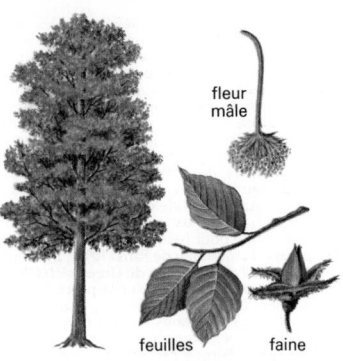

fleur
mâle

feuilles   faine

HÊTRE

HÉTÉROSEXUALITÉ n. f. Attirance sexuelle pour le sexe opposé.

HÉTÉROSEXUEL, ELLE adj. et n. Se dit de celui qui éprouve une attirance sexuelle pour le sexe opposé.

HÉTÉROSIDE n. m. Oside formé d'oses et d'autres molécules.

HÉTÉROSIS n. f. Dans un croisement de races, valeur moyenne des descendants supérieure à la valeur moyenne des races que l'on croise.

HÉTÉROSPHÈRE n. f. Couche de l'atmosphère, située au-dessus de l'homosphère, caractérisée par la prédominance des gaz légers (azote, hydrogène, hélium).

HÉTÉROTHERME adj. Syn. de POÏKILOTHERME.

HÉTÉROTROPHE adj. *Biol.* Se dit d'un être vivant qui se nourrit de substances organiques, comme les animaux et la plupart des plantes dépourvues de pigment assimilateur. (Contr. AUTOTROPHE.)

HÉTÉROZYGOTE adj. et n. *Biol.* Se dit d'un sujet ou d'un de ses caractères dont les gènes allèles sont différents. (Les gènes allèles proviennent l'un du père l'autre de la mère; l'hétérozygote résulte donc de l'union de deux êtres différents par tels ou tels caractères.)

HETMAN [ɛtmã] n. m. *Hist.* Chef des armées en Pologne (XVIe-XVIIIe s.). ‖ Chef ou officier des corps de cosaques.

*HÊTRAIE n. f. Lieu planté de hêtres.

*HÊTRE n. m. (mot francique). Arbre des forêts tempérées, à écorce lisse, à bois blanc, ferme et flexible, utilisé en menuiserie, et dont les fruits sont les faines. (Haut. max. : 40 m; famille des fagacées.)

*HEU! interj. Marque l'étonnement, le doute, l'indifférence, etc.

HEUR n. m. (lat. *augurium*). *Avoir l'heur de plaire à qqn* (Litt.), avoir la chance de lui plaire.

HEURE [œr] n. f. (lat. *hora*). Unité de mesure de temps (symb. : h) valant 3 600 secondes, soit 60 minutes. ‖ Moment déterminé du jour : *l'heure du dîner.* ‖ Dans l'Antiquité, douzième partie de la journée comptée sans la nuit. ‖ Moment quelconque : *connaître des heures agréables.* ‖ Occupation dont la durée est mesurée en heures : *payer des heures de travail.* ‖ *À la bonne heure,* voilà qui est bon. ‖ *De bonne heure,* tôt. ‖ *D'heure en heure,* progressivement. ‖ *D'une heure à l'autre,* sous peu. ‖ *Dernière heure,* se dit de l'édition d'un journal, ou d'une partie de celui-ci, qui donne les dernières nouvelles. ‖ *La dernière heure,* moment de la mort. ‖ *Être à l'heure,* donner l'heure juste, en parlant d'une montre, d'une pendule; être exact, ponctuel, en parlant d'une personne. ‖ *Heure d'angle,* unité de mesure d'angle plan utilisée en astronomie et en navigation, et valant 2 π/24 radian, soit 15 degrés. ‖ *Heure avancée,* heure tardive. ‖ *Heure d'été,* heure adoptée au printemps et en été par de nombreux pays, en vue de réduire les dépenses d'éclairage, et qui avance de 60 ou 120 minutes sur l'heure légale.

‖ *Heure légale,* heure qui, définie par les pouvoirs publics, règle la vie d'un pays; heure avant ou après laquelle certains actes juridiques (perquisition, arrestation au domicile) ne peuvent être accomplis. ‖ *Heure supplémentaire,* heure de travail accomplie au-delà de la durée légale hebdomadaire du travail. ‖ *Sur l'heure,* à l'instant même. ‖ *Tout à l'heure,* dans un moment; il y a un moment. ◆ pl. *Heures canoniales,* diverses parties du bréviaire, de l'office liturgique. ‖ *Livre d'heures,* recueil de prières liturgiques à l'usage des fidèles.
■ Depuis la fin du XIXᵉ s., la France a successivement adopté pour heure légale : 1° l'heure de temps civil du méridien de Paris (1891); 2° l'heure de temps civil du méridien de Greenwich (1911), qui retarde de 9 min 21 s sur la précédente et dénommée TU, *temps universel,* mais parfois désignée par erreur sous le sigle GMT (*Greenwich Mean Time,* temps moyen de Greenwich); 3° l'heure de l'Europe centrale (Seconde Guerre mondiale), qui avance d'une heure sur l'heure de Greenwich. (V. FUSEAU* HORAIRE.)

HEUREUSEMENT adv. De façon avantageuse, favorable : *terminer heureusement une affaire.* ‖ Par bonheur : *heureusement, le train avait du retard.*

HEUREUX, EUSE adj. (de *heur*). Qui jouit du bonheur, qui est satisfait, qui exprime ce bonheur : *un homme heureux.* ‖ Qui procure un avantage, qui a des suites favorables : *circonstances heureuses.* ‖ Remarquable en son genre : *heureux caractère.* ‖ Harmonieux : *heureuses proportions.* ‖ Bien trouvé : *repartie heureuse.* ◆ n. *Faire un heureux,* procurer à qqn un avantage inespéré.

HEURISTIQUE ou **EURISTIQUE** adj. (gr. *heuriskein,* trouver). *Philos.* Qui a une utilité dans la recherche, scientifique ou autre.

HEURISTIQUE ou **EURISTIQUE** n. f. Discipline qui se propose de dégager les règles de la recherche et de la découverte.

*HEURT** [œr] n. m. Coup donné en heurtant contre un corps. ‖ Opposition, contraste : *heurt de sonorités.* ‖ Désaccord, contrariété : *une collaboration qui ne se fait pas sans heurts.*

*HEURTÉ, E** adj. Qui contraste violemment : *couleurs heurtées.* ● *Style heurté,* qui offre des oppositions rudes.

*HEURTER** v. t. (mot francique). Entrer rudement en contact avec qqch, qqn. ‖ Contrarier les goûts, les opinions de qqn; être en opposition complète avec qqch. ◆ v. i. Entrer rudement en contact avec : *le navire a heurté contre un rocher.* ◆ **se heurter** v. pr. Rencontrer un obstacle, une difficulté; s'opposer à qqn : *se heurter à un refus.*

*HEURTOIR** n. m. Marteau de porte monté sur une charnière, et qui retombe sur une plaque de métal. ‖ *Ch. de f.* Butoir.

HÉVÉA n. m. (mot quechua). Arbre venant de l'Amérique du Sud et cultivé surtout en Asie du Sud-Est pour son latex, dont on tire le caoutchouc. (Famille des euphorbiacées.)

HEXACHLOROHEXANE ou **H. C. H.** n. m. Composé, de formule $C_6H_6Cl_6$, dérivé du cyclohexane, dont un isomère est employé comme insecticide.

HEXACHLORURE [ɛgzaklɔryr] n. m. *Chim.* Chlorure dont la molécule contient six atomes de chlore.

HEXACORALLIAIRE n. m. Cnidaire ayant six (ou un multiple de six) tentacules et autant de loges. (Les *hexacoralliaires* constituent une sous-classe.)

HEXACORDE n. m. *Mus.* Série ascendante ou descendante de six degrés diatoniques, sur laquelle repose le système musical employé jusqu'au XVIIᵉ s. (Il existe 3 hexacordes : hexacorde naturel *do* → ^{la}; hexacorde du bécarre *sol* → ^{mi}; hexacorde fa → ^{ré}.)

HEXADÉCIMAL, E, AUX adj. Se dit d'un système de numération de base 16.

HEXAÈDRE n. m. et adj. (gr. *hexa,* six, et *edra,* face). *Math.* Solide à six faces planes.

HEXAÉDRIQUE adj. Relatif à l'hexaèdre.

HEXAFLUORURE n. m. Fluorure dont la molécule contient six atomes de fluor. (L'hexafluorure d'uranium sert dans la séparation isotopique de ce corps.)

HEXAGONAL, E, AUX adj. Relatif à l'hexagone. ‖ *Fam.* Français.

HEXAGONE n. m. (gr. *hexa,* six, et *gônia,* angle). *Math.* Polygone qui a six angles, et donc six côtés. ‖ (Avec une majuscule.) Nom parfois donné à la France en raison de sa forme.

HEXAMÈTRE adj. et n. m. Se dit d'un vers grec ou latin qui a six mesures ou six pieds.

HEXAMIDINE n. f. Antiseptique bactéricide puissant pour usage externe.

HEXAPODE adj. et n. m. *Hist. nat.* Qui a six pattes, comme les insectes.

HEXOGÈNE n. m. Explosif utilisé dans certaines munitions militaires.

HEXOSE n. m. *Chim.* Sucre de formule $C_6H_{12}O_6$, comme le glucose et le galactose.

Hf, symbole chimique du *hafnium.*

Hg, symbole chimique du *mercure.*

HIATAL, E, AUX adj. *Méd.* Relatif à un hiatus. ● *Hernie hiatale,* hernie de l'hiatus œsophagien.

HIATUS [jatys] n. m. (mot lat., *ouverture*). Discontinuité, interruption entre deux faits ou ensembles qui auraient dû rester joints. ‖ *Anat.* Orifice : *hiatus œsophagien du diaphragme.* ‖ *Ling.* Rencontre de deux voyelles, soit à l'intérieur d'un mot (*aorte, miaou,* etc.), soit entre deux mots (*il alla à Compiègne*).

HIBERNAL, E, AUX adj. (lat. *hibernalis*). Qui a lieu pendant l'hiver.

HIBERNANT, E adj. Se dit des animaux qui subissent l'hibernation naturelle.

HIBERNATION n. f. Abaissement permanent de la température centrale pendant l'hiver chez certains animaux à température constante et élevée en été, c'est-à-dire chez des mammifères (marmotte, loir, chauve-souris) et des oiseaux (homéothermes). ● *Hibernation artificielle,* thérapeutique utilisant les neuroplégiques à forte

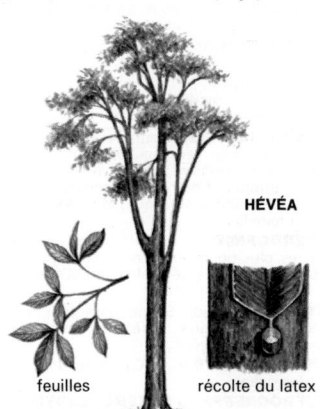

HÉVÉA

feuilles   récolte du latex

dose, permettant le refroidissement d'un malade (à 30 °C et même au-dessous) et facilitant des interventions chirurgicales ou certains traitements.

HIBERNER v. i. (lat. *hibernare*). Passer l'hiver en hibernation : *la marmotte hiberne.*

HIBISCUS [ibiskys] n. m. (lat. *hibiscum,* guimauve). Arbre tropical à belles fleurs, dont une espèce est l'*ambrette* et dont une autre fournit un textile. (Famille des malvacées; nom usuel : *ketmie.*)

*HIBOU** n. m. (onomat.) [pl. *hiboux*]. Oiseau de proie nocturne, portant des aigrettes. (Les hiboux sont très utiles parce qu'ils détruisent rats, mulots et souris.) [Cri : le hibou *hue* ou *ulule.*]

*HIC** n. m. inv. (de la phrase latine *hic est quaestio,* « ici » est la question). *Fam.* Nœud, principale difficulté d'une affaire : *voilà le hic!*

*HIC ET NUNC** [ikɛtnɔk] loc. adv. (mots lat., *ici et maintenant*). Sans délai et dans ce lieu même.

*HICKORY** [ikɔri] n. m. (mot algonquin). Arbre de l'Amérique du Nord, voisin du noyer, dont le bois, très résistant, est utilisé dans la fabrication des skis, des canoës, etc.

HIDALGO n. m. (mot esp.) [pl. *hidalgos*]. Noble espagnol appartenant au plus bas degré de la noblesse.

*HIDEUR** n. f. *Litt.* Laideur extrême.

*HIDEUSEMENT** adv. De façon hideuse.

*HIDEUX, EUSE** adj. Horrible à voir, très laid, répugnant : *visage hideux, spectacle hideux.*

*HIE** [i] n. f. (mot néerl.). *Techn.* Syn. de DAME.

HIÈBLE ou **YÈBLE** n. f. (lat. *ebulum*). Espèce de sureau dont l'écorce, les fleurs et les baies ont été utilisées en médecine.

HIÉMAL, E, AUX adj. (lat. *hiems,* hiver). Relatif à l'hiver : *sommeil hiémal; herbe hiémale.*

HIER adv. (lat. *heri*). Le jour précédent immédiatement celui où l'on est. ‖ Dans un passé récent : *sa fortune date d'hier.* ● *Né d'hier* (Fam.), sans expérience.

*HIÉRARCHIE** [jerarʃi] n. f. (gr. *hieros,* sacré, et *arkhein,* commander). Classement des fonctions, des dignités, des pouvoirs dans un groupe social selon un rapport de subordination et d'importance respective : *hiérarchie administrative.* ‖ Organisation d'un ensemble dans lequel chaque élément est supérieur à l'élément précédent : *hiérarchie de valeurs.* ● *Hiérarchie de mémoires* (Inform.), classement des mémoires d'un ordinateur selon un critère de performance et de capacité.

*HIÉRARCHIQUE** adj. Conforme à la hiérarchie : *réclamer par la voie hiérarchique.* ● *Contrôle hiérarchique* (Dr.), contrôle exercé par le pouvoir central sur les actes des agents centralisés de l'Administration. (Il se distingue de la *tutelle administrative.*)

*HIÉRARCHIQUEMENT** adv. De façon hiérarchique.

*HIÉRARCHISATION** n. f. Action de hiérarchiser; organisation hiérarchique.

*HIÉRARCHISER** v. t. Soumettre à un ordre hiérarchique.

*HIÉRARQUE** n. m. Titre donné à certains hauts dignitaires des Églises orientales. ‖ Chef, personnalité occupant une place importante dans un domaine quelconque.

HIÉRATIQUE adj. (gr. *hieratikos,* qui concerne les choses sacrées). D'une raideur majestueuse, figée : *geste hiératique.* ‖ *Relig.* Qui est conforme aux normes d'une tradition liturgique. ● *Écriture hiératique,* tracé cursif de l'écriture hiéroglyphique.

HIÉRATIQUEMENT adv. De façon hiératique.

HIÉRATISME n. m. Attitude, caractère hiératique.

HIÉRODULE n. m. (gr. *hieros,* sacré, et *doulos,* esclave). *Antiq. gr.* Esclave attaché au service d'un temple.

HIÉROGLYPHE n. m. (gr. *hieros,* sacré, et ▷ *gluphein,* graver). Chacun des signes de l'écriture monumentale des anciens Égyptiens. ‖ Écriture difficile à déchiffrer.

hibou

HIÉROGLYPHIQUE adj. Relatif aux hiéro-glyphes. (L'écriture hiéroglyphique a été déchif-frée par Champollion en 1822.)

HIÉRONYMITE [jerɔnimit] n. m. (lat. *Hiero-nymus*, Jérôme). Membre d'un des ordres reli-gieux, désigné aussi sous le nom d'*ermite de Saint-Jérôme*.

HIÉROPHANTE n. m. *Antiq. gr.* Prêtre qui présidait aux mystères d'Éleusis.

*** HI-FI** n. f. Abrév. de HAUTE-FIDÉLITÉ.

*** HIGHLANDER** [ajlandər] n. m. (mot angl.). Montagnard écossais, habitant des *Highlands*, ou *Hautes Terres*. ‖ Soldat recruté dans cette région.

HIGOUMÈNE n. m. Supérieur d'un monastère orthodoxe.

*** HI-HAN** interj. et n. m. Onomatopée qui exprime le cri de l'âne.

*** HILAIRE** adj. Relatif au hile d'un organe.

HILARANT, E adj. Qui provoque le rire. ● *Gaz hilarant*, anc. nom de l'hémioxyde ou protoxyde d'azote (N₂O), employé comme anesthésique général.

HILARE adj. (lat. *hilaris*). Qui montre une joie béate, un grand contentement.

HILARITÉ n. f. Gaieté subite, explosion de rire : *déclencher l'hilarité générale*.

*** HILE** n. m. (lat. *hilum*). *Anat.* Région dépri-mée par laquelle les vaisseaux sanguins et les nerfs pénètrent dans un viscère : *hile du foie*. ‖ *Bot.* Région par laquelle une graine est reliée au fruit et reçoit les sucs nourriciers.

HILOIRE n. f. Bordure verticale d'un panneau pour empêcher l'eau de pénétrer à l'intérieur d'un navire.

HILOTE n. m. → ILOTE.

HIMALAYEN, ENNE [imalajɛ̃, ɛn] adj. De l'Hi-mālaya.

HIMATION [imatjɔn] n. m. *Antiq. gr.* Pièce d'étoffe drapée qui servait de manteau long.

HINDĪ [indi] ou **HINDOUSTANĪ** n. m. Langue officielle de l'Inde, et qui dérive du sanskrit.

HINDOU, E adj. et n. Relatif à l'hindouisme; adepte de l'hindouisme.

HINDOUISME n. m. En Inde, religion dont la base philosophique est la thèse de l'identité du soi individuel au soi universel ou absolu.
■ Cette religion, surtout répandue en Inde, repose sur un fond de croyances commun au brahmanisme et au bouddhisme (délivrance du

hiéroglyphes (Karnak, XXᵉ s. av. J.-C.)

cycle des renaissances, yoga). Elle s'en distingue surtout par le culte que ses adeptes rendent à une personne divine qui soit se trouve subor-donnée à l'absolu (ātman-brahman), soit lui est superposée. Les principaux dieux hindouistes sont Indra, Brahmā, Viṣṇu et Śiva. La dévotion dont ils sont l'objet a donné naissance à divers courants (viṣṇuisme, sivaïsme, tantrisme) et à de nombreuses sectes.

HINTERLAND [interlåd] n. m. (mot all.). *Géogr.* Arrière-pays.

HIPPARCHIE [iparʃi] n. f. (gr. *hippos*, cheval, et *arkhein*, commander). *Antiq. gr.* Division de cavalerie.

HIPPARION n. m. Mammifère ongulé voisin du cheval, fossile de la fin tertiaire.

HIPPARQUE n. m. *Antiq. gr.* Commandant de cavalerie.

HIPPIATRE n. m. (gr. *hippos*, cheval, et *iatros*,

médecin). Vétérinaire qui s'occupe spécia-lement des chevaux.

HIPPIATRIE ou **HIPPIATRIQUE** n. f. Méde-cine des chevaux.

HIPPIATRIQUE adj. Relatif à l'hippiatrie.

*** HIPPIE** ou *** HIPPY** n. (mot amér.) [pl. *hip-pies*]. Adepte d'une éthique fondée sur l'hosti-lité à la société industrielle, dite « société de consommation », sur l'aspiration à la liberté intégrale dans le costume, les mœurs et la vie sociale, et sur la non-violence. ◆ adj. Propre aux hippies : *la mode hippy*.

HIPPIQUE adj. (gr. *hippikos*). Relatif aux che-vaux, à l'hippisme : *concours hippique*.

HIPPISME n. m. Sport hippique (équitation, courses, etc.).

HIPPOCAMPE n. m. (gr. *hippos*, cheval, et *kampê*, courbure). Poisson marin, vivant dissi-

hippocampe

mulé dans les algues, dont la tête, horizontale et rappelant celle d'un cheval, se prolonge par un corps vertical terminé par une queue pré-hensile. (Long. 15 cm.) ‖ *Anat.* Circonvolution cérébrale appartenant au rhinencéphale. ‖ *Myth.* Animal fabuleux de la mythologie grecque, mi-cheval, mi-poisson.

HIPPOCASTANACÉE n. f. (de *hippocasta-num*, nom spécifique du marronnier d'Inde). Plante dicotylédone dialypétale telle que le *marronnier d'Inde*. (Les *hippocastanacées* for-ment une petite famille.)

HIPPOCRATIQUE adj. Relatif à Hippocrate ou à l'hippocratisme.

HIPPOCRATISME n. m. Doctrine d'Hippo-crate. ● *Hippocratisme digital*, déformation des ongles qui s'incurvent en « verre de montre ».

HIPPODROME n. m. (gr. *hippos*, cheval, et *dromos*, course). Champ de courses. ‖ *Antiq.* Lieu aménagé pour les courses de chevaux ou de chars.

HIPPOGRIFFE n. m. (it. *ippogrifo*). Animal fabuleux des romans de chevalerie, mi-cheval, mi-griffon.

HIPPOLOGIE n. f. Science, étude du cheval.

HIPPOLOGIQUE adj. Relatif à l'hippologie.

HIPPOMOBILE adj. Se dit des voitures à chevaux.

HIPPOPHAÉ [ipɔfae] n. m. Arbrisseau à aspect argenté, vivant dans le sable de certains lits fluviatiles ou sur les dunes. (Syn. ARGOUSIER.)

HIPPOPHAGIE n. f. Usage de la viande de cheval comme aliment.

HIPPOPHAGIQUE adj. *Boucherie hippopha-gique*, qui vend de la viande de cheval.

HIPPOPOTAME n. m. (gr. *hippos*, cheval, et *potamos*, rivière). Mammifère à corps massif, vivant dans les fleuves africains et se nourrissant d'herbes fraîches (il ne rumine pas). [Recherché pour l'ivoire de ses défenses, l'hippopotame, proie facile pour les chasseurs, est en voie de disparition.] (Long. 4 m; poids 3 à 4 t; ordre des ongulés, sous-ordre des porcins.) ‖ *Fam.* Per-sonne énorme.

HIPPOPOTAMESQUE adj. Qui évoque la lourdeur d'un hippopotame.

HIPPOTECHNIE n. f. Science de l'élevage et du dressage des chevaux.

HIPPURIQUE adj. (gr. *hippos*, cheval, et *ouron*,

urine). Se dit d'un acide organique existant dans l'urine des herbivores et de l'homme.

*** HIPPY** n. et adj. → HIPPIE.

HIRCIN, E [irsɛ̃, in] adj. (lat. *hircinus*; de *hircus*, bouc). Relatif au bouc.

HIRONDEAU n. m. Jeune hirondelle.

HIRONDELLE n. f. (lat. *hirundo*). Oiseau pas-sereau à dos noir et ventre blanc, et à queue échancrée. (Les hirondelles se nourrissent d'in-sectes pris au vol par leur bec largement ouvert; excellents voiliers, elles quittent les contrées tempérées en septembre-octobre pour le Sud et reviennent en mars-avril. Long. 15 à 18 cm.) [Cri : l'hirondelle *gazouille*.] ● *Hirondelle de mer*, nom usuel de la *sterne*. ‖ *Nid d'hirondelle*, nid de la salangane, que cet oiseau fabrique en régurgitant du jabot une substance gélatineuse provenant des algues absorbées, constituant un mets très apprécié des Chinois.

hirondelle

hippopotame

HIRSUTE adj. (lat. *hirsutus*). Touffu, hérissé : *barbe hirsute*.

HIRSUTISME n. m. Développement exagéré des poils, cheveux, duvets, etc., en rapport avec une maladie des glandes surrénales.

HIRUDINÉE n. f. (lat. *hirudo, -inis*, sangsue). Annélide sans soies, telle que la *sangsue*. (Les *hirudinées* forment une classe.)

HISPANIQUE adj. De l'Espagne.

HISPANISANT, E ou **HISPANISTE** adj. et n. Spécialiste de langue, littérature et civilisation hispaniques.

HISPANISME n. m. (lat. *hispanus*, espagnol). Locution propre à la langue espagnole.

HISPANO-AMÉRICAIN, E adj. et n. De l'Amérique de langue espagnole.

HISPANO-ARABE, HISPANO-MORESQUE ou **HISPANO-MAURESQUE** adj. Se dit de l'art, de la civilisation de l'islām répandus en Espagne et dans le Maghreb.

HISPIDE adj. (lat. *hispidus*, hérissé). *Bot.* Cou-vert de poils rudes et épais.

*** HISSER** v. t. (bas all. *hissen*). Élever, faire monter : *hisser un drapeau*. ● *Ho! hisse!*, interjection accompagnant un effort collectif. ◆ **se hisser** v. pr. S'élever avec effort ou difficulté : *se hisser aux premières places*.

HISTAMINE n. f. (gr. *histos*, tissu). Amine dérivée de l'histidine, présente dans les tissus animaux et dans l'ergot de seigle, qui provoque la contraction des muscles lisses, la vasodilata-tion des artérioles et joue un rôle important dans le mécanisme de l'inflammation.

HISTAMINIQUE adj. Relatif à l'histamine.

HISTIDINE n. f. Acide aminé indispensable à la croissance et à l'entretien des mammifères.

HISTIOCYTAIRE adj. Relatif à l'histiocyte.

HISTIOCYTE n. m. *Biol.* Cellule jeune du tissu réticulo-endothélial ou du tissu conjonctif.

HISTOCHIMIE n. f. Étude de la constitution chimique et des métabolismes des cellules et des tissus.

HISTOCOMPATIBILITÉ n. f. Ensemble des conditions que doivent remplir deux tissus pour pouvoir être greffés l'un sur l'autre.

HISTOGENÈSE n. f. Formation et développement des différents tissus de l'embryon. ‖ Remaniement des tissus qui, chez les insectes, s'opère à la fin des métamorphoses.

HISTOGRAMME n. m. Graphique formé de

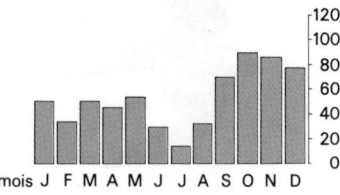

précipitations en mm

HISTOGRAMME
régime mensuel
des précipitations à Marseille

rectangles de même base et dont la hauteur est proportionnelle à la quantité à représenter.

HISTOIRE n. f. (lat. *historia*). Partie de la vie de l'humanité connue par des documents; période de l'existence d'un État; suite des événements qui ont marqué une période. ‖ Science qui étudie le passé de l'humanité. ‖ Étude d'un passé, d'une évolution : *histoire géologique*. ‖ Récit d'un événement particulier : *histoire d'un procès*. ‖ Récit d'actions, d'événements réels ou imaginaires, conte : *les enfants aiment les histoires.* ‖ Récit mensonger visant à tromper : *allons! ce sont des histoires.* ‖ Aventure fâcheuse, incident : *il m'est arrivé une histoire.* ● *C'est toute une histoire*, c'est long à raconter. ‖ *Histoire de* (Fam.), pour, en vue de : *histoire de rire.* ‖ *Histoire naturelle*, syn anc. de SCIENCES NATURELLES. ‖ *La petite histoire*, les anecdotes en marge d'une période historique. ‖ *Peinture d'histoire*, celle qui, prenant ses sujets dans l'Antiquité, la fable, la Bible, l'histoire (surtout ancienne), occupait le premier rang de l'ancienne hiérarchie académique. ◆ pl. *Faire des histoires* (Fam.), faire des embarras.

■ On divise conventionnellement l'histoire en quatre périodes : *l'histoire ancienne*, depuis les origines jusqu'en 476 (fin de l'Empire romain); le *Moyen Âge*, de 476 à 1453 (prise de Constantinople par les Turcs); les *Temps modernes*, de 1453 à 1789 (Révolution française); *l'époque contemporaine*, de 1789 à nos jours.

HISTOLOGIE n. f. (gr. *histos*, tissu, et *logos*, science). Science qui étudie les tissus constituant les êtres vivants.

HISTOLOGIQUE adj. Relatif à l'histologie.

HISTOLYSE n. f. Destruction des tissus vivants. (La nymphose des insectes s'accompagne d'une histolyse.)

HISTONE n. f. Protéine existant sous une forme presque identique chez tous les êtres vivants, tant végétaux qu'animaux.

HISTOPLASMOSE n. f. Maladie due à un champignon parasite (l'*histoplasma*) et touchant la peau, les ganglions, les os, les viscères.

HISTORICISME n. m. *Philos.* Position qui consiste à rechercher l'explication d'un phénomène, notamment dans les sciences humaines, à partir de sa place dans l'histoire. ‖ *Archit.* Syn. d'ÉCLECTISME (surtout pour le XIXᵉ s.).

HISTORICISTE adj. et n. Relatif à l'historicisme; qui en est partisan.

HISTORICITÉ n. f. Caractère de ce qui est historique, qui est attesté par l'histoire.

HISTORIÉ, E adj. Orné de scènes à plusieurs personnages : *chapiteau historié.*

HISTORIEN, ENNE n. Spécialiste des études historiques; auteur d'ouvrages historiques.

HISTORIER v. t. Enjoliver de petits ornements : *historier un frontispice.*

HISTORIETTE n. f. Récit plaisant, anecdote de peu d'importance.

HISTORIOGRAPHE n. m. Écrivain chargé officiellement d'écrire l'histoire de son temps ou d'un souverain.

HISTORIOGRAPHIE n. f. Ensemble des documents historiques relatifs à une question. ‖ Travail de l'historiographe.

HISTORIQUE adj. Qui appartient à l'histoire : *vérité historique; personnage historique.* ‖ Attesté par l'histoire : *fait historique.* ● *Genre historique*, pratiqué par les peintres d'histoire. ‖ *Temps historiques*, époques sur lesquelles on possède des relations écrites (par oppos. aux TEMPS PRÉHISTORIQUES).

HISTORIQUE n. m. Narration des faits dans leur ordre chronologique : *faire l'historique d'une science.*

HISTORIQUEMENT adv. En historien; du point de vue historique.

HISTORISANT, E adj. Qui envisage un phénomène dans une perspective historique.

HISTORISME n. m. Position philosophique qui considère tout objet de connaissance comme le résultat d'un développement historique.

HISTRION n. m. (lat. *histrio*). Mauvais acteur.

HISTRIONIQUE adj. *Psychol.* Relatif à l'histrionisme.

HISTRIONISME n. m. *Psychol.* Trait de personnalité défini par le besoin d'attirer l'attention sur soi et de séduire l'entourage.

HITLÉRIEN, ENNE adj. et n. Relatif à la doctrine de Hitler, au régime politique qu'il institua; qui en est partisan.

HITLÉRISME n. m. Doctrine de Hitler, national-socialisme.

***HIT-PARADE** [itparad] n. m. (angl. *hit*, succès, et *parade*, défilé) [pl. *hit-parades*]. Palmarès de chansons, de films, suivant l'ordre croissant ou décroissant de leur popularité. (L'Administration préconise PALMARÈS.)

***HITTITE** adj. Relatif aux Hittites.

***HITTITE** n. m. Langue indo-européenne parlée par les Hittites.

HIVER n. m. (lat. *hibernum* [tempus]). La plus froide des quatre saisons de l'année, commençant au solstice de décembre et finissant à l'équinoxe de mars dans l'hémisphère Nord.

HIVERNAGE n. m. *Agric.* Labour qu'on donne aux terres avant ou pendant l'hiver. ‖ *Géogr.* Dans les régions tropicales, période des pluies. ‖ *Mar.* Temps de relâche pour les navires pendant l'hiver; port abrité où les navires relâchent pendant la mauvaise saison.

HIVERNAL, E, AUX adj. Relatif à l'hiver : *les ouragans hivernaux.*

HIVERNALE n. f. Ascension hivernale en haute montagne.

HIVERNANT, E adj. et n. Qui séjourne dans un lieu pendant l'hiver.

HIVERNER v. i. Passer à l'abri la mauvaise saison : *en Laponie, les rennes hivernent dans les forêts.* ‖ Passer l'hiver dans une région : *l'expédition hiverna au Groenland.*

H. L. M. [aʃɛlɛm] n. m. ou f. (initiales de *Habitation à Loyer Modéré*). Immeuble construit sous l'impulsion des pouvoirs publics et dont les logements sont destinés aux familles à revenus modestes.

Ho, symbole chimique de l'*holmium*.

***HO!** interj. Sert à appeler ou à exprimer l'indignation, l'admiration.

***HOBBY** [ɔbi] n. m. (mot angl.) [pl. *hobbies*]. Passe-temps favori servant de dérivatif aux occupations habituelles.

***HOBEREAU** [ɔbro] n. m. (anc. fr. *hobier*,

hocco

faucon). Petit faucon. ‖ *Péjor.* Gentilhomme campagnard.

***HOCCO** n. m. (mot caraïbe). Oiseau de l'ordre des gallinacés, originaire de l'Amérique du Sud.

***HOCHEMENT** n. m. Action de hocher.

***HOCHEPOT** [ɔʃpo] n. m. Ragoût de viandes diverses, cuites avec des marrons ou des navets et différents assaisonnements.

***HOCHEQUEUE** [ɔʃkø] n. m. Nom usuel de la *bergeronnette*.

***HOCHER** v. t. (mot francique). *Hocher la tête*, la secouer de bas en haut ou de droite à gauche.

***HOCHET** n. m. Petit jouet à grelot qu'on donne aux enfants en bas âge. ‖ *Litt.* Chose futile, qui amuse.

***HOCKEY** [ɔkɛ] n. m. (mot angl., *crosse*). *Hockey sur gazon*, jeu de balle à la crosse, pratiqué sur herbe par deux équipes de onze joueurs chacune et dont les règles rappellent celles du football. ‖ *Hockey sur glace*, jeu analogue pratiqué sur la glace par des patineurs (six par équipe). V. frontispice.

***HOCKEYEUR, EUSE** n. Joueur, joueuse de hockey.

***Hodgkin** (maladie de), lymphogranulomatose maligne. (Touchant les ganglions lymphatiques, la rate puis les viscères, cette affection se manifeste par de la fièvre, des démangeaisons, une atteinte de l'état général. La chimiothérapie et la radiothérapie donnent des résultats satisfaisants, pouvant aller jusqu'à la guérison complète.)

HODJATOLESLAM n. m. (ar. *ḥudjdja al-islām*, preuve de l'islām). Dans l'islām chî'ite, titre donné aux théologiens et aux docteurs en jurisprudence.

HODOGRAPHE n. m. Tracé d'un chemin parcouru ou à parcourir. ● *Hodographe d'un mouvement*, courbe décrite par l'extrémité d'un vecteur équipollent au vecteur vitesse de ce mouvement et tracé à partir d'un point fixe.

HOIR [war] n. m. (lat. *heres*). *Dr.* Héritier direct (vx).

HOIRIE n. f. *Dr.* Héritage (vx). ● *En avancement d'hoirie*, se dit d'une donation faite à un héritier, qui s'imputera sur sa part successorale.

***HOLÀ!** interj. Sert pour appeler ou pour arrêter. ● *Mettre le holà* (Fam.), rétablir l'ordre.

***HOLDING** [ɔldiŋ] n. m. (angl. *to hold*, tenir). Société qui contrôle, grâce à ses participations dans leur capital, un groupe d'entreprises liées ainsi par une communauté d'intérêts.

***HOLD-UP** [ɔldœp] n. m. inv. (mot angl.). Attaque à main armée, organisée en vue de dévaliser une banque, un bureau de poste, un convoi, etc.

***HOLLANDAIS, E** adj. et n. De la Hollande. ● *Sauce hollandaise*, sauce obtenue par une émulsion de jaune d'œuf et de beurre.

***HOLLANDAIS** n. m. Dialecte néerlandais parlé en Hollande.

***HOLLANDAISE** adj. et n. f. Syn. de FRISONNE.

***HOLLANDE** n. m. Fromage à croûte rouge, en forme de boule ou plat. ‖ Papier de luxe, très résistant et vergé.

***HOLLANDE** n. f. Variété de pomme de terre.

***HOLLYWOODIEN, ENNE** [ɔliwudjɛ̃, ɛn] adj. De Hollywood, capitale du cinéma américain; qui en évoque le luxe tapageur.

HOLMIUM [ɔlmjɔm] n. m. *Chim.* Métal (Ho) du

groupe des terres rares, n° 67, de masse atomique 164,93.

HOLOCAUSTE n. m. (gr. *holos*, tout, et *kaiein*, faire brûler). Ancien sacrifice israélite dans lequel la victime animale était entièrement brûlée; victime ainsi sacrifiée. ‖ *Litt.* Offrande entière et généreuse, sacrifice.

HOLOCÈNE [ɔlɔsɛn] adj. et n. m. (gr. *holos*, tout entier, et *kainos*, récent). *Géol.* Se dit de la période la plus récente du quaternaire.

HOLOCRISTALLIN, E adj. *Géol.* Se dit d'une roche endogène entièrement cristallisée.

HOLOGRAMME n. m. Image obtenue par holographie.

HOLOGRAPHIE n. f. Méthode de photographie permettant la restitution en relief d'un objet, en utilisant les interférences produites par deux faisceaux lasers, l'un provenant directement de l'appareil producteur, l'autre réfléchi par l'objet à photographier.

HOLOGRAPHIQUE adj. De l'holographie.

HOLOPHRASTIQUE adj. (gr. *holos*, tout, et *phrasis*, phrase). *Ling.* Se dit des langues où une phrase s'exprime par un seul mot.

HOLOPROTÉINE n. f. Protéine formée uniquement d'acides aminés.

HOLOSIDE n. m. Oside formé uniquement d'oses.

HOLOSTÉEN n. m. Poisson d'eau douce tel que le *lépisosté*. (Les *holostéens* forment une sous-classe, comprenant surtout des formes fossiles.)

HOLOTHURIE n. f. (gr. *holothourion*). Échinoderme des fonds marins, à corps mou et allongé, atteignant 25 cm de long, d'où ses noms usuels de *concombre de mer* et de *bêche-de-mer*.

* **HOMARD** n. m. (anc. scandin. *humarr*). Crustacé décapode marin, dont le corps atteint parfois 50 cm de long, bleu marbré de jaune, à grosses pinces. (Comestible très recherché, il se pêche sur les fonds rocheux à une profondeur de 15 à 50 m.) ● *Homard à l'américaine* ou *à l'armoricaine,* homard que l'on fait revenir dans de l'huile et que l'on fait cuire ensuite dans un jus de cuisson aromatisé et du vin blanc.

* **HOMARDERIE** n. f. Vivier de homards.

* **HOME** [om] n. m. (mot angl.). Le chez-soi, la vie intime : *l'amour du home.* ‖ Refuge, centre d'accueil : *un home d'enfants.*

HOMÉLIE n. f. (gr. *homilia*, réunion). Instruction familière sur l'Évangile au cours de la messe. ‖ Discours sur la morale, affecté et ennuyeux.

HOMÉOMORPHE adj. Se dit des cristaux qui présentent la propriété d'homéomorphisme.

HOMÉOMORPHISME n. m. Analogie de formes que présentent entre eux certains cristaux de nature différente.

HOMÉOPATHE n. et adj. Médecin qui pratique l'homéopathie.

HOMÉOPATHIE [ɔmeopati] n. f. (gr. *homoios*, semblable, et *pathos*, maladie). Système thérapeutique qui consiste à traiter les malades à l'aide d'agents qui déterminent une affection analogue à celle qu'on veut combattre. (Utilisés à doses infinitésimales les produits homéopathiques assimilés manifestent une action inverse de celle qu'ils ont à dose habituelle, et s'opposent aux troubles. L'homéopathie a été créée par Hahnemann.) [Contr. ALLOPATHIE.]

HOMÉOPATHIQUE adj. Relatif à l'homéopathie. ‖ À dose très faible.

HOMÉOSTASIE n. f. *Physiol.* Tendance des organismes vivants à stabiliser leurs diverses constantes physiologiques.

HOMÉOSTAT n. m. (gr. *homoios*, semblable, et *statos*, qui se tient). Appareil destiné à étudier comment un système d'une certaine complication, abandonné à lui-même, est capable de rechercher un équilibre prédéterminé.

HOMÉOSTATIQUE adj. Relatif à l'homéostasie.

HOMÉOTHERME adj. et n. m. (gr. *homoios*, semblable, et *thermos*, chaleur). Se dit d'un animal (mammifère, oiseau) dont la température centrale est constante. (Contr. POÏKILOTHERME.)

HOMÉOTHERMIE n. f. Caractère des organismes homéothermes.

HOMÉRIQUE adj. Relatif à Homère; dans le genre d'Homère : *style homérique.* ‖ Épique, fabuleux : *un chahut homérique.* ● *Rire homérique,* rire bruyant et inextinguible.

* **HOMESPUN** [omspœn] n. m. (mot angl., *filé à la maison*). Tissu de laine écossaise employé pour la confection des vêtements.

* **HOME-TRAINER** [omtrɛnœr] n. m. (mots angl.) [pl. *home-trainers*]. Sorte de bicyclette sur rouleaux pour l'entraînement à domicile.

HOMICIDE [ɔmisid] n. et adj. *Litt.* Celui qui se rend coupable d'un homicide. ◆ adj. *Litt.* Qui sert à tuer : *un fer homicide.*

HOMICIDE n. m. (lat. *homicida*). Action de tuer un être humain.

HOMINIDÉ n. m. Primate fossile appartenant à la même famille que l'homme actuel.

HOMINIEN n. m. Mammifère actuel ou fossile appartenant à l'espèce humaine ou à une espèce ayant pu être ancêtre de l'espèce humaine, ou très voisine de celle-ci. (Les *hominiens*, pour certains auteurs, forment un sous-ordre de primates, pour d'autres se limitent à la famille des hominidés ou même au seul genre *Homo*.)

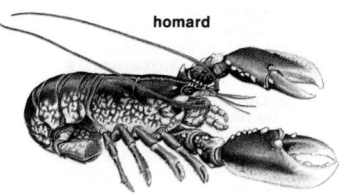

homard

HOMINISATION n. f. Processus évolutif par l'effet duquel une lignée de primates a donné l'espèce humaine.

HOMMAGE n. m. (de *homme*). Marque, témoignage d'estime, de respect : *rendre hommage aux vertus de qqn.* ‖ Don respectueux, offrande : *faire hommage d'un livre.* ‖ *Féod.* Acte par lequel un homme se « recommandait » à un puissant et devenait son vassal, l'hommage s'accompagnant du serment de fidélité et précédant l'investiture du fief. ◆ pl. Devoirs de civilité respectueuse : *présenter ses hommages.*

HOMMASSE adj. Se dit d'une femme d'allure masculine, de son aspect.

HOMME n. m. (lat. *homo*). Être doué d'intelligence et d'un langage articulé, rangé parmi les mammifères de l'ordre des primates, et caractérisé par son cerveau volumineux, sa station verticale, ses mains préhensiles. ‖ L'espèce humaine, en général. ‖ L'être humain considéré du point de vue moral : *un brave homme; un méchant homme.* ‖ Être humain du sexe masculin : *il y avait, dans cette assemblée, autant d'hommes que de femmes.* ‖ Être humain mâle et adulte. ‖ Personne convenable, propre à qqch : *voici votre homme.* ‖ Celui qui n'a personne sous ses ordres (soldat, ouvrier, etc.). ‖ Individu jouissant des qualités masculines : *montrez-vous un homme.* ● *Comme un seul homme,* avec un ensemble parfait. ‖ *D'homme à homme,* en toute franchise. ‖ *Le Fils de l'homme,* Jésus-Christ. ‖ *Homme de loi,* magistrat, officier ministériel ou toute personne faisant profession de donner des conseils juridiques. ‖ *Homme de main,* celui qui agit pour le compte d'un autre. ‖ *Homme du rang,* militaire détenant l'un des grades de soldat, caporal ou caporal-chef ou des grades équivalents. (On disait autrefois *homme de troupe*.) ‖ *Le premier homme,* Adam. ■ Les traces de l'homme fossile sont révélées par la présence d'ossements dans des couches géologiques bien déterminées, ou par des objets manifestement travaillés. La première découverte importante date de 1856, avec la calotte crânienne de *Neandertal* : ses dimensions, son front fuyant, ses arcades orbitaires énormes représentaient, à une époque où apparaissaient les théories évolutionnistes, comme une forme primitive de l'homme. En 1868, dans la grotte de

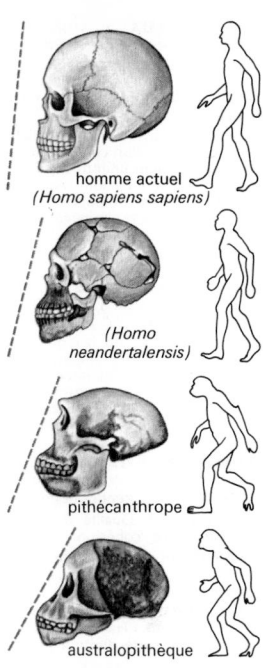

homme actuel
(Homo sapiens sapiens)

(Homo neandertalensis)

pithécanthrope

australopithèque

HOMINIENS ET HOMINIDÉS

Cro-Magnon, furent découverts plusieurs squelettes humains ressemblant à l'homme actuel, ce qui empêcha d'apercevoir aussitôt leur haute antiquité. Les restes du *pithécanthrope,* trouvés à Java en 1891, apportaient la preuve incontestable d'un intermédiaire morphologique entre le crâne des singes anthropomorphes et celui des hommes. Le *sinanthrope,* dont on a découvert plusieurs crânes près de Pékin, l'*africanthrope* d'Afrique orientale, l'*atlanthrope,* découvert près de Mascara (Algérie), et le *zinjanthrope* d'Afrique australe sont de nouveaux éléments de ces êtres intermédiaires.

HOMME-GRENOUILLE n. m. (pl. *hommes-grenouilles*). Nageur expérimenté, équipé d'un appareil lui permettant de respirer et de travailler sous l'eau sans être relié à l'extérieur.

HOMME-ORCHESTRE n. m. (pl. *hommes-orchestres*). Musicien ambulant jouant simultanément de plusieurs instruments (vx). ‖ Personnage ayant des compétences multiples.

HOMME-SANDWICH n. m. (pl. *hommes-sandwichs*). Homme qui promène un panneau publicitaire sur son dos et sur sa poitrine.

HOMOCENTRE n. m. *Math.* Centre commun à plusieurs cercles.

HOMOCENTRIQUE adj. *Math.* Se dit des cercles de même centre. ‖ *Phys.* Se dit d'un faisceau lumineux dont tous les rayons passent par un même point.

HOMOCERQUE [ɔmɔsɛrk] adj. (gr. *homos*, semblable, et *kerkos*, queue). *Hist. nat.* Qui a ses deux lobes égaux, en parlant de la nageoire caudale des poissons. (Contr. HÉTÉROCERQUE.)

HOMOCHROMIE [ɔmɔkromi] n. f. *Biol.* Propriété de certains animaux (reptiles, poissons, insectes) d'harmoniser leur couleur avec celle des objets qui les entourent.

HOMOCINÉTIQUE adj. *Mécan.* Se dit d'une liaison entre deux arbres, assurant une transmission régulière des vitesses, même si les deux arbres ne sont pas en ligne. ‖ Se dit de particules ayant toutes la même vitesse.

HOMOCYCLIQUE adj. *Chim.* Se dit des composés organiques contenant une ou plusieurs chaînes fermées constituées exclusivement d'atomes de carbone.

HOMOFOCAL, E, AUX adj. *Math.* Se dit de coniques admettant les mêmes foyers.

HOMOGAMÉTIQUE adj. *Sexe homogamétique*, celui dont tous les gamètes sont de même type. (Chez les mammifères la femelle est homogamétique.)

HOMOGÈNE adj. (gr. *homos*, semblable, et *genos*, origine). Se dit d'un corps dont la composition est parfaitement uniforme. ‖ Qui a une grande unité, une communauté d'opinions ou de sentiments : *œuvre homogène; ministère homogène*. ● *Polynôme homogène* (Math.), polynôme de plusieurs variables formé de monômes de même degré, qui est le degré du polynôme.

HOMOGÉNÉISATEUR, TRICE adj. et n. m. Se dit d'un appareil servant à homogénéiser.

HOMOGÉNÉISATION n. f. Action de rendre homogène. ‖ Traitement du lait qui réduit la dimension des globules gras, empêchant ainsi la séparation de la crème. ‖ Méthode utilisée en bactériologie sur des liquides tenant en suspension des particules ou des microbes qui ne peuvent être centrifugés que si le milieu est homogène.

HOMOGÉNÉISÉ, E adj. *Lait homogénéisé*, lait dont on a réduit la grosseur des globules gras.

HOMOGÉNÉISER v. t. Rendre homogène.

HOMOGÉNÉITÉ n. f. Qualité de ce qui est homogène, cohérence, cohésion.

HOMOGRAPHE adj. et n. m. *Ling.* Se dit des homonymes ayant la même orthographe.

HOMOGRAPHIE n. f. (gr. *homos*, semblable, et *graphein*, écrire). *Ling.* Nature des mots homographes. ‖ *Math.* Transformation ponctuelle dans laquelle toute droite a pour image une droite.

HOMOGRAPHIQUE adj. Relatif à l'homographie. ● *Fonction homographique*, quotient de deux fonctions du premier degré. ‖ *Relation homographique*, relation qui lie deux variables du premier degré par rapport à chacune d'elles.

HOMOGREFFE n. f. Greffe dans laquelle le greffon est pris sur un sujet de même espèce que le sujet greffé. (Contr. HÉTÉROGREFFE.)

HOMOLOGATION n. f. Action d'homologuer, de sanctionner. ‖ Approbation d'un acte juridique par l'autorité administrative de tutelle ou par l'autorité judiciaire.

HOMOLOGIE n. f. Qualité de ce qui est homologue. ‖ *Math.* Homographie dans laquelle il existe une droite formée de points doubles.

HOMOLOGUE adj. (gr. *homologos*, semblable). *Chim.* Se dit des corps organiques ayant les mêmes fonctions et des structures analogues. ‖ *Math.* Se dit des éléments correspondants dans une transformation.

HOMOLOGUE n. Personne qui vit, travaille dans les mêmes conditions ou qui exerce les mêmes fonctions qu'une autre.

HOMOLOGUER v. t. (gr. *homologeîn*, parler d'accord avec). Reconnaître, confirmer officiellement; ratifier : *homologuer un record, un prix*. ‖ Reconnaître conforme à certaines normes de sécurité et de salubrité.

HOMOMORPHISME n. m. *Math.* Syn. de MORPHISME.

HOMONCULE n. m. → HOMUNCULE.

HOMONYME adj. et n. m. (gr. *homo*, semblable, et *onoma*, nom). *Ling.* Mot de même prononciation qu'un autre, mais d'orthographe et de sens différents (ex. *saint, ceint, sein, seing*), ou de même orthographe, mais de sens différent (ex. *cousin* [insecte] et *cousin* [parent]). ‖ Celui qui porte le même nom qu'un autre.

HOMONYMIE n. f. Qualité de mots homonymes.

HOMONYMIQUE adj. Relatif à l'homonymie.

HOMOPHONE ou **HOMORYTHMIQUE** adj. *Mus.* Se dit d'une composition vocale dont toutes les parties prononcent en même temps les paroles. (Contr. POLYPHONIQUE.)

HOMOPHONE adj. et n. m. *Ling.* Se dit d'un homonyme de même prononciation qu'un autre, mais d'orthographe et de sens différents.

HOMOPHONIE n. f. (gr. *homos*, semblable, et *phônê*, voix). Caractère de ce qui est homophone.

HOMOPTÈRE n. m. Insecte à trompe piqueuse, aux ailes égales, souvent végétarien, tel que la *cigale* ou les *pucerons*. (Les *homoptères* forment un ordre au sein du groupe des hémiptéroïdes.)

HOMOSEXUALITÉ n. f. Forme de la sexualité dans laquelle l'attirance sexuelle est dirigée vers une personne du même sexe.

HOMOSEXUEL, ELLE adj. et n. Qui éprouve une attirance sexuelle pour les personnes de son sexe.

HOMOSPHÈRE n. f. Couche de l'atmosphère, située entre le sol et une altitude de 100 km environ, où les constituants principaux (azote et oxygène) restent en proportions constantes.

HOMOTHERME adj. et n. m. Se dit des corps doués d'homothermie.

HOMOTHERMIE n. f. Caractère d'un corps à température homogène et constante.

HOMOTHÉTIE [ɔmɔteti ou ɔmɔtesi] n. f. *Math.* Transformation dans laquelle l'image d'un point se trouve sur la droite qui le joint à un point fixe, la distance étant réduite ou amplifiée dans un rapport constant.

HOMOTHÉTIQUE adj. Relatif à l'homothétie.

HOMOZYGOTE adj. et n. *Biol.* Être dont les cellules possèdent en double le gène d'un caractère donné. (Contr. HÉTÉROZYGOTE.)

HOMUNCULE ou **HOMONCULE** n. m. (dimin. du lat. *homo*, homme). Petit homme, petit être sans corps, sans sexe, et doué d'un pouvoir surnaturel, que les sorciers prétendaient fabriquer. ‖ *Fam.* Petit homme, avorton.

*HONDURIEN, ENNE adj. et n. Du Honduras.

*HONGRE n. et adj. m. (de *hongrois*). Se dit d'un cheval châtré.

*HONGRE v. t. *Vétér.* Châtrer un cheval.

*HONGREUR n. m. Celui qui hongre.

*HONGROIERIE n. f., ou ***HONGROYAGE** n. m. Industrie et commerce du hongroyeur. ‖ Méthode de tannage des cuirs au moyen de solutions concentrées d'alun et de sel.

*HONGROIS, E adj. et n. De la Hongrie.

*HONGROIS n. m. Langue finno-ougrienne parlée en Hongrie.

*HONGROYER [ɔ̃grwaje] v. t. (de *Hongrie*) [conj. 2]. Travailler et préparer le cuir à la façon des cuirs dits « de Hongrie ».

*HONGROYEUR n. m. Ouvrier qui tanne les cuirs à l'alun et au sel.

*HONING [oniŋ] n. m. (mot angl.). Opération de finition à la pierre abrasive pour améliorer l'état de surface de pièces mécaniques.

HONNÊTE adj. (lat. *honestus*, honorable). Qui respecte rigoureusement la loyauté, la probité, la justice ou l'honneur : *un homme honnête; marché honnête*. ‖ Conforme au bon sens, à la moyenne : *récompense honnête*.

HONNÊTEMENT adv. De façon honnête : *gagner honnêtement sa vie*.

HONNÊTETÉ n. f. Sentiment conforme à l'honneur, à la probité.

HONNEUR n. m. (lat. *honor*). Sentiment de sa dignité morale : *faire ce que l'honneur commande; un homme d'honneur*. ‖ Réputation, estime qui accompagne le courage et les talents : *acquérir de l'honneur par ses actes*. ‖ Considération, réputation : *attaquer l'honneur de qqn*. ‖ Démonstration d'estime, de respect : *donner une fête en l'honneur de qqn*. ● *Dame d'honneur*, dame attachée au service d'une princesse. ‖ *Faire honneur à sa famille*, être pour elle un sujet de gloire. ‖ *Faire honneur à un repas*, y manger abondamment. ‖ *Faire honneur à sa signature*, remplir ses engagements. ‖ *Garçon, demoiselle d'honneur*, jeunes gens qui assistent les mariés le jour du mariage. ‖ *Garde d'honneur*, troupe dont on fait accompagner de hauts personnages. ‖ *Parole d'honneur*, promesse faite, assurance donnée sur l'honneur. ‖ *Place d'honneur*, place réservée dans une réunion à une personne qu'on veut honorer. ‖ *Point d'honneur*, chose qui touche à l'honneur. ‖ *Pour l'honneur*, gratuitement, sans aucune rémunération. ‖ *Se faire honneur de qqch*, se l'attribuer, s'en vanter. ‖ *Se piquer d'honneur*, faire une chose avec zèle. ‖ *Tour d'honneur*, tour de piste effectué après la victoire par le gagnant. ◆ pl. Distinctions, dignités : *aspirer aux honneurs*. ‖ Marques spéciales de respect réservées aux hauts personnages de l'État. ‖ Les figures ou les cartes les plus hautes à certains jeux. ● *Faire les honneurs d'une maison*, y recevoir selon les règles de la politesse. ‖ *Honneurs funèbres*, honneurs qu'on rend aux morts, cérémonie des funérailles. ‖ *Honneurs de la guerre*, conditions honorables consenties par le vainqueur à une troupe qui s'est rendue après une valeureuse résistance. ‖ *Honneurs militaires*, cérémonial par lequel une formation des armées témoigne son respect à un chef, à un drapeau, aux morts, etc.

*HONNIR v. t. (mot francique). *Litt.* Couvrir publiquement de honte.

HONORABILITÉ n. f. État, qualité d'une personne honorable.

HONORABLE adj. Digne de considération, d'estime : *caractère, homme honorable*. ‖ Qui fait honneur, qui attire la considération : *action honorable*. ‖ Convenable, suffisant : *fortune honorable*. ‖ *Hérald.* Se dit des pièces de l'écu qui peuvent couvrir le tiers du champ.

HONORABLEMENT adv. De façon honorable.

HONORAIRE adj. (lat. *honorarius*). Se dit de celui qui, après avoir exercé longtemps une charge, en conserve le titre et les prérogatives honorifiques : *conseiller honoraire*. ‖ Qui porte un titre honorifique, sans fonctions : *membre honoraire*.

HONORAIRES n. m. pl. Rétribution versée aux personnes qui exercent des professions libérales (médecin, avocat, etc.).

HONORARIAT n. m. Dignité d'une personne honoraire.

HONORER v. t. (lat. *honorare*). Traiter avec respect, estime ou considération : *honorer la mémoire de qqn*. ‖ Accorder comme une distinction : *honorer une réunion de sa présence*. ‖ Remplir ses engagements : *honorer sa signature*. ‖ Procurer de l'honneur, de la considération : *honorer son pays*. ◆ **s'honorer** v. pr. Être fier de : *ville qui s'honore de ses monuments*.

HONORIFIQUE adj. (lat. *honorificus*). Qui procure de la considération, des honneurs : *un titre honorifique*.

*HONORIS CAUSA [ɔnɔriskoza] loc. adj. (loc. lat., *pour marquer son respect à*). Se dit de grades universitaires conférés à titre honorifique et sans examen à de hautes personnalités.

*HONTE n. f. (mot francique). Sentiment pénible venant d'une faute commise ou de la crainte du déshonneur ou d'une humiliation : *être rouge de honte*; *essuyer la honte d'un refus*. ‖ Chose déshonorante, qui soulève l'indignation : *c'est une honte*. ● *Avoir honte*, avoir du remords; être dégoûté de. ‖ *Avoir perdu toute honte*, avoir toute honte bue, être sans pudeur, insensible au déshonneur. ‖ *Faire honte à*, être un sujet de honte pour : *faire honte à ses parents*; faire des reproches : *faire honte à qqn de sa conduite*. ‖ *Sans fausse honte*, sans scrupule inutile.

*HONTEUSEMENT adv. D'une façon honteuse.

*HONTEUX, EUSE adj. Qui éprouve de la honte, de la confusion : *honteux de sa conduite*. ‖ Qui cause de la honte, du déshonneur : *fuite honteuse*. ‖ Qui n'ose pas faire état de ses convictions, de ses opinions. ‖ *Anat.* Relatif aux organes génitaux. ● *Maladie honteuse* (Fam.), maladie vénérienne.

*HOP! interj. Sert à stimuler ou à faire sauter.

*HOPAK [ɔpak] ou **GOPAK** [gɔpak] n. m. (mot russe). Danse populaire ukrainienne de rythme vif, au cours de laquelle on exécute des sauts acrobatiques, des pirouettes, des « marteaux ».

HÔPITAL n. m. (lat. *hospitalis*). Établissement, public ou privé, où sont effectués tous les soins médicaux et chirurgicaux, ainsi que les accouchements. ● *Hôpital de jour* (Psychiatr.), institution où les malades ne sont pris en traitement

que pendant la journée et retournent passer la nuit à leur domicile. ‖ *Hôpital psychiatrique,* établissement hospitalier spécialisé dans le traitement des troubles mentaux, nommé *asile* avant 1938 et actuellement *centre hospitalier spécialisé.*
■ Les hôpitaux modernes comportent, outre les lits d'hospitalisation, toutes les installations et tous les appareillages nécessités par les problèmes multiples que posent le diagnostic et le traitement des maladies et des blessures; ce sont parfois des centres de recherche et d'enseignement (centres hospitalo-universitaires [C. H. U.]).

HOPLITE n. m. *Antiq. gr.* Fantassin pesamment armé.

***HOQUET** [ɔkɛ] n. m. (onomat.). Contraction brusque du diaphragme, accompagnée d'un bruit particulier dû au passage de l'air dans la glotte. ‖ État caractérisé par la succession de ces contractions.

***HOQUETER** v. i. (conj. 4). Avoir le hoquet.

***HOQUETON** [ɔktɔ̃] n. m. (mot ar.). Sorte de veste en étoffe ou en cuir portée par les hommes d'armes (XIVᵉ-XVᵉ s.).

HORAIRE adj. (lat. *horarius;* de *hora,* heure). Relatif aux heures. ‖ Par heure : *salaire horaire.*
● *Cercle horaire d'un astre,* grand cercle de la sphère céleste, passant par cet astre et les pôles.

HORAIRE n. m. Tableau des heures d'arrivée et de départ : *horaire des trains.* ‖ Répartition des heures de travail. ‖ Travailleur payé à l'heure.
● *Horaire flexible,* horaire de travail permettant aux employés d'une entreprise un certain choix de leurs heures d'arrivée et de départ. (On dit aussi HORAIRE MOBILE ou À LA CARTE.)

***HORDE** n. f. (mot tatar). Troupe de gens indisciplinés : *horde de brigands.* ‖ *Hist.* Tribu tatare ou État mongol. (Les deux principaux États mongols furent la Horde Blanche et la Horde d'Or.)

***HORION** [ɔrjɔ̃] n. m. (anc. fr. *oreillon,* coup sur l'oreille). Coup violent donné à qqn.

HORIZON n. m. (gr. *horizein,* borner). Ligne imaginaire circulaire dont l'observateur est le centre, et où le ciel et la terre (ou la mer) semblent se joindre. ‖ Partie de la terre, de la mer ou du ciel que borne cette ligne. ‖ Domaine d'une action, d'une activité quelconque : *l'horizon des connaissances humaines; l'horizon politique.* ‖ *Astron.* Grand cercle de la sphère céleste formé, en un lieu donné, par l'intersection de cette sphère et du plan horizontal; parfois, syn. de PLAN HORIZONTAL. ‖ *Géol.* Couche bien caractérisée par un ou plusieurs fossiles. ‖ *Pédol.* Couche du sol, sensiblement homogène du point de vue de sa composition, de sa structure, de ses aspects physiques et chimiques. ‖ *Préhist.* Distribution de traits culturels identiques sur une vaste région au cours d'une période limitée. ● *Horizon artificiel,* instrument de pilotage d'un avion destiné à matérialiser une référence de verticale terrestre.

HORIZONTAL, E, AUX adj. Parallèle au plan de l'horizon, donc perpendiculaire à une direction qui représente conventionnellement la verticale. ● *Coordonnées horizontales d'un astre,* la hauteur et l'azimut de cet astre. ‖ *Plan horizontal,* plan passant par l'observateur et perpendiculaire à la direction du fil à plomb, en un lieu donné.

HORIZONTALE n. f. *Math.* Ligne horizontale.

HORIZONTALEMENT adv. Parallèlement à l'horizon.

HORIZONTALITÉ n. f. Caractère, état de ce qui est horizontal : *l'horizontalité d'un plan.*

HORLOGE n. f. (gr. *hôrologion,* qui dit l'heure). Machine servant à mesurer le temps et à indiquer l'heure. ‖ *Inform.* Organe alimenté par un générateur d'impulsions périodiques et assurant la synchronisation du fonctionnement des divers éléments de l'unité centrale d'un ordinateur. ● *Horloge astronomique,* horloge monumentale à automates, affichant l'heure et diverses fonctions astronomiques. ‖ *Horloge atomique,* horloge dont le circuit oscillant est entretenu et strictement contrôlé par les phénomènes de transition que présentent les atomes de certains corps. ‖ *Horloge digitale,* horloge

sans aiguilles ni cadran, où l'heure se lit à l'aide des chiffres 0 à 9 défilant sur un écran. ‖ *Horloge électrique,* horloge dont le mouvement pendulaire est produit, entretenu et réglé par un courant électrique. ‖ *Horloge électronique,* horloge à circuits intégrés, sans aucune partie mobile. ‖ *Horloge parlante,* horloge fournissant l'heure cinq fois par minute sur simple appel téléphonique. ‖ *Horloge à poids,* horloge dont le rouage est mû par la chute régulièrement ralentie d'un poids. ‖ *Réglé comme une horloge,* extrêmement régulier dans ses habitudes.

HORLOGER, ÈRE n. Personne qui fabrique, vend ou répare des horloges, des montres.
◆ adj. Qui concerne l'horlogerie : *l'industrie horlogère.*

HORLOGERIE n. f. Commerce de l'horloger; son magasin, son industrie. ‖ Objets qu'il fabrique.

***HORMIS** [ɔrmi] prép. *Litt.* À l'exception de, en dehors de, excepté : *hormis deux ou trois.*

HORMONAL, E, AUX adj. Relatif aux hormones : *insuffisance hormonale.*

HORMONE n. f. (gr. *hormân,* exciter). Substance produite par une glande ou par synthèse et qui agit sur des organes ou tissus situés à distance, après transport par le sang. ‖ Substance régulatrice de la croissance des végétaux.
■ Chez les animaux, les hormones sont le plus souvent sécrétées par les glandes endocrines, et assurent des corrélations diverses entre les organes. L'hypophyse sécrète plusieurs hormones agissant sur la croissance et sur le fonctionnement des autres glandes endocrines (l'*hormone gonadotrope* agit notamment sur les fonctions sexuelles). La thyroïde sécrète la *thyroxyne,* qui règle les combustions et la croissance; les *hormones corticosurrénales,* nombreuses, interviennent dans les divers métabolismes et possèdent une action anti-inflammatoire et tonique; les *hormones sexuelles* sont sécrétées par les gonades (testicule ou ovaire); l'*insuline* et le *glucagon* sont la sécrétion interne du pancréas.

HORMONOTHÉRAPIE n. f. Traitement par les hormones.

***HORNBLENDE** [ɔrnblɛ̃d] n. f. (all. *Horn,* corne, et *blenden,* briller). Aluminosilicate naturel de calcium, de fer et de magnésium, noir ou vert foncé, du groupe des amphiboles.

HORODATEUR n. m. Appareil servant à imprimer la date et l'heure sur certains documents.

HOROGRAPHIE n. f. Syn. de GNOMONIQUE.

HOROKILOMÉTRIQUE adj. Qui se rapporte au temps passé et à l'espace parcouru : *compteur horokilométrique.*

HOROMÉTRIE n. f. Technique de la mesure du temps.

HOROPTÈRE n. m. Lieu des points objets dont les images se forment sur des points correspondants des rétines (sans qu'il y ait diplopie).

HOROSCOPE n. m. (gr. *hôroskopos,* qui considère le moment [de la naissance]). Ensemble des présages tirés de l'état du ciel à l'heure de la naissance d'un individu.

HORREUR n. f. (lat. *horror*). Violente impression de répulsion, d'effroi, causée par qqch d'affreux : *être saisi d'horreur.* ‖ Caractère horrible d'une action : *l'horreur d'un crime.* ‖ Chose pour laquelle on éprouve de la répugnance à cause de sa laideur, de sa saleté : *ce roman est une horreur.* ‖ Ce qui inspire le dégoût ou l'effroi : *les horreurs de la guerre; commettre des horreurs.* ‖ Paroles, écrits obscènes, orduriers : *dire des horreurs.*

HORRIBLE adj. (lat. *horribilis*). Qui fait horreur : *un spectacle horrible.* ‖ Extrême, excessif en mal : *un bruit horrible.* ‖ Très mauvais : *temps horrible.*

HORRIBLEMENT adv. De façon horrible : *un homme horriblement habillé.* ‖ Extrêmement : *horriblement cher.*

HORRIFIANT, E adj. Qui horrifie.

HORRIFIER v. t. Causer un sentiment d'effroi.

HORRIFIQUE adj. Qui cause de l'horreur.

HORRIPILANT, E adj. *Fam.* Agaçant.

HORRIPILATEUR adj. m. Se dit du muscle

fixé à la racine de chaque poil, et dont la contraction redresse celui-ci.

HORRIPILATION n. f. Érection des poils due à l'effroi, au froid, etc. (Syn. CHAIR DE POULE.) ‖ *Fam.* Vif agacement.

HORRIPILER v. t. (lat. *horripilare,* avoir le poil hérissé). Causer l'horripilation. ‖ *Fam.* Mettre hors de soi, excéder : *ses manières m'horripilent.*

***HORS** [ɔr] prép. (lat. *de foris*). Au-delà de : *hors série.* ‖ *Litt.* Excepté : *hors deux ou trois; hors cela.* ● *Hors barème,* se dit d'un salarié dont les appointements sont au-dessus du plus haut salaire prévu au plus de la convention collective. ‖ *Hors cadre,* position extérieure dans laquelle un fonctionnaire peut être placé sur sa demande, le laissant soumis aux règles régissant sa fonction. ‖ *Hors concours,* qui n'est plus autorisé à concourir en raison de sa supériorité. ‖ *Hors d'eau,* se dit d'une construction à laquelle on a fait tout ce qui était nécessaire pour la soustraire aux dégâts provoqués par les pluies. ‖ *Hors ligne,* exceptionnel, tout à fait supérieur : *talent hors ligne.* ‖ *Hors pair,* exceptionnel, sans ses semblables, exceptionnel. ‖ *Hors rang,* se dit d'une unité militaire chargée des services. ‖ *Hors tout,* se dit de la plus grande valeur de la dimension d'un objet. ‖ *Mettre hors la loi,* déclarer que qqn n'est plus sous la protection des lois. ◆ loc. prép. *Hors de,* à l'extérieur de : *hors de chez soi;* à l'écart de l'influence de, de l'action de, de l'état de : *hors d'atteinte; hors de danger; hors de doute.* ● *Hors de combat,* qui n'est plus en état de combattre. ‖ *Hors d'ici!,* sortez! ‖ *Hors de prix,* qui dépasse le prix normal. ‖ *Hors de question,* qui n'est pas envisagé. ‖ *Hors de service, d'usage,* qui n'est plus en état d'être utilisé. ‖ *Hors de soi,* dans un état violent d'agitation.

***HORSAIN** ou ***HORSIN** n. m. Nom donné par les habitants d'un village à celui qui n'y habite pas en permanence, à un occupant d'une résidence secondaire.

***HORS-BORD** n. m. inv. Moteur fixé à l'arrière d'un bateau, à l'extérieur du bord. ‖ Canot léger de course, propulsé par un moteur hors-bord.

Christian Sappa

hors-bord de compétition

***HORS-COTE** [ɔrkɔt] adj. et n. m. inv. Se dit d'un marché de Bourse des valeurs mobilières non inscrites à la cote officielle; ces valeurs.

***HORS-D'ŒUVRE** n. m. inv. Mets servis au début du repas. ‖ Partie d'une œuvre littéraire qu'on peut retrancher sans nuire à l'ensemble.
● *Bâtiment (en) hors-d'œuvre* (Archit.), se dit d'un corps de bâtiment qui en touche un autre, plus important, sans s'y intégrer.

***HORSE-GUARD** [ɔrsgard] n. m. (mots angl., *garde à cheval*) [pl. *horse-guards*]. Militaire du régiment de cavalerie de la garde royale anglaise, créé en 1819.

***HORSE POWER** [ɔrspawœr] n. m. inv. (expression angl., *cheval-puissance*). Anc. unité de mesure de puissance (symb. : HP) adoptée en Grande-Bretagne, et qui valait 75,9 kgm/s ou 1,013 ch ou encore 0,745 7 kW.

***HORS-JEU** n. m. inv. Au football et au rugby notamment, position irrégulière d'un joueur par rapport aux autres, entraînant une sanction contre ce joueur. ● *Hors-jeu de position,* au football, hors-jeu d'un joueur qui ne participe pas à l'action et qui n'est pas systématiquement sanctionné.

*HORS-LA-LOI n. m. inv. (traduction de l'angl. *outlaw*). Individu qui se met en dehors des lois, bandit.

*HORST [ɔrst] n. m. *Géol.* Compartiment soulevé entre des failles. (Syn. MÔLE.)

*HORS-TAXES adj. inv. Qui n'inclut pas les taxes : *prix, tarif hors-taxes.* ◆ adv. Sans les taxes : *payer hors-taxes.*

*HORS-TEXTE n. m. inv. Feuillet, le plus souvent illustré, de mêmes dimensions que les cahiers formant un livre, non compris dans la pagination, que l'on intercale dans un livre.

HORTENSIA n. m. Arbrisseau originaire d'Extrême-Orient, cultivé pour ses fleurs ornementales blanches, roses ou bleues. (Famille des saxifragacées.)

HORTICOLE adj. Relatif à la culture des jardins : *une exposition horticole.*

HORTICULTEUR, TRICE n. Personne qui s'occupe d'horticulture.

HORTICULTURE n. f. (lat. *hortus*, jardin). Culture des jardins.

HORTILLONNAGE n. m. En Picardie, autrefois surtout, marais entrecoupé de petits canaux, utilisé au moyen d'abondantes fumures pour les cultures maraîchères.

HOSANNA [ɔzanna] n. m. (mot hébr., *sauve-nous, je t'en prie*). Acclamation de la liturgie juive passée dans la liturgie chrétienne. ‖ Chant, cri de joie, de triomphe.

HOSPICE n. m. (lat. *hospitium*). Maison où des religieux donnent l'hospitalité aux pèlerins, aux voyageurs. ‖ Maison d'assistance où l'on reçoit les vieillards démunis ou atteints de maladie chronique.

HOSPITALIER, ÈRE adj. Relatif aux hospices, aux hôpitaux, aux cliniques : *établissements hospitaliers.* ‖ Qui exerce l'hospitalité, qui accueille volontiers : *un peuple hospitalier; une maison hospitalière.* ◆ adj. et n. Relatif aux ordres religieux militaires qui se vouaient au service des voyageurs, des pèlerins ou des malades (chevaliers du Saint-Sépulcre, Templiers...) ou qui exercent encore une activité charitable (ordre de Malte, ordre de Saint-Lazare...).

HOSPITALIER n. m. Membre de certains ordres institués pour soigner les malades.

HOSPITALISATION n. f. Admission et séjour dans un établissement hospitalier.

HOSPITALISER v. t. (lat. *hospitalis*). Faire entrer dans un établissement hospitalier : *hospitaliser un malade.*

HOSPITALISME n. m. Ensemble des troubles psychiques et somatiques dus à une carence affective totale chez de jeunes enfants placés en institution.

HOSPITALITÉ n. f. Action de recevoir chez soi par charité ou par politesse.

HOSPITALO-UNIVERSITAIRE adj. *Centre hospitalo-universitaire (C.H.U.)*, établissement hospitalier où s'effectue l'enseignement des étudiants en médecine.

HOSPODAR n. m. (mot ukrainien, *souverain*). *Hist.* Titre de princes vassaux du Sultan, particulièrement en Moldavie et en Valachie.

HOSTELLERIE [ɔstɛlri] n. f. → HÔTELLERIE.

HOSTIE n. f. (lat. *hostia*, victime). *Antiq.* Victime immolée à une divinité. ‖ *Liturg.* Pain azyme que le prêtre consacre pendant la messe.

HOSTILE adj. (lat. *hostilis*; de *hostis*, ennemi). Qui manifeste des intentions agressives, qui se conduit en ennemi : *attitude hostile; hostile au progrès.*

HOSTILEMENT adv. De façon hostile.

HOSTILITÉ n. f. Sentiment d'inimitié ou d'opposition : *hostilité permanente entre deux personnes.* ◆ pl. Opérations de guerre, état de guerre : *reprendre les hostilités.*

*HOT DOG [ɔtdɔg] n. m. (mots amér., *chien chaud*) [pl. *hot dogs*]. Petit pain fourré d'une saucisse chaude avec moutarde.

HÔTE, HÔTESSE n. (lat. *hospes, hospitis*). Personne qui reçoit ou qui donne l'hospitalité.

HÔTE n. m. Organisme vivant qui en abrite un autre.

HOUBLON
fleurs
cônes
hortensia

HÔTEL n. m. (lat. *hospitale*, auberge). Maison meublée où l'on loge les voyageurs : *descendre à l'hôtel.* ‖ Grand édifice destiné à des établissements publics : *l'hôtel des Monnaies, des Invalides.* ● *Hôtel maternel*, hôtel réservé à des pensionnaires mères célibataires. ‖ *Hôtel particulier* ou *hôtel*, demeure citadine d'un riche particulier. ‖ *Hôtel de ville*, maison où siège l'autorité municipale. ‖ *Maître d'hôtel*, chef du service de la table dans une grande maison, un restaurant, etc. ‖ *Sauce maître d'hôtel*, sauce d'une préparation à base de beurre et de persil.

HÔTEL-DIEU n. m. (pl. *hôtels-Dieu*). Dans certaines villes, hôpital principal, de fondation ancienne.

HÔTELIER, ÈRE n. Professionnel assurant l'exploitation d'un hôtel destiné à recevoir les voyageurs. ◆ adj. Relatif aux hôtels, à l'hôtellerie : *industrie hôtelière.*

HÔTELLERIE n. f. Maison où les voyageurs sont logés et nourris moyennant rétribution. ‖ Restaurant élégant. (On dit aussi HOSTELLERIE en ce sens.) ‖ Ensemble de la profession hôtelière.

HÔTESSE n. f. *Hôtesse d'accueil* ou *hôtesse*, jeune femme chargée d'accueillir les visiteurs dans certains organismes. ‖ *Hôtesse de l'air*, jeune femme qui, à bord des avions commerciaux, veille au confort des passagers. ‖ *Robe d'hôtesse*, robe d'intérieur longue et confortable.

*HOT MONEY n. f. (loc. angl., *monnaie brûlante*). Syn. de CAPITAUX FÉBRILES*.

*HOTTE n. f. (mot francique). Panier d'osier ou cuve aplatis d'un côté, qu'on porte sur le dos à l'aide de bretelles. ‖ Partie saillante et s'évasant du haut vers le bas du conduit d'une cheminée, au-dessus du manteau. ● *Hotte aspirante*, installation permettant d'aspirer les vapeurs et odeurs de cuisson, et qui peut être soit à raccordement, soit à recyclage interne.

*HOTTENTOT, E adj. et n. Relatif aux Hottentots.

*HOTU n. m. (mot wallon). Poisson d'eau douce (rivières et fleuves), à dos brunâtre et à lèvres cornées et tranchantes, atteignant 50 cm de long et appartenant à la famille des cyprinidés. (Sa chair est fade et remplie d'arêtes.)

*HOU ! [u] interj. Marque la réprobation ou, répétée, sert à interpeller.

*HOUARI [wari] n. m. *Mar.* Gréement constitué par une voile aurique triangulaire hissée sur une vergue qui glisse verticalement le long du mât.

*HOUBLON n. m. (anc. néerl. *hoppe*). Plante grimpante cultivée pour ses cônes, ou inflorescences femelles, employés pour aromatiser la bière. (Haut. : jusqu'à 5 m; famille des cannabinacées.)

*HOUBLONNAGE n. m. Action de houblonner.

*HOUBLONNER v. t. Mettre du houblon dans une boisson.

*HOUBLONNIER, ÈRE n. Personne qui cultive le houblon. ◆ adj. Relatif au houblon.

*HOUBLONNIÈRE n. f. Champ de houblon.

*HOUDAN n. f. Poule d'une race créée à Houdan.

*HOUE n. f. (mot francique). Pioche à fer large et recourbé, pour remuer la terre.

*HOUILLE n. f. (wallon *hoye*; mot francique). ▷ Combustible minéral fossile solide, provenant de végétaux ayant subi au cours des temps géologiques une transformation lui conférant un grand pouvoir calorifique. (Les anthracites [95 p. 100 de carbone] et les houilles maigres [90 p. 100 de carbone] sont utilisés comme combustibles, tandis que, par distillation, on retire des houilles grasses [80 à 85 p. 100 de carbone] du gaz d'éclairage, des goudrons et un résidu solide, le coke.) ● *Houille blanche*, énergie obtenue à partir des chutes d'eau.

*HOUILLER, ÈRE adj. Qui renferme des couches de houille : *terrain houiller.* ‖ Relatif à la houille.

*HOUILLER n. m. *Géol.* Syn. de CARBONIFÈRE.

*HOUILLÈRE n. f. Mine de houille.

*HOUKA n. m. (mot hindī). Pipe orientale analogue au narguilé.

*HOULE n. f. (mot germ.). Mouvement ondulatoire de la mer, sans que les vagues déferlent. ● *Hauteur de la houle*, distance verticale d'une crête à un creux. ‖ *Longueur de la houle*, distance comprise entre deux crêtes.

*HOULETTE n. f. (mot néerl.). Bâton à l'usage des bergers, terminé par une sorte de cuiller en fer, pour lancer de la terre aux animaux qui s'écartent. ‖ Petite bêche de jardinier. ● *Sous la houlette de qqn*, sous sa direction.

*HOULEUX, EUSE adj. Se dit de la mer agitée par la houle. ‖ Agité de sentiments contraires, mouvementé : *salle houleuse.*

*HOULQUE ou *HOUQUE n. f. (lat. *holcus*, orge sauvage). Genre de graminacées voisines des avoines.

*HOUPPE n. f. (mot francique). Touffe de brins de laine, de soie, de duvet : *houppe à poudre de riz.* ‖ Touffe de cheveux sur la tête. ‖ Syn. de HUPPE.

*HOUPPELANDE n. f. Ample manteau sans manches.

*HOUPPETTE n. f. Petite houppe.

*HOUPPIER n. m. Arbre ébranché auquel on ne laisse que la cime. ‖ Partie supérieure d'un arbre.

*HOUQUE n. f. → HOULQUE.

*HOURD [ur] n. m. (mot francique). Au Moyen

VOILE À HOUARI

latte
pic
vergue
drisse de pic
drisse de mât
corne
bôme

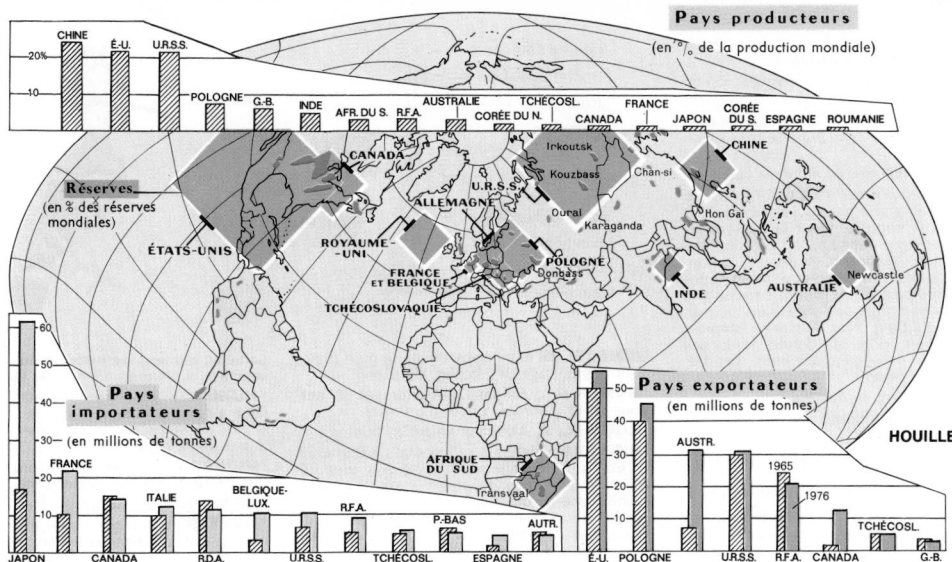

Pays producteurs

(en % de la production mondiale)

CHINE · É.-U. · U.R.S.S. · POLOGNE · G.-B. · INDE · AFR. DU S. · R.F.A. · AUSTRALIE · CORÉE DU N. · TCHÉCOSL. · FRANCE · CANADA · JAPON · CORÉE DU S. · ESPAGNE · ROUMANIE

Réserves
(en % des réserves mondiales)

CANADA · Irkoutsk · U.R.S.S. · Kouzbass · Chan-si · ALLEMAGNE · Oural · Hon Gai · CHINE · ÉTATS-UNIS · ROYAUME-UNI · Karaganda · FRANCE ET BELGIQUE · Donbass · POLOGNE · INDE · AUSTRALIE · Newcastle · TCHÉCOSLOVAQUIE

AFRIQUE DU SUD · Transvaal

Pays importateurs

(en millions de tonnes)

FRANCE · ITALIE · BELGIQUE-LUX. · R.F.A. · P.-BAS · AUTR. · JAPON · CANADA · R.D.A. · U.R.S.S. · TCHÉCOSL. · ESPAGNE

Pays exportateurs

(en millions de tonnes)

HOUILLE

AUSTR. · 1965 · 1976 · TCHÉCOSL. · É.-U. · POLOGNE · U.R.S.S. · R.F.A. · CANADA · G.-B.

Âge, estrade que l'on dressait pour les spectateurs des tournois. ‖ *Fortif.* Galerie de bois établie au niveau des créneaux pour battre le pied des murailles d'un château fort.

*HOURDAGE n. m. Maçonnerie grossière en moellons ou en plâtras. ‖ Première couche de gros plâtre appliquée sur un lattis pour former l'aire d'un plancher ou une paroi en cloisons. (On dit aussi HOURDIS.)

*HOURDER v. t. Exécuter un hourdis.

*HOURDIS [urdi] n. m. *Constr.* Corps de remplissage en aggloméré ou en terre cuite posé entre les solives, les poutrelles ou les nervures des planchers. ‖ Première couche de gros plâtre sur un lattis.

*HOURI n. f. (mot persan). Dans le Coran, vierge du paradis promise aux croyants. ‖ Femme très belle.

*HOURRA interj. et n. m. Cri réglementaire poussé par l'équipage d'un navire pour saluer un hôte d'honneur. ‖ Cri d'acclamation : *être accueilli par des hourras.* (On écrit aussi HURRAH.)

*HOURVARI n. m. (de *houre*, cri pour exciter les chiens, et *charivari*). *Litt.* Vacarme, grand tumulte.

*HOUSEAUX [uzo] n. m. pl. (anc. fr. *hose*, botte). Hautes guêtres de cuir employées pour monter à cheval.

*HOUSPILLER v. t. (de *housser*, frapper, et *pignier*, peigner). Faire de vifs reproches, réprimander.

*HOUSPILLEUR, EUSE n. Celui, celle qui aime à houspiller.

*HOUSSAIE [usɛ] n. f. Lieu planté de houx.

*HOUSSE n. f. (mot francique). Enveloppe qui sert à recouvrir et à protéger des meubles, des vêtements, etc. ‖ Couverture qui se met sur la croupe des chevaux de selle.

*HOUSSER v. t. Couvrir d'une housse.

*HOUX n. m. (mot francique). Arbuste des sous-bois, à feuilles luisantes, épineuses et persistantes, dont l'écorce sert à fabriquer la glu. (Haut : jusqu'à 10 m; longévité : 300 ans.) ● *Petit houx,* nom usuel d'une espèce de fragon.

HOVERCRAFT [ɔvœrkraft] n. m. (angl. *to hover,* planer, et *craft,* embarcation). Syn. de AÉROGLISSEUR.

HOVERPORT [ɔvœrpɔr] n. m. Partie d'un port formée d'un plan incliné et réservé à l'accostage des hovercrafts.

*HOYAU [ɔjo *ou* wajo] n. m. (de *houe*). Houe à lame aplatie en biseau.

*HUBLOT n. m. (anc. fr. *huve,* bonnet; mot francique). Ouverture pratiquée dans la coque d'un navire ou d'un avion, pouvant se fermer hermétiquement et qui peut donner de l'air et de la lumière. ‖ Partie vitrée de la porte d'un four, d'un appareil ménager, permettant de surveiller l'opération en cours.

*HUCHE n. f. (mot germ.). Grand coffre de bois utilisé pour pétrir la pâte ou conserver le pain, ou comme meuble de rangement.

*HUCHER [yʃe] v. t. (lat. *huccare*). *Véner.* Appeler à haute voix.

*HUE! [y] interj. S'emploie pour faire avancer un cheval. ● *Tirer à hue et à dia,* agir de façon désordonnée.

*HUÉE n. f. Cris hostiles : *s'enfuir sous les huées.*

*HUER v. t. (de *hue!*). Accueillir par des cris de dérision et d'hostilité, conspuer, siffler : *il se fit huer par la foule.* ◆ v. i. Crier, en parlant du hibou, de la chouette.

*HUERTA [wɛrta] n. f. (mot esp.). En Espagne, plaine irriguée couverte de riches cultures.

*HUGUENOT, E n. et adj. (all. *Eidgenossen,* confédéré). Surnom donné jadis par les catholiques français aux calvinistes.

HUILAGE n. m. Action d'huiler.

HUILE n. f. (lat. *oleum*). Produit d'origine minérale, animale ou végétale, fluide à la température ordinaire, et constitué dans le premier cas par des hydrocarbures lourds, dans les deux autres cas par un mélange de glycérides. ‖ *Pop.* Personnage officiel, influent. ● *Baigner dans l'huile,* se dérouler sans incident. ‖ *Faire tache d'huile,* s'étendre insensiblement. ‖ *Huile de coude* (Fam.), énergie déployée pour faire qqch. ‖ *Huile détergente,* huile de pétrole lubrifiante, qui dispose et retient en suspension les dépôts et les résidus acides des moteurs à combustion interne. ‖ *Huile essentielle,* huile volatile obtenue par distillation de substances aromatiques d'origine végétale. ‖ *Huile de pétrole,* liquide pétrolier lourd, visqueux, utilisé comme lubrifiant. ‖ *Mer d'huile,* mer très calme. ‖ *Mettre de l'huile,* aplanir les difficultés. ‖ *Peinture à l'huile,* ou *huile,* peinture dont le liant est fait d'une ou plusieurs huiles grasses ou essentielles, minérales ou végétales; toile, tableau exécutés avec ce type de produit. ‖ *Les saintes huiles,* huiles utilisées pour les sacrements. ‖ *Verser, jeter de l'huile sur le feu,* envenimer une querelle.

HUILER v. t. Frotter, imprégner d'huile : *huiler des rouages.*

HUILERIE n. f. Fabrique ou magasin d'huile végétale.

HUILEUX, EUSE adj. Qui est de la nature de l'huile. ‖ Gras et comme imbibé d'huile : *peau huileuse.*

HUILIER n. m. Accessoire de table réunissant les burettes d'huile et de vinaigre. ‖ Fabricant ou marchand d'huile.

*HUIS [ɥi] n. m. (lat. *ostium,* porte). *À huis clos,* toutes portes fermées; le public n'étant pas admis. ‖ *Demander le huis clos,* demander que l'audience ne soit pas publique.

HUISSERIE n. f. *Constr.* Partie fixe en bois ou en métal formant les piédroits et le linteau d'une porte dans une cloison, dans un pan de bois, etc.

HUISSIER n. m. (de *huis*). Gardien qui se tient à la porte d'un haut personnage pour annoncer et introduire les visiteurs. ‖ Employé chargé du service dans les assemblées ou les administrations. (On dit parfois APPARITEUR, GARDIEN ou GARÇON DE BUREAU.) ● *Huissier audiencier,* huissier qui est chargé du service intérieur d'un tribunal. ‖ *Huissier de justice,* ou *huissier,* officier ministériel chargé de signifier, dans l'étendue du ressort où il a le pouvoir d'instrumenter, les actes de procédure, et de mettre à exécution les jugements et les actes authentiques ayant force exécutoire.

*HUIT [ɥit; ɥi devant une consonne] adj. num. et n. m. inv. (lat. *octo*). Sept plus un. ‖ Huitième : *Charles VIII.* ◆ n. m. inv. En aviron, embarcation à huit rameurs.

*HUITAIN n. m. Pièce composée de huit vers. ‖ Stance de huit vers, dans un plus long ouvrage.

*HUITAINE n. f. Groupe de huit unités ou environ : *une huitaine de litres.* ‖ Espace de huit

HOUX

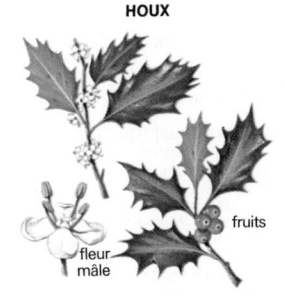

fruits

fleur mâle

jours, une semaine. ● *À huitaine, sous huitaine,* à pareil jour la semaine suivante.

*** HUITANTE** adj. num. Quatre-vingts. (S'emploie en Suisse.)

*** HUITIÈME** adj. ord. et n. Qui occupe un rang marqué par le numéro huit. ‖ Qui se trouve huit fois dans le tout.

*** HUITIÈMEMENT** adv. En huitième lieu.

HUÎTRE n. f. (lat. *ostrea;* mot gr.). Mollusque bivalve comestible, fixé aux rochers marins par une valve de sa coquille. (Pour la consommation, on en pratique l'élevage, ou *ostréiculture,* dans des parcs [Arcachon, Marennes, Belon, Cancale, etc.]; moins digestibles pendant l'époque de la reproduction, les huîtres sont surtout consommées en dehors des «mois sans *r*» [mai, juin, juillet, août].) ‖ *Fam.* Personne stupide. ● *Huître perlière,* celle qui donne des perles fines, comme la *méléagrine* des mers chaudes, la *mulette* d'eau douce.

*** HUIT-REFLETS** n. m. inv. Haut-de-forme.

HUÎTRIER, ÈRE adj. Relatif aux huîtres.

HUÎTRIER n. m. Oiseau échassier vivant sur les côtes et se nourrissant de crustacés et de mollusques.

HUÎTRIÈRE n. f. Parc à huîtres; banc d'huîtres.

*** HULOTTE** n. f. (anc. fr. *huller,* hurler). Oiseau rapace nocturne, commun dans les bois, atteignant 70 cm de long. (Nom usuel : *chat-huant.*)

*** HULULER** v. i. → ULULER.

*** HUM !** [œm] interj. Marque le doute, l'impatience, la réticence.

*** HUMAGE** n. m. Action de humer.

HUMAIN, E adj. (lat. *humanus*). Qui concerne l'homme : *le corps humain; l'espèce humaine.* ‖ Sensible à la pitié, compatissant, compréhensif : *se montrer humain envers ses semblables.*

HUMAIN n. m. *Litt.* Homme.

HUMAINEMENT adv. En homme; suivant les forces, les capacités de l'homme. ‖ Avec humanité, avec bonté.

HUMANISATION n. f. Action d'humaniser.

HUMANISER v. t. Rendre plus humain, plus sociable, plus civilisé. ◆ **s'humaniser** v. pr. Devenir plus doux, plus compréhensif.

HUMANISME n. m. Doctrine qui a pour objet l'épanouissement de l'homme. ‖ Mouvement des humanistes de la Renaissance, qui a remis en honneur les langues et les littératures anciennes. ‖ *Philos.* Position philosophique qui met l'homme et les valeurs humaines au-dessus des autres valeurs.

HUMANISTE n. *Philos.* Partisan de l'humanisme. ‖ Homme versé dans la connaissance des langues et des littératures anciennes. ◆ adj. Relatif à l'humanisme.

HUMANITAIRE adj. Qui traite les hommes humainement, qui cherche leur bien : *sentiments humanitaires.*

HUMANITARISME n. m. Conceptions humanitaires.

HUMANITÉ n. f. (lat. *humanitas*). Nature humaine : *les faiblesses de l'humanité.* ‖ L'ensemble des hommes : *bienfaiteur de l'humanité.* ‖ Bonté, bienveillance : *traiter qqn avec humanité.* ◆ pl. Étude des langues et des littératures grecque et latine.

HUMANOÏDE adj. et n. Dans le langage de la science-fiction, être ressemblant à l'homme. ◆ adj. À forme humaine.

HUMBLE adj. (lat. *humilis*). Qui s'abaisse volontairement : *un homme humble.* ‖ Qui marque de la déférence, du respect : *humble requête.* ‖ *Litt.* De modeste condition sociale : *une humble situation.* ‖ Pauvre, sans éclat : *d'humbles travaux.* ● *À mon humble avis,* si je puis exprimer mon opinion. ◆ n. m. pl. *Litt.* Les pauvres.

HUMBLEMENT adv. Avec humilité.

HUMECTAGE n. m. Action d'humecter, fait d'être humecté.

HUMECTER v. t. (lat. *humectare*). Rendre humide, mouiller légèrement : *humecter ses doigts.*

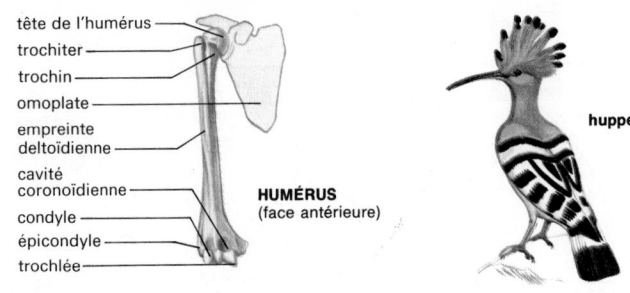

tête de l'humérus
trochiter
trochin
omoplate
empreinte deltoïdienne
cavité coronoïdienne
condyle
épicondyle
trochlée

HUMÉRUS
(face antérieure)

huppe

HUMECTEUR n. m. Appareil utilisé pour pratiquer l'humectage des étoffes, du papier.

*** HUMER** v. t. (onomat.). Aspirer par le nez pour sentir : *humer l'odeur d'un mets.*

HUMÉRAL, E, AUX adj. Relatif à l'humérus.

HUMÉRUS [ymerys] n. m. (mot lat.). Os unique du bras, qui s'articule par l'épaule avec la cavité glénoïde de l'omoplate, et par le coude avec la cavité sigmoïde du cubitus et avec la cupule du radius. (Les parties de l'humérus sont : la tête, le trochiter, la gouttière, la trochlée, le condyle, l'épitrochlée, l'épicondyle.)

HUMEUR n. f. (lat. *humor,* liquide). Disposition affective qui donne à nos états d'âme une tonalité agréable ou désagréable : *bonne humeur; humeur maussade.* ‖ *Litt.* Disposition chagrine : *un accès, un moment d'humeur.* ‖ *Méd.* Substance fluide élaborée par un organisme animal, comme le sang, la lymphe, la bile, etc. (vx). ● *Être d'humeur à,* avoir une disposition momentanée : *ne pas être d'humeur à travailler.*

HUMIDE adj. (lat. *humidus*). Chargé d'eau ou de vapeur d'eau : *linge, temps humide.* ● *Yeux humides,* yeux mouillés de larmes.

HUMIDIFICATEUR n. m. Appareil servant à maintenir un degré hygrométrique donné en un point ou dans un lieu déterminés.

HUMIDIFICATION n. f. Action d'humidifier.

HUMIDIFIER v. t. Rendre humide.

HUMIDIMÈTRE n. m. Appareil de mesure de l'humidité d'un matériau.

HUMIDITÉ n. f. État de ce qui est humide : *l'hygromètre mesure l'humidité de l'air.* ● *Humidité absolue,* nombre de grammes de vapeur d'eau contenue dans un mètre cube d'air. ‖ *Humidité relative,* rapport de la pression effective de la vapeur d'eau à la pression maximale.

HUMIFICATION n. f. Transformation en humus.

HUMILIANT, E adj. Qui humilie.

HUMILIATION n. f. Action par laquelle on est humilié; affront : *essuyer une humiliation.* ‖ État d'une personne humiliée : *rougir d'humiliation.*

HUMILIÉ, E adj. et n. Qui a subi une humiliation.

HUMILIER v. t. Rabaisser d'une manière outrageante; offenser : *se sentir humilié par un échec.* ◆ **s'humilier** v. pr. S'abaisser volontairement, se faire humble.

HUMILITÉ n. f. Sentiment de celui qui est humble; caractère de ce qui est humble. ● *En toute humilité,* aussi humblement que possible.

HUMIQUE adj. Relatif à l'humus.

HUMORAL, E, AUX adj. *Méd.* Relatif aux humeurs du corps.

HUMORISTE n. et adj. Personne qui a de l'humour. ‖ Auteur de dessins, d'écrits comiques ou satiriques.

HUMORISTIQUE adj. Qui a le caractère de l'humour, plein d'humour.

HUMOUR n. m. (mot angl.). Forme d'esprit qui dissimule sous un air sérieux une raillerie cruelle, une situation absurde ou comique. ● *Humour noir,* humour qui souligne avec cruauté, amertume et parfois désespoir l'absurdité du monde.

HUMUS [ymys] n. m. (mot lat.). Substance colloïdale noirâtre résultant de la décomposition

partielle, par les microbes du sol, de déchets végétaux et animaux. (Syn. TERRE VÉGÉTALE.)

*** HUNE** n. f. (mot scandin.). *Mar.* Plate-forme fixée à l'extrémité supérieure de certains mâts. ● *Mât de hune,* mât placé immédiatement au-dessus de la hune.

*** HUNIER** n. m. Voile carrée située immédiatement au-dessus des basses voiles.

*** HUNNIQUE** adj. Relatif aux Huns.

*** HUNTER** [œntər] n. m. (mot angl.). Cheval de chasse, exercé à franchir les obstacles.

*** HUPPE** n. f. (lat. *upupa*). Touffe de plumes que certains oiseaux ont sur la tête. (Syn. HOUPPE.) ‖ Oiseau passereau de la grosseur d'un merle, ayant une touffe de plumes sur la tête.

*** HUPPÉ, E** adj. Qui a une huppe sur la tête, en parlant des oiseaux. ‖ *Fam.* Riche, noble.

*** HURE** n. f. (mot germ.). Tête coupée de sanglier, de saumon, de brochet, etc. ‖ Galantine farcie de morceaux de hure : *hure de porc.*

*** HURLANT, E** adj. Qui hurle.

*** HURLEMENT** n. m. Cri prolongé, plaintif ou furieux, particulier au loup, au chien, à l'hyène. ‖ Cri aigu et prolongé que l'homme fait entendre dans la douleur, la colère, etc.

*** HURLER** v. i. (lat. *ululare*). Faire entendre des hurlements, des cris effrayants ou discordants : *le chien a hurlé toute la nuit.* ‖ Présenter une disparité choquante : *couleurs qui hurlent ensemble.* ◆ v. t. Dire, chanter en criant très fort : *hurler une chanson.*

*** HURLEUR, EUSE** n. Celui, celle qui hurle.

*** HURLEUR** n. m. et adj. Singe de l'Amérique du Sud, dont les cris s'entendent très loin. (Syn. : ALOUATE, OUARINE.)

HURLUBERLU n. m. (de *berlu,* inconsidéré). *Fam.* Étourdi, écervelé.

*** HURON, ONNE** n. et adj. *Fam.* et *litt.* Personne grossière, malotru.

*** HURONIEN, ENNE** adj. *Plissement huronien,* plissement précambrien qui a affecté notamment la Scandinavie et le Canada.

*** HURRAH** interj. et n. m. → HOURRA.

*** HURRICANE** n. m. (mot amérindien). Cyclone tropical en Amérique centrale.

*** HUSSARD** n. m. (mot hongr.). Militaire d'un corps de cavalerie légère créé en France au XVIIe s. et dont la tenue fut d'abord empruntée aux Hongrois. (Leur tradition est aujourd'hui continuée par certains régiments blindés.)

*** HUSSARDE** n. f. Danse d'origine hongroise. ● *À la hussarde,* brutalement.

*** HUSSITE** [ysit] n. m. Qui se réclamait des doctrines religieuses de Jan Hus.

*** HUTTE** n. f. (mot francique). Cabane faite de branchages, de terre, etc.

HYACINTHE n. f. (gr. *huakinthos*). Pierre fine, variété de zircon brun-orangé à rouge. ‖ Anc. nom de la JACINTHE.

HYALIN, E adj. (gr. *hualos,* verre). Qui a l'apparence du verre : *quartz hyalin.*

HYALITE n. f. Variété transparente et vitreuse de l'opale. ‖ *Méd.* Inflammation du corps vitré de l'œil.

HYALOÏDE adj. Qui a la transparence du verre.

HYBRIDATION n. f. Croisement entre deux individus de races ou, plus rarement, d'espèces différentes. (Mendel a dégagé les lois de l'hybridation entre des pois de caractères différents.)

HYBRIDE adj. et n. m. (lat. *hybrida*, de sang mêlé). Se dit d'un animal ou d'un végétal résultant d'un croisement. (Le mulet est un hybride de l'âne et de la jument.) ‖ D'une nature composite, mal définie : *solution hybride.* ‖ *Ling.* Se dit d'un mot tiré de deux langues différentes, comme *automobile.*

HYBRIDER v. t. Réaliser une hybridation.

HYBRIDITÉ n. f., ou **HYBRIDISME** n. m. Qualité, caractère, condition d'hybride.

HYBRIDOME n. m. Amas cellulaire hybride formé par la fusion en laboratoire de cellules vivantes de provenances différentes.

HYDARTHROSE n. f. (gr. *hudôr*, eau, et *arthron*, articulation). *Méd.* Épanchement de liquide dans une articulation.

HYDATIDE n. f. Larve du ténia échinocoque, qui se développe dans le foie ou le poumon de plusieurs mammifères et de l'homme.

HYDATIQUE adj. Qui contient des hydatides.

HYDNE n. m. (gr. *hudnon*). Champignon comestible, à chapeau jaunâtre muni de pointes à la face inférieure. (Classe des basidiomycètes; nom usuel : *pied-de-mouton.*)

HYDRACIDE n. m. *Chim.* Acide résultant de la combinaison de l'hydrogène avec un métalloïde et ne comportant pas d'oxygène.

HYDRAIRE n. m. Cnidaire, généralement marin, dont les polypes vivent fixés sur les rochers littoraux et les algues. (Les *hydraires* forment un ordre.)

HYDRAMNIOS n. m. *Méd.* Augmentation de la quantité de liquide amniotique dans lequel baigne le fœtus.

HYDRARGYRE n. m. Anc. nom du MERCURE.

HYDRARGYRISME n. m. Intoxication par le mercure.

HYDRASTIS [idrastis] n. m. (lat. *hydrastina*, chanvre des bois). Plante herbacée de la famille des renonculacées, contenant un alcaloïde vasoconstricteur.

HYDRATABLE adj. Susceptible d'être hydraté.

HYDRATANT, E adj. *Crème, lotion, lait hydratants*, produits utilisés en cosmétologie pour restituer à l'épiderme sa teneur en eau.

HYDRATATION n. f. Introduction d'eau dans l'organisme. ‖ *Chim.* Fixation d'eau.

HYDRATE n. m. (gr. *hudôr*, eau). *Chim.* Combinaison de l'eau avec une substance. ● *Hydrates de carbone*, autre nom des GLUCIDES.

HYDRATER v. t. Faire une hydratation. ‖ *Chim.* Combiner avec de l'eau.

HYDRAULE n. m. (gr. *hudraulis*). *Antiq.* Instrument de musique, précurseur de l'orgue, dans lequel un réservoir d'eau stabilise la pression de l'air fourni aux tuyaux.

HYDRAULICIEN, ENNE n. Ingénieur spécialiste des questions d'hydraulique.

HYDRAULIQUE adj. Relatif à l'eau. ‖ Qui fonctionne à l'aide d'un liquide quelconque : *frein hydraulique.* ● *Mortier hydraulique,* mortier qui durcit dans l'eau.

HYDRAULIQUE n. f. Science et technique qui traitent des lois régissant la stabilité et l'écoulement des liquides et des problèmes posés par l'utilisation de l'eau.

HYDRAVION n. m. Avion à flotteurs ou à coque marine, pouvant prendre son essor sur l'eau et s'y poser.

HYDRAZINE n. f. Composé basique, de formule H_2NNH_2, utilisé comme ergol.

HYDRE n. f. (gr. *hudra*). Animal d'eau douce, très contractile, ayant la forme d'un polype isolé, portant de 6 à 10 tentacules. (Long. en extension : 1 cm; embranchement des cnidaires, ordre des hydraires.) ‖ Nom donné autref. aux serpents d'eau douce. ● *Hydre de Lerne,* serpent à plusieurs têtes, qui repoussaient au fur et à mesure qu'on les tranchait, détruit par Héraclès; danger sans cesse renaissant.

HYDRIE n. f. *Archéol.* Grand vase grec à eau à trois anses, dont une verticale.

HYDRIQUE adj. Relatif à l'eau : *diète hydrique.*

‖ Suffixe désignant les hydracides : *acide chlorhydrique.*

HYDROBASE n. f. Base pour hydravions.

HYDROCARBONATE n. m. Carbonate basique hydraté.

HYDROCARBONÉ, E adj. Qui contient de l'hydrogène et du carbone.

HYDROCARBURE n. m. Composé binaire de carbone et d'hydrogène : *le pétrole et le gaz naturel sont des hydrocarbures.*

HYDROCÈLE n. f. Épanchement séreux du scrotum.

HYDROCÉPHALE adj. et n. Atteint d'hydrocéphalie.

HYDROCÉPHALIE n. f. Augmentation de volume du liquide céphalo-rachidien, entraînant, chez l'enfant, une augmentation du volume de la boîte crânienne et une insuffisance du développement intellectuel.

HYDROCHARIDACÉE [idrokaridase] n. f. Plante monocotylédone vivant dans l'eau douce, comme l'*élodée,* la *vallisnérie,* la *morène.* (Les *hydrocharidacées* forment une famille.)

HYDROCLASSEUR n. m. Appareil servant à séparer, en catégories de grosseur, des produits fins entraînés en suspension dans l'eau.

HYDROCORALLIAIRE n. m. Cnidaire colonial à squelette calcaire, comme le *millépore.* (Les *hydrocoralliaires* forment un ordre.)

HYDROCORTISONE n. f. Hormone corticosurrénale, dérivé hydrogéné de la cortisone.

HYDROCOTYLE n. f. Ombellifère vivant dans les lieux humides.

HYDROCRAQUAGE n. m. Craquage à haute pression d'un produit pétrolier en présence d'hydrogène et d'un catalyseur.

HYDROCRAQUEUR n. m. Installation d'hydrocraquage.

HYDROCUTION n. f. Perte de connaissance qui fait couler à pic le baigneur.

HYDRODÉSULFURATION n. f. Désulfuration catalytique à l'hydrogène avec récupération du soufre.

HYDRODYNAMIQUE n. f. Étude des lois régissant le mouvement des liquides ainsi que les résistances qu'ils opposent aux corps qui se meuvent par rapport à eux. ◆ adj. Relatif à l'hydrodynamique.

HYDROÉLECTRICITÉ n. f. Énergie électrique obtenue par la houille blanche.

HYDROÉLECTRIQUE adj. Relatif à l'hydroélectricité : *une centrale hydroélectrique.*

HYDROFILICALE n. f. Plante aquatique voisine des fougères, telle que la *pilulaire.* (Les *hydrofilicales* forment un ordre.)

HYDROFOIL [idrofɔil] n. m. (mot angl.). Syn. de HYDROPTÈRE.

HYDROFUGATION n. f. Action d'hydrofuger.

HYDROFUGE adj. et n. m. Qui préserve de l'humidité; qui chasse l'humidité; qui s'oppose au passage de l'eau.

HYDROFUGER v. t. (conj. 1). Rendre hydrofuge.

HYDROGEL n. m. Gel obtenu en milieu aqueux.

HYDROGÉNATION n. f. Action d'hydrogéner. ‖ *Pétr.* Installation de raffinage à l'hydrogène. ● *Hydrogénation du charbon,* fabrication d'huile minérale artificielle à partir de la houille par l'action de l'hydrogène. ‖ *Hydrogénation des huiles,* durcissement artificiel des huiles animales et végétales sous l'action de l'hydrogène.

HYDROGÈNE n. m. (gr. *hudôr,* eau, et *gennân,* engendrer). Corps simple (H) n° 1, de masse atomique 1,008, gazeux, qui entre dans la composition de l'eau. ● *Bombe à hydrogène,* v. THERMONUCLÉAIRE.

■ Ce gaz a été ainsi appelé parce qu'en se combinant avec l'oxygène il forme de l'eau. Cavendish le découvrit en 1781. Il est inflammable et brûle à l'air avec une flamme pâle; quatorze fois plus léger que l'air, il est très difficile à liquéfier. Il sert dans l'industrie à de nombreuses synthèses (ammoniac, carburants, etc.).

HYDROGÉNÉ, E adj. Combiné avec l'hydrogène. ‖ Qui contient de l'hydrogène.

HYDROGÉNER v. t. (conj. 5). Combiner avec l'hydrogène.

HYDROGÉOLOGIE n. f. Partie de la géologie qui s'occupe de la recherche et du captage des eaux souterraines.

HYDROGLISSEUR n. m. Bateau à fond plat, propulsé par une hélice aérienne.

HYDROGRAPHE n. Spécialiste d'hydrographie. ● *Ingénieur hydrographe,* nom donné jusqu'en 1970 aux officiers du service hydrographique de la marine. (Leur corps est désormais intégré à celui des ingénieurs de l'armement.)

HYDROGRAPHIE n. f. Science qui étudie l'hydrosphère (eaux marines, cours d'eau et lacs). ‖ Topographie maritime qui a pour objet de lever le plan du fond des mers et des fleuves. ‖ Ensemble des eaux courantes ou stables d'une région : *l'hydrographie de la France.*

HYDROGRAPHIQUE adj. Qui concerne l'hydrographie. ● *Service hydrographique et océanographique de la marine,* service de la marine nationale chargé d'établir les cartes marines et de diffuser les informations nautiques. (Son siège a été transféré de Paris à Brest en 1972.)

HYDROLASE n. f. Enzyme intervenant dans les hydrolyses.

HYDROLAT n. m. Eau distillée aromatique.

HYDROLITHE n. f. Hydrure de calcium, qui, au contact de l'eau, dégage de l'hydrogène.

HYDROLOGIE n. f. Science qui traite des propriétés mécaniques, physiques et chimiques des eaux marines (hydrologie marine ou océanographie) et continentales (hydrologie fluviale ou potamologie; limnologie).

HYDROLOGIQUE adj. Relatif à l'hydrologie.

HYDROLOGISTE ou **HYDROLOGUE** n. et adj. Géophysicien spécialiste des questions d'hydrologie.

HYDROLYSABLE adj. Qui peut être hydrolysé.

hydravion japonais Shin Meiwa « SS-2A »

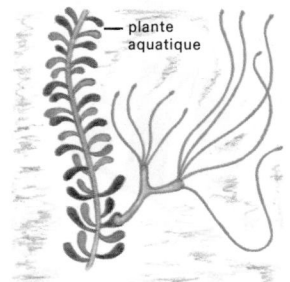

hydre
— plante aquatique

HYDROLYSE n. f. Décomposition de certains composés chimiques par action de l'eau.

HYDROLYSER v. t. Réaliser l'hydrolyse de.

HYDROMÉCANIQUE adj. Mû par l'eau.

HYDROMEL n. m. (gr. *hudôr*, eau, et *meli*, miel). Boisson, fermentée ou non, faite d'eau et de miel.

HYDROMÉTALLURGIE n. f. Procédé métallurgique d'élaboration d'un métal, dans lequel les produits sont traités en solution aqueuse.

HYDROMÈTRE n. f. Insecte à longues pattes qui lui permettent de flotter et d'avancer par saccades sur l'eau. (Ordre des hétéroptères; nom usuel : *araignée d'eau*.)

HYDROMÉTRIQUE adj. De l'hydrométrie.

HYDROMINÉRAL, E, AUX adj. Relatif aux eaux minérales.

HYDRONÉPHROSE n. f. Distension des calices et du bassinet du rein par l'urine, quand celle-ci ne peut s'écouler normalement par les uretères.

HYDROPHILE adj. Apte à être parfaitement mouillé par l'eau sans être dissous : *coton hydrophile*.

HYDROPHILE n. m. Insecte coléoptère ressemblant au dytique et vivant dans les mares. (Long. 5 cm.)

HYDROPHOBE adj. et n. Qui ne peut être mouillé par l'eau.

HYDROPIQUE adj. et n. (gr. *hudropikos*). Atteint d'hydropisie (vx).

HYDROPISIE [idropizi] n. f. Accumulation pathologique de sérosité dans une partie du corps, notamment dans l'abdomen (vx).

HYDROPNEUMATIQUE adj. Qui fonctionne à l'aide de l'eau, ou d'un liquide quelconque, et d'un gaz comprimé : *frein hydropneumatique*.

HYDROPTÈRE n. m. Engin de transport sur l'eau, comportant sous sa coque des ailes immergées qui assurent, à partir d'une certaine vitesse, la portance de la coque, soustraite alors à la résistance hydrodynamique. ‖ Syn. HYDROFOIL.

HYDROQUINONE n. f. *Chim.* Composé comportant deux noyaux phénol, employé comme révélateur photographique.

HYDROSILICATE n. m. Silicate hydraté.

HYDROSOL [idrosɔl] n. m. Solution colloïdale où l'eau est le milieu dispersif.

HYDROSOLUBLE adj. Se dit des corps solubles dans l'eau, et en particulier des vitamines B, C et P.

HYDROSPHÈRE n. f. Partie liquide de la croûte terrestre (par oppos. à ATMOSPHÈRE et à LITHOSPHÈRE).

HYDROSTATIQUE n. f. Étude des conditions d'équilibre des liquides.

HYDROSTATIQUE adj. Relatif à l'hydrostatique. ● *Balance hydrostatique*, appareil qui sert à déterminer la densité des corps. ‖ *Niveau hydrostatique*, surface de la nappe phréatique. ‖ *Pression hydrostatique*, pression qu'exerce l'eau sur la surface d'un corps immergé.

HYDROTHÉRAPIE n. f. Thérapeutique utilisant l'eau à l'aide de diverses techniques.

HYDROTHÉRAPIQUE adj. Relatif à l'hydrothérapie.

HYDROTHERMAL, E, AUX adj. Relatif aux eaux thermales.

HYDROTHORAX n. m. Épanchement de liquide dans la cavité de la plèvre.

HYDROTIMÉTRIE n. f. Mesure de la dureté d'une eau par dosage de ses sels de calcium et de magnésium.

HYDROTRAITEMENT n. m. Épuration d'un produit pétrolier par hydrogénation.

HYDROXYDE n. m. *Chim.* Combinaison d'eau et d'un oxyde métallique.

HYDROXYLAMINE n. f. Base NH_2OH, qui se forme dans la réduction des nitrates.

HYDROXYLE n. m. *Chim.* Radical OH qui figure dans l'eau, les hydroxydes, les alcools, etc. (Syn. OXHYDRYLE.)

HYDROZOAIRE n. m. (gr. *hudôr*, eau, et *zôon*, animal). Cœlentéré cnidaire à cavité gastrovasculaire simple. (Les *hydrozoaires* forment une classe comprenant les *hydraires* [hydre], les *hydrocoralliaires* [millépore], les *siphonophores* [physalie].)

HYDRURE n. m. Combinaison de l'hydrogène avec un corps simple.

HYÈNE [jɛn] n. f. (gr. *huaina*). Mammifère carnassier se nourrissant surtout de charognes, à pelage gris ou fauve tacheté de brun. (Abondante en Europe au quaternaire, elle ne se trouve plus aujourd'hui qu'en Afrique et en Asie.) [Long. : 1 m à 1,40 m. Cri : l'hyène *hurle*.]

HYGIÈNE n. f. (gr. *hugieinon*, salubre, sain). Partie de la médecine qui traite des milieux où l'homme est appelé à vivre, et de la manière de les modifier dans le sens le plus favorable à son développement. ‖ Ensemble de règles et de pratiques relatives à la conservation de la santé : *hygiène bucco-dentaire*. ● *Hygiène mentale*, ensemble des mesures propres à prévenir l'apparition de troubles mentaux.

HYGIÉNIQUE adj. Relatif à l'hygiène : *soins hygiéniques*. ● *Papier hygiénique*, papier très mince pour water-closets. ‖ *Serviette hygiénique*, bande absorbante utilisée par les femmes pendant les règles.

HYGIÉNIQUEMENT adv. Conformément aux règles de l'hygiène.

HYGIÉNISTE n. Spécialiste de l'hygiène.

HYGROMA n. m. *Méd.* Inflammation des bourses séreuses.

HYGROMÈTRE n. m. Appareil pour mesurer le degré d'humidité de l'air. (Dans l'hygromètre à cheveux, ceux-ci raccourcissent par la sécheresse, s'allongent par l'humidité, ce qui déplace une aiguille devant un cadran gradué.)

HYGROMÉTRIE ou **HYGROSCOPIE** n. f. Science qui a pour objet de déterminer l'humidité de l'atmosphère.

HYGROMÉTRIQUE adj. De l'hygrométrie.

HYGROPHILE adj. Se dit d'un organisme qui recherche l'humidité.

HYGROPHOBE adj. Se dit d'un organisme qui ne peut s'adapter dans les lieux humides.

HYGROPHORE n. m. Champignon basidiomycète à lames épaisses, espacées, à chapeau souvent visqueux.

HYGROSCOPE n. m. Appareil mettant en évidence de façon qualitative les variations de l'état hygrométrique de l'air.

HYGROSCOPIQUE adj. Qui a tendance à absorber l'humidité de l'air.

HYGROSTAT n. m. Appareil maintenant constant l'état hygrométrique de l'air ou d'un gaz.

HYMEN [imɛn] n. m. Membrane qui, en général, obstrue partiellement le vagin des vierges.

HYMEN [imɛn] ou **HYMÉNÉE** [imene] n. m. (du n. d'une divinité grecque qui présidait au mariage). *Litt.* Mariage.

HYMÉNIUM [imenjɔm] n. m. Chez les champignons, couche formée par les éléments producteurs de spores.

HYMÉNOMYCÈTE n. m. Champignon basidiomycète dont les spores naissent sur un hyménium exposé à l'air, comme le *bolet* et l'*agaric*. (Les *hyménomycètes* forment une sous-classe.)

hyène

PRINCIPE DE L'HYGROMÈTRE À CHEVEUX ENREGISTREUR

faisceau de cheveux se raccourcissant (sécheresse) ou s'allongeant (humidité)

style inscripteur · spiral

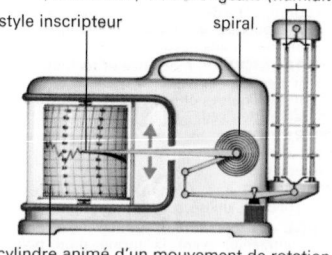

cylindre animé d'un mouvement de rotation et enregistrant les variations d'humidité

HYMÉNOPTÈRE adj. et n. m. (gr. *humên*, membrane, et *pteron*, aile). Insecte caractérisé par deux paires d'ailes motrices unies pendant le vol et par l'incapacité de la larve à subvenir seule à ses besoins. (Les *hyménoptères* forment un ordre très vaste, qui compte près de 300 000 espèces et comprend, entre autres, les *abeilles,* les *guêpes* et les *fourmis*.)

HYDROPTÈRE

longueur	: 46 m
largeur	: 6 m
déplacement	: 213,30 t
vitesse maximale	: 60,00 nœuds (110 km/h)

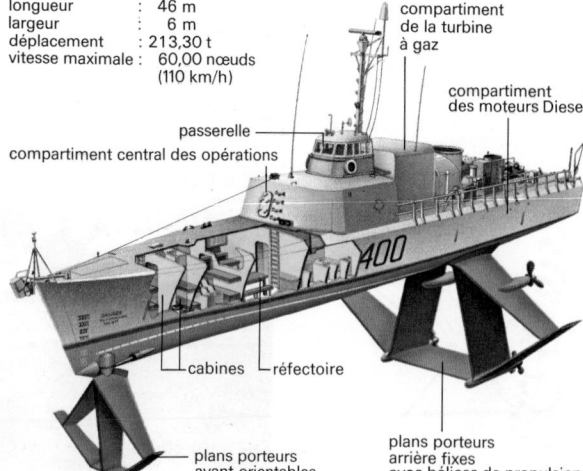

compartiment de la turbine à gaz

compartiment des moteurs Diesel

passerelle

compartiment central des opérations

cabines · réfectoire

plans porteurs avant orientables

plans porteurs arrière fixes avec hélices de propulsion

HYMNE n. m. (gr. *humnos*). Chez les Anciens, chant, poème en l'honneur des dieux et des héros. ‖ Chant national.

HYMNE n. f. Composition poétique religieuse utilisée dans la liturgie chrétienne et souvent mise en musique.

HYOÏDE [jɔid] adj. et n. m. (gr. *huoeidếs*, qui a l'aspect d'un U). Se dit d'un os en fer à cheval, situé au-dessus du larynx.

HYOÏDIEN, ENNE adj. Relatif à l'os hyoïde.

HYPALLAGE n. f. (gr. *hupallagế*). Procédé par lequel on attribue à certains mots d'une phrase ce qui convient à d'autres. (Ex. : *rendre qqn à la vie* pour *rendre la vie à qqn*.)

HYPERACOUSIE n. f. Sensibilité excessive au bruit.

HYPERAZOTÉMIE n. f. *Méd.* Augmentation pathologique de la quantité de déchets azotés contenus dans le sang. (Signe d'une insuffisance rénale, l'hyperazotémie est mise en évidence par le dosage de l'urée sanguine.)

HYPERBARE adj. Se dit d'une enceinte où la pression est supérieure à la pression atmosphérique.

HYPERBOLE n. f. (gr. *huperbolế*, excès). Procédé qui consiste à exagérer l'expression pour produire une forte impression. (Ex. : *un géant* pour *un homme de haute taille*, *un pygmée* pour *un petit homme*.) ‖ *Math.* Conique formée des points dont la différence des distances à deux points fixes, ou foyers, est constante.

HYPERBOLIQUE adj. Qui va jusqu'à l'exagération : *expression hyperbolique*. ‖ En forme d'hyperbole : *un miroir hyperbolique*. ‖ *Math.* Relatif à l'hyperbole.

HYPERBOLOÏDE n. m. *Math.* Quadrique à centre, dont les asymptotes forment un cône réel. ● *Hyperboloïde de révolution*, surface engendrée par une hyperbole tournant autour d'un de ses axes; solide limité par cette surface.

HYPERCALCÉMIE n. f. Augmentation pathologique du taux de calcium dans le sang.

HYPERCAPNIE n. f. Augmentation pathologique du taux de gaz carbonique dans le sang.

HYPERCHLORHYDRIE n. f. Excès d'acide chlorhydrique dans la sécrétion gastrique.

HYPERCHOLESTÉROLÉMIE n. f. *Méd.* Élévation pathologique du taux du cholestérol sanguin. (C'est un des principaux facteurs de l'artériosclérose.)

HYPERCOMPLEXE adj. *Math.* Se dit de nombres formés avec les *n* nombres réels écrits dans un ordre déterminé.

HYPERCORRECT, E adj. *Ling.* Se dit d'une forme reconstruite dans laquelle on restitue par erreur qqch qu'on croit disparu.

HYPERDULIE n. f. (gr. *huper*, au-delà, et *doulos*, esclave). Culte rendu à la Vierge (par oppos. au culte de DULIE, rendu aux saints).

HYPERÉMOTIVITÉ n. f. *Psychol.* Disposition à réagir de façon excessive aux événements dans le domaine émotionnel.

HYPERESPACE n. m. Espace mathématique fictif à plus de trois dimensions.

HYPERESTHÉSIE n. f. *Psychol.* Sensibilité exagérée.

HYPERFOCAL, E, AUX adj. *Distance hyperfocale*, distance la plus courte à laquelle un objet doit être placé pour qu'un appareil photographique en donne une image nette.

HYPERFOLLICULINIE n. f. Exagération des manifestations physiologiques de la folliculine, due soit à une augmentation du taux sanguin de celle-ci, soit à une diminution du taux sanguin de son antagoniste, la progestérone.

HYPERFONCTIONNEMENT n. m. *Méd.* Fonctionnement exagéré d'un organe.

HYPERFRÉQUENCE n. f. Fréquence très élevée d'un mouvement périodique. ‖ Onde électromagnétique dont la longueur est de l'ordre du centimètre, utilisée notamment dans le radar.

HYPERGÉNÈSE n. f. Développement anormal d'un élément anatomique.

HYPERGLYCÉMIANT, E adj. Qui provoque l'hyperglycémie.

HYPERGLYCÉMIE n. f. Excès du taux de glucose dans le sang (la normale étant de 1 g par litre).

HYPERGOLIQUE adj. Se dit de l'ensemble du combustible et du comburant d'un moteur-fusée, lorsque la réaction se produit spontanément par simple contact.

HYPÉRICACÉE [iperikase] n. f. Plante dicotylédone dialypétale telle que le *mille-pertuis*. (Les *hypéricacées* forment une famille.)

HYPERKALIÉMIE n. f. Augmentation pathologique du taux de potassium dans le sang.

HYPERLIPÉMIE n. f. Élévation pathologique du taux des lipides dans le sang.

HYPERMARCHÉ n. m. Magasin exploité en libre service et présentant une superficie consacrée à la vente supérieure à 2 500 m².

HYPERMÈTRE adj. *Métr. anc.* Qui a un pied de plus que la mesure normale.

HYPERMÉTROPE adj. et n. Atteint d'hypermétropie.

HYPERMÉTROPIE n. f. (gr. *huper*, au-delà, *metron*, mesure, et *ops*, vue). Anomalie de la vision, due habituellement à un défaut de convergence du cristallin, et dans laquelle l'image se forme en arrière de la rétine. (On corrige l'hypermétropie par des verres convergents.)

HYPERMNÉSIE n. f. Exaltation anormale et incoercible de la mémoire.

HYPERNERVEUX, EUSE adj. et n. D'une nervosité excessive.

HYPÉRON n. m. Toute particule subatomique de masse supérieure à celle du proton.

HYPERPLAN n. m. *Math.* Dans un espace vectoriel de dimension *n* rapporté à une origine fixe, ensemble des points dont les *n* coordonnées scalaires vérifient une relation du premier degré.

HYPERPLASIE n. f. Développement excessif d'un tissu par multiplication de ses cellules, avec conservation d'une architecture et d'une capacité fonctionnelle normales.

HYPERRÉALISME n. m. Réalisme quasi photographique, qui tend à donner aux images du monde contemporain une présence hallucinante. (Cette tendance s'est développée aux États-Unis à partir des années 1965-1970.)

HYPERSÉCRÉTION n. f. Sécrétion supérieure à la normale.

HYPERSENSIBILITÉ n. f. Sensibilité extrême.

HYPERSENSIBLE adj. et n. D'une sensibilité extrême.

HYPERSOMNIAQUE adj. Qui souffre d'hypersomnie.

HYPERSOMNIE n. f. *Méd.* Excès de sommeil.

HYPERSONIQUE adj. *Aéron.* Se dit des vitesses correspondant à un nombre de Mach égal ou supérieur à 5 (soit, à 15 °C, environ 6 000 km/h), ainsi que des mouvements effectués à ces vitesses.

HYPERSTATIQUE adj. Se dit d'un corps ou d'un système de corps soumis à des forces dont le calcul ne peut être effectué par les moyens de la statique seulement.

HYPERSUSTENTATEUR adj. et n. m. Se dit d'un dispositif assurant l'hypersustentation.

HYPERSUSTENTATION n. f. *Aéron.* Augmentation momentanée de la portance d'une aile à l'aide de dispositifs spéciaux.

HYPERTÉLIE n. f. Résultat nuisible d'une évolution biologique qui dépasse le degré utile.

HYPERTÉLIQUE adj. Qui a dépassé le degré utile, en parlant du développement d'un organe. (Les cornes du *mégacéros* étaient hypertéliques.)

HYPERTENDU, E adj. et n. Dont la tension artérielle est supérieure à la normale.

HYPERTENSION n. f. Augmentation de la tension des parois d'une cavité, lorsque la pression des liquides qu'elle contient est supérieure à la normale. ● *Hypertension artérielle*, élévation au-dessus de la normale de la tension artérielle. ‖ *Hypertension intracrânienne*, élévation de la pression du liquide céphalo-rachidien.

HYPERTHERMIE n. f. Syn. de FIÈVRE.

HYPERTHYROÏDIE n. f. Exagération de l'acti-

vité de la glande thyroïde, provoquant chez l'homme la maladie de Basedow.

HYPERTONIE n. f. État d'une solution hypertonique. ‖ *Méd.* Augmentation du tonus.

HYPERTONIQUE adj. Se dit d'une solution dont la pression osmotique est supérieure à celle d'une solution de référence. ◆ adj. et n. *Méd.* Qui est relatif à l'hypertonie musculaire; qui en souffre.

HYPERTROPHIE n. f. Accroissement anormal du tissu d'un organe. ‖ Développement excessif d'un sentiment, d'une activité.

HYPERTROPHIÉ, E adj. Développé anormalement. (Contr. ATROPHIÉ.)

HYPERTROPHIER v. t. Produire l'hypertrophie. ◆ s'hypertrophier v. pr. Augmenter de volume par hypertrophie. ‖ Se développer excessivement.

HYPERTROPHIQUE adj. Qui a les caractères de l'hypertrophie; accompagné d'hypertrophie.

HYPERVITAMINOSE n. f. Trouble provoqué par l'absorption excessive d'une vitamine.

HYPHE [if] n. f. (gr. *huphê*, tissu). Filament composé de cellules, qui forme l'appareil végétatif des champignons.

HYPHOLOME [ifɔlom] n. m. Champignon à lames, non comestible, poussant en touffes sur les souches. (Famille des agaricacées.)

HYPNAGOGIQUE adj. (gr. *hupnos*, sommeil, et *agein*, conduire). Qui concerne l'endormissement précédant le sommeil véritable.

HYPNE n. f. *Bot.* Mousse très commune.

HYPNOÏDE adj. Se dit d'un état psychique survenant en dehors du sommeil, et dans lequel la pensée fonctionne comme dans le rêve.

HYPNOLOGIE n. f. Branche de la physiologie concernant le sommeil.

HYPNOPOMPIQUE adj. Qui concerne l'état de réveil incomplet qui fait suite au sommeil.

HYPNOSE n. f. (gr. *hupnoûn*, endormir). Baisse du niveau de vigilance provoquée par suggestion et qui est marquée par une dépendance, laquelle peut être utilisée à des fins diverses : analgésie, psychothérapie; la technique provoquant cet état.

HYPNOTIQUE adj. Relatif à l'hypnose : *sommeil hypnotique*. ◆ adj. et n. m. Se dit des médicaments qui provoquent le sommeil.

HYPNOTISER v. t. Soumettre à l'hypnose. ‖ Retenir exclusivement l'attention par une sorte d'attraction irrésistible : *être hypnotisé par une difficulté*. ◆ s'hypnotiser v. pr. Concentrer son attention, ses espoirs sur : *s'hypnotiser sur une idée*.

HYPNOTISEUR n. m. Celui qui hypnotise.

HYPNOTISME n. m. Ensemble des techniques permettant de provoquer un état hypnotique.

HYPOACOUSIE n. f. Diminution de l'acuité auditive.

HYPOCALCÉMIE n. f. Insuffisance du taux de calcium dans le sang.

HYPOCAUSTE n. m. (gr. *hupokauston*). *Archéol.* Système de chauffage à air chaud, installé dans le sol et dans sous-sol des thermes romains.

HYPOCENTRE n. m. Région située à une certaine profondeur (en général comprise entre 10 et 100 km, mais allant parfois jusqu'à 700 km), à la verticale de l'épicentre d'un séisme, et d'où partent les ondes sismiques.

HYPOCHLOREUX [ipoklørø] adj. m. *Chim.* Se dit de l'anhydride Cl₂O et de l'acide HClO.

HYPOCHLORHYDRIE n. f. Insuffisance de l'acide chlorhydrique dans la sécrétion gastrique.

HYPOCHLORITE n. m. *Chim.* Sel de l'acide hypochloreux. (L'hypochlorite de sodium [NaClO] existe dans l'eau de Javel.)

HYPOCONDRE ou **HYPOCHONDRE** [ipokɔ̃dr] n. m. (gr. *hupo*, dessous, et *khondros*, cartilage). Chacune des parties latérales de la région supérieure de l'abdomen.

HYPOCONDRIAQUE ou **HYPOCHONDRIAQUE** adj. et n. Qui souffre d'hypocondrie.

HYPOCONDRIE ou **HYPOCHONDRIE** n. f. Inquiétude pathologique concernant l'état et le fonctionnement des organes.

HYPOCORISTIQUE adj. et n. m. Se dit d'un terme d'affection formé à l'aide de suffixes ou par redoublement. (Ex. : *frérot, fifille.*)

HYPOCRAS [ipɔkras] n. m. (de *Hippocrate*). Boisson tonique, faite avec du vin sucré dans lequel on a fait infuser de la cannelle.

HYPOCRISIE n. f. (gr. *hupokrisis,* mimique). Attitude qui consiste à cacher ses sentiments et à montrer des qualités qu'on n'a pas.

HYPOCRITE adj. et n. Qui a ou manifeste de l'hypocrisie.

HYPOCRITEMENT adv. De façon hypocrite.

HYPOCYCLOÏDAL, E, AUX adj. Qui a la forme d'une hypocycloïde. ‖ Se dit d'un mode d'engrenage dans lequel une roue tourne à l'intérieur d'une roue plus grande.

HYPOCYCLOÏDE n. f. *Math.* Courbe décrite par un point d'un cercle qui roule sans glisser à l'intérieur d'un cercle fixe.

HYPODERME n. m. Partie profonde de la peau, sous le derme, riche en tissu adipeux. ‖ Mouche dont la larve parasite la peau des ruminants, qu'elle rend inutilisable pour la fabrication du cuir.

HYPODERMIQUE adj. Syn. de SOUS-CUTANÉ.

HYPODERMOSE n. f. Affection causée aux animaux, et plus particulièrement aux bovins, par des hypodermes.

HYPOESTHÉSIE n. f. Affaiblissement pathologique de la sensibilité.

HYPOGASTRE n. m. (gr. *hupogastrion*). Partie inférieure de l'abdomen.

HYPOGASTRIQUE adj. De l'hypogastre.

HYPOGÉ, E [ipɔʒe] adj. *Bot.* Qui se développe sous terre.

HYPOGÉE [ipɔʒe] n. m. (gr. *hupo,* dessous, et *gê,* terre). *Archéol.* Caveau des civilisations préhistoriques, protohistoriques et antiques.

HYPOGLOSSE adj. *Anat.* Se dit d'un nerf qui part du bulbe rachidien et innerve les muscles de la langue.

HYPOGLYCÉMIANT, E adj. et n. Qui provoque l'hypoglycémie. (Les hypoglycémiants [insuline, bignamides, etc.] sont utilisés dans le traitement du diabète.)

HYPOGLYCÉMIE n. f. *Méd.* Insuffisance du taux du glucose dans le sang.

HYPOGYNE adj. *Bot.* Se dit d'une fleur où périanthe et androcée sont insérés au-dessous de l'ovaire. (Contr. ÉPIGYNE.)

HYPOÏDE adj. *Mécan.* Se dit d'un couple d'engrenages à denture spirale, dont les cônes d'origine n'ont pas de sommet commun.

HYPOKALIÉMIE n. f. Insuffisance du taux de potassium dans le sang.

HYPOMANE n. Qui souffre d'hypomanie.

HYPOMANIAQUE adj. Relatif à l'hypomanie.

HYPOMANIE n. f. *Psychol.* État d'excitation psychique, qui rappelle, mais de façon atténuée, l'état maniaque.

HYPONEURIEN, ENNE adj. et n. m. Se dit des animaux dont la chaîne nerveuse est située ventralement, c'est-à-dire de la plupart des invertébrés. (Syn. PROTOSTOMIEN.)

HYPONOMEUTE n. m. Petit papillon dont la chenille est très nuisible, car elle tisse des toiles autour des rameaux des arbres fruitiers et en dévore les feuilles. (On écrit aussi YPONOMEUTE.)

HYPOPHOSPHITE n. m. Sel de l'acide hypophosphoreux.

HYPOPHOSPHOREUX adj. m. Se dit de l'acide le moins oxygéné du phosphore HPO_2H_2.

HYPOPHYSAIRE adj. Relatif à l'hypophyse.

HYPOPHYSE n. f. Glande endocrine formée de deux lobes et située sous l'encéphale, qui produit de nombreuses hormones, en particulier une hormone de croissance et des stimulines qui agissent sur les autres glandes endocrines (lobe antérieur), une hormone freinant la sécrétion urinaire et une autre faisant contracter les muscles lisses (lobe postérieur).

HYPOPLASIE n. f. Insuffisance de développement d'un tissu ou d'un organe.

HYPOSÉCRÉTION n. f. Sécrétion inférieure à la normale.

HYPOSPADIAS n. m. *Méd.* Malformation de la verge, dans laquelle l'urètre s'ouvre à la face inférieure de celle-ci et non à son extrémité.

HYPOSTASE n. f. (gr. *hupostasis,* ce qui est posé dessous). *Théol.* et *Philos.* Être existant en soi et par soi; personne.

HYPOSTASIER v. t. *Philos.* Transformer en une substance. ‖ *Péjor.* Changer fictivement qqch en une abstraction ou une entité.

HYPOSTATIQUE adj. *Union hypostatique* (Théol.), union en une seule hypostase des deux natures, divine et humaine, dans le Christ.

HYPOSTYLE adj. Se dit d'une salle dont le plafond est soutenu par des colonnes.

HYPOSULFITE n. m. Sel de l'acide hyposulfureux. (L'hyposulfite de sodium fixe les clichés photographiques.) [Syn. THIOSULFATE.]

HYPOSULFUREUX adj. m. *Acide hyposulfureux* (Chim.), composé de soufre, d'oxygène et d'hydrogène $H_2S_2O_3$. (Syn. THIOSULFURIQUE.)

HYPOTENDU, E adj. et n. Qui a une tension artérielle inférieure à la normale.

HYPOTENSEUR n. m. Médicament qui diminue la tension artérielle.

HYPOTENSIF, IVE adj. Relatif à l'hypotension.

HYPOTENSION n. f. Tension artérielle inférieure à la normale.

HYPOTÉNUSE n. f. (gr. *hupoteinousa pleura,* côté se tendant sous les angles). *Math.* Côté opposé à l'angle droit d'un triangle rectangle. (Le carré de l'hypoténuse est égal à la somme des carrés des deux autres côtés.)

HYPOTHALAMIQUE adj. Relatif à l'hypothalamus.

HYPOTHALAMUS [ipɔtalamys] n. m. Région du diencéphale située à la base du cerveau et où se trouvent de nombreux centres régulateurs des grandes fonctions : faim, soif, activité sexuelle, sommeil-éveil, thermorégulation.

HYPOTHÉCABLE adj. Qui peut être hypothéqué.

HYPOTHÉCAIRE adj. Qui a ou donne droit d'hypothèque : *dette hypothécaire.*

HYPOTHÉCAIREMENT adv. Par hypothèque.

HYPOTHÉNAR adj. inv. et n. m. *Anat.* Se dit d'une éminence, d'une saillie que forment à la partie interne de la paume de la main les trois muscles courts moteurs du petit doigt.

HYPOTHÈQUE n. f. (gr. *hupothêkê,* gage). Droit réel qui garantit le créancier sans déposséder le propriétaire. ‖ Ce qui entrave, ce qui cause préjudice : *une lourde hypothèque pèse sur les négociations.* ● *Prendre une hypothèque sur l'avenir,* disposer d'une chose avant de la posséder.
■ Une hypothèque peut être constituée (en vertu d'une convention, d'un jugement ou de la loi) sur une maison, un terrain, un navire, un aéronef. Les créanciers hypothécaires priment, dans l'ordre de leur *inscription,* les autres créanciers; en cas de non-paiement, ils peuvent exiger la vente du bien grevé de l'hypothèque. En cas de vente ou de succession, les nouveaux propriétaires doivent effectuer la *purge* de l'hypothèque.

HYPOPHYSE
(coupe d'ensemble des deux lobes)

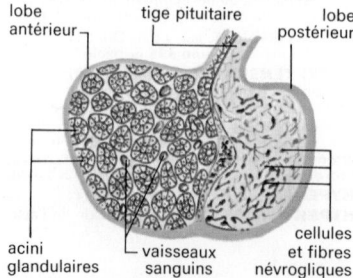

lobe antérieur — tige pituitaire — lobe postérieur

acini glandulaires — vaisseaux sanguins — cellules et fibres névrogliques

HYPOTHÉQUER v. t. (conj. **5**). Soumettre à l'hypothèque : *hypothéquer une terre.* ‖ Garantir par une hypothèque : *hypothéquer une créance.* ‖ Engager, lier par qqch qui deviendra une difficulté : *hypothéquer l'avenir.*

HYPOTHERMIE n. f. Abaissement au-dessous de la normale de la température du corps.

HYPOTHÈSE n. f. (gr. *hupothêsis*). Supposition que l'on fait d'une chose possible ou non, et dont on tire une conséquence. ‖ *Épistémol.* Proposition résultant d'une observation ou d'une induction et devant faire l'objet d'une vérification. ‖ *Math.* Ensemble de données à partir duquel on essaie de démontrer par voie logique une proposition nouvelle.

HYPOTHÉTICO-DÉDUCTIF, IVE adj. Se dit de tout processus de pensée fondé sur une déduction rigoureuse à partir de principes posés. ‖ *Log.* Se dit d'une théorie axiomatique formalisée.

HYPOTHÉTIQUE adj. Fondé sur une hypothèse. ‖ Douteux, incertain.

HYPOTHÉTIQUEMENT adv. Par hypothèse.

HYPOTHYROÏDIE n. f. *Méd.* Insuffisance de fonctionnement de la glande thyroïde, qui provoque le myxœdème, accompagné, chez l'enfant, de nanisme et de déficience intellectuelle.

HYPOTONIE n. f. État d'une tension hypotonique. ‖ Diminution de la tonicité musculaire.

HYPOTONIQUE adj. Se dit d'une solution dont la pression osmotique est inférieure à celle d'une solution de référence. (Les hématies gonflent dans une solution hypotonique.) ◆ adj. et n. Qui est atteint d'hypotonie.

HYPOTROPHIE n. f. Nutrition insuffisante ou amoindrie. ‖ Insuffisance du développement d'un organe ou d'un tissu.

HYPOVITAMINOSE n. f. Carence d'une ou de plusieurs vitamines.

HYPOXIE n. f. Syn. d'ANOXIE.

HYPSOMÈTRE n. m. (gr. *hupsos,* hauteur). Instrument qui permet de déterminer l'altitude d'un lieu par la mesure du point d'ébullition de l'eau.

HYPSOMÉTRIE n. f. Mesure et représentation cartographique du relief terrestre. ‖ Étendue respective des différentes zones d'altitude d'une région.

HYPSOMÉTRIQUE adj. Relatif à l'hypsométrie. ● *Carte hypsométrique,* carte qui représente la répartition des altitudes, en général par des courbes de niveau.

HYSOPE n. f. (gr. *hussôpos*). Arbrisseau des régions méditerranéennes et asiatiques, dont l'infusion des fleurs est stimulante. (Famille des labiacées.)

HYSTÉRECTOMIE n. f. (gr. *hustera,* utérus, et *ektomê,* ablation). *Chir.* Ablation de l'utérus.

HYSTÉRÉSIS [isterezis] n. f. Apparition d'un retard dans l'évolution d'un phénomène physique par rapport à un autre dont il dépend. ‖ Propriété des substances ferromagnétiques, pour lesquelles l'induction dépend non seulement du champ magnétisant actuel mais aussi des états magnétiques antérieurs.

HYSTÉRIE n. f. (gr. *hustera,* utérus). Névrose caractérisée par la traduction dans le langage du corps des conflits psychiques (manifestations de conversion) et par un type particulier de personnalité marquée par le théâtralisme, la dépendance et la manipulation de l'entourage. ‖ Vive excitation poussée jusqu'au délire : *l'opinion est frappée d'une hystérie guerrière.*

HYSTÉRIFORME adj. Qui rappelle l'hystérie.

HYSTÉRIQUE adj. et n. Relatif à l'hystérie; atteint d'hystérie.

HYSTÉROGRAPHIE n. f. Radiographie de l'utérus après injection d'un liquide opaque aux rayons X.

HYSTÉROSALPINGOGRAPHIE n. f. Radiographie de l'utérus et des trompes après injection d'un liquide opaque aux rayons X. (Elle permet le diagnostic des stérilités par oblitération des trompes, et celui des tumeurs de l'utérus.)

Hz, symbole du *hertz.*

G. Dhuit-Pitch Phot.

iguanes

i

I n. m. Neuvième lettre de l'alphabet et la troisième des voyelles. ‖ *Math.* Dans la théorie des nombres complexes, unité dite « imaginaire », dont le carré i^2 est égal à -1. ‖ Chiffre romain qui vaut un. ‖ Symbole chimique de l'*iode.* ● *Mettre les points sur les « i »,* s'exprimer de façon claire et minutieuse.

IAMBE [jɑ̃b] n. m. (gr. *iambos*). *Métr. anc.* Pied de vers composé d'une brève et d'une longue accentuée. ◆ pl. Pièce de vers satiriques, en alexandrins alternant avec des octosyllabes.

IAMBIQUE adj. Composé d'iambes.

IATROGÈNE adj. Se dit d'une maladie qui est provoquée par un médicament.

IBÈRE et **IBÉRIQUE** adj. et n. Relatif aux Ibères et à l'Ibérie. ● *Péninsule Ibérique,* région formée par l'Espagne et le Portugal.

IBÉRIS [iberis] n. m. Plante dont certaines espèces sont cultivées comme ornementales sous le nom de *corbeille d'argent.* (Famille des crucifères.)

IBIDEM adv. (mot lat.). Au même endroit. (Abrév. : *ibid.*)

IBIS [ibis] n. m. (lat. *ibis*; mot gr.). Oiseau de l'ordre des échassiers, à bec long et courbé vers le bas. (L'ibis sacré, que les anciens Égyptiens vénéraient comme une incarnation du dieu Thot, possède un plumage blanc, sauf la tête, le cou et une partie des ailes, qui sont noirs.)

ICAQUE n. f. Fruit de l'icaquier.

ICAQUIER n. m. Arbrisseau américain de la famille des rosacées, dont le fruit est comestible.

ICARIEN, ENNE adj. (d'*Icare,* n. pr.). *Colonies icariennes,* colonies communistes fondées aux États-Unis par Étienne Cabet, socialiste utopiste auteur du *Voyage en Icarie* (1842). ‖ *Jeux icariens,* exercice de voltige acrobatique.

ICBM n. m. (sigle de *Inter Continental Ballistic Missile*). Missile stratégique sol-sol, dont la portée est supérieure à 5 500 km.

ICEBERG [isbɛrg *ou* ajsbɛrg] n. m. (mot angl.; du norvég.). Dans les régions polaires, énorme bloc de glace détaché des glaciers continentaux, flottant sur l'océan, et dont la portion émergée peut atteindre 200 m de haut, les quatre cinquièmes restant immergés.

ICE-CREAM [ajskrim] n. m. (mots angl.) [pl. *ice-creams*]. Crème glacée.

ICHNEUMON [iknømɔ̃] n. m. (gr. *ikhneumón,* fureteur). Espèce de mangouste de la taille d'un chat, honorée jadis en Égypte parce qu'elle détruisait les reptiles. ‖ Insecte qui pond ses œufs dans les larves d'autres insectes, parfois à travers les écorces d'arbres. (Ordre des hyménoptères.)

ICHTHUS [iktys] n. m. Transcription en caractères romains du monogramme grec du Christ : *Iêsous CHristos THeou Uios Sôtêr* (Jésus-Christ, fils de Dieu, sauveur). [Ces lettres forment le mot grec *ichthus,* « poisson »; de là vient que le *poisson* fut souvent pris comme symbole du Christ.]

ICHTYOCOLLE [iktjɔkɔl] n. f. Colle de poisson fabriquée avec la vessie natatoire de différents poissons cartilagineux, principalement de l'esturgeon.

ICHTYOL [iktjɔl] n. m. (gr. *ikhthus,* poisson). Huile sulfureuse employée dans le traitement de diverses maladies de la peau.

ICHTYOLOGIE [iktjɔlɔʒi] n. f. Partie de la zoologie qui traite des poissons.

ICHTYOLOGIQUE adj. Qui appartient à l'ichtyologie.

ICHTYOLOGISTE n. Spécialiste d'ichtyologie.

ICHTYOPHAGE adj. et n. Qui se nourrit principalement de poisson.

ICHTYORNIS [iktjɔrnis] n. m. (gr. *ikhthus,* poisson, et *ornis,* oiseau). Oiseau fossile du crétacé de l'Amérique du Nord, de la taille d'un pigeon.

ICHTYOSAURE [iktjɔzɔr] n. m. (gr. *ikhthus,* poisson, et *sauros,* lézard). Reptile fossile à aspect de requin, qui vivait au jurassique et atteignait 10 m de long.

ICHTYOSE ou **ICHTHYOSE** [iktjoz] n. f. *Méd.* Maladie de la peau caractérisée par la formation d'écailles et la desquamation de l'épiderme, qui est sec et rugueux.

ICHTYOSTÉGA n. m. Amphibien fossile du dévonien, très voisin des poissons crossoptérygiens et tenu pour l'un des plus anciens vertébrés terrestres.

ICI adv. (lat. *ecce hic,* voici ici). Dans le lieu où l'on se trouve. ‖ Dans ce pays : *les gens d'ici.* ‖ Dans le temps présent : *d'ici à demain.* ● *Ici-bas,* dans ce monde. (Contr. LÀ-HAUT.) ‖ *Par ici,* de ce côté-ci.

ibis

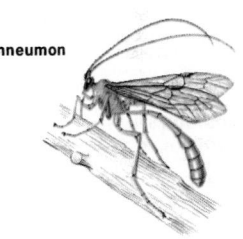

ichneumon

iceberg

ichtyosaure

469

icône : *la Vierge de Tendresse*
(école de Moscou, XVe s.)

Lauros-Giraudon

ICÔNE n. f. (russe *ikona*; gr. *eikonion*, petite image). Image du Christ, de la Vierge et des saints dans les Églises d'Orient de tradition byzantine.

ICONIQUE [ikɔnik] adj. Relatif à l'image.

ICONOCLASME n. m. Doctrine, rendue officielle dans l'Empire byzantin par les empereurs Léon III l'Isaurien, Constantin V Copronyme et Léon V l'Arménien, qui prohibait comme idolâtres la représentation et la vénération des images du Christ et des saints. (L'orthodoxie fut rétablie en 843 par l'impératrice Théodora.)

ICONOCLASTE n. et adj. (gr. *eikôn*, image, et *klân*, briser). Partisan de l'iconoclasme. ‖ *Fam.* Ennemi de toute tradition.

ICONOGRAPHE n. Spécialiste d'iconographie.

ICONOGRAPHIE n. f. Étude descriptive des différentes représentations figurées d'un même sujet; ensemble classé des images correspondantes. ‖ Étude de la représentation figurée dans une œuvre particulière. ‖ Ensemble de l'illustration d'un ouvrage.

ICONOGRAPHIQUE adj. Relatif à l'iconographie.

ICONOLOGIE n. f. Dans la culture et l'art classiques, science et art de se servir des emblèmes, symboles et allégories figuratifs. ‖ Étude de la formation, de la transmission et de la signification profonde des représentations figurées en art.

ICONOLOGIQUE adj. Relatif à l'iconologie.

ICONOSCOPE n. m. Tube de prise de vues équipant les caméras de télévision.

ICONOSTASE n. f. Dans les églises de rite byzantin, cloison, percée en général de trois portes, séparant la nef du sanctuaire et ornée d'icônes.

ICOSAÈDRE [ikɔzaɛdr] n. m. (gr. *eikosi*, vingt, et *edra*, face). *Math.* Solide à vingt faces planes. (L'icosaèdre régulier a pour faces vingt triangles équilatéraux égaux.)

ICTÈRE n. m. (gr. *ikteros*). *Méd.* Coloration jaune de la peau, due à la présence dans le sang et dans les tissus, notamment dans la peau, de pigments biliaires. (Syn. fam. JAUNISSE.)

ICTÉRIQUE adj. et n. Relatif à l'ictère.

ICTUS [iktys] n. m. (mot lat., *coup*). Affection subite qui frappe le malade comme un coup.

IDE n. m. (lat. *idus*; mot suédois). Poisson d'eau douce de couleur rouge, élevé dans les étangs. (Long. 40 cm; famille des cyprinidés.)

IDÉAL, E, ALS ou **AUX** adj. (bas lat. *idealis*). Qui n'existe que dans la pensée : *monde idéal*. ‖ Qui possède une qualité à un degré parfait : *beauté idéale*.

IDÉAL, ALS ou **AUX** n. m. Perfection que l'esprit imagine sans pouvoir y atteindre complètement. ‖ Système de valeurs morales et intellectuelles que : *réaliser son idéal*. ‖ *Math.* Dans

un anneau commutatif (opérations notées additivement et multiplicativement), sous-groupe additif stable pour la multiplication, le produit d'un élément du sous-groupe par un élément quelconque de l'anneau étant contenu dans le sous-groupe. ● *Idéal du Moi* (Psychanal.), v. MOI.

IDÉALEMENT adv. De façon idéale.

IDÉALISATEUR, TRICE adj. Qui idéalise.

IDÉALISATION n. f. Action ou pouvoir d'idéaliser. ‖ *Psychanal.* Processus par lequel l'objet du désir se trouve agrandi dans l'imaginaire et investi par le sujet de qualités qu'il ne possède pas objectivement.

IDÉALISER v. t. Donner un caractère, une perfection idéale à une personne, à une chose : *idéaliser un personnage, un modèle.*

IDÉALISME n. m. Philosophie qui réduit la réalité à l'être et l'être à la pensée : *l'idéalisme hégélien.* ‖ Attitude d'esprit de celui qui aspire à un idéal, souvent utopique : *faire preuve d'idéalisme dans une négociation.*

IDÉALISTE n. et adj. Partisan de l'idéalisme. ‖ Qui poursuit un idéal parfois chimérique.

IDÉALITÉ n. f. Caractère de ce qui est idéal. ● *Idéalité mathématique* (Philos.), statut des objets mathématiques, définis dans le champ de leur utilisation par les règles de leur construction.

IDÉATION n. f. Formation et enchaînement des idées.

IDÉE n. f. (lat. *idea*). Représentation abstraite d'un objet ou d'un rapport : *l'idée du beau, du bien.* ‖ Aperçu élémentaire, approximatif : *je n'ai aucune idée de l'heure.* ‖ Inspiration, conception littéraire ou artistique : *auteur qui manque d'idées; une idée de génie.* ‖ Manière de voir les choses, opinion, appréciation : *avoir une haute idée de qqn; idées politiques.* ‖ Pensée, esprit : *j'ai dans l'idée qu'il ne viendra pas.* ‖ *Philos.* Forme des êtres et des phénomènes qui contient leur intelligibilité. ● *Avoir idée, une idée, l'idée de,* imaginer, penser à qqch, concevoir le projet de. ‖ *Idée fixe,* pensée dominante, dont on est obsédé. ‖ *Idée générale,* concept. ◆ pl. Visions chimériques : *se faire des idées.*

IDÉE-FORCE n. f. (pl. *idées-forces*). Idée principale, pivot d'un raisonnement et germe d'action.

IDEM [idɛm] adv. (mot lat.). Le même. (S'emploie pour éviter des répétitions et s'abrège ainsi : *id.*)

IDEMPOTENT, E adj. Se dit d'une matrice carrée égale à toutes ses puissances.

IDENTIFIABLE adj. Qui peut être identifié.

IDENTIFICATION n. f. Action d'identifier, de s'identifier : *l'identification d'un accusé; l'identification de la pensée et de l'être.* ‖ *Psychanal.* Processus psychique par lequel le sujet s'assimile soit à une autre personne, soit à un objet d'amour.

IDENTIFIER v. t. Rendre ou déclarer identique : *identifier deux genres.* ‖ Établir l'identité de qqn : *l'anthropométrie permet d'identifier les criminels.* ‖ Déterminer la nature d'une chose : *identifier des plantes.* ◆ **s'identifier** v. pr. [**à, avec**]. Se pénétrer des sentiments d'un autre : *un romancier s'identifie à ses personnages.*

IDENTIQUE adj. (lat. *idem*, le même). Qui ne diffère en rien d'un autre, qui présente avec qqn, qqch, une parfaite ressemblance : *deux vases identiques; mon opinion est identique à la vôtre.*

IDENTIQUEMENT adv. De façon identique.

IDENTITÉ n. f. (bas lat. *identitas*; de *idem*, le même). Ce qui fait qu'une chose est de même nature qu'une autre. ‖ Ensemble des circonstances qui font qu'une personne est bien telle personne déterminée : *vérifier l'identité de qqn.* ‖ *Math.* Égalité (qui se note ≡) dont les deux membres prennent des valeurs numériques égales pour tout système de valeurs attribuées aux lettres. (*L'identité diffère de l'équation,* qui n'est vérifiée que pour certaines valeurs attribuées aux lettres.) ● *Carte d'identité,* pièce officielle, comportant photographie et indications d'état civil. ‖ *Identité judiciaire,* service

ayant pour objet de classer le signalement anthropométrique des personnes mises en état d'arrestation. ‖ *Plaque d'identité,* plaque métallique portée en opérations par les militaires. ‖ *Principe d'identité,* principe fondamental de la logique traditionnelle, selon lequel toute chose est identique à elle-même (« A est A »).

IDÉOGRAMME n. m. (gr. *idea*, idée, et *gramma*, signe). *Ling.* Signe graphique qui représente le sens du mot et non les sons.

IDÉOGRAPHIE n. f. Représentation directe du sens des mots par des signes graphiques.

IDÉOGRAPHIQUE adj. Qui concerne l'idéographie : *écriture idéographique.*

IDÉOLOGIE n. f. (gr. *idea*, idée, et *logos*, science). Science des idées. ‖ Ensemble d'idées, d'opinions constituant une doctrine. ‖ *Péjor.* Doctrine qui prône un idéal irréalisable. ‖ *Philos.* Ensemble des représentations cohérentes dans lesquelles une classe sociale se reconnaît et dont elle se sert dans sa lutte contre une autre classe pour imposer sa domination. (On parle d'*idéologie bourgeoise, idéologie ouvrière,* etc.)

IDÉOLOGIQUE adj. Relatif à l'idéologie.

IDÉOLOGISATION n. f. *Sociol.* Processus à la faveur duquel un groupe social se reconnaît dans un ensemble de représentation relative à son rôle ou à son statut historique.

IDÉOLOGUE n. Personne qui s'attache de manière systématique à une doctrine philosophique ou sociale. ‖ Rêveur qui poursuit un idéal irréalisable. ◆ pl. Nom donné à un groupe de philosophes (Destutt de Tracy, Cabanis) qui, à la fin du XVIIIe s. et au début du XIXe, continuent la tradition du sensualisme de Condillac.

IDÉOMOTEUR, TRICE adj. Se dit d'un processus par lequel toutes nos représentations se prolongent en mouvements plus ou moins achevés.

IDES [id] n. f. pl. (mot lat.). Quinzième jour du mois de mars, de mai, de juillet et d'octobre, et treizième jour des autres mois, dans le calendrier romain.

IDIOLECTE n. m. Ensemble des habitudes verbales d'un individu.

IDIOMATIQUE adj. Relatif aux idiomes.

IDIOME [idjom] n. m. (gr. *idiôma*). Langue propre à une communauté linguistique étendue (nation, peuple, région).

IDIOPATHIE [idjɔpati] n. f. (gr. *idios*, particulier, et *pathos*, maladie). Maladie qui a son existence propre et n'est point la conséquence d'une autre.

IDIOPATHIQUE adj. Relatif à l'idiopathie.

IDIOSYNCRASIE n. f. (gr. *idios*, particulier, et *sugkrasis*, mélange). Réaction individuelle propre à chaque homme.

IDIOT, E adj. et n. (gr. *idiôtês*, ignorant). Stupide, dépourvu d'intelligence, de bon sens. ‖ *Méd.* Atteint d'idiotie.

IDIOTEMENT adv. De façon idiote.

IDIOTIE [idjɔsi] n. f. Absence totale d'intelligence. ‖ *Fam.* Acte, parole qui dénote un esprit borné; action inconsidérée : *faire, dire des idioties.* ‖ *Méd.* Déficit intellectuel sévère d'origine organique ou psychique, défini par un quotient intellectuel ne dépassant pas 20 et entraînant l'incapacité d'acquisition du langage. (C'est le degré le plus grave de l'arriération.)

IDIOTISME n. m. (gr. *idios*, particulier). Expression ou construction particulière à une langue. (Les idiotismes du français sont des gallicismes.)

IDOINE [idwan] adj. (lat. *idoneus*). *Litt.* Convenable, propre à qqch : *trouver une solution idoine.*

IDOLÂTRE adj. et n. (gr. *eidôlatrês*). Qui adore les idoles. ‖ Qui aime avec excès, qui voue une sorte de culte à qqn ou qqch.

IDOLÂTRER v. t. Aimer avec passion.

IDOLÂTRIE n. f. Adoration des idoles. ‖ Amour excessif.

IDOLÂTRIQUE adj. Relatif à l'idolâtrie.

IDOLE n. f. (gr. *eidôlon*, image). Image ou représentation d'une divinité et qui est l'objet d'un culte d'adoration. ‖ Personne qui est l'objet

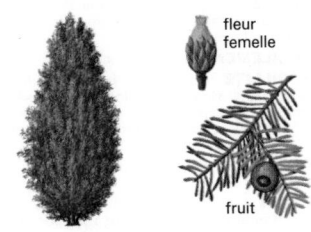

fleur
femelle

fruit

IF

d'un culte passionné, et en particulier vedette de la chanson ou de music-hall.

IDYLLE n. f. (it. *idillio;* mot gr.). Amour tendre et naïf. ‖ Relation quelconque dans un climat de bonne entente. ‖ *Littér.* Petit poème à sujet pastoral, et généralement amoureux.

IDYLLIQUE adj. Merveilleux, idéal et naïf : *description idyllique.*

IF n. m. (mot gaul.). Arbre gymnosperme à feuillage persistant et à baies rouges, souvent cultivé, mais poussant spontanément dans les montagnes calcaires. (Il peut atteindre 15 m de haut et vivre plusieurs siècles.) ‖ Instrument servant à égoutter les bouteilles.

IGLOO [iglu] n. m. (mot esquimau). Habitation en forme de coupole que les Esquimaux construisaient avec des blocs de neige compacte.

IGNAME [iɲam] n. f. (mot esp.). Plante grimpante des régions chaudes, au gros rhizome comestible *(Dioscorea batatas).*

IGNARE [iɲar] adj. et n. (lat. *ignarus).* Ignorant, sans instruction.

IGNÉ, E [igne ou iɲe] adj. (lat. *igneus;* de *ignis,* feu). Qui a les qualités du feu : *matière ignée.*

IGNIFUGATION n. f. Action d'ignifuger, fait d'être ignifugé.

IGNIFUGE adj. et n. m. Propre à rendre ininflammables les objets combustibles.

IGNIFUGER [iɲifyʒe ou iɲifyʒe] v. t. (conj. **1**). Rendre ininflammable : *les décors de théâtre doivent être ignifugés.*

IGNIPUNCTURE [iɲipɔ̃ktyr] n. f. Cautérisation par une aiguille rougie à blanc.

IGNITION n. f. (lat. *ignis,* feu). État des corps en combustion.

IGNITRON n. m. *Électr.* Tube redresseur à gaz, dont la cathode est formée de mercure, et dans lequel l'amorçage est renouvelé, au début de l'une des alternances, grâce à une électrode spéciale. (Les ignitrons sont utilisés pour la soudure, la commande des laminoirs et la traction ferroviaire.)

IGNOBLE [iɲɔbl] adj. (lat. *ignobilis,* non noble). Qui est d'une bassesse écœurante; abject, sordide : *conduite ignoble.*

IGNOBLEMENT adv. De façon ignoble.

IGNOMINIE [iɲɔmini] n. f. (lat. *ignominia).* Litt. État de celui qui a perdu tout honneur pour avoir commis une action infamante; cette action : *la torture est une ignominie.*

IGNOMINIEUSEMENT adv. *Litt.* Avec ignominie.

IGNOMINIEUX, EUSE adj. *Litt.* Qui cause de l'ignominie; infamant.

IGNORANCE n. f. Défaut général de connaissances; manque de savoir. ‖ Défaut de connaissance d'un objet déterminé : *l'ignorance des mathématiques.*

IGNORANT, E adj. et n. Qui manque de connaissances, de savoir. ‖ Qui n'est pas instruit de certaines choses : *ignorant d'une nouvelle.*

IGNORANTIN adj. et n. Nom que l'on donnait par dérision aux frères des Écoles chrétiennes.

IGNORÉ, E adj. Inconnu, méconnu.

IGNORER v. t. (lat. *ignorare).* Ne pas savoir, ne pas connaître : *nul n'est censé ignorer la loi.* ‖ Ne pas connaître par expérience; ne pas pratiquer : *ignorer les difficultés de la vie.* ‖ Manifester à l'égard de qqn une indifférence complète.

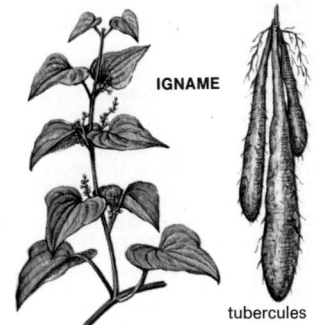

IGNAME

tubercules

IGUANE [igwan] n. m. (esp. *iguana,* mot des Caraïbes). Reptile saurien de l'Amérique tropicale, atteignant 1,50 m de long, portant une crête dorsale d'écailles pointues, herbivore. (Sa chair est estimée.)

IGUANODON [igwanɔdɔ̃] n. m. Reptile dinosaurien de l'époque crétacée, long de 10 m, à démarche bipède.

IGUE [ig] n. f. *Dialect.* Aven.

I. H. S., monogramme grec de *Jésus,* que l'Église latine a interprété : I*esus,* H*ominum* S*alvator* (Jésus, sauveur des hommes).

IKABANA n. m. (mot jap.). Art floral japonais dont les règles essentielles, codifiées depuis le VIIᵉ s., obéissent à une symbolique précise.

IL pron. pers. masc. de la 3ᵉ pers. du sing.

ILANG-ILANG [ilɑ̃ilɑ̃] n. m. Arbre cultivé en Indonésie et à Madagascar pour ses fleurs, utilisées en parfumerie. (Famille des anonacées.) [On écrit aussi YLANG-YLANG.]

ÎLE n. f. (lat. *insula).* Étendue de terre entourée d'eau de tous côtés. ● *Île flottante,* entremets constitué d'une meringue cuite au four servie sur une crème.

ILÉAL, E, AUX adj. Relatif à l'iléon.

ILÉITE n. f. Inflammation de l'iléon.

ILÉO-CÆCAL, E, AUX [ileosekal] adj. Relatif à la fois à l'iléon et au cæcum.

ILÉON n. m. (gr. *eilein,* enrouler). Troisième partie de l'intestin grêle, entre le jéjunum et le gros intestin.

ILÉUS [ileys] n. m. *Méd.* Obstruction de l'intestin. (Syn. OCCLUSION INTESTINALE.)

ILIAQUE adj. (lat. *ilia,* flancs). Relatif aux flancs. ● *Fosse iliaque,* l'une des deux régions latérales et inférieures de la cavité abdominale. ‖ *Os iliaque,* l'un des deux os formant la ceinture pelvienne, résultant de la soudure de l'ilion, de l'ischion et du pubis.

ÎLIEN, ENNE adj. et n. Habitant d'une île (du littoral breton surtout).

ILION n. m. L'un des trois éléments de l'os iliaque formant la saillie de la hanche.

ILLÉGAL, E, AUX adj. (lat. *illegalis;* de *lex, legis,* loi). Contraire à une loi.

ILLÉGALEMENT adv. De façon illégale.

ILLÉGALITÉ n. f. Caractère de ce qui est contraire à la loi; acte illégal : *illégalité d'une convention; commettre une illégalité.*

ILLÉGITIME adj. (lat. *illegitimus).* Qui ne remplit pas les conditions requises par la loi : *union illégitime.* ‖ Né de parents qui ne sont pas unis par le mariage : *enfant illégitime.* ‖ Qui n'est pas fondé, justifié : *prétention illégitime.*

ILLÉGITIMEMENT adv. De façon illégitime.

ILLÉGITIMITÉ n. f. Défaut de légitimité.

ILLETTRÉ, E adj. et n. Qui ne sait ni lire ni écrire. ‖ Sans culture, très ignorant.

ILLICITE adj. (lat. *illicitus).* Défendu par la morale ou par la loi; interdit : *gain illicite.*

ILLICITEMENT adv. De manière illicite.

ILLICO [illiko] adv. (mot lat.). *Fam.* Sur-le-champ, immédiatement : *partir illico.*

ILLIMITÉ, E adj. Sans limites, infini.

ILLIQUIDITÉ n. f. *Écon.* Manque de moyens de paiement.

ILLISIBILITÉ n. f. Caractère de ce qui est illisible.

ILLISIBLE adj. Qu'on ne peut lire, indéchiffrable : *écriture illisible.* ‖ Qu'on ne peut comprendre à la lecture : *roman illisible.*

ILLISIBLEMENT adv. De façon illisible.

ILLITE n. f. Minéral argileux potassique à structure feuilletée.

ILLOCUTIONNAIRE ou **ILLOCUTOIRE** adj. *Ling.* Se dit de tout acte de parole réalisant en même temps l'action indiquée par le mot.

ILLOGIQUE adj. Qui n'est pas logique : *conclusion illogique; esprit illogique.*

ILLOGIQUEMENT adv. De façon illogique.

ILLOGISME n. m. Caractère de ce qui est illogique; chose illogique.

ILLUMINATION n. f. Vif éclairage. ‖ Ensemble des lumières disposées pour décorer les rues ou éclairer les monuments publics. ‖ Lumière soudaine dans l'esprit, trait de génie.

ILLUMINÉ, E n. et adj. Personne qui suit aveuglément ses intuitions ou une doctrine considérée comme révélée, visionnaire. ● *Les illuminés de Bavière,* société secrète allemande du XVIIIᵉ s.

ILLUMINER v. t. (lat. *illuminare).* Éclairer d'une vive lumière. ‖ Orner d'illuminations. ◆ **s'illumi-**

iguane

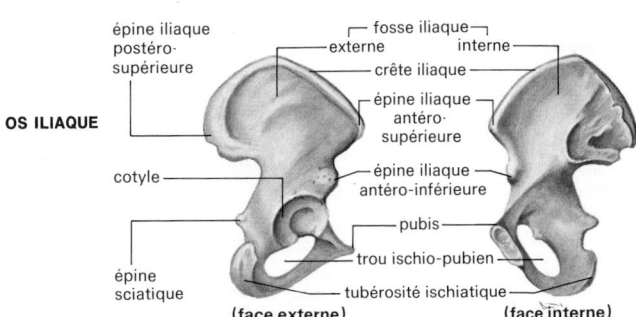

OS ILIAQUE

épine iliaque postéro-supérieure

fosse iliaque
externe — interne

crête iliaque

épine iliaque antéro-supérieure

épine iliaque antéro-inférieure

cotyle

pubis

trou ischio-pubien

épine sciatique

tubérosité ischiatique

(face externe)   (face interne)

ner v. pr. Prendre un certain éclat : *à cette nouvelle, son visage s'illumina.*

ILLUMINISME n. m. Doctrine de certains mouvements religieux marginaux, fondée sur la croyance à une illumination intérieure ou à des révélations inspirées directement par Dieu. ‖ Mouvement de renouveau scientifique, philosophique et littéraire en Italie, au XVIIIe s.

ILLUSION [illyzjɔ̃] n. f. (lat. *illusio;* de *illudere,* se jouer de). Erreur de perception (ou de l'esprit) qui fait prendre l'apparence pour la réalité : *le mirage est une illusion de la vue.* ‖ Croyance fausse, idée erronée : *se nourrir d'illusions.* • *Illusion de Delbœuf,* illusion optico-géométrique qui fait apparaître inégaux deux cercles égaux dont l'un est situé dans un troisième plus grand. ‖ *Illusion de Müller-Lyer,* illusion optico-géométrique qui fait apparaître inégales deux droites égales, dont les extrémités sont complétées par deux petits segments, ayant sur l'une une forme concave, sur l'autre une forme convexe. ‖ *Illusion optico-géométrique,* erreur de la perception visuelle de figures géométriques, se manifestant chez tous les individus par une surestimation ou une sous-estimation systématiques de longueur, de surface, de direction ou d'incurvation (illusion de Delbœuf, d'Oppel-Kundt, du trapèze, de Müller-Lyer), des angles, de la verticale, etc. ‖ *Illusion d'optique,* erreur relative à la forme, aux dimensions, à la couleur des objets. ‖ *Se faire illusion, des illusions,* se tromper.

ILLUSIONNER v. t. Produire de l'illusion, tromper par une idée erronée : *chercher à illusionner qqn.* ◆ **s'illusionner** v. pr. Se faire illusion, s'abuser, se tromper.

ILLUSIONNISME n. m. Art de produire des phénomènes paraissant en contradiction avec les lois naturelles. ‖ *Bx-arts.* Pratique baroquisante d'effets accentués de perspective, de luminisme, de trompe-l'œil.

ILLUSIONNISTE n. Personne qui exécute des expériences d'illusionnisme.

ILLUSOIRE adj. Propre à tromper par une fausse apparence, qui ne se réalise pas : *il est illusoire d'espérer le succès.*

ILLUSOIREMENT adv. D'une façon illusoire.

ILLUSTRATEUR, TRICE n. Artiste qui dessine les illustrations d'ouvrages.

ILLUSTRATION n. f. Action d'illustrer, de rendre clair : *ceci peut servir d'illustration à sa thèse.* ‖ Image figurant dans le texte d'un livre, d'un journal.

ILLUSTRE adj. (lat. *illustris*). Qui est d'un renom éclatant, célèbre : *famille illustre.*

ILLUSTRÉ, E adj. Orné de gravures, d'images, de photographies : *livre illustré.*

ILLUSTRÉ n. m. Journal, revue contenant des récits accompagnés de dessins.

ILLUSTRER v. t. (lat. *illustrare*). Orner un livre d'images, de gravures, de dessins. ‖ Rendre plus clair par des notes, des exemples. ‖ *Litt.* Rendre illustre, célèbre : *auteur qui illustre son pays par ses ouvrages.* ◆ **s'illustrer** v. pr. Se distinguer.

ILLUSTRISSIME adj. Titre donné à certains dignitaires ecclésiastiques.

ILLUVIAL, E, AUX adj. Qui résulte de l'illuviation.

ILLUVIATION n. f. *Pédol.* Processus d'accumulation, dans un horizon du sol, d'éléments dissous dans un autre horizon.

ILLUVIUM [illyvjɔm] n. m. *Pédol.* Horizon d'un sol caractérisé par la précipitation, sous forme de concrétions ou de croûtes, d'éléments provenant des autres horizons.

ILLYRIEN, ENNE adj. et n. De l'Illyrie.

ILMÉNITE n. f. (de *Ilmen,* n. géogr.). Oxyde naturel de fer et de titane, que l'on trouve dans certains schistes cristallins.

ÎLOT n. m. Petite île. ‖ Groupe de maisons délimité par des rues ou d'autres espaces non construits : *îlot insalubre.* ‖ *Mar.* Bloc formé par la superstructure d'un porte-aéronefs. • *Îlots de Langerhans* (Anat.), petits groupes de cellules endocrines disséminés dans le pancréas et sécrétant l'insuline. ‖ *Îlot de résistance,* petit groupe d'hommes isolés dans un ensemble hostile.

ÎLOTAGE n. m. Division d'une ville ou d'un quartier en circonscriptions placées sous le contrôle d'un îlotier.

ILOTE n. m. (gr. *heilôs, heilôtos*). Homme réduit au dernier degré de misère, de servilité ou d'ignorance. ‖ *Hist.* Esclave d'État à Sparte. (En ce sens, on écrit aussi HILOTE.)

ÎLOTIER n. m. Agent de police responsable du maintien de l'ordre dans un îlot de maisons.

ILOTISME n. m. État de servilité et d'ignorance. ‖ *Hist.* Condition d'ilote. (On écrit aussi, dans ce sens, HILOTISME.)

IMAGE n. f. (lat. *imago*). Représentation d'une personne ou d'une chose par la peinture, la sculpture, le dessin, la photographie, le film, etc. ‖ Représentation imprimée d'un sujet quelconque. ‖ Reproduction visuelle d'un objet par un miroir, un instrument d'optique. ‖ Représentation mentale d'un être ou d'une chose. ‖ Ressemblance; ce qui imite, reproduit; aspect : *cet enfant est l'image de son père; il est l'image même du désespoir.* ‖ Métaphore, procédé par lequel on rend les idées plus vives, en prêtant à l'objet une forme plus sensible : *mot qui fait image.* ‖ *Math.* Dans l'application de l'ensemble E dans l'ensemble F, élément de F qui correspond à un élément donné de E. • *Image d'Épinal,* type d'images populaires de style naïf qui étaient diffusées par les colporteurs et dont beaucoup, au XIXe s., étaient imprimées à Épinal; récit héroïque ou élogieux, de caractère simpliste. ‖ *Image de marque,* représentation favorable que se donne, vis-à-vis du public, une firme, une institution, une personnalité. ‖ *Image mentale,* représentation psychique d'un objet absent.

IMAGÉ, E adj. Orné d'images, de métaphores : *style imagé.*

IMAGERIE n. f. Ensemble d'images représentant des faits, des personnages, etc. ‖ Art, fabrication, commerce des images populaires (XIVe-XIXe s.).

IMAGIER n. m. Marchand qui vend des estampes, des images. ‖ Au Moyen Âge, peintre ou sculpteur.

IMAGINABLE adj. Qui peut être imaginé.

IMAGINAIRE adj. (lat. *imaginarius*). Qui n'existe que dans l'esprit, sans réalité, fictif : *une crainte imaginaire.* ‖ *Math.* Se dit de la partie d'un nombre complexe qui est le produit d'un nombre réel par *i.* • *Malade imaginaire,* personne qui se croit malade sans l'être.

IMAGINAIRE n. m. Domaine de l'imagination. ‖ *Psychanal.* Selon J. Lacan, ce qui reflète le désir dans l'image que le sujet a de lui-même, par opposition au symbolique.

IMAGINAL, E, AUX adj. Qui se rapporte à l'adulte (imago) chez les insectes.

IMAGINATIF, IVE adj. et n. Qui imagine aisément, capable d'invention.

IMAGINATION n. f. Faculté de se représenter par l'esprit des objets, d'évoquer des images : *avoir l'imagination vive.* ‖ Faculté d'inventer, de créer, de concevoir : *artiste qui a beaucoup d'imagination.* ‖ Opinion sans fondement, idée absurde : *c'est une pure imagination.*

IMAGINER v. t. (lat. *imaginari*). Se représenter qqch dans l'esprit : *imaginer un colosse de six pieds.* ‖ Inventer qqch de nouveau : *Torricelli imagina le baromètre.* ◆ **s'imaginer** v. pr. Se représenter qqch, concevoir. ‖ Se figurer, croire sans fondement : *il s'imagine être un savant.*

IMAGO [imago] n. m. (mot lat., *image*). Insecte adulte, arrivé à son complet développement et apte à se reproduire.

IMAGO [imago] n. f. *Psychanal.* Représentation inconsciente qui régit les rapports du sujet à son entourage.

IMÂM [imam] ou **IMAN** [imã] n. m. (mot ar.). Chef religieux musulman. ‖ Titre de certains souverains musulmans.

IMÂMAT ou **IMANAT** n. m. Dignité d'imâm.

I.M.A.O., sigle de INHIBITEUR DE LA MONO-AMINE-OXYDASE, groupe de médicaments psychotropes employés contre les dépressions.

IMBATTABLE adj. Qui ne peut être battu : *coureur imbattable.*

IMBÉCILE adj. et n. (lat. *imbecillus,* faible). Dépourvu d'intelligence, stupide, sot. ‖ *Méd.* Atteint d'imbécillité.

IMBÉCILEMENT adv. Avec imbécillité.

IMBÉCILLITÉ n. f. Sottise, bêtise : *faire des imbécillités.* ‖ *Méd.* Arriération mentale sévère définie par un quotient intellectuel compris entre 20 et 50, et un âge mental se situant entre 2 et 7 ans à l'âge adulte.

IMBERBE adj. (lat. *imberbis*). Qui est sans barbe.

IMBIBER v. t. (lat. *imbibere*). Mouiller, pénétrer profondément d'un liquide : *imbiber d'eau une éponge.*

IMBIBITION n. f. Action d'imbiber, de s'imbiber.

IMBRICATION n. f. État de choses imbriquées. ‖ Liaison étroite, intime.

IMBRIQUÉ, E adj. (lat. *imbricatus*). Se dit de choses qui se recouvrent en partie, à la façon des tuiles sur un toit; entremêlé, enchevêtré.

IMBRIQUER v. t. Disposer des choses de façon à les faire chevaucher. ◆ **s'imbriquer** v. pr. Être lié de manière étroite.

IMBROGLIO [ɛ̃brɔljo] n. m. (mot it.). Situation confuse, embrouillement : *démêler un imbroglio.* ‖ Pièce de théâtre dont l'intrigue est très compliquée.

IMBRÛLÉ, E adj. et n. Se dit d'un corps combustible qui, dans une combustion, s'est incomplètement combiné à l'oxygène de l'air.

IMBU, E adj. (part. pass. de l'anc. fr. *imboire*). Rempli, pénétré profondément : *imbu de préjugés.*

IMBUVABLE adj. Qui n'est pas buvable : *l'eau de mer est imbuvable.* ‖ *Fam.* Insupportable : *un homme imbuvable.*

IMIPRAMINE n. f. Médicament antidépresseur (thymoanaleptique) tricyclique.

IMITABLE adj. Qui peut être imité.

IMITATEUR, TRICE adj. et n. Qui imite.

IMITATIF, IVE adj. De la nature de l'imitation : *harmonie imitative.*

IMITATION n. f. Action d'imiter; chose ou objet produits en imitant : *avoir la manie de l'imitation.* ‖ Matière ouvrée qui imite une matière plus riche : *bijoux en imitation.* ‖ *Mus.* Terme désignant une écriture fondée sur la répétition d'un court motif traité dans le style contrapuntique. • *À l'imitation de,* sur le modèle de.

IMITER v. t. (lat. *imitari*). Faire ou s'efforcer de faire exactement ce que fait une personne, un animal : *imiter ses camarades.* ‖ Reproduire exactement, copier, prendre pour modèle : *imiter une signature; imiter un romancier.* ‖ Produire le même effet : *le cuivre doré imite l'or.*

IMMACULÉ, E adj. (lat. *immaculatus*). Sans une tache : *blancheur immaculée.* • *Immaculée Conception de la Vierge Marie,* privilège selon lequel la Vierge Marie a été préservée du péché originel, dogme défini par Pie IX le 8 décembre 1854 (bulle *Ineffabilis*).

IMMANENCE n. f. État de ce qui est immanent.

IMMANENT, E adj. (lat. *immanens*). *Philos.* Se dit de ce qui est interne à un être ou à l'expérience. ‖ *Justice immanente,* justice qui résulte du cours naturel des choses et qui se manifeste une fois ou l'autre.

IMMANENTISME n. m. Doctrine métaphysique selon laquelle la présence du divin est ressentie par l'homme, mais ne peut faire l'objet d'aucune connaissance claire.

IMMANGEABLE [ɛ̃mãʒabl] adj. Qui n'est pas bon à manger.

IMMANQUABLE [ɛ̃mãkabl] adj. Qui ne peut manquer d'arriver, d'atteindre son but.

IMMANQUABLEMENT adv. Infailliblement.

IMMATÉRIALITÉ n. f. Qualité, état de ce qui est immatériel : *l'immatérialité des fantômes.*

IMMATÉRIEL, ELLE adj. Qui n'a pas de consistance matérielle.

IMMATRICULATION n. f. Action d'immatriculer, fait d'être immatriculé : *immatriculation d'un soldat, d'une automobile.*

IMMATRICULER v. t. (lat. *immatriculare;* bas lat. *matricula,* registre). Inscrire sur la matricule, sur un registre public.

IMMATURATION n. f. *Psychol.* Trouble du processus de maturation, s'exprimant par un désordre intellectuel, affectif, émotionnel ou psychomoteur.

IMMATURE adj. Qui n'est pas mûr. ∥ Qui n'a pas encore atteint la maturité intellectuelle.

IMMATURITÉ n. f. État de ce ou de celui qui est immature.

IMMÉDIAT, E adj. (bas lat. *immediatus;* de *medius,* au milieu). Qui précède ou qui suit sans qu'il y ait d'intermédiaire, direct, instantané : *successeur immédiat;* soulagement immédiat. ● *Analyse immédiate* (Chim.), séparation des constituants d'un mélange.

IMMÉDIAT n. m. *Dans l'immédiat,* pour le moment.

IMMÉDIATEMENT adv. À l'instant même.

IMMÉDIATETÉ n. f. *Philos.* Caractère de ce qui est immédiat.

IMMELMANN [imɛlman] n. m. (du n. de son inventeur, l'as de la chasse allemande Max *Immelmann* [1890-1916]). Figure d'acrobatie aérienne consistant en un demi-looping vertical suivi d'un demi-tonneau.

IMMÉMORIAL, E, AUX adj. Qui remonte à la plus haute antiquité, très éloigné dans le passé : *usage immémorial.*

IMMENSE adj. (lat. *immensus*). Qui est presque sans borne, sans mesure; considérable : *la mer immense; fortune immense; un espoir immense.*

IMMENSÉMENT adv. De façon immense.

IMMENSITÉ n. f. Très vaste étendue : *l'immensité des mers.* ∥ Très grande quantité.

IMMERGER v. t. (lat. *immergere*) [conj. 1]. Plonger entièrement dans un liquide, particulièrement dans la mer : *immerger un sous-marin.*

IMMÉRITÉ, E adj. Que l'on n'a pas mérité.

IMMERSION n. f. (lat. *immersio*). Action de plonger un corps dans un liquide : *l'immersion d'un câble.* ∥ *Astron.* Début de l'occultation d'un astre.

IMMETTABLE [ɛmɛtabl] adj. Se dit d'un vêtement qu'on ne peut ou n'ose plus porter.

IMMEUBLE n. m. (lat. *immobilis,* immobile). Bâtiment d'une certaine importance et, *spécialem.,* bâtiment divisé, à la construction, en appartements pour particuliers ou aménagé à usage de bureaux : *vendre un immeuble.*

IMMEUBLE n. m. et adj. *Dr.* Bien qui ne peut être déplacé *(immeuble par nature)* ou que la loi considère comme tel *(immeuble par destination).*

IMMIGRANT, E adj. et n. Qui vient de l'étranger dans un pays pour y habiter.

IMMIGRATION n. f. Action d'immigrer.

IMMIGRÉ, E adj. et n. Qui a immigré.

IMMIGRER v. i. (lat. *immigrare*). Venir dans un pays pour s'y fixer d'une manière temporaire ou définitive.

IMMINENCE n. f. Caractère de ce qui est imminent : *l'imminence du danger.*

IMMINENT, E adj. (lat. *imminens*). Qui est près de se produire, qui est pour un avenir très proche : *ruine imminente; départ imminent.*

IMMISCER (S') [simise] v. pr. (lat. *immiscere*) [conj. 1]. Intervenir de manière indiscrète : *s'immiscer dans les affaires d'autrui.*

IMMIXTION [imiksjɔ̃] n. f. (bas lat. *immixtio*). Action de s'ingérer dans les affaires d'autrui.

IMMOBILE adj. (lat. *immobilis*). Qui ne se meut pas, qui demeure fixe.

IMMOBILIER, ÈRE adj. Qui est composé, qui s'occupe de biens immeubles. ● *Saisie immobilière,* qui a pour objet un immeuble.

IMMOBILIER n. m. Activité économique concernant la vente ou la location des logements.

IMMOBILISATION n. f. Action d'immobiliser, d'être immobilisé : *l'immobilisation d'un navire à cause d'avaries.* ∥ *Dr.* Élément non circulant de l'actif d'une entreprise (bâtiments, terrains, machines et matériel, brevets, fonds de commerce, etc.).

IMMOBILISER v. t. Rendre immobile, empêcher d'agir, arrêter tous les mouvements : *immobiliser des troupes; immobiliser la jambe d'un malade.* ∥ Investir des disponibilités.

IMMOBILISME n. m. Opposition systématique à tout progrès, à toute innovation.

IMMOBILISTE adj. et n. Qui fait preuve d'immobilisme.

IMMOBILITÉ n. f. État d'une personne, d'une chose qui ne bouge pas, qui n'avance pas.

IMMODÉRÉ, E adj. Qui dépasse la mesure : *un prix immodéré; des prétentions immodérées.*

IMMODÉRÉMENT adv. De façon immodérée.

IMMODESTE adj. *Litt.* Qui manque de modestie, de pudeur.

IMMODESTIE n. f. *Litt.* Manque de pudeur.

IMMOLATEUR n. m. Celui qui immole.

IMMOLATION n. f. Action d'immoler.

IMMOLER v. t. (lat. *immolare*). Offrir en sacrifice un animal ou un être humain. ∥ *Litt.* Faire périr, massacrer : *la guerre immole d'innombrables victimes.* ∥ *Litt.* Sacrifier qqn ou qqch en considération de : *il est immolé aux intérêts de sa famille.*

IMMONDE adj. (lat. *immundus;* de *mundus,* net). D'une saleté qui soulève le dégoût : *un taudis immonde.* ∥ D'une bassesse ignoble, dégoûtant : *des propos immondes.*

IMMONDICES n. f. pl. (lat. *immunditiae*). Ordures ménagères; déchets de toute nature.

IMMORAL, E, AUX adj. Qui se conduit contrairement aux règles de la morale; qui est contraire aux bonnes mœurs.

IMMORALEMENT adv. De façon immorale.

IMMORALISME n. m. Tendance à élaborer des principes de vie contraires aux valeurs morales ambiantes.

IMMORALISTE n. et adj. Qui fait preuve d'immoralisme.

IMMORALITÉ n. f. Caractère de ce qui est immoral; acte immoral.

IMMORTALISER v. t. Rendre à jamais illustre dans la mémoire des hommes.

IMMORTALITÉ n. f. (lat. *immortalitas;* de *mors, mortis,* mort). Qualité, état de celui ou de ce qui est immortel : *l'immortalité de l'âme.* ∥ Durée éternelle dans le souvenir des hommes.

IMMORTEL, ELLE adj. (lat. *immortalis*). Qui n'est point sujet à la mort : *les dieux immortels.* ∥ Qu'on suppose devoir durer toujours. ∥ Dont le souvenir reste dans la mémoire des hommes : *gloire immortelle.*

IMMORTEL n. m. *Fam.* Académicien.

IMMORTELLE n. f. Nom donné à plusieurs plantes dont les fleurs persistent longtemps (*statices,* à fleurs bleues; *hélichrysums,* à fleurs jaunes). ∥ Fleur de ces plantes.

IMMOTIVÉ, E adj. Sans motif, injustifié : *accusation immotivée.*

IMMUABILITÉ n. f. → IMMUTABILITÉ.

IMMUABLE adj. Qui n'est pas sujet à changer, constant : *un horaire immuable.*

IMMUABLEMENT adv. De façon immuable.

IMMUN, E adj. et n. Se dit d'un sujet immunisé ou d'une substance conférant l'immunité.

IMMUNISANT, E adj. Qui immunise.

IMMUNISATION n. f. Action d'immuniser.

IMMUNISER v. t. (lat. *immunis,* exempt). Rendre réfractaire à une maladie. ∥ Mettre à l'abri d'un mal, d'une passion, d'une influence nocive.

IMMUNITAIRE adj. Relatif à l'immunité d'un organisme.

IMMUNITÉ n. f. (lat. *immunitas;* de *munus, muneris,* charge). *Biol.* Résistance naturelle ou acquise d'un organisme vivant à un agent infectieux (microbes) ou toxique (venins, toxines de champignons). ∥ *Dr.* Exemption d'impôts, de devoirs, de charges, etc. ● *Immunité de juridiction* (Dr.), privilège des agents diplomatiques étrangers, en vertu duquel ceux-ci ne peuvent être déférés aux juridictions de l'État dans lequel ils sont en poste. ∥ *Immunité parlementaire,* privilège selon lequel les parlementaires ne peuvent être poursuivis sans l'autorisation de l'Assemblée.

IMMUNOCOMPÉTENT, E adj. Se dit d'un leucocyte, d'une cellule doués de propriétés immunitaires.

IMMUNODÉPRESSEUR n. m. Substance ou agent physique qui diminue les réactions immunitaires (corticoïdes, radiations ionisantes).

IMMUNODÉPRESSIF, IVE adj. Relatif aux immunodépresseurs.

IMMUNOGÈNE adj. Qui produit l'immunité.

IMMUNOGLOBULINE n. f. Globuline plasmatique douée de propriétés immunitaires dues aux anticorps dont elle est le support matériel.

IMMUNOLOGIE n. f. Partie de la biologie et de la médecine qui étudie les phénomènes d'immunité.

IMMUNOSUPPRESSEUR n. m. Syn. de IMMUNODÉPRESSEUR.

IMMUNOTHÉRAPIE n. f. Traitement consistant à provoquer ou à augmenter l'immunité de l'organisme.

IMMUNOTRANSFUSION n. f. Transfusion, à un sujet atteint d'une maladie infectieuse, du sang d'un sujet immunisé contre cette maladie.

IMMUTABILITÉ ou **IMMUABILITÉ** n. f. (lat. *immutabilitas;* de *mutare,* changer). Qualité de ce qui est immuable. ∥ *Dr.* Caractère des conventions juridiques qui ne peuvent être modifiées par la volonté des contractants.

IMPACT [ɛ̃pakt] n. m. (lat. *impactus;* de *impingere,* heurter). Collision de deux ou plusieurs corps. ∥ Influence décisive de qqn ou de qqch sur le déroulement de l'histoire, des événements. ∥ Effet d'une action : *impact d'une campagne publicitaire.* ● *Angle d'impact,* syn. d'ANGLE DE CHUTE. (V. TIR.) ∥ *Étude d'impact* (Écon.), étude accompagnant les grands travaux et portant sur les conséquences de ceux-ci sur l'environnement. ∥ *Impact d'un test psychologique,* son objectif, ce qu'il est censé révéler. ∥ *Point d'impact,* point où la trajectoire d'un projectile rencontre le terrain ou l'objectif.

IMPACTION n. f. *Méd.* Rupture d'un os avec enfoncement d'un côté et saillie de l'autre.

IMPAIR, E adj. (lat. *impar*). Se dit d'un nombre entier qui n'est pas divisible par deux. ∥ Qui est exprimé par un nombre impair. (Les nombres impairs sont ceux qui se terminent par 1, 3, 5, 7 et 9.) ● *Fonction impaire* (Math.), fonction qui change de signe en même temps que la variable. ∥ *Organes impairs* (Anat.), organes qui n'ont pas de symétrique (estomac, foie, etc.).

IMPAIR n. m. Maladresse choquante, gaffe, bourde : *commettre un impair.*

IMPALPABLE adj. (de *palper*). Si fin, si ténu qu'on ne le sent pas au toucher.

IMPALUDATION n. f. Contamination par le paludisme.

IMPALUDÉ, E adj. Atteint par le paludisme.

IMPANATION n. f. *Théol.* Syn. de CONSUBSTANTIATION.

IMPARABLE adj. Impossible à parer, à arrêter.

IMPARDONNABLE adj. Qui ne mérite pas de pardon : *erreur impardonnable.*

IMPARFAIT, E adj. Qui a des défauts : *ouvrage imparfait.*

IMPARFAIT n. m. *Ling.* Temps passé du verbe, qui indique la répétition, l'habitude, ou qui marque une action qui n'était pas achevée quand une autre a eu lieu.

IMPARFAITEMENT adv. De façon imparfaite.

IMPARIDIGITÉ adj. et n. m. Se dit de tout mammifère à sabots ayant un nombre impair de doigts à chaque patte (cheval, rhinocéros, etc.).

IMPARIPENNÉ, E adj. *Bot.* Se dit des feuilles pennées terminées par une foliole impaire.

IMPARISYLLABIQUE adj. et n. m. *Ling.* Se dit des mots latins qui ont au génitif singulier une syllabe de plus qu'au nominatif.

IMPARITÉ n. f. Caractère de ce qui est impair.

IMPARTAGEABLE adj. Qui ne peut être partagé.

IMPARTIAL, E, AUX adj. Qui ne sacrifie point la justice, la vérité à des considérations particulières, équitable, objectif : *historien, jugement impartial.*

IMPARTIALEMENT adv. Sans partialité.

IMPARTIALITÉ n. f. Caractère, qualité de celui ou de ce qui est impartial.

IMPARTIR v. t. (lat. *impartiri,* accorder). Dr. et litt. Attribuer, accorder : *impartir un délai.*

IMPASSE n. f. (*in* priv., et *passer*). Rue, ruelle sans issue. ‖ Situation sans issue favorable : *les pourparlers de paix sont dans une impasse.* ‖ *Jeux.* Tentative pour faire une levée avec une carte inférieure à celle que possède l'adversaire, en tablant sur la position de cette carte. ● *Faire une impasse* (Fam.), à un examen, négliger une des matières au programme en espérant être interrogé sur une autre. ‖ *Impasse budgétaire,* fraction des dépenses de l'État que l'on espère couvrir par des ressources de trésorerie.

IMPASSIBILITÉ n. f. Caractère ou état de celui qui est impassible.

IMPASSIBLE adj. (bas lat. *impassibilis;* de *pati,* souffrir). Qui ne manifeste aucun trouble, aucune émotion, aucun sentiment : *rester impassible en présence d'un danger.*

IMPASSIBLEMENT adv. Avec impassibilité.

IMPATIEMMENT [ɛ̃pasjamɑ̃] adv. Avec impatience.

IMPATIENCE [ɛ̃pasjɑ̃s] n. f. Manque de patience; incapacité à supporter qqn, qqch, à se contraindre ou à attendre : *témoigner de l'impatience.*

IMPATIENT, E adj. (lat. *impatiens;* de *pati,* endurer). Qui manque de patience; qui désire avec un empressement inquiet : *être impatient de partir.*

IMPATIENTE ou **IMPATIENS** n. f. *Bot.* Autre nom de la *balsamine.*

IMPATIENTER v. t. Faire perdre patience : *vous nous impatientez avec vos niaiseries.* ◆ **s'impatienter** v. pr. Perdre patience.

IMPATRONISATION n. f. *Litt.* Action de s'impatroniser.

IMPATRONISER (S') v. pr. *Litt.* S'établir avec autorité quelque part, s'y poser en maître.

IMPAVIDE adj. (lat. *impavidus*). *Litt.* Sans peur, intrépide, inébranlable.

IMPAYABLE adj. *Fam.* Comique ou bizarre : *aventure impayable.*

IMPAYÉ, E adj. Qui n'a pas été payé.

IMPAYÉ n. m. Dette, traite, effet non payé.

IMPEACHMENT [impitʃmɛnt] n. m. Procédé de mise en accusation, devant le Sénat, du président ou d'un haut fonctionnaire des États-Unis.

IMPECCABLE [ɛ̃pɛkabl] adj. (lat. *peccare,* pécher). Sans défaut, irréprochable, parfait : *parler un français impeccable.* ‖ *Théol.* Incapable de pécher.

IMPECCABLEMENT adv. De façon irréprochable, sans défaut.

IMPÉCUNIEUX, EUSE adj. (lat. *pecunia,* argent). *Litt.* Qui manque d'argent.

IMPÉCUNIOSITÉ n. f. *Litt.* Manque d'argent.

IMPÉDANCE [ɛ̃pedɑ̃s] n. f. (mot angl.). *Phys.* Rapport de l'amplitude complexe d'une grandeur sinusoïdale (tension électrique, pression acoustique) à l'amplitude complexe de la grandeur sinusoïdale (courant électrique, flux de vitesse). [Le module se mesure en ohms.]

IMPEDIMENTA [ɛ̃pedimɛ̃ta] n. m. pl. (mot lat., *bagages*). Autref., bagages et charrois qui retardaient la marche des armées. ‖ *Litt.* Ce qui entrave l'activité, le mouvement.

IMPÉNÉTRABILITÉ n. f. Caractère de ce qui ne peut être compris. ‖ Propriété en vertu de laquelle deux corps ne peuvent occuper en même temps le même lieu dans l'espace.

IMPÉNÉTRABLE adj. (lat. *penetrare,* pénétrer). Qui ne peut être traversé : *cuirasse impénétrable.* ‖ Qu'on ne peut comprendre, saisir : *mystère impénétrable.*

IMPÉNITENCE n. f. Refus de se repentir.

IMPÉNITENT, E adj. (lat. *impaenitens;* de

paenitere, se repentir). Qui persiste dans une habitude : *un buveur impénitent.* ‖ Qui refuse de se repentir.

IMPENSABLE adj. Qu'il est impossible d'imaginer, extraordinaire.

IMPENSES [ɛ̃pɑ̃s] n. f. pl. (lat. *impensa*). *Dr.* Dépenses faites sur un immeuble par une personne qui en a la jouissance sans en être propriétaire.

IMPER n. m. *Fam.* Abrév. de IMPERMÉABLE.

IMPÉRATIF, IVE adj. (lat. *imperativus;* de *imperare,* commander). Qui a le caractère du commandement; qui exprime un ordre absolu, impérieux : *ton impératif; consigne impérative.* ‖ Qui s'impose comme une nécessité absolue : *des besoins impératifs.*

IMPÉRATIF n. m. Nécessité absolue : *être soumis à des impératifs économiques.* ‖ *Ling.* Mode du verbe qui exprime l'action avec commandement, exhortation, etc. ● *Impératif catégorique,* selon Kant, commandement moral inconditionné qui est à lui-même sa propre fin (par oppos. à IMPÉRATIF HYPOTHÉTIQUE, commandement conditionné d'une action morale possible en vue d'une fin).

IMPÉRATIVEMENT adv. De façon impérative.

IMPÉRATRICE n. f. Femme d'un empereur. ‖ Souveraine d'un empire.

IMPERCEPTIBILITÉ n. f. Caractère de ce qui est imperceptible.

IMPERCEPTIBLE adj. (lat. *imperceptibilis;* de *percipere,* percevoir). Qui échappe à nos sens; qui est trop petit pour être vu. ‖ Qui échappe à notre attention : *progrès imperceptible.*

IMPERCEPTIBLEMENT adv. De façon imperceptible.

IMPERDABLE adj. Qui ne peut être perdu.

IMPERFECTIBLE adj. Qui n'est pas perfectible.

IMPERFECTIF adj. et n. m. *Ling.* Syn. de NON-ACCOMPLI.

IMPERFECTION n. f. (bas lat. *imperfectio*). Caractère, détail imparfait de qqn, de qqch : *les imperfections d'un ouvrage.*

IMPERFORATION n. f. *Méd.* État d'une partie naturelle qui devrait être ouverte et qui est fermée : *imperforation de l'anus.*

IMPÉRIAL, E, AUX adj. (lat. *imperium,* empire). Qui appartient à un empereur ou à un empire : *dignité impériale.* ‖ Se dit de qqn qui montre beaucoup d'autorité et de présence. ● *Couronne impériale* (Bot.), nom usuel de la fritillaire.

IMPÉRIALE n. f. Étage supérieur d'une diligence, d'un tramway, d'un autobus, d'une voiture à voyageurs. ‖ Petite touffe de barbe sous la lèvre inférieure.

IMPÉRIALEMENT adv. De façon impériale.

IMPÉRIALISME n. m. Politique d'expansion d'un État dans le domaine continental, colonial, maritime ou économique, tendant à mettre d'autres États sous sa dépendance; selon les marxistes, stade suprême du capitalisme, caractérisé par la domination des monopoles, le développement des sociétés multinationales et la multiplication des formes de la guerre. ‖ Tendance à dominer moralement son entourage.

IMPÉRIALISTE adj. et n. Qui relève de l'impérialisme.

IMPÉRIAUX n. m. pl. *Hist.* Nom donné aux soldats de l'Empire germanique depuis le XVe s. jusqu'au début du XIXe s.

IMPÉRIEUSEMENT adv. De façon impérieuse.

IMPÉRIEUX, EUSE adj. (lat. *imperiosus;* de *imperium,* empire). Autoritaire; qui commande avec énergie, sans qu'il soit possible de répliquer : *un ton impérieux.* ‖ Irrésistible, pressant : *nécessité impérieuse.*

IMPÉRISSABLE adj. Qui ne saurait périr; qui dure très longtemps : *gloire impérissable.*

IMPÉRITIE [ɛ̃perisi] n. f. (lat. *imperitia;* de *peritus,* expérimenté). *Litt.* Manque de capacité dans la fonction qu'on exerce.

IMPERIUM [ɛ̃perjɔm] n. m. *Antiq. rom.* Terme

qui caractérisait le pouvoir, dans le domaine politique, judiciaire et militaire, de celui qui gouvernait l'État (consul, préteur, dictateur et, plus tard, empereur). [Il s'opposait à la *potestas,* qui désignait le pouvoir administratif.]

IMPERMÉABILISANT adj. et n. m. Se dit d'un produit qui, en durcissant, forme une pellicule imperméable sur la surface d'un corps.

IMPERMÉABILISATION n. f. Opération qui imperméabilise un tissu.

IMPERMÉABILISER v. t. Rendre imperméable à l'eau, à la pluie : *imperméabiliser un tissu.*

IMPERMÉABILITÉ n. f. Qualité de ce qui est imperméable.

IMPERMÉABLE adj. Se dit des corps qui ne se laissent pas traverser par les liquides : *l'argile est imperméable.* ‖ Qui ne se laisse pas toucher par un conseil, une suggestion : *imperméable à certaines influences.*

IMPERMÉABLE n. m. Manteau apprêté de manière à être imperméable.

IMPERSONNALITÉ n. f. Caractère de ce qui est impersonnel.

IMPERSONNEL, ELLE adj. Qui n'appartient à personne en propre : *la loi est impersonnelle.* ‖ Peu original, banal : *style impersonnel.* ‖ *Ling.* Se dit d'un verbe qui n'a que la 3e pers. du sing., représentant un sujet neutre indéterminé (*il faut, il pleut, il neige, il tonne,* etc.) ou d'une construction où le sujet, placé après le verbe, est remplacé devant le verbe par un pronom neutre de la 3e pers. (*il est arrivé un événement extraordinaire*). ● *Modes impersonnels,* l'infinitif et le participe, ainsi nommés parce qu'ils n'expriment pas la personne grammaticale.

IMPERSONNELLEMENT adv. De façon impersonnelle.

IMPERTINEMMENT [ɛ̃pɛrtinamɑ̃] adv. Avec impertinence; insolemment.

IMPERTINENCE n. f. Manière arrogante de parler, d'agir : *rien n'égale son impertinence.* ‖ Parole, action déplacée ou offensante : *dire des impertinences.*

IMPERTINENT, E adj. et n. (lat. *pertinens,* qui convient). Qui parle, agit d'une manière blessante, par irrespect ou familiarité; effronté, déplacé, désinvolte.

IMPERTURBABILITÉ n. f. État de celui ou de ce qui est imperturbable.

IMPERTURBABLE adj. (lat. *perturbare,* troubler). Que rien ne peut émouvoir.

IMPERTURBABLEMENT adv. De façon imperturbable.

IMPESANTEUR n. f. Syn. de APESANTEUR.

IMPÉTIGINEUX, EUSE adj. *Méd.* Qui ressemble à l'impétigo ou qui en a les caractères.

IMPÉTIGO [ɛ̃petigo] n. m. (mot lat.; de *impetere,* attaquer). Affection contagieuse de la peau, due au streptocoque ou au staphylocoque, caractérisée par l'éruption de pustules qui, en se desséchant, forment des croûtes épaisses. (Syn. GOURME.)

IMPÉTRANT, E n. (lat. *impetrare,* obtenir). *Dr.* Personne qui obtient un titre, un diplôme, une charge, etc.

IMPÉTRATION n. f. *Dr.* Action par laquelle on obtient une grâce, un bénéfice.

IMPÉTUEUSEMENT adv. Avec impétuosité.

IMPÉTUEUX, EUSE adj. (lat. *impetuosus;* de *impetus,* impulsion). Qui se manifeste avec violence et rapidité : *rythme, torrent impétueux.* ‖ Se dit de qqn qui a de la fougue dans son attitude; bouillant, ardent.

IMPÉTUOSITÉ n. f. *Litt.* Caractère de ce qui est impétueux; violence, furie.

IMPIE [ɛ̃pi] adj. et n. (lat. *impius*). *Litt.* Qui méprise la religion, athée, incroyant.

IMPIÉTÉ n. f. *Litt.* Mépris pour les choses religieuses; parole, action impie.

IMPITOYABLE adj. Qui est sans pitié : *juge impitoyable.* ‖ Qui ne fait grâce de rien : *critique impitoyable.*

IMPITOYABLEMENT adv. Sans pitié.

IMPLACABILITÉ n. f. Caractère d'une personne, d'une chose implacable.

IMPLACABLE adj. (lat. *placare*, apaiser). Dont on ne peut apaiser la violence, la dureté, l'inhumanité : *haine implacable.*

IMPLACABLEMENT adv. De façon implacable.

IMPLANT n. m. *Méd.* Pastille chargée de médicament, que l'on place dans le tissu cellulaire sous-cutané, où elle se résorbe lentement. ● *Implant dentaire*, plaque ou grille introduite au contact de l'os maxillaire pour soutenir une prothèse dentaire.

IMPLANTATION n. f. Action d'implanter ou de s'implanter. ‖ Disposition des postes de travail à l'intérieur d'un local préexistant ou en cours d'aménagement à usage soit de bureaux, soit d'ateliers. ‖ Manière dont les cheveux sont plantés. ‖ *Méd.* Intervention consistant à placer un implant sous la peau.

IMPLANTER v. t. (lat. *implantare*, placer). Introduire, fixer dans. ‖ Installer dans une région une industrie, un organisme, de la main-d'œuvre. ‖ Matérialiser par un piquetage le gabarit en plan d'un ouvrage à édifier. ◆ **s'implanter** v. pr. Se fixer, s'installer.

IMPLANTOLOGIE n. f. Partie de l'odontostomatologie qui se rapporte aux implants dentaires.

IMPLEXE adj. (lat. *implexus*, compliqué). Se dit des ouvrages littéraires où les circonstances sont nombreuses et compliquées (vx).

IMPLICATION n. f. Ce qui est impliqué, contenu dans qqch; conséquence : *les implications politiques d'un traité de commerce.* ‖ *Dr.* État d'une personne impliquée dans une affaire criminelle. ‖ *Log.* et *Math.* Liaison de deux propositions par *si... alors*, du type « s'il est vrai que A = B et B = C, alors A = C ». (La première proposition est appelée *antécédent*, la seconde *conséquent*.) [Syn. IMPLICATION MATÉRIELLE.]

IMPLICITE adj. (lat. *implicitus*). Qui est contenu dans une proposition sans être exprimé en termes précis, formels; qui est la conséquence nécessaire : *clause, condition, volonté implicite.*

IMPLICITEMENT adv. De façon implicite.

IMPLIQUER v. t. (lat. *implicare*, envelopper). Compromettre, engager dans une affaire fâcheuse, mettre en cause : *être impliqué dans une escroquerie.* ‖ Avoir pour conséquence logique ou inéluctable : *ces propos impliquent un refus de votre part.* ‖ *Log.* Entraîner une implication. ◆ **s'impliquer** v. pr. *Fam.* Se donner à fond : *s'impliquer dans qqch.*

IMPLORANT, E adj. *Litt.* Qui implore : *voix implorante.*

IMPLORATION n. f. Action d'implorer.

IMPLORER v. t. Demander avec insistance, en faisant appel à la pitié : *implorer le pardon.*

IMPLOSER v. i. Faire implosion.

IMPLOSION n. f. Irruption brutale d'un fluide dans une enceinte qui se trouve à une pression beaucoup plus faible que la pression du milieu extérieur, et qui, de ce fait, est détruite.

IMPLUVIUM [ɛ̃plyvjɔm] n. m. (mot lat.). Dans l'atrium des maisons romaines, bassin situé sous l'ouverture du toit *(compluvium)* et où étaient recueillies les eaux de pluie.

IMPOLARISABLE adj. Se dit d'une pile électrique qui ne peut être polarisée.

IMPOLI, E adj. et n. Qui manque de politesse.

IMPOLIMENT adv. Avec impolitesse.

IMPOLITESSE n. f. Manque de politesse; action, parole impolie.

IMPOLITIQUE adj. Qui manque d'habileté politique, d'opportunité.

IMPONDÉRABILITÉ n. f. Qualité de ce qui ne peut être pesé.

IMPONDÉRABLE adj. et n. Se dit de toute chose qui n'a pas de poids décelable.

IMPONDÉRABLE n. m. Circonstance difficile à évaluer, à prévoir, parce que due au hasard : *les impondérables de la politique.*

IMPOPULAIRE adj. Qui n'est pas conforme aux désirs de la population; qui n'est pas aimé du grand nombre : *loi impopulaire.*

IMPOPULARITÉ n. f. Caractère de ce qui est impopulaire : *l'impopularité d'un impôt.*

IMPORT n. m. En Belgique, montant : *une facture d'un import de deux mille francs.*

IMPORTABLE adj. (de *importer*). Qu'il est permis ou possible d'importer.

IMPORTABLE adj. (de *porter*). Se dit d'un vêtement qu'on ne peut ou n'ose pas porter.

IMPORTANCE n. f. Caractère d'une chose considérable, soit par elle-même, soit par les suites qu'elle peut avoir; intérêt, conséquence, portée : *affaire de haute importance.* ‖ Autorité, crédit, influence : *sa place lui donne beaucoup d'importance.* ● *D'importance*, important, considérable : *une affaire d'importance.*

IMPORTANT, E adj. Qui est considérable en valeur, en nombre, en conséquence : *avis important.* ‖ Qui jouit d'une certaine autorité, qui joue un grand rôle sur le plan social, intellectuel. ◆ adj. et n. *Péjor.* Qui veut paraître plus considérable qu'il n'est.

IMPORTANT n. m. Le point essentiel : *l'important est de...*

IMPORTATEUR, TRICE adj. et n. Qui fait le commerce d'importation.

IMPORTATION n. f. Action d'importer. ◆ pl. Marchandises importées.

IMPORTER v. t. (lat. *importare*, porter dans). Introduire dans un pays des marchandises provenant de pays étrangers. ‖ Introduire dans un pays des manières d'être étrangères.

IMPORTER v. i. et t. ind. [à] (it. *importare*, être d'importance) [ne s'emploie qu'à l'inf. et aux 3es pers.]. Avoir de l'importance, présenter de l'intérêt : *que vous importe son opinion?; il importe surtout d'être en bonne santé.* ● *N'importe où, quand, comment*, en un lieu, un temps, une manière indéfinis. ‖ *N'importe qui, quoi, lequel*, personne ou chose indéfinie. ‖ *Peu importe, qu'importe?*, marquent l'indifférence.

IMPORT-EXPORT n. m. Commerce de produits importés et exportés.

IMPORTUN, E [ɛ̃pɔʀtœ̃, yn] adj. et n. (lat. *importunus*, difficile à aborder). *Litt.* Qui ennuie par ses assiduités, ses demandes, etc., en intervenant mal à propos; fâcheux. ‖ Qui gêne, qui incommode par son action répétée ou hors de propos : *une question importune.*

IMPORTUNÉMENT adv. De façon importune.

IMPORTUNER v. t. Causer du désagrément, de l'ennui, incommoder, ennuyer : *importuner qqn de sollicitations.*

IMPORTUNITÉ n. f. *Litt.* Caractère de ce qui est importun.

IMPOSABLE adj. Soumis à l'impôt : *revenu imposable.*

IMPOSANT, E adj. Qui impressionne par la grandeur, le nombre, la force.

IMPOSÉ, E adj. et n. Soumis à l'impôt. ‖ Se dit de figures obligatoires dans un concours de patinage artistique, de gymnastique, etc. ● *Prix, tarif imposé*, prix que le commerçant doit respecter strictement.

IMPOSER v. t. (lat. *imponere*, placer sur). Charger, frapper d'un impôt, prélever une taxe : *imposer les contribuables.* ‖ Mettre un impôt sur : *imposer les boissons.* ‖ Obliger à accepter, à faire, à subir; ordonner qqch de pénible : *imposer sa volonté, de dures conditions.* ● *Imposer les mains* (Liturg.), mettre les mains sur qqn pour le bénir. ‖ *Imposer une page* (Impr.), en faire l'imposition. ‖ *Imposer le respect*, inspirer un sentiment de respect. ‖ *Imposer silence*, faire taire. ◆ v. t. ind. *En imposer à*, inspirer le respect, la soumission, la crainte : *il en impose à ses subordonnés.* ‖ *S'en laisser imposer*, se laisser tromper par les apparences. ◆ **s'imposer** v. pr. Se faire accepter par une sorte de contrainte, par le respect qu'on inspire ou par sa valeur : *s'imposer dans une société.* ‖ Avoir un caractère de nécessité, devenir une obligation : *des sacrifices s'imposent.*

IMPOSEUR n. m. et adj. *Impr.* Ouvrier typographe chargé de l'imposition.

IMPOSITION n. f. Syn. de IMPÔT. ‖ Détermination technique de l'assiette d'un impôt (vx). ‖ *Impr.* Mise en place des pages de composition typographique dans les formes, en observant des blancs déterminés et de telle façon que le

cahier obtenu après pliage de la feuille imprimée présente une pagination suivie. ● *Imposition des mains*, action du prêtre, du pasteur, etc., qui impose les mains.

IMPOSSIBILITÉ n. f. Caractère de ce qui est impossible; chose impossible.

IMPOSSIBLE adj. Qui ne peut se produire, être fait : *la guerre lui paraît impossible; un projet impossible.* ‖ *Fam.* Bizarre. Extravagant : *des goûts impossibles.* ‖ *Fam.* Très pénible, très désagréable : *mettre qqn dans une situation impossible.* ‖ *Fam.* Insupportable : *un enfant impossible.* ◆ n. m. Ce qui est presque impossible : *tenter l'impossible.* ● *Par impossible*, dans un cas considéré comme improbable.

IMPOSTE n. f. (it. *imposta*). *Archit.* Pierre en saillie, moulurée, couronnant le piédroit d'une arcade et supportant la retombée de l'arc. ‖ *Menuis.* Partie fixe ou mobile, vitrée ou non, occupant le haut d'une baie au-dessus du ou des battants qui constituent la porte ou la fenêtre proprement dite.

IMPOSTEUR n. m. (bas lat. *impostor*; de *imponere*, tromper). *Litt.* Homme qui trompe par de fausses apparences, par des mensonges.

IMPOSTURE n. f. *Litt.* Action de tromper par de fausses apparences ou de fausses imputations, en particulier en cherchant à se faire passer pour ce qu'on n'est pas.

IMPÔT n. m. (lat. *impositum*, placé sur). Contribution exigée pour assurer le fonctionnement de l'État et des collectivités locales. ● *Impôt direct*, celui qui est perçu directement par l'Administration sur les revenus des personnes physiques, sur les bénéfices industriels et commerciaux. ‖ *Impôt indirect*, celui qui est perçu, notamment, sur les biens de consommation, par exemple les carburants. ‖ *Impôt progressif*, impôt dont le taux croît en même temps que la matière imposable. ‖ *Impôt proportionnel*, impôt dont le taux reste constant. ‖ *Impôt de quotité*, impôt calculé en appliquant un taux préalable à la matière imposable. ‖ *Impôt de répartition*, impôt direct obtenu en répartissant le montant attendu de la contribution entre les contribuables concernés. ‖ *Impôt du sang*, obligation du service militaire (vx).

IMPOTENCE n. f. État d'une personne impotente.

IMPOTENT, E adj. et n. (lat. *impotens*, impuissant). Qui ne marche pas, ne remue les membres qu'avec difficulté.

IMPRATICABILITÉ n. f. Caractère, état de ce qui est impraticable.

IMPRATICABLE adj. Où l'on ne peut pas passer. ‖ Qu'on ne peut mettre à exécution; irréalisable : *projet impraticable.*

IMPRÉCATION n. f. (lat. *imprecatio*; de *precari*, prier). *Litt.* Malédiction proférée contre qqn.

IMPRÉCATOIRE adj. *Litt.* Qui a la forme d'une imprécation.

IMPRÉCIS, E adj. Qui manque de précision; vague, approximatif.

IMPRÉCISION n. f. Manque de précision.

IMPRÉGNATION n. f. Action d'imprégner, d'être imprégné : *imprégnation des bois, des esprits.*

IMPRÉGNER v. t. (bas lat. *impraegnare*, féconder) [conj. 5]. Faire pénétrer un liquide, une odeur dans un corps : *imprégner une étoffe d'un liquide.* ‖ *Être imprégné de*, être pénétré profondément de : *être imprégné de préjugés.*

IMPRENABLE adj. Qui ne peut être pris : *citadelle imprenable.* ● *Vue imprenable*, vue qui ne peut pas être masquée par des constructions nouvelles.

IMPRÉPARATION n. f. Manque de préparation.

IMPRÉSARIO ou **IMPRESARIO** [ɛ̃presarjo] n. m. (mot it.; de *impresa*, entreprise) [pl. *imprésarios* ou *impresarii*]. Celui qui est chargé des intérêts d'un acteur, d'un groupe d'artistes.

IMPRESCRIPTIBILITÉ n. f. Caractère de ce qui est imprescriptible.

IMPRESCRIPTIBLE adj. Qui n'est pas

Camille Pissarro : *Jeune Fille à la baguette*
ou *Paysanne assise*, 1881. (Musée du Louvre, Paris.)

Claude Monet : *le Pont de chemin de fer à Argenteuil*, v. 1873.
(Musée du Louvre, Paris.)

IMPRESSIONNISME

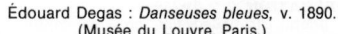

Alfred Sisley : *les Régates à Molesey*, 1874.
(Musée du Louvre, Paris.)

Berthe Morisot :
Eugène Manet et sa fille,
1883. (Coll. priv., Paris.)

Édouard Degas : *Danseuses bleues*, v. 1890.
(Musée du Louvre, Paris.)

Auguste Renoir : *le Moulin de la Galette*, 1876.
(Musée du Jeu de Paume, Paris.)

susceptible de prescription; qui ne peut être caduc, dont on ne peut être privé.

IMPRESSION n. f. (lat. *impressio*, application). Effet produit sur l'esprit de qqn; sensation, sentiment : *impression de froid; ressentir une vive impression.* ‖ Empreinte, marque : *l'impression d'un cachet.* ‖ Édition : *la dernière impression d'un livre.* ‖ Première couche de peinture, de vernis, etc., appliquée sur un subjectile absorbant. ‖ Action d'imprimer; son résultat.
● *Avoir l'impression de* ou *que*, avoir la sensation, le sentiment vrai ou faux de ou que; croire, s'imaginer : *avoir l'impression de tomber, que l'on se trompe.* ‖ *Bonne, mauvaise impression*, sentiment favorable ou défavorable. ‖ *Faire impression sur*, agir vivement sur, provoquer l'admiration, l'étonnement.

IMPRESSIONNABILITÉ n. f. Caractère d'une personne, d'une chose impressionnable.

IMPRESSIONNABLE adj. Facile à toucher, à émouvoir; émotif, sensible. ‖ *Phot.* Qui peut être impressionné.

IMPRESSIONNANT, E adj. Qui impressionne.

IMPRESSIONNER v. t. Produire une vive impression; émouvoir, frapper : *spectacle qui impressionne.* ‖ *Phot.* En parlant d'un rayonnement, laisser une trace sur un support sensible.

IMPRESSIONNISME n. m. École picturale qui se manifesta notamment, de 1874 à 1886, par huit expositions publiques à Paris, et qui a pratiquement marqué la rupture de l'art moderne avec l'académisme officiel. ‖ Tendance générale, en art, à noter les impressions fugitives, la mobilité des phénomènes, plutôt que l'aspect stable et conceptuel des choses.
■ Les peintres impressionnistes, qui se voulaient des *réalistes*, choisirent leurs sujets dans la vie moderne, dans un quotidien librement interprété selon la vision personnelle de chacun d'eux. Travaillant « sur le motif », comme souvent les peintres de Barbizon, comme certains paysagistes anglais, comme Boudin ou Jongkind, ils poussent très loin l'étude du plein air, font de la lumière l'élément essentiel et mouvant de leur peinture, écartant les teintes sombres pour utiliser des couleurs pures que fait papilloter une touche très divisée. Peintres d'une nature changeante, d'une vie heureuse saisie dans la particularité de l'instant, ils sont indifférents à la recherche, chère aux classiques (et dévoyée par les académistes), d'un beau idéal et d'une essence éternelle des choses.
Si Manet joue un rôle important dans la genèse de cette nouvelle peinture, les impressionnistes au sens strict sont Monet (dont la toile *Impression, soleil levant* [musée Marmottan, Paris], exposée en 1874, donne à un critique l'occasion de forger, péjorativement, le nom qui va devenir celui de l'école), ainsi que Pissarro et Sisley, qu'accompagnent d'autres artistes dont les personnalités respectives évolueront de façon nettement distincte : Renoir, Cézanne, Degas, Morisot, Guillaumin, Cassatt, etc. L'impressionnisme est un point de départ pour Seurat et Signac, maîtres du *néo-impressionnisme*, pour Gauguin, Toulouse-Lautrec, Van Gogh, ainsi que pour de nombreux « post-impressionnistes » en France et à l'étranger.

IMPRESSIONNISTE adj. et n. Qui relève de l'impressionnisme.

IMPRÉVISIBILITÉ n. f. Caractère de ce qui est imprévisible.

IMPRÉVISIBLE adj. Qu'on ne peut prévoir : *un événement imprévisible.*

IMPRÉVISION n. f. Manque de prévision.
● *Théorie de l'imprévision* (Dr.), théorie élaborée par les tribunaux administratifs, selon laquelle les clauses financières d'un contrat de longue durée peuvent être révisées en raison d'un bouleversement de la situation économique (d'une guerre notamment).

IMPRÉVOYANCE n. f. Défaut de prévoyance.

IMPRÉVOYANT, E adj. et n. Qui manque de prévoyance.

IMPRÉVU, E adj. et n. m. Qui arrive sans avoir été prévu et déconcerte : *événement imprévu; faire la part de l'imprévu.*

IMPRIMABILITÉ n. f. Ensemble des propriétés d'un support à imprimer.

IMPRIMABLE adj. Qui mérite d'être imprimé; qui peut l'être.

IMPRIMANTE n. f. Organe périphérique d'un ordinateur, généralement constitué d'une machine qui permet de sortir les résultats sur papier.

IMPRIMATUR [ɛ̃primatyr] n. m. inv. (mot lat., *qu'il soit imprimé*). Permission d'édition d'un ouvrage, donnée par l'autorité ecclésiastique ou rectorale.

IMPRIMÉ n. m. Livre, papier imprimé. ‖ Étoffe présentant des dessins obtenus par impression.

IMPRIMER v. t. (lat. *imprimere*). *Arts graph.* Reporter sur un papier, un tissu, etc., des caractères ou des dessins gravés et portés par des formes ou des clichés enduits d'encre : *imprimer un livre.* ‖ Faire paraître, publier : *un journal ne peut pas tout imprimer.* ‖ Communiquer : *imprimer un mouvement de rotation à un volant.* ‖ *Litt.* Faire, laisser une empreinte sur qqch : *imprimer ses pas dans la neige.* ‖ *Litt.* Faire impression dans l'esprit, dans le cœur, inspirer : *imprimer la crainte, le respect.*

IMPRIMERIE n. f. Ensemble des techniques et métiers qui concourent à la fabrication d'ouvra-ges imprimés. ‖ Établissement où l'on imprime.

IMPRIMEUR n. m. Personne qui dirige une imprimerie. ‖ Ouvrier employé dans une imprimerie à l'impression du papier. ‖ Ouvrier travaillant à l'impression des tissus.

IMPROBABILITÉ n. f. Caractère de ce qui est improbable.

IMPROBABLE adj. Qui a peu de chances de se réaliser : *hypothèse improbable.*

IMPROBATEUR, TRICE adj. *Litt.* Qui désapprouve.

IMPROBATION n. f. (lat. *improbatio*, désapprobation). *Litt.* Action de ne pas approuver.

IMPROBITÉ n. f. *Litt.* Défaut de probité.

IMPRODUCTIF, IVE adj. et n. Qui ne produit rien; stérile.

IMPRODUCTIVITÉ n. f. Caractère, état de celui, de ce qui est improductif.

IMPROMPTU, E adj. (lat. *in promptu*, sous la main). Fait sur-le-champ, non préparé, improvisé : *dîner impromptu.* ◆ adv. Sur-le-champ.

IMPROMPTU n. m. *Littér.* Pièce de vers improvisée. ‖ *Mus.* Pièce musicale de caractère, de forme indéterminée.

IMPRONONÇABLE adj. Impossible à prononcer.

IMPRIMERIE
les trois grands procédés d'impression : héliogravure, offset et typographie

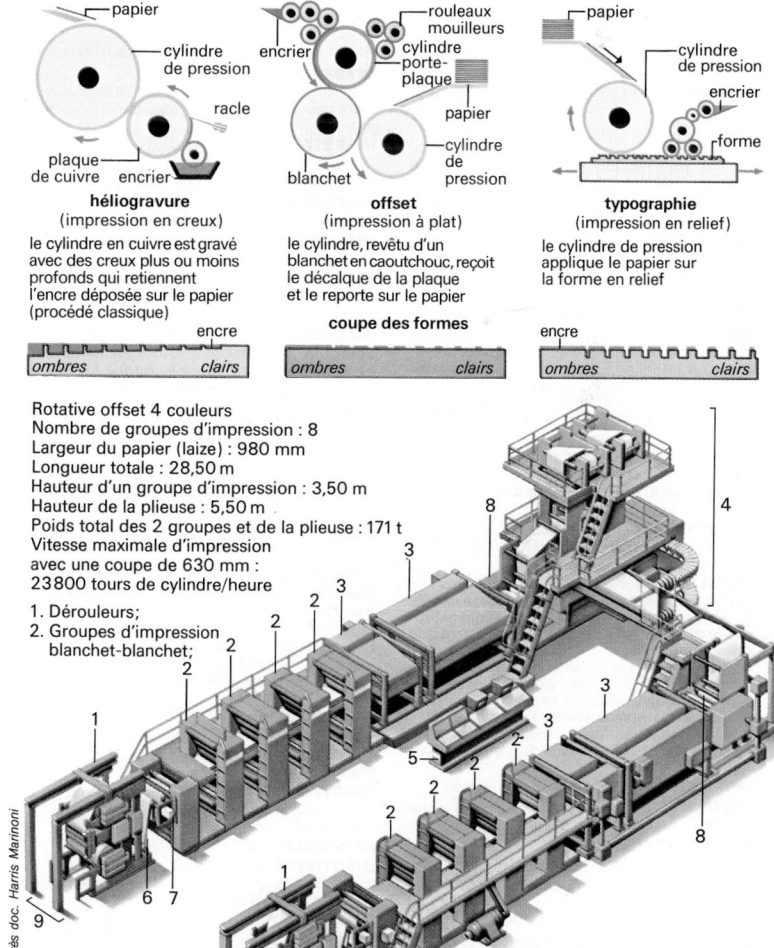

héliogravure
(impression en creux)
le cylindre en cuivre est gravé avec des creux plus ou moins profonds qui retiennent l'encre déposée sur le papier (procédé classique)

offset
(impression à plat)
le cylindre, revêtu d'un blanchet en caoutchouc, reçoit le décalque de la plaque et le reporte sur le papier

typographie
(impression en relief)
le cylindre de pression applique le papier sur la forme en relief

coupe des formes

Rotative offset 4 couleurs
Nombre de groupes d'impression : 8
Largeur du papier (laize) : 980 mm
Longueur totale : 28,50 m
Hauteur d'un groupe d'impression : 3,50 m
Hauteur de la plieuse : 5,50 m
Poids total des 2 groupes et de la plieuse : 171 t
Vitesse maximale d'impression
avec une coupe de 630 mm :
23 800 tours de cylindre/heure

1. Dérouleurs;
2. Groupes d'impression blanchet-blanchet;
3. Sécheurs;
4. Plieuse;
5. Pupitre de commande et de contrôle;
6. Bande de papier;
7. Contrôle de tension de la bande;
8. Refroidissement de la bande;
9. Première ligne d'impression;
10. Deuxième ligne d'impression.

D'après doc. Harris Marinoni

IMPROPRE adj. (lat. *improprius*). Qui ne convient pas, inadéquat : *terme impropre à traduire une idée.*

IMPROPREMENT adv. De façon impropre.

IMPROPRIÉTÉ n. f. Caractère impropre, en parlant du langage; emploi impropre.

IMPROUVABLE adj. Qui ne peut être prouvé.

IMPROVISATEUR, TRICE adj. et n. Qui improvise.

IMPROVISATION n. f. Action, art d'improviser : *être doué pour l'improvisation.* ‖ Ce qu'on improvise : *une brillante improvisation.*

IMPROVISER v. t. et i. (it. *improvvisare*). Composer sur-le-champ, organiser rapidement et sans préparation qqch (texte, discours, morceau musical, décision, etc.).

IMPROVISTE (À L') loc. adv. (it. *improvvisto*). D'une façon inattendue, subitement : *arriver à l'improviste.*

IMPRUDEMMENT adv. Avec imprudence.

IMPRUDENCE n. f. Défaut d'une personne qui ne prévoit pas les conséquences de ses actes; l'acte lui-même. ‖ *Dr.* Faute involontaire, consistant généralement en un manque de précautions, qui peut entraîner la mise en cause de la responsabilité civile et même pénale de son auteur.

IMPRUDENT, E adj. et n. Qui manque de prudence, aventureux.

IMPUBÈRE adj. (lat. *impubes*). Qui n'a pas encore atteint l'âge de la puberté.

IMPUBLIABLE adj. Qu'on ne peut publier.

IMPUDEMMENT [ɛ̃pydamɑ̃] adv. Avec impudence.

IMPUDENCE n. f. Insolence extrême qui indigne; action, parole impudente : *il a eu l'impudence de soutenir cela!*

IMPUDENT, E adj. et n. (lat. *impudens*; de *pudere*, avoir honte). D'une insolence poussée jusqu'au cynisme.

IMPUDEUR n. f. Manque de pudeur, de retenue, indécence.

IMPUDICITÉ n. f. *Litt.* Caractère d'une personne ou d'une chose impudique.

IMPUDIQUE adj. et n. Qui blesse la pudeur; indécent.

IMPUDIQUEMENT adv. De façon impudique.

IMPUISSANCE n. f. Manque de force, de moyens pour faire une chose. ‖ Incapacité (organique ou psychique) pour l'homme à accomplir l'acte sexuel par suite d'inhibition survenant à l'une quelconque de ses phases.

IMPUISSANT, E adj. et n. Qui manque de pouvoir, de la force nécessaire pour faire qqch : *il a été impuissant à me persuader.* ‖ Se dit d'un homme incapable d'accomplir l'acte sexuel.

IMPULSER v. t. Pousser qqch dans un certain sens.

IMPULSIF, IVE adj. et n. (bas lat. *impulsivus*; de *impellere*, pousser à). Qui cède à ses impulsions.

IMPULSION n. f. Acte soudain et irrésistible qui échappe au contrôle du sujet. ‖ Force dont la durée d'application est très courte et qui provoque le mouvement d'un corps; mouvement que cette force provoque. ‖ Grandeur physique dont la valeur n'est appréciable que pendant une courte durée. ‖ Groupe d'oscillations à très haute fréquence, utilisées en électronique, qui se succèdent périodiquement dans le temps. ● *Impulsion d'une force,* produit de l'intensité de cette force par l'intervalle de temps pendant lequel elle agit.

IMPULSIVEMENT adv. De façon impulsive.

IMPULSIVITÉ n. f. Tendance à être la proie d'impulsions.

IMPUNÉMENT adv. Sans être puni : *se moquer impunément de qqn.*

IMPUNI, E adj. (lat. *impunitus*). Qui demeure sans punition.

IMPUNITÉ n. f. Absence de punition.

IMPUR, E adj. Qui n'est pas pur; qui est altéré par quelque mélange : *des eaux impures.* ‖ Contraire à la chasteté : *des désirs impurs.*

IMPURETÉ n. f. Ce qu'il y a d'impur, d'étranger dans une chose : *l'impureté de l'air.* ‖ Acte contraire à la chasteté.

IMPUTABILITÉ n. f. Caractère de ce qui est imputable. ‖ *Dr.* Possibilité de considérer une personne comme l'auteur d'une infraction.

IMPUTABLE adj. Qui peut, qui doit être imputé, attribué : *un abus imputable à une mauvaise administration.* ‖ Qui doit être prélevé : *somme imputable sur une réserve.*

IMPUTATION n. f. Accusation, souvent portée sans preuve. ‖ *Dr.* Prise en compte, pour calculer la part d'un héritier, des libéralités effectuées antérieurement en sa faveur. ‖ *Fin.* Application d'une dépense au chapitre du budget qui doit régulièrement la supporter.

IMPUTER v. t. (lat. *imputare,* porter en compte). Attribuer à qqn, à qqch la responsabilité de : *imputer un vol à qqn.* ‖ Porter au compte de : *imputer une dépense sur un chapitre du budget.*

IMPUTRESCIBILITÉ n. f. Qualité de ce qui est imputrescible.

IMPUTRESCIBLE adj. Qui ne peut se putréfier : *bois imputrescible.*

In, symbole chimique de l'*indium.*

IN- [ɛ̃ devant une consonne, in devant une voyelle ou un h muet], préfixe privatif d'origine latine, qui indique soit suppression ou négation, soit mélange, position inférieure ou supérieure. (Prend la forme *il* devant un radical commençant par un *l; im,* devant un *b,* un *m* ou un *p; ir,* devant un *r*.)

IN [in] adj. inv. (angl., *dedans*). *Fam.* À la mode.

INABORDABLE adj. Que l'on ne peut aborder; inaccessible : *côte inabordable; homme inabordable.* ‖ D'un prix très élevé : *denrée inabordable.*

INABRITÉ, E adj. Qui n'est pas protégé par un abri : *mouillage inabrité.*

INABROGEABLE adj. Qu'on ne peut abroger.

INACCENTUÉ, E adj. *Ling.* Qui n'est pas accentué, atone : *pronom inaccentué.*

INACCEPTABLE adj. Qu'on ne peut, qu'on ne doit pas accepter.

INACCEPTATION n. f. Refus d'accepter.

INACCESSIBILITÉ n. f. Caractère, état de ce qui est inaccessible.

INACCESSIBLE adj. Dont l'accès est impossible : *île inaccessible.* ‖ Qui n'est pas atteint par certains sentiments : *inaccessible à la pitié.* ‖ Qu'on ne peut comprendre, connaître : *poème inaccessible.*

INACCOMPLI, E adj. *Litt.* Non accompli.

INACCOMPLISSEMENT n. m. *Litt.* Défaut d'accomplissement.

INACCORDABLE adj. Qu'on ne peut accorder : *demande inaccordable.* ‖ Qu'on ne peut mettre d'accord : *intérêts inaccordables.*

INACCOUTUMÉ, E adj. Inhabituel, insolite : *honneur inaccoutumé.*

INACHEVÉ, E adj. Qui n'a pas été achevé.

INACHÈVEMENT n. m. État de ce qui n'est pas achevé.

INACTIF, IVE adj. Qui n'a pas d'activité, désœuvré, oisif : *rester inactif.* ‖ Qui n'est pas efficace : *un remède inactif.* ◆ n. Personne n'appartenant pas à la population active d'un pays. (Contr. ACTIF.)

INACTINIQUE adj. *Phys.* Se dit de la lumière qui n'a pas d'action chimique.

INACTION n. f. Absence d'action, de travail, d'activité.

INACTIVATION n. f. *Biol.* Destruction du pouvoir pathogène d'une substance ou d'un micro-organisme.

INACTIVER v. t. Produire l'inactivation.

INACTIVITÉ n. f. Défaut d'activité, état de repos, immobilité. ‖ *Dr.* État d'un fonctionnaire qui n'est plus en activité.

INACTUALITÉ n. f. Caractère inopportun, anachronique.

INACTUEL, ELLE adj. Qui ne convient pas au moment présent.

INADAPTABLE adj. Qui n'est pas susceptible d'être adapté.

INADAPTATION n. f. Défaut d'intégration aux exigences sociales. ‖ *Hydrogr.* Dans une région, absence de relation entre le tracé des cours d'eau et la structure du relief.

INADAPTÉ, E adj. et n. Qui n'est pas adapté. ● *Enfance inadaptée,* ensemble des enfants présentant soit un handicap physique, soit une déficience intellectuelle ou des troubles du caractère qui nécessitent des mesures éducatives spéciales.

INADÉQUAT, E adj. Qui n'est pas adéquat.

INADÉQUATION n. f. Caractère de ce qui n'est pas adéquat.

INADMISSIBILITÉ n. f. État de ce qui ne peut ou ne doit pas être admis.

INADMISSIBLE adj. Qu'on ne saurait admettre, inacceptable : *négligence inadmissible.*

INADVERTANCE n. f. (lat. *advertere,* tourner son attention vers). *Litt.* Résultat de l'inattention, de l'étourderie. ● *Par inadvertance,* par inattention.

INAFFECTIF, IVE adj. et n. *Psychol.* Qui témoigne de l'inaffectivité.

INAFFECTIVITÉ n. f. *Psychol.* Absence apparente de sentiments.

INALIÉNABILITÉ n. f. *Dr.* Caractère d'un bien qui ne peut être transféré à un autre propriétaire : *l'inaliénabilité du domaine public.*

INALIÉNABLE adj. *Dr.* Qu'on ne peut vendre ou hypothéquer.

INALIÉNATION n. f. *Dr.* État de ce qui n'est pas aliéné : *inaliénation d'un droit.*

INALTÉRABILITÉ n. f. Qualité de ce qui est inaltérable, incorruptible.

INALTÉRABLE adj. Qui ne peut être altéré : *l'or est inaltérable à l'air.* ‖ Qui ne peut être amoindri, éternel : *amitié inaltérable.*

INALTÉRÉ, E adj. Qui n'a subi aucune altération.

INAMICAL, E, AUX adj. Contraire à l'amitié, discourtois, hostile.

INAMISSIBLE adj. *Théol.* Qui ne peut se perdre : *grâce inamissible.*

INAMOVIBILITÉ n. f. *Dr.* Garantie accordée à certains titulaires de fonctions publiques, notamment les magistrats, de conserver l'exercice de celles-ci ou de n'en être privé qu'au terme de procédures particulières.

INAMOVIBLE adj. Qui ne peut être destitué ou déplacé par voie administrative : *juge inamovible.*

INANALYSABLE adj. Qu'on ne peut analyser.

INANIMÉ, E adj. Sans vie ou qui paraît tel : *corps inanimé; tomber inanimé.* ‖ *Ling.* Se dit des noms désignant des choses.

INANITÉ n. f. (lat. *inanitas;* de *inanis,* vide). État de ce qui est vain, inutile, vanité : *l'inanité de certains efforts.*

INANITION n. f. Privation totale ou partielle d'aliments : *mourir d'inanition.*

INAPAISABLE adj. Qui ne peut être apaisé.

INAPAISÉ, E adj. *Litt.* Qui n'a pas été ou qui ne s'est pas apaisé.

INAPERÇU, E adj. *Passer inaperçu,* ne pas se faire remarquer.

INAPPÉTENCE n. f. Défaut d'appétit; dégoût pour les aliments. ‖ Manque d'entrain, désinvestissement.

INAPPLICABLE adj. Qui ne peut être appliqué : *loi inapplicable.*

INAPPLICATION n. f. Absence de mise en pratique. ‖ Défaut d'application au travail, d'attention.

INAPPLIQUÉ, E adj. Qui manque d'application, de soin, d'attention.

INAPPRÉCIABLE adj. Dont on ne saurait estimer la valeur; inestimable, précieux.

INAPPRÉCIÉ, E adj. Qui n'est pas apprécié.

INAPPRIVOISABLE adj. Qu'on ne peut apprivoiser, sauvage.

INAPPRIVOISÉ, E adj. Qui n'est pas apprivoisé.

INAPTE adj. et n. Qui manque d'aptitude, de capacité, incapable : *inapte aux affaires.*

INAPTITUDE n. f. Défaut d'aptitude, incapacité.

INARRANGEABLE adj. Qu'on ne peut arranger.

INARTICULÉ, E adj. Émis sans netteté : *pousser des cris inarticulés.*

INASSIMILABLE adj. Qu'on ne peut assimiler.

INASSOUVI, E adj. *Litt.* Qui n'est pas assouvi, insatisfait : *faim, vengeance inassouvie.*

INASSOUVISSEMENT n. m. *Litt.* État de ce qui n'est pas ou ne peut pas être assouvi.

INATTAQUABLE adj. Qu'on ne peut pas attaquer, contester.

INATTENDU, E adj. Qu'on n'attendait pas; qui surprend, imprévu : *une visite inattendue.*

INATTENTIF, IVE adj. Qui ne prête pas attention, étourdi.

INATTENTION n. f. Manque d'attention, distraction, étourderie.

INAUDIBLE adj. Qui ne peut être perçu par l'ouïe : *vibrations inaudibles.*

INAUGURAL, E, AUX adj. Qui concerne l'inauguration : *séance inaugurale d'un congrès.*

INAUGURATION n. f. Cérémonie par laquelle on procède officiellement à la mise en service d'un bâtiment, à l'ouverture d'une exposition, etc. ‖ Commencement, début.

INAUGURER v. t. (lat. *inaugurare*, prendre les augures en commençant un acte). Faire l'inauguration d'un monument, d'un établissement, d'une exposition, etc. ‖ Marquer le début de qqch : *événement qui inaugura une ère de troubles.* ‖ Entreprendre pour la première fois.

INAUTHENTICITÉ n. f. Manque d'authenticité.

INAUTHENTIQUE adj. Qui n'est pas authentique.

INAVOUABLE adj. Qui ne peut être avoué.

INAVOUÉ, E adj. Qui n'est pas avoué, secret.

IN-BORD [inbɔrd] n. m. inv. *Mar.* Moteur placé à l'intérieur de la coque, dans le cas d'une embarcation de très faible tonnage.

INCA adj. inv. Relatif aux Incas, à l'Empire inca.

INCALCULABLE adj. Qu'on ne peut calculer : *le nombre des étoiles est incalculable.* ‖ Difficile ou impossible à apprécier, à prévoir : *des pertes, des difficultés incalculables.*

INCANDESCENCE n. f. État d'un corps qu'une température élevée rend lumineux.

INCANDESCENT, E [ɛ̃kɑ̃desɑ̃, ɑ̃t] adj. (lat. *incandescens*, qui est en feu). Qui est en incandescence : *un charbon incandescent.*

INCANTATION n. f. (lat. *incantare*, prononcer des formules magiques). Formule magique, chantée ou récitée, pour obtenir un effet surnaturel.

INCANTATOIRE adj. Relatif à l'incantation.

INCAPABLE adj. et n. Qui n'est pas capable de faire une chose, qui n'en a pas l'aptitude : *il est incapable de marcher; incapable de lâcheté.* ‖ (Sans compl.) Qui manque de capacité, d'aptitude, d'habileté : *un homme incapable.* ‖ *Dr.* Qui est frappé d'incapacité. ● *Incapable majeur* (Dr.), personne dont la capacité juridique est réduite ou supprimée du fait de l'altération de ses facultés. (Il peut être sous sauvegarde de justice, en tutelle ou en curatelle.)

INCAPACITANT, E adj. et n. m. *Mil.* Se dit d'un produit chimique non mortel qui provoque chez l'homme une incapacité immédiate et temporaire en paralysant certains organes ou en annihilant la volonté de combattre.

INCAPACITÉ n. f. Défaut de capacité, inaptitude, incompétence. ‖ *Dr.* Inaptitude légale à jouir d'un droit ou à l'exercer sans assistance ou sans autorisation. ● *Incapacité de travail,* état d'une personne qu'un accident ou une maladie empêche de travailler.

INCARCÉRATION n. f. Action d'incarcérer; emprisonnement : *l'incarcération d'un criminel.*

INCARCÉRER v. t. (lat. *carcer,* prison) [conj. **5**]. Mettre en prison, écrouer, emprisonner.

INCARNADIN, E adj. *Litt.* D'une couleur plus faible que l'incarnat ordinaire.

INCARNAT, E [ɛ̃karna, at] adj. et n. m. (it. *incarnato;* de *carne,* chair). Qui est d'un rouge clair et vif.

INCARNATION n. f. Manifestation extérieure et visible : *il est l'incarnation de tout ce que je déteste.* ‖ Acte par lequel un être spirituel s'incarne dans le corps d'un être animé. ‖ *Théol.* Mystère de Dieu fait homme en Jésus-Christ. (Dans ce sens, prend une majuscule.)

INCARNÉ, E adj. *Théol.* Qui s'est fait homme : *le Verbe incarné.* ‖ *Ongle incarné,* ongle qui s'enfonce dans la chair, surtout au pied, et y détermine une plaie.

INCARNER v. t. (bas lat. *incarnare;* de *caro, carnis,* chair). Donner une forme matérielle et visible à : *magistrat qui incarne la justice.* ‖ Interpréter le rôle d'un personnage à la scène ou sur l'écran. ● *C'est le diable incarné,* c'est une personne très méchante. ‖ *C'est le vice incarné,* il est extrêmement vicieux. ◆ **s'incarner** v. pr. Prendre un corps de chair, en parlant d'une divinité. ‖ Prendre le caractère, l'esprit d'une personne.

INCARTADE n. f. (it. *inquartata,* sorte de coup d'épée). Léger écart de conduite, extravagance : *faire mille incartades.*

INCASSABLE adj. Qui ne peut se casser.

INCENDIAIRE n. Auteur volontaire d'un incendie. ◆ adj. Destiné à provoquer un incendie : *projectile incendiaire.* ‖ Propre à enflammer les esprits, séditieux : *propos incendiaires.*

INCENDIE [ɛ̃sɑ̃di] n. m. (lat. *incendium*). Grand feu qui se propage et fait des ravages.

INCENDIÉ, E adj. Détruit par un incendie : *ville incendiée.* ◆ adj. et n. Dont la propriété a été en proie à un incendie.

INCENDIER v. t. Brûler, détruire par le feu : *incendier une forêt.* ● *Incendier qqn* (Fam.), l'accabler de reproches, d'injures.

INCERTAIN, E adj. Qui n'est pas certain, indéterminé, douteux, vague : *fait incertain; à une époque incertaine; une couleur incertaine.* ‖ Variable : *temps incertain.*

INCERTAIN n. m. *Bours.* En matière de changes, cours d'une monnaie étrangère exprimé en unités de la monnaie nationale.

INCERTITUDE n. f. État d'une chose ou d'une personne incertaine; point sur lequel il y a des doutes : *être dans l'incertitude; l'incertitude d'une nouvelle, du temps.* ● *Principe d'incertitude,* principe énoncé par Heisenberg, selon lequel, en microphysique, il est impossible d'attribuer simultanément à une particule, à un instant donné, une position et une quantité de mouvement infiniment précises. ◆ pl. Hésitations.

INCESSAMMENT adv. Sans délai, au plus tôt.

INCESSANT, E adj. Qui ne cesse pas; qui dure constamment, continuel, ininterrompu.

INCESSIBILITÉ n. f. *Dr.* Qualité des biens incorporels incessibles.

INCESSIBLE adj. *Dr.* Qui ne peut être ni cédé ni mis en gage.

INCESTE [ɛ̃sɛst] n. m. (lat. *incestus;* de *castus,* chaste). Relations sexuelles entre un homme et une femme liés par un degré de parenté, prohibées par les lois d'une société donnée.

INCESTE adj. et n. Qui s'est rendu coupable d'inceste (vx).

INCESTUEUX, EUSE adj. et n. Coupable d'inceste. ‖ Entaché d'inceste : *union incestueuse.* ‖ Issu d'un inceste : *un enfant incestueux.*

INCHANGÉ, E adj. Qui n'a subi aucun changement : *situation inchangée.*

INCHAUFFABLE adj. Qu'on ne peut chauffer.

INCHAVIRABLE adj. Qu'on ne peut chavirer.

INCHOATIF, IVE [ɛ̃kɔatif, iv] adj. et n. m. *Ling.* Se dit d'un verbe qui exprime un commencement d'action, comme *vieillir, verdir,* etc.

INCIDEMMENT [ɛ̃sidamɑ̃] adv. De façon incidente, accidentellement : *parler incidemment d'un projet.*

INCIDENCE n. f. Direction suivant laquelle un corps en rencontre, en frappe un autre. ‖ Répercussion que peut avoir un fait précis sur le déroulement d'une action. ● *Angle d'incidence,* ou *incidence,* angle que fait la direction d'un corps en mouvement ou d'un rayon lumineux avec la normale à une surface au point de rencontre. (L'angle d'incidence *i* est égal à

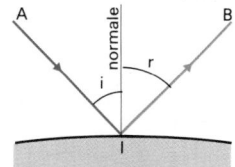

i : angle d'incidence
AI : rayon incident
IB : rayon réfléchi
r : angle de réflexion

l'angle de réflexion *r,* formé par le rayon réfléchi IB avec cette même normale.) ‖ *Incidence fiscale,* conséquence économique de l'impôt. ‖ *Point d'incidence,* point de rencontre d'un corps en mouvement ou d'un rayon incident avec une surface.

INCIDENT, E adj. (lat. *incidere,* tomber sur). Se dit d'un corps, d'un rayonnement qui se dirige vers un autre corps avec lequel il interagit. ‖ Qui se produit par hasard; accessoire, occasionnel : *remarque incidente.*

INCIDENT n. m. Événement, le plus souvent fâcheux, qui survient au cours d'un fait principal, d'une affaire, d'une entreprise, etc., et les trouble. ‖ Difficulté peu importante, mais dont les conséquences peuvent être graves : *incident diplomatique.* ‖ *Dr.* Question soulevée au cours d'un procès déjà ouvert.

INCIDENTE n. f. *Ling.* Partie non essentielle d'une idée ou d'une proposition.

INCINÉRATEUR n. m. Appareil servant à incinérer.

INCINÉRATION n. f. Action de réduire ou d'être réduit en cendres : *l'incinération du bois.* ● *Incinération des cadavres,* syn. de CRÉMATION.

INCINÉRER v. t. (lat. *incinerare;* de *cinis, cineris,* cendre) [conj. **5**]. Mettre, réduire en cendres : *incinérer des ordures.*

INCIPIT [ɛ̃sipit] n. m. inv. (mot lat., *il commence*). Premiers mots d'un ouvrage.

INCISE n. f. *Ling.* Petite phrase formant un sens à part, et intercalée au milieu d'une autre. (Ex. : *L'homme,* DIT-ON, *est raisonnable.*)

INCISER v. t. (lat. *incisus,* coupé). Faire une incision, entailler, fendre : *inciser l'écorce d'un arbre.*

INCISIF, IVE adj. Qui va droit au but, pénétrant, mordant : *style incisif; critique incisive.*

INCISION n. f. Coupure allongée, fente; entaille faite par un instrument tranchant : *faire une incision avec un bistouri.* ‖ *Agric.* Opération consistant à enlever un fragment d'écorce à une branche à fleur ou à fruit.

INCISIVE n. f. Dent paire, souvent tranchante, placée à l'avant des mâchoires des mammifères, et qui constitue les *défenses* à la mâchoire supérieure des éléphants.

V. ill. page suivante

INCISURE n. f. Découpure irrégulière.

INCITATEUR, TRICE adj. et n. Qui incite.

INCITATION n. f. Action d'inciter : *incitation au meurtre.*

INCITER v. t. (lat. *incitare*). Pousser à; engager vivement à : *inciter à la révolte.*

INCIVIL, E adj. *Litt.* Qui manque de civilité, de politesse, impoli.

INCIVIQUE adj. Qui manque de civisme, qui

n'est pas digne d'un citoyen (vx). ◆ adj. et n. En Belgique, collaborateur de l'ennemi pendant les deux guerres mondiales.

INCIVISME n. m. Absence de civisme (vx).

INCLASSABLE adj. Qu'on ne peut pas classer.

INCLÉMENCE n. f. *Litt.* Rigueur de la température : *l'inclémence de l'hiver.*

INCLÉMENT, E adj. *Litt.* Se dit d'une température, d'un climat rigoureux.

INCLINAISON n. f. État de ce qui est incliné; obliquité de deux lignes, de deux surfaces ou de deux corps l'un par rapport à l'autre. ‖ *Arm.* Angle que fait la trajectoire d'un projectile en un de ses points avec le plan horizontal. (V. TIR.) ‖ *Astron.* Angle formé par le plan de l'orbite d'une planète avec le plan de l'écliptique; angle

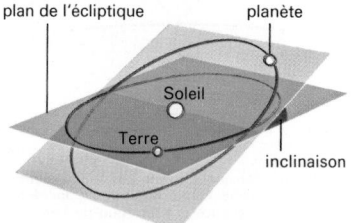

INCLINAISON DE L'ORBITE D'UNE PLANÈTE

formé par le plan de l'orbite d'un satellite artificiel avec un plan de référence (en général le plan de l'équateur de l'astre autour duquel il gravite). ● *Inclinaison magnétique,* angle que forme avec le plan horizontal une aiguille aimantée suspendue librement par son centre de gravité.

INCLINATION n. f. Action de pencher la tête ou le corps en signe d'acquiescement ou de respect : *saluer en faisant une légère inclination.* ‖ Disposition, tendance naturelle à qqch, goût : *inclination au bien; mariage d'inclination.*

INCLINER v. t. (lat. *inclinare,* pencher). Baisser, pencher légèrement : *le vent incline la cime des arbres.* ◆ v. i. Avoir du penchant pour, être poussé vers : *incliner à la clémence.* ◆ **s'incliner** v. pr. Se pencher; se courber par respect, par crainte : *s'incliner profondément devant qqn.* ‖ Renoncer à la lutte en s'avouant vaincu : *s'incliner devant un argument.*

INCLINOMÈTRE n. m. Syn. de CLINOMÈTRE.

INCLURE v. t. (lat. *inclusus,* enfermé) [conj. 62]. Renfermer, introduire qqch dans une autre chose, l'y insérer : *inclure une note dans une lettre.*

INCLUS, E adj. Enfermé, contenu dans. ● *Dent incluse,* dent qui reste enfouie dans le maxillaire ou dans les tissus environnants.

INCLUSIF, IVE adj. Qui contient qqch en soi.

INCLUSION n. f. Action d'inclure; introduction; état d'une chose incluse. ‖ Insecte, fleur, objet quelconque conservés dans un bloc de matière plastique transparente. ‖ État d'une dent incluse. ‖ Particule, métallique ou non, venant perturber les caractéristiques physiques, mécaniques ou chimiques d'un métal, d'un alliage ou d'un milieu cristallin. ‖ *Math.* Propriété d'un ensemble A dont tous les éléments font partie d'un autre ensemble B. (Ce que l'on exprime par la notation A ⊂ B, qui se lit A *est inclus dans* B.)

INCLUSIVEMENT adv. Y compris : *jusqu'à telle date inclusivement.*

INCOAGULABLE adj. Qui ne se coagule pas.

INCOERCIBILITÉ n. f. *Litt.* Caractère de ce qui est incoercible.

INCOERCIBLE [ɛ̃kɔɛrsibl] adj. *Litt.* Qu'on ne peut réprimer, contenir : *rire incoercible.*

INCOGNITO [ɛ̃kɔɲito] adv. (mot it.; lat. *incognitus,* inconnu). Sans être connu, sous un nom supposé : *voyager incognito.*

INCOGNITO n. m. Situation d'une personne qui garde secrète son identité.

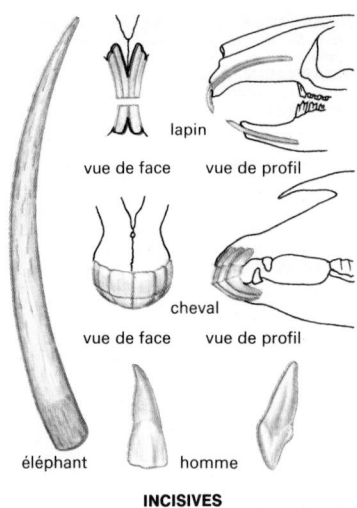

lapin

vue de face   vue de profil

cheval

vue de face   vue de profil

éléphant   homme

INCISIVES

INCOHÉRENCE n. f. Caractère de ce qui est incohérent; parole, idée, action incohérente. ‖ *Phys.* Caractéristique d'un ensemble de vibrations qui ne présentent pas de différence de phase constante entre elles.

INCOHÉRENT, E adj. Qui manque de liaison : *assemblage incohérent.* ‖ Qui manque de suite, de logique, décousu : *paroles incohérentes.* ‖ *Phys.* Qui possède la propriété d'incohérence.

INCOLLABLE adj. Se dit d'un produit alimentaire traité pour ne pas coller pendant la cuisson : *un riz incollable.* ‖ *Fam.* Se dit de qqn qui peut répondre à toutes sortes de questions.

INCOLORE adj. Qui n'est pas coloré : *l'eau est incolore.* ‖ Sans éclat : *style incolore.*

INCOMBER [ɛ̃kɔ̃be] v. t. ind. [à] (lat. *incumbere,* peser sur). Reposer sur, revenir obligatoirement à : *cette tâche lui incombe.*

INCOMBUSTIBILITÉ n. f. Qualité de ce qui est incombustible.

INCOMBUSTIBLE adj. Qui ne peut être brûlé : *l'amiante est incombustible.*

INCOME-TAX [inkɔmtaks] n. m. (mot angl.). Dans les pays anglo-saxons, impôt sur le revenu.

INCOMMENSURABILITÉ n. f. Caractère de ce qui est incommensurable.

INCOMMENSURABLE [ɛ̃kɔmmɑ̃syrabl] adj. D'une étendue sans bornes, considérable : *espace incommensurable.* ‖ *Math.* Se dit de deux grandeurs dont le rapport n'est ni entier ni rationnel. (Le périmètre du cercle est incommensurable avec son diamètre.)

INCOMMENSURABLEMENT adv. De façon incommensurable.

INCOMMODANT, E adj. Qui gêne, incommode : *une odeur incommodante.*

INCOMMODE adj. Qui cause de la gêne; qu'on ne peut utiliser avec facilité : *position incommode; outil, vêtement incommode.* ● *Établissements incommodes, insalubres et dangereux* (Dr.), établissements industriels dont l'exploitation et le voisinage présentent des inconvénients, et qui se trouvent, par voie de conséquence, soumis à une réglementation administrative particulière.

INCOMMODER v. t. Causer de la gêne, un malaise physique : *être incommodé par le bruit, par le tabac.*

INCOMMODITÉ n. f. État de gêne, de malaise.

INCOMMUNICABILITÉ n. f. Impossibilité de communiquer.

INCOMMUNICABLE adj. Qu'on ne peut communiquer; dont on ne peut faire part.

INCOMMUTABILITÉ n. f. *Dr.* Qualité de ce qui est incommutable.

INCOMMUTABLE adj. *Dr.* Qui ne peut être ou dont on ne peut être dépossédé; qui ne peut changer ou être modifié.

INCOMPARABLE adj. À qui ou à quoi rien ne peut être comparé.

INCOMPARABLEMENT adv. Sans comparaison possible.

INCOMPATIBILITÉ n. f. Impossibilité de s'accorder : *incompatibilité d'humeur.* ‖ *Dr.* Impossibilité légale d'exercer simultanément certaines fonctions. ● *Incompatibilité des équations,* cas où les équations ne peuvent être vérifiées par un même système de valeurs des inconnues. ‖ *Incompatibilité médicamenteuse,* impossibilité de mélanger ou d'administrer simultanément deux ou plusieurs médicaments sous peine de modification de leur action ou d'augmentation de leur toxicité.

INCOMPATIBLE adj. Qui n'est pas compatible; qui ne peut s'accorder avec, inconciliable. ‖ *Dr.* Se dit de fonctions qui ne peuvent être réunies aux mains d'une même personne. ● *Équations incompatibles,* équations qui présentent le caractère d'incompatibilité. ‖ *Événements incompatibles,* événements n'ayant aucune éventualité commune et dont la réalisation simultanée est impossible.

INCOMPÉTENCE n. f. Manque de connaissances suffisantes, incapacité. ‖ *Dr.* Défaut de compétence.

INCOMPÉTENT, E adj. Qui n'a pas les connaissances voulues pour décider ou parler de qqch. ‖ *Dr.* Qui n'a pas qualité pour apprécier : *tribunal incompétent.*

INCOMPLET, ÈTE adj. Qui n'est pas complet; qui manque de qqch, partiel.

INCOMPLÈTEMENT adv. De façon incomplète.

INCOMPLÉTUDE n. f. *Log.* Propriété d'une théorie déductive où il existe une formule qui n'est ni démontrable ni réfutable.

INCOMPRÉHENSIBILITÉ n. f. État de ce qui est incompréhensible.

INCOMPRÉHENSIBLE adj. Qu'on ne peut comprendre, inintelligible : *raisonnement incompréhensible; texte incompréhensible.* ‖ Dont on ne peut expliquer la conduite, les paroles, déconcertant : *caractère incompréhensible.*

INCOMPRÉHENSIF, IVE adj. Qui ne comprend pas les autres.

INCOMPRÉHENSION n. f. Incapacité de comprendre.

INCOMPRESSIBILITÉ n. f. Qualité de ce qui est incompressible.

INCOMPRESSIBLE adj. Dont le volume ne peut être réduit par augmentation de la pression : *l'eau est à peu près incompressible.* ‖ Qui ne peut être réduit : *dépenses incompressibles.*

INCOMPRIS, E adj. et n. Qui n'est pas compris, apprécié à sa valeur.

INCONCEVABLE adj. Qu'on ne peut concevoir, comprendre, inimaginable, extraordinaire.

INCONCEVABLEMENT adv. De façon inconcevable.

INCONCILIABLE adj. Que l'on ne peut concilier (se dit des choses qui s'excluent mutuellement).

INCONDITIONNALITÉ n. f. Caractère de ce qui est inconditionnel.

INCONDITIONNÉ, E adj. Qui n'est pas soumis à une condition; absolu.

INCONDITIONNEL, ELLE adj. Impératif, absolu, sans réserve; qui n'admet ou ne suppose aucune condition. ● *Réponse* ou *réaction inconditionnelle* (Physiol.), réaction spécifique, innée, qui est toujours provoquée par l'application du stimulus inconditionnel. ‖ *Stimulus inconditionnel,* stimulus qui, par son action physiologique sur l'organisme, provoque toujours une réaction, indépendamment de tout conditionnement. ◆ adj. et n. Qui se soumet sans discussion aux décisions d'un homme, d'un parti.

INCONDITIONNELLEMENT adv. De façon inconditionnelle.

INCONDUITE n. f. Manière de vivre peu conforme à la morale.

INCONEL [ɛ̃kɔnɛl] n. m. (nom déposé). Alliage de nickel (80 p. 100), de chrome (14 p. 100) et de fer (6 p. 100).

INCONFORT n. m. Manque de confort.

INCONFORTABLE adj. Qui n'est pas confortable.

INCONFORTABLEMENT adv. De façon inconfortable.

INCONGELABLE adj. Non congelable.

INCONGRU, E adj. (bas lat. *incongruus;* de *congruere,* s'accorder). Qui va contre les règles du savoir-vivre, de la bienséance, déplacé.

INCONGRUITÉ n. f. Caractère de ce qui est incongru; action ou parole incongrue.

INCONGRÛMENT adv. De façon incongrue.

INCONNAISSABLE adj. et n. m. Qui ne peut être connu.

INCONNU, E adj. et n. Qui n'est pas connu, étranger : *une personne inconnue.* ‖ Qui n'est pas célèbre, obscur : *auteur inconnu.* ◆ adj. Qu'on n'a pas encore éprouvé, étrange : *sensations inconnues.*

INCONNU n. m. Ce qui reste mystérieux.

INCONNUE n. f. *Math.* Grandeur qu'on se propose de déterminer.

INCONSCIEMMENT adv. De façon inconsciente.

INCONSCIENCE n. f. État d'esprit qui ne permet plus de se rendre compte de la portée de certains actes; absence de réflexion. ‖ Perte de connaissance.

INCONSCIENT, E adj. et n. Qui n'est pas conscient; qui n'a pas conscience de ses actes. ◆ adj. Dont on n'a pas conscience : *beaucoup de phénomènes physiologiques sont inconscients.* ‖ Se dit des contenus absents à un moment donné du champ de la conscience.

INCONSCIENT n. m. Ensemble des phénomènes psychiques qui échappent à la conscience. ‖ *Psychan.* L'une des trois instances de l'appareil psychique dans la première topique freudienne.
■ Selon Freud, l'inconscient est formé par les pulsions et par les désirs refoulés. Ce système ne connaît ni le temps ni la réalité extérieure; des désirs inconciliables peuvent y coexister. Les mécanismes en sont le déplacement et la condensation. L'inconscient n'obéit qu'au principe de plaisir. Dans la deuxième topique, le terme inconscient qualifie alors non seulement le Ça, mais aussi certains contenus du Moi et du Surmoi. Les rêves, les actes manqués et les symptômes névrotiques sont pour Freud autant de manifestations de l'inconscient.

INCONSÉQUEMMENT adv. Avec inconséquence.

INCONSÉQUENCE n. f. Défaut de lien, de suite dans les idées ou les actes, incohérence : *agir par inconséquence.* ‖ Chose dite ou faite sans réflexion.

INCONSÉQUENT, E adj. Qui parle, agit à la légère, irréfléchi : *un homme inconséquent.* ‖ Fait ou dit à la légère, déraisonnable : *démarche inconséquente.*

INCONSIDÉRÉ, E adj. (lat. *inconsideratus*). Fait ou dit sans réflexion : *démarche inconsidérée.*

INCONSIDÉRÉMENT adv. Étourdiment.

INCONSISTANCE n. f. Défaut de consistance : *l'inconsistance d'une pâte.* ‖ Manque de logique, de fermeté, faiblesse : *l'inconsistance des idées.* ‖ *Log.* Propriété d'une théorie déductive où une même formule peut être à la fois démontrée et réfutée.

INCONSISTANT, E adj. Qui manque de consistance, de solidité. ‖ Qui manque de logique, de suite.

INCONSOLABLE adj. Qui ne peut se consoler.

INCONSOLÉ, E adj. Qui n'est pas consolé.

INCONSOMMABLE adj. Qui ne peut être consommé; immangeable.

INCONSTANCE n. f. Facilité à changer d'opi-

nion, de résolution, de conduite, infidélité. ‖ Instabilité, mobilité : *l'inconstance du temps.*

INCONSTANT, E adj. et n. Sujet à changer, infidèle : *être inconstant dans ses désirs.*

INCONSTATABLE adj. Qu'on ne peut constater.

INCONSTITUTIONNALITÉ n. f. État de ce qui est inconstitutionnel.

INCONSTITUTIONNEL, ELLE adj. Contraire à la constitution.

INCONSTITUTIONNELLEMENT adv. De façon inconstitutionnelle.

INCONSTRUCTIBLE adj. Où l'on ne peut construire : *zone inconstructible.*

INCONTESTABLE adj. Qui ne peut être mis en doute, indéniable : *preuve incontestable.*

INCONTESTABLEMENT adv. De façon incontestable.

INCONTESTÉ, E adj. Qui n'est pas contesté, discuté : *droit incontesté.*

INCONTINENCE n. f. Manque de retenue en face des plaisirs de l'amour. ‖ Absence de sobriété dans les paroles. ‖ *Méd.* Altération ou perte du contrôle des sphincters anal ou vésical.

INCONTINENT, E adj. Qui n'est pas chaste. ‖ Qui manque de modération, de sobriété dans ses paroles. ‖ *Méd.* Atteint d'incontinence.

INCONTINENT adv. (lat. *in continenti* [*tempore*], dans un temps continu). *Litt.* Aussitôt, immédiatement.

INCONTOURNABLE adj. Dont on est obligé de tenir compte.

INCONTRÔLABLE adj. Qu'on ne peut contrôler.

INCONTRÔLÉ, E adj. Qui n'est pas contrôlé.

INCONVENANCE n. f. Manque de convenance, action ou parole inconvenante, grossièreté, incorrection.

INCONVENANT, E adj. Qui blesse les convenances, déplacé, indécent.

INCONVÉNIENT [ɛ̃kɔ̃venjɑ̃] n. m. (bas lat. *inconveniens,* qui ne convient pas). Désavantage attaché à une chose; conséquence fâcheuse.

INCONVERTIBLE adj. Qui ne peut être échangé, remplacé.

INCOORDINATION n. f. Absence de coordination.

INCORPORABLE adj. Qu'on peut incorporer.

INCORPORATION n. f. Action d'incorporer, amalgame, intégration. ‖ *Mil.* Phase finale de l'appel du contingent, dans laquelle les recrues rejoignent leurs unités. ‖ *Psychan.* Modalités diverses selon lesquelles le sujet fantasme l'entrée d'un corps dans le sien propre.

INCORPORÉITÉ n. f. Qualité des êtres incorporels.

INCORPOREL, ELLE adj. (lat. *incorporalis;* de *corpus, corporis,* corps). Qui n'a pas de corps. ‖ *Dr.* Se dit des biens qui n'ont pas d'existence matérielle : droit d'usufruit, droit d'auteur, etc.

INCORPORER v. t. (bas lat. *incorporare;* de *corpus, corporis,* corps). Faire entrer dans un tout; mêler intimement, intégrer : *incorporer des territoires étrangers dans un empire.* ‖ Procéder à l'incorporation : *incorporer un conscrit.*

INCORRECT, E adj. Qui n'est pas correct, mauvais; grossier.

INCORRECTEMENT adv. De façon incorrecte.

INCORRECTION n. f. Manquement aux règles de la correction, de la bienséance : *incorrection dans la conduite, les manières,* etc. ‖ Faute de grammaire.

INCORRIGIBILITÉ n. f. Défaut de celui ou de ce qui est incorrigible.

INCORRIGIBLE adj. Qu'on ne peut corriger : *paresse incorrigible.*

INCORRIGIBLEMENT adv. De façon incorrigible.

INCORRUPTIBILITÉ n. f. Qualité de ce qui ne se corrompt pas. ‖ Qualité de celui qui est incorruptible, intégrité.

INCORRUPTIBLE adj. (bas lat. *incorruptibilis;* de *corrumpere,* gâter). Qui ne se corrompt pas, imputrescible. ‖ Incapable de se laisser cor-

rompre pour agir contre son devoir, intègre : *magistrat incorruptible.*

INCRÉDIBILITÉ n. f. Ce qui fait qu'on ne peut croire une chose.

INCRÉDULE adj. et n. (lat. *incredulus;* de *credere,* croire). Qui ne croit pas ou met en doute les croyances religieuses, incroyant. ‖ Qui se laisse difficilement convaincre, sceptique.

INCRÉDULITÉ n. f. Absence de crédulité. ‖ *Théol.* Refus de croire.

INCRÉÉ, E adj. Qui existe sans avoir été créé.

INCREVABLE adj. Qui ne peut pas être crevé : *un pneu increvable.* ‖ *Pop.* Qui n'est jamais fatigué, résistant, infatigable.

INCRIMINABLE adj. Qui peut être incriminé.

INCRIMINATION n. f. Action d'incriminer.

INCRIMINER v. t. (lat. *criminare;* de *crimen, criminis,* accusation). Mettre en cause, rendre responsable d'un acte blâmable.

INCRISTALLISABLE adj. Qui ne peut cristalliser.

INCROCHETABLE adj. Qu'on ne peut crocheter : *serrure incrochetable.*

INCROYABLE adj. Qui ne peut être cru ou qui est difficile à croire : *un récit incroyable.* ‖ Très grand, extraordinaire : *avoir une chance incroyable.*

INCROYABLE n. m. Sous le Directoire, jeune homme à la tenue vestimentaire recherchée et excentrique, et au langage affecté.

INCROYABLEMENT adv. Extraordinairement.

INCROYANCE n. f. Absence de foi religieuse.

INCROYANT, E adj. et n. Qui n'a pas de foi religieuse.

INCRUSTANT, E adj. Qui a la propriété de couvrir les corps d'une croûte minérale, formée généralement de carbonate de calcium.

INCRUSTATION n. f. Action d'incruster; ce qui est incrusté. ‖ Motif de broderie ou de dentelle appliqué par un point très serré sur un fond de tissu destiné à être lui-même découpé. ‖ Dépôt plus ou moins dur que laisse une eau chargée de sels calcaires.

INCRUSTER v. t. (lat. *incrustare;* de *crusta,* croûte). Insérer dans une matière une matière différente, généralement plus précieuse : *incruster de la nacre dans l'ébène.* ‖ Couvrir d'une couche pierreuse. ◆ **s'incruster** v. pr. Adhérer fortement à une surface. ‖ Se couvrir d'incrustations. ‖ *Fam.* S'installer durablement dans une situation, dans un lieu.

INCUBATEUR, TRICE adj. Se dit d'un organe où se fait l'incubation : *la poche incubatrice de l'hippocampe.*

INCUBATEUR n. m. Syn. de COUVEUSE.

INCUBATION n. f. (lat. *incubatio*). Syn. de COUVAISON. ‖ Protection assurée aux œufs dans une cavité du corps de l'un des parents, chez de nombreux vertébrés. ‖ *Méd.* Temps qui s'écoule entre l'introduction d'un agent infectieux dans un organisme et l'apparition des premiers symptômes de la maladie qu'il détermine.

INCUBE n. m. (bas lat. *incubus*). Démon masculin qui abuse des femmes pendant leur sommeil. (Le démon féminin était dit SUCCUBE.)

INCUBER v. t. (lat. *incubare,* être couché sur). Opérer l'incubation de.

INCUIT n. m. Partie d'une chaux, d'un ciment, d'un plâtre qui n'a pas été portée à une température suffisante pendant la cuisson.

INCULCATION n. f. Action d'inculquer.

INCULPABLE adj. Que l'on peut inculper.

INCULPATION n. f. Désignation de qqn comme auteur probable d'une infraction.

INCULPÉ, E adj. et n. Personne contre laquelle est dirigée une procédure d'instruction à la suite d'un crime ou d'un délit dont elle est présumée coupable.

INCULPER v. t. (lat. *inculpare;* de *culpa,* faute). Ouvrir une procédure d'instruction contre une personne présumée coupable d'un crime ou d'un délit.

INCULQUER v. t. (lat. *inculcare,* fouler, presser). Faire entrer durablement qqch dans l'esprit de qqn : *inculquer une vérité.*

INCULTE adj. (lat. *incultus*). Qui n'est pas cultivé : *terrain inculte*. ‖ Peu soigné, en désordre : *barbe inculte*. ‖ Sans culture intellectuelle : *esprit inculte*.

INCULTIVABLE adj. Qui ne peut être cultivé.

INCULTIVÉ, E adj. Qui n'est pas cultivé.

INCULTURE n. f. Manque total de culture intellectuelle, ignorance.

INCUNABLE adj. et n. m. (lat. *incunabulum*, berceau). Se dit d'un ouvrage qui date des origines de l'imprimerie (antérieur à 1500).

INCURABILITÉ n. f. État de celui ou de ce qui est incurable.

INCURABLE adj. et n. (bas lat. *incurabilis*). Qui ne peut être guéri, inguérissable.

INCURABLEMENT adv. De façon incurable : *être incurablement stupide*.

INCURIE n. f. (lat. *incuria*; de *cura*, soin). Manque de soin, négligence, laisser-aller : *faire preuve d'incurie*.

INCURIEUX, EUSE adj. *Litt.* Qui ne montre pas de curiosité; indifférent.

INCURIOSITÉ n. f. *Litt.* Manque de curiosité à l'égard de ce qu'on ignore.

INCURSION n. f. (lat. *incursio*; de *incurrere*, courir sur). Invasion brutale, mais de courte durée, dans un territoire étranger.

INCURVATION n. f. Action d'incurver; état de ce qui est incurvé.

INCURVER v. t. Courber de dehors en dedans; rendre courbe. ◆ **s'incurver** v. pr. Prendre une forme courbe.

INCUSE n. et adj. f. (lat. *incusa*; de *cudere*, frapper). Se dit d'une médaille, d'une monnaie dont un seul côté a été frappé en relief.

INDATABLE adj. Impossible à dater.

INDÉBROUILLABLE adj. Qui ne peut être débrouillé.

INDÉCEMMENT adv. De façon indécente.

INDÉCENCE n. f. Caractère de ce qui est indécent; action, parole contraire à la décence, à la pudeur.

INDÉCENT, E adj. Qui est contraire à la décence, à l'honnêteté : *parole indécente*. ‖ Se dit de qqn qui manque de pudeur.

INDÉCHIFFRABLE adj. Qu'on ne peut lire, déchiffrer, deviner.

INDÉCHIRABLE adj. Qui ne peut être déchiré.

INDÉCIDABLE adj. *Log.* Se dit d'une relation qui n'est ni vraie ni fausse. (Contr. DÉCIDABLE.)

INDÉCIS, E adj. et n. (bas lat. *indecisus*, non tranché). Qui ne sait pas se décider, irrésolu, perplexe. ◆ adj. Qui n'a pas de solution, douteux : *question, victoire indécise*. ‖ Vague, difficile à reconnaître : *formes indécises*.

INDÉCISION n. f. État, caractère d'une personne indécise; incertitude, irrésolution.

INDÉCLINABLE adj. *Ling.* Qui ne se décline pas.

INDÉCOLLABLE adj. Impossible à décoller.

INDÉCOMPOSABLE adj. Qui ne peut être décomposé, analysé.

INDÉCROTTABLE adj. *Fam.* Incorrigible; impossible à améliorer.

INDÉFECTIBILITÉ n. f. Qualité, caractère de ce qui est indéfectible.

INDÉFECTIBLE adj. (lat. *deficere*, faire défaut). Qui dure toujours, qui ne cesse pas d'être : *attachement indéfectible*.

INDÉFECTIBLEMENT adv. De façon indéfectible.

INDÉFENDABLE adj. Qui ne peut être défendu.

INDÉFINI, E adj. (lat. *indefinitus*). Qu'on ne peut délimiter exactement; dont on ne peut préciser les limites : *espace indéfini*. ‖ Qu'on ne peut définir; vague : *tristesse indéfinie*. ● *Adjectifs, pronoms indéfinis*, qui déterminent ou représentent les noms d'une manière vague, générale. (*Quelqu'un, chacun, personne, rien*, etc., sont des pronoms indéfinis. *Quelque, chaque*, etc., sont des adjectifs indéfinis.) ‖ *Articles indéfinis*, nom donné aux articles *un, une, des*. ‖ *Passé indéfini*, anc. nom du PASSÉ COMPOSÉ.

INDÉFINIMENT adv. De façon indéfinie.

INDÉFINISSABLE adj. Qu'on ne saurait définir, vague : *trouble indéfinissable*.

INDÉFORMABILITÉ n. f. Qualité de ce qui est indéformable.

INDÉFORMABLE adj. Qui ne peut être déformé.

INDÉFRICHABLE adj. Impossible à défricher.

INDÉFRISABLE n. f. Ondulation durable obtenue par la réaction chimique d'un liquide sur les mèches de cheveux roulées. (Syn. PERMANENTE.)

INDÉHISCENCE n. f. *Bot.* État de ce qui est indéhiscent.

INDÉHISCENT, E [ɛ̃deisɑ̃, ɑ̃t] adj. *Bot.* Qui ne s'ouvre pas, mais se détache en entier de la plante mère, en parlant de certains fruits secs (akènes).

INDÉLÉBILE adj. (lat. *indelebilis*). Que l'on ne peut effacer : *encre indélébile*. ‖ Que le temps ne détruit pas : *souvenirs indélébiles*.

INDÉLÉBILITÉ n. f. Caractère de ce qui est indélébile.

INDÉLICAT, E adj. Qui manque d'honnêteté, malhonnête.

INDÉLICATEMENT adv. Malhonnêtement.

INDÉLICATESSE n. f. Malhonnêteté : *commettre une indélicatesse*.

INDÉMAILLABLE adj. Dont les mailles ne peuvent se défaire.

INDEMNE [ɛ̃dɛmn] adj. (lat. *indemnis*; de *damnum*, dommage). Qui n'a pas éprouvé de dommage à la suite d'un accident, d'une maladie.

INDEMNISABLE adj. Qui peut ou doit être indemnisé.

INDEMNISATION n. f. Action d'indemniser.

INDEMNISER v. t. Dédommager qqn de ses frais, de ses pertes.

INDEMNITAIRE adj. Qui a le caractère d'une indemnité.

INDEMNITAIRE n. Personne qui reçoit une indemnité.

INDEMNITÉ n. f. Somme allouée pour dédommager d'un préjudice : *indemnité pour cause d'expropriation*. ‖ Élément d'une rémunération ou d'un salaire destiné à compenser une augmentation du coût de la vie ou à rembourser une dépense imputable à l'exercice de la profession. ● *Indemnité journalière*, somme versée à un assuré social, malade ou victime d'un accident du travail, qui doit interrompre son activité professionnelle pour recevoir des soins. ‖ *Indemnité de licenciement*, somme versée à un salarié congédié sans avoir commis de faute grave et comptant une certaine ancienneté. ‖ *Indemnité parlementaire*, émoluments des députés et des sénateurs.

INDÉMONTABLE adj. Qui ne peut être démonté.

INDÉMONTRABLE adj. Qu'on ne peut démontrer.

INDÈNE n. m. Hydrocarbure C_9H_8 extrait des goudrons de houille.

INDÉNIABLE adj. Qu'on ne peut dénier; certain, incontestable : *preuve indéniable*.

INDÉNIABLEMENT adv. De façon indéniable.

INDÉNOMBRABLE adj. Qu'il est impossible de dénombrer.

INDÉNOUABLE adj. Qui ne peut être dénoué.

INDENTATION [ɛ̃dɑ̃tasjɔ̃] n. f. Échancrure en forme de morsure.

INDÉPASSABLE adj. Impossible à dépasser.

INDÉPENDAMMENT DE loc. prép. Sans égard à; en faisant abstraction de : *indépendamment de ce qui arrive*. ‖ En outre, en plus de : *indépendamment de ces avantages*.

INDÉPENDANCE n. f. Situation d'une personne, d'une collectivité qui n'est pas soumise à une autre autorité. ‖ Absence de relation, de dépendance entre deux phénomènes, deux choses. ‖ *Indépendance d'un système d'axiomes* (Log.), propriété d'une théorie déductive axiomatisée dans laquelle aucun axiome ne peut être déduit à partir des autres.

INDÉPENDANT, E adj. Qui ne relève de personne, libre de toute dépendance : *un peuple indépendant*. ‖ Qui aime à ne dépendre de personne, qui répugne à toute sujétion : *caractère indépendant*. ‖ Se dit d'une chose qui n'est pas solidaire d'une autre : *point indépendant de la question*. ‖ *Stat.* Se dit de variables telles que la probabilité d'arrivée de l'une quelconque d'entre elles est la même, que les autres se présentent ou ne se présentent pas. ● *Travailleur indépendant*, travailleur exerçant en dehors de l'entreprise une activité qu'il est libre d'organiser à sa guise. ‖ *Variable indépendante* (Math.), variable susceptible de prendre n'importe quelle valeur, quelle que soit celle des autres variables.

INDÉPENDANTISME n. m. Revendication d'indépendance.

INDÉPENDANTISTE adj. et n. Partisan de l'indépendance d'un pays, en particulier au Québec.

INDÉRACINABLE adj. Qu'on ne peut déraciner : *préjugés indéracinables*.

INDÉRÉGLABLE adj. Qui ne peut se dérégler.

INDESCRIPTIBLE adj. Qui ne peut être décrit, exprimé : *joie indescriptible*.

INDÉSIRABLE adj. et n. Se dit d'un individu dont on n'accepte pas la présence dans un pays, dans un milieu.

INDESTRUCTIBILITÉ n. f. Caractère de ce qui est indestructible.

INDESTRUCTIBLE adj. Qui ne peut être détruit.

INDESTRUCTIBLEMENT adv. De façon indestructible.

INDÉTERMINABLE adj. Qui ne peut être déterminé.

INDÉTERMINATION n. f. Caractère de ce qui n'est pas dépendant d'un autre phénomène. ‖ Manque de décision, de résolution.

INDÉTERMINÉ, E adj. Qui n'est pas déterminé, précisé, indistinct : *espace indéterminé*. ‖ *Math.* Se dit d'un problème où le nombre des inconnues est supérieur à celui des équations indépendantes et qui, partant, admet une infinité de solutions. ● *Forme indéterminée*, expression qui ne peut être calculée telle quelle pour une valeur particulière de la variable, sa détermination exigeant un calcul spécial.

INDÉTERMINISME n. m. Philosophie selon laquelle l'homme ou Dieu sont doués d'un libre arbitre. ‖ Doctrine selon laquelle le déterminisme n'existe pas (ou seulement partiellement) dans la nature.

INDEX [ɛ̃dɛks] n. m. (mot lat., *indicateur*). Deuxième doigt de la main, le plus proche du pouce. ‖ Aiguille d'un cadran; sorte de repère fixe ou mobile. ‖ Liste alphabétique des mots, des sujets, des noms apparaissant dans un ouvrage, dans une collection, avec les références permettant de les retrouver. ‖ Catalogue officiel des livres interdits aux catholiques, établi au XVIe s. et qui n'a plus force de loi depuis 1966. ● *Mettre qqn, qqch à l'index*, les exclure, les signaler comme dangereux.

INDEXAGE n. m. *Mécan.* Action d'indexer.

INDEXATION n. f. Action d'indexer.

INDEXER v. t. Lier la variation du montant d'une prestation, d'un prix, d'un loyer, à la variation d'une grandeur : *indexer une retraite sur le coût de la vie*. ‖ Réaliser l'index d'un ouvrage, d'une collection. ‖ *Math.* Faire correspondre de façon biunivoque une suite ordonnée à une suite d'éléments pris dans un ensemble. ‖ *Mécan.* Modifier d'une quantité fixe la position linéaire ou angulaire d'un organe mécanique. ● *Obligation indexée*, titre d'emprunt dont la valeur de remboursement ou le taux d'intérêt, parfois l'un et l'autre, sont liés à l'évolution d'un indice de référence.

INDIANISME n. m. Étude des langues et des civilisations de l'Inde. ‖ Tendance littéraire du XIXe s. des littératures hispano-américaines, qui se caractérise par l'intérêt porté aux cultures indiennes et par la célébration de la nature américaine.

INDIANISTE n. Spécialiste de l'indianisme. ‖ Écrivain qui se recommande de l'indianisme.

INDIC [ɛ̃dik] n. m. *Pop.* Indicateur de police.

INDICAN [ɛ̃dikɑ̃] n. m. (lat. *indicum*, indigo). Substance qui existe dans l'indigo et aussi dans les urines.

INDICATEUR, TRICE adj. Qui indique, qui fait connaître.

INDICATEUR n. m. Livre ou brochure qui sert de guide : *l'indicateur des rues de Paris.* || Appareil qui sert à indiquer : *un indicateur de vitesse, de pression.* || Individu qui renseigne la police en échange d'un privilège ou d'une rémunération. ● *Indicateur coloré*, substance qui indique, par un changement de couleur, la concentration d'un constituant d'une solution. || *Indicateur économique*, chiffre significatif de la situation économique pour une période donnée (produit national brut, indice des prix, commerce extérieur, etc.). [Syn. CLIGNOTANT.]

INDICATIF, IVE adj. Qui indique, annonce : *à titre indicatif.*

INDICATIF n. m. *Ling.* Mode du verbe qui exprime l'état, l'existence ou l'action d'une manière certaine. || Musique que répète une station de radio ou de télévision au début d'une émission, à fin d'identification. ● *Indicatif d'appel*, appellation conventionnelle formée de lettres et de chiffres, identifiant le lieu d'origine ou l'expéditeur d'un message télégraphique ou radiophonique.

INDICATION n. f. Action d'indiquer : *indication d'origine.* || Ce qui indique, fait connaître, renseignement, conseil que l'on suggère : *fournir des indications.* || *Méd.* Opportunité d'un traitement : *l'indication d'un antibiotique.*

INDICE n. m. (lat. *indicium*, dénonciation). Signe apparent et probable qu'une chose existe : *les indices d'un crime.* || Nombre exprimant un rapport entre deux grandeurs. || Rapport entre des quantités ou des prix, qui en montre l'évolution : *l'indice des prix de détail.* || *Math.* Signe attribué à une lettre représentant les différents éléments d'un ensemble : *A indice 1 s'écrit A_1.*

INDICIAIRE adj. Qui est rattaché à un indice.

INDICIBLE adj. (lat. *dicere*, dire). *Litt.* Qu'on ne peut exprimer ; indescriptible, extraordinaire.

INDICIBLEMENT adv. De façon indicible.

INDICIEL, ELLE adj. Qui a valeur d'indice : *courbe indicielle.*

INDICTION n. f. *Hist. anc.* Période de quinze ans.

INDIEN, ENNE adj. et n. De l'Inde. || Relatif aux autochtones de l'Amérique.

INDIENNE n. f. Toile de coton légère colorée par impression.

INDIFFÉREMMENT adv. Sans faire de différence, indistinctement.

INDIFFÉRENCE n. f. État d'une personne indifférente ; détachement, froideur, neutralité affective. ● *Liberté d'indifférence* (Philos.), celle qui résulte de la possibilité de choisir ceci plutôt que cela sans raison aucune.

INDIFFÉRENCIATION n. f. État de ce qui est indifférencié.

INDIFFÉRENCIÉ, E adj. Se dit d'une chose dans laquelle aucune différence n'a été faite : *un ensemble indifférencié.* ● *Filiation indifférenciée* (Anthropol.), système de filiation dans lequel les lignées maternelle et paternelle ont socialement les mêmes fonctions.

INDIFFÉRENT, E adj. Qui ne présente aucun motif de préférence : *ce chemin ou l'autre m'est indifférent.* || Qui est de peu d'importance, qui présente peu d'intérêt : *parler de choses indifférentes.* || Qui ne tend pas vers un état plus que vers un autre : *équilibre indifférent.* ◆ adj. et n. Individu que rien ne touche ni n'émeut.

INDIFFÉRENTISME n. m. Indifférence érigée en système, en politique ou en religion.

INDIFFÉRER v. t. (conj. **5**). Être indifférent à qqn, ne présenter pour lui aucun intérêt : *cela m'indiffère.*

INDIGÉNAT [ɛ̃diʒena] n. m. État d'indigène. || Régime administratif qui était appliqué aux indigènes d'une colonie.

INDIGENCE n. f. (lat. *indigentia*). Grande pauvreté, misère.

INDIGÈNE adj. et n. (lat. *indigena*). Né dans le pays qu'il habite. (Syn. : ABORIGÈNE, AUTOCHTONE.) || Se dit d'une plante originaire de la région où elle vit. (On oppose les essences forestières *indigènes* aux essences *exotiques*.) || Originaire d'un pays d'outre-mer avant la décolonisation.

INDIGÉNISME n. m. Courant littéraire et artistique du XXe s., développé en Amérique et spécialement dans le domaine hispano-américain, et qui prend pour thème l'affrontement des cultures indiennes et des systèmes intellectuels et économiques d'importation coloniale. || *Anthropol.* Politique menée par certains gouvernements, notamment latino-américains, visant à l'acculturation ou à l'intégration systématique des ethnies qui vivent dans leurs pays.

INDIGÉNISTE adj. et n. Qui appartient à l'indigénisme.

INDIGENT, E [ɛ̃diʒɑ̃, ɑ̃t] adj. et n. (lat. *indigens* ; de *indigere*, avoir besoin). Qui est privé de ressources suffisantes, et est susceptible de recevoir des secours. ◆ adj. Qui manifeste une grande pauvreté de moyens : *il a un vocabulaire indigent.*

INDIGESTE adj. (lat. *indigestus*). Difficile à digérer : *mets indigestes.* || Confus, embrouillé : *roman indigeste.*

INDIGESTION n. f. Indisposition provenant d'une digestion qui se fait mal, et aboutissant en général au vomissement. ● *Avoir une indigestion de qqch* (Fam.), en avoir trop, jusqu'à en être dégoûté.

INDIGNATION n. f. Sentiment de colère que provoque un outrage, une action injuste : *faire part de son indignation à qqn.*

INDIGNE adj. (lat. *indignus*). Qui n'est pas digne de qqch ; qui ne mérite pas : *indigne de confiance.* || Qui inspire le mépris, la révolte ou l'irritation : *conduite indigne.*

INDIGNÉ, E adj. Qui marque la colère, la révolte ; qui manifeste de l'indignation.

INDIGNEMENT adv. De façon indigne.

INDIGNER v. t. Exciter, provoquer la colère, la révolte de qqn : *sa conduite indigne tout le monde.* ◆ **s'indigner** v. pr. Éprouver un sentiment de colère, de révolte.

INDIGNITÉ n. f. Caractère d'une personne, d'un acte indigne : *commettre des indignités.* ● *Indignité nationale*, peine comportant la privation des droits civiques (instaurée pour réprimer certains délits commis pendant l'Occupation).

INDIGO [ɛ̃digo] n. m. (mot esp.). Matière colorante qui, dans sa forme première, est d'un bleu un peu violacé. (Elle est extraite de l'indigotier, ou obtenue par synthèse.) || Couleur bleu foncé.

INDIGOTIER n. m. Plante vivace des régions chaudes, autrefois cultivée comme plante tinctoriale. (Famille des papilionacées.)

INDIGOTINE n. f. Principe colorant de l'indigo.

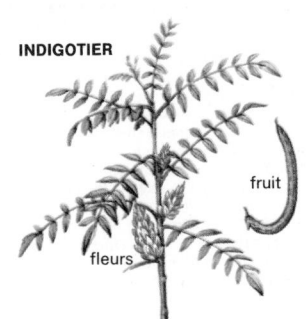

INDIGOTIER

fruit

fleurs

INDIQUER v. t. (lat. *indicare*). Montrer, désigner qqn, qqch d'une manière précise : *indiquer qqch du doigt.* || Dénoter, révéler, être l'indice de : *cela indique une grande rouerie.* || Enseigner, faire connaître à qqn ce qu'il cherche : *indiquer une rue.* || Esquisser. ● *Être indiqué*, être recommandé, conseillé.

INDIRECT, E adj. Qui ne conduit pas au but directement, qui comporte des intermédiaires ; détourné : *itinéraire indirect ; critique, louange indirecte.* ● *Complément d'objet indirect* (Gramm.), celui qui est introduit par une préposition : *les verbes transitifs indirects sont suivis d'un complément d'objet indirect.* || *Interrogative indirecte* (Gramm.), subordonnée interrogative dépendant d'un verbe comme *dire, savoir*, etc. (Ex. : *il ne savait pas pourquoi il était venu.*) || *Tir indirect*, tir dans lequel l'objectif est invisible de l'emplacement de l'arme.

INDIRECTEMENT adv. De façon indirecte.

INDISCERNABLE adj. Qu'on ne peut distinguer d'une autre chose.

INDISCIPLINE n. f. Attitude de qqn qui ne se soumet pas à la discipline, désobéissance : *faire preuve d'indiscipline.*

INDISCIPLINÉ, E adj. Rebelle à toute discipline : *esprit indiscipliné.*

INDISCRET, ÈTE adj. et n. Qui manque de discrétion, de réserve : *un regard indiscret.* || Qui révèle ce qu'on devrait taire : *une parole indiscrète ; ami indiscret.*

INDISCRÈTEMENT adv. De façon indiscrète.

INDISCRÉTION n. f. Manque de discrétion ; révélation d'un secret : *commettre des indiscrétions.*

INDISCUTABLE adj. Qui n'est pas discutable, qui s'impose par son évidence, incontestable.

INDISCUTABLEMENT adv. De façon indiscutable, certainement.

INDISCUTÉ, E adj. Qui n'est pas mis en discussion.

INDISPENSABLE adj. et n. m. Dont on ne peut se passer : *protéines, crédits indispensables.*

INDISPONIBILITÉ n. f. État de celui ou de ce qui est indisponible.

INDISPONIBLE adj. Dont on ne peut pas disposer. || Qui est empêché de s'adonner à un travail, une occupation.

INDISPOSÉ, E adj. Légèrement malade, mal à l'aise. || Se dit d'une femme qui a ses règles.

INDISPOSER v. t. Rendre un peu malade, mettre mal à l'aise, incommoder. || Rendre peu favorable, mécontenter : *on l'a indisposé contre moi.*

INDISPOSITION n. f. Léger malaise. || *Fam.* Période des règles.

INDISSOCIABLE adj. Qui ne peut être séparé en plusieurs éléments, en divers facteurs.

INDISSOLUBILITÉ n. f. Qualité de ce qui est indissoluble.

INDISSOLUBLE adj. Qui ne peut être délié, désuni ; indéfectible : *attachement indissoluble.*

INDISSOLUBLEMENT adv. De façon indissoluble.

INDISTINCT, E adj. Qui manque de netteté ; confus, perçu confusément : *voix indistincte.*

INDISTINCTEMENT adv. De façon indistincte, confusément : *prononcer indistinctement.* || Sans faire de différence, en bloc, indifféremment : *j'aime indistinctement tous les fruits.*

INDIUM [ɛ̃djɔm] n. m. Métal blanc (In) no 49, de masse atomique 114,82, fusible à 155 °C, qui présente des analogies avec l'aluminium.

INDIVIDU n. m. (lat. *individuum*, ce qui est indivisible). Chaque être distinct, soit animal, soit végétal, qui ne peut être décomposé en un autre plus simple : *le genre, l'espèce et l'individu.* || Personne considérée isolément, par rapport à une collectivité : *l'individu et la société.* || Personne indéterminée ou dont on parle avec mépris : *quel est cet individu ?*

INDIVIDUALISATION n. f. Action d'individualiser, de s'individualiser ; personnalisation.

INDIVIDUALISÉ, E adj. Qui se distingue des autres : *groupe fortement individualisé.*

INDIVIDUALISER v. t. Rendre distinct des autres par des caractères propres. ◆ **s'individualiser** v. pr. Se distinguer des autres en affirmant sa personnalité.

INDIVIDUALISME n. m. Tendance à s'affirmer indépendamment des autres. || Tendance à privilégier la valeur et les droits de l'individu sur ceux des groupes sociaux. ‖ *Philos.* Doctrine qui fait de l'individu soit le fondement de la société, soit le fondement des valeurs morales, soit les deux. (Dans cette optique libérale, la société résulte de la libre association d'individus propriétaires de leurs biens, dont la fin est l'épanouissement de leur personnalité.)

INDIVIDUALISTE adj. et n. Partisan de l'individualisme. ‖ Qui ne songe qu'à soi.

INDIVIDUALITÉ n. f. Ce qui constitue l'individu. ‖ Originalité propre à une personne. ‖ Personne qui a une forte personnalité et se distingue des autres.

INDIVIDUATION n. f. Ce qui distingue un individu d'un autre. ‖ *Psychol.* Processus par lequel la personnalité se différencie.

INDIVIDUEL, ELLE adj. Qui concerne une seule personne : *réclamation individuelle.*

INDIVIDUEL, ELLE n. *Sports.* Athlète n'appartenant à aucun club, à aucune équipe.

INDIVIDUELLEMENT adv. De façon individuelle, séparément.

INDIVIS, E [ɛ̃divi, iz] adj. (lat. *indivisus*, qui n'est pas séparé). *Dr.* Qui n'est pas divisé; qui est possédé à la fois par plusieurs personnes : *succession indivise.* ‖ Qui possède une propriété non divisée : *héritiers indivis.* ● *Par indivis*, sans partage, en commun.

INDIVISAIRE n. *Dr.* Personne se trouvant dans l'indivision.

INDIVISÉMENT adv. *Dr.* Par indivis.

INDIVISIBILITÉ n. f. Caractère de ce qui est indivisible.

INDIVISIBLE adj. Qui ne peut être divisé.

INDIVISION n. f. *Dr.* Copropriété dans laquelle il n'y a pas division matérielle des parts.

INDO-ARYEN, ENNE adj. Se dit des langues indo-européennes actuellement parlées en Inde. (Les principales sont le hindi, l'ourdou [ou urdū], le mahrātte, le bengali, le panjābī, le gujarātī, l'oriyā, le cinghalais et l'assamais.)

INDOCHINOIS, E adj. et n. De l'Indochine.

INDOCILE adj. et n. Qui ne se laisse pas diriger, conduire, rebelle : *enfant indocile.*

INDOCILITÉ n. f. Caractère de celui qui est indocile.

INDO-EUROPÉEN, ENNE adj. et n. m. Se dit d'un groupe de langues parlées actuellement en Europe et dans une partie des autres continents, auquel les linguistes ont donné une origine commune. ‖ Se dit de cette langue originelle et des peuples qui l'ont parlée.

INDOLACÉTIQUE adj. *Acide indolacétique,* substance de croissance des végétaux. (Syn. AUXINE.)

INDOLE n. m. *Chim.* Composé qui est à la base d'une série d'hétérocycles comportant un cycle benzénique accolé à un cycle pyrrole.

INDOLEMMENT [ɛ̃dɔlamɑ̃] adv. Avec indolence.

INDOLENCE n. f. Nonchalance, indifférence, apathie : *il est d'une indolence désespérante.*

INDOLENT, E adj. (lat. *indolens*, de *dolere*, souffrir). Qui évite de se donner de la peine, qui agit avec mollesse, qui manifeste de l'apathie.

INDOLORE adj. Qui ne cause aucune douleur : *piqûre indolore.*

INDOMÉTHACINE n. f. Médicament anti-inflammatoire dérivé de l'indole.

INDOMPTABLE adj. Qu'on ne peut dompter, maîtriser : *caractère indomptable.*

INDOMPTÉ, E [ɛ̃dɔ̃te] adj. Qu'on n'a pas encore dompté, contenir, réprimer : *orgueil indompté.*

INDONÉSIEN, ENNE adj. et n. De l'Indonésie.

INDONÉSIEN n. m. Groupe de langues appartenant à la famille malayo-polynésienne. ‖ Langue officielle de l'Indonésie.

INDOPHÉNOL n. m. Nom générique de matières colorantes obtenues en faisant agir un phénate alcalin sur une amine.

IN-DOUZE [induz] adj. et n. m. inv. Se dit d'une feuille d'impression qui, présentant 4 plis,

forme 12 feuillets ou 24 pages. ‖ Se dit du format obtenu avec cette feuille. (On écrit aussi IN-12.)

INDRI [ɛ̃dri] n. m. (mot malgache). Lémurien arboricole et végétarien vivant à Madagascar. (Les indris dépassent 1 m de longueur.)

INDU, E adj. *Une heure indue,* celle où il n'est pas convenable de faire telle ou telle chose; heure trop tardive.

INDU n. m. *Dr.* Ce qui n'est pas dû.

INDUBITABLE adj. (lat. *indubitabilis*). Dont on ne peut douter; certain, incontestable.

INDUBITABLEMENT adv. Certainement, assurément, sans aucun doute.

INDUCTANCE n. f. Quotient du flux d'induction à travers un circuit, créé par le courant traversant ce circuit, par l'intensité de ce courant.

INDUCTEUR, TRICE adj. *Électr.* Se dit de ce qui produit le phénomène d'induction.

INDUCTEUR n. m. Aimant ou électroaimant destiné à fournir le champ magnétique créateur de l'induction. ‖ *Biol.* Molécule qui, lorsqu'une cellule vivante reçoit un aliment, provoque la sécrétion de l'enzyme nécessaire pour le digérer.

INDUCTIF, IVE adj. Qui procède par induction : *méthode inductive.* ‖ *Électr.* Qui possède une inductance.

INDUCTION n. f. (lat. *inductio*). Généralisation d'une observation ou d'un raisonnement établis à partir de cas singuliers. ‖ *Biol.* Action adaptative de l'inducteur. ‖ *Embryol.* Action de certaines régions embryonnaires (comme l'organisateur de la lèvre du blastopore), qui provoque la différenciation des régions voisines dans un sens déterminé. ● *Induction électromagnétique,* production de courants dans un circuit par suite de la variation du flux d'induction magnétique qui le traverse. ‖ *Induction magnétique,* vecteur caractérisant la densité du flux magnétique qui traverse une substance. ‖ *Induction mathématique,* syn. de RAISONNEMENT PAR RÉCURRENCE*. ‖ *Moteur à induction,* moteur électrique à courant alternatif sans collecteur, dont une partie seulement, rotor ou stator, est reliée au réseau, l'autre partie travaillant par induction.

INDUIRE v. t. (lat. *inducere*, conduire à) [conj. 64]. Établir par voie de conséquence, conclure : *de là j'induis que...* ‖ Pousser à commettre une faute, à céder à une tentation (vx). ‖ Occasionner. ‖ *Électr.* Produire les effets de l'induction. ● *Induire en erreur,* tromper à dessein.

INDUIT, E [ɛ̃dɥi, ɥit] adj. Se dit d'un courant électrique produit par induction. ‖ Se dit d'un phénomène entraîné par un autre. ● *Loi induite* (Math.), pour un sous-ensemble A d'un ensemble E muni d'une loi interne, restriction de la loi de E à A.

INDUIT n. m. Organe d'une machine électrique dans lequel se produisent des courants induits.

INDULGENCE n. f. Facilité à pardonner les fautes d'autrui : *montrer de l'indulgence.* ‖ *Théol. cath.* Remise totale (*indulgence plénière*) ou partielle (*indulgence partielle*) de la peine temporelle due aux péchés.

INDULGENCIER v. t. *Théol. cath.* Attacher une indulgence à un objet, un lieu, une prière.

INDULGENT, E adj. (lat. *indulgens*). Qui est porté à excuser, à pardonner, clément.

INDULINE n. f. Nom générique de colorants bleus dérivés de l'aniline.

INDULT [ɛ̃dylt] n. m. (lat. *indultum*; de *indulgere*, être indulgent). *Relig.* Privilège accordé temporairement par le pape.

INDÛMENT adv. De façon illégitime.

INDURATION n. f. *Méd.* Durcissement anormal d'un tissu; partie indurée.

INDURÉ, E adj. *Méd.* Devenu dur : *lésion indurée.*

INDURER v. t. *Méd.* Rendre dur.

INDUSTRIALISATION n. f. Action d'industrialiser.

INDUSTRIALISER v. t. Donner le caractère industriel à une activité. ‖ Équiper une région en usines, en industries. ◆ **s'industrialiser** v. pr. Être exploité, équipé industriellement.

INDUSTRIE n. f. (lat. *industria*, activité). En-

semble des professions qui produisent des biens matériels par la mise en œuvre des matières premières. ● *Apport en industrie,* dans le cadre de la constitution d'une société, apport d'activité par opposition à l'apport de capitaux ou à l'apport en nature.

INDUSTRIEL, ELLE adj. Qui concerne l'industrie : *produit industriel.* ‖ Où l'industrie est importante : *banlieue industrielle.* ● *Centre industriel,* lieu où règne une grande activité industrielle. ‖ *En quantité industrielle,* abondamment. ‖ *Psychologie industrielle,* branche de la psychologie concernée par les problèmes humains de l'industrie : choix et orientation du personnel, organisation du travail. ‖ *Révolution industrielle,* phénomène du XIXe s., lié, notamment, à l'exploitation massive de la houille, et caractérisé par la disparition plus ou moins totale de l'entreprise artisanale, par la concentration des travailleurs en ateliers, par la généralisation de l'usage de la machine et par un début d'émigration des campagnes vers la ville.

INDUSTRIEL n. m. Chef d'entreprise transformant des matières premières en produits ouvrés ou semi-ouvrés.

INDUSTRIELLEMENT adv. De façon industrielle.

INDUSTRIEUX, EUSE adj. *Litt.* Qui a de l'adresse, de l'habileté dans son métier.

INDUVIE [ɛ̃dyvi] n. f. (lat. *induviae*, vêtements). *Bot.* Organe de dissémination du fruit, provenant du périanthe de la fleur, comme les aigrettes des akènes des composées.

INÉBRANLABLE adj. Qui ne peut être ébranlé : *roc inébranlable.* ‖ Ferme, qui ne se laisse pas abattre : *courage inébranlable.*

INÉBRANLABLEMENT adv. De façon inébranlable, fermement.

INÉCHANGEABLE adj. Qui ne peut être échangé.

INÉCOUTÉ, E adj. Qui n'a pas été écouté.

INÉDIT, E adj. et n. m. (lat. *ineditus*). Qui n'a pas été imprimé, publié : *poème inédit.* ‖ Nouveau, original : *spectacle inédit.*

INÉDUCABLE adj. Qu'on ne peut éduquer.

INEFFABLE adj. (lat. *ineffabilis*). Qui ne peut être exprimé, indicible : *joie ineffable.*

INEFFABLEMENT adv. De façon ineffable.

INEFFAÇABLE adj. Qui ne peut être effacé, que l'on ne peut faire disparaître.

INEFFICACE adj. Qui ne produit point d'effet : *moyen, secrétaire inefficace.*

INEFFICACEMENT adv. De façon inefficace.

INEFFICACITÉ n. f. Manque d'efficacité.

INÉGAL, E, AUX adj. Qui n'est point égal à une autre chose : *segments inégaux.* ‖ Qui n'est pas uni, raboteux : *terrain inégal.* ‖ Qui n'est pas régulier : *mouvement inégal.* ‖ Changeant, bizarre : *humeur inégale.* ‖ Dont la qualité n'est pas constante : *œuvre inégale.*

INÉGALABLE adj. Qui ne peut être égalé.

INÉGALÉ, E adj. Qui n'a pas été égalé : *record inégalé.*

INÉGALEMENT adv. De façon inégale.

INÉGALITAIRE adj. Fondé sur l'inégalité politique, civile, sociale.

INÉGALITÉ n. f. Caractère de ce qui n'est pas égal : *l'inégalité des salaires, des chances.* ‖ Caractère de ce qui n'est pas uni : *inégalité d'un terrain.* ‖ *Math.* Relation algébrique où figurent deux quantités inégales séparées par le signe > (plus grand que) ou < (plus petit que). [L'ouverture est tournée du côté de la quantité la plus grande.] ● *Inégalité au sens large,* relation comprenant à la fois la possibilité d'une inégalité stricte et d'une égalité ($a \leqslant b$).

INÉLÉGAMMENT adv. Sans élégance.

INÉLÉGANCE n. f. Défaut d'élégance.

INÉLÉGANT, E adj. Qui manque d'élégance; discourtois.

INÉLIGIBILITÉ n. f. État, condition d'une personne inéligible.

INÉLIGIBLE adj. Qui n'a pas les qualités requises pour être élu à une fonction publique.

INÉLUCTABILITÉ n. f. Qualité de ce qui est inéluctable.

INÉLUCTABLE adj. (lat. *ineluctabilis*; de *eluctari*, surmonter en luttant). Qui ne peut être évité, empêché : *la mort est inéluctable.*

INÉLUCTABLEMENT adv. De façon inéluctable.

INÉMOTIVITÉ n. f. Absence de réaction émotionnelle.

INEMPLOYABLE adj. Qui ne peut être employé.

INEMPLOYÉ, E adj. Qui n'est pas employé.

INÉNARRABLE adj. D'une bizarrerie, d'un comique extraordinaire : *aventure inénarrable.*

INEPTE adj. (lat. *ineptus*, qui n'est pas apte). Sot, absurde : *une réponse inepte.*

INEPTIE [inɛpsi] n. f. Absurdité, sottise.

INÉPUISABLE adj. Qu'on ne peut épuiser, intarissable.

INÉPUISABLEMENT adv. De façon inépuisable.

INÉPUISÉ, E adj. Qui n'est pas épuisé.

INÉQUATION [inekwasjɔ̃] n. f. *Math.* Inégalité entre deux expressions algébriques contenant des variables, et qui n'est satisfaite que pour certaines valeurs de ces variables.

INÉQUITABLE adj. Qui n'est pas équitable.

INERME adj. (lat. *inermis*, sans armes). *Bot.* Qui n'a ni aiguillon ni épines. ‖ *Zool.* Sans crochets : *ténia inerme.*

INERTE adj. (lat. *iners*, incapable). Sans activité propre : *matière inerte.* ‖ Sans mouvement; immobile : *un corps inerte était étendu sur le trottoir.* ‖ Sans énergie morale, sans réaction; apathique.

INERTIE [inɛrsi] n. f. (lat. *inertia*, incapacité). État de ce qui est inerte : *l'inertie des corps inorganiques.* ‖ Manque d'activité, d'énergie, d'initiative : *tirer qqn de son inertie.* ● *Force d'inertie*, résistance que les corps, en raison de leur masse, opposent au mouvement; résistance passive, qui consiste surtout à ne pas obéir. ‖ *Inertie utérine* (Méd.), contraction insuffisante de l'utérus pendant ou après l'accouchement. ‖ *Moment d'inertie d'un système solide S,* somme, étendue à tous les points du système S, des quantités mr^2, *m* étant la masse d'un point M du système S situé à la distance *r* d'un point O, d'un plan P ou d'un axe Δ donnés. ‖ *Navigation par inertie,* navigation reposant sur la mesure puis l'intégration des accélérations subies par un véhicule (aérien, maritime, spatial). ‖ *Principe d'inertie,* principe au terme duquel tout point matériel qui n'est soumis à aucune force soit au repos, soit animé d'un mouvement rectiligne uniforme.

INERTIEL, ELLE [inɛrsjɛl] adj. Qui se rapporte à l'inertie. ● *Centrale inertielle,* dispositif muni d'accéléromètres, de gyroscopes et d'un calculateur, utilisé pour la navigation par inertie.

INESCOMPTABLE adj. *Fin.* Qui ne peut être escompté.

INESPÉRÉ, E adj. Qu'on n'espérait pas, inattendu : *chance inespérée.*

INESTHÉTIQUE adj. Qui n'est pas esthétique, qui est laid.

INESTIMABLE adj. Qu'on ne peut assez estimer, inappréciable.

INÉTENDU, E adj. Qui n'a pas d'étendue : *le point géométrique est inétendu.*

INÉVITABLE adj. Qu'on ne peut éviter.

INÉVITABLEMENT adv. De façon inévitable.

INEXACT, E adj. Qui contient des erreurs, faux : *calcul, renseignement inexact.* ‖ Qui manque de ponctualité : *employé inexact.*

INEXACTEMENT adv. De façon inexacte.

INEXACTITUDE n. f. Caractère de ce qui est erroné; erreur commise par manque de précision : *une biographie remplie d'inexactitudes.* ‖ Manque de ponctualité.

INEXAUCÉ, E adj. Qui n'a pas été exaucé : *vœu inexaucé.*

INEXCITABILITÉ n. f. État de ce qui est inexcitable.

INEXCITABLE adj. Qu'on ne peut exciter.

INEXCUSABLE adj. Qui ne peut être excusé.

INEXÉCUTABLE adj. Qui ne peut être exécuté.

INEXÉCUTÉ, E adj. Qui n'a pas été exécuté.

INEXÉCUTION n. f. Absence ou défaut d'exécution : *l'inexécution d'un contrat.*

INEXERCÉ, E adj. Qui n'est pas exercé.

INEXIGIBILITÉ n. f. Caractère de ce qui est inexigible.

INEXIGIBLE adj. Qui ne peut être exigé : *dette présentement inexigible.*

INEXISTANT, E adj. Qui n'existe pas : *monstre inexistant.* ‖ *Fam.* Qui ne vaut rien, inefficace : *travail inexistant.*

INEXISTENCE n. f. Défaut d'existence, de valeur. ‖ *Dr.* Caractère d'un acte juridique à qui il manque une qualité essentielle.

INEXORABILITÉ n. f. État, caractère de ce qui est inexorable : *l'inexorabilité du sort.*

INEXORABLE adj. (lat. *inexorabilis*; de *exorare*, obtenir par prière). Qui ne peut être fléchi, d'une dureté implacable : *juge inexorable.*

INEXORABLEMENT adv. De façon inexorable.

INEXPÉRIENCE n. f. Manque d'expérience.

INEXPÉRIMENTÉ, E adj. Qui n'a pas d'expérience : *pilote inexpérimenté.*

INEXPERT, E adj. Qui manque d'habileté.

INEXPIABLE adj. Qui ne peut être expié : *crime inexpiable.* ‖ Qu'on ne peut faire cesser : *lutte inexpiable.*

INEXPIÉ, E adj. Qui n'a pas été expié.

INEXPLICABLE adj. et n. m. Qui ne peut être expliqué, incompréhensible.

INEXPLICABLEMENT adv. De façon inexplicable.

INEXPLIQUÉ, E adj. et n. Qui n'a pas reçu d'explication satisfaisante.

INEXPLOITABLE adj. Qui n'est pas susceptible d'être exploité : *gisement inexploitable.*

INEXPLOITÉ, E adj. Qui n'est pas exploité.

INEXPLORABLE adj. Qui ne peut être exploré.

INEXPLORÉ, E adj. Que l'on n'a pas encore exploré.

INEXPLOSIBLE adj. Qui ne peut faire explosion.

INEXPRESSIF, IVE adj. Dépourvu d'expression, impassible : *physionomie inexpressive.*

INEXPRIMABLE adj. et n. m. Qu'on ne peut exprimer, indicible : *bonheur inexprimable.*

INEXPRIMÉ, E adj. Qui n'a pas été exprimé.

INEXPUGNABLE [inɛkspyɲabl] adj. (lat. *inexpugnabilis*; de *expugnare*, prendre par force). Qu'on ne peut prendre par la force.

INEXTENSIBILITÉ n. f. Qualité de ce qui est inextensible.

INEXTENSIBLE adj. Qui ne peut être allongé : *tissu inextensible.*

IN EXTENSO [inɛkstɛ̃so] loc. adv. (mots lat., *en entier*). Tout au long, en entier : *publier un discours in extenso.*

INEXTINGUIBLE [inɛkstɛ̃gibl ou inɛkstɛ̃gɥibl] adj. Qu'on ne peut éteindre : *feu inextinguible.* ‖ Qu'on ne peut apaiser, arrêter : *rire, soif inextinguible.*

INEXTIRPABLE adj. Qu'on ne peut extirper.

IN EXTREMIS [inɛkstremis] loc. adv. (mots lat., *à l'extrémité*). Au dernier moment, à la dernière limite : *sauvé in extremis.*

INEXTRICABLE adj. (lat. *inextricabilis*; de *extricare*, débarrasser). Qui ne peut être démêlé : *affaire inextricable.*

INEXTRICABLEMENT adv. De façon inextricable.

INFAILLIBILISTE adj. et n. Qui adhère aux doctrines définies par le premier concile du Vatican au sujet de l'infaillibilité pontificale, par opposition à ceux qui en contestèrent l'opportunité ou les rejetèrent (vieux-catholiques).

INFAILLIBILITÉ n. f. Impossibilité de se tromper. ‖ Caractère de qqch qui produit le résultat attendu. ● *Infaillibilité pontificale,* dogme proclamé en 1870 par le premier concile du Vatican, d'après lequel le pape, parlant ex cathedra, ne peut se tromper en matière de foi.

INFAILLIBLE adj. Qui ne peut se tromper : *nul n'est infaillible.* ‖ Qui produit les résultats attendus, qui ne peut manquer d'arriver : *remède infaillible; succès infaillible.*

INFAILLIBLEMENT adv. Inévitablement, nécessairement.

INFAISABLE adj. Qui ne peut être fait.

INFALSIFIABLE adj. Qui ne peut être falsifié.

INFAMANT, E adj. Qui nuit à la réputation, à l'honneur : *accusation infamante.*

INFÂME adj. (lat. *infamis*; de *fama*, réputation). Qui est flétri par la loi ou par l'opinion publique : *infâme trahison.* ‖ Qui cause de la répugnance : *infâme taudis.*

INFAMIE n. f. *Litt.* Grand déshonneur, atteinte à la réputation. ‖ Caractère de ce qui est déshonorant : *l'infamie d'un crime.* ‖ Action ou parole vile, honteuse : *commettre une infamie.*

INFANT, E n. (esp. *infante*). Titre des enfants puînés des rois de Portugal et d'Espagne.

INFANTERIE n. f. Ensemble des troupes capables de combattre à pied. (Motorisée ou non, *mécanisée, aérotransportée* ou *parachutée,* l'infanterie assure la conquête, l'occupation et la défense du terrain. La position de l'infanterie en fin de combat matérialise le succès ou l'échec d'une opération.)

INFANTICIDE n. m. (lat. *infans, infantis,* enfant, et *caedere,* tuer). Meurtre d'un enfant, et, *spécialem.,* d'un nouveau-né.

INFANTICIDE n. Personne coupable du meurtre d'un enfant.

INFANTILE [ɛ̃fɑ̃til] adj. (bas lat. *infantilis*). Relatif à l'enfant en bas âge : *maladie infantile.* ‖ *Péjor.* Comparable à un enfant par son intelligence ou sa sensibilité : *comportement infantile.*

INFANTILISATION n. f. Action d'infantiliser.

INFANTILISER v. t. Rendre infantile, maintenir chez les adultes une mentalité infantile.

INFANTILISME n. m. Arrêt du développement d'un individu, dû à une insuffisance endocrinienne (hypophysaire ou thyroïdienne) ou à une anomalie génétique. ‖ Comportement infantile, irresponsable, absence de maturité, puérilité.

INFARCTUS [ɛ̃farktys] n. m. (lat. *in,* dans, et *farcire,* remplir de farce). *Méd.* Lésion nécrotique des tissus due à un trouble circulatoire, et s'accompagnant le plus souvent d'une infiltration sanguine. (La cause habituelle des infarctus est l'oblitération d'un vaisseau par artérite, par thrombose ou par embolie. L'*infarctus du myocarde,* consécutif à l'oblitération d'une artère coronaire, est une lésion du cœur de gravité variable. L'*infarctus pulmonaire* est dû, le plus souvent, à une embolie.)

INFATIGABLE adj. Que rien ne fatigue.

INFATIGABLEMENT adv. Sans se lasser.

INFATUATION n. f. *Litt.* Satisfaction excessive et ridicule que l'on a de soi; fatuité, prétention.

INFATUÉ, E adj. (lat. *fatuus,* sot). Qui est content de soi.

INFÉCOND, E adj. *Litt.* Stérile : *sol infécond.*

INFÉCONDITÉ n. f. Stérilité.

INFECT, E [ɛ̃fɛkt] adj. (lat. *infectus*; de *inficere,* souiller). *Litt.* Qui exhale de mauvaises odeurs, fétide, putride : *marais infect.* ‖ *Fam.* Qui excite le dégoût, répugnant : *livre infect.* ‖ *Fam.* Très mauvais : *ce café est infect.*

INFECTANT, E adj. Qui produit l'infection.

INFECTER v. t. Contaminer par des germes infectieux. ‖ *Litt.* Remplir d'émanations puantes et malsaines, empester. ◆ **s'infecter** v. pr. Être contaminé par des germes : *la plaie s'est infectée.*

INFECTIEUX, EUSE [ɛ̃fɛksjø, øz] adj. Qui produit l'infection : *germe infectieux.* ‖ Qui résulte ou s'accompagne d'infection : *la rougeole est une maladie infectieuse.*

INFECTION [ɛ̃fɛksjɔ̃] n. f. Pénétration et développement dans un être vivant de microbes pathogènes (dits *agents infectieux*), envahissant l'organisme par voie sanguine (septicémie) ou restant localisés (pneumonie, abcès, etc.), et déversant dans le sang leurs toxines. ‖ Odeur ou goût particulièrement mauvais, puanteur.

INFÉODATION n. f. Action d'inféoder.

INFÉODER v. t. (de *féodal*). Mettre sous la dépendance : *petit pays inféodé à une grande puissance.* ‖ *Féod.* Donner une terre pour qu'elle soit tenue en fief. ◆ **s'inféoder** v. pr. Se mettre sous la dépendance de qqn, s'affilier : *s'inféoder à un chef.*

INFÈRE adj. (lat. *inferus*). *Bot.* Se dit d'un ovaire situé au-dessous des points d'insertion des sépales, pétales et étamines, comme chez l'iris, le pommier. (Contr. SUPÈRE.)

INFÉRENCE n. f. Opération intellectuelle par laquelle on passe d'une vérité à une autre vérité, jugée telle en raison de son lien avec la première : *la déduction est une inférence.* ● *Règles d'inférence* (Log.), celles qui permettent, dans une théorie déductive, de conclure à la vérité d'une proposition à partir d'une ou de plusieurs propositions, prises comme hypothèses.

INFÉRER v. t. (lat. *inferre*, alléguer) [conj. **5**]. Tirer une conséquence d'un fait, d'un principe.

INFÉRIEUR, E adj. (lat. *inferior*, qui est situé plus bas). Placé au-dessous : *mâchoire inférieure.* ‖ Se dit de la partie d'un fleuve plus rapprochée de la mer : *Rhône inférieur.* ‖ Moindre en dignité, en mérite, en organisation, en valeur : *rang inférieur ; inférieur à sa tâche.* ‖ *Hist. nat.* Moins avancé dans l'évolution.

INFÉRIEUR, E n. Subordonné, subalterne.

INFÉRIEUREMENT adv. Au-dessous.

INFÉRIORISATION n. f. Action d'inférioriser, d'être infériorisé.

INFÉRIORISER v. t. Rendre inférieur ; sous-estimer la valeur de.

INFÉRIORITÉ n. f. Désavantage en ce qui concerne le rang, la force, le mérite, etc. : *se trouver en état d'infériorité.* ● *Complexe d'infériorité*, sentiment morbide qui pousse le sujet, ayant la conviction intime d'être inférieur à ceux qui l'entourent, à se sous-estimer.

INFERMENTESCIBLE adj. Qui n'est pas susceptible de fermenter.

INFERNAL, E, AUX adj. (bas lat. *infernalis*). Relatif à l'enfer ou aux Enfers : *les puissances infernales.* ‖ Qui a ou annonce beaucoup de méchanceté, de noirceur : *ruse infernale.* ‖ *Fam.* Insupportable : *enfant infernal.* ● *Machine infernale*, engin explosif.

INFÉROVARIÉ, E adj. Se dit des végétaux dans lesquels l'ovaire est infère.

INFERTILE adj. *Litt.* Qui n'est pas fertile.

INFERTILITÉ n. f. *Litt.* Stérilité.

INFESTATION n. f. *Méd.* Présence, dans un organisme, de parasites provoquant ou non des troubles pathologiques.

INFESTER v. t. (lat. *infestare*; de *infestus*, ennemi). Ravager par des invasions brutales, des actes de brigandage : *les pirates infestaient ces côtes.* ‖ Abonder dans un lieu, en parlant des animaux nuisibles : *les rats infestent certains navires.* ‖ *Méd.* Envahir un organisme, en parlant des parasites.

INFEUTRABLE adj. Qui ne se feutre pas.

INFIBULATION n. f. (lat. *infibulatio*; de *fibula*, anneau). *Anthropol.* Opération chirurgicale pratiquée chez certaines ethnies sur les enfants des deux sexes, visant à empêcher les relations sexuelles.

INFIDÈLE adj. Qui manque à ses engagements, spécialement dans le mariage : *infidèle à ses promesses.* ‖ Inexact, qui n'exprime pas la vérité, la réalité : *récit infidèle.*

INFIDÈLE n. Nom donné à celui qui ne professe pas la religion considérée comme vraie.

INFIDÈLEMENT adv. De façon infidèle.

INFIDÉLITÉ n. f. Manque de fidélité, spécialement dans le mariage. ‖ Manque d'exactitude, de vérité : *l'infidélité d'un historien.*

INFILTRAT n. m. En radiologie, opacité pulmonaire homogène.

INFILTRATION n. f. Passage lent d'un liquide à travers les interstices d'un corps. ‖ Action de s'insinuer dans l'esprit de qqn, de pénétrer furtivement quelque part. ‖ *Mil.* Mode de progression utilisant au maximum les accidents du terrain et les zones non battues par le feu adverse. ‖ *Pathol.* Envahissement d'un organe soit par des liquides organiques issus du canal ou d'un conduit naturel, soit par des cellules inflammatoires ou tumorales. ‖ *Thérap.* Injection d'un médicament dans une région de l'organisme. ● *Eaux d'infiltration*, eaux de pluie qui pénètrent dans le sol par percolation.

INFILTRER (S') v. pr. Pénétrer peu à peu à travers les pores d'un corps solide : *l'eau s'infiltre dans le sable.* ‖ Pénétrer furtivement, sé glisser. ‖ *Mil.* Progresser par infiltration.

INFIME adj. (lat. *infimus*). Très petit, minime : *une somme infime.*

INFINI, E adj. (lat. *infinitus*). Qui est sans limites : *l'espace est infini.* ‖ Très grand, considérable : *j'ai mis un temps infini à arriver ici.* ● *Quantité infinie* (Math.), quantité variable qui devient et reste, en valeur absolue, supérieure à toute limite fixée arbitrairement.

INFINI n. m. Ce que l'on suppose sans limites. ‖ *Math.* Syn. de QUANTITÉ INFINIE (symb. : ∞; + ∞ ou − ∞ suivant le signe). ● *À l'infini*, sans bornes, sans fin ; à une distance infiniment grande.

INFINIMENT adv. Extrêmement : *je vous suis infiniment obligé.* ● *Quantité infiniment grande* (Math.), quantité variable qui peut devenir, en valeur absolue, plus grande que tout nombre positif fixe, si grand soit-il. (On dit aussi INFINIMENT GRAND n. m.) ‖ *Quantité infiniment petite*, quantité variable qui peut devenir, en valeur absolue, inférieure à tout nombre positif, si petit soit-il. (On dit aussi INFINIMENT PETIT n. m.)

INFINITÉ n. f. Un très grand nombre : *une infinité de gens.* ‖ *Litt.* Qualité de ce qui est infini : *l'infinité de l'univers.*

INFINITÉSIMAL, E, AUX adj. (lat. *infinitus*). Extrêmement petit. ‖ *Math.* Se dit d'une grandeur considérée comme somme de ses accroissements successifs infiniment petits.

INFINITIF, IVE adj. *Ling.* Qui est de la nature de l'infinitif : *proposition infinitive.*

INFINITIF n. m. (bas lat. *infinitivus*). *Ling.* Forme nominale du verbe.

INFINITUDE n. f. Qualité de ce qui est infini : *l'infinitude du temps.*

INFLAMMABILITÉ n. f. Caractère de ce qui est inflammable.

INFLAMMABLE adj. (lat. *inflammare*, allumer). Qui s'enflamme facilement.

INFLAMMATION n. f. Action par laquelle une matière combustible s'enflamme. ‖ *Méd.* Réaction pathologique qui s'établit à la suite d'une agression traumatique, chimique ou microbienne de l'organisme, et qui se caractérise par de la chaleur, de la rougeur, de la douleur et de la tuméfaction.

INFLAMMATOIRE adj. *Méd.* Qui est caractérisé par une inflammation.

INFLATION n. f. (lat. *inflatio*; de *inflare*, enfler). Déséquilibre économique caractérisé par une hausse générale des prix et par l'accroissement de la circulation monétaire. ‖ Augmentation excessive : *inflation verbale.* ● *Inflation rampante*, inflation chronique, mais dont le taux demeure relativement faible. (Elle s'oppose à l'*inflation galopante*.)

INFLATIONNISTE adj. Qui est cause ou marque d'inflation : *tension inflationniste.*

INFLÉCHI, E adj. Incurvé, ployé. ‖ *Phon.* Se dit d'une voyelle qui a subi une modification sous l'influence d'un phonème voisin.

INFLÉCHIR v. t. Modifier l'orientation; courber, incliner. ◆ **s'infléchir** v. pr. Prendre une autre direction; se courber, dévier.

INFLÉCHISSEMENT n. m. Modification peu accusée d'un processus, d'une évolution.

INFLEXIBILITÉ n. f. Caractère de celui qui est inflexible.

INFLEXIBLE adj. Qui ne se laisse point ébranler, émouvoir; intraitable : *homme inflexible.*

INFLEXIBLEMENT adv. De façon inflexible.

INFLEXION n. f. Action de plier, d'incliner : *saluer en faisant une légère inflexion du corps.* ‖ Changement, modification : *l'inflexion d'une attitude politique.* ‖ *Math.* Changement de sens de la courbure d'une courbe plane. ● *Inflexion de voix*, changement du ton de la voix. ‖ *Point d'inflexion* (Math.), point où une courbe traverse sa tangente.

INFLIGER v. t. (lat. *infligere*, heurter) [conj. **1**]. Frapper d'une peine pour une faute, pour un crime; faire subir qqch de pénible : *infliger une contravention; infliger un démenti.*

INFLORESCENCE n. f. (lat. *inflorescere*, fleurir). Mode de groupement des fleurs sur une plante. (Principaux types d'inflorescences :

INFLORESCENCES

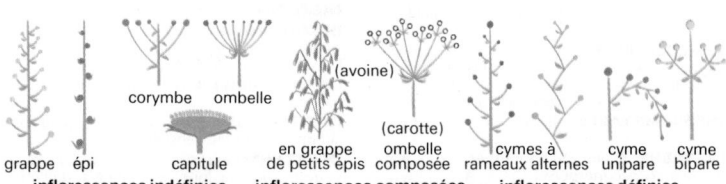

grappe — épi — capitule — en grappe de petits épis — ombelle composée — (avoine) (carotte) — cymes à rameaux alternes — cyme unipare — cyme bipare

inflorescences indéfinies — inflorescences composées — inflorescences définies

grappe, épi, ombelle, capitule, cyme.) ‖ Ensemble de ces fleurs.

INFIRMATIF, IVE adj. *Dr.* Qui infirme.

INFIRMATION n. f. *Dr.* Annulation en appel d'une décision.

INFIRME adj. et n. (lat. *infirmus*, faible). Qui a quelque infirmité.

INFIRMER v. t. Détruire la force, l'importance, l'autorité de qqch, ruiner, démentir : *infirmer un témoignage.* ‖ *Dr.* Déclarer nul.

INFIRMERIE n. f. Local destiné aux malades, dans les casernes, les collèges, etc.

INFIRMIER, ÈRE n. Personne qui, sous la direction des médecins, soigne les malades à l'infirmerie, à l'hôpital, à domicile, etc.

INFIRMITÉ n. f. Affection particulière qui atteint d'une manière chronique quelque partie du corps.

INFIXE n. m. (lat. *infixus*, inséré). *Ling.* Élément qui s'insère au milieu d'un mot pour en modifier le sens ou la valeur.

INFLUENÇABLE adj. Qui se laisse influencer.

INFLUENCE n. f. (lat. *influentia*). Action qu'une personne exerce sur une autre, autorité : *avoir une grande influence sur un enfant.* ‖ Action qu'une chose exerce sur une personne ou sur une autre chose : *influence de l'alcool sur l'organisme.* ● *Électrisation par influence*, charge électrique prise par un conducteur placé au voisinage d'un autre conducteur électrisé. ‖ *Syndrome d'influence* (Psychol.), conviction délirante d'être soumis à une force extérieure qui commande les pensées et les actes.

INFLUENCER v. t. (conj. **1**). Exercer une influence sur, agir sur : *la Lune influence les marées; influencer l'opinion publique.*

INFLUENT, E adj. Qui a de l'autorité, du prestige : *personnage influent.*

INFLUENZA [ɛ̃flyãza *ou* ɛ̃flyɛ̃za] n. f. (mot it., *épidémie*). Autre nom de la GRIPPE (vx).

INFLUER [ɛ̃flye] v. t. ind. [**sur**] (lat. *influere*, couler dans). Exercer une action : *le climat influe sur la santé.*

INFLUX [ɛ̃fly] n. m. (bas lat. *influxus*, influence). *Influx nerveux*, phénomène de nature électrique par lequel l'excitation d'une fibre nerveuse se propage dans le nerf.

■ La vitesse de propagation de l'influx nerveux varie de 10 à 100 m par seconde selon les nerfs et les espèces. Il ne s'agit donc pas d'un courant électrique, mais de phénomènes de *polarisation* et de *dépolarisation* entre le cylindraxe et la gaine, qui s'établissent de proche en proche. L'influx est *centrifuge* quand il va des centres nerveux vers les organes (nerfs moteurs) et *centripète* lorsqu'il va des organes vers les centres nerveux (nerfs sensitifs).

INFOGRAPHIE n. f. (nom déposé). Ensemble des techniques de représentation graphique automatique d'un lot d'informations.

IN-FOLIO [infɔljo] adj. et n. m. inv. (mots lat., *en feuille*). Se dit d'une feuille d'impression qui, ayant été pliée une fois, forme 2 feuillets ou 4 pages. Se dit du format de cette feuille; livre de ce format.

INFONDÉ, E adj. Dénué de fondement.

INFORMATEUR, TRICE n. Personne qui donne des informations à un enquêteur.

INFORMATICIEN, ENNE n. Personne qui s'occupe d'informatique.

INFORMATIF, IVE adj. Qui informe : *une publicité informative.*

INFORMATION n. f. Action d'informer ou de s'informer : *l'information des lecteurs.* ‖ Renseignement quelconque : *information fausse.* ‖ Nouvelle donnée par une agence de presse, un journal, la radio, la télévision. ‖ *Dr.* Ensemble des actes qui ont pour objet de faire la preuve d'une infraction et d'en connaitre les auteurs. ‖ En cybernétique, facteur qualitatif désignant la position d'un système, et éventuellement transmis par ce système à un autre. ● *Quantité d'information*, mesure quantitative de l'incertitude d'un message en fonction du degré de probabilité de chaque signal composant ce message. ‖ *Théorie de l'information*, théorie qui définit et étudie les quantités d'information, le codage de ces informations, les canaux de transmission et leur capacité. ◆ pl. Bulletin d'information radiodiffusé ou télévisé.

INFORMATIONNEL, ELLE adj. Qui concerne l'information.

INFORMATIQUE n. f. (de *information* et *automatique*). Science du traitement automatique et rationnel de l'information considérée comme le support des connaissances et des communications.

INFORMATIQUE adj. Qui a trait à l'informatique. ● *Système informatique*, ensemble formé par un ordinateur et les différents éléments qui lui sont rattachés.

INFORMATISABLE adj. Qui peut être informatisé.

INFORMATISATION n. f. Action d'informatiser.

INFORMATISER v. t. Doter de moyens informatiques : *informatiser une usine.*

INFORME adj. (lat. *informis*, affreux). Sans forme déterminée : *masse informe.* ‖ Imparfait, incomplet, laid : *ouvrage informe.*

INFORMÉ n. m. *Jusqu'à plus ample informé*, jusqu'à la découverte d'un fait nouveau.

INFORMEL, ELLE adj. Qui n'a pas de forme précise, d'ordre du juridique, etc. : *réunion informelle.* ◆ adj. et n. m. Se dit (depuis 1950) d'une forme de peinture non figurative, d'aspect gestuel ou matiériste, qui répercute en négligeant l'impératif traditionnel de composition organisée, les impulsions spontanées de l'artiste; se dit de cet artiste lui-même.

INFORMER v. t. (lat. *informare*, donner une forme). Mettre au courant de qqch, donner des renseignements sur, avertir, instruire : *je vous informe que votre demande a été transmise.* ◆ v. i. *Dr.* Faire une information, une instruc-

tion : *informer contre qqn.* ◆ **s'informer** v. pr. [**de**]. Interroger afin d'être renseigné.

INFORMULÉ, E adj. Non formulé.

INFORTUNE n. f. (lat. *infortunium*). *Litt.* Malchance, adversité. ◆ pl. *Litt.* Événements malheureux : *conter ses infortunes.*

INFORTUNÉ, E adj. et n. Se dit d'une personne qui n'a pas de chance.

INFRA [ɛ̃fra] adv. (mot lat.). Plus bas, ci-dessous. (Contr. SUPRA.)

INFRACTION n. f. (lat. *infractio*; de *frangere*, briser). Toute violation d'une loi, d'un ordre, d'un traité, etc.

INFRALIMINAIRE adj. Se dit d'un stimulus dont l'intensité est trop faible pour entrainer une réponse manifeste de l'organisme.

INFRANCHISSABLE adj. Que l'on ne peut franchir.

INFRANGIBLE adj. (bas lat. *frangibilis*). *Litt.* Qui ne peut être brisé.

INFRAROUGE adj. et n. m. Se dit du rayonnement électromagnétique de longueur d'onde comprise entre un micron et un millimètre, utilisé pour le chauffage, la photographie aérienne, en thérapeutique, dans les armements, etc.

INFRASON n. m. Vibration de même nature que le son, mais de fréquence trop basse pour qu'une oreille humaine puisse la percevoir.

INFRASONORE adj. Relatif aux infrasons.

INFRASTRUCTURE n. f. Couche de matériau posée entre la couche de fondation et la plate-forme d'une route. ‖ Ensemble des travaux relatifs à tout ce qui nécessite, pour un ouvrage (routes, voies ferrées, etc.), des fondations. ‖ Ensemble des installations territoriales (services, écoles, bases, etc.) indispensables à la création et à l'emploi de forces armées. ‖ Ensemble des moyens et des rapports de production qui sont à la base des formations sociales, par oppos. à SUPERSTRUCTURE. ● *Infrastructure aérienne*, ensemble des installations au sol indispensables aux avions.

INFRÉQUENTABLE adj. Qu'on ne peut pas fréquenter.

INFROISSABILISER v. t. Rendre infroissable.

INFROISSABILITÉ n. f. Qualité de ce qui est infroissable.

INFROISSABLE adj. Qui ne peut se chiffonner.

INFRUCTUEUSEMENT adv. Sans résultat.

INFRUCTUEUX, EUSE adj. Qui ne donne pas de résultat utile, vain : *effort infructueux.*

INFUMABLE adj. Désagréable à fumer.

INFUS, E adj. (lat. *infusus*). *Science infuse*, science que l'on posséderait naturellement sans l'avoir acquise par l'étude ou par l'expérience.

INFUSER v. t. (lat. *infundere*, verser dans). Faire macérer une plante aromatique dans un liquide bouillant afin qu'il en prenne l'arôme et les principes actifs : *infuser du thé.* ‖ *Litt.* Communiquer à qqn (du courage, de l'ardeur).

INFUSIBILITÉ n. f. Caractère de ce qui est infusible.

INFUSIBLE adj. Qu'on ne peut fondre.

INFUSION n. f. Action d'infuser. ‖ Liquide dans lequel on a mis une plante aromatique à macérer à chaud, tisane : *infusion de tilleul.*

INFUSOIRE n. m. Anc. nom des protozoaires de l'embranchement des *ciliés*, qui peuvent se développer dans les infusions végétales.

INGAGNABLE adj. Qui ne peut être gagné.

INGAMBE [ɛ̃gãb] adj. (it. *in gamba*, en jambe). Qui a les jambes lestes, alerte : *vieillard encore ingambe.*

INGÉNIER (S') v. pr. [**à**] (lat. *ingenium*, esprit). Chercher, tâcher de trouver un moyen pour réussir : *s'ingénier à plaire.*

INGÉNIERIE [ɛ̃ʒeniri] n. f. (de *ingénieur*). Syn. de ENGINEERING. ● *Ingénierie génétique*, syn. de GÉNIE GÉNÉTIQUE.

INGÉNIEUR n. m. (anc. fr. *engin*, machine de guerre). Personne que ses connaissances rendent apte à occuper des fonctions scientifiques ou techniques actives, en vue de créer, organiser ou diriger des travaux qui en découlent, ainsi qu'à y tenir un rôle de cadre. ● *Ingénieur de l'armement*, ingénieur d'un corps dans lequel ont été intégrés, en 1968, plusieurs anciens corps d'ingénieurs militaires (fabrications d'armement, génie maritime, poudres, etc.). ‖ *Ingénieur civil*, ingénieur qui n'appartient pas au corps des ingénieurs de l'État. ‖ *Ingénieur d'État*, ingénieur appartenant à un corps de l'État. ‖ *Ingénieur militaire*, grade de certains services techniques des armées (matériel, essences, etc.). ‖ *Ingénieur du son*, ingénieur électricien spécialisé dans la technique du son.

INGÉNIEUR-CONSEIL n. m. (pl. *ingénieurs-conseils*). Personne dont le métier est de donner, à titre personnel, des conseils, d'établir des

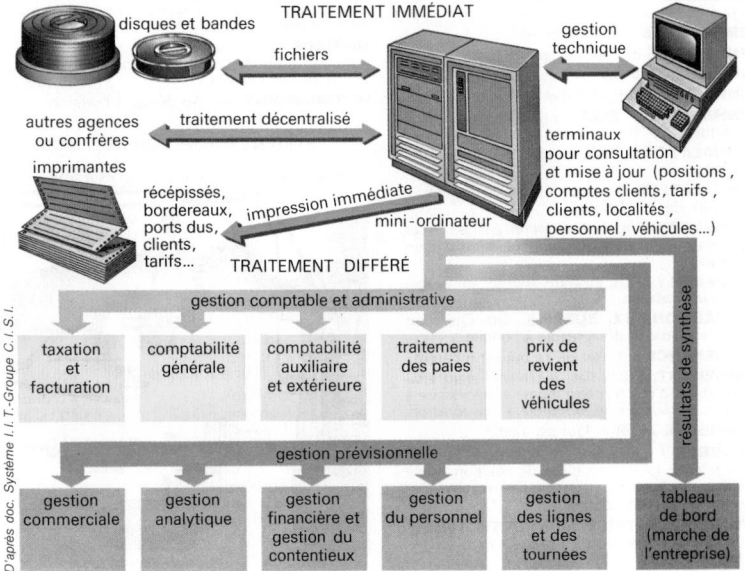

INFORMATIQUE
gestion automatisée d'une entreprise de transports routiers

TRAITEMENT IMMÉDIAT

disques et bandes

gestion technique

fichiers

autres agences ou confrères

traitement décentralisé

imprimantes

terminaux pour consultation et mise à jour (positions, comptes clients, tarifs, clients, localités, personnel, véhicules...)

récépissés, bordereaux, ports dus, clients, tarifs...

impression immédiate

mini-ordinateur

TRAITEMENT DIFFÉRÉ

gestion comptable et administrative

| taxation et facturation | comptabilité générale | comptabilité auxiliaire et extérieure | traitement des paies | prix de revient des véhicules |

gestion prévisionnelle

| gestion commerciale | gestion analytique | gestion financière et gestion du contentieux | gestion du personnel | gestion des lignes et des tournées | tableau de bord (marche de l'entreprise) |

résultats de synthèse

D'après doc. Système I.I.T.-Groupe C.I.S.I.

projets, des expertises, de préparer et de suivre des travaux dans les activités qui relèvent du métier d'ingénieur.

INGÉNIEUSEMENT adv. De façon ingénieuse.

INGÉNIEUX, EUSE adj. (lat. *ingeniosus*). Plein d'esprit d'invention, d'adresse, subtil, habile : *explication ingénieuse*.

INGÉNIOSITÉ n. f. Qualité de celui qui est ingénieux, de ce qui témoigne de l'adresse : *faire preuve d'ingéniosité; l'ingéniosité d'un mécanisme*.

INGÉNU, E [ɛ̃ʒeny] adj. et n. (lat. *ingenuus*, né libre). *Litt.* D'une naïveté souvent excessive, candide : *jeune fille ingénue; air ingénu*.

INGÉNUE n. f. *Théâtr.* Rôle de jeune fille naïve.

INGÉNUITÉ n. f. Candeur, pureté, naïveté.

INGÉNUMENT adv. De façon ingénue et naïve.

INGÉRENCE n. f. Action de s'ingérer, immixtion.

INGÉRER [ɛ̃ʒere] v. t. (lat. *ingerere*, introduire dans) [conj. **5**]. Introduire par la bouche dans l'estomac. ◆ **s'ingérer** v. pr. [**dans**]. Se mêler d'une chose sans en avoir le droit, l'autorisation, s'immiscer : *s'ingérer dans les affaires d'autrui*.

INGESTION [ɛ̃ʒɛstjɔ̃] n. f. Action d'ingérer, d'introduire dans l'estomac.

INGOUVERNABLE adj. Qu'on ne peut gouverner.

INGRAT, E adj. et n. (lat. *ingratus*). Qui n'a point de reconnaissance : *vous n'avez pas affaire à un ingrat*. ◆ adj. Qui manque de grâce : *visage ingrat*. ‖ Qui ne répond pas aux efforts, infructueux, décevant, pénible : *métier ingrat*. ● *Âge ingrat*, début de l'adolescence.

INGRATITUDE n. f. Manque de reconnaissance. ● *Payer d'ingratitude*, manquer de reconnaissance.

INGRÉDIENT [ɛ̃gredjɑ̃] n. m. (lat. *ingrediens*). Ce qui entre dans la composition d'un mélange.

INGRESQUE ou **INGRISTE** adj. et n. m. Qui se rapporte, se rattache à l'ingrisme.

INGRISME n. m. Art d'Ingres ou de ses épigones.

INGUÉRISSABLE adj. Qui ne peut être guéri.

INGUINAL, E, AUX [ɛ̃gɥinal, no] adj. (lat. *inguen, inguinis*, aine). *Anat.* Relatif à l'aine.

INGURGITATION n. f. Action d'ingurgiter.

INGURGITER v. t. (lat. *ingurgitare*; de *gurges, gurgitis*, gouffre). Avaler rapidement et souvent en grande quantité. ‖ Acquérir massivement des connaissances, sans les assimiler.

INHABILE adj. Qui manque d'habileté. ‖ *Dr.* Privé de certains droits par la loi.

INHABILETÉ n. f. Maladresse.

INHABILITÉ n. f. *Dr.* Incapacité légale.

INHABITABLE adj. Qui ne peut être habité.

INHABITÉ, E adj. Qui n'est pas habité.

INHABITUEL, ELLE adj. Qui n'est pas habituel.

INHALATEUR, TRICE adj. Qui sert à des inhalations.

INHALATEUR n. m. Appareil servant à prendre des inhalations.

INHALATION n. f. Absorption par les voies respiratoires d'un gaz, d'une vapeur ou d'un aérosol.

INHALER v. t. (lat. *inhalare*, souffler sur). Aspirer par inhalation.

INHARMONIEUX, EUSE adj. *Litt.* Qui n'est pas harmonieux, désagréable à l'oreille.

INHÉRENCE n. f. État de ce qui est inhérent.

INHÉRENT, E adj. (lat. *inhaerens*, étant attaché à). Lié d'une manière intime et nécessaire à qqch : *responsabilité inhérente à une fonction*.

INHIBÉ, E adj. et n. Qui est inhibé.

INHIBER v. t. (lat. *inhibere*, retenir). Supprimer ou ralentir toute possibilité de réaction, toute activité. ‖ Suspendre un processus physiologique ou psychologique.

INHIBITEUR, TRICE ou **INHIBITIF, IVE** adj. De nature à ralentir ou à arrêter un mouvement, une fonction.

INHIBITEUR n. m. *Chim.* Substance qui, à faible concentration, bloque ou retarde une réaction chimique.

INHIBITION n. f. Phénomène d'arrêt, de blocage, de ralentissement d'un processus chimique, psychologique ou physiologique. ‖ Diminution de l'activité d'un neurone, d'une fibre musculaire ou d'une cellule sécrétrice, sous l'action d'un influx nerveux ou d'une hormone.

INHOSPITALIER, ÈRE adj. Qui n'est pas accueillant : *rivage inhospitalier*.

INHUMAIN, E adj. Qui manque d'humanité, de générosité; cruel, impitoyable : *traitement inhumain; loi inhumaine*.

INHUMAINEMENT adv. De façon inhumaine.

INHUMANITÉ n. f. Cruauté indigne d'un homme.

INHUMATION n. f. Action d'inhumer.

INHUMER v. t. (lat. *inhumare*; de *humus*, terre). Mettre en terre, avec certaines cérémonies, un corps humain.

INIMAGINABLE adj. Qui dépasse tout ce qu'on pourrait imaginer, extraordinaire, incroyable.

INIMITABLE adj. Qui ne peut être imité.

INIMITÉ, E adj. Qui n'a pas été imité.

INIMITIÉ n. f. (lat. *inimicitia*). Sentiment durable d'hostilité, haine, aversion.

ININFLAMMABLE adj. Qui ne peut s'enflammer : *gaz ininflammable*.

ININTELLIGEMMENT adv. Sans intelligence.

ININTELLIGENCE n. f. Manque d'intelligence, de compréhension, stupidité.

ININTELLIGENT, E adj. Qui manque d'intelligence.

ININTELLIGIBILITÉ n. f. Caractère de ce qui est inintelligible.

ININTELLIGIBLE adj. Qu'on ne peut comprendre, obscur.

ININTELLIGIBLEMENT adv. De façon inintelligible.

ININTÉRESSANT, E adj. Qui est sans intérêt.

ININTERROMPU, E adj. Qui n'est pas interrompu dans l'espace ou le temps.

INIQUE adj. (lat. *iniquus*). D'une injustice grave : *juge inique; jugement inique*.

INIQUEMENT adv. De façon inique.

INIQUITÉ [inikite] n. f. Injustice grave.

INITIAL, E, AUX [inisjal, sjo] adj. (lat. *initialis*; de *initium*, début). Qui est au commencement : *vitesse initiale d'un projectile; erreur initiale*. ● *Cellules initiales*, ou *initiales* n. f. pl. (Bot.), cellules situées à l'extrémité des racines et des tiges, et qui se multiplient rapidement.

INITIALE n. f. Première lettre d'un mot, du nom, du prénom d'une personne : *signer un article de ses initiales*.

INITIALEMENT adv. Au début, à l'origine.

INITIATEUR, TRICE adj. et n. Qui initie qqn; qui prend l'initiative de qqch.

INITIATION n. f. Action de donner à qqn la connaissance de certaines choses qu'il ignorait. ‖ Dans les sociétés non industrielles, ensemble de rites de sélection ou de recrutement de privilégiés en vue de les introduire dans un groupe fermé, comme une classe d'âge pour les adolescents, une catégorie sociale comme les artisans, etc.; dans l'Antiquité orientale et gréco-romaine, ensemble de rites d'affiliation à des confréries religieuses ou des cultes à mystères; aujourd'hui, ensemble de cérémonies introduisant une personne dans des sociétés secrètes.

INITIATIQUE adj. Qui relève de l'initiation, de pratiques secrètes : *rite initiatique*.

INITIATIVE n. f. Action de celui qui propose ou qui fait le premier quelque chose : *prendre l'initiative d'une mesure*. ‖ Qualité de celui qui sait prendre les décisions nécessaires, qui agit spontanément : *avoir de l'initiative*. ● *Initiative législative*, droit de soumettre à la discussion et au vote des assemblées parlementaires le texte d'une proposition de loi (*initiative des parlementaires*) ou un projet de loi (*initiative du gouvernement*). ‖ *Initiative populaire*, droit reconnu aux citoyens de certains États de soumettre au Parlement des propositions de loi, à condition de réunir un certain nombre de signatures à l'appui de leur demande. ‖ *Prendre l'initiative*, devancer dans une affaire.

INITIÉ, E adj. et n. Qui a reçu une initiation; instruit d'un secret, d'un art.

INITIER v. t. (lat. *initiare*, commencer). Être le premier à mettre qqn au courant d'une science, d'un art, d'une profession, etc. ‖ Dans les religions anciennes, admettre à la participation de certains mystères. ‖ Admettre à la connaissance, à la participation des sociétés secrètes d'une association, d'une secte. ◆ **s'initier** v. pr. [à]. Se mettre au courant des premiers éléments d'une science.

INJECTABLE adj. Qui peut être injecté.

INJECTÉ, E adj. Coloré par l'afflux du sang : *face injectée, yeux injectés*.

INJECTER v. t. (lat. *injectare*). Introduire sous pression un liquide, un gaz dans un corps : *injecter un sérum dans le sang*. ◆ **s'injecter** v. pr. Devenir coloré par l'afflux du sang : *ses yeux s'injectèrent*.

INJECTEUR, TRICE adj. Propre aux injections.

INJECTEUR n. m. *Techn.* Appareil au moyen duquel on opère l'introduction forcée d'un fluide dans une machine ou dans un mécanisme.

INJECTIF, IVE adj. *Math.* Se dit d'une application dans laquelle un élément du second ensemble a au plus un antécédent.

INJECTION n. f. (lat. *injectio*). Action d'introduire sous pression dans un corps un liquide,

SYSTÈME D'INJECTION MÉCANIQUE AUTONOME POUR MOTEUR À EXPLOSION

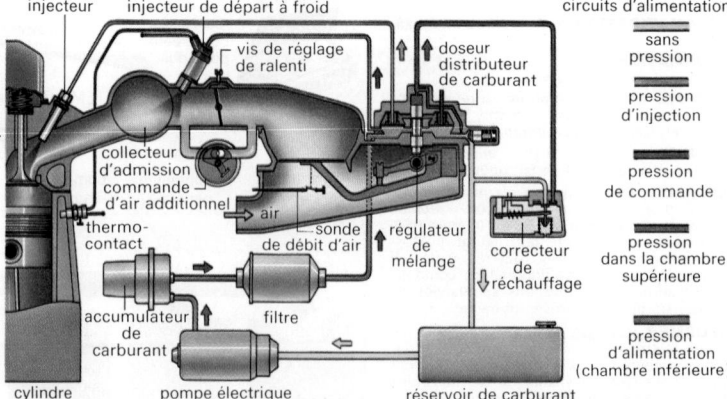

D'après doc. Bosch

injecteur · injecteur de départ à froid · circuits d'alimentation · vis de réglage de ralenti · doseur distributeur de carburant · sans pression · pression d'injection · collecteur d'admission · commande d'air additionnel · air · sonde de débit d'air · régulateur de mélange · correcteur de réchauffage · pression de commande · pression dans la chambre supérieure · thermo-contact · accumulateur de carburant · filtre · cylindre · pompe électrique · réservoir de carburant · pression d'alimentation (chambre inférieure)

un gaz, une substance pâteuse. ‖ Liquide que l'on injecte. ‖ Introduction, sous pression, de liquides dans les cavités naturelles ou dans les tissus organiques vivants ou morts : *injection de morphine.* ‖ Action de placer un engin spatial sur orbite. ‖ Instant de cette mise sur orbite. ‖ *Math.* Application injective. ● *Moteur à injection,* moteur à combustion interne, dans lequel le carburant est injecté directement dans les cylindres sans l'intermédiaire d'un carburateur.

INJONCTIF, IVE adj. et n. m. *Ling.* Syn. d'IMPÉRATIF.

INJONCTION n. f. Ordre précis, formel d'obéir sur-le-champ : *des injonctions pressantes.*

INJOUABLE adj. Qui ne peut être joué.

INJURE n. f. (lat. *injuria,* injustice). Parole offensante. ● *Injure grave* (Dr.), attitude, acte ou parole d'une personne mariée, qui, outrageant pour son conjoint, constitue un motif de divorce ou de séparation de corps.

INJURIER v. t. Offenser par des injures, insulter.

INJURIEUSEMENT adv. De façon injurieuse.

INJURIEUX, EUSE adj. Qui porte atteinte à la réputation, à la dignité de qqn; outrageant, offensant : *soupçon injurieux.*

INJUSTE adj. Qui va à l'encontre de la justice, de l'équité, injustifié : *société injuste; soupçon injuste.*

INJUSTEMENT adv. De façon injuste.

INJUSTICE n. f. Caractère de ce qui est injuste; chose injuste : *réparer une injustice.*

INJUSTIFIABLE adj. Qu'on ne saurait justifier, indéfendable, insoutenable.

INJUSTIFIÉ, E adj. Qui n'est pas ou n'a pas été justifié.

INLANDSIS [inlɑ̃dsis] n. m. (mot scandin.). Type de glacier, surtout représenté dans les régions polaires, formant une vaste coupole masquant le relief sous-jacent.

INLASSABLE adj. Qu'on ne peut lasser.

INLASSABLEMENT adv. De façon inlassable.

INLAY [inlɛ] n. m. (mot angl., *incrustation*). Bloc métallique coulé, inclus dans une cavité dentaire qu'il sert à obturer, reconstituant ainsi la forme anatomique de la dent.

INNÉ, E adj. (lat. *innatus*). Qui existe dès la naissance. ‖ Qui appartient au caractère fondamental de qqn : *avoir le sens inné de la justice.* ● *Idées innées* (Philos.), selon les cartésiens, idées potentielles en notre esprit dès notre naissance, comme celles de Dieu, de l'âme ou du corps (par oppos. aux IDÉES ADVENTICES* et aux IDÉES FACTICES*).

INNÉISME n. m. Doctrine philosophique fondée sur la croyance aux idées innées.

INNÉISTE n. et adj. Partisan de l'innéisme.

INNÉITÉ n. f. Caractère de ce qui est inné.

INNERVATION n. f. Mode de distribution des nerfs dans un tissu ou dans un organe.

INNERVER v. t. Atteindre un organe, en parlant d'un nerf : *le grand hypoglosse innerve la langue.*

INNOCEMMENT [inɔsamɑ̃] adv. Avec innocence, sans vouloir mal faire.

INNOCENCE n. f. Absence de culpabilité : *proclamer l'innocence d'un accusé.* ‖ Pureté de qqn qui ignore le mal. ‖ Naïveté, simplicité d'esprit, candeur : *abuser de l'innocence de qqn.* ● *En toute innocence,* en toute franchise, en toute simplicité.

INNOCENT, E adj. et n. (lat. *innocens*). Qui n'est pas coupable : *l'accusé est innocent.* ‖ Qui ignore le mal; pur et candide : *âme innocente.* ‖ Qui est crédule, naïf : *vous êtes bien innocent de le croire.* ● *Saints Innocents,* enfants de Bethléem massacrés sur l'ordre d'Hérode, qui espérait faire périr avec eux l'Enfant Jésus. ◆ adj. Qui est sans danger, inoffensif : *manie innocente, railleries innocentes.*

INNOCENTER v. t. Déclarer innocent, excuser : *innocenter un inculpé; innocenter la conduite de son fils.*

INNOCUITÉ [inɔkɥite] n. f. (lat. *innocuus,* qui n'est pas nuisible). Qualité, caractère d'une chose qui n'est pas nuisible.

INNOMBRABLE adj. Qui ne peut se compter, très nombreux.

INNOMÉ, E ou **INNOMMÉ, E** adj. Qui n'a pas encore reçu de nom. ● *Contrats innomés* (Dr. rom.), ceux qui n'avaient pas reçu du droit civil de dénomination particulière.

INNOMINÉ, E adj. (lat. *innominatus*). *Os innominé,* os iliaque.

INNOMMABLE adj. Trop vil, trop dégoûtant pour être nommé; inqualifiable : *crime innommable.*

INNOVATEUR, TRICE adj. et n. Qui innove.

INNOVATION n. f. Introduction de quelque nouveauté dans le gouvernement, les mœurs, une science, l'organisation d'une entreprise, etc.; changement, création.

INNOVER v. i. et t. (lat. *innovare;* de *novus,* nouveau). Introduire une chose nouvelle pour remplacer qqch d'ancien.

INOBSERVABLE adj. Qui ne peut être exécuté : *recommandations inobservables.*

INOBSERVANCE n. f. Attitude d'une personne qui n'observe pas des prescriptions religieuses ou morales.

INOBSERVATION n. f. Fait de ne pas observer les lois, les règlements, ses engagements.

INOBSERVÉ, E adj. Qui n'a pas été observé.

INOCCUPATION n. f. *Litt.* État d'une personne ou d'une chose inoccupée.

INOCCUPÉ, E adj. Sans occupation, oisif. ‖ Qui n'est pas habité : *logement inoccupé.*

IN-OCTAVO [inɔktavo] adj. et n. m. inv. (lat. *in,* en, et *octavus,* huitième). Se dit d'une feuille d'impression qui, ayant été pliée trois fois, forme 8 feuillets ou 16 pages. ‖ Se dit d'un format ainsi obtenu; livre de ce format. (On écrit aussi IN-8° ou IN-8.)

INOCULABLE adj. Qui peut être inoculé : *la rage est inoculable.*

INOCULATION n. f. *Méd.* Introduction dans l'organisme d'un germe vivant, d'un virus, d'un venin, d'un vaccin, d'un sérum.

INOCULER v. t. (lat. *inoculare,* greffer). Communiquer un virus, un vaccin, etc., par inoculation. ‖ Transmettre par contagion morale; communiquer : *inoculer une doctrine.* ◆ s'inoculer v. pr. Se transmettre par inoculation.

INOCYBE [inɔsib] n. m. Champignon basidiomycète, de couleur ocre.

INODORE adj. (lat. *inodorus*). Sans odeur.

INOFFENSIF, IVE adj. Qui ne présente pas de danger : *animal inoffensif; remède inoffensif.*

INONDABLE adj. Qui peut être inondé.

INONDATION n. f. Débordement des eaux, recouvrant une étendue de pays.

INONDÉ, E adj. et n. Qui a souffert d'une inondation.

INONDER v. t. (lat. *inundare*). Couvrir d'eau un terrain, un lieu. ‖ Mouiller, tremper : *inonder de ses larmes.* ‖ Affluer au point d'envahir complètement, remplir qqch entièrement : *inonder un pays de produits étrangers.*

INOPÉRABLE adj. Qui ne peut subir une opération chirurgicale.

INOPÉRANT, E adj. Qui est sans effet, inefficace : *mesures inopérantes.*

INOPINÉ, E adj. (lat. *inopinatus*). Qui arrive sans qu'on y ait pensé; imprévu, inattendu.

INOPINÉMENT adv. De façon inopinée.

INOPPORTUN, E adj. Qui n'est pas opportun, non à propos, prématuré, importun.

INOPPORTUNÉMENT adv. De façon inopportune : *arriver inopportunément.*

INOPPORTUNITÉ n. f. Caractère de ce qui n'est pas opportun.

INOPPOSABILITÉ n. f. *Dr.* Nature d'un acte dont les tiers peuvent écarter les effets.

INOPPOSABLE adj. *Dr.* Qui ne peut pas être opposé.

INORGANIQUE adj. *Chimie inorganique,* syn. de CHIMIE MINÉRALE.

INORGANISABLE adj. Qu'on ne peut pas organiser.

INORGANISATION n. f. Manque d'organisation de qqch, désordre.

INORGANISÉ, E adj. Qui n'est pas organisé. ◆ adj. et n. Qui n'appartient pas à un parti, à un syndicat.

INOUBLIABLE adj. Que l'on ne peut oublier.

INOUÏ, E [inwi] adj. (*in* priv., et lat. *auditus,* entendu). Tel qu'on n'a jamais entendu rien de pareil, incroyable, extraordinaire.

INOXYDABLE adj. Qui résiste à l'oxydation.

IN PARTIBUS [inpartibys] loc. adj. (mots lat., *dans les pays* [*des infidèles*]). Se disait autrefois d'un évêque ayant reçu en titre, mais sans juridiction réelle, un siège épiscopal supprimé du fait de la disparition du christianisme en pays infidèle ou schismatique.

IN PETTO [inpɛto] loc. adv. (mots it., *dans le cœur*). À part soi, intérieurement, en secret : *protester in petto.* ● *Cardinal in petto,* cardinal dont le pape se réserve de publier ultérieurement la nomination.

IN-PLANO [inplano] adj. et n. m. inv. (mots lat., *en plan*). Se dit d'une feuille d'impression ne formant qu'un feuillet ou deux pages. ‖ Se dit du format obtenu avec cette feuille; livre du format in-plano.

INPUT n. m. *Écon.* Syn. de INTRANT.

INQUALIFIABLE adj. Qui ne peut être qualifié assez sévèrement, indigne, innommable.

IN-QUARTO [inkwarto] adj. et n. m. inv. (mots lat., *en quart*). Se dit d'une feuille d'impression qui, ayant été pliée deux fois, forme 4 feuillets ou 8 pages. ‖ Se dit du format obtenu avec cette feuille; livre de ce format. (On écrit aussi IN-4°.)

INQUIET, ÈTE adj. (lat. *inquietus*). Qui est agité par la crainte, l'inquiétude : *être inquiet sur la santé de qqn.* ‖ Qui témoigne de l'appréhension : *regard inquiet.*

INQUIÉTANT, E adj. Qui cause de l'inquiétude : *un état inquiétant.*

INQUIÉTER v. t. (conj. **5**). Rendre inquiet, alarmer : *cette nouvelle m'inquiète.* ◆ s'inquiéter v. pr. Se préoccuper, se soucier de, s'alarmer : *il s'inquiète de tout.*

INQUIÉTUDE n. f. Trouble, état pénible causé par la crainte, l'appréhension d'un danger.

INQUISITEUR, TRICE adj. Qui révèle à des investigations, qui cherche à découvrir les pensées cachées : *regard inquisiteur.* ◆ n. m. Membre d'un tribunal de l'Inquisition.

INQUISITION n. f. (lat. *inquisitio;* de *inquirere,* rechercher). *Litt.* Recherche, perquisition rigoureuse mêlée d'arbitraire. ‖ *Hist.* Tribunal ecclésiastique chargé de réprimer l'hérésie. (Prend une majuscule en ce sens.)

INQUISITOIRE adj. *Dr.* Se dit du système de procédure où celle-ci est dirigée par le juge.

INQUISITORIAL, E, AUX adj. Se dit de tout acte arbitraire : *mesure inquisitoriale.* ‖ Relatif à l'Inquisition.

INRACONTABLE adj. Que l'on ne peut raconter.

INSAISISSABILITÉ n. f. *Dr.* Caractère de ce qui est insaisissable.

INSAISISSABLE adj. Qui ne peut être appréhendé : *voleur insaisissable.* ‖ Qui ne peut être compris, apprécié, perçu : *différence insaisissable.* ‖ *Dr.* Que la loi défend de saisir.

INSALIFIABLE adj. *Chim.* Qui ne peut fournir un sel : *base insalifiable.*

INSALISSABLE adj. Qui ne peut se salir.

INSALIVATION n. f. *Physiol.* Imprégnation des aliments par la salive.

INSALUBRE adj. Malsain, nuisible à la santé : *logement insalubre.*

INSALUBRITÉ n. f. État de ce qui est insalubre : *insalubrité d'un climat.*

INSANE [ɛ̃san] adj. (lat. *insanus*). *Litt.* Déraisonnable, fou.

INSANITÉ n. f. Parole, action qui dénote un manque de jugement, de bon sens; sottise.

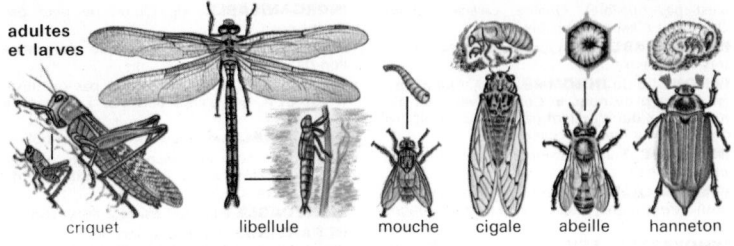

adultes et larves

criquet   libellule   mouche   cigale   abeille   hanneton

INSECTES

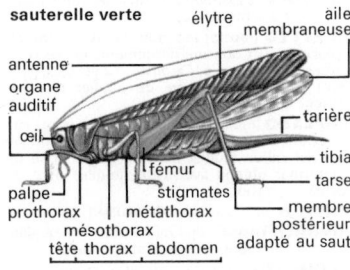

sauterelle verte

élytre — aile membraneuse
antenne
organe auditif
œil
tarière
tibia
fémur
tarse
palpe
stigmates
prothorax
membre postérieur adapté au saut
mésothorax   métathorax
tête thorax abdomen

INSATIABILITÉ n. f. *Litt.* Appétit excessif, désir immodéré, avidité : *l'insatiabilité des richesses.*

INSATIABLE [ɛ̃sasjabl] adj. (lat. *insatiabilis*; de *satiare*, rassasier). Qui ne peut être rassasié, avide : *soif insatiable de l'or.*

INSATIABLEMENT adv. De façon insatiable.

INSATISFACTION n. f. Manque de satisfaction, mécontentement.

INSATISFAISANT, E adj. Qui ne satisfait pas, insuffisant.

INSATISFAIT, E adj. Qui n'est pas satisfait.

INSATURÉ, E adj. *Chim.* Non saturé.

INSCRIPTIBLE adj. Qui peut être inscrit. ‖ *Math.* Que l'on peut inscrire dans un périmètre ou dans une surface donnés, particulièrement dans un cercle ou dans une sphère.

INSCRIPTION n. f. (lat. *inscriptio*). Caractères gravés ou peints sur le métal, la pierre, etc., pour consacrer un souvenir : *inscription cunéiforme.* (V. ÉPIGRAPHIE.) ‖ Action d'inscrire qqn, qqch : *inscription d'un étudiant à l'université; inscription d'un nom sur une tombe.* ‖ *Inscription de faux,* procédure dirigée contre la véracité d'un acte authentique. ‖ *Inscription hypothécaire,* mention faite, aux registres du conservateur des hypothèques, de l'hypothèque dont une propriété est grevée. ‖ *Inscription maritime,* ancienne institution française destinée à recenser les marins professionnels et qui est devenue en 1967 l'Administration des affaires* maritimes.

INSCRIRE v. t. (lat. *inscribere*, écrire sur) [conj. **65**]. Écrire sur un registre, sur une liste, graver sur la pierre, le métal de manière durable : *inscrire une adresse dans un carnet.* ‖ *Math.* Tracer une figure à l'intérieur d'une autre. ◆ **s'inscrire** v. pr. Écrire son nom sur un registre, sur une liste de souscription. ‖ Entrer dans un groupe, un organisme, un parti, un établissement. ‖ Être placé au milieu d'autres choses, se situer : *les négociations s'inscrivent dans le cadre de la diplomatie secrète.* ● *S'inscrire en faux contre qqch,* le nier; en droit, soutenir en justice qu'une pièce produite par la partie adverse est fausse.

INSCRIT, E adj. *Math.* Se dit d'un polygone dont tous les sommets sont sur une courbe donnée, ou d'une courbe tangente à tous les côtés d'un polygone donné. ● *Angle inscrit,* angle dont le sommet se trouve sur la circonférence d'un cercle.

INSCRIT n. m. Personne inscrite sur une liste : *nombre d'inscrits sur la liste électorale n'ayant*

pas voté. ● *Inscrit maritime,* marin français se livrant professionnellement à la navigation, et immatriculé comme tel sur les registres de l'Administration des affaires maritimes.

INSCRIVANT, E n. *Dr.* Personne qui requiert l'inscription d'une hypothèque.

INSCULPER [ɛ̃skylpe] v. t. (lat. *insculpere*). *Techn.* Marquer d'un poinçon.

INSÉCABILITÉ n. f. Caractère de ce qui est insécable.

INSÉCABLE adj. Qui ne peut être coupé ou partagé.

INSECTARIUM [ɛ̃sɛktarjɔm] n. m. Établissement où l'on élève et conserve les insectes.

INSECTE n. m. (lat. *insectus*, coupé). Animal invertébré de l'embranchement des arthropodes, dont le corps est entouré d'une cuticule chitineuse et formé de trois parties : la *tête,* avec deux antennes, deux yeux composés et six pièces buccales; le *thorax,* avec trois paires de pattes et, souvent, deux paires d'ailes; l'*abdomen,* annelé et portant des orifices, ou stigmates, où arrivent les trachées respiratoires. ● *Insectes sociaux,* espèces d'insectes (abeilles, guêpes, fourmis, termites) vivant en groupes nombreux et caractérisés par l'existence de *castes* d'adultes stériles (ouvrières, soldats) ainsi que par la construction d'un nid collectif. ■ La classe des insectes comporte plus d'un million d'espèces, que l'on rencontre dans tous les milieux. Certains présentent des métamorphoses complètes (avec un stade de nymphe), d'autres des métamorphoses incomplètes (pas de nymphe entre la larve et l'adulte).

INSECTICIDE adj. et n. m. Se dit d'un produit qui détruit les insectes nuisibles.

INSECTIVORE adj. Se dit d'un animal qui se nourrit principalement ou exclusivement d'insectes, comme le lézard, l'hirondelle.

INSECTIVORE n. m. Mammifère de petite taille, à dents nombreuses, petites et pointues, comme le *hérisson,* la *taupe,* le *galéopithèque,* qui se nourrissent notamment d'insectes. (Les *insectivores* forment un ordre.)

INSÉCURITÉ n. f. Manque de sécurité.

IN-SEIZE [insɛz] adj. et n. m. inv. Se dit d'une feuille d'impression qui, ayant été pliée 4 fois, forme 16 feuillets ou 32 pages. ‖ Se dit du format obtenu avec cette feuille; livre de format in-seize. (On écrit aussi IN-16.)

INSELBERG [insɛlbɛrg] n. m. (mot all., *montagne-île*). Dans les régions tropicales, butte qui se dresse au-dessus de plaines d'érosion.

INSÉMINATEUR, TRICE adj. et n. Qui pratique une insémination.

INSÉMINATION n. f. Dépôt de la semence du mâle dans les voies génitales de la femelle. ● *Insémination artificielle,* technique permettant la fécondation d'une femelle en dehors de tout rapport sexuel, par dépôt dans les voies génitales de semence prélevée sur un mâle. (Elle est très utilisée dans l'élevage bovin.)

INSÉMINER v. t. Procéder à l'insémination artificielle.

INSENSÉ, E adj. et n. Qui a perdu la raison ou qui marque cet état; fou, extravagant : *propos insensés.*

INSENSIBILISATION n. f. Anesthésie locale.

INSENSIBILISER v. t. Rendre insensible : *insensibiliser un malade que l'on veut opérer.*

INSENSIBILITÉ n. f. Manque de sensibilité physique ou morale.

INSENSIBLE adj. Qui n'éprouve pas les sensations habituelles : *être insensible au froid.* ‖ Qui n'est point touché de pitié, indifférent, dur : *cœur insensible.* ‖ Imperceptible, progressif : *progrès insensible.*

INSENSIBLEMENT adj. De façon insensible, peu à peu.

INSÉPARABLE adj. et n. Intimement uni : *des amis inséparables.* ◆ adj. Qui ne peut être séparé, en parlant des choses.

INSÉPARABLEMENT adv. De façon à ne pouvoir être séparés.

INSÉRABLE adj. Qui peut être inséré.

INSÉRER v. t. (lat. *inserere*, introduire) [conj. **5**]. Introduire, faire entrer, placer une chose parmi d'autres, intercaler, intégrer : *insérer un feuillet dans un livre.* ● *Prière d'insérer,* formule imprimée, contenant des indications sur un ouvrage, et qui est jointe à celui-ci. ◆ **s'insérer** v. pr. Trouver place, se placer, se situer : *la fiction s'insère parfois dans le réel.* ‖ S'introduire, s'intégrer : *les nouveaux immigrés se sont bien insérés dans la population.*

INSERMENTÉ [ɛ̃sɛrmɑ̃te] adj. et n. m. *Prêtre insermenté* (Hist.), syn. de PRÊTRE RÉFRACTAIRE.

INSERT [ɛ̃sɛr] n. m. (mot angl., *ajout*). *Cin.* Gros plan destiné à mettre en valeur un détail. ‖ *Télév.* Séquence intercalée dans une autre séquence filmée en direct. ‖ Conversation téléphonique introduite dans une émission radiophonique.

INSERTION n. f. Action d'insérer, d'intégrer : *insertion d'une annonce dans un journal; l'insertion des immigrés.* ‖ Attache d'une partie sur une autre : *l'insertion des feuilles sur la tige.*

INSIDIEUSEMENT adv. De façon insidieuse.

INSIDIEUX, EUSE adj. (lat. *insidiosus;* de *insidiae,* embûches). Qui constitue un piège, une tromperie : *une question insidieuse.* ‖ *Méd.* Se dit de maladies à début progressif, et dont les symptômes n'apparaissent que lorsque l'affection a déjà évolué. ● *Odeur insidieuse,* qui pénètre insensiblement.

INSIGHT [insajt] n. m. (mot angl., *intuition*). *Psychol.* Intuition du sujet qui se manifeste par une diminution brusque du nombre d'erreurs commises dans le processus d'apprentissage. ‖ Intuition.

INSIGNE adj. (lat. *insignis*). *Litt.* Remarquable, éclatant : *faveur insigne.*

INSIGNE n. m. (lat. *insigne,* signe, marque). Marque extérieure d'une dignité, d'une fonction : *insigne de pilote, de grade,* etc. ‖ Signe distinctif des membres d'une association.

INSIGNIFIANCE n. f. État de ce qui est insignifiant, sans valeur.

INSIGNIFIANT, E adj. Sans importance, sans valeur : *somme insignifiante.*

INSINCÉRITÉ n. f. Manque de sincérité.

INSINUANT, E adj. Qui a le talent, la propriété de s'insinuer; indirect : *manières insinuantes.*

INSINUATION n. f. Manière subtile de faire accepter ses pensées : *procéder par insinuation.* ‖ Ce que l'on fait entendre en insinuant, allusion : *une insinuation mensongère.*

INSINUER v. t. (lat. *insinuare;* de *in,* dans, et *sinus,* repli). Faire entendre d'une manière détournée, adroitement, sans le dire expressément : *que voulez-vous insinuer?* ◆ **s'insinuer** v. pr. S'introduire, se glisser, se faire admettre avec adresse : *s'insinuer dans les bonnes grâces de qqn.* ‖ S'infiltrer; pénétrer doucement : *l'eau s'est insinuée dans les fentes.*

INSIPIDE adj. (*in* priv., et lat. *sapidus,* qui a du goût). Qui n'a pas de saveur, de goût : *l'eau est insipide.* ‖ Sans agrément, ennuyeux : *conversation insipide; auteur insipide.*

INSIPIDITÉ n. f. État de ce qui est insipide.

INSISTANCE n. f. Action d'insister, obstination.

INSISTANT, E adj. Qui insiste, pressant.

INSISTER v. i. (lat. *insistere*, s'attacher à). Persévérer à demander qqch : *insister pour être reçu.* ‖ Appuyer, souligner avec force : *insister sur un point.*

IN SITU [insity] loc. adv. (loc. lat.). Dans son milieu naturel : *étudier une roche in situ.*

INSOLATION n. f. (lat. *insolatio*). Action des rayons du soleil qui frappent un objet. ‖ *Méd.* État pathologique provoqué par une exposition trop longue à un soleil ardent. ‖ *Météor.* Syn. de ENSOLEILLEMENT. ‖ *Phot.* Exposition d'une substance photosensible à la lumière.

INSOLEMMENT [ɛ̃sɔlamɑ̃] adv. Avec insolence.

INSOLENCE n. f. (lat. *insolentia*, inexpérience). Effronterie, hardiesse excessive, manque de respect : *une réponse qui va jusqu'à l'insolence.* ‖ Parole, action insolente.

INSOLENT, E adj. et n. (lat. *insolens*). Qui manque de respect, effronté, inconvenant : *insolent au dernier point.* ‖ Qui est d'un orgueil offensant qui a le caractère d'un défi : *rival insolent; joie insolente.*

INSOLER v. t. Exposer une substance photosensible à la lumière.

INSOLITE [ɛ̃sɔlit] adj. (lat. *insolitus; de solere,* être habituel). Contraire à l'usage, aux règles, à l'habitude : *une expression insolite.*

INSOLUBILISER v. t. Rendre insoluble.

INSOLUBILITÉ n. f. État de ce qui est insoluble.

INSOLUBLE adj. Qui ne peut être dissous : *la résine est insoluble dans l'eau.* ‖ Qu'on ne peut résoudre : *problème insoluble.*

INSOLVABILITÉ n. f. *Dr.* État de la personne ou de la société qui n'a pas les moyens de faire face à ses engagements.

INSOLVABLE adj. et n. Qui n'a pas de quoi payer : *débiteur insolvable.*

INSOMNIAQUE ou **INSOMNIEUX, EUSE** adj. et n. Qui souffre d'insomnie.

INSOMNIE [ɛ̃sɔmni] n. f. (*in* priv., et lat. *somnus*, sommeil). Privation, absence de sommeil. (L'insomnie peut être caractérisée par une difficulté à s'endormir ou par des réveils fréquents ou prolongés au cours de la nuit.)

INSONDABLE adj. Qu'on ne peut sonder : *gouffre insondable.* ‖ Qu'on ne peut pénétrer : *mystère insondable.*

INSONORE adj. Qui n'est pas sonore. ‖ Qui étouffe les bruits.

INSONORISATION n. f. Action d'insonoriser.

INSONORISER v. t. Aménager une salle, un local pour les soustraire aux bruits extérieurs.

INSONORITÉ n. f. Manque de sonorité.

INSOUCIANCE n. f. Caractère de celui qui est insouciant; indifférence.

INSOUCIANT, E adj. Qui ne se soucie, ne s'inquiète de rien.

INSOUCIEUX, EUSE adj. *Litt.* Qui n'a pas de souci : *insoucieux du lendemain.*

INSOUMIS, E adj. Non soumis.

INSOUMIS n. m. Personne, militaire en état d'insoumission.

INSOUMISSION n. f. Défaut de soumission. ‖ Infraction commise par une personne astreinte aux obligations du service national et qui n'a pas répondu à une convocation régulièrement notifiée.

INSOUPÇONNABLE adj. Qu'on ne peut soupçonner.

INSOUPÇONNÉ, E adj. Qui n'est pas soupçonné.

INSOUTENABLE adj. Qu'on ne peut supporter, indéfendable, horrible : *spectacle insoutenable.*

INSPECTER [ɛ̃spɛkte] v. t. (lat. *inspectare*, examiner). Examiner avec soin pour contrôler, vérifier : *les douaniers ont inspecté mes bagages.* ‖ Observer attentivement : *inspecter l'horizon.*

INSPECTEUR, TRICE n. Titre donné aux agents de divers services publics et à certains officiers généraux chargés d'une mission de surveillance et de contrôle : *inspecteur des ponts et chaussées, du travail, des contributions,* de l'infanterie, etc. ● *Inspecteur de police,* fonctionnaire de police en civil chargé de missions d'investigation et de renseignements.

INSPECTION n. f. Action de surveiller, de contrôler. ‖ Fonction d'inspecteur. ‖ Corps de fonctionnaires ayant pour mission de surveiller, de contrôler : *inspection générale des Finances, de la Sécurité sociale; inspection des monuments historiques.*

INSPECTORAT n. m. Charge d'inspecteur.

INSPIRANT, E adj. Propre à inspirer.

INSPIRATEUR, TRICE adj. et n. Qui inspire, donne des suggestions, des conseils; instigateur. ◆ adj. Qui sert à l'inspiration : *muscles inspirateurs.*

INSPIRATION n. f. Action de faire pénétrer de l'air dans ses poumons. ‖ Conseil, suggestion; idée brusque : *agir par l'inspiration de...* ‖ Influence divine ou surnaturelle par laquelle l'homme aurait la révélation de ce qu'il doit dire ou faire : *inspiration divine; inspiration des prophètes.* ‖ Enthousiasme créateur : *poète sans inspiration.* ‖ Influence exercée sur une œuvre artistique ou littéraire : *château d'inspiration classique.*

INSPIRATOIRE adj. Relatif à l'inspiration de l'air pulmonaire.

INSPIRÉ, E adj. et n. Qui agit sous l'influence d'une inspiration religieuse, poétique, qui manifeste cette influence. ● *Bien, mal inspiré,* qui a une bonne, une mauvaise idée.

INSPIRER v. t. (lat. *inspirare*, souffler dans). Faire pénétrer dans la poitrine : *inspirer de l'air.* ‖ Faire naître dans le cœur, dans l'esprit un sentiment, une pensée, un dessein : *inspirer le respect, de la haine.* ‖ Faire naître l'enthousiasme créateur : *la Muse inspirent les poètes.* ◆ **s'inspirer** v. pr. [**de**]. Se servir des idées de qqn, tirer ses idées de qqch : *s'inspirer de ses lectures.*

INSTABILITÉ n. f. Caractère de ce qui est instable : *instabilité des choses humaines.* ● *Instabilité psychomotrice* (Psychol.), trait de personnalité caractérisé par une insuffisance du contrôle de la motricité et une grande labilité de l'attention et des émotions.

INSTABLE adj. Qui manque de solidité, de stabilité. ‖ Se dit d'un équilibre détruit par la moindre perturbation, d'une combinaison chimique pouvant se décomposer spontanément. ◆ adj. et n. Qui n'a pas de suite dans les idées. ‖ *Psychol.* Qui souffre d'instabilité psychomotrice ou caractérielle.

INSTALLATEUR n. m. Spécialiste assurant l'installation d'un appareil (chauffage central, appareils sanitaires, etc.).

INSTALLATION n. f. Action par laquelle on installe ou on est installé : *installation d'un magistrat.* ‖ Mise en place d'un appareil, d'un réseau électrique, téléphonique, etc. : *procéder à l'installation du chauffage central.* ‖ Ensemble de ces appareils, de ce réseau : *réparer l'installation électrique.* ‖ *Art contemp.* Syn. de ENVIRONNEMENT.

INSTALLER v. t. (lat. médiév. *installare; de stallum,* stalle). Mettre solennellement en possession d'une dignité, d'un emploi, etc. : *installer le président du tribunal.* ‖ Établir qqn dans un lieu pour un certain temps : *installer sa famille en province.* ‖ Mettre en place, disposer, aménager : *installer un moteur, un appartement.* ● *Être installé,* être parvenu à une situation qui assure l'aisance et le confort. ◆ **s'installer** v. pr. S'établir en un endroit, y établir sa résidence : *s'installer à Paris.*

INSTAMMENT adv. De façon instante.

INSTANCE n. f. (lat. *instantia; de instare,* presser vivement). Prière, demande pressante : *céder aux instances de qqn.* ‖ (Souvent au pl.) Organisme, service qui a un pouvoir de décision : *les instances dirigeantes du parti socialiste.* ‖ *Dr.* Série des actes d'une procédure allant de la demande jusqu'au jugement : *introduire une instance.* ‖ Dans une formation sociale, structure particulière, qui est en relation avec les autres structures, et dans laquelle s'exerce une pratique spécifique. ‖ *Psychanal.* Terme générique désignant une structure de l'appareil psychique.

INSTANT, E adj. (lat. *instans*). *Litt.* Pressant : *prières instantes.*

INSTANT [ɛ̃stɑ̃] n. m. Moment très court : *il n'est resté qu'un instant.* ● *À chaque instant,* continuellement. ‖ *À l'instant, dans l'instant,* à l'heure même, tout de suite. ‖ *Dans un instant,* bientôt. ‖ *Un instant!,* attendez un peu. ◆ loc. conj. *Dès l'instant que,* puisque.

INSTANTANÉ, E adj. Qui se produit soudainement : *mort presque instantanée.*

INSTANTANÉ n. m. Cliché photographique obtenu par une exposition de très courte durée.

INSTANTANÉITÉ n. f. Qualité de ce qui est instantané.

INSTANTANÉMENT adv. De façon instantanée, immédiatement.

INSTAR DE (À L') loc. prép. (lat. *ad instar,* à la ressemblance). *Litt.* À la manière, à l'exemple de : *à l'instar de ses parents.*

INSTAURATEUR, TRICE n. *Litt.* Personne qui établit qqch pour la première fois.

INSTAURATION n. f. *Litt.* Établissement : *l'instauration d'un gouvernement.*

INSTAURER v. t. (lat. *instaurare*). Établir les bases, fonder, organiser : *instaurer une cour martiale.*

INSTIGATEUR, TRICE n. Celui, celle qui pousse à faire une chose, dirigeant, inspirateur : *l'instigateur d'un complot.*

INSTIGATION n. f. (lat. *instigatio; de instigare,* pousser). Action de pousser qqn à faire qqch, incitation : *obéir aux instigations de qqn.*

INSTIGUER v. t. En Belgique, pousser qqn à faire qqch.

INSTILLATION n. f. Action d'instiller.

INSTILLER [ɛ̃stile] v. t. (lat. *instillare; de stilla,* goutte). Verser goutte à goutte.

INSTINCT [ɛ̃stɛ̃] n. m. (lat. *instinctus*, impulsion). Impulsion naturelle, intuition, sentiment spontané. ‖ *Éthol.* Déterminant héréditaire du comportement caractéristique de l'espèce. ‖ *Psychanal.* Syn. de PULSION. ● *D'instinct,* par instinct, par le mouvement naturel, irréfléchi : *il a agi plutôt par instinct que par raison.*

INSTINCTIF, IVE adj. et n. Qui est poussé par l'instinct. ◆ adj. Qui naît de l'instinct, irréfléchi, inconscient : *mouvement instinctif.*

INSTINCTIVEMENT adv. Par instinct.

INSTINCTUEL, ELLE adj. *Psychol.* Qui se rapporte à l'instinct.

INSTITUER v. t. (lat. *instituere,* établir). Établir une chose nouvelle, fonder, instaurer : *Richelieu institua l'Académie française.* ● *Instituer un héritier* (Dr.), nommer un héritier par testament.

INSTITUT n. m. (lat. *institutum; de instituere,* établir). Nom de certains établissements de recherche scientifique, d'enseignement : *Institut océanographique.* ‖ Titre porté par les congrégations instituées selon les règles canoniques, spécialement celles dont les membres ne sont pas prêtres. ● *Institut de beauté,* établissement où l'on dispense les soins du visage et du corps à des fins esthétiques. ‖ *Institut d'émission,* en France, la Banque de France. ‖ *Institut universitaire de technologie* (I. U. T.), établissement d'enseignement assurant la formation de techniciens supérieurs.

INSTITUTEUR, TRICE n. Personne qui enseigne en maternelle et dans l'enseignement primaire.

INSTITUTION n. f. Action d'instituer, d'établir : *institution d'un ordre religieux.* ‖ Établissement d'enseignement privé : *une institution de jeunes filles.* ‖ *Dr.* Ensemble des organismes et des règles établis en vue de la satisfaction d'intérêts collectifs : *l'État, le Parlement, une fondation, la tutelle, la prescription, la faillite sont des institutions.* ● *Institution contractuelle* (Dr.), clause incluse dans un contrat de mariage, par laquelle une personne promet de laisser sa succession aux époux ou à l'un d'entre eux, lors de son décès. (Cette promesse peut également avoir lieu entre époux.) ◆ pl. Lois fondamentales d'un pays : *les institutions démocratiques.*

INSTITUTIONNALISATION n. f. Action d'institutionnaliser.

INSTITUTIONNALISER v. t. Donner un caractère institutionnel.

INSTITUTIONNALISME n. m. Tendance à multiplier les institutions, les organismes de contrôle, etc., notamment dans les domaines politique et économique.

INSTITUTIONNEL, ELLE adj. Relatif aux institutions. ● *Analyse institutionnelle* (Psychol.), analyse que mène en permanence un collectif sur son fonctionnement. || *Pédagogie institutionnelle*, mouvement pédagogique qui intègre à la vie coopérative de la classe une perspective psychosociologique et une perspective psychanalytique. || *Psychothérapie institutionnelle* (Psychiatr.), pratique psychiatrique hospitalière qui préconise un abord collectif pluridimensionnel de la maladie mentale.

INSTRUCTEUR n. et adj. m. Gradé chargé de faire l'instruction militaire. ● *Juge instructeur*, juge chargé d'instruire un procès.

INSTRUCTIF, IVE adj. Qui apporte des connaissances : *conversation, lecture instructive*.

INSTRUCTION n. f. (lat. *instructio*). Action d'instruire, de donner des connaissances nouvelles, enseignement : *en France, l'instruction primaire est gratuite, laïque et obligatoire.* || Savoir, connaissance, culture : *avoir de l'instruction.* || Dr. Procédure qui met une affaire, un procès en état d'être jugée. || *Inform.* Dans un ordinateur, ordre codé dont l'interprétation entraîne l'exécution d'une opération élémentaire de type déterminé. (Une suite d'instructions constitue un programme.) ● *Instruction militaire*, formation donnée aux militaires et notamment aux recrues. || *Instruction publique*, instruction donnée par l'État. || *Instruction préparatoire*, phase de la procédure pénale au cours de laquelle le juge d'instruction apprécie les preuves de la culpabilité du prévenu. ◆ pl. Ordres, explications pour la conduite d'une affaire, d'une entreprise : *se conformer rigoureusement aux instructions données.*

INSTRUIRE v. t. (lat. *instruere*, bâtir) [conj. 64]. Former l'esprit de qqn en lui donnant des connaissances nouvelles : *ce livre m'a beaucoup instruit.* || Donner connaissance de qqch, mettre au courant : *instruisez-moi de ce qui se passe.* ● *Instruire une cause, une affaire* (Dr.), la mettre en état d'être jugée. ◆ **s'instruire** v. pr. Développer ses connaissances, étudier.

INSTRUIT, E adj. Qui a des connaissances étendues, une bonne instruction.

INSTRUMENT n. m. (lat. *instrumentum*). Outil, machine, appareil servant à exécuter qqch ou à faire quelque opération : *instrument aratoire; instrument de mesure.* || *Mus.* Corps sonore utilisé pour produire des sons ou des bruits. || Ce qui est employé pour atteindre un résultat, moyen : *devenir l'instrument de qqn.*

INSTRUMENTAIRE adj. *Témoin instrumentaire* (Dr.), personne qui assiste un officier public dans les actes pour la validité desquels la présence de témoins est nécessaire.

INSTRUMENTAL, E, AUX adj. Qui sert d'instrument. ● *Conditionnement instrumental* (Psychol.), variété de conditionnement décrite par B. F. Skinner dans laquelle le renforcement, événement quelconque survenant après une réponse, augmente la probabilité d'émission de celle-ci. || *Musique instrumentale*, musique écrite pour des instruments de musique.

INSTRUMENTAL n. m. et adj. *Ling.* Se dit d'un cas de la déclinaison de certaines langues qui indique le moyen.

INSTRUMENTALISME n. m. *Philos.* Doctrine qui considère l'intelligence et les théories comme des outils destinés à l'action.

INSTRUMENTATION n. f. *Mus.* Choix des instruments correspondant à chaque partie d'une œuvre musicale.

INSTRUMENTER v. i. *Dr.* Faire des contrats, des procès-verbaux et autres actes publics. || *Mus.* Confier chaque partie d'une œuvre musicale à un instrument.

INSTRUMENTISTE n. Musicien qui joue d'un instrument. || Personne qui prépare et présente au chirurgien les instruments nécessaires au cours de l'intervention.

INSU (À L') loc. prép. Sans qu'on le sache : *sortir à l'insu de tous; il est sorti à mon insu.*

INSUBMERSIBILITÉ n. f. Qualité de ce qui est insubmersible.

INSUBMERSIBLE adj. Qui ne peut être submergé.

INSUBORDINATION n. f. Désobéissance, indiscipline, non-exécution des ordres reçus.

INSUBORDONNÉ, E adj. Indiscipliné.

INSUCCÈS n. m. Manque de succès, échec.

INSUFFISAMMENT adv. De façon insuffisante.

INSUFFISANCE n. f. Manque de la quantité nécessaire; carence : *l'insuffisance de la production industrielle.* || Incapacité, infériorité : *reconnaître son insuffisance.* || *Méd.* Diminution qualitative ou quantitative du fonctionnement d'un organe.

INSUFFISANT, E adj. Qui ne suffit pas, incomplet : *nourriture insuffisante.* || Qui n'a pas les aptitudes nécessaires, incapable.

INSUFFLATEUR n. m. Instrument servant à insuffler dans le larynx et dans les narines de l'air ou des médicaments pulvérulents.

INSUFFLATION n. f. *Méd.* Action d'insuffler.

INSUFFLER v. t. (lat. *insufflare*). *Méd.* Introduire, à l'aide du souffle ou d'un appareil spécial, un gaz, une vapeur dans quelque cavité du corps. || *Litt.* Donner, inspirer un sentiment à qqn : *insuffler du courage.*

INSULAIRE adj. et n. (bas lat. *insularis*; de *insula*, île). Qui habite une île, y vit : *peuplade insulaire.* ◆ adj. Relatif à une île.

INSULARITÉ n. f. Caractère particulier d'un pays formé par une île. || Ensemble des phénomènes géographiques caractéristiques des îles.

INSULINASE n. f. Enzyme du foie rendant l'insuline inactive.

INSULINE n. f. (lat. *insula*, île). Hormone hypoglycémiante sécrétée par les îlots de Langerhans du pancréas. (L'insuline est employée dans le traitement du diabète.)

INSULINOTHÉRAPIE n. f. Traitement de certaines maladies par l'insuline.

INSULTANT, E adj. Qui constitue une insulte, une offense, injurieux.

INSULTE n. f. Outrage en actes ou en paroles : *une insulte à la mémoire des morts.*

INSULTÉ, E adj. et n. Qui a reçu une insulte.

INSULTER v. t. (lat. *insultare*, sauter sur). Offenser par des paroles blessantes ou des actes méprisants, injurieux.

INSUPPORTABLE adj. Qu'on ne peut supporter, intolérable : *douleur insupportable.* || Très désagréable : *enfant insupportable.*

INSURGÉ, E adj. et n. Qui s'est mis en état d'insurrection.

INSURGER (S') v. pr. (lat. *insurgere*, se lever contre) [conj. 1]. Se révolter, se soulever contre une autorité, un pouvoir, etc.

INSURMONTABLE adj. Qui ne peut être surmonté.

INSURPASSABLE adj. Qui ne peut être surpassé.

INSURRECTION n. f. (bas lat. *insurrectio*). Soulèvement en armes contre le pouvoir établi. || Révolte, opposition vivement exprimée.

INSURRECTIONNEL, ELLE adj. Qui tient de l'insurrection, qui en a le caractère : *mouvement insurrectionnel.*

INTACT, E adj. (lat. *intactus*; de *tangere*, toucher). À quoi l'on n'a pas touché; dont on n'a rien retranché : *somme intacte.* || Qui n'a subi aucune atteinte, pur, irréprochable : *réputation intacte.*

INTAILLE [ɛ̃taj] n. f. (it. *intaglio*, entamure). Pierre fine gravée en creux.

INTANGIBILITÉ n. f. Caractère intangible.

INTANGIBLE adj. Qui doit rester intact : *droit intangible.*

INTARISSABLE adj. Qui ne peut être tari : *source intarissable.* || Qui ne s'épuise pas : *gaieté intarissable.* || Qui ne cesse pas de parler : *causeur intarissable.*

INTARISSABLEMENT adv. De façon intarissable.

INTÉGRABLE adj. *Math.* Se dit d'une fonction qui admet une intégrale.

INTÉGRAL, E, AUX adj. (lat. *integer*, entier). Dont on n'a rien retiré, entier, complet : *paiement intégral.* || *Math.* Relatif aux intégrales : *calcul intégral.* ● *Casque intégral*, casque à usage des cyclomotoristes, permettant une protection de la boîte crânienne, du visage et des mâchoires.

INTÉGRALE n. f. Édition complète des œuvres d'un écrivain, d'un musicien. || *Math.* Fonction solution d'une différentielle ou d'une équation différentielle. ● *Intégrale définie d'une fonction f sur un intervalle* $[a, b]$, nombre obtenu comme limite d'une somme de termes infinitésimaux et qui représente l'aire (algébrique) comprise entre la courbe représentative de la fonction f et l'axe des x. [Il se note $\int_a^b f(x)\,dx.$] || *Intégrale d'une fonction f*, fonction g obtenue en considérant une intégrale définie de f comme dépendant de la borne supérieure de l'intervalle d'intégration.

$$[\text{Notée } g(x) = \int_a^x f(t)\,dt.]$$

INTÉGRALEMENT adv. En totalité.

INTÉGRALITÉ n. f. État d'une chose complète : *l'intégralité d'une somme.*

INTÉGRANT, E adj. *Partie intégrante*, qui fait partie d'un tout.

INTÉGRATEUR adj. et n. m. Se dit d'un appareil qui totalise des indications continues.

INTÉGRATIF, IVE adj. *Action intégrative* (Physiol.), syn. de INTÉGRATION.

INTÉGRATION n. f. Action d'intégrer, de s'intégrer. || *Astronaut.* Opération qui consiste à assembler les différentes parties d'un système et à assurer leur compatibilité ainsi que le bon fonctionnement du système complet. || *Écon.* Syn. de CONCENTRATION* VERTICALE. || *Math.* Calcul de l'intégrale d'une différentielle ou d'une équation différentielle. || *Physiol.* Coordination des activités de plusieurs organes, en vue d'un fonctionnement harmonieux, réalisée par divers centres nerveux. (Syn. ACTION INTÉGRATIVE.)

INTÈGRE adj. (lat. *integer*, entier). D'une probité absolue, incorruptible : *juge intègre.*

INTÉGRÉ, E adj. Se dit d'un circuit commercial caractérisé par l'absence de grossiste. (V. aussi CIRCUIT.)

INTÈGREMENT adv. D'une manière intègre.

INTÉGRER v. t. (lat. *integrare*, recréer) [conj. 5]. Faire entrer dans un ensemble, dans un groupe plus vaste. || *Math.* Déterminer l'intégrale d'une fonction. ◆ v. i. *Fam.* Être reçu au concours d'entrée à une grande école. ◆ **s'intégrer** v. pr. S'assimiler entièrement à un groupe.

INTÉGRISME n. m. Disposition d'esprit de certains croyants qui, se réclamant de la tradition, se refusent à toute évolution.

INTÉGRISTE adj. et n. Partisan de l'intégrisme.

INTÉGRITÉ n. f. État d'une chose qui a toutes

intaille (aigue-marine, Ier s. apr. J.-C.)

ses parties, qui n'a pas subi d'altération : *l'inté-grité d'une somme.* ‖ Qualité d'une personne intègre, probité, honnêteté.

INTELLECT [ɛ̃tɛllɛkt] n. m. (lat. *intellectus;* de *intelligere,* comprendre). Faculté de forger et de saisir des concepts, entendement.

INTELLECTION n. f. (lat. *intellectio*). *Philos.* Acte par lequel l'esprit conçoit.

INTELLECTUALISATION n. f. Action d'intellectualiser.

INTELLECTUALISER v. t. Donner un caractère intellectuel à.

INTELLECTUALISME n. m. Doctrine philosophique qui affirme la prééminence de l'intelligence sur les sentiments et la volonté. ‖ Caractère d'une œuvre, d'un art où prédomine l'élément intellectuel.

INTELLECTUALISTE adj. et n. Qui appartient à l'intellectualisme.

INTELLECTUALITÉ n. f. Qualité de ce qui est intellectuel.

INTELLECTUEL, ELLE adj. Qui appartient à l'intelligence, à l'activité de l'esprit : *la vie intellectuelle; un travail intellectuel.* ◆ n. et adj. Personne dont la profession comporte essentiellement une activité de l'esprit (par oppos. à MANUEL) ou qui a un goût affirmé pour les activités de l'esprit.

INTELLECTUELLEMENT adv. De façon intellectuelle, sur le plan intellectuel.

INTELLIGEMMENT adv. Avec intelligence.

INTELLIGENCE n. f. (lat. *intelligere,* comprendre). Faculté de comprendre, de donner un sens : *l'intelligence distingue l'homme de l'animal.* ‖ Aptitude à s'adapter à une situation, à choisir en fonction des circonstances; capacité de comprendre telle ou telle chose : *s'acquitter d'une mission avec intelligence.* ‖ Être humain considéré sous ses aptitudes intellectuelles; personne très intelligente. ‖ *Psychol.* Aptitude, variable avec les individus et les espèces, à résoudre des problèmes de toute sorte. ‖ *Être d'intelligence,* s'entendre, être d'accord, de connivence : *ils sont d'intelligence pour vous tromper.* ‖ *Vivre en bonne, mauvaise intelligence avec qqn,* vivre en bons, mauvais termes avec lui. ◆ pl. Entente, relations secrètes : *entretenir des intelligences avec l'ennemi.*
■ Les théories actuelles, notamment celle de H. Wallon et celle de J. Piaget, donnent du développement intellectuel l'image d'une hiérarchie de savoir-faire progressivement acquis par l'individu. Au niveau le plus élémentaire, on trouve les comportements réflexes, puis viennent les comportements concrets liés à une intelligence pratique qui est également l'apanage des animaux supérieurs, au sommet est l'intelligence discursive propre à l'homme. Ces conceptions posent la supériorité de la pensée logique et de l'abstraction sur les autres formes d'intelligence.

INTELLIGENT, E adj. Doué d'intelligence, capable de comprendre : *il est très intelligent, mais paresseux.* ‖ Qui indique l'intelligence : *réponse intelligente.*

INTELLIGENTSIA [ɛ̃tɛliʒɛnsja] n. f. (mot russe). Ensemble des intellectuels d'un pays.

INTELLIGIBILITÉ n. f. Qualité, caractère d'une chose intelligible.

INTELLIGIBLE adj. Qui peut être facilement entendu ou compris : *parler à haute et intelligible voix; discours intelligible.* ‖ *Philos.* Qui n'est connaissable que par l'entendement.

INTELLIGIBLEMENT adv. De façon intelligible : *parler intelligiblement.*

INTEMPÉRANCE n. f. *Litt.* Excès, liberté excessive : *intempérance de langage.* ‖ Manque de modération dans le manger ou le boire.

INTEMPÉRANT, E adj. Qui fait preuve d'intempérance, excessif.

INTEMPÉRIE n. f. (lat. *intemperies;* de *tempus,* temps). Mauvais temps, rigueurs du climat : *braver les intempéries.*

INTEMPESTIF, IVE adj. (lat. *intempestivus;* de *tempus,* temps). Qui n'est pas fait dans un moment opportun : *arrivée intempestive.*

INTEMPESTIVEMENT adv. De façon intempestive.

INTEMPORALITÉ n. f. Caractère de ce qui est intemporel.

INTEMPOREL, ELLE adj. Qui échappe au temps; immatériel : *une lumière intemporelle.*

INTENABLE adj. Où l'on ne peut se défendre : *place intenable.* ‖ Qu'on ne peut supporter : *une chaleur intenable.* ‖ Que l'on ne peut pas maîtriser : *cette classe est intenable.*

INTENDANCE n. f. Service de l'intendant. ‖ *Fam.* Questions matérielles et économiques. ● *Intendance militaire,* service de l'armée de terre chargé de pourvoir aux besoins et à l'administration des militaires (habillement, logement, nourriture, solde). ‖ *Intendance universitaire,* corps de fonctionnaires chargés de l'administration financière des lycées, des collèges, et pourvoyant aux besoins matériels de ces établissements.

INTENDANT n. m. (lat. *intendens,* qui surveille). *Hist.* Aux XVIIᵉ et XVIIIᵉ s., officier qui, dans une généralité, était l'agent tout-puissant du pouvoir royal. ● *Intendant militaire,* fonctionnaire militaire du service de l'intendance.
■ Apparus au début du règne de Louis XIII, les intendants, appelés « intendants de police, justice et finances », reçurent de Louis XIV, en 1661, l'essentiel de leurs attributions. Au nombre de trente-trois au moment de leur suppression (1789), ils furent les meilleurs instruments de la monarchie d'Ancien Régime.

INTENDANT, E n. Fonctionnaire chargé de l'administration financière d'un établissement public ou d'enseignement. ‖ Personne chargée d'administrer les biens d'un riche particulier.

INTENSE adj. (bas lat. *intensus,* tendu). D'une puissance, d'une force très grande, qui dépasse la moyenne : *chaleur intense; activité intense.*

INTENSÉMENT adv. De façon intense.

INTENSIF, IVE adj. Qui est en œuvre des moyens importants; qui fait l'objet de gros efforts : *un entraînement sportif intensif.* ‖ *Phys.* Qui a le caractère de l'intensité : *grandeur intensive.* ‖ Se dit d'une culture, d'un élevage qui fournissent des rendements élevés à l'hectare.

INTENSIFICATION n. f. Action d'intensifier.

INTENSIFIER v. t. Rendre plus intense, plus fort, plus actif : *intensifier ses efforts.* ◆ **s'intensifier** v. pr. Devenir plus intense.

INTENSITÉ n. f. Très haut degré d'énergie, de force, de puissance atteint par qqch : *intensité du froid, des efforts.* ‖ Expression de la valeur numérique d'une grandeur (généralement vectorielle) : *intensité d'une force.* ‖ Quantité d'électricité que débite un courant continu pendant l'unité de temps. ● *Intensité lumineuse,* flux lumineux envoyé par une source de lumière dans un angle solide unité.

INTENSIVEMENT adv. De façon intensive.

INTENTER v. t. (lat. *intentare,* diriger). *Dr.* Entreprendre contre qqn une action en justice.

INTENTION n. f. (lat. *intentio,* action de diriger). Dessein délibéré d'accomplir tel ou tel acte, volonté : *l'intention ne suffit pas à créer le délit; l'intention de votre père est que...* ● *À l'intention de,* en l'honneur de : *donner une fête à l'intention de qqn.*

INTENTIONNALITÉ n. f. *Philos.* Pour la phénoménologie, caractère propre qu'a la conscience d'être toujours orientée vers un objet, d'être conscience de qqch.

INTENTIONNÉ, E adj. *Bien, mal intentionné,* qui a de bonnes, de mauvaises dispositions d'esprit à l'égard de qqn.

INTENTIONNEL, ELLE adj. Fait de propos délibéré, avec intention : *oubli intentionnel.*

INTENTIONNELLEMENT adv. Avec intention, exprès, volontairement.

INTER [ɛ̃tɛr] n. m. Abrév. fam. de INTERURBAIN.

INTERACTIF, IVE adj. *Inform.* Syn. de CONVERSATIONNEL.

INTERACTION n. f. Influence réciproque. ‖ *Phys.* Chacun des types d'action réciproque qui s'exercent entre particules élémentaires (gravi-

tationnelle, électromagnétique, faible [radioactivité et désintégration] et forte [force nucléaire]).

INTERAGIR v. i. Exercer une interaction.

INTERALLIÉ, E adj. Commun à plusieurs alliés.

INTERAMÉRICAIN, E adj. Commun à plusieurs États du continent américain.

INTERARABE adj. Commun à l'ensemble des pays arabes.

INTERARMÉES adj. inv. Commun à plusieurs armées (de terre, de mer ou de l'air).

INTERARMES adj. inv. Commun à plusieurs armes (infanterie, artillerie, etc.) de l'armée de terre.

INTERASTRAL, E, AUX adj. Qui existe entre les astres : *espace interastral.*

INTERATTRACTION n. f. Attraction qu'exercent des individus les uns sur les autres, et qui les pousse à se grouper.

INTERBANCAIRE adj. Qui concerne les relations entre banques.

INTERCALAIRE adj. Inséré, ajouté : *feuille intercalaire.* ‖ Se dit du jour ajouté au mois de février dans les années bissextiles (29 février).

INTERCALATION n. f. Action d'intercaler; addition, après coup, d'un mot ou d'une ligne à l'intérieur d'un acte, d'un article dans un acte, d'un objet dans un ensemble, etc.

INTERCALER v. t. (lat. *intercalare;* de *calare,* appeler). Insérer parmi d'autres choses, dans une série, un ensemble : *intercaler un mot dans un texte.*

INTERCÉDER v. i. (lat. *intercedere*) [conj. 5]. Intervenir en faveur de qqn : *intercéder en faveur d'un condamné.*

INTERCELLULAIRE adj. Se dit, chez les êtres pluricellulaires, des espaces compris entre les cellules, occupés dans les tissus de type conjonctif par une substance dite « interstitielle ».

INTERCEPTÉ, E adj. *Math.* Compris entre.

INTERCEPTER v. t. (lat. *interceptus,* pris au passage). Arrêter au passage : *les nuages interceptent les rayons du soleil; intercepter une passe.* ‖ S'emparer par surprise de ce qui est envoyé à qqn : *intercepter une lettre; intercepter un messager.*

INTERCEPTEUR n. m. Avion de chasse spécialement conçu pour s'opposer, en les attaquant, aux incursions d'appareils ennemis.

INTERCEPTION n. f. Arrêt : *interception de la lumière.* ‖ *Mil.* Action qui consiste, après avoir détecté et identifié des appareils ou des missiles ennemis, à diriger sur eux, pour les détruire, des chasseurs ou des missiles sol-air. ‖ *Sports.* Intervention d'un joueur s'emparant d'une balle destinée à un adversaire.

INTERCESSEUR n. m. Celui qui intercède.

INTERCESSION [ɛ̃tɛrsesjɔ̃] n. f. (lat. *intercessio*). Action d'intercéder; prière en faveur de qqn. ‖ Action de s'engager à garantir le paiement de la dette d'une autre personne.

INTERCHANGEABILITÉ n. f. Caractère de ce qui est interchangeable. Caractère propre à des pièces ou organes de machines dont les tolérances de fabrication permettent de les monter à la place les unes des autres sans aucune opération d'ajustage.

INTERCHANGEABLE adj. Se dit de choses, de personnes qui peuvent être mises à la place les unes des autres.

INTERCIRCULATION n. f. *Ch. de f.* Ensemble de l'installation disposée aux extrémités des voitures et permettant aux voyageurs de passer aisément d'un véhicule à l'autre.

INTERCLASSE n. m. Intervalle qui sépare deux heures de classe.

INTERCLASSER v. t. Classer deux ou plusieurs séries en une série unique, partic. grâce à une interclasseuse.

INTERCLASSEUSE n. f. Machine permettant la fusion de deux groupes de cartes perforées.

INTERCLUBS adj. Se dit d'une compétition où sont opposées les équipes de plusieurs clubs.

INTERCOMMUNAL, E, AUX adj. Qui concerne plusieurs communes.

INTERCOMMUNAUTAIRE adj. Qui concerne les relations entre les membres d'une communauté.

INTERCONNECTER v. t. Mettre en relation deux ou plusieurs centres de production ou de consommation d'électricité afin de permettre les échanges d'énergie d'un centre à un autre, chaque centre générateur pouvant alimenter plusieurs centres récepteurs.

INTERCONNEXION n. f. Action d'interconnecter.

INTERCONTINENTAL, E, AUX adj. Qui est situé ou qui a lieu entre des continents.

INTERCOSTAL, E, AUX adj. Qui est entre les côtes : *muscles intercostaux.*

INTERCOTIDAL, E, AUX adj. → INTERTIDAL.

INTERCURRENT, E adj. (lat. *intercurrens;* de *currere,* courir). Qui survient pendant la durée d'une autre chose : *maladie intercurrente.*

INTERDÉPARTEMENTAL, E, AUX adj. Commun à plusieurs départements.

INTERDÉPENDANCE n. f. Dépendance mutuelle.

INTERDÉPENDANT, E adj. Se dit des choses dépendant les unes des autres.

INTERDICTION n. f. Action d'interdire, défense : *interdiction d'un genre de commerce.* ‖ Défense perpétuelle ou temporaire faite à une personne de remplir ses fonctions : *prêtre, fonctionnaire frappé d'interdiction.* ● *Interdiction légale,* privation de l'exercice des droits civils, constituant une peine accessoire attachée à toute peine afflictive et infamante. ‖ *Interdiction de séjour,* peine frappant certains condamnés à qui est interdit l'accès de certaines localités. ‖ *Tir d'interdiction* (Mil.), tir visant à interdire à l'ennemi certains points du terrain.

INTERDIGITAL, E, AUX adj. Placé entre les doigts : *espace interdigital.*

INTERDIRE v. t. (lat. *interdicere*) [conj. **68**, sauf à la 2e pers. du pl. de l'ind. prés. et de l'impér. prés. : *interdisez*]. Défendre qqch à qqn, empêcher qqn d'utiliser, de faire qqch : *le médecin lui a interdit l'usage du vin.* ‖ Frapper qqn d'interdiction : *interdire un prêtre.* ‖ *Dr.* Ôter à qqn la libre disposition de ses biens.

INTERDISCIPLINAIRE adj. Qui établit des relations entre plusieurs sciences ou disciplines.

INTERDISCIPLINARITÉ n. f. Caractère interdisciplinaire.

INTERDIT, E adj. et n. Qui est sous le coup d'une interdiction : *prêtre interdit.* ‖ Qui ne sait que répondre, qui perd contenance, déconcerté : *demeurer interdit.*

INTERDIT n. m. Sentence défendant à un clerc l'exercice des fonctions de son ordre, ou interdisant l'exercice du culte dans un lieu déterminé. ‖ *Anthropol.* Rite négatif par lequel on doit s'abstenir d'un acte pour des raisons religieuses ou morales. ● *Jeter l'interdit sur,* défendre d'une manière absolue. ‖ *Lever un interdit,* supprimer un tabou, une interdiction frappant qqch.

INTÉRESSANT, E adj. Qui offre de l'intérêt, digne d'attention, important : *nouvelle intéressante.* ‖ Qui procure un avantage matériel : *acheter à un prix intéressant.* ‖ Qui inspire de l'intérêt, excite la sympathie; passionnant : *époque intéressante; conférencier intéressant.* ● *Chercher à se rendre intéressant,* tenter de se faire remarquer. ‖ *État intéressant,* position intéressante (Fam.), état d'une femme enceinte.

INTÉRESSÉ, E adj. et n. Qui est concerné par une chose : *être intéressé à une affaire; prévenir les intéressés.* ◆ adj. Qui n'a en vue que son intérêt pécuniaire. ‖ Inspiré par l'intérêt : *service intéressé.*

INTÉRESSEMENT n. m. Participation aux bénéfices d'une entreprise.

INTÉRESSER v. t. (de *intérêt*). Avoir de l'importance, de l'utilité pour : *cela m'intéresse; loi qui intéresse les industriels.* ‖ Inspirer de l'intérêt, de la bienveillance, de la curiosité, de l'attention : *ce jeune homme m'intéresse; ce livre m'intéresse.* ‖ Attribuer une part des bénéfices aux travailleurs d'une entreprise. ◆ **s'intéresser** v. pr. [à]. Avoir de l'intérêt pour : *s'intéresser aux questions économiques.*

INTÉRÊT n. m. (lat. *interest,* il importe). Ce qui importe, qui est utile à qqn : *agir dans l'intérêt d'un ami.* ‖ Souci exclusif à ce qui est avantageux pour soi, égoïsme : *c'est l'intérêt qui le guide.* ‖ Sentiment de curiosité ou de bienveillance à l'égard de qqch, de qqn; agrément qu'on y prend : *ressentir un vif intérêt pour qqn.* ‖ Originalité, importance de qqch, de qqn : *une déclaration du plus haut intérêt.* ‖ Droit éventuel à des bénéfices : *avoir des intérêts dans une entreprise.* ‖ Somme que l'on paie pour l'usage de l'argent ou des valeurs d'autrui. ● *Intérêt composé,* intérêt perçu sur un capital formé du capital primitif accru de ses intérêts accumulés jusqu'à l'époque de l'échéance. [Le capital *a,* placé au taux *r* pour 1 F, devient au bout de *n* années : $A = a(1 + r)^n$.] ‖ *Intérêts compensatoires,* somme destinée à réparer le préjudice causé par l'inexécution d'une obligation. ‖ *Intérêts moratoires,* somme destinée à réparer le préjudice causé par un retard dans l'exécution d'une obligation. ‖ *Intérêt simple,* intérêt perçu sur le capital primitif non accru de ses intérêts. (L'intérêt simple *i* du capital *a,* placé pendant le temps *t,* au taux de *r* est : $i = \dfrac{art}{100}$.)

INTERFACE [ɛ̃tɛʀfas] n. f. Limite commune à deux systèmes, permettant des échanges entre ceux-ci : *l'interface gaz-liquide, l'interface production-distribution.* ‖ *Inform.* Frontière conventionnelle entre deux systèmes ou deux unités, permettant des échanges d'informations.

INTERFÉRENCE n. f. Conjonction : *l'interférence des faits démographiques et politiques.* ‖ *Phys.* Phénomène résultant de la superposition

source lumineuse   franges lumineuses
                        (sombres et claires)

1er écran (une fente)

2e écran (deux fentes)   plan
                              d'observation

INTERFÉRENCE
interférences lumineuses produites
par la superposition de deux faisceaux
provenant d'une source unique
(expérience de Young).
Les franges lumineuses correspondent
à l'addition des ondes (en phase);
les franges sombres, à la soustraction
(ondes en opposition de phase).

de deux mouvements vibratoires de même fréquence.

INTERFÉRENT, E adj. *Phys.* Qui présente le phénomène de l'interférence.

INTERFÉRENTIEL, ELLE adj. Relatif aux interférences.

INTERFÉRER v. i. (lat. *inter,* entre, et *ferre,* porter) [conj. **5**]. Se superposer en créant des renforcements ou des oppositions : *ces événements ont fini par interférer dans ma vie privée.* ‖ Produire des interférences : *des rayons qui interfèrent.*

INTERFÉROMÈTRE n. m. Appareil de mesure par interférences lumineuses ou radioélectriques.

INTERFÉROMÉTRIE n. f. Méthode de mesure de très grande précision, fondée sur les phénomènes d'interférence.

INTERFÉRON n. m. Protéine produite par les cellules qui sont infectées par un virus, et qui rend ces cellules résistantes à toute autre infection virale.

INTERFLUVE n. m. *Géogr.* Relief séparant deux vallées.

INTERFOLIAGE n. m. Action d'interfolier.

INTERFOLIER v. t. Insérer des feuillets blancs entre les pages d'un livre.

INTERFRANGE n. m. *Opt.* Distance séparant deux franges consécutives.

INTERGALACTIQUE adj. *Astron.* Situé entre des galaxies.

INTERGLACIAIRE adj. Se dit des périodes du quaternaire comprises entre deux glaciations.

INTERGOUVERNEMENTAL, E, AUX adj. Qui concerne plusieurs gouvernements.

INTERGROUPE n. m. Réunion de parlementaires de différents groupes politiques, formée pour étudier un problème déterminé.

INTÉRIEUR, E adj. (lat. *interior*). Qui est au-dedans, dans l'espace compris entre les limites d'un corps : *cour intérieure.* ‖ Qui se rapporte à l'esprit, à la vie morale, psychologique de l'homme : *sentiment intérieur.* ‖ Qui concerne un pays, un territoire : *politique intérieure.* ● *Angle intérieur,* angle dont le sommet se trouve à l'intérieur d'un cercle. ‖ *Point intérieur à un ensemble,* dans le plan, point dont tous les points infiniment voisins appartiennent à cet ensemble.

INTÉRIEUR n. m. La partie de dedans : *l'intérieur du corps.* ‖ Partie centrale d'un pays : *envoyer des prisonniers à l'intérieur.* ‖ Pays où l'on habite (par oppos. aux PAYS ÉTRANGERS). ‖ Endroit où l'on habite, maison, appartement : *un intérieur confortable.* ● *De l'intérieur,* en faisant partie d'un groupe, en participant à son fonctionnement : *juger de l'intérieur.* ‖ *Femme d'intérieur,* femme qui sait tenir sa maison. ‖ *Homme, femme d'intérieur,* qui n'aime pas sortir, qui reste au milieu des siens. ‖ *Ministère de l'Intérieur,* administration chargée de la tutelle des collectivités locales et de la direction de la police. ‖ *Robe, veste d'intérieur,* vêtement confortable que l'on porte chez soi.

INTÉRIEUREMENT adv. Au-dedans. ‖ Dans l'esprit : *se révolter intérieurement.*

INTÉRIM [ɛ̃teʀim] n. m. (mot lat., *pendant ce temps-là*). Espace de temps pendant lequel une fonction est remplie par un autre que par le titulaire; exercice de cette fonction. ‖ Activité du salarié intérimaire. ● *Par intérim,* provisoirement, pendant l'absence du titulaire.

INTÉRIMAIRE n. et adj. Personne qui, provisoirement, exerce des fonctions à la place du titulaire. ‖ Salarié d'une entreprise spécialisée qui travaille temporairement au poste d'un salarié absent, dans une autre entreprise. ◆ adj. Qui a lieu, qui s'exerce par intérim : *fonctions intérimaires.*

INTERINDIVIDUEL, ELLE adj. Qui concerne les rapports entre plusieurs individus : *psychologie interindividuelle.*

INTERINDUSTRIEL, ELLE adj. Qui concerne les échanges entre les différents secteurs de l'économie.

INTÉRIORISATION n. f. Action d'intérioriser.

INTÉRIORISER v. t. Garder pour soi, contenir : *intérioriser ses réactions.* ‖ Faire siennes des opinions, des règles de conduite qui étaient jusque-là étrangères ou extérieures, au point de ne plus les distinguer comme acquises : *il a complètement intériorisé les règles de fonctionnement de son parti.* ‖ Rendre plus intérieur.

INTÉRIORITÉ n. f. Caractère de ce qui est intérieur. ‖ *Philos.* Contenu de la conscience.

INTERJECTIF, IVE adj. *Ling.* Qui tient lieu d'une interjection : *locution interjective.*

INTERJECTION n. f. (lat. *interjectio,* parenthèse). *Ling.* Mot isolé qui exprime un sentiment violent, une émotion, un ordre, comme *ah!, hélas!, chut!*

INTERJETER v. t. (conj. **4**). *Interjeter appel* (Dr.), demander un second jugement.

INTERLIGNAGE n. m. Action ou manière d'interligner.

INTERLIGNE n. m. Espace entre deux lignes d'impression ou d'écriture. ‖ Espace neutre prévu entre deux images sur une pellicule cinématographique.

INTERLIGNE n. f. *Arts graph.* Lame de métal qui sert à espacer les lignes.

INTERLIGNER v. t. Séparer par des interlignes.

INTERLOCK n. m. (mot angl.). Machine à tricoter un tissu à mailles. ‖ Le tissu lui-même (de sous-vêtement).

INTERLOCUTEUR, TRICE n. (lat. *inter*, entre, et *loqui*, parler). Personne qui converse avec une autre, qui est en pourparlers avec une autre.

INTERLOCUTOIRE adj. et n. m. *Dr.* Se dit d'un jugement qui, avant de statuer sur le fond, ordonne des mesures propres à préparer la solution de l'affaire.

INTERLOPE adj. (angl. *interloper*, navire trafiquant en fraude). Suspect de trafics louches : *personnage interlope.* ‖ Illégal : *commerce interlope.*

INTERLOQUER v. t. (lat. *interloqui*, interrompre). Mettre dans l'embarras par un effet de surprise, déconcenter : *cette réponse l'a interloqué.* ‖ *Dr.* Soumettre à un interlocutoire.

INTERLUDE n. m. Divertissement dramatique ou musical entre deux parties d'un spectacle, d'une émission de télévision, etc.

INTERMÈDE n. m. (it. *intermedio*; lat. *intermedius*). Divertissement entre deux pièces ou deux actes d'une représentation théâtrale : *intermède comique.* ‖ Temps pendant lequel une action s'interrompt; période de temps entre deux événements.

INTERMÉDIAIRE adj. (lat. *inter*, entre, et *medius*, qui est au milieu). Qui est entre deux, qui tient le milieu entre deux limites ou deux termes : *espace intermédiaire.*

INTERMÉDIAIRE n. Personne qui sert de lien entre autres : *servir d'intermédiaire.* ‖ Personne qui intervient dans un circuit de distribution commerciale. ◆ n. m. Entremise, voie, canal : *apprendre une nouvelle par l'intermédiaire d'un correspondant.*

INTERMÉDIATION n. f. *Fin.* Processus au terme duquel les établissements de crédit, recevant des épargnes, les affectent à des prêts.

INTERMÉTALLIQUE adj. Se dit de composés formés de deux ou plusieurs métaux, qui peuvent présenter diverses compositions intermédiaires entre deux compositions extrêmes.

INTERMEZZO [ɛtɛrmedzo] n. m. (mot it., *intermède*). *Mus.* Divertissement musical intercalé entre les parties d'une œuvre théâtrale. ‖ Pièce instrumentale de caractère.

INTERMINABLE adj. Qui dure très longtemps : *guerre interminable.*

INTERMINABLEMENT adv. Sans fin.

INTERMINISTÉRIEL, ELLE adj. Relatif à plusieurs ministres ou ministères.

INTERMISSION n. f. *Méd.* Syn. de INTERMITTENCE.

INTERMITTENCE n. f. Caractère de ce qui est intermittent : *l'intermittence d'un signal lumineux.* ‖ *Méd.* Intervalle qui sépare deux accès de fièvre. ● *Par intermittence,* par moments, de façon discontinue; irrégulièrement.

INTERMITTENT, E adj. (lat. *intermittere*, discontinuer). Qui s'arrête et reprend par intervalles; discontinu, irrégulier : *travail intermittent.* ● *Fièvre intermittente,* syn. de PALUDISME.

INTERMOLÉCULAIRE adj. Qui est entre les molécules.

INTERMUSCULAIRE adj. Situé entre les muscles.

INTERNALISATION n. f. *Écon.* Inclusion, dans les charges d'une entreprise, du coût d'effets externes de l'activité de celle-ci (nuisances, pollutions, etc.).

INTERNAT n. m. Situation d'un élève interne. ‖ Établissement où les élèves sont nourris et logés. ‖ Fonctions des internes en médecine, dans les hôpitaux; durée de ces fonctions.

INTERNATIONAL, E, AUX adj. Qui a lieu, qui se passe entre nations : *arbitrage international.* ● *Style gothique international,* v. GOTHIQUE. ‖ *Style international,* se dit de l'architecture fonctionnelle, aux formes cubiques, sans ornement, créée par Le Corbusier, Gropius, Mies Van der Rohe, les architectes du groupe *De Stijl,* etc., et

qui s'est répandue dans de nombreux pays au cours des années 1925-1935.

INTERNATIONAL, E, AUX n. Sportif qui représente son pays à des épreuves internationales.

INTERNATIONALE n. f. Association générale d'ouvriers appartenant à diverses nations.
■ La Ire Internationale, fondée à Londres en 1864 en vue d'une action politique visant à transformer la société dans un sens socialiste, disparut en 1876 du fait de l'opposition entre marxistes et anarchistes; la IIe, fondée à Paris en 1889, reconstituée en 1923 et en 1951, resta fidèle à la social-démocratie; la IIIe (*Komintern*), fondée à Moscou en 1919, reconstituée en 1947 (*Kominform*), disparut en 1956 après avoir rassemblé, autour de l'U.R.S.S., la plupart des partis communistes; la IVe, d'obédience trotskiste, naquit en 1938.

INTERNATIONALISATION n. f. Action de rendre international.

INTERNATIONALISER v. t. Rendre international; porter sur le plan international.

INTERNATIONALISME n. m. Doctrine selon laquelle les divers intérêts nationaux doivent être subordonnés à un intérêt général supranational. ● Identité des buts communs à certaines classes sociales ou à certains groupements politiques de diverses nations. ● *Internationalisme prolétarien,* selon les communistes, solidarité active qui s'exerce entre les prolétaires des différentes nations du monde, sans considération d'appartenance nationale.

INTERNATIONALISTE n. et adj. Partisan de l'internationalisme.

INTERNATIONALITÉ n. f. État, caractère de ce qui est international.

INTERNE adj. (lat. *internus*). Qui est au-dedans, à l'intérieur : *maladie interne.* ● *Angles internes* (Math.), angles formés par une sécante avec deux droites parallèles et situés entre ces deux droites. ‖ *Énergie interne d'un système* (Phys.), grandeur thermodynamique dont les variations sont égales à la somme de l'énergie mécanique et de la chaleur cédées par ce système.

INTERNE n. Élève logé et nourri dans un établissement scolaire. ● *Interne des hôpitaux,* étudiant en médecine, reçu au concours de l'internat, qui seconde le chef de service dans un hôpital.

INTERNÉ, E adj. et n. Enfermé dans un camp de concentration, une prison : *les internés politiques.* ‖ Personne qui est l'objet d'une mesure d'internement en milieu psychiatrique.

INTERNÉGATIF n. m. Film négatif polychrome établi à partir d'un interpositif ou d'un positif original en vue des tirages de série.

INTERNEMENT n. m. Action d'interner, fait d'être interné. ‖ Mesure d'hospitalisation forcée en hôpital psychiatrique à l'initiative d'un proche (placement volontaire) ou du préfet du département (placement d'office).

INTERNER v. t. Mettre dans un camp de concentration, dans une prison, sans motif d'ordre pénal. ‖ Placer qqn dans un hôpital psychiatrique.

INTERNONCE n. m. Représentant du pape dans un État non catholique.

INTEROCÉANIQUE adj. Qui est entre deux océans ou relie deux océans.

INTÉROCEPTIF, IVE adj. Qualifie la sensibilité qui recueille ses informations dans les viscères et qui est le point de départ de réflexes végétatifs.

INTÉROCEPTIVITÉ n. f. Caractère de la sensibilité intéroceptive.

INTEROSSEUX, EUSE adj. Situé entre les os.

INTERPELLATEUR, TRICE n. Personne qui interpelle, qui adresse une interpellation.

INTERPELLATION n. f. Action d'interpeller. ‖ Demande d'explication adressée à un ministre par un membre du Parlement, et sanctionnée par un ordre du jour. ‖ Sommation, faite par un juge, un notaire, un huissier, d'avoir à dire, à faire quelque chose.

INTERPELLER [ɛtɛrpale] v. t. (lat. *interpellare*, interrompre). Adresser la parole à qqn pour lui

demander qqch : *interpeller un passant.* ‖ Sommer qqn de répondre, lui demander de s'expliquer sur un fait; arrêter.

INTERPÉNÉTRATION n. f. Pénétration mutuelle.

INTERPÉNÉTRER (S') v. pr. (conj. 5). Se pénétrer mutuellement.

INTERPHASE n. f. Période qui sépare deux divisions successives d'une cellule vivante. (C'est pendant l'interphase que la cellule se nourrit et grandit jusqu'à doubler de volume.)

INTERPHONE n. m. (nom déposé). Installation téléphonique permettant la conversation entre plusieurs interlocuteurs.

INTERPLANÉTAIRE adj. *Astron.* Situé entre les planètes du système solaire.

INTERPOLATEUR, TRICE n. Celui, celle qui interpole.

INTERPOLATION n. f. Action d'interpoler; passage intercalé. ‖ *Math.* Intercalation, dans une suite de valeurs connues, d'un ou de plusieurs termes directement déterminés par le calcul. ‖ Recherche, à partir de cas particuliers donnés, d'une loi fonctionnelle généralement valable dans un certain domaine de variations.

INTERPOLER v. t. (lat. *interpolare*, réparer). Introduire dans un ouvrage des passages qui n'en font pas partie et en changent le sens. ‖ *Math.* Effectuer une interpolation.

INTERPOSER v. t. (lat. *interponere*). Placer entre deux choses : *interposer un écran.* ‖ Faire intervenir comme médiateur entre deux personnes : *interposer son autorité.* ◆ **s'interposer** v. pr. Se placer entre deux personnes ou deux choses, s'intercaler, s'entremettre.

INTERPOSITIF n. m. *Cin.* Copie positive intermédiaire polychrome établie par tirage d'un internégatif.

INTERPOSITION n. f. Situation d'un corps entre deux autres. ● *Interposition de personnes* (Dr.), acte par lequel une personne prête son nom à une autre pour lui faciliter l'octroi d'avantages qu'elle ne pourrait pas obtenir directement.

INTERPRÉTABLE adj. Qui peut être interprété.

INTERPRÉTARIAT n. m. Métier d'interprète.

INTERPRÉTATEUR, TRICE adj. et n. Qui interprète, qui explique.

INTERPRÉTATIF, IVE adj. Qui explique, qui sert d'interprétation : *loi, jugement interprétatif.*

INTERPRÉTATION n. f. Action d'interpréter, de donner un sens particulier; explication, commentaire : *interprétation d'un texte, d'une œuvre.* ‖ Action ou manière de représenter, de jouer, de danser une œuvre dramatique, musicale, chorégraphique, etc. ‖ *Psychanal.* Travail effectué par le patient, aidé de son analyste, pour dégager le désir inconscient qui anime certains de ses comportements. ● *Interprétation musicale,* exercice d'improvisation chorégraphique sur un canevas musical donné. ‖ *Interprétation d'une théorie axiomatique formalisée* (Log.), opération qui consiste à associer aux symboles d'une théorie des objets et des relations entre ces objets; le résultat de cette opération. (Syn. MODÈLE.)

INTERPRÈTE n. (lat. *interpres, interpretis*). Personne qui traduit oralement une langue dans une autre. ‖ Personne qui est chargée de déclarer, de faire connaître les volontés, les intentions d'une autre : *soyez mon interprète auprès de mon ami.* ‖ Personne qui interprète, exprime de telle ou telle façon une œuvre artistique.

INTERPRÉTER v. t. (lat. *interpretari*) [conj. 5]. Chercher à rendre compréhensible, à traduire, à donner un sens : *interpréter un rêve, une loi; mal interpréter les intentions de qqn.* ‖ Jouer un rôle dans une pièce ou un film; exécuter un morceau de musique; danser une œuvre chorégraphique. ◆ **s'interpréter** v. pr. Être traduit, expliqué : *cette réponse peut s'interpréter de plusieurs façons.*

INTERPROFESSIONNEL, ELLE adj. Commun à plusieurs ou à toutes les professions : *salaire minimum interprofessionnel de croissance.*

INTERRÈGNE n. m. Intervalle entre la mort d'un roi et le sacre de son successeur. ‖ Intervalle pendant lequel une fonction n'est pas assurée par un titulaire régulièrement nommé.

INTERROGATEUR, TRICE adj. et n. Qui interroge : *regard interrogateur.*

INTERROGATIF, IVE adj. Qui exprime une interrogation : *mot interrogatif.*

INTERROGATION n. f. (lat. *interrogatio*). Demande, question ou ensemble de questions posées à qqn : *répondre à une interrogation.* ● *Interrogation directe,* interrogation posée directement à l'interlocuteur, sans l'intermédiaire d'un verbe (ex. : *qui est venu?*). ‖ *Interrogation indirecte,* interrogation posée par l'intermédiaire d'un verbe comme savoir, demander. (Ex. : *je me demande qui est venu.*) ‖ *Point d'interrogation,* signe de ponctuation qui marque l'interrogation (?).

INTERROGATIVEMENT adv. Par interrogation.

INTERROGATOIRE n. m. Ensemble de questions qu'un magistrat, un agent de la force publique adresse à un accusé, et réponses de celui-ci : *subir un interrogatoire.* ‖ Procès-verbal consignant ces demandes et ces réponses : *l'accusé signe son interrogatoire.*

INTERROGER v. t. (lat. *interrogare*) [conj. **1**]. Adresser, poser des questions à qqn, questionner. ‖ Examiner avec attention : *interroger l'histoire; interroger le ciel pour voir s'il va pleuvoir.* ● *Interroger sa mémoire,* essayer de se souvenir de qqch.

INTERROI n. m. À Rome, sous la République, magistrat qui gouvernait entre deux consulats.

INTERROMPRE v. t. (lat. *interrumpere*) [conj. **46**]. Rompre la continuité ou la continuation de qqch : *interrompre un courant électrique.* ‖ Couper la parole à qqn, l'arrêter dans son discours : *interrompre une personne qui parle.* ◆ **s'interrompre** v. pr. Cesser de faire une chose, s'arrêter au cours d'une action.

INTERROMPU, TRICE adj. Qui interrompt.

INTERRUPTEUR n. m. Appareil qui sert à interrompre ou à rétablir un courant électrique en ouvrant ou en fermant son circuit.

INTERRUPTION n. f. Action d'interrompre, suspension, arrêt : *travailler sans interruption.* ‖ Paroles prononcées pour interrompre : *de bruyantes interruptions.* ● *Interruption volontaire de grossesse (I. V. G.),* avortement provoqué dans les formes légales.

INTERSECTÉ, E adj. *Math.* Coupé : *ligne intersectée.*

INTERSECTION n. f. (lat. *intersectio*; de *secare*, couper). Endroit où deux routes se croisent. ‖ *Math.* Ensemble des points ou des éléments communs à deux ou plusieurs lignes, surfaces ou volumes. ● *Intersection* ou *produit des classes K et L* (Log.), classe constituée d'éléments appartenant à la fois à la classe K et à la classe L; l'opération elle-même (symbolisée par K∩L). ‖ *Intersection de deux parties A et B d'un ensemble E,* ensemble des éléments communs à ces deux parties, noté A∩B (A inter B). ‖ *Intersection* ou *produit de deux relations* (Log.), jonction entre deux relations s'exprimant par « et ». (Elle se vérifie si — et seulement si — les deux relations se vérifient à la fois.) ‖ *Point d'intersection,* endroit où deux lignes se coupent.

INTERSESSION n. f. Temps qui s'écoule entre deux sessions d'une assemblée.

INTERSEXUALITÉ n. f. État intermédiaire entre celui de mâle et de femelle.

INTERSIDÉRAL, E, AUX adj. *Astron.* Situé entre les astres.

INTERSIGNE n. m. Fait que l'on considère superstitieusement comme l'annonce d'un événement survenu loin de nous.

INTERSTELLAIRE adj. (lat. *stella*, étoile). *Astron.* Situé entre les étoiles d'une galaxie. ● *Matière interstellaire,* ensemble des matériaux très diffus (gaz faiblement ionisés et poussières) existant dans l'espace situé entre les étoiles d'une galaxie et dont la masse totale est une fraction non négligeable de celle de la galaxie.

INTERSTICE [ɛ̃tɛrstis] n. m. (lat. *interstare,* se trouver entre). Petit espace vide entre les parties d'un tout : *les interstices d'un parquet.*

INTERSTITIEL, ELLE [ɛ̃tɛrstisjɛl] adj. *Méd.* Se dit de formations cellulaires situées entre les cellules parenchymateuses des organes ou de substances qui séparent les cellules des tissus de type conjonctif. ● *Faune interstitielle,* ensemble des animaux microscopiques qui vivent dans les intervalles des grains de sable.

INTERSUBJECTIF, IVE adj. Qui se produit entre des personnes, deux sujets.

INTERSUBJECTIVITÉ n. f. *Philos.* Communication qu'établissent les consciences entre elles.

INTERSYNDICAL, E, AUX adj. Établi entre divers syndicats : *réunion intersyndicale.*

INTERSYNDICALE n. f. Association constituée par plusieurs syndicats pour défendre certains objectifs communs : *réunir l'intersyndicale d'une entreprise.*

INTERTIDAL, E, AUX adj. (angl. *tide,* marée). Se dit de la zone comprise entre les niveaux des marées les plus hautes et ceux des plus basses. (Syn. INTERCOTIDAL.)

INTERTITRE n. m. Texte inséré dans le cours d'un film muet.

INTERTRIGO n. m. (mot lat., de *terere,* frotter). *Méd.* Dermatose siégeant dans les plis de la peau.

INTERTROPICAL, E, AUX adj. Qui se trouve entre les tropiques.

INTERURBAIN, E adj. Établi entre des villes différentes.

INTERURBAIN ou, fam., **INTER** n. m. Téléphone interurbain, permettant de communiquer de ville à ville.

INTERVALLE n. m. (lat. *intervallum*). Espace plus ou moins large entre deux corps; distance d'un point à un autre : *intervalle entre deux murs.* ‖ Espace de temps entre deux instants, deux périodes : *à deux mois d'intervalle.* ‖ *Math.* Ensemble des nombres *x* compris entre deux nombres *a* et *b.* ‖ *Mil.* Espace qui sépare deux formations, deux positions ou deux ouvrages, compté parallèlement à leur front. ‖ *Mus.* Distance qui sépare deux sons (seconde, tierce, quarte...). ‖ *Phys.* Rapport des fréquences de deux sons. ● *Intervalle fermé* [a, b], ensemble des nombres *x* tels que $a \leqslant x \leqslant b$. ‖ *Intervalle ouvert*]a, b[, ensemble des nombres *x* tels que $a < x < b$. ‖ *Par intervalles,* de temps à autre.

INTERVENANT, E adj. et n. Qui intervient dans un procès, dans une réunion, etc.

INTERVENIR v. i. (lat. *intervenire*) [conj. **16**; auxil. *être*]. Prendre part volontairement à une action afin d'en modifier le cours : *intervenir dans une négociation.* ‖ Agir énergiquement pour éviter l'évolution d'un mal. ‖ Se produire, arriver, avoir lieu : *un événement est intervenu.* ‖ Prendre la parole dans une assemblée. ‖ *Mil.* Engager des forces militaires.

INTERVENTION n. f. Action d'intervenir dans une situation quelconque, un procès, une action, un conflit. ‖ Action d'un État ou d'un groupe d'États s'ingérant dans un domaine qui n'est pas de leur compétence. ‖ *Dr.* Acte par lequel un tiers, originellement non-partie à une contestation judiciaire, devient partie au procès engagé. ‖ *Méd.* Traitement actif, opération : *intervention chirurgicale.* ● *Intervention d'humanité,* pratique du droit international par laquelle, lorsqu'une grave menace existe, sur un territoire national, pour la sécurité des nationaux, l'État dont ils dépendent peut licitement agir pour protéger ceux-ci. (Elle n'est pas un acte de guerre.)

INTERVENTIONNISME n. m. Doctrine préconisant une intervention soit de l'État dans les affaires privées, soit d'une nation dans un conflit entre d'autres pays.

INTERVENTIONNISTE n. et adj. Partisan de l'interventionnisme.

INTERVERSION n. f. Modification, renversement de l'ordre habituel : *l'interversion des lettres dans un mot.*

INTERVERTÉBRAL, E, AUX adj. Placé entre deux vertèbres.

INTERVERTIR [ɛ̃tɛrvɛrtir] v. t. (lat. *intervertere,* détourner). Modifier, renverser l'ordre naturel ou habituel des éléments : *intervertir les rôles.*

INTERVIEW [ɛ̃tɛrvju] n. f. (mot angl.). Entretien avec une personne pour l'interroger sur ses actes, ses idées, ses projets, afin, soit d'en publier ou diffuser le contenu (journalisme), soit de l'utiliser aux fins d'analyse (enquête psychosociologique).

INTERVIEWÉ, E adj. et n. Se dit d'une personne soumise à une interview.

INTERVIEWER [ɛ̃tɛrvjuve] v. t. Soumettre à une interview.

INTERVIEWER [ɛ̃tɛrvjuvœr] n. m. Journaliste qui soumet une personne à une interview.

INTERVOCALIQUE adj. Situé entre deux voyelles.

INTESTAT [ɛ̃tɛsta] adj. inv. et n. (lat. *intestatus*; de *testari,* tester). Qui n'a pas fait de testament.

INTESTIN n. m. (lat. *intestinum*; de *intestinus,* intérieur). *Anat.* Viscère abdominal creux allant

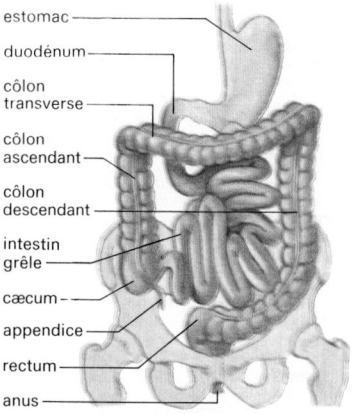

estomac
duodénum
côlon transverse
côlon ascendant
côlon descendant
intestin grêle
cæcum
appendice
rectum
anus

INTESTIN

de l'estomac à l'anus, et qui se divise en deux parties : l'*intestin grêle* et le *gros intestin* ou *côlon,* qui lui fait suite.

INTESTIN, E adj. *Litt.* Qui se passe entre des adversaires appartenant à la même communauté; intérieur : *divisions intestines.*

INTESTINAL, E, AUX adj. Qui concerne les intestins : *occlusion intestinale.* ● *Suc intestinal,* suc digestif sécrété par les glandes du duodénum et du jéjunum, contenant des enzymes agissant sur toutes les catégories d'aliments (amylase, maltase, invertase, lactase sur les glucides; lipase sur les lipides; érepsine et autres protéases sur les protides). ‖ *Vers intestinaux,* parasites (ténia, ascaride, oxyure, etc.) que l'on trouve dans l'intestin de l'homme et des animaux.

INTIMATION n. f. *Dr.* Action d'intimer.

INTIME adj. (lat. *intimus,* superlatif de *interior*). *Litt.* Intérieur et profond : *la nature intime d'un être.* ‖ Qui existe au plus profond de nous : *conviction intime.* ‖ Qui appartient à ce qui est tout à fait privé, personnel; qui se passe entre amis : *la vie intime d'une personne; un dîner intime.* ● *Sens intime,* sentiment de ce qui se passe au-dedans de notre conscience. ◆ adj. et n. À qui on est lié par une très forte affection, par des liens profonds.

INTIMÉ, E adj. et n. *Dr.* Cité en justice, particulièrement en cour d'appel.

INTIMEMENT adv. Profondément : *intimement persuadé; intimement unis.*

INTIMER v. t. (bas lat. *intimare,* introduire, notifier). Signifier, déclarer avec autorité, enjoindre : *intimer un ordre.* ‖ *Dr.* Appeler en justice, assigner devant une juridiction.

INTIMIDABLE adj. Que l'on peut intimider.

INTIMIDANT, E adj. Qui intimide.

INTIMIDATEUR, TRICE adj. Propre à intimider.

INTIMIDATION n. f. Action d'intimider; menace, pression : *agir par intimidation.*

INTIMIDER v. t. Inspirer de la gêne, de l'appréhension; faire perdre son assurance.

INTIMISME n. m. Style, manière intimiste.

INTIMISTE adj. et n. Se dit des écrivains, et particulièrement des poètes, qui expriment sur un ton confidentiel leurs sentiments les plus secrets; se dit aussi des peintres spécialisés dans la représentation de scènes de la vie familiale, ou qui expriment une vision intime.

INTIMITÉ n. f. *Litt.* Caractère de ce qui est intime, secret : *dans l'intimité de sa conscience.* ‖ Liaison, amitié : *vivre dans l'intimité de qqn.* ‖ Vie privée.

INTITULÉ n. m. Titre d'un livre, d'un chapitre, d'une loi, d'un jugement, etc.

INTITULER v. t. (bas lat. *intitulare*; de *titulus*, inscription). Désigner par un titre. ◆ **s'intituler** v. pr. Avoir pour titre.

INTOLÉRABLE adj. Qu'on ne peut supporter : *douleur intolérable.*

INTOLÉRANCE n. f. (*in* priv., et lat. *tolerare*, supporter). Attitude hostile ou agressive à l'égard de ceux dont on ne partage ni les opinions ni les croyances. ‖ *Méd.* Impossibilité, pour un organisme, de supporter certaines substances qui ne sont pas toxiques, mais à l'égard desquelles il est allergique.

INTOLÉRANT, E adj. et n. Qui fait preuve d'intolérance.

INTONATION n. f. (lat. *intonare*, faire retentir). Mouvement mélodique de la parole, caractérisé par des variations de hauteur. ‖ *Mus.* Manière d'entonner avec la voix ou avec un instrument; en plain-chant, courte phrase musicale par laquelle débute une pièce.

INTOUCHABLE n. et adj. En Inde, hors-caste, paria. ‖ Qui ne peut être l'objet d'aucune critique, d'aucune sanction.

INTOXICANT, E adj. Qui produit l'empoisonnement : *gaz intoxicant.*

INTOXICATION n. f. Introduction ou accumulation spontanée d'un toxique dans l'organisme. ‖ Action d'intoxiquer les esprits.

INTOXIQUER v. t. (lat. *intoxicare*). Empoisonner, imprégner de substances toxiques. ‖ Influencer de façon insidieuse les esprits pour les rendre sensibles à certaines propagandes ou publicités.

INTRA-ATOMIQUE adj. Contenu dans l'atome.

INTRACARDIAQUE adj. Qui concerne l'intérieur du cœur.

INTRACELLULAIRE adj. Qui se trouve ou se produit dans une cellule.

INTRACRÂNIEN, ENNE adj. Qui est ou se produit à l'intérieur de la boite crânienne.

INTRADERMIQUE adj. Dans l'épaisseur du derme.

INTRADERMO-RÉACTION n. f. (pl. *intradermo-réactions*). Injection intradermique d'une substance pour laquelle on veut étudier la sensibilité de l'organisme. (On dit par abrév. INTRADERMO.)

INTRADOS [ɛ̃trado] n. m. Face intérieure et inférieure d'un arc, d'une voûte, d'une aile d'avion (par oppos. à EXTRADOS.)

INTRADUISIBLE adj. Qu'on ne peut traduire.

INTRAITABLE adj. Qui ne se laisse pas manier facilement : *un caractère intraitable.* ‖ Se dit de celui qui n'accepte aucun compromis, très exigeant : *il est intraitable sur ce point.*

INTRAMOLÉCULAIRE adj. Qui concerne l'intérieur des molécules.

INTRAMONTAGNARD, E adj. Situé à l'intérieur d'un massif, d'une chaîne de montagnes.

INTRA-MUROS [ɛ̃tramyros] loc. adv. (mots lat., *en dedans des murs*). Dans l'intérieur de la ville.

INTRAMUSCULAIRE adj. Qui est ou se fait à l'intérieur d'un muscle.

INTRANSIGEANCE n. f. Caractère de celui ou de ce qui est intransigeant.

INTRANSIGEANT, E adj. et n. (esp. *intransigente*; lat. *transigere*, transiger). Qui ne fait aucune concession, qui n'admet aucun compromis.

INTRANSITIF, IVE adj. *Ling.* Se dit des verbes qui ne sont pas suivis d'un complément d'objet (direct ou indirect), comme *paraître, devenir, dîner, dormir*, etc.

INTRANSITIVEMENT adv. *Verbe employé intransitivement* (Ling.), verbe transitif employé sans complément d'objet (ex. : *on mange à huit heures*).

INTRANSITIVITÉ n. f. *Ling.* Caractère d'un verbe intransitif.

INTRANSMISSIBILITÉ n. f. Caractère de ce qui est intransmissible.

INTRANSMISSIBLE adj. Qui ne peut se transmettre.

INTRANSPORTABLE adj. Qu'on ne peut transporter.

INTRANT n. m. *Écon.* Élément entrant dans la production d'un bien. (Syn. INPUT.)

INTRANUCLÉAIRE adj. *Phys.* Qui est à l'intérieur du noyau de l'atome.

INTRA-UTÉRIN, E adj. Qui a lieu dans l'intérieur de l'utérus.

INTRAVEINEUX, EUSE adj. Qui est ou se fait à l'intérieur des veines. ● *Injection intraveineuse*, ou *intraveineuse* n. f., piqûre faite à l'aide d'une aiguille et d'une seringue à l'intérieur d'une veine.

INTRÉPIDE adj. (lat. *intrepidus*; de *trepidus*, tremblant). Qui ne craint pas le danger et qui ne se laisse pas rebuter par les obstacles. ‖ Qui manifeste une persévérance imperturbable.

INTRÉPIDEMENT adv. Avec intrépidité.

INTRÉPIDITÉ n. f. Caractère de celui qui est intrépide.

INTRICATION n. f. (lat. *intricare*, embrouiller). État de ce qui est intriqué.

INTRIGANT, E adj. et n. Qui recourt à l'intrigue pour parvenir à ses fins.

INTRIGUE n. f. Manœuvre secrète ou déloyale qu'on emploie pour obtenir quelque avantage ou pour nuire à qqn. ‖ Enchaînement de faits et d'actions qui forment la trame d'une pièce de théâtre, d'un roman, d'un film. ‖ Liaison amoureuse passagère.

INTRIGUER v. t. (it. *intrigare*; lat. *intricare*, embarrasser). Exciter vivement la curiosité : *sa conduite m'intrigue.* ◆ v. i. Se livrer à des intrigues; manœuvrer.

INTRINSÈQUE adj. (lat. *intrinsecus*, au-dedans). Qui appartient à l'objet lui-même, indépendant des facteurs extérieurs, inhérent, essentiel : *les difficultés intrinsèques de l'entreprise.*

INTRINSÈQUEMENT adv. De façon intrinsèque, essentiellement.

INTRIQUER v. t. Rendre complexe, entremêler.

INTRODUCTEUR, TRICE n. Personne qui introduit : *l'introducteur des ambassadeurs.* ‖ Personne qui introduit le premier une idée, un usage, une mode, etc. : *Parmentier fut l'introducteur en France de la pomme de terre.*

INTRODUCTIF, IVE adj. Qui sert à introduire une question : *exposé introductif.* ‖ *Dr.* Requête de commencement à une procédure : *requête introductive d'instance.*

INTRODUCTION n. f. Action d'introduire. ‖ Ce qui introduit à la connaissance d'une science : *introduction à la chimie.* ‖ Texte explicatif en tête d'un ouvrage, entrée en matière d'un exposé, d'un discours. ● *Lettre d'introduction*, lettre qui facilite à une personne l'accès auprès de qqn à qui elle est adressée.

INTRODUIRE v. t. (lat. *introducere*) [conj. **64**]. Faire entrer qqn : *introduire un visiteur.* ‖ Faire entrer, pénétrer une chose dans une autre : *introduire une sonde dans une plaie.* ‖ Faire adopter par l'usage : *introduire une mode.* ‖ Faire admettre dans une société, présenter : *introduire un ami dans la famille.* ◆ **s'introduire** v. pr. Entrer, pénétrer : *voleurs qui s'introduisent dans une maison.*

INTROÏT [ɛ̃trɔit] n. m. (lat. *introitus*, entrée). *Liturg.* Chant d'entrée de la messe romaine.

INTROJECTION n. f. *Psychanal.* Processus par lequel le sujet intègre à son Moi tout ce qui le satisfait dans le monde extérieur.

INTROMISSION n. f. (lat. *intromittere*, introduire dans). Action par laquelle un corps est introduit dans un autre.

INTRONISATION n. f. Action d'introniser.

INTRONISER v. t. (gr. *enthronizein*; de *thronos*, trône épiscopal). Installer sur le trône un roi, un évêque, etc.

INTRORSE [ɛ̃trɔrs] adj. (lat. *introrsum*, en dedans). *Bot.* Se dit d'une anthère dont les fentes de déhiscence sont tournées vers l'intérieur de la fleur. (Contr. EXTRORSE.)

INTROSPECTIF, IVE adj. Fondé sur l'introspection.

INTROSPECTION n. f. (lat. *introspicere*, regarder dans l'intérieur). Étude de la conscience par elle-même, du sujet par lui-même.

INTROUVABLE adj. Qu'on ne peut pas trouver.

INTROVERSION n. f. (mot all.; lat. *introversus*, vers l'intérieur). *Psychol.* Type de personnalité caractérisé par un investissement plus grand de sa réalité intérieure que du monde extérieur.

INTROVERTI, E adj. et n. Qui est porté à l'introversion.

INTRUS, E [ɛ̃try, ɛ̃tryz] adj. et n. (lat. *intrudere*, introduire de force). Qui s'introduit quelque part sans avoir qualité pour y être admis, sans y avoir été invité.

INTRUSION n. f. Action de s'introduire sans droit dans une société, dans un emploi. ‖ *Géol.* Mise en place de roches plutoniques par montée, dans des roches préexistantes, de magma qui cristallise sans atteindre la surface du globe; massif de roches plutoniques mis en place par ce processus.

INTUBATION n. f. *Méd.* Introduction, dans la trachée, d'un tube semi-rigide pour isoler les voies respiratoires des voies digestives et permettre la respiration artificielle en réanimation ou en anesthésie générale.

INTUITIF, IVE adj. Que l'on a par intuition; qui procède de l'intuition : *connaissance intuitive.* ◆ adj. et n. Doué d'intuition.

INTUITION n. f. (lat. *intuitio*; de *intueri*, regarder). Saisie immédiate de la vérité sans l'aide du raisonnement. ‖ Faculté de prévoir, de deviner, pressentiment : *avoir l'intuition de l'avenir.*

INTUITIONNISME n. m. Doctrine des logiciens néerlandais Heyting et Brouwer, selon laquelle on ne doit considérer en mathématiques que les entités qu'on peut construire par l'intuition.

INTUITIVEMENT adv. Par intuition.

INTUMESCENCE n. f. (lat. *intumescere*, gonfler). Gonflement : *l'intumescence de la rate.* ‖ *Phys.* Onde de surface qui se produit dans les canaux découverts de faible profondeur.

INTUMESCENT, E [ɛ̃tymɛsɑ̃, ɑ̃t] adj. Qui commence à enfler.

INTUSSUSCEPTION n. f. (lat. *intus*, dedans, et *suscipere*, prendre sur soi). *Biol.* Syn. de ABSORPTION.

INULE n. f. (lat. *inula*). Plante de la famille des composées, à fleurs jaunes.

INULINE n. f. *Chim.* Glucide voisin de l'amidon, soluble dans l'eau, insoluble dans l'alcool, que mettent en réserve plusieurs composées (dahlia, topinambour).

INUSABLE adj. Qui ne peut s'user.

INUSITÉ, E adj. Qui n'est pas usité.

INUSUEL, ELLE adj. Qui n'est pas usuel.

INUTILE adj. et n. Qui ne sert à rien.

INUTILEMENT adv. De façon inutile.

INUTILISABLE adj. Impossible à utiliser.

INUTILISÉ, E adj. Qu'on n'utilise pas.

INUTILITÉ n. f. Manque d'utilité : *reconnaître l'inutilité d'un effort.* ◆ pl. Choses inutiles : *discours rempli d'inutilités.*

INVAGINATION n. f. (lat. *in*, dans, et *vagina*,

gaine). *Méd.* Repliement d'un organe creux sur lui-même, comme un doigt de gant retourné. (L'invagination de l'intestin cause son occlusion.)

INVAGINER (S') v. pr. Se replier vers l'intérieur par invagination.

INVAINCU, E adj. Qui n'a jamais été vaincu.

INVALIDANT, E adj. Se dit d'une maladie entraînant une incapacité de travail.

INVALIDATION n. f. Action d'invalider, d'être invalidé : *prononcer l'invalidation d'une élection.*

INVALIDE adj. et n. (lat. *invalidus*, faible). Infirme, qui n'est pas en état d'avoir une vie active. ◆ n. m. Ancien militaire rendu, par ses blessures, incapable de servir et entretenu aux frais de l'État par l'Institution des Invalides, à Paris. ◆ *Établissement de la marine*, organisme créé en 1673 et chargé aujourd'hui de la gestion du régime spécial de sécurité sociale des marins. ◆ adj. *Dr.* Qui n'est pas valable, qui est légalement nul.

INVALIDER v. t. Déclarer nul ou non valable : *invalider un testament, une élection.*

INVALIDITÉ n. f. Diminution du potentiel physique de qqn; état d'une personne dont la capacité de travail est réduite d'une façon importante. ‖ *Dr.* Manque de validité qui entraîne la nullité. ● *Assurance invalidité*, branche des assurances sociales prenant en charge les personnes atteintes d'invalidité d'au moins 66 p. 100 et leur versant à cet effet une pension.

INVAR [ɛvar] n. m. (nom déposé). Acier au nickel, dont le coefficient de dilatation est pratiquement négligeable.

INVARIABILITÉ n. f. État, caractère de ce qui est invariable.

INVARIABLE adj. Qui ne change pas : *l'ordre invariable des saisons.* ‖ *Ling.* Se dit des mots qui ne subissent aucune modification quelle que soit leur fonction.

INVARIABLEMENT adv. De façon invariable; toujours, immanquablement.

INVARIANCE n. f. *Math.* Caractère de ce qui est invariant. ‖ *Phys.* Propriété de certaines grandeurs physiques qui sont régies par des lois de conservation.

INVARIANT, E adj. *Math.* Se dit d'une grandeur, d'une expression, d'une relation, d'une propriété, etc., qui se conservent dans un groupe de transformations. ‖ Se dit d'un système physico-chimique en équilibre, dont la variance est nulle.

INVARIANT n. m. Ce qui ne varie pas, ce qui est constant : *un invariant économique.* ‖ *Math.* Quantité numérique invariante.

INVASION n. f. (lat. *invadere*, envahir). Irruption faite dans un pays par une force militaire : *les troupes d'invasion.* ‖ Arrivée massive d'animaux nuisibles : *invasion de rats.* ‖ Action d'entrer soudainement dans un lieu en grand nombre : *invasion de touristes, de produits étrangers.* ‖ Diffusion soudaine d'idées, d'éléments jugés subversifs. ‖ *Méd.* Irruption d'une maladie dans une contrée.

INVECTIVE n. f. (bas lat. *invectivus*; de *invehere*, attaquer). Parole violente; injure : *proférer des invectives contre qqn.*

INVECTIVER v. i. et t. Dire des invectives, injurier : *invectiver contre qqn; invectiver qqn.*

INVENDABLE adj. Qu'on ne peut vendre.

INVENDU, E adj. et n. m. Qui n'a pas été vendu : *liquider les invendus.*

INVENTAIRE n. m. (lat. *inventus*, trouvé). État, dénombrement des biens, meubles, titres, papiers d'une personne ou d'une collectivité : *faire l'inventaire d'une succession.* ‖ Évaluation des marchandises en magasin et des diverses valeurs, afin de constater les profits et les pertes. ‖ *Faire l'inventaire de qqch*, en faire la revue détaillée, minutieuse. ◆ pl. *Hist.* En 1906, opérations consécutives au vote de la loi du 9 décembre 1905, sur la séparation des Églises et de l'État, consistant dans l'inventaire officiel des objets du culte et du mobilier des églises, avant de les transmettre aux associations cultuelles. (Elles provoquèrent, en de nombreux endroits, la résistance du clergé et des catho-

liques; la mort d'un manifestant, en Flandre, mit fin brusquement à ces opérations.)

INVENTER v. t. (de *inventeur*). Trouver, créer le premier qqch de nouveau : *inventer un nouveau procédé de fabrication.* ‖ Imaginer une chose qui, dans une occasion déterminée, sert à qqch, ou une chose fictive : *inventer un expédient, une histoire.*

INVENTEUR, TRICE n. (lat. *inventor*; de *invenire*, trouver). Personne qui invente. ‖ *Dr.* Qui découvre, retrouve un objet caché ou perdu : *l'inventeur d'un trésor.*

INVENTIF, IVE adj. Qui a le génie, le talent d'inventer : *esprit inventif.*

INVENTION n. f. Action d'inventer, de créer qqch de nouveau. ‖ Faculté d'inventer, don d'imagination : *être à court d'invention.* ‖ Chose inventée, imaginée : *les grandes inventions humaines.* ‖ Mensonge inventé pour tromper : *ce sont de pures inventions.* ‖ *Dr.* Découverte de choses cachées. ‖ *Mus.* Courte composition musicale de style contrapuntique, pour instruments à clavier.

INVENTIVITÉ n. f. Qualité d'une personne inventive.

INVENTORIAGE n. m. Action d'inventorier.

INVENTORIER v. t. Faire l'inventaire de : *inventorier une succession.*

INVÉRIFIABLE adj. Qui ne peut être vérifié.

INVERSABLE adj. Qui ne peut se renverser.

INVERSE adj. (lat. *inversus*). Opposé à la direction actuelle ou naturelle : *dans un miroir, les objets apparaissent dans un sens inverse.* ● *Éléments inverses* (Math.), dans un ensemble muni d'une loi de composition interne, les deux éléments dont la composition fournit l'élément unité. ‖ *En raison inverse*, se dit d'une comparaison entre objets qui varient en proportion inverse l'un de l'autre. ‖ *Figures inverses* (Math.), figures transformées l'une de l'autre par inversion. ‖ *Fonctions inverses*, fonctions f (x) et g (x), telles que $y = f(x)$ et $x = g(y)$ expriment la même loi fonctionnelle. ‖ *Nombres inverses l'un de l'autre* (Math.), nombres dont le produit est égal à l'unité. ‖ *Relief inverse* (Géogr.), celui dans lequel la dénivellation topographique est en sens inverse de la déformation tectonique.

INVERSE n. m. Le contraire : *faire l'inverse de ce qui est commandé.* ● *Inverse d'un nombre* (Math.), fraction ayant ce nombre pour dénominateur et l'unité pour numérateur : *1/4 est l'inverse de 4.* (Zéro n'a pas d'inverse.) ‖ *Inverses optiques* (Chim.), isomères symétriques l'un de l'autre par rapport à un plan. (Syn. COMPOSÉS ÉNANTIOMORPHES.)

INVERSEMENT adv. De manière inverse.

INVERSER v. t. (de *inverse*). Renverser la direction, la position relative : *inverser l'ordre des mots dans une phrase.* ‖ Changer le sens d'un courant électrique.

INVERSEUR n. m. Appareil servant à inverser un courant électrique, le sens de marche d'un ensemble mécanique. ● *Inverseur de poussée*, dispositif qui, dans un propulseur à réaction, permet, en changeant la direction des gaz, de modifier l'orientation de la poussée.

INVERSIBLE adj. *Math.* Se dit d'un élément a d'un ensemble muni d'une loi interne et possédant un élément neutre e tel qu'il existe un élément a' de l'ensemble considéré vérifiant la relation aa' = a'a = e. ● *Film inversible*, ou inversible n. m., film dont le développement par inversion donne une image positive.

INVERSION n. f. Action d'inverser, de s'inverser. ‖ *Chim.* Transformation du saccharose en glucose et en lévulose par hydrolyse. ‖ *Ling.* Toute construction où l'on donne aux mots un autre ordre que l'ordre considéré comme normal ou habituel. ‖ *Math.* Transformation dans laquelle un point M' de la droite OM (O étant un point fixe), tel que le produit $\overline{OM} \times \overline{OM'}$ soit constant. ‖ *Pathol.* Retournement d'un organe creux. ‖ *Phot.* Suite d'opérations permettant d'obtenir directement une image positive sur la couche sensible employée à la prise de vue. ● *Inversion de relief* (Géogr.), phénomène par lequel un relief conforme à la structure évolue

en relief inverse. ‖ *Inversion sexuelle*, syn. vx de HOMOSEXUALITÉ. ‖ *Inversion de température*, en montagne, phénomène selon lequel l'air froid, plus lourd, s'accumule dans les vallées et les bassins, tandis que l'air des sommets est relativement plus chaud.

INVERTASE n. f. Enzyme de la transformation du saccharose en glucose et en lévulose. (Syn. SUCRASE.)

INVERTÉBRÉ, E adj. et n. m. Se dit des animaux sans colonne vertébrale, comme les insectes, les crustacés, les mollusques, les vers, les oursins, etc. (La plupart des invertébrés supérieurs sont réunis dans l'embranchement des arthropodes.)

INVERTI, E adj. *Chim.* Se dit du saccharose transformé en glucose et en lévulose par hydrolyse.

INVERTI, E n. Syn. vx de HOMOSEXUEL.

INVERTIR v. t. (lat. *invertere*, retourner). Renverser symétriquement. ‖ *Chim.* Transformer le saccharose par inversion.

INVESTIGATEUR, TRICE n. et adj. (lat. *investigator*; de *vestigium*, trace). Qui recherche avec soin, jusque dans les détails : *jeter des regards investigateurs.*

INVESTIGATION n. f. Recherche attentive et suivie jusque dans les détails : *poursuivre ses investigations.*

INVESTIR v. t. (lat. *investire*, entourer). Mettre, avec certaines formalités, en possession d'un pouvoir, d'une autorité quelconque. ‖ Encercler une ville en coupant ses communications avec l'extérieur. ● *Investir qqn de sa confiance*, se fier à lui entièrement.

INVESTIR v. t. (angl. *to invest*). Placer des capitaux dans une entreprise. ‖ *Psychol.* Donner à qqch une signification personnelle, lui attacher des valeurs affectives : *il investit beaucoup dans son travail.*

INVESTISSEMENT n. m. Action d'investir une ville, une place forte.

INVESTISSEMENT n. m. (angl. *investment*). Emploi de capitaux visant à accroître la production d'une entreprise ou à améliorer son rendement. ‖ Placement de fonds. ‖ *Psychol.* Action d'investir. ● *Club d'investissement*, groupe de personnes qui gèrent ensemble un portefeuille indivis de valeurs mobilières alimenté par des cotisations périodiques.

INVESTISSEUR adj. et n. m. *Écon.* Celui qui pratique un investissement. ● *Investisseur institutionnel*, organisme chargé de la gestion de fonds destinés à être investis.

INVESTITURE n. f. Mise en possession d'un fief, d'une dignité ecclésiastique, d'un pouvoir quelconque. ‖ Acte par lequel un parti politique désigne un candidat à une fonction élective. ‖ Acte par lequel (dans certains pays et notamment en France de 1946 à 1954) le Parlement, en sa principale assemblée, donnait mission à un homme d'État de constituer le gouvernement.

INVÉTÉRÉ, E adj. (lat. *inveteratus*; de *inveterare*, faire vieillir). Fortifié, enraciné par le temps : *mal invétéré.* ‖ Qui a laissé vieillir, s'enraciner en soi telle manière d'être, telle habitude, impénitent : *un buveur invétéré.*

INVÉTÉRER (S') v. pr. (conj. 5). *Litt.* S'affermir, se fortifier par le temps : *laisser s'invétérer une mauvaise habitude.*

INVINCIBILITÉ n. f. Caractère, qualité de ce qui est invincible.

INVINCIBLE adj. Qu'on ne saurait vaincre : *armée invincible.* ‖ Que l'on ne peut réfuter, surmonter : *argument, sommeil invincible.*

INVINCIBLEMENT adv. De façon invincible.

INVIOLABILITÉ n. f. Qualité de ce qui est inviolable : *l'inviolabilité parlementaire.*

INVIOLABLE adj. Qu'on ne doit jamais violer, enfreindre : *serment, droit inviolable.* ‖ Que la loi met à l'abri de toute poursuite : *la personne des ambassadeurs est inviolable.*

INVIOLABLEMENT adv. De façon inviolable.

INVIOLÉ, E adj. Qui n'a pas été violé, outragé, enfreint : *sanctuaire inviolé; loi inviolée.*

INVISIBILITÉ n. f. État de ce qui est invisible.

INVISIBLE adj. Qui ne peut pas être vu : *un homme invisible*. ‖ Qui échappe à la vue par sa nature, sa taille ou son éloignement : *certaines étoiles sont invisibles à l'œil nu.*

INVISIBLEMENT adv. De façon invisible.

INVITANT, E adj. Qui invite : *puissance invitante.*

INVITATION n. f. Action d'inviter; son résultat.

INVITE n. f. Ce qui invite à faire qqch, appel indirect, adroit : *répondre à l'invite de qqn.*

INVITÉ, E n. Personne que l'on a priée de venir assister à un repas, une cérémonie, etc. ● *Artiste invité* (Chorégr.), étoile ou soliste engagés pour une durée limitée, par une compagnie autre que celle à laquelle ils sont attachés par contrat, et qui perçoivent un cachet pour chaque représentation. (On dit aussi ARTISTE EN REPRÉSENTATION.)

INVITER v. t. (lat. *invitare*). Prier par courtoisie, par politesse de venir en un lieu, d'assister à; convier à : *inviter qqn à dîner.* ‖ Engager à faire qqch; inciter : *le beau temps invite à la promenade.* ‖ Demander avec autorité à qqn de faire qqch, ordonner : *inviter qqn à se taire.*

INVITEUR, EUSE adj. et n. Qui invite.

IN VITRO [invitro] loc. adv. (mots lat., *dans le verre*). Se dit de toute réaction physiologique qui se fait en dehors de l'organisme (dans des tubes, des éprouvettes, etc.).

INVIVABLE adj. Impossible à vivre, difficile à supporter.

IN VIVO [invivo] loc. adv. (mots lat., *dans le vif*). Se dit de toute réaction physiologique qui se fait dans l'organisme.

INVOCATEUR, TRICE adj. et n. Qui invoque.

INVOCATION n. f. (lat. *invocatio*). Action d'invoquer. ‖ Liturg. Patronage, protection, dédicace : *église placée sous l'invocation de la Vierge.*

INVOCATOIRE adj. Qui appartient à l'invocation.

INVOLONTAIRE adj. Où la volonté n'a pas part. ‖ Qui agit sans le vouloir.

INVOLONTAIREMENT adv. Sans le vouloir.

INVOLUCELLE n. m. Petit involucre.

INVOLUCRE n. m. (lat. *involucrum*, enveloppe). Bot. Ensemble de bractées, d'organes foliacés, rapprochés autour de la base d'une fleur ou d'une inflorescence, spécialement d'une ombelle ou d'un capitule.

INVOLUTÉ, E adj. (lat. *involutus*, enveloppé). Bot. Roulé en dedans.

INVOLUTIF, IVE adj. Qui se rapporte à une involution. ‖ Math. Se dit d'un élément d'un ensemble égal à son inverse. ‖ Méd. Se dit des processus liés au vieillissement. ● *Transformation involutive,* transformation bijective égale à la transformation inverse.

INVOLUTION n. f. Biol. Régression d'un organe, soit chez un individu (l'involution de l'utérus après l'accouchement dure douze jours), soit dans une espèce, suivant un des mécanismes de l'évolution. ‖ Math. Homographie réciproque. ‖ Méd. Processus de régression biologique et psychologique dû au vieillissement. ‖ Philos. Passage de l'hétérogène à l'homogène, du divers au même, du multiple à l'un.

INVOQUER v. t. (lat. *invocare*). Implorer l'aide, le secours de qqn de plus puissant par des prières, des supplications. ‖ Donner comme argument, comme justification : *invoquer un témoignage.*

INVRAISEMBLABLE adj. Qui ne semble pas vrai : *fait invraisemblable.* ‖ Extraordinaire, bizarre : *chapeau invraisemblable.*

INVRAISEMBLABLEMENT adv. De façon invraisemblable.

INVRAISEMBLANCE n. f. Manque de vraisemblance. ‖ Chose invraisemblable : *récit plein d'invraisemblances.*

INVULNÉRABILITÉ n. f. État de celui ou de ce qui est invulnérable.

INVULNÉRABLE adj. Qui ne peut être blessé, qui résiste à toute atteinte.

IODATE n. m. Sel de l'acide iodique.

IODE [jɔd] n. m. (gr. *iôdês*, violet). Corps simple (I) n° 53, en paillettes grises à éclat métallique, de masse atomique 126,90, de densité 4,93, fusible à 114⁰C, et qui répand, quand on le chauffe, des vapeurs violettes.

IODÉ, E adj. Qui contient de l'iode : *eau iodée.*

IODER v. t. Couvrir ou additionner d'iode.

IODHYDRIQUE adj. m. Se dit d'un acide (HI) formé par la combinaison d'iode et d'hydrogène.

IODIQUE adj. m. Se dit d'un acide (HIO₃) produit par l'oxydation de l'iode.

IODISME n. m. Intoxication par l'iode.

IODLER v. i. → JODLER.

IODOFORME n. m. Composé (CHI₃) que l'on obtient en faisant agir l'iode sur l'alcool, et employé surtout comme antiseptique.

IODURE n. m. Sel de l'acide iodhydrique.

IODURÉ, E adj. Qui contient un iodure : *sirop ioduré.* ‖ Couvert d'une couche d'iodure : *plaque photographique iodurée.*

ION n. m. (mot angl.; gr. *ion*, allant). Atome ou groupe d'atomes ayant gagné ou perdu, par électrolyse ou sous l'action de rayonnements, un ou plusieurs électrons.

IONIEN, ENNE adj. et n. De l'Ionie. ● *Dialecte ionien,* ou *ionien* n. m., dialecte grec qu'on parlait dans l'Ionie. ‖ *École ionienne* (Philos.), école des VIIᵉ et VIᵉ s. av. J.-C., qui entreprit une enquête sur la nature pour en rechercher le principe d'explication : l'eau pour Thalès, l'infini pour Anaximandre, l'air pour Anaximène.

IONIQUE adj. Qui se rapporte aux ions.

IONIQUE adj. De l'Ionie. ● *Ordre ionique,* ordre d'architecture grecque apparu v. 560 av. J.-C., caractérisé par une colonne cannelée, élancée, posée sur une base moulurée, et par un chapiteau dont l'échine, décorée d'oves, est flanquée de deux volutes.

IONISANT, E adj. Qui provoque l'ionisation.

IONISATION n. f. Transformation d'atomes, de molécules neutres, en ions.

IONISER v. t. Provoquer l'ionisation.

IONOGRAMME n. m. Chim. Formule représentant les concentrations des différents ions (sodium, potassium, chlore, etc.) contenus dans un liquide organique.

IONONE n. f. Cétone à odeur de violette très prononcée, et employée en parfumerie.

IONOPLASTIE n. f. Production d'un dépôt métallique par passage d'un courant électrique dans un gaz raréfié. (Syn. PULVÉRISATION CATHODIQUE.)

IONOSPHÈRE n. f. Ensemble des régions de la haute atmosphère (approximativement entre 60 et 600 km) où l'air est fortement ionisé et, par conséquent, conducteur de l'électricité.

IONOSPHÉRIQUE adj. Relatif à l'ionosphère.

IOTA n. m. Neuvième lettre de l'alphabet grec (ι), correspondant à notre *i.* ● *Il n'y manque pas un iota,* il n'y manque rien.

IOTACISME n. m. Ling. Emploi fréquent du son *i,* particulier au grec moderne.

IOULER v. i. → JODLER.

IOURTE n. f. → YOURTE.

IPÉCACUANA [ipekakwana] ou, par abrév., **IPÉCA** [ipeka] n. m. (mot portug.; du tupi). Racine vomitive d'un arbrisseau du Brésil. (Famille des rubiacées.)

IPOMÉE n. f. (gr. *ips,* ver, et *omoios,* semblable). Nom scientifique de la *patate douce.*

IPPON [ipɔn] n. m. (mot jap.). Action décisive (immobilisation, étranglement, projection sur le dos, etc.) arrêtant un combat de judo.

IPSÉITÉ n. f. (lat. *ipse,* soi-même). Philos. Ce qui fait qu'un être est lui-même et non un autre.

IPSO FACTO [ipsofakto] loc. adv. (mots lat., *par le fait même*). Par une conséquence obligée, automatiquement.

Ir, symbole chimique de l'*iridium.*

IRAKIEN ou **IRAQIEN, ENNE** adj. et n. De l'Iraq.

IRAKIEN n. m. Dialecte arabe parlé en Iraq.

IRANIEN, ENNE adj. et n. De l'Iran. ● *Langues iraniennes,* groupe de langues indo-européennes comprenant l'avestique et les langues qui en dérivent (persan, pachto, etc.).

IRASCIBILITÉ n. f. Litt. Disposition à s'irriter.

IRASCIBLE [irasibl] adj. (bas lat. *irascibilis;* de *irasci,* se mettre en colère). Qui se met en colère facilement, coléreux, irritable.

IRBM n. m. (sigle de *Intermediate Range Ballistic Missile*). Missile stratégique sol-sol de portée comprise entre 2775 et 5500 km.

IRE n. f. (lat. *ira*). Litt. et vx. Colère.

IRÉNIQUE adj. (gr. *eirênikos,* pacifique). Se dit de certains écrits dont le but est de ramener la paix entre les chrétiens.

IRÉNISME n. m. Attitude pacificatrice adoptée entre chrétiens de confessions différentes pour étudier les problèmes qui les séparent.

IRIDACÉE n. f. (de *iris*). Plante monocotylédone aux fleurs souvent décoratives. (Les iridacées forment une famille comprenant l'*iris,* le *glaïeul,* le *crocus.*)

IRIDECTOMIE n. f. (gr. *ektomê,* coupure). Excision chirurgicale d'une partie de l'iris.

IRIDIÉ, E adj. Qui contient de l'iridium : *platine iridié.*

IRIDIUM [iridjɔm] n. m. (lat. *iris, iridis,* arc-en-ciel). Métal (Ir) blanc, n° 77, de masse atomique 192,22, extrêmement dur et résistant à l'action des agents chimiques, fondant vers 2400⁰C et contenu dans certains minerais de platine.

IRIS [iris] n. m. (mot gr.). Anat. Membrane colorée de l'œil, située derrière la cornée et devant le cristallin, et percée d'un orifice, la pupille. (L'iris joue le rôle d'un diaphragme.)

iris

‖ Bot. Plante type de la famille des iridacées, souvent cultivée pour ses fleurs ornementales et odorantes, et dont le rhizome peut être employé en parfumerie. ‖ *Poudre parfumée faite avec le rhizome d'iris.* ‖ Phot. Diaphragme formé par de nombreuses lamelles comprises entre deux anneaux, l'un fixe, l'autre mobile.

IRISABLE adj. Susceptible d'irisation.

IRISATION n. f. Propriété qu'ont certains corps de disperser la lumière en rayons colorés comme l'arc-en-ciel; reflets ainsi produits.

IRISÉ, E adj. Qui présente les couleurs de l'arc-en-ciel : *verre irisé.*

IRISER v. t. Faire apparaître l'irisation; donner les couleurs de l'arc-en-ciel. ◆ **s'iriser** v. pr. Se revêtir des couleurs de l'arc-en-ciel.

IRITIS [iritis] n. f. Méd. Inflammation de l'iris.

IRLANDAIS, E adj. et n. De l'Irlande.

IRLANDAIS n. m. Langue celtique parlée en Irlande.

IRONE n. f. Principe odorant de la racine d'iris.

IRONIE n. f. (gr. *eirôneia,* interrogation). Raillerie qui consiste à faire entendre le contraire de ce que l'on dit grâce à l'intonation : *ce compliment n'est qu'une ironie.* ‖ Contraste entre la réalité cruelle et ce qu'on pouvait attendre : *l'ironie de la situation.* ● *Ironie socratique,* manière de philosopher propre à Socrate qui posait des questions en feignant l'ignorance.

IRONIQUE adj. Qui raille, qui traite avec ironie : *sourire ironique; esprit ironique.*

IRONIQUEMENT adv. Par ironie.

IRONISER v. i. Traiter avec ironie, railler.

IRONISTE n. Personne qui use habituellement de l'ironie.

IROQUOIS, E adj. et n. Qui appartient au peuple de ce nom.

IRRACHETABLE adj. Qu'on ne peut racheter.

IRRADIATION n. f. Action d'irradier, fait d'être irradié. ‖ Exposition à un rayonnement radioactif, à la lumière ou à d'autres radiations. ● *Irradiation douloureuse*, propagation d'une douleur à partir de son point d'apparition.

IRRADIER v. i., ou **IRRADIER (S')** v. pr. (lat. *radius*, rayon). Se propager en s'écartant d'un centre, en rayonnant : *les rayons d'un foyer lumineux irradient de tous côtés.* ◆ v. t. Exposer à certaines radiations.

IRRAISONNÉ, E adj. Qui n'est pas raisonné.

IRRATIONALISME n. m. Attitude philosophique qui soutient que le monde n'est pas entièrement accessible à la connaissance parce qu'il contient un résidu inintelligible et inexplicable. ‖ Attitude philosophique qui prétend que la raison n'a pas ou ne doit pas avoir une valeur absolue dans la conduite des hommes.

IRRATIONALISTE adj. et n. Qui prône ou qui caractérise l'irrationalisme.

IRRATIONALITÉ n. f. Caractère de ce qui est irrationnel : *l'irrationalité d'un comportement.*

IRRATIONNEL, ELLE adj. Contraire, inaccessible à la raison : *peur irrationnelle.* ‖ *Math.* Se dit d'un nombre qui n'est pas le quotient de deux nombres entiers. ● *Expression irrationnelle,* expression contenant un radical arithmétique portant sur un nombre non carré parfait.

IRRÉALISABLE adj. Qui ne peut être réalisé.

IRRÉALISME n. m. Manque de réalisme.

IRRÉALITÉ n. f. Caractère de ce qui n'est pas réel.

IRRECEVABILITÉ n. f. Caractère de ce qui n'est pas recevable. ‖ *Dr.* Caractère d'une demande en justice qui ne peut être examinée.

IRRECEVABLE adj. Qui ne peut être pris en considération, inacceptable, inadmissible.

IRRÉCONCILIABLE adj. Qui ne peut se réconcilier.

IRRÉCOUVRABLE adj. Qui ne peut être recouvré : *créance irrécouvrable.*

IRRÉCUPÉRABLE adj. Qui n'est pas récupérable.

IRRÉCUSABLE adj. Qui ne peut être récusé.

IRRÉDENTISME n. m. (de *Italia irredenta,* Italie non délivrée). *Hist.* Après 1870, mouvement de revendication italien sur le Trentin, l'Istrie et Fiume, puis sur l'ensemble des territoires considérés comme italiens. ‖ Mouvement nationaliste de revendication territoriale.

IRRÉDENTISTE adj. et n. Qui est partisan de l'irrédentisme.

IRRÉDUCTIBILITÉ n. f. Qualité, caractère de ce qui est irréductible.

IRRÉDUCTIBLE adj. Qui ne peut être réduit, simplifié. ‖ Qui ne transige pas, qu'on ne peut fléchir : *ennemi irréductible.* ‖ *Chir.* Qui ne peut être remis en place : *fracture irréductible.* ● *Fraction irréductible,* fraction dont le numérateur et le dénominateur n'ont aucun diviseur commun autre que l'unité. ‖ *Polynôme irréductible sur un corps K,* polynôme ne pouvant se décomposer en produit de polynômes à coefficients dans le corps K.

IRRÉDUCTIBLEMENT adv. De façon irréductible.

IRRÉEL, ELLE adj. Qui n'est pas réel.

IRRÉFLÉCHI, E adj. Qui n'est pas réfléchi : *homme irréfléchi; action irréfléchie.*

IRRÉFLEXION n. f. Défaut de réflexion, étourderie.

IRRÉFORMABLE adj. Qui ne peut être réformé.

IRRÉFRAGABLE adj. (lat. *refragari,* s'opposer). Qu'on ne peut récuser, contredire : *autorité irréfragable.*

IRRÉFUTABILITÉ n. f. Caractère de ce qui est irréfutable.

IRRÉFUTABLE adj. Qui ne peut être réfuté.

IRRÉFUTABLEMENT adv. De façon irréfutable.

IRRÉFUTÉ, E adj. Qui n'a pas été réfuté.

IRRÉGULARITÉ n. f. Manque de régularité : *l'irrégularité d'un bâtiment, d'un employé.* ‖ Chose faite en violation des règlements : *les irrégularités d'une gestion administrative.*

IRRÉGULIER, ÈRE adj. Qui n'est pas symétrique, pas uniforme. ‖ Non conforme à l'usage commun : *situation irrégulière d'un couple.* ‖ Non conforme à une réglementation : *une procédure irrégulière.* ‖ Qui n'est pas régulier dans son travail, ses résultats : *athlète irrégulier.* ‖ *Bot.* Se dit d'un calice ou d'une corolle dont les pièces ne sont pas égales. ‖ *Ling.* Qui s'écarte d'un type considéré comme normal.

IRRÉGULIER n. m. Partisan qui, en temps de guerre, coopère à l'action d'une armée régulière.

IRRÉGULIÈREMENT adv. De façon irrégulière.

IRRÉLIGIEUX, EUSE adj. Qui n'a pas de convictions religieuses : *homme irréligieux.* ‖ Irrespectueux envers la religion : *discours irréligieux.*

IRRÉLIGION n. f. (lat. *irreligio*). Irrespect à l'égard de la religion. ‖ Absence de convictions religieuses.

IRRÉMÉDIABLE adj. À quoi on ne peut remédier, définitif : *désastre irrémédiable.*

IRRÉMÉDIABLEMENT adv. Sans recours, sans remède : *malade irrémédiablement perdu.*

IRRÉMISSIBLE adj. *Litt.* Qui ne mérite point de pardon : *faute irrémissible.* ‖ *Litt.* Implacable, fatal : *le cours irrémissible des événements.*

IRRÉMISSIBLEMENT adv. *Litt.* Sans rémission, sans miséricorde.

IRREMPLAÇABLE adj. Impossible à remplacer.

IRRÉPARABLE adj. Qui ne peut être réparé.

IRRÉPRÉHENSIBLE adj. *Litt.* Qu'on ne saurait blâmer : *conduite irrépréhensible.*

IRRÉPRESSIBLE adj. Qu'on ne peut réprimer : *force irrépressible.*

IRRÉPROCHABLE adj. Qui ne mérite pas de reproche, qui ne présente pas de défaut : *écolier irréprochable; travail irréprochable.*

IRRÉPROCHABLEMENT adv. De façon irréprochable.

IRRÉSISTIBLE adj. À qui ou à quoi l'on ne peut résister : *charme irrésistible.*

IRRÉSISTIBLEMENT adv. De façon irrésistible.

IRRÉSOLU, E adj. Qui n'a pas reçu de solution. ‖ Qui se décide difficilement à agir, velléitaire.

IRRÉSOLUTION n. f. Incertitude, état de celui qui demeure irrésolu.

IRRESPECT n. m. Manque de respect.

IRRESPECTUEUSEMENT adv. De façon irrespectueuse.

IRRESPECTUEUX, EUSE adj. Qui manque de respect; qui blesse le respect.

IRRESPIRABLE adj. Non respirable; empuanti : *l'air de cette pièce est irrespirable.*

IRRESPONSABILITÉ n. f. État de celui qui n'est pas responsable de ses actes : *plaider l'irresponsabilité d'un accusé.* ‖ *Dr.* Principe constitutionnel selon lequel tout acte du chef de l'État doit être contresigné par un ministre, seul responsable devant le Parlement.

IRRESPONSABLE adj. et n. Qui n'est pas responsable de ses actes : *enfant irresponsable.* ‖ *Péjor.* Qui agit pour son compte, sans se soucier de l'intérêt général.

IRRÉTRÉCISSABILITÉ n. f. Propriété d'un tissu ayant subi un apprêt lui donnant une stabilité dimensionnelle.

IRRÉTRÉCISSABLE adj. Qui ne peut se rétrécir.

IRRÉVÉRENCE n. f. Manque de respect. ‖ Parole, action irrévérencieuse.

IRRÉVÉRENCIEUSEMENT adv. Avec irrévérence.

IRRÉVÉRENCIEUX, EUSE adj. Qui manque de respect.

IRRÉVERSIBILITÉ n. f. Caractère de ce qui est irréversible.

IRRÉVERSIBLE adj. Qui n'est pas réversible. ‖ Qu'on ne peut suivre que dans une seule direction : *la marche de l'histoire est irréversible.* ‖ *Chim.* Se dit d'une réaction qui se produit jusqu'à achèvement et qui n'est pas limitée par la réaction inverse.

IRRÉVOCABILITÉ n. f. État de ce qui est irrévocable, définitif.

IRRÉVOCABLE adj. Qui ne peut être révoqué. ‖ Sur quoi il est impossible de revenir : *décision irrévocable.*

IRRÉVOCABLEMENT adv. De façon irrévocable : *date irrévocablement fixée.*

IRRIGABLE adj. Qui peut être irrigué.

IRRIGATEUR n. m. *Méd.* Instrument servant à faire des injections.

IRRIGATION n. f. Ensemble des techniques utilisées pour amener et distribuer l'eau (en complément des précipitations atmosphériques) nécessaire à la mise en valeur agricole ou seulement à l'introduction de nouvelles cultures et à l'amélioration des rendements. ‖ *Méd.* Action de faire parvenir un liquide à une partie malade. ‖ *Physiol.* Apport du sang dans les tissus par les vaisseaux sanguins.

IRRIGUER v. t. (lat. *irrigare,* arroser). Arroser par irrigation.

IRRITABILITÉ n. f. État de celui ou de ce qui s'irrite facilement. ‖ *Biol.* Propriété que possède une cellule ou un organisme de réagir aux excitations extérieures.

IRRITABLE adj. Qui s'irrite facilement, irascible : *un caractère irritable.* ‖ *Biol.* Qui réagit.

IRRITANT, E adj. Qui met en colère : *reproches irritants.* ◆ adj. et n. m. Qui détermine une irritation : *sels irritants.*

IRRITANT, E adj. (lat. *irritare,* annuler). *Dr.* Qui annule : *clause irritante.*

IRRITATIF, IVE adj. *Méd.* Qui irrite.

IRRITATION n. f. État d'une personne en colère : *en proie à une vive irritation.* ‖ Action de ce qui irrite les organes, les nerfs, etc.; résultat de cette action.

IRRITER v. t. (lat. *irritare*). Provoquer un état d'énervement pouvant aller jusqu'à la colère : *un rien l'irrite.* ‖ *Méd.* Causer de la douleur, de l'inflammation dans une partie.

IRRUPTION n. f. (lat. *irruptio*). Entrée soudaine de qqn dans un lieu. ‖ Envahissement violent et subit : *l'irruption des eaux.* ● *Faire irruption quelque part,* y pénétrer.

ISABELLE adj. inv. et n. m. (du n. d'*Isabelle* la Catholique). D'une couleur jaune clair. ● *Cheval isabelle,* ou *isabelle* n. m., de couleur isabelle, avec les crins et les extrémités noirs.

ISALLOBARE n. f. (de *isobare,* et gr. *allos,* autre). *Météor.* Ligne reliant les stations où la pression atmosphérique a varié de la même quantité entre deux observations consécutives.

ISARD n. m. (mot prélatin). Chamois des Pyrénées.

ISATIS [izatis] n. m. (mot gr.). *Bot.* Syn. de PASTEL. ‖ Renard des régions arctiques, appelé aussi *renard bleu* ou *renard polaire,* dont la fourrure gris bleuté devient blanche en hiver.

ISBA [isba ou izba] n. f. (mot russe). Habitation en bois de sapin de divers peuples du nord de l'Europe ou de l'Asie.

ISCHÉMIE [iskemi] n. f. (gr. *iskhein,* arrêter, et *haima,* sang). *Méd.* Arrêt de la circulation sanguine dans un organe, un tissu.

ISCHÉMIQUE adj. *Méd.* Relatif à l'ischémie.

ISCHIATIQUE [iskjatik] adj. *Anat.* Qui appartient à l'ischion.

ISCHION [iskjɔ̃] n. m. (mot gr.). *Anat.* Un des trois os formant l'os iliaque.

ISENTROPIQUE adj. Se dit d'une transformation dans laquelle l'entropie reste constante.

ISIAQUE adj. Qui a rapport à Isis.

ISLĀM [islam] n. m. (mot ar., *soumission à Dieu*). Religion et civilisation des musulmans. ‖

Espagne. Coupole sur nervures et riche décor de la salle du deuxième mihrab de la mosquée omeyyade de Cordoue (Xᵉ s.), aujourd'hui cathédrale.

Espagne. Pyxide d'al-Murhīra. Ivoire provenant de Cordoue. 968. (Musée du Louvre, Paris.)

Lauros-Giraudon

R. Michaud-Rapho

Égypte. Cour intérieure de la mosquée d'Ibn Tūlūn, au Caire, construite au IXᵉ s., restaurée au XIIIᵉ s.

Froissardey-Atlas-Photo

Égypte. Mosquée du sultan Barqūq, au Caire : clôture en bois tourné précédant son tombeau. XIVᵉ s.

Turquie. Palais Topkapı à Istanbul : détail du décor en faïence d'Iznik de la salle de la circoncision. XVᵉ-XVIᵉ s.

Loirat-C. D. Tétrel

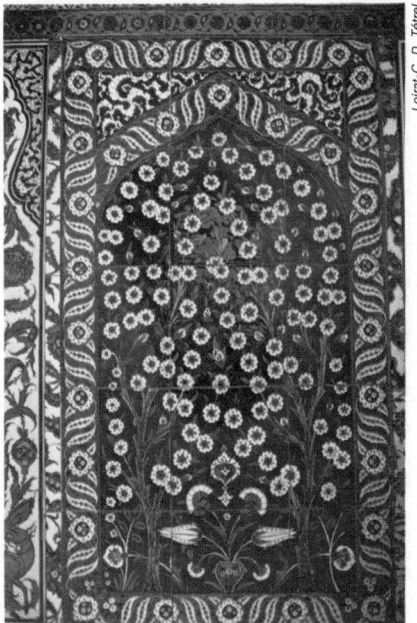

Iran. Tapis historié provenant de Kāchān. Soie, XVIᵉ s. (Musée du Louvre, Paris.)

Le monde musulman (généralement avec une majuscule en ce sens).

■ Fondé au VIIe s. en Arabie par Mahomet, l'islām est répandu en Asie, en Afrique et en Europe. On estime à 520 millions environ le nombre des musulmans. Le Coran, révélé à Mahomet par Dieu (Allāh), est, avec la tradition (sunna), le fondement de la vie religieuse et politique. Le dogme fondamental de l'islām est un strict monothéisme. Cinq actes essentiels, les cinq « piliers », supportent la vie religieuse des croyants : 1° la profession de foi, ou chahāda (il n'y a d'autre Dieu qu'Allāh et Mahomet est l'envoyé d'Allāh); 2° la prière rituelle cinq fois le jour; 3° le jeûne du ramadān; 4° le pèlerinage à La Mecque, ou hādjdj, une fois dans la vie; 5° l'aumône rituelle. L'islām n'a pas de clergé, mais seulement des guides religieux qui interprètent la loi coranique et veillent à son application.

Ordinairement, on groupe en deux grandes familles les fidèles de l'islām : les sunnites, qui se veulent les représentants de la tradition, et les chi'ites, qui se réclament d''Alī, cousin et gendre de Mahomet, et sont moins attachés à la lettre du Coran et de la tradition.

ISLAMIQUE adj. Qui appartient à l'islām.

ISLAMISATION n. f. Conversion à l'islām.

ISLAMISER v. t. Convertir à l'islām.

ISLAMISME n. m. Religion musulmane.

ISLANDAIS, E adj. et n. De l'Islande.

ISLANDAIS n. m. En Bretagne, pêcheur de morue. ‖ Langue du groupe nordique parlée en Islande.

ISMAÉLIENS ou **ISMAÏLIENS** n. m. pl. Membres d'une secte chi'ite qui admet comme dernier imām Ismā'īl († 762).

ISMAÉLITE adj. et n. Qui appartient aux tribus arabes de Transjordanie que la Bible fait descendre d'Ismaël, fils d'Abraham.

ISOBARE adj. (gr. isos, égal, et baros, pesanteur). D'égale pression. ‖ Qui a lieu à pression constante.

ISOBARE adj. et n. m. Se dit de noyaux ayant même nombre de masse mais des numéros atomiques différents.

ISOBARE n. f. Sur une carte météorologique, ligne qui joint les points d'égale pression atmosphérique.

ISOBATHE adj. (gr. isos, égal, et bathos, profondeur). De même profondeur.

ISOBATHE n. f. Sur une carte bathymétrique, ligne qui joint les points d'égale profondeur du fond des mers et des océans.

ISOCARDE n. m. (gr. isos, égal, et kardia, cœur). Mollusque bivalve dont la coquille a la forme d'un cœur. (Long. 6 cm.)

ISOCARÈNE adj. Mar. Qui correspond à des carènes de même volume, mais de formes différentes suivant les diverses inclinaisons.

ISOCÈLE adj. (gr. isos, égal, et skelos, jambe). Math. Qui a deux côtés égaux. ● Trapèze isocèle, trapèze dont les côtés non parallèles sont égaux. ‖ Trièdre isocèle, trièdre ayant deux faces égales.

ISOCHIMÈNE [izɔkimɛn] adj. et n. f. (gr. isos, égal, et kheima, hiver). Qui a la même température moyenne en hiver.

ISOCHORE [izɔkɔr] adj. (gr. isos, égal, et khôra, emplacement). Qui correspond à un volume constant : transformation isochore.

ISOCHROMATIQUE adj. (gr. isos, égal, et khrôma, couleur). Dont la couleur est uniforme.

ISOCHRONE [izɔkrɔn] ou **ISOCHRONIQUE** adj. (gr. isos, égal, et khronos, temps). De durée égale.

ISOCHRONISME n. m. Qualité de ce qui est isochrone. ‖ État de deux cellules nerveuses ou musculaires ayant même chronaxie.

ISOCLINAL, E, AUX adj. Pli isoclinal (Géol.), celui dont les deux flancs sont parallèles.

ISOCLINE ou **ISOCLINIQUE** adj. (gr. isoklinēs; de isos, égal, et klinein, pencher). Qui a la même inclinaison. ● Ligne isocline, ou isocline n. f., ligne reliant des points de la surface terrestre où l'inclinaison magnétique est la même.

ISODYNAMIE n. f. Physiol. Équivalence entre les aliments du point de vue de l'énergie qu'ils apportent. (11 g de lipides fournissent par oxydation autant de calories que 24 g de glucides ou que 25 g de protides.)

ISODYNAMIQUE adj. Se dit d'une ligne reliant des points de la surface terrestre où la composante horizontale du champ magnétique terrestre a la même valeur. ‖ Physiol. Relatif à l'isodynamie.

ISOÉDRIQUE adj. (gr. isos, égal, et hedra, face). Minér. Dont les facettes sont semblables.

ISOÉLECTRIQUE adj. Point isoélectrique, état d'un système colloïdal dont les particules ne portent pas de charges électriques.

ISOÈTE n. m. (gr. isos, égal, et étos, année). Genre de cryptogames vasculaires vivant dans les lacs et les étangs.

ISOGAME adj. Bot. Qui présente une reproduction par isogamie.

ISOGAMIE n. f. (gr. isos, égal, et gamos, mariage). Fusion entre deux gamètes semblables, qui se réalise chez diverses espèces d'algues et de champignons inférieurs. (Contr. HÉTÉROGAMIE.)

ISOGLOSSE adj. et n. f. (gr. isos, égal, et glôssa, langue). Ling. Se dit d'une ligne joignant les lieux qui présentent des faits de langue analogues.

ISOGONE adj. (gr. isos, égal, et gônia, angle). Qui a des angles égaux. ‖ Se dit d'une ligne reliant des points de la surface terrestre de même déclinaison magnétique.

ISOHYÈTE adj. et n. f. Météor. Se dit d'une ligne qui joint les points d'une région où les précipitations moyennes sont les mêmes pour une année considérée.

ISOHYPSE [izɔips] adj. (gr. isos, égal, et hupsos, hauteur). D'égale altitude.

ISOHYPSE n. f. Syn. de COURBE DE NIVEAU *.

ISOIONIQUE adj. Qui contient la même quantité d'ions.

ISOLABLE adj. Qui peut être isolé.

ISOLANT, E adj. Qui est mauvais conducteur de la chaleur ou de l'électricité : support isolant. ● Langues isolantes, langues où les phrases sont formées de mots sans variation morphologique, ordinairement monosyllabiques, et où les rapports grammaticaux ne sont marqués que par la place des termes. (Le chinois, l'annamite, le tibétain sont des langues isolantes.)

ISOLANT n. m. Corps non conducteur de la chaleur ou de l'électricité.

ISOLAT [izɔla] n. m. Biol. Espèce au sein de laquelle le choix des conjoints reste confiné. ‖ Démogr. Ensemble humain, de caractère géographique, social ou religieux, à l'intérieur duquel s'opèrent les unions consensuelles.

ISOLATEUR, TRICE adj. Se dit des substances ayant la propriété d'isoler.

ISOLATEUR n. m. Support en matière isolante d'un conducteur électrique.

ISOLATION n. f. Action de réaliser un isolement acoustique, électrique ou thermique. ‖ Psychanal. Mécanisme de défense qui consiste à dépouiller un événement de son retentissement émotionnel.

ISOLATIONNISME n. m. Attitude d'un pays qui s'isole politiquement et économiquement des pays voisins.

ISOLATIONNISTE n. et adj. Partisan de l'isolationnisme.

ISOLÉ, E adj. (it. isolato). Seul, séparé des autres : vivre isolé, construction isolée. ‖ Peu fréquenté, éloigné des habitations : un endroit isolé. ‖ Unique, pris à part, individuel : un cas isolé. ‖ Protégé du contact de tout corps conducteur de l'électricité ou de la chaleur. ● Point isolé d'un ensemble E, point a de l'ensemble E tel qu'il existe un voisinage du point a ne contenant aucun point de l'ensemble E différent de a.

ISOLÉ n. m. Militaire détaché temporairement de son corps.

ISOLEMENT n. m. État d'une personne qui vit isolée : fuir l'isolement. ‖ Absence d'engagement d'un pays avec les autres nations. ‖ État d'un corps isolé du point de vue électrique ou calorifique. ‖ Mesure prise pour empêcher le passage de l'électricité ou de la chaleur par conduction. ‖ Psychiatr. Mesure thérapeutique qui vise à soustraire momentanément le sujet de son milieu familial ou social. ● Isolement sensoriel (Physiol.), privation de toute stimulation issue du monde extérieur.

ISOLÉMENT adv. De façon isolée, à part, individuellement : agir isolément.

ISOLER v. t. Séparer une chose des objets environnants : isoler un monument. ‖ Mettre qqn à l'écart des autres, lui interdire toute relation avec les autres : isoler un malade contagieux. ‖ Abstraire, considérer à part : isoler une phrase de son contexte. ‖ Protéger une personne, une chose, contre les influences thermiques. ‖ Chim. Dégager des combinaisons : isoler un métal. ‖ Électr. Ôter au corps qu'on électrise ou qui sert de conducteur électrique tout contact avec ce qui pourrait lui enlever son électricité. ◆ s'isoler v. pr. Se séparer des autres.

ISOLEUCINE n. f. Acide aminé essentiel présent dans de nombreuses protéines.

ISOLOIR n. m. Cabine où l'électeur prépare son bulletin de vote.

ISOMÉRASE n. f. Enzyme d'une isomérisation.

ISOMÈRE adj. (gr. isos, égal, et meros, partie). Qui a même composition chimique et même masse moléculaire, mais dont la structure atomique et les propriétés diffèrent.

ISOMÉRIE n. f. Caractère des corps isomères.

ISOMÉRISATION n. f. Transformation en un composé isomère.

ISOMÉTRIE n. f. Math. Transformation isométrique.

ISOMÉTRIQUE adj. Minér. Dont les dimensions sont égales : cristaux isométriques. ‖ Se dit d'un procédé de myographie dans lequel on enregistre les variations de tension du muscle excité, sa longueur restant la même. ‖ Math. Se

ISOLATION

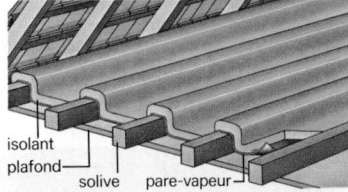

isolant
plafond — solive   pare-vapeur
isolation du plancher haut sur solives

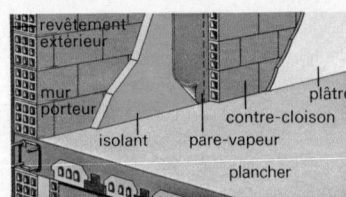

revêtement extérieur
mur porteur — isolant   plâtre
contre-cloison
isolant   pare-vapeur   plancher
isolation intérieure des murs et contre-cloison

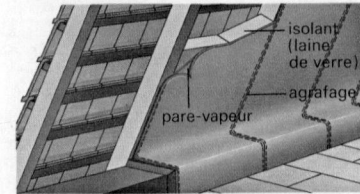

isolant (laine de verre)
agrafage
pare-vapeur
isolation de la toiture

dit d'une transformation ponctuelle qui conserve la distance de deux points quelconques.

ISOMORPHE adj. *Chim.* Qui affecte la même forme. ‖ *Math.* Se dit de deux ensembles dans lesquels une bijection confère la même structure pour certaines opérations définies dans chacun d'eux. ‖ *Minér.* Se dit de corps pouvant former des cristaux mixtes en proportions quelconques.

ISOMORPHISME n. m. Caractère des corps isomorphes. ‖ *Math.* Caractère de deux ensembles isomorphes.

ISONIAZIDE n. m. Puissant médicament antituberculeux.

ISOPÉRIMÈTRE adj. *Math.* Se dit des figures à périmètres égaux.

ISOPODE n. m. Crustacé, parfois terrestre, à sept paires de pattes semblables, comme le *cloporte*. (Les *isopodes* forment un ordre.)

ISOPRÈNE n. m. Diène qui est à la base de la fabrication de nombreux polymères.

ISOPTÈRE n. m. Insecte à ailes égales, comme les *termites*. (Les *isoptères* forment un ordre.)

ISOSTASIE n. f. (gr. *isos*, égal, et *stasis*, arrêt). Théorie selon laquelle les divers compartiments de l'écorce terrestre se maintiennent dans un équilibre relatif grâce aux différences des densités.

ISOSTATIQUE adj. Relatif à l'isostasie.

ISOSYLLABIQUE adj. Qui a le même nombre de syllabes.

ISOTHERME adj. (gr. *isos*, égal, et *thermos*, chaud). De même température. ‖ Qui a lieu ou qui se maintient à une température constante : *camion isotherme.*

ISOTHERME n. f. *Météor.* Ligne qui joint les points de température moyenne identique pour une période considérée.

ISOTONIE n. f. *Phys.* Équilibre moléculaire de deux solutions séparées par une membrane perméable et qui ont la même pression osmotique.

ISOTONIQUE adj. *Phys.* Se dit d'une solution qui, ayant même concentration moléculaire qu'une autre, a la même pression osmotique que celle-ci. ● *Solution isotonique* (Méd.), solution de même concentration moléculaire que le plasma du sang.

ISOTOPE adj. et n. m. (gr. *isos*, égal, et *topos*, lieu). Se dit d'atomes d'un même élément chimique ne différant que par les masses de leurs noyaux. ● *Isotope radioactif*, syn. de RADIO-ISOTOPE.

ISOTOPIQUE adj. Relatif aux isotopes. ● *Générateur isotopique*, générateur de courant électrique utilisant comme source d'énergie les rayonnements émis par des radioéléments.

ISOTROPE adj. et n. m. (gr. *isos*, égal, et *tropos*, direction). *Phys.* Dont les propriétés physiques sont identiques dans toutes les directions.

ISOTROPIE n. f. Caractère d'un milieu isotrope.

ISRAÉLIEN, ENNE adj. et n. De l'État d'Israël.

ISRAÉLITE adj. et n. Qui appartient à la religion juive. ‖ Descendant de Jacob, ou *Israël*, appelé aussi JUIF ou HÉBREU.

ISSU, E adj. (anc. fr. *issir*; lat. *exire*, sortir). Sorti, né de : *issu d'une famille de paysans.*

ISSUE n. f. Ouverture ou passage par où l'on peut sortir, s'échapper : *garder toutes les issues d'une maison.* ‖ Moyen de sortir d'embarras : *se ménager des issues.* ‖ Manière dont une affaire trouve sa solution, conclusion : *issue d'un combat.* ● *À l'issue de*, à la fin de : à *l'issue de la séance.* ◆ pl. Produits, autres que la farine, obtenus au cours de la mouture des céréales. ‖ *Bouch.* Parties non consommables des animaux (cornes, cuir, suif, etc.).

ISTHME [ism] n. m. (gr. *isthmos*, passage étroit). Bande de terre resserrée entre deux mers et réunissant deux terres. ‖ *Anat.* Nom donné à certaines parties rétrécies d'une région ou d'un organe.

ISTHMIQUE adj. Relatif à un isthme. ● *Jeux Isthmiques* (Antiq. gr.), célébrés en l'honneur de Poséidon dans l'isthme de Corinthe.

ITALIANISANT, E adj. et n. Qui s'occupe de langue et de littérature italiennes. ‖ *Bx-arts.* Qui s'inspire des styles de l'Italie.

ITALIANISER v. t. Donner un caractère italien.

ITALIANISME n. m. Manière de parler propre à la langue italienne. ‖ Goût des choses italiennes.

ITALIEN, ENNE adj. et n. De l'Italie.

ITALIEN n. m. Langue romane parlée en Italie.

ITALIQUE adj. Se dit des populations indo-européennes qui pénétrèrent en Italie au cours du IIe millénaire, ainsi que de leurs langues.

ITALIQUE adj. et n. m. Se dit du caractère d'imprimerie légèrement incliné vers la droite, comme l'écriture ordinaire, et créé à Venise, vers 1500, par Alde Manuce.

ITEM [item] adv. (mot lat.). De même, en outre, de plus. (Dans les comptes, les énumérations.)

ITEM n. m. Question, épreuve d'un test psychologique. ‖ *Ling.* Tout élément d'un ensemble (grammatical, lexical, etc.) considéré en tant que terme particulier.

ITÉRATIF, IVE adj. (lat. *iterare*, recommencer). Fait ou répété plusieurs fois.

ITÉRATIF adj. et n. m. *Ling.* Syn. de FRÉQUENTATIF.

ITÉRATION n. f. Action de répéter, de faire de nouveau. ‖ *Psychopath.* Répétition stéréotypée d'un acte moteur ou d'une pensée vide.

ITÉRATIVEMENT adv. Pour la seconde, la troisième, la quatrième fois.

ITHYPHALLIQUE adj. *Bx-arts.* Qui présente un phallus en érection : *statue ithyphallique.*

ITINÉRAIRE n. m. (lat. *iter, itineris*, chemin). Route à suivre dans un voyage, parcours, trajet : *établir son itinéraire.* ◆ adj. *Mesure itinéraire* (Topogr.), évaluation d'une distance.

ITINÉRANT, E adj. et n. m. Qui se déplace pour exercer une certaine fonction : *prédicateur itinérant.* ● *Culture itinérante* (Géogr.), déplacement des zones de culture et, souvent, de l'habitat, caractéristique des régions tropicales, où le sol s'épuise rapidement.

ITOU adv. (anc. fr. *itel*; lat. *hic talis*). *Fam.* Aussi, de même : *et moi itou.*

IULE n. m. (gr. *ioulos*). Mille-pattes qui s'enroule en spirale en cas de danger.

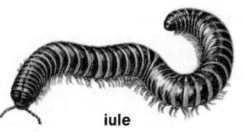

iule

I. U. T. n. m. Abrév. de INSTITUT UNIVERSITAIRE DE TECHNOLOGIE.

IVE ou **IVETTE** n. f. *Bot.* Espèce de bugle à fleurs jaunes.

I. V. G. n. f. Abrév. de INTERRUPTION* VOLONTAIRE DE GROSSESSE.

IVOIRE n. m. (lat. *ebur, eboris*). Substance osseuse dure, riche en sels de calcium, qui forme la plus grande partie des dents. (On utilise l'ivoire de l'éléphant, du rhinocéros et de l'hippopotame.) ‖ Objet sculpté dans de l'ivoire. ● *Ivoire végétal*, syn. de COROZO.

IVOIRIEN, ENNE adj. et n. De la Côte-d'Ivoire.

IVOIRIER, ÈRE n. Personne qui travaille l'ivoire : *les ivoiriers dieppois.*

IVOIRIN, E adj. *Litt.* Syn. de ÉBURNÉEN, ENNE.

IVRAIE n. f. (lat. *ebriacus*, ivre). Plante de la famille des graminées, à graines toxiques, commune dans les prés et les cultures, où elle gêne la croissance des céréales. (Sous le nom de *ray-grass*, on emploie deux espèces d'ivraie pour les gazons.) ● *Séparer le bon grain de l'ivraie*, séparer les bons des méchants, le bien du mal.

IVRE adj. (lat. *ebrius*). Qui a l'esprit troublé par l'effet du vin, de l'alcool. ‖ Exalté par une passion, un sentiment : *ivre d'orgueil.* ● *Ivre mort, ivre morte*, ivre au point d'avoir perdu connaissance.

Iwân de la madrasa de Châh Husayn
(Ispahan, fin de l'époque séfévide)

IVRESSE n. f. État d'excitation psychique et d'incoordination motrice dû à l'ingestion massive d'alcool, de barbituriques, de certains stupéfiants ou à l'intoxication par l'oxyde de carbone. ‖ Transport, excitation : *ivresse de la joie.*

IVROGNE, ESSE n. (lat. pop. *ebrionia*, ivrognerie). Personne qui s'enivre souvent, alcoolique.

IVROGNERIE n. f. Habitude de s'enivrer.

IWÂN n. m. *Archit.* Salle voûtée quadrangulaire (d'origine iranienne), grande ouverte par un arc brisé sur la cour de certaines mosquées.

IXIA n. f. (mot lat.). Iridacée bulbeuse, cultivée pour ses belles fleurs.

IXODE n. m. (gr. *ixôdês*, gluant). Nom scientifique de la *tique*.

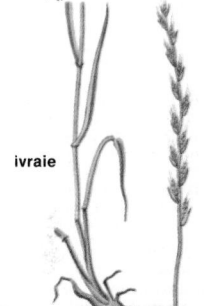

ivraie

plaque d'Ivoire
(XIe s.)

j

jardin

J n. m. Dixième lettre de l'alphabet et la septième des consonnes : *le j est une fricative sonore.* ‖ **J,** symbole du *joule.* ‖ **J/K,** symbole du *joule par Kelvin.* ‖ **J/(kg.K),** symbole du *joule par kilogramme-Kelvin.* ● *Jour J,* jour où doit se déclencher une action, une attaque, une guerre.

JABIRU [ʒabiry] n. m. (mot tupi-guarani). Oiseau échassier des régions chaudes, voisin de la cigogne. (Haut. 1,50 m.)

JABLE n. m. (mot gaul.). Rainure pratiquée dans les douves des tonneaux, pour y enchâsser le fond. ‖ Partie de la douve qui dépasse le fond du tonneau.

JABLOIR n. m., ou **JABLOIRE** n. f. Outil de tonnelier, servant à faire le jable des tonneaux.

JABORANDI n. m. (mot guarani). Remède sudorifique, habituellement tiré de pilocarpes de l'Amérique du Sud.

JABOT [ʒabo] n. m. (mot auvergnat). Chez les oiseaux et les insectes, poche formée par un renflement de l'œsophage, et dans laquelle les aliments séjournent quelque temps avant de passer dans l'estomac ou d'être régurgités. ‖ Ornement de dentelle ou de tissu léger froncé ou plissé, fixé au plastron d'un vêtement.

JABOTER v. i. Piailler, chanter, en parlant des oiseaux.

JACARANDA n. m. (mot guarani). Arbre des régions chaudes, de la famille des bignoniacées. (Il fournit un très beau bois.)

JACASSEMENT n. m. Action de jacasser.

JACASSER v. i. (de *jacque,* n. dialect. du geai). Crier, en parlant de la pie. ‖ *Fam.* Bavarder, parler avec volubilité.

JACASSEUR, EUSE n. *Fam.* Celui, celle qui jacasse.

JACÉE n. f. (lat. *jacea*). Espèce de centaurée à fleurs mauves, des prés et des chemins.

JACHÈRE n. f. (bas lat. *gascaria*). État d'une terre cultivable qui est laissée temporairement au repos pour permettre la reconstitution de la fertilité du sol; cette terre elle-même.

JACINTHE n. f. (gr. *Huakinthos,* personnage myth.). Plante bulbeuse dont on cultive une espèce de l'Asie Mineure pour ses fleurs en grappes ornementales. (Famille des liliacées.)
● *Jacinthe des bois,* syn. de ENDYMION.

JACISTE adj. et n. Qui appartient à la Jeunesse agricole chrétienne (J. A. C.).

JACK [dʒak] n. m. (mot angl.). Douille métallique associée à plusieurs ressorts plats isolés entre eux et isolés de la douille, utilisée en téléphonie pour la connexion de conducteurs.

JACKSONISME n. m. Théorie neurologique inspirée de l'évolutionnisme et représentée par H. Jackson, selon laquelle il existerait une hiérarchie des fonctions du système nerveux.

JACOBÉE n. f. (lat. *jacobaeus,* de Jacques). Espèce de séneçon, commune dans les bois et les prés, appelée aussi *herbe de Saint-Jacques.*

JACOBIN, E n. (lat. *Jacobus,* Jacques). Nom donné autref., en France, aux dominicains.
◆ n. m. et adj. *Hist.* Membre d'une société qui, durant la Révolution, tenait ses séances dans l'ancien couvent des Jacobins de la rue Saint-Honoré, à Paris. ‖ Républicain partisan d'une démocratie centralisée.
■ Formé à Versailles, en mai 1789, le club breton s'installa à Paris dès octobre. D'abord modéré, il prit une allure plus révolutionnaire avec Pétion et surtout avec Robespierre, qui en fut le principal animateur à partir de 1792. Fermé après Thermidor (1794), reconstitué sous le Directoire, aux Tuileries puis à Saint-Thomas d'Aquin, le club des Jacobins fut définitivement dissous le 13 août 1799.

JACOBINISME n. m. Doctrine démocratique et centralisatrice professée sous la Révolution par les Jacobins, ou Montagnards. ‖ Opinion préconisant le centralisme de l'État.

JACOBITE adj. et n. *Hist.* Se dit, en Angleterre, après la révolution de 1688, des partisans de Jacques II et de la maison des Stuarts. ‖ *Relig.* Se dit de l'Église orientale monophysite appelée officiellement *syrienne orthodoxe.* (Elle doit son nom à l'évêque Jacques Baradaï [VIᵉ s.], qui fut son principal organisateur. Au XVIIIᵉ s. une branche jacobite s'est rattachée à Rome : elle forme le *patriarcat syrien catholique.*)

JACQUARD n. m. Métier à tisser inventé par Jacquard. ‖ Tricot qui présente des bandes ornées de dessins géométriques sur un fond de couleur différente.

JACQUEMART n. m. → JAQUEMART.

JACQUERIE n. f. (de *jacques,* nom pop. donné aux paysans). Révolte paysanne. ‖ (Avec une majuscule.) *Hist.* Insurrection paysanne consécutive à la défaite de Poitiers et à la peste noire, qui, en mai-juin 1358, ravagea le Beauvaisis, le Ponthieu, la Picardie, la Brie. (Elle fut réduite par les troupes de Charles le Mauvais.)

JACQUET [ʒakε] n. m. (dimin. de *Jacques*). Jeu analogue au trictrac, joué avec des pions et des dés sur une tablette divisée en quatre compartiments.

JACQUIER n. m. → JAQUIER.

JACTANCE n. f. (lat. *jactantia;* de *jactare,* vanter). *Litt.* Attitude arrogante qui se manifeste par l'emphase avec laquelle une personne parle d'elle-même, se vante : *parler avec la jactance insupportable d'un imbécile.*

JACTER v. i. *Pop.* Parler.

JACULATOIRE adj. (lat. *jaculari,* lancer). *Oraison jaculatoire* (Relig.), prière courte et fervente.

JADE n. m. (esp. *ijada*). Silicate naturel d'aluminium, de calcium et de magnésium, utilisé comme pierre fine d'un vert plus ou moins foncé, à l'éclat laiteux, très employée en Chine. (Le jade comprend deux espèces : la *jadéite* et la *néphrite.*) ‖ Objet sculpté dans cette matière.

JADÉITE n. f. L'une des espèces de jade.

JADIS [ʒadis] adv. (anc. fr. *ja a dis,* il y a déjà des jours). Autrefois, dans le passé.

JAGUAR [ʒagwar] n. m. (mot tupi-guarani). Mammifère carnassier de l'Amérique du Sud, voisin de la panthère, à taches ocellées. (Long. 1,30 m.)

JAILLIR v. i. (lat. pop. *galire;* mot gaul.). Sortir impétueusement, en parlant d'un liquide, d'un gaz : *le pétrole jaillit du sol.* ‖ *Litt.* Se manifester vivement, sortir soudainement : *du choc des opinions jaillit la vérité.*

JAILLISSANT, E adj. Qui jaillit.

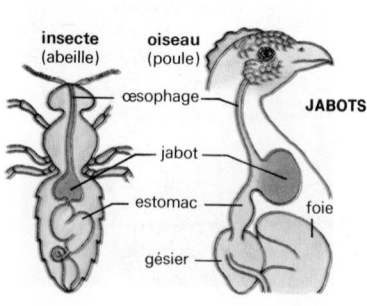

insecte (abeille) oiseau (poule)

œsophage — **JABOTS**

jabot

estomac — foie

gésier

jacinthe

JAILLISSEMENT n. m. Action de jaillir : *jaillissement d'une source, d'idées.*

JAÏN ou **JAÏNA** adj. et n. Qui appartient au jinisme.

JAÏNISME n. m. → JINISME.

JAIS [ʒɛ] n. m. (lat. *gagates*, pierre de Gages [Lycie]). Variété de lignite d'un noir brillant. ‖ Couleur noire : *des yeux de jais.*

JALAP [ʒalap] n. m. (esp. *jalapa*). Genre de convolvulacée de l'Amérique septentrionale, dont la racine a des propriétés purgatives.

JALE n. f. Dialect. Grande jatte, baquet.

JALON n. m. (lat. pop. *galire*, lancer). Piquet servant à établir des alignements, à marquer des distances. ‖ Ce qui sert de point de repère, de marque pour suivre une voie déterminée : *poser les jalons d'un travail.*

JALON-MIRE n. m. (pl. *jalons-mires*). Poteau surmonté d'une mire, réglable ou non, et que l'on fiche dans le sol pour effectuer un tracé ou une étude sur le terrain.

JALONNEMENT n. m. Action, manière de jalonner : *le jalonnement d'un itinéraire.*

JALONNER v. i. Placer des jalons de distance en distance. ◆ v. t. Déterminer une direction, les limites d'un terrain, marquer un alignement de qqch : *bouées qui jalonnent un chenal.* ‖ Servir de point de repère, marquer : *des succès jalonnent sa carrière.*

JALONNEUR n. m. Homme chargé de jalonner.

JALOUSEMENT adv. De façon jalouse.

JALOUSER v. t. Porter envie à, être jaloux de : *jalouser ses camarades.*

JALOUSIE n. f. Dépit de voir un autre posséder qqch qu'on voudrait pour soi : *la jalousie le tourmente.* ‖ Sentiment d'inquiétude douloureuse chez qqn qui éprouve un désir de possession exclusive envers la personne aimée, et qui craint son éventuelle infidélité. ‖ Dispositif de fermeture d'une baie à lamelles horizontales orientables.

JALOUX, OUSE adj. et n. (lat. pop. *zelosus*; gr. *zêlos*, zèle). Qui éprouve du dépit devant les avantages des autres, envieux : *jaloux du bonheur d'autrui.* ‖ Qui éprouve de la jalousie en amour. ◆ adj. Très attaché à : *jaloux de son autorité.*

JAMAÏQUAIN, E adj. et n. De la Jamaïque.

JAMAIS adv. (anc. fr. *ja*, déjà, et *mais*, davantage). Accompagné de *ne*, en aucun temps : *cela ne s'est jamais vu.* ‖ Sans *ne*, notamment après *si*, *que* (comparaison), en un moment quelconque : *si jamais vous venez.* ● *À jamais, pour jamais*, toujours.

JAMBAGE n. m. Trait vertical ou légèrement incliné d'un *m*, d'un *n*, etc. ‖ Constr. Piédroit ou partie antérieure d'un piédroit.

JAMBE n. f. (bas lat. *gamba*). Partie du membre inférieur comprise entre le genou et le pied. (Le squelette de la jambe est formé du tibia et du péroné.) ‖ Le membre inférieur tout entier : *avoir de grandes jambes.* ‖ Chacune des deux parties qu'un vêtement qui recouvrent les jambes. ‖ Constr. Chaîne verticale en pierre de taille placée dans le cours d'un mur afin de rendre ce mur plus résistant. ● *À toutes jambes*, très vite. ‖ *Ça lui fait une belle jambe* (Fam.), se dit par ironie de ce qui n'apporte aucun avantage à qqn. ‖ *Jambe de force* (Constr.), chacune des deux pièces de charpente inclinées supportant les extrémités d'une poutre pour la soulager en diminuant sa portée. ‖ *Jeu de jambes* (Sports), manière de mouvoir ses jambes. ‖ *Par-dessous* ou *par-dessus la jambe*, avec désinvolture. ‖ *Prendre ses jambes à son cou*, s'enfuir au plus vite. ‖ *Tenir la jambe à qqn* (Fam.), le retenir par une conversation ennuyeuse. ‖ *Tirer dans les jambes*, attaquer de manière déloyale.

JAMBETTE n. f. Petite jambe (vx). ‖ Petite pièce verticale de charpente, soulageant, par ex., un arbalétrier.

JAMBIER adj. et n. m. Anat. Muscle de la jambe.

JAMBIÈRE n. f. Morceau de tissu ou de cuir façonné pour envelopper et protéger la jambe. ‖ Partie de l'armure qui protégeait la jambe.

JAMBON n. m. Cuisse ou épaule de porc préparée pour être conservée.

JAMBONNEAU n. m. Partie de la jambe du porc située au-dessous du jambon ou de l'épaule. ‖ Nom usuel des coquillages du genre *pinne.*

JAMBOREE [ʒɑ̃bɔri] n. m. (mot amér.). Réunion internationale des scouts.

JAMBE
(squelette, artères et nerfs)
1. Fémur; 2. Rotule;
3. Articulation du genou;
4. Articulation péronéo-tibiale
supérieure; 5. Péroné; 6. Ligament
interosseux; 7. Tibia; 8. Malléole
interne; 9. Articulation
péronéo-tibiale inférieure;
10. Malléole externe;
11. Grand sciatique; 12. Sciatique
poplité externe; 13. Artère poplitée;
14. Sciatique poplité interne;
15. Artère tibiale antérieure;
16. Tronc tibio-péronier;
17. Artère péronière;
18. Artère tibiale postérieure.

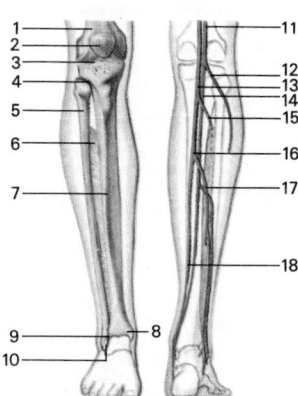

JAMBOSE n. f. Fruit du jambosier.

JAMBOSIER n. m. Myrtacée de l'Inde, cultivée pour ses fruits rafraîchissants.

JAM-SESSION [dʒamseʃən] n. f. (angl. *jam*, foule, et *session*, réunion) [pl. *jam-sessions*]. Réunion de musiciens de jazz improvisant en toute liberté pour leur plaisir.

JAN [ʒɑ̃] n. m. (de *Jean*). Chacune des deux tables du trictrac.

JANGADA n. f. (mot portug.). Grand radeau de l'Amérique du Sud.

JANISSAIRE n. m. (turc *geni çeri*, nouvelle milice). Soldat d'un corps d'infanterie ottomane recruté, au début (XIVᵉ-XVIᵉ s.), parmi les enfants enlevés aux peuples soumis. (Troupe d'élite, les janissaires jouèrent un rôle déterminant dans les conquêtes de l'Empire ottoman. À cause de leur ingérence dans le domaine politique, Mahmut II les fit massacrer [1826].)

JANSÉNISME n. m. Doctrine tirée de l'*Augustinus*, ouvrage de *Jansénius*, qui tendait à limiter la liberté humaine en partant du principe que la grâce est accordée à certains êtres dès leur naissance, et refusée à d'autres.
● Le jansénisme est aussi et surtout un mouvement religieux qui se développa, notamment en France — où Port-Royal apparut comme son principal foyer —, en Italie, aux Provinces-Unies, aux XVIIᵉ et XVIIIᵉ s. et qui, au-delà des querelles théologiques sur la grâce, opposa à l'arbitraire royal et aux injonctions pontificales la résistance de consciences chrétiennes sensibles aux aspects contraignants du rigorisme de cette doctrine. L'esprit janséniste, gallican et austère, pénétra profondément la mentalité catholique jusqu'à une période proche de la nôtre.

JANSÉNISTE adj. et n. Qui appartient au jansénisme. ◆ adj. *Reliure janséniste*, reliure sans aucun ornement.

JANTE n. f. (gaul. *cambo*, courbe). Cercle qui constitue la périphérie d'une roue de véhicule.

JANVIER n. m. (lat. *januarius*). Premier mois de l'année.

JAPON n. m. Porcelaine, ivoire fabriqués au Japon. ● *Papier japon*, papier légèrement jaune, soyeux, satiné, nacré, fabriqué autref. au Japon avec l'écorce d'un mûrier et qui servait aux tirages de luxe; papier fabriqué à l'imitation du papier japon.

JAPONAIS, E adj. et n. Du Japon.

JAPONAIS n. m. Langue parlée au Japon.

JAPONAISERIE n. f. Objet d'art ou de curiosité originaire du Japon.

JAPONISANT, E n. Spécialiste de la langue et de la civilisation japonaises.

JAPONISME n. m. Mode et influence des objets d'art du Japon (seconde moitié du XIXᵉ s.).

JAPPEMENT n. m. Action de japper.

JAPPER v. i. (onomat.). Aboyer, principalement en parlant des petits chiens ou du chacal. (Les gros chiens *aboient*; les chiens de chasse *crient* ou *donnent de la voix.*)

JAPPEUR, EUSE adj. et n. Qui a l'habitude de japper.

JAQUE n. m. Fruit du jaquier, riche en amidon, pouvant atteindre 15 kg.

JAQUEMART ou **JACQUEMART** n. m. (anc. prov. *Jaqueme*; de *Jacques*). Automate en forme de personnage, qui frappe les heures avec un marteau sur la cloche d'une horloge.

JAQUETTE n. f. (de *jacques*, sobriquet du paysan). Veste de cérémonie portée par les hommes et dont les pans ouverts se prolongent par-derrière. ‖ Veste de femme qui, avec la jupe assortie, compose le costume tailleur. ‖ Chemise de protection d'un livre broché ou relié. ‖ Prothèse en porcelaine ou en matière plastique qui reconstitue la couronne de la dent.

JAQUIER ou **JACQUIER** n. m. (portug. *jaca*, fruit du jaquier). Arbre de la famille des mora-

jaguar

jaquemart

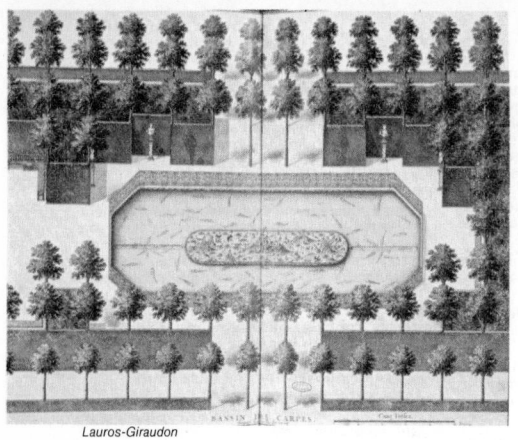

Lauros-Giraudon

Le bassin des Carpes. Extrait du plan des jardins de Marly, créés pour Louis XIV. (Archives nationales, Paris.)

ART DES JARDINS

L'escalier de la Gerbe dans les jardins de la villa d'Este. Sanguine de Fragonard. (Musée de Besançon.)

Lauros-Giraudon

cées, genre *artocarpus*, cultivé dans les régions tropicales pour ses fruits *(jaques).*

JARDE n. f., ou **JARDON** n. m. (it. *giarda;* mot ar.). *Vétér.* Tumeur calleuse à la face externe du jarret d'un cheval.

JARDIN n. m. (mot francique). Terrain où l'on cultive des végétaux utiles (potager, verger) ou d'agrément (parterres de fleurs, bosquets...). ∥ *Théâtr.* Côté de la scène à la droite de l'acteur. (S'oppose à COUR.) ● *Jardin d'enfants,* établissement où l'on occupe les jeunes enfants de moins de six ans à des jeux éducatifs. ∥ *Jardin d'hiver,* pièce munie de grands vitrages, aménagée pour la culture des plantes d'appartement. ∥ *Une pierre dans le jardin de qqn,* une attaque voilée, une intervention désobligeante.
■ Les deux grands types de jardins, s'agissant de compositions importantes, à ambition esthétique ou symbolique, sont le jardin *régulier,* qui impose sa symétrie à une nature domestiquée (le jardin « à la française » du XVIIe s.), et le jardin *paysager,* qui simule le pittoresque d'un paysage naturel varié (jardin « anglais » ou « anglo-chinois » des XVIIIe et XIXe s.).

JARDINAGE n. m. Culture des jardins. ∥ *Sylvic.* Action de jardiner une forêt.

JARDINER v. i. S'adonner au jardinage. ◆ v. t. *Sylvic.* Couper çà et là certains arbres d'une forêt pour l'entretenir.

JARDINET n. m. Petit jardin.

JARDINIER, ÈRE n. Personne qui cultive les jardins. ◆ adj. Relatif aux jardins : *plante jardinière.*

JARDINIÈRE n. f. Meuble, bac contenant une caisse ou des pots dans lesquels on cultive des fleurs, des plantes vertes, etc. ∥ Assortiment de différents légumes coupés en petits morceaux. ∥ Autre nom du CARABE DORÉ. ● *Jardinière d'enfants,* personne chargée des jeunes enfants dans un jardin d'enfants.

JARDON n. m. → JARDE.

JARGON n. m. (du radical onomat. *garg-,* gosier). Langue formée d'éléments hétérogènes, de mots altérés. ∥ *Péjor.* Langue technique d'un groupe professionnel, d'un milieu. ∥ Langue qu'on ne comprend pas, charabia. ∥ Cri du jars.

JARGON n. m. (it. *giargone;* lat. *hyacinthus,* pierre précieuse). Variété de zircon jaune fumé.

JARGONAPHASIE n. f. Trouble du langage caractérisé par la substitution de termes inintelligibles ou inadéquats aux mots appropriés.

JARGONNER v. i. *Fam.* Parler un jargon. ∥ Crier, en parlant du jars.

JARNICOTON! [ʒarnikɔtɔ̃] interj. (altér. de *Je renie Coton* [confesseur d'Henri IV]). Juron plaisant (vx).

JAROSSE ou **JAROUSSE** n. f. (mot dialect. de l'Ouest). Autre nom de la GESSE CULTIVÉE.

JAROVISATION n. f. (russe *jarovoe,* blé de printemps). Syn. de VERNALISATION.

JARRE n. f. (prov. *jarra;* mot ar.). Grand vase en terre cuite, à large ouverture, panse ovoïde,

anses et fond plat, qui servait à la conservation des aliments.

JARRE n. m. (mot francique). Poil plus long et plus gros mélangé à la fourrure des animaux.

JARRET n. m. (mot gaul.). Partie de la jambe située derrière l'articulation du genou. ∥ Endroit où se plie la jambe de derrière des quadrupèdes. ● *Jarret de veau,* morceau de boucherie situé entre la cuisse et la jambe.

JARRETÉ, E adj. Se dit d'un quadrupède qui a les jambes de derrière tournées en dedans.

JARRETELLE n. f. Ruban élastique servant à maintenir le bas attaché à la gaine en le tendant.

JARRETIÈRE n. f. Bande de tissu élastique entourant le bas et le maintenant tiré. ∥ Amarrage de forme particulière, employé dans la marine.

JARS [ʒar] n. m. (mot francique). Mâle de l'oie. (Cri : le jars *jargonne.)*

JAS [ʒɑ] n. m. (lat. *jugum,* joug). *Mar.* Barre transversale d'une ancre, fixe ou mobile, et pouvant dans ce dernier cas se placer le long de la verge.

JAS n. m. (lat. pop. *jacium;* de *jacere,* être couché). *Mar.* En Provence, bergerie.

JASER v. i. (onomat.). Bavarder sans fin pour le plaisir de parler ou de dire des médisances : *on jase des uns et des autres.* ∥ Trahir un secret en bavardant. ∥ Émettre des sons modulés en babillage. ∥ Crier, en parlant des oiseaux parleurs, tels la pie, le merle, le perroquet, etc.

JASEUR, EUSE n. Personne qui aime à jaser.

JASEUR n. m. Oiseau passereau des régions boréales, venant parfois en France.

JASMIN n. m. (mot ar.). Arbuste à fleurs jaunes ou blanches très odorantes, cultivé dans le Midi

jasmin

fleur

pour la parfumerie (famille des oléacées); la fleur elle-même. ∥ Le parfum qu'on en tire.

JASPE n. m. (lat. *jaspis*). Roche sédimentaire siliceuse, de couleurs vives mêlées (rouge, vert, jaune, etc.), employée en bijouterie.

JASPER v. t. Bigarrer de diverses couleurs pour imiter le jaspe : *jasper la tranche d'un livre.*

JASPINER v. i. *Pop.* Causer, bavarder.

JASPURE n. f. Aspect jaspé.

JATTE n. f. (lat. *gabata,* plat). Vase rond et sans rebord; son contenu.

JAUGE n. f. (mot francique). Capacité que doit avoir un récipient destiné à mesurer un liquide ou des grains. ∥ *Agric.* Tranchée dans laquelle on dispose de jeunes plants côte à côte. ∥ *Mar.* Volume intérieur total ou partiel d'un navire de commerce, exprimé en tonneaux de jauge (2,83 m³) et évalué au moyen de certaines règles bien précises; évaluation de cette capacité. ∥ *Métrol.* Règle graduée servant à mesurer la capacité d'un récipient, d'un réservoir. ∥ *Techn.* Instrument servant au contrôle des dimensions intérieures d'une pièce femelle; appareil servant à certaines mesures (contrainte, épaisseur, vide). ∥ *Text.* Unité servant à déterminer la finesse d'un tissu à mailles et qui dépend du nombre d'aiguilles. ● *Formule de jauge* (Mar.), règle servant à mesurer certaines caractéristiques des yachts pour les classer en plusieurs séries. ∥ *Jauge brute* (Mar.), volume intérieur pratiquement total d'un navire. ∥ *Jauge nette* (Mar.), volume qui correspond théoriquement aux espaces commercialement utilisables d'un navire. ∥ *Marque de jauge* (Mar.), marque spéciale pouvant être apposée sur les murailles d'un navire de charge. ∥ *Robinet de jauge,* chacun des robinets placés sur un réservoir ou un générateur de vapeur, à diverses hauteurs, de part et d'autre du niveau normal.

JAUGEAGE n. m. Action de jauger.

JAUGER v. t. (conj. 1). Mesurer avec une jauge la capacité ou le volume de qqch : *jauger une barrique.* ∥ Apprécier la valeur de qqn : *je l'ai jaugé tout de suite.* ∥ *Mar.* Mesurer la capacité d'un bâtiment. ∥ *Text.* Déterminer la grosseur d'un fil à la jauge. ◆ v. i. Avoir une capacité de : *navire qui jauge 1 200 tonneaux.*

JAUGEUR n. m. Spécialiste de la vérification des contenances.

JAUMIÈRE n. f. (moyen fr. *jaume,* var. de *heaume). Mar.* Tube par lequel passe la mèche du gouvernail.

JAUNÂTRE adj. Qui tire sur le jaune, d'un jaune terne ou sale.

JAUNE adj. (lat. *galbinus*). De la couleur du citron, du soufre, etc. (La couleur jaune occupe, dans le spectre solaire, entre le vert et l'orangé.) ● *Corps jaune,* masse de couleur blanc jaunâtre, de fonction endocrinienne, qui se développe dans l'ovaire si l'ovule a été fécondé, et qui sécrète une hormone, la progestérone, qui conditionne la gestation. ∥ *Fièvre jaune,* maladie contagieuse des pays tropicaux, due à un virus transmis par un moustique, le *stégomyie,* et caractérisée par la coloration jaune de la peau et par des vomissements de sang noir. (Syn. VOMITO NEGRO.) ∥ *Maillot jaune,* dans le Tour de France cycliste, premier du classement général (qui porte un maillot de cette couleur). ∥ *Nain jaune,* sorte de jeu de cartes. ∥ *Race jaune,* ou race *xanthoderme,* dans la classification traditionnelle, race humaine de l'Asie orientale, qui présente une

506

coloration jaune de la peau. ◆ adv. *Rire jaune,* rire avec contrainte pour dissimuler son dépit.

JAUNE n. Personne de race jaune. (En ce sens, prend une majuscule.) ‖ *Fam.* Nom donné aux briseurs de grève.

JAUNE n. m. Couleur jaune : *étoffe d'un jaune clair.* ‖ Matière qui sert à teindre ou à colorier en jaune. ● *Jaune de chrome,* colorant utilisé en peinture, de formule PbCrO₄. ‖ *Jaune d'œuf,* partie centrale de l'œuf des oiseaux, surmontée par le germe et riche en lécithine, en protéine (vitelline) et en vitamines A et D. ‖ *Jaune d'or,* jaune légèrement orangé.

JAUNET, ETTE adj. Un peu jaune : *fleur jaunette.*

JAUNET n. m. Pièce d'or (vx).

JAUNIR v. t. Teindre en jaune, rendre jaune : *le soleil jaunit les moissons.* ◆ v. i. Devenir jaune : *dans l'ictère, la peau jaunit.*

JAUNISSANT, E adj. Qui jaunit.

JAUNISSE n. f. Syn. d'ICTÈRE. ● *En faire une jaunisse* (Fam.), éprouver un grand dépit à propos de qqch.

JAUNISSEMENT n. m. Action de rendre jaune; fait de devenir jaune.

JAVA n. f. Danse populaire à trois temps, dansée dans les bals musettes. ● *Faire la java* (Pop.), mener une vie de désordre.

JAVANAIS, E adj. et n. De Java.

JAVANAIS n. m. Langue du groupe indonésien parlée à Java. ‖ Langage argotique qui consiste à intercaler dans les mots les syllabes *av* ou *va,* de manière à les rendre incompréhensibles pour les non-initiés.

JAVART n. m. (mot gaul.). *Vétér.* Tumeur au bas de la jambe du cheval, du bœuf, etc.

JAVEL (*eau de*) n. f. (de *Javel,* nom de lieu). Solution aqueuse d'hypochlorite et de chlorure de sodium, utilisée comme décolorant et désinfectant.

JAVELAGE n. m. Mise en javelles. ‖ Séjour des javelles sur le chaume.

JAVELER v. t. (conj. 3). Mettre en javelles.

JAVELEUR, EUSE n. et adj. Personne qui javelle.

JAVELINE n. f. Petit javelot long et mince.

JAVELLE n. f. (lat. pop. *gabella;* mot gaul.). Grosse poignée de céréales coupées, couchées sur le chaume pour être laissées à sécher la paille avant la mise en gerbe. ‖ Petit tas de sel.

JAVELLISATION n. f. Procédé de stérilisation de l'eau, à laquelle on ajoute la quantité juste suffisante d'eau de Javel pour oxyder les matières organiques.

JAVELLISER v. t. Stériliser l'eau par addition d'eau de Javel.

JAVELOT n. m. (mot gaul.). Sorte de lance, arme de jet des Anciens. ‖ Instrument de lancer, en forme de lance, employé en athlétisme. (La longueur et le poids minimaux du javelot sont de 2,60 m et 800 g pour les hommes, et de 2,20 m et 600 g pour les femmes.)

JAZZ [dʒaz] n. m. (mot amér.). Ensemble de manifestations musicales produit par la rencontre du peuple noir des États-Unis avec des traditions culturelles blanches.

JAZZ-BAND [dʒazbɑ̃d] n. m. (pl. *jazz-bands*). Orchestre de jazz.

JAZZMAN n. m. (pl. *jazzmen*). Musicien de jazz.

JE (lat. *ego*), pron. pers. de la 1re pers. du sing. des deux genres.

JEAN ou **JEANS** [dʒin(s)] n. m. Abrév. de BLUE-JEAN.

JEAN-FOUTRE n. m. inv. *Pop.* Homme incapable, sur qui on ne peut compter.

JEAN-LE-BLANC n. m. inv. Autre nom du CIRCAÈTE.

JEANNETTE n. f. Petite planche à repasser montée sur un pied, utilisée notamment pour le repassage des manches.

JÉCISTE adj. et n. Qui appartient à la Jeunesse étudiante chrétienne (J. E. C.).

JEEP [dʒip] n. f. (nom déposé; prononciation

Lauros

Jeep

de *G.P.,* initiales de *General Purpose,* tous usages). Automobile tout-terrain.

JÉJUNO-ILÉON n. m. *Anat.* Partie de l'intestin grêle qui s'étend du duodénum au cæcum.

JÉJUNUM [ʒeʒynɔm] n. m. (lat. *jejunum intestinum,* intestin à jeun). Partie de l'intestin grêle qui fait suite au duodénum.

JE-M'EN-FICHISME ou **JE-M'EN-FOU-TISME** n. m. *Pop.* Insouciance.

JE-M'EN-FICHISTE ou **JE-M'EN-FOU-TISTE** n. et adj. *Pop.* Qui fait preuve de je-m'en-fichisme.

JE-NE-SAIS-QUOI n. m. inv. Chose qu'on ne saurait définir ou expliquer.

JENNÉRIEN, ENNE adj. *Litt.* Se dit du vaccin et de la vaccination antivarioliques mis au point par l'Anglais Jenner au XVIIIe s.

JÉRÉMIADE n. f. (par allusion aux Lamentations de *Jérémie*). *Fam.* Plainte, lamentation persistante, importune.

JEREZ n. m. → XÉRÈS.

JERK [dʒɛrk] n. m. (mot angl., *secousse*). Danse de société qui consiste à imprimer à tout le corps un rythme saccadé.

JERKER v. i. Danser le jerk.

JÉROBOAM n. m. (mot angl.). Grosse bouteille de champagne d'une contenance de quatre champenoises (soit plus de 3 litres).

JERRICAN [dʒerikan] ou **JERRICANE** [ʒerikan] n. m. (de *Jerry,* surnom donné aux Allemands par les Anglais, et angl. *can,* bidon). Bidon de forme spéciale, d'une contenance de 20 litres environ.

JERSEY [ʒɛrzɛ] n. m. (de l'île de *Jersey*). Tissu à mailles, réalisé sur un métier. ‖ Sorte de pull qui moule le corps. ● *Point de jersey,* point de tricot obtenu en alternant un rang de mailles à l'endroit et un rang de mailles à l'envers.

JERSIAIS, E adj. et n. De Jersey. ● *Race jersiaise,* race bovine de petite taille, originaire de Jersey, excellente laitière.

JÉSUITE n. m. Membre de la Compagnie de Jésus, société de clercs réguliers fondée par Ignace de Loyola en 1539 et approuvée par le pape en 1540. ◆ adj. et n. *Péjor.* Hypocrite.
◆ adj. *Style jésuite,* style architectural de la Contre-Réforme.

■ D'abord société missionnaire, la Compagnie de Jésus adopta très vite le ministère de l'enseignement, rendu indispensable par les nécessités de la Réforme catholique. En fait, son activité est multiforme et, depuis sa fondation, elle est au premier rang de l'activité de l'Église romaine, ce qui explique les persécutions dont elle fut l'objet. Supprimée dans la plupart des pays catholiques entre 1762 et 1767, puis par le pape Clément XIV en 1773, elle fut rétablie par Pie VII en 1814.

JÉSUITIQUE adj. Qui concerne les jésuites. ‖ *Péjor.* Hypocrite et astucieux.

JÉSUITIQUEMENT adv. De façon jésuitique.

JÉSUITISME n. m. Système moral et religieux des jésuites. ‖ *Péjor.* Hypocrisie, astuce.

JÉSUS n. m. Représentation du Christ enfant. ‖ Gros saucisson dont l'enveloppe est constituée par la partie la plus large de l'intestin de l'animal. ◆ adj. inv. *Papier jésus,* ou *jésus* n. m., format de papier de grande dimension (56 × 72 cm ou 56 × 76 cm).

JET n. m. Action de jeter, de lancer. ‖ Distance correspondant à la portée d'un jet : *un jet de pierre.* ‖ Apparition vive et brusque d'une lumière. ‖ Mouvement d'un fluide qui s'échappe soudain : *jet de salive.* ‖ *Bot.* Poussée droite et vigoureuse d'un végétal. ‖ *Techn.* Action de faire couler la matière en fusion dans le moule; syn. de MASSELOTTE. ‖ *À jet continu,* de façon ininterrompue. ‖ *Arme de jet,* arme qui constitue elle-même un projectile (javelot), ou qui le lance (arc). ‖ *Jet à la mer* (Mar.), opération consistant à jeter à la mer tout ou partie de la cargaison afin d'alléger le navire. ‖ *Jet d'eau,* gerbe d'eau jaillissant d'un bassin; traverse inférieure du châssis de croisée ou d'une porte extérieure à face extérieure moulurée en talon renversé pour écarter l'eau de pluie. ‖ *Premier jet,* ébauche, esquisse. ‖ *D'un seul jet, d'un jet, du premier jet,* sans tâtonnements.

JET [dʒɛt] n. m. (mot angl.). Écoulement de fluide par un orifice ou une tuyère, qui produit un effet propulsif. ‖ Avion à réaction.

JETABLE adj. Se dit d'un objet qui ne peut être utilisé après usage et que l'on jette.

JETAGE n. m. Sécrétion s'écoulant du nez d'animaux atteints de la morve, de la gourme.

JETÉ n. m. Bande d'étoffe ou de broderie que l'on met sur une table en guise d'ornement. ‖ En tricot, brin jeté sur l'aiguille avant de prendre une maille, ce qui fait une maille de plus. ‖ *Chorégr.* Saut lancé, exécuté d'une jambe sur l'autre. (Les *petits jetés* permettent le passage d'une position dérivée à une autre position de même nature; les *grands jetés* sont des sauts de parcours horizontaux ou verticaux.) ‖ *Sports.* En haltérophilie, mouvement amenant la barre de l'épaule au bout des bras tendus verticalement.

JETÉE n. f. Digue construite perpendiculairement à une rive, à une côte. ‖ Couloir aménagé en superstructure, reliant une aérogare à un poste de stationnement d'avion.

JETER v. t. (lat. *jactare*) [conj. 4]. Envoyer loin en lançant, en laissant tomber par atteinte, donner, etc. : *jeter une pierre.* ‖ Pousser avec violence, renverser : *jeter qqn à terre.* ‖ Lancer hors de soi, émettre : *animal qui jette son venin; enfants qui jettent des cris.* ‖ Mettre une chose rapidement et sans soin sur soi ou sur un lieu : *jeter une écharpe autour de son cou.* ‖ Établir, poser : *jeter les fondations, les bases; jeter un pont sur la rivière.* ‖ Se débarrasser d'une chose gênante, inutile : *jeter des fruits gâtés.* ‖ Produire des bourgeons, en parlant des végétaux. ‖ Faire naître, inspirer : *jeter le trouble dans les esprits.* ‖ Mettre dans une certaine manière d'être : *jeter dans l'embarras, dans le doute.* ‖ *En jeter* (Fam.), avoir de l'allure, avoir une élégance qui impressionne : *jeter à la face, à la figure, à la tête,* reprocher. ‖ *Jeter feu et flamme,* se livrer à de grands emportements de colère. ‖ *Jeter les yeux sur qqn,* le choisir pour un poste de confiance. ◆ **se jeter** v. pr. Se précipiter : *se jeter contre un mur.* ‖ En parlant d'un cours d'eau, déverser ses eaux : *la Saône se jette dans le Rhône.* ● *S'en jeter un* (Pop.), boire un verre.

JETER n. m. *Tir au jeter* (Arm.), tir exécuté par surprise à courte distance, sans employer les appareils de pointage.

JETEUR, EUSE n. *Jeteur de sorts,* sorcier qui jette un sort.

JETON n. m. (de *jeter,* calculer). Pièce ronde et plate, en ivoire, en matière plastique ou en métal, utilisée pour marquer ou pour payer dans certains jeux, dans certains services publics : *jeton de téléphone.* ‖ *Pop.* Coup. ● *Avoir les jetons* (Pop.), avoir peur. ‖ *Faux jeton* (Fam.), hypocrite. ‖ *Jeton de présence,* somme forfaitaire allouée aux membres des conseils d'administration.

JET-STREAM [dʒɛtstrim] n. m. (mot angl.). Courant d'ouest très rapide, qu'on observe entre 10 000 m et 15 000 m, entre les 30e et 45e parallèles des deux hémisphères. (La vitesse du jet-stream peut dépasser 500 km/h.)

JEU n. m. (lat. *jocus*). Activité physique ou intellectuelle visant au plaisir, à la distraction de soi ou des autres; récréation, divertissement : *se livrer aux jeux de son âge.* ‖ Ce qui sert à jouer : *acheter un jeu de dames.* || Divertissement intéressé où l'on risque de l'argent : *une dette de jeu.* || Ensemble des cartes d'un joueur : *avoir un beau jeu.* || Divertissement public composé d'exercices sportifs : *les jeux Olympiques.* || Au tennis, division d'un set : *faire trois jeux de suite.* || Manière de jouer d'un instrument de musique : *cette pianiste a un jeu agréable.* || Au Moyen Âge, pièce de théâtre : *le « Jeu de Robin et Marion ».* || Manière dont un acteur interprète un rôle : *un jeu séduisant.* || Comédie, rôle que l'on joue : *être pris à son propre jeu.* || Manière d'agir légère, gratuite, sans valeur ni gravité : *dire qqch par jeu.* || Facilité de se mouvoir : *donner du jeu à une porte.* || Manque de serrage de deux pièces en contact : *cet axe a du jeu.* || Fonctionnement régulier : *le jeu d'une pompe, le jeu des institutions.* || Série complète d'objets de même espèce : *un jeu de clefs.* ● *Avoir beau jeu,* être dans des conditions favorables. || *Cela n'est pas de jeu,* ce n'est pas conforme aux règles, à ce qui était convenu. || *Ce n'est pas pour lui,* il le fait facilement. || *D'entrée de jeu,* tout de suite, dès le début. || *Double jeu,* manière d'agir de deux façons différentes pour tromper. || *Entrer dans le jeu de qqn,* s'associer à ses entreprises. || *Entrer en jeu,* intervenir dans une affaire. || *Être en jeu,* être l'objet d'un débat, d'une question. || *Faire le jeu de qqn,* l'avantager involontairement. || *Jeu de barres* (Électr.), ensemble des conducteurs rigides auxquels se raccordent les arrivées et les départs de ligne dans un poste de transformation, dans une sous-station, etc. || *Jeu d'eau,* configuration esthétique d'un ou plusieurs jets d'eau. || *Jeu d'écriture,* opération comptable formelle, n'ayant aucune incidence sur l'équilibre entre les recettes et les dépenses. || *Jeu d'enfant,* chose très facile. || *Jeu d'entreprise,* méthode de formation à la gestion des entreprises et d'entraînement à la prise de décisions par l'étude de situations proposant des problèmes complexes analogues à ceux que pose la vie d'entreprise. || *Jeu d'esprit,* petit jeu qui exige de l'esprit, de l'invention. || *Jeu fonctionnel,* ensemble de la valeur minimale et de la valeur maximale de la différence des dimensions entre deux éléments mécaniques dont l'un est introduit dans l'autre, pour que cet ensemble possède les caractéristiques données. || *Jeu de mots,* équivoque, plaisanterie fondée sur la ressemblance des mots. || *Jeu d'orgue,* suite ou série de tuyaux correspondant à un même timbre. || *Jeu de physionomie,* expression particulière et significative du visage. || *Jeu réel,* différence effective entre les dimensions de deux organes mécaniques conçus pour être disposés l'un dans l'autre. || *Jouer gros jeu,* risquer beaucoup. || *Les jeux sont faits,* tout est décidé. || *Maison de jeu,* établissement public où l'on joue de l'argent. || *Mettre qqn en jeu,* l'employer dans une action déterminée. || *Mise en jeu,* emploi, usage. || *Se faire un jeu de,* le faire facilement. || *Se prendre, se piquer au jeu,* s'obstiner à jouer malgré les pertes; ne pas se laisser décourager par les obstacles, les insuccès. || *Théorie des jeux,* partie de la « théorie de la décision » qui se rapporte aux décisions à prendre dans une situation rendue incertaine par les décisions possibles d'autres personnes (concurrents ou partenaires). || *Vieux jeu,* suranné. ◆ pl. Tableau de commande des éclairages d'un théâtre.

JEUDI [ʒødi] n. m. (lat. *Jovis dies,* jour de Jupiter). Quatrième jour de la semaine. ● *Jeudi saint,* jeudi de la semaine sainte. || *Semaine des quatre jeudis* (Fam.), temps qui n'arrivera jamais.

JEUN (À) loc. adv. (lat. *jejunus*). Sans avoir rien mangé ni bu depuis le réveil.

JEUNE adj. (lat. *juvenis*). Qui n'est pas avancé en âge : *un jeune homme, jeune fille.* || Qui a encore la vigueur et le charme de la jeunesse : *on peut être jeune à quarante ans.* || Nouveau, récent : *un pays jeune.* || Qui est moins âgé que les personnes de la même profession : *un jeune ministre.* || Qui n'a pas encore les qualités de la maturité, naïf, crédule : *il sera donc toujours jeune?* || Cadet : *Durand jeune et Ce.* || Qui appartient à la jeunesse : *jeune expérience.* ● *C'est un peu jeune* (Fam.), c'est un peu insuffisant. ◆ adv. *S'habiller jeune.*

JEUNE n. m. Personne jeune. || Animal non encore adulte.

JEÛNE n. m. Privation d'aliments : *un long jeûne affaiblit.*

JEUNEMENT adv. *Véner.* Nouvellement.

JEÛNER v. i. (lat. *jejunare*). Observer le jeûne prescrit par la religion. || S'abstenir d'aliments.

JEUNESSE n. f. Partie de la vie de l'homme entre l'enfance et l'âge mûr : *l'éclat de la jeunesse.* || Ensemble des caractères physiques et moraux d'une personne jeune, fait d'être jeune : *garder une jeunesse de cœur, d'esprit.* || Les jeunes gens : *émission pour la jeunesse.* || Caractère d'une chose nouvellement créée : *jeunesse du monde.* || (Souvent au pl.). Organisation de jeunes gens. ● *N'être plus de la première jeunesse,* n'être plus très jeune.

JEUNET, ETTE adj. *Fam.* Très jeune.

JEÛNEUR, EUSE n. Celui, celle qui jeûne.

JEUNOT, OTTE adj. et n. *Fam.* Jeune et naïf.

JINISME ou **JAÏNISME** n. m. Religion fondée en Inde au VIᵉ s. av. J.-C. (par *Jina* selon la tradition) et qui doit conduire l'homme au nirvāna. ■ Fixée au concile de Valabhī (Vᵉ s.), cette doctrine exige le respect de tous les êtres vivants, expose les causes des réincarnations successives dont les hommes sont victimes et propose de les en délivrer par la connaissance et un mode de vie monacal. Le jinisme atteint son apogée au XIIᵉ s. Il compte aujourd'hui plus d'un million de fidèles qui vivent dans le Gujerat, le Bihār et le Mysore.

JIU-JITSU [ʒjyʒitsy] n. m. inv. (mot jap.). Méthode japonaise de contrôle du corps, qui est à la fois un système d'entraînement physique et un art de se défendre sans arme. (Ses règles sont moins strictes que celles du judo.)

JOAILLERIE n. f. Art de mettre en valeur les pierres précieuses, en utilisant leur éclat, leur forme, leur couleur. || Commerce du joaillier. || Articles vendus par le joaillier.

JOAILLIER, ÈRE [ʒaje, ɛr] adj. et n. Personne qui fait ou vend des bijoux de valeur.

JOB [dʒɔb] n. m. (mot angl.). *Fam.* Emploi rémunéré, mais souvent provisoire.

JOBARD, E [ʒɔbar, ard] n. et adj. (anc. fr. *jobe,* sans doute de *Job*). *Fam.* Très naïf, qui se laisse duper facilement.

JOBARDERIE ou **JOBARDISE** n. f. Crédulité, naïveté. || Paroles de jobard.

JOBELIN n. m. Argot des gueux au XVᵉ s.

JOCISTE adj. et n. Qui appartient à la Jeunesse ouvrière chrétienne (J. O. C.).

JOCKEY [ʒɔkɛ] n. m. (mot angl.) [pl. *jockeys*]. Professionnel qui monte les chevaux de course. || Sellette munie de triangles auxquels on attache les rênes, servant à dresser les chevaux.

JOCRISSE n. m. (de *Jocrisse,* n. d'un personnage de comédie). Benêt qui se laisse duper (vx).

JODHPURS [ʒɔdpur] n. m. pl. (mot hindi). Pantalon long, serré à partir du genou et utilisé pour monter à cheval.

JODLER ou **IODLER** [jɔdle] v. i. (all. *jodeln*). Chanter à la manière des Tyroliens, qui vocalisent sans paroles, en passant sans transition de la voix de poitrine à la voix de tête, avec de fréquents changements de registre. (On dit aussi IOULER.)

JOGGING [dʒɔgiŋ] n. m. (mot angl.). Course à pied pratiquée dans un but hygiénique.

JOIE n. f. (lat. *gaudium*). Sentiment de plénitude, émotion agréable qu'éprouve une personne dont les désirs profonds sont satisfaits. || Manifestation de gaieté, de bonne humeur. ● *Feu de joie,* feu allumé dans les réjouissances publiques. || *Ne plus sentir sa joie,* être extrêmement content. || *S'en donner à cœur joie* (Fam.), jouir pleinement de qqch. ◆ pl. Ennuis, inconvénients : *les joies du mariage.*

JOINDRE v. t. (lat. *jungere*) [conj. 55]. Rapprocher deux choses de manière qu'elles se touchent et forment un tout continu : *joindre deux morceaux de bois.* || Servir à réunir : *rue qui joint deux avenues.* || Ajouter, allier : *joindre l'utile à l'agréable.* || Parvenir à rencontrer qqn, à lui parler. ● *Joindre les deux bouts,* équilibrer

son budget. ◆ v. i. Être en contact étroit : *ces fenêtres ne joignent pas bien.* ◆ **se joindre** v. pr. S'unir, s'associer, prendre part à, se mettre ensemble.

JOINT, E adj. Uni, lié; qui est en contact : *sauter à pieds joints.*

JOINT n. m. *Constr.* Espace entre deux éléments, généralement rempli de mortier, de plâtre, etc.; couche de matériau remplissant cet espace. || *Mécan.* Articulation entre deux pièces; garniture assurant l'étanchéité d'un assemblage.

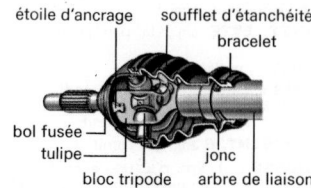

étoile d'ancrage   soufflet d'étanchéité
bracelet
bol fusée
tulipe   jonc
bloc tripode   arbre de liaison

JOINT TRIPODE D'UNE TRANSMISSION
(automobile)

joint étanche. ● *Joint brisé* ou *universel,* ou de *Cardan,* syn. de CARDAN. || *Joint de culasse,* joint d'étanchéité interposé entre le bloc-cylindres et la culasse d'un moteur à combustion interne. || *Joint de dilatation,* dispositif permettant la libre dilatation et la contraction en fonction de la température. || *Joint de rails,* assemblage des extrémités des rails, permettant d'assurer la continuité du chemin de roulement tout en garantissant le jeu nécessaire à la dilatation du métal. || *Chercher, trouver le joint* (Fam.), la meilleure manière de résoudre une difficulté.

JOINT n. m. (mot amér.). *Arg.* Cigarette faite de haschisch, de marihuana, etc.

JOINTIF, IVE adj. Qui joint sans laisser d'intervalle : *lattes jointives.*

JOINTOIEMENT n. m. Action de jointoyer.

JOINTOYER [ʒwɛtwaje] v. t. (conj. 2). Remplir avec du mortier ou une autre substance les joints d'une maçonnerie, d'un sol.

JOINTURE n. f. Endroit où deux choses se joignent; articulation : *la jointure de deux pierres; la jointure du genou.*

JOJO n. m. *Un affreux jojo* (Pop.), un enfant terrible.

JOKER [ʒɔkɛr] n. m. (mot angl.). Dans certains jeux, carte qui prend la valeur que lui donne celui qui la possède.

JOLI, E adj. (anc. scandin. *jôl*). Agréable à voir, qui séduit par sa grâce, son agrément : *une jolie fille.* || Qui mérite de retenir l'attention, avantageux : *un joli revenu.* || Piquant, amusant : *un joli tour.* || *Ironiq.* Laid, mauvais : *c'est joli ce que vous avez fait!* ● *Faire le joli cœur,* chercher à paraître agréable.

JOLI n. m. Ce qui est joli. ● *C'est du joli* (Fam.), c'est mal.

JOLIESSE n. f. *Litt.* Caractère de ce qui est joli : *la joliesse d'un visage.*

JOLIET, ETTE adj. Assez joli, mignon.

JOLIMENT adv. Bien, de façon agréable, plaisante. || *Ironiq.* Très mal, sévèrement : *se faire joliment recevoir.* || *Fam.* Beaucoup, très : *être joliment content.*

JÔMON n. m. (d'un mot japonais signifiant « cordé »). Période prénéolithique et néolithique du Japon (7000-300 av. notre ère).

JONC [ʒɔ̃] n. m. (lat. *juncus*). Plante des lieux humides, à tiges et feuilles cylindriques, de la famille des joncacées. || Canne faite d'une tige de rotang, ou *jonc d'Inde.* || Bague sans chaton, dont le cercle est partout de même grosseur.

JONCACÉE n. f. Plante monocotylédone herbacée, à rhizome rampant, comme le *jonc* ou la *luzule.* (Les joncacées forment une famille.)

JONCHAIE, JONCHÈRE ou **JONCHERAIE** n. f. Lieu où croissent des joncs.

JONCHÉE n. f. Quantité d'objets qui jonchent le sol : *une jonchée de feuilles.* || Petit fromage de crème ou de lait caillé, fabriqué dans un panier de jonc.

JONCHER v. t. (de *jonc*). Couvrir en répandant çà et là, étendre : *joncher la terre de fleurs.* ‖ Être épars sur, couvrir : *des feuilles mortes jonchent le sol.*

JONCHET n. m. Chacun des bâtonnets de bois, d'os, etc., mis en tas et qu'il faut, dans un jeu, recueillir un à un, sans faire remuer les autres.

JONCTION n. f. (lat. *junctio*). Action de joindre, d'unir, de se joindre : *la jonction de deux armées.* ‖ Zone d'un semi-conducteur dans laquelle les modes de conduction s'inversent. ● *Point de jonction* ou *jonction,* endroit où deux choses se joignent, se confondent.

JONGLER [ʒɔ̃gle] v. i. [**avec**] (anc. fr. *jogler,* se jouer de). Lancer en l'air, les uns après les autres, divers objets que l'on relance à mesure qu'on les reçoit. ‖ Faire qqch avec adresse, comme par jeu : *jongler avec les difficultés.*

JONGLERIE n. f. Tour d'adresse ou de passe-passe. ‖ Hypocrisie, tour de charlatan.

JONGLEUR, EUSE n. (lat. *joculator, rieur*). Personne qui pratique l'art de jongler. ‖ Au Moyen Âge, poète ambulant qui récitait des vers en s'accompagnant d'un instrument.

JONQUE n. f. (mot javanais). Voilier de l'Extrême-Orient, dont les voiles de natte ou de toile sont cousues sur de nombreuses lattes horizontales en bambou, qui les raidissent.

JONQUILLE n. f. (esp. *junquillo*). Narcisse à haute collerette, à feuilles cylindriques comme celles des joncs, cultivé pour ses fleurs jaunes. ◆ adj. Couleur blanc et jaune.

JORAN n. m. (de *Jura*). Vent frais du nord-ouest qui souffle sur le sud du Jura et le lac Léman.

JORDANIEN, ENNE adj. et n. De la Jordanie.

JÔRURI n. m. (mot jap.). Genre dramatique populaire japonais, qui a donné naissance au *bunraku**.

JOSEPH adj. et n. m. (du prénom de l'inventeur *Joseph* de Montgolfier). Se dit d'un papier mince utilisé pour filtrer les liquides.

JOSÉPHISME n. m. *Hist.* Système imaginé par Joseph II, empereur germanique, pour subordonner l'Église à l'État.

JOTA [rota] n. m. (mot esp.). Chanson et danse populaires espagnoles à trois temps, avec accompagnement de castagnettes.

JOUABLE adj. Qui peut être joué.

JOUAL [ʒwal] n. m. (de *cheval*). Parler populaire à base de français fortement contaminé par l'anglais, utilisé au Québec.

JOUBARBE n. f. (lat. *Jovis barba,* barbe de Jupiter). Plante vivace poussant sur les toits, les murs, les rochers, dont les rosettes de feuilles ressemblent à de petits artichauts. (Genre *sempervivum,* famille des crassulacées.)

JOUE n. f. (mot prélatin). Chacune des deux régions latérales du visage. ‖ Partie latérale de la tête d'un animal. ‖ Dans un canapé ou un fauteuil, espace, plein ou vide, au-dessous de l'accotoir. ‖ Partie renflée de chaque côté de l'avant d'un navire. ‖ Partie latérale de certaines pièces mécaniques creuses. ‖ Épaisseur de matière de chaque côté d'une mortaise. ● *Mettre en joue,* viser avec une arme à feu.

JOUÉE n. f. *Techn.* Côté d'une embrasure, d'une lucarne, etc.

JOUER v. i. (lat. *jocare*). S'adonner à un divertissement, s'amuser : *les enfants jouent dehors.* ‖ Exposer avec légèreté : *jouer avec sa santé.* ‖ Fonctionner aisément : *ce ressort joue bien.* ‖ Intervenir, être important : *les circonstances ont joué contre lui.* ‖ Prendre du jeu, ne pas joindre exactement : *boiserie qui joue.* ● *Jouer sur les mots,* user de mots à double sens. ◆ v. t. ind. [**de**] Tirer des sons d'un instrument de musique : *jouer du violon.* ‖ *Jouer du couteau, du revolver,* se battre au couteau, au revolver. ‖ *Jouer de malheur, de malchance,* ne pas réussir. ◆ v. t. ind. [**à**]. Se livrer au jeu de : *jouer aux osselets.* ‖ *Jouer à la baisse, à la hausse,* spéculer en Bourse sur la hausse ou la baisse des marchandises ou des valeurs mobilières. ‖

Jouer à la Bourse, en Bourse, spéculer sur les variations de cours des titres cotés en Bourse. ‖ *Jouer au plus fin,* chercher à tromper. ◆ v. t. Mettre comme enjeu : *jouer une grosse somme.* ‖ Lancer, jeter, avancer : *jouer une bille, une boule, une carte.* ‖ Exécuter un morceau de musique : *jouer une valse.* ‖ Représenter au théâtre, au cinéma : *jouer une comédie;* et, intrans. : *jouer dans un film.* ‖ Passer (un film) : *qu'est-ce qu'on joue ce soir?* ‖ Exposer : *jouer sa vie.* ‖ Faire semblant d'avoir tel ou tel sentiment, simuler : *jouer la surprise.* ‖ Tromper qqn en le ridiculisant. ● *Jouer un rôle,* le représenter au théâtre, au cinéma : *jouer le rôle d'Athalie;* remplir un emploi, une fonction; avoir une certaine influence : *il joua un grand rôle dans ces événements.* ◆ **se jouer** v. pr. ‖ *Se jouer des difficultés,* en triompher. ‖ *Se jouer des lois,* les ignorer. ‖ *Se jouer de qqn,* se moquer de lui, l'induire en erreur.

JOUET n. m. Objet destiné à amuser un enfant. ● *Être le jouet de,* être victime d'autres personnes, des éléments, du destin.

JOUEUR, EUSE n. Personne qui joue à un jeu. ‖ Qui joue d'un instrument : *un joueur de biniou.* ‖ Qui a la passion du jeu : *ce joueur se ruine.* ‖ Qui pratique un sport : *joueur de football.* ● *Beau joueur,* qui reconnaît sans discuter la victoire de l'adversaire. ◆ adj. Qui aime à s'amuser : *un enfant joueur.*

JOUFFLU, E adj. (de *joue* et *gifle*). *Fam.* Qui a de grosses joues : *un bébé joufflu.*

JOUG [ʒu] n. m. (lat. *jugum*). Pièce de bois utilisée pour atteler les bovins, qu'on place immédiatement derrière les cornes ou en avant du garrot. ‖ *Litt.* Contrainte matérielle ou morale : *tenir qqn sous le joug.* ‖ Javelot placé horizontalement sur deux autres fichés en terre, et sous lequel les Romains faisaient passer les ennemis vaincus. ‖ *Techn.* Fléau d'une balance.

JOUIR v. t. ind. [**de**] (lat. *gaudere*). Tirer un vif plaisir, une grande joie de : *jouir de sa victoire.* ‖ Avoir la possession de qqch dont on tire des avantages; bénéficier de : *jouir d'une bonne santé.* ◆ v. i. *Pop.* Éprouver le plaisir sexuel.

JOUISSANCE n. f. Plaisir extrême tiré de la possession de qqch. ‖ Plaisir sexuel. ‖ Libre usage d'une chose ou d'un droit. ‖ *Dr.* Action de percevoir les revenus d'un immeuble, de toucher les intérêts d'une rente, les dividendes d'une action, de se servir d'une chose. ● *Action de jouissance,* action dont le capital a été remboursé et qui ne donne droit qu'à une certaine part dans les bénéfices. ‖ *Jouissance légale* (Dr.), usufruit sur les biens de l'enfant mineur dont bénéficie le parent qui les administre.

JOUISSEUR, EUSE n. Celui, celle qui recherche les plaisirs matériels ou sensuels.

JOUISSIF, IVE adj. *Pop.* Qui fait jouir.

JOUJOU n. m. (pl. *joujoux*). Petit jouet d'enfant. ‖ Mécanique merveilleuse. ● *Faire joujou* (Fam.), jouer, s'amuser.

JOULE n. m. (du n. du physicien angl. J. P. *Joule*). Unité de mesure de travail, d'énergie et de quantité de chaleur (symb. : J), équivalant au travail produit par une force de 1 newton dont le point d'application se déplace de 1 mètre

dans la direction de la force. ● *Effet Joule,* dégagement de chaleur dans un conducteur homogène parcouru par un courant électrique. ‖ *Joule par kelvin,* unité de mesure de capacité thermique et d'entropie (symb. : J/K), équivalant à l'augmentation de l'entropie d'un système recevant une quantité de chaleur de 1 joule à la température thermodynamique constante de 1 kelvin, pourvu qu'aucun changement irréversible n'ait lieu dans le système. ‖ *Joule par kilogramme-kelvin,* unité de mesure de chaleur massique et d'entropie massique (symb. : J/(kg.K)), équivalant à la chaleur massique d'un corps homogène de masse 1 kilogramme dans lequel l'apport d'une quantité de chaleur de 1 joule produit une élévation de température thermodynamique de 1 kelvin.

JOUR n. m. (lat. pop. *diurnus,* de *jour*). Clarté, lumière du soleil : *le jour commence à poindre.* ‖ Clarté quelconque : *le jour bleuâtre de la lune.* ‖ Manière dont les objets sont éclairés. ‖ Évidement, ouverture par où peut passer la lumière : *mur où il y a des jours.* ‖ Ornement qui consiste à tirer ou à écarter les fils d'un tissu pour créer des vides dont le pourtour est brodé. ‖ Intervalle de temps compris entre le lever et le coucher du soleil en un lieu donné. ‖ Durée de vingt-quatre heures (symb. : d ou j) équivalant à 86 400 secondes. ‖ Durée de la rotation de la Terre sur elle-même; par extension, durée de la rotation d'un astre du système solaire sur lui-même : *jour martien.* ‖ Époque, circonstance : *il attend le jour où les événements seront plus favorables.* ‖ Époque actuelle : *les nouvelles du jour.* ‖ *Constr.* Petite baie, généralement sans fermeture, donnant de la lumière ou ayant un rôle décoratif. ● *À jour,* en règle jusqu'au jour où l'on se trouve. ‖ *Au jour le jour,* en se limitant à la journée présente, sans s'inquiéter de l'avenir. ‖ *De jour,* pendant le jour : *travailler de jour.* ‖ *De jour en jour,* graduellement. ‖ *Donner le jour* (Litt.), enfanter. ‖ *Du jour au lendemain,* en peu de temps. ‖ *D'un jour à l'autre,* incessamment. ‖ *Exposer, étaler au grand jour,* en plein jour, faire savoir à tous. ‖ *Faux jour,* lumière qui éclaire mal les objets. ‖ *Jour civil,* jour moyen compté de 0 à 24 h à partir du passage inférieur du soleil moyen au méridien d'un lieu. ‖ *Jour sidéral* (Astron.), durée séparant deux passages consécutifs du point vernal au méridien d'un lieu. (C'est pratiquement la durée d'une rotation complète de la Terre sur son axe par rapport à la direction d'une étoile donnée. Elle vaut environ 23 h 56 min 4 s.) ‖ *Jour solaire moyen* ou *jour moyen,* durée séparant deux passages consécutifs au méridien d'un lieu d'un soleil fictif (soleil moyen) supposé se déplacer à vitesse constante sur l'équateur céleste. ‖ *Jour solaire vrai* ou *jour vrai,* durée séparant deux passages consécutifs du Soleil au méridien d'un lieu. (Cette durée est voisine de 24 h, mais elle varie selon l'époque de l'année à cause de l'obliquité de l'écliptique et des variations de la vitesse angulaire de la Terre liées à l'excentricité de son orbite. Aussi a-t-on été amené à définir un jour solaire moyen dont la durée est constante et, par définition, égale à 24 h.) ‖ *Jour utile* (Dr.), jour au cours duquel un acte juridique peut encore être accompli. ‖ *Mettre à jour,* apporter à un écrit les modifications rendues nécessaires par l'évolution des sujets traités. ‖ *Mettre au jour,* sortir de terre un objet qui y

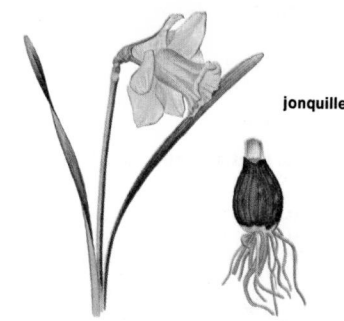

jonquille

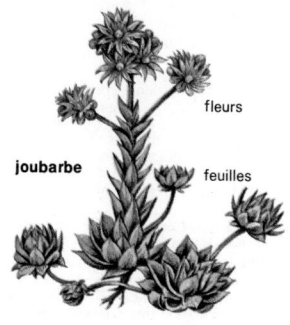

fleurs

joubarbe

feuilles

était enfoui; découvrir. ‖ *Percer à jour*, deviner un secret. ‖ *Le petit jour*, la lumière encore faible de l'aube. ‖ *Ravir le jour* (Litt.), tuer. ‖ *Se faire jour*, se montrer à tous. ‖ *Sous un jour...*, selon un certain point de vue. ‖ *Un jour, un beau jour*, à une certaine époque, passée ou future. ‖ *Voir le jour* (Litt.), naître. ◆ pl. *Litt.* Vie humaine : *sauver les jours de qqn*. ● *Les beaux jours*, époque du printemps. ‖ *De nos jours*, dans le temps où nous vivons. ‖ *Grands jours* (Hist.), délégation itinérante du parlement de Paris, sous l'Ancien Régime, jusqu'au règne de Louis XIV.

JOURNADE n. f. Cotte à longues manches qui se portait par-dessus les armes (XVᵉ-XVIᵉ s.).

JOURNAL n. m. (lat. *diurnalis*, journalier). Écrit où l'on relate les faits jour par jour : *tenir le journal de sa vie*. ‖ Publication quotidienne ou périodique qui donne des nouvelles politiques, littéraires, scientifiques, etc. ‖ Anc. mesure de superficie correspondant à la quantité de terrain qu'un homme pouvait labourer dans un jour. ● *Journal de bord* (Mar.), registre dans lequel sont inscrits tous les renseignements concernant la navigation d'un navire. ‖ *Journal de*

A. Choisnet

jubé

classe, en Belgique, cahier de textes. ‖ *Journal intime*, notation, plus ou moins régulière, de ses impressions ou réflexions personnelles. ‖ *Journal parlé, télévisé*, actualités transmises par la radio, la télévision. ‖ *Livre journal* ou *journal*, registre sur lequel un commerçant inscrit, jour par jour, ses diverses opérations comptables.

JOURNALIER, ÈRE adj. Qui se fait chaque jour.

JOURNALIER, ÈRE n. Travailleur payé à la journée.

JOURNALISME n. m. Profession de ceux qui écrivent dans les journaux, participent à la rédaction d'un journal parlé ou télévisé. ‖ Ensemble des journaux ou des journalistes.

JOURNALISTE n. Personne qui exerce le journalisme.

JOURNALISTIQUE adj. De journaliste : *style journalistique*.

JOURNÉE n. f. Espace de temps qui s'écoule depuis le lever jusqu'au coucher du soleil : *une journée bien remplie*. ‖ Travail fait pendant un jour : *la journée de huit heures*. ‖ Rémunération du travail d'un jour. ‖ Jour marqué par quelque événement : *la journée de Valmy*. ● *Homme, femme de journée*, employés pour des travaux manuels et payés à la journée.

JOURNELLEMENT adv. Tous les jours. ‖ De façon fréquente, continue.

JOUTE n. f. (de *jouter*). *Litt.* Lutte spectaculaire où l'on rivalise de talent : *joute oratoire*. ‖ *Hist.* Combat courtois à cheval, d'homme à homme, avec la lance. ● *Joute nautique, joute lyonnaise*, divertissement où deux hommes, debout sur une barque, cherchent à se faire tomber à l'eau en se poussant avec une longue perche.

JOUTER v. i. (lat. pop. *juxtare*, toucher). *Litt.* Pratiquer une joute.

JOUTEUR, EUSE n. *Litt.* Personne qui joute, rivalise avec qqn : *un rude jouteur*.

JOUVENCE n. f. *Eau de jouvence* (Litt.), eau fabuleuse à laquelle on attribuait la propriété de rajeunir.

JOUVENCEAU, ELLE n. (bas lat. *juvenculus*). *Litt.* Jeune homme, jeune fille.

JOUXTE prép. (lat. *juxta*). Près de (vx).

JOUXTER [ʒukste] v. t. *Litt.* Être situé à côté de, avoisiner.

JOVIAL, E, ALS ou **AUX** adj. (lat. *jovialis*, qui concerne Jupiter). D'une gaieté particulière, franche et simple.

JOVIALEMENT adv. De façon joviale.

JOVIALITÉ n. f. Humeur joviale.

JOVIEN, ENNE adj. (lat. *Jovis*, génitif de *Jupiter*). Relatif à la planète Jupiter.

JOYAU n. m. (anc. fr. *joi*). Bijou qui comporte des pierres précieuses. ‖ Chose de grand prix.

JOYEUSEMENT adv. Avec joie, dans la joie.

JOYEUSETÉ n. f. *Fam.* Plaisanterie.

JOYEUX, EUSE adj. Qui a de la joie, qui en témoigne : *une bande joyeuse*. ‖ Qui inspire la joie : *joyeuse nouvelle*.

JOYEUX n. m. *Arg. mil.* Soldat des bataillons d'infanterie légère d'Afrique (vx).

JUBARTE n. f. Autre nom du MÉGAPTÈRE.

JUBÉ n. m. (premier mot lat. de la formule liturgique *Jube, Domine, benedicere*). Clôture monumentale, en général surmontée d'une galerie, séparant le chœur de la nef dans certaines églises et servant aux lectures et chants liturgiques.

JUBILAIRE adj. Qui a rapport à un jubilé, à un cinquantenaire.

JUBILANT, E adj. Qui jubile.

JUBILATION n. f. Joie vive et expansive : *avoir un air de jubilation*.

JUBILÉ n. m. (bas lat. *jubilaeus*; hébr. *yôbel*, son de cor). Dans la religion hébraïque, année sainte célébrée tous les cinquante ans. ‖ Dans la religion catholique, année privilégiée où les pèlerins de Rome bénéficient, sous certaines conditions, d'une indulgence plénière. ‖ Cinquantenaire d'un mariage, de l'exercice d'une fonction, d'un mandat de député, etc.

JUBILER v. i. (lat. *jubilare*). *Fam.* Éprouver, manifester une joie très vive.

JUCHÉE n. f. Lieu où se perchent les faisans.

JUCHER v. i. (mot francique). Se mettre sur une branche, sur une perche pour dormir, en parlant des poules et de quelques oiseaux. ◆ v. t. Placer très haut, par rapport à sa taille. ◆ **se jucher** v. pr. Se percher.

JUCHOIR n. m. Perche ou bâton préparé pour faire jucher la volaille.

JUDAÏCITÉ n. f. Fait d'être juif.

JUDAÏQUE adj. (lat. *judaicus*). Qui appartient aux juifs : *la loi judaïque*.

JUDAÏSER v. t. Rendre juif.

JUDAÏSME n. m. Ensemble des institutions religieuses du peuple juif.

■ La tradition religieuse juive se réclame d'Abraham, père des croyants, et de Moïse, législateur d'Israël. La Bible contient la Loi écrite, dont l'essentiel fut révélé à Moïse sur le mont Sinaï. Une Loi orale, explicitant la Loi écrite, est contenue dans le Talmud, œuvre de saints et savants docteurs, dont la rédaction définitive a été achevée au Vᵉ s. La profession de foi juive est la parole de Moïse : « Écoute Israël, l'Éternel notre Dieu, l'Éternel est Un. » C'est l'affirmation fondamentale, celle du monothéisme.

JUDAS n. m. *Litt.* Traître. ‖ Petite ouverture pratiquée dans un vantail de porte, une cloison, etc., pour voir ce qui se passe de l'autre côté, sans être vu.

JUDÉITÉ n. f. Ensemble des caractères qui constituent l'identité juive.

JUDÉO-ALLEMAND, E adj. et n. m. → YIDDISH.

JUDÉO-CHRÉTIEN, ENNE adj. et n. Adepte du judéo-christianisme. ‖ Se dit des valeurs morales communes au judaïsme et au christianisme.

JUDÉO-CHRISTIANISME n. m. Dans l'Église

primitive, attitude des chrétiens d'origine juive qui restèrent attachés aux observances de la loi mosaïque. ‖ Ensemble des dogmes et préceptes communs au judaïsme et au christianisme.

JUDÉO-ESPAGNOL n. m. Dialecte parlé en Afrique du Nord et au Proche-Orient par les juifs expulsés d'Espagne. (Syn. LADINO.)

JUDICATURE n. f. État, charge de juge.

JUDICIAIRE adj. (lat. *judiciarius*). Qui est relatif à l'organisation ou l'exercice de la justice, à son administration : *autorité judiciaire*. ‖ Fait par autorité de justice : *vente judiciaire*. ● *Acte judiciaire*, acte rattaché au déroulement d'une procédure. ‖ *Combat, duel judiciaire*, au Moyen Âge, combat où les contestants soutenaient leur droit en se battant l'un contre l'autre. ‖ *Juridiction judiciaire*, ensemble des tribunaux jugeant les litiges des particuliers entre eux, ainsi que les infractions qu'ils ont pu commettre, à l'exclusion des affaires les mettant en rapport avec l'État (qui sont, en principe, du ressort des *tribunaux administratifs*).

JUDICIAIREMENT adv. En forme judiciaire.

JUDICIEUSEMENT adv. De façon judicieuse.

JUDICIEUX, EUSE adj. (lat. *judicium*, jugement). Qui a le jugement bon, sain : *esprit judicieux*. ‖ Qui manifeste un bon jugement : *avis judicieux*.

JUDO n. m. (mot jap.). Art martial d'origine japonaise, issu du jiu-jitsu et constituant un moyen de se défendre sans arme.

JUDOKA n. Personne qui pratique le judo.

JUGAL, E, AUX adj. (lat. *jugalis*). *Os jugal* (Anat.), os de la pommette.

JUGE n. m. (lat. *judex, judicis*). Magistrat chargé de rendre la justice. ‖ Personne appelée à décider, à apprécier telle ou telle chose, ou prise pour arbitre dans un différend quelconque : *je vous fais juge*. ‖ Officiel chargé d'assurer la régularité d'un sport. ● *Juges consulaires*, magistrats composant les tribunaux de commerce. ‖ *Juge de l'application des peines*, juge dont la mission est de suivre et d'aménager le régime d'exécution de la peine. ‖ *Juge des enfants*, juge ayant, en matière civile et pénale, des attributions relatives aux enfants. ‖ *Juge d'instance*, juge unique du tribunal d'instance. ‖ *Juge d'instruction*, magistrat chargé de recueillir les preuves de la culpabilité des personnes poursuivies. ‖ *Juge de la mise en état*, magistrat chargé, en matière civile, d'instruire une affaire et de la mettre en état d'être jugée par le tribunal. ‖ *Juge de paix*, anc. dénomination du JUGE D'INSTANCE. ‖ *Juge des référés*, juge ayant le pouvoir de prendre une décision provisoire dans des délais très brefs. ‖ *Juge des tutelles*, juge chargé du régime de la tutelle des mineurs et des régimes de protection des incapables majeurs.

JUGEABLE adj. Qui peut être jugé.

JUGEMENT n. m. Faculté de raisonner : *avoir le jugement sain*. ‖ Qualité de qqn qui juge bien, qui a des opinions justes : *avoir du jugement*. ‖ Opinion, sentiment, appréciation : *je m'en rapporte à votre jugement*. ‖ Décision, sentence émanant d'un tribunal : *prononcer un jugement*. ● *Jugement avant dire droit*, jugement rendu contre une partie qui n'a pas comparu à l'audience. ‖ *Jugement par défaut*, jugement rendu contre une partie qui n'a pas comparu à l'audience. ‖ *Jugement dernier*, jugement général de l'humanité par le Christ, à la fin du monde. ‖ *Jugement de Dieu*, syn. de ORDALIE.

JUGEOTE n. f. *Fam.* Jugement sain, bon sens.

JUGER v. t. (lat. *judicare*) [conj. **1**]. Trancher un différend en qualité de juge ou d'arbitre : *juger un procès criminel*. ‖ Énoncer une opinion sur : *juger qqn*. ‖ Être d'avis, penser, estimer : *il a jugé nécessaire de protester*. ‖ Imaginer : *jugez combien je fus surpris*. ‖ *Log.* Affirmer qu'un attribut appartient ou non au sujet d'une proposition. ◆ v. t. ind. [**de**]. Apprécier, avoir telle ou telle opinion, porter tel ou tel jugement sur : *juger de la distance; juger d'une personne sur l'apparence*. ‖ S'imaginer, se faire une idée de : *vous pouvez juger de ma joie*. ◆ **se juger** v. pr. Porter sur soi un jugement : *se juger perdu*.

JUGER ou **JUGÉ** n. m. *Au juger* ou *au jugé*, d'après une approximation sommaire. ‖ *Tir au*

harai-goshi (5ᵉ de hanche)

tai-otoshi (1ᵉʳ de bras)

hane-goshi (6ᵉ de hanche)

tomoe-nage (1ᵉʳ sutemi)

JUDO
o-soto-gari (1ᵉʳ de jambe)

juger (Arm.), tir exécuté par surprise, à bout portant, sans épauler ni viser.

JUGEUR, EUSE n. Personne qui juge légèrement, sans les connaissances nécessaires.

JUGLANDACÉE n. f. Arbre apétale de grande taille. (Les *juglandacées* forment une famille dont le type est le *noyer*.)

JUGULAIRE adj. (lat. *jugulum*, gorge). *Anat.* Qui concerne la gorge.

JUGULAIRE n. f. Une des grosses veines du cou. ‖ Courroie passant sous le menton, pour maintenir sur la tête un casque, un shako, etc.

JUGULER v. t. (lat. *jugulare*, égorger). Arrêter dans son développement : *juguler une hémorragie, une révolte.*

JUIF, IVE n. (lat. *Judaeus*, de Judée). Personne appartenant au peuple juif, à la communauté israélite : *un Juif polonais* (avec une majuscule dans ce cas.) ‖ Qui professe la religion judaïque : *un juif pratiquant.* ● *Juif errant*, personnage légendaire condamné à marcher sans s'arrêter jusqu'à la fin du monde, pour avoir injurié Jésus portant sa croix. (La tradition le nomme *Ahasvérus*.) ‖ *Le petit juif* (Fam.), l'endroit sensible du coude. ◆ adj. Relatif aux juifs : *religion juive.*

JUILLET n. m. (lat. *Julius*, mois de *Jules César*). Septième mois de l'année.

JUIN n. m. (lat. *Junius*, mois de *Junius* Brutus). Sixième mois de l'année.

JUJUBE n. m. (gr. *zizuphon*). Fruit sucré du jujubier. ‖ Suc, pâte extraits du jujube.

JUJUBIER n. m. Arbre cultivé dans le Midi pour ses fruits, ou *jujubes*. (Haut. : jusqu'à 8 m; famille des rhamnacées.)

JUKE-BOX [dʒukbɔks] n. m. (mot amér.) [pl. *juke-boxes*]. Électrophone automatique que l'on met en marche avec une pièce de monnaie et qui comprend un choix de disques.

JULEP [ʒylɛp] n. m. (mot ar.; du persan). Excipient d'eau et de gomme, auquel on mêle un médicament actif.

JULES n. m. *Pop.* Mari, petit ami.

JULIEN, ENNE adj. (lat. *Julianus*). *Année julienne*, année de 365,25 jours. ‖ *Calendrier julien*, calendrier* que réforma Jules César en 46 av. J.-C. ‖ *Ère* ou *période julienne*, espace de 7 980 années juliennes utilisé pour la chronologie des phénomènes astronomiques. (L'origine en a été fixée au 1ᵉʳ janvier de l'an 4713 av. J.-C., à 12 h temps universel.)

JULIENNE n. f. (du n. propre *Julien*). Plante à fleurs violettes ou rouges, cultivée comme ornementale. (Famille des crucifères.) ‖ Potage fait de légumes minces coupés en dés et servis avec le bouillon dans lequel ils ont cuit.

JUMBO [dʒœmbo] n. m. (mot amér.). Chariot à portique supportant les perforatrices pour le forage des trous de mine dans l'abattage des terres.

JUMBO-JET n. m. (mot amér.) [pl. *jumbo-jets*]. Syn. de GROS-PORTEUR.

JUMEAU, ELLE adj. et n. (lat. *gemellus*). Se dit de deux enfants nés d'un même accouchement. (Biologiquement, les *vrais jumeaux* proviennent d'un seul œuf et se ressemblent totalement; les *faux jumeaux*, qui peuvent être de sexes différents, viennent d'œufs différents fécondés en même temps.) ‖ Se dit de deux muscles du mollet, de deux muscles de la région fessière; de deux fruits joints ensemble; de deux objets semblables : *lits jumeaux.*

JUMEL adj. m. (du n. de l'ingénieur français Louis Alexis *Jumel*). Se dit d'une variété de coton d'Égypte.

JUMELAGE n. m. Action de jumeler. ‖ *Mil.* Affût commun à deux (ou quatre) armes, permettant leur tir simultané.

JUMELÉ, E adj. Disposé par couples : *fenêtres jumelées.* ‖ *Roues jumelées*, roues pourvues chacune d'un pneumatique individuel, montées par paire de chaque côté de l'essieu de certains véhicules lourds.

JUMELER v. t. (conj. 3). Ajuster, accoupler côte à côte, en parlant de deux objets semblables et semblablement disposés : *jumeler des poutres.* ‖ Associer des villes étrangères dans des manifestations culturelles.

JUMELLES n. f. pl. Ensemble de deux pièces

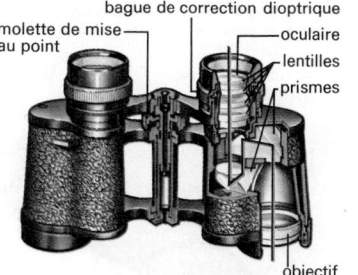

**COUPE DE JUMELLES
À PRISMES**

bague de correction dioptrique
molette de mise au point
oculaire
lentilles
prismes
objectif

exactement semblables entrant dans la composition d'une machine ou d'un outil. ‖ Instrument d'optique formé de deux lunettes accouplées de façon à permettre la vision binoculaire. (Dans ce sens, s'emploie aussi au singulier : JUMELLE MARINE.) [V. aussi JUMEAU.] ● *Jumelles à prismes*, association de deux lunettes à prismes.

JUMENT n. f. (lat. *jumentum*, bête de somme). Cheval femelle.

JUMENTÉ n. m. Syn. anc. de ÉQUIDÉ.

JUMPING [dʒœmpiŋ] n. m. (mot angl.). Concours hippique consistant en une succession de sauts d'obstacles.

JUNGLE [ʒœgl ou ʒɔgl] n. f. (mot hindī). Dans les pays de mousson très arrosés, végétation très épaisse et exubérante, où les hautes herbes se mêlent en un fouillis verdoyant à des fougères, des bambous, des palmiers. ‖ Société humaine où règne seulement la loi du plus fort.

JUNIOR adj. inv. (mot lat., *plus jeune*). Puîné, cadet : *Laurent junior.* ‖ Qui concerne les jeunes, qui leur est destiné : *la mode junior.* ◆ adj. et n. m. *Sports.* Se dit d'une catégorie intermédiaire entre senior et cadet (16-19 ans).

JUNKER [junkər] n. m. (mot all.). *Hist.* En Allemagne, gentilhomme terrien.

JUNTE [ʒœt] n. f. (esp. *junta*; de *junto*, joint). Nom donné en Espagne, au Portugal et en Amérique latine à divers conseils administratifs. ‖ Nom donné à certains gouvernements issus d'un coup d'État militaire.

JUPE n. f. (mot ar.). Vêtement féminin qui enserre la taille et descend jusqu'aux jambes. ‖ Dans les véhicules à coussin d'air, paroi souple limitant une chambre dans laquelle une certaine surpression permet la sustentation du véhicule. ‖ Surface latérale d'un piston, qui assure son guidage à l'intérieur du cylindre. ● *Jupe porte-feuille*, jupe qui se croise largement par-devant.

JUPE-CULOTTE n. f. (pl. *jupes-culottes*). Sorte de pantalon très ample ayant l'allure d'une jupe.

JUPETTE n. f. Jupe très courte.

JUPON n. m. Pièce de lingerie qui soutient l'ampleur d'une jupe, d'une robe.

JUPONNER v. t. Donner de l'ampleur à une jupe ou à une robe grâce à un jupon.

JURANÇON n. m. Vin des Pyrénées-Atlantiques.

JURANDE n. f. *Hist.* Sous l'Ancien Régime, corps de métier constitué par le serment mutuel que se prêtaient ses membres et disposant d'une grande autonomie.

JURASSIEN, ENNE adj. et n. Du Jura. ● *Relief jurassien*, type de relief développé dans une structure sédimentaire régulièrement plissée, où alternent couches dures et couches tendres, et dans lequel la topographie reflète directement la structure.

V. ill. page suivante

JURASSIQUE [ʒyrasik] n. m. et adj. *Géol.* Période de l'ère secondaire, entre le trias et le

511

crétacé, marquée par le dépôt, en particulier dans le Jura, d'épaisses couches calcaires.

JURAT [ʒyra] n. m. Au Moyen Âge, nom de certains magistrats municipaux dans plusieurs villes du midi de la France.

JURATOIRE adj. *Caution juratoire* (Dr.), serment, fait en justice, de représenter sa personne ou un objet.

JURÉ, E adj. Qui a prêté serment : *expert juré.* ● *Ennemi juré,* adversaire implacable. ‖ *Métier juré* (Hist.), métier autonome, organisé en jurande, par opposition au métier « réglé », organisé par le pouvoir supérieur.

JURÉ n. m. Membre d'un jury.

JUREMENT n. m. Parole offensante pour Dieu ou ce qui est sacré (vx).

JURER v. t. (lat. *jurare*). Promettre par serment ou solennellement : *ils se sont juré une amitié éternelle.* ‖ Affirmer fortement : *on jurerait son portrait.* ‖ Litt. Prendre à témoin Dieu ou une autorité que l'on juge sacrée. ◆ v. i. Blasphémer, prononcer des jurons : *jurer continuellement.* ‖ Être mal assorti avec qqch d'autre : *le vert jure avec ce bleu.* ◆ **se jurer** v. pr. Se promettre intérieurement qqch.

JUREUR adj. et n. m. *Hist.* Sous la Révolution, se disait d'un prêtre ayant prêté serment à la Constitution civile du clergé.

JURIDICTION n. f. (lat. *juris dictio*, droit de rendre la justice). Pouvoir, droit de juger. ‖ Ressort ou étendue de territoire où le juge exerce ce pouvoir. ‖ Tribunal. ‖ Ensemble des tribunaux de même nature : *la juridiction administrative.* ● *Degré de juridiction,* chacun des tribunaux devant lesquels une affaire peut être successivement portée.

JURIDICTIONNEL, ELLE adj. Relatif à la juridiction d'un pays.

JURIDIQUE adj. Relatif aux formes judiciaires, à la justice, aux lois qui règlent les rapports entre citoyens et, en général, au droit.

JURIDIQUEMENT adv. De façon juridique, du point de vue du droit.

JURIDISME n. m. Attachement très strict à la règle de droit.

JURISCONSULTE n. m. (lat. *juris consultus*, versé dans le droit). Personne connaissant les lois et faisant profession de donner son avis sur des questions de droit.

JURISPRUDENCE n. f. (lat. *juris prudentia*, science du droit). Interprétation de la loi par les tribunaux. ‖ Ensemble des décisions des tribunaux sur une matière. ● *Faire jurisprudence,* faire autorité.

JURISPRUDENTIEL, ELLE adj. Relatif à la jurisprudence.

JURISTE n. Personne qui connaît, qui pratique le droit.

JURON n. m. Exclamation grossière ou blasphématoire marquant le dépit, la colère, etc.

JURY n. m. (mot angl.). Commission de simples citoyens (jurés) qui remplissent occasionnellement et temporairement des fonctions judiciaires. (En France, depuis le premier Empire, seul fonctionne le *jury de jugement* en matière criminelle.) ‖ Commission d'examinateurs chargée d'un examen, d'un classement, d'un jugement : *jury d'exposition; jury d'agrégation.*

JUS [ʒy] n. m. (lat. *jus*). Liquide tiré d'une substance animale ou végétale par pression, cuisson ou par un autre procédé : *jus de viande, de citron.* ‖ *Fam.* Exposé, discours. ‖ *Pop.* Café

noir. ‖ *Pop.* Courant électrique. ● *Jus de chaussettes* (Fam.), mauvais café.

JUSANT [ʒyzã] n. m. (anc. fr. *jus*, en bas). *Mar.* Marée descendante. (Syn. REFLUX.)

JUSQU'AU-BOUTISME n. m. *Fam.* Attitude de ceux qui préconisent des mesures extrêmes, qui poussent à terminer de force une entreprise.

JUSQU'AU-BOUTISTE adj. et n. Qui est partisan des mesures extrêmes.

JUSQUE prép. (anc. fr. *enjusque;* lat. *inde*, de là, et *usque*, jusque). Suivi des prép. à, *en, vers, dans*, indique la limite spatiale ou temporelle, ou la limite extrême de valeur : *de Paris jusqu'à Rome; il est allé jusqu'à le frapper; aimer jusqu'à ses ennemis.* ◆ loc. conj. *Jusqu'à ce que,* jusqu'au moment où (indique la limite temporelle). ◆ loc. adv. *Jusque-là, jusqu'ici,* jusqu'à ce moment (indiquent la limite qu'on ne dépasse pas).
— L'e de *jusque* s'élide devant une voyelle; *jusque* s'écrit aussi quelquefois avec un s à la fin, surtout en poésie : *jusques à quand?*

JUSQUIAME [ʒyskjam] n. f. (gr. *huoskuamos,* fève de porc). Plante des décombres, à feuilles visqueuses et à fleurs jaunâtres rayées de pourpre, très toxique. (Famille des solanacées.)

JUSSIÆA n. f. (de *Jussieu*, n. pr.). Plante exotique aquatique, employée comme plante d'ornement.

JUSSION n. f. (lat. *jussio*, ordre). *Hist.* Sous la monarchie, ordre donné par le souverain aux magistrats d'une cour souveraine pour leur prescrire d'enregistrer un édit.

JUSTAUCORPS n. m. Sorte de pourpoint serré à la taille, muni de basques et de manches, en usage au XVIIᵉ s. ‖ Vêtement collant d'une seule pièce, formé d'un slip et d'un maillot à manches courtes ou longues.

JUSTE adj. et n. (lat. *justus*). Qui juge et agit selon l'équité, en respectant les règles de la morale ou de la religion. ● *Au juste,* exactement, précisément : *je voudrais savoir au juste quel âge il a.* ‖ *Dormir du sommeil du juste,* d'un sommeil profond et tranquille. ◆ adj. Conforme à la justice, à la morale : *sentence juste.* ‖ Conforme à la raison, à la vérité, au droit : *pensée, raisonnement juste; juste colère.* ‖ Qui est exact, conforme à la réalité, à la règle; qui est tel qu'il doit être; qui fonctionne avec précision : *note juste; balance juste.* ‖ Étroit, court : *chaussons trop justes.* ‖ Qui suffit à peine : *on n'a que deux minutes pour aller à la gare, ce sera juste.* ‖ *Tir juste,* tir précis et réglé. ◆ adv. Avec justesse : *chanter juste.* ‖ Précisément : *le café est juste au coin.* ‖ D'une manière insuffisante : *il a mesuré trop juste.* ‖ Seulement : *j'ai juste pris le temps de dîner.* ● *Comme de juste* (Fam.), comme cela se doit.

JUSTEMENT adv. Légitimement : *être justement inquiet pour son fils.* ‖ Précisément : *nous parlions justement de lui quand il est arrivé.* ‖ D'une manière exacte : *comme on l'a dit si justement.*

JUSTE-MILIEU n. m. Conduite également éloignée de deux extrêmes contraires.

JUSTESSE n. f. Qualité de ce qui est juste, exact, conforme à la règle, à la réalité, de ce qui est bien adapté : *justesse de la voix, d'une expression.* ‖ Manière de faire une chose avec exactitude, précision : *répondre avec justesse.* ‖ Qualité d'une balance qui conserve la position de zéro quand on place deux masses égales dans ses plateaux. ● *De justesse,* de très peu : *gagner de justesse.*

JUSTICE n. f. (lat. *justitia*). Vertu morale qui inspire le respect absolu des droits d'autrui : *pratiquer la justice.* ‖ Caractère de ce qui est juste, équitable, conforme au droit, à la loi morale ou religieuse : *avoir la justice de son côté.* ‖ Action ou pouvoir de prononcer sur les droits de chacun, de punir ou de récompenser : *l'administration de la justice.* ‖ Ensemble des tribunaux et des magistrats : *la justice française.* ‖ *Philos.* Norme idéale. ● *Basse justice* (Féod.), celle qui ne s'appliquait qu'à des affaires de peu d'importance. ‖ *Haute justice* (Féod.), celle qui donnait aux seigneurs le droit de prononcer des peines capitales. ‖ *Justice économique ou sociale,* objectif d'une politique économique menée en vue d'assurer entre les individus et les familles une égalité, au moins relative, en matière de satisfaction des besoins. ‖ *Justice militaire,* justice applicable au personnel des armées; ensemble des juridictions rendant cette justice. ‖ *Rendre la justice,* l'administrer, l'établir. ‖ *Rendre justice à qqn,* reconnaître ses droits, son mérite. ‖ *Se faire justice,* se venger; se tuer (en parlant d'un criminel).

JUSTICIABLE adj. et n. Qui doit répondre devant certains juges : *être justiciable de la Haute Cour.* ‖ Qui dépend de qqch : *maladie justiciable d'un traitement prolongé.*

JUSTICIER, ÈRE adj. et n. Qui agit en redresseur de torts sans en avoir reçu le pouvoir légal. ‖ *Féod.* Qui avait droit de rendre la justice sur ses terres.

JUSTIFIABLE adj. Qui peut être justifié.

JUSTIFIANT, E adj. *Théol.* Qui rend juste intérieurement : *grâce justifiante.*

JUSTIFICATEUR, TRICE adj. et n. Qui tend à justifier.

JUSTIFICATIF, IVE adj. et n. m. Qui sert à justifier ou à prouver : *pièces justificatives.*

JUSTIFICATION n. f. Action de justifier, de se justifier. ‖ Preuve d'une chose par titre ou par témoins : *la justification d'un fait.* ‖ *Théol.* Acte par lequel Dieu fait passer une âme de l'état de péché à l'état de grâce. ‖ *Impr.* Longueur d'une ligne pleine. ● *Justification du tirage* (Impr.), formule indiquant le nombre d'exemplaires d'un livre imprimé sur différentes sortes de papiers.

JUSTIFIER v. t. (lat. *justificare*). Mettre hors de cause, prouver l'innocence de qqn : *justifier sa conduite.* ‖ Faire voir qu'une chose n'était pas fausse, mal fondée, rendre légitime : *les événements ont justifié nos prévisions.* ‖ *Impr.* Établir la longueur maximale d'une ligne imprimée. ‖ *Théol.* Mettre au nombre des justes. ◆ **se justifier** v. pr. Prouver son innocence, dégager sa responsabilité.

JUTE n. m. (mot angl.; du bengali *jhuto*). Textile grossier servant à faire de la toile de sac, et tiré des tiges d'une plante de la famille des tiliacées, cultivée dans l'Inde et le Bangladesh. ‖ La plante elle-même.

JUTER v. i. (de *jus*). *Fam.* Rendre du jus.

JUTEUX, EUSE adj. Qui a beaucoup de jus : *pêche juteuse.* ‖ *Pop.* Fructueux, qui rapporte beaucoup d'argent : *une affaire juteuse.*

JUTEUX n. m. *Arg. mil.* Adjudant.

JUVÉNAT n. m. (lat. *juvenis*, homme jeune). Maison d'études dans certains ordres religieux, où les futurs novices perfectionnent leur formation littéraire ou religieuse.

JUVÉNILE adj. (lat. *juvenilis*). Qui appartient en propre à la jeunesse, jeune : *ardeur juvénile.*

JUVÉNILITÉ n. f. *Litt.* Caractère de ce qui est juvénile.

JUXTALINÉAIRE adj. (lat. *juxta*, à côté, et *linea*, ligne). Se dit d'une traduction où le texte et la version se correspondent ligne à ligne dans deux colonnes contiguës.

JUXTAPOSABLE adj. Que l'on peut juxtaposer.

JUXTAPOSÉ, E adj. *Ling.* Se dit des propositions ou des phrases qui ne sont liées par aucune coordination ou subordination.

JUXTAPOSER v. t. Poser une chose immédiatement à côté d'une autre sans que rien ne les sépare : *juxtaposer deux couleurs.*

JUXTAPOSITION n. f. Action de juxtaposer.

anticlinal (mont) · synclinal (val) · ruz · cluse · crêts · combes

RELIEF JURASSIEN

k

kangourou

K n. m. Onzième lettre de l'alphabet et la huitième des consonnes : *un K majuscule; un k minuscule.* (La consonne *k* est une gutturale sourde.) ‖ **k,** symbole de *kilo.* ‖ **K,** symbole chimique du *potassium.* ‖ **K,** symbole du *kelvin.*

KA n. m. → KAON.

KABBALE ou **CABALE** (vx) n. f. (hébr. *gabbalah,* tradition). Interprétation juive ésotérique et symbolique du texte de la Bible, et dont le livre classique est le *Zohar,* ou Livre de la splendeur. (Les adeptes des sciences occultes utilisent dans un sens magique les symboles de la kabbale.)

KABBALISTE ou **CABALISTE** (vx) n. Spécialiste de la kabbale.

KABBALISTIQUE ou **CABALISTIQUE** (vx) adj. Relatif à la kabbale.

KABUKI [kabuki] n. m. (mot jap.). Genre théâtral japonais où le dialogue alterne avec des parties psalmodiées ou chantées, et avec des intermèdes de ballet.

KABYLE adj. et n. De Kabylie.

KABYLE n. m. Dialecte berbère de Kabylie.

KACHA n. f. Plat russe ou polonais à base de sarrasin ou d'orge mondé.

KAFKAÏEN, ENNE [kafkajɛ̃, ɛn] adj. Se dit d'une situation inquiétante par son absurdité, son illogisme qui rappelle l'atmosphère des romans de Kafka.

Kahler *(maladie de),* affection maligne caractérisée par la prolifération de plasmocytes dans la moelle osseuse, lesquels détruisent le tissu osseux dans lequel ils se développent.

KAÏNITE [kainit] n. f. (mot all.). *Minér.* Sel double constitué par du sulfate de magnésium et du chlorure de potassium hydratés naturels.

KAISER [kajzœr *ou* kɛzɛr] n. m. (lat. *Caesar*). Nom donné par les Français à l'empereur d'Allemagne Guillaume II.

KAKATOÈS n. m. → CACATOÈS.

KAKEMONO [kakemɔno] n. m. (mot jap.). Peinture ou calligraphie japonaise ou chinoise, sur soie ou papier, qui se déroule verticalement.

KAKI n. m. (mot jap.). Fruit du plaqueminier, à pulpe molle et sucrée, ayant l'aspect d'une tomate. (Syn. : FIGUE CAQUE, PLAQUEMINE.)

KAKI adj. inv. (mot hindī, « couleur de poussière »). Brun-jaune (couleur de la tenue de campagne de nombreuses armées).

KALA-AZAR n. m. (mot de l'Assam). Maladie parasitaire due à un protozoaire (leishmanie), qui sévit en Orient et dans le bassin méditerranéen, et qui est caractérisée par une augmentation du volume de la rate, du foie et des ganglions.

KALÉIDOSCOPE n. m. (gr. *kalos,* beau, *eidos,* aspect, et *skopein,* regarder). Appareil formé d'un tube opaque, contenant plusieurs miroirs disposés de façon que de petits objets colorés placés dans le tube y produisent des dessins symétriques et variés. ‖ Suite rapide de sensations vives et variées.

KALÉIDOSCOPIQUE adj. D'un kaléidoscope.

KALI n. m. (mot ar.). Plante du littoral, à feuilles épineuses, du genre *salsola,* riche en soude. (Famille des chénopodiacées.)

KALIÉMIE [kaliemi] n. f. Concentration du plasma sanguin en ions potassium (ou kalium).

KALIUM [kaljɔm] n. m. Anc. nom du POTASSIUM.

KALMOUK, E adj. et n. Relatif aux Kalmouks.

KAMI n. m. (mot jap., *supérieur*). Nom générique donné aux êtres surnaturels dans le Japon ancien. ‖ Titre de noblesse au Japon.

KAMICHI [kamiʃi] n. m. (d'une langue indigène du Brésil). Oiseau échassier d'Amérique du Sud aux ailes armées de deux éperons.

KAMIKAZE n. m. (mot jap., *tempête providentielle*). En 1944-45, pilote japonais volontaire pour s'écraser sur son objectif un avion chargé d'explosifs. ‖ Cet avion lui-même.

KAMMERSPIEL [kamarʃpil] n. m. (mot all., *théâtre de chambre*). Technique dramatique qui cherche à créer une impression d'intimité par la simplicité des moyens scéniques. ‖ Mouvement cinématographique qui se développa en Allemagne à partir de 1921, en réaction contre l'expressionnisme et prônant un retour au réalisme.

KANA n. m. inv. (mot jap.). Signe syllabique de l'écriture japonaise.

KANAK, E adj. et n. Syn. de CANAQUE.

KANDJAR, KANDJLAR [kãdʒlar] ou **KANGLAR** n. m. (mot ar.). Poignard turc et albanais à lame recourbée.

KANGOUROU n. m. (angl. *kangaroo,* d'une langue australienne). Mammifère australien de l'ordre des marsupiaux, aux membres postérieurs très longs, permettant le déplacement par bonds. (Le mâle peut atteindre 1,50 m de haut; la femelle conserve son petit pendant six mois environ dans une poche ventrale.)

KANNARA ou **CANARA** n. m. Langue dravidienne parlée au Karnâtaka (anc. Mysore).

KANTIEN, ENNE [kãsjɛ̃, ɛn] adj. Relatif à la philosophie de Kant.

KANTISME n. m. Philosophie de Kant.

KAOLIANG [kaɔljã] n. m. (mot chin.). Variété de sorgho.

kangourou : femelle et son petit

kakemono

kamichi

KAOLIN [kaɔlɛ̃] n. m. (mot chin.). Roche argileuse, blanche et friable, composée essentiellement de kaolinite et qui entre dans la composition de la porcelaine dure.

KAOLINISATION n. f. Altération par l'humidité de certaines roches à feldspath, avec formation superficielle d'argile.

KAOLINITE n. f. *Minér.* Silicate naturel d'aluminium, appartenant au groupe des argiles.

KAON ou **KA** n. m. *Phys.* Particule élémentaire (K), neutre ou chargée positivement ou négativement, et dont la masse vaut 965 fois celle de l'électron.

KAPOK [kapɔk] n. m. (mot angl.; du malais). Duvet végétal, très léger et imperméable, qui entoure les graines de certains arbres (fromager, kapokier), et que l'on utilise pour les ceintures de sauvetage ou pour les coussins.

KAPOKIER n. m. Arbre asiatique de la famille des malvacées, qui produit le kapok.

KAPPA n. m. Dixième lettre de l'alphabet grec (×), correspondant au *k* français.

KARAKUL ou **CARACUL** [karakyl] n. m. (de *Kara-Koul'*, en Asie centrale). Variété de mouton de l'Asie centrale, à toison longue et ondulée; cette fourrure. (Le karakul né avant terme fournit l'astrakan.)

KARATÉ n. m. (mot jap.). Art martial, d'origine japonaise, ne faisant appel pour l'attaque ou la défense qu'à des moyens naturels.

KARATÉKA n. Personne qui pratique le karaté.

KARITÉ n. m. (mot ouolof). Arbre du Soudan, dont les graines fournissent une matière grasse comestible, le *beurre de karité.*

KARMAN ou **KARMA** n. m. (mot sanskr.). Dans les religions de l'Inde, mécanisme de la rétribution des actes auquel est soumis chaque individu, qui conditionne ses renaissances successives.

Karman *(méthode),* technique d'avortement par aspiration, efficace et sans danger pendant les six premières semaines de la grossesse.

KARST n. m. Région possédant un relief karstique.

KARSTIQUE adj. Relatif au karst. ● *Relief karstique* ou *relief calcaire,* relief particulier aux régions dans lesquelles les roches calcaires forment d'épaisses assises, et résultant de l'action (en grande partie souterraine) d'eaux qui dissolvent le carbonate de calcium.

KART [kart] n. m. (mot angl.). Petit véhicule automobile de compétition, à embrayage automatique, sans boîte de vitesses, ni carrosserie, ni suspension.

KARTING [kartiŋ] n. m. (mot angl.). Sport pratiqué avec le kart.

KASHER, CASHER ou **CACHER** [kaʃɛr] adj. inv. Se dit d'un aliment conforme aux prescriptions rituelles de la Loi juive, ainsi que du lieu où il est préparé ou vendu.

KATCHINA n. m. (mot indien). Chez les Indiens de l'Amérique du Nord, être surnaturel intermédiaire entre les dieux et les hommes; masque qui le représente.

KAWA [kawa] n. m. Espèce de poivrier de la Polynésie.

KAWA n. f. Boisson enivrante, tirée du kawa.

KAWI [kavi] n. m. *Ling.* Nom donné au javanais ancien.

KAYAK [kajak] n. m. (mot esquimau). Canot de pêche des Esquimaux, en peaux de phoque tendues sur une carcasse en bois. ‖ Canot en toile huilée ou goudronnée, utilisé pour la promenade sportive en rivière ou à la compétition. (Le kayak se manœuvre avec une pagaie double.)

KAYAKISTE n. Sportif pratiquant le kayak.

KAZAKH n. m. Langue turque du Kazakhstan.

KEEPSAKE [kipsɛk] n. m. (mot angl., *souvenir*). Album orné de gravures, de dessins ou d'aquarelles, qu'on offrait en cadeau, en France, à l'époque romantique.

KEFFIEH n. m. (mot ar.). Coiffure des Bédouins faite d'un morceau de tissu plié.

KÉFIR n. m. → KÉPHIR.

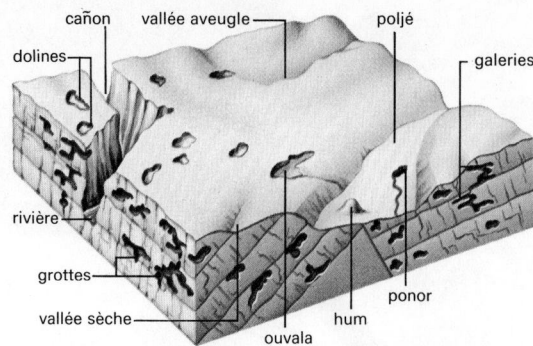

cañon — vallée aveugle — poljé

dolines — galeries

rivière

grottes

vallée sèche — ouvala — hum — ponor

RELIEF KARSTIQUE

KELVIN n. m. (de *Kelvin,* physicien angl.). Unité de mesure de température thermodynamique (symb. : K), équivalant à 1/273,16 de la température thermodynamique du point triple de l'eau.

KENDO [kɛndo] n. m. (mot jap.). Art martial japonais pratiqué à l'aide de sabres.

KÉNOTRON n. m. (gr. *kenos,* vide). Appareil électronique pour le redressement des courants alternatifs de faible intensité et de haute ou très haute tension.

KENTIA [kɛntja ou kɛ̃sja] n. m. Nom générique d'un palmier australien, appliqué par extension à divers palmiers d'appartement.

KENYAN, E adj. et n. Du Kenya.

KÉNYAPITHÈQUE n. m. Primate fossile dans le pliocène du Kenya, et qui peut avoir été un ancêtre de l'homme.

KÉPHIR ou **KÉFIR** n. m. (mot du Caucase). Boisson obtenue en faisant fermenter du petit-lait.

KÉPI n. m. (suisse all. *Käppi;* de l'all. *Kappe,* bonnet). Coiffure militaire d'origine française, légère et munie d'une visière. (Le képi est porté aussi par certains fonctionnaires : policiers, douaniers, etc.)

KÉRATINE n. f. (gr. *keras, keratos,* corne). Scléroprotéine imperméable à l'eau, riche en soufre, et substance fondamentale des poils, des ongles, des cornes, des sabots, des plumes.

KÉRATINISATION n. f. Transformation des couches profondes de la peau en couche cornée plus superficielle.

KÉRATINISÉ, E adj. Chargé de kératine.

KÉRATITE n. f. Inflammation de la cornée.

KÉRATOCÔNE n. m. *Méd.* Déformation de la cornée en forme de cône. (Seuls les verres de contact permettent une correction parfaite de cette anomalie.)

KÉRATOPLASTIE n. f. Greffe de la cornée.

KÉRATOSE n. f. Affection de la peau formant un épaississement de la couche cornée.

KERMÈS [kɛrmɛs] n. m. (mot ar.; du persan). Autre nom de la COCHENILLE. ‖ *Bot.* Espèce de chêne méditerranéen à feuilles épineuses persistantes. ‖ *Pharm.* Médicament expectorant à base d'antimoine.

KERMESSE n. f. (mot néerl., *messe de l'église*). Fête de charité en plein air. ‖ Grande fête populaire, dans les Flandres et aux Pays-Bas.

KÉROGÈNE n. m. (gr. *kêros,* cire, et *gennân,* produire). Roche constitutive des gisements d'hydrocarbures les plus lourds.

KÉROSÈNE n. m. (gr. *kêros,* cire). Liquide pétrolier légèrement jaune, distillant entre 150 et 300 °C, obtenu comme intermédiaire entre l'essence et le gas-oil à partir du pétrole brut.

KERRIA n. m. Arbuste ornemental, d'origine japonaise, à fleurs jaune d'or. (Famille des rosacées.)

KETCH [kɛtʃ] n. m. (mot angl.). Voilier à deux mâts dont l'artimon est situé en avant de la barre.

KETCHUP [kɛtʃəp] n. m. (mot angl.). Condiment anglais, à base de tomates.

KETMIE n. f. (ar. *khatmi*). Arbre des régions chaudes, au bois utilisé en ébénisterie. (Famille des malvacées.)

KEYNÉSIEN, ENNE [kɛnezjɛ̃, ɛn] adj. Relatif aux théories de l'économiste *Keynes.*

kg, symbole du *kilogramme.*

kg/m, symbole du *kilogramme par mètre.*

kg/m², symbole du *kilogramme par mètre carré.*

kg/m³, symbole du *kilogramme par mètre cube.*

KHÂGNE n. f. *Arg.* Classe qui prépare à l'École normale supérieure (lettres).

KHÂGNEUX, EUSE n. *Arg.* Élève de khâgne.

KHALIFE n. m. → CALIFE.

KHAMSIN ou **CHAMSIN** n. m. (mot ar.). Vent de sable en Égypte, analogue au sirocco.

KHÂN [kɑ̃] n. m. (turc *han*). Titre princier turco-mongol.

KHÂN n. m. (mot ar.). Dans l'Orient arabe, abri pour les voyageurs, caravansérail.

KHÂNAT n. m. Fonction, juridiction d'un khân. ‖ Pays soumis à cette juridiction.

KHÂRIDJISME n. m. Doctrine intransigeante et rigoriste de la secte musulmane des khâridjites.

KHÂRIDJITE adj. et n. (mot ar.). Qui appartient au khâridjisme.

KHAT n. m. → QÂT.

KHÉDIVAL ou **KHÉDIVIAL, E, AUX** adj. Du khédive : *ordre khédival.*

KHÉDIVAT n. m. Dignité de khédive.

KHÉDIVE n. m. (mot persan). Titre porté par le vice-roi d'Égypte de 1867 à 1914.

KHI n. m. Vingt-deuxième lettre de l'alphabet grec (χ), correspondant au *kh.*

ketch

Beken-Neptune

KHMER, KHMÈRE adj. (mot hindî). Relatif aux Khmers, peuple du Cambodge.

KHMER n. m. Langue officielle du Cambodge.

KHOIN ou **KHOISAN** n. m. Famille de langues parlées par quelques ethnies du sud de l'Afrique (Bochimans, Hottentots).

KHÔL n. m. → KOHOL.

KIBBOUTZ [kibuts] n. m. (mot hébr.) [pl. kibboutzim]. Exploitation communautaire, le plus souvent agricole, en Israël.

KICHENOTTE n. f. → QUICHENOTTE.

KICK n. m. (angl. to kick, donner des coups de pied). Dispositif de mise en marche d'un moteur de motocyclette à l'aide du pied.

KID n. m. (mot angl.). Fourrure lustrée du chevreau.

KIDNAPPER v. t. (angl. to kidnap). Opérer un kidnapping.

KIDNAPPEUR, EUSE n. Personne qui commet un kidnapping.

KIDNAPPING [kidnapiŋ] n. m. Enlèvement d'une personne pour s'en servir comme otage ou pour obtenir une rançon.

KIESELGUHR [kizɛlgur] n. m. (mot all.). Minér. Masse de silice hydratée, formée par les squelettes de diatomées, très poreuse et absorbante.

KIESÉRITE [kiserit] n. f. Minér. Sulfate hydraté naturel de magnésium.

KIF [kif] n. m. (mot ar.). Syn. de MARIHUANA.

KIF-KIF adj. inv. (mot ar.). C'est kif-kif (Fam.), c'est pareil.

KIKI n. m. Pop. Cou, gorge.

KIL n. m. Un kil de rouge (Pop.), un litre de vin rouge.

KILIM n. m. (mot turc). Tapis d'Orient tissé.

KILO- (gr. khilioi, mille), préfixe (symb. : k) qui, placé devant une unité de mesure, la multiplie par 10³.

KILO n. m. (pl. kilos). Abrév. de KILOGRAMME.

KILOGRAMME n. m. Unité de mesure de masse (symb. : kg), équivalant à la masse du prototype en platine iridié qui a été sanctionné par la Conférence générale des poids et mesures tenue à Paris en 1889, et est déposé au Bureau international des poids et mesures. ● Kilogramme par mètre, unité de mesure de masse linéique (symb. : kg/m), équivalant à la masse linéique d'un corps homogène de section uniforme dont la masse est 1 kilogramme et la longueur 1 mètre. ‖ Kilogramme par mètre carré, unité de mesure de masse surfacique (symb. : kg/m²), équivalant à la masse surfacique d'un corps homogène d'épaisseur uniforme dont la masse est 1 kilogramme et la surface 1 mètre carré. ‖ Kilogramme par mètre cube, unité de mesure de masse volumique (symb. : kg/m³), équivalant à la masse volumique d'un corps homogène dont la masse est 1 kilogramme et le volume 1 mètre cube ; unité de mesure de concentration (symb. : kg/m³), équivalant à la concentration d'un échantillon homogène contenant 1 kilogramme du corps considéré dans un volume total de 1 mètre cube.

KILOMÉTRAGE n. m. Action de kilométrer. ‖ Nombre de kilomètres parcourus.

KILOMÈTRE n. m. Unité pratique de distance (symb. : km) valant 1 000 m. ● Kilomètre carré, unité de surface (symb. : km²) égale à la surface d'un carré de 1 km de côté, soit un million de mètres carrés. (1 km² vaut 100 ha.) ‖ Kilomètre cube, unité de volume (symb. : km³) égale au volume d'un cube de 1 km de côté, soit un milliard de mètres cubes. ‖ Kilomètre par heure, unité de mesure de vitesse (symb. : km/h) valant 1/3,6 mètre par seconde.

KILOMÉTRER v. t. (conj. 5). Marquer les distances kilométriques : kilométrer une route, un itinéraire.

KILOMÉTRIQUE adj. Relatif au kilomètre.

KILOTONNE n. f. Unité servant à évaluer la puissance d'une charge nucléaire en comparant l'énergie produite par l'explosion de cette charge à l'énergie produite par l'explosion de 1 000 tonnes de trinitrotoluène (T. N. T.).

KILOTONNIQUE adj. Se dit d'une charge nucléaire dont les effets sont comparables à ceux produits par l'explosion d'une charge de trinitrotoluène d'un poids compris entre 1 000 et 1 000 000 de tonnes.

KILOWATT n. m. Unité de puissance (symb. : kW) égale à 1 000 watts.

KILOWATTHEURE n. m. Unité d'énergie ou de travail (symb. : kWh) équivalant au travail exécuté pendant une heure par une machine dont la puissance est de 1 kilowatt.

KILT [kilt] n. m. (mot angl.). Jupe courte des Écossais. ‖ Jupe plissée en tissu écossais.

KIMBERLITE n. f. (de Kimberley). Variété de péridotite, mise en place dans les cheminées d'explosion volcanique et dans laquelle on peut trouver du diamant.

KIMONO n. m. (mot jap.). Tunique japonaise très ample, d'une seule pièce, croisée devant et maintenue par une large ceinture. ‖ Sorte de peignoir léger. ‖ Tenue composée d'une veste

kimonos

Guillou-Atlas-Photo

et d'un pantalon amples des judokas, karatékas, etc. ◆ adj. inv. Manche kimono, manche ample d'une seule pièce avec le corsage.

KINASE n. f. (gr. kinein, stimuler). Enzyme qui a pour propriété d'activer une autre enzyme, comme l'entérokinase, la thrombokinase.

KINESCOPE n. m. (gr. kinesis, mouvement, et skopein, regarder). Caméra cinématographique qui enregistre les images cathodiques de la télévision, en vue de la répétition ultérieure d'une émission en direct.

KINÉSIE n. f. Activité musculaire, mouvement.

KINÉSITHÉRAPEUTE n. Praticien exerçant professionnellement le massage thérapeutique et la kinésithérapie.

KINÉSITHÉRAPIE n. f. Ensemble des traitements qui utilisent le mouvement pour donner ou rendre à un malade, à un blessé, le geste et la fonction des différentes parties du corps qui avaient été atteintes ou lésées.

KINESTHÉSIE n. f. (gr. kinein, se mouvoir, et aisthêsis, sensation). Ensemble des sensations d'origine musculaire ou articulaire qui nous renseignent sur la position des différents segments de notre corps dans l'espace.

KINESTHÉSIQUE adj. Qui concerne la kinesthésie.

KINÉTOSCOPE n. m. Appareil inventé par Edison en 1890, et qui permettait la vision individuelle et binoculaire des films grâce à un système de défilement continu.

KING-CHARLES [kiŋʃarl] n. m. inv. (mot angl., roi Charles). Petit chien à poils longs, du groupe des épagneuls.

KINKAJOU [kɛ̃kaʒu] n. m. (mot d'une langue de l'Amérique du Sud). Mammifère carnassier des forêts de l'Amérique du Sud. (Long. 35 cm, sans la queue.)

KIOSQUE n. m. (mot turc). Pavillon ouvert de tous côtés, qui décore les terrasses ou les jardins. ‖ Abri établi pour la vente des journaux, des fleurs, sur la voie publique. ‖ Superstructure

d'un sous-marin, servant d'abri de navigation pour la marche en surface et de logement pour les mâts pendant la plongée.

KIOSQUIER, ÈRE n. Personne qui gère un kiosque à journaux.

KIP n. m. Unité monétaire principale de la république démocratique populaire du Laos.

KIPPA n. f. (mot hébreu, coupole). Calotte que portent les juifs pratiquants.

KIPPOUR n. m. → YOM KIPPOUR.

KIR n. m. (du chanoine Kir, anc. maire et député de Dijon ; nom déposé). Apéritif constitué par un mélange de liqueur de cassis et de vin blanc. ● Kir royal, kir où le vin blanc est remplacé par du champagne.

KIRGHIZ n. m. Langue turque du Kirghizistan.

KIRSCH [kirʃ] n. m. (all. Kirsch, cerise). Eau-de-vie extraite des cerises et des merises.

KIT [kit] n. m. (mot angl.). Ensemble d'éléments vendus avec un plan de montage et que l'on peut assembler soi-même.

KITCHENETTE n. f. (angl. kitchen, cuisine). Petite cuisine souvent intégrée à la salle de séjour. (L'Administration préconise CUISINETTE.)

KITSCH [kitʃ] n. m. et adj. inv. (mot all.). Se dit d'une œuvre d'art, d'un décor, d'un mobilier dont le « mauvais goût » réjouit les uns, dégoûte les autres.

KIWI [kiwi] n. m. (mot angl. ; du maori). Autre nom de l'APTÉRYX. ‖ Gros fruit à l'épiderme marron couvert d'une pilosité soyeuse, originaire de Nouvelle-Zélande.

KLAXON [klaksɔn] n. m. (nom déposé). Marque de fabrique d'un avertisseur sonore pour automobile.

KLAXONNER v. i. Se servir d'un avertisseur sonore d'automobile.

KLEPHTE ou **CLEPHTE** n. m. (gr. moderne klephthês, brigand). Montagnard grec qui s'attaquait aux troupes turques.

KLEPTOMANE ou **CLEPTOMANE** n. Personne atteinte de kleptomanie.

KLEPTOMANIE ou **CLEPTOMANIE** n. f. (gr. kleptein, voler). Impulsion pathologique qui pousse certaines personnes à voler.

Klinefelter (syndrome de), anomalie du testicule, due à une aberration chromosomique et entraînant la stérilité et un morphotype particulier, souvent associé à des troubles psychiques.

KLIPPE n. f. (mot all., écueil). Géol. Lambeau de recouvrement de roche dure sur une roche plus tendre, mis en relief par l'érosion.

KLYSTRON n. m. Tube à vide servant à produire et à amplifier des oscillations électromagnétiques de longueur d'onde centimétrique.

km, symbole du kilomètre.

km/h, symbole du kilomètre par heure.

KNICKERS [nikərs] n. m. pl. (mot angl.). Pantalon large et court, serré au-dessous du genou.

KNOCK-DOWN [nɔkdawn] n. m. inv. (mot angl. ; de knock, coup, et down, par terre). État d'un boxeur envoyé à terre, mais qui n'est pas encore mis hors de combat.

KNOCK-OUT [nɔkawt] n. m. inv. (mot angl. ; de knock, coup, et out, dehors). Mise hors de combat d'un boxeur resté au moins dix secondes à terre. ◆ adj. inv. Assommé : mettre qqn knock-out. (Abrév. : K.-O.)

koala

KNOUT [knut] n. m. (mot russe). Supplice du fouet, en Russie. ‖ Le fouet lui-même.

K.-O. n. m. et adj. inv. → KNOCK-OUT.

KOALA n. m. (mot australien). Mammifère marsupial grimpeur aux oreilles rondes, vivant en Australie. (Long. 80 cm.)

KOB n. m. Antilope des marais d'Afrique australe.

KOBOLD [kɔbɔld] n. m. (mot all.). Génie familier de la mythologie germanique.

Koch [kɔk] (bacille de), le bacille de la tuberculose.

KOHOL, KOHEUL ou **KHÓL** n. m. (mot ar.). Fard noirâtre provenant de la carbonisation de substances grasses, et dont les Orientaux frottent leurs sourcils et leurs paupières.

KOINÈ [kɔjnɛ] n. f. Ling. Langue commune parlée et écrite en Grèce aux époques hellénistique et romaine.

KOLA ou **COLA** n. m. Syn. de KOLATIER. ‖ Fruit du kolatier (noix de kola), contenant des alcaloïdes stimulants.

KOLATIER n. m. Arbre de la famille des sterculiacées, originaire d'Afrique.

KOLINSKI [kɔlɛ̃ski] n. m. (mot russe). Fourrure d'une sorte de martre, jaune au naturel, et que l'on emploie teinte pour imiter la zibeline.

KOLKHOZ ou **KOLKHOZE** n. m. (mot russe). En U.R.S.S., coopérative agricole de production, qui a la jouissance de la terre qu'elle occupe et la propriété collective des moyens de production.

KOLKHOZIEN, ENNE adj. et n. Relatif à un kolkhoz; membre d'un kolkhoz.

KOMMANDANTUR n. f. Hist. Dans les territoires occupés par l'armée allemande, siège d'un commandement militaire.

KONDO n. m. Bâtiment principal d'un ensemble monastique bouddhique, au Japon, abritant le sanctuaire où est révérée l'image du Bouddha ou du bodhisattva.

Kondratiev (cycle long), cycle long marquant une période économique (production, emploi, demande, prix) d'une durée totale de l'ordre de cinquante ans. Il doit son nom à l'économiste soviétique Nikolaï Dmitrievitch Kondratiev (né en 1892).

KONZERN [kɔ̃tsɛrn] n. m. (mot all.). Entente formée par plusieurs entreprises économiques, plus étroite que le cartel, mais sans constituer une fusion complète.

KOPECK n. m. (mot russe). Unité monétaire divisionnaire de l'U.R.S.S., valant 1/100 de rouble.

KORÈ ou **CORÉ** n. f. (mot gr.). Statue de jeune fille, typique de l'art grec archaïque, sculptée jusqu'au tout début du Ve s. av. J.-C.

KORRIGAN, E n. (mot breton). Nain ou fée des légendes bretonnes, tantôt bienveillant, tantôt malveillant.

Korsakoff (syndrome de), affection neurologique caractérisée par une amnésie de fixation, souvent associée à une polynévrite des membres inférieurs.

KOTO n. m. (mot jap.). Instrument de musique extrême-oriental à cordes pincées, formé d'une caisse de résonance sur laquelle sont tendues des cordes possédant chacune leur chevalet.

KOUAN-HOUA [kwanwa] n. m. Ling. Syn. de MANDARIN.

KOUBBA n. f. (mot ar.). En Afrique du Nord, monument élevé sur la tombe d'un marabout.

KOUGLOF [kuglɔf] n. m. (mot alsacien; all. Kugel, boule). Gâteau alsacien fait d'une pâte levée, en forme de couronne.

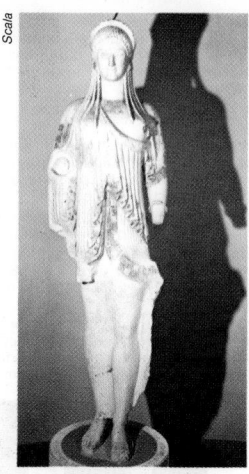

Scala

korê (marbre, fin VIe s.)

fruit

KOLA

kob

KOULAK n. m. (mot russe). En U.R.S.S., avant la collectivisation des terres, paysan riche.

KOULIBIAC n. m. Sorte de pâté russe à base de poisson, de viande, de chou, etc.

KOUMYS ou **KOUMIS** [kumis] n. m. (mot tartare). Lait fermenté de jument, d'ânesse ou de vache, originaire de l'Asie centrale.

KOUROS ou **COUROS** n. m. (mot gr.) [pl. kouroi ou couroï]. Statue grecque archaïque représentant un jeune homme.

KOWEÏTIEN, ENNE adj. et n. Du Koweït.

Kr, symbole chimique du krypton.

KRAAL n. m. (mot néerl.). En Afrique du Sud, village indigène; enclos pour le bétail.

KRACH [krak] n. m. (mot all., craquement). Débâcle financière.

KRAFT n. m. (mot all.). Papier d'emballage foncé, très résistant. ● Pâte kraft, pâte à papier obtenue par un procédé au sulfate.

KRAK n. m. (mot ar.). Château fortifié construit par les croisés en Palestine et en Syrie.

KRILL [kril] n. m. Banc de crustacés appartenant à l'espèce Euphausia superba, dont se nourrissent les baleines.

KRISS [kris] n. m. (malais kris). Poignard malais à lame ondulée en forme de flamme.

KRONPRINZ [krɔnprints] n. m. (mot all.). Titre que portait, en Allemagne et en Autriche, l'héritier de la couronne impériale ou royale.

KRYPTON [kriptɔ̃] n. m. (gr. kruptos, caché). Gaz rare (Kr), no 36, de masse atomique 83,80, présent dans l'atmosphère.

KSAR n. m. (mot ar.) [pl. ksour]. Village fortifié des oasis sahariennes.

KSI ou **XI** n. m. Quatorzième lettre de l'alphabet grec (ξ), correspondant à l'x de l'alphabet français.

KÛFIQUE adj. et n. m. → COUFIQUE.

KUMMEL n. m. (mot all., cumin). Liqueur alcoolique aromatisée avec du cumin et fabriquée surtout en Allemagne et en Russie.

KUMQUAT [kumkwat] n. m. (mot chin.). Agrume ressemblant à une petite orange, qui se mange souvent confit; arbuste qui le produit.

KUNG-FU [kungfu] n. m. (mot chin.). Sport de combat originaire de l'Extrême-Orient.

KURDE adj. et n. Du Kurdistân.

KURDE n. m. Langue du groupe iranien parlée par les Kurdes.

KWAS ou **KVAS** [kvas] n. m. (mot russe). Boisson faite avec de l'orge fermentée, en usage dans les pays slaves.

Kwashiorkor [kwasjɔrkɔr] (syndrome de), dénutrition extrême (cachexie) due à une insuffisance alimentaire globale, observée chez certains enfants du tiers monde.

KYAT n. m. Unité monétaire de la Birmanie.

KYMRIQUE [kimrik] n. m. et adj. Idiome celtique du pays de Galles.

KYRIE ou **KYRIE ELEISON** [kirijeeleisɔn] n. m. inv. (gr. Kurie, seigneur, eleêson, aie pitié). Invocation grecque en usage dans la liturgie romaine et dans de nombreuses liturgies orientales. ‖ Musique composée sur ces paroles.

KYRIELLE n. f. (de Kyrie). Fam. Longue suite ininterrompue : une kyrielle de manifestants, d'injures.

KYSTE n. m. (gr. kustis, vessie). Formation pathologique au contenu liquide avec parfois des éléments solides, limitée par une paroi. ‖ Zool. Forme de résistance et de dissémination de nombreux protozoaires, à paroi épaisse et protectrice.

KYSTIQUE adj. De la nature du kyste.

lac Verdet, dans les Alpes (Savoie) [*Phot. S. Marmounier*]

L n. m. Douzième lettre de l'alphabet, et la neuvième des consonnes : *un L majuscule; un l minuscule.* ([l] est une consonne liquide.) ‖ **L,** chiffre romain, valant *cinquante.* ‖ **l** ou **L,** symbole du *litre.*

LA art. f. sing. et pron. pers. f. sing. → LE.

LA n. m. inv. *Mus.* Note de musique; sixième degré de la gamme de *do.*

la

LÀ adv. (lat. *illac*). Indique : 1° un lieu autre que celui où l'on se trouve (par oppos. à ICI); 2° un lieu quelconque et le lieu où l'on est (dans la langue courante); 3° un moment imprécis du temps; 4° un renforcement : *vous dites là des choses incroyables.* ‖ Se met à la suite, et avec un trait d'union, des pronoms démonstratifs et des substantifs précédés eux-mêmes de l'adj. dém. CE (*cet, cette, ces*) pour rendre la désignation plus précise : *cet homme-là.* ‖ Se met aussi avant quelques adverbes de lieu : *là-dessus, là-bas,* etc. ● *Çà et là,* de tous côtés. ‖ *De là,* de ce lieu-là; pour cette raison. ‖ *Par là,* par ce lieu; dans les environs; par ce moyen. ◆ loc. interj. *Là, là!* Pour apaiser, consoler : *là, là! rassurez-vous.*

La, symbole chimique du *lanthane.*

LABANOTATION n. f. Système de notation chorégraphique élaboré par Rudolf von Laban.

LABARUM [labarɔm] n. m. (mot lat.). *Hist.* Étendard impérial sur lequel Constantin aurait fait mettre, après sa victoire sur Maxence, une croix et le monogramme du Christ (312).

LÀ-BAS adv. En un lieu situé plus bas ou plus loin.

LABDANUM [labdanɔm] ou **LADANUM** [ladanɔm] n. m. (gr. *ladanon*). Gomme-résine utilisée en parfumerie.

LABEL [labɛl] n. m. (mot angl., *étiquette*). Marque spéciale créée par un syndicat professionnel et apposée sur un produit destiné à la vente, pour en certifier l'origine, les conditions de fabrication. ‖ Signe garantissant la qualité de qqch.

LABELLE n. m. (lat. *labellum,* petite lèvre). Pétale supérieur de la corolle des orchidées.

LABEUR n. m. (lat. *labor*). *Litt.* Travail pénible et prolongé. ‖ *Impr.* Ouvrage de longue haleine.

● *Imprimerie de labeur,* imprimerie où l'on fabrique des labeurs, par opposition à l'IMPRIMERIE DE PRESSE.

LABFERMENT n. m. Syn. de PRÉSURE.

LABIACÉE ou **LABIÉE** n. f. (lat. *labium,* lèvre). Plante dicotylédone à fleurs zygomorphes, souvent parfumée. (Les *labiacées* forment une famille comprenant le *lamier,* la *sauge,* la *menthe,* la *lavande,* le *thym,* le *romarin.*)

LABIAL, E, AUX adj. (lat. *labium,* lèvre). Relatif aux lèvres. ● *Consonne labiale,* ou *labiale* n. f. (Phon.), consonne dont l'articulation principale consiste en un arrondissement des lèvres (bilabiales, labiodentales).

LABIÉ, E adj. (lat. *labium,* lèvre). *Bot.* Se dit d'une corolle gamopétale et zygomorphe dont le bord est découpé en deux lobes principaux opposés l'un à l'autre comme deux lèvres ouvertes.

LABILE adj. (lat. *labilis*; de *labi,* glisser). Se dit des composés chimiques peu stables, notamment à la chaleur, telles certaines protéines, les vitamines, etc. ‖ *Psychol.* Se dit d'une humeur changeante.

LABILITÉ n. f. *Chim.* Caractère d'un composé labile. ‖ *Psychol.* Caractère d'une humeur labile.

LABIODENTALE adj. et n. f. *Phon.* Se dit d'une consonne réalisée avec les lèvres inférieures et les incisives supérieures *(f, v).*

LABIUM [labjɔm] n. m. *Zool.* Lèvre inférieure des insectes.

LABORANTIN, E n. Personne employée dans un laboratoire d'analyses ou de recherches.

LABORATOIRE n. m. (lat. *laborare,* travailler). Local disposé pour faire des recherches scientifiques, des analyses biologiques, des essais industriels, des travaux photographiques, etc. ‖ Ensemble de chercheurs effectuant dans un lieu déterminé un programme de recherches. ● *Laboratoire de langue,* salle insonorisée permettant à l'étudiant de se livrer à la pratique orale de la langue à l'aide d'un magnétophone sur lequel est enregistré un modèle d'enseignement.

LABORIEUSEMENT adv. Avec beaucoup de peine et de travail.

LABORIEUX, EUSE adj. (lat. *laboriosus*; de *labor,* travail). *Litt.* Qui travaille beaucoup, qui aime le travail. ‖ Qui exige beaucoup de travail, un effort pénible; difficile, ardu : *recherches laborieuses.*

LABOUR n. m. Façon qu'on donne aux terres en les labourant. ◆ pl. Terres labourées : *marcher dans les labours.*

LABOURABLE adj. Propre à être labouré, cultivable : *terres labourables.*

LABOURAGE n. m. Action, manière de labourer la terre.

LABOURER v. t. (lat. *laborare,* se donner de la peine). Retourner la terre sur une profondeur variable avec la charrue, la houe, la bêche. ‖ Creuser, écorcher profondément : *la balle lui a labouré le visage.*

LABOUREUR n. m. Personne qui laboure. ‖ Paysan (vx).

LABRADOR n. m. Feldspath plagioclase, répandu dans certaines roches comme la diorite. ‖ Race de grands chiens d'arrêt à poil ras.

LABRE n. m. (lat. *labrum,* lèvre). Poisson marin vivant près des côtes rocheuses, paré de couleurs vives, comestible. (Long. : jusqu'à 60 cm;

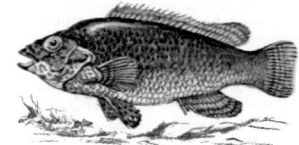

labre

nom usuel : *vieille.*) ‖ *Zool.* Lèvre supérieure des insectes.

LABRI ou **LABRIT** n. m. Chien de berger à poils frisés du midi de la France.

LABYRINTHE n. m. (gr. *laburinthos*). Édifice composé d'un grand nombre de pièces disposées de telle manière qu'on n'en trouvait que très difficilement l'issue. ‖ Réseau compliqué de chemins où l'on a du mal à s'orienter. ‖ Complication inextricable : *le labyrinthe de la procédure.* ‖ *Anat.* Autre nom de l'OREILLE INTERNE. ‖ *Archit.* Composition en méandres, de plan centré, du pavement de certaines cathédrales du Moyen Âge, que les fidèles suivaient à genoux comme un chemin de croix. ‖ *Jard.* Petit bois coupé d'allées tellement entrelacées qu'on peut s'y égarer facilement.

LABYRINTHIQUE adj. Relatif à un labyrinthe.

LABYRINTHITE n. f. *Méd.* Inflammation de l'oreille interne.

LABYRINTHODONTE n. m. (gr. *laburinthos,* labyrinthe, et *odous, odontos,* dent). Grand amphibien fossile du trias, dont les dents portaient des replis sinueux compliqués. (Les *labyrinthodontes* appartenaient à la sous-classe des stégocéphales.)

LAC n. m. (lat. *lacus*). Grande étendue d'eau continentale, généralement douce, souvent qualifiée selon son origine (tectonique, glaciaire, volcanique, etc.). ● *Être, tomber dans le lac* (Fam.), échouer, n'aboutir à rien.

LAÇAGE ou **LACEMENT** n. m. Action ou manière de lacer.

LACCASE n. f. Enzyme oxydante qui existe dans la laque, la carotte, les fruits, etc.

LACCOLITE n. f. (gr. *lakkos*, fosse, et *lithos*, pierre). Intumescence du relief, d'origine volcanique, provoquée par une montée de lave qui n'atteint pas la surface.

LACÉ n. m. (de *lacer*). Entrelacement de grains de verre, dont on orne les lustres.

LACÉDÉMONIEN, ENNE adj. et n. De Sparte.

LACER v. t. (lat. *laqueare*; de *laqueus*, lacet) [conj. **1**]. Serrer, maintenir, fermer avec un lacet.

LACÉRATION n. f. Action de lacérer.

LACÉRER v. t. (lat. *lacerare*, déchirer) [conj. **5**]. Mettre en pièces, déchirer : *lacérer un livre*.

LACERTILIEN n. m. Reptile généralement muni de pattes et rarement de grande taille, tel que le *lézard*, le *gecko*, le *caméléon*. (Les *lacertiliens* forment un ordre.) [Syn. SAURIEN.]

LACET n. m. (de *lacs*). Cordon qu'on passe dans des œillets pour serrer un vêtement, des souliers, etc. ‖ Série de zigzags : *route en lacet*. ‖ Mouvement d'oscillation d'un véhicule autour de son axe vertical. ‖ Nœud coulant pour prendre le gibier.

LACEUR, EUSE n. Personne qui fait des filets pour la chasse, pour la pêche.

LÂCHAGE n. m. Action de lâcher. ‖ *Fam.* Action d'abandonner qqn.

LÂCHE adj. (de *lâcher*). Qui n'est pas tendu, pas serré : *corde, nœud lâche*. ‖ *Litt.* Qui manque de précision, de densité : *style lâche*.

LÂCHE adj. et n. Qui manque de courage, d'énergie, peureux, poltron : *homme lâche*. ‖ Qui manifeste de la cruauté et de la bassesse, en sachant qu'il n'en sera pas puni.

LÂCHÉ, E adj. *Bx-arts.* Fait avec négligence ou abandon : *dessin lâché*.

LÂCHEMENT adv. Sans courage; avec bassesse.

LÂCHER v. t. (lat. *laxare*). Détendre, desserrer : *lâcher un cordage*. ‖ Cesser de retenir : *lâcher sa proie*. ‖ Laisser échapper, lancer qqch qui blesse ou surprend : *lâcher une sottise*. ‖ *Fam.* Quitter brusquement, abandonner : *lâcher ses amis; lâcher le peloton*. ‖ *Lâcher pied*, s'enfuir. ◆ v. i. Faire défaut à la suite d'un mauvais fonctionnement : *la corde a lâché*.

LÂCHER n. m. Action de laisser partir : *un lâcher de ballons*.

LÂCHETÉ n. f. Manque de courage. ‖ Action indigne : *commettre une lâcheté*.

LÂCHEUR, EUSE n. *Fam.* Personne qui abandonne ceux avec qui elle était engagée.

LACINIÉ, E adj. (lat. *laciniatus*, découpé). *Bot.* Se dit d'un organe qui offre des découpures profondes et étroites.

LACIS [lasi] n. m. (de *lacer*). Réseau de fils, de vaisseaux, de routes, etc., entrelacés : *un lacis de fils de fer; un lacis veineux*.

LACONIQUE adj. (gr. *lakonikos*, de Laconie). Concis, bref : *réponse laconique*.

LACONIQUEMENT adv. En peu de mots.

LACONISME n. m. Façon de parler remarquable par sa brièveté, sa concision.

LACRIMA-CHRISTI [lakrimakristi] n. m. inv. (mots lat., *larme du Christ*). Vin provenant des vignes cultivées au pied du Vésuve. ‖ Cépage qui le produit.

LACRYMAL, E, AUX adj. (lat. *lacrimalis*; de *lacrima*, larme). Relatif aux larmes : *glande lacrymale; conduits lacrymaux*.

LACRYMOGÈNE adj. Qui fait pleurer : *gaz lacrymogène*.

LACRYMO-NASAL, AUX adj. m. *Canal lacrymo-nasal*, conduit reliant le sac lacrymal aux fosses nasales.

LACS [la] n. m. (lat. *laqueus*). Nœud coulant pour prendre du gibier. ‖ Sorte de lacet, large et résistant, employé en chirurgie ou en obstétrique pour effectuer les tractions.

LACTAIRE n. m. (lat. *lac, lactis*, lait). Champignon des bois, à chapeau souvent coloré et à lames, dont la chair brisée laisse écouler un lait blanc ou coloré. (Beaucoup d'espèces sont comestibles; d'autres sont à rejeter en raison de leur âcreté.) [Classe des basidiomycètes; famille des agaricacées.]

LACTALBUMINE n. f. Protéine du lait.

LACTAME n. f. Nom générique des amides internes cycliques formés par certains aminoacides.

LACTARIUM [laktarjɔm] n. m. (mot lat.). Centre de collectage du lait de femme.

LACTASE n. f. *Chim.* Enzyme qui convertit le lactose en glucose et galactose.

LACTATE n. m. *Chim.* Sel de l'acide lactique.

LACTATION n. f. (lat. *lactare*, allaiter). Sécrétion et excrétion du lait. ‖ Période pendant laquelle la mère peut allaiter.

LACTÉ, E adj. (lat. *lac, lactis*, lait). Qui consiste en lait : *régime lacté*. ‖ Qui ressemble au lait : *suc lacté*. ‖ Qui dépend de la sécrétion lactée : *fièvre lactée*. ‖ Qui contient du lait : *farine lactée*. ● *Veines lactées*, vaisseaux lymphatiques de l'intestin. ‖ *Voie lactée*, bande blanchâtre, floue, de forme et d'intensité irrégulières, qui fait le tour complet de la sphère céleste. (Ce n'est que l'apparence de la Galaxie à laquelle appartient le système solaire, vue par un observateur situé à l'intérieur, non loin du plan médian.)

LACTESCENCE [laktesɑ̃s] n. f. *Litt.* Qualité d'un liquide qui ressemble au lait.

LACTESCENT, E adj. (lat. *lactescens*, qui devient laiteux). Qui contient un suc laiteux.

LACTIFÈRE adj. *Anat.* Qui conduit le lait.

LACTIQUE adj. *Chim.* Se dit d'un acide-alcool CH_3—$CHOH$—$COOH$, qui apparaît lors de la fermentation des hexoses sous l'action des bactéries lactiques, et lors de la décomposition du glycogène pendant la contraction musculaire. ● *Ferment lactique*, micro-organisme (lactobacille, streptocoque) capable de transformer les hexoses en acide lactique.

LACTODENSIMÈTRE ou **LACTOMÈTRE** n. m. Syn. de GALACTOMÈTRE.

LACTOFLAVINE n. f. (lat. *lac*, lait, et *flavus*, jaune). Autre nom de la VITAMINE B2, que l'on trouve dans le lait.

LACTONE n. f. *Chim.* Nom générique des esters internes cycliques fournis par certains acides-alcools.

LACTOSE [laktoz] n. m. *Chim.* Sucre de formule $C_{12}H_{22}O_{11}$, contenu dans le lait, et se dédoublant en glucose et galactose.

LACTOSÉRUM n. m. Syn. de PETIT-LAIT.

LACUNAIRE adj. Qui présente des lacunes. ● *Amnésie lacunaire* (Psychol.), oubli portant sur une ou plusieurs périodes bien circonscrites de la vie passée. ‖ *Système lacunaire* (Histol.), ensemble des cavités discontinues qui forment les interstices des cellules des tissus et des organes.

LACUNE n. f. (lat. *lacuna*). Espace vide dans l'intérieur d'un corps. ‖ Interruption dans un texte : *manuscrit rempli de lacunes*. ‖ Ce qui manque pour compléter une chose; trou, défaillance, insuffisance : *les lacunes d'une éducation*. ‖ *Géol.* Absence d'une couche de terrain dans une série stratigraphique.

LACUNEUX, EUSE adj. Qui contient des lacunes. ● *Tissu lacuneux* (Bot.), tissu du dessous des feuilles de dicotylédones, où ont lieu les échanges gazeux.

LACUSTRE adj. (lat. *lacustris*; de *lacus*, lac). Qui vit sur les bords ou dans les eaux d'un lac : *plante lacustre*. ● *Cité lacustre*, village construit sur pilotis, dans les temps préhistoriques, en bordure des lacs et des lagunes.

LAD [lad] n. m. (mot angl.). Garçon d'écurie qui soigne les chevaux de course.

LADANG n. m. En Asie du Sud-Est, culture temporaire semi-nomade sur brûlis.

LADANUM n. m. → LABDANUM.

LADIN n. m. Groupe de dialectes romans parlés dans les régions rhétiques.

LADINO n. m. Syn. de JUDÉO-ESPAGNOL.

LADITE adj. → DIT.

LADRE n. (lat. *Lazarus*, n., dans la parabole de l'Évangile, du pauvre couvert d'ulcères). Lépreux (vx). ‖ *Litt.* Personne excessivement avare. ‖ *Vétér.* Se dit d'un porc ou d'un bœuf qui a des cysticerques de ténia dans ses muscles ou sous la langue.

LADRE n. m. *Taches de ladre*, parties de la peau du cheval dépourvues de coloration et recouvertes de poils très fins, autour des yeux et des naseaux.

LADRERIE n. f. Anc. nom de la LÈPRE. ‖ Hôpital où l'on recevait les lépreux. ‖ *Litt.* Avarice mesquine et sordide. ‖ *Vétér.* Maladie du porc ou du bœuf ladre.

LADY [lɛdi] n. f. (mot angl.) [pl. *ladies*]. Femme de haut rang, en Angleterre.

LAGAN [lagɑ̃] n. m. (anc. scandin. *lag*, disposition juridique). *Mar.* Épave ou débris flottants.

LAGOMORPHE n. m. Mammifère rongeur, tels le *lièvre* et le *lapin*. (Les *lagomorphes* constituent un sous-ordre.)

LAGON [lagɔ̃] n. m. (mot esp.). Étendue d'eau à l'intérieur d'un atoll, ou fermée vers le large par un récif corallien.

LAGOPÈDE n. m. (gr. *lagôs*, lièvre, et lat. *pes, pedis*, pied). Oiseau gallinacé des hautes montagnes et du nord de l'Europe. (Le lagopède des Alpes est entièrement blanc en hiver; le lagopède d'Écosse, ou *grouse*, n'a pas le plumage blanc hivernal.)

LAGOTRICHE [lagɔtriʃ] n. m. (gr. *lagôs*, lièvre, et *thrix, trikhos*, cheveu). Singe de l'Amérique du Sud, appelé aussi *singe laineux*. (Long. : 50 cm, sans la queue.)

LAGUIOLE n. m. Fromage voisin du Cantal, fabriqué dans l'Aubrac.

LAGUIS [lagi] n. m. Cordage terminé par un nœud qui se serre par le seul poids du corps qu'il amarre.

LAGUNAIRE adj. Relatif aux lagunes.

LAGUNE n. f. (it. *laguna*). Étendue d'eau marine retenue derrière un cordon littoral.

LÀ-HAUT adv. En un lieu situé au-dessus. ‖ Dans la vie future.

LAI [lɛ] n. m. (mot breton). Au Moyen Âge, petit poème narratif ou lyrique, à vers courts, généralement de huit syllabes, à rimes plates.

LAI n. m. (lat. *laicus*). Frère lai, frère servant qui n'est point destiné aux ordres sacrés.

LAÏC adj. et n. m. → LAÏQUE.

LAÏCAT n. m. Ensemble des laïques dans l'Église catholique.

LAÏCHE [lɛʃ] n. f. (bas lat. *lisca*). Plante vivace des marais, où elle forme des touffes ayant l'aspect de grandes herbes à feuilles coupantes. (Les laïches, ou *carex*, de la famille des cypéracées, ont des tiges de section triangulaire.) ▷

lactaire

lagopède

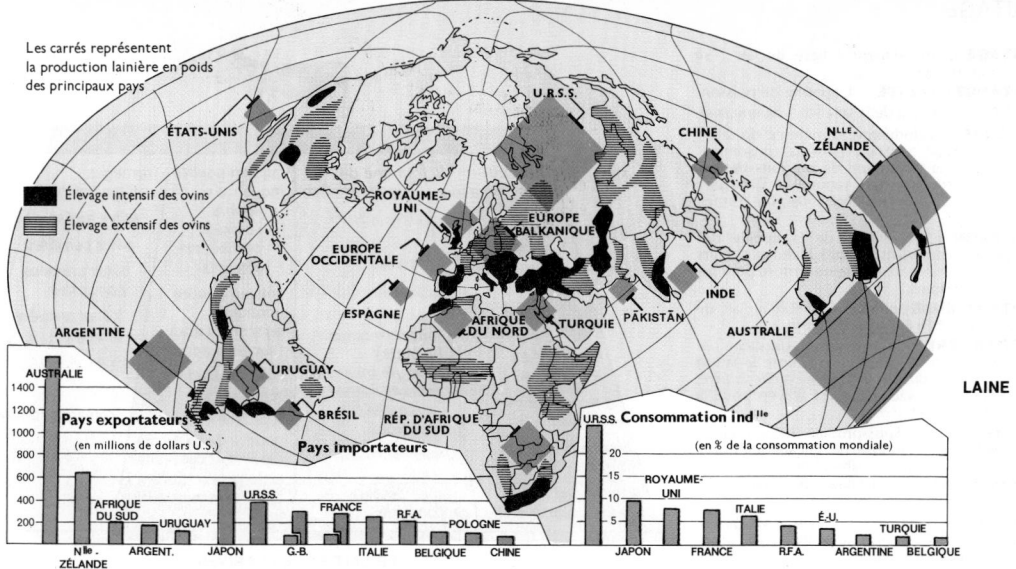

Les carrés représentent la production lainière en poids des principaux pays

Élevage intensif des ovins
Élevage extensif des ovins

ÉTATS-UNIS · U.R.S.S. · CHINE · Nᵉˡˡᵉ ZÉLANDE · ROYAUME UNI · EUROPE BALKANIQUE · EUROPE OCCIDENTALE · ESPAGNE · AFRIQUE DU NORD · TURQUIE · PAKISTAN · INDE · AUSTRALIE · ARGENTINE · URUGUAY · BRÉSIL · RÉP. D'AFRIQUE DU SUD

LAINE

Pays exportateurs (en millions de dollars U.S.)

Pays importateurs

AUSTRALIE 1400 1200 1000 800 600 400 200

Nᵉˡˡᵉ·ZÉLANDE · AFRIQUE DU SUD · URUGUAY · ARGENT. · JAPON · U.R.S.S. · FRANCE · G.-B. · R.F.A. · ITALIE · POLOGNE · BELGIQUE · CHINE

Consommation ind^lle (en % de la consommation mondiale)

20 15 10 5

U.R.S.S. · JAPON · ROYAUME-UNI · FRANCE · ITALIE · R.F.A. · É.-U. · ARGENTINE · TURQUIE · BELGIQUE

LAÏCISATION n. f. Action de laïciser : *la laïcisation des hôpitaux, de l'enseignement.*

LAÏCISER v. t. Remplacer un personnel religieux par un personnel laïque : *laïciser une école.* ‖ Organiser en séparant l'Église et l'État, donner un statut laïque : *laïciser les institutions.*

LAÏCISME n. m. Doctrine des partisans de la laïcisation des institutions.

LAÏCISTE adj. et n. Partisan du laïcisme.

LAÏCITÉ n. f. Caractère laïque. ‖ Système qui exclut les Églises de l'exercice du pouvoir politique ou administratif, et en particulier de l'organisation de l'enseignement public.

LAID, E adj. (mot francique). Désagréable à la vue, à l'esprit. ‖ Qui inspire le dégoût, méprisable.

LAIDEMENT adv. D'une façon laide.

LAIDERON n. m. Jeune fille, jeune femme laide.

LAIDEUR n. f. État de celui ou de ce qui est laid : *la laideur d'un visage, d'un mensonge.*

LAIE [lɛ] n. f. (mot francique). Femelle du sanglier.

LAIE n. f. (mot francique). Sentier rectiligne percé dans une forêt.

LAIE n. f. → LAYE.

LAIMARGUE n. f. Requin du Groenland, chassé pour son huile et son cuir.

LAINAGE n. m. Étoffe de laine. ‖ Vêtement en laine. ‖ Toison des moutons. ‖ Façon donnée au drap pour faire ressortir le poil.

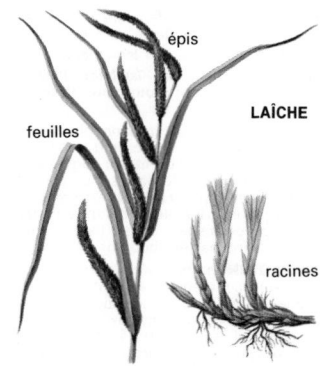

épis

feuilles

LAÎCHE

racines

LAINE n. f. (lat. *lana*). Fibre épaisse, douce et frisée, provenant de la toison du mouton et d'autres ruminants. ‖ Vêtement de laine tissé ou tricoté. ‖ *Bot.* Duvet qui recouvre certaines plantes. ● *Laine crue*, laine qui n'est point apprêtée. ‖ *Laine de laitier* ou *laine minérale*, produit préparé par projection de vapeur d'eau sur un jet de laitier fondu, et utilisé comme isolant calorifique. ‖ *Laine à tricoter*, en pelote, en écheveau. ‖ *Laine de verre*, fibre de verre de très faible diamètre, utilisée pour l'isolation thermique. ‖ *Se laisser manger la laine sur le dos*, se laisser dépouiller.

LAINER v. t. Opérer le lainage du drap.

LAINEUR, EUSE n. Ouvrier, ouvrière qui laine le drap.

LAINEUSE n. f. Machine à lainer.

LAINEUX, EUSE adj. Fourni de laine. ‖ Qui a l'apparence de la laine : *poil laineux.* ● *Plante laineuse*, couverte de poils.

LAINIER, ÈRE adj. Qui concerne la laine : *l'industrie lainière.*

LAINIER n. m. Manufacturier, marchand de laine. ‖ Ouvrier qui laine le drap.

LAÏQUE ou **LAÏC, ÏQUE** adj. et n. (bas lat. *laicus*; gr. *laikos*, qui appartient au peuple). Qui n'appartient pas au clergé : *juridiction laïque, un laïque.* ‖ Indépendant de toute opinion confessionnelle. ● *École laïque*, ensemble des écoles publiques distribuant un enseignement neutre sur le plan confessionnel.

LAIRD [lɛrd] n. m. (mot écossais). Grand propriétaire foncier en Écosse.

LAIS [lɛ] n. m. pl. (de *laisser*). *Dr.* Terrains, limitrophes de la mer, que celle-ci, en se retirant, laisse à découvert. (Ils appartiennent au domaine public.)

LAISSE [lɛs] n. f. Corde, lanière servant à mener un chien. ● *Tenir qqn en laisse*, le mener à sa fantaisie.

LAISSE n. f. (de *laisser*). *Littér.* Suite de vers qui constitue une section d'un poème médiéval ou d'une chanson de geste. ‖ *Mar.* Ligne atteinte par la mer sur une plage.

LAISSÉES n. f. pl. *Chass.* Fiente des sangliers.

LAISSÉ-POUR-COMPTE n. m. (pl. *laissés-pour-compte*). Marchandise dont on a refusé de prendre livraison. ‖ *Fam.* Personne dont on n'a pas voulu, rejetée par un groupe social.

LAISSER v. t. (lat. *laxare*, détendre). Ne pas prendre qqch dont on pourrait disposer : *laisser de la viande dans son assiette.* ‖ Ne pas emmener avec soi : *laisser ses enfants à la maison.* ‖ Ne pas intervenir pour empêcher une action;

permettre : *laisser tomber un vase; je les ai laissés sortir.* ‖ Ne pas changer la place, la situation, l'état de qqch, de qqn : *laisser qqn à la porte; laisser un champ en friche; laisser un ami dans la misère.* ‖ Réserver qqch à qqn, le lui confier : *je vous laisse ce soin; laisser une lettre à la concierge.* ‖ Abandonner derrière soi après sa mort, un passage, etc. : *laisser de grands biens; laisser une bonne réputation.* ‖ Perdre : *il y laissa sa vie.* ● *Laisser faire, laisser dire,* ne pas se soucier de ce que font, de ce que disent les autres. ‖ *Laisser à penser,* ne pas expliquer qqch que l'on juge suffisamment évident, compris; donner lieu à réflexion. ‖ *Laisser pour compte,* refuser une marchandise commandée. ‖ *Laisser tomber* (Fam.), abandonner. ‖ *Ne pas laisser de* (Litt.), ne pas cesser de, ne pas manquer de : *cette réponse ne laisse pas de m'étonner.* ◆ **se laisser** v. pr. *Se laisser aller, se laisser vivre,* se relâcher, s'abandonner à ses penchants. ‖ *Se laisser dire,* entendre dire, mais sans y croire beaucoup. ‖ *Se laisser faire,* ne pas opposer de résistance.

LAISSER-ALLER n. m. inv. Négligence dans la tenue, dans les manières : *réagir contre le laisser-aller.*

LAISSER-COURRE n. m. inv., ou **LAISSÉ-COURRE** n. m. (pl. *laissés-courre*). *Vèner.* Lieu ou moment où l'on découple les chiens.

LAISSEZ-PASSER n. m. inv. Permis de circuler donné par écrit. (Syn. SAUF-CONDUIT.)

LAIT n. m. (lat. *lac, lactis*). Liquide produit par les mamelles des mammifères femelles, aliment de grande valeur nutritive qui assure, en particulier, la subsistance du jeune au début de sa vie grâce à sa richesse en graisses émulsionnées (qui lui donnent sa couleur blanche), en protides, en lactose, en vitamines et en sels minéraux. ‖ Liquide qui ressemble au lait : *lait d'amande, de coco, de chaux.* ‖ Préparation liquide destinée à adoucir l'épiderme ou à démaquiller. ● *Au lait,* se dit d'un aliment (chocolat) ou d'une préparation (café) dont le lait est un des composants. ‖ *Boire du lait, du petit-lait* (Fam.), éprouver une vive satisfaction. ‖ *Frère, sœur de lait,* enfant qui a été nourri du lait de la même femme. ‖ *Lait en poudre,* lait déshydraté, écrémé ou non, sucré ou non, pouvant être reconstitué par adjonction d'eau. ‖ *Lait de poule,* jaune d'œuf battu dans du lait chaud avec du sucre. ‖ *Lait U. H. T.,* lait stérilisé à ultra-haute température, pouvant être conservé à température ambiante plusieurs mois dans son emballage.

V. ill. page suivante

LAITAGE n. m. Aliment à base de lait : *se nourrir de laitages.*

LAITANCE ou **LAITE** n. f. Sperme de poisson.

LAITÉ, E adj. Qui a de la laitance : *hareng laité.*

LAITERIE n. f. Industrie, commerce du lait. ‖ Usine où le lait est traité pour sa consommation et pour la fabrication de produits dérivés (crème, beurre, fromage, yaourts). ‖ Dans une ferme, local où l'on conserve le lait, où l'on fait le beurre.

LAITERON n. m. Plante de la famille des composées, contenant un latex blanc à fleurs jaunes. (C'est une excellente nourriture pour les porcs et les lapins.)

LAITEUX, EUSE adj. Qui ressemble au lait, de couleur blanchâtre : *liquide laiteux.*

LAITIER, ÈRE n. Commerçant détaillant en produits laitiers. ◆ adj. Qui concerne le lait et ses dérivés : *industrie laitière.* ● *Vache laitière,* ou *laitière* n. f., vache qui est élevée pour la production du lait.

LAITIER n. m. Sous-produit métallurgique essentiellement composé de silicates et formé au cours des fusions d'élaboration.

LAITIÈRE n. f. Vache laitière. ‖ Pot à lait à anse et couvercle.

LAITON n. m. (mot ar., *cuivre*). Alliage de cuivre et de zinc (jusqu'à 46 p. 100). [Les laitons sont ductiles et malléables.]

LAITONNAGE n. m. Déposition, par voie électrolytique, d'une couche de laiton à la surface d'une pièce.

LAITONNER v. t. Garnir de fils de laiton. ‖ Effectuer le laitonnage.

LAITUE n. f. (lat. *lactuca*; de *lac, lactis,* lait). Plante herbacée, de la famille des composées, qu'on mange ordinairement en salade. (Les variétés de laitues sont nombreuses : laitues à couper, qui ne forment pas de pomme; laitues pommées [batavia]; laitues romaines, à pomme haute.)

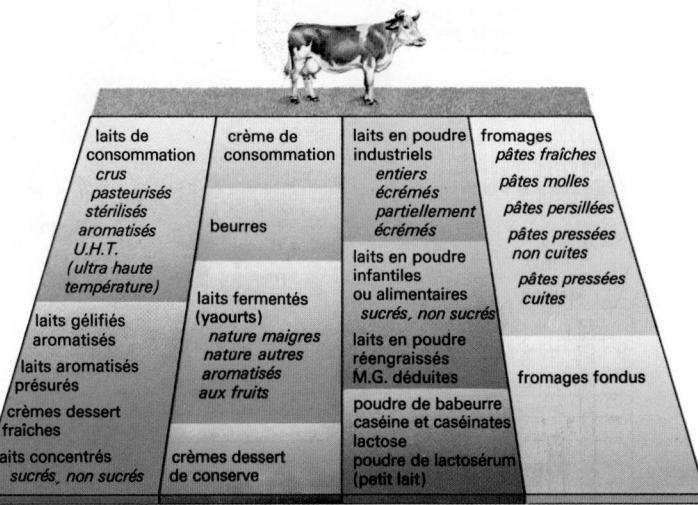

laits de consommation *crus pasteurisés stérilisés aromatisés U.H.T. (ultra haute température)*	crème de consommation	laits en poudre industriels *entiers écrémés partiellement écrémés*	fromages *pâtes fraîches*
			pâtes molles
			pâtes persillées
	beurres		*pâtes pressées non cuites*
		laits en poudre infantiles ou alimentaires *sucrés, non sucrés*	*pâtes pressées cuites*
laits gélifiés aromatisés	laits fermentés (yaourts) *nature maigres nature autres aromatisés aux fruits*		
laits aromatisés présurés		laits en poudre réengraissés M.G. déduites	fromages fondus
crèmes dessert fraîches		poudre de babeurre caséine et caséinates lactose	
laits concentrés *sucrés, non sucrés*	crèmes dessert de conserve	poudre de lactosérum (petit lait)	

LE LAIT ET SES DÉRIVÉS

LAMAGE n. m. Action de lamer.

LAMAÏSME n. m. Forme particulière du bouddhisme, en particulier au Tibet.

LAMAÏSTE adj. et n. Adepte du lamaïsme.

LAMANAGE n. m. Mouvement d'un navire à l'intérieur d'un port avec un pilote à bord. ‖ Opération d'amarrage d'un navire à quai, qui fait l'objet d'une concession.

LAMANEUR n. m. et adj. (anc. fr. *laman,*

LAMASERIE n. f. Couvent de lamas tibétains.

LAMBDA n. m. Onzième lettre de l'alphabet grec (λ), correspondant au *l* français.

LAMBEAU n. m. (mot francique). Morceau déchiré d'étoffe, de cuir, etc. : *vêtement tout en lambeaux.* ‖ *Litt.* Partie détachée d'un tout. ● *Tomber, partir en lambeaux,* s'en aller par morceaux.

LAMBEL n. m. *Hérald.* Brisure placée en chef,

blonde paresseuse

LAITUES

batavia

romaine

lamantin

lama

LAMBOURDES

parquet

solive

lambourde

LAÏUS n. m. (n. pr. *Laïus,* père d'Œdipe). *Fam.* Discours souvent long et verbeux.

LAÏUSSER v. i. *Fam.* Faire un laïus.

LAÏUSSEUR, EUSE adj. et n. *Fam.* Qui a l'habitude de tenir de longs discours.

LAIZE n. f. → LÉ.

LAKISTE [lakist] n. et adj. (angl. *lake,* lac). Se dit des poètes anglais de la fin du XVIIIe et du début du XIXe s. — dont les principaux sont Wordsworth, Coleridge, Southey — qui fréquentaient le district des lacs au nord-ouest de l'Angleterre et qui appartiennent à la première génération du romantisme.

LALLATION n. f. Ensemble des émissions vocales des nourrissons.

LAMA n. m. (mot du Tibet). Moine bouddhiste tibétain.

LAMA n. m. (mot esp.; du quechua). Mammifère ruminant de la cordillère des Andes, dont il existe deux races sauvages (*guanaco* et *vigogne*) et deux races domestiques (*alpaga* et *lama* proprement dit). [Le lama appartient à la famille des camélidés, mesure 2,50 m de long et peut vivre 20 ans. On l'utilise comme bête de somme et on l'élève pour sa chair et sa laine.]

pilote; du moyen néerl.). Ouvrier employé dans un port pour l'amarrage des navires.

LAMANTIN n. m. (esp. *manati*). Mammifère herbivore de l'ordre des siréniens, au corps massif atteignant 3 m de long et pesant jusqu'à 500 kg, vivant dans les fleuves de l'Afrique et de l'Amérique tropicales.

LAMARCKISME n. m. (de *Lamarck*). Théorie qui explique l'évolution des êtres vivants par l'influence des variations de milieu sur le comportement, puis sur la morphologie des organismes. (Le lamarckisme suppose l'hérédité des caractères acquis.)

et qui consiste en un bâton d'où pendent des denticules.

Lambert (*quadrillage*), système de projection utilisé pour le levé de nombreuses cartes topographiques.

LAMBIN, E adj. et n. (de *lambeau*). *Fam.* Qui agit avec lenteur et mollesse.

LAMBINER v. i. *Fam.* Agir lentement.

LAMBLIASE n. f. (lat. *lamblia*). Parasitose intestinale due à un protozoaire flagellé, le *lamblia.*

LAMBOURDE n. f. (anc. fr. *laon,* planche; mot francique). Pièce de bois de petit équarrissage reposant sur les solives et sur laquelle sont assemblées et clouées les lames d'un parquet. ‖ Pièce de bois supportant les extrémités des solives et placée parallèlement contre certaines poutres sur lesquelles elle est fixée. ‖ *Hortic.* Rameau terminé par des boutons à fruits.

LAMBREQUIN n. m. (néerl. *lamperkijn;* de *lamper,* voile). Ornement en étoffe, en passementerie, en bois ou en tôle découpés, pour couronner un heaume, un pavillon, une marquise, un ciel de lit, etc. ‖ Motif décoratif capricieux, à symétrie axiale, inspiré de certains de ces ornements et employé en reliure, en céramique. ◆ pl. *Hérald.* Bandes d'étoffes descendant en rinceaux du heaume qui timbre un écu d'armes.

LAMBRIS [lãbri] n. m. (lat. *labrusca*, vigne sauvage). Revêtement en bois des parois d'une pièce, d'un plafond, d'une voûte. ◆ pl. *Lambris dorés* (Litt.), habitation riche, palais.

LAMBRISSAGE n. m. Ouvrage du menuisier ou du maçon qui lambrisse.

LAMBRISSER v. t. Revêtir d'un lambris les murs d'un appartement. ● *Pièce lambrissée*, pièce dont les murs sont revêtus de bois.

LAMBRUCHE ou **LAMBRUSQUE** n. f. (lat. *labrusca*). Vigne redevenue sauvage.

LAMBSWOOL [lãbswul] n. m. Laine d'agneau, très légère.

LAME n. f. (lat. *lamina*). Morceau de métal, de verre, de bois, etc., plat et très mince. ‖ Partie tranchante d'une épée, d'un couteau, d'un canif, etc. ‖ Outil à large arête coupante. ‖ Vague de la mer. ‖ Bande continue relativement étroite d'une matière apte à un usage textile. ‖ Cadre supportant les lisses du métier à tisser. ‖ *Bot.* Chacune des membranes qui se trouvent sous le chapeau de certains champignons. ‖ *Opt.* Verre mince qui possède des propriétés interférentielles ou polarisantes. ‖ *Préhist.* Éclat de pierre dont la longueur excède le double de la largeur. ● *Bonne, fine lame*, homme qui manie bien l'épée. ‖ *Lame criblée*, partie de l'os ethmoïde séparant fosses nasales et boîte crânienne, par où les pores de laquelle passent les filets nerveux olfactifs. ‖ *Lame de fond*, vague de grande hauteur qui s'élève subitement du fond de la mer; phénomène brutal et violent. ‖ *Lame mince* (Géol.), préparation constituée d'une tranche de roche collée sur une lame de verre, assez mince (environ 30 μ) pour que les minéraux deviennent transparents et puissent être observés au microscope. ‖ *Lame perpendiculaire*, partie de l'os ethmoïde séparant les deux fosses nasales. ‖ *Lame spirale* (Anat.), crête du limaçon osseux, qu'elle sépare en deux rampes (tympanique et vestibulaire). ‖ *Lame vertébrale*, partie osseuse formant l'arc postérieur des vertèbres, entre l'apophyse articulaire et l'apophyse épineuse.

LAMÉ, E adj. et n. m. Se dit d'un tissu orné de minces lames d'or ou d'argent (ou d'imitation), ou dont le tissage comporte des fils de métal.

LAMELLAIRE adj. Dont la structure présente des lames, des lamelles.

LAMELLE n. f. (lat. *lamella*). Petite lame. ● *Lamelle moyenne*, couche interne de matières pectiques, située entre deux couches de cellulose, dans la membrane des cellules végétales.

LAMELLÉ, E ou **LAMELLEUX, EUSE** adj. Garni ou fait de lamelles.

LAMELLÉ-COLLÉ, E adj. et n. m. (pl. *lamellés-collés*). Se dit d'une pièce formée de lamelles de bois assemblées par collage.

LAMELLIBRANCHE n. m. Syn. de BIVALVE.

LAMELLICORNE adj. et n. m. Se dit d'un insecte coléoptère dont les antennes sont formées de lamelles pouvant s'écarter comme un éventail (scarabée, hanneton, cétoine, etc.).

LAMELLIFORME adj. En forme de lamelle.

LAMELLIROSTRE adj. Qui a le bec garni sur ses bords de lamelles transversales.

LAMENTABLE adj. Qui fait pitié, navrant, pitoyable : *une situation lamentable.*

LAMENTABLEMENT adv. De façon lamentable.

LAMENTATION n. f. Plainte accompagnée de gémissements et de cris.

LAMENTER (SE) v. pr. (lat. *lamentari*). Se plaindre, se désoler, gémir.

LAMENTO [lamɛnto] n. m. (mot it.). *Mus.* Complainte.

LAMER v. t. Usiner une petite surface disposée perpendiculairement à l'axe d'un trou d'une pièce mécanique et située tout autour de celui-ci.

LAMIE n. f. (lat. *lamia*). Monstre ou démon fabuleux des Anciens. ‖ Requin, appelé aussi *taupe* ou *touille*, atteignant 4 m de long.

LAMIER n. m. (lat. *lamium*). Plante de la famille des labiacées, commune au bord des chemins et dans les bois, appelée couramment *ortie blanche, jaune* ou *rouge.*

LAMIFIÉ, E adj. Stratifié.

LAMIFIÉ n. m. Matériau constitué par l'association de plusieurs feuilles de matériaux.

LAMINAGE n. m. Action de laminer, fait d'être laminé. ● *Laminage de la vapeur*, chute de pression de la vapeur à la suite de son passage à travers un orifice étroit.

LAMINAIRE adj. Composé de lamelles parallèles. ● *Régime laminaire* (Phys.), régime d'écoulement d'un fluide, qui s'effectue par glissement des couches de fluide les unes sur les autres sans échange de particules entre elles.

LAMINAIRE n. f. (lat. *lamina*). Algue brune des côtes rocheuses, dont le thalle peut atteindre plusieurs mètres de long. (On la récolte comme engrais ou pour en tirer de l'iode, de la soude, de la potasse.) [Sous-classe des phéophycées.]

LAMINECTOMIE n. f. Résection des lames vertébrales, premier temps de toute intervention neurochirurgicale sur la moelle épinière.

LAMINER v. t. (de *lame*). Faire subir à un produit une déformation par compression entre deux cylindres, pour modifier, d'une part, sa constitution interne et, d'autre part, sa forme en l'allongeant, afin de l'amener à des dimensions se rapprochant de la forme finale d'utilisation. ‖ Écraser, étouffer par une force qui domine : *être laminé par l'existence.*

LAMINEUR n. m. Ouvrier employé au laminage des métaux. ◆ adj. m. Qui lamine : *cylindre lamineur.*

LAMINEUX, EUSE adj. *Tissu lamineux* (Anat.), tissu conjonctif en lames parallèles.

LAMINOIR n. m. Machine à l'aide de laquelle on peut réduire la section d'un produit par passage entre deux cylindres. ● *Passer au laminoir*, soumettre à de rudes épreuves.

LAMPADAIRE n. m. (lat. médiév. *lampadarium*). Support vertical muni d'un système d'éclairage à sa partie supérieure.

LAMPANT, E adj. (prov. *lampan;* de *lampa*, briller). *Pétrole lampant*, mélange d'hydrocarbures, obtenu par distillation du pétrole brut.

LAMPARO n. m. (mot prov.). Lampe ou phare utilisé par les pêcheurs, surtout en Méditerranée, pour attirer le poisson.

LAMPAS [lãpɑ ou lãpɑs] n. m. (mot francique, *chiffon*). Tissu d'ameublement en soie orné de grands motifs décoratifs en relief, obtenus grâce à une armure différente de celle du fond. ‖ *Vétér.* Gonflement de la membrane qui tapisse le palais des jeunes chevaux.

LAMPASSÉ, E adj. (de *lampas*). *Hérald.* Se dit d'un quadrupède dont la langue est d'un émail particulier.

LAMPE n. f. (lat. *lampas, lampadis*). Dispositif, appareil destinés à produire de la lumière : *lampe de chevet, lampe à pétrole.* ‖ Ampoule

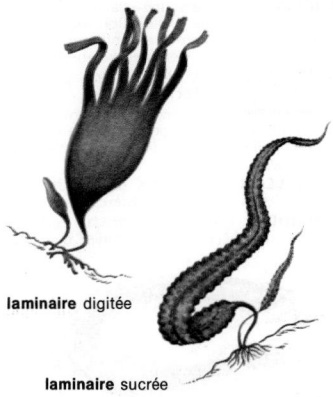

laminaire digitée

laminaire sucrée

électrique : *griller une lampe.* ‖ Appareil, ustensile produisant une flamme et utilisés comme source de chaleur : *lampe à alcool, lampe à souder.* ‖ *Électron.* Syn. vieilli de TUBE À VIDE. ● *Lampe éclair*, ampoule donnant une lumière très brève, mais très intense. ‖ *Lampe à essence*, récipient bourré de coton ou de feutre qu'on imprègne d'essence et dans lequel une mèche de coton sert de conducteur capillaire au combustible. ‖ *Lampe à incandescence*, lampe dans laquelle la lumière provient de l'incandescence, dans un espace vide d'air ou dans un gaz inerte, d'un conducteur fin sous l'action d'un courant électrique. ‖ *Lampe à pétrole*, récipient contenant du pétrole qui, montant par capillarité à l'aide d'une mèche, peut brûler au-dessus d'une chambre percée de trous pour le passage de l'air qui active la combustion. ‖ *Lampe de poche*, boîtier plat ou cylindrique équipé d'une pile et d'une ampoule. ‖ *Lampe de sûreté*, lampe pouvant être utilisée dans une atmosphère capable d'exploser. ‖ *Lampe témoin*, lampe qui, en s'allumant ou s'éteignant, sert à signaler le fonctionnement, la mise en marche d'un appareil. ‖ *Lampe tempête*, lampe particulièrement bien protégée contre le vent. ‖ *Lampe à vapeur de mercure*, tube contenant de la vapeur de mercure, et qui, traversé par un courant électrique, émet une vive lumière bleuâtre.

LAMPÉE n. f. *Fam.* Grande gorgée de liquide qu'on avale d'un coup : *une lampée de vin.*

LAMPER v. t. (forme nasalisée de *laper*). *Fam.* Boire avidement par lampées.

LAMPION n. m. (it. *lampione*, grande lampe). Petit récipient dans lequel on met une matière combustible avec une mèche, pour les illuminations (vx). ‖ Lanterne vénitienne. ● *Sur l'air des lampions*, avec des cris rythmés, répétés trois fois de suite.

LAMINOIR

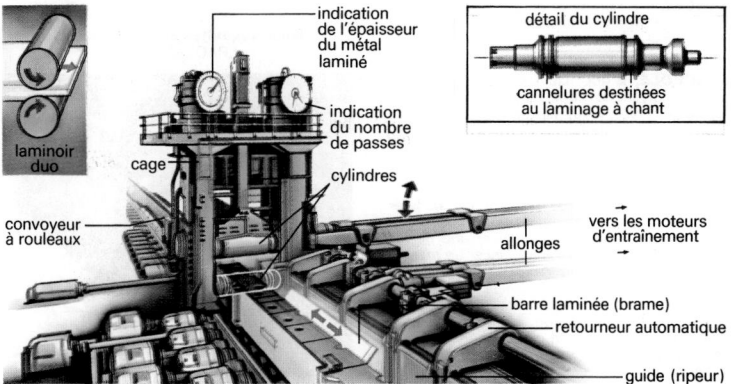

indication de l'épaisseur du métal laminé

détail du cylindre

cannelures destinées au laminage à chant

indication du nombre de passes

laminoir duo

cage

cylindres

convoyeur à rouleaux

vers les moteurs d'entraînement

allonges

barre laminée (brame)

retourneur automatique

guide (ripeur)

LAMPISTE

LAMPISTE n. m. Personne chargée, dans un établissement ou une exploitation industrielle, de l'entretien des lampes et lanternes. ‖ *Fam.* Employé subalterne : *s'en prendre au lampiste.*

LAMPISTERIE n. f. Lieu où l'on garde et répare les appareils d'éclairage.

LAMPOURDE n. f. (prov. *lampourdo*). Plante de la famille des composées, dont une espèce, appelée *petite bardane* ou *herbe aux écrouelles*, est dépurative.

LAMPRILLON n. m. Larve de la lamproie, commune dans le sable des rivières.

LAMPROIE n. f. (bas lat. *lampreda*). Vertébré aquatique sans mâchoires, très primitif, de forme

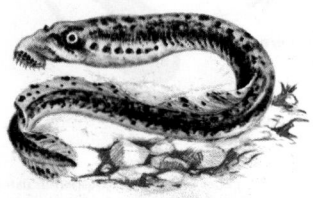

lamproie

cylindrique et allongée. (Classe des agnathes ou cyclostomes.) [La lamproie de mer remonte les fleuves au printemps. Sa peau est nue et gluante ; sa chair est délicate ; sa longueur atteint 1 m. D'autres espèces ne quittent pas les eaux douces.]

LAMPROPHYRE n. m. Roche éruptive, généralement filonienne, caractérisée par sa richesse en minéraux ferromagnésiens, en particulier du mica noir.

LAMPYRE n. m. (lat. *lampyris* ; gr. *lampein*, briller). Insecte coléoptère, dont la femelle, sans ailes et lumineuse, est connue sous le nom de *ver luisant*.

LANÇAGE n. m. Méthode de fondation permettant d'enfoncer des pieux dans un sol sableux par injection de puissants jets d'eau.

LANCE n. f. (lat. *lancea*). Arme d'hast à long manche et à fer pointu. ‖ Long bâton garni d'un tampon, pour jouter sur l'eau. ‖ Ajutage métallique adapté à l'extrémité d'un tuyau et servant à diriger le jet d'un liquide. ‖ Autref., cavalier armé d'une lance ; groupe de quelques combattants rassemblés autour de lui. ● *Rompre une lance, des lances avec qqn* (Litt.), soutenir une discussion avec lui.

LANCÉ, E adj. Qui a acquis une certaine célébrité : *un acteur lancé.*

LANCE-AMARRE adj. et n. m. inv. *Mar.* Appareil servant à lancer une amarre.

LANCE - BOMBES, LANCE - FLAMMES, LANCE - FUSÉES, LANCE - GRENADES, LANCE - MISSILES, LANCE - ROQUETTES, LANCE-TORPILLES n. m. inv. *Mil.* Appareil pour lancer des bombes, des liquides enflammés, des fusées, des grenades, des missiles, des roquettes, des torpilles.

LANCÉE n. f. Élan de ce qui est lancé. ● *Sur sa lancée,* en profitant du mouvement donné par l'élan initial.

LANCEMENT n. m. Action de lancer.

LANCÉOLÉ, E adj. (lat. *lanceolatus*). *Bot.* Se dit d'un organe terminé en forme de lance : *feuille lancéolée.* ● *Arc lancéolé,* arc brisé aigu, outrepassé ou, simplement, surélevé.

LANCE-PIERRES n. m. inv. Petite fourche munie de deux caoutchoucs pour lancer des projectiles.

LANCER [lãse] v. t. (de *lance*) [conj. **1**]. Jeter avec force loin de soi pour atteindre qqch ou qqn ; envoyer contre qqn : *lancer une flèche, des pierres ; lancer son venin ; lancer un mandat d'arrêt.* ‖ Faire mouvoir rapidement une partie du corps, faire un geste : *lancer un coup de pied.* ‖ Mettre à l'eau un navire par glissement sur sa cale de construction. ‖ Émettre vivement avec violence : *lancer un cri, un appel.* ‖ Mettre en vedette, faire connaître par des moyens publicitaires : *lancer un écrivain.* ‖ Pousser,

---

hauteur
totale : 47 m
diamètre
du 1er étage : 3,80 m
masse au
décollage : 207 t
poussée au
décollage : 245 t

satellite

coiffe

case à équipements

réservoirs d'oxygène liquide (O_2) et d'hydrogène liquide (H_2)

3e étage

1 moteur HM7

réservoirs de peroxyde d'azote (N_2O_4) et de diméthylhydrazine asymétrique (UDMH)

2e étage

1 moteur Viking 4

LANCEUR EUROPÉEN ARIANE

réservoir de peroxyde d'azote (N_2O_4)
réservoir de diméthylhydrazine asymétrique (UDMH)

1er étage

empennage stabilisateur

4 moteurs Viking 5

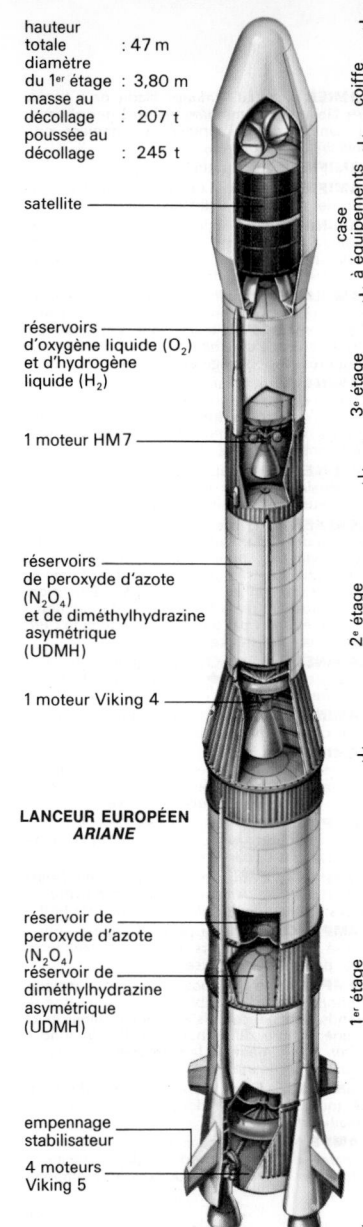

lance-roquettes antichar français « LRAC » de 89 mm

S.O.F.R.E.G.I.A.T.

Giraudon

lancier

mettre dans telle ou telle voie : *lancer une affaire.* ‖ Engager qqn dans un sujet de conversation. ● *Lancer un cerf* (Véner.), le faire sortir de l'endroit où il est. ◆ **se lancer** v. pr. Se précipiter dans une direction déterminée. ‖ S'engager avec hardiesse, avec fougue : *se lancer dans les affaires, la politique.*

LANCER n. m. En athlétisme, jet du poids, du disque, du javelot ou du marteau. ● *Pêche au lancer,* mode de pêche qui consiste à envoyer l'appât au loin au moyen d'une canne pourvue d'un moulinet.

LANCETTE n. f. Instrument de chirurgie en forme de canif, qui sert à ouvrir une veine, un abcès, etc. ‖ Arc brisé plus aigu que le tierspoint, dans l'architecture gothique.

LANCEUR, EUSE n. Personne qui lance : *un lanceur de javelot.*

LANCEUR n. m. Véhicule propulsif habituellement composé de plusieurs étages et capable d'envoyer une charge utile dans l'espace.

LANCIER n. m. Soldat d'un corps de cavalerie, armé de la lance (en France de 1801 à 1871). ● *Quadrille des lanciers,* ou *les lanciers,* variante du quadrille, dansée en France vers 1856.

LANCINANT, E adj. Qui lancine : *douleur lancinante ; souvenir lancinant.*

LANCINER v. t. et i. (lat. *lancinare*). Faire souffrir par des élancements répétés : *une douleur qui lancine.* ‖ Tourmenter de façon peu violente mais continue ; obséder.

LANÇON n. m. *Zool.* Autre nom de l'ÉQUILLE.

LAND n. m. (mot all.) [pl. *Länder*]. Nom donné aux États de la République fédérale d'Allemagne, aux provinces de la République autrichienne.

LANDAIS, E adj. et n. Des Landes.

LAND ART [lɑ̃dart] n. m. (mot angl.). Tendance de l'art contemporain, apparue aux États-Unis v. 1967, qui délaisse les modalités traditionnelles de l'art au profit d'un travail dans et sur la nature, dont textes, croquis, photos, films assureront le « constat » (Walter de Maria, Michael Heizer, Robert Smithson, les Anglais Richard Long et Barry Flanagan, etc.).

LANDAU n. m. (de *Landau,* v. d'Allemagne) [pl. *landaus*]. Voiture hippomobile suspendue, à quatre roues, et ayant à l'intérieur deux banquettes se faisant vis-à-vis. ‖ Voiture d'enfant à capote rabattable.

LANDAULET n. m. Forme ancienne d'automobile, où le compartiment arrière, séparé de celui du conducteur par une vitre, était carrossé en coupé transformable en voiture découverte.

LANDE n. f. (mot gaul.). Formation végétale de la zone tempérée, composée principalement de bruyères, de genêts et d'ajoncs, résultant généralement de la dégradation de la forêt. ‖ Terrain recouvert par cette végétation.

LANDGRAVE [lɑ̃dgrav] n. m. (all. *Land,* terre, et *Graf,* comte). En Allemagne, jadis, titre de quelques princes souverains. ‖ Magistrat qui rendait la justice au nom de l'Empereur.

LANDGRAVIAT n. m. Dignité du landgrave. ‖ Pays gouverné par un landgrave.

LANDIER n. m. (mot gaul.). Grand chenet de cuisine muni de crochets pour les broches.

LANDOLPHIA n. f. (de *Landolphe*, navigateur franç.). Plante apocynacée de Madagascar, dont le latex fournit du caoutchouc.

LANDSGEMEINDE [lãdsgəmajndə] n. f. Dans certains cantons de Suisse alémanique, assemblée législative réunissant tous les citoyens.

LANDSTURM [lãdʃturm] n. m. (mot all.). Dans les pays germaniques et en Suisse, subdivision du recrutement militaire, comprenant les réservistes âgés.

LANDTAG [lãdtag] n. m. (mot all.). Assemblée délibérante dans la plupart des pays allemands et autrichiens.

LANDWEHR [lãdvɛr] n. f. (mot all.). Dans les pays germaniques et en Suisse, subdivision du recrutement militaire, comprenant la première réserve.

LANGAGE n. m. (de *langue*). Faculté que les hommes ont de communiquer entre eux et d'exprimer leur pensée au moyen de signes vocaux (la langue), qui peuvent éventuellement être transcrits. ‖ Manière de parler propre à une communauté linguistique, à un groupe, à un individu. ‖ Contenu de la communication : *c'est le langage de la raison*. ‖ Mode de transmission de l'information chez quelques animaux : *le langage des abeilles*. ‖ Manière de s'exprimer au moyen de symboles, de formes artistiques, etc. : *le langage du cinéma*. ‖ Inform. Ensemble de caractères, de symboles et de règles qui permettent de les assembler, utilisé pour écrire les instructions à donner à un ordinateur. (Les principaux langages évolués sont l'ALGOL, le COBOL et le FORTRAN. Un programme écrit en langage évolué doit être traduit en langage machine au moyen d'un compilateur.) ‖ *Langage machine*, langage de l'ordinateur, dans lequel les instructions sont exprimées en code binaire directement assimilable par la machine.

LANGAGIER, ÈRE adj. Relatif au langage.

LANGE n. m. (lat. *laneus*, de laine). Rectangle de laine ou de coton qui sert à envelopper un nourrisson.

LANGER v. t. (conj. **1**). Entourer de langes.

LANGOUREUSEMENT adv. De façon langoureuse.

LANGOUREUX, EUSE adj. Qui marque de la langueur, alangui.

LANGOUSTE n. f. (prov. *langosta* ; lat. *locusta*, sauterelle). Crustacé de l'ordre des décapodes, atteignant 40 cm de long, à fortes antennes, mais sans pinces, vivant sur les fonds rocheux de toutes les mers, très apprécié pour sa chair.

LANGOUSTIER n. m. Filet en forme de balance profonde, avec lequel on prend les langoustes. ‖ Bateau équipé pour la pêche de la langouste.

LANGOUSTINE n. f. Crustacé décapode voisin du homard, long de 15 cm, à longues pinces, que l'on trouve dans l'Océan.

LANGRES n. m. Fromage de lait de vache, à pâte molle, fabriqué en Haute-Marne.

LANGUE n. f. (lat. *lingua*). Organe charnu, fixé par sa partie postérieure au plancher buccal, mobile grâce à dix-sept muscles striés innervés par le grand hypoglosse. (Par ses mouvements, la langue intervient dans la déglutition et la parole; les papilles qui la recouvrent contiennent des bourgeons sensoriels assurant la gustation; chez divers animaux, la langue sert à la capture des proies, à l'information tactile ou olfactive, etc.) ‖ Système de signes verbaux propre à une communauté, à un groupe, à un individu : *la langue anglaise; la langue du XVIᵉ s., de Victor Hugo, du barreau*. ‖ Ce qui a la forme d'une langue : *une langue de terre*. ● *Avaler sa langue*, garder le silence. ‖ *Avoir la langue bien pendue*, parler beaucoup, facilement. ‖ *Avoir la langue trop longue*, ne pas savoir garder un secret. ‖ *Langue de bois*, phraséologie stéréotypée utilisée par certains partis communistes et par les médias de divers États où ils sont au pouvoir. ‖ *Langue formelle*, système de symboles conventionnels défini par les seules règles de formation de ses énoncés sans référence au signifié

des symboles. ‖ *Langue glaciaire*, partie d'un glacier de montagne en aval du névé. ‖ *Langue maternelle*, langue du pays où l'on est né. ‖ *Langue mère*, langue considérée relativement aux langues qui en sont dérivées. ‖ *Langue morte*, langue qu'on ne parle plus (latin, sanskrit, etc.). ‖ *Langue verte*, argot. ‖ *Langue vivante*, langue actuellement parlée. ‖ *Mauvaise langue*, personne qui aime à médire. ‖ *Prendre langue*, entrer en pourparlers. ‖ *Tenir sa langue*, garder un secret. ‖ *Tirer la langue*, la sortir de la bouche en signe de moquerie; être dans le besoin.

LANGUE-DE-BŒUF n. f. (pl. *langues-de-bœuf*). Nom usuel de la *fistuline*.

LANGUE-DE-CHAT n. f. (pl. *langues-de-chat*). Biscuit sec, léger et plat.

LANGUE-DE-SERPENT n. f. (pl. *langues-de-serpent*). Autre nom de l'*ophioglosse*.

LANGUEDOCIEN, ENNE adj. et n. Du Languedoc.

LANGUETTE n. f. Objet qui rappelle la forme d'une petite langue : *languette de soulier*. ‖ Petite pièce de forme plate fixée à l'une de ses extrémités, généralement par encastrement. ‖ *Mus.* Lame mobile qui produit les vibrations dans les instruments à anche. ‖ Aiguille du fléau d'une balance. ‖ Tenon découpé à l'extrémité d'une planche, destiné à entrer dans une mortaise.

LANGUEUR n. f. (lat. *languor*). Abattement prolongé, physique ou moral, qui se manifeste par une asthénie; manque de dynamisme. ‖ Mélancolie douce et rêveuse.

LANGUEYAGE n. m. Action de langueyer.

LANGUEYER [lãgeje] v. t. (conj. **2**). Examiner la langue d'un porc pour voir s'il est ladre. ‖ Garnir les tuyaux d'orgue de languettes métalliques.

LANGUIR v. i. (lat. *languere*). Être dans un état prolongé d'affaiblissement physique ou d'abattement moral. ‖ Traîner en longueur, manquer d'animation : *la conversation languit*. ‖ S'étioler : *les plantations languissent*. ‖ Attendre vainement : *ne me fais pas languir*. ◆ **se languir** v. pr. S'ennuyer.

LANGUISSAMMENT adv. De façon languissante.

LANGUISSANT, E adj. Morne, qui languit.

LANIÈRE n. f. (mot francique). Courroie ou bande longue et étroite, de cuir ou d'une matière quelconque.

langouste

LANIFÈRE ou **LANIGÈRE** adj. Qui porte de la laine ou un duvet cotonneux. ‖ *Puceron lanigère*, puceron recouvert d'une sécrétion cireuse, et qui s'attaque aux pommiers.

LANOLINE n. f. Graisse de consistance solide, jaune ambré, retirée du suint du mouton et employée comme excipient pour de nombreuses pommades.

LANSQUENET n. m. (all. *Landsknecht*, serviteur du pays). Mercenaire allemand servant dans l'infanterie (XVᵉ-XVIᵉ s.).

LANTANIER ou **LANTANA** n. m. (mot gaul.). Arbuste exotique parfois utilisé dans la décoration. (Famille des verbénacées.)

LANTERNE n. f. (lat. *lanterna*). Sorte de boîte à parois transparentes, dans laquelle on met une lumière à l'abri du vent. ‖ *Archit.* Construction de plan centré, percée de baies, sommant un bâtiment ou une partie de bâtiment (*tour-lanterne; lanterne d'escalier*). ‖ *Mécan.* Pignon de forme cylindrique, dont les dents sont consti-

lanternon

tuées par des barreaux réunissant deux plateaux parallèles. ● *Éclairer la lanterne de qqn*, le renseigner. ‖ *Lanterne d'Aristote*, appareil masticateur des oursins. ‖ *Lanterne magique*, instrument d'optique à l'aide duquel on projette sur un écran l'image agrandie de figures peintes sur verre et qui, perfectionné, a donné naissance à la *lanterne à projections*. ‖ *Lanterne des morts*, dans certains cimetières, au Moyen Âge, pilier creux dans le sommet ajouré duquel le soir, on plaçait un fanal. ‖ *Lanterne rouge*, dernier d'un concours, d'une course. ‖ *Lanterne sourde*, lanterne dont on occulte la lumière à volonté. ‖ *Lanterne vénitienne*, lanterne en papier translucide et colorié, employée dans les fêtes, les illuminations. ‖ *Mettre à la lanterne*, pendant la Révolution, pendre qqn aux potences des lanternes. ◆ pl. Feux de position d'une voiture. (Syn. VEILLEUSES.)

LANTERNEAU n. m. Construction basse en surélévation sur un toit, pour l'éclairage ou la ventilation.

LANTERNER v. i. Flâner, perdre son temps. ● *Faire lanterner*, faire attendre.

LANTERNON n. m. *Archit.* Petite lanterne placée sur le faîte d'un comble, au sommet d'un dôme, et pouvant servir à y faire pénétrer le jour.

LANTHANE n. m. Métal (La) du groupe des terres rares, nº 57, de masse atomique 138,90.

LANTHANIDE n. m. Nom générique des métaux des terres rares, dont le premier est le lanthane.

LANUGINEUX, EUSE adj. *Bot.* Couvert de duvet.

LAO n. m. Langue officielle du Laos, de la famille thaïe.

LAOTIEN, ENNE adj. et n. Du Laos.

LAPALISSADE n. f. (de *La Palice*, personnage d'une chanson). Affirmation, réflexion d'une évidence niaise.

LAPAROSCOPIE n. f. Syn. de CŒLIOSCOPIE.

LAPAROTOMIE n. f. (gr. *lapara*, flanc, et *tomê*, section). Ouverture chirurgicale de l'abdomen.

LAPEMENT n. m. Action de laper.

LAPER v. i. et t. (onomat.). Boire en prenant le liquide avec la langue, en parlant des animaux.

LAPEREAU [lapro] n. m. (préroman *lapparo*). Jeune lapin.

LAPIAZ n. m. → LAPIÉ.

LAPIDAIRE n. m. (lat. *lapidarius*; de *lapis*, *lapidis*, pierre). Ouvrier qui taille les pierres fines ou des pierres précieuses autres que le diamant. ‖ Professionnel qui en fait le commerce. ‖ Petite meule rapide utilisée pour polir. ‖ Genre de poésie didactique, au Moyen Âge, qui traitait des propriétés qu'on attribuait aux pierres précieuses.

LAPIDAIRE adj. Bref et concis : *formule lapidaire*. ‖ Qui concerne les pierres fines ou précieuses, ou la taille de ces pierres. ● *Musée lapidaire*, consacré à des sculptures en pierre. ‖ *Style lapidaire*, style des inscriptions gravées sur la pierre, le marbre, etc.

LAPIDATION n. f. Action de lapider.

LAPIDER v. t. (lat. *lapidare*). Tuer, attaquer, poursuivre à coups de pierres.

LAPIÉ ou **LAPIAZ** [lapjɑ] n. m. (mot du Jura). *Géogr.* Ciselure superficielle due au ruissellement dans les cendres et celles des bombes.

LAPILLI n. m. pl. (mot it.). Projections volcaniques de petites dimensions comprises entre celles des cendres et celles des bombes.

LAPIN, E n. (de *lapereau*). Mammifère rongeur, sauvage ou domestique, très prolifique. (Le lapin sauvage, ou *lapin de garenne*, est un gibier apprécié; il vit sur les terrains boisés et

lapin

sableux, où il creuse des terriers collectifs. Le lapin domestique est élevé principalement pour sa chair, sauf pour quelques espèces utilisées pour leur fourrure.) ‖ Chair comestible du lapin : *manger un civet de lapin*. ‖ Fourrure de cet animal : *un col en lapin*. ● *Cage* ou *cabane à lapins* (Fam.), immeuble regroupant de nombreux appartements exigus. ‖ *Chaud lapin* (Fam.), homme à l'activité sexuelle intense. ‖ *Coup du lapin* (Fam.), coup brutal sur la nuque. ‖ *Poser un lapin* (Fam.), ne pas venir à un rendez-vous.

LAPINER v. i. Mettre bas, en parlant de la lapine.

LAPINIÈRE n. f. Endroit où l'on élève des lapins.

LAPINISME n. m. *Fam.* Fécondité excessive.

LAPIS [lapis] ou **LAPIS-LAZULI** [-lazyli] n. m. inv. (lat. *lapis*, pierre, et *lazuli*, mot persan). Pierre fine opaque d'un bleu intense, qui est du silicate d'aluminium et de sodium contenant du soufre à l'état très divisé, employée en bijouterie et en tabletterie. (Syn. LAZURITE.)

LAPON, E adj. et n. De la Laponie.

LAPON n. m. Langue finno-ougrienne parlée en Laponie.

LAPPING n. m. (angl. *to lap*, laper). Opération de superfinition de surface de pièces mécaniques à l'aide de grains d'abrasifs, très fins, en suspension dans un liquide.

LAPS [laps] n. m. (lat. *lapsus*, chute). *Laps de temps*, intervalle de temps.

LAPSI n. m. pl. (lat. *lapsus*, tombé). Chrétiens qui, au temps des persécutions, avaient renié ou fait semblant de renier leur foi.

LAPSUS [lapsys] n. m. (mot lat.). Faute commise en parlant (*lapsus linguae*) ou en écrivant (*lapsus calami*) et qui consiste à substituer au terme attendu un autre mot. (S. Freud y voit l'émergence de désirs inconscients.)

LAQUAGE n. m. Action de laquer. ‖ État de ce qui est laqué. ‖ Opération qui permet d'obtenir du sang laqué. ‖ Étendage d'une couche de laque sur un imprimé pour le rendre plus brillant et pour le protéger.

LAQUAIS n. m. (gr. médiév. *oulakês*; turc *ulaq*, coureur). Valet de pied qui porte la livrée. ‖ *Litt.* Homme d'un caractère servile.

LAQUE n. f. (mot ar.; du sanskr.). Gomme-résine rouge-brun, fournie par plusieurs plantes d'Orient de la famille des térébinthacées; vernis noir ou rouge préparé, en Chine surtout, avec cette résine. ‖ Matière alumineuse colorée, employée en peinture. ‖ Produit qui, vaporisé sur la chevelure, la recouvre d'un film protecteur.

LAQUE n. m. Objet d'Extrême-Orient revêtu de nombreuses couches de laque, éventuellement peint, gravé, sculpté.

LAQUÉ, E adj. Se dit d'un canard ou de viande de porc enduit de miel avant cuisson et détaillé en lanières. ● *Sang laqué*, sang dont les globules rouges ont subi l'hémolyse, libérant l'hémoglobine.

LAQUER v. t. Couvrir d'une couche de laque.

LAQUEUR n. m. Ouvrier qui décore des ouvrages en bois par application de laques et de vernis.

LARAIRE n. m. Chez les Romains, petit sanctuaire domestique destiné au culte des dieux lares.

LARBIN n. m. *Fam.* Domestique, valet. ‖ *Fam.* Homme servile.

LARCIN n. m. (lat. *latrocinium*). Petit vol, commis furtivement; produit de ce vol.

LARD n. m. (lat. *lardum*). Tissu adipeux de certains animaux (notamment le porc). ● *Faire du lard* (Fam.), engraisser par suite de l'inaction. ‖ *Gros lard* (Pop.), personne grosse. ‖ *Lard gras* ou *gros lard*, graisse du porc, entre les couennes et la chair de l'animal, prélevée le long de l'échine. ‖ *Lard maigre* ou *petit lard*, lard de poitrine entremêlé de chair musculaire, qui peut être salé ou fumé. ‖ *Tête de lard* (Pop.), personne stupide et entêtée.

LARDER v. t. Piquer une viande de petits morceaux de lard : *larder un rôti de bœuf*. ‖ *Litt.* Percer de coups, blesser, cribler.

LARDOIRE n. f. Sorte de brochette creuse ou en gouttière, pour larder.

LARDON n. m. Petit morceau de lard pour accommoder un plat. ‖ *Pop.* Enfant.

LARE n. m. et adj. (lat. *lar, laris*; mot étrusque, *chef*). *Antiq. rom.* Nom des divinités tutélaires du foyer domestique, chez les Romains.

LARGABLE adj. Qui peut être largué.

LARGAGE n. m. Action de larguer, notamment à partir d'un avion.

LARGE adj. (lat. *largus*). Qui a une certaine étendue dans le sens perpendiculaire à la longueur : *une rivière large de plusieurs mètres*. ‖ Ample, qui ne serre pas : *un vêtement large*. ‖ Dont l'importance, la quantité sont très grandes : *faire de larges concessions*. ‖ Qui n'est pas borné, sans préjugés : *un esprit large; des idées larges*. ‖ Généreux : *se montrer large*. ● adv. De manière large : *mesurer large*. ● *Ne pas en mener large*, être plein d'inquiétude, être dans une situation dangereuse. ‖ *Voir large*, sans préjugés.

LARGE n. m. Largeur : *un mètre de large*. ‖ *Mar.* Pleine mer : *gagner le large*. ● *Au large!*, éloignez-vous! ‖ *Être au large*, être à son aise, avoir de la place, de l'argent. ‖ *Prendre le large*, s'éloigner du rivage en mer; s'enfuir. ‖ *Se tenir au large*, éviter de s'approcher. ◆ loc. prép. *Au large de*, en pleine mer, dans les parages de.

LARGEMENT adv. De façon large, abondamment : *déborder largement*. ‖ Au minimum : *il était largement onze heures*.

LARGESSE n. f. Libéralité, générosité : *profiter de la largesse de qqn*. ◆ pl. Dons généreux : *répandre ses largesses*.

LARGET n. m. Demi-produit sidérurgique de laminage, sous forme de barre plate à section rectangulaire (largeur : de 150 à 500 mm; épaisseur : de 6 à 50 mm).

LARGEUR n. f. Dimension d'un corps dans le sens perpendiculaire à la longueur. ‖ Caractère de ce qui n'est pas mesquin, pas étroit : *la largeur de ses idées*.

LARGHETTO [largeto] adv. et n. m. (mot it.). *Mus.* Indique un mouvement légèrement moins lent que *largo*; morceau exécuté dans ce temps.

LARGO [largo] adv. et n. m. (mot it.). *Mus.* Indique un mouvement ample et large; morceau exécuté dans ce temps.

LARGUE adj. (forme prov. de *large*). *Mar.* Qui n'est pas tendu. ● *Vent largue*, vent arrière oblique par rapport à l'axe du bateau.

LARGUE n. m. Allure d'un navire qui reçoit le vent largue. ● *Grand largue*, allure d'un navire recevant le vent par trois quarts arrière.

LARGUER v. t. (prov. *largá*). Détacher, lâcher, laisser aller; en parlant d'une amarre, d'une voile, etc. ‖ Lâcher dans les airs du personnel ou du matériel munis de parachutes. ‖ *Fam.* Abandonner volontairement ce qui embarrasse. ● *Être largué* (Fam.), être perdu, ne plus comprendre.

LARGUEUR n. m. Spécialiste chargé à bord d'un aéronef du parachutage de personnel ou de matériel.

LARIFORME n. m. Oiseau palmipède aqua-

tique comme la *mouette* et le *goéland*. (Les *lariformes* constituent un ordre.)

LARIGOT n. m. Flûte ancienne. ‖ Jeu d'orgue qui sonne une octave au-dessus du *nasard*. ‖ V. aussi TIRE-LARIGOT (À).

LARME n. f. (lat. *lacrima*). Liquide salé produit par deux glandes situées sous les paupières, au-dessus des globes oculaires, qui humecte la conjonctive et pénètre dans les fosses nasales par les caroncules lacrymales. ‖ *Fam.* Petite quantité d'un liquide : *je n'en veux qu'une larme*. ● *Avoir des larmes dans la voix*, être ému en parlant. ‖ *Larme de cerf*, liquide onctueux qui remplit les cavités existant au-dessous des yeux du cerf. ‖ *Larmes de crocodile*, larmes hypocrites. ‖ *Pleurer à chaudes larmes*, fondre en larmes, pleurer abondamment. ‖ *Rire aux larmes*, rire très fort.

LARME-DE-JOB n. f. (pl. *larmes-de-Job*). Plante cultivée dans le Midi, à grains luisants en forme de larme. (Famille des graminacées.)

LARMIER n. m. (de *larme*). *Archit.* Moulure horizontale en saillie sur le nu d'un mur et

larmier

destinée à en écarter les eaux pluviales. ‖ Angle interne de l'œil. ‖ Orifice situé au-dessous de l'angle interne de l'œil des cervidés, et par où s'écoule un liquide gras et odorant. ‖ Tempe du cheval.

LARMOIEMENT n. m. Écoulement continuel de larmes. ‖ Pleurnicherie.

LARMOYANT, E adj. Qui fond en larmes, qui pleurniche : *un ton larmoyant*.

LARMOYER v. i. (conj. **2**). Pleurnicher, verser des larmes, se lamenter continuellement.

LARRON n. m. (lat. *latro*). *Litt.* Voleur. ‖ *Techn.* Trou, fissure par où fuit l'eau d'une digue, d'un canal. ● *Le bon et le mauvais larron*, les deux voleurs qui, selon les Évangiles, furent mis en croix avec Jésus-Christ, et dont le premier se repentit avant de mourir. ‖ *Le troisième larron*, celui qui tire profit de la querelle de deux autres personnes. ‖ *S'entendre comme larrons en foire*, être d'accord pour jouer quelque mauvais tour.

Larsen (*effet*), phénomène de réaction prenant naissance dans une chaîne électroacoustique lorsqu'une certaine fraction de l'énergie de sortie est réinjectée à l'entrée, et qui se manifeste par le déclenchement d'oscillations spontanées.

LARVAIRE adj. Relatif à la larve ou à son état : *les formes larvaires des insectes*.

LARVE n. f. (lat. *larva*, fantôme). Stade de développement, différent de l'état adulte par sa forme et par son mode de vie, que présentent de nombreux animaux (batraciens, insectes, crustacés, etc.). ‖ Personne méprisable. ‖ *Antiq.* Spectres d'hommes morts tragiquement ou de criminels, que les Romains supposaient errer sur la terre pour tourmenter les vivants.

LARVÉ, E adj. Se dit de toute maladie qui se présente sous une forme anormale, et dont les accès sont peu fréquents et bénins. ‖ Qui ne s'est pas encore manifesté nettement, latent : *une opposition larvée*.

LARVICIDE n. m. Substance utilisée pour détruire les larves d'anophèles dans la lutte contre le paludisme.

LARYNGÉ, E [larɛ̃ʒe] ou **LARYNGIEN, ENNE** [larɛ̃ʒjɛ̃, ɛn] adj. Relatif au larynx.

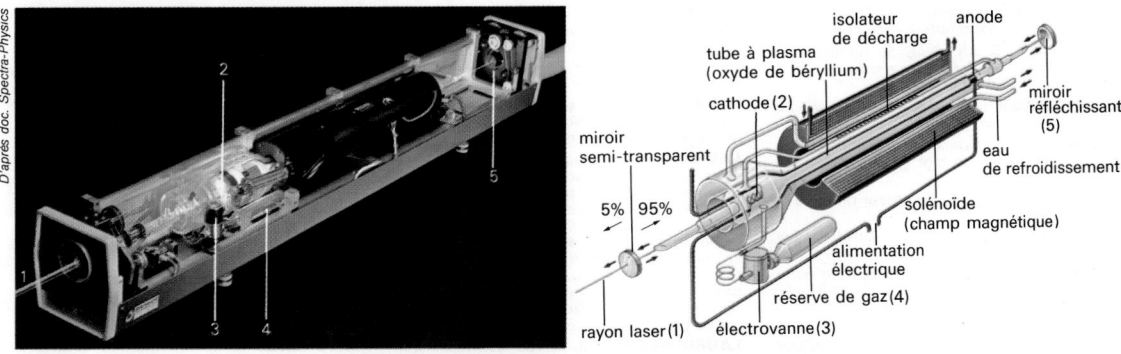

isolateur
de décharge — anode

tube à plasma
(oxyde de béryllium)

cathode (2)

miroir
semi-transparent

miroir
réfléchissant
(5)

eau
de refroidissement

5% 95%

solénoïde
(champ magnétique)

alimentation
électrique

réserve de gaz (4)

rayon laser (1) — électrovanne (3)

SCHÉMA DE FONCTIONNEMENT D'UN LASER IONIQUE

Le tube laser renferme un gaz (ici argon et krypton) constituant le milieu actif amplificateur;
il est placé dans le champ magnétique axial d'un solénoïde. La décharge qui s'établira entre l'anode et la cathode entraînera l'émission
de radiations spontanées puis stimulées de photons, qui s'amplifieront après chaque réflexion sur les miroirs constituant la cavité résonnante,
jusqu'au moment où le miroir semi-transparent sera traversé par le faisceau de lumière cohérente et monochromatique.

LARYNGECTOMIE n. f. Ablation chirurgicale du larynx.

LARYNGITE n. f. Inflammation du larynx.

LARYNGOLOGIE [larɛ̃gɔlɔʒi] n. f. Étude du larynx et de ses affections.

LARYNGOLOGISTE ou **LARYNGOLOGUE** n. Médecin spécialiste en laryngologie.

LARYNGOSCOPE n. m. Appareil avec lequel on peut observer le larynx.

LARYNGOSCOPIE n. f. Exploration de l'intérieur du larynx.

LARYNGOTOMIE n. f. Ouverture chirurgicale du larynx.

LARYNX n. m. (gr. *larunx*). Organe de la phonation, situé en avant du pharynx, entre l'os hyoïde et la trachée, et contenant des cartilages qui soutiennent les cordes vocales.

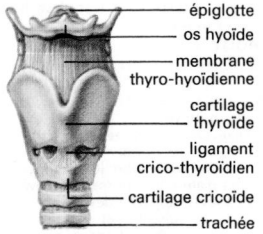

— épiglotte
— os hyoïde
— membrane thyro-hyoïdienne
— cartilage thyroïde
— ligament crico-thyroïdien
— cartilage cricoïde
— trachée

LARYNX

LARVES

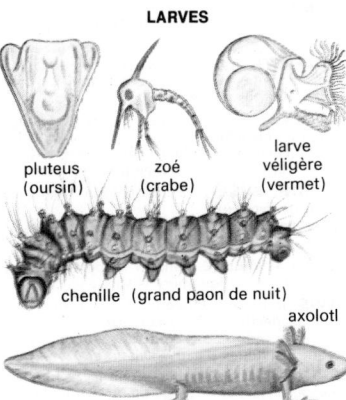

pluteus (oursin)

zoé (crabe)

larve véligère (vermet)

chenille (grand paon de nuit)

axolotl

LAS! [lɑs] interj. Syn. de HÉLAS! (Vx.)

LAS, LASSE [lɑ, lɑs] adj. (lat. *lassus*). *Litt.* Qui éprouve une grande fatigue physique. ‖ Qui ne peut plus supporter qqn ou qqch; ennuyé, dégoûté : *il est las de vous entendre.* ● *De guerre lasse*, à bout de résistance.

LASAGNE [lazaɲ] n. f. pl. (it. *lasagna*). Pâte alimentaire fraîche taillée en larges rubans.

LASCAR n. m. (mot persan, *soldat*). *Fam.* Individu rusé.

LASCIF, IVE [lasif, iv] adj. (lat. *lascivus*). Enclin aux plaisirs sexuels. ‖ Qui excite les plaisirs sexuels : *danse lascive.*

LASCIVEMENT adv. De façon lascive.

LASCIVITÉ n. f. *Litt.* Penchant, excitation à la luxure.

LASER [lazɛr] n. m. (mot angl.). Appareil pouvant produire, sous forme d'impulsions ou en continu, une lumière cohérente, utilisé dans le domaine des télécommunications, de l'armement, de la médecine, etc.

LASSANT, E adj. Qui lasse; ennuyeux.

LASSER v. t. (lat. *lassare*). Rendre las, excéder, ennuyer : *lasser qqn par ses questions.* ◆ **se lasser** v. pr. Se fatiguer d'une chose par ennui : *on se lasse d'entendre toujours les mêmes choses.*

LASSITUDE n. f. (lat. *lassitudo*). Sensation de fatigue physique. ‖ Dégoût, ennui, découragement.

LASSO n. m. (mot esp.). Corde ou longue lanière de cuir tressé, terminée par un nœud coulant et utilisée pour capturer les animaux.

LASTEX [lastɛks] n. m. (nom déposé). Filé de latex recouvert de fibres textiles (coton, rayonne, Nylon, etc.).

LATANIER n. m. Palmier des Mascareignes, cultivé parfois comme plante d'appartement.

LATENCE n. f. État de ce qui est latent. ‖ *Psychol.* Délai entre un stimulus et la réponse du sujet. (Syn. TEMPS DE RÉACTION.) ● *Période de latence* (Psychanal.), période qui va du déclin du complexe d'Œdipe à la puberté, marquée par un retrait normal et physiologique de la pulsion sexuelle.

LATENT, E adj. (lat. *latens*; de *latere*, être caché). Qui n'est pas apparent; qui ne se manifeste pas au-dehors. ‖ Se dit de l'image photographique d'un film impressionné, mais non développé. ‖ Se dit des maladies sans symptômes apparents. ● *Chaleur latente*, chaleur mise en jeu par un changement d'état physique s'effectuant à température fixe. ‖ *Contenu latent* d'un rêve (Psychanal.), ensemble des désirs inconscients exprimés par le rêve. ‖ *Œil latent*, œil à fruit qui, dans les arbres cultivés, demeure en état d'attente.

LATÉRAL, E, AUX adj. (lat. *lateralis*; de *latus, lateris*, flanc). De côté, sur le côté; relatif au côté d'une chose : *porte latérale.* ‖ *Math.* Se dit de la surface d'un solide géométrique, abstraction faite des surfaces des bases.

LATÉRALEMENT adv. Sur le côté.

LATÉRALISATION n. f. *Psychol.* Dominance hémisphérique d'une activité, d'une fonction.

LATÉRALISÉ, E adj. *Bien, mal latéralisé* (Psychol.), se dit d'un enfant dont l'activité motrice correspond bien ou mal à la dominance d'un hémisphère cérébral sur l'autre.

LATÉRALITÉ n. f. Dominance fonctionnelle d'un côté du corps sur l'autre.

LATERE (A) [alatere] → LÉGAT *a latere.*

LATÉRISATION ou **LATÉRITISATION** n. f. Transformation d'un sol en latérite par migration (lessivage) de la silice.

LATÉRITE n. f. (lat. *later*, brique). Sol rougeâtre de la zone tropicale humide, caractérisé par la présence d'alumine libre et d'oxydes de fer.

LATÉRITIQUE adj. Qui appartient à la latérite.

LATEX [latɛks] n. m. (mot lat., *liqueur*). Liquide blanc ou jaune sécrété par certains végétaux (hévéa, pissenlit, laitue, chélidoine). [On tire le caoutchouc du latex de l'hévéa et de certains pissenlits.]

LATHYRISME n. m. *Méd.* Intoxication par la farine de gesse.

LATICIFÈRE n. m. Tissu végétal sécrétant du latex. ◆ adj. Qui contient du latex.

LATICLAVE n. m. (lat. *latus clavus*, large bande). Bande pourpre qui ornait la tunique des sénateurs romains. ‖ La tunique elle-même.

LATIFOLIÉ, E adj. Qui a de larges feuilles.

LATIFUNDISTE n. Grand propriétaire terrien.

LATIFUNDIUM [latifɔ̃djɔm] n. m. (mot lat.) [pl. *latifundia*]. Grand domaine agricole exploité extensivement, caractéristique des économies peu développées et à forte concentration de la propriété foncière, dans lequel le travail est principalement fourni par des journaliers.

LATIN, E adj. et n. (lat. *latinus*). Du Latium : *le peuple latin.* ‖ Qui appartient à la Rome ancienne, à l'empire qu'elle avait constitué : *mythologie, langue latine.* ‖ Qui appartient à la langue latine : *version latine.* ‖ Qui appartient à une civilisation où la langue est d'origine latine : *l'Amérique latine.* ◆ *Bâtiment latin*, bateau gréant des voiles latines enverguées sur des antennes. ‖ *L'Église latine*, l'Église romaine. ‖ *Rite latin*, rite de l'Église romaine. ‖ *Voile latine*, voile en forme de triangle.

LATIN n. m. La langue latine. ● *Bas latin*, latin parlé ou écrit après la chute de l'Empire romain et durant le Moyen Âge. ‖ *Latin de cuisine*, jargon formé de mots français à désinence latine. ‖ *Latin populaire*, latin parlé, par oppos. au latin écrit, et qui a donné naissance aux diverses langues romanes. ‖ *Y perdre son latin* (Fam.), ne rien comprendre à une chose.

LATINISANT, E adj. *Relig.* Se dit des personnes qui, vivant dans un pays de rite grec, pratiquent le culte de l'Église latine.

LATINISATION n. f. Action de latiniser un mot, une région, un peuple.

LATINISER v. t. Donner une forme ou une terminaison latine à un mot. ‖ Donner le caractère latin.

LATINISME n. m. Tour de phrase propre à la langue latine.

LATINISTE n. Personne versée dans la langue et la littérature latines.

LATINITÉ n. f. Manière de parler ou d'écrire en latin. ‖ La civilisation latine. ● *Basse latinité*, langue des auteurs latins après la chute de l'Empire romain.

LATINO-AMÉRICAIN, E adj. De l'Amérique latine.

LATITUDE n. f. (lat. *latitudo, -dinis*, largeur). Angle formé, en un lieu donné, par la verticale du lieu avec le plan de l'équateur. (Les latitudes

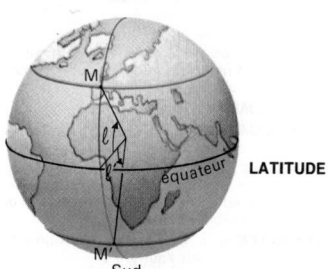

LATITUDE

Sud

l : latitude du point M
l' : latitude du point M'

sont comptées à partir de l'équateur, de 0 à ± 90°, positivement vers le nord, négativement vers le sud.) ‖ Lieu considéré sous le rapport du climat, de la température : *l'homme ne peut vivre sous toutes les latitudes.* ‖ Liberté, pouvoir d'agir à son gré : *laisser toute latitude à qqn.* ● *Basses latitudes,* latitudes voisines de l'équateur. ‖ *Cercle de latitude,* cercle parallèle à l'équateur et formé par tous les points d'égale latitude. ‖ *Hautes latitudes,* latitudes voisines du pôle.

LATITUDINAIRE adj. et n. Partisan d'une doctrine religieuse étendant le salut à tout le genre humain.

LATOMIES n. f. pl. (lat. *latomiae*). *Antiq.* Carrière qui servait de prison, à Syracuse.

LATRIE n. f. (gr. *latreia*). *Culte de latrie,* culte d'adoration qui n'est rendu qu'à Dieu seul.

LATRINES [latrin] n. f. pl. (lat. *latrina*). Lieux d'aisances.

LATTAGE n. m. Action de latter; surface recouverte de lattes.

LATTE n. f. Planche mince et de faible largeur. ‖ Long sabre droit de cavalerie (XIXᵉ s.).

LATTER v. t. Faire un lattis.

LATTIS [lati] n. m. Ouvrage de lattes, généralement espacées les unes des autres.

LAUDANUM [lodanɔm] n. m. (lat. *ladanum,* résine du ciste). Médicament liquide à base d'opium.

LAUDATEUR, TRICE n. Personne qui fait des louanges.

LAUDATIF, IVE adj. (lat. *laudativus*; de *laudare,* louer). Qui célèbre, glorifie, vante : *article laudatif.*

LAUDES n. f. pl. (bas lat. *laudes,* louanges). Prière liturgique du matin.

LAURACÉE n. f. Plante dicotylédone dialypétale, comme le *laurier,* le *camphrier* et le *cannelier.* (Les *lauracées* forment une famille comprenant des arbres et des arbustes des régions chaudes.)

LAURE ou **LAVRA** n. f. (gr. *laura*). Groupe de cellules d'ermites vivant sous l'autorité d'un abbé. ‖ Monastère orthodoxe.

LAURÉ, E adj. (lat. *laureus,* de laurier). *Litt.* Orné de lauriers : *tête laurée.*

LAURÉAT, E n. et adj. (lat. *laureatus,* couronné de laurier). Personne qui a remporté un prix, une récompense dans un concours.

LAURIER n. m. (lat. *laurus,* laurier). Arbre, type de la famille des lauracées, de la région méditerranéenne, dont les feuilles persistantes sont utilisées comme condiment. (On dit aussi LAURIER-SAUCE.) [Dans l'Antiquité, le laurier était un emblème de victoire.] ◆ pl. *Cueillir des lauriers, se couvrir de lauriers* (Litt.), remporter des victoires. ‖ *S'endormir sur ses lauriers,* s'arrêter dans une carrière glorieusement commencée. ‖ *Se reposer sur ses lauriers,* jouir d'un repos mérité par des succès éclatants.

LAURIER-CERISE n. m. (pl. *lauriers-cerises*). Prunier à feuilles persistantes, comme le laurier, et à fruits comestibles.

LAURIER-ROSE n. m. (pl. *lauriers-roses*). Arbuste de la famille des apocynacées, cultivé

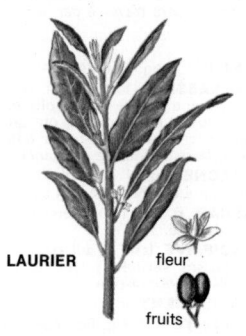

LAURIER   fleur

fruits

pour ses fleurs ornementales roses ou blanches.

LAURIER-TIN n. m. (pl. *lauriers-tins*). Viorne de la région méditerranéenne, dont les feuilles persistantes rappellent celles du laurier. (Famille des caprifoliacées.)

LAUSE ou **LAUZE** n. f. (mot gaul.). Pierre plate utilisée comme dalle ou pour couvrir des bâtiments dans certaines régions du sud et du sud-est de la France.

LAVABLE adj. Qui peut être lavé.

LAVABO n. m. (mot lat., *je laverai*). Appareil sanitaire, en forme de cuvette et alimenté en eau, permettant de faire sa toilette. ‖ Pièce contenant un ou plusieurs de ces appareils. ‖ *Liturg.* Fragment du psaume XXV que le prêtre récitait en lavant ses doigts à l'offertoire. ◆ pl. Cabinet d'aisances, dans un lieu public.

LAVAGE n. m. Action de laver. ‖ *Min.* Élimination des stériles contenus dans les produits extraits. ● *Lavage de cerveau,* action psychologique visant à faire abandonner à un adversaire ses convictions.

LAVALLIÈRE n. f. (de Mᵐᵉ de *La Vallière*). Cravate souple, nouée en deux larges boucles. ◆ adj. *Maroquin lavallière,* maroquin couleur feuille-morte.

LAVANDE n. f. (it. *lavanda,* qui sert à laver). Plante vivace de la famille des labiacées, croissant sur les coteaux secs et rocailleux de la région méditerranéenne, à feuilles et à fleurs odorantes, dont on tire un parfum; ce parfum. ● *Bleu lavande,* bleu mauve assez clair.

LAVANDIÈRE n. f. *Litt.* Femme qui lave le linge à la main. ‖ Autre nom de la BERGERON-NETTE.

LAVANDIN n. m. Lavande hybride, cultivée pour son essence.

LAVARET [lavarɛ] n. m. (mot savoyard). Poisson du lac du Bourget, long de 30 cm, appartenant au genre *corégone.*

LAVASSE n. f. *Fam.* Boisson, soupe ou sauce dans laquelle on a mis trop d'eau.

LAVATORY [lavatɔri] n. m. (mot angl.) [pl. *lavatories*]. Cabinets de toilette publics.

LAVE n. f. (it. *lava*; lat. *labes,* éboulement). Matière liquide émise par un volcan, et qui se refroidit pour former une roche volcanique. (On distingue les *laves acides,* qui se refroidissent vite, et les *laves basiques,* fluides, qui s'étalent en larges *coulées.*) ● *Lave torrentielle,* masse boueuse qui s'écoule dans le lit d'un torrent.

LAVÉ, E adj. Se dit d'une couleur, d'une teinte d'un faible degré d'intensité chromatique (mêlée de blanc). [Contr. SATURÉ.] ‖ Fait au lavis : *dessin habilement lavé.*

LAVE-DOS n. m. inv. Brosse munie d'un long manche pour se laver le dos.

LAVE-GLACE n. m. (pl. *lave-glaces*). Appareil envoyant un jet de liquide sur le pare-brise d'une automobile pour le laver.

LAVE-LINGE n. m. inv. Machine à laver le linge.

LAVE-MAINS n. m. inv. Dispositif composé d'un réservoir d'eau mural avec robinet inférieur, au-dessus d'un petit bassin. (Vx.)

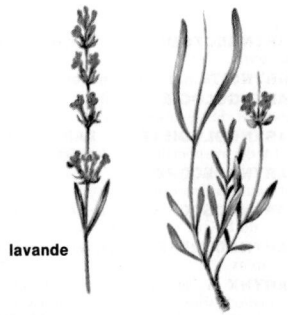

lavande

LAVEMENT n. m. Injection d'un liquide dans le gros intestin. ● *Lavement des pieds* (Liturg.), cérémonie qui a lieu le jeudi saint en souvenir de Jésus qui, d'après saint Jean, lava les pieds à ses apôtres avant la Cène.

LAVE-PONT n. m. (pl. *lave-ponts*). Balai dont la brosse de chiendent, très dure, sert à laver le sol.

LAVER v. t. (lat. *lavare*). Enlever avec un liquide ce qui salit; nettoyer avec de l'eau. ● *Laver un dessin,* l'exécuter ou le rehausser au lavis. ‖ *Laver une injure, un outrage* (Litt.), les venger. ‖ *Laver qqn d'une accusation,* le disculper. ‖ *Laver la tête à qqn* (Fam.), le réprimander sévèrement. ‖ *Machine à laver,* appareil destiné au lavage du linge ou de la vaisselle et actionné par un moteur électrique. ◆ se laver v. pr. Laver son corps. ● *Se laver les mains de qqch,* décliner toute responsabilité.

LAVERIE n. f. Blanchisserie équipée de machines à laver. ‖ *Min.* Atelier de lavage des minerais.

LAVE-TÊTE n. m. inv. Récipient monté sur pied, alimenté en eau, et dans lequel les coiffeurs lavent les cheveux.

LAVETTE n. f. Petite brosse ou petite éponge fixée à un manche et servant à laver la vaisselle. ‖ *Fam.* Personne veule et sans énergie. ‖ En Suisse, carré de tissu-éponge pour se laver.

LAVEUR, EUSE n. Personne qui lave : *un laveur de carreaux.*

LAVEUR n. m. Appareil pour nettoyer certains produits industriels.

LAVE-VAISSELLE n. m. inv. Appareil qui lave et sèche automatiquement la vaisselle.

LAVIS [lavi] n. m. Procédé qui tient du dessin et de la peinture, consistant dans l'emploi de l'encre de Chine ou d'une couleur quelconque unique, étendues d'eau. ‖ Dessin lavé.

LAVOIR n. m. Lieu public où l'on lavait le linge. ‖ Bac où l'on lave le linge. ‖ *Min.* Atelier de lavage pour le charbon.

LAVRA n. f. → LAURE.

LAVURE n. f. Eau qui a servi à laver la vaisselle.

LAWN-TENNIS [lɔntenis] n. m. (angl. *lawn*, pelouse). Syn. ancien de TENNIS.

LAWRENCIUM [lorāsjɔm] n. m. (de *Lawrence*, n. pr.). Élément chimique transuranien (Lw), n° 103.

LAXATIF, IVE adj. et n. m. (lat. *laxativus*; de *laxare*, relâcher). Purgatif léger.

LAXISME n. m. (lat. *laxus*, large). Morale ou attitude pratique tendant à adoucir exagérément la rigueur des lois ou des règlements.

LAXISTE adj. et n. Qui concerne ou qui soutient le laxisme.

LAXITÉ n. f. (lat. *laxitas*). État de ce qui est lâche, distendu : *la laxité d'un tissu.*

LAYE n. f. Sorte de hache dont le ou les tranchants sont finement dentelés pour dresser une pierre ou ravaler une construction. (On écrit parfois, et à tort, LAIE.)

LAYER [leje] v. t. (conj. 2). Tracer une laie. ‖ Marquer les arbres à conserver dans une coupe.

LAYER v. t. (conj. 2). Dresser avec la laye le parement d'une pierre.

LAYETTE [lɛjɛt] n. f. (anc. fr. *laie*, tiroir). Trousseau d'un nouveau-né. ● *Layette d'horloger*, meuble à tiroirs plats et compartimentés, servant à ranger l'outillage de l'horloger.

LAYON [lɛjɔ̃] n. m. Petit sentier forestier.

LAZARET [lazarɛ] n. m. (it. *lazaretto*; de *lazaro*, ladre). Établissement isolé dans un port, un aéroport, où l'on garde en quarantaine les équipages et les passagers venant de pays infectés par des maladies contagieuses.

LAZARISTE n. m. (du prieuré *Saint-Lazare*). Membre de la Société des prêtres de la Mission, fondée en 1625 par saint Vincent de Paul.

LAZURITE n. f. Syn. de LAPIS.

LAZZARONE [ladzaronə] n. m. (mot napolitain) [pl. *lazzaroni*]. Naples, homme de la dernière classe du peuple.

LAZZI [ladzi ou lazi] n. m. (mot it.) [pl. *lazzi* ou *lazzis*]. Plaisanterie ironique et piquante.

L-DOPA n. m. Dérivé lévogyre de la dopamine, utilisé dans le traitement de la maladie de Parkinson.

LE, LA, LES art. définis servant à déterminer les noms, leur genre et leur nombre. ◆ pron. pers. complément direct de la troisième personne.

LÉ n. m. (lat. *latus*, large). Largeur d'une étoffe entre ses deux lisières. (Syn. LAIZE.) ‖ Panneau d'étoffe incrusté dans une jupe pour lui donner plus d'ampleur. ‖ Largeur d'une bande de papier peint.

LEADER [lidœr] n. m. (mot angl., *guide*). Personne la plus en vue d'un parti politique; chef d'une organisation, d'un régime, d'un pays. ‖ *Aéron.* Avion guide d'un dispositif aérien. ‖ *Sports.* Concurrent, équipe qui se trouve en tête d'une compétition.

LEADERSHIP [lidœrʃip] n. m. (mot angl.). Fonction de leader; commandement, hégémonie.

LEASING [liziŋ] n. m. (mot angl.). Syn. de CRÉDIT-BAIL.

LEBEL n. m. (du n. de l'inventeur Nicolas *Lebel* [1838-1891]). Fusil de calibre 8 mm, réalisé en 1886, plusieurs fois perfectionné, et employé dans l'armée française jusqu'en 1940.

LÉCANORE n. f. (gr. *lekanê*, bassin). Genre de lichens formant des croûtes sur les pierres et les écorces.

LÉCHAGE n. m. Action de lécher.

LÈCHE n. f. *Fam.* Tranche mince de pain, de viande (vx). ● *Faire de la lèche à qqn* (Fam.), le flatter bassement.

LÉCHÉ, E adj. *Fam.* Exécuté minutieusement : *portrait léché.* ● *Ours mal léché*, personne mal élevée, grossière.

LÈCHEFRITE n. f. (de *lèche*, et anc. fr. *froie*, frotte). Ustensile de cuisine placé sous la broche ou le gril pour recevoir le jus et la graisse d'une pièce de viande mise à rôtir.

LÉCHER v. t. (mot francique) [conj. 5]. Passer la langue sur qqch, enlever qqch avec la langue : *lécher un plat.* ‖ *Fam.* Exécuter avec soin excessif : *lécher un tableau.* ● *Lécher les pieds, les bottes, etc., de qqn*, avoir une attitude servile à son égard. ‖ *Lécher les vitrines* (Fam.), regarder longuement les étalages des magasins.

LÉCHEUR, EUSE n. Fam. Vil flatteur.

LÉCHEUR adj. m. Se dit d'un insecte possédant une langue pour lécher le nectar.

LÈCHE-VITRINES n. m. inv. *Faire du lèche-vitrines* (Fam.), flâner le long des rues en regardant les vitrines, les étalages des magasins.

LÉCITHINE n. f. (gr. *lekithos*, jaune d'œuf). Lipide phosphoré, abondant dans le jaune d'œuf, le système nerveux.

LEÇON n. f. (lat. *lectio*, lecture). Enseignement donné en une séance par un professeur, un maître à une classe, à un auditoire, à un élève : *une leçon d'histoire.* ‖ Ce que le maître donne à apprendre : *réciter sa leçon.* ‖ Enseignement tiré d'une faute ou d'un événement : *les leçons de l'expérience.* ‖ Avertissement, réprimande : *donner, recevoir une bonne leçon.* ‖ Forme particulière d'un texte, lorsque les versions qu'on en possède divergent.

LECTEUR, TRICE n. Personne qui lit un livre, un journal, etc. ‖ Personne qui lit à haute voix, devant d'autres personnes. ‖ Collaborateur qui lit les manuscrits envoyés à un éditeur. ‖ Professeur étranger chargé d'exercices pratiques sur la langue du pays dont il est originaire. ‖ *Liturg.* Clerc qui a reçu le deuxième des ordres mineurs.

LECTEUR n. m. Appareil qui transforme en impulsions électriques les signaux ou les données enregistrées sur un ruban magnétique, un disque, etc. : *lecteur de cassettes.* ‖ *Inform.* Machine ou dispositif permettant l'introduction des données dans un ordinateur à partir d'un support extérieur : *bande magnétique, ruban de papier perforé, carte perforée, etc.*

LECTORAT n. m. Fonction, charge de lecteur.

LECTURE n. f. (lat. médiév. *lectura*). Action de lire; ce qu'on lit : *sa lecture est parfaite; achever la lecture d'une lettre; apportez-moi de la lecture.* ‖ Le fait de savoir lire : *enseigner la lecture aux enfants.* ‖ Délibération d'une assemblée législative sur un projet ou sur une proposition de loi. ‖ Interprétation de caractère littéraire, philosophique, musical : *une nouvelle lecture de Racine.* ‖ Transformation, par un lecteur, de signaux enregistrés, de données (caractères, cartes ou rubans perforés) en signaux électriques. ● *Lecture en mémoire* (Inform.), sortie d'information précédemment enregistrée dans une mémoire électronique. ‖ *Lecture optique*, reconnaissance de caractères imprimés ou manuscrits par un dispositif automatique utilisant un procédé optique. ‖ *Tête de lecture*, lecteur ou organe de lecture d'un procédé à la lecture.

LÉCYTHE n. m. (gr. *lekuthos*). *Archéol.* Petit vase à goulot étroit, anse et pied, destiné au parfum et aux huiles, à partir du Ve s. av. J.-C., une offrande funéraire courante en Attique.

LEDIT adj. → DIT.

LÉGAL, E, AUX adj. (lat. *legalis*; de *lex, legis*, loi). Conforme à la loi, au droit : *moyen légal.*

LÉGALEMENT adv. Suivant les lois.

LÉGALISATION n. f. Action de légaliser.

LÉGALISER v. t. Rendre légal. ‖ *Dr.* Certifier l'authenticité des signatures apposées sur un acte (en parlant d'un officier public).

LÉGALISME n. m. Souci de respecter minutieusement la lettre de la loi.

LÉGALISTE n. Partisan de la légalité.

LÉGALITÉ n. f. Qualité de ce qui est légal; ensemble des choses prescrites par la loi : *rester dans la légalité.*

LÉGAT n. m. (lat. *legatus*, envoyé). *Hist.* À Rome, personnage chargé d'une mission diplomatique (ambassadeur), administrative (adjoint au gouverneur de province), militaire (lieutenant des généraux en campagne). ‖ Sous l'Empire romain, titre donné aux gouverneurs de provinces impériales et aux commandants de légion. ‖ Représentant extraordinaire du pape.

● *Légat « a latere »* (c'est-à-dire de l'entourage immédiat du pape), cardinal chargé par le pape d'une mission extraordinaire et importante.

LÉGATAIRE n. (lat. *legare*, léguer). Bénéficiaire d'un legs.

LÉGATION n. f. Mission diplomatique entretenue par un gouvernement dans un pays où il n'a pas d'ambassade. ‖ Bâtiment occupé par le personnel de cette mission. ‖ Étendue de pays soumise à un légat. ● *Droit de légation* (Dr. intern.), droit d'envoyer des représentants diplomatiques à l'étranger ou d'en recevoir.

LEGATO [legato] adv. (mot it.). *Mus.* En liant les sons.

LÈGE adj. (néerl. *leeg*, vide). *Mar.* Se dit d'un navire sans cargaison ou n'ayant que du lest.

LÉGENDAIRE adj. De la nature des légendes : *récit légendaire.* ‖ Déformé ou transformé par la tradition populaire : *animaux légendaires.* ‖ Passé de la célébrité : *héros légendaire.*

LÉGENDE n. f. (lat. *legenda*, ce qui doit être lu). Récit à caractère merveilleux, où les faits historiques sont transformés par l'imagination populaire ou par l'invention poétique. ‖ Histoire déformée et embellie par l'imagination. ‖ Explication jointe à une photographie, à un dessin, à un plan ou à une carte géographique.

LÉGENDER v. t. Compléter une illustration par un texte *(légende)* relatif au sujet représenté.

LÉGER, ÈRE adj. (lat. *levis*). Qui a peu de poids, dont la densité est faible, qui a peu d'épaisseur : *terre légère; tissu léger; vapeur légère.* ‖ Facile à digérer, frugal : *aliment léger.* ‖ Qui donne une impression de vivacité, de délicatesse : *danse légère; touche légère.* ‖ Aisé à supporter : *peines légères; faute légère.* ‖ Peu sensible, peu perceptible : *différence légère.* ‖ Peu violent, peu fort : *thé léger.* ‖ Qui a peu de sérieux, de profondeur, de stabilité : *tête légère; femme légère.* ‖ Dans divers sports individuels, qualifie une catégorie de poids (s'emploie aussi comme nom). ● *À la légère*, inconsidérément. ‖ *Avoir la main légère*, être prompt à frapper; opérer adroitement, en parlant d'un chirurgien. ‖ *Cœur léger*, sans souci. ‖ *Poésies légères*, sur des sujets peu importants. ‖ *Sommeil léger*, que le moindre bruit interrompt.

LÉGÈREMENT adv. De façon légère : *être vêtu légèrement; marcher légèrement; agir légèrement; blesser légèrement.*

LÉGÈRETÉ n. f. Qualité de ce qui est léger, peu épais, peu pesant, peu massif, peu important, peu sérieux : *la légèreté d'une plume, de l'aluminium, légèreté de conduite.*

LEGGINGS [legins] n. f. pl. (mot angl.). Jambières de cuir ou de forte toile.

LEGHORN [legɔrn] n. f. (n. angl. de la ville de *Livourne*). Race de poules bonnes pondeuses.

LÉGIFÉRER v. i. (lat. *legifer*, qui établit les lois) [conj. 5]. Faire des lois, édicter des règles.

LÉGION n. f. (lat. *legio*). *Hist.* Unité fondamentale de l'armée romaine. (La légion impériale comptait environ 6 000 hommes répartis en 10 cohortes, 30 manipules et 60 centuries.) ‖ Appellation de certaines unités militaires (gendarmerie). ‖ *Litt.* Grand nombre d'êtres vivants : *une légion de solliciteurs.* ● *Légion étrangère*, formation militaire française créée en 1831, en Algérie, et composée de volontaires, en majorité étrangers. (Une légion étrangère espagnole, ou *tercio*, fut créée en 1920.)

LÉGIONNAIRE n. m. Soldat d'une légion romaine. ‖ Militaire de la Légion étrangère. ● *Maladie du légionnaire*, maladie infectieuse grave, d'origine bactérienne, dont les premiers cas furent observés lors d'une réunion de l'American Legion. (Syn. LÉGIONNELLOSE.) ◆ n. Membre de l'ordre de la Légion d'honneur.

LÉGIONNELLOSE n. f. Syn. de MALADIE DU LÉGIONNAIRE.

LÉGISLATEUR, TRICE adj. (lat. *legislator*). Qui fait les lois.

LÉGISLATEUR n. m. Pouvoir public qui a mission de faire des lois. ‖ Chacun des membres de ce pouvoir. ‖ La loi en général : *le législateur a voulu que...* ‖ Personne qui trace les règles d'une science, d'un art.

LÉGISLATIF, IVE adj. Qui a caractère de loi : *acte législatif.* ‖ Qui a rapport à la loi : *élections législatives.* ‖ Qui a le privilège de faire des lois : *pouvoir législatif.* ● *Assemblée législative,* nom porté par l'assemblée unique qui détenait le pouvoir législatif sous la première monarchie constitutionnelle (1er oct. 1791 - 20 sept. 1792) et sous la seconde République (28 mai 1849 - 2 déc. 1851). ‖ *Corps législatif,* corps politique institué par la Constitution de 1852, dissous le 4 septembre 1870.

LÉGISLATION n. f. Ensemble des lois concernant tel ou tel domaine : *législation financière.*

LÉGISLATIVEMENT adv. Selon les lois.

LÉGISLATURE n. f. Corps législatif en activité. ‖ Période pour laquelle est élue une assemblée législative.

LÉGISTE n. m. (lat. *lex, legis,* loi). Celui qui connaît ou étudie les lois. ‖ *Hist.* Nom donné aux juristes qui apparurent dans l'administration royale à partir du règne de Louis IX. (Les légistes les plus célèbres et les plus efficaces dans la consolidation de l'autorité royale furent ceux de Philippe IV le Bel : Flote, Marigny, Nogaret.) ◆ adj. *Médecin légiste,* médecin chargé d'expertises en matière légale.

LÉGITIMATION n. f. Action de légitimer. ‖ *Dr.* Acte par lequel on rend légitime un enfant naturel.

LÉGITIME adj. (lat. *legitimus*). Qui est consacré ou admis par la loi : *mariage légitime; enfant légitime.* ‖ Qui est conforme à la justice, à la raison : *demande légitime.* ● *Légitime défense,* état de celui qui, pour se défendre, accomplit un acte interdit par la loi pénale.

LÉGITIME n. f. *Fam.* Épouse.

LÉGITIMÉ, E adj. et n. *Dr.* Qui bénéficie d'une légitimation : *fils légitimé.*

LÉGITIMEMENT adv. Conformément à la loi, à l'équité, à la justice.

LÉGITIMER v. t. Justifier, faire admettre comme excusable, juste : *rien ne légitime une mauvaise action.* ‖ Faire reconnaître pour authentique un pouvoir, un titre, etc. ‖ *Dr.* Conférer la légitimité à un enfant naturel.

LÉGITIMISTE adj. et n. Qui défend une dynastie légitime, les droits de la naissance au trône. ‖ *Hist.* En France, partisan de la branche aînée des Bourbons, détrônée en 1830 au profit de la branche d'Orléans. (La disparition, sans héritier, en 1883, du comte de Chambord, qu'on appelait parfois « Henri V » et qui était le petit-fils de Charles X, mit fin pratiquement aux activités du parti légitimiste.)

LÉGITIMITÉ n. f. Qualité de ce qui est fondé en droit, fondé en justice, en équité : *contester la légitimité d'un droit.* ‖ État d'un enfant légitime. ‖ *Hist.* Hérédité de la royauté par droit de naissance.

LEGS [lɛ ou lɛg] n. m. (anc. fr. *lais;* de *laisser*). Disposition faite par testament au bénéfice d'une personne. ● *Legs à titre particulier,* legs d'un ou de plusieurs biens déterminés. ‖ *Legs à titre universel,* legs qui porte sur une quote-part de l'ensemble de la succession ou la totalité des biens, par exemple une quote-part de l'ensemble de la succession ou la totalité des meubles ou des immeubles. ‖ *Legs universel,* legs qui porte sur la totalité de la succession ou, tout au moins, de la quotité disponible, lorsque le légataire universel est en concurrence avec des héritiers réservataires.

LÉGUER v. t. (lat. *legare*) [conj. 5]. Donner par testament. ‖ Transmettre à ceux qui viennent ensuite : *léguer ses vertus à ses enfants.*

LÉGUME n. m. (lat. *legumen*). Plante potagère dont les graines, les feuilles, les tiges ou les racines entrent dans l'alimentation. (On distingue les *légumes verts* [racine de la carotte, tige et bourgeon de l'asperge, feuilles du poireau, fleurs du chou-fleur, fruit du haricot] et les *légumes secs* [graines du haricot, du pois]. Ces derniers sont riches en protéines.) ‖ *Bot.* Syn. de GOUSSE.

LÉGUME n. f. *Grosse légume* (Fam.), personnage important.

LÉGUMIER, ÈRE adj. Qui se rapporte aux légumes : *culture légumière.*

LÉGUMIER n. m. Plat creux, avec couvercle, dans lequel on sert des légumes.

LÉGUMINE n. f. Substance protidique existant dans certaines graines (pois, haricot).

LÉGUMINEUSE adj. et n. f. Plante dicotylédone dont le fruit est une gousse, ou *légume.* (Les *légumineuses* forment un ordre comprenant trois familles : papilionacées, césalpiniacées, mimosacées; elles comprennent de nombreuses espèces comestibles. Ex. : pois, haricot, lentille, luzerne, trèfle.)

LEI [lɛj] n. m. pl. → LEU.

LÉIOMYOME n. m. *Méd.* Tumeur bénigne qui se développe à partir de fibres musculaires lisses.

LEISHMANIA [lɛʃmanja] n. f. (de *Leishman,* qui découvrit ce parasite). Protozoaire parasite des globules blancs humains, de l'embranchement des flagellés. (Les leishmanias sont surtout connues dans les pays chauds et sont transmises par des insectes, les *phlébotomes;* elles déterminent des maladies graves, ou *leishmanioses,* comme le bouton d'Orient.)

LEISHMANIOSE n. f. *Méd.* Affection causée par les leishmanias.

LEITMOTIV [lajtmɔtif] n. m. (mot all.) [pl. *leitmotive* ou *leitmotivs*]. Phrase, formule qui revient à plusieurs reprises dans une œuvre littéraire, dans un discours, etc. ‖ *Mus.* Motif musical conducteur.

LEK n. m. Unité monétaire principale de l'Albanie.

LEMME [lɛm] n. m. (gr. *lêmma,* proposition prise d'avance). *Math.* Proposition préliminaire dont la démonstration facilite celle d'un théorème subséquent.

LEMMING [lemiŋ] n. m. (mot norvég.). Mammifère de l'ordre des rongeurs, vivant dans des terriers, en Scandinavie, et effectuant des migrations massives vers le sud. (Long. 10 cm.)

lemming

LEMNACÉE n. f. (gr. *lemna*). Monocotylédone de la famille de la *lentille d'eau.*

LEMNISCATE n. f. (lat. *lemniscatus;* gr. *lêmniskos,* ruban). *Math.* Lieu des points dont le produit des distances à deux points fixes est constant.

LEMPIRA n. m. Unité monétaire principale du Honduras.

LÉMURES n. m. pl. (lat. *lemures*). *Antiq.* Chez les Romains, âmes des morts.

LÉMURIEN n. m. (lat. *lemures,* âmes des morts). Mammifère primate aux lobes olfactifs très développés. (Les *lémuriens* forment un sous-ordre comprenant des formes arboricoles et frugivores comme le *maki,* l'*aye-aye,* l'*indri.*) [Syn. PROSIMIEN.]

LENDEMAIN n. m. (anc. fr. *l'endemain*). Jour qui suit celui où l'on est, ou celui dont on parle. ● *Du jour au lendemain,* dans un court espace de temps.

LENDIT n. m. (lat. *indictum,* ce qui est fixé). *Hist.* Grande foire qui se tenait au Moyen Âge dans la plaine Saint-Denis et où l'Université faisait provision de parchemin.

LÉNIFIANT, E adj. Apaisant, calmant; amollissant : *climat lénifiant.*

LÉNIFIER v. t. (lat. *lenis,* doux). Atténuer, adoucir. ‖ *Méd.* Adoucir au moyen d'un calmant.

LÉNINISME n. m. Doctrine de Lénine, considérée dans son apport au marxisme, notamment son analyse de l'impérialisme et sa conception de l'organisation du parti bolchevik.

LÉNINISTE adj. et n. Relatif au léninisme; partisan du léninisme.

LÉNITIF, IVE adj. et n. m. (lat. *lenis,* doux). Qui calme, adoucit.

LENT, E adj. (lat. *lentus,* souple). Qui n'agit pas avec promptitude, qui se fait avec lenteur : *esprit lent; exécution lente.* ‖ Dont l'effet tarde à se manifester, qui est progressif : *poison lent.*

LENTE n. f. (lat. *lens, lendis*). Œuf que le pou dépose à la base des cheveux.

LENTEMENT adv. Avec lenteur.

LENTEUR n. f. Manque de rapidité, d'activité, de vivacité dans les mouvements, dans le raisonnement : *marcher, parler avec lenteur; lenteur d'esprit.*

LENTICELLE n. f. (lat. *lens, lentis,* lentille). *Bot.* Pore traversant le liège d'une écorce et permettant la respiration des tissus sous-jacents.

LENTICULAIRE ou **LENTICULÉ, E** adj. De la forme d'une lentille : *verre lenticulaire.*

LENTIGO n. m., ou **LENTIGINE** n. f. (lat. *lens, lentis,* lentille). *Méd.* Petites taches pigmentaires de la peau. (Syn. GRAIN DE BEAUTÉ.)

LENTILLE n. f. (lat. *lenticula,* petite lentille). Plante à graines alimentaires, de la famille des papilionacées; la graine elle-même. ‖ Verre taillé

lentille

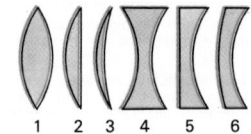

LENTILLES
1. Biconvexe; 2. Plan-convexe;
3. Ménisque convergent; 4. Biconcave;
5. Plan-concave; 6. Ménisque divergent.

en forme de lentille, servant dans les instruments d'optique. ‖ Tache de rousseur sur la peau. ‖ *Géol.* Formation d'étendue limitée en raison de l'érosion ou de la localisation de la sédimentation. ● *Lentille cornéenne,* syn. de VERRE DE CONTACT. ‖ *Lentille d'eau,* plante très petite, à deux ou à trois feuilles de la taille d'une lentille, vivant souvent en grand nombre à la surface des eaux stagnantes. (Famille des lemnacées.) ‖ *Lentille électronique,* dispositif qui joue le même rôle pour les électrons qu'une lentille optique pour la lumière. ‖ *Lentille de pendule,* masse métallique, de forme ronde, suspendue à l'extrémité inférieure du balancier.

LENTILLON n. m. Variété de lentille (plante).

LENTISQUE [lātisk] n. m. (lat. *lentiscus*). Arbrisseau cultivé dans le Proche-Orient, et dont le tronc fournit une résine appelée *mastic* et employée comme masticatoire. (Famille des térébinthacées; genre *pistachier.*)

LENTO [lɛnto] adv. (mot it.). *Mus.* Lentement.

LÉONARD, E adj. et n. Du pays de Léon, en Bretagne.

LÉONIN, E adj. (lat. *leoninus;* de *leo, leonis,* lion). Propre au lion. ‖ Se dit d'un partage, d'un contrat où une personne se réserve la plus grosse part.

LÉONIN, E adj. (de *Léon,* poète du XIIIe s.). Se

dit de vers dont les deux hémistiches riment ensemble.

LÉONURE n. m. Syn. de AGRIPAUME.

LÉOPARD n. m. (lat. *leo*, lion, et *pardus*, panthère). Nom donné à la panthère tachetée d'Afrique. (Long. 1,20 m.) ‖ Fourrure de cet animal, aux taches en rosettes, très précieuse en pelleterie.

LÉOPARDÉ, E adj. Dont la peau est tachetée comme celle du léopard.

LÉPIDODENDRON n. m. (gr. *lepis, lepidos*, écaille, et *dendron*, arbre). Arbre de l'ère primaire, qui atteignait de 25 à 30 m de haut. (Embranchement des ptéridophytes, ordre des lépidodendrales.)

LÉPIDOLITE n. m. Mica lithinifère, principal minerai d'où l'on retire le lithium.

LÉPIDOPTÈRE n. m. (gr. *lepis, lepidos*, écaille, et *pteron*, aile). Insecte à métamorphoses complètes, portant à l'état adulte quatre ailes membraneuses couvertes d'écailles microscopiques colorées. (La larve est appelée *chenille*, la nymphe *chrysalide*, l'adulte *papillon*; les *lépidoptères* forment un ordre.)

LÉPIDOSIRÈNE ou **LEPIDOSIREN** [lepidɔsirɛn] n. m. Poisson des marais du bassin de l'Amazone, qui se retire dans un terrier creusé dans la vase pour y mener une vie ralentie pendant la saison sèche, et qui respire par des branchies et par des poumons. (Long. 1,20 m; ordre des dipneustes.)

LÉPIOTE n. f. (gr. *lepion*, petite écaille). Champignon à lames, à chapeau couvert d'écailles, à anneau, mais sans volve, croissant dans les bois, les prés. (La *coulemelle*, comestible, est la lépiote élevée.) [Classe des basidiomycètes; famille des agaricacées.]

LÉPISME n. m. Insecte à corps gris argenté, vivant dans les lieux humides des maisons. (Long. 1 cm; ordre des thysanoures; nom usuel : *petit poisson d'argent*.)

LÉPISOSTÉE ou **LÉPIDOSTÉE** n. m. Poisson des rivières et des lacs des États-Unis. (Long. 1,50 m; ordre des ganoïdes.)

LÉPORIDÉ n. m. (lat. *lepus, leporis*, lièvre). Mammifère rongeur lagomorphe. (Les *léporidés* forment une famille comprenant les *lièvres* et les *lapins*.)

LÈPRE n. f. (lat. *lepra*). Maladie infectieuse chronique, produite par un bacille spécifique, dit *de Hansen*, qui couvre la peau de pustules et d'écailles et lèse le système nerveux. ‖ *Litt.* Vice ou mal grave qui s'étend comme la lèpre.

LÉPREUX, EUSE adj. et n. Qui a la lèpre; qui a rapport à la lèpre. ◆ adj. Couvert de traces de moisissure, sale : *des murs lépreux; une maison lépreuse.*

LÉPROSERIE n. f. Hôpital pour les lépreux.

LEPTOCÉPHALE n. m. (gr. *leptos*, mince, et *kephalê*, tête). Larve de l'anguille, transparente, en forme de feuille, qui traverse l'Atlantique vers les côtes européennes, en trois ans. (Long. max. 6 à 7 cm.)

LEPTOLITHIQUE adj. et n. m. (gr. *leptos*, grêle, mince, et *lithos*, pierre). Anc. nom du PALÉOLITHIQUE SUPÉRIEUR.

LEPTON n. m. Particule élémentaire ne subissant pas d'interactions nucléaires (électron, neutrino, muon).

LEPTOSPIRE n. m. (gr. *leptos*, mince, et *spire*). Protozoaire en forme de spirale, responsable des leptospiroses.

LEPTOSPIROSE n. f. Affection due au leptospire. (La leptospirose ictéro-hémorragique est caractérisée par une fièvre élevée, une hépatite avec ictère et des hémorragies.)

LEPTURE n. m. Coléoptère longicorne, qui vit sur les fleurs.

LEQUEL, LAQUELLE, LESQUELS, LESQUELLES pron. relat., en général précédé d'une préposition : *le bateau sur lequel nous naviguions.* ◆ pron. interr. Quel (parmi plusieurs) : *voici deux étoffes, laquelle choisissez-vous?* (Forme avec à et de les pronoms *auquel, auxquels, auxquelles, duquel, desquels, desquelles.*)

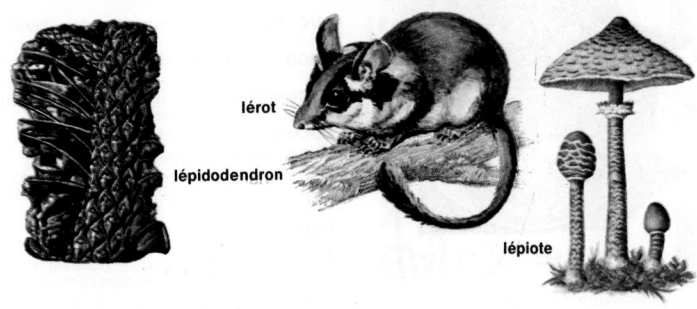

lérot

lépidodendron

lépiote

lépisme

LÉROT [lero] n. m. (de *loir*). Petit loir gris, à taches noires, d'odeur désagréable.

LES art. et pron. pl. → LE.

LÈS prép. → LEZ.

LESBIANISME ou **LESBISME** n. m. Homosexualité féminine.

LESBIEN, ENNE adj. et n. De Lesbos.

LESBIENNE n. f. Femme homosexuelle.

LÈSE adj. f. (lat. *laesa*, blessée). Mot qui se place devant certains substantifs féminins pour indiquer que la chose exprimée par le substantif a été attaquée, violée : *crime de lèse-majesté, de lèse-humanité.*

LÈSE-MAJESTÉ n. f. *Dr. anc.* Attentat à la majesté du souverain.

LÉSER v. t. (lat. *laesus*, blessé) [conj. 5]. Faire tort à qqn, à ses intérêts. ‖ Produire une lésion.

LÉSINE ou **LÉSINERIE** n. f. (it. *lesina*, alène, par allusion à des avares qui réparaient leurs chaussures eux-mêmes). *Litt.* Ladrerie, épargne excessive dans les plus petites choses.

LÉSINER v. i. *Litt.* Agir avec une économie de moyens excessive.

LÉSINEUR, EUSE adj. et n. *Litt.* Qui lésine.

LÉSION n. f. (lat. *laesio*). Perturbation apportée dans la texture des organes, comme plaie, contusion, inflammation, tumeur, etc. ‖ *Dr.* Préjudice qu'éprouve une partie dans un contrat ou dans un partage.

LÉSIONNAIRE adj. *Dr.* Relatif à une lésion.

LÉSIONNEL, ELLE adj. *Méd.* Relatif à une lésion.

LESSIVABLE adj. Se dit d'un tissu, d'un papier peint que l'on peut lessiver.

LESSIVAGE n. m. Action de lessiver. ‖ Élimination d'un corps soluble au moyen d'un traitement par l'eau. ‖ *Pédol.* Dans un sol, entraînement vers un horizon inférieur de certains éléments par dissolution sélective.

LESSIVE n. f. (lat. pop. *lixiva*; de *lix, licis*). Solution alcaline servant à laver et à nettoyer. ‖ Solution alcaline ou saline servant à la fabrication du savon. ‖ Produit commercial détersif. ‖ Linge qui doit être lessivé : *grosse lessive.* ‖ Action de lessiver : *faire la lessive.* ‖ *Fam.* Épuration.

LESSIVER v. t. Nettoyer au moyen de la lessive. ‖ Laver avec de l'eau alcaline. ‖ *Fam.* Éliminer qqn d'un poste, le dépouiller de ce qu'il possède. ● *Être lessivé* (Fam.), être épuisé.

LESSIVEUSE n. f. Récipient en tôle galvanisée, servant à faire bouillir le linge.

LESSIVIEL, ELLE adj. Relatif à la lessive : *produits lessiviels.*

LEST n. m. (néerl. *last*). Matière pesante (pierre, gueuse de fonte, grenaille d'acier, etc.) embarquée dans un véhicule quand l'absence de cargaison en rend la conduite difficile. ‖ Sable que l'aéronaute emporte dans la nacelle du ballon, et qu'il jette pour l'alléger. ● *Jeter du lest*, faire un sacrifice pour rétablir une situation compromise. ‖ *Navire sur lest*, bâtiment qui navigue sans fret.

LESTAGE n. m. Action de lester.

LESTE adj. (it. *lesto*, dégagé). Léger, agile, souple dans ses mouvements : *ce vieillard est encore leste.* ‖ Contraire à la pudeur, grivois : *propos lestes.* ● *Avoir la main leste*, être prompt à frapper.

LESTEMENT adv. D'une manière leste.

LESTER v. t. Garnir de lest un bâtiment, la nacelle d'un ballon, etc.

LET [let] adj. inv. (mot angl.). Au tennis et au tennis de table, se dit d'une balle de service qui touche le filet avant de tomber dans les limites du court ou de la table.

LÉTAL, E, AUX adj. (lat. *letalis*; de *letum*, mort). *Génét.* Se dit d'un gène qui, à l'état homozygote, entraîne la mort plus ou moins précoce de l'individu qui le porte. ‖ *Méd.* Se dit de toute cause qui entraîne la mort du fœtus avant l'accouchement. ● *Dose létale*, dose d'un produit toxique, rapportée au poids corporel, qui entraîne la mort du sujet.

LÉTALITÉ n. f. Mortalité : *établir des tables de létalité.* ‖ Caractère d'un gène létal.

LÉTHARGIE n. f. (gr. *lêthargia*; de *lêthê*, oubli). Sommeil profond, anormalement continu, sans fièvre ni infection, avec relâchement musculaire complet : *tomber en léthargie.* ‖ Torpeur, nonchalance extrême : *tirer qqn de sa léthargie.*

LÉTHARGIQUE adj. Qui tient de la léthargie : *sommeil léthargique.* ‖ Extrêmement nonchalant, indolent.

LETTE ou **LETTON** n. m. Langue balte parlée en Lettonie.

LETTON, ONNE adj. et n. De Lettonie.

LETTRE n. f. (lat. *littera*). Chacun des éléments de l'alphabet servant à transcrire une langue : *l'alphabet français a vingt-six lettres.* ‖ Caractère d'imprimerie représentant une de ces lettres : *lettre italique.* ‖ Sens étroit et strict des mots : *préférer l'esprit à la lettre.* ‖ Communication par écrit : *lettre de faire-part.* ● *À la lettre, au pied de la lettre*, au sens exact, propre de ces termes; sans rien omettre, exactement, ponctuellement. ‖ *Avant la lettre*, qui précède l'état complet et normal. ‖ *En toutes lettres*, sans abréviation, avec des mots et non des chiffres. ‖ *Lettre d'avis*, document informant d'une expédition. ‖ *Lettre de cachet* (Hist.), lettre fermée, scellée du sceau royal, employée sous l'Ancien Régime pour convoquer les grands corps ou pour donner un ordre d'incarcération. ‖ *Lettre de garantie* (Dr. mar.), document signé par le chargeur, en cas de réserves formulées par le capitaine sur l'état exact de la cargaison transportée, et permettant un recours contre le signataire de la lettre. ‖ *Lettre de marque*, ou *commission en guerre*, lettre patente que l'État donnait en temps de guerre au capitaine d'un navire armé en course. ‖ *Lettre morte*, chose dont on ne tient pas compte. ‖ *Lettre ouverte*, article de journal, de caractère polémique ou revendicatif et rédigé en forme de lettre. ‖ *Lettre de service*, document ministériel conférant à un officier des attributions particulières. ‖ *Lettre de voiture* (Dr.), écrit rédigé en vue de prouver le contrat de trans-

lettrine (enluminure du XVe s.)

port. ◆ pl. Ensemble des connaissances et des études littéraires : *licence ès lettres.* ● *Homme de lettres,* femme de lettres, écrivain.

LETTRÉ, E adj. et n. Qui a du savoir, de la culture littéraire.

LETTRE-TRANSFERT n. f. (pl. *lettres-transferts*). Lettre, chiffre, signe de ponctuation se reportant sur papier ou sur une autre surface lisse par pression et frottement.

LETTRINE n. f. (it. *letterina*). Grande initiale, ornée ou non, placée au début d'un chapitre ou d'un paragraphe.

LETTRISME n. m. Théorie littéraire qui fait consister la poésie dans la seule sonorité ou dans le seul aspect des lettres disposées en un certain ordre; école picturale qui fait appel à des combinaisons visuelles de lettres et de signes (depuis 1945).

LEU n. m. (forme anc. de *loup*). *À la queue leu leu* (Fam.), à la file, à la suite les uns des autres.

LEU n. m. (mot roum.) [pl. *lei*]. Unité monétaire principale de la Roumanie.

LEUCANIE n. f. (lat. *leucania*). Papillon du groupe des noctuelles, dont la chenille vit sur les graminées.

LEUCÉMIE n. f. (gr. *leukos*, blanc, et *haima*, sang). Maladie se manifestant par une augmentation du nombre des globules blancs dans le sang (jusqu'à 500 000 par mm³) et par la présence de cellules anormales révélant une altération des organes hématopoïétiques (moelle osseuse, rate, ganglions).

LEUCÉMIQUE adj. et n. Relatif à la leucémie; atteint de leucémie.

LEUCINE n. f. Acide aminé, homologue du glycocolle.

LEUCITE n. m. *Bot.* Syn. de PLASTE.

LEUCITE n. f. Silicate naturel d'aluminium et de potassium, qu'on trouve dans les roches volcaniques.

LEUCOCYTAIRE adj. Qui concerne les leucocytes. ● *Formule leucocytaire,* taux respectif des différentes variétés de leucocytes dans le sang.

LEUCOCYTE n. m. (gr. *leukos,* blanc, et *kutos,* cavité). Globule blanc du sang et de la lymphe, assurant la défense contre les microbes. (Chaque millimètre cube de sang en contient de 5 000 à 8 000, qui se distribuent environ en 65 p. 100 de polynucléaires et en 35 p. 100 de mononucléaires.)

LEUCOCYTOSE n. f. Augmentation du nombre des globules blancs (leucocytes) du sang, ces globules restant normaux.

LEUCO-ENCÉPHALITE n. f. Atteinte inflammatoire de la substance blanche des hémisphères cérébraux, entraînant des troubles neurologiques et une détérioration intellectuelle.

LEUCOME n. m. Tache blanchâtre sur la cornée.

LEUCOPÉNIE n. f. Diminution des globules blancs (leucocytes) du sang.

LEUCOPLASIE n. f. Transformation pathologique d'une muqueuse, qui se recouvre d'une couche cornée (comme la peau normale) et qui, étant constamment humide, prend un aspect blanchâtre.

LEUCOPOÏÈSE n. f. Formation des globules blancs ou leucocytes.

LEUCOPOÏÉTIQUE adj. Relatif à la leucopoïèse.

LEUCORRHÉE n. f. Écoulement blanchâtre provenant des voies génitales de la femme.

LEUCOSE n. f. Syn. de LEUCÉMIE.

LEUCOTOMIE n. f. Syn. de LOBOTOMIE.

LEUDE n. m. (mot francique). *Hist.* Sujet d'un roi mérovingien, lié à lui par un lien de fidélité personnelle.

LEUR pron. pers. de la 3e pers. du pl. (lat. *illorum,* d'eux). À eux, à elles : *un enfant qui aime ses parents leur obéit.* (Se place immédiatement devant le verbe et ne prend jamais de s.)

LEUR adj. poss. (lat. *illorum,* d'eux). D'eux, d'elles : *ils ont perdu leur père.* ◆ pron. poss. *Le leur, la leur, les leurs,* l'être, la chose, les êtres, les choses d'eux, d'elles : *nos voisins ont aussi un chat, mais le leur est gris.* ◆ n. m. pl. *Les leurs,* leurs parents, leurs amis, leurs alliés.

LEURRE n. m. (mot francique). Artifice, moyen d'attirer et de tromper : *ce projet merveilleux n'est qu'un leurre.* ‖ Morceau de cuir rouge façonné en forme d'oiseau, auquel on attachait un appât et que l'on jetait en l'air pour faire revenir le faucon. ‖ Appât factice attaché à un hameçon. ‖ *Arm.* Moyen destiné à gêner la détection d'un aéronef, du navire ou d'un sous-marin, ou à faire dévier les armes offensives dirigées contre eux.

LEURRER v. t. Attirer par quelque espérance trompeuse : *il s'est laissé leurrer.* ‖ Dresser à revenir au leurre : *leurrer un faucon.* ◆ **se leurrer** v. pr. Se faire des illusions; s'illusionner.

LEV [lev] n. m. (mot bulgare) [pl. *leva*]. Unité monétaire principale de la Bulgarie.

LEVAGE n. m. Action de lever : *le levage de la pâte.* ● *Appareil de levage,* appareil, engin pour le soulèvement ou la descente des fardeaux.

LEVAIN n. m. (de *lever*). Substance propre à produire la fermentation dans un corps. ‖ Morceau de pâte aigrie, qui, mêlé à la pâte du pain, la fait lever et fermenter. ‖ *Litt.* Germe de quelque passion violente : *levain de discorde.*

LEVALLOISIEN, ENNE adj. et n. m. (de *Levallois-Perret*). Se dit du faciès industriel du paléolithique moyen caractérisé par une technique de débitage, dite *technique Levallois,* consistant à préparer le plan de frappe du nucléus pour une série d'enlèvements. (Souvent associé au moustérien, le levalloisien ne constitue généralement qu'un faciès de cette dernière industrie.)

LEVANT n. m. Est, orient. ◆ adj. m. *Soleil levant,* soleil qui se lève.

LEVANTIN, E adj. et n. Originaire des pays de la Méditerranée orientale.

LEVÉ, E adj. *Au pied levé,* sans préparation, à l'improviste. ‖ *Temps levé* (Chorégr.), temps de préparation précédant un pas difficile. ‖ *Tête levée, front levé,* avec résolution, sans rien craindre. ◆ n. m. *Voter par assis et levé,* manifester son vote en restant assis ou en se levant.

LEVÉ ou **LEVER** n. m. *Topogr.* Établissement d'un plan.

LEVÉE n. f. Action d'enlever, de retirer : *la levée des scellés.* ‖ Moment où une assemblée clôt ses délibérations du jour : *levée de la séance.* ‖ Action de prélever, perception, collecte : *levée des impôts.* ‖ Action de retirer les lettres d'une boîte pour les faire parvenir à destination. ‖ Enrôlement : *levée de troupes.* ‖ Cartes jouées et placées en paquet devant celui qui a gagné le coup : *faire deux levées.* ‖ Digue parallèle à la rive d'un cours d'eau pour en retenir les eaux : *se promener sur la levée.* ● *Levée du corps,* cérémonie qui a lieu au départ du cercueil de la maison mortuaire. ‖ *Levée en masse,* appel de tous les hommes valides pour la défense du pays. ‖ *Levée d'option,* acte par lequel le bénéficiaire d'une promesse de vente déclare se porter acquéreur.

LEVER v. t. (lat. *levare*) [conj. 5]. Mettre plus haut : *lever un poids.* ‖ Redresser ce qui était incliné, diriger vers le haut, faire mouvoir de bas en haut : *lever la tête, la main.* ‖ Retirer ce qui

était posé, ôter : *lever les scellés.* ‖ Découper un membre d'une volaille ou enlever les filets d'un poisson. ‖ Enrôler, recruter : *lever une armée.* ‖ Percevoir : *lever des impôts.* ● *Lever une difficulté,* la faire cesser. ‖ *Lever les épaules,* témoigner du mépris par un mouvement d'épaules. ‖ *Lever un interdit,* une excommunication, en faire cesser les effets. ‖ *Lever le pied,* s'enfuir secrètement. ‖ *Lever un plan,* une carte, en faire le levé, au moins dans ses grandes lignes, sur le terrain. ‖ *Lever une femme* (Pop.), la séduire. ‖ *Lever la séance,* la clore. ‖ *Lever le siège,* mettre fin aux opérations d'un siège; s'en aller. ‖ *Lever les yeux sur qqn,* le regarder. ◆ v. i. Sortir de terre, pousser : *les blés lèvent.* ‖ Fermenter : *la pâte lèvera.* ◆ **se lever** v. pr. Se mettre debout. ‖ Sortir du lit. ‖ Apparaître à l'horizon, en parlant d'un astre. ‖ Commencer à paraître, à se former : *la tempête se lève.* ‖ Se dresser contre : *la population s'est levée contre le pouvoir.* ● *La mer se lève,* les vagues deviennent fortes. ‖ *Le temps se lève,* il commence à faire beau. ‖ *Le vent se lève,* il commence à souffler. ‖ *Se lever de table,* la quitter.

LEVER n. m. Moment où l'on se lève. ‖ Instant où un astre apparaît au-dessus de l'horizon. ‖ *Topogr.* Syn. de LEVÉ. ● *Lever de rideau,* petite pièce en un acte par laquelle on commence une soirée théâtrale; match préliminaire dans une réunion sportive.

LEVIER n. m. Barre rigide pouvant tourner autour d'un point fixe (point d'appui ou pivot), pour remuer, soulever des fardeaux. ‖ Tige de commande d'un mécanisme. ‖ Moyen d'action; ce qui sert à surmonter quelque résistance : *l'intérêt est un puissant levier.* ● *Effet de levier* (Fin.), accroissement de la rentabilité des capitaux propres d'une entreprise par l'effet de l'endettement.

LÉVIGATION n. f. Action de léviger.

LÉVIGER v. t. (lat. *levigare,* rendre lisse) [conj. **1**]. Réduire en poudre impalpable une substance, en la délayant dans un liquide qui la laisse ensuite déposer.

LÉVIRAT n. m. *Hist.* Loi hébraïque qui obligeait un homme à épouser la veuve de son frère mort sans descendant mâle. ‖ *Anthropol.* Pratique selon laquelle la ou les épouses d'un mari défunt passent à un ou aux frères du mari.

LÉVITATION n. f. (mot angl.; lat. *levitas,* légèreté). Phénomène selon lequel un corps est soulevé du sol et s'y maintient sans aucun appui naturel.

LÉVITE [levit] n. m. (mot hébr.). *Hist.* Ministre inférieur du culte israélite, chargé du service du Temple.

LÉVITE n. f. Longue redingote (vx).

LÉVOGYRE adj. Qui fait tourner vers la gauche le plan de polarisation de la lumière : *le fructose est lévogyre.* (Contr. DEXTROGYRE.)

LEVRAUT n. m. Jeune lièvre.

LÈVRE n. f. (lat. *labrum*). Chacune des parties extérieures inférieure et supérieure de la bouche, qui couvrent les dents. ● *Du bout des lèvres,* sans appétit; avec dédain. ‖ *Sourire du bout des lèvres,* sourire à contrecœur. ◆ pl. Bords saillants d'une ouverture. ‖ *Anat.* Replis membraneux de l'appareil génital externe féminin. ‖ *Bot.* Lobes de certaines fleurs. ‖ *Méd.* Bords d'une plaie.

LEVRETTE n. f. Femelle du lévrier. ‖ Variété petite du lévrier d'Italie.

LEVRETTÉ, E adj. Qui a la taille mince comme un lévrier : *épagneul levretté.*

LEVRETTER v. i. Mettre bas, en parlant de la femelle du lièvre.

LÉVRIER n. m. (de *lièvre*). Chien à longues jambes, très rapide, propre à la chasse du lièvre. (Fém. *levrette.*)

LEVRON, ONNE n. Lévrier de moins de six mois. ‖ Sorte de lévrier de petite taille.

LÉVULOSE n. f. *Chim.* Syn. de FRUCTOSE.

LEVURE n. f. (de *lever*). Champignon unicellulaire qui produit la fermentation alcoolique des solutions sucrées ou qui fait lever les pâtes farineuses. (Les levures sont des champignons ascomycètes; le genre le plus important est le

530

saccharomyces.) ● *Levure chimique*, corps utilisé en panification ou en pâtisserie à la place de la levure et qui produit le même résultat.

LEXÈME n. m. Élément significatif appartenant au lexique (morphème lexical), par oppos. aux morphèmes grammaticaux.

LEXICAL, E, AUX adj. Qui concerne le lexique, le vocabulaire.

LEXICALISATION n. f. Action de lexicaliser.

LEXICALISER v. t. Enregistrer comme mot autonome un dérivé ou un composé.

LEXICOGRAPHE n. Spécialiste de lexicographie, auteur de dictionnaires.

LEXICOGRAPHIE n. f. Science de la composition des dictionnaires.

LEXICOGRAPHIQUE adj. Relatif à la lexicographie.

LEXICOLOGIE n. f. Partie de la linguistique qui étudie le vocabulaire, considéré dans son histoire, son fonctionnement, etc.

LEXICOLOGIQUE adj. Relatif à la lexicologie.

LEXICOLOGUE n. Spécialiste de lexicologie.

LEXIE n. f. *Ling.* Toute unité du lexique (mot ou expression).

LEXIQUE n. m. (gr. *lexikon*; de *lexis*, mot). Ensemble des mots ayant une valeur de dénomination et formant la langue d'une communauté, d'une activité humaine, d'un individu. ‖ Dictionnaire composant la liste alphabétique des termes utilisés dans une science ou une technique. ‖ Forme abrégée d'un dictionnaire bilingue.

LEZ ou **LÈS** [lɛ] prép. (lat. *latus*, côté). Près de (uniquement dans les noms de lieux) : *Lys-lez-Lannoy.*

LÉZARD n. m. (lat. *lacertus*). Reptile commun près des vieux murs, dans les bois, les prés. (Le lézard ocellé peut atteindre 60 cm de long; type de l'ordre des lacertiliens.) ‖ Peau tannée de cet animal. ● *Faire le lézard* (Fam.), se chauffer paresseusement au soleil.

LÉZARDE n. f. Crevasse, fente irrégulière dans un ouvrage de maçonnerie. ‖ Forme de la trame des galons des sous-officiers.

LÉZARDER v. i. *Fam.* Faire le lézard.

LÉZARDER v. t. Produire des lézardes. ◆ **se lézarder** v. pr. Se fendre, se crevasser, en parlant des murs.

Li, symbole chimique du *lithium*.

LI n. m. (mot chin.). Mesure itinéraire chinoise, valant 576 m environ.

LIAGE n. m. Action de lier.

LIAIS [ljɛ] n. m. (mot gaul.). Pierre calcaire dure, d'un grain très fin.

LIAISON n. f. (de *lier*). Union, jonction de plusieurs corps ensemble. ‖ Enchaînement des parties d'un tout : *liaison dans les idées.* ‖ Affinité de sentiments, attachement. ‖ Union de deux amants : *liaison durable.* ‖ Communication régulière assurée entre deux points du globe : *liaisons aérienne, maritime.* ‖ *Chim.* Interaction entre ions (*liaison ionique*), entre atomes (*liaison covalente, liaison métallique*), entre molécules (*liaison de Van der Waals*), qui rend compte de la cohésion et de la structure des corps simples ou composés. ‖ *Constr.* Disposition des matériaux (briques, pierres ou moellons) entrant dans une construction, telle que les joints verticaux d'un lit portent sur le milieu d'un élément ou lit immédiatement inférieur. ‖ *Cuis.* Procédé culinaire destiné à épaissir les sauces par l'adjonction d'un ingrédient (œuf, farine, sang de gibier, etc.). ‖ *Ling.* Prononciation qui consiste à faire entendre la dernière consonne d'un mot, habituellement muette, avec la voyelle initiale du mot suivant. (Ex. : *les oiseaux* [lezwazo].) ‖ *Mécan.* Ensemble de conditions particulières auxquelles est assujetti un corps solide par rapport à un autre, qui limite les mouvements relatifs possibles de l'un par rapport à l'autre et qui détermine leur degré de liberté relatif. ‖ *Mil.* Fait d'assurer la continuité des relations entre chefs et subordonnés, entre armes différentes ou entre unités voisines. ‖ *Mus.* Trait réunissant deux notes écrites sur le même degré et indiquant que la seconde ne doit pas être attaquée de nouveau; signe expressif

indiquant que l'on ne doit pas détacher les notes les unes des autres. ● *En liaison avec*, en accord avec. ‖ *Mot de liaison*, conjonction ou adverbe de coordination.

LIAISONNER v. t. Mettre en liaison les pierres d'un ouvrage. ‖ Remplir les joints de mortier.

LIANE n. f. (de *lier*). Tige ligneuse grimpante ou volubile. ‖ Plante possédant une telle tige.

LIANT, E adj. Qui se lie facilement avec les gens, sociable : *caractère, esprit liant.*

LIANT n. m. Matière ajoutée à une autre pour en agglomérer les parties composantes. ‖ Constituant non volatil, ou semi-volatil, des peintures, véhiculant et agglutinant les pigments de couleur. (Syn. MÉDIUM.) [Ces liants sont des huiles siccatives, des huiles essentielles, des résines naturelles ou artificielles; dans le cas des *détrempes*, des colles, des résines, des produits tels que l'œuf employé en émulsion.] ‖ Élasticité : *le liant de l'acier.* ‖ *Litt.* Affabilité : *avoir du liant.* ● *Liant hydraulique*, matériau à l'état pulvérulent qui, gâché avec de l'eau en pâte plus ou moins épaisse, possède la propriété de durcir à l'abri de l'air sous la seule influence de l'eau et d'agglomérer ainsi des matières inertes (sable, graviers, etc.).

LIARD n. m. (anc. fr. *liart*, grisâtre). Anc. monnaie de cuivre qui valait le quart d'un sou.

LIAS [ljɑs] n. m. (mot angl.; fr. *liais*). *Géol.* Nom du jurassique inférieur.

LIASIQUE adj. *Géol.* Relatif au lias.

LIASSE n. f. Paquet de papiers, de billets liés ensemble : *liasse de lettres.*

LIBAGE n. m. (anc. fr. *libe*, bloc de pierre). *Constr.* Moellon, généralement dur, dont on se sert pour les fondations d'un mur.

lézard

LIBANAIS, E adj. et n. Du Liban.

LIBATION n. f. (lat. *libatio*; de *libare*, verser un liquide). *Antiq.* Offrande rituelle à la divinité d'un liquide (vin, huile), que l'on répandait sur le sol ou sur un autel. ◆ pl. Action de boire largement : *faire d'amples libations.*

LIBECCIO [libetʃjo] n. m. (mot it.). Vent du sud-ouest, soufflant sur la Côte d'Azur et la Corse.

LIBELLE n. m. (lat. *libellus*; dimin. de *liber*, livre). *Litt.* Petit écrit diffamatoire.

LIBELLÉ n. m. Rédaction d'un acte judiciaire ou administratif : *le libellé d'un jugement.*

LIBELLER v. t. Rédiger dans les formes légales : *libeller une demande.*

LIBELLISTE n. Auteur de libelles (vx).

LIBELLULE n. f. (lat. *libella*, niveau, par allusion au vol plané de l'insecte). Insecte à quatre ailes membraneuses, volant rapidement près des eaux en capturant de menus insectes, et dont la larve est aquatique. (Ordre des odonates; long. : jusqu'à 5 cm; les petites libellules bleues ou bronzées sont appelées *demoiselles*.)

LIBER [libɛr] n. m. (mot lat.). *Bot.* Tissu végétal assurant par ses tubes criblés la conduction de la sève élaborée, et se trouvant dans la partie profonde de l'écorce du tronc et des branches.

LIBÉRABLE adj. Qui est dans les conditions voulues pour être libéré : *prisonnier libérable.* ‖ Qui va être rendu à la vie civile : *militaire libérable.*

LIBÉRAL, E, AUX adj. et n. Qui est partisan de la plus grande liberté individuelle possible dans le domaine économique et politique, et hostile à l'intervention de l'État. ‖ Tolérant à l'égard de toutes les tendances et de leurs

manifestations. ● *Arts libéraux*, dans l'Antiquité classique et au Moyen Âge, ensemble des activités intellectuelles fondamentales (elles étaient divisées en deux cycles : le *trivium* [grammaire, rhétorique, dialectique] et le *quadrivium* [arithmétique, musique, géométrie, astronomie]); à l'époque classique, arts dans lesquels la conception intellectuelle et l'inspiration prédominent (notamment les *beaux-arts*), par oppos. aux ARTS MÉCANIQUES. ‖ *Parti libéral*, nom porté dans divers pays (Grande-Bretagne, Allemagne fédérale, Belgique, Italie) par des partis se réclamant du libéralisme politique. (Ils jouent parfois un rôle d'arbitre ou de modérateur entre les grandes formations politiques.) ‖ *Profession libérale*, profession indépendante et d'ordre intellectuel (avocat, médecin, ingénieur-conseil, etc.).

LIBÉRALEMENT adv. Avec libéralité; avec libéralisme : *interpréter libéralement une loi.*

LIBÉRALISATION n. f. Action de libéraliser.

LIBÉRALISER v. t. Rendre plus libéral, plus libre, en particulier en diminuant les interventions de l'État : *libéraliser un régime, les échanges économiques.*

LIBÉRALISME n. m. Doctrine (*libéralisme économique*) des partisans de la libre entreprise, qui s'oppose au socialisme et au dirigisme; plus particulièrement, théorie selon laquelle l'État n'a pas à intervenir dans les relations économiques qui existent entre individus, classes ou nations. ‖ Doctrine (*libéralisme politique*) soutenant, sans nier l'autorité de l'État, que celle-ci n'est pas absolue et que les citoyens conservent une part d'autonomie que l'État doit sauvegarder. ‖ Tolérance à l'égard des opinions et de la conduite d'autrui.

libellule

LIBÉRALITÉ n. f. Disposition à donner, générosité : *agir avec libéralité.* ‖ Don fait par une personne généreuse : *faire des libéralités.* ‖ *Dr.* Acte procurant un avantage sans contrepartie.

LIBÉRATEUR, TRICE adj. et n. Qui délivre une personne d'un grand péril, un peuple de la servitude, qqn d'une contrainte.

LIBÉRATION n. f. Action de rendre libre; mise en liberté : *libération d'un condamné.* ‖ Délivrance d'une occupation ennemie. ‖ Renvoi de militaires dans leurs foyers : *libération du contingent.* ‖ Affranchissement de tout ce qui limite la liberté, délivrance d'une sujétion, d'une domination : *mouvement de libération de la femme.* ‖ *Dr.* Acquittement d'une dette. ‖ *Phys.* Dégagement d'énergie lors d'une réaction chimique ou nucléaire. ● *Libération conditionnelle*, mesure par laquelle le condamné à une peine privative de liberté est libéré avant l'expiration de celle-ci. ‖ *Vitesse de libération*, vitesse minimale qu'il est nécessaire de communiquer à un corps au départ d'un astre pour lui permettre de quitter le champ d'attraction de cet astre. (La vitesse de libération terrestre est voisine de 11,2 km/s.)

LIBÉRATOIRE adj. *Dr.* Qui a pour effet de libérer d'une obligation, d'une dette.

LIBÉRÉ, E adj. et n. Dégagé d'une obligation, d'une peine, d'une servitude.

LIBÉRER v. t. (lat. *liberare*) [conj. 5]. Décharger de quelque obligation, de qqch qui est une charge : *libérer d'une obligation.* ‖ Mettre en liberté : *libérer un prisonnier.* ‖ Supprimer toute entrave à : *libérer les échanges économiques.* ‖ Renvoyer dans ses foyers : *libérer une classe.* ‖ Délivrer un pays de l'occupation ennemie. ‖ *Phys.* Dégager une énergie ou une substance.

◆ **se libérer** v. pr. Acquitter une dette, une obligation. ‖ Se rendre libre d'occupations.

LIBÉRIEN, ENNE adj. *Bot.* Relatif au liber.

LIBÉRIEN, ENNE adj. et n. Du Liberia.

LIBÉRISTE adj. et n. Relatif au vol à voile pratiqué avec une aile libre; adepte de ce sport.

LIBERO n. m. Au football, joueur placé devant le gardien de but, en retrait des autres défenseurs.

LIBÉRO-LIGNEUX, EUSE adj. *Bot.* Composé de bois et de liber : *faisceau libéro-ligneux.*

LIBERTAIRE n. et adj. Partisan de la liberté absolue de l'individu; anarchiste.

LIBERTÉ n. f. (lat. *libertas*). Pouvoir d'agir sans contrainte, de choisir : *engager sa liberté.* ‖ Fait d'un sujet qui agit selon sa propre nature en l'absence de tout déterminisme. ‖ État opposé à la captivité : *mettre un prisonnier en liberté*; à la servitude : *rendre la liberté à un peuple*; à la contrainte : *parler en toute liberté.* ‖ Droit, facilité que l'on s'accorde : *prendre la liberté de contredire qqn.* ● *Liberté des conventions* (Dr.), pouvoir qu'a chaque individu capable de conclure tout contrat privé sous la seule réserve du respect de l'ordre public et des bonnes mœurs. ‖ *Liberté du culte,* droit de pratiquer librement la religion de son choix. ‖ *Liberté de l'enseignement,* possibilité d'ouvrir librement des établissements d'enseignement. ‖ *Liberté individuelle,* droit qu'a chaque citoyen d'aller et venir sans entraves sur le territoire national, d'être en sécurité sur ce territoire (notamment de n'être privé de sa liberté que dans certains cas déterminés par la loi), de pouvoir en sortir et y rentrer. ‖ *Liberté naturelle,* droit, que l'homme possède par nature, d'agir sans contrainte extérieure. ‖ *Liberté d'opinion, de penser,* droit pour chacun d'exprimer ses pensées, ses croyances. ‖ *Liberté de réunion,* pouvoir accordé aux individus de délibérer des sujets de leur choix dans un local ouvert à tous sans avoir à solliciter une autorisation préalable. ‖ *Liberté surveillée,* régime soumettant les mineurs délinquants, maintenus dans leur milieu naturel, à une surveillance assurée par des délégués, sous le contrôle du juge des enfants. ‖ *Liberté syndicale,* pouvoir accordé aux individus de constituer des syndicats, d'adhérer ou non à un syndicat. ◆ pl. Immunités et franchises : *les libertés municipales.* ● *Libertés publiques,* ensemble des libertés reconnues aux individus et aux groupes face à l'État. ‖ *Prendre des libertés avec qqn,* agir avec lui trop familièrement. ‖ *Prendre des libertés avec un texte,* ne pas le citer exactement.

LIBERTICIDE adj. *Litt.* Qui détruit la liberté.

LIBERTIN, E adj. et n. (lat. *libertinus,* affranchi). Qui s'adonne sans retenue aux plaisirs charnels, déréglé dans sa conduite. ‖ *Littér.* Relatif au courant de pensée, issu de la Renaissance, qui se manifesta en France aux XVIIe et XVIIIe s. et qui se caractérisa par des idées panthéistes une morale qui se voulait indépendante de la religion.

LIBERTINAGE n. m. Manière de vivre libertine; débauche. ‖ Incrédulité religieuse (vx).

LIBERTY [libɛrti] n. m. et adj. inv. (du n. de l'inventeur; nom déposé). Tissu fin, le plus souvent en coton, à petites fleurs, employé pour l'ameublement et l'habillement.

LIBERUM VETO [libɛrɔmvɛto] n. m. *Hist.* Droit de veto qui appartenait à chaque membre de la Diète polonaise, dont les décisions devaient être prises à l'unanimité.

LIBIDINAL, E, AUX adj. Relatif à la libido. ● *Stade libidinal* (Psychanal.), étape du développement de la libido caractérisée par le primat d'une zone érogène et d'un type de relation d'objet.

LIBIDINEUX, EUSE adj. et n. *Litt.* Qui manifeste des désirs sexuels, de l'impudeur : *jeter un regard libidineux.*

LIBIDO n. f. (mot lat., *volupté*). *Psychanal.* Énergie de la pulsion sexuelle. (La libido peut s'investir sur le Moi [libido narcissique] ou sur un objet extérieur [libido d'objet].)

LIBOURET n. m. Ligne à main pour pêcher en mer.

LIBRAIRE n. (lat. *librarius*; de *liber,* livre). Commerçant en livres, ouvrages imprimés, etc.

LIBRAIRE-ÉDITEUR n. m. (pl. *libraires-éditeurs*). Libraire qui achète les manuscrits des auteurs et signe avec eux des conventions pour faire imprimer et vendre leurs ouvrages.

LIBRAIRIE n. f. Profession, magasin du libraire, commerce de livres. ‖ *Inform.* Ensemble de programmes tenus à la disposition des utilisateurs d'un ordinateur.

LIBRATION n. f. (lat. *libratio,* mouvement régulier). *Astron.* Balancement apparent de la Lune autour de son axe.

LIBRE adj. (lat. *liber*). Qui ne dépend de personne, n'est soumis à aucune autorité, obligation nécessité; qui peut ou a le droit de faire, d'agir : *l'homme est né libre; vous êtes libre de refuser.* ‖ Qui ne subit pas de domination arbitraire, indépendant; qui n'est pas prisonnier : *pays libre; un prévenu libre.* ‖ Qui est sans contrainte, sans souci des règles : *on est très libre dans cette maison.* ‖ Qui n'est pas occupé, retenu : *le taxi est libre; j'ai une heure de libre.* ‖ Qui n'est pas limité par une autorité, une règle : *presse libre; passage libre; libre de tout préjugé.* ● *Avoir le champ libre,* avoir la liberté de faire une chose. ‖ *Entrée libre,* faculté d'entrer sans avoir à payer ou à acheter. ‖ *Libre à vous de,* il vous est permis de. ‖ *Libre penseur,* personne qui s'est affranchie de tout dogme religieux. ‖ *Papier libre,* papier sans en-tête. ‖ *Traduction libre,* traduction où le texte n'est pas exactement suivi. ‖ *Vecteur libre,* vecteur qui peut être remplacé par tout autre vecteur équipollents.

LIBRE-ÉCHANGE n. m. Commerce entre nations, sans prohibitions ni droits de douane. (S'oppose à PROTECTIONNISME.)

LIBRE-ÉCHANGISME n. m. Doctrine visant à établir le libre-échange.

LIBRE-ÉCHANGISTE n. et adj. (pl. *libre-échangistes*). Partisan du libre-échange.

LIBREMENT adv. Sans contrainte : *vivre librement.* ‖ Avec franchise : *parler librement.*

LIBRE-SERVICE n. m. (pl. *libres-services*). Méthode de vente où le client se sert lui-même sans intervention du vendeur. ‖ Magasin où l'on pratique une telle méthode de vente.

LIBRETTISTE n. Auteur d'un livret, destiné à être mis en musique.

LIBRETTO [librɛto] n. m. (mot it., *petit livre*) [pl. *librettos* ou *libretti*]. *Mus.* Syn. de LIVRET.

LIBYEN, ENNE adj. et n. De Libye.

LICE n. f. (mot francique). Nom donné d'abord aux palissades de bois dont on entourait les places ou châteaux fortifiés; puis au terrain lui-même ainsi entouré, et qui servait aux tournois; enfin à tout champ clos préparé pour des exercices, des joutes en plein air. ‖ Bordure marquant le bord intérieur d'une piste. ● *Entrer en lice,* entreprendre une lutte, une discussion.

LICE n. f. Femelle d'un chien de chasse.

LICE n. f. → LISSE.

LICENCE n. f. (lat. *licentia,* liberté d'agir). *Litt.* Liberté trop grande, contraire au respect, aux bienséances : *prendre des licences avec qqn.* ‖ Grade universitaire : *licence ès lettres; licence ès sciences.* ‖ *Dr.* Permission accordée par les pouvoirs publics en vue de l'exercice de certaines professions, ainsi que pour l'importation ou l'exportation de divers produits; autorisation d'exploiter un brevet. ‖ *Sports.* Certificat d'enregistrement d'une personne physique ou morale, lui permettant de prendre part à une compétition sportive. ● *Licence grammaticale,* dérogation aux règles de la syntaxe. ‖ *Licence poétique,* dérogation aux règles ordinaires de la grammaire ou de la versification.

LICENCIÉ, E adj. et n. Qui a obtenu une licence à l'université : *licencié en droit.* ‖ Sportif titulaire d'une licence. ‖ Qui est privé de son emploi.

LICENCIEMENT n. m. Action de licencier. ● *Licenciement collectif,* privation d'emploi pour plusieurs salariés dans une entreprise. (Le licenciement collectif est soumis à la consultation du comité d'entreprise et à la demande

d'autorisation auprès de l'inspection du travail.) ‖ *Licenciement individuel,* rupture du contrat de travail entre employeur et salarié, décidée par l'employeur. (Le licenciement individuel peut intervenir pour cause économique ou pour faute professionnelle du salarié.)

LICENCIER [lisɑ̃sje] v. t. Priver d'emploi un salarié. ‖ Congédier des troupes, etc.

LICENCIEUSEMENT adv. De façon licencieuse.

LICENCIEUX, EUSE adj. (lat. *licentiosus*). Contraire à la décence, à la pudeur; qui incite à la débauche : *des propos licencieux; conduite licencieuse.*

LICHEN [likɛn] n. m. (gr. *leikhên,* qui lèche). Végétal vivant sur le sol, les arbres, les pierres,

lichens : usnée (à gauche) et parmélie

formé d'un thalle aplati ou rameux, où vivent associés un champignon et une algue. (Les lichens forment une classe des thallophytes et résistent à des conditions extrêmes de température, de sécheresse.) ● *Lichen plan* (Méd.), éruptions papuleuses sur la peau, avec épaississement de l'épiderme, provoquant de violentes démangeaisons.

LICHER v. t. (var. de *lécher*). *Pop.* Boire (vx).

LICHETTE n. f. *Fam.* Petite quantité d'un aliment. ‖ En Belgique, attache ou cordon servant à suspendre un vêtement, une serviette.

LICIER n. m. → LISSIER.

LICITATION n. f. (lat. *licitatio*). *Dr.* Vente par enchère, faite à un seul acquéreur par les copropriétaires d'un bien qui ne pourrait être partagé sans dépréciation.

LICITE adj. (lat. *licitus*; de *licet,* il est permis). Permis par la loi : *un moyen licite.*

LICITEMENT adv. De façon licite.

LICITER v. t. *Dr.* Vendre par licitation.

LICORNE n. f. (lat. *unicornis,* à une seule corne). Animal fabuleux, à corps de cheval, auquel les Anciens supposaient une corne au milieu du front. ● *Licorne de mer,* autre nom du narval.

LICOU ou, vx, **LICOL** n. m. Pièce de harnais qu'on place sur la tête des bêtes de somme pour les attacher ou les mener.

LICTEUR n. m. (lat. *lictor*). *Antiq.* Appariteur qui marchait devant les magistrats ou les empereurs de l'ancienne Rome et qui portait une hache entourée d'un faisceau de verges.

LIDO n. m. (mot it.). *Géogr.* Bande de sable fermant une baie et isolant une lagune.

LIE n. f. (mot gaul.). Dépôt qui se forme dans un liquide et qui tombe au fond du récipient. ● *Jusqu'à la lie,* jusqu'au bout. ‖ *La lie du peuple* (Litt.), la plus vile populace.

LIÉ, E adj. *Math.* Se dit d'un vecteur ayant un point d'application bien déterminé et ne pouvant glisser sur son support.

LIED [lid] n. m. (mot all.) [pl. *lieder* ou *lieds*]. Chant ou mélodie dans les pays germaniques. (Il peut être de caractère populaire, savant [XIXe s.] ou religieux.)

LIE-DE-VIN adj. inv. Rouge violacé.

LIÈGE n. m. (lat. *levis,* léger). Tissu végétal formé de cellules mortes à parois imprégnées de subérine, et constituant principal de l'écorce dans les racines et les tiges âgées. (Il atteint chez certains arbres [chêne-liège] plusieurs centimètres d'épaisseur.)

LIÉGÉ, E adj. Garni de liège.

LIÉGEOIS, E adj. et n. De Liège. ● *Café* ou *chocolat liégeois,* glace au café ou au chocolat servie avec de la crème Chantilly.

LIÉGEUX, EUSE adj. *Bot.* Qui a l'apparence ou la nature du liège.

LIEMENT [limã] n. m. Action de lier.

LIEN n. m. (lat. *ligamen*). Tout ce qui sert à lier, qu'il s'agisse de fil, corde, chaîne d'une matière quelconque, ou d'une pièce rigide dans un assemblage. ‖ Tout ce qui attache, unit : *les liens de l'amitié.*

LIER v. t. (lat. *ligare*). Attacher, serrer avec un lien : *lier un fagot.* ‖ Joindre, assembler : *le ciment lie les pierres.* ‖ Unir par un sentiment, un intérêt, un goût, par un rapport quelconque : *l'intérêt nous lie; lier son sort à celui de son pays.* ‖ Enchaîner moralement, obliger : *être lié par une promesse.* ● *Avoir partie liée* avec qqn, être engagé avec lui dans une affaire commune. ‖ *Lier amitié,* contracter une amitié. ‖ *Lier conversation,* engager, entamer la conversation. ‖ *Lier les notes* (Mus.), les interpréter par une seule émission de voix, de souffle, par un seul coup d'archet. ‖ *Lier une sauce* (Cuis.), l'épaissir. ◆ **se lier** v. pr. S'unir à une autre personne par un lien d'affection. ‖ S'obliger, s'astreindre : *se lier par un serment.*

LIERNE n. f. (de *lier*). *Archit.* Nervure qui joint, en principe, la clef d'une voûte au départ d'un doubleau ou d'un formeret (voûtes gothiques tardives). ‖ *Constr.* Pièce de bois ou barre métallique servant de liaison.

LIERRE n. m. (de *l'ierre;* lat. *hedera*). Plante ligneuse vivant fixée aux murs ou aux arbres par des racines crampons, à feuilles persistantes et à baies noires. (Famille des hédéracées.) ● *Lierre terrestre,* nom usuel du glechome.

LIESSE n. f. (lat. *laetitia*). *En liesse* (Litt.), en joie (en parlant d'une foule).

LIEU n. m. (anc. scandin. *lyr*) [pl. *lieus*]. Poisson de l'Océan et de la Manche, voisin du merlan. (Long. : 50 cm à 1 m; famille des gadidés.) [Syn. COLIN.]

LIEU n. m. (lat. *locus*) [pl. *lieux*]. Partie déterminée de l'espace : *deux corps ne peuvent occuper le même lieu en même temps.* ‖ Localité, pays, endroit : *lieu charmant; le lieu du crime.* ‖ *Avoir lieu,* arriver, s'accomplir; se dérouler. ‖ *Avoir lieu de,* avoir des raisons pour : *il a lieu de se féliciter.* ‖ *Ce n'est pas le lieu,* ce n'est pas l'endroit, le moment pour. ‖ *Donner lieu à,* fournir l'occasion de. ‖ *En dernier lieu,* finalement, enfin. ‖ *En haut lieu,* auprès des personnes responsables, des dirigeants. ‖ *En premier, en second lieu,* premièrement, deuxièmement. ‖ *Il y a lieu de,* il est permis, opportun de : *il y a lieu de se réjouir.* ‖ *Lieu géométrique* (Math.), ensemble des points jouissant d'une propriété déterminée et caractéristique (cette expression tend à faire place au mot ENSEMBLE). ‖ *Lieu public,* endroit où le public peut aller (rue, jardin, cinéma, café). ‖ *Mauvais lieu,* maison de débauche. ‖ *Tenir lieu de,* remplacer. ◆ pl. *Lieux d'aisances,* cabinets. ‖ *Les Lieux saints,* endroits de Palestine liés au souvenir de la vie de Jésus. (La question des Lieux saints, née de l'occupation de Jérusalem par les musulmans de 638 à 1099, puis de 1244 à 1948 [date à laquelle Jérusalem est divisée en deux secteurs nationaux], n'a cessé d'être un sujet de conflit entre les différentes confessions chrétiennes.) ◆ loc. prép. *Au lieu de,* à la place de, plutôt que de : *employer un mot au lieu d'un autre; dormir au lieu d'écouter.* ◆ loc. conj. *Au lieu que,* tandis que.

LIEU-DIT n. m. (pl. *lieux-dits*). Lieu qui, à la campagne, porte un nom rappelant une particularité topographique ou historique et constitue souvent un écart d'une commune.

LIEUE n. f. (mot gaul.). Anc. mesure linéaire, de valeur variable. ‖ *Au Canada,* mesure linéaire équivalant à 3 milles. ● *À cent lieues de,* très loin. ‖ *Lieue kilométrique,* lieue de 4 km. ‖ *Lieue marine,* vingtième partie du degré compté sur un grand cercle de la Terre, soit trois milles ou environ 5 556 km. ‖ *Lieue de poste,* lieue de 3 898 km, soit 2 000 toises anciennes. ‖ *Lieue de*

terre ou *lieue commune,* vingt-cinquième partie de la longueur d'un degré compté sur un grand cercle, c'est-à-dire 4,445 km.

LIEUR, LIEUSE n. Celui, celle qui lie des gerbes de blé, des bottes de foin, etc.

LIEUSE n. f. Dispositif qu'on adapte sur une moissonneuse ou une batteuse et qui a pour but de lier les gerbes.

LIEUTENANT n. m. (lat. *locum tenens,* qui tient un lieu). Celui qui seconde et remplace le chef. ‖ Officier dont le grade se situe entre celui de sous-lieutenant et celui de capitaine. (V. GRADE.) ● *Lieutenant criminel* (Hist.), magistrat établi dans un siège royal pour connaître de toutes les affaires criminelles. ‖ *Lieutenant général* (Hist.), grade de l'ancienne armée, qui correspondait à celui du général de division actuel. (Ce terme est encore employé dans de nombreuses armées étrangères.) ‖ *Lieutenant général du royaume* (Hist.), personne que le roi désignait pour exercer temporairement le pouvoir à sa place. (Le comte d'Artois en 1814, le duc d'Orléans en 1830 furent créés chacun lieutenant général du royaume.) ‖ *Lieutenant de police* (Hist.), magistrat qui dirigeait la police à Paris et dans les principales villes du royaume. ‖ *Lieutenant de vaisseau,* officier de marine dont le grade correspond à celui de capitaine dans les armées de terre et de l'air. ‖ *Premier lieutenant,* en Suisse, officier dont le grade se situe entre celui de lieutenant et celui de capitaine.

LIEUTENANT-COLONEL n. m. (pl. *lieutenants-colonels*). Officier des armées de terre ou de l'air dont le grade se situe entre celui de commandant et celui de colonel. (V. GRADE.)

LIERRE

LIÈVRE n. m. (lat. *lepus, leporis*). Mammifère de l'ordre des rongeurs, sous-ordre des lagomorphes, à longues pattes postérieures permettant une course rapide, qui a les pointes des oreilles noires et gîte dans des dépressions du sol : *la femelle du lièvre se nomme* HASE (cri : le lièvre *vagit*); chair comestible de cet animal. ‖ Coureur chargé de mener un train rapide au début d'une course, pour faciliter la réalisation d'une performance. ● *Courir, chasser deux lièvres à la fois,* poursuivre deux buts différents. ‖ *Lever un lièvre,* le faire sortir de son gîte; soulever une question, une difficulté.

LIFT n. m. (angl. *to lift,* soulever). Au tennis, effet donné à la balle, en la frappant de bas en haut, afin d'en augmenter le rebond.

LIFTER v. t. et i. *Sports.* Exécuter un lift.

LIFTIER n. m. (angl. *lift,* ascenseur). Garçon chargé de faire manœuvrer d'un ascenseur.

LIFTING [liftiŋ] n. m. (mot angl.). Intervention de chirurgie esthétique qui consiste à faire glisser et à tendre la peau pour effacer les rides. (L'Administration préconise LISSAGE.)

LIGAMENT n. m. (lat. *ligamentum;* de *ligare,* lier). Ensemble de fibres conjonctives serrées et résistantes, orientées dans le même sens, qui relient les os au niveau des articulations, ou maintiennent la position des organes.

LIGAMENTAIRE ou **LIGAMENTEUX, EUSE** adj. Relatif aux ligaments.

LIGAND n. m. (lat. *ligare,* lier). *Chim.* Molécule ou ion uni à l'atome central d'un complexe par une liaison de coordination.

LIGASE n. f. Enzyme qui catalyse l'union entre deux molécules. (Syn. SYNTHÉTASE.)

LIGATURE n. f. (lat. *ligare,* lier). Opération qui consiste à serrer un lien, une bande autour d'une partie du corps ou d'objets divers; le lien lui-même. ‖ *Hortic.* Action d'entourer d'un lien une plante, une greffe, etc. ‖ *Impr.* Réunion de plusieurs lettres en un seul signe graphique. ● *Ligature des trompes,* méthode anticonceptionnelle irréversible consistant à ligaturer les trompes de Fallope.

LIGATURER v. t. Attacher, serrer avec une ligature : *ligaturer une artère.*

LIGE adj. (mot francique). Se disait, sous le régime féodal, de celui qui était étroitement obligé envers son seigneur, et l'hommage dû à celui-ci. ● *Homme lige,* personne absolument dévouée à une autre.

LIGÉRIEN, ENNE adj. Relatif à la Loire.

LIGIE n. f. Crustacé voisin des cloportes, vivant sur les côtes, près des hautes mers. (Long. 3 cm.)

LIGNAGE n. m. Nombre de lignes qui forment un texte imprimé. ‖ *Anthropol.* Ensemble de personnes vivantes apparentées, issues d'un ancêtre commun.

LIGNE n. f. (lat. *linea*). Figure dont un fil très fin donne l'image; trait long, fin et continu : *un point qui se déplace engendre une ligne.* ‖ Ce qui forme une limite, une séparation : *la ligne de démarcation entre deux régions.* ‖ Tracé, dessin, contour, profil de qqch : *la ligne d'une voiture.* ‖ Installation servant à la communication, à la transmission, au transport d'énergie. ‖ Ensemble de points desservis par un même moyen de transport; ce service de transport :

fleur

fruit

lièvre

pilote de ligne. ‖ Direction continue vers un but déterminé : *aller en droite ligne.* ‖ Suite continue de personnes ou de choses : *une ligne d'arbres.* ‖ Série de générations successives de parents. (La ligne est *directe* lorsque les parents descendent les uns des autres, *collatérale* lorsque les parents ne descendent pas les uns des autres.) ‖ Règle de vie, orientation : *ligne de conduite; une ligne politique juste.* ‖ Suite de mots écrits ou imprimés suivant une même direction. ‖ Série de produits de beauté qui ont en commun le même parfum ou, pour les fards, la même teinte. ‖ Fil avec hameçon au bout, pour pêcher. ‖ Cordeau pour aligner : *ligne de charpentier, de maçon,* etc. ‖ Anc. mesure française de longueur, égale à la douzième partie du pouce, soit 2,25 mm environ. ‖ Au Canada, huitième partie du pouce. ‖ *Chorégr.* Dessin harmonieux, inscrit dans l'espace, et donné par la distribution équilibrée des différentes parties du corps du danseur ou de l'athlète, en mouvement ou en attitude. ‖ *Math.* Ensemble de points dépendant continûment d'un paramètre, formant une ligne juste. ‖ *Mil.* Dispositif formé d'hommes, d'unités ou de moyens de combat placés les uns à côté des autres; contour apparent du dispositif; fortifications permanentes et continues, destinées à protéger une frontière. ‖ *Télév.* Surface d'analyse de l'image à transmettre ou de l'image reçue, et constituée par la juxtaposition de points élémentaires. ● *Aller, mettre à la ligne,* laisser une ligne inachevée et en commencer une autre. ‖ *Avoir la ligne* (Fam.), avoir une silhouette fine, élégante. ‖ *Bâtiment de ligne* (Mar.), grand navire de guerre, puissamment armé, formant naguère l'élément principal d'une escadre. ‖ *Cargo de ligne,* cargo qui dessert une ligne régulière de navigation. ‖ *En première ligne,* au plus près de l'ennemi. ‖ *Entrer en ligne de compte,* avoir de l'importance. ‖ *Être en ligne,* être branché téléphoniquement avec un correspondant. ‖ *Faire entrer en ligne de compte,* prendre en considération. ‖ *La ligne,* autrefois, ensemble des régiments d'infanterie du corps de bataille. (L'infanterie de ligne française comprenait, en 1914, 173 régiments.) ‖ *Ligne d'arbre* (Mécan.), ligne géométrique droite ou brisée passant par les centres des différents alésages d'un ensemble mécanique. ‖ *Ligne de charge* (Mar.), ligne apposée sur la muraille d'un navire et au-dessus de laquelle il ne doit pas s'enfoncer. ‖ *Ligne d'eau* (Mar.), ligne déterminée sur la coque d'un navire par des plans parallèles à la surface de l'eau. ‖ *Ligne équinoxiale,* ou simplement *la ligne,* l'équateur. ‖ *Ligne latérale* (Zool.), chez les poissons, rangée longitudinale d'écailles perforées, qui abrite un organe sensoriel percevant les ébranlements mécaniques. ‖ *Ligne de niveau* (Math.), section d'une surface par un plan horizontal. ‖ *Ligne des nœuds* (Astron.), ligne d'intersection du plan de l'orbite d'un astre avec un plan pris pour référence. ‖ *Mettre en ligne,* présenter pour affronter l'adversaire. ‖ *Monter en ligne,* aller au combat. ‖ *Sur toute la ligne,* complètement.

LIGNÉE n. f. Descendance, race : *laisser une nombreuse lignée.*

LIGNER v. t. Marquer de lignes, de traits.

LIGNEUL n. m. (lat. pop. *lineolum*). Fil enduit de poix, à l'usage des cordonniers.

LIGNEUX, EUSE adj. (lat. *lignosus; lignum,* bois). De la nature du bois : *tige ligneuse.* (Se dit des arbustes et des arbrisseaux, par oppos. à HERBACÉ.) ‖ Qui appartient au bois : *vaisseau ligneux; fibre ligneuse.*

LIGNICOLE adj. Qui habite dans le bois : *insectes lignicoles.*

LIGNIFICATION n. f. Phénomène par lequel les membranes de certaines cellules végétales s'imprègnent de lignine et prennent une apparence ligneuse.

LIGNIFIÉ, E adj. Imprégné de lignine.

LIGNIFIER (SE) v. pr. Se changer en bois.

LIGNINE n. f. *Bot.* Substance organique qui imprègne les cellules, les fibres et les vaisseaux du bois, et les rend imperméables et inextensibles.

LIGNITE n. m. (lat. *lignum,* bois). Roche d'origine organique, résultant de la décomposition incomplète de débris végétaux. (Roche combustible, contenant 70 p. 100 de carbone, le lignite a une valeur calorifique, en moyenne, trois fois moindre que celle de la houille.)

LIGNOMÈTRE n. m. *Impr.* Règle graduée servant à compter les lignes de composition.

LIGOT [ligo] n. m. (mot gascon). Petite botte de bûchettes enduites de résine à un bout, pour allumer le feu.

LIGOTAGE n. m. Action de ligoter.

LIGOTER v. t. (lat. *ligare,* lier). Attacher solidement avec un lien. ‖ Priver de la liberté d'agir, enchaîner.

LIGUE n. f. (it. *liga;* lat. *ligare,* lier). Union formée entre plusieurs princes; confédération entre plusieurs États. ‖ Association de citoyens en vue d'une action déterminée : *Ligue des droits de l'homme.* ● *La Sainte Ligue* (Hist.), nom donné à quatre associations catholiques armées. (Les deux premières [1495-96, 1508-1512] eurent comme but d'évincer les Français d'Italie, la troisième, appelée encore la Ligue [1576-1593], dirigée en France contre les calvinistes; la quatrième [1569-1571, 1664-1699] fut dirigée contre les Turcs.)

LIGUER v. t. Unir dans une même coalition, une même alliance. ◆ **se liguer** v. pr. S'unir.

LIGUEUR, EUSE n. Membre d'une ligue. ‖ *Hist.* Personne qui faisait partie de la Ligue sous Henri III et Henri IV.

LIGULE n. f. (lat. *ligula,* languette). Petite lame saillante que porte la feuille, chez les graminacées, à la jonction du limbe et de la gaine. ‖ Fleur en languette de composée.

lilas

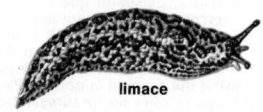
limace

LIGULÉ, E adj. Qui a la forme d'une ligule. (Se dit du capitule des composées liguliflores.)

LIGULIFLORE n. f. Composée dont le capitule comporte des fleurs toutes semblables, à corolle en languette à cinq dents, comme le *pissenlit,* la *chicorée,* le *salsifis.* (Les liguliflores forment une sous-famille.)

LIGURE ou **LIGURIEN, ENNE** adj. et n. De la Ligurie.

LILAS n. m. (mot persan). Arbuste originaire du Moyen-Orient, cultivé pour ses grappes de fleurs mauves ou blanches, odorantes (famille des oléacées); la fleur elle-même. ◆ adj. inv. D'un mauve plus ou moins rosé.

LILIACÉE n. f. (lat. *liliaceus;* de *lilium,* lis). Plante monocotylédone aux fleurs à six pièces périanthaires, telle que le *lis,* la *tulipe,* la *jacinthe,* le *muguet,* l'*ail,* le *poireau,* l'*aloès,* etc. (Les liliacées forment une famille de près de 4 000 espèces.)

LILIAL, E, AUX adj. *Litt.* Relatif au lis.

LILIIFLORE n. f. Plante monocotylédone appartenant à un vaste groupe qui comprend les liliacées et les familles voisines, soit plus de 4 000 espèces. (Les liliiflores forment un ordre.)

LILLIPUTIEN, ENNE adj. et n. (de *Lilliput,* n. pr.) De très petite taille.

LILLOIS, E adj. et n. De Lille.

LIMACE n. f. (lat. *limax*). Mollusque gastropode terrestre, sans coquille visible. ‖ *Fam.* Personne très lente.

LIMAÇON n. m. Escargot. ‖ Pièce d'un mécanisme d'horlogerie. ‖ *Anat.* Partie de l'oreille interne, enroulée en spirale comme une coquille d'escargot, où l'on distingue : le *limaçon osseux,* cavité creusée dans l'os, et le *limaçon membraneux,* contenu dans le précédent et portant les récepteurs auditifs ou organe de Corti.

LIMAGE n. m. Action ou manière de limer.

LIMAILLE n. f. Parcelles de métal détachées par le frottement de la lime.

LIMAN n. m. (mot russe; gr. *limên,* port). *Géogr.* Lagune constituée par un cordon littoral fermant un estuaire.

LIMANDE n. f. (anc. fr. *lime*). Poisson plat comestible, vivant dans la Manche et l'Atlantique. (Long. 40 cm; famille des pleuronectidés.) ‖ *Préhist.* Biface plat et très allongé.

LIMBAIRE adj. *Bot.* Relatif au limbe d'une corolle.

LIMBE n. m. (lat. *limbus,* bord). Cercle en métal, en verre, portant la graduation d'un instrument de mesure. ‖ *Astron.* Bord d'un astre. ‖ *Bot.* Partie élargie de la feuille; partie étalée d'un pétale ou d'un sépale.

LIMBES n. m. pl. *Théol.* Séjour des âmes des justes morts avant la venue de Jésus-Christ, et de celles des enfants morts sans baptême.

LIME n. f. (lat. *lima*). Outil d'acier trempé, de formes diverses, dont la surface est entaillée de dents, et qui sert à détacher par frottement des parcelles de matière : *lime plate; lime à ongles.* ‖ Mollusque bivalve commun dans les mers.

LIME ou **LIMETTE** n. f. (mot ar.). Variété de citronnier; son fruit.

LIMER v. t. (lat. *limare*). Dégrossir, polir, etc., avec la lime.

LIMES [limès] n. m. (mot lat., *chemin* et *limite*). *Hist.* Sous l'Empire romain, zone de fortifications plus ou moins continue bordant certaines frontières dépourvues de défenses naturelles.

LIMEUR, EUSE n. et adj. Celui, celle qui se sert de la lime.

LIMEUSE n. f. Machine-outil servant à limer les grosses pièces.

LIMICOLE adj. (lat. *limus,* fange, et *colere,* habiter). *Zool.* Qui habite les marécages.

LIMIER n. m. (anc. fr. *liem,* celui qu'on mène à la laisse). Gros chien de chasse, avec lequel le veneur quête et détourne la bête. ‖ Policier, détective : *un fin limier.*

LIMINAIRE adj. (lat. *limen, liminis,* seuil). Qui est au début d'un livre, d'un poème, d'un débat : *pensée, déclaration liminaire.*

LIMINAL, E, AUX ou **LIMINAIRE** adj. (lat. *limen,* seuil). *Psychol.* Qui concerne le seuil de qqch, qui a une valeur égale au seuil.

LIMITATIF, IVE adj. Qui précise, fixe les limites : *clause limitative.*

LIMITATION n. f. Fixation, restriction : *sans limitation de temps.*

LIMITE n. f. (lat. *limes, limitis*). Ligne qui marque la fin d'une étendue, d'une période, partie extrême : *les limites d'une zone d'influence; la dernière limite.* ‖ Ligne commune à deux États ou à deux terrains contigus. ‖ Borne d'une action, d'une influence : *un pouvoir sans limites.* ‖ *Math.* Valeur fixe dont une grandeur variable devient et reste aussi voisine qu'on le veut. ● *Limite d'âge,* âge au-delà duquel on ne peut exercer une fonction. ◆ adj. Que l'on ne peut dépasser, extrême : *prix limite.* ● *État ou cas limite* (Psychiatr.), syn. de BORDERLINE.

LIMITÉ, E adj. Qui ne doit durer qu'un certain temps; restreint à un certain domaine : *congé limité; une confiance très limitée.*

LIMITER v. t. (lat. *limitare*). Enfermer; restreindre dans certaines limites : *limiter ses dépenses.* ◆ **se limiter** v. pr. S'imposer des limites; avoir pour limites.

LIMITEUR n. m. *Techn.* Dispositif ayant pour objet d'empêcher qu'une grandeur, par sa variation au-delà d'une certaine valeur, puisse avoir des conséquences dangereuses.

LIMITROPHE adj. Qui est sur les limites, les frontières de : *le Portugal est limitrophe de l'Espagne.*

LIMIVORE adj. *Zool.* Qui se nourrit des débris organiques contenus dans le limon du fond des eaux.

LIMNÉE n. f. (lat. sc. *limnaea*). Mollusque

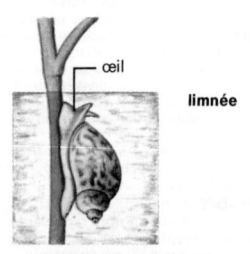
œil
limnée

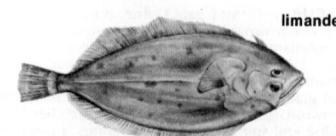
limande

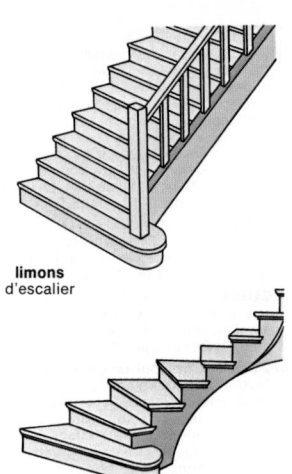

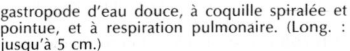
limons
d'escalier

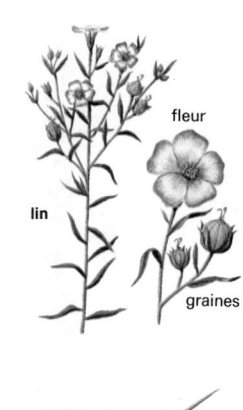
fleur

lin

graines

linaire

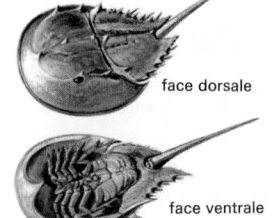
limule
face dorsale

face ventrale

gastropode d'eau douce, à coquille spiralée et pointue, et à respiration pulmonaire. (Long. : jusqu'à 5 cm.)

LIMNOLOGIE n. f. (gr. *limnê*, lac, et *logos*, science). Science qui étudie tous les phénomènes physiques et biologiques se rapportant aux lacs et, plus généralement, aux eaux douces.

LIMNOLOGIQUE adj. Relatif à la limnologie.

LIMOGEAGE n. m. Action de limoger.

LIMOGER v. t. (de la ville de *Limoges*) [conj. **1**]. Priver un officier, un fonctionnaire de son emploi par révocation, déplacement, etc.

LIMON n. m. (lat. *limus*). Roche sédimentaire détritique, de granulométrie intermédiaire entre celles des sables et des argiles, constituant des sols légers et fertiles lorsque la teneur en calcaire est suffisante (lœss).

LIMON n. m. (mot ar.). Fruit du limonier.

LIMON n. m. (mot gaul.). Chacune des deux branches de la limonière d'une voiture. ‖ *Constr.* Assemblage en bois, en métal ou en pierre sur lequel sont fixées les extrémités des marches et la rampe d'un escalier.

LIMONADE n. f. Boisson acidulée, composée de suc de citron, d'eau gazeuse et de sucre.

LIMONADIER, ÈRE n. Commerçant en boissons au détail. ‖ Fabricant de limonade.

LIMONAGE n. m. *Agric.* Action de répandre du limon sur des terres pauvres.

LIMONAIRE n. m. (du n. de l'inventeur). Orgue de Barbarie.

LIMONÈNE n. m. Hydrocarbure de la famille des terpènes.

LIMONEUX, EUSE adj. Plein de boue, de limon.

LIMONIER n. m. Sorte de citronnier.

LIMONIER n. m. et adj. Cheval qu'on met aux limons.

LIMONIÈRE n. f. Brancard d'une voiture, formé de deux longues pièces de bois. ‖ Voiture à quatre roues, qui a un brancard à deux limons.

LIMONITE n. f. (de *limon*). Hématite brune.

LIMOSELLE [limɔzɛl] n. f. Plante herbacée vivant dans les endroits humides. (Famille des scrofulariacées.)

LIMOUGEAUD, E adj. et n. De Limoges.

LIMOUSIN, E adj. et n. Du Limousin. ● *Race limousine*, race de bovins de boucherie.

LIMOUSINAGE n. m. Maçonnerie faite avec des moellons et du mortier.

LIMOUSINE n. f. (fém. de *Limous n*). Manteau de laine que portent les bergers limousins. ‖ Automobile à conduite intérieure et possédant quatre portes et six glaces de côté.

LIMPIDE adj. (lat. *limpidus*). Dont la transparence n'est troublée par rien : *une eau limpide*.

‖ Très facile à comprendre : *explication limpide*.

LIMPIDITÉ n. f. Qualité de ce qui est limpide.

LIMULE n. m. Arthropode marin (mer des Antilles, Pacifique), atteignant 30 cm de long, comestible, appelé à tort (car ce n'est pas un crustacé) *crabe des Moluques*. (Classe des mérostomes.)

LIN n. m. (lat. *linum*). Plante herbacée, textile et oléagineuse, aux fleurs bleues, cultivée dans les régions tempérées et qu'on rencontre en France surtout dans le Nord. (Les fibres textiles sont isolées de la tige par rouissage. La graine fournit une farine dont on fait des cataplasmes émollients, une huile siccative employée notamment en peinture, et des tourteaux utilisés pour l'alimentation du bétail.) ‖ Tissu fait avec les fibres de cette plante.

LINACÉE n. f. Plante dicotylédone telle que le *lin*. (Les *linacées* forment une famille.)

LINAIGRETTE n. f. Plante des marais, aux petits fruits secs entourés d'une houppe cotonneuse. (Famille des cypéracées.)

LINAIRE n. f. (de *lin*). Plante herbacée dont les fleurs portent un éperon. (Famille des scrofulariacées.)

LINCEUL n. m. (lat. *linteolum*, petit morceau de toile de lin). Toile dans laquelle on ensevelit les morts.

LINÇOIR n. m. Pièce de charpente disposée entre des solives à l'endroit où un plancher s'interrompt pour faire place, par ex., à une cheminée; sorte de linteau.

LINÉAIRE adj. (lat. *linearis*; de *linea*, ligne). Qui se rapporte aux lignes; qui évoque une ligne droite. ‖ D'une grande simplicité. ‖ Se dit d'une mesure de longueur, par oppos. à MESURE DE SUPERFICIE ou DE VOLUME. ‖ *Math.* Dont la variation peut être représentée par une ligne droite. ● *Algèbre linéaire*, partie de l'algèbre qui étudie les structures linéaires (espaces vectoriels, matrices, tenseurs). ‖ *Dessin linéaire*, dessin où les lignes, les traits sont seuls marqués. ‖ *Fonction linéaire*, fonction dont chacune des variables n'y figure qu'au premier degré, les produits des variables entre eux étant exclus. ‖ *Forme linéaire*, forme attachée à un vecteur d'espace vectoriel, qui se calcule comme polynôme homogène du premier degré des coordonnées du vecteur.

LINÉAIRE n. m. Nombre de mètres disponibles pour la présentation de marchandises dans un magasin de détail, notamment dans un libre-service. ‖ Écriture syllabique de la Grèce archaïque.

LINÉAL, E, AUX adj. Relatif aux lignes d'un dessin.

LINÉAMENT n. m. (lat. *lineamentum*; de *linea*, ligne). *Litt.* Trait, ligne caractéristique du visage. ‖ *Litt.* Ébauche de qqch : *les linéaments d'un ouvrage*.

LINÉARITÉ n. f. Caractère de ce qui est linéaire.

LINÉATURE n. f. Nombre de lignes que comporte sur un pouce (25,4 mm) la trame d'un cliché d'impression. ‖ *Télév.* Nombre de lignes contenues dans une image complète.

LINÉIQUE adj. Se dit d'une grandeur rapportée à l'unité de longueur.

LINER [lajnœr] n. m. (mot angl.). Bateau qui fait le service sur une ligne de navigation.

LINGA ou **LINGAM** n. m. (mot sanskr.). Symbole phallique du dieu indien Śiva.

LINGE n. m. (lat. *lineus*, de lin). Ensemble des articles textiles utilisés comme sous-vêtements (linge de corps) ou dans la vie domestique (linge de maison). ‖ Morceau d'étoffe, de tissu. ● *Blanc comme un linge*, très pâle. ‖ *Laver son linge sale en famille* (Fam.), limiter à la famille, aux proches, les discussions sur des problèmes personnels difficiles.

LINGER, ÈRE adj. et n. Qui fabrique ou vend du linge.

LINGÈRE n. f. Personne chargée de l'entretien et de la distribution du linge d'une maison, d'une institution, d'un hôpital, etc.

LINGERIE n. f. Commerce de linge. ‖ Lieu où l'on range le linge. ‖ Ensemble des diverses pièces composant les sous-vêtements d'une personne.

LINGOT n. m. (anc. prov.). Morceau de métal solidifié après fusion. ‖ *Impr.* Pièce de métal servant à remplir les blancs d'une forme.

LINGOTIÈRE n. f. Moule dans lequel on coule le métal en fusion pour en faire un lingot.

LINGUAL, E, AUX [lɛ̃gwal, o] adj. (lat. *lingua*, langue). Relatif à la langue : *muscle lingual*. ● *Consonne linguale*, ou *linguale* n. f., celle qu'on articule avec la langue (*d, t, l, n, r*).

LINGUATULE [lɛ̃gwatyl] n. f. Arthropode vermiforme, parasite des cavités respiratoires de certains vertébrés. (Long. 10 cm.)

LINGUIFORME adj. En forme de langue, de languette.

LINGUISTE [lɛ̃gɥist] n. Spécialiste de linguistique.

LINGUISTIQUE adj. (lat. *lingua*, langue). Relatif à l'étude scientifique du langage humain ou des langues. ‖ Qui concerne une ou plusieurs langues.

LINGUISTIQUE n. f. Étude scientifique du langage humain.

LINGUISTIQUEMENT adv. Du point de vue linguistique.

lion

lionne

lis

LINIER, ÈRE adj. Relatif au lin.

LINIÈRE n. f. Champ de lin.

LINIMENT n. m. (lat. *linimentum;* de *linire,* oindre). Médicament onctueux, dont une matière grasse est l'excipient, et avec lequel on fait des frictions.

LINKAGE n. m. (angl. *to link,* lier). *Biol.* Association constante, dans une espèce animale ou végétale, de deux caractères individuels n'ayant aucun lien logique.

LINKS [links] n. m. pl. (mot angl.). Terrain de golf.

LINNÉEN, ENNE adj. Relatif à Linné.

LINOLÉINE n. f. Glycéride de l'acide linoléique, contenu dans les huiles siccatives.

LINOLÉIQUE adj. *Acide linoléique,* acide gras diéthylénique $C_{18}H_{32}O_2$.

LINOLÉUM [linɔleɔm] ou, fam., **LINO** n. m. (mot angl.; lat. *linum,* lin, et *oleum,* huile). Tapis de sol composé d'une toile de jute recouverte d'un mélange d'huile de lin, de résine et de poudre de liège agglomérée.

LINON n. m. (de *lin*). Batiste, toile de lin fine.

LINOTTE n. f. (de *lin*). Oiseau passereau à dos brun et à poitrine rouge, granivore, chanteur. (Long. 15 cm; famille des fringillidés.) ● *Tête de linotte,* personne très étourdie.

LINOTYPE n. f. (angl. *line of types,* ligne de caractères; nom déposé). *Impr.* Machine à composer qui fond les caractères par lignes complètes. (Elle réunit clavier et fondeuse, par différence avec la Monotype.)

LINOTYPIE n. f. Composition à la Linotype.

LINOTYPISTE n. Ouvrier qui travaille sur une Linotype.

LINSANG n. m. Mammifère carnassier de l'Asie du Sud-Est.

LINTEAU n. m. (lat. *liminaris,* du seuil). Traverse horizontale établie au-dessus d'une baie et reportant sur les points d'appui latéraux la charge des parties supérieures.

LINTER [lintɛr] n. m. Duvet de fibres très courtes, formé de cellulose pure, restant fixé aux cotonniers après l'égrenage.

LION, LIONNE n. (lat. *leo*). Grand mammifère carnassier de la famille des félidés, au pelage fauve orné d'une crinière chez le mâle, confiné maintenant dans les savanes d'Afrique après avoir vécu dans le Proche-Orient et même en Europe, et qui s'attaque, la nuit, aux zèbres, aux antilopes, aux girafes. (Long. 2 m; longévité : 40 ans. Cri : le lion *rugit*.) ● *Avoir mangé du lion* (Fam.), faire preuve d'une énergie inaccoutumée. ‖ *C'est un lion,* c'est un homme courageux. ‖ *Lion de mer,* espèce de phoque à crinière. ‖ *La part du lion,* la plus considérable.

LIONCEAU n. m. Petit du lion.

LIPASE n. f. (gr. *lipos,* graisse). Enzyme contenue dans plusieurs sucs digestifs et qui hydrolyse les lipides.

LIPÉMIE n. f. Taux des lipides totaux du plasma sanguin, compris, normalement, entre 6 et 8 g par litre.

LIPIDE n. m. (gr. *lipos,* graisse). Nom donné aux substances organiques usuellement appelées *graisses,* insolubles dans l'eau, solubles dans le benzène et l'éther, et formées d'acides gras unis à d'autres corps. (Les lipides sont des aliments riches en énergie [9 calories par gramme].)

LIPIDIQUE adj. Relatif aux lipides.

LIPOCHROME n. m. *Biol.* Groupe de pigments solubles, colorant les graisses en jaune.

LIPOÏDE adj. Qui ressemble à la graisse.

LIPOLYSE n. f. Destruction des graisses dans l'organisme.

LIPOME n. m. (gr. *lipos,* graisse, et suffixe *-ome*). Tumeur bénigne provenant d'une hypertrophie locale du tissu graisseux.

LIPOPHILE adj. Qui se laisse mouiller par les liquides huileux.

LIPOPHOBE adj. Réfractaire au mouillage par les corps huileux.

LIPOPROTÉINE n. f. Combinaison d'une protéine et d'un lipide. (C'est sous cette forme que sont véhiculées les graisses du plasma sanguin.)

LIPOSOLUBLE adj. Soluble dans les graisses ou les huiles.

LIPOTHYMIE n. f. (gr. *leipein,* laisser, et *thumos,* esprit). *Pathol.* Courte perte de connaissance avec brusque relâchement musculaire, sans arrêt du cœur ni de la respiration.

LIPOTROPE adj. Se dit de substances qui se fixent sur les graisses ou qui en facilitent le métabolisme.

LIPPE n. f. (mot néerl.). Lèvre inférieure grosse et avancée. ● *Faire la lippe,* faire la moue, bouder.

LIPPU, E adj. Qui a de grosses lèvres.

LIQUATION [likwasjɔ̃] n. f. (lat. *liquare,* fondre). Séparation, par échauffement, de deux métaux alliés, mais de fusibilité différente.

LIQUÉFACTEUR n. m. Appareil employé pour liquéfier un gaz.

LIQUÉFACTION n. f. Passage d'un gaz à l'état liquide. ● *Liquéfaction du charbon,* transformation chimique du charbon en produits liquides d'utilisation plus facile.

LIQUÉFIABLE adj. Qu'on peut liquéfier.

LIQUÉFIANT, E adj. Qui liquéfie.

LIQUÉFIER v. t. (lat. *liquefacere*). Rendre liquide. ◆ *se liquéfier* v. pr. Devenir liquide. ‖ Perdre toute énergie.

LIQUETTE n. f. (de *limasse*). *Pop.* Chemise.

LIQUEUR n. f. (lat. *liquor,* liquide). Boisson préparée sans fermentation par mélange d'un alcool aromatisé et de sirop. ‖ Nom donné à diverses solutions chimiques ou pharmaceutiques.

LIQUIDABLE adj. Qui peut être liquidé.

LIQUIDAMBAR n. m. (mot esp.). Arbre de l'Asie Mineure et de l'Amérique, dont on tire diverses résines (styrax, ambre liquide).

LIQUIDATEUR, TRICE adj. et n. *Dr.* Chargé d'une liquidation.

LIQUIDATIF, IVE adj. *Dr.* Qui opère la liquidation.

LIQUIDATION n. f. Vente à bas prix de marchandises, en vue d'un écoulement rapide. ‖ Action de mettre fin à une situation difficile par des mesures énergiques, de se débarrasser

d'une personne gênante. ‖ Opération qui a pour objet de régler des comptes. ‖ À la Bourse, règlement des négociations à terme, par livraison des titres achetés ou par paiement des différences. ‖ *Fin.* Fixation du montant exact d'une dépense publique déjà engagée; calcul précis du montant dû par un contribuable. ● *Liquidation des biens* (Dr.), procédure appliquée à une personne physique ou morale en état de cessation de paiements, lorsque la situation de l'entreprise rend impossible sa survie.

LIQUIDE adj. (lat. *liquidus*). Qui coule ou tend à couler. ‖ Se dit d'un état de la matière présenté par les corps n'ayant pas de forme propre, mais dont le volume est invariable.

LIQUIDE adj. (it. *liquido*). *Fin.* Déterminé dans son montant : *une créance liquide.* ‖ Qui n'est grevé d'aucune charge. ● *Argent liquide,* argent immédiatement disponible.

LIQUIDE n. m. Tout ce qui est à l'état liquide. ‖ Boisson, aliment liquide. ‖ Argent dont on peut immédiatement disposer. ‖ *Liquide de Knop,* solution aqueuse de sels minéraux, permettant le développement complet d'une plante verte. ‖ *Liquide de Raulin,* solution aqueuse de sucre, d'acide tartrique et de sels minéraux, permettant le développement complet de végétaux hétérotrophes (moisissures). ‖ *Liquide de Ringer,* solution saline, isotonique par rapport au suc cellulaire, qui permet l'entretien des cellules et la survie d'organes isolés.

LIQUIDE n. f. et adj. *Phon.* Consonne du type *r* et *l*.

LIQUIDER v. t. Prendre des mesures énergiques pour mettre fin à une situation difficile : *liquider une liaison.* ‖ Se débarrasser d'une personne gênante, en allant jusqu'au meurtre. ‖ Se débarrasser de qqch, en le faisant disparaître : *liquider les restes d'un repas.* ‖ Vendre qqch à bas prix. ‖ *Dr.* et *Fin.* Faire une liquidation.

LIQUIDIEN, ENNE adj. Relatif aux liquides.

LIQUIDITÉ n. f. Caractère de ce qui est liquide, de ce dont on peut disposer immédiatement ou presque; argent liquide. ● *Liquidités internationales,* ensemble de moyens de paiement, composé d'or, de devises et de droits de tirage, dont dispose un pays pour honorer ses engagements à l'égard des autres.

LIQUOREUX, EUSE [likɔrø, øz] adj. Se dit de boissons alcoolisées, sucrées, de saveur douce.

LIQUORISTE n. Personne qui fait ou vend des liqueurs.

LIRE n. f. (it. *lira*). Unité monétaire de l'Italie.

LIRE v. t. (lat. *legere*) [conj. 69]. Identifier et assembler les lettres : *enfant qui lit couramment.* ‖ Parcourir des yeux ce qui est écrit ou imprimé, en prenant connaissance du contenu : *lire une lettre.* ‖ Énoncer à haute voix un texte écrit : *lire une pièce dans une assemblée.* ‖ Procéder à la lecture d'un signal, de données enregistrées. ‖ Pénétrer le sens grâce à des signes qu'on interprète : *lire les lignes de la main; lire dans la pensée, dans les yeux de qqn.*

LIS ou **LYS** n. m. (lat. *lilium*). Genre de liliacées à fleurs blanches et odorantes; cette fleur elle-même. ● *Fleur de lis,* meuble héraldique qui était l'emblème de la royauté en France.

LISAGE [lizaʒ] n. m. (de *lire*). Analyse d'un dessin pour tissu mis en carte, pour procéder au perçage des cartons. ‖ Métier servant à cette opération.

LISE n. f. (mot gaul.). Sable mouvant.

LISERÉ ou **LISÉRÉ** n. m. Ruban étroit dont on borde un vêtement. ‖ Raie étroite bordant une étoffe d'une autre couleur.

LISERER ou **LISÉRER** v. t. (de *lisière*) [conj. 5]. Border d'un liseré.

LISERON n. m. (dimin. de *lis*). Plante volubile de la famille des convolvulacées, fréquente dans les haies et les cultures, où elle épanouit ses fleurs à corolle en entonnoir, souvent blanches. (Nom scientifique : *convolvulus;* noms usuels : *volubilis, belle-de-jour*.)

LISEUR, EUSE adj. et n. Se dit d'une personne qui aime à lire.

LISEUSE n. f. Petit coupe-papier qui sert à marquer la page d'un livre où l'on arrête sa lecture. ‖ *Couvre-livre.* ‖ Vêtement féminin, chaud et léger, qui couvre le buste et les bras et que l'on met pour lire au lit.

LISIBILITÉ n. f. Qualité de ce qui est lisible.

LISIBLE adj. Aisé à lire, à déchiffrer : *écriture lisible.* ‖ Qui peut être lu sans fatigue, sans ennui ; digne d'être lu.

LISIBLEMENT adv. De façon lisible.

LISIER n. m. *Agric.* Mélange des urines et des excréments des animaux.

LISIÈRE n. f. (anc. fr. *lis*). Bord d'une pièce de tissu qui en limite de chaque côté la largeur. ‖ Limite, bord de qqch : *la lisière d'un champ.* ● *Tenir en lisières* (Litt.), diriger avec rigueur, exercer une tutelle.

LISSAGE n. m. Action de lisser ; résultat de cette action. ‖ *Stat.* Procédé d'ajustement des valeurs observées d'une grandeur en les remplaçant par d'autres valeurs qui éliminent les irrégularités constatées. ‖ *Techn.* Action de disposer les lisses d'un métier à tisser suivant le genre d'étoffe que l'on veut obtenir. ‖ Syn., préconisé par l'Administration, de LIFTING.

LISSE adj. (de *lisser*). Qui n'offre pas d'aspérités, uni et poli.

LISSE n. f. *Mar.* Membrure longitudinale qui maintient en place les couples d'un bateau. ‖ Pièce plate ou tube métallique placés à la partie supérieure d'un pavois ou d'une rambarde et servant de main courante ou d'appui. ‖ *Techn.* Calandre spéciale pour adoucir et égaliser la surface du papier, et située en bout de machine.

LISSE ou **LICE** n. f. (lat. *licium*). Fil de métal ou de lin portant un maillon dans lequel passe le fil de chaîne, sur un métier à tisser. ● *Métier de basse lisse,* métier à tisser où la nappe des fils de chaîne est disposée horizontalement ; *métier de haute lisse,* où elle est verticale.

LISSÉ n. m. Degré de cuisson du sucre convenant pour les entremets et la confiserie.

LISSER v. t. (lat. *lixare,* repasser). Rendre lisse, polir. ‖ *Stat.* Procéder au lissage.

LISSEUSE n. f. Machine employée pour lisser les cuirs, le papier, le carton, etc.

LISSIER ou **LICIER** n. m. Ouvrier qui monte les lisses d'un métier à tisser. ‖ Praticien qui exécute des tapisseries sur métier. Ainsi les *hautelissiers* travaillent aux métiers de haute lisse et les *basse-lissiers* travaillent à ceux de basse lisse.

LISSOIR n. m. Instrument servant à lisser le papier, le ciment, etc.

LISTAGE n. m. Action de lister. ‖ Syn., préconisé par l'Administration, de LISTING.

LISTE n. f. (mot germ.). Ensemble de noms, de signes numériques, etc., inscrits à la suite les uns des autres ; énumération : *liste de jurés.* ‖ Bande de poils de couleur claire qui recouvre le chanfrein de certains chevaux. ‖ *Inform.* Syn. de LISTING. ‖ *Liste civile,* dotation annuelle d'un chef d'État. ‖ *Liste électorale,* liste des électeurs. ‖ *Liste de mariage,* liste de cadeaux sélectionnés chez un commerçant par de futurs époux. ‖ *Liste noire,* personnes considérées comme dangereuses et qui, en certaines circonstances, font l'objet d'une surveillance spéciale.

LISTEL, LISTEAU ou **LISTON** n. m. (it. *listello*). Petite moulure plate ou en surmonte ou en accompagne une plus grande. ‖ Cercle proéminent à la circonférence des monnaies.

liseron

LISTER v. t. Mettre en liste. ‖ *Inform.* Imprimer article par article tout ou partie des informations traitées par un ordinateur.

LISTÉRIOSE n. f. Maladie infectieuse des animaux et de l'homme, due à une bactérie Gram positif, *Listeria monocytogenes,* particulièrement grave chez la femme enceinte et le nouveau-né.

LISTING [listiŋ] n. m. (mot angl.). Document présentant, dans un domaine donné, la liste la plus complète possible. ‖ *Inform.* Sortie sur une imprimante du résultat d'un traitement par ordinateur. (L'Administration préconise LISTAGE pour cette opération et LISTE pour son résultat.)

LISTON n. m. *Mar.* Ornement en saillie ou en creux, s'étendant de l'avant à l'arrière d'un bâtiment au niveau du pont.

LIT n. m. (lat. *lectus*). Meuble sur lequel on se couche pour se reposer ou pour dormir. ‖ Tout lieu où l'on peut se coucher, s'étendre : *lit de gazon.* ‖ Intervalle rempli de liant qui sépare horizontalement deux assises de construction. ‖ Couche d'une chose étendue sur une autre : *lit de sable, de cailloux,* etc. ‖ Dans une carrière de roches sédimentaires, surface de séparation entre deux couches. ‖ Chenal creusé par un cours d'eau et où il s'écoule. ● *Enfant du premier, du second lit,* d'un premier, d'un second mariage. ‖ *Faire le lit,* le préparer pour qu'on puisse s'y coucher. ‖ *Faire lit à part,* coucher séparément. ‖ *Garder le lit,* être retenu au lit par une maladie. ‖ *Lit de camp,* châssis pliant et portatif, dont le fond est garni de sangles ou de grosse toile. ‖ *Lit clos, lit breton* fermé comme une armoire. ‖ *Lits jumeaux,* lits de même forme placés l'un à côté de l'autre. ‖ *Lit de justice,* siège qu'occupait le roi dans les séances solennelles du parlement et, dans la suite, ces séances elles-mêmes. ‖ *Lit majeur,* étendue qu'occupe un cours d'eau lors des crues ; *lit mineur,* occupé lors des étiages. ‖ *Lit de repos,* lit très bas, chaise longue pour se reposer pendant le jour. ‖ *Lit du vent* (Mar.), direction dans laquelle souffle le vent.

LITANIE n. f. (gr. *litaneia,* prière). *Fam.* Longue et ennuyeuse énumération : *une litanie de réclamations.* ◆ pl. *Liturg.* Prières formées d'une suite de courtes invocations, que les fidèles récitent ou chantent en l'honneur de Dieu, de la Vierge ou des saints.

LIT-CAGE n. m. (pl. *lits-cages*). Lit de fer pliant.

LITCHI [litʃi] n. m. (mot chin.). Arbre originaire de Chine, de la famille des sapindacées, dont le fruit est sucré et comestible ; ce fruit. (On écrit aussi LYCHEE.)

LITEAU n. m. (anc. fr. *listel*). Raie colorée qui, vers les extrémités, traverse le linge de maison d'une lisière à l'autre. ‖ *Techn.* Baguette de bois supportant une tablette (syn. TASSEAU) ; pièce de bois de petite section, placée horizontalement sur les chevrons pour supporter les tuiles ou les ardoises.

LITEAU n. m. (de *lit*). *Chass.* Lieu où se repose le loup pendant le jour.

LITÉE n. f. *Chass.* Groupe de jeunes animaux d'une même portée.

LITER v. t. Superposer les poissons salés dans les barils ou les caques.

LITERIE n. f. Tout ce qui concerne l'équipement d'un lit (matelas, couvertures, etc.).

LITHÂM [litam] n. m. (mot ar.). Voile dont les femmes musulmanes et certains nomades sahariens se couvrent la face.

LITHARGE n. f. (gr. *litharguros,* pierre d'argent). Oxyde de plomb (PbO) fondu et cristallisé, de couleur rouge-orangé.

LITHIASE n. f. (gr. *lithiasis ; de lithos,* pierre). *Méd.* Formation de calculs dans les canaux excréteurs des glandes (voies biliaires, urinaires, salivaires, etc.).

LITHIASIQUE adj. et n. Relatif à la lithiase ; atteint de lithiase.

LITHINE n. f. (gr. *lithos,* pierre). Hydroxyde de lithium.

LITHINÉ, E adj. et n. Qui contient de la lithine.

LITHINIFÈRE adj. Qui contient du lithium.

LITHIQUE adj. *Préhist.* Relatif à une industrie de la pierre.

LITHIUM [litjɔm] n. m. Métal alcalin (Li), n° 3, de masse atomique 6,94, très léger (d = 0,55) et fusible à 180 °C. (Le lithium est utilisé dans le traitement des psychoses maniaco-dépressives.)

LITHOBIE n. f. (gr. *lithos,* pierre, et *bios,* vie). Mille-pattes carnassier, brun, vivant sous les pierres, les feuilles mortes. (Long. 3 cm.)

LITHODOME n. m. → LITHOPHAGE.

LITHOGÈNE adj. Qui donne naissance à des pierres.

LITHOGENÈSE n. f. *Géol.* Formation des roches sédimentaires.

LITHOGRAPHE n. m. Ouvrier ou artiste qui imprime par les procédés de la lithographie.

LITHOGRAPHIE ou, fam. **LITHO** n. f. (gr. *lithos,* pierre). Art de reproduire par impression les dessins tracés avec une encre ou un crayon gras sur une pierre calcaire. (La lithographie fut découverte en 1796 par Senefelder.) ‖ Estampe imprimée par ce procédé.

LITHOGRAPHIER v. t. Imprimer par les procédés de la lithographie.

LITHOGRAPHIQUE adj. Relatif à la lithographie. ● *Calcaire lithographique,* variété de calcaire à grain très fin et homogène, utilisé en lithographie.

LITHOLOGIE n. f. Science qui étudie les pierres. ‖ Nature pétrographique des terrains d'une région.

LITHOLOGIQUE adj. Relatif à la lithologie.

LITHOPÉDION n. m. Fœtus mort et surchargé de sels minéraux à la suite de son séjour prolongé dans l'abdomen.

LITHOPHAGE adj. Qui ronge la pierre : *coquillages lithophages.*

LITHOPHAGE ou **LITHODOME** n. m. Mollusque marin dont la coquille allongée est recouverte d'un épiderme marron et qui, grâce à une sécrétion acide, perfore les roches calcaires.

LITHOPHANIE n. f. (gr. *lithos,* pierre, et *phainein,* apparaître). Réalisation d'effets de translucidité dans la porcelaine, le verre opaque, etc., par des variations d'épaisseur de la pâte.

LITHOPONE n. m. Mélange de sulfate de baryum et de sulfure de zinc, non toxique, remplaçant la céruse en peinture.

LITHOSOL n. m. Sol très peu évolué, formé par fragmentation mécanique de la roche mère.

LITHOSPHÈRE n. f. Couche externe du globe terrestre, rigide, constituée par la croûte (continentale et océanique) et le manteau supérieur, et limitée vers l'intérieur par l'asthénosphère.

LITHOTHAMNIUM [litɔtamnjɔm] n. m. (gr. *thamnion,* herbe). Algue marine incrustée de calcaire.

LITHOTYPOGRAPHIE n. f. Art de reproduire en lithographie une planche imprimée avec les caractères typographiques ordinaires.

LITIÈRE n. f. (de *lit*). Paille ou autres matières végétales qu'on répand dans les étables et sur lesquelles se couchent les animaux. ‖ Lit couvert, porté par des hommes ou par des bêtes de somme à l'aide de deux brancards. ‖ Mélange de particules absorbantes pour chats d'appartement. ● *Faire litière d'une chose* (Litt.), n'en faire aucun cas, la mépriser. ‖ *Litière végétale,* ensemble des feuilles mortes et des débris végétaux en décomposition qui recouvrent le sol des forêts.

LITIGE n. m. (lat. *litigium ; de lis, litis,* procès). Contestation donnant lieu à procès ou à arbitrage : *point en litige.*

LITIGIEUX, EUSE adj. Qui peut être contesté : *point litigieux.*

LITISPENDANCE n. f. (lat. *lis, litis,* procès, et *pendere,* être pendant). *Dr.* Situation réalisée lorsque deux demandes, portant sur le même objet et opposant les mêmes parties, sont portées devant deux juridictions, toutes deux également compétentes.

LITORNE n. f. (mot picard). Grive à tête et croupion gris. (Long. 27 cm.)

LITOTE n. f. (gr. *litotês*, simplicité). Expression qui consiste à dire moins pour faire entendre plus, comme *je ne vous hais pas* pour signifier *je vous aime beaucoup*.

LITRE n. m. (de *litron*). Unité de mesure de volume (symb. : l ou L) valant 10^{-3} mètre cube. (Le mot *litre* peut être utilisé comme un nom spécial donné au décimètre cube.) ‖ Récipient contenant un litre : *un litre de vin*.

LITRON n. m. (gr. *litra*, poids de douze onces). Anc. mesure de capacité valant un seizième de boisseau. ‖ *Pop.* Litre de vin.

LITTÉRAIRE adj. (lat. *litterarius*). Qui concerne la littérature, l'écrivain : *journal littéraire*. ‖ Qui a les qualités reconnues à une œuvre de la littérature. • *Péjor.* Qui manque de vérité, artificiel. • *Le monde littéraire*, les écrivains et les personnes qui s'intéressent à la littérature. ◆ n. Personne qui se consacre aux lettres, à la littérature (par oppos. à SCIENTIFIQUE).

LITTÉRAIREMENT adv. Du point de vue littéraire.

LITTÉRAL, E, AUX adj. (bas lat. *litteralis*; de *littera*, lettre). Selon le sens strict des mots : *traduction littérale d'un auteur*. • *Arabe littéral*, arabe classique, écrit, par oppos. à l'ARABE PARLÉ ou DIALECTAL.

LITTÉRALEMENT adv. À la lettre : *traduire littéralement*. ‖ *Fam.* Absolument, tout à fait : *il est littéralement épuisé*.

LITTÉRALITÉ n. f. Caractère de ce qui est littéral.

LITTÉRARITÉ n. f. Caractère spécifique d'un texte littéraire.

LITTÉRATEUR n. m. Personne qui s'occupe de littérature (souvent péjor.).

LITTÉRATURE n. f. (lat. *litteratura*, écriture). Ensemble des œuvres orales ou écrites qui visent à une valeur esthétique. ‖ Métier, travail de l'écrivain. ‖ *Péjor.* Ce qui est artificiel, s'oppose à la réalité.

LITTORAL, E, AUX adj. (lat. *litus, litoris*, rivage). Qui appartient au bord de la mer. • *Érosion littorale*, érosion des côtes sous l'action conjuguée de la mer et des agents atmosphériques.

LITTORAL n. m. Étendue de pays le long des côtes, des bords de la mer.

LITTORINE n. f. (lat. *litus, litoris*, rivage). Mollusque très abondant sur les côtes européennes à marée basse, et dont une espèce comestible est appelée *bigorneau*. (Long. 1 à 3 cm; classe des gastropodes.)

LITUANIEN, ENNE adj. et n. De la Lituanie.

LITUANIEN n. m. Langue balte parlée en Lituanie.

LITURGIE n. f. (gr. *leitourgia*; de *leitos*, public, et *ergon*, œuvre). Ensemble des règles fixant le déroulement des actes du culte; parfois office ou partie d'office. ‖ *Hist.* Chez les Grecs, service public (spectacles, fêtes, armement d'un vaisseau...) dont l'organisation et les dépenses étaient prises en charge non par la cité mais par de riches citoyens.

LITURGIQUE adj. Relatif à la liturgie.

LIURE n. f. (de *lier*). Câble servant à maintenir des fardeaux sur une charrette. ‖ *Mar.* Cordage ou pièce de charpente servant à en unir d'autres.

LIVAROT n. m. Fromage à pâte molle et à croûte lavée, fait de lait de vache dans la région de Livarot (Calvados).

LIVÈCHE n. f. (lat. pop. *levistica*). Plante originaire de Perse, cultivée pour ses graines dépuratives et stimulantes. (Famille des ombellifères.)

LIVEDO [livedo] n. f. (mot lat., *tache bleue*). Traces violacées aux membres inférieurs, témoignant de troubles circulatoires.

LIVIDE adj. (lat. *lividus*). De couleur plombée, extrêmement pâle, terreux, blême, blafard : *un teint livide*.

LIVIDITÉ n. f. État de ce qui est livide.

LIVING-ROOM [liviŋrum] ou **LIVING** n. m. (mot angl., *pièce où l'on vit*) [pl. *living-rooms*]. Pièce de séjour dans un appartement. (Syn. SALLE DE SÉJOUR.)

LIVRABLE adj. Qui peut être livré.

LIVRAISON n. f. Action de livrer à l'acquéreur une chose vendue. (La livraison constitue l'obligation du vendeur dans le contrat de vente.) ‖ Partie d'un ouvrage qu'on délivre aux souscripteurs au fur et à mesure de l'impression.

LIVRE n. m. (lat. *liber*). Assemblage de feuilles imprimées et réunies en un volume relié ou broché. ‖ Volume imprimé considéré du point de vue de son contenu : *le sujet d'un livre*. ‖ Division d'un ouvrage : *les douze livres de « l'Énéide »*. ‖ Registre sur lequel on peut noter qqch : *avoir un livre d'adresses*. ‖ Registre sur lequel un commerçant inscrit ses opérations. • *À livre ouvert*, sans préparation, à la première lecture. ‖ *Livre blanc*, recueil de documents sur un problème déterminé, publié par un gouvernement, un organisme. ‖ *Livre de bord* (Mar.), expression fautive pour JOURNAL DE BORD.

LIVRE n. f. (lat. *libra*). Monnaie dont la valeur a varié suivant les temps et les lieux, et qui a été remplacée, en France, par le franc. ‖ Nom parfois donné au franc, quand on parle de revenus : *vingt mille livres de rente*. ‖ Unité monétaire principale de Chypre, de l'Égypte, du Royaume-Uni de Grande-Bretagne, de l'Irlande du Sud (Eire), d'Israël, du Liban, du Soudan, de la Syrie et de la Turquie. ‖ Anc. unité de masse de valeur variable, dont le nom est encore donné, dans la pratique non officielle, au demi-kilogramme. (En France, elle représentait 489,5 g.) ‖ Mesure de masse anglaise (symb. : lb) valant 453,592 g. • *Livre sterling*, unité monétaire principale (£) de la Grande-Bretagne et de l'Irlande du Nord.

LIVRÉE n. f. Costume distinctif que portent certains domestiques. ‖ Pelage de certains animaux; plumage de certains oiseaux.

LIVRER v. t. (lat. *liberare*, délivrer). Remettre à un acheteur : *livrer une commande*. ‖ Apporter une marchandise à qqn : *les clients seront livrés la semaine prochaine*. ‖ Mettre qqn, qqch au pouvoir ou en la possession de qqn, les soumettre à l'action de qqn, de qqch : *livrer une victime à ses bourreaux; livrer une ville au pillage*. ‖ Remettre par trahison : *livrer ses complices*. • *Livrer combat, bataille*, les commencer, les engager. ‖ *Livrer passage*, laisser passer. • **se livrer** v. pr. [à]. S'abandonner complètement : *se livrer à la joie*. ‖ Se constituer prisonnier. ‖ Se confier à qqn, lui découvrir ses pensées.

LIVRESQUE adj. Qui provient uniquement des livres et non de l'expérience.

LIVRET n. m. Petit livre, petit registre : *livret de caisse d'épargne*. ‖ *Chorégr.* Sujet d'une œuvre chorégraphique. (Syn. ARGUMENT.) ‖ *Mus.* Texte mis en musique pour le théâtre. (Syn. LIBRETTO.) • *Livret de famille*, livret remis gratuitement, lors de la célébration du mariage, aux deux époux, et destiné à recevoir, par extraits, les actes de l'état civil intéressant la future famille. ‖ *Livret individuel* (dit aussi *livret militaire*), extrait du livret matricule, remis à l'intéressé et indiquant sa situation militaire. ‖ *Livret matricule*, livret établi et détenu pour chaque Français par l'autorité militaire, où sont consignés les renseignements d'ordre militaire sur l'intéressé (états de service, spécialités, etc.). ‖ *Livret ouvrier* (Hist.), livret rendu obligatoire sous le second Empire, sur lequel l'ouvrier devait faire inscrire son embauchage et son départ de tout établissement (il fut supprimé en 1890). ‖ *Livret scolaire*, livret mentionnant les notes et places d'un élève.

LIVREUR, EUSE n. Employé qui livre les marchandises aux acheteurs.

LIXIVIATION n. f. (lat. *lixivium*, lessive). *Techn.* Dissolution des matières solubles d'un mélange à l'aide de solvants appropriés.

LLANOS [ljanos] n. m. pl. *Géogr.* Grande plaine herbeuse de l'Amérique du Sud.

LLOYD [bjd] n. m. Nom adopté par diverses compagnies maritimes ou d'assurances. ■ Au XVIIe s., Edward Lloyd, propriétaire d'un estaminet de Londres où se réunissaient les armateurs, courtiers et assureurs de la Cité, notait les mouvements de tous les bateaux. Par la suite, les assureurs maritimes constituèrent en société et donnèrent à leur association le nom de *Lloyd*.

lm, symbole du *lumen*.

LOADER [lowdər] n. m. (angl. *to load*, charger). Matériel lourd de travaux publics, assurant l'excavation d'un terrain et le chargement des déblais sur un tapis roulant.

LOB n. m. (mot angl.). *Sports*. Coup qui consiste à faire passer la balle ou le ballon au-dessus d'un adversaire, assez haut pour qu'il ne puisse pas l'intercepter.

LOBAIRE adj. *Anat.* Relatif à un lobe.

LOBBY [bbi] n. m. (mot angl., *couloir*) [pl. *lobbies*]. Groupe de pression.

LOBE n. m. (gr. *lobos*, lobe de l'oreille). *Anat.* Partie arrondie et saillante d'un organe quelconque : *les lobes du poumon*. ‖ *Archit.* Découpure concave en arc de cercle dont la répétition sert à composer certains arcs et rosaces. ‖ *Bot.* Division profonde et généralement arrondie des organes foliacés ou floraux. • *Lobe de l'oreille*, partie molle et arrondie du pavillon auriculaire.

LOBÉ, E adj. Divisé en lobes : *feuille lobée*.

LOBECTOMIE n. f. Ablation chirurgicale d'un lobe pratiquée sur le poumon.

LOBÉLIE n. f. (de *Lobel*, médecin flamand de la fin du XVIe s.). Plante des régions exotiques, cultivée pour ses fleurs colorées et pour son action stimulante sur la respiration. (Famille des campanulacées.)

LOBER v. t. et i. *Sports*. Faire un lob.

LOBOTOMIE n. f. Intervention neurochirurgicale portant sur le lobe frontal et visant à déconnecter celui-ci du thalamus pour agir sur la composante émotionnelle de certains troubles mentaux. (Syn. LEUCOTOMIE.)

LOBULAIRE ou **LOBULÉ, E** adj. Relatif au lobule. ‖ Formé de lobules.

LOBULE n. m. Petit lobe. ‖ Subdivision d'un lobe : *lobule hépatique*.

LOBULEUX, EUSE adj. Divisé en lobules.

LOCAL, E, AUX adj. (bas lat. *localis*). Relatif à un lieu, à une région, par oppos. à NATIONAL : *coutume locale*. ‖ Qui a pour siège une partie du corps : *douleur locale*. • *Couleur locale*, reproduction exacte et pittoresque des usages, des coutumes, des caractères, etc., d'un pays ou d'une époque.

LOCAL n. m. Lieu, partie d'un bâtiment qui a une destination déterminée.

LOCALEMENT adv. De façon locale, par endroits.

LOCALISABLE adj. Qui peut être localisé.

LOCALISATEUR, TRICE adj. Qui localise.

LOCALISATION n. f. Action de localiser. ‖ *Astronaut.* Action de déterminer la position d'un engin spatial par rapport à la Terre. ‖ *Mil.* Action de situer la position d'un aéronef ami ou adverse pour le guider ou l'intercepter. • *Localisations cérébrales*, territoires du cortex cérébral dont l'altération entraîne des troubles affectant des fonctions bien déterminées (langage, perception de l'espace, perception auditive, visuelle, etc.).

LOCALISER v. t. Déterminer la place, le moment, l'origine, la cause : *localiser une sensation*. ‖ Arrêter l'extension, limiter; circonscrire : *localiser un incendie*.

LOCALITÉ n. f. Petite ville, bourg, village.

LOCATAIRE n. (lat. *locare*, louer). Personne qui prend à loyer une terre, une maison, un appartement. • *Locataire principal*, personne qui prend à loyer un local pour le sous-louer en totalité ou en partie.

LOCATIF, IVE adj. Qui concerne le locataire ou la chose louée : *un immeuble locatif*. • *Impôts locatifs, taxes locatives*, impôts répartis d'après la valeur locative. ‖ *Réparations locatives*, réparations qui sont à la charge du locataire. ‖ *Risques locatifs*, responsabilité encourue par le locataire pour les dommages qu'il peut causer par sa faute à l'immeuble qu'il occupe. ‖ *Valeur locative*, revenu que peut rapporter un immeuble en location.

LOCATIF n. m. (lat. *locus*, lieu). *Ling.* Cas qui,

dans certaines langues, exprime le lieu où se passe l'action.

LOCATION n. f. (lat. *locatio;* de *locare,* louer). Action de donner ou de prendre à loyer un local, un appareil, etc. : *location d'un logement, d'une voiture.* ∥ Action de retenir à l'avance une place d'avion, de théâtre, etc.

LOCATION-VENTE n. f. (pl. *locations-ventes*). Contrat au terme duquel une chose est louée à une personne qui, à l'expiration d'un délai fixé, a la possibilité de devenir propriétaire.

LOCH [lɔk] n. m. (néerl. *log,* poutre). Appareil mesurant la vitesse apparente d'un navire.

LOCH [lɔk] n. m. (mot écossais). Lac très allongé du fond des vallées, en Écosse.

LOCHE n. f. (mot gaul.). Poisson de rivière à corps allongé, atteignant 30 cm, voisin des cyprinidés. ∥ Poisson marin de la famille des gadidés. (Long. 25 cm.) ∥ Autre nom de la LIMACE.

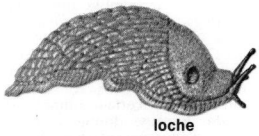

loche

loche de rivière

LOCHIES n. f. pl. (gr. *lokheia,* accouchement). *Méd.* Écoulement utérin qui dure de deux à trois semaines après l'accouchement.

LOCK-OUT [lɔkawt] n. m. inv. (angl. *to lock out,* mettre à la porte). Fermeture d'une entreprise, d'une usine par la direction, pour faire pression sur le personnel en grève ou qui menace de faire grève.

LOCK-OUTER v. t. Fermer par un lock-out.

LOCOMOBILE n. f. Machine à vapeur montée sur roues non motrices.

LOCOMOTEUR, TRICE adj. Qui sert à la locomotion : *machine locomotrice.* ∥ Relatif à la locomotion : *ataxie locomotrice.*

LOCOMOTION n. f. Action de se déplacer d'un point à un autre; fonction qui assure ce mouvement.

LOCOMOTIVE n. f. Machine à vapeur, électrique, à moteur thermique à air comprimé, etc., montée sur roues et destinée à remorquer un convoi de voitures ou de wagons sur une voie ferrée. ∥ *Fam.* Personne, groupe qui joue le rôle d'un élément moteur par son prestige, son talent, son activité.

LOCOMOTRICE n. f. Engin de traction ferroviaire de moyenne puissance, actionné par un moteur thermique ou électrique.

LOCOTRACTEUR n. m. Engin de traction sur rail actionné par un moteur thermique de faible puissance.

LOCULAIRE, LOCULÉ, E ou **LOCULEUX, EUSE** adj. (lat. *locus,* lieu). *Bot.* Partagé en plusieurs loges. (On emploie les composés *biloculaire, triloculaire,* etc.)

LOCUS n. m. Site chromosomique occupé par les gènes allèles relatifs à tel ou tel caractère héréditaire.

LOCUSTE n. f. (lat. *locusta,* sauterelle). Nom scientifique du *criquet migrateur.*

LOCUTEUR, TRICE n. *Ling.* Sujet parlant (par oppos. à AUDITEUR). ● *Locuteur natif,* personne considérée comme ayant intégré les règles de sa langue maternelle.

LOCUTION n. f. (lat. *locutio;* de *loqui,* parler). Expression, forme particulière de langage : *locu-*

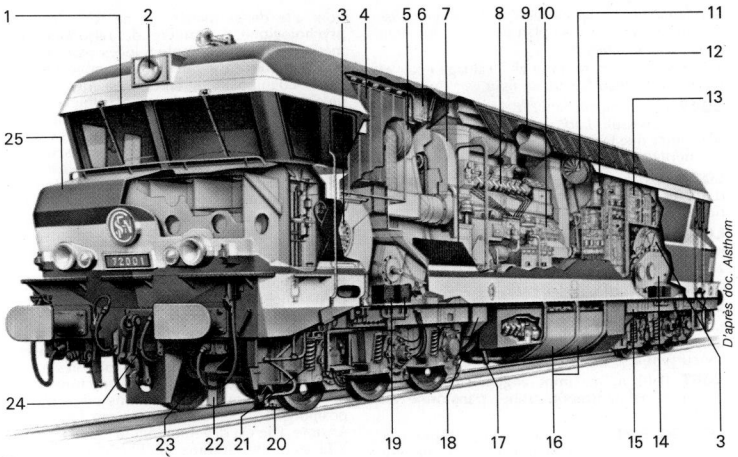

LOCOMOTIVE DIESEL-ÉLECTRIQUE CC 72001

1. Cabine de conduite; 2. Projecteur frontal (pour circulation internationale); 3. Moteurs de traction; 4. Radiateurs; 5. Coupleur électromagnétique; 6. Soute à eau; 7. Ventilateur du moteur de traction; 8. Moteur Diesel; 9. Silencieux d'échappement; 10. Alternateur; 11. Ventilateur de caisse; 12. Bloc d'appareillage pneumatique; 13. Bloc redresseur; 14. Réducteur; 15. Bogie; 16. Soutes à combustible; 17. Réservoir principal d'air comprimé; 18. Sablière; 19. Suspension secondaire de caisse sur bogie; 20. Éjecteur de sablière; 21. Ressort de suspension; 22. Brosse de contact (pour répétition des signaux); 23. Câblot d'accouplement de chauffage électrique; 24. Accouplement flexible (air comprimé); 25. Capot en matière plastique.

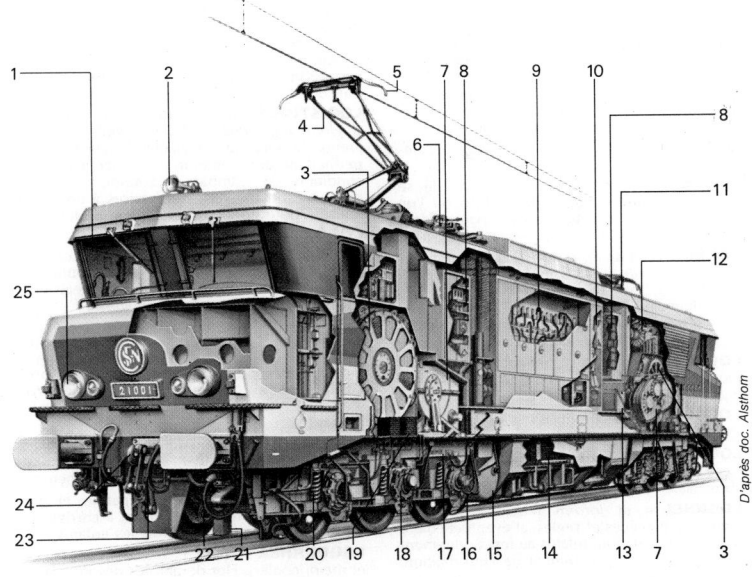

LOCOMOTIVE ÉLECTRIQUE CC 21001

1. Cabine de conduite; 2. Avertisseur sonore (deux tons); 3. Moteurs de traction; 4. Pantographe à courant monophasé; 5. Archet; 6. Disjoncteur monophasé 25 kV; 7. Réducteurs d'engrenages entre moteur de traction et essieux; 8. Redresseurs à diode et thyristors; 9. Bloc central d'appareillage et rhéostat de démarrage; 10. Disjoncteur continu 1 500 V; 11. Pantographe à courant continu (replié); 12. Ventilateur du bloc redresseur; 13. Accumulateurs; 14. Transformateurs; 15. Réservoir principal d'air comprimé; 16. Câbles de retour de courant aux rails; 17. Châssis de bogie; 18. Boîte d'essieu; 19. Silentbloc de suspension secondaire; 20. Ressort de suspension primaire; 21. Brosse de contact de répétition des signaux; 22. Câblot d'accouplement de chauffage électrique; 23. Accouplement flexible (air comprimé); 24. Crochet d'attelage; 25. Projecteur.

tion familière. ‖ *Ling.* Groupe de mots figé constituant une unité sur le plan du sens : *locution adverbiale, conjonctive.*

LODEN [lɔdɛn] n. m. (mot all.). Lainage épais et feutré. ‖ Manteau fait de ce tissu.

LODS [lo] n. m. pl. (anc. fr. *los,* louange; lat. *laus,* promesse). *Lods et ventes* (Dr. féod.), redevance que le seigneur percevait sur la vente des héritages.

LŒSS [løs] n. m. (mot all.). Variété de limon, d'origine éolienne, dont la fertilité est liée à la richesse en calcaire.

LOF [lɔf] n. m. (néerl. *loef*). *Mar.* Côté d'un navire qui se trouve frappé par le vent. ● *Aller au lof,* se rapprocher du sens du vent. ‖ *Virer lof pour lof,* virer par vent arrière.

LOFER v. i. *Mar.* Gouverner plus près du vent.

LOFING-MATCH n. m. (mot angl.). *Mar.* Dans une régate, manœuvre consistant à forcer un concurrent à se placer bout au vent.

LOFT [lɔft] n. m. (mot angl.). Ancien local professionnel (entrepôt, usine) transformé en logement.

LOGARITHME n. m. (gr. *logos,* rapport, et *arithmos,* nombre). *Logarithme d'un nombre réel positif dans un système de base a positive,* ou, plus simplement, *logarithme* (Math.), exposant de la puissance à laquelle il faut élever *a* pour retrouver le nombre considéré (symb. : $\log_a$). ‖ *Logarithme naturel* (ou *népérien*) *d'un nombre,* logarithme de ce nombre dans un système dont la base est le nombre *e* (symb. : ln). ‖ *Logarithme vulgaire* (ou *décimal*) *d'un nombre,* logarithme de ce nombre dans un système dont la base est le nombre 10 (symb. : lg).

LOGARITHMIQUE adj. Relatif aux logarithmes.

LOGE n. f. (mot francique). Logement près de la porte d'entrée d'un immeuble, destiné à l'habitation d'un concierge. ‖ Compartiment cloisonné dans une salle de spectacle : *louer une loge.* ‖ Petite pièce dans laquelle se maquillent et s'habillent les artistes. ‖ Réunion de francs-maçons; lieu où ils s'assemblent. ‖ Dans les écoles des beaux-arts, atelier où est isolé chacun des élèves participant à un concours. ‖ *Loggia.* ‖ *Hist. nat.* Compartiment d'une coquille, d'un ovaire végétal, d'un guêpier, etc. ● *Aux premières loges* (Fam.), bien placé pour suivre quelque chose.

LOGEABLE adj. Où l'on peut loger commodément.

LOGEMENT n. m. Action de loger, de se loger : *politique du logement.* ‖ Lieu où l'on habite, appartement. ‖ Lieu ou cavité où se place une pièce mobile d'un mécanisme.

LOGER v. i. (conj. 1). Habiter : *où logez-vous?* ● *Loger à la belle étoile* (Fam.), coucher en plein air. ◆ v. t. Donner un lieu d'habitation, un cantonnement, une résidence : *loger des soldats.* ‖ Introduire, placer qqch dans un endroit : *loger une balle dans la cible.*

LOGETTE n. f. *Archit.* Petit ouvrage en surplomb, de plan allongé, à un seul étage. ‖ Petite loggia.

LOGEUR, EUSE n. Personne qui loue des chambres meublées.

LOGGIA [lɔdʒja] n. f. (mot it., *loge*). *Archit.* Pièce ouverte sur l'extérieur par de vastes baies libres (sans fermetures); portique.

LOGICIEL n. m. *Inform.* Ensemble des programmes, procédés et règles, et éventuellement de la documentation, relatifs au fonctionnement d'un ensemble de traitement de l'information. (Syn. SOFTWARE.)

LOGICIEN, ENNE n. Spécialiste de logique.

LOGICISME n. m. Attitude philosophique qui met l'accent sur la logique des raisonnements et minimise leur aspect psychologique. ‖ Doctrine élaborée par Frege, puis B. Russell, selon laquelle les mathématiques se réduiraient à la logique.

LOGIGRAMME n. m. *Inform.* Schéma de circuit logique faisant usage de symboles normalisés des opérations logiques élémentaires.

LOGIQUE n. f. (gr. *logikê;* de *logos,* raison). Science du raisonnement en lui-même, abstrac-

tion faite de sa matière et de tout processus psychologique. ‖ Manière de raisonner juste, méthode, suite cohérente d'idées : *sa conversation manque de logique.* ‖ Ensemble des procédés cognitifs; leur étude : *la logique de la médecine expérimentale.* ‖ Ensemble des relations qui règlent le fonctionnement d'une organisation ou l'apparition de phénomènes : *la logique du vivant.* ● *Logique formelle,* ensemble de lois et de règles relatives à la déduction. ‖ *Logique mathématique,* théorie scientifique des raisonnements, selon les processus psychologiques mis en œuvre, et qui se divise en *calcul des propositions* et *calcul des prédicats.* (Son développement a permis de mener à bien la formalisation des mathématiques.)
■ La logique ne repose pas sur une théorie, c'est-à-dire sur un système d'affirmations sur des objets déterminés, mais constitue une langue, c'est-à-dire un système de signes avec les règles de leur emploi. Cette langue est constituée d'un système de symboles et de variables liés par des opérateurs qui déterminent la structure interne des propositions et les relations entre les propositions. La logique remonte, en Occident, à Aristote. Elle est devenue logique mathématique à la suite des travaux de Bolzano, Boole, De Morgan et Frege au XIXᵉ s.

LOGIQUE adj. Conforme aux règles de la logique, de la cohérence, du bon sens. ‖ Se dit de qqn qui raisonne de manière cohérente. ● *Lois logiques,* ensemble des formules représentant un enchaînement de propositions dans un discours vrai en tout état de cause, c'est-à-dire indépendamment de la vérité ou de la fausseté des propositions qui y figurent.

LOGIQUEMENT adv. De façon logique.

LOGIS n. m. (de *loger*). *Litt.* Logement.

LOGISTICIEN, ENNE adj. et n. Qui s'occupe de logistique.

LOGISTIQUE n. f. (gr. *logistikos,* relatif au raisonnement). Syn. de LOGIQUE MODERNE, de LOGIQUE MATHÉMATIQUE. ‖ *Écon.* Ensemble des opérations nécessaires à la mise à disposition des produits sur les lieux de vente en partant de leur production. ‖ *Mil.* Ensemble des activités intéressant les ravitaillements, l'entretien, les transports et les évacuations des armées.

LOGISTIQUE adj. Relatif à la logistique. ● *Flotte logistique* (Mil.), ensemble des bâtiments de servitude (ravitailleur, navire-atelier) permettant de maintenir une force navale en condition de combat. ‖ *Soutien logistique,* ensemble des moyens nécessaires à une force militaire pour conduire une action prolongée.

LOGO n. m. → LOGOTYPE.

LOGOGRAPHE n. m. (gr. *logos,* discours, et *graphein,* écrire). *Antiq. gr.* Nom donné aux premiers historiens; rhéteur qui rédigeait pour autrui un discours ou un plaidoyer.

LOGOGRIPHE n. m. (gr. *logos,* parole, et *griphos,* filet). Énigme dans laquelle se compose, avec les lettres d'un mot, d'autres mots qu'il faut deviner, aussi bien que le mot principal. (Ainsi, avec le mot *orange,* on peut former *ange, orge, orage, onagre, organe, rage, rang,* etc.)

LOGOMACHIE [lɔgomaʃi] n. f. (gr. *logos,* discours, et *makhê,* combat). Assemblage de mots creux dans un discours, dans un raisonnement.

LOGOPÉDIE n. f. (gr. *logos,* parole, et *pais, paidos,* enfant). Technique visant à corriger les défauts de prononciation chez les enfants.

LOGORRHÉE [lɔgɔre] n. f. (gr. *logos,* parole, et *rhein,* couler). Flot de paroles désordonnées, incoercible et rapide, que l'on rencontre dans certains états d'excitation psychique.

LOGORRHÉIQUE adj. Qui a les caractéristiques de la logorrhée.

LOGOS [lɔgɔs] n. m. (mot gr.). Dans la philosophie grecque, raison, discours, en tant qu'ils établissent des rapports, par ex. entre les hommes entre eux, entre les hommes et l'univers, etc. ‖ Dans la théologie chrétienne, le Verbe de Dieu, deuxième personne de la Trinité.

LOGOTYPE ou **LOGO** n. m. Élément graphique caractéristique d'une marque commerciale.

LOI n. f. (lat. *lex, legis*). Règle obligatoire promulguée par l'autorité souveraine, qui ordonne, permet, défend ou punit. ‖ Proposition générale constatant des rapports nécessaires et constants entre des faits scientifiques. ‖ Fonction mathématique permettant de calculer la valeur de certaines variables et d'établir une prévision. ‖ Obligation de la vie sociale, règle imposée par les circonstances, par une personne : *les lois de l'honneur; la loi du vainqueur.* ● *Avoir force de loi,* obliger au même titre que la loi. ‖ *Loi divine,* ensemble des préceptes que Dieu a donnés aux hommes par la Révélation. ‖ *Lois fondamentales,* sous l'Ancien Régime, règles que le monarque lui-même devait respecter. ‖ *Lois de la guerre,* ensemble des conventions, lois et coutumes tendant à humaniser la guerre. ‖ *Loi d'habilitation,* loi autorisant le gouvernement à prendre, par ordonnances, des mesures normalement du domaine de la loi. ‖ *Loi morale,* principe universel de détermination d'une volonté libre en vue d'une action. ‖ *Loi naturelle,* ensemble des règles de conduite fondées sur la nature même de l'homme et de la société. ‖ *La loi nouvelle,* la religion de Jésus-Christ. ‖ *Loi organique,* loi relative à l'organisation des pouvoirs publics, mais sans caractère constitutionnel. ‖ *Loi d'orientation,* loi définissant un certain nombre de principes dans un domaine donné. ‖ *Loi de programme* ou *loi d'engagement,* syn. de LOI-PROGRAMME. ‖ *Loi de règlement,* loi fixant définitivement les dépenses et les recettes d'un exercice clos. ‖ *Se faire une loi de,* s'imposer l'obligation de.

LOI n. f. (de *aloi*). Titre auquel les monnaies doivent entrer dans leur composition.

LOI-CADRE n. f. (pl. *lois-cadres*). Loi qui définit un certain principe, en laissant le soin au gouvernement d'en préciser la portée exacte dans les décrets d'application.

LOIN adv. (lat. *longe*). À grande distance dans l'espace ou le temps : *arme qui porte loin; remonter bien loin dans l'histoire.* ● *Aller loin,* avoir de grandes conséquences; en parlant de qqn, être promis à un grand avenir. ‖ *Au loin,* à une grande distance : *aller au loin.* ‖ *De loin,* d'une grande distance, longtemps à l'avance : *prévoir le danger de loin.* ‖ *De loin en loin,* à de grands intervalles. ‖ *Loin de là,* au contraire. ‖ *Ne pas aller loin,* être sans valeur. ‖ *Voir loin,* être doué d'une grande prévoyance. ◆ loc. prép. *Loin de,* à une grande distance : *demeurer loin de Paris;* indique une négation renforcée : *je suis loin de vouloir.*

LOINTAIN, E adj. Qui se trouve à une grande distance dans l'espace ou dans le temps; éloigné, indirect.

LOINTAIN n. m. *Dans le lointain, au lointain,* à l'horizon, au loin. ◆ pl. Arrière-plan dans un tableau.

LOI-PROGRAMME n. f. (pl. *lois-programmes*). Loi autorisant le gouvernement à engager certaines dépenses dont le règlement est échelonné sur plusieurs exercices budgétaires annuels. (On dit aussi LOI DE PROGRAMME ou LOI D'ENGAGEMENT.)

LOIR n. m. (lat. *glis, gliris*). Mammifère rongeur hibernant d'octobre à avril, nichant dans les branches des arbres, dont il grignote fruits et

loir

graines. (Long. 15 cm.) ● *Dormir comme un loir,* dormir longtemps et profondément.

LOISIBLE adj. *Il est loisible (de),* il est permis, il est possible (de).

LOISIR n. m. (lat. *licere,* être permis). Temps dont qqn peut disposer en dehors de ses occupations ordinaires. ● *À loisir, tout à loisir,* à son aise, sans hâte. ‖ *Avoir le loisir de,* avoir le temps disponible, la possibilité de. ◆ pl. Distractions pendant les temps libres : *des loisirs coûteux.*

LOKOUM n. m. → LOUKOUM.

LOLLARDS n. m. pl. Nom donné à certaines confréries de pénitents connues en Allemagne et aux Pays-Bas au XVIe s. ‖ En Angleterre, prédicateurs itinérants, disciples de Wycliffe.

LOMBAGO n. m. → LUMBAGO.

LOMBAIRE adj. (lat. *lumbus*, rein). Relatif aux lombes.

LOMBALGIE n. f. Douleur de la région lombaire. (L'expression *mal aux reins* est synonyme de *lombalgie,* mais les reins proprement dits ne sont que rarement en cause, et il s'agit le plus souvent de *lombarthrose* ou de *lumbago.*)

LOMBARD, E adj. et n. De la Lombardie.

LOMBES n. f. pl. (lat. *lumbus,* rein). Régions symétriques situées en arrière de l'abdomen, de chaque côté de la colonne vertébrale.

LOMBO-SACRÉ, E adj. Qui se rapporte au sacrum et à la cinquième vertèbre lombaire.

LOMBOSTAT n. m. Corset orthopédique, destiné à soutenir la colonne vertébrale lombaire et sacrée.

LOMBRIC n. m. (lat. *lumbricus*). Nom scientifique du *ver de terre,* ver annelé qui creuse des

lombric

galeries dans le sol humide, dont il se nourrit, contribuant ainsi à son aération et à sa fertilité. (Long. : 30 cm environ.)

LONDONIEN, ENNE adj. et n. De Londres.

LONDRÈS [lɔ̃drɛs] n. m. (mot esp.). Cigare havanais, d'abord fabriqué pour les Anglais.

LONG, LONGUE adj. (lat. *longus*). Qui s'étend sur une distance, une étendue plus grande que la moyenne : *une longue rue, un long discours.* ‖ Qui dure longtemps : *long voyage.* ‖ Qui met beaucoup de temps, lent : *il est long à comprendre.* ‖ Anat. Se dit de certains muscles, pour les distinguer d'autres plus courts. ‖ Phon. Dont la prononciation a une durée plus grande que la forme brève correspondante. ● *Long de,* mesurant d'une extrémité à l'autre : *pont long de cent mètres.*

LONG n. m. Longueur : *une table de deux mètres de long.* ‖ *Tomber de tout son long,* de toute sa longueur. ◆ adv. *Au long, tout au long,* complètement. ‖ *De long en large,* alternativement dans les deux sens. ‖ *En long et en large,* en longueur et en largeur; sous tous ses aspects. ‖ *En savoir long,* savoir beaucoup de choses. ◆ loc. prép. *Le long de,* en côtoyant : *le long de la rivière.*

LONGANE n. m. (chin. *long-yen,* œil de dragon). Fruit exotique, proche du litchi.

LONGANIMITÉ n. f. (lat. *longus,* patient, et *animus,* esprit). Litt. Patience à l'égard des offenses des autres ou ses propres malheurs.

LONG-COURRIER adj. et n. m. (pl. *long-courriers*). Se dit d'un bateau, d'un avion qui fait des voyages sur de longues distances.

LONGE n. f. (de *long*). Courroie pour attacher un cheval. ‖ Chaîne, corde servant à attacher les animaux.

LONGE n. f. (lat. *lumbus,* rein). Moitié de l'échine d'un veau ou d'un chevreuil, depuis le bas de l'épaule jusqu'à la queue.

LONGER v. t. (conj. **1**). Suivre le bord de : *longer la rivière; le bois longe la côte.*

LONGERON n. m. Pièce maîtresse de l'ossature d'une machine ou d'une construction en charpente (pont), disposée horizontalement dans le sens de la longueur. ‖ Chacune des poutres principales d'une aile d'avion.

LONGÉVITÉ n. f. (lat. *longus,* long, et *aevum,* âge). Longue durée de la vie : *la longévité des carpes.* ‖ Durée de la vie en général.

LONGICORNE adj. et n. m. Zool. Syn. de CAPRICORNE, de CÉRAMBYCIDÉ.

LONGILIGNE adj. Se dit des individus aux membres allongés et minces.

LONGITUDE n. f. (lat. *longitudo,* longueur). Angle dièdre formé en un lieu donné par le plan méridien de ce lieu avec le plan méridien d'un autre lieu pris pour origine.

■ Le méridien origine conventionnel est très voisin du plan méridien passant par une des lunettes méridiennes de l'ancien observatoire de Greenwich. Les longitudes sont comptées, à partir de ce méridien, positivement vers l'ouest, négativement vers l'est, de 0 à 12 h ou, ce qui revient au même, de 0 à 180⁰. Mesurer la longitude et la latitude d'un lieu s'appelle *faire le point.*

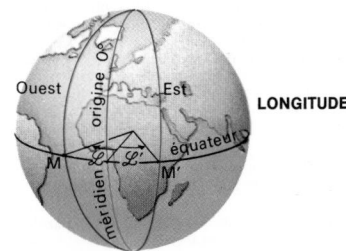

Ouest · origine 0° · Est

méridien · équateur

M · ℒ' · M'

LONGITUDE

ℒ : longitude du point M
ℒ' : longitude du point M'

LONGITUDINAL, E, AUX adj. Dans le sens de la longueur.

LONGITUDINALEMENT adv. En longueur.

LONG-JOINTÉ, E adj. (pl. *long-jointés, es*). Se dit d'un cheval qui a le paturon trop long.

LONGOTTE n. f. Tissu de coton épais et lourd.

LONGRINE n. f. (it. *lungarina;* de *lungo,* long). Pièce de construction horizontale, reposant sur plusieurs points d'appui sur lesquels elle répartit une charge.

LONGTEMPS adv. Pendant un long espace de temps.

LONGUE n. f. Syllabe ou voyelle longue. ‖ Mus. Note longue. ‖ *À la longue,* avec le temps.

LONGUEMENT adv. Pendant un long moment.

LONGUET, ETTE adj. Fam. Qui dure un peu trop longtemps.

LONGUEUR n. f. Dimension d'un objet d'une extrémité à l'autre, dans sa plus grande étendue. ‖ Qualité de ce qui est long, dans l'espace, le temps, etc. : *la longueur des jours et des nuits.* ‖ Sports. Unité servant à exprimer la distance qui sépare les concurrents d'une course, à l'arrivée, et qui est égale à la longueur d'un cheval, d'une bicyclette, etc. ● *À longueur de,* pendant toute la durée de, sans s'arrêter. ‖ *Tirer, traîner en longueur,* durer longtemps. ◆ pl. Développements longs et inutiles.

LONGUE-VUE [lɔ̃gvy] n. f. (pl. *longues-vues*). Lunette d'approche.

LOOPING [lupiŋ] n. m. (mot angl.). Exercice de voltige aérienne consistant à faire une boucle dans un plan vertical.

LOPHOPHORE n. m. (gr. *lophos,* huppe, et *phoros,* qui porte). Oiseau gallinacé, à plumage éclatant et varié, qu'on trouve dans l'Himalaya.

LOPIN n. m. (anc. fr. *lope,* masse informe). Petit morceau de terrain. ‖ Métall. Masse métallique destinée à être formée par action mécanique à chaud.

LOQUACE [lɔkas *ou,* rare, lɔkwas] adj. (lat. *loquax,* bavard). Qui parle beaucoup.

LOQUACITÉ n. f. Disposition à parler beaucoup.

LOQUE n. f. (anc. néerl. *locke,* mèche de

cheveux). Lambeau d'une étoffe, d'un vêtement déchiré, usé. ‖ Personne sans énergie, veule.

LOQUET n. m. (mot germ.). Barre mobile autour d'un pivot, servant à fermer une porte par la pression d'un ressort ou par son propre poids.

LOQUETEAU n. m. Petit loquet pour la fermeture des châssis, des persiennes, etc.

LOQUETEUX, EUSE adj. Vêtu de loques.

LORAN n. m. (de LOng RAnge Aid to Navigation, aide à la navigation à grande distance). Procédé de radionavigation permettant à un aviateur ou à un navigateur de déterminer sa position par rapport à trois stations.

LORD [lɔr] n. m. (mot angl.). Titre donné en Angleterre aux pairs du royaume et aux membres de la Chambre haute ou Chambre des lords. ● *Premier Lord de l'Amirauté,* appellation donnée jusqu'en 1964 au ministre de la Marine

loris

britannique. ‖ *Premier lord de la mer,* chef d'état-major de la marine britannique.

LORD-MAIRE n. m. (pl. *lords-maires*). Premier magistrat de plusieurs villes britanniques.

LORDOSE n. f. (gr. *lordôsis,* action de se courber). Anat. Courbure à convexité antérieure de la colonne vertébrale. ‖ Méd. Déviation de la colonne vertébrale avec convexité antérieure. (Contr. CYPHOSE.)

LORETTE n. f. (du n. du quartier *Notre-Dame-de-Lorette,* à Paris). Au début du XIXe s., jeune femme élégante et de mœurs faciles.

LORGNER [lɔrɲe] v. t. (anc. fr. *lorgne,* louche; du francique). Regarder du coin de l'œil avec insistance et avec une intention particulière. ‖ Convoiter qqch secrètement : *lorgner une place.*

LORGNETTE n. f. Petite lunette d'approche portative. ● *Regarder par le petit bout de la lorgnette,* ne voir les choses que sous un aspect particulier, qu'on grossit exagérément.

LORGNON n. m. Lunettes sans branches qu'on tient à la main ou qu'un ressort fait tenir sur le nez.

LORI n. m. (mot malais). Petit perroquet d'Océanie.

LORICAIRE n. m. (lat. *lorica,* cuirasse). Poisson originaire de l'Amérique du Sud, voisin du poisson-chat, parfois élevé en aquarium entre 17 et 26 ⁰C. (Long. : 10 à 15 cm.)

LORIOT n. m. (lat. *aureolus,* d'or). Oiseau passereau jaune et noir (mâle) ou verdâtre (femelle), au chant sonore, vivant dans les bois, les vergers, où il se nourrit de fruits et d'insectes. (Long. 23 cm.)

LORIQUET n. m. (de *lori*). Nom usuel de quelques perroquets de Nouvelle-Guinée.

LORIS [bris] n. m. (moyen néerl. *loeris,* clown). Mammifère primate de l'Inde, de mœurs nocturnes. (Long. 20 cm; sous-ordre des lémuriens.)

LORRAIN, E adj. et n. De la Lorraine.

LORRAIN n. m. Dialecte de langue d'oïl parlé en Lorraine.

LORRY [lɔri] n. m. (mot angl.) [pl. *lorries*]. Petit chariot que l'on pousse à la main sur une voie ferrée pour le transport des matériaux.

LORS adv. (lat. *illa hora*, à cette heure). *Depuis lors*, depuis ce temps-là. ‖ *Dès lors*, dès ce temps-là; par conséquent. ◆ loc. prép. *Lors de*, à l'époque, au moment de : *lors de son mariage*. ◆ loc. conj. *Dès lors que*, du moment que; puisque. ‖ *Lors même que* (Litt.), quand bien même, même si (avec le conditionnel).

LORSQUE [lɔrsk] conj. Indique un rapport de temps; quand, au moment où. (La voyelle e de *lorsque* ne s'élide que devant *il, elle, on, en, un, une*.)

LOSANGE n. m. (mot gaul.). Quadrilatère dont les quatre côtés sont égaux. ‖ Meuble héraldique symbolisant le fer de lance.
■ Les diagonales d'un losange se coupent en leur milieu et sont perpendiculaires l'une à l'autre. Sa surface est égale au produit de sa base par sa hauteur, ou au demi-produit de ses deux diagonales.

LOT n. m. (mot francique). Portion d'un tout partagé entre plusieurs personnes : *diviser un terrain en plusieurs lots*. ‖ Ce qui revient, dans une loterie, à chaque billet gagnant. ‖ Une certaine quantité de choses, d'objets assortis : *un lot de chaussures*. ‖ Inform. Ensemble de données destinées à être traitées en différé. ‖ Litt. Ce qui échoit à chacun par le sort : *la mort est le lot commun*. ● *Traitement par lots* (Inform.), mode de traitement de l'information suivant lequel les programmes à exécuter ou les données sont groupés en lots pour être traités au cours d'un même passage.

LOTE n. f. → LOTTE.

LOTERIE n. f. (mot néerl.). Tirage au sort de numéros désignant des billets gagnants et donnant droit à des lots. ● *C'est une loterie*, c'est réglé uniquement par le hasard. ‖ *Loterie nationale*, loterie instituée depuis 1933 au profit de l'État.

LOTI, E adj. *Être bien, mal loti*, être favorisé, défavorisé par le sort.

LOTIER n. m. (lat. *lotus*, mélilot). Papilionacée qui croît dans les bois, les prés, les champs. (Nom usuel : *trèfle cornu*.)

LOTION [lɔsjɔ̃] n. f. (bas lat. *lotio*; de *lavare*, laver). Eau de toilette parfumée et légèrement alcoolisée, utilisée pour les soins de l'épiderme ou de la chevelure.

LOTIONNER v. t. Frictionner le cuir chevelu ou l'épiderme avec une lotion.

LOTIR v. t. Diviser en lots : *lotir un terrain pour le vendre*. ‖ Mettre en possession d'un lot.

LOTISSEMENT n. m. Vente d'une propriété par lots. ‖ Division d'un terrain en différents lots qui, une fois équipés, sont vendus ou loués en vue d'y construire. ‖ Ensemble de ces lots.

LOTISSEUR, EUSE n. Personne qui lotit un terrain.

LOTO n. m. (it. *lotto*, sort). Jeu utilisant des cartons numérotés dont les joueurs couvrent les cases à mesure que l'on tire d'un sac les 90 numéros correspondants. ● *Loto national*, en France, jeu de hasard institué par l'État en 1976.

LOTTE ou **LOTE** n. f. (mot gaul.). Poisson d'eau douce à chair estimée, dont la deuxième nageoire dorsale est très longue. (Long. 30-70 cm; poids jusqu'à 4 kg; famille des gadidés.) ● *Lotte de mer*, autre nom de la BAUDROIE.

LOTUS [lɔtys] n. m. (mot lat.; gr. *lôtos*). Nom donné à plusieurs espèces de nénuphars vénérés dans l'Égypte pharaonique et dans l'Inde brahmanique. ‖ Bot. Nom générique du *lotier*.

LOUABLE adj. Digne de louanges.

LOUABLE adj. Qui peut être mis en location.

LOUAGE n. m. Contrat par lequel une personne s'engage à laisser à une autre la jouissance d'une chose pendant un certain temps (*louage de choses*), ou à faire qqch pour elle (*louage d'ouvrage* [aujourd'hui *contrat d'entreprise*]).

LOUANGE n. f. Action de louer qqn : *dire qqch à la louange de qqn*. ‖ Paroles par lesquelles on fait l'éloge de qqn, de qqch : *combler de louanges*. ● *Chanter les louanges de qqn*, vanter ses mérites.

LOUANGER v. t. (conj. **1**). Litt. Décerner des louanges à qqn.

LOUANGEUR, EUSE adj. et n. Litt. Qui loue, flatteur.

LOUBARD n. m. → LOULOU.

LOUCHE adj. (lat. *luscus*, borgne). Qui n'a pas un ton franc (en parlant des couleurs, des liquides, etc.). ‖ Qui manque de franchise, de clarté; équivoque, suspect : *conduite louche*.

LOUCHE n. m. Ce qui manque de clarté : *il y a du louche dans ce contrat*. ‖ Chim. Léger précipité qui donne à un liquide un aspect trouble.

LOUCHE n. f. (mot francique). Grande cuillère à long manche, pour servir le potage.

LOUCHER v. i. Être atteint de strabisme. ‖ Regarder avec envie : *loucher sur qqch*.

LOUCHERIE n. f. Strabisme.

LOUCHET n. m. Bêche à fer étroit.

LOUCHEUR, EUSE n. Personne qui louche.

LOUER v. t. (lat. *laudare*). Vanter les mérites ou les qualités de qqn, de qqch. ● *Louer Dieu*, célébrer sa grandeur, ses bienfaits. ◆ **se louer** v. pr. [**de**]. Se montrer satisfait de : *n'avoir qu'à se louer de qqn*.

LOUER v. t. (lat. *locare*). Donner, prendre à loyer : *louer une maison*. ‖ Prendre à son service moyennant un salaire. ‖ Retenir une place dans un train, un théâtre, etc.

LOUEUR, EUSE n. Personne qui donne à louage.

LOUFIAT n. m. Pop. Garçon de café.

LOUFOQUE adj. et n. Fam. Extravagant, fou, insensé.

LOUFOQUERIE n. f. Fam. Acte, parole de loufoque, extravagance.

LOUGRE n. m. (angl. *lugger*). Mar. Bâtiment fin à l'arrière, renflé à l'avant.

LOUIS n. m. Anc. monnaie d'or française, valant 24 livres, à l'effigie de Louis XIII et de ses successeurs. ‖ Pièce d'or française de 20 F, appelée aussi *napoléon*.

LOUISE-BONNE n. f. (pl. *louises-bonnes*). Variété de poire douce et fondante.

LOUKOUM ou **LOKOUM** n. m. (ar. *rāḥat al-ḥulqum*, le repos des gorges). Confiserie orientale faite d'une pâte sucrée parfumée aux amandes, à la pistache, etc.

LOULOU n. m. (de *loup*). Petit chien à museau pointu et à la fourrure longue et abondante.

LOULOU ou **LOUBARD** n. m. Pop. Jeune voyou.

LOUP n. m. (lat. *lupus*). Mammifère carnassier de la famille des canidés, à pelage gris jaunâtre, vivant dans les forêts d'Europe, d'Asie et d'Amé-

loup

lotus

rique. (Le loup est devenu très rare en France.) [Cri : le loup *hurle*.] ‖ Nom usuel donné à plusieurs poissons voraces, tels que le bar, le brochet, etc. ‖ Demi-masque de velours ou de satin noir. ‖ Erreur, malfaçon irréparable dans la confection d'un ouvrage. ● *Être connu comme le loup blanc*, être connu de tout le monde. ‖ *Hurler avec les loups*, se joindre aux autres pour critiquer ou attaquer. ‖ *Jeune loup*, jeune homme ambitieux, soucieux de faire carrière. ‖ *(Vieux) loup de mer*, marin expérimenté. ‖ *Se jeter dans la gueule du loup*, s'exposer soi-même à un grand danger.

LOUPAGE n. m. Fam. Action de louper.

LOUP-CERVIER n. m. (lat. *cervarius*, qui attaque les cerfs) [pl. *loups-cerviers*]. Autre nom du LYNX.

LOUPE n. f. (mot francique). Lentille de verre convergente qui grossit les objets. ‖ Bot. Excroissance ligneuse qui vient sur le tronc et sur les branches de certains arbres. ‖ Méd. Kyste du cuir chevelu produit par l'hypertrophie d'une glande sébacée dont le produit de sécrétion n'est plus évacué. (Syn. KYSTE SÉBACÉ.) ‖ Métall. Masse ferreuse ou de fonte, renfermant des impuretés (scories) éliminées au cours du puddlage par forgeage au marteau. ● *À la loupe*, d'une manière minutieuse.

LOUPÉ n. m. Erreur commise par une mauvaise exécution.

LOUPER v. t. (de *loup*, erreur). Fam. Ne pas réussir à qqch, à obtenir à, faire; rater. ● *Ça n'a pas loupé*, il fallait s'y attendre.

LOUP-GAROU n. m. (de *loup* et *garou*, de l'anglo-saxon *verewolf*, homme-loup) [pl. *loups-garous*]. Être malfaisant qui, selon la superstition populaire, errait la nuit sous les apparences d'un loup.

LOUPIOT, OTTE n. (de *loup*). Pop. Enfant, gamin.

LOUPIOTE n. f. Pop. Petite lampe.

LOURD, E adj. (lat. *luridus*, blême). Pesant, difficile à porter, à remuer à cause de son poids : *lourd fardeau*. ‖ Que sa quantité, sa force, sa violence, etc., rend difficile à supporter, à subir : *lourde tâche, lourde faute*. ‖ Se dit d'un aliment difficile à digérer : *les ragoûts sont lourds*. ‖ Se dit d'un sol compact, difficile à labourer. ‖ Qui manque de finesse, d'intelligence, maladroit : *esprit lourd; plaisanterie lourde*. ‖ Dans divers sports individuels, qualifie une catégorie de poids. ● *Avoir la main lourde*, frapper rudement; peser ou verser une chose en trop grande quantité. ‖ *Eau lourde*, oxyde de deutérium (D_2O), liquide analogue à l'eau ordinaire et employé comme ralentisseur dans certains réacteurs nucléaires. ‖ *Sommeil lourd*, sommeil profond. ‖ *Temps lourd*, temps orageux accablant. ◆ adv. *Il n'y en a pas lourd* (Pop.), il n'y en a pas beaucoup. ‖ *Ne pas en savoir lourd*, être très ignorant. ‖ *Peser lourd*, avoir un poids plus élevé que la moyenne; avoir une grande importance.

LOURD n. m. En France, marchandise pesant plus de 1 000 kg au mètre cube; à l'étranger, marchandise cubant moins de 1,132 m³ pour une tonne de 1 016 kg.

LOURDAUD, E adj. et n. Lent, gauche et maladroit.

LOURDE n. f. Pop. Porte.

LOURDEMENT adv. Pesamment : *tomber lourdement sur le sol*. ‖ Grossièrement, maladroitement : *se tromper lourdement*.

LOURDER v. t. Pop. Mettre à la porte.

LOURDEUR n. f. Caractère de ce qui est lourd : *la lourdeur de la marche; lourdeur d'esprit*.

LOURE n. f. (lat. *lura*, sacoche). Nom régional d'une sorte de cornemuse. ‖ Danse assez lente jouée avec cet instrument.

LOURER v. t. (de *loure*). Mus. Lier les notes en appuyant sur le premier temps de chaque mesure ou sur la première note de chaque temps.

LOUSTIC n. m. (all. *lustig*, gai). Fam. Celui qui cherche à faire rire en se moquant des autres, plaisantin.

LOUTRE n. f. (lat. *lutra*). Mammifère carnassier se nourrissant de poissons et pouvant nager facilement. (La *loutre commune* vit près des cours d'eau, des marais, en Europe, en Asie, en Amérique, et atteint 80 cm de long. La *loutre de mer*, qui peut peser 40 kg, vit dans le Pacifique. La loutre fournit une fourrure au poil épais et soyeux, d'autant plus précieuse qu'elle est rare.)

LOUVE n. f. (lat. *lupa*). Femelle du loup.

LOUVE n. f. Sorte de pince à deux branches articulées, pour soulever les pierres de taille.

LOUVER v. t. Soulever avec la louve.

LOUVET, ETTE adj. De la couleur du poil du loup, en parlant de la robe du cheval.

LOUVETEAU n. m. Loup de quelques semaines. ‖ Jeune scout.

LOUVETER v. i. (conj. 4). Mettre bas, en parlant de la louve.

LOUVETERIE [luvtri] n. f. Chasse au loup. ● *Lieutenant de louveterie,* celui qui est chargé par l'État d'organiser et de diriger les battues aux loups et autres animaux sauvages.

LOUVETIER n. m. Lieutenant de louveterie.

LOUVOIEMENT n. m. Action de louvoyer.

LOUVOYER v. i. (de *lof*) [conj. 2]. Mar. Naviguer contre le vent, tantôt sur un bord, tantôt sur l'autre. ‖ Prendre des détours pour atteindre un but, tergiverser.

LOVER v. t. (bas all. *lofen,* tourner). Mar. Enrouler en spirale. ◆ **se lover** v. pr. S'enrouler sur soi-même.

LOXODROMIE n. f. (gr. *loxos,* courbe, et *dromos,* course). Courbe tracée sur une sphère et coupant les méridiens sous le même angle.

LOXODROMIQUE adj. Relatif à la loxodromie.

LOYAL, E, AUX adj. (lat. *legalis,* conforme à la loi). Qui obéit aux lois de la probité, de l'honnêteté : *un homme loyal, une conduite loyale.* ● *À la loyale* (Pop.), sans user de coups interdits. ‖ *Loyaux coûts* (Dr.), frais de contrat dépensés en sus du prix par l'acquéreur d'un immeuble.

LOYALEMENT adv. Avec bonne foi.

LOYALISME n. m. Fidélité aux institutions politiques établies, à une cause, à des dirigeants.

LOYALISTE adj. et n. Fidèle au régime établi. ◆ n. m. pl. Colons américains qui demeurèrent fidèles aux Anglais durant et après la guerre d'Indépendance. (Beaucoup s'exilèrent, surtout dans le Bas-Canada.)

LOYAUTÉ n. f. Probité, droiture, honnêteté.

LOYER n. m. (lat. *locarium; de locare,* louer). Prix auquel on loue une maison, un logement, une propriété quelconque. ● *Loyer de l'argent,* taux d'intérêt.

L.S.D. n. m. (all. *LysergSäureDiäthylamid*). Dérivé de l'acide lysergique, hallucinogène de synthèse qui agit surtout en modifiant les sensations visuelles et auditives.

Lu, symbole chimique du *lutécium.*

LUBIE n. f. Fam. Idée extravagante, capricieuse; fantaisie.

LUBRICITÉ n. f. Penchant effréné à la luxure, aux plaisirs sexuels.

LUBRIFIANT, E adj. et n. m. Se dit d'un produit servant à assurer un graissage.

LUBRIFICATION n. f. Action de lubrifier.

LUBRIFIER v. t. (lat. *lubricus,* glissant). Graisser, rendre glissant, pour atténuer le frottement et faciliter le fonctionnement.

LUBRIQUE adj. (lat. *lubricus,* glissant). Qui est de la lubricité, ou qui est inspiré par la lubricité.

LUBRIQUEMENT adv. Avec lubricité.

LUCANE n. m. (lat. *lucanus,* cerf-volant). Insecte coléoptère des chênes et des châtaigniers. (Le mâle atteint 8 cm de long et porte des mandibules de taille très variable [*allométrie*] mais parfois énormes, qui lui valent son nom usuel de *cerf-volant.*)

LUCARNE n. f. (lat. *lucerna,* lampe). Ouvrage en saillie sur un toit, comportant une ou plusieurs fenêtres donnant du jour au comble.

LUCERNAIRE n. f. Méduse en cloche qui vit fixée à des herbes marines dans les océans.

LUCIDE adj. (lat. *lucidus*). Qui est en pleine

loutre

luciole

lucane

possession de ses facultés intellectuelles; perspicace, clairvoyant.

LUCIDEMENT adv. De façon lucide.

LUCIDITÉ n. f. Qualité d'une personne lucide.

LUCIFÉRASE n. f. (lat. *lucifer,* qui apporte la lumière). Enzyme des organes lumineux de divers animaux.

LUCIFÉRIEN, ENNE adj. Qui tient du diable, démoniaque.

LUCIFÉRIENS n. m. pl. *Hist.* Membres d'une secte accusée de rendre un culte à Satan.

LUCIFÉRINE n. f. Substance contenue dans les organes lumineux de divers animaux, et dont l'oxydation en présence de luciférase provoque une émission de lumière.

LUCILIE n. f. (lat. *lux, lucis,* lumière). Mouche d'un vert métallique, vivant sur les fleurs et les déchets organiques, et pouvant pondre sur la viande.

LUCIOLE n. f. (it. *luciola; de luce,* lumière). Insecte coléoptère voisin du lampyre et lumineux comme lui. (Long. 1 cm.)

LUCITE n. f. Toute maladie de peau provoquée par une exposition aux rayons solaires.

LUCRATIF, IVE adj. (lat. *lucrativus*). Qui rapporte de l'argent, du profit : *emploi lucratif.*

LUCRATIVEMENT adv. De façon lucrative.

LUCRE n. m. (lat. *lucrum*). Litt. Profit plus ou moins licite.

LUDDISME [lydism] n. m. Organisation et action des luddites.

LUDDITE [lydit] n. m. (de *Lud,* n. pr.). Membre d'une bande d'ouvriers anglais qui, vers 1810, s'organisèrent pour détruire les machines, rendues responsables du chômage. ‖ Ouvrier adversaire du machinisme.

LUDION n. m. (lat. *ludio,* histrion). Petite figurine qui, suspendue à une sphère creuse contenant de l'air et percée d'un trou à sa partie inférieure, descend ou remonte dans un vase rempli d'eau et fermé par une membrane élastique, selon les variations de pression dans ce vase.

LUDIQUE adj. (lat. *ludus,* jeu). Relatif au jeu : *activité ludique.*

LUDISME n. m. Attitude de jeu.

LUDOTHÈQUE n. f. Organisme mettant des jouets à la disposition des enfants.

LUETTE n. f. (pour l'*uette,* dimin. du lat. *uva,* grappe). Appendice charnu, mobile et contractile, qui pend à l'entrée du gosier et contribue à la fermeture des fosses nasales pendant la déglutition.

LUEUR n. f. (lat. *lucere,* luire). Clarté faible ou éphémère : *les premières lueurs de l'aube.* ‖ Éclat vif du regard. ‖ Manifestation passagère mais vive : *une lueur de raison.*

LUFFA n. m. Cucurbitacée grimpante d'Afrique et d'Asie, dont la pulpe fibreuse, desséchée, constitue l'*éponge végétale.*

LUGE n. f. (mot savoyard; du gaul.). Petit traîneau utilisé pour glisser sur la neige.

LUGER v. i. (conj. 1). Faire de la luge.

LUGEUR, EUSE n. Personne qui pratique le sport de la luge.

LUGUBRE adj. (lat. *lugere,* être en deuil). Qui exprime ou inspire une sombre tristesse, funèbre, sinistre : *des plaintes lugubres.*

LUGUBREMENT adv. De façon lugubre.

LUI pron. pers. de la 3e pers. du sing., des deux genres.

LUIRE v. i. (lat. *lucere*) [conj. 63]. Émettre ou réfléchir de la lumière, briller : *arme qui luit.* ‖

Apparaître, se manifester comme une lueur : *il vit luire un faible espoir.*

LUISANT, E adj. Qui luit. ● *Ver luisant,* lampyre femelle.

LUMACHELLE [lymaʃɛl] n. f. (it. *lumachella;* de *lumaca,* limaçon). Roche calcaire contenant de nombreuses coquilles de mollusques.

LUMBAGO ou **LOMBAGO** [lɔ̃bago] n. m. (lat. *lumbus,* rein). Douleur lombaire, due à une atteinte des articulations des vertèbres lombaires par traumatisme ou par rhumatisme.

LUMEN [lymɛn] n. m. (mot lat., lumière). Unité de mesure de flux lumineux (symb. : lm), équivalant au flux lumineux émis dans un angle solide de 1 stéradian par une source ponctuelle uniforme située au sommet de l'angle solide et ayant une intensité lumineuse de 1 candela.

LUMIÈRE n. f. (lat. *lumen, luminis,* lumière). Radiation émise par des corps portés à haute température (incandescence) ou par des corps excités (luminescence) et qui est perçue par les yeux. (La lumière est constituée par des ondes électromagnétiques, et sa vitesse de propagation dans le vide est de 299 792,5 km/s; on peut aussi la considérer comme un flux de particules énergétiques dénuées de masse, les *photons.*) ‖ Jour, clarté du soleil. ‖ Ce qui sert à éclairer artificiellement les objets : *ouvrir la lumière.* ‖ Litt. Se dit de tout ce qui éclaire l'esprit : *la lumière de la raison.* ‖ Expression qui reflète sur un visage la qualité des sentiments : *une lumière d'intelligence.* ‖ Homme de savoir ou de mérite éclatants. ‖ Orifice d'entrée et de sortie de la vapeur dans le cylindre d'une machine à vapeur. ‖ Autref., ouverture pratiquée à l'arrière du canon d'une arme à feu, par laquelle on enflammait la charge pour faire partir le coup. ‖ Dans les instruments d'optique à pinnules, petit trou par lequel on voit l'objet observé. ‖ Trou percé dans un outil. ‖ Bx-arts. Partie claire ou plus éclairée que les autres dans une peinture, un dessin : *la distribution des lumières et des ombres.* ● *À la lumière de,* en se référant à. ‖ *Faire, apporter, jeter la lumière sur,* révéler les tenants et les aboutissants d'une affaire, d'un problème. ‖ *Habit de lumière,* costume du matador consacré. ‖ *Lumière cendrée,* lumière solaire réfléchie par la Terre sur la Lune et qui permet de distinguer le disque entier de la Lune lorsque celle-ci se montre sous forme de croissant. ‖ *Lumière noire* ou *lumière de Wood,* rayonnement ultraviolet, invisible, provoquant la fluorescence de certains corps. ‖ *Lumière zodiacale,* nuage lumineux diffus axé sur l'écliptique et observable dans les nuits pures et sans lune, à l'ouest après le coucher du soleil ou à l'est avant son lever. ‖ *Mettre en lumière,* publier, signaler. ‖ *Trait de lumière,* connaissance soudaine. ◆ pl. Connaissance des choses, savoir : *avoir des lumières sur une question.* ● *Les lumières,* mouvement philosophique qui s'étend en Europe dès le XVIIe s. et domine la pensée européenne au XVIIIe s.

LUMIGNON n. m. (lat. *lumen, luminis,* lumière). Bout de la mèche d'une bougie allumée. ‖ Petit bout de chandelle. ‖ Lampe qui diffuse une lumière faible.

LUMINAIRE n. m. Lampes, cierges utilisés dans le culte chrétien. ‖ Ensemble des appareils

543

et des sources de lumière utilisés pour un éclairage.

LUMINANCE n. f. Quotient de l'intensité lumineuse d'une surface par l'aire apparente de cette surface, pour un observateur lointain. (Le mot *luminance* a été substitué au mot BRILLANCE, qui correspond à l'éclat d'un objet.) ‖ Signal de télévision transmettant la brillance de chacun des points successifs constituant l'image.

LUMINESCENCE n. f. Caractère propre à de nombreuses substances d'émettre de la lumière à basse température sous l'effet d'une excitation.

LUMINESCENT, E adj. Qui émet des rayons lumineux par luminescence. ● *Éclairage luminescent*, obtenu avec des tubes fluorescents.

LUMINEUSEMENT adv. De façon lumineuse; avec une grande clarté.

LUMINEUX, EUSE adj. Qui émet de la lumière : *corps lumineux*. ‖ D'une grande clarté ou lucidité : *idée lumineuse*.

LUMINISME n. m. Tendance à accentuer les effets de lumière dans une peinture, un dessin.

LUMINISTE adj. et n. Qui relève du luminisme.

LUMINOSITÉ n. f. Qualité de ce qui est lumineux. ‖ *Astron.* Quantité totale d'énergie rayonnée par unité de temps par un astre.

LUMP [lœp] n. m. (mot angl.). Nom spécifique d'un poisson osseux des mers froides, connu en France pour ses œufs noirs qui ressemblent au caviar.

LUMPENPROLETARIAT [lumpənprɔletarja] n. m. (mot all.). Dans la terminologie marxiste, partie la plus misérable du prolétariat, que son extrême aliénation écarte de la prise de conscience révolutionnaire. (Syn. SOUS-PROLÉTARIAT.)

LUNAIRE adj. (lat. *lunaris*). Qui concerne ou évoque la Lune. ‖ Chimérique, extravagant.

LUNAIRE n. f. Plante cultivée comme orne-

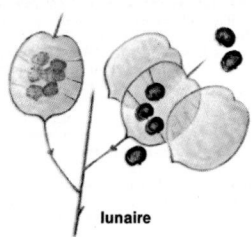

lunaire

mentale pour ses fleurs odorantes et ses fruits, qui ont la forme de disques blanc argenté, pouvant dépasser 5 cm de long. (Noms usuels : *monnaie-du-pape, herbe aux écus;* famille des crucifères.)

LUNAISON n. f. (bas lat. *lunatio*). Espace de temps qui s'écoule entre deux nouvelles lunes consécutives (environ 29,5 j).

LUNATIQUE adj. et n. Qui a l'humeur changeante, bizarre.

LUNCH [lœʃ ou lœntʃ] n. m. (mot angl.) [pl. *lunchs* ou *lunches*]. Repas froid que l'on sert en buffet à l'occasion d'une réception.

LUNDI n. m. (lat. *Lunae dies,* jour de la Lune). Premier jour de la semaine.

LUNE n. f. (lat. *luna*). Satellite naturel de la Terre. ‖ Satellite naturel d'une planète quelconque : *les lunes de Jupiter.* ● *Demander, promettre la lune,* demander, promettre l'impossible. ‖ *Être dans la lune,* être distrait. ‖ *Lune d'eau,* nénuphar blanc. ‖ *Lune de miel,* les premiers temps du mariage. ‖ *Lune rousse,* lunaison qui commence après Pâques, entre le 5 avril et le 6 mai. (C'est souvent une période de gelées ou de vents froids, qui font roussir les jeunes pousses.) ‖ *Nouvelle lune,* phase de la Lune dans laquelle celle-ci, se trouvant placée entre le Soleil et la Terre, tourne vers la Terre son hémisphère obscur et, de ce fait, est invisible. ‖ *Pleine lune,* phase de la Lune dans laquelle celle-ci, se trouvant à l'opposé du Soleil

par rapport à la Terre, tourne vers la Terre son hémisphère éclairé et, de ce fait, est visible sous l'aspect d'un disque entier. ‖ *Tomber de la lune,* être surpris par un événement imprévu. ‖ *Vieilles lunes,* idées dépassées, périmées.

■ La Lune tourne autour de la Terre en 27 j 7 h 43 min *(révolution sidérale),* à une distance moyenne de 384 000 km. Dans le même temps, elle accomplit une rotation complète sur elle-même. Aussi présente-t-elle toujours la même face à la Terre. Dépourvue de lumière propre, elle ne fait que réfléchir la lumière qu'elle reçoit du Soleil et possède donc en permanence un hémisphère obscur et un hémisphère éclairé. Les aspects différents, ou *phases,* suivant lesquels elle est vue de la Terre s'expliquent par les variations de sa position relative par rapport à notre planète et au Soleil. Ces phases se déroulent suivant un cycle de 29 j 12 h 44 min *(révolution synodique, lunaison* ou *mois lunaire).* Le rayon de la Lune est de 1738 km, sa densité moyenne de 3,34 et sa masse n'est que le 1/81 environ de celle de la Terre. Sa surface présente de vastes plaines accidentées, criblées de très nombreux cratères de dimensions variées, et des montagnes aux formes douces pouvant atteindre des altitudes élevées (8 200 m). Elle n'est entourée d'aucune atmosphère, ce qui lui vaut de subir des températures allant d'environ + 100 °C le jour à − 150 °C la nuit. Le sol lunaire a été étudié directement de 1969 à 1972, au cours de six vols de la série « Apollo », qui permirent à des astronautes américains de débarquer sur l'astre et d'en ramener près de 400 kg d'échantillons.

LUNÉ, E adj. *Bien, mal luné* (Fam.), dans de bonnes, de mauvaises dispositions d'humeur.

LUNETIER, ÈRE adj. Relatif à la fabrication des lunettes.

LUNETIER n. m. Fabricant, marchand de lunettes.

LUNETTE n. f. (de *lune,* à cause de la forme).

Instrument d'optique destiné à l'observation des objets éloignés (en particulier des astres) et dont l'objectif est constitué d'une lentille convergente. ‖ Support, généralement amovible, servant de guide supplémentaire pour une pièce de grande longueur sur une machine-outil. ‖ Ouverture de la cuvette des W.-C. ‖ *Os fourchu* formé par les deux clavicules des oiseaux. ‖ *Archit.* Portion de voûte en berceau pénétrant dans la montée d'une voûte principale, en général en rapport avec une baie. ‖ *Fortif.* Petit ouvrage extérieur. ‖ *Peint.* Partie supérieure, cintrée, d'un tableau d'autel ou d'une peinture murale. ● *Lunette d'approche,* ou *longue-vue,* lunette munie d'un dispositif redresseur d'image. ‖ *Lunette arrière,* partie vitrée située à l'arrière

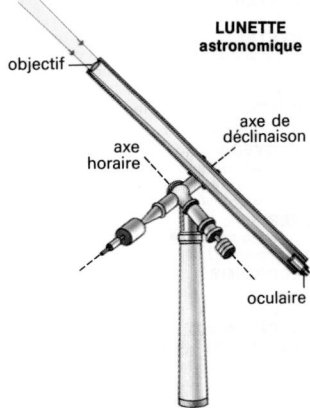

LUNETTE astronomique

objectif

axe horaire

axe de déclinaison

oculaire

PHASES DE LA LUNE

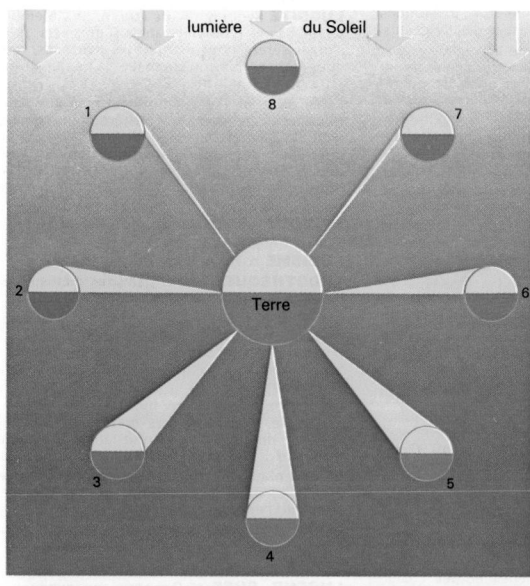

lumière du Soleil

Terre

1. Premier croissant
2. Premier quartier
3. Lune gibbeuse
4. Pleine lune
5. Lune gibbeuse
6. Dernier quartier
7. Dernier croissant
8. Nouvelle lune *(invisible)*

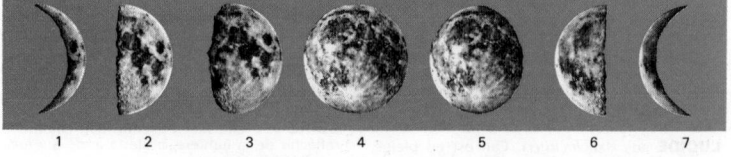

1   2   3   4   5   6   7

d'un véhicule automobile. ‖ *Lunette d'étambot* (Mar.), orifice percé dans l'étambot pour le passage de l'arbre de l'hélice. ‖ *Lunette de pointage* (Arm.), lunette servant à pointer avec précision les armes effectuant du tir direct. ◆ pl. Paire de verres enchâssés dans une monture disposée de façon à être placée sur le nez, devant les yeux. ● *Serpent à lunettes*, nom usuel du *naja.*

LUNETTERIE n. f. Métier, commerce du lunetier.

LUNI-SOLAIRE adj. *Astron.* Relatif à la fois à la Lune et au Soleil.

LUNULE n. f. Figure géométrique formée de deux arcs de cercle ayant mêmes extrémités et dont la convexité est tournée du même côté. ‖ Tache blanche en forme de croissant, située à la base de l'ongle, chez l'homme.

LUNURE n. f. Défaut dans le bois, consistant en cercles qui apparaissent sur la tranche.

LUPANAR n. m. (mot lat.; de *lupa*, fille publique). *Litt.* Maison de prostitution.

LUPERCALES n. f. pl. (lat. *lupercalia*). *Hist.* Fêtes annuelles célébrées à Rome le 15 février en l'honneur du dieu des troupeaux, *Lupercus.*

LUPIN n. m. (lat. *lupinus*). Plante de la famille

lupins

des papilionacées, à feuilles palmées, cultivée comme fourrage ou pour ses fleurs ornementales disposées en épi.

LUPIQUE adj. et n. *Méd.* Atteint de lupus.

LUPULIN n. m., ou **LUPULINE** n. f. (lat. *lupulus*, houblon). Poudre jaune produite par les cônes du houblon, très jaunes, et contenant des résines amères qui aromatisent la bière.

LUPULINE n. f. Luzerne sauvage à petites fleurs jaunes, très commune dans les champs. (Syn. MINETTE.)

LUPUS [lypys] n. m. (mot lat., *loup*). Dermatose à tendance destructrice, siégeant généralement sur les ailes du nez et les joues.

LURETTE n. f. (de *heurette*, dimin. de *heure*). *Il y a belle lurette* (Fam.), il y a bien longtemps.

LURON, ONNE n. *Fam.* Personne joyeuse, sans souci, hardie en amour.

LUSITANIEN, ENNE ou **LUSITAIN, E** adj. et n. De la Lusitanie, du Portugal.

LUSTRAGE n. m. Action, manière de lustrer.

LUSTRAL, E, AUX adj. (lat. *lustralis*, expiatoire). *Litt.* Qui purifie. ● *Eau lustrale*, dans les religions antiques, eau employée dans les rites de purification; dans la liturgie catholique, eau bénite.

LUSTRATION n. f. Rite de purification dans les religions antiques.

LUSTRE n. m. (lat. *lustrum*). *Hist.* Sacrifice de purification fait à Rome tous les cinq ans. ‖ *Litt.* Espace de cinq ans.

LUSTRE n. m. (it. *lustro*; lat. *lustrare*, éclairer). Éclat naturel ou artificiel d'une surface : *le lustre du vernis.* ‖ Appareil d'éclairage, suspendu au plafond.

LUSTRÉ, E adj. Qui a de l'éclat, du poli. ‖ Rendu brillant par l'usure, le frottement. ● *Schiste lustré*, schiste préertiaire, non fossilifère, métamorphisé au néogène, présent dans la zone alpine interne.

LUSTRER v. t. Donner le lustre à une étoffe, à

une fourrure, etc. ‖ Rendre brillant : *lustrer la carrosserie de sa voiture.*

LUSTRERIE n. f. Fabrication de lustres et d'appareils d'éclairage.

LUSTRINE n. f. (it. *lustrino*; de *lustro*, éclat). Étoffe de coton apprêtée.

LUT [lyt] n. m. (lat. *lutum*, limon). *Industr.* Ciment utilisé pour faire des joints hermétiques aux divers récipients soumis à l'action du feu.

LUTÉAL, E, AUX adj. (lat. *luteus*, jaune). Relatif au corps jaune de l'ovaire. ● *Hormone lutéale*, syn. de PROGESTÉRONE. ‖ *Phase lutéale*, deuxième phase du cycle menstruel, après l'ovulation.

LUTÉCIUM [lytesjɔm] n. m. Métal (Lu) du groupe des terres rares, n° 71, de masse atomique 174,97.

LUTÉINE n. f. (lat. *luteus*, jaune). *Biol.* Syn. anc. de PROGESTÉRONE.

LUTER v. t. Boucher avec du lut.

LUTH n. m. (mot ar.). Instrument de musique à 7, 13, voire 21 cordes pincées, en usage en Europe aux XVIe et XVIIe s., dont le corps est en forme de demi-poire et le chevillier à angle droit avec le manche. ‖ Tortue marine des mers chaudes, dont la carapace, sans écailles cornées, est incluse dans une peau épaisse comme du cuir. (Elle peut atteindre 2,40 m de longueur et peser 600 kg.)

LUTHÉRANISME n. m. Ensemble des Églises protestantes qui se rattachent à Luther; doctrine théologique issue de la pensée de Luther.

LUTHERIE n. f. Métier, commerce du luthier.

LUTHÉRIEN, ENNE adj. et n. Qui appartient à la doctrine de Luther.

LUTHIER n. m. Fabricant d'instruments de musique à cordes.

LUTHISTE n. Joueur de luth.

LUTIN n. m. (anc. fr. *nuitum*; lat. *Neptunus*, Neptune). Petit génie espiègle, généralement bienveillant, parfois dangereux. ‖ Enfant espiègle.

LUTIN, E adj. *Litt.* Éveillé, espiègle.

LUTINER v. t. Taquiner une femme en prenant des privautés à son égard.

LUTRIN n. m. (bas lat. *lectrum*). Pupitre placé dans le chœur d'une église, pour porter les livres de chant liturgique.

LUTTE n. f. Combat de deux personnes. ‖ Sport consistant à essayer de plaquer au sol les épaules de l'adversaire. (On distingue la *lutte gréco-romaine* [prises portées seulement de la tête à la ceinture, sans utilisation des jambes] et la *lutte libre* [prises sur tout le corps, avec utilisation des jambes pour les porter].) ‖ Effort fait par deux personnes, deux peuples, deux factions, etc., pour se vaincre mutuellement, obtenir gain de cause : *entrer en lutte avec qqn; luttes politiques, religieuses.* ‖ Action de deux forces agissant en sens contraire, antagonisme : *la lutte des éléments.* ● *De haute lutte*, en l'emportant sur ses adversaires par la force, par un effort de volonté. ‖ *Lutte biologique*, forme de lutte contre les ennemis des cultures, utilisant les êtres vivants qui leur sont antagonistes. ‖ *Lutte des classes*, conflit opposant en deux camps les classes sociales, les unes opprimantes, les autres opprimées. (Selon les marxistes, elle s'expliquerait en dernière instance par la propriété privée des moyens de production et serait le moteur de l'histoire.) ‖ *Lutte pour la vie*, fait biologique constaté par Darwin et qui consiste dans la lutte directe entre les animaux et, surtout, dans une lutte pour l'espace par la fécondité, l'adaptation au milieu, etc.

LUTTER v. i. (lat. *luctare*). Combattre à la lutte. ‖ Entrer en lutte avec qqn, qqch.

LUTTEUR, EUSE n. Sportif qui pratique la lutte. ‖ Personne qui fait preuve d'énergie.

LUX [lyks] n. m. (mot lat., *lumière*). Unité de mesure d'éclairement lumineux (symb. : lx) équivalant à l'éclairement d'une surface qui reçoit, d'une manière uniformément répartie, un flux lumineux de 1 lumen par mètre carré.

LUXATION n. f. Déboîtement, déplacement d'un os de son articulation.

LUXE n. m. (lat. *luxus*). Somptuosité excessive, faste, richesse : *faire étalage de luxe.* ‖ Abon-

luth

luth

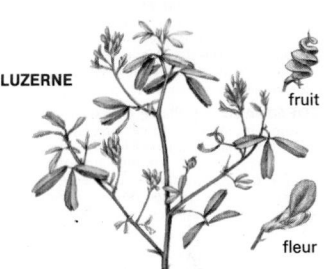

LUZERNE   fruit   fleur

dance, profusion : *un grand luxe de précautions.* ● *Ce n'est pas du luxe* (Fam.), c'est nécessaire. ‖ *De luxe*, de grand confort. ‖ *Se payer le luxe de*, sortir de ses habitudes pour qqch d'extraordinaire, d'audacieux.

LUXEMBOURGEOIS, E adj. et n. Du Luxembourg.

LUXER v. t. (lat. *luxare*). Provoquer une luxation. ◆ **se luxer** v. pr. Disloquer une de ses articulations : *se luxer le genou.*

LUXMÈTRE n. m. (lat. *lux*, lumière, et *mètre*). Appareil servant à mesurer l'éclairement.

LUXUEUSEMENT adv. De façon luxueuse.

LUXUEUX, EUSE adj. Où se déploie le luxe : *ameublement luxueux.*

LUXURE n. f. (lat. *luxuria*, surabondance). *Litt.* Recherche sans retenue des plaisirs sexuels.

LUXURIANCE n. f. État de ce qui est luxuriant.

LUXURIANT, E adj. (lat. *luxurians*, surabondant). Qui pousse, se développe avec abondance : *végétation luxuriante.*

LUXURIEUX, EUSE adj. *Litt.* Sensuel.

LUZERNE n. f. (prov. *luzerno*). Genre de papilionacées fourragères, très souvent introduit dans les rotations pour enrichir le sol en azote.

LUZERNIÈRE n. f. Champ de luzerne.

LUZULE n. f. Plante des prés et des bois, à feuilles plates et velues, de la famille des joncacées.

Lw, symbole chimique du *lawrencium.*

lx, symbole du *lux.*

LYCAON [likaɔ̃] n. m. (mot lat.). Mammifère carnassier d'Afrique, intermédiaire entre le chien et l'hyène, à pelage fauve rayé de noir. (Long. 90 cm.)

LYCÉE n. m. (gr. *lukeion*). Établissement qui dispense l'enseignement du second cycle du second degré (de la seconde à la classe terminale). ‖ En Belgique, établissement d'enseignement secondaire destiné aux jeunes filles. ● *Lycée technique*, établissement regroupant les classes du cycle long, et préparant au baccalauréat de technicien.

LYCÉEN, ENNE n. Élève d'un lycée.

LYCÈNE n. m. (lat. *lycaena*). Papillon diurne, à ailes bleues chez le mâle, à vol vif, et dont la chenille vit sur les légumineuses.

LYCÉNIDÉ n. m. Papillon aux couleurs vives, différentes selon le sexe, tel que le *lycène*. (Les *lycénidés* forment une famille.)

LYCHEE n. m. Syn. de LITCHI.

LYCHNIS [liknis] n. m. (gr. *lukhnos*, lampe). Plante de la famille des caryophyllacées, dont une espèce à graines toxiques, la nielle des blés, croît dans les moissons.

LYCOPE n. m. (lat. *lycopus*). Plante des lieux humides, appelée aussi *patte-de-loup*, de la famille des labiacées.

LYCOPERDON n. m. (gr. *lukos*, loup, et *perdesthai*, péter). Champignon en forme de poire retournée, blanc, rejetant une poussière de spores à maturité. (Groupe des gastromycètes; nom usuel : *vesse-de-loup*.)

LYCOPODE n. m. (gr. *lukos*, loup, et *pous*, *podos*, pied). Cryptogame vasculaire connu sous le nom usuel de *pied-de-loup*. ● *Poudre de lycopode*, poudre formée par les spores de la plante et employée à divers usages (soit à l'enrobage des pilules pharmaceutiques, soit comme desséchant pour la toilette des nouveau-nés, soit encore, en raison de son inflammabilité, pour simuler les éclairs au théâtre).

LYCOPODIALE n. f. Plante cryptogame vasculaire rampante, tel le *lycopode*, aux nombreuses petites feuilles la faisant ressembler aux mousses. (Les *lycopodiales* forment un ordre faisant partie des *lycopodinées*, classe de plantes actuelles et fossiles qui regroupe, en outre, les *sélaginelles*, les *isoétales* et les *lépidodendrales*.)

LYCOSE n. f. (gr. *lukos*, araignée-loup). Genre d'araignées coureuses construisant des terriers et dont une espèce est la *tarentule*.

LYDDITE n. f. Explosif dérivé de l'acide picrique.

LYDIEN, ENNE adj. et n. De la Lydie.

LYMPHANGIOME n. m. Angiome d'un vaisseau lymphatique.

LYMPHANGITE n. f. Inflammation des vaisseaux lymphatiques. (On distingue des *lymphangites réticulaires* [plaque rouge due à l'inflammation de petits capillaires lymphatiques] et des *lymphangites tronculaires* [cordon rouge dû à l'inflammation d'un gros tronc lymphatique].)

LYMPHATIQUE adj. Relatif à la lymphe. ‖ Se dit de l'appareil circulatoire contenant la lymphe et des organes annexes : *ganglions, vaisseaux lymphatiques*. ◆ adj. et n. Atteint de lymphatisme. ‖ Dont l'allure est molle, nonchalante : *un adolescent lymphatique*.

LYMPHATISME n. m. État de déficience constitutionnelle avec asthénie et augmentation de volume des ganglions lymphatiques (vx).

LYMPHE n. f. (lat. *lympha*, eau). Liquide organique, limpide et incolore, composé chez l'homme de 97 p. 100 de plasma et de 3 p. 100 de leucocytes (8 000 par mm³).
■ On distingue la *lymphe circulante*, contenue dans l'appareil lymphatique, et la *lymphe interstitielle*, qui exsude des capillaires sanguins et imprègne toutes les cellules; dans l'intestin grêle, se charge de presque toutes les graisses absorbées, d'un peu d'eau et de sels minéraux.

LYMPHOBLASTE n. m. Cellule du tissu lymphoïde, dont l'évolution aboutit au lymphocyte.

LYMPHOCYTAIRE adj. Relatif aux lymphocytes.

LYMPHOCYTE n. m. Variété de leucocytes mesurant de 6 à 8 microns, à gros noyau, fabriqués par les ganglions lymphatiques et les organes lymphoïdes, et responsables de l'immunité cellulaire.

LYMPHOCYTOSE n. f. Augmentation du nombre des lymphocytes contenus dans le sang.

LYMPHOGRANULOMATOSE n. f. Nom générique donné à diverses affections comportant une prolifération du système lymphatique.

LYMPHOGRAPHIE n. f. Radiographie des vaisseaux et ganglions lymphatiques après injection d'une substance de contraste.

LYMPHOÏDE adj. Se dit d'une variété de tissu conjonctif où se forment les lymphocytes. ● *Organes lymphoïdes*, organes riches en tissu lymphoïde (ganglions lymphatiques, amygdales, follicules clos de l'intestin, thymus, rate).

LYMPHOPÉNIE n. f. Diminution du nombre des lymphocytes dans le sang.

LYMPHOPOÏÈSE n. f. (gr. *poïêsis*, création). Formation des lymphocytes, qui se fait dans les tissus lymphoïdes.

LYMPHORÉTICULOSE n. f. Affection inflammatoire des tissus lymphoïde et réticulo-endothélial.

LYMPHOSARCOME n. m. Tumeur maligne du tissu lymphoïde (ganglion lymphatique, amygdale, etc.).

Lynch (*loi de*), procédure sommaire originaire des États-Unis, suivant laquelle la foule saisit un accusé, le juge, le condamne et l'exécute séance tenante.

LYNCHAGE n. m. Action de lyncher.

LYNCHER [lɛ̃ʃe] v. t. Exécuter sommairement et sans jugement. ‖ Faire subir à qqn les plus graves sévices (en parlant d'une foule).

LYNCHEUR, EUSE n. Personne qui participe à un lynchage.

LYNX [lɛ̃ks] n. m. (gr. *lunx*, loup-cervier). Mammifère carnassier de la famille des félidés, de la taille d'un grand chat, à vue perçante et de mœurs sanguinaires, vivant en Europe (*loup-cervier des Alpes*), en Afrique, en Asie (*caracal*) et en Amérique. ● *Avoir des yeux de lynx*, des yeux vifs et perçants.

LYONNAIS, E adj. et n. De Lyon.

LYOPHILISATION n. f. (gr. *luein*, dissoudre). Déshydratation par sublimation à basse température et sous vide que l'on fait subir à certaines substances pour les conserver.

LYOPHILISER v. t. Soumettre à la lyophilisation : *café lyophilisé*.

LYRE n. f. (lat. *lyra*; mot gr.). Instrument de musique à cordes pincées, en usage chez les Anciens. ● *Lyre de dilatation*, tuyau en forme de demi-cercle, inséré dans une canalisation pour permettre à celle-ci de se dilater librement sous l'action de la chaleur.

LYRIQUE adj. Qui est plein d'enthousiasme, d'exaltation. ‖ Relatif à la poésie lyrique. ‖ Se dit d'une œuvre théâtrale mise en musique et destinée à être chantée, jouée sur une scène. ● *Abstraction lyrique* (par oppos. à GÉOMÉTRIQUE), tendance de l'art du XXᵉ s. qui privilégie la libre effusion de l'artiste dans ses formes non figuratives les plus variées. ‖ *Artiste lyrique*, chanteur, chanteuse d'opéra, d'opéra-comique. ‖ *Poésie lyrique*, ou *lyrique* n. f., dans l'Antiquité, poésie qui se chantait avec un accompagnement de lyre; auj., poésie où le poète exprime ses émotions et ses sentiments personnels.

LYRIQUE n. m. Poète qui pratique la poésie lyrique.

LYRIQUEMENT adv. Avec lyrisme.

LYRISME n. m. Expression poétique et exaltée de sentiments personnels, de passions.

LYS n. m. → LIS.

LYSE n. f. (gr. *lusis*, dissolution). Dissolution, destruction d'un élément organique (cellule, bactérie, etc.).

LYSERGIQUE adj. *Acide lysergique*, syn. de L.S.D.

LYSIMAQUE n. f. (n. du médecin gr. *Lusimakhos*). Plante des lieux humides, à fleurs jaunes. (Famille des primulacées.)

LYSINE n. f. Acide aminé indispensable à la croissance.

LYSOSOME n. m. Petit organite intracellulaire assurant des fonctions de désassimilation.

LYSOZYME n. m. Enzyme bactéricide qui se trouve dans les larmes, le lait, etc.

LYTIQUE adj. Qui provoque la lyse. ● *Cocktail lytique*, mélange employé en anesthésie pour supprimer les réactions néfastes de l'organisme.

lycaon

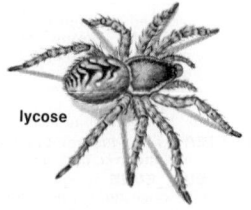
lycose

lynx

mine de fer à ciel ouvert en Mauritanie *(Phot. Marenthier-Hoa-Qui)*

M [ɛm] n. m. Treizième lettre de l'alphabet, et la dixième des consonnes. (La consonne *m* est une nasale.) ‖ **M,** chiffre romain, vaut *mille.* ‖ **M,** symbole du *maxwell.* ● **M,** symbole du préfixe *méga.* ‖ **m,** symbole du *mètre.* ‖ **m,** symbole du préfixe *milli.* ‖ **m⁻¹,** symbole du *mètre à la puissance moins 1.* ‖ **m/s,** symbole du *mètre par seconde.* ‖ **m/s²,** symbole du *mètre par seconde carrée.* ‖ **m²,** symbole du *mètre carré.* ‖ **m²/s,** symbole du *mètre carré par seconde.* ‖ **m³,** symbole du *mètre cube.* ‖ **m³/kg,** symbole du *mètre cube par kilogramme.*

MA adj. poss. fém. → MON.

MABOUL, E adj. et n. (mot ar.). *Pop.* Fou.

MACABRE adj. Funèbre, qui a trait à la mort : *plaisanterie macabre; découverte macabre.* ● *Danse macabre,* au Moyen Âge, allégorie peinte ou sculptée dans laquelle des morts décharnés ou des squelettes entraînent dans leur ronde des personnages de toutes les conditions sociales et de tous les âges.

MACACHE adv. (mot ar.). *Pop.* et *vx.* Exprime une négation; c'est impossible, pas du tout.

MACADAM [makadam] n. m. (du n. de l'inventeur, *McAdam*). Revêtement des chaussées avec de la pierre concassée et du sable, que l'on agglomère au moyen de rouleaux compresseurs; chaussée ainsi revêtue.

MACADAMISAGE n. m. Action ou manière de macadamiser.

MACADAMISER v. t. Recouvrir de macadam.

MACAQUE n. m. (portug. *macaco;* mot bantou). Singe d'Asie voisin des cercopithèques, mesurant de 50 à 60 cm de long sans compter la queue. (Le macaque rhésus, de l'Inde, est utilisé dans les laboratoires et a permis la découverte du facteur* Rhésus.) ◆ n. *Fam.* Personne très laide.

MACAREUX n. m. Oiseau palmipède des mers arctiques, au bec aplati bleu et rouge, voisin des pingouins. (Long. 35 cm.)

MACARON n. m. (it. *maccarone,* macaroni). Pâtisserie croquante, ronde ou ovale, faite de pâte d'amande, de blanc d'œuf et de sucre. ‖ Natte de cheveux roulée sur l'oreille. ‖ *Fam.* Rosette de décoration ou insigne distinctif, de forme ronde.

MACARONI n. m. (mot it.). Pâte alimentaire de semoule de blé dur, moulée en tubes et prête à l'emploi culinaire.

MACARONIQUE adj. *Poésie macaronique,* poésie burlesque, où les mots sont mêlés de latin ou prennent une terminaison latine.

McBurney *(point de),* point situé sur l'abdomen, dans la projection de l'appendice, et siège d'une douleur précise en cas d'appendicite.

MACCHABÉE [makabe] n. m. *Pop.* Cadavre.

MACÉDOINE n. f. (du n. pr. *Macédoine*). Mélange de plusieurs fruits ou légumes coupés en morceaux.

MACÉDONIEN, ENNE adj. et n. De la Macédoine.

MACÉRATEUR n. m. Récipient où s'opère une macération.

MACÉRATION n. f. Opération consistant à faire tremper un corps dans un liquide pour en extraire les produits solubles, ou un produit alimentaire pour le parfumer ou le conserver. ◆ pl. *Litt.* Mortifications, jeûnes, austérités que l'on s'inflige par pénitence.

MACÉRER v. t. et i. (lat. *macerare,* rendre doux) [conj. 5]. Laisser tremper une substance dans un liquide : *macérer des roses dans l'alcool.*

MACERON n. m. (it. *macerone*). Plante herbacée, à fleurs jaunes. (Famille des ombellifères.)

Mach [mak] *(nombre de),* rapport de la vitesse d'un mobile (projectile, avion) à celle du son dans l'atmosphère où il se déplace. (Ce nombre ne peut pas indiquer véritablement la vitesse du son, car celle-ci dépend de la température.)

macareux

macaque

MACHAON [makaɔ̃] n. m. (de *Machaon,* personnage myth.). Papillon diurne, à ailes jaunes tachetées de noir, de rouge et de bleu, mesurant jusqu'à 9 cm d'envergure et appelé usuellement *grand porte-queue.* (La chenille du machaon vit sur les ombellifères [carotte].)

MÂCHE n. f. (de *mâcher*). Plante potagère du genre *valérianelle,* que l'on mange en salade. (Syn. DOUCETTE.)

MÂCHE-BOUCHON ou **MÂCHE-BOU-CHONS** n. m. (pl. *mâche-bouchons*). Appareil pour assouplir les bouchons, afin d'en faciliter l'introduction dans le goulot des bouteilles.

MÂCHEFER [maʃfɛr] n. m. (anc. picard *maquer,* frapper). Scorie provenant de la combustion de charbon produisant des cendres à demi fusibles.

MÂCHER v. t. (lat. *masticare*). Broyer avec les dents avant d'avaler, ou triturer dans la bouche : *outil qui mâche le bois.* ● *Mâcher la besogne, la leçon à qqn,* lui préparer son travail. ‖ *Ne pas mâcher ses mots,* dire crûment son opinion.

MACHETTE n. f. (mot esp.). Grand coutelas à poignée courte utilisé à la volée comme arme ou comme outil.

MACHIAVÉLIQUE [makjavelik] adj. Conforme à la doctrine de Machiavel, considérée comme la négation de toute morale. ‖ Qui vise à tromper par la perfidie, le mensonge.

MACHIAVÉLISME [makjavelism] n. m. Méthode de gouvernement sans scrupule ni morale. ‖ Conduite déloyale et perfide.

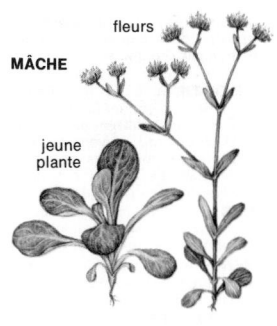

MÂCHE

fleurs

jeune plante

mâchicoulis

MÂCHICOULIS n. m. (anc. fr. *macher*, écraser, et *col*, cou). *Fortif.* Au Moyen Âge, galerie en encorbellement au sommet d'une muraille ou d'une tour, dont le sol comporte des ouvertures pour surveiller celle-ci; l'ouverture elle-même.

MACHIN, E n. (de *machine*). *Fam.* Terme par lequel on désigne une personne, une chose que l'on ne peut pas ou ne veut pas dénommer.

MACHINAL, E, AUX adj. Se dit d'un mouvement naturel où la volonté n'a point de part, mécanique.

MACHINALEMENT adv. De façon machinale.

MACHINATION n. f. Intrigues, menées secrètes pour faire réussir un complot, un mauvais dessein; manœuvre.

MACHINE n. f. (lat. *machina*; mot gr.). Ensemble de mécanismes combinés pour recevoir une forme définie d'énergie, la transformer et la restituer sous une forme plus appropriée, ou pour produire un effet donné. ‖ Ensemble des moyens qui concourent à un effet d'ensemble : *la machine administrative*. ‖ Machine à écrire. ‖ Nom générique de véhicules. ‖ Homme qui n'agit plus spontanément, qui est réduit à l'état de mécanisme. ● *Faire machine arrière*, reculer, renoncer. ‖ *Machine à bois*, machine-outil pour le travail du bois. ‖ *Machine de guerre*, terme générique désignant dans l'Antiquité et au Moyen Âge toutes sortes de matériels de guerre (baliste, bélier, catapulte) employés dans le combat de siège (notamment pour enfoncer des murailles ou lancer des projectiles); moyen offensif quelconque utilisé contre qqn. ‖ *Machine simple* (Phys.), appareil destiné à transmettre une force en en modifiant la direction ou l'intensité (poulie, levier, treuil, etc.). ‖ *Machine à sous*, jeu de hasard constitué par un appareil dans lequel on introduit une pièce de monnaie et qui en redonne parfois plusieurs.

MACHINE-OUTIL n. f. (pl. *machines-outils*). Machine destinée à façonner la matière et mettant en œuvre un outillage mû mécaniquement. ● *Machine-outil universelle*, machine-outil pourvue de nombreuses possibilités de réglage permettant de réaliser des opérations d'usinage aussi diverses que complexes.

MACHINER v. t. (lat. *machinari*, combiner). Former en secret, préparer des intrigues illégales ou malhonnêtes : *machiner une trahison*.

MACHINERIE n. f. Ensemble de machines employées à un travail. ‖ Endroit où sont les machines d'un navire, etc.

MACHINE-TRANSFERT n. f. (pl. *machines-transferts*). Machine-outil à postes multiples, dans laquelle les pièces à usiner restent fixes pendant l'usinage, puis se déplacent mécaniquement de poste en poste pendant les opérations intermédiaires.

MACHINISME n. m. Emploi généralisé de machines substituées à la main-d'œuvre, dans l'industrie.

MACHINISTE n. Conducteur de machines. ‖ Conducteur d'autobus. ‖ Ouvrier chargé de mettre en place et de démonter les décors et les accessoires de théâtre et de cinéma.

MACHISME [maʃism] n. m. (de *macho*). *Péjor.* Idéologie et comportement du macho.

MACHMÈTRE [makmɛtr] n. m. Instrument servant à mesurer le nombre de Mach à bord d'un avion.

MACHO [matʃo] n. m. (mot esp.; lat. *masculus*, mâle). *Péjor.* Homme considéré sous le rapport de sa supériorité en tant que mâle.

MÂCHOIRE n. f. (de *mâcher*). Os de la face des vertébrés portant les dents ou un bec corné. (Chez l'homme, la *mâchoire supérieure* est formée de deux os, les maxillaires, soudés entre eux et aux os voisins; la *mâchoire inférieure* ne comporte qu'un maxillaire, articulé au crâne par une paire de condyles.) ‖ *Techn.* Pièce double dont les deux parties peuvent se rapprocher ou s'éloigner à volonté pour serrer et maintenir un objet, comme dans les tenailles, les étaux, etc. ● *Mâchoire de frein*, pièce métallique portant à sa périphérie la garniture de frein, et qui assure le ralentissement ou l'arrêt d'un mouvement par frottement.

MÂCHONNEMENT n. m. Action de mâchonner.

MÂCHONNER v. t. Triturer avec les dents lentement, difficilement. ‖ Mordre machinalement un objet qu'on tient entre les dents : *mâchonner son crayon*. ‖ Émettre d'une manière indistincte : *mâchonner des injures*.

MÂCHOUILLER v. t. *Fam.* Mâchonner.

MÂCHURE n. f. (anc. fr. *macher*, écraser, altéré d'après *mâcher*). Partie du drap, du velours, où le poil est endommagé.

MÂCHURER v. t. (lat. pop. *mascarare*, noircir avec de la suie). Barbouiller de noir.

MÂCHURER v. t. (de *mâchure*). Meurtrir, déchirer, mettre en lambeaux.

MACIS [masi] n. m. (lat. *macir*, écorce aromatique). Capsule, écorce de la noix muscade, utilisée comme condiment.

MACLAGE n. m. Opération qui consiste à brasser le bain de verre dans le creuset, pour rendre la matière bien homogène.

MACLE n. f. (mot germ.). Association de plusieurs cristaux de même espèce, mais orientés différemment, avec interpénétration partielle.

MACLÉ, E adj. Qui présente des macles.

MACLER v. t. (anc. fr. *maquer*, frapper). Opérer le maclage.

MÂCON n. m. Vin du Mâconnais.

MAÇON n. m. (mot francique). Ouvrier qualifié exécutant la partie du gros œuvre du bâtiment appelée « maçonnerie », ainsi que les enduits de revêtement. ‖ Abrév. de FRANC-MAÇON.

MAÇON, ONNE adj. Se dit des animaux qui se construisent une habitation avec de la terre, de la cire, etc.

MAÇONNAGE n. m. Travail de maçon. ‖ Travail de l'animal qui se construit une habitation.

MÂCONNAIS, E adj. et n. De Mâcon.

MAÇONNER v. t. Construire en pierres, moellons, briques, etc. ‖ Revêtir d'une maçonnerie. ‖ Boucher au moyen d'une maçonnerie : *maçonner une fenêtre*.

MAÇONNERIE n. f. Ouvrage composé de pierres ou de briques, unies par un liant (mortier, plâtre, ciment, etc.); partie des travaux d'un bâtiment qui s'y rapporte. ‖ Abrév. de FRANC-MAÇONNERIE.

MAÇONNIQUE adj. Qui appartient à la franc-maçonnerie.

MACRAMÉ n. m. (mot ar.). Dentelle assez lourde, faite de ficelle ou de gros coton.

MACRE n. f. (mot germ.). Plante aquatique des étangs, aux belles fleurs blanches, et dont le fruit, ou *châtaigne d'eau*, à quatre cornes épineuses, est comestible.

MACREUSE n. f. (mot normand; néerl. *meerkol*). Canard à plumage sombre, des régions boréales. (Il passe l'hiver sur les côtes de France, où il se nourrit de coquillages.)

MACREUSE n. f. Viande maigre qu'on trouve sur l'os à moelle de l'épaule du bœuf.

MACROBIOTIQUE adj. et n. f. Se dit d'une cuisine végétarienne utilisant les céréales, les légumes et les fruits.

MACROCÉPHALE adj. et n. Atteint de macrocéphalie.

MACROCÉPHALIE n. f. (gr. *makros*, grand, et *kephalê*, tête). *Méd.* Augmentation du volume d'un crâne, souvent par suite d'une hydrocéphalie.

MACROCOSME n. m. *Philos.* L'univers censé être en harmonie avec l'homme, ou MICRO-COSME.

MACROCOSMIQUE adj. Relatif au macrocosme.

MACROCYSTE ou **MACROCYSTIS** n. m. (gr. *makros*, grand, et *kustis*, vessie). Algue brune des mers froides, dont le thalle peut atteindre 200 m de longueur.

MACROCYTE n. m. *Biol.* Globule rouge de dimensions plus grandes que la normale.

MACRO-ÉCONOMIE n. f. Branche de la science économique étudiant les seules grandeurs et variables agrégées, et ignorant de ce fait les comportements individuels.

MACRO-ÉCONOMIQUE adj. Relatif à la macro-économie.

MACROGLOBULINE n. f. Protéine anormale, de gros poids moléculaire.

MACROGLOBULINÉMIE n. f. Maladie caractérisée par la présence dans le sang de macroglobulines.

MACROGRAPHIE n. f. Étude à l'œil nu ou à la loupe de la structure d'un solide après traitement de sa surface par un réactif.

MACROGRAPHIQUE adj. Relatif à la macrographie.

MACROMOLÉCULAIRE adj. Se dit d'une substance chimique à masse moléculaire élevée.

MACROMOLÉCULE n. f. Très grosse molécule, formée par l'enchaînement et la répétition d'un grand nombre de motifs élémentaires.

MACROPHAGE n. m. et adj. *Biol.* Globule blanc détruisant des éléments de grande taille (cellules étrangères, globules rouges âgés).

MACROPHOTOGRAPHIE n. f. Photographie des petits objets donnant une image grandeur nature ou un peu plus grande.

MACROPODE n. m. Poisson brillamment coloré, originaire du sud-est de l'Asie, long de 7 cm, souvent élevé en aquarium. (Le mâle fabrique avec un mucus un nid flottant et surveille les œufs, puis les jeunes.)

MACROPSIE n. f. (gr. *makros*, grand, et *opsis*, vue). *Méd.* Illusion visuelle où les objets apparaissent plus grands qu'ils ne sont en réalité.

MACROSCÉLIDE n. m. (gr. *makros*, grand, et *skelos*, jambe). Mammifère insectivore d'Afrique, dont le museau porte une trompe mobile. (Long. : 12 cm sans la queue.)

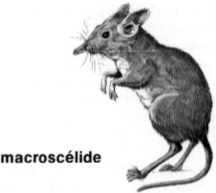

macroscélide

MACROSCOPIQUE adj. Qui se voit à l'œil nu.

MACROSPORANGE n. m. *Bot.* Sporange produisant des macrospores.

MACROSPORE n. f. Grosse spore qui, chez certains cryptogames, donne un prothalle femelle.

MACROURE n. m. (gr. *makros*, grand, et *oura*, queue). Crustacé décapode à l'abdomen bien développé comme l'*écrevisse*, le *homard*, la *langouste*. (Les *macroures* forment un sous-ordre.)

MACULA n. f. (mot lat.). *Anat.* Dépression de la rétine, appelée aussi *tache jaune*, située au pôle postérieur de l'œil, et où l'acuité visuelle est maximale.

MACULAGE n. m., ou **MACULATION** n. f. Action de maculer, de tacher.

MACULATURE n. f. Feuille maculée à l'impression. ● *Maculature d'emballage*, feuille de gros et fort papier de couleur servant à emballer les livres, à envelopper les paquets.

MACULE n. f. (lat. *macula*). Tache d'encre sur le papier. ‖ *Méd.* Tache rouge sur la peau, due à une dilatation des capillaires sanguins.

MACULER v. t. (lat. *maculare*). Couvrir de taches : *maculer ses vêtements*. ‖ *Impr.* Barbouiller de noir des feuilles imprimées.

MACUMBA n. f. Culte proche du vaudou, pratiqué dans certaines régions du Brésil.

MADAME n. f. (pl. *mesdames*). Titre accordé autrefois aux dames de qualité et donné aujourd'hui aux femmes mariées et, de plus en plus, à toutes les femmes. (En abrégé, *M*ᵐᵉ.) ‖ Titre précédant la fonction ou la profession d'une femme : *madame la Directrice*. ‖ *Hist.* Titre que l'on donnait, à la cour de France, aux filles du roi, du dauphin, et à la femme de Monsieur, frère du roi (en ce sens, s'écrit avec une majuscule).

MADAPOLAM [madapɔlam] n. m. (n. d'une v. de l'Inde). Étoffe de coton blanc, à armure toile, à grain très marqué, intermédiaire entre le calicot et la percale.

MADE IN, expression, suivie d'un nom de pays, qui indique l'origine d'un produit manufacturé (on dit aussi *fabriqué en*).

MADELEINE n. f. Gâteau léger, fait de farine, d'œufs, de beurre et de sucre. ‖ Nom donné à des variétés de fruits (raisin, poire, prune, pêche) dont la maturité est atteinte vers la Sainte-Madeleine (22 juill.).

MADELONNETTES n. f. pl. Religieuses dont les maisons servaient d'asile aux filles repenties.

MADEMOISELLE n. f. (pl. *mesdemoiselles*). Titre donné aux jeunes filles ou aux femmes célibataires. (En abrégé, *M*ˡˡᵉ.) ‖ Autref., titre donné à une femme mariée dont le mari n'était pas noble. ‖ *Hist.* Titre de la fille aînée du frère puîné du roi. (En ce sens s'écrit avec une majuscule.) ● *La Grande Mademoiselle*, la duchesse de Montpensier, fille de Gaston d'Orléans, frère de Louis XIII.

MADÈRE n. m. Vin de l'île de Madère. ● *Sauce madère*, sauce brune à laquelle on incorpore du vin de même nom.

MADICOLE adj. Se dit des animaux et des plantes qui vivent accrochés aux pierres à peine immergées dans l'eau courante (larves de mouches noires, algues filamenteuses).

MADONE n. f. (it. *madonna*, madame). Image de la Vierge. ● *La Madone*, la Vierge.

MADOURAIS n. m. Langue indonésienne parlée à Java et à Madura.

MADRAGUE n. f. (prov. *madraga*; mot ar.). Grande enceinte de filets pour la pêche du thon.

MADRAS [madras] n. m. Étoffe à chaîne de soie et trame de coton, de couleurs vives, dont on fait des fichus, des écharpes, des jupes, etc. ‖ Coiffure formée d'un foulard de cette étoffe.

MADRASA ou **MEDERSA** n. f. Collège, université dépendant de l'autorité religieuse dans les pays musulmans.

MADRÉ, E adj. et n. (anc. fr. *masdre*, bois veiné; mot francique). *Litt.* Rusé, retors.

MADRÉPORAIRE n. m. Cnidaire tel que le madrépore. (Les *madréporaires* forment une sous-classe des hexacoralliaires renfermant des polypes qui possèdent un squelette calcaire ou polypier, et qui, très abondants dans les mers chaudes, forment des récifs côtiers dits *coralliens* ou des îles circulaires [*atolls*].)

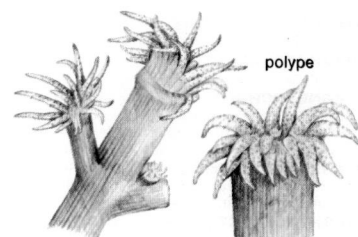
polype

MADRÉPORE

MADRÉPORE n. m. (it. *madrepora*; de *madre*, mère, et *poro*, pore). Cnidaire constructeur jouant un rôle déterminant dans la formation des récifs coralliens.

MADRÉPORIEN, ENNE ou **MADRÉPORIQUE** adj. Relatif aux madrépores.

MADRIER n. m. (lat. *materia*). Pièce de bois très épaisse, employée en construction.

MADRIGAL n. m. (it. *madrigale*). Petite pièce de vers exprimant une pensée fine, tendre ou galante. ‖ *Mus.* Composition vocale polyphonique a cappella, ou monodique avec accompagnement, et qui cherche à traduire les moindres inflexions d'un poème.

MADRIGALISTE n. Compositeur de madrigaux.

MADRILÈNE adj. et n. De Madrid.

MADRURE n. f. Forme sinueuse des veines du bois, appréciée en ébénisterie.

MAELSTRÖM ou **MALSTROM** [malstrɔm] n. m. (mot néerl.). Gouffre, tourbillon.

MAËRL [maɛrl] ou **MERL** n. m. (mot breton). *Géogr.* Sable calcaire des rivages utilisé comme amendement en Bretagne.

MAESTOSO [maɛstozo] adv. (mot it.). *Mus.* Lentement et majestueusement.

MAESTRIA [maɛstrija] n. f. (mot it., *maîtrise*). Perfection et aisance dans l'exécution d'une œuvre d'art, d'une opération quelconque.

MAESTRO [maɛstro] n. m. (mot it., *maître*) [pl. *maestros*]. Nom donné à un compositeur de musique ou à un chef d'orchestre célèbre.

MAFFIA ou **MAFIA** n. f. (mot it.). Réseau d'associations secrètes siciliennes, résolues à assurer la justice par elles-mêmes et à empêcher l'exercice de la justice officielle par un silence concerté. (En s'installant aux États-Unis, la maffia est devenue, en même temps, une vaste organisation de malfaiteurs.) ‖ *Fam.* et *péjor.* Groupe de gens unis par des intérêts communs : *la maffia des collectionneurs*.

MAFFIOSO ou **MAFIOSO** [mafjozo] n. m. (pl. *maf[f]iosi*). Membre de la maffia.

MAGASIN n. m. (mot ar.). Établissement de commerce. ‖ Lieu où l'on range et conserve des marchandises, des provisions : *magasin à blé*. ‖ Cavité aménagée dans une arme à répétition pour l'approvisionnement en cartouches. ‖ *Phot.* et *Cin.* Boîte entièrement clos où sont enroulées les bobines de pellicule à impressionner. ● *Grand magasin*, grand établissement de vente réunissant de nombreux rayons spécialisés. ‖ *Magasins généraux* (Dr.), entrepôts où sont gardées des marchandises contre remise d'un titre délivré aux déposants.

MAGASINAGE n. m. Action de mettre en magasin. ‖ Droits que l'on paie pour ce dépôt.

MAGASINER v. i. Au Québec, faire des courses dans les magasins.

MAGASINIER n. m. Employé chargé de garder les objets amenés en magasin et de tenir des états de stock.

MAGAZINE n. m. (mot angl.; franç. *magasin*). Revue périodique, souvent illustrée, traitant des sujets les plus divers. ‖ Émission périodique radiodiffusée ou télévisée sur un sujet choisi.

MAGDALÉNIEN, ENNE adj. et n. (de l'abri de la *Madeleine*, à Tursac, Dordogne). Se dit de l'ensemble des faciès culturels marquant l'apo-

gée du paléolithique supérieur en Europe occidentale. (Succédant au solutréen, le magdalénien se prolonge jusqu'à la fin de la glaciation würmienne [13000 à 8000 av. J.-C.]. Outre une diversification continue de l'industrie lithique, il est caractérisé par l'épanouissement de l'outillage osseux et de l'art pictural [grottes d'Altamira, des Combarelles, de Font-de-Gaume].)

MAGE n. m. (lat. *magus*; mot gr.). Membre de la caste sacerdotale et savante de l'Iran ancien. ‖ Celui qui est versé dans les sciences occultes, la magie. ● *Les Rois mages*, personnages qui vinrent, guidés par une étoile, adorer Jésus à Bethléem. (Une tradition postérieure leur a donné les noms de *Melchior*, *Gaspard* et *Balthazar*.)

MAGE adj. m. (prov. *maje*; lat. *major*, plus grand). *Juge mage* (Dr. anc.), lieutenant du sénéchal dans certaines provinces.

MAGENTA adj. inv. et n. m. Rouge violacé des synthèses additive et soustractive des couleurs, en photographie, en imprimerie.

MAGHRÉBIN, E adj. Relatif au Maghreb.

MAGICIEN, ENNE n. Personne qui pratique la magie. ‖ Personne qui est capable de faire des choses extraordinaires.

MAGIE n. f. (lat. *magia*; mot gr.). Art supposé produire par certaines pratiques des effets contraires aux lois naturelles. ‖ *Anthropol.* Ensemble de rites, de croyances et de pratiques s'opposant aux méfaits des forces surnaturelles auxquelles croit celui qui a recours à la magie. ‖ Effet surprenant, comparable à ceux de la magie : *la magie des mots*. ● *Comme par magie*, d'une manière inexplicable. ‖ *Magie noire* (Anthropol.), ensemble de techniques secrètes, prohibées, dont la pratique implique une opposition radicale avec l'ordre établi (par oppos. à la *magie blanche*, officielle et garante de l'ordre établi).

MAGIQUE adj. Qui tient de la magie, occulte : *pouvoir magique*. ‖ Qui étonne, enchante; merveilleux : *spectacle magique*. ● *Carré magique*, tableau de nombres, carré, tel que la somme des éléments d'une ligne, d'une colonne ou d'une diagonale soit le même nombre. ‖ *Pensée magique* (Psychol.), forme de pensée qui fait appel aux relations de participation pour modifier la réalité (elle caractérise l'enfant entre 2 et 7 ans).

MAGIQUEMENT adv. De façon magique.

MAGISTER [maʒistɛr] n. m. (mot lat., *maître*). *Fam.* et *vx.* Pédant : *faire le magister*.

MAGISTÈRE n. m. (lat. *magisterium*). *Litt.* Autorité doctrinale, morale ou intellectuelle : *le magistère de l'Église*. ‖ Dignité de grand maître de l'ordre de Malte. ‖ Composition à laquelle les alchimistes attribuaient des propriétés merveilleuses.

MAGISTRAL, E, AUX adj. (lat. *magister*, maître). Qui porte la marque de la supériorité, de l'excellence : *une œuvre magistrale*; *une habileté magistrale*. ‖ *Litt.* Qui appartient à un maître, impérieux, imposant : *ton magistral*. ● *Cours magistral*, conférence dont le contenu et la présentation dépendent du professeur, par oppos. aux travaux pratiques impliquant une participation active des étudiants. ‖ *Médicament magistral*, médicament qui se confectionne en pharmacie d'après l'ordonnance.

MAGISTRALEMENT adv. De façon magistrale.

MAGISTRAT n. m. (lat. *magistratus*). Toute personne investie d'une autorité juridictionnelle (membres des tribunaux et des cours, etc.), administrative (maire, sous-préfet, préfet, etc.) ou politique (ministre, président de la République, etc.). ● *Magistrat militaire*, magistrat chargé de la justice militaire.

MAGISTRATURE n. f. Dignité, charge de magistrat; temps pendant lequel un magistrat exerce ses fonctions. ‖ Corps des magistrats.

MAGMA n. m. (mot gr., *pâte pétrie*). Masse pâteuse, épaisse et visqueuse. ‖ *Géol.* Liquide qui se forme à l'intérieur de la Terre, par fusion de la croûte ou du manteau et qui, en refroidissant, forme une roche. ‖ Mélange confus.

MAGMATIQUE adj. *Géol.* Relatif au magma. ● *Roche magmatique,* syn. de ROCHE ÉRUPTIVE.

MAGNAN [maɲɑ̃] n. m. (mot prov.). Nom du *ver à soie,* dans le midi de la France.

MAGNANARELLE n. f. Nom provençal des femmes qui élèvent les vers à soie.

MAGNANERIE n. f. Bâtiment destiné à l'élevage des vers à soie. ‖ Sériciculture.

MAGNANIER, ÈRE n. Personne qui tient une magnanerie.

MAGNANIME adj. (lat. *magnus,* grand, et *animus,* esprit). Dont la générosité se manifeste par la bienveillance et la clémence.

MAGNANIMEMENT adv. Avec magnanimité.

MAGNANIMITÉ n. f. Grandeur d'âme, générosité; noblesse des sentiments.

MAGNAT [magna] n. m. (lat. *magnus,* grand). *Hist.* Autref., grand de l'État, en Pologne et en Hongrie. ‖ Personnage important de l'industrie, de la finance, etc.

MAGNER (SE) v. pr. (de *manier*). *Pop.* Se dépêcher.

MAGNÉSIE n. f. (lat. *magnes* [*lapis*], [pierre] d'aimant). *Chim.* Oxyde ou hydroxyde de magnésium. [La *magnésie anhydre* MgO est une poudre blanche fondant vers 2 500 °C, que l'eau transforme en *magnésie hydratée* Mg(OH)$_2$. La magnésie est antiacide, et laxative ou purgative à forte dose.]

MAGNÉSIEN, ENNE adj. Qui contient du magnésium.

MAGNÉSIOTHERMIE n. f. Procédé métallurgique de réduction d'un oxyde par l'action de magnésium avide d'oxygène.

MAGNÉSITE n. f. Syn. de GIOBERTITE.

MAGNÉSIUM [maɲezjɔm] n. m. Métal solide (Mg), n° 12, de masse atomique 24,305, de densité 1,7, blanc argenté, pouvant brûler à l'air avec une flamme éblouissante.

MAGNÉTIQUE adj. (bas lat. *magneticus;* de *magnes,* aimant minéral). Doué des propriétés de l'aimant : *corps magnétique.* ‖ Qui concerne le magnétisme : *champ magnétique.* ‖ Qui a une influence puissante et mystérieuse : *regard magnétique.*

MAGNÉTISABLE adj. Qui peut être magnétisé.

MAGNÉTISANT, E adj. Qui provoque l'aimantation.

MAGNÉTISATION n. f. Action, manière de magnétiser.

MAGNÉTISER v. t. Syn. de AIMANTER. ‖ Communiquer le magnétisme animal. ‖ Soigner par l'hypnotisme. ‖ Exercer une attraction puissante et mystérieuse sur : *l'orateur magnétisait la foule.*

MAGNÉTISEUR, EUSE n. Personne qui magnétise.

MAGNÉTISME n. m. Partie de la physique dans laquelle on étudie les propriétés des aimants. ‖ Attraction exercée par une personne sur une autre. ‖ *Hist. nat.* V. BIOMAGNÉTISME. ● *Magnétisme animal,* influence vraie ou supposée qu'une personne peut exercer sur une autre au moyen de mouvements appelés *passes,* transmettant son fluide vital selon la théorie de F. Mesmer. ‖ *Magnétisme terrestre,* champ magnétique assez régulier au niveau de la surface de la Terre, dont le pôle magnétique Nord varie lentement d'année en année. (Syn. GÉOMAGNÉTISME.)

■ Il existe trois sortes principales de magnétisme : le *ferromagnétisme,* présenté par le fer, le nickel et le cobalt, substances qui peuvent prendre une forte aimantation; le *paramagnétisme* (oxygène, platine, sodium), caractérisé par une faible aimantation; le *diamagnétisme,* que possèdent la plupart des corps, qui prennent une aimantation de sens contraire à celle du fer.

MAGNÉTITE n. f. Oxyde naturel de fer Fe$_3$O$_4$, doué de magnétisme, bon minerai de fer (gisement de Kiruna, en Suède).

MAGNÉTO n. f. Génératrice de courant électrique où l'induction est produite par un champ magnétique créé par un aimant permanent.

MAGNÉTOCALORIQUE adj. Se dit du phénomène calorifique accompagnant l'aimantation.

MAGNÉTOCASSETTE n. m. Magnétophone utilisant des cassettes.

MAGNÉTOCHIMIE n. f. Étude des relations existant entre le magnétisme des composés et leur structure microscopique, et de leurs applications à la chimie structurale et analytique.

MAGNÉTODYNAMIQUE adj. Se dit d'un appareil dans lequel l'excitation magnétique est produite par un aimant permanent.

MAGNÉTOÉLECTRIQUE adj. Qui tient à la fois des phénomènes magnétiques et électriques.

MAGNÉTOHYDRODYNAMIQUE n. f. Science qui traite de la dynamique des fluides conducteurs (par ex., un gaz ionisé) en présence d'un champ magnétique. (Abrév. : M.H.D.) ◆ adj. Relatif à la magnétohydrodynamique.

MAGNÉTOMÈTRE n. m. Instrument employé pour mesurer l'intensité des champs et des moments magnétiques.

MAGNÉTOMÉTRIE n. f. Relevé de la composante verticale du champ magnétique terrestre.

MAGNÉTOMOTEUR, TRICE adj. *Force magnétomotrice,* dans un circuit magnétique, somme des différences de potentiel magnétique créant le flux d'induction.

MAGNÉTON n. m. *Phys.* Moment magnétique élémentaire. (Le magnéton de Bohr est eh/2 π m [e et m = charge et masse de l'électron, h = constante de Planck].)

MAGNÉTO-OPTIQUE n. f. Étude des propriétés optiques des substances soumises à des champs magnétiques.

MAGNÉTOPAUSE n. f. Limite externe de la magnétosphère d'une planète dotée d'un champ magnétique, séparant la zone d'action de ce champ magnétique de celle du vent solaire.

MAGNÉTOPHONE n. m. Appareil d'enregistrement et de restitution des sons, par aimantation rémanente d'une bande magnétique.

MAGNÉTOSCOPE n. m. Appareil d'enregistrement des images et du son sur bande magné-

MAGNÉTOSCOPER v. t. Enregistrer avec un magnétoscope.

MAGNÉTOSPHÈRE n. f. Partie externe de l'environnement d'une planète dotée d'un champ magnétique, dans laquelle ce champ se trouve confiné et exerce une action prépondérante.

MAGNÉTOSTATIQUE n. f. Étude des phénomènes magnétiques indépendants du temps.

MAGNÉTOSTRICTION n. f. Faible déformation d'un corps ferromagnétique, sous l'influence de son aimantation.

MAGNÉTRON n. m. Tube à vide, générateur ou amplificateur de courants de très haute fréquence dont le flux d'électrons est commandé à la fois par un champ électrique et par un champ magnétique.

MAGNIFICAT [magnifikat] n. m. inv. (mot lat.). Cantique de la Vierge Marie dans l'Évangile de saint Luc. (Il est chanté dans les liturgies romaine et byzantine.)

MAGNIFICENCE n. f. Qualité de ce qui est magnifique, splendeur, éclat : *la magnificence d'un palais.* ‖ *Litt.* Générosité, prodigalité.

MAGNIFIER v. t. (lat. *magnificare;* de *magnus,* grand). Exalter la grandeur, glorifier, vanter : *magnifier un exploit.*

MAGNIFIQUE adj. (lat. *magnificus*). Qui a de l'éclat, de la beauté, de la grandeur, de la force, remarquable en son genre : *palais magnifique; temps magnifique; athlète magnifique.*

MAGNIFIQUEMENT adv. Avec magnificence.

MAGNITUDE n. f. (lat. *magnitudo,* grandeur). Quantité qui sert à caractériser l'éclat apparent (magnitude *apparente*) ou réel (magnitude *absolue*) d'un astre. (La magnitude s'exprime par un nombre qui diminue quand l'éclat augmente.) [Syn. anc. : GRANDEUR.] ‖ Représentation numérique, sur une échelle donnée, de l'importance d'un séisme.

MAGNOLIA [maɲɔlja] n. m. (du botaniste *Magnol*). Arbre originaire d'Asie et d'Amérique, à port élégant, à feuilles alternes, luisantes, à grandes fleurs d'odeur suave, recherché pour ▷ l'ornement des parcs et des jardins.

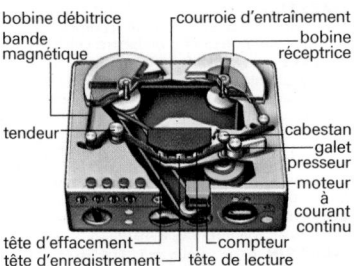

bobine débitrice — bande magnétique — courroie d'entraînement — bobine réceptrice — tendeur — cabestan — galet presseur — moteur à courant continu — tête d'effacement — tête d'enregistrement — tête de lecture — compteur

MAGNÉTOPHONE

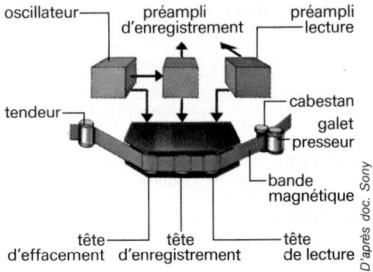

oscillateur — préampli d'enregistrement — préampli lecture — tendeur — cabestan — galet presseur — bande magnétique — tête d'effacement — tête d'enregistrement — tête de lecture

D'après doc. Sony

MAGNÉTOSCOPE

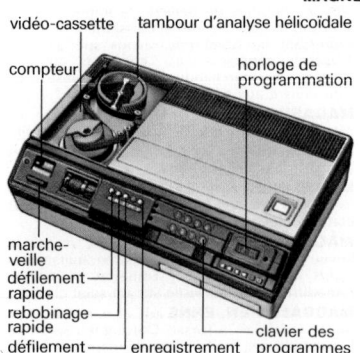

vidéo-cassette — tambour d'analyse hélicoïdale — compteur — horloge de programmation — marcheveille — défilement rapide — rebobinage rapide — défilement — enregistrement — clavier des programmes

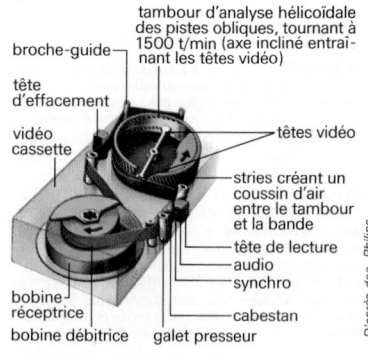

tambour d'analyse hélicoïdale des pistes obliques, tournant à 1500 t/min (axe incliné entraînant les têtes vidéo) — broche-guide — tête d'effacement — vidéo cassette — têtes vidéo — stries créant un coussin d'air entre le tambour et la bande — tête de lecture audio synchro — bobine réceptrice — bobine débitrice — galet presseur — cabestan

D'après doc. Philips

MAGNOLIALE n. f. Plante à fleurs d'un type primitif, comme le *tulipier*, le *magnolia*, la *badiane*. (Certains auteurs incluent aussi le *laurier*, le *camphrier* et le *thé* dans l'ordre des *magnoliales*.)

MAGNUM [magnɔm] n. m. Grosse bouteille contenant l'équivalent de deux bouteilles ordinaires (1,5 litre).

MAGOT n. m. (de *Magog*, n. pr.). Singe sans queue, du genre *macaque*, vivant en Afrique du Nord et à Gibraltar. (Long. 75 cm.) ‖ Figurine de personnage trapu et pittoresque.

MAGOT n. m. (anc. fr. *mugot*, lieu où l'on conserve les fruits). *Fam.* Argent caché; somme d'argent importante.

MAGOUILLAGE n. m. *Fam.* Action de magouiller.

MAGOUILLE n. f. *Fam.* Lutte d'influence, combinaison douteuse entre des groupes, des organisations quelconques ou entre des personnes à l'intérieur d'un groupe.

MAGOUILLER v. i. *Fam.* Se livrer à des magouilles.

MAGOUILLEUR, EUSE adj. et n. *Fam.* Qui magouille.

magnolia

MAGRET n. m. *Cuis.* Filet de canard.

MAGYAR, E [magjar] adj. et n. Syn. de HONGROIS.

MAHALEB n. m. (mot ar.). Cerisier des régions montagneuses de l'Europe, à fruits amers, de la taille des pois.

MAHÂRÂJA ou **MAHÂRÂDJAH** n. m. inv. (mot sanskr.). Titre signifiant *grand roi*, et que l'on donne aux princes feudataires de l'Inde. (Fém. : *mahârâni*.)

MAHÂTMÂ n. m. inv. (mot sanskr., *grande âme*). Titre donné en Inde à des personnalités spirituelles de premier plan.

MAHDI n. m. (mot ar.). Nom donné dans l'islâm (surtout chi'ite) à l'envoyé d'Allâh qui doit venir à la fin des temps pour instaurer le règne de la justice et de la pureté par l'islâm. (Ce titre a été revendiqué à diverses époques par certains fondateurs de dynasties ou réformateurs religieux.)

MAHDISME n. m. Mouvement politico-religieux de restauration de la société musulmane.

MAHDISTE adj. et n. Qui appartient au mahdisme.

MAH-JONG [maʒɔ̃ ou maʒɔ̃g] n. m. (mot chin., *je gagne*). Jeu de dominos d'origine chinoise.

MAHOMÉTAN, E adj. et n. Syn. anc. de MUSULMAN, E.

MAHONIA n. m. (de *Mahón*, port des Baléares). Arbrisseau à feuilles épineuses, à fleurs jaunes et à baies bleues, originaire de l'Amérique du Nord, souvent cultivé dans les parcs. (Haut. : 1 à 2 m; famille des berbéridacées.)

MAHONNE n. f. (esp. *mahona*; mot ar.). *Mar.* Chaland de port, sans moyens propres de propulsion.

MAI n. m. (lat. *Maius mensis*, mois de la déesse Maia). Cinquième mois de l'année. ‖ *Hist.* Arbre

vert et enrubanné que l'on plantait le 1er mai en l'honneur des maires.

MAÏA n. m. Grand crabe comestible, épineux, aux pattes très longues. (Nom usuel : *araignée de mer*.)

MAIE [mɛ] n. f. (lat. *magis, magidis*, sorte de plat). Huche à pain, ancien pétrin. ‖ Table de pressoir.

MAÏEUR ou **MAYEUR** n. m. (lat. *major*, plus grand). En Belgique, bourgmestre rural.

MAÏEUTIQUE [majøtik] n. f. (gr. *maieutikê*, art de faire accoucher). Dans la philosophie socratique, art de faire découvrir à l'interlocuteur, par une série de questions, les vérités qu'il porte en lui.

MAIGRE adj. et n. (lat. *macer*). Qui a très peu de graisse : *poulet maigre*. ◆ adj. Qui ne contient pas de graisse : *des aliments maigres*. ‖ Peu abondant : *un maigre repas*. ‖ Peu important : *maigre salaire*. ● *Charbon maigre*, charbon à faible teneur en matières volatiles. ‖ *Jours maigres*, jours pendant lesquels l'Église catholique interdisait de manger de la viande.

MAIGRE n. m. Chair sans gras : *servez-moi du maigre*. ‖ Syn. de ÉTIAGE. ‖ Nom usuel de la SCIÈNE. ● *Faire maigre*, ne pas manger de viande aux jours prescrits par l'Église.

MAIGRELET, ETTE, MAIGRICHON, ONNÉ ou **MAIGRIOT, OTTE** adj. Un peu maigre.

MAIGREMENT adv. De façon peu abondante.

MAIGREUR n. f. État de ce ou de celui qui est maigre.

MAIGRIR v. i. Devenir maigre. ◆ v. t. Faire paraître maigre, mince.

MAIL [maj] n. m. (lat. *malleus*, marteau). Petit maillet muni d'un long manche, dont on se servait pour pousser une boule de bois au jeu du mail; ce jeu lui-même. ‖ Promenade publique (où l'on jouait au mail).

MAIL-COACH [mɛlkotʃ] n. m. (mot angl.) [pl. *mail-coaches*]. Berline anglaise, à quatre chevaux, avec plusieurs rangs de banquettes sur le dessus de la voiture.

MAILLAGE n. m. Disposition en réseau.

MAILLE n. f. (lat. *macula*, tache ou maille de tissu). Chacune des boucles que forment le fil, la soie, la laine, etc., dans les tissus tricotés, dans les filets. ‖ Ouverture que les boucles de ces tissus laissent entre elles. ‖ Tissu tricoté. ‖ Chacun des annelets de fer dont on faisait les haubergeons au Moyen Âge : *cotte de mailles*. ‖ *Cristall.* Parallélépipède formé sur les trois vecteurs de base qui expriment la périodicité tridimensionnelle d'un réseau cristallin. ‖ *Électr.* Ensemble des conducteurs reliant les nœuds d'un réseau et formant un circuit fermé. ‖ *Mar.* Intervalle entre deux membrures ou entre deux varangues. ‖ *Techn.* Chacune des ouvertures d'un tamis, d'un grillage. ‖ Dimension des trous d'un tamis. ‖ *Zool.* Tache apparaissant sur le plumage des jeunes perdreaux et des jeunes faucons. ‖ *Taie* ronde qui se forme sur la prunelle des yeux. ● *Maille à l'endroit, à l'envers*, maille dont la courbe supérieure est en avant ou en arrière du tricot.

MAILLE n. f. (lat. pop. *medialia*; lat. *medius*, demi). Anc. monnaie de cuivre, de très petite valeur. ● *Avoir maille à partir avec qqn*, avoir un démêlé, une dispute avec lui.

MAILLÉ, E adj. Couvert d'une armure de mailles. ‖ À plumage marqué de mailles (perdreau ou faucon).

MAILLECHORT [majʃɔr] n. m. (des n. des inventeurs, *Maillot* et *Chorier*). Alliage de cuivre, de nickel et de zinc, imitant l'argent.

MAILLER v. t. Faire avec des mailles : *mailler un filet*. ‖ En Suisse, tordre, fausser : *une poutre maillée*. ● *Mailler une chaîne* (Mar.), fixer une chaîne sur une autre ou une autre à une boucle au moyen d'une manille. ‖ *Mailler une voile*, la lacer sur une autre. ◆ v. i. Commencer à avoir des mailles, en parlant des perdreaux.

MAILLET n. m. Marteau à deux têtes, en bois très dur.

MAILLETON n. m. *Agr.* Bouture ou bourgeon de l'année.

mail-coach
gravure de
Toulouse-Lautrec

cotte de mailles
(XIVe s.)

MAILLOCHE n. f. (de *mail*). Gros maillet de bois. ‖ Outil en bois servant à façonner le verre fondu. ‖ *Mus.* Baguette terminée par une boule garnie de matière souple, et servant à battre certains instruments à percussion.

MAILLON n. m. Anneau d'une chaîne. ‖ *Mar.* Partie d'une chaîne d'ancre entre deux manilles d'assemblage, d'une longueur de 30 m. ● *Être un maillon de la chaîne*, un élément dans un organisme dont tous les services dépendent les uns des autres.

MAILLOT n. m. (de *maille*). Lange dont on enveloppait un enfant (vx). ‖ Vêtement de bain. ‖ Vêtement souple qui couvre le corps en totalité ou jusqu'à la taille, et se porte sur la peau. ‖ Vêtement collant, qui ne couvre que le haut du corps. ● *Maillot académique* (Chorégr.), maillot d'une seule pièce qui enserre le corps, des pieds jusqu'au cou, ainsi que les bras. ‖ *Maillot de corps*, sous-vêtement d'homme, en tissu à mailles.

MAILLOTIN n. m. Pressoir à olives. ◆ pl. *Hist.* Nom donné aux Parisiens insurgés sous Charles VI, à la suite de la création d'une nouvelle taxe, parce qu'ils s'étaient armés de maillets.

MAILLURE n. f. Tache dans le bois. ‖ *Zool.* Syn. de MAILLE.

MAIN n. f. (lat. *manus*). Partie du corps humain qui s'étend depuis le poignet jusqu'à l'extrémité des doigts. ‖ Partie correspondante du membre antérieur des vertébrés tétrapodes. ‖ Distance de la largeur d'une main. ‖ Ensemble de 25 feuilles de papier, ou vingtième de rame. ‖ Rapport de la force d'un papier (poids en grammes par mètre carré) à son épaisseur (en millièmes de millimètre). ● *Agir sous main*, secrètement. ‖ *À main armée*, les armes à la main. ‖ *À pleines mains*, largement. ‖ *Avoir le cœur sur la main*, être très bon, très généreux. ‖ *Avoir la haute* main, commander. ‖ *Avoir la main*, aux cartes, être le premier à jouer. ‖ *Avoir la main. ‖ Avoir la main heureuse (malheureuse)*, réussir (échouer) souvent. ‖ *Avoir les mains libres*, avoir l'entière liberté d'agir. ‖ *Avoir sous la main*, à sa portée. ‖ *Changer de mains*, passer d'un possesseur à l'autre. ‖ *De la main à la main*, sans passer par un intermédiaire. ‖ *De longue main*, depuis longtemps. ‖ *De main de maître*, avec habileté. ‖ *De main en main*, d'une personne à l'autre. ‖ *Demander, obtenir la main de qqn*, demander, obtenir une personne en mariage. ‖ *De première main*, directement, sans intermédiaire; *de seconde main*, indirectement. ‖ *Des deux mains*, avec empressement. ‖ *En bonnes mains*, confié à une personne capable. ‖ *Faire main basse*, piller, voler. ‖ *Haut la main*, sans peine. ‖ *Lever la main sur qqn*, s'apprêter à le frapper. ‖ *Main courante*, partie supérieure d'une rampe d'escalier, d'une barre d'appui, sur laquelle se pose la main. ‖ *Main de justice*, main d'ivoire à trois doigts levés, placée à l'extrémité du bâton royal, symbole de la justice royale. ‖ *Main à main*, exercices d'équilibre et de force entre deux artistes, l'un étant le porteur, l'autre le voltigeur. ‖ *Main de ressort*, pièce sur laquelle s'articule l'extrémité d'un ressort. ‖ *Mettre la dernière main*, terminer. ‖ *Mettre la main à la pâte*, travailler soi-même. ‖ *Mettre la main sur qqn*, l'arrêter; *sur qqch*, le découvrir. ‖ *Ne pas y aller de main morte*, agir avec brutalité. ‖ *Passer la main*, renoncer à ses pouvoirs, les transmettre. ‖ *Perdre la main*, perdre l'habitude. ‖ *Première main*, dans un atelier de couture, ouvrière dont la qualification est la plus haute. ‖ *Prendre en main*, se charger de, avoir la responsabilité de. ‖ *Prêter la main*, aider. ‖ *Reprendre en main*, redresser une situation compromise. ‖ *Se faire la main*, s'essayer à faire qqch. ‖ *Sous la main*, à la disposition immédiate. ‖ *Tendre la main*, demander l'aumône; faire une offre de réconciliation. ‖ *Voter à main levée*, exprimer son suffrage par ce geste de la main.

MAINATE n. m. (mot malais). Passereau originaire de Malaisie, apte à imiter la parole humaine. (Famille des sturnidés.)

MAIN-D'ŒUVRE n. f. (pl. *mains-d'œuvre*). Façon, travail de l'ouvrier dans la confection d'un ouvrage. ‖ Ensemble des ouvriers, des salariés d'une entreprise, d'une région.

MAIN-FORTE n. f. *Prêter main-forte à qqn*, lui venir en aide.

MAINLEVÉE n. f. Dr. Acte qui arrête les effets d'une saisie, d'une opposition, d'une hypothèque.

MAINMISE n. f. Action de mettre la main sur, d'avoir une influence exclusive.

MAINMORTABLE adj. Qui est sujet à la mainmorte.

MAINMORTE n. f. *Féod.* Droit de succession du seigneur sur les biens de ses serfs ou de ses commandés. ‖ *Dr.* État des biens appartenant à des personnes morales (associations, communes, communautés, hospices, etc.).

MAINT, E adj. (mot germ.). *Litt.* Un grand nombre indéterminé : *en mainte occasion; maintes fois.*

MAINTENANCE n. f. Ensemble de tout ce qui permet de maintenir un système ou une partie de système en état de fonctionnement. ‖ *Mil.* Action ayant pour but de maintenir constamment en condition et en nombre suffisant le personnel et le matériel nécessaires à des formations militaires pour qu'elles puissent remplir normalement leur mission.

MAINTENANT adv. (de *main* et *tenant*). À présent, à partir de l'instant présent. ◆ loc. conj. *Maintenant que*, en ce moment où.

MAINTENEUR n. m. *Hist.* Dignitaire des jeux Floraux de Toulouse.

MAINTENIR v. t. (lat. *manutenere*) [conj. **16**]. Tenir fixe, en état de stabilité : *poutre qui maintient la charpente.* ‖ Empêcher de remuer, d'avancer : *maintenir les gens à distance.* ‖ Conserver dans le même état, entretenir : *maintenir les lois existantes.* ‖ Affirmer avec force, soutenir : *je maintiens que cela est vrai.* ◆ se

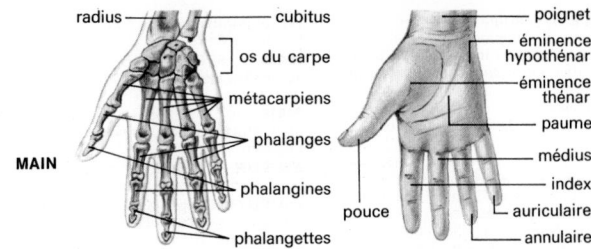

MAIN

(Légendes de l'illustration anatomique :) radius — cubitus — os du carpe — métacarpiens — phalanges — phalangines — phalangettes — pouce — poignet — éminence hypothénar — éminence thénar — paume — médius — index — auriculaire — annulaire

maintenir v. pr. Rester dans le même état, dans la même situation.

MAINTIEN n. m. Action de faire durer, conservation : *le maintien des traditions.* ‖ Manière habituelle de se tenir physiquement, de se comporter en société : *maintien élégant.* ● *Maintien dans les lieux* (Dr.), démembrement du droit de propriété qui permet à l'occupant de bonne foi d'un logement de continuer à y résider nonobstant la volonté contraire du propriétaire. ‖ *Maintien de l'ordre*, ensemble des mesures de sécurité prises pour prévenir ou réprimer les troubles. ‖ *Maintien sous les drapeaux*, mesure par laquelle le gouvernement décide de conserver temporairement sous les drapeaux les hommes ayant achevé leur service actif.

MAIRE n. m. (lat. *major*, plus grand). Premier officier municipal d'une commune. ● *Maire du palais* (Hist.), dignitaire qui, vers la fin du VIᵉ s., devient le chef de l'administration royale et qui, progressivement, et par le caractère héréditaire de sa charge, finit, au VIIIᵉ s., par supplanter la royauté mérovingienne.

■ Les fonctions du maire sont doubles : il représente la commune et, à ce titre, prépare et exécute les délibérations du conseil municipal; il est agent du pouvoir central dans la commune et, à ce titre, est responsable de la publication et de l'exécution des lois et règlements, de l'état civil, du maintien de l'ordre, etc.

MAIRIE n. f. Fonction de maire. ‖ Édifice où se trouvent les services de l'administration municipale. (On dit aussi HÔTEL DE VILLE.) ‖ Administration municipale : *employé de mairie.*

MAIS adv. (lat. *magis*). *N'en pouvoir mais* (Litt.), ne pouvoir rien à qqch.

MAIS conj. Marque l'opposition : *cet enfant est intelligent, mais paresseux;* ou sert de renforcement dans les réponses, les exclamations, etc. : *mais oui, mais sûr.*

MAÏS n. m. (mot esp.; d'une langue haïtienne). Céréale de la famille des graminacées, cultivée en Europe et en Amérique pour ses gros grains comestibles, riches en amidon.

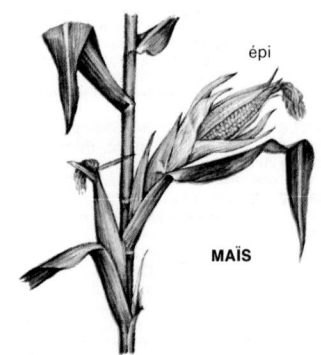

épi

MAÏS

MAÏSERIE [maizri] n. f. Usine où l'on traite le maïs pour en extraire fécule, glucose, etc.

MAISON n. f. (lat. *mansio*; de *manere*, demeurer). Construction destinée à l'habitation humaine. ‖ Logement où on habite; son aménagement. ‖ Édifice servant à un usage particulier : *maison de retraite, de santé, d'arrêt.* ‖ Entreprise commerciale ou industrielle : *maison de vins en gros.* ‖ Membre d'une même famille : *ami de la maison.* ‖ Astrol. Chacune des douze divisions égales du ciel, en forme de fuseau, correspondant à des attributions et à un tempérament bien déterminés. ● *De bonne maison*, de naissance honorable. ‖ *Maison des jeunes et de la culture (M. J. C.)*, établissement destiné à favoriser la diffusion et la pratique des activités culturelles les plus diverses dans un milieu jeune et populaire. ‖ *Maison forte* (Fortif.), maison fortifiée ou blockhaus léger souvent destiné à la défense d'un point sensible. ‖ *Maison du roi, de l'empereur* (Hist.), ensemble des personnes civiles *(maison civile)* et militaires *(maison militaire)* attachées à la personne du souverain. ◆ adj. inv. De premier ordre, selon une recette traditionnelle : *tarte maison.* ‖ Péjor. Particulier à un établissement d'enseignement, une entreprise, etc. : *un diplôme maison; un syndicat maison.*

MAISONNÉE n. f. Ensemble des personnes d'une famille vivant dans la même maison.

MAISONNETTE n. f. Petite maison.

MAISTRANCE [mɛstrãs] n. f. (de *maistre*, anc. forme de *maître*). Cadre des sous-officiers de carrière de la Marine nationale.

MAÎTRE, MAÎTRESSE n. (lat. *magister*). Personne qui commande, gouverne, exerce un pouvoir, une autorité. ‖ Titre d'une personne qui possède qqch, propriétaire : *le maître de la maison.* ‖ Personne qui enseigne, éduque, professeur, instituteur. ‖ Personne qu'on prise comme modèle (artiste, écrivain). ● *Maître auxiliaire*, professeur qui assure l'intérim d'un emploi vacant de professeur titulaire.

MAÎTRE n. m. Titre donné aux avocats et à certains officiers ministériels : *maître Un tel; par-devant maître X...;* aux personnes titulaires de certaines charges : *maître des requêtes.* ‖ Personne dont on est le disciple. ‖ Titre d'un artisan dans un métier où subsistent des traditions de corporation et qui a été admis à la maîtrise. ‖ *Bx-arts.* Artiste qui dirige un atelier (vx); artiste du passé dont on a reconstitué une partie de l'œuvre, mais non retrouvé l'identité : *le Maître de Moulins* (avec une maj. dans ce cas). ● *Maître d'armes*, celui qui enseigne l'escrime. ‖ *Maître de conférences*, ancien titre des professeurs de l'enseignement supérieur en début de carrière. ‖ *Maître à danser*, autref., professeur de danse. ‖ *Maître de forges*, propriétaire d'un établissement sidérurgique dont il assume personnellement l'administration. ‖ *Maître imprimeur*, chef d'entreprise dirigeant une imprimerie. ‖ *Maître d'œuvre*, personne ou organisme qui conçoit et dirige la construction d'un édifice ou d'un ouvrage. ‖ *Maître de l'ouvrage*, personne physique ou morale pour le compte de laquelle une construction est édifiée. ‖ *Passer maître*, être très habile dans un art, un métier, etc. ‖ *Second maître, maître, premier maître, maître principal*, grades des officiers mariniers de la Marine nationale, correspondant à ceux de sergent, sergent-chef, adjudant et adjudant-chef dans les armées de terre et de l'air. (V. GRADE.) ‖ *Trouver son maître*, rencontrer qqn qui vous est supérieur.

MAÎTRE, MAÎTRESSE adj. Qui a un rôle capital, essentiel : *l'idée maîtresse d'un ouvrage.* ‖ Au jeu, se dit de la plus forte carte qui reste d'une couleur et de celui qui la possède : *valet maître; être maître à carreau.* ● *Maître couple*, section droite du cylindre engendré par un

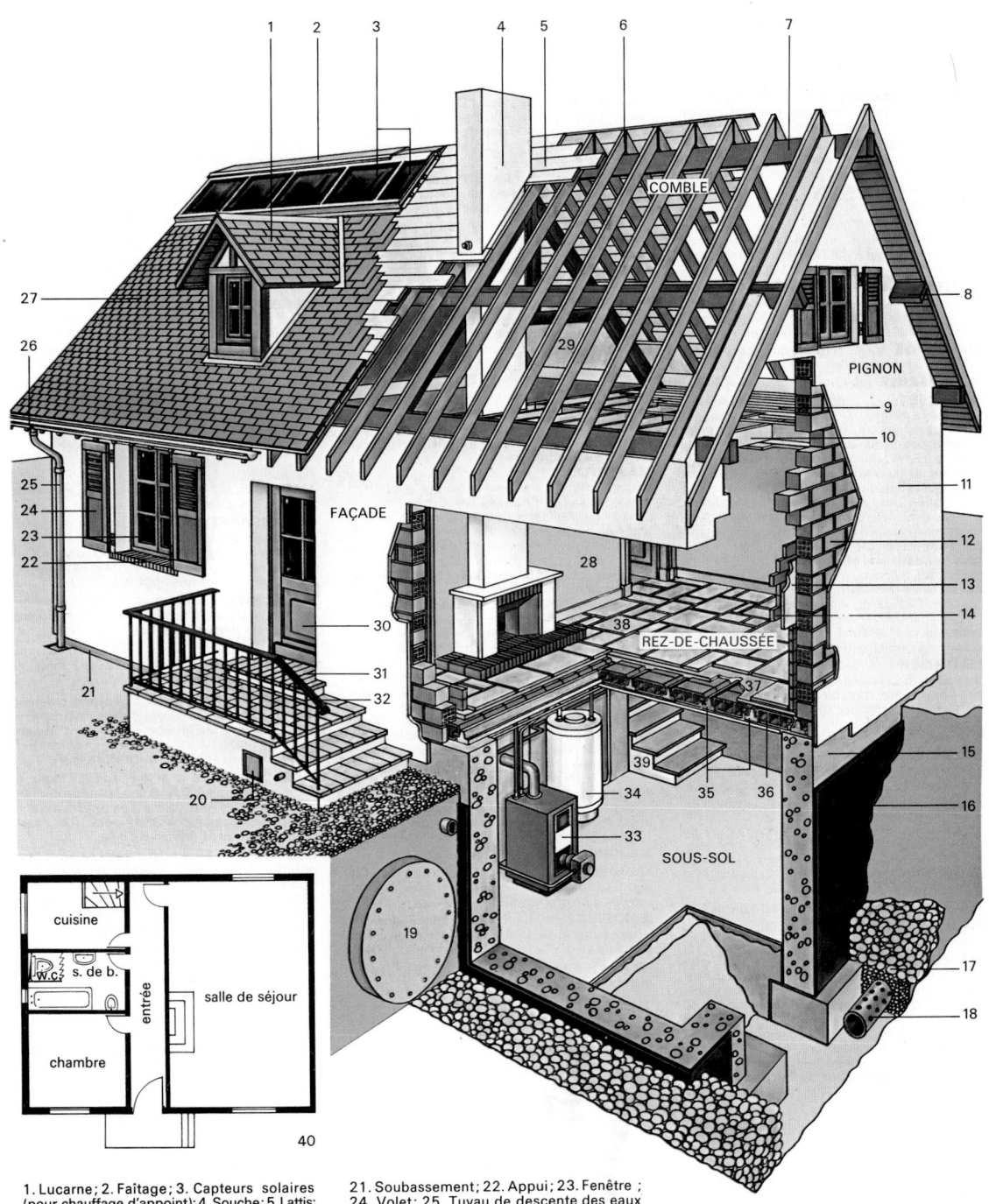

COMBLE

PIGNON

FAÇADE

REZ-DE-CHAUSSÉE

SOUS-SOL

1 2 3 4 5 6 7

27
26
25
24
23
22

21
20

30
31
32

28
38
37
39
34 35 36
33
19
29

8
9
10
11
12
13
14

15
16

17
18

cuisine
w.c. s. de b.
entrée
salle de séjour
chambre
40

1. Lucarne; 2. Faîtage; 3. Capteurs solaires (pour chauffage d'appoint); 4. Souche; 5. Lattis; 6. Chevron; 7. Panne faîtière; 8. Panne; 9. Plancher; 10. Lambourde; 11. Enduit extérieur en ciment peint; 12. Mur en briques creuses; 13. Isolant thermique intermédiaire; 14. Briques plâtrières; 15. Mur de fondation en béton; 16. Revêtement de bitume; 17 et 18. Système de drainage et tuyau d'évacuation; 19. Cuve à fuel pour le chauffage; 20. Portillon d'accès à la cuve; 21. Soubassement; 22. Appui; 23. Fenêtre; 24. Volet; 25. Tuyau de descente des eaux pluviales; 26. Gouttière; 27. Toit en ardoise; 28. Cloison; 29. Isolation du toit en laine de verre; 30. Porte d'entrée; 31. Seuil; 32. Rampe d'escalier; 33. Chaudière de chauffage central; 34. Ballon d'eau chaude; 35. Poutrelles en béton; 36. Hourdis; 37. Chape en ciment; 38. Dallage; 39. Escalier du sous-sol; 40. Plan du rez-de-chaussée.

solide en mouvement; couple situé à l'endroit où un navire est le plus large. || *Être maître de qqch, de faire qqch*, en disposer librement; être libre de faire qqch. || *Maîtresse femme*, qui agit avec énergie et détermination.

MAÎTRE-À-DANSER n. m. (pl. *maîtres-à-danser*). Compas à branches croisées, utilisé pour la mesure des diamètres intérieurs.

MAÎTRE-ASSISTANT, E n. (pl. *maîtres-assistant[e]s*). Membre de l'enseignement supérieur qui organise les travaux pratiques et contribue aux travaux de recherche.

MAÎTRE-AUTEL n. m. (pl. *maîtres-autels*). Autel principal d'une église.

MAÎTRE-CHIEN n. m. (pl. *maîtres-chiens*). Militaire responsable de l'emploi et du dressage d'un chien.

MAÎTRE-CYLINDRE n. m. (pl. *maîtres-cylindres*). Piston commandé par le conducteur d'une automobile, qui envoie du liquide sous pression dans le système de freinage.

MAÎTRESSE n. f. Femme qui accorde ses faveurs à un homme qui n'est pas son mari.

MAÎTRISABLE adj. Que l'on peut maîtriser.

MAÎTRISE n. f. Domination incontestée : *acquérir la maîtrise d'un marché économique.* || Domination de soi, sang-froid : *conserver sa maîtrise devant un danger.* || Perfection, sûreté dans la technique. || Grade universitaire sanctionnant le second cycle de l'enseignement supérieur. || Situation d'un maître au sein d'une corporation ou d'un autre corps analogue. || Ensemble des contremaîtres et des chefs d'équipe. || *Mus.* École où l'on forme les enfants au chant; ensemble des chantres d'une église. (Syn. PSALLETTE.) ● *Maîtrise de l'air, de la mer,* supériorité militaire, aérienne ou navale, acquise sur un adversaire dans un espace déterminé. || *Maîtrise d'assistanat,* emploi de maître-assistant. || *Maîtrise de conférences,* emploi de maître de conférences. || *Maîtrise de soi,* contrôle sur la manifestation de ses émotions.

MAÎTRISER v. t. Se rendre maître de forces difficilement contrôlables : *maîtriser un incendie.* || Soumettre, contenir par la force : *maîtriser un forcené.* || Dominer un sentiment, une passion. ◆ **se maîtriser** v. pr. Rester, redevenir maître de soi.

MAJESTÉ n. f. (lat. *majestas*). Caractère de grandeur, de dignité, de souveraineté, de noblesse. || Air de grandeur propre à inspirer le respect : *allure pleine de majesté.* || Titre particulier des empereurs et des rois : *Sa Majesté l'Impératrice.* ● *En majesté* (Bx-arts), se dit du Christ, de la Vierge ou d'un saint représentés dans une pose ou un cadre hiératique. || *Sa Majesté Catholique,* le roi d'Espagne. || *Sa Majesté Très Chrétienne,* le roi de France.

MAJESTUEUSEMENT adv. Avec majesté.

MAJESTUEUX, EUSE adj. Qui a de la majesté.

MAJEUR, E adj. (lat. *major*). Plus grand, plus considérable, plus important : *la majeure partie.* || Qui a atteint l'âge de la majorité : *fille majeure.* || Très important : *affaire majeure.* || *Mus.* Se dit d'un accord, d'une gamme, d'un intervalle et d'un mode dont la tierce se compose de deux tons. ● *Cas de force majeure,* événement qu'on ne peut éviter et dont on n'est pas responsable. || *En majeure partie,* pour la plus grande partie. || *Tierce majeure* (Jeux), l'as, le roi et la dame d'une même couleur.

MAJEUR n. m. Doigt du milieu de la main.

MAJEURE n. f. *Log.* Première proposition d'un syllogisme.

MAJOLIQUE n. f. (it. *majolica*, de l'île de Majorque). Faïence italienne de la Renaissance, inspirée de la céramique hispano-moresque.

MAJOR n. m. (lat. *major*, plus grand). Dans l'armée française d'Ancien Régime et dans plusieurs armées étrangères, officier d'un grade égal à celui de commandant. || Anc. appellation des médecins militaires. || Auj., officier chef des services administratifs d'un corps de troupes. || Depuis 1975, grade le plus élevé des sous-officiers des armées. || *Arg. scol.* Premier d'une promotion. ● *Major général, régional,* officier

général chargé de hautes fonctions d'état-major aux échelons élevés du commandement.

MAJORAL n. m. (prov. *majourau*) [pl. *majoraux*]. Chacun des cinquante membres du consistoire du félibrige.

MAJORANT n. m. *Math.* Dans un ensemble muni d'une relation d'ordre et pour un élément *a*, chacun des éléments plus grands que *a*, au sens de la relation qui ordonne l'ensemble considéré.

MAJORAT n. m. Bien inaliénable attaché à la possession d'un titre de noblesse, qui, au XIXe siècle, était transmis, avec le titre, au fils aîné d'une famille.

MAJORATION n. f. Action de majorer, augmentation.

MAJORDOME n. m. (it. *maggiordomo*; lat. *major domus*, chef de la maison). Maître d'hôtel de grande maison.

MAJORER v. t. Augmenter la valeur d'une chose, le montant d'une facture ou d'un impôt, augmenter, relever : *majorer des salaires.* ● *Majorer une expression* (Math.), trouver un majorant de cette expression.

MAJORETTE n. f. Jeune fille en uniforme de fantaisie qui parade dans les fêtes.

MAJORITAIRE adj. et n. Qui appartient à la majorité; qui s'appuie sur une majorité : *gouvernement majoritaire.*

MAJORITÉ n. f. (lat. *major*, plus grand). Âge auquel, selon la loi, une personne acquiert la pleine capacité d'exercer ses droits (*majorité civile*), ou est reconnue responsable de ses actes (*majorité pénale*). [En France, l'âge de la majorité civile a été fixé en 1974 à 18 ans, au lieu de 21 ans précédemment, ce qui fait coïncider avec celui de la majorité pénale.] || Le plus grand nombre, la plus grande partie : *la majorité des blessés survivent.* || Groupement de voix donnant à une personne, à un gouvernement ou à un parti la supériorité sur ses concurrents. || Parti ou ensemble de partis qui, dans une assemblée, représentent le plus grand nombre. ● *Majorité absolue,* majorité réunissant plus de la moitié des suffrages exprimés. || *Majorité constitutionnelle,* majorité absolue des membres de l'Assemblée nationale (et non pas des suffrages exprimés). || *Majorité relative* ou *simple,* groupement de voix plus important que celui des concurrents. || *Majorité renforcée,* majorité pour laquelle la loi exige que soient réunis plus de suffrages que pour la majorité absolue (les 2/3 des voix, par ex.). || *Majorité silencieuse,* partie majoritaire d'une population, qui n'exprime pas d'opinion significative.

MAJORQUIN, E adj. et n. De Majorque.

MAJUSCULE adj. et n. f. (lat. *majusculus*, un peu plus grand). Se dit de lettres plus grandes que les autres et de forme différente.

MAKHZEN n. m. (mot ar.). Au Maroc, gouvernement du sultan. || Dans l'Algérie ancienne, corps de cavalerie fourni par certaines tribus.

MAKI n. m. (mot malgache). Mammifère primate du sous-ordre des lémuriens, à museau

maki

allongé et à longue queue, abondant à Madagascar. (Long. : 50 cm sans la queue.)

MAKILA n. m. (mot basque). Canne ferrée, plombée à l'extrémité inférieure, et dont la poignée contient une pointe.

MAKIMONO n. m. Peinture japonaise (ou chinoise) composée et déroulée horizontalement.

MAL n. m. (lat. *malum*). Ce qui est contraire aux normes morales, au bien. || Ce qui cause des dommages, de la peine : *le mal est fait.* || Douleur physique : *mal de dents.* || Peine, travail : *se donner du mal.* ● *Avoir mal,* souffrir. || *Dire du mal de qqn,* le calomnier. || *État de mal* (Méd.), crises d'épilepsie convulsive subintrantes sans reprise de connaissance. || *Être en mal de qqch,* souffrir de son absence. || *Faire du mal à qqn,* se comporter méchamment à son égard. || *Haut mal,* anc. nom de l'ÉPILEPSIE. || *Mal blanc* (Méd.), nom usuel du *panaris.* || *Mal de cœur,* nausée, d'origine gastrique et non cardiaque. || *Mal de mer, mal de l'air,* malaises causés par les oscillations des bateaux, des avions. || *Mal des montagnes, mal de l'altitude, mal des aviateurs,* malaises causés par la raréfaction de l'oxygène en altitude. || *Mal de tête,* migraine, céphalée. || *Mal du siècle,* inquiétude propre à une génération. || *Petit mal* (Méd.), épilepsie se manifestant surtout par des absences. || *Prendre une chose en mal,* s'en offenser.

MAL adv. (lat. *male*). D'une manière mauvaise : *écrire mal.* ● *Être bien mal, au plus mal,* être près de la mort. || *Être mal avec qqn,* être brouillé avec lui. || *N'être pas mal* (Fam.), être bien de sa personne. || *Pas mal* (Fam.), en assez grande quantité. || *Prendre mal qqch,* s'en offenser.

MALABAR adj. et n. (de *Malabār,* région de l'Inde). *Pop.* Grand, fort.

MALABSORPTION n. f. Trouble du processus qui fait passer les aliments digérés de l'intestin dans le sang. (De causes très diverses, la malabsorption provoque diarrhée, amaigrissement, anémie, névrites, œdèmes, etc.)

MALACHITE [malakit] n. f. (gr. *malakhê,* mauve). Carbonate basique naturel de cuivre, pierre d'un beau vert vif que l'on peut tailler et polir pour la bijouterie et la tabletterie.

MALACOLOGIE n. f. (gr. *malakos,* mou, et *logos,* science). Étude des mollusques.

MALACOPTÉRYGIEN n. m. Poisson osseux à nageoires molles ou flexibles. (Les *malacoptérygiens* forment un groupe comprenant le *saumon,* la *carpe,* la *morue,* etc.) [C'était autref. l'une des deux sections des téléostéens.]

MALACOSTRACÉ n. m. (gr. *malakos,* mou, et *ostrakon,* coquille). Crustacé appartenant à l'un des ordres les plus élevés en organisation : *décapodes, amphipodes, isopodes.* (Les *malacostracés* forment une sous-classe.)

MALADE adj. et n. (lat. *male habitus,* mal disposé). Qui éprouve quelque altération dans sa santé. ◆ adj. Qui est en mauvais état : *industrie malade.* || Dans un état général de malaise : *j'étais malade de l'entendre dire ça.* || *Pop.* Un peu dérangé intellectuellement.

MALADIE n. f. Altération dans la santé, dans l'équilibre des êtres vivants (animaux et végétaux). || Trouble dans la manière de se conduire; passion : *la maladie de la vitesse.* || État de ce qui est gâté : *maladie du vin.* ● *Assurance maladie,* une des assurances sociales. (L'assuré peut prétendre à la prise en charge totale ou partielle du coût des soins dispensés à certains membres de sa famille ou à lui-même, ainsi qu'à une indemnité journalière pendant la durée des arrêts de travail prescrits par le médecin.) || *En faire une maladie* (Fam.), être très contrarié de qqch. || *Maladie professionnelle,* maladie contractée dans l'exercice d'une profession déterminée.

MALADIF, IVE adj. Sujet à être malade. || Dont les manifestations ressemblent à celles des troubles mentaux, morbide : *curiosité maladive.*

MALADIVEMENT adv. De façon maladive.

MALADRERIE n. f. (de *ladre,* lépreux). Hôpital de lépreux, au Moyen Âge.

MALADRESSE n. f. Manque d'adresse : *la maladresse d'un chasseur.* || Action maladroite : *commettre des maladresses.*

MALADROIT, E adj. et n. Qui manque d'adresse, d'habileté : *un architecte maladroit a conçu cet immeuble; démarches maladroites.*

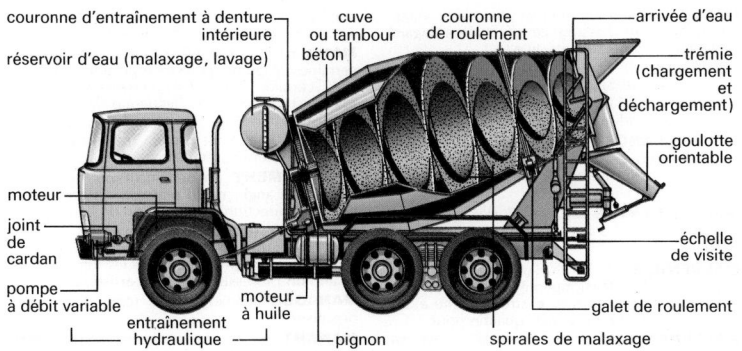

couronne d'entraînement à denture intérieure
réservoir d'eau (malaxage, lavage)
cuve ou tambour béton
couronne de roulement
arrivée d'eau
trémie (chargement et déchargement)
goulotte orientable
échelle de visite
moteur
joint de cardan
pompe à débit variable
entraînement hydraulique
moteur à huile
pignon
galet de roulement
spirales de malaxage

MALAXEUR À BÉTON

MALADROITEMENT adv. De façon maladroite.

MALAGA n. m. Raisin récolté aux environs de Málaga ; vin liquoreux fait avec ce raisin.

MALAIRE adj. (lat. *mala*, joue). Relatif à la joue. ● *Os malaire*, os qui forme la saillie de la pommette.

MALAIS, E adj. et n. De la Malaisie.

MALAIS n. m. Langue indonésienne parlée dans la péninsule malaise et sur les côtes des îles indonésiennes, et devenue la langue officielle de l'Indonésie (indonésien moderne).

MALAISE n. m. (de *mal* et *aise*). Sensation pénible d'un trouble de l'organisme : *éprouver un malaise*. ‖ État d'inquiétude, de trouble mal défini ; début de crise : *le malaise social*.

MALAISÉ, E adj. Qui n'est pas facile, pas commode à faire.

MALAISÉMENT adv. Avec difficulté.

MALANDRE n. f. (bas lat. *malandria*). Techn. Nœud pourri dans les bois de construction, qui empêche leur emploi. ‖ Vétér. Mal qui vient au pli du jarret des chevaux.

MALANDREUX, EUSE adj. Qui a des malandres.

MALANDRIN n. m. (it. *malandrino*, voleur). Hist. Nom donné, au XIVᵉ s., à des bandits qui ravagèrent la France. ‖ Litt. Vagabond, voleur.

MALAPPRIS, E adj. et n. Grossier, mal élevé.

MALARIA n. f. (it. *mala aria*, mauvais air). Anc. nom du PALUDISME.

MALAVISÉ, E adj. et n. Litt. Qui agit sans discernement.

MALAXAGE n. m. Action de malaxer.

MALAXER v. t. (lat. *malaxare*, amollir). Pétrir une substance pour la ramollir, pour lui donner de l'homogénéité : *malaxer du beurre*. ‖ Masser, frapper du plat de la main.

MALAXEUR n. et adj. m. Appareil servant à malaxer.

MALAYĀLAM n. m. Langue dravidienne parlée au Kerala.

MALAYO-POLYNÉSIEN, ENNE adj. Se dit d'une famille de langues parlées dans les îles de l'océan Indien et l'Océanie, et comprenant l'indonésien et les langues polynésiennes.

MALBÂTI, E adj. et n. Mal fait, en parlant d'une personne.

MALCHANCE n. f. Manque de chance ; mésaventure.

MALCHANCEUX, EUSE adj. et n. En butte à la malchance.

MALCOMMODE adj. Qui n'est pas pratique.

MALDONNE n. f. Erreur dans la distribution des cartes. ● *Il y a maldonne* (Fam.), il y a malentendu.

MÂLE adj. (lat. *masculus*). Biol. Qui appartient au sexe fécondant, porteur de cellules reproductrices plus nombreuses, plus petites et plus mobiles que celles du sexe femelle. ‖ Qui est du sexe masculin. ‖ Qui annonce de la force, de l'énergie : *une voix mâle*. ‖ Techn. Se dit d'une partie d'un instrument, d'un organe qui entre dans un autre. ● *Fleur mâle*, fleur qui ne porte que des étamines.

MÂLE n. m. Animal de sexe masculin, en particulier l'homme par oppos. à la femme.

MALÉDICTION n. f. (lat. *maledicere*, maudire). Litt. Action de maudire, d'appeler le malheur sur qqn. ‖ Malheur, fatalité : *la malédiction est sur moi*.

MALÉFICE n. m. (lat. *maleficium*). Litt. Sortilège, pratiques magiques qui visent à nuire.

MALÉFIQUE adj. Litt. Qui a une influence surnaturelle et maligne.

MALÉKISME ou **MÁLIKISME** n. m. Une des quatre grandes écoles juridiques de l'islâm sunnite. (Elle prédomine au Maghreb et se caractérise par son rigorisme.)

MALENCONTREUSEMENT adv. De façon malencontreuse.

MALENCONTREUX, EUSE adj. (de *mal*, et anc. fr. *encontre*, rencontre). Qui cause de l'ennui en survenant mal à propos : *circonstance malencontreuse*.

MAL-EN-POINT adj. inv. En mauvais état de santé, de fortune, de situation : *un blessé bien mal-en-point*. (On écrit aussi MAL EN POINT.)

MALENTENDANT adj. et n. m. Se dit des personnes dont l'acuité auditive est atténuée.

MALENTENDU n. m. Divergence d'interprétation sur le sens d'une parole, d'une action : *faire cesser un malentendu*.

MALFAÇON n. f. Défaut, défectuosité dans un ouvrage, un travail.

MALFAIRE v. i. (n'est usité qu'à l'inf.). Faire de mauvaises actions.

MALFAISANT, E adj. Qui fait, qui cause du mal, nuisible : *influence malfaisante; animaux malfaisants*.

MALFAITEUR, TRICE n. Personne qui commet des vols, des crimes.

MALFAMÉ, E adj. (lat. *fama*, renommée). Bar, maison, rue malfamés, fréquentés par des individus louches, qui ont mauvaise réputation. (On écrit aussi MAL FAMÉ.)

MALFORMATION n. f. Altération morphologique congénitale d'un tissu, d'un organe du corps humain : *malformation cardiaque*.

MALFRAT n. m. (languedocien *malfar*, malfaire). Arg. Malfaiteur, truand.

MALGACHE adj. et n. De Madagascar.

MALGACHE n. m. Groupe de langues malayo-polynésiennes parlées à Madagascar.

MALGRÉ prép. Contre le gré, la volonté de qqn : *faire qqch malgré soi*. ‖ En dépit de qqch : *sortir malgré la pluie*. ◆ loc. conj. *Malgré que* (au subj.), marque la concession, l'opposition ; quoique, bien que.

MALHABILE adj. Qui manque d'habileté, de capacité.

MALHABILEMENT adv. De façon malhabile.

MALHEUR n. m. (de *mal* et *heur*). Événement pénible, douloureux : *il a eu des malheurs*. ‖ Sort funeste qui est celui de qqn : *montrer du courage dans le malheur*. ● *Faire un malheur* (Pop.), faire une action de conséquences pénibles ; avoir un grand succès. ‖ *Jouer de malheur*, avoir une mauvaise chance persistante. ‖ *Par malheur*, malheureusement. ‖ *Porter malheur*, avoir une influence fatale, néfaste.

MALHEUREUSEMENT adv. De façon malheureuse.

MALHEUREUX, EUSE adj. et n. Qui est dans une situation pénible, douloureuse : *un homme malheureux*. ‖ Qui inspire le mépris mêlé de pitié : *un malheureux ivrogne*. ◆ adj. Qui exprime ou est marqué par le malheur : *un air malheureux*. ‖ Qui a pour conséquence le malheur, désastreux : *une entreprise malheureuse*. ‖ Qui manque de chance : *un amour malheureux*. ‖ Sans valeur, sans importance : *un malheureux coin de terre*. ● *Avoir la main malheureuse*, ne pas gagner au jeu ; casser tout ce qu'on touche.

MALHONNÊTE adj. et n. Qui n'a ni probité ni honneur. ‖ Qui manque à la décence : *livre malhonnête*.

MALHONNÊTEMENT adv. De façon malhonnête.

MALHONNÊTETÉ n. f. Manque de probité.

MALICE n. f. (lat. *malitia*, méchanceté). Penchant à dire ou à faire de petites méchancetés ironiques, des taquineries, moquerie.

MALICIEUSEMENT adv. Avec malice.

MALICIEUX, EUSE adj. et n. Qui a de la malice, malin, taquin.

MALIEN, ENNE adj. et n. Du Mali.

MALIGNEMENT adv. Avec malignité.

MALIGNITÉ n. f. (lat. *malignitas*, méchanceté). Méchanceté mesquine : *la malignité publique*. ‖ Caractère dangereux, mortel (d'une tumeur, d'un mal). ‖ Psychol. Tendance à faire volontairement le mal.

MÁLIKISME n. m. → MALÉKISME.

MALIN, IGNE (en langue parlée, fém. *maline*) adj. et n. (lat. *malignus*, méchant). Enclin à dire ou à faire des choses malicieuses, fin, rusé, habile. ● *Faire le malin*, vouloir se mettre en avant, faire de l'esprit. ‖ *Le Malin*, le démon. ◆ adj. Qui décèle une malice railleuse : *un sourire malin*. ‖ Qui est de la méchanceté : *il éprouve un malin plaisir à relever les erreurs*. ● *Ce n'est pas malin*, ce n'est pas difficile ; c'est stupide. ‖ *L'esprit malin*, le démon. ‖ *Tumeur maligne* (Méd.), tumeur profondément cancéreuse, persistante, puis envahissant les tissus voisins, souvent indolore au début.

MALINGRE adj. (de *mal*, et anc. fr. *haingre*, décharné). Qui est d'une constitution délicate, fragile.

MALINKÉ n. m. Langue du groupe mandingue.

MALINOIS n. m. (de *Malines*, v. de Belgique). Chien de berger belge à poil court fauve.

MALINTENTIONNÉ, E adj. et n. Qui a de mauvaises intentions (à l'égard de qqn).

MALIQUE adj. (lat. *malum*, pomme). Chim. Se dit d'un diacide-alcool qui se trouve dans les pommes et dans les fruits acides.

MALLE n. f. (mot francique). Coffre en bois, en cuir, en osier, etc., où l'on enferme les objets que l'on emporte en voyage. ‖ *La malle*, se disait pour la MALLE-POSTE. ‖ *Malle arrière*, coffre d'une automobile. ‖ *Se faire la malle* (Fam.), s'en aller.

MALLÉABILISATION n. f. Techn. Action de rendre malléable.

MALLÉABILISER v. t. Faire la malléabilisation.

MALLÉABILITÉ n. f. Docilité. ‖ Techn. Qualité malléable d'un métal.

MALLÉABLE adj. (lat. *malleatus*, battu au marteau). Que l'on peut plier à ses volontés, docile, influençable : *un caractère malléable*. ‖ Techn. Susceptible d'être réduit en feuilles minces, sans se déchirer, par martelage ou par passage au laminoir : *un métal malléable*.

MALLÉOLAIRE adj. Relatif aux malléoles.

MALLÉOLE n. f. (lat. *malleolus*, petit marteau). Chacune des apophyses de la région inférieure du tibia et du péroné formant la cheville. (*Malléole externe*, péroné; *malléole interne*, tibia.)

MALLE-POSTE n. f. (pl. *malles-poste*). Voiture qui faisait surtout le service des dépêches.

MALLETTE n. f. Petite valise.

MAL-LOGÉ, E n. (pl. *mal-logés, es*). Personne dont les conditions d'habitation ne sont pas satisfaisantes.

MALLOPHAGE n. m. Insecte parasite. (Les *mallophages* constituent un ordre groupant les poux d'oiseaux.)

MALMENER v. t. (conj. 5). Traiter brutalement qqn, avec violence, en actions et en paroles. ‖ Faire essuyer un échec : *malmener l'ennemi*.

MALMIGNATTE n. f. Araignée des régions méditerranéennes, à abdomen noir tacheté de rouge, et dont la morsure est dangereuse. (Long. 15 mm.)

MALNUTRITION n. f. Mauvaise adaptation de l'alimentation aux conditions de vie d'un individu; déséquilibre alimentaire en général. (La malnutrition affecte les deux tiers de l'humanité.)

MALODORANT, E adj. Qui a mauvaise odeur; puant, fétide.

MALONIQUE adj. *Chim.* Se dit d'un diacide provenant de l'oxydation de l'acide malique.

MALOTRU, E n. et adj. (lat. *male astrucus*, né sous une mauvaise étoile). Personne grossière, mal élevée.

MALOUIN, E adj. et n. De Saint-Malo.

MALPIGHIE n. f. (de *Malpighi*, n. pr.). Plante de l'Amérique tropicale, dont une espèce à fruits comestibles est appelée *cerisier des Antilles*.

MALPOLI, E adj. et n. Se dit d'une personne mal élevée, grossière.

MALPOSITION n. f. Position défectueuse d'une dent sur l'arcade dentaire.

MALPROPRE adj. et n. Qui manque de propreté : *des mains malpropres*. ‖ Malhonnête, contraire à la décence, à la morale : *conduite malpropre*. ‖ Mal exécuté : *travail malpropre*.

MALPROPREMENT adv. Avec malpropreté.

MALPROPRETÉ n. f. Défaut de propreté. ‖ Indécence, malhonnêteté.

MALSAIN, E adj. Qui nuit à la santé physique ou morale; dangereux.

MALSÉANT, E adj. *Litt.* Qui n'est pas convenable; déplacé, grossier, inconvenant.

MALSONNANT, E adj. *Litt.* Contraire à la bienséance, à la pudeur.

MALSTROM n. m. → MAELSTRÖM.

MALT n. m. (mot angl.). Orge germée artificiellement, séchée et réduite en farine, utilisée pour fabriquer de la bière.

MALTAGE n. m. Opération de conversion de l'orge en malt.

MALTAIS, E adj. et n. De Malte.

MALTAISE n. f. Variété d'orange sucrée.

MALTASE n. f. Enzyme du suc intestinal, qui hydrolyse le maltose.

Malte (*fièvre de*), syn. de BRUCELLOSE.

MALTER v. t. Faire subir le maltage.

MALTERIE n. f. Fabrique de malt.

MALTHUSIANISME n. m. (du n. de l'économiste angl. *Malthus*). Restriction volontaire de la procréation. ‖ *Écon.* Ralentissement volontaire de la production, de l'expansion économique.

MALTHUSIEN, ENNE adj. et n. Qui appartient aux doctrines de Malthus. ‖ Opposé à l'expansion économique ou démographique.

MALTOSE n. m. Sucre donnant par hydrolyse deux molécules de glucose, et qu'on obtient lui-même par hydrolyse de l'amidon.

MALTÔTE n. f. (de *mal*, et anc. fr. *tolte*, imposition). *Hist.* Taxe levée par les rois de France à titre extraordinaire, et considérée comme illégale par le peuple.

MALTRAITER v. t. Traiter durement, avec violence.

MALURE n. m. (gr. *mala*, beaucoup, et *oura*, queue). Petite fauvette d'Australie aux brillantes couleurs métalliques.

MALUS [malys] n. m. (mot lat., *mauvais*). Majoration d'un tarif d'assurance effectuée à l'égard de certains clients. (Contr. BONUS.)

MALVACÉE n. f. (lat. *malva*, mauve). Plante dicotylédone dialypétale aux nombreuses étamines, telle que le *fromager*, le *cotonnier* et la *mauve*. (Les *malvacées* forment une famille.)

MALVEILLANCE n. f. Intention de nuire : *incendie attribué à la malveillance*. ‖ Disposition d'esprit de celui qui est porté à vouloir du mal à autrui.

MALVEILLANT, E adj. et n. Porté à vouloir, à souhaiter du mal à autrui, qui a des intentions hostiles.

MALVENU, E adj. Se dit d'un être vivant dont la croissance, le développement ont été contrariés : *un enfant malvenu*. ● *Être malvenu à, de* (Litt.), être peu fondé à, peu qualifié pour.

MALVERSATION n. f. (lat. *male versari*, se comporter mal). Détournement de fonds dans l'exercice d'une charge.

MALVOISIE n. f. Vin grec remarquable par sa douceur. ‖ Nom donné à divers cépages donnant des vins liquoreux.

MALVOYANT adj. et n. m. Syn. de AMBLYOPE.

MAMAN n. f. Mère, dans le langage affectif, surtout celui des enfants.

MAMBO n. m. Danse d'origine cubaine, proche de la rumba.

MAMELLE n. f. (lat. *mamilla*). Glande placée sur la face ventrale du tronc des femelles des mammifères, se développant à la puberté et sécrétant après la gestation le lait qui nourrira les jeunes. (Le nombre de mamelles varie, suivant les espèces, entre une paire [femme, singes anthropoïdes, chèvre] et six paires [truie].)

MAMELON n. m. Bout du sein. ‖ Toute éminence arrondie, butte.

MAMELONNÉ, E adj. Qui porte des proéminences en forme de mamelons.

MAMELOUK n. m. (mot ar.). *Hist.* Soldat de la milice turco-égyptienne, originairement composée d'esclaves, qui forma une dynastie, les *Mamelouks*, et qui domina l'Égypte de 1250 à 1798. ‖ Cavalier d'un escadron de la garde de Napoléon Ier.

MAMELU, E adj. *Pop.* Qui a de grosses mamelles.

MAMILLAIRE adj. *Anat.* Relatif au mamelon; qui a la forme d'un mamelon.

MAMILLAIRE n. f. Cactacée à surface couverte de mamelons épineux.

MAMMAIRE adj. (lat. *mamma*, mamelle). Relatif aux mamelles, au sein.

MAMMALIEN, ENNE adj. Relatif aux mammifères.

MAMMALOGIE n. f. Partie de la zoologie qui traite des mammifères.

MAMMECTOMIE ou **MASTECTOMIE** n. f. *Chir.* Ablation du sein.

MAMMIFÈRE n. m. Animal vertébré caractérisé par la présence de mamelles, d'une peau généralement couverte de poils, d'un cœur à quatre cavités, d'un encéphale relativement développé, par une température interne généralement constante et par une reproduction presque toujours vivipare.

■ Les *mammifères*, parmi lesquels on range l'homme, forment une classe, divisée en plusieurs ordres : primates, insectivores, chéiroptères, carnassiers, ongulés, cétacés, rongeurs, édentés, marsupiaux, monotrèmes.

MAMMITE n. f. Syn. de MASTITE.

MAMMOGRAPHIE n. f. Radiographie de la glande mammaire.

MAMMOPLASTIE n. f. Intervention de chirurgie esthétique sur le sein, pour en améliorer la forme.

MAMMOUTH n. m. (mot russe; d'une langue sibérienne). Éléphant fossile du quaternaire, dont on a retrouvé des cadavres entiers dans les glaces de Sibérie. (Couvert d'une toison laineuse, il possédait d'énormes défenses recourbées et mesurait 3,50 m de haut.)

MAMOURS n. m. pl. (de *ma* et *amour*, forme anc. des mots *mon amour*). *Faire des mamours à qqn* (Fam.), lui faire des caresses, le flatter.

MANA n. m. (mot polynésien, *force*). Selon certaines religions, puissance occulte et diffuse chez certains êtres, dans certains objets. (Le mana est présent dans beaucoup de croyances animistes.)

MANADE n. f. (mot prov.). Troupeau de taureaux, de chevaux, en Camargue.

MANAGEMENT [manedʒmɛnt ou manaʒmɑ̃] n. m. (mot angl.; de *to manage*, diriger). Technique de direction et de gestion de l'entreprise.

MANAGER [manedʒœr ou manadʒœr] n. m. (mot angl.; de *to manage*, diriger). Celui qui dirige une entreprise, qui gère les intérêts d'un champion professionnel, d'un artiste, etc.

MANAGER [manadʒe] v. t. (conj. 1). Diriger, organiser.

MANANT n. m. (lat. *manere*, rester). *Hist.* Habitant d'un village, roturier. ‖ *Litt.* Homme grossier, mal élevé.

MANCEAU, ELLE adj. et n. De la ville, de la région du Mans.

MANCELLE n. f. (lat. pop. *manicella*; de *manus*, main). Courroie ou chaîne qui joint le collier d'un cheval à chacun des limons de la voiture.

MANCENILLE n. f. (esp. *manzanilla*, petite pomme). Fruit comestible du mancenillier, qui ressemble à une petite pomme d'api.

MANCENILLIER n. m. Arbre de la famille des euphorbiacées, originaire des Antilles et de l'Amérique équatoriale, dit *arbre-poison*, *arbre de mort*. (Son suc, caustique, est très vénéneux.)

MANCHE n. m. (lat. *manicum*; de *manus*, main). Partie par laquelle on tient un instrument, un outil. ‖ Os apparent des côtelettes et des gigots. ‖ *Mus.* Partie d'un instrument à cordes fixée à la caisse, supportant la touche et le chevillier. ● *Être du côté du manche* (Fam.), du côté du plus fort. ‖ *Se débrouiller, s'y prendre comme un manche* (Pop.), se montrer incapable, maladroit. ‖ *Tomber sur un manche* (Pop.), rencontrer une difficulté.

MANCHE n. f. (lat. *manica*; de *manus*, main). Partie du vêtement qui entoure le bras. ‖ Au jeu, une des parties liées que l'on est convenu de jouer. ● *Avoir qqn dans sa manche*, avoir du crédit auprès de lui. ‖ *C'est une autre paire de manches* (Fam.), c'est tout différent. ‖ *Manche à*

Christian Sappa

manche à air

mammouth

air, tube en toile placé au sommet d'un mât pour indiquer la direction du vent sur un aérodrome; conduit métallique servant à aérer l'intérieur d'un navire. ‖ *Retrousser ses manches,* se mettre au travail avec ardeur.

MANCHE n. f. (prov. *mancho,* quête). *Faire la manche* (Pop.), mendier.

MANCHERON n. m. Chacune des deux poignées d'une charrue. ‖ Manche très courte ne recouvrant que le haut du bras.

MANCHETTE n. f. Bande de tissu adaptée aux poignets d'une chemise. ‖ Garniture en papier blanc découpé, que l'on met sur les manches de gigots. ‖ Coup donné avec l'avant-bras. ‖ Titre en gros caractères en tête de la première page d'un journal. ‖ *Impr.* Note ou addition marginale dans un texte imprimé.

MANCHON n. m. Fourrure en forme de rouleau creux, dans laquelle on met les mains pour les garantir du froid. ‖ Pièce cylindrique servant à protéger, à assembler. ‖ *Techn.* Fourreau à parois épaisses pour opérer la liaison de deux arbres de transmission ou de deux tuyaux. ‖ Gaine en amiante imprégnée de sels métalliques (thorium et cérium), qu'on place sur une flamme pour en augmenter l'éclat. ‖ Rouleau de feutre sur lequel se fait le papier.

MANCHOT, E adj. et n. (lat. *mancus,* estropié). Estropié ou privé d'une main ou d'un bras. ● *Ne pas être manchot* (Fam.), être adroit, fort.

MANCHOT. n. m. Oiseau palmipède des régions antarctiques, dont les membres antérieurs, impropres au vol, sont utilisés comme nageoires. (Le *manchot royal* atteint 1 m de haut et vit en société.)

MANCIE n. f. (gr. *manteia*). Divination obtenue par quelque procédé que ce soit (chiromancie, géomancie, etc.).

MANDALA n. m. (mot sanskr., *cercle*). Diagramme dont les enceintes concentriques, les couleurs symboliques, etc., figurant l'univers, servent de support à la méditation dans le bouddhisme du Grand Véhicule et dans le tantrisme.

MANDANT, E n. Personne qui, par un mandat, donne à une autre pouvoir d'agir en son nom.

MANDARIN n. m. (mot portug.; du sanskr.). *Hist.* Titre donné autrefois aux hauts fonctionnaires en Chine. ‖ *Péjor.* Personnage important, en particulier dans le domaine universitaire. ‖ *Ling.* Le plus important dialecte chinois, langue officielle de la République populaire, parlé par environ 70 p. 100 de la population. (Syn. KOUAN-HOUA.)

MANDARINAL, E, AUX adj. Relatif aux mandarins.

MANDARINAT n. m. *Hist.* Dignité de mandarin, qui s'acquérait par concours. ‖ *Péjor.* Autorité intellectuelle arbitraire et étouffante.

MANDARINE n. f. (esp. *mandarina;* de *mandarin*). Fruit du mandarinier, ressemblant à une petite orange.

MANDARINIER n. m. Arbrisseau voisin de l'oranger, dont les fruits, comestibles, sont les mandarines. (Famille des rutacées.)

MANDAT n. m. (lat. *mandatum*). Pouvoir qu'une personne donne à une autre d'agir en son nom. ‖ Titre remis au service des postes pour faire parvenir une somme à un correspondant. ‖ Ordre de payer adressé par un propriétaire de fonds à celui qui en est dépositaire. ‖ Fonctions, obligations déléguées par le peuple ou par une classe de citoyens. ● *Mandat d'amener, de comparution,* ordre de faire comparaître devant un juge. ‖ *Mandat d'arrêt, de dépôt,* ordre d'arrêter, de conduire qqn en prison. ‖ *Mandat impératif,* système de représentation politique dans lequel l'élu est tenu de se prononcer dans le sens des instructions reçues de ses mandants. (Aux États-Unis, les délégués élus pour désigner le président de la République ont généralement un mandat impératif.) ‖ *Mandat légal,* mandat conféré par la loi, qui désigne la personne recevant pouvoir de représentation. ‖ *Territoire sous mandat* (Hist.), territoire dont l'administration était confiée à une puissance étrangère.

MANDATAIRE n. (lat. *mandatarius*). Celui qui a mandat ou procuration pour agir au nom d'un autre. ● *Mandataire aux Halles,* personne agréée par le tribunal de commerce, intermédiaire entre les producteurs de province et les détaillants de Paris.

MANDAT-CARTE n. m. (pl. *mandats-cartes*). Mandat postal transmis sous forme de carte postale et généralement payable à domicile.

MANDAT-CONTRIBUTIONS n. m. (pl. *mandats-contributions*). Mandat-carte spécial pour le paiement des contributions.

MANDATEMENT n. m. Action de mandater.

MANDATER v. t. Donner à qqn le pouvoir d'agir en son nom, lui confier une mission. ‖ *Fin.* Libeller un mandat pour le paiement d'une somme.

MANDAT-LETTRE n. m. (pl. *mandats-lettres*). Titre, encaissable dans un bureau de poste, adressé par l'émetteur au bénéficiaire.

MANDCHOU, E adj. et n. De la Mandchourie.

MANDCHOU n. m. Langue toungouze parlée en Mandchourie.

MANDÉEN, ENNE adj. et n. Adepte du mandéisme.

MANDÉISME n. m. Doctrine religieuse à caractère gnostique, née v. le IIe s. et dont il reste encore quelques milliers d'adeptes en Iraq.

MANDEMENT n. m. *Relig.* Écrit adressé par un évêque à ses diocésains, généralement à l'ouverture du carême, et traitant d'un point de doctrine ou de discipline.

MANDER v. t. (lat. *mandare*). *Litt.* Donner l'ordre de venir; faire savoir par un message.

MANDIBULAIRE adj. Relatif à la mandibule.

MANDIBULE n. f. (lat. *mandere,* mâcher). Mâchoire inférieure de l'homme et des vertébrés. ‖ Chacune des pièces buccales de la première paire chez les crustacés, les insectes, les mille-pattes.

MANDINGUE n. m. Famille de langues du groupe nigéro-congolais.

MANDOLINE n. f. (it. *mandolino*). Instrument de musique à cordes doubles, pincées et à caisse de résonance bombée ou plate.

MANDOLINISTE n. Joueur de mandoline.

tanka tibétain représentant le **mandala** de Vaiśravana, le gardien du point cardinal nord (peinture du XIXe s. ?)

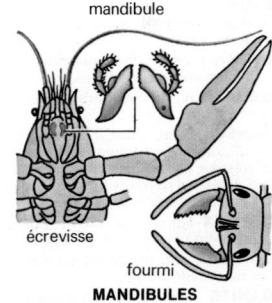

mandibule

écrevisse

fourmi

MANDIBULES

manchot

mandrill

mandoline

MANDORE n. f. Instrument de musique à cordes pincées en forme de petit luth.

MANDORLE n. f. (it. *mandorla*). Gloire en forme d'amande, où apparaît le Christ triomphant.

MANDRAGORE n. f. (lat. *mandragoras;* mot gr.). Plante des régions chaudes dont la racine, tubérisée et bifurquée, rappelle la forme d'un corps humain. (Famille des solanacées. On la croyait jadis douée de nombreuses vertus et on l'utilisait en sorcellerie.)

MANDRILL n. m. (d'une langue de Guinée). Singe d'Afrique au museau bariolé de bleu et de rouge. (Long. 80 cm; famille des cynocéphalidés.)

MANDRIN n. m. (mot prov.). Appareil servant

à tenir, sur une machine-outil, soit une pièce à travailler, soit un outil. ‖ Outil pour percer, pour emboutir une pièce, pour agrandir ou égaliser un trou. ‖ Tube creux servant au bobinage du papier.

MANDRINAGE n. m. Action de mandriner.

MANDRINER v. t. *Mécan.* Mettre une pièce en forme à l'aide d'un mandrin; percer une pièce métallique à l'aide d'un mandrin.

MANDUCATION n. f. (lat. *manducare*, manger). *Physiol.* Action de manger.

MANÉCANTERIE n. f. (lat. *mane*, le matin, et *cantare*, chanter). École de chant liturgique et profane.

MANÈGE n. m. (it. *maneggio*). Exercices que l'on fait faire à un cheval pour le dresser. ‖ Lieu où se font ces exercices. ‖ Appareil formé d'un arbre vertical et portant une perche horizontale à laquelle on attelle un animal pour faire mouvoir une machine. ‖ Attraction foraine où des figures d'animaux, des véhicules, etc., qui servent de montures à des enfants, sont animés d'un mouvement circulaire. ‖ Conduite rusée jugée défavorablement; intrigue, manœuvre. ‖ *Chorégr.* Suite de pas rapides, effectués autour de la scène, sur pointes ou demi-pointes (déboulé, piqué), ou en sautant (grand jeté), et terminant une variation ou une ronde.

MÂNES n. m. pl. (lat. *manes*, âmes des morts). *Antiq. rom.* Divinités infernales ou esprits des défunts. ‖ *Litt.* Aïeux considérés comme vivant dans l'au-delà.

MANETON n. m. Partie d'un arbre de vilebrequin ou d'une manivelle, sur laquelle est articulée la tête de bielle.

MANETTE n. f. Levier de commande manuelle de certains organes de machines.

MANGANATE n. m. Sel dérivant de l'anhydride manganique.

MANGANÈSE n. m. (mot it.). Métal grisâtre (Mn), n° 25, de masse atomique 54,93, de densité 7,2, très dur et très cassant, qui existe dans la nature à l'état d'oxyde. (Il est utilisé surtout dans la fabrication des aciers spéciaux.)

MANGANEUX adj. m. Se dit de l'oxyde de manganèse MnO et des sels correspondants.

MANGANIQUE adj. m. Se dit de l'anhydride MnO₃ et de l'oxyde Mn₂O₃.

MANGANITE n. m. Nom générique des sels dérivant de l'oxyde acide de manganèse MnO₂.

MANGANO-SILICEUX, EUSE adj. Se dit d'un produit métallurgique contenant du manganèse et du silicium.

MANGEABLE adj. Qu'on peut manger.

MANGEAILLE n. f. Nourriture médiocre.

MANGE-DISQUE n. m. (pl. *mange-disques*). Électrophone portatif à fonctionnement automatique, comportant une fente dans laquelle on glisse un disque.

MANGEOIRE n. f. Auge où mangent les bêtes de somme, les animaux de basse-cour.

MANGEOTTER v. t. *Fam.* Manger sans appétit, en petite quantité.

MANGER v. t. (lat. *manducare*) [conj. **1**]. Mâcher et avaler un aliment solide ou pâteux afin de se nourrir : *manger du pain, des fruits.* ‖ Détruire, abîmer en rongeant : *étoffe mangée par les mites.* ‖ Dépenser, dilapider : *manger toute sa fortune.* ● *Il y a à boire et à manger,* se dit d'une affaire où il y a des inconvénients et des avantages. ‖ *Manger de l'argent,* en perdre. ‖ *Manger le morceau* (Pop.), dénoncer ses complices. ‖ *Manger ses mots,* les prononcer mal. ‖ *Manger des yeux,* regarder avidement. ◆ v. i. Prendre un repas.

MANGER n. m. Ce qu'on mange, nourriture, repas : *le boire et le manger.* ● *Perdre le boire et le manger,* se laisser accabler par quelque occupation, quelque chagrin.

MANGE-TOUT ou **MANGETOUT** n. et adj. inv. Haricot ou pois dont la cosse se mange avec le grain.

MANGEUR, EUSE n. Celui, celle qui mange.

MANGLE n. f. (mot esp.). Fruit du manglier.

MANGLIER n. m. Sorte de palétuvier. (Syn. RHIZOPHORE.)

mangouste

MANGONNEAU n. m. (gr. *magganon*, machine de guerre). Machine de guerre du Moyen Âge, qui lançait des pierres.

MANGOUSTAN n. m., ou **MANGOUSTE** n. f. (portug. *mangustão;* mot malais). Fruit du mangoustanier, de goût délicat.

MANGOUSTANIER n. m. Arbre originaire de Malaisie et d'Insulinde, et dont les fruits sont les mangoustans. (Famille des guttifères.)

MANGOUSTE n. f. (esp. *mangosta;* d'une langue de l'Inde). Mammifère carnassier d'Asie et d'Afrique (à part une espèce d'Europe, l'*ichneumon*). [La mangouste, qui atteint 50 cm de long, attaque les serpents, même venimeux, et est immunisée contre leur venin.] ‖ Syn. de MANGOUSTAN.

MANGROVE n. f. (mot angl.). Dans les régions côtières intertropicales, formation végétale caractérisée par des forêts impénétrables de palétuviers, qui fixent leurs fortes racines dans les baies aux eaux calmes, où se déposent boues et limons.

MANGUE n. f. (portug. *manga;* mot tamoul). Fruit du manguier, dont la pulpe jaune est savoureuse et très parfumée.

MANGUIER n. m. Arbre des régions tropicales, produisant les mangues. (Famille des térébinthacées.)

MANIABILITÉ n. f. Qualité de ce qui est maniable.

MANIABLE adj. Aisé à manier, pratique : *instrument maniable.* ‖ Traitable, souple : *il n'est pas de caractère maniable.*

MANIACO-DÉPRESSIF, IVE adj. et n. Se dit d'une psychose caractérisée par une alternance de phases d'excitation maniaque et de dépression mélancolique, et des malades ainsi atteints.

MANIAQUE adj. et n. Qui a une idée fixe, bizarre. ‖ Exagérément attaché à ses habitudes, méticuleux. ‖ *Psychopath.* Qui est atteint de manie. ◆ adj. Relatif à la manie.

MANIAQUERIE n. f. Comportement d'une personne maniaque.

MANICHÉEN, ENNE [manikeɛ̃, ɛn] adj. et n. Relatif au manichéisme; qui en est adepte.

MANICHÉISME [-ke-] n. m. Religion de Manès, fondée sur un gnosticisme dualiste. (Le manichéisme fut une religion missionnaire rivale du christianisme jusqu'au Moyen Âge. Son influence se fait sentir chez les bogomiles et les cathares.) ‖ Se dit de toute doctrine fondée, comme celle de Manès, sur la coexistence des deux principes opposés du bien et du mal.

MANICLE ou **MANIQUE** n. f. (lat. *manicula* de *manus*, main). Gant dont certains ouvriers (cordonniers, bourreliers) se protègent les mains quand ils emploient du fil poissé.

MANIE n. f. (lat. *mania*, folie; mot gr.). Habitude, goût bizarre qui provoque la moquerie ou l'irritation : *il a la manie de se ronger les ongles.* ‖ Idée fixe, obsession. ‖ *Psychopath.* État de surexcitation du psychisme, caractérisé par l'accélération désordonnée de la pensée, l'euphorie, le ludisme et les débordements instinctuels.

MANIEMENT n. m. Action de manier, de se servir ou de conduire; utilisation ou gestion : *le maniement d'un outil, une machine* ; *les affaires.* ‖ Protubérance graisseuse sur le corps d'un animal de boucherie bien engraissé. ● *Maniement d'armes,* mouvements réglementaires effectués par les soldats avec leurs armes, autref. pour s'en servir au combat, auj. pour défiler ou pour rendre les honneurs, etc.

MANIER v. t. (lat. *manus*, main). Prendre avec la main pour examiner ou utiliser : *manier un appareil, un outil, une voiture.* ‖ Utiliser avec habileté des idées, des mots, des sentiments : *manier l'ironie.* ‖ Pétrir avec la main une ou plusieurs substances.

MANIÈRE n. f. (anc. fr. *manier,* habile). Façon, méthode particulière d'être ou de faire qqch : *je m'y prendrai d'une autre manière.* ‖ Façon de peindre, de composer, particulière à un artiste : *la manière de Raphaël.* ● *À la manière de,* à l'imitation de. ‖ *C'est une manière de parler,* il ne faut pas prendre cela au pied de la lettre. ‖ *Manière noire,* procédé de gravure à l'eau-forte dans lequel le graveur fait apparaître le motif désiré en clair (avec toute la gamme possible des demi-teintes) sur un fond noir obtenu par grenage au berceau. ◆ pl. Façons habituelles de parler et d'agir en société : *avoir des manières rudes.* ● *Faire des manières* (Fam.), agir, parler sans simplicité; se faire prier. ‖ *Sans manières,* en toute simplicité. ◆ loc. prép. *De manière à, de façon à.* ◆ loc. conj. *De manière que,* indique le but (avec le subj.). ‖ *De telle manière que,* indique la conséquence : *de telle sorte que* (avec l'ind.).

MANIÉRÉ, E adj. Qui manque de naturel, de simplicité; précieux.

MANIÉRISME n. m. Manque de naturel, affectation en matière artistique et littéraire. ‖ Forme d'art pratiquée spécialement, sous l'influence de la *manière* des grands maîtres de la Renaissance classique, par un ensemble d'artistes italiens et européens du XVIᵉ s. (Le maniérisme se caractérise par des effets sophistiqués de raffinement ou d'emphase, parfois par une tendance au fantastique; on peut citer parmi ses représentants Pontormo, Jules Romain, le Parmesan, divers artistes de l'école de Fontainebleau, Jan Matsys, Arcimboldi, etc.) ‖ *Psychiatr.* Caractère des moyens de communication (langage, gestes, mimique) empreints d'affectation et de surcharges qui les rendent discordants.

MANIÉRISTE adj. et n. Qui appartient au maniérisme.

MANIEUR, EUSE n. Personne qui gère, dirige : *manieur d'affaires; manieur d'hommes.*

MANIFESTANT, E n. Personne qui prend part à une manifestation.

MANIFESTATION n. f. Action de manifester, témoignage, marque : *des manifestations de tendresse.* ‖ Mouvement collectif, rassemblement destiné à exprimer publiquement une opinion politique, une revendication.

MANIFESTE adj. (lat. *manifestus*). Qui est d'une totale évidence : *erreur manifeste.*

MANIFESTE n. m. Déclaration écrite par laquelle un parti, un groupe d'écrivains ou d'artistes, etc., définit ses vues, son programme, ou justifie son action passée; œuvre qui équivaut à une telle déclaration. ‖ Liste complète et détaillée de tous les colis et marchandises formant la cargaison d'un navire; document de bord d'un avion (itinéraire, passagers, fret).

MANIFESTEMENT adv. De façon manifeste.

MANIFESTER v. t. (lat. *manifestare*). Faire connaître, donner des preuves de, révéler : *manifester sa joie, sa volonté; ce discours manifeste une grande inquiétude.* ◆ v. i. Faire une démonstration collective publique. ◆ se **manifester** v. pr. Apparaître au grand jour; donner des signes de son existence.

MANIFOLD [manifɔld] n. m. (mot angl.). Carnet de notes, de factures, etc., permettant d'établir, au moyen de papier carbone, des copies de documents.

MANIGANCE n. f. *Fam.* Petite manœuvre secrète qui a pour but de tromper.

MANIGANCER v. t. (conj. **1**). *Fam.* Machiner secrètement : *manigancer un mauvais coup.*

MANIGUETTE n. f. Graine, de saveur poivrée, de l'amome. (Syn. GRAINE DE PARADIS.)

MANILLE n. f. (esp. *malilla*). Jeu de cartes qui se joue à quatre, deux contre deux. ‖ Le dix de chaque couleur, au jeu de manille.

MANILLE n. m. Cigare estimé qui provient de Manille (Philippines). ● *Chanvre de Manille,* syn. de ABACA.

MANILLE n. f. Étrier métallique en forme d'U ou de lyre, fermé par un axe fileté et servant à relier deux tronçons de chaîne.

MANILLEUR n. m. Joueur de manille.

MANILLON n. m. L'as de chaque couleur, au jeu de manille.

MANIOC n. m. (mot tupi). Genre d'euphorbiacées, comprenant de grandes herbes d'Amérique, dont la racine tubérisée comestible fournit une fécule dont on tire le *tapioca.*

MANIPULATEUR, TRICE n. Personne qui manipule.

MANIPULATEUR n. m. Appareil employé dans la télégraphie électrique pour transmettre les dépêches en alphabet Morse par l'établissement et la rupture du courant.

MANIPULATION n. f. Action d'exécuter des opérations manuelles, maniement : *la manipulation des explosifs est dangereuse.* ‖ Manœuvre destinée à tromper : *manipulation électorale.* ‖ Partie de la prestidigitation fondée sur l'adresse pure. ● *Manipulation des foules,* usage d'une propagande massive quelconque. ‖ *Manipulation génétique,* opération effectuée sur la matière vivante par le génie génétique. ‖ *Manipulation vertébrale,* mobilisation forcée, brève et mesurée, des articulations d'un segment de la colonne vertébrale à des fins thérapeutiques.

MANIPULE n. f. (lat. *manipulus,* poignée). Le tiers d'une cohorte romaine, environ 200 hommes. ‖ Anc. ornement liturgique porté au bras gauche par le célébrant.

MANIPULER v. t. Arranger, mêler, pétrir certaines substances chimiques ou pharmaceutiques. ‖ Manœuvrer, remuer, faire fonctionner avec la main : *manipuler un appareil.* ‖ Diriger à sa guise une personne, un groupe, les amener à faire ce qu'on veut : *se laisser manipuler.*

MANIQUE n. f. → MANICLE.

MANITOU n. m. (mot algonquin). Pouvoir surnaturel attribué parfois aux chefs de certaines tribus d'Indiens de l'Amérique du Nord. ● *Grand manitou* (Fam.), personnage puissant.

MANIVELLE n. f. (lat. *manicula,* mancheron de charrue). Levier coudé à angle droit, à l'aide duquel on imprime un mouvement de rotation à l'arbre sur lequel il est placé. ‖ Organe de machine transformant un mouvement rectiligne alternatif en un mouvement circulaire continu. ‖ Partie du pédalier d'une bicyclette qui porte la pédale. ● *Premier tour de manivelle,* première séance de prise de vues d'un film.

MANNE n. f. (mot hébr.). Nourriture miraculeuse que Dieu envoya du ciel aux Hébreux dans le désert. ‖ Aliment abondant et peu cher. ‖ Matière concrète et sucrée qui exsude de certains arbres. ● *Manne des pêcheurs,* éphémère qui abonde près des rivières en fin d'été et qui peut être utilisé comme appât.

MANNE n. f. (moyen néerl. *manne*). Grand panier d'osier à deux anses.

MANNEQUIN n. m. (moyen néerl. *mannekijn,* petit panier). Panier long, étroit et à claire-voie.

MANNEQUIN n. m. (moyen néerl. *mannekijn,* petit homme). Figure à membres articulés, à l'usage des peintres, des sculpteurs. ‖ Forme humaine, sur laquelle les couturières composent et essaient les modèles et les vêtements ou qui sert à exposer ceux-ci dans les étalages. ‖ Personne qui, dans les maisons de couture, présente sur elle-même les nouveaux modèles.

MANNITE n. f., ou **MANNITOL** n. m. Chim. Substance organique six fois alcool, à goût sucré, existant dans la manne du frêne.

MANNOSE n. m. Glucide dérivant de la mannite.

MANODÉTENDEUR n. m. Dispositif permettant d'abaisser la pression d'un fluide comprimé, en vue de son utilisation.

MANŒUVRABILITÉ n. f. Qualité de ce qu'on peut manœuvrer.

MANŒUVRABLE adj. Se dit d'un bateau, d'un véhicule faciles à manœuvrer.

MANŒUVRE n. f. Action, manière de régler, de diriger le fonctionnement d'une machine, d'un appareil, d'un véhicule, d'une arme, etc.

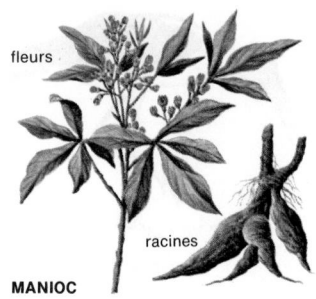

fleurs

racines

MANIOC

‖ Moyens employés pour obtenir le résultat recherché : *déjouer les manœuvres d'un adversaire.* ‖ *Mar.* Filin de l'ensemble du gréement courant d'un navire. ‖ *Mil.* Art de combiner l'action de forces militaires en vue de remplir une mission; exercice d'instruction militaire. ● *Fausse manœuvre,* opération mal appropriée ou mal exécutée.

MANŒUVRE n. m. Salarié affecté à des travaux ne nécessitant pas de connaissances professionnelles spéciales. ● *Manœuvre spécialisé,* manœuvre chargé d'un travail pour lequel il a reçu une instruction particulière.

MANŒUVRER v. t. (lat. *manu operare,* travailler avec la main). Faire exécuter des mouvements à un appareil, un véhicule; faire fonctionner une machine : *manœuvrer un navire, une pompe,* etc. ‖ Manier, diriger de manière à obtenir le résultat recherché : *se laisser manœuvrer par qqn.* ◆ v. i. Exécuter des exercices d'instruction militaire. ‖ Employer des moyens adroits pour arriver à ses fins.

MANŒUVRIER, ÈRE n. Celui qui est habile à faire manœuvrer des troupes ou des navires. ‖ Personne qui sait persuader les autres d'agir dans son intérêt. ◆ adj. Habile à manœuvrer.

MANOGRAPHE n. m. Manomètre enregistreur.

MANOIR n. m. (lat. *manere,* rester). Habitation ancienne et de caractère, d'une certaine importance, entourée de terres.

MANOMÈTRE n. m. (gr. *manos,* rare, et *metron,* mesure). Instrument servant à mesurer la pression d'un fluide.

MANOMÉTRIE n. f. Mesure des pressions.

MANOMÉTRIQUE adj. Qui concerne la manométrie.

MANOQUE n. f. Petite botte de feuilles de tabac.

MANOSTAT n. m. Appareil servant à maintenir une pression constante.

MANOUCHE n. (mot tsigane). Membre d'un des trois groupes de l'ethnie des Tsiganes.

MANQUANT, E adj. et n. Qui manque, qui est en moins.

MANQUE n. m. (de *manquer*). Absence de qqch; chose qui fait défaut : *manque d'argent.* ‖ À la boule ou à la roulette, une des six chances simples comprenant tous les numéros de 1 à 18 inclus. ● *État de manque,* pour un toxicomane, état d'anxiété et de malaise physique lié à l'impossibilité de se procurer sa drogue. ‖ *Manque à gagner,* perte portant sur un bénéfice manqué. ◆ loc. prép. *Par manque de,* faute de.

MANQUE n. f. *À la manque* (Pop.), mauvais, défectueux.

MANQUÉ, E adj. Défectueux : *ouvrage manqué.* ‖ Qui n'est pas devenu ce qu'il devait ou prétendait être : *avocat manqué.* ● *Garçon manqué* (Fam.), se dit d'une fille ayant les comportements d'un garçon.

MANQUEMENT n. m. Action de manquer à un devoir, à une loi, faute, infraction.

MANQUER v. i. (it. *mancare,* être insuffisant). Faire défaut, être absent, être en moins : *l'argent manque; plusieurs élèves manquent aujourd'hui.* ◆ v. t. ind. [**à**]. Faire défaut à, être absent : *les forces lui manquent; manquer à*

une séance. ‖ Se soustraire, se dérober à : *manquer à son devoir, à sa parole.* ‖ *Litt.* Ne pas respecter : *manquer à un supérieur.* ◆ v. t. ind. [**de**]. Ne pas avoir en quantité suffisante : *manquer d'argent, du nécessaire.* ‖ Être sur le point de : *il a manqué de se faire écraser* (ou, sans prép., *il a manqué se noyer*). ● *Ne pas manquer de,* ne pas oublier de : *je ne manquerai pas de le lui dire.* ◆ v. t. Ne pas réussir, ne pas toucher : *manquer une affaire.* ‖ Laisser échapper : *manquer une occasion.* ‖ Ne pas se trouver à un lieu, ne pas rencontrer qqn : *manquer un rendez-vous; manquer un ami à qui on a donné rendez-vous.* ● *Ne pas manquer qqn,* ne pas le rater, se venger de lui.

MANSARDE n. f. (de Fr. *Mansart*). Pièce de comble, en principe sous toit brisé, avec un mur incliné.

MANSARDÉ, E adj. Qui est disposé en mansarde : *chambre mansardée.*

MANSE n. m. ou f. (lat. *manere,* résider). *Hist.* Au haut Moyen Âge, unité d'exploitation agricole, à l'intérieur des grands domaines, comprenant la maison d'habitation et son jardin, ainsi que les champs répartis dans les diverses soles du terroir. (Cette unité était confiée à une famille, à charge pour elle de contribuer à l'entretien de la « réserve » du seigneur.)

MANSION n. f. Au Moyen Âge, chaque partie du décor servant de cadre à une scène de théâtre.

MANSUÉTUDE [mɑ̃sɥetyd] n. f. (lat. *mansuetudo*). *Litt.* Douceur de caractère qui incline au pardon, à l'indulgence.

MANTE n. f. (prov. *manta*). Terme ancien pour désigner une cape avec capuchon, portée par les femmes.

MANTE n. f. (gr. *mantis,* prophète). Insecte à pattes antérieures ravisseuses, lui permettant d'attraper des proies. (Long. 5 cm; ordre des orthoptères; noms usuels : *mante religieuse, mante prie-Dieu.*) ‖ Très grande raie cornue pouvant atteindre 8 m d'envergure.

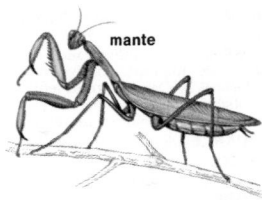

mante

ÉCORCHÉ D'UN MANOMÈTRE

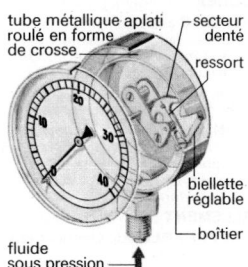

tube métallique aplati roulé en forme de crosse — secteur denté — ressort — biellette réglable — boîtier

fluide sous pression

MANTEAU n. m. (lat. *mantellum,* voile). Vêtement à manches longues, boutonné devant, que l'on porte à l'extérieur pour se protéger du froid. ‖ Partie d'une cheminée en saillie de part et d'autre et au-dessus du foyer. ‖ *Géol.* Partie du globe terrestre comprise entre la croûte et le noyau. ‖ *Hérald.* Ornement extérieur de l'écu, formé d'une draperie doublée d'hermine. ‖ *Zool.* Région dorsale d'un oiseau ou d'un mammifère quand elle est d'une autre couleur que le reste du corps; chez les mollusques, membrane sécrétant la coquille. ● *Manteau d'Arlequin* (Théâtr.), encadrement intérieur de la scène, formé de deux châssis latéraux sur lesquels repose un

art **manuélin** : fenêtre du chœur de l'église des Templiers, au couvent du Christ à Tomar, par Diogo de Arruda (XVIᵉ s.).

châssis horizontal, l'ensemble simulant une draperie. ‖ *Sous le manteau*, secrètement.

MANTELÉ, E adj. *Zool.* Dont le dos est d'une couleur différente de celle du corps.

MANTELET n. m. Manteau court que portent les femmes. ‖ *Mar.* Volet à rabattement, fermant un sabord.

MANTELURE n. f. Poil du dos d'un chien, dont la couleur diffère du reste du corps.

MANTILLE n. f. (lat. *mantilla*). Longue écharpe de dentelle que les femmes portent sur la tête ou les épaules.

MANTIQUE n. f. (gr. *mantikê*). Pratique de la divination.

MANTISSE n. f. (lat. *mantissa*, addition). *Math.* Partie décimale toujours positive d'un logarithme décimal. ‖ Dans la représentation en virgule flottante, nombre formé des chiffres les plus significatifs du nombre à représenter.

MANTOUAN, E adj. et n. De Mantoue.

MANUALITÉ n. f. Fonctionnement prédominant de la main droite ou de la main gauche.

MANUCURE n. (lat. *manus*, main, et *curare*, soigner). Personne chargée des soins esthétiques des mains.

MANUCURER v. t. Soigner les mains de qqn.

MANUEL, ELLE adj. (lat. *manualis*; de *manus*, main). Qui se fait principalement avec les mains : *travail manuel.* ◆ adj. et n. Qui exerce un travail manuel.

MANUEL n. m. Livre qui expose les notions essentielles d'un art, d'une science, etc.

MANUÉLIN, E adj. (portug. *manoelino*). Se dit d'un art architectural et décoratif complexe qui s'est développé au Portugal à la fin du XVᵉ s. et au début du XVIᵉ s., spécialem. sous le règne de Manuel Iᵉʳ le Fortuné.

MANUELLEMENT adv. Avec la main.

MANUFACTURABLE adj. Qui peut être fabriqué industriellement.

MANUFACTURE n. f. (lat. *manufactura*, travail à la main). Vaste établissement industriel (seulem. pour certaines fabrications) : *manufacture de tabac.* ● *Manufacture royale, impériale, nationale* (Hist.), titres donnés, sous les divers régimes, aux manufactures appartenant à l'État, ou étroitement liées à lui.

MANUFACTURER v. t. Faire subir à des produits une transformation industrielle.

MANUFACTURIER, ÈRE adj. Relatif à la fabrication, à l'industrie.

MANU MILITARI loc. adv. (mots lat., *par la main militaire*). Par emploi de la force armée, de la gendarmerie ; par la force, la violence.

MANUMISSION n. f. (lat. *manumissio*). *Hist.* À

marabout

Rome et au Moyen Âge, affranchissement légal d'un esclave, d'un serf.

MANUSCRIT, E adj. (lat. *manu scriptus*, écrit à la main). Écrit à la main : *pièce manuscrite.*

MANUSCRIT n. m. Ouvrage écrit à la main. ‖ *Impr.* Original d'un texte devant être composé.

MANUTENTION n. f. (lat. *manu tenere*, tenir avec la main). Manipulation de marchandises, leur emmagasinage, emballage et expédition. ‖ Local réservé à ces opérations. ‖ *Autref.*, entrepôt de l'intendance militaire où était fabriqué notamment le pain.

MANUTENTIONNAIRE n. Personne effectuant des opérations de manutention.

MANUTENTIONNER v. t. Soumettre les marchandises aux opérations de manutention.

MANUTERGE n. m. (lat. *manus*, main, et *tergere*, essuyer). Petit linge avec lequel le prêtre s'essuie les doigts à la messe, au *Lavabo*.

MANZANILLA [mãzanija] n. m. Vin liquoreux d'Espagne, aromatique et légèrement amer.

MAOÏSME n. m. Doctrine qui s'inspire de la pensée de Mao Tsö-tong.

MAOÏSTE adj. et n. Qui se réclame du maoïsme.

MAORI, E adj. (mot indigène). Relatif aux Maoris, population de la Nouvelle-Zélande.

MAOUS, OUSSE adj. *Pop.* Gros.

MAPPEMONDE [mapmɔ̃d] n. f. (lat. *mappa mundi*, nappe du monde). Carte représentant le globe terrestre divisé en deux hémisphères. ● *Mappemonde céleste*, carte plane de la voûte céleste sur laquelle figurent les constellations.

MAQUERAISON n. f. Saison de la pêche du maquereau (l'été, en Bretagne).

MAQUEREAU n. m. (néerl. *makelaer*). Poisson de mer à chair estimée, à dos bleu-vert zébré de noir, s'approchant des côtes au printemps et en été, objet d'une pêche industrielle en vue de la conserverie. (Long. : jusqu'à 40 cm; famille des scombridés.)

MAQUEREAU n. m. (moyen néerl. *makelâre*, courtier). *Pop.* Personne qui vit de la prostitution des femmes, proxénète.

MAQUERELLE n. f. *Pop.* Tenancière d'une maison de prostitution.

MAQUETTE n. f. (it. *macchietta*, petite tache). Petit modèle en cire, en terre glaise, etc., d'une sculpture. ‖ Représentation en trois dimensions, à échelle réduite, mais fidèle dans ses proportions et son aspect, d'un appareil, d'un bâtiment, etc. ‖ *Écon.* Modèle macro-économique simplifié. ‖ *Impr.* Représentation schématique ou précise d'un imprimé ou d'une mise en pages.

MAQUETTISTE n. Professionnel capable d'exécuter une maquette d'après des plans, des dessins. ‖ Graphiste spécialisé dans l'établissement de projets de typographie, d'illustration, de mise en pages.

MAQUIGNON n. m. (néerl. *makelen*, trafiquer). Marchand de chevaux et, par ext., marchand de bétail, notamment de bovins. ‖ Entrepreneur peu scrupuleux d'affaires diverses et d'une honnêteté douteuse.

MAQUIGNONNAGE n. m. Métier de maquignon. ‖ Manœuvres frauduleuses employées dans les transactions.

MAQUIGNONNER v. t. User d'artifices pour cacher les défauts d'un cheval.

MAQUILLAGE n. m. Action, manière de maquiller ou de se maquiller. ‖ Ensemble de produits servant à se maquiller.

MAQUILLER v. t. (néerl. *maken*, faire). Farder afin de dissimuler les imperfections d'un visage et de mettre en valeur ses qualités esthétiques. ‖ Modifier pour donner une apparence trompeuse : *maquiller les faits*, *une carte d'identité.*

MAQUILLEUR, EUSE n. Spécialiste du maquillage.

MAQUIS n. m. (corse *macchia*). Dans les régions méditerranéennes, association végétale touffue sur et dense qui caractérise les sols siliceux des massifs anciens, et qui est composée d'arbustes (chênes verts, chênes-lièges), de myrtes, de bruyères, d'arbousiers et de lauriers-roses. ‖ Lieu retiré où se réunissaient les résistants à l'occupation allemande au cours de la Seconde Guerre mondiale; groupe de ces résistants : *les maquis du Vercors.* ‖ Complication inextricable : *le maquis de la procédure.* ● *Prendre le maquis*, s'y réfugier.

MAQUISARD n. m. Résistant qui a appartenu à un maquis.

MARABOUT n. m. (portug. *marabuto*; mot ar.). Dans les pays musulmans, saint personnage objet de la vénération populaire durant sa vie et après sa mort. ‖ Nom parfois donné à l'édicule (*koubba*) élevé sur la tombe de ce personnage. ‖ Bouilloire de métal, à gros ventre (vx). ‖ Tente conique. ‖ Oiseau échassier d'Asie et d'Afrique, au bec énorme et dont le cou, déplumé, est enfoncé entre les ailes. ‖ Plume de cet oiseau.

MARACA n. f. (mot esp.). *Mus.* Instrument de percussion constitué par une coque contenant des grains durs.

MARAÎCHAGE n. m. Culture maraîchère.

MARAÎCHER, ÈRE n. (de *marais*). Producteur de légumes selon les méthodes intensives de culture. ◆ adj. Relatif à la production intensive des légumes : *culture maraîchère.*

MARAÎCHIN, E adj. et n. Qui appartient aux marais vendéens, poitevin et breton.

MARAIS n. m. (mot francique). Région basse où sont accumulées, sur une faible épaisseur, des eaux stagnantes, et qui est caractérisée par une végétation particulière (aunes, roseaux, plantes aquatiques, etc.). ● *Le Marais*, terme péjoratif désignant, à la Convention, le *Tiers Parti* (ou la *Plaine*), entre la Gironde et la Montagne. ‖ *Marais salants*, exploitation de caractère agricole, où le sel est produit par évaporation des eaux de la mer sous l'action du soleil et du vent.

maquereau

MARANTA n. m. (n. du botaniste). Plante des régions tropicales, cultivée pour ses rhizomes dont on tire l'*arrow-root.* (Classe des monocotylédones.)

MARASME n. m. (gr. *marasmos*, consomption). Arrêt d'activité : *le commerce est dans le marasme.* ‖ Apathie, découragement, détresse. ‖ Champignon à pied coriace, dont une espèce, le *mousseron*, est commune. (Famille des agaricacées.)

MARASQUE n. f. (it. *marasca*). Variété de cerise, dite aussi *griotte de Marasca*, avec laquelle on fabrique le marasquin.

MARASQUIN n. m. (it. *maraschino*). Liqueur faite avec la marasque.

MARATHE ou **MARÂTHÎ** n. m. Langue indo-aryenne parlée dans la région de Bombay.

MARATHON n. m. (de *Marathon*, v. grecque). Course pédestre de grand fond (42,195 km sur route). ‖ Négociations longues et difficiles, débats laborieux.

MARATHONIEN n. m. Coureur de marathon.

MARÂTRE n. f. (bas lat. *matrastra*, seconde

femme du père). Femme du père, par rapport aux enfants qui ne sont pas nés d'elle. ‖ Mère dénaturée) sans indulgence.

MARAUD, E n. (n. du *matou*, dans l'Ouest). Celui, celle qui ne mérite que le mépris (vx).

MARAUDAGE n. m., ou **MARAUDE** n. f. (de *maraud*). Vol de denrées commis par des gens de guerre, rapine. ‖ Vol de récoltes, de fruits, de légumes encore sur pied, etc. ● *Taxi en maraude*, taxi qui circule à vide en quête de clients, au lieu de stationner.

MARAUDER v. i. Commettre des vols de fruits, de légumes, de volailles à la campagne.

MARAUDEUR, EUSE n. Celui, celle qui se livre à la maraude.

MARAVÉDIS [maravedi] n. m. (mot ar.). Anc. monnaie espagnole valant un centime et demi.

MARBRE n. m. (lat. *marmor*). Roche métamorphique résultant de la transformation d'un calcaire, dure, souvent veinée de couleurs variées, capable de recevoir un beau poli, et qui est très employée dans les arts. ‖ Objet, statue en marbre. ‖ *Arts graph.* Table sur laquelle on place les pages pour les imposer, les formes pour les corriger; table de presse sur laquelle on place la forme dont on doit tirer l'épreuve. ‖ *Impr.* Texte composé en attente de mise en pages, pour un journal ou un périodique. ‖ *Techn.* Surface en fonte dure, parfaitement plane, servant à vérifier la planéité d'une surface, ou utilisée comme plan de référence dans le traçage. ● *De marbre*, froid et insensible. ‖ *Marbre artificiel*, stuc mélangé de couleurs, qui imite le marbre.

MARBRÉ, E adj. Marqué de veines ou de taches comme le marbre.

MARBRER v. t. Imiter par le dessin et la couleur les veines du marbre. ‖ Imprimer des marbrures sur la peau.

MARBRERIE n. f. Art, atelier du marbrier; industrie du marbre.

MARBRIER, ÈRE adj. Relatif au marbre, à l'industrie du marbre.

MARBRIER n. m. Spécialiste procédant au sciage, à la taille, au polissage de blocs, de plaques et d'objets en marbre ou en granit.

MARBRIÈRE n. f. Carrière de marbre.

MARBRURE n. f. Imitation des veines du marbre, ressemblance avec celles-ci. ‖ Marque semblable à un marbre veiné, qui se voit sur la peau.

MARC [mar] n. m. (mot francique). Anc. unité de mesure française de masse, valant huit onces, soit 244,75 g. ‖ Monnaie d'or ou d'argent usitée en différents pays avec des valeurs variables. ● *Au marc le franc* (Dr.), se dit d'un partage fait entre les intéressés au prorata de leurs créances ou de leurs intérêts dans une affaire. ‖ *Marc d'or*, impôt qui, sous l'Ancien Régime, frappait les charges et les emplois publics.

MARC [mar] n. m. (anc. fr. *marcher*, broyer). Résidu des fruits, en particulier du raisin, que l'on a pressés pour en extraire le jus. ‖ Eau-de-vie obtenue en distillant du marc de raisin. ‖ Résidu de certaines substances que l'on a fait infuser, bouillir, etc. : *marc de café*.

MARCASSIN [markasɛ̃] n. m. (de *marquer* [à cause des rayures]). Jeune sanglier de moins d'un an.

MARCASSITE n. f. (mot ar.). Sulfure naturel de fer FeS_2, cristallisant dans le système orthorhombique.

MARCESCENCE [marsesɑ̃s] n. f. État d'une fleur, d'une plante qui dépérit.

MARCESCENT, E [marsesɑ̃, ɑ̃t] adj. (lat. *marcescere*, flétrir). *Bot.* Se dit d'un organe qui se flétrit sur la plante sans se détacher.

MARCHAND, E adj. Qui a rapport au commerce : *la valeur marchande d'un objet.* ● *Denrée marchande*, denrée qui est à vendre, ou qui se vend facilement. ‖ *Navire, vaisseau marchand*, bâtiment qui ne transporte que des marchandises. ‖ *Prix marchand*, prix auquel les marchands vendent entre eux. ‖ *Qualité marchande*, qualité normale, par comparaison avec *qualité extra, surfine*, etc. ‖ *Ville marchande*, ville qui vit grâce au commerce.

MARCHAND, E n. (lat. *mercatus*, marché). Personne qui fait profession de vendre des marchandises en gros ou au détail (le plus souvent avec un compl.). ● *Marchand de biens*, celui qui fait profession d'acheter, pour les revendre, des terrains et des domaines ruraux, ou de servir d'intermédiaire dans des transactions relatives à ces biens, à des immeubles ou à des fonds de commerce. ‖ *Marchand de canons* (Péjor.), fabricant d'armes de guerre. ‖ *Marchand de couleurs*, droguiste. ‖ *Marchand de soupe* (Fam.), mauvais restaurateur; directeur d'une institution qui n'agit que en fonction du profit.

MARCHANDAGE n. m. Action de marchander. ‖ *Dr.* Contrat par lequel un sous-entrepreneur s'engage à faire exécuter un travail par une main-d'œuvre qu'il recrute lui-même. (Le marchandage est interdit par la loi, car il constitue une exploitation de l'ouvrier par un marchandeur.)

MARCHANDER v. t. Essayer d'obtenir à meilleur marché en discutant avec le vendeur : *marchander un meuble ancien.* ‖ Accorder à regret, avec parcimonie ou en exigeant certains avantages : *ne pas marchander les éloges.* ‖ *Dr.* Conclure un contrat de marchandage.

MARCHANDEUR, EUSE adj. et n. Qui marchande en achetant.

MARCHANDEUR n. m. *Dr.* Sous-entrepreneur qui se borne à fournir à un entrepreneur la main-d'œuvre dont il a besoin.

MARCHANDISE n. f. Produit faisant l'objet d'un commerce. ● *Faire valoir sa marchandise*, présenter les choses sous un jour favorable. ‖ *Tromper sur la marchandise*, donner autre chose que ce qu'on avait promis.

MARCHANT, E adj. Qui marche. ● *Aile marchante d'un parti*, ses adhérents les plus actifs.

MARCHANTIA [marʃɑ̃tja] n. f. (de *Marchant*, n. pr.). Plante de la classe des hépatiques, commune dans les lieux humides.

MARCHE n. f. (de *marcher*). Action, façon de marcher : *ralentir sa marche.* ‖ Exercice athlétique, objet de compétitions. ‖ Mouvement qu'exécute une troupe pour se porter à pied d'un point à un autre. ‖ Manifestation sous forme de défilé. ‖ Pièce de musique rythmique destinée à régler les pas d'un groupe. ‖ Action de se déplacer, de fonctionner, mouvement, fonctionnement, développement de qqch : *la marche de la Lune, d'un navire, d'une horloge; la marche d'une affaire.* ‖ Chacune des surfaces planes sur lesquelles on pose le pied pour monter ou pour descendre un escalier. ‖ Pièce de bois sur laquelle les tisserands posent le pied pour faire mouvoir leur machine. ● *Angle de marche*, angle que forme une direction de marche avec le nord magnétique. ‖ *Être en marche*, fonctionner; commencer à avancer, à se manifester. ‖ *Marche forcée*, marche qui est prolongée au-delà de la durée normale d'une étape. ‖ *Marche harmonique* (Mus.), répétition sur des degrés différents d'un même dessin mélodique. ‖ *Mettre en marche*, faire fonctionner. ‖ *Monter, descendre en marche*, monter dans un véhicule, en descendre alors que celui-ci est en marche. ‖ *Ouvrir, fermer la marche*, être dans les premiers ou les derniers rangs d'un défilé.

MARCHE n. f. (mot francique). *Hist.* Au Moyen Âge, circonscription territoriale située aux frontières de l'Empire carolingien et destinée à jouer un rôle de zone de défense militaire. (Dirigées par des *marquis* ou des *margraves*, elles se multiplièrent au XIe s.)

MARCHÉ n. m. (lat. *mercatus*). Lieu public, en plein air ou couvert, où l'on vend et où l'on achète des marchandises; réunion de marchands rassemblés dans ce lieu pour vendre : *dans ce quartier, il y a un marché plusieurs fois par semaine.* ‖ Ville où se fait le commerce de certains objets : *Lyon a été un grand marché pour les soieries.* ‖ Débouché économique : *acquérir de nouveaux marchés.* ‖ Convention d'achat et de vente : *marché avantageux.* ‖ Arrangement quelconque entre des personnes. ‖ État de l'offre et de la demande. ● *À bon marché*, à bas prix. ‖ *Bon marché*, d'un prix peu élevé. ‖ *Économie de marché*, système économique dans lequel les mécanismes naturels assurent seuls l'équilibre permanent de l'offre et de la demande. ‖ *Être quitte à bon marché*, avec moins de perte qu'on ne le craignait. ‖ *Étude de marché*, étude conjecturale des débouchés d'un produit ou des produits d'une branche d'activité ou même d'un pays. ‖ *Faire bon marché de qqch*, lui reconnaître peu de valeur. ‖ *Faire son marché*, aller chercher ses provisions. ‖ *Marché au comptant*, marché de Bourse sur lequel la livraison des titres vendus et le règlement des capitaux suivent immédiatement la négociation. ‖ *Marché commun*, nom donné à la Communauté économique européenne. ‖ *Marché ferme*, vente donnant le droit d'exiger la livraison. ‖ *Marché financier*, marché où s'échangent les demandes et offres de capitaux à long terme. ‖ *Marché de fournitures*, contrat par lequel un particulier s'engage à effectuer des fournitures à l'Administration. ‖ *Marché de gré à gré*, contrat conclu sans adjudication préalable. ‖ *Marché monétaire*, marché sur lequel se rencontrent offres et demandes de capitaux à court terme, notamment entre les institutions financières. ‖ *Marché à option*, marché à terme dans lequel existe une possibilité d'opter entre

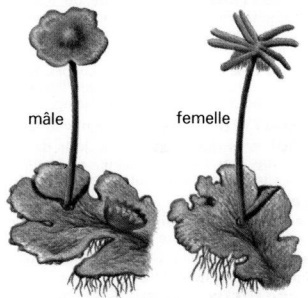

mâle   femelle

MARCHANTIAS

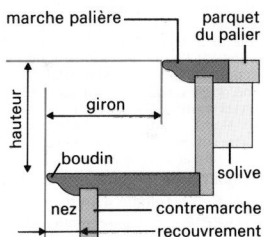

hauteur | marche palière | parquet du palier | giron | boudin | solive | nez | contremarche | recouvrement

CONSTITUTION D'UNE MARCHE D'ESCALIER

la conclusion ou l'abandon du contrat. ‖ *Marché à prime*, marché de Bourse sur lequel l'acheteur de titres se réserve la faculté, vis-à-vis du vendeur, soit d'exécuter le contrat passé, soit de l'annuler contre paiement d'un dédit ou d'une prime. ‖ *Marché public*, contrat écrit passé entre les administrations et leurs fournisseurs pour des commandes dont le montant dépasse une certaine importance. ‖ *Marché à terme*, achat ou vente de marchandises ou de valeurs, qui se dénouera à une date fixée mais à un prix actuellement convenu. ‖ *Marché du travail*, situation de l'emploi en un lieu, une région, un pays donnés. ‖ *Mettre le marché en main, à la main*, donner le choix de conclure ou de rompre. ‖ *Par-dessus le marché*, en plus, en outre. ‖ *Segment de marché*, groupe homogène et distinct de personnes possédant en commun un certain nombre de caractéristiques qui permettent d'ajuster la politique de produits d'une entreprise et sa stratégie publicitaire.

MARCHEPIED n. m. Marche ou série de marches, qui servent à monter dans une voiture, dans un train. ● *Se faire un marchepied de qqn, de qqch*, s'en servir pour s'élever.

MARCHER v. i. (mot francique). Se mouvoir, changer de place en déplaçant les pieds l'un après l'autre : *marcher rapidement.* ‖ Faire mouvement vers un but, avancer. ‖ Mettre le pied sur : *marcher sur les doigts de qqn.* ‖ Fonctionner, en parlant d'un service, d'un mécanisme, d'un appareil : *cette montre marche.* ‖ Faire des progrès, prospérer : *affaire qui marche.* ‖ *Fam.* Donner son acceptation; croire naïvement. ● *Faire marcher qqn*, le tromper. ‖ *Marcher droit*, avoir une conduite irréprochable. ‖ *Marcher sur les pas de qqn*, l'imiter.

MARCHEUR, EUSE n. Personne qui marche, qui aime à marcher.

MARCHEUSE n. f. Figurante muette dans un opéra, un music-hall.

MARCIONISME [marsjɔnism] n. m. Hérésie de Marcion (IIe s.), prônant un dualisme analogue à celui des gnostiques et opposant le Dieu de justice de l'Ancien Testament au Dieu d'amour du Nouveau Testament.

MARCONI n. m. (de *Marconi*, n. pr.). *Mar.* Grand-voile de forme triangulaire.

MARCOTTAGE n. m. Procédé de multiplication végétative des plantes, par lequel une tige aérienne est mise en contact avec le sol et s'y enracine, avant d'être isolée de la plante mère.

MARCOTTE n. f. (moyen fr. *marcot*). Branche tenant encore à la plante mère, que l'on couche en terre pour qu'elle y prenne racine.

MARCOTTER v. t. Pratiquer le marcottage.

MARDI n. m. (lat. *Martis dies*, jour de Mars). Deuxième jour de la semaine. ● *Mardi gras*, dernier jour avant le début du carême.

MARE n. f. (anc. scandin. *marr*, lac). Petite étendue d'eau dormante. ‖ Grande quantité de liquide répandu, flaque : *une mare de sang.*

MARÉCAGE n. m. (de *maresc*, anc. forme de *marais*). Terrain humide et bourbeux.

MARÉCAGEUX, EUSE adj. Relatif aux marécages.

MARÉCHAL n. m. (mot francique). *Maréchal de camp*, officier général des armées de l'Ancien Régime et de la Restauration. ‖ *Maréchal de France*, officier général titulaire d'une dignité d'État, conférée à certains commandants en chef victorieux devant l'ennemi. (Son insigne est un bâton de commandement.) ‖ *Maréchal des logis*, *maréchal des logis-chef*, sous-officiers des armes anciennement montées (gendarmerie, cavalerie, artillerie et train), d'un grade correspondant à ceux de sergent et de sergent-chef dans les autres armes de l'armée de terre.

MARÉCHALAT n. m. Dignité de maréchal.

MARÉCHALE n. f. Femme d'un maréchal.

MARÉCHALERIE n. f. Atelier, métier du maréchal-ferrant.

MARÉCHAL-FERRANT ou **MARÉCHAL** n. m. (pl. *maréchaux-ferrants*). Artisan dont le métier est de ferrer les chevaux.

MARÉCHAUSSÉE n. f. Anc. juridiction des maréchaux de France. ‖ Anc. corps de troupes à cheval chargé d'assurer la sécurité publique et qui a pris en 1790 le nom de *gendarmerie nationale.* ‖ *Fam.* La gendarmerie.

MARÉE n. f. (de *mer*). Mouvement oscillatoire du niveau de la mer, dû à l'attraction de la Lune et du Soleil sur les particules liquides des océans. ‖ *Astron.* Déformation d'un astre sous l'action gravitationnelle d'un ou de plusieurs astres. ‖ Toute espèce de poisson de mer frais destiné à la consommation. ‖ Masse considérable qui déferle de façon irrésistible : *une marée humaine envahit la place.* ● *Coefficient de marée*, nombre indiquant pour chaque jour de l'année la valeur relative de la marée. ‖ *Contre vents et marées*, en dépit de tous les obstacles. ‖ *Courant de marée*, courant déterminé par le flux ou le reflux. ‖ *Échelle de marée*, planche verticale placée à poste fixe et portant des graduations sur lesquelles on lit la hauteur de l'eau. ‖ *Marée basse*, fin du jusant, ou bas de l'eau. ‖ *Marée descendante*, jusant, ou reflux. ‖ *Marée haute*, maximum du flot. ‖ *Marée mon-*

tante, flot, ou flux. ‖ *Marée noire*, arrivée sur un rivage de nappes de pétrole provenant d'un navire qui a été accidenté ou qui a purgé ses réservoirs.

■ Bien que leur production relève d'un mécanisme théorique simple, les marées se manifestent d'une façon extrêmement complexe, et très variablement suivant les lieux où on les observe. Leur allure et leur amplitude sont en effet liées non seulement à la position relative de la Terre, du Soleil et de la Lune, qui se modifie chaque jour, mais également aux irrégularités du contour et de la profondeur des bassins océaniques. D'une façon générale, le phénomène, auquel la rotation de la Terre confère, en un lieu donné, son caractère périodique, peut être considéré comme la superposition d'un grand nombre d'ondes et présente, selon les endroits, un caractère *diurne* (une

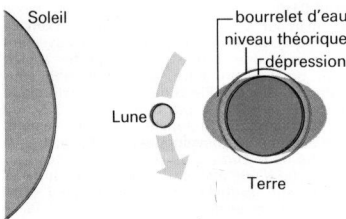

voile **marconi**

1. Marée de vive-eau.

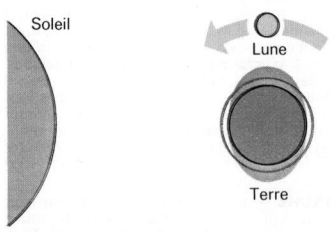

2. Marée de morte-eau.

MARÉE

1. Dans les marées de vive-eau, l'attraction de la Lune et celle du Soleil s'ajoutent;
2. Dans les marées de morte-eau, elles se contrarient.

haute et une basse mer toutes les 24 h 50 min), *semi-diurne* (deux hautes mers et deux basses mers en 24 h 50 min) ou *mixte* (inégalités dans la durée des hautes et des basses mers). Dans les mers fermées, les amplitudes sont le plus souvent nulles ou presque nulles. Au contraire, sur les rivages précédés d'une vaste plate-forme continentale, elles sont très élevées : 19,6 m

dans la baie de Fundy (Canada); jusqu'à 16,1 m dans la baie du Mont-Saint-Michel.

MARÉGRAPHE n. m. Instrument, installation enregistrant la hauteur des marées.

MARELLE n. f. (anc. fr. *merel*, jeton). Jeu d'enfants qui consiste à pousser à cloche-pied un palet dans des cases tracées sur le sol.

MARÉMOTEUR, TRICE adj. Relatif à la force motrice des marées.

MARENGO n. m. Drap à fond noir, parsemé de petits effets blancs.

MARENGO n. f. *À la marengo*, se dit d'une manière d'accommoder le poulet ou le veau en le faisant sauter à l'huile et en le faisant cuire avec du vin blanc, de la tomate et des champignons.

MAREYAGE n. m. Travail, commerce du mareyeur.

MAREYEUR, EUSE n. Commerçant en gros vendant les produits de la mer.

MARGARINE n. f. (gr. *margaron*, perle). Substance grasse comestible, de consistance molle, faite avec diverses huiles et graisses le plus souvent végétales (arachide, soja, noix de coco).

MARGAUDER v. i. → MARGOTER.

MARGAY [margɛ] n. m. Chat sauvage de l'Amérique du Sud.

MARGE n. f. (lat. *margo*, *marginis*, bord). Espace blanc latéral d'une page imprimée ou écrite. ‖ Intervalle dont on dispose ou facilité que l'on se donne : *laisser de la marge à un collaborateur.* ● *Avoir de la marge*, avoir le temps pour faire une chose. ‖ *Calcul à la marge* (Écon.), type de raisonnement dans lequel on s'appuie, pour déterminer la valeur d'un bien ou d'un service, sur l'adjonction de chaque unité supplémentaire de ceux-ci. ‖ *En marge*, en dehors, à l'écart : *en marge de la société.* ‖ *Marge bénéficiaire*, différence entre le prix de vente et le prix de revient d'un bien, généralement exprimée en pourcentage du prix de vente. ‖ *Marge continentale* (Océanogr.), ensemble formé par la plate-forme continentale et la pente continentale qui la limite. ‖ *Marge de garantie*, complément de couverture exigé du spéculateur au cours de certaines opérations de Bourse.

MARGELLE n. f. (dimin. de *marge*). Pierre ou assise de pierres qui forme le rebord d'un puits.

MARGER v. t. (conj. **1**). *Arts graph.* Placer la feuille à imprimer sur la machine de façon que le blanc des marges soit régulièrement réservé.

MARGEUR, EUSE n. Ouvrier, ouvrière qui place les feuilles à imprimer sur la presse mécanique.

MARGEUR n. m. Appareil servant à marger.

MARGINAL, E, AUX adj. Mis en marge : *note marginale.* ‖ Secondaire, qui n'entre pas dans l'essentiel, dans l'activité principale : *occupations marginales.* ● *Entreprise marginale*, entreprise dont le prix de revient est sensiblement égal au prix de vente le plus élevé pratiqué sur le marché, et qui tendrait à disparaître si ce dernier prix s'abaissait. ‖ *Prix marginal*, prix de marché d'une marchandise, lorsqu'il est égal au prix de revient de cette marchandise dans l'entreprise productrice la plus mal équipée ou la plus mal organisée.

MARGINAL, E, AUX adj. et n. Personne qui vit en marge de la société.

MARGINALEMENT adv. De façon marginale.

MARGINALISER v. t. Placer en marge, mettre à l'écart.

MARGINALISME n. m. Théorie économique selon laquelle la valeur d'échange d'un produit donné est déterminée par l'utilité de la dernière unité disponible de ce produit.

MARGINALITÉ n. f. Caractère de ce qui est marginal.

MARGIS [marʒi] n. m. *Arg.* Maréchal des logis.

MARGOTER, MARGOTTER ou **MARGAUDER** v. i. Crier, en parlant de la caille.

MARGOTIN n. m. (de *Margot*, forme fam. de *Marguerite*). Petit fagot de brindilles (vx).

MARGOUILLIS [marguji] n. m. (anc. v. *mar-*

guillier, souiller; lat. *marga*, marne). *Fam.* Gâchis plein d'ordures.

MARGOULETTE n. f. *Pop.* Mâchoire, bouche.

MARGOULIN n. m. (mot dialect.). *Fam.* Individu peu scrupuleux dans les affaires; commerçant malhonnête.

MARGRAVE n. m. (all. *Markgraf*, comte de la frontière). *Hist.* Titre des chefs des provinces frontières, ou marches, dans l'ancien Empire germanique.

MARGRAVIAT n. m. *Hist.* État, dignité de margrave. ‖ Juridiction d'un margrave.

MARGUERITE n. f. (lat. *margarita*, perle; mot gr.). Nom de plusieurs plantes de la famille des composées, à fleurs centrales jaunes et à fleurs périphériques blanches.

MARGUILLIER n. m. (lat. *matricularis*, qui tient un registre). Membre du conseil de fabrique d'une paroisse (vx).

MARI n. m. (lat. *maritus*). Homme uni à une femme par le mariage.

MARIABLE adj. En âge et en état de se marier.

MARIAGE n. m. Union légale d'un homme et d'une femme. ‖ Célébration des noces. ‖ Un des sept sacrements de l'Église catholique. ‖ Sorte de jeu de cartes. ‖ Combinaison, union de plusieurs choses.
■ En France, le *mariage civil*, qui est le seul reconnu par la loi, doit nécessairement précéder le *mariage religieux*. Il est célébré par un officier de l'état civil après qu'il a été procédé à des *publications*. Sauf dispense accordée par le chef de l'État, il ne peut avoir lieu avant dix-huit ans pour l'homme et quinze ans pour la femme. Les intérêts pécuniaires des époux sont réglés, sauf en cas de *communauté légale*, par un *contrat de mariage* rédigé par un notaire. Les époux se doivent fidélité et assistance. Le mariage ne peut être dissous que par la mort d'un des époux ou par le divorce.

MARIAL, E, ALS adj. Relatif à la Vierge Marie.

MARIANISTE n. m. Membre de la Société de Marie, institut clérical à vœux simples, spécialement voué à l'éducation, fondé en 1817, à Bordeaux, par l'abbé Guillaume Chaminade.

MARIÉ, E n. Personne unie à une autre par le mariage.

MARIER v. t. Unir par le lien conjugal. ‖ Donner en mariage : *marier sa fille.* ‖ *Litt.* Associer des choses qui peuvent se combiner : *marier des couleurs entre elles.* ◆ **se marier** v. pr. Contracter mariage.

MARIE-SALOPE n. f. (pl. *maries-salopes*). Chaland destiné à recevoir les vases extraites par la drague. ‖ Drague à vapeur.

MARIEUR, EUSE n. Personne qui aime à s'entremettre pour faciliter des mariages.

MARIGOT n. m. Dans les pays tropicaux, bras de rivière ou lieu bas sujet à être inondé.

MARIHUANA [mariwana] ou **MARIJUANA** [mariʒuana] n. f. (mot hispano-amér.). Feuilles et sommités fleuries de *Cannabis sativa*, réduites en poudre, que certaines personnes fument pour l'excitation intellectuelle et l'euphorie qu'elles procurent.

MARIN, E adj. (lat. *marinus*; de *mare*, mer). Qui appartient à la mer : *monstre marin.* ‖ Qui sert à la navigation sur mer : *carte marine.* ● *Avoir le pied marin*, ne pas être malade, savoir marcher sur un bateau malgré le roulis, le tangage, etc.

MARIN n. m. Membre du personnel d'un navire. ‖ Homme habile dans l'art de la navigation. ‖ *Géogr.* Vent du sud-est qui souffle de la Méditerranée vers le Languedoc, la Montagne Noire et les Cévennes, et qui apporte d'importantes précipitations.

MARINA n. f. Ensemble immobilier construit en bord de mer, et comprenant à la fois habitations et installations portuaires pour les bateaux de plaisance.

MARINADE n. f. Saumure composée de vinaigre, de sel, d'épices, etc., qui sert à conserver viandes et poissons et à leur donner un arôme particulier. ‖ Viande, poisson marinés.

MARINAGE n. m. Action de mariner.

MARINE n. f. Tout ce qui concerne la navigation sur mer. ‖ Ensemble des marins et des navires qui effectuent des transports ou qui sont destinés à la guerre sur mer. ‖ Tableau qui représente une vue maritime. ‖ Administration maritime. ● *Artillerie, infanterie, troupes de marine*, formations de l'armée de terre chargées de la sécurité des territoires français d'outre-mer et constituant une part importante des forces terrestres d'intervention. (De 1900 à 1958 elles s'appelèrent *troupes coloniales*.) ‖ *Marine de guerre* ou *marine militaire*, ensemble des forces navales et aéronavales d'un État destinées à la guerre sur mer. (En France, on appelle ces mêmes forces navales et aéronavales *Marine nationale*, en Grande-Bretagne *Royal Navy*, aux États-Unis *US Navy*...) ‖ *Marine marchande*, ensemble des marins et des navires qui font des transports commerciaux.

Mer calme, **marine**
de W. Van de Velde le Jeune

marguerite

MARINE n. m. (mot angl.). Fusilier marin dans les forces britanniques et américaines.

MARINER v. t. et i. Tremper dans une marinade. ‖ *Fam.* Attendre longtemps. ‖ *Min.* Enlever les produits d'abattage à la suite d'un tir de mine.

MARINGOUIN n. m. (mot tupi). Nom usuel de certains moustiques (cousin, etc.), dans les pays chauds et au Canada.

MARINIER, ÈRE adj. Qui appartient à la marine. ● *Arche marinière*, arche d'un pont, plus large que les autres, sous laquelle passent les bateaux. ‖ *Officier marinier*, sous-officier de la Marine nationale.

MARINIER n. m. Professionnel chargé de la conduite et de l'entretien des bateaux destinés à la navigation intérieure.

MARINIÈRE n. f. Blouse très ample, qui se passe par la tête. ‖ *À la marinière*, se dit d'une sauce faite à partir d'un court-bouillon aromatisé au vin blanc.

MARINISME n. m. Recherche du style, mise à la mode par l'écrivain italien *Marino*.

MARIOLE ou **MARIOLLE** adj. et n. (it. *marivolo*, filou). *Pop.* Malin, roublard. ● *Faire le mariole* (Pop.), faire l'intéressant.

MARIOLOGIE n. f. Partie de la théologie catholique concernant la Vierge Marie.

MARIONNETTE n. f. (de *Marion*, n. pr.). Petite figure de bois ou de carton qu'une personne cachée fait mouvoir avec la main ou grâce à des fils. ‖ Personne frivole, sans caractère, que l'on fait mouvoir à sa guise.

MARIONNETTISTE n. Montreur, manipulateur de marionnettes.

MARISQUE n. f. (lat. *marisca*, figue sauvage). Cicatrice fibreuse d'une hémorroïde, au pourtour de l'anus.

MARISTE n. m. Membre de deux congrégations religieuses vouées à la Vierge : la Société de Marie, institut de pères et de frères fondé en 1822 par le P. Colin et voué à toutes les tâches missionnaires; les Petits Frères de Marie ou frères maristes, institut enseignant composé de religieux laïcs fondé en 1817 par Marcellin Champagnat.

MARITAL, E, AUX adj. (lat. *maritalis*). *Dr.* Qui appartient au mari.

MARITALEMENT adv. Comme des époux, sans être mariés légalement : *vivre maritalement.*

MARITIME adj. (lat. *maritimus*; de *mare*, mer). Qui est au bord de la mer : *gare maritime.* ‖ Relatif à la mer ou à la navigation sur mer : *trafic maritime.* ● *Plante maritime*, plante que l'on trouve au voisinage de la mer. (Il ne faut pas la confondre avec la *plante marine*, qui vit *dans* la mer.)

MARITORNE n. f. (n. d'une servante d'auberge, dans *Don Quichotte*). *Litt.* Femme laide, malpropre.

MARIVAUDAGE n. m. *Litt.* Langage raffiné et précieux propre à l'expression de la passion amoureuse (notamment dans sa phase naissante), dont le modèle est le théâtre de Marivaux.

MARIVAUDER v. i. (de *Marivaux*, n. pr.). *Litt.* Donner un style raffiné, compliqué, à l'expression des sentiments amoureux.

MARJOLAINE n. f. Plante aromatique de la famille des labiacées. (Syn. ORIGAN.)

MARK n. m. Unité monétaire principale de la République démocratique allemande et de la Finlande. (V. DEUTSCHE MARK.)

MARKETING [marketiŋ] n. m. (mot angl.). Ensemble des actions coordonnées (étude de marché, promotion, publicité sur le lieu de vente, stimulation du personnel de vente, recherche de nouveaux produits, etc.) qui concourent au développement des ventes d'un produit ou d'un service. (Syn. MERCATIQUE.)

MARLI n. m. (de *Marly*, v. des Yvelines). Bord intérieur d'une assiette, d'un plat.

MARLOU n. m. *Pop.* Souteneur.

MARMAILLE n. f. (de *marmot*). *Fam.* Troupe de petits enfants.

MARMELADE n. f. (portug. *marmelada*; de *marmelo*, coing). Compote de fruits coupés en morceaux et cuits avec du sucre jusqu'à ce qu'ils aient une consistance de purée. ● *En marmelade* (Fam.), en bouillie.

MARMENTEAU adj. et m. (lat. pop. *materiamentum*). Bois de haute futaie servant à la décoration, et que l'usufruitier ne peut couper.

MARMITE n. f. (anc. fr. *marmite*, hypocrite). Récipient avec couvercle, dans lequel on fait cuire les aliments; contenu d'une marmite. ‖ *Fam.* Gros obus (vx). ● *Faire bouillir la marmite* (Fam.), contribuer à faire vivre un ménage. ● *Marmite de géants* ou *marmite torrentielle* (Géol.), cavité que l'érosion creuse, avec l'aide de graviers et de galets, dans une roche assez compacte pour s'user sans s'émietter. ‖ *Marmite de Papin* ou *marmite à pression*, vase clos muni d'une soupape de sûreté, et dans lequel on peut élever l'eau liquide à une température supérieure à celle de l'ébullition à l'air libre.

MARMITON n. m. Jeune apprenti attaché au service de la cuisine, dans un restaurant.

MARMONNEMENT n. m. Action de marmonner; bruit fait en marmonnant.

MARMONNER v. t. (onomat.). Murmurer entre ses dents, d'une manière confuse et avec hostilité.

MARMORÉEN, ENNE adj. (lat. *marmoreus*, de marbre). *Litt.* Froid, dur comme le marbre : *dureté, blancheur marmoréenne.*

MARMOT n. m. (anc. fr. *marmote*, guenon). *Fam.* Petit enfant. || Petite figure grotesque, qui servait de heurtoir (vx).

MARMOTTE n. f. Mammifère rongeur dont une espèce vit dans les Alpes entre 1500 et 3000 m d'altitude, et hiberne plusieurs mois dans un terrier. (Long. 50 cm.) || Boîte à échantillons des commis voyageurs. || Variété de cerise bigarreau à chair ferme. ● *Dormir comme une marmotte,* dormir profondément.

MARMOTTEMENT n. m. Murmure d'une personne qui marmotte.

MARMOTTER v. t. (onomat.). *Fam.* Murmurer confusément et entre les dents.

MARMOUSET n. m. (anc. fr. *marmote*, guenon). *Fam.* Petit garçon; homme de petite taille. || Chenet de fonte dont une extrémité est ornée d'une figure. || Nom usuel des singes de la famille des hapalidés. ◆ pl. *Hist.* Nom sous lequel les ducs de Bourgogne et de Berry désignèrent les anciens conseillers de Charles V, rappelés au gouvernement par Charles VI en 1388.

MARNAGE n. m. *Mar.* Différence entre la hauteur de la pleine mer et celle de la basse mer.

MARNAGE n. m. *Agric.* Opération consistant à marner une terre.

MARNE n. f. (mot gaul.). Roche sédimentaire argileuse contenant une forte proportion de calcaire, et que l'on utilise pour amender les sols acides et pour fabriquer du ciment.

MARNER v. t. *Agric.* Amender un sol pauvre en calcaire par incorporation de marne.

MARNER v. i. En parlant de la mer, monter par l'effet de la marée. || *Pop.* Travailler dur.

MARNEUX, EUSE adj. Qui contient de la marne. ● *Calcaire marneux,* calcaire avec une faible proportion d'argile.

MARNIÈRE n. f. Carrière de marne.

MAROCAIN, E adj. et n. Du Maroc.

MAROILLES [marwal] ou **MAROLLES** n. m. Fromage au lait de vache, à pâte molle et à croûte lavée, fabriqué en Thiérache.

MARONITE adj. Se dit d'une des Églises orientales catholiques.

MARONITE n. Fidèle appartenant à l'Église maronite. (Les maronites, qui doivent leur origine au monastère de Saint-Maron au sud d'Antioche, se déclarèrent pour l'union avec Rome au XIIe s. Le centre principal de l'Église maronite se trouve au Liban, où réside le patriarche et où elle joue un rôle important.)

MARONNER v. i. (onomat.). *Fam.* Rager, exprimer son mécontentement en marmonnant. || *Pop.* Attendre.

MAROQUIN n. m. (de *Maroc*). Peau de chèvre tannée au moyen de produits végétaux, teinte et utilisée pour la reliure et la maroquinerie. || *Fam.* Poste ministériel.

MAROQUINAGE n. m. Action de maroquiner.

MAROQUINER v. t. Apprêter les peaux à la façon du maroquin.

MAROQUINERIE n. f. Préparation, commerce du cuir. || Magasin où se vendent des objets en cuir ou en imitation. || Objet en cuir, et spécialement en maroquin.

MAROQUINIER n. et adj. m. Ouvrier procédant au travail et à l'assemblage des peaux souples. || Marchand de maroquinerie.

MAROTIQUE adj. *Litt.* Qui imite le style, à la fois spirituel et archaïque, de Marot.

MAROTTE n. f. (dimin. de *Marie*). Espèce de sceptre, surmonté d'une tête grotesque garnie de grelots, attribut de la Folie. || Tête en bois, en carton, etc., dont se servent les modistes, les coiffeurs. || *Fam.* Idée fixe, manie.

marmotte

MAROUETTE n. f. (prov. *marouéto*, marionnette). Oiseau échassier voisin du râle, nichant dans les herbes au bord des cours d'eau et dans les marais. (Long. 20 cm.)

MAROUFLAGE n. m. Action de maroufler.

MAROUFLE n. f. Colle pour maroufler.

MAROUFLER v. t. Coller une toile peinte sur une surface murale ou un plafond; coller sur une toile de renfort une toile peinte, une peinture sur papier, un dessin.

MAROUTE n. f. (anc. fr. *amerote*). Plante à odeur fétide, dite aussi *camomille puante.* (Famille des composées.)

MARQUAGE n. m. Action de marquer. ● *Marquage radioactif,* introduction de radioéléments dans une molécule, une substance, un organisme vivant, permettant de les suivre dans leurs déplacements.

MARQUANT, E adj. Qui laisse un souvenir durable, qui est remarquable.

MARQUE n. f. Signe matériel ou empreinte servant à reconnaître une chose, à la distinguer d'une autre, à identifier une fonction : *faire une marque sur un livre.* || Trace laissée par une contusion, un coup, etc. : *les marques d'une brûlure.* || Empreinte qu'un corps laisse sur un autre : *la marque des pas sur la neige.* || Signe, trait distinctif : *la marque de l'auteur, d'une fonction.* || Preuve, témoignage : *donner des marques d'affection.* || Produits fabriqués par une entreprise déterminée; cette entreprise. || Jeton, fiche dont on se sert au jeu. || Repère placé par un athlète pour faciliter un saut, un élan, ou par un joueur de rugby après un arrêt de volée. || Syn. de SCORE. || Pavillon indiquant le grade du chef présent à bord d'un navire de guerre. || *À vos marques!,* en athlétisme, ordre donné par le starter pour amener les athlètes à la ligne de départ. || *De marque,* de première qualité. || *Marque déposée,* marque de fabrique ou de commerce déposée au greffe du tribunal de commerce et faisant l'objet d'un monopole, adoptée par un industriel ou un commerçant. || *Marque de fabrique, de commerce, de service,* ou seulem. *marque,* tout signe servant à distinguer des produits, des objets ou des services. || *Personne de marque,* personnalité, hôte important. || *Taux de marque,* pourcentage qui, appliqué au prix d'achat, donne le prix de vente d'un produit.

MARQUÉ, E adj. Indiqué avec netteté : *une différence marquée.* || Se dit de qqn qui est compromis, engagé dans qqch : *il est marqué politiquement.*

MARQUER v. t. (anc. fr. *merchier*, faire une marque). Mettre un signe qui permette de reconnaître, de distinguer : *marquer du linge.* || Faire un marquage radioactif. || Indiquer par écrit ou oralement : *montre qui marque les secondes; marquer ses rendez-vous.* || Laisser des traces : *marquer ses pas sur la neige.* || Imprimer un signe flétrissant sur l'épaule d'un condamné (vx). || Indiquer, révéler, exprimer : *voilà qui marque la méchanceté.* || Signaler, faire connaître aux autres : *marquer sa désapprobation.* || Souligner en faisant ressortir : *marquer un temps d'arrêt.* || *Chorégr.* Répéter en esquissant les pas. ● *Marquer un adversaire* (Sports), le surveiller de près. || *Marquer un but, un essai,*

réussir un but, un essai. || *Marquer le coup* (Fam.), souligner l'importance de qqch; manifester qu'on a été vexé par qqch. || *Marquer le pas,* conserver la cadence du pas sans avancer. ◆ v. i. Laisser une impression, une trace : *ces événements ont marqué dans ma vie.* ● *Ce cheval marque encore,* il a le creux des canines encore visible, ce qui indique qu'il n'a pas plus de huit ans. || *Marquer mal* (Fam.), avoir mauvais genre.

MARQUETER v. t. (de *marquer*) [conj. **4**]. Orner de marqueterie.

MARQUETERIE [markətri ou markɛtri] n. f. Assemblage décoratif de lamelles de bois d'essences variées (ou de marbres, de métaux, etc.), employé en revêtement, notamment sur un ouvrage de menuiserie. || Ensemble disparate.

MARQUETEUR n. et adj. m. Ouvrier qui fait des ouvrages de marqueterie.

MARQUEUR, EUSE n. Personne qui marque. || Joueur qui marque un but, un essai, un panier, etc.

MARQUEUR n. m. Crayon-feutre formant un trait large. ● *Marqueur sanguin,* substance biochimique sanguine dont l'ensemble est caractéristique de chaque individu et est soumis à un contrôle héréditaire. (Les marqueurs sanguins les plus typiques sont les groupes sanguins.)

MARQUIS n. m. (anc. fr. *marchis*). *Hist.* Seigneur qui était préposé à la garde d'une marche territoriale. || Titre de noblesse entre ceux de duc et de comte.

MARQUISAT n. m. Titre de marquis; terre qui comportait ce titre.

MARQUISE n. f. Femme d'un marquis. || Auvent en charpente de fer et vitré, placé au-dessus d'une porte d'entrée, d'un perron. || Bague à chaton oblong.

MARQUOIR n. m. Instrument de tailleur, de couturière pour marquer.

MARRAINE n. f. (lat. *mater*, mère). Celle qui présente un enfant au baptême ou à la confirmation. || Celle qui préside au baptême d'un navire, d'un ouvrage d'art, etc. || Celle qui présente qqn dans un club pour l'y faire entrer. ● *Marraine de guerre,* dame servant de correspondante à un soldat pendant une guerre.

MARRANES n. m. pl. (esp. *marrano*). *Hist.* Juifs de la Péninsule ou des colonies ibériques convertis par contrainte au catholicisme et qui continuèrent à pratiquer en secret leur religion.

MARRANT, E adj. *Pop.* Amusant.

MARRE adv. (de *se marrer*). *En avoir marre* (Pop.), en avoir assez, être excédé.

MARRER (SE) v. pr. (anc. fr. *se marrir*, s'ennuyer). *Pop.* Rire.

MARRI, E adj. (mot francique). *Litt.* Fâché, attristé, repentant.

MARRON n. m. (préroman *marr-*, caillou). Variété cultivée de la *châtaigne.* || Couleur marron. || *Pop.* Coup de poing. || *Cin.* Copie positive tirée en noir adouci, virant sur le bistre et servant à l'établissement de contretypes. ● *Marron glacé,* marron confit dans du sucre et glacé au sirop. || *Marron d'Inde,* graine du marronnier d'Inde, riche en amidon, mais non comestible, dont certaines préparations sont utilisées contre les troubles circulatoires (varices, hémorroïdes). || *Tirer les marrons du feu,* courir des risques sans profit personnel. ◆ adj. inv. Rouge-brun.

MARRON, ONNE adj. et n. (mot des Antilles; esp. *cimarrón*). Qui exerce une profession le plus souvent sans titre et dans une intention malhonnête. || *Hist.* Se disait d'un esclave qui s'était enfui. ● *Être marron* (Pop.), être refait, dupé, attrapé.

MARRONNIER n. m. Variété cultivée de châtaignier qui produit le marron (*Castanea*). ● *Marronnier d'Inde,* ou *marronnier,* arbre à feuilles composées palmées, originaire des Balkans et souvent planté sur les voies publiques. (Haut. 30 m; longévité : 2 à 3 siècles; famille des hippocastanacées, genre Aesculus.) ▷

MARRUBE [maryb] n. m. (lat. *marrubium*). Plante aromatique de la famille des labiacées. ● *Marrube noir,* syn. de BALLOTE.

MARS n. m. (lat. *martius*, de Mars). Troisième mois de l'année. ‖ Espèce de papillon de jour.

MARSALA n. m. (de *Marsala*, v. de Sicile). Vin doux produit en Sicile.

MARSAULT [marso] n. m. (lat. *marem salicem*). Saule à feuilles elliptiques, qu'on trouve près des eaux.

MARSEILLAIS, E adj. et n. De Marseille. ● *La Marseillaise*, hymne national de la France.

MARSOUIN n. m. (anc. scandin. *marsvin*, porc de mer). Mammifère cétacé voisin du dauphin, mesurant 1,50 m, très vorace, commun dans l'Atlantique, où il suit souvent les navires. ‖ *Fam.* Militaire de l'infanterie de marine.

MARSUPIAL, E, AUX adj. (lat. *marsupium*, bourse). Se dit d'un organe propre aux mammifères marsupiaux.

MARSUPIAL n. m. (pl. *marsupiaux*). Mammifère d'un type primitif, dont la femelle a une poche ventrale contenant les mamelles et qui est destinée à recevoir les petits après la naissance. (Types principaux : *kangourou*, *sarigue*, etc. Les *marsupiaux*, qui constituent une sous-classe, sont répandus dans la région australienne.)

MARTAGON n. m. (mot esp.). Lis des prairies de montagne, à fleurs rose et brun, malodorant, rare et de culture difficile.

MARTE n. f. → MARTRE.

MARTEAU n. m. (lat. pop. *martellus*). Outil de percussion formé d'une tête en acier dur trempé et d'un manche. ‖ Battant métallique servant de heurtoir à une porte. ‖ Pièce d'horlogerie qui frappe les heures sur un timbre. ‖ Pièce garnie de feutre, qui frappe la corde d'un piano. ‖ Sphère métallique (7,257 kg) munie d'un fil d'acier et d'une poignée, que lancent les athlètes. ‖ *Anat.* Premier osselet de l'oreille moyenne, dont le manche est solidaire du tympan et dont la tête s'articule avec l'enclume. ‖ *Sylvic.* Instrument qui porte une empreinte en relief et servant à marquer certains arbres. ‖ *Zool.* Requin des mers chaudes, à tête aplatie en deux lobes latéraux portant les yeux. ‖ *Marteau perforateur*, appareil pneumatique pour forer les trous de mine. ‖ *Marteau piqueur*, appareil d'abattage du charbon. ‖ *Marteau pneumatique*, appareil de percussion dans lequel le travail de frappe est fourni par de l'air comprimé. ◆ pl. *Chorégr.* Mouvements alternatifs des jambes, exécutés par le danseur accroupi, et au cours desquels seuls les talons frappent le sol.

MARTEAU adj. *Être marteau* (Pop.), être fou.

MARTEAU-PILON n. m. (pl. *marteaux-pilons*). Gros marteau de forge, fonctionnant à la vapeur, à l'air comprimé, etc.

MARTEAU-PIOLET n. m. (pl. *marteaux-piolets*). Instrument d'alpiniste permettant de poser des pitons ou de tailler la glace.

MARTEL n. m. (lat. *martellus*, marteau). *Se mettre martel en tête*, se faire du souci.

MARTELAGE n. m. Action de marteler; façonnage ou forgeage au marteau. ‖ *Sylvic.* Marque faite avec le marteau aux arbres qui doivent être abattus ou réservés.

MARTÈLEMENT [martɛlmã] n. m. Bruit d'un marteau qui frappe le métal. ‖ Bruit cadencé.

DIFFÉRENTS TYPES DE MARTEAUX
1, de menuisier;
2, bourgeois;
3, d'électricien;
4, de vitrier;
5, de tapissier;
6, d'horloger;
7, de charpentier.

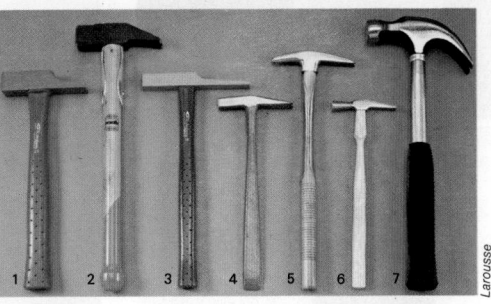

Larousse

MARTELER v. t. (conj. **3**). Frapper, forger, façonner au moyen du marteau. ‖ Frapper fort et à coups redoublés; ébranler par un bruit fort et répété. ‖ Articuler avec force, en détachant les mots : *marteler ses phrases.*

MARTELEUR n. et adj. m. Ouvrier qui fait le martelage.

MARTENSITE n. f. (n. de l'ingénieur all. *Martens*). Composant de l'acier.

MARTIAL, E, AUX adj. (lat. *martialis*; de Mars, dieu de la Guerre). Belliqueux; qui manifeste du goût pour le combat; qui rappelle les habitudes militaires. ● *Arts martiaux*, ensemble des sports de combat d'origine japonaise, tels que le kendo, le judo, l'aïkido, fondés sur un code moral qui était celui des samouraïs. ‖ *Cour martiale*, tribunal militaire d'exception (XVIIIe-XIXe s.). ‖ *Loi martiale*, loi d'exception confiant le maintien de l'ordre aux autorités militaires.

MARTIAL, E, AUX adj. *Chim. anc.* Qui contient du fer. ● *Carence martiale* (Méd.), insuffisance alimentaire en fer, cause d'anémies. ‖ *Fonction martiale*, fonction par laquelle le foie met en réserve le fer qu'il tire de l'hémoglobine.

MARTIEN, ENNE n. et adj. Relatif à la planète Mars; habitant imaginaire de cette planète.

MARTIN-CHASSEUR n. m. (pl. *martins-chasseurs*). Nom usuel d'oiseaux coraciadiformes des forêts tropicales, qui chassent les insectes et les reptiles.

MARTINET n. m. (de *Martin*, n. pr.). Oiseau ressemblant à l'hirondelle, mais à ailes plus étroites et à queue plus courte. (Long. 16 cm.) Il reste en France de mai au début d'août et chasse les insectes au cours de son vol rapide. (Ordre des micropodiformes.)

MARTINET n. m. Sorte de fouet formé de plusieurs brins de corde ou de cuir. ‖ Marteau

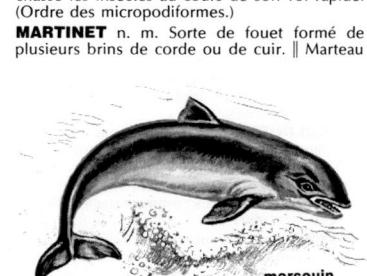

marsouin

à bascule qui, mis en mouvement par une roue à cames, sert à battre les métaux.

MARTINGALE n. f. (prov. *martegalo*, de Martigues). Courroie qui empêche le cheval de donner de la tête. ‖ Demi-ceinture placée à la taille d'une capote, d'un pardessus, etc. ‖ Procédé consistant à augmenter la mise et qui prétend assurer un bénéfice certain à un jeu de hasard.

MARTINIQUAIS, E adj. et n. De la Martinique.

MARTIN-PÊCHEUR n. m. (pl. *martins-pêcheurs*). Petit oiseau au plumage brillant, qui se tient d'ordinaire au bord des cours d'eau et plonge avec rapidité pour prendre de petits poissons. (Long. 16 cm. Ordre des coraciadiformes.)

MARTRE ou **MARTE** n. f. (mot germ.). Mammifère carnassier à fourrure estimée, dont il

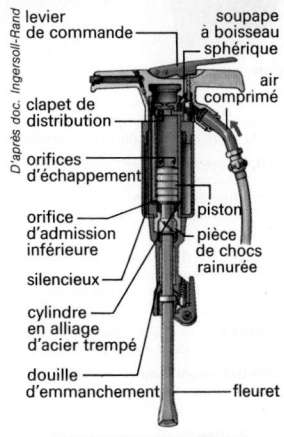

levier de commande — soupape à boisseau sphérique
air comprimé
clapet de distribution
orifices d'échappement
orifice d'admission inférieure
silencieux
piston
pièce de chocs rainurée
cylindre en alliage d'acier trempé
douille d'emmanchement — fleuret

D'après doc. Ingersoll-Rand

MARTEAU PNEUMATIQUE

martin-pêcheur

martre

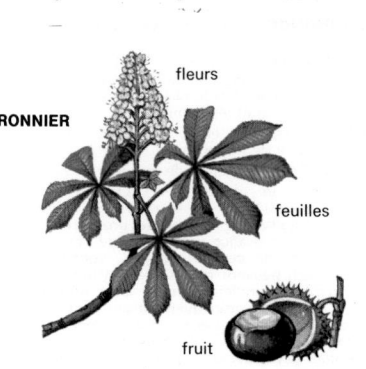

fleurs

MARRONNIER

feuilles

fruit

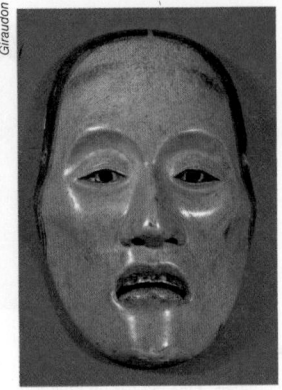

masque japonais
de théâtre « nô »

masque de danse
art ogooué (Gabon)

mascaron

existe trois espèces : la *martre ordinaire*, la *fouine* et la *zibeline*. (Famille des mustélidés.)

MARTYR, E adj. et n. (gr. *martus, marturos*, témoin). Qui souffre ou qui meurt pour ses croyances religieuses ou pour une cause politique. ‖ Qui souffre de mauvais traitements systématiques.

MARTYRE n. m. (lat. *martyrium*). Mort, tourments endurés pour une cause. ‖ Grande douleur physique ou morale : *il souffre le martyre; sa vie fut un long martyre.*

MARTYRISER v. t. Faire souffrir le martyre; faire souffrir beaucoup : *martyriser des animaux.*

MARTYRIUM [martirjɔm] n. m. (mot lat.). Dans le christianisme primitif, monument, chapelle élevés autour de la tombe d'un martyr.

MARTYROLOGE n. m. Liste ou catalogue des martyrs et des saints. ‖ Catalogue de victimes.

MARXIEN, ENNE adj. Relatif à Karl Marx.

MARXISANT, E adj. Qui tend vers le marxisme.

MARXISME n. m. Théorie de K. Marx, de F. Engels et de leurs continuateurs.
■ Le marxisme repose sur le matérialisme et sur le socialisme scientifique : comme tel, il est à la fois une théorie générale et le programme des mouvements ouvriers organisés, dans la mesure où ces derniers lient leur pratique avec la théorie. Pour les marxistes, le matérialisme est la base théorique, opposée à l'idéalisme considéré comme instrument spéculatif au service de la bourgeoisie. Le matérialisme revêt deux aspects : l'un *dialectique*, qui exprime les lois générales du monde extérieur et de la pensée humaine, l'autre *historique*, qui affirme que c'est la réalité sociale qui détermine la conscience des hommes. La réalité sociale est constituée à chaque moment de l'histoire par l'ensemble des rapports de production. Le mouvement historique lui-même est conditionné par les contradictions entre les modes de production (par exemple antique, féodal, capitaliste) et les rapports de production, c'est-à-dire les rapports que les hommes ont entre eux pour produire, et qui s'expriment par la propriété des moyens de production. Une telle propriété implique la domination d'une classe sur une autre. Or ces contradictions constituent la lutte des classes, qui est, de ce fait, le moteur de l'histoire. En analysant le mode de production capitaliste, dernier en date apparu dans l'histoire à son époque, Marx a élaboré une théorie de la valeur. La valeur est l'expression de la quantité de travail contenue dans une marchandise. La plus-value est la différence entre la valeur créée par l'ouvrier pendant son temps de travail et le salaire payé; son taux dans le régime capitaliste est donc fonction du degré d'exploitation de l'ouvrier. Cette analyse sert de base à une politique, le communisme, dont le but est d'assurer à la classe ouvrière l'appropriation des moyens de production et d'échange.

MARXISME-LÉNINISME n. m. Théorie et pratique politiques s'inspirant de Marx et de Lénine.

MARXISTE adj. et n. Qui appartient au marxisme.

MARXISTE-LÉNINISTE adj. et n. (pl. *marxistes-léninistes*). Qui appartient au marxisme-léninisme.

MARXOLOGUE n. Spécialiste de l'œuvre de Karl Marx.

MARYLAND [marilɑ̃d] n. m. (n. d'un État américain). Tabac estimé qui vient du Maryland.

MAS [ma *ou* mas] n. m. (mot prov.). En Provence, maison de campagne, ferme.

MASCARADE n. f. (it. *mascherata*). Déguisement avec des masques. ‖ Troupe de gens masqués. ‖ Mise en scène trompeuse, hypocrisie.

MASCARET n. m. (mot gascon). Surélévation brusque des eaux, qui se produit dans certains estuaires au moment du flux et qui progresse rapidement vers l'amont sous la forme d'une vague déferlante.

MASCARON n. m. (it. *mascherone*). Masque sculpté de fantaisie pouvant décorer la clef de l'arc ou de la plate-bande d'une baie, la panse d'un vase, l'orifice d'une fontaine, etc.

MASCOTTE n. f. (prov. *mascoto*, sortilège). *Fam.* Fétiche, porte-bonheur.

MASCULIN, E adj. (lat. *masculinus; de masculus*, mâle). Qui appartient au mâle, à l'homme, qui a ses caractères : *population masculine.* ● *Rime masculine*, rime qui ne finit pas par un e muet ou une syllabe muette.

MASCULIN n. m. Un des genres grammaticaux, s'appliquant en principe aux êtres mâles, mais le plus souvent arbitrairement à certaines catégories de mots.

MASCULINISER v. t. Donner un caractère masculin. ‖ *Biol.* Provoquer l'apparition de caractères sexuels masculins.

MASCULINITÉ n. f. Ensemble des traits psychologiques considérés comme caractéristiques du sexe masculin.

MASER [mazɛr] n. m. (mot angl.). Dispositif fonctionnant suivant les mêmes principes que le laser, mais pour les ondes électromagnétiques non visibles.

MASKINONGÉ n. m. (mot amérindien). Au Canada, brochet.

MASOCHISME [mazɔʃism] n. m. (de L. von Sacher-*Masoch*, romancier autrichien). Perversion qui fait rechercher le plaisir sexuel dans la douleur physique et les humiliations.

MASOCHISTE adj. et n. Relatif au masochisme; atteint de masochisme.

MASQUAGE n. m. Action de masquer.

MASQUE n. m. (it. *maschera*). Objet (tissu, carton, appareil) dont on se couvre la figure pour se déguiser, se cacher, se protéger ou exprimer une croyance, un désir, une crainte. (Les masques de certains peuples, véritables œuvres d'art, peuvent représenter un homme, une force surnaturelle, un animal sacré, ou une divinité exerçant une fonction naturelle ou rituelle précise.) ‖ *Litt.* Personne qui porte un masque. ‖ *Litt.* Apparence, aspect du visage : *présenter un masque impénétrable.*

‖ Crème, pâte ou gel utilisés en application pour les soins esthétiques du visage. ‖ Moulage de la face, pris sur le vif ou sur le cadavre. ‖ Appareil de protection contre les gaz toxiques. ‖ Appareil que l'on applique sur le nez et la bouche pour administrer les anesthésiques gazeux et l'oxygène. ‖ Appareil isolant les yeux des chasseurs sous-marins. ‖ *Escr.* Toile métallique dont on se couvre le visage pour se protéger. ‖ *Mil.* Obstacle artificiel ou naturel servant d'abri contre les vues terrestres ou les tirs ennemis. ‖ *Zool.* Lèvre inférieure des larves d'odonates (libellules). ● *Arracher le masque à qqn*, dévoiler sa duplicité. ‖ *Masque de barrage*, couche en béton bitumineux que l'on pose sur la face amont des barrages pour les rendre étanches. ‖ *Masque de la grossesse* (Méd.), syn. de CHLOASMA.

MASQUÉ, E adj. Qui porte un masque : *visage masqué.* ● *Bal masqué*, bal où l'on va sous un déguisement. ‖ *Tir masqué* (Mil.), tir exécuté par-dessus un obstacle.

MASQUER v. t. Couvrir d'un masque. ‖ Cacher à la vue, à la pensée : *masquer une fenêtre; masquer ses projets.* ● *Masquer une voile* (Mar.), la brasser de telle façon que le vent la frappe par-devant. ◆ v. i. *Mar.* Avoir ses voiles frappées par-devant par le vent, en parlant d'un navire.

MASSACRANT, E adj. *Humeur massacrante*, maussade, insupportable.

MASSACRE n. m. Action de massacrer. ‖ Travail très mal exécuté : *le massacre d'une pièce de théâtre.* ‖ Ramure d'un cerf avec une partie du crâne. ● *Faire un massacre* (Pop.), remporter un grand succès. ‖ *Jeu de massacre*, jeu forain qui consiste à renverser avec des balles des poupées à bascule.

MASSACRER v. t. (lat. pop. *matteucculare*). Tuer sauvagement des êtres qui ne se défendent pas : *massacrer une population civile.* ‖ *Fam.* Abimer, défigurer par une exécution défectueuse : *massacrer un texte.*

MASSACREUR n. m. Celui qui massacre.

MASSAGE n. m. Action de masser. (Les massages sont employés, associés à la kinésithérapie, pour la rééducation des blessés et le traitement des affections ostéo-articulaires, musculaires et nerveuses.)

MASSALIOTE adj. et n. (de *Massalia*, n. grec de *Marseille*). De l'antique Marseille.

MASSE n. f. (lat. *massa*). Grande quantité d'une matière, d'une substance sans forme précise; amas de parties qui font corps ensemble : *masse de pierres, de sang, de documents.* ‖ Ensemble non délimité d'individus considérés en dehors des structures sociales traditionnelles, et constituant l'objectif socioculturel de certaines activités comme la publicité, la culture de masse, les loisirs. ‖ Grande réunion de gens, le plus grand nombre : *manifestation de masse.* ‖ La classe ouvrière, le peuple (surtout au pl.). ‖ *Dr.* Ensemble des biens d'une succession, d'une société ou d'un groupement. ‖ Caisse spéciale d'un groupe, à laquelle chacun contribue. ‖ Groupement des créanciers admis à produire dans un règlement judiciaire après une liquidation des biens. ‖ *Électr.* Ensemble des pièces conductrices qui, dans une installation électrique, sont mises en communication avec le sol. ‖ Ensemble métallique d'une automobile par où se ferment les circuits de l'équipement électrique. ‖ *Mil.* Allocation forfaitaire attribuée à une formation militaire pour subvenir à certaines dépenses : *la masse de casernement.* ‖ *Phys.* Quotient de l'intensité d'une force constante par l'accélération du mouvement qu'elle produit quand on l'applique au corps considéré *(masse inerte)* ou grandeur qui caractérise ce corps relativement à l'attraction qu'il subit de la part d'un autre *(masse pesante).* [L'unité principale de masse est le kilogramme.] ● *Des masses* (Pop.), beaucoup. ‖ *En masse,* en grand nombre. ‖ *Masse d'air,* flux d'air qui présente une certaine homogénéité et dont les qualités physiques (pression, température, degré d'humidité) varient suivant la position géographique qu'il occupe. ‖ *Masse critique,* quantité minimale d'une substance fissile pour qu'une réaction en chaîne puisse s'établir spontanément et se maintenir d'elle-même. ‖ *Masse monétaire,* ensemble des billets en circulation, des monnaies divisionnaires et des dépôts à vue. ‖ *Masse spécifique* ou *volumique,* quotient de la masse d'un corps par son volume. ‖ *Nombre de masse* (Chim.), nombre total de particules (protons et neutrons) constituant le noyau d'un atome. ‖ *Plan de masse,* plan d'ensemble d'une construction ou d'un groupe de bâtiments, pour rendre compte de leur importance. ‖ *Rapport de masse* (Aéron.), dans une fusée, rapport entre la masse au départ et le poids à l'arrivée. ‖ *Une masse de* (Fam.), une grande quantité de, un grand nombre de. ‖ *Unité de masse atomique,* unité de mesure de masse atomique (symb. : *u*) égale à la fraction 1/12 de la masse du nucléide ^{12}C et valant approximativement $1,660\,56.10^{-27}$ kilogramme. ‖ *Usiner dans la masse,* usiner une pièce de forme donnée à partir d'une pièce brute cylindrique ou parallélépipédique rectangle.

MASSE n. f. (lat. *mateola*). Gros marteau, en métal ou en bois, servant à enfoncer, frapper, casser qqch. ‖ Gros bout d'une queue de billard. ● *Masse d'armes,* arme formée d'un manche surmonté d'une masse métallique, souvent garnie de pointes (Moyen Âge).

MASSÉ n. m. Au billard, coup donné sur une bille perpendiculairement à la surface du tapis.

MASSELOTTE n. f. (dimin. de *masse*). Métal en excédent qui adhère à une pièce fondue. (Syn. JET.) ‖ Pièce d'un système mécanique agissant par inertie, gravité ou force centrifuge.

MASSEPAIN n. m. (it. *marzapane*; mot ar.). Petit biscuit rond, fait avec des amandes, du sucre et des blancs d'œufs.

MASSER v. t. (ar. *mass,* palper). Presser, pétrir différentes parties du corps avec les mains pour assouplir les tissus, fortifier les muscles, atténuer les douleurs, etc.

MASSER v. t. Rassembler, disposer en masse : *masser des troupes; masser les figures d'un tableau.* ◆ se **masser** v. pr. Se réunir en masse, se grouper.

MASSER v. t. et i. Au billard, faire un massé.

MASSÉTER [masetɛr] n. et adj. m. (mot gr.; de *masâsthai,* mâcher). Muscle de la joue, qui élève la mâchoire inférieure.

MASSETTE n. f. Herbe du bord des étangs, ressemblant à un roseau et dont les fleurs forment un épi compact. (Famille des typhacées.) ‖ Marteau à long manche, employé autrefois par les cantonniers pour casser les pierres.

MASSEUR, EUSE n. Personne habilitée à effectuer des massages. (On dit aussi MASSEUR KINÉSITHÉRAPEUTE.)

MASSICOT n. m. (it. *marzacotto,* vernis; mot ar.). Oxyde de plomb (PbO), de couleur jaune.

MASSICOT n. m. (de *Massicot,* n. de l'inventeur). Machine à rogner le papier, à cisailler les placages de bois.

MASSICOTER v. t. Couper au massicot.

MASSIER n. m. (de *masse,* bâton). Huissier qui porte une masse dans certaines cérémonies.

MASSIER, ÈRE n. Dans un atelier de peinture ou de sculpture, élève qui recueille les cotisations *(masse)* et pourvoit aux dépenses communes.

MASSIF, IVE adj. Qui forme une masse imposante, épaisse : *porte massive; homme massif.* ‖ Qui forme un bloc compact, non plaqué : *or massif.* ‖ En grande quantité : *une dose massive de poison.* ‖ Qui groupe un grand nombre de personnes : *manifestation massive.*

MASSIF n. m. Ensemble de plantes fleuries ou d'arbustes, dans un parterre : *un massif de tulipes.* ‖ Ensemble de hauteurs présentant un caractère montagneux : *le massif du Mont-Blanc.* ‖ *Archit.* Ouvrage de béton ou de maçonnerie plein et solide. ● *Massif ancien,* région formée de terrains plissés au précambrien ou au primaire, n'ayant subi que de larges déformations ou des cassures (failles).

MASSIFICATION n. f. Phénomène par lequel des individus présentent un nombre croissant de caractéristiques communes, sous l'influence, notamment, des médias.

MASSIQUE adj. *Phys.* Qui concerne la masse. ‖ Se dit d'une grandeur caractéristique d'un corps divisée par la masse de celui-ci : *volume massique, chaleur massique.*

MASSIVEMENT adv. De façon massive.

MASSIVITÉ n. f. Caractère massif.

MASS MEDIA n. m. pl. (mots angl.). Syn. de MÉDIAS.

MASSUE n. f. (de *masse,* marteau). Bâton noueux, beaucoup plus gros à un bout qu'à l'autre. ‖ Arme contondante, en usage de l'Antiquité au XVIe s. ‖ *Bot.* Partie supérieure du corps de certains champignons. ● *Argument massue,* qui laisse sans réplique l'interlocuteur. ‖ *Coup de massue,* événement catastrophique et brutal.

MASTABA n. m. (mot ar.). Monument funéraire trapézoïdal (abritant caveau et chapelle), construit pour les notables de l'Égypte de l'Ancien Empire.

MASTECTOMIE n. f. → MAMMECTOMIE.

MASTIC n. m. (gr. *mastikhê,* gomme de lentisque). Résine jaunâtre qui découle du lentisque. ‖ Ciment à base de carbonate de calcium et d'huile de lin pure, servant à boucher des trous ou des joints, à faire adhérer des objets de nature différente, etc. ‖ *Impr.* Erreur grave dans la composition, l'imposition, etc.

MASTICAGE n. m. Action de joindre ou de remplir avec du mastic.

MASTICATEUR, TRICE adj. Qui intervient dans la mastication. (Certains muscles masticateurs abaissent la mâchoire inférieure [digastriques], d'autres l'élèvent [masséters, temporaux], d'autres la déplacent latéralement [ptérygoïdiens].)

MASTICATEUR n. m. Ustensile servant à broyer les aliments pour certains malades.

MASTICATION n. f. Action de mâcher.

MASTICATOIRE n. m. et adj. Substance qu'on mâche, sans l'avaler (tel le chewing-gum), pour exciter la sécrétion de la salive.

MASTIFF n. m. (mot angl.; de *mâtin*). Chien à corps trapu, voisin du dogue de Bordeaux.

MASTIQUER v. t. (lat. *masticare*). Triturer des aliments avec les dents avant de les avaler.

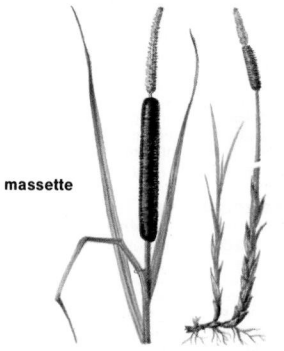

massette

MASTIQUER v. t. Coller, joindre, boucher avec du mastic.

MASTITE n. f. (gr. *mastos,* mamelle). *Méd.* Inflammation de la glande mammaire. (Syn. MAMMITE.)

MASTOC adj. inv. (all. *Mastochs,* bœuf à l'engrais). *Fam.* Lourd, épais, grossier.

MASTODONTE n. m. (gr. *mastos,* mamelle, et *odous, odontos,* dent). Mammifère fossile de la fin du tertiaire et du début du quaternaire, voisin de l'éléphant, mais muni de molaires mamelonnées et parfois de deux paires de défenses. ‖ *Fam.* Personne, chose d'un énorme volume.

mastodonte

MASTOÏDE adj. (gr. *mastoeidês,* qui a l'apparence d'une mamelle). *Anat.* Se dit de l'éminence placée à la partie inférieure et postérieure de l'os temporal.

MASTOÏDIEN, ENNE adj. Relatif à l'apophyse mastoïde. ● *Cavités mastoïdiennes,* cavités creusées dans l'os temporal, en communication avec la caisse du tympan.

MASTOÏDITE n. f. Inflammation mastoïdienne, qui peut accompagner l'otite aiguë.

MASTOLOGIE n. f. Étude de l'anatomie, de la physiologie et de la pathologie des seins.

MASTROQUET n. m. (mot picard). Pop. et vx. Marchand de vin au détail.

MASTURBATION n. f. Action de masturber.

MASTURBER v. t. (lat. *manus,* main, et *stuprare,* polluer). Procurer le plaisir sexuel par l'excitation manuelle des parties génitales. ◆ se **masturber** v. pr. Se livrer à la masturbation sur soi-même.

M'AS-TU-VU n. m. inv. Personne vaniteuse.

MASURE n. f. (bas lat. *mansura,* demeure). Maison misérable, délabrée.

MAT [mat] n. m. (mot ar.). Aux échecs, position du roi qui est en échec, sans pouvoir se mettre hors de prise, ce qui termine la partie. ◆ adj. inv. Se dit du joueur qui a perdu.

MAT, E [mat] adj. (lat. *mattus,* humide). Qui n'a pas d'éclat, de poli, de brillant : *or, teint mat; photographie mate.* ‖ Qui n'a pas de résonance : *son mat.*

MAT [mat] n. m. (angl. *mat,* natte). Nappe en fibres de verre, en fibres synthétiques ou naturelles, utilisée comme élément de renforcement dans la fabrication des plastiques armés.

MÂT [mɑ] n. m. (mot francique). Pièce de bois ou de métal, verticale ou oblique, portant la voilure d'un navire. (Les principaux mâts sont le beaupré, le mât de misaine, le grand mât et le

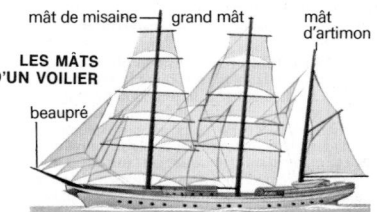

mât de misaine — grand mât — mât d'artimon

LES MÂTS D'UN VOILIER

beaupré

mât d'artimon.) ‖ *Ch. de f.* Support des signaux et des disques. ‖ Longue pièce de bois verticale pour s'exercer à la gymnastique, pour hisser des drapeaux, etc. ● *Grand mât,* mât principal d'un voilier, le deuxième à partir de l'avant. ‖ *Mât de charge,* dispositif comprenant une corne montée sur un pivot ainsi que divers organes de manœuvre, et servant à embarquer et à débarquer les marchandises à bord d'un navire.

MATADOR n. m. (mot esp.; de *matar,* tuer). Celui qui, dans les courses de taureaux, a reçu l'alternative et qui est chargé de tuer l'animal.

MATAF n. m. *Pop.* Matelot.

MATAGE n. m. Façonnage au marteau.

MATAMORE n. m. (esp. *Matamoros,* tueur de Maures [personnage de la comédie espagnole]). Faux brave, fanfaron.

MATCH [matʃ] n. m. (mot angl.) [pl. *matches* ou *matchs*]. Compétition sportive disputée entre deux concurrents, deux équipes : *un match de tennis, de football.*

MATÉ n. m. (mot esp.; du quechua). Arbre de l'Amérique du Sud, voisin du houx. (On fait de ses feuilles une infusion stimulante et diurétique.) [Syn. THÉ DES JÉSUITES.]

MATEFAIM n. m. Sorte de crêpe très épaisse.

MATELAS n. m. (mot ar.). Grand coussin piqué, servant à garnir un lit, et qui peut être soit rembourré de laine, soit à ressorts, soit en caoutchouc. ‖ *Épaisse couche : matelas de feuilles; matelas d'air.* ● *Matelas pneumatique,* enveloppe de toile caoutchoutée ou de plastique que l'on gonfle, qui est utilisée pour le camping, la plage, etc.

MATELASSER v. t. Fixer par des piqûres une couche textile moelleuse à l'envers d'un tissu; rembourrer qqch.

MATELASSIER, ÈRE n. Personne qui confectionne, répare, carde les matelas.

MATELASSURE n. f. Ce qui sert à rembourrer, à faire les matelas.

MATELOT n. m. (moyen néerl. *mattenoot,* compagnon). Homme d'équipage qui, à bord, participe à la manœuvre et à l'entretien du navire. ‖ Premier grade des hommes du rang de la Marine nationale. ‖ Chacun des navires d'une formation, considéré par rapport à celui qu'il précède ou qu'il suit.

MATELOTAGE n. m. *Mar.* Ensemble des travaux relatifs à la manœuvre et au service du gabier.

MATELOTE n. f. Mets composé de poisson, surtout d'anguille, accommodé au vin rouge et aux oignons.

MATER v. t. Faire mat aux échecs. ● *Mater qqn,* le soumettre à son autorité, briser sa résistance. ‖ *Mater qqch,* s'en rendre maître, en arrêter l'expansion.

MATER v. t. Refouler une matière par une série de chocs répétés. ‖ *Orfèvr.* Syn. de MATIR.

MATER v. t. *Arg.* Épier.

MÂTER v. t. *Mar.* Mettre en place les mâts d'un navire.

MÂTEREAU n. m. Petit mât de faible diamètre.

MATÉRIALISATION n. f. Action de matérialiser, de se matérialiser. ‖ *Phys.* Transformation d'énergie rayonnante (photon) en particules de masse non nulle (électrons, positons).

MATÉRIALISER v. t. (lat. *materia,* matière). Donner une forme concrète; rendre réel, effectif : *matérialiser un projet.* ‖ Considérer comme matériel : *certains philosophes matérialisent l'âme.* ‖ Définir par un signe une direction, une voie de circulation. ◆ **se matérialiser** v. pr. Devenir réel.

MATÉRIALISME n. m. Position philosophique qui considère la matière comme la seule réalité et qui fait de la pensée un phénomène matériel, au même titre que les autres phénomènes. ‖ Manière de vivre de ceux pour qui comptent seuls les biens matériels et le plaisir immédiat. ■ Le *matérialisme antique* est surtout représenté par Démocrite, Épicure, Lucrèce; le *matérialisme mécaniste,* par Gassendi, Hobbes, Diderot, Helvétius, d'Holbach, La Mettrie,

d'Alembert; le *matérialisme historique* et le *matérialisme dialectique,* par Marx, Engels, Lénine, Mao Tsö-tong. (V. MARXISME.)

MATÉRIALISTE adj. et n. Relatif au matérialisme; qui en est partisan.

MATÉRIALITÉ n. f. Qualité de ce qui est matériel : *la matérialité du corps.* ‖ Réalité, existence : *établir la matérialité d'un fait.*

MATÉRIAU n. m. Toute matière entrant dans la construction de qqch. ◆ pl. Ensemble des matières entrant dans la construction des bâtiments, voies de communication, etc. ‖ Tout ce qu'on rassemble de faits, d'idées pour la composition d'un ouvrage littéraire, documents : *les matériaux d'un dictionnaire.*

MATÉRIEL, ELLE adj. (lat. *materialis;* de *materia,* matière). Formé par la matière : *être matériel.* ‖ Qui existe effectivement, réel, tangible : *obstacle matériel; erreur matérielle.* ‖ Qui appartient aux nécessités de la vie humaine, aux moyens matériels de l'existence : *confort matériel.* ‖ Trop attaché à l'argent, aux plaisirs : *esprit matériel.* ● *Point matériel,* point géométrique supposé pesant. ‖ *Temps matériel,* temps nécessaire pour accomplir une action.

MATÉRIEL n. m. Ensemble des objets de toute nature qui servent à une exploitation, à un établissement, à un sport, à une activité, etc.; ensemble des équipements nécessaires aux forces armées. ‖ *Inform.* Ensemble des organes physiques d'un système informatique. (Syn. HARDWARE.) ● *Service du matériel,* dans les armées de terre et de l'air, organisme chargé de la gestion et du maintien en condition des matériels. (Dans l'armée de terre, le matériel est une arme depuis 1976.)

MATÉRIELLEMENT adv. Positivement, réellement : *c'est matériellement impossible.* ‖ En ce qui concerne les biens matériels : *être matériellement défavorisé.*

MATERNAGE n. m. *Méd.* Ensemble des soins qu'il faut assurer chez les sujets impotents ou comateux, les opérés, etc. (Syn. NURSING.) ‖ *Psychol.* Toute relation entre deux personnes établie sur le modèle du lien primitif entre la mère et son jeune enfant.

MATERNEL, ELLE adj. (lat. *maternus*). Propre à une mère, qui concerne les mères : *allaitement maternel.* ‖ Du côté de la mère : *biens, parents maternels.* ● *Maison maternelle,* établissement public où sont reçues, à leur demande, les mères célibataires.

MATERNELLE n. f. École facultative (mais très fréquentée en France) pour les enfants de deux à six ans, visant moins à l'acquisition des connaissances qu'à l'épanouissement physique et social de l'enfant (chant, danses, etc.), et au développement des activités d'éveil.

MATERNELLEMENT adv. De façon maternelle.

MATERNER v. t. Établir une relation de maternage. ‖ Entourer de soins excessifs, protéger excessivement.

MATERNISER v. t. Transformer la composition du lait de vache pour le rendre proche du lait de femme.

MATERNITÉ n. f. (lat. *maternitas;* de *mater,* mère). État, qualité de mère. ‖ Sentiment maternel. ‖ Action de mettre un enfant au monde : *elle a eu trois maternités rapprochées.* ‖ Établissement ou service hospitalier où s'effectuent les accouchements. ‖ Tableau représentant une mère avec son enfant. ● *Assurance maternité,* assurance sociale qui prend en charge les frais médicaux et pharmaceutiques de la grossesse, de l'accouchement et l'indemnité de repos.

MATH ou **MATHS** n. f. pl. Abrév. fam. de MATHÉMATIQUES.

MATHÉMATICIEN, ENNE n. Personne qui étudie, qui professe les mathématiques.

MATHÉMATIQUE adj. (gr. *mathêmatikos;* de *mathêma,* science). Qui a trait aux mathématiques : *logique mathématique.* ‖ Rigoureux : *précision mathématique.* ● *C'est mathématique,* c'est inévitable. ◆ n. f. Syn. anc. de MATHÉMATIQUES, repris actuellement.

MATHÉMATIQUEMENT adv. Selon les règles

des mathématiques. ‖ Avec une exactitude rigoureuse; inévitablement.

MATHÉMATIQUES n. f. pl. Disciplines étudiant, par le moyen du raisonnement déductif, les propriétés des êtres (nombres, figures géométriques, etc.) ainsi que les relations qui s'établissent entre eux. ● *Mathématiques élémentaires,* ancien nom de la *terminale C.* ‖ *Mathématiques spéciales,* classe de préparation au concours des grandes écoles scientifiques. ‖ *Mathématiques supérieures,* classe de préparation aux mathématiques spéciales.

MATHÉMATISATION n. f. Action de mathématiser.

MATHÉMATISER v. t. Introduire dans un domaine les méthodes mathématiques (lois, concepts, formalisation) : *mathématiser une théorie économique.*

MATHEUX, EUSE n. *Fam.* Personne qui est douée pour les mathématiques, qui les étudie.

MATHURIN n. m. (n. d'un saint). Religieux de l'ordre des Trinitaires (fondé en 1198), destiné à faciliter le rachat des chrétiens captifs dans les États barbaresques.

MATHUSALEM n. m. (n. pr.). Grosse bouteille de champagne d'une contenance de huit bouteilles (6 litres).

MATIÈRE n. f. (lat. *materia*). Réalité constitutive des corps, susceptible de toutes sortes de formes. ‖ Substance ayant des caractéristiques déterminées : *matière combustible.* ‖ Substance dont une chose est faite : *la matière d'un objet; la matière picturale d'un tableau.* ‖ Ce qui constitue le fond, le sujet d'un discours, d'un ouvrage; ce qui est l'objet d'enseignement, ce qui est l'objet de connaissance : *approfondir une matière.* ‖ *Dr.* Ce qui concerne une juridiction : *matière civile, commerciale.* ● *Comptabilité matières,* comptabilité portant sur les matières premières, les produits semi-finis et les produits fabriqués. ‖ *En matière de,* en fait de. ‖ *Entrer en matière,* aborder son sujet. ‖ *Être, donner matière à,* être l'occasion, la cause de. ‖ *Table des matières,* liste indiquant ce qui a été développé dans le cours d'un ouvrage.

MATHÉMATIQUES
Symboles logiques

VOCABULAIRE	NOTATION	DÉFINITION
implication	$\Longrightarrow$	$A \Longrightarrow B$ A implique B
équivalence	$\Longleftrightarrow$	$A \Longleftrightarrow B$ A équivalant à B
appartenance	$\in$	$a \in A$ a appartient à A
non-appartenance	$\notin$	$b \notin A$ b n'appartient pas à A
inclusion	$\subset$	$A \subset B$ A inclus dans B
non-inclusion	$\not\subset$	$M \not\subset B$ M n'est pas contenu da
contenance	$\supset$	$B \supset A$ B contient A
non-contenance	$\not\supset$	$B \not\supset M$ B ne contient pas M
intersection	$\cap$	$T = A \cap B$ (T égal à A inter B (T est l'ensemble des éléments qui appartiennent à la fois à A et à B)
réunion	$\cup$	$R = A \cup B$ R égal à A union B (R est l'ensemble de éléments qui appartien soit à A, soit à B)

MATIÉRISME n. m. *Art contemp.* Accent mis, en peinture surtout, sur la présence physique de la matière que travaille l'artiste (couche picturale épaisse, souvent additionnée de matériaux hétérogènes).

MATIÉRISTE adj. et n. Qui relève du matiérisme.

MATIN n. m. (lat. *matutinum*). Temps compris entre minuit et midi; usuellement, partie du jour comprise entre le lever du soleil et midi. ● *De bon matin, de grand matin, de bonne heure.* ‖ *Un beau matin,* un jour indéterminé. ◆ adv. De bonne heure : *se lever matin.* ‖ Dans la matinée : *dimanche matin.*

MÂTIN n. m. (lat. *mansuetus,* apprivoisé). Gros chien de garde.

MÂTIN, E n. *Fam.* Personne vive, délurée : *ah! la petite mâtine!* ◆ interj. *Mâtin!,* exprime l'étonnement ou l'admiration (vx).

MATINAL, E, AUX adj. Propre au matin : *brise matinale.* ‖ Qui se lève de bonne heure.

MÂTINÉ, E adj. Qui n'est pas de race pure : *épagneul mâtiné de dogue.* ‖ Qui est mêlé à qqch d'autre : *un français mâtiné d'italien.*

MATINÉE n. f. Temps qui s'écoule depuis le point du jour jusqu'à midi. ‖ Spectacle qui a lieu l'après-midi.

MÂTINER v. t. Faire couvrir une chienne par un chien de race différente.

MATINES n. f. pl. *Liturg.* Office nocturne monastique appelé aussi VIGILE.

MATIR v. t. Rendre mate une matière précieuse.

MATITÉ n. f. État de ce qui est mat.

MATOIR n. m. Outil en acier trempé, qui sert à mater, à matir.

MATOIS, E adj. et n. (mot arg.). *Litt.* Qui a de la ruse et de la finesse.

MATON, ONNE n. (de *mater,* épier). *Pop.* Gardien, gardienne de prison.

MATORRAL n. m. (pl. *matorrals*). Formation végétale des pays méditerranéens, plus ouverte que le maquis et constituée d'oliviers sauvages, de lentisques, d'arbousiers et de petits chênes.

MATOU n. m. Nom usuel du chat mâle.

MATRAQUAGE n. m. Action de matraquer.

MATRAQUE n. f. (mot ar.). Arme contondante, faite d'un cylindre de bois ou de caoutchouc durci.

MATRAQUER v. t. Frapper à coups de matraque. ‖ Assommer le client en pratiquant un prix excessif. ‖ Infliger à qqn ou au public un slogan, une image publicitaire en les répétant avec insistance.

MATRAQUEUR, EUSE n. et adj. Personne qui matraque.

MATRAS [matra] n. m. (mot ar.). Vase de verre à long col, employé en chimie.

MATRIARCAL, E, AUX adj. Relatif au matriarcat : *société matriarcale.*

MATRIARCAT n. m. (lat. *mater,* mère, et gr. *arkhê,* commandement). Système social, politique et juridique en vertu duquel, chez certains peuples, les femmes jouent un rôle prépondérant et exercent une autorité prépondérante dans la famille.

MATRIÇAGE n. m. Opération par laquelle on forme une pièce à l'aide d'une matrice.

MATRICAIRE n. f. (de *matrice*). Plante herbacée odorante, dont une espèce, la *petite camomille,* ressemble à l'anthémis. (Famille des composées.)

MATRICE n. f. (lat. *matrix, matricis*). *Anat.* Syn. vieilli de UTÉRUS. ‖ *Math.* Tableau de *m.n* nombres disposés suivant *m* lignes et *n* colonnes, *m* et *n* pouvant être égaux. ‖ *Stat.* Arrangement ordonné d'un ensemble d'éléments. ‖ *Techn.* Moule en creux ou en relief, servant à reproduire une empreinte sur un objet soumis à son action. ● *Matrice cadastrale,* document énumérant les parcelles appartenant à chaque propriétaire dans une commune. ‖ *Matrice du rôle des contributions,* registre original d'après lequel sont établis les rôles des contributions.

MATRICER v. t. (conj. **1**). *Techn.* Former au moyen de matrices.

MATRICIDE n. m. (lat. *matricidium*). *Litt.* Crime de celui, de celle qui a tué sa mère.

MATRICIEL, ELLE adj. Relatif aux matrices.

MATRICLAN n. m. *Anthropol.* Clan fondé sur la filiation matrilinéaire.

MATRICULE n. f. (bas lat. *matricula,* petit registre). Registre où sont inscrits tous les individus qui entrent dans un hôpital, dans une prison, dans un corps de troupes, etc. ‖ Inscription sur ce registre. ‖ Extrait de cette inscription.

MATRICULE n. m. et adj. Numéro d'inscription sur la matricule.

MATRICULER v. t. Inscrire une personne sur une matricule. ‖ Marquer d'un numéro matricule.

MATRILINÉAIRE adj. *Anthropol.* Se dit d'un système de filiation et d'organisation sociale dans lequel seule l'ascendance maternelle est prise en ligne de compte.

MATRILOCAL, E, AUX adj. *Ethnol.* Se dit du mode de résidence d'un couple nouveau, dans lequel l'époux vient habiter dans la famille de sa femme.

MATRIMONIAL, E, AUX adj. (lat. *matrimonium,* mariage). Qui a rapport au mariage : *régime matrimonial.* ● *Agence matrimoniale,* établissement qui met en rapport des gens désirant se marier.

MATRONE n. f. (lat. *matrona*). *Antiq.* Dame romaine. ‖ Femme d'âge mûr, aux manières vulgaires.

MATRONYME n. m. Nom de famille formé d'après le nom de la mère.

MATTE n. f. Substance métallique sulfureuse résultant de la première fusion d'un minerai traité et non suffisamment épuré.

MATTHIOLE n. f. (n. d'un botaniste it.). Plante dont on cultive une espèce, sous les noms de *giroflée rouge, violier.* (Famille des crucifères.)

MATURATION n. f. (lat. *maturatio;* de *maturare,* mûrir). Processus conduisant au développement complet d'un phénomène, d'un individu ou d'une chose : *maturation sexuelle.* ‖ *Bot.* Ensemble des phénomènes par lesquels un fruit arrive à maturité. ‖ *Techn.* Traitement thermique de durcissement structural pratiqué sur certains alliages, à base d'aluminium. (Syn. VIEILLISSEMENT.)

MATURE adj. Arrivé à maturité. ‖ Se dit du poisson prêt à frayer.

MÂTURE n. f. *Mar.* Ensemble des mâts, vergues et cordages d'un navire.

MATURITÉ n. f. État des fruits quand ils sont mûrs : *raisin parvenu à maturité.* ‖ Période de la vie comprise entre la jeunesse et la vieillesse. ‖ État des choses qui ont atteint leur complet développement : *la maturité du jugement.* ‖ En Suisse, le baccalauréat.

MAUBÈCHE n. f. Grande espèce de bécasseau. (Long. 25 cm.)

MAUDIRE v. t. (lat. *maledicere*) [conj. comme *finir,* sauf au part. pass.]. Lancer contre qqn une malédiction; appeler sur lui la colère divine. ‖ Exprimer son impatience, sa colère contre qqch, qqn : *maudire le sort.*

MAUDIT, E adj. et n. Voué à la damnation, rejeté par la société. ● *Le maudit,* le démon. ◆ adj. Très désagréable, très mauvais : *temps maudit; maudit métier.*

MAUGRÉER v. i. et t. (anc. fr. *maugré,* chagrin). Manifester de la mauvaise humeur, s'emporter : *maugréer des injures.*

MAUL n. m. (angl. *to maul,* malmener). Au rugby, groupement de joueurs debout se disputant le ballon, porté par l'un d'eux.

MAURANDIE n. f. (de *Maurandy,* n. pr.). Plante herbacée, parfois grimpante, dont les fleurs, à grande corolle, sont recherchées pour orner les tonnelles. (Famille des scrofulariacées.)

MAURE ou **MORE** n. m. et adj. (lat. *Maurus,* Africain). Chez les Romains, terme s'appliquant aux Berbères et plus spécialement à ceux de l'Ouest (Mauritanie). [Au Moyen Âge, le terme s'appliqua aux Berbères qui conquirent l'Espagne. Actuellement, il est réservé aux habitants du Sahara occidental.]

MAURESQUE ou **MORESQUE** adj. Propre aux Maures. ◆ adj. et n. f. Femme maure.

MAURICIEN, ENNE adj. et n. De l'île Maurice.

MAURISTE n. m. Bénédictin de la congrégation de Saint-Maur.

MAURITANIEN, ENNE adj. et n. De la Mauritanie.

MAUSER n. m. (du n. des frères Wilhelm et Paul von *Mauser* [1834-1882 et 1838-1914]). Fusil à répétition de calibre 7,9 mm, réalisé en 1898, adopté par de nombreux pays, plusieurs fois perfectionné et employé dans l'armée allemande jusqu'en 1945. ‖ Type de pistolet automatique.

MAUSOLÉE n. m. (de *Mausole,* n. pr.). Monument funéraire ayant les dimensions d'un bâtiment. ‖ Monument funéraire somptueux.

MAUSSADE adj. (de *mal,* et anc. fr. *sade,* agréable). Qui manifeste de la mauvaise humeur, hargneux : *un homme maussade.* ‖ Désagréable, ennuyeux, triste : *temps maussade.*

MAUSSADERIE n. f. *Litt.* Mauvaise humeur.

MAUVAIS, E adj. (lat. pop. *malifatius;* de *malum fatum,* mauvais sort). Qui présente un défaut, qui n'a pas les qualités qu'il devrait avoir : *mauvais pain; mauvais acteur.* ‖ Qui n'a pas les qualités morales requises, qui fait le mal : *mauvaise conduite; mauvaises intentions.* ‖ Qui ne convient pas, inopportun : *mauvais moment.* ‖ Dangereux, nuisible : *mauvais livre.* ‖ Qui rapporte peu, insuffisant : *une mauvaise récolte; une mauvaise affaire.* ● *La trouver mauvaise* (Fam.), être vexé de qqch. ‖ *Mauvais bruits,* propos défavorables. ‖ *Mauvaise tête,* personne sujette à des coups de tête; qui n'a pas bon caractère. ‖ *Mer mauvaise,* mer très agitée. ‖ *Trouver mauvais que,* considérer comme mauvais. ◆ adv. *Il fait mauvais,* il fait un vilain temps. ‖ *Sentir mauvais,* exhaler une odeur désagréable.

MAUVE n. f. (lat. *malva*). Plante, à fleurs roses ou violacées, dont l'infusion est laxative et calmante. (Type de la famille des malvacées.)

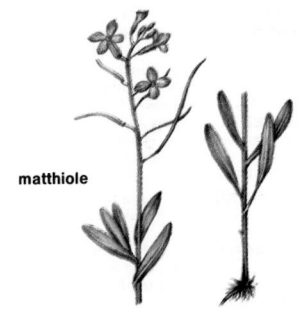

matthiole

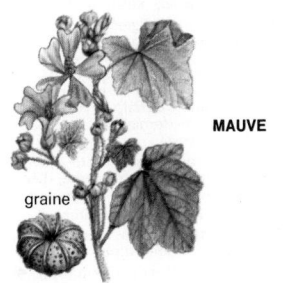

MAUVE

graine

◆ adj. et n. m. Couleur violet pâle à reflets blancs.

MAUVÉINE n. f. *Chim.* Matière colorante dérivée de l'aniline.

MAUVIETTE n. f. (dimin. de *mauvis*). Nom de

l'alouette devenue grasse (vx). ‖ *Fam.* Personne très chétive ou maladive.

MAUVIS [movi] n. m. (anglo-saxon *maew*, mouette). Petite grive à la chair estimée. (Long. 22 cm.)

MAXILLAIRE adj. (lat. *maxillaris*; de *maxilla*, mâchoire). Relatif aux mâchoires.

MAXILLAIRE n. m. Chacun des os qui constituent les mâchoires.

MAXILLE n. f. (lat. *maxilla*). Pièce buccale paire des insectes, des crustacés, etc., située en arrière des mandibules.

MAXILLIPÈDE n. m. *Zool.* Appendice pair des crustacés, situé entre les mâchoires et les pattes et servant surtout à tenir les proies. (Syn. PATTE-MÂCHOIRE.)

MAXILLO-FACIAL, E, AUX adj. Relatif aux maxillaires et à la face.

MAXIMAL, E, AUX adj. Se dit de ce qui est au plus haut degré : *une température maximale.* (Syn. MAXIMUM.)

MAXIMALISTE n. *Hist.* Partisan des thèses bolcheviques.

MAXIME n. f. (lat. *maxima sententia*, sentence générale). Formule brève énonçant une règle de morale ou de conduite ou une réflexion d'ordre général.

MAXIMISATION ou **MAXIMALISATION** n. f. Action de maximiser.

MAXIMISER ou **MAXIMALISER** v. t. Porter au maximum. ‖ Donner à une grandeur, à un fait ou à une idée la plus haute valeur possible.

MAXIMUM [maksimɔm] n. m. (mot lat., *le plus grand*) [pl. *maximums* ou *maxima*]. Le plus haut degré qu'une chose puisse atteindre : *le maximum de risques.* ‖ *Math.* Valeur la plus grande que peut prendre une quantité variable entre certaines limites. ● *Au maximum*, au plus haut degré. ◆ adj. Syn. de MAXIMAL.

MAXWELL [makswɛl] n. m. (de J. C. *Maxwell*, n. pr.). Unité C.G.S. de flux magnétique (symb. : M), équivalant au flux produit par une induction magnétique de 1 gauss à travers une surface de 1 cm², normale au champ.

MAYA adj. Relatif aux Mayas, à leur civilisation.

MAYA n. m. Langue indienne parlée en Amérique centrale.

MÀYÀ n. f. (mot sanskr., *illusion*). Dans le Vedānta et dans le bouddhisme, ensemble des illusions qui constituent le monde.

MAYEN n. m. Dans le Valais, pâturage d'altitude moyenne avec bâtiment, où le troupeau séjourne au printemps et en automne.

MAYEUR n. m. → MAÏEUR.

MAYONNAISE n. f. (de *Mahón*). Sauce froide composée d'une émulsion de jaune d'œuf et d'huile.

MAZAGRAN n. m. (de *Mazagran*, v. d'Algérie). Café servi dans un verre (vx). ‖ Récipient épais, en forme de verre à pied, pour servir le café.

MAZARINADE n. f. Chanson ou pamphlet publiés contre Mazarin pendant la Fronde.

MAZDÉEN, ENNE adj. Relatif au mazdéisme.

MAZDÉISME n. m. Religion de l'Iran ancien réformée par Zarathushtra. (Le mazdéisme est une religion dualiste : le monde est le théâtre d'une lutte opposant le principe du Mal [Ahriman ou Angra-Mainyu] et le principe du Bien [Ormuzd ou Ahura-Mazdā], le triomphe final devant revenir à ce dernier. Le livre sacré du mazdéisme est l'*Avesta.*)

MAZETTE n. f. (normand *mesette*, mésange). *Fam.* Personne qui manque de force, d'énergie, d'habileté. ◆ interj. Exprime l'admiration.

MAZOT n. m. En Suisse, petit bâtiment rural.

MAZOUT [mazut] n. m. (mot russe). Nom usuel du *fuel* ou du *fuel* domestique.

MAZOUTER v. t. Polluer par le mazout. ◆ v. i. *Mar.* Faire le plein des soutes en mazout.

MAZURKA [mazyrka] n. f. (mot polon.). Danse à trois temps, d'origine polonaise (prov. de *Mazurie*); air sur lequel elle s'exécute.

ME pron. pers. de la 1ʳᵉ pers. du sing., compl. d'objet direct ou indirect (avant le verbe) : *je m'inquiète; il me semble.*

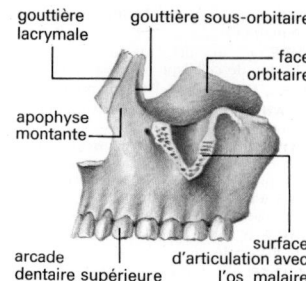
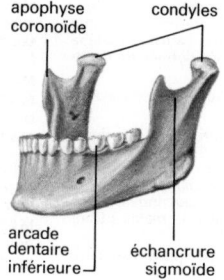

gouttière lacrymale
gouttière sous-orbitaire
apophyse coronoïde
condyles
face orbitaire
apophyse montante
arcade dentaire supérieure
surface d'articulation avec l'os malaire
arcade dentaire inférieure
échancrure sigmoïde

VUE EXTERNE DES MAXILLAIRES SUPÉRIEUR ET INFÉRIEUR

MEA CULPA [meakylpa] n. m. inv. (mots lat. tirés du Confiteor, *par ma faute*). Faire son mea culpa, se repentir, avouer sa faute.

MÉANDRE n. m. (gr. *Maiandros*, le Méandre, fl. sinueux d'Asie Mineure). Sinuosité décrite par un cours d'eau. ‖ Détour sinueux et tortueux : *les méandres de la diplomatie.* ‖ *Arts décor.* Sorte de frette.

MÉANDRINE n. f. *Zool.* Madrépore des mers chaudes, aux loges en méandres.

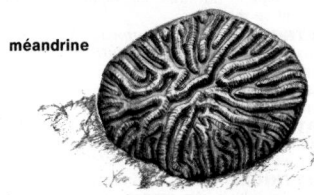

méandrine

MÉAT [mea] n. m. (lat. *meatus*, passage). *Anat.* Cavité : *les méats du nez.* ‖ Orifice d'un canal : *méat urinaire.* ‖ *Bot.* Interstice entre certaines cellules végétales.

MEC n. m. *Pop.* Homme; individu quelconque.

MÉCANICIEN, ENNE n. et adj. Physicien spécialiste de mécanique. ‖ Spécialiste du réglage, de la conduite et de l'entretien des machines. ‖ Ouvrier capable d'effectuer les réparations courantes d'ensembles mécaniques. ‖ Conducteur de machine, et plus spécialement de locomotive. ● *Officier mécanicien de l'air*, officier de l'armée de l'air chargé de l'encadrement de certaines formations à caractère technique.

MÉCANICIEN-DENTISTE n. m. (pl. *mécaniciens-dentistes*). Technicien qui fabrique les prothèses dentaires.

MÉCANIQUE n. f. (gr. *mêkhanê*, machine). Science qui a pour objet l'étude des forces et de leurs actions. ‖ Combinaison d'organes propres à produire ou à transmettre des mouvements. ‖ Étude des machines, de leur construction et de leur fonctionnement. ‖ Machine compliquée. ● *Mécanique céleste*, discipline scientifique traitant des mouvements des corps célestes. ‖ *Mécanique ondulatoire*, discipline scientifique, érigée par L. de Broglie en 1924, laquelle les particules en mouvement sont associées aux ondes capables de produire des phénomènes d'interférence et de diffraction. ‖ *Mécanique quantique*, ensemble des lois décrivant l'évolution des systèmes microscopiques et fondées sur la théorie des quanta. ‖ *Mécanique rationnelle*, mécanique considérée sous son aspect théorique. ‖ *Mécanique relativiste*, mécanique fondée sur les principes de la théorie de la relativité. ‖ *Mécanique statistique*, application de la mécanique et des méthodes statistiques à l'étude des systèmes formés d'un grand nombre d'éléments semblables (molécules, atomes, etc.).

MÉCANIQUE adj. Relatif aux lois du mouvement et de l'équilibre. ‖ Qui est mis en mouvement par une machine, un mécanisme : *rasoir mécanique, jouet mécanique.* ‖ Qui ne dépend pas de la volonté, machinal : *un geste mécanique.* ‖ Qui agit uniquement suivant les lois du mouvement et des forces (par oppos. à

CHIMIQUE) : *l'action mécanique des vents.* ● *Ennuis mécaniques*, panne de moteur.

MÉCANIQUEMENT adv. De façon mécanique, machinale. ‖ Du point de vue de la mécanique.

MÉCANISATION n. f. Action de mécaniser.

MÉCANISER v. t. Introduire l'emploi des machines : *mécaniser l'agriculture.* ‖ *Mil.* Doter une formation de véhicules servant à la fois au transport et au combat.

MÉCANISME n. m. Combinaison d'organes ou de pièces disposés de façon à obtenir un résultat déterminé; ensemble des pièces entrant en jeu dans un fonctionnement : *régler un mécanisme; démonter le mécanisme d'un fusil.* ‖ Mode de fonctionnement de qqch qui est comparé à une machine : *mécanisme du corps humain; mécanisme de défense.* ‖ *Philos.* Philosophie de la nature qui s'efforce d'expliquer l'ensemble des phénomènes naturels par les seules lois de la théorie du mouvement.

MÉCANISTE adj. et n. *Philos.* Qui concerne ou qui professe le mécanisme.

MÉCANO n. m. *Fam.* Mécanicien.

MÉCANOGRAPHE n. Employé(e) spécialisé(e) dans les travaux de mécanographie.

MÉCANOGRAPHIE n. f. (gr. *mêkhanê*, machine, et *graphein*, écrire). Utilisation de machines (machines à écrire, comptables, à cartes ou à bandes perforées, duplicateurs) pour l'exécution du travail de bureau.

MÉCANOGRAPHIQUE adj. Relatif à la mécanographie.

MÉCANORÉCEPTEUR n. m. Récepteur sensoriel sensible à des stimulations mécaniques souvent très faibles.

MÉCANOTHÉRAPIE n. f. (gr. *mêkhanê*, machine, et *therapeuein*, soigner). Kinésithérapie effectuée au moyen d'appareils mécaniques.

MÉCÉNAT n. m. (lat. *Maecenas*, n. du ministre d'Auguste). Protection, aide accordée aux lettres, aux sciences et aux arts.

MÉCÈNE n. m. Personne qui protège les écrivains, les artistes, les savants, en les aidant financièrement.

MÉCHAGE n. m. Action de mécher.

MÉCHAMMENT adv. Avec méchanceté.

MÉCHANCETÉ n. f. Penchant à faire du mal : *agir par pure méchanceté.* ‖ Action, parole méchante : *faire, dire des méchancetés.*

MÉCHANT, E adj. et n. (anc. fr. *meschoir*, mal tomber). Qui fait le mal sciemment; qui manifeste la malveillance : *homme méchant; regard méchant.* ◆ adj. *Litt.* Qui n'a aucune valeur ou compétence (en ce sens, précède le nom) : *méchant poète.* ‖ Qui attire des ennuis, cause des difficultés, dangereux : *s'attirer une méchante affaire.* ‖ *Pop.* Extraordinaire : *tu as une méchante bagnole.*

MÈCHE n. f. (lat. pop. *micca*; gr. *muxa*). Assemblage de fils, cordon, tresse, employés dans la confection des bougies ou pour servir à conduire un liquide combustible dans un appareil d'éclairage. ‖ Bout de ficelle qu'on attache à la lanière du fouet. ‖ Toile imprégnée de soufre, pour désinfecter les tonneaux. ‖ Touffe de cheveux. ‖ Outil rotatif en acier servant à percer des trous. ‖ Axe du gouvernail d'un navire. ‖ Gaine contenant de la poudre noire et servant à mettre le feu à une arme, à une mine ou à un explosif. ‖ *Chir.* Pièce de gaze étroite et longue servant à drainer certaines collections purulentes. ‖ *Text.* Assemblage de grande longueur de fibres textiles éventuellement maintenues par une légère torsion. ● *Découvrir, éventer, vendre la mèche* (Fam.), trouver, livrer un secret.

MÈCHE n. f. (it. *mezzo*, moitié). *Être de mèche avec qqn* (Fam.), être son complice. ‖ *Y a pas mèche* (Pop.), il n'y a pas moyen, c'est impossible.

MÉCHER v. t. (conj. 5). Faire brûler dans un tonneau une mèche soufrée, afin de détruire les ferments et moisissures. ‖ *Chir.* Placer une mèche dans une plaie.

MÉCHEUX, EUSE adj. *Text.* Qui forme mèche, en parlant des laines brutes.

MÉCHOUI [meʃwi] n. m. (mot ar.). Mouton entier cuit à la broche.

MECHTA [meʃta] n. f. (mot ar.). En Algérie et en Tunisie, hameau.

Meckel (*diverticule de*), cul-de-sac appendu à l'intestin grêle, reliquat, chez certains sujets, du canal reliant l'intestin au fœtus au placenta. (Ce diverticule peut être le siège d'une infection ressemblant à l'appendicite.)

MÉCOMPTE n. m. Espérance trompée, déception : *affaire n'apportant que des mécomptes.*

MÉCONDUIRE (SE) v. pr. (conj. 64). En Belgique, se conduire mal.

MÉCONDUITE n. f. En Belgique, mauvaise conduite.

MÉCONIUM [mekɔnjɔm] n. m. (gr. *mêkônion*, suc de pavot). Premières matières fécales du nouveau-né.

MÉCONNAISSABLE adj. Qu'on ne peut reconnaître qu'avec peine.

MÉCONNAISSANCE n. f. *Litt.* Action de méconnaître, d'ignorer.

MÉCONNAÎTRE v. t. (préf. *mé[s]* et *connaître*) [conj. 58]. *Litt.* Ne pas comprendre qqch, ne pas en voir les qualités; ne pas apprécier à sa juste valeur : *méconnaître l'importance d'une découverte.*

MÉCONNU, E adj. et n. Qui n'est pas apprécié selon son mérite : *un auteur méconnu.*

MÉCONTENT, E adj. et n. Qui n'est pas satisfait, qui éprouve du ressentiment.

MÉCONTENTEMENT n. m. Manque de satisfaction, irritation.

MÉCONTENTER v. t. Rendre mécontent, exciter le mécontentement.

MÉCOPTÈRE n. m. Insecte aux quatre ailes égales, à larve souterraine, tel que le *panorpe.* (Les mécoptères forment un ordre.)

MÉCRÉANT, E n. (préf. *mé[s]* et *créant,* part. de *croire*). Irréligieux ou infidèle; personne qui n'a pas de religion.

MÉDAILLE n. f. (it. *medaglia*). Pièce de métal le plus souvent circulaire et portant un dessin, une inscription en relief, frappée en mémoire d'un événement ou en l'honneur d'un personnage. (Les médailles sont d'une taille en général un peu supérieure à celle des plus grandes monnaies.) ‖ Pièce de métal donnée en prix dans certains concours, en récompense d'actes de dévouement, etc. ‖ Pièce de métal représentant un sujet de dévotion. ‖ Plaque de métal dont le port est exigé dans certaines professions. ● *Médailles commémoratives,* décorations attribuées aux militaires ayant participé à certaines guerres (guerres mondiales, Indochine, etc.).

MÉDAILLÉ, E adj. et n. Décoré d'une médaille ayant valeur de récompense.

MÉDAILLEUR n. m. Graveur en médailles.

MÉDAILLIER n. m. Collection de médailles : *le médaillier national.* ‖ Meuble qui les renferme : *un médaillier de chêne.*

MÉDAILLON n. m. (it. *medaglione*). Médaille sans revers qui dépasse en poids et en taille les médailles ordinaires. ‖ Bas-relief ou autre élément décoratif circulaire ou ovale. ‖ Bijou de forme circulaire ou ovale, dans lequel on place un portrait, des cheveux, etc. ‖ Préparation culinaire de forme ronde ou ovale.

MÈDE adj. → MÉDIQUE.

MÉDECIN n. m. (lat. *medicus*). Titulaire du diplôme de docteur en médecine, qui exerce la médecine. ● *Médecin des armées,* depuis 1968, appellation des médecins militaires. ‖ *Médecin, médecin principal, médecin en chef, médecin chef des services, médecin général, médecin général inspecteur,* grades successifs des médecins des armées. ‖ *Médecin traitant,* médecin qui donne des soins au cours d'une maladie.

MÉDECINE n. f. (lat. *medicina*). Science qui a pour objet la conservation ou le rétablissement de la santé. ‖ Profession de médecin : *l'exercice illégal de la médecine est puni.* ‖ Système médical particulier : *la médecine homéopathique.* ‖ *Médecine légale,* médecine appliquée à différentes questions de droit, de criminologie. ‖ *Médecine sociale,* médecine du travail et des enfants. ‖ *Médecine du travail,* ensemble des mesures préventives destinées à dépister les maladies touchant les travailleurs et à éviter les accidents ou maladies résultant de l'activité professionnelle.

MÉDECINE-BALL n. m. → MEDICINE-BALL.

MEDERSA n. f. → MADRASA.

MÉDIA n. m. (lat. *mass media*). Technique de diffusion de masse de l'information (radio, télévision, presse écrite, publicité, etc.) constituant à la fois un moyen d'expression et un intermédiaire transmettant un message à l'intention d'un groupe. ● *Média de groupe,* organe d'information ou de communication dont les usagers ou les destinataires appartiennent à un même groupe, qu'il s'agisse d'une collectivité territoriale, d'un regroupement autour d'un intérêt particulier ou d'une caractéristique commune (la radio ou la télévision locale). ‖ *Plan média,* recherche d'une combinaison de médias et de supports permettant d'atteindre le maximum de consommateurs visés par la publicité.

MÉDIALE n. f. (lat. *medialis,* milieu). *Stat.* Valeur d'une distribution qui sépare celle-ci en deux classes égales.

MÉDIAN, E adj. (lat. *medius,* qui est au milieu). Qui se trouve au milieu : *une ligne médiane.* ‖ *Math.* Se dit, pour une courbe plane ou une surface, de l'ensemble des milieux des cordes parallèles à une direction donnée. (Un tétraèdre a six plans médians : les plans menés par une arête et le milieu de l'arête opposée.) ● *Écart médian* (Stat.), valeur centrale d'une série ordonnée d'écarts entre les valeurs observées et une valeur prise comme origine. ‖ *Nerf médian,* principal nerf de la flexion du membre supérieur, agissant sur le bras, l'avant-bras et la main. ‖ *Veines médianes,* se dit de deux veines à la surface de l'avant-bras.

MÉDIANE n. f. *Math.* Droite qui, dans une figure plane, coupe en deux parties égales toutes les cordes parallèles à une direction donnée; dans un triangle, segment de droite qui joint un sommet au milieu du côté opposé. ‖ *Stat.* Terme qui, dans une série établie par ordre de grandeur, occupe la position centrale.

MÉDIANOCHE [medjanɔʃ] n. m. (esp. *media*

Lauros

l'hôtel des Monnaies, **médaille** en cuivre (1770) de Ch. N. Roettiers

noche, minuit). Repas gras qui se faisait à la suite d'un jour maigre après minuit sonné (vx).

MÉDIANTE n. f. (lat. *medians;* de *mediare,* être au milieu). *Mus.* Troisième degré d'une gamme.

MÉDIASTIN n. m. (lat. *mediastinus,* qui se tient au milieu). Espace compris entre les deux poumons et divisé en deux parties par des replis des plèvres. (Le *médiastin antérieur* contient le cœur et le thymus; le *médiastin postérieur* renferme l'œsophage, l'aorte et le canal thoracique.)

MÉDIAT, E adj. Qui n'a rapport, qui ne touche à une chose que par une autre; qui est intermédiaire : *juridiction médiate.* ● *Auscultation médiate* (Méd.), auscultation pratiquée avec le stéthoscope.

MÉDIATEUR, TRICE adj. et n. (bas lat. *mediator;* de *mediare,* être au milieu). Qui s'entremet pour amener un accord entre deux ou plusieurs personnes : *médiateur de la paix; puissance médiatrice.* ● *Médiateur chimique,* substance libérée par l'extrémité des fibres nerveuses en activité et excitant des cellules voisines (neurone, fibre musculaire, cellule glandulaire). ‖ *Plan médiateur d'un segment,* plan perpendiculaire à ce segment et passant par son milieu.

MÉDIATEUR n. m. Fonctionnaire jouant le rôle d'intermédiaire entre les pouvoirs publics et les particuliers, ceux-ci pouvant lui exprimer leurs revendications concernant le fonctionnement de l'Administration.

MÉDIATION n. f. Entremise destinée à amener un accord, arbitrage : *offrir sa médiation.* ‖ *Dr.* Procédure du droit international public ou du droit du travail, qui propose une solution aux parties en litige sans la leur imposer, contrairement à l'arbitrage. ‖ *Philos.* Articulation entre deux êtres ou deux termes au sein d'un processus dialectique ou dans un raisonnement.

MÉDIATISATION n. f. Action de médiatiser.

MÉDIATISER v. t. *Philos.* Utiliser une médiation. ‖ *Hist.* Incorporer un pays germanique relevant directement de l'Empereur dans un État dont le souverain devenait alors suzerain intermédiaire. (Les opérations de médiatisation les plus importantes ont été pratiquées par Napoléon Ier; elles permirent d'accorder une compensation aux princes de la rive gauche du Rhin annexée à la France en 1803 et en 1806.)

MÉDIATOR n. m. Syn. de PLECTRE.

MÉDIATRICE n. f. *Math.* Perpendiculaire élevée sur le milieu d'un segment de droite.

MÉDICAL, E, AUX adj. Qui concerne la médecine : *examen médical.* ● *Acte médical,* toute intervention médicale ou chirurgicale. ‖ *Professions médicales,* celles des médecins, des chirurgiens-dentistes et des sages-femmes. ‖ *Visiteur(euse), délégué(e) médical(e),* représentant(e) des laboratoires de spécialités pharmaceutiques auprès des professions médicales.

MÉDICALEMENT adv. Du point de vue de la médecine.

MÉDICALISATION n. f. Action de médicaliser.

MÉDICALISER v. t. Renvoyer abusivement un problème quelconque à la médecine.

MÉDICAMENT n. m. (lat. *medicamentum*). Substance employée pour combattre une maladie.

MÉDICAMENTEUX, EUSE adj. Qui a les propriétés d'un médicament.

MÉDICASTRE n. m. (it. *medicastro*). Mauvais médecin, charlatan (vx).

MÉDICATION n. f. (lat. *medicatio*). Emploi d'agents thérapeutiques, répondant à une indication donnée.

MÉDICINAL, E, AUX adj. Qui sert de remède : *une plante médicinale.*

MEDICINE-BALL [medsinbol] n. m. (mots angl.) [pl. *medicine-balls*]. Ballon plein et lourd, utilisé pour les exercices d'assouplissement. (On écrit aussi MÉDECINE-BALL.)

MÉDICINIER n. m. *Bot.* Plante tropicale dont les graines fournissent une huile purgative. (Famille des euphorbiacées.)

MÉDICO-LÉGAL, E, AUX adj. Relatif à la médecine légale. ● *Institut médico-légal,* la morgue de Paris.

MÉDICO-PÉDAGOGIQUE adj. Se dit d'une institution pédagogique placée sous contrôle médical et accueillant des enfants déficients intellectuels de moins de 14 ans.

MÉDICO-PROFESSIONNEL, ELLE adj. Se dit d'une institution pédagogique placée sous contrôle médical et accueillant des adolescents déficients intellectuels de 14 à 18 ans pour les initier à la vie professionnelle.

MÉDICO-SOCIAL, E, AUX adj. Qui concerne la médecine sociale.

MÉDIÉVAL, E, AUX adj. (lat. *medium aevum*, âge du milieu). Relatif au Moyen Âge.

MÉDIÉVISME n. m. Étude du Moyen Âge.

MÉDIÉVISTE n. Spécialiste du Moyen Âge.

MÉDINA n. f. (mot ar.). Dans les pays arabes, partie ancienne d'une ville, par opposition aux quartiers récents d'origine européenne.

MÉDIOCRATIE n. f. Gouvernement des médiocres.

MÉDIOCRE adj. (lat. *mediocris*; de *medius*, qui est au milieu). Qui est au-dessous de la normale, insuffisant : *ouvrage médiocre.* ◆ adj. et n. De peu de valeur : *homme médiocre.*

MÉDIOCREMENT adv. De façon médiocre.

MÉDIOCRITÉ n. f. État, qualité de ce qui est médiocre : *médiocrité d'une œuvre, des revenus; homme d'une grande médiocrité.*

MÉDIQUE [medik] ou **MÈDE** adj. Qui concerne les Mèdes.

MÉDIRE v. t. ind. [de] (préf. *mé[s]* et *dire*) [conj. **68**, sauf à la 2e pers. du pl. du prés. de l'ind. et de l'impér. : *médisez*] Tenir sur qqn des propos malveillants, que l'on suppose fondés, dire du mal avec intention de nuire; calomnier, dénigrer : *médire de ses amis.*

MÉDISANCE n. f. Révélation des fautes, des défauts d'autrui avec l'intention de nuire.

MÉDISANT, E adj. et n. Qui médit.

MÉDITATIF, IVE adj. Porté à la méditation, qui indique cet état d'esprit; rêveur : *air méditatif.*

MÉDITATION n. f. (lat. *meditatio*). Action de méditer, réflexion sur un sujet ou sur soi-même : *une méditation métaphysique.* ‖ Écrit sur un sujet philosophique ou religieux. (En ce sens, prend une majuscule.) ‖ *Théol.* Oraison mentale sur un sujet religieux donné.

MÉDITER v. t. (lat. *meditari*, réfléchir). Soumettre à une profonde réflexion : *méditer une vérité.* ‖ Penser à faire, projeter : *méditer une évasion.* ◆ v. t. ind. [sur]. Réfléchir profondément : *méditer sur une question.*

MÉDITERRANÉEN, ENNE adj. Relatif à la Méditerranée : *peuples méditerranéens.* ● *Climat méditerranéen,* type de climat caractéristique notamment des régions proches de la Méditerranée, aux étés chauds et secs et aux hivers doux et pluvieux.

MEDIUM [medjɔm] n. m. (lat. *medius*, qui est au milieu). Personne pouvant servir d'intermédiaire entre les hommes et les esprits. ‖ *Mus.* Étendue de la voix, registre des sons situés entre le grave et l'aigu. ‖ *Peint.* Syn. de LIANT.

MÉDIUMNIQUE adj. Propre aux médiums.

MÉDIUMNITÉ n. f. Aptitude à être médium.

MÉDIUS [medjys] n. m. (lat. *digitus medius*, doigt du milieu). Le doigt du milieu de la main.

MÉDOC n. m. Vin provenant des crus du Médoc (région viticole du Bordelais).

MÉDULLAIRE adj. (lat. *medulla*, moelle). Relatif à la moelle osseuse ou à la moelle épinière. ‖ Qui a l'aspect ou la nature de la moelle : *substance médullaire.* ● *Canal médullaire,* canal axial des os longs, rempli de moelle jaune. ‖ *Substance médullaire,* substance centrale de certains organes.

MÉDULLEUX, EUSE adj. *Bot.* Se dit des organes qui renferment une sorte de moelle.

MÉDULLO-SURRÉNALE n. f. (pl. *médullo-surrénales*). Glande endocrine formée par la partie médullaire des capsules surrénales, sécrétant l'adrénaline.

MÉDUSE n. f. (de *Méduse*, n. pr.). Forme nageuse des cnidaires, faite d'une ombrelle contractile dont le bord porte des filaments urticants. (La bouche, souvent entourée de bras, s'ouvre au centre de la face inférieure. Les glandes génitales sont contenues, chez certaines, dans des poches spéciales situées sous l'ombrelle. Certaines méduses peuvent atteindre

1 m de diamètre. Dans certaines espèces, la larve est un *polype* fixé au fond marin.)

MÉDUSER v. t. Frapper de stupeur, stupéfier.

MEETING [mitiŋ] n. m. (mot angl.; de *to meet*, rencontrer). Réunion publique organisée pour débattre d'un sujet politique ou social. ‖ Réunion sportive : *meeting d'athlétisme.*

MÉFAIT n. m. Mauvaise action : *être puni pour ses méfaits.* ‖ Conséquence néfaste : *les méfaits du tabac, du mauvais temps.*

MÉFIANCE n. f. Disposition à soupçonner le mal dans les autres; soupçon.

MÉFIANT, E adj. et n. Qui se méfie.

MÉFIER (SE) v. pr. [de] (préf. *mé[s]* et *fier*). Manquer de confiance, soupçonner une mauvaise intention : *se méfier de qqn.*

MÉFORME n. f. Mauvaise condition physique d'un sportif.

MÉG- ou **MÉGA-** (gr. *megas*, grand), préfixe (symb. : M) qui, placé devant une unité, la multiplie par 10^6.

MÉGACARYOCYTE n. m. Cellule géante de la moelle rouge des os, dont la fragmentation fournit les plaquettes sanguines.

MÉGACÉROS [megaserɔs] n. m. (gr. *keras*, corne). Ruminant fossile du quaternaire, dont la ramure atteignait 3 m d'envergure.

MÉGACOLON n. m. *Méd.* Dilatation du gros intestin, souvent d'origine congénitale.

MÉGALITHE n. m. (gr. *megas*, *megalos*, grand, et *lithos*, pierre). Monument composé de grands blocs de pierre bruts ou sommairement aménagés. (Les mégalithes bretons ont été dressés par des populations néolithiques et chalcolithiques.)

MÉGALITHIQUE adj. Relatif aux mégalithes (menhirs, dolmens, cromlechs).

MÉGALOMANE adj. et n. Atteint de mégalomanie.

MÉGALOMANIE n. f. (gr. *megas*, grand, et *mania*, folie). Surestimation de sa valeur physique ou intellectuelle, de sa puissance. ‖ *Psychol.* Idée délirante de grandeur.

MÉGALOPOLE ou **MÉGALOPOLIS**, n. f. (gr. *megas*, grand, et *polis*, ville). Énorme agglomération ou conurbation urbaine.

MÉGAPHONE n. m. (gr. *megas*, grand, et *phônê*, voix). Amplificateur de son, porte-voix.

MÉGAPODE n. m. (gr. *megas*, grand, et *pous*, *podos*, pied). Oiseau australien aux longs doigts, qui édifie collectivement, pour pondre ses œufs, de grands tas de fumier végétal.

MÉGAPTÈRE n. m. (gr. *megas*, grand, et *pteron*, aile). Mammifère cétacé à longues nageoires, vivant dans toutes les mers. (Long. 15 m.) [Syn. : BALEINE À BOSSE, JUBARTE.]

MÉGARDE (PAR) loc. adv. (anc. fr. *mesgarder*, se mal garder). Par inadvertance, par erreur : *bousculer qqn par mégarde.*

MÉGARON [megarɔn] n. m. *Archéol.* Pièce unique, puis pièce principale avec foyer central, de l'habitation protohistorique (Anatolie, Grèce).

MÉGATHÉRIUM [megaterjɔm] n. m. (gr. *megas*, grand, et *thêrion*, bête). Mammifère de l'ordre des édentés, qui vivait au quaternaire en Amérique du Sud et qui atteignait 4,50 m de longueur.

MÉGATONNE n. f. Unité servant à évaluer la puissance d'un projectile nucléaire en comparant l'énergie produite par l'explosion de ce projectile à l'énergie produite par l'explosion d'un million de tonnes de trinitrotoluène (T.N.T.).

MÉGATONNIQUE adj. Se dit d'une charge nucléaire égale ou supérieure à une mégatonne.

MÉGÈRE n. f. (de *Mégère*, n. pr.). Femme hargneuse, acariâtre et méchante.

MÉGIR ou **MÉGISSER** v. t. Préparer les peaux en blanc par tannage à l'alun.

MÉGIS [meʒi] n. m. (anc. fr. *mégier*, soigner). Bain de cendre et d'alun qui était employé pour mégir les peaux. ◆ adj. *Veau, mouton mégis,* peau de veau, de mouton qui a séjourné dans le mégis.

MÉGISSERIE n. f. Métier, commerce du mégissier.

MÉGISSIER n. et adj. m. Ouvrier sachant préparer, par tannage à l'alun, des peaux très souples à partir de peaux brutes de mouton, d'agneau ou de chevreau.

MÉGOHM n. m. Un million d'ohms (symb. : MΩ).

MÉGOT n. m. (tourangeau *mégauder*, téter). *Pop.* Bout d'un cigare ou d'une cigarette qu'on a fini de fumer.

MÉGOTER v. i. *Pop.* Faire des économies sur de petites choses.

MÉHARÉE n. f. Voyage à dos de méhari.

MÉHARI [meari] n. m. (mot ar.) [pl. *méharis* ou *méhara*]. Dromadaire domestique de selle, utilisé en Afrique pour les courses rapides. (Il peut parcourir 80 km par jour.)

MÉHARISTE n. Personne qui monte un méhari.

MEIJI [meʒi] adj. (mot jap.). *Hist.* Terme désignant, au Japon, l'ère nouvelle qui commence en 1868, celle du « gouvernement éclairé », sous le règne de l'empereur Meiji tennô.

MEI-KWEI-LU [mejkwejlu] n. m. Alcool de riz parfumé, d'origine chinoise.

MEILLEUR, E adj. (lat. *melior*). Sert de comparatif à *bon* : *ma santé est meilleure qu'elle n'était; son caractère n'est pas meilleur qu'il était ou qu'il l'était* (sans NE). ● *De meilleure heure,* plus tôt. ‖ *Le meilleur, la meilleure,* exprime le superlatif, l'excellence sur tous (sert de superlatif à *bon*).

MEILLEUR n. m. Ce qui est préférable à tout. ● *Prendre le meilleur sur qqn,* remporter un avantage sur lui.

MÉIOSE n. f. (gr. *meiôsis*, décroissance). Mode de division de la cellule vivante, où les cellules filles ont moitié moins de chromosomes que la cellule mère. (La méiose est le stade essentiel de la formation des cellules reproductrices.) ▷

MÉIOTIQUE adj. Relatif à la méiose.

MÉJANAGE n. m. (prov. *mejan*, moyen). Classement des peaux d'après la longueur et la finesse de la laine.

MÉJUGER v. t. (conj. **1**). Mal juger, déprécier. ◆ se méjuger v. pr. *Litt.* Se sous-estimer.

MELÆNA ou **MÉLÉNA** n. m. *Méd.* Émission, par l'anus, de sang noir.

à gauche, **méduse** luminescente; *à droite,* crinière de lion

mégathérium

MÉLAMPYRE n. m. (gr. *melas*, noir, et *puros*, grain). Plante herbacée parasitant par ses racines divers végétaux, des graminées par exemple. (Famille des scrofulariacées.)

MÉLANCOLIE n. f. (lat. *melancholia*; gr. *melas, -anos*, noir, et *kholê*, bile). Tristesse vague, dégoût de la vie, humeur sombre. ‖ Caractère de ce qui inspire cet état. ‖ *Psychiatr.* État de dépression intense, vécu avec un sentiment de douleur morale, et caractérisé par l'inhibition des fonctions psychomotrices et la recherche de la mort. ● *Ne pas engendrer la mélancolie* (Fam.), être très gai.

MÉLANCOLIQUE adj. et n. Qui est dans un état de mélancolie. ◆ adj. Qui marque ou inspire la mélancolie, relatif à la mélancolie.

MÉLANCOLIQUEMENT adv. De façon mélancolique.

MÉLANÉSIEN, ENNE adj. et n. De la Mélanésie. ● *Langues mélanésiennes*, langues de la famille malayo-polynésienne, parlées en Mélanésie.

MÉLANGE n. m. Action de mettre ensemble des choses diverses : *opérer un mélange*. ‖ Ensemble des choses réunies pour former un tout : *mélange de vérités et de mensonges*. ‖ *Chim.* Association de plusieurs corps, qui deviennent indistincts sans former une combinaison. ● *Bonheur sans mélange*, sans cause d'inquiétude. ‖ *Éviter les mélanges*, les boissons alcoolisées de nature différente. ‖ *Mélange détonant*, mélange de deux gaz dont l'inflammation entraîne une réaction explosive. ‖ *Mélange réfrigérant*, mélange de certains sels qui, par dissolution dans l'eau ou par contact avec de la glace pilée, produisent un abaissement de température. ‖ *Sans mélange*, pur. ◆ pl. Recueil composé de textes de nature différente ou portant sur des sujets variés : *mélanges littéraires*. ‖ Recueil d'articles offert en hommage à un professeur par ses collègues et ses disciples.

MÉLANGER v. t. (conj. 1). Mettre ensemble pour former un tout parfois hétérogène : *mélanger du vin, des couleurs; assistance mélangée*. ‖ Mettre en désordre : *on a mélangé mes papiers*.

MÉLANGEUR, EUSE n. Appareil servant à mélanger des substances.

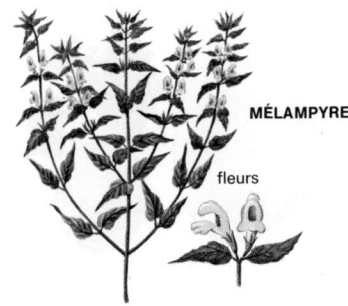

MÉLAMPYRE

fleurs

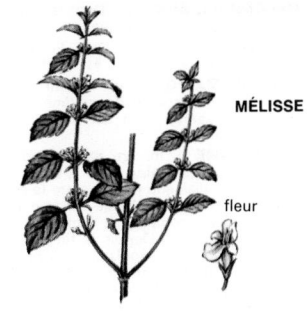

MÉLISSE

fleur

vanille et nappé de purée de framboises et de crème Chantilly.

MELCHITE n. et adj. → MELKITE.

MÊLÉ, E adj. Se dit d'un groupe où il se trouve des personnes de conditions diverses.

MÉLÉAGRINE n. f. (de *Méléagre*, n. myth.). Huître perlière.

MÊLÉ-CASSIS ou, pop., **MÊLÉ-CASS** n. m. Eau-de-vie mêlée de cassis.

MÊLÉE n. f. Combat opiniâtre et confus où on lutte corps à corps. ‖ Contestation vive : *se lancer dans la mêlée*. ‖ Au rugby, phase du jeu où, à la suite d'une faute, les avants de chaque équipe se mettent face à face en s'arc-boutant pour récupérer le ballon lancé sur le sol au milieu d'eux. (On dit parfois *mêlée fermée*, par oppos. à la *mêlée ouverte*, groupement de joueurs se disputant le ballon au cours normal du jeu.) ● *Arme de mêlée* (Mil.), terme générique désignant les éléments d'infanterie, de blindés et du génie appelés à conduire l'action de choc au contact direct de l'adversaire.

MÉLÉNA n. m. → MELÆNA.

MÉIOSE
1, leptotène; 2, zygotène; 3, pachytène; 4, diplotène;
5, diakinèse; 6, métaphase; 7, anaphase.

1   2   3   4   5   6   7

MÉLANINE n. f. Pigment brun qui colore la peau, les cheveux et la choroïde de l'œil, et dont les races noires sont richement pourvues, tandis qu'elle manque aux individus albinos.

MÉLANIQUE adj. Relatif à la mélanine.

MÉLANOCYTE n. m. (gr. *kutos*, creux). Cellule de la base de l'épiderme, sécrétant la mélanine.

MÉLANODERME adj. (gr. *melanos*, noir, et *derma*, peau). Se dit des races noires.

MÉLANODERMIE n. f. *Méd.* Pigmentation brune de la peau, régionale ou générale.

MÉLANOME n. m. Nom générique des tumeurs formées de cellules produisant de la mélanine.

MÉLANOSE n. f. (gr. *melanôsis*, tache). Accumulation de mélanine dans les tissus. ‖ Maladie de la vigne.

MÉLASSE n. f. (anc. prov. *melassa*). Résidu sirupeux non cristallisable de la fabrication du sucre cristallisé à partir de la betterave ou de la canne, contenant 40 à 50 p. 100 de sucre et utilisé notamment pour l'alimentation du bétail. ‖ *Fam.* Situation pénible. ‖ *Fam.* Mélange confus.

MELBA adj. inv. (du n. d'une cantatrice). *Fruit Melba*, fruit (le plus souvent une pêche) poché au sirop, servi sur une couche de glace à la

MÊLER v. t. (lat. pop. *misculare*; de *miscere*). Mettre ensemble des choses diverses de façon à former un tout : *mêler de l'eau avec du vin*. ‖ Emmêler, embrouiller : *mêler ses cheveux*. ‖ Comprendre dans, impliquer : *mêler qqn à une affaire*. ◆ *se mêler* v. pr. Se confondre, entrer dans un tout : *se mêler dans la foule*. ‖ S'occuper de, s'ingérer mal à propos : *de quoi vous mêlez-vous?* ● *Le diable s'en mêle*, il y a là-dessous une influence inexplicable.

MÉLÈZE n. m. (mot dauphinois). Arbre croissant dans les montagnes au-dessus de la zone des sapins, à aiguilles caduques insérées par touffes, appartenant à l'ordre des conifères. (Haut. 20 à 35 m.)

MELIA n. m. (mot gr., frêne). Arbre à longues grappes de fleurs odorantes, originaire d'Asie et cultivé dans le Midi. (Famille des méliacées.)

MÉLIACÉE n. f. Arbre des régions chaudes, tel que le *cedrela*, l'*acajou*, recherchés en ébénisterie. (Les *méliacées* forment une famille de l'ordre des géraniales.)

MÉLILOT n. m. (gr. *melilôtos*, lotus à miel). Genre de papilionacées, comprenant des herbes fourragères et officinales.

MÉLI-MÉLO n. m. (pl. *mélis-mélos*). *Fam.* Mélange confus, désordonné.

MÉLINITE n. f. (lat. *melinus*, couleur de coing). Explosif à base d'acide picrique.

MÉLIORATIF, IVE adj. et n. m. (lat. *meliorare*, améliorer). *Ling.* Se dit d'un terme propre à présenter l'idée sous un jour favorable. (Contr. PÉJORATIF.)

MÉLIQUE adj. (gr. *melikos*; de *melos*, chant). *Littér.* Se dit de la poésie lyrique, et surtout chorale, des Grecs.

MÉLISSE n. f. (gr. *melissa*, abeille). Plante mellifère de la famille des labiacées, antispasmodique et digestive. (Syn. CITRONNELLE.) ● *Eau de mélisse*, alcoolat obtenu par la distillation des feuilles de mélisse fraîche avec de l'alcool, et employé contre les vertiges et les syncopes.

MÉLITOCOCCIE n. f. Syn. de BRUCELLOSE.

MÉLITTE n. f. Plante de la famille des labiacées, appelée aussi *mélisse des bois* ou *mélisse sauvage*.

MELKITE ou **MELCHITE** [mɛlkit] n. et adj. (syriaque *malkā*, roi). Nom donné par les monophysites aux chrétiens de Syrie et d'Égypte qui acceptèrent les décisions du concile de Chalcédoine (451). [Les Églises melkites se séparèrent de l'Occident lors du schisme de Michel Keroularios (1054), mais une fraction d'entre elles s'est ralliée à l'Église romaine au XVIIIᵉ s.]

MELLIFÈRE adj. (lat. *mel, mellis*, miel, et *ferre*, porter). Qui produit du miel : *insecte mellifère*. ‖ Qui produit du suc avec lequel les abeilles font le miel : *plante mellifère*.

MELLIFICATION n. f. Élaboration du miel par les abeilles.

MELLIFIQUE adj. Qui fait du miel.

MELLITE n. m. (lat. *mel, mellis*, miel). Médicament préparé avec du miel.

MÉLO n. m. *Fam.* Abrév. de MÉLODRAME. ◆ adj. *Fam.* Abrév. de MÉLODRAMATIQUE.

MÉLODIE n. f. (gr. *melôdía*). *Mus.* Suite de sons formant un air. ‖ Composition pour voix seule avec accompagnement. ‖ Choix, suite de mots, de phrases propres à satisfaire la sensibilité : *la mélodie du vers*.

MÉLODIEUSEMENT adv. De façon mélodieuse.

MÉLÈZE D'EUROPE

fleur mâle

fleur femelle

fruit

MÉLODIEUX, EUSE adj. Dont la sonorité est agréable à l'oreille, harmonieux.

MÉLODIQUE adj. *Mus.* Dans le style de la mélodie (souvent opposé à RYTHMIQUE).

MÉLODRAMATIQUE adj. Relatif au mélodrame. ‖ Qui témoigne de sentiments emphatiques et exagérés : *un ton mélodramatique.* (Syn. fam. MÉLO.)

MÉLODRAME n. m. (gr. *melos*, cadence, et *drama*, action théâtrale). Dans la tragédie grecque antique, dialogue chanté entre le coryphée et un personnage. ‖ Drame où une musique instrumentale accompagnait l'entrée et la sortie des personnages. ‖ Depuis la fin du XVIIIᵉ s., drame de caractère populaire où sont accumulées des situations pathétiques et des péripéties imprévues. (Syn. fam. MÉLO.)

MÉLOÉ n. m. Insecte coléoptère vésicant, de couleur vert-bleu métallique, atteignant 4 cm de long.

MÉLOMANE n. et adj. Amateur de musique.

MELON n. m. (lat. *melo*). Plante rampante à grosses tiges, dont le lourd fruit, arrondi, possède une chair juteuse et sucrée, jaunâtre ou rougeâtre. (Genre *cucumis*, famille des cucurbitacées.) ‖ Le fruit lui-même. ● *Chapeau melon*, ou *melon*, chapeau rond et bombé. ‖ *Melon d'eau*, pastèque.

MELONNIÈRE n. f. Endroit réservé à la culture du melon.

MÉLOPÉE n. f. (gr. *melopoiia*). Chant rythmé qui accompagne la déclamation. ‖ Récitatif, chant monotone.

MÉLOPHAGE n. m. (gr. *mêlon*, brebis, et *phagein*, manger). Mouche parasite des moutons, dont elle suce le sang.

MELTING-POT [meltiŋpɔt] n. m. (mot angl.). *Hist.* Assimilation de diverses populations, comme lors du peuplement des États-Unis au XIXᵉ s.

MÉLUSINE n. f. (de *Mélusine*, n. d'une fée). Feutre à longs poils utilisé en chapellerie.

MEMBRANE n. f. (lat. *membrana*, peau qui recouvre les membres). *Anat.* Tissu mince, souple, destiné à former, à envelopper ou à tapisser des organes. ‖ *Biol.* Couche externe d'une cellule, d'un noyau cellulaire. ‖ *Phys.* Lame mince servant de cloison. ● *Fausse membrane*, tissu anormal se développant sur les muqueuses à la suite de certaines inflammations. ‖ *Membrane semi-perméable* (Phys.), membrane qui permet le passage de certaines substances, tout en arrêtant d'autres substances. ‖ *Membrane vibrante*, mince couche de matière qui peut vibrer sous l'effet d'une percussion (instruments de musique) ou d'un aimant (haut-parleur).

MEMBRANEUX, EUSE adj. De la nature de la membrane.

MEMBRE n. m. (lat. *membrum*). Appendice latéral du tronc de l'homme et des vertébrés, servant à la locomotion, à la préhension. ‖ Personne, groupe, pays, chose faisant partie d'un ensemble organisé. ‖ *Math.* Chacune des expressions d'une égalité ou d'une inégalité. ● *Membre fantôme*, conservation des sensations cénesthésiques lorsqu'un membre a été amputé, le sujet ayant cependant conscience de son absence. ‖ *Membre viril*, pénis. ◆ adj. *État membre*, pays faisant partie d'un tout.

MEMBRÉ, E adj. *Bien, mal membré*, qui a les membres bien, mal faits; bien, mal proportionné.

MEMBRON n. m. *Constr.* Dans une couverture mansardée, baguette recouverte d'une feuille métallique placée à la partie haute du brisis.

MEMBRU, E adj. Qui a de gros membres.

MEMBRURE n. f. Ensemble des membres du corps humain. ‖ *Constr.* Forte pièce en bois ou en métal, servant de point d'appui à une charpente ou à un assemblage de pièces ajustées. ‖ *Mar.* Grosse charpente d'un navire.

MÊME adj. (lat. pop. *metipsimus*; de *egomet ipse*, moi-même). 1° Entre l'article et le nom, indique l'identité ou l'égalité : *ils ont les mêmes goûts*; 2° Renforce après les noms ou les pronoms, la personne, l'objet dont on parle : *ces plantes mêmes; moi-même; ceux-là mêmes.*

melon

◆ adv. De plus, aussi, encore : *je vous dirai même...* ● *À même*, sans interposition de quoi que ce soit : *boire à même la bouteille.* ‖ *De même*, de la même manière : *agissez de même.* ‖ *Être à même de*, être en état de, libre de : *vous êtes à même de vous renseigner.* ‖ *Tout de même* (Fam.), néanmoins, après tout : *il a réussi tout de même.* ◆ pron. indéf. Précédé de l'article, sans substantif, indique l'identité, la ressemblance. ● *Mettre à même de*, faciliter les moyens. ‖ *Revenir au même*, être au fond la même chose. ◆ loc. conj. *De même que*, ainsi que. ‖ *Même que* (Pop.), à tel point que.
— *Même* est adj. et variable : 1° quand il précède le substantif : *commettre cent fois les* MÊMES *fautes*; 2° lorsqu'il suit un pronom personnel auquel il est joint par un trait d'union : *eux-mêmes. Même* est adv. et inv. quand il modifie un adjectif, un verbe, etc. : *même eux étaient malades; ils sont réservés et même timides; les murs même ont des oreilles.*

MÊME n. m. *Philos.* Principe invariant de la pensée.

MÉMENTO [memɛ̃to] n. m. (lat. *memento*, souviens-toi) [pl. *mémentos*]. Agenda où l'on inscrit ce dont on veut se souvenir. ‖ Ouvrage où sont résumées les parties essentielles d'une question, d'une science. ‖ *Liturg.* Prière de l'ancienne liturgie de la messe commençant par ce mot.

MÉMÈRE ou **MÉMÉ** n. f. *Fam.* Femme d'un certain âge. ‖ Nom donné par les enfants à la grand-mère.

MÉMOIRE n. f. (lat. *memoria*). Activité biologique et psychique qui permet de retenir des expériences antérieurement vécues. ‖ Ce qui reste d'une personne ou d'une chose après sa disparition : *un dictateur de sinistre mémoire.* ‖ *Inform.* Dispositif électronique capable de stocker des informations et de les restituer à la demande. ‖ *Psychiatr.* Évocation spontanée des souvenirs. ● *À la mémoire de*, en l'honneur de. ‖ *De mémoire*, en s'aidant seulement de la mémoire. ‖ *De mémoire d'homme*, du plus loin qu'on se souvienne. ‖ *Pour mémoire*, à titre de renseignement. ‖ *Si j'ai bonne mémoire*, si mes souvenirs sont exacts.

MÉMOIRE n. m. Écrit sommaire qui contient un exposé. ‖ État détaillé de sommes dues. ‖ Dissertation scientifique ou littéraire. ‖ *Dr.* Document écrit contenant l'exposé des prétentions d'un plaideur. ‖ pl. Recueil des travaux d'une société savante : *les mémoires de l'Académie des sciences.* ‖ Relation faite par une personne d'événements concernant sa vie publique ou privée. (En ce sens, prend une majuscule.)

MÉMORABLE adj. Digne d'être rappelé.

MÉMORANDUM [memɔrãdɔm] n. m. (lat. *memorandum*, chose qu'on doit se rappeler) [pl. *mémorandums*]. Note diplomatique contenant l'exposé sommaire de l'état d'une question. ‖ Carnet de notes, mémento.

MÉMORIAL n. m. Mémoire servant à l'instruction d'une affaire diplomatique. ‖ Ouvrage dans lequel sont consignés des faits mémorables (en ce sens, prend une majuscule). ‖ Monument commémoratif.

MÉMORIALISTE n. Auteur de Mémoires historiques ou littéraires.

MÉMORIEL, ELLE adj. Relatif à la mémoire.

MÉMORISATION n. f. Action de mémoriser.

MÉMORISER v. t. Fixer dans sa mémoire; conserver une information. ‖ *Inform.* Enregistrer des données en mémoire.

MENAÇANT, E adj. Qui exprime ou constitue une menace : *geste menaçant; temps menaçant.*

MENACE n. f. (lat. pop. *minacia*; de *minae*, menaces). Parole, geste, acte par lesquels on exprime la volonté qu'on a de faire du mal à qqn, par lesquels on manifeste sa colère. ‖ Signe, présage qui fait craindre qqch : *menace de pluie, de guerre.*

MENACÉ, E adj. En danger.

MENACER v. t. (conj. **1**). Avertir qqn en lui faisant craindre qqch, en lui manifestant son intention de faire mal : *menacer qqn de mort; menacer de sévir.* ‖ Constituer un danger, un objet de crainte; et, absol., être à craindre : *la pluie menace.* ● *Menacer ruine*, être délabré au point que la chute paraît prochaine.

MÉNADE n. f. (gr. *mainas, -ados*). Syn. de BACCHANTE.

MÉNAGE n. m. (lat. *mansio*, demeure). Entretien d'une maison, ensemble des travaux concernant la propreté des intérieurs : *vaquer aux soins du ménage.* ‖ Homme et femme vivant ensemble et formant la base de la famille. ‖ *Stat.* Unité élémentaire de population (couple, personne vivant seule, collectivité), dont la fonction économique essentielle est la consommation. ● *Faire bon, mauvais ménage*, s'accorder, ne pas s'accorder. ‖ *Faire le ménage*, nettoyer une maison, un appartement. ‖ *Faire des ménages*, être rétribué pour nettoyer des appartements, des bureaux. ‖ *Monter son ménage*, acheter le nécessaire à la vie domestique. ‖ *Se mettre en ménage*, se marier ou vivre maritalement. ‖ *Scène de ménage*, violente querelle entre époux.

MÉNAGEMENT n. m. Égards, modération dont on use envers qqn.

MÉNAGER v. t. (de *ménage*) [conj. **1**]. Employer avec économie, user de qqch avec modération : *ménager son revenu; ménager ses forces.* ‖ Préparer avec attention, prudence : *ménager l'avenir; ménager une surprise, une porte de sortie.* ‖ Traiter avec égards, avec respect, de manière à ne pas déplaire ni humilier : *ménager un adversaire.* ◆ *se ménager* v. pr. Prendre soin de sa santé. ‖ S'arranger pour obtenir qqch : *se ménager une revanche.*

MÉNAGER, ÈRE adj. Relatif aux soins du ménage : *enseignement ménager.* ‖ *Arts ménagers*, ensemble des techniques ayant pour objet de faciliter la tâche de la maîtresse de maison, de contribuer au confort et d'embellir le décor intérieur.

MÉNAGÈRE n. f. Femme qui a soin du ménage, qui s'occupe de l'administration du foyer. ‖ Ensemble des couverts de table (cuillers, fourchettes, etc.) dans leur coffret.

MÉNAGERIE n. f. (de *ménager*). Collection d'animaux de toute espèce, entretenus pour l'étude ou pour la présentation au public; lieu où se trouvent ces animaux.

MÉNAGISTE n. Commerçant spécialisé dans la vente d'équipements électroménagers.

MENCHEVIK [mɛnʃevik] adj. et n. (mot russe). *Hist.* Se dit de la portion minoritaire du parti ouvrier social-démocrate russe, qui s'opposa à partir de 1903 aux bolcheviks et que ceux-ci éliminèrent en octobre 1917.

MENDÉLÉVIUM [mɛ̃delevjɔm] n. m. (de *Mendeleïev*, chimiste russe). *Chim.* Élément transuranien (Mv), nº 101.

MENDÉLIEN, ENNE adj. Relatif au mendélisme.

MENDÉLISME n. m. (de *Mendel*, botaniste autrichien). Conception tirée des travaux de Mendel concernant la transmission de certains caractères héréditaires, et résumée dans les *lois de Mendel.* (Le mendélisme a conduit à la théorie chromosomique de l'hérédité et à la notion de « gène ».)

MENDIANT, E n. Personne qui mendie. ● *Les quatre mendiants*, ou *mendiant* n. m., dessert composé de quatre fruits secs : figues, raisins secs, amandes, noisettes. ◆ adj. *Ordres mendiants*, ordres fondés ou réorganisés au XIIIᵉ s., qui faisaient profession de pauvreté absolue. (Les quatre plus anciens et les plus importants sont les Carmes, les Franciscains, les Dominicains et les Augustins.)

MENDICITÉ n. f. (lat. *mendicitas*). Action de mendier. ‖ Condition de celui qui mendie : *être réduit à la mendicité.*

MENDIER v. t. et i. (lat. *mendicare*). Demander humblement un secours, faire appel à la pitié, à la charité : *mendier du travail.* ‖ Rechercher avec empressement, d'une façon humble et servile : *mendier des éloges.*

MENDIGOT, E n. *Pop.* Mendiant.

MENDIGOTER v. t. et i. *Pop.* Mendier.

MENDOLE n. f. Poisson osseux assez commun sur les côtes méditerranéennes, gris argenté avec des raies brunes, à chair peu estimée. (Long. 20 cm.)

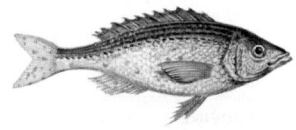

mendole

MENEAU n. m. (bas lat. *medianus*, qui est au milieu). *Constr.* Membre vertical divisant une baie en compartiments; membre horizontal (proprement dit *traverse*) jouant le même rôle. (V. PETIT-BOIS.)

MENÉE n. f. *Véner.* Route d'un cerf qui fuit. ‖ En Suisse, syn. de CONGÈRE.

MENÉES n. f. pl. Manœuvres secrètes et malveillantes pour faire réussir un projet; machination.

MENER v. t. (lat. *minari*, menacer) [conj. 5]. Faire aller avec soi, accompagner : *mener des enfants à l'école.* ‖ Transporter d'un lieu à un autre, faire arriver dans un lieu : *il nous a menés en voiture au village.* ‖ Gouverner à sa guise, diriger : *bien mener ses affaires.* ‖ Être maître de, être à la tête de : *mener une course.* ‖ Assurer le déroulement de qqch : *mener une enquête.* ‖ Tracer : *mener une circonférence par trois points.* ● *Mener à bien,* faire réussir. ‖ *Mener la vie dure à qqn,* exercer sur lui une autorité brutale. ‖ *Mener loin,* avoir de graves conséquences. ‖ *Mener une vie,* vivre. ‖ *Ne pas en mener large* (Fam.), être dans l'inquiétude, avoir peur. ◆ v. i. Avoir l'avantage (à la marque).

MÉNESTREL n. m. (lat. *ministerium*, service). Au Moyen Âge, poète musicien de basse condition et, partic., joueur d'instrument.

MÉNÉTRIER n. m. Dans les campagnes, homme qui jouait d'un instrument de musique pour faire danser.

MENEUR, EUSE n. Personne qui dirige et, en particulier, qui se met à la tête d'un mouvement. ● *Meneur de jeu,* animateur d'un jeu collectif, d'un spectacle; en sports, joueur conduisant l'évolution de son équipe. ‖ *Meneur d'hommes,* celui qui sait diriger les hommes.

MENHIR [menir] n. m. (breton *men,* pierre, et *hir,* longue). Monument mégalithique constitué d'un seul bloc de pierre vertical.

MENIN n. m. (esp. *menino*). *Hist.* En Espagne, jeune noble, compagnon des enfants royaux. ‖ En France, gentilhomme attaché autrefois au service du dauphin.

MENINE n. f. *Hist.* Jeune fille noble attachée au service d'une princesse espagnole.

MÉNINGE n. f. (lat. *meninga*; gr. *mêninx*). Chacune des trois membranes *(pie-mère, arachnoïde, dure-mère)* entourant les centres nerveux. ◆ pl. *Fam.* Le cerveau, l'esprit : *se fatiguer les méninges.*

MÉNINGÉ, E adj. Relatif aux méninges.

MÉNINGIOME n. m. Tumeur développée à partir des méninges.

MÉNINGITE n. f. Maladie microbienne ou virale provoquant l'inflammation des méninges et se traduisant par une raideur de la nuque, des céphalées et des vomissements. (La *méningite tuberculeuse* est produite par le bacille de Koch, la *méningite cérébro-spinale* par le méningocoque.)

MÉNINGITIQUE adj. Relatif à la méningite.

MÉNINGOCOQUE n. m. Variété de diplocoque responsable de la méningite cérébrospinale.

MÉNINGO-ENCÉPHALITE n. f. Inflammation simultanée de l'encéphale et des méninges.

MÉNISCAL, E, AUX adj. Relatif au ménisque du genou.

MÉNISCITE [menisit] n. f. Affection d'un ménisque du genou.

MÉNISCOGRAPHIE n. f. Radiographie des ménisques du genou après injection d'un produit de contraste dans l'articulation.

MÉNISQUE n. m. (gr. *mêniskos,* petite lune). Lentille de verre convexe d'un côté et concave de l'autre : *ménisque convergent, divergent.* ‖ Surface courbe qui forme l'extrémité supérieure d'une colonne de liquide contenue dans un tube. ‖ *Anat.* Lame de cartilage située entre les os, dans certaines articulations comme le genou.

MENNONITE n. *Hist.* Membre d'une secte anabaptiste, fondée par le réformateur hollandais Menno Simonsz (1496-1561), surtout répandue en Amérique du Nord.

MÉNOLOGE n. m. (gr. *mên, mênos,* mois, et *logos,* discours). Livre liturgique de l'Église grecque, correspondant au martyrologe latin.

MÉNOPAUSE n. f. (gr. *mên, mênos,* mois, et *pausis,* cessation). Cessation de l'ovulation chez la femme, caractérisée par l'arrêt définitif de la menstruation; époque où elle se produit.

MÉNOPAUSÉE adj. f. Se dit d'une femme dont la ménopause est accomplie.

MÉNOPAUSIQUE adj. Relatif à la ménopause.

MÉNORRAGIE n. f. *Méd.* Exagération de l'hémorragie menstruelle (règles).

MENOTTE n. f. (dimin. de *main*). Main, dans le langage des enfants. ◆ pl. Bracelets métalliques avec lesquels on attache les poignets des prisonniers.

MENSE [mãs] n. f. (lat. *mensa,* table). Ensemble des biens appartenant à une communauté religieuse ou à un évêché.

MENSONGE n. m. (lat. pop. *mentionica*; de *mentiri,* mentir). Acte de mentir; affirmation contraire à la vérité : *dire des mensonges.*

MENSONGER, ÈRE adj. Faux, trompeur : *une promesse mensongère.*

MENSONGÈREMENT adv. De façon mensongère.

MENSTRUATION n. f. (de *menstrues*). *Physiol.* Élimination périodique, accompagnée d'hémorragie, de la muqueuse utérine lorsqu'il n'y a pas eu fécondation. (Chez la femme, elle débute à la *puberté* et se termine à la *ménopause.*)

MENSTRUEL, ELLE adj. Relatif à la menstruation.

MENSTRUES n. f. pl. (lat. *menstrua*; de *mensis,* mois). Perte de sang accompagnant la menstruation (vx). [Syn. RÈGLES.]

MENSUALISATION n. f. Action de mensualiser.

MENSUALISER v. t. Donner à un travailleur horaire un salaire mensuel; transformer un salaire horaire en salaire mensuel.

MENSUALITÉ n. f. Somme versée chaque mois : *payer par mensualités.* ‖ Traitement mensuel.

MENSUEL, ELLE adj. (lat. *mensis,* mois). Qui se fait tous les mois. ◆ n. m. et adj. Publication qui paraît chaque mois. ● n. Salarié payé au mois.

MENSUELLEMENT adv. Par mois.

MENSURATION n. f. (bas lat. *mensuratio*). Détermination de la valeur de certaines grandeurs. ‖ Moyen d'investigation employé en médecine et en anthropologie pour déterminer certaines dimensions ou pour localiser certains points anatomiques. ‖ Ces dimensions mêmes.

MENTAL, E, AUX adj. (bas lat. *mentalis*; de *mens, mentis,* esprit). Relatif au statut d'un psychique : *état mental.* ‖ Qui se fait dans l'esprit : *calcul mental.* ● *Maladie mentale,* altération des fonctions psychiques, folie.

MENTALEMENT adv. Par la pensée, sans s'exprimer à haute voix.

MENTALISME n. m. *Ling.* Attitude de ceux qui font du contenu l'élément déterminant de la structure de la langue.

MENTALITÉ n. f. État d'esprit, manière de penser, conduite ou comportement moral, état d'esprit : *la mentalité d'un milieu, d'une époque.*

MENTERIE n. f. *Fam.* Mensonge (vieilli).

MENTEUR, EUSE adj. et n. Qui ment; qui a l'habitude de mentir.

MENTHE n. f. (gr. *minthê*). Plante odorante, préférant les lieux humides, à fleurs roses ou

fleur

MENTHE

blanches, utilisée en infusion et pour aromatiser les liqueurs, les pastilles, et à propriétés digestives et stimulantes. (Famille des labiacées.) ‖ Sirop, infusion de menthe.

MENTHOL [mɛ̃tɔl ou mãtɔl] n. m. Alcool terpénique extrait de l'essence de menthe.

MENTHOLÉ, E adj. Qui contient du menthol.

MENTION [mãsjɔ̃] n. f. (lat. *mentio*; de *mens, mentis,* esprit). Témoignage, rapport fait de vive voix ou par écrit : *faire mention d'un événement.* ‖ Note ajoutée en marge ou à la suite d'un acte. ‖ Distinction accordée dans un concours, dans un examen.

MENTIONNER v. t. Faire mention de, citer : *mentionner un ouvrage rare.*

MENTIR v. i. (lat. *mentiri*) [conj. 15]. Donner pour vrai ce qu'on sait être faux ou nier ce qu'on sait être vrai. ‖ Tromper par de fausses apparences : *cette photographie ne ment pas.* ● *Sans mentir,* en vérité.

MENTISME n. m. (lat. *mens, mentis,* esprit). *Psychol.* Rumination intellectuelle caractérisée par des idées se succédant rapidement et de façon incoercible.

menhir (Carnac)

Lauros

MENTON n. m. (lat. *mentum*). Partie saillante du visage, au-dessous de la bouche.

MENTONNET n. m. *Techn.* Pièce saillante servant à déterminer un arrêt lorsqu'elle se rencontre avec une autre pièce fixe.

MENTONNIER, ÈRE adj. Relatif au menton.

MENTONNIÈRE n. f. Bande d'étoffe passant sous le menton, pour assujettir une coiffure. ‖ Pièce entourant le menton et assurant la tenue du casque d'un parachutiste, d'un motocycliste, etc. ‖ Petite pièce de bois qu'on adapte à la base d'un violon, et sur laquelle on appuie le menton. ‖ *Chir.* Bandage pour le menton.

MENTOR n. m. (de *Mentor*, n. pr.). *Litt.* Conseiller d'un jeune homme.

MENU, E adj. (lat. *minutus*, amoindri). *Litt.* Très petit, mince, de peu d'importance : *de menus frais; menu gibier; menue monnaie.* ◆ *Menu peuple*, gens pauvres; ‖ *Menus plaisirs*, dépenses de fantaisie. ◆ adv. En petits morceaux : *hacher menu.*

MENU n. m. *Par le menu*, en tenant compte des moindres détails : *raconter par le menu.*

MENU n. m. Liste détaillée des plats servis à un repas. ‖ Repas à prix fixe servi dans un restaurant.

MENUET n. m. (dimin. de *menu*). Danse à trois temps. ‖ Composition musicale dans le caractère de cette danse, qui, à la fin du XVIIe s., s'intègre à la *suite* et pourra faire partie de la *sonate* au XVIIIe s.

MENUISE n. f. (lat. *minutia*). Menu plomb de chasse. ‖ Petit poisson à frire (jeune sprat ou hareng).

MENUISER v. i. (lat. pop. *minutiare*, rendre menu). Amincir du bois, des planches.

MENUISERIE n. f. Métier, ouvrage, atelier du menuisier.

MENUISIER n. m. Ouvrier, artisan produisant des ouvrages en bois pour le bâtiment, ou des meubles utilitaires sans placages ni ornements.

MÉNURE n. m. (gr. *mênê*, lune, et *oura*, queue). Passereau d'Australie, de la taille d'un faisan, et qui doit son nom d'*oiseau-lyre* aux longues plumes recourbées de la queue des mâles.

MENU-VAIR n. m. Fourrure faite avec la peau de l'écureuil du Nord (vx). [Auj. PETIT-GRIS.]

MÉNYANTHE n. m. (gr. *minuanthes*). Plante des étangs, à feuilles à trois folioles (d'où le nom de *trèfle d'eau*), à pétales roses soudés, voisine des gentianes.

MÉPHISTOPHÉLIQUE adj. De Méphistophélès. ● *Rire méphistophélique*, diabolique.

MÉPHITIQUE adj. (lat. *mephitis*, odeur infecte). Qui a une odeur répugnante ou toxique.

MÉPHITISME n. m. Corruption de l'air par des émanations méphitiques.

MÉPLAT, E adj. et n. m. *Bx-arts.* Se dit d'un bas-relief où le motif se présente comme un jeu de surfaces planes, qui sont les parties non entaillées de la surface du matériau mis en œuvre. (On dit aussi *en méplat*.)

MÉPLAT n. m. Partie relativement plane d'une chose. ‖ *Métall.* Demi-produit métallurgique long dont l'épaisseur est bien inférieure à la longueur.

MÉPRENDRE (SE) v. pr. [**sur**] (préf. *mé*[s] et *prendre*) [conj. **50**]. *Litt.* Se tromper sur qqch, sur qqn, prendre une personne ou une chose pour une autre.

MÉPRIS n. m. Sentiment par lequel on juge qqn ou qqch indigne d'estime ou d'attention : *éprouver du mépris pour qqn.* ‖ Sentiment par lequel on s'élève au-dessus des émotions, des passions : *mépris du danger.* ● *Au mépris de*, sans égard à : *agir au mépris des lois.*

MÉPRISABLE adj. Digne de mépris.

MÉPRISANT, E adj. Qui a ou qui témoigne du mépris : *sourire méprisant.*

MÉPRISE n. f. Erreur commise sur qqn, sur qqch : *commettre une lourde méprise.* ● *Par méprise*, par suite d'une erreur.

MÉPRISER v. t. (préf. *mé*[s] et *priser*). Avoir,

témoigner du mépris pour qqn, qqch : *mépriser un lâche, les flatteries; mépriser le danger.*

MER n. f. (lat. *mare*). Très vaste étendue d'eau salée qui couvre une partie de la surface du globe; partie définie de cette étendue : *la mer Rouge.* ‖ Grande quantité de liquide, d'une chose quelconque : *mer de sang, de sable.* ‖ À la surface de la Lune, ou de certaines planètes du système solaire, vaste étendue faiblement accidentée. ● *Armée de mer*, ensemble des formations (navales, aériennes et terrestres) relevant de la marine militaire. ‖ *Basse mer*, marée basse. ‖ *Ce n'est pas la mer à boire*, ce n'est pas difficile. ‖ *Coup de mer*, tempête de peu de durée. ‖ *Haute mer*, marée haute; partie de la mer soumise, en principe, à un régime de liberté, aucun État ne pouvant légitimement prétendre la soumettre à sa totale juridiction. ‖ *Homme de mer*, marin. ‖ *Pleine mer*, marée haute; partie de la mer éloignée du rivage. ‖ *Une goutte d'eau dans la mer*, apport, effort insignifiant et inutile.

MERCANTI n. m. (it. *mercante*, marchand). *Péjor.* Commerçant malhonnête, âpre au gain.

MERCANTILE adj. (mot it.). Caractérisé par l'appât du gain : *esprit mercantile.*

MERCANTILISME n. m. Penchant à rapporter tout au gain (vx). ‖ *Hist.* Doctrine économique, élaborée au XVIe et au XVIIe s. à la suite de la découverte, en Amérique, des mines d'or et d'argent, selon laquelle les métaux précieux constituent la richesse essentielle des États, et qui préconise une politique protectionniste.

MERCANTILISTE adj. et n. Relatif au mercantilisme; qui en est partisan.

MERCAPTAN n. m. (lat. *mercurium captans*, qui capte le mercure). *Chim.* Composé d'odeur fétide, dérivant d'un alcool dans lequel l'oxygène est remplacé par du soufre. (Syn. THIOL.)

MERCATIQUE n. f. Syn. de MARKETING.

MERCENAIRE adj. (lat. *mercenarius*; de *merces*, salaire). *Litt.* Avide de gain.

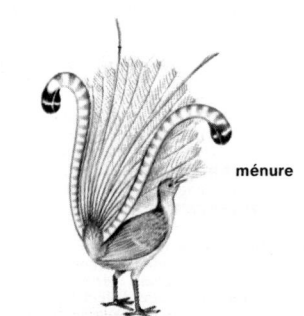

ménure

MERCENAIRE n. m. et adj. Personne recrutée pour combattre dans un conflit armé, bénéficiant d'avantages matériels supérieurs à ceux des combattants habituels, et n'étant pas ressortissante d'une des parties en conflit.

MERCERIE n. f. (lat. *merx, mercis*, marchandise). Marchandises comprenant tous les accessoires pour la couture, la broderie et même le tricot. ‖ Commerce, boutique du mercier.

MERCERISAGE n. m. (de *Mercer*, n. pr.). Imprégnation des fils ou des tissus de coton avec une solution qui produit un gonflement et une contraction des fils, laissant, après dessiccation, un brillant soyeux.

MERCERISER v. t. Faire subir le mercerisage.

MERCHANDISING [mɛrʃãdizin ou -dajziŋ] n. m. (mot angl.). Fonction de la direction commerciale d'une entreprise ayant pour mission d'étudier et de mettre en œuvre tout ce qui est lié à la présentation d'un produit.

MERCI n. f. (lat. *merces, mercedis*, salaire). *Demander merci* (Litt.), demander grâce. ‖ *Dieu merci*, grâce à Dieu, heureusement. ‖ *Être à la merci de qqn, de qqch*, à la discrétion de qqn; soumis à l'influence de, à l'action de qqch. ‖ *Sans merci*, sans pitié.

MERCI n. m. Parole de remerciement : *dire un grand merci; mille mercis.* ◆ interj. employée pour remercier : *vous m'avez rendu service; merci!*

MERCIER, ÈRE n. et adj. Personne vendant de la mercerie.

MERCREDI n. m. (lat. *Mercurii dies*, jour de Mercure). Troisième jour de la semaine. ● *Mercredi des cendres*, le premier jour du carême, marqué par une cérémonie de pénitence.

MERCURE n. m. (lat. *Mercurius*). Métal liquide d'un blanc argenté (Hg), n° 80, de masse atomique 200,59. (Syn. anc. : VIF-ARGENT.)

■ Le mercure existe dans la nature à l'état de sulfure, appelé *cinabre*, que l'on traite par le grillage. On le trouve en Espagne, en Italie, en Californie. Le mercure est blanc, brillant, de densité 13,6. C'est le seul métal liquide à la température ordinaire. Il se solidifie à − 39 °C et bout à 357 °C. Il est employé à la construction d'appareils de physique : thermomètres, baromètres, etc. Il sert à l'étamage des glaces et à l'extraction de l'or et de l'argent, avec lesquels il s'allie facilement pour former des amalgames. Les sels de mercure provoquent une intoxication particulière, l'*hydrargyrisme.*

MERCURESCÉINE n. f. Antiseptique et colorant rouge, employé en solutions.

MERCUREUX adj. m. Se dit de l'oxyde de mercure Hg_2O et des sels du mercure univalent.

MERCUREY n. m. Vin de Bourgogne récolté dans la région de Mercurey.

MERCURIALE n. f. *Hist.* Sous l'Ancien Régime, assemblée que les corps judiciaires tenaient chaque mercredi et où le ministère public présentait ses observations sur la manière dont la justice avait été rendue; discours prononcé dans cette assemblée. ‖ *Dr.* Discours que prononcent aujourd'hui les présidents à la rentrée des divers tribunaux. ‖ *Litt.* Remontrance, réprimande.

MERCURIALE n. f. (lat. *mercurialis*, de Mercure). Liste des prix courants des denrées sur les marchés.

MERCURIALE n. f. (lat. *mercurialis herba*, herbe de Mercure). Plante commune dans les

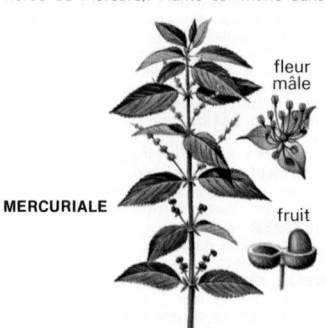

fleur mâle

MERCURIALE

fruit

champs, les bois, à fleurs verdâtres, utilisée comme laxatif. (Famille des euphorbiacées.)

MERCURIEL, ELLE adj. Qui contient du mercure.

MERCURIQUE adj. Se dit de l'oxyde de mercure HgO et des sels du mercure bivalent.

MERDE n. f. (lat. *merda*). *Pop.* Excrément de l'homme et de quelques animaux. ‖ *Pop.* Désordre, saleté. ‖ *Pop.* Être ou chose méprisable, sans valeur. ● *Être dans la merde* (Pop.), se trouver dans les pires difficultés. ◆ interj. triviale exprimant le mépris, l'indignation, etc.

MERDER v. i. *Pop.* Ne pas réussir.

MERDEUX, EUSE adj. et n. *Pop.* Se dit de qqn de mal élevé ou prétentieux.

MERDIER n. m. *Pop.* Grand désordre.

MERDIQUE adj. *Pop.* Sans valeur.

MÈRE n. f. (lat. *mater*). Femme qui a un ou plusieurs enfants : *une mère qui adore son fils.* ‖ Femelle d'un animal. ‖ Supérieure d'un couvent : *mère abbesse.* ‖ *Fam.* Femme d'un certain âge : *la mère Untel.* ‖ *Litt.* Pays, lieu où une chose a commencé; source, cause, origine : *la Grèce, mère des arts;* méfiance est mère de sûreté. ● *Mère célibataire,* femme ayant un ou plusieurs enfants sans être mariée. ‖ *Mère patrie,* pays qui a fondé une colonie. ‖ *Mère de vinaigre,* pellicule qui se forme à la surface du vinaigre, constituée par l'accumulation des acétobacters. ◆ adj. *Idée mère,* idée principale d'un ouvrage. ‖ *Langue mère,* celle dont une autre est issue. ‖ *Maison mère,* principal établissement d'une communauté. ‖ *Société mère,* celle dont dépendent les filiales.

MÈRE adj. (lat. *merus,* pur). *Mère goutte,* vin qui coule de la cuve ou du pressoir avant que le raisin ait été pressé; première huile qui sort des olives pressées.

MÈRE-GRAND n. f. (pl. *mères-grand*). *Fam.* et *vx.* Grand-mère.

MERGUEZ [mɛrgɛs] n. f. (mot ar.). Petite saucisse fortement épicée.

MERGULE n. m. (bas lat. *mergulus;* de *mergus,* plongeon). Oiseau voisin du pingouin, à bec très court.

MÉRIDIEN, ENNE adj. (lat. *meridianus;* de *meridies,* midi). *Litt.* Qui a rapport au midi : *ombre méridienne.* ‖ *Astron.* Se dit du plan qui, en un lieu, comprend la verticale de ce lieu et l'axe du monde. ‖ Se dit d'un instrument servant à observer les astres dans le plan du méridien. ‖ Se dit, en géométrie, de la section d'une surface de révolution par un plan passant par l'axe de cette surface.

MÉRIDIEN n. m. Plan défini par la verticale locale et l'axe de rotation de la Terre. (On dit aussi PLAN MÉRIDIEN.) ‖ Demi grand cercle de la sphère céleste limité aux pôles et passant par le zénith d'un lieu. ‖ À la surface de la Terre ou d'un astre quelconque, lieu des points ayant même longitude. ‖ *Méridien magnétique,* plan vertical contenant la direction du champ magnétique terrestre. ‖ *Méridien origine* ou *premier méridien,* méridien par rapport auquel on compte les degrés de longitude. (Le méridien origine international passe par l'ancien observatoire de Greenwich, à 2° 20′ 14″ à l'ouest de celui de Paris.)

MÉRIDIENNE n. f. *Litt.* Sieste. ‖ Sorte de chaise longue ou de canapé à deux joues de hauteur inégale. ‖ *Math.* Section d'une surface de révolution par un plan passant par l'axe de cette surface. ● *Méridienne d'un lieu* (Astron.), intersection du plan méridien et du plan horizontal en un lieu donné.

MÉRIDIONAL, E, AUX adj. et n. (lat. *meridionalis;* de *meridies,* midi). Du midi de la France : *accent méridional.* ◆ adj. Situé au sud : *le côté méridional de la Grande-Bretagne.*

MERINGUE n. f. Pâtisserie légère, à base de sucre et de blancs d'œufs, que l'on fait cuire au four à feu doux.

MERINGUER v. t. Garnir de meringue.

MÉRINOS [merinos] n. m. (mot esp.). Mouton de race espagnole, dont la laine fine est très estimée. ‖ Étoffe ou feutre fait de sa laine.

MERISE n. f. (de *amer* et *cerise*). Fruit du merisier, noir, suret et peu charnu.

MERISIER n. m. Cerisier sauvage qui a donné, comme variétés cultivées, le *cerisier à bigarreaux* et le *cerisier à guignes.* (Son bois est utilisé en tabletterie.)

MÉRISME n. m. (gr. *merisma,* délimitation). *Ling.* Trait distinctif constituant des phonèmes.

MÉRISTÈME n. m. (gr. *meristos,* partagé). Tissu végétal formé de cellules indifférenciées, siège de divisions rapides et nombreuses, situé dans les régions de croissance de la plante.

MÉRITANT, E adj. Qui a du mérite.

MÉRITE n. m. (lat. *meritum,* gain). Ce qui rend une personne digne d'estime, de récompense : *traiter chacun selon ses mérites.* ‖ Qualité estimable de qqn, qqch : *mérite d'un ouvrage, d'une action.* ● *S'attribuer le mérite de qqch,* en revendiquer le succès. ‖ *Se faire un mérite de qqch,* en tirer gloire.

MÉRITER v. t. Être digne de récompense ou passible de châtiment : *mériter des éloges, une*

punition. ‖ Présenter les conditions requises pour obtenir : *lettre qui mérite une réponse; mériter réflexion.* ◆ v. t. ind. [**de**]. *Bien mériter de sa patrie,* avoir droit à sa reconnaissance.

MÉRITOIRE adj. Digne d'estime, de récompense, louable.

MERL n. m. → MAËRL.

MERLAN n. m. (de *merle*). Poisson des côtes d'Europe occidentale, à trois nageoires dorsales

merlan

et deux anales, pêché activement pour sa chair tendre et légère. (Long. : 20 à 40 cm; famille des gadidés.) ‖ *Pop.* Coiffeur (vx).

MERLE n. m. (lat. *merula*). Oiseau passereau voisin de la grive, commun dans les parcs, les bois, à plumage sombre (noir chez le mâle, brun chez la femelle). [Cri : le merle *siffle.*] ● *Merle blanc,* personne ou objet introuvable.

MERLIN n. m. (mot lorrain; lat. *marculus,* marteau). Hache à un seul tranchant, pour fendre le bois.

MERLON n. m. (it. *merlone*). Partie pleine d'un parapet entre deux créneaux.

MERLUCHE n. f., ou **MERLU** n. m. (anc. prov. *merlus;* de *merle,* merlan, et anc. fr. *luz,* brochet). Poisson des côtes de l'Europe occidentale, à dos gris, vendu sur les marchés sous le nom de *colin.* (Long. 1 m; famille des gadidés.) ‖ Morue sèche, non salée.

MÉROSTOME n. m. Animal faisant partie d'une classe d'arthropodes aquatiques qui ne comprend plus actuellement que le genre *limule.*

MÉROU n. m. (esp. *mero*). Poisson osseux pouvant atteindre, dans les mers chaudes, 2 m de long et peser plus de 100 kg. (Sa chair est très estimée.)

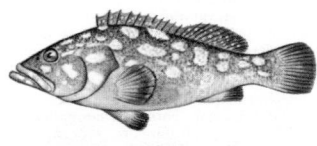

mérou

mérinos

MÉROVINGIEN, ENNE adj. Relatif à la dynastie des Mérovingiens.

MERRAIN n. m. (lat. pop. *materiamen,* bois). Planche fendue dans le sens des rayons médullaires, et servant à confectionner les douves des tonneaux. ‖ Tige centrale de la ramure d'un cerf.

MÉRULE n. m. ou f. Champignon qui attaque le bois des charpentes.

MERVEILLE n. f. (lat. *mirabilia*). Chose, personne qui excite l'admiration : *les merveilles de la nature.* ‖ Pâte frite, coupée en morceaux, que l'on mange saupoudrée de sucre. ● *À merveille,* très bien, d'une manière qui approche la perfection. ‖ *Au pays des merveilles,* dans le monde des contes de fées. ‖ *Faire merveille,* faire fort bien, avoir très bon effet. ‖ *Faire des merveilles,* se distinguer par un talent extraordinaire. ‖ *Les Sept Merveilles du monde,* les sept ouvrages les plus remarquables de l'Antiquité (pyramides d'Égypte, jardins suspendus de Sémiramis et murs de Babylone, statue de Zeus Olympien par Phidias, colosse de Rhodes, temple d'Ar-

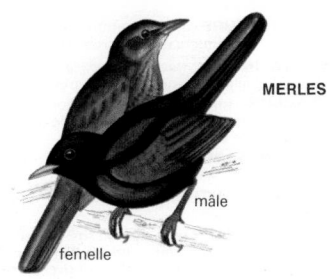

MERLES

mâle

femelle

témis à Éphèse, mausolée d'Halicarnasse, phare d'Alexandrie).

MERVEILLEUSE n. f. *Hist.* Femme élégante et excentrique de la période de la Convention thermidorienne et du Directoire.

MERVEILLEUSEMENT adv. De façon merveilleuse.

MERVEILLEUX, EUSE adj. Qui suscite l'admiration par ses qualités extraordinaires.

MERVEILLEUX n. m. Ce qui se produit par l'intervention d'êtres surnaturels. ‖ *Littér.* Intervention d'êtres surnaturels dans un poème, particulièrement dans l'épopée.

MÉRYCISME n. m. (gr. *mérukismos,* rumination). *Méd.* Comportement pathologique de rumination d'aliments d'abord déglutis, puis régurgités et mastiqués sans arrêt.

MERZLOTA n. f. (mot russe). Partie du sol et du sous-sol gelée en hiver. (Syn. TJÄLE.)

MES adj. poss. Pl. de MON, MA.

MESA n. f. (mot esp., *table*). *Géogr.* Plateau constitué par les restes d'une coulée volcanique mise en relief par l'érosion.

MÉSALLIANCE n. f. (préf. *més-* et *alliance*). Mariage avec une personne de classe ou de fortune considérée comme inférieure.

MÉSALLIER (SE) v. pr. Épouser une personne de classe jugée inférieure.

MÉSANGE n. f. (mot francique). Petit passereau répandu dans le monde entier. (Les mésanges, qui forment la famille des paridés, sont très utiles par le grand nombre d'insectes qu'elles détruisent.)

MÉSANGETTE n. f. Cage à trébuchet, pour prendre les petits oiseaux.

mésange bleue

MERISIER

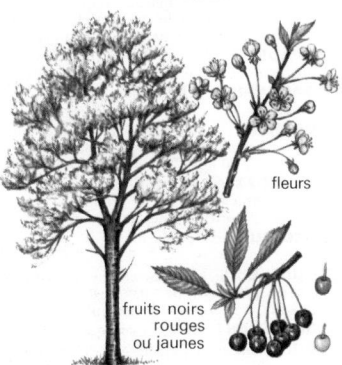

fleurs

fruits noirs rouges ou jaunes

MÉSAVENTURE n. f. Aventure désagréable qui a des conséquences fâcheuses, déboires.

MESCALINE n. f. (mexican *mexcalli*, peyotl). Alcaloïde hallucinogène extrait du peyotl.

MESCLUN [mɛsklœ̃] n. m. (mot prov.). Mélange de jeunes plants de salades de diverses espèces et de plantes aromatiques.

MESDAMES, MESDEMOISELLES n. f. pl. Pl. de MADAME, MADEMOISELLE.

MÉSEMBRYANTHÈME n. m. Plante du Midi, à feuilles charnues.

MÉSENCÉPHALE n. m. (gr. *mesos*, au milieu, et *encéphale*). *Anat.* Au cours de l'embryogénèse, structure nerveuse dont dérivent chez l'adulte les pédoncules cérébraux et les tubercules quadrijumeaux.

MÉSENCHYME [mezɑ̃ʃim] n. m. Tissu conjonctif de l'embryon, à partir duquel se forment les vaisseaux sanguins et lymphatiques et les muscles.

MÉSENTENTE n. f. Mauvaise entente.

MÉSENTÈRE n. m. (gr. *mesos*, au milieu, et *enteron*, intestin). *Anat.* Membrane conjonctive reliant les anses de l'intestin grêle à la paroi postérieure de l'abdomen.

MÉSENTÉRIQUE adj. Relatif au mésentère.

MÉSESTIMATION n. f. *Litt.* Appréciation défavorable de la valeur d'un objet.

MÉSESTIME n. f. *Litt.* Mauvaise opinion que l'on a de qqn.

MÉSESTIMER v. t. *Litt.* Apprécier une personne ou une chose au-dessous de sa valeur.

MÉSINTELLIGENCE n. f. *Litt.* Défaut d'entente, d'accord entre des personnes.

MESMÉRISME n. m. Doctrine de Mesmer.

MÉSO-AMÉRICAIN, E adj. Relatif à la Méso-Amérique.

MÉSOBLASTE ou **MÉSODERME** n. m. Feuillet embryonnaire situé entre l'endoblaste et l'ectoblaste, et qui fournira le sang, le squelette, les reins.

MÉSOBLASTIQUE ou **MÉSODERMIQUE** adj. Relatif au mésoblaste.

MÉSOCARPE n. m. Zone médiane d'un fruit, entre l'épiderme et le noyau ou les graines, charnue et sucrée chez les fruits comestibles.

MÉSO-ÉCONOMIE n. f. Partie de la science économique se situant à mi-chemin de la macro- et de la micro-économie.

MÉSOLITHIQUE adj. et n. m. (gr. *mesos*, au milieu, et *lithos*, pierre). Phase du développement technique des sociétés préhistoriques, correspondant à l'abandon progressif d'une économie de prédation (paléolithique) et à l'orientation vers une économie de production (néolithique).

MÉSOMÈRE adj. *Chim.* En état de mésomérie.

MÉSOMÉRIE n. f. *Chim.* Structure d'un composé intermédiaire entre deux formes isomères.

MÉSOMORPHE adj. Se dit d'états (smectique, nématique) de la matière intermédiaires entre l'état amorphe et l'état cristallin.

MÉSON n. m. (gr. *mesos*, médian). Particule subatomique ayant une masse comprise entre celle de l'électron et celle du proton. (On en connaît plusieurs types : muons, kaons, pions.)

MÉSOPAUSE n. f. Surface de séparation entre la mésosphère et la thermosphère.

MÉSOPOTAMIEN, ENNE adj. et n. De la Mésopotamie.

MÉSOSPHÈRE n. f. Couche atmosphérique qui s'étend entre la stratosphère et la thermosphère (de 40 à 80 km d'altitude environ).

MÉSOTHORAX n. m. Deuxième division du thorax des insectes, entre le prothorax et le métathorax. (Il porte les ailes antérieures.)

MÉSOZOÏQUE adj. et n. m. *Géol.* Syn. de SECONDAIRE.

MESQUIN, E adj. (it. *meschino*, chétif). Qui manque de grandeur, de générosité, qui est petit, médiocre : *un procédé mesquin*.

MESQUINEMENT adv. Avec mesquinerie.

MESQUINERIE n. f. Caractère de ce qui est mesquin, petitesse.

MESS [mɛs] n. m. (mot angl.). Salle où les officiers, les sous-officiers d'un corps ou d'une garnison prennent leurs repas.

MESSAGE n. m. (lat. *missus*, envoyé). Communication, nouvelle, jugée souvent importante, transmise par qqn. ‖ Pensée profonde, incitation adressée aux hommes par un être d'exception ou par un écrivain, un artiste. ‖ Déclaration par laquelle le président de la République communique avec les assemblées parlementaires ou avec la nation. ‖ *Ling.* Séquence de signaux correspondant à un ensemble de règles de combinaisons (code) et transmis par l'intermédiaire d'un canal. ● *Message publicitaire*, expression préconisée par l'Administration pour remplacer SPOT PUBLICITAIRE. ‖ *Message téléphoné*, communication téléphonique faite au bureau postal dont dépend le destinataire, et transmise à celui-ci par voie postale.

MESSAGER, ÈRE n. Personne chargée de transmettre un message. ● *A. R. N. messager*, se dit de l'acide ribonucléique dans la mesure où il exerce une influence génétique déterminante sur les cellules d'un organisme.

MESSAGERIE n. f. (souvent au pl.). Service de transport pour les voyageurs et les marchandises, maison où est établi ce service. ‖ Transport rapide qui s'effectue par avion, par chemin de fer, par bateau, par voitures.

MESSE n. f. (lat. d'Église *missa*, action de renvoyer). Dans la religion catholique, sacrifice du corps et du sang de Jésus-Christ, qui se fait à l'autel par le ministère du prêtre. (Le deuxième concile du Vatican a rénové la liturgie de la messe dans le sens de la simplification et de la participation collective.) ‖ Musique composée pour une grand-messe. ● *Messe basse* (Fam.), entretien à voix basse entre deux personnes. ‖ *Messe basse*, messe dont toutes les parties sont lues et récitées et non chantées. ‖ *Messe chantée*, syn. de GRAND-MESSE. ‖ *Messe concélébrée*, celle où plusieurs prêtres ou évêques célèbrent ensemble. ‖ *Messe de minuit*, messe célébrée dans la nuit de Noël. ‖ *Messe pontificale*, messe chantée par un prélat.

■ Sous le nom de *messes* ont été composées, depuis le XIIIᵉ s., un grand nombre d'œuvres vocales destinées à illustrer les textes liturgiques de l'*ordinaire*. Les plus célèbres compositeurs de messes ont été Guillaume de Machaut, Dufay, Ockeghem, Josquin Des Prés, R. de Lassus, Palestrina, Victoria, puis Formé, Charpentier, Lotti, Bach (messe en *si* mineur), Mozart, Haydn, Beethoven (*Missa solemnis*), Schubert, Liszt, Gounod, Bruckner.

MESSIANIQUE adj. Relatif au Messie, au messianisme.

MESSIANISME n. m. Dans la Bible, attente et espérance du Messie. ‖ Nom donné à divers mouvements religieux à caractère politique (Océanie, Afrique, Amérique du Sud), nés de la crise d'une société, qui croient en la venue d'un « messie » qui établira un nouvel ordre ou rétablira l'ordre originel.

MESSIDOR n. m. (lat. *messis*, moisson, et gr. *dôron*, don). Dixième mois du calendrier républicain (20 juin - 19 juillet).

MESSIE n. m. (lat. *messias*; araméen *meshihá*, oint, sacré par le Seigneur). Dans le judaïsme, envoyé de Dieu qui rétablira Israël dans ses droits et inaugurera l'ère de la justice. ‖ Chez les chrétiens, le Christ. (S'écrit avec une majuscule.) ‖ Celui dont on attend le salut ou la délivrance, personnage providentiel. ● *Être attendu comme le Messie*, très impatiemment.

MESSIEURS n. m. pl. Pl. de MONSIEUR.

MESSIN, E adj. et n. De Metz.

MESSIRE n. m. Titre d'honneur signif. *monseigneur*, utilisé autrefois.

MESTRE n. m. (anc. orthogr. de *maître*). *Mestre de camp* (Hist.), commandant d'un régiment sous l'Ancien Régime.

MESURABLE adj. Que l'on peut mesurer.

MESURAGE n. m. Action de mesurer.

MESURE n. f. (lat. *mensura*). Évaluation d'une grandeur par comparaison avec une autre grandeur de même espèce prise pour unité. ‖ Quantité servant à cette évaluation : *mesures légales*. (V. UNITÉ.) ‖ Dimension évaluée : *prendre la mesure d'un vêtement*. ‖ Moyen mis en œuvre pour obtenir un résultat précis : *mesure conservatoire; mesure disciplinaire; mesure de sûreté*. ‖ Modération, retenue mise dans sa manière d'agir : *manquer de mesure*. ‖ Récipient servant à l'évaluation des volumes. ‖ *Littér.* Quantité de syllabes exigée par le rythme du vers. ‖ *Mus.* Division de la musique en unités de temps égales, matérialisée par les barres de mesure. ● *À mesure, au fur et à mesure*, successivement. ‖ *Battre la mesure*, indiquer la mesure par des signes convenus. ‖ *Dans une certaine mesure*, jusqu'à un certain point. ‖ *Donner sa mesure*, montrer ce dont on est capable. ‖ *En mesure*, en cadence, à intervalles réguliers. ‖ *Être en mesure*, en état de faire une chose. ‖ *Faire bonne mesure*, donner à un acheteur un peu au-delà de ce qui lui revient. ‖ *Il n'y a pas de commune mesure entre deux choses*, il est impossible de les comparer. ‖ *Outre mesure*, avec excès. ‖ *Passer, dépasser toute mesure*, dépasser ce qui est permis. ‖ *Sur mesure*, spécialement adapté à qqn. ◆ loc. conj. *À mesure que*, à proportion et en même temps que.

MESURÉ, E adj. Modéré, fait avec mesure : *être mesuré dans ses paroles*.

MESURER v. t. (bas lat. *mesurare*). Déterminer une quantité par le moyen d'une mesure : *mesurer du blé, un champ*. ‖ Déterminer avec modération : *mesurer sa dépense, ses paroles*. ‖ Déterminer l'importance : *mesurer les pertes subies*. ‖ Proportionner, régler sur : *mesurer le châtiment à l'offense*. ‖ Donner avec parcimonie : *mesurer la nourriture à qqn*. ◆ **se mesurer** v. pr. *Se mesurer avec* ou *à qqn*, lutter avec lui, se comparer à lui.

MESUREUR n. m. Appareil de mesure.

MÉTABOLIQUE adj. Relatif au métabolisme.

MÉTABOLISER v. t. Transformer une substance chimique dans un organisme vivant, au cours du métabolisme.

MÉTABOLISME n. m. (gr. *metabolê*, changement). Ensemble des transformations subies dans un organisme vivant par les substances qu'il absorbe : *réactions de synthèse (anabolisme)* et *réactions de dégradation libérant de l'énergie (catabolisme)*. ● *Métabolisme de base*, quantité d'oxygène produite par le corps humain, par heure et par mètre carré de la surface du corps, au repos.

MÉTABOLITE n. m. Nom donné aux substances organiques qui résultent des réactions du métabolisme.

MÉTACARPE n. m. Partie du squelette de la main comprise entre le poignet et les doigts.

MÉTACARPIEN, ENNE adj. et n. m. Se dit des os du métacarpe.

MÉTACENTRE n. m. Position limite du point de rencontre des verticales passant par le centre de poussée d'un corps flottant lorsque celui-ci est droit et lorsqu'il est incliné, quand l'inclinaison tend vers zéro.

MÉTACENTRIQUE adj. Se dit de la courbe qui est le lieu des métacentres d'un navire dans toutes les inclinaisons possibles. ● *Hauteur* ou *distance métacentrique*, sur un navire en position droite, hauteur du métacentre au-dessus du centre de gravité. (Si cette grandeur est positive, l'équilibre du navire est stable pour la position droite; il est instable dans le cas contraire et le navire prend alors une gîte permanente.)

MÉTAGALAXIE n. f. Ensemble de l'Univers observable.

MÉTAIRIE n. f. (de *métayer*). Exploitation agricole donnée en métayage par son propriétaire. ‖ Les bâtiments eux-mêmes.

MÉTAL n. m. (lat. *metallum*, mine). Corps simple, doué d'un éclat particulier appelé *éclat métallique*, conduisant bien en général la chaleur et l'électricité, et qui possède en outre la propriété de donner, en se combinant avec l'oxygène, au moins un oxyde basique. ‖ *Héraldr.* L'or et l'argent, catégories d'émail autres que les couleurs et les fourrures. ● *Métal déployé*, tôle présentant une succession de fentes parallèles, de petite longueur et disposées en quinconce, puis étirée perpendiculairement à ces fentes de façon à former une sorte de grillage. ‖ *Métaux précieux*, l'or, l'argent, le platine.

■ Tous les métaux sont solides à la température ordinaire, sauf le mercure, qui est liquide. Ils sont doués de propriétés mécaniques : dureté, ténacité, malléabilité, ductilité, qui conditionnent leurs nombreux emplois.

MÉTALANGAGE n. m. Syn. de MÉTALANGUE. ‖ *Inform.* Langage de description adapté à une définition formelle des langages de programmation.

MÉTALANGUE n. f. *Log.* Langue qui prend pour objet une autre langue et qui la formalise. (Les logiciens cherchent à la symboliser et à la formaliser à son tour.)

MÉTALDÉHYDE n. m. Polymère de l'aldéhyde acétique, corps solide blanc, employé comme combustible et pour détruire les limaces.

MÉTALINGUISTIQUE adj. Relatif à une métalangue.

MÉTALLIFÈRE adj. Qui renferme un métal.

MÉTALLIQUE adj. Constitué par du métal : *câble métallique; encaisse métallique.* ‖ Qui a le caractère ou l'apparence du métal : *une couleur aux reflets métalliques.* ‖ Sonore : *voix métallique.*

MÉTALLISATION n. f. Action de métalliser.

MÉTALLISER v. t. Donner un éclat métallique. ‖ Revêtir d'une mince couche de métal ou d'alliage.

MÉTALLISEUR n. m. Ouvrier qui dépose une couche métallique par pulvérisation au pistolet. ◆ adj. Qui dépose du métal : *pistolet métalliseur.*

MÉTALLO n. m. *Fam.* Ouvrier métallurgiste.

MÉTALLOCHROMIE [metalɔkrɔmi] n. f. Technique de coloration de la surface des métaux.

MÉTALLOGÉNIE n. f. Science qui étudie la formation des gîtes métallifères.

MÉTALLOGRAPHIE n. f. Étude de la structure et des propriétés des métaux et de leurs alliages.

MÉTALLOGRAPHIQUE adj. Relatif à la métallographie.

MÉTALLOÏDE n. m. (gr. *metallon*, métal, et *eidos*, aspect). Syn. anc. de NON-MÉTAL.

MÉTALLOPLASTIQUE adj. Qui a les caractéristiques d'un métal et d'une matière plastique.

MÉTALLOPROTÉINE n. f. *Biol.* Protéine associée à des composés contenant des métaux.

MÉTALLURGIE n. f. (gr. *mettalourgeîn*, exploiter une mine). Ensemble des procédés et des techniques d'extraction, d'élaboration, de formage et de traitement des métaux et des alliages. ● *Métallurgie des poudres*, ensemble des procédés de la métallurgie permettant d'obtenir des produits ou des pièces par compression et frittage à chaud à partir de poudres métalliques.

MÉTALLURGIQUE adj. Relatif à la métallurgie.

MÉTALLURGISTE adj. et n. m. Qui s'occupe de métallurgie. ‖ Qui travaille les métaux.

MÉTALOGIQUE adj. et n. f. Se dit d'une discipline qui prend pour objet les formules d'un système mathématique ou logique déjà constitué, ainsi que les règles de leur emploi.

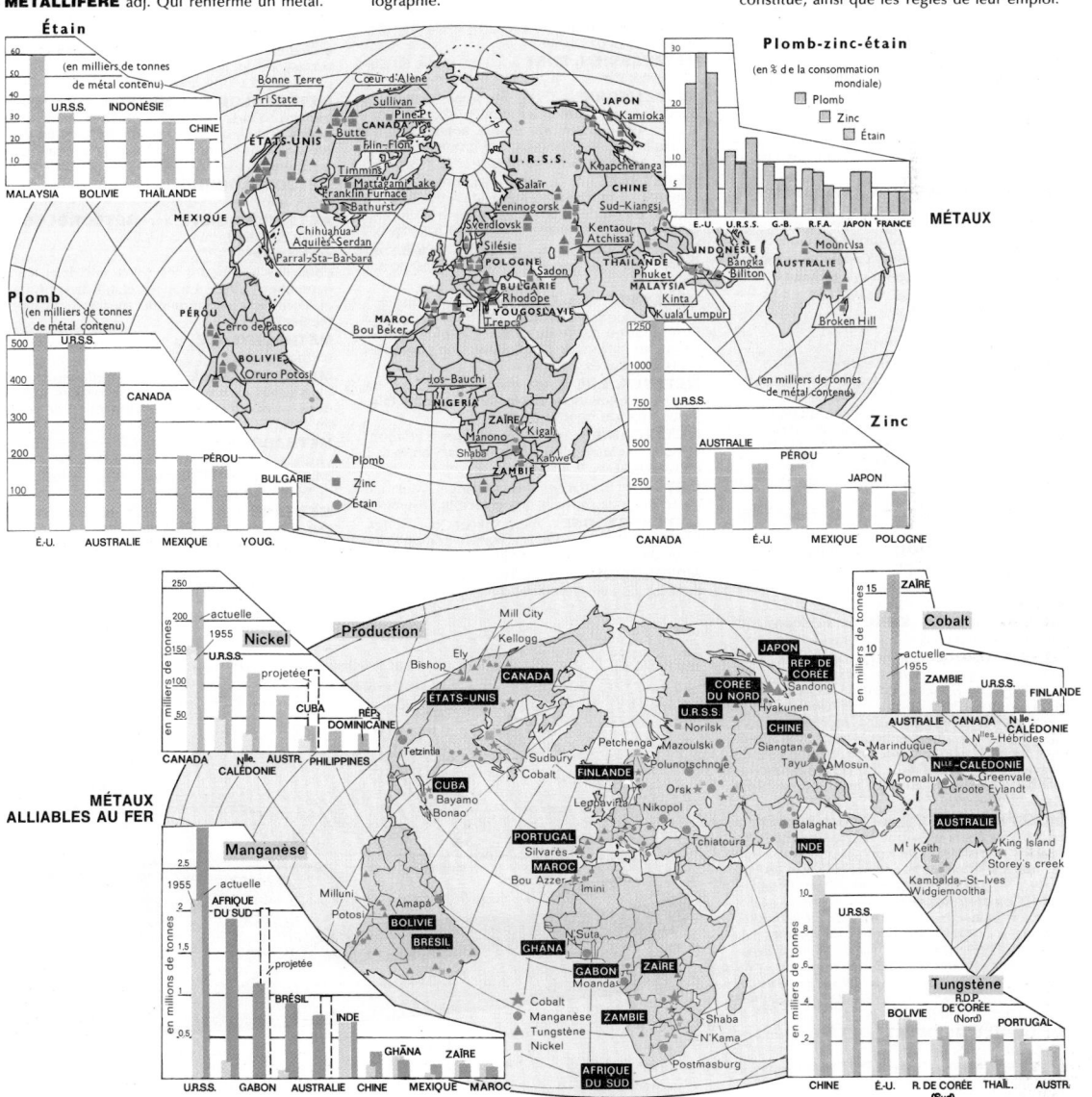

MÉTAMATHÉMATIQUE adj. et n. f. Se dit d'une théorie déductive qui a pour objet d'établir certaines propriétés des théories mathématiques déjà formalisées.

MÉTAMÈRE n. m. Unité anatomique de certains animaux. (Syn. : ANNEAU, SEGMENT, SOMITE.)

MÉTAMÉRIE n. f. Caractère des animaux dont le corps est formé d'une suite de métamères.

MÉTAMORPHIQUE adj. *Géol.* Relatif au métamorphisme. ● *Roches métamorphiques*, groupe de roches résultant de la transformation, par le métamorphisme, de roches sédimentaires ou endogènes préexistantes. (Les principales sont le gneiss et le micaschiste.)

MÉTAMORPHISER v. t. *Géol.* Transformer par métamorphisme.

MÉTAMORPHISME n. m. (préf. *méta-*, et gr. *morphê*, forme). *Géol.* Dans la croûte terrestre, transformation à l'état solide d'une roche sous l'effet de la température et (ou) de la pression. (Le *métamorphisme de contact*, localisé, est lié à l'intrusion de roches plutoniques; le *métamorphisme régional*, lié à l'orogenèse, affecte une portion de l'écorce terrestre.)

MÉTAMORPHOSABLE adj. Qui peut être métamorphosé.

MÉTAMORPHOSE n. f. Changement d'une forme en une autre. ‖ Changement complet dans l'état, le caractère d'une personne, dans l'aspect des choses. ‖ *Biol.* Transformation importante du corps et du mode de vie, au cours du développement, de certains animaux, comme les amphibiens, certains insectes.

MÉTAMORPHOSER v. t. Changer la nature ou l'individualité, l'extérieur ou le caractère : *les malheurs l'ont métamorphosé.* ◆ **se métamorphoser** v. pr. Changer de forme, d'état.

MÉTAMYÉLOCYTE n. m. Cellule de la moelle osseuse qui, dans la lignée des polynucléaires, fait suite au myélocyte et précède immédiatement le leucocyte adulte.

MÉTAPHASE n. f. Deuxième phase de la division cellulaire par mitose.

MÉTAPHORE n. f. (gr. *metaphora*, transport). *Ling.* et *Styl.* Procédé par lequel on transporte la signification propre d'un mot à une autre signification qui ne lui convient qu'en vertu d'une comparaison sous-entendue. (Ex. : *la* LUMIÈRE *de l'esprit, la* FLEUR *des ans,* BRÛLER *de désir,* FICELLE *au sens de pain, etc.*)

MÉTAPHORIQUE adj. Qui tient de la métaphore : *style métaphorique.*

MÉTAPHORIQUEMENT adv. De façon métaphorique.

MÉTAPHOSPHORIQUE adj. Se dit de l'acide HPO₃, dérivé du phosphore.

MÉTAPHYSE n. f. Partie des os longs située entre la diaphyse et l'épiphyse.

MÉTAPHYSICIEN, ENNE n. Personne qui étudie la métaphysique.

MÉTAPHYSIQUE adj. Qui appartient à la métaphysique : *preuves métaphysiques de l'existence de Dieu.* ● *Peinture métaphysique,* nom donné à des compositions oniriques et emblématiques de De Chirico, représentant des places urbaines désertes, à la perspective accentuée, des intérieurs peuplés de mannequins, de chevalets et d'équerres, ainsi qu'à des œuvres similaires exécutées par Morandi et surtout par Carrà v. 1916-1920.

MÉTAPHYSIQUE [metafizik] n. f. (gr. *meta ta phusika*, après la physique [parce que, dans les œuvres d'Aristote, cette connaissance était traitée *après la physique*]). Science de l'être en tant qu'être et des vérités générales. (Syn. ONTOLOGIE.) ‖ Connaissance des causes premières et des premiers principes. (Syn. PHILOSOPHIE PREMIÈRE.) ‖ Toute spéculation sur le sens du monde et la place de l'homme dans le monde. ● *Métaphysique générale,* connaissance des principes communs à tous les êtres. ‖ *Métaphysique particulière* ou *spéciale,* science des êtres particuliers (âme, Dieu, monde).

MÉTAPHYSIQUEMENT adv. De façon métaphysique.

MÉTAPLASIE [metaplazi] n. f. Transformation d'un tissu vivant en un autre, de structure et de fonction différentes. (Les métaplasies s'observent au cours des processus inflammatoires ou tumoraux.)

MÉTAPSYCHIQUE adj. Qui concerne des phénomènes paranormaux.

MÉTAPSYCHIQUE n. f. Syn. de PARAPSYCHOLOGIE.

MÉTAPSYCHOLOGIE n. f. *Psychanal.* Partie de l'œuvre de S. Freud qui a pour objet l'interprétation théorique généralisée des processus psychiques.

MÉTASTABLE adj. Se dit d'un système qui n'est pas stable en théorie, mais qui apparaît tel en raison d'une vitesse de transformation très faible.

MÉTASTASE n. f. (gr. *metastasis*, changement). Apparition, en un point de l'organisme, d'un phénomène pathologique déjà présent ailleurs.

MÉTASTATIQUE adj. Relatif aux métastases.

MÉTATARSE n. m. (gr. *meta*, après, et *tarsos*, plat du pied). Partie du squelette du pied comprise entre le tarse et les orteils, et qui reste verticale dans la marche chez les vertébrés onguligrades ou digitigrades. (Le métatarse des ongulés est l'*os canon.*)

MÉTATARSIEN, ENNE adj. et n. m. Se dit des os du métatarse.

MÉTATHÉORIE n. f. *Log.* Étude des propriétés d'un système formel au moyen d'une métalangue. (La métathéorie étudie notamment les concepts de consistance, de complétude et d'indépendance des axiomes.)

MÉTATHÈSE n. f. (gr. *metathesis*, déplacement). *Ling.* Déplacement de voyelles, de consonnes ou de syllabes à l'intérieur d'un mot. (Ainsi, l'anc. fr. *formage* est devenu *fromage.*)

MÉTATHORAX n. m. Troisième division du thorax des insectes. (Elle porte les ailes postérieures.)

MÉTAYAGE n. m. Contrat d'exploitation agricole dans lequel le propriétaire fournit, outre la terre, tout ou partie du capital d'exploitation et reçoit, en nature, de l'exploitant, une partie des fruits et récoltes.

MÉTAYER, ÈRE n. (de *meitié*, forme anc. de *moitié*). Exploitant agricole lié au propriétaire foncier par un contrat de métayage.

MÉTAZOAIRE n. m. (gr. *meta*, après, et *zôon*, animal). Animal pluricellulaire (par oppos. à PROTOZOAIRE).

MÉTEIL n. m. (lat. *mixtus*, mélangé). Mélange de seigle et de froment qu'on récolte ensemble.

MÉTEMPSYCOSE [metãpsikoz] n. f. (gr. *metempsukhôsis*). *Relig.* Transmigration des âmes d'un corps dans un autre.

MÉTENCÉPHALE n. m. Troisième vésicule de l'encéphale embryonnaire, d'où dérivent le cer-velet, la protubérance, le bulbe rachidien, et dont la cavité forme le quatrième ventricule.

MÉTÉO n. f. → MÉTÉOROLOGIE.

MÉTÉORE n. m. (gr. *meteôra*, choses élevées dans les airs). Tout phénomène qui a lieu dans l'atmosphère. ‖ Phénomène lumineux qui résulte de l'entrée dans l'atmosphère terrestre d'un objet solide venant de l'espace. ‖ Personne ou chose qui brille d'un éclat très vif mais passager.

MÉTÉORIQUE adj. Qui appartient ou a trait à un météore. ● *Eaux météoriques,* eaux de pluie.

MÉTÉORISATION n. f. Modifications subies par les roches au contact de l'atmosphère. ‖ Syn. de MÉTÉORISME.

MÉTÉORISER v. t. (gr. *meteôrizein*, gonfler). *Méd.* Gonfler par l'accumulation d'un gaz.

MÉTÉORISME n. m., ou **MÉTÉORISATION** n. f. *Méd.* Ballonnement du ventre, dû à des gaz.

MÉTÉORITE n. f. Objet solide se mouvant dans l'espace interplanétaire et qui atteint la surface de la Terre ou d'un astre quelconque sans être complètement vaporisé.

MÉTÉORITIQUE adj. Relatif à une météorite. ● *Cratère météoritique,* dépression creusée à la surface de la Terre ou d'un astre quelconque par l'impact d'une météorite.

MÉTÉOROLOGIE ou **MÉTÉO** n. f. (gr. *meteôrologia*). Étude des phénomènes atmosphériques et de leurs lois, notamment en vue de la prévision du temps. ‖ Organisme chargé de cette étude.

MÉTÉOROLOGIQUE adj. Qui concerne la météorologie.

MÉTÉOROLOGISTE ou **MÉTÉOROLOGUE** n. Spécialiste de météorologie.

MÉTÈQUE n. m. (gr. *metoikos*). *Hist.* Étranger domicilié à Athènes et jouissant d'un statut particulier. ‖ *Péjor.* Étranger établi dans un pays et dont le comportement est jugé défavorablement.

MÉTHACRYLATE n. m. Ester de l'acide méthacrylique.

MÉTHACRYLIQUE adj. (de *méthane*). Se dit d'un acide carboxylique et de résines qui en dérivent et qui servent à la fabrication de verres de sécurité.

MÉTHADONE n. f. Substance morphinique de synthèse, utilisée comme succédané de la morphine dans certaines cures de désintoxication de toxicomanes.

MÉTHANE n. m. (gr. *methu*, boisson fermentée). Gaz incolore (CH₄), de densité 0,554, brûlant à l'air avec une flamme pâle. (Il se dégage des matières en putréfaction et constitue le gaz des marais et le grisou. C'est le constituant essentiel du gaz naturel.)

NAVIRE MÉTHANIER

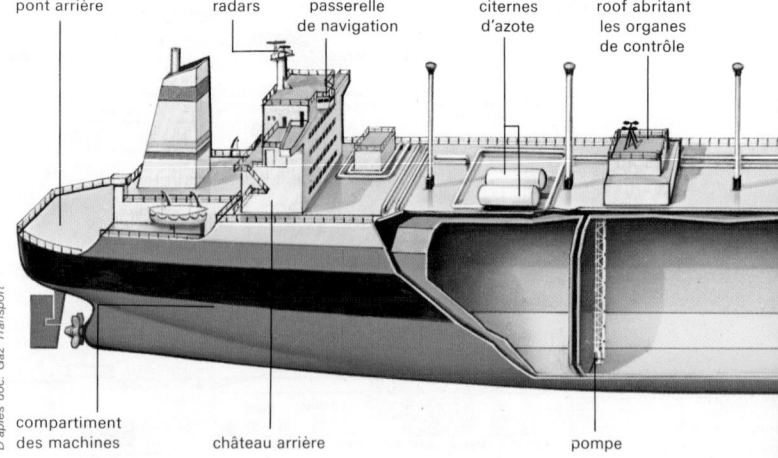

pont arrière — radars — passerelle de navigation — citernes d'azote — roof abritant les organes de contrôle

compartiment des machines — château arrière — pompe

D'après doc. Gaz Transport

MÉTHANIER n. m. Navire conçu pour transporter le gaz naturel liquéfié.

MÉTHANOL n. m. Syn. de ALCOOL MÉTHYLIQUE.

MÉTHÉMOGLOBINE n. f. Hémoglobine dont le fer ferreux a été oxydé en fer ferrique, ce qui la rend impropre au transport de l'oxygène.

MÉTHÉMOGLOBINÉMIE n. f. Affection due à une intoxication, caractérisée par la transformation de l'hémoglobine en méthémoglobine, et cause de dyspnée et de vertiges.

MÉTHIONINE n. f. Acide aminé soufré, indispensable à la croissance et à l'équilibre de l'organisme.

MÉTHODE n. f. (lat. *methodus*). Manière de dire, de faire, d'enseigner une chose, suivant certains principes et un certain ordre : *procéder avec méthode*. ‖ Démarche ordonnée, raisonnée; technique employée pour obtenir un résultat : *chacun sa méthode; méthode de lecture*. ‖ Ouvrage groupant logiquement les éléments d'une science, d'un enseignement. ‖ *Philos*. Ensemble des règles et procédés permettant de parvenir à la vérité. ● *Méthode expérimentale*, procédure qui consiste à observer les phénomènes, à en tirer des hypothèses et à vérifier les conséquences de ces hypothèses dans une expérimentation scientifique.

MÉTHODIQUE adj. Qui a de l'ordre, de la méthode, qui agit selon certains principes et dans un ordre voulu : *esprit méthodique*. ‖ Qui est établi suivant un ordre logique : *traité méthodique*. ‖ *Doute méthodique* (Philos.), première démarche de Descartes dans la recherche de la vérité, qui consiste à rejeter toutes les connaissances déjà acquises comme l'ayant été sans fondement raisonnable.

MÉTHODIQUEMENT adv. Avec méthode.

MÉTHODISME n. m. Mouvement religieux protestant fondé en Angleterre au XVIIIᵉ s. par John Wesley, en réaction contre le ritualisme de l'Église anglicane. (Les Églises méthodistes, répandues dans le monde entier, sont groupées en une Fédération méthodiste mondiale.)

MÉTHODISTE adj. et n. Relatif au méthodisme; qui le professe.

MÉTHODOLOGIE n. f. Étude des méthodes que les sciences utilisent.

MÉTHODOLOGIQUE adj. Relatif à la méthodologie.

MÉTHYLE n. m. Radical univalent (CH_3) dérivé du méthane. ● *Chlorure de méthyle* (CH_3Cl), liquide dont l'évaporation abaisse la température à − 55 °C, et qui est employé dans plusieurs industries et en médecine.

MÉTHYLÈNE n. m. (gr. *methu*, boisson fermentée, et *hulê*, bois). Nom commercial de l'*alcool méthylique*. ‖ Radical bivalent CH_2 :

chlorure de méthylène (CH_2Cl_2). ● *Bleu de méthylène*, colorant et désinfectant extrait de la houille.

MÉTHYLIQUE adj. *Chim*. Se dit de composés dérivés du méthane. ● *Alcool méthylique*, alcool CH_3OH extrait des goudrons de bois ou préparé synthétiquement et utilisé comme solvant, combustible et intermédiaire dans certaines synthèses. (Syn. MÉTHANOL.)

MÉTHYLORANGE n. m. Syn. de HÉLIANTHINE.

MÉTICULEUSEMENT adv. De façon méticuleuse.

MÉTICULEUX, EUSE adj. (lat. *meticulosus*, craintif). Qui est très attentif aux plus petits détails.

MÉTICULOSITÉ n. f. Caractère méticuleux.

MÉTIER n. m. (lat. *ministerium*, service). Toute profession, genre de travail, occupation dont on tire les moyens d'existence : *métier manuel, intellectuel; le métier d'ingénieur*. ‖ Machine servant à la fabrication des textiles : *métier à tisser*. ‖ Expérience acquise qui se manifeste par une grande habileté technique : *avoir du métier*. ● *Faire métier de*, faire profession de.

MÉTIS, ISSE [metis] adj. et n. (lat. *mixtus*, mélangé). Qui est issu du croisement de sujets de races différentes. ● *Toile métisse*, dont la trame est en lin et la chaîne en coton.

MÉTISSAGE n. m. Croisement de deux races animales ou végétales de même espèce.

MÉTISSER v. t. Croiser par métissage.

MÉTONYMIE n. f. (gr. *metônumia*, changement de nom). *Ling*. et *Styl*. Procédé par lequel on exprime l'effet par la cause, le contenu par le contenant, le tout par la partie, etc. (Ex. : il vit *de son travail*, pour *du fruit de son travail; la ville*, pour *les habitants de la ville; rouge-gorge*.)

MÉTONYMIQUE adj. Relatif à la métonymie.

MÉTOPE n. f. (gr. *meta*, après, et *opê*, ouverture). Partie de la frise dorique entre deux triglyphes; panneau sculpté remplissant cet espace.

MÉTRAGE n. m. Mesurage au mètre. ‖ Longueur en mètres dans d'un coupon d'étoffe, d'un film. ● *Court métrage*, film d'environ 300 à 600 m de longueur. ‖ *Long métrage*, film de plus de 2500 m. ‖ *Moyen métrage*, film dont la longueur varie de 600 à 2500 m.

MÈTRE n. m. (lat. *metrum*, mesure; gr. *metron*). Unité de mesure de longueur (symb. : m), équivalant à la longueur égale à 1 650 763,73 longueurs d'onde, dans le vide, de la radiation correspondant à la transition entre les niveaux $2p_{10}$ et $5d_5$ de l'atome de krypton 86. ‖ Objet servant à mesurer et ayant la longueur d'un mètre. ● *Mètre carré*, unité de mesure d'aire ou de superficie (symb. : m²), équivalant à l'aire

d'un carré ayant 1 mètre de côté. ‖ *Mètre carré par seconde*, unité de mesure de viscosité cinématique (symb. : m²/s), équivalant à la viscosité cinématique d'un fluide dont la viscosité dynamique est 1 pascal-seconde et la masse volumique 1 kilogramme par mètre cube. ‖ *Mètre cube*, unité de mesure de volume (symb. : m³), équivalant au volume d'un cube ayant 1 mètre de côté. ‖ *Mètre cube par kilogramme*, unité de mesure de volume massique (symb. : m³/kg), équivalant au volume massique d'un corps homogène dont le volume est 1 mètre cube et la masse 1 kilogramme. ‖ *Mètre à la puissance moins un*, unité de mesure de longueur (symb. : m⁻¹), équivalant au nombre d'ondes d'une radiation monochromatique dont la longueur d'onde est égale à 1 mètre; syn. de DIOPTRIE. ‖ *Mètre par seconde*, unité de mesure de vitesse (symb. : m/s), équivalant à la vitesse d'un mobile qui, animé d'un mouvement uniforme, parcourt une longueur de 1 mètre en 1 seconde. ‖ *Mètre par seconde carrée*, unité de mesure d'accélération (symb. : m/s²), équivalant à l'accélération d'un mobile animé d'un mouvement uniformément varié, dont la vitesse varie, en 1 seconde, de 1 mètre par seconde. ■ Le mètre avait été primitivement défini comme une longueur égale à la dix millionième partie du quart du méridien terrestre (loi du 19 frimaire an VIII [10 décembre 1799]). Le mètre légal fut ensuite (loi du 11 juillet 1903) représenté par la distance moyenne, à la température de 0 °C, des axes de deux traits parallèles tracés sur le prototype international en platine iridié, sanctionné par la Conférence internationale des poids et mesures tenue à Paris en 1889, et déposé au pavillon de Breteuil à Sèvres. La nouvelle définition, rattachée aux radiations du krypton, donne au mètre plus de précision et garantit mieux sa permanence sans altérer sa longueur.

MÈTRE n. m. (lat. *metrum*; gr. *metron*, vers). Dans la prosodie grecque et latine, groupe déterminé de syllabes longues ou brèves, comprenant deux temps marqués. ‖ Forme rythmique d'une œuvre poétique; vers.

MÉTRÉ n. m. Mesure d'un terrain, d'une construction. ‖ Devis détaillé de tous travaux dans le bâtiment.

MÈTRE-KILOGRAMME n. m. (pl. *mètres-kilogrammes*). Anc. unité de mesure de moment d'une force ou d'un couple (symb. : m.kgf), égale au moment, par rapport à un axe, d'une force de 1 kilogramme-force dont le support est distant de 1 mètre de l'axe et lui est orthogonal. (Cette unité n'est plus légale en France.)

MÉTRER v. t. (conj. 5). Mesurer au mètre.

MÉTREUR n. et adj. m. Celui qui mesure. Employé d'un architecte ou d'un entrepreneur, chargé de s'assurer de l'état d'avancement des travaux par la mesure des éléments réalisés.

MÉTRIQUE adj. Relatif aux mesures. ‖ Relatif à la mesure du vers. ● *Espace métrique*, couple formé d'un ensemble et d'une distance. ‖ *Propriété métrique*, propriété liée à la mesure d'une grandeur. ‖ *Relations métriques*, relations entre les valeurs des segments d'une figure.

MÉTRIQUE adj. Relatif au mètre. ● *Quintal métrique*, poids de 100 kilogrammes (symb. : q). ‖ *Système métrique*, ensemble, système de poids, mesures et monnaies ayant pour base le mètre. ‖ *Tonne métrique*, poids de 1 000 kilogrammes (symb. : t). ■ Avant l'établissement du système métrique, les différentes mesures usitées en France variaient d'une province à l'autre. En 1790, un décret de l'Assemblée constituante chargea l'Académie des sciences d'organiser un meilleur système et de déterminer une unité de mesure pour convenir à tous les temps, à tous les peuples. Entre 1792 et 1799, Méchain et Delambre mesurèrent la longueur de la partie du méridien terrestre comprise entre Dunkerque et Barcelone. On en déduisit la longueur totale du méridien : la quarante millionième partie de cette longueur, matérialisée par un étalon en platine iridié, fut prise pour unité de longueur et reçut le nom de *mètre*. Institué en France par la loi du 18 germinal an III (7 avril 1795), le système métrique y devint légal avec la loi du

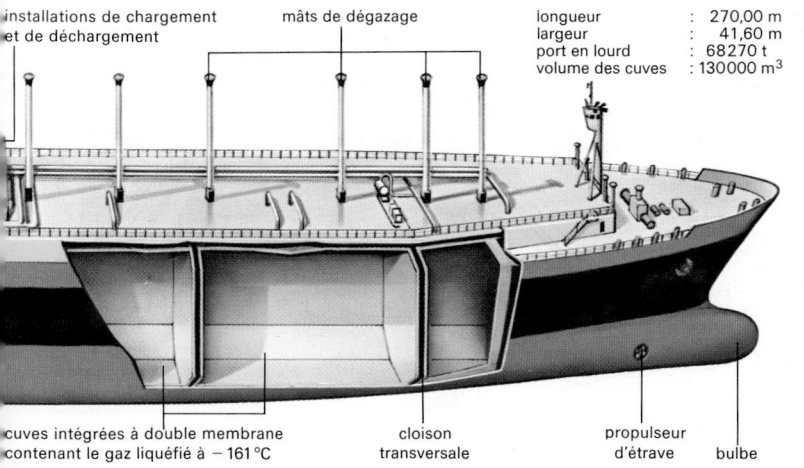

installations de chargement et de déchargement — mâts de dégazage

longueur : 270,00 m
largeur : 41,60 m
port en lourd : 68270 t
volume des cuves : 130000 m³

cuves intégrées à double membrane contenant le gaz liquéfié à − 161 °C — cloison transversale — propulseur d'étrave — bulbe

19 frimaire an VIII (10 décembre 1799) et y fut rendu obligatoire à partir du 1er janvier 1840 par la loi du 4 juillet 1837. La loi du 2 avril 1919 porta une notable extension du système métrique. Enfin, le décret du 3 mai 1961 a fixé le système des unités de mesure légales, qui est, depuis le 1er janvier 1962, le système métrique à six unités de base, appelé *système international d'unités* (système SI).

MÉTRIQUE n. f. Science qui étudie les éléments dont sont formés les vers. ‖ Tout système de versification.

MÉTRISABLE adj. *Math.* Se dit d'un espace topologique sur lequel on peut définir une distance telle que la topologie associée à cette distance coïncide avec la topologie de l'espace considéré.

MÉTRISATION n. f. Conversion des mesures au système métrique.

MÉTRITE n. f. (gr. *mêtra*, matrice). *Méd.* Inflammation de l'utérus.

MÉTRO n. m. (abrév. de *chemin de fer métropolitain*). Chemin de fer souterrain ou aérien qui dessert les quartiers d'une grande ville et de sa banlieue.

MÉTROLOGIE n. f. (gr. *metron*, mesure, et *logos*, science). Science des mesures.

MÉTROLOGIQUE adj. Relatif à la métrologie.

MÉTROLOGISTE n. Spécialiste de métrologie.

MÉTRONOME n. m. (gr. *metron*, mesure, et *nomos*, règle). Instrument inventé par Maelzel, destiné à indiquer la vitesse dans laquelle doit être exécuté un mouvement musical.

MÉTROPOLE n. f. (gr. *mêter*, mère, et *polis*, ville). État considéré par rapport aux territoires extérieurs qui dépendent de lui. ‖ Capitale politique ou économique d'une région, d'un État. ● *Métropole d'équilibre*, grand centre urbain provincial devant contribuer à contrebalancer l'influence de Paris pour en limiter la croissance.

MÉTROPOLITAIN, E adj. Qui appartient à la capitale d'un État ou à la mère patrie. ‖ Archiépiscopal : *église métropolitaine.*

MÉTROPOLITAIN n. m. Archevêque qui a juridiction sur une province ecclésiastique. ‖ Syn. de MÉTRO.

MÉTROPOLITE n. m. Titre de certains évêques des Églises d'Orient, titulaires de sièges importants.

MÉTRORRAGIE n. f. (gr. *mêtra*, matrice, et *rhagê*, rupture). Hémorragie utérine survenant en dehors des périodes menstruelles.

METS [mɛ] n. m. (lat. *missus*, mis [sur la table]). Tout aliment apprêté qui entre dans la composition des repas.

METTABLE adj. Qu'on peut mettre, porter.

METTEUR n. m. *Metteur en œuvre*, celui qui met en œuvre, utilise qqch; ouvrier qui monte les joyaux. ‖ *Metteur en ondes*, technicien de radio ou de télévision chargé de régler la construction du spectacle et d'ordonner les éléments de la réalisation scénique. ‖ *Metteur en pages*, spécialiste assurant la mise en pages. ‖ *Metteur au point*, spécialiste assurant l'assemblage, la mise en place et le réglage d'éléments mécaniques ou électriques. ‖ *Metteur en scène*, personne qui, pendant les répétitions d'une pièce, règle les mouvements de chacun des acteurs, la disposition des décors, etc.; au cinéma, personne qui réalise un film d'après un scénario, qui dirige les acteurs.

METTRE v. t. (lat. *mittere*, envoyer) [conj. **49**]. Placer qqn ou qqch dans un lieu déterminé, dans telle ou telle position, dans telle situation : *mettre un enfant au lit; mettre une lettre sous enveloppe; mettre en liberté, en danger.* ‖ Poser sur le corps comme vêtement : *mettre une robe neuve.* ‖ Mêler, verser : *mettre du sel dans la sauce.* ‖ Employer à qqch : *mettez du soin à ce que vous faites.* ‖ Faire le placement de : *mettre son argent à la Caisse d'épargne.* ‖ Dépenser : *mettre mille francs dans un tableau.* ‖ Employer tant de temps : *la Terre met vingt-quatre heures à tourner autour de son axe.* ‖ Faire consister, fonder : *chacun met son bonheur où il lui plaît.* ‖ Provoquer, faire naître : *mettre du désordre.* ● *En mettre un coup* (Fam.), donner son plein effort. ‖ *Mettons, mettez que...,* supposons, supposez que... ‖ *Y mettre du sien,* faire des concessions, contribuer à qqch. ◆ **se mettre** v. pr. Se placer, aller occuper un lieu, une fonction, une position : *se mettre à table.* ‖ Suivi d'un inf., commencer : *se mettre à travailler.* Prendre tel ou tel état : *se mettre à son aise; se mettre en frais, en colère.* ‖ Mettre sur soi : *se mettre de l'encre sur les doigts.* ● *Se mettre en tête,* s'imaginer, vouloir absolument. ‖ *N'avoir rien à se mettre,* ne pas avoir de vêtements convenables.

MEUBLANT, E adj. *Meubles meublants* (Dr.), objets qui servent à meubler et à garnir un logement.

MEUBLE adj. Se dit d'une terre, d'un sol qui peuvent être facilement divisés par les labours. ● *Bien meuble* (Dr.), bien susceptible d'être déplacé (par oppos. à BIEN IMMEUBLE). ‖ *Roche meuble,* roche non consolidée (comme le sable).

MEUBLE n. m. (lat. *mobilis,* mobile). Objet mobile qui sert à l'usage ou à la décoration dans un appartement, et spécialement objet tel que lit, chaise, table, armoire, etc. ‖ *Dr.* Bien susceptible d'être déplacé. ‖ *Hérald.* Toute pièce qui charge un écu. (Syn. PIÈCE.) ● *Meuble incorporel,* droit portant sur un meuble par nature ou

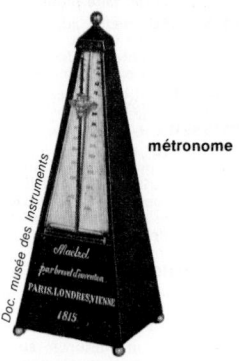

métronome

Doc. musée des Instruments

Maelzel
par brevet d'invention
PARIS.LONDRES.VIENNE
1815

MÉTROPOLITAIN DE PARIS

voiture automotrice sur pneumatiques

longueur hors tout : 15,515 m
largeur de caisse : 2,40 m
poids à vide : 23,6 t

principe du roulement et du guidage

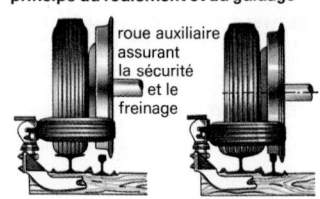

roue auxiliaire assurant la sécurité et le freinage

En cas de crevaison, le roulement et le guidage sont assurés par la roue auxiliaire.

Les voitures automotrices et les remorques reposent sur deux bogies à quatre roues porteuses, équipées de pneumatiques, auxquelles sont accolées des roues métalliques de sécurité. Quatre roues plus petites assurent le guidage en roulant horizontalement contre les rails latéraux qui transportent le courant. Les rames se déplacent sur des pistes encadrant la voie normale.

bogie moteur d'une voiture

pneumatique de guidage latéral
moteur électrique autoventilé de 140 ch
pneumatique de roulement à toile métallique et à chambre à air gonflée à l'azote
roue métallique auxiliaire
ressort de suspension
pont différentiel et réducteur
frotteur à course horizontale
barre de guidage et de retour du courant
sabot de frein
barre de guidage et d'arrivée du courant
piste de roulement
timonerie et cylindre de freinage

types de voie

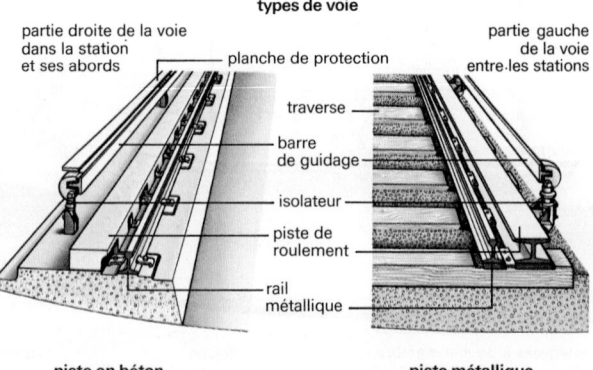

partie droite de la voie dans la station et ses abords
planche de protection
partie gauche de la voie entre les stations
traverse
barre de guidage
isolateur
piste de roulement
rail métallique
piste en béton
piste métallique

que la loi considère comme meuble (droit intellectuel, part sociale). ‖ *Meuble par nature,* bien corporel, matériel (animal, mobilier, marchandise).

MEUBLÉ, E adj. et n. m. Se dit d'un appartement loué avec le mobilier.

MEUBLER v. t. Garnir, équiper de meubles : *meubler un appartement.* ‖ Remplir un vide, occuper une période de temps : *savoir meubler ses loisirs.* ◆ v. i. Produire un effet d'ornementation : *étoffe qui meuble bien.*

MEUGLEMENT n. m. Syn. de BEUGLEMENT.

MEUGLER v. i. Syn. de BEUGLER.

MEULAGE n. m. Action de meuler.

MEULE n. f. (lat. *mola*). Corps solide, naturel ou artificiel, de forme circulaire, qui agit par abrasion et qu'on utilise pour de multiples travaux. ● *Meule de fromage,* grosse masse de fromage ayant la forme d'une meule de moulin.

MEULE n. f. Tas de gerbes de céréales, ou tas de paille ou de foin, lié ou en vrac, constitué pour la conservation de ces produits. ‖ Tas de bois recouvert de gazon, que l'on carbonise en plein air. ‖ *Hortic.* Couche à champignons.

MEULER v. t. User ou dresser à la meule.

MEULIER, ÈRE adj. Relatif aux meules à moudre : *silex meulier.* ● Pierre meulière, ou *meulière* n. f., roche sédimentaire siliceuse et calcaire, abondante dans les couches tertiaires du Bassin parisien, utilisée pour la fabrication des meules. (Une variété partiellement décalcifiée, la *meulière caverneuse,* sert souvent en construction.)

MEULON n. m. Petite meule provisoire de foin, de chanvre, etc.

MEUNERIE n. f. Commerce, industrie de la transformation des grains en farine.

MEUNIER, ÈRE n. (lat. *molinarius*). Personne qui exploite un moulin à grain ou une meunerie.

MEUNIER n. m. Nom usuel du *chevaine,* de la *blatte,* du *mousseron.*

MEUNIÈRE n. f. Nom usuel de la *mésange à longue queue.*

MEURETTE n. f. Sauce au vin rouge, avec des croûtons, accompagnant les œufs, le poisson, etc.

MEURSAULT n. m. Vin de la région de Beaune, très réputé.

MEURTIAT n. m. *Min.* Mur grossier de pierres sèches.

MEURTRE n. m. (mot francique). Action de tuer volontairement un être humain.

MEURTRIER, ÈRE adj. et n. Qui commet un meurtre. (Syn. ASSASSIN, CRIMINEL, HOMICIDE.) ◆ adj. Qui cause la mort, qui sert à un meurtre : *combat meurtrier; arme meurtrière.*

MEURTRIÈRE n. f. Ouverture étroite pratiquée dans le mur d'un ouvrage fortifié pour permettre l'observation et l'envoi de projectiles.

MEURTRIR v. t. (mot francique). Blesser par un choc qui laisse une marque sur la peau. ‖ Endommager des fruits par choc ou contact. ‖ Provoquer une blessure morale : *meurtrir le cœur.*

MEURTRISSURE n. f. Contusion avec tache bleuâtre. ‖ Tache sur les fruits meurtris.

MEUTE n. f. (lat. *motus,* mû). Troupe de chiens courants dressés pour la chasse. ‖ Bande de gens acharnés contre qqn.

MeV [mɛv] n. m. Symbole de mégaélectronvolt (un million d'électronvolts), unité pratique d'énergie utilisée en physique des particules.

MÉVENTE n. f. Forte baisse des ventes.

MEXICAIN, E adj. et n. Du Mexique.

MEZZANINE [mɛdzanin] n. f. (it. *mezzanino,* entresol). Petit étage entre deux grands. ‖ Petite fenêtre d'entresol. ‖ Dans un théâtre, petit étage situé entre les fauteuils d'orchestre et le premier balcon.

MEZZA VOCE [mɛdzavotʃe] loc. adv. (mots it.). À mi-voix.

MEZZO-SOPRANO [mɛdzosɔprano] n. m. ou f. (mots it.) [pl. *mezzo-sopranos*]. Voix de femme plus grave et plus étendue que le soprano; celle qui a cette voix.

MEZZOTINTO [mɛdzotinto] n. m. inv. (mot it.). Syn. de MANIÈRE NOIRE.

Mg, symbole chimique du *magnésium.*

MI- (lat. *medius,* qui est au milieu), préf. inv. qui se joint à certains mots par un trait d'union et qui signifie *à moitié,* *à demi* : *à mi-jambe; toile mi-fil, mi-coton;* etc.

MI n. m. inv. Note de musique, troisième degré de la gamme de *do.*

mi

MIAOU n. m. (onomat.). Cri du chat.

MIASMATIQUE adj. Qui renferme ou produit des miasmes.

MIASME n. m. (gr. *miasma,* souillure). Émanation provenant de substances animales ou végétales en décomposition.

MIAULEMENT n. m. Cri du chat, du tigre.

MIAULER v. i. (onomat.). Crier, en parlant du chat, du tigre.

MIAULEUR, EUSE adj. Qui miaule.

MI-BAS n. m. inv. Longue chaussette fine, s'arrêtant au-dessous du genou.

MI-BOIS (À) loc. adv. Se dit d'un assemblage ou d'une enture réalisés en entaillant les deux pièces respectivement sur la moitié de leur épaisseur.

MICA n. m. (mot lat., *parcelle*). Minéral brillant et clivable, abondant dans les roches éruptives et métamorphiques, formé de silicate d'aluminium et de potassium. (On utilise le mica blanc pour sa transparence et son infusibilité.)

MICACÉ, E adj. De la nature du mica; qui contient du mica.

MI-CARÊME n. f. (pl. *mi-carêmes*). Le jeudi de la troisième semaine du carême.

MICASCHISTE [mikaʃist] n. m. Roche métamorphique feuilletée, formée de lits de mica séparés par de petits cristaux de quartz.

MICELLAIRE adj. Formé de micelles.

MICELLE n. f. (lat. *mica,* parcelle). Particule mesurant 0,001 et 0,3 micron, formée d'un agrégat de molécules semblables, et donnant un système colloïdal.

MICHE n. f. (lat. *mica,* parcelle). Gros pain rond.

MICHELINE n. f. (de *Michelin,* n. de l'inventeur). Voiture de chemin de fer automotrice, montée sur pneumatiques et servant autref. au transport des voyageurs.

MI-CHEMIN (À) loc. adv. Vers le milieu du chemin : *Étampes est à mi-chemin entre Orléans et Paris.* ‖ Avant d'avoir atteint son but : *s'arrêter à mi-chemin dans une entreprise.*

MICHETON n. m. *Arg.* Client d'une prostituée.

MICMAC n. m. (moyen fr. *meutemacre,* rébellion). *Fam.* Intrigue secrète et obscure. ‖ *Fam.* Désordre.

MICOCOULIER n. m. (mot prov.). Arbre du Midi, dont le bois sert à faire des manches d'outils, des anches. (Haut. : jusqu'à 25 m; famille des ulmacées.)

MICOQUIEN, ENNE adj. et n. m. (du gisement de *la Micoque,* aux Eyzies-de-Tayac). *Préhist.* Se dit d'un faciès industriel correspondant à l'acheuléen final et marquant la transition avec le paléolithique moyen.

MI-CORPS (À) loc. adv. Au milieu du corps.

MI-CÔTE (À) loc. adv. À la moitié de la côte.

MICR-, MICRO- (gr. *mikros,* petit), préf. (symb. : μ) qui, placé devant une unité, la multiplie par 10^{-6}.

MICRO n. m. *Fam.* Abrév. de MICROPHONE.

MICROANALYSE n. f. Analyse chimique qui, portant sur des masses de substances extrêmement faibles, nécessite un outillage spécial.

MICROBALANCE n. f. Balance utilisée pour comparer de très petites masses, de l'ordre du millionième de gramme.

MICROBE n. m. (gr. *mikros,* petit, et *bios,* vie). Être vivant microscopique, constitué par une seule cellule, qui est à l'origine des putréfactions et des maladies infectieuses.
■ Les microbes (*bactéries, protozoaires, virus, champignons,* etc.) appartiennent à des ordres très variés. On les rencontre dans le sol, dans l'air, dans l'eau, dans les corps des animaux. Ils transforment, en se multipliant, les éléments où ils vivent, en rejetant les résidus de leur activité métabolique. Ainsi s'effectuent les putréfactions et les fermentations. Certains microbes sécrètent des toxines et sont les agents des maladies infectieuses; d'autres sont utiles (fermentations alcoolique, acétique, lactique).

MICROBIEN, ENNE adj. Qui a rapport aux microbes.

MICROBILLE n. f. Petite sphère de verre utilisée pour constituer des catadioptres, des panneaux lumineux de signalisation.

MICROBIOLOGIE n. f. Science qui s'occupe des microbes.

MICROBIOLOGISTE n. Spécialiste de microbiologie.

MICROCALORIMÈTRE n. m. Appareil servant en microcalorimétrie.

MICROCALORIMÉTRIE n. f. Technique de mesure des très faibles quantités de chaleur.

MICROCASSETTE n. f. Boîtier contenant une bande magnétique pour l'enregistrement et la reproduction du son, dont les dimensions sont réduites et qui peut être utilisé sur des appareils portatifs.

MICROCÉPHALE adj. et n. (gr. *mikros,* petit, et *kephalê,* tête). Atteint de microcéphalie.

MICROCÉPHALIE n. f. Anomalie morphologique du crâne dont le volume est réduit.

MICROCHIRURGIE n. f. Chirurgie pratiquée sous le contrôle du microscope, avec instrumentation spéciale.

MICROCIRCUIT n. m. Circuit électronique de très petites dimensions, composé de circuits intégrés, de transistors, de diodes, de résistances et de capacités, et enfermé dans un boîtier étanche.

MICROCLIMAT n. m. Ensemble des conditions de température, d'humidité, etc., qui sont particulières à un espace homogène de faible étendue.

MICROCLINE n. m. Feldspath potassique.

MICROCOQUE n. m. (gr. *mikros,* petit, et *kokkos,* graine). Bactérie à corps sphérique dont les individus sont isolés.

MICROCOSME n. m. (gr. *mikros,* petit, et *kosmos,* monde). Monde en abrégé; résumé de l'univers. ‖ L'homme en tant qu'il reflète l'univers. ‖ Espèce d'ascidie comestible.

MICROCOSMIQUE adj. Relatif au microcosme.

MICROCRISTAL n. m. Cristal microscopique formant la structure de certains corps.

MICRODISSECTION n. f. Dissection faite sous le microscope sur des cellules ou des êtres de petite taille.

MICRO-ÉCONOMIE n. f. Branche de la

MICOCOULIER

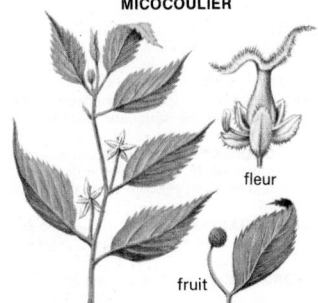

fleur

fruit

science économique étudiant les comportements individuels des agents économiques.

MICRO-ÉCONOMIQUE adj. Relatif à la micro-économie.

MICRO-ÉLECTRONIQUE n. f. Partie de l'électronique qui s'occupe de la conception et de la fabrication, sous un volume extrêmement réduit, de circuits, de mémoires, etc.

MICROFICHE n. f. Photographie reproduisant sur une surface très réduite un document d'archives.

MICROFILM n. m. Film composé d'une série de microfiches.

MICROFILMER v. t. Reproduire des documents sous forme de microfilm.

MICROFLORE n. f. Flore microbienne d'un milieu donné.

MICROFRACTOGRAPHIE n. f. Technique d'examen et d'étude des surfaces de rupture au microscope électronique.

MICROGLIE n. f. Variété de névroglie réticulo-endothéliale dont les cellules sont mobiles et douées de phagocytose.

MICROGLOSSAIRE n. m. Vocabulaire spécifique d'une activité, qui est relativement indépendant du vocabulaire général.

MICROGRAPHIE n. f. Étude au microscope de très petits objets, notamment de la structure des métaux et alliages. ‖ Technique de reproduction des documents sous forme de microfiches.

MICROGRAPHIQUE adj. Relatif à la micrographie.

MICROGRENU, E adj. *Géol.* Se dit de la structure des roches filoniennes dans lesquelles des phénocristaux baignent dans une pâte formée de petits cristaux; se dit d'une roche présentant cette structure.

MICRO-INTERVALLE n. m. (pl. *micro-intervalles*). *Mus.* Intervalle très petit.

MICROLITE ou **MICROLITHE** n. m. (gr. *mikros*, petit, et *lithos*, pierre). *Géol.* Petit cristal des roches microlitiques. ‖ *Préhist.* Outil de pierre de très petites dimensions, caractéristique des périodes postglaciaires.

MICROLITIQUE ou **MICROLITHIQUE** adj. *Géol.* Se dit de la structure d'une roche volcanique dans laquelle des phénocristaux baignent dans une pâte formée de petits cristaux; se dit d'une roche présentant cette structure.

MICROMANIPULATEUR n. m. Appareil permettant la manipulation et la dissection de cellules ou de petits objets.

MICROMÉTÉORITE n. f. Météorite de très petites dimensions.

MICROMÈTRE n. m. Instrument permettant de mesurer avec une grande précision des longueurs ou des angles très petits. ‖ Unité de mesure de longueur (symb. : µm) égale à un millionième de mètre.

MICROMÉTRIE n. f. Mesure des dimensions très petites à l'aide du micromètre.

MICROMÉTRIQUE adj. Relatif au micromètre.

MICROMODULE n. m. Circuit logique ou arithmétique miniaturisé d'un calculateur électronique, rassemblant sur substrat de petit format les circuits, les résistances et les semi-conducteurs (diodes ou transistors) nécessaires pour une opération déterminée.

MICRON n. m. *Anc.* unité de mesure de longueur (symb. : µ) égale à un millionième de mètre. (Remplacée par le micromètre, cette unité n'est plus légale en France.)

MICRO-ONDE n. f. (pl. *micro-ondes*). Onde électromagnétique de longueur d'onde comprise entre 1 m et 1 mm.

MICRO-ORDINATEUR n. m. (pl. *micro-ordinateurs*). Ordinateur de faible volume dont l'unité centrale de traitement est constituée d'un microprocesseur.

MICRO-ORGANISME n. m. (pl. *micro-organismes*). Organisme microscopique, végétal ou animal.

MICROPHAGE n. m. Cellule qui effectue la phagocytose d'éléments très petits, telles les bactéries.

MICROPHONE n. m. Instrument qui transforme les vibrations sonores en oscillations électriques.

MICROPHONIQUE adj. Relatif au microphone.

MICROPHOTOGRAPHIE n. f. Photographie des préparations microscopiques.

MICROPHOTOGRAPHIQUE adj. Relatif à la microphotographie.

MICROPHYSIQUE n. f. Partie de la physique qui étudie les atomes, les noyaux et les particules élémentaires.

MICROPODIFORME n. m. Oiseau aux pattes très courtes, incapable de s'envoler du sol, tel que le *martinet* ou l'*engoulevent*. (Les *micropodiformes* forment un ordre.)

MICROPROCESSEUR n. m. Organe de traitement de l'information réalisé sous la forme de microcircuits électroniques intégrés.

MICROPROGRAMMATION n. f. *Inform.* Mode d'organisation de la commande d'un ordinateur, dans lequel les instructions du programme sont exécutées par une suite d'instructions très élémentaires.

MICROPSIE n. f. (gr. *mikros*, petit, et *opsis*, vue). Illusion visuelle dans laquelle les objets paraissent avoir une taille plus petite qu'ils n'ont en réalité.

MICROPYLE n. m. Petit orifice dans les téguments de l'ovule des végétaux phanérogames.

MICROSCOPE n. m. (gr. *mikros*, petit, et *skopein*, observer). Instrument d'optique composé de plusieurs lentilles, qui sert à regarder les objets très petits. ● *Microscope électronique*, appareil analogue au microscope, mais dans lequel les rayons lumineux sont remplacés par un faisceau d'électrons. (Le grossissement peut alors atteindre 100 fois celui du microscope optique.)

MICROSCOPIE n. f. Examen au microscope.

MICROSCOPIQUE adj. Fait au moyen du microscope. ‖ Qui ne peut être vu qu'avec un microscope : *particules microscopiques*. ‖ Très petit, minuscule : *un livre microscopique*.

MICROSILLON n. m. Disque portant cent spires en moyenne au centimètre de rayon, et dont la gravure permet une audition de vingt-cinq minutes environ par face de 30 cm de diamètre.

MICROSOCIOLOGIE n. f. Étude des formes de la sociabilité au sein de petits groupes.

MICROSOCIOLOGIQUE adj. Relatif à la microsociologie.

MICROSONDE n. f. Appareil qui permet, grâce à l'impact d'un faisceau d'électrons sur une lame mince, de doser les éléments que contient cette lame.

MICROSPORANGE n. m. *Bot.* Sporange produisant des microspores.

MICROSPORE n. f. *Bot.* Spore fournie par certains cryptogames, et qui germe en donnant un prothalle mâle.

MICROSTRUCTURE n. f. Structure dépendant d'une structure plus vaste.

MICROTOME n. m. Instrument pour découper dans les végétaux de minces tranches en vue d'un examen au microscope.

MICTION [miksjɔ̃] n. f. (bas lat. *mictio*). *Méd.* Action d'uriner.

MIDDLE JAZZ [midəldʒaz] n. m. (mots amér.). Expression désignant les styles de jazz qui succédèrent à ceux de La Nouvelle-Orléans et de Chicago et restèrent en vogue jusqu'à l'apparition au début des années 40 du be-bop, sans pour autant disparaître complètement.

MIDI n. m. (lat. *medius*, au milieu, et *dies*, jour). Milieu du jour; instant marqué douze heures. ‖ Un des points cardinaux, le sud. ‖ Exposition d'un lieu qui est en face du sud. ‖ Ensemble des régions du sud de la France (en ce sens prend une majuscule) : *produits du Midi*. ● *Chercher midi à quatorze heures*, chercher des difficultés où il n'y en a pas. ‖ *Démon de midi*, tentations du milieu de la vie.

MIDINETTE n. f. (de *midi* et *dinette*). Jeune ouvrière parisienne de la couture et de la mode (vx). ‖ *Péjor.* Jeune fille simple et frivole.

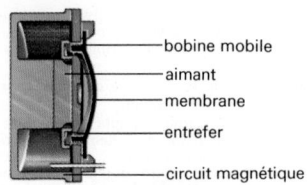

bobine mobile
aimant
membrane
entrefer
circuit magnétique

CONSTITUTION D'UN MICROPHONE CARDIOÏDE

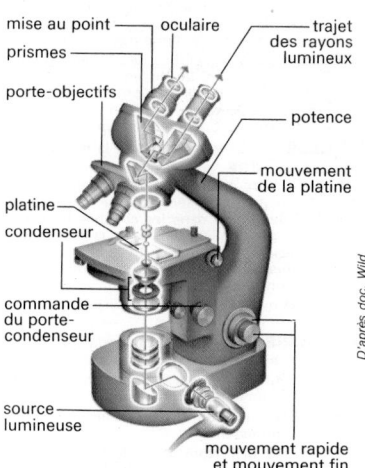

mise au point
oculaire
trajet des rayons lumineux
prismes
porte-objectifs
potence
mouvement de la platine
platine
condenseur
commande du porte-condenseur
source lumineuse
mouvement rapide et mouvement fin

D'après doc. Wild

MICROSCOPE OPTIQUE

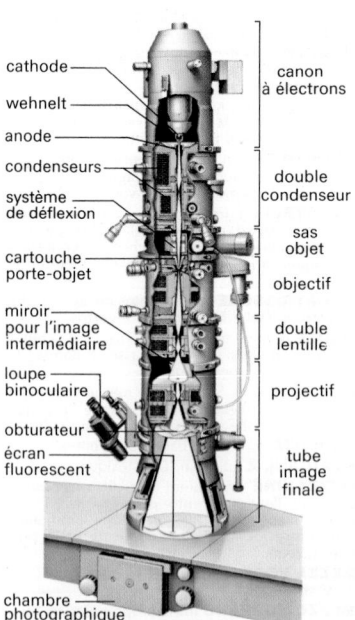

cathode
canon à électrons
wehnelt
anode
condenseurs
double condenseur
système de déflexion
sas objet
cartouche porte-objet
objectif
miroir pour l'image intermédiaire
double lentille
loupe binoculaire
projectif
obturateur
écran fluorescent
tube image finale
chambre photographique

D'après doc. Siemens

MICROSCOPE ÉLECTRONIQUE

MIDRASH [midraʃ] n. m. (hébr. *darash*, expliquer) [pl. *midrashim*]. Genre littéraire du judaïsme rabbinique, consistant en des commentaires ou paraphrases de l'Écriture, faits en fonction de la vie quotidienne.

MIDSHIP [midʃip] n. m. (angl. *midshipman*, qui est au milieu d'un navire). *Fam.* Dans la marine militaire française, aspirant ou enseigne de vaisseau de 2ᵉ classe.

MIE n. f. (de *mica*, parcelle). Partie intérieure du pain. ‖ *À la mie de pain* (Pop.), sans valeur.

MIE n. f. *Litt.* Abrév. de AMIE (vx).

MIEL n. m. (lat. *mel*). Substance sucrée et parfumée produite par les abeilles, à partir du nectar des fleurs, qu'elles récoltent dans leur jabot et entreposent dans les alvéoles de la ruche. ● *Être tout miel*, d'une affabilité hypocrite.

MIELLAT n. m. Produit sucré élaboré par divers pucerons à partir de la sève des végétaux, et dont se nourrissent les fourmis et les abeilles.

MIELLÉ, E adj. Propre au miel; qui rappelle le miel : *odeur miellée*.

MIELLÉE ou **MIELLURE** n. f. Liquide visqueux et sucré que laissent suinter, en réaction à la piqûre des pucerons, les feuilles de certains arbres des pays chauds. ‖ Nectar butiné rapporté par les abeilles.

MIELLEUSEMENT adv. D'un ton mielleux.

MIELLEUX, EUSE adj. D'une douceur hypocrite : *paroles mielleuses*.

MIEN, ENNE pron. poss. (lat. *meus*) [précédé de *le, la, les*]. Ce qui est à moi : *c'est votre opinion, ce n'est pas la mienne*. ◆ adj. poss. *Litt.* Qui est à moi : *je ne fais pas mienne votre proposition*.

MIEN n. m. Ce qui m'appartient : *le tien et le mien*. ◆ pl. *Les miens*, ma famille, mes proches, mes alliés.

MIETTE n. f. (de *mie*). Petite parcelle qui tombe du pain quand on le coupe. ‖ Petit morceau d'un objet quelconque, fragment, débris (surtout au pl.) : *mettre un verre en miettes; les miettes d'une fortune*. ● *Ne pas perdre une miette de qqch*, y prêter une grande attention.

MIEUX adv. (lat. *melius*). De façon plus convenable, plus avantageuse, plus favorable (sert de comparatif à *bien*) : *ça vaut mieux; il se porte mieux*. ‖ Avec l'article *le*, sert de superlatif à *bien*. ● *Aimer mieux*, préférer. ‖ *Aller de mieux en mieux*, s'améliorer. ‖ *À qui mieux mieux*, à l'envi, avec émulation. ‖ *Être, aller mieux*, être en meilleure santé. ‖ *Tant mieux*, expression de satisfaction dont on se sert pour se féliciter d'une chose.

MIEUX n. m. État meilleur : *le médecin a constaté un mieux*. ‖ Chose meilleure, plus avantageuse : *en attendant mieux*. ● *Acheter, vendre au mieux*, réaliser une opération boursière au plus des possibilités de négociation et non au mieux des intérêts du donneur d'ordre. ‖ *Au mieux*, aussi bien que possible. ‖ *Faute de mieux*, à défaut d'une chose plus avantageuse, plus agréable.

MIEUX-ÊTRE n. m. Amélioration du confort, de la santé, etc.

MIÈVRE adj. (anc. scandin. *snaefr*, rapide). D'une grâce un peu puérile, affectée et fade.

MIÈVREMENT adv. Avec mièvrerie.

MIÈVRERIE n. f. Caractère de celui ou de ce qui est mièvre.

MI-FER (À) loc. adv. Se dit d'un assemblage de deux pièces métalliques bout à bout, par une enture effectuée sur la moitié de leur épaisseur.

MIGMATITE n. f. (gr. *migma*, mélange). Roche métamorphique profonde ayant subi un début d'anatexie et dans laquelle des bandes de gneiss sont séparées par des zones granitiques.

MIGNARD, E adj. et n. (de *mignon*). *Litt.* D'une délicatesse, d'une douceur affectée.

MIGNARDISE n. f. *Litt.* Gentillesse, douceur affectée. ‖ Variété de petit œillet.

MIGNON, ONNE adj. (de *minet*). Qui a de la grâce, de la délicatesse : *visage mignon*. ‖ *Fam.* Gentil, aimable, complaisant. ● *Filet mignon*, morceau de viande coupé dans la pointe du

filet. ‖ *Péché mignon*, petit défaut auquel on s'abandonne volontiers. ◆ n. Terme de tendresse en parlant d'un enfant.

MIGNON n. m. *Hist.* Nom donné aux favoris d'Henri III, très efféminés.

MIGNONNETTE n. f. Petit œillet. ‖ Petite chicorée sauvage. ‖ Petit gravillon roulé, de granulométrie très précise. ‖ Poivre concassé en gros grains.

MIGRAINE n. f. (gr. *hêmi*, à demi, et *kranion*, crâne). Douleur violente qui affecte un côté de la tête et qui s'accompagne souvent de nausées et de vomissements.

MIGRAINEUX, EUSE adj. et n. Relatif à la migraine; atteint de migraine.

MIGRANT, E adj. et n. Personne qui effectue une migration.

MIGRATEUR, TRICE adj. et n. m. Qui effectue des migrations : *oiseaux migrateurs*.

MIGRATION n. f. (lat. *migratio*). Déplacement de population, de groupe d'un pays dans un autre pour s'y établir, sous l'influence de facteurs économiques ou politiques. ‖ Déplacement en groupe et dans une direction déterminée, que certains animaux entreprennent saisonnièrement. ‖ Entraînement, par les eaux, de diverses substances du sol. ‖ Déplacement d'un organisme, d'une molécule, etc.

MIGRATOIRE adj. Relatif aux migrations.

MIGRER v. i. Effectuer une migration.

MIHRÂB [mirab] n. m. inv. (mot ar.). Dans la mosquée, niche décorée et vide, généralement située au centre du mur du fond et indiquant l'orientation (qibla) de La Mecque.

MI-JAMBE (À) loc. adv. À la hauteur du milieu de la jambe.

MIJAURÉE n. f. (de *mijolée*, mot dialect.). Femme qui a des manières affectées et ridicules.

MIJOTER v. t. (anc. fr. *musgode*, provision de vivres; mot germ.). Faire cuire lentement et à petit feu. ‖ Préparer de longue main, avec soin, dans le secret : *mijoter un complot*. ◆ v. i. Cuire lentement : *faire mijoter un ragoût*.

MIJOTEUSE n. f. Cocotte électrique permettant une cuisson à feu doux et prolongée.

MIKADO n. m. (mot jap., *souverain*). Empereur du Japon. ‖ Jeu de jonchets.

MIL adj. num. → MILLE.

MIL n. m. → MILLET.

MILAN n. m. (lat. pop. *milanus*). Oiseau rapace propre aux régions chaudes et tempérées. (Le milan atteint 1,50 m d'envergure; il a la queue longue et fourchue. Il chasse le menu gibier et les petits rongeurs.)

MILANAIS, E adj. et n. De Milan. ● *À la milanaise*, se dit d'une viande panée à l'œuf, frite à l'huile ou au beurre.

MILDIOU n. m. (angl. *mildew*). Nom donné à diverses maladies des plantes cultivées (vigne, pomme de terre, céréales, etc.), provoquées par des champignons microscopiques du groupe des péronosporales et se traduisant par des taches duveteuses à la face inférieure des feuilles.

MILDIOUSÉ, E adj. Attaqué par le mildiou.

MILE [majl] n. m. (mot angl.). Mesure itinéraire anglo-saxonne valant 1 609 m.

MILIAIRE adj. (lat. *miliarus*; de *milium*, millet). Qui ressemble à un grain de mil : *glandes miliaires*. ● *Fièvre miliaire*, ou *miliaire* n. f., éruption causée due à une distension des glandes sudoripares, et qui se manifeste au cours de divers états infectieux. ‖ *Tuberculose miliaire*, syn. de GRANULIE.

MILICE n. f. (lat. *militia*, service militaire). Du Moyen Âge au XVIIIᵉ s., troupe levée dans les communes pour renforcer l'armée régulière. ‖ Police auxiliaire militarisée qui remplace ou renforce les forces régulières. ● *Armée de milice*, auj. armée composée en grande majorité de citoyens soldats rapidement mobilisables grâce à de fréquentes périodes d'instruction.

MILICIEN, ENNE n. Personne appartenant à une milice.

MILICIEN n. m. En Belgique, jeune homme

incorporé dans l'armée pour y faire son service militaire.

MILIEU n. m. (de *mi* et *lieu*). Lieu, point également éloigné des deux termes d'un espace ou d'un temps, d'un commencement et d'une fin : *le milieu d'une place, d'un livre*. ‖ Espace matériel, circonstances physiques dans lesquels le corps est placé : *l'air est le milieu dans lequel nous vivons*. ‖ Entourage social qui influence les êtres humains : *l'influence du milieu; les milieux populaires*. ‖ Groupe social vivant de la prostitution et des trafics illégaux : *les gens du milieu*. ‖ *Chorégr.* Exercices exécutés au centre de la

exercices au **milieu**

classe, sans l'appui de la barre. ● *Au beau milieu, en plein milieu*, juste au milieu. ‖ *Milieu de culture* (Bactériol.), substance apte à favoriser le développement des micro-organismes. (On emploie des milieux de culture spécifiques pour la recherche et l'identification des bactéries.) ‖ *Milieu géographique* ou *naturel*, ensemble des caractéristiques physiques qui influent sur l'existence des êtres vivants à la surface de la Terre. ‖ *Milieu intérieur* (Anat.), ensemble des liquides (sang, lymphe) qui baignent les cellules d'un animal. ◆ loc. prép. *Au milieu de*, loin du bord; parmi.

milan

MILITAIRE adj. (lat. *militaris*; de *miles*, soldat). Qui concerne les armées, leurs membres, les opérations de guerre : *camp militaire*. ‖ Fondé sur la force armée : *coup d'État militaire*. ‖ Considéré comme propre à l'armée : *exactitude militaire*.

MILITAIRE n. m. Celui qui fait partie des armées.

MILITAIREMENT adv. De façon militaire.

MILITANT, E adj. Qui manifeste de l'activité au service d'une cause, d'un parti. ● *Église militante* (Théol.), assemblée des chrétiens sur la Terre. ◆ n. Membre actif d'un syndicat, d'un parti, d'une organisation.

MILITANTISME n. m. Attitude, activité du militant.

MILITARISATION n. f. Action de militariser.

MILITARISER v. t. Donner un caractère, une structure militaire; pourvoir de forces armées.

MILITARISME n. m. Prépondérance donnée à l'élément militaire dans une société, une nation. ‖ Doctrine ou système politique fondé sur cette prépondérance.

MILITARISTE adj. et n. Relatif au militarisme; qui en est partisan.

585

MILITER v. i. (lat. *militare; de miles,* soldat). Avoir une activité dans un parti, un syndicat, une association. ‖ Agir, influer pour ou contre, plaider : *cette raison milite contre vous.*

MILK-BAR [milkbar] n. m. (pl. *milk-bars*). Bar servant des boissons à base de lait.

MILK-SHAKE [milkʃɛk] n. m. (pl. *milk-shakes*). Boisson frappée, à base de lait.

MILLAGE n. m. (angl. *mile*). Au Canada, distance comptée en milles.

MILLAS n. m. → MILLIASSE.

MILLE n. m. (lat. *mille*). Mesure itinéraire des Romains (1 478,50 m). ‖ *Mar.* Unité de mesure de longueur dont l'emploi est autorisé seulement pour exprimer les distances en navigation (maritime ou aérienne), et correspondant à la distance moyenne de deux points de la surface de la Terre qui ont même longitude et dont les latitudes diffèrent d'un angle de 1 minute (1 852 m). ‖ Au Canada, équivalent du mile anglo-saxon.

MILLE adj. num. et n. m. inv. (lat. *milia*). Dix fois cent : *deux mille hommes; l'an deux mille av. J.-C.* (Dans la date ordinaire des années, on emploie indifféremment les termes *mille* ou *mil* : *l'an mil* [ou *mille*] *huit cents.*) ‖ Millième : *numéro mille.* ‖ Nombre indéterminé, mais considérable : *courir mille dangers.* ● *Des mille et des cents* (Fam.), une somme d'argent importante. ‖ *Mettre dans le mille,* réussir. ‖ *Mise au mille,* quantité de matières premières chargées dans un appareil métallurgique pour l'élaboration de 1 000 kg de métal ou d'alliage.

MILLE-FEUILLE n. f. (pl. *mille-feuilles*). Plante à feuilles très découpées et à capitules de petites fleurs blanchâtres groupées en corymbes. (Famille des composées.)

MILLE-FEUILLE n. m. (pl. *mille-feuilles*). Gâteau de pâte feuilletée garnie de crème pâtissière.

MILLÉNAIRE adj. (lat. *millenarius*). Qui a mille ans au moins.

MILLÉNAIRE n. m. Dix siècles ou mille ans.

MILLÉNARISME n. m. Croyance de certains écrivains chrétiens des premiers siècles et de certaines sectes chrétiennes toujours vivantes, selon laquelle le Christ reviendrait sur Terre pour un règne de mille ans. ‖ Courant d'opinion qui met sa confiance dans l'établissement définitif d'une société pareillement juste et bonne pour tous ses membres.

MILLÉNARISTE adj. et n. Qui appartient au millénarisme.

MILLENIUM [milenjɔm] n. m. L'âge d'or attendu par les millénaristes.

MILLE-PATTES n. m. inv. Arthropode terrestre dont le corps, formé d'anneaux, porte de nombreuses pattes semblables. (Les mille-pattes forment une classe comprenant l'*iule,* le *scolopendre,* le *géophile.*) [Nom sc. : *myriapode.*]

MILLE-PERTUIS ou **MILLEPERTUIS** n. m. inv. Plante dont les feuilles contiennent de nombreuses petites glandes translucides qui les font croire criblées de trous. (Famille des hypéricacées. On a utilisé leurs fleurs jaunes en infusions vulnéraires et balsamiques.)

MILLÉPORE n. m. Animal marin formant des colonies de polypes construisant un squelette calcaire massif. (Embranchement des cnidaires, ordre des hydrocoralliaires.)

MILLERANDAGE n. m. *Agric.* Accident occasionné par la coulure, et qui entraîne un avortement des grains de raisin.

MILLÉSIME n. m. (lat. *millesimus; de mille,* mille). Année qui figure comme date sur les monnaies, les médailles, certaines bouteilles de vin, d'alcool, etc.

MILLÉSIMÉ, E adj. Qui porte un millésime.

MILLET ou **MIL** n. m. (lat. *milium*). Nom donné à quelques graminées, en particulier à une céréale qui n'est plus cultivée que localement en France, mais qui reste d'un grand usage en Afrique noire.

MILLI- (mot lat.), préf. (symb. : m) qui, placé devant une unité, la multiplie par 10⁻³.

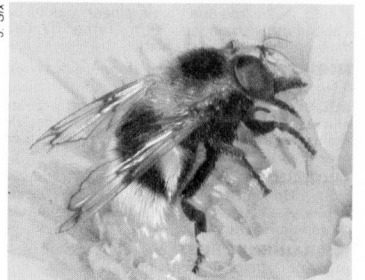

EXEMPLE DE MIMÉTISME PARASITAIRE
la volucelle (*Volucella bombylans,* à gauche), grâce à sa parfaite ressemblance avec le bourdon (à droite), pond dans le nid de ce dernier; ses larves sont nourries en même temps que celles du bourdon

MILLIAIRE adj. *Antiq.* Se disait des bornes placées au bord des voies romaines pour indiquer les milles.

MILLIAMPÈRE n. m. Millième d'ampère (mA).

MILLIAMPÈREMÈTRE n. m. *Électr.* Ampèremètre gradué en milliampères.

MILLIARD n. m. Mille millions.

MILLIARDAIRE adj. et n. Personne très riche dont les revenus dépassent un milliard.

MILLIARDIÈME adj. ord. et n. Qui se trouve un milliard de fois dans le tout.

MILLIASSE ou **MILLAS** n. m. (de *millet*). *Région.* Gâteau de farine de maïs cuite à l'eau.

MILLIBAR n. m. Unité de mesure de pression atmosphérique, équivalant à un millième de bar ou à 1 000 baryes, soit environ 3/4 de millimètre de mercure.

MILLIÈME adj. ord. et n. Qui occupe un rang marqué par le numéro mille. ‖ Qui se trouve mille fois dans le tout. ◆ n. m. *Mil.* Unité d'angle utilisée pour le tir et égale à l'angle sous lequel on voit une longueur de 1 m à 1 000 m.

MILLIER n. m. Quantité, nombre de mille environ : *un millier d'épingles.* ‖ Quantité considérable : *des milliers d'hommes.*

MILLIGRAMME n. m. Millième partie du gramme (mg).

MILLIMÈTRE n. m. Millième partie du mètre (mm).

MILLIMÉTRIQUE ou **MILLIMÉTRÉ, E** adj. Relatif au millimètre; gradué en millimètres.

MILLION n. m. (it. *milione*). Mille fois mille.

MILLIONIÈME adj. ord. et n. Qui se trouve un million de fois dans le tout. ‖ Qui occupe un rang marqué par le nombre d'un million.

MILLIONNAIRE adj. et n. Personne très riche, dont les revenus dépassent un million. ‖ Se dit d'une ville ou d'une agglomération dont la population dépasse le million d'habitants.

MILLIVOLT n. m. Millième de volt (mV).

MILLIVOLTMÈTRE n. m. Appareil servant à mesurer de très faibles différences de potentiel, et dont le cadran est gradué en millivolts.

MILORD n. m. (angl. *my lord,* mon seigneur). Homme riche et élégant (vx). ‖ Voiture hippo-

mobile à quatre roues, à deux places, à capote et à siège plus élevé au-dessus de l'avant-train pour le conducteur.

MILOUIN n. m. (lat. *miluus,* milan). Canard qu'on trouve en hiver sur les lacs et les cours d'eau lents d'Europe occidentale. (La femelle est gris-brun, le mâle gris clair avec la tête rousse et la poitrine noire; long. 45 cm.)

MI-LOURD adj. et n. m. (pl. *mi-lourds*). Dans certains sports (boxe, judo, haltérophilie), qualifie une catégorie de poids intermédiaire entre les poids moyens et les poids lourds.

MIME n. m. (lat. *mimus;* mot gr.). Genre de comédie où l'acteur représente par gestes l'action ou les sentiments (dans ce sens, on dit aussi LA MIME). ‖ L'acteur lui-même. ‖ Chez les Grecs et les Romains, acteur qui interprétait des pièces familières et bouffonnes.

MIMER v. t. et i. Reproduire les gestes, les attitudes de qqn sans l'aide des paroles.

MIMÉTIQUE adj. Relatif au mimétisme.

MIMÉTISME n. m. (gr. *mimeisthai,* imiter). Ressemblance que prennent certains êtres vivants soit avec le milieu dans lequel ils vivent, soit avec les espèces mieux protégées ou celles aux dépens desquelles ils vivent. (La ressemblance avec le milieu est nommée *homochromie.*) ‖ Reproduction machinale de gestes, d'attitudes ou de sentiments.

MIMIQUE n. f. Art d'exprimer la pensée par le geste, le jeu de la physionomie. ‖ Ensemble de gestes, d'attitudes qui expriment sans parole les sentiments.

MIMODRAME n. m. Action dramatique représentée en pantomime.

MIMOGRAPHE n. m. Auteur de mimes (vx).

MIMOLETTE n. f. (de *mollet,* un peu mou). Fromage voisin de l'édam, mais plus gros, fabriqué en France.

MIMOLOGIE n. f. Imitation de la voix et des gestes.

MIMOSA n. m. (lat. *mimus,* qui se contracte comme un mime). Plante originaire du Brésil et appelée usuellement *sensitive,* car ses feuilles se replient au moindre contact. (Une espèce de mimosa fournit le bois d'amourette, utilisé

mille-pertuis

mimosa
des fleuristes

minaret d'une mosquée d'Alep (Syrie)

notamment en tabletterie. Le mimosa des fleuristes, dont les fleurs jaunes sont réunies en petites sphères, appartient au genre *acacia*.)

MIMOSACÉE n. f. Plante légumineuse, telle que l'*acacia*, ou mimosa des fleuristes, et le *mimosa*, ou sensitive. (Les *mimosacées* forment une famille.)

MI-MOYEN adj. et n. m. (pl. *mi-moyens*). Dans certains sports (boxe, judo), qualifie une catégorie de poids immédiatement inférieure à celle des poids moyens.

min, symbole de la *minute*.

MIN [min] n. m. Dialecte chinois parlé au Foukien.

MINABLE adj. et n. (de *miner*). *Fam.* D'une pauvreté, d'une médiocrité pitoyable : *un résultat minable ; une bande de minables.*

MINABLEMENT adv. *Fam.* De manière minable.

MINAGE n. m. Action de miner.

MINARET [minarɛ] n. m. (turc *minare*). Tour d'une mosquée, du haut de laquelle le muezzin fait les cinq appels à la prière quotidienne.

MINAUDER v. i. (de *mine*). Prendre des manières affectées pour séduire.

MINAUDERIE n. f. Action de minauder; manières affectées.

MINAUDIER, ÈRE adj. et n. Qui a l'habitude de minauder.

MINBAR [minbar] n. m. (mot ar.). La chaire dans une mosquée.

minbar de la grande mosquée de Sīdī 'Uqba (IXᵉ s.), à Kairouan (Tunisie)

R. Michaud-Rapho

MINCE adj. (anc. fr. *mincier*, couper en menus morceaux). Qui a peu d'épaisseur, fin : *étoffe mince; taille mince.* ∥ Faible, peu considérable, insignifiant, léger : *son mérite est bien mince.*

MINCE! interj. *Fam.* Marque la surprise.

MINCEUR n. f. Qualité de ce qui est mince.

MINCIR v. i. Devenir plus mince.

MINDEL [mindɛl] n. m. (n. d'une riv. all.). En Europe, la deuxième des quatre grandes glaciations de l'ère quaternaire.

MINE n. f. (breton *min*, bec). Aspect de la physionomie indiquant certains sentiments ou l'état du corps : *avoir une mine réjouie.* ∥ Apparence, aspect extérieur : *juger sur la mine.* ● *Avoir bonne mine,* avoir un visage qui dénote une bonne santé; avoir l'air ridicule. ∥ *Avoir mauvaise mine,* avoir le visage défait, paraître malade. ∥ *Faire bonne, mauvaise (grise) mine,* faire bon, mauvais accueil. ∥ *Faire la mine,* témoigner son mécontentement. ∥ *Faire mine de,* faire semblant. ∥ *Mine de rien* (Pop.), sans en avoir l'air. ∥ *Ne pas payer de mine,* ne pas inspirer confiance par son extérieur. ◆ *pl. Faire des mines,* minauder, faire des simagrées.

MINE n. f. (mot gaul.). Gisement de substance minérale ou fossile, renfermée dans le sein de la terre ou existant à la surface. ∥ Cavité creusée dans le sol pour extraire le minerai ou le charbon : *descendre dans la mine.* ∥ Ensemble d'une concession minière. ∥ Ressource importante : *livre qui est une mine de renseignements.* ∥ Petit bâton formant l'axe d'un crayon et constitué d'une matière qui laisse une trace. ∥ *Mil.* Galerie souterraine creusée par un assiégeant sous une position ennemie dans le but de la faire sauter par explosif. ∥ Charge explosive installée sur le sol, sous terre ou dans l'eau et qui agit soit directement par son explosion, soit indirectement par éclats ou effets de souffle. (Il existe de nombreux types de mines terrestres [*antichars* ou *antipersonnel, fixes* ou *bondissantes*] ou marines [*acoustiques, à dépression, magnétiques,* etc.].) ● *Métaux de la mine,* métaux rares (palladium, iridium, rhodium et ruthénium) qui accompagnent le platine dans ses minerais.

MINE n. f. (gr. *mnâ*). *Antiq.* Unité de poids valant entre 400 et 600 grammes.

MINE n. f. (lat. *hemina*). Anc. mesure de capacité pour les matières sèches, valant en France 78 litres env.

MINER v. t. Poser des mines. ∥ Creuser lentement en dessous, à la base : *l'eau mine la pierre.* ∥ Attaquer, ruiner peu à peu, lentement : *le chagrin le mine.*

MINERAI n. m. Élément de terrain contenant des minéraux utiles en proportion notable, et qui demandent une élaboration pour être utilisés par l'industrie. (La plupart des minerais sont des oxydes [bauxite, limonite], des sulfures [galène, cinabre], des carbonates [malachite] ou des silicates [garniérite].)

MINÉRAL n. m. (lat. *minera*, mine) [pl. *minéraux*]. Corps inorganique, solide à la température ordinaire, constituant les roches de l'écorce terrestre. (On distingue les *minéraux amorphes,* où les molécules sont disposées sans ordre, comme dans l'opale, et les *minéraux cristallisés,* où les molécules ou les atomes sont régulièrement distribués, comme dans le quartz, le mica.)

MINÉRAL, E, AUX adj. Qui appartient aux minéraux. ● *Chimie minérale,* partie de la chimie qui traite les corps tirés du règne minéral. ∥ *Eaux minérales,* eaux qui contiennent des minéraux en dissolution, et qu'on emploie en boissons, en bains à des fins thérapeutiques. ∥ *Règne minéral,* ensemble des objets compris sous le nom de « minéraux ».

MINÉRALIER n. m. Cargo conçu pour le transport des cargaisons en vrac, des minerais.

MINÉRALIER-PÉTROLIER n. m. (pl. *minéraliers-pétroliers*). Navire-citerne pouvant charger alternativement du minerai en vrac ou des hydrocarbures liquides.

MINÉRALISATEUR, TRICE adj. Qui minéralise.

MINÉRALISATEUR n. m. Élément, comme le chlore, le fluor, le bore, le soufre, qui peut, combiné à des métaux, pénétrer à l'état fluide dans des roches à partir d'un magma et contribuer à leur métamorphisme par apport minéral.

MINÉRALISATION n. f. Action de minéraliser; fait de se minéraliser.

EXPLOITATION D'UNE MINE DE CHARBON

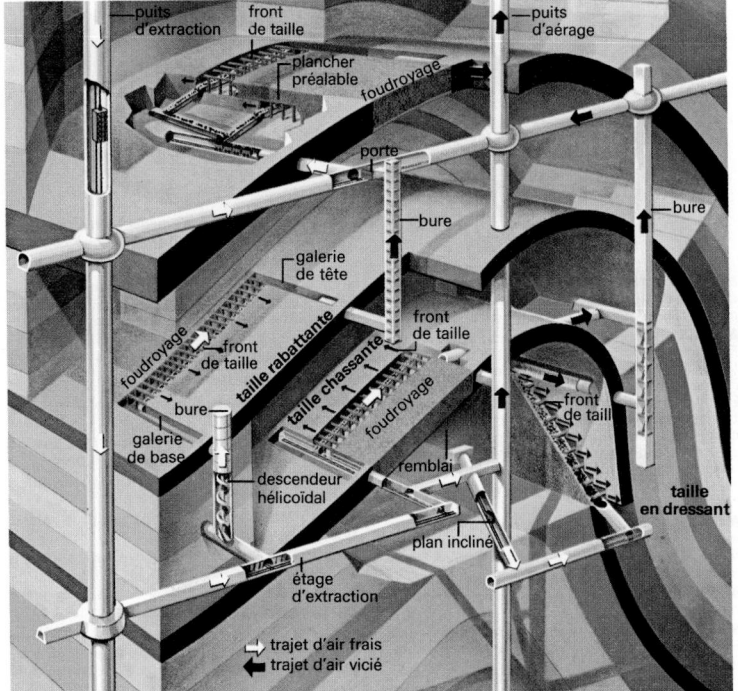

puits d'extraction — front de taille — puits d'aérage — plancher préalable — foudroyage — porte — bure — bure — galerie de tête — front de taille — foudroyage — front de taille — taille rabattante — taille chassante — foudroyage — front de taille — bure — galerie de base — descendeur hélicoïdal — remblai — taille en dressant — plan incliné — étage d'extraction

→ trajet d'air frais
← trajet d'air vicié

MINÉRALISER v. t. Modifier l'eau par l'addition de substances minérales. ‖ Transformer sous l'influence d'un minéralisateur.

MINÉRALOGIE n. f. Science qui a pour objet l'étude des minéraux.

MINÉRALOGIQUE adj. Qui a trait aux mines. ‖ Qui concerne la minéralogie. ● *Arrondissement minéralogique*, région ayant à sa tête un ingénieur en chef des mines. ‖ *Numéro, plaque minéralogique*, avant 1929, numéro, plaque d'immatriculation des véhicules automobiles.

MINÉRALOGISTE n. Spécialiste de minéralogie.

MINÉRALURGIE n. f. Ensemble des procédés et des techniques d'extraction des minéraux à partir de minerais bruts extraits des mines.

MINERVAL n. m. En Belgique, rétribution due par les élèves dans les écoles payantes.

MINERVE n. f. (de *Minerve*, n. pr.). Plâtre ou appareil orthopédique pour maintenir le cou en cas de lésion des vertèbres cervicales.

MINERVOIS n. m. Vin rouge récolté dans le Minervois.

MINESTRONE [minɛstrɔn] n. m. (mot it.). Soupe italienne faite de riz, haricots, choux, pâtes, lard.

MINET, ETTE n. *Fam.* Petit chat, petite chatte. ‖ *Fam.* Jeune homme, jeune fille à la mode et dont l'allure est très affectée.

MINETTE n. f. (dimin. de *mine*). Minerai de fer lorrain assez pauvre en fer (28 à 34 p. 100), phosphoreux, mais se traitant bien au haut fourneau. ‖ *Bot.* Autre nom de la LUPULINE.

MINEUR n. et adj. m. Ouvrier qui travaille dans une mine. ‖ Militaire qui pose des mines.

MINEUR, E adj. (lat. *minor*, plus petit). D'une importance, d'un intérêt secondaire, accessoire. ‖ *Mus.* Se dit d'un accord, d'une gamme, d'un intervalle ou d'un mode dont la tierce se compose d'un ton et d'un demi-ton. ◆ adj. et n. Qui n'a point encore atteint l'âge de la majorité légale (en France, 18 ans). ● *Détournement* ou *enlèvement de mineur*, délit ou crime consistant soit à commettre un rapt sur la personne d'un mineur, soit à la soustraire à l'autorité de ceux qui en avaient la garde, soit à porter atteinte à l'autorité de ces derniers.

MINEURE n. f. *Log.* Seconde des prémisses d'un syllogisme, celle qui a pour sujet le terme qui sert de sujet à la conclusion *(terme mineur)* et pour attribut le moyen terme. (« Or C est A » est la mineure dans le syllogisme : « Tout A est B ; or C est A ; donc C est B ».)

MINIATURE n. f. (it. *miniatura*; de *minio*, minium). À l'origine, lettre rouge tracée avec du minium sur les manuscrits enluminés. ‖ Petite peinture finement exécutée, telle que celles qui participaient à l'enluminure des anciens manuscrits, ou celles qui, au XVIIIe s. notamment, décoraient le couvercle de boîtes, de tabatières, etc.; art de ces peintures : *la miniature islamique.* ● *En miniature*, en réduction. ‖ *Miniature chorégraphique*, composition très courte, mais brillante et de haute technicité. ◆ adj. Extrêmement petit : *train miniature.*

MINIATURISATION n. f. Action de miniaturiser. ● *Miniaturisation de l'arme nucléaire* (Arm.), réduction du rapport entre son poids et sa puissance, qui permet de la loger dans un projectile de plus faibles dimensions.

MINIATURISER v. t. Donner à un mécanisme les plus petites dimensions possible.

MINIATURISTE n. et adj. Artiste qui peint des miniatures.

MINIBUS ou **MINICAR** n. m. Petit autocar pouvant transporter une dizaine de personnes.

MINICASSETTE n. m. Magnétophone portatif utilisant des cassettes.

MINICHAÎNE n. f. Chaîne haute fidélité très compacte.

MINIER, ÈRE adj. Relatif aux mines.

MINIÈRE n. f. Gîte de tourbe ou de minerai de fer qui s'exploite à ciel ouvert.

MINIJUPE n. f. Jupe très courte.

MINIMA (A) loc. adv. (mots lat., *de la plus*

---

petite [peine]). *Appel a minima* (Dr.), appel que le ministère public interjette quand il estime la peine insuffisante.

MINIMAL, E, AUX adj. Se dit de ce qui a atteint son minimum : *température minimale.* ‖ *Art contemp.* Se dit d'une œuvre réduite à des formes géométriques strictes, ainsi qu'à des modalités élémentaires de matière ou de couleur. ● *Surface minimale* (Math.), surface d'aire minimale s'appuyant sur un contour donné. ■ Apparu aux États-Unis durant les années 60, l'*art minimal* (en angl. *minimal art*) concerne la peinture (suites du *hard edge* d'un Ellsworth Kelly), mais surtout les travaux en trois dimensions (« structures primaires » de Don Judd, Robert Morris, Tony Smith, etc.).

MINIMALISATION n. f. Action de minimaliser.

MINIMALISER v. t. Donner à une grandeur la plus faible valeur possible.

MINIME adj. (lat. *minimus*). Très petit, très peu important : *somme minime.*

MINIME n. m. Membre d'un ordre mendiant institué en 1435, à Cosenza (Italie), par saint François de Paule.

MINIME n. Jeune sportif de 11 à 13 ans.

MINIMISATION n. f. Action de minimiser.

MINIMISER v. t. Réduire l'importance : *minimiser un incident.* ‖ Donner à une grandeur, à un fait ou à une idée la plus faible valeur possible.

MINIMUM [minimɔm] n. m. (mot lat., *la plus petite chose*) [pl. *minimums*]. Le plus petit degré auquel une chose quelconque puisse être réduite : *le minimum vital.* ‖ *Dr.* Peine la plus faible qui puisse être appliquée pour un cas déterminé. ‖ *Math.* Valeur la plus petite que peut prendre une grandeur variable entre certaines limites. ● *Au minimum*, pour le moins. ◆ adj. *Fam.* Syn. de MINIMAL : *les températures minimums.*

MINI-ORDINATEUR n. m. (pl. *mini-ordina-*

miniature
d'un manuscrit
du XVe s.
du *Roman
de Tristan*

boîtier de montre émaillé, **miniature**
de Ch. Henon-Embden (milieu du XVIIe s.)

---

département ministériel. ‖ Pasteur d'un culte réformé. ‖ *Ministre des autels, de Dieu,* le prêtre (vx). ‖ *Ministre d'État,* appellation portée par certains ministres, en vertu du décret qui les nomme. (Le ministre d'État est généralement chargé d'une mission particulière.) ‖ *Ministre plénipotentiaire,* agent diplomatique dont le rang est inférieur à celui d'ambassadeur.

MINIUM [minjɔm] n. m. (mot lat.). Oxyde de plomb (Pb_3O_4), d'un beau rouge. ‖ Peinture au minium dont on enduit le fer pour le préserver de la rouille.

MINNESANG [minəsang] n. m. (all. *Minne,* amour, et *Sang,* chanson). *Littér.* Poésie courtoise allemande des XIIe et XIIIe s.

MINNESÄNGER [minəsɛngɛr] n. m. (mot all.). *Littér.* Trouvère allemand.

MINOEN, ENNE adj. (de *Minos,* n. pr.). Relatif à l'histoire de la Crète du IIIe millénaire à environ 1100 av. J.-C.

MINOIS n. m. (de *mine,* air du visage). Visage délicat et gracieux d'enfant ou de jeune fille.

MINORANT n. m. *Math.* Dans un ensemble muni d'une relation d'ordre et pour un élément *a,* chacun des éléments plus petits que *a,* au sens de la relation qui ordonne l'ensemble considéré.

MINORATION n. f. Action de minorer.

MINORER v. t. (lat. *minorare*). Réduire la valeur d'une chose. ● *Minorer un élément* (Math.), trouver un minorant de cet élément.

MINORITAIRE adj. et n. Qui appartient à la minorité; qui s'appuie sur une minorité.

MINORITÉ n. f. (lat. *minor,* plus petit). État d'une personne qui, du fait de son jeune âge, n'est pas considérée par la loi comme responsable de ses actes ou pleinement capable; temps pendant lequel une personne est mineure. ‖ Groupe ou ensemble réunissant le moins de voix dans une élection, un vote, le moins de membres dans un parti (par oppos. à la MAJO-

---

RITÉ). ● *Minorité nationale,* groupement de personnes qu'unit un lien de langue et de culture, qui est intégré à une population plus importante de langue ou de culture différente.

MINORQUIN, E adj. et n. De Minorque.

MINOTERIE n. f. Meunerie.

MINOTIER n. m. Industriel exploitant une minoterie.

MINUIT n. m. Le milieu de la nuit. ‖ Instant marqué vingt-quatre heures ou zéro heure.

MINUS [minys] n. m. (lat. *minus habens,* qui a le moins). *Fam.* Personne peu intelligente.

MINUSCULE adj. (lat. *minusculus;* de *minor,* plus petit). Tout petit.

MINUSCULE n. f. Petite lettre (par oppos. à MAJUSCULE).

MINUTAGE n. m. Action de minuter.

MINUTAIRE adj. *Dr.* En original.

MINUTE n. f. (lat. *minutus,* menu). Unité de mesure de temps (symb. : min), valant 60 secondes. ‖ Court espace de temps : *je reviens dans*

---

teurs). Ordinateur de faible volume, d'une capacité moyenne de mémoire, de bonne performance, utilisé de manière autonome.

MINISTÈRE n. m. (lat. *ministerium,* service). Fonction, charge de ministre; temps pendant lequel on l'exerce. ‖ Ensemble des ministres ou cabinet qui composent le gouvernement d'un État. ‖ Administration dépendant d'un ministre; bâtiment où se trouvent ses services. ‖ Fonctions, charges que l'on exerce (se dit spécialement du sacerdoce). ‖ *Ministère public,* magistrature établie près d'une juridiction et requérant l'exécution des lois au nom de la société. (On dit aussi PARQUET.)

MINISTÉRIEL, ELLE adj. Qui appartient au ministre ou au ministère : *fonctions ministérielles.* ‖ Qui est partisan du gouvernement : *journal ministériel.*

MINISTRABLE adj. et n. Susceptible de devenir ministre.

MINISTRE n. m. (lat. *minister,* serviteur). Homme d'État chargé de la direction d'un ensemble de services publics constituant un

une minute. ● *La minute de vérité*, le moment exceptionnel et passager où la vérité éclate. ‖ *Minute d'angle*, unité de mesure d'angle (symb. : '), valant 1/60 de degré, soit π/10 800 radian. (On l'appelle parfois *minute sexagésimale*.) ‖ *Minute centésimale*, sous-multiple du grade et valant π/20 000 radian. (Syn. CENTIGRADE.) ◆ interj. Attendez! ; doucement!

MINUTE n. f. (lat. *minutus*, menu). *Dr.* Écrit original d'un jugement ou d'un acte notarié, qui reste en dépôt entre les mains d'un officier public, et dont il ne peut être délivré aux intéressés que des copies (*grosses* ou *expéditions*) ou des extraits.

MINUTER v. t. Fixer avec précision la durée d'un spectacle, d'un discours, etc.

MINUTER v. t. *Dr.* Faire la minute d'un écrit.

MINUTERIE n. f. Partie du mouvement d'une horloge, qui sert à marquer les divisions de l'heure. ‖ Appareil électrique à mouvement d'horlogerie, destiné à assurer un contact pendant un laps de temps déterminé.

MINUTEUR n. m. Appareil à mouvement d'horlogerie, permettant de régler la durée d'une opération ménagère.

MINUTIE [minysi] n. f. (lat. *minutia*, parcelle). Soin donné aux menus détails.

MINUTIER n. m. Registre contenant les minutes des actes d'un notaire.

MINUTIEUSEMENT adv. Avec minutie.

MINUTIEUX, EUSE adj. Qui s'attache aux petits détails, scrupuleux, pointilleux. ‖ Fait avec minutie, méticuleux : *observation minutieuse*.

MIOCÈNE n. m. et adj. (gr. *meiôn*, moins, et *kainos*, récent). Troisième période de l'ère tertiaire, entre l'oligocène et le pliocène, qui a vu l'apparition des mammifères évolués (singes, ruminants, mastodontes, dinotheriums).

MIOCHE n. (de *mie*). *Fam.* Jeune enfant.

MI-PARTI, E adj. (anc. fr. *mipartir*, partager). Composé de deux parties égales, mais dissemblables. ● *Chambres mi-parties* (Hist.), au XVIe s., chambres des parlements composées par moitié de juges protestants et de juges catholiques.

MIR n. m. (mot russe). Dans la Russie tsariste, communauté villageoise qui avait la propriété collective des terres et qui les répartissait par lots, pour un temps donné, entre les familles. (Le statut de 1861, abolissant le servage, fit du mir une entité administrative.)

MIRABELLE n. f. (de *Mirabel*, n. pr.). Petite prune jaune, douce et parfumée. ‖ Eau-de-vie faite avec ce fruit.

MIRABELLIER n. m. Arbre qui produit les mirabelles. (Famille des rosacées.)

MIRABILIS [mirabilis] n. m. (mot lat., *admirable*). Plante herbacée, originaire d'Afrique et d'Amérique, souvent cultivée pour ses grandes fleurs colorées qui s'ouvrent la nuit (d'où le nom usuel de *belle-de-nuit*). [Famille des nyctaginacées.]

MIRACIDIUM n. m. Première forme larvaire des vers trématodes (douves, bilharzies).

MIRACLE n. m. (lat. *miraculum*, prodige). Effet dont la cause échappe à la raison de l'homme et dans lequel on voit un signe du surnaturel. ‖ Chose extraordinaire, inexplicable : *échapper à la mort par miracle*. ‖ *Littér.* Drame religieux du Moyen Âge, mettant en scène une intervention miraculeuse d'un saint ou de la Vierge. ● *Crier miracle* ou *au miracle*, s'extasier.

MIRACULÉ, E adj. et n. Se dit de qqn qui a été l'objet d'un miracle.

MIRACULEUSEMENT adv. De façon miraculeuse, très étonnante.

MIRACULEUX, EUSE adj. Qui tient du miracle : *guérison miraculeuse*. ‖ Étonnant, extraordinaire par ses effets : *remède miraculeux*.

MIRADOR n. m. (mot esp. ; de *mirar*, regarder). Tour d'observation ou de surveillance, pour la garde d'un camp de prisonniers, d'un dépôt, etc.

MIRAGE n. m. (de *mirer*). Phénomène d'optique particulier aux pays chauds, consistant en ce que les objets éloignés produisent une image renversée comme s'ils se reflétaient dans une nappe d'eau. (Ce phénomène est dû à l'échauf-

fement ou à la densité inégale des couches de l'air et, par suite, à la réflexion totale des rayons lumineux.) ‖ Apparence trompeuse qui séduit quelques instants : *espérance qui n'était qu'un mirage*. ‖ Action de mirer les œufs.

MIRBANE n. f. *Essence de mirbane*, en parfumerie, nom du *nitrobenzène*.

MIRE n. f. (de *mirer*). Règle graduée, signal fixe (jalon, perche, etc.), utilisés dans le nivellement. ‖ *Télév.* Ensemble d'images géométriques très simples, permettant de vérifier et de mettre au point l'appareil. ● *Cran de mire*, échancrure pratiquée dans la hausse d'une arme à feu et servant à la visée. ‖ *Ligne de mire*, ligne droite imaginaire, déterminée par l'œil du tireur, le cran de mire ou l'œilleton et le guidon d'une arme à feu. ‖ *Point de mire*, point que l'on veut frapper en tirant avec une arme à feu ; personne sur laquelle convergent les regards ; centre d'attraction.

MIRE-ŒUFS n. m. inv. Appareil muni d'une lampe qui permet de mirer les œufs pour vérifier leur qualité.

MIREPOIX adj. et n. f. inv. (du n. du duc de *Mirepoix*). Ensemble d'oignons, de carottes, de jambon ou de lard de poitrine que l'on ajoute à certaines préparations ou à certaines sauces pour en relever la saveur.

MIRER v. t. (lat. pop. *mirare*, admirer). *Mirer un œuf*, en observer l'intérieur à la lumière. ◆ se mirer v. pr. *Litt.* Se regarder dans un miroir ou dans une surface réfléchissante : *se mirer dans l'eau*. ‖ Se refléter.

MIRETTES n. f. pl. *Pop.* Yeux.

MIREUR, EUSE n. Personne qui mire.

MIRIFIQUE adj. (lat. *mirificus*). *Fam.* Étonnant, merveilleux, surprenant.

MIRLITON n. m. (d'un anc. refrain). Instrument de musique à vent fait d'un roseau creux garni aux deux bouts d'une membrane. ‖ Shako de certains cavaliers sous la Ire République. ● *Vers de mirliton* (Fam.), vers médiocres.

MIRMILLON n. m. (lat. *mirmillo*). Gladiateur romain, armé d'un bouclier, d'une courte épée et d'un casque, qui luttait habituellement contre le rétiaire.

MIROBOLANT, E adj. (de *myrobolan*, fruit de l'Inde). *Fam.* Merveilleux, trop beau pour être réalisable, fantastique.

MIROIR n. m. (de *mirer*). Surface polie et, spécialem., verre poli et métallisé qui réfléchit la lumière et donne des images des objets. ‖ *Litt.* Surface unie qui réfléchit les objets : *le miroir des eaux*. ‖ *Litt.* Ce qui donne l'image d'une chose et la met en quelque sorte devant nos yeux. ● *Miroir aux alouettes*, instrument monté sur un pivot et garni de petits morceaux de miroir, qu'on fait tourner au soleil pour attirer les alouettes et d'autres petits oiseaux ; ce qui fascine par une apparence trompeuse. ‖ *Miroir d'appontage*, sur un porte-avions, système optique informant le pilote de la présentation de son appareil au moment de l'appontage. ‖ *Miroir ardent*, miroir concave qui peut enflammer des objets par concentration des rayons solaires en un point appelé « foyer ». ‖ *Miroir d'eau*, pièce d'eau dont aucun jet ou chute ne trouble la surface.

MIROITANT, E adj. *Litt.* Qui miroite.

MIROITÉ, E adj. Se dit d'un cheval bai à croupe marquée de taches plus brunes ou plus claires du fond.

MIROITEMENT n. m. *Litt.* Éclat, reflet produit par une surface qui miroite.

MIROITER v. i. (de *miroir*). Réfléchir la lumière avec scintillement. ● *Faire miroiter*, faire entrevoir comme possible pour séduire : *faire miroiter à qqn un brillant avenir*.

MIROITERIE n. f. Industrie de l'argenture et de l'étamage des glaces ; atelier de miroitier.

MIROITIER n. m. Personne qui coupe, encadre, pose ou vend des glaces, des miroirs.

MIROTON ou **MIRONTON** n. m. Sorte de ragoût de viande assaisonnée aux oignons.

MIRV [mirv] n. m. (sigle de *Multiple Independently Reentry Vehicle*). Charge nucléaire multiple emportée par un missile et dont les élé-

ments peuvent être guidés chacun de façon indépendante sur un objectif particulier.

MISAINE n. f. (it. *mezzana*). *Mât de misaine*, mât vertical le plus sur l'avant d'un navire, situé entre le grand mât et le beaupré. ‖ *Misaine* ou *voile de misaine*, basse voile du mât de misaine.

MISANTHROPE adj. et n. (gr. *misein*, haïr, et *anthrôpos*, homme). Qui aime la solitude, fuit ses semblables ; qui est d'humeur constamment maussade.

MISANTHROPIE n. f. Disposition d'esprit qui pousse à fuir la société.

MISANTHROPIQUE adj. Qui a le caractère de la misanthropie.

MISCELLANÉES [misɛlane] n. f. pl. (lat. *miscellanea*, choses mêlées). Recueil composé d'articles, d'études variés.

MISCIBILITÉ n. f. Caractère de ce qui est miscible.

MISCIBLE [misibl] adj. (lat. *miscere*, mêler). Qui peut former avec un autre corps un mélange homogène.

MISE n. f. (part. pass. fém. de *mettre*). Action de mettre : *mise en liberté, en jugement, à la retraite*. ‖ Somme d'argent que l'on met au jeu, dans les affaires, etc. : *doubler sa mise ; mise de fonds importante*. ‖ Manière de s'habiller : *une mise élégante*. ‖ En Suisse, vente aux enchères. ‖ *Mise en avant*, méthode particulière de présentation d'un produit, afin de le faire ressortir d'autres produits dans un magasin. ‖ *Mise en eau d'un barrage*, action de laisser s'accumuler derrière un barrage les eaux qu'il est appelé à retenir. ‖ *Mise en état* (Procéd.), préparation d'une affaire en vue de sa venue à l'audience pour y être plaidée. ‖ *Mise à feu*, ensemble des opérations exécutées lors de l'allumage des feux d'un foyer, d'une chaudière, d'un four, d'un haut fourneau, etc. ‖ *Mise en forme*, action de donner à des corps bruts une forme déterminée, avec une précision donnée, par moulage, déformation à l'état solide ou enlèvement de matière. ‖ *Mise en garde*, mesure de défense décrétée en cas de menace de conflit pour assurer la sécurité du pays. ‖ *Mise en ondes*, réalisation radiophonique d'une œuvre, d'une émission. ‖ *Mise en pages*, assemblage des diverses compositions et des clichés d'un livre, d'un journal, etc., pour obtenir des pages d'un format déterminé, en vue de l'impression. ‖ *Mise entre parenthèses* (Philos.), dans la phénoménologie, suspension du jugement sur le monde naturel. ‖ *Mise à pied*, mesure disciplinaire consistant à priver, pendant une durée, un fonctionnaire ou un salarié de son emploi et du traitement ou salaire correspondant. ‖ *Mise en plis*, opération qui consiste à mettre en boucles les cheveux mouillés en vue de la coiffure à réaliser après séchage. ‖ *Mise au point*, opération qui consiste, dans un instrument d'optique, à rendre l'image nette ; assemblage, mise en place et réglage d'éléments mécaniques ou électriques ; rectification d'une erreur d'imprimerie ; avertissement plus ou moins déguisé à qqn. ‖ *Mise à prix*, somme en dessous de laquelle il n'est pas reçu d'enchères dans une vente publique. ‖ *Mise en scène*, réalisation scénique ou cinématographique d'une œuvre lyrique ou dramatique, d'un scénario ; présentation dramatique et arrangée d'un événement. ‖ *Mise en service*, opération par laquelle une installation, une machine neuve est utilisée pour la première fois dans le service normal. ‖ *Mise sous tension*, alimentation d'une installation en courant électrique. ‖ *Ne pas être de mise* (Litt.), n'être pas opportun, convenable. ‖ *Sauver la mise de qqn*, lui éviter un désagrément.

MISER v. t. et i. Déposer une mise, un enjeu, parier : *miser cent francs*. ‖ En Suisse, vendre ou acheter dans une vente aux enchères. ● *Miser sur qqn*, escompter sa réussite.

MISÉRABILISME n. m. Tendance littéraire et artistique caractérisée par un goût systématique pour la représentation de la misère humaine.

MISÉRABILISTE adj. et n. Relatif au misérabilisme.

MISÉRABLE adj. et n. (lat. *miserabilis*). Qui manque de ressources, indigent, nécessiteux. ‖ De nature à exciter la pitié, déplorable : *fin* misérable. ‖ Digne de mépris, sans valeur : *un misérable acte de vengeance.* ◆ adj. Qui a peu de prix, peu de valeur, minime : *salaire misérable.*

MISÉRABLEMENT adv. De façon misérable.

MISÈRE n. f. (lat. *miseria*). État d'extrême pauvreté, de faiblesse, d'impuissance; manque grave de qqch. ‖ Événement douloureux, qui suscite la pitié. ‖ Chose de peu d'importance. ‖ Bot. Nom usuel du *tradescantia.* ● *Faire des misères à qqn,* le taquiner, le tracasser.

MISERERE ou **MISÉRÉRÉ** [mizerere] n. m. inv. (mot lat., *aie pitié*). Premier mot du psaume L; le psaume lui-même; chant composé sur les paroles de ce psaume. ● *Colique de miserere,* terme ancien sous lequel on désignait l'occlusion intestinale.

MISÉREUX, EUSE adj. et n. Pauvre, sans ressources; mendiant.

MISÉRICORDE n. f. (lat. *misericordia*). Litt. Pitié qui pousse à pardonner au coupable; pardon accordé par pure bonté. ‖ Support placé sous le siège mobile d'une stalle d'église, et qui permet de s'asseoir légèrement. ● *Ancre de miséricorde,* anc. nom de l'ancre la plus forte d'un navire. ‖ *Crier miséricorde,* demander pitié. ◆ interj. Marque la surprise, l'effroi.

MISÉRICORDIEUX, EUSE adj. Enclin à la miséricorde, au pardon.

MISOGYNE adj. et n. (gr. *misein*, haïr, et *gunê*, femme). Qui a une hostilité manifeste à l'égard des femmes.

MISOGYNIE n. f. Haine, mépris pour les femmes.

MISPICKEL n. m. (mot all.). Arséniosulfure naturel de fer (FeAsS).

MISS [mis] n. f. (mot angl., *mademoiselle*) [pl. *miss* ou *misses*]. Reine de beauté : *miss Europe, miss France.*

MISSEL n. m. (lat. *missalis liber,* livre de messe). Livre qui contient les textes et les rubriques de la messe.

MISSI DOMINICI n. m. pl. (mots lat., *envoyés du maître*). Hist. Agents nommés par Charlemagne, qui allaient deux par deux, un clerc et un laïc, pour assurer le contrôle et la surveillance des comtes, chefs des circonscriptions administratives appelées *pagi.*

MISSILE n. m. (mot angl.; lat. *missile,* arme de jet). Projectile autopropulsé et guidé sur tout ou partie de sa trajectoire. ● *Missile à charges multiples,* v. MIRV. ‖ *Missile de croisière,* missile autopropulsé et autoguidé sur toute sa trajectoire à très basse altitude, et capable de transporter une charge nucléaire à très grande distance et avec une grande précision. (Ces missiles peuvent être lancés notamment d'un bombardier ou d'un sous-marin.)
■ Les missiles sont *balistiques* ou non suivant que leur trajectoire comporte ou non une phase balistique après l'extinction des moteurs-fusées où le missile, à la façon d'un projectile, est soumis aux seules forces de gravitation. En fonction de leur point de lancement et de leur objectif, les missiles sont classés en missiles *air-air, air-sol, sol-air, sol-sol, mer-mer, air-mer,* etc. On distingue les missiles *tactiques,* armes du combat terrestre, naval ou aérien (portée inférieure à 1100 km), des missiles *stratégiques* (portée de 1100 à 12 000 km), de type IRBM ou ICBM, qui sont lancés de silos ou de sous-marins. Tous peuvent être munis d'une charge nucléaire.

MISSILIER n. m. Militaire spécialisé dans le service des missiles.

MISSION n. f. (lat. *missio,* action d'envoyer). Charge, pouvoir donné à qqn de faire une chose : *remplir une mission.* ‖ Fonction temporaire et déterminée dont un gouvernement charge une personne, un organisme, etc.; ensemble des personnes faisant partie d'un groupe ainsi formé : *mission scientifique.* ‖ Devoir essentiel que l'on se propose, ou rôle auquel on semble destiné, vocation. ‖ Suite de prédications pour promouvoir une plus grande pratique religieuse. ‖ Établissement de missionnaires.

MISSIONNAIRE n. Prêtre, religieux, religieuse, pasteur ou laïque envoyés pour évangéliser des populations non chrétiennes. ◆ adj. Relatif aux missions.

MISSIVE n. f. et adj. (lat. *missus,* envoyé). Litt. Lettre quelconque. ● *Lettre missive* (Dr.), tout écrit confié à un particulier ou à la poste pour le faire parvenir.

MISTELLE n. f. (esp. *mistela;* de *misto,* mélangé). Moûts de raisin mutés à l'alcool pour en arrêter la fermentation.

MISTIGRI n. m. (de *miste,* var. de *mite,* n. fam. du chat, et *gris*). Fam. Chat. ‖ Valet de trèfle à certains jeux de cartes.

MISTOUFLE n. f. Pop. Misère (vx.)

MISTRAL n. m. (mot prov.). Vent violent, froid et sec, qui descend la vallée du Rhône et qui est dû à des dépressions localisées sur la Méditerranée.

MITAGE n. m. Dispersion de constructions ou de lotissements réalisée en milieu rural.

MITAINE n. f. (anc. fr. *mite,* gant). Gant s'arrêtant aux premières phalanges. ‖ Au Canada, moufle.

MITAN n. m. Pop. ou vx. Milieu.

MITARD n. m. Pop. Cachot d'une prison.

MITE n. f. (mot du moyen néerl.). Nom usuel de divers arthropodes vivant dans des denrées ou des tissus. (La mite du fromage est un acarien; les mites, ou *teignes,* des vêtements, tapis, fourrures, sont des lépidoptères dont les chenilles rongent ces substances en y construisant des fourreaux de soie.)

MITÉ, E adj. Troué par les mites.

MI-TEMPS n. f. inv. Chacune des deux périodes d'égale durée que comportent certains sports d'équipe, comme le football, le rugby, etc.; temps d'arrêt qui sépare ces deux périodes.

MI-TEMPS loc. adv. *À mi-temps,* pendant la moitié de la durée normale du travail. ◆ n. m. inv. Travail à mi-temps.

MITER (SE) v. pr. Être troué par les mites.

MITEUX, EUSE adj. et n. D'apparence misérable, pitoyable.

MITHRIACISME ou **MITHRAÏSME** n. m. Culte de Mithra.

MITHRIAQUE adj. Relatif au culte de Mithra.

MITHRIDATISER v. t. Accoutumer au poison.

MITHRIDATISME n. m., ou **MITHRIDATISATION** n. f. (de *Mithridate,* qui, selon la légende, s'était accoutumé aux poisons). Immunité à l'égard des substances toxiques, acquise par l'ingestion de doses progressivement croissantes du poison considéré.

MITIGATION n. f. (lat. *mitigare,* adoucir). Dr. Adoucissement.

MITIGÉ, E adj. Adouci : *verdict mitigé.* ‖ Fam. Mêlé : *des éloges mitigés de critiques.*

MITIGEUR n. m. Appareil de robinetterie permettant un réglage manuel ou thermostatique de la température de l'eau.

MITOCHONDRIE [mitɔkɔ̃dri] n. f. (gr. *mitos,* filament, et *khondros,* grain). Biol. Corpuscule en forme de grain de 1 micron, présent en grand nombre dans le cytoplasme des cellules.

MITONNER v. i. (de *miton,* mie de pain, dans l'Ouest). Cuire longtemps à petit feu. ◆ v. t. Préparer soigneusement un mets, une affaire.

MITOSE n. f. (gr. *mitos,* filament). Biol. Mode usuel de division de la cellule vivante, assurant le maintien du même nombre de chromosomes. (La mitose comporte quatre phases : ▷

Lockheed Missiles and Space Co.

missile stratégique tirable à partir d'un polygone de tir terrestre ou d'un sous-marin

Matra

missile air-air tiré à partir d'un avion de chasse

missile tactique antichar à guidage par télécommande automatique à infrarouge

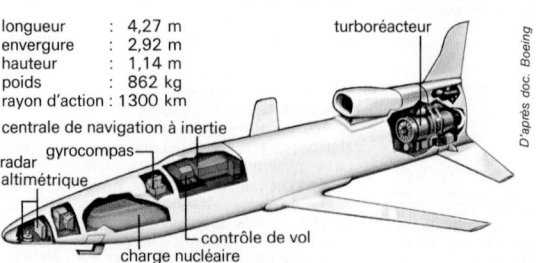

MBB

longueur	: 4,27 m
envergure	: 2,92 m
hauteur	: 1,14 m
poids	: 862 kg
rayon d'action	: 1300 km

centrale de navigation à inertie
gyrocompas
radar altimétrique
turboréacteur
contrôle de vol
charge nucléaire

D'après doc. Boeing

MISSILE DE CROISIÈRE
Boeing AGM-86A

prophase, métaphase, anaphase et télophase.) [Syn. : CARYOCINÈSE, DIVISION INDIRECTE.]

MITOYEN, ENNE adj. (de *moitié*). Qui appartient à deux personnes et sépare leurs propriétés : *mur mitoyen.*

MITOYENNETÉ n. f. État de ce qui est mitoyen.

MITRAILLADE n. f. Décharge simultanée de nombreuses armes à feu.

MITRAILLAGE n. m. Action de mitrailler.

MITRAILLE n. f. (anc. fr. *mitaille*, menu métal). Amas de ferrailles dont on chargeait jadis les canons. ‖ Décharge d'obus, de balles. ‖ Ensemble de fragments métalliques divisés, provenant généralement de récupération, pour l'élaboration des alliages. ‖ *Fam.* Menue monnaie de métal. • *Obus à mitraille*, obus rempli de galettes de fonte, qui se morcellent dans l'éclatement du projectile.

MITRAILLER v. t. Tirer par rafales sur qqn ou qqch. ‖ *Fam.* Photographier ou filmer à de multiples reprises. • *Mitrailler qqn de questions*, l'accabler de questions avec rapidité.

MITRAILLETTE n. f. Pistolet mitrailleur.

MITRAILLEUR n. m. Servant d'une mitrailleuse.

MI-VOIX (À) loc. adv. En émettant un faible son de voix.

MIXAGE n. m. Mélange de plusieurs bandes de signaux sonores; adaptation de ces bandes magnétiques à un film. ‖ Mélange dans un ordre déterminé.

MIXER v. t. Procéder au mixage.

MIXER [miksœr] ou **MIXEUR** n. m. (mot angl.). Appareil électrique servant à broyer ou à mélanger des denrées alimentaires.

MIXITÉ n. f. Caractère d'un enseignement mixte, d'une activité partagée entre les hommes et les femmes, les garçons et les filles.

MIXTE adj. (lat. *mixtus*, mêlé). Formé d'éléments de nature, d'origine différentes. ‖ Qui comprend des personnes des deux sexes ou appartenant à des origines ou à des formations différentes : *équipe mixte; école mixte.* • *Ligne mixte* (Math.), ligne composée de segments de droite et de courbes.

MIXTILIGNE adj. Math. Formé de droites et de courbes.

MIXTION [mikstjɔ̃] n. f. (lat. *mixtio*). Action de mélanger des substances dans un liquide pour la composition d'un médicament; ce médicament.

MIXTURE n. f. Mélange de solutions alcoo-

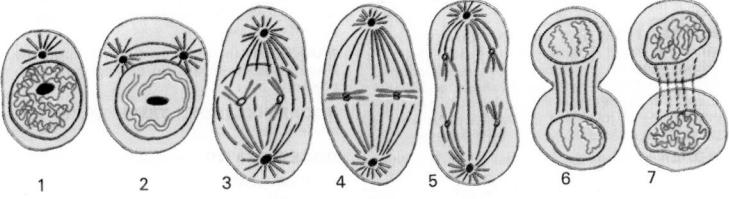

MITOSE
1, cellule avant division; 2 et 3, prophase; 4, métaphase;
5 et 6, anaphase; 7, télophase.

MITRAILLEUSE n. f. Arme automatique, de petit calibre (inférieur à 20 mm), à tir tendu et par rafales, montée sur un affût. (Mise au point à la fin du XIXe s., douée d'une grande précision, elle arme les unités d'infanterie, les engins blindés, les avions, etc.)

MITRAL, E, AUX adj. *Insuffisance mitrale, rétrécissement mitral*, lésions de la valvule mitrale du cœur. ‖ *Valvule mitrale*, valvule située entre l'oreillette et le ventricule gauches du cœur.

MITRE n. f. (lat. *mitra*, bandeau; mot gr.). Coiffure liturgique de l'officiant (évêque, abbé) dans les cérémonies pontificales. ‖ *Antiq.* Ornement en forme de bandeau triangulaire de la tiare assyrienne. ‖ *Constr.* Appareil ou construction coiffant l'extrémité d'un conduit de cheminée pour empêcher la pluie ou le vent d'y pénétrer.

MITRÉ, E adj. *Relig.* Qui a droit à la mitre.

MITRON n. m. (de *mitre*). Apprenti boulanger ou pâtissier. ‖ Extrémité supérieure d'un conduit de cheminée, sur laquelle repose la mitre.

liques (teintures), de drogues pharmaceutiques, etc. ‖ Mélange quelconque dont le goût est désagréable.

M.K.S.A., ancien système d'unités dans lequel les unités fondamentales étaient le *mètre* (longueur), le *kilogramme* (masse), la *seconde* (temps) et l'*ampère* (intensité électrique) [remplacé par le système SI].

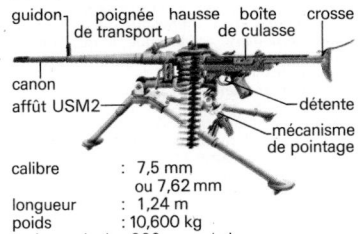

guidon — poignée hausse boîte — crosse
de transport de culasse
canon
affût USM2 — détente
mécanisme de pointage

calibre : 7,5 mm ou 7,62 mm
longueur : 1,24 m
poids : 10,600 kg
cadence de tir : 900 coups/min

MITRAILLEUSE

M.M.P.I. n. m. (sigle de *Minnesota Multiphasic Personality Inventory*). Test sous forme de questionnaire, destiné à mesurer certains traits de personnalité.

Mn, symbole chimique du *manganèse*.

MNÉMONIQUE adj. (gr. *mnêmonikos*). Relatif à la mémoire.

MNÉMOTECHNIQUE adj. Relatif à la mnémotechnique. ‖ Se dit d'un procédé capable d'aider la mémoire par des associations mentales.

MNÉMOTECHNIQUE ou, vx, **MNÉMOTECHNIE** n. f. (gr. *mnêmê*, mémoire, et *tekhnê*, art). Art de développer la mémoire par des exercices.

MNÉSIQUE adj. Relatif à la mémoire.

Mo, symbole chimique du *molybdène*.

MOABITE adj. et n. Du pays de Moab. (Les Moabites étaient un peuple nomade établi à l'est de la mer Morte [XIIIe s. av. J.-C.] et apparenté aux Hébreux, avec lesquels ils eurent de nombreux conflits. Ils furent absorbés aux IIIe-IIe s. av. J.-C. par les Nabatéens.)

MOBILE adj. (lat. *mobilis; de movere*, mouvoir). Qui peut se mouvoir, être mis en mouvement : *la mâchoire inférieure est mobile; pont mobile.* ‖ Changeant, instable : *visage mobile.* • *Caractères mobiles* (Impr.), caractères séparés, que l'on assemble un à un par la composition. ‖ *Fêtes mobiles*, fêtes chrétiennes dont la date varie en fonction de la date de Pâques. ‖ *Garde nationale mobile*, formation militaire organisée de 1868 à 1871 avec les jeunes gens qui n'étaient pas appelés au service militaire. ‖ *Garde républicaine mobile*, anc. nom de la GENDARMERIE MOBILE.

MOBILE n. m. Impulsion qui pousse à agir, motif, motivation : *l'intérêt est son seul mobile.* ‖ Corps en mouvement : *la vitesse d'un mobile.* ‖ Soldat de la garde nationale mobile. ‖ Type d'œuvre d'art imaginé par le sculpteur Calder, et dont les éléments entrent en mouvement sous l'action de l'air, du vent.

MOBILIER, ÈRE adj. *Dr.* Qui concerne les biens meubles : *effets mobiliers; valeurs mobilières.* • *Vente mobilière*, vente des meubles par autorité de justice.

MOBILIER n. m. Meubles servant à l'usage ou à la décoration. ‖ *Dr.* Ensemble des biens meubles qui dépendent d'un patrimoine. • *Mobilier national*, meubles meublants qui appartiennent à l'État; administration qui les gère; entrepôt qui en abrite une partie. ‖ *Mobilier urbain*, ensemble des équipements installés dans les rues, comme les lampadaires, les bancs publics, les Abribus, etc.

MOBILISABLE adj. Qui peut être mobilisé.

MOBILISATEUR, TRICE adj. Qui mobilise : *mot d'ordre mobilisateur.* • *Centre mobilisateur*, organe de la mobilisation de l'armée.

MOBILISATION n. f. Action de mobiliser.

MOBILISER v. t. Mettre sur pied de guerre les forces militaires d'un pays; adapter la structure de son économie et de son administration aux nécessités du temps de guerre. ‖ Requérir qqn, mettre en état d'activité ou en œuvre collective; faire appel à qqch. ‖ *Dr.* Faire une convention en vertu de laquelle un immeuble est réputé meuble. ‖ *Fin.* Faciliter la circulation d'une créance à terme par sa constatation dans un titre négociable; négocier celui-ci. ‖ *Méd.* Mettre en mouvement des articulations dont le jeu est limité, afin d'en augmenter l'amplitude. ◆ **se mobiliser** v. pr. Se concentrer; se préparer à l'action.

MOBILISME n. m. Géol. Théorie selon laquelle la position des continents à la surface du globe a varié au cours des temps géologiques.

MOBILITÉ n. f. (lat. *mobilitas*). Facilité à se mouvoir, à être mis en mouvement, à changer, à se déplacer. ‖ Inconstance, instabilité : *mobilité de caractère.* • *Mobilité de la main-d'œuvre*, pour les salariés, passage d'une région d'emploi à une autre; changement de profession, de qualification. • *Mobilité sociale*, possibilité pour les individus ou les groupes de changer de position sur le plan social, professionnel, etc.

MOCASSIN n. m. (mot algonquin). Chaussure des Indiens de l'Amérique du Nord, en peau

mitre et **mitron**

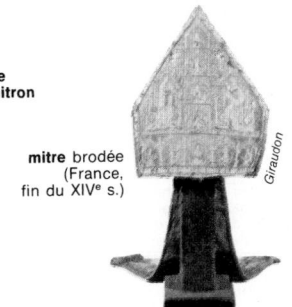

mitre brodée (France, fin du XIVe s.)

Larousse

Giraudon

non tannée. ‖ Chaussure basse souple et sans lacets. ‖ Nom usuel d'un serpent américain.

MOCHE adj. (de *amocher*). *Fam.* Laid; mauvais.

MOCHETÉ n. f. *Pop.* Personne ou chose laide.

MODAL, E, AUX adj. *Ling.* Qui se rapporte aux modes du verbe : *formes modales.* ‖ *Mus.* Se dit d'une musique utilisant d'autres modes que le majeur et le mineur. ‖ *Philos.* Relatif aux modes de la substance, de l'essence. ● *Logique modale*, logique qui prend en compte la modalité des propositions. (◊ *p* est une proposition de la logique modale qui peut s'énoncer ainsi : « Il est possible que la proposition que j'écris soit fausse.»)

MODALITÉ n. f. Condition, particularité qui accompagne un fait, un acte juridique : *fixer les modalités d'un paiement.* ‖ *Mus.* Échelle modale d'un morceau, par oppos. à TONALITÉ. ‖ *Philos.* et *Log.* Dans un jugement, dans une proposition, caractère qui fait qu'ils sont possibles ou impossibles, nécessaires ou contingents.

MODE n. f. (lat. *modus*, manière). Manière passagère d'agir, de vivre, de penser, etc., liée à un milieu, à une époque déterminés. ‖ Manière particulière de s'habiller conformément au goût d'une certaine société : *la mode parisienne.* ‖ Ensemble des maisons de couture. ● *À la mode*, suivant le goût du moment; en vogue. ‖ *À la mode de*, à la manière de. ‖ *Bœuf mode* (Cuis.), piqué de lard et cuit avec carottes et oignons.

MODE n. m. (lat. *modus*, manière). Manière générale dont un phénomène se présente, dont une action se fait; méthode : *mode de vie.* ‖ *Ling.* Manière dont le verbe exprime l'état ou l'action. (En français, il y a six modes : l'*indicatif*, le *subjonctif*, le *conditionnel*, l'*impératif*, l'*infinitif* et le *participe*.) ‖ *Mus.* Échelle à structure définie dans le cadre de l'octave et caractérisée par la disposition de ses intervalles. (La musique grecque a connu sept modes, le Moyen Âge huit; le mode tonal les a restreints à deux [*majeur, mineur*]; l'époque contemporaine utilise quantité de modes.) ‖ *Philos.* Détermination d'une substance, d'une essence.

MODELAGE n. m. Action de modeler des figures en relief.

MODÈLE n. m. (it. *modello*). Ce qui sert d'objet d'imitation : *modèle d'écriture.* ‖ Personne ou objet qui possède à la perfection certaines caractéristiques : *modèle de loyauté.* ‖ Toute structure formalisée utilisée pour rendre compte d'un ensemble de phénomènes qui possèdent entre eux certaines relations. ‖ Personne ou objet d'après lequel travaillent les artistes. ‖ Modelage, en vraie grandeur ou en réduction, constituant le prototype d'une sculpture qui sera exécutée en pierre, en bronze, etc. ● *Modèle de fonderie*, pièce, généralement en bois, ayant, au retrait près, la même forme que les pièces à mouler et destinée à réaliser des moules de fonderie. ‖ *Modèle mathématique*, représentation mathématique d'un phénomène physique, économique, humain, etc., réalisée afin de pouvoir mieux étudier celui-ci. ‖ *Modèle réduit*, reproduction à petite échelle, mais en ordre de marche, d'une machine ou d'un ensemble. ‖ *Modèle d'une théorie axiomatique formalisée* (Log.), syn. de INTERPRÉTATION.

MODÈLE adj. Parfait en son genre : *un écolier modèle; une ferme modèle.*

MODELÉ n. m. Relief des formes, en sculpture, en peinture. ‖ *Géogr.* Aspect que l'érosion donne au relief.

MODELER v. t. (de *modèle*) [conj. 3]. Pétrir de la terre, de la cire, etc., pour obtenir une certaine forme. ‖ Donner une forme, un relief particulier : *la robe modelait son corps.* ‖ Fixer d'après un modèle, conformer, régler : *il modèle sa conduite sur celle de ses frères.* ◆ *se modeler* v. pr. [sur]. Régler sa conduite sur qqn, qqch.

MODELEUR, EUSE n. et adj. Artiste qui exécute des modèles en terre, en cire, etc. ‖ *Industr.* Ouvrier qui fait des modèles en bois, en plâtre ou en cire pour le moulage des pièces coulées.

MODÉLISATION n. f. Action de modéliser.

MODÉLISER v. t. Établir des modèles formalisés, notamment en automatique, en informatique et en recherche opérationnelle.

MODÉLISME n. m. Activité de celui qui fabrique des modèles réduits.

MODÉLISTE n. et adj. Dessinateur, dessinatrice de mode. ‖ Personne qui fabrique des modèles réduits.

MODEM n. m. (abrév. de MOdulateur DÉModulateur). Appareil électronique utilisé dans les installations de traitement de l'information à distance, qui assure la modulation des signaux émis et la démodulation des signaux reçus.

MODÉNATURE n. f. (it. *modanatura*). *Archit.* Effet obtenu par le choix des profils et proportions des moulures ornant un bâtiment.

MODÉRANTISME n. m. Attitude politique des modérés.

MODÉRANTISTE adj. et n. Qui appartient au modérantisme.

MODÉRATEUR, TRICE adj. et n. (lat. *moderator*). Qui retient dans les bornes de la modération : *jouer le rôle de modérateur.* ‖ *Physiol.* Se dit d'un nerf ou d'une substance qui ralentit l'activité d'un organe. ● *Ticket modérateur*, quote-part du coût des soins que l'assurance maladie laisse à la charge de l'assuré.

MODÉRATEUR n. m. *Phys.* Substance qui, comme l'eau lourde, le graphite ou le béryllium, diminue la vitesse des neutrons résultant d'une fission nucléaire et entretient une réaction en chaîne.

MODÉRATION n. f. Qualité d'une personne ou d'une chose éloignée de tout excès, pondération, sagesse : *répondre avec modération.* ‖ Réduction : *modération d'un impôt.* ● *Engagement de modération*, accord entre certaines entreprises et les pouvoirs publics pour fixer le pourcentage des hausses de prix autorisées.

MODERATO [mɔdɛrato] adv. (mot it.). *Mus.* D'un mouvement modéré : *allegro moderato.*

MODÉRÉ, E adj. Qui n'est point exagéré : *payer un prix modéré.* ‖ Éloigné de tout excès, mesuré : *être modéré dans ses paroles.* ◆ adj. et n. Qui, en politique, professe des opinions conservatrices ou qui est éloigné des extrêmes.

MODÉRÉMENT adv. Avec modération, sans excès.

MODÉRER v. t. (lat. *moderari*; de *modus*, mesure) [conj. 5]. Diminuer la force, l'intensité excessive, freiner, tempérer : *modérer sa colère, ses dépenses.* ◆ *se modérer* v. pr. S'écarter de tout excès, se contenir.

MODERN DANCE [mɔdɛrndɑ̃s] n. f. (mots amér.). Forme contemporaine prise par la danse traditionnelle, issue d'un refus de se plier aux règles de la danse académique et qui se caractérise par une plus grande liberté d'expression et de mouvement.
■ La modern dance, les tendances qui s'y rattachent, celles qui s'en dégagent ne sont pas l'émanation d'une seule école. C'est essentiellement une volonté consciente de pouvoir s'exprimer avec son corps et non avec une symbolique de pas. À l'origine phénomène uniquement américain, la modern dance eut toutefois quelques précurseurs en Europe, mais dont les novations ne furent pas évidentes pour leurs contemporains. On reconnaît aujourd'hui l'importance des recherches de R. von Laban. Les conceptions expressionnistes de l'Allemande Mary Wigman, par exemple, influencèrent les nouvelles tendances par l'intermédiaire de l'enseignement d'une de ses disciples, Hanya Holm. Le rôle d'Isadora Duncan avec sa danse libre ne fut pas négligeable. Les « pionniers », tels Ruth Saint Denis et Ted Shawn, ont préparé par leurs initiatives (ouverture d'une école, la Denishawn School, en 1915) la venue vers les années 1920-1930 des véritables fondateurs de la modern dance : Martha Graham, Doris Humphrey, Charles Weidman. Il faut toutefois discerner différents courants. Si M. Graham ne fait pas école à proprement parler, certains de ses danseurs à leur tour commença des carrières indépendantes dans un style très personnel (Paul Taylor, Merce Cunningham). D. Humphrey forma un des plus grands interprètes de la modern dance, José Limón, à son tour créateur hors pair. Un autre courant est représenté par Alwin Nikolais,

initiateur du « théâtre de la danse », et un de ses élèves, Murray Louis. Dans les années 1960-1970, de jeunes artistes, telle Twyla Tharp, voient dans la danse une traduction privilégiée d'un moment éphémère. Création sans cesse renouvelée, cette danse « immédiate » est déjà isolée de la modern dance, elle est dite « post modern dance ».

MODERNE adj. (bas lat. *modernus*; de *modo*, récemment). Qui appartient ou convient au temps présent ou à une époque récente; actuel, contemporain. ‖ Qui se conforme aux évolutions les plus récentes. ● *Histoire moderne*, depuis la fin du Moyen Âge jusqu'à la Révolution française (1789).
■ *(Bx-arts)* Chaque époque qualifie de *moderne*, au sens de « contemporain et novateur », ce qui, dans l'effort d'expression qui lui est propre, s'oppose à la tradition; en est ainsi pour la *modernité* célébrée par Baudelaire, pour le *modern style* de 1900 et, bien sûr, pour les ruptures intervenues au XXᵉ s. dans le domaine des arts (cubisme, dadaïsme, constructivisme, musique sérielle, etc.) et de l'architecture (style international). Dans la description d'un monument historique, par contre, *moderne* désigne les parties reconstruites ou ajoutées aux XIXᵉ et XXᵉ s., certes, mais, en général, dans un esprit de pastiche et d'éclectisme. Enfin *moderne* peut également se référer à l'ensemble des *Temps modernes* (histoire moderne), par opposition au Moyen Âge : la Renaissance en constitue la première phase.

MODERNE n. m. Ce qui est moderne. ‖ Homme (écrivain, artiste) de l'époque contemporaine.

MODERNISATEUR, TRICE adj. et n. Qui modernise.

MODERNISATION n. f. Action de moderniser.

MODERNISER v. t. Rajeunir, donner une forme plus moderne, adaptée aux techniques présentes : *moderniser son mobilier, l'agriculture.* ◆ *se moderniser* v. pr. Se conformer aux usages modernes.

MODERNISME n. m. Goût, recherche de ce qui est moderne. ‖ *Littér.* Mouvement littéraire hispano-américain de la fin du XIXᵉ s., qui a subi l'influence du Parnasse et du symbolisme français; mouvement littéraire et artistique brésilien, né à São Paulo en 1922, qui cherche ses thèmes dans la nature et la culture nationales. ‖ *Relig.* Ensemble de doctrines et de tendances qui ont pour objet commun de renouveler l'exégèse, la doctrine sociale et le gouvernement de l'Église pour les mettre en accord avec les données de la critique historique moderne, et avec les nécessités de l'époque où l'on vit. (On donne en particulier ce nom à la crise religieuse qui a marqué le pontificat de Pie X, pape de 1903 à 1914, en France et en Italie surtout. Les idées modernistes furent condamnées en 1907 [décret *Lamentabili* et encyclique *Pascendi*].)

MODERNISTE n. et adj. Se dit de ce qui se veut moderne, d'un partisan de ce qui est moderne. ‖ Qui relève du modernisme.

MODERNITÉ n. f. Caractère de ce qui est moderne.

MODERN STYLE n. m. et adj. inv. (mots angl.). Nom donné vers 1900 à un style décoratif qui renouvelle les formes en recourant à un répertoire ornemental souple et nerveux, inspiré du règne végétal. (Syn. ART NOUVEAU.)
■ Ce style, en rupture avec l'éclectisme et l'académisme du XIXᵉ s., comporte, à côté de l'arabesque contournée d'origine végétale (non toujours dépourvue de lourdeur), un caractère rationaliste tout aussi important, dans le domaine de l'architecture : Horta en Belgique, Guimard en France sont des techniciens novateurs dans l'emploi du fer, du verre, de la céramique comme dans la liberté fonctionnelle de leurs plans. Préparé par un W. Morris en Angleterre, lié au mouvement symboliste, cet art surgit à Bruxelles, à Nancy (Gallé, V. Prouvé, Louis Majorelle, la verrerie Daum, etc.), à Paris (Lalique, le dessinateur de meubles Eugène Gaillard), à Munich (*Jugendstil*), à Barcelone (avec l'œuvre très particulière de Gaudí), etc.

Vase en verre soufflé à décor
de plumes de paon, par Louis
Comfort Tiffany. V. 1896.
(Metropolitan Museum of Art, New York.)

Porte d'entrée du « Castel Béranger »
(rue La Fontaine à Paris), construit
entre 1894 et 1898 par Hector Guimard.

MODERN STYLE

Page de titre
d'un calendrier
par Koloman Moser.
Autriche, 1912.

Pendentif
« Sylvia »
par Henry Vever.
Or, brillants,
rubis,
agate et émaux.
V. 1900.
(Musée des Arts
décoratifs, Paris.)

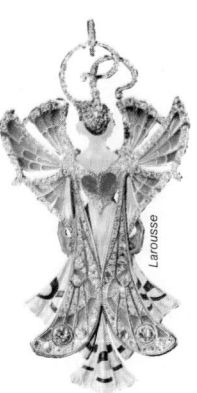

Natura naturans,
illustration
de Robert Burns.
Grande-Bretagne, 1891.

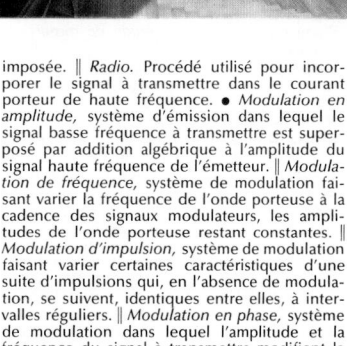

Buffet par Eugène Vallin.
École de Nancy. (Musée de Nancy.)

Il s'exprime avec plus de retenue à Glasgow (Mackintosh) et à Vienne (*Secession-Stil* : Klimt, J. Hoffmann, etc.); bientôt cubisme et architecture sans ornement, ou compromis du style « Arts déco », supplanteront ses féeries.

MODESTE adj. (lat. *modestus*, modéré). Qui pense ou parle de soi-même sans orgueil. ‖ Qui manifeste ce sentiment. ‖ Modéré, éloigné de l'exagération : *être modeste dans ses prétentions.* ‖ D'une grande simplicité, sans faste : *un modeste repas.*

MODESTEMENT adv. Avec modestie.

MODESTIE n. f. Qualité qui éloigne de penser ou de parler de soi avec orgueil.

MODICITÉ n. f. (bas lat. *modicitas*). Caractère de ce qui est peu considérable en quantité, en valeur, etc.

MODIFIABLE adj. Qui peut être modifié.

MODIFICATEUR, TRICE adj. Propre à modifier.

MODIFICATIF, IVE adj. Qui modifie.

MODIFICATION n. f. Changement qui se fait dans une chose, dans une personne.

MODIFIER v. t. (lat. *modificare*). Changer la forme, la qualité, etc., sans altérer la nature essentielle : *modifier une loi.* ‖ *Ling.* En parlant d'un adverbe, déterminer ou préciser le sens (d'un verbe, d'un adj. ou d'un autre adv.).

MODILLON n. m. (it. *modiglione*). *Archit.* Ornement saillant répété de proche en proche sous une corniche, comme s'il la soutenait.

MODIQUE adj. (lat. *modicus*). De peu d'importance, de faible valeur : *une modique somme.*

MODIQUEMENT adv. Avec modicité.

MODISTE n. Personne qui confectionne ou vend des chapeaux de femme.

MODULABLE adj. Qui peut être modulé.

MODULAIRE adj. Relatif à un module. ‖ Construit à l'aide de modules.

MODULARITÉ n. f. Qualité de ce qui est modulaire.

MODULATEUR, TRICE adj. Qui produit la modulation. ◆ n. m. Dispositif réalisant l'opération de modulation.

MODULATION n. f. (lat. *modulatio;* de *modulus*, cadence). Inflexion variée de la voix. ‖ Adaptation aux circonstances : *modulation des prix.* ‖ *Bx-arts.* Dans un tableau, nuance délicate des couleurs. ‖ *Mus.* Passage d'un ton à un autre dans le courant d'un morceau. ‖ *Phys.* Variation, dans le temps, d'une caractéristique d'une onde (amplitude, phase, fréquence) suivant une loi imposée. ‖ *Radio.* Procédé utilisé pour incorporer le signal à transmettre dans le courant porteur de haute fréquence. ● *Modulation en amplitude,* système d'émission dans lequel le signal basse fréquence à transmettre est superposé par addition algébrique à l'amplitude du signal haute fréquence de l'émetteur. ‖ *Modulation de fréquence,* système de modulation faisant varier la fréquence de l'onde porteuse à la cadence des signaux modulateurs, les amplitudes de l'onde porteuse restant constantes. ‖ *Modulation d'impulsion,* système de modulation faisant varier certaines caractéristiques d'une suite d'impulsions qui, en l'absence de modulation, se suivent, identiques entre elles, à intervalles réguliers. ‖ *Modulation en phase,* système de modulation dans lequel l'amplitude et la fréquence du signal à transmettre modifient la phase du signal haute fréquence de l'émetteur.

MODULE n. m. (lat. *modulus*). Composant élémentaire permettant de réaliser un ensemble par juxtaposition ou combinaison. ‖ Coefficient caractérisant certaines propriétés mécaniques. ‖ Diamètre comparatif des médailles ou des monnaies entre elles. ‖ Élément pouvant s'intégrer à un équipement mobilier. ‖ Élément d'un vaisseau spatial. ‖ *Archit.* Commune mesure conventionnelle déterminant les dimensions des différentes parties d'une construction. ● *Module de compressibilité*, rapport entre la pression qui s'exerce sur un corps et la diminution du volume unitaire qui en résulte. ‖ *Module d'un engrenage*, quotient du diamètre primitif d'un engrenage par le nombre de dents. ‖ *Module d'un nombre complexe z = a + ib*, quantité positive, de valeur $\sqrt{a^2 + b^2}$. ‖ *Module d'un nombre réel*, valeur absolue de ce nombre. ‖ *Module d'un vecteur*, longueur de ce vecteur. ‖ *Module spécifique* ou *relatif*, débit moyen annuel, en litres par seconde, par kilomètre carré, d'un bassin hydrographique.

MODULER v. t. (lat. *modulari; de modulus*, cadence). Exécuter avec des inflexions variées : *moduler des sons, des couleurs.* ‖ Adapter d'une manière souple à des circonstances diverses. ◆ v. i. *Mus.* Passer d'un ton à un autre. ‖ *Radioélectr.* Effectuer la modulation.

MODULO n. m. *Math.* Opérateur mathématique donnant le reste de la division d'une variable par un nombre constant.

MODUS VIVENDI [mɔdysvivɛ̃di] n. m. inv. (mots lat., *manière de vivre*). Transaction mettant d'accord deux parties en litige, sans résoudre leur litige sur le fond.

MOELLE n. f. [mwal] (lat. *medulla*). Tissu riche en graisses, situé dans un canal au centre des os longs. (On l'appelle aussi *moelle jaune*, pour la distinguer de la *moelle rouge*, contenue dans l'os spongieux et qui fabrique divers globules sanguins.) ‖ *Bot.* Tissu peu résistant situé au centre des racines et des tiges jeunes. ‖ *Litt.* Ce qu'il y a de plus substantiel dans quelque genre que ce soit. ● *Jusqu'à la moelle des os*, profondément. ‖ *Moelle épinière*, centre nerveux situé dans le canal rachidien et qui assure la transmission de l'influx nerveux entre le cerveau, les organes du tronc et les membres, ainsi que certains réflexes.

MOELLEUSEMENT adv. De façon moelleuse.

MOELLEUX, EUSE [mwalø, øz] adj. Doux et agréable au toucher et comme élastique : *un lit moelleux.* ‖ Agréable à goûter, à entendre, à voir : *voix moelleuse.* ● *Étoffe moelleuse*, étoffe qui a du corps, qui est douce à la main. ‖ *Vin moelleux*, vin ni très doux ni très sec.

MOELLON [mwalɔ̃] n. m. (lat. pop. *mutulio*, corbeau). *Constr.* Pierre, non taillée ou grossièrement taillée, de petites dimensions.

MOÈRE ou **MOÉRE** [mur ou mwɛr] n. f. (moyen néerl. *moer*, marais). *Géogr.* Lagune maritime des Flandres, asséchée et mise en culture.

MŒURS [mœr ou mœrs] n. f. pl. (lat. *mores*). Habitudes ou pratiques morales d'un individu, d'un groupe : *contraire aux bonnes mœurs.* ‖ Pratiques sociales, habitudes de vie d'un peuple, d'une espèce animale : *étude de mœurs; les mœurs des abeilles.*

MOFETTE n. f. (it. *moffetta; de muffa*, moisissure). Émanation de gaz carbonique, le plus souvent dans les régions volcaniques et dans les mines de houille. ‖ *Zool.* V. MOUFETTE.

MOHAIR [mɔɛr] n. m. (mot angl.; de l'ar.). Poil de la chèvre angora, dont on fait des étoffes légères et des laines à tricoter; étoffe faite avec cette laine.

MOI pron. pers. de la 1re pers. du sing. des deux genres (lat. *me*). Employé comme sujet pour renforcer *je* ou, comme compl. après une prép., après un impératif ou comme attribut. ● *À moi!*, cri pour appeler au secours. ‖ *De vous à moi, entre vous et moi*, entre nous, secrètement.

MOI n. m. Ce qui constitue l'individualité, la personnalité. ‖ Attachement à soi-même, égoïsme. ‖ *Philos.* Sujet pensant : *le moi se pose en s'opposant : moi et non-moi.* ‖ (Avec une majuscule.) *Psychanal.* Instance de l'appareil psychique constituée par la partie du Ça qui s'est modifiée au contact du monde extérieur. ● *Idéal du Moi* (Psychanal.), position du Surmoi qui représente un idéal auquel le sujet tente de se conformer par identification aux modèles parentaux. ‖ *Moi idéal* (Psychanal.), position du Moi appartenant au registre de l'imaginaire et qui représente l'idéal infantile de toute-puissance hérité du narcissisme.

MOIE n. f. → MOYE.

MOIGNON n. m. (anc. fr. *moing*, mutilé). Ce qui reste d'un membre coupé : *moignon de jambe.* ‖ Membre rudimentaire : *les manchots n'ont qu'un moignon d'aile.* ‖ Ce qui reste d'une grosse branche cassée ou coupée.

MOINDRE adj. (lat. *minor*). Plus petit en dimensions, en quantité, en intensité : *moindre prix; vitesse moindre.* ‖ Précédé de *le, la, les,* le plus petit, le moins important, le moins grand : *le moindre bruit effraie le lièvre.* ● *Méthode des moindres carrés*, méthode qui sert à trouver la moyenne la plus probable parmi les résultats de plusieurs observations.

MOINDREMENT adv. *Pas le moindrement* (Litt.), pas le moins du monde.

MOINE n. m. (lat. *monachus*, solitaire; mot gr.). Membre d'un ordre religieux masculin à vœux solennels. (Cette appellation ne peut canoniquement être appliquée aux religieux séculiers ni même aux religieux prêtres non soumis à la clôture.) ‖ Bouillotte servant à chauffer un lit. ‖ Phoque à ventre blanc.

MOINEAU n. m. (de *moine*, à cause de la couleur du plumage). Oiseau passereau abondant dans les villes (*moineau franc* ou « pierrot ») et dans les champs (*moineau friquet*). [Long. 15 cm; genre *passer;* famille des plocéidés.] (Cri : le moineau *pépie*.) ● *Vilain moineau* (Fam.), individu désagréable ou malhonnête.

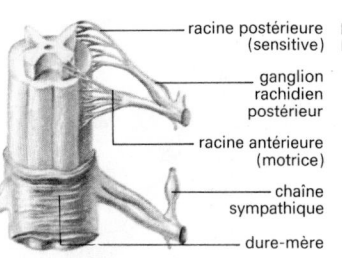

racine postérieure
(sensitive)

ganglion
rachidien
postérieur

racine antérieure
(motrice)

chaîne
sympathique

dure-mère

**MOELLE
ÉPINIÈRE**

moineau

MOINILLON n. m. *Fam.* Jeune moine.

MOINS adv. (lat. *minus*). Marque une infériorité de qualité, de quantité, de prix : *moins bon; moins d'hommes; moins cher.* ‖ Précédé de *le, la,* sert de superlatif à l'adv. *peu : il est le moins intelligent des élèves.* ◆ prép. Avec soustraction de : *15 moins 8 égale 7.* ● *À moins*, pour un moindre prix. ‖ *Au moins, du moins, à tout le moins*, en tout cas, avant tout. ‖ *Être rien moins que*, bel et bien, véritablement : *il n'est rien moins qu'un héros.* ‖ *Tout au moins*, indique une restriction. ◆ loc. conj. *À moins que*, si ce n'est que : *à moins que vous ne travailliez mieux...* ◆ loc. prép. *À moins de* (suivi d'un nom), au-dessous de, à un prix moindre que; (suivi d'un infinitif) excepté si : *à moins d'être fou, il n'est pas possible de raisonner ainsi.*

MOINS n. m. Tiret horizontal (−) indiquant une soustraction ou une quantité négative.

MOINS-PERÇU n. m. (pl. *moins-perçus*). *Dr.* Ce qui est dû et n'a pas été perçu.

MOINS-VALUE n. f. (pl. *moins-values*). Diminution de la valeur d'un objet ou d'un droit appréciée à deux moments différents.

MOIRAGE n. m. Reflet chatoyant d'une substance ou d'un objet moiré.

MOIRE n. f. (angl. *mohair;* mot ar.). Étoffe à reflet changeant, obtenue en écrasant et en déviant le grain du tissu avec une calandre; ce reflet. ‖ *Litt.* Effet de lumière analogue.

MOIRÉ, E adj. Qui offre les reflets de la moire.

MOIRÉ n. m. Effet de la moire.

MOIRER v. t. Donner un reflet particulier de miroitement.

MOIRURE n. f. Syn. de MOIRAGE.

MOIS n. m. (lat. *mensis*). Chacune des douze divisions de l'année civile. ‖ Espace d'environ trente jours. ‖ Unité de travail et de salaire correspondant à un mois légal; ce salaire lui-

même. ‖ Somme due pour un mois de location, de services.

■ Il y a douze mois dans l'année, qui sont : janvier, février, mars, avril, mai, juin, juillet, août, septembre, octobre, novembre, décembre. Les mois de janvier, mars, mai, juillet, août, octobre et décembre ont 31 jours; les mois d'avril, juin, septembre et novembre ont 30 jours; février a 28 jours, et 29 quand l'année est bissextile.

MOISE n. f. (lat. *mensa*, table). *Constr.* Couple de deux pièces jumelées enserrant plusieurs autres pièces; chacune des pièces de ce couple.

MOÏSE [mɔiz] n. m. (de *Moïse*, n. pr.). Berceau en osier capitonné de tissu.

MOISER v. t. *Techn.* Réunir à l'aide de moises.

MOISI n. m. Ce qui est moisi.

MOISIR v. t. (lat. *mucere; de mucus*, morve). Couvrir de moisissure. ◆ v. i. Se détériorer en se couvrant de moisissure : *les confitures moisissent.* ‖ Rester longtemps quelque part; demeurer inutile, improductif.

MOISISSURE n. f. Nom général donné à des champignons de très petite taille, formés d'un feutrage de filaments sur lesquels les éléments reproducteurs apparaissent disséminés. (Plusieurs moisissures sont parasites de végétaux [mildiou, oïdium, rouille] ou d'animaux [muguet], mais la plupart sont saprophytes [mucor, pénicille].)

MOISSINE n. f. Bout de sarment que l'on cueille avec la grappe quand on veut la conserver fraîche.

MOISSON n. f. (lat. *messio*). Récolte des céréales; les céréales moissonnées ou à moissonner; époque où elle se fait. ‖ Grande quantité de : *une riche moisson de documents.*

MOISSONNAGE n. m. Action de moissonner.

MOISSONNER v. t. Faire la moisson.

MOISSONNEUR, EUSE n. Personne qui fait la moisson.

MOISSONNEUSE n. f. Machine à moissonner.

MOISSONNEUSE-BATTEUSE n. f. (pl. *moissonneuses-batteuses*). Machine qui coupe les céréales, bat le grain et rejette la paille sur le champ.

MOISSONNEUSE-LIEUSE n. f. (pl. *moissonneuses-lieuses*). Machine qui coupe les céréales et en fait des gerbes.

MOITE adj. Légèrement humide.

MOITEUR n. f. Légère humidité.

MOITIÉ n. f. (lat. *medietas*). Une des deux parties égales d'un tout : *deux est la moitié de quatre.* ‖ *Fam.* Épouse. ● *À moitié*, en partie, à demi. ‖ *À moitié chemin*, au milieu de l'espace à parcourir. ‖ *À moitié prix*, pour la moitié du prix ordinaire. ‖ *De moitié*, dans la proportion de un à deux. ‖ *Être de moitié*, participer à égalité avec qqn aux résultats d'une entreprise. ‖ *Être pour moitié dans qqch*, en être responsable pour une part. ‖ *Moitié..., moitié...*, en partie..., en partie... ‖ *Moitié-moitié*, d'une égale quantité de chacun des composants; à parts égales.

MOKA n. m. (de *Moka*, v. du Yémen). Variété de café très parfumée; infusion de ce café. ‖ Gâteau en pâte génoise fourrée d'une crème au beurre parfumée au café.

MOL adj. → MOU.

mol, symbole de la *mole*.

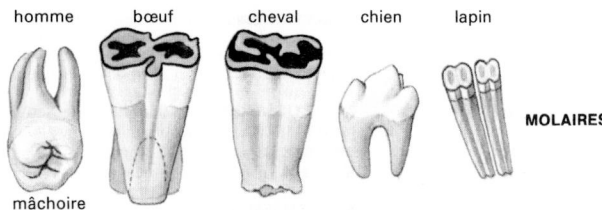

homme   bœuf   cheval   chien   lapin

MOLAIRES

mâchoire supérieure

mâchoire inférieure

MOLAIRE n. f. (lat. *dens molaris*, dent en forme de meule). Grosse dent latérale qui sert à broyer les aliments. (La forme de la couronne des molaires est en rapport avec le régime alimentaire de l'espèce : tranchante chez les carnassiers, usée en croissant chez les ruminants, etc.)

MOLAIRE adj. *Phys.* Relatif à la mole.

MÔLAIRE adj. *Méd.* Relatif à la môle.

MOLARITÉ n. f. Nombre de moles contenues dans 1000 g d'un solvant.

MOLASSE ou **MOLLASSE** n. f. (de *mol*, forme anc. de *mou*). Grès tendre, à ciment calcaire, se formant généralement dans les dépressions au pied des chaînes de montagne.

MOLDAVE adj. et n. De la Moldavie.

MOLE n. f. *Phys.* Unité de mesure de quantité de matière (symb. : mol), équivalant à la quantité de matière d'un système contenant autant d'entités élémentaires qu'il y a d'atomes dans 0,012 kilogramme de carbone 12. (La mole est l'une des sept unités de base du système SI.)

MÔLE n. m. (it. *molo*; gr. *môlos*). *Géol.* Syn. de HORST. ‖ *Trav. publ.* Ouvrage en maçonnerie pour protéger l'entrée d'un port ou pour diviser un bassin en darses.

MÔLE n. f. Autre nom du POISSON-LUNE, vivant dans les mers d'Europe occidentale. (Long. : jusqu'à 2 m; poids 1000 kg.)

MÔLE n. f. (lat. *mola*, meule). *Méd.* Dégénérescence kystique de l'embryon.

MOLÉCULAIRE adj. Relatif aux molécules.

MOLÉCULE n. f. (lat. *moles*, masse). La plus petite portion d'un corps pur qui puisse exister à l'état libre sans perdre les propriétés de la substance originelle.

MOLÉCULE-GRAMME n. f. (pl. *molécules-grammes*). Syn. anc. de MOLE.

MOLÈNE n. f. (de *mol*, mou). Plante des lieux incultes, dont une espèce est le *bouillon-blanc*. (Famille des verbascacées.)

MOLESKINE n. f. (angl. *moleskin*, peau de taupe). Toile de coton fin, recouverte d'un enduit flexible et d'un vernis souple imitant le grain du cuir.

MOLESTER v. t. (lat. *molestare*; de *molestus*, importun). Faire subir des violences, des brutalités à : *molester des manifestants.*

MOLETAGE n. m. Action de moleter.

MOLETER v. t. (conj. 4). *Techn.* Orner ou polir à la molette.

MOLETTE n. f. (lat. *mola*, meule). Roulette striée servant à actionner un mécanisme mobile. ‖ *Équit.* Partie mobile de l'éperon, en forme de roue étoilée. ‖ *Techn.* Outil muni d'un petit disque en acier dur, servant à couper, graver, travailler les corps durs, etc.

MOLIÉRESQUE adj. Relatif à Molière.

MOLINISME n. m. Système théologique du jésuite Luis Molina sur la grâce et le libre arbitre.

MOLINISTE adj. et n. Qui est partisan des opinions de Molina sur la grâce.

MOLINOSISME n. m. Doctrine de Molinos, qui donna naissance au quiétisme.

MOLINOSISTE adj. et n. Qui est partisan des opinions de Molinos.

MOLLAH [mɔlla] ou **MULLÂ** [mulla] n. m. (mot ar.). Dans l'islâm chî'ite, titre donné aux personnages religieux, notamment aux docteurs de la loi coranique.

MOLLASSE adj. et n. (de *mou*). Apathique, sans énergie. ◆ adj. Mou et flasque.

MOLLASSE n. f. → MOLASSE.

MOLLASSERIE n. f. *Fam.* Caractère mollasson.

MOLLASSON, ONNE adj. et n. *Fam.* Qui est très mou, sans énergie.

MOLLÉ n. m. (mot esp.; du quechua). Plante ornementale du midi de la France. (On utilise le suc résineux de sa tige sous le nom de *mastic d'Amérique* ou *résine de mollé.* Famille des térébinthacées.)

MOLLEMENT adv. De façon molle.

MOLLESSE n. f. (lat. *mollis*, mou). État, nature de ce qui est mou.

MOLLET n. m. (lat. *mollis*, mou). Saillie que font les muscles de la partie postérieure de la jambe.

MOLLET, ETTE adj. *Œuf mollet*, œuf peu cuit, mais dont le blanc est coagulé, le jaune restant liquide. ‖ *Pain mollet*, petit pain au lait.

MOLLETIÈRE n. et adj. *Bande de drap ou toile qu'on enroulait autour du mollet et de la cheville.

MOLLETON n. m. (de *mollet*). Étoffe épaisse, cardée et foulée, de coton ou de laine, généralement moelleuse et chaude.

MOLLETONNÉ, E adj. Se dit d'une étoffe semblable à du molleton, de vêtements garnis ou doublés de molleton.

MOLLETONNER v. t. Doubler de molleton.

MOLLETONNEUX, EUSE adj. De la nature du molleton.

MOLLIR v. i. Devenir mou, perdre de sa force, de son énergie. ◆ v. t. *Mollir un cordage* (Mar.), le détendre.

MOLLO adv. *Pop.* Doucement.

MOLLUSCUM [mɔlyskɔm] n. m. (mot lat., *nœud de l'érable*). Tumeur fibreuse de la peau.

MOLLUSQUE n. m. (lat. *mollusca nux*, noix à écorce molle). Animal au corps mou, portant dorsalement un *manteau* souvent couvert d'une coquille, et plus ou moins ventralement un *pied.* (Les *mollusques* forment un embranchement dont les trois classes principales sont : les *gastropodes* [escargot, limace], les *lamellibranches* ou *bivalves* [moule, huître] et les *céphalopodes* [pieuvre, seiche].)

MOLOCH [mɔlɔk] n. m. Lézard d'Australie atteignant 20 cm de long, couvert d'épines.

MOLOSSE n. m. (gr. *molossos*, chien du pays des Molosses). Gros chien de garde.

MOLTO adv. (mot it.). *Mus.* Beaucoup. ● *Allegro molto*, très vif.

MOLURE n. m. Autre nom du *python réticulé.*

MOLYBDÈNE [mɔlibdɛn] n. m. (gr. *molubdaina*; de *molubdos*, plomb). Métal (Mo), n° 42, de masse atomique 95,94, blanc, dur, cassant et peu fusible.

MOLYBDÉNITE n. f. Sulfure naturel de molybdène (MoS_2).

MOLYBDIQUE adj. Se dit de l'anhydride MoO_3 et des acides correspondants.

MÔME n. *Pop.* Enfant. ‖ *Pop.* Jeune fille.

MOMENT n. m. (lat. *momentum*). Espace de temps; bref instant : *cette opération ne dure qu'un moment.* ‖ Occasion, instant, circonstance : *saisir le moment favorable.* ‖ Temps présent : *la mode du moment.* ‖ Valeur caractéristique d'une distribution statistique, calculée à partir des puissances des écarts entre les valeurs observées et une valeur prise comme origine (moyenne). ● *À tout moment*, sans cesse. ‖ *Avoir de bons moments*, être sympathique de façon irrégulière; connaître des périodes heureuses. ‖ *Dans un moment*, après un court instant. ‖ *En ce moment*, présentement. ‖ *En un moment*, en très peu de temps. ‖ *Mauvais moment*, circonstance pénible. ‖ *Moment caractéristique* (Chorégr.), phase d'un pas qui le détermine. ‖ *Moment cinétique*, vecteur égal au moment du vecteur quantité de mouvement. ‖ *Moment d'un couple* (Mécan.), produit de l'une des forces du couple par le bras de levier de ce couple. ‖ *Moment électrique, magnétique d'un dipôle*, produit de la charge (électrique, magnétique) d'un des deux pôles par la distance qui les sépare. ‖ *Moments essentiels* (Chorégr.), étapes (au moins au nombre de deux) qui engendrent un mouvement, un pas. ‖ *Moment d'une force par rapport à un point*, vecteur égal au moment du vecteur qui représente la force. ‖ *Moment d'inertie d'un corps*, intégrale du produit de chaque élément de masse de ce

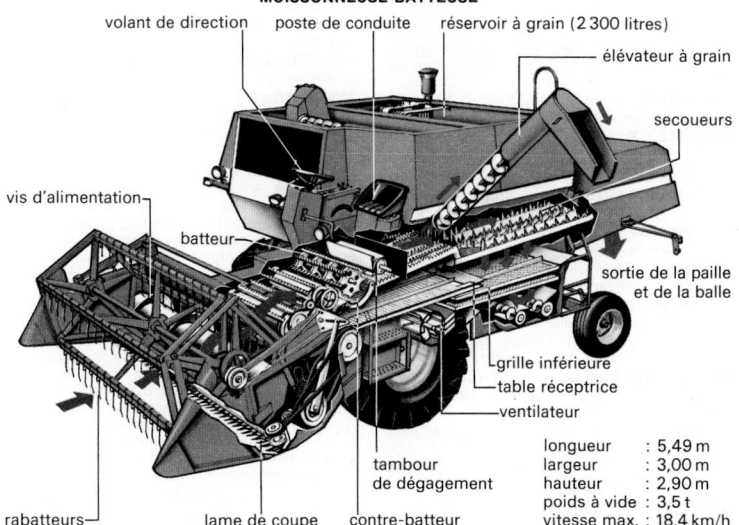

MOISSONNEUSE-BATTEUSE

volant de direction   poste de conduite   réservoir à grain (2300 litres)

élévateur à grain

secoueurs

vis d'alimentation

batteur

sortie de la paille et de la balle

grille inférieure
table réceptrice
ventilateur

tambour de dégagement

rabatteurs   lame de coupe   contre-batteur

longueur	: 5,49 m
largeur	: 3,00 m
hauteur	: 2,90 m
poids à vide	: 3,5 t
vitesse max.	: 18,4 km/h

corps par le carré de la distance de cet élément à un axe fixe, appelé « axe d'inertie ». ‖ *Moment d'un vecteur $\vec{V}$ en un point O*, vecteur perpendiculaire au plan déterminé par le vecteur $\vec{V}$ et le point O, de sens direct par rapport à $\vec{V}$ et dont la longueur est égale au produit de la longueur du vecteur $\vec{V}$ par la distance du point O à son support. ‖ *Par moments*, par intervalles. ‖ *Un moment!*, attendez! ◆ loc. prép. *Au moment de*, sur le point de. ◆ loc. conj. *Au moment où*, *au moment que*, lorsque. ‖ *Du moment que*, puisque.

MOMENTANÉ, E adj. Qui ne dure qu'un bref instant.

MOMENTANÉMENT adv. Pour un moment, pendant un moment, temporairement.

MOMERIE n. f. (anc. fr. *mommer*, se déguiser). *Litt.* Affectation ridicule d'un sentiment qu'on n'éprouve pas.

MOMIE n. f. (ar. *mumiyā*). Cadavre conservé au moyen de matières balsamiques ou de l'embaumement. ‖ Cadavre qui se dessèche naturellement, sans se putréfier (en l'absence d'humidité et d'insectes).

MOMIFICATION n. f. Action de momifier.

MOMIFIER v. t. Transformer un corps en momie. ◆ **se momifier** v. pr. Se changer en momie.

MOMORDIQUE n. f. (lat. *momordi*; de *mordere*, mordre). Plante grimpante cultivée pour ses fruits colorés et ornementaux appelés *pommes de merveille*. (Famille des cucurbitacées.)

MON adj. poss. masc. sing., **MA** fém. sing., **MES** pl. des deux genres (lat. *meus*, mon). Adjectifs qui déterminent le nom en y ajoutant une idée de possession, d'origine, de convenance, etc. : *mon ami; ma maison; mes livres.* — Devant un nom féminin commençant par une voyelle ou un *h* muet, on emploie *mon, ton, son* au lieu de *ma, ta, sa* : MON âme, TON histoire, SON épée.

MONACAL, E, AUX adj. (lat. *monachus*, moine). Relatif au genre de vie des moines.

MONACHISME [mɔnaʃism] n. m. État de moine, vie monastique; institution monastique.

MONADE n. f. (gr. *monas, monados*; de *monos*, seul). Dans la philosophie de Leibniz, substance simple, active, indivisible, dont tous les êtres sont composés.

MONADELPHE adj. (gr. *monos*, seul, et *adelphos*, frère). *Bot.* Se dit d'une fleur dont les étamines sont soudées entre elles, comme chez le genêt, la rose trémière.

MONADOLOGIE n. f. Système suivant lequel l'univers est composé de monades.

MONARCHIE n. f. (gr. *monos*, seul, et *arkhein*, commander). Gouvernement d'un État régi par un seul chef. ‖ État gouverné par un roi ou un empereur, généralement héréditaire : *la monarchie anglaise.* ● *Monarchie absolue*, celle où le pouvoir du monarque n'est contrôlé par aucun autre. ‖ *Monarchie d'Ancien Régime*, système politique en vigueur en France depuis le règne de François Iᵉʳ jusqu'à la Révolution et se confondant avec la notion de monarchie absolue. ‖ *Monarchie constitutionnelle*, celle où l'autorité du prince est limitée par une constitution. ‖ *Monarchie parlementaire*, monarchie constitutionnelle dans laquelle le gouvernement est responsable devant le Parlement.

MONARCHIEN n. m. *Hist.* Dans l'Assemblée constituante (1789-1791), partisan d'une monarchie à l'anglaise.

MONARCHIQUE adj. Qui appartient à la monarchie.

MONARCHISME n. m. Opinion des partisans de la monarchie.

MONARCHISTE adj. et n. Qui est partisan de la monarchie.

MONARQUE n. m. (gr. *monos*, seul, et *arkhein*, commander). Chef d'un État monarchique.

MONASTÈRE n. m. (gr. *monastêrion*). Établissement dans lequel vivent les moines ou des moniales.

MONASTIQUE adj. (gr. *monastikos*, solitaire). Relatif aux moines et aux monastères.

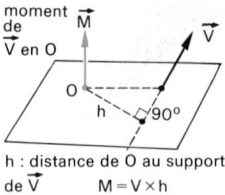

h : distance de O au support de $\vec{V}$ $M = V \times h$

MOMENT D'UNE FORCE

MONAURAL, E, AUX adj. Syn. de MONOPHONIQUE. ‖ Relatif à une seule oreille (organe de l'audition).

MONAZITE n. f. (mot all.). Phosphate naturel de cérium, de lanthane et d'autres terres rares.

MONCEAU n. m. (lat. *monticellus*, petit mont). Grande quantité de choses accumulées en tas, en amas : *monceau de pierres, de preuves.*

MONDAIN, E adj. et n. (bas lat. *mundanus*). Relatif à ce qui touche à la vie des classes riches des villes, à leur luxe et à leurs divertissements : *chronique mondaine.* ‖ *Relig.* Relatif à la vie séculière. ● *Danseur mondain*, professionnel qui fait danser les clientes dans un dancing. ‖ *Police mondaine*, ou *mondaine* n. f., celle qui est chargée des délits contre les mœurs et de la surveillance de certains lieux publics.

MONDANITÉ n. f. Connaissance des usages mondains. ‖ pl. Événements de la vie mondaine. ‖ Chronique mondaine d'un journal.

MONDE n. m. (lat. *mundus*). Ensemble de tout ce qui existe : *les premiers âges du monde.* ‖ La Terre où habitent les hommes. [V. carte part. hist. pp. 1418-1419.] ‖ Ensemble des hommes vivant sur la Terre; groupement humain déterminé : *le monde du spectacle.* ‖ Grand nombre ou nombre indéfini de personnes : *il y a du monde.* ‖ Gens qui sont sous les ordres de qqn : *congédier tout son monde.* ‖ Ensemble des personnes appartenant aux classes riches des villes et formant une société que caractérisent son luxe et ses divertissements. ‖ Grande différence : *il y a un monde entre eux.* ‖ *Relig.* Vie séculière : *quitter le monde pour le cloître.* ● *Aller dans l'autre monde*, mourir. ‖ *L'Ancien Monde*, l'Asie, l'Europe et l'Afrique. ‖ *Au bout du monde*, très loin. ‖ *Connaître son monde*, savoir à qui l'on a affaire. ‖ *Courir le monde*, voyager beaucoup. ‖ *Homme, femme du monde*, homme, femme qui connaît les usages de la société riche des villes. ‖ *Mettre au monde*, donner naissance. ‖ *Le Nouveau Monde*, l'Amérique et l'Océanie. ‖ *Le petit monde*, les enfants. ‖ *Pour rien au monde*, en aucun cas. ‖ *Se faire un monde de*, donner une importance exagérée à. ‖ *Tout le monde*, tous les gens. ‖ *Venir au monde*, naître.

MONDER v. t. (lat. *mundare*, purifier). Nettoyer en séparant des impuretés.

MONDIAL, E, AUX adj. Qui concerne le monde entier.

MONDIALEMENT adv. Dans le monde entier.

MONDIALISATION n. f. Action de mondialiser.

MONDIALISER v. t. Rendre mondial, répandre dans le monde entier.

MONDIALISME n. m. Ensemble de doctrines exprimant la solidarité des peuples.

MONDOVISION n. f. (lat. *mundus*, monde, et *vision*). Transmission dans différentes parties du monde d'images de télévision par l'intermédiaire d'un ou de plusieurs satellites.

MONÉGASQUE adj. et n. De Monaco.

MONÈRE n. f. Protozoaire constitué d'une seule cellule, sans noyau.

MONERGOL n. m. Propergol composé d'un seul ergol (eau oxygénée, hydrazine, etc.).

MONÉTAIRE adj. (lat. *monetarius*; de *moneta*, monnaie). Relatif aux monnaies.

MONÉTARISATION n. f. Évolution des structures monétaires.

MONÉTARISME n. m. Doctrine selon laquelle il existe un lien entre le volume de la masse monétaire et le comportement de l'économie.

MONÉTARISTE adj. et n. Relatif au monétarisme; qui en est partisan.

MONÉTISATION n. f. Action de monétiser.

MONÉTISER v. t. Transformer en monnaie.

MONGOL, E adj. et n. De Mongolie.

MONGOL n. m. Langue altaïque parlée en Mongolie.

MONGOLIEN, ENNE adj. et n. Relatif au mongolisme; atteint de mongolisme.

MONGOLIQUE adj. De la Mongolie.

MONGOLISME n. m. Aberration chromosomique associant un déficit intellectuel et des modifications morphologiques particulières (petite taille, membres courts, faciès aplati, fentes palpébrales obliques et étroites avec repli de l'angle cutané interne des paupières). [Syn. TRISOMIE 21.]

MONGOLOÏDE adj. Qui rappelle soit le type mongol, soit le mongolisme.

MONIALE n. f. Religieuse contemplative à vœux solennels.

MONILIA n. m. (lat. *monile*, collier). Champignon se développant en automne sur les poires, les pommes et sur quelques autres fruits, en provoquant la pourriture.

MONILIOSE n. f. Affection causée par un monilia.

MONISME n. m. (gr. *monos*, seul). *Philos.* Système lequel il n'y a qu'une seule sorte de réalité. (Contr. : DUALISME, PLURALISME.)

MONISTE adj. et n. Qui concerne ou qui soutient le monisme.

MONITEUR, TRICE n. (lat. *monitor*, qui avertit). Personne chargée de l'enseignement et de la pratique de certains sports, de certaines disciplines : *moniteur de ski.*

MONITEUR n. m. *Méd.* Appareil électronique permettant l'enregistrement permanent des phénomènes physiologiques, et utilisé pour la surveillance des malades et la correction des troubles. ‖ *Inform.* Programme de contrôle permettant de surveiller l'exécution de plusieurs programmes n'ayant aucun lien entre eux, pour la meilleure utilisation de l'ordinateur.

MONITION n. f. (lat. *monitio*, action d'avertir). *Dr. canon.* Avertissement donné, par l'autorité ecclésiastique, à celui qui est en voie de commettre un délit ou qui est soupçonné d'un délit.

MONITOIRE n. m. et adj. (lat. *monitorius*). Monition publique qu'un juge ecclésiastique adresse à celui qui a connaissance d'un fait pour l'obliger à témoigner.

MONITOR n. m. (mot amér.). *Mar.* Type de cuirassé de moyen tonnage. ‖ *Min.* Canon à eau sous pression.

MONITORAGE ou **MONITORING** n. m. Utilisation médicale d'un moniteur.

MONITORAT n. m. Formation pour la fonction de moniteur; cette fonction.

MÔN-KHMER, ÈRE adj. et n. m. *Ling.* Se dit d'un groupe de langues parlées dans la péninsule indochinoise.

MONNAIE n. f. (de *Junon Moneta*, Junon l'Avertisseuse [près du temple de laquelle les Romains frappaient la monnaie]). Pièce de métal frappée par l'autorité souveraine pour servir aux échanges; instrument légal des paiements : *monnaie de papier.* ‖ Équivalent de la valeur d'une pièce de monnaie ou d'un billet de banque en pièces ou en billets de moindre valeur. ‖ Différence entre la valeur d'un billet, d'une pièce et le prix exact d'une marchandise. ‖ Équivalent général qui exprime la mesure de la valeur des marchandises. ● *Battre monnaie*, fabriquer de la monnaie. ‖ *C'est monnaie courante*, cela arrive fréquemment. ‖ *Fausse monnaie*, pièce ou billet imitant la monnaie légale. ‖ *Administration des monnaies et médailles*, administration chargée de la fabrication des monnaies et des opérations qui s'y rapportent. ‖ *Monnaie de compte*, unité monétaire non représentée matériellement et utilisée uniquement pour les comptes (unité de compte européenne).

|| *Monnaie de réserve*, monnaie détenue par les banques centrales et utilisée parallèlement à l'or dans les règlements internationaux. || *Petite monnaie*, ensemble de petites pièces de monnaie d'appoint. || *Rendre à qqn la monnaie de sa pièce*, user de représailles. || *Servir de monnaie d'échange*, être utilisé comme moyen d'échange dans une négociation.

V. ill. pages suivantes

MONNAIE-DU-PAPE n. f. (pl. *monnaies-du-pape*). *Bot*. Nom usuel de la *lunaire*.

MONNAYABLE adj. Qui peut être monnayé. || Qui peut être négocié, vendu.

MONNAYAGE n. m. Fabrication de la monnaie.

MONNAYER v. t. (conj. **2**). Convertir un métal en monnaie. || *Fam*. Faire argent de qqch, en tirer profit : *monnayer son talent*.

MONO n. Abrév. de MONOPHONIE, de MONOSKI et de MONOTYPE.

MONOACIDE adj. *Chim*. Se dit d'un acide possédant un seul atome d'hydrogène acide.

MONOAMINE n. f. Amine ne possédant qu'un radical —NH₂. (Les catécholamines, la sérotonine sont des monoamines.)

MONOAMINE-OXYDASE n. f. Enzyme qui détruit par oxydation les monoamines en excès dans l'organisme. (Les *inhibiteurs de la monoamine-oxydase* [I. M. A. O.], médicaments antidépresseurs, agissent sur l'humeur en faisant remonter le taux sanguin des monoamines.)

MONOATOMIQUE adj. *Chim*. Se dit d'une molécule ne comprenant qu'un seul atome.

MONOBLOC adj. D'une seule pièce.

MONOCAMÉRISME n. m. Système politique comportant une seule assemblée législative.

MONOCHROMATEUR n. m. Dispositif fournissant une radiation monochromatique.

MONOCHROMATIQUE adj. *Phys*. Se dit d'une

radiation composée de vibrations d'une seule fréquence.

MONOCHROME adj. D'une seule couleur.

MONOCHROMIE n. f. Caractère de ce qui est monochrome.

MONOCINÉTIQUE adj. *Phys*. Se dit de particules qui ont toutes la même vitesse.

MONOCLE n. m. (gr. *monos*, seul, et lat. *oculus*, œil). Verre correcteur que l'on insère dans l'arcade sourcilière.

MONOCLINAL, E, AUX adj. *Géol*. Se dit d'une structure où toutes les couches appartiennent à un seul et même flanc de pli. ● *Relief monoclinal*, forme topographique asymétrique, se composant d'un talus en pente raide et d'un autre flanc en pente douce.

MONOCLINIQUE adj. Syn. de CLINORHOMBIQUE.

MONOCOQUE adj. Se dit d'un véhicule dont la rigidité est obtenue par la résistance de la tôle de revêtement.

MONOCORDE adj. Monotone : *plaintes monocordes*.

MONOCORDE n. m. Instrument à une seule corde, servant à déterminer les rapports numériques des sons et à accorder les autres instruments.

MONOCOTYLÉDONE n. f. (gr. *monos*, seul, et *kotulêdôn*, cavité). Plante dont les graines possèdent une plantule à un seul cotylédon, dont les feuilles ont des nervures parallèles et dont les fleurs ont une symétrie axiale d'ordre 3. (Les *monocotylédones* forment une classe de plantes angiospermes, dont les principales familles sont les graminacées, les orchidacées, les liliacées et les palmiers.)

MONOCRATIE n. f. Pouvoir d'un seul.

MONOCRISTAL n. m. Domaine d'un milieu cristallin possédant une périodicité parfaite. (En général, un cristal est formé d'agrégats de monocristaux. Un monocristal de grandes dimensions possède des propriétés particulières.)

MONOCULAIRE adj. Relatif à un seul œil.

MONOCULTURE n. f. Système de production agricole dans lequel la terre est consacrée à une seule culture.

MONOCYCLIQUE adj. Se dit d'espèces ne présentant qu'une période sexuelle par an.

MONOCYLINDRIQUE adj. À un seul cylindre.

MONOCYTE n. m. (gr. *kutos*, creux). Leucocyte mononucléaire de grande taille, provenant du système réticulo-endothélial.

MONODIE n. f. *Mus*. Chant à une voix.

MONŒCIE [mɔnesi] n. f. *Bot*. État d'une plante monoïque.

MONOGAME adj. Qui ne peut avoir à la fois qu'un seul conjoint légitime.

MONOGAMIE n. f. (gr. *monos*, seul, et *gamos*, mariage). Système dans lequel l'homme ne peut être simultanément l'époux de plus d'une femme, et la femme l'épouse de plus d'un homme. (S'oppose à POLYGAMIE.)

MONOGAMIQUE adj. Relatif à la monogamie.

MONOGÉNISME n. m. Doctrine anthropologique d'après laquelle toutes les races humaines dériveraient d'un type primitif unique.

MONOGRAMME n. m. Chiffre composé des lettres ou des principales lettres d'un nom; marque ou signature abrégée.

MONOGRAPHIE n. f. Description spéciale d'un seul objet. || Étude limitée d'histoire, de géographie, de critique, etc., portant sur une personne, sur une région.

MONOGRAPHIQUE adj. Qui a le caractère d'une monographie.

MONOÏDÉISME n. m. *Psychol*. État de l'esprit occupé d'une seule idée.

MONOÏQUE adj. (gr. *monos*, seul, et *oikos*, demeure). Se dit d'une plante à fleurs unisexuées, mais où chaque pied porte des fleurs mâles et des fleurs femelles, comme le maïs. (Contr. DIOÏQUE.)

FABRICATION DES PIÈCES DE MONNAIE

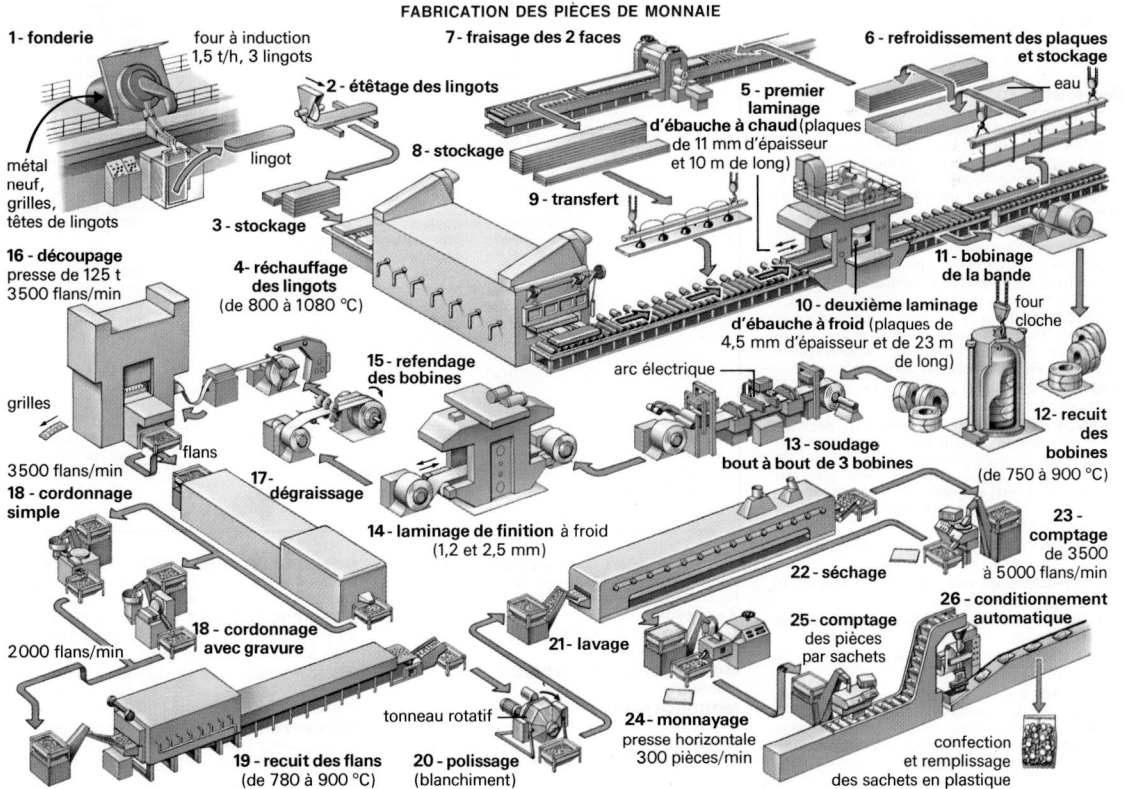

1 - fonderie
four à induction 1,5 t/h, 3 lingots
7 - fraisage des 2 faces
6 - refroidissement des plaques et stockage
2 - étêtage des lingots
5 - premier laminage d'ébauche à chaud (plaques de 11 mm d'épaisseur et 10 m de long)
eau
métal neuf, grilles, têtes de lingots
lingot
8 - stockage
9 - transfert
3 - stockage
11 - bobinage de la bande
16 - découpage presse de 125 t 3500 flans/min
4 - réchauffage des lingots (de 800 à 1080 °C)
10 - deuxième laminage d'ébauche à froid (plaques de 4,5 mm d'épaisseur et de 23 m de long)
four cloche
15 - refendage des bobines
arc électrique
grilles
12 - recuit des bobines (de 750 à 900 °C)
3500 flans/min
18 - cordonnage simple
17 - dégraissage
13 - soudage bout à bout de 3 bobines
flans
14 - laminage de finition à froid (1,2 et 2,5 mm)
22 - séchage
23 - comptage de 3500 à 5000 flans/min
18 - cordonnage avec gravure
2000 flans/min
21 - lavage
25 - comptage des pièces par sachets
26 - conditionnement automatique
tonneau rotatif
24 - monnayage presse horizontale 300 pièces/min
confection et remplissage des sachets en plastique
19 - recuit des flans (de 780 à 900 °C)
20 - polissage (blanchiment)

MONOKINI n. m. Maillot de bain pour femme, ne recouvrant pas la poitrine.

MONOLINGUE adj. et n. Qui ne parle qu'une langue.

MONOLINGUISME [mɔnɔlɛ̃guism] n. m. État d'une personne qui ne parle qu'une langue, ou d'un pays où une seule langue est parlée.

MONOLITHE n. m. et adj. (gr. *monos*, seul, et *lithos*, pierre). Se dit d'un ouvrage formé d'un seul bloc de pierre.

MONOLITHIQUE adj. D'un seul bloc; où il n'y a pas de tendances : *organisation monolithique*.

MONOLITHISME n. m. Caractère de ce qui est monolithique.

MONOLOGUE n. m. (gr. *monologos*, qui parle seul). Scène où un personnage de théâtre est seul et se parle à lui-même. ‖ Discours d'une personne qui se parle à elle-même ou qui ne laisse pas parler les autres. ● *Monologue comique*, pièce médiévale à un seul personnage, et qui fait la satire d'un type social ou psychologique. ‖ *Monologue intérieur*, discours que l'on se tient intérieurement.

MONOLOGUER v. i. Parler seul.

MONOMANIE n. f. Terme ancien qui désignait les délires chroniques.

MONÔME n. m. (gr. *monos*, seul, et *nomos*, portion). *Math*. Expression algébrique comportant un seul terme. ‖ Défilé de lycéens, d'étudiants, organisé notamment à la fin des examens.

MONOMÈRE adj. et n. *Chim*. Se dit d'un composé constitué de molécules simples pouvant réagir avec d'autres molécules pour donner des polymères. (S'oppose à POLYMÈRE.)

MONOMÉTALLISME n. m. Système monétaire qui n'admet qu'un métal, l'or ou l'argent, pour étalon de monnaie légale. (S'oppose à BIMÉTALLISME.)

MONOMÉTALLISTE adj. et n. Qui est partisan du monométallisme.

MONOMOTEUR adj. et n. m. Se dit d'un avion muni d'un seul moteur.

MONONUCLÉAIRE adj. et n. m. Se dit des globules blancs du sang, formés dans les ganglions lymphatiques (lymphocytes) ou dans le système réticulo-endothélial (monocytes).

MONONUCLÉOSE n. f. Augmentation du nombre des mononucléaires présents dans le sang. ● *Mononucléose infectieuse*, maladie virale bénigne du système hématopoïétique, qui se manifeste par une angine, une augmentation de volume des ganglions lymphatiques et de la rate, et une augmentation du nombre des mononucléaires.

MONOPHASÉ, E adj. Se dit des tensions ou des courants sinusoïdaux distribués entre un fil neutre et un fil de ligne, ainsi que des appareils produisant ou utilisant ces courants. (S'oppose à POLYPHASÉ.)

MONOPHONIE n. f. Technique permettant la transmission d'un signal musical au moyen d'une seule voie (disque, amplificateur, radiorécepteur classique, etc.). [On dit par abrév. MONO.]

MONOPHONIQUE adj. Qui concerne la monophonie.

MONOPHYSISME n. m. Doctrine déclarée hérétique par le concile de Chalcédoine (451), et qui ne reconnaît qu'une seule nature, la nature divine, en Jésus-Christ. (Son principal représentant est Eutychès. Le monophysisme survit, sous une forme atténuée, dans quelques Églises orientales.)

MONOPHYSITE adj. et n. Relatif au monophysisme; partisan du monophysisme.

MONOPLACE adj. et n. m. Se dit d'un véhicule qui n'a qu'une place.

MONOPLAN n. m. *Aéron*. Avion à un seul plan de sustentation.

MONOPLÉGIE n. f. (gr. *plêgê*, coup). Paralysie d'un seul membre.

MONOPOLE n. m. (gr. *monos*, seul, et *pôlein*, vendre). Privilège exclusif et souvent arbitraire : *s'attribuer le monopole de la vérité*. ‖ Privilège exclusif, légal ou de fait, que possède un individu, une entreprise, un gouvernement de fabri-

quer ou de vendre certaines choses, d'exploiter certains services, d'occuper certaines charges. ‖ *Écon*. Situation caractérisée par la présence d'un vendeur unique.

MONOPOLEUR, EUSE n. *Écon*. Bénéficiaire d'un monopole.

MONOPOLISATEUR, TRICE n. Personne qui monopolise qqch.

MONOPOLISATION n. f. Action de monopoliser.

MONOPOLISER v. t. Vendre en monopole. ‖ Réserver, accaparer pour son seul profit.

MONOPOLISTIQUE ou **MONOPOLISTE** adj. Relatif à un monopole : *capitalisme monopoliste d'État*. (Souvent péjor.)

MONOPROCESSEUR adj. et n. m. *Inform*. Se dit d'un système informatique possédant une seule unité de traitement.

MONOPSONE n. m. (gr. *opsônein*, s'approvisionner). Marché caractérisé par la présence d'un acheteur et d'une multitude de vendeurs.

MONOPTÈRE adj. et n. m. (gr. *pteron*, aile). Se dit d'un temple circulaire sans cella, à une seule rangée de colonnes soutenant la couverture.

PRINCIPALES MONNAIES ÉTRANGÈRES

(Entre crochets [ ] figure le nom français de la monnaie étrangère.)

pays	unité monétaire	symbole	subdivision
Afghānistān	afghāni	A divisé en	100 pool
Afrique du Sud	rand	R	100 cents
Albanie	lek	LEK	100 qintar
Algérie	dinar algérien	DA	100 centimes
Allemagne [Rép. démocratique]	Mark de la R.D.A.	DMDR	100 pfennig
Allemagne [Rép. fédérale]	deutsche Mark	DM	100 pfennig
Arabie Saoudite	riyal	RLAS	20 qurush (*sing.* quirsh)
Argentine	peso argentin	N$AR	100 centavos
Australie	dollar australien	$A	100 cents
Autriche	schilling	SCH	100 groschen
Belgique	franc belge	FB	100 centimes
Bénin [ex-Dahomey]	franc C. F. A.	FCFA	100 centimes
Birmanie	kyat	K	100 pyas
Bolivie	peso bolivien	$BOL	100 centavos
Brésil	cruzeiro	$CR	100 centavos
Bulgarie	lev (*pl.* leva)	LVA	100 stotinki (*sing.* stotinka)
Burundi	franc du Burundi	FBU	100 centimes
Cambodge	riel	៛	100 son
Cameroun	franc C. F. A.	FCFA	100 centimes
Canada	dollar canadien	$CAN	100 cents
centrafricaine (République)	franc C. F. A.	FCFA	100 centimes
Chili	peso	$	100 centavos
Chine (Rép. pop. de)	ren-min-bi yuan	RMB	10 jiao ou 100 fen
Chypre	livre cypriote	£CYP	1 000 mils
Colombie	peso colombien	$COL	100 centavos
Congo	franc C. F. A.	FCFA	100 centimes
Corée du Nord	won	KPW	100 chon
Corée du Sud	won	KRW	100 chon
Costa Rica	colón	COCR	100 centimos
Côte-d'Ivoire	franc C. F. A.	FCFA	100 centimes
Cuba	peso cubain	$CU	100 centavos
Danemark	krone (*pl.* kroner) [couronne danoise]	KRD	100 øre
Égypte	livre égyptienne	£EG	100 piastres
Émirats arabes unis	dirham	—	—
Équateur	sucre	SUC	100 centavos
Espagne	peseta	PTA	100 céntimos
États-Unis	dollar US	$US	100 cents
Éthiopie	birr	—	100 cents
Finlande	markka (*pl.* markkaa) [mark finlandais]	MF	100 penni (*sing.* pennia)
Gabon	franc C. F. A.	FCFA	100 centimes
Ghana	nouveau cédi	C	100 pesewas
Grande-Bretagne	pound sterling [livre sterling]	£	100 new pence (*sing.* penny)
Grèce	drachme	DR	100 lepta (*sing.* lepton)
Guatemala	quetzal	Q	100 centavos
Guinée	syli	—	—
Haïti	gourde	G	100 centimes
Haute-Volta	franc C. F. A.	FCFA	100 centimes
Honduras	lempira	LEMP	100 centavos
Hongkong	dollar de Hongkong	$HGK	100 cents
Hongrie	forint	FOR	100 fillér
Inde	roupie indienne	RUPI	100 paise
Indonésie	nouvelle rupiah	NRPH	100 sen
Iran	rial	RL	100 dinars
Iraq	dinar iraqien	DIK	5 rials ou 20 dirhams ou 1 000 fils
Irlande (Rép. d')	livre irlandaise	£IR	100 new pence (*sing.* penny)
Islande	króna (*pl.* krónur) [couronne islandaise]	KIS	100 aurar (*sing.* eyrir)

pays	unité monétaire	symbole	subdivision
Israël	shekel	divisé en	10 livres
Italie	lira (*pl.* lire)	LIT	100 centesimi
	[lire italienne]		(*sing.* centesimo)
Japon	yen	Y	100 sen
Jordanie	dinar jordanien	DJ	1 000 fils
Kenya	shilling du Kenya	SHK	100 cents
Koweït	dinar koweïtien	KD	10 dirhams
			ou 1 000 fils
Laos	kip	KIP	100 at
Liban	livre libanaise	£LIB	100 piastres
Liberia	dollar libérien	$LBR	100 cents
Libye	dinar libyen	DLY	1 000 dirhams
Luxembourg	franc luxembourgeois	FLUX	100 centimes
Madagascar	franc malgache	FMG	100 centimes
Mali	franc malien	FM	100 centimes
Maroc	dirham	DH	100 centimes
Mauritanie	ouguiya	UM	5 khoums
Mexique	peso mexicain	$MEX	100 centavos
Népal	roupie népalaise	—	100 paise
Nicaragua	córdoba	$NI	100 centavos
Niger	franc C. F. A.	FCFA	100 centimes
Nigeria	naira	NR	100 kobos
Norvège	krone (*pl.* kroner)	KRN	100 øre
	[couronne norvégienne]		
Nouvelle-Zélande	dollar néo-zélandais	$NZ	100 cents
Pākistān	roupie du Pākistān	RUPP	100 paisas
Panamá	balboa	BAL	100 centésimos
Paraguay	guarani	GUA	100 centésimos
Pays-Bas	gulden [florin]	FL	100 cents
Pérou	sol	SOL	100 centavos
Philippines	peso philippin	$PHI	100 centavos
Pologne	złoty	ZL	100 groszy
			(*sing.* grosz)
Portugal	escudo	ESC	100 centavos
Qaṭar	riyal	QR	100 dirhams
Roumanie	leu (*pl.* lei)	LEI	100 bani
Ruanda	franc ruandais	FRU	100 centimes
Salvador (El)	colón	COES	100 centavos
Sénégal	franc C. F. A.	FCFA	100 centimes
Somalie	shilling somali	SMSH	100 centesimi
Soudan	livre soudanaise	£SOU	100 piastres ou
			1 000 millièmes
Suède	krona (*pl.* kronor)	KRS	100 öre
	[couronne suédoise]		
Suisse	franc suisse	FS	100 centimes
Syrie	livre syrienne	£SYR	100 piastres
Tanzanie	shilling de	SHT	100 cents
	Tanzanie		
Tchad	franc C. F. A.	FCFA	100 centimes
Tchécoslovaquie	koruna	KCS	100 haléři
	[couronne tchèque]		(*sing.* haléř)
Thaïlande	baht ou tical	BAHT	100 satang
Togo	franc C. F. A.	FCFA	100 centimes
Tunisie	dinar tunisien	DTU	1 000 millimes
Turquie	livre turque	£TQ	100 kurus
U. R. S. S.	rouble	RBL	100 kopecks
Uruguay	peso uruguayen	$UR	100 centésimos
Venezuela	bolívar	BOLV	100 céntimos
	(*pl.* bolívares)		
Việt-nam	dồng	DON	10 hao
			ou 100 xu
Yémen (Rép. arabe du), « Ṣan‘ā’ »	riyal du Yémen	YR	40 buqshahs
Yémen (Rép. dém. et pop. du), « Aden »	dinar du Yémen	DY	1 000 fils
Yougoslavie	dinar yougoslave	DIN	100 paras
Zaïre	zaïre	ZA	100 makutas
Zimbabwe-Rhodésie	dollar rhodésien	$RHO	100 cents

MONORAIL adj. inv. et n. m. Se dit d'un dispositif de chemin de fer n'utilisant qu'un seul rail de roulement, et de tous véhicules, palans et autres dispositifs se déplaçant sur un seul rail.

MONORIME adj. Dont les vers ont la même rime.

MONOSACCHARIDE n. m. Chim. Syn. de OSE.

MONOSÉPALE adj. Bot. Dont le calice est d'une seule pièce.

MONOSKI n. m. Ski nautique sur un seul ski; le ski lui-même. (On dit par abrév. MONO.)

MONOSPERME adj. Bot. Se dit des fruits et des divisions de fruits qui ne contiennent qu'une seule graine.

MONOSTYLE adj. Archit. À une seule colonne, à un seul fût.

MONOSYLLABE n. m. Mot qui n'a qu'une seule syllabe.

MONOSYLLABIQUE adj. Qui n'a qu'une seule syllabe ou qui ne contient que des monosyllabes : vers monosyllabique.

MONOSYLLABISME n. m. Ling. Caractère des mots d'une seule syllabe et des langues formées exclusivement de ces mots.

MONOTHÉISME n. m. (gr. theos, dieu). Doctrine ou religion qui n'admet qu'un seul Dieu. (Le judaïsme, le christianisme et l'islām sont les grandes religions monothéistes.)

MONOTHÉISTE adj. et n. Qui concerne ou professe le monothéisme.

MONOTHÉLISME n. m. (gr. thelein, vouloir). Hérésie du VIIe s. selon laquelle il n'y aurait eu dans le Christ qu'une seule volonté, la volonté divine. (Elle fut condamnée en 681 par le troisième concile de Constantinople.)

MONOTONE adj. (gr. tonos, ton). Qui est presque toujours sur le même ton : chant monotone. ‖ Dont la régularité, l'uniformité ennuient. ● Fonction monotone (Math.), fonction qui, dans un intervalle donné, varie dans un seul sens.

MONOTONIE n. f. Uniformité ennuyeuse dans le ton de la voix, dans la diction, l'existence, etc.

MONOTRACE adj. Aéron. Se dit d'un train d'atterrissage dont les roues principales sont toutes situées dans l'axe du fuselage.

MONOTRÈME n. m. (gr. trêma, trou). Mammifère primitif qui pond des œufs, porte un bec sans dents, mais allaite ses petits et a le corps couvert de poils ou de piquants. (Les monotrèmes — ornithorynque, échidné — ne se rencontrent qu'en Australie et forment à eux seuls la sous-classe des protothériens.)

MONOTROPE n. m. Plante sans chlorophylle, aux feuilles réduites, parasite du pin. (Famille des pirolacées.) [Syn. SUCEPIN.]

MONOTYPE n. m. Estampe obtenue à partir d'une planche sur laquelle le motif a été non pas gravé, mais fraîchement peint. ‖ Yacht à voile, faisant partie d'une série de bateaux identiques, tous construits sur le même plan.

MONOTYPE n. f. (nom déposé). Arts graph. Machine à composer en caractères mobiles.

MONOVALENT, E adj. Chim. Syn. de UNIVALENT.

MONOZYGOTE adj. Se dit de jumeaux issus d'un même œuf, ou vrais jumeaux.

MONSEIGNEUR n. m. (pl. messeigneurs, nosseigneurs). Titre d'honneur donné aux princes, aux prélats, aux personnes d'une dignité éminente. ‖ Après Louis XIV, titre donné au Dauphin de France. (En ce sens, prend une majuscule.)

MONSIEUR n. m. (pl. messieurs). Titre donné, par civilité, à tout homme à qui l'on parle ou à qui l'on écrit. ‖ Nom donné, par respect, au maître de maison, à un client, etc. ‖ (Avec une majuscule.) Titre donné en France à partir de la seconde moitié du XVIe s. au frère puîné du roi. ● Faire le monsieur, faire l'homme d'importance. ‖ Un vilain monsieur, individu peu estimable.

MONSTRE n. m. (lat. monstrum). Être fantastique qui figure dans la mythologie ou la légende. ‖ Personne dont les sentiments inhumains provoquent l'horreur : monstre de cruauté. ‖ Personne d'une laideur repoussante. ‖ Objet, être énorme : les monstres marins. ‖ Méd. Être présentant une malformation importante. (La science des monstres est la tératologie.) ● Monstre sacré, comédien, chanteur, etc., de grand renom. ◆ adj. Fam. Prodigieux, colossal : dîner monstre.

MONSTRILLIDÉ n. m. Crustacé copépode dont la larve vit en parasite. (Les monstrillidés forment une famille.)

MONSTRUEUSEMENT adv. Prodigieusement, excessivement.

MONSTRUEUX, EUSE adj. D'une conformation contre nature : animal monstrueux. ‖ Prodigieux, extraordinaire : grosseur monstrueuse. ‖ Excessif : prodigalité monstrueuse. ‖ Horrible, abominable : crime monstrueux.

MONSTRUOSITÉ n. f. Caractère de ce qui est monstrueux; chose monstrueuse.

MONT n. m. (lat. mons). Relief d'importance très variable : les monts d'Arrée, le mont Everest. ‖ Forme structurale d'une région plissée, qui correspond à la couche dure d'un anticlinal. ● Mont de Vénus (Anat.), syn. de PÉNIL. ‖ Promettre monts et merveilles, faire des promesses exagérées.

MONTAGE n. m. Action de porter plus haut. ‖ Choix et assemblage en une bande définitive des scènes tournées pour un film, des bandes enregistrées pour une émission de radio, etc. ‖ *Impr.* Assemblage des textes et des illustrations qui seront copiés ensemble sur la forme d'impression. ‖ *Techn.* Action de monter, d'ajuster des pièces les unes avec les autres pour constituer un ensemble. ● *Montage symétrique* (Électron.), circuit amplificateur dans lequel on utilise deux tubes ou deux transistors, l'un amplifiant les alternances positives, l'autre les alternances négatives du signal à basse fréquence.

MONTAGNARD, E adj. et n. Qui est de la montagne, habite les montagnes.

MONTAGNARD n. m. *Hist.* Député de l'extrême gauche (Montagne) [Convention et IIe République].

MONTAGNE n. f. (lat. *mons*, mont). Forme de relief caractérisée par son altitude relativement élevée et, généralement, par la forte dénivellation entre sommets et fonds de vallées; région d'altitude élevée. ‖ Amoncellement important, grand amas d'objets : *une montagne de livres.* ‖ Les députés montagnards (avec une majuscule dans ce sens). ● *Montagnes russes*, attraction foraine constituée d'une série de montées et de descentes rapides sur lesquelles on se laisse glisser dans un wagonnet.

MONTAGNEUX, EUSE adj. Où il y a beaucoup de montagnes.

MONTAISON n. f. Migration par laquelle les saumons quittent l'eau salée pour remonter dans l'eau douce, où a lieu le frai. ‖ Saison pendant laquelle a lieu cette migration. ‖ Montée en graine d'une plante.

MONTALBANAIS, E adj. et n. De Montauban.

MONTANISME n. m. Doctrine hérétique du IIe s., enseignée par Montan, prêtre phrygien. (Le montanisme, prétendant incarner l'Église nouvelle, annonçait l'imminence de la fin du monde et prêchait un ascétisme rigoureux. Tertullien [v. 207] s'y rallia.)

MONTANISTE adj. et n. Qui appartient au montanisme.

MONTANT n. m. Total d'un compte. ‖ Pièce posée verticalement, dans un ouvrage de menuiserie ou de serrurerie, et servant de soutien ou de remplissage. ‖ Chacune des deux pièces dans lesquelles s'enchâssent les barreaux d'une échelle. ‖ Partie de la bride soutenant le mors. ‖ ● *Montants compensatoires monétaires*, taxes et subventions compensant les différentes parités monétaires dans la C.E.E. et harmonisant la circulation des produits agricoles.

MONTANT, E adj. Qui monte. ● *Garde montante* (Mil.), celle qui va prendre son service.

MONTBÉLIARDE adj. et n. f. Race française de bovins à robe pie rouge, surtout exploitée pour la production de lait.

MONT-BLANC n. m. (pl. *monts-blancs*). Gâteau aux marrons, couronné de crème fouettée.

MONT-DE-PIÉTÉ n. m. (it. *monte di pietà*, banque de charité) [pl. *monts-de-piété*]. Établissement public communal, appelé généralement *caisse de crédit municipal*, et qui prête de l'argent à intérêt moyennant la mise en gage d'un objet mobilier.

MONT-D'OR n. m. (pl. *monts-d'or*). Fromage voisin du munster, fabriqué dans le Doubs.

MONTE n. f. Action, manière de monter à cheval. ‖ Accouplement des grands animaux domestiques; époque de cet accouplement.

MONTÉ, E adj. Pourvu : *être bien monté en cravates.* ‖ Exalté : *avoir la tête montée.* ● *Coup monté*, coup préparé à l'avance et en secret. ‖ *Être bien, mal monté*, avoir un bon, un mauvais cheval. ‖ *Être monté*, être en colère. ‖ *Troupes montées*, armes qui utilisaient autrefois le cheval (artillerie, cavalerie, train).

MONTE-CHARGE n. m. inv. Appareil servant à monter des fardeaux d'un étage à l'autre.

MONTÉE n. f. Action de monter sur un lieu élevé, de croître en valeur, en intensité. ‖ Chemin par lequel on monte au sommet d'une éminence; pente raide. ‖ Trajectoire d'un aéro-nef, d'une fusée qui s'élèvent. ● *Montée laiteuse*, afflux de lait au sein, aux mamelles. (Elle se produit quarante-huit heures après l'accouchement, parfois plus tard.) ‖ *Montée d'une voûte, d'un arc* (Archit.), chacune des deux parties comprises entre faîte et supports latéraux.

MONTE-EN-L'AIR n. m. inv. *Fam.* Cambrioleur.

MONTÉNÉGRIN, E adj. et n. Du Monténégro.

MONTE-PLATS n. m. inv. Monte-charge hissant les plats de la cuisine à la salle à manger.

MONTER v. i. (lat. pop. *montare*; de *mons*, mont) [auxil. *être*, sauf pour «atteindre un niveau, un prix, etc., plus élevé»]. Se transporter en un lieu plus élevé : *monter sur un arbre.* ‖ Se placer dans ou sur un véhicule, sur un animal : *monter en avion, à cheval.* ‖ S'élever, avoir telle ou telle élévation : *la tour Eiffel monte à plus de trois cents mètres.* ‖ S'accroître en hauteur, augmenter de niveau : *la rivière a monté de plusieurs centimètres.* ‖ Aller en montant : *le terrain monte.* ‖ Passer du grave à l'aigu : *la voix monte par tons et demi-tons.* ‖ Avoir de l'avancement : *monter en grade.* ‖ Atteindre un degré, un prix plus élevé : *les denrées alimentaires ont monté.* ‖ Former un total de : *la dépense monte à mille francs.* ● *Monter à Paris*, aller de la province vers Paris. ‖ *Monter sur le trône*, devenir roi. ◆ v. t. (auxil. *avoir*). Gravir, parcourir de bas en haut : *monter un escalier.* ‖ Transporter en un lieu plus élevé : *monter une valise au troisième étage.* ‖ Battre des blancs d'œufs pour les rendre consistants et pour en augmenter le volume. ‖ Mettre en état de fonctionner, assembler les parties : *monter une tente.* ‖ Se placer sur : *monter un cheval.* ‖ Fournir du nécessaire : *monter sa maison.* ‖ Enchâsser dans une garniture : *monter un diamant.* ‖ Préparer, organiser : *monter une entreprise.* ‖ Exciter, exalter : *on les a montés contre le gouvernement.* ‖ Effectuer un montage (film, bande magnétique, etc.). ● *Monter la garde*, assurer un service de sentinelle. ‖ *Monter le coup* (Fam.), induire en erreur. ◆ **se monter** v. pr. Se pourvoir de : *se monter en linge.* ● *Se monter la tête*, s'exciter soi-même, s'exalter. ‖ *Se monter le coup* (Fam.), se mettre en tête des idées fausses.

MONTE-SAC n. m., ou **MONTE-SACS** n. m. inv. Appareil servant à monter des sacs.

MONTEUR, EUSE n. Ouvrier, ouvrière qui assemble les diverses pièces constitutives d'un ensemble. ‖ *Cin.* Spécialiste chargé du montage des films cinématographiques.

MONTGOLFIÈRE n. f. (de *Montgolfier*). Aérostat dont la sustentation est assurée par l'air dilaté par la chaleur d'un foyer.

MONTICULE n. m. Petit mont.

MONT-JOIE n. m. (pl. *monts-joie*). Monceau de pierres pour marquer les chemins, ou pour rappeler quelque événement important (vx).

MONTMARTROIS, E adj. De Montmartre.

MONTMORENCY n. f. Variété de cerise acide, à courte queue.

MONTMORILLONITE n. f. *Minér.* Silicate hydraté naturel d'aluminium, avec un peu de magnésie.

MONTOIR n. m. *Côté montoir*, côté gauche du cheval.

MONTPELLIÉRAIN, E adj. et n. De Montpellier.

MONTRABLE adj. Qui peut être montré.

MONTRE n. f. (de *montrer*). Petit instrument portatif qui sert à indiquer l'heure. ● *Course contre la montre*, en cyclisme, épreuve sur route dans laquelle les concurrents partent individuellement à intervalles réguliers et sont classés d'après les temps enregistrés pour effectuer le parcours; affaire qui doit être menée à bien en un temps très court. ‖ *Montre automatique*, montre mécanique fonctionnant grâce à l'énergie fournie par l'accélération de la pesanteur d'une masse oscillante. ‖ *Montre électromécanique*, montre dont le mouvement est commandé par des contacts électriques alimentés par l'énergie d'une pile. ‖ *Montre en main*, de manière précise. ‖ *Montre marine*, chronomètre d'une grande précision. ‖ *Montre mécanique,*

montre à ressort, dont le résonateur est un balancier spiral battant à 10 Hz. ‖ *Montre de plongée*, montre au mouvement contrôlé en étanchéité. ‖ *Montre de poche*, montre extra-plate à glisser dans le gousset du gilet. ‖ *Montre à quartz*, montre électrique dont les oscillations sont entretenues par les vibrations d'un cristal de quartz.

MONTRE n. f. Ensemble de marchandises exposées à la façade d'une boutique (vx). ‖ *Techn.* Pièce de terre fusible pour déterminer la température d'un four. ● *Faire montre de*, faire étalage de; faire voir : *faire montre de son érudition.*

MONTRÉALAIS, E adj. et n. De Montréal.

MONTRE-BRACELET n. f. (pl. *montres-bracelets*). Syn. de BRACELET-MONTRE.

MONTRER v. t. (lat. *monstrare*). Faire voir, exposer aux regards : *montrer ses bijoux.* ‖ Indiquer, désigner par un geste, un signe, indiquer : *montrer du doigt.* ‖ Manifester, faire paraître : *montrer du courage.* ‖ Prouver, démontrer, enseigner : *montrer qu'on a raison.* ◆ **se montrer** v. pr. Apparaître à la vue. ‖ Être en réalité : *se montrer intransigeant.*

MONTREUR, EUSE n. Personne qui montre un spectacle, une attraction.

MONTUEUX, EUSE adj. (lat. *montuosus*). Accidenté, coupé de collines (vx).

MONTURE n. f. (de *monter*). Bête sur laquelle on monte. ‖ Partie d'un objet qui sert à fixer, à assembler l'élément principal : *la monture d'une paire de lunettes.*

MONUMENT n. m. (lat. *monumentum*). Ouvrage d'architecture ou de sculpture destiné à perpétuer le souvenir d'un personnage ou d'un événement. ‖ Édifice remarquable par sa beauté ou son ancienneté. ‖ Œuvre importante, digne de durer; document, vestige archéologique. ● *Être un monument de qqch* (Fam.), être cette chose à un degré très grand. ‖ *Monument funéraire*, construction élevée sur une sépulture. ‖ *Monument historique*, édifice ou objet mobilier appartenant à une collectivité publique ou à un particulier, qui, du fait de son intérêt historique ou artistique, est soumis à un régime juridique spécial, à la suite d'un classement administratif effectué en vue d'en assurer la conservation. ‖ *Monument public*, ouvrage d'architecture ou de sculpture appartenant à l'État, à un département ou à une commune.

MONTGOLFIÈRE

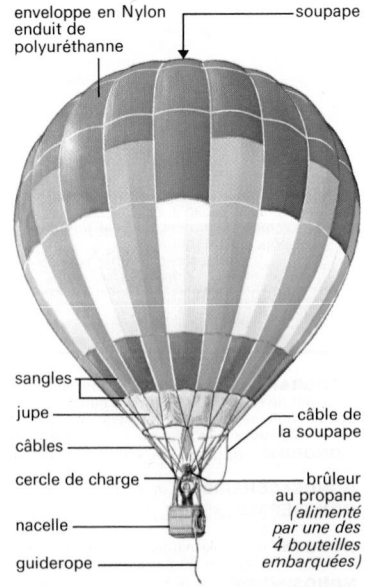

enveloppe en Nylon enduit de polyuréthanne
soupape
sangles
jupe
câbles
cercle de charge
nacelle
guiderope
câble de la soupape
brûleur au propane *(alimenté par une des 4 bouteilles embarquées)*

MONUMENTAL, E, AUX adj. Relatif aux monuments : *plan monumental de Paris.* ‖ Qui a les qualités de proportions, de style, de force propres à un monument. ‖ Énorme en son genre, étonnant : *erreur, bêtise monumentale.*

MONUMENTALITÉ n. f. Caractère monumental d'une œuvre d'art (éventuellement indépendant de ses dimensions).

MOQUE n. f. (néerl. *mok*). Bloc de bois lenticulaire, cannelé sur son pourtour pour recevoir une estrope, et percé intérieurement d'un trou par où passe un cordage.

MOQUER (SE) v. pr. [de]. Faire de qqn ou de qqch un objet de plaisanterie, railler. ‖ Ne faire nul cas de, mépriser : *se moquer du qu'en-dira-t-on.* ‖ Prendre qqn pour un sot, essayer de le tromper.

MOQUERIE n. f. Action ou habitude de se moquer.

MOQUETTE n. f. Étoffe veloutée qui s'emploie pour recouvrir uniformément le sol des appartements.

MOQUETTER v. t. Recouvrir d'une moquette.

MOQUEUR, EUSE adj. et n. Qui a l'habitude de se moquer. ◆ adj. Inspiré par la raillerie.

MOQUEUR n. m. Oiseau d'Amérique, du genre *merle.*

MORACÉE n. f. (lat. *morus*, mûrier). Plante apétale des régions chaudes, telle que le *mûrier* ou le *figuier*. (Les *moracées* forment une famille.)

MORAILLES n. f. pl. (prov. *moralha*, pièce de fer). Espèce de tenailles pour maintenir par le nez les chevaux difficiles à ferrer.

MORAILLON n. m. *Techn.* Pièce métallique mobile, qui vient s'encastrer dans une pièce fixe rivée sur le côté d'une malle ou d'un coffre, et servant à leur fermeture.

MORAINE n. f. (savoyard *morêna*). *Géogr.* Débris arrachés au relief, entraînés, puis déposés par le glacier.

MORAINIQUE adj. Relatif aux moraines.

MORAL, E, AUX adj. (lat. *mores*, mœurs). Qui concerne les règles de conduite en usage dans une société : *un jugement moral.* ‖ Conforme à ces règles, admis comme honnête, juste, édifiant : *avoir le sens moral.* ‖ Relatif à l'esprit, à la pensée (par oppos. à MATÉRIEL, PHYSIQUE) : *avoir la force morale de lutter.*

MORAL n. m. État d'esprit, disposition à supporter qqch : *remonter le moral de qqn.*

MORALE n. f. Ensemble des règles d'action et des valeurs qui fonctionnent comme normes dans une société. ‖ Théorie des fins des actions de l'homme. ‖ Précepte, conclusion pratique que l'on veut tirer d'une histoire. ● *Faire la morale à qqn*, le réprimander, lui adresser des exhortations, des recommandations.

MORALEMENT adv. Au point de vue des règles de conduite d'une société : *agir moralement.* ‖ Du point de vue de l'esprit : *ils sont moralement brisés.*

MORALISANT, E adj. Qui moralise.

MORALISATEUR, TRICE adj. et n. *Péjor.* Qui moralise.

MORALISATION n. f. Action de moraliser.

MORALISER v. t. Rendre conforme à la morale : *moraliser la presse.* ‖ Faire la morale à; réprimander : *moraliser un enfant.* ◆ v. i. Faire des réflexions morales.

MORALISME n. m. Attachement formaliste et étroit à une morale.

MORALISTE n. Auteur qui écrit sur les mœurs, la nature humaine. ◆ adj. Empreint de moralisme.

MORALITÉ n. f. Adéquation d'une action, d'un fait, etc., à une morale : *moralité d'un film.* ‖ Attitude, conduite morale, principes : *un homme d'une moralité irréprochable.* ‖ Conclusion morale que suggère une histoire. ‖ *Littér.* Œuvre théâtrale en vers, du Moyen Âge. (Elle met en scène des personnages allégoriques et a pour objet l'édification morale.)

MORASSE n. f. (it. *moraccio*, noiraud). *Impr.* Dernière épreuve d'une page de journal avant l'impression.

MORATOIRE adj. (lat. *morari*, s'attarder). *Intérêts moratoires*, intérêts dus en raison du retard apporté au paiement d'une créance.

MORATOIRE n. m. (lat. *moratorium*, ajournement). Décision légale qui suspend provisoirement l'exécution de certaines obligations conventionnelles ou légales, et proroge divers délais.

MORAVE adj. et n. De Moravie. ● *Frères moraves*, secte chrétienne née au XVe s., en Bohême, parmi les hussites. (Les frères moraves, dispersés après la défaite de la Montagne Blanche [1620], forment en Allemagne, en Angleterre, aux États-Unis, en Amérique du Sud et en Bohême des groupes missionnaires importants.)

MORBIDE adj. (lat. *morbidus*; de *morbus*, maladie). Relatif à la maladie : *état morbide.* ‖ Qui dénote un déséquilibre maladif, dépravé : *imagination morbide.*

MORBIDESSE n. f. (it. *morbidezza*). *Bx-arts.* Délicatesse de la touche dans le modelé des chairs. ‖ *Litt.* Grâce nonchalante, maladive.

MORBIDITÉ n. f. Caractère de ce qui est morbide. ‖ Rapport entre le nombre des malades et celui d'une population.

MORBIER n. m. Fromage au lait de vache fabriqué dans le Jura. ‖ En Suisse, horloge d'appartement, variété de comtoise.

MORBILLEUX, EUSE adj. (lat. *morbilli*, rougeole). *Méd.* Relatif à la rougeole.

MORBLEU! interj. (*mort de Dieu*). Juron ancien marquant l'impatience, la colère, etc.

MORCEAU n. m. (anc. fr. *mors*; lat. *morsus*, morsure). Partie d'un corps, d'un aliment, d'un tout, d'une matière : *morceau de terre.* ‖ Fragment d'une œuvre écrite : *un recueil de morceaux choisis.* ‖ Œuvre artistique prise isolément : *morceau de musique.* ● *Casser, cracher, lâcher, manger le morceau* (Pop.), parler, avouer. ‖ *Enlever, emporter le morceau* (Fam.), réussir, avoir gain de cause.

MORCELABLE adj. Que l'on peut morceler.

MORCELER v. t. (conj. **3**). Diviser en morceaux, en parties : *morceler un héritage.*

MORCELLEMENT n. m. Action de morceler; démembrement.

MORDACHE n. f. (lat. *mordax*, tranchant). Morceau de métal mou ou de matière plastique qu'on place entre les mâchoires d'un étau pour serrer une pièce sans l'endommager.

MORDACITÉ n. f. (lat. *mordacitas*). *Litt.* Caractère de ce qui est mordant.

MORDANÇAGE n. m. Imprégnation d'une substance par un mordant.

MORDANCER v. t. (conj. **1**). Soumettre à l'opération du mordançage.

MORDANT, E adj. Qui entame en rongeant : *acide mordant.* ‖ Incisif, piquant : *ironie mordante.*

MORDANT n. m. Vivacité, énergie, entrain dans l'attaque. ‖ Vernis pour fixer l'or en feuilles sur le cuivre, le bronze, etc. ‖ Substance utilisée en teinturerie pour fixer le colorant sur la fibre. ‖ Acide ou autre substance employée pour attaquer un métal en surface. ‖ *Mus.* Ornement, surtout en usage dans la musique ancienne, formé de la note écrite, de sa seconde inférieure et du retour à la note écrite.

MORDICUS [mɔrdikys] adv. (mot lat., *en mordant*). *Fam.* Avec ténacité.

MORDILLAGE ou **MORDILLEMENT** n. m. Action de mordiller.

MORDILLER v. t. Mordre légèrement et à plusieurs reprises.

MORDORÉ, E adj. (de *More* et *doré*). D'un brun chaud, à reflets dorés.

MORDRE v. t. et i. (lat. *mordere*) [conj. **46**]. Blesser, entamer avec les dents. ‖ Serrer fortement par un crochet, une tenaille, etc. ‖ Ronger, pénétrer dans qqch : *la lime mord l'acier.* ‖ Aller au-delà de la limite fixée : *mordre la ligne jaune.* ‖ Attaquer la planche à graver, en parlant de l'eau-forte. ‖ S'accrocher, trouver prise : *pignon qui ne mord pas assez.* ◆ v. t. ind. *Mordre à*, comprendre, aimer : *mordre aux mathématiques.* ‖ *Mordre sur*, dépasser par le

bord. ◆ **se mordre** v. pr. *S'en mordre les doigts, les pouces, la langue*, se repentir de qqch.

MORDU, E n. et adj. *Fam.* Personne qui est passionnée de qqch, de qqn. ◆ adj. En athlétisme, se dit d'un saut amorcé au-delà de la limite permise.

MORE n. m. et adj. → MAURE.

MORELLE n. f. (lat. pop. *morellus*, brun). Genre de plantes de la famille des solanacées, renfermant des espèces comestibles (pomme de terre, tomate, aubergine) et des formes sauvages toxiques (douce-amère).

MORÈNE n. f. Plante des eaux stagnantes, à feuilles flottantes à fleurs blanches. (Famille des hydrocharidacées.)

MORESQUE adj. et n. f. → MAURESQUE.

MORFIL n. m. (de *mort* et *fil*). Parcelles métalliques très fines qui restent attachées au tranchant d'une lame après qu'on l'a repassée.

MORFONDRE (SE) v. pr. (rad. *murr-*, museau, et *fondre*, prendre froid) [conj. **46**]. S'ennuyer à attendre.

MORGANATIQUE adj. (mot francique). Se dit d'un mariage contracté entre un prince et une personne de rang inférieur, qui reste exclue des dignités nobiliaires; se dit de la femme ainsi épousée et des enfants nés de ce mariage.

MORGANATIQUEMENT adv. De façon morganatique.

MORGELINE n. f. (de *mordre*, et *geline*, poule). Autre nom du MOURON DES OISEAUX.

MORGUE n. f. (anc. fr. *morguer*, dévisager; lat. *murricare*, faire la moue). Attitude hautaine, méprisante; arrogance.

MORGUE n. f. (du précédent). Endroit où l'on dépose les cadavres dans les hôpitaux. ‖ Établissement où l'on procède aux autopsies médico-légales (auj., à Paris, l'*Institut médico-légal*).

MORIBOND, E adj. et n. (lat. *moribundus*). Qui est près de mourir, agonisant, mourant.

MORICAUD, E adj. et n. (de *More*). *Fam.* Qui a la peau très brune.

MORIGÉNER v. t. (lat. *morigerari*, être complaisant) [conj. **5**]. Réprimander, gronder.

MORILLE n. f. (lat. *maurus*, brun foncé). Champignon des bois, comestible délicat, à chapeau alvéolé. (Classe des ascomycètes.)

MORILLON n. m. (anc. fr. *morel*, brun). Canard sauvage du genre *fuligule*, à plumage noir et blanc chez le mâle, assez commun sur les côtes d'Europe occidentale en hiver. (Long. 42 cm.)

MORIO n. m. Papillon du genre *vanesse*, à ailes brunes bordées de jaune.

MORION n. m. (esp. *morrión*). Casque en usage aux XVIe et XVIIe s., caractérisé par ses bords relevés et par une crête le surmontant.

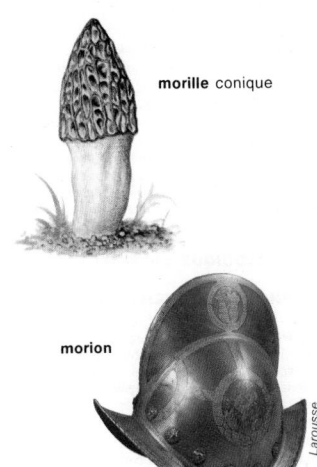

morille conique

morion

Larousse

MORISQUE adj. et n. Relatif aux musulmans d'Espagne convertis au catholicisme, le plus souvent par la contrainte, sur l'ordre d'Isabelle la Catholique. (Les révoltes des morisques de 1568-1571 décidèrent Philippe III à les chasser d'Espagne au début du XVIIe s. : cette émigration toucha plus de 200 000 personnes.)

MORMON, E n. et adj. (mot amér.). Membre d'une secte religieuse fondée aux États-Unis en 1830 par Joseph Smith. (L'opposition soulevée par certains aspects de sa doctrine [autonomie théocratique et polygamie], aujourd'hui abandonnés, amena ses adeptes à s'établir sur les bords du Grand Lac Salé [Utah], où ils fondèrent Salt Lake City. Les livres sacrés des mormons sont la Bible et le *Livre de Mormon*.)

MORMONISME n. m. Doctrine des mormons.

MORNE adj. (mot francique). Abattu par la tristesse, maussade. ‖ Qui porte à la tristesse, sans intérêt : *vie morne*.

MORNE n. m. (mot créole; esp. *morro*, monticule). Petite montagne isolée, dans les Antilles.

MORNE n. f. (anc. fr. *morné*, émoussé). Anneau épais, sorte de frette dont on habillait le fer de la lance de joute.

MORNIFLE n. f. (rad. *murr-*, museau, et anc. fr. *nifler*). *Pop.* Gifle donnée du revers de la main.

MOROSE adj. (lat. *morosus*; de *mores*, mœurs). Qui est d'une humeur maussade.

MOROSE adj. (lat. *morosus*, qui s'attarde). *Délectation morose* (Théol.), pensée à laquelle l'esprit s'attarde alors qu'il devrait la repousser.

MOROSITÉ n. f. Caractère de ce qui est morose.

MORPHÈME n. m. (gr. *morphê*, forme). *Ling.* Le plus petit élément significatif réalisé dans un énoncé. (On distingue les *morphèmes grammaticaux* [*-ent*, marque de la 3e personne du pluriel des verbes] et les *morphèmes lexicaux* [*prudent* dans *imprudemment*, *voi-* dans *voient*].)

MORPHINE n. f. (de *Morphée*, dieu du Sommeil). Le premier connu des alcaloïdes de l'opium, analgésique et hypnotique puissant. (La morphine peut s'administrer en sirop ou par injection sous forme de chlorhydrate. Son usage répété est à l'origine d'une toxicomanie sévère. Elle crée un sentiment d'efficience intellectuelle accrue et de sérénité qui font place à l'angoisse du manque lorsque son effet s'est dissipé.)

MORPHINIQUE adj. Relatif à la morphine.

MORPHINOMANE adj. et n. Qui s'adonne à la morphinomanie.

MORPHINOMANIE n. f. Toxicomanie à la morphine.

MORPHISME n. m. *Math.* Application f d'un ensemble E muni d'une loi interne notée + dans un ensemble F muni d'une loi interne notée x, telle que, pour tout élément x et y de E, on ait $f(x+y) = f(x).f(y)$.

MORPHOGÈNE adj. *Physiol.* Se dit d'une action ou d'une fonction qui intervient dans la croissance, la forme du corps.

MORPHOGENÈSE n. f. *Géomorphol.* Création et évolution des formes du relief terrestre.

MORPHOLOGIE n. f. (gr. *morphê*, forme, et *logos*, science). Étude de la forme et de la structure des êtres vivants. ‖ Aspect général du corps humain : *la morphologie d'un athlète*. ‖ Forme structurée, apparence extérieure. ‖ *Ling.* Étude de la forme des mots ou des groupes de mots. ‖ Syn. de GÉOMORPHOLOGIE.

MORPHOLOGIQUE adj. Relatif à la morphologie.

MORPHOLOGIQUEMENT adv. Du point de vue de la morphologie.

MORPION n. m. (de *mords*, impér., et *pion*, fantassin). *Pop.* Pou du pubis. (Syn. PHTIRIUS.) ‖ *Arg. scol.* Jeu dans lequel chacun des deux adversaires s'efforce de remplir, le premier, cinq cases alignées sur un papier quadrillé. ‖ *Pop.* Gamin.

MORS [mɔr] n. m. (lat. *morsus*, morsure). Pièce métallique passée dans la bouche du cheval, et maintenue par la bride. (Le *mors de filet* est formé de deux éléments d'acier articulés, munis de deux anneaux sur lesquels s'attachent les rênes; le *mors de bride* se compose d'une seule barre d'acier, fixée à deux branches latérales, et d'une gourmette.) ‖ *Techn.* Chacune des mâchoires d'un étau, d'une pince, d'une tenaille. ● *Prendre le mors aux dents*, en parlant d'un cheval, s'emporter; *fam.*, se mettre subitement en colère. ◆ pl. *Rel.* Parties de la couverture d'un livre formant charnière entre le dos et le plat d'une reliure.

MORSE n. m. (russe *morj*; mot lapon). Mammifère marin des régions arctiques, dont le mâle porte d'énormes canines supérieures. (Long. 5 m; poids 1 t; ordre des pinnipèdes.) ● *Cône morse*, pièce conique, d'une conicité normalisée d'environ 1/20, permettant l'emmanchement d'outils et de douilles intermédiaires

morse

dans les nez de broches des machines-outils.

MORSE n. m. (du n. de l'inventeur). Système de télégraphie utilisant un alphabet conventionnel par points et par traits. ‖ Appareil servant à la transmission et à la réception de ces signaux. ‖ Alphabet utilisé pour ces signaux.

MORSURE n. f. (de *mors*). Plaie faite en mordant. ‖ Effet nuisible quelconque : *les morsures du gel*. ‖ *Grav.* Action de l'acide entamant la planche de métal.

MORT n. f. (lat. *mors, mortis*). Cessation définitive de la vie : *périr de mort violente*. ‖ Arrêt total de l'activité, ruine, extinction : *la mort du petit commerce*. ● *À mort*, mortellement : *blessé à mort*; de toutes ses forces : *freiner à mort*; et, *interj.*, exclamation pour menacer de mort. ‖ *À la vie et à la mort*, pour toujours : *être amis à la vie et à la mort*. ‖ *Être à la mort, à deux doigts de la mort, à l'article de la mort, sur son lit de mort*, être sur le point de mourir. ‖ *Être entre la vie et la mort*, être en grand danger de mourir. ‖ *La mort dans l'âme*, à regret. ‖ *Mort apparente*, état de ralentissement extrême des fonctions vitales, donnant à l'individu l'aspect extérieur de la mort. ‖ *Mort civile* (Dr.), peine qui privait celui qui en était frappé de la jouissance des droits de citoyen. (Elle fut abolie en 1854.) ‖ *Mort éternelle* (Relig.), état des damnés. ‖ *Peine de mort*, condamnation à la peine capitale. ‖ *Souffrir mille morts*, subir de terribles souffrances.

MORT, E adj. (lat. *mortuus*). Qui a cessé de vivre : *mort de froid*. ‖ Privé d'animation, d'activité : *une ville morte*. ‖ Épuisé : *mort de fatigue*. ‖ Hors d'usage : *ces piles sont mortes*. ● *Angle mort* (Mil.), zone de terrain non vue ou non battue par le feu. ‖ *Eau morte*, eau qui ne coule pas. ‖ *Langue morte*, qui n'est plus parlée. ‖ *Papier mort*, papier non timbré. ‖ *Plus mort que vif*, très effrayé. ‖ *Temps mort*, moment où il n'y a pas d'action. ‖ *Vallée morte*, vallée qui n'est plus drainée par un cours d'eau.

MORT, E n. Personne décédée. ◆ n. m. Au bridge, celui des quatre joueurs qui étale son jeu sur la table; les cartes de ce joueur. ● *Aux morts!*, sonnerie de clairon et batterie de tambour pour honorer le souvenir de ceux qui sont morts pour leur patrie. ‖ *Faire le mort*, faire semblant d'être mort; ne pas manifester sa présence. ‖ *La place du mort* (Fam.), dans une automobile, celle qui est à côté du conducteur.

MORTADELLE n. f. (it. *mortadella*). Gros saucisson d'Italie, mélange de porc et de bœuf.

MORTAISAGE n. m. Opération d'usinage ayant pour objet de donner à une cavité toutes formes autres que la forme cylindrique, et généralement à angles vifs.

MORTAISE n. f. (mot ar.). Entaille faite dans une pièce de bois ou de métal pour recevoir le tenon d'une autre pièce qui doit s'assembler avec elle. ‖ Rainure pratiquée dans un alésage et destinée à recevoir une clavette.

MORTAISER v. t. Pratiquer une mortaise.

ALPHABET MORSE

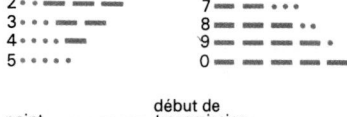

point ●━━━	début de transmission ━●━●━●
erreur ●●●●●●●●	fin de transmission ●●●━●━

Lauros

mortaiseuse

MORTAISEUSE n. f. Machine-outil pour creuser des mortaises.

MORTALITÉ n. f. (lat. *mortalitas*). Nombre des décès survenus au cours d'un laps de temps donné : *taux de mortalité*. ● *Tables de mortalité*, tables utilisées par les compagnies d'assurance sur la vie, permettant de calculer de façon précise la mortalité d'un groupe d'individus.

MORT-AUX-RATS [mɔrora] n. f. inv. Préparation empoisonnée, destinée à détruire les rats.

MORT-BOIS n. m. (pl. *morts-bois*). Bois de peu de valeur, comme les épines, les ronces.

MORTE-EAU n. f. (pl. *mortes-eaux*). Faible marée qui se produit lors du premier ou du dernier quartier de la lune.

MORTEL, ELLE adj. (lat. *mortalis*). Sujet à la mort : *nous sommes tous mortels*. ‖ Qui cause la mort : *blessure mortelle.* ‖ Pénible, très ennuyeux : *vacances mortelles.* ● *Ennemi mortel,* ennemi que l'on hait profondément. ‖ *Péché mortel,* péché qui fait perdre la vie de la grâce. ◆ n. Être humain.

MORTELLEMENT adv. À mort : *blessé mortellement.* ‖ Extrêmement : *discours mortellement ennuyeux.*

MORTE-SAISON n. f. (pl. *mortes-saisons*). Temps où, dans certaines professions, on a moins de travail qu'à l'ordinaire.

MORTIER n. m. (lat. *mortarium,* auge de maçon). Aggloméré artificiel de grains de sable réunis par un liant (chaux ou ciment), utilisé pour lier les éléments d'une construction ou pour faire des enduits. ‖ Récipient où l'on pile les drogues, certains aliments, et où l'on fait certaines sauces (mayonnaise, etc.). ‖ Bouche à feu à âme lisse, destinée à exécuter du tir courbe, notamment sur les objectifs défilés. ‖ Bonnet des magistrats de la Cour de cassation et de la Cour des comptes.

MORTIFIANT, E adj. Qui mortifie, humilie.

MORTIFICATION n. f. Action de mortifier son corps. ‖ Blessure d'amour-propre, humiliation. ‖ État des chairs mortes, faisandées.

MORTIFIER v. t. Soumettre un gibier à un commencement de décomposition. ‖ Infliger une privation, une souffrance dans un but d'ascèse : *mortifier son corps.* ‖ Humilier, froisser l'amour-propre : *votre refus m'a mortifié.*

MORTINATALITÉ n. f. Rapport du nombre des enfants mort-nés à celui des naissances au cours d'une même période.

MORT-NÉ, E adj. et n. (pl. *mort-nés, mort-nées*). Mort en venant au monde. ◆ adj. Qui échoue dès son commencement : *projet mort-né.*

MORTUAIRE adj. (lat. *mortuus,* mort). Relatif au service funèbre : *drap mortuaire.* ● *Extrait mortuaire,* copie qu'on tire du registre mortuaire. ‖ *Maison mortuaire,* maison où une personne est décédée. ‖ *Registre mortuaire,* registre où sont inscrits les noms des personnes décédées.

MORTUAIRE n. f. En Belgique, maison mortuaire.

MORUE n. f. (celtique *mor,* mer, et anc. fr. *luz,* brochet). Gros poisson de mer, atteignant jusqu'à 1,50 m. (Famille des gadidés.) ‖ *Pop.* Prostituée. ● *En queue de morue,* se dit des pans de l'habit, du frac.

■ La morue vit dans les mers arctiques, surtout entre Terre-Neuve et l'Islande, où l'on va la pêcher en été, dès le mois de mai. Sa chair fraîche est appelée souvent, dans le commerce, *cabillaud;* salée, c'est la *morue verte;* séchée, la *merluche.* On tire de son foie une huile employée comme reconstituant.

MORULA n. f. (mot lat., *petite mûre*). Embryol.

L'un des premiers stades de l'embryon animal, formé d'une sphère pleine de cellules.

MORUTIER, ÈRE adj. Relatif à la morue, à sa pêche.

MORUTIER n. m. Homme ou navire faisant la pêche de la morue.

MORVANDEAU, ELLE adj. et n. Du Morvan. (On dit aussi MORVANDIAU [n. m.] ou MORVANDIOT, E.)

MORVE n. f. (mot francique). Sécrétion qui s'écoule des narines. ‖ *Vétér.* Maladie contagieuse des équidés (cheval, âne), souvent mortelle, transmissible à l'homme et due à un bacille produisant des ulcérations des fosses nasales. (Les animaux atteints de morve doivent être abattus.)

MORVEUX, EUSE adj. Qui a la morve au nez : *enfant morveux.* ‖ Atteint de la morve : *cheval morveux.* ◆ adj. et n. *Fam.* Jeune vaniteux et prétentieux.

MOS adj. et n. m. (abrév. de *métal-oxyde-silicium*). Se dit du transistor à effet de champ utilisé dans les circuits imprimés ou intégrés.

MOSAÏQUE n. f. (it. *mosaico*). Assemblage de petits cubes multicolores (roches variées, pâtes de verre, etc.) incrustés dans un ciment, figurant un dessin. ‖ Ensemble formé d'éléments nombreux et disparates. ‖ *Agric.* Maladie à virus qui attaque certaines plantes en déterminant sur leurs feuilles des taches de diverses couleurs. ‖ *Biol.* Ensemble de cellules juxtaposées dans le même être vivant et qui n'ont pas le même génome. ‖ *Rel.* Application d'un morceau de peau sur la couverture d'un livre relié et faisant partie de l'ensemble décoratif. ● *Pavage mosaïque,* revêtement de chaussée constitué par des pavés de petites dimensions et assemblés suivant des courbes qui s'entrecroisent.

MOSAÏQUE adj. Relatif à Moïse.

MOSAÏSTE n. Artiste qui exécute des mosaïques.

MOSAN, E adj. De la Meuse. ● *Art mosan,* art, principalement de la dinanderie, de l'orfèvrerie, des émaux champlevés, qui s'est développé à l'époque romane dans la région de la Meuse moyenne et inférieure.

morue

MOSCOVITE adj. et n. De Moscou.

MOSELLAN, E adj. et n. De la Moselle.

MOSQUÉE n. f. (mot ar.). Édifice cultuel de l'islam.

MOT n. m. (bas lat. *muttum,* grognement). Son ou groupe de sons ou de lettres susceptibles d'être utilisés dans les divers énoncés d'une langue. ‖ Ensemble de paroles, de phrases constituant un texte court : *dire un mot à l'oreille; écrire un mot à qqn.* ‖ Sentence, parole historique : *beau mot d'auteur.* ‖ *Inform.* Élément d'information stocké ou traité d'un seul tenant dans un ordinateur. ● *Au bas mot,* en évaluant au plus bas. ‖ *Avoir des mots avec qqn,* avoir une querelle avec lui. ‖ *Avoir son mot à dire,* être en droit de donner son avis. ‖ *Bon mot,* parole spirituelle. ‖ *En un mot,* brièvement. ‖ *Grand mot,* terme emphatique. ‖ *Gros mot,* parole grossière, injurieuse. ‖ *Jouer sur les mots,* employer des termes équivoques. ‖ *Le fin mot de l'histoire,* le sens caché. ‖ *Mot à mot,* sans rien changer; en rendant chaque mot par un mot équivalent. ‖ *Mots croisés,* mots disposés horizontalement et verticalement de sorte que certaines de leurs lettres coïncident; jeu qui consiste à trouver ces mots d'après des définitions. ‖ *Mot d'ordre,* consigne donnée en vue d'une action déterminée. ‖ *Prendre qqn au mot,* accepter sur-le-champ une proposition qu'il a faite. ‖ *Se donner le mot,* se mettre d'accord, convenir de ce qu'il faut dire, de ce qu'il faut faire. ‖ *Se payer de mots,* s'en tenir aux discours sans passer à l'action. ‖ *En toucher un mot à qqn,* lui en parler brièvement.

MOTARD n. m. *Fam.* Motocycliste.

MOTEL n. m. (mot amér.). Hôtel à proximité

mosaïque romaine représentant Neptune, provenant de Sabratha (Libye, IIe s. av. J.-C.)

Lenars-Atlas-Photo

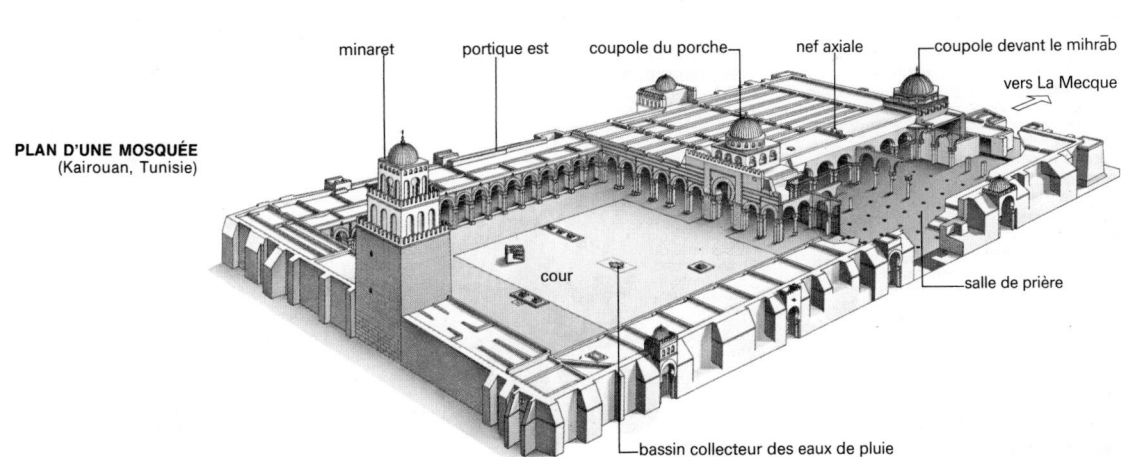

PLAN D'UNE MOSQUÉE
(Kairouan, Tunisie)

minaret — portique est — coupole du porche — nef axiale — coupole devant le mihrāb — vers La Mecque — salle de prière — cour — bassin collecteur des eaux de pluie

des grands itinéraires routiers, spécialement aménagé pour accueillir les automobilistes.

MOTET n. m. (de *mot*). *Mus.* Pièce vocale religieuse, en marge de l'ordinaire de la messe, à une ou plusieurs voix, soutenues ou non par des instruments.

MOTEUR, TRICE adj. (lat. *motor*; de *motus*, mû). Qui produit un mouvement, qui le transmet. ‖ Se dit d'un nerf ou d'un muscle qui assure la motricité d'un organe.

MOTEUR n. m. Appareil qui transforme en énergie mécanique d'autres formes d'énergie. ‖ Personne qui dirige, instigateur : *être le moteur d'une entreprise.* ‖ Cause d'action, motif déterminant : *la science moteur du progrès.* ● *Moteur à combustion interne,* moteur dans lequel l'énergie fournie par un combustible est directement transformée en énergie mécanique. ‖ *Moteur électrique,* moteur transformant l'énergie électrique en énergie mécanique. ‖ *Moteur à explosion,* moteur qui emprunte son énergie à l'expansion d'un gaz. ‖ *Moteur linéaire,* moteur électrique servant à mouvoir un véhicule, et dont l'induit est fixe tandis que l'inducteur, fixé au véhicule, se déplace parallèlement à l'induit. ‖ *Moteur à réaction,* moteur dans lequel l'action mécanique est réalisée par l'éjection d'un flux gazeux à grande vitesse, qui crée une certaine quantité de mouvement. (Celle-ci s'obtient soit en aspirant de l'air à l'avant du mobile et en le rejetant vers l'arrière à une vitesse plus élevée [turboréacteurs, pulsoréacteurs et statoréacteurs], soit en empruntant au mobile une partie de sa masse [moteurs-fusées].) ‖ *Moteur thermique,* moteur transformant l'énergie calorifique en énergie mécanique.

MOTEUR-FUSÉE n. m. (pl. *moteurs-fusées*). Propulseur à réaction utilisé en aviation et en astronautique, et fonctionnant sans recourir à l'air extérieur pour lui fournir son comburant.

MOTIF n. m. (lat. *movere,* mouvoir). Raison d'ordre intellectuel qui pousse à faire une chose, à agir : *un motif louable, honnête.* ‖ *Arts décor.* Structure, figure ornementale, le plus souvent répétée. ‖ *Bx-arts.* Modèle, sujet d'une œuvre (en particulier d'une peinture de paysage), ou partie de ce sujet. ‖ *Dr.* Ensemble des raisons, tant de fait que de droit, qui ont conduit les membres d'un tribunal à rendre leur jugement. ‖ *Mus.* Dessin mélodique ou rythmique, plus ou moins développé et pouvant être modifié. ● *Aller sur le motif,* aller peindre en plein air, d'après nature. ‖ *Motif cristallin,* arrangement des atomes d'une maille cristalline.

MOTILITÉ n. f. *Méd.* Faculté de se mouvoir.

MOTION n. f. (lat. *motio,* mise en mouvement). Proposition faite dans une assemblée.

MOTIVANT, E adj. Qui motive.

MOTIVATION n. f. Ensemble des motifs qui expliquent un acte. ‖ *Ling.* Relation d'un signe entre sa forme et son contenu. ‖ *Psychol.* Facteur psychologique conscient ou inconscient qui incite l'individu à agir de telle ou telle façon. ● *Étude de motivation* (Écon.), étude visant à déterminer les facteurs psychologiques qui expliquent soit l'achat d'un produit, soit sa prescription, soit encore son rejet.

MOTIVER v. t. Justifier une action par des motifs : *motiver une visite.* ‖ Servir de motif à : *rien ne motive cette mesure.* ‖ Pousser à agir : *être très motivé dans son action.*

MOTO n. f. Motocyclette.

MOTOCISTE n. m. Vendeur et réparateur de motocycles.

MOTOCROSS n. m. Course à motocyclette sur un terrain très accidenté.

MOTOCULTEUR n. m. Machine automotrice conduite à l'aide de mancherons, utilisée pour le travail des parcelles de petites dimensions.

MOTOCULTURE n. f. Utilisation du moteur dans l'agriculture. (Syn. CULTURE MÉCANISÉE.)

MOTOCYCLE n. m. Cycle mû par un moteur. (Il existe trois groupes de motocycles : le *cyclomoteur,* qui comporte obligatoirement un pédalier, et dont la cylindrée maximale est de 49,9 cm³; le *vélomoteur,* dont la cylindrée n'excède pas 125 cm³; et la *motocyclette.*)

MOTOCYCLETTE n. f. Véhicule à deux roues,

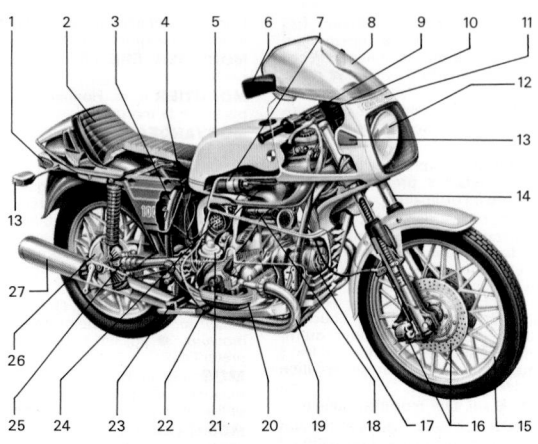

MOTOCYCLETTE

1. Feu arrière; 2. Selle monoplace; 3. Cadre à double berceau; 4. Batterie; 5. Réservoir d'essence; 6. Rétroviseur; 7. Bobine d'allumage; 8. Pare-brise; 9. Guidon (poignée des gaz et poignée de frein avant); 10. Tableau de bord (voltmètre, montre électrique et compte-tours, indicateur de vitesse); 11. Lanterne; 12. Phare à iode; 13. Indicateur de changement de direction (clignotant et signal de détresse); 14. Fourche télescopique; 15. Jante en aluminium; 16. Frein à disque; 17. Alternateur; 18. Démarreur électrique; 19. Tuyau d'échappement; 20. Cylindre; 21. Carburateur; 22. Pédale de frein arrière; 23. Repose-pied; 24. Filtre à air; 25. Transmission par cardan; 26. Pont arrière avec frein à tambour; 27. Silencieux d'échappement.

actionné par un moteur à explosion de plus de 125 cm³.

MOTOCYCLISME n. m. Nom générique de toutes les activités sportives disputées sur motocyclettes et side-cars.

MOTOCYCLISTE n. Personne qui conduit une motocyclette.

MOTOGODILLE n. f. *Mar.* Moteur amovible qui se place à l'arrière et à l'extérieur d'une petite embarcation.

MOTONAUTIQUE adj. Relatif au motonautisme.

MOTONAUTISME n. m. Sport de la navigation sur de petites embarcations à moteur.

MOTOPAVER [mɔtɔpavœr] n. m. Engin de travaux publics, malaxant un mélange granuleux et sableux avec un bitume qu'il dépose en couche régulière.

MOTOPOMPE n. f. Pompe actionnée par un moteur.

MOTORGRADER [mɔtɔrgradœr] n. m. Appareil de terrassement équipé d'une lame orientable, pour décaper et niveler le sol.

MOTORISATION n. f. Action de motoriser.

MOTORISÉ, E adj. *Mil.* Se dit d'une troupe dotée organiquement de véhicules pour son transport. ● *Être motorisé* (Fam.), posséder un véhicule à moteur pour ses déplacements.

MOTORISER v. t. Pourvoir de moyens mécaniques. ‖ Doter de moyens de transport automobiles.

MOTORISTE n. Spécialiste de la réparation et de l'entretien des automobiles et des moteurs.

MOTOR-SAILER [mɔtɔrseIœr] n. m. (pl. *motor-sailers*). Yacht propulsé par la voilure et par le moteur.

COUPE SCHÉMATIQUE DU MOTEUR-FUSÉE
VIKING ÉQUIPANT LA FUSÉE *ARIANE*

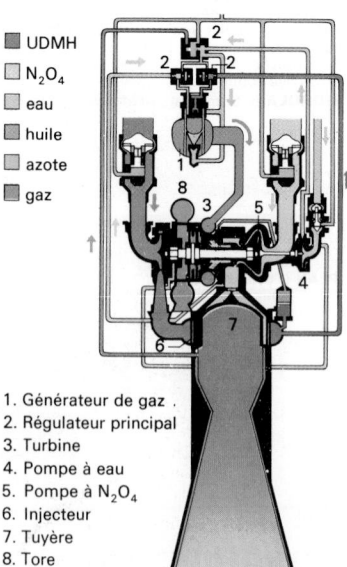

■ UDMH
□ N₂O₄
▨ eau
▦ huile
▦ azote
▦ gaz

1. Générateur de gaz
2. Régulateur principal
3. Turbine
4. Pompe à eau
5. Pompe à N₂O₄
6. Injecteur
7. Tuyère
8. Tore d'échappement

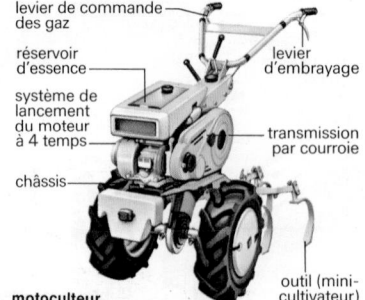

levier de commande des gaz

réservoir d'essence

système de lancement du moteur à 4 temps

châssis

levier d'embrayage

transmission par courroie

outil (mini-cultivateur)

motoculteur

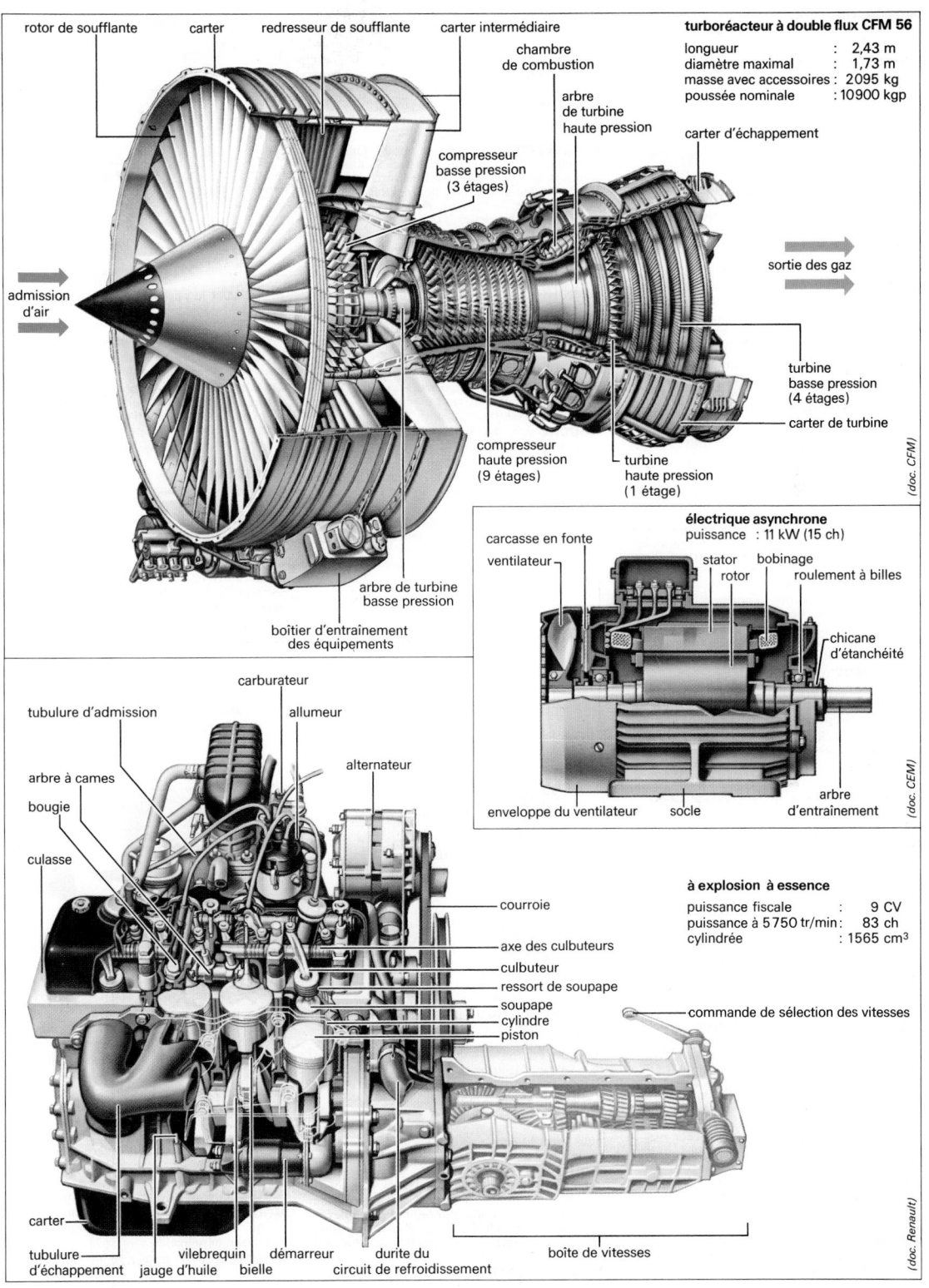

rotor de soufflante   carter   redresseur de soufflante   carter intermédiaire

chambre
de combustion

arbre
de turbine
haute pression

carter d'échappement

turboréacteur à double flux CFM 56

longueur   : 2,43 m
diamètre maximal   : 1,73 m
masse avec accessoires : 2095 kg
poussée nominale   : 10900 kgp

compresseur
basse pression
(3 étages)

admission
d'air

sortie des gaz

turbine
basse pression
(4 étages)

carter de turbine

compresseur
haute pression
(9 étages)

turbine
haute pression
(1 étage)

arbre de turbine
basse pression

boîtier d'entraînement
des équipements

(doc. CFM)

carcasse en fonte

ventilateur

électrique asynchrone
puissance : 11 kW (15 ch)

stator   bobinage
rotor   roulement à billes

chicane
d'étanchéité

enveloppe du ventilateur   socle

arbre
d'entraînement

(doc. CEM)

carburateur

tubulure d'admission   allumeur

alternateur

arbre à cames

bougie

culasse

courroie

axe des culbuteurs

culbuteur

ressort de soupape

soupape

cylindre

piston

à explosion à essence

puissance fiscale   : 9 CV
puissance à 5750 tr/min :   83 ch
cylindrée   : 1565 cm³

commande de sélection des vitesses

carter

tubulure
d'échappement   jauge d'huile   bielle

vilebrequin   démarreur   durite du
circuit de refroidissement

boîte de vitesses

(doc. Renault)

605

MOTORSHIP [mɔtɔrʃip] n. m. (mot angl.). Navire de commerce propulsé par un moteur Diesel. (Abrév. : M/S.)

MOTOTRACTEUR n. m. Tracteur automobile.

MOTRICE n. f. Véhicule servant de tracteur pour d'autres voitures.

MOTRICITÉ n. f. Ensemble des fonctions de relation assurées par le squelette, les muscles et le système nerveux, permettant les mouvements et le déplacement chez l'homme et les animaux.

MOTTE n. f. Morceau de terre compacte comme on en détache avec la charrue. ‖ *Hist.* Butte servant d'assise au château féodal. ‖ *Métall.* Masse de sable d'un moule de fonderie, séparée de son châssis, dans laquelle est confectionnée l'empreinte où sera coulé le métal. ● *Motte de beurre,* masse de beurre préparée pour la vente au détail.

MOTTER (SE) v. pr. *Chass.* Se cacher derrière les mottes, en parlant d'un animal.

MOTTEUX n. m. Oiseau passereau du genre *traquet,* qui se pose sur les mottes de terre, appelé aussi *cul-blanc.* (Long. 16 cm.)

MOTU PROPRIO [mɔtyprɔprijo] loc. adv. (mots lat., *de son propre mouvement*). Spontanément, sans y être incité.

MOTU PROPRIO n. m. inv. Acte législatif promulgué par le pape de sa propre initiative.

MOTUS! [mɔtys] interj. pour engager qqn à garder le silence.

MOU ou **MOL** (devant un mot commençant par une voyelle), **MOLLE** adj. (lat. *mollis*). Qui cède facilement au toucher, qui manque de fermeté, de rigidité : *pâte molle; beurre mou.* ‖ Qui manque de vigueur, de vivacité, d'énergie : *une molle résistance.* ‖ Se dit d'un navire à voiles qui, sous le vent, a tendance à abattre. ‖ *Phys.* Se dit des rayons X les moins pénétrants. ◆ n. Personne sans énergie.

MOU n. m. Nom donné au poumon de certains animaux de boucherie. ● *Donner du mou,* détendre (une corde, une chaîne, etc.). ‖ *Rentrer dans le mou* (Pop.), attaquer le premier et vigoureusement.

MOUCHAGE n. m. Action de moucher.

MOUCHARABIEH [muʃarabje] n. m. (mot ar.). Grillage en bois tourné. ‖ Balcon entièrement clos avec ce grillage dans les pays musulmans.

MOUCHARD, E adj. et n. (de *mouche,* espion). *Fam.* et *péjor.* Dénonciateur, délateur.

MOUCHARD n. m. Appareil de contrôle et de surveillance.

MOUCHARDAGE n. m. *Fam.* Dénonciation.

MOUCHARDER v. t. et i. *Fam.* Dénoncer.

MOUCHE n. f. (lat. *musca*). Nom donné à plusieurs insectes, aux formes trapues, de l'ordre des diptères. (La *mouche domestique* est nuisible par les microbes qu'elle transporte sur ses pattes et sa trompe; les *mouches verte* et *bleue* pondent sur la viande; la *mouche tsé-tsé,* ou *glossine,* transmet la maladie du sommeil; la *mouche charbonneuse,* ou *stomoxe,* pique les bestiaux.) ‖ Petite rondelle de taffetas noir que les dames se collaient sur le visage par coquetterie. ‖ Petite touffe de poils au-dessous de la lèvre inférieure. ‖ Point noir au centre d'une cible. ‖ Bouton à la pointe d'un fleuret pour le rendre inoffensive. ‖ *Pêch.* Leurre imitant un insecte. ‖ *Sports.* En boxe, catégorie de poids. (S'emploie aussi comme adj. : *poids mouche.*) ● *Comme des mouches,* en grand nombre. ‖ *Faire mouche,* atteindre le point noir de la cible à un jeu d'adresse; atteindre son but. ‖ *Fine mouche,* personne très rusée. ‖ *Mouche d'escadre,* petit bâtiment servant d'estafette à un amiral (vx). ‖ *Pattes de mouche,* écriture peu lisible. ‖ *Prendre la mouche,* se fâcher mal à propos. ‖ *Quelle mouche le pique?* (Fam.), pourquoi se fâche-t-il?

MOUCHER v. t. (bas lat. *muccare*). Débarrasser les narines des sécrétions nasales. ‖ Enlever la partie carbonisée d'une mèche. ‖ *Fam.* Réprimander, remettre à sa place.

MOUCHERON n. m. Petite mouche.

MOUCHERONNER v. i. Saisir des insectes à la surface de l'eau, en parlant des poissons.

MOUCHETÉ, E adj. Tacheté, en parlant de certains animaux. ‖ Se dit du blé malade qui a une poussière noire sur les barbes de ses balles.

MOUCHETER v. t. (conj. **4**). Marquer de petits points disposés symétriquement. ‖ Garnir d'une mouche la pointe d'un fleuret.

MOUCHETIS [muʃti] n. m. Crépi à aspect granuleux exécuté par projection de mortier sur la surface extérieure d'un mur.

MOUCHETTE n. f. Rabot pour faire les baguettes et les moulures. ‖ *Archit.* Soufflet aux contours en courbe et contre-courbe, un des éléments des remplages de fenêtres dans le style gothique flamboyant. ◆ pl. Ciseaux pour moucher les chandelles (vx).

MOUCHETURE n. f. Tache naturelle sur le corps de certains animaux : *les mouchetures de la panthère.* ‖ Ornement donné à une étoffe en la mouchetant.

MOUCHOIR n. m. Petit carré de tissu fin servant à se moucher. ‖ Étoffe dont les femmes se servaient pour se couvrir la tête (vx).

MOUCHURE n. f. Mucosités qu'on retire du nez en se mouchant.

MOUCLADE n. f. Plat de moules à la crème.

MOUDJAHID n. m. (ar. *djihâd,* guerre sainte) [pl. *moudjahidin*]. Partisan qui mène une guerre pour défendre l'islâm.

MOUDRE v. t. (lat. *molere*) [conj. **51**]. Mettre en poudre avec un moulin; broyer du grain avec une meule.

MOUE n. f. (mot francique). Grimace faite par mécontentement, en allongeant les lèvres.

MOUETTE n. f. (mot francique). Oiseau palmipède plus petit que le goéland (long. : 30 à 40 cm), bon voilier mais ne plongeant pas, se nourrissant surtout de mollusques, vivant sur les côtes et remontant parfois les grands fleuves.

mouette

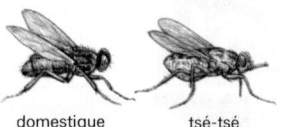

MOUCHES

domestique   tsé-tsé

MOUFETTE, MOUFFETTE ou **MOFETTE** n. f. (it. *mofetta;* mot germ.). Mammifère carnassier d'Amérique, possédant la faculté de se défendre contre les animaux qui l'attaquent en leur lançant à plusieurs mètres de distance un liquide infect, sécrété par ses glandes anales. (Long. : 30 cm sans la queue.) [Syn. SCONSE.]

MOUFLE n. m. Partie réfractaire d'un four dans laquelle sont disposés les produits à traiter, pour les protéger soit de l'action directe du chauffage, soit de l'action oxydante de l'air.

MOUFLE n. f. (mot germ.). Sorte de gant, généralement fourré, où il n'y a de séparation que pour le pouce. ‖ Assemblage de poulies dans une même chape, qui permet de soulever de très lourdes charges. (La réunion de deux moufles par une même corde constitue un palan.)

MOUFLET, ETTE n. *Fam.* Enfant.

mouflon

MOUFLON n. m. (it. *muflone*). Ruminant sauvage des montagnes de l'Europe et de l'Amérique du Nord, voisin du mouton.

MOUFTER v. i. *Pop.* Parler, protester.

MOUILLABILITÉ n. f. Propriété d'un solide de pouvoir être mouillé par un liquide.

MOUILLAGE n. m. Action de mouiller. ‖ Action d'ajouter de l'eau aux boissons dans une intention frauduleuse. ‖ Action de mouiller des mines. ‖ *Mar.* Plan d'eau côtier favorable au stationnement d'un bâtiment, d'une force navale; manœuvre pour jeter l'ancre.

MOUILLANT, E adj. et n. m. Se dit d'un corps qui, mélangé à un liquide, lui permet de mouiller une solide plus facilement que s'il était pur.

MOUILLE n. f. *Hydrol.* Creux du lit d'un cours d'eau. ‖ *Mar.* Avarie causée à une cargaison par l'humidité ou par l'eau.

MOUILLÉ, E adj. *Consonne mouillée,* consonne articulée avec le son [j]. (En français, l'n est mouillé dans *magnésie.*)

MOUILLEMENT n. m. Arrosage d'un mets pendant sa cuisson.

MOUILLER v. t. (lat. *mollis,* mou). Rendre humide, imbiber d'eau : *mouiller du linge.* ‖ Étendre d'eau : *mouiller du vin.* ‖ Ajouter à un mets du liquide pour composer une sauce : *mouiller un ragoût.* ‖ Immerger : *mouiller des mines sous-marines; mouiller l'ancre.* ◆ v. i.

moufette

Mar. Jeter l'ancre, s'arrêter. ‖ *Pop.* Avoir peur. ◆ **se mouiller** v. pr. *Fam.* Se compromettre. ‖ Être touché par la pluie, par l'eau.

MOUILLÈRE n. f. Partie de champ ou de pré ordinairement humide.

MOUILLETTE n. f. Morceau de pain long et mince, qu'on trempe dans les œufs à la coque.

MOUILLEUR n. m. Appareil pour mouiller, humecter. (Syn. MOUILLOIR.) ‖ *Mar.* Appareil qui permet le mouillage des ancres, des mines. ● *Mouilleur de mines,* petit bâtiment aménagé pour immerger des mines.

MOUILLOIR n. m. Syn. de MOUILLEUR.

MOUILLURE n. f. Action de mouiller. ‖ État de ce qui est humide. ‖ *Phon.* Caractère d'une consonne mouillée.

MOUISE n. f. (all. dialect. *mues,* bouillie). *Pop.* Misère.

MOUJIK n. m. (mot russe). Paysan russe.

MOULAGE n. m. (de *mouler*). Action de verser, de disposer dans des moules des métaux, des plastiques, des pâtes céramiques, etc. ‖ Action de prendre d'un objet une empreinte destinée à servir de moule. ‖ Reproduction d'un objet faite au moyen d'un moule.

MOULAGE n. m. Action de moudre.

MOULANT, E adj. Qui moule bien le corps.

MOULE n. m. (lat. *modulus*, mesure). Objet présentant une empreinte creuse, dans laquelle on introduit une matière pulvérulente, pâteuse ou liquide, qui prend, en se solidifiant, la forme de cette empreinte. ‖ Ustensile de métal servant à la confection ou à la cuisson de certains plats. ‖ Type, modèle en général.

MOULE n. f. (lat. *musculus*, coquillage). Mollusque lamellibranche comestible, à coquille bivalve sombre, vivant fixé sur les rochers battus par la mer ou dans les estuaires. (L'élevage des moules, ou *mytiliculture*, se pratique sur toutes les côtes françaises.) ‖ *Fam.* Personne molle, sans énergie. ● *Moule d'étang*, anodonte. ‖ *Moule de rivière*, mulette.

MOULÉ, E adj. *Écriture moulée*, très nette. ‖ *Lettre moulée*, imprimée.

MOULER v. t. Exécuter le moulage d'une pièce : *mouler une statue.* ‖ Prendre l'empreinte de : *mouler un bas-relief.* ‖ Accuser les contours en épousant la forme : *robe moulant le corps.*

MOULEUR n. m. Ouvrier qui exécute des moulages.

MOULIÈRE n. f. Établissement, au bord de la mer, où l'on pratique l'élevage des moules.

MOULIN n. m. (bas lat. *molinum*; de *mola*, meule). Machine à moudre le grain, à piler, à pulvériser certaines matières ou à en exprimer le suc, etc. : *moulin à huile.* ‖ Édifice où cette machine est installée : *moulin à vent.* ‖ Machine utilisée pour donner de la torsion aux fils textiles. ‖ *Fam.* Moteur (d'automobile). ● *Apporter de l'eau au moulin de qqn*, lui donner un appui en lui fournissant des arguments supplémentaires. ‖ *Moulin à café, à poivre*, petit moulin pour moudre le café, le poivre. ‖ *Moulin à légumes*, passoire munie d'un dispositif de manivelle, pour réduire en purée les légumes, les fruits cuits. ‖ *Moulin à paroles*, personne bavarde. ‖ *Se battre contre des moulins à vent*, se battre contre des fantômes.

MOULINAGE n. m. Action de mouliner.

MOULINER v. t. Réunir et tordre ensemble plusieurs fils textiles de façon à les consolider. ‖ Écraser avec un moulin à légumes.

MOULINET n. m. Tourniquet que l'on place à l'entrée de certains chemins dont l'accès est réservé aux piétons. ‖ Appareil servant à mesurer la vitesse des cours d'eau. ‖ Sorte de bobine fixée au manche d'une canne à pêche, et sur laquelle s'enroule la ligne. ● *Faire des moulinets*, donner à un bâton, à une épée, etc., un mouvement de rotation rapide.

MOULINETTE n. f. (nom déposé). Petit moulin à légumes.

MOULINEUR, EUSE ou **MOULINIER, ÈRE** n. Ouvrier, ouvrière transformant en fil, par doublage et torsion, la matière textile.

MOULU, E adj. (de *moudre*). Rompu, brisé de fatigue, de coups : *avoir le corps moulu.* ● *Or moulu*, or réduit en poudre, employé au XVIIIe s. pour la dorure des métaux.

MOULURAGE n. m. Action de moulurer.

MOULURATION n. f. Ensemble des moulures d'un ouvrage d'architecture, d'un meuble, ou d'une partie de ceux-ci.

MOULURE n. f. (de *mouler*). Ornement allongé, en relief ou en creux. (D'un point de vue géométrique, il peut être considéré comme engendré par la translation d'un profil choisi selon une directrice, celle-ci étant une ligne que l'on a voulu mettre en valeur sur l'objet décoré.)

MOULURER v. t. Orner de moulures; usiner à l'aide d'une toupie, sur des pièces généralement en bois, des surfaces à profil très varié servant d'ornement à un ouvrage de menuiserie ou d'ébénisterie.

MOUMOUTE n. f. *Fam.* Perruque. ‖ *Fam.* Veste en peau de mouton.

MOURANT, E adj. et n. Qui se meurt; qui va mourir. ◆ adj. Près de disparaître : *voix mourante.*

MOURIR v. i. (lat. *mori*) [conj. 19]. Cesser de vivre, décéder, périr : *mourir de vieillesse.* ‖ Souffrir beaucoup de, être tourmenté par : *mourir de faim, de peur.* ‖ En parlant des choses, cesser d'exister : *les langues meurent.* ‖ Éprouver un sentiment avec une grande intensité : *mourir d'ennui.* ● *Mourir de sa belle mort*, mourir de mort naturelle et non de mort accidentelle ou violente. ‖ *Mourir de rire*, rire aux éclats. ◆ **se mourir** v. pr. *Litt.* Être près de mourir, s'éteindre, disparaître.

MOURON n. m. (moyen néerl. *muer*). Petite plante commune dans les cultures et les chemins, à fleurs rouges ou bleues, toxique pour les animaux. (Famille des primulacées.) ● *Mouron des oiseaux* ou *mouron blanc*, plante à petites fleurs blanches, appartenant au genre *stellaire*. (Autre nom : *morgeline*. Famille des caryophyllacées.) ‖ *Se faire du mouron* (Pop.), faire du souci.

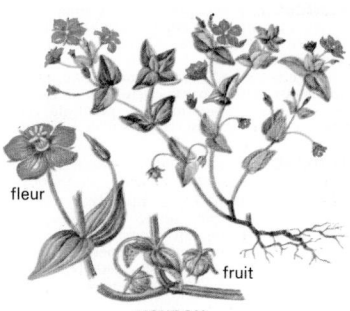

MOURON

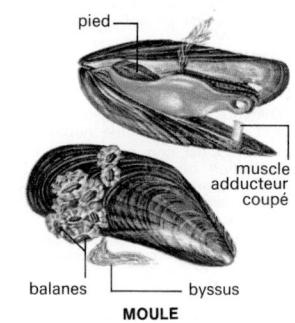

MOULE

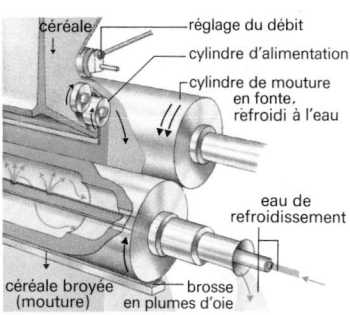

MOULIN À FARINE

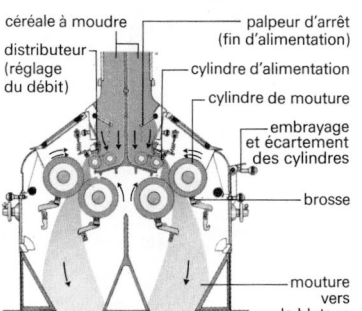

MOUSMÉ n. f. (mot jap.). Jeune fille, jeune femme au Japon (vx).

MOUSQUET n. m. (it. *moschetto*, émouchet). Arme à feu portative employée aux XVIe et XVIIe s. (Introduit en France après la bataille de Pavie [1525], le mousquet était jusqu'en 1650 appuyé sur une fourche pour permettre à celui qui en était pourvu de procéder au tir.)

MOUSQUETAIRE n. m. (de *mousquet*). Gentilhomme d'une des deux compagnies à cheval de la maison du roi (XVIIe-XVIIIe s.). ● *À la mousquetaire*, se dit des gants à large crispin, de bottes ou de poignets à revers.

mousquetaires (XVIIe s.)

Larousse

MOUSQUETERIE n. f. Décharge de plusieurs fusils qui tirent en même temps (vx).

MOUSQUETON n. m. Sorte de fusil court et léger en usage au XIXe s. et jusqu'à la Seconde Guerre mondiale. ‖ Crochet maintenu fermé par un ressort.

MOUSSAGE n. m. Introduction dans un latex naturel ou synthétique d'un courant d'air finement atomisé pour transformer le latex en un produit cellulaire ou spongieux.

MOUSSAILLON n. m. *Fam.* Petit mousse.

MOUSSAKA n. f. (mot turc). Plat grec ou turc, composé d'aubergines, de viande, de tomates et d'œufs, et cuit au four.

MOUSSANT, E adj. Qui produit de la mousse.

MOUSSE n. m. (it. *mozzo*). Jeune marin de quinze à seize ans.

MOUSSE n. f. (mot francique). Plante formée d'un tapis de courtes tiges feuillues serrées l'une contre l'autre, vivant sur le sol, les arbres, les murs, les toits et se reproduisant par des spores. (Les *mousses* appartiennent à l'embranchement des bryophytes.)

MOUSSE n. f. (du précédent). Écume qui se forme à la surface de certains liquides. ‖ Crème fouettée parfumée au chocolat ou au café. ● *Mousse de foie*, sorte de pâté à texture homogène et fine. ‖ *Mousse de platine*, platine spongieux, obtenu par la calcination de certains de ses sels. ‖ *Point mousse*, point de tricot obtenu en tricotant toutes les mailles à l'endroit, à tous les rangs.

MOUSSE adj. (lat. *mutilus*, tronqué). *Techn.* Qui n'est pas aigu ou tranchant : *lame mousse*.

MOUSSELINE n. f. (it. *mussolina*, tissu de Mossoul). Tissu peu serré, léger, souple et transparent. ◆ adj. inv. *Pommes mousseline*, purée de pommes de terre fouettée. ‖ *Sauce mousseline*, sauce hollandaise, additionnée de crème fouettée. ‖ *Verre mousseline*, verre très fin.

MOUSSER v. i. Produire de la mousse : *le champagne mousse*. ● *Faire mousser qqn, qqch* (Fam.), les faire valoir, les vanter de manière exagérée.

MOUSSERON n. m. (bas lat. *mussirio*). Petit champignon comestible délicat, poussant en cercle dans les prés, les clairières. (Famille des agaricacées, genre *tricholome*.)

MOUSSEUX, EUSE adj. Qui mousse.

MOUSSEUX n. m. Vin mousseux autre que le champagne.

MOUSSON n. f. (néerl. *monçon*; mot ar.). Nom donné à des vents qui soufflent, surtout dans l'Asie méridionale, alternativement vers la mer (en hiver : *mousson sèche*) et vers la terre (en été : *mousson humide*) pendant plusieurs mois.

MOUSSU, E adj. Couvert de mousse.

MOUSTACHE n. f. (it. *mostaccio*; mot gr.). Partie de la barbe qui pousse au-dessus de la lèvre. ‖ Poils longs et raides de la gueule de certains animaux. (Syn. VIBRISSES.)

MOUSTACHU, E adj. Qui a une moustache, de la moustache.

MOUSTÉRIEN, ENNE adj. et n. m. (du *Moustier*). *Préhist.* Se dit d'un faciès culturel du paléolithique moyen caractérisé par des pointes triangulaires et des racloirs obtenus par des retouches d'éclats sur une seule face (70000-35000 av. J.-C.).

MOUSTIQUAIRE n. f. Rideau de mousseline dont on entoure les lits pour se préserver des moustiques.

MOUSTIQUE n. m. (esp. *mosquito*, petite mouche). Insecte de l'ordre des diptères, à abdomen allongé et à longues pattes fragiles, dont la femelle pique la peau de l'homme et des animaux pour se nourrir de leur sang. (Le mâle se nourrit du nectar des fleurs. Le moustique ordinaire est le *cousin*; l'*anophèle* est un moustique qui transmet le microbe du paludisme.)

MOÛT n. m. (lat. *mustum*). Jus de raisin ou de pomme qui n'a pas encore fermenté. ‖ Suc de certains végétaux, avec lequel on fabrique des boissons alcooliques.

MOUTARD n. m. *Pop.* Petit garçon; enfant.

MOUTARDE n. f. (de *moût*). Nom donné à diverses crucifères qui fournissent le condiment du même nom : la *moutarde noire*, ou *sénevé*, la *moutarde blanche* et la *moutarde sauvage*. ‖ La graine de cette plante. (La farine de moutarde sert à préparer les *sinapismes*.) ‖ Assaisonnement fait avec de la graine de moutarde broyée et de l'eau, du vinaigre, des aromates, etc. : *moutarde de Dijon*. ● *La moutarde lui monte au nez*, il commence à se fâcher. ◆ adj. inv. Jaune verdâtre.

MOUTARDIER n. m. Petit pot dans lequel on sert la moutarde sur la table. ‖ Celui qui fabrique des moutardes et des condiments.

MOUTIER n. m. (lat. *monasterium*). Monastère [seulement dans les noms de ville] (vx).

MOUTON n. m. (lat. pop. *multo*, bélier; mot gaul.). Mammifère ruminant porteur d'une épaisse toison bouclée (laine), dont seul le mâle adulte (*bélier*), chez certaines races, porte des cornes annelées et spiralées, et que l'on élève pour sa chair, sa laine et, dans certains cas, pour son lait. (Long. 1,50 m; poids 150 kg; longévité : environ 10 ans. La femelle est la *brebis*, le jeune

l'agneau.) [Cri : le mouton *bêle*.] ‖ Viande, cuir ou fourrure de cet animal. ‖ Homme crédule ou d'humeur douce. ‖ *Arg.* Compagnon que l'on donne à un prisonnier pour obtenir de lui des aveux. ‖ Dispositif utilisé pour enfoncer dans le sol des pieux servant d'appui aux fondations de construction. ‖ Machine à forger ou à estamper, agissant par le choc d'une masse frappante sur la pièce à former. ‖ Appareil d'essai de choc. ‖ Grosse pièce de bois dans laquelle sont engagées les anses d'une cloche. ● *Pied de mouton*, rouleau compresseur dont la surface munie de proéminences permet une bonne densification d'un revêtement ou d'un sol de fondation. ‖ *Revenons à nos moutons*, revenons à notre sujet après une digression (allusion à une scène de *la Farce de maître Pathelin*). ◆ pl. Petites lames couvertes d'écume, qui se forment sous une brise de force moyenne. ‖ *Fam.* Petits amas de poussière d'aspect laineux.

MOUTONNÉ, E adj. *Ciel moutonné*, ciel couvert de petits nuages blancs (cirro-cumulus). ‖ *Roches moutonnées*, roches dures, façonnées en bosses et en creux et polies par les glaciers.

MOUTONNEMENT n. m. Action de moutonner.

MOUTONNER v. i. Se briser en produisant une écume blanche, en parlant de la mer : *les vagues moutonnent*.

MOUTONNERIE n. f. Caractère du mouton; esprit d'imitation.

MOUTONNEUX, EUSE adj. Qui moutonne.

MOUTONNIER, ÈRE adj. Qui suit aveuglément et stupidement : *foule moutonnière*.

MOUTURE n. f. (lat. pop. *molitura*; de *molere*, moudre). Action ou manière de moudre le grain, le café; produit résultant de cette opération. ‖ *Péjor.* Thème qu'on a déjà traité et qu'on présente d'une manière différente.

MOUVANCE n. f. (de *mouvoir*). Domaine dans lequel qqn ou qqch exerce son influence. ‖ *Hist.*

mouton

État de dépendance d'un domaine par rapport au fief dont il relevait.

MOUVANT, E adj. Dont le fond n'est pas stable, où l'on s'enfonce : *sable mouvant*. ‖ Instable, qui change continuellement : *situation mouvante*.

MOUVEMENT n. m. (lat. *movere*, mouvoir). État d'un corps dont la position, par rapport à un point fixe, change continuellement. ‖ Ensemble d'organes, de mécanismes engendrant un mouvement régulier : *mouvement d'horlogerie*. ‖ Action ou manière de mouvoir son corps : *des mouvements de gymnastique*. ‖ Exercice, activité, animation, remue-ménage : *se donner du mouvement*. ‖ Changement quantitatif : *mouvement des prix*. ‖ Action collective visant à un changement; organisation qui la dirige : *mouvement insurrectionnel, syndical, artistique*. ‖ Impulsion, sentiment intérieur et passager, inspiration : *mouvement de colère; agir de son propre mouvement*. ‖ Animation, vivacité dans une composition littéraire ou artistique. ‖ *Mil.* Déplacement d'une formation militaire dans un but tactique. ‖ *Mus.* Degré de vitesse de la mesure, indiqué par des termes généralement italiens et parfois précisé par un nombre correspondant à une graduation du métronome; partie d'une œuvre musicale. ● *En deux temps trois mouvements* (Fam.), très rapidement. ‖ *Être dans le mouvement* (Fam.), être au courant de l'actualité, des nouveautés, et les adopter. ‖ *Mouvement absolu*, mouvement d'un corps envisagé par rapport à des repères fixes. ‖ *Mouvement de fonds*, transfert d'argent en espèces. ‖ *Mouvement ondulatoire*, propagation d'une vibration périodique avec transport d'énergie.

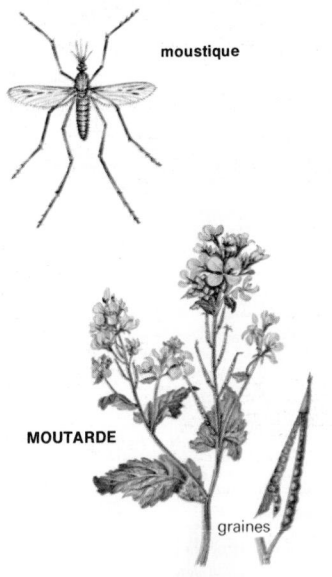

moustique

MOUTARDE

graines

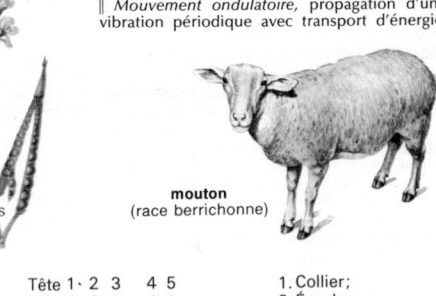

mouton
(race berrichonne)

Tête 1 · 2 3   4 5

1. Collier;
2. Épaule;
3. Carré de côtelettes;
4. Filet;
5. Selle;
6. Haut-de-côtelettes;
7. Poitrine;
8. Gigot.

6 7 8

1re catégorie

MOUTON
DE BOUCHERIE
2e catégorie

3e catégorie

DFMAG Spiros

Détail du Voyage à Bethléem, une des fresques de l'église Santa Maria foris Portas à Castelseprio (Lombardie, province de Varèse). VIIIe-IXe s.

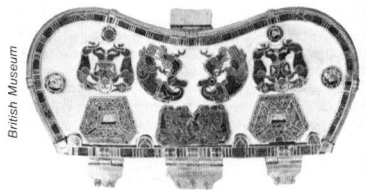

Enluminure (représentant saint Marc) de l'évangéliaire de Charlemagne réalisé par le miniaturiste rhénan Godescalc. Art carolingien, fin du VIIIe s. (B. N., Paris.)

Fermoir de bourse provenant de Sutton Hoo. Émaux cloisonnés. Art anglo-saxon, VIIe s. (British Museum, Londres.)

ART DU HAUT MOYEN ÂGE

Porte de l'ancienne abbaye carolingienne de Lorsch, en Allemagne. VIIIe s.

Cryptes de Jouarre (Seine-et-Marne) : chapelle funéraire, annexe de l'église abbatiale. Sarcophages sculptés de l'abbesse Théodechilde (à droite) et de l'évêque Agilbert (au fond). Art mérovingien, fin du VIIe s.

|| *Mouvement oratoire,* passage d'un discours empreint de grandiloquence. || *Mouvement perpétuel,* mouvement d'une machine qui serait capable de fonctionner indéfiniment sans dépense d'énergie. (L'impossibilité d'un tel mouvement découle des lois de la thermodynamique.) || *Mouvement relatif,* mouvement d'un corps considéré par rapport à un système de repères qui n'est pas nécessairement fixe. || *Mouvement de terrain,* disposition d'un sol coupé de nombreux accidents. || *Mouvement des terres,* transport de déblais au moyen d'engins appropriés; tableau statistique de cette opération. || *Mouvement uniforme,* mouvement dont la vitesse numérique est constante. || *Mouvement uniformément accéléré,* mouvement dans lequel l'espace parcouru est une fonction du second degré du temps. || *Parti du mouvement* (Hist.), tendance politique libérale du début de la monarchie de Juillet. || *Quantité de mouvement d'un point matériel,* produit de la masse de ce point par son vecteur vitesse.

MOUVEMENTÉ, E adj. Agité, troublé par des événements subits : *séance mouvementée.*

MOUVOIR v. t. (lat. *movere*) [conj. 31]. Mettre en mouvement, remuer, faire changer de place. || Pousser, faire agir : *être mû par l'intérêt.* ◆ **se mouvoir** v. pr. Être en mouvement.

MOVIOLA n. f. (nom déposé). *Cin.* Visionneuse utilisée pour le montage.

MOXA n. m. (mot jap.). Procédé thérapeutique extrême-oriental utilisant des cautères formés de matière en ignition.

MOYE ou **MOIE** [mwa] n. f. (bas lat. *mediare;* de *medius,* qui est au milieu). *Techn.* Couche tendre dans une pierre dure.

MOYÉ, E adj. Qui contient des moyes.

MOYEN, ENNE adj. (lat. *medianus,* du milieu). Se dit de ce qui est entre deux extrémités : *un homme de taille moyenne.* || Ni bon ni mauvais, ordinaire, médiocre : *intelligence moyenne.* || Calculé en faisant la moyenne : *la température moyenne d'un pays.* • *Cours moyen,* dans l'enseignement du premier degré, cours où l'on reçoit les enfants de neuf à onze ans. || *Français moyen,* personne considérée comme représentative de la masse des Français. || *Moyen français,* état de la langue française entre le XIVe et le XVIe s. || *Moyen terme,* étape intermédiaire; parti que l'on prend pour éviter deux inconvénients extrêmes; terme d'un syllogisme classique commun avec la majeure et la mineure et les mettant en rapport. || *Termes moyens d'une proportion,* ou *moyens* n. m. pl., dans la proportion $\dfrac{A}{B} = \dfrac{C}{D}$, termes B et C. || *Voix moyenne,* ou *moyen* n. m., voix qui, dans la langue grecque, exprime une action faite et reçue par le sujet.

MOYEN n. m. Ce qui sert pour parvenir à un but, ce qui permet de faire qqch : *aidez-moi, si vous en avez le moyen.* ◆ pl. Ressources pécuniaires : *vivre selon ses moyens.* || Capacités physiques, intellectuelles : *manquer de moyens.* || *Dr.* Raisons alléguées dans un procès. || *Math.* Termes moyens d'une proportion.

• *Employer les grands moyens,* des moyens très énergiques, dont l'effet doit se révéler décisif. || *Les moyens du bord,* ceux dont on peut disposer immédiatement. || *Moyens de transport,* modes de locomotion par lesquels on peut se déplacer dans une ville, un pays. || *Par ses propres moyens,* avec ses seules ressources. ◆ loc. prép. *Au moyen de,* en faisant usage de. || *Par le moyen de,* par l'entremise de.

MOYEN ÂGE n. m. Période historique qui s'étend, en Europe, entre le début du Ve s. et le milieu ou la fin du XVe s. (On appelle souvent *haut Moyen Âge* la partie des temps médiévaux qui va du Ve s. à l'an 1000 environ.)

MOYENÂGEUX, EUSE adj. Qui évoque le Moyen Âge : *un costume moyenâgeux.*

MOYEN-COURRIER n. m. et adj. (pl. *moyen-courriers*). Avion de transport destiné à voler sur des distances moyennes (en général inférieures à 2 000 km).

MOYENNANT prép. (de *moyenner,* négocier). Au moyen de; à la condition de : *moyennant cette somme.*

MOYENNE n. f. Chose, quantité qui tient le milieu entre plusieurs autres. || *En moyenne,* en compensant les unes par les autres les différences en sens opposés. || *Moyenne arithmétique de* n *nombres,* somme de ces nombres divisée par *n.* || *Moyenne géométrique de* n *nombres,* racine $n^{\text{ième}}$ du produit de ces nombres. || *Moyenne harmonique,* inverse de la moyenne arithmétique des inverses des termes d'une série. (La moyenne harmonique de *a* et *b* est le nombre g tel que $\dfrac{2}{g} = \dfrac{1}{a} + \dfrac{1}{b}$·) ‖ *Moyenne de liste,* nombre moyen des voix qui, à une élection au scrutin de liste, se sont portées sur une même liste de candidats. ‖ *Moyenne pondérée,* moyenne arithmétique dans laquelle certains nombres sont multipliés par un coefficient destiné à tenir compte de leur importance relative. ‖ *Plus forte moyenne,* système de répartition des sièges, au scrutin de liste avec représentation proportionnelle, qui avantage les grands partis en accordant aux listes ayant obtenu les plus fortes moyennes les sièges non attribués au quotient.

MOYENNEMENT adv. Ni peu ni beaucoup.

MOYETTE [mwajɛt] n. f. (dimin. de l'anc. fr. *meie, meule*). *Agric.* Groupe de quelques gerbes dressées dans un champ.

MOYEU n. m. (lat. *modiolus,* petit vase). Pièce centrale dans laquelle sont assemblées les pièces qui doivent tourner autour d'un axe. ‖ Pièce centrale traversée par l'essieu d'une roue de véhicule.

MOZABITE ou **MZABITE** adj. et n. Du Mzab.

MOZARABE adj. et n. (mot ar.). Se dit des chrétiens d'Espagne qui conservèrent leur religion sous la domination musulmane, mais adoptèrent la langue et les coutumes arabes. ◆ adj. Se dit d'un art chrétien d'Espagne dans lequel se manifeste une influence du décor islamique (Xe s. et début du XIe, surtout dans les régions indépendants de l'Espagne du Nord).

MOZETTE n. f. (it. *mozzetta*). Courte pèlerine de cérémonie que portent certains dignitaires ecclésiastiques.

MOZZARELLE n. f. Fromage italien de lait de bufflonne ou de vache, à pâte molle.

MRBM, sigle de MEDIUM RANGE BALLISTIC MISSILE, missile de portée moyenne, comprise entre 600 et 1 500 milles nautiques (de 1 100 à 2 775 km).

M. S. B. S., sigle de MER SOL BALISTIQUE STRATÉGIQUE, qui désigne le missile stratégique français lancé par les sous-marins à propulsion nucléaire (type *Redoutable*). Opérationnel depuis 1971, le missile « M. S. B. S. » a une portée de 2 700 km et est équipé d'une charge de 150 kt. Le modèle « M 20 » lui succède sur l'*Indomptable* en 1977 avec une charge thermonucléaire d'une portée supérieure à 3 000 km. Les missiles étrangers de ce type sont désignés par le sigle « SLBM ».

M. T. S., ancien système d'unités dont les trois unités fondamentales sont le *mètre* (longueur), la *tonne* (masse), la *seconde* (temps).

MU n. m. Lettre de l'alphabet grec (µ), correspondant à *m.* ‖ *Métrol.* Symbole de 10[-6]. ‖ *Phys.* Syn. de MUON.

MUANCE n. f. État d'une voix d'enfant quand elle mue à la puberté.

MUCILAGE n. m. (bas lat. *mucilago; de mucus,* morve). Substance présente chez de nombreux végétaux, et qui se gonfle au contact de l'eau en donnant des solutions visqueuses. ‖ *Pharm.* Liquide visqueux formé par la solution d'une gomme dans l'eau. (Les mucilages se présentent dans le commerce sous forme de granulés.)

MUCILAGINEUX, EUSE adj. Qui contient du mucilage; qui en a la consistance.

MUCINE n. f. Constituant organique principal du mucus.

MUCOR n. m. (mot lat., *moisissure*). Moisissure blanche à sporanges foncés, se développant sur le pain humide, le crottin, etc. (Sous-classe des zygomycètes, famille des *mucoracées.*)

MUCOSITÉ n. f. (lat. *mucosus,* muqueux). Sécrétion des muqueuses.

MUCOVISCIDOSE n. f. Maladie héréditaire récessive, caractérisée par une viscosité excessive des sécrétions des glandes muqueuses. (La mucoviscidose touche le tube digestif, le pancréas, l'appareil respiratoire. Paralysant tous ces organes, elle est le plus souvent fatale.)

MUCRON n. m. (lat. *mucro*). *Bot.* Petite pointe.

MUCUS [mykys] n. m. (mot lat., *morve*). Sécrétion visqueuse contenant des protides et des glucides, produite par les muqueuses et retenant poussières et microbes.

MUDÉJAR ou **MUDÉJARE** [mydeʒar] adj. et n. (mot esp.; de l'ar.). Se dit des musulmans restés en Castille après la reconquête chrétienne (XIe-XVe s.). ◆ adj. Se dit d'un art qui se développa en Espagne chrétienne du XIIe au XVIe s., et qui est caractérisé par l'emploi des techniques et formes décoratives de l'islâm.

MUDRÂ [mudra] n. f. inv. (mot sanskr.). Geste rituel des mains et des doigts, utilisé entre autres par les danseurs traditionnels de l'Inde.

MUE n. f. (de *muer*). Changement dans le plumage, le poil, la peau, auquel les animaux vertébrés sont sujets à certaines époques de l'année; époque où arrive ce changement. ‖ Changement qui s'opère dans le timbre de la voix des jeunes gens au moment de la puberté. ‖ Rejet total et reconstitution du tégument chitineux, permettant la croissance des arthropodes; cette peau abandonnée. (Syn. EXUVIE.) ‖ Grande cage à claire-voie pour une poule et ses poussins.

MUER v. i. (lat. *mutare,* changer). Perdre sa peau, son poil, son plumage ou ses cornes, en parlant de certains animaux. ‖ Devenir plus forte, plus grave, en parlant de la voix des jeunes gens à l'époque de la puberté. ◆ **se muer** v. pr. *Litt.* Se transformer, se changer : *sympathie qui se mue en amitié.*

MUET, ETTE adj. et n. (anc. fr. *mu;* lat. *mutus*). Qui n'a pas l'usage de la parole. ◆ adj. Qu'un sentiment quelconque empêche de parler : *être muet de terreur.* ‖ Qui se manifeste pas par la parole, qui ne fait entendre aucun bruit : *douleur muette.* ‖ Qui ne comporte aucune indication : *carte muette.* ‖ Qui ne décide ou n'exprime rien : *la loi est muette à ce sujet.* ‖ Se dit d'une lettre, d'une syllabe qu'on ne prononce que peu ou pas. ● *Cinéma muet,* ou *muet* n. m., qui ne comportait pas l'enregistrement de la parole ou du son. ‖ « *H* » *muet,* qui n'est pas aspiré. ‖ *Jeu muet,* partie du jeu d'un acteur, par laquelle il exprime sans parler ses sentiments.

MUETTE n. f. (de *meute*). Cabane destinée à abriter la mue des cerfs, des faucons, etc. (vx); pavillon de chasse (vx).

MUEZZIN [myedzin] n. m. (mot ar.). Fonctionnaire chargé d'appeler du haut du minaret aux cinq prières quotidiennes de l'islâm.

MUFFIN [mœfin] n. m. (mot angl.). Petit pain au lait à pâte levée qu'on sert avec le thé.

MUFLE n. m. (moyen fr. *moufle,* visage rebondi). Extrémité du museau de certains mammifères. ‖ Homme grossier et brutal.

MUFLERIE n. f. Manque de délicatesse.

MUFLIER n. m. (de *mufle*). Plante souvent cultivée pour ses fleurs décoratives rappelant un mufle d'animal. (Famille des scrofulariacées.) [Syn. GUEULE-DE-LOUP. (V. ill. p. 442.)]

MUFTI ou **MUPHTI** n. m. (mot ar.). Interprète officiel de la loi musulmane.

MUGE n. m. (lat. *mugil*). Poisson à large tête, vivant près des côtes, mais pondant en mer, et dont la chair est estimée. (Syn. MULET.)

MUGIR v. i. (lat. *mugire*). Crier, en parlant des bovidés. ‖ Produire un son comparable à un mugissement : *la sirène mugit.*

MUGISSANT, E adj. Qui mugit.

MUGISSEMENT n. m. Cri sourd et prolongé du bœuf, de la vache. ‖ Bruit qui ressemble à ce cri : *le mugissement des flots.*

MUGUET n. m. (anc. fr. *mugue,* musc [à cause de l'odeur]). Liliacée à petites fleurs blanches d'une odeur douce et agréable, qui fleurit en mai. ‖ Maladie des muqueuses, due à un champignon (*candida*), et qui apparaît surtout dans la bouche des nouveau-nés.

MUID [mɥi] n. m. (lat. *modius,* mesure). Anc. unité de mesure de capacité pour les liquides, les grains et diverses matières, et qui variait selon les pays et les marchandises. (À Paris, le muid valait 274 litres pour le vin.) ‖ Futaille de la capacité d'un muid.

MULARD, E n. et adj. Canard, cane nés du canard musqué et de la cane commune, ou inversement.

MULASSIER, ÈRE adj. Relatif à la production des mulets.

MULÂTRE, MULÂTRESSE n. et adj. (esp. *mulato; de mulo,* mulet). Né d'une Noir et d'une Blanche, ou d'une Noire et d'un Blanc.

MULE n. f. (lat. *mulleus,* de couleur rouge). Pantoufle laissant le talon découvert. ● *Mule du pape,* pantoufle blanche du pape, brodée d'une croix d'or.

MULE n. f. (lat. *mula*). Mulet femelle, presque toujours stérile.

MULE-JENNY [mjuldʒeni] n. f. (mot angl.) [pl. *mule-jennys*]. Métier employé au XIXe s. dans le filage du coton.

MULET [mylɛ] n. m. (lat. *mulus*). Hybride mâle d'un âne et d'une jument. (L'hybride de cheval et d'ânesse s'appelle *bardot.*)

MULET n. m. (lat. *mullus,* rouget). Syn. de MUGE.

MULETA [mulɛta] n. f. (mot esp.). Morceau d'étoffe écarlate dont se sert le matador pour travailler et fatiguer le taureau avant de lui porter l'estocade.

MULETIER, ÈRE adj. *Chemin muletier,* étroit et escarpé. ◆ n. Conducteur de mulets.

MULETTE n. f. (dimin. de *moule*). Mollusque bivalve des rivières du nord et de l'est de la France, produisant des perles de petite taille. (Long. 10 cm.) [Syn. MOULE DE RIVIÈRE.]

MULLÂ n. m. → MOLLAH.

Müller *(canaux de),* organes embryonnaires dont l'évolution aboutit de sexe féminin à la formation des trompes, de l'utérus et du vagin, et qui s'atrophient dans le sexe masculin.

MULON n. m. (anc. fr. *mule,* tas de foin). Tas de sel recouvert d'argile pour assurer sa conservation, dans les marais salants.

MULOT n. m. (bas lat. *mulus,* taupe). Petit rat gris fauve des bois et des champs. ▷

MULSION n. f. (bas lat. *mulsio*). *Agric.* Action de traire.

mulet

muguet

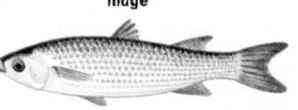

muge

MULTICÂBLE adj. et n. m. *Min.* Se dit d'une installation d'extraction dans laquelle les cages sont suspendues à plusieurs câbles.

MULTICARTE adj. Se dit d'un voyageur de commerce qui représente plusieurs maisons.

MULTICELLULAIRE adj. Formé de plusieurs cellules. (Syn. PLURICELLULAIRE.)

MULTICOLORE adj. Qui présente un grand nombre de couleurs.

MULTICOQUE adj. et n. m. Voilier comportant plusieurs coques.

MULTICOUCHE adj. Qui comprend plusieurs couches.

MULTIDIMENSIONNEL, ELLE adj. Se dit d'un espace à plus de trois dimensions.

MULTIDISCIPLINAIRE adj. Syn. de PLURIDIS-CIPLINAIRE.

MULTIFILAIRE adj. Qui comprend plusieurs fils ou brins.

MULTIFORME adj. Qui a plusieurs formes.

MULTIGRADE adj. Se dit d'une huile de graissage qui sert en toute saison.

MULTILATÉRAL, E, AUX adj. Se dit d'un accord, économique ou politique, intervenant entre plusieurs pays.

MULTILINÉAIRE adj. *Math.* Pour un système de vecteurs, se dit d'une forme linéaire par rapport à chacun d'eux.

MULTILOCULAIRE adj. *Bot.* Se dit d'un ovaire divisé en un grand nombre de loges.

MULTIMÉDIA adj. Qui touche ou concerne plusieurs médias.

MULTIMÈTRE n. m. Appareil regroupant un ampèremètre, un voltmètre, un ohmmètre et un capacimètre.

MULTIMILLIARDAIRE n. et adj. Personne plusieurs fois milliardaire.

MULTIMILLIONNAIRE n. et adj. Personne plusieurs fois millionnaire.

MULTINATIONAL, E, AUX adj. Qui concerne plusieurs nations. ● *Société multinationale*, ou *multinationale* n. f., groupe industriel, commercial ou financier dont les activités et les capitaux se répartissent entre plusieurs États.

MULTINÉVRITE n. f. Névrite atteignant plusieurs troncs nerveux.

MULTIPARE adj. et n. f. (lat. *parere*, enfanter). Qui met bas plusieurs petits en une seule portée : *la laie est multipare*. ‖ Se dit d'une femme qui a mis au monde plusieurs enfants.

MULTIPARITÉ n. f. Condition des espèces multipares.

MULTIPARTISME n. m. Système politique caractérisé par la multiplicité des partis.

MULTIPLE adj. (lat. *multiplex*). Qui se produit de nombreuses fois, qui existe en plusieurs exemplaires : *à de multiples reprises*. ‖ Qui est composé de plusieurs parties : *ovaire multiple*.

mulot

MULTIPLE n. m. Nombre entier qui contient un autre nombre entier plusieurs fois exactement : *8 est un multiple de 2.* ‖ *Art contemp.* Œuvre conçue par un artiste pour être produite et vendue en plusieurs exemplaires. ● *Multiple commun à plusieurs nombres*, nombre qui est le multiple de tous ces nombres considérés à la fois. ‖ *Plus petit commun multiple de plusieurs nombres*, le plus petit des multiples communs à ces nombres. (Abrév. : p. p. c. m.)

MULTIPLET n. m. *Phys.* Ensemble de niveaux d'énergie voisins provenant de la séparation d'un niveau unique.

MULTIPLEX adj. et n. m. inv. Se dit d'un système électronique permettant de transmet-

tre simultanément plusieurs informations sur la même voie. ‖ Se dit d'un programme radiodiffusé auquel participent simultanément plusieurs studios éloignés et reliés par télécommunication.

MULTIPLEXAGE n. m. *Inform.* Technique permettant de transmettre plusieurs messages, de sources ou de destinations différentes, sur une seule voie, par imbrication dans le temps; regroupement de plusieurs voies de transmission en une seule ou, au contraire, répartition d'une voie en plusieurs.

MULTIPLEXEUR n. m. *Inform.* Dispositif permettant le multiplexage.

MULTIPLIABLE adj. Qui peut être multiplié.

MULTIPLICANDE n. m. *Math.* Nombre à multiplier par un autre appelé *multiplicateur*.

MULTIPLICATEUR, TRICE adj. Qui multiplie.

MULTIPLICATEUR n. m. *Math.* Dans un produit, le facteur qui joue le rôle d'opérateur. ● *Théorie du multiplicateur*, théorie économique selon laquelle tout accroissement d'investissement productif détermine une augmentation du revenu global plus importante que cet accroissement d'investissement.

MULTIPLICATIF, IVE adj. Qui multiplie. ‖ Qui concerne la multiplication. ‖ Se dit d'un groupe dont l'opération est notée avec le signe ×.

MULTIPLICATION n. f. Augmentation en grand nombre : *multiplication des points de vente.* ‖ *Biol.* Augmentation du nombre d'individus d'une espèce vivante, soit par reproduction sexuée, soit par fragmentation d'un seul sujet (*multiplication végétative*). ‖ *Math.* Opération qui a pour but, étant donné deux nombres, l'un appelé *multiplicande*, l'autre *multiplicateur*, d'en obtenir un troisième, appelé *produit*, qui soit formé avec le multiplicande comme le multiplicateur est formé avec l'unité. (Le signe × [*multiplié par*] indique qu'il faut multiplier. Ex. : $8 \times 7 = 56$.) ‖ *Mécan.* Rapport dont on augmente le régime de deux engrenages dans une transmission de mouvement, et dans lequel la vitesse de rotation de l'arbre entraîné est supérieure à celle de l'arbre entraînant. ● *Multiplication scalaire de deux vecteurs*, opération réalisée sur deux vecteurs, et dont le produit est une grandeur scalaire. ‖ *Multiplication vectorielle*, opération réalisée sur deux vecteurs, et dont le résultat, ou produit vectoriel, est lui-même un vecteur. (Multiplication n'est pas commutative.) ‖ *Table de multiplication*, table, attribuée à Pythagore, donnant les produits, l'un par l'autre, des dix premiers nombres.

MULTIPLICATIVEMENT adv. *Math.* De façon multiplicative.

MULTIPLICITÉ n. f. Nombre considérable.

MULTIPLIER v. t. (lat. *multiplicare*). Augmenter la quantité, le nombre : *multiplier les formalités.* ◆ *v. i.* *Math.* Faire une multiplication. ◆ v. i. Produire des êtres semblables à soi (vx). ◆ **se multiplier** v. pr. S'accroître en nombre, en quantité. ‖ Se reproduire. ‖ Se manifester en plusieurs points avec une grande activité.

MULTIPLIEUR n. m. Organe de calculateur analogique ou numérique permettant d'effectuer le produit de deux nombres.

MULTIPOLAIRE adj. *Électr.* Qui a plus de deux pôles. ‖ *Histol.* Se dit d'un neurone dont le corps cellulaire est entouré de plusieurs dendrites.

MULTIPROCESSEUR adj. et n. m. Se dit d'un système informatique possédant plusieurs unités de traitement qui fonctionnent en se partageant un même ensemble de mémoires et d'unités périphériques.

MULTIPROGRAMMATION n. f. Mode d'exploitation d'un ordinateur permettant l'exécution imbriquée dans le temps de plusieurs programmes avec une même machine.

MULTIPROPRIÉTÉ n. f. Formule de copropriété valable pour les résidences secondaires et dans laquelle chaque copropriétaire a l'usage du logement pendant une tranche de temps déterminée.

MULTIRÉCIDIVISTE n. *Dr.* Auteur de plusieurs récidives.

MULTIRISQUE adj. *Assurance multirisque*, assurance couvrant simultanément plusieurs risques, comme le vol et l'incendie.

MULTISALLES adj. et n. m. inv. Se dit d'un ensemble qui est constitué de plusieurs salles de cinéma.

MULTISTANDARD adj. inv. Se dit d'un récepteur de télévision donnant des images provenant d'émetteurs de normes différentes.

MULTITRAITEMENT n. m. Exécution simultanée de plusieurs programmes dans plusieurs processeurs d'un même ordinateur.

MULTITUBE adj. Qui est composé de plusieurs tubes accolés.

MULTITUBULAIRE adj. Se dit d'une chaudière dont la surface de chauffe est constituée de tubes que parcourt l'eau ou le mélange d'eau et de vapeur, et qui sont exposés à la chaleur des gaz chauds.

MULTITUDE n. f. (lat. *multitudo*). Très grand nombre : *multitude de livres.* ‖ *Litt.* Masse importante de gens, foule.

MULTIVIBRATEUR n. m. Circuit électronique comportant deux états stables et qu'une impulsion électrique fait passer d'un état à l'autre.

MUNICHOIS, E [mynikwa, az] adj. et n. De Munich. ‖ *Hist.* Partisan des accords conclus à Munich le 30 septembre 1938.

MUNICIPAL, E, AUX adj. (lat. *municipalis*). Relatif à l'administration des communes. ● *Garde municipale*, anc. nom de la garde républicaine de Paris. ‖ *Garde municipal* ou, fam., *municipal* n. m., militaire de cette garde. ‖ *Officiers municipaux*, magistrats, fonctionnaires qui administrent une municipalité.

MUNICIPALISATION n. f. Système selon lequel les sols deviennent la propriété des communes, pour lutter contre la spéculation et remédier à la pénurie des terrains.

MUNICIPALISER v. t. Soumettre à la municipalisation.

MUNICIPALITÉ n. f. Ensemble formé par le maire et les conseillers municipaux. ‖ Territoire soumis à une organisation municipale.

MUNICIPE n. m. (lat. *municipium*). *Hist.* Ville soumise à Rome, participant aux charges financières et militaires, mais se gouvernant par ses propres lois.

MUNIFICENCE n. f. (lat. *munificentia;* de *munus*, cadeau, et *facere*, faire). *Litt.* Disposition qui porte à faire des libéralités.

MUNIFICENT, E adj. *Litt.* Très généreux.

MUNIR v. t. (lat. *munire*, fortifier). Pourvoir de ce qui est nécessaire, utile : *munir d'argent; munir une lampe d'un abat-jour.* ◆ **se munir** v. pr. Prendre avec soi. ● *Se munir de patience, de courage*, se préparer à supporter ce qui va arriver.

MUNITIONNAIRE n. m. *Hist.* Sous l'Ancien Régime, fournisseur des vivres aux armées.

MUNITIONS n. f. pl. (lat. *munitio*, fortification). Tout ce qui est nécessaire à l'approvisionnement des armes à feu (projectiles, charges de poudre, fusées, amorces, etc.).

MUNSTER [mœstɛr] n. m. Fromage affiné à pâte molle, fabriqué avec du lait de vache dans les Vosges.

MUNTJAC n. m. (d'une langue de Java). Petit cerf du Sud-Est asiatique, aux bois courts.

MUON ou **MU** n. m. Particule élémentaire (µ) ayant une charge électrique positive ou négative égale à celle de l'électron et dont la masse vaut 207 fois celle de l'électron.

MUPHTI n. m. → MUFTI.

MUQUEUSE n. f. Membrane qui, tapissant certaines cavités du corps, a sa surface humectée de mucus.

MUQUEUX, EUSE adj. (lat. *mucosus;* de *mucus*, morve). Relatif aux mucosités.

MUR n. m. (lat. *murus*). Ouvrage en maçonnerie, en terre, en pan de bois ou de fer, etc., qui, dans un plan vertical, sert à enclore un espace, à soutenir des terres, à constituer les côtés d'une maison et à en supporter les étages. ‖ Ce qui forme un obstacle infranchissable : *se heurter à un mur.* ‖ *Min.* Terrain en dessous de l'exploitation. ‖ *Sports.* En football, lors de l'exécution d'un coup franc, groupe de joueurs faisant écran pour protéger leur but. ● *Se cogner, se taper la tête contre les murs,* désespérer de parvenir à une solution. ‖ *Coller qqn au mur,* le fusiller. ‖ *Entre quatre murs,* en prison ; à l'intérieur. ‖ *Être le dos au mur,* ne plus pouvoir reculer. ‖ *Faire le mur* (Fam.), sortir sans permission ; s'évader. ‖ *Mur de la chaleur,* ensemble des phénomènes calorifiques qui prennent naissance aux très grandes vitesses et qui peuvent limiter les performances aériennes dans l'atmosphère. ‖ *Mur du son,* ensemble des phénomènes aérodynamiques qui se produisent lorsqu'un mobile se déplace dans l'atmosphère à une vitesse voisine de celle du son. ◆ pl. Limites d'une ville, d'un immeuble ; lieu circonscrit par ces limites.

MÛR, E adj. (lat. *maturus*). Se dit des fruits complètement développés, en état d'être récoltés. ‖ Se dit de ce qui, après une longue évolution, est amené au stade de la réalisation : *projet mûr.* ‖ Se dit de qqn qui a atteint son plein développement physique ou intellectuel. ● *Abcès mûr,* abcès près de percer. ‖ *Après mûre réflexion,* après avoir bien réfléchi.

MURAGE n. m. Action de murer.

MURAILLE n. f. Mur épais, d'une certaine élévation. ‖ Surface verticale abrupte. ‖ Partie de la coque d'un navire depuis la flottaison jusqu'au plat-bord. ‖ Partie extérieure du sabot du cheval.

MURAL, E, AUX adj. Qui croît sur les murs : *plante murale.* ‖ Appliqué, fait sur un mur : *carte murale.*

MURAL n. m. (pl. *murals*). *Art contemp.* Décor destiné à animer la surface d'un mur.

MURALISME n. m. Courant artistique du XXᵉ s., caractérisé par l'exécution de grandes peintures murales sur des thèmes populaires ou de propagande nationale (spécialement au Mexique : Rivera, Orozco, Siqueiros).

MURALISTE n. m. Peintre adepte du muralisme.

MÛRE n. f. (anc. fr. *meure* ; lat. *morum*). Fruit du mûrier. ‖ Fruit de la ronce.

MÛREMENT adv. Avec beaucoup de réflexion.

MURÈNE n. f. (lat. *muraena*). Poisson des fonds rocheux des côtes méditerranéennes, à corps allongé comme l'anguille, très vorace et causant des morsures dangereuses. (Long. max. : 1,50 m ; ordre des apodes.)

MURER v. t. Boucher avec de la maçonnerie : *murer une porte.* ‖ Enfermer dans un lieu dont on bouche les ouvertures : *les mineurs sont restés murés au fond.* ◆ **se murer** v. pr. Rester enfermé chez soi, rester à l'écart des autres.

MURET, MURETIN n. m., ou **MURETTE** n. f. Petit mur.

MUREX n. m. (mot lat.). Mollusque gastropode à coquille couverte de pointes, vivant sur les côtes de la Méditerranée, et dont on tirait la pourpre.

MURIDÉ n. m. Petit rongeur à longue queue, vivant caché, tel que le *rat,* le *campagnol,* le *hamster.* (Les *muridés* forment une famille.)

MÛRIER n. m. Genre de moracées comprenant les arbres qui portent les mûres et dont la feuille nourrit le ver à soie.

MÛRIR v. i. Devenir mûr : *les raisins mûrissent en automne.* ‖ Se développer avec le temps : *son esprit a mûri.* ‖ Prendre avec le temps une tournure favorable : *laissez mûrir cette affaire.* ◆ v. t. Rendre mûr : *le soleil mûrit les fruits.* ‖ Rendre expérimenté : *l'âge l'a mûri.* ‖ Réfléchir longuement sur qqch : *mûrir un projet.*

MÛRISSAGE ou **MÛRISSEMENT** n. m. Maturation de certains produits.

MÛRISSANT, E adj. Qui est en train de mûrir.

MÛRISSERIE n. f. Entrepôt dans lequel on fait mûrir les fruits (en particulier les bananes).

MURMEL n. m. (mot all.). Marmotte dont la fourrure rappelle la martre.

MURMURE n. m. (lat. *murmur*). Bruit sourd et confus de plusieurs personnes qui parlent en même temps, des eaux qui coulent, du vent qui agite le feuillage, etc. ‖ Plainte de gens mécontents : *exciter les murmures de la foule.* ● *Mur-*

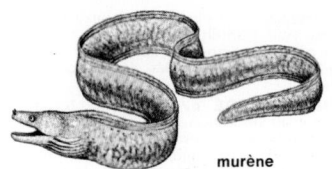

murène

musaraigne

mure vésiculaire (Méd.), bruit normal du poumon, perçu à l'auscultation.

MURMURER v. i. Faire entendre un bruit sourd et prolongé : *les eaux murmurent.* ‖ Se plaindre tout bas : *murmurer entre ses dents.* ◆ v. t. Dire à mi-voix : *murmurer des paroles inintelligibles.*

MUR-RIDEAU n. m. (pl. *murs-rideaux*). Mur extérieur, non porteur, d'un bâtiment, généralement construit avec des éléments standardisés et préfabriqués, le plus souvent largement vitrés.

MUSACÉE n. f. (mot ar., *banane*). Plante monocotylédone, aux fleurs à cinq étamines, telle que le *bananier* ou le *strelitzia.* (Les *musacées* forment une famille.)

MUSARAIGNE n. f. (bas lat. *musaranea,* souris-araignée). Mammifère insectivore de la taille d'une souris, à museau pointu, utile car il détruit un grand nombre de vers, d'insectes, etc.

MUSARDER v. i. (de *muser*). Fam. Perdre son temps, s'amuser à des riens, flâner.

MUSC [mysk] n. m. (lat. *muscus*). Substance odorante utilisée en parfumerie et produite par certains mammifères, en particulier par un cervidé, le *porte-musc* mâle. ● *Musc végétal,* huile tirée de la mauve musquée.

MUSCADE n. f. et adj. (mot prov.). Fruit du muscadier, dont la graine *(noix muscade)* est utilisée comme condiment et fournit le *beurre de muscade.* ‖ Petite boule dont se servent les escamoteurs. ● *Passez muscade,* se dit de ce qui passe presque inaperçu.

MUSCADET n. m. (de *muscat*). Vin blanc sec de la région nantaise.

MUSCADIER n. m. Arbre ou arbrisseau des pays chauds, qui fournit la muscade.

MUSCADIN n. m. (it. *moscardino,* pastille au musc). Nom donné, après le 9-Thermidor (1794), aux royalistes dont la tenue excentrique symbolisait la réaction contre le débraillé et l'austérité révolutionnaires.

MUSCARDIN n. m. (it. *moscardino*). Petit loir vivant dans les haies, où il construit son nid.

MUSCARDINE n. f. Maladie mortelle des vers à soie, produite par un champignon, le *botrytis.*

MUSCARI n. m. (lat. *muscus,* musc). Plante voisine de la jacinthe, à grappes de petites fleurs violettes. (Famille des liliacées.)

MUSCARINE n. f. (lat. *musca,* mouche). Alcaloïde toxique extrait de la fausse orange.

MUSCAT adj. et n. m. (mot prov.). Se dit de certains raisins qui ont un parfum de musc. ‖ Nom de nombreuses variétés de cépages. ‖ Vin doux et sucré obtenu avec ces cépages.

MUSCIDÉ [myside] n. m. (lat. *musca,* mouche). Mouche domestique ou insecte diptère voisin. (Les *muscidés* forment une famille.)

MUSCINÉE n. f. (lat. *muscus,* mousse). Espèce végétale quelconque de la classe des *mousses.* (Embranchement des bryophytes.)

MUSCLE n. m. (lat. *musculus,* petite souris). Organe formé de fibres irritables et contractiles, assurant les mouvements des animaux. ■ Chez l'homme, on distingue les *muscles striés,* à contraction rapide (ex. : biceps, muscle cardiaque), et les *muscles lisses,* à contraction

lente (ex. : ceux de la paroi de l'estomac, de l'intestin).

MUSCLÉ, E adj. Qui a les muscles bien développés. ‖ Qui use volontiers de la force, brutal, autoritaire : *régime musclé.*

MUSCLER v. t. Développer les muscles.

MUSCULAIRE adj. Propre aux muscles, à leur activité : *tissu musculaire.*

MUSCULATION n. f. Ensemble d'exercices visant à développer la musculature.

MUSCULATURE n. f. Ensemble et disposition des muscles.

MUSCULEUX, EUSE adj. Où il y a beaucoup de muscles.

MUSE n. f. (lat. *musa*). Nom donné aux neuf divinités gréco-romaines des arts et des lettres. (Prend une majuscule.) ‖ *Litt.* Inspiration poétique. (Avec une minuscule.)
■ Les neuf Muses sont : *Clio* (histoire), *Euterpe* (musique), *Thalie* (comédie), *Melpomène* (tragédie), *Terpsichore* (danse), *Érato* (élégie), *Polymnie* (poésie lyrique), *Uranie* (astronomie), *Calliope* (éloquence).

MUSEAU n. m. (bas lat. *musus*). Partie saillante, plus ou moins pointue, de la face de certains mammifères et poissons. ‖ *Fam.* Visage. ‖ Préparation à base de mufle, de joues, de lèvres du porc ou du bœuf. ● *Museau de tanche,* saillie du col de l'utérus.

MUSÉE n. m. (gr. *mouseîon,* temple des Muses). Lieu, établissement public où est conservée, exposée, mise en valeur une collection d'objets d'art ou de science : *musée lapidaire ; musée de l'automobile ; musée du Louvre.* ‖ *Hist.* Dans l'Antiquité, sanctuaire consacré aux Muses, et en partic., à Alexandrie, le grand édifice élevé par Ptolémée Iᵉʳ, qui abritait la fameuse bibliothèque. (En ce sens, prend une majuscule.) ● *Direction des musées de France,* réunion en un service administratif central, à Paris (Louvre), des principaux musées nationaux ou municipaux (« classés » ou « contrôlés »).

MUSELER v. t. (conj. 3). Mettre une muselière : *museler un chien.* ‖ Empêcher de s'exprimer, réduire au silence : *museler la presse.*

MUSELET n. m. Armature de fil de fer qui maintient le bouchon des bouteilles de vin mousseux.

MUSELIÈRE n. f. Appareil qu'on met aux animaux pour les empêcher de mordre ou de manger.

MUSELLEMENT n. m. Action de museler.

MUSÉOLOGIE ou **MUSÉOGRAPHIE** n. f. Science de l'organisation des musées, et spécialement de la présentation de leurs collections.

MUSCLES

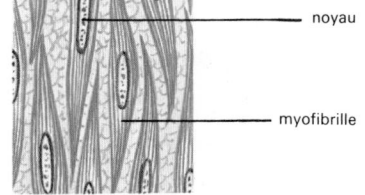

muscle lisse

noyau

myofibrille

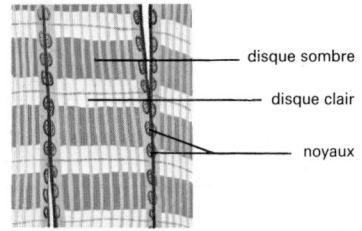

muscle strié

disque sombre

disque clair

noyaux

MUSER v. i. (anc. fr. *mus,* museau). *Litt.* S'amuser à des riens, flâner.

MUSEROLLE n. f. (it. *museruola*). Accessoire de la bride, placé sur le chanfrein.

MUSETTE n. f. (de *muse,* musette). Instrument de musique champêtre, composé d'un réservoir d'air en forme de sac, alimenté par un soufflet, d'un ou de deux tuyaux à anches (chalumeaux), et de quelques grands tuyaux (bourdons). ‖ Danse pastorale très en faveur au XVIIIe s., et comportant une note tenue persistante. ‖ Sac en toile, servant à divers usages. ‖ Musaraigne commune. ● *Bal musette,* bal où l'on danse au son de l'accordéon.

MUSÉUM [myzeɔm] n. m. (mot lat.). Collection publique de sciences naturelles.

MUSICAL, E, AUX adj. Propre à la musique : *art musical.* ‖ Où l'on fait de la musique : *soirée musicale.* ‖ Qui a les caractères de la musique, harmonieux : *voix musicale.*

MUSICALEMENT adv. Du point de vue musical. ‖ D'une manière harmonieuse.

MUSICALITÉ n. f. Qualité de ce qui est musical.

MUSIC-HALL [myzikol] n. m. (mot angl.) [pl. *music-halls*]. Établissement spécialisé dans des spectacles de fantaisie, de variétés ; ce spectacle lui-même.

MUSICIEN, ENNE n. et adj. Qui compose ou exécute des morceaux de musique. ‖ Qui a du goût, des aptitudes pour la musique.

MUSICOGRAPHE n. Auteur qui écrit sur la musique, les musiciens.

MUSICOGRAPHIE n. f. Activité du musicographe.

MUSICOGRAPHIQUE adj. Relatif à la musicographie.

MUSICOLOGIE n. f. Science de l'histoire de la musique et de la théorie musicale.

MUSICOLOGIQUE adj. De la musicologie.

MUSICOLOGUE n. f. Spécialiste de la musicologie.

MUSICOTHÉRAPIE n. f. Utilisation des effets de l'audition ou de la réalisation musicales à des fins psychothérapeutiques.

MUSIQUE n. f. (lat. *musica* ; de *musa,* muse). Art de combiner les sons ; productions de cet art ; théorie de cet art : *apprendre la musique.* ‖ Suite de sons donnant dans une phrase une impression harmonieuse : *la musique d'un vers.* ● *C'est toujours la même musique* (Fam.), c'est toujours la même chose. ‖ *Chef de musique,* musicien qui dirige une fanfare ou une harmonie civile ou militaire. ‖ *Connaître la musique* (Fam.), savoir de quoi il s'agit. ‖ *Musique à bouche* (Fam.), harmonica. ‖ *Musique de chambre,* écrite pour un petit nombre d'instruments. ‖ *Musique légère,* enjouée, facile, sans prétention. ‖ *Musique militaire,* groupement de musiciens attachés à une formation des armées. ‖ *Musique répétitive,* musique fondée sur la répétition obstinée de courtes formules mélodiques ou rythmiques. ‖ *Réglé comme du papier à musique,* ordonné de manière précise, minutieuse.

MUSIQUETTE n. f. Petite musique facile, sans valeur artistique.

MUSOIR n. m. (de *museau*). *Mar.* Extrême pointe d'une digue ou d'un môle.

MUSQUÉ, E adj. Qui rappelle l'odeur du musc ou le goût du muscat. ● *Bœuf musqué,* syn. de OVIBOS.

MUSSIF, IVE adj. (lat. médiév. [*aurum*] *musivum,* [or] mosaïque). *Or mussif,* sulfure stannique, dont l'éclat rappelle l'or et dont on se sert pour bronzer des statuettes de plâtre.

MUSSIPONTAIN, E adj. et n. De Pont-à-Mousson.

MUSSITATION n. f. (lat. *mussitare,* parler bas). *Psychiatr.* Propos rares et indistincts.

MUST [mœst] n. m. (mot angl.). *Fam.* Ce qu'il faut faire ou avoir pour être à la mode.

MUSTANG [mystɑ̃g] n. m. (mot amér.). Cheval sauvage de l'Amérique.

MUSTÉLIDÉ n. m. (lat. *mustela,* belette). Mammifère carnassier aux pattes courtes, souvent buveur de sang, tel que la *belette,* l'*hermine,* le *putois,* le *furet,* les *martres.* (Les *mustélidés* forment une famille.)

MUSULMAN, E adj. (ar. *muslim,* croyant, fidèle). Qui concerne l'islâm. ◆ adj. et n. Qui professe la religion islamique.

MUTABILITÉ n. f. Aptitude à subir des mutations.

MUTABLE adj. Susceptible de mutabilité.

MUTAGE n. m. Action de muter un moût.

MUTAGÈNE adj. *Biol.* Susceptible de provoquer des mutations chez les êtres vivants.

MUTAGENÈSE n. f. *Biol.* Apparition de mutations.

MUTANT, E adj. et n. m. Animal ou végétal qui présente des caractères nouveaux par rapport à ses ascendants. ‖ Dans la science-fiction, être issu de la lignée humaine, mais qui présente des qualités extraordinaires.

MUTATEUR n. m. Redresseur électrique à vapeur de mercure de très grosse puissance.

MUTATION n. f. (lat. *mutatio* ; de *mutare,* changer). Changement, évolution : *les mutations historiques.* ‖ Changement d'affectation d'un employé, d'un fonctionnaire, changement de club pour un athlète. ‖ *Biol.* Modification de la structure des chromosomes chez les êtres vivants, et qui est à l'origine d'une modification héréditaire du phénotype. ‖ *Dr.* Transmission de la propriété : *droits de mutation.* ● *Jeu de mutation,* jeu d'orgue utilisant pour une touche un ou plusieurs tuyaux, compléments de son fondamental.

MUTATIONNISME n. m. Théorie de l'évolution, émise par De Vries en 1901, qui donne aux mutations le rôle essentiel dans l'apparition d'espèces nouvelles.

MUTATIONNISTE adj. et n. Qui concerne ou soutient le mutationnisme.

MUTATIS MUTANDIS loc. lat. (mots lat., *en changeant ce qui doit être changé*). En faisant les changements nécessaires.

MU'TAZILITE n. m. Membre d'une école théologique musulmane fondée à Başra (Bassora) au VIIIe s., et dont la doctrine s'opposait aux musulmans orthodoxes, notamment au sujet de la liberté humaine dont il disait que Dieu la respecte. (Les mu'tazilites disparurent au XIIIe s.)

MUTER v. t. (de *muet*). Entraver la fermentation alcoolique des moûts en les additionnant d'alcool ou en les soumettant à l'action du gaz sulfureux.

MUTER v. t. (lat. *mutare,* changer). Changer d'affectation, de poste. ◆ v. i. *Biol.* Être affecté par une mutation.

MUTILANT, E adj. Qui entraîne une mutilation.

MUTILATEUR, TRICE adj. et n. *Litt.* Qui mutile.

MUTILATION n. f. Action de mutiler ; dégradation qui en résulte.

MUTILÉ, E n. Personne dont le corps a subi une mutilation.

MUTILER v. t. (lat. *mutilare*). Retrancher un ou plusieurs membres à la suite d'une blessure grave. ‖ Détériorer, détruire partiellement, défigurer, tronquer : *mutiler un monument, la vérité.*

MUTIN, E adj. (anc. fr. *meute,* émeute). *Litt.* Espiègle, malicieux.

MUTIN n. m. Personne qui est en révolte ouverte contre une autorité établie.

MUTINÉ, E adj. et n. Qui participe à une mutinerie.

MUTINER (SE) v. pr. Se révolter avec violence contre une autorité.

MUTINERIE n. f. Action de se mutiner.

MUTISME n. m. (lat. *mutus,* muet). Attitude de celui qui ne veut pas exprimer sa pensée, qui garde le silence. ‖ *Méd.* Absence de communication verbale sans lésion organique et en relation avec des troubles psychiques.

MUTITÉ n. f. (bas lat. *mutitas*). *Méd.* Impossibilité de parler, par suite de lésions des centres nerveux ou des organes de la phonation.

MUTUALISME n. m. Syn. de MUTUALITÉ.

MUTUALISTE adj. et n. Qui appartient à la mutualité, à une mutuelle ; relatif à la mutualité.

MUTUALITÉ n. f. Système de solidarité à base d'entraide mutuelle. (Syn. MUTUALISME.) ‖ Ensemble des associations de personnes (appelées auj. *sociétés mutualistes*) ayant un but social de prévoyance, de solidarité ou d'entraide, grâce aux cotisations de leurs adhérents.

MUTUEL, ELLE adj. (lat. *mutuus*). Réciproque : *estime mutuelle.* ● *Assurance mutuelle,* société d'assurance à but non lucratif. ‖ *Enseignement mutuel,* système d'enseignement par lequel les élèves s'instruisent les uns les autres sous la direction d'un maître aidé de moniteurs. (Cette méthode, dite encore *lancastérienne,* du nom du quaker anglais John Lancaster [1771-1838], son principal initiateur, eut beaucoup de succès en France entre 1815 et 1850.)

MUTUELLE n. f. Appellation courante des sociétés mutualistes.

MUTUELLEMENT adv. Réciproquement.

MUTULE n. f. (lat. *mutulus* ; mot gr.). *Archit.* Modillon plat placé sous le larmier, juste au-dessus du triglyphe, dans l'entablement dorique.

Mv, symbole chimique du *mendélévium.*

MYALGIE n. f. (gr. *mus,* muscle, et *algos,* douleur). Douleur musculaire.

MYASTHÉNIE n. f. Affection caractérisée par une grande fatigabilité des muscles, avec un trouble de transmission de l'influx nerveux à la jonction du nerf et du muscle (plaque motrice).

MYATONIE n. f. Disparition du tonus musculaire en rapport avec une affection neurologique.

MYCÉLIEN, ENNE adj. Relatif au mycélium.

MYCÉLIUM [miseljɔm] n. m. (mot lat.). Appareil végétatif des champignons, formé de filaments ramifiés, généralement blancs.

MYCÉNIEN, ENNE adj. et n. De Mycènes. ● *Art mycénien,* art qui s'est développé dans le monde achéen durant le IIe millénaire av. J.-C.

MYCÉNIEN n. m. Le plus ancien dialecte grec connu (écrit grâce à un syllabaire d'origine crétoise, déchiffré en 1952).

MYCÉTOME n. m. Tumeur inflammatoire provoquée par des champignons parasites.

MYCODERME n. m. (gr. *mukês,* champignon, et *derma,* peau). Levure se développant à la surface des boissons fermentées ou sucrées.

MYCODERMIQUE adj. Relatif au mycoderme.

MYCOLOGIE n. f. Étude scientifique des champignons.

MYCOLOGIQUE adj. Relatif à la mycologie.

MYCOLOGUE n. Spécialiste de mycologie.

MYCOPLASME n. m. Micro-organisme intermédiaire entre une bactérie et un virus, et souvent pathogène.

MYCORHIZE n. f. Association d'un champignon inférieur avec les racines d'une plante (chêne, hêtre, orchidacées).

MYCOSE n. f. (gr. *mukês,* champignon). Affection provoquée par des champignons parasites. (Les mycoses atteignent la peau, les plis cutanés, les orteils, les ongles [onychomycoses], le cuir chevelu [teignes], ainsi que les viscères.)

MYCOSIQUE adj. Relatif à la mycose.

MYCOSIS [mikozis] n. m. *Méd.* Affection cutanée et générale grave, caractérisée par des plaques rouges prurigineuses et par une infiltration tumorale des tissus.

MYDRIASE n. f. *Méd.* Dilatation anormale et persistante de la pupille. (Contr. MYOSIS.)

MYDRIATIQUE adj. et n. m. Qui cause la mydriase.

MYE [mi] n. f. (gr. *muax,* moule). Mollusque bivalve comestible, vivant enfoncé dans le sable ou l'argile des côtes. (Long. 10 cm.)

MYÉLENCÉPHALE n. m. Structure nerveuse de l'embryon, à partir de laquelle se différencie le bulbe rachidien.

MYÉLINE n. f. Graisse phosphorée constitutive de la gaine des fibres du système nerveux central.

MYÉLINISÉ, E adj. Entouré de myéline.

MYÉLITE n. f. (gr. *muelos*, moelle). Inflammation de la moelle épinière.

MYÉLOBLASTE n. m. *Biol.* Cellule de la moelle osseuse qui constitue la cellule souche des leucocytes polynucléaires.

MYÉLOCYTE n. m. *Biol.* Cellule de la moelle osseuse, dérivée d'un myéloblaste, et qui est le précurseur d'un leucocyte polynucléaire.

MYÉLOGRAMME n. m. Résultat de l'étude diagnostique qualitative et quantitative des cellules de la moelle osseuse. (Le myélogramme est pratiqué sur un prélèvement obtenu par ponction sternale.)

MYÉLOGRAPHIE n. f. Radiographie de la moelle épinière et du canal rachidien, après injection dans celui-ci, par ponction lombaire, d'un liquide opaque aux rayons X.

MYÉLOÏDE adj. Qui concerne la moelle osseuse. ● *Leucémie myéloïde*, leucémie caractérisée par une prolifération des cellules issues de la moelle osseuse et par une augmentation de volume de la rate.

MYÉLOME n. m. Tumeur de la moelle osseuse, s'accompagnant d'anomalies des immunoglobulines.

MYGALE n. f. (gr. *mugalê*, musaraigne). Araignée qui creuse un terrier fermé par un opercule. (Certaines mygales de l'Amérique tropicale atteignent 18 cm de long; leur morsure est très douloureuse.)

MYIASE [mijaz] n. f. Parasitisme provoqué, chez les animaux et chez l'homme, par des larves de diptères.

MYLONITE n. f. *Géol.* Brèche d'origine tectonique qui se forme dans les zones de faille.

MYOCARDE n. m. (gr. *mus*, muscle, et *kardia*, cœur). Muscle du cœur. (Le myocarde est un tissu musculaire formé de fibres striées et anastomosées constituant la partie contractile de la paroi du cœur.)

MYOCARDITE n. f. Inflammation du myocarde.

MYOFIBRILLE n. f. Fibrille contractile constitutive de la fibre musculaire.

MYOGRAMME n. m. Courbe obtenue par myographie.

MYOGRAPHE n. m. Appareil qui enregistre les contractions musculaires.

MYOGRAPHIE n. f. Enregistrement graphique de la contraction des muscles.

MYOLOGIE n. f. Étude des muscles.

MYOME n. m. Tumeur du tissu musculaire.

MYOMECTOMIE n. f. Ablation d'un myome. (S'il s'agit d'un fibromyome utérin, le terme signifie qu'il y a conservation de l'utérus, ce qui oppose cette intervention à l'*hystérectomie*.)

MYOPATHE adj. et n. Atteint de myopathie.

MYOPATHIE n. f. Atrophie musculaire grave, à évolution progressive.

MYOPE adj. et n. (gr. *muôps*). Qui est atteint de myopie. ‖ Qui manque de perspicacité.

MYOPIE n. f. Anomalie de la vue qui fait que l'on voit troubles les objets éloignés. (La myopie provient d'une trop grande convergence du cristallin, qui forme les images en avant de la rétine. Le port de verres divergents corrige cette anomalie.)

MYORELAXANT, E adj. et n. m. *Méd.* Qui favorise la détente musculaire.

MYOSINE n. f. Protéine constituante des myofibrilles et jouant un rôle important dans la contraction du muscle.

MYOSIS [mjozis] n. m. *Méd.* Rétrécissement de la pupille. (Contr. MYDRIASE.)

MYOSITE n. f. *Méd.* Inflammation du tissu musculaire.

MYOSOTIS [mjɔzɔtis] n. m. (gr. *muosôtis*, oreille de souris). Plante de la famille des borraginacées, à fleurs ordinairement bleues, très petites et élégantes, appelée usuellement *oreille-de-souris, ne-m'oubliez-pas*, etc.

MYRIADE n. f. (gr. *murias*, dix mille). Quantité innombrable, indéfinie.

MYRIAPODE n. m. Syn. de MILLE-PATTES.

MYRIOPHYLLE n. f. Plante à feuilles découpées en fines lanières, commune dans les étangs et les ruisseaux calmes.

MYRMÉCOPHILE adj. et n. (gr. *murmêx*, fourmi). Se dit de tout être vivant avec lequel les fourmis vivent associées.

MYROBALAN n. m. (gr. *muron*, parfum, et *balanos*, gland). Nom donné à divers fruits desséchés de l'Inde, jadis employés en pharmacie (vx).

MYROSINE n. f. Enzyme des graines de moutarde, qui libère l'essence de moutarde.

MYROXYLON n. m. (gr. *muron*, parfum, et *xulon*, bois). Arbre de l'Amérique tropicale, fournissant des résines odorantes (baume du Pérou, baume de Tolú).

MYRRHE n. f. (lat. *myrrha*; mot gr.). Résine odorante et médicinale fournie par un arbre d'Arabie.

MYRTACÉE n. f. Plante dicotylédone dialypétale des régions chaudes, telle que le *myrte* et l'*eucalyptus*. (Les *myrtacées* forment une famille.)

MYRTE n. m. (gr. *murtos*). Herbe à feuillage toujours vert, à petites fleurs blanches d'une odeur agréable.

MYRTIFORME adj. *Anat.* Qui a la forme d'une feuille de myrte.

MYRTILLE [mirtij *ou* mirtil] n. f. (de *myrte*). Baie noire et comestible, produite par un sous-arbrisseau des montagnes d'Europe et d'Amérique du Nord; cet arbrisseau. (Famille des éricacées; genre *airelle*.)

MYSIDACÉ n. m. Assez grand crustacé de haute mer, parfois dépourvu de branchies. (Les *mysidacés* forment un ordre.)

MYSTÈRE n. m. (lat. *mysterium*; gr. *mustês*, initié). Ce qui est incompréhensible, caché, inconnu : *les mystères de la vie*. ‖ Question difficile, obscure : *il y a un mystère là-dessous*. ‖ Pâtisserie faite d'une glace enrobée de meringue. ‖ *Hist.* Dans certaines religions anciennes originaires de Grèce ou d'Orient, ensemble de doctrines secrètes et de rites initiatiques dont la révélation devait apporter le salut. ‖ *Littér.* Au Moyen Âge, pièce de théâtre à sujet religieux et où l'on faisait intervenir Dieu, les saints, les anges et le diable. ‖ *Théol.* Vérité de foi inaccessible à la seule raison humaine et qui ne peut être connue que par une révélation divine. ● *Faire mystère de*, tenir secret.

■ *(Littér.)* Le mystère propose une représentation totale de la vie humaine dans ses rapports avec les puissances divines : le surnaturel côtoie le réalisme le plus trivial. Sa représentation, qui durait plusieurs jours, était le privilège de certaines confréries. La Passion de Jésus était un des sujets traditionnels des mystères, dont le plus célèbre est *le Mystère de la Passion* d'Arnoul Gréban (v. 1450).

MYSTÉRIEUSEMENT adv. De façon mystérieuse.

MYSTÉRIEUX, EUSE adj. Qui contient un sens caché, difficile à comprendre, tenu secret. ‖ Se dit de qqn dont on ignore l'identité ou qui s'entoure de mystère : *un mystérieux visiteur*.

MYSTICÈTE n. m. Mammifère cétacé dépourvu de dents mais portant des fanons,

MYRTILLE

fleurs

fruits

comme la *baleine*. (Les *mysticètes* forment un sous-ordre.)

MYSTICISME n. m. (de *mystique*). Doctrine philosophique et religieuse qui admet la réalité d'une communication directe et personnelle avec Dieu. ‖ Doctrine ou croyance fondée sur le sentiment ou l'intuition et non sur la raison.

MYSTIFIABLE adj. Qui peut être mystifié.

MYSTIFIANT, E adj. Qui mystifie.

MYSTIFICATEUR, TRICE adj. et n. Qui mystifie.

MYSTIFICATION n. f. Acte ou parole propre à mystifier.

MYSTIFIER v. t. (de *mystère*). Abuser de la crédulité de qqn pour s'amuser à ses dépens. ‖ Tromper en donnant de la réalité une idée séduisante, mais fausse.

MYSTIQUE adj. (lat. *mysticus*). Qui concerne les mystères de la religion : *le baptême, naissance mystique*. ‖ Qui appartient au mysticisme : *les phénomènes mystiques*. ● *Testament mystique* (Dr.), testament présenté clos et scellé à un notaire, qui en dresse un acte de suscription en présence de deux témoins. ◆ adj. et n. Qui pratique le mysticisme, qui a une foi religieuse intense. ‖ Dont le caractère est exalté, dont les idées sont absolues.

MYSTIQUE n. f. Philosophie ou théologie qui traite des phénomènes que l'on ne peut expliquer rationnellement. ‖ Croyance absolue qui se forme autour d'une idée, d'une personne.

MYSTIQUEMENT adv. Selon le sens mystique.

MYTHE n. m. (gr. *muthos*, légende). Récit populaire ou littéraire mettant en scène des êtres surhumains et des actions imaginaires, dans lesquels sont transposés des événements historiques, réels ou souhaités, ou dans lesquels se projettent certains complexes individuels ou certaines structures sous-jacentes des rapports familiaux et sociaux. ‖ Construction de l'esprit qui ne repose pas sur un fond de réalité. ‖ Représentation symbolique qui influence la vie sociale : *le mythe du progrès*.

MYTHIFIER v. t. Donner le caractère de mythe à qqn ou à qqch.

MYTHIQUE adj. Qui concerne les mythes, légendaire.

MYTHOLOGIE n. f. Ensemble des mythes et des légendes propres à un peuple, à une civilisation, à une religion : *la mythologie gréco-romaine*. ‖ Étude systématique des mythes : *la mythologie comparée*. ‖ Ensemble de croyances se rapportant à la même idée et s'imposant au sein d'une collectivité : *mythologie de la vedette*.

MYTHOLOGIQUE adj. Relatif à la mythologie.

MYTHOLOGUE n. Spécialiste de la mythologie.

MYTHOMANE adj. et n. Qui est atteint de mythomanie.

MYTHOMANIE n. f. Tendance pathologique à la fabulation et à l'altération de la vérité.

MYTILICULTEUR n. m. Celui qui s'occupe de mytiliculture.

MYTILICULTURE n. f. (lat. *mytilus*, moule, et *culture*). Élevage des moules.

MYTILOTOXINE n. f. Substance toxique présente dans le foie de certaines moules.

MYXINE n. f. Vertébré agnathe fluvio-marin, voisin de la lamproie mais encore plus simple. (C'est un parasite des poissons.)

MYXŒDÉMATEUX, EUSE adj. et n. Relatif au myxœdème; atteint de myxœdème.

MYXŒDÈME [miksedɛm] n. m. (gr. *muxa*, morve). Œdème généralisé, accompagné de divers troubles (apathie, fatigue, etc.) et dû à une insuffisance de fonctionnement de la glande thyroïde.

MYXOMATOSE n. f. (gr. *muxa*, morve). Maladie infectieuse du lapin, due à un ultravirus.

MYXOMYCÈTE n. m. (gr. *muxa*, morve, et *mukês*, champignon). Champignon inférieur, constitué des amas gélatineux, informes, mobiles, se nourrissant de végétaux en décomposition. (Les *myxomycètes* forment une classe.)

MZABITE adj. et n. → MOZABITE.

natation : nage papillon

n

N n. m. Quatorzième lettre de l'alphabet et la onzième des consonnes. (Le son [n] est une consonne nasale.) ‖ ℕ désigne l'ensemble des nombres entiers naturels, zéro compris. ‖ ℕ* désigne l'ensemble des entiers naturels privé du zéro. ‖ **N,** symbole chimique de l'*azote.* ‖ **N,** symbole du *newton.* ‖ **n,** symbole de *nano.* ‖ **N.** s'emploie dans les récits pour désigner qqn qu'on ne veut pas nommer. ‖ **N.m,** symbole du *newton-mètre.* ‖ **N/m,** symbole du *newton par mètre.*

Na, symbole chimique du *sodium.*

NA! interj. enfantine servant à renforcer une affirmation, une négation.

NABAB [nabab] n. m. (mot hindi; de l'ar.). Titre donné dans l'Inde musulmane aux grands dignitaires de la cour des sultans et aux gouverneurs de provinces. ‖ Homme riche qui fait étalage de son opulence.

NABATÉEN, ENNE adj. Relatif aux Nabatéens.

NABI n. m. (mot hébr.). Prophète hébreu. ‖ Nom que se sont choisi les membres d'un mouvement artistique de la fin du XIXᵉ s. ■ Le groupe des nabis est constitué en 1888, à Paris, par de jeunes artistes qu'influencent à la fois l'école de Pont-Aven, le japonisme et l'enseignement de G. Moreau. Les principaux peintres du groupe sont Sérusier, M. Denis, Bonnard, Vuillard, Paul Ranson (1864-1909),

nabis : *le Verger des vierges sages* (1893) de Maurice Denis

Ker-Xavier Roussel (1867-1944); la plupart d'entre eux accordent une place importante, dans leur œuvre, à des travaux décoratifs.

NABLE n. m. (néerl. *nagel,* boulon). Ouverture pratiquée au voisinage de la quille d'une embarcation et permettant d'évacuer l'eau séjournant dans les fonds ou dans le double fond.

NABOT, E n. (de *nain* et *bot*). Péjor. Personne de très petite taille.

NABUCHODONOSOR n. m. Grosse bouteille de champagne d'une contenance de 20 bouteilles.

NACELLE n. f. (bas lat. *navicella;* de *navis,* navire). *Litt.* Petite barque sans mât ni voile. ‖ Panier suspendu à un ballon, où prennent place les aéronautes. ‖ *Carénage contenant le groupe propulseur d'un avion.* ‖ *Manut.* Coque carénée suspendue ou portée par un bras, dans laquelle prend place l'ouvrier effectuant certains travaux.

NACRE n. f. (it. *naccaro*). Substance dure, irisée, riche en calcaire, produite par certains mollusques à l'intérieur de leur coquille, et utilisée en bijouterie et en tabletterie. (La nacre des coquilles est faite de couches planes, tandis que les perles fines, produites par les coquillages, sont constituées par des couches sphériques et concentriques faites des mêmes éléments que ceux de la nacre.)

NACRÉ, E adj. Qui a l'apparence, le miroitement irisé de la nacre.

NACRER v. t. Donner l'aspect de la nacre, notamment aux fausses perles.

NADIR n. m. (mot ar.). Point de la sphère céleste représentatif de la direction verticale descendante en un lieu donné (par oppos. à *zénith*).

NÆVO-CARCINOME n. m. Tumeur maligne de la peau, formée à partir d'un nævus.

NÆVUS [nevys] n. m. (mot lat., *tache*) [pl. *nævi*]. Lésion de la peau, de couleur noire ou rose, simple tache ou saillie recouverte de poils.

NÂGARI n. f. et adj. Syn. de DEVANÂGARÎ.

NAGE n. f. Action, manière de nager. ‖ *Mar.* Action de ramer. ‖ *À la nage,* en nageant; mode de préparation de certains crustacés préparés et servis dans un court-bouillon. ‖ *Être en nage,* couvert de sueur. ‖ *Nage libre,* crawl. ‖ *Se jeter à la nage,* se jeter dans l'eau pour nager.

NAGEOIRE n. f. Membre ou appendice court et plat, permettant la nage de nombreux animaux aquatiques (poissons, cétacés, tortues).

NAGER v. i. (lat. *navigare,* naviguer) [conj. 1]. Se soutenir et avancer sur ou dans l'eau soit par des mouvements des membres (homme) ou à l'aide de nageoires (poissons), soit par expulsion d'eau (pieuvre), soit par ondulations (serpents aquatiques). ‖ Flotter sur l'eau ou sur un liquide : *le bois nage sur l'eau.* ‖ *Fam.* Être fort au large : *nager dans ses vêtements.* ‖ *Fam.* Ne savoir que faire, être dans les pires difficultés. ‖ *Mar.* Ramer. ● *Nager dans,* être dans un état complet de : *nager dans la joie.* ‖ *Nager entre deux eaux,* ménager deux partis opposés. ‖ *Savoir nager* (Fam.), savoir se débrouiller. ◆ v. t. Pratiquer une forme de natation; parcourir une distance à la nage : *nager le crawl.*

NAGEUR, EUSE n. Personne qui nage. ‖ *Mar.* Rameur. ● *Maître nageur,* professeur de natation. ‖ *Nageur de combat* (fam. *homme-grenouille*), marin équipé d'un appareil lui permettant de se mouvoir sous l'eau et d'y conduire une opération sous-marine.

NAGUÈRE adv. (de *n'a* et *guère*). *Litt.* Il y a quelque temps.

NAHUA adj. et n. Se dit d'un groupe amérindien émigré du territoire des États-Unis vers le Mexique entre le VIIᵉ et le XIIᵉ s. (Parmi ce groupe se trouvaient les Aztèques.)

NAHUATL adj. et n. Se dit d'un dialecte nahua parlé par les Aztèques.

NAÏADE n. f. (lat. *naias, naiadis;* mot gr.). Nymphe des eaux. ‖ Plante des eaux douces de l'Europe centrale.

NAÏF, IVE adj. et n. (lat. *nativus,* natif). Candide, ingénu, sans artifice, spontané : *un enfant naïf.* ‖ Inexpérimenté, crédule, sans finesse : *réponse naïve; il me prend pour un naïf.* ● *Art naïf,* art pratiqué par des autodidactes doués d'ingéniosité et ne prétendant pas à l'imitation de l'art « savant » (académique ou d'avant-garde) qui leur est contemporain. ‖ *Théorie naïve* (Log.), théorie mathématique qui n'est pas axiomatisée.

NAÏF n. m. Peintre pratiquant l'art naïf.

NAIN [nɛ̃], **NAINE** [nɛn] adj. et n. (lat. *nanus*). Dont la taille est de beaucoup inférieure à la taille moyenne. (Contr. GÉANT.)

NAIRA n. m. Unité monétaire principale du Nigeria.

NAISSAIN n. m. (de *naître*). Ensemble des

NAGEOIRES

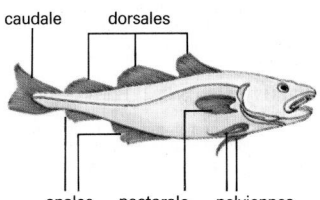

caudale — dorsales

anales — pectorale — pelviennes

615

larves nageuses d'huîtres, de moules, avant leur fixation.

NAISSANCE n. f. (lat. *nascentia*). Venue au monde, mise au monde. ‖ Origine, moment où commence qqch : *naissance d'une idée, d'une nouvelle.* ‖ Endroit où commence qqch : *à la naissance de la gorge.* ‖ Individu considéré à sa naissance : *le nombre des naissances.* ● *Acte de naissance,* acte dressé, lors de la naissance de tout enfant, sur le registre de l'état civil. ‖ *De naissance,* depuis la naissance : *aveugle de naissance.* ‖ *Donner naissance à,* mettre au monde; causer, produire. ‖ *Prendre naissance,* commencer à apparaître.

■ *L'acte de naissance* énonce le jour, l'heure et le lieu de la naissance, le sexe de l'enfant et ses prénoms, les noms, prénoms, âge, domicile et profession des parents et du déclarant. Seuls les membres de la famille peuvent en obtenir une copie intégrale; toute personne peut obtenir un *extrait de naissance* ou un *bulletin de naissance.* La naissance d'un enfant doit être déclarée à la mairie du lieu de l'accouchement dans les trois jours qui suivent celui-ci.

NAISSANT, E adj. Qui naît, qui commence à être, à paraître.

NAÎTRE v. i. (lat. *nasci*) [conj. 59]. Venir au monde. ‖ Commencer à exister, à se manifester; apparaître : *la Seine naît dans le plateau de Langres; le conflit est né d'intérêts opposés.* ● *Être né pour,* avoir des aptitudes spéciales pour. ‖ *Faire naître,* provoquer, produire. ‖ *Ne pas être né d'hier,* être malin, avisé.

NAÏVEMENT adv. Avec naïveté.

NAÏVETÉ n. f. Ingénuité, simplicité d'une personne qui manifeste naturellement ses idées, ses sentiments : *la naïveté d'un enfant.* ‖ Excès de crédulité : *être d'une grande naïveté.* ‖ Propos qui échappe par ignorance, bêtise : *dire des naïvetés.*

NAJA n. m. (mot cinghalais). Serpent venimeux d'Asie et d'Afrique. (Nom usuel : *serpent à lunettes.*) [Syn. COBRA.]

NANA n. f. *Pop.* Jeune fille, femme.

NANAN n. m. *C'est du nanan* (Fam. et vx.), c'est une chose délicieuse.

NANCÉIEN, ENNE adj. et n. De Nancy.

NANDOU n. m. (mot guarani). Oiseau coureur, mesurant 1,65 m de haut, qui habite l'Amérique. (Sous-classe des ratites.)

NANISME n. m. (lat. *nanus,* nain). Infirmité des nains, d'origine génétique, métabolique ou endocrinienne.

NANKIN n. m. Tissu de coton, jaune chamois, qui se fabriqua d'abord à Nankin.

NANO-, préf. (symb. : n) qui, placé devant une unité, la multiplie par 10^{-9}.

NANSOUK [nɑ̃suk] n. m. (mot hindi). Tissu léger de coton, d'aspect soyeux, utilisé en lingerie.

NANTAIS, E adj. et n. De Nantes.

NANTI, E adj. et n. Qui ne manque de rien, riche.

NANTIR v. t. (anc. fr. *nant,* gage). Donner des gages pour garantir une dette, un prêt. ‖ *Litt.* Munir, pourvoir : *nantir de provisions.* ◆ *se nantir* v. pr. *Litt.* Prendre avec soi.

NANTISSEMENT n. m. Contrat par lequel un débiteur remet au créancier, en vue de garantir le paiement de sa dette, un immeuble *(contrat d'antichrèse)* ou un meuble *(contrat de gage).* [Certains nantissements n'impliquent pas le dessaisissement du débiteur : c'est le cas du *warrant.*]

NAOS [naɔs] n. m. (mot gr.). *Antiq.* Salle centrale du temple, abritant la statue du dieu. (Syn. CELLA.) ‖ Dans l'Égypte pharaonique, édicule en bois ou en pierre abritant, au cœur du temple, la statue du dieu.

NAPALM n. m. (de *Na,* symbole du sodium, et de *palm[itate]*). Essence gélifiée par le palmitate de sodium ou d'aluminium, utilisée pour le chargement de projectiles incendiaires.

NAPEL n. m. (lat. *napus,* navet). Aconit des montagnes.

NAPHTA n. m. (mot lat.). Distillat du pétrole,

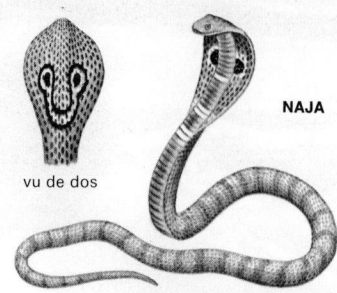

vu de dos

NAJA

intermédiaire entre l'essence et le kérosène.

NAPHTALÈNE n. m. Hydrocarbure aromatique $C_{10}H_8$, formé de deux noyaux benzéniques accolés, constituant principal de la naphtaline.

NAPHTALINE n. f. Nom commercial du naphtalène impur.

NAPHTAZOLINE n. f. Vasoconstricteur utilisé pour décongestionner les muqueuses nasale ou oculaire.

NAPHTE n. m. (lat. *naphta;* mot gr.). Syn. de PÉTROLE BRUT.

NAPHTOL n. m. Phénol dérivé du naphtalène, et qui est antiseptique.

NAPOLÉON n. m. Pièce d'or française de 20 F.

NAPOLÉONIEN, ENNE adj. Relatif aux Napoléon, à leur système, et plus particulièrement à Napoléon Ier.

NAPOLITAIN, E adj. et n. De Naples. ● *Tranche napolitaine,* glace disposée par couches diversement parfumées, et servie en tranches.

NAPPAGE n. m. Action de napper.

NAPPE n. f. (lat. *mappa*). Linge dont on couvre la table pour prendre les repas. ‖ Vaste étendue plane, en surface ou sous terre : *nappe d'eau, de pétrole.* ‖ *Math.* Portion illimitée et d'un seul tenant d'une surface courbe. (Le sommet d'une surface conique la divise en deux nappes.) ‖ *Text.* Ensemble composé de fibres maintenues par leur adhérence réciproque; ensemble des fils composant la chaîne d'un tissu avant tissage. ● *Écoulement* ou *ruissellement en nappe,* dans les régions où la couverture végétale est discontinue, écoulement rapide des eaux en une mince pellicule qui couvre toute la surface d'un versant. ‖ *Nappe de feu,* vaste étendue embrasée. ‖ *Nappe de gaz,* quantité de gaz lourd qui s'étale sur le sol.

NAPPER v. t. Couvrir un mets, une fois dressé sur un plat, avec la sauce d'accompagnement.

NAPPERON n. m. Petite nappe.

NARCISSE n. m. (de *Narcisse,* personnage myth.). Plante bulbeuse, à fleurs jaunes ou blanches munies d'une sorte de couronne dorée, souvent cultivée comme ornementale. (Famille des amaryllidacées. Le *narcisse des bois* s'appelle *jonquille.*) ‖ *Litt.* Homme amoureux de lui-même.

NARCISSIQUE adj. Relatif au narcissisme.

NARCISSISME n. m. Amour exclusif de sa propre personne. ‖ *Psychanal.* Investissement de la libido sur la personne propre.

NARCO-ANALYSE n. f. Technique d'investigation psychologique visant à la résurgence de souvenirs oubliés, en provoquant la baisse du niveau de vigilance par l'injection intraveineuse d'un hypnotique.

NARCOLEPSIE n. f. *Méd.* Accès brusque et irrésistible de sommeil, s'accompagnant souvent d'une chute.

NARCOSE n. f. (gr. *narkê,* sommeil). Sommeil artificiel obtenu par administration intraveineuse d'un hypnotique.

NARCOTIQUE adj. et n. m. (gr. *narkôtikos;* de *narkê,* engourdissement). Qui provoque le sommeil.

NARD n. m. (gr. *nardos*). Graminée commune dans les prés. ‖ Parfum extrait de diverses valérianacées.

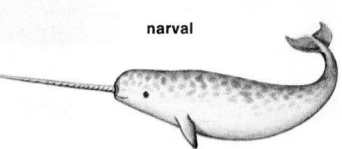

narcisse

narval

NARGUER v. t. Regarder avec insolence, braver : *narguer les autorités, le danger.*

NARGUILÉ ou **NARGHILÉ** n. m. (mot persan). Pipe orientale à long tuyau flexible, dans laquelle la fumée passe par un flacon rempli d'eau parfumée avant d'arriver à la bouche.

NARINE n. f. (lat. *naris*). Chacune des deux ouvertures du nez, chez l'homme et chez les mammifères.

NARQUOIS, E adj. (mot d'arg.). Qui se moque avec une ironie fine, malicieux.

NARRATEUR, TRICE n. Personne qui raconte.

NARRATIF, IVE adj. Qui appartient au récit.

NARRATION n. f. (lat. *narratio*). Récit, exposé détaillé d'une suite de faits. ‖ Exercice scolaire qui consiste à faire un récit écrit sur un sujet donné.

NARRER v. t. (lat. *narrare*). *Litt.* Exposer dans le détail, faire connaître par un récit : *narrer ses mésaventures.*

NARTHEX n. m. (mot gr.). Portique ou vestibule parfois élevé en avant de la nef des basiliques chrétiennes, et où se tenaient les catéchumènes.

NARVAL n. m. (mot norvég.) [pl. *narvals*]. Mammifère cétacé des mers arctiques, atteignant 4 m de long et appelé *licorne de mer* à cause de la longue dent (2 à 3 m) que porte le mâle.

NASAL, E, AUX adj. (lat. *nasus,* nez). Relatif au nez. ‖ *Phon.* Se dit d'un phonème pendant l'articulation duquel le voile du palais est abaissé, ce qui permet à l'air expiré de vibrer dans les fosses nasales comme [m], [ɑ̃], etc. ● *Fosses nasales,* les deux cavités limitées par l'ethmoïde et le palais, séparées par la lame perpendiculaire, et où l'air pénètre par les narines avant de passer dans les poumons.

NASALISATION n. f. Action de nasaliser.

NASALISER v. t. Prononcer avec une résonance nasale.

NASALITÉ n. f. Caractère du son nasal.

NASARD n. m. Jeu de mutation de l'orgue.

NASEAU n. m. (lat. *nasus,* nez). Narine de certains animaux comme le cheval, le bœuf, etc.

NASILLARD, E adj. Qui vient du nez.

NASILLEMENT n. m. Action de nasiller.

NASILLER v. i. (lat. *nasus,* nez). Parler avec le nez bouché ou comme s'il l'était; émettre des sons dont la résonance est analogue. ‖ Crier, en parlant du canard.

NASILLEUR, EUSE n. Personne qui nasille.

NASIQUE n. m. (lat. *nasica,* au grand nez). Singe de Bornéo, à nez long et mou. ‖ Serpent arboricole, non venimeux, du sud de l'Asie, à museau prolongé en pointe. (Long. 1,50 m.)

NASITORT [nazitɔr] n. m. (lat. *nasus,* nez, et *tortus,* tordu). Autre nom du CRESSON ALÉNOIS.

nage sur le dos (dos crawlé)

brasse

NATATION

nage libre (crawl)

départ plongé

nage papillon

NASONNEMENT n. m. Modification de la voix, due à une résonance nasale exagérée.

NASSE n. f. (lat. *nassa*). Panier pour prendre du poisson. ‖ Filet pour prendre des petits oiseaux. ‖ Mollusque gastropode, à coquille striée, vivant sur les côtes de l'Europe.

NASTIE n. f. (gr. *nastos*, pressé). Mouvement relativement rapide d'un végétal en réaction à un choc, à un contact, à une secousse ou à tout autre facteur.

NATAL, E, ALS adj. (lat. *natalis*; de *natus*, naissance). Où l'on est né.

NATALISTE adj. Qui vise à favoriser la natalité.

NATALITÉ n. f. Rapport entre le nombre des naissances et celui des habitants d'une région pendant un temps donné. (Le *taux de natalité* exprime le nombre d'enfants nés vivants par rapport à un groupe moyen de 1 000 habitants. Il varie de 10 pour 1 000 dans certains pays d'Europe à plus de 40 pour 1 000 dans certains pays en voie de développement.)

NATATION n. f. (lat. *natatio*; de *natare*, nager). Action de nager, considérée comme un exercice, un sport. ‖ Propulsion active des animaux au sein des eaux ou à leur surface.

NATATOIRE adj. *Vessie natatoire*, poche située dans l'abdomen de certains poissons, pleine d'oxygène et d'azote, et dont le rôle est discuté.

NATICE n. f. Mollusque gastropode des plages de l'Europe occidentale, dont la coquille rappelle celle de l'escargot.

NATIF, IVE adj. et n. (lat. *nativus*). *Natif de quelque part*, originaire de cet endroit : *il est natif de Quimper*. ◆ adj. Naturel, inné : *peur native des araignées*. ‖ Se dit d'un métal qui se trouve dans la nature non combiné.

NATION n. f. (lat. *natio*). Grande communauté humaine, le plus souvent installée sur un même territoire, et qui possède une unité historique, linguistique, culturelle, économique plus ou moins forte. ‖ *Dr.* Personne juridique formée par l'ensemble des individus régis par une même constitution, distincte de ceux-ci et titulaire de la souveraineté.

NATIONAL, E, AUX adj. Qui appartient à une nation, qui en est issu : *hymne national; Assemblée nationale.* ‖ Qui intéresse l'ensemble du pays : *équipe nationale.* ‖ Syn. de NATIONALISTE. ● *Route nationale*, ou *nationale* n. f., route construite et entretenue par l'État.

NATIONALISATION n. f. Transfert à la collectivité de la propriété de certains moyens de production appartenant à des particuliers, en vue soit de mieux servir l'intérêt public, soit de mieux assurer l'indépendance de l'État ou d'interdire la réalisation de bénéfices privés dans certaines activités, soit de sanctionner les propriétaires pour leurs agissements passés.

■ En France, les principales nationalisations ont porté sur certaines fabrications d'armement (1936), la Banque de France (1936-1945), les chemins de fer (1937), les houillères (1944-1946), les grandes banques de dépôt (1945), les usines Renault (1945), les grandes compagnies d'assurances (1946), la production et la distribution du gaz et de l'électricité (1946), la sidérurgie et de nombreuses banques (1981), etc.

NATIONALISER v. t. Effectuer la nationalisation.

NATIONALISME n. m. Doctrine qui se fonde sur l'exaltation de l'idée de patrie ou de nation. ‖ Mouvement politique d'individus qui prennent conscience de former une communauté nationale en raison des liens (langue, culture) qui les unissent.

NATIONALISTE adj. et n. Qui appartient au nationalisme.

NATIONALITÉ n. f. Groupement de personnes ayant une histoire et des traditions communes, et qui ne forme pas un État. ‖ Nation considérée dans sa vie propre et individuelle : *la nationalité hongroise.* ‖ Lien juridique qui unit une personne, un territoire ou une chose à un État déterminé. ● *Principe des nationalités*, principe selon lequel toute nationalité a le droit de se constituer en État. (Ce principe fut essentiellement appliqué au XIXᵉ s. et après la Première Guerre mondiale.)

NATIONAL-SOCIALISME n. m. Doctrine nationaliste et raciste exposée par Adolf Hitler dans *Mein Kampf* (1923-1924), fondée sur la suprématie de la race germanique. (Syn. NAZISME.)

■ Cette doctrine fut celle du parti ouvrier allemand national-socialiste, fondé par Hitler en 1920 et qui, devenu le parti national-socialiste, accéda au pouvoir avec lui, à la tête de l'Allemagne, en 1933.

NATIONAL-SOCIALISTE adj. et n. (pl. *nationaux-socialistes*). Qui appartient au national-socialisme. (Syn. NAZI.)

NATIONAUX n. m. pl. Personnes qui, au regard des lois internes, possèdent une nationalité précise.

NATIVEMENT adv. De nature, par sa nature.

NATIVISME n. m. *Psychol.* Théorie selon laquelle l'espace et le temps sont donnés dans les sensations elles-mêmes, et non acquis par expérience. (Contr. GÉNÉTISME.)

NATIVISTE adj. et n. Du nativisme.

NATIVITÉ n. f. (lat. *nativitas*). Fête liturgique de la naissance de Jésus-Christ, de la Vierge et de Jean-Baptiste. ‖ *Absol.* (avec une majuscule). La fête de Noël.

NATRÉMIE n. f. Taux sanguin du sodium (ou *natrium*). [Normalement : 3,10 à 3,45 g/l.]

NATRON ou **NATRUM** [natrɔm] n. m. (mot ar.). Carbonate de sodium hydraté naturel. (Le natron servait aux Égyptiens pour conserver les momies.)

NATRONITE n. f. Nitrate naturel de sodium, abondant au Chili.

NATTAGE n. m. Action de natter; état de ce qui est natté.

NATTE n. f. (lat. *matta*). Tissu de paille ou de joncs entrelacés. ‖ Brins de matières diverses que l'on a tressés. ‖ Tresse de cheveux.

NATTER v. t. Tresser en natte.

NATTIER, ÈRE n. Personne qui tisse les fibres de jonc ou de roseau pour faire des tapis.

NATURALISATION n. f. Acte par lequel une personne étrangère peut acquérir — sous certaines conditions et du fait d'une décision du chef de l'État — la nationalité du pays où elle réside. ‖ Acclimatation durable de plantes, d'animaux en un lieu qui leur est étranger. ‖ Art de donner à un animal, à une plante morte l'apparence de la vie.

NATURALISÉ, E n. et adj. Personne qui a obtenu sa naturalisation.

NATURALISER v. t. Donner à un étranger la naturalisation. ‖ Acclimater définitivement. ‖ Conserver par naturalisation.

NATURALISME n. m. École littéraire et artistique du XIXᵉ s., qui, par l'application à l'art des méthodes de la science positive, visait à reproduire la réalité avec une objectivité parfaite et dans tous ses aspects, même les plus vulgaires. ‖ *Philos.* Doctrine qui n'admet pas d'autre réalité que la nature.

NATURALISTE n. Personne qui se livre à l'étude des plantes, des minéraux, des animaux. ‖ Personne qui prépare des animaux pour la conservation dans des collections. (Syn. TAXIDERMISTE.) ◆ adj. et n. Relatif au naturalisme; adepte du naturalisme.

NATURE n. f. (lat. *natura*). Réalité physique existant indépendamment de l'homme (par oppos. à CULTURE). ‖ Ensemble des caractères fondamentaux propres à un être ou à une chose : *la nature humaine; une nature indolente; des emplois de toute nature.* ‖ Ensemble des penchants et des instincts d'un individu. ‖ Modèle naturel qu'un artiste a sous les yeux : *peindre d'après nature.* ‖ *Philos.* Cause productrice d'un être et de son développement. ● *Contre nature*, pervers. ‖ *Dans la nature*, dans un lieu indéterminé, mais écarté. ‖ *De nature à*, capable de. ‖ *En nature*, en productions du sol, en objets réels, et non en argent. ‖ *Être une force de la nature*, être d'une puissance physique ou morale très grande. ‖ *Forcer la nature,* vouloir faire plus que ce qu'on peut. ‖ *Les forces de la nature,* les phénomènes naturels. ‖ *Nature humaine,* ensemble des caractères communs à tous les hommes. ‖ *Nature morte* (Bx-arts), représentation d'animaux morts, de fruits, de légumes, d'objets, de fleurs.

NATURE adj. inv. Au naturel, sans addition ni mélange : *omelette, café nature.* ‖ *Fam.* Naturel, spontané : *personne très nature.*

NATUREL, ELLE adj. Qui appartient à la nature : *phénomènes naturels.* ‖ Qui appartient à une personne, inné : *bonté naturelle.* ‖ Conforme à la raison, à l'usage : *il est naturel de...* ‖ Exempt de recherche, d'affectation, de contrainte : *langage simple et naturel.* ‖ Qui se trouve dans la nature, qui ne doit rien à l'homme : *gaz naturel.* ‖ *Enfant naturel,* né hors du mariage. ‖ *Entier naturel,* chacun des nombres entiers positifs de la suite 0, 1, 2, 3,... ‖ *Mort naturelle,* mort qui résulte d'une maladie ou de l'âge. ‖ *Note naturelle* (Mus.), note qui n'est modifiée par aucune altération. ‖ *Religion naturelle,* ensemble de croyances et de préceptes relatifs à Dieu et à la morale, fondés sur les seules données de la raison et de la conscience.

NATUREL n. m. Ensemble des tendances et des caractères qui appartiennent à un individu, tempérament : *être d'un naturel jaloux.* ‖ Absence d'affectation dans les sentiments, les manières : *manque de naturel.* ‖ Personne native d'un lieu. ● *Au naturel,* préparé ou conservé sans assaisonnement : *boîte de thon au naturel.*

NATURELLEMENT adv. Par une manière naturelle, conformément à sa nature : *être naturellement gai.* ‖ D'une manière aisée, simple : *cela s'explique naturellement.* ‖ Par une conséquence logique, d'une manière inévitable : *naturellement, il n'est pas encore arrivé.*

NATURISME n. m. Tendance à suivre de près la nature; doctrine hygiénique et sportive appliquant cette tendance. ‖ Syn. de NUDISME.

NATURISTE adj. et n. Qui appartient au naturisme; qui pratique le naturisme.

NAUCORE n. f. (gr. *naûs,* navire, et *koris,* punaise). Insecte des eaux stagnantes, carnivore. (Long. 2 cm; ordre des hétéroptères.)

NAUFRAGE n. m. (lat. *naufragium*). Perte d'un bâtiment en mer. ‖ Ruine complète : *le naufrage d'une entreprise.* ● *Faire naufrage,* couler, disparaître sous les flots, en parlant d'un bateau ou des personnes à bord.

NAUFRAGÉ, E adj. et n. Qui a fait naufrage.

NAUFRAGEUR, EUSE n. Personne qui, par de faux signaux ou d'autres manœuvres, provoquait des naufrages pour s'emparer des épaves. ‖ Personne qui cause la ruine d'autrui.

NAUMACHIE [nomaʃi] n. f. (gr. *naumakhia*). Dans la Rome antique, spectacle d'un combat naval; grand bassin aménagé à cet effet.

NAUPATHIE n. f. *Méd.* Mal de mer.

NAUPLIUS [nopliys] n. m. (mot lat.). Première forme larvaire des crustacés.

NAUSÉABOND, E adj. (lat. *nauseabundus*). Qui cause des nausées, écœurant, dégoûtant : *odeur nauséabonde.*

NAUSÉE n. f. (lat. *nausea,* mal de mer). Envie de vomir : *avoir des nausées.* ‖ Profond dégoût : *ces façons de faire donnent la nausée.*

NAUSÉEUX, EUSE adj. Qui provoque des nausées. ‖ Qui souffre de nausées.

NAUTILE n. m. (gr. *nautilos,* matelot). Mollusque céphalopode des mers chaudes, à coquille spiralée et cloisonnée à l'intérieur, qui existe depuis l'ère primaire. (Diamètre 25 cm.)

NAUTIQUE adj. (lat. *nauticus,* naval). Qui appartient à la navigation. ‖ Qui concerne les sports pratiqués sur l'eau.

NAUTISME n. m. Ensemble des sports nautiques, notamment la navigation de plaisance.

NAUTONIER n. m. (lat. *nauta,* matelot). *Litt.* Qui conduit un navire, une barque.

NAVAJA [navaʒa] n. f. (mot esp.). Long couteau espagnol, à lame effilée.

NAVAL, E, ALS adj. (lat. *navalis;* de *navis,* navire). Qui concerne la navigation : *construc-* tions navales. ‖ Relatif aux marines de guerre. ● *École navale,* école de formation des officiers de la marine militaire, fondée à Brest en 1830 (installée depuis 1945 à Lanvéoc-Poulmic).

NAVALISATION n. f. *Arm.* Opération permettant l'installation et l'emploi sur un navire de guerre d'une arme ou d'un matériel conçu initialement pour être employé à terre ou sur un aéronef.

NAVARIN n. m. (de *Navarin,* n. d'une bataille). Ragoût de mouton préparé avec des pommes de terre, des navets, des carottes, etc.

NAVARQUE n. m. *Antiq. gr.* Commandant d'une flotte ou d'un navire de guerre.

NAVARRAIS, E adj. et n. De Navarre.

NAVEL n. f. Variété d'orange.

NAVET n. m. (lat. *napus*). Plante potagère à racine comestible. (Famille des crucifères.) ‖ Sa racine. ‖ *Fam.* Œuvre littéraire ou artistique sans valeur et sans intérêt.

NAVETTE n. f. (dimin. de *nef*). Instrument de tisserand pour faire passer les fils de la trame entre les fils de la chaîne d'une étoffe. ‖ Pièce de la machine à coudre qui renferme la canette. ‖ Véhicule à court parcours et à trajet répété. ‖ *Dr.* Passage d'une proposition ou d'un projet de loi d'une assemblée à l'autre, tant que subsiste un désaccord de celles-ci sur le texte projeté. ‖ *Liturg.* Petit récipient où l'on met l'encens destiné à être brûlé à l'église. ● *Faire la navette,* aller et venir de façon continuelle. ‖ *Navette spatiale,* véhicule spatial réutilisable, conçu pour assurer les liaisons entre la Terre et l'espace circumterrestre.

NAVETTE n. f. (de *navet*). Plante voisine du colza, dont les graines fournissent une huile. (Famille des crucifères.)

NAVICERT [navisɛrt] n. m. inv. (mot angl.). Permis de navigation accordé par un gouvernement à un bâtiment de commerce en temps de blocus.

NAVICULAIRE adj. (lat. *navicula,* nacelle). *Anat.* Qui a la forme d'une nacelle.

NAVICULE n. f. Algue microscopique du groupe des diatomées, agent de la coloration verte de certaines huîtres.

NAVIGABILITÉ n. f. État d'une rivière navigable. ‖ État d'un navire pouvant tenir la mer, d'un avion pouvant voler.

NAVIGABLE adj. Où l'on peut naviguer.

NAVIGANT, E adj. et n. Qui navigue. ● *Personnel navigant,* personne appartenant aux équipages des avions.

NAVIGATEUR n. et adj. m. Membre de l'équipage d'un navire ou d'un avion, chargé de relever le chemin parcouru et de déterminer la route à suivre. ‖ *Litt.* Marin : *les Phéniciens étaient de hardis navigateurs.*

NAVIGATION n. f. Action de conduire d'un point à un autre un véhicule maritime, aérien ou spatial et d'en déterminer la position à chaque instant.

NAVIGUER v. i. (lat. *navigare*). Voyager sur l'eau ou dans les airs. ‖ Faire suivre à un navire ou à un avion une route déterminée. ‖ Se comporter à la mer : *bateau qui navigue bien.* ● *Savoir naviguer,* savoir éviter les obstacles.

NAVIRE n. m. (lat. *navigium*). Bâtiment ponté, d'assez fort tonnage, et destiné à la navigation en pleine mer.

NAVIRE-CITERNE n. m. (pl. *navires-citernes*). Navire de charge dont les cales constituent ou contiennent des citernes pour le transport des cargaisons liquides en vrac.

NAVIRE-HÔPITAL n. m. (pl. *navires-hôpitaux*). Paquebot aménagé pour le transport des malades et des blessés.

NAVIRE-JUMEAU n. m. (pl. *navires-jumeaux*). Navire possédant les mêmes caractéristiques de construction que l'autre.

NAVISPHÈRE n. f. Instrument en forme de sphère, représentant la voûte céleste, sur lequel le navigateur peut reconnaître le nom de l'étoile dont il a pris la hauteur au sextant.

NAVRANT, E adj. Qui cause une vive affliction. ‖ Lamentable.

NAVRER v. t. (mot norrois). Causer une grande peine, une vive affliction.

NAZARÉEN, ENNE adj. et n. De Nazareth. ‖ Nom donné par les Juifs à Jésus et aux premiers chrétiens. ● *École nazaréenne,* groupe de peintres allemands du XIXᵉ s.

■ Profondément religieux, les nazaréens s'installèrent à partir de 1810 environ à Rome, où ils vécurent en confrérie et s'inspirèrent de l'idéalisme des primitifs italiens. Les plus connus d'entre eux sont Overbeck, qui demeura toute sa vie à Rome, et Cornelius, qui travailla et enseigna à Munich, Düsseldorf et Berlin.

NAZCA adj. et n. Se dit d'une culture précolombienne de la côte sud du Pérou (300 av. J.-C. - 600 apr. J.-C.).

NAZI, E adj. et n. Syn. de NATIONAL-SOCIALISTE.

NAZISME n. m. Syn. de NATIONAL-SOCIALISME.

Nb, symbole chimique du *niobium.*

N. B. C., sigle de NUCLÉAIRE, BIOLOGIQUE, CHIMIQUE, utilisé pour désigner les armes de ce type (appelées aussi *armes spéciales*) et les mesures ou moyens concernant ces armes.

Nd, symbole chimique du *néodyme.*

Ne, symbole chimique du *néon.*

NE adv. (lat. *non*). Indique une négation dans le groupe verbal, ordinairement accompagné des mots *pas, point, rien, aucun,* etc. ● *« Ne » explétif,* celui qui, employé seul, n'exprime pas l'idée de négation dans les propositions subordonnées comparatives ou dans celles qui dépendent d'un verbe exprimant la crainte, le doute, etc. : *il est plus riche que vous* NE *pensez; je crains qu'il* NE *vienne.*

NÉ, E adj. (de *naître*). De naissance : *aveuglené.* ● *Bien né,* d'une famille honorable.

NÉANDERTALIEN, ENNE adj. et n. m. (de *Neandertal,* en Allemagne). Se dit d'un type de paléanthropien rapporté à l'espèce *Homo sapiens* dont il constitue une sous-espèce. (Syn. HOMME DE NEANDERTAL.)

NÉANMOINS adv. (de *néant* et *moins*). Marque une opposition; pourtant : *ce sacrifice est pénible, néanmoins il est nécessaire.*

NÉANT n. m. (lat. pop. *ne gentem,* personne). Défaut d'existence; ce qui n'existe point. ‖ Ce qui s'oppose à l'être. ● *Tirer du néant,* créer. ‖ *Tirer qqn du néant,* l'élever d'une situation très humble à une position honorable.

NÉANTHROPIEN, ENNE adj. et n. m. Se dit d'une forme d'anthropien rapportée à la sous-espèce *Homo sapiens,* comprenant en particulier les races fossiles de Cro-Magnon, Chancelade et Grimaldi, ainsi que tous les hommes actuels.

NÉANTISATION n. f. *Philos.* Pour les existentialistes, opération de la conscience qui consiste à évoquer un être pour en affirmer le néant.

NÉANTISER v. t. *Philos.* Faire disparaître, supprimer.

NÉBULEUSE [nebylɔz] n. f. *Astron.* Amas peu homogène de qqch. ‖ *Astron.* Nuage concentré de matière interstellaire. ● *Nébuleuse diffuse* ou à *émission,* nébuleuse éclairée par des étoiles chaudes et qui, par suite, émet de la lumière. ‖ *Nébuleuse obscure,* nébuleuse qui n'est éclairée par aucune étoile et apparaît sous l'aspect d'un nuage sombre masquant les astres situés

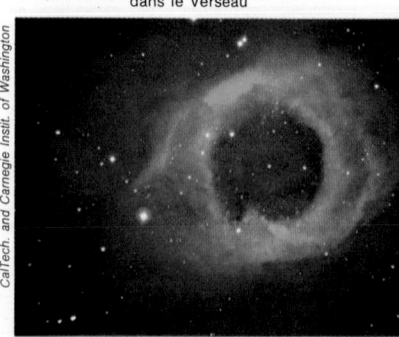

nébuleuse planétaire « Hélix » (NGC 7293), dans le Verseau

derrière. ‖ *Nébuleuse planétaire,* nébuleuse de forme approximativement circulaire, formée de matière éjectée par une étoile centrale. ‖ *Nébuleuse par réflexion,* nébuleuse qui apparaît lumineuse parce qu'elle réfléchit la lumière d'étoiles situées dans son voisinage. ‖ *Nébuleuse spirale* ou *extragalactique,* syn. ancien de GALAXIE.

NÉBULEUX, EUSE adj. (lat. *nebulosus;* de *nebula,* nuage). Obscurci par les nuages : *ciel nébuleux.* ‖ Obscur, peu intelligible : *projet nébuleux.*

NÉBULISATION n. f. Action de nébuliser.

NÉBULISER v. t. Projeter un liquide en fines gouttelettes à l'aide d'un nébuliseur.

NÉBULISEUR n. m. Appareil permettant de pulvériser un liquide en fines gouttelettes, notamment une substance médicamenteuse.

NÉBULOSITÉ n. f. Obscurcissement léger. ‖ Rapport entre la surface du ciel couverte par les nuages et la surface totale au-dessus d'un lieu.

NÉCESSAIRE adj. (lat. *necessarius*). Dont on a absolument besoin pour que qqch soit obtenu, indispensable : *les moyens nécessaires à la recherche.* ‖ Se dit de qqn dont l'absence est nuisible : *se rendre nécessaire.* ‖ Qui arrive infailliblement : *voilà le résultat nécessaire de votre imprévoyance.* ‖ *Philos.* Qui ne peut pas ne pas se produire dans des conditions données, au sein d'un processus donné (contr. CONTINGENT); se dit de ce qui dépend de la logique et correspond à une loi de la pensée.

NÉCESSAIRE n. m. Ce qui est indispensable pour les besoins de la vie : *manquer du nécessaire.* ‖ Ce qui est essentiel, important : *faites le nécessaire.* ‖ Boîte, sac, mallette, etc., qui renferme divers objets utiles ou commodes.

NÉCESSAIREMENT adv. Absolument, forcément : *il faut nécessairement que cela soit fait.* ‖ Par une conséquence rigoureuse.

NÉCESSITANT, E adj. *Théol.* Se dit de la grâce qui contraint.

NÉCESSITÉ n. f. (lat. *necessitas*). Caractère de ce qui est nécessaire; chose, condition ou moyen nécessaire : *objets de première nécessité.* ● *État de nécessité* (Dr.), situation dans laquelle un particulier ou un gouvernement accomplit une action constituant une infraction aux lois, mais qui, du fait des circonstances, bénéficie légalement de l'impunité.

NÉCESSITER v. t. Rendre nécessaire, exiger, réclamer.

NÉCESSITEUX, EUSE adj. et n. Qui manque des choses nécessaires à la vie, indigent.

NECK [nɛk] n. m. (mot angl., *cou*). Piton de roches dures correspondant à l'emplacement d'une cheminée volcanique, mis en relief par l'érosion.

NEC PLUS ULTRA [nɛkplyzyltra] loc. adj. et n. m. (mots lat., *rien au-delà*). Se dit de qqch dont la valeur ne saurait être dépassée.

NÉCROBIE n. f. (gr. *nekros,* mort, et *bios,* vie). Insecte coléoptère, rouge à l'avant, bleu-vert à l'arrière, vivant sur des matières en décomposition. (Long. 5 mm).

NÉCROLOGE n. m. Registre communal ou paroissial contenant les noms des morts avec la date du décès.

NÉCROLOGIE n. f. Liste des personnes mortes dans un certain espace de temps. ‖ Écrit consacré à un défunt, mort récemment.

NÉCROLOGIQUE adj. Relatif à la nécrologie.

NÉCROLOGUE n. Auteur de nécrologies.

NÉCROMANCIE n. f. (gr. *nekros,* mort, et *manteia,* prédiction). Évocation des morts pour connaître l'avenir ou une chose cachée.

NÉCROMANCIEN, ENNE n., ou **NÉCROMANT** n. m. Personne qui pratique la nécromancie.

NÉCROPHAGE adj. Se dit d'un animal qui se nourrit de cadavres.

NÉCROPHILE adj. et n. Atteint de nécrophilie.

NÉCROPHILIE n. f. Perversion consistant à pratiquer le coït avec un cadavre.

NÉCROPHORE n. m. (gr. *nekrophoros,* qui transporte les morts). Insecte coléoptère qui

néflier : feuilles, fleurs et fruits

enterre les cadavres d'animaux avant d'y déposer ses œufs. (Long. : 2 à 3 cm.)

NÉCROPOLE n. f. (gr. *nekros,* mort, et *polis,* ville). Vastes lieux de sépultures dans l'Antiquité. ‖ *Litt.* Grand cimetière.

NÉCROPSIE n. f. Syn. de AUTOPSIE (vx).

NÉCROSE n. f. (gr. *nekrôsis,* mortification). *Méd.* Mortification, gangrène d'un tissu.

NÉCROSER v. t. Produire la nécrose de. ◆ **se nécroser** v. pr. Être atteint de nécrose.

NÉCROTIQUE adj. Relatif à la nécrose.

NECTAIRE n. m. (de *nectar*). *Bot.* Glande produisant le nectar, habituellement placée à l'intérieur d'une fleur. (Les éperons des orchidées, des ancolies sont des nectaires.)

NECTAR n. m. (lat. *nectar;* mot gr.). *Litt.* Vin excellent, liqueur exquise. ‖ *Antiq. gr.* Breuvage des dieux. ‖ *Bot.* Liquide sucré sécrété par les nectaires des fleurs.

NECTARIFÈRE adj. Qui sécrète le nectar.

NECTARINE n. f. Pêche à peau lisse dont le noyau n'adhère pas à la chair.

NECTON n. m. (gr. *nêktos,* qui nage). Ensemble des animaux marins qui nagent activement, par oppos. au PLANCTON.

NÉERLANDAIS, E adj. et n. Des Pays-Bas.

NÉERLANDAIS n. m. Langue germanique parlée aux Pays-Bas et dans le nord de la Belgique.

NEF n. f. (lat. *navis*). Grand navire à voiles, au Moyen Âge. ‖ Partie d'une église qui s'étend depuis le chœur jusqu'à la façade principale; chacun des vaisseaux susceptibles de composer cette partie.

NÉFASTE adj. (lat. *nefastus*). Qui entraîne la mort, la ruine; fatal, dangereux : *régime néfaste.* ‖ *Antiq. rom.* Se dit du jour où il était défendu par la religion de vaquer aux affaires publiques.

NÈFLE n. f. (bas lat. *mespila*). Fruit comestible du néflier. ● *Des nèfles !* (Fam.), interj. ayant la valeur d'un refus.

NÉFLIER n. m. Arbrisseau, épineux à l'état sauvage, de la famille des rosacées, dont le fruit est la nèfle.

NÉGATEUR, TRICE adj. et n. *Litt.* Qui a l'habitude de nier.

NÉGATIF, IVE adj. (lat. *negare,* nier). Qui marque le refus : *réponse négative.* ‖ Dépourvu d'éléments constructifs, inefficace : *critique négative.* ‖ Se dit de tout ce qui peut être considéré comme inverse. ● *Électricité négative,* l'une des deux formes d'électricité statique. ‖ *Grandeur négative* (Math.), grandeur dont le signe est opposé à celui d'une grandeur positive de même nature. ‖ *Nombre négatif,* nombre obtenu en affectant du signe − le nombre positif de même valeur absolue.

NÉGATIF n. m. Image photographique sur film, où la valeur des tons est inversée.

NÉGATION n. f. Action de nier. ‖ Adverbe ou conjonction qui sert à nier, comme *ne, non, pas,* etc. ‖ *Philos.* Pour les hégéliens, premier temps d'une contradiction, dans la dialectique, où ce qui était posé s'oppose à son être autre. ‖ *Négation de la négation* (Philos.), deuxième temps d'une contradiction, au cours duquel les termes opposés se réconcilient en se dépassant. ‖ *Néga-*

tion d'une proposition P (Log.), proposition notée ∼ P, P̄ ou ⌐P, consistant dans l'énoncé du contraire de P et vraie si, et seulement si, la proposition P est fausse. ‖ *Principe de la double négation* (Log.), loi suivant laquelle, s'il est faux que A soit faux, alors A est vrai.

NÉGATIVE n. f. *Répondre par la négative,* répondre par un refus.

NÉGATIVEMENT adv. De façon négative.

NÉGATIVISME n. m. Attitude caractérisée par le refus de tout, érigé en système. ‖ *Psychol.* Résistance automatique à toute stimulation interne ou externe.

NÉGATIVITÉ n. f. Caractère de ce qui est négatif. ‖ *Philos.* Pour les hégéliens, caractère propre de la contradiction qui permet le mouvement de la vérité, par différenciation interne.

NÉGATON n. m. Syn. de ÉLECTRON (par oppos. à POSITON).

NÉGATOSCOPE n. m. Écran lumineux servant à examiner par transparence les négatifs radiographiques.

NÉGLIGÉ n. m. Absence de recherche, laisser-aller. ‖ Léger vêtement d'intérieur.

NÉGLIGEABLE adj. Qui peut être négligé. ● *Quantité négligeable,* se dit de qqn dont on ne peut pas tenir compte.

NÉGLIGEMMENT adv. Avec négligence.

NÉGLIGENCE n. f. (lat. *negligentia*). Manque de soin, d'application, d'exactitude, laisser-aller. ‖ Faute légère, manque de précision : *négligence de style.* ‖ *Dr.* Faute non intentionnelle de celui qui a omis d'accomplir un acte qui lui incombait.

NÉGLIGENT, E adj. et n. (lat. *negligens*). Qui montre de la négligence.

NÉGLIGER v. t. (lat. *negligere*) [conj. 1]. Laisser de côté, omettre de faire : *négliger ses devoirs.* ‖ Laisser sans soins, ne pas cultiver : *négliger sa tenue, ses talents.* ‖ Traiter sans attention, délaisser : *négliger ses amis.* ◆ **se négliger** v. pr. Ne plus prendre soin de sa personne.

NÉGOCE n. m. (lat. *negotium,* affaire). *Litt.* Commerce important.

NÉGOCIABILITÉ n. f. Qualité du titre représentatif d'une créance lorsque sont respectées certaines conditions, notamment de forme, qui en permettent la transmission à un tiers selon les procédés admis par le droit commercial.

NÉGOCIABLE adj. Qui peut être négocié.

NÉGOCIANT, E n. Personne qui fait le commerce en gros.

NÉGOCIATEUR, TRICE n. Agent diplomatique; intermédiaire dans une affaire.

NÉGOCIATION n. f. Pourparlers en vue d'un accord. ‖ Transmission des titres, des effets de commerce. ● *Négociation collective,* discussion entre partenaires sociaux relative aux problèmes du travail.

NÉGOCIER v. t. (lat. *negotiari,* faire du commerce). Traiter, discuter pour arriver à un accord. ‖ Monnayer un effet de commerce, une valeur. ● *Négocier un virage* (Fam.), manœuvrer pour bien exécuter un virage à grande vitesse.

NÉGONDO n. m. → NEGUNDO.

NÈGRE, NÉGRESSE n. (esp. *negro;* lat. *niger,* noir). Personne appartenant à la race noire (mot péjor., remplacé par NOIR). ‖ *Fam.* Personne qui prépare ou rédige un travail littéraire, scientifique ou artistique pour autrui. ● *Nègre blanc,* albinos de race noire. ‖ *Nègre en chemise,* gâteau au chocolat recouvert d'une crème anglaise. ‖ *Petit nègre,* français rudimentaire. ‖ *Travailler comme un nègre* (Fam.), travailler sans relâche.

NÈGRE adj. Qui appartient à la race noire. ● *Art nègre,* nom donné à l'art négro-africain considéré en tant que source d'inspiration, au XXᵉ s., de certains courants de l'art occidental (fauvisme, cubisme, expressionnisme...). ‖ *Motion nègre blanc,* motion rédigée en termes ambigus.

NÉGRIER adj. et n. m. Se disait d'un bâtiment, d'une personne qui se livrait à la traite des Noirs.

NÉGRILLE n. m. Syn. anc. de PYGMÉE.

NÉGRILLON, ONNE n. *Péjor.* Enfant de race noire.

NÉGRITUDE n. f. Appartenance à la race noire; ensemble des valeurs culturelles et spirituelles du monde noir.

NÉGRO-AFRICAIN, E adj. et n. Relatif aux Noirs d'Afrique : *langues négro-africaines.*

NÉGROÏDE adj. et n. Qui tient de la race noire.

NEGRO SPIRITUAL [negrospiritwol] n. m. (mot amér.) [pl. *negro spirituals*]. Chant religieux des Noirs d'Amérique, d'inspiration chrétienne, en langue américaine.

NEGUNDO ou **NÉGONDO** [negɔdo] n. m. (mot malais). Érable originaire de l'Amérique du Nord, dont on cultive certaines variétés ornementales à feuilles panachées de blanc.

NÉGUS [negys] n. m. (mot éthiopien). Titre des souverains d'Éthiopie.

NEIGE n. f. (de *neiger*). Eau congelée qui tombe en flocons blancs légers. ‖ *Arg.* Cocaïne. ● *Blanc comme neige,* très blanc. ‖ *Neige carbonique,* gaz carbonique solidifié. ‖ *Neiges permanentes,* neiges amoncelées dans les parties les plus élevées des massifs montagneux, qui peuvent donner naissance aux glaciers. (Elles sont parfois appelées improprement *neiges éternelles.*) ‖ *Œufs à la neige,* blancs d'œufs battus, aromatisés et servis sur une crème liquide.
■ Quand la température des basses couches de l'atmosphère est inférieure à 0 °C, les précipitations tombent sous forme de neige, qui résulte de la présence, dans un nuage, de noyaux de congélation faisant cesser le phénomène de surfusion. La neige, par sa faible conductibilité, protège le sol et les cultures et influe sur le régime des cours d'eau.

NEIGER v. impers. (lat. pop. *nivicare;* de *nix, nivis,* neige) [conj. **1**]. Tomber, en parlant de la neige.

NEIGEUX, EUSE adj. Couvert de neige. ● *Temps neigeux,* état de l'atmosphère, caractérisé par des chutes de neige.

NELUMBO ou **NÉLOMBO** n. m. (mot cinghalais). Genre de nymphéacées dont une espèce est le *lotus sacré* des hindous.

NÉMALION n. m. Algue rouge gélatineuse des chutes d'eau.

NÉMATHELMINTHE n. m. Ver cylindrique non annelé, pourvu d'un tube digestif. (Les *némathelminthes* forment un embranchement, dont les nématodes constituent la classe la plus importante.)

NÉMATIQUE adj. Se dit de l'état mésomorphe, plus voisin de l'état liquide que de l'état cristallin, et dans lequel les molécules, très allongées, se déplacent parallèlement les unes par rapport aux autres.

NÉMATOCYSTE n. m. (gr. *nêma,* fil, et *kustis,* vessie). Organe urticant des cnidaires.

NÉMATODE n. m. (gr. *nêma,* fil). Ver vivant dans le sol *(anguillule)* ou en parasite de l'homme et des mammifères *(ascaris, oxyure).* [Les *nématodes* forment une classe.]

NÉMÉENS adj. m. pl. *Jeux Néméens* (Antiq.

gr.), jeux célébrés tous les deux ans à Némée, en l'honneur de Zeus.

NÉMERTE n. m. ou f. Ver plat marin, type de la classe des *némertiens.*

NÉNUPHAR n. m. (mot ar.). Plante aquatique de la famille des nymphéacées, souvent cultivée dans les pièces d'eau pour ses larges feuilles flottantes et pour ses fleurs à pétales blancs, jaunes ou rouges.

NÉOBLASTE n. m. *Biol.* Cellule indifférenciée qui, chez les annélides, assure la reconstitution de tissus amputés.

NÉO-CALÉDONIEN, ENNE adj. et n. De la Nouvelle-Calédonie.

NÉOCAPITALISME n. m. Forme contemporaine du capitalisme, caractérisée notamment par la prédominance des très grandes entreprises et des sociétés anonymes et par l'émergence d'une classe de dirigeants qui ne s'appuie plus sur la propriété du capital.

NÉOCAPITALISTE adj. et n. Qui appartient au néocapitalisme.

NÉOCLASSICISME n. m. Tendance artistique et littéraire inspirée de l'Antiquité classique ou du classicisme du XVIIᵉ s. ‖ Tendance qui retourne à un certain classicisme, par réaction contre les audaces d'une période antérieure.
■ Parmi les architectes néoclassiques, on peut citer Soufflot puis Ledoux en France, R. Adam puis John Soane (1753-1837) en Grande-Bretagne, Schinkel en Allemagne. Canova est le plus doué des sculpteurs. En France, les peintres, tels David, Jean-Baptiste Regnault (1754-1829) ou

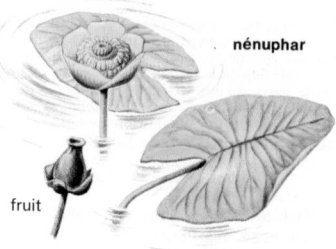

nénuphar

fruit

Girodet-Trioson, ont partie liée avec les idéologies révolutionnaire, puis impériale.

NÉOCLASSIQUE adj. Qui appartient au néoclassicisme. ● *École néoclassique,* courant de pensée qui, à la fin du XIXᵉ s., renouvela l'analyse économique, et, notamment, celle de la valeur. (Elle fut représentée notamment par L. Walras et A. Marshall.)

NÉOCOLONIALISME n. m. Forme nouvelle de colonialisme, visant à la domination économique des pays sous-développés.

NÉOCOLONIALISTE adj. et n. Qui appartient au néocolonialisme.

NÉODARWINISME n. m. Théorie de l'évolution qui explique la sélection naturelle par les mutations.

NÉODYME n. m. Métal (Nd), nᵒ 60, de masse atomique 144,24, du groupe des terres rares.

Les Amours de Pâris et d'Hélène (1788), de Louis David. (Musée du Louvre, Paris.)

Théière de Wedgwood. (Musée de Sèvres.)

NÉOCLASSICISME

Pauline Bonaparte par Antonio Canova. Marbre, v. 1805-1808. (Galerie Borghèse, Rome.)

La Liberté ou la Mort (1793 ou 1794), de Jean-Baptiste Regnault. (Musée de Hambourg.)

NÉOFORMATION n. f. Formation de tissu nouveau, de tumeur, chez un être vivant.

NÉOFORMÉ, E adj. Qui résulte d'une néoformation.

NÉOGÈNE n. m. et adj. (gr. *neos*, nouveau, et *genos*, naissance). *Géol.* Partie terminale de l'ère tertiaire, subdivisée en miocène et pliocène.

NÉOGOTHIQUE adj. et n. se dit d'un style qui, au XIXe s., s'est inspiré du gothique.

NÉOGREC, NÉOGRECQUE adj. Qui concerne la Grèce moderne. ‖ *Bx-arts.* Qui s'inspire de la Grèce classique.

NÉO-HÉBRIDAIS, E adj. et n. Des Nouvelles-Hébrides.

NÉO-IMPRESSIONNISME n. m. Nom donné par F. Fénéon à la tendance picturale définie en premier lieu par Seurat et par Signac, et fondée sur le *divisionnisme*.

NÉO-IMPRESSIONNISTE adj. et n. Qui appartient au néo-impressionnisme.

NÉOKANTISME n. m. Mouvement philosophique issu du kantisme, dominé par la recherche d'une morale (école axiologique de Bade), d'une théorie de la connaissance et d'une méthode (école de Marburg).

NÉOLIBÉRALISME n. m. Forme moderne du libéralisme, qui laisse place à une intervention limitée de l'État.

NÉOLITHIQUE n. m. et adj. (gr. *neos*, nouveau, et *lithos*, pierre). Phase du développement technique des sociétés préhistoriques (pierre polie, céramique), correspondant à leur accession à une économie productive (agriculture, élevage). [Elle commence dès le VIIe millénaire au Proche-Orient, vers le Ve millénaire en Europe, et se termine avec l'âge du bronze.]

NÉOLOCAL, E, AUX adj. *Anthropol.* Se dit du mode de résidence de nouveaux époux qui n'est celui d'aucun des parents du couple.

NÉOLOGIE n. f. Processus de la formation de nouveaux mots.

NÉOLOGIQUE adj. Relatif au néologisme.

NÉOLOGISME n. m. Mot de création récente, ou acception nouvelle d'un mot existant déjà.

NÉOMÉNIE n. f. (gr. *neos*, nouveau, et *mênê*, lune). Jour de la nouvelle lune, considéré comme un jour de fête dans la Grèce ancienne.

NÉOMORTALITÉ n. f. Mortalité des nouveaux-nés.

NÉOMYCINE n. f. Antibiotique polyvalent utilisé en applications locales.

NÉON n. m. (gr. *neon*, nouveau). Gaz rare de l'atmosphère (Ne), no 10, de masse atomique 20,179, employé dans l'éclairage par tubes luminescents à lumière rouge.

NÉONATAL, E, ALS adj. Relatif au nouveau-né.

NÉONATALOGIE n. f. Spécialité médicale qui a pour objet l'étude du nouveau-né.

NÉOPHYTE n. (gr. *neos*, nouveau, et *phuein*, faire naître). Dans l'Église ancienne, nouveau baptisé. ‖ Adepte récent d'une doctrine, d'un parti.

NÉOPILINA n. m. Mollusque des mers chaudes, aux structures très primitives, seul représentant actuel de la classe des *tryblidiidés*, disparue au carbonifère.

NÉOPLASIQUE adj. Qui concerne un néoplasme.

NÉOPLASME n. m. *Méd.* Tissu nouvellement formé dans l'organisme, en particulier tumeur.

NÉOPLASTICISME n. m. Doctrine de l'art abstrait selon Mondrian.

NÉOPLATONICIEN, ENNE adj. et n. Qui appartient au néoplatonisme.

NÉOPLATONISME n. m. Courant philosophique né avec Plotin (IIIe s.), qui fait du *Parménide* le dialogue principal de Platon. (Ses principaux représentants sont Proclus, Porphyre, Damaskios, Scot Érigène, Jamblique. Sous la Renaissance, Gémiste Pléthon, Marsile Ficin puis Galilée lient le platonisme à l'avenir de la science et de l'homme et en font un courant plus influent que l'aristotélisme.)

NÉOPOSITIVISME n. m. Mouvement philosophique groupant diverses doctrines, et comportant l'étude de la démarche scientifique et la recherche d'un langage logique et axiomatisé. (Principaux représentants : M. Schlick, R. Carnap, H. Reichenbach.)

NÉOPOSITIVISTE adj. et n. Qui appartient au néopositivisme.

NÉOPRÈNE n. m. (nom déposé). Caoutchouc synthétique thermoplastique.

NÉORÉALISME n. m. École cinématographique italienne qui, après 1945, a décrit la réalité quotidienne la plus humble.

NÉORÉALISTE adj. et n. Relatif au néoréalisme.

NÉOTECTONIQUE n. f. *Géol.* Tectonique développée à l'ère quaternaire.

NÉOTÉNIE n. f. *Biol.* Persistance de caractères larvaires à l'état adulte, chez certains animaux. (Ainsi l'axolotl conserve toute sa vie des branchies externes.)

NÉOTHOMISME n. m. Nom donné au renouvellement des études thomistes à la fin du XIXe s., à la suite de l'intervention du pape Léon XIII (encyclique *Aeterni Patris*, 4 août 1879). [Ses principaux représentants sont le cardinal Mercier, J. Maritain et É. Gilson.]

NÉOTTIE n. f. (gr. *neotteia*). Orchidée sans chlorophylle, des forêts de hêtres, aux racines en forme de nid d'oiseau.

NÉOVITALISME n. m. Forme moderne du vitalisme, représentée par H. Driesch.

NÉO-ZÉLANDAIS, E adj. et n. De la Nouvelle-Zélande.

NÉOZOÏQUE adj. et n. m. *Géol.* Se dit parfois de l'ère tertiaire.

NÉPALAIS, E adj. et n. Du Népal.

NÉPALAIS n. m. Langue indo-aryenne parlée au Népal.

NÈPE n. f. (lat. *nepa*, scorpion). Insecte des eaux stagnantes, carnassier, plat, respirant l'air par un tube abdominal. (Long. 5 cm; ordre des hémiptéroïdes.)

NÉPENTHÈS [nepɛ̃tɛs] n. m. (mot gr.). *Antiq. gr.* Remède magique contre la tristesse. ‖ *Bot.* Plante carnivore de l'Asie tropicale et de Madagascar, dont les feuilles, en vrilles, se terminent par une petite urne membraneuse, surmontée d'un couvercle, où peuvent tomber les proies.

NÉPÉRIEN adj. m. Qui a été inventé par Neper (Napier).

NEPETA n. f. (mot lat.). *Bot.* Genre de labiacées à odeur forte, dont la principale espèce est la *cataire*.

NÉPHÉLÉMÉTRIE n. f. (gr. *nephelê*, nuage). Procédé de mesure de la concentration d'une émulsion, par comparaison de sa transparence avec celle d'une préparation étalon.

NÉPHÉLINE n. f. *Minér.* Aluminosilicate de sodium, hexagonal.

NÉPHÉLION n. m. (mot gr., *petit nuage*). Légère opacité de la cornée.

NÉPHRECTOMIE n. f. *Chir.* Ablation d'un rein.

NÉPHRÉTIQUE adj. (gr. *nephros*, rein). Qui appartient aux reins.

NÉPHRIDIE n. f. Organe excréteur des invertébrés, jouant le rôle des reins.

NÉPHRITE n. f. (gr. *nephros*, rein). Maladie inflammatoire du rein.
■ La néphrite chronique est appelée aussi *mal de Bright*. Les principaux signes de la néphrite sont : la présence de protéines (albumine) dans les urines, l'augmentation du taux de l'urée sanguine, les œdèmes, l'hypertension artérielle. La complication majeure est l'évolution vers l'insuffisance rénale.

NÉPHRITE n. f. Une des deux variétés de jade.

NÉPHROLOGIE n. f. Étude des reins, de leur physiologie et de leurs maladies.

NÉPHROLOGUE n. Spécialiste de néphrologie.

NÉPHRON n. m. Unité sécrétrice élémentaire du rein. (Le néphron est composé du glomérule et du tubule.)

NÉPHROPATHIE n. f. Maladie du rein en général.

NÉPHROPEXIE n. f. Fixation chirurgicale du rein, en cas de ptôse de cet organe.

NÉPHROSE n. f. Affection chronique du rein, en rapport avec des troubles métaboliques.

NÉPHROTIQUE adj. Relatif à la néphrose.

NÉPOTISME n. m. (it. *nepotismo*; lat. *nepos*, neveu). Attitude de certains papes qui accordaient des faveurs particulières à leurs parents. ‖ Abus qu'un homme en place fait de son crédit en faveur de sa famille.

NEPTUNIUM [nɛptynjɔm] n. m. Métal transuranien (Np), radioactif, no 93, de masse atomique 237,048 2.

NÉRÉIDE n. f., ou **NÉRÉIS** [nereis] n. m. (gr. *nereis*, nymphe de la mer). Ver marin vivant sur les côtes de l'Europe occidentale. (Long. : 20 à 30 cm; embranchement des annélides.)

NERF [nɛr] n. m. (lat. *nervus*, ligament). Chacun des organes, ayant la forme d'un cordon blanchâtre, qui servent de conducteurs des influx nerveux de la sensibilité et de la motricité. ‖ Force, vigueur : *il a du nerf.* ‖ *Fam.* Tendon des muscles : *viande pleine de nerfs.* ‖ *Rel.* Chacune des ficelles à l'aide desquelles on coud les cahiers d'un volume relié et qui forment de petites saillies sur le dos de l'ouvrage. ● *Le nerf de la guerre*, l'argent. ‖ *Nerf de bœuf*, ligament cervical postérieur du bœuf ou du cheval, desséché et arrondi industriellement. ◆ pl. Système nerveux, psychisme : *il a les nerfs ébranlés.* ● *Avoir ses nerfs, avoir les nerfs en boule, en pelote*, être dans un état d'agacement. ‖ *Donner, taper, porter sur les nerfs* (Fam.), agacer, mettre dans un état de surexcitation désagréable. ‖ *Être, vivre sur les nerfs*, continuer son travail par le seul effort de la volonté. ‖ *Guerre des nerfs*, nom donné à une période de forte tension entre des nations ou des coalitions adverses. ‖ *Paquet de nerfs* (Fam.), personne très irritable. ‖ *Passer ses nerfs sur qqn*, manifester contre lui une irritation dont il n'est pas la cause.

NÉRITIQUE adj. (gr. *nêritês*, coquillage de mer). Se dit d'un dépôt marin constitué de galets, de gravier, de sable, de vase et de boue, s'accumulant sur le plateau continental.

NÉROLI n. m. (du n. d'une princesse it. qui aurait inventé ce parfum). Huile volatile extraite de la fleur d'oranger.

NERPRUN n. m. (lat. *niger prunus*, prunier noir). Arbuste de la famille des rhamnacées, à fruits noirs.

NERVATION n. f. Disposition des nervures d'une feuille, d'une aile d'insecte.

NERVEUSEMENT adv. De façon nerveuse.

NERVEUX, EUSE adj. et n. (lat. *nervosus*, vigoureux). Qui est facilement irritable, qui souffre de troubles psychiques : *personne nerveuse; un grand nerveux.* ◆ adj. Qui appartient aux nerfs, au cerveau : *centre nerveux; trouble nerveux.* ‖ Qui a de la force, qui répond à une demande d'effort : *moteur nerveux.* ‖ Ferme et concis, ou bien rapide, vibrant : *style nerveux.* ● *Centres nerveux*, l'encéphale et la moelle épinière; *au sing.*, organisme directeur. ‖ *Système nerveux*, ensemble des nerfs, ganglions et centres nerveux qui assurent la commande et la coordination des fonctions vitales et la réception des messages sensoriels. (Chez l'homme, on distingue le *système nerveux cérébro-spinal* [cerveau, cervelet, bulbe, moelle épinière, nerfs crâniens et rachidiens] et le *système neurovégétatif*.)

V. ill. planche ANATOMIE p. 43

NERVI n. m. (mot prov.). Homme de main, tueur.

NERVOSITÉ n. f. Irritabilité, tension intérieure, émotivité.

NERVURE n. f. (de *nerf*). Ligne saillante sur une surface. ‖ *Archit.* Moulure, surtout à l'intrados des voûtes gothiques. (Les *nervures* sont, en général, des arcs constituant l'ossature de ces voûtes.) ‖ *Bot.* Filet creux, souvent ramifié et saillant, sur le limbe d'une feuille, par où est transportée la sève. ‖ *Cout.* Petit pli debout, formant garniture en relief dans une étoffe; passepoil formant relief. ‖ *Techn.* Renforcement, faisant saillie, d'une pièce mécanique. ‖ *Zool.* Filet de l'aile des insectes.

NERVURER v. t. Pourvoir, orner de nervures.

N'EST-CE PAS adv. interr. Introduit une phrase interrogative avec une valeur insistante, ou appelle l'approbation de l'interlocuteur.

NESTORIANISME n. m. Doctrine de Nestorius (prêtre d'Antioche [v. 380-451]), déclarée hérétique par le concile d'Éphèse en 431.
■ Au lieu d'attribuer à l'unique personne de Jésus-Christ les deux natures divine et humaine, Nestorius enseignait qu'en Jésus-Christ coexistaient deux personnes, l'une divine, l'autre humaine. La pensée de Nestorius survit dans l'*Église nestorienne*, qui, prospère au XIIIᵉ s., est maintenant réduite à quelques communautés regroupées la plupart au nord de l'Iraq.

NESTORIEN, ENNE adj. et n. Qui appartient au nestorianisme.

NET, NETTE adj. (lat. *nitidus*, brillant). Propre, sans tache : *une glace nette.* ‖ Bien marqué, bien distinct : *une cassure nette; une différence très nette.* ‖ Qui ne prête à aucun doute : *nette amélioration.* ‖ Dont on a plutôt tout élément étranger : *poids, prix, salaire net.* (Contr. BRUT.) ● *Avoir les mains nettes, la conscience nette,* être irréprochable. ‖ *En avoir le cœur net,* s'assurer entièrement de la vérité d'un fait. ‖ *Faire place nette,* débarrasser un endroit de tout ce qui gêne. ‖ *Net de,* exempt de, non susceptible de : *net d'impôt.* ‖ *Vue nette,* vue qui distingue bien les objets. ◆ adj. inv. Au tennis, au Ping-Pong, syn. de LET. ◆ adv. Brutalement, tout d'un coup : *objet qui s'est cassé net.* ‖ Franchement : *refuser net.*

NET n. m. *Mettre au net,* faire une copie correcte.

NETSUKE [nɛtsykø] n. m. (mot jap.). Dans le costume traditionnel japonais, figurine servant de contrepoids aux objets attachés à la ceinture.

NETTEMENT adv. D'une manière nette, claire, incontestable.

NETTETÉ n. f. Qualité de ce qui est net.

NETTOIEMENT n. m. Opération consistant à nettoyer, spécialement en parlant des rues.

NETTOYAGE n. m. Action de nettoyer. ● *Nettoyage par le vide,* élimination énergique de ce qui encombre.

NETTOYER v. t. (de *net*) [conj. 2]. Rendre propre en débarrassant de ce qui salit, encombre : *nettoyer une chambre.* ‖ Débarrasser un lieu de gens dangereux, d'ennemis. ‖ *Fam.* Ruiner, dépouiller : *il s'est fait nettoyer au poker.* ‖ *Fam.* Provoquer une fatigue, un abattement laissant sans réaction.

NETTOYEUR, EUSE n. Personne qui nettoie.

NEUCHÂTELOISE n. f. (de *Neuchâtel*). Cartel d'applique dont la forme, inspirée du style Louis XV, a été élaborée dans le Jura suisse.

NEUF adj. num. et n. m. inv. (lat. *novem*). Nombre qui suit huit dans la série naturelle des entiers. ‖ Neuvième : *Charles neuf.* ● *Preuve par neuf,* méthode de contrôle d'une multiplication. ‖ *Reste de la division d'un nombre par neuf,* nombre égal au reste de la division par neuf de la somme de ses chiffres.

NEUF, NEUVE adj. (lat. *novus*, nouveau). Fait depuis peu et qui n'a pas ou presque pas servi : *maison neuve; bicyclette neuve.* ‖ Qui n'a pas encore été dit, traité : *pensée neuve; sujet neuf.* ‖ Qui a la force, la fraîcheur, l'inexpérience de la jeunesse : *regard neuf.*

NEUF n. m. Ce qui est neuf. ● *A neuf,* de façon que l'objet, la maison, etc., apparaissent comme neufs. ‖ *Vêtu de neuf,* avec des vêtements, des objets neufs.

NEUFCHÂTEL [nøfʃatɛl] n. m. Fromage fabriqué à partir du lait de vache, à Neufchâtel-en-Bray.

NEUF-HUIT n. m. *Mus.* Dénomination d'une mesure à trois temps, qui a la noire pointée pour unité de temps.

NEUME n. m. (gr. *pneuma*, souffle). *Mus.* Ancien signe de notation musicale, simple ou

nervures

composé, évoquant notamment l'ornementation de toute mélodie du plain-chant.

NEURAL, E, AUX adj. *Anat.* Relatif au système nerveux. ● *Plaque neurale, tube neural,* formations de la partie dorsale de l'embryon qui correspondent à la première ébauche du système nerveux.

NEURASTHÉNIE n. f. (gr. *neuron*, nerf, et *astheneia*, manque de force). État d'abattement et de tristesse. ‖ *Méd.* et *vx.* Syndrome qui associe des troubles fonctionnels divers sans base lésionnelle (asthénie, céphalées, troubles cardiaques, digestifs) et des troubles psychiques (angoisse, dépression).

NEURASTHÉNIQUE adj. et n. Relatif à la neurasthénie; atteint de neurasthénie.

NEURINOME n. m. Tumeur des nerfs périphériques, développée à partir du tissu de soutien propre au nerf.

NEUROBIOLOGIE n. f. Ensemble des disciplines biologiques qui étudient le système nerveux.

NEUROBLASTE n. m. *Biol.* Cellule nerveuse embryonnaire.

NEUROCHIMIE ou **NEUROBIOCHIMIE** n. f. Étude des phénomènes de nature biochimique à l'intérieur du système nerveux.

NEUROCHIMIQUE ou **NEUROBIOCHIMIQUE** adj. Relatif à la neurochimie.

NEUROCHIRURGICAL, E, AUX adj. Relatif à la neurochirurgie.

NEUROCHIRURGIE n. f. Chirurgie du système nerveux.

NEUROCHIRURGIEN, ENNE n. Praticien spécialisé en neurochirurgie.

NEUROENDOCRINIEN, ENNE adj. Relatif à la neuroendocrinologie.

NEUROENDOCRINOLOGIE n. f. Étude des hormones sécrétées par certaines structures du système nerveux central.

NEUROFIBROMATOSE n. f. Maladie caractérisée par la formation de tumeurs fibreuses le long des nerfs.

NEUROLEPTIQUE adj. et n. m. Se dit d'une classe de psychotropes caractérisée par son action réductrice des psychoses et produisant des effets secondaires extrapyramidaux.

NEUROLINGUISTIQUE n. f. Étude linguistique des troubles du langage.

NEUROLOGIE n. f. Science qui traite du système nerveux. ‖ Spécialité médicale qui s'occupe des maladies du système nerveux.

NEUROLOGIQUE adj. Relatif à la neurologie.

NEUROLOGUE ou **NEUROLOGISTE** n. Spécialiste de neurologie.

NEURONE n. m. (gr. *neuron*, nerf). Cellule nerveuse qui, après la naissance, ne peut plus se diviser. (A son corps cellulaire aboutissent des fibres fines ramifiées et sans gaine de myéline; un seul prolongement myélinisé [axone] en repart. L'influx nerveux la parcourt en sens unique, allant des dendrites vers l'axone.)

NEUROPATHIE n. f. Affection du système nerveux en général.

NEUROPHYSIOLOGIE n. f. Physiologie du système nerveux.

NEUROPHYSIOLOGIQUE adj. Relatif à la neurophysiologie.

NEUROPLÉGIQUE adj. et n. m. Se dit d'une substance qui paralyse la transmission de l'influx nerveux.

NEUROPSYCHIATRE n. Spécialiste de neuropsychiatrie.

NEUROPSYCHIATRIE n. f. Spécialité médicale qui regroupe la neurologie et la psychiatrie.

NEUROPSYCHOLOGIE n. f. Étude des relations entre les fonctions supérieures et les structures cérébrales.

NEUROPSYCHOLOGUE n. Spécialiste de neuropsychologie.

NEURORADIOLOGIE n. f. Radiologie appliquée au système nerveux central.

NEUROSCIENCES n. f. pl. Ensemble des disciplines biologiques et cliniques qui étudient le système nerveux et ses affections.

NEUROSÉCRÉTION n. f. Activité glandulaire endocrine des cellules nerveuses.

NEUROTOMIE n. f. → NÉVROTOMIE.

NEUROTRANSMETTEUR ou **NEUROMÉDIATEUR** n. m. Médiateur chimique élaboré au niveau d'une synapse et qui assure la transmission de l'influx nerveux.

NEUROTRANSMISSION n. f. Transmission de l'influx nerveux par l'intermédiaire d'un neurotransmetteur.

NEUROTROPE adj. *Méd.* Se dit de toxiques ou de germes qui se localisent avec prédilection sur le système nerveux.

NEUROVÉGÉTATIF, IVE adj. Se dit du système nerveux qui règle la vie végétative, formé de ganglions et de nerfs et relié à l'axe cérébrospinal, qui contient les centres réflexes. (On distingue, dans le système neurovégétatif ou système nerveux autonome, le système *orthosympathique* et le système *parasympathique*, qui innervent les mêmes viscères, mais qui ont des effets antagonistes.)

NEURULA n. f. Stade embryonnaire des vertébrés, succédant à la gastrula, et pendant lequel se forme l'axe cérébro-spinal.

NEUTRALISANT, E adj. Qui neutralise, propre à neutraliser.

NEUTRALISATION n. f. Action de neutraliser, de se neutraliser. ● *Tir de neutralisation* (Mil.), tir visant à paralyser toute action de l'adversaire dans une zone déterminée.

NEUTRALISER v. t. Déclarer neutre, en parlant d'un territoire, d'un bâtiment, d'un personnel, etc. ‖ Empêcher d'agir, annihiler par une action contraire : *neutraliser les projets de qqn.* ‖ En parlant d'une couleur, diminuer l'effet d'une autre couleur. ‖ Arrêter le trafic sur une portion de route, de voie ferrée. ‖ *Chim.* Rendre neutre : *neutraliser un acide.* ◆ **se neutraliser** v. pr. S'annuler, s'équilibrer : *ces deux forces se neutralisent.*

NEUTRALISME n. m. Doctrine impliquant le refus de s'intégrer à l'un des grands blocs politiques et idéologiques du monde.

NEUTRALISTE adj. et n. Qui est partisan du neutralisme.

NEUTRALITÉ n. f. État de celui qui reste neutre, de ce qui est neutre. ‖ Situation d'un État à l'écart d'un conflit international. ‖ *Psychanal.* Attitude de l'analyste, qui doit s'efforcer de ne pas privilégier une valeur religieuse, morale ou sociale, et s'abstenir de tout conseil.

NEUTRE adj. et n. (lat. *neuter*, ni l'un ni l'autre). Qui ne prend pas parti entre des puissances belligérantes, entre des personnes opposées. ‖ Se dit d'une région, d'un État dont les puissances reconnaissent la neutralité et s'engagent à respecter le territoire en cas de guerre, ainsi que des ressortissants de cet État. ‖ *Chim.* Qui n'est ni acide ni basique. ‖ *Ling.* Se dit de noms ou de mots qui n'ont les caractéristiques ni du masculin ni du féminin. ‖ *Math.* Dans un ensemble muni d'une loi de composition interne, se dit d'un élément e tel que, pour tout élément x de l'ensemble, on ait ex = xe = x, l'opération étant notée multiplicativement. ‖ *Phys.* Se dit des corps qui ne présentent aucune électrisation, des conducteurs qui ne sont le siège d'aucun courant. ◆ adj. Se dit de ce qui est objectif, de ce qui n'est pas partisan, partial.

‖ Se dit de ce qui est sans éclat : *voix neutre; couleur neutre.*

NEUTRINO n. m. Particule élémentaire de masse nulle, de charge électrique nulle et de spin 1/2.

NEUTROGRAPHIE ou **NEUTRONOGRA-PHIE** n. f. Photographie prise à l'aide d'un faisceau de neutrons.

NEUTRON n. m. Particule électriquement neutre, constituant, avec les protons, les noyaux des atomes. ● *Bombe à neutrons,* charge thermonucléaire dont le rayonnement neutronique a été augmenté et les effets de souffle, de chaleur et de radioactivité réduits. (Permettant d'anéantir les êtres vivants, elle laisserait intacts les matériels et les installations.) ■ Le neutron diffère du proton par son absence de charge; à l'état libre, il est d'ailleurs instable et se transforme en un proton et un électron. Employé à l'irradiation des atomes, il les rend fréquemment radioactifs. Il peut déterminer la fission de l'uranium et du plutonium.

NEUTRONIQUE adj. Relatif au neutron, à la bombe à neutrons.

NEUTROPHILE adj. et n. m. *Méd.* Se dit des cellules (leucocytes polynucléaires du sang) ayant une affinité pour les colorants neutres.

NEUVAINE n. f. Suite d'exercices de piété que l'on fait pendant neuf jours consécutifs.

NEUVIÈME adj. ord. et n. Qui occupe le rang marqué par le numéro neuf. ‖ Qui se trouve neuf fois dans le tout. ◆ n. f. *Mus.* Intervalle de neuf degrés.

NEUVIÈMEMENT adv. En neuvième lieu.

NE VARIETUR loc. adv. et adj. (mots lat., *afin qu'il n'y soit rien changé*). Se dit d'une édition, d'un acte juridique dans leur forme définitive.

NÉVÉ n. m. (mot valaisan). Dans la zone des neiges persistantes, amas de neige en cours de transformation en glace, et qui donne naissance à un glacier. ‖ Plaque de neige persistant en été.

NEVEU n. m. (lat. *nepos*). Fils du frère ou de la sœur. ● *Neveu à la mode de Bretagne,* enfant d'un cousin germain ou d'une cousine germaine.

NÉVRALGIE n. f. (gr. *neuron,* nerf, et *algos,* douleur). Douleur vive sur le trajet d'un nerf.

NÉVRALGIQUE adj. Relatif à la névralgie. ● *Centre, point névralgique,* point sensible.

NÉVRAXE n. m. Ensemble du système nerveux central (cerveau, tronc cérébral, moelle épinière), à l'exception des nerfs périphériques.

NÉVRITE n. f. Lésion inflammatoire d'un nerf.

NÉVRITIQUE adj. Relatif à la névrite.

NÉVROGLIE n. f. (gr. *neuron,* nerf, et *gloios,* glu). Syn. de TISSU GLIAL*.

NÉVROPATHE adj. et n. Qui est atteint de troubles psychiques (vx).

NÉVROPATHIE n. f. Troubles psychiques en général (vx).

NÉVROPTÈRE n. m. (gr. *neuron,* nervure, et *pteron,* aile). Insecte à métamorphoses complètes, pourvu de quatre ailes à nombreuses nervures. (Les *névroptères* forment un ordre comprenant le *fourmilion,* la *phrygane;* leur larve ne ressemble pas à l'adulte.)

NÉVROSE n. f. Type de maladie mentale qui ne touche qu'un secteur de la personnalité. ● *Névrose actuelle,* troubles psychiques ayant pour origine une défaillance actuelle de l'environnement. ‖ *Névrose de caractère,* structure de personnalité infiltrée de mécanisme de défense névrotique sans que n'émerge un symptôme. ‖ *Névrose expérimentale,* troubles du comportement obtenus chez l'animal par conditionnement. ‖ *Névrose traumatique* ou *post-traumatique,* réaction anxieuse secondaire à un choc émotionnel. ■ Les sujets atteints de névrose sont lucides et souvent conscients de leur trouble. La névrose, selon les psychanalystes, aurait pour origine un conflit entre le *Moi* et le *Ça.* Suivant la prédominance de tel ou tel symptôme, on distingue l'hystérie, la névrose d'angoisse, la névrose obsessionnelle et la névrose phobique.

NÉVROSÉ, E adj. et n. Atteint de névrose.

NÉVROTIQUE adj. Relatif à la névrose.

NÉVROTOMIE ou **NEUROTOMIE** n. f. *Chir.* Section d'un cordon nerveux.

NEW-LOOK [njuluk] n. m. et adj. inv. (mot amér.). Nouvel aspect d'une situation politique, économique, sociale, etc.

NEWTON [njutɔn] n. m. Unité de mesure de force (symb. : N), équivalant à la force qui communique à un corps ayant une masse de 1 kilogramme une accélération de 1 mètre par seconde carrée. ● *Newton par mètre,* unité de mesure de tension capillaire (symb. : N/m), équivalant à la tension capillaire d'une surface sur laquelle la force s'exerçant sur un élément de ligne est de 1 newton par mètre de longueur.

NEWTONIEN, ENNE adj. Relatif au système de Newton.

NEWTON-MÈTRE n. m. (pl. *newtons-mètres).* Unité de mesure du moment d'une force (symb. : N.m), équivalant au moment d'une force de 1 newton dont la ligne d'action est à la distance de 1 mètre du point par rapport auquel le moment est appliqué.

NEW-YORKAIS, E adj. et n. De New York.

NEZ [ne] n. m. (lat. *nasus).* Partie saillante du visage entre la bouche et le front, et qui est l'organe de l'odorat. ‖ *Odorat : ce chien a du nez.* ‖ Tout le visage : *mettre le nez à la fenêtre.* ‖ Avant d'un navire, d'un avion, d'une fusée. ‖ *Géogr.* Cap, promontoire. ● *Au nez de qqn,* devant lui, sans se cacher. ‖ *Avoir le nez fin,* avoir de la prévoyance. ‖ *Avoir qqn dans le nez* (Fam.), lui en vouloir. ‖ *Avoir un verre dans le nez* (Fam.), être ivre. ‖ *À vue de nez* (Fam.), approximativement. ‖ *Mettre, fourrer le nez dans,* se mêler indiscrètement de. ‖ *Mener qqn par le bout du nez,* lui faire faire tout ce qu'on veut. ‖ *Mettre le nez dehors,* sortir. ‖ *Montrer le bout du nez* (Fam.), montrer ses intentions. ‖ *Passer sous le nez de qqn,* lui échapper. ‖ *Pied de nez,* geste de moquerie que l'on fait en appuyant sur l'extrémité du nez le bout du pouce d'une main tenue ouverte et les doigts écartés. ‖ *Regarder qqn sous le nez,* curieusement et très près. ‖ *Rire au nez de qqn,* se moquer de lui en face. ‖ *Se bouffer le nez* (Pop.), se disputer. ‖ *Se casser le nez* (Fam.), trouver porte close; échouer. ‖ *Se trouver nez à nez,* face à face. ‖ *Sur le nez,* se dit d'un navire trop chargé de l'avant.

Ni, symbole chimique du *nickel.*

NI conj. (lat. *nec).* S'emploie comme coordination (addition ou alternative) dans les phrases négatives : *il n'a laissé ni son nom ni son adresse.* (Ni, le plus souvent répété, s'emploie avec la négation simple *ne.)*

NIABLE adj. Qui peut être nié.

NIAIS, E adj. et n. (lat. *nidus,* nid). Naïf et un peu sot. ◆ adj. *Fauconn.* Se disait d'un oiseau pris au nid.

NIAISEMENT adv. De façon niaise.

NIAISERIE n. f. Caractère niais; sottise.

NIAOULI [njauli] n. m. Arbre abondant en Nouvelle-Calédonie, qui fournit une essence utilisée en parfumerie et en pharmacie. (Famille des myrtacées.)

NIAULE n. f. Syn. de GNOLE.

NICARAGUAYEN, ENNE [nikaragwajɛ̃, ɛn] adj. et n. Du Nicaragua.

NICHE n. f. (de *nicher).* Renfoncement ménagé dans l'épaisseur d'un mur pour y placer une statue, un poêle, un lit, etc. ‖ Petite cabane pour le logement d'un chien.

NICHE n. f. *Fam.* Farce jouée à qqn.

NICHÉE n. f. Ensemble des oiseaux d'une même couvée encore au nid. ‖ *Fam.* Groupe de jeunes enfants d'une même famille.

NICHER v. i. (lat. *nidus,* nid). Faire son nid. ◆ **se nicher** v. pr. Faire son nid. ‖ Se loger, s'installer : *où s'est-il niché?*

NICHET n. m. Œuf en plâtre ou en marbre qu'on met dans un nid où l'on veut que les poules aillent pondre.

NICHOIR n. m. Cage disposée pour mettre à couver des oiseaux. ‖ Panier à claire-voie où l'on fait couver des oiseaux de basse-cour.

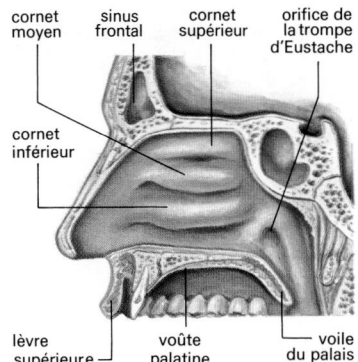

cornet moyen — sinus frontal — cornet supérieur — orifice de la trompe d'Eustache

cornet inférieur

lèvre supérieure — voûte palatine — voile du palais

NEZ

NICHROME [nikrom] n. m. (nom déposé). Alliage de nickel, de chrome et de fer, avec parfois un peu d'aluminium.

NICKEL [nikɛl] n. m. (all. *Kupfernickel).* Métal (Ni), n° 28, de masse atomique 58,71, d'un blanc grisâtre, brillant, à cassure fibreuse. ● *C'est nickel* (Pop.), c'est impeccable. ■ D'un beau poli, très ductile, très malléable, très dur, de densité 8,8 et fondant à 1455 ºC, le nickel existe dans la nature à l'état de sulfure et d'arséniosulfure. Très employé en dépôts électrolytiques (nickelage), résistant aux agents chimiques, il s'allie facilement à la plupart des métaux. Aussi l'utilise-t-on pour l'élaboration d'aciers spéciaux, pour la fabrication des monnaies, etc.

NICKELAGE n. m. Action de nickeler.

NICKELER v. t. (conj. 3). Recouvrir d'une couche de nickel.

NIÇOIS, E adj. et n. De Nice. ● *Salade niçoise,* plat froid composé d'un mélange de tomates, de pommes de terre, d'œufs durs, d'olives, d'anchois, etc., assaisonnés à l'huile et au vinaigre.

NICOL n. m. (de *Nicol,* n. pr.). Cristal de spath d'Islande, scié puis recollé au baume du Canada, de manière qu'un seul des deux rayons réfractés puisse le traverser, et qui sert à polariser la lumière.

Nicolaier *(bacille de),* agent du tétanos.

NICOLAÏSME n. m. *Hist.* Au Ier s., secte hérétique à tendance gnostique, admettant la participation aux repas rituels païens. ‖ Au XIe s., pratique de ceux qui n'admettaient pas le célibat des prêtres.

NICOLAÏTE n. m. Adepte du nicolaïsme.

NICOTINE n. f. (de *Nicot,* n. pr.). Alcaloïde du tabac, qui, à faible dose, produit une légère euphorie, atténue la faim, la fatigue, et est même un excitant psychique, mais qui, à forte dose, se révèle un violent poison pouvant amener une intoxication grave, le *nicotinisme.* (On emploie comme insecticides les solutions aqueuses de nicotine.)

NICOTINIQUE adj. Se dit d'un acide (considéré comme précurseur d'une vitamine) et de son amide (vitamine PP).

NICOTINISME ou **NICOTISME** n. m. Intoxication provoquée par l'abus du tabac, et atteignant les appareils digestif, circulatoire, respiratoire, ainsi que le système nerveux. (Syn. TABAGISME.)

NICTATION ou **NICTITATION** n. f. *Zool.* Clignotement.

NICTITANT, E adj. (lat. *nictare,* clignoter). *Paupière nictitante,* troisième paupière qui, chez les oiseaux, se déplace horizontalement devant l'œil.

NID n. m. (lat. *nidus).* Construction que font les oiseaux, certains insectes et certains poissons pour y déposer et couver leurs œufs, et y élever leurs petits. ‖ Habitation que se ménagent certains animaux : *nid de souris, de guêpes.* ‖

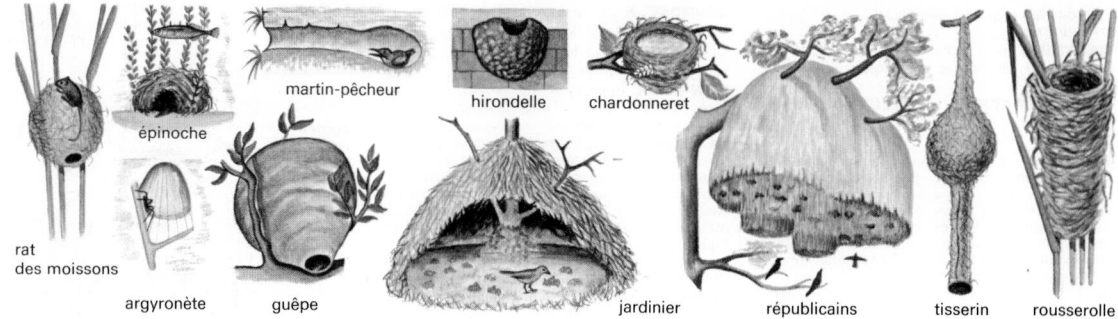

rat
des moissons

épinoche

martin-pêcheur

hirondelle

chardonneret

argyronète

guêpe

jardinier

républicains

tisserin

rousserolle

NIDS

Habitation, logement, maison : *un nid d'amoureux.* ‖ Repaire : *un nid de brigands.*

NIDATION n. f. *Biol.* Implantation de l'œuf ou du jeune embryon dans la muqueuse utérine des mammifères.

NID-DE-PIE n. m. (pl. *nids-de-pie*). Poste d'observation situé sur le mât avant de certains navires et où se tient l'homme de vigie.

NID-DE-POULE n. m. (pl. *nids-de-poule*). Trou dans une route défoncée.

NIDIFICATION n. f. Fabrication du nid.

NIDIFIER v. i. Construire son nid.

NIÈCE n. f. (lat. *neptis*). Fille du frère ou de la sœur.

NIELLAGE n. m., ou **NIELLURE** n. f. Action de nieller ; travail du nielleur.

NIELLAGE n. m., ou **NIELLURE** n. f. Action que la nielle exerce sur les grains.

NIELLE n. m. (lat. *nigellus*, noirâtre). Incrustation décorative d'un émail noir sur un fond métallique incisé (en général de l'argent).

NIELLE n. f. Plante à fleurs pourpres, de la famille des caryophyllacées, qui pousse dans les champs de céréales et dont les graines sont toxiques. ‖ Maladie produite par une anguillule sur les céréales, dont elle fait avorter les fleurs.

NIELLER v. t. Orner de nielles.

NIELLER v. t. *Agric.* Gâter par la nielle.

NIELLEUR n. m. Praticien exécutant des nielles.

NIER [nje] v. t. (lat. *negare*). Dire qu'une chose n'existe pas, n'est pas vraie ; rejeter comme faux : *nier un fait ; je ne nie pas que la chose ne soit possible* ou *soit possible ; il nie l'avoir vu.*

NIETZSCHÉEN, ENNE [nitʃeɛ̃, ɛn] adj. Propre à Nietzsche.

NIFE [nife] n. m. (de NIckel et FEr). *Géol.* Matière lourde, formée surtout de nickel et de fer, qui constituerait la partie centrale de la Terre (noyau).

NIGAUD, E adj. et n. (dimin. de *Nicodème*, n. pr.). D'une crédulité excessive.

NIGAUDERIE n. f. Caractère, action de nigaud.

NIGELLE n. f. (lat. *nigellus*, noirâtre). Plante à fleurs bleues et à feuilles divisées en lanières. (Famille des renonculacées.)

NIGÉRIAN, E adj. et n. Du Nigeria.

NIGÉRIEN, ENNE adj. et n. De la république du Niger.

NIGÉRO-CONGOLAIS, E adj. Se dit d'un groupe de langues négro-africaines auquel on rattache le ouolof, le peul, le mandingue, etc.

NIGHT-CLUB [najtklœb] n. m. (mots angl.) [pl. *night-clubs*]. Établissement de spectacle ouvert toute la nuit.

NIGRITIQUE adj. (lat. *nigritia*, le noir). Relatif aux Noirs.

NIHILISME n. m. (lat. *nihil*, rien). Négation de toute croyance. ‖ Système qui avait des partisans en Russie au XIXᵉ s., et qui avait pour objet la destruction radicale des structures sociales, sans viser à leur substituer aucun état définitif. ‖ *Philos.* Pour Nietzsche, volonté de néant et négation de la vie sous couvert de morale.

NIHILISTE n. et adj. Partisan du nihilisme.

NILGAUT [nilgo] n. m. (mot hindī). Antilope d'Asie à cornes courtes. (Haut. au garrot : 1,40 m.)

NILLE [nij] n. f. (pour *anille*). Bobine mobile autour de la poignée d'une manivelle, pour que le frottement se fasse dans la bobine et non dans la main.

NILOTIQUE adj. Relatif au Nil. ‖ Se dit d'un groupe de langues négro-africaines.

NILPOTENT, E adj. *Math.* Dans un ensemble muni d'une loi interne notée multiplicativement, se dit d'un élément *a* pour lequel il existe un nombre $n \in \mathbb{N}$, le plus petit possible, tel que $a^n = e$, *e* étant l'élément neutre de l'ensemble considéré.

NIMBE n. m. (lat. *nimbus*). Syn. de AURÉOLE.

NIMBER v. t. *Litt.* Orner d'un nimbe.

NIMBO-STRATUS [nɛ̃bostratys] n. m. Nuage inférieur, qui se présente en couches épaisses de couleur grise, caractéristique du mauvais temps.

NIMBUS [nɛ̃bys] n. m. (mot lat., *nuage*). Nuage d'un gris sombre. (Utilisé dans les composés : *cumulo-nimbus.*)

NINAS [ninɑs] n. m. (esp. *niñas*). Type courant de cigarillo.

NIOBIUM [njɔbjɔm] n. m. (mot all.). Métal (Nb), n° 41, de masse atomique 92,90, gris d'acier, assez rare, associé au tantale dans ses minerais. (Syn. COLOMBIUM.)

NIOLO n. m. Fromage de lait de brebis ou de chèvre, fabriqué en Corse.

NIPPER v. t. *Fam.* Habiller.

NIPPES n. f. pl. (anc. fr. *guenipe*). *Fam.* Vêtements usagés, ou vêtements quelconques.

NIPPON, E adj. et n. (mot jap.). Du Japon.

NIQUE n. f. (anc. fr. *niquer*, faire un signe de tête). *Faire la nique à qqn*, lui faire un signe de mépris ou de moquerie.

NIRVANA n. m. (mot sanskr.). Dans la pensée orientale (bouddhisme notamment), extinction de la douleur.

NIT n. m. Unité de luminance, égale à une candela par mètre carré de surface apparente. (Cette unité n'est pas légale en France.)

NITRATATION n. f. Transformation d'un nitrite en nitrate. (Dans le sol, cette transformation se fait spontanément en présence d'une bactérie, le *nitrobacter.*)

NITRATE n. m. Sel de l'acide nitrique : *nitrate d'argent.* ‖ Les nitrates jouent un rôle important comme engrais, car ils constituent le principal aliment azoté des plantes, dont ils favorisent la croissance. On utilise des nitrates de sodium, de calcium, de potassium, de magnésium et surtout d'ammonium (*ammonitrate*).

NITRATE-FUEL n. m. Explosif constitué par du nitrate d'ammonium enrobé d'une légère pellicule de fuel ou de gas-oil.

NITRATER v. t. Ajouter du nitrate.

NITRATION n. f. Traitement chimique par l'acide nitrique. ‖ Réaction de substitution qui introduit dans une molécule organique le radical NO_2.

NITRE n. m. (lat. *nitrum*; mot gr.). Autref., nom usuel du *salpêtre*, ou *nitrate de potassium.*

NITRÉ, E adj. Se dit d'un corps obtenu par nitration.

NITREUX, EUSE adj. Qui contient du nitre : *terre nitreuse.* ‖ *Chim.* Se dit de l'acide HNO_2. (Syn. AZOTEUX.) ‖ Se dit des bactéries, comme le *nitrosomonas*, qui réalisent la nitrosation.

NITRIÈRE n. f. Lieu d'où l'on tire le nitre.

NITRIFIANT, E adj. Qui produit la nitrification.

NITRIFICATION n. f. Formation de nitrates à partir de matières organiques, se faisant en deux phases : nitrosation et nitratation.

NITRIFIER v. t. Transformer en nitrate.

NITRILE n. m. Composé organique dont la formule contient le radical —CN.

NITRIQUE adj. Se dit des bactéries, comme le *nitrobacter*, qui réalisent la nitratation. ● *Acide nitrique*, composé oxygéné dérivé de l'azote (HNO_3), acide fort et oxydant. (Syn. ACIDE AZOTIQUE.) [L'acide nitrique du commerce est couramment appelé *eau-forte.*]

NITRITE n. m. Sel de l'acide nitreux. (Syn. AZOTITE.)

NITROBACTER n. m. Bactérie aérobie du sol, qui oxyde les nitrites en nitrates.

NITROBENZÈNE n. m. Dérivé nitré du benzène, connu en parfumerie, sous le nom d'*essence de mirbane.* (Il entre dans la composition de certains explosifs et sert à préparer l'aniline.)

NITROCELLULOSE n. f. Ester nitrique de la cellulose, principe du collodion et des poudres sans fumée.

NITROGÈNE n. m. Syn. anc. de AZOTE.

NITROGLYCÉRINE n. f. Ester nitrique de la glycérine, liquide huileux, jaunâtre. (C'est un explosif puissant, qui entre dans la composition de la dynamite.)

NITROSATION n. f. Transformation de l'ammoniaque en acide nitreux ou en nitrites (Dans le sol, cette transformation se fait en présence d'une bactérie, le *nitrosomonas.*) ‖ Réaction chimique qui introduit le radical —NO dans une molécule organique.

NITROSÉ, E adj. Se dit de composés organiques renfermant le radical —NO.

NITROSOMONAS n. m. Bactérie provoquant la nitrosation.

NITROSYLE n. m. Radical univalent —NO.

NITRURATION n. f. Traitement thermochimique de durcissement superficiel d'alliages ferreux par l'azote.

NITRURE n. m. Combinaison de l'azote avec un métal.

NITRURER v. t. Traiter un alliage ferreux par nitruration, pour le durcir superficiellement.

NIVAL, E, AUX adj. (lat. *nix, nivis*, neige). Relatif à la neige ; dû à la neige. ● *Régime nival*, régime des cours d'eau alimentés par la fonte des neiges (hautes eaux de printemps et basses eaux d'hiver).

NIVEAU n. m. (lat. *libella*). Instrument servant à vérifier ou à réaliser l'horizontalité d'un plan, ou à déterminer la différence de hauteur entre deux points. ‖ État d'un plan horizontal. ‖ Degré d'élévation d'une ligne d'un plan par rapport à une surface horizontale de référence. ‖ Étage d'un bâtiment. ‖ Valeur atteinte par une grandeur. ‖ Situation d'une chose par rapport à une autre, équilibre : *le niveau des prix du mois de mars.* ‖ Degré social, intellectuel, moral, de rang, de mérite : *il n'est pas à votre niveau.* ● *Angle au niveau* (Arm.), angle formé par la ligne de tir avec le plan horizontal (v. TIR). ‖ *Courbe de niveau,* ligne imaginaire reliant les points de même altitude, et qui est utilisée pour représenter le relief sur une carte. (La différence d'altitude entre deux courbes voisines est constante.) ‖ *De niveau,* sur le même plan horizontal. ‖ *Niveau de base* (Géogr.), point en fonction duquel s'établit le profil d'équilibre d'un cours d'eau. ‖ *Niveau à bulle d'air,* niveau composé d'un tube de verre dans lequel se trouvent un liquide très mobile et une bulle gazeuse. ‖ *Niveau d'eau,* niveau composé de deux petits tubes qui communiquent entre eux, le tout contenant de l'eau. ‖ *Niveau d'énergie,* valeur de l'énergie d'une particule, d'un noyau d'un atome, d'une molécule, situés dans un état stationnaire. ‖ *Niveau de langue,* caractère d'une utilisation de la langue définie par les conditions de la communication et les interlocuteurs. (Les niveaux de langue, populaire, familier, standard, soutenu, littéraire, sont déterminés par le degré de culture ou les groupes sociaux.) ‖ *Niveau mental* ou *niveau intellectuel,* degré de développement intellectuel d'un individu par rapport à la moyenne, apprécié par divers tests psychotechniques, ou *test* de niveau. ‖ *Niveau de vie,* évaluation quantitative et objective du mode d'existence moyen d'une nation, d'un groupe social, etc. ‖ *Surface de niveau,* lieu des points d'un liquide en équilibre où s'exerce la même pression; dans un champ de vecteurs, surface normale aux lignes de champ.

NIVELAGE n. m. Action de niveler.

NIVELER v. t. (conj. **3**). Rendre une surface plane, horizontale; aplanir : *niveler un terrain.* ‖ Rendre égal : *niveler les fortunes.* ‖ Techn. Mesurer ou vérifier avec un niveau.

NIVELEUR, EUSE n. Personne qui nivelle.

NIVELEUR n. m. Petite herse sans dents employée en horticulture.

NIVELEURS n. m. pl. (angl. *levellers*). Hist. Nom donné aux républicains qui, durant la guerre civile anglaise (1647-1649), tout en étant fermement hostiles à la monarchie, s'opposèrent aux tendances autoritaires d'O. Cromwell, qui les combattit.

NIVELEUSE n. f. Engin de terrassement utilisé pour le nivellement des terres.

NIVELLEMENT n. m. Action de niveler, de mesurer les différences de niveau, de mesurer avec des niveaux, de mettre de niveau, d'établir une base horizontale sur un terrain. ‖ Aplanissement des accidents du relief par l'érosion. ‖ Action d'égaliser les fortunes, les conditions sociales, etc.

NIVÉOLE n. f. Plante voisine de la perce-neige. (Famille des amaryllidacées.)

NIVERNAIS, E adj. et n. De Nevers ou du Nivernais.

NIVO-GLACIAIRE adj. *Régime nivo-glaciaire,* régime des cours d'eau alimentés par la fonte des neiges et des glaciers, caractérisé par des hautes eaux de printemps et d'été, et des basses eaux d'hiver.

NIVO-PLUVIAL, E, AUX adj. *Régime nivopluvial,* régime des cours d'eau alimentés par la fonte des neiges et par les pluies (maximum de printemps et d'automne, minimum d'été).

NIVÔSE n. m. (lat. *nivosus,* neigeux). Quatrième mois du calendrier républicain (du 21, 22 ou 23 décembre au 19, 20 ou 21 janvier).

NIXE n. f. Nymphe des eaux de la mythologie germanique.

No, symbole chimique du *nobélium.*

NÔ ou **NO** n. m. (mot jap.). Drame lyrique japonais, combinant la musique, la danse et la poésie.

NOBÉLIUM [nɔbeljɔm] n. m. (de *Nobel,* n. pr.). Élément chimique transuranien (No), n° 102.

NOBILIAIRE adj. Qui appartient à la noblesse.

NOBILIAIRE n. m. Catalogue et histoire des familles nobles d'une ville ou d'une province.

NOBLE adj. et n. (lat. *nobilis,* illustre). Qui fait partie de la noblesse. ◆ adj. Propre à la noblesse : *être de sang noble.* ‖ Qui indique de la grandeur, de l'élévation morale, généreux. ‖ Qui commande le respect par sa majesté : *langage noble.* ● *Métal noble,* précieux. ‖ *Parties nobles,* chez l'homme, le cœur, le cerveau, etc.

NOBLEMENT adv. De façon noble.

NOBLESSE n. f. Classe d'hommes qui, par leur naissance ou une concession du souverain, jouissent de certains privilèges ou possèdent seulement les titres qui les distinguent des autres citoyens; condition de noble. ‖ Générosité, grandeur d'esprit, élévation : *noblesse d'une attitude.*

■ En France, on distinguait la *noblesse d'épée,* d'origine militaire, et la *noblesse de robe,* formée de bourgeois anoblis grâce aux fonctions ou charges qu'ils avaient exercées.

NOBLIAU ou **NOBLAILLON** n. m. *Péjor.* Homme de petite noblesse.

NOCE n. f. (lat. *nuptiae*). Festin et réjouissances qui accompagnent un mariage; ensemble des personnes qui s'y trouvent. ● *Épouser en secondes noces,* faire un second mariage. ‖ *Faire la noce,* mener une vie de débauche; prendre part à une partie de plaisir en buvant, en mangeant avec excès. ‖ *Ne pas être à la noce,* être dans une situation pénible. ‖ *Noces d'argent, noces d'or, noces de diamant,* fêtes que l'on célèbre au bout de 25, 50, 60 ans de mariage.

NOCEUR, EUSE n. *Fam.* Personne qui fait la noce, qui mène une vie de débauche.

NOCHER n. m. (lat. *nauclerus,* pilote). *Poét.* Celui qui conduit une barque.

NOCIF, IVE adj. Nuisible.

NOCIVITÉ n. f. Caractère nuisible, dangereux.

NOCTAMBULE adj. et n. (lat. *nox, noctis,* nuit, et *ambulare,* marcher). Qui aime sortir tard le soir, se divertir la nuit.

NOCTAMBULISME n. m. État des personnes qui aiment à sortir pendant la nuit.

NOCTILUQUE n. f. (lat. *noctilucus,* qui brille la nuit). Protozoaire parfois très abondant dans la mer, qu'il rend lumineuse la nuit. (Diamètre 1 mm.)

NOCTUELLE n. f. (lat. *noctua,* chouette). Nom donné à divers papillons nocturnes, dont les chenilles sont souvent nuisibles aux plantes cultivées. (La plupart des noctuelles forment la famille des *noctuidés.*)

NOCTULE n. f. Chauve-souris de la famille des vespertilionidés. (Long. : 9 cm sans la queue; envergure 40 cm.)

NOCTURNE adj. (lat. *nocturnus;* de *nox, noctis,* nuit). Qui arrive pendant la nuit : *apparition nocturne.* ‖ Qui sort, vole pendant la nuit : *oiseau nocturne.*

NOCTURNE n. m. Partie de l'office des matines. ‖ Morceau de musique d'un caractère rêveur et mélancolique. ‖ Tableau représentant un effet de nuit. ‖ Oiseau nocturne.

NOCTURNE n. f. Ouverture en soirée d'un magasin. ‖ Réunion sportive en soirée.

NODAL, E, AUX adj. (lat. *nodus,* nœud). Se dit d'un tissu spécial, situé dans l'épaisseur du muscle cardiaque, dont il assure l'excitation. ‖ *Phys.* Relatif aux nœuds d'une surface vibrante. ● *Points nodaux,* points de l'axe d'un système optique centré, par lesquels passent un rayon incident et le rayon émergent correspondant lorsque ces rayons sont parallèles.

NODOSITÉ n. f. (lat. *nodosus,* noueux). État d'un végétal, d'un arbre qui présente de nombreux nœuds. ‖ Production anormale, généralement arrondie et dure, parfois incluse sous la peau. ‖ Radicelle des légumineuses, hypertrophiée par la présence d'un rhizobium.

NODULAIRE adj. Relatif aux nœuds.

NODULE n. m. (lat. *nodulus,* petit nœud). Petite nodosité. ‖ Petite concrétion minérale ou rocheuse, de forme grossièrement arrondie, située dans une roche de nature différente, et,

plus particulièrement, concrétion de minerai déposée sur le fond des océans. ‖ Renflement de l'extrémité antérieure du vermis inférieur du cervelet.

NODULEUX, EUSE adj. Qui a beaucoup de petits nœuds.

NOËL n. m. (lat. *natalis* [dies], [jour] de naissance). Fête de la nativité du Christ célébrée le 25 décembre. ‖ Cantique en l'honneur de cette fête. (En ce sens prend une minuscule.) ● *Arbre de Noël,* pendant les fêtes de Noël, arbuste vert auquel on attache des friandises, des jouets, etc.; branchement de conduites à la tête d'un puits de pétrole. ‖ *Père Noël,* personnage légendaire qui est censé distribuer des cadeaux aux enfants pendant la nuit de Noël.

NOÈME n. m. (gr. *noêma,* pensée). *Philos.* Pour la phénoménologie, objet intentionnel de pensée.

NOÈSE n. f. (gr. *noêsis,* intelligence). *Philos.* Pour la phénoménologie, acte de penser.

NOÉTIQUE adj. *Philos.* Relatif aux fonctions intellectuelles par opposition à l'affectivité.

NŒUD n. m. (lat. *nodus*). Enlacement serré, fait avec un ruban, un fil, une corde, etc. ‖ Ornement en forme de nœud. ‖ Articulation ou jointure des doigts. ‖ Point de la tige où s'insère une feuille; région du tronc d'un arbre d'où part une branche, et où les fibres ligneuses prennent une orientation nouvelle. ‖ Point d'un réseau électrique où aboutissent au moins trois conducteurs parcourus par des courants. ‖ Point capital d'une affaire compliquée : *le nœud de la question.* ‖ Moment d'une pièce de théâtre, d'un roman, où l'intrigue est arrivée à son point essentiel, mais où le dénouement reste incertain. ‖ Croisement de plusieurs voies de communication (voies ferrées, routes). ‖ Unité de mesure de vitesse utilisée en navigation (maritime ou aérienne), équivalant à une vitesse uniforme qui correspond à 1 mille par heure et valant 1 852/3 600 mètre par seconde. ‖ *Anat.* Amas tissulaire globulaire. ‖ *Astron.* Chacun des deux points d'intersection de l'orbite d'un astre avec un plan de référence (plan de l'écliptique dans le cas d'une planète; plan de l'équateur de sa planète dans le cas d'un satellite, etc.). ‖ *Phys.* Point fixe d'une corde vibrante, d'un système d'ondes stationnaires. ● *Nœud coulant,* nœud qui se serre ou se desserre sans se dénouer. ‖ *Nœud vital,* centre des mouvements respiratoires, situé dans le bulbe. ‖ *Sac de nœuds* (Fam.), affaire très embrouillée, pleine de pièges et d'embûches. ◆ pl. *Litt.* Liens étroits entre les personnes.

NOIR, E adj. (lat. *niger*). Se dit de la sensation produite par l'absence ou par l'absorption complète de tous les rayons lumineux; se dit aussi des objets produisant cette sensation. ‖ De couleur très foncée, obscur, sombre : *lunettes noires; nuit noire.* ‖ Sale, crasseux : *mains noires.* ‖ Triste, mélancolique : *idées noires.* ‖ *Fam.* Ivre. ● *Caisse noire,* fonds qui n'apparaissent pas en comptabilité et que l'on peut utiliser sans contrôle. ‖ *Corps noir* (Phys.), corps qui absorbe intégralement tout rayonnement reçu sur sa surface. ‖ *Marché noir,* système de marché parallèle désignant plus spécialement le trafic des marchandises et notamment des denrées. ‖ *Messe noire,* parodie de messe du culte satanique. ‖ *Noir sur blanc,* par écrit, formellement. ‖ *Regard noir,* exprimant la colère. ‖ *Roman noir,* genre de roman apparu en Angleterre à la fin du XVIIIe s. et qui prend pour thèmes des aventures fantastiques ou horribles; roman moderne, spécialement policier, qui unit les scènes de violence à la peinture réaliste d'une société sordide. (Se dit aussi d'un film.) ‖ *Travail noir,* activité professionnelle qui échappe à la fiscalité.

NOIR n. m. Couleur noire : *un noir de jais.* ‖ Obscurité, ténèbres : *être dans le noir.* ‖ Étoffe noire; vêtement ou couleur de deuil : *porter du noir.* ‖ *Fam.* Syn. de TRAVAIL NOIR, de MARCHÉ NOIR. ‖ *Mil.* Centre d'une cible de tir. ‖ *Noir d'aniline,* colorant noir violacé, obtenu par oxydation de l'aniline. ‖ *Noir animal,* pigment noir obtenu en calcinant des os en vase clos. ‖ *Noir de carbone, noir de fumée,* pigment industriel noir, constitué par de fines particules de carbone. ‖ *Noir d'ivoire*, pigment noir obtenu par calcination d'os très durs et servant aux artistes peintres. ‖ *Petit noir*, ou *noir* n. m. (Fam.), tasse de café. ‖ *Poche du noir*, glande des céphalopodes. ‖ *Pousser les choses au noir, voir tout en noir*, être très pessimiste.

NOIR, E adj. et n. Qui appartient à une race caractérisée par une forte pigmentation. (Comme n., prend une majuscule.)

NOIRÂTRE adj. Qui tire sur le noir.

NOIRAUD, E adj. et n. Qui a les cheveux noirs et le teint brun.

NOIRCEUR n. f. État de ce qui est noir : *la noirceur de l'ébène*. ‖ Méchanceté extrême, perfidie : *la noirceur d'un crime*.

NOIRCIR v. t. (lat. *nigrescere*). Rendre noir : *la fumée a noirci le plafond*. ‖ Peindre sous des couleurs noires : *noircir la situation*. ● *Noircir du papier*, écrire des choses de peu de valeur. ◆ v. i. Devenir noir : *le bois noircit au feu*. ◆ **se noircir** v. pr. Devenir noir : *le ciel se noircit*. ‖ *Pop.* S'enivrer.

NOIRCISSEMENT n. m. Action de noircir.

NOIRCISSURE n. f. Tache noire.

NOIRE n. f. *Mus.* Note égale au quart de la ronde, représentée par le chiffre 4.

noire

NOISE n. f. (lat. *nausea*, mal de mer). *Chercher noise à qqn* (Litt.), lui chercher querelle.

NOISERAIE n. f. Endroit planté de noyers ou de noisetiers.

NOISETIER n. m. Arbrisseau des bois et des haies, dont le fruit est la noisette. (Haut. max. 7 m.)

NOISETTE n. f. (dimin. de *noix*). Fruit comestible du noisetier, contenant une graine riche en huile. ‖ Désignation commerciale d'un combustible minéral solide dont les éléments ont leur plus grande dimension comprise entre 15 et 30 mm. ‖ Morceau de la grosseur d'une noisette : *une noisette de beurre*. ◆ adj. inv. D'un marron clair et roux : *couleur noisette; des yeux noisette*.

NOIX n. f. (lat. *nux, nucis*). Fruit du noyer. (Fraîches, les noix ont une chair délicate. Sèches, elles fournissent une huile comestible.) ‖ Se dit aussi d'autres fruits : *noix de coco* (du cocotier), *noix de muscade* (du muscadier), *noix vomique* (du vomiquier), etc. ‖ Roue cannelée d'un moulin broyeur pour les graines, les tour-

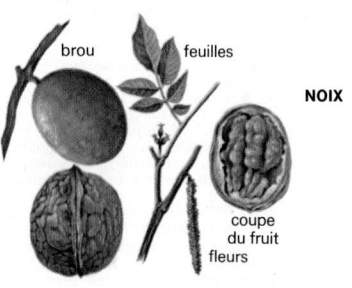

brou   feuilles

NOIX

coupe
du fruit
fleurs

NOISETIER

fruit

teaux, etc. ‖ Rainure à section demi-circulaire. ‖ Morceau de charbon de 30 à 50 mm. ‖ *Fam.* Imbécile. ● *À la noix* (Pop.), sans valeur, sans importance. ‖ *Des noix!*, interj. indiquant un refus d'accepter ce que dit un interlocuteur. ‖ *Noix de veau*, partie charnue placée sur le dessus de la cuisse de l'animal.

NOLI-ME-TANGERE [nɔlimetɑ̃ʒere] n. m. inv. (mots lat., *ne me touchez pas*). Nom donné à la balsamine. ‖ *Méd. anc.* Cancer de la peau.

NOLISEMENT n. m. Affrètement.

NOLISER v. t. (lat. pop. *naulidiare*; de *naulum*, fret). Affréter, louer un bateau, un avion. ● *Avion nolisé*, syn. de CHARTER.

NOM n. m. (lat. *nomen*). Mot servant à désigner une personne, un animal ou une chose, et à les distinguer des êtres de même espèce. ‖ *Prénom* : *choisir un nom pour un enfant.* ‖ Titre, qualification : *les noms de père, d'ami.* ‖ Personnage : *les plus grands noms de la littérature.* ‖ *Ling.* Terme grammatical désignant les substantifs. ‖ *Au nom de*, de la part de : *agir au nom de qqn*; en considération de : *au nom de ce que vous avez de plus cher.* ‖ *De nom*, par le nom seulement. ‖ *Nom commercial*, appellation qu'utilise une personne, physique ou morale, pour exercer le commerce, et qui constitue un élément transmissible, comme une enseigne, une marque. ‖ *Nommer, appeler les choses par leur nom*, s'exprimer sans ménagement. ‖ *Petit nom* (Fam.), principal prénom. ‖ *Se faire un nom*, s'attirer une grande réputation.

NOMADE adj. et n. (gr. *nomas, nomados*, qui fait paître). Qui mène un genre de vie non sédentaire et qui vit principalement de l'élevage : *les tribus nomades du désert.* ‖ Qui n'a pas de domicile fixe et qui se déplace fréquemment.

NOMADISER v. i. Vivre en nomade.

NOMADISME n. m. Genre de vie nomade. ● *Nomadisme pastoral*, genre de vie nomade dans lequel l'élevage est l'occupation exclusive ou principale.

NO MAN'S LAND [nomanslɑ̃d] n. m. (loc. angl., *terre d'aucun homme*). Territoire inoccupé entre les premières lignes de deux belligérants. ‖ Zone complètement dévastée, abandonnée.

NOMBRABLE adj. Que l'on peut compter.

NOMBRE n. m. (lat. *numerus*). Notion fondamentale des mathématiques qui permet de dénombrer, de classer les objets ou de mesurer les grandeurs mais qui ne peut faire l'objet d'une définition stricte. (Partant de la donnée intuitive des nombres entiers naturels*, elle a connu des extensions successives : nombres entiers relatifs*, rationnels*, irrationnels* [algébriques et transcendants], complexes*.) ‖ Collection de personnes ou de choses. ‖ *Ling.* Catégorie grammaticale qui permet l'opposition entre le singulier et le pluriel. ‖ *Littér.* Harmonie qui résulte de l'arrangement des mots, en prose ou en poésie. ● *Au nombre de*, au rang de : *je te compte au nombre de mes amis.* ‖ *En nombre*, en grand nombre. ‖ *Être du nombre*, être parmi les participants. ‖ *Faire nombre*, constituer un ensemble nombreux. ‖ *Le nombre, le grand nombre, le plus grand nombre*, la majorité des gens. ‖ *Loi des grands nombres*, loi concernant la fréquence de réalisation d'un événement ayant une probabilité d'arrivée déterminée et selon laquelle la possibilité d'un écart de quelque importance entre la fréquence et la probabilité diminue avec le nombre des épreuves. ‖ *Nombre caractéristique* (Phys.), rapport sans dimensions de certaines grandeurs physiques relatives à un phénomène et qui en facilite l'analyse théorique (*nombre de Mach*, par ex.). ‖ *Nombre de, bon nombre de, beaucoup, plusieurs*. ‖ *Nombre d'or*, nombre égal

à $\dfrac{\sqrt{5}+1}{2}$, soit environ 1,618, et correspon-

dant à une proportion considérée comme particulièrement esthétique. ‖ *Nombre d'or d'une année*, rang d'une année quelconque dans la période de dix-neuf ans du cycle de Méton. ‖ *Sans nombre*, en grande quantité.

NOMBREUX, EUSE adj. En grand nombre : *venir sans cesse plus nombreux.* ‖ Qui comprend un grand nombre d'éléments : *assistance nombreuse.*

NOMBRIL [nɔ̃bri ou nɔ̃bril] n. m. (lat. *umbilicus*). Petite cicatrice du cordon ombilical, au milieu du ventre. (Syn. OMBILIC.) ● *Se prendre pour le nombril du monde* (Fam.), se donner une importance exagérée.

NOMBRILISME n. m. *Fam.* Attitude de celui pour qui rien ne compte que ses propres problèmes.

NOME n. m. (gr. *nomos*). *Hist.* Division de l'ancienne Égypte et de la Grèce actuelle.

NOMENCLATEUR, TRICE adj. et n. Qui établit une nomenclature.

NOMENCLATURE n. f. (lat. *nomenclatura*, désignation par le nom). Ensemble des termes techniques d'une science ou d'un art : *la nomenclature chimique.*

NOMINAL, E, AUX adj. (lat. *nomen, nominis*, nom). Relatif au nom d'une personne : *erreur nominale.* ‖ Qui n'a que le nom, sans avoir les avantages réels : *chef nominal d'un parti.* ‖ Se dit d'une performance annoncée par les constructeurs d'un appareil. ‖ *Ling.* Relatif au nom : *l'infinitif est une forme nominale du verbe.* ● *Appel nominal*, qui se fait en désignant les noms. ‖ *Valeur nominale*, valeur inscrite sur une monnaie, un effet de commerce, une valeur mobilière, qui correspond à la valeur théorique d'émission et de remboursement.

NOMINALEMENT adv. De façon nominale.

NOMINALISATION n. f. *Ling.* Action de nominaliser.

NOMINALISER v. t. *Ling.* Transformer une phrase en un groupe nominal (ex. : *le chauffeur est prudent → la prudence du chauffeur*).

NOMINALISME n. m. Doctrine philosophique selon laquelle le concept n'est qu'un nom et n'existent effectivement que les individus auxquels renvoient les noms. (Syn. TERMINISME.)

NOMINALISTE adj. et n. Qui concerne ou qui professe le nominalisme.

NOMINATIF, IVE adj. (lat. *nominare*, appeler). Qui contient des noms : *état nominatif des employés.* ‖ Se dit d'un titre dont la preuve de propriété résulte de l'inscription du nom de son possesseur sur un registre de la société émettrice (par oppos. à TITRE AU PORTEUR).

NOMINATIF n. m. *Ling.* Dans les langues à déclinaison, cas qui désigne le sujet d'une proposition.

NOMINATION n. f. (lat. *nominatio*). Désignation d'une personne à un emploi, une fonction ou une dignité : *avoir plusieurs nominations à une distribution de prix.*

NOMINATIVEMENT adv. En désignant le nom.

NOMMÉ, E adj. et n. Qui est appelé, qui porte tel ou tel nom : *Louis XII, nommé le Père du peuple.* ● *À point nommé*, à propos : *une nouvelle qui arrive à point nommé.*

NOMMÉMENT adv. En désignant par le nom : *être dénoncé nommément comme le voleur.*

NOMMER v. t. (lat. *nominare*). Désigner qqn, qqch par un nom. ‖ Qualifier d'un nom : *il l'a nommé son bienfaiteur.* ‖ Instituer en qualité de : *nommer qqn son héritier.* ‖ Choisir pour remplir certaines fonctions : *on l'a nommé chef de bureau.* ◆ **se nommer** v. pr. Avoir pour nom. ‖ Se faire connaître par son nom.

NOMOGRAMME n. m. Graphique coté dont la lecture remplace les calculs.

NOMOGRAPHIE n. f. Mode de calcul à l'aide d'abaques, de graphiques ou de lignes dont les points d'intersection avec d'autres lignes déterminent des solutions.

NON adv. (lat. *non*). Exprime l'idée de négation, de refus, et s'oppose à OUI. ‖ Préfixe négatif joint à un adjectif ou à un nom : *pays nonaligné; non-réussite.* ◆ loc. adv. *Non plus*, pareillement (mais dans un sens négatif) : *ni moi non plus.* ‖ *Non seulement*, pas seulement cela (loc. ordinairement suivie de la conjonction *mais*). ◆ loc. conj. *Non pas que*, ce n'est pas que.

NON n. m. inv. Refus. ● *Pour un oui ou pour un non*, pour un détail futile.

NON-ACCOMPLI adj. et n. m. Ling. Se dit d'une forme verbale exprimant qu'une action est considérée dans son développement. (Syn. IMPERFECTIF.)

NON-ACTIVITÉ n. f. État d'un fonctionnaire ou d'un militaire qui n'exerce pas son emploi.

NONAGÉNAIRE adj. et n. (lat. *nonageni*, quatre-vingt-dix). Âgé de quatre-vingt-dix ans.

NON-AGRESSION n. f. Intention ou fait de ne pas attaquer.

NON-ALIGNÉ, E adj. et n. Qui pratique le non-alignement.

NON-ALIGNEMENT n. m. Attitude des pays qui se refusent à suivre la politique de l'un ou l'autre des grands États antagonistes.

NONANTE [nɔnɑ̃t] adj. num. En Belgique et en Suisse, quatre-vingt-dix.

NONANTIÈME adj. ord. En Belgique et en Suisse, quatre-vingt-dixième.

NON-ASSISTANCE n. f. Abstention volontaire de porter assistance à qqn.

NON-BELLIGÉRANCE n. f. État d'un pays qui, sans être totalement neutre dans un conflit, ne prend pas part aux opérations militaires.

NON-BELLIGÉRANT, E adj. et n. Qui ne participe pas à un conflit.

NONCE n. m. (it. *nunzio*, envoyé). Député ou ambassadeur. ● *Nonce apostolique*, ou *nonce*, ambassadeur du pape.

NONCHALAMMENT adv. Avec nonchalance.

NONCHALANCE n. f. (anc. fr. *chaloir*, être d'intérêt pour). Disposition de celui qui ne se soucie de rien, qui manque d'ardeur, de vivacité.

NONCHALANT, E adj. et n. Qui manque d'ardeur, de vivacité, insouciant.

NONCIATURE n. f. Fonctions de nonce; durée de cette charge. ‖ Résidence du nonce.

NON-COMBATTANT, E adj. et n. Qui ne prend pas une part effective au combat, en parlant du personnel militaire.

NON-COMPARANT, E adj. et n. Qui fait défaut en justice.

NON-CONCILIATION n. f. Défaut de conciliation.

NON-CONFORMISME n. m. Tendance à ne pas se conformer aux usages établis.

NON-CONFORMISTE adj. et n. Qui ne se plie pas aux règles sociales. ‖ Hist. En Angleterre, protestant qui ne suit pas la religion anglicane.

NON-CONFORMITÉ n. f. Défaut de conformité.

NON-CONTRADICTION n. f. Log. Propriété de toute théorie déductive, dans laquelle une même proposition ne peut être à la fois démontrée et infirmée. (Syn. CONSISTANCE.) ● *Loi de non-contradiction*, principe selon lequel une même proposition ne peut être à la fois vraie et fausse.

NON-CROYANT, E adj. et n. Qui n'appartient à aucune confession religieuse.

NON-DIRECTIF, IVE adj. Où l'on évite toute pression sur l'interlocuteur.

NON-DIRECTIVISME n. m. Psychol. Théorie de C. Rogers, qui préconise une attitude de disponibilité absolue et l'abstention de tout conseil ou interprétation, notamment dans les relations pédagogiques ou psychothérapiques.

NON-DIRECTIVITÉ n. f. Caractère, méthode non-directifs.

NON-DISCRIMINATION n. f. Attitude de ceux qui refusent de traiter différemment les gens selon leurs origines ethniques, philosophiques, religieuses, etc.

NON-DISSÉMINATION n. f. Syn. de NON-PROLIFÉRATION.

NONE n. f. (lat. *nona*). Antiq. rom. Quatrième partie du jour, commençant après la neuvième heure, c'est-à-dire vers 3 heures de l'après-midi. ‖ Partie de l'office monastique ou du bréviaire qui se récite à 15 heures.

NON-ENGAGÉ, E adj. et n. Qui pratique le non-engagement : *les pays non-engagés.*

NON-ENGAGEMENT n. m. Attitude de celui qui reste libre à l'égard de toute position politique, qui ne s'engage pas dans un conflit.

NONES n. f. pl. (lat. *nonae*). Antiq. rom. Septième jour de mars, mai, juillet et octobre, cinquième jour des autres mois.

NON-ÊTRE n. m. Philos. Ce qui n'a pas d'existence, de réalité.

NON-EXÉCUTION n. f. Dr. Défaut d'exécution.

NON-EXISTENCE n. f. Le fait de ne pas être, de ne pas exister.

NON-FIGURATIF, IVE adj. et n. Art contemp. Syn. d'ABSTRAIT.

NON-FUMEUR, EUSE n. Personne qui ne fume pas.

NON-INGÉRENCE n. f. Attitude qui consiste à ne pas s'ingérer dans les affaires d'autrui.

NON-INITIÉ, E n. et adj. Personne profane dans un certain domaine.

NON-INSCRIT, E n. et adj. Député qui n'est pas inscrit à un groupe parlementaire.

NON-INTERVENTION n. f. Attitude d'un État qui n'intervient pas dans les affaires des autres États, lorsqu'il n'y est pas directement intéressé.

NON-INTERVENTIONNISTE adj. et n. Partisan de la non-intervention.

NON-JOUISSANCE n. f. Dr. Privation de jouissance.

NON-LIEU n. m. Arrêt, ordonnance de non-lieu, ou non-lieu (Dr.), décision du juge d'instruction ou de la chambre des mises en accusation, constatant qu'il n'y a pas lieu à poursuivre en justice.

NON-MÉTAL n. m. Corps simple non métallique. (Syn. anc. : MÉTALLOÏDE.)
■ Les non-métaux, ou métalloïdes, sont mauvais conducteurs de la chaleur et de l'électricité; ils n'ont pas, en général, d'éclat métallique, et tous leurs composés oxygénés sont des oxydes neutres ou des oxydes acides. Les non-métaux sont : l'*hydrogène*, le *fluor*, le *chlore*, le *brome*, l'*iode*, l'*oxygène*, le *soufre*, le *sélénium*, le *tellure*, l'*azote*, le *phosphore*, l'*arsenic*, le *carbone*, le *silicium*, le *bore*.

NON-MOI n. m. Philos. Ensemble de tout ce qui est distinct du moi.

NONNE n. f. (bas lat. *nonna*). Religieuse.

NONNETTE n. f. Jeune religieuse. ‖ Petit pain d'épice rond. ‖ Mésange à tête noire et à ailes gris-brun.

NONOBSTANT prép. et adv. (de *non*, et lat. *obstans*, empêchant). Malgré, sans égard à (langue administrative).

NON-PAIEMENT n. m. Défaut de paiement.

NON-PROLIFÉRATION n. f. Politique visant à interdire la possession d'armes nucléaires aux pays n'en disposant pas.

NON-RECEVOIR n. m. Fin de non-recevoir, refus catégorique; en droit, moyen tendant à écarter une demande en justice, mais sans examen du fond de celle-ci.

NON-RETOUR n. m. Point de non-retour, moment à partir duquel on ne peut plus annuler une action en cours, revenir en arrière.

NON-RÉUSSITE n. f. Manque de réussite.

NON-SENS n. m. Phrase ou parole dépourvue de sens; chose absurde.

NON-SPÉCIALISTE adj. et n. Se dit de qqn qui n'est pas spécialiste de qqch.

NON-STOP [nɔnstɔp] adj. inv. (mots angl.). Continu, sans interruption : *vol non-stop.*

NON-STOP n. f. Descente à skis effectuée la veille d'une compétition pour reconnaître la piste.

NON-TISSÉ n. m. Matériau formé par l'assemblage de fibres ou de fils discontinus, liés par un agent mécanique ou chimique.

NONUPLER v. t. Multiplier par neuf.

NON-USAGE n. m. Cessation d'un usage.

NON-VALEUR n. f. Terre, maison qui ne rapporte rien. ‖ Cote qui n'a pu être recouvrée par le fisc. ‖ Personne d'intelligence, d'utilité nulle.

NON-VIABLE adj. Se dit d'un fœtus n'ayant pas atteint les 180 jours. ‖ Se dit d'un nouveau-né ayant des lésions incompatibles avec la vie.

NON-VIOLENCE n. f. Forme d'action politique caractérisée par l'absence de toute violence.

NON-VIOLENT, E n. et adj. Partisan de la non-violence. ‖ Qui ne participe d'aucune violence.

NOPAL n. m. (mot aztèque) [pl. *nopals*]. Opuntia à rameaux aplatis, cultivé autrefois pour l'élevage de la cochenille. (Ses fruits [figue de Barbarie] sont comestibles.)

NORADRÉNALINE n. f. Hormone voisine de l'adrénaline, sécrétée comme celle-ci par la portion médullaire des surrénales.

NORAMIDOPYRINE n. f. Analgésique dérivé de l'amidopyrine et moins toxique qu'elle.

NORD n. m. et adj. inv. (angl. *north*). Un des quatre points cardinaux, dans la direction de l'étoile Polaire. (Le nord est situé sur l'axe de rotation terrestre, dans la direction telle qu'un observateur situé au point où cet axe perce la Terre et regardant au-dessus de sa tête voit les étoiles se déplacer dans le sens inverse des aiguilles d'une montre.) ‖ Partie du globe terrestre où d'un pays située vers ce point. (En ce sens prend une majuscule.) ● *Perdre le nord* (Fam.), ne plus savoir où l'on est, perdre la tête.

NORD-AFRICAIN, E adj. et n. De l'Afrique du Nord.

NORD-AMÉRICAIN, E adj. et n. De l'Amérique du Nord.

NORD-CORÉEN, ENNE adj. et n. De la Corée du Nord.

NORDÉ ou **NORDET** n. m. (de *nord-est*). Mar. Vent soufflant de la direction du nord-est.

NORD-EST [nɔrɛst ou nɔrdɛst] n. m. et adj. inv. Partie du monde ou point de l'horizon situés entre le nord et l'est.

NORDIQUE adj. Relatif aux peuples du nord de l'Europe. ● *Langues nordiques*, islandais, danois, norvégien et suédois.

NORDIR v. i. Mar. Tourner au nord (vent).

NORDISTE n. et adj. Aux États-Unis, partisan du gouvernement fédéral pendant la guerre de Sécession.

NORD-OUEST [nɔrwɛst ou nɔrdwɛst] n. m. et adj. inv. Point de l'horizon ou partie du monde situés entre le nord et l'ouest. ● *Dialogue Nord-Sud*, dit des négociations entre les nations industrialisées et les nations en voie de développement tendant à réorganiser les rapports économiques internationaux.

NORIA n. f. (mot esp.; de l'ar.). Machine hydraulique formée de godets attachés à une chaîne sans fin, plongeant renversés et remontant pleins.

NORMAL, E, AUX adj. Conforme à la règle, à la norme; bien adapté; ordinaire, habituel : *vie normale.* ‖ Qui ne présente aucun trouble pathologique : *il n'est pas dans son état normal.* ‖ Chim. Se dit d'une solution titrée servant aux dosages et contenant une valence-gramme active par litre. ‖ Math. Syn. de PERPENDICULAIRE. ● *École normale primaire*, école où l'on forme des instituteurs. ‖ *École normale supérieure*, école où l'on forme les professeurs de l'enseignement secondaire. ‖ *Nombre normal*, nombre pris dans la série de Renard, constituée par une progression géométrique approchée de 5, 10, 20 ou 40 nombres échelonnés de 100 à 1 000.

NORMALE n. f. État normal, habituel : *revenir à la normale.* ‖ Math. Droite perpendiculaire. ● *Normale à une courbe en un point*, perpendiculaire à la tangente en ce point. ‖ *Normale à une surface en un point*, droite perpendiculaire au plan tangent en ce point.

NORMALEMENT adv. De façon normale.

NORMALIEN, ENNE n. Élève d'une école normale (primaire ou supérieure).

NORMALISATEUR, TRICE adj. et n. Qui normalise.

NORMALISATION n. f. Action de normaliser. ‖ Ensemble de règles résultant de l'accord des producteurs et des usagers et visant à spécifier, unifier et simplifier en vue d'un meilleur rendement dans tous les domaines d'activité.

NORMALISÉ, E adj. *Taille normalisée*, en confection, type de taille établi selon les mesures moyennes d'un échantillonnage d'individus.

NORMALISER v. t. Faire revenir à une situation normale : *normaliser des relations diplomatiques.* ‖ Soumettre à la normalisation; rendre conforme à la norme. ◆ **se normaliser** v. pr. Devenir normal.

NORMALITÉ n. f. Caractère de ce qui est conforme à une norme, non pathologique. ‖ *Chim.* Concentration d'une solution, comparée à celle de la solution normale.

NORMAND, E adj. et n. De la Normandie. ● *Race normande,* race bovine numériquement la plus importante en France, bonne laitière et bonne race de boucherie. ‖ *Réponse de Normand,* réponse ambiguë.

NORMATIF, IVE adj. Dont on dégage des règles ou des préceptes; qui établit une norme.

NORMATIVITÉ n. f. État de ce qui est régulier, conforme à une norme.

NORME n. f. (lat. *norma,* équerre, règle). État habituel ou moyen considéré le plus souvent comme de règle. ‖ *Math.* Grandeur attachée à chacun des éléments d'un espace vectoriel et dont les propriétés généralisent celles de la valeur absolue pour les nombres réels et celles du module pour les nombres complexes. ‖ *Philos.* Critère, principe discriminatoire auquel se réfère implicitement ou explicitement tout jugement de valeur en matière esthétique et en morale. ‖ *Techn.* Règle fixant le type d'un objet fabriqué, les conditions techniques de production. ● *Norme de productivité,* productivité moyenne d'une branche économique donnée.

NORMÉ, E adj. *Math.* Se dit d'un système de coordonnées dont les axes ont des vecteurs unitaires de même longueur; se dit d'un espace vectoriel possédant une norme.

NOROÎT ou **NOROIS** [nɔrwa] n. m. (de *nord-ouest*). Vent du nord-ouest venant de la mer.

NORROIS [nɔrwa] n. m. (anc. angl. *north,* nord). Langue des anciens peuples de la Scandinavie.

NORVÉGIEN, ENNE adj. et n. De Norvège.

NORVÉGIEN n. m. Langue nordique parlée en Norvège. ‖ Voilier dont l'arrière est pointu et comporte un gouvernail apparent.

NORVÉGIENNE n. f. Embarcation à avant arrondi et relevé.

NOS adj. poss. des deux genres, pl. de NOTRE.

NOSÉMOSE n. f. (gr. *nosos,* maladie). Maladie de l'appareil digestif des abeilles.

NOSOCONIOSE n. f. (gr. *nosos,* maladie, et *konis,* poussière). Maladie due aux poussières.

NOSOGRAPHIE n. f. Description des maladies.

NOSOLOGIE n. f. Classification des maladies.

NOSTALGIE n. f. (gr. *nostos,* retour, et *algos,* douleur). Tristesse vague causée par l'éloignement de son pays, de ce qu'on a connu, de son milieu; regret mélancolique de qqch.

NOSTALGIQUE adj. Qui tient de la nostalgie.

NOSTOC n. m. Algue gélatineuse des sols humides. (Classe des cyanophycées.) [Syn. CRACHAT DE LUNE.]

NOTA ou **NOTA BENE** [nɔtabene] n. m. inv. (loc. lat., *notez bien*). Note mise dans la marge ou au bas d'un texte écrit. (Abrév. : N. B.)

NOTABILITÉ n. f. Personne en vue par sa situation ou son autorité morale, intellectuelle.

NOTABLE adj. (lat. *notabilis*; de *notare,* désigner). Digne d'être noté; important, remarquable.

NOTABLE n. m. Personne qui a une situation sociale de premier rang dans une ville, une région. ● *Assemblée des notables* (Hist.), assemblée de membres représentatifs des trois ordres du royaume de France, auxquels les rois demandaient avis dans certains cas.

NOTABLEMENT adv. Beaucoup.

NOTAIRE n. m. (lat. *notarius,* scribe). Officier public qui reçoit et rédige les actes, les contrats, etc., pour leur donner un caractère authentique.

NOTAIRESSE n. f. Femme d'un notaire (vx).

NOTAMMENT adv. Spécialement, particulièrement, entre autres.

NOTARIAL, E, AUX adj. Qui se rapporte aux notaires.

NOTARIAT n. m. Ensemble de la profession notariale. ‖ Fonction de notaire.

NOTARIÉ, E adj. Passé devant notaire.

NOTATEUR, TRICE n. Technicien qui retranscrit à l'aide d'un système conventionnel l'ensemble d'une œuvre chorégraphique.

NOTATION n. f. Action d'indiquer, de représenter par un système de signes conventionnels; ce système : *la notation algébrique, phonétique.* ‖ Courte remarque. ‖ Action de noter : *la notation des exercices scolaires.*

NOTE n. f. (lat. *nota*). Marque, courte remarque faite sur un texte : *notes marginales.* ‖ Courte indication recueillie par écrit pendant un exposé, une lecture, etc. : *prendre des notes.* ‖ Brève communication écrite destinée à informer : *note de service.* ‖ Détail d'un compte à acquitter : *note d'hôtel.* ‖ Appréciation, chiffrée ou non, du travail, de la conduite de qqn. ‖ Marque distinctive, touche, nuance : *ajouter une note personnelle.* ‖ Signe de musique figurant un son et sa durée; forme principale de ces signes (la *ronde,* la *blanche,* la *noire,* la *croche,* la *double croche,* la *triple croche*) [chaque figure de note se subdivise en deux, à moins qu'un chiffre placé au-dessus ou au-dessous d'un groupe de notes n'indique une division différente]; nom des notes (*ut* ou *do, ré, mi, fa, sol, la, si*). ● *Donner la note,* indiquer le ton; indiquer ce qu'il convient de faire. ‖ *Être dans la note,* faire ce qui convient. ‖ *Fausse note,* détail qui choque. ‖ *Forcer la note,* exagérer. ‖ *La note juste,* le détail en accord avec la situation. ‖ *Note diplomatique,* communication faite par un gouvernement à son représentant auprès d'un autre gouvernement.

■ Les syllabes servant à désigner les sept notes de la gamme ont été empruntées par un moine du Xe s., Gui d'Arezzo, à l'hymne à saint Jean-Baptiste. Ce sont les premières syllabes des vers de la première strophe : *Ut* queant laxis / *Resonare* fibris / *Mira* gestorum / *Famuli* tuorum / *Sol*ve polluti / *Labii* reatum / *Sancte Iohannes.* Le nom de la note *si* fut constitué à l'aide de la première lettre des mots *Sancte Iohannes.* Au XVIIe s., *ut,* difficile à solfier, fut remplacé par *do,* plus euphonique. Ces noms de notes sont utilisés dans tous les pays de langue latine.

NOTER v. t. (lat. *notare*). Faire une marque sur ce qu'on veut retenir : *noter un passage.* ‖ Mettre par écrit : *noter un rendez-vous.* ‖ Prendre garde à : *notez bien ce que je vous dis.* ‖ Écrire de la musique avec des signes convenus : *noter un air.* ‖ Apprécier le travail, la valeur de qqn : *noter des devoirs.*

NOTHOFAGUS n. m. Hêtre de l'hémisphère Sud (Chili, Australie), utilisé en menuiserie, charpente et parquets.

NOTICE n. f. (lat. *notitia,* connaissance). Exposé succinct, résumé par écrit sur un sujet particulier; ensemble d'indications sommaires.

NOTIFICATIF, IVE adj. Qui sert à notifier qqch.

NOTIFICATION n. f. Action de notifier, avis.

NOTIFIER v. t. Porter à la connaissance d'une personne une mesure la concernant personnellement, informer qqn. ‖ *Dr.* Faire parvenir à qqn, dans les formes légales, un document juridique.

NOTION n. f. (lat. *notio,* connaissance). Connaissance, idée qu'on a de qqch. ‖ Connaissance élémentaire de qqch.

NOTIONNEL, ELLE adj. Relatif à une notion.

NOTOIRE adj. (lat. *notorius,* qui fait connaître). Connu d'un très grand nombre de personnes, public, célèbre : *criminel notoire.*

NOTOIREMENT adv. Manifestement.

NOTONECTE n. f. Insecte des mares, qui nage le dos tourné vers le bas. (Long. 2 cm; ordre des hétéroptères.)

NOTORIÉTÉ n. f. Caractère d'une personne ou d'un fait notoire, renommée, réputation, renom. ● *Acte de notoriété,* acte destiné à attester un fait notoire et constant, et délivré par un notaire, un juge d'instance, etc.

NOTRE adj. poss. (pl. *nos*). Qui nous concerne, qui est à nous.

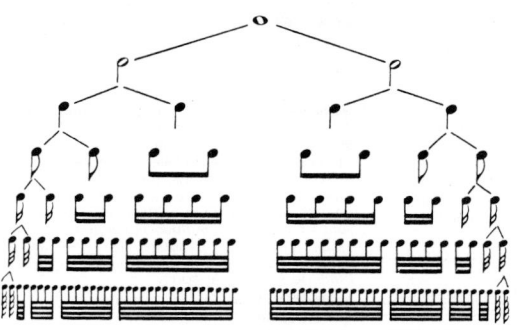

1	ronde
	vaut
2	blanches
	ou
4	noires
	ou
8	croches
	ou
16	doubles croches
	ou
32	triples croches
	ou
64	quadruples croches

VALEURS RELATIVES DES NOTES

NÔTRE pron. poss. (lat. *noster*) [précédé de *le, la, les*]. Ce qui est à nous. ◆ adj. poss. *Litt.* (toujours attribut). Qui est à nous : *cette maison est nôtre.* ◆ n. m. pl. Nos parents, nos amis, nos alliés.

NOTRE-DAME n. f. La Sainte Vierge. ‖ Nom d'églises qui lui sont consacrées.

NOTULE n. f. (bas lat. *notula;* de *nota,* marque). Remarque sur un point de détail.

NOUAGE n. m. Action de nouer. ‖ Opération de tissage qui consiste à nouer les fils d'une chaîne terminée à ceux de la chaîne nouvelle qui lui succède.

NOUAISON n. f. *Agric.* Formation du fruit qui succède à la fleur. (Syn. NOUURE.)

NOUBA n. f. (mot ar.). Musique des anciens régiments de tirailleurs nord-africains. ‖ Chez les Arabes, grande composition vocale ou instrumentale. ‖ *Fam.* Noce, bombance.

NOUE n. f. (mot gaul.). Terre grasse et humide fournissant des herbages pour le bétail.

NOUE n. f. (lat. *navis,* navire). *Constr.* Pièce oblique d'une charpente, formant l'arête rentrante à la rencontre de deux combles. ‖ Arête rentrante formée par la rencontre des versants de deux toits. ‖ Lame de plomb ou de zinc ou rangée de tuiles creuses placées dans cet angle.

NOUER v. t. (lat. *nodare*). Serrer, lier avec un ou plusieurs nœuds. ‖ Faire un nœud à : *nouer une cravate.* ‖ Former, organiser : *nouer une amitié.* ● *Avoir la gorge nouée,* contractée par l'émotion. ‖ *Nouer la conversation,* engager la conversation avec qqn.

NOUEUX, EUSE adj. Qui a des nœuds ou des nodosités.

NOUGAT n. m. (mot prov.). Confiserie de sucre, de miel et de blancs d'œufs frais ou desséchés, additionnée d'amandes, de noisettes ou encore de pistaches.

NOUGATINE n. f. Petit gâteau de pâte génoise parfumée, fourrée de crème pralinée, et glacé au sucre. ‖ Sorte de nougat brun et très dur.

NOUILLE n. f. (all. *Nudel*). Pâte alimentaire à base de semoule de blé dur, laminée, découpée en lanières minces, déshydratée et prête à l'emploi culinaire. ◆ adj. et n. f. *Fam.* Personne sans énergie ou peu dégourdie.

NOULET n. m. *Constr.* Sorte de ferme couchée, formée de deux noues et placée à la pénétration d'un toit dans un autre toit plus développé en hauteur.

NOUMÈNE n. m. (gr. *nooumenon*). *Philos.* Pour Kant, concept de la chose en soi, conçue comme au-delà de toute expérience possible (par oppos. à PHÉNOMÈNE).

NOUNOU n. f. Nourrice dans le langage enfantin.

NOURRAIN n. m. (lat. *nutrire*, nourrir). Groupe d'alevins qu'on jette dans un étang pour le repeupler. ‖ Jeune porc après le sevrage.

NOURRICE n. f. (lat. *nutrix*, *nutricis*). Femme qui allaite des enfants en bas âge. ‖ Femme gardant des enfants à son domicile contre rémunération. (Auj. : ASSISTANTE MATERNELLE, GARDIENNE.) ‖ Réservoir supplémentaire pour l'alimentation d'une chaudière ou d'un moteur. ‖ *Techn.* Pièce d'où partent plusieurs tuyauteries divergentes. ● *Mettre un enfant en nourrice*, le donner à garder à une femme, hors de la maison de ses parents. ‖ *Nourrice sèche*, femme qui élève un enfant au biberon.

NOURRICIER, ÈRE adj. Qui nourrit, procure la nourriture. ● *Père nourricier*, père adoptif.

NOURRIR v. t. (lat. *nutrire*). Fournir des aliments à qqn, à un animal; faire vivre en donnant des moyens de vivre et de subsister : *il a cinq personnes à nourrir*. ‖ Donner une formation à qqn, lui fournir des idées, etc. ‖ Entretenir, faire durer un sentiment : *nourrir l'espoir*. ‖ Entretenir qqch en accroissant son importance : *le bois stocké nourrissait l'incendie*. ‖ Renforcer la matière d'un discours, d'un tableau, d'un débat, d'un texte. ● *Conversation nourrie*, abondante. ‖ *Feu, tir nourri*, intense. ◆ **se nourrir** v. pr. Absorber des aliments. ‖ Consommer une grande quantité; se repaître : *se nourrir de bandes dessinées*; *se nourrir d'illusions*.

NOURRISSAGE n. m. Élevage des bestiaux.

NOURRISSANT, E adj. Qui nourrit beaucoup.

NOURRISSEUR n. m. Celui qui, dans les grandes villes ou leur banlieue, nourrit des vaches pour vendre leur lait. (Ce mode d'élevage a pratiquement disparu dans les pays industrialisés, mais subsiste dans beaucoup de villes du tiers monde.) ‖ Celui qui engraisse du bétail pour la boucherie. ● *Nourrisseur automatique*, appareil permettant la distribution automatique d'aliments aux animaux.

NOURRISSON n. m. Enfant en bas âge, de vingt et un jours à deux ans. (De la naissance à vingt et un jours, on dit *nouveau-né*.)

NOURRITURE n. f. Aliment destiné à entretenir la vie. ● *Les nourritures de l'esprit* (Litt.), ce qui sert à la formation.

NOUS (lat. *nos*), pron. pers. de la 1re pers. du pl. des deux genres. ● *Nous* (ou *pluriel de majesté*), employé pour *je* dans le style officiel (en ce cas l'attribut reste au singulier).

NOUURE n. f. *Agric.* Syn. de NOUAISON.

NOUVEAU ou **NOUVEL** (devant une voyelle ou un *h* muet), **ELLE** adj. (lat. *novellus*). Qui n'existe ou n'est connu que depuis peu de temps, qui était jusqu'alors inconnu : *livre nouveau; mots nouveaux*. ‖ Qui est original, hardi : *un esprit nouveau*. ‖ Qui succède à d'autres choses de même nature : *une nouvelle robe*. ‖ Qui est tel depuis peu de temps : *les nouveaux riches*. ◆ adj. et n. Qui vient d'arriver dans une école, un atelier; novice.

NOUVEAU n. m. Ce qui est original, inattendu : *chercher toujours du nouveau*. ● *À nouveau*, en recommençant une première tentative.

NOUVEAU-NÉ, E adj. et n. (pl. *nouveau-nés, es*). Qui vient de naître.

NOUVEAUTÉ n. f. Qualité de ce qui est nouveau; chose nouvelle. ‖ Livre nouvellement publié. ‖ Produit nouveau de l'industrie, de la mode. ● *Magasin de nouveautés*, magasin qui vend des articles de mode.

NOUVELLE n. f. Annonce d'un événement arrivé récemment. ‖ Renseignement sur la santé, la situation, etc., d'une personne : *donnez-moi de vos nouvelles*. ‖ Récit, de courte dimension, et de caractère généralement dramatique.

NOUVELLEMENT adv. Depuis peu.

NOUVELLISTE n. Auteur de nouvelles.

NOVA n. f. (lat. *nova* [*stella*], nouvelle [étoile]) [pl. *novae*]. Étoile qui, augmentant brusquement d'éclat, semble constituer une étoile nouvelle. (L'accroissement de luminosité s'effectue en quelques jours, mais le retour à la luminosité initiale peut s'étager sur une dizaine d'années.)

NOVATEUR, TRICE adj. et n. (lat. *novare*, renouveler). Qui innove.

NOVATION n. f. (bas lat. *novatio*). *Dr.* Substitution d'un nouveau titre de créance à un ancien. ‖ Syn. de INNOVATION.

NOVATOIRE adj. *Dr.* Qui est de la nature de la novation, ou relatif à la novation.

NOVEMBRE n. m. (lat. *novem*, neuf [l'année romaine commençant au mois de mars]). Onzième mois de l'année.

NOVER v. t. *Dr.* Renouveler une obligation.

NOVICE n. et adj. (lat. *novicius*; de *novus*, nouveau). Personne peu expérimentée, débutant : *il est novice dans le métier*. ◆ n. Personne qui fait l'apprentissage de la vie religieuse avant son admission dans un ordre religieux.

NOVICIAT n. m. Temps d'épreuve imposé aux candidats à la vie religieuse. ‖ Locaux qui leur sont réservés.

NOYADE n. f. Action de noyer ou de se noyer.

NOYAU n. m. (lat. *nodus*, nœud). Partie centrale de certains fruits charnus, formée d'un endocarpe lignifié qui entoure la graine, ou amande. ‖ Partie centrale d'un objet qui est d'une densité différente de celle de la masse. ‖ Petit groupe d'individus formant un élément essentiel : *le noyau d'un parti; des noyaux de résistance*. ‖ *Anat.* Amas de substance grise dans un centre nerveux. ‖ *Astron.* Partie d'une comète qui, avec la chevelure, constitue la tête; région centrale d'une tache solaire; concentration de matière au centre d'une galaxie. ‖ *Chim.* Type particulier de chaînes cycliques de composés organiques. ‖ *Constr.* Support vertical d'un escalier tournant, portant les marches du côté opposé au mur de cage. ‖ *Cytol.* Corps sphérique, que possède toute cellule, formé d'une nucléoprotéine, la chromatine, et d'un ou de plusieurs nucléoles. ‖ *Électr.* Pièce de fer doux placée à l'intérieur d'une bobine d'induction, d'un inducteur de machine électrique. ‖ *Géophys.* Partie centrale du globe terrestre. ‖ *Math.* Dans l'application linéaire d'un espace vectoriel E dans un espace vectoriel F, sous-espace de E formé des vecteurs dont l'image dans F est le vecteur nul. ‖ *Métall.* Pièce résistant à la matière en fusion, que l'on introduit dans un moule pour obtenir des parties creuses sur la pièce coulée. ‖ *Phys.* Partie centrale d'un atome, formée de protons et de neutrons et où est rassemblée la quasi-totalité de sa masse. ● *Noyaux de condensation* (Météor.), particules très fines en suspension dans l'atmosphère, et qui, ayant la propriété d'activer la condensation de la vapeur d'eau, jouent un rôle essentiel dans le déclenchement des précipitations.

NOYAUTAGE n. m. Action de noyauter.

NOYAUTER v. t. Introduire des éléments isolés dans un groupement, chargés de le désorganiser ou d'en prendre la direction.

NOYAUTEUR n. m. *Métall.* Ouvrier qui réalise et qui dispose les noyaux dans les moules à sable de fonderie.

NOYÉ, E n. Personne morte par noyade.

NOYER v. t. (lat. *necare*, mettre à mort) [conj. 2]. Faire périr par asphyxie dans un liquide quelconque. ‖ Étendre d'une trop grande quantité d'eau : *noyer son vin, une sauce*. ‖ Faire disparaître dans une masse confuse : *être noyé dans la foule*. ● *Être noyé*, ne pas pouvoir surmonter les difficultés. ‖ *Noyer son chagrin dans l'alcool*, boire pour oublier. ‖ *Noyer un moteur à explosion*, provoquer un afflux intempestif d'essence au carburateur, qui, modifiant la composition du mélange gazeux, le rend impropre à l'explosion. ‖ *Noyer un poisson*, fatiguer un poisson pris à la ligne, de manière à l'amener à la surface; embrouiller une question, un problème pour désorienter l'adversaire. ‖ *Noyer dans le sang*, réprimer par de grandes cruautés. ‖ *Yeux noyés de larmes*, baignés de larmes. ◆ **se noyer** v. pr. Périr dans l'eau. ● *Se noyer dans les détails*, s'y perdre. ‖ *Se noyer dans un verre d'eau*, échouer devant le moindre obstacle.

NOYER n. m. (lat. *nux, nucis*, noix). Grand arbre des régions tempérées, qui porte les *noix*, et dont le bois dur est susceptible d'un beau poli. (Haut. 10 à 25 m; longévité 300 à 400 ans.) [Famille des juglandacées.] ‖ Bois de cet arbre : *chambre en noyer*.

Np, symbole chimique du *neptunium*.

NU n. m. Lettre de l'alphabet grec (ν), correspondant à notre *n*.

NU, E adj. (lat. *nudus*). Qui n'est pas vêtu. ‖ Sans ornement : *des murs nus*. ‖ Sans végétation : *paysage nu et désolé*. ● *À l'œil nu*, sans être aidé par un instrument d'optique. ‖ *Épée nue*, épée hors du fourreau. ‖ *Vérité toute nue*, sans déguisement.
— *Nu* reste invariable devant les noms *jambes, pieds* et *tête*, employés sans article; il s'y joint par un trait d'union et constitue avec eux des expressions toutes faites : *nu-jambes, nu-pieds, nu-tête*.

NU n. m. *Bx-arts.* Représentation du corps humain ou d'une partie du corps dépouillés de tout vêtement. ‖ *Constr.* Surface plane d'un mur, abstraction faite des saillies. ● *Mettre à nu*, découvrir; dévoiler.

NUAGE n. m. (lat. *nubes*, nuage). Ensemble de particules d'eau très fines, liquides ou solides, maintenues en suspension par les mouvements verticaux de l'air. ‖ Ce qui forme une masse : *nuage de fumée, de sauterelles*. ‖ Ce qui trouble la sérénité : *avenir chargé de nuages*. ● *Être dans les nuages*, être distrait. ‖ *Nuage de lait*, petite quantité de lait que l'on verse dans du thé, du café.
■ Il existe dix genres de nuages (distingués selon leur développement [horizontal, vertical ou mixte] et leur altitude) : altocumulus, altostratus, cirro-cumulus, cirro-stratus, cirrus, cumulonimbus, cumulus, nimbo-stratus, strato-cumulus et stratus.

V. ill. page suivante

NUAGEUX, EUSE adj. Couvert de nuages : *ciel nuageux*. ‖ Vague, confus : *théorie nuageuse*.

NUANCE n. f. (anc. fr. *nuer*, nuancer). Chacun des degrés d'intensité que peut prendre une même couleur; chacun des degrés (teintes) intermédiaires entre deux couleurs. ‖ Différence minime, délicate entre choses du même genre : *nuance entre les opinions; avoir le sens des nuances*. ‖ *Mus.* Degré de force ou de douceur qu'il convient de donner aux sons dans l'exécution. ● *Être sans nuances*, intransigeant, tout d'une pièce.

NUANCER v. t. (conj. 1). Faire passer graduellement d'une nuance à l'autre. ‖ Exprimer les différences délicates de : *nuancer sa pensée*.

NUANCIER n. m. Carton, petit album présentant les différents coloris d'un produit.

NUBIEN, ENNE adj. et n. De Nubie.

NUBILE adj. (lat. *nubilis*; de *nubere*, se marier). En âge de se marier ou dans les conditions requises pour le mariage.

NUBILITÉ n. f. État d'une personne nubile.

NUCAL, E, AUX adj. *Anat.* Relatif à la nuque.

NUCELLAIRE adj. Relatif au nucelle.

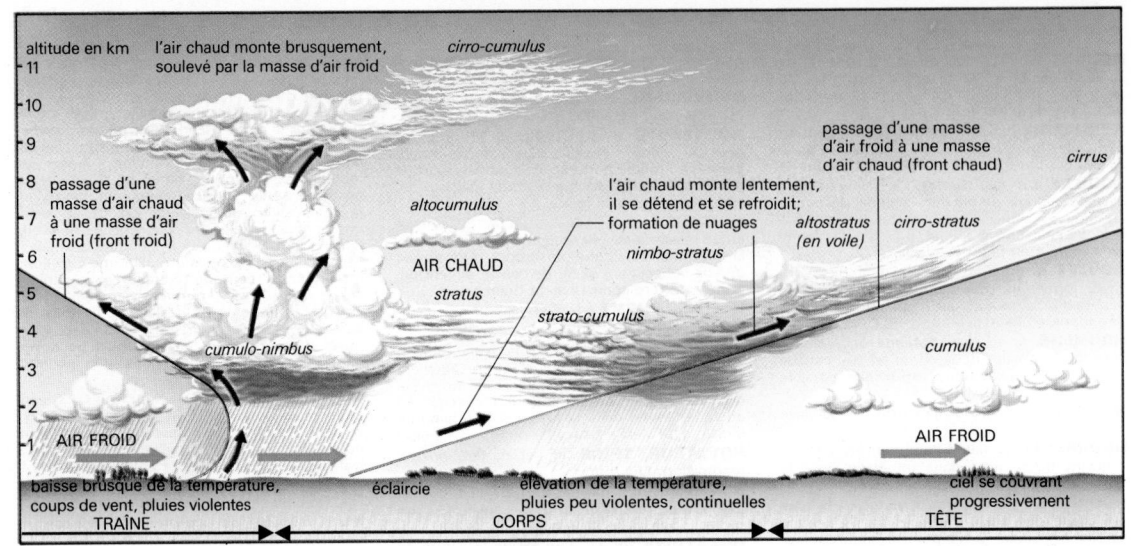

SYSTÈME NUAGEUX

NUCELLE n. m. (lat. *nucella*, petite noix). Partie principale de l'ovule d'une angiosperme.

NUCLÉAIRE adj. (lat. *nucleus*, noyau). Relatif au noyau de l'atome et à l'énergie qui en est issue : *physique nucléaire*. ‖ *Biol.* Relatif au noyau de la cellule. ● *Arme nucléaire*, terme générique désignant toute arme qui utilise l'énergie nucléaire. (Ces armes comprennent les armes *atomiques* ou *de fission* et les armes *thermonucléaires* ou *de fusion*. Elles emploient divers vecteurs : bombe d'avion, obus, missile, roquette...)

■ Les premières expérimentations nucléaires :

	Bombe A fission	Bombe H fusion
États-Unis	1945	1952
U.R.S.S.	1949	1953
Grande-Bretagne	1952	1957
France	1960	1968
Chine	1964	1967
Inde	1974	

NUCLÉAIRE n. m. Ensemble des industries qui concourent à la mise en œuvre de l'énergie nucléaire.

NUCLÉARISATION n. f. Remplacement des sources d'énergie traditionnelles par l'énergie nucléaire.

NUCLÉARISER v. t. Opérer la nucléarisation.

NUCLÉÉ, E adj. *Biol.* Qui possède un ou plusieurs noyaux.

NUCLÉINE n. f. Syn. ancien de NUCLÉOPROTÉINE.

NUCLÉIQUE adj. (lat. *nucleus*, noyau). *Acides nucléiques*, acides phosphorés qui sont parmi les constituants fondamentaux du noyau de la cellule, et dont on distingue deux groupes : les *acides ribonucléiques* (A. R. N.) et les *acides désoxyribonucléiques* (A. D. N.), l'un et l'autre comprenant un sucre en C_5.

NUCLÉOLE n. m. Corps sphérique riche en A. R. N., situé à l'intérieur du noyau des cellules.

NUCLÉON n. m. Particule constituant le noyau d'un atome. (Il existe des *nucléons positifs*, ou protons, et des *nucléons neutres*, ou neutrons.)

NUCLÉONIQUE adj. Relatif aux nucléons.

NUCLÉOPROTÉINE n. f. Protéine complexe contenue dans le noyau des cellules.

NUCLÉOSIDE n. m. Hétéroside résultant de l'union d'un ose avec une base purique ou pyrimidique.

NUCLÉOSYNTHÈSE n. f. Formation des éléments chimiques par réactions nucléaires au sein des étoiles.

NUCLÉOTIDE n. m. Protide résultant de l'union d'un nucléoside avec l'acide phosphorique, et entrant dans la composition des acides nucléiques.

NUCLÉUS ou **NUCLEUS** n. m. (mot lat., noyau). *Préhist.* Bloc de pierre duquel on a extrait des éclats.

NUCLEUS PULPOSUS n. m. (mots lat.). Partie centrale des disques intervertébraux, gélatineuse mais ferme.

NUCLIDE n. m. Noyau atomique caractérisé par son nombre de protons et par son nombre de neutrons.

NUDIBRANCHE n. m. Mollusque gastropode marin aux branchies nues, tournées vers l'arrière. (Les *nudibranches* forment un superordre.)

NUDISME n. m. Doctrine préconisant la vie en plein air dans un état de nudité complète.

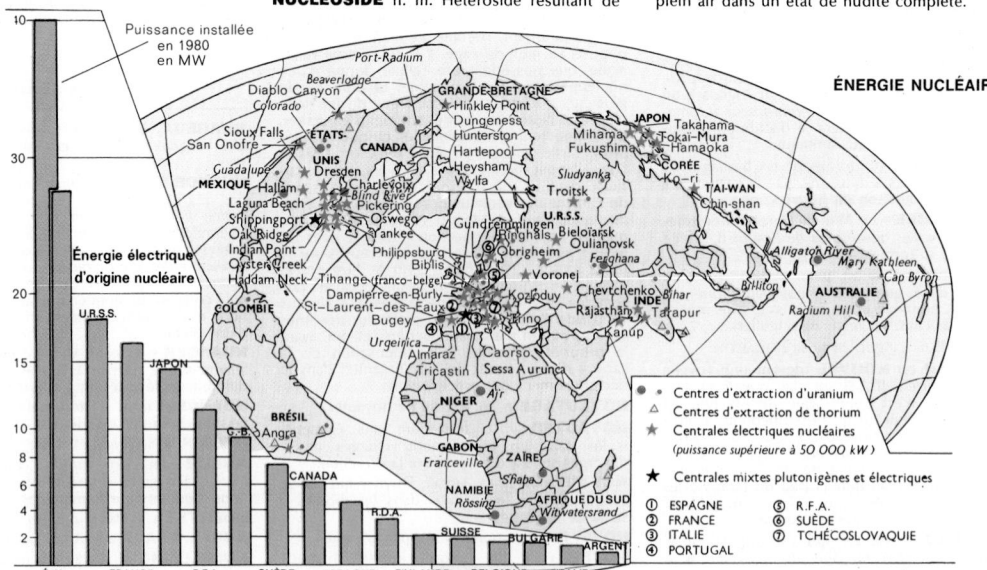

ÉNERGIE NUCLÉAIRE

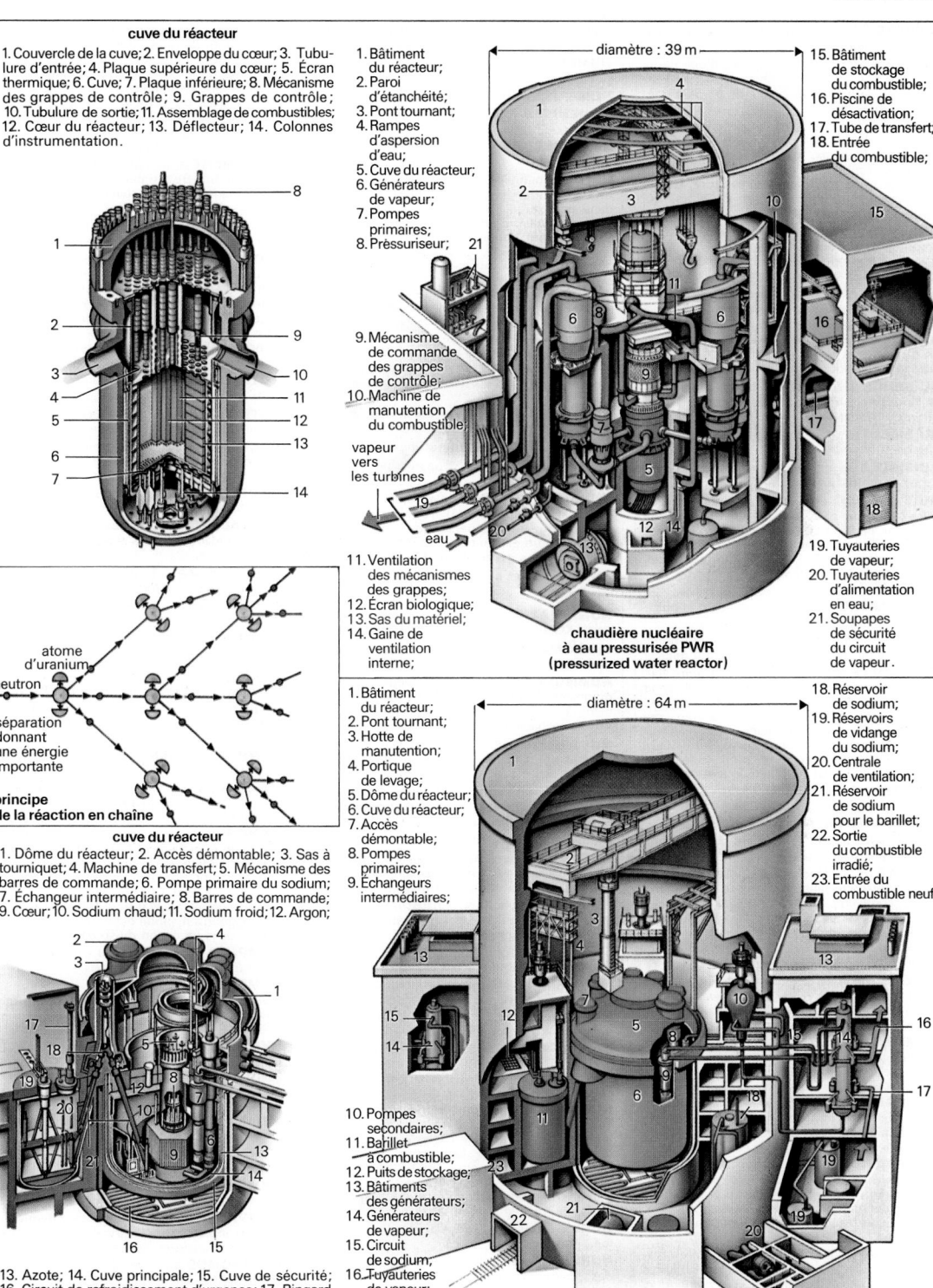

cuve du réacteur

1. Couvercle de la cuve; 2. Enveloppe du cœur; 3. Tubulure d'entrée; 4. Plaque supérieure du cœur; 5. Écran thermique; 6. Cuve; 7. Plaque inférieure; 8. Mécanisme des grappes de contrôle; 9. Grappes de contrôle; 10. Tubulure de sortie; 11. Assemblage de combustibles; 12. Cœur du réacteur; 13. Déflecteur; 14. Colonnes d'instrumentation.

principe de la réaction en chaîne

atome d'uranium
neutron
séparation donnant une énergie importante

cuve du réacteur

1. Dôme du réacteur; 2. Accès démontable; 3. Sas à tourniquet; 4. Machine de transfert; 5. Mécanisme des barres de commande; 6. Pompe primaire du sodium; 7. Échangeur intermédiaire; 8. Barres de commande; 9. Cœur; 10. Sodium chaud; 11. Sodium froid; 12. Argon;

13. Azote; 14. Cuve principale; 15. Cuve de sécurité; 16. Circuit de refroidissement d'urgence; 17. Ringard du barillet; 18. Sas à tourniquet; 19. Barillet à combustible; 20. Éléments combustibles; 21. Rampes de chargement et de déchargement.

1. Bâtiment du réacteur; 2. Paroi d'étanchéité; 3. Pont tournant; 4. Rampes d'aspersion d'eau; 5. Cuve du réacteur; 6. Générateurs de vapeur; 7. Pompes primaires; 8. Pressuriseur;

9. Mécanisme de commande des grappes de contrôle; 10. Machine de manutention du combustible;

vapeur vers les turbines
eau

11. Ventilation des mécanismes des grappes; 12. Écran biologique; 13. Sas de matériel; 14. Gaine de ventilation interne;

15. Bâtiment de stockage du combustible; 16. Piscine de désactivation; 17. Tube de transfert; 18. Entrée du combustible;

19. Tuyauteries de vapeur; 20. Tuyauteries d'alimentation en eau; 21. Soupapes de sécurité du circuit de vapeur.

diamètre : 39 m

chaudière nucléaire à eau pressurisée PWR (pressurized water reactor)

1. Bâtiment du réacteur; 2. Pont tournant; 3. Hotte de manutention; 4. Portique de levage; 5. Dôme du réacteur; 6. Cuve du réacteur; 7. Accès démontable; 8. Pompes primaires; 9. Échangeurs intermédiaires;

10. Pompes secondaires; 11. Barillet à combustible; 12. Puits de stockage; 13. Bâtiments des générateurs; 14. Générateurs de vapeur; 15. Circuit de sodium; 16. Tuyauteries de vapeur; 17. Tuyauteries d'alimentation en eau;

18. Réservoir de sodium; 19. Réservoirs de vidange du sodium; 20. Centrale de ventilation; 21. Réservoir de sodium pour le barillet; 22. Sortie du combustible irradié; 23. Entrée du combustible neuf.

diamètre : 64 m

chaudière nucléaire à sodium (neutrons rapides)

Doc. E.D.F.

NUDISTE adj. et n. Relatif au nudisme; qui pratique le nudisme.

NUDITÉ n. f. État d'une personne, d'une partie du corps nue. || État d'un objet dépourvu d'ornements : *la nudité du béton.* ◆ pl. *Bx-arts* et *Littér.* Figures nues.

NUÉE n. f. (de *nue*). *Litt.* Gros nuage épais : *une nuée chargée de grêle.* || Multitude dense : *une nuée d'oiseaux.* ● *Nuée ardente,* lors de certaines éruptions volcaniques, émission d'un nuage de gaz à très haute température, chargé de cendres incandescentes et de blocs, qui s'écoule sur les flancs du volcan.

NUE-PROPRIÉTÉ n. f. (pl. *nues-propriétés*). Propriété d'un bien dont l'usufruit revient à un autre que le propriétaire de ce bien.

NUES n. f. pl. (lat. *nubes*, nuage). *Porter aux nues,* exalter, louer excessivement. || *Tomber des nues,* être extrêmement surpris.

NUIRE v. t. ind. [à] (lat. *nocere*) [conj. 63]. Faire du tort, causer un dommage à qqn. || Constituer un danger, une gêne, un obstacle à qqch : *cet incident risque de nuire aux négociations.*

NUISANCE n. f. Élément de la vie urbaine ou de l'industrie qui provoque de l'inconfort, de la gêne, du danger.

NUISIBLE adj. Qui nuit, qui fait du tort : *nuisible à la santé.*

NUISIBLES n. m. pl. Animaux ou insectes parasites ou destructeurs.

NUIT n. f. (lat. *nox, noctis*). Durée écoulée entre le coucher et le lever du soleil. || Obscurité qui règne pendant ce temps : *il fait nuit noire.* || Prix que l'on paie pour une nuit à l'hôtel. ● *De nuit,* pendant la nuit. || *Nuit et jour,* continuellement. || *La nuit des temps,* les temps les plus reculés de l'histoire.

NUITAMMENT adv. De nuit, pendant la nuit : *un vol commis nuitamment.*

NUITÉE n. f. Durée du séjour dans un hôtel, généralement de midi au jour suivant à midi.

NUL, NULLE adj. indéf. (devant le nom) [lat. *nullus*]. Aucun, pas un (suivi de *ne*) : *nul espoir n'est permis.* ◆ adj. qualificatif (après le nom). Qui est sans existence, se réduit à rien; qui reste sans résultat : *différence nulle; élection nulle.* || Sans aucune valeur : *devoir nul.* || *Math.* Qui a pour valeur zéro. ◆ pron. indéf. *Litt.* Personne : *nul n'est prophète en son pays.*

NULLARD, E adj. et n. *Fam.* Sans valeur, sans aucune compétence.

NULLEMENT adv. Aucunement.

NULLIPARE adj. et n. f. Se dit d'une femme qui n'a jamais accouché.

NULLITÉ n. f. Manque total de talent, de valeur; personne sans compétence : *être d'une nullité complète; c'est une nullité.* || *Dr.* État d'un acte juridique entaché d'un vice qui l'empêche d'exister légalement et de produire ses effets.

NÛMENT adv. *Litt.* Sans déguisement.

NUMÉRAIRE n. m. Toute monnaie en espèces ayant cours légal : *payer en numéraire plutôt qu'en chèque.* ◆ adj. Se dit de la valeur légale des espèces monnayées.

NUMÉRAL, E, AUX adj. et n. m. Qui exprime ou désigne une idée de nombre. ● *Lettres numérales,* lettres employées dans la numération en chiffres romains.

NUMÉRATEUR n. m. (lat. *numerare*, compter). *Math.* Terme d'une fraction placé au-dessus de la barre horizontale et indiquant de combien de parties de l'unité se compose cette fraction.

NUMÉRATION n. f. Façon d'écrire les nombres (*numération écrite*) et de les énoncer (*numération parlée*). ● *Numération globulaire* (Méd.), dénombrement des globules rouges et des globules blancs du sang (rapporté en général à 1 mm³).

NUMÉRIQUE adj. (lat. *numerus*, nombre). Évalué par les nombres, qui se fait sur des nombres donnés : *force numérique; calcul numérique.* ● *Calculateur numérique,* calculateur fonctionnant sur des nombres discontinus, par oppos. au CALCULATEUR ANALOGIQUE, dans lequel les données sont transformées en valeurs physiques continues (longueurs, angles, intensité de courant, etc.) avant d'être traitées.

NUMÉRIQUEMENT adv. Du point de vue du nombre.

NUMÉRISATION n. f. Action de numériser.

NUMÉRISER v. t. *Inform.* Exprimer sous forme numérique.

NUMÉRISEUR n. m. *Inform.* Dispositif de numérisation.

NUMÉRO n. m. (mot it.; lat. *numerus*, nombre). Chiffre, nombre qui indique la place d'une chose dans une série. || Partie d'un ouvrage périodique : *numéro d'une revue.* || Billet portant un chiffre et qui donne le droit de participer au tirage d'une loterie. || Chacun des spectacles d'un cirque, d'un music-hall, etc. : *un numéro de clowns, de jongleurs.* || Membre d'une collectivité désigné par son numéro d'ordre. || *Fam.* Personnage singulier : *un drôle de numéro.* ● *Faire son numéro* (Fam.), se faire remarquer en se donnant en spectacle aux autres. || *La suite au prochain numéro,* ce qui reste à faire est renvoyé à plus tard. || *Numéro postal,* en Suisse, équivalent de *code postal.* || *Tirer le bon numéro,* avoir de la chance.

NUMÉROTAGE n. m., ou **NUMÉROTATION** n. f. Action ou manière de numéroter.

NUMÉROTER v. t. Mettre un numéro d'ordre.

NUMÉROTEUR n. m. Appareil pour numéroter.

NUMERUS CLAUSUS [nymerysklozys] n. m. (mots lat., *nombre arrêté*). Nombre auquel on limite la quantité de personnes admises à une fonction, à un grade, etc., conformément à une réglementation préalablement établie.

NUMIDE adj. et n. De la Numidie.

NUMISMATE n. Spécialiste de numismatique.

NUMISMATIQUE adj. (gr. *nomisma*, monnaie). Relatif aux monnaies et aux médailles.

NUMISMATIQUE n. f. Science des monnaies et médailles.

NUMMULITE n. f. (lat. *nummus*, pièce de monnaie). Protozoaire fossile du début du tertiaire, à test calcaire de forme lenticulaire, qui servait probablement de flotteur.

NUMMULITIQUE adj. et n. m. Syn. de PALÉOGÈNE. ◆ adj. Qui contient des fossiles de nummulites.

NUNATAK n. m. (mot esquimau). Pointement rocheux isolé, perçant la glace d'un inlandsis.

NUNCHAKU [nunʃaku] n. m. Sorte de fléau d'armes d'origine japonaise.

NUOC-MÂM [nɥokmam] n. m. inv. (mot vietnamien). Condiment du Viêt-nam, obtenu par macération de poisson dans une saumure.

NU-PIEDS n. m. inv. Chaussure à semelle mince retenue au pied par des courroies.

NU(E)-PROPRIÉTAIRE n. et adj. (pl. *nu[e]s-propriétaires*). Propriétaire d'un bien sur lequel une autre personne exerce un droit d'usufruit.

NUPTIAL, E, AUX adj. (lat. *nuptiae*, noces). *Litt.* Qui concerne la cérémonie des noces.

NUPTIALITÉ n. f. Proportion de mariages dans un pays. (Le *taux de nuptialité* exprime le nombre de mariages par rapport à un groupe moyen de 1000 habitants.)

NUQUE n. f. (mot ar.). Partie postérieure du cou, au-dessous de l'occiput.

NURAGHE n. m. (mot sarde) [pl. *nuraghi*]. Tour tronconique, en appareil cyclopéen, élevée en Sardaigne à partir de l'âge du bronze. ■ Jouant le rôle de forteresses, les nuraghi sont, avec les statuettes en bronze au style schématique et vigoureux, l'un des témoignages de la civilisation, dite *nuragique*, en pleine floraison entre le Xe et le VIe s. av. J.-C.

NURSE [nœrs] n. f. (mot angl.). Bonne d'enfant, gouvernante.

NURSERY [nœrsəri] n. f. (mot angl.) [pl. *nurseries*]. Pièce réservée aux enfants (vx).

NURSING [nœrsiŋ] n. m. (mot angl.). Syn. de MATERNAGE.

NUTATION n. f. (lat. *nutatio*, balancement de la tête). *Astron.* Léger balancement, de caractère périodique, que subit l'axe de rotation de la Terre autour de sa position moyenne, lui-même entraîné par un mouvement conique circulaire uniforme de précession astronomique. || *Bot.* Changement rythmique de direction présenté par les tiges de certaines herbes pendant la croissance. || *Mécan.* Mouvement de balancement du gyroscope autour de son axe. || *Méd.* Oscillation continuelle de la tête.

NUTRIMENT n. m. *Physiol.* Substance alimentaire pouvant être assimilée directement et entièrement sans avoir eu besoin de subir les transformations digestives.

NUTRITIF, IVE adj. Qui nourrit : *aliment très nutritif.* || Relatif à la nutrition : *appareil nutritif.*

NUTRITION n. f. (lat. *nutrire*, nourrir). Ensemble des fonctions organiques de transformation et d'utilisation des aliments pour la croissance et l'activité d'un être vivant, animal ou végétal, telles que le broyage des proies solides dans la bouche ou près de celle-ci (dents, mandibules), la digestion, l'absorption, l'assimilation, l'excrétion, la respiration et la circulation.

NUTRITIONNEL, ELLE adj. Relatif à la nutrition, aux régimes alimentaires.

NUTRITIONNISTE n. Médecin spécialiste de l'alimentation, de la diététique.

NYCTAGINACÉE n. f. Plante dicotylédone apétale telle que le *bougainvillée* ou le *mirabilis.* (Les *nyctaginacées* forment une famille.)

NYCTALOPE adj. et n. (gr. *nuktalôps*, qui voit la nuit). Affecté de nyctalopie.

NYCTALOPIE n. f. Anomalie de la vision qui, faible pendant le jour, s'améliore avec le déclin de la lumière.

NYCTHÉMÉRAL, E, AUX adj. Qui a la durée du nycthémère : *rythme nycthéméral.*

NYCTHÉMÈRE n. m. (gr. *nux, nuktos*, nuit, et *hêmera*, jour). Durée de vingt-quatre heures, comportant un jour et une nuit. (Le nycthémère est une unité physiologique de temps, comprenant, pour l'homme et pour la plupart des animaux, une période de veille et une période de sommeil, rythmées par le jour et la nuit.)

NYLON n. m. (nom déposé). Matière à mouler à base de résine polyamide. || Fibre, tissu obtenus à partir de ce produit.

NYMPHAL, E, ALS adj. Relatif à une nymphe d'insecte.

NYMPHALIDÉ n. m. Papillon diurne tel que les *vanesses.* (Les *nymphalidés* forment une famille.)

NYMPHE n. f. (gr. *numphê*, jeune fille). Jeune fille belle et gracieuse. || *Anat.* Petites lèvres de la vulve. || *Myth. gr.* Divinité des eaux, des bois et des champs, dont elle personnifie la fécondité et la grâce. || *Zool.* Chez les insectes à métamorphoses complètes, état transitoire entre la larve et l'imago. (La nymphe est en état d'immobilité, parfois dans un cocon de soie.)

NYMPHÉA n. m. Nénuphar dont une espèce est le *lotus sacré* des Égyptiens.

NYMPHÉACÉE n. f. Plante aquatique aux feuilles rondes et flottantes, telle que le *nénuphar* et le *nymphéa.* (Les *nymphéacées* forment une famille.)

NYMPHÉE n. m. (gr. *numphaion*). *Antiq.* Lieu ou sanctuaire dédié aux nymphes. || *Bx-arts.* Construction (parfois une grotte artificielle) élevée au-dessus ou autour d'une source, d'une fontaine.

NYMPHETTE n. f. Très jeune fille au physique attrayant et aux manières aguichantes.

NYMPHOMANE adj. et n. f. Atteinte de nymphomanie.

NYMPHOMANIE n. f. Exagération des besoins sexuels chez la femme.

NYMPHOSE n. f. Période de vie ralentie, propre aux insectes supérieurs et pendant laquelle la larve se transforme en un adulte très différent.

NYSTAGMUS [nistagmys] n. m. (gr. *nustagma*, action de baisser la tête). Mouvements oscillatoires, courts et saccadés, des yeux, dus à une lésion des centres nerveux.

NYSTATINE n. f. Antibiotique actif contre les mycoses (moniliases ou candidoses).

plate-forme de forage pétrolier **offshore** en cours de remorquage en mer du Nord

O

O n. m. Quinzième lettre de l'alphabet et la quatrième des voyelles. ‖ **O**, symbole chimique de l'oxygène.

O', particule placée devant les noms propres irlandais pour indiquer la filiation : *O'Connell* (fils de Connell).

Ô, interj. qui marque l'admiration, l'étonnement, la joie, la douleur, la prière, etc., ou sert à apostropher, à marquer le vocatif.

OASIEN, ENNE adj. et n. Des oasis.

OASIS [azis] n. f. (mot gr.; de l'égyptien). Dans les déserts, petite région où la présence de l'eau permet la culture. ‖ *Litt.* Tout endroit qui offre une détente, un repos.

OBÉDIENCE n. f. (lat. *oboedientia*, obéissance). Obéissance à un supérieur religieux; permission écrite d'un supérieur religieux. ‖ Subordination à une puissance politique. ● *Lettre d'obédience,* lettre délivrée par un supérieur à un membre d'une congrégation enseignante, et qui, d'après la loi Falloux (1850), tenait lieu de brevet de capacité.

OBÉIR v. t. ind. [à] (lat. *oboedire*). Se soumettre à la volonté d'un autre dans l'exécution d'un acte, se conformer aux impulsions d'un sentiment; être soumis à une loi, à une force, à un principe. (*Obéir* peut s'employer au passif.)

OBÉISSANCE n. f. Action de celui qui obéit, le fait d'obéir. ● *Obéissance passive,* soumission aveugle aux ordres reçus.

OBÉISSANT, E adj. Qui obéit, qui est soumis.

OBÉLISQUE n. m. (gr. *obeliskos,* broche à rôtir). Pierre levée, généralement monolithe, à base quadrangulaire, taillée en forme de pyramide très élancée et terminée par un pyramidion. (Elle était un symbole solaire dans l'Égypte pharaonique.)

OBÉRER v. t. (lat. *obaeratus,* endetté) [conj. **5**]. Accabler d'une lourde charge financière.

OBÈSE adj. et n. (lat. *obesus,* gras). Qui est atteint d'obésité.

OBÉSITÉ n. f. Excès de poids corporel par surcharge graisseuse du tissu sous-cutané, du péritoine, etc.

OBI n. f. (mot jap.). Large et longue ceinture de soie portée au Japon sur le kimono.

OBIER n. m. (it. *obbio*). Arbrisseau du genre *viorne,* dont une forme cultivée doit son nom de *boule-de-neige* à ses fleurs blanches groupées en une boule. (Haut. : 2 à 4 m.)

OBIT [ɔbit] n. m. (lat. *obitus,* mort). Service religieux célébré par fondation pour un défunt à la date anniversaire de sa mort.

OBITUAIRE adj. et n. m. Se dit du registre renfermant la liste des défunts pour l'anniversaire desquels on doit prier ou célébrer un obit.

OBJECTAL, E, AUX adj. *Psychanal.* Relatif à l'objet.

OBJECTER v. t. (lat. *objectare,* placer devant). Répondre en opposant une objection à ce qui a été dit : *il n'a rien objecté à mes raisons.*

OBJECTEUR n. m. *Objecteur de conscience,* celui qui, pour des motifs religieux ou philosophiques, refuse le service militaire. (Légalement reconnu en France depuis 1963, il fait un service plus long dans une formation civile ou militaire non armée.)

OBJECTIF, IVE adj. (lat. *objectus,* placé devant). Qui existe indépendamment de la pensée, comme un objet indépendant de la pensée (par oppos. à SUBJECTIF) : *réalité objective.* ‖ Qui ne fait pas intervenir d'éléments affectifs, personnels dans les jugements; impartial. ‖ Se dit de qqch qui a un caractère scientifique.

OBJECTIF n. m. But précis à atteindre : *atteindre l'objectif qu'on s'était fixé.* ‖ Système

OBJECTIFS D'APPAREILS PHOTOGRAPHIQUES

grand angle

standard

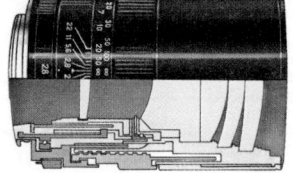

téléobjectif

optique d'une lunette, d'un microscope, etc., qui est tourné vers l'objet qu'on veut voir (par oppos. à l'OCULAIRE, celui contre lequel on place l'œil). ‖ Partie d'un appareil de prises de vues contenant les lentilles que traversent les rayons lumineux; l'appareil photographique lui-même. ‖ *Mil.* Point, ligne ou zone de terrain à battre par le feu (bombardement) ou à conquérir par le mouvement et le choc (attaque).

OBJECTION n. f. Argument opposé à une affirmation.

OBJECTIVATION n. f. Action d'objectiver.

OBJECTIVEMENT adv. De façon objective.

OBJECTIVER v. t. Rendre objectif.

OBJECTIVISME n. m. Absence systématique de parti pris. ● *Objectivisme juridique,* principe selon lequel l'obligation juridique est fondée sur l'existence d'une règle indépendante de la volonté des sujets.

OBJECTIVISTE adj. et n. Qui relève de l'objectivisme.

OBJECTIVITÉ n. f. Qualité de ce qui est objectif, absence de parti pris : *l'objectivité d'un jugement.* ‖ *Philos.* Rationalité, qualité propre à certains énoncés scientifiques.

OBJET n. m. (lat. *objectum,* chose placée devant). Chose définie par sa matière, sa forme, sa couleur. ‖ Chose quelconque de peu de volume, destinée à un usage défini. ‖ But d'une action, d'une activité : *l'objet d'une démarche.* ‖ Cause, motif d'un sentiment, d'une action : *être l'objet d'une violente discussion.* ‖ *Dr.* Ce sur quoi porte un droit, une obligation, un contrat, une demande en justice. ‖ *Philos.* Ce qui est perçu ou pensé et s'oppose à l'être pensant, ou sujet. ‖ *Psychanal.* Moyen par lequel la pulsion cherche à atteindre son but. ● *Complément d'objet* (Ling.), nom ou pronom sur lequel porte l'action indiquée par le verbe actif ou pronominal, ou groupe du nom faisant partie du groupe de verbe par oppos. aux autres groupes des noms sujets ou compléments de phrase (ex. : *du pain* dans *je mange du pain*). ‖ *Remplir son objet,* atteindre le but proposé. ‖ *Sans objet,* non fondé, sans but.

OBJURGATIONS n. f. pl. *Litt.* Paroles pressantes par lesquelles on essaie de dissuader une personne; prière instante.

OBLAT, E [ɔbla, at] n. (lat. *oblatus,* offert). Laïque qui s'agrège à un monastère sans prononcer de vœux. ‖ Membre de certaines congrégations religieuses. ◆ n. m. pl. *Relig. cath.* Offrandes faites dans une cérémonie religieuse, en particulier à la messe.

OBLATIF, IVE adj. Qui fait preuve d'oblativité; qui s'offre.

OBLATION n. f. Offrande à caractère religieux.

OBLATIVITÉ n. f. *Psychol.* Caractéristique du sujet qui fait passer les besoins d'autrui avant les siens propres.

OBLIGATAIRE n. Propriétaire d'un titre d'obligation négociable. ◆ adj. Relatif aux obligations.

OBLIGATION n. f. Engagement qu'imposent la loi, la religion, la morale. ‖ *Litt.* Sentiment ou devoir de reconnaissance : *avoir de grandes obligations à...* ‖ *Dr.* Lien de droit par lequel une personne est tenue de faire ou de ne pas faire qqch. ‖ *Fin.* Titre négociable, représentatif d'une fraction d'un prêt à intérêt consenti à une société ou à une collectivité publique lors de l'émission d'un emprunt. ● *Être dans l'obligation de*, être dans la nécessité de. ‖ *Obligation cautionnée*, traite par laquelle un contribuable qui a fourni une caution capable et solvable peut se libérer à terme du paiement de certains droits vis-à-vis du fisc. ‖ *Obligation indexée*, titre d'emprunt dont la valeur de remboursement ou le taux d'intérêt, parfois l'un et l'autre, sont liés à l'évolution d'un indice de référence.

OBLIGATOIRE adj. Imposé par la loi ou des circonstances particulières : *tenue de soirée obligatoire*.

OBLIGATOIREMENT adv. De façon obligatoire.

OBLIGÉ, E adj. et n. Redevable, reconnaissant : *je vous suis obligé ; je suis votre obligé.* ◆ adj. Nécessaire : *conséquence obligée.*

OBLIGEAMMENT adv. De façon obligeante.

OBLIGEANCE n. f. Disposition, penchant à rendre service, à faire plaisir : *homme d'une extrême obligeance.*

OBLIGEANT, E adj. Qui aime à obliger, à faire plaisir, aimable, serviable.

OBLIGER v. t. (lat. *obligare*, lier par un engagement) [conj. **1**]. Imposer comme devoir, lier par une loi, une convention. ‖ Contraindre, forcer, mettre dans la nécessité de : *obliger qqn à rester ; je suis obligé de partir.* ‖ Rendre service par pure complaisance : *obliger ses amis.*

OBLIQUE adj. (lat. *obliquus*). Qui est de biais, incliné par rapport à une ligne, à un plan. ● *Action oblique* (Dr.), action par laquelle un créancier se substitue au débiteur qui néglige d'effectuer un acte conservatoire, par exemple d'interrompre une prescription ou d'accepter un héritage. ‖ *Mariage oblique* (Ethnol.), mariage entre personnes de deux générations différentes.

OBLIQUE adj. et n. m. Se dit de différents muscles, chez l'homme et les animaux.

OBLIQUE n. f. *Math.* Droite qui coupe une autre droite ou un plan sans lui être perpendiculaire.

OBLIQUEMENT adv. De façon oblique.

OBLIQUER v. i. Aller en ligne oblique, prendre une direction de côté.

OBLIQUITÉ [ɔblikɥite] n. f. Inclinaison d'une ligne, d'une surface sur une autre. ● *Obliquité de l'écliptique* (Astron.), angle d'environ 23°27' que l'écliptique forme avec l'équateur céleste.

OBLITÉRATEUR, TRICE adj. et n. m. Se dit d'un instrument pour oblitérer.

OBLITÉRATION n. f. Action d'oblitérer.

OBLITÉRER v. t. (lat. *oblitterare*, effacer) [conj. **5**]. Couvrir d'une empreinte, d'une marque : *oblitérer un timbre.* ‖ *Litt.* Effacer, user progressivement : *souvenir oblitéré par le temps.* ‖ *Méd.* Obstruer (un vaisseau, un conduit).

OBLONG, GUE [ɔblɔ̃, ɔ̃g] adj. (lat. *oblongus*). De forme allongée.

OBNUBILATION n. f. *Psychiatr.* Obscurcissement de la conscience, et ralentissement des processus intellectuels.

OBNUBILER v. t. (lat. *obnubilare*, couvrir de nuages). Envelopper, obscurcir l'esprit : *obnubilé par les préjugés.* ● *Être obnubilé* (Psychiatr.), souffrir d'obnubilation.

OBOLE n. f. (gr. *obolos*). Petite offrande, contribution peu importante en argent : *apporter son obole à une quête.* ‖ *Hist.* Petite unité de poids (env. 0,75 g) et de monnaie (env. 0,16 g) de la Grèce antique.

OBSCÈNE adj. (lat. *obscenus*, de mauvais augure). Qui blesse la pudeur, par sa trivialité.

OBSCÉNITÉ n. f. Caractère de ce qui est obscène ; parole, acte obscène.

OBSCUR, E adj. (lat. *obscurus*). Sombre, qui n'est pas ou qui est mal éclairé : *lieu obscur.* ‖ Peu connu, effacé : *mener une vie obscure.* ‖ Difficile à comprendre : *pensée obscure.*

OBSCURANTISME n. m. Attitude d'opposition à l'instruction, à la raison et au progrès.

OBSCURANTISTE adj. et n. Qui relève de l'obscurantisme.

OBSCURCIR v. t. Rendre obscur. ◆ **s'obscurcir** v. pr. Devenir obscur.

OBSCURCISSEMENT n. m. Action d'obscurcir ; état de ce qui devient obscur.

OBSCURÉMENT adv. De façon obscure, peu intelligible, confuse. ‖ De manière à rester obscur : *finir obscurément sa vie.*

OBSCURITÉ n. f. État de ce qui est obscur. ‖ Phrase ou pensée obscures.

OBSÉCRATION n. f. (lat. *obsecratio*). Prière ou demande instantes adressées à Dieu ou aux hommes.

OBSÉDANT, E adj. Qui obsède, importune.

OBSÉDÉ, E adj. et n. Qui est la proie d'une obsession, d'une idée fixe.

OBSÉDER v. t. (lat. *obsidere*, assiéger) [conj. **5**]. Tourmenter, occuper l'esprit : *cette idée m'obsède.* ‖ *Litt.* Importuner d'une manière continue : *être obsédé par des solliciteurs.*

OBSÉQUENT, E adj. Se dit d'un cours d'eau qui, dans une structure monoclinale, coule dans le sens inverse du pendage des couches.

OBSÈQUES n. f. pl. (lat. *obsequiae*; de *obsequi*, suivre). Cérémonie des funérailles.

OBSÉQUIEUSEMENT adv. De façon obséquieuse.

OBSÉQUIEUX, EUSE adj. (lat. *obsequiosus*). Poli et empressé à l'excès, servile.

OBSÉQUIOSITÉ n. f. Caractère de celui ou de ce qui est obséquieux.

OBSERVABLE adj. Qui peut être observé.

OBSERVANCE n. f. Pratique prescrite par des règles ou des statuts le plus souvent d'ordre religieux ; la règle elle-même. ‖ Communauté religieuse considérée par rapport à la règle qu'elle observe : *l'observance bénédictine.* ● *Stricte observance*, branche d'un ordre religieux qui, après des réformes, a repris toute la rigueur de sa règle primitive.

OBSERVATEUR, TRICE n. Personne qui accomplit ce qui lui est prescrit par une loi, par une règle (vx). ‖ Personne qui observe les phénomènes, les événements. ‖ Personne qui regarde, surveille, en particulier celui qui observe les positions ennemies, le réglage ou les effets d'un tir, etc. ‖ Mandataire chargé d'assister à une négociation sans y participer activement et sans engager son mandant. ◆ adj. Qui sait observer, qui étudie avec un esprit critique.

OBSERVATION n. f. Action de se conformer à ce qui est prescrit. ‖ Étude attentive ou scientifique d'un phénomène. ‖ Remarque ou note exprimant le résultat d'une étude, commentaire. ‖ Objection, réprimande : *faire une observation à qqn.* ● *Esprit d'observation*, habileté à observer. ‖ *Être, se tenir en observation*, épier l'arrivée de qqn, de qqch. ‖ *Mettre un malade en observation*, étudier la marche de sa maladie. ‖ *Observation aérienne*, recherche de renseignements à partir d'un aéronef.

OBSERVATOIRE n. m. Établissement spécialement aux observations astronomiques ou météorologiques. ‖ Lieu d'où l'on peut facilement observer, d'où l'on surveille.

OBSERVER v. t. (lat. *observare*). Accomplir ce qui est prescrit par une loi, par une règle. ‖ Considérer avec attention, étudier en détail, épier : *observer les allées et venues de qqn.* ‖ Étudier scientifiquement. ◆ **s'observer** v. pr. Exercer sur ses actions un contrôle incessant. ‖ S'épier, se surveiller réciproquement.

OBSESSION n. f. (lat. *obsessio*). Action d'obséder ; idée obsédante. ‖ *Psychiatr.* Idée souvent absurde ou incongrue qui fait irruption n'importe quand dans la conscience et l'assiège, bien que le sujet soit conscient de son caractère morbide et la ressente comme étrangère.

OBSESSIONNEL, ELLE adj. Relatif à l'obsession. ● *Névrose obsessionnelle*, maladie mentale, dont le principal symptôme est constitué par des obsessions qui entraînent le sujet dans

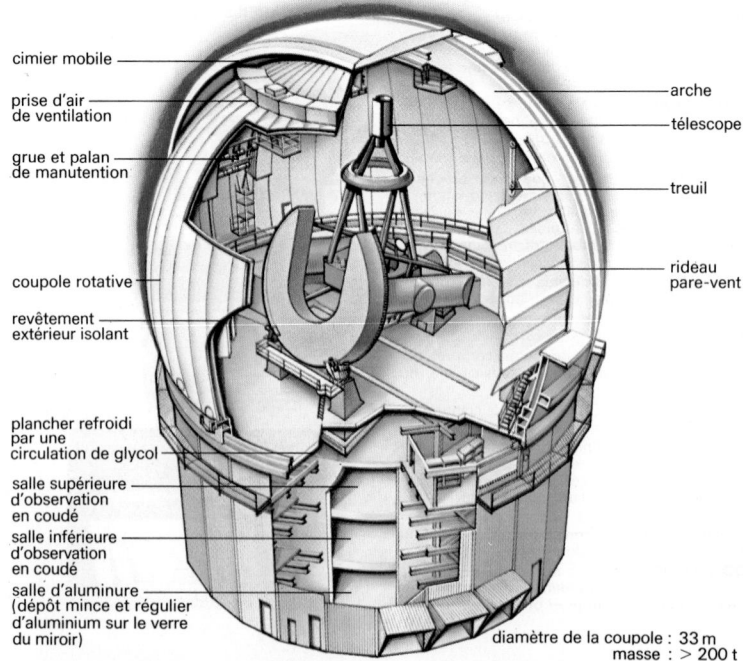

OBSERVATOIRE FRANCO-CANADIEN, AUX ÎLES HAWAII

cimier mobile

prise d'air de ventilation

grue et palan de manutention

coupole rotative

revêtement extérieur isolant

plancher refroidi par une circulation de glycol

salle supérieure d'observation en coudé

salle inférieure d'observation en coudé

salle d'aluminure (dépôt mince et régulier d'aluminium sur le verre du miroir)

arche

télescope

treuil

rideau pare-vent

diamètre de la coupole : 33 m
masse : > 200 t

une lutte continuelle, bien qu'il en éprouve le caractère dérisoire. ◆ adj. et n. Qui souffre de névrose obsessionnelle.

OBSIDIENNE n. f. (de *Obsius*, n. de celui qui, suivant Pline, découvrit ce minéral). Roche volcanique entièrement vitreuse, de couleur généralement sombre.

OBSIDIONAL, E, AUX adj. (lat. *obsidio, obsidionis*, siège). Qui concerne le siège d'une ville. ● *Délire obsidional*, fièvre *obsidionale*, psychose collective frappant la population d'une ville assiégée.

OBSOLESCENCE n. f. (lat. *obsolescere*, tomber en désuétude). Dépréciation d'une machine, d'un équipement, tendant à la rendre périmé du seul fait de l'évolution technique et s'ajoutant aux autres facteurs de dépréciation.

OBSOLESCENT, E adj. Frappé d'obsolescence.

OBSOLÈTE adj. (lat. *obsoletus*). Sorti de l'usage.

OBSTACLE n. m. (lat. *obstaculum*; de *obstare*, se tenir devant). Ce qui empêche de passer, ce qui arrête la réalisation de qqch : *obstacle infranchissable; parvenir sans obstacle à ses fins.* ‖ *Sports.* Difficulté qu'on place sur la piste pour les courses de haies ou les concours hippiques. ● *Obstacle épistémologique* (Philos.), ce qui, dans le travail scientifique, fait ralentir, stagner ou régresser la connaissance.

OBSTÉTRICAL, E, AUX adj. Relatif aux accouchements.

OBSTÉTRICIEN, ENNE n. Médecin spécialiste d'obstétrique.

OBSTÉTRIQUE n. f. (lat. *obstetrix*, accoucheuse). Technique de l'accouchement.

OBSTINATION n. f. Caractère d'une personne obstinée, entêtement, persévérance.

OBSTINÉ, E adj. et n. Opiniâtre, entêté : *enfant obstiné.* ● *Basse obstinée*, partie inférieure d'une composition musicale, confiée à un instrument et qui répète inlassablement le même motif.

OBSTINÉMENT adv. Avec obstination.

OBSTINER (S') v. pr. (lat. *obstinare*). S'attacher avec ténacité, s'entêter : *s'obstiner dans un refus.*

OBSTRUCTIF, IVE adj. Qui cause une obstruction.

OBSTRUCTION n. f. Manœuvres, tactique employées pour troubler une réunion, empêcher un orateur de parler, retarder la décision d'une assemblée, etc. ‖ *Méd.* Engorgement d'un conduit organique, d'un vaisseau. ‖ *Sports.* Action de s'opposer de façon déloyale à un adversaire.

OBSTRUCTIONNISME n. m. Attitude de ceux qui pratiquent l'obstruction politique.

OBSTRUCTIONNISTE adj. et n. Qui relève de l'obstruction.

OBSTRUER v. t. (lat. *obstruere*, construire devant). Boucher par un obstacle, barrer : *obstruer un passage.*

OBTEMPÉRER v. t. ind. [à] (lat. *obtemperare*) [conj. **5**]. Sans répliquer, acquiescer : *obtempérer à un ordre.*

OBTENIR v. t. (lat. *obtinere*, tenir fortement) [conj. **16**]. Parvenir à se faire accorder ce qu'on désire : *obtenir de l'avancement, un délai.* ‖ Atteindre un but, un résultat : *quel total obtenez-vous?*

OBTENTION n. f. Action d'obtenir.

OBTURATEUR, TRICE adj. Qui sert à obturer.

OBTURATEUR n. m. Objet qui sert à obturer. ‖ Organe d'obturation du canon d'une arme à feu se chargeant par la culasse. ‖ Dispositif d'un objectif photographique pour obtenir des temps de pose différents. ‖ Appareil qui sert à interrompre la circulation dans une conduite d'eau, de vapeur ou de gaz. ‖ Dispositif de contraception féminine.

OBTURATION n. f. Action d'obturer.

OBTURER v. t. (lat. *obturare*, boucher). Boucher hermétiquement par l'introduction d'un ap-

plication d'un corps. ‖ Combler avec un amalgame les cavités d'une dent cariée.

OBTUS, E [ɔpty, yz] adj. (lat. *obtusus*, émoussé). *Math.* Se dit d'un angle plus grand qu'un angle droit. ‖ Lent à comprendre.

OBTUSANGLE adj. Se dit d'un triangle qui a un angle obtus.

OBTUSION n. f. (bas lat. *obtusio*). *Psychol.* Lenteur des processus intellectuels.

OBUS n. m. (all. *Haubitze*, obusier). Projectile de forme cylindro-ogivale, lancé par une bouche à feu. (On distingue les obus pleins, ou *perforants*, et les obus remplis de balles ou de matières *explosives, incendiaires, toxiques, fumigènes, nucléaires*, etc.).

OBUSIER n. m. Canon court qui effectue un tir vertical ou un tir plongeant.

OBVENIR v. i. (lat. *obvenire*) [conj. **16**; auxil. *être*]. *Dr.* Échoir par succession ou autrement.

OBVIER v. t. ind. [à] (lat. *obviare*, aller à la rencontre). *Litt.* Prendre des mesures efficaces pour prévenir, faire obstacle à, remédier à : *obvier à un inconvénient.*

OC adv. (mot prov., *oui*). *Langue d'oc*, ou *occitan*, ensemble des dialectes du midi de la France, d'origine latine (limousin, auvergnat, gascon, provençal, etc.) [par oppos. à LANGUE D'OÏL].

■ La langue d'oc a constitué au Moyen Âge une grande langue de civilisation, mais elle n'a pu s'unifier du fait des circonstances historiques. Elle a connu au XIXᵉ s., avec le félibrige, une renaissance spectaculaire, qui se confirme actuellement dans l'affirmation d'une conscience régionale occitane. Sa frontière septentrionale n'a guère varié depuis le Moyen Âge : il s'agit d'une ligne qui part de la Gironde, remonte au nord pour englober le Limousin et l'Auvergne, et qui s'infléchit ensuite vers le sud-est pour atteindre la frontière italienne au nord de Briançon.
Cet ensemble présente trois grandes aires dialectales : le nord-occitan (limousin, auvergnat, provençal-alpin), l'occitan moyen, qui est le plus proche de la langue médiévale (languedocien et provençal au sens restreint), et le gascon (à l'ouest de la Garonne).

OCARINA n. m. (mot it., de *oca*, oie). Petit instrument de musique populaire, à vent, de forme ovoïde et percé de trous.

OCCASE n. f. *Pop.* Occasion.

OCCASION n. f. (lat. *occasio*; de *occidere*, tomber). Conjoncture, circonstance qui vient à propos; possibilité : *profiter d'une occasion.* ‖ Objet, meuble, véhicule qui n'est pas neuf et qu'on achète de seconde main. ● *À l'occasion*, le cas échéant, éventuellement. ◆ loc. adv. et adj. *D'occasion*, qui n'est pas neuf : *voiture d'occasion.*

OCCASIONNALISME n. m. *Philos.* Théorie des causes occasionnelles.

OCCASIONNEL, ELLE adj. Qui se produit par occasion, par hasard, irrégulier : *travail occasionnel.* ● *Cause occasionnelle* (Philos.), cause qui n'agit pas directement sur un fait, mais à l'occasion de laquelle, cependant, ce fait se produit.

OCCASIONNELLEMENT adv. Par occasion.

OCCASIONNER v. t. Être l'occasion, la cause de, provoquer, entraîner : *une chute occasionna sa mort.*

OCCIDENT n. m. (lat. *occidens*, qui se couche). Côté de l'horizon où le soleil se couche. ‖ Ensemble des pays d'Europe occidentale et d'Amérique du Nord. (Dans ce dernier cas prend une majuscule.) ● *Église d'Occident*, les Églises de rite latin (par oppos. aux Églises de rite oriental).

OCCIDENTAL, E, AUX adj. et n. De l'Occident.

OCCIDENTALISATION n. f. Action d'occidentaliser.

OCCIDENTALISER v. t. Transformer selon les idées et la civilisation de l'Occident.

OCCIPITAL, E, AUX adj. Qui appartient à l'occiput. ● *Lobe occipital*, lobe postérieur du cerveau, où sont localisés les centres visuels. ‖

Trou occipital, trou dans l'os occipital, par où passe l'axe cérébro-spinal.

OCCIPITAL n. m. Os qui forme la paroi postérieure et inférieure du crâne.

OCCIPUT [ɔksipyt] n. m. (mot lat.; de *caput*, tête). Partie inférieure et postérieure de la tête.

OCCIRE [ɔksir] v. t. (lat. *occidere*) [seulement à l'inf. et au part. pass. *occis, e*]. Tuer (vx).

OCCITAN, E adj. De l'Occitanie, ensemble des régions de langue d'oc.

OCCITAN n. m. Syn. de LANGUE D'OC*.

OCCLURE v. t. (lat. *occludere*) [conj. **62**]. Fermer un orifice, le conduit d'un canal.

OCCLUSIF, IVE adj. (lat. *occludere*, fermer). Qui produit l'occlusion. ● *Consonne occlusive*, ou *occlusive* n. f., consonne qui est produite par une fermeture momentanée du canal buccal ([k], [t], [p], [g], [d], [b], etc.).

OCCLUSION n. f. (lat. *occlusio*). *Chim.* Propriété que possèdent certains solides d'absorber les gaz. ‖ *Chir.* Opération qui consiste à occlure pour un temps les paupières d'un malade affecté de kératite. ‖ *Géogr.* Achèvement d'une perturbation cyclonale. ‖ *Méd.* Fermeture pathologique d'un conduit naturel. (L'occlusion intestinale peut être produite par une « obstruction » [oblitération, engorgement, rétrécissement] ou par une « strangulation » [compression par bride, volvulus, invagination].) ‖ *Phon.* Fermeture momentanée des organes phonateurs.

OCCULTATION n. f. (lat. *occultatio*). Action d'occulter. ‖ *Astron.* Disparition momentanée d'un astre par suite du passage devant lui d'un autre astre de diamètre apparent supérieur.

OCCULTE adj. (lat. *occultus*). Dont la cause reste cachée, secret, mystérieux : *pouvoir occulte.* ● *Sciences occultes*, l'alchimie, la magie, la nécromancie, l'astrologie, la cabale, la divination, le spiritisme, etc., qui reposent sur des épreuves non expérimentales.

OCCULTER v. t. (lat. *occultare*, cacher). Priver une région d'une émission de télévision. ‖ Rendre obscur, dissimuler : *occulter certains aspects d'un problème philosophique.* ‖ *Astron.* Produire l'occultation.

OCCULTISME n. m. Étude et pratique des sciences occultes.

OCCULTISTE adj. et n. Qui relève de l'occultisme.

OCCUPANT, E adj. et n. Qui occupe un lieu, un pays. ● *Occupant de bonne foi* (Dr.), personne qui réside dans un logement sans engagement de location, mais qui, du fait des circonstances et de sa bonne foi, bénéficie du droit de maintien dans les lieux. ‖ *Premier occupant* (Dr.), celui qui occupe, prend possession le premier.

OCCUPATION n. f. Action de se rendre maître militairement d'une ville, d'un pays. ‖ Fait d'occuper un lieu, d'en prendre possession, de stationner sur un terrain. ‖ Ce à quoi on occupe son temps : *avoir de nombreuses occupations.* ‖ Travail rémunéré ou non : *avoir besoin d'une occupation fixe.* ‖ *Dr.* Moyen d'acquérir, par la prise de possession, la propriété d'un bien vacant.

OCCUPATIONNEL, ELLE adj. *Psychothérapie occupationnelle*, syn. de SOCIOTHÉRAPIE.

OCCUPÉ, E adj. Dont on a pris possession : *appartement occupé.* ‖ Absorbé dans son travail, ses activités.

OCCUPER v. t. (lat. *occupare*). Remplir un espace ou une durée : *le lit occupe toute la place; cette discussion a occupé toute la séance.* ‖ Avoir la possession d'un lieu : *occuper un appartement.* ‖ Être dans un lieu, en l'envahissant militairement; y demeurer malgré une interdiction : *occuper une usine.* ‖ Avoir comme fonction, comme charge : *occuper un emploi.* ‖ Donner du travail, employer : *l'usine occupe trois cents ouvriers.* ‖ Remplir complètement l'activité, la pensée de qqn : *son jardin l'occupe beaucoup.* ◆ **s'occuper** v. pr. Travailler, donner son activité à : *s'occuper de chimie.*

OCCURRENCE n. f. *Ling.* Apparition d'un élément de la langue (mot, phonème, etc.) dans un texte. ‖ *Log.* Présence d'un symbole dans une expression donnée. ● *En l'occurrence, en pareille occurrence,* dans la circonstance.

OCCURRENT, E adj. (lat. *occurrens;* de *occurrere,* se rencontrer). *Fêtes occurrentes* (Liturg.), fêtes qui tombent le même jour.

OCÉAN n. m. (lat. *oceanus;* mot gr.). Vaste étendue d'un seul tenant, que forme l'eau marine recouvrant le globe. ‖ Vaste étendue ou grande quantité : *un océan de verdure.*

OCÉANE adj. f. *Litt.* Relative à l'Océan.

OCÉANIDE n. f. *Myth.* Nymphe des eaux.

OCÉANIEN, ENNE adj. et n. D'Océanie.

OCÉANIQUE adj. Relatif à l'océan. ● *Climat océanique,* dans les zones tempérées, climat de la façade occidentale des continents, caractérisé par des étés frais, des hivers doux, des pluies fines, abondantes, tombant toute l'année avec un maximum en saison froide, et une prédominance des vents d'ouest.

OCÉANOGRAPHE ou **OCÉANOLOGUE** n. Spécialiste d'océanographie ou océanologie.

OCÉANOGRAPHIE ou **OCÉANOLOGIE** n. f. Science qui étudie la vie dans les océans et le milieu physique qu'ils constituent.

OCÉANOGRAPHIQUE ou **OCÉANOLOGIQUE** adj. Relatif à l'océanographie ou océanologie.

OCELLE n. f. (lat. *ocellus,* petit œil). Œil simple de nombreux arthropodes (larves d'insectes, arachnides, etc.). ‖ Tache ronde sur une aile d'insecte, le plumage d'un oiseau, etc.

OCELLÉ, E [ɔsɛle] adj. Qui porte des ocelles.

OCELOT n. m. (mot aztèque). Mammifère carnassier de l'Amérique du Sud, à robe grise tachetée de points fauves cerclés de noir, et dont la fourrure a une très grande valeur. (Long. 65 cm; famille des félidés.)

OCRE n. f. (gr. *ôkhra*). Variété d'argile riche en hématite (ocre rouge, ou sanguine) ou en limonite (ocre jaune, terre de Sienne), utilisée en peinture. ◆ adj. inv. D'un jaune ou d'un orangé mêlés de brun.

OCRER v. t. Teindre en ocre.

OCREUX, EUSE adj. De couleur ocre.

OCTAEDRE n. m. et adj. *Math.* Solide à huit faces. ● *Octaèdre régulier,* octaèdre dont les faces sont des triangles équilatéraux égaux.

OCTAÉDRIQUE adj. Qui a la forme de l'octaèdre.

OCTAL, E, AUX adj. Qui a pour base le nombre huit. ● *Système octal,* système numérique qui procède par puissance de huit.

OCTANE n. m. Hydrocarbure saturé (C_8H_{18}) existant dans l'essence de pétrole. ● *Indice d'octane,* indice mesurant la valeur antidétonante d'un carburant par comparaison avec celle d'un carburant étalon.

OCTANT n. m. (lat. *octans*). Huitième de cercle, arc de 45°. ‖ Anc. instrument servant à prendre en mer des hauteurs et des distances.

OCTANTE adj. num. (lat. *octoginta*). En Suisse romande, quatre-vingts.

OCTAVE n. f. (lat. *octavus,* huitième). *Relig. cath.* Période de huit jours qui suit chacune des principales fêtes de l'année; dernier jour de cette huitaine. ‖ *Mus.* Huitième degré de l'échelle diatonique, portant le même nom que

octave

le premier; ensemble des notes contenues dans l'intervalle de huit degrés.

OCTAVIER v. i. Faire entendre accidentellement l'octave haute d'un son, au lieu du son lui-même.

OCTET [ɔktɛ] n. m. *Inform.* Élément d'information de huit bits. ‖ *Phys.* Ensemble de huit électrons formant, dans certains atomes, dans certains ions, une couche extérieure particulièrement stable.

OCTOBRE n. m. (lat. *october,* huitième, l'année romaine commençant en mars). Dixième mois de l'année, de trente et un jours.

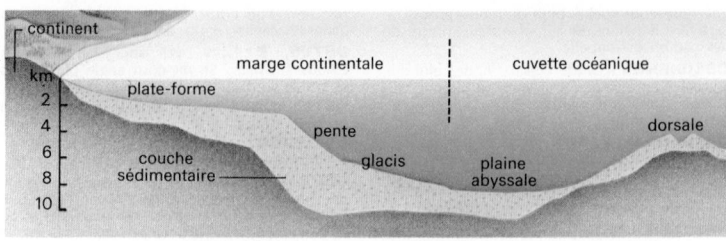

OCÉAN : GRANDES FORMES DE RELIEF SOUS-MARIN

OCTOCORALLIAIRE n. m. Cnidaire à huit tentacules, comme le *corail,* le *vérétille,* l'*alcyon,* la *gorgone.* (Les *octocoralliaires* forment un ordre.)

OCTOGÉNAIRE adj. et n. (lat. *octogenarius*). Qui a quatre-vingts ans.

OCTOGONAL, E, AUX adj. Qui a la forme d'un octogone.

OCTOGONE n. m. et adj. (gr. *oktagônes,* à huit angles). *Math.* Polygone qui a huit angles et, par suite, huit côtés.

OCTOPODE adj. Qui possède huit bras ou huit pattes.

OCTOPODE n. m. Mollusque céphalopode à huit bras égaux, comme le *poulpe.*

ocelot

OCTOSTYLE adj. *Archit.* Qui a huit colonnes de front.

OCTOSYLLABE adj. et n. m. Qui a huit syllabes.

OCTOSYLLABIQUE adj. Qui a huit syllabes.

OCTROI n. m. (de *octroyer*). Action d'octroyer. ‖ Droit que payaient certaines denrées à leur entrée en ville. ‖ Administration chargée de percevoir ce droit; bureau où se payait ce droit. (Depuis 1948, il n'existe plus d'octroi en France.)

OCTROYER v. t. (lat. pop. *auctoridiare*) [conj. 2]. Concéder, accorder à titre de faveur. ◆ **s'octroyer** v. pr. Prendre sans permission : *s'octroyer un jour de repos.*

OCTUOR n. m. (lat. *octo,* huit). *Mus.* Composition à huit parties; formation à huit instruments.

OCTUPLE adj. et n. m. Valant huit fois autant.

OCTUPLER v. t. Multiplier par huit.

OCULAIRE adj. (lat. *oculus,* œil). Relatif à l'œil : *globe oculaire.* ● *Témoin oculaire,* celui qui a vu la chose dont il témoigne.

OCULAIRE n. m. Système optique d'une lunette, d'un microscope, etc., placé du côté de l'œil de l'observateur et qui sert à examiner l'image fournie par l'objectif.

OCULARISTE n. Personne qui prépare des pièces de prothèse oculaire.

OCULISTE n. et adj. Médecin spécialisé dans les troubles de la vision. (Syn. OPHTALMOLOGISTE ou OPHTALMOLOGUE.)

OCULOGYRE adj. Relatif à la rotation latérale des yeux vers la droite ou vers la gauche.

OCULOMOTEUR, TRICE adj. Relatif à la motricité des yeux.

OCULUS [ɔkylys] n. m. *Archit.* Petite baie à tracé circulaire ou proche du cercle.

OCYTOCINE n. f. Hormone produite par l'hypophyse et favorisant les contractions de l'utérus lors de l'accouchement.

ODALISQUE n. f. (turc *odaliq*). Esclave attachée au service des femmes du Sultan en Turquie ottomane. ‖ *Litt.* Courtisane.

ODE n. f. (gr. *ôidê,* chant). *Antiq.* Poème destiné à être mis en musique. ‖ Poème lyrique, divisé en strophes, destiné soit à célébrer de grands événements ou de hauts personnages (*Odes pindariques* de Ronsard, *Odes* de V. Hugo), soit à exprimer les sentiments plus familiers (odes anacréontiques).

ODELETTE n. f. Petite ode.

ODÉON n. m. (lat. *odeum,* petit théâtre). Édifice à gradins, couvert, généralement de plan semicirculaire, destiné, dans l'Antiquité, aux auditions musicales.

ODEUR n. f. (lat. *odor*). Émanation transmise par un fluide (air, eau) et perçue par l'appareil olfactif. ● *Mourir en odeur de sainteté,* mourir en état de perfection chrétienne. ‖ *Ne pas être en odeur de sainteté auprès de qqn,* ne pas être bien vu de lui.

ODIEUSEMENT adv. De façon odieuse.

ODIEUX, EUSE adj. (lat. *odiosus;* de *odium,* haine). Qui excite la haine, l'indignation; ignoble, exécrable, insupportable.

ODOMÈTRE n. m. (gr. *hodos,* chemin, et *metron,* mesure). Syn. de PODOMÈTRE.

ODONATE n. m. Insecte à larve aquatique, ne présentant pas de nymphose, et dont l'adulte a deux paires d'ailes transversales. (Les *odonates* forment un ordre.)

ODONTALGIE n. f. (gr. *odous, odontos,* dent, et *algos,* douleur). Mal de dents.

ODONTALGIQUE adj. Relatif à l'odontalgie.

ODONTOÏDE adj. *Apophyse odontoïde,* saillie que présente la deuxième vertèbre cervicale.

ODONTOLOGIE n. f. Étude des dents, de leurs maladies et du traitement de celles-ci.

ODONTOMÈTRE n. m. Appareil utilisé par les philatélistes pour mesurer le nombre de dents des timbres-poste.

ODONTOSTOMATOLOGIE n. f. Discipline groupant les chirurgiens-dentistes et les stomatologistes dans l'étude des maladies de la bouche et des dents.

ODORANT, E adj. (anc. fr. *odorer,* sentir). Qui répand une bonne odeur.

ODORAT n. m. (lat. *odoratus*). Sens permettant la perception des odeurs, localisé à la tache olfactive des fosses nasales chez les vertébrés, aux antennes chez les insectes, et qui joue le tout premier rôle dans l'information de la plupart des espèces, tant aquatiques que terrestres.

ODORIFÉRANT, E adj. *Litt.* Qui répand une bonne odeur.

ODYSSÉE n. f. (gr. *Odusseia,* Odyssée). Voyage riche en aventures.

ŒCUMÉNICITÉ n. f. Caractère de ce qui est œcuménique.

ŒCUMÉNIQUE [ekymenik] adj. (gr. *oikoumenê gê,* terre habitée). Relatif à l'œcuménisme. ● *Concile œcuménique,* qui rassemble, qui intéresse l'ensemble des Églises.

ŒCUMÉNISME n. m. Tendance à l'union de toutes les Églises chrétiennes en une seule. ■ À l'origine de l'œcuménisme contemporain, il y a la conférence internationale protestante d'Édimbourg (1910). Le Conseil œcuménique des Églises, fondé en 1948, et dont le siège est à Genève, groupe un grand nombre d'Églises protestantes et la plupart des orthodoxes orientaux. Longtemps étrangère à ce mouvement, l'Église catholique, depuis 1962, multiplie les contacts avec les non-catholiques et les nonchrétiens; le schéma conciliaire *De œcumenismo* (21 nov. 1964) illustre ce changement d'attitude.

ŒCUMÉNISTE adj. et n. Qui relève de l'œcuménisme; qui en est partisan.

ŒDÉMATEUX, EUSE adj. Relatif à l'œdème.

ŒDÈME [edɛm] n. m. (gr. *oidêma*, tumeur). Gonflement pathologique du tissu sous-cutané ou d'autres organes (poumon, glotte) par infiltration de liquide séreux.

ŒDICNÈME [ediknɛm] n. m. Genre d'oiseaux échassiers voisins des pluviers.

ŒDIPE [edip] n. m. *Complexe d'Œdipe*, ou *œdipe* (Psychanal.), ensemble des sentiments amoureux et hostiles que chaque enfant éprouve à l'égard du couple parental : attachement sexuel au parent de sexe opposé et haine à l'égard du parent de même sexe considéré comme un rival. (L'issue normale du complexe d'Œdipe est l'identification avec le parent de même sexe.)

ŒDIPIEN, ENNE adj. Relatif au complexe d'Œdipe.

ŒIL n. m. (lat. *oculus*) [pl. *yeux*]. Organe pair de la vue. ‖ Expression du regard, perception opérée par l'œil : *voir une chose de ses propres yeux.* ‖ Manière de voir, sentiment : *voir les choses d'un œil favorable.* ‖ Appareil remplaçant l'œil naturel : *œil de verre.* ‖ Trou pratiqué dans un outil ou une pièce mécanique pour le passage ou l'articulation d'une autre pièce : *l'œil d'un marteau.* ‖ Relief des caractères d'imprimerie (pl. *œils*). ‖ Bouton ou bourgeon des arbres. ‖ Trou du pain et du fromage; bulle de graisse du bouillon. ‖ Cœur d'un cyclone tropical caractérisé par des vents faibles et autour duquel tournent les vents violents. ‖ *Mar.* Boucle formée à l'extrémité d'un filin (pl. *œils*). ● *À l'œil* (Fam.), gratuitement. ‖ *Avoir l'œil,* veiller, prendre garde. ‖ *Avoir l'œil sur qqn,* avoir, tenir qqn à l'œil, le surveiller. ‖ *Entre quatre yeux,* en tête à tête. (On prononce *entre quat'z-yeux.*) ‖ *Faire de l'œil à qqn,* lui faire signe en clignant l'œil. ‖ *Fermer les yeux de, à qqn,* l'assister au moment de sa mort. ‖ *Fermer les yeux sur,* faire semblant de ne pas voir. ‖ *Mauvais œil,* superstition selon laquelle le regard de certaines personnes porte malheur. ‖ *Mon œil!* (Fam.), exprime l'incrédulité. ‖ *N'avoir pas froid aux yeux,* être courageux. ‖ *Ne pas avoir les yeux dans sa poche,* être très observateur. ‖ *Ne pas pouvoir fermer l'œil,* ne pouvoir dormir. ‖ *L'œil du maître,* sa surveillance. ‖ *Ouvrir l'œil,* être attentif. ‖ *Ouvrir de grands yeux,* être étonné. ‖ *Ouvrir les yeux,* voir la réalité telle qu'elle est. ‖ *Pour les beaux yeux de qqn* (Fam.), pour lui seul, sans but intéressé. ‖ *Sauter aux yeux, crever les yeux,* être évident. ‖ *S'en battre l'œil* (Pop.), s'en moquer complètement. ‖ *Se mettre le doigt dans l'œil* (Fam.), se tromper. ‖ *Sortir par les yeux* (Fam.), se dit d'une chose dont on est dégoûté. ‖ *Voir tout par ses yeux,* par soi-même.

■ L'œil humain est limité par trois membranes : la *sclérotique,* protectrice, formant en avant la *cornée transparente;* la *choroïde,* pigmentée et nourricière, se prolongeant en avant par l'*iris,* percé de la *pupille,* à ouverture variable suivant l'intensité de la lumière incidente; la *rétine,* nerveuse et sensible à l'excitant lumineux, reliée à l'encéphale par le *nerf optique,* et sur laquelle se dessinent les images fournies par les milieux antérieurs transparents de l'œil (cornée, humeur aqueuse, cristallin, humeur vitrée). Les *muscles ciliaires,* à la limite de l'iris et de la choroïde, font varier la convergence du cristallin, permettant l'accommodation, dont l'amplitude diminue pendant la vieillesse (presbytie). Les *muscles oculomoteurs,* fixés à l'extérieur de la sclérotique, produisent les mouvements du globe oculaire dans l'orbite. L'œil peut présenter des défauts de réfraction (myopie, hypermétropie, astigmatisme) et des anomalies dans la vision des couleurs (daltonisme, achromatopsie). Les insectes adultes et les crustacés possèdent des

yeux à facettes *(yeux composés)* qui perçoivent très bien les mouvements, tandis que les poulpes ont des yeux comparables à ceux de l'homme.

ŒIL-DE-BŒUF n. m. (pl. *œils-de-bœuf*). Lucarne à fenêtre ronde ou ovale.

ŒIL-DE-CHAT ou **ŒIL-DE-TIGRE** n. m. (pl. *œils-de-chat, œils-de-tigre*). Pierre fine constituée par une variété de chrysobéryl.

ŒIL-DE-PERDRIX n. m. (pl. *œils-de-perdrix*). Cor entre les doigts du pied.

ŒIL-DE-PIE n. m. (pl. *œils-de-pie*). *Mar.* Trou dans une voile pour y passer un filin.

ŒILLADE n. f. Coup d'œil furtif, lancé pour marquer la tendresse ou la connivence.

ŒILLÈRE n. f. Petite coupe pour baigner l'œil. ‖ Partie de la bride qui garantit l'œil du cheval et l'empêche de voir de côté. ● *Avoir des œillères* (Fam.), ne pas voir ou comprendre certaines choses par étroitesse d'esprit.

ŒILLET n. m. (dimin. de *œil*). Caryophyllacée à fleurs roses, pourpres, blanches ou panachées, cultivée pour sa beauté et son parfum; la fleur même. ‖ Trou de section circulaire ou pratiquement ovale, gainé d'un petit fourreau métallique, généralement maintenu par sertissage; ce fourreau métallique. ‖ Bassin d'un marais salant. ● *Œillet d'Inde,* plante à fleurs ornementales, de la famille des composées.

ŒILLETON n. m. Extrémité d'un tube de visée qui dépasse l'oculaire et détermine la position de l'œil. ‖ *Bot.* Rejeton que produisent certaines plantes et qu'on utilise pour leur multiplication (artichaut, bananier).

ŒILLETONNAGE n. m. Multiplication des plantes par séparation et plantation d'œilletons.

ŒILLETONNER v. t. Pratiquer l'œilletonnage.

ŒILLETTE n. f. (anc. fr. *olie,* olive). Variété de pavot somnifère, cultivée pour ses graines, dont on tire une huile comestible et utilisée en peinture; cette huile.

ŒKOUMÈNE n. m. → ÉCOUMÈNE.

ŒNANTHE [enɑ̃t] n. f. (gr. *oînanthê,* fleur de vigne). Ombellifère vénéneuse, croissant dans les endroits humides.

ŒNANTHIQUE adj. Qui appartient au vin.

ŒNILISME ou **ŒNOLISME** n. m. (gr. *oinos,* vin). Alcoolisme dû à l'abus du vin.

ŒNOLIQUE adj. *Acides œnoliques,* nom donné à une série de matières colorantes trouvées dans les vins rouges.

ŒNOLOGIE [enɔlɔʒi] n. f. Science qui étudie la fabrication et la conservation des vins.

ŒNOLOGIQUE adj. Relatif à l'œnologie.

ŒNOLOGUE n. Spécialiste d'œnologie.

ŒNOMÉTRIE [enɔmetri] n. f. Détermination de la richesse des vins en alcool.

ŒNOMÉTRIQUE adj. Relatif à l'œnométrie.

ŒNOTHÈQUE n. f. Magasin spécialisé dans la vente des vins de cru.

ŒNOTHÉRACÉE n. f. Syn. de ONAGRACÉE.

ŒNOTHÈRE ou **ŒNOTHERA** [enɔtera] n. m. Syn. de ONAGRE.

ŒRSTED [œrstɛd] n. m. (du n. du physicien). Anc. unité de mesure C. G. S. électromagnétique d'intensité de champ magnétique.

ŒRSTITE [œrstit] n. f. Acier spécial au titane et au cobalt, à fort champ coercitif et à grande aimantation rémanente, pour aimant permanent.

ŒSOPHAGE [ezɔfaʒ] n. m. (gr. *oisophagos,* qui porte ce qu'on mange). Première partie du tube digestif depuis le pharynx jusqu'au cardia de l'estomac, et dont les parois antérieure et postérieure, normalement appliquées l'une contre l'autre, ne s'écartent qu'au passage du bol alimentaire. (L'œsophage des oiseaux est muni d'une poche, le *jabot.*)

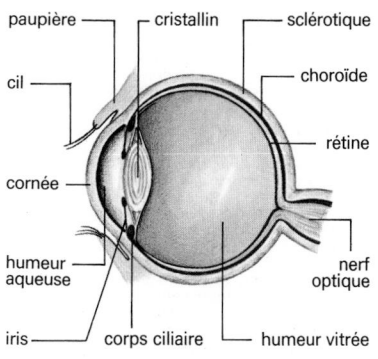

ŒIL (COUPE)

ŒIL ET ORBITE (VUE SUPÉRIEURE)

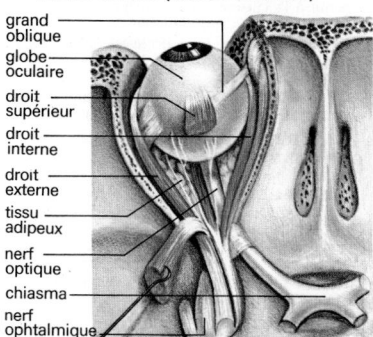

œillets

ŒSOPHAGE

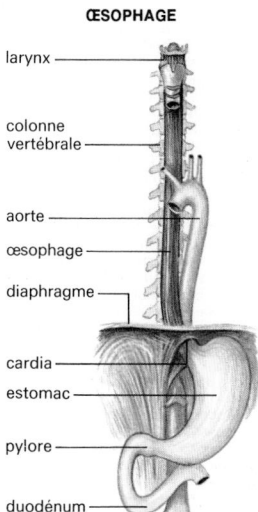

ŒSOPHAGIEN, ENNE ou **ŒSOPHAGIQUE** adj. Relatif à l'œsophage.

ŒSOPHAGITE n. f. Inflammation de l'œsophage.

ŒSOPHAGOSCOPE n. m. Tube spécial pour l'examen endoscopique de l'œsophage.

ŒSTRADIOL n. m. Œstrogène de l'ovaire, voisin de la folliculine.

ŒSTRAL, E, AUX [estral, tro] adj. Relatif à l'œstrus. ● *Cycle œstral*, modifications périodiques des organes génitaux femelles, en rapport avec la libération des ovules. (Chez la femme, le cycle œstral dure 28 jours et comporte deux phases : folliculaire et lutéale ; il est sous la dépendance d'hormones, cesse provisoirement pendant la grossesse et définitivement à la ménopause.)

ŒSTRE [estr] n. m. (gr. *oistros*, taon). Mouche qui pond près des narines des moutons et des chèvres, et dont la larve se développe dans les os du crâne, provoquant des vertiges chez l'animal.

ŒSTROGÈNE adj. et n. m. Se dit des substances (hormones) qui provoquent l'œstrus.

ŒSTRUS [estrys] n. m. (gr. *oistros*, taon, aiguillon). Modification de la muqueuse de l'utérus, permettant la nidification de l'œuf fécondé. (V. ŒSTRAL.) ‖ Chez les animaux, période du rut.

ŒUF [œf, *au sing.* ; ø, *au pl.*] n. m. (lat. *ovum*). Cellule résultant de la fécondation, et qui, par division, donnera un nouvel être, animal ou végétal. ‖ Gamète femelle mûr, pondu mais non encore fécondé. ‖ Corps organique contenant une cellule-œuf ou un embryon, et pondu par les femelles de beaucoup d'animaux. (Un œuf d'oiseau contient un germe entouré de substan-

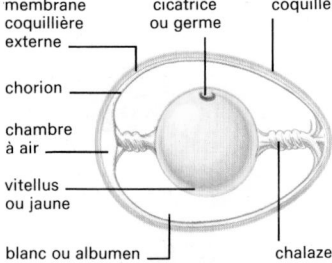

membrane coquillière externe
cicatrice ou germe
coquille
chorion
chambre à air
vitellus ou jaune
blanc ou albumen
chalaze

COUPE D'UN ŒUF

ces de réserve [jaune, ou vitellus, et blanc, riche en ovalbumine] et protégé par une coquille calcaire poreuse permettant les échanges gazeux par la chambre à air située près du gros bout. Les oiseaux couvent leurs œufs jusqu'à l'éclosion du jeune.) ‖ Morceau de bois en forme d'œuf, qu'on met dans un bas pour le tendre, tandis qu'on le reprise. ● *Dans l'œuf*, dès l'origine, au début. ‖ *Marcher sur des œufs*, marcher en posant le pied avec précaution. ‖ *Mettre tous les œufs dans le même panier*, mettre tous ses espoirs dans la même affaire. ‖ *Œufs de Pâques*, œufs en chocolat qu'on offre en cadeau le jour de Pâques. ‖ *Œuf sur le plat* ou *œuf au miroir*, œuf cuit légèrement, sans le brouiller, dans un corps gras. ‖ *Plein comme un œuf* (Fam.), tout à fait plein ; repu ; ivre. ‖ *Quel œuf !* (Fam.), quel idiot ! ‖ *Va te faire cuire un œuf* (Pop.), va-t'en et débrouille-toi.

ŒUVRE n. f. (lat. *opera*, travail). Résultat du travail, de l'action : *cette décoration est l'œuvre de toute la classe*. ‖ Production littéraire ou artistique : *publier, exposer ses œuvres*. ‖ *Litt.* Travail, activité : *être à l'œuvre dès 6 heures du matin*. ● *Bonnes œuvres*, tous les actes des vertus chrétiennes ; organisation à but non lucratif et qui se propose de faire le bien. ‖ *Juger qqn à l'œuvre*, selon ses actes. ‖ *Se mettre à l'œuvre*, commencer un travail. ‖ *Mettre en œuvre*, employer à quelque usage ; mettre en action. ‖ *Mise en œuvre*, action de commencer à exécuter. ‖ *Œuvres mortes*, partie émergée d'un navire.

‖ *Œuvres vives*, partie de la coque d'un navire située au-dessous de la ligne de flottaison ; la partie vitale de qqch.

ŒUVRE n. m. (lat. *opera*, travaux). Ensemble des ouvrages d'un artiste, notamment dans une technique particulière : *l'œuvre gravé de Goya*. ● *À pied d'œuvre*, à proximité immédiate du lieu d'emploi. ‖ *Le grand œuvre*, la pierre philosophale. ‖ *Gros œuvre*, ensemble des éléments de construction d'un édifice qui en assurent la stabilité, la résistance et la protection. ‖ *Second œuvre*, ensemble des ouvrages complétant une construction pour sa fermeture, sa distribution, ses revêtements.

ŒUVRER v. i. Travailler d'une manière désintéressée : *œuvrer pour le bien public.*

OFF adj. inv. (mot angl., abrév. de *off screen* « hors de l'écran »). *Cin.* et *Télév.* Se dit d'une voix, d'un bruit, d'un dialogue dont l'origine est extérieure à la scène filmée. (L'Administration préconise HORS CHAMP.)

OFFENSANT, E adj. Qui offense, blessant.

OFFENSE n. f. (lat. *offendere*, attaquer). Parole, action qui blesse qqn dans sa dignité : *venger une offense.* ‖ *Dr.* Dénomination particulière de l'outrage envers les chefs d'État. ‖ *Relig.* Péché.

OFFENSÉ, E adj. et n. Qui a reçu une offense.

OFFENSER v. t. Blesser qqn par des paroles ou des actes : *il n'a pas dit cela pour vous offenser.* ● *Offenser Dieu* (Relig.), pécher. ◆ **s'offenser** v. pr. [**de**]. Se vexer, se fâcher.

OFFENSEUR n. m. Celui qui offense.

OFFENSIF, IVE adj. (lat. *offendere*, attaquer). Qui attaque, sert à attaquer.

OFFENSIVE n. f. Action d'envergure menée par une force armée et destinée à imposer à l'ennemi sa volonté, à le chasser de ses positions et à le détruire. ‖ Initiative, attaque visant à faire reculer qqn ou qqch : *offensive diplomatique.*

OFFENSIVEMENT adv. De façon offensive.

OFFERTOIRE n. m. (lat. *offerre*, offrir). Partie de la messe pendant laquelle le prêtre offre à Dieu le pain et le vin qui doivent être consacrés. ‖ Morceau de musique que l'on exécute à ce moment de la messe.

OFFICE n. m. (lat. *officium*, service). Fonction, charge exercée par qqn ; rôle joué par qqch : *remplir l'office de secrétaire.* ‖ Service public doté de la personnalité morale et de l'autonomie financière. ‖ Bureau, agence : *diriger un office de publicité.* ‖ Ensemble de prières et de cérémonies liturgiques. ‖ Envoi périodique d'un nombre limité de livres, venant de paraître ou réimprimés, par un éditeur aux libraires. ● *Bons offices*, service, assistance : *recourir aux bons offices de qqn* ; intervention bienveillante dans un dessein de conciliation. ‖ *D'office*, par voie d'autorité, sans demande préalable. ‖ *Office divin*, prières liturgiques réparties à des heures déterminées de la journée. ‖ *Office ministériel*, fonction conférée à vie à une personne qui en devient titulaire, et qui pourra présenter un successeur à l'agrément des pouvoirs publics.

OFFICE n. f. ou m. (lat. *officium*). Pièce attenante à la cuisine où l'on dispose tout ce qui dépend du service de la table.

OFFICIAL n. m. Juge ecclésiastique délégué par l'évêque pour exercer la juridiction contentieuse.

OFFICIALISATION n. f. Action d'officialiser.

OFFICIALISER v. t. Rendre officiel.

OFFICIALITÉ n. f. Siège de l'official.

OFFICIANT n. et adj. m. Celui qui préside un office liturgique.

OFFICIEL, ELLE adj. (angl. *official* ; bas lat. *officialis*). Qui émane d'une autorité reconnue, du gouvernement. ‖ Qui concerne un acte ou une cérémonie publics : *voiture officielle.* Reconnu de tous, notoire. ● *Personnage officiel*, ou *officiel* n. m., personne appartenant au gouvernement, à l'Administration, ou personne ayant une autorité reconnue.

OFFICIELLEMENT adv. De façon officielle.

OFFICIER v. i. (lat. *officiare* ; de *officium*, service). Célébrer l'office divin.

OFFICIER n. m. (lat. *officium*, fonction publique). Militaire qui a un grade au moins égal à celui de sous-lieutenant ou d'enseigne de vaisseau. ‖ Titulaire d'une charge (vx.). ● *Grands officiers de la Couronne* (Hist.), autref., les maréchaux, le connétable, le chancelier, le grand chambellan, le grand maître de France, l'amiral de France, le grand écuyer, le grand maître de l'artillerie, etc. ‖ *Grand officier de la Légion d'honneur*, dignité au-dessus du grade de commandeur. ‖ *Officier d'académie, de l'Instruction publique*, anc. appellations des chevaliers et officiers de l'ordre des Palmes académiques. ‖ *Officier de l'état civil*, personne responsable de la tenue des registres de l'état civil et qui est généralement le maire de la commune. ‖ *Officier général*, général ou amiral. ‖ *Officier de la Légion d'honneur*, grade immédiatement supérieur à celui de chevalier. ‖ *Officier de marine* ou *de vaisseau*, officier appartenant au corps de commandement de la marine de guerre. ‖ *Officier ministériel*, personne (notaire, agent de change, etc.) nommée par les pouvoirs publics pour dresser et recevoir des actes authentiques, et titulaire de sa fonction. ‖ *Officier de police judiciaire*, titre conféré par la loi aux personnes qui, à des titres divers, ont pour mission de constater les infractions et d'en livrer les auteurs à la justice. ‖ *Officier public*, personne ayant qualité pour authentifier des actes (le maire comme officier de l'état civil, l'huissier, etc.). ‖ *Officier subalterne*, sous-lieutenant, lieutenant, capitaine ; enseigne et lieutenant de vaisseau. ‖ *Officier supérieur*, commandant, lieutenant-colonel, colonel ; capitaine de corvette, capitaine de frégate, capitaine de vaisseau.

OFFICIÈRE n. f. Femme ayant le grade d'officier dans l'Armée du Salut.

OFFICIEUSEMENT adv. De façon officieuse.

OFFICIEUX, EUSE adj. (lat. *officiosus* ; de *officium*, service rendu). Qui émane d'une source autorisée, tout en n'ayant pas l'authenticité garantie : *cette communication n'est encore qu'officieuse.*

OFFICINAL, E, AUX adj. Se dit d'un médicament inscrit à la pharmacopée et qui peut être préparé d'avance. ‖ *Herbes, plantes officinales*, herbes, plantes dont on se sert en pharmacie.

OFFICINE n. f. (lat. *officina*, atelier). Ensemble des locaux où le pharmacien entrepose, prépare et vend les médicaments au public. ‖ *Péjor.* Endroit où se trame qqch : *officine de fausses nouvelles.*

OFFRANDE n. f. (lat. *offerenda*). Don offert pour le service divin. ‖ Don, le plus souvent modeste.

OFFRANT n. m. *Le plus offrant*, celui qui offre le plus haut prix.

OFFRE n. f. Action d'offrir ; la chose offerte : *accepter une offre avantageuse.* ‖ Action de proposer un contrat à une autre personne : *offre d'emploi.* *Écon.* Quantité d'un bien ou d'un service qui peut être vendue sur le marché à un prix donné. ● *Appel d'offres*, mode de conclusion des marchés publics par lequel l'Administration met en concurrence les candidats. ‖ *Loi de l'offre et de la demande*, loi économique déterminant le prix où s'équilibrent le volume de l'offre d'un produit (ou d'un service) et celui de la demande. ‖ *Offre publique d'achat (O. P. A.)*, procédé par lequel une société fait connaître au public l'intention qu'elle a d'acquérir un certain nombre de titres d'une autre société.

OFFRIR v. t. (lat. *offerre*) [conj. 8]. Donner un cadeau, présenter qqch à qqn ; le mettre à sa disposition, le lui proposer : *offrir des marchandises.* ‖ Comporter, être caractérisé par : *cette solution offre de nombreux avantages.* ● *Offrir son bras à qqn*, lui présenter son bras pour l'aider à marcher ou par civilité. ◆ **s'offrir** v. pr. Se proposer pour : *s'offrir à aider qqn.* ‖ S'accorder le plaisir de qqch.

OFFSET [ɔfsɛt] n. m. inv. (angl. *off*, dehors, et *to set*, placer). Procédé d'impression par double décalque de la forme d'impression sur un blanchet de caoutchouc, puis de celui-ci sur le papier. ● *Offset à sec,* procédé d'impression offset sans mouillage. ‖ *Plaque offset,* feuille mince de métal portant l'image imprimante dans le procédé offset.

OFFSET [ɔfsɛt] adj. et n. f. inv. Se dit de la machine, du papier utilisés dans l'impression par le procédé offset.

OFFSETTISTE n. Professionnel de l'offset.

OFFSHORE ou **OFF SHORE** [ɔfʃɔr] adj. et n. m. inv. (mot angl., *au large*). Se dit de la partie de l'industrie du pétrole comprenant la prospection, le forage et l'exploitation des gisements situés au large des rivages. ‖ Se dit d'un établissement bancaire établi à l'étranger et non soumis à sa législation nationale.

OFFUSQUER v. t. (lat. *offuscare;* de *fuscus,* sombre). Choquer, déplaire à qqn. ◆ **s'offusquer** v. pr. Se froisser, se choquer.

OFLAG [ɔflag] n. m. (abrév. de OF*fizier* LAG*er,* camp d'officiers). En Allemagne, pendant la Seconde Guerre mondiale, camp de prisonniers de guerre réservé aux officiers.

OGHAMIQUE ou **OGHAM** adj. et n. m. (du n. de l'inventeur mythique). La plus ancienne écriture celtique connue.

OGIVAL, E, AUX adj. Relatif à l'arc brisé, qui en a la forme. ● *Art ogival,* art gothique (vx).

OGIVE n. f. (mot ar.). Arc diagonal de renfort, bandé sous une voûte pour faciliter sa construction et augmenter sa résistance. ‖ *Arc brisé gothique* (vx). ‖ Partie antérieure d'un projectile, de forme conique ou ogivale. ● *Ogive nucléaire,* ogive à charge nucléaire dont sont dotés certains missiles ou projectiles. (On dit aussi TÊTE NUCLÉAIRE.) ‖ *Voûte sur croisée d'ogives,* celle qui s'appuie ou semble s'appuyer sur l'entre-

Vieil-Lauros-Giraudon

croisée d'**ogives**

croisement de deux arcs diagonaux. (Dans cette voûte, caractéristique de la construction gothique, les ogives sont en général des arcs en plein cintre, les doubleaux et formerets d'encadrement étant, eux, des arcs brisés.)

OGRE, OGRESSE n. (lat. *Orcus,* dieu de la Mort). Dans les contes de fées, géant vorace qui mange les petits enfants. ‖ Personne vorace.

OH! interj. Marque la surprise, l'indignation.

OHÉ! interj. Sert à appeler.

OHM [ɔm] n. m. (du physicien). Unité de mesure de résistance électrique (symb. : Ω), équivalant à la résistance électrique entre deux points d'un conducteur lorsqu'une différence de potentiel constante de 1 volt, appliquée entre ces deux points, produit dans ce conducteur un courant de 1 ampère, ledit conducteur n'étant le siège d'aucune force électromotrice.

OHMIQUE adj. Relatif à l'ohm.

OHMMÈTRE n. m. Appareil servant à mesurer la résistance électrique d'un conducteur.

OHM-MÈTRE n. m. (pl. *ohms-mètres*). Unité de résistivité. (Cette unité de mesure n'est pas légale en France.)

OÏDIE [ɔidi] n. f. Cellule isolée qui se détache du thalle de certains champignons et, jouant le rôle de bouture, assure leur multiplication.

OÏDIUM [ɔidjɔm] n. m. (gr. *óon,* œuf). Nom donné aux maladies produites sur certaines plantes par les champignons du groupe des asco-

oie

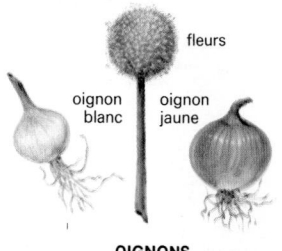

fleurs

oignon blanc

oignon jaune

OIGNONS

mycètes, généralement caractérisées par l'apparition d'une poussière grisâtre à la surface des organes parasités. (L'*oïdium de la vigne* est la plus redoutable de ces maladies.)

OIE n. f. (lat. *avica;* de *avis,* oiseau). Oiseau palmipède dont on connaît plusieurs espèces sauvages (celles qui passent en France viennent des régions arctiques et hivernent dans le Midi) et une espèce domestique, que l'on élève pour sa chair et son foie surchargé de graisse par gavage. (Le mâle est le *jars,* les jeunes les *oisons.*) [Cri : l'oie *criaille, siffle, cacarde.*] ‖ *Fam.* Personne sotte, niaise. ‖ *Jeu de l'oie,* jeu que l'on joue avec deux dés sur un carton où il y a des figures d'oies disposées de neuf en neuf cases. ‖ *Oie blanche,* jeune fille candide. ‖ *Oies du Capitole,* oies sacrées du Capitole, qui sauvèrent Rome (v. 390 av. J.-C.) en prévenant par leurs cris Manlius et les Romains de l'attaque nocturne des Gaulois. ‖ *Pas de l'oie,* pas de parade militaire en usage dans certaines armées (notamment allemande et soviétique).

OIGNON [ɔɲɔ̃] n. m. (lat. *unio, unionis*). Plante potagère à bulbe comestible, de la famille des liliacées. ‖ Bulbe souterrain de certaines plantes (lis, tulipe, etc.). ‖ Grosse montre bombée. ‖ Durillon se formant à la base du gros orteil. ● *Aux petits oignons* (Fam.), préparé avec un soin particulier; parfait. ‖ *Ce n'est pas tes oignons* (Pop.), ça ne te concerne pas. ‖ *En rang d'oignons* (Fam.), sur une seule ligne. ‖ *Pelure d'oignon,* chacune des pellicules interposées entre les diverses couches qui composent les bulbes des oignons; vin rosé dont la couleur rappelle la pellicule des oignons.

OIGNONADE n. f. Mets accommodé avec beaucoup d'oignons.

OIGNONIÈRE n. f. Terrain semé en oignons.

OÏL [ɔjl] adv. (anc. forme de *oui*). *Langue d'oïl,* ensemble des dialectes que l'on parlait au nord d'une ligne Poitiers-Grenoble (picard, wallon, champenois, francien, etc.).

OINDRE v. t. (lat. *ungere*) [conj. 81]. Frotter d'huile ou d'une substance grasse. ‖ *Liturg.* Appliquer de l'huile sainte pour consacrer ou bénir.

OING [wɛ̃] n. m. (lat. *unctum,* onguent). Graisse servant à oindre.

OISEAU n. m. (lat. pop. *aucellus,* dimin. du lat. *avis,* oiseau). Vertébré ovipare, couvert de plumes, à respiration pulmonaire, à sang chaud, dont les membres postérieurs servent à la marche, dont les membres antérieurs, ou ailes, servent au vol, et dont les mâchoires forment un bec corné. (On connaît vingt mille espèces d'oiseaux, formant une classe et vingt-cinq ordres principaux.) ‖ Auge de maçon qui servait autrefois à porter le mortier sur les épaules. ‖ *Fam.* et *péjor.* Individu quelconque. ● *À vol d'oiseau,* en ligne droite. ‖ *Avoir un appétit d'oiseau,* un très petit appétit. ‖ *Avoir une cervelle d'oiseau,* être très étourdi. ‖ *Être comme l'oiseau sur la branche,* être pour très peu de temps dans un endroit.

V. ill. page suivante

OISEAU-LYRE n. m. (pl. *oiseaux-lyres*). Autre nom du MÉNURE.

OISEAU-MOUCHE n. m. (pl. *oiseaux-mouches*). Autre nom du COLIBRI.

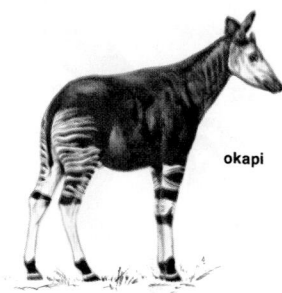

okapi

OISELER v. i. (conj. 3). *Chass.* Tendre des filets pour prendre des oiseaux.

OISELET n. m. *Litt.* Petit oiseau.

OISELEUR n. m. Celui qui prend des petits oiseaux au filet ou au piège.

OISELIER, ÈRE n. Personne qui fait métier d'élever et de vendre des oiseaux.

OISELLERIE n. f. Commerce de l'oiselier.

OISEUX, EUSE adj. (lat. *otiosus*). Inutile, sans intérêt à cause de son caractère superficiel.

OISIF, IVE adj. et n. (de *oiseux*). Qui n'a pas d'occupation, ou qui dispose de beaucoup de loisirs; désœuvré. ◆ adj. Qui se passe dans l'oisiveté : *mener une vie oisive.*

OISILLON n. m. Jeune oiseau.

OISIVEMENT adv. De façon oisive.

OISIVETÉ n. f. État d'une personne oisive.

OISON n. m. Petit de l'oie.

O.K.! [ɔke] interj. (abrév. de l'amér. *oll correct*). *Fam.* D'accord, c'est entendu.

OKAPI n. m. (mot africain). Mammifère ruminant du Zaïre, voisin de la girafe, mais au cou plus court et à pelage rayé à l'arrière. (Haut. au garrot : 1 m.)

OKOUMÉ n. m. (mot africain). Arbre de l'Afrique équatoriale, au bois rose utilisé en menuiserie.

OLÉ! interj. esp. servant à encourager.

OLÉACÉE n. f. (lat. *olea,* olive). Arbre ou arbuste à fleurs gamopétales, tel que l'*olivier,* le *jasmin,* le *lilas,* le *frêne.* (Les *oléacées* forment une famille.)

OLÉAGINEUX, EUSE adj. (lat. *oleagineus,* d'olivier). De la nature de l'huile. ● *Plante oléagineuse,* ou *oléagineux* n. m., plante dont on peut tirer des matières grasses alimentaires ou industrielles.

OLÉANDOMYCINE n. f. Antibiotique actif contre les bactéries «Gram positif».

OLÉASTRE n. m. Olivier sauvage.

OLÉCRANE n. m. (gr. *ôlenê,* bras, et *kranion,* tête). *Anat.* Apophyse du cubitus formant la saillie du coude.

OLÉFINE n. f. Syn. de HYDROCARBURE ÉTHYLÉNIQUE.

OLÉICOLE adj. Qui concerne l'oléiculture.

OLÉICULTEUR, TRICE n. Personne qui cultive l'olivier.

OLÉICULTURE n. f. Culture de l'olivier.

OISEAUX

autour des palombes

percnoptère

chouette effraie

cygne chanteur

canard garrot

corbeau freux

hirondelle de cheminée

bouvreuil

héron pourpré

grand tétras

pic épeiche

pinson

sterne

torcol

échasse

sittelle

tichodrome

troglodyte

macareux

toucan

épimaque superbe

petit pingouin

calao

autruche ♀

rubis-topaze

lophornis

porte-épée

spathure

souïmanga

colibri

chœtocerque bourdon

serpentaire

autruche

colibri

petit pingouin   macareux   sterne   corbeau freux   pinson   rossignol   sittelle   troglodyte

640

OLÉIFÈRE adj. Dont on extrait de l'huile.

OLÉIFORME adj. Qui a la consistance de l'huile.

OLÉINE n. f. *Chim.* Triester oléique de la glycérine, liquide qui entre dans la composition des huiles végétales.

OLÉIQUE adj. *Chim.* Se dit d'un acide organique non saturé, produit par l'hydrolyse de l'oléine.

OLÉODUC n. m. Pipe-line servant au transport des produits pétroliers liquides.

OLÉOLAT n. m. Solution huileuse d'essences végétales.

OLÉ OLÉ adj. inv. *Fam.* Leste, qui manque de retenue.

OLÉORÉSINE n. f. Produit insoluble dans l'eau et visqueux, exsudé par diverses plantes. (La *térébenthine* est une oléorésine.)

OLÉUM [ɔleɔm] n. m. *Chim.* Acide sulfurique partiellement déshydraté.

OLFACTIF, IVE adj. (lat. *olfacere*, flairer). Relatif à l'odorat.

OLFACTION n. f. Syn. savant de ODORAT.

OLIBRIUS [ɔlibrijys] n. m. (bas lat. *Olybrius*, n. pr.). *Fam.* Individu stupide et excentrique.

OLIFANT n. m. (de *éléphant*). *Hist.* Petit cor d'ivoire des chevaliers.

OLIGARCHIE n. f. (gr. *oligoi*, peu nombreux, et *arkhê*, commandement). Régime politique où l'autorité est entre les mains de quelques personnes ou de quelques familles puissantes; ces personnes ou ces familles.

OLIGARCHIQUE adj. Qui relève d'une oligarchie.

OLIGARQUE n. m. Membre d'une oligarchie.

OLIGISTE n. m. et adj. (gr. *oligistos*, très peu). Oxyde naturel de fer Fe_2O_3, appelé aussi *hématite rouge*, colorant souvent des roches sédimentaires (grès, argile), et constituant un minerai exploitable dans certains schistes.

OLIGOCÈNE adj. et n. m. (gr. *oligos*, peu, et *kainos*, récent). Se dit de la deuxième période de l'ère tertiaire, entre l'éocène et le miocène, d'une durée de 20 millions d'années.

OLIGOCHÈTE [ɔligɔkɛt] n. m. (gr. *oligos*, peu, et *khaitê*, longs cheveux). Annélide, telle que le ver de terre *(lombric)*. [Les *oligochètes* forment une classe.]

OLIGOCLASE n. m. Feldspath de la série des plagioclases, abondant dans les roches cristallines.

OLIGODENDROGLIE n. f. Ensemble des cellules de la névroglie, pauvres en prolongements.

OLIGO-ÉLÉMENT n. m. *Biol.* Substance nécessaire, en très petite quantité, au fonctionnement des organismes vivants. (De nombreux métaux [*fer, manganèse, bore, magnésium, cobalt*, etc.] sont des oligo-éléments.)

OLIGOPHRÈNE adj. et n. Qui est atteint d'oligophrénie.

OLIGOPHRÉNIE n. f. (gr. *oligos*, peu, et *phrên*, pensée). *Méd.* Arriération mentale.

OLIGOPOLE n. m. Marché dans lequel il n'y a que quelques vendeurs devant une multitude d'acheteurs.

OLIGOPOLISTIQUE adj. Relatif à l'oligopole.

OLIGOPSONE n. m. Marché caractérisé par la présence d'un très petit nombre d'acheteurs devant de très nombreux vendeurs.

OLIGURIE n. f. *Pathol.* Diminution de la quantité d'urine sécrétée en un temps donné.

OLIVACÉ, E adj. De couleur olive.

OLIVAIE ou **OLIVERAIE** n. f. Lieu planté d'oliviers. (Syn. OLIVETTE.)

OLIVAISON n. f. Récolte des olives; saison où l'on fait cette récolte.

OLIVÂTRE adj. Qui tire sur la couleur de l'olive, verdâtre.

OLIVE n. f. (lat. *oliva*). Fruit à noyau, dont on tire une huile excellente, ou que l'on met à mariner dans de la saumure. ‖ Objet ou ornement ayant la forme ellipsoïdale d'une olive. ‖ Chacune des deux éminences blanchâtres ovoïdes de la face antérieure du bulbe rachidien. ● *Olive*

olives et olivier

noire, olive cueillie mûre et conservée dans de l'huile. ‖ *Olive verte*, olive cueillie avant maturité et conservée dans la saumure. ◆ adj. inv. D'un vert sourd, rabattu.

OLIVERAIE n. f. → OLIVAIE.

OLIVET n. m. Fromage fabriqué au lait de vache dans l'Orléanais.

OLIVETTE n. f. Syn. de OLIVAIE. ‖ Nom commun à divers raisins à grains en forme d'olive. ‖ Variété de tomates oblongues.

OLIVIER n. m. Genre d'oléacées, comprenant des arbres des pays chauds, qui fournissent l'olive. (L'olivier était dans l'Antiquité un emblème de fécondité et un symbole de paix et de gloire.)

OLIVINE n. f. *Minér.* Le plus répandu des péridots, de couleur vert olive, commun dans les basaltes. (Son altération fournit la *serpentine*.)

OLOGRAPHE adj. (gr. *holos*, entier, et *graphein*, écrire). *Testament olographe*, testament écrit en entier, daté et signé de la main du testateur.

OLYMPE n. m. (gr. *Olumpos*). *Poét.* Le ciel.

OLYMPIADE n. f. Espace de quatre ans entre deux célébrations successives des jeux Olympiques.

OLYMPIEN, ENNE adj. De l'Olympe. ‖ Majestueux et serein : *calme olympien*. ● *Dieux olympiens*, les douze principales divinités grecques.

OLYMPIQUE adj. Relatif aux jeux Olympiques. ‖ Conforme aux règles des jeux Olympiques : *piscine olympique*. ● *Jeux Olympiques*, jeux nationaux de la Grèce antique, qui se célébraient tous les quatre ans, depuis 776 av. J.-C., à Olympie, en l'honneur de Zeus Olympien, et qui comprenaient non seulement des épreuves sportives, mais aussi des concours musicaux et littéraires (ils furent supprimés en 393 par Théodose); auj., compétition sportive internationale, rénovée en 1893 par le baron Pierre de Coubertin et qui a lieu tous les quatre ans.

■ Les jeux Olympiques modernes.

1896 : Athènes	1948 : Londres
1900 : Paris	1952 : Helsinki
1904 : Saint Louis	1956 : Melbourne
1908 : Londres	1960 : Rome
1912 : Stockholm	1964 : Tōkyō
1920 : Anvers	1968 : Mexico
1924 : Paris	1972 : Munich
1928 : Amsterdam	1976 : Montréal
1932 : Los Angeles	1980 : Moscou
1936 : Berlin	

OLYMPISME n. m. Organisation, institution des jeux Olympiques.

OMBELLALE n. f. Plante aux fleurs en ombelles. (Les *ombellales* forment un ordre comprenant les familles des *ombellifères*, des *cornacées* et des *araliacées* ou *hédéracées*.)

OMBELLE n. f. (lat. *umbella*, parasol). *Bot.* Mode d'inflorescence dans lequel les pédoncules, comme dans le fenouil, partent tous d'un même point pour s'élever au même niveau, comme les rayons d'un parasol.

OMBELLÉ, E adj. *Bot.* Disposé en ombelle.

OMBELLIFÈRE n. f. (de *ombelle*, et lat. *ferre*,

omble

porter). Plante à fleurs disposées en ombelles. (Les *ombellifères* forment une importante famille, dont certaines espèces sont comestibles [*carotte, cerfeuil, persil, angélique*], d'autres vénéneuses [*ciguë*].)

OMBELLULE n. f. Nom donné aux ombelles partielles qui, par leur ensemble, constituent l'ombelle générale.

OMBILIC n. m. (lat. *umbilicus*). *Anat.* Orifice de l'abdomen, chez le fœtus, laissant passer le cordon ombilical. ‖ Point central et saillant d'un bouclier, d'un plat en métal ou en céramique. ‖ *Bot.* Plante des rochers, à feuilles charnues circulaires. (Famille des crassulacées.) ‖ *Géogr.* Élargissement et approfondissement d'une vallée glaciaire. ‖ *Math.* Point d'une surface courbe où toutes les sections normales ont même courbure.

OMBILICAL, E, AUX adj. Relatif à l'ombilic.

OMBILIQUÉ, E adj. Pourvu d'un ombilic.

OMBLE n. m. (altér. de *amble*). Poisson d'eau douce voisin du saumon, à chair délicate. (L'*omble chevalier* vit dans les lacs de montagne de l'Europe occidentale; l'*omble de fontaine*, importé des États-Unis, préfère les eaux courantes.) [Long. : 30 à 60 cm.]

OMBRAGE n. m. Ensemble de branches, de feuilles d'arbres qui donnent de l'ombre; cette ombre. ● *Porter, faire, donner ombrage* (Litt.), inspirer de l'inquiétude. ‖ *Prendre ombrage* (Litt.), se chagriner, s'inquiéter.

OMBRAGÉ, E adj. Couvert d'ombrages.

OMBRAGER v. t. (conj. **1**). Couvrir de son ombre, former ombrage sur.

OMBRAGEUX, EUSE adj. Se dit d'un animal qui a peur de son ombre ou d'un objet inaccoutumé. ‖ Susceptible, soupçonneux.

OMBRE n. m. (lat. *umbra*, poisson de couleur sombre). Poisson des cours d'eau du centre et de l'est de la France, voisin du saumon, à chair estimée. (Long. : 25 à 40 cm.) [Ne pas confondre avec l'*omble*.]

OMBRE n. f. (lat. *umbra*). Zone sombre créée par un corps opaque qui intercepte la lumière.

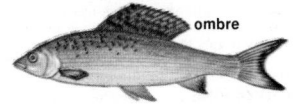

ombre

ombelle

‖ Légère apparence, reflet, trace : *il n'y a pas l'ombre d'un doute.* ‖ *Antiq.* L'esprit des morts, qui conservaient dans l'au-delà une immatérielle apparence humaine. ‖ *Bx-arts.* Partie assombrie d'un dessin, d'une peinture (surtout au pl.). ‖ *Psychol.* Pour Jung, partie inconsciente de la personnalité. ● *À l'ombre de,* à l'abri de; sous la protection de. ‖ *Courir après une ombre,* se livrer à des espérances chimériques. ‖ *Il y a une ombre au tableau* (Fam.), la situation comporte un élément d'inquiétude. ‖ *Mettre qqn, être à l'ombre* (Fam.), mettre, être en prison. ‖ *Ombres chinoises* ou *théâtre d'ombres,* spectacle présentant des silhouettes fortement éclairées parderrière et apparaissant sur un écran transparent. ‖ *Vivre, rester dans l'ombre,* rester effacé.

OMBRE n. f. Terre brun foncé qui sert de pigment en peinture.

OMBRÉE n. f. *Géogr.* Syn. de UBAC.

OMBRELLE n. f. (it. *ombrello;* lat. *umbrella,* parasol). Petit parasol de femme. ‖ *Zool.* Organe, en forme de cloche, d'une méduse, dont les contractions assurent la nage de l'animal.

OMBRER v. t. (lat. *umbrare*). Mettre des ombres à un dessin, à un tableau.

OMBRETTE n. f. Oiseau échassier de l'Afrique tropicale.

OMBREUX, EUSE adj. *Litt.* Où il y a de l'ombre.

OMBRIEN, ENNE adj. et n. De l'Ombrie.

OMBRINE n. f. Poisson marin jaunâtre, à bandes brunes latérales. (Long. : 30 à 60 cm.)

OMBUDSMAN [ɔmbydsman] n. m. (mot suédois). En Suède et dans quelques autres pays, personne chargée de contrôler le fonctionnement de l'Administration et de la justice.

OMÉGA n. m. Dernière lettre de l'alphabet grec (ω, Ω), correspondant à *o.* ‖ Symbole de l'*ohm* (Ω).

OMELETTE n. f. (anc. fr. *alumelle,* petite lame). Œufs battus et cuits dans une poêle. ● *Omelette norvégienne,* entremets composé d'une glace enrobée d'un soufflé chaud.

OMETTRE v. t. (lat. *omittere*) [conj. 49]. Négliger de faire ou de dire, laisser de côté.

OMICRON [ɔmikrɔn] n. m. Lettre de l'alphabet grec (o), correspondant à *o.*

OMIS n. m. *Mil.* Jeune homme qui, par oubli, n'a pas été recensé avec sa classe d'âge.

OMISSION n. f. (bas lat. *omissio*). Action d'omettre; absence, lacune, oubli.

OMMATIDIE n. f. Chacun des yeux élémentaires dont l'ensemble constitue l'*œil composé* des arthropodes.

OMNIBUS [ɔmnibys] n. m. (mot lat., *pour tous*). Autref., voiture fermée de transport en commun, à quatre roues, d'abord hippomobile, puis automobile. ‖ Train omnibus.

OMNIBUS adj. inv. *Barre omnibus* (Électr.), conducteur de grande section, relié d'une part au générateur, d'autre part au circuit de distribution. ‖ *Train omnibus,* train desservant toutes les stations d'un parcours.

OMNICOLORE adj. (lat. *omnis,* tout, et *color,* couleur). Qui a toutes sortes de couleurs.

OMNIDIRECTIONNEL, ELLE adj. Qui a les mêmes propriétés dans toutes les directions. ‖ Se dit d'une antenne d'émission ou de réception qui rayonne les ondes avec la même intensité dans toutes les directions ou qui les reçoit avec la même efficacité, quelle que soit la direction d'où elles émanent.

OMNIPOLAIRE adj. Dont les propriétés sont les mêmes quel que soit le pôle.

OMNIPOTENCE n. f. (lat. *omnipotentia*). Toute-puissance, pouvoir absolu.

OMNIPOTENT, E adj. (lat. *omnipotens*). Dont l'autorité est absolue, tout-puissant.

OMNIPRATICIEN, ENNE n. et adj. Médecin qui exerce la médecine générale. (Syn. GÉNÉRALISTE.)

OMNIPRÉSENCE n. f. Présence partout.

OMNIPRÉSENT, E adj. Présent partout.

OMNISCIENCE n. f. Science, connaissance universelle.

ombrette

onagre

OMNISCIENT, E adj. (lat. *sciens,* sachant). Qui sait tout ou paraît tout savoir.

OMNISPORTS adj. inv. Où l'on pratique plusieurs sports.

OMNIUM [ɔmnjɔm] n. m. (mot angl.; du lat.). Compétition cycliste sur piste, comportant plusieurs épreuves. ‖ Course ouverte à tous les chevaux. ‖ Compagnie financière ou commerciale s'adonnant à des activités variées ou ayant des participations dans plusieurs entreprises.

OMNIVORE adj. (lat. *omnis,* tout, et *vorare,* dévorer). Qui se nourrit aussi bien de chair que de végétaux. (Les mammifères omnivores ont souvent des molaires aux tubercules arrondis.)

OMOPLATE n. f. (gr. *ômos,* épaule, et *platê,* surface plate). Os large, mince, triangulaire, situé à la partie postérieure de l'épaule. ‖ Le plat de l'épaule.

ON pron. indéf. (lat. *homo,* homme). Désigne d'une manière vague une ou plusieurs personnes, et en particulier n'importe quelle personne (*tu, nous, vous, il, ils*), y compris celle qui parle (*je*). [*On* peut représenter le fém. et le pl. : *on est élégante aujourd'hui!; on est égaux après la mort.*]

ONAGRACÉE n. f. Plante à longs fruits infères, telle que l'*onagre,* l'*épilobe,* le *fuchsia.* (Les *onagracées* forment une famille, appelée aussi *œnothéracées.*)

ONAGRE n. f. (gr. *onagra*). Plante cultivée pour ses fleurs ornementales. (Famille des onagracées.) [Syn. ŒNOTHÈRE.]

ONAGRE n. m. (gr. *onagros*). Mammifère ongulé sauvage, de Perse et d'Inde, intermédiaire entre le cheval et l'âne. ‖ *Antiq. rom.* Catapulte servant à lancer de gros projectiles.

ONANISME n. m. (d'*Onan,* personnage biblique). Recherche solitaire du plaisir sexuel.

ONCE n. f. (lat. *uncia,* douzième partie). Mesure de poids des anciens Romains valant 1/12 de livre (27,25 g env.). ‖ En France, anc. mesure de masse, représentant la seizième partie de la livre et valant 30,594 g. ‖ Unité de masse anglo-saxonne (symb. : oz), utilisée aussi au Canada et valant 28,35 g (31,104 g pour les matières précieuses). ● *Une once de* (Fam.), une très petite quantité.

ONCE n. f. (anc. fr. *lonce;* lat. *lynx*). Grand félin vivant dans les régions froides et montagneuses du nord de l'Asie.

ONCHOCERCOSE [ɔ̃kɔserkoz] n. f. (gr. *ogkos,* courbure, et *kerkos,* queue). Parasitose due à une filaire atteignant la peau et l'œil.

ONCIAL, E, AUX adj. et n. f. (de *once*). S'est dit d'une large écriture romaine en capitales hautes d'un pouce. ‖ Se dit d'une écriture dérivée de la capitale, assez grasse, arrondie.

ONCLE n. m. (lat. *avunculus*). Frère du père ou de la mère. ● *Oncle à la mode de Bretagne,* cousin germain du père ou de la mère.

ONCOLOGIE n. f. Syn. de CANCÉROLOGIE.

ONCOTIQUE adj. Se dit de la pression osmotique propre des protéines en solution dans un liquide.

ONCTION n. f. (lat. *unctio;* de *ungere,* oindre). Geste liturgique consistant en une application d'huile bénite sur une personne ou une chose.

once

‖ *Litt.* Douceur particulière dans les gestes et la manière de parler. ‖ *Méd.* Friction de la peau avec une pommade.

ONCTUEUX, EUSE adj. (lat. *unctum;* de *ungere,* oindre). Qui donne au toucher ou au goût une sensation de douceur, velouté.

ONCTUOSITÉ n. f. Qualité de ce qui est onctueux.

ONDATRA n. m. Mammifère rongeur de l'Amérique du Nord, vivant comme le castor, et dont la fourrure, recherchée, est appelée *castor du Canada* ou *loutre d'Hudson.* (Long. 60 cm.) [On dit aussi RAT MUSQUÉ.]

ONDE n. f. (lat. *unda*). Mouvement de la surface de l'eau qui forme des rides concentriques qui se soulèvent et s'abaissent à la suite d'un choc. ‖ *Poét.* Eaux dormantes ou courantes; mer. ‖ *Phys.* Nom donné aux lignes ou aux surfaces atteintes à un instant donné par un ébranlement ou par une vibration qui se propage dans l'espace. ● *Longueur d'onde,* distance entre deux points consécutifs de même phase d'un mouvement ondulatoire qui se propage en ligne droite. ‖ *Être sur la même longueur d'onde* (Fam.), se comprendre, parler le même langage. ‖ *Nombre d'ondes,* inverse de la longueur d'onde. ‖ *Onde amortie,* onde comprenant une suite d'oscillations dont l'amplitude décroît régulièrement. ‖ *Onde de bouche* (Arm.), onde sonore produite par la déflagration de la poudre au départ du coup d'une arme à feu. (Elle se propage à la vitesse du son.) ‖ *Onde de choc,* surface de discontinuité des vitesses, liée à d'autres caractéristiques physiques du milieu ambiant, due à la compression de l'air aux grandes vitesses, et qui se crée dans les régions de l'espace où la vitesse d'écoulement dépasse celle du son. (Tout mobile se déplaçant à une vitesse supersonique crée une onde de choc.) ‖ *Onde courte* ou *onde décamétrique,* onde radioélectrique de longueur comprise entre 11 m et 60 m (27 MHz à 5 MHz), dont plusieurs bandes sont réservées à la radiodiffusion. ‖ *Onde entretenue,* onde produite par une vibration d'amplitude constante. ‖ *Onde longue,* ou *grande onde,* ou *onde kilométrique,* onde radioélectrique de longueur comprise entre 1 000 m et 2 000 m (300 kHz à 150 kHz), réservée à la radiodiffusion. ‖ *Ondes Martenot,* instrument de musique électronique dont le son est produit par un oscillateur à lampes. ‖ *Onde métrique,* onde radioélectrique de longueur comprise entre 1 m et 10 m (300 MHz à 30 MHz), et dont plusieurs bandes sont réservées à la radiodiffusion à modulation de fréquence et à la télévision. ‖ *Onde moyenne,* ou *petite onde,* ou *onde hectométrique,* onde radioélectrique de longueur comprise entre 187,5 m et 577 m

(1 600 kHz à 520 kHz), et réservée à la radiodiffusion. ‖ *Ondes océaniques*, mouvements périodiques animant les eaux des océans (vagues, marées, etc.). ‖ *Onde porteuse*, onde électromagnétique de haute fréquence, employée pour la transmission des signaux par modulation. ‖ *Onde stationnaire*, phénomène d'interférence dû à la superposition de deux vibrations de même période et de même amplitude. ◆ pl. *Les ondes*, la radio.
■ On distingue les *ondes matérielles*, qui se propagent par vibrations de la matière (gazeuse, liquide ou solide), et les *ondes électromagnétiques*, dues à la vibration d'un champ électromagnétique, en dehors de tout support matériel. Parmi les premières, figurent, pour des fréquences comprises entre 8 et 30 000 par seconde, les *ondes sonores*; les ultrasons ont des fréquences plus élevées, les infrasons des fréquences plus basses. Les ondes électromagnétiques comprennent, selon leur longueur, les rayons gamma (de 0,005 à 0,25 angström), puis les rayons X (jusqu'à 0,001 micron), l'ultraviolet (de 0,02 à 0,4 micron), la lumière visible (de 0,4 à 0,8 micron), l'infrarouge (de 0,8 à 300 microns), les ondes radioélectriques (du millimètre à plusieurs dizaines de kilomètres). La mécanique ondulatoire, de L. de Broglie, associe une onde immatérielle aux particules en mouvement.

ONDÉ, E adj. Qui offre des dessins en forme d'ondulations. ‖ *Hérald.* Se dit des pièces dont les bords sont découpés en sinuosités alternativement concaves et convexes.

ONDÉE n. f. Grosse pluie subite et passagère.

ONDEMÈTRE n. m. Appareil servant à mesurer la longueur des ondes électromagnétiques.

ONDIN, E n. Génie des eaux dans les mythologies germanique et scandinave.

ON-DIT n. m. inv. (surtout au pl.). Rumeur, médisance, bruit répété de bouche en bouche : *ne pas prêter attention aux on-dit.*

ONDOIEMENT [ɔ̃dwamɑ̃] n. m. *Litt.* Mouvement d'ondulation. ‖ *Liturg.* Baptême réduit au seul rite de l'ablution d'eau.

ONDOYANT, E adj. Mouvant, variable.

ONDOYER v. i. [conj. 2]. S'élever et s'abaisser alternativement comme un liquide parcouru par des ondes, onduler. ◆ v. t. *Liturg.* Pratiquer un ondoiement.

ONDULANT, E adj. Qui ondule. ● *Fièvre ondulante*, syn. de BRUCELLOSE.

ONDULATION n. f. (bas lat. *undula*, petite onde). Mouvement oscillatoire qui se produit dans un liquide agité. ‖ Mouvement qui imite celui des ondes. ‖ Disposition des cheveux en une forme sinueuse, en forme d'ondes. ‖ *Électr.* Composante alternative du courant fourni par les redresseurs.

ONDULATOIRE adj. En forme d'ondulations : *mouvement ondulatoire.* ‖ *Phys.* Qui se propage par ondes : *nature ondulatoire de la lumière.*

ONDULÉ, E adj. Qui présente des ondulations.

ONDULER v. i. Avoir un léger mouvement sinueux : *les moissons ondulent.* ◆ v. t. Rendre ondulé : *onduler les cheveux.*

ONDULEUR n. m. Montage statique destiné à produire du courant alternatif à partir d'une source de courant continu.

ONDULEUX, EUSE adj. Qui forme des ondulations, des sinuosités.

ONE-MAN-SHOW n. m. inv. (mots angl., *spectacle d'un seul homme*). Spectacle de variétés organisé autour d'un seul artiste.

ONÉREUX, EUSE adj. (lat. *onerosus*; de *onus*, charge). Qui occasionne de grosses dépenses : *séjour onéreux.* ● *À titre onéreux*, se dit d'une acquisition en contrepartie d'un équivalent.

ONE-STEP [wanstɛp] n. m. (mots angl., *un pas*) [pl. *one-steps*]. Danse rapide d'origine américaine, s'exécutant sur une mesure à deux temps, à raison d'un pas par temps; air sur lequel elle se danse.

ONGLE n. m. (lat. *ungula*, griffe). Partie cornée qui couvre le dessus du bout des doigts. ‖ Griffe de certains animaux. ● *Jusqu'au bout des ongles*, à la perfection.

ONGLÉE n. f. Engourdissement douloureux du bout des doigts, causé par un grand froid.

ONGLET n. m. Bande de papier ou de toile cousue en même temps que les feuilles d'un livre, pour y coller un feuillet, une gravure, une carte. ‖ Petite entaille à la lame d'un couteau ou d'un canif, pour aider à saisir la lame avec l'ongle, quand on veut l'ouvrir. ‖ Échancrure semi-circulaire pratiquée sur les feuillets d'un livre, d'un cahier pour signaler un chapitre, une section. ‖ Morceau de viande constitué par des muscles du diaphragme. ‖ *Bot.* Partie intérieure et rétrécie de certains pétales. ‖ *Math.* Portion d'un solide de révolution, limitée par deux méridiens. ‖ *Techn.* Extrémité d'une planche, d'une moulure, qui forme un angle de 45° au lieu d'être terminée à angle droit. ● *Boîte à onglets*, boîte en forme de canal, sur les parois de laquelle sont pratiquées des entailles qui guident la scie pour découper les pièces suivant un angle déterminé.

ONGLETTE n. f. Petit burin plat dont se servent les graveurs.

ONGLIER n. m. Nécessaire pour la toilette des ongles. ◆ pl. Petits ciseaux cintrés à ongles.

ONGLON n. m. Sabot des mammifères ongulés.

ONGUENT [ɔ̃gɑ̃] n. m. (lat. *unguentum*). Médicament d'usage externe, dont l'excipient est un mélange de corps gras. ‖ Drogue aromatique, parfum (vx).

ONGUICULÉ, E [ɔ̃gɥikyle] adj. et n. m. Se dit des mammifères dont les doigts sont terminés par des griffes ou par des ongles plats.

ONGULÉ, E adj. Se dit des mammifères dont les doigts sont terminés par des sabots.

ONGULÉ n. m. Animal faisant partie d'un vaste groupe hétérogène de mammifères onguligrades, herbivores ou parfois omnivores, et dont les principaux ordres sont : les proboscidiens (éléphants), les périssodactyles (cheval, rhinocéros), les artiodactyles (porcins et ruminants).

ONGULIGRADE adj. Se dit d'un animal marchant sur des sabots. (Tous les mammifères ongulés, et eux seuls, sont onguligrades.)

ONIRIQUE adj. Relatif au rêve.

ONIRISME n. m. (gr. *oneiros*, songe). *Psychol.* État pathologique constitué d'hallucinations visuelles qui s'apparentent au rêve et auxquelles le sujet participe intensément.

ONIROMANCIE n. f. Divination par les songes.

ONIROMANCIEN, ENNE adj. et n. Qui pratique l'oniromancie.

ONIROTHÉRAPIE n. f. Méthode psychothérapique utilisant l'imagerie mentale.

ONOMASIOLOGIE n. f. *Ling.* Étude des significations, partant du concept pour en étudier l'expression.

ONOMASTIQUE n. f. (gr. *onoma*, nom). *Ling.* Étude des noms propres.

ONOMATOPÉE n. f. (gr. *onomatopoiia*, création de mot). Mot dont le son imite celui de l'objet qu'il représente, comme *glouglou, cliquetis*, etc. ‖ Mode de formation de ces mots.

ONOMATOPÉIQUE adj. Qui concerne l'onomatopée.

ONTIQUE adj. (gr. *ôn, ontos*). *Philos.* Qui relève de l'étant (par opps. à ONTOLOGIQUE).

ONTOGENÈSE ou **ONTOGÉNIE** n. f. (gr. *ôn, ontos*, être). *Biol.* Série de transformations subies par l'individu depuis la fécondation de l'œuf jusqu'à l'être achevé.

ONTOGÉNÉTIQUE adj. Relatif à l'ontogenèse.

ONTOLOGIE n. f. (gr. *ôn, ontos*, être, et *logos*, science). *Philos.* Syn. de MÉTAPHYSIQUE GÉNÉRALE. ‖ Investigation sur le sens de l'être distingué des étants. ‖ Discours issu de la logique mathématique et de la linguistique, qui traite des termes utilisés pour désigner les êtres constitutifs de la réalité.

ONTOLOGIQUE adj. *Philos.* Qui relève de l'être (par opps. à ONTIQUE). ‖ Relatif à l'ontologie. ● *Preuve ontologique*, preuve classique de l'existence de Dieu, consistant, après avoir posé Dieu comme parfait, à soutenir que, s'il lui manquait l'existence, il ne serait pas parfait, donc qu'il existe. (Cette preuve a été utilisée en

particulier par saint Anselme et par Descartes. Elle a été critiquée par Hegel.)

ONUSIEN, ENNE adj. Relatif à l'O. N. U.

ONYCHOMYCOSE [ɔnikɔmikoz] n. f. Affection des ongles due à un champignon.

ONYCHOPHAGIE [ɔnikɔfaʒi] n. f. (gr. *onux, onukhos*, ongle, et *phagein*, manger). Habitude de se ronger les ongles.

ONYCHOPHORE [ɔnikɔfɔr] n. m. Syn. de PÉRIPATE.

ONYX n. m. (gr. *onux*, ongle [à cause de sa transparence]). Variété d'agate à raies parallèles et concentriques de diverses couleurs.

ONYXIS [ɔniksis] n. m. (gr. *onux*, ongle). Inflammation d'un ongle, due à une infection ou à une mycose.

ONZAIN n. m. Strophe de onze vers.

ONZE adj. num. et n. m. inv. (lat. *undecim*). Nombre qui suit dix dans la suite naturelle des entiers. ‖ *Onzième* : *Louis onze.* ‖ *Sports.* Équipe de football : *le onze tricolore.*

ONZIÈME adj. ord. et n. Qui occupe un rang marqué par le numéro onze. ‖ Qui se trouve onze fois dans le tout.

ONZIÈMEMENT adv. En onzième lieu.

OOGONE n. f. (gr. *ôon*, œuf, et *gonê*, génération). *Bot.* Organe dans lequel se forment les oosphères, chez les algues, certains champignons.

OOLITHE ou **OOLITE** n. f. (gr. *ôon*, œuf, et *lithos*, pierre). *Géol.* Corps sphérique d'environ 1 mm de diamètre, formé par la précipitation de couches minérales concentriques.

OOLITHIQUE adj. Qui contient des oolithes.

OOSPHÈRE n. f. (gr. *ôon*, œuf, et *sphaira*, sphère). *Bot.* Gamète femelle correspondant dans le règne végétal à l'ovule des animaux.

OOSPORE n. f. *Bot.* Œuf des algues et des champignons.

OOTHÈQUE n. f. (gr. *ôon*, œuf, et *thêkê*, boîte). Coque dans laquelle sont renfermés les œufs des insectes orthoptères.

O. P. A. n. f. Abrév. de OFFRE PUBLIQUE D'ACHAT.

OPACIFICATION n. f. Action de rendre ou de devenir opaque.

OPACIFIER v. t. Rendre opaque.

OPACIMÉTRIE n. f. Mesure de l'opacité de certaines substances.

OPACITÉ n. f. (lat. *opacitas*). État de ce qui est opaque. ‖ *Litt.* Ombre épaisse.

OPALE n. f. (lat. *opalus*). Pierre fine, à reflets changeants, irisés, qui est une variété de silice hydratée.

OPALESCENCE n. f. Reflet opalin.

OPALESCENT, E adj. Qui prend une teinte, un reflet d'opale.

OPALIN, E adj. Qui a la teinte laiteuse et les reflets irisés de l'opale.

OPALINE n. f. Ouvrage de verre translucide ou opaque, d'aspect opalin.

OPALISATION n. f. Action d'opaliser; teinte de l'opale.

OPALISER v. t. Donner un aspect opalin à une matière.

OPAQUE adj. (lat. *opacus*, touffu). Qui n'est pas transparent, ne se laisse pas traverser par la lumière : *corps opaque.* ‖ Sombre, impénétrable : *une nuit opaque.*

OP ART [ɔpart] n. m. (angl. *optical art*, art optique). Art cinétique à mouvement virtuel (apparent).

OPE n. m. ou f. (lat. *opa*). Trou dans un mur pour recevoir un boulin.

OPEN adj. inv. et n. m. (mot angl., *ouvert*). Compétition sportive ouverte à la fois aux amateurs et aux professionnels : *tournoi open.* ◆ adj. inv. *Billet open*, billet d'avion non daté.

OPENFIELD [ɔpɛnfild] n. m. (angl., *champ ouvert*). *Géogr.* Syn. de CAMPAGNE.

OPÉRA n. m. (mot it.) [pl. *opéras*]. *Mus.* Composition dramatique sans dialogue parlé, faite d'une ouverture orchestrale, d'airs, de duos, de trios, de chœurs, de récitatifs et de morceaux symphoniques. ‖ Édifice où se joue l'opéra. ● *Opéra bouffe*, opéra dont l'action est entièrement comique, en vogue depuis le XVIIIe s. ‖ *Opéra sérieux* ou *grand opéra*, celui dans lequel l'action est tragique.

OPÉRA-BALLET n. m. (pl. *opéras-ballets*). Œuvre dramatique composée de chants et de danses.

OPÉRABLE adj. Qui peut être opéré.

OPÉRA-COMIQUE n. m. (pl. *opéras-comiques*). Pièce dans laquelle se mêlent des passages parlés et des épisodes chantés.

OPÉRANDE n. m. *Inform.* Élément sur lequel porte une opération.

OPÉRANT, E adj. Qui produit un effet, efficace.

OPÉRATEUR, TRICE n. Personne qui fait fonctionner un appareil. ‖ *Cin.* Technicien responsable de la prise de vues.

OPÉRATEUR n. m. Symbole d'une opération logique ou mathématique à effectuer sur l'être mathématique (nombre, fonction, vecteur, etc.) ou sur un groupe de propositions. ‖ *Inform.* Organe effectuant une opération arithmétique ou logique.

OPÉRATION n. f. (lat. *operatio*). Action d'un pouvoir, d'une faculté, d'un agent qui produit son effet. ‖ Série de mesures en vue d'atteindre un résultat : *une opération de sauvetage.* ‖ Affaire financière. ‖ Intervention pratiquée par le chirurgien sur un malade ou un blessé. ‖ *Math.* Combinaison effectuée sur des êtres mathématiques suivant des règles données, et admettant comme résultat un être mathématique bien déterminé. ‖ *Mil.* Ensemble des combats et des manœuvres de toutes sortes exécutés par des forces terrestres, navales ou aériennes dans une région déterminée ou en vue d'un objectif précis. ‖ *Psychol.* Structure logique sous-tendant la pensée. ● *Opération de Bourse*, action d'acheter ou de vendre en Bourse des valeurs mobilières ou des marchandises. ‖ *Par l'opération du Saint-Esprit* (Fam. et ironiq.), par un moyen mystérieux.

OPÉRATIONNEL, ELLE adj. Qui permet d'effectuer dans la meilleure manière certaines opérations. ‖ *Mil.* Relatif aux opérations militaires ou à l'aspect spécifiquement militaire de la stratégie; se dit aussi d'une formation ou d'un matériel militaire qui, après contrôle, est jugé apte à être employé en opérations. ● *Recherche opérationnelle*, méthode d'analyse scientifique orientée vers la recherche de la meilleure façon de prendre des décisions pour aboutir aux meilleurs résultats.

OPÉRATOIRE adj. Relatif aux opérations chirurgicales. ‖ Qui permet de réaliser une opération sans avoir la valeur d'une théorie. ‖ *Psychol.* Relatif aux opérations mentales. ● *Bloc opératoire*, ensemble de locaux permettant la pratique des opérations chirurgicales et comprenant des salles d'opération, de stérilisation, d'anesthésie et de réanimation, et une installation radiologique.

OPERCULAIRE adj. Qui fait office d'opercule.

OPERCULE n. m. (lat. *operculum*, couvercle). Couvercle naturel amovible ou articulé, et plus partic., mince couvercle qui ferme les cellules des abeilles. ‖ *Bot.* Partie qui sert de couvercle à l'urne des mousses. ‖ *Techn.* Pièce servant de couvercle. ‖ *Zool.* Pièce paire qui recouvre les branchies chez les poissons osseux; pièce cornée qui sert aux mollusques gastropodes à clore leur coquille.

OPERCULÉ, E adj. Muni d'un opercule.

OPÉRÉ, E adj. et n. Se dit d'une personne qui a subi une intervention chirurgicale.

OPÉRER v. t. (lat. *operari*, travailler) [conj. 5]. Produire un effet, un résultat; faire, agir : *opérer un changement; opérer avec méthode.* ‖ Faire une opération de calcul, de chimie : *opérer une addition, un mélange.* ‖ Soumettre à une intervention chirurgicale : *opérer un malade.* ◆ **s'opérer** v. pr. Se produire, avoir lieu.

OPÉRETTE n. f. Genre léger dérivé de l'opéra bouffe, avec couplets chantés qui alternent avec le parlé. ● *D'opérette*, qu'on ne peut prendre au sérieux.

OPÉRON n. m. *Biol.* Ensemble de gènes voisins sur le chromosome et qui concourent à l'accomplissement d'une même fonction cellulaire au moment où celle-ci est utile.

OPHICLÉIDE n. m. (gr. *ophis*, serpent, et *kleis*, clef). Instrument de musique en cuivre, à vent et à clefs, employé surtout au XIXe s.

OPHIDIEN n. m. (gr. *ophidion*; de *ophis*, serpent). Serpent. (Les *ophidiens* forment un ordre.)

OPHIOGLOSSE n. m. Fougère des prairies humides, appelée aussi *langue-de-serpent.*

OPHIOLÂTRIE n. f. Culte des serpents.

OPHIOLITE n. f. *Géol.* Dans les chaînes de montagnes, séquence de roches éruptives comprenant de bas en haut des roches ultra-basiques, des gabbros, des basaltes en pillow-lavas surmontés de radiolarites, et généralement considérée comme un fragment de croûte océanique disloqué par la tectonique.

OPHIOLITIQUE adj. Relatif aux ophiolites.

OPHIOLOGIE ou **OPHIOGRAPHIE** n. f. Description des serpents.

OPHIURE n. f., ou **OPHIURIDE** n. m. (gr. *ophis*, serpent, et *oura*, queue). Animal marin ayant l'aspect d'une étoile de mer, mais à bras longs, grêles et souples. (Embranchement des échinodermes.)

OPHRYS [ɔfris] n. m. (mot lat.). Orchidacée dont les fleurs ressemblent à divers insectes (abeilles, papillons, etc.).

OPHTALMIE n. f. (gr. *ophthalmos*, œil). Inflammation de l'œil et de ses annexes.

OPHTALMIQUE adj. Qui concerne les yeux.

OPHTALMOLOGIE n. f. Spécialité médicale dont l'objet est le traitement des affections de l'œil et de ses annexes, et la correction des troubles de la vision.

OPHTALMOLOGIQUE adj. Relatif à l'ophtalmologie.

OPHTALMOLOGISTE ou **OPHTALMOLOGUE** n. Médecin spécialisé en ophtalmologie. (Syn. OCULISTE.)

OPHTALMOMÈTRE n. m. Instrument mesurant les différentes courbures de la cornée.

OPHTALMOSCOPE n. m. Instrument qui sert à examiner le « fond d'œil » (rétine et choroïde).

OPHTALMOSCOPIE n. f. Examen de l'intérieur de l'œil avec l'ophtalmoscope.

OPIACÉ, E adj. et n. m. Se dit d'une substance qui contient de l'opium.

OPILION n. m. (lat. *opilio*, berger). Autre nom du FAUCHEUX et autres arachnides.

OPIMES adj. f. pl. (lat. *opimus*, riche). *Dépouilles opimes* (Antiq.), armes du chef ennemi tué en combat singulier par le commandant romain, dédiées aux dieux.

OPINER v. i. (lat. *opinari*). Dire son avis sur un sujet en délibération. ● *Opiner du bonnet* (Fam.), acquiescer en hochant la tête.

OPINIÂTRE adj. (de *opinion*). Qui est tenace dans ses résolutions; qui est durable dans son état : *esprit opiniâtre; constipation opiniâtre.*

OPINIÂTREMENT adv. Avec opiniâtreté.

OPINIÂTRETÉ n. f. *Litt.* Volonté tenace, fermeté, acharnement : *travailler avec opiniâtreté.*

OPINION n. f. (lat. *opinio*). Jugement, manière de penser sur un sujet : *avoir bonne, mauvaise opinion de soi, d'une affaire.* ● *L'opinion publique* ou, absol., *l'opinion*, la manière de penser la plus répandue dans une société. ‖ *Partage d'opinions*, situation d'un tribunal au sein duquel aucun avis n'est majoritaire.

OPIOMANE adj. et n. Qui s'adonne à l'opium.

OPIOMANIE n. f. Toxicomanie due à l'usage de l'opium.

OPISTHOBRANCHE n. m. (gr. *opisthen*, de derrière). Mollusque gastropode marin à branchie orientée vers l'arrière ou sur le côté. (Les *opisthobranches*, qui forment une sous-classe, se divisent en nudibranches et tectibranches.)

OPISTHODOME n. m. (gr. *opisthen*, de derrière, et *domos*, maison). Partie postérieure d'un temple grec, à l'opposé du pronaos.

OPISTHOTONOS n. m. *Méd.* Contracture généralisée incurvant le corps en arrière, observée dans le tétanos.

OPIUM [ɔpjɔm] n. m. (mot lat.; gr. *opion*, suc de pavot). Latex séché extrait des capsules mûres de diverses variétés de pavot somnifère. (L'usage de l'opium [mâché ou fumé], répandu en Orient, provoque une euphorie suivie d'un sommeil onirique; son usage répété conduit à l'accoutumance, à l'« état de manque », puis à une déchéance physique et intellectuelle qui en fait un stupéfiant. La médecine l'utilise, ainsi que les alcaloïdes qu'il renferme [morphine, papavérine], comme calmant et comme somnifère analgésique.) ‖ Cause d'assoupissement moral et intellectuel.

OPOPANAX n. m. (gr. *opos*, suc, et *panax*, nom de plante). Ombellifère des régions chaudes d'Europe et d'Asie, employée en pharmacie pour la confection de certains baumes. ‖ Parfum fabriqué avec la gomme-résine de l'opopanax.

OPOSSUM [ɔpɔsɔm] n. m. (mot algonquin). Mammifère marsupial d'Amérique, recherché pour sa fourrure beige à jarres argentés. (Long. : 55 cm sans la queue; groupe des sarigues.)

opopanax

opossum

OPOTHÉRAPIE n. f. (gr. *opos*, suc). Traitement utilisant des extraits de divers organes, notamment des glandes endocrines. (Syn. ORGANOTHÉRAPIE.)

OPPIDUM [ɔpidɔm] n. m. (mot lat.). *Antiq.* Lieu fortifié établi sur une hauteur.

OPPORTUN, E adj. (lat. *opportunus*). Favorable, qui arrive à propos, propice.

OPPORTUNÉMENT adv. Avec opportunité.

OPPORTUNISME n. m. Tactique ou politique de ceux qui, pour arriver plus sûrement au but, profitent des circonstances opportunes en transigeant avec leurs principes.

OPPORTUNISTE adj. et n. Qui agit selon les circonstances. (Au début de la IIIe République, on désigna sous le nom d'*opportunistes* les républicains hostiles au radicalisme et qui préféraient, sans sacrifier les principes, procéder par étapes et compromis; au pouvoir de 1879 à 1885 et de 1890 à 1895, ils eurent pour chefs Gambetta et Ferry.)

OPPORTUNITÉ n. f. Qualité de ce qui est opportun.

OPPOSABILITÉ n. f. *Dr.* Qualité d'un moyen de défense qu'il est possible de faire valoir en justice contre un adversaire ou d'un contrat dont on peut se prévaloir vis-à-vis d'un tiers.

OPPOSABLE adj. Qui peut s'opposer à : *le singe a le pouce opposable aux autres doigts.* ‖ *Dr.* Qu'on peut opposer à qqn : *moyen de défense opposable.*

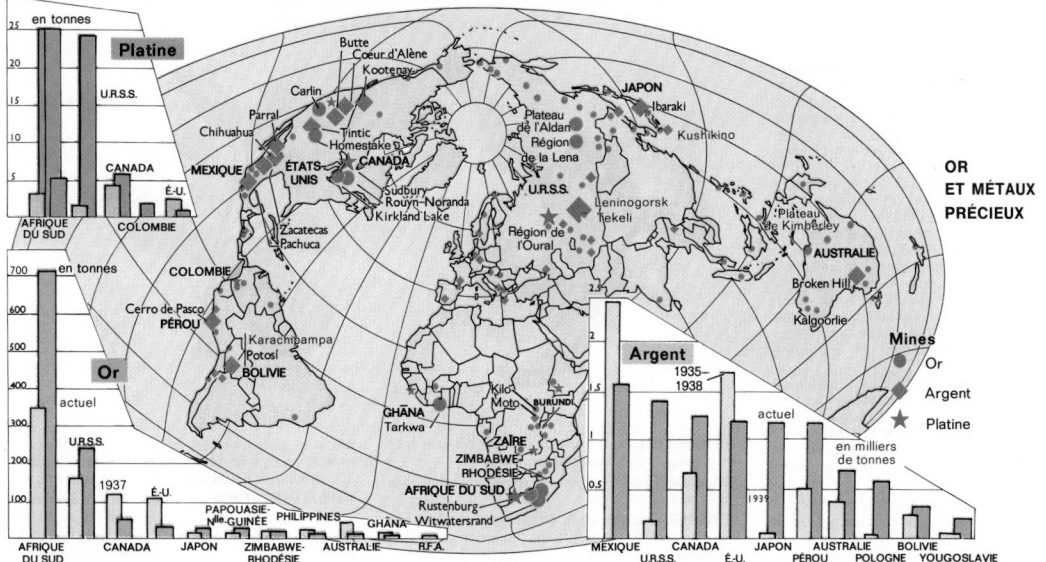

OR
ET MÉTAUX
PRÉCIEUX

OPPOSANT, E adj. et n. Qui s'oppose à une loi, à un régime; adversaire.

OPPOSÉ, E adj. Placé vis-à-vis, contraire : *rives opposées.* ‖ Contradictoire, de nature différente : *intérêts opposés.* ‖ Hostile, défavorable : *être opposé à la violence.* ‖ *Bot.* Se dit de feuilles insérées par deux au même nœud, comme chez l'ortie. ● *Angles opposés par le sommet,* angles tels que les côtés de l'un sont les prolongements des côtés de l'autre. ‖ *Nombres opposés* (Math.), nombres algébriques de même valeur absolue, mais de signes différents.

OPPOSÉ n. m. Chose directement contraire; inverse. ● *À l'opposé de,* du côté opposé à; au contraire de.

OPPOSER v. t. (lat. *opponere*). Mettre vis-à-vis, en correspondance : *opposer deux motifs d'ornementation.* ‖ Placer une chose de manière qu'elle fasse obstacle à une autre : *opposer une digue aux flots.* ‖ Objecter : *opposer des arguments valables.* ‖ Faire s'affronter : *opposer une équipe à une autre.* ‖ Comparer en soulignant les différences : *opposer les avantages de la mer et de la montagne.* ● **s'opposer** v. pr. [à]. Être contraire, faire obstacle à : *s'opposer à un mariage.* ‖ Contraster : *nos opinions s'opposent.*

OPPOSITE (À L') loc. adv. (lat. *oppositus*, opposé). Vis-à-vis, à l'opposé.

OPPOSITION n. f. (bas lat. *oppositio*). Empêchement, obstacle : *faire opposition à qqch.* ‖ Contraste, différence extrême, contradiction : *opposition de caractères; opposition de couleurs.* ‖ Rapport de tension, réaction : *faire de l'opposition systématique.* ‖ Action entreprise contre un gouvernement. ‖ Ensemble de ceux qui sont opposés au gouvernement. ‖ *Astron.* Situation de deux astres dont les longitudes géocentriques diffèrent de 180⁰. ‖ *Dr.* Acte de volonté par lequel une personne empêche légalement l'accomplissement d'un acte *(opposition à mariage, à paiement)* ou rend un titre indisponible entre les mains de son dépositaire; voie de recours contre un jugement rendu par défaut. ‖ *Psychol.* Attitude volontaire de résistance à toutes sollicitations externes. ‖ *Tierce opposition* (Dr.), voie de recours ouverte aux tiers subissant un dommage du fait d'un jugement auquel ils ont été étrangers.

OPPOSITIONNEL, ELLE adj. et n. Qui est dans l'opposition politique.

OPPRESSANT, E adj. Qui accable, oppresse.

OPPRESSÉ, E adj. Qui éprouve une gêne respiratoire.

OPPRESSER v. t. (lat. *oppressus*; de *opprimere*, opprimer). Gêner la respiration. ‖ Étreindre, accabler : *ce souvenir m'oppresse.*

OPPRESSEUR n. m. Celui qui opprime.

OPPRESSIF, IVE adj. Qui tend à opprimer.

OPPRESSION n. f. Sensation de suffocation, dyspnée. ‖ Action d'opprimer; état de celui qui est opprimé : *oppression d'un peuple.*

OPPRIMANT, E adj. Qui opprime.

OPPRIMÉ, E adj. et n. Qu'on opprime.

OPPRIMER v. t. (lat. *opprimere*). Accabler par violence, par abus d'autorité.

OPPROBRE n. m. (lat. *opprobrium*). *Litt.* Honte, humiliation infligée à qqn. ● *Être l'opprobre de sa famille,* lui faire honte.

OPSONINE n. f. Anticorps qui, en se fixant sur les bactéries, favorise leur phagocytose par des cellules.

OPTATIF n. m. (lat. *optare*, souhaiter). *Ling.* Mode du verbe qui exprime le souhait.

OPTER v. i. (lat. *optare*, choisir). Choisir entre plusieurs possibilités.

OPTICIEN, ENNE n. et adj. Personne qui vend ou fabrique des instruments d'optique.

OPTIMAL, E, AUX adj. Se dit de l'état le plus favorable. (Syn. OPTIMUM.)

OPTIMALISATION n. f. Action d'optimaliser.

OPTIMALISER v. t. Donner à une grandeur la meilleure valeur possible.

OPTIMISATION n. f. Action d'optimiser. ‖ *Inform.* Action de rendre optimal un programme en augmentant son efficacité (diminution du coût, du temps d'exécution, etc.).

OPTIMISER v. t. Rendre le meilleur possible. ‖ Donner à une grandeur, à un fait ou à une idée la meilleure valeur possible. ‖ *Inform.* Organiser la disposition des informations ou des instructions pour obtenir le temps minimal de traitement d'un programme.

OPTIMISME n. m. (lat. *optimus*, le meilleur). Attitude de ceux qui prétendent que tout est pour le mieux dans le monde, ou que la somme des biens l'emporte sur celle des maux. ‖ Tendance à penser les choses du bon côté, à être confiant dans l'avenir. (Contr. PESSIMISME.)

OPTIMISTE adj. et n. Qui fait preuve d'optimisme.

OPTIMUM [optimɔm] n. m. (mot lat., *le meilleur*) [pl. *optimums* ou *optima*]. État le plus favorable d'une chose. ● *Optimum économique,* niveau de la production ou de la répartition où, dans une économie de concurrence, il est impossible d'améliorer la production d'une marchandise ou la situation d'une personne sans diminuer celle d'une autre. ‖ *Optimum de population,* densité de la population d'un pays qui permettrait la meilleure utilisation des ressources naturelles. ◆ adj. Meilleur : *l'effet optimum.* (Syn. OPTIMAL.)

OPTION [opsjɔ̃] n. f. (lat. *optio*, choix). Faculté, action d'opter, de choisir entre deux ou plu-

sieurs choses; chose choisie. ‖ Promesse d'achat ou de vente; somme versée en contrepartie de cette promesse. ‖ *Dr.* Faculté accordée à une personne, par la loi ou par un contrat, de choisir entre plusieurs situations juridiques. ● *À option,* facultatif. ‖ *Levée d'option,* conclusion d'un contrat pour lequel on s'était réservé une option. ‖ *Prendre une option,* se réserver une certaine priorité d'achat ou de location.

OPTIONNEL, ELLE adj. Qui donne lieu à un choix, à une option.

OPTIQUE adj. (gr. *optikos*). Relatif à la vision. ‖ Qui appartient à l'œil. ● *Angle optique* ou *angle de vision,* angle ayant son sommet à l'œil de l'observateur et dont les côtés passent par les extrémités de l'objet considéré. ‖ *Centre optique,* point de l'axe d'une lentille tel qu'à tout rayon lumineux intérieur à la lentille et passant par ce point correspondent des rayons incident et émergent parallèles. ‖ *Nerf optique,* nerf reliant l'œil à l'encéphale et formant la deuxième paire de nerfs crâniens. (Chez l'homme, les deux nerfs optiques s'entrecroisent partiellement au *chiasma optique* avant d'atteindre le diencéphale.)

OPTIQUE n. f. Partie de la physique qui traite des propriétés de la lumière et de la vision. ‖ Manière de juger particulière, point de vue : *avoir une certaine optique sur qqch.*

OPTOÉLECTRONIQUE n. f. Partie de l'électronique traitant des dispositifs sensibles à l'action de la lumière ou produisant de la lumière.

OPTOMÉTRIE n. f. Partie de l'ophtalmologie qui permet de déterminer et de mesurer les vices de réfraction de l'œil (myopie, hypermétropie, presbytie, etc.) et de les corriger.

OPTOMÉTRISTE n. Spécialiste d'optométrie.

OPULENCE n. f. Abondance de biens, grande richesse.

OPULENT, E adj. (lat. *opulentus*; de *opes*, richesses). *Litt.* Très riche. ‖ De formes corporelles développées : *poitrine opulente.*

OPUNTIA [ɔpɔ̃sja] n. m. (lat. *opuntius*, de la ville d'Oponte). Plante grasse à rameaux épineux en forme de raquette. (Famille des cactacées; noms usuels : *cactus, figuier d'Inde, figuier de Barbarie.*)

OPUS [ɔpys] n. m. (mot lat., *œuvre*). Terme qui, suivi d'un numéro, sert à situer un morceau de musique dans la production d'un compositeur.

OPUSCULE n. m. (lat. *opusculum*). Petit ouvrage, petit livre.

OPUS INCERTUM [ɔpysɛ̃sɛrtɔm] n. m. *Constr.* Appareil fait de blocs de pierre d'importance variable et de forme irrégulière, qui s'enchâssent sans laisser de vides.

OR n. m. (lat. *aurum*). Élément chimique (Au),

nº 79, de masse atomique 196,96, métal précieux, d'une couleur jaune et brillante. ‖ Monnaie d'or. ● *Affaire d'or, en or,* très avantageuse. ‖ *Âge d'or,* époque de bonheur, de prospérité. ‖ *À prix d'or,* très cher. ‖ *C'est de l'or en barre,* c'est très avantageux. ‖ *Cœur d'or,* personne généreuse. ‖ *En or,* parfait. ‖ *Faire un pont d'or à qqn,* lui offrir une rémunération importante. ‖ *Livre d'or,* recueil contenant les signatures des personnages reçus officiellement. ‖ *Or blanc, gris, jaune, rose, rouge, vert,* alliage d'or et d'un ou plusieurs autres métaux, d'une teneur en or de dix-huit carats. ‖ *Or noir* (Fam.), le pétrole. ‖ *Règle d'or,* règle dont l'application ne peut être que profitable. ◆ adj. inv. *Clause or* (Dr.), clause d'un contrat selon laquelle l'obligation du débiteur est exprimée en valeur or. ‖ *Valeur or,* valeur d'un objet exprimée en une unité monétaire convertible en or.

■ L'or est le plus malléable et le plus ductile de tous les métaux. On peut le réduire en feuilles d'une épaisseur de 1/10 000 de mm. Sa densité est 19,5. Bon conducteur de la chaleur et de l'électricité, il fond à 1 064 °C. Inattaquable par l'air, l'eau, les acides, il n'est soluble que dans l'eau régale.

OR conj. (lat. *hac hora,* à cette heure). Marque une transition d'une idée à une autre, introduit une circonstance particulière dans un récit.

ORACLE n. m. (lat. *oraculum*). Réponse d'une divinité sollicitée selon des rites déterminés; la divinité elle-même : *consulter l'oracle.* ‖ Dans la Bible, volonté de Dieu annoncée par les prophètes. ‖ Décision émanant de personnes d'une grande autorité, d'un grand savoir; ces personnes elles-mêmes.

ORAGE n. m. (lat. *aura,* vent). Perturbation atmosphérique violente, liée aux mouvements verticaux de l'air provoquant la formation de cumulo-nimbus, et accompagnée de phénomènes mécaniques (rafales de vent et averses) et, souvent, de phénomènes électriques (éclairs, tonnerre). ‖ Trouble et violence dans les sentiments et les événements : *les orages de la vie.* ● *Orage magnétique,* perturbation du champ magnétique terrestre, due à l'activité solaire.

ORAGEUSEMENT adv. De façon orageuse.

ORAGEUX, EUSE adj. Qui caractérise l'orage : *temps orageux.* ‖ Agité, troublé : *vie, séance orageuse.*

ORAISON n. f. (lat. *oratio,* discours). Prière mentale sous forme de méditation. ‖ Courte prière liturgique récitée, au nom de l'assemblée, par le célébrant d'un office. ● *Oraison funèbre,* discours public prononcé en l'honneur d'un mort illustre.

ORAL, E, AUX adj. (lat. *os, oris,* bouche). Qui appartient à la bouche : *cavité orale.* ‖ Transmis de vive voix : *tradition orale, littérature orale.* ‖ Fait de vive voix : *déposition orale.* ● *Voyelle orale* (Phon.), voyelle réalisée avec élévation du voile du palais et fermeture de la cavité nasale (*a, é, è, o, u*).

ORAL n. m. Examen ou partie d'examen qui consiste uniquement en interrogations et réponses verbales. ● *L'oral,* ce qui est parlé, par opposition à L'ÉCRIT.

ORALEMENT adv. En paroles.

ORANGE n. f. (mot ar.). Fruit comestible de l'oranger, d'un jaune mêlé de rouge. ● *Orange amère,* bigarade. ◆ adj. inv. et n. m. Syn. de ORANGÉ.

ORANGÉ, E adj. De la couleur de l'orange (mélange de rouge et de jaune). ‖ Qui tire sur la couleur de l'orange. ◆ n. m. Couleur orangée.

ORANGEADE n. f. Boisson faite de jus d'orange, de sucre et d'eau.

ORANGEAT n. m. Écorce d'orange hachée finement et confite.

ORANGER n. m. Arbre fruitier du genre *citrus,* à feuilles coriaces et persistantes, répandu dans les régions chaudes (température minimale en hiver : − 2 °C). [Famille des rutacées.] ● *Eau de fleur d'oranger,* liqueur obtenue par la distillation de fleurs d'oranger, et qui s'emploie en pâtisserie et en confiserie.

ORANGERAIE n. f. Plantation d'orangers.

orang-outan

ORANGER

fleur

ORANGERIE n. f. Serre, bâtiment où l'on met les orangers pendant l'hiver.

ORANGETTE n. f. Petite orange amère utilisée en confiserie.

ORANGISTE adj. et n. En Angleterre, partisan de Guillaume III d'Orange, opposé au parti catholique, qui soutenait Jacques II (1688). ‖ Protestant de l'Irlande du Nord. ‖ Partisan belge de la dynastie d'Orange, chassée de Belgique en 1830.

ORANG-OUTAN ou **ORANG-OUTANG** [ɔrɑ̃utɑ̃] n. m. (mot malais, *homme des bois*) [pl. *orangs-outan(g)s*]. Singe anthropoïde d'Asie, haut de 1,20 m à 1,50 m, arboricole, frugivore. (Il peut vivre plusieurs années en captivité et il est éducable.)

ORANT, E n. (lat. *orare,* prier). *Bx-arts.* Personnage représenté dans l'attitude de la prière.

ORATEUR n. m. (lat. *orator*). Personne qui prononce un discours devant une assemblée. ‖ Personne éloquente. ● *Orateur sacré,* prédicateur.

ORATOIRE adj. Qui concerne l'art de parler en public.

ORATOIRE n. m. (bas lat. *oratorium;* de *orare,* prier). Chapelle privée à l'usage d'un groupe déterminé de fidèles. ● *Congrégation de l'Oratoire,* nom porté par deux sociétés cléricales fondées à l'époque de la Réforme catholique : l'Oratoire italien, fondé en 1564 par saint Philippe Neri; l'Oratoire de France, fondé en 1611, à Paris, par le cardinal de Bérulle, supprimé en 1792, reconstitué en 1852 par les pères Pététot et Gratry. (Aucune tâche sacerdotale n'est exclue de leur activité.)

ORATORIEN n. m. Membre d'une des deux congrégations de l'Oratoire.

ORATORIO n. m. (mot it.). Composition musicale dramatique, à sujet religieux ou parfois profane, avec récitatifs, airs, chœurs et orchestre, sans représentation.

ORBE adj. (lat. *orbus,* privé de). *Techn.* Se dit d'un mur sans porte ni fenêtre.

ORBE n. m. *Litt.* Surface circulaire, cercle.

ORBICULAIRE adj. (lat. *orbiculus,* petit cercle). Qui est rond, qui décrit une circonférence. ● *Muscle orbiculaire,* muscle circulaire entourant la bouche, l'orifice palpébral.

ORBITAIRE adj. Relatif à l'orbite de l'œil.

ORBITAL, E, AUX adj. Relatif à une orbite. ● *Station orbitale,* station spatiale sur orbite. ‖ *Véhicule orbital,* véhicule capable d'être mis en orbite pour effectuer des liaisons avec des satellites ou des stations orbitales.

ORBITALE n. f. Volume situé autour d'un noyau atomique et dans lequel on a le plus de chance, selon la mécanique quantique, de rencontrer un électron. (Cette notion permet l'étude de la liaison chimique.)

ORBITE n. f. (lat. *orbita,* ligne circulaire). Trajectoire fermée d'un corps animé d'un mouvement périodique. ‖ Courbe décrite par une planète autour du Soleil, ou par un satellite autour de sa planète. ‖ Cavité osseuse de la face, dans laquelle l'œil est placé. ‖ Influence exercée

par une personne ou un groupe. ● *Mise sur orbite,* ensemble des opérations visant à placer un satellite artificiel sur une orbite déterminée.

ORBITOGRAPHIE n. f. Technique d'enregistrement de la trajectoire des satellites artificiels.

ORCANETTE n. f. (anc. fr. *alcanne,* henné). Plante cultivée dans le Midi pour sa racine, dont l'écorce fournit une teinture rouge. (Famille des borraginacées.)

ORCHESTRAL, E, AUX [ɔrkɛstral, tro] adj. Relatif à l'orchestre.

ORCHESTRATEUR, TRICE n. Musicien qui compose des orchestrations.

ORCHESTRATION [ɔrkɛstrasjɔ̃] n. f. Action d'orchestrer. ‖ Adaptation d'une œuvre musicale à l'orchestre.

ORCHESTRE [ɔrkɛstr] n. m. (gr. *orkhêstra;* de *orkheisthai,* danser). Dans les théâtres grecs, partie du théâtre entre la scène et les spectateurs, où le chœur évoluait autour d'un autel de Dionysos. ‖ Dans un théâtre, espace compris entre la scène et le public, et où se tiennent les instrumentistes. ‖ Ensemble des places situées au rez-de-chaussée des salles de spectacle. ‖ Ensemble d'instrumentistes constitué pour exécuter de la musique.

■ Assez réduit au XVIIIᵉ s. — les cordes prédominaient —, l'orchestre, au XIXᵉ s., avec Beethoven, Berlioz, Wagner, est grossi de nombreux cuivres et gagne en ampleur et en intensité. La disposition de l'orchestre varie suivant le chef, l'œuvre, le lieu, la circonstance. Au XXᵉ s., l'orchestre s'est considérablement enrichi, notamment de percussions et d'instruments électroniques.

ORCHESTRER [ɔrkɛstre] v. t. Répartir une composition musicale suivant les timbres des instruments que comporte l'orchestre. ‖ Organiser en cherchant à donner le maximum de retentissement.

ORCHIDACÉE [ɔrkidase] n. f. Plante monocotylédone, souvent épiphyte, remarquable par ses belles fleurs. (On cultive surtout les espèces d'origine tropicale. Les *orchidacées* forment une immense famille de 15 000 espèces, parmi lesquelles l'*orchis,* l'*ophrys,* le *sabot-de-Vénus,* le *cattleya,* la *vanille.*)

ORCHIDÉE [ɔrkide] n. f. (gr. *orkhis,* testicule). ▷ Plante de la famille des orchidacées.

ORCHIS [ɔrkis] n. m. (mot gr., *testicule*). Orchidacée à racines tuberculeuses, à labelle muni d'un éperon nectarifère.

ORCHITE [ɔrkit] n. f. Inflammation du testicule.

ORDALIE n. f. (mot francique). *Hist.* Épreuve judiciaire en usage au Moyen Âge sous le nom de *jugement de Dieu.*

ORDINAIRE adj. (lat. *ordinarius,* placé en rang). Qui est conforme à l'ordre des choses, à l'usage habituel, courant : *la cuisine ordinaire de notre vie.* ‖ Qui ne dépasse pas le niveau commun, médiocre : *une qualité ordinaire.*

ORDINAIRE n. m. Ce qu'on a coutume de servir pour un repas : *un bon ordinaire.* ‖ *Mil.* Groupement d'hommes du rang dont l'alimentation est organisée et gérée en commun. ● *Relig.* Autorité ecclésiastique diocésaine. ● *À*

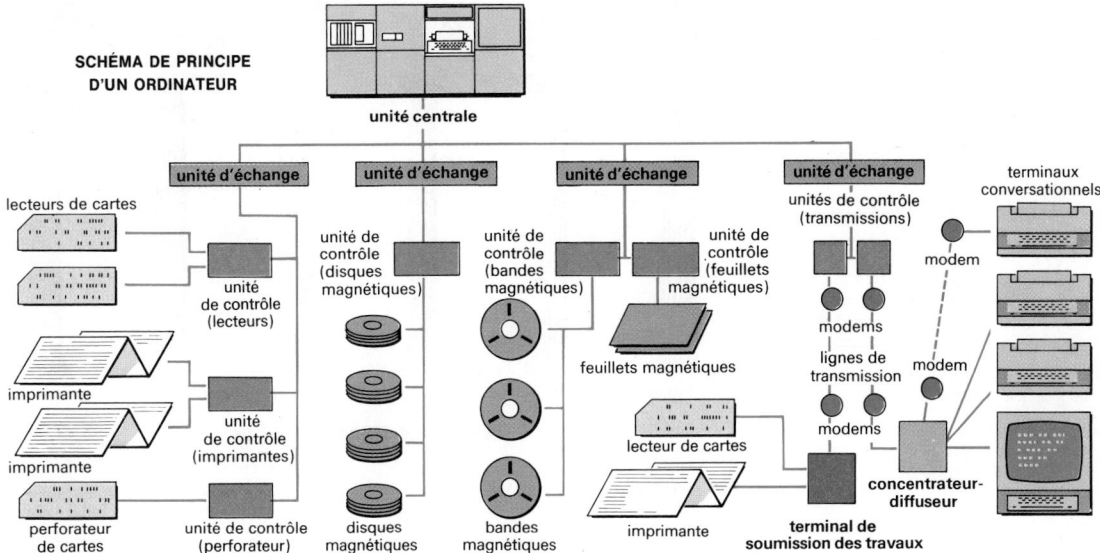

SCHÉMA DE PRINCIPE D'UN ORDINATEUR

unité centrale

unité d'échange | unité d'échange | unité d'échange | unité d'échange

lecteurs de cartes

unité de contrôle (lecteurs)

unité de contrôle (disques magnétiques)

unité de contrôle (bandes magnétiques)

unité de contrôle (feuillets magnétiques)

unités de contrôle (transmissions)

terminaux conversationnels

modem

feuillets magnétiques

modems

lignes de transmission

modem

imprimante

imprimante

lecteur de cartes

modems

concentrateur-diffuseur

perforateur de cartes

unité de contrôle (perforateur)

disques magnétiques

bandes magnétiques

imprimante

terminal de soumission des travaux

---

l'ordinaire, d'ordinaire, le plus souvent. ‖ *Ordinaire de la messe*, avant la réforme liturgique, partie de la messe dont les textes ne variaient pas, par opposition au *propre* du jour.

ORDINAIREMENT adv. Habituellement, le plus souvent.

ORDINAL, E, AUX adj. (bas lat. *ordinalis*; de *ordo, ordinis*, rang). *Adjectif numéral ordinal*, qui exprime le rang, l'ordre des êtres ou des choses (ex. : *premier, deuxième, troisième*, etc.). ‖ *Nombre ordinal*, nombre entier indiquant la place occupée par les objets d'un ensemble quand ils sont rangés dans un certain ordre.

ORDINAND n. m. Clerc appelé à recevoir un ordre sacré.

ORDINANT n. m. Évêque qui procède à une ordination.

ORDINATEUR n. m. Machine électronique programmable de traitement de l'information digitale. ● *Ordinateur individuel* (ou *personnel*), petit ordinateur construit autour d'un microprocesseur, à l'usage des particuliers.
■ Constitué d'un nombre variable d'unités spécialisées interconnectées, commandées par un même programme enregistré, un ordinateur comporte essentiellement : des unités d'entrée des données à traiter; des mémoires chargées de stocker ces données, les instructions du programme à exécuter et les résultats partiels obtenus en cours de travail, et de les restituer à la demande; une unité centrale de traitement

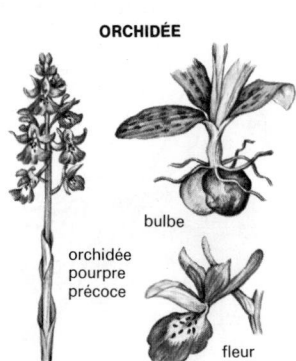

ORCHIDÉE

bulbe

orchidée pourpre précoce

fleur

qui exécute le programme; des unités d'échange (ou canaux) spécialisées dans la gestion des échanges d'informations avec l'extérieur; et des unités de sortie des résultats (imprimante, console de visualisation, etc.).
Tous les dispositifs autres que l'unité centrale de traitement et la mémoire contenant les informations auxquelles cette unité accède directement (mémoire centrale) constituent les périphériques de l'ordinateur.
Enfin, les installations permettant de communiquer à distance avec la machine portent le nom de terminaux.

ORDINATICIEN, ENNE n. Personne dont le métier est lié aux ordinateurs (programmeur, analyste, etc.).

ORDINATION n. f. (lat. *ordinatio*, action de mettre en ordre). *Relig.* Action de conférer les ordres; la cérémonie elle-même.

ORDINOGRAMME n. m. Schéma représentant graphiquement le déroulement d'un programme d'ordinateur au moyen de symboles normalisés.

ORDO n. m. inv. (mot lat., *ordre*). *Liturg.* Calendrier liturgique indiquant pour chaque jour l'ordonnance de la messe et des offices.

ORDONNANCE n. f. Disposition, arrangement d'un ensemble : *ordonnance d'un repas, d'une façade d'église.* ‖ Acte qui émane d'une autorité souveraine. ‖ Nom réservé aux décrets émanant du souverain sous la Restauration et la monarchie de Juillet. ‖ Texte émanant du gouvernement en vertu d'une délégation expresse du pouvoir législatif. ‖ Mesure législative émanée du gouvernement provisoire de la République française de 1941 à 1945 et du gouvernement du général de Gaulle de juin 1958 à avril 1959. ‖ Mesure, normalement du domaine de la loi, prise par le gouvernement, avec l'autorisation du Parlement, pour l'exécution de son programme, pendant un délai limité, ou mettant en vigueur, dans certains cas, le projet de loi de finances, ou encore prenant les mesures d'application d'une loi adoptée par référendum. ‖ Décision émanant d'un juge unique. ‖ Prescription d'un médecin; papier sur lequel elle est indiquée. ● *Officier d'ordonnance*, autref. officier qui remplissait les fonctions d'aide de camp.

ORDONNANCE n. f. ou m. Autref., soldat mis à la disposition d'un officier.

ORDONNANCEMENT n. m. Acte par lequel, après avoir liquidé les droits d'un créancier, un administrateur donne l'ordre à un comptable public de payer sur sa caisse. ‖ *Industr.* Déclen-

chement et contrôle de l'avancement d'une commande à travers les différents services de fabrication, depuis sa mise en œuvre jusqu'à l'expédition au client.

ORDONNANCER v. t. (conj. **1**). Donner ordre de payer le montant d'un état, d'un mémoire.

ORDONNATEUR, TRICE adj. et n. Qui ordonne, dispose.

ORDONNATEUR n. m. Administrateur qui a qualité pour déclarer qu'une dépense engagée et liquidée peut être payée.

ORDONNÉ, E adj. Qui a de l'ordre et de la méthode : *élève ordonné.* ‖ Où il y a de l'ordre, bien rangé : *maison ordonnée.* ● *Couple ordonné* (Math.), couple dont les éléments sont classés dans un ordre déterminé. ‖ *Ensemble ordonné*, ensemble muni d'une relation d'ordre.

ORDONNÉE n. f. *Math.* L'une des coordonnées cartésiennes d'un point.

ORDONNER v. t. (lat. *ordinare*, mettre en rang). Ranger, disposer, mettre en ordre : *ordonner les paragraphes d'un exposé.* ‖ Commander, enjoindre, prescrire : *ordonner à qqn de se taire; le médecin a ordonné les antibiotiques.* ‖ *Relig. cath.* Conférer les ordres à : *ordonner un prêtre.* ● *Ordonner un polynôme* (Math.), écrire ses termes de façon que les puissances d'une lettre particulière aillent en croissant ou en décroissant.

ORDOVICIEN adj. n. m. Se dit de la deuxième période de l'ère primaire, entre le cambrien et le silurien.

ORDRE n. m. (lat. *ordo, ordinis*, rang). Organisation, disposition harmonieuse des choses : *mettre des papiers en ordre.* ‖ Règles, lois, structures qui constituent une société : *troubler l'ordre social.* ‖ Qualité d'une personne qui sait organiser : *manquer d'ordre; avoir de l'ordre.* ‖ Catégorie, rang, classe : *un écrivain de premier ordre.* ‖ Commandement : *recevoir un ordre.* ‖ Société de personnes liées par des vœux solennels de religion. (Les plus anciens ordres religieux sont les ordres monastiques, puis les chanoines réguliers et les ordres mendiants; les clercs réguliers [Jésuites] et les membres de nombreuses congrégations à vœux simples fondées depuis le XVIe s. n'appartiennent pas à la catégorie des ordres.) ‖ Compagnie d'honneur instituée pour récompenser le mérite personnel : *ordre de la Légion d'honneur.* ‖ Compagnie à laquelle la loi oblige les membres de certaines professions libérales à adhérer pour les représenter auprès des pouvoirs publics, veiller au respect des règles professionnelles et

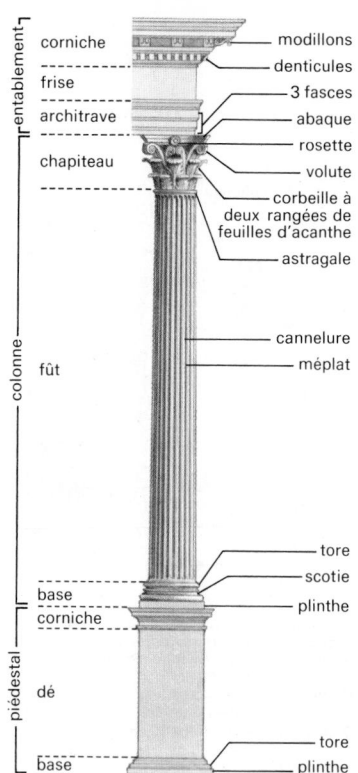

corniche
modillons
denticules
frise
3 fasces
architrave
abaque
chapiteau
rosette
volute
corbeille à
deux rangées de
feuilles d'acanthe
astragale
cannelure
fût
méplat
colonne

tore
scotie
base
plinthe
corniche

dé
piédestal

tore
base
plinthe

entablement

DÉTAIL D'UNE COLONNE CORINTHIENNE

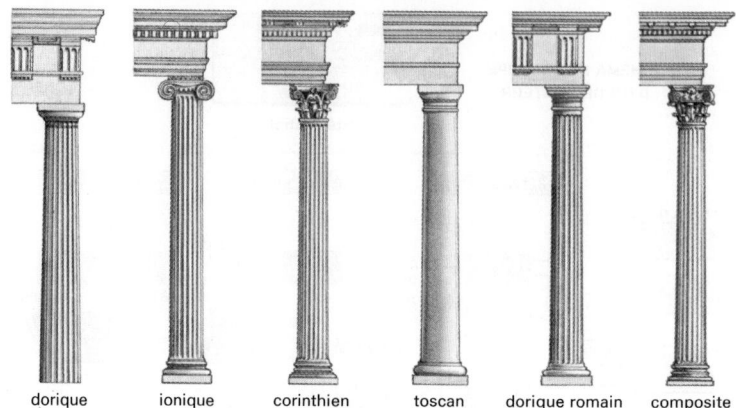

dorique   ionique   corinthien   toscan   dorique romain   composite

LES ORDRES GRECS ET ROMAINS

assurer la discipline interne (avocats, médecins, architectes). ‖ *Archit.* Système logique et harmonieux de proportions modulaires appliqué, dans l'Antiquité, puis dans les temps modernes, à la construction et au décor, chaque niveau d'une élévation comportant soubassement (gradins, stylobate, piédestal...), supports (colonnes ou pilastres) et entablement. ‖ *Hist.* Division de la société d'Ancien Régime. ‖ *Hist. nat.* Division de la classification des plantes et des animaux, intermédiaire entre la classe et la famille. ‖ *Inform.* Directive pour l'unité de commande d'un organe périphérique d'ordinateur. ‖ *Relig.* Sacrement constitutif de la hiérarchie de l'Église. (Il comporte trois degrés : évêque, prêtre, diacre.) ● *Distribution par voie d'ordre* (Dr.), procédure qui permet de régler la répartition du prix d'un immeuble entre les créanciers privilégiés et hypothécaires du vendeur. ‖ *Forces de l'ordre,* services de police chargés du maintien de l'ordre public, de la répression des émeutes. ‖ *Mettre bon ordre à,* remédier à une situation fâcheuse. ‖ *Mot d'ordre,* consigne donnée en vue d'une circonstance précise. ‖ *Ordre de l'armée, de la division, du régiment* (Mil.), ordre émanant du commandant d'une de ces formations et pouvant comporter la citation « à l'ordre » de la belle conduite d'un militaire ou d'une unité. ‖ *Ordre de bataille,* autref., rang assigné à une troupe au combat; auj., répartition des forces militaires d'un État ou d'une coalition à une date donnée. ‖ *Ordre de Bourse,* mandat donné à un intermédiaire d'acheter ou de vendre en Bourse des valeurs mobilières ou des marchandises. ‖ *Ordre du jour,* liste des problèmes qu'une assemblée délibérante doit examiner au cours d'une séance ou d'une session; texte émanant d'une instance du commandement militaire et notifié officiellement aux échelons subordonnés; *être à l'ordre du jour, être en vogue.* ‖ *Ordres majeurs* ou *ordres sacrés,* degrés du sacrement de l'ordre : diaco-

nat, sacerdoce (prêtre, évêque); *ordres mineurs,* fonctions ecclésiales mineures appelées actuellement *ministères :* fonctions de lecteur et de servant à l'autel. (La réforme de 1972 a supprimé dans les ordres majeurs celui de sous-diacre et dans les ordres mineurs, ceux de portier et d'exorciste.) ‖ *Ordre de mission,* ordre qui enjoint à un militaire d'exécuter une mission déterminée et l'accrédite à cet effet. ‖ *Ordre moral* (Hist.), nom donné à la politique monarcho-cléricale développée par les gouvernements français sous la présidence du maréchal de Mac-Mahon, entre 1873 et 1877. ‖ *Ordre public,* ensemble des prescriptions s'imposant aux particuliers et que ceux-ci ne peuvent transgresser dans leurs rapports réciproques. ‖ *Ordre serré,* formation adoptée par une troupe, autref. pour combattre, auj. pour défiler. ‖ *Rappeler à l'ordre,* réprimander. ‖ *Relation d'ordre* (Log. et Math.), dans un ensemble, relation réflexive, antisymétrique et transitive (quand la relation n'est pas réflexive, il s'agit d'un ordre strict). ‖ *Service d'ordre,* ensemble de personnes chargées d'encadrer une manifestation pour qu'elle se déroule sans incident.

■ *(Archit.)* On distingue trois ordres grecs : le dorique*, l'ionique* et le corinthien*. Les Romains créèrent l'ordre composite* et l'ordre toscan*. La redécouverte des monuments antiques et l'interprétation du traité de Vitruve* ont engendré dès le XVᵉ s., avec la Renaissance italienne, une architecture utilisant avec plus ou moins de liberté les ordres grecs ou romains, leur modénature et leurs ornements caractéristiques.

ORDRÉ, E adj. Se dit, en Suisse, de qqn qui a de l'ordre.

ORDURE n. f. (anc. fr. *ord,* repoussant; lat. *horridus*). Déchets, détritus, etc. : *boîte à ordures.* ‖ Écrit, propos, action obscène. ‖ *Pop.* Personne abjecte.

ORDURIER, ÈRE adj. Qui se plaît à dire des choses grossières, à en écrire. ‖ Qui contient des propos obscènes : *livre ordurier.*

ØRE (en danois), **ÖRE** (en norvég. et en suéd.), en norvég., **ØRE** dans le cas d'une graphie initiale en lettres majuscules) [ør̄a] n. m. Unité monétaire divisionnaire du Danemark, de la Norvège et de la Suède.

ORÉE n. f. (lat. *ora,* bord). *Litt.* Bord, lisière d'un bois.

OREILLARD, E adj. Qui a les oreilles longues et pendantes.

OREILLARD n. m. Petite chauve-souris remarquable par ses énormes oreilles en cornet. (Famille des vespertilionidés.)

OREILLE n. f. (lat. *auricula;* de *auris*). Organe de l'ouïe et, en particulier, partie externe de l'organe, placée de chaque côté de la tête. ‖ Sens par lequel on perçoit les sons; aptitude à apprécier l'harmonie des sons : *avoir de l'oreille.* ‖ Ce

qui a quelque ressemblance avec la forme de l'oreille : *écrou à oreilles.* ‖ *Mar.* Partie saillante des pattes d'une ancre. ● *À l'oreille,* tout bas et en s'approchant de l'oreille de son interlocuteur. ‖ *Aux oreilles de qqn,* à sa connaissance. ‖ *Avoir l'oreille de qqn,* en être favorablement écouté. ‖ *Frotter, tirer les oreilles de qqn,* lui infliger une correction. ‖ *L'oreille basse,* humilié, confus, penaud. ‖ *Montrer le bout de l'oreille,* laisser deviner son vrai caractère, ses véritables projets. ‖ *Se faire tirer l'oreille,* se faire prier pour faire qqch. ‖ *Tendre l'oreille,* écouter attentivement.

■ L'oreille se compose, chez l'homme et chez les mammifères, de trois parties : l'*oreille externe,* avec le pavillon et le conduit auditif, fermé par le tympan; l'*oreille moyenne,* cavité ou caisse du tympan, creusée dans l'os temporal, communiquant avec le pharynx par la trompe d'Eustache, et dans laquelle une chaîne de trois osselets (marteau, enclume, étrier) transmet les vibrations du tympan à la fenêtre ovale, qui les transmet à l'oreille interne; l'*oreille interne,* ou *labyrinthe,* également située dans le temporal, qui contient l'organe de l'équilibration (utricule, saccule, canaux semi-circulaires) et l'appareil auditif, formé du limaçon, contenant les cellules auditives ciliées de l'organe de Corti.

OREILLE

A. Oreille externe; B. Oreille moyenne;
C. Oreille interne.

1. Hélix; 2. Fossette naviculaire; 3. Anthélix;
4. Conduit auditif externe; 5. Antitragus;
6. Coupe du lobule; 7. Apophyse styloïde;
8. Trompe d'Eustache; 9. Caisse du tympan;
10. Étrier; 11. Limaçon; 12. Nerf cochléaire;
13. Nerf facial; 14. Nerf vestibulaire;
15. Canaux semi-circulaires; 16. Enclume;
17. Marteau; 18. Membrane du tympan.

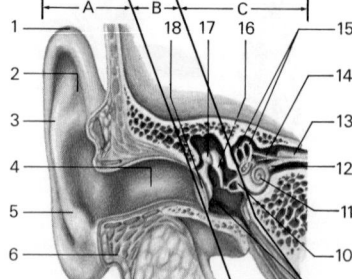

A   B   C
1   18 17 16   15
2   14
3   13
4   12
5   11
6   10
7   8   9

OREILLE-DE-MER n. f. (pl. *oreilles-de-mer*). *Zool.* Nom usuel de l'*haliotide*.

OREILLE-DE-SOURIS n. f. (pl. *oreilles-de-souris*). Autre nom du MYOSOTIS.

OREILLER [ɔrɛje] n. m. Coussin carré ou rectangulaire qui soutient la tête quand on est couché.

OREILLETTE n. f. Cavité du cœur recevant le sang des veines. (Le cœur humain possède deux oreillettes, communiquant chacune avec un ventricule.) ‖ Syn. de OREILLON.

OREILLON n. m. Chacune des pattes d'un casque, d'une casquette, qui protègent les oreilles. (Syn. OREILLETTE.) ‖ Moitié d'abricot dénoyauté et mis en conserve. ◆ pl. Maladie contagieuse due à un virus, qui atteint surtout les enfants et se manifeste par un gonflement et une inflammation des glandes parotides. (Les oreillons sont graves par leurs complications : pancréatites, orchites, néphrites, etc.)

ORÉMUS [ɔremys] n. m. inv. (lat. *oremus*, prions). Mot que le prêtre prononçait pour inviter les fidèles à prier.

ORÉOPITHÈQUE n. m. (gr. *oros*, montagne, et *pithêkos*, singe). Primate humain fossile du miocène de Toscane, aux longs bras.

ORES [ɔr] adv. (lat. *hac hora*, à cette heure). *D'ores et déjà*, dès maintenant.

ORFÈVRE n. (lat. *aurum*, or, et anc. fr. *fevre*, artisan). Personne qui exécute ou vend des ouvrages d'or et d'argent. ● *Être orfèvre en la matière*, être expert, être habile.

ORFÈVRERIE n. f. Art, métier, commerce de l'orfèvre; ouvrages de l'orfèvre.

ORFRAIE [ɔrfrɛ] n. f. (lat. *ossifraga*, qui brise les os). Syn. de PYGARGUE. ● *Pousser des cris d'orfraie*, pousser des hurlements.

ORGANDI n. m. Mousseline de coton, très légère et très claire, affermie par un apprêt spécial.

ORGANE n. m. (lat. *organum*). Partie d'un corps vivant qui remplit une fonction utile à la vie. ‖ La voix : *avoir un bel organe.* ‖ Pièce d'une machine, destinée à remplir une fonction déterminée. ‖ Individu ou réunion d'individus qui expriment directement la volonté d'une personne morale, d'une collectivité, d'un parti, etc.; porte-parole, représentant, institution, journal.

ORGANEAU n. m. *Mar.* Anneau métallique sur lequel on fixe le câble ou la chaîne d'ancre.

ORGANELLE n. f. → ORGANITE.

ORGANICIEN, ENNE n. Spécialiste de chimie organique.

ORGANICISME n. m. *Méd.* Doctrine qui rattache toute maladie, même mentale, à la lésion d'un organe. ‖ *Sociol.* Doctrine qui assimile les sociétés à des êtres vivants, et qui met l'accent sur les fonctions assumées par les diverses institutions.

ORGANICISTE adj. et n. Relatif à l'organicisme; partisan de l'organicisme.

ORGANIGRAMME n. m. Figuration de la structure d'une organisation sociale, représentant à la fois les divers éléments du groupe et leurs rapports respectifs. ‖ *Inform.* Syn. d'ORDINOGRAMME.

ORGANIQUE adj. Relatif aux organes, aux tissus vivants, aux êtres organisés, à la constitution de l'être. ‖ Relatif à la chimie du carbone. ‖ Se dit d'un ensemble qui forme un tout : *groupement organique.* ‖ *Mil.* Qui appartient constitutivement à un corps de troupes ou à une grande unité. ‖ *Architecture organique,* au XXᵉ s., celle qui emprunte aux formes de la nature l'idée de certaines de ses structures et articulations, et tend à une liaison étroite avec les sites naturels (Wright, Aalto, etc.) ‖ *Roche organique,* roche sédimentaire formée par des débris d'organismes vivants (comme le charbon ou le pétrole).

ORGANIQUEMENT adv. De façon organique.

ORGANISABLE adj. Qui peut être organisé.

ORGANISATEUR, TRICE adj. et n. Qui organise, qui est habile à organiser : *l'organisateur de la cérémonie; c'est un bon organisateur.*

ORGANISATEUR n. m. Partie de l'embryon qui provoque la différenciation des territoires embryonnaires.

ORGANISATEUR-CONSEIL n. m. (pl. *organisateurs-conseils*). Professionnel capable de déterminer les méthodes propres à assurer la marche d'une entreprise dans les meilleures conditions de rendement. (On dit aussi INGÉNIEUR EN ORGANISATION.)

ORGANISATION n. f. Manière dont les parties qui composent un être vivant sont disposées pour remplir certaines fonctions. ‖ Action d'organiser, d'aménager, de mettre sur pied, préparation : *organisation d'une fête.* ‖ Manière dont un État, une administration, un service sont constitués. ‖ Association qui se propose des buts déterminés. ‖ *Sociol.* Ensemble des éléments structurels de la société. ● *Organisations internationales,* groupements, à caractère gouvernemental ou non, ayant notamment pour objet la sécurité collective des États ou la promotion de la condition humaine dans la communauté internationale. ‖ *Organisation scientifique du travail (O. S. T.),* ensemble des activités coordonnées qui ont pour objet d'établir la répartition des tâches et de meilleures conditions de travail.

ORGANISATIONNEL, ELLE adj. Qui concerne l'organisation politique.

ORGANISÉ, E adj. Qui a reçu une organisation, qui est aménagé d'une certaine façon. ‖ Qui sait organiser sa vie, ses affaires. ‖ *Biol.* Pourvu d'organes dont le fonctionnement constitue la vie.

ORGANISER v. t. (de *organe*). Combiner, disposer pour fonctionner : *organiser un ministère, une entreprise.* ‖ Préparer en vue d'un but précis, disposer, arranger : *organiser une campagne de publicité.* ◆ **s'organiser** v. pr. Arranger son travail, ses affaires de façon harmonieuse, efficace. ‖ Prendre une forme régulière.

ORGANISME n. m. Être vivant organisé. ‖ Ensemble des organes qui constituent un être vivant. ‖ Le corps humain. ‖ Ensemble des organes administratifs qui ont pour charge la gestion d'un service public, d'un parti, etc.

ORGANISTE n. (lat. *organum*, orgue). Personne qui joue de l'orgue.

ORGANITE n. m., ou **ORGANELLE** n. f. Chacun des éléments différenciés, biologiquement actifs, constituant la cellule : centrosome, mitochondries, etc.

ORGANOGENÈSE n. f. *Biol.* Formation et développement des organes au sein d'un être vivant.

ORGANOLOGIE n. f. Discipline qui traite de l'histoire de la facture des instruments de musique.

ORGANOMAGNÉSIEN adj. et n. m. Se dit d'un composé organométallique du magnésium, puissant agent de synthèse.

ORGANOMÉTALLIQUE adj. et n. m. Se dit des composés chimiques ayant des radicaux carbonés unis à un métal.

ORGANOTHÉRAPIE n. f. Syn. d'OPOTHÉRAPIE.

ORGASME n. m. (gr. *organ*, bouillonner d'ardeur). Le plus haut point du plaisir sexuel.

ORGASMIQUE ou **ORGASTIQUE** adj. Relatif à l'orgasme.

ORGE n. f. (lat. *hordeum*). Plante de la famille des graminacées, à épis munis de longues barbes, dont une espèce est une céréale cultivée pour l'alimentation et pour la fabrication de la bière; sa graine. (L'orge, dont l'*escourgeon* est une variété hâtive, est celle des céréales qui remonte le plus vers le nord.) ● *Sucre d'orge,* petit bâtonnet de sucre cuit autrefois avec une décoction d'orge et aujourd'hui additionné de parfums très divers.

ORGE n. m. *Orge mondé,* grains d'orge passés entre deux meules pour les débarrasser de leur première enveloppe. ‖ *Orge perlé,* grains d'orge passés entre deux meules rapprochées pour en ôter le son et les réduire en petites boules farineuses.

ORGEAT [ɔrʒa] n. m. (de *orge*). Sirop préparé autref. avec une décoction d'orge, auj. avec une émulsion d'amandes.

ORGELET n. m. (bas lat. *hordeolus*, grain d'orge). Furoncle en forme de grain d'orge, appelé usuellement *compère-loriot,* situé au bord de la paupière.

ORGIAQUE adj. *Litt.* Relatif aux orgies.

ORGIE n. f. (pl. lat. *orgia*; mot gr., *fêtes de Dionysos*). Débauche. ‖ *Litt.* Excès, surabondance : *orgie de lumière, de fleurs.*

ORGUE n. m. (lat. *organum*) [masc. au sing. ainsi qu'au pl. s'il désigne plusieurs instruments; fém. au pl. quand il désigne un seul instrument]. Instrument de musique à un ou plusieurs claviers, à vent et à tuyaux, principalement en usage dans les églises. ‖ Tribune élevée où sont les orgues, dans une église. ● *Orgue de Barbarie*

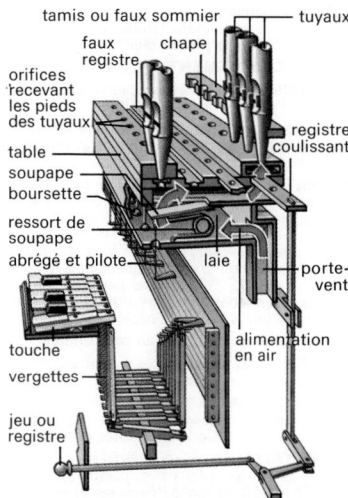

tamis ou faux sommier — tuyaux
faux registre — chape
orifices recevant les pieds des tuyaux
table
soupape
boursette
ressort de soupape
abrégé et pilote — laie
touche — porte-vent
vergettes — alimentation en air
jeu ou registre
registre coulissant

MÉCANISME DE L'ORGUE

Jipé

orgue de Barbarie

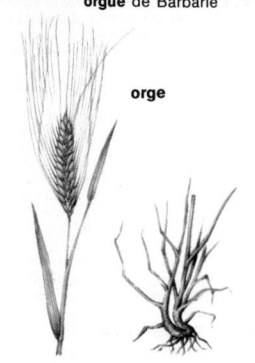

orge

(corruption de *Barberi*, nom d'un fabricant de Modène), instrument de musique mécanique, actionné par des bandes de carton perforé. ‖ *Orgue de cinéma*, instrument destiné à sonoriser (musique, bruitage) les films muets. ‖ *Orgue électrique*, instrument dans lequel la traction des claviers au sommier est électrique. ‖ *Orgue électronique*, instrument utilisant l'électronique pour produire les signaux électriques nécessaires à la production des sons. ◆ pl. *Géogr.* Prismes d'une grande régularité, pouvant atteindre de 30 à 45 m de hauteur, qui se sont formés lors du refroidissement d'une coulée volcanique (souvent du basalte) perpendiculairement à sa surface. ● *Orgues de Staline*, lance-roquettes multitube d'artillerie, utilisé par l'U.R.S.S. pendant la Seconde Guerre mondiale.

ORGUEIL [ɔrgœj] n. m. (mot francique). Estime excessive de soi-même, fatuité, vanité. ‖ Sentiment élevé de sa propre dignité.

ORGUEILLEUSEMENT adv. Avec orgueil.

ORGUEILLEUX, EUSE adj. et n. Qui manifeste de l'orgueil, de la prétention.

ORIEL n. m. (mot angl.). *Archit.* Ouvrage vitré, en général en surplomb, formant avant-corps sur la hauteur de plusieurs étages.

ORIENT n. m. (lat. *oriens*, qui se lève). Point du ciel où le soleil se lève sur l'horizon. ‖ L'Asie, une partie de l'Égypte, et même de l'Europe, relativement à l'Europe occidentale. (En ce sens prend une majuscule.) ‖ Dans la franc-maçonnerie, loge où se donne symboliquement la lumière de l'initiation. ‖ Éclat d'une perle. ● *Orient ancien*, nom donné par les historiens à l'ensemble des pays de l'Asie occidentale antique.

ORIENTABLE adj. Que l'on peut orienter.

ORIENTAL, E, AUX adj. et n. Qui appartient ou qui se trouve à l'orient.

ORIENTALISME n. m. Ensemble des disciplines qui ont pour objet l'étude des civilisations orientales. ‖ Goût des choses de l'Orient.

ORIENTALISTE n. et adj. Spécialiste des civilisations orientales. ‖ Au XIXᵉ s., peintre spécialisé dans la représentation de paysages et de types exotiques.

ORIENTATION n. f. Action de déterminer, du lieu où l'on se trouve, la direction des points cardinaux. ‖ Position d'un objet, d'un édifice par rapport aux points cardinaux. ‖ Direction donnée à une action, à un ouvrage : *l'orientation de la politique.* ‖ *Mar.* Disposition des vergues pour permettre aux voiles de recevoir le vent de la direction la plus favorable. ‖ *Psychol.* Pour un sujet, conscience de sa position dans le temps et dans l'espace. (Contr. DÉSORIENTATION.) ‖ *Zool.* Faculté des animaux leur permettant, notamment, de retrouver leur point de départ après s'en être éloignés. ● *Conseiller d'orientation scolaire et professionnelle*, personne chargée de l'orientation scolaire et professionnelle et dépendant de l'Éducation nationale. ‖ *Orientation scolaire et professionnelle*, détermination de la meilleure voie scolaire et universitaire en fonction des aptitudes et des motivations du sujet, et en relation avec les possibilités de placement.

ORIENTÉ, E adj. Qui a une certaine tendance idéologique, qui est au service d'une certaine cause. ‖ *Math.* En géométrie, se dit de tout être mathématique pour lequel on a choisi un sens de parcours.

ORIENTEMENT n. m. *Mar.* Action d'orienter.

ORIENTER v. t. (de *orient*). Disposer une chose suivant la position qu'elle doit avoir par rapport aux points cardinaux. ‖ Indiquer la direction à prendre, guider, diriger : *orienter le public vers la sortie.* ‖ Conseiller un enfant sur le métier qu'il peut choisir en fonction de sa santé, de ses aptitudes, du son niveau scolaire et de la situation du marché du travail. ‖ *Mar.* Brasser les vergues de manière que le vent frappe bien les voiles. ◆ **s'orienter** v. pr. Reconnaître, du lieu où l'on se trouve, la direction des points cardinaux afin de se guider. ‖ Tourner ses activités vers.

ORIENTEUR, TRICE ou **TEUSE** n. Personne chargée de l'orientation scolaire et profession-

Giraudon

oriflamme

nelle. ◆ adj. *Officier, gradé* ou *soldat orienteur*, celui qui est chargé de diriger le mouvement d'une formation militaire.

ORIFICE n. m. (lat. *orificium*; de *os, oris*, bouche). Ouverture qui sert d'entrée ou d'issue, qui donne l'écoulement à un fluide.

ORIFLAMME n. f. (lat. *aurea flamma*, flamme d'or). Bannière en forme de flamme. ‖ Enseigne féodale de l'abbaye de Saint-Denis, de forme carrée et de couleur rouge, adoptée par les rois de France du XIIᵉ au XVᵉ s.

ORIGAN [ɔrigã] n. m. (gr. *origanon*). Autre nom de la MARJOLAINE.

ORIGINAIRE adj. Qui tire son origine de : *être originaire d'Espagne.* ‖ Que l'on tient de ses origines, inné : *tare originaire.*

ORIGINAIREMENT adv. À l'origine.

ORIGINAL, E, AUX adj. (de *origine*). Qui émane directement de l'auteur, de la source, de la première rédaction : *un tableau, un texte original.* ‖ Qui semble se produire pour la première fois, non copié, non imité : *pensée originale.* ‖ Qui écrit, qui compose d'une manière neuve, personnelle. ‖ Qui ne ressemble à aucun autre, excentrique : *caractère original.* ● *Édition originale*, première édition d'un ouvrage imprimé. ‖ *Gravure originale*, gravure conçue et exécutée par un même artiste (par oppos. à la GRAVURE DE REPRODUCTION, d'après un modèle que le graveur a puisé dans l'œuvre d'autrui). ◆ n. Personne au comportement excentrique.

ORIGINAL n. m. Modèle, ouvrage, texte primitif, par oppos. à COPIE ou à TRADUCTION.

ORIGINALEMENT adv. De façon originale.

ORIGINALITÉ n. f. Caractère de ce qui est original, nouveau, singulier. ‖ Marque ou preuve de fantaisie, de bizarrerie.

ORIGINE n. f. (lat. *origo, originis*). Première manifestation, commencement, principe : *l'origine du monde.* ‖ Point de départ, cause : *l'origine d'une maladie.* ‖ Milieu d'où sont issues des personnes, des idées, des choses : *être d'origine modeste; mode d'origine anglaise.* ‖ Étymologie : *origine d'un mot.* ‖ *Math.* Point auquel on ramène tout repérage ou toute mesure. ● *À l'origine, dès l'origine*, au début.

ORIGINEL, ELLE adj. Qui remonte jusqu'à l'origine. ● *Péché originel*, celui que tous les hommes, dans la croyance chrétienne, auraient contracté en la personne d'Adam.

ORIGINELLEMENT adv. Dès l'origine.

ORIGNAL n. m. (basque *oregnac*) [pl. *orignaux*]. Autre nom de l'ÉLAN, au Canada.

ORIN n. m. (moyen néerl. *ooring*). *Mar.* Filin fixé sur un objet immergé (ancre, grappin, mine) et tenu à la surface par une bouée.

ORIPEAU n. m. (lat. *aurea pellis*, peau d'or). *Techn.* Lame de cuivre, mince et polie, qui, de loin, a l'éclat de l'or. ◆ pl. *Litt.* Vêtements usés et de mauvais goût.

ORIYĀ n. m. Langue indo-aryenne parlée en Inde dans l'État d'Orissa.

ORME

fleurs   **fruit**

O.R.L. n. f. ou n. Abrév. de OTO-RHINO-LARYNGOLOGIE, -GISTE.

ORLE n. m. (anc. fr. *orler*, ourler; lat. *ora*, bord). *Hérald.* Pièce honorable, qui est une bordure réduite de largeur et ne touchant pas les bords de l'écu.

ORLÉANAIS, E adj. et n. D'Orléans.

ORLÉANISME n. m. Opinion des partisans de la maison d'Orléans. ‖ *Dr.* Organisation des pouvoirs où le Premier ministre est contrôlé à la fois par le Parlement et par le chef de l'État.

ORLÉANISTE n. et adj. Personne qui soutenait les revendications au trône de France de la maison d'Orléans.

ORLON n. m. (nom déposé). Fibre textile synthétique.

ORMAIE ou **ORMOIE** n. f. Lieu planté d'ormes.

ORME n. m. (lat. *ulmus*). Arbre atteignant de 20 à 30 m de haut, à feuilles dentelées, souvent planté, fournissant un bois solide et souple, utilisé en charpenterie et en ébénisterie. (Famille des ulmacées.)

ORMEAU n. m. Jeune orme.

ORMEAU n. m. (lat. *auris maris*, oreille de mer). *Zool.* Autre nom de l'HALIOTIDE.

ORMILLE n. f. Très jeune orme. ‖ Plant de petits ormes.

ORNE n. m. (lat. *ornus*). Frêne à fleurs blanches.

ORNE n. m. (lat. *ordo*, ordre). *Agric.* Petit fossé séparant les rangées de ceps.

ORNEMANISTE n. Dessinateur de modèles d'ornements, praticien du décor en plâtre ou en stuc, etc.

ORNEMENT n. m. (lat. *ornamentum*). Tout ce qui orne, embellit un ensemble. ‖ Vêtement liturgique pour la célébration des offices religieux. ‖ *Mus.* Groupe de notes brèves représentées par des signes et destinées à assouplir le contour d'une mélodie (trille, mordant, gruppetto, appoggiature). ▷

ORNEMENTAL, E, AUX adj. Qui concerne les ornements; qui sert à l'ornement : *une plante ornementale.*

ORNEMENTATION n. f. Action, art, manière de disposer des ornements; effet qui en résulte.

ORNEMENTER v. t. Enrichir d'ornements.

ORNER v. t. (lat. *ornare*). Arranger, rendre attrayant, pourvoir de ce qui embellit : *orner un salon de tableaux.*

ORNIÉRAGE n. m. Cisaillement et refoulement latéral du revêtement d'une chaussée, créant une profonde ornière sous le passage des roues de camions.

ORNIÈRE n. f. Trace creusée dans le sol par les roues des voitures. ‖ *Litt.* Habitude, routine : *sortir de l'ornière.*

ORNITHOGALE n. m. (gr. *ornis, ornithos*, oiseau, et *gala*, lait). Plante bulbeuse, à fleurs blanches ou verdâtres, de la famille des liliacées, dont une espèce est la *dame-d'onze-heures.*

ORNITHOLOGIE n. f. Partie de la zoologie qui étudie les oiseaux.

ORNITHOLOGIQUE adj. Relatif à l'ornithologie.

ORNITHOLOGISTE ou **ORNITHOLOGUE** n. Spécialiste d'ornithologie.

ORNITHOMANCIE n. f. Divination par le vol ou le chant des oiseaux.

ORNITHORYNQUE [ɔrnitɔrɛ̃k] n. m. Mammifère monotrème, d'Australie et de Tasmanie, mesurant 40 cm de long, ovipare, à bec corné ressemblant à celui du canard, à pattes palmées et à queue plate, lui permettant de creuser galeries et chambres près de l'eau. (Sous-classe des monotrèmes.)

ORNITHOSE n. f. Maladie contagieuse, voisine de la psittacose, transmise par certains oiseaux.

OROBANCHE n. f. (gr. *orobagkhê*). Plante sans chlorophylle, à fleurs gamopétales, qui vit en parasite sur les racines d'autres plantes (labiacées, légumineuses, etc.).

OROGENÈSE n. f. (gr. *oros*, montagne, et *genesis*, génération). Formation des chaînes de montagnes.

OROGÉNIQUE adj. Relatif à l'orogenèse.
● *Mouvements orogéniques*, mouvements de l'écorce terrestre qui donnent naissance aux montagnes.

OROGRAPHIE n. f. Étude du relief terrestre.

OROGRAPHIQUE adj. Relatif à l'orographie.

ORONGE n. f. (mot prov.). Nom donné à certaines amanites : *oronge vraie*, à chapeau rouge, comestible (*oronge* [ou *amanite*] *des Césars*); *fausse oronge*, à chapeau rouge tacheté de blanc, vénéneuse (amanite tue-mouches); *oronge vineuse*, à chapeau brun tacheté de blanc, comestible (amanite vineuse).

OROPHARYNX n. m. *Anat*. Partie moyenne du pharynx, communiquant avec la bouche.

ORPAILLAGE n. m. Exploitation artisanale d'alluvions aurifères.

ORPAILLEUR n. m. (anc. fr. *harpailler*, saisir). Artisan qui lave les alluvions aurifères et en retire les paillettes d'or.

ORPHELIN, E n. (bas lat. *orphanus*). Enfant qui a perdu son père et sa mère, ou l'un des deux.

ornithorynque

ORPHELINAT n. m. Établissement où l'on élève les enfants orphelins.

ORPHÉON n. m. (de *Orphée*). Fanfare.

ORPHÉONISTE n. Membre d'un orphéon.

ORPHIE n. f. (mot néerl.). Poisson à bec fin, pointu, à squelette vert émeraude, dit souvent *aiguille, bécassine de mer*.

ORPHIQUE adj. Relatif à Orphée ou à l'orphisme.

ORPHISME n. m. (de *Orphée*). Courant religieux de la Grèce antique, rattaché à Orphée, le maître des incantations. ‖ Nom donné par Apollinaire, en 1912, à une tendance du cubisme, représentée au premier chef par R. Delaunay, qui exalte la couleur et la lumière.
■ L'orphisme enseignait que les hommes étaient nés des cendres des Titans foudroyés par Zeus. L'âme, enfermée dans le corps comme dans une prison, porte le fardeau d'un crime originel, celui des Titans; elle ne s'évadera de cette prison, après de nombreux cycles d'existences (transmigrations), que lorsqu'elle sera purifiée, conformément aux règles, par les jeûnes, l'ascétisme et l'initiation qui est essentielle pour connaître l'itinéraire spirituel. L'orphisme a donné naissance à une abondante littérature (*poèmes orphiques*) qui se développa du VIᵉ s. av. J.-C. jusqu'à la fin du paganisme.

ORPIMENT n. m. (lat. *aurum*, or, et *pigmentum*, pigment). Sulfure naturel d'arsenic As_2S_3, d'une belle couleur jaune vif, employé en peinture et en pharmacie.

ORPIN n. m. Nom usuel des plantes du genre *sedum*, à feuilles souvent charnues, vivant sur les rochers, les toits, les murs. (Famille des crassulacées.)

orphie

oronge vraie   fausse oronge

ORONGES

ORQUE n. f. (lat. *orca*). Autre nom de l'ÉPAULARD.

ORSEC, sigle de ORGANISATION DES SECOURS.
● *Plan ORSEC*, programme d'organisation des secours, permettant au préfet de mobiliser en cas de catastrophe tous les moyens publics ou privés, en hommes et en matériel, existant dans son département.

ORSEILLE n. f. (catalan *orcella*). Espèce de lichen vivant sur les côtes rocheuses de la Méditerranée.

ORTEIL n. m. (lat. *articulus*, jointure). Doigt du pied, et spécialement le gros doigt, qu'on appelle aussi *gros orteil*.

ORTHOCENTRE n. m. (gr. *orthos*, droit). *Math*. Point de rencontre des trois hauteurs d'un triangle.

ORTHOCHROMATIQUE adj. Se dit d'un film sensible à toutes les couleurs, sauf au rouge.

ORTHODONTIE [ɔrtodɔ̃si] n. f. Partie de l'odontostomatologie qui a pour objet la correction des anomalies de position des dents.

ORTHODONTISTE n. Spécialiste de l'orthodontie.

ORTHODOXE adj. et n. (gr. *orthos*, droit, et *doxa*, opinion). Qui est conforme au dogme, à la doctrine d'une religion. (Contr. HÉRÉTIQUE.) ‖ Conforme à une doctrine considérée comme seule vraie. ● *Églises orthodoxes*, Églises chrétiennes orientales, séparées de Rome depuis 1054, mais restées fidèles à la doctrine définie par le concile de Chalcédoine (451).

ORTHODOXIE n. f. Qualité de ce qui est orthodoxe. ‖ Ensemble des doctrines orthodoxes.

ORTHODROMIE n. f. Route de plus courte distance joignant deux points de la surface de la Terre. (C'est l'arc de grand cercle qui les joint, en supposant la Terre sphérique.)

ORTHODROMIQUE adj. Relatif à l'orthodromie. (Contr. LOXODROMIQUE.)

ORTHOÉPIE n. f. (gr. *orthos*, correct, et *epos*, parole). Science qui étudie et définit la prononciation usuelle (*phonétique normative*).

ORTHOGENÈSE n. f. *Biol*. Série de variations de même sens à travers plusieurs espèces au cours de l'évolution d'un phylum.

ORTHOGÉNIE n. f. Contrôle des naissances.

ORTHOGÉNISME n. m. Étude scientifique de l'orthogénie.

ORTHOGONAL, E, AUX adj. Se dit de deux droites, de deux cercles, d'une droite et d'un plan, ou de deux plans qui se coupent à angle droit. ● *Projection orthogonale*, projection suivant des perpendiculaires à l'axe ou au plan de projection.

ORTHOGONALEMENT adv. *Math*. À angle droit, perpendiculairement.

ORNEMENTS en bande (architecture)

bâtons rompus

écailles

pointes de diamant

besants

grecque

postes

billettes

méandres

rais de cœur

chapelet

olives

rinceaux

chevrons

oves et dards

ruban

damier

palmettes et spires

torsade

denticules

perles

tresse

651

ORTHOGONALITÉ n. f. Caractère de ce qui est orthogonal.

ORTHOGRAPHE n. f. Manière d'écrire les mots d'une langue en conformité avec des usages définis et des règles traditionnelles.

ORTHOGRAPHIER v. t. Écrire les mots suivant leur orthographe.

ORTHOGRAPHIQUE adj. Relatif à l'orthographe : *signes orthographiques.*

ORTHONORMÉ, E adj. *Math.* Se dit d'un système de coordonnées dont les axes se coupent à angle droit et admettent des vecteurs unitaires de même longueur.

ORTHOPÉDIE n. f. (gr. *orthos,* droit, et *paideia,* éducation). Partie de la médecine et de la chirurgie qui a pour objet le traitement des affections du squelette, des articulations, de l'appareil locomoteur.

ORTHOPÉDIQUE adj. Relatif à l'orthopédie.

ORTHOPÉDISTE adj. et n. Spécialiste de l'orthopédie.

ORTHOPHONIE n. f. Rééducation de la phonation et du langage écrit et oral.

ORTHOPHONIQUE adj. Relatif à l'orthophonie.

ORTHOPHONISTE n. Auxiliaire médical spécialisé dans la rééducation du langage.

ORTHOPTÈRE n. m. Insecte broyeur à métamorphoses incomplètes et dont les ailes membraneuses ont des plis droits, comme le *criquet,* la *sauterelle,* le *grillon.* (Les *orthoptères* forment un ordre.)

ORTHOPTIE [ɔrtɔpsi] ou **ORTHOPTIQUE** n. f. (gr. *orthos* droit, et *optikos,* qui concerne la vue). Branche de l'ophtalmologie qui traite les défauts de la vue par la gymnastique oculaire.

ORTHOPTIQUE adj. Relatif à l'orthoptie.

ORTHOPTISTE n. Auxiliaire médical spécialiste d'orthoptie.

ORTHORHOMBIQUE adj. Se dit d'un prisme droit dont la base est un losange.

ORTHOSCOPIQUE adj. *Phot.* Se dit d'un objectif ne produisant aucune distorsion.

ORTHOSE n. f. Feldspath potassique, abondant dans le granite, le gneiss.

ORTHOSTATE n. m. (du gr. *orthostatês,* dressé). *Archéol.* Bloc de pierre dressé, support d'autres blocs; bloc ou dalle, orné ou non, formant l'assise inférieure d'un mur.

ORTHOSTATIQUE adj. *Méd.* Se dit des phénomènes qui ne se produisent que pendant la station debout.

ORTHOSYMPATHIQUE adj. *Système orthosympathique,* syn. de SYMPATHIQUE, n. m.

ORTHOTROPE adj. *Bot.* Se dit d'un type d'ovules, qualifié aussi de *droit,* où le micropyle est situé à l'opposé de la chalaze et du placenta.

ORTIE n. f. (lat. *urtica*). Herbe aux fleurs peu visibles, couverte de poils dont la base renferme un liquide irritant qui pénètre sous la peau par simple contact des pointes. (Famille des urticacées.) ● *Ortie blanche,* lamier blanc. ‖ *Ortie de mer,* actinie.

ORTOLAN n. m. (lat. *hortulanus,* jardinier). Bruant d'Europe, recherché pour sa chair délicate.

ortie
blanche

ortie
dioïque

ORVET [ɔrvɛ] n. m. (anc. fr. *orb,* aveugle). Reptile lacertilien insectivore gris ou doré, sans pattes, et dont la queue se brise facilement, d'où son nom de *serpent de verre.* (Long. : 30 à 50 cm; famille des anguidés.)

ORVIÉTAN n. m. Drogue inventée par Ferrante d'Orvieto, en vogue au XVIIe s.

ORYCTÉROPE n. m. (gr. *oruktêr,* fouisseur, et *ôps,* vue). Mammifère d'Afrique, se nourrissant d'insectes. (Seul représentant de l'ordre des tubulidentés.)

ORYX n. m. (mot lat.; du gr.). Antilope aux cornes longues et légèrement incurvées, dont une espèce est l'*algazelle.*

Os, symbole chimique de l'*osmium.*

OS [ɔs, *au pl.* o] n. m. (lat. *os, ossis*). Partie dure et solide qui forme la charpente du corps de l'homme et des animaux vertébrés. ‖ Matière d'objets faits avec des os. ● *Donner un os à ronger à qqn,* lui procurer un bien provisoire. ‖ *Il y a un os* (Fam.), il y a une difficulté. ‖ *Jusqu'à l'os,* complètement. ‖ *L'avoir dans l'os* (Pop.), ne pas obtenir ce qu'on désirait. ‖ *N'avoir que la peau et les os,* être très maigre. ‖ *Ne pas faire de vieux os,* mourir jeune. ‖ *Os à moelle,* os qui contient de la moelle et qu'on sert ordinairement dans le pot-au-feu. ‖ *Sac d'os* (Fam.), se dit d'une personne très maigre.

■ On distingue des *os courts* (vertèbres), des *os plats* (omoplate) et des *os longs* (fémur). Un os long comprend : une partie moyenne, ou *diaphyse,* formée de tissu osseux compact, entouré du *périoste,* creusée d'une cavité axiale contenant de la moelle jaune; et les parties extrêmes, ou *épiphyses,* formées de tissu osseux spongieux, dont les cavités contiennent de la moelle rouge. Les surfaces articulaires sont recouvertes de *cartilage,* et les muscles s'insèrent sur des protubérances de l'os, ou *apophyses.*

O.S. n. m. Abrév. de OUVRIER SPÉCIALISÉ.

OSCABRION n. m. *Zool.* Nom usuel du *chiton.*

OSCAR n. m. Haute récompense cinématographique, matérialisée par une statuette et attribuée chaque année, à Hollywood, aux plus grands talents de l'année. ‖ Récompense décernée par un jury dans divers domaines.

OSCILLAIRE n. f. Algue cyanophycée formant des filaments qui présentent un balancement spontané et régulier dans l'eau.

OSCILLANT, E adj. Qui oscille.

OSCILLATEUR n. m. Appareil produisant des courants électriques oscillants. ‖ *Phys.* Système, mécanique ou électrique, siège d'un phénomène périodique. ● *Oscillateur harmonique,* oscillateur dont l'élongation est une fonction sinusoïdale du temps.

OSCILLATION n. f. Mouvement d'un corps

oryx

oryctérope

qui repasse régulièrement par les mêmes positions avec les mêmes vitesses : *les oscillations du pendule.* ‖ Variation régulière d'une grandeur qui reprend périodiquement la même valeur.

OSCILLATOIRE adj. De la nature de l'oscillation.

OSCILLER [ɔsile] v. i. (lat. *oscillare,* balancer). Se déplacer alternativement dans un sens et dans l'autre, de manière à repasser par les mêmes positions. ‖ Hésiter entre deux choses.

OSCILLOGRAMME n. m. Image qui apparaît sur l'écran d'un oscillographe.

OSCILLOGRAPHE n. m. Appareil permettant d'observer et d'enregistrer les variations d'une grandeur physique variable en fonction du temps. ● *Oscillographe cathodique,* appareil de mesure électrique, qui, fondé sur une application de l'électronique, permet l'étude de phénomènes variables dans le temps.

OSCILLOMÈTRE n. m. *Méd.* Instrument mesurant les variations de la pression artérielle.

OSCILLOSCOPE n. m. Appareil servant à rendre visibles les variations temporelles d'une grandeur physique.

OSCULATEUR, TRICE adj. (lat. *osculari,* baiser). *Math.* Se dit de courbes, de surfaces ayant un contact de l'ordre le plus élevé avec une courbe donnée.

OSCULATION n. f. *Math.* Contact entre lignes ou surfaces osculatrices.

OSCULE n. m. (lat. *osculum,* petite bouche). Grand pore à la surface des éponges.

OSE n. m. *Chim.* Glucide non hydrolysable, contenant de 3 à 6 atomes de carbone par molécule. (Syn. MONOSACCHARIDE.)

OSÉ, E adj. Fait avec audace, risqué : *tentative osée.* ‖ Qui choque les bienséances : *plaisanterie osée.*

OSEILLE n. f. (lat. *acidulus,* aigrelet). Plante potagère à feuilles comestibles, qui doivent leur goût acide à la présence d'acide oxalique. (Famille des polygonacées.) ‖ *Pop.* Argent. ● *Sel d'oseille,* oxalate de potassium.

OSER v. t. (bas lat. *ausare,* oser). Avoir la hardiesse, le courage de : *oser se plaindre.* ‖ *Litt.* Tenter, entreprendre avec courage, avec audace : *c'est un homme à tout oser.* ● *Si j'ose le dire,* si je peux me le permettre.

OSERAIE n. f. Lieu planté d'osiers.

OSIDE n. m. Glucide hydrolysable (par oppos. aux OSES). [On distingue les *holosides* (disaccharides, polysaccharides) et les *hétérosides.*]

OSIER n. m. (mot francique). Espèce de saule dont les rameaux, jaunes, longs et flexibles, servent à tresser des paniers, des corbeilles, à faire des liens, etc.; ces rameaux.

OSIÉRICULTURE n. f. Culture de l'osier.

OSMIQUE adj. Se dit d'un acide dérivé de l'osmium, employé en histologie.

OSMIUM [ɔsmjɔm] n. m. (gr. *osmê,* odeur). *Chim.* Métal (Os), nº 76, de masse atomique 190,2, de densité 22,5, fondant vers 2700 ºC, qui se trouve dans les minerais de platine.

OSMIURE n. m. Combinaison de l'osmium avec un autre corps simple.

OSMOMÈTRE n. m. Appareil servant à mesurer la pression osmotique.

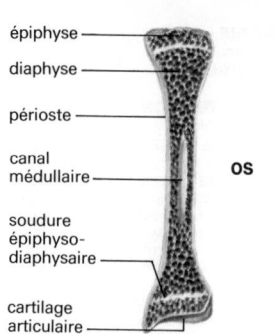

épiphyse

diaphyse

périoste

canal
médullaire

OS

soudure
épiphyso-
diaphysaire

cartilage
articulaire

OSMONDE n. f. Fougère des lieux humides, dont les sporanges sont situés sur des feuilles spéciales.

OSMOSE n. f. (gr. *osmos*, poussée). Phénomène de diffusion entre deux solutions de concentration différente, à travers une membrane perméable (parchemin, intestin) ou semiperméable. (Le solvant passe de la solution la moins concentrée vers la plus concentrée; la substance dissoute suit le trajet inverse.) ‖ Influence réciproque, interpénétration.

OSMOTIQUE adj. Relatif à l'osmose.

OSQUE adj. Relatif aux Osques.

OSSATURE n. f. Ensemble des os dans le corps d'un homme, d'un animal; squelette, charpente : *homme d'une solide ossature.* ‖ Ensemble des parties qui soutiennent un ensemble, un bâtiment, un organisme, etc.

OSSÉINE n. f. (de *os*). Substance organique du groupe des scléroprotéines, constituant le tiers en poids des os frais.

OSSELET n. m. Petit os. ‖ Chacun des trois petits os de l'oreille moyenne (marteau, enclume, étrier) qui transmettent les vibrations sonores du tympan à la fenêtre ovale de l'oreille interne. ‖ Chacun des petits os tirés du pied du mouton; objets de cette forme, avec lesquels jouent les enfants. ‖ *Vétér.* Tumeur osseuse au bas de la jambe du cheval.

OSSEMENTS n. m. pl. Os décharnés d'hommes ou d'animaux morts.

OSSÈTE n. m. (mot iranien). Langue iranienne parlée dans la région du Caucase.

OSSEUX, EUSE adj. Qui a des os : *poisson osseux.* ‖ Dont les os sont saillants : *main osseuse.* ‖ *Méd.* Relatif aux os. ● *Tissu osseux,* tissu organique constituant la partie dure des os.

OSSIANIQUE adj. Qui appartient ou qui ressemble à la poésie attribuée à Ossian ou à la littérature composée à son imitation.

OSSIANISME n. m. Imitation des poésies attribuées à Ossian.

OSSIFICATION n. f. Conversion en os des parties membraneuses et cartilagineuses. ● *Point d'ossification,* zone où débute l'ossification d'un os long.

OSSIFIER (S') v. pr. Se transformer en os.

OSSO-BUCCO [ɔsobuko] n. m. inv. (mot it., *os à trou*). Jarret de veau servi avec l'os à moelle, accompagné de tomates, d'oignons et de riz.

OSSUAIRE n. m. (bas lat. *ossuarium*). Bâtiment, lieu où l'on conserve des ossements, près des champs de bataille ou des cimetières.

OST [ɔst] n. m. (lat. *hostis,* ennemi, troupe armée). Terme désignant l'armée à l'époque féodale.

OSTÉALGIE n. f. (gr. *osteon,* os, et *algos,* douleur). Douleur osseuse.

OSTÉITE n. f. Inflammation du tissu osseux.

OSTENSIBLE adj. (lat. *ostendere,* montrer). Que l'on ne cache pas, apparent.

OSTENSIBLEMENT adv. De façon ostensible : *regarder ostensiblement qqn.*

OSTENSOIR n. m. (lat. *ostensus,* montré). Pièce d'orfèvrerie dans laquelle on expose à l'autel l'hostie consacrée.

OSTENTATION n. f. (lat. *ostentatio;* de *ostendere,* montrer). Affectation qu'on apporte à faire parade d'un avantage ou d'une qualité.

OSTENTATOIRE adj. Qui manifeste de l'ostentation, affecté.

OSTÉOBLASTE n. m. Cellule de l'os.

OSTÉOCHONDROSE n. f. Inflammation des cartilages formateurs des os ou recouvrant leurs extrémités.

OSTÉOCLASIE n. f. Bris chirurgical de certains os pour remédier à des déformations osseuses ou articulaires.

OSTÉOCLASTE n. m. *Biol.* Grande cellule de la moelle osseuse, qui détruit la substance osseuse persistante.

OSTÉOGENÈSE n. f. Syn. de OSSIFICATION.

OSTÉOLOGIE n. f. Partie de l'anatomie qui traite des os.

OSTÉOLOGIQUE adj. Relatif à l'ostéologie.

OSTÉOLYSE n. f. Destruction pathologique du tissu osseux.

OSTÉOMALACIE n. f. Affection caractérisée par un ramollissement des os.

OSTÉOME n. m. Tumeur bénigne de l'os.

OSTÉOMYÉLITE n. f. Inflammation des os et de la moelle osseuse, due au staphylocoque.

OSTÉOPATHIE n. f. *Méd.* Maladie des os en général.

OSTÉOPHYTE n. m. Prolifération anormale du tissu osseux au voisinage d'une inflammation (en général d'une arthrose). [Syn. BEC-DE-PERROQUET.]

OSTÉOPLASTIE n. f. *Chir.* Restauration d'un os à l'aide de fragments osseux.

OSTÉOPOROSE n. f. Fragilité des os due à une raréfaction et à un amincissement des travées osseuses.

OSTÉOPRATICIEN, ENNE n. Personne qui traite des états pathologiques divers par manipulation des os, articulations et muscles.

OSTÉOSARCOME n. m. Tumeur maligne des os.

OSTÉOSYNTHÈSE n. f. *Chir.* Intervention ayant pour but de réunir mécaniquement les fragments osseux d'une fracture par une pièce métallique.

OSTÉOTOMIE n. f. *Chir.* Résection partielle d'un os pour remédier à une difformité.

OSTIAK ou **OSTYAK** n. m. Langue finnoougrienne de Sibérie occidentale.

OSTINATO n. m. (mot it.). *Mus.* Motif mélodique ou rythmique répété obstinément, généralement à la basse d'une œuvre.

OSTIOLE n. m. (lat. *ostiolum,* petite porte). *Bot.* Chacun des orifices microscopiques par où se font les échanges gazeux d'une feuille avec l'atmosphère, et qui couvrent surtout la face inférieure de la feuille.

OSTRACISME n. m. (d'*ostracon*). Action d'exclure qqn d'un groupe, d'un parti, du pouvoir, de le tenir à l'écart. ‖ *Antiq. gr.* Procédure permettant aux membres de l'ecclésia de bannir pour dix ans un homme politique dont ils redoutaient la puissance ou l'ambition.

OSTRACODE n. m. Petit crustacé ayant une carapace à deux valves et des antennes locomotrices, tel que la *daphnie*. (Les *ostracodes* forment un superordre.)

OSTRACON n. m. (gr. *ostrakon,* coquille) [pl. *ostraca*]. Dans l'Antiquité, tesson, en général de poterie, support d'écriture ou de dessin à caractère pratique (vote, esquisse, plan, etc.).

OSTRÉICOLE adj. (lat. *ostrea,* huître, et *colere,* cultiver). Relatif à l'ostréiculture.

OSTRÉICULTEUR, TRICE n. Personne qui pratique l'ostréiculture.

OSTRÉICULTURE n. f. Élevage des huîtres.

OSTROGOTH ou **OSTROGOT, E** adj. et n. Relatif aux Ostrogoths. ‖ *Fam.* et *vx.* Qui ignore les bienséances, la politesse.

OSTYAK n. m. → OSTIAK.

OTAGE n. m. (de *hoste,* forme anc. de *hôte*). Personne qu'un parti ou qu'on détient comme un gage à l'égard d'un adversaire en garantie d'une promesse ou d'une exigence.

OTALGIE n. f. (gr. *oûs, ôtos,* oreille, et *algos,* douleur). *Méd.* Douleur d'oreille.

OTARIE n. f. (gr. *ôtarion,* petite oreille). Mammifère voisin du phoque, dont il se distingue par la présence de pavillons aux oreilles et par des membres plus longs permettant un déplacement plus aisé sur terre. (Les otaries vivent sur les côtes du Pacifique, où on les chasse pour leur peau [*loutres de mer*].)

ÔTÉ prép. *Litt.* En ôtant, excepté : *ouvrage excellent, ôté deux ou trois chapitres.*

ÔTER v. t. (lat. *obstare,* faire obstacle). Tirer qqn, qqch de l'endroit où ils sont : *ôter un objet de la table.* ‖ Se débarrasser de : *ôter son manteau.* ‖ Retrancher d'une autre chose : *ôter deux de quatre.* ‖ Retirer : *ôter son emploi à qqn; ôtez-lui cette idée de l'esprit.* ◆ **s'ôter** v. pr. *Ôte-toi de là* (Fam.), retire-toi.

OTIQUE adj. *Anat.* Relatif à l'oreille.

OTITE n. f. (gr. *oûs, ôtos,* oreille). Inflammation de l'oreille.
■ On distingue des *otites externes* (lésion de la peau du pavillon ou du conduit auditif externe), des *otites moyennes* (siégeant dans la caisse du tympan et produites par une infection du rhinopharynx transmise par la trompe d'Eustache) et des *otites internes,* ou labyrinthites (siégeant dans l'oreille interne).

OTOCYON n. m. Mammifère carnassier de l'Afrique du Sud, dont les oreilles sont très développées. (Long. du corps : 60 cm.)

OTOLITHE n. f. Concrétion minérale (calcaire chez l'homme) contenue dans l'organe de l'équilibration (oreille interne).

OTOLOGIE n. f. Étude de l'oreille et de ses maladies.

OTOMI n. m. Langue indienne parlée en Amérique centrale.

OTO-RHINO-LARYNGOLOGIE n. f. Partie de la médecine qui s'occupe des maladies des oreilles, du nez et de la gorge. (Abrév. : O.R.L.)

OTO-RHINO-LARYNGOLOGISTE ou **OTO-RHINO** n. Médecin spécialisé en oto-rhinolaryngologie. (Abrév. : O.R.L.)

OTORRAGIE n. f. Écoulement de sang par l'oreille.

OTORRHÉE n. f. Écoulement par l'oreille.

OTOSCOPE n. m. Instrument au moyen duquel on examine le conduit auditif.

OTOSPONGIOSE n. f. Affection de l'oreille qui provoque une surdité par ankylose de l'étrier.

OTTOMAN, E adj. et n. Relatif aux Ottomans, à la période de l'Empire turc ottoman (début du XIVᵉ s. - 1920).

OTTOMAN n. m. Étoffe à grosses côtes.

OTTOMANE n. f. Sorte de canapé.

OTTONIEN, ENNE adj. Se dit d'une brillante époque de l'architecture et de l'art allemands, qui va approximativement de 960 à 1030.

OU conj. (lat. *aut*). Sert à indiquer : 1° une alternative ou une équivalence : *blanc ou noir;* 2° une explication (en d'autres termes) : *Lutèce ou l'ancien Paris.* (*Ou* peut être renforcé par *bien*.)

OÙ adv. (lat. *ubi*). 1° Avec valeur relative, marque le lieu et le temps : *la maison où j'habite; le jour où je vous ai rencontré;* 2° Avec valeur interrogative, marque le lieu, le but : *où courez-vous? où cela vous mènera-t-il?* ● *D'où,* de quel endroit, de quelle origine. ‖ *Là où,* au lieu dans lequel. ‖ *Où que,* en quelque lieu que. ‖ *Par où,* par quel endroit.

OUABAÏNE [wabain] n. f. (mot somali). Glucoside tonicardiaque.

OUAILLES [waj] n. f. pl. (anc. fr. *oeille;* lat. *ovis,* brebis). *Litt.* ou *ironiq.* Les chrétiens par rapport à leur pasteur spirituel.

OUAIS! [wɛ] interj. *Fam.* Syn. de OUI. ‖ *Litt.* S'emploie pour marquer le doute, l'ironie.

OUANANICHE n. f. (mot amérindien). Au Canada, saumon d'eau douce.

OUAOUARON n. m. (mot amérindien). Grenouille géante du Canada.

OUARINE n. f. *Zool.* Autre nom du HURLEUR.

OUATE n. f. (it. *ovatta;* mot ar.). Laine, soie, filasse, coton, préparés soit pour être placés sous la doublure des pièces de literie ou de vêtements, soit pour servir à des pansements. (On dit indifféremment *de la ouate* ou *de l'ouate.*) ● *Ouate de cellulose,* matière absorbante constituée par la superposition de minces couches de cellulose. ‖ *Ouate hydrophile,* ouate purifiée par lavages dans de l'eau alcaline.

OUATÉ, E adj. Qui donne une impression de douceur : *une atmosphère ouatée.*

OUATER v. t. Garnir, doubler d'ouate.

OUATERIE n. f. Industrie de la fabrication de l'ouate.

OUATINE n. f. Nappe de fibre textile cousue entre deux tissus légers, et utilisée comme doublure de vêtement.

OUATINER v. t. Doubler de ouatine.

OUBLI n. m. Fait d'oublier, de perdre le souvenir de qqn, de qqch : *l'oubli d'un détail important*. ‖ Manquement aux règles, à des habitudes : *l'oubli des convenances*. ‖ Défaillance de la mémoire, de l'attention, étourderie : *un oubli involontaire*.

OUBLIER v. t. (lat. pop. *oblitare*). Perdre le souvenir de qqn, qqch ; ne pas garder en mémoire : *oublier une date*. ‖ Abandonner par étourderie, ne pas penser à qqch : *oublier ses gants; oublier l'heure*. ‖ Omettre par négligence, manquer à : *oublier ses promesses*. ‖ Laisser de côté, négliger : *oublier ses amis*. ‖ Pardonner. ◆ **s'oublier** v. pr. Manquer à ce que l'on doit aux autres ou à soi-même. ‖ Négliger volontairement ses intérêts. ‖ *Fam.* Manquer aux convenances. ‖ *Fam.* Faire ses besoins.

OUBLIETTE n. f. Cachot souterrain où l'on enfermait autrefois les prisonniers condamnés à la prison perpétuelle. (Surtout au pluriel.)

OUBLIEUX, EUSE adj. Qui oublie facilement.

OUCHE n. f. (lat. *olca*). Terrain voisin de la maison et planté d'arbres fruitiers (vx). ‖ *Agric.* Bonne terre fertile.

OUED [wɛd] n. m. (mot ar.). Dans les régions arides, cours d'eau temporaire qui peut connaître des crues violentes.

OUEST n. m. et adj. inv. (angl. *west*). Partie de l'horizon où le soleil se couche; point cardinal situé du côté où le soleil se couche. ‖ Partie du globe terrestre ou d'un pays située vers ce point. ‖ Ensemble des États du pacte de l'Atlantique. (Dans ces deux sens, prend une majuscule.)

OUEST-ALLEMAND, E adj. et n. Relatif à la République fédérale allemande.

OUF! interj. Marque un soulagement après une fatigue, une oppression, etc.

OUGANDAIS, E adj. et n. De l'Ouganda.

OUGUIYA n. m. Unité monétaire principale de la République islamique de Mauritanie.

OUI adv. (de l'anc. fr. *o*, cela, et du pronom *il*). Marque une réponse positive, une approbation (par oppos. à NON). ◆ n. m. inv. : *Se résout par des oui ou par des non*. (On dit *le oui*, mais on peut dire : *je crois qu'oui*.) ● *Se fâcher pour un oui, pour un non*, sans motif sérieux.

OUÏ-DIRE n. m. inv. Ce qu'on sait par la rumeur publique. ● *Par ouï-dire*, pour l'avoir entendu dire.

OUÏE [wi] n. f. (de *ouïr*). Sens par lequel sont perçus les sons : *les chiens ont l'ouïe fine*. ‖ Orifice pair de sortie de l'eau respiratoire, situé en arrière des opercules chez les poissons osseux. ‖ Ouverture paire pratiquée à la table d'harmonie des instruments de musique à cordes frottées, sur le capot d'une machine. (Dans ces deux sens, s'emploie surtout au pluriel.) ● *Être tout ouïe* (Fam.), écouter avec toute son attention.

OUÏE! ou **OUILLE!** [uj] interj. (onomat.). *Fam.* Cri poussé pour exprimer une douleur.

OUÏGOUR n. m. Langue turque de l'Asie centrale.

OUILLAGE n. m. Action d'ouiller.

OUILLER v. t. (anc. fr. *aouiller*, remplir jusqu'à l'œil). Remplir avec du vin de même provenance un tonneau pour compenser l'évaporation.

OUÏR v. t. (lat. *audire*, entendre). [Auj., n'est usité qu'à l'inf. prés., au part. pass. *ouï, e* et aux temps composés.] Entendre, percevoir les sons par l'oreille : *j'ai ouï dire que*. ‖ *Dr.* Recevoir la déposition de : *ouïr les experts*.

OUISTITI n. m. (onomat.). Singe arboricole de l'Amérique du Sud, dont le corps, mesurant environ 20 cm, est prolongé par une longue queue touffue. (Famille des hapalidés.)

OUKASE n. m. → UKASE.

OULÉMA n. m. → ULÉMA.

OULLIÈRE n. f. (anc. fr. *ouiller*, creuser). *Agr.* Espace laissé entre des rangées de ceps et affecté à d'autres cultures.

OUMIAK n. m. (mot esquimau). Embarcation de grandes dimensions des Esquimaux, faite de peaux de phoque cousues.

OUOLOF n. m. Langue nigéro-congolaise parlée au Sénégal.

ouistiti

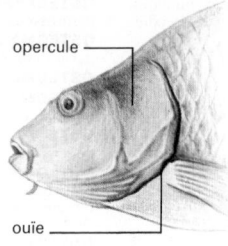
opercule
ouïe
OUÏES

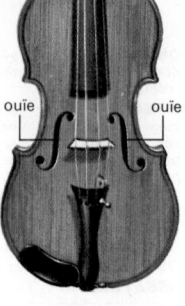
ouïe   ouïe
ouïes d'un violon

ours d'Asie

ours blanc

OURAGAN n. m. (esp. *huracán*, tornade). Tempête très violente. ‖ Mouvement brutal, impétueux : *ouragan politique*.

OURALIEN, ENNE adj. De l'Oural.

OURALO-ALTAÏQUE adj. Se dit d'un vaste ensemble, encore hypothétique, de langues parlées de la Finlande à la Mandchourie, et comprenant le *finnois*, le *hongrois*, le *turc*, le *samoyède*, le *mongol*.

OURDIR v. t. (lat. *ordiri*). Disposer sur l'ourdissoir les fils de la chaîne d'une étoffe. ‖ *Litt.* Tramer; préparer : *ourdir une conspiration*.

OURDISSAGE n. m. Opération du tissage, consistant à préparer la chaîne en assemblant parallèlement des fils d'égale longueur.

OURDISSEUR, EUSE n. Personne qui pratique l'ourdissage.

OURDISSOIR n. m. Machine sur laquelle se fait l'opération de l'ourdissage.

OURDOU n. m. → URDÛ.

OURLER v. t. (lat. pop. *orulare*; de *ora*, bord). Faire un ourlet à.

OURLET n. m. (dimin. de *orle*). Repli cousu au bord d'une étoffe. ● *Faux ourlet*, ourlet formé avec un morceau de tissu rajouté.

OURLIEN, ENNE adj. Relatif aux oreillons.

OURS [urs] n. m. (lat. *ursus*). Mammifère de l'ordre des carnassiers, plantigrade, au corps lourd et massif. (Cri : l'ours *gronde, grogne*.) ‖ Jouet d'enfant : *ours en peluche*. ‖ Homme qui fuit la société. ● *Ours blanc*, ours des régions arctiques, qui mène une vie aquatique et se nourrit surtout de poissons. (Son poids atteint 600 kg et sa hauteur, dressé, 2,70 m.) ‖ *Ours brun*, ours qui vit en solitaire dans les forêts montagneuses d'Europe et d'Asie, et qui se nourrit notamment de fruits et de miel. ‖ *Ours des cocotiers*, ours de Malaisie, excellent grimpeur. ‖ *Ours marin*, espèce d'otarie.

OURSE n. f. (lat. *ursa*). Femelle de l'ours.

OURSIN n. m. (autre forme du mot *hérisson*). Animal marin à test calcaire globuleux, couvert de piquants mobiles, et dont les glandes reproductrices sont comestibles. (Noms usuels : *châtaigne de mer, hérisson de mer;* embranchement des échinodermes.)

OURSON n. m. Petit d'un ours.

OUST! ou **OUSTE!** interj. (onomat.). *Fam.* S'emploie pour chasser qqn ou pour l'obliger à se hâter.

OUT [awt] adv. (mot angl., *dehors*). Mot employé au tennis pour indiquer que la balle est tombée hors des limites du court. ‖ En boxe, abrév. de KNOCK-OUT.

OUTARDE n. f. (lat. *avis tarda*, oiseau lent). Oiseau échassier au corps lourd, recherché pour sa chair savoureuse. (La *grande outarde*

[long. 1 m], qui passe en France en hiver, est devenue très rare; on rencontre surtout la *petite outarde*, ou canepetière [long. 50 cm].)

OUTARDEAU n. m. Jeune outarde.

OUTIL [uti] n. m. (lat. *ustensilia*, ustensiles). Objet fabriqué dont on se sert pour exécuter un travail manuel ou mécanique. ‖ Moyen permettant d'exécuter un travail.

OUTILLAGE n. m. Ensemble des outils nécessaires à une profession ou à un travail. ‖ Service chargé des outils, dans une entreprise.

OUTILLÉ, E adj. Qui a les outils nécessaires à un travail.

OUTILLER v. t. Munir d'outils. ‖ Fournir des moyens nécessaires : *être bien outillé pour la vie*.

OUTILLEUR n. m. Professionnel capable de confectionner à la main et sur machines, ainsi que de mettre au point, des calibres, moules, outillages et montages de fabrication.

OUTLAW [awtlo] n. m. (mot angl., *hors-la-loi*). Bandit, aventurier mis à l'écart des lois.

OUTPUT [awtpyt] n. m. *Écon.* Résultat d'une production.

OUTRAGE n. m. (de *outre*). Injure, offense

outarde

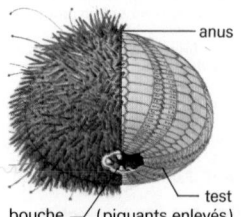
anus
OURSIN
bouche   test   (piquants enlevés)

grave. ‖ *Dr.* Délit consistant à mettre en cause l'honneur ou la délicatesse d'un magistrat, d'un juré, d'un officier ministériel, etc., dans l'exercice de leurs fonctions. ● *Faire subir les derniers outrages à une femme*, la violer. ‖ *Outrage aux bonnes mœurs* (Dr.), délit consistant à porter atteinte à la moralité publique par écrits, dessins, photographies ou paroles. ‖ *Outrage public à la pudeur* (Dr.), délit consistant en un geste contraire à la décence, perçu ou susceptible d'être perçu par des tiers.

OUTRAGEANT, E adj. Qui outrage, insultant.

OUTRAGER v. t. (conj. 1). Offenser vivement, insulter.

OUTRAGEUSEMENT adv. De façon excessive.

OUTRAGEUX, EUSE adj. *Litt.* Excessif : *se vanter de manière outrageuse.*

OUTRANCE n. f. (de *outrer*). Exagération dans les paroles ou le comportement, chose excessive. ● *À outrance*, jusqu'à l'excès, à fond.

OUTRANCIER, ÈRE adj. Qui pousse les choses à l'excès.

OUTRE n. f. (lat. *uter*). Peau de bouc cousue en forme de sac, pour conserver et transporter des liquides.

OUTRE prép. (lat. *ultra*, au-delà de). En plus de : *apporter, outre les témoignages, des preuves écrites.* ● *Outre mesure*, à l'excès. ◆ *En outre*, de plus. ‖ *Passer outre*, ne pas tenir compte de. ◆ loc. conj. *Outre que*, en plus du fait que...

OUTRÉ, E adj. Exagéré : *pensée outrée.* ‖ Indigné, scandalisé : *je suis outré de tant d'impertinence.*

OUTRE-ATLANTIQUE loc. adv. Au-delà de l'Atlantique, par rapport à l'Europe.

OUTRECUIDANCE n. f. *Litt.* Confiance excessive en soi-même.

OUTRECUIDANT, E adj. (de *outre*, et anc. fr. *cuider*, penser). Qui manifeste de l'outrecuidance, présomptueux.

OUTRE-MANCHE loc. adv. Au-delà de la Manche, par rapport à la France.

OUTREMER n. m. Lapis-lazuli. ◆ adj. inv. et n. m. D'un bleu intense.

OUTRE-MER loc. adv. Au-delà des mers : *s'établir outre-mer.*

OUTREPASSÉ, E adj. *Arc outrepassé* (Archit.), arc qui se prolonge par deux petits segments rentrants en dessous de sa ligne de plus grande ouverture.

OUTREPASSER v. t. Aller au-delà de ce qui est permis : *outrepasser ses pouvoirs.* ◆ v. i. *Véner.* S'emporter au-delà des voies, en parlant des chiens.

OUTRER v. t. (de *outre*). Porter les choses au-delà de la juste raison, leur donner une importance exagérée : *outrer la vérité.* ‖ Pousser à bout, provoquer l'indignation : *vos paroles m'ont outré.*

OUTRE-RHIN loc. adv. *Litt.* Au-delà du Rhin.

OUTRE-TOMBE loc. adv. Après la mort.

OUTRIGGER [awtrigœr] n. m. (angl. *out*, en dehors, et *to rig*, équiper). Embarcation de course, étroite et légère, munie d'armatures métalliques portant le point d'appui des rames en dehors des bordages.

OUTSIDER [awtsajdœr] n. m. (mot angl., *celui qui est en dehors*). Concurrent non favori, mais dont les chances de vaincre ne sont pas négligeables.

OUVALA n. f. (mot serbe). *Géomorphol.* Dans les régions de relief karstique, vaste dépression résultant de la coalescence de plusieurs dolines.

OUVERT, E adj. Qui laisse un passage, où l'on peut entrer. ‖ Qui se confie, franc : *caractère ouvert.* ‖ Qui exprime la franchise : *visage ouvert.* ‖ Capable de comprendre, de s'intéresser à : *esprit ouvert.* ‖ Déclaré, manifeste : *guerre ouverte.* ‖ Qui est accueillant, accessible : *milieu très ouvert.* ‖ *Chorégr.* Se dit du danseur, de la danseuse qui possède naturellement la position de l'en-dehors. ‖ *Math.* Se dit d'un intervalle]a, b[dont les extrémités *a* et *b* ne font pas partie. ‖ *Phon.* Se dit d'une voyelle prononcée avec une ouverture plus ou moins

grande du canal vocal. ‖ *Sports.* Dont le résultat est incertain : *compétition très ouverte.* ● *À bureau, à guichet ouvert*, sur présentation des titres. ‖ *Ensemble ouvert* (Math.), ensemble de points sans frontières. ‖ *Navire ouvert*, navire de charge dont les écoutilles de chargement s'étendent sur la plus grande partie de la largeur. ‖ *Port ouvert*, où les navires étrangers pénètrent librement. ‖ *Rade ouverte*, mouillage exposé au vent, à l'ennemi, etc. ‖ *Tenir table ouverte*, recevoir tous ceux qui se présentent. ‖ *Ville ouverte*, ville qui n'est pas fortifiée ou que l'on renonce à défendre en temps de guerre.

OUVERT n. m. *Math.* Syn. d'ENSEMBLE OUVERT.

OUVERTEMENT adv. Sans déguisement, franchement, publiquement.

OUVERTURE n. f. Action d'ouvrir; état de ce qui est ouvert : *l'ouverture d'un coffre.* ‖ Fente, trou, espace vide dans un corps : *faire une ouverture dans un mur.* ‖ Proposition relative à une affaire, une négociation : *des ouvertures de paix.* ‖ Début officiel d'une manifestation, d'une séance : *ouverture de la chasse.* ‖ En politique, élargissement des alliances, recherche de soutiens dans de nouveaux secteurs de l'opinion. ‖ Dans certains jeux, début d'une partie. ‖ *Chorégr.* Écartement des pieds donné par l'en-dehors. ‖ *Min.* Épaisseur d'une couche. ‖ *Mus.* Composition instrumentale qui précède un opéra, un oratorio, etc., et qui est destinée à mettre dans l'atmosphère de l'œuvre qui va suivre. (De structure variable, l'ouverture emprunte, notamment au XVIIIᵉ s., la forme sonate.) ‖ *Opt.* Surface utile d'un système optique. ‖ *Sports.* En rugby, à la sortie d'une mêlée, action d'adresser le ballon aux trois-quarts, généralement par l'intermédiaire du *demi d'ouverture.* ● *Cas d'ouverture* (Dr.), irrégularité susceptible de baser un recours contre un acte ou un jugement. ‖ *Ouverture de compas*, écartement des pointes de ses deux branches. ‖ *Ouverture du feu* (Mil.), déclenchement du tir. ‖ *Ouverture relative d'un objectif photographique*, rapport du diamètre du diaphragme à la distance focale. ‖ *Ouverture des roues avant*, divergence que l'on donne aux roues avant dans les voitures à traction avant. ‖ *Ouverture d'une succession*, moment auquel prend naissance le droit de recueillir celle-ci.

OUVRABILITÉ n. f. Propriété d'un béton fraîchement gâché de se laisser aisément mettre en place dans les moules et coffrages.

OUVRABLE adj. (de *ouvrer*). *Jour ouvrable*, jour de la semaine non férié.

OUVRAGE n. m. (de *œuvre*). Action de travailler : *se mettre à l'ouvrage.* ‖ Objet produit par le travail d'un ouvrier, d'un artiste : *un ouvrage de menuiserie, de sculpture.* ‖ Travail exécuté à l'aiguille ou au tricot. ‖ Texte scientifique ou littéraire, livre : *publier un ouvrage.* ‖ Partie d'un haut fourneau au-dessus du creuset, et dans laquelle débouchent les tuyères à vent. ‖ *Mil.* Élément autonome d'une organisation fortifiée, capable de résister même après encerclement. ● *Boîte à ouvrage*, boîte dont la disposition intérieure en casiers permet de ranger tout ce qui est nécessaire à la couture. ‖ *Ouvrage d'art*, construction de grande importance entraînée par l'établissement d'une ligne de communication (pont, tunnel, etc.). ‖ *Ouvrage public* (Dr.), bien immeuble relevant du domaine public, sur lequel sont souvent réalisés des travaux publics et utilisé à des besoins d'intérêt général.

OUVRAGÉ, E adj. Finement travaillé, décoré.

OUVRAGER v. t. (conj. 1). Travailler qqch avec une grande minutie.

OUVRAISON n. f. Opération de filature permettant de séparer grossièrement les touffes de matières premières textiles.

OUVRANT, E adj. Conçu de manière à pouvoir être ouvert.

OUVRÉ, E adj. (lat. *operatus*). Façonné : *fer ouvré.* ‖ Travaillé, décoré avec soin : *lingerie ouvrée.* ● *Jour ouvré*, jour où l'on travaille.

OUVREAU n. m. Ouverture pratiquée dans les fours de verriers pour y cueillir le verre en fusion.

OUVRE-BOÎTES n. m. inv. Instrument coupant pour ouvrir les boîtes de conserves.

OUVRE-BOUTEILLES n. m. inv. Syn. de DÉCAPSULEUR.

OUVRE-HUÎTRES n. m. inv. Couteau à lame courte et forte permettant d'ouvrir les huîtres.

OUVRER v. t. (lat. *operare*). *Techn.* Façonner, travailler : *ouvrer du bois.*

OUVREUR, EUSE n. Celui, celle qui ouvre. ‖ Dans certains jeux de cartes, celui qui commence les enchères. ‖ Personne qui ouvre la piste lors d'une compétition de ski.

OUVREUSE n. f. Femme chargée de placer les spectateurs dans un théâtre, un cinéma. ‖ Machine servant à désagréger les fibres agglomérées de la laine, du coton ou de la soie.

OUVRIER, ÈRE n. (lat. *operarius*). Personne qui, moyennant un salaire, se livre à un travail manuel pour le compte d'un employeur. ● *Ouvrier à façon*, ouvrier auquel on fournit la matière à mettre en œuvre et auquel est payé, pour la façon, un prix convenu. ‖ *Ouvrier hautement qualifié*, ouvrier qui exécute des travaux de la plus haute qualité professionnelle. ‖ *Ouvrier qualifié*, ouvrier qui possède un métier acquis par une longue pratique ou par un apprentissage sanctionné par un certificat d'aptitude professionnelle. ‖ *Ouvrier spécialisé* (O. S.), celui qui effectue un travail nécessitant une certaine mise au courant, sans cependant exiger un véritable apprentissage. (Les conventions collectives comportent des barèmes établissant une hiérarchie entre le manœuvre-balai, le manœuvre spécialisé, les ouvriers spécialisés [OS1, OS2, OS3] et les ouvriers hautement qualifiés ou professionnels [P1, P2, P3].) ◆ adj. Qui concerne les ouvriers : *cité ouvrière; revendications ouvrières.* ● *La classe ouvrière*, les ouvriers.

OUVRIÈRE n. f. Chez les insectes sociaux (abeilles, fourmis, termites), individu stérile assurant la nutrition, la construction du nid, les soins aux larves et, dans certains cas, la défense de la société.

OUVRIÉRISME n. m. Attitude de ceux qui considèrent les ouvriers comme seuls qualifiés pour diriger le mouvement socialiste (organisation syndicale ou politique).

OUVRIÉRISTE adj. et n. Qui relève de l'ouvriérisme.

OUVRIR v. t. (lat. *aperire*) [conj. 10]. Faire que ce qui était fermé ne le soit plus, permettre d'accéder, de voir à l'intérieur : *ouvrir une armoire, une porte.* ‖ Séparer, écarter ce qui est joint : *ouvrir les lèvres.* ‖ Pratiquer une ouverture, commencer à creuser, à fouiller : *ouvrir un chemin, une tranchée.* ‖ Faire fonctionner : *ouvrir la lumière.* ‖ Percer, entamer : *ouvrir une veine, un pâté.* ‖ Commencer, inaugurer, mettre en train : *ouvrir le bal.* ‖ Établir, fonder : *ouvrir une école.* ● *L'ouvrir* (Pop.), parler. ‖ *Ouvrir l'appétit*, donner de l'appétit. ‖ *Ouvrir la chasse*, fixer l'époque où il sera permis de chasser. ‖ *Ouvrir un compte à qqn*, commencer à lui faire crédit. ‖ *Ouvrir le dialogue*, commencer une conversation. ‖ *Ouvrir un emprunt*, demander à emprunter une certaine somme. ‖ *Ouvrir l'esprit de qqn*, le rendre plus capable de comprendre. ‖ *Ouvrir la porte à*, admettre, donner lieu à. ‖ *Ouvrir une piste de ski*, la descendre avant le début d'une compétition, pour s'assurer de son bon état. ◆ v. i. Donner accès : *cette porte ouvre sur le jardin.* ‖ Être ouvert, recevoir les clients : *magasin qui ouvre le dimanche.* ‖ *Jeux.* Commencer la partie. ‖ Au rugby, adresser le ballon aux joueurs des lignes arrière. ◆ **s'ouvrir** v. pr. Devenir ouvert. ‖ Commencer. ● *S'ouvrir à qqn*, se confier à lui.

OUVROIR n. m. Établissement de bienfaisance où des personnes charitables se livraient à des travaux de couture (vx). ‖ Dans les communautés de femmes, lieu où les religieuses s'assemblent pour travailler.

OUZBEK ou **UZBEK** adj. et n. De l'Ouzbékistan.

OUZBEK ou **UZBEK** n. m. Langue turque parlée en Ouzbékistan.

OUZO n. m. Liqueur parfumée à l'anis, d'origine grecque.

OVAIRE n. m. (lat. *ovum*, œuf). Glande génitale femelle paire, où se forment les ovules et qui produit des hormones (folliculine, progestérone). ‖ *Bot.* Partie renflée et creuse du pistil, qui contient les ovules et formera le fruit après la fécondation.

OVALBUMINE n. f. Protéine du blanc d'œuf.

OVALE adj. (lat. *ovum*, œuf). Qui a la forme d'un œuf. ‖ Se dit de toute courbe fermée, convexe et allongée, ayant deux axes de symétrie comme l'ellipse. ‖ Se dit d'un solide de révolution ayant l'allure générale d'un ellipsoïde de révolution aplati. ‖ Se dit d'un domaine plan limité par une courbe ovale.

OVALE n. m. Figure, forme ovale. ‖ *Math.* Courbe fermée, ressemblant à une ellipse, obtenue en raccordant quatre arcs de cercle égaux deux à deux.

OVALISATION n. f. Usure inégale des parois des cylindres d'un moteur.

OVALISER v. t. Rendre ovale.

OVARIECTOMIE n. f. Ablation d'un ovaire.

OVARIEN, ENNE adj. Relatif à l'ovaire.

OVARITE n. f. Inflammation des ovaires.

OVATION n. f. (lat. *ovatio*). Acclamations, honneurs rendus à qqn par une assemblée, par la foule. ‖ *Antiq. rom.* Récompense accordée au général victorieux, inférieure au triomphe.

OVATIONNER v. t. Saluer par une ovation, acclamer.

OVE n. m. (lat. *ovum*, œuf). Ornement architectural en forme d'œuf en bas relief, employé en nombre le long d'une ligne donnée.

OVERDOSE [ɔvœrdoz] n. f. (mot angl.). *Fam.* Quantité mortelle d'une drogue quelconque.

OVIBOS [ɔvibɔs] n. m. (lat. *ovis*, brebis, et *bos*, bœuf). Mammifère ruminant des régions boréales, qu'on appelle aussi *bœuf musqué*.

OVIDUCTE n. m. (lat. *ovum*, œuf, et *ductus*, conduit). Conduit par lequel les œufs passent de l'ovaire hors du corps de l'animal.

OVIN, E adj. (lat. *ovis*, brebis). Qui concerne les brebis, les moutons.

OVIN n. m. Syn. de MOUTON.

OVINÉ n. m. Bovidé de petite taille, tel que le *mouton*, le *mouflon*, la *chèvre*, le *bouquetin*.

OVIPARE adj. et n. (lat. *ovum*, œuf, et *parere*, engendrer). Qui se reproduit par des œufs pondus avant ou après fécondation, mais avant éclosion.

OVIPARITÉ n. f. Reproduction par œufs.

OVIPOSITEUR ou **OVISCAPTE** n. m. *Zool.* Syn. de TARIÈRE.

OVNI n. m. (sigle de *Objet Volant Non Identifié*). Engin volant d'origine mystérieuse, que certains prétendent avoir aperçu dans l'atmosphère terrestre.

OVOCYTE n. m. Cellule de la lignée germinale femelle des animaux, n'ayant pas encore subi les deux phases de la méiose.

OVOGENÈSE n. f. Formation des gamètes femelles chez les animaux.

OVOGONIE n. f. Cellule de la lignée germinale femelle des animaux, dont l'accroissement donnera les *ovocytes* de premier ordre.

OVOÏDE ou **OVOÏDAL, E, AUX** adj. Dont la forme ressemble à celle d'un œuf.

OVOTIDE n. m. *Biol.* Gamète femelle.

OVOVIVIPARE adj. et n. Se dit d'un animal qui se reproduit par œufs, mais qui les conserve dans ses voies génitales jusqu'à l'éclosion des jeunes, l'embryon se développant uniquement à partir des réserves accumulées dans l'œuf.

OVOVIVIPARITÉ n. f. Mode de reproduction des animaux ovovivipares.

OVULAIRE adj. Qui concerne l'ovule.

OVULATION n. f. Production et rejet des ovules par l'ovaire chez la femme et les animaux femelles. (Syn. PONTE OVULAIRE.)

OVULATOIRE adj. Qui concerne l'ovulation.

OVULE n. m. (lat. *ovum*, œuf). Cellule femelle destinée à être fécondée. ‖ *Bot.* Petit organe contenu dans l'ovaire, qui renferme la cellule femelle, ou oosphère, et qui fournira la graine après la fécondation par le pollen. ‖ Petit solide ovoïde contenant une matière médicamenteuse.

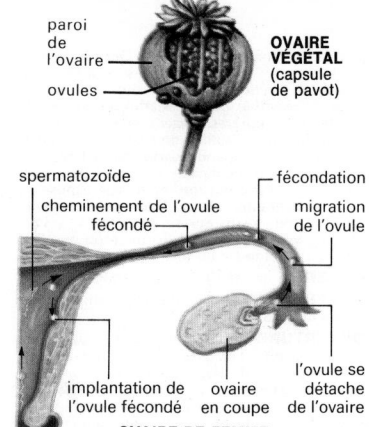

paroi de l'ovaire — ovules — **OVAIRE VÉGÉTAL** (capsule de pavot)

spermatozoïde — cheminement de l'ovule fécondé — fécondation — migration de l'ovule — implantation de l'ovule fécondé — ovaire en coupe — l'ovule se détache de l'ovaire

OVAIRE DE FEMME trompe et utérus

OXACIDE n. m. *Chim.* Acide contenant de l'oxygène.

OXALATE n. m. Sel de l'acide oxalique.

OXALIDE n. f., ou **OXALIS** [ɔksalis] n. m. (lat. *oxalis*, oseille). Plante riche en acide oxalique. (On cultive parfois des oxalides pour leurs fleurs dialypétales.)

OXALIQUE adj. *Acide oxalique*, acide organique de formule COOH—COOH, qui donne à l'oseille son goût particulier.

OXFORD [ɔksfɔr ou ɔksfɔrd] n. m. (du n. de la ville angl.). Toile de coton rayée ou quadrillée, très solide, à grain accentué.

OXHYDRIQUE adj. Se dit d'un mélange d'hydrogène et d'oxygène dont la combustion dégage une très grande quantité de chaleur.

OXHYDRYLE n. m. Syn. d'HYDROXYLE.

OXIME n. f. Composé contenant le groupement =N—OH et formé par élimination d'eau entre l'hydroxylamine et un aldéhyde ou une cétone.

OXO adj. inv. Se dit d'une réaction, d'un procédé de synthèse qui, à partir d'oléfines et d'un mélange d'oxyde de carbone et d'hydrogène, permet d'obtenir des composés aliphatiques oxygénés.

OXONIUM n. m. Ion univalent H_3O^+.

OXYACÉTYLÉNIQUE adj. Relatif au mélange d'oxygène et d'acétylène.

OXYCARBONÉ, E adj. Combiné à l'oxyde de carbone : *hémoglobine oxycarbonée*.

OXYCHLORURE n. m. Combinaison d'un corps avec l'oxygène et le chlore.

OXYCOUPAGE n. m. Découpage des tôles par oxydation à haute température.

OXYCOUPEUR adj. m. Se dit d'un chalumeau oxyacétylénique utilisé pour l'oxycoupage.

OXYDABLE adj. Qui peut être oxydé.

OXYDANT, E adj. et n. m. Qui a la propriété d'oxyder.

OXYDASE n. f. Enzyme qui active l'oxygène et le fixe à l'hydrogène ou à d'autres corps.

OXYDATION n. f. Combinaison avec l'oxygène et, plus généralement, réaction dans laquelle un atome ou un ion perd des électrons; état de ce qui est oxydé. ● *Oxydation anodique*, procédé de revêtement électrolytique de pièces métalliques par formation de couches protectrices du métal de base.

OXYDE n. m. (gr. *oxus*, acide). Composé résultant de la combinaison d'un corps avec l'oxygène : *oxyde de carbone (CO)*.

OXYDER v. t. Faire passer à l'état d'oxyde. ‖ Combiner avec l'oxygène. ‖ Faire perdre des électrons à un atome, à un ion. ◆ **s'oxyder** v. pr. Passer à l'état d'oxyde.

OXYDÉRURGIE n. f. Ensemble des procédés sidérurgiques utilisant de l'oxygène soit pur, soit en addition dans l'air soufflé.

OXYDORÉDUCTASE n. f. Enzyme qui catalyse les réactions d'oxydoréduction.

OXYDORÉDUCTION n. f. Oxydation d'un corps combinée à la réduction d'un autre corps. (Les phénomènes d'oxydoréduction, qui permettent la respiration cellulaire des organismes vivants, sont assurés par des enzymes.)

OXYGÉNATION n. f. Action d'oxygéner.

OXYGÈNE n. m. (gr. *oxus*, acide, et *gennan*, engendrer). Métalloïde (O), élément n° 8, de masse atomique 16, formant la partie de l'air nécessaire à la respiration. ● *Donner de l'oxygène*, insuffler un dynamisme nouveau.

■ L'oxygène est un gaz incolore, inodore et sans saveur, de densité 1,105; il se liquéfie à −183 °C sous la pression atmosphérique. Il se combine à la plupart des corps simples, en particulier avec l'hydrogène, pour donner de l'eau, dont il forme les huit neuvièmes en masse. Élément le plus répandu dans la nature, il forme le cinquième de l'air en volume. Il est l'agent de la respiration et de la combustion. Il est employé dans l'industrie pour un grand nombre de préparations (acide sulfurique, blanc de zinc, etc.); on utilise dans les chalumeaux oxhydrique et oxyacétylénique la chaleur qu'il dégage en se combinant; enfin, la médecine l'emploie surtout en inhalations.

OXYGÉNÉ, E adj. Qui contient de l'oxygène. ● *Cheveux oxygénés*, décolorés avec de l'eau oxygénée. ‖ *Eau oxygénée*, solution aqueuse de dioxyde d'hydrogène H_2O_2.

OXYGÉNER v. t. (conj. 5). Opérer la combinaison d'un corps avec l'oxygène. ◆ **s'oxygéner** v. pr. *Fam.* Aller à la campagne pour ne plus respirer l'air vicié des villes.

OXYGÉNOTHÉRAPIE n. f. Traitement par les inhalations d'oxygène, souvent associé à la respiration artificielle.

OXYHÉMOGLOBINE n. f. Combinaison instable d'hémoglobine et d'oxygène, qui donne sa couleur rouge vif au sang oxygéné.

OXYLITHE n. f. Nom commercial du dioxyde de sodium, qui sert à préparer l'oxygène par action de l'eau.

OXYSULFURE n. m. Combinaison d'un corps avec l'oxygène et le soufre.

OXYTON adj. et n. m. (gr. *oxus*, aigu, et *tonos*, ton). *Ling.* Se dit d'un mot ayant l'accent tonique sur sa finale.

OXYTONNE n. m. (nom déposé). Installation de production et de stockage d'oxygène pour l'oxydérurgie.

OXYURE [ɔksjyr] n. m. (gr. *oxus*, aigu, et *ouron*, queue). Ver nématode, long de 0,5 à 1 cm, parasite de l'intestin de l'homme (surtout de l'enfant), qui provoque des démangeaisons anales pénibles et dont on se débarrasse par des vermifuges.

OXYUROSE n. f. Parasitose due aux oxyures.

OYAT n. m. Plante utilisée pour la fixation du sable des dunes. (Famille des graminacées.)

oz, symbole de l'*once* anglo-saxonne.

OZOCÉRITE ou **OZOKÉRITE** n. f. (gr. *ozein*, exhaler une odeur, et *kêros*, cire). Hydrocarbure naturel semblable à la cire d'abeille. (Syn. PARAFFINE NATURELLE.)

OZONE n. m. (gr. *ozein*, exhaler une odeur). Variété allotropique de l'oxygène, de formule O_3.

■ Sous une grande épaisseur, l'ozone est bleu; c'est un gaz d'odeur forte, d'un pouvoir oxydant bien supérieur à celui de l'oxygène. Préparé par action de l'effluve électrique sur l'oxygène, il sert à la stérilisation des eaux, au vieillissement artificiel des eaux-de-vie.

OZONIDE n. m. Combinaison de l'ozone avec les composés organiques à double liaison.

OZONISATION n. f. Action d'ozoniser. ‖ Réaction produisant un ozonide.

OZONISER v. t. Transformer de l'oxygène en ozone. ‖ Faire agir de l'ozone sur un corps pour le stériliser ou le transformer.

OZONISEUR n. m. Appareil servant à préparer l'ozone.

OZONOSPHÈRE n. f. Couche de l'atmosphère terrestre, située entre 15 et 40 km d'altitude, qui contient de l'ozone.

pont sur la baie de San Francisco

p

P n. m. Seizième lettre de l'alphabet, et la douzième des consonnes : [p] *est une consonne labiale sourde.* ‖ **p.,** abrév. de POUR (dans *p. cent*) et de PAGE. ‖ **p,** symbole de *pico.* ‖ **p.** (Mus.), abrév. de PIANO. ‖ **P,** symbole de *peta.* ‖ **P.** (Relig.), abrév. de PÈRE. ‖ **P,** symbole chimique du *phosphore.* ‖ **P,** symbole du *poise.*

Pa, symbole du *pascal;* symbole chimique du *protactinium.* ● **Pa.s,** symbole du *pascal-seconde.*

PACAGE [pakaʒ] n. m. (lat. *pascuum,* pâturage). Action de faire paître le bétail. ‖ Médiocre pâturage.

PACAGER v. t. (conj. **1**). Faire paître le bétail. ◆ v. i. Paître.

PACEMAKER [pesmekər] n. m. (mot angl., *qui fait marquer le pas*). Stimulateur cardiaque.

PACHA n. m. (mot turc). Titre donné aux chefs de province dans l'Empire ottoman. ‖ Arg. mil. Appellation du commandant d'un navire de guerre. ● *Vie de pacha* (Fam.), vie sans souci, dans l'abondance.

PACHALIK n. m. (mot turc). Division administrative de l'Empire ottoman.

PACHTO [paʃto] n. m. Langue indo-européenne (groupe iranien) parlée en Afghānistān et écrite avec l'alphabet arabe. (Syn. AFGHAN.)

PACHYDERME [paʃidɛrm] adj. et n. m. (gr. *pakhus,* épais, et *derma,* peau). Se dit d'animaux à peau épaisse (éléphant, rhinocéros, hippopotame).

PACHYDERMIE n. f. Méd. Épaississement dermique dû à une infiltration de la peau.

PACIFICATEUR, TRICE adj. et n. Qui apaise les troubles ou rétablit la paix.

PACIFICATION n. f. Action de pacifier.

PACIFIER v. t. (lat. *pax, pacis,* paix, et *facere,* faire). Rétablir le calme, la paix dans un pays en état de guerre, dans un esprit troublé.

PACIFIQUE adj. Qui désire vivre en paix avec les autres : *homme pacifique.* ‖ Qui n'a pas de caractère agressif, qui tend à la paix : *coexistence pacifique; utilisation pacifique de l'atome.*

PACIFIQUEMENT adv. De façon pacifique : *manifester pacifiquement.*

PACIFISME n. m. Doctrine des personnes qui préconisent la recherche de la paix par la négociation.

PACIFISTE adj. et n. Qui appartient au pacifisme.

PACK [pak] n. m. (mot angl., *paquet*). Dans les régions polaires, ensemble des glaces flottantes et des chenaux qui les séparent, résultant du morcellement de la banquise par les courants marins et les vents. ‖ Ensemble des avants d'une équipe de rugby. ‖ Emballage qui maintient et permet de porter ensemble plusieurs petites bouteilles ou pots.

PACOTILLE n. f. (esp. *pacotilla*). Marchandise sans valeur. ‖ Autref., petit lot de marchandises que pouvaient embarquer les gens de l'équipage ou les passagers d'un navire. ● *De pacotille,* de peu de valeur, de qualité inférieure.

PACQUAGE n. m. Action de pacquer.

PACQUER v. t. (moyen fr. *pakke,* ballot). Mettre en baril le poisson salé.

PACSON n. m. Arg. Paquet.

PACTE n. m. (lat. *pactum*). Accord, convention solennelle entre États ou entre particuliers. ● *Pacte fédéral,* Constitution de la Suisse.

PACTISER v. i. Céder, transiger : *pactiser avec le crime, avec l'ennemi.*

PACTOLE n. m. (n. d'une rivière de Lydie). Litt. Source de richesse.

PADDOCK [padɔk] n. m. (mot angl., *enclos*). Enclos dans une prairie, pour les poulinières et leurs poulains. ‖ Turf. Enceinte réservée où les chevaux sont promenés en main. ‖ Pop. Lit.

PADDY n. m. (mot angl.; du malais). Riz non décortiqué.

PAELLA [paelja *ou* paɛla] n. f. (mot esp.). Plat espagnol composé de riz accompagné de viande, de poissons, de crustacés, etc.

PAF adj. inv. (onomat.). Pop. Ivre.

PAGAIE [pagɛ] n. f. (mot malais). Aviron court que l'on manie sans le fixer sur l'embarcation.

PAGAILLE ou **PAGAÏE** [pagaj] n. f. Fam. Désordre. ● *En pagaille* (Fam.), en grande quantité.

PAGANISER v. t. Rendre païen.

PAGANISME n. m. (lat. *paganus,* paysan). Nom donné par les chrétiens, à partir du IVe s., au polythéisme, auquel les campagnards restèrent longtemps fidèles.

PAGAYER v. i. (conj. **2**). Conduire à la pagaie.

PAGAYEUR, EUSE n. Personne qui pagaie.

PAGE n. f. (lat. *pagina*). Chacun des deux côtés d'un feuillet de papier : *une page blanche.* ‖ Feuillet complet : *déchirer une page.* ‖ Ce qui est écrit ou imprimé sur la page : *lire une page.* ‖ Passage d'une œuvre littéraire ou musicale : *les plus belles pages de Racine.* ‖ *Belle page* (Impr.), page de droite d'un livre. ‖ *Être à la page* (Fam.), être au courant de tout; suivre la mode. ‖ *Fausse page* (Impr.), page de gauche d'un livre.

PAGE n. m. (gr. *paidion,* petit garçon). Jeune noble qui était placé au service d'un prince, d'un seigneur.

PAGEL n. m. (mot prov.). Poisson marin de couleur gris-rose argenté, dont une espèce est pêchée sur les côtes d'Europe et consommée sous le nom de *daurade.*

PAGEOT n. m. Pop. Lit.

Paget (*maladie cutanée de*), eczéma suintant du sein, précédant ou accompagnant un cancer de cet organe.

Paget (*maladie osseuse de*), maladie déformante des os, de cause inconnue.

PAGINATION n. f. Numérotage des feuillets d'un manuscrit ou des pages d'un livre.

PAGINER v. t. Syn. de FOLIOTER.

PAGNE n. m. (esp. *paño*). Morceau d'étoffe dont on se couvre de la ceinture aux genoux.

PAGODE n. f. (mot portug.; d'une langue de l'Inde). Édifice religieux de l'Extrême-Orient. ‖ Anc. monnaie d'or de l'Inde. ◆ adj. inv. *Manche pagode* (Cout.), manche évasée au poignet.

PAGRE n. m. Poisson marin voisin de la daurade, à chair estimée. (Long. 50 cm.)

PAGURE n. m. (gr. *pagouros,* qui a la queue en corne). Crustacé très commun sur les côtes de l'Europe occidentale et qui protège son

pagure

abdomen mou dans la coquille vide d'un gastropode. (Long. 10 cm; ordre des décapodes; nom usuel : *bernard-l'ermite.*)

PAGUS [pagys] n. m. (mot lat.) [pl. *pagi*]. Hist. Canton rural de la Gaule romaine.

PAHLAVI n. m. Langue parlée en Perse sous les Sassanides, et transcrite dans une écriture voisine de l'araméen. (Syn. PEHLVI.)

PAIE [pɛ] ou **PAYE** [pɛj] n. f. Action de payer; solde ou salaire : *jour de paie; la paie des ouvriers.* ● *Bulletin* ou *feuille de paie,* pièce justificative du paiement du salaire ou du traitement, que les employeurs doivent obligatoirement remettre au salarié au moment de la paie. (Son contenu est fixé par la loi et contient notamment le détail du montant de la paie.) ‖ *Ça fait une paye* (Pop.), ça fait longtemps. ‖ *Livre de paie,* livre dont les pages sont numérotées et paraphées par le juge d'instance, et où l'employeur reproduit les indications portées sur les bulletins de paie qu'il délivre.

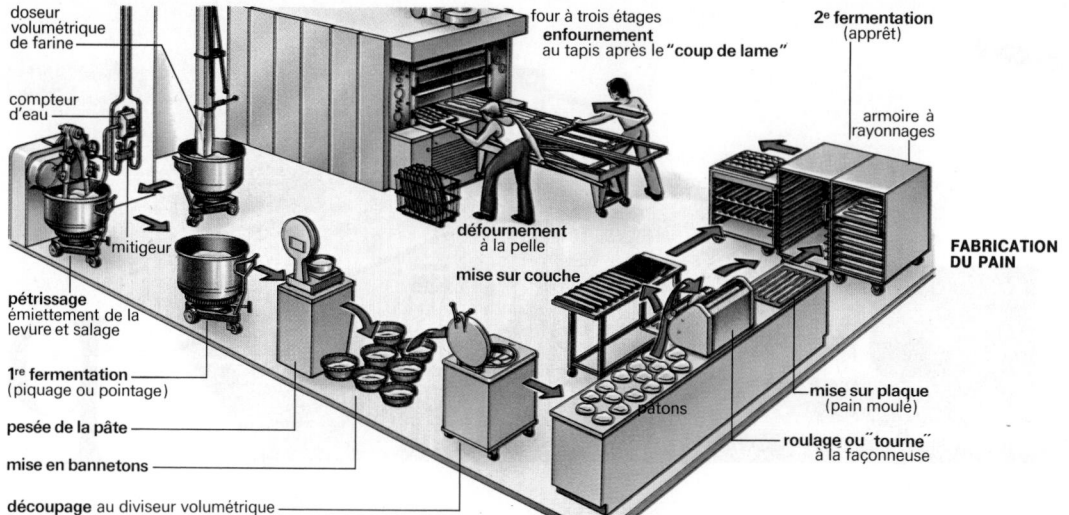

doseur volumétrique de farine

four à trois étages
enfournement
au tapis après le **"coup de lame"**

2e fermentation
(apprêt)

compteur d'eau

armoire à rayonnages

mitigeur

défournement
à la pelle

mise sur couche

FABRICATION DU PAIN

pétrissage
émiettement de la levure et salage

1re fermentation
(piquage ou pointage)

pesée de la pâte

mise en bannetons

mise sur plaque
(pain moulé)

pâtons

roulage ou "tourne"
à la façonneuse

découpage au diviseur volumétrique

PAIEMENT ou **PAYEMENT** [pɛmɑ̃] n. m. Action de verser une somme d'argent pour s'acquitter d'une obligation; somme payée.

PAÏEN, ENNE adj. et n. (lat. *paganus*, paysan). Se dit des peuples idolâtres, polythéistes. ‖ *Litt.* Impie, mécréant.

PAIERIE [pɛri] n. f. Bureau d'un trésorier-payeur.

PAILLAGE n. m. Action de pailler.

PAILLARD, E adj. et n. (de *paille*). Qui tient des propos grivois; débauché.

PAILLARDISE n. f. Acte, mot ou récit grivois.

PAILLASSE n. f. (de *paille*). Grand sac bourré de paille, de balle d'avoine, de feuilles de maïs, etc., dont on garnit le fond d'un lit ou qui sert de lit rudimentaire. ‖ Plan de travail, en général émaillé et juxtaposé à un évier.

PAILLASSE n. m. (de *Paillasse*, personnage du théâtre it.). Clown de parade ou de piste.

PAILLASSON n. m. Natte en fibres dures, qu'on place à la porte des appartements pour s'y essuyer les pieds. ‖ *Fam.* Personne lâche. ‖ *Hortic.* Claie faite avec de la paille longue, dont on couvre les couches et les espaliers pour les garantir de la gelée. ‖ *Techn.* Variété de paille tressée utilisée en chapellerie.

PAILLASSONNER v. t. *Hortic.* Garnir de paillassons.

PAILLE n. f. (lat. *palea*, balle de blé). Tige de graminée, et spécialement de céréale, dépouillée de son grain. ‖ *Techn.* Défaut interne dans les produits forgés ou laminés, constitué par une cavité plane et allongée. ● *Être sur la paille*, être ruiné. ‖ *Feu de paille*, passion, ardeur de peu de durée. ‖ *Homme de paille*, prête-nom dans une affaire malhonnête. ‖ *Paille de fer*, copeaux métalliques en forme de longs filaments, et servant à nettoyer les parquets. ‖ *Papier paille*, papier d'emballage à base de paille. ‖ *Tirer à la courte paille*, tirer au sort avec des brins de longueur inégale. ‖ *Une paille* (Fam.), presque rien. ‖ *Vin de paille*, vin blanc liquoreux, obtenu avec des raisins qu'on laisse sécher sur la paille. ◆ adj. inv. Jaune clair.

PAILLÉ, E adj. Qui a la couleur de la paille. ‖ *Techn.* Qui a une paille : *fonte paillée*.

PAILLE-EN-QUEUE n. m. (pl. *pailles-en-queue*). *Ornith.* Nom donné au *phaéton*, à cause de ses deux longues rectrices médianes.

PAILLER n. m. (lat. *palearium*, grenier à paille). Cour, grenier d'une ferme où l'on met les pailles. ‖ Meule de paille.

PAILLER v. t. Couvrir de paille; entourer ou garnir de paille.

PAILLET n. m. *Mar.* Natte en fils de caret pour préserver du frottement.

PAILLETAGE n. m. Action de pailleter.

PAILLETÉ, E adj. Couvert de paillettes.

PAILLETER v. t. (conj. **4**). Semer de paillettes. ‖ Être brodé de paillettes.

PAILLETTE n. f. Parcelle d'or qu'on trouve dans les sables aurifères. ‖ Petite lame très mince de métal ou de plastique qu'on applique sur une étoffe comme garniture. ‖ Petite lame d'un matériau solide métallique, minéral ou organique. ‖ Défaut en forme de petite lame mince dans une pièce métallique ou minérale. ● *Savon en paillettes*, copeaux de savon qui, dissous dans l'eau, servent à laver.

PAILLEUX, EUSE adj. *Techn.* Qui a des pailles. ● *Fumier pailleux*, fumier dont la paille n'est pas assez décomposée.

PAILLIS [paji] n. m. Couche de paille ou de fumier pailleux dont on recouvre le sol pour en maintenir la fraîcheur ou pour préserver certains fruits (fraises, melons, etc.) du contact de la terre.

PAILLON n. m. Grosse paillette. ‖ Feuille de métal précieux employée comme fond en émaillerie, en bijouterie. ‖ Enveloppe de paille pour les bouteilles.

PAILLOTE n. f. Hutte de paille dans les pays chauds.

PAIN n. m. (lat. *panis*). Aliment obtenu par cuisson au four d'une pâte préalablement pétrie et fermentée, composée essentiellement de farine, d'eau, de sel et d'un agent de fermentation (levure ou levain). ‖ Préparation culinaire faite de pain et de diverses matières : *pain de poisson*. ‖ Matière moulée : *pain de cire, de savon*. ● *Arbre à pain*, nom usuel de l'*artocarpus*. ‖ *Avoir du pain sur la planche* (Fam.), avoir beaucoup de travail à faire. ‖ *Faire passer le goût du pain à qqn*, le tuer. ‖ *Gros pain*, pain fabriqué comme le pain parisien, mais vendu au poids. ‖ *Manger son pain blanc*, profiter de circonstances favorables qui ne se renouvelleront plus. ‖ *Ne pas manger de ce pain-là*, ne pas user de ces procédés malhonnêtes. ‖ *Pain à cacheter*, rondelle de pâte cuite qui servait à cacheter les lettres. ‖ *Pain de campagne*, pain à croûte épaisse, fait à partir de levain et de farine de blé obtenue par mouture à la meule, dont la pâte est pétrie à la main. ‖ *Pain complet*, pain où entrent de la farine brute et du petit son. ‖ *Pain d'épice*, gâteau de farine de seigle, de sucre et de miel. ‖ *Pain de fantaisie*, pain fabriqué et vendu comme le pain parisien, pesant 700 g. ‖ *Pain de Gênes*, sorte de gâteau à pâte légère. ‖ *Pain de mie*, pain fait de farine de gruau et cuit dans des moules. ‖ *Pain moulé*, pain préparé et cuit en plaçant les pâtons sur un moule creusé dans une plaque métallique. ‖ *Pain noir*, pain de farine de sarrasin et de seigle. ‖ *Pain parisien*, pain fabriqué à la farine de blé, de forme allongée, pesant 400 ou 500 g et vendu à la pièce, dont le mode de préparation et de cuisson permet d'obtenir une croûte dorée et croustillante et une mie présentant des trous nombreux et volumineux. ‖ *Pain perdu*, entremets composé de pain rassis, trempé dans du lait sucré, et frit. ‖ *Pain de sucre*, masse de sucre coulée dans des moules coniques; piton de roches cristallines dans les régions tropicales. ‖ *Pain viennois*, pain fait à la farine de gruau additionnée de petites quantités de matière grasse et de sucre. ‖ *Petit pain*, pain fabriqué et vendu comme le pain parisien, pesant 50 g. ‖ *Pour une bouchée*, un morceau de pain, pour une très petite somme.

PAIR, E adj. Divisible par deux : *nombre pair*; en relation avec la divisibilité par deux. ● *Fonction paire* (Math.), fonction qui prend la même valeur pour deux valeurs opposées de la variable.

PAIR n. m. Cours nominal d'une valeur mobilière. ‖ Égalité de change des espèces monnayées, entre deux pays. ● *Au pair*, se dit d'une valeur mobilière dont le cours boursier est égal à la valeur nominale. ‖ *De pair*, sur le même rang. ‖ *Être, travailler au pair*, être logé et nourri sans appointements, en échange de certains services. ‖ *Hors pair*, supérieur à tout.

PAIR n. m. (lat. *par*, égal). Personne semblable quant à la dignité, au rang : *être jugé par ses pairs*. ‖ Autref., grand vassal de la Couronne, puis seigneur d'une terre érigée en pairie. ‖ *Hist.* Membre de la Chambre des pairs, en France, de 1814 à 1848. ‖ Membre de la Chambre des lords, en Angleterre.

PAIRAGE n. m. *Télév.* Défaut d'entrelacement des lignes, entraînant une réduction de la finesse de l'image dans le sens vertical.

PAIRE n. f. (lat. pop. *paria*, choses égales). Réunion de deux choses identiques, utilisées en même temps ou formant un objet unique : *une paire de gants, de ciseaux*. ‖ Couple d'animaux de la même espèce, composé d'un mâle et d'une femelle. ‖ Réunion de deux animaux employés ensemble, de deux personnes unies par quelque lien : *une paire d'amis*.

PAIRESSE n. f. Femme d'un pair. ‖ Femme titulaire d'une pairie de son propre droit.

PAIRIE n. f. Titre et dignité d'un pair; fief auquel cette dignité était attachée. ‖ Dignité des membres de la Chambre haute, actuellement en Angleterre, et en France de 1814 à 1848.

PAIRLE [pɛrl] n. m. *Hérald.* Pièce honorable en forme d'Y.

PAISIBLE adj. D'humeur douce et tranquille :

658

homme paisible. ‖ Que rien ne trouble; où règne le calme, la tranquillité : *vie paisible.* ‖ *Dr.* Qui n'est pas troublé dans la possession d'un bien.

PAISIBLEMENT adv. De façon paisible.

PAISSANCE [pɛsɑ̃s] n. f. (de *paître*). Action de faire paître du bétail, sans droit explicite, sur un terrain communal.

PAISSEAU n. m. (lat. *paxillus*). *Agric.* Sorte d'échalas.

PAÎTRE v. t. (lat. *pascere*) [conj. 74]. Manger en broutant : *paître l'herbe.* ◆ v. i. Manger de l'herbe en broutant : *mener paître; faire paître.* ● *Envoyer paître* (Fam.), se débarrasser brutalement de qqn.

PAIX n. f. (lat. *pax, pacis*). État d'un pays qui n'est pas en guerre. ‖ Cessation des hostilités; traité mettant fin à l'état de guerre : *ratifier la paix.* ‖ État de concorde, d'accord entre les membres d'un groupe : *vivre en paix avec ses voisins.* ‖ Repos : *laisser en paix.* ‖ Tranquillité : *être en paix avec sa conscience.* ‖ État d'un lieu qui ne connaît pas d'agitation : *la paix des cimetières.* ● *Faire la paix,* se réconcilier. ‖ *Paix armée,* paix où chacun se tient sur le pied de guerre. ◆ interj. *La paix!,* taisez-vous!

PAKISTANAIS, E adj. et n. Du Pākistān.

PAL n. m. (lat. *palus*) [pl. *pals*]. Pieu aiguisé à un bout. ‖ Supplice oriental qui consistait à enfoncer un pal dans le corps du condamné. ‖ *Hérald.* Pièce verticale du blason. ● *Pal injecteur* (Agric.), instrument destiné à injecter dans le sol des substances chimiques.

PALABRE n. f. ou m. (esp. *palabra,* parole). Discussion, conversation longue et oiseuse. (Surtout au pl.)

PALABRER v. i. Discuter longuement et de façon oiseuse.

PALACE n. m. (mot angl.). Hôtel luxueux.

PALADIN n. m. (lat. *palatinus,* qui appartient au palais). Selon la tradition des chansons de geste, seigneur de la suite de Charlemagne. ‖ Chevalier errant.

PALAFITTE n. m. (it. *palafitta*). Habitat établi sur une plate-forme supportée par des pieux (cas des cités lacustres de la période néolithique et de l'âge du bronze).

PALAIS n. m. (lat. *palatium*). Résidence des chefs d'État. ‖ Résidence urbaine magnifique. ‖ Lieu où siègent les tribunaux, certaines assemblées. ‖ Vaste édifice servant à une fonction d'intérêt général : *palais des Sports.* ● *Palais de justice* ou *palais,* bâtiment départemental affecté au service de la justice.

PALAIS n. m. (lat. *palatum*). Voûte osseuse et membraneuse séparant la bouche des fosses nasales. (Le palais présente deux portions distinctes : une partie antérieure, osseuse, le *palais dur,* ou voûte palatine, et une partie postérieure, le *palais mou,* ou voile du palais.) ● *Avoir le palais fin,* avoir du goût.

PALAMISME n. m. Doctrine théologique de Grégoire Palamas, consacrée à la défense et à la justification de l'hésychasme, et qui suscita au XIVᵉ s. un renouveau spirituel dans l'Empire byzantin.

PALAN n. m. (it. *palanco*). Appareil de levage utilisé pour déplacer verticalement une charge sur une course limitée.

PALANCHE n. f. (lat. pop. *palanca,* levier). Morceau de bois concave et entaillé aux deux bouts, pour porter à la fois deux seaux sur l'épaule.

PALANÇON n. m. Morceau de bois retenant le torchis dans une construction.

PALANGRE n. f. (mot prov.; gr. *panagron,* grand filet). Corde le long de laquelle sont fixées des lignes munies d'hameçons.

PALANQUE n. f. (it. *palanca*). Mur de défense ou obstacle formé de pièces de bois enfoncées en terre côte à côte.

PALANQUÉE n. f. *Mar.* Ensemble de marchandises composant le fardeau d'un palan.

PALANQUIN n. m. (portug. *palanquim;* mot sanskr.). Chaise à porteurs légère, parfois placée sur le dos des chameaux, des éléphants.

PALASTRE n. m. → PALÂTRE.

PALATAL, E, AUX adj. et n. f. (lat. *palatum,* palais). *Phon.* Se dit des phonèmes dont le point d'articulation est dans la région du palais dur : [e], [i] *sont des voyelles palatales;* [ʃ] [ʒ] *sont des consonnes palatales.*

PALATALISATION n. f. *Phon.* Modification subie par un phonème dont l'articulation se trouve reportée dans la région du palais dur.

PALATALISÉ, E adj. *Phon.* Se dit d'un phonème qui a subi une palatalisation.

PALATIAL, E, AUX adj. Relatif à un palais.

PALATIN, E adj. (lat. *palatinus*). Se disait de celui qui avait une charge dans le palais d'un prince. ‖ Du Palatinat. ● *Comte palatin,* grand officier représentant les anciens rois de Germanie auprès des ducs.

PALATIN, E adj. *Anat.* Relatif au palais.

PALATIN n. m. *Hist.* Dans l'ancienne Hongrie, chef suprême de la justice. ‖ Gouverneur d'une province dans l'ancienne Pologne.

PALATINAT n. m. Territoire, province gouvernée par l'Électeur palatin.

PALÂTRE ou **PALASTRE** n. m. (de *pale*). Boîte qui contient le mécanisme d'une serrure.

PALE n. f. (lat. *pala,* pelle). Partie plate d'un aviron, qui entre dans l'eau. ‖ Vanne qui ferme un réservoir. ‖ Palette d'une roue d'un bateau à aubes. ‖ Élément d'une hélice, affectant la forme d'une aile vrillée.

PALE ou **PALLE** n. f. (lat. *palla,* tenture). *Liturg.* Linge carré et rigide qui sert à couvrir le calice pendant la messe.

PÂLE adj. (lat. *pallidus*). Peu coloré, d'une blancheur terne : *figure pâle.* ‖ Qui n'a pas d'éclat : *jaune pâle.* ‖ Se dit de qqn de terne, sans brillant : *un pâle imitateur.* ● *Se faire porter pâle* (Arg. mil.), se faire porter malade.

PALE-ALE [pɛlɛl] n. f. (mot angl.). Bière blonde anglaise.

PALÉANTHROPIEN, ENNE adj. et n. Se dit d'une forme d'anthropie fossile intermédiaire entre les archanthropiens et les néanthropiens. (Elle est essentiellement représentée par les néandertaliens.)

PALÉE n. f. Ensemble de poteaux réunis par des liens, fondé sur une pile ou tenant lieu de pile, et soutenant un ouvrage de charpente.

PALEFRENIER n. m. (anc. prov. *palafren,* palefroi). Homme qui panse et soigne les chevaux.

PALEFROI n. m. (bas lat. *paraveredus,* cheval de poste). Au Moyen Âge, cheval de parade des souverains, des princes.

PALÉMON n. m. (n. gr. myth. *Palaimon,* changé en dieu marin). Nom scientifique de la *crevette rose* ou *bouquet.*

PALÉOASIATIQUE adj. Se dit de certaines langues parlées en Sibérie, et qu'on ne peut classer dans une famille connue.

PALANS

manuel,
à chaîne

électrique,
à câble

PALÉOBOTANIQUE n. f. (gr. *palaios,* ancien). Partie de la paléontologie ayant pour objet l'étude des plantes fossiles.

PALÉOCHRÉTIEN, ENNE adj. Se dit de l'art des premiers chrétiens, essentiellement de la fin du IIᵉ s. à la fin du IVᵉ s.

PALÉOCLIMAT n. m. Climat d'une ancienne époque géologique.

PALÉOCLIMATOLOGIE n. f. Science des paléoclimats.

PALÉOÉCOLOGIE n. f. Étude du mode de vie des animaux fossiles.

PALÉOGÈNE n. m. Première moitié du tertiaire (éocène et oligocène). [Syn. NUMMULITIQUE.]

PALÉOGÉOGRAPHIE n. f. Science qui a pour objet la reconstitution hypothétique de la répartition des mers et des continents au cours des époques géologiques.

PALÉOGRAPHE n. et adj. Spécialiste de paléographie.

PALÉOGRAPHIE n. f. Science qui permet de déchiffrer les anciennes écritures.

PALÉOGRAPHIQUE adj. Relatif à la paléographie.

PALÉOHISTOLOGIE n. f. Étude des tissus animaux conservés dans les fossiles.

PALÉOLITHIQUE n. m. et adj. (gr. *palaios,* ancien, et *lithos,* pierre). Première période préhistorique, caractérisée par l'invention et le développement de l'industrie lithique ainsi que par une économie de prédation au cours du pléistocène.

■ Commençant avec le quaternaire (3 millions d'années) et se terminant avec le début de l'holocène (Xᵉ millénaire), le paléolithique est divisé en trois phases (inférieure, moyenne et supérieure) correspondant à des degrés de complexité de l'outillage.

PALÉOMAGNÉTISME n. m. Étude du champ magnétique terrestre au cours des temps géologiques.

PALÉONTOLOGIE n. f. Étude scientifique des fossiles laissés dans les sédiments par les êtres ayant vécu aux époques géologiques.

V. ill. page suivante

PALÉONTOLOGIQUE adj. Relatif à la paléontologie.

PALÉONTOLOGISTE ou **PALÉONTOLOGUE** n. et adj. Spécialiste de paléontologie.

PALÉOSOL n. m. Sol formé dans des conditions anciennes, qu'on retrouve dans un profil, recouvert par une formation plus récente ou en cours de remaniement.

PALÉOTHÉRIUM [paleɔterjɔm] n. m. (gr. *palaios,* ancien, et *thêrion,* bête sauvage). Mammifère ongulé fossile ayant l'allure du tapir, qui a vécu au début du tertiaire.

PALÉOZOÏQUE n. m. et adj. Autre nom de l'ÈRE PRIMAIRE.

PALERON n. m. (de *pale*). Partie d'un bœuf ou d'un porc située dans la région supérieure et postérieure de l'épaule.

PALESTINIEN, ENNE adj. et n. De Palestine.

PALESTRE n. f. (gr. *palaistra*). *Antiq.* Lieu public pour les exercices du corps.

PALET n. m. (lat. *pala,* pelle). Pierre ou pièce de métal plate et ronde, qu'on jette le plus près possible d'un but marqué, dans certains jeux.

PALETOT n. m. (anc. angl. *paltok,* jaquette). Vêtement droit, qui arrive à mi-cuisse et que l'on porte sur d'autres vêtements. ● *Tomber sur le paletot de qqn* (Pop.), l'attaquer, le malmener.

PALETTE n. f. (lat. *pala,* pelle). Type d'instrument allongé et large, aplati, ordinairement en bois, servant à divers usages. ‖ Plaque percée d'un trou pour le pouce, sur laquelle les peintres disposent et mêlent leurs couleurs; ensemble des couleurs habituellement utilisées par un peintre. ‖ Partie d'un mouton, d'un porc, comprenant l'omoplate et la chair qui la recouvre. ‖ Aube d'une roue de bateau à vapeur. ‖ Plateau

PALÉONTOLOGIE

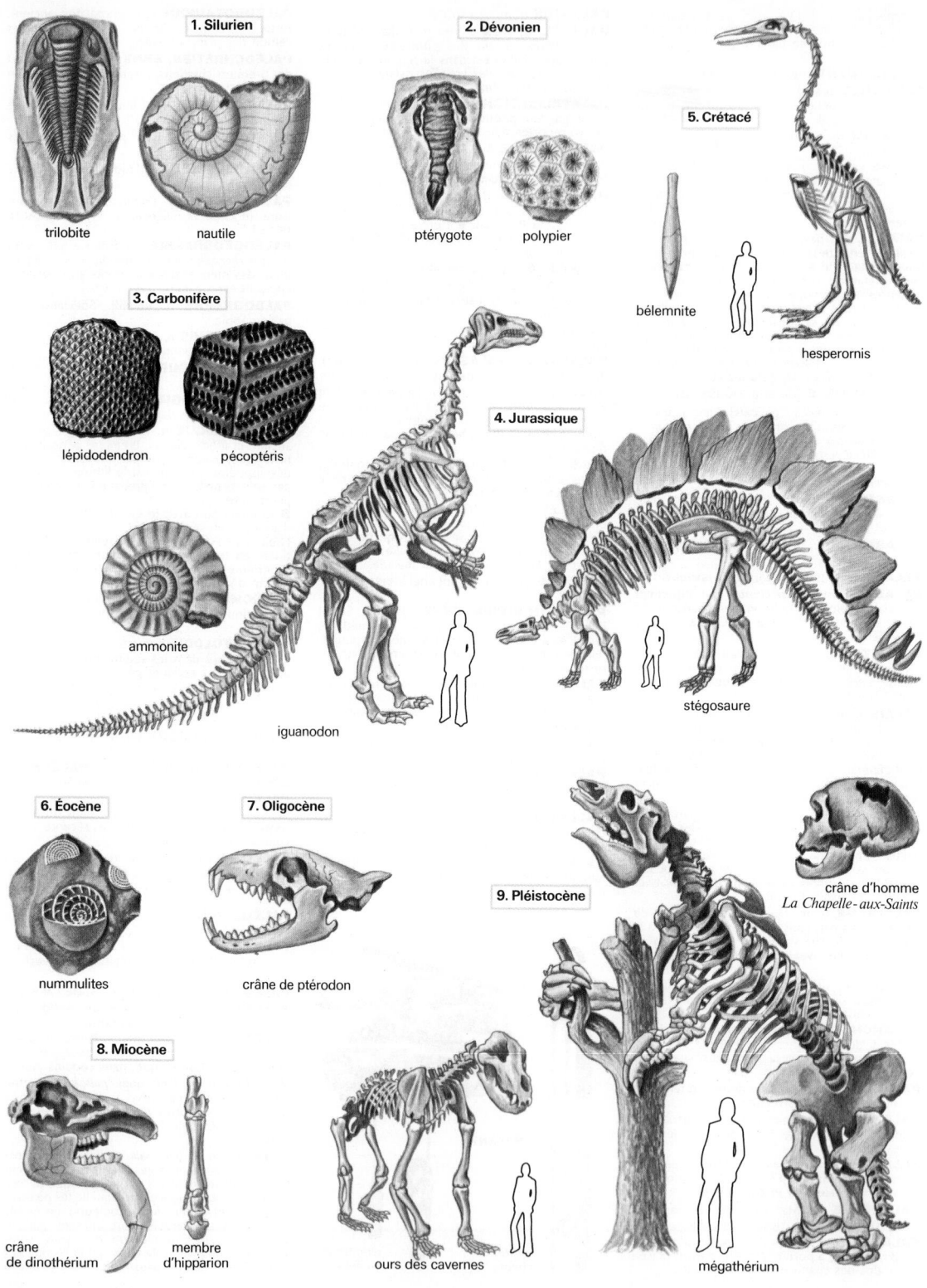

1. Silurien

trilobite nautile

2. Dévonien

ptérygote polypier

3. Carbonifère

lépidodendron pécoptéris

ammonite

iguanodon

4. Jurassique

stégosaure

5. Crétacé

bélemnite

hesperornis

6. Éocène

nummulites

7. Oligocène

crâne de ptérodon

8. Miocène

crâne
de dinothérium membre
d'hipparion

ours des cavernes

9. Pléistocène

crâne d'homme
La Chapelle-aux-Saints

mégathérium

de chargement conçu essentiellement pour permettre des manutentions par chariots élévateurs à fourche. ● *Palette de marqueur*, petit disque ajusté à une perche pour indiquer au tireur l'impact de chaque balle sur la cible.

PALETTISATION n. f. Action de palettiser.

PALETTISER v. t. Prévoir l'emploi de palettes pour le magasinage et les manutentions. ‖ Mettre des marchandises ou des objets sur palettes.

PALETTISEUR n. m. Appareil servant à palettiser des marchandises.

PALÉTUVIER n. m. (mot tupi). Nom donné à divers arbres des mangroves (comme le *manglier*) qui portent des racines en échasses.

PÂLEUR n. f. (lat. *pallor*). Aspect, couleur d'une personne, d'une chose pâle.

PÂLI, E n. m. et adj. (mot hindī). Langue religieuse ancienne de l'Inde, apparentée au sanskrit.

PÂLICHON, ONNE adj. *Fam.* Un peu pâle.

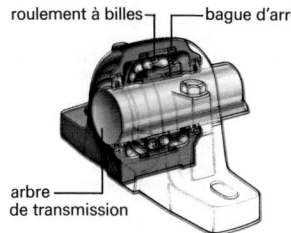

paliers (mécanique)

PALIER n. m. (anc. fr. *paele*, poêle). Plate-forme ménagée à chaque étage, dans un escalier. ‖ Partie plane d'une voie ferrée, d'une route. ‖ Organe mécanique servant à supporter et à guider un arbre de transmission. ‖ État stable après un changement : *procéder par paliers.* ● *Vol en palier* (Aéron.), vol qui s'effectue à altitude constante.

PALIÈRE adj. f. (de *palier*). Dans un escalier, se dit d'une marche dont le giron est de plain-pied avec un palier ou un repos. ‖ Se dit d'une porte qui s'ouvre sur un palier.

PALILALIE n. f. (gr. *palin*, de nouveau, et *lalein*, parler). *Psychopath.* Trouble de la parole, caractérisé par la répétition involontaire et incoercible du même mot ou de la même phrase.

PALIMPSESTE [palɛ̃psest] n. m. (gr. *palimpsêstos*, gratté de nouveau). Manuscrit sur parchemin dont on fait disparaître l'écriture, pour écrire de nouveau.

PALINDROME n. m. et adj. (gr. *palin*, de nouveau, et *dromos*, course). Mot, vers, phrase, qu'on peut lire dans les deux sens. (Ex. : *Laval, Ésope reste ici et se repose.*)

PALINGÉNÉSIE n. f. (gr. *palin*, de nouveau, et *genesis*, génération). Retour à la vie. ‖ Théorie philosophique et religieuse suivant laquelle l'histoire est faite de successions de cycles.

PALINGÉNÉSIQUE adj. Relatif à la palingénésie.

PALINODIE n. f. (gr. *palin*, de nouveau, et *ôdê*, chant). Rétractation de ce qu'on a dit ou fait ; changement brusque et fréquent d'opinion. ‖ *Antiq.* Pièce de vers où le poète rétracte des sentiments exprimés dans un chant précédent.

PÂLIR v. i. Devenir pâle : *pâlir de colère ; la lumière pâlit.* ‖ Paraître sans valeur : *son œuvre pâlit à côté de la vôtre.* ● *Faire pâlir qqn*, lui inspirer de la jalousie. ‖ *Son étoile pâlit*, sa puissance, son crédit diminue. ◆ v. t. Rendre pâle.

PALIS n. m. (lat. *palus*, pieu). Pieu enfoncé avec d'autres pour former une clôture continue.

PALISSADE n. f. (de *palis*). Clôture formée d'une suite de pieux plus ou moins jointifs enfoncés en terre.

PALISSADER v. t. Entourer de palissades : *palissader un jardin.* ‖ Disposer en palissade : *palissader une haie.*

palétuvier

PALISSADIQUE adj. *Bot.* Se dit du parenchyme chlorophyllien, à cellules serrées, de la face supérieure des feuilles.

PALISSAGE n. m. Action de palisser.

PALISSANDRE n. m. (d'une langue de la Guyane). Bois lourd et dur, brun foncé à reflet violacé, très recherché en ébénisterie, et provenant de diverses espèces d'arbres de l'Amérique du Sud.

PÂLISSANT, E adj. Qui pâlit.

PALISSER v. t. Attacher les branches d'un arbre contre un mur ou un treillage, pour en faire un espalier.

PALISSON n. m. (de *palis*). Instrument de chamoiseur, destiné à adoucir les peaux.

PALISSONNER v. t. Travailler (les peaux) au palisson pour (les) assouplir.

PALISSONNEUR adj. et n. m. Ouvrier qui palissonne les peaux.

PALIURE n. m. (gr. *paliouros*). Arbrisseau épineux, servant à faire des haies dans le midi de la France. (Famille des rhamnacées.)

PALLADIANISME n. m. Style et théorie architecturaux qui prennent Palladio pour modèle.

PALLADIEN, ENNE adj. Qui est propre à Palladio, ou se rattache à son style.

PALLADIUM [palladjɔm] n. m. (gr. *Palladion*). *Antiq.* Objet sacré à la garde duquel était attachée la conservation d'une cité.

PALLADIUM [palladjɔm] n. m. (mot angl., d'après *Pallas*). Métal blanc (Pd), n° 46, de masse atomique 106,4, ductile et dur, de densité 11,4, qui absorbe l'hydrogène.

PALLE n. f. → PALE.

PALLÉAL, E, AUX adj. (lat. *palla*, manteau). *Zool.* Qui concerne le manteau des mollusques. ● *Cavité palléale*, cavité contenant les organes respiratoires des mollusques.

PALLIATIF, IVE adj. et n. m. Qui n'a qu'une efficacité incomplète ou momentanée.

PALLIDUM [pallidɔm] n. m. (lat. *pallidus*, pâle). *Anat.* Un des noyaux gris striés du cerveau. (Il contrôle le tonus et la coordination des mouvements élémentaires.)

PALLIER v. t. ou, fam., v. t. ind. [à] (bas lat. *palliare*; de *pallium*, manteau). Remédier à qqch d'une manière incomplète ou provisoire : *essayer de pallier une faute ; pallier à un inconvénient.*

PALLIUM [palljɔm] n. m. (mot lat.). *Antiq.* Manteau romain d'origine grecque. ‖ *Liturg.* Bande de laine blanche marquée de six croix noires, insigne distinctif du pape et des archevêques.

PALMACÉE n. f. Syn. de PALMIER.

PALMAIRE adj. (lat. *palma*, paume). Relatif à la paume de la main. ● *Arcade palmaire*, anastomose des artères cubitale et radiale.

PALMARÈS n. m. (lat. *palmaris*, digne de la palme). Liste des lauréats dans un établissement scolaire, un concours, une rencontre sportive.

PALMARIUM [palmarjɔm] n. m. (lat. *palma*, palmier). Serre destinée à la culture des palmiers en pays froid.

PALMAS [palmas] n. f. pl. (esp. *palma*, paume de la main). Dans la danse et le chant flamencos, battements rythmés des paumes des mains l'une contre l'autre.

PALMATURE n. f. *Méd.* Difformité de la main, dont les doigts sont palmés.

PALME n. f. (lat. *palma*). Feuille de palmier. ‖ Nageoire en caoutchouc s'ajustant au pied et contribuant puissamment à la propulsion du nageur. ‖ Insigne en forme de palme, fixé sur le ruban de la croix de guerre ou de celle de la valeur militaire, et indiquant une citation à l'ordre de l'armée. ● *Remporter la palme*, remporter la victoire dans un combat, dans une discussion. ‖ *Vin, huile de palme*, de palmier.

PALMÉ, E adj. *Bot.* Dont les éléments partent d'un même point, en parlant d'une feuille composée, d'une nervation. ‖ *Zool.* Dont les doigts sont réunis par une palmure, comme chez le canard, la grenouille.

PALMER [palmɛr] n. m. (du n. de l'inventeur). Instrument de mesure de précision pour évaluer les épaisseurs ou les diamètres extérieurs.

PALMER v. t. (lat. *palma*, palme). Aplatir la tête des aiguilles avant d'y percer les chas.

PALMERAIE n. f. Lieu planté de palmiers.

PALMETTE n. f. Ornement stylisé dont la forme rappelle celle de certaines palmes. ‖ Forme donnée aux arbres fruitiers en espalier.

PALMIER n. m. Arbre dont la tige, ou *stipe*, se termine par un bouquet de feuilles souvent pennées, et dont les fleurs sont unisexuées. (Sur les 1 200 espèces que comporte la famille des palmiers, ou *palmacées*, plusieurs fournissent des produits alimentaires [dattes, noix de coco,

palmiers

huile de palme, chou-palmiste] ou industriels [raphia, rotin, ivoire végétal].) ‖ Sorte de gâteau sec, plat, en pâte feuilletée.

PALMIPÈDE adj. et n. m. (lat. *palma*, paume, et *pes, pedis*, pied). Oiseau, souvent aquatique, présentant une palmure aux doigts, comme l'*oie*, le canard, le cygne, le pingouin, le pélican, le cormoran, etc. (Les *palmipèdes*, groupe de convergence, constituent six ordres distincts.)

PALMISTE n. m. Nom usuel de plusieurs espèces de palmiers (*arec, cocotier des Maldives*, etc.) dont le bourgeon est consommé sous le nom de *chou-palmiste.*

PALMITINE n. f. Ester palmitique de la glycérine, l'un des constituants des corps gras.

PALMITIQUE adj. m. *Chim.* Se dit d'un acide organique, constituant fréquent de graisses naturelles du groupe des glycérides.

PALMURE n. f. Membrane reliant les doigts de certains vertébrés aquatiques (palmipèdes, loutres, grenouilles).

PALOIS, E adj. et n. De Pau.

PALOMBE n. f. (lat. *palumbus*). Autre nom du PIGEON RAMIER.

PALONNIER n. m. Pièce du train d'une voiture, à laquelle on attache les traits des chevaux. ‖ Dispositif mécanique permettant de répartir un effort. ‖ *Aéron.* Dispositif de transmission manœuvré au pied et agissant sur le gouvernail de direction.

PALOT n. m. (de *pale*). Bêche étroite pour retirer du sable les vers et les poissons qui s'y trouvent.

PÂLOT, OTTE adj. Un peu pâle.

PALOURDE n. f. (lat. *peloris*). *Zool.* Syn. de CLOVISSE.

PALPABLE adj. Qui se fait sentir au toucher. ‖ Que l'on peut vérifier, évident, manifeste : *preuves solides et palpables.*

PALPATION n. f. Action de palper.

PALPE n. m. (de *palper*). Petit appendice mobile des pièces buccales des arthropodes, constituant ordinairement deux paires : les *palpes maxillaires* et les *palpes labiaux.*

PALPÉBRAL, E, AUX adj. (lat. *palpebra*, paupière). Relatif aux paupières.

PALPER v. t. (lat. *palpare*). Explorer en touchant avec la main : *palper une étoffe.* ● *Palper de l'argent* (Fam.), en recevoir, en toucher.

PALPEUR n. m. Appareil servant à repérer la présence ou l'état d'une surface.

PALPITANT, E adj. Qui palpite : *avoir le cœur palpitant.* ‖ *Fam.* Très intéressant, émouvant : *moment palpitant d'un film.*

PALPITATION n. f. Mouvement violent et déréglé de quelque partie du corps, surtout en parlant du cœur.

PALPITER v. i. (lat. *palpitare*). Éprouver des palpitations : *palpiter de peur.* ‖ Frémir convulsivement, en parlant de la chair des êtres que l'on vient de tuer. ‖ *Litt.* Manifester une sorte d'agitation, de frémissement : *une flamme qui palpite avant de s'éteindre.*

PALPLANCHE n. f. Madrier équarri enfoncé entre les pilotis pour former un encaissement dans l'eau. ‖ Produit sidérurgique fini, dont la section spéciale permet de l'agrafer à d'autres par simple emboîtement afin de constituer un barrage de protection contre les eaux.

PALSAMBLEU! interj. (de *par le sang de Dieu* [remplacé par *bleu*]). *Litt.* Jurement familier du paysan de l'ancienne comédie.

PALTOQUET n. m. (de *paletot*, casaque de paysan). *Fam.* Homme grossier, insignifiant et prétentieux.

PALUCHE n. f. *Pop.* Main.

PALUDARIUM [palydarjɔm] n. m. Récipient ou local aménagé pour l'élevage d'animaux amphibies (grenouilles, tritons).

PALUDÉEN, ENNE adj. (lat. *palus, paludis,* marais). Relatif aux marais : *plante paludéenne.* ‖ Relatif au paludisme.

PALUDIER, ÈRE n. Ouvrier qui travaille dans les marais salants.

PALUDINE n. f. Mollusque gastropode vivipare, des cours d'eau et des étangs. (Long. : 3 à 4 cm.)

PALUDISME n. m. (lat. *palus, paludis,* marais). Maladie contagieuse produite par un protozoaire parasite des globules rouges du sang, le *plasmodium* (ou *hématozoaire* de Laveran), et transmise par un moustique des régions chaudes et marécageuses, l'*anophèle.* (Syn. MALARIA.)
■ Le paludisme provoque des accès de fièvre rythmique (fièvre tierce, fièvre quarte) et une anémie. Le traitement se fait par la quinine et ses sels, auxquels s'ajoutent de nombreux dérivés synthétiques. La prophylaxie comporte la lutte contre les moustiques (assèchement des marais, désinfection), l'isolement et le traitement des malades.

PALUS [paly] n. m. (mot lat., *marais*). Dans le Sud-Ouest, et spécialement dans le Bordelais, terre d'alluvions au fond des vallées.

PALUSTRE adj. (lat. *paluster*). Qui vit ou croît dans les marais : *coquillages palustres.* ‖ Relatif au paludisme : *fièvre palustre.*

PALYNOLOGIE n. f. (gr. *palunein,* répandre de la farine). Partie de la botanique qui étudie les pollens actuels et fossiles.

PALYNOLOGIQUE adj. Relatif à la palynologie.

PÂMER (SE) v. pr. (lat. *spasmare,* avoir un spasme). *Litt.* S'évanouir, tomber en syncope. ● *Se pâmer d'admiration, de joie,* etc., se laisser aller à une admiration, une joie excessives.

PÂMOISON n. f. *Tomber en pâmoison* (Litt.), s'évanouir.

PAMPA n. f. (mot esp.; du quechua). En Amérique du Sud, vaste prairie.

PAMPERO n. m. (mot esp.). Vent d'hiver, froid et sec, soufflant sur la pampa.

PAMPHLET n. m. (mot angl.; d'un n. pr.). Écrit satirique et violent, le plus souvent inspiré par l'actualité.

PAMPHLÉTAIRE n. Auteur de pamphlets.

PAMPILLE n. f. Motif de passementerie ou de bijouterie formant pendeloque.

PAMPLEMOUSSE

coupe du fruit

PAMPLEMOUSSE n. m. ou f. (néerl. *pompel,* gros, et *limoes,* citron). Fruit comestible du pamplemoussier, à goût légèrement amer et acide, plus gros que les oranges, appelé aussi *grape-fruit.*

PAMPLEMOUSSIER n. m. Arbre voisin de l'oranger, cultivé dans les pays chauds pour ses fruits, ou *pamplemousses.*

PAMPRE n. m. (lat. *pampinus*). Rameau de vigne chargé de feuilles et de fruits. ‖ *Bx-arts.* Ornement imitant un rameau de vigne.

PAN n. m. (lat. *pannus,* morceau d'étoffe). Partie tombante et flottante d'un vêtement; partie importante d'une pièce d'étoffe. ‖ Face d'un corps polyédrique : *les pans d'un écrou.* ‖ Ensemble des pièces de charpente assemblées dans un même plan : *pan de bois, pan de fer.* ‖ Partie de mur au même nu et peu développée en longueur : *Partie d'une chose : des pans d'affiche tombaient.* ‖ Syn. de EMPAN. ● *Pan coupé,* partie de mur qui remplace l'angle abattu de la rencontre de deux murs.

PAN! interj. Onomatopée qui exprime un bruit subit, une action soudaine.

PANACÉE [panase] n. f. (gr. *panakeia*). Remède prétendu universel contre tous les maux, capable de résoudre tous les problèmes.

PANACHAGE n. m. Action de panacher.

PANACHE n. m. (it. *pennaccio;* lat. *penna,* plume). Assemblage de plumes flottantes, dont on ornait un casque, un chapeau, un corbillard, etc. ‖ Tout ce qui ondoie comme ces plumes : *panache de fumée.* ‖ Ce qui a de l'éclat, du brio : *avoir du panache.* ‖ *Archit.* Surface concave d'un pendentif ou d'une trompe de coupole.

PANACHÉ, E adj. De diverses couleurs : *rose panachée.* ‖ *Demi panaché,* bière mélangée à de la limonade. (On dit aussi UN PANACHÉ.) ‖ *Feuille panachée,* feuille présentant des taches non uniformes. ‖ *Fruits panachés,* mélangés. ‖ *Glace panachée,* glace composée de différents parfums.

PANACHER v. t. Composer d'éléments divers. ‖ Mettre sur un même bulletin de vote les noms de candidats appartenant à des listes différentes. ◆ **se panacher** v. pr. Prendre des couleurs variées.

PANACHURE n. f. Bande, tache colorée sur un fond d'autre couleur.

PANADE n. f. (prov. *panado;* lat. *panis,* pain).

Soupe faite avec du pain bouilli dans de l'eau ou du lait (vx). ● *Être, tomber dans la panade* (Fam.), dans la misère.

PANAFRICAIN, E adj. Relatif au panafricanisme.

PANAFRICANISME n. m. Doctrine qui tend à développer l'unité et la solidarité des peuples africains.

PANAIS n. m. (lat. *pastinaca*). Plante bisannuelle, à racine comestible. (Famille des ombellifères.)

PANAMA n. m. (de *Panamá*). Chapeau très souple, tressé avec la feuille d'un arbuste de l'Amérique centrale.

PANAMÉRICAIN, E adj. Relatif aux deux Amériques.

PANAMÉRICANISME n. m. Mouvement tendant à améliorer et à développer les relations des nations américaines entre elles.

PANAMIEN, ENNE ou **PANAMÉEN, ENNE** adj. et n. De la république de Panamá.

PANARABISME n. m. Doctrine politique qui tend à l'union de tous les pays de langue et de civilisation arabes.

PANARD, E adj. (prov. *panar,* boiteux). Se dit d'un cheval qui a les pieds tournés en dehors.

PANARD n. m. *Pop.* Pied.

PANARIS [panari] n. m. (lat. *panaricium*). Inflammation phlegmoneuse située près de l'ongle d'un doigt ou d'un orteil.

PANATELA ou **PANATELLA** n. m. (mot esp.). Cigare de La Havane, mince et allongé.

PANATHÉNÉES n. f. pl. (gr. *pan,* tout, et *Athenê,* Athéna). *Antiq. gr.* Fêtes célébrées à Athènes en l'honneur d'Athéna.

PANAX n. m. (mot lat.). Genre d'araliacées. (La racine de panax est le *ginseng.*)

PAN-BAGNAT n. m. (mot prov.) [pl. *pans-bagnats*]. Petit pain rond coupé en deux, garni de tomates, de salade, d'œufs durs, de thon et d'anchois, et arrosé d'huile d'olive.

PANCARTE n. f. (gr. *pan,* tout, et *khartès,* livre). Plaque de bois, de carton, etc., portant des inscriptions pour donner des avis, des renseignements au public.

PANCHEN-LAMA [panʃɛnlama] n. m. (pl. *panchen-lamas*). Gardien de la doctrine tantrique tibétaine.

PANCHROMATIQUE adj. *Phot.* Se dit des émulsions sensibles à toutes les couleurs.

PANCLASTITE n. f. (gr. *pan,* tout, et *klastos,* brisé). Explosif liquide constitué par un mélange de peroxyde d'azote et d'un liquide combustible.

PANCRACE n. m. (gr. *pan,* tout, et *kratos,* force). *Antiq. gr.* Sport combinant la lutte et le pugilat.

PANCRÉAS [pɑ̃kreas] n. m. (gr. *pan,* tout, et *kreas,* chair). Glande abdominale située chez

PANCRÉAS

1. Veine cave inférieure; 2. Veine porte;
3. Aorte; 4. Corps du pancréas; 5. Estomac
(sectionné); 6. Queue du pancréas; 7. Rate;
8. Duodénum; 9. Tête du pancréas;
10. Jéjunum; 11. Uretère gauche;
12. Rein gauche; 13. Côlon transverse.

l'homme en arrière de l'estomac, à la fois *exocrine* par les acini pancréatiques qui déversent dans le duodénum, par le canal de Wirsung, un suc digestif, et *endocrine* par les îlots de Langerhans qui produisent l'insuline et le glucagon.

PANCRÉATECTOMIE n. f. *Chir.* Ablation du pancréas.

PANCRÉATIQUE adj. Relatif au pancréas. (Le suc pancréatique agit en milieu alcalin sur toutes les catégories d'aliments.)

PANCRÉATITE n. f. Inflammation du pancréas.

panda

PANDA n. m. (mot népalais). Mammifère carnassier voisin de l'ours, qui habite l'Himâlaya et se nourrit de pousses de bambou.

PANDANUS [pɑ̃danys] n. m. (malais *pandang*). Plante monocotylédone à port de palmier, ornementale.

PANDECTES n. f. pl. (gr. *pan*, tout, et *dekhesthai*, recevoir). *Dr. rom.* Recueil de décisions des jurisconsultes romains.

PANDÉMIE n. f. Extension d'une maladie contagieuse sur une zone géographique très étendue.

PANDÉMONIUM [pɑ̃demɔnjɔm] n. m. (gr. *pan*, tout, et *daimôn*, démon). *Litt.* Capitale imaginaire des Enfers. ‖ *Litt.* Lieu où règnent tous les genres de corruption et de désordre.

PANDICULATION n. f. (lat. *pandiculari*, s'étendre). Action d'étendre les bras vers le haut et d'allonger les jambes en bâillant.

PANDIT [pɑ̃dit] n. m. (mot sanskr.) Titre donné dans l'Inde aux savants brahmanes.

PANDORE n. m. (type popularisé par une chanson de Nadaud). *Fam.* et *vx.* Gendarme.

PANÉ, E adj. Se dit d'un aliment enrobé de chapelure à l'aide d'œufs battus avant d'être frit ou sauté.

PANÉGYRIQUE n. m. (gr. *panêgurikos*). Parole, écrit à la louange de qqn, qqch.

PANÉGYRISTE n. Personne qui fait un panégyrique, un éloge.

PANEL [panɛl] n. m. (mot angl., *tableau*). *Sociol.* Type d'enquête dans lequel le même échantillon de personnes est soumis à des interviews répétées, pendant un laps de temps plus ou moins long. ‖ Groupe de personnes étudié suivant cette méthode. ‖ Réunion sous forme de table ronde.

PANER v. t. (lat. *panis*, pain). Couvrir de chapelure avant de frire.

PANETIER n. m. *Hist.* Officier chargé du pain à la cour d'un souverain.

PANETIÈRE n. f. (de *pain*). Petit sac où l'on met du pain, des provisions (vx). ‖ Meuble à claire-voie où l'on conserve du pain (vx).

PANETON n. m. (de *panier*). Petit panier doublé de toile, où les boulangers mettent la pâte nécessaire pour faire un pain.

PANGERMANISME n. m. Idéologie et mouvement visant à regrouper en un État unique toutes les populations d'origine germanique.

PANGERMANISTE adj. et n. Qui relève du pangermanisme.

PANGOLIN n. m. (malais *pang-goling*). Mammifère édenté d'Afrique et d'Asie, couvert d'écailles, se nourrissant de termites et de fourmis. (Long. 1 m.)

PANHELLÉNIQUE adj. Qui intéresse tous les Grecs.

PANHELLÉNISME n. m. Système politique tendant à réunir tous les Grecs.

PANIC n. m. Variété de millet, cultivée comme plante fourragère. (Nom usuel : *millet des oiseaux*.)

PANICAUT [paniko] n. m. (mot prov.; lat. *panis*, pain, et *cardus*, chardon). Plante à feuilles épineuses bleuâtres, des endroits incultes et des sables littoraux, ressemblant au chardon. (Nom usuel : *chardon bleu*; famille des ombellifères.)

feuilles

fleurs

PANICAUT

PANICULE n. f. (lat. *panicula*; de *panus*, épi). *Bot.* Grappe composée, de forme conique, comme celle du troène.

PANICUM [panikɔm] n. m. (mot lat.). Nom scientifique du *millet* commun.

PANIER n. m. (lat. *panarium*, corbeille à pain). Ustensile d'osier, de jonc, etc., qui sert à transporter les provisions, les marchandises, etc.; son contenu. ‖ But, au basket-ball. ‖ Autref., espèce de jupon bouffant, garni de baleines. ‖ *Écon.* Ensemble de biens, de monnaies constituant un échantillon, et pouvant servir de base à une indexation. ● *Fond du panier*, rebut. ‖ *Mettre au panier* (Fam.), jeter aux ordures. ‖ *Mettre dans le même panier*, englober un ensemble de personnes ou de choses dans le même jugement péjoratif. ‖ *Panier de crabes*, groupement d'individus qui cherchent à se nuire les uns aux autres. ‖ *Panier de la ménagère* (Fam.), budget destiné aux dépenses alimentaires ou d'entretien de la maison, et qui sert au calcul du coût de la vie. ‖ *Panier percé*, personne dépensière.

Lauros-Giraudon

panetière provençale (XVIIIe s.)

pangolin

‖ *Panier à salade,* panier à jour dont on se sert pour secouer la salade après qu'elle a été lavée; (Fam.) voiture cellulaire.

PANIÈRE n. f. Grande corbeille d'osier à deux anses.

PANIER-REPAS n. m. (pl. *paniers-repas*). Panier contenant un repas froid complet.

PANIFIABLE adj. Que l'on peut transformer en pain.

PANIFICATION n. f. Conversion des matières farineuses en pain.

PANIFIER v. t. Transformer en pain.

PANIQUARD n. m. *Fam.* Personne qui s'affole facilement.

PANIQUE n. f. (du dieu *Pan*). Terreur subite et violente de caractère collectif. ◆ adj. *Peur, terreur panique* (Litt.), effroi violent et soudain.

PANIQUER v. i., ou **SE PANIQUER** v. pr. *Fam.* Prendre peur, être affolé. ◆ v. t. *Fam.* Affoler : *il a été paniqué par l'examen.*

PANISLAMIQUE adj. Relatif au panislamisme.

PANISLAMISME n. m. Mouvement religieux à tendance politique, tendant à faire l'union de tous les peuples de religion musulmane.

PANJÂBÎ n. m. Langue indo-aryenne parlée au Pendjab.

PANKA n. m. (mot hindî). Écran suspendu au plafond, qui se manœuvre au moyen de cordes et qui est employé dans les pays chauds comme ventilateur.

PANNE n. f. (lat. *penna*, plume). Velours brillant à poils couchés, en soie, rayonne, etc.

PANNE n. f. Graisse qui entoure les rognons de porc.

PANNE n. f. (anc. fr. *penne*, plume; lat. *penna*). Arrêt de fonctionnement accidentel et momentané : *panne de moteur; tomber en panne.* ● *Être en panne,* ne pas pouvoir continuer. ‖ *Être en panne de qqch* (Fam.), en manquer. ‖ *Mettre en panne* (Mar.), placer la voile de façon à arrêter la marche d'un bateau. ‖ *Panne sèche,* panne d'essence.

PANNE n. f. (gr. *phatnê*, crèche). Partie d'un marteau opposée à la tête. ‖ Pièce horizontale de la charpente d'un toit, posée sur les arbalétriers et portant les chevrons.

PANNEAU n. m. (lat. *pannellus*, petit pan). Partie plane d'un ouvrage de menuiserie, de maçonnerie, etc., délimitée par une bordure et en général quadrangulaire. ‖ Plaque de bois, de métal, etc., portant des indications. ‖ *Bx-arts.* Planche ou assemblage de planches servant de support à une peinture; chacun des compartiments peints d'un retable. ‖ *Chass.* Filet pour prendre des lièvres, des lapins, etc. ‖ *Cout.* Morceau de tissu intercalé dans un vêtement pour l'élargir ou en constituer l'ornement. ‖ *Mar.* Dispositif de fermeture d'une écoutille; syn. de ÉCOUTILLE. ● *Panneau chauffant,* surface chauffante constituée par une plaque métallique ou une partie des parois d'un local, et chauffée par circulation d'un fluide chaud ou par des résistances électriques. ‖ *Panneau de fibres,* matériau se présentant sous forme de plaques de grandes dimensions, fabriqué à partir de fibres de bois. ‖ *Panneau de particules,* matériau se présentant sous forme de plaques de grandes dimensions, réalisé à partir de bois, réduit préalablement par action mécanique en menus morceaux, encollés à l'aide de résines synthétiques et agglomérés sous l'action de la chaleur et de la pression. ‖ *Panneau radiant,* panneau chauffant par rayonnement. ‖ *Tomber, donner dans le panneau,* se laisser duper.

PANNEAU-FAÇADE n. m. (pl. *panneaux-façades*). Élément autoporteur de la façade d'un immeuble à ossature, qui s'inscrit dans l'encadrement de deux montants et d'une poutre.

PANNEAUTER v. i. Chasser avec des panneaux.

PANNETON [pantɔ̃] n. m. *Techn.* Partie d'une clef qui, entrant dans la serrure, en fait mouvoir le mécanisme.

PANNICULE n. m. *Pannicule adipeux* (Anat.), ensemble des amas de cellules adipeuses dans l'hypoderme.

PANONCEAU

PANONCEAU n. m. (anc. fr. *penun*, étendard). Écusson à la porte des officiers ministériels ou de certains établissements (hôtels).

PANOPHTALMIE n. f. *Méd.* Inflammation généralisée du globe oculaire.

PANOPLIE n. f. (gr. *panoplia*, armure d'un hoplite). Collection d'armes diverses, disposées avec art sur un panneau. ‖ Jouet constitué par un déguisement ou un ensemble d'accessoires. ‖ Série de moyens d'action dont on dispose dans une situation donnée : *panoplie de sanctions.* ‖ *Hist.* Au Moyen Âge, armure complète d'un chevalier.

PANOPTIQUE n. m. et adj. Se dit d'un bâtiment construit de telle façon qu'on puisse, d'un point de celui-ci, en embrasser par la vue tout l'intérieur.

PANORAMA n. m. (mot angl.; gr. *pan*, tout, et *horama*, spectacle). Vaste paysage qu'on découvre d'une hauteur. ‖ *Bx-arts.* Long tableau peint en trompe-l'œil, déroulé sur les murs d'une rotonde dont le spectateur occupe le centre (fin du XVIIIe s.-XIXe s.).

PANORAMIQUE adj. Relatif au panorama. ‖ Qui permet de découvrir une vaste étendue : *vue panoramique.*

PANORAMIQUE n. m. *Cin.* Procédé qui consiste à faire pivoter la caméra pendant la prise de vues.

panorpe

PANORPE n. f. (gr. *pan*, tout, et *horpêx*, aiguillon). Insecte à ailes membraneuses tachetées de brun, dont le mâle a l'abdomen terminé par une pince. (Long. 3 cm; ordre des névroptères.)

PANOSSE n. f. En Suisse, serpillière.

PANOSSER v. t. En Suisse, nettoyer un plancher à l'aide d'une panosse.

PANSAGE n. m. Action de panser.

PANSE n. f. (lat. *pantex*, intestins). Première poche de l'estomac des ruminants, où les végétaux absorbés s'entassent avant la mastication. (Syn. RUMEN.) ‖ *Fam.* Gros ventre. ‖ Partie arrondie d'un récipient, de certaines lettres *(a, b, p, q).* ‖ Partie d'une cloche où frappe le battant.

PANSEMENT n. m. Application, sur une plaie, de médicaments, de compresses stériles propres à la guérir mon et la protéger contre les infections; les compresses elles-mêmes. ● *Pansement gastrique*, préparation pharmaceutique sous forme de poudre ou de gel, administrée par la bouche dans le traitement des affections de l'estomac.

PANSER v. t. (lat. *pensare*, soigner). Appliquer un pansement sur une plaie. ‖ Faire la toilette d'un animal domestique, spécialement d'un cheval. ● *Panser les plaies* (Litt.), consoler, soulager.

PANSLAVE adj. Qui concerne tous les Slaves.

PANSLAVISME n. m. Système politique tendant à regrouper tous les Slaves.

PANSLAVISTE adj. et n. Qui relève du panslavisme.

PANSU, E adj. Qui a un gros ventre. ‖ Qui est renflé : *bouteille pansue.*

PANTAGRUÉLIQUE adj. Qui rappelle Pantagruel, l'énormité de son appétit, de ses repas.

PANTALON n. m. (du n. d'un personnage de la comédie italienne). Vêtement formé d'une culotte à jambes longues. ‖ Partie d'un décor de théâtre destinée à donner une perspective dans l'ouverture d'une fenêtre ou d'une porte.

PANTALONNADE n. f. Bouffonnerie d'un goût douteux; manifestation hypocrite.

PANTELANT, E adj. (lat. pop. *pantasiare*; mot gr.). Haletant, qui respire avec peine. ● *Chair pantelante*, chair d'un animal récemment tué, lorsqu'elle palpite encore.

PANTENNE ou **PANTÈNE** n. f. (prov. *pantano*). *Chass.* Syn. de PANTIÈRE. ● *En pantenne* (Mar.), en désordre. ‖ *Vergues en pantenne*, vergues hissées obliquement, en signe de deuil.

PANTHÉISME n. m. (gr. *pan*, tout, et *theos*, dieu). Système de ceux qui identifient Dieu et le monde ou qui soutiennent que Dieu est l'unique réalité; divinisation de la nature.

PANTHÉISTE adj. et n. Qui relève du panthéisme.

PANTHÉON n. m. (gr. *pan*, tout, et *theos*, dieu). Temple que les Grecs et les Romains consacraient à tous les dieux. ‖ Monument national où sont déposés les restes de ceux qui ont illustré la patrie. ‖ Ensemble hiérarchisé des dieux d'une religion polythéiste.

PANTHÈRE n. f. (gr. *panthêr*). Mammifère carnassier de la famille des félidés, à robe tachetée (sauf chez la panthère noire de l'Insulinde), vivant en Asie. (Le *léopard* est la forme africaine, et le *jaguar* la forme américaine correspondant à la panthère.)

panthère

PANTHÈRE adj. inv. *Bot.* Se dit d'une espèce d'amanite à chapeau brun tacheté de blanc, dangereuse, mais non mortelle.

PANTIÈRE n. f. (gr. *panthêra*). Filet tendu verticalement pour prendre des oiseaux qui volent par troupe. (Syn. PANTENNE.)

PANTIN n. m. (anc. fr. *pantine*, écheveau de soie). Figure de carton colorié, représentant un personnage burlesque dont on fait mouvoir les membres par un fil. ‖ Personne sans volonté, qui change sans cesse d'opinion.

PANTOGRAPHE n. m. (gr. *pan*, tout, et *graphein*, écrire). Instrument comportant un parallélogramme articulé et permettant de reproduire mécaniquement un dessin en agrandissant ou en réduisant les dimensions du modèle. ‖ *Ch. de f.* Dispositif articulé de captage du courant sur les locomotives électriques, frottant sur la caténaire.

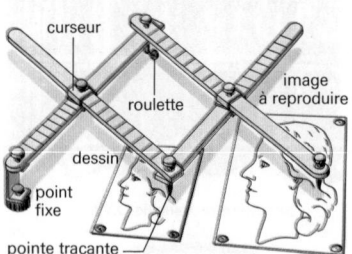

curseur / roulette / image à reproduire / dessin / point fixe / pointe traçante

PANTOGRAPHE

PANTOIS, E adj. (anc. fr. *pantoisier*, haleter; gr. *phantasiare*, avoir des visions). *Rester, être pantois*, être déconcerté par un événement imprévu; être stupéfait, interdit.

PANTOMÈTRE n. m. Instrument d'arpentage pour la mesure des angles et pour le tracé des perpendiculaires sur le terrain.

PANTOMIME n. f. (gr. *pantomimos*, qui imite tout). Art de s'exprimer par les gestes, les jeux de physionomie, les attitudes corporelles, sans recourir au langage. ‖ Pièce mimée. ‖ *Péjor.* Attitude outrée, ridicule.

PANTOTHÉNIQUE adj. (gr. *pantothen*, de toutes parts). *Acide pantothénique*, acide présent dans tous les tissus animaux et nécessaire aux métabolismes des lipides et des glucides. (Syn. VITAMINE B5.)

PANTOUFLARD, E n. *Fam.* Personne casanière.

PANTOUFLE n. f. Chaussure d'intérieur, sans talon ni tige. ‖ *Fam.* Situation d'un fonctionnaire qui pantoufle; dédit qu'il doit à l'État.

PANTOUFLER v. i. *Fam.* Pour un haut fonctionnaire, passer au service d'une entreprise privée.

PANTOUM n. m. (mot malais). Poème à forme fixe, emprunté à la poésie malaise et composé d'une suite de quatrains à rimes croisées. (Le deuxième et le quatrième vers du premier quatrain fournissent le premier et troisième vers du suivant, et le dernier vers de la pièce répète le premier.)

PANURE n. f. Syn. de CHAPELURE.

PANZER [pädzer] n. m. (mot all.). Engin blindé allemand (Seconde Guerre mondiale).

paon

PAON [pã] n. m. (lat. *pavo, pavonis*). Oiseau gallinacé originaire d'Asie, au plumage magnifique, surtout chez le mâle, dont les plumes de la queue, tachetées d'ocelles, peuvent se dresser et s'étaler en roue. (Long. : plus de 2,50 m, queue comprise.) [Cri : le paon *criaille, braille.*] ‖ Nom de certains papillons ocellés : *paon de jour.* ‖ Homme vain, orgueilleux. ● *Se parer des plumes du paon*, tirer vanité de ce qu'on a emprunté à d'autres.

PAONNE [pan] n. f. Femelle du paon.

pantographe de locomotive électrique

PAPA n. m. Père, dans le langage des enfants. ● *À la papa* (Pop.), sans hâte; sans risque. ‖ *De papa* (Fam.), désuet, vieux.

PAPABLE adj. m. (it. *papabile*). *Fam.* Se dit d'un cardinal qui a des chances d'être élu pape.

PAPAÏNE n. f. (de *papaye*). Enzyme extraite du latex du papayer.

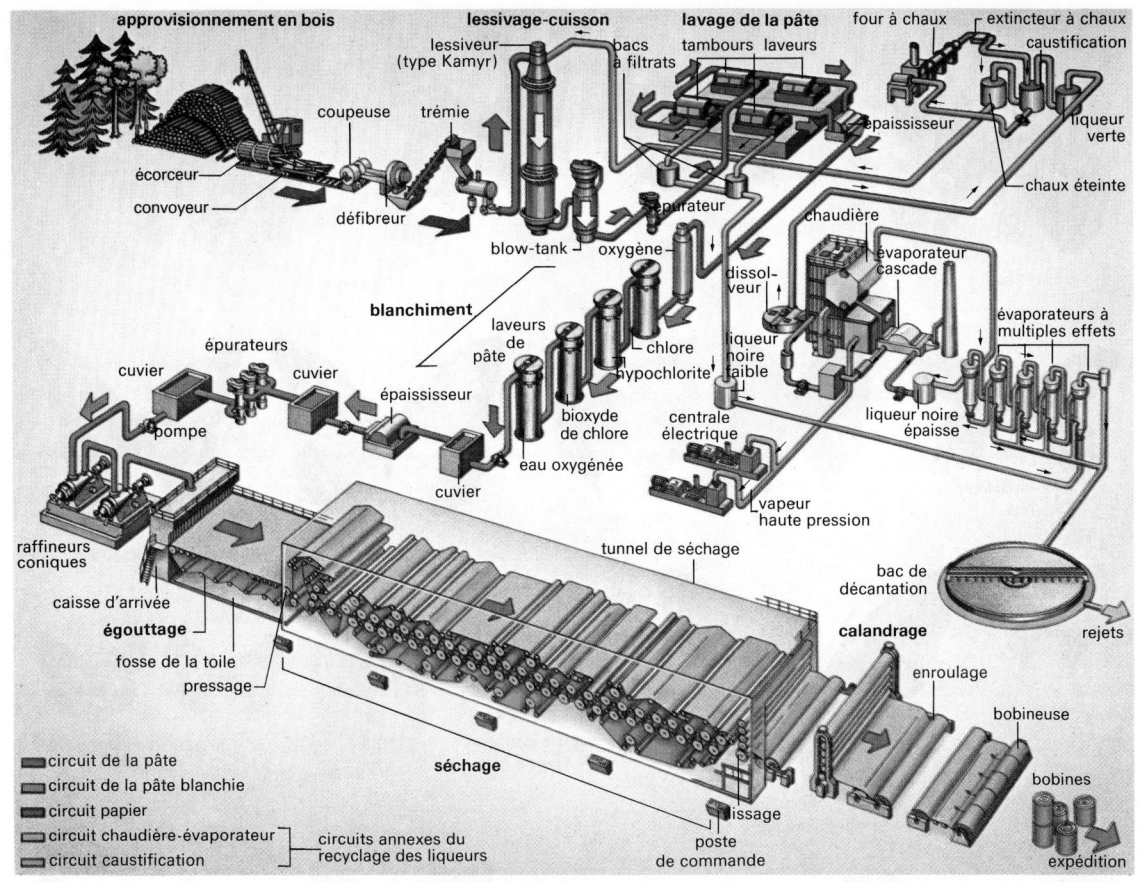

approvisionnement en bois — **lessivage-cuisson** — **lavage de la pâte** — **four à chaux** — **extincteur à chaux**

coupeuse — trémie — lessiveur (type Kamyr) — bacs à filtrats — tambours laveurs — caustification

écorceur — convoyeur — défibreur — épurateur — épaississeur — liqueur verte — chaux éteinte

blow-tank — oxygène — dissolveur — chaudière — évaporateur cascade

blanchiment — laveurs de pâte — chlore — hypochlorite — liqueur noire faible — évaporateurs à multiples effets

épurateurs — cuvier — cuvier — épaississeur — bioxyde de chlore — centrale électrique — liqueur noire épaisse

pompe — eau oxygénée — cuvier — vapeur haute pression

raffineurs coniques — caisse d'arrivée — **égouttage** — fosse de la toile — pressage — tunnel de séchage — bac de décantation — **calandrage** — enroulage — rejets — bobineuse

circuit de la pâte — circuit de la pâte blanchie — circuit papier — circuit chaudière-évaporateur — circuit caustification — circuits annexes du recyclage des liqueurs — **séchage** — lissage — poste de commande — bobines — expédition

FABRICATION DU PAPIER PAR LE PROCÉDÉ AU SULFATE

PAPAL, E, AUX adj. Relatif au pape.

PAPAS [papas] n. m. (gr. *pappas*, père). Nom donné aux prêtres par les chrétiens du Levant.

PAPAUTÉ n. f. Dignité et fonction de pape. ‖ Administration, gouvernement d'un pape. (On dit aussi, dans ce sens, PONTIFICAT.)

PAPAVÉRACÉE n. f. (lat. *papaver*, pavot). Plante à pétales séparés et caducs, au fruit en capsule, telle que le *pavot*, le *coquelicot*, la *chélidoine*. (Les *papavéracées* forment une famille.)

PAPAVÉRINE n. f. Un des alcaloïdes de l'opium.

PAPAYE [papaj] n. f. (mot caraïbe). Fruit comestible du papayer, semblable à un gros melon.

PAPAYER n. m. Arbre de l'Amérique tropicale, dont le fruit est la papaye. (Famille des passifloracées.)

PAPE n. m. (gr. *pappas*, père). L'évêque de Rome, chef de l'Église catholique romaine. ‖ *Fam.* Chef dont l'autorité est indiscutée. ‖ *Zool.* Nom usuel de la *passerine*.

PAPELARD, E adj. et n. (anc. fr. *paper*, manger gloutonnement). *Litt.* Hypocrite.

PAPELARD n. m. *Pop.* Papier.

PAPELARDISE n. f. *Litt.* Hypocrisie.

PAPERASSE [papras] n. f. Papier, écrit sans valeur; papiers administratifs.

PAPERASSERIE n. f. Quantité abusive de papiers administratifs.

PAPERASSIER, ÈRE n. Personne qui aime, emploie, remue les paperasses.

PAPESSE n. f. Femme pape, selon une légende.

PAPETERIE [paptri *ou* papɛtri] n. f. Fabrique de papier. ‖ Magasin qui vend du papier et des articles de bureau.

PAPETIER, ÈRE n. Personne qui fabrique du papier. ‖ Personne qui tient une papeterie.

PAPIER n. m. (lat. *papyrus*). Feuille sèche et mince, faite de toutes sortes de substances végétales réduites en pâte, pour écrire, imprimer, envelopper, etc. ‖ Écrit ou imprimé, article rédigé : *un papier compromettant*. ‖ Document d'une certaine importance. ‖ Métal se présentant en feuilles très fines. ‖ Effet de commerce, valeur mobilière. ● *Être dans les petits papiers de qqn* (Fam.), être bien vu de lui. ‖ *Figure de papier mâché*, d'une pâleur maladive. ‖ *Papier collé, papier découpé* (Art du XXᵉ s.), collages obtenus respectivement en associant à un dessin des morceaux de papier d'origine et de nature très variées (imprimés, colorés, gaufrés...) que l'on colle sur sa surface (innovation de Braque, 1912), et en assemblant des formes découpées dans des papiers coloriés (ex. : Matisse). ‖ *Papier cristal*, papier d'une relative transparence. ‖ *Papier à dessin*, papier apprêté, blanc et solide. ‖ *Papier écolier*, papier destiné aux devoirs des écoliers et aux écritures courantes. ‖ *Papier d'emballage*, papier fait d'une pâte spéciale et destiné à l'emballage de produits gros ou pesants. ‖ *Papier journal*, papier de qualité très ordinaire, sur lequel on imprime les journaux. ‖ *Papier à lettres*, papier d'une pâte fine, utilisé pour la correspondance. ‖ *Papier mâché*, pâte à papier encollée, malléable. ‖ *Papier à musique*, papier sur lequel sont réglées les portées et servant à écrire de la musique. ‖ *Papier peint*, papier dont on tapisse un appartement. ‖ *Papier sensible*, papier photographi-

que. ‖ *Papier de verre*, papier enduit de poudre de verre et servant au polissage. ‖ *Sur le papier*, en théorie, en projet : *sur le papier, tout semblait résolu.* ◆ pl. Documents d'identité : *présenter ses papiers à un contrôle de police.*

PAPIER-CALQUE n. m. (pl. *papiers-calque*). Papier transparent permettant de recopier un dessin sur lequel il est appliqué.

PAPIER-ÉMERI n. m. (pl. *papiers-émeri*). Papier dont la surface est recouverte d'une couche de produit abrasif.

PAPIER-FILTRE n. m. (pl. *papiers-filtres*). Papier poreux et plissé, destiné à la filtration des liquides.

PAPIER-MONNAIE n. m. (pl. *papiers-monnaies*). Monnaie fiduciaire, généralement non convertible en métal précieux.

PAPILIONACÉ, E adj. (lat. *papilio, papilionis*, papillon). *Bot.* Se dit d'une corolle dont l'aspect rappelle celui d'un papillon et qui est composée de cinq pétales (l'*étendard*, les deux *ailes*, et deux autres qui forment la *carène*).

PAPILIONACÉE n. f. Plante à corolle papilionacée, de l'ordre des légumineuses. (Les *papilionacées* forment une vaste famille comprenant le *genêt*, le *cytise*, la *glycine*, la *vesce*, le *soja*, le *haricot*, le *pois*, la *lentille*, la *luzerne*, le *trèfle*, l'*arachide*, etc.)

PAPILLAIRE [papillɛr] adj. Qui a des papilles.

PAPILLE [papij *ou* papil] n. f. (lat. *papilla*). Nom des petites éminences plus ou moins saillantes qui s'élèvent à la surface d'une muqueuse et principalement de la langue.

PAPILLEUX, EUSE adj. Semé de papilles.

PAPILLONS

Samia cynthia
Inde

mimétisme

Papilio dardanus
forme *trophonius* **Kenya**

Danaus chrysippus

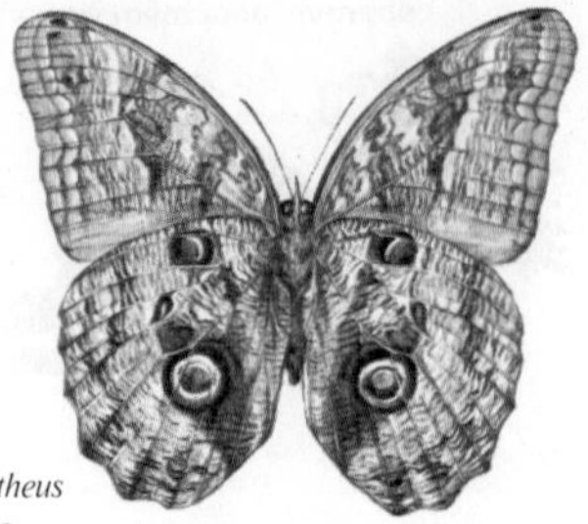

Caligo prometheus
Colombie

Armandia lidderdali
Inde

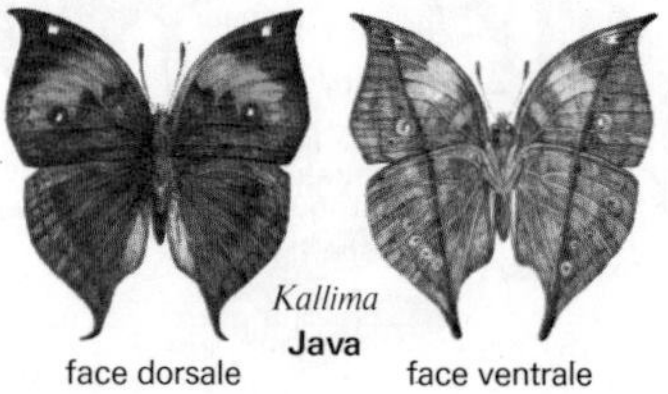

Kallima **Java**
face dorsale   face ventrale

♀

Morpho cypris
Colombie

♂

Eustera troglophylla
Gabon

Troïdes priamus hecuba
iles Salomon

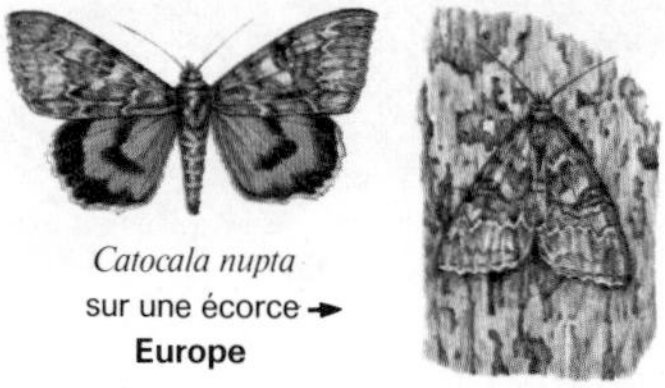

Catocala nupta
sur une écorce ➔
Europe

Araschnia levana-prorsa

formes de printemps et d'été
Europe

Saturnia pyri
(grand paon de nuit)
France

Inachis io
(paon de jour)
France

Iphiclides podalirius
(flambé)
France

Argynnis paphia
(tabac d'Espagne)

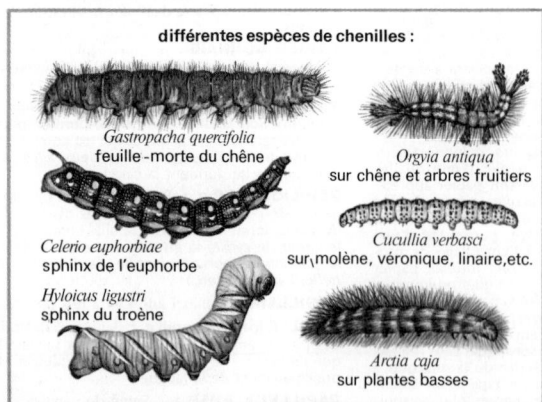

différentes espèces de chenilles :

Gastropacha quercifolia
feuille -morte du chêne

Orgyia antiqua
sur chêne et arbres fruitiers

Celerio euphorbiae
sphinx de l'euphorbe

Cucullia verbasci
sur molène, véronique, linaire, etc.

Hyloicus ligustri
sphinx du troène

Arctia caja
sur plantes basses

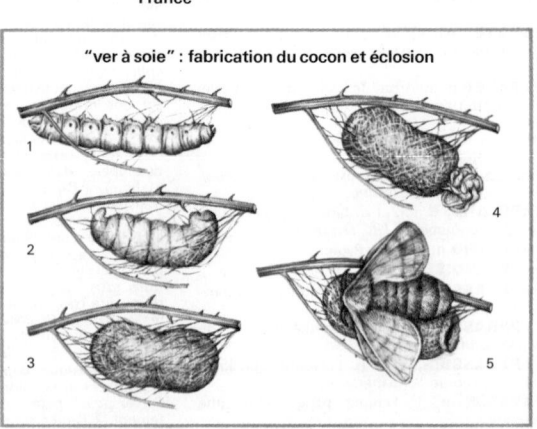

"ver à soie" : fabrication du cocon et éclosion

1

2

3

4

5

PAPILLOME [papillom] n. m. Tumeur bénigne en forme de papille, se développant sur la peau ou les muqueuses.

PAPILLON n. m. (lat. *papilio, papilionis*). Insecte adulte de l'ordre des lépidoptères, aux quatre ailes couvertes d'écailles fines comme la poussière, et parées de couleurs plus ou moins brillantes. ‖ *Avis de contravention.* ‖ Écrou à ailettes, qu'on serre et desserre à la main. ‖ Soupape ou registre mobile d'un tuyau de cheminée, d'un carburateur, etc. ◆ adj. *Brasse papillon*, brasse dans laquelle les bras sont ramenés en avant au-dessus de l'eau, alors que dans la brasse ordinaire ils sont ramenés en dessous de l'eau. ‖ *Nœud papillon*, nœud de cravate ayant la forme d'un papillon.

PAPILLONNAGE ou **PAPILLONNEMENT** n. m. Action de papillonner.

PAPILLONNANT, E adj. Qui papillonne.

PAPILLONNER v. i. Aller d'un objet à un autre, d'une personne à une autre sans s'arrêter.

PAPILLOTAGE n. m. Mouvement continuel et involontaire des yeux ou des paupières. ‖ Fatigue produite sur la vue par un objet trop brillant ou de couleur trop vive.

PAPILLOTANT, E adj. Qui papillote.

PAPILLOTE n. f. (anc. fr. *papillot*, dimin. de *papillon*). Morceau de papier dont on se servait pour enrouler les cheveux afin de les friser. ‖ Papier dont on enveloppe les bonbons. ‖ Enveloppe en papier dont on entoure le manche d'un gigot. ‖ Papier beurré ou huilé dont on enveloppe certaines viandes pour les griller.

PAPILLOTEMENT n. m. Scintillement qui fatigue la vue.

PAPILLOTER v. i. Être animé de reflets mouvants, scintiller. ‖ En parlant des yeux ou des paupières, être animé d'un mouvement continuel, qui empêche de fixer un objet.

PAPION n. m. (altér. de *babouin*). Nom commun à divers singes cynocéphales tels que l'*hamadryas* et le *drill*.

PAPISME n. m. Terme polémique utilisé, du XVIe au XIXe s., par les protestants pour désigner l'Église catholique romaine et l'autorité du pape.

PAPISTE n. Nom donné par les protestants aux catholiques romains.

PAPOTAGE n. m. *Fam.* Bavardage frivole.

PAPOTER v. i. (anc. fr. *papeter*, bavarder). *Fam.* Dire des choses insignifiantes, bavarder.

PAPOU, E adj. Relatif aux Papous.

PAPRIKA n. m. (mot hongr.). Piment très fort qui sert de condiment.

PAPULE n. f. (lat. *papula*). *Méd.* Petite éminence rouge qui s'élève sur la peau.

PAPULEUX, EUSE adj. Relatif aux papules.

PAPYROLOGIE n. f. Étude et déchiffrement des papyrus.

PAPYROLOGUE n. Spécialiste de papyrologie.

PAPYRUS [papirys] n. m. (mot lat.; du gr.). Plante des bords du Nil, de la famille des cypéracées, que les Anciens ont utilisée comme support de l'écriture. ‖ Manuscrit sur papyrus : *déchiffrer un papyrus.*

PÂQUE n. f. (gr. *paskha*; mot hébr., *passage*). Fête annuelle juive qui commémore la sortie d'Égypte du peuple hébreu, sa libération et sa naissance en tant que peuple.

PAQUEBOT n. m. (angl. *packet-boat*). Grand navire aménagé pour le transport des passagers.

PÂQUERETTE n. f. (de *Pâques*). Petite marguerite blanche qui fleurit dans les prés dès les premiers jours du printemps, aux environs de Pâques, et reste en fleur presque toute l'année.

PÂQUES n. m. (de *pâque*). Fête annuelle de l'Église chrétienne, qui commémore la résurrection de Jésus-Christ (avec une majuscule). ◆ n. f. pl. *Pâques fleuries*, le dimanche des Rameaux. ‖ *Faire ses pâques*, communier au cours du temps pascal, selon la prescription de l'Église. (En ce sens, s'écrit avec une minuscule.) ■ La fête de Pâques a été fixée par le concile de Nicée (325) au premier dimanche après la pleine lune qui a lieu soit le jour de l'équinoxe de printemps (21 mars), soit aussitôt après cette

date. Pâques est donc au plus tôt le 22 mars. Si la pleine lune tombe le 20 mars, la suivante sera le 18 avril (29 jours après). Si ce jour est un dimanche, Pâques sera le 25 avril. Ainsi, la fête de Pâques oscille entre le 22 mars et le 25 avril, et de sa date dépendent celles des autres fêtes mobiles.
Les *Rameaux*, 7 j. av. Pâques.
L'*Ascension*, 40 j. apr. Pâques.
La *Pentecôte*, 10 j. apr. l'Ascension.
La *Trinité*, 7 j. apr. la Pentecôte.
La *Fête-Dieu*, le jeudi et le dimanche suivants.

PAQUET n. m. (anc. fr. *pacque*; mot néerl.). Réunion de plusieurs choses attachées ou enveloppées ensemble : *un paquet de linge.* ‖ Objet enveloppé, attaché pour être transporté plus facilement : *expédier un paquet par la poste.* ‖ *Arts graph.* Réunion de plusieurs lignes composées, liées avec une ficelle et remises par le compositeur au metteur en pages. ‖ *Inform.* Ensemble de données organisées dans un certain format et acheminées en bloc au sein d'un réseau d'ordinateurs. ● *Faire ses paquets* (Fam.), s'en aller. ‖ *Mettre le paquet* (Fam.), fournir un gros effort. ‖ *Paquet de mer*, grosse vague qui, en frappant un bateau, se brise sur lui et couvre le pont. ‖ *Recevoir, avoir son paquet* (Fam.), recevoir une critique sévère mais juste. ‖ *Risquer le paquet* (Fam.), s'engager dans une entreprise aventureuse. ‖ *Un paquet de*, une quantité importante de.

PAQUETAGE n. m. Ensemble des effets et objets d'équipement du militaire.

PAQUETEUR, EUSE n. Spécialiste de la confection des colis et paquets.

PAR prép. (lat. *per*, par le moyen de). Indique : le lieu par où l'on passe, les circonstances, le moyen, la cause, l'agent, la distribution : *passer par Paris; voyager par mer calme; arriver par bateau; commencer par la fin; agir par intérêt; César fut tué par Brutus; gagner tant par mois.* ● *De par*, quelque part dans : *nous avons des parents inconnus de par le monde;* par l'ordre ou l'autorité de : *de par la volonté du peuple.*

PAR n. m. (mot angl., *égalité*). Au golf, nombre de coups nécessaires pour réussir un trou ou effectuer l'ensemble du parcours, égal à celui qui est établi par un excellent joueur et servant de repère.

PARA n. m. Unité monétaire divisionnaire de la Yougoslavie, valant 1/100 de dinar. ‖ Unité monétaire divisionnaire de la Turquie, valant 1/40 de piastre turque.

PARA n. m. Abrév. fam. de PARACHUTISTE.

PARABASE n. f. (gr. *parabasis*, digression). *Littér.* Partie d'une comédie grecque où l'auteur, par la voix du coryphée, haranguait les spectateurs.

PARABELLUM [parabɛllɔm] n. m. (mot all.; lat. *parare*, préparer, et *bellum*, guerre). Pistolet automatique, en usage dans l'armée allemande (Première Guerre mondiale).

PARABIOSE n. f. *Biol.* Mode spécial de greffe, dite aussi «greffe siamoise», permettant des observations physiologiques.

PARABOLE n. f. (gr. *parabolê*, comparaison). Comparaison développée dans un récit et servant à présenter un enseignement. ● *Parler par paraboles* (Fam.), s'exprimer de façon voilée.

PARABOLE n. f. *Math.* Lieu des points M d'un plan équidistants d'un point fixe F, ou *foyer*, et

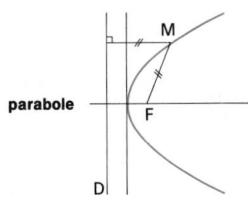

parabole

d'une droite fixe, ou *directrice*, D. (La parabole est l'une des trois coniques et résulte de la section d'un cône de révolution par un plan parallèle à un plan tangent.)

PARABOLIQUE adj. *Math.* Relatif à la parabole; en forme de parabole.

PARABOLIQUE adj. Qui tient de l'allégorie.

PARABOLIQUEMENT adv. En décrivant une parabole.

PARABOLOÏDE n. m. Quadrique n'ayant pas de centre et possédant un seul axe de symétrie. ● *Paraboloïde de révolution*, surface engendrée par une parabole tournant autour de son axe.

PARACENTÈSE [parasɛtɛz] n. f. (gr. *parakentêsis*, ponction). *Chir.* Opération qui consiste à pratiquer une ponction dans une cavité pleine de liquide.

PARACÉTAMOL n. m. Médicament analgésique et antipyrétique.

PARACHÈVEMENT n. m. Action de parachever. ‖ *Métall.* Ensemble des opérations de finition des semi-produits sidérurgiques.

PARACHEVER v. t. (conj. **5**). Mener à son complet achèvement avec un soin particulier.

PARACHRONISME n. m. (gr. *para*, à côté de, et *khronos*, temps). Faute de chronologie qui consiste à placer un événement plus tard que l'époque à laquelle il est arrivé.

PARACHUTAGE n. m. Action de parachuter.

PARACHUTE n. m. (de *parer* et *chute*). Appa-

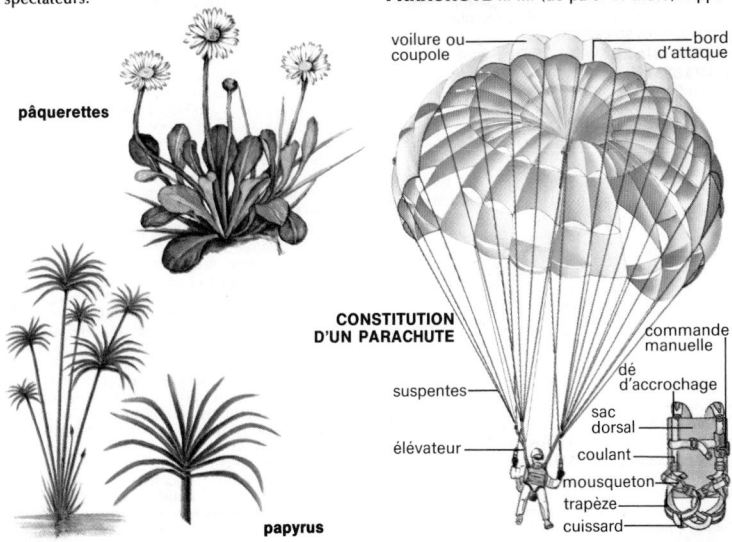

pâquerettes

papyrus

voilure ou coupole

bord d'attaque

CONSTITUTION D'UN PARACHUTE

commande manuelle

suspentes

élévateur

dé d'accrochage

sac dorsal

coulant

mousqueton

trapèze

cuissard

reil destiné à ralentir le mouvement vertical ou horizontal d'un corps dans l'atmosphère. ■ En aéronautique, le parachute se compose d'une voilure en toile, soie ou Nylon, d'un harnais qui le fixe au corps à soutenir, et d'un sac dans lequel la voilure est méthodiquement pliée et dont l'ouverture est effectuée automatiquement ou à l'aide d'une commande. Des parachutes spéciaux, fixés à la queue des avions, servent de frein lors des atterrissages.

PARACHUTER v. t. Larguer au sol, à partir d'un aéronef, du personnel ou du matériel munis de parachutes. || *Fam.* Nommer, désigner brusquement qqn à un emploi, à une fonction où sa nomination n'était pas prévue.

PARACHUTISME n. m. Technique, sport du saut en parachute.

PARACHUTISTE n. Sportif ou militaire entraîné au saut en parachute. ◆ adj. *Troupes parachutistes*, unités de parachutistes entraînés à combattre en petits groupes (commandos) ou dans le cadre d'une grande unité aéroportée.

PARACLET [paraklɛ] n. m. (gr. *paraklêtos*, avocat). *Théol.* Nom donné au Saint-Esprit.

PARADE n. f. (de *parer*). Rassemblement d'unités militaires pour les passer en revue ou les faire évoluer. || Action, manière de parer un coup; défense, riposte. || Scène burlesque jouée à la porte d'un théâtre forain pour attirer le monde. || *Équit.* Arrêt brusque d'un cheval au manège. || *Éthol.* Comportement d'intimidation envers les rivaux, ou comportement démonstratif envers le partenaire sexuel. || *Littér.* Saynète représentée dans les salons au XVIIIe s. et imitant les types et le langage populaires. ● *De parade*, pour l'ostentation, plus que pour l'utilité. || *Faire parade de*, faire étalage d'une qualité afin de se faire valoir. || *Lit de parade*, lit sur lequel on expose après leur mort les hauts personnages.

PARADER v. i. Se donner un air avantageux pour attirer l'attention. || *Mil.* Manœuvrer, évoluer.

PARADEUR n. m. Celui qui aime à parader.

PARADIGMATIQUE adj. Du paradigme.

PARADIGME n. m. (gr. *paradeigma*). *Ling.* Ensemble des flexions d'un terme donné comme modèle. || Ensemble des termes d'une même classe de mots qui peuvent être substitués l'un à l'autre dans un contexte déterminé.

PARADIS n. m. (gr. *paradeisos*, jardin). Dans la Genèse, jardin de délices où Dieu plaça Adam et Ève (*paradis terrestre*). || Séjour des âmes des justes après leur mort. || Séjour enchanteur; état le plus heureux dont on puisse jouir. || Galerie supérieure d'une salle de théâtre. || Variété de pommier. ● *Vous ne l'emporterez pas au paradis* (Fam.), formule de menace. || *Graine de paradis*, syn. de MANIGUETTE. || *Oiseau de paradis*, syn. de PARADISIER. || *Paradis artificiels*, les plaisirs procurés par les stupéfiants.

PARADISIAQUE adj. *Litt.* Du paradis.

PARADISIER n. m. Oiseau passereau de la Nouvelle-Guinée, dont le mâle porte un plu-

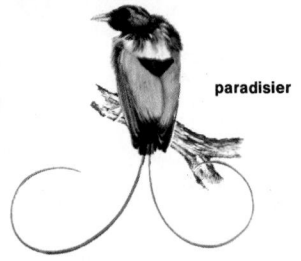

paradisier

mage aux couleurs variées et brillantes. (Syn. OISEAU DE PARADIS.)

PARADOS [parado] n. m. *Mil.* Terrassement protégeant contre les coups de revers.

PARADOXAL, E, AUX adj. Qui tient du paradoxe. ● *Sommeil paradoxal*, phase du sommeil marquée par les rêves (le relâchement musculaire y est maximal, mais les ondes cérébrales rappellent celles de l'état de veille).

PARADOXALEMENT adv. De façon paradoxale.

PARADOXE n. m. (gr. *paradoxos*; de *para*, contre, et *doxa*, opinion). Opinion, chose contraire à l'opinion commune. || *Log.* Proposition susceptible d'engendrer une contradiction.

PARAFE n. m., **PARAFER** v. t., **PARAFEUR** n. m. → PARAPHE, PARAPHER, PARAPHEUR.

PARAFFINAGE n. m. Action de paraffiner.

PARAFFINE n. f. (lat. *parum affinis*, qui a peu d'affinité). Mélange d'hydrocarbures saturés solides, caractérisés par leur indifférence aux agents chimiques. || *Chim.* Syn. de ALCANE.

PARAFFINER v. t. Enduire de paraffine. ● *Papier paraffiné*, papier imprégné de paraffine.

PARAFISCAL, E, AUX adj. Relatif à la parafiscalité.

PARAFISCALITÉ n. f. Taxes et cotisations perçues, sous l'autorité de l'État, au profit d'administrations ou d'organismes autonomes.

PARAFOUDRE n. m. Dispositif servant à préserver les appareils et les lignes électriques contre les effets de la foudre.

PARAGE n. m. *Bouch.* Action de parer les morceaux de viande bruts.

PARAGES n. m. pl. (esp. *paraje*, lieu de station). *Mar.* Espace déterminé de la mer. ● *Dans les parages (de)*, dans le voisinage immédiat (de).

PARAGRAPHE n. m. (gr. *paragraphos*, écrit à côté). Petite section d'un morceau de prose, d'un chapitre, qui peut être indiquée par le signe §; ce signe.

PARAGRÊLE adj. et n. m. Se dit d'un dispositif servant à empêcher la chute de la grêle et à transformer celle-ci en pluie.

PARAGUAYEN, ENNE adj. et n. Du Paraguay.

PARAISON n. f. Masse de verre fondu façonnée pour former un objet en verre.

PARAÎTRE v. i. (lat. *parere*) [conj. **58**]. Se présenter à la vue, se montrer en un endroit : *il ne fait que paraître au bureau*. || Sembler, avoir l'apparence de : *il paraît souffrant*. || Être publié : *ce livre a paru l'an dernier*. || Se manifester : *son orgueil paraît dans toutes ses actions*. ● *Chercher à paraître*, aimer se faire remarquer. || *Il paraît que, il paraîtrait, à ce qu'il paraît, paraît-il*, on dit que, le bruit court que; selon les apparences. || *Il y paraît*, cela se voit.

PARALITTÉRAIRE adj. Relatif à la paralittérature.

PARALITTÉRATURE n. f. Littérature en marge de la littérature établie, et qui comprend des genres tels que la science-fiction, le fantastique, le roman policier, etc.

PARALLACTIQUE adj. Relatif à la parallaxe.

PARALLAXE n. f. (gr. *parallaxis*, changement). Angle sous lequel serait vue de façon normale, à partir d'un astre, une longueur égale soit au rayon terrestre (cas des astres du système solaire), soit au demi-grand axe de l'orbite terrestre (cas des étoiles). || Déplacement de la position apparente d'un corps, dû à un changement de position de l'observateur. || *Phot.* Angle formé par les axes optiques de l'objectif et du viseur d'un appareil, braqués sur un même objet, et faussant la visée aux faibles distances.

PARALLÈLE adj. (gr. *parallêlos*; de *para*, à côté, et *allêlos*, l'un l'autre). *Math.* Se dit de deux ou plusieurs droites qui, deux à deux, sont dans un même plan et ne se coupent pas. || Qui se développe dans la même direction, semblable : *mener une action parallèle*. || Se dit de ce qui est plus ou moins clandestin, des activités qui recouvrent en partie celles d'un organisme légal ou officiel : *une police parallèle*. || Se dit d'un spectacle, d'une publication dont la production et la distribution se font en dehors des circuits traditionnels. || *Anthropol.* Se dit de certains parents (oncles, cousins, neveux) qui descendent d'un parent de même sexe que celui de l'ascendant immédiat d'une personne considérée. (Contr. CROISÉ.) ● *Courbes* (ou *surfaces*) *parallèles*, courbes planes (ou surfaces) admettant les mêmes normales, et telles que les portions de normales comprises entre

les deux courbes (ou les deux surfaces) aient une longueur constante. || *Marché parallèle*, marché semi-clandestin sur lequel sont effectuées illégalement des opérations commerciales ou financières. || *Plans parallèles*, plans qui n'ont aucun point commun.

PARALLÈLE n. f. Droite parallèle à une autre droite ou à un plan. || *Mil.* Tranchée ou communication enterrée parallèle au front. ● *En parallèle* (Électr.), syn. de EN DÉRIVATION.

PARALLÈLE n. m. Cercle imaginaire situé sur la Terre ou un astre quelconque, dans un plan parallèle à celui de l'équateur, et servant à mesurer la latitude. || Comparaison entre deux personnes ou deux choses pour estimer leurs qualités ou leurs défauts. || *Math.* Section d'une surface de révolution par un plan perpendiculaire à l'axe. ■ Les parallèles sont numérotés de 0 à 90 au nord et de 0 à 90 au sud de l'équateur, leur longueur décroît au fur et à mesure qu'ils se rapprochent des pôles; l'équateur, étant le plus long des parallèles, est le parallèle d'origine.

PARALLÈLEMENT adv. De façon parallèle.

PARALLÉLÉPIPÈDE n. m. (gr. *parallêlos*, et *epipedon*, surface plane). Polyèdre à six faces, qui sont toutes des parallélogrammes, les faces opposées étant égales et parallèles entre elles. ● *Parallélépipède droit*, parallélépipède dont les arêtes sont perpendiculaires aux plans de base. || *Parallélépipède rectangle*, parallélépipède droit dont la base est un rectangle.

PARALLÉLISME n. m. État de ce qui est parallèle. || Comparaison entre deux choses. ● *Parallélisme des formes* (Dr. adm.), principe selon lequel, si des formes ont été imposées à un acte administratif, les mêmes formes s'imposent à l'acte contraire.

PARALLÉLOGRAMME n. m. Quadrilatère dont les côtés sont parallèles deux à deux.

PARALOGIQUE adj. Relatif au paralogisme.

PARALOGISME n. m. Raisonnement faux.

PARALYSANT, E adj. De nature à paralyser.

PARALYSÉ, E adj. et n. Atteint de paralysie.

PARALYSER v. t. Frapper de paralysie. || Frapper d'impuissance, neutraliser, empêcher d'agir, de produire : *paralyser les efforts de qqn*.

PARALYSIE n. f. (gr. *paralusis*, relâchement). Privation entière ou diminution considérable de la fonction motrice. || Impossibilité d'agir; arrêt complet : *paralysie de l'économie*. ■ Les principales causes de paralysie sont les troubles circulatoires cérébraux (artérite, spasme, hémorragie cérébrale), les intoxications (plomb, alcool, etc.), les infections à virus (poliomyélite). L'atteinte peut être localisée à un nerf (paralysie radiale, cubitale, etc.), à un membre (*monoplégie*), aux deux membres inférieurs (*paraplégie*), à un côté du corps (*hémiplégie*); quand elle touche les quatre membres, c'est une quadriplégie ou tétraplégie. La paralysie infantile, qui touche en fait également les adultes, est la poliomyélite. La *paralysie générale* est la syphilis du cerveau : les troubles moteurs y sont mêlés à des troubles sensitifs, sensoriels et à un état démentiel.

PARALYTIQUE adj. et n. Atteint de paralysie.

PARAMAGNÉTIQUE adj. Se dit d'une substance qui s'aimante dans le même sens que le fer, mais de façon beaucoup plus faible.

PARAMAGNÉTISME n. m. Propriété des corps paramagnétiques.

PARAMÉCIE n. f. (gr. *paramêkês*, oblong). Protozoaire de l'embranchement des ciliés, commun dans les eaux douces stagnantes, et dont le corps atteint parfois 1/5 de mm de long. ▷

PARAMÉDICAL, E, AUX adj. Se dit des professions et des personnels ne faisant pas partie des professions médicales, mais qui ont trait, sur le plan technique ou administratif, aux activités relatives à la santé.

PARAMÈTRE n. m. Élément constant dans une opération intellectuelle quelconque. || *Math.* Dans une expression ou une équation, lettre autre que la variable et dont on peut fixer à volonté la valeur numérique. || *Stat.* Grandeur mesurable permettant de présenter de façon plus simple les caractéristiques principales d'un ensemble statistique. ● *Paramètre d'une parabole*, distance de son foyer à sa directrice.

PARAMÉTRIQUE adj. Relatif au paramètre. ● *Amplificateur paramétrique*, amplificateur possédant un élément réactif capable de varier en fonction de l'amplitude instantanée du signal.

PARAMILITAIRE adj. Qui imite la structure et la discipline des armées sans en faire partie.

PARAMINOPHÉNOL n. m. *Phot.* Dérivé du phénol, employé comme révélateur.

PARAMNÉSIE n. f. (gr. *para*, à côté de, et *mnêsis*, mémoire). Trouble de la mémoire affectant le rappel des souvenirs, se manifestant par une fabulation, une localisation erronée dans le temps, l'illusion du déjà vu.

PARANÉOPLASIQUE adj. *Méd.* Se dit d'un syndrome ou de manifestations pathologiques apparaissant parallèlement à un cancer et disparaissant lors de son ablation.

PARANGON [parãgɔ̃] n. m. (esp. *parangón*, comparaison). *Litt.* Modèle, type : *Harpagon est le parangon des avares.* ‖ Diamant, perle sans défaut.

PARANGONNAGE n. m. Action de parangonner.

PARANGONNER v. t. *Arts graph.* Assembler dans une même ligne de composition des caractères de corps différents de façon qu'ils s'alignent ensemble.

PARANOÏA n. f. (mot gr., *trouble de la raison*). Psychose chronique caractérisée par l'organisation logique des thèmes délirants (persécution le plus souvent) qui s'édifient par intuition ou interprétation à partir de prémisses fausses.

PARANOÏAQUE adj. et n. Relatif à la paranoïa; atteint de paranoïa.

PARANOÏDE adj. *Délire paranoïde* (Psychiatr.), délire caractérisé par son incohérence et son polymorphisme, qui constitue une des formes de la schizophrénie.

PARANORMAL, E, AUX adj. Se dit des phénomènes en marge de la normalité, tels que ceux qui sont étudiés par la parapsychologie.

PARANTHROPE n. m. Type d'australanthropien reconnu en Afrique du Sud, représentant la forme robuste des australopithèques.

PARAPET n. m. (it. *parapetto*, qui protège la poitrine). Mur plein à hauteur d'appui, formant garde-fou. ‖ *Fortif.* Mur, talus permettant aux défenseurs d'un ouvrage fortifié de tirer à l'abri sur les assaillants.

PARAPHASIE n. f. Trouble du langage constitué par la substitution aux mots attendus de mots ou de termes incompréhensibles.

PARAPHE ou **PARAFE** n. m. Trait de plume accompagnant la signature. ‖ *Dr.* Signature abrégée, généralement composée d'initiales, destinée notamment à authentifier les ratures et les renvois; apposition, par un magistrat, de sa signature sur les pages numérotées des registres de l'état civil, des registres de commerce, etc.

PARAMÉCIE

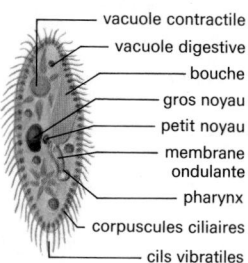

- vacuole contractile
- vacuole digestive
- bouche
- gros noyau
- petit noyau
- membrane ondulante
- pharynx
- corpuscules ciliaires
- cils vibratiles

PARAPHER ou **PARAFER** v. t. Marquer, signer d'un paraphe.

PARAPHERNAL, E, AUX adj. (gr. *para*, contre, et *phernê*, dot). *Dr.* Sous l'ancien régime dotal, se disait de la partie de l'apport de l'épouse non comprise dans sa dot.

PARAPHEUR ou **PARAFEUR** n. m. Assemblage de feuilles de buvard entre lesquelles un(e) secrétaire glisse le courrier à présenter à la signature.

PARAPHIMOSIS n. m. *Méd.* Étranglement du gland de la verge par le prépuce, qui survient quand on décalotte un phimosis trop serré.

PARAPHRASE n. f. (gr. *paraphrasis*). Explication étendue d'un texte. ‖ Développement verbeux et diffus. ‖ *Ling.* Énoncé contenant la même information qu'un autre, tout en étant plus long que lui.

PARAPHRASER v. t. Commenter, amplifier par une paraphrase.

PARAPHRASEUR, EUSE n. *Litt.* Personne qui amplifie un fait en le rapportant.

PARAPHRASTIQUE adj. Qui appartient à la paraphrase.

PARAPHRÈNE adj. et n. Atteint de paraphrénie.

PARAPHRÉNIE n. f. (gr. *phrên*, pensée). *Psychopath.* Psychose délirante chronique, caractérisée par le fantastique, la luxuriance des thèmes délirants, alors que l'adaptation à la réalité est paradoxalement conservée.

PARAPHRÉNIQUE adj. Relatif à la paraphrénie.

PARAPHYSE n. f. *Bot.* Poil stérile accompagnant les éléments producteurs de spores, chez les champignons.

PARAPLÉGIE n. f. (gr. *para*, contre, et *plêgê*, choc). Paralysie des deux membres inférieurs.

PARAPLÉGIQUE adj. et n. Atteint de paraplégie.

PARAPLUIE n. m. (de *parer* et *pluie*). Objet portatif, formé d'un manche et d'une étoffe tendue sur des tiges, pour se garantir de la pluie. ‖ Ce qui protège : *parapluie atomique*.

PARAPODE n. m. Rame natatoire des annélides marines, formant deux paires latérales à chaque anneau et couverte de soies.

PARAPSYCHIQUE adj. Syn. de MÉTAPSYCHIQUE.

PARAPSYCHOLOGIE n. f. Étude des phénomènes paranormaux, essentiellement la perception extrasensorielle et la psychokinésie. (Syn. MÉTAPSYCHIQUE.)

PARAPSYCHOLOGIQUE adj. Relatif à la parapsychologie.

PARAPSYCHOLOGUE n. Personne qui étudie la parapsychologie.

PARASCOLAIRE adj. Parallèle à l'école : *des activités parascolaires.*

PARASEXUALITÉ n. f. *Biol.* Phénomène observé chez les bactéries, et dans lequel un individu « donneur » transfère une partie de son chromosome à un individu « receveur », sans que la multiplication s'en trouve accrue.

PARASISMIQUE adj. Propre à s'opposer aux effets des séismes.

PARASITAIRE adj. Relatif aux parasites; causé par la présence de parasites.

PARASITE n. m. (gr. *parasitos*, commensal). Personne qui vit dans l'oisiveté aux dépens des autres ou de la société. ‖ *Biol.* Être vivant qui prélève sa nourriture sur ou dans un autre être vivant appelé *hôte* (par ex. le *ténia* de l'homme, le *mildiou* de la vigne). ◆ pl. Perturbations, d'origine atmosphérique ou industrielle, qui troublent la réception des signaux radioélectriques. ◆ adj. Qui est gênant et inutile : *constructions parasites.* ‖ *Biol.* Se dit d'un être vivant facteur de parasitisme.

PARASITER v. t. Envahir un être vivant. ‖ Vivre aux dépens de qqn. ‖ Perturber par des bruits parasites.

PARASITICIDE adj. et n. m. Qui tue les parasites.

PARASITISME n. m. Mode de vie d'un parasite. ‖ *Biol.* Association entre deux organismes animaux ou végétaux d'espèces différentes vivant l'un aux dépens de l'autre. ● *Parasitisme mimique* (Psychiatr.), expression mimique inadaptée à la situation.

PARASITOLOGIE n. f. Étude des parasites de l'homme, des animaux et des végétaux.

PARASITOSE n. f. Maladie due à un parasite.

PARASOL n. m. (it. *parasole*). Objet qui a la forme d'un grand parapluie, et que l'on utilise pour se garantir du soleil. ● *Pin parasol*, pin dont les branches forment une sorte de parasol.

PARASYMPATHIQUE adj. et n. m. Se dit d'un des deux systèmes nerveux neurovégétatifs. (Antagoniste de l'orthosympathique, le système parasympathique ralentit le rythme cardiaque et accélère les mouvements du tube digestif.)

PARASYMPATHOLYTIQUE adj. Se dit d'une substance qui s'oppose à l'action du parasympathique.

PARASYMPATHOMIMÉTIQUE adj. Se dit d'une substance qui reproduit les effets du parasympathique.

PARASYNTHÉTIQUE adj. et n. m. *Ling.* Se dit d'un mot composé par l'addition à une base d'un préfixe et d'un suffixe.

PARATAXE n. f. *Ling.* Procédé syntaxique consistant à juxtaposer des phrases sans expliciter le rapport qui les unit.

PARATHORMONE n. f. Hormone produite par les glandes parathyroïdes et dont la sécrétion règle le taux du phosphore et du calcium dans le milieu intérieur.

PARATHYROÏDE n. f. Glande endocrine placée derrière la thyroïde. (Les parathyroïdes, au nombre de quatre chez l'homme, produisent la parathormone.)

PARATHYROÏDIEN, ENNE adj. Relatif aux parathyroïdes.

PARATONNERRE n. m. Installation destinée à protéger un bâtiment contre les effets de la foudre. (L'invention du paratonnerre est due à Benjamin Franklin.)

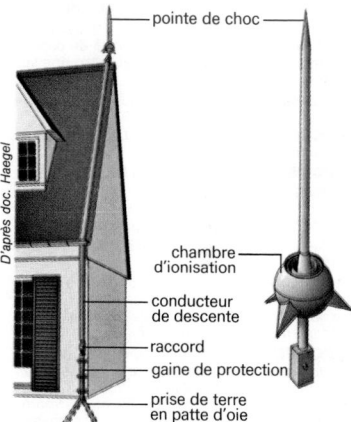

- pointe de choc
- chambre d'ionisation
- conducteur de descente
- raccord
- gaine de protection
- prise de terre en patte d'oie

D'après doc. Haegel

PARATONNERRE

PARATYPHIQUE adj. et n. Relatif à la paratyphoïde; atteint de paratyphoïde.

PARATYPHOÏDE adj. et n. f. Se dit des maladies infectieuses voisines de la fièvre typhoïde, mais moins graves.

PARAVALANCHE n. m. Construction destinée à protéger des avalanches.

PARAVENT n. m. Écran composé de panneaux articulés, servant à garantir des courants d'air ou à masquer quelque chose.

PARBLEU! interj. (de *par Dieu*). Juron exprimant l'approbation.

PARC n. m. (mot gaul.). Enclos boisé d'une certaine étendue, destiné à la promenade. ‖ Pâtis entouré de fossés, où l'on met les bœufs à l'engrais. ‖ Petit enclos à l'intérieur duquel un bébé peut s'ébattre sans danger. ‖ Clôture faite de claies, à l'intérieur de laquelle on enferme les moutons qui couchent dans les champs. ‖ Installation littorale ou de pleine mer pour l'élevage ou le stockage d'animaux marins. ‖

Entrepôt de matériel militaire. ‖ Ensemble des machines, des véhicules d'une entreprise, d'un pays : *le parc automobile.* ‖ Syn. de PARKING. ● *Parc national,* région où la faune et la flore sont rigoureusement protégées. (En France, des parcs nationaux ont été créés notamment dans les Alpes et les Pyrénées.) ‖ *Parc naturel régional,* territoire dont la flore et la faune sont sauvegardées, cependant que doivent y être harmonisés les rapports ville-campagne.

PARCAGE n. m. Action de parquer. ‖ Méthode de fertilisation des terres à partir des déjections d'un troupeau de moutons immobilisé, pendant la durée du repos quotidien, dans une enceinte mobile que l'on déplace tous les jours.

PARCELLAIRE adj. Fait, divisé par parcelles : *plan parcellaire.*

PARCELLARISATION ou **PARCELLISA-TION** n. f. Action de parcelliser.

PARCELLARISER ou **PARCELLISER** v. t. Diviser en petits éléments; morceler une action en tâches élémentaires.

PARCELLE n. f. (lat. *particula*). Petite partie : *une parcelle de vérité.* ‖ Pièce de terrain d'étendue variable ayant une même affectation et située dans un même îlot de propriété (elle forme l'unité cadastrale).

PARCE QUE loc. conj. Exprime la cause, le motif : *on se chauffe parce qu'on a froid.* (La voyelle e de *que* ne s'élide que devant *il, elle, on, en, un, une.*)

PARCHEMIN n. m. (gr. *pergamênê*, peau de Pergame). Peau d'animal préparée pour l'écriture, la reliure, etc. ◆ pl. *Fam.* et *vx.* Titres de noblesse; diplômes universitaires : *être fier de ses parchemins.*

PARCHEMINÉ, E adj. Qui a la consistance ou l'aspect du parchemin.

PARCHET n. m. En Suisse, parcelle de terre, en particulier de vignoble.

PARCIMONIE n. f. (lat. *parcimonia; de parsus,* épargné). Économie rigoureuse et mesquine sur les dépenses, les dons.

PARCIMONIEUSEMENT adv. Avec parcimonie.

PARCIMONIEUX, EUSE adj. Qui fait preuve de parcimonie.

PARCMÈTRE ou **PARCOMÈTRE** n. m. Appareil indiquant le temps de stationnement payant pour les automobiles.

PARCOTRAIN n. m. Parking payant mis par la S. N. C. F. à la disposition des usagers du chemin de fer.

PARCOURIR v. t. (conj. 21). Suivre ou visiter dans toute son étendue ou dans tous les sens : *parcourir une route, une ville.* ‖ Examiner, lire rapidement : *parcourir un livre.*

PARCOURS n. m. Trajet suivi par un être animé, un véhicule, une chose : *effectuer un parcours; le parcours d'un autobus.* ‖ *Chorégr.* Aptitude à se propulser en avant. ‖ *Sports.* Ensemble des dix-huit trous au golf; chemin parsemé d'obstacles que doit suivre un cavalier. ● *Incident de parcours,* difficulté imprévue retardant la réalisation d'un projet. ‖ *Libre parcours moyen* (Phys.), distance moyenne parcourue par une molécule d'un gaz, entre deux collisions consécutives. ‖ *Parcours du combattant,* suite d'obstacles et d'installations destinés à la formation et à l'entraînement des militaires en vue du combat.

PARDESSUS n. m. Manteau masculin.

PARDI!, PARDIEU! interj. (pour *par Dieu*). Jurons familiers renforçant une affirmation (vx).

PARDON n. m. Action de pardonner, rémission d'une faute, d'une offense. ‖ Pèlerinage religieux et fête populaire en Bretagne. ‖ Formule de politesse employée quand on dérange qqn. ‖ *Pop.* Formule marquant l'admiration.

PARDONNABLE adj. Que l'on peut pardonner.

PARDONNER v. t. (de *donner*). Renoncer à punir, excuser : *pardonner une offense.* ‖ Accepter sans dépit, sans jalousie : *on ne lui pardonne pas ses succès.* ◆ v. t. ind. [à]. Ne pas tenir rigueur à qqn qui est responsable d'un acte hostile, d'une faute. ● *Cela ne pardonne pas,*

cela a des conséquences fatales. ‖ *Pardonnez-moi,* formule de civilité.

PARE-BALLES n. m. et adj. inv. Abri ou vêtement protégeant des balles.

PARE-BRISE n. m. inv. Plaque de verre spécial ou de matière transparente à l'avant d'un véhicule, pour préserver le conducteur des poussières et de l'action de l'air.

PARE-CHOCS n. m. inv. Garniture destinée à amortir les chocs, placée à l'avant et à l'arrière d'un véhicule.

PARÈDRE adj. et n. (gr. *paredros,* qui siège à côté). *Myth.* Divinité associée, à un rang subalterne, au culte et aux fonctions d'une autre divinité.

PARE-ÉCLATS n. m. inv. Terrassement ou blindage destinés à abriter contre les éclats des projectiles.

PARE-ÉTINCELLES n. m. inv. Écran métallique de foyer, s'opposant à la projection des étincelles.

PARE-FEU n. m. inv. Syn. de COUPE-FEU.

PARE-FUMÉE n. m. inv. Dispositif destiné à canaliser la fumée sortie d'une cheminée.

PARÉGORIQUE adj. (gr. *parêgorein,* adoucir). *Élixir parégorique,* teinture anisée d'opium camphré, employée contre les douleurs intestinales et la diarrhée.

PAREIL, EILLE adj. et n. (lat. *par, paris,* égal). Qui présente une ressemblance ou une similitude : *deux livres pareils.* ‖ Tel, de cette sorte : *en pareil cas.* ● *C'est du pareil au même* (Fam.), c'est exactement la même chose. ‖ *Il n'a pas son pareil,* il est supérieur à n'importe qui. ‖ *Rendre la pareille,* rendre un traitement identique à celui qu'on a reçu. ‖ *Sans pareil,* incomparable, supérieur en son genre. ‖ *Vos pareils,* les gens de votre état, de votre caractère. ◆ adv. *Fam.* De la même façon : *ils sont toujours habillés pareil.*

PAREILLEMENT adv. De la même manière, aussi : *je le désire pareillement.*

PARÉLIE n. m. → PARHÉLIE.

PAREMENT n. m. Revers des manches de certains vêtements. ‖ *Parure liturgique d'autel.* ‖ *Constr.* Surface apparente d'une pierre ou d'une construction en pierre, en terre ou en brique; revêtement.

PAREMENTER v. t. Revêtir d'un parement.

PARENCHYMATEUX, EUSE adj. Relatif au parenchyme.

PARENCHYME [parãʃim] n. m. (gr. *paregkhuma*). *Anat.* Tissu spongieux du poumon, du rein. ‖ *Bot.* Tissu végétal aux cellules vivantes, limitées par des cloisons cellulosiques minces et pouvant exercer diverses fonctions : de nutrition (parenchyme chlorophyllien), de remplissage (moelle), de réserve, etc.

PARENT, E adj. et n. (lat. *parens; de parere,* enfanter). Qui a des liens familiaux plus ou moins étroits avec qqn. ● *Traiter qqn en parent pauvre,* avec dédain. ‖ N. m. pl. Le père et la mère. ‖ *Litt.* Les ancêtres : *issu de parents illustres.* ◆ adj. Qui a des traits communs avec : *le chat est parent du tigre.*

PARENTAL, E, AUX adj. Qui concerne le père ou la mère considérés comme un tout. (L'autorité parentale a remplacé en France la puissance paternelle.)

PARENTALES ou **PARENTALIES** n. f. pl. *Antiq. rom.* Fêtes annuelles en l'honneur des morts.

PARENTÉ n. f. Lien de consanguinité ou d'alliance : *degré de parenté.* (Les anthropologues distinguent la parenté réelle de la parenté classificatoire*.) ‖ Lien juridique qui unit deux personnes dont l'une descend de l'autre ou qui ont l'une et l'autre un ancêtre commun. ‖ Ensemble des parents et des alliés. ‖ Ressemblance, points communs : *parenté de deux opinions.* ● *Système de parenté* (Anthropol.), ensemble des relations qui existent entre les parents et les classes de parents d'une même famille dans une ethnie, dans une société. (Le système de parenté définit principalement les comportements, les droits et obligations réciproques des membres de la famille.)

PARENTÉRAL, E, AUX adj. (gr. *enteron,* intestin). *Voie parentérale,* voie d'introduction des médicaments autre que la voie digestive (bouche ou rectum).

PARENTHÈSE n. f. (gr. *parenthesis,* action de mettre auprès de). Phrase accessoire et formant un sens à part dans un discours, un texte. ‖ Signe qui indique cette intercalation ( ); ensemble de ces deux signes et leur contenu : *mettre entre parenthèses.* ‖ Digression, remarque excédente, accessoire : *ouvrir une parenthèse.* ‖ *Math.* Signe qui, isolant une expression algébrique, indique qu'une opération s'applique à cette expression tout entière. ● *Entre parenthèses, par parenthèse,* incidemment, sans rapport avec ce qui précède ou ce qui suit.

PARÉO n. m. (mot tahitien). Pagne tahitien.

PARER [pare] v. t. (lat. *parare,* disposer). Embellir par des ornements : *parer un autel.* ‖ Détourner de soi, se protéger contre, éviter : *parer un coup.* ‖ *Mar.* Tenir prêt à servir : *parer une ancre.* ‖ *Techn.* Amincir un morceau de peau du côté de la chair. ● *Paré!* (Mar.), indique qu'un ordre a été exécuté ou qu'on est prêt pour son exécution. ‖ *Parer des légumes, des fruits,* en ôter les parties qui ne se mangent pas. ‖ *Parer la viande* (Bouch.), en ôter la peau, les nerfs, les graisses superflues. ◆ v. t. ind. [à]. Remédier à, se prémunir de, pourvoir à : *parer à un danger, à toute éventualité.* ◆ se parer v. pr. *Litt.* Se donner par vanité : *se parer de faux titres.*

PARÈRE n. m. (lat. *parere,* paraître). *Dr.* Certificat écrit constatant authentiquement un usage.

PARÉSIE n. f. (gr. *paresis,* relâchement). *Méd.* Paralysie partielle ou légère.

PARE-SOLEIL n. m. inv. Dispositif de protection contre le soleil.

PARESSE n. f. (lat. *pigritia*). Répugnance au travail, à l'effort; goût pour l'inaction, apathie. ‖ *Méd.* Lenteur anormale dans le fonctionnement d'un organe.

PARESSER v. i. Se laisser aller à la paresse.

PARESSEUSEMENT adv. Sans énergie.

PARESSEUX, EUSE adj. et n. Qui montre, manifeste de la paresse.

PARESSEUX n. m. *Zool.* Mammifère édenté de l'Amérique du Sud, aux mouvements très lents, tel que l'aï, le bradype, et l'unau.

PARESTHÉSIE n. f. (gr. *para,* à côté, et *aisthesis,* sensation). Sensation anormale due à un trouble du système nerveux.

PARFAIRE v. t. (lat. *perficere*) [conj. 72]. Achever, mener à son complet développement.

PARFAIT, E adj. (lat. *perfectus*). Qui réunit toutes les qualités, sans défauts : *bonheur, calme, travail parfait.* ‖ Se dit de qqn, qqch qui est tel sans aucune réserve : *un parfait imbécile.* ‖ *Bot.* Se dit d'un vaisseau du bois formé de cellules qui ont résorbé leurs membranes transversales, donnant un tube continu. ● *C'est parfait,* tout est pour le mieux. ‖ *Nombre parfait,* nombre égal à la somme de tous ses diviseurs, lui-même étant exclu.

PARFAIT n. m. Crème glacée à un seul parfum. ‖ *Ling.* Temps du verbe qui marque un état présent résultant d'une action passée. ‖ *Hist.* Chez les cathares, croyant qui s'était engagé au renoncement total.

PARFAITEMENT adv. De façon parfaite : *connaître parfaitement une langue.* ‖ Oui, certainement : *« Viendrez-vous? — Parfaitement! »*

PARFILAGE n. m. Action de parfiler.

PARFILER v. t. Entremêler, en tissant une étoffe ou un galon, des fils d'une matière ou d'une couleur différentes.

PARFOIS adv. Dans certaines circonstances, quelquefois.

PARFONDRE v. t. (lat. *perfundere,* mélanger) [conj. 46]. *Techn.* Incorporer les substances colorantes à la matière de l'émail ou du verre et les faire fondre uniformément.

PARFUM n. m. (it. *perfumo*). Odeur agréable : *le parfum des roses.* ‖ Essence d'origine végétale ou produit de synthèse utilisés pour leur odeur agréable comme complément de la toilette. ‖ Goût de qqch qui est aromatisé. ‖ *Litt.* Ce qui éveille un doux souvenir, une idée agréable : *un parfum de bonheur*. ● *Au parfum* (Pop.), au courant d'un secret.

PARFUMER v. t. (it. *perfumare*). Remplir, imprégner d'une bonne odeur, d'un parfum. || Aromatiser.

PARFUMERIE n. f. Ensemble des produits de toilette à base de parfum, ou les parfums eux-mêmes. || Industrie, boutique du parfumeur.

PARFUMEUR, EUSE n. et adj. Personne qui fait ou vend des parfums.

PARHÉLIE ou **PARÉLIE** n. m. (gr. *para*, à côté, et *hêlios*, soleil). *Météor.* Phénomène lumineux dû à la réflexion des rayons solaires dans un nuage formé de cristaux de glace.

PARI n. m. (de *parier*). Convention entre des personnes soutenant des choses contraires, et par laquelle celle qui dit vrai recevra une somme fixée; la somme convenue : *engager, tenir un pari; toucher un pari*. || Jeu d'argent où le gain dépend de l'issue d'une épreuve : *prendre les paris*. || Affirmation qu'un événement hypothétique se produira. ● *Pari mutuel urbain (P. M. U.)*, organisme qui a le monopole d'organiser les paris sur les courses de chevaux et de les enregistrer dans des bureaux hors des hippodromes. || *Pari de Pascal*, argument employé par Pascal pour amener les incroyants à croire en Dieu, et qu'on peut résumer de la façon suivante : « Vous avez tout à gagner et rien à perdre à croire en Dieu. Car, si vous gagnez (si Dieu existe), vous gagnez tout; si vous perdez (si Dieu n'existe pas), vous ne perdez rien. »

PARIA n. m. (mot portug.; du tamoul). En Inde, nom de tous les hors-caste, exclus de la société. (Syn. INTOUCHABLE.) || Homme dédaigné, repoussé par les autres hommes.

PARIADE n. f. Action des oiseaux et d'autres animaux qui se courtisent avant de s'accoupler. || Saison où les oiseaux s'accouplent. || Couple d'oiseaux.

PARIAGE n. m. (bas lat. *pariare*, être égal). Convention du droit féodal français, conclue entre deux seigneurs de rang inégal.

PARIDÉ n. m. (lat. *parus*, mésange). Oiseau passereau. (Les *paridés* forment une famille comprenant les *mésanges*.)

PARIDIGITIDÉ adj. et n. m. Se dit d'un mammifère ongulé ayant un nombre pair de doigts à chaque patte, comme le bœuf, le porc.

PARIER v. t. (de *pair*, égal). Faire un pari. || Affirmer, soutenir : *je parie qu'il ne viendra pas*.

PARIÉTAIRE n. f. (lat. *paries, -etis*, muraille). Plante herbacée croissant près des murs. (Noms usuels : *casse-pierre, perce-muraille*; famille des urticacées.)

PARIÉTAL, E, AUX adj. (lat. *paries, -etis*, muraille). *Anat.* Se dit de chacun des deux os qui forment les côtés et la voûte du crâne. || *Bot.* Se dit d'un type de placentation où les ovules sont fixés sur le bord des carpelles, eux-mêmes soudés par leurs bords en un ovaire à une seule loge, comme chez les orchidacées, les papavéracées. || *Lobe pariétal* (Anat.), lobe cérébral situé sous l'os pariétal et limité en avant par la scissure de Rolando. (Il joue un rôle majeur dans l'intégration de la sensibilité.) || *Peinture pariétale*, figure gravée ou peinte sur les parois et les voûtes des grottes préhistoriques. (On dit aussi PEINTURE RUPESTRE.)

PARIEUR, EUSE n. Personne qui parie.

PARIGOT, E adj. et n. *Pop.* Parisien.

PARIPENNÉ, E adj. *Bot.* Se dit de feuilles composées pennées sans foliole terminale, comme celles du pois, de la vesce.

PARIS-BREST n. m. inv. Pâtisserie en pâte à choux, en forme de couronne, saupoudrée d'amandes et fourrée de crème pralinée.

PARISETTE n. f. Plante des bois humides, à baies bleuâtres. (Famille des liliacées.) [Syn. RAISIN-DE-RENARD.]

PARISIANISME n. m. Usage, habitude, langage, manière d'être propres aux Parisiens.

PARISIEN, ENNE adj. et n. De Paris.

PARISIS [parizi] adj. inv. *Hist.* Se disait de la monnaie qui se frappait à Paris.

PARISYLLABIQUE adj. et n. m. (lat. *par*, égal, et *syllabique*). *Ling.* Se dit des mots latins qui ont dans leur déclinaison le même nombre de syllabes à tous les cas du singulier.

PARITAIRE adj. Se dit d'un organisme, d'une négociation, d'une commission où les deux parties sont représentées à égalité.

PARITARISME n. m. Courant d'idées et de réalisations par lesquelles le patronat et le salariat négocient des accords en matière de relations du travail.

PARITÉ n. f. (lat. *par, paris*, égal). Égalité parfaite, conformité : *parité entre les salaires masculins et féminins*. || Équivalence des cours du change sur deux places; pair, taux de change d'une monnaie. || *Math.* État de ce qui est pair : *parité d'un nombre*. || *Phys.* En mécanique quantique, propriété de symétrie d'une fonction d'onde par inversion des coordonnées spatiales.

PARJURE n. m. Faux serment ou violation de serment : *commettre un parjure*.

PARJURE adj. et n. Qui viole son serment, infidèle, traître.

PARJURER (SE) v. pr. (lat. *perjurare*). Violer son serment ou en faire un faux.

PARKA n. m. ou f. (mot esquimau). Manteau court à capuche, en tissu imperméable.

PARKÉRISATION [parkerizasjɔ̃] n. f. (nom déposé). Protection des métaux ferreux par formation d'une couche superficielle d'oxyde imperméable.

PARKING [parkiŋ] n. m. (mot angl.). Endroit où l'on peut garer un véhicule. (Syn. PARC.)

Parkinson (*maladie de*), affection dégénérative du système nerveux, caractérisée par un tremblement et une rigidité musculaire.

PARLANT, E adj. Doué de la parole. || Fort ressemblant, très expressif : *portrait parlant*. ● *Armes parlantes* (Hérald.), armes dont la pièce principale rappelle le nom de la famille. || *Cinéma, film parlant*, accompagnés de paroles synchronisées.

PARLANT n. m. Le cinéma parlant.

PARLÉ, E adj. Exprimé par la parole : *langue parlée*. || *Journal parlé*, ensemble d'informations diffusées à heures fixes à la radio.

PARLÉ n. m. Partie d'une œuvre exprimée par la parole.

PARLEMENT n. m. (de *parler*). Nom collectif sous lequel on désigne les assemblées qui exercent le pouvoir législatif (avec une majuscule). || *Hist.* Sous l'Ancien Régime, premier corps de justice du royaume, qui eut des attributions avant tout judiciaires, mais qui tendit de plus en plus à jouer un rôle politique.

PARLEMENTAIRE adj. Relatif au Parlement : *usages parlementaires*. ● *Régime parlementaire*, régime politique dans lequel les ministres sont responsables devant le Parlement.

PARLEMENTAIRE n. Celui qui, en temps de guerre, est chargé de faire des propositions au commandement adverse ou de discuter avec ses délégués. || Membre d'un Parlement.

PARLEMENTARISME n. m. Régime parlementaire.

PARLEMENTER v. i. Faire ou écouter des propositions de l'ennemi pour la reddition d'une place, la conclusion d'un armistice, etc. || Discuter longuement en vue d'un accommodement : *parlementer avant de céder*.

PARLER v. i. (lat. *parabolare*). Articuler des paroles : *enfant qui commence à parler*. || Exprimer sa pensée par la parole : *parler en termes corrects; parler en public*. || Manifester sa pensée autrement que par le langage articulé : *parler par gestes*. || Adresser la parole à qqn, s'entretenir avec lui. || Révéler ce qu'on tenait caché. || S'exprimer, être impératif : *les faits parlent d'eux-mêmes*. || Faire parler de soi, se faire une bonne ou une mauvaise réputation. || *Parlant* (précédé d'un adv.), du point de vue de : *humainement parlant*. || *Parler en l'air*, légèrement, sans certitude. || *Parler à cœur*, émouvoir. || *Parler d'or*, dire ce qu'il y a de mieux à dire. || *Trouver à qui parler*, rencontrer de l'opposition. || *Tu parles!, vous parlez!* (Fam.), formule d'affirmation, de doute, etc. ◆ v. t. ind. [*de*]. S'entretenir de qqn, de qqch : *parler de ses projets*. || Annoncer son intention de. ● *Parler bien, mal de qqn*, le louer, le critiquer ou le calomnier. || *Sans parler de*, indépendamment de. ◆ v. t. *Parler une langue*, en faire usage : *parler le français*. || *Parler politique, affaires*, etc., s'en entretenir. ◆ se parler v. pr. S'adresser la parole : *des amis brouillés qui ne se parlent plus*.

PARLER n. m. Langage, manière de s'exprimer. || *Ling.* Langue particulière à une région.

PARLEUR, EUSE n. *Beau parleur* (Péjor.), celui qui aime faire de belles phrases.

PARLOIR n. m. Salle où, dans certains établissements, on reçoit les visiteurs.

PARLOTE n. f. Conversation insignifiante.

PARME n. m. et adj. D'un mauve soutenu.

PARMÉLIE n. f. (lat. *parmelia*). Lichen formant une lame jaune sur les pierres et les troncs d'arbres.

PARMENTURE n. f. Partie d'un manteau qui forme revers d'encolure et double le bord des devants. || Toile utilisée comme doublure des revers.

PARMESAN, E adj. et n. De la ville ou du duché de Parme.

PARMESAN n. m. Fromage italien au lait de vache, à pâte très dure.

PARMI prép. (de *mi*, qui est au milieu) [devant un nom au pl. ou devant un nom collectif]. Entre, au milieu de : *parmi les honnêtes gens; parmi la foule*.

PARNASSIEN, ENNE adj. et n. Se dit des poètes qui réagirent contre le lyrisme romantique à partir de 1850 et cultivèrent une poésie savante et impersonnelle. ◆ n. m. Papillon aux ailes ocellées, commun dans les montagnes.

PARODIE n. f. (gr. *parôdia*). Contrefaçon grossière de caractère ironique ou satirique. || Imitation burlesque d'une œuvre littéraire ou artistique.

PARODIER v. t. Imiter, contrefaire, singer qqn, son attitude. || Faire une parodie de : *parodier une tragédie*.

PARODIQUE adj. Qui a le caractère d'une parodie.

PARODISTE n. Auteur d'une parodie.

PARODONTAL, E, AUX adj. Relatif au parodonte.

PARODONTE n. m. Ensemble des tissus de soutien de la dent (os alvéolaire, ligaments, gencives).

PARODONTOLOGIE n. f. Partie de l'odontologie qui étudie le parodonte.

PARODONTOLYSE n. f. Ensemble de lésions dégénératives du parodonte aboutissant à sa destruction.

PARODONTOSE n. f. Affection généralisée du parodonte.

PAROI n. f. (lat. *paries, -etis*). Mur ou cloison qui sépare une pièce d'une autre. || Surface latérale d'un récipient, d'un tube, etc.; face interne de qqch. || Surface de rocher unie et proche de la verticale. || *Anat.* Partie qui circonscrit une cavité, qui enveloppe une structure.

PAROISSE n. f. (gr. *paroikia*, groupement d'habitations). Territoire sur lequel s'étend la juridiction spirituelle d'un curé.

PAROISSIAL, E, AUX adj. De la paroisse.

PAROISSIEN, ENNE n. Habitant d'une paroisse. ● *Un drôle de paroissien* (Fam.), un drôle d'individu.

PAROISSIEN n. m. Missel à l'usage des fidèles.

PAROLE [parɔl] n. f. (lat. *parabola*). Faculté naturelle de parler; le fait de parler; le débit de la voix : *il a la parole facile*. || Son ou suite de mots qu'on prononce : *s'expliquer en peu de paroles*. || Assurance donnée à qqn; engagement, promesse : *donner, reprendre sa parole*. || *Ling.* Usage particulier qu'un individu fait de la langue. || *Avoir la parole*, avoir le droit de parler. || *Demander la parole*, demander la permission de parler; demander à être entendu. || *Droit de parole*, droit que possède tout membre d'une assemblée délibérante ou d'une réunion publique de demander et d'obtenir la parole au cours d'une discussion. || *Être de parole, n'avoir qu'une parole,* respecter ses engagements. || *La parole de Dieu, la bonne parole,* l'évangile. || *Parole!,* à un jeu de cartes, se dit quand on ne fait pas d'enchère ou qu'on ne déclare pas d'atout. || *Parole en l'air,* dite à la légère. || *Passer la parole à qqn,* l'inviter à parler. || *Prendre la parole,* commencer à parler. || *Rendre à qqn sa parole,* le dégager d'une promesse. || *Sur parole,* sur une simple affirmation; sur la garantie de la bonne foi. ◆ pl. Texte d'une chanson. || *Promesses : de belles paroles.*

PAROLI n. m. (mot it.). *Faire paroli,* au jeu, doubler sa mise quand on vient de gagner (vx).

PAROLIER, ÈRE n. Personne qui écrit les paroles d'une chanson.

PARONOMASE n. f. (gr. *paronomasia*). *Rhét.* Figure qui consiste à rapprocher des paronymes dans une phrase. (Ex. : *qui se ressemble s'assemble.*)

PARONYME adj. et n. m. (gr. *para,* à côté, et *onoma,* nom). Mot proche d'un autre par sa forme, son orthographe, sa sonorité, comme *conjecture* et *conjoncture, collision* et *collusion,* etc.

PARONYMIE n. f. Caractère des paronymes.

PARONYMIQUE adj. Relatif aux paronymes.

PAROTIDE n. et adj. f. (gr. *para,* à côté, et *oûs, ôtos,* oreille). *Anat.* Glande salivaire paire, située en avant de l'oreille.

PAROTIDIEN, ENNE adj. Relatif aux parotides.

PAROTIDITE n. f. Inflammation des parotides.

PAROUSIE [paruzi] n. f. (gr. *parousia,* arrivée). *Théol.* Retour glorieux du Christ à la fin des temps, en vue du jugement final.

PAROXYSME n. m. (gr. *paroxusmos,* action d'exciter). Le plus haut degré d'une maladie, d'une passion, d'un sentiment, etc.

PAROXYSMIQUE, PAROXYSMAL, E, AUX ou **PAROXYSTIQUE** adj. Qui tient du paroxysme; qui présente un paroxysme.

PAROXYTON [parɔksitɔ̃] adj. et n. m. *Ling.* Se dit d'un mot qui a l'accent tonique sur l'avant-dernière syllabe.

PARPAILLOT, E n. (altér. de *papillon*). Nom injurieux donné aux protestants français (vx).

PARPAING [parpɛ̃] n. m. (lat. pop. *perpetaneus,* ininterrompu). Élément de construction (pierre, aggloméré, etc.) qui traverse toute l'épaisseur d'un mur. || Aggloméré parallélépipédique moulé et comprimé, employé en maçonnerie.

PARQUER v. t. Mettre dans un lieu entouré d'une clôture, dans une enceinte : *parquer des bœufs, parquer l'artillerie.* || Enfermer dans un espace étroit, entasser : *parquer dans un camp de concentration.* || Mettre une voiture en stationnement. ◆ v. i. Être dans un parc : *les moutons parquent.*

PARQUET n. m. (de *parc*). Aire de planches assemblées et clouées ou collées soit directement sur les solives, soit, plus souvent, sur les lambourdes pour constituer le sol dans les habitations. || Ensemble des agents de change

exerçant dans une Bourse des valeurs. || *Dr.* Ensemble des magistrats qui exercent le ministère public auprès d'une juridiction et qui requièrent l'application de la loi. ● *Parquet de chauffe* (Mar.), ensemble des tôles du compartiment de la chaufferie. || *Parquet d'élevage,* petit enclos pour l'élevage des poules, des faisans, etc.

PARQUETAGE n. m. Action de parqueter; ouvrage de parquet.

PARQUETER v. t. (conj. 4). Garnir d'un parquet : *parqueter une chambre.* ● *Parqueter un tableau,* redresser les planches disjointes d'un panneau peint ou consolider une toile en appliquant des traverses de bois sous le châssis.

PARQUETEUR n. et adj. m. Menuisier procédant à la préparation, à la pose et à la réparation des parquets.

PARQUEUR, EUSE ou **PARQUIER, ÈRE** n. Personne qui garde les animaux dans un parc. || Personne qui s'occupe des huîtres d'un parc.

PARRAIN n. m. (lat. *pater,* père). Celui qui présente un enfant au baptême ou à la confirmation et se porte garant de sa fidélité. || Celui qui préside au baptême d'une cloche, au lancement d'un navire, etc.; celui qui donne un nom à qqch. || Celui qui présente qqn dans un club, une société pour l'y faire entrer. || Celui qui est considéré comme le chef d'une mafia, d'une bande de malfaiteurs.

PARRAINAGE n. m. Qualité, fonction de parrain ou de marraine. || Soutien moral donné à qqn, qqch.

PARRAINER v. t. Servir de parrain, de garant; patronner.

PARRICIDE n. et adj. (lat. *parricida*). Personne qui a commis un parricide.

PARRICIDE n. m. Meurtre du père ou de la mère ou de tout autre ascendant légitime.

PARSEC [parsɛk] n. m. (de PARallaxe et SEConde). Unité de distance utilisée en astronomie (symb. : pc), correspondant à la distance de la Terre à une étoile dont la parallaxe annuelle est égale à une seconde de degré. (Le parsec vaut 3,26 années de lumière, soit 3,08 . 10^{13} kilomètres.)

PARSEMER v. t. (conj. 5). Couvrir de choses jetées çà et là : *terrain parsemé de mines.* || *Litt.* Être répandu çà et là sur : *les étoiles parsèment le ciel.*

PARSI, E n. et adj. (mot persan). Mazdéiste de l'Inde. (Les mazdéistes restés en Perse s'appellent GUÈBRES.) [Les parsis jouent un rôle important dans la banque et le commerce de l'Inde.]

PARSI n. m. Système de transcription en écriture persane du pahlavi, utilisé en Perse sous les Sassanides.

PARSISME n. m. Religion des parsis.

PART n. m. (lat. *partus,* accouchement). *Supposition de part* (ou *d'enfant*) [Dr.], délit pénal qui consiste à attribuer à une femme un enfant qui n'est pas d'elle. || *Suppression de part* (ou *d'enfant*) [Dr.], délit pénal qui consiste à faire disparaître d'un registre de l'état civil la preuve de la naissance d'un enfant.

PART n. f. (lat. *pars, partis*). Portion d'un tout qui est divisé entre plusieurs personnes : *faire quatre parts d'un gâteau.* || Ce qui est apporté à une œuvre commune : *fournir sa part d'efforts.* || *Dr.* Fraction d'un patrimoine affectée à un copartageant; fraction du capital d'une société appartenant à l'un des associés. || *Fin.* Nombre affecté à une famille en fonction de celui de ses enfants, et servant au calcul de l'impôt sur le revenu. ● *À part,* séparément; différent des autres, exceptionnel. || *À part entière,* se dit de qqn qui jouit des mêmes droits que d'autres personnes de la même catégorie. || *À part moi, à part soi,* en moi-même, en soi-même. || *Avoir part à,* jouer son rôle. || *De la part de qqn,* en son nom, venant de lui. || *Faire la part de qqch,* en tenir compte : *faire la part du hasard.* || *Faire la part du feu,* abandonner qqch pour ne pas tout perdre. || *Faire part à qqn,* l'en informer. || *Part de fondateur,* titre, accordé pour rémunérer certains services, qui ne confère pas à son titulaire la qualité d'actionnaire. (En France, son émission a été interdite en 1966.) || *Part sociale,* titre remis aux associés des sociétés en nom collectif et à responsabilité limitée en échange de leurs apports en numéraire ou en nature. || *Part virile,* résultat de la division de la valeur d'un bien indivis par le nombre des propriétaires. || *Pour ma part,* en ce qui me concerne. || *Prendre en bonne* ou *en mauvaise part,* trouver bon, mauvais; interpréter en bien ou en mal. || *Prendre part à,* participer à; s'intéresser à. ◆ loc. adv. *Autre part,* ailleurs. || *De part en part,* d'un côté à l'autre. || *De toute(s) part(s),* de tous côtés, partout. || *D'une part..., d'autre part...,* d'un côté..., de l'autre... || *Nulle part,* en aucun lieu. || *Quelque part,* en quelque endroit. ◆ loc. prép. *À part,* excepté : *à part sa nonchalance, il est agréable.*

PARTAGE n. m. Action de diviser en portions, en parties : *le partage d'un gâteau.* || *Dr.* Acte qui règle les parts d'une succession ou qui met fin à une indivision. ● *En partage* (Litt.), comme lot, comme don naturel. || *Ligne de partage des eaux,* limite séparant deux bassins hydrographiques. || *Partage d'ascendant,* opération par laquelle une personne répartit ses biens, par donation ou par testament, en fixant elle-même la part de chacun de ses héritiers. || *Partage proportionnel* (Math.), division d'une grandeur ou d'un nombre en parties proportionnelles à des coefficients donnés. || *Sans partage,* sans réserve, total.

PARTAGEABLE adj. Qui peut être aisément partagé.

PARTAGER v. t. (conj. 1). Diviser en plusieurs parts : *partager sa journée.* || Diviser en partis opposés : *cette question partage l'opinion.* || Posséder avec d'autres, participer à : *partager le pouvoir; partager la joie d'un ami.* || Avoir en commun : *partager l'opinion de qqn.* ● *Être partagé,* être animé de sentiments contradictoires. || *Sentiment partagé,* éprouvé par plusieurs personnes.

PARTAGEUX, EUSE n. et adj. *Péjor.* et *vx.* Partisan du partage de propriétés.

PARTANCE [partɑ̃s] n. f. *En partance,* se dit d'un moyen de transport sur le point de partir : *avion en partance pour Lima.*

PARTANT, E adj. *Être partant (pour),* être disposé, prêt à.

PARTANT n. m. Celui qui part. || *Sports.* Concurrent, cheval, voiture qui se présente sur la ligne de départ d'une course.

PARTANT conj. *Litt.* Par conséquent.

PARTENAIRE n. (angl. *partner*). Personne ou groupe avec qui l'on est associé au jeu, dans un amusement, un exercice, une danse, une discussion, un rôle, un rapport sexuel. ● *Partenaires sociaux,* les représentants du patronat et des syndicats d'une branche professionnelle, de la direction et du personnel d'une entreprise.

PARTERRE n. m. Partie d'un jardin où fleurs, bordures, gazon, etc., sont disposés de manière à former une composition décorative. || Partie d'un théâtre située au rez-de-chaussée, derrière les fauteuils d'orchestre; spectateurs qui y sont placés.

PARTHÉNOGENÈSE n. f. (gr. *parthenos,*

PARQUETS

montage d'un parquet à l'anglaise

à point de Hongrie

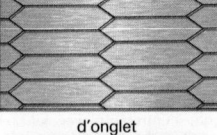

d'onglet

en damier collé sur chape de ciment

à bâtons rompus

à assemblage

vierge). Reproduction à partir d'un ovule ou d'une oosphère non fécondés.

PARTHÉNOGÉNÉTIQUE adj. Relatif à la parthénogenèse.

■ La parthénogenèse naturelle s'observe chez les abeilles (où elle donne les mâles, ou faux bourdons), chez les pucerons, chez quelques végétaux. On a pu provoquer artificiellement la parthénogenèse chez de nombreux animaux, même chez des mammifères (lapine).

PARTI n. m. (de *partir*, partager). Groupe de personnes unies par la même opinion, les mêmes intérêts, la même action politique : *les militants d'un parti.* ‖ Litt. Détermination, solution : *c'est là le meilleur parti.* ‖ Personne à marier (considérée du côté des avantages financiers) [vx]. ‖ Bx-arts. Choix relatif à la conception générale d'une œuvre. ‖ Mil. Troupe de faible effectif agissant librement dans le cadre d'une mission très générale (vx). ● *Esprit de parti,* disposition favorable envers tout ce qui regarde son parti; sectarisme. ‖ *Faire un mauvais parti à qqn,* le malmener, le maltraiter. ‖ *Parti pris,* opinion préconçue, résolution prise d'avance. ‖ *Prendre parti,* se prononcer pour ou contre. ‖ *Prendre le parti de qqn,* se décider en sa faveur. ‖ *Prendre son parti de qqch,* se résigner. ‖ *Système des partis,* organisation, fonctionnement de la vie politique d'un pays où des groupements officiels et structurés jouent un rôle prépondérant. (On distingue le système du parti unique, le bipartisme, où deux partis sont dominants, et la multiplicité des partis.) ‖ *Tirer parti de qqch, qqn,* en tirer profit.

PARTI, E adj. Fam. Ivre.

PARTI, E adj. (de *partir,* partager). Hérald. Se dit d'un écu divisé en deux parties égales.

PARTIAIRE adj. *Colon partiaire* (Dr.), fermier qui partage les récoltes avec le propriétaire.

PARTIAL, E, AUX adj. (de *partir*). Qui favorise qqn, qqch, au préjudice d'un autre.

PARTIALEMENT adv. Avec partialité.

PARTIALITÉ n. f. Préférence injuste.

PARTICIPANT, E adj. et n. Qui participe.
● *Obligation participante,* titre d'emprunt dont la valeur de remboursement ou le taux d'intérêt, parfois l'un et l'autre, sont liés à l'évolution des résultats financiers de l'entreprise.

PARTICIPATION n. f. Action de participer : *participation à un crime.* ‖ Système dans lequel les salariés d'une entreprise pratiquent la concertation, sont associés aux profits et, éventuellement, à la gestion. ‖ Détention, par une entreprise, une banque, un organisme public ou privé, d'une fraction du capital social d'une société. ● *Participation aux acquêts* (Dr.), régime matrimonial selon lequel, à la dissolution du mariage, chacun des époux a droit à une somme égale à la moitié des acquêts réalisés par l'autre. ‖ *Société en participation,* société commerciale dénuée de la personnalité morale.

PARTICIPE n. m. (lat. *participium*). Ling. Forme adjective du verbe, qui joue tantôt le rôle d'adjectif (variable), tantôt celui de verbe.

PARTICIPER v. t. ind. [à]. Avoir part, recevoir sa part : *participer aux bénéfices d'une entreprise.* ‖ S'associer, prendre part à : *participer à la joie de qqn.* ‖ Payer sa part, cotiser. ● *Participer de qqch* (Litt.), en présenter certains caractères.

PARTICIPIAL, E, AUX adj. Du participe.

PARTICULARISATION n. f. Action de particulariser.

PARTICULARISER v. t. Différencier par des caractères particuliers.

PARTICULARISME n. m. Attitude de ceux qui, englobés dans un ensemble, veulent cependant conserver leur autonomie, leurs caractères originaux.

PARTICULARISTE adj. et n. Qui fait preuve de particularisme.

PARTICULARITÉ n. f. Caractère particulier de qqch, de qqn, caractéristique.

PARTICULE n. f. (lat. *particula,* petite part). Très petite partie. ‖ Préposition *de* qui précède certains noms de famille et qui est, en particulier, un signe de noblesse. ‖ Ling. Petit mot invariable servant à préciser le sens d'autres

mots ou à indiquer des rapports grammaticaux.
● *Particule élémentaire,* chacun des constituants de la matière pour lesquels toute notion de structure, en termes de composants, paraît, dans la théorie actuelle, illusoire (électron, proton, neutron, etc.).

PARTICULIER, ÈRE adj. (de *particule*). Qui appartient en propre à qqn, à qqch : *plante particulière à un climat; avoir une voiture particulière.* ‖ Individuel, personnel : *avoir des raisons particulières d'agir.* ‖ Remarquable, spécial : *un soin particulier; film d'un genre particulier.* ‖ Qui ne s'observe que chez qqn, dans qqch : *un plat particulier à une région.* ‖ Non public, qui a un caractère privé : *secrétaire particulier.* ● *En particulier,* à part, séparément; spécialement.

PARTICULIER n. m. Personne privée : *c'est un simple particulier.*

PARTICULIÈREMENT adv. Spécialement, de façon particulière.

PARTIE n. f. (de *partir*, partager). Portion, élément d'un tout : *passer une partie des vacances à la mer; les différentes parties d'une machine.* ‖ Profession, spécialité : *être très fort dans sa partie.* ‖ Totalité des coups qu'il faut jouer ou des points qu'il faut faire pour que l'un des joueurs ait gagné ou perdu : *gagner une partie de cartes, de tennis.* ‖ Ensemble de manœuvres, d'opérations à accomplir demandant une certaine habileté : *gagner, perdre la partie.* ‖ Dr. Personne qui participe à un acte juridique ou à un procès. ‖ Mus. Chacune des voix, instrumentales ou vocales, d'une composition musicale. ● *Avoir affaire à forte partie,* avoir un adversaire redoutable. ‖ *En partie,* pas entièrement. ‖ *Ensemble des parties d'un ensemble* (Math.), ensemble constitué de toutes les parties que l'on peut former à l'aide des éléments de l'ensemble donné. ‖ *Faire partie de qqch,* en être un élément. ‖ *La partie n'est pas égale,* il y a inégalité de forces. ‖ *Partie de chasse, de pêche,* etc., divertissement pris à plusieurs. ‖ *Partie d'un ensemble* (Math.), sous-ensemble d'un ensemble donné. ‖ *Partie remise,* chose différée. ‖ *Prendre qqn à partie,* s'en prendre, s'attaquer à lui. ‖ *Quitter la partie,* renoncer à qqch. ◆ pl. Pop. Organes génitaux masculins.

PARTIEL, ELLE adj. Qui fait partie d'un tout; qui ne concerne qu'une partie d'un tout; incomplet : *succès partiel; éclipse partielle; élections partielles.* ● *Dérivée (différentielle) partielle* (Math.), pour une fonction $f(x, y, ..., z)$ de plusieurs variables, dérivée par rapport à l'une des variables, les autres étant supposées constantes, notée f'_x ou $\dfrac{\partial f}{\partial x}$ et dite dérivée par rapport à . ‖ *Dividende partiel,* l'un des restes successifs obtenus au cours d'une division.

PARTIEL n. m. Examen qui entre dans le contrôle continu des connaissances. ‖ Acoust. Chacun des sons qu'émet une source sonore quand elle vibre selon ses modes propres.

PARTIELLEMENT adv. En partie.

PARTIR v. i. (lat. *partiri,* partager) [conj. 22; auxil. être]. Quitter un lieu, se mettre en route : *partir en vacances, pour l'Amérique.* ‖ Exploser, s'échapper, se détacher, se mettre à fonctionner : *faire partir un coup de feu; un bouton est parti; moteur qui part difficilement.* ‖ Avoir son commencement, son début, son origine : *trois routes partent du village; cela part d'un bon cœur.* ‖ Prendre pour point de départ : *partir d'une hypothèse.* ‖ *À partir de,* à dater de, depuis. ‖ *C'est parti* (Fam.), l'entreprise est commencée. ‖ *Être mal parti* (Fam.), avoir commencé une entreprise dans des conditions telles que la réussite paraît compromise.

PARTISAN n. m. (it. *partigiano*). Personne attachée à un parti, à un régime, à qqn, etc. ‖ Combattant volontaire n'appartenant pas à une armée régulière.

PARTISAN, E adj. Favorable à une idée : *je ne suis pas partisan de cette thèse.* ‖ Péjor. Inspiré par l'esprit de parti : *querelles partisanes.*

PARTITA n. f. (mot it.) [pl. *partite* ou *partitas*]. Mus. Terme pouvant désigner une variation, une suite de danses ou une sonate de chambre.

PARTITEUR n. m. Appareil destiné à partager l'eau d'un canal d'irrigation.

PARTITIF, IVE adj. et n. m. (lat. *partitus,* partagé). Ling. Qui désigne une partie d'un tout : *article partitif.*

PARTITION n. f. (lat. *partitio,* partage). Division, séparation : *la partition de l'Allemagne.* ‖ Hérald. Division d'un écu. (Il y a quatre partitions principales de l'écu : le *parti,* le *coupé,* le *taillé* et le *tranché,* et six partitions dérivées.) ‖ Mus. Ensemble des parties d'une composition musicale réunies pour être lues simultanément. ● *Partition d'un ensemble* (Math.), partage de cet ensemble en parties non vides, deux à deux disjointes, et dont la réunion est égale à l'ensemble.

PARTOUT adv. En tout lieu, n'importe où.

PARTOUZE n. f. Pop. Partie de débauche sexuelle.

PARTURIENTE [partyrjɑ̃t] n. f. (lat. *parturire,* être en couches). Méd. Femme qui accouche.

PARTURITION n. f. (bas lat. *parturitio*). Accouchement. ‖ Mise bas des animaux.

PARULIE n. f. (gr. *paroulis,* de *oulon,* gencive). Méd. Petit abcès des gencives.

PARURE n. f. Garniture de perles ou de pierres précieuses (collier, pendants, bracelets, etc.). ‖ Ensemble assorti de pièces de linge : *une parure de lit.* ‖ Litt. Ce qui embellit, décore. ‖ Bouch. Parties que l'on retranche en parant de la viande.

PARURERIE n. f. Bijouterie de fantaisie.

PARURIER, ÈRE n. Fabricant d'accessoires (boutons, ceintures, etc.) pour la haute couture.

PARUTION n. f. Publication d'un ouvrage en librairie.

PARVENIR v. i. (lat. *pervenire*) [conj. 16; auxil. être]. Arriver au terme qu'on s'est proposé : *parvenir au haut d'une montagne, au bout de ses efforts.* ‖ Arriver à destination, en parlant de qqch : *ma lettre lui est parvenue.* ‖ S'élever, faire fortune, réussir.

PARVENU, E n. Personne qui s'est enrichie, mais dont les manières manquent de distinction.

PARVIS [parvi] n. m. (lat. *paradisus,* paradis; mot gr.). Espace ménagé devant l'entrée de certaines églises.

PAS n. m. (lat. *passus*). Mouvement que fait l'homme, l'animal, en portant un pied devant l'autre. ‖ Trace du pied sur le sol : *il y a des pas sur le sable.* ‖ Manière de marcher : *aller bon pas.* ‖ L'allure la plus lente du cheval : *passer*

V. ill. page suivante

du trot au pas. ‖ Longueur d'une enjambée : *tirer à trente pas.* ‖ Progrès, cheminement : *faire un pas vers la guerre.* ‖ Passage étroit; détroit (vx). ‖ Distance qui sépare deux spires consécutives théoriques d'une hélice, deux filets consécutifs d'une vis ou des plans médians de deux dents consécutives d'un pignon, mesurée parallèlement à l'axe de rotation. ‖ Chorégr. Mouvement que le danseur exécute avec ses pieds, à terre avec un saut; fragment d'un ballet interprété par un ou plusieurs danseurs (*grand pas de deux, pas de quatre*). ● *À grands pas,* avec rapidité. ‖ *À pas comptés,* très lentement. ‖ *À pas de loup,* sans bruit. ‖ *Céder le pas,* laisser passer. ‖ *De ce pas,* à l'instant même. ‖ *Donner le pas à,* donner la priorité à. ‖ *Faire les cent pas,* aller et venir. ‖ *Faire un faux pas,* glisser en marchant; commettre une faute. ‖ *Faire le(s) premier(s) pas,* faire des avances; prendre l'initiative. ‖ *Franchir, sauter le pas,* se décider enfin à faire une chose. ‖ *Mauvais pas,* endroit où il est dangereux de passer; situation difficile. ‖ *Mettre qqn au pas,* le forcer à obéir. ‖ *Pas accéléré* (Mil.), pas cadencé plus rapide que le pas ordinaire. ‖ *Pas cadencé,* pas également, avec précaution. ‖ *Pas d'arme,* au Moyen Âge, exercice de tournoi consistant en la défense d'un passage. ‖ *Pas de charge* (Mil.), pas très rapide. ‖ *Pas de course,* pas qu'on exécute en courant. ‖ *Le pas de la porte,* l'espace qui se trouve devant la porte. ‖ *Pas redoublé* (Mil.), pas de vitesse double du pas cadencé normal; marche militaire qui rythme cette allure. ‖ *Pas*

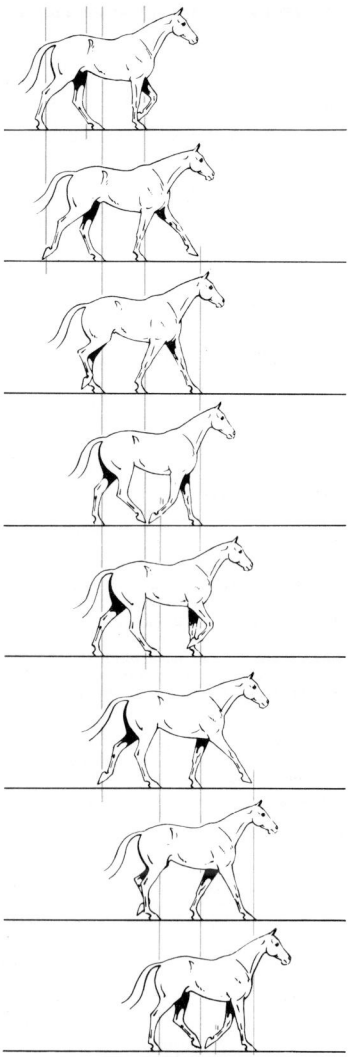

PAS DU CHEVAL

de route (Mil.), pas normal, non cadencé, utilisé pour des marches. ‖ *Pas de tir*, sur un champ ou un stand de tir, emplacement aménagé pour les tireurs; ensemble des installations permettant le tir d'un lanceur spatial. ‖ *Prendre le pas sur*, devancer, précéder. ‖ *Sur les pas de qqn*, sur ses traces, à son imitation.

PAS adv. (lat. *passus*, pas). S'emploie avec *ne* pour exprimer une négation. ‖ Peut exprimer seul une idée négative dans une réponse ou la langue parlée : *pas assez; pas de trop.*

P. A. S. [peas] n. m. (de *acide* PARA-AMINO-*salicylique*). Antibiotique antituberculeux.

PAS-A-PAS n. m. inv. Dispositif permettant de faire tourner un arbre par bonds successifs d'égales amplitudes, sous l'effet d'un signal de commande.

PASCAL n. m. (de B. *Pascal*) [pl. *pascals*]. Unité de mesure de contrainte (symb. : Pa) égale à la contrainte qui, agissant sur une surface plane de 1 mètre carré, exerce sur cette surface une force totale de 1 newton; unité de mesure de pression (symb. : Pa), équivalant à la pression uniforme qui, agissant sur une surface plane de 1 mètre carré, exerce perpendiculairement à cette surface une force totale de 1 newton.

PASCAL, E, ALS ou **AUX** adj. (bas lat. *paschalis*). Qui concerne la pâque des juifs ou la fête de Pâques des chrétiens.

PASCALIEN, ENNE adj. Relatif aux idées de Blaise Pascal.

PASCAL-SECONDE n. m. (pl. *pascals-seconde*). Unité de mesure de viscosité dynamique (symb. : Pa.s), équivalant à la viscosité dynamique d'un fluide dans lequel le mouvement rectiligne et uniforme, dans son plan, d'une surface plane, solide, indéfinie, donne lieu à une force retardatrice de 1 newton par mètre carré de la surface en contact avec le fluide homogène et isotherme en écoulement relatif devenu permanent, lorsque le gradient de la vitesse du fluide, à la surface du solide et par mètre d'écartement normal à ladite surface, est de 1 mètre par seconde.

PAS-D'ÂNE n. m. inv. Nom usuel du *tussilage*. ‖ Garde d'épée qui recouvre la main (vx).

PAS-DE-PORTE n. m. inv. Somme que paie un commerçant afin d'obtenir la jouissance d'un local soit directement du bailleur, soit par l'acquisition du droit d'un locataire en place.

PAS-GRAND-CHOSE n. inv. Personne qui ne mérite guère de considération.

PASO DOBLE [pasodɔbl] n. m. inv. (mot esp.). Danse de rythme vif, à 2/4, d'origine espagnole, symbolisant les jeux de l'arène.

PASSABLE adj. Qui est d'une qualité moyenne, acceptable : *un vin, un devoir passable.*

PASSABLEMENT adv. De façon passable, moyennement.

PASSACAILLE n. f. (esp. *pasacalle*). *Mus.* et *Chorégr.* Syn. de CHACONNE.

PASSADE n. f. (it. *passata*). Goût, caprice passager.

PASSAGE n. m. Action de passer : *le passage des hirondelles; le passage de l'espoir à la crainte.* ‖ Moment ou lieu où l'on passe : *attendre qqn au passage; ôtez-vous du passage.* ‖ Droit qu'on paie pour faire une traversée, pour passer un pont : *payer un passage élevé.* ‖ Dans les villes, petite rue passant sous le premier étage des maisons, sur une partie au moins de son parcours; galerie couverte où ne passent que les piétons. ‖ Tapis étroit dans un corridor, une antichambre. ‖ Partie, fragment d'un texte ou d'un morceau de musique. ‖ *Astron.* Moment où un astre s'interpose devant un autre astre. ‖ *Dr.* Droit de passer sur la propriété d'autrui. (La servitude de passage est légale en cas d'enclave, contractuelle dans les autres cas.) ● *Au passage*, dans le déroulement des choses; en passant. ‖ *Oiseau de passage*, oiseau migrateur; personne qui ne fait que rester très peu de temps en un endroit. ‖ *Passage d'un astre au méridien*, instant où cet astre paraît traverser exactement le plan méridien d'un lieu. ‖ *Passage couvert*, espace ouvert aux véhicules et traversant l'épaisseur d'un corps de bâtiment. ‖ *Passage à niveau*, endroit où une voie ferrée est coupée par un chemin ordinaire ou une route au même niveau. ‖ *Passage pour piétons*, chemin balisé que les piétons doivent emprunter pour traverser une rue. ‖ *Passage protégé*, croisement où la priorité est enlevée à la voie de droite au bénéfice de la voie principale. ‖ *Passage supérieur*, franchissement d'une voie ferrée par un chemin qui passe en dessus; *passage inférieur*, franchissement d'une voie ferrée par un chemin qui passe en dessous. ‖ *Passage à vide*, perte momentanée de dynamisme. ‖ *Rites de passage* (Anthropol.), ensemble des rites et des cérémonies au terme desquels un individu passe d'un groupe à un autre, par ex. d'une classe d'âge à une autre (de l'enfance à l'adolescence).

PASSAGER, ÈRE adj. Qui ne fait que passer : *un hôte passager.* ‖ De peu de durée : *malaise passager.* ● *Rue passagère*, très fréquentée.

PASSAGER, ÈRE n. Personne qui emprunte un moyen de transport sans en assurer la marche.

PASSAGÈREMENT adv. Pour peu de temps.

PASSANT, E adj. Où il passe beaucoup de monde : *rue très passante.*

PASSANT, E n. Personne qui passe : *arrêter les passants.*

PASSANT n. m. Anneau de cuir ou de métal qui maintient le bout libre d'une courroie ou d'une sangle. ‖ Bande étroite de tissu fixée au pantalon pour y glisser la ceinture.

PASSATION n. f. Action de conclure un acte juridique ou de transmettre ses pouvoirs. ● *Passation d'écriture*, inscription d'une opération sur un livre de comptes.

PASSAVANT n. m. *Dr.* Permis de circulation de marchandises délivré par l'administration des douanes ou des contributions indirectes. ‖ *Mar.* Passerelle métallique d'un pétrolier, reliant le gaillard et la dunette au château central.

PASSE n. m. Syn. fam. de PASSE-PARTOUT.

PASSE n. f. Mise que doit faire chaque joueur à certains jeux. ‖ Mouvement de la main que font les magnétiseurs pour endormir leur sujet. ‖ Mouvement par lequel le matador fait passer le taureau près de lui. ‖ *Pop.* Rencontre d'une prostituée avec un client. ‖ *Arts graph.* Ensemble des feuilles de papier prévues en sus du chiffre officiel du tirage, pour compenser les pertes occasionnelles et les feuilles de mise en train. ‖ *Mar.* Chenal navigable entre deux bancs ou entre la rive et un banc. ‖ *Sports.* Envoi du ballon à un partenaire mieux placé. ‖ *Techn.* Travail exécuté par un outil sur une machine-outil, en un seul cycle mécanique. ● *Être en passe de*, être sur le point de, en situation de : *il est en passe de réussir.* ‖ *Être dans une bonne, une mauvaise passe*, dans une situation avantageuse ou difficile. ‖ *Maison, hôtel de passe*, maison, hôtel utilisés par les prostituées. ‖ *Mot de passe*, mot conventionnel grâce auquel on se fait reconnaître. ‖ *Passe d'armes*, échange d'arguments, de vives répliques.

PASSÉ prép. Après : *passé 10 heures.*

PASSÉ, E adj. Qui se rapporte à un temps déjà écoulé : *les événements passés; il est 10 heures passées.* ‖ Dont la couleur a perdu de son éclat : *un tissu passé.*

PASSÉ n. m. Temps écoulé; vie écoulée antérieurement au moment présent : *songer avec regret au passé.* ‖ *Chorégr.* Temps de préparation à un pas plus important ou temps d'élan à un saut ou à un tour. ‖ *Ling.* Temps du verbe représentant l'action comme faite dans un temps écoulé. ● *Par le passé*, autrefois. ‖ *Passé antérieur*, temps marqué par un passé qui a lieu avant un autre passé (ex. : *dès qu'il eut fini d'écrire, il fut soulagé*). ‖ *Passé composé*, temps marquant l'achèvement d'une action (ex. : *cette semaine j'ai beaucoup lu*). ‖ *Passé simple*, temps marquant un fait achevé dans un passé révolu ou historique (ex. : *Napoléon mourut à Sainte-Hélène*).

PASSE-BANDE adj. inv. *Électron.* Se dit d'un filtre qui ne laisse passer qu'une certaine bande de fréquences.

PASSE-BAS adj. inv. *Électron.* Se dit d'un filtre qui ne laisse passer que les fréquences inférieures à une fréquence donnée.

PASSE-BOULES n. m. inv. Jouet représentant la figure d'un personnage dont la bouche est démesurément ouverte pour recevoir les boules qu'y lance le joueur.

PASSE-CRASSANE n. f. inv. Variété de poire d'hiver.

PASSE-DROIT n. m. (pl. *passe-droits*). Faveur accordée contre le droit, la justice.

PASSÉE n. f. Moment où l'on profite du déplacement de certains oiseaux (canards, bécasses) pour les tirer au vol à un point de leur passage. ‖ Chasse ainsi pratiquée. ‖ Trace laissée par une bête.

PASSE-HAUT adj. inv. *Électron.* Se dit d'un filtre qui ne laisse passer que les fréquences supérieures à une fréquence donnée.

PASSÉISME n. m. Attachement au passé.

PASSÉISTE adj. et n. Se dit d'un partisan du retour au passé, de la conservation des traditions et des pratiques d'autrefois.

PASSE-LACET n. m. (pl. *passe-lacets*). Grosse

aiguille à long chas et à pointe obtuse, servant à passer un lacet dans des œillets ou un élastique dans un ourlet.

PASSEMENT n. m. Bande dont on orne des tentures, des habits, etc.

PASSEMENTER v. t. Orner de passements.

PASSEMENTERIE n. f. Commerce, marchandises du passementier.

PASSEMENTIER, ÈRE n. Personne qui fait ou vend des passements, galons, franges, glands utilisés dans le vêtement et en ameublement.

PASSE-MONTAGNE n. m. (pl. *passe-montagnes*). Bonnet qui couvre le cou et les oreilles.

PASSE-PARTOUT n. m. inv. Clef qui permet d'ouvrir plusieurs serrures. ‖ Bordure de carton, de papier rigide autour d'un dessin, d'une gravure, etc.; cadre à fond ouvrant. ‖ Grande scie à lame large, munie à chaque extrémité d'une poignée, pour scier les pierres tendres ou les gros arbres. ◆ adj. inv. Dont on peut faire usage en toutes circonstances; d'un emploi très étendu : *mot, réponse passe-partout.*

PASSE-PASSE n. m. inv. *Tour de passe-passe*, tour d'adresse des prestidigitateurs; tromperie adroite.

PASSE-PIED n. m. (pl. *passe-pieds*). Danse vive et légère, à trois temps; composition instrumentale dans le tempo de cette danse.

PASSE-PLAT n. m. (pl. *passe-plats*). Ouverture dans une cloison, permettant de passer les plats de la cuisine à la salle à manger.

PASSEPOIL n. m. Liséré qui borde la couture de l'uniforme de certaines armes, dont il constitue le signe distinctif. ‖ Bande de tissu ou de cuir prise en double dans une couture, pour former une garniture en relief.

PASSEPORT n. m. Document délivré à ses ressortissants par une autorité administrative nationale en vue de certifier leur identité au regard des autorités étrangères. ● *Demander, recevoir ses passeports*, en parlant d'un ambassadeur, solliciter ou se voir imposer son départ en cas de difficultés diplomatiques.

PASSER v. i. (lat. pop. *passare*; de *passus*, pas) [auxil. *être* ou, plus rarement, *avoir*]. Aller d'un lieu à un autre : *passer en Angleterre.* ‖ Aller à travers : *passer par les prés.* ‖ Se rendre chez, se présenter : *passer chez le boulanger; passer à la caisse.* ‖ Changer d'état, de situation : *passer de la crainte à l'espoir.* ‖ Être accepté, admis : *il est passé dans la classe supérieure.* ‖ Être transmis : *la propriété passe à son fils.* ‖ S'écouler : *trois minutes passèrent.* ‖ Disparaître, cesser d'être : *la jeunesse passe, la mode passe.* ‖ Perdre son éclat : *cette étoffe, cette couleur passera.* ‖ Rester dans un état défini : *il passe inaperçu.* ‖ S'abstenir de jouer, d'annoncer quand vient son tour (au bridge en particulier). ‖ Être représenté, en parlant d'une pièce de théâtre, d'un film. ● *En passer par,* se résigner à, être forcé de. ‖ *Laisser passer,* ne pas s'opposer à, ne pas remarquer, ne pas corriger. ‖ *Passer par la tête,* venir subitement à l'esprit. ‖ *Passer pour,* être considéré comme. ‖ *Passer sur,* pardonner; ne pas s'arrêter à. ‖ *Y passer,* être entièrement dépensé ou employé; subir une peine, un désagrément, une fâcheuse nécessité; mourir. ◆ v. t. Faire aller d'un lieu à un autre : *passer le bras par la portière; passer de la contrebande; passer le ballon à un partenaire.* ‖ Franchir une limite, dépasser : *cela passe mes forces.* ‖ Subir les épreuves (d'un examen). ‖ Mettre : *passer un vêtement.* ‖ Étendre : *passer une couche de peinture.* ‖ Conclure : *passer un contrat, un marché.* ‖ Tamiser, filtrer : *passer un bouillon.* ‖ Inscrire : *passer un article en compte.* ‖ Dépasser, devancer : *passer qqn à la course.* ‖ Satisfaire, contenter : *passer une envie.* ‖ Omettre : *passer une ligne.* ‖ Pardonner, excuser, permettre : *passer une faute, une fantaisie.* ‖ Faire s'écouler : *passer son temps.* ‖ Faire disparaître : *ces comprimés passent la douleur.* ● *Passer au fil de l'épée,* tuer avec l'épée. ‖ *Passer la rampe, passer l'écran,* se dit d'une pièce, d'un film qui obtient un certain succès, qui gagne l'audience du public. ◆ **se passer** v. pr. S'écouler : *il ne se passe pas de jour sans qu'il vienne.* ‖ Avoir lieu, arriver : *la scène se*

passe en Italie; *il se passe d'étranges choses.* ‖ S'abstenir : *se passer de vin.* ‖ Se mettre : *se passer une crème sur le visage.*

PASSERAGE n. f. Plante qui passait autrefois pour guérir la rage. (Famille des crucifères.)

PASSEREAU ou **PASSÉRIFORME** n. m. (lat. *passer,* moineau). Oiseau, généralement petit, arboricole, chanteur, au vol souple, constructeur de nids, tel que le *moineau,* le *merle* ou le *rossignol.* (L'ordre des *passereaux* compte la majorité des espèces d'oiseaux. On y inclut parfois les *coraciadiformes* [guêpier] et les *micropodiformes* [martinet].)

PASSERELLE n. f. Pont étroit et réservé aux piétons. ‖ Pont léger mobile, généralement pourvu de garde-corps, que l'on dispose à la sortie d'un navire, d'un avion. ‖ Passage, relation entre deux choses : *une passerelle entre deux cycles d'études.* ‖ Théâtr. et Cin. Support des projecteurs.

PASSERINE n. f. Passereau d'Amérique, de la taille d'un moineau, dont plusieurs espèces, ornées de couleurs magnifiques, peuvent être élevées en captivité. (Nom usuel : *pape.*)

PASSEROSE n. f. Autre nom de la ROSE TRÉMIÈRE.

PASSE-TEMPS n. m. inv. Occupation agréable, divertissement : *un passe-temps pour les jours de pluie.*

PASSE-THÉ n. m. inv. Petite passoire à thé.

PASSE-TOUT-GRAIN n. m. inv. Nom donné, en Bourgogne, au vin provenant pour un tiers de plants fins et pour deux tiers de gamay.

PASSEUR n. m. Celui qui conduit un bac, un bateau pour traverser un cours d'eau. ‖ Celui qui passe clandestinement passer une frontière ou qui passe qqch en fraude. ‖ Dans certains sports, celui qui effectue une passe.

PASSE-VELOURS n. m. inv. Nom usuel de l'*amarante.*

PASSE-VOLANT n. m. (pl. *passe-volants*). *Hist.* Soldat supplémentaire qu'on présentait aux revues, sous l'Ancien Régime, pour justifier des états de solde majorés.

PASSIBLE adj. (lat. *passibilis*; de *passus,* ayant souffert). Qui doit subir, qui a mérité : *tout coupable est passible d'une peine.*

PASSIF, IVE adj. (bas lat. *passivus,* susceptible de souffrir). Qui subit sans réagir, qui manque d'énergie, apathique. ‖ *Chim.* Se dit de certains métaux rendus inattaquables par les acides oxygénés. ‖ *Électr.* Se dit d'un dispositif électrique ne comportant aucune source d'énergie. ‖ *Ling.* Se dit des formes verbales constituées de l'auxiliaire *être,* du participe passé du verbe actif et éventuellement d'un complément d'agent, représentant le sujet de la phrase active correspondante (ex. : *il a été renversé par une voiture* [← *une voiture l'a renversé*]). ● *Citoyen passif* (Hist.), se disait par oppos. à CITOYEN ACTIF) de celui qui n'avait pas le droit de participer aux élections. ‖ *Défense passive,* ensemble des moyens militaires mis en œuvre pour défendre la population civile.

PASSIF n. m. Ensemble des dettes d'une personne physique ou morale : *laisser un lourd passif.* ‖ *Dr.* Ensemble des fonds propres, des dettes et des résultats figurant sur un bilan. ‖ *Ling.* Ensemble des formes verbales correspondant à la voix passive.

PASSIFLORACÉE n. f. Plante aux fleurs ornées d'une sorte de couronne, comme la *passiflore* et le *papayer.* (Les *passifloracées* forment une famille, de l'ordre des pariétales.)

PASSIFLORE n. f. (lat. *passio,* passion, et *flos, floris,* fleur). Genre de plantes tropicales, aux fruits comestibles, dites aussi *fleurs de la Passion,* et qui doivent leur nom à la forme de leurs fleurs, dont les organes représentent les instruments de la Passion (couronne d'épines, clous, marteaux, etc.).

PASSIM [pasim] adv. (mot lat., *çà et là*). Formule indiquant qu'on trouvera, dans un ouvrage cité, de nombreuses références à un sujet donné.

PASSING-SHOT [pasiɲʃɔt] n. m. (pl. *passing-shots*). Au tennis, balle rapide et liftée, de coup

droit ou de revers, en diagonale ou le long du couloir, évitant un joueur à la volée.

PASSION n. f. (lat. *passio;* de *pati,* souffrir). Mouvement violent, impétueux, de l'être vers ce qu'il désire; émotion puissante et continue qui domine la raison et qui oriente toute la conduite; objet de cet attachement; vive inclination : *avoir la passion du jeu.* ‖ *Mus.* Oratorio sur le sujet de la passion du Christ. (Il groupait, au XVIe s., aux côtés de la mélodie grégorienne, des chœurs polyphoniques, auxquels le XVIIe et le XVIIIe s. ajoutèrent le récitatif *parlando* ou *arioso,* les airs à l'italienne, le choral et une instrumentation diverse groupée autour de l'orgue et du clavecin.) ‖ *Relig.* Ensemble des événements de la vie de Jésus, de son arrestation à sa mort. (En ce sens, prend une majuscule.) ‖ Récit des épreuves d'un martyr. ● *Fruit de la Passion,* fruit comestible de certaines espèces de passiflores.

PASSIONISTE n. m. Membre d'une congrégation cléricale fondée en 1720 par saint Paul de la Croix et approuvée par Rome en 1741. (Le but de cette congrégation est la propagation de la dévotion à la passion de Jésus-Christ au moyen des missions.)

PASSIONNANT, E adj. Propre à intéresser vivement, émouvant, excitant.

PASSIONNÉ, E adj. et n. Animé par la passion : *langage passionné; c'est un passionné d'échecs.*

PASSIONNEL, ELLE adj. Inspiré par la passion amoureuse.

PASSIONNELLEMENT adv. De manière passionnelle.

PASSIONNÉMENT adv. Avec passion.

PASSIONNER v. t. Intéresser vivement : *roman qui passionne les lecteurs.* ‖ Donner un caractère violent, animé à : *passionner une discussion.* ◆ **se passionner** v. pr. [**pour**]. Prendre un intérêt très vif pour.

PASSIVATION n. f. *Chim.* Modification de la surface des métaux qui les rend moins sensibles aux agents chimiques. ‖ *Techn.* Traitement par phosphatation, avant peinture, des surfaces de métaux et alliages ferreux.

PASSIVEMENT adv. De façon passive.

PASSIVITÉ n. f. Nature, état de celui, de ce qui est passif; apathie, inertie.

PASSOIRE n. f. Ustensile de cuisine percé de petits trous, dans lequel on égoutte les aliments, où l'on filtre sommairement certains liquides.

PASTEL n. m. (it. *pastello*). Aggloméré de couleur en bâtonnet; dessin exécuté avec de tels bâtonnets. ◆ adj. inv. *Couleur, teinte pastel,* pâle, douce.

PASTEL n. m. (mot prov.). Plante autrefois cultivée pour ses feuilles, qui fournissaient une couleur bleue. (Famille des crucifères.) [Syn. : GUÈDE, ISATIS.]

PASTELLISTE n. Artiste qui travaille au pastel.

PASTENAGUE n. f. (mot prov.). Poisson sélacien plat des côtes européennes, ovovivipare, possédant sur la queue un aiguillon venimeux. (Long. : jusqu'à 1,50 m.)

PASTÈQUE n. f. (port. *pateca;* mot hindi). Cucurbitacée cultivée dans les pays méditerranéens pour ses fruits à pulpe rouge rafraîchissante; son fruit. (Syn. MELON D'EAU.)

PASTÈQUE

coupe
du fruit

PASTEUR n. m. (lat. *pastor; de pascere,* paître). *Litt.* ou *Géogr.* Homme qui garde les troupeaux. ‖ *Litt.* Prêtre ou évêque ayant charge d'âmes. ‖ Ministre du culte protestant. ● *Le Bon Pasteur,* Jésus-Christ.

PASTEURELLA n. f. Bactérie pathogène, agent des pasteurelloses.

PASTEURELLOSE n. f. *Vétér.* Infection due à une pasteurella, parfois transmissible à l'homme.

PASTEURIEN ou **PASTORIEN, ENNE** adj. Qui a rapport à Pasteur, à ses procédés.

PASTEURISATION n. f. Opération consistant à chauffer un liquide alimentaire sans atteindre son point d'ébullition, de façon à détruire les germes pathogènes tout en altérant le moins possible le goût et les vitamines.

PASTEURISER v. t. Opérer la pasteurisation.

PASTICHE n. m. (it. *pasticcio,* pâté). Œuvre littéraire ou artistique où l'on imite le style d'un auteur, soit pour se l'assimiler la manière, soit pour en souligner les traits dans un esprit critique ou caricatural.

PASTICHER v. t. Imiter le style, la manière d'un artiste, d'un écrivain.

PASTICHEUR, EUSE n. Auteur de pastiches.

PASTILLAGE n. m. Imitation en pâte de sucre d'un objet, faite par les confiseurs. ‖ Procédé décoratif consistant à rapporter sur une poterie des motifs modelés à part.

PASTILLE n. f. (esp. *pastilla*). Petit bonbon de sucre aromatisé, de chocolat, etc., de forme généralement ronde. ‖ Préparation médicamenteuse analogue. ‖ Petit dessin de forme ronde.

PASTILLEUSE n. f. Appareil pour la fabrication des pastilles.

PASTIS [pastis] n. m. (mot prov.). Boisson alcoolisée parfumée à l'anis. ‖ *Pop.* Situation embrouillée, inextricable, ennui.

PASTORAL, E, AUX adj. (lat. *pastor,* berger). Qui évoque la campagne, la vie des champs : *poésie pastorale.* ‖ *Géogr.* Relatif à l'élevage nomade. ‖ *Relig.* Propre aux ministres du culte en tant qu'ils ont charge d'âmes.

PASTORALE n. f. Pièce de théâtre, peinture dont les personnages sont des bergers, des bergères. ‖ Pièce de musique de caractère champêtre. ‖ Principes et normes d'action du ministère sacerdotal dans les divers domaines de l'apostolat.

PASTORAT n. m. Dignité de pasteur; sa durée.

PASTORIEN, ENNE adj. → PASTEURIEN.

PASTOUREAU n. m. *Litt.* Petit berger. ◆ pl. *Hist.* Paysans qui commirent des dévastations en France, au XIIIe s., en tentant de relancer une croisade en Terre sainte.

PASTOURELLE n. f. *Litt.* Jeune bergère. ‖ *Littér.* Genre lyrique du Moyen Âge, dans lequel une bergère dialogue avec un chevalier. ‖ *Mus.* Figure de la contredanse française.

PAT [pat] adj. inv. et n. m. (it. *patta;* de *patto,* accord). Aux échecs, se dit du joueur qui, n'ayant plus que son roi à jouer, ne peut jouer sans mettre celui-ci en échec, ce qui rend la partie nulle.

PATACHE n. f. (mot esp.; de l'ar.). Anc. voiture publique peu confortable. ‖ Bateau des douaniers (vx).

PATACHON n. m. *Mener une vie de patachon* (Fam.), mener une vie désordonnée.

PATAGIUM n. m. Membrane tendue le long des flancs et des pattes, et permettant à divers mammifères et reptiles de planer d'un arbre à l'autre.

PATAPHYSIQUE n. f. et adj. Mot créé par A. Jarry pour désigner la « science du particulier » qui apporte des solutions imaginaires aux problèmes généraux.

PATAPOUF n. m. *Fam.* Enfant gros et lourd.

PATAQUÈS [patakɛs] n. m. (tiré de la phrase plaisante : *je ne sais pas-t-à qu'est-ce*). Faute de liaison qui consiste à prononcer un *t* pour un *s,* ou *vice versa,* ou à confondre deux lettres quelconques, comme : *ce n'est point-z-à moi.* ‖ Discours confus et inintelligible.

rose de Málaga   patate douce

PATATES

PATARAS n. m. *Mar.* Hauban supplémentaire destiné à soulager temporairement un autre hauban soumis à un effort considérable.

PATARINS n. m. pl. (de la *Pataria* de Milan [XIe s.], association populaire contre les abus ecclésiastiques). *Hist.* Aux XIIe-XIIIe s., hérétiques italiens apparentés aux cathares.

PATATE n. f. (esp. *batate*). *Fam.* Pomme de terre. ‖ *Pop.* Personne stupide. ● *En avoir gros sur la patate* (Fam.), être très vexé; avoir du ressentiment, des regrets. ‖ *Patate douce* ou *patate,* plante cultivée en Amérique et en Asie pour ses tubercules comestibles (famille des convolvulacées) [nom sc. : IPOMÉE]; cette racine.

PATATI, PATATA loc. employée pour résumer les bavardages qui n'en finissent pas ou des paroles qu'on peut deviner.

PATATRAS! [patatra] interj. Exprime le bruit d'une chose qui tombe avec fracas.

PATAUD, E n. et adj. (de *patte*). Jeune chien ou jeune chienne qui a de grosses pattes. ‖ *Fam.* Personne faite, lourde et lente.

PATAUGEAGE n. m. Action de patauger.

PATAUGER v. i. (de *patte*) [conj. 1]. Marcher dans une eau bourbeuse, un sol détrempé. ‖ S'embarrasser dans les difficultés : *patauger dans un exposé.*

PATAUGEUR, EUSE n. Personne qui patauge.

PATCH n. m. (mot angl.). *Méd.* Petit pansement adhésif. (L'Administration recommande de remplacer ce mot par PIÈCE en chirurgie et TIMBRE en immunologie.)

PATCHOULI [patʃuli] n. m. (angl. *patchleaf*). Plante aromatique de la famille des labiacées, d'Asie et d'Océanie, que l'on met dans les vêtements de laine pour en éloigner les insectes; parfum extrait de cette plante.

PATCHWORK [patʃwœrk] n. m. (mot angl.). Ouvrage décoratif constitué par l'assemblage de morceaux de tissu disparates. ‖ Ensemble quelconque formé d'éléments disparates.

PÂTE n. f. (bas lat. *pasta*). Farine détrempée et pétrie. ‖ Substance plus ou moins consistante entrant dans des produits alimentaires, pharmaceutiques, techniques : *pâte d'amandes, de coings, de fruits; pâte céramique, dentifrice.* ‖ *Fam.* Tempérament, caractère : *une bonne pâte.* ‖ *Minér.* Dans une roche volcanique microlitique, substance constituée de petits cristaux noyés dans du verre et entourant les phénocristaux. ‖ *Peint.* Matière picturale épaisse. ● *Forme, page tombée en pâte* (Arts graph.), composition dont les caractères se sont mêlés par accident. ‖ *Pâte de fruits,* produit de confiserie obtenu par la cuisson d'un mélange de sucre et de pulpe ou de jus de fruits. ‖ *Pâte à papier,* matière fibreuse obtenue à partir de vieux papiers ou de chiffons, de bois, de paille, etc., et destinée à la fabrication du papier. ◆ pl. *Pâtes alimentaires* ou *pâtes,* produits à base de semoule de blé dur, préparés par pétrissage, tréfilage, séchage, et prêts à l'emploi culinaire pour des potages et des plats (vermicelle, nouilles, macaroni, etc.).

PÂTÉ n. m. Hachis de viande, de poisson, de volaille, cuit et enrobé d'une pâte feuilletée *(pâté en croûte),* ou conservé dans une terrine. ‖ Grosse tache d'encre sur du papier. ‖ *Pâté de maisons,* groupe de maisons isolé par des rues. ‖ *Pâté de sable* ou *pâté,* petite masse de sable humide que les enfants s'amusent à tasser dans des seaux et qu'ils démoulent.

PÂTÉE n. f. Pâte de farine, de son, etc., avec laquelle on engraisse la volaille, les porcs, etc.

profil

dessus   dessous

PATELLE

Mélange de pain émietté et de viande hachée, pour la nourriture de certains animaux (chiens, chats, etc.).

PATELIN n. m. (forme dialect. de *pâtis*). *Fam.* Pays, région, village.

PATELIN, E adj. et n. (de *Pathelin,* n. pr.). *Litt.* Souple et insinuant, hypocrite.

PATELINER v. i. Agir en patelin (vx).

PATELLE n. f. (lat. *patella*). Mollusque comestible à coquille conique, très abondant sur les rochers découvrant à marée basse. (Noms usuels : *bernique, chapeau chinois;* taille : 5 cm; classe des gastropodes.)

PATÈNE n. f. (lat. *patena,* plat). *Liturg.* Petit plat rond destiné à recevoir l'hostie consacrée.

PATENÔTRE [patnotr] n. f. (altér. du lat. *Pater noster*). *Péjor.* Prières marmonnées à voix basse et sans attention.

PATENT, E adj. (lat. *patens, patentis,* ouvert). Évident, manifeste, qui ne prête à aucune contestation. ● *Lettres patentes* (Hist.), lettres revêtues du grand sceau de l'État, que le roi adressait ouvertes aux parlements; lettres conférant la noblesse.

PATENTAGE n. m. Trempe spéciale qu'on fait subir aux fils d'acier pour leur conférer des caractéristiques particulières.

PATENTE n. f. (de *patent*). Impôt local dû par les commerçants, les industriels et les personnes exerçant certaines professions libérales. (Elle a été remplacée en 1975 par la *taxe professionnelle.*) ● *Patente de santé* (Mar.), certificat sanitaire délivré à un navire qui part.

PATENTÉ, E adj. et n. Qui paie la patente : *commerçant patenté.* ‖ Attitré : *défenseur patenté d'une institution.*

PATENTER v. t. Soumettre à la patente, délivrer une patente à qqn.

PATER [patɛr] n. m. inv. (mot lat., *père*). Premier mot du Notre Père en latin et dont on se sert pour désigner cette prière.

PATÈRE n. f. (lat. *patera,* coupe). Support fixé à un mur pour soutenir des rideaux, une draperie, pour y accrocher des vêtements.

PATERFAMILIAS [patɛrfamiljas] n. m. *Fam.* Père autoritaire. ‖ *Antiq.* Chef de la famille romaine.

PATERNALISME n. m. Situation dans laquelle le patron possède seul en dernier ressort l'autorité en matière d'œuvres sociales dans l'entreprise. ‖ Doctrine qui établit les fondements moraux ou philosophiques à cette situation.

PATERNALISTE adj. et n. Qui appartient au paternalisme.

PATERNE adj. (lat. *paternus,* paternel). *Litt.* D'une bienveillance doucereuse.

PATERNEL, ELLE adj. Du père : *domicile paternel.* ‖ Du côté du père : *grands-parents paternels.* ‖ Protecteur, indulgent : *ton paternel.*

PATERNEL n. m. *Fam.* Père.

PATERNELLEMENT adv. En père.

PATERNITÉ n. f. État, qualité de père; lien juridique entre un père et ses enfants. (On distingue : la *paternité légitime,* lorsque l'enfant est issu d'un couple marié; la *paternité naturelle,* lorsque les parents de l'enfant ne sont pas unis par les liens du mariage; la *paternité adoptive,* lorsque l'enfant est adopté.) ‖ Qualité d'auteur, d'inventeur : *revendiquer la paternité d'une invention.*

PÂTEUX, EUSE adj. Qui a une consistance

molle, qui empâte la bouche : *fruit pâteux.* ‖ Trop épais : *encre pâteuse.* ‖ Qui manque d'aisance : *discours pâteux.* ● *Avoir la bouche, la langue pâteuse,* avoir la bouche, la langue comme empâtée. ‖ *Fusion pâteuse,* passage progressif de l'état solide à l'état liquide, qui se produit dans le cas des verres. ‖ *Voix pâteuse,* confuse, sans sonorité.

PATHÉTIQUE adj. et n. m. (gr. *pathêtikos,* émouvant). Qui émeut fortement : *discours, ton pathétique.* ‖ *Anat.* Se dit de l'un des muscles moteurs de l'œil.

PATHÉTIQUEMENT adv. De façon pathétique.

PATHÉTISME n. m. *Litt.* Caractère de ce qui est pathétique.

PATHOGÈNE adj. (gr. *pathos,* souffrance, et *gennân,* engendrer). Qui provoque les maladies : *virus pathogène.*

PATHOGÉNIE n. f. Examen et recherche du mécanisme par lequel les causes pathogènes, connues ou inconnues, provoquent les maladies.

PATHOGÉNIQUE adj. Relatif à la pathogénie.

PATHOGNOMONIQUE adj. Se dit des symptômes propres à chaque maladie et dont la constatation donne un diagnostic certain.

PATHOLOGIE n. f. Science des causes, des symptômes et de l'évolution des maladies.

PATHOLOGIQUE adj. Relatif à la pathologie; anormal.

PATHOLOGIQUEMENT adv. De façon pathologique. ‖ Du point de vue de la pathologie.

PATHOLOGISTE n. et adj. Spécialiste de pathologie.

PATHOMIMIE n. f. *Psychiatr.* Simulation volontaire de symptômes pour attirer l'attention de l'entourage ou dans un but utilitaire.

PATHOS [patos] n. m. (mot gr., *passion*). *Fam.* Propos pleins d'emphase et plus ou moins incompréhensibles.

PATIBULAIRE adj. (lat. *patibulum,* gibet). *Mine, air patibulaire,* mine, air d'un homme inquiétant, peu recommandable.

PATIEMMENT [pasjamɑ̃] adv. Avec patience.

PATIENCE n. f. (lat. *patientia*). Vertu qui fait supporter avec résignation les injures, les critiques, etc. ‖ Qualité de celui qui persévère sans se lasser. ‖ Combinaison de cartes à jouer. (Syn. RÉUSSITE.) ● *Patience!,* indique la menace ou la résignation. ‖ *Perdre patience,* commencer à ne plus pouvoir attendre, supporter ou chercher. ‖ *Prendre patience,* attendre avec calme. ‖ *Prendre son mal en patience,* souffrir sans se plaindre.

PATIENCE n. f. (gr. *lapathon*). Plante voisine de l'oseille, à racines toniques. (Famille des polygonacées.)

PATIENT, E adj. Qui a de la patience. ‖ *Philos.* Qui reçoit l'impression d'un agent physique : *l'être est agent ou patient.*

PATIENT, E n. Personne qui subit un traitement, une opération chirurgicale.

PATIENTER v. i. Prendre patience, attendre sans s'irriter.

PATIN n. m. (de *patiner*). Semelle de feutre que l'on utilise pour avancer, en glissant, sur un parquet afin de ne pas le salir. ‖ Élément réglable, articulé, de la chenille d'un véhicule. ‖ *Ch. de f.* Base d'un rail, qui repose sur les traverses. ‖ *Techn.* Partie d'un organe de machine ou d'un mécanisme, destinée à frotter sur une surface soit pour servir d'appui à un ensemble en mouvement (guidage), soit pour absorber de la puissance en excédent (freinage). ● *Patin à glace,* dispositif constitué d'une lame montée sur une chaussure, et destiné à glisser sur la glace. ‖ *Patin à roulettes,* dispositif monté sur trois ou quatre roulettes et qui s'adapte à la chaussure.

PATINAGE n. m. Action de patiner. ‖ Rotation, sans entraînement, des roues motrices d'un véhicule, par suite d'une adhérence insuffisante. ● *Patinage artistique,* exhibition sur glace composée de figures imposées ou libres, de sauts acrobatiques et de danse, présentée en compétition ou en spectacle. ‖ *Patinage de vitesse,* course sur glace avec patins.

PATINAGE n. m. Action de recouvrir d'une patine.

PATINE n. f. (it. *patina*). Altération chimique, naturelle et stable, de la surface d'un bronze. ‖ Coloration que prennent certains objets avec le temps. ‖ Lustrage et coloration artificiels de divers objets (dont les bronzes) pour les protéger ou les embellir.

PATINER v. i. (de *patte*). Glisser avec des patins. ‖ Glisser par manque d'adhérence : *roue qui patine sur le sol; embrayage qui patine.*

PATINER v. t. (de *patine*). Produire la patine sur qqch.

PATINETTE n. f. Syn. de TROTTINETTE.

PATINEUR, EUSE n. Personne qui patine.

PATINOIRE n. f. Lieu préparé pour le patinage sur glace. ‖ Lieu très glissant.

PATIO [patjo] n. m. (mot esp.). Cour intérieure d'une maison, d'un édifice public.

PÂTIR v. i. (lat. *pati,* subir). Éprouver une souffrance, un dommage à cause de qqch.

PÂTIS [pati] n. m. (lat. *pastus,* pâture). Lande ou friche où l'on fait paître le bétail.

PÂTISSERIE n. f. Préparation sucrée de pâte garnie de façons diverses et cuite au four : *avoir une pâtisserie pour le dessert.* ‖ Profession, boutique, marchandises du pâtissier. ‖ Reliefs ornementaux en staff, en stuc.

PÂTISSIER, ÈRE n. et adj. Personne qui fait ou vend de la pâtisserie. ● *Crème pâtissière,* crème cuite, assez épaisse, que l'on met dans certaines pâtisseries (choux, éclairs).

PÂTISSON n. m. (mot prov.). Espèce de courge, dite aussi *bonnet-de-prêtre, artichaut d'Espagne* ou *d'Israël.*

PATOCHE n. f. *Fam.* Grosse main (vx).

PATOIS n. m. Parler propre à une région limitée, à l'intérieur d'un dialecte.

PATOISANT, E adj. et n. Qui s'exprime en patois.

PATOISER v. i. Parler patois.

PÂTON n. m. Morceau de pâte à pain mis en forme avant la cuisson. ‖ *Agric.* Aliment pour l'engraissement des volailles.

PATOUILLER v. i. *Fam.* Patauger.

PATRAQUE adj. (mot prov.; de l'esp.). *Fam.* Qui fonctionne mal (en parlant d'une machine). ‖ *Fam.* Faible, malade : *se sentir un peu patraque.*

PÂTRE n. m. (lat. *pastor*). *Litt.* Celui qui fait paître les troupeaux.

PATRIARCAL, E, AUX adj. (gr. *patriarkhês,* chef de famille). Propre aux patriarches. ‖ *Sociol.* Qui relève du patriarcat : *société patriarcale.*

PATRIARCAT n. m. Dignité, fonctions de patriarche. ‖ Territoire soumis à la juridiction d'un patriarche. ‖ *Sociol.* Type familial et social d'un groupe caractérisé par la prépondérance du père sur tous les autres membres de la tribu.

PATRIARCHE n. m. (lat. *patriarcha*). Nom donné aux grands ancêtres du peuple d'Israël. ‖ *Litt.* Vieillard respectable qui a de nombreux descendants. ‖ Titre honorifique donné dans l'Église latine à quelques évêques de sièges importants et anciens. ‖ Titre, dans les Églises orientales, donné aux évêques d'un siège épiscopal ayant autorité sur des sièges secondaires. ● *Patriarche œcuménique,* titre porté par les patriarches de Constantinople.

PATRICE n. m. (lat. *patricius*). *Hist. rom.* Haute dignité accordée par les empereurs du Bas-Empire à celui qui détenait l'autorité suprême dans une des branches de l'Administration.

PATRICIAL, E, AUX adj. *Hist.* Relatif aux patrices.

PATRICIAT n. m. *Hist.* Dignité de patrice, de patricien; rang des familles patriciennes.

PATRICIEN, ENNE n. et adj. *Hist.* Citoyen romain appartenant à la classe aristocratique. ‖ *Litt.* Noble : *famille patricienne.*

PATRICLAN n. m. *Anthropol.* Clan qui repose sur la filiation patrilinéaire.

PATRIE n. f. (lat. *patria*). Pays, province, ville où l'on est né. ‖ Communauté d'individus vivant sur un même sol, qui sont unis, en vertu d'un

patio (Tolède, XVIᵉ s.)

attachement culturel, pour la défense de ses valeurs.

PATRILINÉAIRE adj. *Anthropol.* Se dit d'un mode de filiation pour lequel seule compte la parenté paternelle (par oppos. à MATRILINÉAIRE).

PATRILOCAL, E, AUX adj. *Anthropol.* Se dit d'un mode de résidence d'un couple nouveau, dans lequel la femme vient habiter dans la famille de son mari.

PATRIMOINE n. m. (lat. *patrimonium;* de *pater,* père). Bien qui vient du père et de la mère. ‖ Bien commun d'une collectivité, d'un groupe humain, considéré comme un héritage transmis par les ancêtres. ‖ *Dr.* Ensemble des biens, droits et charges d'une personne. ● *Patrimoine génétique, patrimoine héréditaire,* syn. de GÉNOTYPE.

PATRIMONIAL, E, AUX adj. *Dr.* Relatif au patrimoine.

PATRIOTARD, E adj. et n. *Fam.* et péjor. D'un patriotisme excessif.

PATRIOTE adj. et n. (gr. *patriôtês*). Qui aime sa patrie, qui s'efforce de la servir. ‖ *Hist.* Nom donné en 1789 aux révolutionnaires.

PATRIOTIQUE adj. Relatif au patriotisme.

PATRIOTIQUEMENT adv. En patriote.

PATRIOTISME n. m. Amour de la patrie.

PATRISTIQUE n. f. et adj. Histoire de la doctrine chrétienne au temps des Pères de l'Église (IIᵉ-VIIᵉ s.).

PATROLOGIE n. f. (gr. *patêr,* père, et *logos,* science). Étude de la vie et des œuvres des Pères de l'Église; collection de leurs écrits.

PATRON, ONNE n. (lat. *patronus,* avocat). Saint à qui une église est dédiée; saint protecteur : *sainte Geneviève, patronne de Paris.* ‖ Chef d'une entreprise industrielle ou commerciale. ‖ Maître, professeur sous la direction de qui l'on travaille. ‖ Celui qui commande une embarcation de pêche. ‖ Maître de maison par rapport aux domestiques. ‖ *Hist. rom.* Citoyen puissant accordant sa protection à d'autres citoyens (ses clients).

PATRON n. m. (de *patron,* chef). Modèle, en tissu ou en papier fort, d'après lequel on taille un vêtement. ‖ Carton ou plaque métallique à jours percés pour le coloriage. ‖ Modèle à partir duquel sont exécutés divers travaux d'artisanat ou d'arts décoratifs. ● *Taille demi-patron, patron* ou *grand patron,* terme commercial de bonneterie qui s'applique aux trois tailles masculines.

PATRONAGE n. m. Protection d'un saint. ‖ Protection accordée par un homme puissant à un inférieur. ‖ Organisation destinée à veiller

677

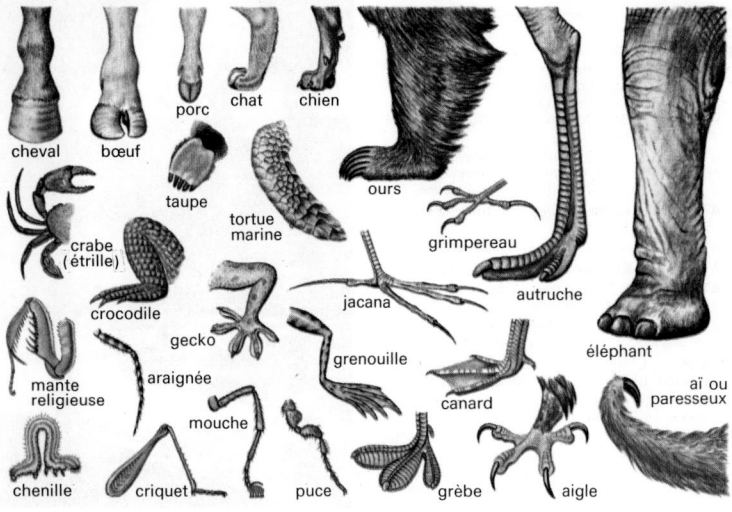

cheval bœuf

porc chat chien

taupe

crabe (étrille)

tortue marine

ours

grimpereau

crocodile

gecko

jacana

autruche

mante religieuse

araignée

grenouille

éléphant

mouche

canard

aï ou paresseux

chenille

criquet

puce

grèbe

aigle

PATTES

sur l'enfance et la jeunesse en accueillant, pendant les jours de congé ou de loisirs, les élèves des écoles, les jeunes gens; lieu où cette organisation a son siège.

PATRONAL, E, AUX adj. Relatif au saint patron. ‖ Relatif aux employeurs.

PATRONAT n. m. Ensemble des employeurs. ■ Le patronat français s'est, dans l'ensemble, organisé plus tardivement que les salariés au sein de syndicats : dans la sidérurgie, le Comité des forges en 1864; puis, groupant plusieurs secteurs économiques, la Confédération générale de la production française en 1919, la Confédération générale du patronat français en 1936 et surtout le Conseil national du patronat français en 1946, qui groupe les patrons des grandes entreprises. Les autres entreprises sont, notamment, regroupées au sein de la Confédération générale des petites et moyennes entreprises, créée en octobre 1944.

PATRONNER v. t. Apporter sa protection à qqn, son appui à une entreprise.

PATRONNESSE adj. f. *Dame patronnesse*, dame qui dirige une œuvre de bienfaisance.

PATRONYME n. m. Nom patronymique.

PATRONYMIQUE adj. (gr. *patêr*, père, et *onuma*, nom). *Nom patronymique*, nom commun à tous les descendants d'un même ancêtre illustre (Mérovingiens, Carolingiens); nom de famille (par oppos. au PRÉNOM).

PATROUILLE n. f. (de *patte*). Mission de renseignements, de surveillance ou de liaison confiée à une petite formation militaire (aérienne, terrestre ou navale) ou policière; la formation elle-même.

PATROUILLER v. i. Exécuter une patrouille.

PATROUILLEUR n. m. Militaire ou aéronef participant à une patrouille. ‖ Petit bâtiment de guerre de surveillance et de contrôle maritime.

PATTE n. f. Membre ou appendice des animaux, assurant la marche, la course, le grimper : *les insectes ont trois paires de pattes*. ‖ *Fam.* Main, jambe, pied de l'homme. ‖ *Fam.* Habileté de main, originalité : *la patte d'un peintre*. ‖ Petite bande d'étoffe pour maintenir bord à bord les deux côtés d'un vêtement. ‖ Languette de cuir. ‖ Pièce triangulaire de chacun des bras d'une ancre. ‖ Long clou, pointu à un bout, plat et percé à l'autre, servant à fixer des boiseries, des glaces, des dalles, etc. ‖ En Suisse, chiffon, torchon. ‖ *À quatre pattes*, sur les mains et les genoux. ‖ *Coup de patte* (Fam.), trait malveillant, critique. ‖ *Pattes d'éléphant*, bas de pantalon qui s'évasent du genou aux chevilles. ‖ *Patte d'épaule*, attribut d'uniforme placé sur chaque épaule et portant (le cas échéant) certains insi-

gnes de grade. ‖ *Pattes de lapin* ou *pattes*, favoris très courts. ‖ *Retomber sur ses pattes* (Fam.), sortir sans dommage d'un mauvais pas. ‖ *Tirer dans les pattes de qqn* (Fam.), lui causer des difficultés. ‖ *Tomber sous la patte de qqn* (Fam.), se trouver à sa merci.

PATTÉ, E adj. (de *patte*). *Hérald.* Dont les extrémités vont en s'élargissant.

PATTE-DE-LOUP n. f. (pl. *pattes-de-loup*). Nom usuel du *lycope*.

PATTE-D'OIE n. f. (pl. *pattes-d'oie*). Carrefour à trois branches rayonnantes. ‖ Petites rides à l'angle extérieur de l'œil.

PATTE-MÂCHOIRE n. f. (pl. *pattes-mâchoires*). *Zool.* Syn. de MAXILLIPÈDE.

PATTEMOUILLE n. f. Linge mouillé dont on se sert pour repasser un tissu à la vapeur.

PATTE-NAGEOIRE n. f. (pl. *pattes-nageoires*). *Zool.* Syn. de UROPODE.

PATTERN [patɛrn ou patɛʁn] n. m. (mot angl., *modèle*). Modèle spécifique représentant d'une manière simplifiée la structure d'un phénomène humain (anthropologique, sociologique, linguistique, psychologique, etc.).

PATTINSONAGE [patinsɔnaʒ] n. m. (du n. d'un chimiste angl.). Traitement du plomb argentifère pour séparer les deux métaux par liquation.

PATTU, E adj. Qui a de grosses pattes : *chien pattu*. ‖ Qui a des plumes sur les pattes : *pigeon pattu*.

PÂTURABLE adj. Qui peut être livré au pâturage.

PÂTURAGE n. m. Lieu où le bétail pâture. ‖ Action et droit de faire pâturer du bétail.

PÂTURE n. f. (bas lat. *pastura*; de *pascere*, paître). Nourriture des animaux en général (vx). ‖ Lieu de pâturage. ‖ *Fam.* Nourriture de l'homme. ‖ Ce sur quoi peut s'exercer une activité : *cet incident a servi de pâture aux journalistes*. ● *Vaine pâture*, droit de laisser paître les animaux après l'enlèvement des récoltes.

PÂTURER v. t. et i. *Agric.* Paître.

PÂTURIN n. m. Plante de la famille des graminacées, très commune dans les champs, au bord des chemins, etc.

PATURON n. m. (anc. fr. *empasturer*, entraver). Partie du bas de la jambe du cheval, entre le boulet et le sabot, correspondant à la première phalange.

PAUCHOUSE n. f. → POCHOUSE.

PAULETTE n. f. (de Charles *Paulet*, son auteur). Taxe établie par édit, en décembre 1604, qui permettait aux officiers de n'acquitter que la

moitié des droits de mutation de leur charge et de la transmettre à leurs héritiers. (Assurant ainsi l'hérédité des offices, l'édit de la paulette resta en vigueur jusqu'en 1789.)

PAULIEN, ENNE adj. *Dr.* Se dit d'une action judiciaire par laquelle un créancier demande la révocation d'un acte accompli, en violation de ses droits, par son débiteur. (On dit aussi ACTION RÉVOCATOIRE.)

PAULINIEN, ENNE adj. Relatif à saint Paul.

PAULINISME n. m. Doctrine de saint Paul.

PAULISTE n. m. Membre d'une société religieuse missionnaire fondée aux États-Unis en 1858.

PAULISTE adj. et n. Relatif à São Paulo.

PAULOWNIA [polɔnja] n. m. (de Anna *Paulowna*, fille du tsar Paul Ier). Arbre ornemental originaire de l'Extrême-Orient, à fleurs mauves odorantes. (Haut. : jusqu'à 15 m; les feuilles peuvent mesurer 30 cm de long; famille des scrofulariacées.)

PAUME n. f. (lat. *palma*). L'intérieur, le creux de la main. ‖ Jeu où l'on se renvoie une balle, avec une raquette ou une masse, dans un lieu disposé à cet effet. (La *longue paume* se joue en terrain ouvert de tous côtés, la *courte paume* dans un rectangle environné de murs.)

PAUMÉ, E adj. et n. *Fam.* Se dit d'une personne qui ne peut s'adapter à une situation, qui vit en dehors de la réalité.

PAUMELLE n. f. (de *paume*). Ferrure qui pivote sur un gond à fiche et qui supporte une porte ou un volet. ‖ Gant en cuir, de voilier, de sellier, etc., servant à pousser l'aiguille.

paumelle

PAUMELLE n. f. (prov. *palmola*). Espèce d'orge, dite *orge à deux rangs*, cultivée surtout en montagne.

PAUMER v. t. *Pop.* Perdre. ◆ **se paumer** v. pr. *Fam.* Perdre son chemin, se tromper.

PAUMOYER v. t. (conj. 2). *Mar.* Haler un câble avec la main. ‖ *Techn.* Se servir de la paumelle.

PAUPÉRISATION n. f. Appauvrissement d'une population ou d'une classe sociale. (Selon Marx, le capitalisme provoque la paupérisation relative croissante du prolétariat.)

PAUPÉRISER v. t. Frapper de paupérisme.

PAUPÉRISME n. m. (mot angl.; lat. *pauper*, pauvre). État de pauvreté endémique d'un groupe humain.

PAUPIÈRE n. f. (lat. *palpebra*). Chacune des deux lames cartilagineuses couvertes par un repli de la peau, qui peuvent recouvrir la partie antérieure des yeux.

PAUPIETTE n. f. (anc. fr. *poupe*, partie charnue). Tranche de viande roulée et farcie.

PAUSE n. f. (lat. *pausa*). Suppression, arrêt momentané d'une action : *lecteur qui fait une pause*. ‖ Court repos entre les phases successives d'une marche, d'une manœuvre, etc. ‖ *Mus.* Suspension du son, de la durée d'une ou plusieurs mesures; signe de silence d'une durée égale à la ronde, se plaçant sous la deuxième ligne de la portée (en partant de la ligne

pause

supérieure). ‖ *Sports.* Repos entre deux mi-temps.

PAUSE-CAFÉ n. f. (pl. *pauses-café*). Bref arrêt d'activité pour prendre une tasse de café.

PAUVRE adj. et n. (lat. *pauper*). Qui a peu de ressources, de biens, d'argent. ● *Lois sur les pauvres* (en angl. *poor laws*), série de lois promulguées en Angleterre, à partir du règne d'Élisabeth Iʳᵉ (1563), en vue d'organiser l'assistance aux pauvres, à l'aide d'un impôt paroissial. ◆ adj. Stérile, qui produit peu, qui est insuffisant : *pays, sujet pauvre*. ‖ Qui attire la pitié, la commisération (avant le n.) : *un pauvre orateur, un pauvre homme*. ‖ Insuffisant, de peu de valeur : *un devoir pauvre.* ● *Art pauvre,* tendance de l'art contemporain recourant à l'organisation de matériaux réputés non artistiques (terre, graisse, tubes au néon, éléments sonores, etc.).

PAUVREMENT adv. De façon pauvre.

PAUVRESSE n. f. Femme pauvre, mendiante (vx).

PAUVRET, ETTE n. Petit pauvre.

PAUVRETÉ n. f. État de celui, de ce qui est pauvre. ‖ Chose médiocre. ● *Vœu de pauvreté,* un des trois vœux de religion.

PAVAGE n. m. Action de paver; revêtement du sol d'une rue, d'une place, d'une cour, etc., à l'aide de pavés.

PAVANE n. f. (it. *pavana*; de *Pava*, Padoue). Danse et composition musicale noble et lente à 2/4, qui, dans la suite ancienne, est suivie de la gaillarde.

PAVANER (SE) v. pr. (de *pavane*). Marcher d'une manière fière, pleine de vanité; faire l'important.

PAVÉ n. m. Bloc épais, généralement cubique, de pierre ou quelquefois de bois, dont on revêt le sol des voies. ‖ Partie pavée d'un sol. ‖ *Bifteck épais.* ‖ *Fam.* Livre très épais; texte trop long et mal rédigé. ‖ *Math.* Dans un espace métrique, ensemble des points dont chacune des coordonnées est prise dans un intervalle et dont le parallélépipède est l'image la plus simple. ● *Être sur le pavé,* être sans domicile, sans emploi. ‖ *Pavé publicitaire,* annonce publicitaire de grandes dimensions. ‖ *Tenir le haut du pavé,* être au premier rang dans un groupe, une société, etc. ‖ *Un pavé dans la mare,* une vérité qui jette la perturbation.

PAVEMENT n. m. Sol de dalles, de carreaux, de mosaïque.

PAVER v. t. (lat. *pavire,* niveler). Couvrir de pavés le sol d'une rue, d'une cour, etc.

PAVEUR n. m. Ouvrier qui pave.

PAVIE n. f. (de *Pavie,* n. pr.). Pêche dont la chair adhère au noyau.

PAVILLON n. m. (lat. *papilio,* papillon). Maison particulière de petite ou de moyenne dimension. ‖ Bâtiment ou corps de bâtiment caractérisé par un plan sensiblement carré. ‖ Toit d'un véhicule automobile. ‖ Large cartilagineuse recouverte de peau (plissée et fixe chez l'homme, mobile chez nombre de mammifères), où s'ouvre le conduit auditif. ‖ Extrémité évasée d'un instrument de musique à vent. ‖ Dispositif servant à concentrer ou à diriger des ondes acoustiques. ‖ Dôme placé au-dessus des armoiries des souverains et qui surmonte le manteau. ‖ Étoffe dont on recouvre le ciboire. ‖ Petit drapeau utilisé pour indiquer la nationalité d'un navire, pour désigner une compagnie de navigation ou pour effectuer des signaux. ‖ Une des trois enceintes d'un champ de courses. ● *Baisser pavillon* (Fam.), céder, reconnaître son infériorité. ‖ *Toit en pavillon* (Constr.), toit à quatre versants couvrant un corps de bâtiment carré ou sensiblement carré.

PAVILLONNAIRE adj. Relatif aux pavillons d'habitation.

PAVILLONNERIE n. f. Lieu où l'on fabrique ou garde les pavillons pour les navires.

PAVIMENTEUX, EUSE adj. Qui présente l'aspect d'un pavage.

PAVLOVIEN, ENNE adj. Qui concerne les expériences, les théories de Pavlov.

PAVOIS n. m. (it. *pavese,* de Pavie). *Hist.* Grand bouclier sur lequel montaient les rois francs. ‖ *Mar.* Partie de la muraille d'un navire s'élevant au-dessus d'un pont découvert et servant de garde-corps et d'écran de protection.

PAVOT — fruit — graines

● *Élever sur le pavois,* mettre en grand honneur, en grande renommée. ‖ *Grand pavois,* ensemble de tous les pavillons d'un navire hissés dans un ordre donné, en signe de fête. ‖ *Petit pavois,* ensemble des pavillons arborés par un navire de commerce en fin d'identification.

PAVOISEMENT n. m. Action de pavoiser.

PAVOISER v. t. Garnir de pavillons, de drapeaux, etc., une navire, un édifice. ◆ v. i. *Fam.* Manifester une grande joie.

PAVOT n. m. (lat. *papaver*). Plante cultivée soit pour ses fleurs ornementales, soit, dans le cas du pavot somnifère, pour ses capsules, qui fournissent l'opium, et pour ses graines, qui donnent l'huile d'œillette. (Famille des papavéracées.)

PAYABLE adj. Qui doit ou peut être payé.

PAYANT, E adj. et n. Qui paie : *spectateurs payants.* ◆ adj. Que l'on paie, où l'on paie : *spectacle payant.* ‖ *Fam.* Qui rapporte, profitable : *une affaire payante.*

PAYE n. f. → PAIE.

PAYEMENT n. m. → PAIEMENT.

PAYER v. t. (lat. *pacare,* pacifier) [conj. **2**]. Acquitter une dette, un droit, un impôt, etc. ‖ Donner ce qui est dû à : *payer des ouvriers.* ‖ Récompenser : *payer généreusement un service.* ‖ Expier : *payer son crime.* ‖ Dédommager : *être payé de ses efforts.* ● *Être payé pour le savoir,* avoir appris qqch à ses dépens. ‖ *Il me le paiera,* je me vengerai de lui. ‖ *Payer d'audace, d'effronterie,* etc., faire preuve d'audace, d'effronterie. ‖ *Payer cher qqch,* l'obtenir au prix de grands sacrifices. ‖ *Payer de sa personne,* s'exposer dangereusement; agir par soi-même. ‖ *Payer de retour,* reconnaître un service par un autre. ◆ v. i. *Fam.* Procurer un bénéfice, un revenu, être très profitable : *commerce qui paie.* ◆ **se payer** v. pr. Acheter pour soi; s'offrir le luxe, le plaisir : *se payer un fusil.* ● *Se payer de,* se contenter de : *se payer de mots.*

PAYEUR, EUSE adj. et n. Qui paie.

PAYEUR [pɛjœr] n. m. Celui dont l'emploi est de payer des dépenses, des traitements, des rentes, etc.

PAYS n. m. (lat. *pagensis;* de *pagus,* canton). Territoire d'une nation. ‖ Ensemble des habitants, des forces économiques et sociales d'une nation. ‖ Région envisagée du point de vue du climat, des productions, etc. : *pays chauds.* ‖ Lieu d'origine. ‖ *Fam.* Petit village. ● *Mal du pays,* nostalgie. ‖ *Vin de pays,* vin produit par une contrée déterminée et qui n'est pas d'appellation contrôlée. ‖ *Voir du pays,* voyager.

PAYS, E n. *Fam.* Personne qui est du même pays, de la même région.

PAYSAGE n. m. Vue d'ensemble d'une région, d'un site. ‖ Dessin, tableau représentant un site champêtre. ● *Paysage historique,* composé ou animé, peinture dans laquelle le paysage prend plus d'importance que le thème (mythologique, contemporain,...) figuré par les personnages.

PAYSAGER, ÈRE adj. Se dit d'un jardin, d'un parc composés de façon à donner l'illusion d'un paysage naturel.

PAYSAGISTE n. et adj. Artiste qui peint des paysages. ‖ Architecte ou jardinier qui conçoit les plans d'ensemble de jardins et de parcs.

PAYSAN, ANNE n. (de *pays*). Homme, femme de la campagne. ● *Paysan du Danube,* homme rustre, d'une franchise brutale. ◆ adj. Relatif aux paysans : *la vie paysanne.*

PAYSANNAT n. m. *Écon.* Ensemble des paysans d'une région, d'un État.

PAYSANNERIE n. f. Ensemble des paysans.

Pb, symbole chimique du *plomb.*

P. C. [pece] n. m. Abrév. de POSTE DE COMMANDEMENT et de PARTI COMMUNISTE.

Pd, symbole chimique du *palladium.*

P.C.F. n. m. Sigle de PARTI COMMUNISTE FRANÇAIS.

P.-D. G. [pedeʒe] n. m. inv. Abrév. de PRÉSIDENT-DIRECTEUR GÉNÉRAL.

PÉAGE n. m. (lat. *pes, pedis,* pied). Droit que l'on paie pour emprunter un pont, une route ou une autoroute; lieu où est perçu ce droit.

PÉAGISTE n. Employé qui perçoit le péage sur une autoroute.

PÉAN n. m. (gr. *paian*). *Antiq. gr.* Hymne guerrier en l'honneur d'Apollon.

PEAU n. f. (lat. *pellis*). Organe recouvrant le corps de l'homme et des animaux. ‖ Cuir détaché du corps de l'animal : *peau de renard.* ‖ Enveloppe qui couvre les fruits et certaines plantes : *peau de banane.* ‖ Croûte légère qui se forme sur certaines substances liquides ou onctueuses, comme le lait bouilli, le fromage, etc. ● *Avoir qqn dans la peau* (Pop.), en être très amoureux. ‖ *Effet de peau* (Électr.), densité de courant croissant exponentiellement du centre à la périphérie d'un conducteur siège d'un courant de haute fréquence. ‖ *Entrer dans la peau de son personnage,* jouer parfaitement son rôle dans une pièce, un film, etc. ‖ *Être mal* (ou *bien*) *dans sa peau,* se sentir mal à l'aise (ou non); être déprimé (ou non). ‖ *Faire la peau à qqn* (Pop.), le tuer. ‖ *Faire peau neuve,* changer complètement de conduite, d'opinion ou de vêtements. ‖ *Peau de vache* (Fam.), personne

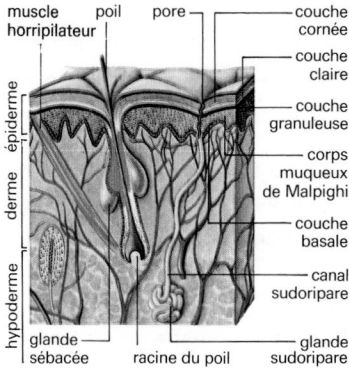

muscle — poil — pore — couche cornée — couche claire — couche granuleuse — corps muqueux de Malpighi — couche basale — canal sudoripare — horripilateur — épiderme — derme — hypoderme — glande sébacée — racine du poil — glande sudoripare

COUPE DE LA PEAU

très dure, très sévère. ‖ *Se mettre dans la peau de qqn,* se mettre à sa place. ‖ *Vendre cher sa peau,* se défendre vigoureusement avant de succomber. ‖ *Vieille peau* (Pop.), terme d'injure. ■ Chez les vertébrés, la peau se compose d'un *épiderme,* protecteur par sa couche cornée et ses annexes, ou *phanères,* et d'un *derme* (souvent doublé d'un *hypoderme*), assurant de nombreuses fonctions : toucher, par les corpuscules tactiles; excrétion, par les glandes sudoripares; absorption de certains corps; régulation thermique, par les vaisseaux sanguins à diamètre variable.

PEAUCIER n. et adj. m. Muscle qui prend au moins une de ses insertions à la peau.

PEAUFINER v. t. Passer une peau de chamois sur une surface. ‖ Mettre au point dans les moindres détails, fignoler.

PEAU-ROUGE n. (pl. *Peaux-Rouges*). Nom donné aux Indiens d'Amérique du Nord.

PEAUSSERIE n. f. Commerce, boutique, marchandises du peaussier.

PEAUSSIER n. et adj. m. Ouvrier qui prépare les peaux. ‖ Commerçant en peaux.

PÉBRINE n. f. (prov. *pebrino*; de *pebre*, poivre). Maladie des vers à soie, caractérisée par des taches noires comme des grains de poivre sur la peau de la chenille.

PÉCAÏRE! [pekajre] interj. (mot prov.). Exclamation méridionale exprimant la pitié ou l'attendrissement (vx).

PÉCARI n. m. (mot caraïbe). Cochon sauvage d'Amérique; cuir de cet animal.

PECCADILLE n. f. (esp. *pecadillo*). Faute légère, sans gravité.

PECHBLENDE [pɛʃblɛ̃d] n. f. (all. *Pech*, poix, et *Blende*, sulfure). Oxyde d'uranium naturel UO₂, le plus important des minerais d'uranium (40 à 90 p. 100), dont on extrait aussi le radium. (Syn. URANINITE.)

PÊCHE n. f. (lat. *persicus*, de Perse). Fruit comestible à noyau du pêcher. ‖ *Pop.* Coup, gifle. ● *Peau de pêche*, peau rose et veloutée. ‖ *Pêche abricot*, pêche à chair jaune. ‖ *Se fendre la pêche* (Pop.), rire. ◆ adj. inv. D'un rose pâle légèrement doré.

PÊCHE n. f. Action ou manière de pêcher; endroit où l'on pêche : *aller à la pêche*. ‖ Poisson qu'on a pêché : *vendre sa pêche*.

PÉCHÉ n. m. (lat. *peccatum*, faute). *Relig.* Transgression de la loi divine.

PÉCHER v. i. (lat. *peccare*) [conj. 5]. Commettre un péché. ‖ Manquer à une règle morale, à un devoir social : *pécher par excès d'optimisme.*

PÊCHER n. m. Arbre, originaire d'Asie, dont le fruit est la pêche. (Famille des rosacées.)

PÊCHER v. t. (lat. *piscari*). Prendre ou chercher à prendre du poisson : *pêcher des truites.* ‖ *Fam.* Trouver, prendre : *où a-t-il pêché cette nouvelle?* ● *Pêcher en eau trouble*, profiter du désordre pour en tirer un avantage personnel.

PÉCHÈRE! ou **PEUCHÈRE!** interj. Exclamation d'origine méridionale.

PÊCHERIE n. f. Lieu où l'on pêche.

PÊCHETTE n. f. Filet rond pour pêcher les écrevisses.

PÉCHEUR, ERESSE n. (lat. *peccator*). Qui commet des péchés. ● *Ne pas vouloir la mort du pécheur*, ne pas demander des sanctions excessives.

PÊCHEUR, EUSE n. (lat. *piscator*). Qui pratique la pêche professionnellement ou comme passe-temps.

PÉCLOTER v. i. En Suisse, avoir une santé chancelante.

PÉCOPTÉRIS [pekɔpteris] n. m. Fougère arborescente fossile des terrains houillers.

PÉCORE n. f. (it. *pecora*, brebis). *Fam.* Femme ou jeune fille sotte et prétentieuse.

PECTEN n. m. *Zool.* Syn. de PEIGNE.

PECTINE n. f. (gr. *pêktos*, coagulé). Substance organique contenue dans les membranes cellulaires végétales, et utilisée dans la fabrication des confitures et gelées de fruits.

PECTINÉ, E adj. et n. m. (lat. *pectinatus*; de *pectinare*, peigner). *Anat.* Se dit d'un muscle rotateur de la cuisse.

PECTIQUE adj. Se dit d'une substance organique contenue dans la pectine.

PECTORAL, E, AUX adj. (lat. *pectus, -oris*, poitrine). Qui concerne la poitrine : *muscles pectoraux.* ● *Fleurs pectorales*, fleurs de mauve, de violette, de bouillon-blanc et de coquelicot, dont on fait des tisanes. ‖ *Médicament pectoral*, ou *pectoral* n. m., médicament employé au cours du traitement des affections pulmonaires. ‖ *Nageoires pectorales*, nageoires paires antérieures des poissons.

PECTORAL n. m. Lourd pendentif trapézoïdal, attribut des pharaons; pièce d'étoffe précieuse portée par le grand prêtre juif. ‖ Partie de l'armure romaine qui protégeait la poitrine.

PÉCULAT n. m. *Dr.* Détournement des deniers publics.

PÉCULE [pekyl] n. m. (lat. *peculium*; de *pecunia*, argent). Somme qu'une personne acquiert

pécari

fleurs
noyau   fruit

PÊCHER

par son travail, par son économie. ‖ Épargne constituée au profit d'un enfant mineur par son tuteur sur le produit de son travail, ou au profit d'un prisonnier par l'administration pénitentiaire. ‖ *Mil.* Somme d'argent versée par l'État à certains militaires quittant le service.

PÉCUNIAIRE adj. Relatif à l'argent : *ennui pécuniaire.* ‖ Qui consiste en argent : *aide pécuniaire.*

PÉCUNIAIREMENT adv. De façon pécuniaire.

PÉDAGOGIE n. f. (gr. *paidagôgia*). Science de l'éducation. ‖ Méthode d'enseignement. ‖ Qualité d'un bon pédagogue. ● *Pédagogie curative*, éducation spéciale concernant les enfants handicapés. ‖ *Pédagogie institutionnelle*, pédagogie qui prend en compte les institutions déterminant le fonctionnement d'une classe et les relations affectives entre ses membres.

PÉDAGOGIQUE adj. Relatif à la pédagogie. ‖ Qui a les qualités d'un bon enseignement.

PÉDAGOGIQUEMENT adv. Du point de vue pédagogique.

PÉDAGOGUE n. Personne qui instruit les enfants. ‖ Personne qui a le sens de l'enseignement.

PÉDALAGE n. m. Action de pédaler.

PÉDALE n. f. (it. *pedale*; lat. *pes, pedis*, pied). Organe d'un mécanisme, d'une machine, d'un véhicule, etc., que l'on commande avec le pied. ‖ *Mus.* Son tenu ou répété, souvent employé à la basse, et appartenant ou non aux accords qui se succèdent pendant sa durée; levier actionné par les pieds de l'instrumentiste pour provoquer un changement d'intensité sonore au piano, registrer un clavecin, accorder une timbale et obtenir une altération à la harpe. ‖ *Pop.* Pédéraste. ● *Clavier de pédales*, pédalier d'orgue. ‖ *Perdre les pédales* (Pop.), s'embarrasser dans ses explications, perdre son sang-froid.

PÉDALER v. i. Faire mouvoir les pédales d'une bicyclette; rouler à bicyclette. ‖ *Pop.* Courir.

PÉDALEUR, EUSE n. *Fam.* Cycliste.

PÉDALIER n. m. Mécanisme comprenant les pédales avec leurs manivelles, et le ou les plateaux d'une bicyclette. ‖ *Mus.* Ensemble de touches en bois, placées au bas de la console de l'orgue, que l'on abaisse avec la pointe du pied ou le talon pour faire parler les tuyaux graves.

PÉDALO n. m. (nom déposé). Embarcation reposant sur des flotteurs, mue par des petites roues à aubes actionnées par les pieds.

PÉDANT, E adj. et n. (it. *pedante*). Qui étale de son savoir, prétentieux, cuistre.

PÉDANTERIE n. f., ou **PÉDANTISME** n. m. Affectation propre au pédant ou à ce qui est pédant.

PÉDANTESQUE adj. Qui sent le pédant.

PÉDÉ n. m. *Pop.* et péjor. Homosexuel.

PÉDÉRASTE n. m. (gr. *paiderastês*; de *pais, paidos*, enfant, et *erastês*, amoureux). Celui qui s'adonne à la pédérastie.

PÉDÉRASTIE n. f. Déviation sexuelle où l'objet du désir de l'homme est le jeune garçon. ‖ Toute pratique homosexuelle entre hommes.

PÉDÉRASTIQUE adj. Relatif à la pédérastie.

PÉDESTRE adj. (lat. *pedestris*). Qui se fait à pied.

PÉDESTREMENT adv. À pied.

PÉDIATRE n. (gr. *pais, paidos*, enfant, et *iatros*, médecin). Médecin spécialiste de pédiatrie.

PÉDIATRIE n. f. Branche de la médecine qui s'intéresse à l'enfance et à ses maladies.

PÉDICELLAIRE n. m. Pince minuscule, à trois mors, des oursins.

PÉDICELLE n. m. (lat. *pedicellus*, dimin. de *pes, pedis*, pied). *Bot.* Petit pédoncule.

PÉDICELLÉ, E adj. *Bot.* Muni d'un pédicelle.

PÉDICULAIRE adj. (lat. *pediculus*, pou). Qui concerne les poux. ● *Maladie pédiculaire*, syn. de PHTIRIASE.

PÉDICULAIRE n. f. Plante des prés humides, de la famille des scrofulariacées. (Syn. HERBE AUX POUX.)

PÉDICULE n. m. (lat. *pediculus*; de *pes, pedis*, pied). *Anat.* Ensemble des artères, veines, conduits qui se rendent, groupés, à un organe. ‖ *Bot.* Support propre à certaines plantes ou à certaines parties des plantes, et notamment aux champignons.

PÉDICULÉ, E adj. Qui a un pédicule.

PÉDICULOSE n. f. Parasitose due aux poux.

PÉDICULOSÉ, E adj. et n. Qui a des poux.

PÉDICURE n. (lat. *pes, pedis*, pied, et *cura*, soin). Spécialiste qui traite les affections épidermiques et unguéales du pied.

PÉDICURIE n. f. Soins, métier du pédicure.

PÉDIEUX, EUSE adj. *Anat.* Du pied.

PEDIGREE [pedigri *ou* pedigre] n. m. (mot angl.). Généalogie d'un animal de race.

PÉDIMENT n. m. (mot angl., *fronton*). Dans les régions arides, glacis d'érosion développé dans une roche dure au pied d'un relief.

PÉDIPALPE n. m. Appendice pair propre aux arachnides, situé en arrière des chélicères, et développé en pince chez les scorpions.

PÉDIPLAINE n. f. Étendue presque plane des régions arides, liée à l'extension des pédiments et au recul des inselbergs.

PÉDOGENÈSE n. f. (gr. *pedon*, sol). Mode de formation et d'évolution des sols.

PÉDOLOGIE n. f. (gr. *pedon*, sol, et *logos*, science). Science qui étudie les caractères physiques, chimiques et biologiques des sols.

PÉDOLOGUE n. Spécialiste de l'étude des sols.

PÉDONCULAIRE adj. Relatif à un pédoncule.

PÉDONCULE n. m. (lat. *pedunculus*, petit pied). Queue d'une fleur ou d'un fruit. ‖ *Anat.* Cordon aminci aboutissant à un organe.

PÉDONCULÉ, E adj. Porté par un pédoncule.

PÉDOPHILE adj. et n. (gr. *pais, paidos*, enfant, et *philos*, ami). Atteint de pédophilie.

PÉDOPHILIE n. f. Attirance sexuelle de l'adulte pour les enfants.

PÉDOPSYCHIATRE n. Psychiatre spécialisé en pédopsychiatrie.

PÉDOPSYCHIATRIE n. f. Branche de la psychiatrie qui s'intéresse aux troubles mentaux des enfants et des adolescents.

PEDUM [pedɔm] n. m. (mot lat., *houlette*). *Antiq. rom.* Bâton se terminant en forme de crosse, attribut de divinités champêtres.

PEELING [piliŋ] n. m. (mot angl.). Intervention esthétique qui consiste à faire desquamer la peau du visage pour la rendre plus lisse.

PÉGASE n. m. (de *Pégase*, n. myth.). Poisson à nageoires pectorales très développées, en forme d'ailes (d'où son nom), et qui vit dans l'océan Indien. (Long. 15 cm.)

P. E. G. C. n. m. Abrév. de PROFESSEUR D'ENSEIGNEMENT GÉNÉRAL DES COLLÈGES.

PEGMATITE n. f. (gr. *pêgma*, concrétion). Roche granitique, généralement filonienne, à très grands cristaux, pouvant contenir des minéraux variés tels que la tourmaline, le béryl, la topaze, etc.

PÈGRE n. f. (it. dialect. *pegro*, lâche). Le monde des voleurs, des escrocs.

PEHLVI n. m. → PAHLAVI.

PEIGNAGE n. m. *Techn.* Action de peigner.

PEIGNE n. m. (lat. *pecten, pectinis*). Instrument d'écaille, de matière plastique, etc., façonné en forme de dents, qui sert à démêler et à coiffer les cheveux, ou instrument incurvé analogue pour retenir les cheveux. ‖ Instrument à dents longues et acérées, dont on se sert pour apprêter la laine, le chanvre, etc. ‖ Outil en acier à dents acérées. ‖ Cadre comportant un grand nombre de dents verticales et équidistantes, monté sur le battant du métier à tisser. ‖ Genre de mollusques bivalves, dont certaines espèces, comme la *coquille Saint-Jacques*, sont comestibles. (Syn. PECTEN.) ‖ Poils à l'extrémité de certains articles des pattes d'arthropodes (araignée, abeille, etc.). ● *Passer au peigne fin*, examiner en détail.

PEIGNE n. m. *Text.* Ruban composé de fibres textiles parallèles et longues; tissu réalisé avec des fils peignés.

PEIGNÉE n. f. *Fam.* Volée de coups.

PEIGNER v. t. Démêler, coiffer les cheveux avec un peigne. ‖ *Text.* Éliminer les fibres courtes d'un ruban de fibres au moyen d'une peigneuse.

PEIGNEUR, EUSE adj. et n. Qui fait le peignage des matières textiles.

PEIGNEUSE n. f. Machine à peigner les matières textiles.

PEIGNIER adj. et n. m. Qui façonne, répare ou vend les peignes destinés à la parure et à la toilette.

PEIGNOIR n. m. Vêtement ample, en tissu-éponge, pour la sortie du bain. ‖ Robe d'intérieur ample et légère. ‖ Vêtement léger qui protège les épaules chez le coiffeur.

PEILLES n. f. pl. (lat. *pileum*, bonnet de feutre). Chiffons employés dans la fabrication du papier.

PEINARD, E adj. *Pop.* Tranquille, à l'abri des risques et des tracas.

PEINARDEMENT adv. *Pop.* De façon peinarde.

PEINDRE v. t. (lat. *pingere*) [conj. 55]. Couvrir de peinture; exécuter un ouvrage de peinture : *peindre un mur, un tableau*. ‖ Se livrer à l'art de la peinture. ‖ Décrire, représenter par la parole ou l'écriture : *peindre la société de son temps*. ◆ **se peindre** v. pr. Être apparent, se manifester.

PEINE n. f. (lat. *poena*). Punition, châtiment infligés à celui qui commet une infraction. ‖ Affliction, douleur morale : *les peines du cœur, de l'esprit.* ‖ Travail, fatigue, effort pour venir à bout d'une difficulté. ‖ Embarras, misère : *laisser qqn dans la peine.* ● *Avoir (de la) peine à*, parvenir difficilement à. ‖ *C'est la peine de*, il est utile de. ‖ *Donnez-vous la peine de*, veuillez. ‖ *Être comme une âme en peine*, se sentir triste, désemparé. ‖ *Être bien en peine de*, être fort embarrassé de; avoir du souci pour. ‖ *Faire de la peine*, causer du chagrin. ‖ *Homme de peine*, celui qui fait les travaux les plus pénibles d'une maison. ‖ *Mettre en peine*, inquiéter. ‖ *Mourir à la peine*, en travaillant. ‖ *Peine afflictive et infamante*, peine criminelle qui prive de liberté (parfois même de la vie) celui dont on en est frappé. ‖ *Peines éternelles*, souffrances de l'enfer. ‖ *Perdre sa peine*, travailler inutilement. ‖ *Sans peine*, sans difficulté. ‖ *Sous peine de*, sous la menace de; pour éviter le risque de. ‖ *Valoir la peine*, être assez important pour justi-

fier la peine qu'on se donne. ◆ loc. adv. *À peine*, depuis très peu de temps : *à peine était-il parti*; presque pas, tout juste : *savoir à peine lire.*

■ On distingue : en considération de la nature des infractions (crime, délit, contravention) qu'elles sanctionnent, les *peines criminelles*, les *peines correctionnelles* et les *peines de police*; en considération de la façon dont elles sont prononcées, les *peines principales*, les *peines accessoires* et les *peines complémentaires*. La peine principale est celle qui s'applique directement à l'infraction et qui peut être prononcée seule; la peine accessoire est celle qui accompagne de plein droit la peine principale sans avoir à être prononcée par le juge (dégradation civique en matière de droit commun et interdiction légale, etc.); la peine complémentaire doit être prononcée par le juge, soit obligatoirement dans certains cas (relégation, par exemple), soit s'il l'estime nécessaire (interdiction des droits civils et politiques). Enfin les *peines de droit commun* se distinguent des *peines politiques* qui sanctionnent des infractions réputées politiques.

PEINER v. t. Causer du chagrin, attrister, désoler. ◆ v. i. Éprouver de la fatigue, de la difficulté : *peiner pour réussir.*

PEINTRE n. m. (lat. *pictor*; de *pingere*, peindre). Personne qui exerce l'art de peindre (artiste, écrivain, etc.). ‖ Artisan ou ouvrier qui fait métier de peindre.

PEINTRE-GRAVEUR n. m. (pl. *peintres-graveurs*). Artiste qui fait de la gravure originale (par oppos. aux *graveurs d'interprétation*).

PEINTURE n. f. Revêtement des surfaces par une matière formée de pigments de couleur que véhicule un liant fluide ou pâteux, destiné à sécher; cette matière elle-même. ‖ Technique, art du peintre. ‖ Description : *la peinture des mœurs.* ‖ Ouvrage de représentation ou d'invention, figuratif ou abstrait, fait de couleurs étalées, à l'aide de pinceaux en général, sur une surface, un support. ● *Ne pas pouvoir voir qqn en peinture*, ne pouvoir le supporter.

PEINTURLURER v. t. *Fam.* Peindre sans goût, avec des couleurs criardes.

PÉJORATIF, IVE adj. et n. m. (lat. *pejus*, plus mauvais). *Ling.* Qui comporte ou ajoute une idée défavorable. (Ex. : « -âtre », « -ard », « -ailler », etc., sont des suffixes péjoratifs; « bellâtre », « chauffard », « philosophailler » sont des péjoratifs.)

PÉJORATION n. f. Action d'ajouter une valeur dépréciative à un mot.

PÉJORATIVEMENT adv. De façon péjorative.

PÉKAN n. m. (mot angl.). Nom usuel de la *martre du Canada.*

PÉKIN ou **PÉQUIN** n. m. *Fam.* Civil, par oppos. à MILITAIRE.

PÉKINÉ, E adj. et n. m. Se dit d'un tissu présentant des rayures brillantes et mates, obtenues par des alternances d'armures différentes, réfléchissant différemment la lumière.

PÉKINOIS, E adj. et n. De Pékin.

PÉKINOIS n. m. Petit chien à poil long et à tête massive. ‖ *Ling.* Syn. de MANDARIN.

PELADE n. f. (de *peler*). Maladie qui fait tomber par plaques les poils et les cheveux.

PELAGE n. m. (lat. *pilus*, poil). Ensemble des poils de la robe d'un animal. ‖ Action de peler.

PÉLAGIANISME n. m. Doctrine du moine Pélage, qui minimisait le rôle de la grâce et exaltait la primauté et l'efficacité de l'effort personnel dans la pratique de la vertu. (Le pélagianisme fut condamné notamment par le concile d'Éphèse [431].)

PÉLAGIEN, ENNE adj. et n. Qui relève de Pélage ou de sa doctrine.

PÉLAGIQUE adj. (gr. *pelagos*, mer). Relatif à la haute mer. ● *Dépôts pélagiques*, dépôts des mers profondes.

PÉLAMIDE ou **PÉLAMYDE** n. f. (gr. *pêlamus, pêlamudos*). Poisson méditerranéen voisin du thon, et appelé aussi *bonite.*

PELARD adj. m. *Bois pelard*, bois dont on a ôté l'écorce pour faire le tan.

PÉLARGONIUM [pelargɔnjɔm] n. m. (gr. *pelargos*, cigogne). Plante cultivée sous le nom de *géranium* pour ses fleurs ornementales. (Famille des géraniacées.)

PÉLASGIEN, ENNE ou **PÉLASGIQUE** adj. Relatif aux Pélasges.

PELÉ, E adj. et n. Dont les poils, les cheveux sont tombés. ◆ adj. Sans culture, sans végétation : *une campagne pelée.*

PÉLÉCANIFORME n. m. Oiseau à quatre doigts unis par une palmure, tel que le *pélican*, le *cormoran*, le *fou*, la *frégate*. (Les *pélécaniformes* constituent un ordre.) [Syn. STÉGANOPODE.]

PÉLÉEN, ENNE adj. (de la montagne *Pelée*). Se dit d'un des types d'éruption volcanique, caractérisé par l'émission de laves très visqueuses, se solidifiant très rapidement pour donner des dômes, et par des explosions très violentes, provoquant la formation de nuées ardentes.

PÊLE-MÊLE adv. (anc. fr. *mesle-mesle*). Confusément, en désordre, en vrac : *mettre tout pêle-mêle.*

PELER v. t. (bas lat. *pilare*, enlever le poil) [conj. **3**]. Ôter la peau d'un fruit ou d'un légume, l'écorce d'un arbre. ‖ *Techn.* Ôter le poil d'une peau. ◆ v. i. Perdre son épiderme, en parlant du corps de l'homme ou des animaux. ‖ *Pop.* Avoir froid.

PÈLERIN n. m. (lat. *peregrinus*). Personne qui fait un pèlerinage. ‖ Criquet migrateur dont les vols partent de l'Arabie et atteignent l'Inde, l'Égypte, l'Afrique du Nord. ‖ Requin voyageur de grande taille (jusqu'à 15 m de long et 8 t), mais inoffensif pour l'homme. ‖ Autre nom du *faucon commun.*

PÈLERINAGE n. m. Voyage fait en un lieu sacré dans un esprit de piété; le lieu même. ‖ Visite faite dans l'intention de rendre hommage à un lieu où a vécu qqn que l'on vénère.

PÈLERINE n. f. Manteau sans manches, couvrant les épaules.

PÉLIADE n. f. (gr. *pelios*, noirâtre). Vipère à museau arrondi, vivant dans la moitié septentrionale de la France et dans les montagnes.

PÉLICAN n. m. (lat. *pelicanus*; mot gr.). Oiseau palmipède dont le bec porte une poche ventrale extensible, où sont emmagasinés les poissons destinés à la nourriture des jeunes.

PELISSE n. f. (lat. *pellis*, peau). Manteau garni intérieurement de fourrure.

PELLAGRE n. f. (lat. *pellis*, peau, et gr. *agra*, chasse). Maladie grave, due à une carence en vitamine PP (ou B3), et se manifestant par des lésions cutanées et des troubles digestifs et nerveux.

pélargonium

pélican

pelote basque

PELLAGREUX, EUSE adj. et n. Relatif à la pellagre; atteint de la pellagre.

PELLE n. f. (lat. *pala*). Outil formé d'une palette de fer ou de bois plus ou moins concave, ajustée à un manche. ‖ Petit ustensile servant à ramasser qqch. ● *À la pelle* (Fam.), en grande quantité. ‖ *Pelle mécanique*, engin mécanique de grande puissance pour l'exécution de terrassements. ‖ *Ramasser une pelle* (Fam.), faire une chute; échouer.

PELLE-BÊCHE n. f. (pl. *pelles-bêches*). Petite pelle carrée à manche court.

PELLE-PIOCHE n. f. (pl. *pelles-pioches*). Outil portatif démontable, avec un fer en forme de pioche d'un côté et de houe de l'autre.

PELLETAGE n. m. Action de pelleter.

PELLETÉE n. f. Ce que l'on enlève en une fois avec la pelle. ‖ *Fam.* Grande quantité.

PELLETER v. t. (conj. 4). Remuer à la pelle : *pelleter du sable.*

PELLETERIE [pɛltri] n. f. (lat. *pellis*, peau). Travail et commerce des fourrures. ‖ Peaux, fourrures travaillées par le pelletier.

PELLETEUR n. m. (de *pelleter*). Ouvrier qui travaille à la pelle.

PELLETEUSE n. f. Engin automoteur constitué par une chaîne sans fin à godets racleurs assurant la reprise au tas, et par un transporteur à bande évacuant les matériaux.

PELLETIER, ÈRE adj. et n. Qui prépare, travaille ou vend des fourrures.

PELLETIÉRINE n. f. (de *Pelletier*, n. pr.). *Chim.* Alcaloïde extrait de la racine du grenadier.

PELLICULAGE n. m. *Impr.* Application, sur les imprimés à protéger, d'une pellicule cellulosique ou synthétique transparente, brillante ou mate. ‖ *Phot.* Séparation de la couche gélatineuse sensible de son support.

PELLICULAIRE adj. Qui forme une pellicule, une fine membrane.

PELLICULE n. f. (lat. *pellicula*, petite peau). Peau très mince. ‖ Mince lamelle épidermique qui se détache de la peau, et notamment du cuir chevelu, en produisant une desquamation. ‖ *Phot.* Feuille cellulosique mince, support de l'émulsion photographique souple négative ou positive. ● *Pellicule lavande* (Cin.), pellicule positive de teinte bleue, permettant d'établir des doubles négatifs.

PELLICULÉ, E adj. Se dit d'une surface, d'une couverture de livre, recouverte d'un très mince film plastique de protection.

PELLICULEUX, EUSE adj. Se dit de cheveux couverts de pellicules.

PELLUCIDE adj. (lat. *pellucidus*; de *per*, à travers, et *lucidus*, luisant). Transparent ou translucide.

PÉLOBATE n. m. (gr. *pêlos*, boue, et *bainein*, marcher). Crapaud qui peut s'enfoncer dans les sols meubles. (Long. 9 cm.)

PÉLOPONNÉSIEN, ENNE adj. et n. Du Péloponnèse.

PELOTAGE n. m. Action de peloter.

PELOTARI n. m. (mot basque). Joueur de pelote basque.

PELOTE n. f. (lat. *pila*, balle). Boule formée avec de la laine, de la soie, du fil, etc., roulés sur eux-mêmes. ‖ Petit coussinet pour piquer des aiguilles, des épingles. ● *Faire sa pelote* (Fam.), amasser des profits. ‖ *Pelote basque*, sport des Basques, dans lequel le joueur (*pelotari*) lance la balle (*pelote*) contre un fronton soit avec la main, soit avec une raquette de bois (*pala*), ou encore avec un étroit panier recourbé (*chistera*).

PELOTER v. t. *Fam.* Caresser en palpant.

PELOTEUR, EUSE adj. et n. *Fam.* Qui pelote.

PELOTON n. m. Petite pelote. ‖ Petite unité élémentaire de l'arme blindée-cavalerie, de la gendarmerie ou du train. ‖ Grand nombre d'insectes en tas. ‖ Groupe de concurrents dans une course. ● *Peloton d'exécution*, groupe de militaires chargés de fusiller un condamné. ‖ *Suivre le peloton* (Mil.), être affecté à un peloton spécialisé dans la formation des cadres.

pelle mécanique

PELOTONNEMENT n. m. Action de pelotonner ou de se pelotonner; son résultat.

PELOTONNER v. t. Mettre en pelote : *pelotonner du fil.* ◆ **se pelotonner** v. pr. Se blottir en repliant les jambes.

PELOUSE n. f. (anc. fr. *peleus*; lat. *pilosus*, poilu). Terrain couvert d'une herbe courte, dense. ‖ Partie gazonnée d'un champ de courses, autour de laquelle est tracée la piste.

PELTA n. f. (mot lat.; du gr.). *Antiq. gr.* Petit bouclier d'osier ou de bois recouvert de cuir, en forme de croissant à une ou deux échancrures.

PELTASTE n. m. *Antiq. gr.* Fantassin léger muni de la pelta.

PELTÉ, E adj. *Bot.* Se dit d'une feuille dont le pétiole est fixé au milieu du limbe, comme chez la capucine.

PELUCHE n. f. (anc. fr. *peluchier*, éplucher). Étoffe analogue au velours, ayant d'un côté des poils très longs, couchés, soyeux et brillants.

PELUCHÉ, E adj. Velu, en parlant des étoffes et de quelques plantes.

PELUCHER v. i. Se couvrir de poils détachés du tissu.

PELUCHEUX, EUSE adj. Qui peluche.

PELURE n. f. et adj. (de *peler*). Peau que l'on ôte à certains fruits, légumes, etc. ‖ *Fam.* Vêtement de dessus, imperméable. ● *Papier pelure*, papier à écrire très mince.

PÉLUSIAQUE adj. Se disait du bras le plus oriental du Nil, qui passait près de Péluse.

PELVIEN, ENNE adj. (lat. *pelvis*, bassin). *Anat.* Relatif au bassin. ● *Ceinture pelvienne*, ceinture formée, chez les mammifères, par la soudure de trois paires d'os : ilion, ischion et pubis. ‖ *Nageoires pelviennes*, nageoires abdominales des poissons, qui peuvent être insérées à l'avant ou à l'arrière de la face ventrale, selon l'espèce.

PELVIGRAPHIE n. f. Radiographie du petit bassin, après injection d'une substance de contraste.

PELVIS [pɛlvis] n. m. (mot lat.). *Anat.* Syn. de BASSIN.

PEMMICAN [pɛmikã] n. m. (mot angl.). Préparation de viande desséchée.

PEMPHIGUS [pãfigys] n. m. (gr. *pemphix, -igos*, bulle). Maladie grave de la peau se manifestant par de grosses bulles liquides décollant l'épiderme.

PÉNAL, E, AUX adj. (lat. *poena*, châtiment). Relatif aux infractions et aux peines qui peuvent frapper leurs auteurs. ● *Code pénal*, recueil de lois sur les peines sanctionnant les infractions.

PÉNALEMENT adv. Du point de vue pénal.

PÉNALISATION n. f. Sanction. ‖ *Sports.* Désavantage infligé à un concurrent qui a commis une faute.

PÉNALISER v. t. Frapper d'une sanction.

PÉNALITÉ n. f. Peine, et, plus spécialement, sanction applicable aux délits d'ordre fiscal. ‖ Dans certains sports (dont le rugby), sanction pour un manquement aux règles.

PENALTY [penalti] n. m. (mot angl.) [pl. *penaltys* ou *penalties*]. Au football, sanction prise contre une équipe pour une faute grave commise par un de ses membres dans sa surface de réparation. ● *Point de penalty*, endroit situé à 11 m du but, où le ballon est placé pour l'exécution d'un penalty.

PÉNATES n. m. pl. et adj. (lat. *penates*). *Myth. rom.* Divinités du foyer; statues de ces dieux. ● *Ses pénates* (Fam.), chez soi.

PENAUD, E adj. (de *peine*). Embarrassé, honteux, confus après avoir subi une mésaventure.

PENCE [pɛns] n. m. pl. → PENNY.

PENCHANT n. m. Tendance naturelle qui porte à agir de telle ou telle manière, ou qui attire vers qqn, qqch.

PENCHER [pɑ̃ʃe] v. t. (lat. pop. *pendicare*; de *pendere*, pendre). Incliner vers le bas : *pencher la tête.* ◆ v. i. Être hors d'aplomb, être incliné : *ce mur penche.* ‖ Être porté à, choisir, préférer : *il penche pour la seconde solution.* ◆ **se pencher** v. pr. S'incliner, se baisser. ● *Se pencher sur*, s'intéresser à, examiner avec attention : *se pencher sur un problème.*

PENDABLE adj. Passible de la pendaison (vx). ● *Tour pendable*, très méchant tour.

PENDAGE n. m. *Géol.* Pente d'une couche ou d'un filon.

PENDAISON n. f. Action de pendre. ‖ Supplice, mort de celui que l'on pend ou qui se pend.

PENDANT, E adj. Qui pend : *oreilles pendantes.* ‖ *Dr.* Qui est en instance, qui n'est pas résolu. ● *Clef pendante*, clef de voûte qui descend en contrebas de l'arc.

PENDANT n. m. (de *pendre*). Œuvre d'art, de mobilier, destinée à figurer symétriquement avec une autre. ‖ Personne ou chose semblable, égale : *l'un est le pendant de l'autre.* ● *Pendants d'oreilles*, boucles d'oreilles à pendeloques.

PENDANT prép. Dans l'espace de temps que dure une chose. ● loc. conj. *Pendant que*, tandis que, dans le temps que; puisque : *pendant que j'y pense...*

PENDARD, E n. *Fam.* et vx. Vaurien, fripon.

PENDELOQUE n. f. (anc. fr. *pendeler*, pendiller). Pierre précieuse en forme de poire, qui pend à une boucle d'oreille. ◆ pl. Cristaux attachés à un lustre.

PENDENTIF n. m. (lat. *pendens*, qui pend). Triangle sphérique concave ménagé entre les grands arcs qui supportent une coupole, et permettant de passer du plan carré au plan circulaire. ‖ Bijou suspendu à une chaînette et que l'on porte en sautoir.

PENDERIE n. f. Placard ou petite pièce où l'on suspend des vêtements.

PENDILLER v. i. Être suspendu en l'air et osciller légèrement.

PENDILLON n. m. Tige qui communique le mouvement au pendule d'une horloge.

PENDOIR n. m. Corde ou crochet pour suspendre les viandes de boucherie.

PENDOUILLER v. i. *Fam.* Pendre mollement.

PENDRE v. t. (lat. *pendere*) [conj. 46]. Attacher une chose par le haut, le bas restant libre : *pendre des jambons au plafond.* ‖ Étrangler en suspendant par le cou. ● *Dire pis que pendre de qqn*, en dire le plus grand mal. ‖ *Être pendu* *aux lèvres, aux paroles de qqn*, être très attentif à ce qu'il dit. ◆ v. i. Être suspendu : *les fruits pendent aux arbres.* ‖ Tomber trop bas, retomber : *robe qui pend d'un côté.* ● *Ça lui pend au nez* (Fam.), ça le menace. ◆ **se pendre** v. pr. Se suspendre, s'accrocher. ‖ Se suspendre par le cou pour se suicider.

PENDU, E adj. et n. Personne qui s'est pendue ou qui a été pendue.

PENDULAIRE adj. *Mouvement pendulaire,* mouvement d'oscillation propre au pendule.

PENDULE n. m. (lat. *pendulus,* qui est suspendu). Corps suspendu à un point fixe et oscillant sous l'action de la pesanteur.

PENDULE n. f. Horloge de dimensions moyennes dans laquelle un balancier vertical assure la synchronisation de la machine.

PENDULER v. i. *Alp.* Effectuer au bout d'une corde un mouvement pendulaire.

PENDULETTE n. f. Petite horloge, souvent portative.

PENDULIER n. m. Ouvrier spécialisé dans la fabrication et le montage des mouvements d'horlogerie de gros volume.

PÊNE n. m. (lat. *pessulus,* verrou). Pièce mobile d'un appareil de fermeture, dont l'extrémité, en s'engageant dans une gâche, immobilise la partie ouvrante. ● *Pêne demi-tour,* pêne dont l'extrémité, taillée en biseau, fonctionne sans clef.

PÉNÉPLAINE n. f. (lat. *paene,* presque, et *plaine*). *Géogr.* Dans la théorie du cycle d'érosion, état final du relief caractérisé par des formes douces et des vallées évasées.

PÉNÉTRABILITÉ n. f. Qualité de ce qui est pénétrable, de ce qui se laisse pénétrer.

PÉNÉTRABLE adj. Que l'on peut, où l'on peut pénétrer. ‖ Que l'on peut comprendre, deviner, intelligible.

PÉNÉTRANT, E adj. Qui pénètre : *pluie pénétrante.* ‖ Fin, profond : *esprit pénétrant.*

PÉNÉTRANTE n. f. Voie de communication allant de la périphérie vers le centre d'une ville, de l'arrière vers l'avant d'une région, etc.

PÉNÉTRATION n. f. Action de pénétrer. ‖ Faculté de comprendre les choses difficiles. ● *Aides à la pénétration* (Arm.), ensemble des systèmes embarqués dans la tête d'un missile pour contrarier l'effet des moyens antimissiles adverses. ‖ *Vol de pénétration* (Mil.), vol à basse altitude d'un avion chargé d'attaquer des objectifs éloignés en territoire adverse.

PÉNÉTRÉ, E adj. Imprégné, rempli de : *homme pénétré de son importance.* ‖ Convaincu : *un ton pénétré.*

PÉNÉTRER v. t. (lat. *penetrare*) [conj. 5]. Percer, se répandre dans, entrer dans : *l'huile pénètre les étoffes.* ‖ Découvrir, saisir, comprendre : *pénétrer les intentions d'autrui.* ● *Pénétrer le cœur,* toucher profondément. ◆ v. i. Entrer, s'avancer dans : *pénétrer dans une maison.* ◆ **se pénétrer** v. pr. Imprégner profondément son esprit : *se pénétrer d'une vérité.*

PÉNÉTROMÈTRE n. m. Instrument permettant de mesurer la résistance d'un revêtement de chaussée.

PÉNIBILITÉ n. f. Caractère d'un travail pénible.

PÉNIBLE adj. Qui donne de la fatigue : *travail pénible.* ‖ Qui cause de la souffrance, qui afflige : *nouvelle pénible.* ‖ *Fam.* Difficile à supporter : *un caractère pénible.*

PÉNIBLEMENT adv. Avec peine.

PÉNICHE n. f. (esp. *pinaza;* de *pino,* pin). Grand et lourd chaland de transport fluvial.

PÉNICILLÉ, E adj. (lat. *penicillum,* pinceau). *Anat.* Se dit de vaisseaux capillaires disposés en pinceau.

PÉNICILLINASE n. f. Enzyme qui hydrolyse la pénicilline.

PÉNICILLINE n. f. (mot angl.). Antibiotique isolé de *Penicillium notatum,* et dont les propriétés furent découvertes en 1929 par Fleming.

PÉNICILLINO-RÉSISTANT, E adj. Se dit d'un microbe qui a perdu sa sensibilité à l'égard de la pénicilline.

PÉNICILLIUM [penisiljɔm] n. m. Moisissure verte se développant dans les fromages (veines du roquefort, du bleu d'Auvergne), sur des fruits (agrumes), sur les confitures, et dont une espèce, *Penicillium notatum,* fournit la pénicilline. (Il appartient aux champignons ascomycètes. Ses fructifications ont l'aspect de petits pinceaux.)

PÉNIEN, ENNE adj. Relatif au pénis.

PÉNIL n. m. (lat. pop. *pectiniculum*). *Anat.* Éminence large et arrondie située au-devant du pubis. (Syn. MONT DE VÉNUS.)

PÉNINSULAIRE adj. Relatif à une péninsule ou à ses habitants.

PÉNINSULE n. f. (lat. *paene,* presque, et *insula,* île). Avancée d'une masse de terre dans la mer.

PÉNIS [penis] n. m. *Anat.* Organe d'accouplement mâle. (Syn. VERGE.)

PÉNITENCE n. f. (lat. *paenitentia*). *Relig.* Repentir, regret d'avoir offensé Dieu et ferme propos de faire le bien. ‖ Un des sept sacrements de l'Église catholique. ‖ Peine qu'impose le confesseur au pénitent. ‖ Mortifications que l'on s'impose : *faire pénitence.*

PÉNITENCERIE n. f. *Relig.* Fonction du pénitencier. ● *La Sacrée Pénitencerie apostolique,* tribunal ecclésiastique près le Saint-Siège, à qui sont dévolus les cas réservés et la concession des indulgences.

PÉNITENCIER n. m. Établissement où sont détenus les individus condamnés à une peine privative de liberté. ‖ Chanoine désigné par l'évêque avec pouvoir d'absoudre des cas réservés.

PÉNITENT, E n. *Relig.* Personne qui confesse ses péchés au prêtre.

PÉNITENT n. m. Membre de certaines confréries qui, par esprit de pénitence, s'imposaient des pratiques de piété ou de charité et qui portaient un costume à cagoule dont la couleur variait selon les confréries.

PÉNITENTIAIRE adj. Qui s'occupe des maisons de détention; qui concerne le régime des condamnés par la justice pénale.

PÉNITENTIAUX adj. m. pl. *Psaumes pénitentiaux,* groupe de sept psaumes qui ont pour thème la pénitence.

PÉNITENTIEL, ELLE adj. *Relig.* Relatif à la pénitence.

PENNAGE n. m. (de *penne*). *Fauconn.* Plumage des oiseaux de proie, se renouvelant à diverses époques.

PENNE n. f. (lat. *penna*). Longue plume de l'aile (rémige) ou de la queue (rectrice) des oiseaux. ‖ Plumes garnissant une flèche. ‖ *Mar.* Extrémité supérieure d'une antenne.

PENNÉ, E adj. (lat. *pennatus*). *Bot.* Se dit des feuilles et des folioles disposées de l'un et de l'autre côté d'un pétiole commun, comme les barbes d'une plume.

PENNIFORME adj. De la forme d'une plume : *feuille penniforme.*

PENNON n. m. (de *penne*). Au Moyen Âge, flamme portée par un gentilhomme au haut de sa lance, lors de son départ en guerre.

PENNSYLVANIEN, ENNE adj. et n. De Pennsylvanie.

PENNY [pɛni] n. m. (mot angl.). Unité monétaire divisionnaire anglaise (symb. : d), qui valait, jusqu'en 1971, le douzième du shilling et aujourd'hui («nouveau penny») le centième de la livre. (Pl. *pence* [pɛns].) ‖ Pièce de cette valeur. (Pl. *pennies* [pɛni].)

PÉNOLOGIE n. f. Étude scientifique des peines en vue de réduire la récidive.

PÉNOMBRE n. f. (lat. *paene,* presque, et *ombre*). État d'une surface incomplètement éclairée par un corps lumineux dont un corps opaque intercepte en partie les rayons. ‖ Demi-jour, lumière faible. ‖ Absence de gloire, de publicité.

PENON n. m. (de *penne*). Girouette en plumes ou en étamine.

PENSABLE adj. Que l'on peut imaginer, concevoir (surtout dans des phrases négatives).

PENSANT, E adj. Qui pense, qui est capable de penser.

PENSE-BÊTE n. m. (pl. *pense-bêtes*). *Fam.* Liste, indication quelconque rappelant une tâche à accomplir.

PENSÉE n. f. Activité de raisonner, de combiner les idées, propre à l'homme; acte particulier de l'esprit; idée, intention, projet, jugement : *pensée ingénieuse.* ‖ *Philos.* Ensemble des phénomènes cognitifs, par oppos. à ceux de la vie affective et volontaire. ● *En pensée,* par l'imagination. ‖ *Venir à la pensée,* s'offrir à l'esprit.

PENSÉE n. f. Nom donné aux espèces du genre *violette* dont les pétales latéraux sont rapprochés des supérieurs. (Quelques-unes sont cultivées comme ornementales.)

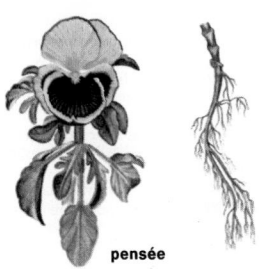

pensée

pennon

PENSER v. i. (bas lat. *pensare,* peser). Former dans son esprit, concevoir, imaginer : *il pense tout haut; penser juste.* ‖ Avoir telle ou telle opinion : *je ne pense pas comme vous.* ◆ v. t. Avoir l'intention de, avoir dans l'esprit : *nous pensons partir bientôt; je pense réussir; on ne peut pas dire tout ce qu'on pense.* ‖ Croire, juger : *qu'en pensez-vous?* ‖ Réfléchir longuement à qqch : *ce projet n'a pas été suffisamment pensé.* ◆ v. t. ind. [à]. Se souvenir de, songer à : *je ne peux pas penser à tout.* ‖ Faire penser à, évoquer par une certaine ressemblance. ‖ *Penser à mal,* avoir mauvaise intention.

PENSEUR, EUSE n. Personne qui réfléchit, pense profondément; personne qui a l'habitude de méditer.

PENSIF, IVE adj. Profondément absorbé dans ses pensées, songeur.

PENSION n. f. (lat. *pensio,* paiement). Prestation en argent versée périodiquement à une personne. ‖ Somme donnée pour être logé, nourri : *payer sa pension.* ‖ Établissement d'enseignement privé où, généralement, les élèves sont internes. ● *Mise en pension,* procédé permettant aux banques de faire face à des besoins de trésorerie en cédant pour une courte période des effets à d'autres banques. ‖ *Pension d'ancienneté de service, pension proportionnelle,* allocation versée par l'État à tout fonctionnaire ou militaire totalisant un certain nombre d'années de service. ‖ *Pension de famille,* hôtel simple, à caractère familial. ‖ *Pension de* *guerre,* pension versée à un mutilé de guerre ou à la veuve d'une victime de la guerre.

PENSIONNAIRE n. Personne qui paie pension dans un hôtel, chez un particulier, etc. ‖ Élève qui est interne dans une pension. ‖ Personne logée et entretenue dans un établissement public spécial : *pensionnaire à la Villa Médicis.* ‖ Acteur, actrice qui, à la Comédie-Française, reçoit un traitement fixe. ● *Grand pensionnaire de Hollande* (Hist.), titre du chef du pouvoir exécutif en Hollande, lorsqu'il n'existait pas de stathouder.

PENSIONNAT n. m. Établissement d'enseignement privé qui reçoit des internes; ensemble des élèves de cet établissement.

PENSIONNÉ, E adj. et n. Qui reçoit une pension.

PENSIONNER v. t. Faire une pension à qqn.

PENSIVEMENT adv. De façon pensive.

PENSUM [pɛ̃sɔm] n. m. (mot lat., *tâche*). Devoir supplémentaire imposé à un écolier pour le punir. ‖ Besogne écrite, longue et ennuyeuse.

PENTACLE n. m. (gr. *pente,* cinq). Talisman en forme d'étoile à cinq branches et portant des signes magiques.

PENTACORDE n. m. *Antiq.* Lyre à cinq cordes.

PENTACRINE n. m. Échinoderme vivant fixé aux fonds marins et surnommé *lys de mer* à cause de ses formes végétales.

PENTADACTYLE adj. Qui a cinq doigts.

PENTADÉCAGONE n. m. → PENTÉDÉCAGONE.

PENTAÈDRE n. m. et adj. (gr. *pente,* cinq, et *hedra,* base). *Math.* Solide à cinq faces.

PENTAGONAL, E, AUX adj. Relatif au pentagone; qui a pour base un pentagone.

PENTAGONE n. m. (gr. *pente,* cinq, et *gônia,* angle). *Math.* Polygone qui a cinq sommets et, par suite, cinq côtés.

PENTAMÈRE adj. et n. m. (gr. *pente,* cinq, et *meros,* partie). Se dit d'un insecte dont le tarse est divisé en cinq parties. ‖ Se dit des êtres ou organes à symétrie rayonnée en cinq parties ou cinq éléments.

PENTAMÈTRE n. m. Vers de cinq pieds de la poésie grecque et latine.

PENTANE n. m. *Chim.* Hydrocarbure saturé C_5H_{12}.

PENTAPOLE n. f. (gr. *pente,* cinq, et *polis,* ville). Union politique ou alliance de cinq cités, dans l'Antiquité et le Moyen Âge.

PENTARCHIE n. f. (gr. *pente,* cinq, et *arkhê,* commandement). Gouvernement de cinq chefs; alliance de cinq nations. (De 1815 à 1860, la suprématie en Europe appartint à la pentarchie formée par l'Autriche, la Prusse, la France, la Grande-Bretagne et la Russie.)

PENTATHLON n. m. (mot gr.). En athlétisme féminin, ensemble de cinq épreuves (100 m haies, sauts en hauteur et en longueur, lancer du poids et 200 m). ‖ *Antiq. gr.* Ensemble des cinq exercices des athlètes (lutte, course, saut, disque et javelot). ● *Pentathlon moderne,* compétition disputée aux jeux Olympiques et comprenant des épreuves d'athlétisme, d'équitation, de natation, d'escrime et de tir.

PENTATOME n. f. Punaise verte vivant sur certaines plantes.

PENTATONIQUE adj. *Mus.* Constitué de cinq tons.

PENTE n. f. (de *pendre*). Déclivité, inclinaison d'un terrain, d'une surface : *une pente de 3 p. 100 représente une différence de niveau de 3 m sur une distance horizontale de 100 m.* ‖ *Litt.* Transition naturelle et progressive. ● *Échelle de pente d'une droite,* en géométrie cotée, projection horizontale de cette droite, avec cotes de deux points de cette droite. ‖ *Échelle de pente d'un plan* (Math.), échelle de pente de la ligne de plus grande pente de ce plan. ‖ *Être sur la mauvaise pente,* se laisser aller à ses mauvais penchants. ‖ *Être sur une pente glissante, savonneuse,* aller vers les pentes difficiles. ‖ *Ligne de pente d'un plan par rapport à un autre* (Math.), perpendiculaire quelconque menée dans l'un de ces plans à la droite de leur intersection. ‖

Ligne de plus grande pente ou *ligne de pente d'un plan* (Math.), droite qui, de toutes les droites de ce plan, fait le plus grand angle avec un plan horizontal. ‖ *Ligne de plus grande pente* ou *ligne de pente d'une surface* (Math.), ligne coupant à angle droit les courbes de niveau. ‖ *Pente d'une droite* (Math.), tangente de l'angle que fait cette droite avec le plan horizontal. ‖ *Pente limite* (Géomorphol.), valeur de l'inclinaison au-dessous de laquelle cessent d'agir les processus de façonnement des versants. ‖ *Remonter la pente,* aller mieux. ‖ *Rupture de pente,* ligne d'un versant où s'effectue un brusque changement de la valeur de la pente.

PENTECÔTE n. f. (gr. *pentêkostê* [*hêmera*], cinquantième [jour]). Fête juive et chrétienne célébrée cinquante jours après Pâques. (Chez les juifs, elle commémore la remise des tables de la Loi à Moïse au Sinaï; chez les chrétiens, la descente de l'Esprit-Saint sur les Apôtres.)

PENTECÔTISME n. m. Mouvement des pentecôtistes.

PENTECÔTISTES n. m. pl. Nom donné à plusieurs Églises ou sectes dont les membres sont convaincus que les dons visibles du Saint-Esprit opèrent toujours à l'âge moderne comme dans l'Église primitive.

PENTÉDÉCAGONE ou **PENTADÉCAGONE** n. m. Polygone qui a quinze sommets et, par suite, quinze côtés.

PENTHIOBARBITAL n. m. Hypnotique barbiturique employé par voie intraveineuse pour l'anesthésie générale de courte durée.

PENTHRITE n. f. Explosif constitué par un ester nitrique cristallisé très puissant et très sensible.

PENTODE ou **PENTHODE** n. f. Tube électronique à cinq électrodes.

PENTOSE n. m. Ose à cinq atomes de carbone.

PENTU, E adj. En pente, incliné.

PENTURE n. f. (lat. *pop. penditura*). Bande métallique ou ferrure qui soutient sur ses gonds une porte, un volet.

PÉNULTIÈME adj. et n. f. (lat. *paene,* presque, et *ultimus,* dernier). Avant-dernier. ‖ Avant-dernière syllabe d'un mot, d'un vers.

PÉNURIE n. f. (lat. *penuria*). Manque complet de ce qui est nécessaire à l'alimentation, à l'activité, etc. : *pénurie de main-d'œuvre.*

PÉON [peɔ̃] n. m. (esp. *peón*). Paysan, ouvrier agricole en Amérique du Sud.

PÉPÉE n. f. *Pop.* Femme, jeune fille.

PÉPÈRE ou **PÉPÉ** n. m. *Fam.* Homme d'un certain âge. ‖ Nom donné par les enfants au grand-père.

PÉPÈRE adj. *Fam.* Tranquille, paisible.

PÉPETTES n. f. pl. *Pop.* Argent.

PÉPIE n. f. (lat. *pituita,* pituite). Pellicule qui vient au bout de la langue des oiseaux, et qui les empêche de manger, mais non de boire. ● *Avoir la pépie,* avoir très soif.

PÉPIEMENT n. m. Action de pépier.

PÉPIER v. i. (onomat.). Crier, en parlant des petits oiseaux.

PÉPIN n. m. Graine que l'on trouve dans certains fruits (baies, agrumes, pépons). ‖ *Fam.* Parapluie. ‖ *Fam.* Accident; désagrément.

PÉPINIÈRE n. f. Plant de jeunes arbres destinés à être transplantés. ‖ Lieu où on les cultive. ● *Une pépinière de,* lieu qui fournit des personnes propres à une profession, une activité.

PÉPINIÉRISTE n. et adj. Personne qui cultive une pépinière.

PÉPITE n. f. (esp. *pepita,* pépin). Masse de métal natif, principalement d'or.

PÉPLUM [peplɔm] n. m. (mot lat.; gr. *peplos*). Chez les Anciens, tunique de femme sans manches, s'agrafant sur l'épaule. ‖ *Cin.* Film d'aventures s'inspirant de l'histoire antique.

PÉPON ou **PÉPONIDE** n. m. Fruit des cucurbitacées.

PEPPERMINT [peparmint] n. m. (angl. *pepper,* poivre, et *mint,* menthe). Liqueur de menthe.

PEPSINE n. f. (gr. *pepsis,* digestion). Une des enzymes du suc gastrique, qui commence la digestion des protéines.

PEPTIDE n. m. Molécule constituée par l'union d'un petit nombre de molécules d'acides aminés.

PEPTIQUE adj. Relatif à la pepsine.

PEPTONE n. f. Substance protidique soluble résultant de l'action de la pepsine sur les protéines (en particulier sur la viande).

PÉQUENOT n. m. *Pop.* et *péjor.* Paysan, homme rustre et peu dégourdi.

PÉQUIN n. m. → PÉKIN.

PÉRAMÈLE n. m. Mammifère marsupial d'Australie, de la taille d'un lapin.

PERBORATE n. m. Sel de l'acide borique, oxydant, utilisé comme détergent.

PERÇAGE n. m. Action de percer.

PERCALE n. f. (persan *pergâla,* toile très fine). Tissu de coton ras et très serré.

PERCALINE n. f. Toile de coton légère et lustrée, utilisée pour les doublures.

PERÇANT, E adj. Qui pénètre profondément : *froid perçant.* ● *Voix perçante,* dont le son est très aigu. ‖ *Vue perçante,* qui voit des objets très petits ou éloignés.

PERCE n. f. Outil avec lequel on fait des trous. ‖ Cavité forée dans le tuyau d'un instrument à vent. ● *En perce,* se dit d'un tonneau auquel on a fait un trou pour en tirer le contenu.

PERCÉE n. f. Ouverture, trouée. ‖ Progrès rapide et spectaculaire : *la percée de l'économie japonaise.* ‖ *Mil.* Action de rompre et de traverser une position défensive adverse. ‖ *Sports.* Action de percer la défense de l'équipe adverse.

PERCEMENT n. m. Action de pratiquer une ouverture, un passage.

PERCE-MURAILLE n. f. (pl. *perce-murailles*). *Bot.* Nom usuel de la *pariétaire.*

PERCE-NEIGE n. m. ou f. inv. Plante des prés et des bois, dont les fleurs blanches s'épanouissent à la fin de l'hiver, quand le sol est encore recouvert de neige. (Haut. 25 cm; famille des amaryllidacées, genre *galanthus.*)

PERCE-OREILLE n. m. (pl. *perce-oreilles*). Nom usuel de la *forficule.*

perce-neige

PERCE-PIERRE n. f. (pl. *perce-pierres*). Nom usuel de la *saxifrage,* de la *criste-marine.*

PERCEPTEUR n. m. (lat. *perceptus,* recueilli). Fonctionnaire du Trésor chargé essentiellement de recouvrer les contributions directes.

PERCEPTIBILITÉ n. f. Qualité, caractère de ce qui est perceptible.

PERCEPTIBLE adj. Qui peut être saisi par les sens : *objet perceptible à la vue, à l'ouïe.* ‖ Qui peut être compris : *intention, ironie perceptible.*

PERCEPTIBLEMENT adv. De façon perceptible.

PERCEPTIF, IVE adj. Relatif à la perception.

PERCEPTION n. f. (lat. *perceptio*). Recouvrement des impositions par le percepteur; emploi, bureau du percepteur. ‖ Action de percevoir par les sens, par l'esprit : *la perception des couleurs, des odeurs; perception d'une situation.* ‖ *Psychol.* Processus de recueil et de traitement de l'information sensorielle.

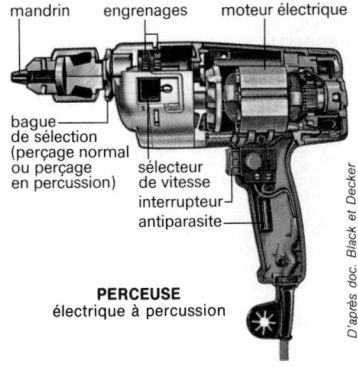

mandrin · engrenages · moteur électrique

bague
de sélection
(perçage normal
ou perçage
en percussion)

sélecteur
de vitesse

interrupteur
antiparasite

PERCEUSE
électrique à percussion

D'après doc. Black et Decker

PERCER v. t. (lat. *pertusus*, troué) [conj. **1**]. Faire un trou de part en part, perforer : *percer une planche*. ‖ Pratiquer une ouverture : *percer une porte, une rue*. ‖ Passer à travers, traverser : *percer la foule*. ‖ Blesser, tuer : *percer qqn de coups*. ‖ Découvrir, comprendre : *percer un mystère*. ● *Percer le cœur* (Litt.), affliger. ‖ *Percer les oreilles*, produire une impression désagréable en raison de l'intensité du bruit. ◆ v. i. Crever : *l'abcès a percé*. ‖ Commencer à se manifester, à se distinguer : *rien n'a percé des délibérations; ce chanteur a percé*.

PERCERETTE n. f. Petite vrille ou foret.

PERCEUR, EUSE n. et adj. Celui, celle qui perce.

PERCEUSE n. f. Machine à percer. ● *Perceuse radiale*, perceuse dont la tête d'usinage, avec sa broche et son moteur d'entraînement, coulisse sur un bras horizontal, lui-même mobile autour d'une colonne verticale, ce qui permet de déplacer le foret verticalement, longitudinalement et transversalement. ‖ *Perceuse sensitive*, perceuse dont le mouvement de descente de la broche est obtenu manuellement par l'intermédiaire d'un levier.

PERCEVABLE adj. Qui peut être perçu.

PERCEVOIR [pɛrsəvwar] v. t. (lat. *percipere*) [conj. **29**]. Recueillir, recouvrer : *percevoir les impôts*. ‖ Saisir par les sens, par l'esprit : *percevoir un son, les nuances d'une pensée*.

PERCHAGE n. m. Opération d'affinage du cuivre impur par introduction de perches de bois dans le bain de métal en fusion.

PERCHE n. f. (lat. *perca*; mot gr.). Poisson des lacs et des cours d'eau lents, à deux nageoires dorsales (la première épineuse), vorace, à chair

perche

estimée. (Long. : jusqu'à 50 cm.) ● *Perche arc-en-ciel*, poisson voisin de la perche, à belles couleurs, originaire des États-Unis. ‖ *Perche goujonnière*, syn. de GRÉMILLE.

PERCHE n. f. (lat. *pertica*). Bois rond, long et mince. ‖ Anc. mesure agraire qui valait 34,18 m² à Paris. ‖ Longue tige utilisée dans le *saut à la perche*. ‖ *Cin.* et *Télév.* Longue tige portant le micro que l'on tient devant les acteurs. ‖ *Véner.* Bois du cerf, du daim, etc., lorsqu'il a plusieurs andouillers. ‖ *Perche de prise de courant* (Électr.), syn. de TROLLEY. ‖ *Tendre la perche à qqn*, lui venir en aide. ‖ *Une grande perche* (Fam.), personne grande et mince.

PERCHÉE n. f. Petite tranchée entre deux billons, où l'on plante les ceps de vigne.

PERCHER v. i., ou **SE PERCHER** v. pr. Se poser sur une branche, en parlant des oiseaux. ◆ v. i. *Fam.* Loger : *où perche-t-il?* ◆ v. t. Placer en un endroit élevé : *château perché sur le haut d'une colline*.

PERCHERON, ONNE adj. et n. Du Perche. ‖ Se dit d'une race de chevaux de trait originaire du Perche.

PERCHEUR, EUSE adj. Se dit d'un oiseau qui a l'habitude de percher.

PERCHIS [pɛrʃi] n. m. Jeune bois dont les arbres ont entre 10 et 20 cm de diamètre.

PERCHISTE n. Sauteur à la perche. ‖ Technicien tenant, au-dessus de la personne qui parle, la perche à laquelle est attaché le micro. ‖ Employé d'un téléski.

PERCHLORATE [pɛrklɔrat] n. m. Sel de l'acide perchlorique.

PERCHLORIQUE adj. m. Se dit du plus oxygéné des acides du chlore, $HClO_4$.

PERCHMAN [pɛrʃman] n. m. (de *perche* et angl. *man*). *Cin.* et *Télév.* Syn. de PERCHISTE.

PERCHOIR n. m. Lieu où perchent les volatiles, les oiseaux domestiques; bâton qui leur sert d'appui. ‖ *Fam.* Tribune, estrade, siège élevé.

PERCIFORME adj. et n. m. Syn. de PERCO-MORPHE.

PERCLUS, E adj. (lat. *perclusus*, obstrué). Privé, en tout ou en partie, de la faculté de mouvoir ses membres.

PERCNOPTÈRE n. m. (gr. *perknos*, noirâtre, et *pteron*, aile). Petit vautour des régions méditerranéennes. (Long. 70 cm.)

PERÇOIR n. m. Outil pour percer.

PERCOLATEUR n. m. (lat. *percolare*, filtrer). Appareil servant à faire le café à la vapeur.

PERCOLATION n. f. *Géogr.* Pénétration lente des eaux météoriques dans le sol.

PERCOMORPHE adj. et n. m. Se dit des poissons appartenant à un vaste groupe de familles dont le type est la *perche*. (Syn. PERCI-FORME.)

PERCUSSION n. f. (lat. *percussio*). Choc résultant de l'action brusque d'un corps sur un autre. ‖ Opération élémentaire du fonctionnement d'une arme à feu, au cours de laquelle le percuteur, en écrasant l'amorce, provoque la détonation. ‖ *Méd.* Méthode d'examen clinique permettant de déceler par le son (matité ou sonorité) l'état de réplétion ou de vacuité d'un organe. ● *Instruments à percussion*, nom générique désignant les instruments de musique dont on tire le son en les frappant avec les mains, des baguettes ou des maillets.

PERCUSSIONNISTE n. Musicien utilisant des instruments de percussion.

PERCUTANÉ, E adj. Se dit de l'absorption des médicaments par application sur la peau.

PERCUTANT, E adj. Qui produit une percussion. ‖ Qui produit un choc psychologique, qui entraîne l'adhésion : *un argument percutant*. ‖ *Arm.* Se dit d'un projectile dont la fusée-détonateur n'éclate que par percussion qu'en rencontrant l'objectif ou un obstacle; se dit du tir exécuté avec de tels projectiles.

PERCUTER v. t. (lat. *percutere*, frapper). Donner un coup à : *le chien du fusil percute l'amorce*. ‖ *Méd.* Explorer par petits chocs. ◆ v. i. Heurter violemment : *la voiture a percuté (contre) un mur*.

PERCUTEUR n. m. Pièce métallique dont la pointe frappe l'amorce destinée à enflammer la charge de poudre. ‖ *Préhist.* Outil destiné à frapper sur les roches cassantes pour en extraire des éclats.

PERDABLE adj. Qui peut se perdre.

PERDANT, E adj. et n. Qui perd au jeu, etc. ● *Partir perdant*, commencer qqch sans croire à sa réussite.

PERDITANCE n. f. Conductance totale des résistances d'isolement, dans une installation électrique.

PERDITION n. f. (lat. *perditio*). Position d'un navire en danger de naufrage. ‖ *Litt.* Ruine morale : *lieu de perdition*.

PERDRE v. t. (lat. *perdere*) [conj. **46**]. Cesser d'avoir un bien, un avantage, une qualité, un comportement : *perdre sa place; perdre un bras, la raison, une habitude*. ‖ Être séparé par

la mort : *perdre son père*. ‖ Cesser d'avoir une partie de soi : *perdre ses feuilles; perdre ses cheveux*. ‖ Ne plus pouvoir trouver, égarer : *perdre son mouchoir; perdre la trace de qqn*. ‖ Avoir le dessous, le désavantage : *perdre un procès, une bataille*. ‖ Ruiner : *le jeu le perdra*. ‖ Faire un mauvais emploi, dépenser inutilement, ne pas profiter : *perdre son temps; perdre une occasion*. ● *Perdre pied*, ne plus toucher le fond dans l'eau; ne plus savoir ce que l'on fait, ce que l'on dit. ‖ *Perdre du terrain*, reculer. ‖ *Perdre la tête*, ne savoir quel parti prendre; devenir fou. ‖ *Perdre de vue*, cesser d'être en relation avec qqn, ne plus s'occuper de qqch. ‖ *Vous ne perdez rien pour attendre*, vous serez puni tôt ou tard. ◆ v. i. Faire une perte d'argent : *perdre sur une marchandise*. ◆ Avoir le désavantage, ne pas gagner. ◆ **se perdre** v. pr. Ne plus trouver son chemin, s'égarer : *se perdre dans un bois*. ‖ Disparaître : *se perdre dans la foule*. ‖ Rester inutilisé, s'avarier : *beaucoup de marchandises se sont perdues*. ‖ Cesser d'être en usage : *ce métier se perd*. ● *Je m'y perds*, je n'y comprends plus rien.

PERDREAU n. m. Perdrix de l'année, qui constitue un gibier estimé.

PERDRIGON n. m. Variété de prune.

PERDRIX n. f. (lat. *perdix, perdicis*). Oiseau gallinacé au corps épais, qui niche dans un creux du sol. (Long. 30 cm. La *perdrix grise* se rencontre dans le nord et le centre de la France, la *perdrix rouge*, au sud de la Loire; elles sont très recherchées comme gibier.) [Cri : la perdrix *cacabe*.] ● *Perdrix de mer*, nom usuel de la *glaréole*.

perdrix

PERDU, E adj. Égaré : *objets perdus*. ‖ Dont le cas est désespéré : *malade perdu*. ‖ Sans ressources, ruiné : *homme perdu*. ● *À fonds perdu(s)*, sans espoir de revoir le capital. ‖ *À vos moments perdus*, à vos moments de loisir. ‖ *Balle perdue*, balle qui a manqué son but et peut aller se loger n'importe où. ‖ *Être perdu dans ses réflexions*, être absorbé. ‖ *Être perdu de dettes* (Litt.), en être écrasé. ‖ *Moments perdus*, moments de loisir d'une personne qui est ordinairement très occupée. ‖ *Pays perdu*, lointain, inaccessible. ‖ *Peine perdue*, peine inutile. ‖ *Temps perdu*, temps mal employé. ◆ n. m. *Courir comme un perdu*, très vite.

PERDURER v. i. *Litt.* ou *fam.* Durer très longtemps.

PÈRE n. m. (lat. *pater*). Celui qui a un ou plusieurs enfants. (Se dit quelquefois des animaux.) ‖ Créateur d'une œuvre, promoteur d'une doctrine, d'une religion : *Auguste Comte est le père du positivisme*. ‖ Celui qui a des sentiments paternels. ‖ *Fam.* Nom dont on appelle un homme d'un certain âge : *le père François*. ‖ Titre donné aux prêtres réguliers et séculiers. ● *De père en fils*, par transmission du père aux enfants. ‖ *Dieu le Père*, la première personne de la Trinité. ‖ *Père éternel*, Dieu. ‖ *Père noble*, acteur chargé du rôle des pères dans le théâtre classique. ‖ *Père spirituel*, celui qui est choisi comme guide spirituel. ‖ *Le saint-père* ou *Saint-Père*, le pape. ‖ *Placement de père de famille*, sûr, mais de revenu modeste. ‖ *pl. Litt.* Ancêtres. ● *Les Pères de l'Église*, écrivains de l'antiquité chrétienne (IIe-VIIe s.), dont les œuvres font autorité en matière de foi.

PÉRÉGRIN n. m. (lat. *peregrinus*, étranger). *Dr. rom.* Homme libre qui n'était ni citoyen romain ni latin.

PÉRÉGRINATION n. f. (lat. *peregrinari*, voyager). Série d'allées et venues, de voyages.

PÉREMPTION n. f. (lat. *perimere*, détruire). *Dr.* Prescription qui anéantit les actes de procédure lorsqu'un certain délai s'est écoulé sans qu'un nouvel acte intervienne. ● *Date de péremption*, date au-delà de laquelle un médicament ne doit plus être utilisé.

PÉREMPTOIRE [perɑ̃ptwar] adj. (lat. *peremptus*, détruit). Contre quoi on ne peut répliquer, catégorique : *réponse péremptoire.* ‖ *Dr.* Relatif à la péremption.

PÉREMPTOIREMENT adv. *Litt.* De façon péremptoire.

PÉRENNANT, E adj. *Bot.* Se dit d'un organe qui peut vivre plusieurs années, comme les rhizomes ou les bulbes.

PÉRENNE adj. (lat. *perennis*, durable). *Géogr.* Se dit d'une rivière, d'une source dont l'écoulement est permanent.

PÉRENNISATION n. f. Action de pérenniser.

PÉRENNISER v. t. Rendre perpétuel. ‖ *Dr.* Titulariser à une fonction.

PÉRENNITÉ n. f. (lat. *perennitas*). Caractère de ce qui dure toujours ou très longtemps.

PÉRÉQUATION n. f. (lat. *paraequare*, égaliser). Répartition des charges au prorata des possibilités des contribuables ou des organismes financiers qui doivent les supporter. ‖ *Rajustement du montant des traitements et pensions.* ‖ Politique économique tendant à égaliser les chances des entreprises d'une même branche ou à financer une aide à l'importation ou à l'exportation.

PERFECTIBILITÉ n. f. *Litt.* Qualité, caractère de ce qui est perfectible.

PERFECTIBLE adj. Susceptible d'être perfectionné ou de se perfectionner.

PERFECTIF, IVE adj. *Ling.* Syn. de ACCOMPLI.

PERFECTION n. f. (lat. *perfectio*), achèvement). Qualité de ce qui est parfait dans son genre. ● Personne ou chose parfaite en son genre. ● *À la perfection*, d'une manière parfaite. ‖ *État de perfection* (Théol.), état de la vie religieuse, basé sur la pratique des conseils évangéliques : *pauvreté, continence, obéissance.*

PERFECTIONNEMENT n. m. Action de perfectionner, amélioration.

PERFECTIONNER v. t. Rendre meilleur, plus proche de la perfection, améliorer. ◆ **se perfectionner** v. pr. Améliorer ses connaissances.

PERFECTIONNISME n. m. Recherche excessive de la perfection en toute chose.

PERFECTIONNISTE n. Personne qui fait preuve de perfectionnisme.

PERFIDE adj. et n. (lat. *perfidus*, trompeur). *Litt.* Déloyal, qui manque à sa parole, qui cherche à nuire sournoisement : *louanges perfides.*

PERFIDEMENT adv. *Litt.* Avec perfidie.

PERFIDIE n. f. *Litt.* Déloyauté, trahison.

PERFOLIÉ, E adj. *Bot.* Se dit des feuilles qui semblent traversées par la tige (ex. : *chlora*).

PERFORAGE n. m. Syn. de PERFORATION.

PERFORANT, E adj. Qui perfore. ● *Projectile perforant*, projectile doté d'un noyau en métal particulièrement dur qui le rend capable de percer les blindages.

PERFORATEUR, TRICE adj. Qui sert à perforer.

PERFORATION n. f. Action de perforer; trou ainsi fait. ‖ *Méd.* Ouverture pathologique des intestins, de l'estomac, etc.

PERFORATRICE n. f. Machine servant à établir les cartes perforées. ‖ Outil rotatif pour creuser des trous de mine. ‖ Opératrice chargée de transcrire des informations codées sur un support mécanographique (carte perforée, ruban perforé) ou magnétique (bande magnétique) à l'aide d'une machine à clavier.

PERFORER v. t. Pratiquer un trou, percer.

PERFORMANCE n. f. (mot angl.; anc. fr. *parformer*, accomplir). Résultat obtenu, dans une épreuve sportive, par un cheval de course, par un athlète, etc. ‖ Exploit, succès. ‖ *Art*

contemp. V. ACTION. ‖ Ensemble des résultats obtenus dans un test. ● *Test de performance*, épreuve non verbale destinée à apprécier les fonctions intellectuelles. ◆ pl. Ensemble des nombres qui donnent les possibilités d'un véhicule (accélération, vitesse, consommation, rayon d'action, etc.).

PERFORMANT, E adj. Se dit d'un appareil, d'une machine, d'une technique au rendement très élevé. ● *Ski performant* ou *performant* (n. m.), type de ski long (1,75 à 2,20 m), stable, mais relativement peu maniable à petite vitesse, destiné aux bons skieurs et toujours utilisé en compétition.

PERFORMATIF, IVE adj. et n. m. *Ling.* Se dit d'un verbe dont l'énonciation constitue simultanément l'action qu'il exprime (par ex., *promettre, dire, jurer*).

PERFRINGENS [perfrɛ̃ʒɛs] adj. et n. m. (lat. *perfringere*, rompre). Se dit d'un bacille anaérobie, Gram positif, responsable d'infections graves.

PERFUSION n. f. (lat. *perfusio*; de *perfundere*, verser sur). Introduction lente et continue d'une substance médicamenteuse ou de sang dans un organisme ou un organe. (On pratique des perfusions intraveineuses, sous-cutanées, rectales, le plus souvent avec des dispositifs appelés *goutte-à-goutte*.)

PERGÉLISOL n. m. Syn. de PERMAFROST.

PERGOLA n. f. (mot it.). Sorte de tonnelle faite de poutrelles reposant sur des poteaux.

PÉRIANTHAIRE adj. Relatif au périanthe.

PÉRIANTHE n. m. (gr. *peri*, autour, et *anthos*, fleur). *Bot.* Ensemble des enveloppes florales (calice et corolle) qui entourent les étamines et le pistil.

PÉRIARTHRITE n. f. Inflammation autour d'une articulation.

PÉRIASTRE n. m. Point de l'orbite d'un astre gravitant autour d'un autre en lequel la distance des deux corps est minimale.

PÉRIBOLE n. m. (gr. *peribolos*). *Archéol.* Dans la Grèce antique, enceinte, souvent monumentale, du sanctuaire.

PÉRICARDE n. m. (gr. *peri*, autour, et *kardia*, cœur). *Anat.* Séreuse entourant le cœur, formée de deux feuillets.

PÉRICARDIQUE adj. Relatif au péricarde.

PÉRICARDITE n. f. Inflammation du péricarde.

PÉRICARPE n. m. (gr. *peri*, autour, et *karpos*, fruit). *Bot.* Ensemble des tissus constituant le fruit et renfermant les graines. (On y distingue l'*épicarpe* ou peau, le *mésocarpe* ou pulpe et l'*endocarpe*, formant parfois un *noyau*.)

PÉRICHONDRE n. m. (gr. *perikhondrion*). *Anat.* Membrane qui revêt les cartilages non articulaires.

PÉRICLITER v. i. (lat. *periclitari*; de *periculum*, péril). Aller à la ruine, décliner : *entreprise qui périclite.*

PÉRICRÂNE n. m. *Anat.* Périoste de la surface extérieure du crâne.

PÉRICYCLE n. m. *Bot.* Zone la plus externe du cylindre central de la tige et de la racine.

PERIDINIEN n. m. Protiste à deux flagelles, contenant des plastes jaunes ou bruns.

PÉRIDOT [perido] n. m. Silicate naturel de magnésium et de fer présent dans les roches basiques et ultrabasiques, et dont la variété la plus courante est l'olivine.

PÉRIDOTITE n. f. Roche ultrabasique, constituée principalement d'olivine et pouvant contenir des pyroxènes, du grenat, etc.

PÉRIDURAL, E, AUX adj. Autour de la dure-mère, entre celle-ci et le canal rachidien osseux.

PÉRIGÉE n. m. (gr. *peri*, autour, et *gê*, terre). Point de l'orbite d'un astre ou d'un satellite artificiel le plus proche de la Terre. (Contr. APOGÉE.)

PÉRIGLACIAIRE adj. Se dit d'un système d'érosion caractérisé par l'importance du gel et du dégel, intéressant généralement les régions proches des glaciers.

PÉRIGOURDIN, E adj. et n. Du Périgord ou de Périgueux.

PÉRIHÉLIE n. m. (gr. *peri*, autour, et *hêlios*, soleil). Point de l'orbite d'une planète le plus proche du Soleil. (Contr. APHÉLIE.)

PÉRI-INFORMATIQUE n. f. Terme générique désignant les mini-ordinateurs et leurs composants, les périphériques, les terminaux, et plus généralement tous les équipements auxiliaires utilisés autour d'un ordinateur, ainsi que les industries qui les fabriquent ou les commercialisent.

PÉRIL n. m. (lat. *periculum*). *Litt.* État, situation d'une personne qui court de grands risques, danger. ● *Arrêté de péril* (Dr.), arrêté municipal prescrivant des mesures d'urgence sur un immeuble menaçant de s'effondrer. ‖ *Au péril de*, au risque de perdre.

PÉRILLEUSEMENT adv. *Litt.* Dangereusement.

PÉRILLEUX, EUSE [perijø, -øz] adj. (lat. *periculosus*). Où il y a du péril, dangereux.

PÉRIMÉ, E adj. Qui perd sa valeur, une fois passé un certain délai : *bon de garantie périmé.* ‖ Qui appartient à un temps antérieur, aujourd'hui dépassé, désuet : *enseignement périmé.*

PÉRIMER (SE) v. pr. (lat. *perimere*, détruire). Perdre sa valeur, passé un certain délai. (Se dit d'un procès éteint par péremption, d'un billet ou d'un permis inutilisé au cours de sa période de validité.)

PÉRIMÈTRE n. m. *Math.* Ligne, contour d'une figure tracée sur un plan ou sur une surface; sa longueur : *la circonférence est le périmètre du cercle.* ‖ Contour d'un espace quelconque : *le périmètre d'une ville.*

PÉRINATAL, E, AUX adj. De la périnatalité.

PÉRINATALITÉ n. f. Période qui précède et qui suit immédiatement la naissance.

PÉRINATALOGIE n. f. Spécialité médicale qui s'occupe du fœtus puis du nouveau-né avant, pendant et après la naissance.

PÉRINÉAL, E, AUX adj. Relatif au périnée.

PÉRINÉE n. m. (gr. *perineos*). *Anat.* Partie inférieure ou plancher du petit bassin, entre l'anus et les parties génitales.

PÉRINÉORRAPHIE n. f. Reconstitution chirurgicale du périnée, chez la femme, en cas de prolapsus utérin ou de lésions dues à l'accouchement.

PÉRIODE n. f. (lat. *periodus*; mot gr.). Espace de temps, durée : *une période de deux ans.* ‖ *Géol.* Chacune des grandes divisions des ères géologiques. ‖ *Littér.* Phrase composée de plusieurs propositions harmonieusement enchaînées : *période oratoire.* ‖ *Math.* Le plus petit nombre fixe que l'on peut ajouter à la variable de certaines fonctions pour que celles-ci reprennent la même valeur. ‖ *Méd.* Phase d'une maladie. ‖ *Mil.* Temps d'instruction militaire de durée limitée, destiné à préparer le réserviste à son emploi de mobilisation. ‖ *Phys.* Intervalle de temps constant séparant deux passages successifs de certaines grandeurs variables par la même valeur, avec même sens de la variation. ● *Période d'une fraction périodique* (Math.), tranche de chiffres qui, dans le développement décimal de cette fraction, se reproduit indéfiniment, soit à partir de la virgule, soit à partir d'une certaine décimale. ‖ *Période d'un radioélément*, temps au bout duquel la moitié de la masse d'un radioélément s'est désintégrée. ‖ *Période de révolution d'un astre*, intervalle de temps entre deux passages consécutifs de cet astre en un point quelconque de son orbite. ‖ *Période sensible* (Ethol.), syn. de EMPREINTE. ‖ *Période suspecte* (Dr.), période, entre la cessation des paiements et le jugement prononçant la liquidation des biens ou le règlement judiciaire, durant laquelle les actes des débiteurs ne sont pas opposables aux créanciers. ◆ pl. *Périodes menstruelles*, ou *périodes* (Méd.), syn. de RÈGLES.

PÉRIODICITÉ n. f. État de ce qui est périodique, fréquence.

PÉRIODIQUE adj. Qui revient à intervalles fixes : *publication périodique.* ‖ *Chim.* Se dit d'une classification en tableau des éléments chimiques, suivant l'ordre croissant de leurs numéros atomiques, dans laquelle des éléments différents situés à des intervalles donnés possèdent des propriétés physiques ou chimiques voisines. ● *Fonction périodique* (Math.), fonction d'une variable qui reprend sa valeur lorsque la variable subit un accroissement égal à un multiple quelconque d'une quantité fixe appelée « période ». ‖ *Fraction périodique*, fraction dans le développement décimal de laquelle se reproduit indéfiniment une même tranche de chiffres, soit à partir de la virgule, soit à partir d'une certaine décimale. ‖ *Garniture, tampon périodique*, bande absorbante ou petit rouleau comprimé d'ouate de cellulose qui constituent une protection externe ou interne pour les femmes pendant leurs règles. ‖ *Psychose périodique* (Psychiatr.), syn. de PSYCHOSE MANIACO-DÉPRESSIVE.

PÉRIODIQUE n. m. Journal, revue qui paraît à des époques déterminées.

PÉRIODIQUE adj. (de *iode*). *Chim.* Se dit de l'acide HIO_4.

PÉRIODIQUEMENT adv. De façon périodique.

PÉRIOSTE n. m. (gr. *peri*, autour, et *osteon*, os). Membrane conjonctive qui entoure les os et assure leur croissance en épaisseur.

PÉRIOSTITE n. f. Inflammation du périoste.

PÉRIPATE n. m. Petit animal mou des forêts tropicales d'Asie, aux mœurs nocturnes, intéressant par son aspect intermédiaire entre une annélide et un arthropode. (Les *péripates* forment une classe, très peu nombreuse.) [Syn. ONYCHOPHORE.]

PÉRIPATÉTICIEN, ENNE adj. et n. (gr. *peripatêtikos*; de *peripatein*, se promener [parce qu'Aristote enseignait en marchant]). Qui appartient au péripatétisme.

PÉRIPATÉTICIENNE n. f. *Fam.* Prostituée qui fait le trottoir.

PÉRIPATÉTISME n. m. Philosophie d'Aristote et de ses disciples.

PÉRIPÉTIE [peripesi] n. f. (gr. *peripeteia*, événement imprévu). Circonstance particulière d'un fait général, qui amène quelque changement; incident, épisode. ‖ *Littér.* Changement subit dans la situation d'un héros de théâtre ou de roman.

PÉRIPHÉRIE n. f. (gr. *periphereia*, circonférence). Ensemble des quartiers situés sur le pourtour d'une ville, loin du centre. ‖ *Écon.* Économies des pays en voie de développement par opposition au « centre », ce dernier terme caractérisant les économies des pays développés. (Le concept, employé communément, implique des relations de domination de celles-ci sur celles-là.) ‖ *Math.* Surface extérieure d'un solide.

PÉRIPHÉRIQUE adj. Relatif à la périphérie : *ligne périphérique.* ‖ *Inform.* Se dit de tout élément d'un système de traitement de l'information distinct de l'unité centrale, qui sert à mémoriser des données ou à communiquer avec l'extérieur. (On dit aussi *périphérique*, n. m.) ● *Boulevard périphérique*, ou *périphérique*, n. m., voie de circulation rapide pour véhicules, sans croisements, entourant une ville. ‖ *Émetteur, poste, station périphérique*, émetteur de radiodiffusion d'expression française situé dans des pays limitrophes, près des frontières françaises.

PÉRIPHLÉBITE n. f. Inflammation autour d'une veine. (S'oppose à la PHLÉBITE, inflammation à l'intérieur d'une veine.)

PÉRIPHRASE n. f. (gr. *periphrasis*). Expression formée de plusieurs mots, que l'on substitue à un seul terme; circonlocution. (Ex. : la *messagère du printemps*, pour l'*hirondelle*.)

PÉRIPHRASTIQUE adj. Qui tient de la périphrase.

PÉRIPLE n. m. (gr. *periploos*, navigation autour). Voyage par voie de mer ou de terre, pour visiter, découvrir, etc.; randonnée.

PÉRIPTÈRE n. m. et adj. (gr. *peri*, autour, et *pteron*, aile). Se dit d'un bâtiment de plan rectangulaire entouré d'un seul rang de colonnes.

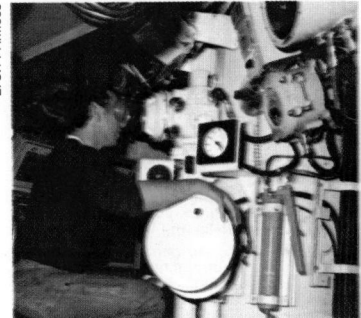

périscope d'attaque d'un sous-marin français « Agosta »

CONSTITUTION D'UN PÉRISCOPE

PÉRIR v. i. (lat. *perire*) [auxil. *avoir*]. *Litt.* Mourir : *périr dans un incendie; périr d'ennui.*

PÉRISCOLAIRE adj. Qui s'ajoute à l'enseignement scolaire pour le compléter.

PÉRISCOPE n. m. (gr. *peri*, autour, et *skopein*, examiner). Appareil optique formé de lentilles et de prismes à réflexion totale, qui permet de voir par-dessus un obstacle. ‖ Tube équipé d'un système optique, permettant à un sous-marin en plongée d'observer à la surface.

PÉRISCOPIQUE adj. Se dit d'un objectif qui donne au champ visuel une grande étendue.

PÉRISÉLÈNE n. m. Point de l'orbite d'un corps gravitant autour de la Lune en lequel la distance de ce corps à la Lune est minimale.

PÉRISPERME n. m. *Bot.* Tissu de réserve de certaines graines (nénuphar, poivre).

PÉRISSABLE adj. Susceptible de s'altérer : *denrées périssables.*

PÉRISSODACTYLE n. m. (gr. *perissos*, superflu, et *daktulos*, doigt). Mammifère ongulé à nombre impair de doigts, le doigt médian étant le plus développé (rhinocéros, tapir, cheval). [Les *périssodactyles* forment un sous-ordre.]

PÉRISSOIRE n. f. (de *périr*). Embarcation étroite et longue, mue au moyen d'une pagaie double.

PÉRISTALTIQUE adj. (gr. *peristellein*, envelopper). *Mouvement péristaltique*, constriction annulaire qui se propage de haut en bas le long du tube digestif.

PÉRISTALTISME n. m. *Méd.* Activité péristaltique du tube digestif.

PÉRISTOME n. m. (gr. *peri*, autour, et *stoma*, ouverture). *Bot.* Bord de l'ouverture de l'urne des mousses, garni de dents qui s'écartent par temps sec. ‖ *Zool.* Bord de l'ouverture de la coquille des mollusques gastropodes; fente à la surface de certains protozoaires ciliés (paramécie), au fond de laquelle s'ouvre la bouche.

PÉRISTYLE n. m. (lat. *peristylum*; gr. *peri*, autour, et *stulos*, colonne). Colonnade disposée sur le pourtour complet ou presque complet d'un bâtiment, d'une cour, etc. ‖ Colonnade en avant d'une façade, formant porche.

PÉRITÉLÉVISION n. f. Ensemble des dispositifs susceptibles d'être raccordés à un téléviseur (magnétoscope, jeux vidéo, etc.).

PÉRITHÈCE n. m. (gr. *peri*, autour, et *thêkê*, étui). Enveloppe des asques de certains champignons (truffe, pezize).

PÉRITOINE n. m. (gr. *peritonaion*, ce qui est tendu autour). Membrane séreuse qui tapisse la cavité de l'abdomen (*péritoine pariétal*) et les organes qui y sont contenus (*péritoine viscéral*).

PÉRITONÉAL, E, AUX adj. Du péritoine.

PÉRITONITE n. f. Inflammation du péritoine.

PÉRIURBAIN, E adj. Situé au voisinage immédiat d'une ville.

PERLE n. f. (it. *perla*). Concrétion sphérique ou d'autre forme, qui se crée autour de corps

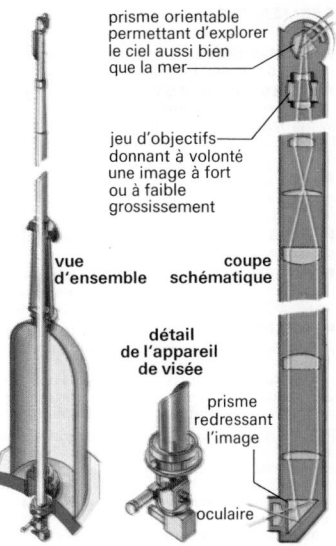

prisme orientable permettant d'explorer le ciel aussi bien que la mer

jeu d'objectifs donnant à volonté une image à fort ou à faible grossissement

vue d'ensemble   **coupe schématique**

détail de l'appareil de visée

prisme redressant l'image

oculaire

étrangers, entre le manteau et la coquille de certains mollusques bivalves. ‖ Petite boule de verre, de métal, etc., percée d'un trou : *perle de jais.* ‖ Goutte de liquide limpide : *les perles de la rosée.* ‖ *Litt.* Personne qui surpasse toutes les autres dans un genre : *c'est la perle des honnêtes gens.* ‖ *Fam.* Erreur grossière et ridicule. ‖ Insecte voisin de l'éphémère, vivant près de l'eau, dans laquelle se développe sa larve. ‖ *Archit.* Petite boule figurée en bas relief, dont la multiplication, le long d'une moulure, constitue un ornement. ● *Enfiler des perles*, s'occuper de futilités.

■ La source de *perles fines* fut longtemps constituée par les huîtres perlières pêchées près des rives de l'océan Indien et du Pacifique. Les *perles de culture*, provenant des élevages d'huîtres perlières au Japon et en Australie, sont obtenues par l'insertion d'une boule de nacre taillée, autour de laquelle l'huître sécrétera des couches perlières. La perle est constituée de couches concentriques faites de cristaux de carbonate de calcium reliés par une matière organique.

PERLÉ, E adj. Orné de perles : *tissu perlé.* ● *Coton perlé*, fil retors mercerisé. ‖ *Grève perlée*, ralentissement concerté dans le travail.

PERLÈCHE n. f. *Méd.* Inflammation de la commissure des lèvres.

PERLER v. t. *Litt.* Faire à la perfection : *perler un ouvrage.* ◆ v. i. Se former en gouttelettes : *la sueur lui perle au front.*

PÉRITOINE

1. Estomac ; 2. Rate ; 3. Aorte ; 4. Rein gauche ; 5. Foie ; 6. Veine porte ; 7. Péritoine pariétal ; 8. Péritoine viscéral ; 9. Veine cave inférieure ; 10. Rein droit ; 11. Vertèbre.

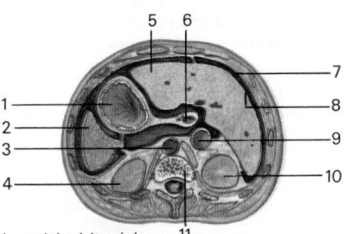

la cavité péritonéale, virtuelle, est indiquée en noir

PERLIER, ÈRE adj. Qui renferme, qui produit des perles.

PERLIMPINPIN n. m. *Poudre de perlimpinpin,* poudre prétendue magique des charlatans.

PERLINGUAL, E, AUX adj. *Voie perlinguale* (Méd.), mode d'administration des médicaments par la langue et la muqueuse buccale, et qui consiste à les laisser fondre sous la langue sans déglutir.

PERLITE n. f. Constituant microscopique des alliages ferreux, formé par deux phases, la ferrite et la cémentite.

PERLOT [pɛrlo] n. m. Nom de petites huîtres des côtes de la Manche.

PERMAFROST [pɛrmafrɔst] n. m. (mot angl.). Dans les régions de climat froid, partie profonde du sol gelée en permanence. (Syn. : PERGÉLISOL.)

PERMANENCE n. f. Durée constante, stabilité, continuité. ‖ Service chargé d'assurer un fonctionnement : *permanence électorale.* ‖ Salle où sont rassemblés et surveillés les élèves qui, pour une raison quelconque, n'ont pas classe. ● *En permanence,* sans absence ni interruption.

PERMANENT, E adj. (lat. *permanens,* qui dure). Qui dure sans discontinuer ni changer : *un des traits permanents de son caractère.* ‖ Qui ne cesse pas, qui exerce une activité continuelle : *envoyé permanent d'un journal.* ‖ *Pli permanent,* pli durable donné à une étoffe en la mettant sous pression à une température de 180 °C.

PERMANENT n. m. Membre d'un groupement (parti, syndicat, etc.) rémunéré par lui pour assurer des tâches administratives ou politiques.

PERMANENTE n. f. Syn. de INDÉFRISABLE.

PERMANGANATE n. m. Sel de l'acide permanganique.

PERMANGANIQUE adj. Se dit de l'anhydride Mn_2O_7 et de l'acide correspondant $HMnO_4$.

PERMÉABILITÉ n. f. Propriété des corps perméables. ● *Perméabilité magnétique,* rapport de l'induction magnétique créée dans une substance au champ magnétique inducteur. ‖ *Perméabilité sélective,* propriété des cellules vivantes d'absorber certaines substances et d'en refuser d'autres.

PERMÉABLE adj. (lat. *permeare,* passer au travers). Se dit des corps qui se laissent traverser par des liquides, des gaz : *le papier buvard est perméable à l'eau.* ‖ Qui se laisse influencer par un conseil, une suggestion : *perméable à certaines opinions.*

PERMETTRE v. t. (lat. *permittere*) [conj. 49]. Donner la liberté, le pouvoir de faire, de dire : *faire ce que les lois permettent.* ‖ Accepter qu'une chose soit, autoriser, tolérer : *permettre l'usage du vin.* ‖ Donner le moyen, l'occasion de, rendre possible : *si mes occupations me le permettent.* ◆ **se permettre** v. pr. Prendre la liberté de, oser : *elle s'est permis de tenir ce langage.*

PERMIEN, ENNE n. m. et adj. (de *Perm,* n. d'une ville russe). Dernière période de l'ère primaire, qui a succédé au carbonifère, d'une durée approximative de 30 millions d'années.

PERMIS n. m. Autorisation officielle écrite requise pour l'exercice de certaines activités ou pour l'emploi de certains appareils : *permis de chasse; permis de construire, de conduire, d'inhumer.*

PERMISSIF, IVE adj. Qui manifeste une grande tolérance de comportements non conformistes : *des parents permissifs.*

PERMISSION n. f. (lat. *permissus,* permis). Autorisation, consentement : *avoir la permission de s'absenter.* ‖ Congé de courte durée accordé à un militaire.

PERMISSIONNAIRE n. Militaire titulaire d'une permission.

PERMISSIVITÉ n. f. État de celui, d'un groupe qui est permissif.

PERMITTIVITÉ n. f. Grandeur caractéristique d'un diélectrique qui définit l'accroissement de la capacité d'un condensateur lorsqu'on remplit de ce diélectrique l'espace compris entre ses armatures.

PERMUTABILITÉ n. f. Caractère de ce qui est permutable.

PERMUTABLE adj. Susceptible de permutation.

PERMUTATION n. f. Action de permuter; échange d'une place, d'un emploi contre un autre. ‖ Transposition réciproque de deux choses. ‖ *Math.* Passage d'un ordre de succession déterminé de *m* éléments à un autre ordre de succession des mêmes éléments. ● *Permutation de m éléments,* ensemble formé par ces *m* éléments classés dans un ordre déterminé. [Le nombre de permutations possibles de *m* objets (P_m) est *m*! (factorielle *m*).]

PERMUTER v. t. (lat. *permutare*). Substituer une chose à une autre, intervertir, remplacer : *permuter des emplois.* ◆ v. i. Échanger un emploi, une place : *permuter avec un collègue.*

PERNICIEUSEMENT adv. De façon pernicieuse.

PERNICIEUX, EUSE adj. (lat. *pernicies,* ruine). Dangereux, nuisible à la santé, pour la vie, pour la morale. ● *Anémie pernicieuse,* ou *anémie de Biermer,* anémie par carence en vitamine B12 ou en acide folique. ‖ *Fièvre pernicieuse,* fièvre paludéenne grave.

PÉRONÉ n. m. (gr. *peronê,* cheville). Os long et grêle, placé à la partie externe de la jambe.

PÉRONIER adj. et n. m. Se dit de trois muscles qui s'attachent en haut au péroné et en bas aux métatarsiens.

PÉRONISME n. m. Pratique politique issue de Perón.

PÉRONNELLE n. f. (n. d'un personnage de chanson). *Fam.* Femme ou fille sotte et bavarde.

PÉRONOSPORACÉE ou **PÉRONOSPORALE** n. f. Champignon inférieur parasite de végétaux, sur lesquels il produit le mildiou. (Les *péronosporales* forment un ordre ou, pour certains, une famille, de la classe des siphomycètes; principaux genres : *phytophthora, plasmopara.*)

PÉRORAISON n. f. Conclusion d'un discours.

perroquet

PÉRORER v. i. (lat. *perorare,* plaider). *Péjor.* Discourir longuement et avec emphase.

PER OS [pɛrɔs] loc. adv. (mots lat.). Mode d'administration des médicaments par la bouche.

PÉROT n. m. (dimin. de *père*). *Sylvic.* Arbre qui a les deux âges de la coupe du bois.

PEROXYDASE n. f. *Biol.* Enzyme qui catalyse les réactions d'oxydation.

PEROXYDE n. m. Oxyde qui contient plus d'oxygène que l'oxyde normal.

PEROXYDER v. t. Transformer en peroxyde.

PERPENDICULAIRE adj. (lat. *perpendiculum,* fil à plomb). Qui fait un angle droit avec : *tracer une ligne perpendiculaire à une autre.* (Syn. NORMAL.) ● *Droites perpendiculaires,* droites qui se rencontrent en formant un angle droit. ‖ *Droite perpendiculaire à un plan,* droite perpendiculaire à toutes les droites de ce plan qui la rencontrent. ‖ *Plans perpendiculaires,* plans qui se coupent en formant des dièdres droits. ‖ *Style perpendiculaire,* variété de style gothique anglais en Angleterre dans la seconde moitié du XIVe s. (grandes fenêtres à remplages faits de courbes parallèles, et non plus de courbes et contre-courbes, riches voûtes « en éventail »).

PERPENDICULAIRE n. f. Droite perpendiculaire. (Syn. NORMALE.)

PERPENDICULAIREMENT adv. De façon perpendiculaire.

PERPÉTRATION n. f. *Dr.* Exécution (d'un crime, d'un attentat).

PERPÉTRER [pɛrpetre] v. t. (lat. *perpetrare,* accomplir) [conj. 5]. Commettre (un crime, un attentat).

PERPETTE (À) ou **PERPÈTE (À)** loc. adv. *Pop.* À perpétuité; en un temps éloigné.

PERPÉTUATION n. f. *Litt.* Action de perpétuer. ◆ **se perpétuer** v. pr.

PERPÉTUEL, ELLE adj. (lat. *perpetuus*). Qui dure longtemps, se renouvelle souvent, continuel, habituel : *perpétuelles difficultés d'argent.* ‖ Qui dure toute la vie : *prison perpétuelle.*

PERPÉTUELLEMENT adv. D'une manière perpétuelle, continuellement, toujours.

PERPÉTUER v. t. (lat. *perpetuare*). *Litt.* Faire durer toujours ou longtemps. ◆ **se perpétuer** v. pr. *Litt.* Continuer, durer.

PERPÉTUITÉ n. f. *Litt.* Durée infinie ou très longue. ● *À perpétuité,* pour toujours; pour toute la vie.

PERPLEXE adj. (lat. *perplexus,* équivoque). Qui ne sait quel parti prendre, indécis.

PERPLEXITÉ n. f. Embarras d'une personne perplexe.

PERQUISITION n. f. (lat. *perquisitus,* recherché). Recherche effectuée, dans le cadre de l'instruction, sur les lieux où peuvent se trouver des objets utiles à la découverte de la vérité.

PERQUISITIONNER v. i. et t. Faire une perquisition.

PERRÉ n. m. (de *pierre*). Revêtement en pierres sèches ou maçonnerie hourdée qui protège un ouvrage et empêche les eaux de le dégrader ou les terres d'une tranchée de s'effondrer.

PERRON n. m. (de *pierre*). Escalier extérieur à marches peu nombreuses, se terminant par une plate-forme sur laquelle donne une porte d'entrée.

PERROQUET n. m. (de *Pierre,* employé comme terme d'affection). Nom donné aux oiseaux grimpeurs de grande taille de la famille des psittacidés (les espèces de petite taille étant les perruches). [Les perroquets ont un plumage coloré et peuvent répéter des sons articulés.] ‖ Personne qui parle ou qui répète sans réfléchir, sans comprendre ce qu'on dit. ‖ Mélange de pastis et de sirop de menthe. ‖ *Mar.* Voile haute, carrée, s'établissant au-dessus des huniers.

PERRUCHE n. f. (de *perroquet,* avec un autre suffixe). Oiseau grimpeur de petite taille, de la famille des psittacidés, vivant dans toutes les régions chaudes et recherché comme oiseau de cage pour les couleurs de son plumage. ‖ Nom usuel de la femelle du perroquet. ‖ *Mar.* Une des voiles du mât d'artimon.

PERRUQUE n. f. (it. *parrucca,* chevelure). Coiffure postiche de faux cheveux ou de cheveux naturels. ‖ *Fam.* Travail effectué par un employé pour son propre profit pendant les heures dues à son employeur.

PERRUQUIER n. m. Fabricant de postiches et de perruques.

PERS, E [pɛr, pɛrs] adj. (bas lat. *persus*). D'une couleur intermédiaire entre le vert et le bleu.

PERSAN, E adj. et n. De la Perse (depuis l'invasion arabe). ‖ Se dit d'une race de chats à poils longs et soyeux.

PERSAN n. m. Nom du perse moderne, parlé en Iran et en Afghānistān.

PERSE adj. et n. De la Perse (avant l'invasion arabe).

PERSE n. m. Principale langue du groupe iranien, dont sont issus le pahlavi et le persan.

PERSÉCUTÉ, E adj. et n. Personne en butte ou qui se croit en butte à une persécution.

PERSÉCUTER v. t. (lat. *persequi,* poursuivre). Opprimer par des mesures tyranniques et cruelles. ‖ Importuner sans cesse, harceler qqn, s'acharner sur lui.

PERSÉCUTEUR, TRICE adj. et n. Qui persécute.

PERSÉCUTION n. f. Action de persécuter. ‖ Mesures répressives arbitraires de l'autorité constituée, contre un groupe religieux, politique, ethnique, etc. ● *Délire de persécution*, délire dans lequel le malade est convaincu d'être l'objet d'attaques par des personnages réels ou imaginaires.

PERSEL n. m. Sel dérivant d'un peroxyde, qui, au contact de l'eau, donne de l'eau oxygénée.

PERSÉVÉRANCE n. f. Qualité ou action de celui qui persévère, constance, ténacité.

PERSÉVÉRANT, E adj. et n. Qui persévère.

PERSÉVÉRATION n. f. Méd. Tendance observée chez certains apraxiques ou aphasiques à répéter un geste ou un mot après la disparition de ce qui l'a motivé.

PERSÉVÉRER v. i. (lat. *perseverare*) [conj. **5**]. Persister, demeurer ferme et constant dans un sentiment, une résolution, s'obstiner.

PERSICAIRE n. f. Plante des lieux humides, du genre *renouée*. (Famille des polygonacées.)

PERSIENNE n. f. (anc. fr. *persien*, de Perse). Dispositif de fermeture d'une ouverture, composé de vantaux se repliant contre le mur et formés de lamelles horizontales inclinées et assemblées dans un châssis pour laisser pénétrer un peu d'air et de lumière.

PERSIFLAGE n. m. Action de persifler.

PERSIFLER v. t. (de *siffler*). Litt. Tourner en ridicule par des paroles ironiques.

PERSIFLEUR, EUSE adj. et n. Qui se moque de qqn.

PERSIL [pɛrsi] n. m. (gr. *petroselinon*). Plante potagère aromatique. (Famille des ombellifères.)

PERSILLADE n. f. Persil haché, souvent additionné d'ail, que l'on ajoute en fin de cuisson à certaines préparations.

PERSILLÉ, E adj. Se dit des fromages (roquefort, bleu) qui développent dans leur pâte des moisissures vertes. ‖ Accompagné de persil haché : *jambon persillé*. ● *Viande persillée*, parsemée de filaments graisseux.

PERSILLÈRE n. f. Vase rempli de terre et percé de trous, à l'aide duquel on obtient du persil en toute saison.

PERSIQUE adj. De l'ancienne Perse.

PERSISTANCE n. f. Action de persister, obstination, opiniâtreté. ‖ Qualité de ce qui dure, durée : *persistance du mauvais temps*.

PERSISTANT, E adj. Qui dure, qui se maintient sans faiblir, tenace : *un effort persistant*. ‖ Bot. Se dit de feuilles qui subsistent pendant toutes les saisons.

PERSISTER v. i. (lat. *persistere*). Demeurer ferme dans sa manière de penser, d'agir, s'obstiner, persévérer : *persister dans sa résolution*. ‖ Durer, continuer d'exister : *douleur qui persiste*. ● *Persiste et signe* (Dr.), formule conclusive des déclarations faites à la police ou à l'autorité judiciaire.

PERSONA GRATA loc. adj. (mots lat., *personne bienvenue*). Dans la langue diplomatique, personne qui sera agréée avec plaisir par la puissance auprès de laquelle elle est accréditée. ‖ Se dit d'une personne en faveur auprès de qqn, du public, etc.

PERSONALE n. f. Plante à fleurs personées, telle que la *gueule-de-loup*. (Les *personales* forment un ordre.)

PERSONÉ, E adj. Bot. Se dit des fleurs closes par une saillie interne, ce qui leur donne l'apparence d'un masque de théâtre ou d'un mufle d'animal.

PERSONNAGE n. m. (lat. *persona*, rôle). Personne en vue. ‖ Personne considérée du point de vue de son aspect extérieur, de son comportement : *un triste personnage*. ‖ Rôle dans une pièce, dans la vie courante : *les personnages de Corneille*.

PERSONNALISATION n. f. Adaptation d'un produit, d'un service, d'un logement, d'une mesure, aux besoins, à la personnalité ou aux goûts d'un individu.

PERSONNALISER v. t. Donner un caractère original à un objet fabriqué en série. ‖ Donner un caractère personnel à une mesure atteignant

un individu ou à un dispositif contractuel : *personnaliser la peine; crédit personnalisé*.

PERSONNALISME n. m. Philosophie qui fait de la personne humaine responsable la valeur principale.

■ Fondé par Renouvier, le personnalisme a été renouvelé par Emmanuel Mounier, qui considère la personne comme seul fondement de « l'homme existant pour autrui », cela dans un rapport de respect et d'échange. Le personnalisme a regroupé divers courants chrétiens de gauche face aux nationalismes et aux totalitarismes.

PERSONNALISTE adj. et n. Qui appartient au personnalisme.

PERSONNALITÉ n. f. (lat. *personalitas*). Ensemble des comportements qui constituent l'individualité d'une personne. ‖ Énergie, originalité qui constitue le caractère de qqn : *un homme qui a de la personnalité.* ‖ Personne connue en raison de ses fonctions, de son influence, etc. : *il y avait à cette cérémonie de hautes personnalités.* ‖ Psychol. Modèle théorique qui permet d'expliquer et de prévoir les conduites de l'individu. ● *Enquête de personnalité*, celle qui, effectuée par un magistrat instructeur ou un officier de police judiciaire, a pour but de personnaliser la peine infligée au coupable. ‖ *Personnalité de base* (Anthropol.), ensemble des comportements liés à l'éducation spécifique d'une ethnie, d'une société. ‖ *Personnalité morale, juridique* (Dr.), aptitude d'un groupement, d'un individu à être sujet de droit. ‖ *Test de la personnalité*, syn. de TEST PROJECTIF*.

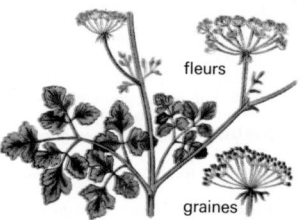

fleurs

graines

PERSIL

PERSONNE n. f. (lat. *persona*). Être humain : *quelles sont ces personnes?* ‖ Individu considéré en lui-même et jugé responsable moralement : *respecter la personne en attaquant l'œuvre.* ‖ Être humain considéré sous le rapport de son corps : *être bien fait de sa personne.* ‖ Ling. Forme de la conjugaison servant à distinguer la ou les personnes qui parlent, celle ou celles à qui l'on parle, celle ou celles dont on parle. ● *En personne*, soi-même : *faire une démarche en personne.* ‖ *Grande personne*, personne adulte. ‖ *Par personne interposée*, par l'intermédiaire de qqn. ‖ *Personne morale* (Dr.), groupement d'individus auquel la loi reconnaît une personnalité juridique distincte de celle de ses membres (par oppos. à la *personne physique*, l'individu). ‖ *Les trois personnes divines*, la Trinité.

PERSONNE pron. indéf. masc. sing. Nul, aucun (avec la négation *ne*) : *personne n'est venu.* ‖ Quelqu'un : *je suis parti sans que personne s'en aperçoive.*

PERSONNEL, ELLE adj. Propre à qqn : *qualités personnelles.* ‖ Qui porte la marque originale de qqn : *des idées très personnelles.* ‖ Égoïste, qui ne songe qu'à soi : *un homme très personnel.* ● *Mode personnel*, mode du verbe qui a des terminaisons propres à marquer le changement des personnes (l'indicatif, le conditionnel, l'impératif et le subjonctif). ‖ *Pronom personnel*, pronom qui désigne les participants à la communication ou représente les groupes du nom, de l'adjectif, les phrases déjà exprimées.

PERSONNEL n. m. Ensemble des personnes employées par un service public, par une entreprise, etc.

PERSONNELLEMENT adv. En personne.

PERSONNIFICATION n. f. Action de personnifier; incarnation.

PERSONNIFIER v. t. Attribuer à une chose inanimée ou à un être abstrait la figure, les sentiments, le langage d'une personne. ‖ Réaliser dans sa personne, de la manière la plus complète, l'image d'une vertu ou d'un vice.

PERSPECTIF, IVE adj. Qui représente un objet, un paysage en perspective.

PERSPECTIVE n. f. (lat. médiév. *perspectiva*; de *perspicere*, voir à travers). Manière de représenter par le dessin, sur un plan, les objets tels qu'ils paraissent vus à une certaine distance et dans une position donnée. ‖ Aspect que présentent, par rapport au lieu d'où on les regarde, divers objets vus de loin ou considérés comme un tout. ‖ Grande avenue en ligne droite. ‖ Espérance ou crainte d'événements considérés comme probables, quoique éloignés : *avoir la perspective d'un bel avenir.* ‖ Manière de voir, aspect sous lequel se présentent les choses; point de vue : *envisager la situation actuelle dans la perspective historique.* ● *En perspective*, en espérance, dans l'avenir : *avoir une belle situation en perspective.* ‖ *Ouvrage en perspective* (Archit.), disposition particulière d'un ouvrage, tendant à produire l'effet d'un espace plus vaste qu'il ne l'est en réalité. ‖ *Perspective aérienne* (Peint.), celle qui s'exprime par la dégradation des valeurs et des teintes. ‖ *Perspective cavalière*, perspective établie d'un point de vue rejeté à l'infini. (Ce système de perspective conserve le parallélisme des lignes.)

PERSPICACE adj. (lat. *perspicax*). Qui a de la pénétration, qui aperçoit ce qui est difficile à voir; clairvoyant.

PERSPICACITÉ n. f. Qualité d'une personne perspicace, clairvoyance, sagacité.

PERSPIRATION n. f. Légère transpiration.

PERSUADER v. t. et t. ind. (lat. *persuadere*). Amener qqn à croire, à faire, à vouloir qqch, convaincre : *on l'a persuadé* ou *on lui a persuadé de démissionner.* ◆ **se persuader** v. pr. Croire, s'imaginer à tort, être certain : *ils se sont persuadé(s) qu'on les trompait.*

PERSUASIF, IVE adj. Qui a le pouvoir, le talent de persuader, convaincant.

PERSUASION n. f. (lat. *persuasio*). Action de persuader; conviction : *j'ai la persuasion que vous réussirez.*

PERSULFATE n. m. Chim. Persel obtenu par électrolyse d'un sulfate.

PERSULFURE n. m. Composé qui contient plus de soufre que le sulfure normal.

PERTE n. f. (lat. pop. *perdita*; de *perditus*, perdu). Action de perdre : *la perte d'un ami, d'une bataille, de la vue; il a juré sa perte.* ‖ Dommage financier, excédent des dépenses sur les recettes : *ce commerçant a éprouvé de grandes pertes.* ‖ Mauvais emploi, gaspillage : *perte de temps.* ‖ Géogr. Dans une région calcaire, disparition totale ou partielle d'un cours d'eau, qui devient souterrain et réapparaît plus loin en formant une résurgence. ● *À perte*, avec perte. ‖ *À perte de vue*, hors de la portée de la vue, très loin. ‖ *Avec pertes et fracas* (Fam.), avec éclat. ‖ *Compte de pertes et profits*, état complémentaire du compte d'exploitation, qui regroupe tous les produits et charges exceptionnels d'un exercice et permet de dégager le résultat financier de l'entreprise (bénéfice ou perte au bilan). ‖ *Être en perte de vitesse*, perdre du prestige, de la popularité. ‖ *Perte de charge*, diminution de la pression d'un fluide circulant dans une tuyauterie. ‖ *Perte à la terre*, courant électrique dérivé à la terre par suite d'un isolement imparfait. ‖ *Perte de vitesse*, accident d'aviation provoqué par une vitesse de vol devenue inférieure à celle qui est nécessaire à la sustentation. ◆ pl. Militaires perdus par une armée à la suite d'une bataille, d'une guerre (tués, blessés, prisonniers, disparus et malades). ● *Pertes blanches* (Méd.), syn. de LEUCORRHÉE. ‖ *Pertes rouges* (Méd.), syn. de MÉTRORRAGIE.

PERTINEMMENT adv. *Savoir pertinemment qqch*, le savoir sans contestation possible.

PERTINENCE n. f. Qualité de ce qui est pertinent. ‖ Dr. Qualité logique du rapport entre un élément de preuve et le fait à établir.

PERTINENT, E adj. (lat. *pertinens*, concernant). Qui convient exactement à la chose, à la question, approprié : *des raisons pertinentes.* ‖ *Ling.* Qui a une valeur significative établie par la condition de structure d'une langue.

PERTUIS [pɛrtɥi] n. m. (anc. fr. *pertucer*, percer). *Géogr.* Détroit entre une île et le continent. ‖ Passage étroit (vx).

PERTUISANE n. f. (it. *partigiana*). Sorte de hallebarde à fer long (XVᵉ-XVIIᵉ s.).

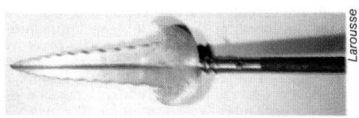

pertuisane (XVIᵉ s.)

PERTURBATEUR, TRICE adj. et n. Qui cause du trouble, du désordre.

PERTURBATION n. f. (lat. *perturbatio*). Trouble, dérangement, désordre. ‖ État de l'atmosphère, caractérisé par des vents violents et des précipitations, correspondant à une dépression cyclonale. ‖ *Astron.* Effet, sur le mouvement d'un corps céleste autour d'un autre, de toute force s'ajoutant à l'attraction du corps principal.

PERTURBER v. t. (lat. *perturbare*). Troubler, mettre du désordre : *perturber l'ordre public.*

PÉRUVIEN, ENNE adj. et n. Du Pérou.

PERVENCHE n. f. (lat. *pervinca*). Plante herbacée des lieux ombragés, à fleurs bleues ou mauves, aux pétales incurvés. (Famille des apocynacées.) ‖ *Fam.* Contractuelle de la police parisienne. ◆ adj. inv. De couleur bleu clair.

PERVERS, E adj. et n. (lat. *perversus*, renversé). Qui accomplit par plaisir des actes immoraux ou cruels. ‖ *Psychiatr.* Qui est atteint de perversion.

PERVERSION n. f. (lat. *perversio*, renversement). Action de pervertir, corruption. ‖ *Méd.* Altération d'une fonction normale (odorat, goût). ‖ *Psychiatr.* Recherche du plaisir sexuel en dehors du coït avec un individu adulte de même espèce et de sexe opposé.

PERVERSITÉ n. f. Caractère d'une personne ou d'une action perverse, méchanceté systématique, dépravation.

PERVERTIR v. t. (lat. *pervertere*, renverser). Faire changer moralement en mal, corrompre : *pervertir la jeunesse.* ‖ Altérer : *pervertir le goût.* ◆ **se pervertir** v. pr. Se corrompre, devenir mauvais.

PERVERTISSEMENT n. m. *Litt.* Corruption.

PERVIBRATEUR n. m. Instrument vibrant de chantier qui, introduit dans la masse d'un béton frais, le plastifie et facilite sa mise en coffrage.

PERVIBRATION n. f. Vibration en pleine masse.

PERVIBRER v. t. Soumettre à la pervibration.

PESADE [pəzad] n. f. (it. *posata*, action de se poser). *Équit.* Mouvement du cheval qui se lève sur ses pieds de derrière.

PESAGE n. m. Action de peser. ‖ Endroit des champs de courses où l'on pèse les jockeys; enceinte autour de cet endroit.

PESAMMENT adv. D'une manière lourde; sans grâce, sans vivacité.

PESANT, E adj. Lourd, qui pèse : *un fardeau pesant; allure, autorité pesante; style pesant.*

PESANT n. m. *Valoir son pesant d'or,* avoir une grande valeur.

PESANTEUR n. f. État de ce qui est ou paraît lourd : *pesanteur d'esprit.* ‖ Force subie par un corps à la surface ou dans l'environnement de la Terre. (Elle est la résultante de la force de gravitation due à la Terre et de la force centrifuge due à la rotation de la Terre.)
■ La pesanteur se traduit par l'existence d'une force verticale, le *poids* du corps, appliquée au centre de gravité. Cette force est proportionnelle à la masse du corps, et leur quotient est dit *intensité de la pesanteur.* Cette grandeur, représentée par le symbole *g*, dépend de l'altitude et de la latitude; sa valeur à Paris est

environ 9,81 m/s². Elle coïncide avec l'accélération de chute libre, qui figure dans la formule donnant l'espace *h* parcouru pendant le temps *t* par un corps quelconque tombant dans le vide :

$$h = 1/2 \, gt^2,$$

la vitesse acquise étant :

$$v = gt.$$

PÈSE-ACIDE n. m. (pl. *pèse-acide[s]*). Aréomètre pour mesurer la concentration des solutions acides.

PÈSE-ALCOOL n. m. inv. Syn. de ALCOOMÈTRE.

PÈSE-BÉBÉ n. m. (pl. *pèse-bébé[s]*). Balance dont le plateau est conçu pour peser les nourrissons.

PESÉE n. f. Action de peser; ce qu'on a pesé en une fois : *faire la pesée d'une marchandise.* ‖ Effort fait sur un levier, un cordage, une personne dans un but déterminé.

PÈSE-LAIT n. m. inv. Syn. de GALACTOMÈTRE.

PÈSE-LETTRE n. m. (pl. *pèse-lettre[s]*). Appareil pour déterminer le poids d'une lettre.

PÈSE-LIQUEUR n. m. (pl. *pèse-liqueur[s]*). Syn. de ARÉOMÈTRE.

PÈSE-MOÛT n. m. (pl. *pèse-moût[s]*). Syn. de GLUCOMÈTRE.

PÈSE-PERSONNE n. m. (pl. *pèse-personne[s]*). Petite balance automatique pour se peser.

PESER v. t. (lat. *pensare*) [conj. 5]. Déterminer, par comparaison avec l'unité de masse, la masse d'un objet; mesurer un poids. ‖ Examiner attentivement, évaluer : *peser le pour et le contre.* ● *Peser ses paroles, ses mots,* parler avec circonspection. ◆ v. i. Avoir un certain poids : *le platine pèse plus lourd que l'or.* ‖ Appuyer fortement : *peser sur un levier.* ‖ Donner l'impression d'être pénible à supporter. ‖ Importuner, fatiguer : *sa présence me pèse.* ‖ Exercer une pression, avoir une importance; influer : *impôts qui pèsent sur le contribuable; vos conseils ont pesé sur ma décision.* ● *Peser sur l'estomac,* être de digestion difficile.

PÈSE-SIROP n. m. (pl. *pèse-sirop[s]*). Aréomètre pour apprécier la densité d'un sirop.

PESETA [peseta *ou* pezeta] n. f. Unité monétaire principale de l'Espagne.

PESETTE n. f. Petite balance de précision pour les monnaies, les bijoux, etc.

PESEUR, EUSE n. Employé chargé de vérifier des pesées.

PESO [peso] n. m. (mot esp.). Unité monétaire de nombreux pays de l'Amérique latine.

PESON n. m. Instrument à ressort peu précis, mais commode, pour mesurer un poids. ‖ Type de balance à contrepoids et à aiguille.

PESSAIRE n. m. (gr. *pessos*, tampon). Diaphragme anticonceptionnel. ‖ *Méd.* Appareil maintenant l'utérus en cas de prolapsus.

PESSIMISME n. m. (lat. *pessimus*, très mauvais). Opinion de ceux qui considèrent qqch sous les plus mauvais aspects, qui pensent que tout va au plus mal. (Contr. OPTIMISME.)

PESSIMISTE adj. et n. Qui pense que tout va mal.

PESTE n. f. (lat. *pestis*). Maladie infectieuse et contagieuse provoquée par le bacille de Yersin, transmise du rat à l'homme par morsure ou par

pervenche

l'intermédiaire des puces, pratiquement disparue d'Occident. ‖ *Litt.* Personne, doctrine pernicieuse. ‖ *Fam.* Petit garçon, petite fille espiègle. ‖ *Vétér.* Nom de diverses maladies infectieuses atteignant certains animaux domestiques.
● *Peste soit de..., peste du...* (Litt.), maudit soit...
■ La peste *bubonique* est caractérisée par un ganglion infecté, ou bubon, dans le territoire correspondant au point piqué ou mordu, et par un état infectieux grave. La peste *pulmonaire* survient chez certains malades atteints du bubon, et elle peut alors se transmettre directement d'homme à homme. De pronostic très sombre autrefois, la peste relève actuellement des antibiotiques. Les mesures préventives comprennent la surveillance des bateaux, la destruction des rats et la vaccination.

PESTER v. i. Manifester en paroles de la mauvaise humeur, de l'irritation contre qqn, contre des événements contraires : *pester contre le mauvais temps.*

PESTEUX, EUSE adj. Relatif à la peste.

PESTICIDE adj. et n. m. Se dit d'un produit chimique destiné à lutter contre les parasites animaux et végétaux des cultures.

PESTIFÉRÉ, E adj. et n. (anc. fr. *pestifer*, pestilentiel). Atteint de la peste.

PESTILENCE n. f. Odeur infecte et putride.

PESTILENTIEL, ELLE adj. Qui répand une odeur infecte : *air pestilentiel.*

PET [pɛ] n. m. (lat. *peditum*). *Pop.* Gaz intestinal qui sort de l'anus avec bruit.

PETA-, préfixe (symb. : P) qui, placé devant une unité, la multiplie par 10¹⁵.

PÉTALE n. m. (gr. *petalon,* feuille). Pièce florale formée d'un limbe aplati et coloré, inséré par un onglet sur le réceptacle floral à l'intérieur du calice. (L'ensemble des pétales est la *corolle.*)

PÉTALOÏDE adj. *Bot.* Qui ressemble à un pétale.

PÉTANQUE n. f. (mot prov.). Jeu de boules originaire de Provence.

PÉTANT, E adj. *Pop.* Exact : *à deux heures pétantes* (ou *pétant*).

PÉTARADANT, E adj. Qui pétarade.

PÉTARADE n. f. Suite de détonations. ‖ Suite de pets que fait un cheval en ruant.

PÉTARADER v. i. Produire une pétarade.

PÉTARD n. m. (de *pet*). Petite pièce d'artifice, que l'on fait exploser soit pour produire un effet de démolition ou de rupture, soit pour provoquer un bruit (signaux, réjouissances). ‖ *Fam.* Bruit, tapage, scandale. ● *Être en pétard* (Fam.), être en colère. ‖ *Lancer un pétard* (Fam.), lancer une nouvelle à sensation.

PÉTASE n. m. (lat. *petasus;* mot gr.). *Antiq. gr.* Chapeau à large bord.

PÉTAUDIÈRE n. f. (de l'expression *la cour du roi Pétaud*). *Fam.* Groupe humain, organisme où règnent le désordre et l'anarchie.

PÉTAURISTE n. m. Écureuil « volant » d'Australie, muni d'un patagium qui lui permet des sauts étendus.

PET-DE-NONNE n. m. (pl. *pets-de-nonne*). Beignet soufflé très léger.

PÉTÉCHIAL, E, AUX adj. Relatif aux pétéchies.

PÉTÉCHIE [peteʃi] n. f. (it. *petecchia,* peste). Tache rougeâtre sur la peau dans certaines maladies, et qui est due à une hémorragie minuscule dans l'épaisseur du derme.

PÉTER v. i. (conj. 5). *Pop.* Faire un pet. ‖ Faire un bruit subit et éclatant : *le bois vert pète dans le feu.* ‖ *Fam.* Éclater, se briser. ◆ v. t. *Fam.* Briser, casser : *se péter une jambe.* ● *Péter le feu, les flammes* (Fam.), déborder de dynamisme.

PÈTE-SEC n. et adj. inv. *Fam.* Personne autoritaire, qui commande sèchement.

PÉTEUX, EUSE n. *Fam.* Poltron, lâche.

PÉTILLANT, E adj. Qui pétille.

PÉTILLEMENT n. m. Action de pétiller.

PÉTILLER v. i. Éclater en produisant de petits bruits qui se succèdent rapidement, crépiter : *bois, charbon qui pétille.* ‖ Mousser, dégager des bulles de gaz : *le champagne pétille.* ‖ Briller d'un vif éclat : *des yeux qui pétillent.* ● *Pétiller d'esprit,* avoir un esprit vif.

PÉTIOLE [pesjɔl] n. m. (lat. *petiolus,* petit pied). *Bot.* Partie rétrécie reliant le limbe d'une feuille à la tige.

PÉTIOLÉ, E adj. Porté par un pétiole.

PETIOT, E adj. et n. *Fam.* Tout petit.

PETIT, E adj. De peu de volume, de peu d'étendue, de peu de hauteur, de peu d'importance par le nombre, la quantité, l'intensité, la valeur, etc. : *petit paquet; petit jardin; petite taille; petite somme; petite pluie; petite affaire.* ‖ Très jeune : *petit enfant.* ‖ Terme d'affection ou de mépris : *mon petit ami; mon petit monsieur.* ● *Petit à petit,* peu à peu. ‖ *Petit esprit,* homme à idées étroites. ‖ *Petites gens,* personnes aux revenus modestes. ‖ *Petite main,* jeune apprentie dans une maison de couture. ‖ *Se faire tout petit,* s'efforcer de passer inaperçu. ◆ adv. *Voir petit,* manquer d'audace. ‖ *En petit,* sur une petite échelle.

PETIT n. m. Jeune enfant, jeune animal. ‖ Carte du jeu de tarot. ◆ pl. Les faibles, les pauvres, les humbles. ● *Faire des petits,* mettre au monde; faire augmenter qqch.

PETIT-BEURRE n. m. (pl. *petits-beurre*). Variété de gâteau sec.

PETIT-BOIS n. m. (pl. *petits-bois*). Montant d'un vantail de fenêtre, maintenant les vitres.

PETIT - BOURGEOIS, PETITE - BOURGEOISE n. et adj. (pl. *petits-bourgeois, petites-bourgeoises*). Personne qui appartient à la petite bourgeoisie. ‖ *Péjor.* Personne qui a des préjugés, des idées étroites.

PETITE-FILLE n. f. (pl. *petites-filles*). Fille du fils ou de la fille, par rapport à un grand-père, à une grand-mère.

PETITEMENT adv. Chichement, mesquinement : *vivre petitement.* ‖ À l'étroit : *être logé petitement.*

PETITESSE n. f. État, caractère de ce qui est petit : *la petitesse de la taille, d'un revenu; petitesse d'esprit.* ‖ Acte mesquin : *commettre des petitesses.*

PETIT-FILS n. m. (pl. *petits-fils*). Fils du fils ou de la fille, par rapport à un grand-père, à une grand-mère.

PETIT-GRIS n. m. (pl. *petits-gris*). Variété d'écureuil de Russie et de Sibérie. ‖ Fourrure fournie par cet animal. ‖ Escargot de taille moyenne, à coquille brunâtre et chagrinée.

PÉTITION [petisjɔ̃] n. f. (lat. *petitio;* de *petere,* demander). Écrit adressé à une autorité ou au Parlement pour formuler une plainte, une demande, ou exposer une opinion. ● *Pétition d'hérédité* (Dr.), action en justice permettant à un héritier de faire reconnaître son titre. ‖ *Pétition de principe,* raisonnement vicieux qui consiste à tenir pour vrai ce qui fait l'objet même de la question.

PÉTITIONNAIRE n. Personne qui présente ou signe une pétition.

PÉTITIONNER v. i. Adresser une pétition.

PETIT-LAIT n. m. (pl. *petits-laits*). Liquide qui se sépare du lait caillé.

PETIT-MAÎTRE n. m., **PETITE-MAÎTRESSE** n. f. (pl. *petits-maîtres, petites-maîtresses*). Jeune élégant(e) aux manières prétentieuses (vx).

PETIT-NÈGRE n. m. *Fam.* Langage incorrect où l'on n'utilise pas les éléments grammaticaux (déterminants, désinences).

PETIT-NEVEU n. m., **PETITE-NIÈCE** n. f. (pl. *petits-neveux, petites-nièces*). Fils, fille du neveu ou de la nièce.

PÉTITOIRE adj. (bas lat. *petitorius*). *Action pétitoire* (Dr.), action judiciaire relative à l'exercice d'un droit immobilier.

PETITS-ENFANTS n. m. pl. Les enfants du fils ou de la fille.

PETIT-SUISSE n. m. (pl. *petits-suisses*). Fromage frais en forme de petit cylindre.

PÉTOCHE n. f. *Pop.* Peur.

PÉTOIRE n. f. Canon d'enfant en sureau (vx). ‖ *Fam.* Mauvais fusil.

PETON n. m. *Fam.* Petit pied.

PÉTONCLE n. m. (lat. *pectunculus,* petit peigne). Mollusque bivalve comestible, vivant sur les fonds sableux de toutes les côtes de l'Europe occidentale. (Diamètre 6 cm.)

PÉTOUILLER v. i. En Suisse, traîner, lambiner.

PÉTRARQUISME n. m. Imitation de la manière poétique de Pétrarque, c'est-à-dire en raffinant sur le thème de l'amour idéalisé.

pétrel

PÉTREL n. m. (mot angl.). Oiseau palmipède vivant au large, dans les mers froides, et ne venant à terre que pour nicher. (Long. 20 cm.)

PÉTREUX, EUSE adj. (lat. *petrosus;* de *petra,* pierre). *Anat.* Relatif au rocher de l'os temporal.

PÉTRIFIANT, E adj. Qui a la faculté de pétrifier.

PÉTRIFICATION n. f. Transformation de la substance d'un corps organique en une substance pierreuse. ‖ Incrustation d'un corps qui, plongé dans certaines eaux, s'y couvre d'une couche pierreuse; la chose pétrifiée.

PÉTRIFIER v. t. (lat. *petra,* pierre, et *facere,* faire). Changer en pierre; recouvrir d'une couche de pierre. ‖ Frapper de stupeur, immobiliser sous le coup de l'émotion : *cette nouvelle l'a pétrifié.*

PÉTRIN n. m. (lat. *pistrinum,* meule). Coffre, appareil dans lequel on pétrit la pâte destinée à faire le pain. ‖ *Fam.* Situation pénible dont on sort difficilement : *être dans le pétrin.*

PÉTRIR v. t. (bas lat. *pistrire*). Détremper de la farine avec de l'eau et en faire de la pâte. ‖ Presser l'argile avec les mains. ‖ Presser à diverses reprises, malaxer. ‖ *Litt.* Façonner, former un esprit. ● *Être pétri d'orgueil, de contradictions,* etc., être plein d'orgueil, de contradictions, etc.

PÉTRISSAGE n. m. Action de pétrir. ‖ Une des manipulations du massage.

PÉTRISSEUR, EUSE adj. et n. Qui pétrit la pâte.

PÉTROCHIMIE n. f. Science, technique et industrie des produits chimiques dérivés du pétrole.

PÉTROCHIMIQUE adj. Relatif à la pétrochimie.

PÉTROCHIMISTE n. Spécialiste de pétrochimie.

PÉTRODOLLAR n. m. Dollar résultant de la commercialisation du pétrole brut.

PÉTROGRAPHE n. Spécialiste de pétrographie.

PÉTROGRAPHIE ou **PÉTROLOGIE** n. f. Branche de la géologie qui étudie la formation et la composition minéralogique et chimique des roches.

PÉTROGRAPHIQUE adj. Relatif à la pétrographie.

PÉTROLE n. m. (lat. médiév. *petroleum,* huile de pierre). Huile minérale naturelle combustible, de couleur très foncée, douée d'une odeur caractéristique plus ou moins prononcée, d'une densité variant de 0,8 à 0,95, et formée d'hydrocarbures.
■ Le pétrole est souvent associé, dans les roches poreuses qu'il imprègne, à de l'eau salée et à des hydrocarbures gazeux; il est formé par la décomposition, dans les lagunes, de substances organiques sous l'action de microbes anaérobies. L'évolution géologique des régions

où il se dépose aboutit souvent à la formation de plis modérés, et le pétrole a tendance à se concentrer dans la partie convexe des plis (anticlinaux); les études préalables aux forages doivent essentiellement déterminer l'axe des plis, qui sont souvent recouverts de sédiments épais. Le pétrole brut doit être fractionné en produits plus ou moins volatils, et ce raffinage par distillation donne — outre des essences — du gasoil, du mazout, de la paraffine, etc. L'*essence de pétrole* est très dangereuse à cause de son inflammabilité. En cas d'incendie, il faut jeter sur le foyer non pas de l'eau, mais du sable, de la terre, des cendres.

V. ill. page suivante

PÉTROLETTE n. f. *Fam.* Motocyclette de petite cylindrée.

PÉTROLEUSE n. f. Nom donné par les journaux de Versailles à des femmes du peuple qui, pendant la Commune de 1871, auraient utilisé du pétrole pour hâter les incendies.

PÉTROLIER, ÈRE adj. Relatif au pétrole : *industrie pétrolière; navire pétrolier.*

PÉTROLIER n. m. Navire-citerne construit pour le transport en vrac d'hydrocarbures liquides. ‖ Technicien, industriel du pétrole.

V. ill. page suivante

PÉTROLIFÈRE adj. Qui contient du pétrole.

PÉTROLOGIE n. f. → PÉTROGRAPHIE.

PÉTULANCE n. f. Vivacité impétueuse.

PÉTULANT, E adj. (lat. *petulans,* querelleur). Qui manifeste une ardeur exubérante, vif, impétueux.

PÉTUNIA n. m. (de *pétun*). Solanacée à fleurs ornementales, voisine du tabac.

pétunia

PÉTUNSÉ [petœese] n. m. Variété de feldspath, dont on se sert en Chine pour faire la porcelaine.

PEU adv. (lat. *paucum*). Indique une petite quantité; pas beaucoup : *manger peu; il a peu d'amis; un peu de sel; se contenter de peu.* ◆ loc. adv. *À peu près, à peu de chose près,* presque, environ. ‖ *Avant peu, dans peu, sous peu,* bientôt. ‖ *De peu,* indique une faible différence : *vous êtes de peu arrivé le premier.* ‖ *Depuis peu,* récemment. ‖ *Peu à peu,* lentement, insensiblement. ‖ *Pour un peu* (avec un conditionnel ou un imparfait), il aurait suffi de peu de chose pour que. ‖ *Quelque peu* (Litt.), légèrement. ‖ *Tant soit peu,* très peu. ‖ *Très peu pour moi,* formule de refus poli. ◆ loc. conj. *Pour peu que, si peu que,* si faiblement que : *pour peu que vous en preniez soin, vos livres seront propres.*

PEUCÉDAN n. m. Plante herbacée vivace, à fleurs blanches ou jaunes. (Famille des ombellifères.)

PEUCHÈRE! → PÉCHÈRE !

PEUL, E adj. et n. Relatif aux Peuls.

PEUL n. m. Langue nigéro-congolaise, parlée depuis le Sénégal jusqu'au Cameroun.

PEUPLADE n. f. Dans les sociétés primitives, groupement humain de moyenne importance.

PÉTROLE

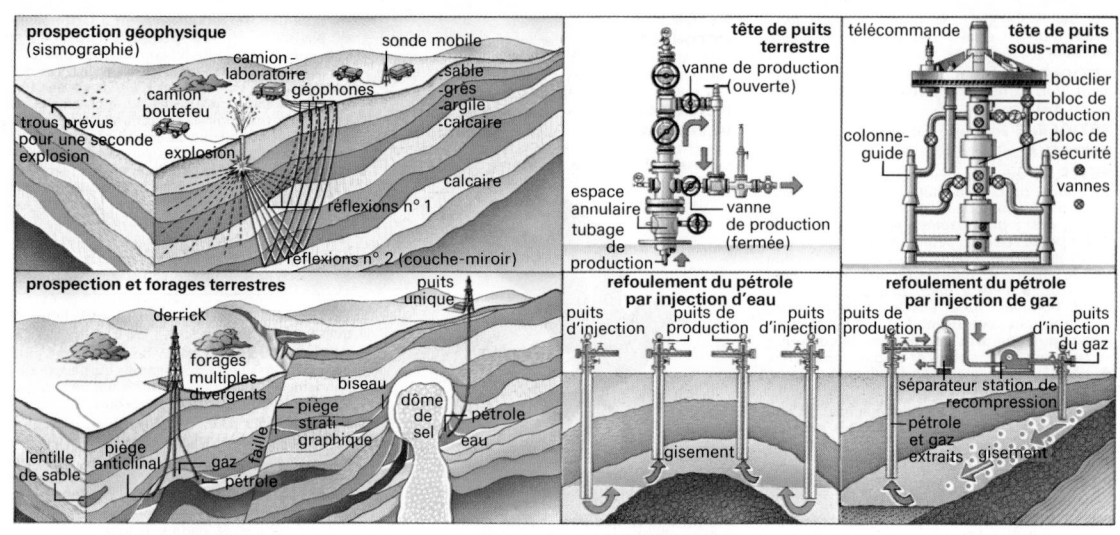

prospection géophysique (sismographie)

sonde mobile
camion-laboratoire
camion boutefeu
géophones
sable
-grès
-argile
-calcaire
trous prévus pour une seconde explosion
explosion
calcaire
réflexions n° 1
réflexions n° 2 (couche-miroir)

tête de puits terrestre

vanne de production (ouverte)
espace annulaire
tubage de production
vanne de production (fermée)

tête de puits sous-marine

télécommande
bouclier
bloc de production
colonne-guide
bloc de sécurité
vannes

prospection et forages terrestres

derrick
forages multiples divergents
biseau
piège stratigraphique
dôme de sel
pétrole
eau
puits unique
lentille de sable
piège anticlinal
faille
gaz
pétrole

refoulement du pétrole par injection d'eau

puits d'injection
puits de production
puits d'injection
gisement

refoulement du pétrole par injection de gaz

puits de production
puits d'injection du gaz
séparateur station de recompression
pétrole et gaz extraits
gisement

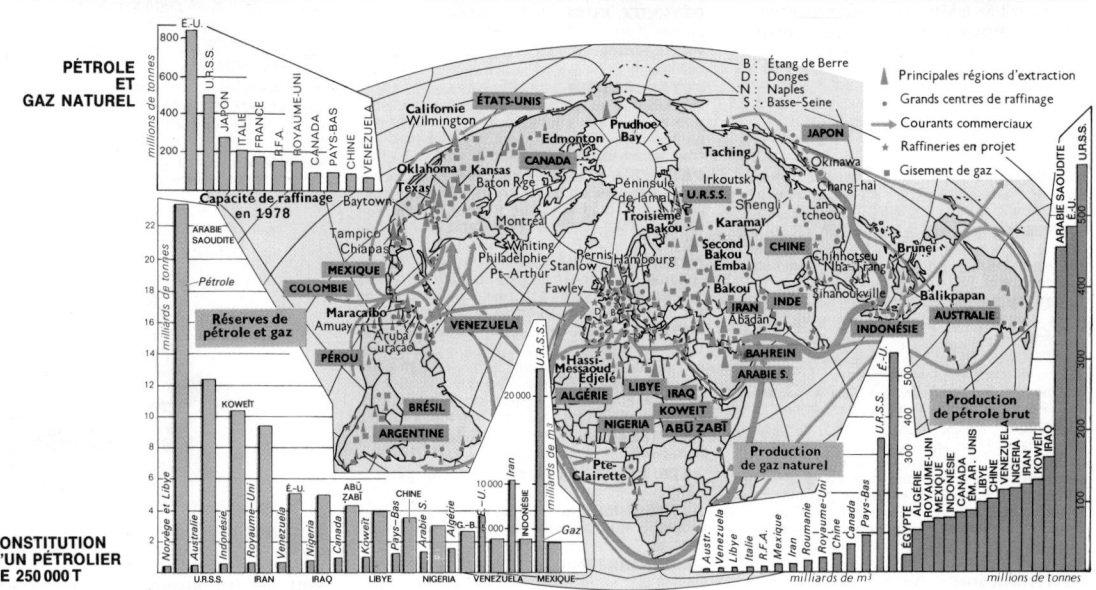

PÉTROLE ET GAZ NATUREL

millions de tonnes

E.-U.
U.R.S.S.
JAPON
ITALIE
FRANCE
R.F.A.
ROYAUME-UNI
CANADA
PAYS-BAS
CHINE
VENEZUELA

Capacité de raffinage en 1978

milliards de tonnes

ARABIE SAOUDITE
Pétrole
Réserves de pétrole et gaz

B : Étang de Berre
D : Donges
N : Naples
S : Basse-Seine

Principales régions d'extraction
Grands centres de raffinage
Courants commerciaux
Raffineries en projet
Gisement de gaz

ÉTATS-UNIS
Californie Wilmington
Edmonton
Prudhoe Bay
Taching
JAPON
Okinawa
Oklahoma
Kansas
CANADA
Chang-hai
Texas
Baton Rge
Péninsule de Iamal
U.R.S.S.
Irkoutsk
Lan tcheou
Baytown
Tampico
Montréal
Troisième Bakou
Karamaï
CHINE
Chiapas
Whiting
Shengli
Chinhotseu
MEXIQUE
Philadelphie
Stanlow
Hambourg
Second Bakou
Emba
Nha-trang
COLOMBIE
Pernis
Bakou
Balikpapan
Maracaibo
Pt-Arthur
Fawley
IRAN
INDE
AUSTRALIE
Amuay
Aruba
Curaçao
Abadan
INDONÉSIE
Réserves de pétrole et gaz
PÉROU
VENEZUELA
BAHREIN
ARABIE S.
Hassi-Messaoud-Edjelé
KOWEÏT
Production de pétrole brut
BRÉSIL
ALGÉRIE
LIBYE
IRAK
ARGENTINE
NIGERIA
ABŪ ZABĪ
Pte-Clairette
Production de gaz naturel

Norvège et Libye
Australie
Indonésie
Royaume-Uni
Venezuela
É.-U.
ABŪ ZABĪ
Nigeria
Canada
Koweït
Pays-Bas
Arabie S.
Algérie
Alg.-G.-B.
Iran
CHINE
INDONÉSIE
U.R.S.S.
U.R.S.S.
Gaz
Venezuela
Austr.
Libye
Italie
R.F.A.
Mexique
Iran
Roumanie
Royaume-Uni
Chine
Canada
Pays-Bas

ARABIE SAOUDITE
É.-U.
U.R.S.S.

EGYPTE
ALGÉRIE
MEXIQUE
ROYAUME-UNI
INDONÉSIE
CANADA-UNIS
ÉM. AR.
LIBYE
CHINE
VENEZUELA
NIGERIA
IRAN
KOWEÏT
IRAK

milliards de m³

millions de tonnes

CONSTITUTION D'UN PÉTROLIER DE 250 000 T

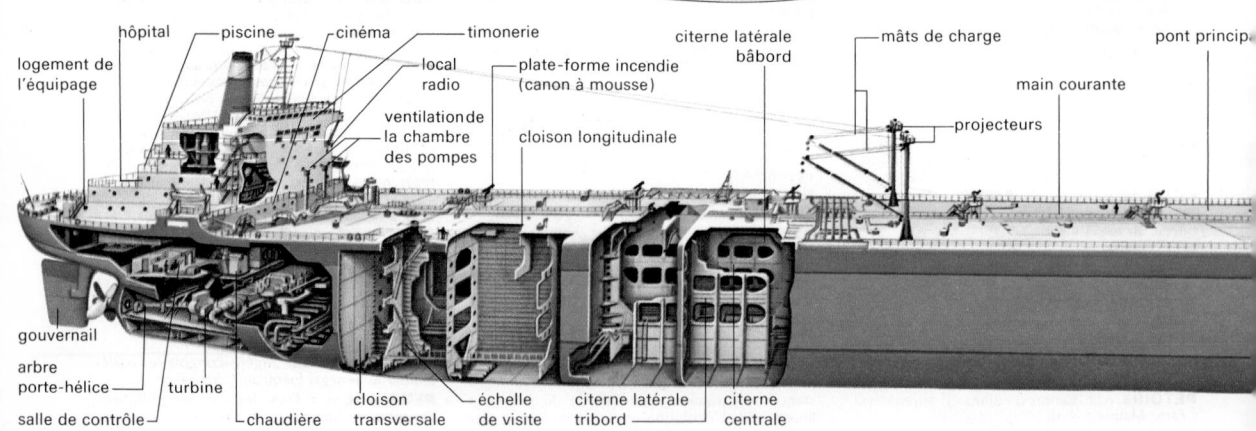

hôpital
piscine
cinéma
timonerie
mâts de charge
pont principal
logement de l'équipage
local radio
plate-forme incendie (canon à mousse)
citerne latérale bâbord
main courante
ventilation de la chambre des pompes
cloison longitudinale
projecteurs
gouvernail
arbre porte-hélice
turbine
salle de contrôle
chaudière
cloison transversale
échelle de visite
citerne latérale tribord
citerne centrale

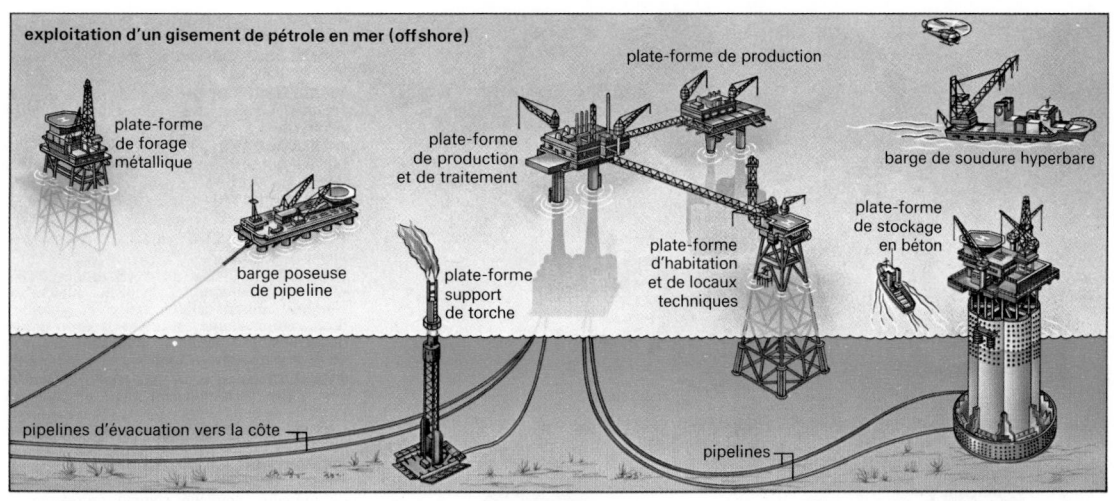

exploitation d'un gisement de pétrole en mer (offshore)

plate-forme de production

plate-forme de forage métallique

plate-forme de production et de traitement

barge de soudure hyperbare

barge poseuse de pipeline

plate-forme support de torche

plate-forme d'habitation et de locaux techniques

plate-forme de stockage en béton

pipelines d'évacuation vers la côte

pipelines

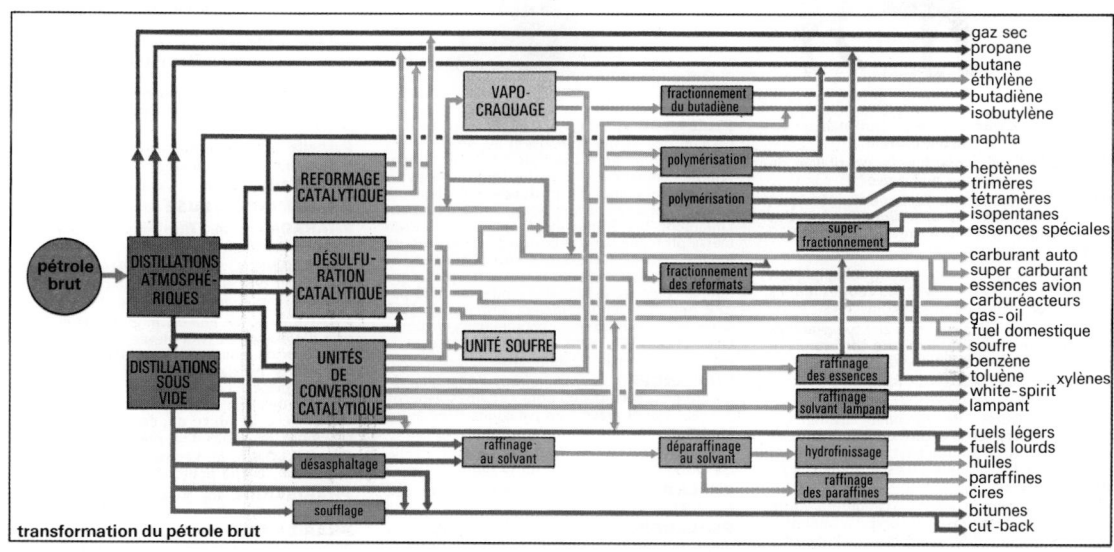

transformation du pétrole brut

longueur : 323,75 m
largeur : 47,17 m
déplacement : 223 600 t
volume des citernes : 229 883 m³
vitesse : 17 nœuds

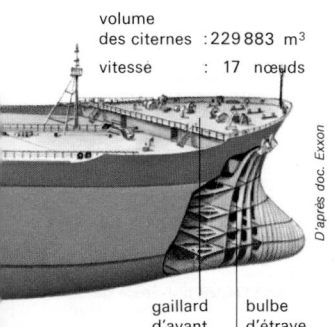

D'après doc. Exxon

gaillard d'avant

bulbe d'étrave

PEUPLE n. m. (lat. *populus*). Ensemble d'hommes habitant ou non sur un même territoire et constituant une communauté sociale ou culturelle. ‖ Ensemble des citoyens d'un pays constituant la majorité de la nation et disposant d'un moindre pouvoir économique : *homme du peuple*. ‖ Litt. Foule : *un peuple d'importuns*.

PEUPLÉ, E adj. Où il y a des habitants.

PEUPLEMENT n. m. Action de peupler.

PEUPLER v. t. Établir des hommes, des animaux, des végétaux, dans un endroit : *peupler un étang d'alevins*. ‖ Habiter, occuper un endroit. ◆ **se peupler** v. pr. Se remplir d'habitants, de gens.

PEUPLERAIE n. f. Lieu planté de peupliers.

PEUPLIER n. m. (lat. *populus*, peuplier). Arbre des régions tempérées et humides, dont les graines sont entourées d'un duvet. (Famille des salicacées.)

■ Le *peuplier tremble*, aux petites feuilles tremblantes, se trouve dans les forêts, le *peuplier blanc* près des eaux; le *peuplier pyramidal*, au port fastigié, est planté le long des routes. Le bois des peupliers est recherché en menuiserie et en papeterie.

V. ill. page suivante

PEUR n. f. (lat. *pavor*). Sentiment d'inquiétude éprouvé en présence ou à la pensée d'un danger; crainte, frayeur. ● *Avoir peur*, éprouver de la peur, craindre. ‖ *En être quitte pour la peur, avoir plus de peur que de mal*, échapper complètement ou presque complètement au danger. ‖ *Faire peur à qqn*, provoquer chez lui un sentiment d'inquiétude. ‖ *La Grande Peur* (Hist.), ensemble de troubles qui, en juillet-août 1789, naquirent, dans les campagnes françaises, de la crainte d'une réaction nobiliaire. ‖ *Prendre peur*, commencer à ressentir de l'inquiétude. ◆ loc. prép. *De peur de*, par crainte de. ◆ loc. conj. *De peur que*, dans la crainte que : *de peur qu'on ne se méprenne sur mes intentions.*

PEUREUSEMENT adv. De façon peureuse.

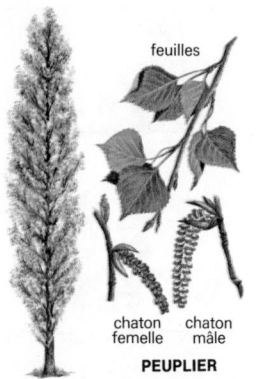

feuilles

chaton femelle   chaton mâle

PEUPLIER

phalanger

phalène

phacochère

pezize

PEUREUX, EUSE adj. et n. Qui manque de courage devant le danger, craintif.

PEUT-ÊTRE adv. Marque la possibilité, le doute : *peut-être est-il déjà arrivé?*

PEYOTL [pejɔtl] n. m. Cactacée du Mexique, dont un alcaloïde, la mescaline, produit des hallucinations visuelles. (Genre *echinocactus.*)

PÈZE n. m. *Arg.* Argent.

PEZIZE [pəziz] n. f. (gr. *pezis*). Champignon comestible des bois, formant des coupes brunes ou orangées. (Groupe des discomycètes.)

PFENNIG [pfenig] n. m. (mot all.) [pl. *pfennigs* ou *pfennige*]. Unité monétaire divisionnaire allemande, égale à 1/100 de mark.

P. G. C. D. *Math.* Abrév. de PLUS GRAND COMMUN DIVISEUR.

pH n. m. (abrév. de POtentiel Hydrogène). Coefficient caractérisant l'acidité ou la basicité d'un milieu. (Une solution est acide si son pH est inférieur à 7, basique s'il est supérieur à 7.)

PHACOCHÈRE [fakɔʃɛr] n. m. (gr. *phakos*, lentille, et *khoíros*, cochon). Mammifère voisin du sanglier, à défenses incurvées, abondant dans les savanes d'Afrique. (Haut. au garrot : 80 cm.)

PHACOMÈTRE n. m. *Opt.* Instrument permettant de déterminer par lecture directe le nombre de dioptries d'un verre de lunettes.

PHAÉTON n. m. (de *Phaéton*, n. pr.). Voiture hippomobile haute, à quatre roues, légère et découverte, à deux sièges parallèles tournés vers l'avant. ‖ Oiseau palmipède des mers tropicales, appelé usuellement *paille-en-queue.*

PHAGÉDÉNISME n. m. Extension indéfinie d'un ulcère, qui semble ronger les chairs.

PHAGOCYTAIRE adj. Relatif à la phagocytose ou aux phagocytes.

PHAGOCYTE n. m. (gr. *phagein*, manger, et *kutos*, cavité). Cellule de l'organisme capable de phagocytose, comme les leucocytes, les cellules du tissu réticulo-endothélial.

PHAGOCYTER v. t. *Fam.* Neutraliser : *il est phagocyté par son entourage.* ‖ *Méd.* Détruire par phagocytose.

PHAGOCYTOSE n. f. Fonction par laquelle certaines cellules (amibes, phagocytes) absorbent des particules, des microbes, les englobent par des pseudopodes, puis les digèrent.

PHALANGE n. f. (gr. *phalagx*, gros bâton). Chacun des os qui composent les doigts et les orteils. ‖ *Antiq. gr.* À l'époque classique, formation de combat où les hoplites sont disposés en une masse compacte profonde de plusieurs rangs; à l'époque hellénistique, terme désignant l'infanterie macédonienne formant une lourde masse protégée par des boucliers et hérissée de longues lances (sarisses). ‖ *Hist.* Groupement politique et paramilitaire fasciste. (La plus connue, la *Phalange espagnole*, fondée en 1933 par José Antonio Primo de Rivera, disparut en 1967 après avoir joué un rôle essentiel dans la guerre civile [1936-1939], dans la mise en place et la pérennité du régime franquiste.)

PHALANGER n. m. Mammifère d'Australie, de l'ordre des marsupiaux, dont certaines espèces peuvent planer grâce à un patagium. (Une autre espèce est recherchée pour sa fourrure.)

PHALANGETTE n. f. Dernière phalange, celle qui porte l'ongle, la griffe ou le sabot.

PHALANGIEN, ENNE adj. *Anat.* Relatif aux phalanges.

PHALANGINE n. f. Deuxième phalange des doigts qui ont trois phalanges.

PHALANGISTE n. et adj. Membre de la Phalange espagnole.

PHALANSTÈRE n. m. (de *phalange*). Dans le système de Fourier, vaste association de production, au sein de laquelle les travailleurs vivent en communauté.

PHALANSTÉRIEN, ENNE adj. et n. Qui appartient à un phalanstère.

PHALAROPE n. m. Oiseau marin des rivages arctiques, ressemblant à une petite mouette.

PHALÈNE n. f. (gr. *phalaina*). Nom courant donné aux papillons de la famille des géométridés, en particulier à quelques espèces nuisibles aux plantes cultivées ou aux arbres forestiers *(phalène du pin, phalène du lilas).*

PHALÈRE n. f. (gr. *phaléros*, tacheté de blanc). Papillon nocturne dont la chenille vit sur divers arbres (saule, chêne, etc.).

PHALLINE n. f. Principe toxique de l'amanite phalloïde.

PHALLIQUE adj. Qui a trait au phallus. ● *Stade phallique* (Psychanal.), phase de la sexualité infantile, entre 3 et 6 ans, dans laquelle, dans les

deux sexes, les pulsions s'organisent autour du phallus.

PHALLOCENTRIQUE adj. Qui a trait au phallocentrisme.

PHALLOCENTRISME n. m. Système de pensée dans lequel le phallus constitue le signifiant primordial.

PHALLOCRATE adj. et n. m. Se dit d'un homme qui se considère comme supérieur à la femme.

PHALLOCRATIE [falɔkrasi] n. f. Attitude dominatrice des hommes à l'égard des femmes.

PHALLOCRATIQUE adj. Qui concerne la phallocratie.

PHALLOÏDE adj. Se dit d'une espèce d'amanite, très commune, à chapeau jaunâtre ou verdâtre, apparaissant en été et en automne. (L'amanite phalloïde est le champignon le plus dangereux, son ingestion entraînant des accidents le plus souvent mortels.)

PHALLUS [falys] n. m. (gr. *phallos*). Membre viril. ‖ *Psychanal.* L'organe mâle en tant que symbole de la différence des sexes. ‖ Variété de champignons d'odeur repoussante et de forme phallique.

PHANATRON ou **PHANOTRON** n. m. (gr. *phanos*, lumineux). Tube électronique à vapeur de mercure, employé comme redresseur de courant.

PHANÈRE n. m. (gr. *phaneros*, apparent). *Anat.* Dérivé protecteur de l'épiderme, comme les poils, les plumes, les ongles, les griffes, les sabots.

PHANÉROGAME n. f. (gr. *phaneros*, visible, et *gamos*, mariage). Plante se reproduisant par des fleurs et des graines. (Les *phanérogames* forment un embranchement comprenant les *angiospermes* et les *gymnospermes.*) [Syn. SPERMAPHYTE.]

PHANIE n. f. Unité définissant la grandeur de la sensation de lumière.

PHANTASME n. m. → FANTASME.

PHARAMINEUX, EUSE adj. → FARAMINEUX.

PHARAON n. m. Titre des souverains de l'Égypte ancienne. ‖ Sorte de jeu de cartes.

PHARAONIEN, ENNE ou **PHARAONIQUE** adj. Qui concerne les pharaons ou leur époque : *monuments pharaoniques.*

PHARE n. m. (de *Pharos*, n. gr. d'une île située près d'Alexandrie). Tour élevée, portant un puissant foyer de lumière pour guider les navires et les avions pendant la nuit. ‖ Projecteur de lumière placé à l'avant d'un véhicule; position où ce projecteur éclaire le plus (par oppos. à *code*). ‖ *Litt.* Celui, ce qui éclaire, guide. ‖ *Mar.* Ensemble des voiles d'un mât.

PHARILLON n. m. Réchaud à feu pour attirer le poisson; pêche pratiquée par ce moyen.

PHARISAÏQUE adj. Relatif aux pharisiens ou au pharisaïsme.

PHARISAÏSME n. m. Attachement exagéré aux détails de la pratique religieuse. ‖ Manifestation ostentatoire et hypocrite de vertu ou de piété.

PHARISIEN [farizjɛ̃] n. m. (gr. *pharisaios*, de l'araméen). Membre d'une secte juive apparue au IIe s. av. J.-C. (L'attachement des pharisiens à la loi de Moïse et aux traditions des Anciens a sauvé le judaïsme après 70; leur enseignement s'est fixé dans le Talmud. Leur intransigeance et leur formalisme leur valurent bien des attaques dont on retrouve l'écho dans les Évangiles.) ‖ *Litt.* Hypocrite ou orgueilleux.

PHARMACEUTIQUE adj. Qui relève de la pharmacie.

PHARMACIE n. f. (gr. *pharmakeia*; de *pharmakon*, remède). Science ayant pour objet la préparation des médicaments. ‖ Local où l'on vend les médicaments. ‖ Petit meuble ou petite trousse où l'on range les médicaments usuels.

PHARMACIEN, ENNE n. Personne qui exerce la pharmacie. ● *Pharmacien-chimiste des armées,* appellation donnée depuis 1965 aux pharmaciens militaires.

PHARMACOCINÉTIQUE n. f. Étude du devenir des médicaments dans l'organisme (absorption, fixation, transformation, élimination).

PHARMACODÉPENDANCE n. f. Dépendance de type toxicomaniaque à un médicament.

PHARMACODYNAMIE n. f. Étude de l'action qu'exercent les médicaments sur l'organisme.

PHARMACOLOGIE n. f. Étude scientifique des médicaments et de leur emploi.

PHARMACOLOGIQUE adj. Relatif à la pharmacologie.

PHARMACOLOGISTE n. Spécialiste de pharmacologie.

PHARMACOMANIE n. f. Forme de toxicomanie consistant dans l'ingestion abusive de médicaments.

PHARMACOPÉE n. f. Recueil d'indications concernant les médicaments, destiné à aider les pharmaciens dans la pratique de leur profession. (La pharmacopée officielle, en France, a porté le nom de Codex de 1748 à 1963.)

PHARMACOVIGILANCE n. f. Étude des effets indésirables des médicaments.

PHARYNGAL, E, AUX adj. et n. f. Se dit d'une consonne articulée en rapprochant la racine de la langue et la paroi arrière du pharynx.

PHARYNGÉ, E ou **PHARYNGIEN, ENNE** adj. Qui concerne le pharynx.

PHARYNGITE n. f. Inflammation du pharynx.

PHARYNX [farɛ̃ks] n. m. (gr. *pharugx*, gorge). Région située entre la bouche et l'œsophage, et où les voies digestives croisent les voies respiratoires.

PHASE n. f. (gr. *phasis*). Chacun des changements, des aspects successifs d'un phénomène en évolution : *les phases d'une maladie.* ‖ *Astron.* Chacune des apparences sous lesquelles la Lune et certaines planètes se présentent successivement à nos regards pendant la durée de leur révolution. ‖ *Chim.* Toute partie homogène d'un système de substances en contact et en interaction les unes avec les autres. ‖ *Industr.*

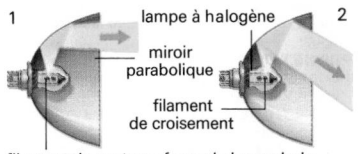

filament de route au foyer de la parabole

PHARE (AUTOMOBILE)

1. Le filament « route » étant placé au foyer du miroir parabolique, les rayons lumineux émis sont réfléchis parallèlement à son axe géométrique. 2. Le filament « code » étant en avant du foyer du miroir, les rayons émis sont réfléchis en direction convergente ; la coupelle intercepte l'émission des rayons dans la partie inférieure du miroir.

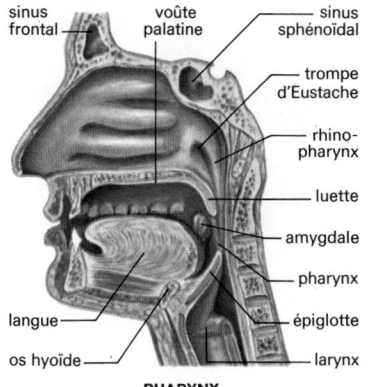

PHARYNX

Ensemble des travaux effectués à un même poste de travail, pour ou sur une même unité de production. ‖ *Phys.* Quantité ωt + φ (ω étant la pulsation, *t* le temps et φ la phase à l'origine) dont le cosinus donne le mode de variation d'une grandeur sinusoïdale. ● *En phase,* se dit de deux ou plusieurs phénomènes périodiques de même fréquence qui, à tout instant, varient de la même façon, et ont des maximums et des minimums simultanés.

PHASEMÈTRE n. m. Appareil de mesure du déphasage de deux tensions sinusoïdales de même fréquence.

PHASIANIDÉ n. m. (gr. *phasianos,* faisan). Oiseau gallinacé, tel que les *perdrix,* les *cailles,* les *faisans,* les *coqs,* les *paons,* les *pintades,* les *dindons.* (Les *phasianidés* forment une famille.)

PHASIQUE adj. Se dit de phénomènes neurologiques ayant une activité périodique.

PHASME n. m. (gr. *phasma,* apparition). Insecte sans ailes ressemblant aux tiges sur lesquelles il vit. (Quelques espèces, appelées *bacilles* ou *bâtonnets,* vivent dans le Midi.)

PHASMIDÉ n. m. Insecte, ailé ou non, au corps très allongé, vivant surtout dans les régions chaudes. (Les *phasmidés* forment une famille de l'ordre des orthoptères.)

PHELLODERME n. m. (gr. *phellos,* liège). *Bot.* Tissu végétal qui se forme sous le liège, mais qui est habituellement peu développé.

PHELLOGÈNE adj. Se dit des tissus végétaux qui produisent le liège.

PHÉNAKISTISCOPE n. m. (gr. *phenax, -akos,* trompeur, et *skopein,* examiner). Ancien appareil qui donne l'illusion du mouvement par la persistance des sensations optiques.

PHÉNANTHRÈNE n. m. Hydrocarbure cyclique $C_{14}H_{10}$, isomère de l'anthracène.

PHÉNATE n. m. Combinaison du phénol avec une base.

PHÉNICIEN, ENNE adj. et n. De la Phénicie.

PHÉNICIEN n. m. Langue sémitique ancienne dont l'alphabet a servi à transcrire le grec.

PHÉNIQUE adj. *Acide phénique,* syn. anc. de PHÉNOL.

PHÉNIQUÉ, E adj. Additionné d'acide phénique.

PHÉNIX n. m. (mot gr., *pourpre*). Oiseau mythologique qui, une fois brûlé, renaissait de ses cendres. ‖ *Litt.* Personnage supérieur, unique en son genre. ‖ *Bot.* V. PHŒNIX.

PHÉNOBARBITAL n. m. Médicament barbiturique, sédatif et hypnotique.

PHÉNOCRISTAL n. m. *Géol.* Dans une roche volcanique, cristal de grande dimension par rapport à la pâte.

PHÉNOL n. m. (gr. *phainein,* briller). Dérivé oxygéné (C_6H_5OH) du benzène, présent dans le goudron de houille et produit industriellement à partir du benzène. ‖ Nom générique de composés analogues au précédent et dérivant des hydrocarbures benzéniques.

■ Le phénol est un désinfectant; il sert aussi à préparer divers colorants, des matières plastiques et certains médicaments.

PHÉNOLIQUE adj. Qui se rapporte à un phénol ou à ses dérivés.

PHÉNOLOGIE n. f. Étude des répercussions du climat sur les phénomènes biologiques saisonniers (feuillaison, floraison, etc.).

PHÉNOMÉNAL, E, AUX adj. Qui tient du phénomène, étonnant, extraordinaire, prodigieux : *une bêtise phénoménale.* ‖ *Philos.* Qui concerne les apparences des choses.

PHÉNOMÈNE n. m. (gr. *phainomenon,* ce qui apparaît). Fait observable, événement : *chercher les causes d'un phénomène; les phénomènes naturels.* ‖ Être ou objet qui offre qqch d'anormal ou de surprenant : *un phénomène de cirque.* ‖ *Fam.* Se dit d'une personne originale ou remarquable pour ses dons. ‖ *Philos.* Ce qui est perçu par les sens, ce qui apparaît et se manifeste à la conscience (par oppos. à NOUMÈNE).

PHÉNOMÉNISME n. m. *Philos.* Courant qui limite la connaissance humaine à celle des phénomènes.

PHÉNOMÉNISTE adj. et n. Qui appartient au phénoménisme.

PHÉNOMÉNOLOGIE n. f. Étude philosophique des phénomènes, qui consiste essentiellement à les décrire et à décrire les structures de la conscience qui les connaît. (C'est principalement l'objectif de la philosophie de Husserl et de Merleau-Ponty.)

PHÉNOMÉNOLOGIQUE adj. Relatif à la phénoménologie.

PHÉNOMÉNOLOGUE n. Philosophe qui utilise la méthode phénoménologique.

PHÉNOPLASTE adj. et n. m. *Chim.* Se dit de résines obtenues par condensation du phénol ou de ses dérivés avec des aldéhydes.

PHÉNOTHIAZINE n. f. Dérivé soufré et aminé du phénol, base de nombreux antihistaminiques et neuroleptiques.

PHÉNOTYPE n. m. (gr. *phainein,* montrer, et *tupos,* marque). *Biol.* Ensemble de caractères qui se manifestent visiblement chez un individu et qui expriment l'interaction de son génotype et de son milieu.

PHÉNOTYPIQUE adj. Relatif au phénotype.

PHÉNYLALANINE n. f. Acide aminé essentiel, présent dans de nombreuses protéines et précurseur biochimique d'hormones (adrénaline et thyroxine).

PHÉNYLBUTAZONE n. f. Médicament anti-inflammatoire et analgésique.

PHÉNYLCÉTONURIE n. f. Maladie héréditaire due au déficit d'une enzyme et qui se manifeste par une déficience intellectuelle sévère et des troubles neurologiques.

PHÉNYLE n. m. Radical C_6H_5 univalent, dérivé du benzène.

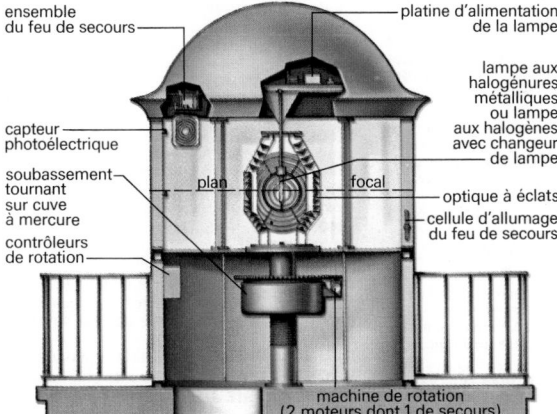

PHARE (MARINE)
ensemble de l'appareillage dans la lanterne

machine de rotation
(2 moteurs dont 1 de secours)

PHÉOCHROMOCYTOME n. m. Tumeur de la médullo-surrénale, provoquant des accès d'hypertension.

PHÉOPHYCÉE n. f. Algue marine, très commune sur les rivages et contenant un pigment brun masquant la chlorophylle *(fucus, laminaire)*. [Les *phéophycées* forment une classe.] (Syn. ALGUE BRUNE.)

PHÉROMONE n. f. Substance émise par un animal et agissant sur le comportement des animaux de la même espèce. (On dit parfois, abusivement, PHÉRORMONE.)

PHI n. m. Lettre de l'alphabet grec (φ, Φ), correspondant à *ph*.

PHILANTHE n. m. (gr. *philos*, ami, et *anthos*, fleur). Insecte hyménoptère à abdomen noir et jaune, qui chasse les abeilles. (Long. 15 mm.)

PHILANTHROPE n. (gr. *philos*, ami, et *anthrôpos*, homme). Qui aime tous les hommes; qui s'occupe d'améliorer leur sort, souvent en organisant ou en soutenant des œuvres.

PHILANTHROPIE n. f. Caractère du philanthrope; amour de l'humanité.

PHILANTHROPIQUE adj. Qui concerne la philanthropie, inspiré par la philanthropie.

PHILATÉLIE n. f. (gr. *philos*, ami, et *ateleia*, exemption d'impôts). Étude, collection des timbres-poste.

PHILATÉLIQUE adj. Relatif à la philatélie.

PHILATÉLISTE n. Collectionneur de timbres-poste.

PHILHARMONIE n. f. Association musicale d'amateurs ou de professionnels, destinée à donner des concerts.

PHILHARMONIQUE adj. *Mus.* Se dit de certaines associations musicales.

PHILIPPIN, E adj. et n. Des Philippines.

PHILIPPINE n. f. (all. *Vielliebchen*, bien-aimé). Jeu où deux personnes, après s'être partagé deux amandes jumelles, conviennent que celle qui dira la première à l'autre « Bonjour Philippine » aura gagné.

PHILIPPIQUE n. f. (des discours de Démosthène). *Litt.* Discours violent contre qqn.

PHILISTIN n. m. (arg. des étudiants all.). *Litt.* Personne à l'esprit vulgaire, fermée aux lettres, aux arts, aux nouveautés.

PHILODENDRON n. m. (gr. *philos*, ami, et *dendron*, arbre). Plante d'ornement, aux feuilles digitées, à fleurs très odorantes. (Famille des aracées.)

PHILOLOGIE n. f. Science des documents écrits, du point de vue de leur étude critique, de leurs rapports avec l'ensemble de la civilisation, de l'histoire des mots et de leur origine.

PHILOLOGIQUE adj. Relatif à la philologie.

PHILOLOGUE n. Spécialiste de philologie.

PHILOSOPHALE adj. f. *Pierre philosophale*, pierre qui, d'après les alchimistes, devait opérer la transmutation des métaux en or; chose impossible à trouver.

PHILOSOPHE n. (gr. *philosophos*; de *philos*, ami, et *sophia*, sagesse). Personne qui étudie la philosophie. ‖ *Hist.* Au XVIIIᵉ s., partisan des lumières. ◆ adj. et n. Qui mène une vie tranquille et retirée; qui supporte avec sagesse les épreuves.

PHILOSOPHER v. i. Tenir des considérations morales ou philosophiques, raisonner.

PHILOSOPHIE n. f. Toute connaissance rationnelle, quel que soit son objet (vx). ‖ Exercice de la raison dans les domaines de la pensée et de l'action. ‖ Réflexion sur le sens et la légitimité de toute pratique (scientifique, éthique, politique, etc.). ‖ Doctrine propre à un philosophe célèbre, à une école, à une époque : *la philosophie d'Aristote*. ‖ Conception que l'on se fait des problèmes de la vie, du monde. ‖ Calme de celui qui sait supporter les accidents de la vie, résignation : *prendre son mal avec philosophie*. ‖ Ancien nom de la classe de terminale A. ● *Philosophie première*, syn. de MÉTAPHYSIQUE.

PHILOSOPHIQUE adj. Relatif à la philosophie.

PHILOSOPHIQUEMENT adv. Du point de vue philosophique. ‖ Avec sagesse.

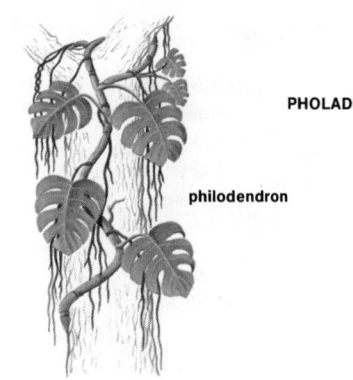

philodendron

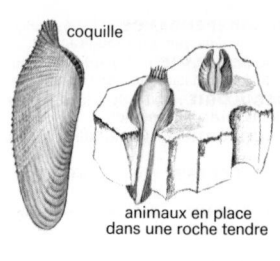

coquille

PHOLADE

animaux en place
dans une roche tendre

PHILTRE n. m. (lat. *philtrum*). Breuvage magique, propre à inspirer l'amour.

PHIMOSIS [fimozis] n. m. (mot gr.). Étroitesse du prépuce, qui empêche de découvrir le gland.

PHLÉBITE n. f. (gr. *phleps, phlebos*, veine). Inflammation d'une veine, affectant généralement les membres inférieurs, et pouvant provoquer la formation d'un caillot (thrombophlébite, cause d'embolies).

PHLÉBOLOGIE n. f. Spécialité médicale qui s'occupe des maladies des veines.

PHLÉBOLOGUE n. Spécialiste en phlébologie.

PHLÉBOTOME n. m. Insecte diptère des régions méditerranéennes et tropicales, dont la femelle, en se nourrissant de sang humain, peut transmettre les leishmanias.

PHLÉBOTOMIE n. f. *Méd.* Incision d'une veine.

PHLEGMON [flεgmɔ̃] n. m. (gr. *phlegmonê*; de *phlegein*, brûler). Inflammation du tissu cellulaire ou conjonctif, d'une cavité ou d'un canal naturels.

PHLEGMONEUX, EUSE adj. De la nature du phlegmon.

PHLÉOLE n. f. → FLÉOLE.

PHLOGISTIQUE n. m. (gr. *phlox, phlogos*, flamme). Fluide imaginé par les anciens chimistes pour expliquer la combustion.

PHLOX [flɔks] n. m. (mot gr., *flamme*). Plante originaire de l'Amérique du Nord, que l'on cultive pour ses fleurs aux couleurs vives. (Famille des polémoniacées.)

PHLYCTÈNE [fliktεn] n. f. (gr. *phluktaina*, pustule). Ampoule transparente, formée par un décollement, entre l'épiderme et le derme, et remplie de sérosité.

pH-MÈTRE n. m. Appareil de mesure du pH.

PHOBIE n. f. (gr. *phobos*, effroi). Aversion ou peur instinctive. ‖ *Psychiatr.* Crainte déraisonnable à l'égard d'objets, de situations ou de personnes bien définis, dont le sujet reconnaît le caractère injustifié, mais dont il ne peut se débarrasser. (Ce mot entre comme composant dans les noms de diverses sortes de craintes injustifiées : *agoraphobie, claustrophobie, éreutophobie*, etc.)

PHOBIQUE adj. Qui a les caractères de la phobie. ● *Névrose phobique* (Psychiatr.), névrose dont le principal symptôme est constitué de phobies. ◆ adj. et n. Qui est atteint de névrose phobique.

PHOCÉEN, ENNE adj. et n. De Phocée ou de Marseille.

PHOCIDIEN, ENNE adj. De la Phocide.

PHOCOMÈLE adj. et n. Atteint de phocomélie.

PHOCOMÉLIE n. f. Malformation congénitale caractérisée par le raccourcissement ou l'absence de la racine d'un ou plusieurs membres, alors que l'extrémité du membre (main ou pied) est normale.

PHŒNIX ou **PHÉNIX** n. m. (mot lat.). Variété de palmier ornemental. (Le *dattier* appartient à ce genre.)

PHOLADE n. f. (gr. *phôlas, -lados*). Mollusque bivalve à coquille blanche, qui creuse des cavités dans les rochers. (Long. 10 cm.)

PHOLCODINE n. f. Médicament calmant de la toux.

PHOLIOTE n. f. Champignon à lamelles jaunes ou brunes, croissant en touffes à la base des vieux arbres. (Famille des agaricacées.)

PHONATEUR, TRICE ou **PHONATOIRE** adj. Relatif à la production des sons vocaux.

PHONATION n. f. (gr. *phônê*, voix). Ensemble des phénomènes qui concourent à la production de la voix.

PHONE n. m. Unité sans dimensions servant à graduer une échelle de même niveau physiologique d'intensité sonore pour des sons de fréquences différentes.

PHONÉMATIQUE n. f. Syn. de PHONOLOGIE.

PHONÈME n. m. (gr. *phônêma*, voix). Élément sonore de telle ou telle langue, se définissant par ses propriétés distinctives.

PHONÉMIQUE adj. Relatif aux phonèmes.

PHONÉTICIEN, ENNE n. Spécialiste de phonétique.

PHONÉTIQUE [fɔnetik] adj. Relatif aux sons du langage. ● *Écriture phonétique*, celle où les signes graphiques correspondent aux sons du langage.

PHONÉTIQUE n. f. Étude scientifique des sons du langage du point de vue de leur articulation ou de leur réception auditive.

PHONÉTIQUEMENT adv. Du point de vue de la phonétique.

PHONIATRE n. Médecin qui traite les troubles de la voix.

PHONIATRIE n. f. Partie de la médecine qui étudie les troubles de la phonation.

PHONIE n. f. Abrév. de TÉLÉPHONIE ou de RADIOTÉLÉPHONIE. (S'emploie couramment dans les transmissions militaires : *parler en phonie*.)

PHONIQUE adj. Relatif aux sons ou à la voix.

PHONO n. m. Abrév. de PHONOGRAPHE.

PHONOCAPTEUR, TRICE adj. Se dit d'un dispositif permettant de lire la gravure d'un disque phonographique.

PHONOCARDIOGRAPHIE n. f. *Méd.* Méthode d'enregistrement graphique des bruits cardiaques.

PHONOGÉNIQUE adj. Dont la voix se prête à de bonnes reproductions.

PHONOGRAMME n. m. *Ling.* Idéogramme employé non pour noter une idée, mais pour transcrire un son.

PHONOGRAPHE n. m. (gr. *phônê*, voix, et *graphein*, écrire). Appareil qui reproduit les sons par un procédé purement mécanique.

PHONOGRAPHIQUE adj. Relatif à l'enregistrement mécanique des sons.

PHONOLITE n. f. Roche volcanique acide, contenant un feldspathoïde et qui se délite en dalles sonores à la percussion.

PHONOLITIQUE adj. Formé de phonolite.

PHONOLOGIE n. f. Science qui traite des phonèmes du point de vue de leur fonction dans une langue donnée.

PHONOLOGIQUE adj. Relatif à la phonologie.

PHONOLOGUE n. Spécialiste de phonologie.

PHONOMÉTRIE n. f. Mesure de l'intensité des sons.

PHONON [fɔnɔ̃] n. m. Quantum d'énergie acoustique, analogue pour les ondes acoustiques à ce qu'est le photon pour les ondes électromagnétiques.

PHONOTHÈQUE n. f. Lieu où sont rassemblés les documents sonores constituant des archives de la parole.

PHOQUE n. m. (lat. *phoca*; mot gr.). Mammifère de l'ordre des pinnipèdes, à cou court et aux oreilles sans pavillon (long. : 1,50 à 2 m), vivant près des côtes arctiques, dans des mers plus chaudes (phoque moine de la Méditerranée) ou dans l'hémisphère austral (éléphant de mer des Kerguelen). ‖ Fourrure de cet animal.

PHORMIUM [fɔrmjɔm] n. m. (mot lat.). Plante dont les feuilles fournissent des fibres textiles (lin de la Nouvelle-Zélande). [Famille des liliacées.]

PHOSGÈNE n. m. (gr. *phôs*, lumière, et *gennân*, engendrer). Combinaison de chlore et d'oxyde de carbone ($COCl_2$), gaz toxique.

PHOSPHATAGE n. m. Addition de phosphate à un terrain cultivé.

PHOSPHATASE n. f. Enzyme libérant de l'acide phosphorique à partir de ses esters.

PHOSPHATATION n. f. Procédé thermochimique de protection des alliages ferreux par la formation de phosphates métalliques complexes.

PHOSPHATE n. m. (gr. *phôs*, lumière). Sel de l'acide phosphorique.
■ Les phosphates sont employés comme engrais pour apporter à la terre du phosphore, élément indispensable à la nutrition et à la vie des plantes. Les *engrais phosphatés* sont d'origine minérale ou organique, ou produits par l'industrie.

PHOSPHATÉ, E adj. Qui contient du phosphate.

PHOSPHATER v. t. Amender une terre avec des engrais phosphatés.

PHOSPHÈNE n. m. Sensation lumineuse élémentaire, résultant de la compression de l'œil quand les paupières sont fermées, ou apparaissant spontanément dans certaines maladies.

PHOSPHINE n. f. Nom générique de composés organiques dérivant de l'hydrogène phosphoré.

PHOSPHITE n. m. *Chim.* Sel de l'acide phosphoreux.

PHOSPHOCALCIQUE adj. Qui se rapporte au phosphore et au calcium : *métabolisme phosphocalcique.*

PHOSPHOGLYCÉRIQUE adj. *Acide phosphoglycérique*, produit immédiat de la photosynthèse, à partir duquel s'élaborent les aliments organiques de la plante (glucides, lipides et protides).

PHOSPHOLIPIDE n. m. Lipide contenant du phosphore.

PHOSPHORE n. m. (gr. *phôs*, lumière, et *phoros*, qui porte). Corps simple (P), n° 15, de masse atomique 30,97, légèrement ambré, très inflammable, lumineux dans l'obscurité.
■ Le phosphore existe dans la nature à l'état de phosphate indispensable à la vie; on le trouve également dans les os, les dents, le système nerveux, l'urine, et dans la laitance des poissons. C'est un solide blanc ambré, qui fond à 44°C et bout à 290°C. Soluble dans le sulfure de carbone, il se transforme, lorsqu'on le chauffe dans le vide à 240°C, en un produit dit *phosphore rouge*. Moins inflammable, ce phosphore n'est pas vénéneux, tandis que le premier est un poison violent.

PHOSPHORÉ, E adj. Qui contient du phosphore.

PHOSPHORER v. i. *Fam.* Dépenser une grande activité intellectuelle.

PHOSPHORESCENCE n. f. Luminescence présentée par divers corps (sulfures de zinc, de cadmium) et qui dure pendant un temps assez long après l'excitation de ces substances.

PHOSPHORESCENT, E adj. Doué de phosphorescence.

PHOSPHOREUX, EUSE adj. Qui contient du phosphore. ● *Anhydride phosphoreux*, composé (P_2O_3) formé par la combustion lente du phosphore. ‖ *Acide phosphoreux*, acide (H_3PO_3) correspondant.

PHOSPHORIQUE adj. m. *Anhydride phosphorique*, combinaison (P_2O_5) de phosphore et d'oxygène, formée par combustion vive. ‖ *Acide phosphorique*, se dit de plusieurs acides, dont H_3PO_4.

PHOSPHORISME n. m. Intoxication par le phosphore.

phoque

PHOSPHORITE n. f. Phosphate naturel de calcium.

PHOSPHORYLATION n. f. Réaction qui transfère un groupement phosphaté d'un composé organique (et surtout biochimique) à un autre.

PHOSPHURE n. m. Corps résultant de la combinaison du phosphore et d'un autre élément.

PHOT n. m. *Anc.* unité d'éclairement (symb. : ph), qui valait 1 lumen par centimètre carré, soit 10000 lux. (Cette unité n'est plus légale en France.)

PHOTO n. f. Abrév. de PHOTOGRAPHIE.

PHOTOCATHODE n. f. Cathode d'une cellule photoélectrique.

PHOTOCHIMIE n. f. Branche de la chimie qui étudie les effets de la lumière sur les réactions chimiques.

PHOTOCHIMIQUE adj. Qui concerne les effets chimiques de la lumière.

PHOTOCOMPOSEUSE n. f. Machine de photocomposition.

PHOTOCOMPOSITION n. f. *Impr.* Procédé de composition fournissant directement des textes sur films photographiques.

PHOTOCONDUCTEUR, TRICE adj. Qui présente ou utilise le phénomène de photoconduction.

PHOTOCONDUCTION n. f. Propriété de certaines substances dont la résistance électrique varie quand elles reçoivent un rayonnement lumineux.

PHOTOCOPIE n. f. Procédé de reproduction rapide d'un document par le développement instantané d'un négatif photographique; le document ainsi obtenu.

PHOTOCOPIER v. t. Faire une photocopie.

PHOTOCOPIEUR n. m., ou **PHOTOCOPIEUSE** n. f. Appareil de photocopie.

PHOTODIODE n. f. Diode à semi-conducteur, dans laquelle un rayonnement lumineux incident détermine une variation du courant électrique.

PHOTOÉLASTICIMÉTRIE n. f. Étude optique de la répartition des contraintes dans la masse d'une pièce métallique, d'un ouvrage d'art, etc.

PHOTOÉLASTICITÉ n. f. Propriété que présentent certaines substances transparentes isotropes de devenir biréfringentes sous l'influence de déformations élastiques.

PHOTOÉLECTRICITÉ n. f. Production d'électricité par action de la lumière.

PHOTOÉLECTRIQUE adj. Se dit de tout phénomène électrique provoqué par l'intervention de radiations lumineuses. ● *Cellule photoélectrique*, dispositif permettant d'obtenir des courants électriques par l'action d'un flux lumineux.

PHOTOÉMETTEUR, TRICE adj. Qui émet des électrons sous l'action de la lumière.

PHOTO-FINISH [fɔtofiniʃ] n. f. (pl. *photos-finish*). Appareil enregistrant automatiquement l'ordre des concurrents à l'arrivée d'une course.

PHOTOGÈNE adj. *Biol.* Qui engendre la lumière.

PHOTOGENÈSE n. f. *Biol.* Production de lumière.

PHOTOGÉNIQUE adj. Se dit de qqn dont les traits du visage sont aussi, sinon plus, agréables en photographie ou au cinéma qu'au naturel. ‖ *Phys.* Relatif aux effets chimiques de la lumière sur certains corps.

PHOTOGRAMMÉTRIE n. f. Application de la stéréophotographie aux levés topographiques, aux relevés des formes et des dimensions de choses très diverses.

PHOTOGRAPHE n. Personne qui prend des photos. ‖ Artisan, commerçant qui développe et tire des clichés, qui vend du matériel photographique.

PHOTOGRAPHIE ou **PHOTO** n. f. (gr. *phôs*, *phôtos*, lumière, et *graphein*, tracer). Action, manière, art de fixer, par l'action de la lumière, l'image des objets sur une surface sensible (plaque, pellicule, papier, etc.). ‖ Reproduction de l'image obtenue : *album de photographies*.
● *Photographie aérienne, spatiale*, image du sol prise à bord d'aéronefs, de missiles ou de satellites (pour la cartographie, le renseignement militaire, la recherche archéologique, etc.).

V. ill. page suivante

PHOTOGRAPHIER v. t. Obtenir une image par la photographie. ‖ Conserver dans son esprit une image précise de quelque chose.

PHOTOGRAPHIQUE adj. Relatif à la photographie.

PHOTOGRAPHIQUEMENT adv. À l'aide de la photographie.

PHOTOGRAVEUR n. et adj. m. Ouvrier spécialiste en photogravure.

PHOTOGRAVURE n. f. Ensemble des procédés photomécaniques qui permettent d'obtenir des clichés d'impression.

PHOTO-INTERPRÉTATION n. f. Lecture et traduction des documents photographiques obtenus par avion ou par satellite.

PHOTOLECTURE n. f. Lecture de caractères, de signes ou de marques par un moyen optique.

PHOTOLUMINESCENCE n. f. Phénomène de luminescence qui consiste, pour une substance, à absorber une radiation et à la restituer sous une longueur d'onde différente.

PHOTOLYSE n. f. Décomposition chimique par la lumière.

PHOTOMÉCANIQUE adj. Se dit de tout procédé d'impression dans lequel le cliché typographique est obtenu par photographie.

PHOTOMÈTRE n. m. Instrument qui mesure l'intensité d'une source de lumière.

PHOTOMÉTRIE n. f. Partie de la physique qui traite de la mesure des grandeurs relatives au rayonnement lumineux.

PHOTOMÉTRIQUE adj. Qui concerne la photométrie.

PHOTOMONTAGE n. m. Assemblage, collage de photographies.

PHOTOMULTIPLICATEUR, TRICE adj. et n. m. Se dit de la cellule photoélectrique à multiplication d'électrons.

PHOTON [fɔtɔ̃] n. m. *Phys.* Particule, quantum d'énergie du champ électromagnétique.

PHOTONIQUE adj. Relatif aux photons.

PHOTOPÉRIODE n. f. Durée du jour, considérée du point de vue de ses effets biologiques.

PHOTOPÉRIODIQUE adj. Relatif au photopériodisme.

PHOTOPÉRIODISME n. m. Réaction de certaines plantes à une succession définie de périodes de lumière et d'obscurité.

PHOTOPHOBIE n. f. Phobie de la lumière. ‖ Sensation pénible produite par la lumière dans certaines maladies.

PHOTOPHORE n. m. Lampe portative à manchon incandescente. ◆ adj. Se dit des organes lumineux des organismes doués de bioluminescence.

PHOTOPILE n. f. Dispositif transformant

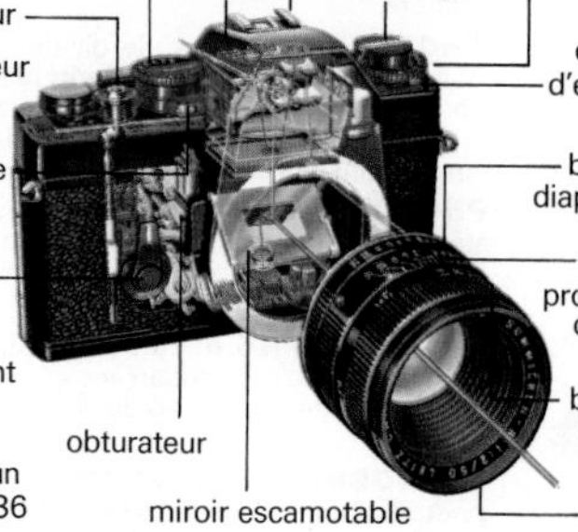

PHOTOGRAPHIE (figure)

affichage des vitesses
griffe porte-accessoires
affichage des sensibilités
déclencheur
viseur
rebobinage
commutateur de mesure intégrale ou sélective
correction d'exposition
bague des diaphragmes
table des profondeurs de champ
contact retardement
bague des distances
obturateur
miroir escamotable
objectif

écorché d'un reflex 24×36

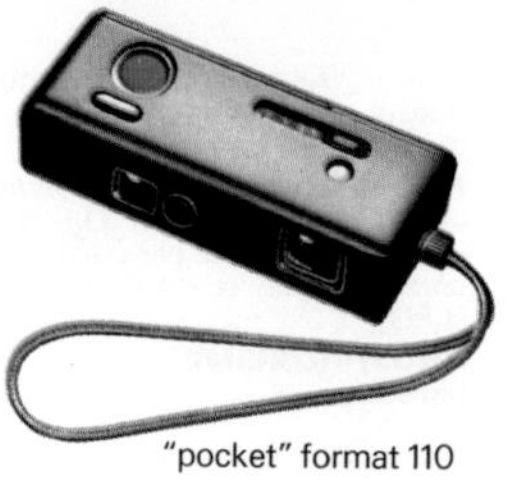

"pocket" format 110

Polaroïd 8×8

reflex 6×6 mono-objectif

reflex 6×6 à deux objectifs

zoom

chambre photographique 13×18

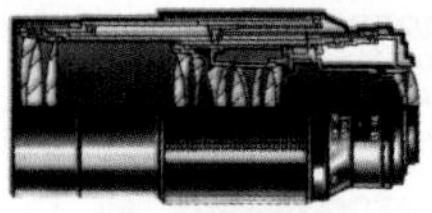

projecteur 24×36

PHOTOGRAPHIE

---

directement un rayonnement électromagnétique en courant électrique.

PHOTOPOLYMÈRE adj. Se dit d'un plastique sensibilisé dans la masse et utilisé pour la confection de clichés et de formes d'impression typographiques.

PHOTORÉCEPTEUR n. m. Cellule réceptrice visuelle.

PHOTORÉSISTANT, E adj. Syn. de PHOTO-CONDUCTEUR.

PHOTO-ROBOT n. f. (pl. *photos-robots*). Portrait reconstitué d'après des témoignages.

PHOTO-ROMAN n. m. (pl. *photos-romans*). Syn. de ROMAN-PHOTO.

PHOTOSENSIBILISATION n. f. *Méd.* Sensibilisation de la peau à la lumière (surtout solaire), se traduisant par l'apparition d'érythèmes.

PHOTOSENSIBILITÉ n. f. Sensibilité aux radiations lumineuses.

PHOTOSENSIBLE adj. Sensible à la lumière.

PHOTOSPHÈRE n. f. Couche supérieure dense, lumineuse, du Soleil, qui constitue la partie habituellement visible de l'astre.

PHOTOSTAT n. m. Document obtenu par photocopie.

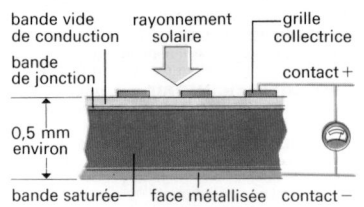

bande vide de conduction
rayonnement solaire
grille collectrice
bande de jonction
contact +
0,5 mm environ
bande saturée
face métallisée
contact −

COUPE SCHÉMATIQUE D'UNE PHOTOPILE

PHOTOSTOPPEUR, EUSE n. Personne qui photographie les passants et leur propose la vente de leur portrait.

PHOTOSTYLE n. m. *Inform.* Dispositif photoélectrique sensible aux tracés affichés sur l'écran d'une console de visualisation et permettant à l'utilisateur d'un ordinateur de dialoguer avec la machine.

PHOTOSYNTHÈSE n. f. Synthèse d'un corps chimique, de substances organiques (glucides), à l'aide de l'énergie lumineuse, par des végétaux chlorophylliens. (C'est par la photosynthèse que l'énergie d'origine solaire est introduite dans les grands cycles biochimiques du globe.)

PHOTOSYNTHÉTIQUE adj. Relatif à la photosynthèse.

PHOTOTACTISME n. m. *Biol.* Mouvement de réaction des êtres unicellulaires lorsque se produit un brusque éclairement.

PHOTOTAXIE n. f. Réaction d'orientation, par rapport à la lumière, d'organismes se déplaçant librement.

PHOTOTHÈQUE n. f. Collection d'archives photographiques.

PHOTOTRANSISTOR n. m. Transistor utilisant l'effet photoélectrique.

PHOTOTROPISME n. m. Orientation par rapport à la lumière des organismes fixes, végétaux généralement.

PHOTOTYPE n. m. Image photographique obtenue après exposition et traitement d'une couche sensible.

PHOTOTYPIE n. f. Procédé d'impression à l'encre grasse au moyen de gélatine bichromatée et insolée.

PHOTOVOLTAÏQUE adj. *Cellule photovoltaïque,* syn. de PHOTOPILE.

PHRAGMITE n. m. (gr. *phragma,* clôture). Genre de graminacées, comprenant le *roseau commun.* ‖ Espèce de fauvette des joncs.

PHRASE n. f. (gr. *phrasis;* de *phrazein,* expliquer). Unité de l'énoncé, formée de la combinaison de groupes de mots et présentant un sens complet. ‖ *Mus.* Suite de notes offrant un sens musical achevé. ● *Faire des phrases,* tenir des discours creux, conventionnels. ‖ *Phrases toutes faites,* clichés. ‖ *Sans phrases,* sans commentaire, sans détour.

PHRASÉ n. m. *Mus.* Interprétation de la phrase musicale en tenant compte de sa ponctuation et en mettant en valeur la dynamique de ses éléments rythmiques, mélodiques ou harmoniques (accents, ornements).

PHRASÉOLOGIE n. f. Ensemble de constructions et d'expressions propres à une langue. ‖ *Péjor.* Assemblage de mots vides de sens.

PHRASER v. i. *Litt.* Écrire, parler d'une manière affectée.

PHRASEUR, EUSE n. Personne qui s'exprime avec affectation et grandiloquence.

PHRASTIQUE adj. *Ling.* Relatif à la phrase.

PHRATRIE n. f. (gr. *phratria*). *Antiq. gr.* Groupement de familles, subdivision de la tribu, constitué sur une base religieuse, sociale et politique. ‖ *Anthropol.* Réunion de plusieurs clans, le plus souvent totémique.

PHRÉATIQUE adj. (gr. *phrear, -atos,* puits). *Nappe phréatique,* nappe d'eau souterraine, formée par l'infiltration des eaux de pluie et alimentant des sources.

PHRÉNIQUE adj. (gr. *phrên,* diaphragme). *Anat.* Relatif au diaphragme. ● *Nerf phrénique,* nerf qui commande les contractions du diaphragme.

PHRÉNOLOGIE n. f. (gr. *phrên,* pensée, et *logos,* science). Étude du caractère et des fonctions intellectuelles de l'homme d'après la conformation externe du crâne (vx).

PHRYGANE n. f. (gr. *phruganon,* bois mort). Insecte névroptère dont la larve, aquatique, construit autour d'elle des fourreaux avec des végétaux, du sable, des coquilles (d'où ses noms usuels de *porte-faix, traîne-bûches*).

PHRYGIEN, ENNE adj. et n. De la Phrygie. ● *Bonnet phrygien,* coiffure assimilée au bonnet d'affranchi de la Rome antique et qui devint sous la Révolution l'emblème de la liberté.

PHTALÉINE n. f. Matière colorante, incolore en milieu acide ou neutre, et rouge pourpre en milieu basique.

PHTALIQUE adj. m. Se dit d'un acide dérivé du benzène, utilisé dans la fabrication de colorants et de résines synthétiques.

PHTIRIASE n. f. (gr. *phtheir*, pou). Maladie de la peau produite par les poux. (Syn. MALADIE PÉDICULAIRE.)

PHTIRIUS n. m. Nom scientifique du *pou du pubis.*

PHTISIE n. f. (gr. *phthisis*, dépérissement). Syn. anc. de TUBERCULOSE PULMONAIRE.

PHTISIOLOGIE n. f. Partie de la médecine qui étudie la tuberculose.

PHTISIOLOGUE n. Médecin spécialisé dans le traitement de la tuberculose.

PHTISIQUE adj. et n. Atteint de phtisie (vx).

PHYCOÉRYTHRINE n. f. Pigment caractéristique des algues rouges, auxquelles il permet d'absorber les radiations lumineuses de courte longueur d'onde, qui pénètrent en profondeur dans la mer.

PHYCOMYCÈTE n. m. (gr. *phûkos*, algue, et *mukês*, champignon). *Bot.* Syn. de SIPHOMYCÈTE.

PHYLACTÈRE n. m. (gr. *phulattein*, protéger). Petit étui renfermant un morceau de parchemin où sont inscrits des versets de la Torah et que les Juifs pratiquants portent sur eux. ‖ Banderole utilisée par les artistes du Moyen Âge pour y inscrire les paroles prononcées par les personnages d'un tableau, d'un vitrail, etc. ‖ Dans une bande dessinée, syn. de BULLE.

PHYLARQUE n. m. (gr. *phularkhos*). *Antiq. gr.* Magistrat qui présidait les assemblées de chacune des dix tribus à Athènes; commandant d'un escadron de cavalerie.

PHYLÉTIQUE adj. Relatif à un phylum.

PHYLLADE n. m. (gr. *phullas*, feuillage). Roche faiblement métamorphique, schisteuse, à laquelle de très fines paillettes de mica donnent un aspect soyeux.

PHYLLIE n. f. (gr. *phullon*, feuille). Insecte orthoptère de Malaisie, ressemblant à une feuille verte.

PHYLLOTAXIE n. f. *Bot.* Syn. de FOLIATION.

PHYLLOXÉRA ou **PHYLLOXERA** n. m. (gr. *phullon*, feuille, et *xêros*, sec). Minuscule puceron dont l'espèce type vit sur les feuilles du chêne *(Phylloxera coccinea).* ‖ Maladie de la vigne causée par *Phylloxera vastatrix.*
■ Vers 1860, ce puceron fut introduit en France avec des plants importés des États-Unis. Tout le vignoble fut contaminé et plus de la moitié des vignes furent détruites. La meilleure protection contre le phylloxéra consiste à greffer des cépages indigènes sur des plants américains : c'est

phylloxéra ailé phylloxéra sur une radicelle

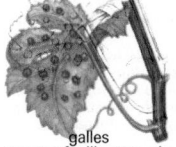

galles sur une feuille attaquée   galle ouverte

PHYLLOXÉRA

ainsi que fut reconstitué le vignoble français pour lequel cette maladie ne présente plus un véritable danger, les vignes ayant acquis une certaine immunité.

PHYLLOXÉRÉ, E adj. Qui est atteint du phylloxéra.

PHYLLOXÉRIEN, ENNE ou **PHYLLOXÉRIQUE** adj. Propre au phylloxéra.

PHYLOGENÈSE n. f. (gr. *phûlon*, tribu, et *genesis*, origine). Recherche de la formation et du développement des espèces animales et végétales.

PHYLOGÉNÉTIQUE adj. Relatif à la phylogenèse.

PHYLUM [filɔm] n. m. Série évolutive de formes animales ou végétales.

PHYSALIE n. f. (gr. *phusalis*, vessie). Animal marin, formé d'une vésicule flottante soutenant des polypes reproducteurs, nourriciers, et des filaments urticants longs de plusieurs mètres. (Les physalies vivent en colonies.) [Embranchement des cnidaires; ordre des siphonophores.]

PHYSALIS [fizalis] n. m. (mot gr.). Plante sauvage ou cultivée, dont la baie, comestible, est enfermée dans un calice orangé et renflé en vessie. (Haut. 50 cm; famille des solanacées; noms usuels : *alkékenge, amour-en-cage.*)

PHYSE n. f. Mollusque gastropode d'eau douce, à coquille longue de 1 cm.

PHYSICALISME n. m. Théorie épistémologique néopositiviste qui affirme que le langage de la physique peut constituer un langage universel convenant à toutes les sciences. (Le physicalisme a été élaboré par certains représentants du cercle de Vienne.)

PHYSICIEN, ENNE n. Spécialiste de la physique.

PHYSICO-CHIMIE n. f. Branche de la chimie qui applique les lois de la physique à l'étude des systèmes chimiques.

PHYSICO-CHIMIQUE adj. Qui tient à la fois de la physique et de la chimie. ‖ Relatif à la physico-chimie.

PHYSICO-MATHÉMATIQUE adj. Qui concerne à la fois la physique et les mathématiques.

PHYSIOCRATE n. et adj. Partisan de la physiocratie.

PHYSIOCRATIE n. f. (gr. *phusis*, nature, et *kratos*, pouvoir). Doctrine des économistes qui, avec Quesnay, considéraient l'agriculture comme la source essentielle de la richesse.

PHYSIOGNOMONIE n. f. Science qui se proposait de connaître les hommes d'après leur physionomie. (Proposée par Lavater, cette étude est auj. abandonnée.)

PHYSIOLOGIE n. f. Science qui traite des fonctions organiques par lesquelles la vie se manifeste et qui assurent le maintien de la vie individuelle. ● *Physiologie pathologique,* syn. de PHYSIOPATHOLOGIE.

PHYSIOLOGIQUE adj. Relatif à la physiologie.

PHYSIOLOGIQUEMENT adv. Du point de vue physiologique.

PHYSIOLOGISTE n. Chercheur scientifique spécialisé en physiologie.

PHYSIONOMIE n. f. (gr. *phusis*, nature, et *gnômôn*, qui connaît). Ensemble des traits du visage ayant un caractère particulier et exprimant l'humeur, la personnalité : *physionomie ouverte.* ‖ Caractère, aspect qui distingue une chose d'une autre : *physionomie d'un scrutin.*

PHYSIONOMISTE adj. et n. Qui est capable de reconnaître immédiatement une personne déjà rencontrée.

PHYSIOPATHOLOGIE n. f. Étude des troubles fonctionnels qui perturbent les fonctions physiologiques et sont responsables des signes pathologiques. (Syn. PHYSIOLOGIE PATHOLOGIQUE.)

PHYSIOPATHOLOGIQUE adj. Relatif à la physiopathologie.

PHYSIOTHÉRAPIE n. f. Traitement médical au moyen d'agents naturels : lumière, chaleur, froid, électricité, exercice, etc.

PHYSIQUE n. f. (gr. *phusikê*; de *phusis*, nature). Science qui étudie les propriétés générales de la matière et établit les lois qui rendent compte des phénomènes naturels. (Elle s'intéresse surtout à l'énergie, à la matière et à leurs interactions réciproques.) ● *Physique amusante,* ensemble d'expériences de physique ou de prestidigitation pour amuser les enfants. ‖ *Physique mathématique,* physique dans laquelle les lois physiques sont traduites par des fonctions mathématiques.

PHYSIQUE adj. Qui appartient à la nature : *géographie physique.* ‖ Relatif au corps humain :

physalis

exercices physiques. ‖ Relatif à la physique : *propriétés physiques d'un corps.*

PHYSIQUE n. m. Aspect général d'une personne : *il a le physique de l'emploi.* ‖ Constitution du corps, état de santé : *le physique influe sur le moral.*

PHYSIQUEMENT adv. Sur le plan physique.

PHYSISORPTION n. f. Adsorption dont le mécanisme est dû à des actions physiques.

PHYSOSTIGMA n. m. Plante volubile de Guinée, dont les graines *(fèves de Calabar)* sont très toxiques. (Famille des papilionacées.)

PHYSOSTOME n. m. Poisson téléostéen dont la vessie natatoire est reliée à l'œsophage. (Les *physostomes* forment un ordre.)

PHYTÉLÉPHAS [fitelefas] n. m. (gr. *phuton,* plante, et *elephas,* éléphant). Arbre de l'Amérique tropicale, dont une espèce produit des graines qui fournissent le corozo.

PHYTOBIOLOGIE n. f. Biologie végétale.

PHYTOCLIMOGRAMME n. m. Graphique représentant les conditions climatiques optimales pour le développement d'une plante.

PHYTOFLAGELLÉ n. m. Protiste flagellé possédant de la chlorophylle *(euglène, chlamydomonas,* etc.).

PHYTOGÉOGRAPHIE n. f. Science de la distribution des plantes sur la Terre.

PHYTOHORMONE n. f. Nom générique des hormones végétales.

PHYTOPATHOLOGIE n. f. Étude des maladies des plantes.

PHYTOPHAGE adj. Se dit d'un animal qui se nourrit de matières végétales.

PHYTOPHARMACIE n. f. Étude et préparation des produits antiparasitaires destinés au traitement des maladies des plantes.

PHYTOPHTHORA n. m. Champignon parasite du châtaignier et de la pomme de terre. (Classe des siphomycètes; famille des péronosporacées.)

PHYTOPLANCTON n. m. Plancton végétal.

PHYTOPTE n. m. Acarien parasite de la vigne, qui provoque des galles sur les feuilles.

PHYTOSANITAIRE adj. Relatif aux soins à donner aux végétaux.

PHYTOSOCIOLOGIE n. f. Étude des associations végétales.

PHYTOTHÉRAPEUTE n. Personne qui traite les maladies par phytothérapie.

PHYTOTHÉRAPIE n. f. Traitement des maladies par les plantes.

PHYTOTRON n. m. Laboratoire équipé pour l'étude des conditions physiques et chimiques dans lesquelles les plantes se développent.

PHYTOZOAIRE n. m. Syn. de ZOOPHYTE.

PI n. m. Lettre de l'alphabet grec (π), correspondant au *p.* ‖ *Math.* Symbole représentant le rapport constant du périmètre d'un cercle à son diamètre, soit approximativement 3,141 6. ‖ *Phys.* Syn. de PION.

PIAF n. m. *Pop.* Moineau.

PIAFFANT, E adj. Qui piaffe.

PIAFFÉ n. m. *Équit.* Figure de haute école. (Le cheval lève ses pieds comme s'il trottait mais sans avancer ni reculer.)

PIAFFEMENT n. m. Action de piaffer.

PIAFFER v. i. (onomat.). Frapper la terre des pieds de devant, en parlant du cheval. ‖ S'agiter vivement, trépigner : *piaffer d'impatience.*

PIAILLEMENT n. m. Action de piailler.

PIAILLER v. i. (onomat.). Pousser des cris aigus et répétés, en parlant des oiseaux. ‖ *Fam.* Crier sans cesse.

PIAILLERIE n. f. *Fam.* Criaillerie.

PIAN [pjɑ̃] n. m. (mot tupi). Maladie tropicale, infectieuse et contagieuse, produite par un tréponème et provoquant des lésions cutanées.

PIANISSIMO adv. (mot it.). *Mus.* Avec une très faible intensité de son. (Se représente par *PP.*)

PIANISTE n. Personne qui joue du piano.

PIANISTIQUE adj. Se dit d'une composition musicale écrite dans le style propre au piano.

PIANO n. m. (de *pianoforte*) [pl. *pianos*]. Instrument de musique, à clavier et à cordes frappées par de petits marteaux. ● *Piano droit,* dont les cordes et la table d'harmonie sont verticales. ‖ *Piano à queue,* dont les cordes et la table d'harmonie sont horizontales. ● *Piano préparé,* instrument dont les cordes sont munies d'objets servant à amortir et à transporter le son (clous, morceaux de bois, de métal, de caoutchouc).

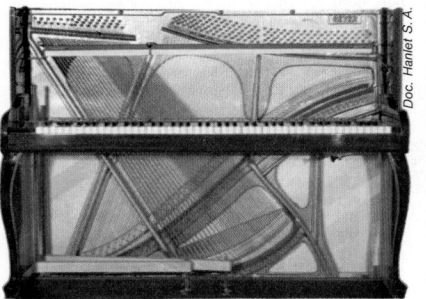

piano droit ouvert

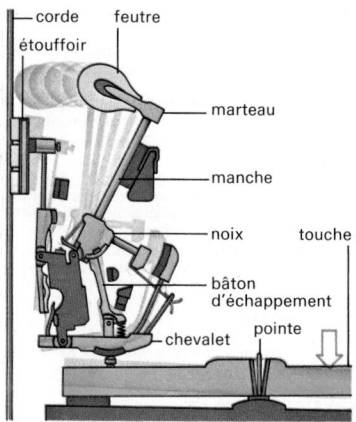

piano : système de percussion d'une touche

PIANO adv. (mot it.). *Mus.* Avec une faible intensité de son. (Se représente par *P.*)

PIANOFORTE [pjanofɔrte] n. m. (mot it.). Instrument à cordes frappées et à clavier permettant l'obtention de nuances. (Son évolution conduisit à l'instrument moderne dont le nom fut contracté en *piano.*)

PIANOTAGE n. m. Action de pianoter.

PIANOTER v. i. Jouer du piano maladroitement. ‖ Tapoter sur qqch avec les doigts.

PIASSAVA n. m. Fibre produite par des palmiers d'Amérique et utilisée en brosserie.

PIASTRE n. f. (it. *piastra,* lame de métal). Dans de nombreux pays, unité monétaire principale ou divisionnaire. ‖ *Fam.* Au Canada, billet d'un dollar.

PIAULE n. f. *Pop.* Chambre.

PIAULEMENT n. m. Action de piauler.

PIAULER v. i. (onomat.). Pousser des cris aigus.

PIAZZA [pjadza] n. f. (mot it., *place*). Espace libre piétonnier lié à un ensemble architectural.

PIBALE n. f. Larve d'anguille.

PIBLE (À) loc. adv. (anc. fr. *pible,* peuplier). *Mar.* D'une seule pièce, en parlant d'un mât.

PIC n. m. (de *pic,* oiseau). Instrument métallique, souvent légèrement courbé, pointu et à long manche, pour démolir, creuser la terre, ébaucher ou dresser une pierre, etc. ‖ Sommet pointu d'une montagne. ‖ *Mar.* Partie extérieure de la corne d'artimon. ● *À pic,* verticalement, perpendiculairement; *fam.,* opportunément, à point nommé : *vous arrivez à pic.*

PIC n. m. (lat. *picus*). Oiseau grimpeur, qui frappe avec le bec sur l'écorce des arbres pour en faire sortir les larves. (V. PIVERT.)

PICADOR n. m. (mot esp.). Cavalier qui, dans une corrida, fatigue le taureau avec la pique.

PICAGE n. m. *Vétér.* Habitude, due généralement à une carence alimentaire, qui conduit certains jeunes oiseaux à becqueter et arracher les plumes de leurs congénères.

PICAILLONS n. m. pl. (mot savoyard; anc. prov. *piquar,* sonner). *Pop.* Argent.

PICARD, E adj. et n. De Picardie.

PICARD n. m. Dialecte de langue d'oïl de la Picardie.

PICARDAN n. m. Cépage du bas Languedoc; vin blanc liquoreux (*muscat*) qui en provient.

PICAREL n. m. Poisson de la Méditerranée, à chair peu estimée. (Long. 20 cm.)

PICARESQUE adj. (esp. *pícaro,* vaurien). *Littér.* Se dit des romans et des pièces de théâtre dont le héros est un aventurier. (Le roman picaresque naît en Espagne au XVIᵉ s. avec *Lazarillo de Tormes* [1554].)

PICCOLO n. m. (mot it., *petit*). Petite flûte.

PICHENETTE n. f. *Fam.* Petit coup brusque appliqué avec le doigt.

PICHET [piʃɛ] n. m. (anc. fr. *pichier*). Petit broc à vin, à cidre.

PICHOLINE [pikɔlin] n. f. (prov. *pichoulino*). Olive verte, que l'on mange en hors-d'œuvre.

PICKLES [pikœls] n. m. pl. (mot angl.). Condiments végétaux conservés au vinaigre aromatisé.

PICKPOCKET [pikpɔkɛt] n. m. (mot angl.; de *to pick,* enlever, et *pocket,* poche). Voleur à la tire.

PICK-UP [pikœp] n. m. inv. (mot angl.). Lecteur de disques de phonographe. ‖ *Syn.* vieilli d'ÉLECTROPHONE. ‖ *Agric.* Organe de ramassage placé à l'avant des machines utilisées pour botteler les pailles et les fourrages.

PICO-, préf. (symb. : p) qui, placé devant une unité, la divise par un billion, soit par 10^{12}.

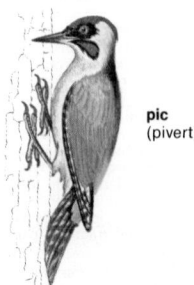

pic
(pivert)

PICOLER v. i. *Pop.* Boire (du vin, de l'alcool).

PICORER v. i. (de *piquer,* voler). Chercher sa nourriture, son butin, en parlant des oiseaux, des abeilles. ◆ v. t. Prendre de-ci, de-là.

PICOT n. m. (de *pic*). Petite pointe restant sur le bois qui n'a pas été coupé net. ‖ Outil pour dégrader les joints de maçonnerie. ‖ Marteau pointu des carriers. ‖ Bord en forme de dent d'un passement, d'une dentelle. ‖ Filet pour prendre les poissons plats.

PICOTAGE n. m. Action de picoter.

PICOTÉ, E adj. Marqué d'un grand nombre de petits points.

PICOTEMENT n. m. Sensation de piqûre légère mais répétée.

PICOTER v. t. (de *piquer*). Causer des picotements : *la pluie picote les yeux.* ‖ Becqueter : *l'oiseau picote les fruits.*

PICOTIN n. m. (de *picoter*). Mesure d'avoine pour un cheval (à Paris, 2,50 litres) [vx].

PICPOUL n. m. Cépage blanc, répandu dans le Midi; vin obtenu avec ce cépage.

PICRATE n. m. (gr. *pikros,* amer). Sel de l'acide picrique. ‖ *Pop.* Vin de mauvaise qualité.

PICRIQUE adj. m. *Chim.* Se dit d'un acide obtenu par l'action de l'acide nitrique sur le phénol. (On employait autrefois l'acide picrique en médecine pour calmer les douleurs d'une brûlure; dans l'industrie, il sert à teindre la soie en jaune. Brusquement chauffé, il détone.)

PICTOGRAMME n. m. Dessin, signe d'une écriture pictographique.

PICTOGRAPHIQUE adj. *Écriture pictographique,* système d'écriture où les concepts sont représentés par des scènes figurées ou par des symboles complexes.

PICTURAL, E, AUX adj. (lat. *pictura*). Qui se rapporte à l'art de la peinture.

PICVERT n. m. → PIVERT.

PIDGIN [pidʒin] n. m. (prononciation chin. de l'angl. *business*). Langue née du contact de l'anglais et de diverses langues d'Extrême-Orient, et servant à des relations commerciales.

PIE n. f. (lat. *pica*). Passereau à plumage noir et blanc et à longue queue, qui aime à orner son nid d'objets brillants. (Long. 50 cm.) [Cri : la pie *jacasse, jase.*] ‖ *Fam.* Personne bavarde. ● *Fromage à la pie,* fromage frais mélangé de fines herbes. ‖ *Trouver la pie au nid* (Fam.), faire quelque découverte merveilleuse.

PIE adj. inv. Se dit du poil ou du plumage composé de deux couleurs non mélangées, blanc et noir ou blanc et roux. ● *Race française frisonne pie noire,* race bovine excellente laitière et ayant de bonnes aptitudes en boucherie, originaire de Frise et qui est devenue en France l'une des races les plus importantes en effectif. ‖ *Race pie rouge de l'Est,* population de bovins réunissant toutes les races à robe pie des monts du Jura et des plaines de la Saône. ‖ *Voiture pie,* voiture noir et blanc utilisée par la police.

PIE adj. (lat. *pia,* pieuse). *Œuvre pie,* œuvre pieuse.

PIÈCE n. f. (bas lat. *petia;* mot gaul.). Chaque partie séparée d'un tout, d'un ensemble : *pièce de bœuf, de terre, de collection, de vaisselle.* ‖ Petit morceau d'étoffe, de métal, etc., employé pour le raccommodage, la réparation : *mettre*

pie

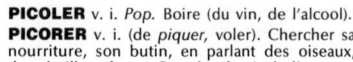
Doc. Hanlet S. A.

une pièce à *un vêtement*. ‖ Chacun des espaces habitables délimités par les divisions des murs et des cloisons, et dont la juxtaposition constitue un logement. ‖ Animal tué par un chasseur, pris par un pêcheur. ‖ Morceau de métal plat servant de monnaie : *une pièce d'un franc*. ‖ Unité : *cela coûte cent francs la pièce* ou *cent francs pièce*. ‖ Ouvrage dramatique : *pièce en cinq actes*. ‖ Ouvrage littéraire ou musical : *pièce de vers*. ‖ Nom donné aux figurines dont on se sert pour jouer aux échecs. ‖ Document servant à établir la réalité d'un fait *(pièces d'identité)*, ou destiné à servir d'élément de preuve dans un litige ou un procès pénal *(pièce à conviction)*. Syn. de MEUBLE. ‖ *Mil.* Bouche à feu; ensemble des militaires chargés de son service. ‖ *Techn.* Objet en cours d'usinage. ● *À la pièce, aux pièces*, en proportion de l'ouvrage effectué : *être payé à la pièce*. ‖ *De toutes pièces*, entièrement, sans utiliser aucun élément préalable. ‖ *Donner la pièce*, un pourboire. ‖ *Au reste pièce à qqn* (Litt.), lui jouer un mauvais tour. ‖ *Fait de pièces et de morceaux*, composé de parties disparates. ‖ *Juger sur pièces*, se faire une opinion de qqn d'après son travail, ses actes. ‖ *Mettre, tailler en pièces*, infliger une défaite sanglante. ‖ *Pièce anatomique*, partie d'un corps mort préparée pour l'étude. ‖ *Pièce à pièce*, un objet après l'autre : *vendre son mobilier pièce à pièce*. ‖ *Pièce de bois*, morceau de bois propre à la charpente. ‖ *Pièce de charpente*, bois travaillé, prêt à être posé. ‖ *Pièce détachée*, pièce que l'on peut acquérir isolément pour remplacer une pièce usagée ou détériorée, afin de reconstituer un ensemble. ‖ *Pièce d'eau*, petit étang, bassin dans un parc, dans un jardin, etc. ‖ *Pièce montée*, pâtisserie formant une sorte d'architecture. ‖ *Pièce de titre*, étiquette collée au dos d'un livre, sur laquelle sont inscrits le titre, le nom de l'auteur et le numéro du volume. ‖ *Pièce de vin*, tonneau de vin. ‖ *Tout d'une pièce*, d'un seul bloc; de caractère rigide, sans souplesse d'esprit.

PIÉCETTE n. f. Petite pièce de monnaie.

PIED n. m. (lat. *pes, pedis*). Partie de l'extrémité de la jambe qui sert à l'homme et aux animaux à se soutenir et à marcher. (Le squelette du pied comporte le *tarse* [astragale, calcanéum, scaphoïde, cuboïde, cunéiformes], le *métatarse* [métatarsiens] et les *phalanges* [orteils].) ‖ Organe musclé des mollusques, servant au déplacement. ‖ *Anc.* unité de mesure de longueur anglo-saxonne valant 12 pouces, soit 30,48 cm. ‖ *Anc.* mesure de longueur d'environ 33 cm. ‖ Partie d'un objet servant de support : *les pieds d'une table*. ‖ Partie du tronc d'un végétal qui est le plus près de terre. ‖ Arbre, plante : *dix pieds d'arbres, de salade*. ‖ Le bas d'une montagne, d'un mur, etc. ‖ Chaque syllabe d'un vers dans la métrique ancienne. ‖ *Math.* Point de rencontre d'une perpendiculaire avec la ligne ou la surface sur laquelle elle est abaissée. ● *À pied*, en marchant. ‖ *Au petit pied*, en raccourci, sans grandeur. ‖ *C'est le pied!* (Pop.), c'est très agréable, c'est parfaitement réussi. ‖ *De pied ferme*, sans reculer, avec constance. ‖ *Donner du pied à une échelle*, l'éloigner du mur par en bas. ‖ *En pied*, représenté debout. ‖ *Faire les pieds à qqn* (Fam.), lui donner une leçon. ‖ *Faire du pied*, frôler le pied de qqn pour exprimer son désir amoureux. ‖ *Lever le pied*, s'enfuir avec la caisse. ‖ *Mettre qqch sur pied*, l'organiser, le mettre en état. ‖ *Mettre à pied*, suspendre l'activité d'un travailleur salarié pendant une certaine période de temps. ‖ *Mettre les pieds quelque part*, y aller. ‖ *Mettre qqn au pied du mur*, le forcer à prendre parti, l'obliger à répondre. ‖ *Perdre pied*, couler. ‖ *Pied à coulisse*, instrument servant à mesurer le diamètre ou l'épaisseur de différents objets. ‖ *Pied à pied*, graduellement. ‖ *Pied bot*, v. BOT. ‖ *Pied de guerre, pied de paix* (Mil.), état d'une armée, d'une formation militaire ou d'un pays suivant qu'ont été prises ou non les mesures nécessaires à leur intervention dans un conflit. ‖ *Pied du lit*, partie opposée au chevet. ‖ *Pied plat*, pied trop large et trop aplati par faiblesse de la voûte plantaire. ‖ *Prendre son pied* (Pop.), éprouver un vif plaisir (sexuel notamment). ‖ *Sur un grand pied*, avec un grand train de vie. ‖ *Sur le pied*

de, à l'égal de. ‖ *Sur pied*, debout; se dit d'une céréale pas encore coupée.

PIED-À-TERRE [pjetater] n. m. inv. Petit logement qu'on occupe seulement en passant.

PIED-D'ALOUETTE n. m. (pl. *pieds-d'alouette*). *Bot.* Nom usuel du *delphinium*.

PIED-DE-BICHE n. m. (pl. *pieds-de-biche*). Levier métallique dont la tête, en biais, est aplatie et fendue pour arracher les clous. ‖ Pièce de la machine à coudre prenant et guidant l'étoffe. ‖ Type ancien de poignée de sonnette. ‖ Pied de meuble galbé et se terminant par un sabot fourchu (style Louis XV).

PIED-DE-CHEVAL n. m. (pl. *pieds-de-cheval*). Grande huître comestible.

PIED-DE-LOUP n. m. (pl. *pieds-de-loup*). Nom usuel du *lycopode*.

PIED-DE-MOUTON n. m. (pl. *pieds-de-mouton*). Proéminence de la surface de certains rouleaux compresseurs, qui permet une bonne densification d'un revêtement ou d'un sol de fondation. ‖ Nom usuel de l'*hydne*.

PIED-DE-POULE n. m. et adj. inv. (pl. *pieds-de-poule*). Tissu réalisé avec une armure à base de croisé en utilisant des effets d'ourdissage et

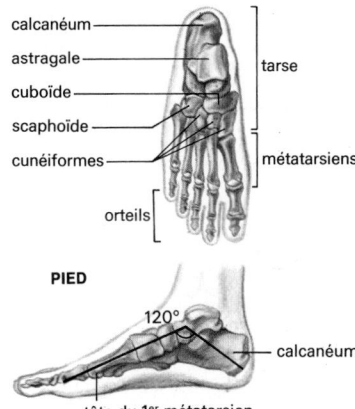

calcanéum
astragale
cuboïde
scaphoïde
cunéiformes

tarse
métatarsiens

orteils

PIED

120°

calcanéum

tête du 1er métatarsien

de tramage identiques, et présentant des dessins rappelant les empreintes de pas d'une poule.

PIÉDESTAL n. m. (it. *piedestallo*) [pl. *piédestaux*]. Socle d'une colonne, d'une statue, etc., formé d'une base, d'un dé et d'une corniche. ● *Mettre qqn sur un piédestal*, lui témoigner une grande admiration. ‖ *Tomber de son piédestal*, perdre de son prestige.

PIED-FORT ou **PIÉFORT** n. m. (pl. *pieds-forts* ou *piéforts*). Pièce de monnaie de flan épais, frappée pour servir de modèle.

PIED-NOIR n. et adj. (pl. *pieds-noirs*). *Fam.* Français d'origine européenne qui habitait l'Afrique du Nord.

PIÉDOUCHE n. m. (it. *pieduccio*, petit pied). Petit piédestal de section circulaire ou carrée.

PIED-PLAT n. m. (pl. *pieds-plats*). Personne grossière ou servile (vx).

PIÉDROIT ou **PIED-DROIT** n. m. (pl. *piédroits* ou *pieds-droits*). *Archit.* Support latéral plus ou moins complexe de l'arc, de la plate-bande ou du linteau d'une baie, comprenant tableau d'embrasure, jambage, éventuellement ébrasement, pilier, colonne, colonnettes.

PIÈGE n. m. (lat. *pedica*; de *pes, pedis*, pied). Engin pour attirer et prendre certains animaux. ‖ Moyen détourné dont on se sert pour tromper qqn, danger caché : *tomber dans un piège*.

PIÉGEAGE n. m. Action de piéger.

PIÉGER v. t. (conj. **1** et **5**). Prendre au piège. ‖ Dissimuler un engin explosif en un endroit; modifier le dispositif de sécurité d'un engin explosif. ‖ Chasser au moyen de pièges.

piéride

pie-grièche

PIE-GRIÈCHE [pigrijɛʃ] n. f. (de *pie*, et anc. fr. *grieche*, grecque) [pl. *pies-grièches*]. Passereau, surtout insectivore, vivant dans les prés et les haies. (Long. 20 cm.) ‖ Femme acariâtre (vx).

PIE-MÈRE n. f. (pl. *pies-mères*). *Anat.* La plus interne des méninges.

PIÉMONT ou **PIEDMONT** n. m. (de *pied* et de *mont*). *Géogr.* Au pied d'un édifice montagneux, plaine alluviale étalée en un glacis continu, de pente assez forte, et qui est formée de cônes de déjection soudés les uns aux autres.

PIÉMONTAIS, E adj. et n. Du Piémont.

PIÉRIDE n. f. (gr. *Pieris*, Muse). Papillon à ailes blanches, plus ou moins tachetées de noir suivant les espèces, et dont la chenille se nourrit de chou, de rave ou de navet.

PIERRAGE n. m. Usinage de finition de surfaces métalliques, réalisé par l'action d'abrasifs agglomérés sous forme de pierre.

PIERRAILLE n. f. Amas de petites pierres.

PIERRE n. f. (lat. *petra*). Matière minérale dure et solide dont on se sert pour la construction. ‖ Morceau de cette matière, caillou plus ou moins grand. ‖ Sorte de petits grains durs qu'on trouve dans quelques fruits. ‖ *Méd.* Syn. anc. de LITHIASE. ● *Âge de la pierre taillée, de la pierre polie*, époques de la préhistoire où les instruments de l'homme furent en pierre taillée, polie. ‖ *Cœur de pierre*, dur, insensible. ‖ *Jeter la pierre à qqn*, l'accuser, le blâmer. ‖ *Ne pas laisser pierre sur pierre* (Litt.), détruire complètement. ‖ *Pierre d'autel*, pierre bénite enchâssée dans l'autel sur lequel le prêtre officie. ‖ *Pierre à chaux*, carbonate de calcium naturel. ‖ *Pierre fine* ou *pierre dure*, toute gemme autre que les pierres précieuses, et dont la beauté et la dureté permettent l'emploi en bijouterie ainsi que pour la sculpture de petits objets d'art. ‖ *Pierre à fusil*, silex blond, très dur, qui donne des étincelles au choc. ‖ *Pierres levées*, menhirs, dolmens. ‖ *Pierre à plâtre*, gypse. ‖ *Pierre précieuse*, diamant, émeraude, rubis et saphir. ‖ *Pierre de taille*, pierre calcaire utilisée sans enduit extérieur et dont la queue présente des pans dressés ainsi que des arêtes vives donnant des joints rectilignes au parement de la maçonnerie d'une façade. ‖ *Pierres sèches*, pierres, moellons posés les uns sur les autres sans mortier ni liant quelconque.

PIERRÉE n. f. *Techn.* Conduit en pierres sèches, pour l'écoulement des eaux.

PIERRERIES n. f. pl. Pierres précieuses et pierres fines utilisées en bijouterie et en joaillerie.

PIERREUX, EUSE adj. Couvert de pierres : *chemin pierreux*. ‖ De la nature de la pierre : *concrétion pierreuse*.

PIERRIER n. m. Amas naturel de pierres. ‖ *Hist.* Machine de guerre, bouche à feu lançant des boulets en pierre.

PIERROT n. m. (dimin. de *Pierre*). Homme qui se déguise en Pierrot. ‖ Nom usuel du *moineau*.

PIETÀ [pjeta] n. f. (mot it.). Tableau ou statue représentant une *Vierge de pitié**.

PIÉTAILLE n. f. (lat. pop. *peditalia*; de *pes*, pied). Ensemble des soldats qui se déplaçaient à pied (vx). ‖ Ensemble des subalternes.

PIÉTÉ n. f. (lat. *pietas*). Sentiment de dévotion, d'amour et de respect à l'égard de Dieu et de la religion. ● *Piété filiale*, amour respectueux pour ses parents.

pigeon

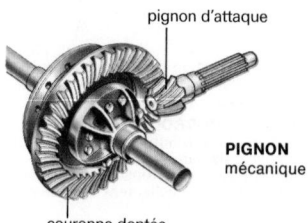
pieuvre

PIÉTEMENT n. m. *Techn.* Ensemble des pieds d'un meuble et des traverses qui les relient.

PIÉTER v. i. (de *pied*) [conj. **5**]. *Chass.* En parlant d'un oiseau, avancer en courant.

PIÉTIN n. m. Maladie du pied, chez le mouton. ‖ Maladie cryptogamique des céréales, déterminant un affaiblissement du collet, ce qui cause une cassure du chaume (*piétin verse*) ou la stérilité de l'épi (*piétin échaudage*).

PIÉTINANT, E adj. Qui piétine.

PIÉTINEMENT n. m. Action de piétiner.

PIÉTINER v. i. S'agiter en remuant vivement les pieds, trépigner : *piétiner d'impatience.* ‖ Ne faire aucun progrès : *affaire qui piétine.* ◆ v. t. Frapper avec les pieds de manière vive et répétée : *piétiner le sol.* ‖ S'acharner contre qqn, qqch.

PIÉTISME n. m. Mouvement religieux né dans l'Église luthérienne allemande au XVIIe s., mettant l'accent sur l'expérience religieuse personnelle, en réaction contre le dogmatisme de l'Église officielle. (Son influence à l'intérieur du protestantisme a été considérable.)

PIÉTISTE n. et adj. (mot all.; lat. *pietas*, piété). Qui concerne ou pratique le piétisme.

PIÉTON n. m. Personne qui va à pied.

PIÉTON, ONNE ou **PIÉTONNIER, ÈRE** adj. Réservé à la circulation des piétons.

PIÉTRAIN n. et adj. m. Race belge de porcs à robe blanche tachetée de noir.

PIÈTRE adj. (lat. *pedester, -tris*, qui va à pied). *Litt.* D'une valeur très médiocre.

PIÈTREMENT adv. *Litt.* Médiocrement.

PIEU n. m. (lat. *palus*). Pièce de bois ou de métal, pointue à un bout pour pouvoir être enfoncée dans le sol. ‖ *Pop.* Lit.

PIEUSEMENT adv. De façon pieuse.

PIEUTER (SE) v. pr. *Pop.* Se mettre au lit.

PIEUVRE n. f. (lat. *polypus*). Mollusque céphalopode portant huit bras garnis de ventouses, vivant dans les creux de rochers près des côtes et se nourrissant de crustacés, de mollusques. (Syn. POULPE.) ‖ *Litt.* Personne insatiable, qui ne lâche pas sa proie.

PIEUX, EUSE adj. (lat. *pius*). Qui a de la piété. ‖ *Litt.* Qui éprouve pour ses parents, pour les morts, etc., un amour respectueux.

PIÈZE n. f. (gr. *piezein*, presser). Anc. unité de pression (symb. : pz) qui correspondait à la pression uniforme que produit sur une surface plane de 1 mètre carré une force normale de 1 sthène. (Cette unité n'est plus légale en France.)

PIÉZO-ÉLECTRICITÉ n. f. Apparition de charges électriques à la surface de certains corps quand ceux-ci sont soumis à une contrainte (effet direct) ou, inversement, variation des dimensions de ces corps quand on leur applique une tension électrique (effet inverse).

PIÉZO-ÉLECTRIQUE adj. Qui est doué de piézo-électricité.

PIÉZOMÈTRE n. m. Instrument pour mesurer la compressibilité des liquides.

PIF n. m. *Pop.* Nez. ● *Au pif*, syn. fam. de AU PIFOMÈTRE.

PIFOMÈTRE n. m. ● *Au pifomètre* (Fam.), en suivant son intuition. (Syn. AU PIF.)

PIGE n. f. Pour un journaliste, un rédacteur, rémunération à l'article. ‖ *Pop.* Année. ‖ Longueur arbitraire prise comme étalon. ‖ *Arts*

graph. Tâche d'un compositeur d'imprimerie. ● *Faire la pige à qqn* (Fam.), faire mieux que lui, le surpasser.

PIGEON n. m. (lat. *pipio*, pigeonneau). Oiseau granivore et sociable, de l'ordre des colombins, et dont la chair est appréciée. (On distingue le *pigeon ramier*, des parcs, et le *pigeon de roche*, ou *biset*, d'où dérivent les variétés domestiques et les pigeons voyageurs.) [Cri : le pigeon *roucoule*.] ‖ *Fam.* Homme qui se laisse duper. ‖ *Constr.* Poignée de plâtre gâché. ‖ *Pêch.* Chacune des demi-mailles par lesquelles on commence les filets. ● *Pigeon vole*, jeu d'enfants consistant à répondre à la question : tel objet vole-t-il? ‖ *Pigeon voyageur*, pigeon dressé à porter des messages au loin.

PIGEONNE n. f. Femelle du pigeon.

PIGEONNEAU n. m. Jeune pigeon.

PIGEONNER v. t. *Fam.* Tromper.

PIGEONNIER n. m. Habitation préparée pour les pigeons domestiques, colombier.

PIGER v. t. (lat. pop. *pedicus*, qui prend au piège) [conj. **1**]. *Pop.* Comprendre, saisir : *ne rien piger.*

PIGISTE n. Personne payée à la pige.

PIGMENT n. m. (lat. *pigmentum*). Substance colorée produite par un être vivant. ‖ Substance solide, réduite en poudre, stable et inerte à l'égard des milieux où elle est mise en suspension et qu'elle sert à colorer.

PIGMENTAIRE adj. Relatif à un pigment.

PIGMENTATION n. f. Formation, accumulation de pigment dans les tissus, et spécialement dans la peau.

PIGMENTER v. t. Colorer avec un pigment.

PIGNADE n. f. Forêt de pins maritimes.

PIGNE n. f. Pomme de pin.

PIGNOCHER v. i. (moyen fr. *espinocher*, s'occuper à des bagatelles). *Fam. et vx.* Manger sans appétit par petits morceaux.

PIGNON n. m. (lat. *pinna*, créneau). Partie supérieure triangulaire d'un mur, dont le sommet porte le bout du faîtage d'un toit à deux versants. ● *Avoir pignon sur rue* (Fam.), avoir une situation bien établie.

PIGNON n. m. (de *peigne*). La plus petite des roues dentées d'un couple d'engrenages cylin-

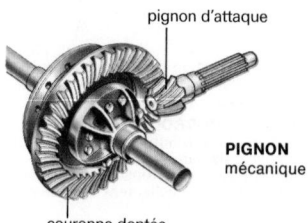
pignon d'attaque

PIGNON
mécanique

couronne dentée

driques ou coniques. ‖ Roue dentée située sur l'axe de la roue arrière d'une bicyclette. ● *Pignon de renvoi*, pignon servant à communiquer le mouvement à une partie du mécanisme éloigné de cet organe.

PIGNON n. m. (anc. prov. *pinhon*, cône de

pin). Espèce de pin, appelée aussi *pin parasol*, à graine comestible; graine de ce pin.

PIGNORATIF, IVE adj. (lat. *pignus, -oris*, gage). *Dr.* Relatif au contrat de gage. ● *Endossement pignoratif*, celui qui est opéré par le bénéficiaire d'une lettre de change au profit de son créancier pour constituer un gage en faveur de celui-ci.

PIGNOUF n. m. *Pop.* Individu grossier.

PILAF n. m. (mot turc). Riz au gras fortement assaisonné et cuit avec de la volaille, du mouton ou du poisson, des coquillages ou des légumes.

PILAGE n. m. Action de piler.

PILAIRE adj. (lat. *pilus*, poil). Relatif au poil.

PILASTRE n. m. (it. *pilastro*). *Archit.* Membre vertical formé par une faible saillie rectangulaire d'un mur, en général muni d'une base et d'un chapiteau. ‖ Montant à jour, placé entre les travées d'une grille pour la renforcer.

PILCHARD n. m. Variété de sardine de grande taille.

PILE n. f. (lat. *pila*). Côté d'une pièce de monnaie (opposé à la FACE) où sont les armes du souverain, de la nation, ou la valeur exprimée de la pièce. ● *Pile ou face*, jeu de hasard dans lequel, une pièce étant jetée en l'air, on parie sur le côté qu'elle présentera une fois retombée.

PILE n. f. (lat. *pila*, colonne). Amas de choses placées les unes sur les autres : *pile de bois.* ‖ Bac utilisé pour le raffinage de la pâte à papier. ‖ Massif important de grosse maçonnerie, fort pilier. ‖ Support en maçonnerie recevant la retombée de deux voûtes successives ou les bouts des longerons d'un pont. ‖ *Fam.* Volée de coups, défaite écrasante : *recevoir une pile.* ● *Pile atomique*, syn. de RÉACTEUR NUCLÉAIRE. ‖ *Pile à combustible*, appareil réalisant directement la transformation en énergie électrique de l'énergie chimique d'une combustion. ‖ *Pile électrique*, ou *pile*, appareil non rechargeable

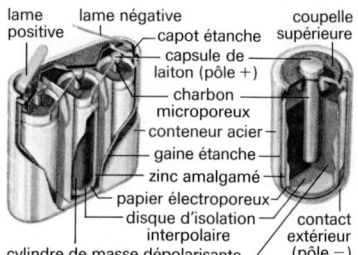

lame positive — lame négative — capot étanche — coupelle supérieure — capsule de laiton (pôle +) — charbon microporeux — conteneur acier — gaine étanche — zinc amalgamé — papier électroporeux — disque d'isolation interpolaire — cylindre de masse dépolarisante — contact extérieur (pôle −)

PILES ÉLECTRIQUES
pile plate et pile ronde

transformant de façon irréversible l'énergie chimique en énergie électrique. ‖ *Pile solaire*, syn. de PHOTOPILE.

PILE adv. Se dit d'une heure exacte, précise : *deux heures pile.* ● *S'arrêter pile* (Fam.), s'arrêter net. ‖ *Tomber pile* (Fam.), trouver ce qu'il faut; arriver au bon moment.

PILER v. t. (lat. *pilare*, enfoncer). Broyer, réduire en poudre par des coups successifs. ‖ *Fam.* Battre, infliger une défaite.

PILER v. i. *Fam.* Freiner brutalement.

PILET [pilɛ] n. m. Canard sauvage à queue pointue. (Long. 60 cm.)

PILEUX, EUSE adj. (lat. *pilosus*). Relatif aux poils, aux cheveux.

PILIER n. m. (de *pile*). Support vertical, autre qu'une colonne, d'un mur, d'une charpente ou de maçonnerie. ‖ Personne ou chose qui assure la stabilité de qqch. ‖ Au rugby, un des avants de première ligne qui, dans la mêlée, soutient le talonneur. ‖ *Min.* Masse verticale de minerai qu'on laisse au milieu d'une exploitation pour empêcher les éboulements. ● *Pilier de cabaret*, habitué des cafés, ivrogne invétéré.

PILIFÈRE adj. *Bot.* Qui porte des poils.

PILLAGE n. m. Action de piller; dégâts qui en résultent.

PILLARD, E adj. et n. Qui pille.

PILLER v. t. (lat. *pilleum*, chiffon). S'emparer par la violence des biens d'une ville, d'une maison, etc., en faisant des dégâts. ‖ Voler en opérant des détournements frauduleux : *piller les finances de l'État.* ‖ Plagier les œuvres d'autrui : *piller un auteur.*

PILLEUR, EUSE adj. et n. Qui pille, vole.

PILLOW-LAVA [pilolava] n. f. (angl. *pillow,* coussin, et *lava,* lave) [pl. *pillow-lavas*]. Ellipsoïde de lave basaltique (grand axe environ 1 m) à surface vitreuse, résultant de l'émission de lave en fusion sous la mer.

PILOCARPE n. m. (gr. *pilos,* feutre, et *karpos,* fruit). Plante de l'Amérique du Sud, dont on extrait le jaborandi. (Famille des rutacées.)

PILOCARPINE n. f. Alcaloïde extrait du jaborandi.

PILON n. m. (de *piler*). Instrument pour piler, tasser ou fouler qqch dans un mortier. ‖ Appareil muni d'une masse pesante actionnée verticalement pour broyer, écraser ou déformer un produit. ‖ Partie inférieure d'une cuisse de volaille. ‖ Jambe de bois. ● *Mettre un livre au pilon,* en détruire l'édition.

PILONNAGE n. m. Action de pilonner.

PILONNER v. t. Battre avec le pilon. ‖ *Fam.* Répéter systématiquement qqch à qqn pour le convaincre. ‖ Mettre un livre au pilon. ‖ *Mil.* Écraser un objectif avec des projectiles.

PILORI n. m. (lat. *pila,* pilier). Poteau où l'on attachait les condamnés que l'on exposait aux regards du public. ● *Mettre, clouer au pilori,* dénoncer à l'indignation publique.

PILO-SÉBACÉ, E adj. *Anat.* Relatif au poil et à la glande sébacée qui lui est annexée.

PILOSELLE [pilozɛl] n. f. (lat. médiév. *pilosella*). Épervière des lieux arides et montagneux d'Europe. (Famille des composées.)

PILOSISME n. m. *Méd.* Développement anormal et localisé de poils.

PILOSITÉ n. f. Ensemble des poils.

PILOT n. m. Forte pièce en bois, taillée en pointe à un bout et ferrée à l'autre, constituant un pieu de pilotis. ● *Pont de pilots,* pont construit sur ces pieux.

PILOTAGE n. m. Action de piloter un véhicule. ● *Pilotage sans visibilité (P. S. V.),* pilotage d'un avion sans vue directe du sol.

PILOTE n. m. (it. *pilota;* gr. *pêdon,* gouvernail). Personne qui conduit un navire, un aéronef, une voiture de course, un engin blindé, etc. ‖ Petit poisson des mers chaudes et tempérées, qui suit les navires et semble servir de guide aux requins. (Long. : 20 à 30 cm.) ‖ *Litt.* Guide. ● *Pilote automatique,* dispositif, généralement gyroscopique, permettant la conduite d'un avion sans intervention de l'équipage. ‖ *Pilote d'essai,* professionnel chargé de la vérification des performances et de la résistance d'un nouvel avion. ‖ *Pilote de ligne,* professionnel chargé d'assurer la conduite d'un avion sur une ligne commerciale. ◆ adj. Qui sert de modèle, d'exemple : *classe pilote; ferme pilote.*

PILOTER v. t. (de *pilot*). Enfoncer des pilots.

PILOTER v. t. (de *pilote*). Conduire un véhicule en tant que pilote. ‖ Servir de guide à qqn dans une ville, une exposition, etc.

PILOTIN n. m. Élève officier non diplômé, dans la marine marchande.

PILOTIS n. m. Ensemble de pilots enfoncés dans un sol peu consistant ou immergés pour servir d'assiette à des fondations.

PILOU n. m. Tissu de coton pelucheux.

PILULAIRE adj. En forme de pilule. ● *Masse pilulaire,* mélange propre à faire des pilules.

PILULAIRE n. f. Fougère aquatique aux feuilles filiformes.

PILULE n. f. (lat. *pilula,* petite balle). Médicament en forme de petite masse sphérique, destiné à être avalé. ‖ *Fam.* Contraceptif oral. ● *Avaler la pilule* (Fam.), croire un mensonge; se déterminer à une chose pénible. ‖ *Dorer la pilule* (Fam.), présenter une chose ennuyeuse

sous des dehors favorables. ‖ *Prendre une pilule* (Pop.), subir un échec.

PILULIER n. m. Instrument servant à faire les pilules. ‖ Petite boîte servant à conserver des pilules.

PILUM [pilɔm] n. m. (mot lat.). *Antiq.* Javelot de l'infanterie romaine.

PIMBÊCHE n. f. *Fam.* Femme prétentieuse qui fait des embarras.

PIMENT n. m. (lat. *pigmentum*). Solanacée cultivée dont il existe plusieurs variétés, parmi lesquelles le *piment brûlant,* dont le fruit, de saveur très piquante, est utilisé comme épice, et le *piment doux,* dont le fruit est le poivron. ‖ Ce qui donne du piquant, de l'intérêt à qqch.

PIMENTER v. t. Assaisonner de piment : *pimenter une sauce.* ‖ Rendre piquant, excitant : *pimenter un récit d'anecdotes.*

PIMPANT, E adj. (anc. fr. *pimper,* enjôler). D'une coquetterie pleine d'élégance : *toilette pimpante.*

PIMPRENELLE n. f. (lat. *piper,* poivre). Plante des prés humides, à fleurs pourpres, de la famille des rosacées. (Syn. SANGUISORBE.)

PIN n. m. (lat. *pinus*). Arbre de l'ordre des conifères, au feuillage persistant et à feuilles en aiguilles, insérées le plus souvent par deux, et dont le bois est très employé en charpente, en construction.
■ Le fruit du pin est un cône d'écailles lignifiées à maturité (pomme de pin) et portant deux graines chacune à la face supérieure. Le *pin sylvestre* est cultivé dans les terrains siliceux; le *pin maritime,* qui fixe les dunes des Landes, fournit la térébenthine; le *pin d'Autriche,* à croissance rapide, est recherché pour les reboisements. Le pin peut atteindre 50 m de hauteur.

PINACÉE n. f. Arbre résineux à aiguilles portant des fruits en cône s'ouvrant à maturité, comme le *pin,* le *sapin,* l'*épicéa,* etc. (La famille des *pinacées* comprend la plupart des espèces de conifères.) [Syn. ABIÉTACÉE.]

PINACLE n. m. (lat. *pinnaculum,* faîte). Dans l'architecture gothique, amortissement élancé se terminant en forme de cône ou de pyramide effilés, qui se place notamment au sommet d'une culée. ● *Porter au pinacle,* louer d'une manière exceptionnelle.

PINACOTHÈQUE n. f. (gr. *pinax, -akos,* tableau, et *thêkê,* boîte). Musée de peinture.

PINAILLAGE n. m. *Fam.* Action de pinailler.

PINAILLER v. i. *Fam.* Ergoter, chicaner sur des riens, agir avec une minutie excessive.

PINAILLEUR, EUSE adj. et n. *Fam.* Qui pinaille.

PINARD n. m. (de *pinot*). *Pop.* Vin.

PINARDIER n. m. (de *pinard*). Navire-citerne conçu pour le transport de vin en vrac. ‖ *Pop.* Marchand de vin en gros.

PINASSE n. f. (de *pin*). Embarcation de pêche à fond plat.

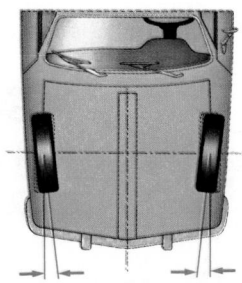

PINCEMENT (AUTOMOBILE)

PINASTRE n. m. Pin maritime.

PINÇAGE n. m. *Arbor.* Syn. de PINCEMENT.

PINÇARD, E adj. et n. *Équit.* Se dit d'un cheval qui s'appuie sur la pince en marchant.

PINCE n. f. Barre de fer, aplatie à un bout, qui

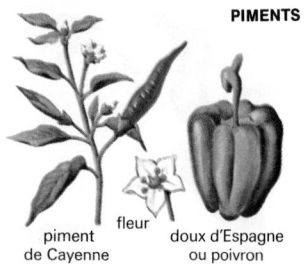

PIMENTS

piment de Cayenne — fleur — doux d'Espagne ou poivron

fruit et aiguilles

PIN

sert de levier. ‖ Outil à branches articulées, dont les extrémités, plates ou rondes, servent à saisir : *pince de chirurgien, de forgeron.* ‖ Dispositif à deux branches pour serrer, pour pincer : *pince à linge.* ‖ Extrémité des grosses pattes de certains crustacés. ‖ *Cout.* Pli cousu sur l'envers d'un vêtement pour l'ajuster plus près du corps. ‖ *Équit.* Devant du fer d'un cheval. ‖ *Zool.* Incisive médiane des herbivores. ● *Pince universelle,* outil réunissant en une seule pièce divers outils.

PINCÉ, E adj. Qui manifeste du dédain, de la froideur : *un air pincé.* ● *Lèvres pincées,* minces et serrées.

PINCEAU n. m. (lat. *peniculus,* petite queue). Instrument formé par la réunion de poils serrés à l'extrémité d'un manche, et servant à étendre de la peinture, de la colle, etc. ‖ *Litt.* Art ou manière de peindre, de décrire. ‖ Faisceau lumineux de faible ouverture. ‖ *Pop.* Pied.

PINCÉE n. f. Ce qu'on peut prendre d'une matière en poudre ou granulée entre les doigts.

PINCELIER n. m. Assemblage de deux godets, où les peintres prennent l'huile et nettoient les pinceaux.

PINCEMENT n. m. Action de pincer. ‖ Très faible différence d'écartement existant à l'arrêt entre l'arrière et l'avant des roues directrices d'une automobile, et qui s'annule à la vitesse d'utilisation du véhicule, sous l'effet du couple dû à la chasse. ‖ *Arbor.* Suppression des bourgeons ou de l'extrémité des rameaux, de manière à faire refluer la sève sur d'autres parties du végétal. (Syn. PINÇAGE.) ● *Pincement au cœur,* impression désagréable à l'occasion d'une mauvaise nouvelle, d'un incident, etc.

PINCE-MONSEIGNEUR n. f. (pl. *pinces-monseigneur*). Levier court, à bouts plats, dont se servent les cambrioleurs pour forcer les portes.

PINCE-NEZ n. m. inv. Lorgnon qu'un ressort fait tenir sur le nez.

PINCER v. t. (anc. fr. *pincier,* saisir) [conj. **1**]. Presser, serrer entre les doigts. ‖ *Fam.* Prendre sur le fait, arrêter : *pincer un voleur.* ‖ *Arbor.* Opérer le pincement : *pincer la vigne.* ‖ *Mus.* Faire vibrer les cordes d'un instrument en les tirant avec les doigts. ● *Ça pince* (Fam.), il fait

pingouins

pintade

pinson

froid. ‖ *En pincer pour* (Fam.), être amoureux de. ‖ *Pincer les lèvres*, les rapprocher en serrant. ‖ *Pincer son français*, en Belgique, parler pointu.

PINCE-SANS-RIRE n. inv. Personne qui raille sans en avoir l'air.

PINCETTE n. f. Ustensile à deux branches, pour attiser le feu. (Surtout au pl.) ● *N'être pas à prendre avec des pincettes* (Fam.), être sale; être de très mauvaise humeur.

PINCHARD, E adj. et n. Se dit du cheval qui a une robe gris de fer, et de cette robe elle-même.

PINÇON n. m. Marque qui reste sur la peau, lorsqu'elle a été pincée.

PINÇURE n. f. Sensation d'être pincé.

PINDARIQUE adj. Selon la manière de Pindare.

PINÉAL, E, AUX adj. (lat. *pinea*, pomme de pin). *Glande pinéale*, syn. anc. de ÉPIPHYSE. ‖ *Œil pinéal*, organe visuel rudimentaire des reptiles, issu de l'épiphyse.

PINEAU n. m. Vin de liqueur charentais préparé par mutage de jus de raisin par le cognac.

PINÈDE ou, rares, **PINERAIE** ou **PINIÈRE** n. f. Terrain planté de pins, bois de pins.

PINÈNE n. m. Hydrocarbure terpénique, principal composant de l'essence de térébenthine.

PINGOUIN n. m. (mot néerl.). Oiseau palmipède des mers arctiques, piscivore, remarquable plongeur, qui vient nicher sur les côtes de l'Europe occidentale. (Long. 40 cm.)

PING-PONG [piŋpɔ̃g] n. m. Syn. de TENNIS DE TABLE.

PINGRE n. et adj. *Fam.* Personne d'une avarice sordide.

PINGRERIE n. f. Avarice sordide.

PINNE n. f. (lat. *pinna*; mot gr.). Mollusque bivalve à coquille triangulaire, pouvant atteindre 60 cm de long. (Nom usuel : *jambonneau*.)

PINNIPÈDE n. m. (lat. *pinna*, nageoire, et *pes, pedis*, pied). Mammifère tel que le *phoque*, le *morse*, l'*otarie*. (Les *pinnipèdes* forment un ordre comprenant des carnassiers adaptés au déplacement dans l'eau [corps fusiforme, membres transformés en nageoires].)

PINNOTHÈRE n. m. Petit crabe vivant dans les moules, les coques, etc.

PINNULE n. f. (lat. *pinnula*, petite aile). Plaque de métal élevée perpendiculairement à chaque extrémité d'une alidade et percée d'un œilleton, pour prendre des alignements sur le terrain. ‖ Foliole de fougère.

PINOCYTOSE n. f. *Biol.* Inclusion, dans une cellule, d'une gouttelette de liquide prélevé par cette cellule dans le milieu ambiant et qui, englobée par un voile de cytoplasme, devient une vacuole.

PINOT n. m. (de *pin*). Cépage français très courant, cultivé notamment en Bourgogne.

PINSCHER [pinʃer] n. m. (mot all.). *Pinscher nain*, race de chiens d'agrément, de couleur noir et feu ou acajou.

PINSON n. m. (lat. *pincio*). Oiseau passereau chanteur de l'Europe occidentale, à plumage bleu et verdâtre coupé de noir, et à la gorge rouge. (Cri : le pinson *ramage*.)

PINTADE n. f. (portug. *pintada*). Oiseau gallinacé, originaire d'Afrique, acclimaté dans le monde entier. (Cri : la pintade *criaille*.)

PINTADEAU n. m. Jeune pintade.

PINTADINE n. f. Nom usuel des huîtres perlières. (Syn. MÉLÉAGRINE.)

PINTE n. f. (lat. *pinctus*, marqué). Anc. mesure française de capacité pour les liquides, qui valait 0,93 litre à Paris. ‖ Anc. unité de mesure anglo-saxonne de capacité, qui valait 0,568 25 litre en Grande-Bretagne et 1,136 litre au Canada (un quart de gallon). ‖ En Suisse, cabaret, débit de boissons. ● *Se faire, se payer une pinte de bon sang* (Fam.), se réjouir beaucoup.

PINTER v. i. et t. *Pop.* Boire beaucoup.

PIN-UP [pinœp] n. f. inv. (angl. *to pin up*, épingler). Jeune femme ayant du sex-appeal; dessin ou photo la représentant.

PINYIN [pinjin] n. m. (mot chin.). Système de notation phonétique des idéogrammes chinois, adopté officiellement en Chine depuis 1958.

PIOCHAGE n. m. Action de piocher.

PIOCHE n. f. (de *pic*). Outil formé d'un fer, muni d'un manche, et servant à creuser et à défoncer la terre. ● *Tête de pioche* (Fam.), personne très têtue.

PIOCHER v. t. Creuser, remuer la terre avec une pioche. ‖ Fouiller dans un tas pour prendre qqch. ‖ *Fam.* Travailler avec ardeur.

PIOCHEUR, EUSE adj. et n. Qui pioche. ‖ *Fam.* Qui travaille beaucoup.

PIOLET n. m. (piémontais *piola*, hache). Canne d'alpiniste ferrée à un bout et munie d'un petit fer de pioche à l'autre.

PION n. m. (bas lat. *pedo*, fantassin). Chacune des huit plus petites pièces des échecs. ‖ Pièce du jeu de dames. ● *Être un pion sur l'échiquier*, ne jouer qu'un rôle minime, être manœuvré.

PION, PIONNE n. *Arg. scol.* Surveillant.

PION ou **PI** n. m. Particule élémentaire (π) ayant une charge électrique positive ou négative égale à celle de l'électron, ou électriquement neutre, et dont la masse vaut 273 fois celle de l'électron.

PIONCER v. i. (conj. **1**). *Pop.* Dormir.

PIONNIER n. m. Soldat employé aux terrassements. ‖ Défricheur de contrées incultes : *les pionniers américains*. ‖ Personne qui s'engage dans une voie nouvelle, qui montre le chemin. ‖ Celui qui fait partie d'un mouvement de jeunes organisé par l'État, en U.R.S.S.

PIPA n. m. Gros crapaud d'Amérique tropicale, qui incube ses œufs sur son dos.

PIPE n. f. (de *piper*). Appareil formé d'un fourneau et d'un tuyau, servant à fumer; quantité de tabac contenue dans une pipe. ‖ Anc. mesure de capacité employée dans le commerce du vin et de l'huile. ‖ Grande futaille. ‖ Tuyau, conduit : *pipe d'aération*. ● *Casser sa pipe* (Pop.), mourir. ‖ *Nom d'une pipe* (Fam.), juron d'indignation, de surprise. ‖ *Par tête de pipe* (Pop.), par personne. ‖ *Terre de pipe*, argile très blanche.

PIPEAU n. m. Petite flûte rudimentaire. ‖ *Chass.* Appeau. ◆ pl. *Chass.* Gluaux.

PIPÉE n. f. Chasse au pipeau.

PIPELET, ETTE n. (n. d'un personnage des *Mystères de Paris*, d'Eugène Sue). *Fam.* Concierge. ‖ *Pop.* Bavard, cancanier.

PIPELINE ou **PIPE-LINE** [piplin] n. m. (mot angl.) [pl. *pipe-lines*]. Canalisation pour le transport à distance de gaz (gazoduc), de liquides (pétrole) [oléoduc] ou de solides pulvérisés.

PIPER v. t. (lat. *pipare*, glousser). *Chass.* Pratiquer la pipée. ● *Ne pas piper (mot)* [Fam.], ne pas dire un mot. ‖ *Piper des dés, des cartes*, les truquer.

PIPÉRACÉE n. f. Dicotylédone apétale dont le *poivrier* est le type. (Les *pipéracées* forment une famille.)

PIPERADE [piperad] n. f. (mot béarnais; de *piper*, poivron). Spécialité basquaise composée de tomates, de poivrons cuits et d'œufs battus en omelette.

PIPER-CUB [piperkœb] n. m. (mot amér.) [pl. *piper-cubs*]. *Mil.* Avion léger d'observation (guerre 1939-1945).

PIPÉRINE n. f. Alcaloïde du poivrier.

PIPÉRONAL n. m. Syn. de HÉLIOTROPINE.

PIPETTE n. f. Petit tube pour prélever un liquide.

ÉTAPES DE LA POSE D'UN PIPELINE

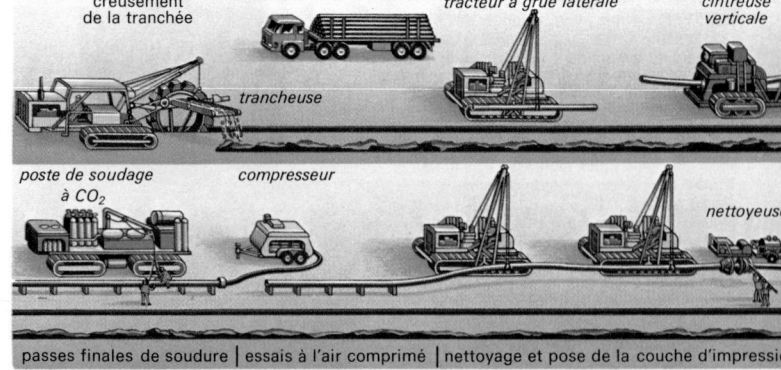

creusement de la tranchée — tracteur à grue latérale — cintreuse verticale — trancheuse — poste de soudage à CO_2 — compresseur — nettoyeuse — passes finales de soudure | essais à l'air comprimé | nettoyage et pose de la couche d'impressi

pipistrelle

pirogue

piranha

Hoa-Qui

PIPI n. m. Urine, surtout dans le langage des enfants. ● *Faire pipi,* uriner.

PIPIER, ÈRE adj. et n. Relatif à la fabrication des pipes; personne qui en fabrique.

PIPISTRELLE n. f. (it. *pipistrello*). Petite chauve-souris commune en France.

PIPIT [pipit *ou* pipi] n. m. Oiseau passereau vivant dans les prairies, dont une espèce est la *farlouse.* (Famille des motacillidés.)

PIQUAGE n. m. Action de piquer une étoffe, du papier, etc.

PIQUANT, E adj. Qui pique : *barbe piquante; froid piquant.* ‖ *Litt.* Qui excite l'intérêt, la curiosité. ● *Sauce piquante,* sauce à base d'un hachis d'échalotes, de câpres et de cornichons, mouillée au vin blanc et au vinaigre.

PIQUANT n. m. Aiguillon, épine : *les piquants du rosier.* ‖ *Litt.* Ce qu'il y a de curieux, d'intéressant, de cocasse : *le piquant de l'aventure.*

PIQUE n. f. (de *pic*). Arme d'hast composée d'une hampe que termine un fer aigu. ● *Lancer des piques à qqn* (Fam.), lancer contre lui des allusions qui blessent son amour-propre.

PIQUE n. m. Au jeu de cartes, une des deux couleurs noires, ainsi appelée à cause de sa forme en fer de pique.

PIQUÉ, E adj. Marqué de petites taches, de petits trous : *un meuble piqué.* ‖ Cousu par un point de couture. ‖ Se dit d'une boisson (vin, cidre, bière, etc.) qui a contracté une saveur piquante, sous l'influence d'un mycoderme. ‖ *Fam.* Un peu fou. ● *Moellon piqué,* pierre de taille de petit appareil. ‖ *N'être pas piqué des vers* (Fam.), n'être pas banal. ‖ *Note piquée* (Mus.), note surmontée d'un point, attaquée de manière incisive et détachée avec vivacité.

PIQUÉ n. m. Étoffe de coton formée de deux tissus appliqués l'un sur l'autre et unis par des points dont les lignes forment des dessins. ‖ *Chorégr.* Mouvement qui consiste à faire passer le poids du corps d'un pied sur l'autre en posant directement la pointe ou la demi-pointe sur le sol. ● *Bombardement en piqué,* ou *piqué* (Mil.), procédé d'attaque d'un objectif par un avion au terme d'une descente très rapide aussitôt suivie d'une remontée.

PIQUE-ASSIETTE n. (pl. *pique-assiette*[s]). *Fam.* Personne qui prend ses repas aux frais des autres.

PIQUE-BŒUF n. m. (pl. *pique-bœufs*). Nom usuel des oiseaux qui se perchent sur le dos des bœufs pour chasser les parasites.

PIQUE-FEU n. m. inv. Tisonnier.

PIQUE-NIQUE n. m. (de *piquer,* picorer, et de l'anc. fr. *nique,* petite chose) [pl. *pique-niques*]. Repas pris en plein air au cours d'une promenade.

PIQUE-NIQUER v. i. Faire un pique-nique.

PIQUE-NIQUEUR, EUSE n. Personne qui pique-nique.

PIQUE-NOTES n. m. inv. Crochet courbe sur lequel on enfile des feuillets de notes.

PIQUER v. t. (lat. pop. *pikkare*). Percer légèrement avec qqch de pointu : *se piquer le doigt avec une épingle.* ‖ Parsemer de petits trous : *les vers piquent le bois, les étoffes.* ‖ Prendre avec qqch de pointu. ‖ Enfoncer par la pointe. ‖ Introduire une aiguille dans un tissu pour pratiquer une injection. ‖ Faire sur plusieurs étoffes mises l'une sur l'autre des points qui les traversent et les unissent. ‖ Larder de la viande. ‖ Produire une sensation âpre au goût, à l'odorat, aiguë au toucher : *le vent froid pique la peau.* ‖ Exciter un sentiment : *piquer la curiosité.* ‖ *Litt.* Irriter, offenser : *la moindre chose le pique.* ‖ *Pop.* Voler qqch; prendre sur le fait, arrêter qqn. ● *Piquer un cent mètres* (Fam.), partir subitement en courant. ‖ *Piquer une crise, une colère* (Fam.), avoir une crise, une colère subite. ‖ *Piquer l'heure* (Mar.), indiquer l'heure en fractions de quart, en frappant la cloche. ‖ *Piquer une note* (Mus.), l'exécuter d'un coup sec et détaché. ‖ *Piquer une tête* (Fam.), tomber en avant; se jeter la tête la première. ‖ *Quelle mouche te pique?* (Fam.), pourquoi es-tu de mauvaise humeur? ◆ v. i. Se dit d'une boisson qui commence à aigrir. ‖ Le vent froid pique la peau. ‖ Se diriger droit vers un but. ‖ *Aéron.* Effectuer une descente suivant une trajectoire de très forte pente. ● *Piquer des deux,* donner vivement de l'éperon à un cheval. ‖ *Piquer du nez,* pencher vers l'avant. ◆ se **piquer** v. pr. Se couvrir de petites taches. ‖ S'aigrir, prendre une saveur piquante. ‖ *Litt.* Se fâcher : *il se pique d'un rien.* ‖ *Litt.* Se vanter : *il se pique d'obtenir cet emploi.* ● *Se piquer au jeu,* prendre intérêt à une chose entreprise sans ardeur. ‖ *Se piquer le nez* (Pop.), s'enivrer.

PIQUET n. m. (de *piquer*). Petit pieu propre à être fiché en terre. ‖ Punition autrefois infligée aux écoliers, qui consistait à se tenir debout et immobile pendant les récréations. ‖ Jeu qui se joue avec trente-deux cartes. ‖ *Mil.* Détachement maintenu disponible dans son casernement pour exécuter une mission. ● *Piquet de grève,* groupe de grévistes placés à l'entrée d'un lieu de travail et qui veillent à l'exécution des consignes de grève.

PIQUETAGE n. m. Action de piqueter.

PIQUETER v. t. (conj. 4). Tacheter de petits points isolés. ‖ Indiquer par des piquets le tracé futur d'une route, d'une construction, etc.

PIQUETTE n. f. (de *piquer*). Boisson que l'on obtient en jetant de l'eau sur le marc de raisin ou sur d'autres fruits sucrés, et en laissant fermenter. ‖ Mauvais vin. ● *Prendre une piquette* (Fam.), subir une défaite, un échec.

PIQUEUR, EUSE adj. Qui possède des organes propres à piquer : *insecte piqueur.* ◆ n. Personne qui pique à la machine.

PIQUEUR n. m. Ouvrier mineur. ‖ *Véner.* Valet qui s'occupe des chevaux; valet de chiens, suivant à cheval la bête que poursuit la meute.

PIQUEUX n. m. *Véner.* Syn. de PIQUEUR.

PIQUIER n. m. *Hist.* Soldat armé d'une pique.

PIQÛRE n. f. Petit trou fait dans les fruits, le bois, etc., par certains insectes. ‖ Plaie dont la surface est de petite dimension, mais qui peut être plus ou moins profonde. ‖ Introduction thérapeutique dans les tissus d'une aiguille creuse (pour injection sous-cutanée, intramusculaire, etc.) ou pleine (acupuncture). ‖ Série de points apparents faits sur une étoffe. ‖ Tache due à l'humidité sur une gravure, une page de livre. ● *Piqûre d'amour-propre,* peine d'amour-propre.

PIRANHA [piraɲa] ou **PIRAYA** [piraja] n. m. (mot portug.; du tupi). Petit poisson carnassier des eaux douces d'Amazonie, célèbre par sa voracité. (Attirés par le sang, les piranhas, de leurs dents acérées, dépècent leurs proies avec une grande rapidité; ils vivent en troupes.)

PIRATAGE n. m. Action de pirater.

PIRATE n. m. (lat. *pirata*). Aventurier qui courait les mers pour se livrer au brigandage. ‖ Tout homme qui s'enrichit en pillant, en volant. ● *Pirate de l'air,* personne qui, par menace, détourne un avion. ◆ adj. Clandestin, illicite : *radio pirate; édition pirate.*

PIRATER v. i. Se livrer à la piraterie. ‖ Reproduire une œuvre sans payer de droits d'auteur. ◆ v. t. *Fam.* Voler, escroquer.

PIRATERIE n. f. Actes de déprédation ou violences commis en mer contre un navire, son équipage ou sa cargaison. ‖ Vol effronté, escroquerie. ● *Piraterie aérienne,* détournement illicite d'un aéronef, accompli par une ou plusieurs personnes se trouvant à bord.

PIRE adj. (lat. *pejor*). Plus mauvais, plus nuisible (comparatif) : *c'est un remède qui est pire que le mal.* ‖ Précédé de l'article, le plus mauvais (superlatif et n. m.) : *la guerre est le pire des maux.* ● *Politique du pire,* celle qui consiste à rechercher le pire pour en tirer parti.

PIRIFORME adj. Qui a la forme d'une poire.

PIROGUE n. f. (esp. *piragua*). Embarcation légère d'Afrique et d'Océanie, marchant à la voile ou à la pagaie.

PIROGUIER n. m. Conducteur de pirogue.

PIROJKI [pirɔʃki] n. m. pl. (mot russe). Spécialité russe faite de petits pâtés farcis de viande, de poisson, etc.

PIROLE n. f. (lat. *pirus,* poirier). Plante des bois humides, à grandes fleurs blanches, voisine des bruyères.

PIROPLASMOSE n. f. *Vétér.* Affection causée par un protozoaire, transmissible à l'homme, et qui atteint les animaux (chien, cheval, ovin, bovin) contaminés par les tiques qui inoculent le parasite dans le sang.

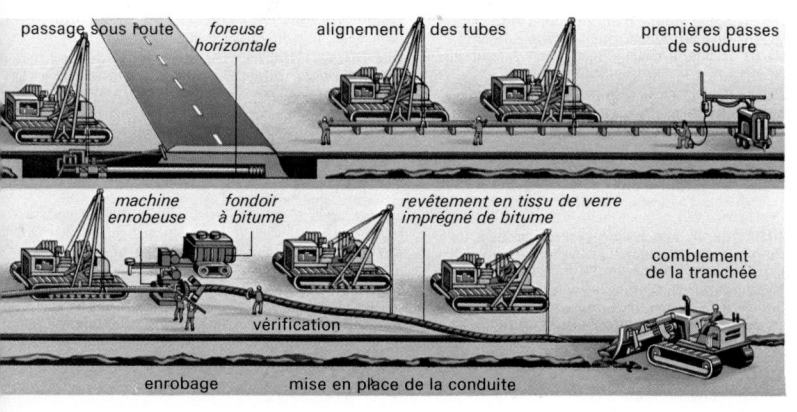

passage sous route   foreuse horizontale   alignement des tubes   premières passes de soudure

machine enrobeuse   fondoir à bitume   revêtement en tissu de verre imprégné de bitume   comblement de la tranchée

vérification

enrobage   mise en place de la conduite

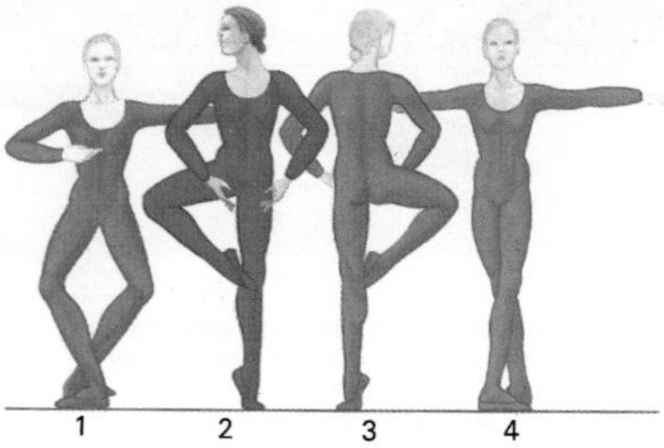
1
2
3
4

PHASES D'UNE PIROUETTE

1. Préparation en cinquième, genoux pliés ; 2 et 3. Relevé en tournant ; 4. Fin de la pirouette en cinquième.

PISTON
d'un moteur à explosion

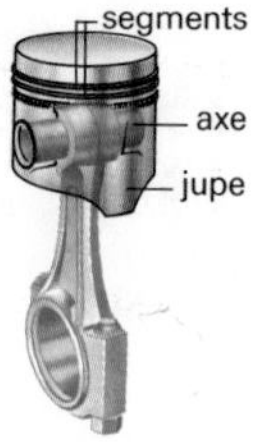
segments
axe
jupe

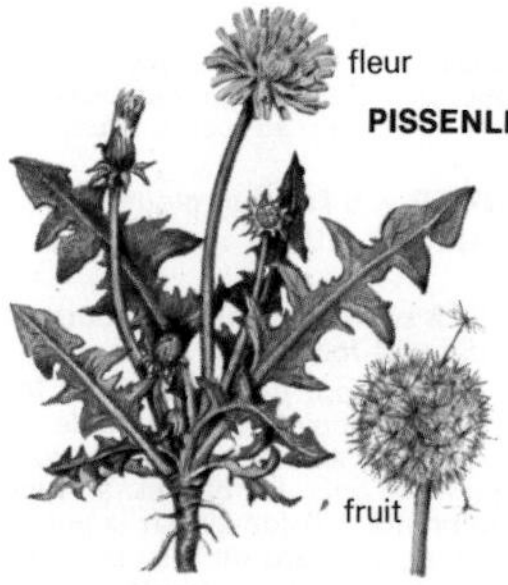
fleur
fruit

PISSENLIT

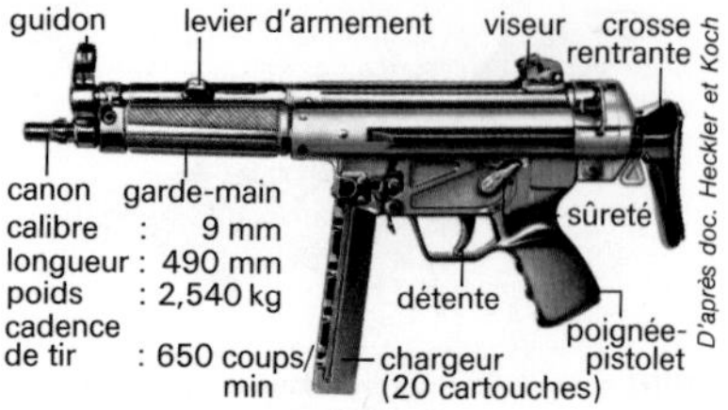
guidon
levier d'armement
viseur
crosse rentrante
canon
garde-main
sûreté
calibre : 9 mm
longueur : 490 mm
poids : 2,540 kg
cadence de tir : 650 coups/min
détente
chargeur (20 cartouches)
poignée-pistolet
D'après doc. Heckler et Koch

PISTOLET-MITRAILLEUR

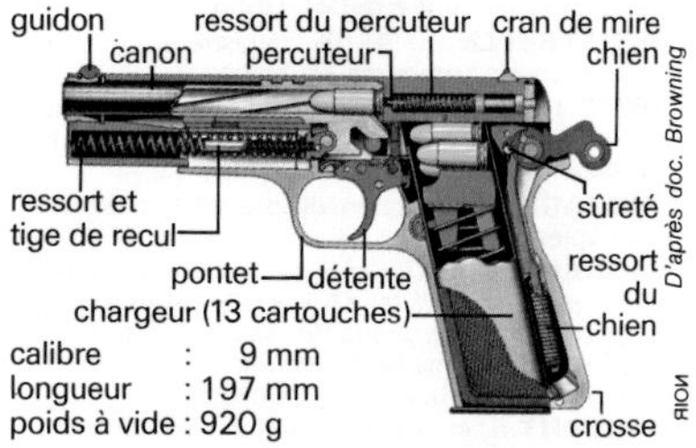
guidon
canon
ressort du percuteur
percuteur
cran de mire
chien
sûreté
ressort et tige de recul
pontet
détente
ressort du chien
chargeur (13 cartouches)
calibre : 9 mm
longueur : 197 mm
poids à vide : 920 g
crosse
D'après doc. Browning
RIOM

PISTOLET AUTOMATIQUE

PIROUETTE n. f. (anc. fr. *pirouelle,* toupie). Tour entier qu'on fait sur la pointe ou le talon d'un seul pied. ‖ Changement brusque d'opinion. ‖ *Chorégr.* Tour entier que le danseur effectue sur lui-même en prenant sa jambe d'appui comme pivot, ses bras, sa tête et son autre jambe imprimant l'élan nécessaire à ce mouvement et à sa répétition. (Syn. TOUR.) • *Répondre par une pirouette,* répondre à côté à une question embarrassante.

PIROUETTEMENT n. m. Succession de pirouettes.

PIROUETTER v. i. Faire une ou plusieurs pirouettes.

PIS [pi] n. m. (lat. *pectus,* poitrine). Mamelle de la vache, de la brebis, etc.

PIS [pi] adv. et adj. (lat. *pejus*). *Litt.* Plus mal, plus mauvais : *il a fait pis que cela; c'est encore pis que je ne pensais.* • *Au pis aller,* en supposant les choses au plus mal. ‖ *De mal en pis,* de plus en plus mal.

PIS-ALLER n. m. inv. Solution à laquelle on a recours faute de mieux.

PISAN, E adj. et n. De Pise.

PISCICOLE adj. (lat. *piscis,* poisson). Relatif à la pisciculture.

PISCICULTEUR, TRICE n. Spécialiste de pisciculture.

PISCICULTURE n. f. Art d'élever et de multiplier les poissons dans un cours d'eau, un étang.

PISCIFORME adj. En forme de poisson.

PISCINE n. f. (lat. *piscina,* vivier). Bassin artificiel pour la natation.

PISCIVORE adj. et n. Qui se nourrit de poissons.

PISÉ n. m. (lat. *pinsare,* broyer). Matériau rudimentaire composé de terre argileuse, moulé pendant la construction à l'aide de banches.

PISIFORME adj. et n. m. *Anat.* Se dit d'un des os du carpe.

PISOLITE n. f. (gr. *pisos,* pois, et *lithos,* pierre). *Géol.* Concrétion de la grosseur d'un pois.

PISOLITIQUE adj. Qui contient des pisolites.

PISSALADIÈRE n. f. Tarte niçoise en pâte à pain, garnie d'oignons, de filets d'anchois et d'olives noires.

PISSAT n. m. Urine de certains animaux.

PISSE n. f. *Pop.* Urine.

PISSE-FROID n. m. inv. *Pop.* Homme dont l'humeur glaciale empêche les autres de rire.

PISSEMENT n. m. Action de pisser.

PISSENLIT [pisɑ̃li] n. m. (de *pisser,* à cause de ses vertus diurétiques). Plante composée à feuilles dentelées que l'on mange en salade, et à petits fruits secs surmontés d'une aigrette, qui facilite leur dissémination par le vent. (Syn. DENT-DE-LION.) • *Manger les pissenlits par la racine* (Fam.), être mort et enterré.

PISSER v. t. et i. (lat. pop. *pissiare*). *Pop.* Uriner. • *Pisser de la copie* (Pop.), rédiger beaucoup et médiocrement.

PISSETTE n. f. Appareil de laboratoire projetant un jet liquide.

PISSEUX, EUSE adj. Imprégné, sali d'urine : *linge pisseux.* ‖ *Fam.* De couleur terne, jaunie : *vert pisseux.*

PISSOIR n. m. *Pop.* Urinoir.

PISSOTIÈRE n. f. *Pop.* Urinoir public.

PISTACHE n. f. (lat. *pistacium*). Graine comestible du pistachier, utilisée en confiserie, en cuisine. ◆ adj. inv. De la couleur verte de la pistache.

PISTACHIER n. m. Arbre des régions chaudes, fournissant les pistaches. (Le *lentisque* et le *térébinthe* sont deux espèces de pistachier.) [Famille des anacardiacées.]

PISTAGE n. m. Action de pister.

PISTARD n. m. *Sports.* Coureur cycliste spécialisé dans les épreuves sur piste.

PISTE n. f. (it. *pista;* bas lat. *pistare,* piler). Trace laissée par une personne ou par un animal. ‖ Direction prise pour découvrir qqn, qqch; élément qui guide la recherche : *suivre, perdre une piste.* ‖ Chemin tracé réservé aux cyclistes, aux cavaliers, etc. ‖ Pente balisée et aménagée pour les descentes à skis. ‖ Chemin rudimentaire, sommairement aménagé. ‖ Bande de terrain d'un aérodrome sur laquelle les avions décollent ou atterrissent. ‖ Emplacement, généralement circulaire, servant de scène dans un cirque, d'espace pour danser dans une boîte de nuit, etc. ‖ Terrain aménagé pour l'athlétisme, pour des courses de chevaux, de bicyclettes, d'autos, etc. ‖ *Électron.* Élément linéaire d'un support mobile d'informations enregistrées (bande magnétique, disque). • *Piste sonore,* partie de la bande d'un film qui sert à l'enregistrement et à la reproduction des sons.

PISTER v. t. Suivre à la piste.

PISTEUR n. m. Personne chargée de l'entretien et de la surveillance des pistes de ski.

PISTIL [pistil] n. m. (lat. *pistillus,* pilon). Ensemble des pièces femelles d'une fleur, résultant de la soudure de plusieurs carpelles, et où l'on distingue l'ovaire, le style et le stigmate. (Syn. GYNÉCÉE.)

PISTOLE n. f. (tchèque *pichtal,* arme à feu). Monnaie d'or ancienne, de valeur variable. (En France, autref., pièce de dix francs.)

PISTOLET n. m. (de *pistole*). Arme à feu individuelle légère, au canon court, et qui se tire d'une seule main. ‖ Pulvérisateur de peinture. ‖ Planchette très mince, pour tracer au tire-ligne toutes espèces de courbes. ‖ Petit pain au lait. ‖ *Méd.* Syn. fam. de URINAL. • *Un drôle de pistolet* (Fam.), individu bizarre, fantasque.

PISTOLET-MITRAILLEUR n. m. (pl. *pistolets-mitrailleurs*). Arme automatique individuelle, tirant par rafales et utilisée dans le combat rapproché. (Syn. MITRAILLETTE.)

PISTOLEUR n. m. Peintre au pistolet.

PISTON n. m. (it. *pistone*). Disque cylindrique se déplaçant à frottement doux dans le corps d'une pompe ou dans le cylindre d'une machine à vapeur, d'un moteur à explosion. ‖ Mécanisme appartenant à certains instruments de musique à vent et qui permet, en variant la longueur du tube, de produire tous les degrés de l'échelle chromatique. ‖ *Fam.* Protection, appui donné à qqn. ‖ *Arg.* Candidat à l'École centrale ou élève de cette école; l'École centrale. • *Piston rotatif,* forme spéciale de l'organe moteur de certains moteurs à explosion, qui tourne autour d'un axe au lieu d'être animé d'un mouvement alternatif.

PISTONNER v. t. *Fam.* Recommander, appuyer un candidat à une place.

PISTOU n. m. (anc. prov. *pistar,* broyer). Potage provençal lié par de l'ail pilé, aromatisé au basilic.

PITANCE n. f. (de *pitié*). *Fam.* Subsistance journalière.

PITCHPIN [pitʃpɛ̃] n. m. (mot angl.). Pin résineux de l'Amérique du Nord, dont le bois jaune et rougeâtre est employé en ébénisterie.

PITE [pit] n. f. (esp. *pita*). Matière textile extraite des feuilles de l'agave du Mexique.

PITEUSEMENT adv. De manière piteuse.

PITEUX, EUSE adj. (de *pitié*). Propre à exciter une pitié mêlée de mépris ou d'ironie, lamentable : *être dans un piteux état.* • *Faire piteuse mine* (Fam.), avoir un air triste, confus.

PITHÉCANTHROPE n. m. (gr. *pithêkos,* singe, et *anthrôpos,* homme). Type d'archanthropien reconnu à Java. (Les plus anciens remontent à 1,9 million d'années, les plus récents à 100 000 ans.)

PITHIATIQUE adj. et n. Relatif au pithiatisme; atteint de pithiatisme.

PITHIATISME n. m. (gr. *peithein,* persuader, et *iatos,* guérissable). Ensemble de troubles induits par la suggestion et curables de la même façon.

PITHIVIERS n. m. Gâteau fourré à la pâte d'amandes.

PITIÉ n. f. (lat. *pietas,* piété). Sentiment de compassion pour les souffrances d'autrui. • *À faire pitié* (Fam.), très mal. ‖ *Avoir pitié,* compatir. ‖ *Faire pitié,* exciter la compassion. ‖ *Par pitié!,* de grâce! ‖ *Vierge de pitié,* représentation du Christ sur les genoux de sa mère, éplorée, après la descente de croix.

PITON n. m. Clou dont la tête est en forme d'anneau ou de crochet. ‖ Sommet pointu d'une montagne élevée.

PITONNAGE n. m. *Alp.* Action de pitonner.

PITONNER v. t. *Alp.* Planter des pitons.

PITOYABLE adj. Qui excite la pitié : *situation pitoyable.* ‖ Mauvais, sans valeur, lamentable : *spectacle pitoyable.*

PITOYABLEMENT adv. De façon pitoyable.

PITRE n. m. Bouffon : *faire le pitre.*

PITRERIE n. f. Plaisanterie, grimace de pitre.

PITTORESQUE adj. et n. m. (it. *pittoresco;* de *pittore,* peintre). Qui frappe l'attention par sa beauté, sa variété : *site pittoresque.* ‖ Qui a du relief, de l'originalité, de la fantaisie : *récit pittoresque; personnage pittoresque.*

PITTOSPORUM [pitɔspɔrɔm] n. m. Arbuste d'Australie à feuilles vivaces et à fleurs odorantes.

PITUITAIRE adj. Relatif à la pituite.

PITUITE n. f. (lat. *pituita*). Vomissement glaireux, qui survient le matin chez les sujets atteints de gastrite, notamment les alcooliques.

PITYRIASIS [pitirjazis] n. m. (gr. *pituriasis;* de *pituron,* son du blé). Dermatose à desquamation en fines écailles.

PIU [pju] adv. (mot it.). *Mus.* Plus : *piu mosso* (plus vite).

PIVE n. f. En Suisse, cône, fruit des conifères.

PIVERT n. m. (de *pic,* oiseau). Oiseau du genre *pic,* à plumage vert et jaune sur le corps, rouge sur la tête. (On écrit aussi PIC-VERT.) [V. ill. PIC.]

PIVOINE n. f. (gr. *paiônia*). Plante bulbeuse dont on cultive, pour leurs grosses fleurs rouges, roses ou blanches, des espèces venant de l'Extrême-Orient. (Famille des renonculacées.)

PIVOT n. m. Pièce cylindrique tournant dans une partie fixe lui servant de support. ‖ *Agent,* élément principal : *être le pivot d'une entreprise.* ‖ *Support* d'une dent artificielle, enfoncé dans la racine. ‖ *Bot.* Racine qui s'enfonce verticalement en terre. ‖ *Mécan.* Palier à axe vertical, supportant une charge verticale.

PIVOTANT, E adj. *Bot.* Se dit d'une racine qui s'enfonce verticalement dans la terre.

PIVOTEMENT n. m. Mouvement que peuvent prendre, l'un par rapport à l'autre, deux corps liés par un seul point.

PIVOTER v. i. Tourner sur un pivot ou comme sur un pivot : *pivoter sur ses talons.* ‖ *Bot.* S'enfoncer verticalement en terre.

PIZZA [pidza] n. f. (mot it.). Tarte italienne en pâte à pain garnie de fromage, de tomates, d'anchois, d'olives, etc.

PIZZERIA [pidzerja] n. f. (mot it.). Restaurant italien où l'on sert surtout des pizzas.

PIZZICATO [pidzikato] n. m. (mot it.) [pl. *pizzicati*]. Procédé d'exécution musicale qui consiste à pincer les cordes d'un instrument à archet.

pK n. m. Constante caractérisant, à une température donnée, le degré de dissociation ionique d'un électrolyte.

PLACAGE n. m. (de *plaquer*). Feuille de bois de faible épaisseur, obtenue par tranchage ou par déroulement. ‖ Revêtement d'une matière vulgaire par une matière plus précieuse. ‖ *Sports.* Syn. de PLAQUAGE.

PLACARD n. m. (de *plaquer*). Armoire aménagée dans un mur. ‖ *Litt.* Avis, écrit que l'on imprime qu'on affiche publiquement. ‖ *Impr.* Épreuve en colonnes, pour les corrections. ● *Placard publicitaire,* dans un journal, annonce publicitaire d'une certaine importance.

PLACARDER v. t. Afficher un imprimé, une affiche sur les murs.

PLACE n. f. (lat. *platea,* rue large). Espace qu'occupe ou peut occuper une personne, une chose. ‖ Emplacement réservé à un voyageur dans un moyen de transport, à un spectateur dans une salle. ‖ Charge, emploi : *perdre sa place.* ‖ Rang obtenu dans un classement; rang qu'une personne ou une chose doit occuper : *rester à sa place.* ‖ Espace public découvert,

dans une agglomération. ‖ Dans le Nord et en Belgique, pièce : *appartement de cinq places.* ● *Comm.* Ensemble des négociants, des banquiers d'une ville. ● *À la place de,* au lieu de. ‖ *À votre place,* si j'étais dans votre cas. ‖ *Demeurer en place,* ne pas bouger. ‖ *Entrer dans la place,* s'introduire dans un milieu. ‖ *Être en place,* être prêt à entrer en action. ‖ *Être maître de la place,* agir en maître. ‖ *Faire place à,* être remplacé par. ‖ *Homme en place,* qui occupe une fonction qui lui donne de la considération. ‖ *Ne pas tenir en place,* s'agiter sans cesse. ‖ *Place d'armes,* lieu où se rassemblaient les défenseurs d'une ville; emplacement autrefois destiné aux prises d'armes et défilés. ‖ *Place forte* ou *place,* ville défendue par des fortifications; toute ville de garnison. ‖ *Prendre la place de,* être substitué à. ‖ *Remettre qqn à sa place,* le rappeler aux égards qu'il doit. ‖ *Sur place,* à l'endroit même dont il est question. ‖ *Tenir sa place,* remplir un rôle convenable. ‖ *Voiture de place,* voiture de louage (vx).

PLACEBO [plasebo] n. m. (mot lat., *je plairai*). Substance inactive substituée à un médicament de façon à distinguer l'action psychologique et l'action pharmacologique de celui-ci.

PLACEMENT n. m. Action de placer, de procurer une place, un emploi : *bureau de placement.* ‖ Action de vendre : *le placement des articles de luxe.* ‖ Action de placer de l'argent; capital ainsi investi. ● *Placements liquides* ou *à court terme,* placements représentés par des dépôts dans les banques ou les caisses d'épargne, et par des souscriptions de bons de caisse ou du Trésor rapidement mobilisables. ‖ *Placement d'office,* internement en hôpital psychiatrique intervenant à la demande de l'autorité administrative, ratifiée par un certificat médical. ‖ *Placement volontaire,* internement en hôpital psychiatrique intervenant à la demande de l'entourage du malade ou du malade lui-même, ratifiée par un certificat médical.

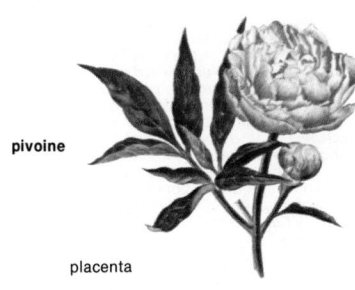

pivoine

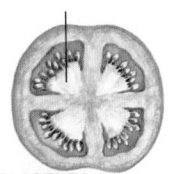

placenta

PLACENTA
(botanique)

PLACENTA [plasɛ̃ta] n. m. (mot lat., *galette*). Chez les mammifères, organe reliant l'embryon à l'utérus maternel pendant la gestation. (Le placenta humain, pesant de 500 à 600 g, est expulsé après l'accouchement.) ‖ *Bot.* Région de l'ovaire où sont fixés les ovules.

PLACENTAIRE adj. Relatif au placenta.

PLACENTAIRE n. m. *Zool.* Mammifère pourvu d'un placenta. (Syn. EUTHÉRIEN.) [Les *placentaires* forment une sous-classe comprenant la grande majorité des mammifères.]

PLACENTATION n. f. Formation du placenta. ‖ Disposition des ovules dans l'ovaire des végétaux.

PLACER v. t. (conj. **1**). Établir, mettre dans un lieu, à une place : *placer des fleurs dans un vase.* ‖ Procurer un emploi : *placer un domestique.* ‖ Assigner une place, un rang, situer : *placer son intérêt au-dessus de tout.* ‖ Introduire : *placer un mot dans la conversation.* ‖

Confier de l'argent à qqn en vue d'opérations financières, l'investir pour le faire fructifier. ● *En placer une* (Fam.), intervenir dans une conversation. ‖ *Être bien, mal placé,* être dans une situation favorable ou non; se dit d'un danseur doté d'un bon ou d'un mauvais en-dehors. ‖ *Personne haut placée,* qui a une position importante. ‖ *Placer la balle* (Sports), la lancer là où l'on veut. ‖ *Placer des marchandises,* les vendre pour le compte d'autrui. ‖ *Placer un mot,* dire quelques paroles. ◆ *se placer* v. pr. Prendre un rang : *se placer parmi les premiers.* ‖ *Turf.* Arriver à la deuxième ou à la troisième place.

PLACER [plasɛr] n. m. (mot esp., *banc de sable*). Gîte détritique d'or, de diamant, etc.

PLACET [plasɛ] n. m. (mot lat., *il plaît*). Demande par écrit pour obtenir justice, solliciter une grâce ou une faveur (vx). ‖ *Dr.* Copie des conclusions du plaideur remise au tribunal au moment de l'inscription de l'affaire au rôle.

PLACETTE n. f. Petite place d'une ville.

PLACEUR, EUSE n. Personne qui place, qui est chargée de placer les spectateurs.

PLACIDE adj. (lat. *placidus*). Calme, paisible : *rester placide sous les injures.*

PLACIDEMENT adv. Avec placidité.

PLACIDITÉ n. f. Caractère placide.

PLACIER n. m. Représentant de commerce qui propose ses marchandises aux particuliers. ‖ Personne qui prend à ferme l'ensemble des places d'un marché public pour les louer aux commerçants et forains.

PLACODERME n. m. Poisson cuirassé de la fin de l'ère primaire, assez voisin des requins actuels. (Les *placodermes* forment une sous-classe.)

PLAÇURE n. f. Ensemble des opérations qui, après la pliure, complètent les cahiers formant le livre par l'adjonction des hors-texte et éventuellement des gardes.

PLAFOND n. m. (de *plat fond*). Face inférieure d'un plancher, en général plane et dégagée, qui forme la partie supérieure d'un lieu couvert. ‖ Limite supérieure, spatiale ou temporelle, qu'on ne peut dépasser : *prix plafond.* ‖ *Bx-arts.* Peinture ornant un plafond. ● *Crever le plafond,* dépasser la limite fixée. ‖ *Plafond flottant* (Constr.), plafond indépendant de l'ossature du plancher. ‖ *Plafond nuageux,* hauteur moyenne de la base des nuages au-dessus du sol.

PLAFONNAGE n. m. Action de plafonner.

PLAFONNEMENT n. m. État de ce qui atteint son maximum : *le plafonnement des prix.*

PLAFONNER v. t. Garnir d'un plafond, exécuter le plafond d'une pièce. ◆ v. i. Voler aussi haut que possible. ‖ Atteindre son maximum et s'y maintenir : *la production plafonne; une voiture qui plafonne à 110 km/h.* ● *Salaire plafonné,* fraction maximale d'un salaire soumise aux cotisations de sécurité sociale.

PLAFONNEUR n. et adj. m. Plâtrier spécialisé dans la réalisation des plafonds.

PLAFONNIER n. m. Appareil d'éclairage fixé au plafond.

PLAGAL, E, AUX adj. (gr. *plagios,* oblique). Se dit d'un mode musical médiéval commençant une quarte au-dessous du mode principal. ● *Cadence plagale,* mouvement de la sous-dominante sur la tonique, portant l'une et l'autre l'accord parfait.

PLAGE n. f. (it. *piaggia*). Au bord de la mer, d'un lac, d'une rivière, étendue presque plate couverte de sable ou de galets; station balnéaire. ‖ Surface : *plage de couleur.* ‖ Pont uni, à l'arrière de certains navires de guerre. ‖ Écart entre deux mesures, deux possibilités. ‖ Laps de temps, durée limitée. ● *Plage arrière,* partie plane et horizontale située à l'arrière d'un véhicule. ‖ *Plage d'un disque,* ensemble d'un certain nombre de spires d'un sillon ininterrompu d'une même face de disque, supportant un enregistrement.

PLAGIAIRE n. (lat. *plagiarius;* mot gr.). Auteur qui donne comme sien ce qu'il a pris à autrui.

PLAGIAT n. m. Action du plagiaire.

PLAGIER v. t. Piller les ouvrages d'autrui en donnant pour siennes les parties copiées.

PLAGIOCLASE n. m. (gr. *plagios,* oblique, et *klasis,* brisure). Nom donné aux feldspaths contenant du calcium et du sodium.

PLAGISTE n. Personne chargée de la gestion des divers services sur une plage payante.

PLAID [plɛ] n. m. (lat. *placitum,* ce qui est conforme à la volonté). *Hist.* Assemblée judiciaire ou politique à l'époque franque; décision ou jugement formulés par cette juridiction.

PLAID [plɛd] n. m. (mot angl.). Couverture à carreaux, aux couleurs d'un clan, dont les Écossais, en costume national, s'enveloppent le torse. ‖ Couverture de voyage à carreaux.

PLAIDABLE adj. Qui peut être plaidé.

PLAIDANT, E adj. Qui plaide.

PLAIDER v. i. (de *plaid*). Défendre sa cause ou celle d'une partie devant les juges : *l'avocat a bien plaidé.* ‖ Défendre, justifier par des arguments ou des excuses : *son passé plaide en sa faveur.* ● *Plaider contre qqn,* soutenir contre lui une action en justice. ◆ v. t. Défendre en justice : *plaider une cause.* ‖ Exposer dans sa plaidoirie : *plaider la légitime défense.* ● *Plaider le faux pour savoir le vrai,* dire à qqn ce qu'on sait être faux, pour tirer de lui la vérité.

PLAIDEUR, EUSE n. Personne qui plaide, qui est en procès.

PLAIDOIRIE n. f. Exposé visant à défendre un accusé, à soutenir une cause.

PLAIDOYER n. m. (de *plaid*). Discours prononcé devant un tribunal pour défendre une cause. ‖ Défense en faveur d'une opinion, d'une cause, d'une personne.

PLAIE n. f. (lat. *plaga,* coup). Déchirure des chairs causée par une blessure, une brûlure. ‖ Tout ce qui porte préjudice : *quelle plaie!* ● *Mettre le doigt sur la plaie,* trouver exactement où est le mal. ‖ *Remuer le fer dans la plaie,* insister lourdement sur un sujet douloureux.

PLAIGNANT, E adj. et n. Qui dépose une plainte en justice.

PLAIN, E adj. (lat. *planus*). *Hérald.* Se dit d'un écu d'une seule couleur, sans meubles.

PLAIN-CHANT [plɛ̃ʃɑ̃] n. m. (pl. *plains-chants*). Ensemble des chants d'église médiévaux à une voix, de rythme libre, récités, mélodiques ou ornés.

PLAINDRE v. t. (lat. *plangere*) [conj. **55**]. Avoir, témoigner de la compassion : *plaindre les malheureux.* ● *Ne pas plaindre sa peine, son temps* (Litt.), se dépenser sans compter. ◆ **se plaindre** v. pr. Se lamenter, exprimer sa souffrance, son mécontentement : *se plaindre de son sort.*

PLAINE n. f. (lat. *planus,* uni). Étendue plate, aux vallées à peine enfoncées dans le sol. ● *La Plaine* (Hist.), syn. de LE MARAIS.

PLAIN-PIED (DE) loc. adv. Au même niveau : *chambres, pièces qui sont de plain-pied;* sur un pied d'égalité, directement.

PLAINTE n. f. Parole, cri, gémissement émis sous l'effet de la douleur, de la peine : *les plaintes d'un malade.* ‖ Mécontentement que l'on exprime; récriminations, doléances : *ses plaintes sont mal fondées.* ‖ *Dr.* Dénonciation faite en justice par celui qui s'estime victime d'une infraction commise par un autre.

PLAINTIF, IVE adj. Qui a l'accent de la plainte.

PLAINTIVEMENT adv. D'une voix plaintive.

PLAIRE v. t. ind. [**à**] et i. (lat. *placere*) [conj. **71**]. Être agréable, exercer un charme, un attrait sur qqn : *ce tableau me plaît; il cherche à plaire.* ◆ v. impers. Être conforme à la volonté, au désir de : *je ferai ce qu'il vous plaira.* ● *Comme il vous plaira,* selon vos désirs. ‖ *Plaise* ou *plût à Dieu, au ciel,* formules de souhait ou de regret. ‖ *Plaît-il?,* formule pour faire répéter ce qu'on a mal entendu. ‖ *S'il vous plaît,* formule de politesse pour faire une demande, pour donner un ordre. ◆ **se plaire** v. pr. S'aimer l'un l'autre. ‖ Prendre plaisir à : *ils se sont plu à escalader les rochers.* ‖ Aimer à être dans un endroit ou avec certaines personnes : *se plaire à la campagne.* ‖ En parlant des animaux, des végétaux, prospérer : *la vigne se plaît sur les coteaux.*

PLAISAMMENT adv. De façon plaisante.

PLAISANCE n. f. *De plaisance,* que l'on utilise ou pratique pendant les vacances pour son agrément : *navigation, bateau de plaisance.* ‖ *La plaisance,* la navigation de plaisance.

PLAISANCIER, ÈRE n. Personne qui pratique la navigation de plaisance.

PLAISANT, E adj. et n. Qui fait rire.

PLAISANT n. m. Le côté curieux, amusant, piquant. ● *Mauvais plaisant,* personne qui joue de mauvais tours, de mauvaises farces.

PLAISANTER v. i. Dire ou faire des choses drôles qui font rire : *aimer à plaisanter.* ‖ Ne pas parler sérieusement. ● *Ne pas plaisanter sur, avec qqch,* être très strict sur ce point. ◆ v. t. Railler sans méchanceté, se moquer gentiment.

PLAISANTERIE n. f. Chose dite ou faite pour amuser, blague. ‖ Bagatelle; chose facile, aisée : *c'est une plaisanterie pour lui de faire cela.*

PLAISANTIN n. m. *Péjor.* Celui qui aime à faire des farces, qu'on ne peut pas prendre au sérieux.

PLAISIR n. m. (lat. *placere,* plaire). Sensation, sentiment agréable, contentement, satisfaction : *lire avec plaisir; le plaisir d'aller voir qqn.* ‖ Satisfaction sexuelle, jouissance. ‖ Ce qui plaît, divertissement. ● *À plaisir,* sans motif sérieux ou sans fondement; contrairement à la réalité. ‖ *Au plaisir!,* formule d'adieu. ‖ *Avec plaisir,* volontiers. ‖ *Avoir, prendre plaisir à qqch,* y trouver de l'agrément. ‖ *Bon plaisir,* volonté arbitraire. ‖ *Faire plaisir à qqn,* lui être agréable. ‖ *Principe de plaisir* (Psychanal.), principe régissant, avec le principe de réalité, le fonctionnement mental, dans la mesure où il tend à la satisfaction immédiate des pulsions quelles qu'en soient les conséquences ultérieures. ‖ *Tel est notre bon plaisir* (Hist.), formule terminale des édits royaux pour dire : « telle est notre décision ».

PLAN n. m. (lat. *planum*). Surface plane : *plan incliné.* ‖ Éloignement relatif des objets dans la perception visuelle : *premier, deuxième plan.* ‖ Représentation graphique, en projection horizontale ou suivant une section horizontale, des différentes parties d'une ville, d'un édifice, d'une machine, etc. : *dessiner le plan d'une maison.* ‖ Aspect sous lequel on considère qqn, qqch : *sur tous les plans.* ‖ Disposition générale d'un ouvrage : *plan d'une tragédie.* ‖ Ensemble de dispositions adoptées en vue de l'exécution d'un projet; projet élaboré : *arrêter son plan.* ‖ Ensemble des mesures gouvernementales prises en vue d'organiser et de diriger l'activité économique. ‖ *Cin.* Ensemble des images constituant une même prise de vues (*plan général,* qui donne une vue d'ensemble; *plan moyen,* qui donne une partie du décor et plusieurs personnages en pied; *plan américain,* qui représente deux personnages rapprochés; *plan rapproché,* qui représente un détail d'une scène; *gros plan* ou *premier plan,* consacré à un objet ou à un détail d'objet, à un visage ou à un détail du visage). ‖ *Math.* Surface illimitée qui contient en entier toute droite joignant deux de ses points. ‖ *Théâtr.* Chacune des parties de la scène déterminées par le manteau d'Arlequin, les différentes coulisses et la toile de fond. ● *Dresser des plans,* faire des projets. ‖ *Plan d'alignement,* document fixant ou modifiant les limites des voies publiques. ‖ *Plan comptable général,* cadre général dans lequel doivent s'inscrire les comptabilités d'entreprises. ‖ *Plan de cuisson,* plaque encastrable supportant des brûleurs à gaz ou des plaques électriques. ‖ *Plan d'expérience* (Stat.), programme d'expérimentation conçu en vue d'un traitement des informations. ‖ *Plan des feux* (Mil.), document définissant l'ensemble des tirs prévus dans une opération. ‖ *Plan incliné,* plan non horizontal. ‖ *Plan d'occupation des sols (P. O. S.),* document fixant, dans les terrains urbains, les règles d'utilisation des sols, et, notamment, de construction de ceux-ci. ‖ *Plan de travail,* élément de cuisine formant table. ‖ *Plan de vol,* document rempli par un pilote avant un voyage, et comportant des indications sur l'itinéraire, l'altitude, le nombre de personnes à bord, etc. ‖ *Rester, laisser en plan* (Fam.), rester, laisser inachevé, abandonné. ‖ *Sur le plan, au plan de,* du point de vue de : *sur le plan spirituel; sur le plan de la morale.* ‖ *Sur le même plan,* au même niveau.

PLAN, E adj. (lat. *planus*). Plat et uni : *miroir plan.* ● *Angle plan, figure plane,* angle, figure tracés sur un plan. ‖ *Géométrie plane,* partie de la géométrie qui étudie les figures dans le plan. ‖ *Surface plane* (Math.), syn. de PLAN.

PLANAGE n. m. Action de planer qqch.

PLANAIRE n. f. Ver plat, non annelé, d'eau douce, à pouvoir de régénération très développé. (Classe des turbellariés.)

PLANANT, E adj. *Pop.* Qui fait planer, qui procure du bien-être.

PLANCHE [plɑ̃ʃ] n. f. (bas lat. *planca*). Morceau de bois nettement plus large qu'épais, et relativement long. ‖ Métal fourni sous la forme de plaques d'assez grande largeur par rapport à l'épaisseur. ‖ Illustration ou ensemble d'illustrations couvrant, dans un livre, une page entière ou la majeure partie de celle-ci. ‖ Portion de jardin affectée à une culture spéciale : *planche de salades.* ‖ *Grav.* Plaque de métal, de bois, etc., sur laquelle le graveur a tracé des lettres ou des figures; estampe tirée à partir de cette planche. ● *Faire la planche,* nager étendu sur le dos. ‖ *Jours de planche* (Mar.), délai accordé pour effectuer le chargement ou le déchargement d'un navire. (Syn. STARIES.) ‖ *Labour en planches* (Agric.), labour obtenu avec une charrue dont le versoir jette la terre toujours du même côté et qui doit donc être réalisé en tournant autour d'un *ados,* deux *ados* étant séparés par une dérayure. ‖ *Planche à billets,* expression familière employée pour figurer le mécanisme de la création exagérée de monnaie par une banque d'émission. ‖ *Planche à découper, à pain, à pâtisserie,* etc., tablette de bois sur laquelle on découpe les pièces de viande, le pain, on pétrit de la pâte, etc. ‖ *Planche à repasser,* planche habillée de tissu, dont une extrémité est arrondie et qui peut être montée sur pieds. ‖ *Planche à roulettes,* syn. de SKATEBOARD. ‖ *Planche de salut,* moyen de salut dans une situation désespérée. ‖ *Planche à voile,* planche pourvue d'une dérive et d'un aileron immergés, et que l'on fait mouvoir sur l'eau à l'aide d'une articulation mât-voile orientable dans tous les sens; sport nautique ainsi pratiqué. ◆ pl. Le théâtre, la scène : *monter sur les planches.*

PLANCHÉIAGE n. m. Revêtement de sol en planches. ‖ Garniture de planches.

PLANCHÉIER v. t. Effectuer un planchéiage.

PLANCHER n. m. Élément de construction horizontal qui détermine un niveau, dont la partie supérieure porte un sol et dont la partie inférieure forme le plafond de l'étage du dessous; face supérieure de cet élément de construction. ‖ Paroi inférieure de qqch, d'un véhicule. ‖ Niveau minimal, seuil inférieur : *prix plancher.* ● *Débarrasser le plancher* (Fam.), quitter un endroit. ‖ *Plancher chauffant,* plancher constitué de dalles de béton avec élément chauffant incorporé. ‖ *Le plancher des vaches* (Fam.), la terre ferme.

PLANCHER v. i. *Arg. scol.* Être interrogé à une leçon, un examen.

PLANCHETTE n. f. Petite planche. ‖ Petite table pour lever les plans.

PLANCHISTE n. Personne qui pratique la planche à voile.

PLANÇON ou **PLANTARD** n. m. (de *planter*). *Agric.* Branche utilisée comme bouture.

PLAN-CONCAVE adj. (pl. *plan-concaves*). Dont une face est plane et l'autre concave.

PLAN-CONVEXE adj. (pl. *plan-convexes*). Dont une face est plane et l'autre convexe.

PLANCTON [plɑ̃ktɔ̃] n. m. (gr. *plagkton,* qui erre). Ensemble des êtres microscopiques ou de petite taille en suspension dans la mer ou l'eau douce (s'oppose à BENTHOS et à NECTON).

PLANCTONIQUE adj. Relatif au plancton.

PLANCTONIVORE ou **PLANCTOPHAGE** adj. Qui se nourrit de plancton.

PLANE n. f. Outil fait d'une lame légèrement concave munie d'une poignée à ses deux extrémités, pour dégrossir les pièces de bois.

PLANÉITÉ n. f. Caractère d'une surface plane.

PLANELLE n. f. En Suisse, carreau, brique de carrelage.

PLANER v. t. (bas lat. *planare*, unir). Rendre plan, uni. ‖ Débarrasser une peau de ses poils.

PLANER v. i. (lat. *planus*, qui est à niveau). Se soutenir en l'air, les ailes étendues, sans mouvement apparent, en parlant d'un oiseau; évoluer sous la seule sollicitation de son poids et des forces aérodynamiques, en parlant d'un planeur. ‖ Voir de haut, dominer par la pensée : *planer sur les difficultés.* ‖ Ne pas avoir le sens des réalités. ‖ S'exercer d'une manière plus ou moins menaçante : *laisser planer le mystère.* ‖ *Pop.* Être dans un état de bien-être, en partie du fait de l'absorption d'une drogue. ● *Faire un vol plané* (Fam.).

PLANÉTAIRE adj. Relatif aux planètes : *surface planétaire.* ‖ Relatif à la Terre, mondial : *une guerre planétaire.* ‖ Qui se comporte comme une planète : *électron planétaire.* ‖ Qui a l'aspect d'une planète : *nébuleuse planétaire.* ● *Système planétaire*, ensemble des planètes qui gravitent autour d'une étoile, en particulier du Soleil.

PLANÉTAIRE n. m. Machine constituant un modèle réduit du système solaire et permettant de reproduire le mouvement des planètes. ‖ Appareil de projection d'un planétarium. ‖ Dans un mécanisme différentiel, pignon monté directement sur les arbres à commander.

PLANÉTAIREMENT adv. Sur toute la planète.

PLANÉTARIUM [planetarjɔm] n. m. Installation permettant de représenter sur une voûte hémisphérique, grâce à des projections lumineuses, les aspects du ciel et les mouvements des astres.

PLANÈTE n. f. (gr. *planêtês*, vagabond). Astre sans lumière propre, qui tourne autour du Soleil ou d'une étoile quelconque. ● *Petite planète*, planète dont le diamètre ne dépasse pas quelques centaines de kilomètres. (Très nombreuses entre les orbites de Mars et de Jupiter.) ‖ *Planète inférieure*, planète plus proche du Soleil que la Terre. ‖ *Planète supérieure*, planète plus éloignée du Soleil que la Terre.
■ On connaît actuellement neuf planètes principales du système solaire; ce sont, dans l'ordre des distances croissantes au Soleil : *Mercure, Vénus, la Terre, Mars, Jupiter, Saturne, Uranus, Neptune* et *Pluton*. La plupart sont entourées de satellites.

PLANÉTOÏDE n. m. Petite planète.

PLANÉTOLOGIE n. f. Science qui a pour objet l'étude des planètes.

PLANEUR n. m. Aéronef sans moteur qui évolue dans les airs en utilisant les courants atmosphériques.

PLANÈZE n. f. (mot auvergnat). *Géogr.* Plateau basaltique peu incliné, résultant de l'érosion d'une coulée sur le flanc d'un volcan.

PLANIFICATEUR, TRICE adj. et n. Qui s'occupe de planification.

PLANIFICATION n. f. Action de planifier, d'organiser selon un plan : *planifier le travail dans une entreprise.* ‖ Encadrement par les pouvoirs publics du développement économique de la nation.

PLANIFIER v. t. Organiser, diriger suivant un plan déterminé.

PLANIMÈTRE n. m. Instrument pour mesurer les aires des surfaces planes.

PLANIMÉTRIE n. f. Partie de la géométrie qui étudie les surfaces planes. ‖ Détermination de la

planeur

Deumeulle

DIMENSIONS COMPARÉES DES PLANÈTES
1. Mercure; 2. Vénus; 3. Terre; 4. Mars; 5. Jupiter; 6. Saturne; 7. Uranus; 8. Neptune; 9. Pluton.

projection horizontale d'un terrain sans tenir compte de l'altitude et de ses variations.

PLANIMÉTRIQUE adj. Relatif à la planimétrie.

PLANIPENNE n. m. Insecte aux ailes finement nervurées et ramenées par-dessus le corps au repos, ayant une larve carnassière et une nymphe encoconnée, tel que le fourmi-lion. (Les *planipennes* forment un ordre.)

PLANISME n. m. Doctrine selon laquelle les activités humaines doivent être planifiées.

PLANISPHÈRE n. m. Carte représentant sur un même plan les deux hémisphères de la voûte céleste ou d'un astre.

PLANISTE adj. et n. Relatif au planisme; qui en est partisan.

PLAN-MASSE n. m. (pl. *plans-masses*). *Archit.* Plan à petite échelle ne montrant que le périmètre d'une construction.

PLANNING [planiŋ] n. m. (mot angl.). Plan de travail détaillé. (L'Administration préconise PRO-GRAMME.) ‖ Service de préparation du travail. ● *Planning familial*, ensemble des moyens mis au service d'une population pour l'informer et l'aider dans la régulation des naissances.

PLANOIR n. m. Ciseau à bout aplati.

PLANORBE n. m. Mollusque gastropode à coquille enroulée dans un plan, vivant dans les eaux douces calmes. (Diamètre 3 cm.)

PLANQUE n. f. *Pop.* Cachette; en temps de guerre, situation où l'on est à l'abri. ‖ *Fam.* Situation bien rémunérée et où le travail est facile.

PLANQUÉ, E adj. et n. *Pop.* Qui s'est mis à couvert, embusqué.

PLANQUER v. t. *Pop.* Cacher. ◆ **se planquer** v. pr. *Pop.* Se mettre à l'abri du danger.

PLANT n. m. (de *planter*). Jeune plante avant sa mise en place définitive. ‖ Ensemble de végétaux plantés dans un même terrain; ce terrain lui-même.

PLANTAIN n. m. (lat. *plantago*). Plante fort commune, dont la semence sert à la nourriture des petits oiseaux. (Famille des plantaginacées.) ● *Plantain d'eau*, plante des étangs, de la famille des alismacées.

PLANTAIRE adj. De la plante du pied.

PLANTARD n. m. → PLANÇON.

PLANTATION n. f. Action, manière de planter qqch. ‖ Ensemble des végétaux plantés en un endroit; terrain, champ planté. ‖ Dans les pays tropicaux, grande exploitation agricole.

PLANTE n. f. (lat. *planta*). Nom donné à tous les végétaux. ‖ Face inférieure du pied de l'homme et des animaux, qui appuie sur le sol. ● *Jardin des plantes*, dans certaines villes, jardin public où l'on cultive des végétaux pour l'étude de la botanique.

PLANTER v. t. Mettre une plante en terre : *planter des fleurs.* ‖ Garnir un lieu de végétaux : *avenue plantée d'arbres.* ‖ Enfoncer en terre, poser, placer debout : *planter une borne, une tente.* ● *Être planté*, être droit, comme fixé au sol. ‖ *Planter là qqn, qqch*, le quitter brusquement; abandonner une entreprise. ‖ *Planter ses yeux sur qqn*, le fixer avec insistance. ◆ **se planter** v. pr. Se tenir debout et immobile : *se planter devant qqn.* ‖ *Pop.* Avoir un accident; se tromper; échouer.

PLANTEUR n. m. Celui qui plante des végétaux. ‖ Propriétaire d'une plantation dans les pays tropicaux.

PLANTEUSE n. f. Machine agricole utilisée pour planter les pommes de terre.

PLANTIGRADE adj. et n. Qui marche sur toute la plante des pieds, et pas seulement sur les doigts.

PLANTOIR n. m. Outil effilé servant à faire des trous en terre destinés à recevoir de jeunes plants de fleurs ou de légumes.

PLANTON n. m. Militaire sans armes, assurant des liaisons de service. ‖ En Suisse, jeune plant destiné à être repiqué. ● *Faire le planton* (Fam.), attendre debout un long moment.

PLANTULE n. f. Embryon d'une plante, contenu dans la graine.

PLANTUREUSEMENT adv. En abondance.

PLANTUREUX, EUSE adj. (anc. fr. *plentiveux*; lat. *plenus*, plein). Abondant, copieux : *repas plantureux.* ‖ *Fam.* Bien en chair : *une femme plantureuse.* ‖ Fertile : *terre plantureuse.*

PLAQUAGE n. m. Au rugby, action de plaquer. (On écrit aussi PLACAGE.)

PLAQUE n. f. Feuille ou objet d'une matière rigide formant une surface peu épaisse : *une plaque de marbre; une plaque d'égout.* ‖ Pièce de métal qui porte diverses indications; insigne de certaines professions, de certains grades. ‖

plantain

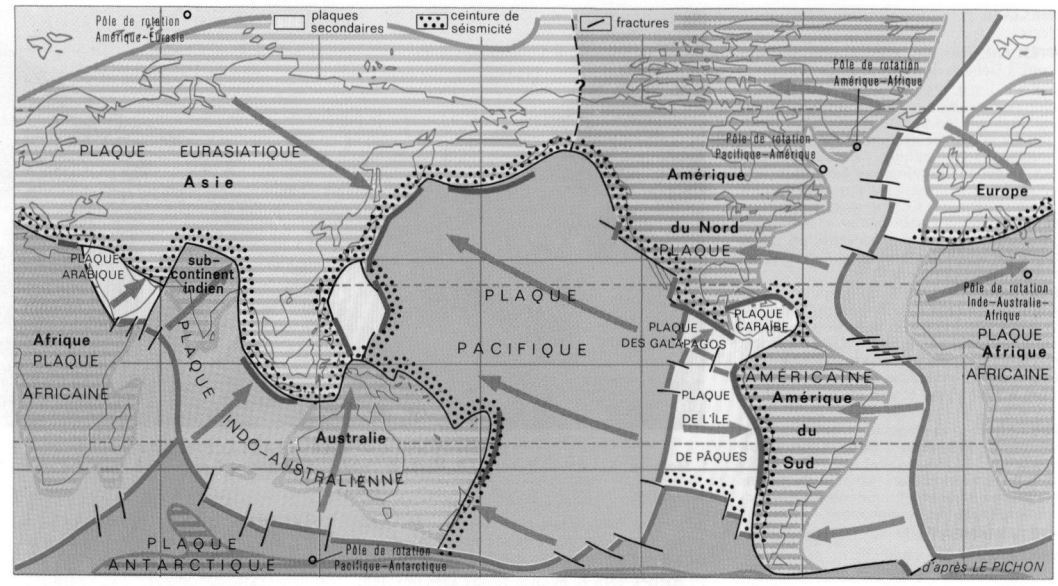

LES SIX GRANDES PLAQUES LITHOSPHÉRIQUES

Couche peu épaisse et peu étendue de qqch : *plaque de verglas.* ‖ Foyer circulaire en fonte d'une cuisinière électrique. ‖ *Électron.* L'une des électrodes d'une diode, destinée à recueillir les électrons émis par la cathode. ‖ *Géol.* Élément rigide, épais de 100 à 200 km, qui, selon la *théorie des plaques,* constitue avec d'autres éléments comparables l'enveloppe externe de la Terre. (Ces plaques seraient en continuel renouvellement et animées de mouvements relatifs : formées aux rides médio-océaniques, se déplaçant latéralement sur l'asthénosphère et se détruisant dans les zones de subduction.) ‖ *Méd.* Surface couverte d'excoriations, de boutons ; tache colorée qui se forme sur la peau. ‖ *Phot.* Lame de verre recouverte d'une émulsion sensible à la lumière. ‖ *Rel.* Feuille de métal gravée, fixée sur la presse à dorer pour décorer la couverture d'un livre relié. ● *Être, mettre à côté de la plaque* (Fam.), se tromper, manquer le but. ‖ *Plaque d'accumulateur,* chacune des électrodes d'un accumulateur, constituée par un cadre inerte supportant une pâte d'une matière active. ‖ *Plaque dentaire,* substance visqueuse et collante qui se constitue à la surface des dents et qui est à l'origine des caries. ‖ *Plaque à gâteau,* en Suisse, moule à tarte. ‖ *Plaque d'immatriculation,* plaque portant le numéro d'immatriculation d'un véhicule. ‖ *Plaque motrice* (Anat.), jonction entre le nerf et le muscle, au niveau de laquelle l'influx nerveux libère un médiateur chimique qui commande la contraction du muscle. ‖ *Plaque de propreté,* plaque de verre épais, de métal ou de matière plastique, placée au-dessus et au-dessous d'une serrure pour protéger la porte. ‖ *Plaque tournante,* disque mobile portant des fragments de rail, servant aux changements de voie ou de direction, dans les chemins de fer ; centre de dispersion, centre important qui détermine une situation. ‖ *Plaque à vent,* croûte de neige agglomérée surmontant la neige poudreuse et dont l'instabilité et la fragilité peuvent déclencher une avalanche.

PLAQUÉ n. m. Métal commun recouvert d'un autre plus précieux (or ou argent) : *bijou en plaqué.* ‖ Bois commun recouvert d'une feuille de bois de haute qualité.

PLAQUEMINE n. f. Fruit du plaqueminier. (On dit aussi KAKI.)

PLAQUEMINIER n. m. (mot créole). Arbre voisin de l'ébénier au bois dur, noir et lourd (ébène noire) et dont une espèce, originaire

d'Asie, fournit un fruit comestible appelé *plaquemine, kaki* ou *figue caque.* (Famille des ébénacées.)

PLAQUE-MODÈLE n. f. (pl. *plaques-modèles*). Plaque de fonderie constituant le modèle dans les machines à mouler.

PLAQUER v. t. (moyen néerl. *placken,* coller). Couvrir d'une feuille mince de métal précieux un autre métal. ‖ Appliquer des feuilles de bois précieux ou de belle qualité sur du bois blanc. ‖ Appliquer fortement contre qqch : *plaquer les cheveux sur le front.* ‖ Au rugby, arrêter un adversaire en le saisissant aux jambes. ‖ *Fam.* Abandonner soudainement : *plaquer un ami.* ● *Plaquer des accords* (Mus.), exécuter avec force toutes les notes d'un accord et les lâcher de même.

PLAQUETTE n. f. Petit livre de peu d'épaisseur. ‖ Plaque métallique frappée, comme une médaille, en l'honneur d'un personnage, en souvenir d'un événement, etc. ● *Plaquette de frein,* dans un frein à disque, pièce qui supporte la garniture de frein. ‖ *Plaquette sanguine,* élément du sang, intervenant dans sa coagulation (nombre normal : 250 000 par mm³). [Syn. THROMBOCYTE.]

PLAQUEUR n. m. Artisan qui fait le plaqué des bijoux ou le placage des meubles.

PLAQUIS n. m. *Constr.* Revêtement en plaques de pierre, de marbre, etc.

PLASMA n. m. (mot gr., *ouvrage façonné*). *Biol.* Liquide clair où baignent les globules du sang et de la lymphe. ‖ *Phys.* Gaz fortement ionisé.

PLASMAPHÉRÈSE n. f. Action de séparer le plasma des globules du sang. (Les globules peuvent être utilisés séparément ou restitués au donneur.)

PLASMATIQUE adj. *Biol.* Relatif au plasma.

PLASMIDE n. m. Élément génétique des bactéries, formé d'un fragment d'A.D.N. (acide désoxyribonucléique) indépendant du chromosome.

PLASMIQUE adj. *Phys.* Formé de plasma.

PLASMOCYTAIRE adj. Relatif au plasmocyte.

PLASMOCYTE n. m. *Biol.* Cellule libre des tissus, dont le noyau est excentrique et le cytoplasme basophile.

PLASMODE n. m. *Biol.* Masse cytoplasmique renfermant plusieurs noyaux.

PLASMODIUM [plasmɔdjɔm] n. m. Syn. de HÉMATOZOAIRE.

PLASMOLYSE n. f. Réaction (perte d'eau, diminution de volume) d'une cellule vivante plongée dans une solution hypertonique.

PLASMOPARA n. m. Champignon parasite de la vigne, sur laquelle il produit le mildiou. (Classe des siphomycètes ; famille des péronosporacées.)

PLASTE n. m. (gr. *plastos,* façonné). Organite des cellules végétales qui peut se charger de diverses substances nutritives (amidon) ou de pigments (chlorophylle). [Syn. LEUCITE.]

PLASTIC n. m. (mot angl.). Explosif plastique.

PLASTICIEN, ENNE n. Artiste s'adonnant aux arts plastiques, éventuellement à des recherches purement formelles. ‖ Spécialiste de la chirurgie plastique.

PLASTICITÉ n. f. État d'un corps dont les déformations ne sont pas réversibles. ‖ *Bx-arts.* Qualité sculpturale. ‖ *Psychol.* Capacité d'un sujet à déstructurer un ensemble perçu et à le restructurer selon une forme différente.

PLASTIE n. f. Intervention chirurgicale modifiant les formes ou les rapports des organes.

PLASTIFIANT n. m. Produit que l'on ajoute à une matière pour en accroître la plasticité.

PLASTIFICATION n. f. Action de plastifier.

PLASTIFIER v. t. Recouvrir d'une pellicule de matière plastique transparente. ‖ *Techn.* Introduire un plastifiant.

PLASTIQUAGE ou **PLASTICAGE** n. m. Action de plastiquer.

PLASTIQUE adj. (gr. *plastikos,* qui concerne le modelage). Propre à être modelé : *argile plastique.* ‖ Se dit d'un engrais minéral (nitrate, phosphate, sulfate, sel de potassium, etc.) qu'on emploie à forte dose (par oppos. aux engrais CATALYTIQUES). ‖ Se dit d'un explosif à base de penthrite ou d'hexogène et d'un plastifiant, et qui a la consistance du mastic de vitrier. (Un tel explosif ne détone que sous l'influence d'un explosif d'amorçage.) ‖ *Bx-arts.* Qui concerne la forme : *valeurs plastiques d'une œuvre.* ● *Arts plastiques,* ceux qui sont producteurs ou reproducteurs de volumes, de formes, surtout sculpture et peinture. ‖ *Chirurgie plastique,* ensemble des interventions destinées à restaurer les formes normales en cas d'accident, de malformation, etc. ‖ *Matière plastique,* ou *plastique* n. m., matière synthétique fondée sur l'emploi des macromolécules et susceptible d'être modelée ou moulée, en général à chaud et sous pression.

PLASTIQUE n. f. Ensemble des formes d'une œuvre d'art. ‖ Type de beauté. ‖ Art de la sculpture.

PLASTIQUE n. m. Matière plastique.

PLASTIQUER v. t. Détruire, endommager, faire sauter au moyen de plastic.

PLASTIQUEUR n. m. Auteur d'un attentat au plastic.

PLASTISOL n. m. Dispersion visqueuse d'une résine en poudre fine dans un plastifiant liquide.

PLASTRON n. m. (lat. *piastron*, haubert). Pièce de devant de la cuirasse. ‖ Pièce de cuir ou de toile rembourrée dont les maîtres d'armes se couvrent la poitrine pour amortir les coups de fleuret. ‖ Empiècement appliqué sur le devant d'un corsage ou d'une chemise d'homme. ‖ Détachement militaire figurant l'ennemi dans un exercice.

PLASTRONNER v. i. *Péjor.* Prendre une attitude fière, assurée; faire l'avantageux.

PLAT, E adj. (lat. pop. *plattus*; gr. *platus*). Dont la surface est unie, qui a peu de relief : *sol plat, front plat.* ‖ Qui a peu de creux : *assiette plate.* ‖ Qui a peu d'épaisseur : *chaussures à talon plat.* ‖ Dépourvu de force, de saveur : *un vin plat.* ‖ Vil, soumis : *plat devant ses supérieurs.* ● *À plat,* sur la surface large : *poser un livre à plat.* ‖ *Angle plat* (Math.), angle égal à deux droits. ‖ *Calme plat,* absence de vent sur la mer; état où rien de notable ne se produit. ‖ *Eau plate,* eau de boisson non gazeuse. ‖ *Être à plat,* être dégonflé (pneu), déchargé (accu); *fam.,* être fourbu, manquer de courage, d'énergie. ‖ *Faire de plates excuses,* faire des excuses humiliantes. ‖ *Labour à plat,* labour caractérisé par le renversement des bandes du même côté. ‖ *Mer plate,* mer sans vagues. ‖ *Nœud plat,* nœud formé de deux bouts qui reviennent sur eux-mêmes après s'être croisés. ‖ *Teinte plate* (Peint.), peinte d'une seule venue, sans dégradé. ‖ *Tomber à plat,* être un échec complet. ‖ *Wagon plat,* wagon constitué seulement par un plancher. (Syn. : PLATEAU, PLATE-FORME.)

PLAT n. m. La partie plane d'une chose : *le plat de la main.* ‖ Produit sidérurgique formant une lame mince, très utilisé en construction métallique. ‖ *Rel.* Chacun des deux côtés de la couverture d'un livre. ● *Faire du plat* (Fam.), flatter, courtiser. ‖ *Plat de côtes* (ou *plates côtes*), partie du bœuf qui comprend les côtes, prises dans le milieu de leur longueur jusqu'aux cartilages costaux, et les muscles situés à ce niveau.

PLAT n. m. Pièce de vaisselle de table de formes diverses, plus grande que l'assiette; son contenu. ‖ Chacun des éléments d'un repas. ● *En faire tout un plat* (Fam.), donner une importance exagérée à qqch. ‖ *Mettre les pieds dans le plat,* intervenir d'une manière maladroite ou brutale. ‖ *Plat du jour,* préparation culinaire chaque jour différente au menu d'un restaurant.

PLATANE n. m. (lat. *platanus;* mot gr.). Arbre dont l'écorce se détache par plaques et dont les petits fruits sont groupés en boules brunes pendantes, souvent planté en France et utilisé comme arbre d'ornement. (Haut. : jusqu'à 40 m; longévité : 500 à 2 000 ans.) ● *Faux platane,* espèce d'érable appelé aussi *sycomore.*

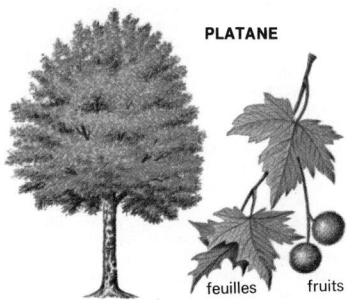

PLATANE

feuilles   fruits

PLAT-BORD n. m. (pl. *plats-bords*). Latte de bois entourant le pont d'un navire.

PLATE n. f. Chacune des parties de l'armure de fer plein.

PLATEAU n. m. (de *plat*). Partie d'une balance recevant les poids ou les matières à peser. ‖ Support plat sur lequel on transporte des aliments prêts à servir ou de la vaisselle. ‖ Scène d'un théâtre où sont plantés les décors d'un film et où évoluent les acteurs; ensemble des installations et du personnel nécessaires à la prise de vues en studio, ou à la représentation sur une scène. ‖ Surface relativement plane, pouvant être développée à des altitudes variées, mais toujours entaillée de vallées encaissées. ‖ Roue dentée située sur l'axe du pédalier d'une bicyclette et servant à transmettre, par l'intermédiaire d'une chaîne, le mouvement à la roue arrière. ‖ Partie la plus élevée d'un graphique. ‖ Syn. de WAGON PLAT. ‖ *Biol.* Bordure striée des cellules de l'épithélium intestinal. ● *Plateau de chargement,* dispositif mobile sur le plancher duquel peut être rassemblée une certaine quantité de marchandises à des altitudes variées, mais pour constituer une « unité de charge ». ‖ *Plateau continental* ou *plate-forme continentale* (ou *littorale*), prolongement du continent sous la mer, à une profondeur généralement inférieure à 200 m, et limité par le talus continental. ‖ *Plateau diviseur,* support rigide de grande précision, utilisé en fraisage et pouvant tourner d'angles de valeurs données. ‖ *Plateau d'embrayage,* pièce circulaire sur laquelle prend appui le disque d'embrayage.

PLATEAU-REPAS n. m. (pl. *plateaux-repas*). Plateau à plusieurs compartiments où sont disposés tous les éléments d'un repas.

PLATE-BANDE n. f. (pl. *plates-bandes*). Étroite bande de terrain entourant un carré de jardin et destinée à recevoir des arbustes, des fleurs, etc. ‖ *Constr.* Organe comparable au linteau, mais fait de claveaux, de blocs appareillés, au lieu d'être d'une seule pièce. ● *Marcher sur les plates-bandes de qqn* (Fam.), empiéter sur ses attributions.

PLATÉE n. f. Contenu d'un plat.

PLATÉE n. f. (lat. *platea*). Massif de fondation comprenant toute l'étendue d'un bâtiment.

PLATE-FORME n. f. (pl. *plates-formes*). Surface plate et horizontale, plus ou moins surélevée. ‖ Partie d'un autobus où les voyageurs se tiennent debout. ‖ Ensemble des idées sur lesquelles on s'appuie dans un programme politique, etc. ‖ Syn. de WAGON PLAT. ‖ *Ch. de f.* Surface supérieure d'un remblai, supportant le ballast. ‖ *Géogr.* Type de structure caractérisé par des gauchissements des couches à grand rayon de courbure (donc à faible pendage). ‖ *Mil.* Emplacement aménagé pour la mise en batterie d'une arme lourde. ‖ *Pétr.* Installation de forage en mer. ● *Plate-forme continentale* ou *littorale,* syn. de PLATEAU CONTINENTAL. ‖ *Plate-forme élévatrice,* appareil de manutention formé d'un élément horizontal dont on peut faire varier la hauteur. ‖ *Plate-forme structurale,* surface correspondant au dégagement, par l'érosion, d'une couche géologique dure.

PLATELAGE n. m. Plancher de charpente.

PLATE-LONGE n. f. (pl. *plates-longes*). Longe pour maintenir les chevaux difficiles.

PLATEMENT adv. De façon plate; sans élégance.

PLATERESQUE adj. (esp. *plata,* argent). Se dit d'un style d'architecture de la Renaissance espagnole, dont l'ornementation sculptée en faible relief est comparable à celle de l'orfèvrerie.

PLATEURE n. f. *Min.* Couche de faible pente.

PLATHELMINTHE n. m. (gr. *platus,* plat, et *helmins,* ver). Ver à corps aplati. (Les *plathelminthes* constituent un embranchement du règne animal. On les divise en trois classes : turbellariés [*planaire*], trématodes [*douve*], cestodes [*ténia*]). [Syn. PLATODE.]

PLATINAGE n. m. Application d'une mince couche de platine sur certains métaux.

PLATINE n. f. (de *plat*). Plaque qui soutient les pièces du mouvement d'une montre. ‖ Dans un tourne-disque ou électrophone, plaque sur laquelle sont fixés le moteur, le dispositif d'en-

traînement du disque et les différentes commandes de l'appareil. ‖ Plateau d'une machine pneumatique. ‖ Plaque de métal percée pour le passage de la clef d'une serrure, de l'aiguille d'une machine à coudre, d'un microscope. ‖ Plate-forme sur laquelle est placé l'objet, dans un microscope. ‖ Plaque reliant toutes les pièces concourant au départ du coup dans les anciennes armes à feu.

PLATINE n. m. (anc. esp. *platina*). Métal précieux (Pt), no 78, de masse atomique 195,09, d'un blanc gris. ● *Mousse de platine,* masse grise, spongieuse, que l'on obtient dans la préparation du platine. ◆ adj. inv. *Blond platine,* ou *platine,* blond très pâle, presque blanc.

■ Le platine, que l'on trouve allié à d'autres métaux dans des sables produits par la ségrégation de roches anciennes, est un métal assez dur, ductile, malléable, très dense, de densité 21,5, et fondant à 1755 °C. Il ne s'oxyde à aucune température et résiste à l'action de nombreux acides. Il est employé pour la fabrication de vases (creusets, capsules) dans lesquels on peut effectuer des réactions à température élevée ou en présence de certains acides. On l'emploie aussi pour la construction de nombreux appareils de précision, ainsi qu'en joaillerie.

PLATINÉ, E adj. *Cheveux platinés,* cheveux d'un blond très pâle. ‖ *Vis platinée,* chacune des pastilles de contact, au tungstène, des allumeurs d'un moteur d'automobile.

PLATINER v. t. Recouvrir de platine. ‖ Donner la teinte du platine, blond très pâle.

PLATINIFÈRE adj. Qui contient du platine.

PLATINITE n. f. Alliage de fer et de nickel ayant même coefficient de dilatation que le platine et que le verre.

PLATITUDE n. f. Absence d'originalité, d'imprévu, banalité; parole, acte sans originalité : *dire des platitudes.* ‖ *Litt.* Ce qui est bas et avilissant : *la platitude de ses excuses.*

PLATODE n. m. Syn. de PLATHELMINTHE.

PLATONICIEN, ENNE adj. et n. Qui relève de la philosophie de Platon.

PLATONIQUE adj. (de *Platon*). Se dit d'un amour purement idéal, sans être réalisé charnellement. ‖ Sans effet : *protestation platonique.*

PLATONIQUEMENT adv. De façon platonique.

PLATONISME n. m. Philosophie de Platon et de ses disciples. ‖ *Log.* Doctrine selon laquelle les entités mathématiques existent séparément, dans un monde différent, comme les idées dans le système de Platon.

PLÂTRAGE n. m. Action de plâtrer.

PLÂTRAS [platra] n. m. Débris de matériaux de construction.

PLÂTRE n. m. (gr. *emplastron,* modelé). Matériau résultant de la cuisson modérée du gypse (150 °C environ), suivie de mouture. (Mélangé à l'eau, le plâtre fait prise en formant une masse tout à la fois solide et tendre. On utilise cette propriété pour la reproduction de sculptures, l'immobilisation des membres fracturés, dans la construction, etc.) ‖ Tout ouvrage moulé en plâtre; sculpture en plâtre; appareil d'immobilisation en plâtre moulé sur le patient. ◆ pl. Légers ouvrages de bâtiments (enduits, ravalement, lambris, etc.). ‖ *Murs neufs,* en général.

PLÂTRER v. t. Couvrir de plâtre : *plâtrer un mur.* ‖ Amender une terre avec du plâtre. ‖ Aviver la couleur du vin au moyen du plâtre. ‖ *Chir.* Immobiliser par un plâtre.

PLÂTREUX, EUSE adj. Qui contient du plâtre, qui en a l'aspect.

PLÂTRIER n. et adj. m. Personne qui prépare, travaille le plâtre. ‖ Ouvrier qui procède à la construction des cloisons et au revêtement en plâtre des murs et des plafonds.

PLÂTRIÈRE n. f. Carrière d'où l'on tire la pierre à plâtre. ‖ Endroit où l'on cuit le plâtre.

PLATYRHINIEN n. m. (gr. *platus,* plat, et *rhis, rhinos,* nez). Singe à narines écartées et à 36 dents, vivant en Amérique, tel que le *ouistiti* et l'*atèle.* (Les *platyrhiniens* forment un groupe du sous-ordre des simiens.)

PLAUSIBILITÉ n. f. Qualité de ce qui est plausible, de ce qui peut être admis.

PLAUSIBLE adj. (lat. *plaudere*, applaudir). Qui peut passer pour vrai; valable : *excuse, hypothèse plausible.*

PLAY-BACK [plɛbak] n. m. inv. (mot angl.). Interprétation mimée accompagnant la diffusion d'un enregistrement préalable. (Syn. PRÉSONORISATION.)

PLAY-BOY [plɛbɔj] n. m. (mot angl., *viveur*) [pl. *play-boys*]. Homme élégant, au physique avantageux, qui recherche les succès féminins et la vie facile.

PLÈBE n. f. (lat. *plebs*). *Antiq. rom.* Classe populaire de la société romaine (par oppos. au PATRICIAT). ‖ *Litt.* Le peuple.

PLÉBÉIEN, ENNE adj. *Antiq. rom.* De la plèbe (par oppos. à PATRICIEN). ‖ *Litt.* et *péjor.* Populaire, vulgaire : *avoir des goûts plébéiens.*

PLÉBISCITAIRE adj. Relatif au plébiscite.

PLÉBISCITE n. m. (lat. *plebiscitum*). Procédé utilisé par un chef d'État pour demander au peuple de lui manifester sa confiance. ‖ Consultation populaire, en cas d'annexion d'un territoire. ‖ *Antiq.* Loi votée par l'assemblée de la plèbe, dans la Rome antique. ‖ En Suisse, syn. de RÉFÉRENDUM.

PLÉBISCITER v. t. Ratifier, élire à une très forte majorité.

PLÉCOPTÈRE n. m. Insecte dont le corps est allongé, qui a de longues antennes, et dont la larve est aquatique, tel que la *perle.* (Les *plécoptères* forment un ordre.)

PLECTRE n. m. (gr. *plêktron*). Lamelle de bois, d'ivoire, d'écaille, etc., qui sert à toucher les cordes de certains instruments de musique. (Syn. MÉDIATOR.)

PLÉIADE n. f. (gr. *Pleias*, n. d'un groupe d'étoiles). Groupe de personnes formant une élite.

PLEIN, E adj. (lat. *plenus*). Tout à fait rempli : *une salle pleine de monde.* ‖ Qui contient en grande quantité, bourré, couvert : *écrit plein de fautes.* ‖ Dont toute la masse est occupée par une matière : *porte pleine.* ‖ Rond : *visage plein.* ‖ Porté à son maximum, complet, entier : *donner pleine satisfaction; travailler à plein temps.* ‖ Se dit d'une femelle qui porte des petits : *une chatte pleine.* ‖ Entièrement occupé, préoccupé : *auteur plein de son sujet.* ● *À pleines mains*, abondamment. ‖ *À pleines voiles*, au moyen de toutes les voiles. ‖ *En plein, dans le milieu : le soleil donnait en plein sur les toits;* complètement : *donner en plein dans un piège.* ‖ *En plein air*, à l'air libre. ‖ *En plein jour, en pleine rue*, dans le jour, dans la rue. ‖ *En pleine terre*, dans le sol même. ‖ *En plein*, dans un endroit à découvert et exposé au vent. ‖ *Être plein* (Pop.), être ivre. ‖ *Plein de soi*, orgueilleux. ‖ *Plein pouvoir*, liberté d'agir. ‖ *Pleins pouvoirs*, délégation temporaire du pouvoir législatif accordée par le Parlement à un gouvernement; habilitation à négocier et à conclure un traité. ‖ *Voix pleine*, nette et sonore.

PLEIN n. m. Espace complètement occupé par la matière. ‖ Le contenu total d'un réservoir : *faire le plein.* ‖ Le plus gros trait des lettres dans l'écriture (par oppos. à DÉLIÉ). ‖ Marée haute. ● *Battre son plein*, être à marée haute; être en pleine activité, en plein éclat.

PLEIN prép. et adv. *Fam.* Indique une grande quantité : *avoir de l'argent plein ses poches; il y avait plein de monde sur la place.* ● *En avoir plein le dos, plein les bottes* (Fam.), être fatigué ou excédé. ‖ *Tout plein* (Fam.), très, beaucoup.

PLEINEMENT adv. Entièrement, tout à fait : *être pleinement satisfait.*

PLEIN-EMPLOI ou **PLEIN EMPLOI** n. m. Situation réalisée lorsque la totalité de la main-d'œuvre disponible dans un pays a la possibilité de trouver un emploi. (Contr. CHÔMAGE.)

PLEIN-TEMPS n. m. et adj. inv. Activité professionnelle absorbant la totalité du temps de travail.

PLEIN-VENT n. m. (pl. *pleins-vents*). Arbre planté loin des murs et des clôtures. (On dit aussi ARBRE DE PLEIN VENT.)

PLÉISTOCÈNE n. m. et adj. (gr. *pleistos*, nombreux, et *kainos*, nouveau). Première période de l'ère quaternaire, correspondant à l'âge de la pierre taillée, ou paléolithique.

PLÉNIER, ÈRE adj. (de *plein*). Se dit d'une assemblée où tous les membres sont convoqués.

PLÉNIPOTENTIAIRE n. m. et adj. (lat. *plenus*, plein, et *potentia*, puissance). Agent diplomatique muni de pleins pouvoirs.

PLÉNITUDE n. f. (lat. *plenitudo*). *Litt.* Totalité, intégralité : *la plénitude de ses facultés.*

PLÉNUM [plenɔm] n. m. (mot lat., *plein*). Réunion plénière d'une assemblée.

PLÉONASME n. m. (gr. *pleonasmos*, surabondance). *Ling.* Répétition de mots ayant le même sens, soit inhérente à la langue (*monter en haut*), soit volontaire pour donner plus de force à la pensée (*je l'ai vu, de mes yeux vu*).

PLÉONASTIQUE adj. Qui contient un pléonasme.

PLÉSIOSAURE n. m. (gr. *plêsios*, voisin, et *saura*, lézard). Reptile marin fossile du secondaire, atteignant 5 m de long.

PLÉTHORE n. f. (gr. *plêthôrê*, surabondance d'humeurs). Surabondance quelconque, amenant un état fâcheux : *pléthore de vin, de candidats.*

PLÉTHORIQUE adj. Surabondant, excessivement nombreux. ‖ *Méd.* Obèse.

PLEUR n. m. *Litt.* (surtout au pl.). Larme : *répandre des pleurs.* ● *Les pleurs de la vigne*, suc qui en découle au printemps.

PLEURAGE n. m. Variation parasite de la hauteur des sons (disque, bande magnétique) provenant de fluctuations de la vitesse de défilement du support, soit à l'enregistrement, soit à la lecture.

PLEURAL, E, AUX adj. (gr. *pleura*, côté). Qui appartient à la plèvre.

PLEURANT n. m. *Bx-arts.* Sculpture figurant un personnage affligé, souvent encapuchonné.

PLEURARD, E adj. et n. *Fam.* Qui pleure souvent et sans raison. ◆ adj. Plaintif : *voix pleurarde.*

PLEURER v. i. (lat. *plorare*). Verser des larmes. ‖ Suinter, en parlant des arbres et de la vigne dont le bois a été fraîchement taillé. ‖ Être affecté de pleurage. ● *Pleurer sur*, déplorer. ◆ v. t. Déplorer la disparition de : *pleurer un père.*

PLEURÉSIE n. f. (gr. *pleura*, côté). Inflammation de la plèvre.
■ La pleurésie est due le plus souvent à une infection tuberculeuse (pleurésie *séro-fibrineuse*) ou à une infection par germes pyogènes (pleurésie *purulente*). Elle se manifeste par une douleur thoracique et par un épanchement liquide plus ou moins abondant.

PLEURÉTIQUE adj. et n. Relatif à la pleurésie; atteint de pleurésie.

PLEUREUR, EUSE adj. et n. Se dit de certains arbres (saules, par ex.) à feuillage retombant.

PLEUREUSE n. f. Femme qu'on payait pour pleurer aux funérailles.

PLEURITE n. f. Pleurésie sans épanchement.

PLEURNICHER v. i. *Fam.* Pleurer sans raison et souvent; se plaindre d'un ton larmoyant.

PLEURNICHERIE n. f. *Fam.* Habitude de pleurnicher; douleur feinte, sans raison.

PLEURNICHEUR, EUSE ou **PLEURNICHARD, E** adj. et n. *Fam.* Qui pleurniche.

PLEURODYNIE n. f. (gr. *pleura*, côté, et *odunê*, douleur). Douleur vive du thorax en rapport avec une pleurite, une pleurésie ou une affection rhumatismale.

PLEURONECTE ou **PLEURONECTIDÉ** n. m. Poisson osseux, à corps aplati, et vivant couché sur un côté tandis que l'autre côté porte les deux yeux. (Les *pleuronectes* forment une famille comprenant sole, turbot, flet, flétan, plie ou carrelet, limande.)

PLEUROTE n. m. Champignon à lames, poussant en touffes sur les troncs d'arbres ou sur le panicaut. (Famille des agaricacées.)

PLEUROTOMIE n. f. Ouverture chirurgicale de la plèvre.

PLEUTRE n. m. (mot flamand). *Litt.* Homme sans courage, sans dignité.

PLEUTRERIE n. f. *Litt.* Action lâche.

PLEUVASSER, PLEUVINER, PLEUVOTER v. impers. *Fam.* Pleuvoir légèrement.

PLEUVOIR v. impers. (lat. *pluere*) [conj. **41**]. Tomber, en parlant de la pluie. ◆ v. i. Tomber en abondance : *les bombes pleuvaient sur la ville; les coups, les critiques pleuvent.*

PLÈVRE n. f. (gr. *pleura*, côté). Membrane séreuse qui tapisse le thorax et enveloppe les poumons.

PLEXIGLAS [plɛksiglas] n. m. (nom déposé). Matière plastique dure, transparente, déformable à chaud, employée comme verre de sécurité ainsi qu'à d'autres usages.

PLEXUS [plɛksys] n. m. (mot lat., *entrelacement*). *Anat.* Amas de filets nerveux enchevêtrés.

PLEYON ou **PLION** n. m. (anc. fr. *ploion*, branche flexible). *Agr.* Rameau de bois qui sert à faire des liens.

PLI n. m. Partie repliée d'une étoffe, d'un papier, du revêtement cutané, etc. : *les plis d'un rideau, d'un accordéon.* ‖ Marque qui reste à l'endroit où un objet a été plié. ‖ Tissu replié sur lui-même en double épaisseur et maintenu par des points de couture. ‖ Enveloppe de lettre; lettre : *un pli chargé.* ‖ Ride : *les plis du front.* ‖ Au jeu de cartes, levée. ‖ Chacune des couches de bois constituant un panneau de contre-plaqué. ‖ *Géol.* Ondulation des couches de terrain, qui peut être soit en saillie (*anticlinal*), soit en creux (*synclinal*). ‖ Habitude : *il a pris le pli de venir chaque samedi.* ● *Axe d'un pli* (Géol.), direction du pli. ‖ *Faux pli*, ou *pli*, pli fait à un endroit d'une étoffe où il ne devrait pas y en avoir. ‖ *Ne pas faire un pli* (Fam.), n'offrir aucune difficulté.

PLIABLE adj. Flexible, aisé à plier.

PLIAGE n. m. Action de plier.

PLIANT, E adj. Se dit d'un objet qui peut être replié sur soi : *lit pliant.*

PLIANT n. m. Siège qui se plie, généralement sans bras ni dossier.

PLIE n. f. (bas lat. *platessa*). Poisson plat à chair estimée, commun dans la Manche et l'Atlan-

plie

tique, remontant parfois les estuaires. (Long. 40 cm; famille des pleuronectes.) [Syn. CARRELET.]

PLIÉ n. m. *Chorégr.* Exercice d'assouplissement au cours duquel les genoux sont fléchis, les pieds prenant appui sur chacune des cinq positions.

PLIER v. t. (lat. *plicare*). Mettre en double une ou plusieurs fois en rabattant une partie contre l'autre : *plier une nappe.* ‖ Rapprocher les unes des autres les parties d'un objet : *plier une tente, un éventail.* ‖ Faire prendre une forme courbée : *plier de l'osier, les genoux.* ‖ Faire céder qqn, assujettir : *plier qqn à sa volonté.* ◆ v. i. S'affaisser, se courber : *les branches plient sous le poids des fruits.* ‖ Se soumettre, reculer devant un adversaire : *plier devant l'autorité.* ◆ **se plier** v. pr. [à]. Se soumettre à qqn, qqch.

PLIEUR, EUSE n. Personne qui plie.

PLIEUSE n. f. Machine à plier.

PLINTHE n. f. (gr. *plinthos*, brique). Bande, saillie au bas d'un mur, à la base d'une colonne, etc.

PLIOCÈNE n. m. et adj. (gr. *pleiôn*, plus, et *kainos*, nouveau). Dernière période de l'ère tertiaire, succédant au miocène.

PLIOIR n. m. Couteau à tranchants émoussés, en bois, en ivoire, en métal, pour plier ou cou-

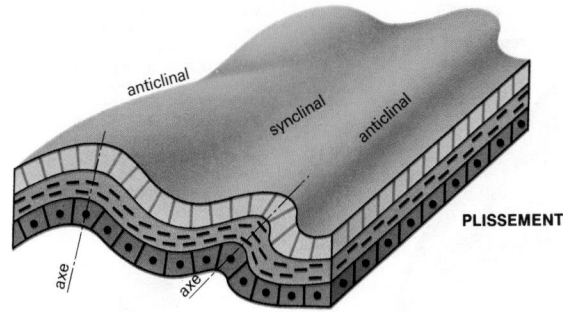

anticlinal
synclinal
anticlinal

axe
axe

PLISSEMENT

per du papier. ‖ Petite planchette sur laquelle on enroule une ligne à pêche.

PLISSAGE n. m. Action de plisser.

PLISSÉ n. m. Ce qui est plissé. ‖ Série de plis, type de plissage.

PLISSEMENT n. m. Action de plisser. ‖ Déformation des couches géologiques liées à l'orogenèse; ensemble de plis.

PLISSER v. t. (de *plier*). Marquer de plis : *plisser une jupe.* ◆ v. i. Avoir des plis.

PLISSEUR, EUSE n. Personne qui plisse des tissus.

PLISSEUSE n. f. Machine à plisser les étoffes.

PLISSURE n. f. Ensemble de plis.

PLIURE n. f. Action ou manière de plier les feuilles d'un livre; marque formée par un pli. ‖ Atelier où s'exécute ce travail.

■ Les feuilles imprimées sont pliées en un certain nombre de feuillets donnant un nombre double de pages. Les pliures les plus fréquentes sont l'*in-folio,* l'*in-quarto,* l'*in-octavo,* l'*in-douze,* l'*in-seize,* où la feuille est respectivement pliée en deux, quatre, huit, douze et seize feuillets.

PLOCÉIDÉ n. m. Oiseau passereau de l'Ancien Monde, au chant médiocre, comme le *moineau,* le *tisserin.* (Les *plocéidés* forment une famille.)

PLOIEMENT n. m. *Litt.* Action de ployer.

PLOMB n. m. (lat. *plumbum*). Métal dense (Pb), n° 82, de masse atomique 207,21, d'un gris bleuâtre. ‖ Balles, grains de plomb dont on charge les armes à feu. ‖ Caractère, composition d'imprimerie. ‖ Petite pièce en plomb, allongée et rainurée, qui assure la liaison entre les verres découpés d'un vitrail. ‖ Petit sceau de plomb, que l'on fixe aux attaches d'un colis pour empêcher qu'on ne l'ouvre, ou pour certifier qu'il a acquitté certains droits. ‖ *Électr.* Coupe-circuit à fil de plomb. ‖ *Mar.* Morceau de métal fixé à une ligne servant à sonder. ● *À plomb,* perpendiculairement. ‖ *Avoir du plomb dans l'aile,* être atteint dans sa santé, sa fortune, sa réputation. ‖ *N'avoir pas de plomb dans la tête,* être très étourdi. ‖ *Soleil de plomb,* chaleur écrasante. ‖ *Sommeil de plomb,* sommeil lourd et profond.

■ Le plomb, mou et déformable, de densité 11,3, fond à 327 °C et bout vers 1 500 °C; il se recouvre à l'air d'un carbonate grisâtre. On le trouve dans la nature surtout à l'état de sulfure (*galène*). Il se présente souvent allié à l'argent (*plomb argentifère*). Le plomb est utilisé : en feuilles pour revêtir les toits, les gouttières, les parois des *chambres de plomb* dans la fabrication de l'acide sulfurique; en fils pour les plombs de sûreté, ou *plombs fusibles,* intercalés en raccords sur les câbles ou les fils électriques; en tuyaux pour les conduites d'eau et de gaz, etc. Allié à l'arsenic, il fournit le métal à balles ou à grenaille; allié à l'étain, il constitue le métal à vaisselle, etc.; enfin, il entre dans la composition des caractères d'imprimerie. L'ingestion ou l'emploi des *sels* de plomb (blanc de céruse, minium, etc.) exposent à des accidents graves, connus sous le nom de *saturnisme.*

PLOMBAGE n. m. Action de plomber, de garnir de plomb, de marquer avec un plomb; son résultat.

PLOMBAGINACÉE n. f. Herbe vivace telle que la *dentelaire,* le *statice.* (Les *plombaginacées* forment une famille.)

PLOMBAGINE n. f. (lat. *plumbago,* mine de plomb). Graphite dont on fait des mines de crayon.

PLOMBÉ, E adj. Garni de plomb : *canne plombée.* ‖ Couleur de plomb, livide : *teint plombé.* ● *Wagon plombé,* dont les fermetures sont garanties par des sceaux de plomb apposés par l'expéditeur ou les services de douane ou de police.

PLOMBÉE n. f. Charge de plomb d'une ligne à pêche. ‖ Massue, fléau d'armes garnis de plomb. (On dit aussi PLOMMÉE.)

PLOMBÉMIE n. f. *Méd.* Présence de plomb dans le sang.

PLOMBER v. t. Attacher, appliquer du plomb à qqch. ‖ Attacher un sceau de plomb à un colis, à un wagon. ‖ Vérifier à l'aide du fil à plomb la verticalité de. ‖ *Métall.* Recouvrir de plomb une pièce métallique pour la protéger. ● *Plomber une dent,* remplir de ciment ou d'amalgame une dent cariée.

PLOMBERIE n. f. Métier, atelier, ouvrage du plombier. ‖ Terme désignant les installations et les canalisations domestiques ou industrielles d'eau et de gaz, ainsi que les appareils d'utilisation.

PLOMBIER n. m. Ouvrier qui établit, entretient et répare la plomberie.

PLOMBIÈRES n. f. (de *Plombières,* n. de ville). Glace aux fruits confits.

PLOMBIFÈRE adj. Qui contient du plomb.

PLOMBURE n. f. Ensemble des plombs d'un vitrail.

PLOMMÉE n. f. → PLOMBÉE.

PLONGE n. f. *Faire la plonge,* laver la vaisselle (dans un restaurant, un café).

PLONGEANT, E adj. Dirigé de haut en bas. ● *Tir plongeant,* tir exécuté avec un angle au niveau inférieur à 45°.

PLONGÉE n. f. Action de plonger. ‖ Direction, point de vue de haut en bas. ‖ Talus supérieur d'un ouvrage fortifié. ● *Naviguer en plongée* (en parlant d'un sous-marin), naviguer au-dessous du niveau de la mer. ‖ *Plongée sous-marine,* activité consistant à descendre sous la surface de l'eau, muni d'appareils divers (tuba ou scaphandre, etc.), soit à titre sportif, soit à des fins scientifiques ou militaires.

PLONGEMENT n. m. Action de plonger dans un liquide.

PLONGEOIR n. m. Plate-forme, tremplin d'où l'on plonge.

PLONGEON n. m. Action de plonger; saut d'un nageur dans l'eau. ‖ Détente horizontale d'un gardien de but pour saisir ou détourner le ballon. ‖ Oiseau palmipède à long bec droit, plongeant à la recherche des poissons, et qu'on rencontre l'hiver sur les côtes. (Long. 70 cm; famille des colymbidés.) ● *Faire le plongeon* (Fam.), subir un échec désastreux sur le plan financier.

PLONGER v. t. (lat. pop. *plumbicare;* de *plumbum,* plomb) [conj. 1]. Immerger dans un

liquide : *plonger un bâton dans l'eau.* ‖ Enfoncer, introduire : *plonger la main dans un sac.* ‖ Mettre qqn dans un certain état d'une manière complète ou brutale : *être plongé dans une méditation.* ◆ v. i. S'enfoncer entièrement dans l'eau. ‖ Faire un saut dans l'eau, la tête la première. ‖ Au football, faire un plongeon. ‖ Avoir une direction de haut en bas; descendre brusquement. ‖ Pénétrer profondément : *racines qui plongent dans le sol.* ◆ **se plonger** v. pr. S'absorber dans une occupation : *se plonger dans la lecture.*

PLONGEUR, EUSE adj. et n. Qui plonge. ‖ Qui lave la vaisselle dans un restaurant. ‖ Se dit d'oiseaux aquatiques qui plongent fréquemment.

PLONGEUR n. m. Syn. de SCAPHANDRIER. ● *Plongeur démineur,* nageur de combat spécialiste du déminage.

PLOT [plo] n. m. Bille de bois de sciage. ‖ *Électr.* Pièce métallique faisant contact.

PLOUC n. et adj. *Fam.* et *péjor.* Personne fruste.

PLOUF! interj. Onomatopée du bruit que fait un objet en tombant dans un liquide.

PLOUTOCRATE n. m. *Péjor.* Homme puissant par sa fortune.

PLOUTOCRATIE n. f. (gr. *ploutos,* richesse, et *kratos,* pouvoir). Gouvernement où le pouvoir appartient aux classes riches.

PLOUTOCRATIQUE adj. De la ploutocratie.

PLOYER v. t. (lat. *plicare*) [conj. 2]. *Litt.* Donner une courbure à : *ployer une branche.* ‖ *Litt.* Faire céder, faire fléchir, briser la résistance. ◆ v. i. *Litt.* Fléchir, plier : *charpente qui ploie.* ‖ *Litt.* Être accablé, céder : *ployer sous le joug.*

PLUCHES n. f. pl. *Fam.* Épluchures de légumes, en particulier de pommes de terre.

PLUIE n. f. (lat. *pluvia*). Précipitation liquide d'eau atmosphérique sous forme de gouttes. ‖ Chute d'objets, de matières : *une pluie de cendres.* ‖ Ce qui est répandu en abondance; avalanche : *pluie de cadeaux, de punitions.* ‖ *Faire la pluie et le beau temps,* être influent. ‖ *Parler de la pluie et du beau temps,* parler de choses banales.

■ La pluie résulte de l'ascendance de l'air, entraînant un refroidissement de cet air qui provoque à son tour la condensation en gouttelettes de la vapeur d'eau qu'il contient. C'est alors la formation d'un nuage, qui ne donne des pluies qu'avec l'accroissement de la taille et du poids des gouttelettes, qui ne peuvent plus demeurer en suspension.

PLUMAGE n. m. Ensemble des plumes recouvrant un oiseau.

PLUMAISON n. f. Action de plumer un oiseau.

PLUMARD n. m. *Pop.* Lit.

PLUMASSERIE n. f. Métier, travail et commerce du plumassier.

PLUMASSIER, ÈRE n. Personne qui prépare et vend des plumes en vue de leur emploi dans la mode et l'ornementation.

PLUME n. f. (lat. *pluma,* duvet). Organe produit par l'épiderme des oiseaux, formé d'une tige souple portant des barbes, et servant au vol, à la protection du corps et au maintien de la constance de la température. ‖ Une des grosses plumes de l'oie, etc., dont on se servait pour écrire. ‖ Tuyau des plumes de l'oie. ‖ Morceau de métal façonné en forme de bec, et qui sert à écrire. ‖ *Sports.* En boxe, catégorie de poids. ● *La plume à la main,* en écrivant. ‖ *Prendre la plume,* écrire. ‖ *Vivre de sa plume,* faire profession d'écrivain. ‖ *Voler dans les plumes* (Fam.), attaquer brusquement.

plongeon

■ On distingue plusieurs sortes de plumes : les plus grandes, ou *pennes*, qui ont des barbes associées par des *barbules* munies de crochets microscopiques de façon à constituer une lame plane, ou *vexille*, et qui servent au vol (rémiges de l'aile, rectrices de la queue); les *tectrices*, plus petites, qui recouvrent et protègent le corps de l'oiseau; le *duvet*, très court, aux barbes épaisses, qui assure la constance de la température centrale.

PLUMEAU n. m. Ustensile de ménage, fait avec des plumes assemblées autour d'un manche, et servant à épousseter.

PLUMER v. t. Arracher les plumes. ● *Plumer qqn* (Fam.), le dépouiller de son argent.

PLUMET n. m. Petit bouquet de plumes qui orne un casque ou un shako.

PLUMETIS [plymti] n. m. (de *plumet*). Point de broderie exécuté sur un fort bourrage pour couvrir de petites surfaces. ‖ Étoffe légère en broché mécanique, qui imite cette broderie.

PLUMEUX, EUSE adj. Qui ressemble à des plumes.

PLUMIER n. m. Boîte longue dans laquelle l'écolier met ses stylos, ses crayons, etc.

PLUMITIF n. m. Registre sur lequel le greffier résume les principaux faits d'une audience. ‖ *Fam.* Employé aux écritures; écrivain médiocre.

PLUM-PUDDING [plumpudiŋ] n. m. (pl. *plum-puddings*) → PUDDING.

PLUMULE n. f. (lat. *plumula*). *Zool.* Chacune des petites plumes dont la réunion forme le duvet.

PLUPART (LA) n. f. (de *la plus part*). Le plus grand nombre (seul ou avec un nom de personne compl. au pl.) : *la plupart ne sont pas de votre avis; la plupart de ses amis l'ont secouru.* ● *La plupart du temps*, le plus souvent. ‖ *Pour la plupart*, quant à la majorité.

PLURAL, E, AUX adj. (lat. *pluralis*). Qui contient plusieurs unités. ● *Vote plural*, système de suffrage qui attribue plusieurs voix à un même électeur.

PLURALISME n. m. Conception politique, sociale, économique, etc., qui admet la pluralité, la diversité des opinions, des tendances, etc. ‖ *Philos.* Doctrine qui n'admet, dans le monde, que des êtres multiples et individuels.

PLURALISTE adj. et n. Relatif au pluralisme.

PLURALITÉ n. f. Fait d'exister à plusieurs : *la pluralité des dieux.* ‖ *Ling.* Syn. de PLURIEL.

PLURIANNUEL, ELLE adj. Qui dure plusieurs années.

PLURICAUSAL, E, AUX adj. Qui a plusieurs causes.

PLURICELLULAIRE adj. Syn. de MULTICELLULAIRE.

PLURIDIMENSIONNEL, ELLE adj. Qui a plusieurs dimensions.

PLURIDISCIPLINAIRE adj. Qui intéresse simultanément plusieurs disciplines (littéraires, scientifiques, techniques, etc.).

PLURIDISCIPLINARITÉ n. f. Caractère d'un enseignement, d'une méthode de recherche pluridisciplinaires.

PLURIEL, ELLE adj. (du lat. *pluralis*). Qui marque la pluralité.

PLURIEL n. m. *Ling.* Caractère particulier de la forme d'un mot, correspondant à un nombre supérieur à l'unité.

PLURILATÉRAL, E, AUX adj. Qui concerne plusieurs parties.

PLURIPARTISME n. m. Système politique admettant la coexistence de plusieurs partis.

PLURIVALENT, E adj. Qui peut recevoir plusieurs valeurs. ‖ *Chim.* Qui peut avoir plusieurs valences. ● *Logique plurivalente*, logique qui admet plus de deux valeurs de vérité (par oppos. à LOGIQUE BIVALENTE).

PLURIVOQUE adj. Qui a plusieurs valeurs, plusieurs sens.

PLUS [ply, plys; plyz *devant une voyelle ou un* h *muet*] adv. (lat. *plus*). Indique : 1° un degré supérieur : *il est plus riche que vous ne croyez*; 2° une quantité dépassée : *ils sont plus de*

mille; 3° une addition : *une table, plus six chaises.* ● *Au plus, tout au plus*, indique la quantité supérieure d'une évaluation : *cela a rapporté au plus cent francs.* ‖ *Bien plus, de plus, qui plus est*, de même. ‖ *D'autant plus*, à plus forte raison. ‖ *De plus en plus*, avec progrès (en bien ou en mal). ‖ *Il n'est pas des plus petits*, il n'est pas parmi les plus petits. ‖ *Le plus, la plus*, marque un superlatif relatif : *il est le plus adroit; elle est la plus belle.* ‖ *Ne... plus*, marque la cessation d'une action : *il ne travaille plus; il n'est plus fatigué.* ‖ *Ni plus ni moins*, tout autant. ‖ *Plus d'un*, un certain nombre (verbe au sing.) : *plus d'un village a été détruit.* ‖ *Plus ou moins*, à peu près. ‖ *Raison de plus*, c'est un motif à ajouter aux autres. ‖ *Sans plus*, sans rien ajouter. ‖ *Tant et plus*, abondamment.

PLUS [plys] n. m. La plus grande quantité, le plus grand nombre : *qui peut le plus peut le moins.* ‖ *Math.* Signe de l'addition (+).

PLUSIEURS adj. ou pron. indéf. pl. des deux genres (lat. *plures*, plus nombreux). Indique un nombre indéterminé : *avoir plusieurs camarades; plusieurs pensent que...*

PLUS-QUE-PARFAIT [plyskəparfɛ] n. m. *Ling.* Temps du verbe qui exprime une action passée antérieure à une autre action passée. (Ex. : *j'AVAIS FINI quand vous êtes arrivé.*)

PLUS-VALUE n. f. (pl. *plus-values*). Accroissement de la valeur d'un bien entre deux appréciations successives. ‖ Augmentation du prix des travaux, motivée par certaines difficultés. ‖ Différence positive entre le produit d'un impôt et l'évaluation budgétaire qui en avait été faite. (Contr. MOINS-VALUE.)
■ Dans la doctrine marxiste, la plus-value, rémunération du capitaliste, est la conséquence d'une situation de spoliation faite aux producteurs salariés, qui, en échange de leur force de travail, ne perçoivent que la valeur des marchandises indispensables à leur entretien.

PLUTON n. m. *Géol.* Masse de magma profond qui s'est solidifié lentement.

PLUTONIQUE adj. (de *Pluton*). *Géol.* Se dit des roches éruptives qui se sont mises en place en profondeur et qui présentent une structure grenue (granite, gabbro, etc.).

PLUTONISME n. m. Théorie qui expliquait la formation de la croûte terrestre par l'action du feu intérieur.

PLUTONIUM [plytɔnjɔm] n. m. Métal (Pu), n° 94, très toxique, obtenu dans les réacteurs nucléaires à uranium. (Le plutonium peut subir la fission; il est parfois employé dans les armes nucléaires et dans les surrégénérateurs.)

PLUTÔT adv. (de *plus* et *tôt*). De préférence. ‖ En réalité, pour mieux dire. ‖ Passablement : *il est plutôt bavard.*

PLUVIAL, E, AUX adj. (lat. *pluvia*, pluie). Qui provient de la pluie : *eaux pluviales.* ● *Régime pluvial*, régime des cours d'eau où domine l'alimentation par les pluies.

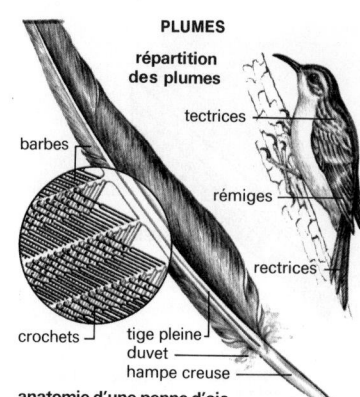

PLUMES

répartition des plumes

tectrices

barbes

rémiges

rectrices

crochets — tige pleine
duvet
hampe creuse

anatomie d'une penne d'oie

PLUVIAN n. m. Oiseau échassier de la vallée du Nil, qui va chercher sa nourriture jusque dans la gueule des crocodiles.

PLUVIER n. m. (lat. *pluere*, pleuvoir). Oiseau échassier dont quelques espèces passent sur les côtes de l'Europe. (Famille des charadriidés.)

PLUVIEUX, EUSE adj. Caractérisé par la pluie : *temps pluvieux.*

PLUVIOMÈTRE n. m. Appareil servant à mesurer la quantité de pluie tombée en un lieu pendant un temps déterminé.

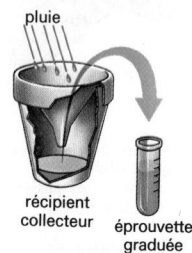

pluie

récipient collecteur

éprouvette graduée

PLUVIOMÈTRE

l'eau de pluie recueillie par le récipient collecteur (surface : 400 cm²) est vidée dans l'éprouvette graduée toutes les 24 heures (40 cl d'eau recueillie correspondent à 10 mm de pluie tombée)

PLUVIOMÉTRIE n. f. Mesure de la quantité de pluie avec le pluviomètre.

PLUVIOMÉTRIQUE adj. De la pluviométrie.

PLUVIÔSE n. m. Cinquième mois du calendrier républicain (du 20, 21 ou 22 janvier au 19, 20 ou 21 février).

PLUVIOSITÉ n. f. Quantité de pluie tombée en un lieu déterminé pendant un temps donné.

Pm, symbole chimique du *prométhéum.*

P.M.U. n. m. Abrév. de PARI* MUTUEL URBAIN.

P.N.B. n. m. Abrév. de PRODUIT* NATIONAL BRUT.

PNEU → PNEUMATIQUE.

PNEUMALLERGÈNE n. m. Allergène provoquant une allergie de l'appareil respiratoire.

PNEUMATIQUE adj. (gr. *pneumatikos*; de ▷ *pneuma*, souffle). Relatif à l'air ou aux gaz : *poche pneumatique.* ‖ Qui fonctionne à l'aide de l'air comprimé : *marteau pneumatique.* ‖ Se dit des creux des oiseaux, dont la cavité est remplie d'air provenant des sacs aériens. ● *Carte pneumatique* (ou, par abrév., *pneumatique* n. m. ou *pneu* n. m.), correspondance écrite sur papier léger de dimensions déterminées, que, dans certaines villes, la poste expédie dans les divers quartiers au moyen de l'air comprimé. ‖ *Machine pneumatique*, machine qui fait le vide dans un récipient.

PNEUMATIQUE ou **PNEU** (pl. *pneus*). n. m. Bandage déformable d'une roue, que l'on fixe à la jante des roues de certains véhicules et qui protège, en l'enveloppant, une chambre à air indépendante ou non. ‖ Syn. de CARTE PNEUMATIQUE.

PNEUMATOPHORE n. m. Organe respiratoire émergeant des racines du cyprès chauve, du palétuvier et de divers autres arbres des régions marécageuses.

PNEUMOCONIOSE n. f. Affection chronique du poumon, due à l'inhalation de poussières et particules solides.

PNEUMOCOQUE n. m. Bactérie du groupe des diplocoques, produisant la pneumonie et d'autres infections (péritonites).

PNEUMOGASTRIQUE n. et adj. m. Nerf important partant du bulbe et innervant les bronches, le cœur, l'appareil digestif, les reins. (On dit aussi NERF VAGUE.)

PNEUMOLOGIE n. f. Partie de la médecine qui traite des maladies du poumon.

PNEUMOLOGUE n. Médecin spécialisé en pneumologie.

PNEUMONECTOMIE n. f. Ablation chirurgicale d'un poumon.

PNEUMONIE n. f. (gr. *pneumôn*, poumon). Inflammation du parenchyme pulmonaire, produite par une bactérie (le *pneumocoque*) ou par un virus.

PNEUMONIQUE adj. et n. Relatif à la pneumonie; atteint de pneumonie.

PNEUMOPATHIE n. f. Nom donné à toute affection du poumon.

PNEUMOPÉRITOINE n. m. Présence de gaz dans le péritoine.

PNEUMO-PHTISIOLOGIE n. f. Spécialité médicale qui réunit la pneumologie et le traitement de la tuberculose.

PNEUMO-PHTISIOLOGUE n. Médecin spécialiste en pneumo-phtisiologie.

PNEUMOTHORAX n. m. Épanchement de gaz dans la cavité pleurale. (Le pneumothorax peut être *spontané*, *accidentel* [plaie du poumon] ou *thérapeutique*.)

Po, symbole chimique du *polonium*.

POCHADE n. f. (de *pochoir*). Peinture exécutée en quelques coups de pinceau. ‖ Œuvre littéraire sans prétention, rapidement écrite.

POCHARD, E n. et adj. *Pop.* Ivrogne.

POCHE n. f. (mot francique). Fente pratiquée dans un vêtement et prolongée par un sac de toile à l'intérieur; morceau de tissu appliqué sur

PNEUMATIQUES

diagonal ou conventionnel

radial

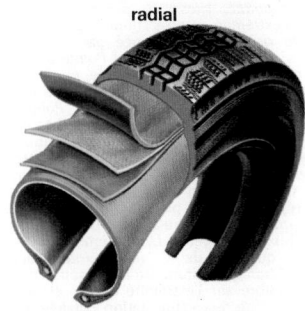

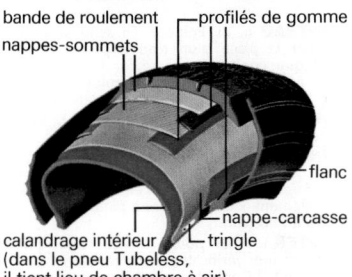

bande de roulement — profilés de gomme
nappes-sommets
flanc
nappe-carcasse
calandrage intérieur — tringle
(dans le pneu Tubeless,
il tient lieu de chambre à air)

architecture d'un pneu radial de tourisme

un vêtement en en laissant un bord libre : *mettre ses mains dans ses poches.* ‖ Faux plis disgracieux d'un vêtement : *pantalon qui fait des poches aux genoux.* ‖ Sac pour le blé, l'avoine, etc. ‖ Espèce de filet pour chasser au furet. ‖ Cavité de l'organisme, normale ou pathologique. ‖ Grande quantité de fluide contenue dans une cavité souterraine : *poche de gaz.*
● *Argent de poche*, somme destinée aux petites dépenses personnelles. ‖ *C'est dans la poche* (Fam.), c'est une affaire réglée; c'est facile. ‖ *De poche*, se dit d'un objet de petites dimensions, de petit format. ‖ *De sa poche*, avec son argent personnel. ‖ *En être de sa poche*, essuyer une perte d'argent. ‖ *Poche de coulée*, récipient qui, recevant le métal en fusion à la sortie du cubilot ou du four, le transporte jusqu'au moule où il doit être coulé. ‖ *Poche à douille*, entonnoir de toile forte, qui est utilisé, rempli de crème, pour la décoration des gâteaux.

POCHE n. m. Livre de poche.

POCHER v. t. Esquisser rapidement (une peinture, un dessin). ‖ *Pocher l'œil à qqn*, lui donner un coup qui lui occasionne une tuméfaction. ‖ *Pocher des œufs*, les faire cuire entiers, sans la coquille, en les cassant dans de l'eau bouillante.

POCHETÉE n. f. Bêtise, niaiserie. ‖ *Pop.* Personne niaise, stupide.

POCHETTE n. f. Sac à main plat et sans anse. ‖ Petit mouchoir de fantaisie. ‖ Boîte de compas très plate. ‖ Enveloppe servant d'emballage léger : *pochette de disque.* ‖ Violon de poche.
● *Pochette surprise*, petit paquet, cornet de papier, surtout destiné aux enfants, et contenant des objets indéterminés.

POCHOIR n. m. Feuille de carton ou de métal découpée, pour colorier avec une brosse un dessin ayant le contour de la découpure.

POCHON n. m. Petite poche que l'on attache à sa ceinture. ‖ En Suisse, syn. de LOUCHE.

POCHOUSE ou **PAUCHOUSE** n. f. Matelote de poissons de rivière au vin blanc.

POCO A POCO adv. (mots it.). *Mus.* Peu à peu.

PODAGRE adj. et n. (gr. *pous, podos*, pied, et *agra*, prise). Qui a la goutte aux pieds (vx).

PODAIRE n. f. *Math.* Lieu des pieds des perpendiculaires menées d'un point fixe sur les tangentes à une courbe donnée.

PODESTAT [pɔdɛsta] n. m. (it. *podesta*; lat. *potestas*, puissance). Premier magistrat de certaines villes d'Italie aux XIIIe et XIVe s.

PODIUM [pɔdjɔm] n. m. (mot gr.). Plate-forme où se placent les vainqueurs d'une épreuve sportive; estrade. ‖ *Antiq.* Mur épais dressé autour de l'arène des amphithéâtres, où se trouvaient les places d'honneur. ‖ *Archit.* Plate-forme d'une certaine hauteur, servant de soubassement à un édifice.

PODOLITHE n. m. (gr. *pous, podos*, pied, et *lithos*, pierre). Fragment de pierre érodé par le piétinement des hommes ou des animaux.

PODOLOGIE n. f. (gr. *pous, podos*, pied). Étude médicale du pied.

PODOLOGUE n. Spécialiste en podologie.

PODOMÈTRE n. m. (gr. *pous, podos*, pied). Appareil qui compte le nombre de pas faits par un piéton et indique ainsi, approximativement, la distance parcourue. (Syn. ODOMÈTRE.)

PODZOL [pɔdzɔl] n. m. (mot russe, *cendreux*). Dans les régions humides à hiver froid, sol développé sur roche mère acide, constitué par un horizon foncé, riche en humus, surmontant un horizon cendreux, lessivé, puis un horizon inférieur, brun, imperméable, riche en fer.

PODZOLIQUE adj. Relatif au podzol.

PODZOLISATION n. f. Transformation d'un sol en podzol.

PŒCILE [pesil] n. m. (gr. *poikilê*). Portique orné de peintures, chez les Grecs.

PŒCILOTHERME adj. et n. m. → POÏKILOTHERME.

POÊLE [pwal] n. m. (lat. *pallium*, manteau). Drap noir ou violet (blanc pour les enfants) dont on couvre le cercueil et dont certaines personnes tiennent les cordons pendant la marche du cortège funèbre. (On dit aussi DRAP MORTUAIRE.)

POÊLE n. m. (lat. *pensilis*, suspendu). Appareil de chauffage au bois ou au charbon, fixe ou mobile.

POÊLE n. f. (lat. *patella*). Ustensile de cuisine peu profond, à fond large et à long manche, pour frire, pour fricasser.

POÊLÉE n. f. Contenu d'une poêle.

POÊLER v. t. Cuire à la poêle avec un corps gras : *escalope poêlée.*

POÊLIER n. m. Qui fait, vend ou pose les poêles et appareils de chauffage.

POÊLON n. m. Petite casserole en terre ou en métal épais, à manche creux.

POÈME n. m. (gr. *poiêma*; de *poiein*, faire). Ouvrage en vers ou en prose, ayant les caractères de la poésie. ● *C'est tout un poème!* (Fam.), c'est bizarre, extraordinaire. ‖ *Poème à forme fixe*, poème dont la structure (nombre des vers et des strophes, nature des rimes) est donnée d'avance. ‖ *Poème symphonique*, composition orchestrale s'inspirant d'une donnée poétique ou d'un argument littéraire.

POÉSIE n. f. (gr. *poiêsis*). Art d'évoquer et de suggérer les sensations, les émotions, les idées par un emploi particulier de la langue qui joue sur les sonorités, les rythmes, les images. ‖ Chaque genre poétique : *la poésie épique, lyrique.* ‖ Pièce de vers, poème de peu d'étendue : *réciter une poésie.* ‖ Caractère de ce qui touche la sensibilité : *la poésie d'un paysage.*

POÈTE n. m. et adj. (gr. *poiêtês*). Écrivain qui pratique la poésie. ‖ Personne qui a un tempérament poétique.

POÉTESSE n. f. Femme poète.

POÉTIQUE adj. Qui appartient à la poésie, qui lui est propre : *style, expression poétique.* ‖ Plein de poésie, qui touche, émeut : *un sujet poétique.*

POÉTIQUE n. f. Système propre à un écrivain, d'une époque, d'un pays. ‖ Activité critique qui s'applique à comprendre le fonctionnement de l'écriture poétique.

POÉTIQUEMENT adv. De façon poétique.

POÉTISATION n. f. Action de poétiser.

POÉTISER v. t. Rendre poétique, embellir : *poétiser des souvenirs.*

POGNE n. f. *Pop.* Main.

POGNON n. m. (anc. fr. *poigner*, saisir avec la main). *Pop.* Argent.

POGONOPHORE n. m. (gr. *pôgôn*, barbe). Animal marin filamenteux, fixé, récemment découvert. (Les *pogonophores* forment un embranchement des procordés.)

POGROM ou **POGROME** [pɔgrɔm] n. m. (mot russe). Mouvement antisémite, souvent organisé par les autorités, et marqué par des pillages et des massacres.

POIDS n. m. (lat. *pensum*, ce qu'une chose pèse). Force résultant de l'action de la pesanteur sur un corps : *le poids de l'air.* ‖ Caractère d'une chose pesante : *le poids du corps; prendre du poids.* ‖ Morceau de métal de masse déterminée, servant à peser d'autres corps. ‖ Corps pesant suspendu aux chaînes d'une horloge, pour lui donner le mouvement. ‖ Tout ce qui est pénible, fatigue, oppresse, tourmente : *le poids des affaires, du remords.* ‖ Importance, influence : *cela donne du poids à vos paroles.* ‖ *Sports.* Sphère métallique pesant 7,257 kg (4 kg pour les concours féminins), qu'on lance d'un bras le plus loin possible. ● *Au poids de l'or*, très cher. ‖ *Avoir deux poids et deux mesures*, juger différemment selon la diversité des intérêts. ‖ *Avoir un poids sur l'estomac*, éprouver un malaise physique. ‖ *De poids*, important : *un argument de poids.* ‖ *Faire le poids*, pour un boxeur, un lutteur, un judoka, etc., avoir le poids correspondant à sa catégorie; avoir de l'autorité, les qualités requises. ‖ *Poids adhérent*, poids transmis à la voie par l'ensemble des essieux moteurs d'une locomotive. ‖ *Poids lourd*, véhicule automobile destiné au transport de lourdes charges. ‖ *Poids moléculaire d'un corps*, poids d'une molécule-gramme de ce corps. ‖ *Poids mort*, masse d'une partie en mouvement d'une machine, sans utilité directe pour le bon fonctionnement de celle-ci; fardeau inutile. ‖

Poids spécifique ou *volumique d'un corps,* quotient du poids d'un corps par son volume.

POIGNANT, E adj. (anc. fr. *poindre,* piquer). Qui cause une douleur ou une angoisse.

POIGNARD n. m. (lat. *pugnus,* poing). Arme courte, pointue et tranchante.

POIGNARDER v. t. Frapper avec un poignard. • *Poignarder qqn dans le dos,* lui nuire traîtreusement.

POIGNE [pwaɲ] n. f. (de *poing*). Force du poignet. ‖ *Fam.* Énergie dans l'exercice de l'autorité : *un homme à poigne.*

POIGNÉE n. f. Quantité d'une matière que la main fermée contient : *une poignée de sel.* ‖ Partie d'un objet par où on le prend, on l'empoigne : *la poignée d'un sac.* ‖ Petit nombre de personnes : *une poignée de lecteurs.* • *À poignée,* à pleine main; en abondance. ‖ *Poignée de main,* action de saisir et de serrer la main pour saluer.

POIGNET n. m. (de *poing*). Articulation qui joint la main à l'avant-bras. ‖ Extrémité d'une manche : *poignet de chemise.* • *À la force du poignet,* en se servant seulement de ses bras; uniquement par ses efforts personnels.

POÏKILOTHERME [pɔjkilɔtɛrm] ou **PŒCILOTHERME** [pesilɔtɛrm] adj. et n. m. (gr. *poikilos,* variable, et *thermos,* chaleur). Se dit des animaux dont la température varie avec celle du milieu, comme les reptiles, les poissons, etc. (Syn. HÉTÉROTHERME. — Contr. HOMÉOTHERME.)

POIL n. m. (lat. *pilus*). Production filiforme de l'épiderme, couvrant la peau de certains animaux et, en divers endroits, le corps humain. (Chaque poil est pourvu, à sa racine, d'une glande sébacée.) ‖ Pelage : *le poil d'un cheval.* ‖ Partie velue des étoffes : *étoffe à long poil.* ‖ *Bot.* Organe filamenteux et duveteux qui naît sur les diverses parties des plantes. • *À poil* (Fam.), nu. ‖ *À un poil près* (Fam.), presque. ‖ *Au poil* (Pop.), se dit de tout ce qui satisfait pleinement. ‖ *Avoir un poil dans la main* (Fam.), être paresseux. ‖ *Brave à trois poils* (Litt.), qui ne craint rien. ‖ *De tout poil,* de toute espèce. ‖ *Être de mauvais poil* (Fam.), de mauvaise humeur. ‖ *Monter un cheval à poil,* sans selle. ‖ *Reprendre du poil de la bête* (Fam.), reprendre des forces ou du courage. ‖ *Un poil* (Fam.), une très petite quantité.

POILANT, E adj. *Pop.* Très drôle.

POIL-DE-CAROTTE adj. inv. *Fam.* Qui a les cheveux très roux.

POILER (SE) v. pr. *Pop.* Rire.

POILU, E adj. Velu, couvert de poils.

POILU n. m. Surnom donné au soldat français pendant la Première Guerre mondiale.

POINÇON n. m. (lat. *punctum;* de *pungere,* piquer). Tige d'acier pointue, qui sert à percer ou à graver. ‖ Morceau d'acier gravé en relief pour former les matrices et coins des monnaies et des médailles. ‖ Marque qu'on applique sur les ouvrages en métaux précieux pour en garantir le titre. ‖ Emporte-pièce agissant par compression et servant à percer, à découper, à former. ‖ Pièce de charpente joignant verticalement le milieu de l'entrait d'une ferme à la rencontre des arbalétriers.

POINÇONNAGE ou **POINÇONNEMENT** n. m. Action de poinçonner.

POINÇONNER v. t. Marquer au poinçon. ‖ Perforer des billets de chemin de fer, de métro.

POINÇONNEUR, EUSE n. Personne qui poinçonne.

POINÇONNEUSE n. f. Machine pour poinçonner.

POINDRE v. i. (lat. *pungere,* piquer) [conj. **80**]. *Litt.* Commencer à paraître (en parlant du jour), à pousser (en parlant des plantes).

POING n. m. (lat. *pugnus*). Main fermée : *un coup de poing.* • *Dormir à poings fermés,* profondément. ‖ *Faire le coup de poing,* se battre au cours d'une rixe. ‖ *Pieds et poings liés,* dans une impuissance absolue.

POINT n. m. (lat. *punctum*). Petite marque ronde sur un *i,* un *j.* ‖ Signe de ponctuation : *point final* (.), *point-virgule* (;), *deux-points* (:), *point d'interrogation* (?), *point d'exclamation* (!), *points de suspension* (...). ‖ Endroit fixe, déterminé : *point d'arrivée.* ‖ Unité de notation d'un travail scolaire, d'une épreuve, etc. ‖ Piqûre qu'on fait dans l'étoffe avec une aiguille enfilée de fil, de soie, de laine, etc. : *couture à petits points.* ‖ Sorte de dentelle de fil faite à l'aiguille : *point d'Alençon.* ‖ Question particulière, problème : *n'insistez pas sur ce point.* ‖ État, situation : *se trouver au même point.* ‖ Unité de calcul des avantages d'assurance vieillesse, dans certains régimes de retraites. ‖ Unité de mesure employée pour déterminer la force du corps des caractères d'imprimerie. ‖ Dans un jeu, dans un match, unité sans spécification de mesure ou de valeur; nombre que l'on marque à chaque coup : *jouer une partie en cent points.* ‖ *Math.* Figure géométrique sans dimension; intersection de deux lignes. ‖ *Mus.* Signe placé à droite d'une note ou d'un silence pour augmenter de moitié la durée de cette note ou de ce silence. • *À point,* à propos; au degré de cuisson convenable. ‖ *À point nommé,* à l'instant fixé. ‖ *Au dernier point,* extrêmement. ‖ *Au point,* prêt à fonctionner. ‖ *De point en point,* exactement. ‖ *En tout point,* entièrement. ‖ *Être mal en point,* être dans un piteux état, être malade. ‖ *Faire le point,* calculer la position d'un navire ou d'un aéronef; régler un appareil de projection de façon à rendre nette l'image formée; déterminer où l'on en est exactement. ‖ *Marquer un point,* prendre un avantage. ‖ *Mettre les points sur les « i »,* préciser pour éviter les ambiguïtés. ‖ *Point d'appui,* ce sur quoi on s'appuie pour se tenir; ce qui sert de support, de base à qqch; zone de terrain organisée par une formation militaire pour se défendre; base navale. ‖ *Point arrière,* point fait en plantant l'aiguille dans l'étoffe en arrière du premier point. ‖ *Point d'attache,* endroit où qqn retourne habituellement. ‖ *Points cardinaux,* le nord, le sud, l'est et l'ouest. ‖ *Point chaud,* tout ce qui provoque un conflit, une contestation virulente. ‖ *Points de chaud, de douleur, de froid, de tact,* points de la peau où sont localisés les récepteurs transmettant ces diverses sensations. ‖ *Point de contact* (Math.), point en lequel deux courbes, deux surfaces sont tangentes. ‖ *Point de côté,* douleur aiguë et spontanée siégeant à la partie latérale du thorax. ‖ *Point devant,* série de points faits en plantant toujours l'aiguille après chaque point. ‖ *Point de droit,* partie d'un jugement où sont rappelées les raisons invoquées par les plaideurs ainsi que leurs prétentions. ‖ *Point d'eau,* endroit, dans une région aride, où se trouve une source. ‖ *Point de fait,* partie d'un jugement où sont rappelés les faits de la cause et l'identité. ‖ *Point de fusion, d'ébullition, de liquéfaction,* température à laquelle un corps entre en fusion, en ébullition, ou se liquéfie. ‖ *Point faible,* aspect médiocre de qqn, de qqch. ‖ *Point initial,* point d'un itinéraire vers lequel convergent les éléments constitutifs d'une colonne (à pied ou motorisée). ‖ *Point du jour,* moment où le soleil commence à poindre, à paraître. ‖ *Point matériel,* masse que l'on suppose concentrée en un point géométrique. ‖ *Point mort,* état de qqch qui cesse d'évoluer avant d'être parvenu à son terme; endroit de la course d'un organe mécanique où il ne reçoit plus d'impulsion de la part du moteur; position de la commande du dispositif de changement de vitesse d'une automobile, telle que l'arbre primaire n'entraîne pas l'arbre secondaire; chiffre d'affaires minimal nécessaire pour couvrir l'ensemble des frais d'une entreprise. ‖ *Point mort bas,* position d'un piston la plus rapprochée de l'axe du vilebrequin. ‖ *Point mort haut,* position d'un piston la plus éloignée de l'axe du vilebrequin. ‖ *Point noir,* comédon; endroit où la circulation est particulièrement difficile ou dangereuse; difficulté, obstacle. ‖ *Point d'orgue,* signe (𝄐) placé au-dessus d'une note ou d'un silence pour en augmenter à volonté la durée; se dit d'un temps d'arrêt qui paraît durer très longtemps. ‖ *Point sensible,* installation essentielle à l'économie ou à la sécurité du pays; défaut, côté critiquable de quelqu'un. ‖ *Rendre des points,* donner des points d'avance à un adversaire; concéder des avantages, parce qu'on est plus fort, plus habile. ‖ *Un point, c'est tout,* il n'y a rien à ajouter. ◆ loc. prép. *Sur le point de* (indiquant un futur immédiat), près de. ◆ loc. conj. *Au point que, à tel point que* (marquant la conséquence), tellement que.

■ En ponctuation, le *point,* qui indique une grande pause, s'emploie à la fin d'une phrase; le *point-virgule,* qui indique une pause moyenne, s'emploie pour séparer entre elles les parties semblables d'une même phrase; le *deux-points* s'emploie après un membre de phrase annonçant une citation, avant une phrase qui développe celle qui précède, avant une énumération; le *point d'interrogation* s'emploie à la fin de toute phrase qui exprime une question; le *point d'exclamation* s'emploie après les interjections et à la fin des phrases qui marquent un sentiment vif (joie, douleur, admiration, etc.); les *points de suspension* s'emploient quand la phrase est inachevée.

POINT adv. (lat. *punctum,* point). *Litt.* Pas (avec la négation *ne*) : *il n'a point d'argent.*

POINTAGE n. m. Action de pointer, de marquer d'un point, de contrôler. ‖ *Arm.* Action de disposer une arme à feu en hauteur et en direction de façon telle que son projectile atteigne l'objectif.

POINT DE VUE n. m. (pl. *points de vue*). Place de l'observateur, endroit où l'on voit le mieux un paysage, un édifice, etc. ‖ Manière de considérer les choses, opinion particulière.

POINTE n. f. (bas lat. *puncta,* estocade). Bout piquant et aigu : *pointe d'aiguille.* ‖ Clou, avec ou sans tête, de même grosseur sur toute sa longueur. ‖ Extrémité des choses qui vont en diminuant : *pointe d'un clocher.* ‖ Langue de terre qui s'avance dans la mer : *la pointe du Raz.* ‖ Pièce d'étoffe taillée en forme allongée, fichu triangulaire. ‖ Petite quantité d'une saveur piquante et agréable : *une pointe d'ail.* ‖ Trait d'esprit, jeu de mots ou d'idées, allusion ironique, blessante. ‖ Maximum de consommation (gaz, électricité), d'intensité de la circulation, de l'activité, etc. : *heure de pointe.* ‖ *Chorégr.* Apprêt qui rend rigide l'extrémité du chausson de la danseuse. ‖ *Grav.* Aiguille emmanchée, de types variés, qu'emploie le graveur à l'eau-forte pour entailler le vernis étendu sur la planche métallique. ‖ *Hérald.* Partie inférieure de l'écu. ‖ *Mil.* Détachement léger envoyé en avant d'une troupe pour l'éclairer. • *À la pointe de l'épée* (Litt.), les armes à la main. ‖ *De pointe,* qui est à son maximum d'intensité, d'évolution : *industrie de pointe; vitesse de pointe.* ‖ *En pointe,* dont l'extrémité va en s'amincissant. ‖ *Être à la pointe de,* être très avancé par rapport aux autres; être au premier rang. ‖ *Pointe d'asperge,* bourgeon terminal d'une asperge, que l'on consomme de diverses façons. ‖ *La pointe du jour* (Litt.), première clarté du jour. ‖ *Pointe des pieds,* les orteils. ‖ *Pointe sèche,* pointe qu'utilise le graveur en taille-douce pour une taille directe du métal (sans vernis ni acide); estampe obtenue en utilisant cet outil. ‖ *Pointe à tracer,* tige très effilée, en acier très dur, pour tracer des repères sur une pièce à travailler. ‖ *Pousser, faire une pointe jusqu'à,* faire un détour pour aller jusqu'à un lieu. ‖ *Une pointe de,* une très petite quantité de : *une pointe d'accent.* ◆ pl. *Chorégr.* Attitude de la danseuse dressée en équilibre sur l'extrémité de ses chaussons. ▷ • *Pointes de feu,* cautérisation cutanée. ‖ *Souliers à pointes* ou *pointes,* chaussures pour l'athlétisme.

POINTEAU n. m. Poinçon en acier servant à marquer la place d'un trou à percer. ‖ Tige métallique conique pour régler le débit d'un fluide à travers un orifice. ‖ Employé qui contrôle les entrées et les sorties des ouvriers.

POINTER [pwɛ̃tɛr] n. m. (mot angl.). Chien d'arrêt anglais.

POINTER v. t. (de *pointe*). Dresser en pointe : *chien qui pointe les oreilles.* ‖ Diriger : *pointer son doigt.* ◆ v. i. *Litt.* S'élever, se dresser verticalement. ‖ Commencer à paraître : *le jour pointe à l'horizon.*

POINTER v. t. (de *point*). Marquer d'un point indiquant une vérification, une révision : *pointer un mot.* ‖ Contrôler ou vérifier un scrutin. ‖ Marquer les personnes présentes ou absentes sur une liste. ‖ Contrôler les heures d'entrée et de sortie des ouvriers, des employés. ‖ Amorcer des trous avec le pointeau. ‖ *Arm.* Effectuer le pointage. ‖ *Machine à pointer*, sorte de perceuse ou d'aléseuse servant à usiner des trous de très haute précision. ‖ *Pointer une note* (Mus.), la marquer d'un point qui augmente de moitié sa valeur. ◆ v. i. Enregistrer son heure d'arrivée et de départ sur une pointeuse. ‖ À la pétanque, lancer sa boule aussi près que possible du cochonnet. ◆ **se pointer** v. pr. *Fam.* Arriver, se présenter à un endroit.

POINTEUR n. m. Soldat chargé de pointer une arme. ‖ Celui qui pointe une liste. ‖ Joueur de pétanque qui pointe. ‖ Ouvrier travaillant sur une machine à pointer.

POINTEUSE n. f. Machine servant à enregistrer l'heure d'arrivée et de départ d'un salarié.

POINTIL n. m. → PONTIL.

POINTILLAGE n. m. Action de pointiller.

POINTILLÉ n. m. Trait fait de points.

POINTILLER v. i. et t. Faire des points avec le burin, le pinceau, le crayon.

POINTILLEUX, EUSE adj. (it. *puntiglioso*). Qui est susceptible dans ses rapports avec les autres ; exigeant : *examinateur pointilleux.*

POINTILLISME n. m. Modalité de fonctionnement intellectuel caractérisé par l'absence de synthèse. ‖ *Bx-arts.* Syn. de DIVISIONNISME.

POINTILLISTE adj. et n. Qui appartient au pointillisme.

POINTU, E adj. Terminé en pointe. ● *Voix pointue*, de timbre élevé. ◆ adv. *Parler pointu*, imiter la manière de parler prétendument sèche et affectée des Parisiens (surtout en parlant des Méridionaux).

POINTU n. m. Bateau de pêche à fond plat, utilisé surtout dans le Midi.

POINTURE n. f. (bas lat. *punctura*, piqûre). Nombre qui indique la dimension des chaussures, des gants, des coiffures.

POIRE n. f. (lat. *pirum*). Fruit du poirier. ‖ Objet en forme de poire : *poire électrique.* ‖ *Fam.* Personne qui se laisse duper, naïf. ‖ *Pop.* Face, figure. ● *Couper la poire en deux*, partager par moitié les avantages et les inconvénients ; transiger. ‖ *Garder une poire pour la soif* (Fam.), se réserver quelque chose pour les besoins à venir. ‖ *Poire tapée*, poire séchée au four.

POIRÉ n. m. Boisson faite avec le jus fermenté des poires.

fleurs

doyenné du comice

beurré Hardy

conférence

POIRES

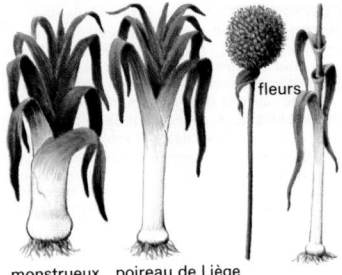

fleurs

monstrueux de Carentan

poireau de Liège (d'hiver)

POIREAUX

POIREAU n. m. (lat. *porrum*). Plante potagère dont on consomme la base, charnue, des feuilles. (Famille des liliacées.) ● *Faire le poireau* (Fam.), attendre.

POIREAUTER v. i. *Fam.* Attendre.

POIRÉE n. f. Variété de *bette*, dite *bette à carde*, dont on consomme les feuilles et les larges pétioles.

POIRIER n. m. Arbre fruitier de la famille des rosacées, dont le fruit, ou *poire*, est une drupe à endocarpe mince, de forme oblongue. ● *Faire le poirier*, se tenir en équilibre sur les mains la tête appuyée au sol.

POIS n. m. (lat. *pisum*). Plante grimpante, cultivée pour ses graines comestibles, riches en amidon. (Famille des papilionacées.) ‖ Cette graine. ● *À pois*, se dit de tissus décorés par de petits ronds de couleur différente de celle du fond. ‖ *Petits pois*, pois écossés verts. ‖ *Pois chiche*, plante voisine du pois, et dont la gousse contient deux graines comestibles. ‖ *Pois mangetout*, pois dont la cosse est dépourvue de parchemin, ce qui permet de le consommer en même temps que la graine. ‖ *Pois de senteur*, nom usuel de la *gesse odorante.*

POISE n. f. (de *Poiseuille*). Unité de mesure de viscosité dynamique (symb. : P), valant 10^{-1} pascal-seconde.

POISON n. m. (lat. *potio, potionis*, breuvage). Toute substance qui détruit ou altère les fonctions vitales : *l'arsenic est un poison.* ‖ *Litt.* Tout ce qui est pernicieux, dangereux. ‖ *Fam.* Personne méchante, insupportable.

POISSARD, E adj. Qui imite le langage et les mœurs du bas peuple (vx).

POISSARDE n. f. Femme grossière (vx).

POISSE n. f. *Pop.* Malchance.

POISSER v. t. Enduire de poix : *poisser un cordage.* ‖ Salir, souiller, en parlant d'une matière gluante : *la confiture poisse les mains.* ‖ *Pop.* Arrêter, prendre en train de commettre un délit, une faute.

POISSEUX, EUSE adj. Qui poisse.

POISSON [pwasɔ̃] n. m. (lat. *piscis*). Vertébré aquatique généralement ovipare et à respiration branchiale, au corps souvent fuselé, nageant à l'aide de nageoires paires (pectorales, pelviennes) et impaires (dorsales, caudale, anale), et dont la peau est munie d'écailles. ● *Comme un poisson dans l'eau*, tout à fait heureux ; sans difficultés. ‖ *Petit poisson d'argent* (Entomol.), nom usuel du *lépisme.* ‖ *Poisson plat*, nom usuel des *pleuronectidés.* ‖ *Poisson rouge*, nom usuel du *carassin doré.* ‖ *Poisson volant*, syn. de EXOCET.

■ Dans la classe des poissons (20 000 espèces), on distingue : les *sélaciens*, à squelette cartilagineux (requin, raie) ; les *téléostéens*, à squelette osseux (carpe, anguille, saumon, perche) ; et divers groupes ne comptant que peu d'espèces : *chondrostéens* (esturgeon), *holostéens* (lépisostée), *crossoptérygiens* (cœlacanthe), *dipneustes* (cératode).

POISSON-CHAT n. m. (pl. *poissons-chats*). Poisson d'eau douce à longs barbillons, importé d'Amérique. (Syn. SILURE.)

POISSON-ÉPÉE n. m. (pl. *poissons-épées*). Syn. de ESPADON.

POISSON-LUNE n. m. (pl. *poissons-lunes*). Syn. de MÔLE.

POISSONNERIE n. f. Lieu, halle, boutique où l'on vend du poisson.

POISSONNEUX, EUSE adj. Qui abonde en poisson.

POISSONNIER, ÈRE n. Personne qui vend du poisson.

POISSONNIÈRE n. f. Récipient de cuisine rectangulaire, pour faire cuire le poisson au court-bouillon.

POISSON-SCIE n. m. (pl. *poissons-scies*). Sélacien des mers chaudes, à long rostre dentelé. (Long. : jusqu'à 9 m.)

POITEVIN, E adj. et n. Habitant ou originaire du Poitou ou de Poitiers.

POITRAIL n. m. (lat. *pectorale*; de *pectus*, poitrine). Devant du corps du cheval, entre l'encolure et les épaules. ‖ Partie du harnais qu'on met sur le poitrail. ‖ *Constr.* Grosse poutre formant linteau au-dessus d'une grande baie en rez-de-chaussée.

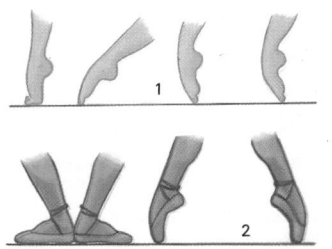

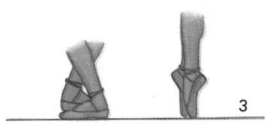

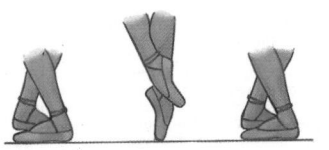

POINTES
1. Assiette du pied nu : demi-pointe, pointe oblique, pointes classique et néoclassique ;
2. Échappé (départ en première) ;
3. Relevé (départ en cinquième) ;
4. Relevé sur le cou-de-pied.

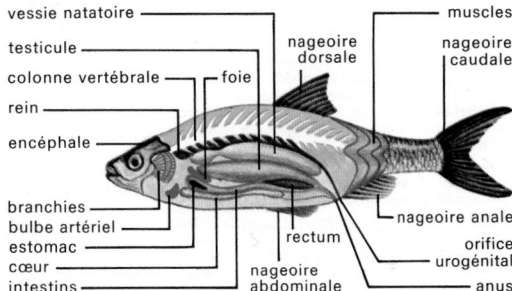

ANATOMIE D'UN POISSON

vessie natatoire

testicule

colonne vertébrale

rein

encéphale

branchies

bulbe artériel

estomac

cœur

intestins

nageoire abdominale

foie

nageoire dorsale

rectum

muscles

nageoire caudale

nageoire anale

orifice urogénital

anus

POITRINAIRE adj. et n. Tuberculeux (vx).

POITRINE n. f. (lat. pop. *pectorina*; de *pectus*, poitrine). Partie du tronc, entre le cou et l'abdomen, qui contient les poumons et le cœur. ‖ Seins d'une femme. ‖ Poumons (vx). ‖ *Bouch.* Les côtes avec la chair qui les enveloppe.

POIVRADE n. f. Sauce chaude faite avec du poivre, du sel, du vinaigre, et souvent de l'huile.

POIVRE n. m. (lat. *piper*). Condiment à saveur piquante, formé par le fruit (*poivre noir*) ou la graine (*poivre blanc*) habituellement pulvérisés, du poivrier. ‖ Nom donné à d'autres plantes servant de condiment. ● *Cheveux, barbe poivre et sel* (Fam.), grisonnants. ‖ *Poivre sauvage, petit poivre*, noms usuels du *gattilier*.

POIVRÉ, E adj. Assaisonné de poivre. ‖ *Fam.* Licencieux, grossier : *récit poivré.*

POIVRER v. t. Assaisonner de poivre. ◆ **se poivrer** v. pr. *Pop.* S'enivrer.

POIVRIER n. m. Plante sarmenteuse des régions tropicales, produisant le poivre. (Famille des pipéracées.) ‖ Petit ustensile de table contenant du poivre.

POIVRIÈRE n. f. Plantation de poivriers. ‖ Échauguette cylindrique, au toit conique.

POIVRON n. m. Fruit du piment doux, utilisé en cuisine comme légume.

POIVROT, E n. *Pop.* Ivrogne.

POIX n. f. (lat. *pix, picis*). Substance résineuse, agglutinante, tirée du pin et du sapin.

POKER [pɔkɛr] n. m. (mot angl.). Jeu de cartes d'origine américaine; à ce jeu, quatre cartes de même valeur. ● *Coup de poker*, tentative hasardeuse. ‖ *Poker d'as*, sorte de jeu de dés.

POLAIRE adj. Relatif à un pôle, aux pôles. ‖ *Chim.* Se dit d'une molécule assimilable à un dipôle électrique. ‖ *Électr.* Relatif aux pôles d'un aimant ou d'une pile. ● *Cercle polaire*, cercle parallèle à l'équateur, qui marque la limite des zones polaires où, lors des solstices, il fait jour ou nuit pendant vingt-quatre heures. ‖ *Orbite polaire* (Astronaut.), orbite d'un satellite située dans un plan qui contient les pôles de la planète autour de laquelle gravite ce satellite.

POLAIRE n. f. *Aéron.* Courbe représentant les variations du coefficient de portance en fonction du coefficient de traînée d'une aile ou d'un avion, lorsque l'angle d'attaque varie. ● *Polaire d'un point par rapport à une conique* (Math.), ensemble des points conjugués de ce point par rapport à la conique.

POLAR n. m. *Arg.* Roman policier.

POLARD, E n. *Pop.* Personne qui n'a qu'une préoccupation, au point d'en être obsédé.

POLARIMÈTRE n. m. Appareil servant à mesurer la rotation du plan de polarisation de la lumière.

POLARIMÉTRIE n. f. Méthode d'analyse chimique fondée sur le pouvoir que possèdent certaines substances en solution de faire tourner le plan de polarisation de la lumière.

POLARISATION n. f. Action de polariser : *la polarisation de l'opinion.* ‖ Propriété des ondes électromagnétiques (et plus spécialement de la lumière) de présenter une répartition privilégiée de l'orientation des vibrations qui les composent. ‖ Propriété des particules élémentaires, des noyaux, de présenter une orientation privilégiée de leur spin. ‖ *Électr.* Établissement d'une différence de potentiel entre deux conducteurs. ● *Polarisation diélectrique*, création, par un champ électrique, de dipôles dans un diélectrique. ‖ *Polarisation électrochimique*, modification du potentiel d'une électrode, due au passage du courant dans une cuve électrolytique. ‖ *Polarisation d'une pile*, diminution de la force électromotrice d'une pile par suite de réactions chimiques intérieures.

POLARISÉ, E adj. *Électr.* Se dit d'un appareil présentant deux pôles de nature différente. ‖ Qui a subi une polarisation : *lumière polarisée.*

POLARISER v. t. (de *polaire*). Causer la polarisation. ‖ Concentrer, réunir en un point ou en deux points opposés. ‖ *Être polarisé sur une question* (Fam.), être obsédé par une étude déterminée, n'avoir qu'un centre d'intérêt.

POLARISEUR n. et adj. m. Appareil servant à polariser la lumière.

POLARITÉ n. f. Qualité qui permet de distinguer l'un de l'autre chacun des pôles d'un aimant ou d'un générateur électrique.

POLAROGRAPHIE n. f. Méthode d'analyse en solution qui repose sur l'observation de la courbe de polarisation d'une électrode (polarogramme).

POLAROÏD n. m. (nom déposé). Feuille transparente polarisant la lumière. ‖ Appareil photographique à développement instantané.

POLATOUCHE n. m. (mot polon.). Mammifère rongeur pouvant planer grâce à une membrane tendue latéralement entre ses pattes. (Long. max. : 30 cm.) [Syn. ÉCUREUIL VOLANT.]

POLDER [pɔldɛr] n. m. (mot néerl.). Région conquise par l'homme sur la mer, drainée et mise en valeur.

PÔLE n. m. (lat. *polus*; mot gr.). Chacun des deux points de la sphère céleste formant les extrémités de l'axe autour duquel elle semble tourner en 23 h 56 min. ‖ Chacun des deux points de la surface d'un astre formant les extrémités de l'axe de rotation de cet astre. ‖ Chose qui est en opposition avec une autre. ‖ Centre d'attraction, d'intérêt. ‖ *Anat.* Partie extrême d'un organe qui comporte deux extrémités. ‖ *Électr.* Chacune des extrémités d'un générateur ou d'un récepteur, utilisées pour les connexions au circuit extérieur. ● *Pôles d'un aimant*, extrémités de l'aimant où la force d'attraction est à son maximum. ‖ *Pôle d'attraction*, ce qui retient l'attention, qui attire les regards. ‖ *Pôle d'un cercle tracé sur une sphère*, chacune des extrémités du diamètre de la sphère, perpendiculaire au plan du cercle. ‖ *Pôle de développement*, région industrielle ou secteur d'activité exerçant un rôle d'entraînement sur le développement de l'économie. ‖ *Pôle magnétique*, lieu du globe terrestre où l'inclinaison magnétique est de 90°.

POLÉMARQUE n. m. (gr. *polemos*, guerre, et *arkhos*, commandant). *Antiq. gr.* Magistrat qui exerçait de hautes fonctions militaires et parfois politiques.

POLÉMIQUE n. f. (gr. *polemikos*, qui concerne la guerre). Discussion, controverse violente sur des questions politiques, littéraires, scientifiques. ◆ adj. Qui appartient à la polémique.

POLÉMIQUER v. i. Faire de la polémique.

POLÉMISTE n. Personne qui polémique.

POLÉMOLOGIE n. f. Étude de la guerre considérée comme phénomène d'ordre social et psychologique.

POLÉMOLOGUE n. Spécialiste de la polémologie.

POLÉMONIACÉE n. f. Herbe d'Amérique au fruit en capsule, comme le *phlox*. (Les *polémoniacées* forment une famille.)

POLENTA [pɔlɛnta] n. f. (mot it.). Bouillie de farine de maïs, en Italie. ‖ En Corse, bouillie de farine de châtaignes.

POLI, E adj. Qui a la surface unie, lisse et brillante : *du marbre poli.* ‖ Qui observe les convenances sociales; affable, courtois.

POLI n. m. Éclat d'un objet qui, après polissage, réfléchit bien les rayons lumineux. ‖ *Géogr.* Aspect lisse et luisant que prennent les roches sous l'action du vent (*poli désertique*) ou des glaciers (*poli glaciaire*).

POLICE n. f. (gr. *politeia*, organisation politique). Ensemble des règlements qui maintiennent la sécurité publique : *pouvoir de police.* ‖ Administration, force publique qui veille à leur observation. ‖ Ensemble des agents de cette administration. ● *Faire la police*, surveiller, maintenir l'ordre. ‖ *Police administrative*, celle qui, ayant pour but de prévenir les désordres, prend à l'avance les mesures nécessaires. ‖ *Police judiciaire*, celle qui a pour objectif de rechercher et de livrer à la justice les auteurs d'infractions. (Abrév. : P. J.) ‖ *Police secours*, service affecté aux cas d'urgence. ‖ *Salle de police*, local disciplinaire où les soldats punis étaient consignés le soir (vx). ‖ *Tribunal de police*, tribunal qui ne connaît que des contraventions. (C'est le tribunal d'instance siégeant au pénal.)

POLICE n. f. (anc. prov. *polissia*, quittance; gr. *apodeixis*, preuve). Contrat d'assurance. ‖ *Impr.* Liste de toutes les lettres qui composent un assortiment de caractères d'imprimerie avec l'indication de leur proportion pour un total déterminé; ensemble de ces caractères.

POLICÉ, E adj. *Litt.* Qui est parvenu à un certain degré de civilisation.

POLICEMAN [pɔlisman] n. m. (pl. *policemen*). Agent de police, en Grande-Bretagne.

POLICHINELLE n. m. (napolitain *Polecenella*). Personnage comique des théâtres de marionnettes. (En ce sens, prend une majuscule.) ‖ Marionnette à double bosse. ‖ Personnage ridicule qui on n'a pas confiance, pantin. ● *Secret de polichinelle*, ce que tout le monde sait.

POLICIER, ÈRE adj. Relatif à la police : *enquête policière.* ‖ Qui s'appuie sur la police : *régime policier.* ● *Film, roman policier*, film, roman dont l'intrigue repose sur une enquête criminelle.

POLICIER n. m. Membre de la police.

POLICLINIQUE n. f. (gr. *polis*, ville, et *clinique*). Clinique ou partie d'un hôpital où l'on traite les malades sans les hospitaliser.

POLICOLOGIE n. f. Ensemble des règles présidant à l'organisation et aux interventions de la police.

POLIMENT adv. De façon polie.

POLIO n. Abrév. de POLIOMYÉLITIQUE. ◆ n. f. Abrév. de POLIOMYÉLITE.

POLIOMYÉLITE n. f. (gr. *polios*, gris, et *muelos*, moelle). Maladie contagieuse produite par un virus qui se fixe sur les centres nerveux, en particulier sur la moelle épinière, provoquant des paralysies graves.

POLIOMYÉLITIQUE adj. et n. Relatif à la poliomyélite; qui en est atteint.

POLIORCÉTIQUE adj. et n. f. (gr. *poliorkein*, assiéger). Relatif à l'art d'assiéger les villes.

POLIR v. t. (lat. *polire*). Rendre uni et luisant : *polir un métal.* ‖ Parachever avec soin.

POLISSABLE adj. Qui peut être poli.

POLISSAGE n. m. Action de polir une surface dure; son résultat.

POLISSEUR, EUSE n. Personne qui polit certains objets, comme les glaces.

POLISSEUSE n. f. Machine servant à polir.

POLISSOIR n. m. Instrument pour polir.

POLISSON, ONNE n. (mot d'arg.). Enfant espiègle, désobéissant; galopin. ◆ adj. et n. Qui dit ou fait des choses licencieuses.

POLISSONNER v. i. Se conduire en polisson.

POLISSONNERIE n. f. Action ou propos de polisson.

POLISTE n. m. (gr. *polistês*, bâtisseur de villes). Petite guêpe européenne fabriquant en plein air des nids composés seulement de quelques alvéoles.

POLITESSE n. f. (it. *pulitezza*). Ensemble des règles de la bienséance; respect de ces règles; action conforme à ces usages.

POLITICAILLERIE n. f. *Fam.* Politique basse, mesquine.

POLITICARD, E n. et adj. *Péjor.* Personne qui fait de la politique et se complaît en intrigues.

POLITICIEN, ENNE n. (angl. *politician*). *Péjor.* Personne qui fait de la politique. ◆ adj. *Péjor.* Digne d'un politicien.

POLITIQUE adj. (gr. *politikos*; de *polis*, ville). Relatif à l'organisation et au gouvernement d'un État, à la lutte pour le pouvoir : *institutions politiques; réalisme politique.* ‖ *Litt.* Habile : *invitation toute politique.* ● *Droits politiques*, droits en vertu desquels un citoyen peut participer à l'exercice du pouvoir, directement ou par son vote. ‖ *Homme politique*, homme qui s'occupe des affaires publiques. ‖ *Philosophie politique*, étude de diverses formes d'exercice du pouvoir et d'organisation des sociétés en vue d'établir leurs valeurs respectives. ‖ *Prisonnier politique*, ou *politique* n., personne emprisonnée pour des motifs politiques.

POLITIQUE n. m. Ce qui est politique : *le politique et le social*. ‖ *Litt*. Homme politique.

POLITIQUE n. f. Ensemble des pratiques, faits, institutions et déterminations du gouvernement d'un État ou d'une société; manière d'exercer l'autorité dans un État ou une société : *politique extérieure; parler politique*. ‖ Conduite adroite dans les affaires particulières.

POLITIQUE-FICTION n. f. Genre littéraire dérivant à la fois de l'utopie et du roman d'anticipation, et qui se fonde sur l'imagination de l'évolution historique.

POLITIQUEMENT adv. D'une manière politique.

POLITISATION n. f. Action de politiser, fait d'être politisé.

POLITISER v. t. Donner une formation politique à qqn, un tour politique à qqch.

POLITOLOGIE ou **POLITICOLOGIE** n. f. Science qui se propose d'étudier le jeu des forces politiques dans la société.

POLITOLOGUE ou **POLITICOLOGUE** n. Spécialiste des problèmes politiques.

POLJÉ [pɔlje] n. m. (mot slave). Dans les régions karstiques, vaste dépression fermée.

POLKA n. f. (mot polon.). Danse à deux temps, importée de Pologne en France v. 1830. ‖ Air sur lequel on la danse.

POLKA adj. inv. *Pain polka*, pain plat, à croûte striée en losanges ou en carrés.

POLLAKIURIE n. f. (gr. *pollakis*, souvent, et *ouron*, urine). Trouble de l'évacuation vésicale de l'urine, consistant en mictions fréquentes et peu abondantes.

POLLEN [pɔlɛn] n. m. (mot lat., farine). Ensemble de grains microscopiques produits par les étamines et qui forment les éléments mâles des végétaux à fleurs.

POLLICITATION n. f. (lat. *pollicitatio*; de *polliceri*, promettre). *Dr*. Proposition de contrat non encore acceptée.

POLLINIE n. f. Masse de grains de pollen agglomérés, comme chez les orchidacées.

POLLINIQUE adj. Relatif au pollen. ● *Analyse pollinique*, reconstitution de la flore des époques géologiques par l'étude du pollen fossilisé dans les sédiments.

POLLINISATION n. f. Transport du pollen par le vent ou par les insectes, depuis les étamines jusqu'au stigmate d'une fleur de la même espèce, permettant la fécondation.

POLLINOSE n. f. Affection allergique due aux pollens.

POLLUANT, E adj. Qui pollue.

POLLUANT n. m. Produit responsable d'une pollution.

POLLUER v. t. (lat. *polluere*). Rendre malsain ou dangereux en répandant des matières toxiques; dégrader l'environnement humain.

POLLUEUR, EUSE adj. et n. Qui contribue à accroître la pollution.

POLLUTION n. f. Action de polluer. (On distingue la pollution des sols, des eaux et de l'atmosphère.) ● *Pollution nocturne* (Méd.), émission involontaire de sperme pendant le sommeil.

POLO n. m. (mot angl.; du tibétain). Jeu de balle, qui se joue à cheval, avec un maillet. ‖ Chemise de sport en tricot avec col rabattu, généralement en jersey.

POLOCHON n. m. *Fam*. Traversin.

POLONAIS, E adj. et n. De Pologne. ● *Notation polonaise*, mode d'écriture des opérations logiques ou logico-mathématiques, dans lequel les opérateurs précèdent (notation préfixée) ou suivent (notation postfixée) les opérandes sur lesquels ils portent.

POLONAIS n. m. Langue slave parlée en Pologne.

POLONAISE n. f. Danse nationale des Polonais. ‖ Composition instrumentale dans le tempo et le caractère de cette danse.

POLONIUM [pɔlɔnjɔm] n. m. Métal (Po) radioactif, n° 84, qui accompagne souvent le radium.

POLTRON, ONNE adj. et n. (it. *poltrone*). Qui manque de courage physique.

POLTRONNERIE n. f. Lâcheté, couardise.

POLYACIDE adj. et n. m. Se dit d'un corps possédant plusieurs fonctions acide.

POLYADDITION n. f. *Chim*. Réaction de formation de polymère sans élimination de molécule.

POLYALCOOL n. m. Corps possédant plusieurs fonctions alcool. (Syn. POLYOL.)

POLYAMIDE n. m. Copolymère résultant de la polycondensation soit d'un diacide avec une diamine, soit d'aminoacides.

POLYANDRE adj. Se dit d'une femme qui a simultanément plusieurs maris. ‖ *Bot*. Se dit d'une plante qui a plusieurs étamines.

POLYANDRIE n. f. État d'une femme polyandre. ‖ *Bot*. État d'une plante polyandre.

POLYARCHIE n. f. Système politique caractérisé par une pluralité de centres de décision et de pouvoir.

POLYARTHRITE n. f. Forme de rhumatisme dans laquelle plusieurs articulations sont atteintes simultanément.

POLYBUTADIÈNE n. m. Polymère du butadiène, utilisé dans la fabrication des caoutchoucs synthétiques.

POLYCARPIQUE n. f. Syn. de RANALE.

POLYCENTRIQUE adj. Qui a plusieurs centres de direction.

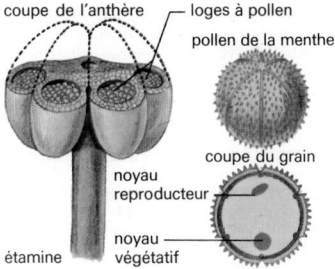

coupe de l'anthère — loges à pollen

pollen de la menthe

coupe du grain

noyau reproducteur

noyau végétatif

étamine

POLLEN

POLYCENTRISME n. m. Système qui admet plusieurs centres de direction, de décision. (On parle de polycentrisme dans l'histoire des partis communistes.)

POLYCHÈTE [pɔlikɛt] n. m. (gr. *polus*, beaucoup, et *khaitê*, crinière). Annélide marine à nombreuses soies latérales. (Les *polychètes* forment une classe comprenant la *néréide* et l'*arénicole*.)

POLYCHROÏSME [pɔlikrɔism] n. m. Phénomène qui a lieu quand un corps transparent présente des couleurs différentes suivant l'incidence sous laquelle la lumière pénètre.

POLYCHROME [pɔlikrom] adj. De plusieurs couleurs.

POLYCHROMIE n. f. État d'une chose dont les parties offrent des couleurs diverses.

POLYCLINIQUE n. f. Clinique où l'on soigne des maladies diverses.

POLYCONDENSAT n. m. Résultat d'une polycondensation.

POLYCONDENSATION n. f. Ensemble des réactions par lesquelles diverses substances, comme un diacide et une diamine, se soudent entre elles pour donner un corps de masse moléculaire élevée.

POLYCOPIE n. f. Reproduction en plusieurs exemplaires d'un texte écrit.

POLYCOPIÉ n. m. Texte, cours polycopié.

POLYCOPIER v. t. Reproduire par polycopie.

POLYCULTURE n. f. Système d'utilisation du sol qui consiste à pratiquer des cultures différentes dans une exploitation agricole ou une région.

POLYCYCLIQUE adj. *Électr*. Qui a trait à plusieurs phénomènes périodiques de fréquences différentes. ‖ *Chim*. Se dit d'un composé organique qui présente plusieurs cycles.

POLYDACTYLE adj. et n. Qui présente une polydactylie.

POLYDACTYLIE n. f. Malformation caractérisée par la présence de doigts surnuméraires.

POLYDIPSIE n. f. *Méd*. Besoin impérieux et fréquent d'absorber de grandes quantités de liquide, d'origine organique. (La polydipsie est l'un des signes du diabète.)

POLYÈDRE adj. (gr. *polus*, nombreux, et *hedra*, base). *Math*. Se dit d'un solide à faces planes. ● *Angle polyèdre*, partie de l'espace limitée par une suite fermée d'angles plans, appelés *faces*, de même sommet.

POLYÈDRE n. m. Solide limité de toutes parts

polyèdres réguliers

par des portions de plans appelées *faces* ou *facettes*. ● *Polyèdre convexe*, polyèdre situé tout entier du même côté du plan de l'une quelconque de ses faces.

POLYÉDRIQUE adj. Relatif à un polyèdre.

POLYEMBRYONIE n. f. Formation de plusieurs embryons à partir d'un seul œuf, comme c'est le cas chez les « vrais jumeaux ».

POLYESTER [pɔliɛstɛr] n. m. Copolymère, généralement moulé, résultant de la condensation de polyacides avec des alcools non saturés ou avec des glycols.

POLYÉTHYLÈNE n. m. Matière plastique résultant de la polymérisation de l'éthylène.

POLYGALA n. m. (gr. *polugalos*, au lait abondant). Plante herbacée ou sous-arbrisseau à fleurs dialypétales. (Type de la famille des *polygalacées*.)

POLYGAME adj. et n. m. (gr. *polus*, nombreux, et *gamos*, mariage). Se dit d'un homme marié simultanément à plusieurs femmes. ◆ adj. *Bot*. Se dit des plantes possédant des fleurs hermaphrodites et des fleurs unisexuées, mâles et femelles, sur le même pied.

POLYGAMIE n. f. État des hommes polygames. ‖ *Bot*. État d'une plante polygame.

POLYGÉNIQUE adj. Relatif au polygénisme. ‖ *Géol*. Se dit d'un relief façonné dans des conditions successives différentes.

POLYGÉNISME n. m. Doctrine d'après laquelle les différentes races humaines dériveraient de quelques types primitifs ayant la valeur d'espèces.

POLYGLOBULIE n. f. Affection caractérisée par une augmentation du nombre des globules rouges du sang.

POLYGLOTTE adj. et n. (gr. *polus*, nombreux, et *glôtta*, langue). Se dit de personnes qui savent plusieurs langues.

POLYGONACÉE n. f. Plante sans pétales, souvent rougeâtre et acide. (Les *polygonacées* forment une famille comprenant l'*oseille*, la *rhubarbe*, les *renouées*.)

POLYGONAL, E, AUX adj. Qui a plusieurs angles. ‖ Se dit d'un solide dont la base est un polygone.

POLYGONATION n. f. Répartition de la surface d'un terrain à lever en un réseau de lignes brisées dont les points d'intersection serviront de canevas à la topographie.

POLYGONE n. m. (gr. *polus*, nombreux, et *gônia*, angle). *Math*. Ligne polygonale fermée. ‖ *Mil*. Champ de tir, notamment pour les expérimentations d'explosifs et de projectiles. ● *Polygone convexe* (ou *concave*), polygone situé (ou non) tout entier du même côté de toute droite portant l'un de ses côtés.

POLYGONISATION n. f. *Métall.* Au cours du chauffage d'un métal, formation d'un réseau de domaines à cristallisation parfaite, formant un ensemble de figures polygonales.

POLYGRAPHE n. *Péjor.* Auteur qui écrit sur des sujets variés.

POLYGYNIE n. f. *Anthropol.* Cas particulier de la polygamie, selon lequel le système social fixe pour chaque homme le nombre d'épouses.

POLYHOLOSIDE n. m. Glucide formé d'un très grand nombre d'oses, comme l'amidon, la cellulose, le glycogène. (Syn. : POLYOSIDE, POLYSACCHARIDE.)

POLYLOBÉ, E adj. Qui a plusieurs lobes.

POLYMÈRE adj. et n. m. Se dit d'un corps chimique formé par polymérisation.

POLYMÉRISABLE adj. Qui peut être polymérisé.

POLYMÉRISATION n. f. Réaction qui, à partir de molécules de faible masse moléculaire (monomères), forme, par les liaisons de celles-ci, des composés de masse moléculaire élevée.

POLYMÉRISER v. t. Produire la polymérisation.

POLYMORPHE adj. Qui se présente sous diverses formes.

POLYMORPHISME n. m. Caractère polymorphe. ‖ Propriété que possèdent certaines substances chimiques d'affecter plusieurs formes cristallines différentes. ‖ *Biol.* Caractère des espèces dont les individus de même sexe peuvent être très différents les uns des autres, comme chez certains insectes sociaux.

POLYNÉSIEN, ENNE adj. et n. De Polynésie.

POLYNÉSIEN n. m. Langue appartenant au groupe oriental des langues malayo-polynésiennes.

POLYNÉVRITE n. f. Atteinte simultanée de plusieurs nerfs par une intoxication (alcoolisme, par ex.) ou par une infection (virus).

POLYNÔME n. m. (gr. *polus*, nombreux, et *nomos*, division). *Math.* Somme algébrique de monômes. ● *Polynôme entier*, polynôme dont tous les termes sont entiers.

POLYNOMIAL, E, AUX adj. Relatif aux polynômes. ● *Expression polynomiale*, expression où ne figurent que des polynômes.

POLYNUCLÉAIRE adj. Se dit d'une cellule semblant contenir plusieurs noyaux, comme les granulocytes du sang.

POLYOL n. m. Syn. de POLYALCOOL.

POLYOLÉFINE n. f. Classe de fibres synthétiques obtenues à partir de polymères d'hydrocarbures d'oléfine, tels que l'éthylène et le propylène.

POLYOSIDE n. m. Syn. de POLYHOLOSIDE.

POLYPE n. m. (gr. *pous*, pied). Forme fixée des cnidaires, composée d'un corps cylindrique à deux parois, creusé d'une cavité digestive dont la surface est accrue par des cloisons. ‖ *Pathol.* Tumeur bénigne, molle, qui se développe dans les cavités d'une muqueuse.

POLYPEPTIDE n. m. *Chim.* Molécule formée par la combinaison en chaîne d'un nombre important de molécules d'acides aminés.

POLYPEPTIDIQUE adj. Relatif aux polypeptides.

POLYPEUX, EUSE adj. Relatif au polype.

POLYPHASÉ, E adj. Qui comporte plusieurs phases. ● *Système de grandeurs (courants, tensions) polyphasées*, ensemble de n grandeurs sinusoïdales de même fréquence et déphasées l'une par rapport à l'autre, de $\dfrac{2\pi}{n}$.

POLYPHONIE n. f. (gr. *polus*, nombreux, et *phônê*, voix). Art d'écrire musicalement à plusieurs parties. ‖ Musique contrapuntique.

POLYPHONIQUE adj. Relatif à la polyphonie.

POLYPHONISTE n. Musicien qui pratique la polyphonie.

POLYPIER n. m. Squelette calcaire des madré-

pores, sécrété par chaque polype et séparant les individus d'une même colonie.

POLYPLOÏDE adj. et n. *Biol.* Se dit du noyau d'une cellule contenant plus de 2 *n* chromosomes.

POLYPLOÏDIE n. f. État d'un noyau, d'une cellule polyploïde.

POLYPNÉE n. f. (gr. *pnein*, respirer). Accélération du rythme respiratoire.

POLYPODE n. m. Fougère commune, à feuilles très lobées, des rochers et des murs humides.

POLYPORE n. m. Champignon coriace, vivant sur les arbres. (Classe des basidiomycètes.)

POLYPROPYLÈNE n. m. Fibre synthétique obtenue par polymérisation du propylène.

POLYPTÈRE n. m. Poisson osseux des eaux douces d'Afrique. (Long. 1,20 m.)

POLYPTYQUE n. m. (gr. *ptux, ptukhos*, pli). Ensemble de panneaux peints ou sculptés liés entre eux et comprenant en général des volets qui peuvent se replier sur une partie centrale.

POLYRADICULONÉVRITE n. f. Atteinte inflammatoire de plusieurs racines de nerfs rachidiens.

POLYSACCHARIDE [pɔlisakarid] n. m. Syn. de POLYHOLOSIDE.

POLYSÉMIE n. f. Propriété d'un mot qui présente plusieurs sens.

POLYSÉMIQUE adj. Qui relève de la polysémie.

POLYSOC adj. Se dit d'une charrue à plusieurs socs.

POLYSTYRÈNE n. m. Matière thermoplastique obtenue par polymérisation du styrène.

POLYSULFURE n. m. Composé sulfuré contenant plus de soufre que le sulfure normal. (Les polysulfures de calcium [lessive sulfocalcique], de baryum ou de sodium sont utilisés en liquide ou en poudre contre les champignons parasites [tavelure, oïdium, etc.].)

POLYSYLLABE ou **POLYSYLLABIQUE** adj. et n. Qui a plusieurs syllabes.

POLYSYNTHÉTIQUE adj. Se dit d'une langue où les diverses parties de la phrase se soudent en une sorte de long mot composé.

POLYTECHNICIEN, ENNE n. Élève, ancien élève de l'École polytechnique.

POLYTECHNIQUE adj. (gr. *tekhnê*, art). Qui concerne plusieurs techniques, plusieurs sciences. ● *École polytechnique*, établissement d'enseignement supérieur scientifique, fondé à Paris en 1794 et relevant du ministère des Armées. (Appelée familièrement l'X, l'école, transférée à Palaiseau en 1976, forme les ingénieurs des grands corps civils et militaires de l'État.)

POLYTHÉISME n. m. Forme de religion qui admet une pluralité de dieux.

POLYTHÉISTE adj. et n. Qui relève du polythéisme.

POLYTHERME n. m. Navire de charge conçu pour le transport à des températures diverses de marchandises réfrigérées variées.

POLYTONAL, E, AUX adj. Relatif à la polytonalité.

POLYTONALITÉ n. f. *Mus.* Terme désignant la superposition de mélodies relevant chacune d'une tonalité différente.

POLYTRAUMATISÉ, E adj. et n. Se dit d'un blessé présentant simultanément plusieurs lésions traumatiques.

POLYTRIC n. m. Mousse des bois, pouvant atteindre 10 cm de haut.

POLYURÉTHANNE n. m. Matière plastique employée dans l'industrie des peintures et des vernis ou servant à faire des mousses et des élastomères.

POLYURIE n. f. Émission d'une quantité d'urine supérieure à la normale.

POLYURIQUE adj. et n. Relatif à la polyurie; atteint de polyurie.

POLYVALENCE n. f. Caractère de ce qui est polyvalent.

POLYVALENT, E adj. Qui a plusieurs fonctions différentes : *vaccin polyvalent*. ‖ *Chim.*

Qui a plusieurs valences. ◆ adj. et n. m. Se dit d'un contrôleur du fisc, compétent en matière d'impôts mis en recouvrement par plusieurs administrations.

POLYVINYLE n. m. Polymère obtenu à partir du chlorure et de l'acétate de vinyle et ayant de très nombreuses applications.

POLYVINYLIQUE adj. Se dit de résines obtenues par polymérisation de monomères dérivés du vinyle.

POMELO n. m. Autre nom du PAMPLEMOUSSE.

POMERIUM n. m. → POMŒRIUM.

POMICULTEUR n. m. Celui qui cultive les arbres produisant des fruits à pépins.

POMMADE n. f. (it. *pomata*). Composition molle, formée d'un excipient (corps gras ou substance synthétique) et de médicaments ou de parfums, utilisée en médecine pour un traitement externe ou dont on s'enduit les cheveux. ● *Passer de la pommade à qqn* (Fam.), le flatter.

POMMADER v. t. Enduire de pommade.

POMMARD n. m. Vin de Bourgogne rouge, très estimé.

POMME n. f. (lat. *pomum*, fruit). Fruit comestible du pommier, que l'on consomme frais ou en compotes, gelées, beignets, et dont le jus

POMMES ET POMMIER

fleurs

golden

reinette

fermenté fournit le cidre. ‖ Ornement, objet de bois, de métal, en forme de pomme : *pomme d'une canne, d'un arrosoir*. ‖ Cœur du chou, de la laitue. ‖ Pomme de terre : *bifteck aux pommes*. ‖ *Pop.* Tête. ‖ *Arg.* Imbécile, idiot. ‖ *Mar.* Petite pièce de bois sphérique, à l'extrémité d'un mât. ● *Être aux pommes* (Fam.), être très bien réussi. ‖ *Pomme d'Adam* (Anat.), saillie formée en avant du cou par le cartilage thyroïde, et plus marquée chez l'homme que chez la femme. ‖ *Pomme d'amour*, autre nom de la TOMATE. ‖ *Pomme d'arrosoir*, renflement percé de petits trous, qui termine le tuyau d'un arrosoir. ‖ *Pomme de pin*, fruit du pin, formé d'écailles lignifiées, entre lesquelles se trouvent les graines. ‖ *Tomber dans les pommes* (Fam.), s'évanouir.

POMMÉ, E adj. Arrondi comme une pomme.

POMMEAU n. m. (anc. fr. *pom*). Extrémité arrondie de la poignée d'une canne, d'un parapluie, d'une épée, d'un sabre, etc. ‖ Partie antérieure de l'arçon d'une selle.

POMME DE TERRE n. f. (pl. *pommes de terre*). Plante originaire de l'Amérique du Sud, à

pommes
de terre

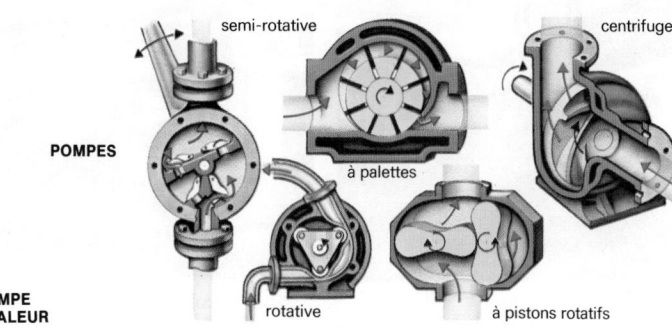

semi-rotative   centrifuge

POMPES

à palettes

POMPE
À CHALEUR   rotative   à pistons rotatifs

tubercules alimentaires riches en amidon, de la famille des solanacées. (La pomme de terre fut introduite en Europe dès 1550, mais son usage ne devint général en France qu'au XVIIIe s., sous l'influence de Parmentier.)

POMMELÉ, E adj. Marqué de taches rondes, mêlées de gris et de blanc : *cheval pommelé.* ‖ Marqué de petits nuages blancs ou grisâtres, de forme arrondie : *ciel pommelé.*

POMMELER (SE) v. pr. (conj. 3). En parlant du ciel, se couvrir de petits nuages.

POMMELLE n. f. Plaque métallique perforée, placée à l'entrée d'une conduite pour arrêter les déchets solides.

POMMER v. i. Se former en pomme, en parlant des choux, des laitues, etc.

POMMERAIE n. f. Lieu planté de pommiers.

POMMETÉ, E adj. *Hérald.* Orné de pommettes.

POMMETTE n. f. Partie la plus saillante de la joue au-dessous de l'œil. ‖ *Hérald.* Ornement en forme de petite pomme.

POMMIER n. m. Genre d'arbres de la famille des rosacées, dont le fruit, ou *pomme,* est une drupe à pépins, comestible, ronde et charnue.

POMŒRIUM ou **POMERIUM** [pɔmerjɔm] n. m. (mot lat.). Zone sacrée, autour des villes romaines, dans laquelle il était interdit d'habiter, de labourer et de porter les armes.

POMOLOGIE n. f. Partie de l'arboriculture qui s'occupe des fruits à pépins.

POMOLOGIQUE adj. Relatif à la pomologie.

POMOLOGUE ou **POMOLOGISTE** n. Personne qui s'occupe de pomologie.

POMPAGE n. m. Action de pomper. ● *Pompage hertzien, optique,* méthode de physique expérimentale, imaginée par A. Kastler en 1950, et qui utilise une irradiation hertzienne, lumineuse, pour modifier la répartition du nombre d'atomes occupant les différents états quantiques. (Cette technique a d'importantes applications pratiques : étalons de fréquence ou horloges atomiques, magnétomètres de haute précision, lasers.)

POMPE n. f. (lat. *pompa*). *Litt.* Cérémonial magnifique, somptueux : *la pompe d'un couronnement.* ‖ En grande pompe, avec beaucoup d'éclat. ◆ pl. *Relig.* Vanités mondaines. ● *Service des pompes funèbres,* service public ou privé chargé de l'organisation des funérailles.

POMPE n. f. (mot néerl.). Appareil pour aspirer, refouler ou comprimer les fluides. ● *À toute pompe* (Fam.), très rapidement. ‖ *Pompe aspirante,* pompe où le liquide monte dans le corps de pompe par l'effet de la pression atmosphérique, lorsque le piston s'élève. ‖ *Pompe aspirante et foulante,* pompe dans laquelle le liquide, d'abord aspiré dans le corps de pompe par l'ascension du piston, est ensuite refoulé par celui-ci dans un tuyau latéral. ‖ *Pompe à chaleur,* appareil appliquant le principe des machines frigorifiques au puisage de chaleur dans un fluide à basse température pour alimenter un chauffage. ‖ *Pompe à essence,* ou *pompe,* appareil utilisé pour la distribution et la vente au détail des carburants. ‖ *Pompe à incendie,* pompe pour éteindre le feu au moyen d'un

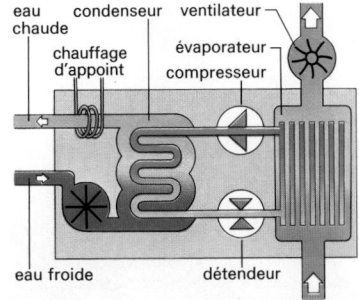

eau   condenseur ventilateur
chaude

chauffage   évaporateur
d'appoint   compresseur

eau froide   détendeur

L'air extrait à 20 °C passe sur l'évaporateur d'un circuit frigorifique en lui abandonnant ses calories, puis est rejeté à 0 °C. Les calories récupérées, augmentées de celles qui proviennent du fonctionnement du compresseur, sont apportées à 50 °C au circuit d'eau.

puissant jet d'eau continu. ‖ *Pompe d'injection,* pompe qui, dans un moteur à combustion interne, remplace le carburateur et introduit directement le combustible sous pression dans les cylindres. ‖ *Pompe à pneumatique,* petite pompe à air destinée à gonfler les chambres à air des pneus. ‖ *Serrure à pompe,* serrure de sûreté dans laquelle la clef doit pousser un ou plusieurs ressorts pour pouvoir ouvrir. ◆ pl. *Pop.* Chaussures. ‖ *Pop.* Exercice de gymnastique consistant à soulever le corps, allongé à plat ventre sur le sol, en poussant sur les bras.

POMPÉIEN, ENNE adj. et n. Relatif à Pompéi, ou à Pompée. ◆ adj. Inspiré du style antique de Pompéi : *décor pompéien.*

POMPER v. t. Puiser de l'eau ou aspirer un fluide avec une pompe. ‖ Attirer, absorber : *l'éponge a pompé l'eau.* ‖ *Pop.* Boire copieusement. ‖ *Fam.* Fatiguer, épuiser. ‖ *Arg. scol.* Copier.

POMPETTE adj. *Fam.* Un peu ivre.

POMPEUSEMENT adv. Avec emphase.

POMPEUX, EUSE adj. Qui fait étalage d'une solennité désuète et ridicule.

POMPIER n. m. Homme appartenant à un corps organisé pour combattre les incendies et les sinistres. (Syn. SAPEUR-POMPIER.) [Les pompiers de Paris, créés en 1716, font partie de l'armée depuis 1811 et forment aujourd'hui une brigade du génie.] ‖ Ouvrier tailleur chargé des retouches. ‖ Artiste de tendance académique et sans talent créatif.

V. ill. page suivante

POMPIER, ÈRE adj. *Fam.* Banal, emphatique, conventionnel : *style pompier.*

POMPIÉRISME n. m. Art pompier.

POMPILE n. m. (lat. *pompilus*). Insecte de l'ordre des hyménoptères, porteur d'un aiguillon, à abdomen rouge et noir.

POMPISTE n. Préposé au fonctionnement d'un appareil de distribution de carburant.

POMPON n. m. Petite houppe qui sert d'ornement dans le costume et le mobilier. ● *Avoir, tenir le pompon* (Fam.), l'emporter sur les autres. ‖ *Rose pompon,* variété de rose à petite fleur.

POMPONNER v. t. Arranger sa toilette avec soin, donner au visage des soins de beauté.

PONANT n. m. (lat. pop. *sol ponens,* soleil couchant). *Litt.* Syn. de OCCIDENT. ‖ Vent d'ouest, dans le Midi.

PONÇAGE n. m. Action de poncer.

PONCE n. f. et adj. (lat. *pomex*). *Pierre ponce,* ou *ponce,* roche volcanique poreuse, légère, très dure, dont on se sert pour polir.

PONCEAU n. m. Pont de petite importance, d'une seule arche ou d'une seule travée.

PONCEAU n. m. (de *paon*). Pavot sauvage, coquelicot. ◆ adj. inv. D'une couleur rouge qui rappelle celle du coquelicot.

PONCER v. t. (conj. 1). Polir, rendre uni avec la pierre ponce ou un abrasif quelconque. ● *Poncer un dessin,* le calquer avec une poudre colorante sur un papier, une toile, etc.

PONCEUSE n. f. Machine à polir.

PONCEUX, EUSE adj. De la nature de la ponce.

PONCHO [pɔ̃ʃo ou pɔ̃tʃo] n. m. (mot esp.). Manteau de l'Amérique du Sud, fait d'une pièce de laine rectangulaire fendue au milieu pour y passer la tête. ‖ Chausson d'intérieur dont le dessus en tricot forme Socquette ou chaussette.

PONCIF n. m. (de *ponce*). Travail banal, conventionnel ; formule sans originalité, cliché, lieu commun. ‖ Dessin piqué de trous, sur lequel on passe une poudre colorante pour le reproduire sur un autre papier, un tissu, etc. (vx).

PONCTION n. f. (lat. *punctio,* piqûre). Prélèvement d'argent. ‖ *Chir.* Opération qui consiste à introduire une aiguille ou un trocart dans une cavité remplie de liquide pour la vider ou y faire un prélèvement.

PONCTIONNER v. t. Opérer une ponction.

PONCTUALITÉ n. f. Qualité de celui qui est ponctuel ; exactitude, régularité.

PONCTUATION n. f. Action, manière de ponctuer. ● *Signes de ponctuation,* signes graphiques servant à marquer les pauses entre phrases ou éléments de phrases, ainsi que les rapports syntaxiques. (Ce sont le *point,* la *virgule,* les *guillemets,* les *tirets,* etc.)

PONCTUEL, ELLE adj. (lat. *punctum,* point). Qui arrive à l'heure, qui exécute régulièrement ce qu'on lui a demandé ; exact : *un écolier ponctuel ; une arrivée ponctuelle.* ‖ Constitué par un point : *image ponctuelle.* ‖ Qui ne concerne qu'un détail, qu'un objectif isolé : *difficultés ponctuelles.*

PONCTUELLEMENT adv. De manière ponctuelle.

PONCTUER v. t. Marquer, en écrivant, les signes de ponctuation. ‖ Marquer, accentuer d'un geste, d'une exclamation, etc. : *ponctuer chaque mot d'un geste.*

PONDAISON n. f. Époque de la ponte des oiseaux.

véhicule portant
une échelle pivotante de 45 m

véhicule tout terrain portant une échelle
automatique de 24 m

bras élévateur
articulé de 25 m

lance d'incendie télécommandée

POMPIERS

Reportage photographique : Brigade des sapeurs-pompiers de Paris

bateau-pompe

hélicoptère

PONDÉRABLE adj. (de *pondérer*). Qui peut être pesé; qui a une masse.

PONDÉRAL, E, AUX adj. Relatif au poids.

PONDÉRATEUR, TRICE adj. Qui pondère.

PONDÉRATION n. f. Caractère d'une personne bien équilibrée, modération. ‖ Juste équilibre de forces, de masses, de tendances, agissant en sens contraire. ‖ Procédé d'élaboration d'un indice qui donne à chacun des éléments pris en considération une place proportionnelle à son importance réelle.

PONDÉRÉ, E adj. Qui a une grande maîtrise de soi et ne se livre à aucun excès, équilibré, réfléchi. ‖ Se dit d'une grandeur dont la valeur a été modifiée suivant certaines règles.

PONDÉRER v. t. (lat. *ponderare*; de *pondus, ponderis*) [conj. **5**]. Équilibrer par des actions contraires. ‖ Modifier la valeur de certaines grandeurs en tenant compte de l'importance relative des facteurs de chacune d'elles.

PONDÉREUX, EUSE adj. Très lourd.

PONDÉREUX n. m. Matériau particulièrement dense, pesant plus d'une tonne au mètre cube.

PONDEUR, EUSE adj. et n. Qui pond souvent. ‖ *Fam.* et *péjor.* Auteur qui produit beaucoup.

PONDOIR n. m. Endroit disposé pour la ponte des volailles.

PONDRE v. t. (lat. *ponere*, poser) [conj. **46**]. Élaborer et déposer des œufs : *les animaux qui pondent sont dits « ovipares ».* ‖ *Fam.* Écrire, produire : *pondre un texte.*

PONEY [pɔnɛ] n. m. (angl. *pony*). Cheval de petite taille, dont on connaît plusieurs races.

PONGÉ n. m. (angl. *pongee*). Taffetas léger, fait de soie et de schappe.

PONGIDÉ n. m. Singe anthropoïde tel que le chimpanzé, l'orang-outan et le gorille. (Les pongidés forment une famille.)

PONGISTE n. Joueur de Ping-Pong.

PONT n. m. (lat. *pons, pontis*). Ouvrage destiné à mettre en communication deux points séparés par un obstacle ou à permettre le passage sans croisement à niveau de deux courants de circulation. ‖ Plate-forme en bois ou métallique fermant par en haut la cavité de la coque d'un bateau. (Les ponts divisent horizontalement un navire en compartiments.) ‖ Ce qui sert de lien entre deux choses. ‖ Acrobatie au sol, le corps arqué en arrière, reposant sur les pieds et sur les mains. ‖ *Électr.* Dispositif formé de quatre branches comportant des éléments (résistances, capacités, etc.), placées en quadrilatère, et de deux branches diagonales, et servant à des mesures, à produire des déphasages. ‖ *Mus.* Épisode modulant conduisant d'un thème à un autre. ● *Couper les ponts*, rompre avec qqn. ‖ *Faire le pont*, chômer entre deux jours fériés. ‖ *Faire un pont d'or à qqn*, lui offrir une grosse somme pour le décider à faire qqch. ‖ *Pantalon à pont*, pantalon comportant par-devant un pan d'étoffe qui se rabat. ‖ *Pont aérien*, liaison aérienne entre deux points séparés par une zone où les communications terrestres ou maritimes sont impossibles ou trop lentes. ‖ *Pont aux ânes*, difficulté qui n'arrête que les ignorants. ‖ *Pont arrière*, sur une automobile, ensemble mécanique constitué par un essieu et certains organes de transmission. ‖ *Pont basculant*, pont dont le tablier est mobile autour d'un axe de rotation horizontal. ‖ *Pont de bateaux*, pont fait de bateaux attachés. ‖ *Ponts et chaussées*, partie de l'Administration qui règle les questions concernant les routes, les ponts et les canaux. ‖ *Pont de cloisonnement*, sur un navire à passagers, pont jusqu'auquel s'élèvent les cloisons étanches transversales. ‖ *Pont élévateur*, appareil permettant l'entretien et la réparation d'une automobile à hauteur d'homme. ‖ *Pont d'envol*, piste de décollage et d'atterrissage d'un porte-aéronefs. ‖ *Pont levant*, pont dont le tablier subit une translation verticale, tout en restant horizontal. ‖ *Pont mobile*, pont dont le tablier mobile sur une partie ou sur la totalité de la longueur d'interrompre le passage. ‖ *Pont roulant*, appareil de levage à champ d'action parallélépipédique. ‖ *Pont de service*, plancher provisoire placé au-dessus d'une tranchée pour ne pas interrompre la circulation. ‖ *Pont supérieur*, pont continu le plus élevé qui ferme la cavité de la coque d'un bateau. ‖ *Pont suspendu*, pont constitué par des câbles métalliques supportant le tablier. ‖ *Pont tournant*, pont dont le tablier pivote autour d'un axe vertical. ‖ *Servir de pont*, servir de transition ou d'intermédiaire.

PONTAGE n. m. *Chim.* Création de liaisons transversales entre les atomes de chaînes adjacentes de macromolécules. ‖ *Chir.* Intervention qui consiste à restaurer la perméabilité d'une artère en remplaçant la partie obstruée par un « pont » veineux.

PONT-BASCULE n. m. (pl. *ponts-bascules*). Dispositif de pesage, du type bascule, servant à peser de lourdes charges.

PONT-CANAL n. m. (pl. *ponts-canaux*). Pont permettant le passage d'un canal au-dessus d'une voie, d'un cours d'eau.

PONTE n. m. Celui des joueurs qui joue contre le banquier. ‖ *Fam.* Personnage important.

PONTE n. f. Action de pondre. ‖ Temps où les oiseaux pondent. ‖ Quantité d'œufs pondus. ● *Ponte ovulaire*, chez les vivipares, migration de l'ovule allant de l'ovaire vers l'utérus.

PONTÉ, E adj. Muni d'un ou de plusieurs ponts : *embarcation pontée.*

PONTÉE n. f. Ensemble des marchandises arrimées sur le pont d'un navire de commerce.

PONTER v. i. Aux jeux de hasard, mettre de l'argent contre le banquier.

PONTER v. t. *Chim.* Réaliser le pontage. ‖ *Mar.* Établir un pont sur un navire.

PONTET n. m. Pièce qui protège la détente d'une arme à feu portative.

PONTIER n. m. Conducteur d'un pont roulant.

PONTIFE n. m. (lat. *pontifex*). À Rome, membre du collège sacerdotal. ‖ Titre donné aux évêques. ‖ *Fam.* Homme gonflé de son importance, prétentieux. ● *Grand pon-*

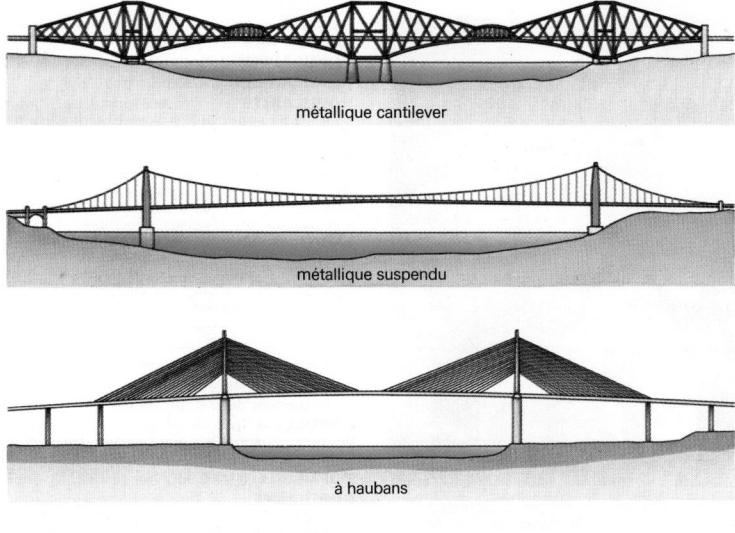

métallique cantilever

métallique suspendu

à haubans

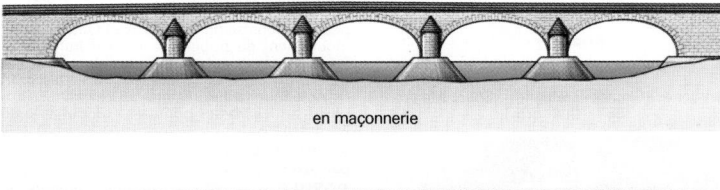

en maçonnerie

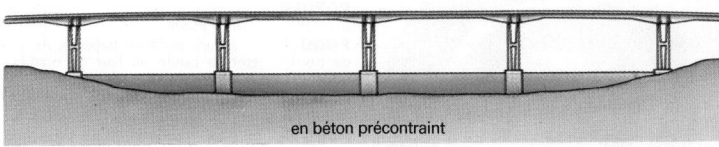

en béton précontraint

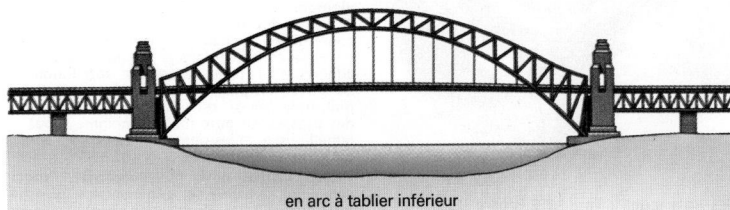

en arc à tablier inférieur

DIFFÉRENTS TYPES DE PONTS

nade). Sur un paquebot, pont dégagé réservé à la promenade des passagers.

PONT-RAIL n. m. (pl. *ponts-rail*). Pont à l'usage de la circulation ferroviaire.

PONT-ROUTE n. m. (pl. *ponts-route*). Pont à l'usage de la circulation routière.

PONTUSEAU n. m. Tige de métal qui traverse les vergeures dans les formes à papier. ◆ pl. Raies que les vergeures laissent sur le papier.

POOL [pul] n. m. (mot angl.). Groupement ou syndicat de producteurs. ‖ Organisme international chargé de l'organisation du marché entre les pays adhérents. ‖ Dans une entreprise, groupe de personnes travaillant en commun à des tâches identiques. (L'Administration préconise GROUPE.)

POP [pɔp] adj. inv. et n. m. ou f., ou **POP MUSIC** n. f. Forme musicale d'origine anglo-américaine, dérivant du rock and roll, du rhythm and blues et de la musique folk.

POP ART [pɔpart] n. m. (mot angl., de *popular art*). Tendance artistique moderne d'origine anglaise et américaine, née aux alentours de 1960, qui transpose l'environnement de la civilisation contemporaine au moyen d'emprunts aux images publicitaires, d'assemblages d'objets quotidiens, etc. (Les plus connus des « pop-artistes » sont les Américains Lichtenstein, Oldenburg, Rosenquist, Warhol.)

V. ill. page suivante

POP-CORN [pɔpkɔrn] n. m. inv. (mot amér.). Grains de maïs éclatés, sucrés ou salés.

POPE n. m. (russe *pop*). Prêtre du rite oriental chez les Russes, les Serbes, les Roumains, les Bulgares.

POPELINE n. f. (angl. *poplin*). Tissu serré d'armure formant des côtes dans le sens de la chaîne et comprenant beaucoup moins de fils en trame qu'en chaîne.

POPLITÉ, E adj. (lat. *poples, -itis*, jarret). *Anat.* Relatif au jarret : *muscle poplité*.

POPOTE n. f. *Fam.* Cuisine : *faire la popote*. ‖ Lieu où certaines personnes (militaires notamment) prennent leurs repas en commun.

POPOTE adj. *Fam.* Qui s'occupe avec excès des détails du ménage, prosaïque.

POPULACE n. f. (it. *popolaccio*; de *popolo*, peuple). *Péjor.* Le bas peuple.

POPULACIER, ÈRE adj. Propre à la populace.

POPULAGE n. m. (lat. *populus*, peuplier). Renonculacée des prés humides, appelée aussi *souci des marais*.

POPULAIRE adj. (lat. *popularis*; de *populus*, peuple). Qui appartient au peuple; qui concerne le peuple; issu du peuple : *expression populaire, art populaire; les classes populaires; gouvernement populaire.* ‖ Conforme au goût du peuple, qui s'adresse à lui : *roman populaire,*

tife, chef du collège des pontifes à Rome. ‖ *Le souverain pontife*, le pape.

PONTIFIANT, E adj. *Fam.* Qui pontifie.

PONTIFICAL, E, AUX adj. Relatif aux pontifes dans l'Église catholique.

PONTIFICAL n. m. Rituel des cérémonies propres à l'évêque.

PONTIFICAT n. m. (lat. *pontificatus*). Dignité et fonction de pape; durée de cette fonction. ‖ *Hist.* Dignité de pontife ou de grand pontife.

PONTIFIER v. i. *Fam.* Prendre des airs d'importance, parler avec emphase, avec prétention. ‖ Officier en qualité de pontife.

PONTIL [pɔ̃til] ou **POINTIL** [pwɛ̃til] n. m. Masse de verre à l'état de demi-fusion, qu'on utilise pour fixer un objet de verre en fabrication à l'extrémité d'une barre de fer; la barre elle-même.

PONT-L'ÉVÊQUE n. m. inv. Fromage au lait

de vache, à croûte lavée et refleurie, à pâte molle et affinée, de forme carrée, fabriqué en Normandie.

PONT-LEVIS [pɔ̃ləvi] n. m. (pl. *ponts-levis*). Pont dont le tablier se relève, en pivotant à l'une de ses extrémités, autour d'un axe de rotation horizontal.

PONTON n. m. (lat. *ponto, pontonis*, bac). Vieux vaisseau désarmé, servant de dépôt de matériel, de caserne ou de prison. ‖ Construction flottante et plate utilisée comme bâtiment de servitude.

PONTON-GRUE n. m. (pl. *pontons-grues*). *Mar.* Ponton, pourvu d'une grue de forte puissance, utilisé pour l'embarquement ou le débarquement de charges lourdes ou pour l'exécution de travaux portuaires.

PONTONNIER n. m. Militaire du génie employé à la construction des ponts militaires.

PONT-PROMENADE n. m. (pl. *ponts-prome-*

pont-levis (château de Chantilly)

Lauros

Andy Warhol : *Marilyn Monroe*, 1967. Détail.
(Coll. priv., Los Angeles.)

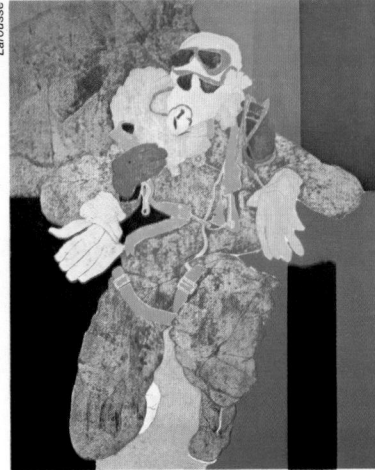

Ronald B. Kitaj : *A Disciple of Bernstein and Kautsky*, 1964. (Marlborough Fine Arts Gallery, Londres.)

POP ART

Allen Jones (Grande-Bretagne) : *Sheer Magic*, 1967. (Coll. priv.)

Claes Oldenburg : *Deux Hamburgers*, 1962.
(Musée d'Art moderne, New York.)

James Rosenquist : *Two 1959 People*, 1959.
(Galerie Sonnabend.)

Martial Raysse (France) : *Certain Psychological Definitions and so what about the chicken*, « tableau à géométrie variable », 1966.

bal *populaire.* ‖ Qui est aimé et connu du grand nombre : *vedette très populaire.*

POPULAIREMENT adv. De façon populaire.

POPULARISER v. t. Rendre populaire.

POPULARITÉ n. f. Faveur populaire : *jouir d'une large popularité.* ● *Soigner sa popularité,* chercher à se conserver la faveur populaire.

POPULATION n. f. (lat. *populus,* peuple). Ensemble des habitants d'un pays. ‖ Ensemble des êtres humains qui composent une catégorie particulière : *population rurale.* ‖ Ensemble des animaux ou des végétaux dénombrés dans un espace délimité. ‖ Ensemble d'éléments soumis à une étude statistique. ● *Population stellaire,* ensemble d'étoiles ayant, statistiquement, des propriétés intrinsèques ou cinématiques communes (âge, composition chimique, etc.).

V. ill. page 726

POPULATIONNISTE adj. et n. Favorable à un accroissement de la population.

POPULÉUM [pɔpyleɔm] n. m. (lat. *populus,* peuplier). *Pharm.* Onguent calmant, dans lequel il entre des bourgeons de peuplier.

POPULEUX, EUSE adj. Très peuplé.

POPULISME n. m. Tendance littéraire et artistique qui s'attache à l'expression de la vie et des sentiments des milieux populaires. ‖ En Russie, mouvement idéologique qui avait pour but de lutter contre le tsarisme en s'appuyant sur le peuple. (Représenté par Lavrov et Ouspenski, le mouvement du populisme tenta d'attirer à lui les paysans, puis, noyauté par la police, se transforma dans les années 80 en anarchisme.) ‖ En Amérique latine, régime qui cherche à s'appuyer sur les masses populaires ou qui prétend les défendre.

POPULISTE adj. et n. Relatif au populisme; partisan du populisme.

POPULO n. m. *Pop.* Foule, grand nombre de personnes. ‖ *Pop.* Peuple.

POQUER v. i. (néerl. *pokken,* frapper). Au jeu de boules, jeter sa boule en l'air de manière qu'elle reste où elle tombe.

POQUET n. m. (dimin. de *poche*). Trou dans lequel on réunit plusieurs graines de semence.

PORC n. m. (lat. *porcus*). Autre nom du COCHON. (Cri : le porc *grogne*.) ‖ Chair, peau du cochon. ‖ *Fam.* Homme sale, débauché ou glouton.
■ Toutes les parties du corps du porc sont comestibles. Sa chair (qu'il faut consommer très cuite) se conserve dans la saumure. Sa graisse, adhérente à la peau, se nomme *lard;* fondue et conservée en pots, elle donne le *saindoux.* Le poil, rude *(soies),* est utilisé dans la fabrication des brosses. Le porc mâle se nomme *verrat,* la femelle *truie,* et les petits *porcelets, cochonnets* ou *gorets.*

PORCELAINE n. f. (it. *porcellana*). Produit céramique à pâte fine, généralement blanche, fortement vitrifiée, translucide, le plus souvent recouverte d'une glaçure incolore et transparente. ‖ Objet de porcelaine. ‖ Mollusque gastropode, à coquille vernissée et colorée, assez commun dans les mers chaudes. (Long. 15 cm.)
■ La porcelaine véritable, ou *dure,* de fabrication très ancienne en Extrême-Orient, est faite d'un mélange de kaolin, de feldspath et de silex, cuits au minimum à 1250 ºC. En Europe, sa fabrication commence à Meissen vers 1710, à Sèvres vers 1770; auparavant, ont été mises au point des imitations suppléant au manque de kaolin et dites *porcelaines tendres* (Saint-Cloud, Chantilly, Vincennes, Strasbourg, etc.).

PORCELAINIER, ÈRE adj. et n. Relatif à la porcelaine; qui en fabrique ou en vend.

PORCELET n. m. Jeune porc.

PORC-ÉPIC [pɔrkepik] n. m. (it. *porcospino*) [pl. *porcs-épics*]. Mammifère rongeur dont le corps est recouvert de piquants et qui vit dans le sud de l'Europe, en Asie et en Afrique. (Il est inoffensif, nocturne, et se nourrit de racines et de fruits. Long. 60 cm.)

PORCHAISON n. f. *Véner.* Saison (automne) où le sanglier est gras.

Enseigne
de débit de tabac.
Bois polychrome.
France, XIXᵉ s.
(Musée dauphinois,
Grenoble.)

Lauros-Giraudon

**ART
POPULAIRE**

Fontaine
en grès vernissé.
Calvados,
fin du XVIIIᵉ s.
(Musée des Arts
et traditions populaires,
Paris.)

Larousse

Ex-voto. Peinture sur métal. Mexique, début du XXᵉ s. (Coll. priv.)

Lauros

« Champ de conduite d'un compagnon du tour
de France ». Fait par Paul Leclair, « piqueur »
de Bordeaux. 1826. (Musée des Arts
et traditions populaires, Paris.)

Armoire peinte
du canton suisse
d'Appenzell. 1787.
(Musée d'Herisau, Suisse.)

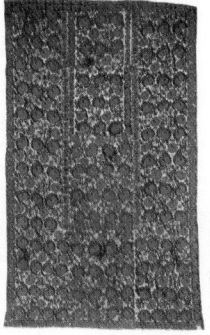

Drap de noce
brodé, « façon
de Boukhara »,
provenant
d'Asie Mineure.
Milieu du XIXᵉ s.
(Coll. priv.)

Lauros-Giraudon

PORCELAINE

Giraudon

Le Printemps et l'Hiver,
figurines de la série
des Quatre Saisons,
par Eberlein.
Manufacture de Meissen.
Saxe, XVIIIᵉ s.
(Musée des Arts décoratifs,
Paris.)

Lauros-Giraudon

Seau à rafraîchir
de la manufacture
de Vincennes.
France, v. 1750.
(Manufacture nationale
de Sèvres.)

Assiette de la manufacture
de Chelsea. Angleterre,
XVIIIᵉ s.
(Musée des Arts décoratifs, Paris.)

Vase Ming.
Chine, XIVᵉ s.
(Musée Guimet,
Paris.)

Giraudon

Giraudon

PORCHE n. m. (lat. *porticus*). Construction formant avant-corps d'un bâtiment et abritant la porte d'entrée.

PORCHER, ÈRE n. (lat. *porcus*, porc). Personne qui garde, qui soigne les porcs.

PORCHERIE n. f. Étable destinée aux porcs. ‖

porc-épic

Fam. Lieu extrêmement sale et désordonné.

PORCIN, E adj. Relatif au porc.

PORCIN n. m. Ongulé à quatre doigts complets par patte. (Les *porcins* sont un groupe comprenant les porcs sauvages et le cochon domestique.) ‖

PORC DE BOUCHERIE

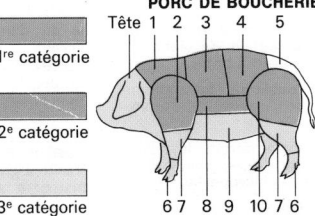

Tête 1 2 3 4 5

6 7 8 9 10 7 6

1. Échine;
2. Épaule;
3. Carré;
4. Filet;
5. Pointe;
6. Pieds;
7. Jambonneaux;
8. Travers;
9. Poitrine;
10. Jambon.

□ 1ʳᵉ catégorie

□ 2ᵉ catégorie

□ 3ᵉ catégorie

PORE n. m. (lat. *porus*; gr. *poros*, trou). Petit interstice existant au sein d'une matière solide compacte. ‖ *Anat.* Petit orifice d'une glande. (Les pores de l'épiderme correspondent aux glandes sudoripares.) ‖ *Bot.* Ouverture des tubes de certains champignons. ● *Par tous les pores*, par tout son être.

POREUX, EUSE adj. Qui laisse passer le liquide par ses pores.

PORION n. m. Contremaître dans une exploitation minière.

PORNO n. f. et adj. Abrév. fam. de PORNOGRAPHIE, PORNOGRAPHIQUE.

PORNOGRAPHE n. Auteur spécialisé dans la pornographie.

PORNOGRAPHIE n. f. (gr. *pornê*, prostituée, et *graphein*, décrire). Représentation complaisante d'actes sexuels en matière littéraire, artistique ou cinématographique.

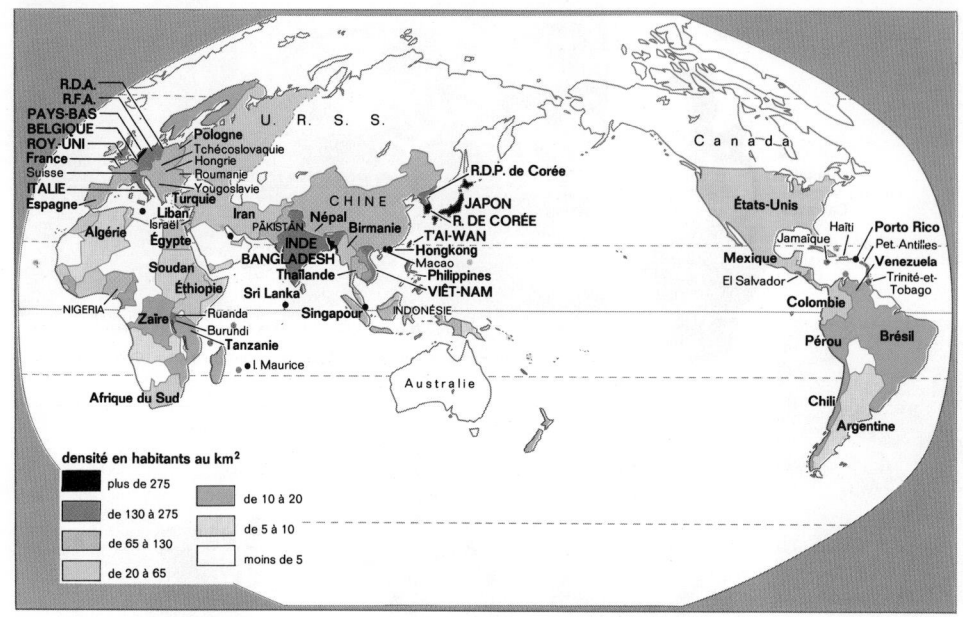

DENSITÉ
DE POPULATION

densité en habitants au km²

plus de 275	de 10 à 20
de 130 à 275	de 5 à 10
de 65 à 130	moins de 5
de 20 à 65	

POPULATION
ACCROISSEMENT
NATUREL

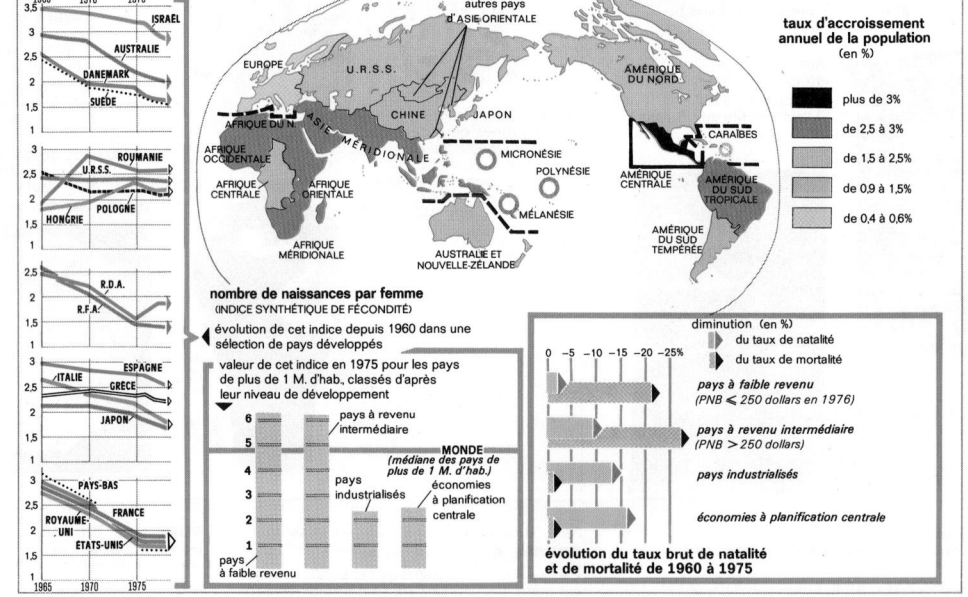

taux d'accroissement
annuel de la population
(en %)

plus de 3%	
de 2,5 à 3%	
de 1,5 à 2,5%	
de 0,9 à 1,5%	
de 0,4 à 0,6%	

nombre de naissances par femme
(INDICE SYNTHÉTIQUE DE FÉCONDITÉ)

évolution de cet indice depuis 1960 dans une
sélection de pays développés

valeur de cet indice en 1975 pour les pays
de plus de 1 M. d'hab., classés d'après
leur niveau de développement

MONDE
(médiane des pays de
plus de 1 M. d'hab.)

diminution (en %)
du taux de natalité
du taux de mortalité

pays à faible revenu
(PNB ≤ 250 dollars en 1976)

pays à revenu intermédiaire
(PNB > 250 dollars)

pays industrialisés

économies à planification centrale

évolution du taux brut de natalité
et de mortalité de 1960 à 1975

PORNOGRAPHIQUE adj. Relatif à la pornographie.

POROPHORE n. m. Composé chimique utilisé
pour la fabrication de matériaux cellulaires et
spongieux.

POROSITÉ n. f. État de ce qui est poreux. ‖
Pour un produit ou un matériau, rapport du
volume des vides au volume total.

PORPHYRE n. m. (gr. *porphura*, pourpre).
Roche volcanique ancienne, altérée, constituée
de phénocristaux de feldspaths dans une pâte
rouge ou verte, et utilisée en décoration. ‖
Molette de porphyre, qui sert à broyer.

PORPHYRIE n. f. Trouble du métabolisme
aboutissant à la libération massive de porphy-
rines dans l'organisme.

PORPHYRINE n. f. Corps formé de quatre
noyaux pyrrole et entrant dans la composition
de l'hémoglobine et de la chlorophylle.

PORPHYRIQUE adj. Qui tient du porphyre. ‖

Se dit d'une lave qui contient des phénocristaux.

PORPHYROGÉNÈTE [pɔrfirɔʒenɛt] adj. et n.
(gr. *porphurogennêtos*, né dans la pourpre). Se
disait des membres de la famille impériale byzantine nés d'un père régnant au moment de leur
naissance.

PORPHYROÏDE adj. Se dit d'une variété de
granite à gros cristaux de feldspath.

PORQUE n. f. (anc. prov. *porca*). Pièce de
renfort sur la coque des bateaux.

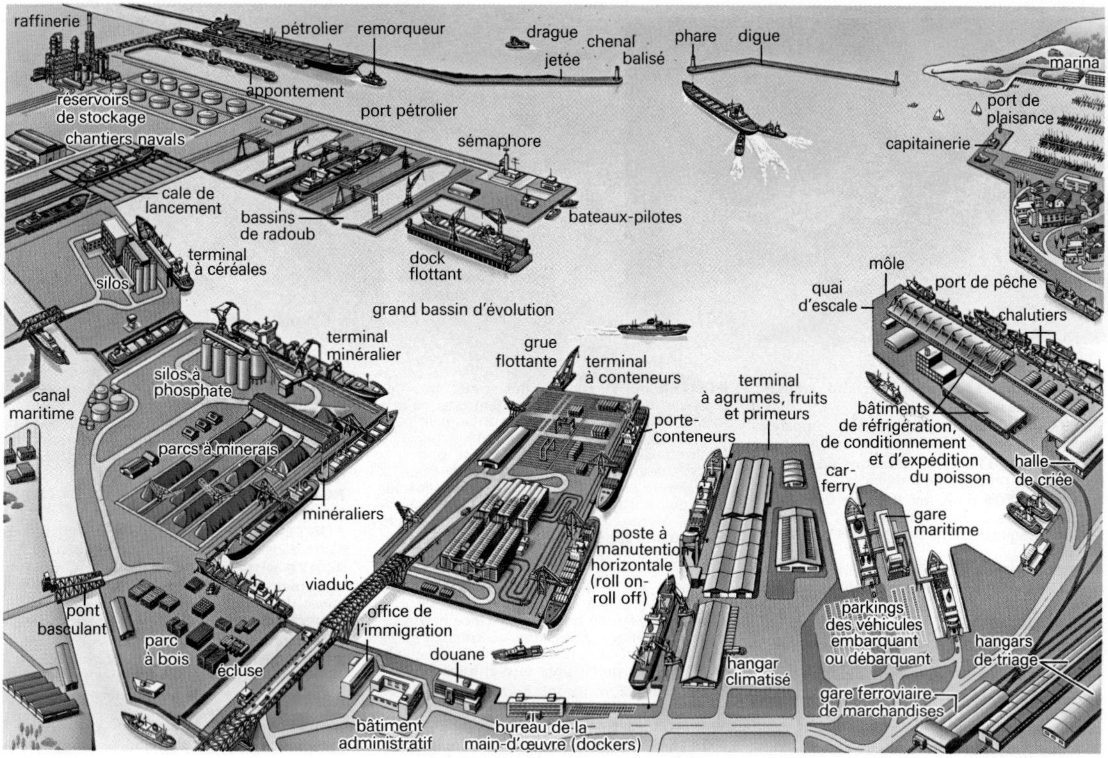

Image labels (top illustration):

raffinerie — pétrolier — remorqueur — drague — chenal balisé — phare — digue — marina — réservoirs de stockage — appontement — jetée — port de plaisance — chantiers navals — port pétrolier — capitainerie — cale de lancement — bassins de radoub — sémaphore — bateaux-pilotes — terminal à céréales — dock flottant — môle — port de pêche — silos — grand bassin d'évolution — quai d'escale — chalutiers — terminal minéralier — grue flottante — terminal à conteneurs — terminal à agrumes, fruits et primeurs — bâtiments de réfrigération, de conditionnement et d'expédition du poisson — canal maritime — silos à phosphate — porte-conteneurs — halle de criée — parcs à minerais — car-ferry — gare maritime — minéraliers — poste à manutention horizontale (roll on-roll off) — pont basculant — viaduc — parc à bois — office de l'immigration — douane — parkings des véhicules embarquant ou débarquant — hangars de triage — écluse — hangar climatisé — gare ferroviaire de marchandises — bâtiment administratif — bureau de la main-d'œuvre (dockers)

PORTS DE COMMERCE, DE PÊCHE ET DE PLAISANCE

PORRIDGE [pɔridʒ] n. m. (mot angl.). Bouillie de flocons d'avoine.

PORT n. m. (lat. *portus*). Abri naturel ou artificiel pour les navires, muni des installations nécessaires à l'embarquement et au débarquement du fret et des passagers. ‖ Ville bâtie auprès d'un port : *habiter un port de mer.* ‖ *Litt.* Lieu de repos, situation tranquille : *s'assurer un port dans la tempête.* ● *Arriver à bon port,* sans accident. ‖ *Arriver au port,* toucher au but. ‖ *Faire naufrage au port,* échouer au moment de réussir. ‖ *Port autonome,* port dont la gestion est assurée par un conseil d'administration et qui vit de ses propres ressources. ‖ *Port franc,* port où les marchandises peuvent être déposées et transiter sans payer des droits de douane.

PORT n. m. (mot occitan). Col, dans les Pyrénées.

PORT n. m. Action de porter : *le port d'une arme prohibée.* ‖ Prix du transport d'une lettre, d'un colis. ‖ Aspect général d'une plante : *le port élancé du peuplier pyramidal.* ‖ Fait de porter sur soi qqch : *le port de la barbe.* ‖ Manière dont une personne marche, se présente, etc. ● *Port d'armes,* action, droit de porter des armes. ‖ *Port en lourd,* poids total que peut charger un navire (cargaison, soutes, avitaillement, eau, provisions de bord, etc.), exprimé en tonnes métriques. (Quand on parle d'un navire de charge, c'est toujours le port en lourd qui est cité : un pétrolier de 10 000 t sous-entend 10 000 t de port en lourd.)

PORTABLE adj. Qu'on peut porter. ‖ Se dit des sommes payables chez le créancier, des documents à transmettre chez leur destinataire.

PORTAGE n. m. Action de porter, de transporter. ‖ Action de traîner par voie de terre ou de porter une embarcation arrêtée par un obstacle dans un cours d'eau.

PORTAIL n. m. Composition d'entrée monumentale, à une ou plusieurs portes.

PORTAL, E, AUX adj. *Anat.* Relatif à la veine porte.

PORTANCE n. f. Force perpendiculaire à la direction de la vitesse, résultant du mouvement d'un corps dans un fluide. (C'est la portance engendrée par le mouvement de l'air autour des ailes qui assure la sustentation d'un avion.) ‖ *Trav. publ.* Aptitude d'un sol à supporter des charges transmises.

PORTANT n. m. Montant qui soutient les décors d'un théâtre.

PORTANT, E adj. *Techn.* Qui porte, soutient. ● *Allure portante,* allure d'un voilier qui reçoit le vent par trois quarts arrière ou un peu sur l'arrière du travers. ‖ *Être bien, mal portant,* être en bonne, mauvaise santé.

PORTATIF, IVE adj. Que l'on peut emporter avec soi : *orgue portatif.*

PORTE n. f. (lat. *porta*). Ouverture de communication, fermée par un ou plusieurs vantaux : *fermer, ouvrir la porte.* ‖ Ce qui clôt cette ouverture : *porte de bois.* ‖ Lieu où se trouvait autrefois une ouverture aménagée dans l'enceinte d'une ville. ‖ *Litt.* Entrée, introduction; moyen d'accès. ‖ Espace marqué par deux piquets surmontés de fanions, et dont le franchissement est obligatoire par le skieur dans un slalom. ‖ *Électron.* Circuit logique élémentaire possédant une sortie et plusieurs entrées, conçu de manière à fournir un signal de sortie quand un certain nombre de conditions sont remplies. ● *De porte en porte,* de maison en maison. ‖ *Entrer par la grande porte,* accéder directement à un poste élevé, grâce à ses mérites. ‖ *Entrer par la petite porte,* accéder à un poste grâce à des faveurs ou sans éclat, par petites étapes. ‖ *Frapper à la bonne porte,* s'adresser à qui il convient. ‖ *Laisser la porte ouverte à,* réserver la possibilité à. ‖ *Mettre à la porte,* chasser. ‖ *Ouvrir, fermer la porte à qqch,* le permettre, le refuser. ‖ *Porte(s) ouverte(s),* où le public peut pénétrer librement. ‖ *Prendre, gagner la porte,* sortir. ‖ *Refuser sa porte,* interdire à qqn l'entrée de sa maison. ◆ adj. *Veine porte* (Anat.), veine conduisant le sang depuis l'intestin grêle, le pancréas, la rate et l'estomac jusqu'au foie.

PORTÉ, E adj. *Être porté à,* être enclin à. ‖ *Être porté sur,* avoir un goût très vif pour.

PORTÉ ou **PORTER** n. m. *Chorégr.* Mouvement exécuté dans un pas de deux, au cours duquel le danseur maintient sa partenaire — avec un ou les deux bras — dans des positions différentes au-dessus du sol ou l'aide à exécuter des pas « en l'air ».

PORTE-AÉRONEFS n. m. inv. Terme générique désignant tout bâtiment de guerre aménagé pour recevoir des aéronefs.

PORTE-À-FAUX n. m. inv. Partie d'un ouvrage, d'une construction, etc., qui n'est pas directement soutenue par un appui. ● *En porte à faux,* se dit de ce qui n'est pas à l'aplomb de son point d'appui; dans une situation périlleuse.

PORTE-AFFICHES n. m. inv. Cadre, souvent grillagé, où l'on placarde les affiches.

PORTE-AIGUILLE n. m. (pl. *porte-aiguille*[s]). *Chir.* Sorte de pince d'acier servant à tenir l'aiguille à sutures. ‖ *Techn.* Pièce de différentes machines où se fixe l'aiguille.

ÉLÉMENTS CONSTITUTIFS D'UNE PORTE

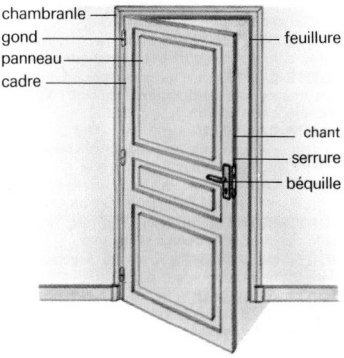

chambranle — gond — panneau — cadre — feuillure — chant — serrure — béquille

porte-avions américain
Enterprise

navire **porte-barges**
américain
Acadia Forest

US Navy Photograph

PORTE-AIGUILLES n. m. inv. Étui, trousse pour aiguilles à coudre.

PORTE-AMARRE n. m. inv. *Mar.* Appareil (fusil, canon, etc.) servant à lancer une amarre.

PORTE-À-PORTE n. m. Technique de démarchage ou de propagande à domicile.

PORTE-AUTOS n. m. inv. Véhicule ferroviaire ou automobile à deux plates-formes superposées sur lesquelles sont transportées des automobiles.

PORTE-AVIONS n. m. inv. Porte-aéronefs dont l'armement principal est constitué par des avions.

PORTE-BAGAGES n. m. inv. Dispositif adapté à un véhicule (bicyclette, motocyclette, vélomoteur, etc.) pour transporter les bagages.

PORTE-BALAIS n. m. inv. Gaine maintenant dans une position relative invariable les balais d'une machine électrique tournante.

PORTE-BANNIÈRE n. (pl. *porte-bannière*[s]). Personne qui porte la bannière.

PORTE-BARGES n. m. et adj. inv. Navire de charge transportant sa cargaison dans des chalands (barges) embarqués par flottage.

PORTE-BÉBÉ n. m. (pl. *porte-bébé*[s]). Petite nacelle ou petit siège munis de poignées, permettant de transporter un bébé.

PORTE-BILLETS n. m. inv. Petit portefeuille destiné à contenir des billets de banque.

PORTE-BONHEUR n. m. inv. Bijou, objet considéré comme fétiche.

PORTE-BOUQUET n. m. (pl. *porte-bouquet*[s]). Petit vase à fleurs.

PORTE-BOUTEILLES n. m. inv. Châssis à rayons servant à soutenir des bouteilles couchées. ‖ Panier fractionné en six ou huit cases et servant à porter les bouteilles debout.

PORTE-BRANCARD n. m. (pl. *porte-brancard*[s]). Pièce de harnachement destinée à soutenir un brancard.

PORTE-CARTES n. m. inv. Petit portefeuille à loges transparentes pour les cartes de visite, les billets, les pièces d'identité, etc.

PORTE-CIGARES, PORTE-CIGARETTES n. m. inv. Étui à cigares, à cigarettes.

PORTE-CLEFS ou **PORTE-CLÉS** n. m. inv. Gardien de prison qui porte les clefs (vx). ‖ Anneau ou étui pour porter les clefs.

PORTE-CONTENEURS n. m. inv. Navire spécialisé dans le transport des conteneurs.

PORTE-COPIE n. m. (pl. *porte-copie*[s]). Support maintenant un document devant celui qui le copie à la machine.

PORTE-COUTEAU n. m. (pl. *porte-couteau*[x]). Ustensile sur lequel on pose l'extrémité du couteau pour ne pas salir la nappe.

PORTE-CRAYON n. m. (pl. *porte-crayon*[s]). Tube de métal dans lequel on met un crayon.

PORTE-CROIX n. m. inv. Celui qui porte la croix dans les cérémonies religieuses.

PORTE-DOCUMENTS n. m. inv. Serviette très plate formée d'une seule poche.

PORTE-DRAPEAU n. m. (pl. *porte-drapeau*[x]). Celui qui porte le drapeau d'un régiment, d'une association. ‖ Chef actif et reconnu.

PORTÉE n. f. Totalité des petits que les femelles des mammifères mettent bas en une fois. ‖ Distance la plus grande à laquelle peut être lancé un projectile déterminé. ‖ Capacité intellectuelle : *cela est hors de sa portée.* ‖ Force, valeur, importance : *ce raisonnement a une grande portée.* ‖ *Constr.* Distance séparant deux points d'appui consécutifs d'une construction. ‖ *Mécan.* Partie d'une pièce mécanique pour servir d'appui ou de butée. ‖ *Mus.* Réunion des lignes horizontales, équidistantes et parallèles, sur lesquelles ou entre lesquelles on place les notes. ● *Être à portée de,* pouvoir, être à même de. ‖ *Être à la portée de qqn,* lui être accessible. ‖ *Portée pratique,* distance maximale d'emploi pratique d'une arme au combat. ‖ *Portée utile* ou *efficace,* distance jusqu'à laquelle le tir reste assez précis pour être efficace.

PORTE-ÉPÉE n. m. (pl. *porte-épée*[s]). Pièce de cuir ou d'étoffe fixée à la ceinture pour soutenir le fourreau de l'épée.

PORTE-ÉTENDARD n. m. (pl. *porte-étendard*[s]). Officier qui porte l'étendard dans un corps de troupes autrefois montées.

PORTE-ÉTRIVIÈRE n. m. (pl. *porte-étrivière*[s]). Chacun des deux anneaux de fer carrés placés aux côtés de la selle.

PORTEFAIX [pɔrtəfɛ] n. m. Homme dont le métier est de porter des fardeaux.

PORTE-FANION n. m. (pl. *porte-fanion*[s]). Militaire qui porte le fanion d'un général.

PORTE-FENÊTRE n. f. (pl. *portes-fenêtres*). Fenêtre s'ouvrant jusqu'au sol et donnant passage.

PORTEFEUILLE n. m. Étui, muni de compartiments, que l'on porte sur soi et où on met ses billets de banque, ses papiers, etc. ‖ Enveloppe de carton, de cuir, etc., dans laquelle on met des papiers, des dessins, etc. ‖ Ensemble des effets de commerce, des valeurs mobilières appartenant à une personne ou à une entreprise. ‖ Titre, fonction d'un ministre; département ministériel.

PORTE-FORET n. m. (pl. *porte-foret*[s]). Partie d'un outil ou d'une machine-outil destinée à recevoir un foret.

PORTE-FORT n. m. inv. *Dr.* Personne qui, passant une convention au nom d'un tiers sans en posséder le pouvoir, promet que celui-ci ratifiera l'engagement et exécutera les obligations qui en résultent.

PORTE-GREFFE ou **PORTE-GREFFES** n. m. inv. *Bot.* Sujet sur lequel on fixe le ou les greffons.

PORTE-HAUBAN n. m. (pl. *porte-haubans*). *Mar.* Plate-forme horizontale extérieure qui donne aux haubans l'écartement suffisant.

PORTE-HÉLICOPTÈRES n. m. inv. Porte-aéronefs dont l'armement principal est constitué par des hélicoptères.

PORTE-JARRETELLES n. m. inv. Ceinture très étroite où sont fixées les jarretelles qui retiennent les bas.

PORTE-LAME n. m. (pl. *porte-lame*[s]). Partie fixe d'une faucheuse ou d'une moissonneuse, dans laquelle glisse la lame de scie.

PORTELONE n. f. *Mar.* Porte de chargement sur la muraille d'un navire.

PORTE-MALHEUR n. m. inv. Être, objet dont la présence est un mauvais présage.

PORTEMANTEAU n. m. Support de bois, de métal ou de plastique auquel on suspend les vêtements. ‖ Potence fixée au bordage d'un navire pour hisser les embarcations.

PORTEMENT n. m. *Portement de croix,* représentation de Jésus portant sa croix.

PORTE-MENU n. m. (pl. *porte-menu*[s]). Petit cadre dans lequel on place un menu.

PORTE-MINE ou **PORTEMINE** n. m. Petit instrument dans lequel on met une ou plusieurs mines de crayon.

PORTE-MONNAIE n. m. inv. Bourse à fermoir, pour l'argent de poche.

PORTE-MONTRE n. m. (pl. *porte-montre*[s]). Petite boîte ouverte, où l'on place une montre. ‖ Petit coussinet sur lequel une montre est accrochée à un mur.

PORTE-OBJET n. m. (pl. *porte-objet*[s]). Lame sur laquelle on place l'objet à examiner au microscope.

PORTE-OUTIL n. m. (pl. *porte-outil*[s]). Organe de machine-outil recevant l'outil.

PORTE-PAPIER n. m. inv. Boîte où l'on met du papier hygiénique.

PORTE-PARAPLUIES n. m. inv. Ustensile dans lequel on dépose les parapluies.

PORTE-PAROLE n. m. inv. Personne qui parle au nom d'autres personnes, d'un groupe. ‖ Journal, revue qui se fait l'interprète de qqn.

PORTE-PLUME n. m. inv. Petit instrument servant de manche pour les plumes à écrire.

PORTE-QUEUE n. m. inv. Syn. de MACHAON.

PORTER v. t. (lat. *portare*). Soutenir un poids, une charge : *porter un sac sur ses épaules.* ‖ Transporter d'un lieu dans un autre, faire passer d'un niveau à un autre : *porter des denrées au marché; porter le débat à l'Assemblée.* ‖ Avoir sur soi; présenter, offrir : *porter une somme d'argent; porter un verre à ses lèvres; porter la gaieté sur son visage.* ‖ Avoir sur soi comme vêtement, ornement, etc. : *porter le deuil, des lunettes.* ‖ Tenir : *porter la tête haute.* ‖ Inscrire : *porter qqn sur une liste.* ‖ Posséder, être caractérisé par : *porter un nom illustre.* ‖ Diriger, mouvoir vers : *porter ses regards.* ‖ Faire, manifester, causer : *porter un tort, porter à qqn une haine tenace.* ‖ Produire : *un arbre qui porte de beaux fruits.* ‖ Pousser qqn à. ‖ *Mar.* Conduire : *le courant porte au large.* ● *Laisser porter* (Mar.), prendre une allure qui serre moins le vent. ‖ *Porter les armes,* être militaire. ‖ *Porter bien son âge,* être vigoureux malgré un âge avancé. ‖ *Porter un coup,* frapper; nuire. ‖ *Porter à l'écran, à la scène,* adapter une œuvre pour le cinéma, le théâtre. ‖ *Porter ses fruits,* avoir une conséquence positive. ‖ *Porter la main sur qqn,* le frapper. ‖ *Porter la parole,* parler au nom de plusieurs. ‖ *Porter ses pas en un lieu,* s'y transporter. ‖ *Porter des petits,* se dit d'une femelle qui est en état de gestation. ◆ v. i. Reposer, être soutenu : *tout l'édifice porte sur une colonne.* ‖ Avoir pour objet : *leur divergence porte sur un détail.* ‖ Avoir une portée de; toucher le but : *carabine qui porte à 500 m; le coup a porté.* ‖ Faire son effet : *cette critique a porté.* ‖ Toucher, heurter : *la tête a porté* *contre le mur.* ● *Porter à faux,* se dit des pièces qui ne sont pas à l'aplomb de leur point d'appui. ‖ *Porter à la tête,* étourdir en parlant d'une boisson ou d'une vapeur. ‖ *Porter sur les nerfs,* agacer, irriter. ◆ **se porter** v. pr. Se transporter, se diriger vers, converger : *la foule se porte à tel endroit.* ‖ Avoir tel ou tel état de santé. ‖ Se livrer : *se porter à des voies de fait.* ‖ Se présenter : *se porter candidat aux élections.*

PORTER n. m. → PORTÉ.

PORTER [pɔrtɛr] n. m. (mot angl.). Bière anglaise, brune et amère.

PORTERIE n. f. Loge du portier dans une maison religieuse.

PORTE-SAVON n. m. (pl. *porte-savon*[s]). Petit récipient pour le savon.

PORTE-SERVIETTES n. m. inv. Support pour suspendre les serviettes de toilette.

PORTEUR, EUSE n. Personne dont le métier est de porter des bagages. ● *Porteur de germes,* personne, apparemment saine, ou convalescente d'une maladie contagieuse (typhoïde en particulier), et qui véhicule des germes virulents. ◆ adj. Qui porte ou supporte qqch.

PORTEUR n. Personne qui porte sur soi, qui est en possession de qqch : *être porteur d'une arme.* ‖ Celui qui est chargé de remettre une lettre, un télégramme. ‖ Personne au profit de laquelle un effet de commerce a été souscrit ou endossé. ‖ Détenteur d'une valeur mobilière. ● *Au porteur,* mention inscrite sur un effet de commerce ou sur un chèque dont le bénéficiaire n'est pas désigné nominativement; se dit des valeurs mobilières transmissibles de la main à la main, et dont le possesseur est considéré comme le propriétaire.

PORTE-VENT n. m. inv. Tuyau conducteur du vent, dans les orgues. ‖ Conduit amenant l'air ou le vent chaud aux tuyères de soufflage d'un haut fourneau.

PORTE-VOIX n. m. inv. Instrument évasé destiné à augmenter la portée de la voix.

PORTFOLIO n. m. Ensemble d'estampes ou de photographies, à tirage limité, réunies sous emboîtage.

PORTIER, ÈRE n. et adj. Personne qui ouvre, ferme et garde la porte d'un établissement, d'une usine, etc.

PORTIER n. m. *Relig. cath.* Ancien ordre mineur, supprimé par la réforme de 1972.

PORTIÈRE n. f. Porte d'une voiture automobile ou de chemin de fer. ‖ Rideau placé devant une porte. ‖ Élément d'un pont de bateaux, le plus souvent automoteur, utilisé aussi comme moyen de franchissement autonome.

PORTIÈRE adj. f. *Agr.* Se dit de la femelle d'un animal qui est en âge d'avoir des petits.

PORTILLON n. m. Petite porte à battant.

PORTION [pɔrsjɔ̃] n. f. (lat. *portio*). Partie d'un tout divisé. ‖ Quantité d'aliments, part.

PORTIONNAIRE adj. et n. *Dr.* Qui peut prétendre à une portion d'héritage.

PORTIQUE n. m. (lat. *porticus*). Galerie ouverte en rez-de-chaussée, à arcades ou à colonnade. ‖ Poutre horizontale soutenue par des poteaux, et à laquelle on accroche les agrès de gymnastique. ‖ Appareil de levage et de manutention à champ d'action parallélépipédique. ● *Portique électronique* ou *de sécurité,* dispositif de prévention placé dans les aéroports pour déceler si les passagers sont porteurs d'armes. ‖ *Portique à signaux,* passerelle enjambant plusieurs voies ferrées et sur laquelle sont groupés un certain nombre de signaux.

PORTLAND [pɔrtlãd] n. m. (mot angl.). Ciment hydraulique fabriqué par la calcination d'un mélange artificiel d'argile et de craie.

PORTO n. m. Vin de liqueur produit sur les rives du Douro (Portugal).

PORTOR [pɔrtɔr] n. m. (it. *portoro,* porte-or). Marbre noir veiné de jaune.

PORTORICAIN, E adj. et n. De Porto Rico, île des Antilles.

PORTRAIT n. m. (anc. fr. *pourtraire,* dessiner). Image donnée d'une personne par la peinture, le dessin, la sculpture ou la photographie. ‖

Grande ressemblance : *cet enfant est le portrait de son père.* ‖ Description orale ou écrite de qqn, de qqch. ‖ *Fam.* Visage.

PORTRAITISTE n. Artiste qui fait des portraits.

PORTRAIT-ROBOT n. m. (pl. *portraits-robots*). Dessin du visage d'un individu effectué d'après la description de divers témoins.

PORTRAITURER v. t. Faire le portrait de qqn.

PORT-SALUT n. m. inv. (nom déposé). Fromage au lait de vache, à caillé pressé et croûte lavée, fabriqué en Mayenne.

PORTUAIRE adj. Relatif à un port.

PORTUGAIS, E adj. et n. Du Portugal.

PORTUGAIS n. m. Langue romane parlée au Portugal et au Brésil.

PORTUGAISE n. f. Variété d'huître.

PORTULAN [pɔrtylɑ̃] n. m. (it. *portolano,* pilote). Carte marine de la fin du Moyen Âge et de la Renaissance, indiquant la position des ports et le contour des côtes.

P. O. S. n. m. Abrév. de PLAN D'OCCUPATION DES SOLS.

POSE n. f. Action de poser, de mettre en place : *la pose d'un tapis.* ‖ Attitude du corps : *une pose indolente.* ‖ Affectation, prétention. ● *Temps de pose* (Phot.), durée convenable d'exposition d'une couche sensible pour obtenir un cliché satisfaisant.

POSÉ, E adj. Calme et mesuré dans ses gestes et ses paroles, grave, sérieux.

POSÉMENT adv. Calmement, sans se presser.

POSEMÈTRE n. m. *Phot.* Appareil servant à mesurer le temps de pose.

POSER v. t. (lat. *pausare,* s'arrêter). Placer, mettre quelque part en assurant un appui : *poser une échelle contre un mur.* ‖ Arranger, placer dans l'endroit convenable : *poser des rayonnages.* ‖ Écrire : *poser des chiffres.* ‖ Établir : *poser un principe.* ‖ Mettre en valeur, donner de la notoriété : *un succès pose un auteur.* ‖ Adresser, formuler : *poser une question à un candidat.* ‖ *Poser les armes,* faire la paix. ‖ *Poser des problèmes,* être un objet de préoccupations ou d'étude. ◆ v. i. Être placé, prendre appui sur : *la poutre pose sur le mur.* ‖ Garder une certaine attitude pour se faire peindre, se faire prendre en photo. ‖ Se tenir dans une attitude trop étudiée, affectée. ● *Poser à* (Fam.), chercher à se faire passer pour. ◆ **se poser** v. pr. S'arrêter, atterrir. ‖ Exister : *le problème se pose.* ● *Se poser en,* se donner pour : *se poser en justicier,* en victime.

POSEUR, EUSE adj. et n. Qui met de l'affectation dans ses attitudes, dans ses gestes, etc. ‖ Se dit de qqn qui dirige ou fait la pose de certains objets : *poseur de parquets.*

POSITIF, IVE adj. Qui repose sur les faits, l'expérience, certain, constant : *fait positif.* ‖ Qui affirme : *réponse positive.* ‖ Qui fait preuve de réalisme, qui a le sens pratique. ● *Électricité positive,* électricité qu'on peut obtenir en frottant du verre avec un morceau de drap, et qu'on affecte du signe +. ‖ *Épreuve positive,* image photographique sur film ou sur papier, où la valeur des tons de l'original est conservée. (On dit aussi POSITIF n. m. et POSITIVE n. f.) ‖ *État positif* (Philos.), v. POSITIVISME. ‖ *Quantité positive* (Math.), grandeur supérieure à zéro.

POSITIF n. m. Ce qui est rationnel, profitable. ‖ Petit orgue de chambre ou d'église. (Posé à même une tribune, il renferme la tuyauterie du premier clavier d'un grand orgue.) ‖ Image photographique d'un film où la valeur des tons de l'original est conservée. ‖ *Ling.* Caractère de l'adjectif qualificatif ou de l'adverbe employé sans idée de comparaison (par oppos. à *comparatif* et à *superlatif*).

POSITION n. f. (lat. *positio;* de *ponere,* placer). Situation d'une chose, d'un objet, d'une personne; emplacement, place : *la position d'une ville.* ‖ Attitude, posture : *position du corps.* ‖ Circonstances dans lesquelles on se trouve : *position critique.* ‖ Opinion particulière d'une personne sur un problème. ‖ Situation sociale de qqn, emploi. ‖ Situation administrative d'un fonctionnaire, d'un militaire. ‖ *Bours.*

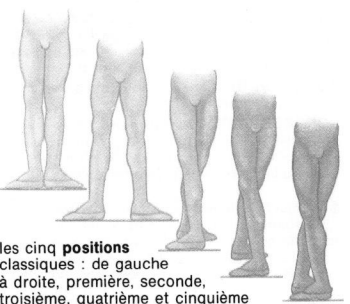

les cinq **positions** classiques : de gauche à droite, première, seconde, troisième, quatrième et cinquième

Montant, sur une Bourse de valeurs, de l'ensemble des engagements à terme des acheteurs et des vendeurs. ‖ *Chorégr.* Chacune des différentes manières de poser les pieds au sol et de placer les bras les uns par rapport aux autres. ‖ *Fin.* Situation débitrice ou non d'un compte; rubrique du tarif des douanes. ‖ *Mil.* Zone de terrain (organisée ou non) occupée par une formation militaire au combat ou en prévision d'opérations. ‖ *Mus.* Place relative des sons qui constituent un accord. ● *Prise de position,* opinion déclarée publiquement. ‖ *Rester sur ses positions,* ne pas céder de terrain.

POSITIONNEMENT n. m. Action de positionner.

POSITIONNER v. t. Indiquer les coordonnées géographiques d'un navire, l'emplacement exact d'un engin, d'une troupe, etc. ‖ Déterminer la situation précise d'un produit sur un marché, compte tenu, notamment, de la concurrence à laquelle il est confronté. ‖ *Mécan.* Mettre en position avec une précision imposée.

POSITIONNEUR n. m. *Mécan.* Organe de mise en position.

POSITIVEMENT adv. Certainement, précisément : *être positivement sûr d'une chose.* ‖ Dans le sens positif.

POSITIVISME n. m. Philosophie d'Auguste Comte, qui considère que l'humanité passe par trois étapes : théologique, métaphysique et positive. (Dans l'*état positif,* l'esprit humain trouve l'explication ultime des phénomènes en élaborant les lois de leur enchaînement.) ‖ *Philos.* Philosophie qui admet comme critique la valeur des sciences comme telle. ● *Positivisme juridique,* doctrine selon laquelle les normes du droit positif sont les seules à avoir une force juridique. (Elle rejette l'idée de droit naturel.) ‖ *Positivisme logique,* syn. de EMPIRISME LOGIQUE. ■ Au travers du positivisme, Auguste Comte projette de fonder une nouvelle discipline, la *physique sociale* (qu'on appellera plus tard la sociologie*), dont l'objet est l'étude des phénomènes sociaux. Cette science nouvelle a pour mission, selon Comte, d'achever l'ensemble du système des sciences, d'inaugurer ainsi le règne de la philosophie positive, et d'atteindre du même coup le bonheur de l'humanité.

POSITIVISTE adj. et n. Qui relève du positivisme.

POSITIVITÉ n. f. Caractère de ce qui est positif.

POSITON ou **POSITRON** n. m. Antiparticule de l'électron possédant même masse et une charge égale et de signe contraire, c'est-à-dire positive.

POSOLOGIE n. f. Étude des doses auxquelles on emploie les médicaments, selon la voie d'administration, l'âge, le sexe, l'état du malade.

POSSÉDANT, E adj. et n. Qui possède (en particulier des richesses).

POSSÉDÉ, E n. Personne dominée par une puissance occulte.

POSSÉDER v. t. (lat. *possidere*) [conj. 5]. Avoir à soi, à sa disposition : *posséder une maison.* ‖ Contenir, être caractérisé par : *posséder des propriétés chimiques.* ‖ Connaître parfaitement : *posséder les mathématiques.* ‖ Exercer une domination, être maître de : *être possédé par la*

passion du jeu. ● *Posséder une femme*, avoir avec elle des rapports sexuels. ‖ *Posséder qqn* (Fam.), le tromper, le duper. ◆ **se posséder** v. pr. *Litt.* Se contenir, être maître de soi.

POSSESSEUR n. m. Personne qui a une chose en sa possession.

POSSESSIF, IVE adj. Qui éprouve un besoin de possession, de domination : *une mère possessive*. ◆ adj. et n. m. Se dit d'un mot qui exprime la possession, l'appartenance, la dépendance.

■ L'*adjectif possessif* détermine le nom en se substituant à un complément de nom. Les adjectifs possessifs sont : mon, ton, son, notre, votre, leur (masc. sing.); ma, ta, sa, notre, votre, leur (fém. sing.); mes, tes, ses, nos, vos, leurs (pluriel).
Le *pronom possessif* se substitue à un nom en faisant connaître à qui appartient la personne ou la chose dont on parle. Les pronoms possessifs sont : le mien, le tien, le sien, le nôtre, le vôtre, le leur.

POSSESSION n. f. (lat. *possessio*). Action de posséder, faculté de disposer de qqch : *une possession légitime.* ‖ Chose possédée. ‖ *Dr.* Maîtrise de fait exercée sur une chose, distincte de la propriété. (La possession prolongée peut faire acquérir la propriété par prescription.) ● *Avoir en sa possession*, être en possession de, posséder. ‖ *Délire de possession*, trouble mental dans lequel le malade se croit en proie à des forces surnaturelles. ‖ *Possession d'état* (Dr. civ.), exercice des prérogatives et des charges attachées à un état. ‖ *Prendre possession de*, s'emparer de. ‖ *Rentrer en possession de*, recouvrer.

POSSESSIONNEL, ELLE adj. *Dr.* Qui marque la possession.

POSSESSIVITÉ n. f. *Psychol.* Le fait de se montrer possessif, dominateur.

POSSESSOIRE adj. *Dr.* Relatif à la possession.

POSSIBILITÉ n. f. Qualité de ce qui est possible; chose possible. ◆ pl. Moyens dont on dispose.

POSSIBLE adj. (lat. *possibilis*; de *posse*, pouvoir). Qui peut être; qui peut se produire : *il a éprouvé tous les malheurs possibles.* (Dans ce sens. après *le plus*, *le moins* : *le moins de fautes possible*, c'est-à-dire *qu'il soit possible de faire.*) ‖ *Fam.* Supportable; acceptable : *cet enfant n'est plus possible.* ● *Au possible*, autant qu'il est possible, extrêmement : *avare au possible.* ‖ *Possible*, peut-être, je ne vous dis pas non.

POSSIBLE n. m. Ce que l'on peut : *faire son possible.*

POSTAGE n. m. Action de préparer pour la poste, de mettre à la poste.

POSTAL, E, AUX adj. Qui concerne la poste.

POSTCLASSIQUE adj. Qui succède à une période classique.

POSTCOMBUSTION n. f. Combustion supplémentaire effectuée dans un turboréacteur pour en augmenter la poussée; dispositif assurant cette combustion.

POSTCOMMUNION n. f. *Liturg.* Oraison que dit le prêtre après la communion.

POSTCURE n. f. Période de repos après une cure ou de soins ambulatoires après une hospitalisation.

POSTDATE n. f. Sur un document, date postérieure à la date véritable.

POSTDATER v. t. Inscrire sur un document une date postérieure à sa date réelle.

POSTE n. f. (it. *posta*). Administration publique chargée de l'acheminement des objets de correspondance, dont elle assure le ramassage au départ et la distribution à l'arrivée. ‖ Bureau où s'effectuent les opérations postales (dépôt ou retrait du courrier, émission ou paiement des mandats, etc.). ‖ Autref., relais de chevaux établis de distance en distance pour le service des voyageurs; distance entre deux relais, ordinairement de deux lieues. ◆ pl. Ornement fait d'une suite d'enroulements qui rappellent des vagues déferlantes. (On dit aussi FLOTS.)

POSTE n. m. (it. *posto*). Lieu où qqn est placé pour remplir une fonction. ‖ Emploi profession-

nel; lieu où s'exerce cette activité : *occuper un poste important.* ‖ Article de budget, chapitre d'un compte. ‖ Installation distributrice; emplacement aménagé pour recevoir certaines installations techniques : *poste d'eau, d'essence, de ravitaillement.* ‖ Appareil récepteur de radio, de télévision. ‖ Endroit fixé à un militaire ou à une petite unité pour assurer une mission de surveillance ou de combat; ensemble des militaires chargés de cette mission. ‖ *Électr.* Point d'aboutissement de la livraison de l'électricité, de son comptage et, éventuellement, de sa transformation. ● *Être fidèle à son poste*, rester fidèlement là où on a été placé. ‖ *Poste d'aiguillage* (Ch. de f.), cabine de commande d'un ensemble d'aiguilles. ‖ *Poste de commandement*, emplacement où s'établit un chef pour exercer son commandement. (Abrév. : P. C.) ‖ *Poste d'équipage*, partie d'un navire servant de logement à des membres de l'équipage. ‖ *Poste d'incendie*, installation hydraulique pour lutter contre l'incendie. (On dit aussi ROBINET D'INCENDIE ARMÉ.) ‖ *Poste de police*, ou *poste*, local où se tiennent en permanence des agents de police pour répondre à tous les besoins. ‖ *Poste de secours*, local où se tiennent des médecins ou des infirmiers pour porter secours aux blessés. ‖ *Poste de travail*, emplacement où s'effectue une phase dans l'exécution du travail; centre d'activité comprenant tout ce qui est nécessaire (machine, outillage, etc.) à l'exécution d'un travail défini.

POSTÉ, E adj. Se dit d'une forme de travail exécuté par des équipes qui se succèdent sans discontinuité.

POSTER v. t. Placer dans un poste, dans un endroit pour guetter, surveiller, etc. : *poster des sentinelles.* ‖ Mettre à la poste : *poster son courrier.* ◆ **se poster** v. pr. Se placer quelque part pour une action déterminée.

POSTER [pɔstɛr] n. m. (mot angl., *affiche*). Affiche illustrée, grande image décorative, attractive, destinée à être vendue au public.

POSTÉRIEUR, E adj. (lat. *posterior*). Qui vient après, qui est après dans l'ordre du temps : *date postérieure.* ‖ Qui est placé derrière : *la partie postérieure de la tête.*

POSTÉRIEUR n. m. *Fam.* Les fesses.

POSTÉRIEUREMENT adv. Après, dans un temps postérieur.

POSTERIORI (A) loc. adv. → A POSTERIORI.

POSTÉRIORITÉ n. f. État d'une chose postérieure à une autre.

POSTÉRITÉ n. f. (lat. *posteritas*). *Litt.* Suite de ceux qui descendent d'une même souche. ‖ *Litt.* Les générations futures : *transmettre son nom à la postérité.*

POSTFACE n. f. Avertissement, commentaire placé à la fin d'un livre.

POSTGLACIAIRE adj. *Géol.* Qui a suivi la dernière glaciation quaternaire.

POSTHUME adj. (lat. *postumus*, dernier). Né après la mort de son père : *fils posthume.* ‖ Publié après le décès de l'auteur : *ouvrage posthume.*

POSTHYPOPHYSE n. f. *Anat.* Partie postérieure de l'hypophyse, qui sécrète des hormones régulatrices du métabolisme de l'eau et des contractions des muscles lisses.

POSTICHE adj. (it. *posticcio*). Fait et ajouté après coup : *ornement postiche.* ‖ Mis à la place de qqch qui n'existe plus, artificiel : *barbe postiche.*

POSTICHE n. m. Faux cheveux.

POSTIER, ÈRE n. Employé de la poste.

POSTILLON n. m. (it. *postiglione*). Conducteur de la poste aux chevaux; celui qui monte sur l'un des chevaux d'un attelage (vx). ‖ *Fam.* Parcelle de salive projetée en parlant.

POSTILLONNER v. i. *Fam.* Lancer des postillons.

POSTIMPRESSIONNISME n. m. Ensemble des courants artistiques qui, durant la période allant approximativement de 1885 à 1905, divergent de l'impressionnisme ou s'opposent à lui (néo-impressionnisme, synthétisme, symbolisme, nabis...).

POSTIMPRESSIONNISTE adj. et n. Qui appartient au postimpressionnisme.

POSTINDUSTRIEL, ELLE adj. Qui se rattacherait à l'époque immédiatement consécutive à l'âge industriel d'une société donnée.

POSTNATAL, E, ALS ou **AUX** adj. Qui suit immédiatement la naissance.

POSTOPÉRATOIRE adj. *Méd.* Qui se produit, se fait à la suite d'une opération.

POST-PARTUM [pɔstpartɔm] n. m. inv. *Méd.* Période qui suit un accouchement.

POSTPOSER v. t. Ling. Placer après.

POSTPOSITION n. f. Ling. Place d'un mot à la suite d'un autre avec lequel il forme groupe.

POSTPRANDIAL, E, AUX adj. *Méd.* Qui se produit après les repas.

POSTROMANTIQUE adj. Qui succède à la période romantique.

POSTSCOLAIRE adj. Se dit d'activités destinées à compléter la formation des adolescents après leur scolarisation.

POST-SCRIPTUM [pɔstskriptɔm] n. m. inv. (mots lat., *écrit après*). Ce qu'on ajoute à une lettre après la signature. (Abrév. : P.-S.)

POSTSYNCHRONISATION n. f. *Cin.* Addition du son à l'image déjà enregistrée.

POSTSYNCHRONISER v. t. Effectuer la postsynchronisation.

POSTULANT, E n. Personne qui demande, qui se met sur les rangs pour obtenir une place. ‖ Personne qui se prépare à entrer dans un noviciat religieux.

POSTULAT n. m. (lat. *postulatum*, demande). Principe premier, indémontrable ou non démontré, dont l'admission est nécessaire pour établir une démonstration. ‖ Stade préparatoire à l'entrée dans un noviciat religieux. ‖ En Suisse, syn. de VŒU.

POSTULATION n. f. *Dr.* Action de postuler.

POSTULER v. t. (lat. *postulare*). Demander, solliciter (un emploi). ‖ *Dr.* Représenter un plaideur devant un tribunal et diriger la procédure. ‖ *Philos.* Poser comme postulat au départ d'une démonstration.

POSTURAL, E, AUX adj. Lié à la position du corps dans l'espace.

POSTURE n. f. (it. *postura*). Position particulière du corps, attitude, maintien : *posture naturelle.* ● *Être en bonne, mauvaise posture*, être dans une situation favorable, défavorable.

POT n. m. (bas lat. *potus*). Récipient de terre, de métal, etc., de formes et d'usages divers. ‖ Format de papier aux dimensions de 31 × 41 cm. ‖ À un jeu, montant des enjeux. ‖ *Fam.* Boisson quelconque; réunion où l'on boit, cocktail : *prendre un pot dans un café; être invité à un pot.* ‖ *Pop.* Chance. ● *À la fortune du pot*, sans cérémonie. ‖ *Le pot aux roses*, le secret d'une affaire. ‖ *Payer les pots cassés* (Fam.), payer le dommage causé. ‖ *Pot de chambre*, petit récipient destiné aux besoins naturels. ‖ *Pot d'échappement*, appareil où se détendent les gaz brûlés, à leur sortie d'un moteur à explosion. ‖ *Pot à feu* (Archit.), vase décoratif surmonté d'une flamme. ‖ *Pot au noir*, nom que les marins donnaient, au temps de la navigation à voile, à la zone des calmes équatoriaux située dans l'Atlantique, et où d'épais nuages s'accompagnent de pluies abondantes. ‖ *Poule au pot*, poule bouillie. ‖ *Tourner autour du pot*, user de détours inutiles, ne pas aller droit au but.

POTABLE adj. (lat. *potare*, boire). Propre à être bu. ‖ *Fam.* Non parfait, mais dont on peut se contenter, passable : *vin potable.*

POTACHE n. m. *Fam.* Collégien, lycéen.

POTAGE n. m. (de *pot*). Bouillon de viande ou de légumes.

POTAGER, ÈRE adj. Se dit des plantes réservées pour les usages culinaires (légumes), et des jardins où on les cultive.

POTAGER n. m. Jardin où l'on cultive des plantes potagères.

POTAMOCHÈRE [pɔtamɔʃɛr] n. m. Porc sauvage d'Afrique, à pelage acajou. (Haut. au garrot : 65 cm.)

POTAMOLOGIE n. f. (gr. *potamos,* fleuve). Nom parfois donné à l'*hydrologie fluviale.*

POTAMOT [potamo] n. m. Plante monocotylédone, dont les feuilles flottent à la surface des eaux douces calmes.

POTARD n. m. *Pop.* et *vx.* Pharmacien, préparateur en pharmacie.

POTASSE n. f. (néerl. *potasch*). Hydroxyde de potassium (KOH). [Solide blanc, basique, très soluble dans l'eau; on l'appelle encore *potasse caustique.*] ‖ Désignation commerciale de plusieurs dérivés potassiques utilisés comme engrais, telle la *potasse d'Alsace* (chlorure de potassium).

POTASSER v. t. *Fam.* Étudier avec ardeur.

POTASSIQUE adj. Qui dérive du potassium, de la potasse.

POTASSIUM [potasjom] n. m. Métal alcalin (K), n° 19, de masse atomique 39,1, extrait de la potasse, léger, mou et très oxydable.

POT-AU-FEU [potofø] n. m. inv. Mets composé de viande de bœuf bouillie avec carottes, poireaux, navets, etc. ‖ Viande avec laquelle on prépare ce mets. ‖ Marmite dans laquelle on le fait cuire.

POT-AU-FEU adj. inv. *Fam.* Attaché trop exclusivement à son ménage.

POT-DE-VIN n. m. (pl. *pots-de-vin*). Somme payée en dehors du prix convenu pour obtenir, conclure un marché.

POTE n. m. *Pop.* Ami, camarade.

POTEAU n. m. (lat. *postis,* jambage de porte). Toute pièce haute dressée verticalement. ‖ Pièce maîtresse de charpente fixée verticalement et prenant appui sur le sol. ‖ Mât destiné à supporter les isolateurs sur lesquels les fils télégraphiques, téléphoniques ou électriques prennent appui. ‖ Le point de départ ou d'arrivée d'une course. ● *Poteau d'exécution,* poteau où l'on attache ceux que l'on va fusiller. ‖ *Poteau indicateur,* mât portant un écriteau qui indique un chemin, etc.

POTÉE n. f. Plat composé de légumes, notamment du chou et des pommes de terre, accompagné de viande bouillie, de saucisses, etc. ‖ Composition servant à faire les moules de fonderie. ‖ Oxyde de fer servant à polir le verre et les métaux.

POTELÉ, E adj. (anc. fr. *main pote,* main enflée). Qui a les formes rondes et pleines, dodu : *enfant potelé.*

POTELLE n. f. Petite excavation faite dans la sole d'une galerie de mine.

POTENCE n. f. (lat. *potentia,* puissance). Assemblage de pièces de bois ou de fer pour soutenir ou pour suspendre qqch. ‖ Instrument qui sert au supplice de la pendaison; le supplice même : *condamné à la potence.*

POTENCÉ, E adj. *Hérald.* Se dit d'une pièce dont l'un des côtés forme des potences tournées vers le haut.

POTENTAT n. m. (lat. *potens,* puissant). Souverain absolu. ‖ Homme qui dirige de façon tyrannique.

POTENTIALITÉ n. f. Caractère de ce qui est potentiel.

POTENTIEL, ELLE adj. (lat. *potens, potentis,* puissant). Qui existe en puissance, virtuellement : *énergie potentielle.* ‖ *Ling.* Se dit d'un mode qui indique la possibilité d'une action. ● *Énergie potentielle* (Phys.), énergie possédée par un corps, par un système physique, du fait de sa position, de son état.

POTENTIEL n. m. Force, puissance dont on peut disposer : *le potentiel militaire d'une nation.* ‖ Quantité d'énergie libérable qu'un corps tient emmagasinée. ‖ *Électr.* Grandeur définie à une constante près, caractérisant les corps électrisés et les régions de l'espace où règne un champ électrique, et liée au travail produit par le champ électrique (on mesure des *différences de potentiel* [d. d. p. ou tension]).

POTENTIELLEMENT adv. De façon potentielle, virtuellement.

POTENTILLE [potãtij] n. f. (lat. *potentia,* puissance). Herbe rampante des endroits incultes,

des rochers de montagne. (Famille des rosacées.)

POTENTIOMÈTRE n. m. *Électr.* Appareil pour la mesure des différences de potentiel et des forces électromotrices. ‖ Résistance réglable, servant de diviseur de tension.

POTERIE n. f. Fabrication de vases, d'ustensiles de grès, de terre cuite; objets en terre cuite. ‖ Tuyau de terre cuite pour canalisation. ‖ *Techn.* Vaisselle de métal.

POTERNE n. f. (bas lat. *posterula*). *Fortif.* Porte dérobée donnant sur le fossé.

POTESTATIF, IVE adj. (lat. *potestas,* pouvoir). *Dr.* Qui dépend de la volonté d'une des parties contractantes.

POTICHE n. f. Grand vase décoratif en porcelaine, souvent à couvercle. ‖ Personnage qui a un rôle de représentation, sans pouvoir réel.

POTIER, ÈRE n. Personne qui fabrique ou vend de la poterie.

POTIN n. m. *Fam.* Petit commérage. ‖ *Fam.* Tapage, vacarme.

POTINER v. i. *Fam.* Faire des cancans.

POTINIER, ÈRE adj. *Fam.* Qui potine.

POTION n. f. (lat. *potio,* boisson). Remède liquide qui ne s'administre ordinairement que par cuillerées.

POTIRON n. m. Plante potagère voisine de la

POTIRON

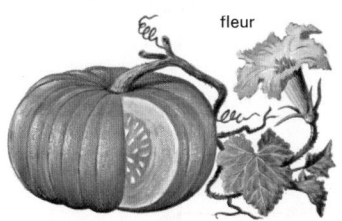

fleur

courge, dont on consomme les énormes fruits à chair orangée, pouvant peser jusqu'à 100 kg.

POTLATCH [potlatʃ] n. m. (mot amérindien). *Anthropol.* Ensemble de cérémonies marquées par des dons, que se font entre eux des groupes sociaux distincts, et qui manifestent, par leur nombre ou leur valeur, un comportement de rivalité symbolique entre ces groupes.

POTOMANIE n. f. Besoin de boire de grandes quantités de liquides, sans lésion organique.

POTOMÈTRE n. m. Appareil servant à mesurer la quantité d'eau absorbée par une plante.

POT-POURRI n. m. (pl. *pots-pourris*). Mélange de plusieurs airs, de plusieurs couplets ou refrains de chansons diverses. ‖ Mélange hétéroclite de choses diverses, en particulier production littéraire formée de divers morceaux. ‖ Ragoût composé de plusieurs sortes de viandes (vx).

POTRON-JAQUET ou **POTRON-MINET** n. m. *Dès potron-jaquet, dès potron-minet,* dès la pointe du jour (vx).

Pott [pot] (*mal de*), tuberculose des vertèbres.

POTTO n. m. Lémurien d'Afrique, nocturne et arboricole.

POU n. m. (lat. *pediculus*) [pl. *poux*]. Insecte sans ailes, parasite externe des mammifères, dont il suce le sang. (Long. 2 mm.) ● *Chercher des poux à qqn,* lui chercher querelle à tout propos. ‖ *Herbe aux poux,* nom usuel de la pédiculaire, de la *staphisaigre.* ‖ *Pou de San José,* cochenille très nuisible aux vergers.

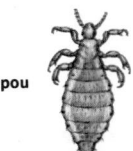

pou

POUAH! interj. Exprime le dégoût.

POUBELLE n. f. (du n. du préfet de la Seine qui en imposa l'usage). Récipient destiné à recevoir les ordures ménagères.

POUCE n. m. (lat. *pollex, pollicis*). Le plus gros et le plus court des doigts de la main, opposable aux autres doigts chez l'homme et les primates. ‖ *Gros orteil.* ‖ *Anc.* unité de mesure de longueur qui valait 27,07 mm. (Ce mot sert parfois, en particulier au Canada, pour la traduction du mot anglais *inch.* Une entente industrielle des pays anglo-saxons lui a attribué la valeur commune de 25,4 mm.) ‖ Très petite quantité : *ne pas céder un pouce de territoire.* ‖ *Manger sur le pouce,* à la hâte, sans s'asseoir. ‖ *Mettre les pouces,* céder après résistance. ‖ *Pouce!,* cri pour arrêter un jeu. ‖ *Se tourner les pouces,* être inoccupé.

POUCE-PIED n. m. (pl. *pouces-pieds*). Crustacé voisin de l'anatife, dont le pédoncule est comestible.

POUCETTES n. f. pl. Chaînette pour attacher les pouces d'un prisonnier.

POUCIER n. m. Morceau de métal ou de cuir, propre à garantir le pouce.

POU-DE-SOIE n. m. → POUT-DE-SOIE.

POUDING [pudiŋ] n. m. → PUDDING.

POUDINGUE [pudɛg] n. m. (angl. *pudding*). Variété de conglomérat formé de cailloux arrondis réunis par un ciment naturel.

POUDRAGE n. m. Action de poudrer. ‖ Opération consistant à réaliser un revêtement protecteur ou décoratif par application de résine sous la forme de poudre, puis à cuire le dépôt, pour obtenir un revêtement dense et continu.

POUDRE n. f. (lat. *pulvis, pulveris,* poussière). Substance solide finement broyée ou pulvérisée : *sucre en poudre.* ‖ Amidon finement broyé pour unifier la peau ou pour parfaire le maquillage. ‖ Composition médicale, desséchée et broyée : *poudre vermifuge, purgative,* etc. ‖ Substance explosive solide pouvant être utilisée au lancement d'un projectile par une arme à feu ou à la propulsion d'un engin. ● *Jeter de la poudre aux yeux,* chercher à faire illusion. ‖ *Mettre le feu aux poudres,* faire éclater une grave affaire. ‖ *N'avoir pas inventé la poudre,* être peu intelligent. ‖ *Poudre à priser,* mélange de feuilles de tabac pulvérisé après certaines préparations et fermentations pour être consommé par aspiration nasale. ‖ *Poudre sans fumée,* poudre à base de nitrocellulose. ‖ *Poudre noire,* mélange de salpêtre, de soufre et de charbon de bois. ‖ *Se répandre comme une traînée de poudre,* très rapidement. ‖ *Société nationale des poudres et explosifs,* organisme chargé depuis 1971 de la fabrication et de la commercialisation des poudres et explosifs (réalisées jusqu'alors par le *Service des poudres,* organisme militaire).

POUDRER v. t. Couvrir de poudre.

POUDRERIE n. f. Établissement où l'on fabrique de la poudre et des explosifs. ‖ Au Canada, neige fraîche que le vent fait tourbillonner.

POUDRETTE n. f. Engrais composé de matières fécales desséchées et réduites en poudre.

POUDREUSE n. f. Machine répandant de la poudre antiparasite. ‖ Neige poudreuse.

POUDREUX, EUSE adj. Qui a la consistance d'une poudre. ‖ *Neige poudreuse,* ou *poudreuse* n. f., neige fraîchement tombée, profonde.

POUDRIER n. m. Fabricant de substances explosives. ‖ Boîte à poudre pour maquillage.

POUDRIÈRE n. f. Autref., dépôt d'explosifs ou de munitions. ‖ Endroit dangereux, source de conflits.

POUDROIEMENT n. m. *Litt.* Caractère de ce qui poudroie.

POUDROYER v. i. (conj. 2). *Litt.* S'élever en poussière : *le sable poudroyait.* ‖ *Litt.* Être couvert de poussière brillante : *la route poudroie.*

POUF n. m. Siège rembourré, bas et sans dossier.

POUFFER v. i. *Pouffer de rire*, éclater de rire involontairement et comme en se retenant.

POUILLARD n. m. *Chass.* Jeune perdreau ou jeune faisan.

POUILLÉ n. m. (lat. *polyptychum*). *Hist.* État des bénéfices ecclésiastiques d'une province ou d'un royaume.

POUILLERIE n. f. *Fam.* Extrême saleté, pauvreté.

POUILLES n. f. pl. (anc. fr. *pouiller*, dire des injures). *Chanter pouilles* (Litt.), injurier.

POUILLEUX, EUSE adj. et n. Qui a des poux. ‖ *Fam.* Qui est dans la misère, ou qui est d'une saleté repoussante.

POUILLOT n. m. (anc. fr. *poil*, coq). Oiseau passereau voisin de la fauvette, au dos verdâtre et au ventre jaune.

POUILLY n. m. Vin du Mâconnais, blanc, des vignobles de certaines communes de Saône-et-Loire *(pouilly-fuissé)*. ‖ Vin blanc sec de Pouilly-sur-Loire.

POUJADISME n. m. Doctrine politique de l'Union de défense des commerçants et artisans (U. D. C. A.), mouvement fondé en 1954 par Pierre Poujade. (Le poujadisme, antiparlementaire, antieuropéen, nationaliste, constitua, de 1956 à 1958, le groupe parlementaire Union et Fraternité françaises.) ‖ *Péjor.* Attitude revendicative catégorielle ou corporative.

POUJADISTE adj. et n. Qui appartient au poujadisme.

POULAILLER n. m. Bâtiment servant à loger les poules et, plus généralement, les volailles. ‖ Galerie élevée d'un théâtre.

POULAIN n. m. (lat. *pullus*). Jeune cheval âgé de moins de dix-huit mois. ‖ Fourrure de cet animal. ‖ Assemblage de deux madriers parallèles, réunis par des entretoises, et servant pour la manutention des tonneaux ou des pièces lourdes. ● *Être le poulain de qqn* (Fam.), être appuyé par une personnalité.

POULAINE n. f. (de *Pologne*). *Mar. anc.* Partie extrême avant d'un navire. ● *Soulier à la poulaine*, ou *poulaine*, chaussure à longue pointe, très à la mode aux XIVᵉ et XVᵉ s.

POULARDE n. f. Jeune poule qu'on a engraissée.

POULBOT n. m. (du n. du dessinateur franç. Francisque *Poulbot*). Enfant de Montmartre.

POULE n. f. (lat. *pulla*). Oiseau domestique femelle, élevé pour sa chair et pour ses œufs. (Le mâle est le *coq*, les jeunes des *poussins* ou *poulets*. Cri : la poule *glousse, caquette.*) ‖ Femelle de certains gallinacés. ‖ *Pop.* Femme légère. ● *Avoir la chair de poule* (Fam.), avoir le frisson sous l'effet du froid ou de la peur. ‖ *Mère poule*, mère qui entoure ses enfants de trop d'attentions. ‖ *Poule des bois*, syn. de GELINOTTE. ‖ *Poule d'eau*, oiseau échassier vivant dans les roseaux, près des eaux. (Long. 35 cm.) ‖ *Poule faisane*, femelle du faisan. ‖ *Poule mouillée*, homme qui manque de résolution, de courage. ‖ *Poule des sables*, syn. de GLARÉOLE. ‖ *Tuer la poule aux œufs d'or*, se priver de profits à venir par désir d'un gain immédiat.

POULE n. f. *Sports.* Combinaison de matches dans laquelle chaque joueur ou chaque équipe rencontre tous les autres.

POULET n. m. Petit de la poule. (Cri : le poulet *piaule.*) ‖ Poule ou coq non encore adulte. ‖ Viande de poulet. (La majeure partie de la viande de poulet consommée dans les pays industrialisés provient d'animaux élevés et nourris intensivement, abattus vers l'âge de 10 à 12 semaines au poids de 1,5 kg environ.) ‖ Terme d'affection. ‖ Billet galant : *écrire un poulet.* ‖ *Pop.* Policier, surtout en civil.

POULETTE n. f. Jeune poule. ◆ adj. *Sauce poulette*, sauce faite avec du beurre, un jaune d'œuf et un petit filet de vinaigre.

POULICHE n. f. (mot picard). Jument non adulte.

POULIE n. f. (gr. *polos*, pivot). Roue portée par un axe, et dont la jante est aménagée pour recevoir un lien flexible. ● *Poulie Koepe* (Min.), treuil d'extraction utilisant l'adhérence d'un câble sur un demi-tour de poulie.

POULINER v. i. Mettre bas, en parlant d'une jument.

POULINIÈRE n. et adj. f. Se dit d'une jument destinée à la reproduction.

POULIOT n. m. (lat. *puleium*). Espèce de menthe, utilisée comme stimulant. ‖ Petit treuil à l'arrière d'une charrette.

POULPE n. m. (lat. *polypus*). Syn. de PIEUVRE.

POULS [pu] n. m. (lat. *pulsus*). Battement des artères : *pouls fréquent, filant.* ● *Se tâter le pouls*, consulter ses forces avant de se décider. ‖ *Tâter, prendre le pouls à qqn*, compter le nombre de pulsations par minute; sonder ses dispositions.

POULT-DE-SOIE n. m. → POUT-DE-SOIE.

POUMON n. m. (lat. *pulmo, pulmonis*). Viscère pair, situé dans le thorax, entouré de la plèvre, et qui est le principal organe de l'appareil respiratoire. ● *Poumon d'acier* ou *poumon*

poule

poule d'eau

os hyoïde

cartilage thyroïde

trachée

petite scissure

sommet du poumon

bronche lobaire supérieure

grande scissure

bronche souche

POUMONS

artificiel, sorte de coffre hermétiquement clos où l'on provoque la respiration de certains malades au moyen d'un appareil pneumatique. ■ L'air est amené dans chaque poumon par une bronche, et le sang apporté par l'artère pulmonaire; ce sang, chargé de gaz carbonique, ressort, purifié et enrichi en oxygène, par les veines pulmonaires. Le poumon est divisé en lobes, en lobules, et les échanges gazeux se font dans les millions d'alvéoles dont la surface représente chez l'homme 200 m².

POUPARD, E adj. et n. Se dit d'un petit enfant gras et joufflu.

POUPE n. f. (lat. *puppis*). *Mar.* Arrière d'un navire (par oppos. à la PROUE). ● *Avoir le vent en poupe*, être dans une période favorable.

POUPÉE n. f. (lat. *pupa*). Jouet représentant un personnage. ‖ Mannequin des modistes et des tailleurs. ‖ Femme mignonne, soignée, mais futile et un peu sotte. ‖ *Fam.* Pansement entourant un doigt. ‖ *Mécan.* Organe de machine recevant un arbre de transmission ou servant de point fixe à un mouvement de rotation. ● *Poupée fixe*, broche d'un tour parallèle entraînant la pièce à usiner. ‖ *Poupée mobile*, élément d'un tour parallèle formé de la contre-pointe et de son support réglable et qui maintient l'extrémité d'une pièce, dont l'autre extrémité est prise dans le mandrin de la poupée fixe.

POUPIN, E adj. Qui a les traits rebondis, le visage rond : *figure poupine.*

POUPON n. m. Bébé. ‖ Poupée représentant un bébé.

POUPONNER v. i. *Fam.* Dorloter un bébé.

POUPONNIÈRE n. f. Établissement à caractère social, accueillant de jour et de nuit des enfants de moins de trois ans dont les parents ont des difficultés familiales ou sociales.

POUR [pur] prép. (lat. *pro*). Indique la direction, le but, l'intérêt, la substitution, la relation, la cause, la durée, etc. : *partir pour la campagne; travailler pour le plaisir; plaider pour un accusé; un mot employé pour un autre; il est grand pour son âge; cet élève a été puni pour sa paresse; j'ai du travail pour une heure;* etc. ● *En être pour*, ne rien obtenir en échange : *en être pour sa peine.* ‖ *Être pour* (avec un inf.), être sur le point de : *il était pour partir quand je suis arrivé;* être de nature à : *cela n'est pas pour me déplaire.* ‖ *Être pour* (qqch ou qqn), en être partisan. ‖ *Pour lors*, alors. ◆ loc. conj. *Pour peu que*, si peu que. ‖ *Pour que*, indique le but (afin que) ou la conséquence.

POUR n. m. *Le pour*, le bon côté; ce qui tend à prouver, à établir qqch.

POURBOIRE n. m. Somme d'argent donnée par un client, à titre de gratification.

POURCEAU n. m. (lat. *porcellus*). *Litt.* Porc.

POUR-CENT n. m. inv. Taux d'intérêt de l'argent calculé sur un capital de cent francs.

POURCENTAGE n. m. (de *pour cent*). Établissement, chiffre du taux de l'argent (tant pour cent). ‖ Proportion d'une quantité, d'une grandeur par rapport à une autre, évaluée en général sur la centaine.

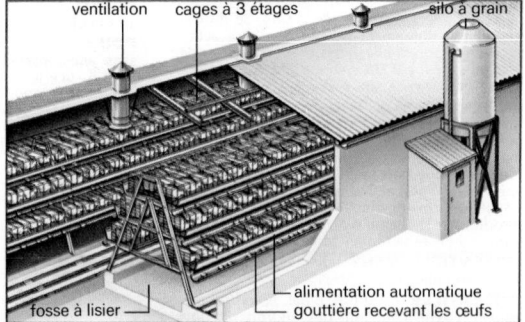

ventilation

cages à 3 étages

silo à grain

alimentation automatique

gouttière recevant les œufs

fosse à lisier

POULAILLER INDUSTRIEL

POURCHASSER v. t. Poursuivre, rechercher avec ardeur.

POURFENDEUR n. m. *Litt.* Celui qui pourfend (ironiq.).

POURFENDRE v. t. (conj. 9). Fendre en deux d'un coup de sabre. ‖ *Litt.* Attaquer (ironiq.).

POURLÉCHER (SE) v. pr. (conj. 5). *Fam.* Passer sa langue sur ses lèvres en signe de gourmandise, de satisfaction.

POURPARLERS n. m. pl. Conversations, entretiens préalables à la conclusion d'une entente.

POURPIER n. m. (lat. *pulli pes*, pied de poule). Plante à petites feuilles charnues, dont une espèce est cultivée comme légume et une autre, originaire de l'Amérique du Sud, pour ses fleurs à coloris variés. (Famille des portulacacées.)

POURPOINT n. m. (anc. fr. *porpoindre*, piquer). Vêtement ajusté d'homme, en usage du XIIIᵉ au XVIIᵉ s., qui couvrait le corps du cou à la ceinture.

POURPRE n. f. (lat. *purpura*). Matière colorante d'un rouge foncé, que les Anciens tiraient d'un coquillage. ‖ Étoffe teinte en pourpre : *manteau de pourpre.* ‖ *Litt.* Dignité impériale, dont la pourpre était autrefois la marque. ● *La pourpre romaine,* la dignité de cardinal.

POURPRE n. m. Couleur d'un beau rouge violacé : *manteau d'un beau pourpre.* ‖ *Zool.* Mollusque gastropode des côtes de l'Europe occidentale, qui se nourrit de moules. (Long. 2 cm.) ● *Pourpre rétinien* (Anat.), substance photosensible des bâtonnets de la rétine des vertébrés intervenant dans la vision crépusculaire. ◆ adj. Rouge foncé.

POURPRÉ, E adj. *Litt.* De couleur pourpre. ● *Fièvre pourprée,* syn. de URTICAIRE (vx).

POURQUOI adv. Pour quelle raison : *on se fâche sans savoir pourquoi; pourquoi partez-vous?* ● *C'est pourquoi,* introduit une explication.

POURQUOI n. m. inv. Cause, raison : *le pourquoi de toutes choses.* ‖ Question : *il n'est pas facile de répondre à tous les pourquoi.*

POURRI, E adj. et n. m. Gâté, corrompu : *fruit pourri; cela sent le pourri.* ● *Être pourri de qqch* (Fam.), en avoir beaucoup. ‖ *Temps pourri,* temps humide et malsain.

POURRIDIÉ n. m. (mot prov.). Maladie cryptogamique de la vigne, des arbres fruitiers.

POURRIR v. i. (lat. pop. *putrire*). Entrer en putréfaction par l'action des bactéries. ‖ Rester longtemps : *pourrir en prison.* ‖ Devenir de plus en plus mauvais, se détériorer : *conflit, guerre qui pourrit.* ◆ v. t. Gâter, corrompre par décomposition : *l'eau pourrit le bois.* ‖ Corrompre qqn : *la fortune l'avait pourri.*

POURRISSAGE n. m. Action de faire pourrir. ‖ Conservation des pâtes céramiques dans une humidité favorable à leur homogénéité.

POURRISSANT, E adj. Qui pourrit.

POURRISSEMENT n. m. Dégradation, détérioration : *pourrissement de la situation.*

POURRITURE n. f. État d'un corps en décomposition. ‖ État de corruption morale de qqn, d'un milieu. ‖ *Agr.* Nom donné à certaines maladies cryptogamiques de la vigne : *pourriture grise; pourriture grasse.*

POUR-SOI n. m. inv. *Philos.* Pour les existentialistes (Sartre notamment), mode d'existence de la conscience considérée comme libre de réaliser des choix, par oppos. à EN-SOI.

POURSUITE n. f. Action de poursuivre. ‖ *Astronaut.* Détermination à distance, instantanée et continue, des caractéristiques du mouvement d'un engin spatial. ‖ *Dr.* Procédure mise en œuvre par un plaideur qui veut se faire rendre justice, ou par le ministère public en vue de faire punir l'auteur d'une infraction pénale. ‖ *Sports.* Course cycliste dans laquelle deux concurrents ou équipes, placés sur une piste à des points diamétralement opposés, cherchent à se rejoindre.

POURSUITEUR n. m. Cycliste spécialiste des courses de poursuite.

POURSUIVANT, E adj. et n. Qui poursuit.

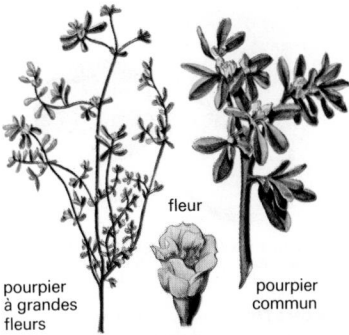

fleur

pourpier
à grandes
fleurs

pourpier
commun

POURPIERS

POURSUIVRE v. t. (conj. 56). Courir après pour atteindre : *le chien poursuit le gibier.* ‖ Chercher à obtenir, à réaliser : *poursuivre un rêve impossible.* ‖ Continuer sans relâche ce que l'on a commencé : *poursuivre une entreprise.* ‖ Tourmenter, obséder : *son image me poursuit sans cesse.* ‖ *Dr.* Agir en justice contre qqn.

POURTANT conj. Indique une opposition; cependant, toutefois : *cette aventure est surprenante, elle est pourtant vraie.*

POURTOUR n. m. (anc. fr. *portorner*, se tourner). Ligne qui fait le tour d'un objet, d'un lieu : *le pourtour d'une place.* ● *Pourtour du chœur,* syn. de DÉAMBULATOIRE.

POURVOI n. m. (de *pourvoir*). *Dr.* Action par laquelle un plaideur ou le ministère public demande à la plus haute juridiction compétente d'annuler un jugement rendu en dernier ressort.

POURVOIR v. t. ind. [à] (conj. 37). Fournir à qqn ce qui est nécessaire : *ses parents pourvoient à ses besoins.* ◆ v. t. Mettre en possession de ce qui est nécessaire, utile; munir, garnir : *pourvoir sa maison de toutes les commodités; il est pourvu de grandes qualités.* ‖ Établir par mariage ou par emploi (vx). ◆ se *pourvoir* v. pr. Se munir : *se pourvoir d'argent.* ‖ *Dr.* Recourir à un tribunal supérieur, former un pourvoi.

POURVOYEUR, EUSE n. *Litt.* Personne qui fournit ce qui est nécessaire.

POURVOYEUR n. m. Servant d'une arme à feu collective, chargé de la ravitailler en munitions.

POURVU QUE loc. conj. Indique une condition; à condition que, du moment que : *nous irons à la montagne pourvu qu'il y ait de la neige.* ‖ Introduit un souhait, une crainte : *pourvu qu'il vienne!*

POUSSAGE n. m. Technique de navigation consistant à faire pousser par un bateau à moteur un ensemble de chalands amarrés rigidement les uns aux autres.

POUSSAH n. m. (chin. *pou sa,* idole bouddhique). Magot porté par une boule lestée de telle sorte que le jouet revient toujours à la position verticale. ‖ Homme gros et gras.

POUSSE n. f. Développement des graines et des bourgeons des végétaux. ‖ Jeune plante ou jeune branche. ‖ Développement de tout ce qui s'accroît : *la pousse des dents.* ‖ Maladie des chevaux, caractérisée par un essoufflement. ‖ Maladie des vins, qui les rend troubles.

POUSSÉ, E adj. Qui est porté à un certain degré d'achèvement : *travail poussé.* ‖ Se dit d'un moteur dont les performances sont améliorées.

POUSSE-CAFÉ n. m. inv. *Fam.* Petit verre d'alcool que l'on boit après le café.

POUSSÉE n. f. Action de pousser, fait d'être poussé, pression. ‖ Force verticale dirigée de bas en haut qu'éprouve tout corps plongé dans un fluide. ‖ Effort exercé contre un obstacle, par des corps qu'il maintient en équilibre. ‖ Effort horizontal qu'exercent les voûtes contre leurs supports et qui tend à renverser ceux-ci. ‖ Force

de propulsion que développe un moteur à réaction. (La poussée est une force qui se mesure en newtons. Elle ne doit pas être confondue avec la *puissance,* qui s'exprime en chevaux.) ‖ Manifestation soudaine et violente d'une fièvre, d'un mal; augmentation subite : *poussée de fièvre; la poussée des prix.* ● *Centre de poussée,* point d'application de la résultante des forces de poussée. ‖ *Poussée des terres,* tendance des talus à s'ébouler, et à laquelle on s'oppose par le soutènement.

POUSSE-PIED n. m. inv. Petit bateau assez léger pour qu'on puisse le faire glisser sur la vase en le poussant du pied.

POUSSE-POUSSE n. m. inv. En Extrême-Orient, voiture légère tirée par un homme, pour le transport des personnes.

POUSSER v. t. (lat. *pulsare*). Exercer une pression sur qqch pour le déplacer; faire effort pour écarter : *pousser une voiture, son voisin.* ‖ Faire aller devant soi, faire avancer : *pousser un troupeau dans l'étable.* ‖ Faire fonctionner vivement : *pousser un moteur.* ‖ Faire aller jusqu'à : *pousser la gentillesse trop loin.* ‖ Émettre, proférer : *pousser un cri.* ‖ Engager vivement, exhorter, inciter : *quel motif te pousse?* ‖ Favoriser la réussite, stimuler : *pousser un écolier.* ◆ v. i. Croître, se développer, grandir : *les blés ont poussé.* ‖ Prolonger son chemin, son voyage : *pousser jusqu'à Rome.* ● *Il ne faut pas pousser* (Fam.), il ne faut pas exagérer. ◆ se *pousser* v. pr. Avancer, obtenir une place plus élevée. ‖ Se déplacer pour laisser la place.

POUSSE-TOC n. m. inv. Organe amovible d'un tour tournant avec la broche, et qui transmet le couple de rotation au toc fixé sur la pièce à tourner.

POUSSETTE n. f. Voiture d'enfant constituée d'un siège suspendu à un châssis sur roulettes. ‖ Armature d'acier légère montée sur roues et munie d'une poignée, destinée à soutenir un sac à provisions. ‖ Tricherie commise en poussant une mise sur le tableau gagnant quand le résultat est déjà connu. ‖ Aide apportée à un coureur cycliste en le poussant dans une côte.

POUSSEUR n. m. Bateau à moteur assurant le poussage. ‖ *Astronaut.* Syn. de BOOSTER.

POUSSIER n. m. Débris pulvérulents d'une matière quelconque, notamment de charbon.

POUSSIÈRE n. f. (lat. *pulvis, pulveris*). Terre ou toute autre matière réduite en poudre très fine. ● *Coup de poussière,* explosion provoquée dans une mine par l'inflammation spontanée d'air mélangé de fines particules de charbon. ‖ *Mordre la poussière* (Fam.), être jeté à terre dans un combat. ‖ *Réduire en poussière,* détruire complètement. ‖ *Une poussière de,* une grande quantité de petites choses dispersées.

POUSSIÉREUX, EUSE adj. Couvert, rempli de poussière.

POUSSIF, IVE adj. (de *pousser*). *Fam.* Se dit d'une personne qui a peine à respirer. ‖ *Fam.* Se dit de ce qui est lent, sans inspiration. ‖ Se dit d'un véhicule qui a du mal à avancer. ‖ Se dit d'un cheval atteint de la pousse.

POUSSIN n. m. (bas lat. *pullicenus*). Poulet ou jeune oiseau nouvellement éclos. (Cri : le pous-

poussin

sin *piaule.*) ‖ Catégorie de jeunes sportifs. ‖ *Arg. mil.* Élève officier de première année à l'École de l'air.

POUSSINE n. f. En Suisse, syn. de POULETTE.

POUSSINIÈRE n. f. Poulailler conçu pour l'élevage des poulets pendant les premières semaines de leur existence. ‖ Étuve à sécher les poussins au sortir de la couveuse.

POUSSIVEMENT adv. De façon poussive.

POUSSOIR n. m. Bouton qu'on pousse pour faire fonctionner une sonnerie, mettre en mouvement un mécanisme, etc.

POUTARGUE n. f. (prov. *boutargo*; ar. *boutharka*). Œufs de poisson, salés et pressés en forme de saucisse plate.

POUT-DE-SOIE n. m. (pl. *pouts-, poux-* ou *poults-de-soie*). Taffetas souple et épais, présentant des côtes perpendiculaires à la lisière, dues à la trame brillante et assez grosse. (On écrit aussi POU-DE-SOIE et POULT-DE-SOIE.)

POUTRAISON n. f. Assemblage de poutres.

POUTRE n. f. (lat. pop. *pullitra*, jument). Pièce maîtresse de charpente fixée horizontalement et supportant une construction.

POUTRELLE n. f. Petite poutre.

POUTSER v. t. *Fam.* En Suisse, nettoyer.

POUTURE n. f. Engraissement des bestiaux à l'étable par les farineux.

POUVOIR v. t. (lat. *posse*) [conj. 35]. Avoir la faculté, le droit, l'autorisation de faire; être en état de; être capable de : *je ne peux pas soulever cette valise*. ‖ Indique la probabilité, l'éventualité : *il peut pleuvoir demain*. ● *N'en pouvoir plus*, être épuisé; être accablé. ‖ *N'y pouvoir rien*, ne pas pouvoir l'empêcher. ◆ **se pouvoir** v. pr. impers. Être possible : *il se peut qu'il pleuve.*

POUVOIR n. m. Le fait de pouvoir : *je n'en ai pas le pouvoir*. ‖ Autorité, gouvernement d'un pays : *parvenir au pouvoir*. ‖ Influence, possibilité d'action sur qqn, sur qqch : *abuser de son pouvoir; le pouvoir de l'éloquence*. ‖ Propriété particulière d'une substance, d'un appareil, d'un instrument; grandeur caractérisant cette propriété. ‖ Mandat, procuration : *donner un pouvoir par-devant notaire*. ‖ Document constatant cette autorisation. ‖ Fonction juridique consistant à édicter les règles d'organisation politique et administrative d'un pays, ainsi qu'à en assurer le respect. ‖ Aptitude à agir en justice pour le compte d'une personne. ‖ *Philos.* Ensemble des rapports de force et des processus de hiérarchisation qui, traversant toute la structure économique et politique, assujettissent les individus. ● *Pouvoir d'achat*, quantité de biens ou de services que permet d'obtenir une somme d'argent. ‖ *Pouvoir calorifique*, quantité de chaleur dégagée lors de la combustion, dans des conditions normalisées, d'une quantité donnée (kilogramme, litre, mètre cube) de combustible. ‖ *Pouvoir central*, celui qui, dans un pays, se manifeste au siège des pouvoirs publics. ‖ *Pouvoir constituant*, pouvoir chargé d'élaborer la constitution d'un pays. ‖ *Pouvoir disciplinaire*, celui qui s'exerce au moyen de sanctions, notamment dans l'Administration, l'entreprise ou certaines professions. ‖ *Pouvoir exécutif*, pouvoir gouvernemental, pouvoir chargé de veiller à l'exécution de la loi et à l'administration de l'État. ‖ *Pouvoir judiciaire*, pouvoir chargé de rendre la justice. ‖ *Pouvoir législatif*, pouvoir chargé d'élaborer la loi. ‖ *Pouvoir réglementaire*, pouvoir, pour une autorité gouvernementale ou administrative (préfet, maire, etc.), de légiférer sur des matières qui ne sont pas du domaine de la loi, ou de développer les règles posées par le Parlement en vue d'en permettre l'application. ‖ *Pouvoir spirituel*, pouvoir de l'Église en matière religieuse. ‖ *Pouvoir temporel*, gouvernement civil d'un État. ◆ pl. *Pouvoirs publics*, ensemble des autorités qui détiennent le pouvoir dans l'État. ‖ *Séparation des pouvoirs*, principe de droit public selon lequel les pouvoirs législatif, exécutif et judiciaire ne doivent pas empiéter les uns sur les autres.

POUZZOLANE [pu(d)zɔlan] n. f. (de *Pouzzoles*, v. pr.). Roche volcanique siliceuse, à structure alvéolaire, utilisée en construction.

P. P. C. M. *Math.* Abrév. de PLUS PETIT COMMUN MULTIPLE.

Pr, symbole chimique du *praséodyme.*

PRAESIDIUM [prezidjɔm] n. m. (mot lat.). Nom donné en U.R.S.S. à la présidence du Conseil suprême des Soviets.

PRAGMATIQUE adj. Fondé sur l'étude des faits : *histoire pragmatique*. ‖ Qui concerne l'action, qui accorde la première place à l'action,

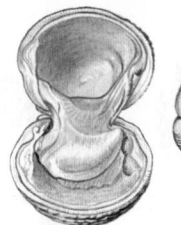

praire

à la pratique : *politique pragmatique*. ● *Pragmatique sanction* (Hist.), édit d'un souverain statuant en principe définitivement en matière fondamentale.

PRAGMATIQUE n. f. Domaine qui étudie l'usage que peuvent faire de la langue des interlocuteurs en situation de communication ainsi que les conditions de celle-ci.

PRAGMATISME n. m. (gr. *pragma, pragmatos*, fait). Doctrine qui prend pour critère de la vérité la valeur pratique. (Pour le pragmatisme, est vrai ce qui réussit, et il n'y a pas de vérité absolue.)

PRAGMATISTE adj. et n. Qui concerne ou qui soutient le pragmatisme.

PRAGOIS, E ou **PRAGUOIS, E** adj. et n. De Prague.

PRAIRE n. f. (mot prov.). Mollusque bivalve comestible, fouisseur, qui vit dans le sable. (Long. 5 cm; nom sc. : *vénus*.)

PRAIRIAL n. m. (de *prairie*). Neuvième mois du calendrier républicain (du 20 mai au 18 juin).

PRAIRIE n. f. (de *pré*). Terrain enherbé qui peut être pâturé par le bétail ou fauché, afin d'en conserver l'herbe sous forme de foin, d'ensilage. ● *Prairie artificielle*, terre semée de légumineuses pures ou en mélange, qu'on laboure après plusieurs années de production pour y faire une nouvelle culture. ‖ *Prairie naturelle*, terrain enherbé de graminées et légumineuses, qui est laissé en production pour une durée illimitée. ‖ *Prairie temporaire*, terre semée de graminées mélangées à des légumineuses, qu'on laboure après une période de production variable selon les espèces.

PRÂKRIT [prakri] n. m. Nom donné aux langues communes en usage dans l'Inde ancienne, issues du sanskrit.

PRALIN n. m. Substance fertilisante faite de terre mélangée d'engrais. ‖ Préparation de sucre cuit et d'amandes destinée à recouvrir un gâteau ou à fourrer un bonbon.

PRALINAGE n. m. Fabrication des pralines. ‖ Enrobage de graines ou de racines dans du pralin.

PRALINE n. f. (de *du Plessis-Praslin* [dont le cuisinier inventa ce bonbon]). Confiserie faite d'une amande rissolée dans du sucre. ‖ En Belgique, bonbon au chocolat.

PRALINÉ n. m. Mélange de chocolat et de pralines écrasées.

PRALINER v. t. Préparer à la manière des pralines. ‖ Enrober des racines de pralin.

PRANDIAL, E, AUX adj. (lat. *prandium*, repas). *Méd.* Relatif aux repas.

PRAO n. m. Bateau de Malaisie, à double balancier.

PRASÉODYME n. m. Métal (Pr), nº 59, de masse atomique 140,90, du groupe des terres rares.

PRATICABLE adj. Se dit d'une route sur laquelle on peut circuler. ‖ Qui peut être employé, réalisable : *un moyen praticable.*

PRATICABLE n. m. *Cin.* Plate-forme amovible supportant la caméra ou les projecteurs. ‖ *Théâtr.* Décors, accessoires, etc., qui existent réellement et ne sont pas seulement figurés.

PRATICIEN, ENNE n. Personne qui exerce un art, un métier (par oppos. au THÉORICIEN). ‖ Médecin, dentiste ou auxiliaire médical qui pratique son métier. ‖ *Bx-arts.* Ouvrier qui dégrossit l'ouvrage et le met en état d'être achevé par le sculpteur.

PRATIQUANT, E adj. et n. Qui observe les

pratiques d'une religion. ‖ Qui s'adonne à un sport : *sportif pratiquant.*

PRATIQUE adj. Qui ne s'en tient pas à la théorie, qui s'attache à la réalité, à l'action : *avoir le sens pratique*. ‖ Commode, d'application ou d'utilisation facile, efficace : *instrument, horaire pratique*. ‖ *Philos.* Qui est relatif à l'action, à l'application (par oppos. à THÉORIQUE); qui concerne la morale. ● *Travaux pratiques*, exercices faits par les étudiants, mettant en pratique les cours théoriques.

PRATIQUE n. f. (gr. *praktikê*). Action ou manière de pratiquer; application des règles et des principes d'un art, d'un sport, d'une science, d'un métier (par oppos. à THÉORIE) : *la pratique de la navigation*. ‖ Observation des prescriptions d'une religion. ‖ Comportement habituel, manière habituelle d'agir : *des pratiques barbares*. ‖ Expérience, habitude : *avoir la pratique des affaires*. ‖ *Philos.* Activité concrète, historiquement déterminée, des hommes. ● *En pratique*, en réalité, en fait. ‖ *Libre pratique* (Mar.), permission de communiquer donnée à un navire après la visite du service de santé. ‖ *Mettre en pratique*, appliquer. ◆ pl. Actes de piété : *pratiques religieuses.*

PRATIQUEMENT adv. Dans la pratique, en fait : *pratiquement, il ne faut pas compter sur lui*. ‖ À peu près, quasiment, pour ainsi dire : *des résultats pratiquement nuls.*

PRATIQUER v. t. Appliquer les règles d'une technique ou d'une science, se livrer à une activité, un sport : *pratiquer le tennis, la médecine*. ‖ Faire, exécuter : *pratiquer un trou dans un mur*. ● *Pratiquer une religion*, en observer les prescriptions extérieures. ◆ **se pratiquer** v. pr. Être en usage, à la mode.

PRAXIE n. f. *Psychol.* Fonction permettant l'organisation spatiale et temporelle des gestes en fonction du but.

PRAXIS [praksis] n. f. (mot gr., *action*). *Philos.* Selon les marxistes, toute activité humaine transformant le monde; selon Sartre, activité d'une volonté libre en situation.

PRÉ n. m. (lat. *pratum*). Petite prairie.

PRÉADAPTATION n. f. *Biol.* Situation d'un être qui, vivant dans un milieu déterminé, possède des organes ou des fonctions qui lui seraient plus utiles dans un autre milieu.

PRÉALABLE adj. et n. m. Qui doit normalement être fait, dit, examiné d'abord : *consentement préalable; les préalables d'un traité*. ● *Au préalable*, auparavant. ‖ *Question préalable*, décision par laquelle une assemblée refuse de passer à l'examen d'une question; question qui, devant une juridiction, doit être réglée avant une autre, mais est de la compétence du juge saisi de la question principale. (Elle s'oppose à la *question préjudicielle*.)

PRÉALABLEMENT adv. Au préalable.

PRÉALPIN, E adj. Relatif aux Préalpes.

PRÉAMBULE n. m. (lat. *prae*, avant, et *ambulare*, marcher). Introduction à un discours, à un exposé, avant-propos. ‖ Ce qui précède, annonce qqch : *cela est le préambule d'une crise.*

PRÉAMPLIFICATEUR n. m. Amplificateur de tension du signal sortant d'un détecteur ou d'une tête de lecture avant son entrée dans un amplificateur de puissance.

PRÉANNONCE n. f. Signal ménageant un canton de protection supplémentaire aux trains circulant à plus de 160 km/h.

PRÉAPPRENTISSAGE n. m. Période de formation effectuée dans une entreprise au cours des dernières années de la scolarité.

PRÉAU n. m. (de *pré*). Cour découverte, au milieu d'un cloître, d'une prison. ‖ Partie couverte de la cour, dans une école.

PRÉAVIS n. m. Avis préalable; délai qui doit être observé avant de rompre un contrat, une convention : *donner son préavis à un employé; préavis de grève*. ‖ Formalité nécessaire avant certaines interventions chirurgicales ou cures thermales, pour les assurés sociaux.

PRÉBENDE n. f. (lat. *praebendus*, qui doit être fourni). *Litt.* Revenu attaché à une situation lucrative. ‖ Revenu attaché à un titre ecclésiastique, à un canonicat; ce titre lui-même.

PRÉBENDÉ adj. et n. m. *Relig.* Qui jouit d'une prébende.

PRÉBENDIER n. m. Titulaire d'une prébende.

PRÉCAIRE adj. (lat. *precarius*, obtenu par prière). Qui n'a rien de stable, d'assuré; incertain, provisoire, fragile : *santé précaire*. ‖ *Dr.* Qui existe par autorisation préalable et révocable.

PRÉCAIREMENT adv. Avec précarité.

PRÉCAMBRIEN, ENNE adj. et n. m. Première ère de l'histoire de la Terre, dont on évalue la durée à 4 milliards d'années. (Les roches de cette période, plissées et métamorphisées, n'ont livré que des vestiges rares et fragmentaires d'êtres vivants.) [Syn. ANTÉCAMBRIEN.]

PRÉCANCÉREUX, EUSE adj. Se dit de lésions qui précèdent certains cancers.

PRÉCARITÉ n. f. Caractère, état de ce qui est précaire.

PRÉCAUTION n. f. (bas lat. *praecautio*). Disposition prise par prévoyance pour éviter un mal : *apporter toutes les précautions nécessaires à une chose.* ‖ Circonspection, ménagement, prudence : *marcher avec précaution.* ● *Précautions oratoires,* moyens adroits pour se ménager la bienveillance de l'auditeur. ‖ *Prendre ses précautions* (Fam.), aller aux cabinets.

PRÉCAUTIONNER (SE) v. pr. *Litt.* Prendre des précautions.

PRÉCAUTIONNEUSEMENT adv. *Litt.* Avec précaution.

PRÉCAUTIONNEUX, EUSE adj. *Litt.* Plein de précautions : *gestes précautionneux.*

PRÉCÉDEMMENT adv. Auparavant.

PRÉCÉDENT, E adj. Qui est immédiatement avant : *le jour précédent; la page précédente.*

PRÉCÉDENT n. m. Fait, exemple antérieur qu'on invoque comme autorité : *s'appuyer sur un précédent.* ● *Créer un précédent,* faire une action inhabituelle qui justifiera d'autres actions analogues. ‖ *Sans précédent,* unique.

PRÉCÉDER v. t. (lat. *praecedere*) [conj. 5]. Marcher devant : *l'avant-garde précède l'armée.* ‖ Être placé, se produire immédiatement avant : *dans le chapitre qui précède.*

PRÉCEINTE n. f. *Mar.* Bordage situé au-dessus de la ligne de flottaison.

PRÉCEPTE n. m. (lat. *praeceptum*). Règle, enseignement dans un domaine particulier : *les préceptes de la morale.*

PRÉCEPTEUR, TRICE n. (lat. *praeceptor*). Personne qui est chargée de l'éducation d'un enfant à domicile.

PRÉCEPTORAT n. m. Fonction de précepteur.

PRÉCESSION n. f. (lat. *praecedere*, précéder). *Astron.* Mouvement conique très lent, effectué par l'axe de rotation de la Terre autour d'une position moyenne correspondant à une direction normale au plan de l'écliptique. ‖ *Mécan.* Mouvement conique que prend autour d'une position moyenne l'axe d'un corps animé d'un mouvement gyroscopique.

PRÉCHAMBRE n. f. Chambre auxiliaire, dans un moteur à combustion, intercalée entre l'injecteur de combustible et le cylindre, et dans laquelle la turbulence du gaz, en améliorant la pulvérisation du combustible, en facilite l'allumage.

PRÉCHAUFFAGE n. m. Chauffage préliminaire appliqué à certains corps pour les ramollir avant usage. ‖ Chauffage d'un four avant d'y enfourner un aliment à cuire pour que ce dernier soit saisi.

PRÉCHAUFFER v. t. Chauffer à l'avance : *préchauffer un four.*

PRÉCHAUFFEUR n. m. Four ou échangeur de chaleur placé en tête d'une installation de chimie ou de raffinage.

PRÊCHE n. m. Sermon. ‖ Discours moralisateur et ennuyeux.

PRÊCHER v. t. et i. (lat. *praedicare*). Annoncer publiquement la parole de Dieu. ‖ Recommander par des exhortations pressantes et réitérées.

PRÊCHEUR, EUSE adj. et n. Qui aime à faire des remontrances. ● *Frères prêcheurs,* nom officiel des *Dominicains,* qui se vouent à la prédication.

PRÊCHI-PRÊCHA n. m. inv. *Fam.* Discours moralisateur et ennuyeux.

PRÉCIEUSE n. f. *Littér.* Dans la première moitié du XVIIᵉ s., femme du monde qui se distinguait par l'élégance de ses manières et la pureté de son langage.

PRÉCIEUSEMENT adv. Avec grand soin : *conserver précieusement des lettres.*

PRÉCIEUX, EUSE [presj∅, ∅z] adj. (lat. *pretiosus*). Qui a du prix, de la valeur : *bijoux précieux.* ‖ Qui nous est cher, à quoi on attache du prix : *de précieux conseils; un précieux collaborateur.* ‖ *Littér.* Propre à la préciosité. ◆ adj. et n. Affecté dans son langage, ses manières.

PRÉCIOSITÉ n. f. Affectation dans les manières, dans le langage, dans le style. ‖ *Littér.* Tendance au raffinement des sentiments, des manières et de l'expression littéraire, qui se manifesta en France, dans certains salons, au début du XVIIᵉ s.

PRÉCIPICE n. m. (lat. *praecipitium*). Lieu très profond et escarpé, abîme, gouffre. ‖ Ruine, catastrophe.

PRÉCIPITAMMENT adv. Avec précipitation.

PRÉCIPITATION n. f. Vivacité excessive dans les actions, impatience, irréflexion : *faute commise par précipitation.* ‖ *Chim.* Phénomène qui s'opère quand un corps insoluble se forme dans un liquide et tombe au fond du récipient. ◆ pl. Formes variées sous lesquelles l'eau solide ou liquide contenue dans l'atmosphère se dépose à la surface du globe (pluie, neige et grêle).

PRÉCIPITÉ, E adj. Accompli à la hâte : *un départ précipité.*

PRÉCIPITÉ n. m. *Chim.* Dépôt formé dans un liquide par une précipitation.

PRÉCIPITER v. t. (lat. *praecipitare;* de *praeceps,* qui tombe la tête en avant). Jeter d'un lieu élevé : *précipiter dans un puits.* ‖ Faire tomber, pousser vivement, jeter dans : *précipiter dans le malheur.* ‖ Hâter, accélérer : *la frayeur précipite ses pas.* ‖ Accomplir avec trop de hâte : *il ne faut rien précipiter.* ‖ *Chim.* Transformer, par un réactif, en précipité une substance préalablement dissoute. ◆ v. i. *Chim.* Former un précipité. ◆ se précipiter v. pr. Se jeter de haut en bas : *se précipiter par la fenêtre.* ‖ S'avancer rapidement, prendre un rythme accéléré : *les événements se précipitent.*

PRÉCIPUT [presipy] n. m. (lat. *praecipuum*). *Dr.* Droit reconnu à certains, lors d'un partage, de prélever, avant celui-ci, une somme d'argent ou certains biens de la masse à partager.

PRÉCIPUTAIRE adj. *Dr.* Relatif au préciput.

PRÉCIS, E adj. (lat. *praecisus,* abrégé). Qui ne laisse aucune incertitude, juste, exact : *mesure, idée précise.* ‖ Fixé, déterminé rigoureusement : *heure précise.* ‖ Qui agit avec justesse, rigueur : *soyez précis, venez à 10 heures.* ‖ *Tir précis,* tir dont les points d'impact sont groupés, même loin du point visé.

PRÉCIS n. m. Ouvrage qui expose brièvement les choses essentielles.

PRÉCISÉMENT adv. Justement, exactement.

PRÉCISER v. t. Déterminer, présenter, exprimer d'une manière nette, distincte, ajouter un détail précis : *préciser un fait; préciser sa pensée.* ◆ se préciser v. pr. Prendre forme.

PRÉCISION n. f. Netteté rigoureuse dans la pensée, dans l'expression. ‖ Exactitude dans l'action : *manœuvre exécutée avec précision.* ‖ Détail qui apporte une plus grande information : *donnez-moi des précisions.* ● *Instrument de précision,* instrument très exact. ‖ *Précision d'un instrument de mesure,* qualité globale d'un instrument, lui permettant de donner des indications qui coïncident, à une haute approximation près, avec la valeur vraie de la grandeur à mesurer.

PRÉCISIONNISME n. m. Tendance de la peinture figurative américaine du XXᵉ s. (années 20 et 30), qui s'attachait à une stricte précision des formes. (Principaux représentants : Charles Demuth, Charles Sheeler.)

PRÉCITÉ, E adj. Cité précédemment.

PRÉCLASSIQUE adj. Antérieur à une période classique.

PRÉCOCE adj. (lat. *praecox, praecocis*). Mûr avant le moment habituel : *fruit précoce.* ‖ Qui se produit avant le temps normal : *mariage, printemps précoce.* ‖ Dont le développement physique ou intellectuel correspond à un âge supérieur : *enfant précoce.*

PRÉCOCEMENT adv. De façon précoce.

PRÉCOCITÉ n. f. Qualité d'une personne, d'une chose précoce.

PRÉCOLOMBIEN, ENNE adj. Se dit, pour l'Amérique, de l'époque antérieure à la venue de Christophe Colomb.

PRÉCOMBUSTION n. f. Phase du fonctionnement d'un moteur Diesel, précédant l'inflammation du combustible.

PRÉCOMPTE n. m. Retenue, opérée par l'employeur sur le salaire de l'employé, de sommes qui doivent être versées pour le compte de ce dernier à un organisme habilité.

PRÉCOMPTER v. t. Retenir pour autrui une part de la rémunération due au salarié.

PRÉCONCEPTION n. f. Idée que l'on se forme d'avance.

PRÉCONÇU, E adj. Imaginé sans examen critique, hâtif : *idée préconçue.*

PRÉCONISATION n. f. Action de préconiser. ‖ *Relig.* Acte solennel par lequel le pape donne l'institution canonique à un évêque nommé par l'autorité civile.

PRÉCONISER v. t. (lat. *praeco, -onis,* crieur public). Recommander vivement : *préconiser un remède.* ‖ *Relig.* Instituer.

PRÉCONSCIENT, E adj. *Psychanal.* Se dit des processus mentaux qui, temporairement inconscients, sont susceptibles de devenir conscients.

PRÉCONTRAINT, E adj. Soumis à la précontrainte : *béton précontraint.*

PRÉCONTRAINTE n. f. Technique particulière de mise en œuvre d'un matériau, consistant à y créer des contraintes permanentes, en général de sens opposé à celles qu'y produiront les charges appliquées ultérieurement.

PRÉCORDIAL, E, AUX adj. (lat. *praecordia,* diaphragme). *Méd.* Qui a rapport à la région antérieure du thorax, correspondant au cœur.

PRÉCUIT, E adj. Se dit d'un aliment soumis à une cuisson préalable et qui, conservé sous vide, ne demande que quelques minutes de cuisson avant d'être consommé.

PRÉCURSEUR adj. et n. m. (lat. *praecursor*). Qui vient avant et annonce, qui prépare, qui fait prévoir qqch qui viendra ensuite : *signes précurseurs de l'orage.* ‖ *Biochim.* Se dit d'un composé à partir duquel prend naissance un autre composé dans une séquence métabolique. ● *Détachement précurseur* (Mil.), celui qui est chargé de préparer le cantonnement d'une unité. ‖ *Le Précurseur* (Absol.), saint Jean-Baptiste, qui a préparé la voie au Messie.

PRÉDATEUR, TRICE adj. et n. m. Qui vit de proies. ‖ *Préhist.* Se dit de l'homme qui vit de la chasse et de la pêche. ● *Prédateur naturel d'une espèce,* animal qui fait ordinairement sa proie de cette espèce.

PRÉDATION n. f. Mode d'alimentation consistant à capturer, tuer et dévorer des proies animales ou végétales.

PRÉDÉCESSEUR n. m. (lat. *prae,* en avant, et *decessor,* qui précède). Personne qui a précédé qqn dans une fonction, un emploi, etc.

PRÉDÉCOUPÉ, E adj. Se dit d'un produit découpé à l'avance.

PRÉDÉLINQUANT, E n. Mineur en danger moral du fait de la déficience de son milieu.

PRÉDELLE n. f. (it. *predella,* gradin). *Bx-arts.* Soubassement d'un retable, d'un polyptyque, en général subdivisé en petits panneaux.

PRÉDESTINATION n. f. Détermination fatale et immuable d'événements futurs. ‖ *Théol.* Décret éternel de Dieu concernant la fin dernière surnaturelle des créatures.

PRÉDESTINÉ, E adj. et n. Dont le destin, heureux ou malheureux, est fixé d'avance.

PRÉDESTINER v. t. (lat. *praedestinare*, réserver d'avance). Vouer, réserver d'avance à un destin particulier. ‖ *Théol.* Fixer de toute éternité le destin final des humains après la mort.

PRÉDÉTERMINATION n. f. Action de déterminer d'avance.

PRÉDÉTERMINER v. t. Déterminer à l'avance.

PRÉDICABLE adj. (lat. *praedicabilis*). *Log.* Qui peut être appliqué à un sujet : *le terme « animal » est prédicable à l'homme et à la bête.*

PRÉDICANT n. m. (lat. *praedicans*, prêchant). Nom donné aux prédicateurs itinérants, notamment au temps des camisards.

PRÉDICAT [predika] n. m. (lat. *praedicatum*, chose énoncée). *Ling.* Attribut d'un mot, d'une proposition (dans la phrase « l'homme est mortel », « mortel » est le prédicat) ; un des deux termes de l'énoncé fondamental, exprimant ce qui est dit de l'autre terme, appelé *thème*. ‖ *Log.* Expression contenant une ou plusieurs variables et qui est susceptible de devenir une proposition vraie ou fausse si on attribue à ces variables certaines valeurs déterminées. (Syn. FONCTION PROPOSITIONNELLE.) ● *Calcul des prédicats*, partie de la logique qui traite des propriétés générales des propositions analysées en prédicats.

PRÉDICATEUR, TRICE n. Personne qui prêche.

PRÉDICATIF, IVE adj. *Log.* et *Ling.* Qui appartient au prédicat.

PRÉDICATION n. f. Action de prêcher ; sermon.

PRÉDICTION n. f. (lat. *praedictio*). Action de prédire ; chose prédite : *tes prédictions ont été démenties par les faits.*

PRÉDIGÉRÉ, E adj. Se dit d'un aliment auquel on fait subir une digestion chimique préalable.

PRÉDILECTION n. f. (lat. *dilectio*, amour). Préférence marquée pour qqn, qqch : *avoir de la prédilection pour l'un de ses enfants.* ● *De prédilection*, favori.

PRÉDIQUER v. t. *Ling.* Donner un prédicat à un syntagme nominal.

PRÉDIRE v. t. (lat. *praedicere*) [conj. 68]. Annoncer ce qui doit arriver, soit par des règles certaines : *prédire une éclipse* ; soit par une intuition ou divination : *prédire l'avenir* ; soit par conjecture : *prédire un événement.*

PRÉDISPOSER v. t. Mettre par avance dans certaines dispositions.

PRÉDISPOSITION n. f. Disposition naturelle, aptitude à contracter certaines maladies, certains goûts, à recevoir certaines impressions.

PRÉDOMINANCE n. f. Caractère prédominant, prépondérance.

PRÉDOMINANT, E adj. Qui prédomine.

PRÉDOMINER v. i. Être en plus grande quantité, être le plus important : *le maïs prédomine dans cette région.*

PRÉÉLECTORAL, E, AUX adj. Qui précède des élections.

PRÉEMBALLÉ, E adj. Se dit d'une marchandise, en général un produit alimentaire, vendu sous emballage.

PRÉÉMINENCE n. f. Supériorité absolue sur les autres, suprématie : *se disputer la prééminence économique.*

PRÉÉMINENT, E adj. (lat. *praeeminens*). *Litt.* Supérieur : *un rang prééminent.*

PRÉEMPTION n. f. (lat. *prae*, avant, et *emptio*, achat). Faculté que détient une personne ou une administration d'acquérir un bien qui a été mis en vente, de préférence à toute autre.

PRÉENCOLLÉ, E adj. Se dit d'un matériau enduit sur son envers d'un produit permettant de le coller.

PRÉÉTABLI, E adj. Établi d'avance. ● *Harmonie préétablie*, système de philosophie par lequel Leibniz explique l'accord entre l'âme et le corps.

PRÉÉTABLIR v. t. Établir à l'avance.

PRÉEXCELLENCE n. f. *Litt.* Perfection.

PRÉEXISTANT, E adj. Qui préexiste.

PRÉEXISTENCE n. f. Existence antérieure.

PRÉEXISTER v. i. Exister avant.

PRÉFABRICATION n. f. Système de construction permettant de réaliser un ensemble (maison, navire, etc.) au moyen d'éléments standardisés, fabriqués d'avance et assemblés suivant un plan préétabli.

PRÉFABRIQUÉ, E adj. et n. m. Fabriqué hors du chantier pour être monté sur place. ‖ Composé exclusivement par un assemblage d'éléments préfabriqués. ◆ adj. Fait de toutes pièces ; faux : *accusation préfabriquée.*

PRÉFACE n. f. (lat. *praefatio*, préambule). Texte préliminaire placé en tête d'un livre. ‖ *Liturg.* Partie initiale du canon de la messe.

PRÉFACER v. t. (conj. 1). Écrire une préface à : *préfacer un livre.*

PRÉFACIER n. m. Auteur d'une préface.

PRÉFECTORAL, E, AUX adj. Relatif au préfet, qui émane du préfet : *arrêté préfectoral.*

PRÉFECTURE n. f. En France, avant la réforme administrative entreprise en 1981, circonscription administrative d'un préfet, qui correspond à un département ; fonction de préfet ; sa durée. ‖ Édifice où se trouvent les services de l'administration préfectorale ; ville où réside un préfet. ‖ *Hist.* Division de certaines villes ou territoires de l'Empire romain. ● *Préfecture maritime*, port de guerre, chef-lieu d'une région maritime. ‖ *Préfecture de police*, administration chargée de la police.

PRÉFÉRABLE adj. Qui mérite d'être préféré à cause de ses qualités, de ses avantages.

PRÉFÉRABLEMENT adv. *Litt.* Par préférence.

PRÉFÉRÉ, E adj. et n. Que l'on aime mieux que les autres : *enfant préféré ; c'est son préféré.*

PRÉFÉRENCE n. f. Action de préférer, prédilection ; marques d'affection. ‖ Réglementation douanière particulièrement favorable accordée par un État à un autre État. ● *De préférence*, plutôt.

PRÉFÉRENTIEL, ELLE adj. Qui établit une préférence à l'avantage de qqn : *tarif préférentiel.* ● *Mariage préférentiel* (Anthropol.), règle de mariage qui détermine, selon les structures de parenté et les modalités d'alliance spécifiques du groupe social, les personnes qui peuvent se marier entre elles. (Le mariage préférentiel est une règle positive, par différence notamment avec la prohibition de l'inceste.) ‖ *Vote préférentiel*, système électoral dans lequel l'électeur peut modifier l'ordre des candidats d'une liste.

PRÉFÉRENTIELLEMENT adv. De façon préférentielle.

PRÉFÉRER v. t. (lat. *praeferre*) [conj. 5]. Considérer qqn, qqch avec plus de faveur qu'un autre, aimer mieux, estimer davantage : *il préfère partir plutôt que de rester* ou *plutôt que rester.*

PRÉFET n. m. (lat. *praefectus*). En France, représentant du gouvernement à la tête du département. (La réforme administrative entreprise en 1981 envisage la nouvelle appellation de « commissaire de la République ».) ‖ *Hist.* Haut fonctionnaire romain exerçant une charge soit dans l'armée, soit dans l'administration. ● *Préfet apostolique*, prélat, non évêque, placé à la tête d'une circonscription territoriale en pays de mission. ‖ *Préfet des études*, ou *préfet*, maître chargé de la surveillance des études dans un collège religieux ; en Belgique, directeur d'un athénée, éventuellement d'un lycée. ‖ *Préfet maritime*, amiral chargé du commandement d'une région maritime. ‖ *Préfet de police*, magistrat qui partage avec le préfet, notamment à Paris, les fonctions préfectorales. ‖ *Préfet de région*, préfet du département où se trouve le chef-lieu d'une région administrative.

PRÉFÈTE n. f. Femme d'un préfet. ‖ En Belgique, directrice d'un lycée. (On dit aussi PRÉFÈTE DES ÉTUDES.)

PRÉFIGURATION n. f. Action de préfigurer.

PRÉFIGURER v. t. Présenter les caractères d'une chose future, annoncer par avance.

PRÉFINANCEMENT n. m. Crédit accordé à un industriel pour lui permettre de réaliser une certaine production destinée notamment à l'exportation.

PRÉFIX, E [prefiks] adj. *Délai préfix* (Procéd.), délai octroyé pour accomplir un acte et à l'expiration duquel il y a forclusion.

PRÉFIXAL, E, AUX adj. Relatif aux préfixes : *élément préfixal.*

PRÉFIXATION n. f. *Ling.* Moyen morpholo-

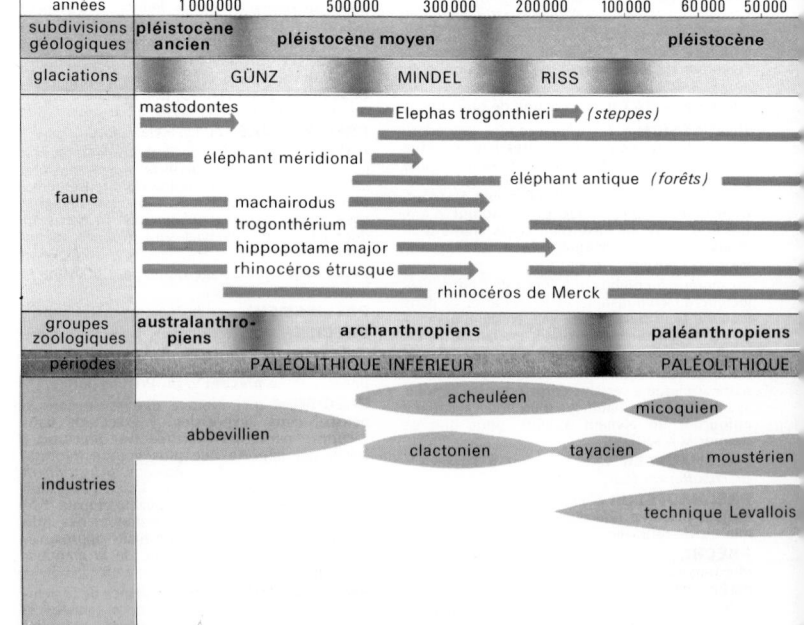

années	1 000 000		500 000		300 000	200 000	100 000	60 000	50 000
subdivisions géologiques	pléistocène ancien		pléistocène moyen					pléistocène	
glaciations			GÜNZ			MINDEL	RISS		
faune	mastodontes				Elephas trogontheri ➡ *(steppes)*				
	éléphant méridional						éléphant antique *(forêts)*		
	machairodus								
	trogonthérium								
	hippopotame major								
	rhinocéros étrusque								
				rhinocéros de Merck					
groupes zoologiques	australanthropiens		archanthropiens				paléanthropiens		
périodes	PALÉOLITHIQUE INFÉRIEUR						PALÉOLITHIQUE		
industries	abbevillien			acheuléen			micoquien		
				clactonien	tayacien		moustérien		
							technique Levallois		

gique consistant à ajouter un préfixe à un mot pour former une nouvelle unité lexicale.

PRÉFIXE n. m. (lat. *praefixus,* fixé devant). *Ling.* Élément qui se place à l'initiale d'un mot et qui en modifie le sens.

PRÉFIXÉ, E adj. *Ling.* Auquel on a ajouté un préfixe.

PRÉFIXER v. t. *Dr.* Fixer d'avance.

PRÉFLORAISON n. f. Disposition des pièces florales, particulièrement du périanthe, dans le bouton.

PRÉFOLIATION ou **PRÉFOLIAISON** n. f. Disposition des feuilles dans le bourgeon.

PRÉFORMAGE n. m. Procédé de fabrication de vêtements moulés à chaud.

PRÉFORMATION n. f. Caractère de ce qui est formé d'avance, dès le début.

PRÉFORMER v. t. Créer d'avance dans ses éléments essentiels.

PRÉGÉNITAL, E, AUX adj. *Psychanal.* Se dit des organisations libidinales qui précèdent l'établissement de la prédominance de la zone génitale.

PRÉGLACIAIRE adj. *Géol.* Antérieur à la période glaciaire quaternaire.

PRÉGNANCE [preɲɑ̃s] n. f. (lat. *premere,* presser). *Psychol.* Force et stabilité d'une structure perceptive particulière, privilégiée parmi toutes celles qui sont possibles.

PRÉGNANT, E adj. *Psychol.* Se dit d'une forme qui a plus de prégnance qu'une autre.

PRÉHELLÉNIQUE adj. Se dit des civilisations du début du IIe millénaire qui se développèrent dans la Méditerranée orientale avant l'arrivée des premiers Achéens.

PRÉHENSEUR adj. m. Qui sert à la préhension.

PRÉHENSILE adj. Qui a la possibilité de saisir : *singe à queue préhensile.* (Syn. : PRENEUR, EUSE ou PRENANT, E.)

PRÉHENSION n. f. (lat. *prehensio*). Action de saisir, de prendre matériellement : *l'éléphant exerce la préhension avec sa trompe.*

PRÉHISTOIRE n. f. Histoire des sociétés humaines depuis l'apparition de l'homme jusqu'aux premiers textes écrits; période chronologique précédant l'histoire.

PRÉHISTORIEN, ENNE n. Spécialiste de préhistoire.

PRÉHISTORIQUE adj. Relatif à la préhistoire : *sciences préhistoriques; archéologie préhistorique; homme préhistorique.*

PRÉHOMINIEN n. m. Hominien ancien, non classé dans le genre *homo,* tel que les australopithèques.

PRÉINDUSTRIEL, ELLE adj. Antérieur à la révolution industrielle de la fin du XVIIIe s.

PRÉJUDICE n. m. (lat. *praejudicium,* opinion préconçue). Atteinte portée aux droits, aux intérêts de qqn, tort, dommage. ‖ *Sans préjudice de,* contre les intérêts de. ● *Au préjudice de,* sans porter atteinte à, sous réserve de.

PRÉJUDICIABLE adj. Qui porte, qui cause du préjudice : *erreur préjudiciable.*

PRÉJUDICIEL, ELLE adj. *Question préjudicielle,* question qu'un tribunal répressif n'a pas compétence pour résoudre et qui doit être jugée préalablement par une autre juridiction.

PRÉJUGÉ n. m. Opinion préconçue, jugement favorable ou défavorable porté par avance.

PRÉJUGER v. t. et t. ind. [de] (lat. *praejudicare*) [conj. 1]. Juger d'avance, sans avoir tous les éléments nécessaires; prévoir par conjecture : *à ce qu'on en peut préjuger.*

PRÉLART n. m. Grosse bâche imperméabilisée servant à protéger les marchandises.

PRÉLASSER (SE) v. pr. S'abandonner avec nonchalance : *se prélasser dans un fauteuil.*

PRÉLAT n. m. (lat. *praelatus,* porté en avant). Dignitaire ecclésiastique.

PRÉLATIN, E adj. Antérieur à la civilisation, à la langue latines.

PRÉLATURE n. f. Dignité de prélat.

PRÉLAVAGE n. m. Lavage préliminaire.

PRÊLE ou **PRÈLE** (selon l'Acad.) n. f. (pour *aprêle;* lat. *asper,* rugueux). Plante des lieux humides, à tige creuse, à feuilles disposées en verticilles, et dont les spores sont produites par des épis terminaux de sporanges en écailles. (Haut. : jusqu'à 1,50 m; ordre des équisétales.)

PRÉLEGS n. m. Legs qui doit être prélevé sur la masse avant tout partage.

PRÉLÈVEMENT n. m. Action de prélever; quantité prélevée.

PRÉLEVER v. t. (lat. *prae,* avant, et *lever*) [conj. 5]. Prendre une certaine portion sur un total, une masse : *on prélève des taxes importantes sur les recettes théâtrales.* ‖ Prendre une certaine quantité d'une chose en vue de l'analyser : *prélever du sang à un malade.*

PRÉLIMINAIRE adj. (lat. *prae,* avant, et *limen, liminis,* seuil). Qui précède et prépare qqch : *entretiens préliminaires.*

PRÉLIMINAIRES n. m. pl. Ensemble des actes, des entretiens qui préparent qqch : *préliminaires de paix.*

PRÉLOGIQUE adj. Qui ne respecte pas encore les règles de la logique.

PRÉLUDE n. m. Ce qui annonce, précède; ce qui fait présager : *ces incidents sont le prélude d'un conflit plus grave.* ‖ *Mus.* Pièce servant d'introduction à une composition vocale ou instrumentale; pièce isolée, de forme indéterminée.

PRÉLUDER v. i. (lat. *praeludere,* se préparer à jouer). *Mus.* Essayer sa voix, un instrument; improviser sur le piano, sur l'orgue, etc. ◆ v. t. ind. [à]. Annoncer, marquer le début de qqch : *ces conflits locaux préludent à une guerre générale.*

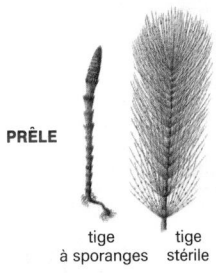

PRÊLE

tige à sporanges   tige stérile

PRÉMATURÉ, E adj. et n. (lat. *praematurus*). Qui est né viable avant terme, c'est-à-dire entre le 180e et le 270e jour de la grossesse. (On distingue les *prématurés simples,* de poids égal à celui d'un fœtus normal du même âge, et les *prématurés débiles,* qui ont un poids inférieur.) ◆ adj. Fait avant le temps convenable : *entreprise prématurée.* ‖ Qui vient, qui se produit avant le temps ordinaire : *mort prématurée.*

PRÉMATURÉMENT adv. Avant le temps normal.

PRÉMATURITÉ n. f. État des enfants prématurés.

PRÉMÉDICATION n. f. Ensemble de soins destinés à préparer un malade à une opération chirurgicale.

PRÉMÉDITATION n. f. Dessein réfléchi qui a précédé l'exécution de l'acte délictueux : *la préméditation est une circonstance aggravante du meurtre.*

PRÉMÉDITER v. t. (lat. *praemeditari*). *Péjor.* Réfléchir longuement à qqch avant de l'accomplir : *préméditer un crime.*

PRÉMENSTRUEL, ELLE adj. *Méd.* Relatif à la période qui précède les règles.

PRÉMICES n. f. pl. (lat. *primitiae;* de *primus,* premier). Ensemble qui annonce un résultat important : *les prémices d'un nouveau roman.* ● *Messe de prémices,* première messe célébrée par un nouveau prêtre.

PREMIER, ÈRE adj. (lat. *primarius;* de *primus*). Qui précède les autres par rapport au temps, au lieu, à l'ordre, à la valeur, à l'importance : *le premier homme; le premier étage; le premier commis; le premier des orateurs.* ● *Cause première* (Philos.), cause qui serait à l'origine de l'enchaînement des causes et des effets, c'est-à-dire de tout l'univers. ‖ *Côtelette*

PRÉHISTOIRE

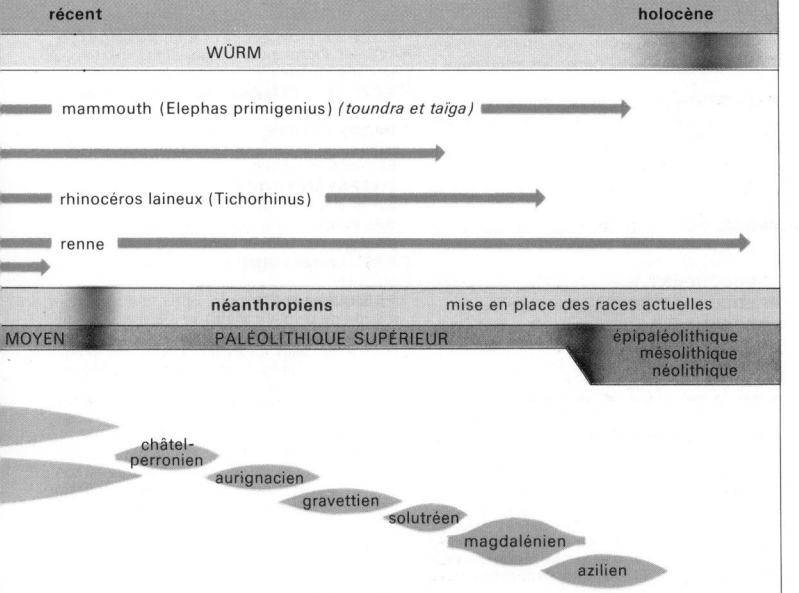

40 000	35 000	30 000	25 000	20 000	15 000	10 000	7 800	5 000

récent   holocène

WÜRM

mammouth (Elephas primigenius) *(toundra et taïga)*

rhinocéros laineux (Tichorhinus)

renne

néanthropiens   mise en place des races actuelles

MOYEN   PALÉOLITHIQUE SUPÉRIEUR   épipaléolithique / mésolithique / néolithique

châtelperronien

aurignacien

gravettien

solutréen

magdalénien

azilien

première ou *côtelette de noix*, une des quatre dernières côtelettes, près de la selle. ‖ *Dans son état premier*, dans son état originel, primitif. ‖ *En premier*, d'abord. ‖ *Matières premières*, productions naturelles du sol ou du sous-sol qui n'ont pas encore été transformées industriellement. ‖ *Nombre premier*, nombre n'ayant pas d'autre diviseur que lui-même et l'unité. ‖ *Nombres premiers entre eux*, nombres n'ayant pas d'autre commun que l'unité. ‖ *Premier ministre*, chef du gouvernement. ‖ *Proposition première* (Log.), syn. de AXIOME.

PREMIER, ÈRE n. *Jeune premier, jeune première*, acteur, actrice qui joue les rôles d'amoureux.

PREMIÈRE n. f. Place de la catégorie la plus chère, dans un train, un avion, le métro, etc. ‖ Employée principale dans la mode ou la couture. ‖ Dans une chaussure, semelle de cuir mince, en contact avec le pied. ‖ Première représentation d'une pièce de théâtre. ‖ Classe de l'enseignement secondaire précédant la terminale. ‖ En montagne, première ascension ou premier parcours d'un itinéraire nouveau. ‖ Vitesse la plus démultipliée, sur une automobile. ‖ *Chorégr*. La première des cinq positions fondamentales de la danse classique. (Les pieds sont ouverts, les pointes tournées vers l'extérieur, et forment un angle plat [180°].) ● *De première* (Fam.), de très bonne qualité.

PREMIÈREMENT adv. En premier lieu.

PREMIER-NÉ, PREMIÈRE-NÉE adj. et n. (pl. *premiers-nés, premières-nées*). Le premier enfant d'une famille.

PRÉMILITAIRE adj. Qui précède l'appel au service national.

PRÉMISSE n. f. (lat. *prae*, avant, et *missus*, envoyé). Fait d'où découle une conséquence quelconque. ‖ *Log.* Énoncé qui attribue un prédicat à un sujet. (Les prémisses constituent les deux premières propositions d'un syllogisme.)

PRÉMOLAIRE n. f. Dent située entre la canine et les molaires. (Il existe deux prémolaires par demi-mâchoire chez l'homme.)

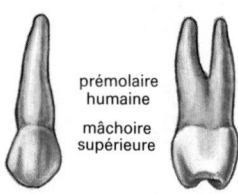

prémolaire
humaine

mâchoire
supérieure

vue de face   vue de profil

PRÉMOLAIRE

PRÉMONITION n. f. (lat. *prae*, avant, et *monitio*, avertissement). Intuition qu'un événement, généralement malheureux, va se produire.

PRÉMONITOIRE adj. Se dit des signes qui précèdent un événement, l'éclosion d'une maladie.

PRÉMONTRÉ n. m. Membre d'un ordre de chanoines réguliers fondé en 1120 par saint Norbert à Prémontré, près de Laon (sur place, bâtiments de l'anc. abbaye, majestueusement reconstruite au XVIIIe s.).

PRÉMUNIR v. t. (lat. *praemunire*; de *munire*, protéger). Garantir par certaines précautions : *prémunir qqn contre le danger*. ◆ **se prémunir** v. pr. Prendre des précautions contre un danger.

PRENABLE adj. Qui peut être pris, en parlant d'une ville, d'une place forte.

PRENANT, E adj. Qui captive, intéresse profondément : *livre prenant*. ● *Partie prenante*, personne qui touche de l'argent; personne qui est intéressée à une affaire. ‖ *Queue prenante*, queue de certains animaux, qui leur sert pour se suspendre aux arbres.

PRÉNATAL, E, ALS ou **AUX** adj. Qui précède la naissance.

PRENDRE v. t. (lat. *prehendere*) [conj. **50**].

Saisir avec la main ou un instrument; emporter : *prendre un livre*. ‖ Aller chercher qqn : *je vous prendrai après déjeuner*. ‖ S'emparer de, ôter qqch à qqn : *prendre une ville; prendre une montre*. ‖ Se rendre maître de, gagner : *prendre les enfants par la douceur*. ‖ Attaquer : *prendre l'ennemi de flanc*. ‖ Engager à son service : *prendre une femme de chambre*. ‖ Accepter : *prenez ce qu'on vous donne*. ‖ Acheter, emporter : *prenez-le pour cent francs*. ‖ Recevoir : *prendre des leçons, des coups*. ‖ Demander, exiger : *prendre cher*. ‖ Choisir : *lequel prenez-vous?* ‖ Manger, boire : *prendre un repas, un apéritif*. ‖ Louer : *prendre un appartement*. ‖ Faire usage de, emprunter : *prendre le train*. ‖ S'engager dans : *prendre un raccourci*. ‖ Contracter : *prendre un rhume*. ‖ Accueillir : *prendre un ami chez soi*. ‖ Recueillir : *prendre des renseignements*. ‖ Saisir par la pensée, interpréter, considérer : *vous prenez mal mes paroles*. ‖ Absorber le temps de qqn, ses activités. ‖ *À tout prendre*, tout compte fait. ‖ *C'est à prendre ou à laisser*, il faut vous décider. ‖ *Il y a à prendre et à laisser*, il y a du bon et du mauvais. ‖ *Prendre de l'âge*, vieillir. ‖ *Prendre les armes*, s'armer pour se défendre ou pour attaquer. ‖ *Prendre la fuite*, s'enfuir. ‖ *Prendre la mer*, s'embarquer. ‖ *Prendre des mesures*, employer des moyens pour réussir. ‖ *Prendre des nouvelles de qqn*, s'informer de sa santé. ‖ *Prendre pour*, regarder comme. ‖ *Prendre qqn en pitié*, ressentir pour lui de la compassion. ‖ *Prendre son temps*, ne point se presser. ‖ *Prendre sur soi*, se charger de, accepter la responsabilité de; se retenir, se contraindre. ‖ *Prendre le vent* (Mar.), présenter les voiles au vent. ◆ v. i. S'enraciner, croître : *cet arbre prend bien*. ‖ Être cru, accepté : *cela ne prend pas*. ‖ Suivre une direction : *prendre à gauche*. ‖ S'épaissir, se cailler, se figer : *les confitures ont pris*. ‖ S'enflammer : *le feu commence à prendre*. ‖ Réussir : *ce livre n'a pas pris*. ◆ **se prendre** v. pr. S'accrocher : *sa robe s'est prise à un clou*. ● *Se prendre à*, commencer, se mettre à : *il se prit à rire*. ‖ *Se prendre de*, commencer à avoir : *se prendre d'amitié*. ‖ *Se prendre pour*, se croire. ‖ *S'en prendre à qqn d'une chose*, en rejeter sur lui la responsabilité, les critiques. ‖ *S'y prendre*, agir d'une certaine manière en vue d'un résultat.

PRENEUR, EUSE n. Personne qui offre d'acheter à un certain prix : *il y a preneur*. ‖ *Dr.* Personne qui prend à bail. ◆ adj. Qui sert à prendre : *une benne preneuse*.

PRÉNOM n. m. (lat. *praenomen*). Nom particulier joint au patronyme et qui distingue chacun des membres d'une même famille.

PRÉNOMMÉ, E adj. et n. Qui a pour prénom.

PRÉNOMMER v. t. Donner pour prénom à qqn.

PRÉNOTION n. f. *Philos.* Notion générale antérieure à toute réflexion et tirée de l'expérience; idée spontanée, ou *a priori*, existant dans l'esprit, selon certains philosophes, avant toute étude méthodique des faits.

PRÉNUPTIAL, E, AUX adj. Qui précède le mariage.

PRÉOBJECTAL, E, AUX adj. *Psychanal.* Se dit des relations qui précèdent la distinction entre sujet et objet.

PRÉOCCUPANT, E adj. Qui préoccupe, grave.

PRÉOCCUPATION n. f. Inquiétude, souci.

PRÉOCCUPÉ, E adj. Inquiet.

PRÉOCCUPER v. t. (lat. *praeoccupare*, prendre d'avance). Occuper fortement l'esprit, causer du souci, inquiéter, tourmenter : *cette affaire le préoccupe*. ◆ **se préoccuper** v. pr. [de]. S'inquiéter : *il se préoccupe de sa santé*.

PRÉŒDIPIEN, ENNE adj. *Psychanal.* Se dit de la période du développement libidinal qui précède l'apparition du complexe d'Œdipe.

PRÉOPÉRATOIRE adj. *Méd.* Qui précède une opération chirurgicale. ‖ *Pensée préopératoire* (Psychol.), structure de la pensée caractéristique de l'enfant entre deux et quatre ans, et marquée par l'apparition de la représentation mentale d'un objet ou d'un événement non actuel.

PRÉPARATEUR, TRICE n. Celui, celle qui prépare qqch. ● *Préparateur de laboratoire*, collaborateur d'un chercheur scientifique. ‖ *Préparateur en pharmacie*, celui qui, sans être pharmacien lui-même, aide le pharmacien.

PRÉPARATIFS n. m. pl. Arrangements pris en vue de qqch : *les préparatifs d'un voyage*.

PRÉPARATION n. f. Action, manière de préparer, de se préparer : *préparation d'un remède; plaider sans préparation*. ‖ Chose préparée : *préparation culinaire*. ‖ *Préparation militaire*, instruction militaire donnée à certains jeunes gens (spécialistes ou futurs cadres) avant leur service militaire (abrév. : P.M.). ‖ *Préparation du travail* (Industr.), élaboration de toutes les instructions relatives à un travail donné (méthode à suivre, outillage à employer, matières à utiliser, etc.). ‖ *Tirs de préparation* (Mil.), tirs visant à la dislocation du dispositif de défense ennemi avant l'attaque.

PRÉPARATOIRE adj. Qui prépare à qqch : *classes préparatoires aux grandes écoles*. ● *Cours préparatoire*, première année de l'enseignement primaire.

PRÉPARER v. t. (lat. *praeparare*). Rendre propre à un usage : *préparer le dîner, ses bagages*. ‖ Créer, organiser ce qui n'existait pas : *préparer une surprise, un voyage*. ‖ Réserver pour l'avenir, annoncer : *ça préparer un retour difficile*. ‖ Rendre capable de, prêt à : *préparer un élève à l'examen*. ‖ Amener avec ménagement : *préparer qqn à une mauvaise nouvelle*. ‖ *Chim.* Fabriquer, isoler. ◆ **se préparer** v. pr. Se disposer à, se mettre en état de faire, de subir, etc. : *se préparer à une mauvaise nouvelle, à partir*. ‖ Être imminent.

PRÉPONDÉRANCE n. f. Qualité de ce qui est prépondérant.

PRÉPONDÉRANT, E adj. (lat. *praeponderans*, qui a le dessus; de *pondus*, poids). Qui a plus d'importance, d'autorité, etc., capital, primordial. ● *Voix prépondérante*, voix qui l'emporte dans un vote en cas de partage des voix.

PRÉPOSÉ, E n. Personne chargée d'une fonction spéciale, en général subalterne : *les préposés de la douane*. ‖ Désignation officielle du facteur des postes. ‖ *Dr.* Personne accomplissant une tâche pour un commettant.

PRÉPOSER v. t. (lat. *prae*, avant, et *poser*). Placer à la garde, à la surveillance de qqch : *préposer à la garde d'un immeuble*.

PRÉPOSITION n. f. (lat. *prae*, avant, et *positio*, place). Mot invariable qui joint deux autres mots en établissant un rapport de dépendance entre eux.

PRÉPOSITIONNEL, ELLE ou **PRÉPOSITIF, IVE** adj. Relatif à une préposition; introduit par une préposition.

PRÉPOSITIVEMENT adv. *Ling.* En fonction de préposition.

PRÉPSYCHOSE n. f. *Psychiatr.* Organisation pathologique de la personnalité, pouvant évoluer vers une psychose avérée.

PRÉPSYCHOTIQUE [prepsikɔtik] adj. et n. Relatif à la prépsychose.

PRÉPUCE n. m. (lat. *praeputium*). Repli de peau qui recouvre le gland de la verge.

PRÉRAPHAÉLISME n. m. Doctrine des préraphaélites.

PRÉRAPHAÉLITE adj. et n. Se dit d'un groupe de peintres anglais de l'ère victorienne, qui, sous l'influence de Ruskin, se donnèrent comme modèles idéaux les œuvres des prédécesseurs de Raphaël. (Une inspiration littéraire et symbolique, biblique ou historique, caractérise les principaux membres de la « confrérie préraphaélite » : Rossetti, Holman Hunt, Millais, Burne-Jones.)

PRÉRÉFLEXIF, IVE adj. *Philos.* Pour la phénoménologie, se dit d'une modalité de la conscience au cours de laquelle elle ne se réfléchit pas elle-même, mais existe pleinement et positivement. (Cette modalité précède le moment réflexif.)

PRÉRENTRÉE n. f. Période qui précède la rentrée.

PRÉRETRAITE n. f. Retraite anticipée.

PRÉROGATIVE n. f. (lat. *prae*, avant, et *rogare*, demander). Avantage particulier, privilège attachés à certaines fonctions, certains titres.

PRÉROMAN, E adj. *Art préroman*, qui précède, prépare l'art roman.

PRÉROMANTIQUE adj. Qui annonce, prépare le romantisme.

PRÉROMANTISME n. m. Période qui a précédé le romantisme.

PRÈS adv. (lat. *presse*; de *pressus*, serré). Indique la proximité dans l'espace ou le temps : *demeurer tout près*. ● *À beaucoup près*, il s'en faut de beaucoup, loin de là. || *À cela près*, à cette seule exception; indique un écart précis ou sans conséquence. || *À peu près*, environ, approximativement. || *Au plus près* (Mar.), dans la direction la plus rapprochée de celle d'où vient le vent. || *De près*, d'un lieu peu éloigné : *regarder de près*; avec attention : *surveiller de près*; à ras : *être rasé de près*. ◆ loc. prép. *Près de*, dans le voisinage de : *près du pôle*; sur le point de : *être près de partir*; presque : *toucher près de cent mille francs*.

PRÉSAGE [preza3] n. m. (lat. *praesagium*). Signe par lequel on juge de l'avenir : *cet événement est regardé comme un heureux présage.* || Conjecture tirée de ce signe : *tirer un présage d'un événement.*

PRÉSAGER v. t. (conj. **1**). *Litt.* Annoncer par quelque signe : *l'horizon rouge, le soir, présage le vent.* || Prévoir ce qui va arriver, conjecturer : *je ne présage rien de bon.*

PRÉSALAIRE n. m. Appointements des jeunes gens poursuivant encore leurs études.

PRÉ-SALÉ n. m. (pl. *prés-salés*). Mouton engraissé dans des pâturages proches de la mer, dont la chair acquiert de ce fait une saveur particulière; viande de ce mouton.

PRESBYOPHRÉNIE n. f. (gr. *presbus*, vieux). *Psychiatr.* Forme de démence sénile où dominent les troubles mnésiques, alors que le jugement est relativement conservé.

PRESBYTE adj. et n. (gr. *presbutès*, vieillard). Atteint de presbytie.

PRESBYTÉRAL, E, AUX adj. Du prêtre.

PRESBYTÈRE n. m. (gr. *presbuterion*, conseil des anciens). Habitation du curé.

PRESBYTÉRIANISME n. m. Forme d'organisation de certaines Églises réformées qui refusent le gouvernement de l'Église par des évêques (épiscopalisme). [L'autorité est exercée par des assemblées de laïques et pasteurs (synodes). Cette forme presbytérienne a été établie par Calvin. L'Église réformée de France est organisée selon cette structure.]

PRESBYTÉRIEN, ENNE adj. et n. Qui appartient au presbytérianisme.

PRESBYTIE [presbisi] n. f. Diminution du pouvoir d'accommodation du cristallin, empêchant de voir les objets proches. (La presbytie, qui commence le plus souvent vers cinquante ans, se corrige par des verres convergents.)

PRESCIENCE n. f. (lat. *prae*, avant, et *scientia*, science). Connaissance de l'avenir.

PRÉSCOLAIRE adj. Relatif à l'enfant avant qu'il entre dans l'enseignement primaire.

PRESCRIPTEUR n. m. Personne ayant une influence sur le choix d'un produit.

PRESCRIPTIBLE adj. *Dr.* Sujet à la prescription.

PRESCRIPTION n. f. Ordre formel et détaillé : *les prescriptions de la loi, de la morale.* || Ordonnance d'un médecin. || *Dr.* Moyen légal d'acquérir la propriété par une possession non interrompue (*prescription acquisitive*), ou de se libérer d'une charge lorsque son exécution n'est pas exigée par le créancier (*prescription extinctive*); délai à l'expiration duquel l'action publique cesse de s'exercer contre le criminel ou le délinquant, ou au terme duquel le condamné est soustrait à l'exécution de la peine.

PRESCRIRE v. t. (lat. *praescribere*) [conj. **65**]. Donner un ordre précis à exécuter scrupuleusement, ordonner : *prescrire un régime alimentaire.* || *Dr.* Acquérir ou libérer par prescription. ◆ **se prescrire** v. pr. Se faire une loi de. || Se perdre par prescription.

PRÉSÉANCE n. f. (lat. *prae*, avant, et *sedere*, s'asseoir). Droit d'avoir une place plus honorifique qu'une autre personne, ou de la précéder.

PRÉSÉLECTEUR n. m. Dispositif permettant une présélection.

PRÉSÉLECTION n. f. Choix préalable. || *Techn.* Opération préliminaire permettant, dans certains appareils (boîtes de vitesses, appareils de radio, de photo), de déterminer une combinaison choisie à l'avance.

PRÉSÉLECTIONNER v. t. Effectuer une présélection.

PRÉSENCE n. f. (lat. *praesentia*). Le fait, pour qqn ou qqch, de se trouver présent. ● *Avoir une certaine présence*, avoir une forte personnalité. || *En présence* (de), en vue, en face l'un de l'autre. || *Faire acte de présence*, se montrer quelque part pendant quelques instants. || *Présence réelle* (Théol.), existence de la réalité du corps et du sang du Christ dans l'eucharistie, sous les apparences du pain et du vin.

PRÉSÉNESCENCE [presenesɑ̃s] n. f. Période d'involution physiologique dont les limites, fixées en général de 45 à 65 ans, varient beaucoup selon les individus.

PRÉSÉNILE adj. *Démence présénile*, état démentiel survenant avant l'âge de 70 ans.

PRÉSENT, E adj. et n. (lat. *praesens*). Qui est dans le lieu dont on parle ou dans le temps où nous sommes, qu'on a sous les yeux : *les personnes présentes; l'état présent; le moment présent.* ● *La présente lettre*, ou absol., *la*, la lettre qu'on écrit.

PRÉSENT n. m. Partie du temps correspondant au moment où l'on parle, où l'on est : *ne songer qu'au présent.* || *Ling.* Temps qui indique que l'action marquée par le verbe se passe actuellement, ou qu'elle est valable de tout temps. ● *À présent*, maintenant. || *Pour le présent*, pour ce qui est du moment actuel.

PRÉSENT n. m. (de *présenter*). *Litt.* Cadeau, libéralité : *un riche présent.*

PRÉSENTABLE adj. Qu'on peut présenter; qui peut se présenter : *il était dans une tenue à peine présentable.*

PRÉSENTATEUR, TRICE n. Personne qui présente au public un programme, un spectacle, une émission de radio ou de télévision.

PRÉSENTATION n. f. Action, manière de présenter, de se présenter : *assister à la présentation d'un film.* || *Méd.* Partie du fœtus qui se présente en premier, lors de l'accouchement. ● *Droit de présentation*, droit des officiers ministériels de présenter leur successeur à l'agrément des pouvoirs publics. || *Présentation de l'Enfant Jésus au Temple*, fête qui se célèbre le 2 février, en même temps que la Purification de la Vierge (Chandeleur). || *Présentation de la Vierge*, fête en mémoire du jour où la Vierge fut présentée au Temple (21 novembre).

PRÉSENTEMENT adv. Maintenant (vx).

PRÉSENTER v. t. (lat. *praesentare*, offrir). Offrir aux regards, à l'attention, faire connaître : *présenter le bras, présenter une collection, un exposé.* || Introduire qqn auprès d'un autre, en énonçant son nom, sa qualité, etc. || Laisser apparaître, comporter : *l'entreprise présente de sérieux inconvénients.* ● *Présenter les armes*, exécuter un mouvement réglementaire du maniement d'armes pour rendre les honneurs. ◆ v. i. *Présenter bien, mal*, avoir un aspect qui séduit ou déplaît au premier abord. ◆ **se présenter** v. pr. Paraître devant qqn ou se faire connaître. || Se mettre sur les rangs, être candidat : *se présenter pour un emploi, à la députation.* || Survenir, prendre telle ou telle tournure : *une nouvelle difficulté se présente.*

PRÉSENTOIR n. m. Dans un magasin, dispositif mettant en valeur un produit déterminé.

PRÉSÉRIE n. f. Fabrication industrielle d'une petite quantité d'un objet ou d'un produit, avant d'en entreprendre la production en série.

PRÉSERVATEUR, TRICE adj. Propre à préserver.

PRÉSERVATIF, IVE adj. et n. m. *Litt.* Qui préserve, propre à préserver : *un puissant préservatif contre la contagion.*

PRÉSERVATIF n. m. Contraceptif masculin qui évite aussi les contaminations vénériennes.

PRÉSERVATION n. f. Action de préserver.

PRÉSERVER v. t. (lat. *prae*, avant, et *servare*, garder). Garantir d'un mal, mettre à l'abri de, protéger : *préserver de la contagion, du froid.*

PRÉSIDE n. m. (esp. *presidio*; lat. *praesidium*, garnison). *Hist.* Poste que les Espagnols possédaient sur une côte étrangère.

PRÉSIDENCE n. f. Fonction de président; temps pendant lequel on l'exerce. || Résidence, bureaux d'un président.

PRÉSIDENT n. m. (lat. *praesidens*). Personne qui dirige les délibérations d'une assemblée ou d'un tribunal. || Chef de l'État, dans une république. ● *Président-directeur général*, personne qui, dans les sociétés anonymes dotées d'un conseil d'administration, préside celui-ci et assume, de plus, la direction générale de la société (abrév. : P.-D.G.).

PRÉSIDENTE n. f. Celle qui préside une assemblée. || Épouse d'un président.

PRÉSIDENTIALISME n. m. Pratique du régime présidentiel.

PRÉSIDENTIEL, ELLE adj. Qui concerne le président, la présidence. ● *Régime présidentiel*, régime où le pouvoir exécutif est entre les mains du président de la République ou du chef de l'État, et où une séparation tranchée existe entre les pouvoirs exécutif et législatif.

PRÉSIDENTIELLES n. f. pl. Élections destinées à désigner le président de la République.

PRÉSIDER v. t. (lat. *praesidere*, être à la tête de). Occuper la première place, diriger les débats dans une assemblée. ◆ v. t. ind. [à]. Avoir le soin de la direction de : *présider aux préparatifs d'une fête.*

PRÉSIDIAL n. m. (pl. *présidiaux*). *Hist.* Tribunal créé en 1552 par Henri II, intermédiaire entre les bailliages et les parlements, correspondant à nos tribunaux de grande instance, et supprimé en 1791.

PRÉSIDIALITÉ n. f. Juridiction d'un présidial.

PRÉSIDIUM n. m. Syn. de PRAESIDIUM.

PRÉSOMPTIF, IVE adj. (lat. *praesumptus*, pris d'avance). *Héritier présomptif*, celui, celle qui est appelé à hériter. (Se dit surtout du prince destiné à régner.)

PRÉSOMPTION n. f. (lat. *praesumptio*, conjecture). Jugement non fondé sur des preuves, mais sur des indices : *être condamné sur des présomptions.* || Opinion trop avantageuse de soi-même; suffisance, prétention. || *Dr.* Supposition tenue pour vraie dans la pratique, jusqu'à preuve du contraire.

PRÉSOMPTUEUX, EUSE adj. et n. Qui a une trop haute opinion de soi.

PRÉSONORISATION n. f. *Cin.* et *Télév.* Syn. de PLAY-BACK.

PRESQUE adv. À peu près, pas tout à fait.

PRESQU'ÎLE n. f. Portion de terre entourée d'eau à l'exception d'un seul endroit, par lequel elle communique avec le continent.

PRESSAGE n. m. Action de presser.

PRESSANT, E adj. Qui insiste vivement : *créancier pressant.* || Urgent, qui ne souffre pas d'être différé : *besoin pressant.*

PRESS-BOOK n. m. (mot angl.) [pl. *pressbooks*]. Dossier regroupant les articles parus dans la presse sur une personne, un ouvrage, un sujet donné. (On dit aussi DOSSIER DE PRESSE.)

PRESSE n. f. (de *presser*). *Litt.* Foule, bousculade : *il y a presse pour écouter cet orateur.* || Période d'activité intense : *moment de presse.* || Machine composée de deux éléments pouvant être rapprochés sous l'effet d'une commande pour comprimer ou fermer ce qui est placé entre eux, ou pour s'y laisser une empreinte quelconque : *presse typographique; presse à emboutir.* || Ensemble des journaux, activité, monde du journalisme. || *Hist.* Enrôlement forcé des matelots, remplacé en 1670 par l'*Inscription maritime.* ● *Avoir bonne, mauvaise presse*, se dit de qqch ou de qqn qui a bonne, mauvaise réputation. || *Liberté de la presse*, liberté de publier ses opinions par le journal ou par le livre. ‖ *Presse à fourrage,* machine agricole servant à comprimer le foin, la paille, en ballots réguliers. ‖ *Sous presse,* qu'on imprime actuellement.

PRESSÉ, E adj. Comprimé : *citron pressé.* ‖ Qui a hâte : *pressé de partir.* ‖ Urgent : *commission pressée.* ● *N'avoir rien de plus pressé que,* se dépêcher de faire qqch.

PRESSE-CITRON n. m. inv. Instrument servant à extraire le jus des agrumes.

PRESSÉE n. f. Masse de fruits soumise à l'action du pressoir.

PRESSE-ÉTOUPE n. m. inv. Dispositif empêchant un fluide sous pression de s'échapper par les interstices d'un joint.

PRESSE-FLAN n. m. inv. Partie d'une matrice d'emboutissage ou de découpage qui maintient le pourtour de la pièce à usiner au cours de l'opération de formage ou de découpage.

PRESSENTIMENT n. m. Sentiment vague, instinctif, qui fait prévoir ce qui doit arriver.

PRESSENTIR v. t. (lat. *praesentire*) [conj. **15**]. Prévoir d'une façon vague, se douter de, deviner : *il avait pressenti ce qui lui est arrivé.* ‖ Sonder les dispositions de qqn avant de l'appeler à certaines fonctions : *pressentir qqn comme ministre.*

PRESSE-PAPIERS n. m. inv. Objet lourd qu'on met sur des papiers pour les maintenir.

PRESSE-PURÉE n. m. inv. Ustensile de cuisine pour réduire les légumes en purée.

PRESSER v. t. (lat. *pressare;* de *premere*). Comprimer de manière à extraire un liquide : *presser du raisin, un citron.* ‖ Serrer avec plus ou moins de force : *presser qqn entre ses bras.* ‖ Insister auprès de qqn : *il nous presse d'achever notre ouvrage.* ‖ Hâter, précipiter, accélérer : *presser son départ.* ‖ Obliger qqn à se hâter. ‖ Fabriquer une série de disques. ● *Presser le pas,* marcher plus vite. ◆ v. i. Être urgent : *l'affaire presse.* ● *Le temps presse,* il faut agir vite. ◆ **se presser** v. pr. Se hâter : *pourquoi se presser?* ‖ Venir en grand nombre, se tasser : *la foule se pressait au stade.*

PRESSE-VIANDE n. m. inv. Ustensile servant à extraire le jus des viandes peu cuites ou crues.

PRESSIER n. m. Ouvrier qui travaille à une presse.

PRESSING [prɛsiŋ] n. m. (mot angl.). Repassage à la vapeur; établissement où s'exécute ce travail. ‖ *Sports.* Attaque massive et continue.

PRESSION n. f. (lat. *pressio*). Action de presser ou de pousser avec effort. ‖ Contrainte exercée sur qqn pour le faire changer d'avis. ‖ Syn. de BOUTON-PRESSION. ‖ *Phys.* Quotient de la force exercée par un fluide sur une surface par la valeur de cette surface. ● *Être sous pression,* déployer une grande activité; être sur le point de se mettre en colère. ‖ *Groupe de pression,* association de personnes ayant des intérêts économiques ou politiques communs et qui réunissent des moyens en vue d'engager une action simultanée sur l'opinion publique, les partis politiques, les administrations et les gouvernants. (Syn. LOBBY.) ‖ *Pression artérielle,* pression produite par le sang sur la paroi des artères. (Syn. TENSION.) ‖ *Pression atmosphérique,* pression que l'air exerce en un lieu donné et qui équivaut à son poids en millimètres de mercure ou en millibars à l'aide d'un baromètre. ‖ *Pression fiscale,* mesure de la contrainte exercée par un impôt sur le sujet imposé.

■ La *pression atmosphérique* normale, prise à 0 °C au niveau de la mer et aux latitudes moyennes, est de 760 mm de mercure ou 1 013 millibars. La pression varie selon l'état de l'atmosphère. Elle diminue quand l'altitude augmente. La *pression artérielle* oscille entre 15 cm de mercure (pression maximale) et 8 cm (pression minimale) dans l'artère humérale de l'adulte normal; on la mesure avec un sphygmomanomètre. La pression du sang est plus faible dans les capillaires et s'annule dans les veines.

PRESSOIR n. m. (lat. *pressus*, pressé). Machine pressant certains fruits pour en extraire le jus; lieu où se trouve cette machine.

PRESSOSTAT n. m. Dispositif permettant de maintenir une pression constante.

PRESSPAHN n. m. (mot all.). Matériau à base de cellulose imprégnée d'huile ou de vernis, utilisé comme isolant en électrotechnique.

PRESSURAGE n. m. Action de pressurer.

PRESSURER v. t. Soumettre à l'action du pressoir. ‖ Tirer de qqn tout l'argent qu'il peut fournir. ◆ **se pressurer** v. pr. *Se pressurer le cerveau,* faire un effort intellectuel intense.

PRESSUREUR n. m. Exploiteur.

PRESSURISATION n. f. Action de pressuriser.

PRESSURISER v. t. *Techn.* Maintenir une pression normale à l'intérieur d'un avion volant à haute altitude ou d'un vaisseau spatial.

PRESTANCE n. f. (lat. *praestantia,* supériorité). Aspect imposant.

PRESTATAIRE n. Bénéficiaire d'une prestation. ‖ Contribuable soumis à l'impôt de la prestation en nature. ● *Prestataire de services,* personne qui vend des services à une clientèle.

PRESTATION n. f. (lat. *praestare,* fournir). Action de prêter : *prestation de capitaux.* ‖ Action, pour un acteur, un chanteur, un danseur, un sportif, etc., de se produire en public. ‖ Objet d'une obligation. ‖ Fourniture, service fourni : *prestations en nature, en deniers, de service.* ‖ Sommes versées au titre d'une législation sociale : *prestations familiales.* ‖ Impôt destiné à l'entretien des chemins communaux, que le contribuable acquitte en argent ou en nature, c'est-à-dire en travail. ‖ *Ethnol.* Ensemble des biens et des services que doit rendre un jeune marié à sa belle-famille. (Les prestations peuvent entraîner des contre-prestations* et tout un cycle d'échanges.) ● *Prestations locatives,* dépenses que le propriétaire se fait rembourser par le locataire. ‖ *Prestation de serment,* action de prononcer un serment.

PRESTE adj. (it. *presto*). Agile, leste.

PRESTEMENT adv. De façon rapide.

PRESTESSE n. f. *Litt.* Rapidité, agilité.

PRESTIDIGITATEUR, TRICE n. Personne qui fait de la prestidigitation.

PRESTIDIGITATION n. f. (de *preste,* et lat. *digitus,* doigt). Art de produire des illusions par l'adresse des mains, par des moyens optiques ou mécaniques.

PRESTIGE n. m. (lat. *praestigium,* illusion). Séduction, attrait exercé par une personne ou une chose : *le prestige d'un grand nom.* ● *Politique de prestige,* fondée sur la recherche de la grandeur.

PRESTIGIEUX, EUSE adj. Qui a de l'éclat, du prestige.

PRESTO, PRESTISSIMO adv. (mots it.). *Mus.* Vite, très vite.

PRÉSUMABLE adj. Qu'on peut présumer.

PRÉSUMÉ, E adj. Cru par supposition.

PRÉSUMER [prezyme] v. t. (lat. *praesumere,* prendre d'avance). Juger d'après certaines probabilités, considérer comme probable, supposer. ◆ v. t. ind. [**de**]. Avoir une trop bonne opinion de : *présumer de son talent.*

PRÉSUPPOSÉ n. m. Ce qui est admis préalablement.

PRÉSUPPOSER v. t. Admettre préalablement, nécessiter l'hypothèse de.

PRÉSUPPOSITION n. f. Supposition préalable; ce qui est impliqué au préalable par un énoncé.

PRÉSURE [prezyr] n. f. (lat. pop. *prensura,* ce qui fait prendre). Enzyme du suc gastrique, qui provoque la coagulation du lait. (On utilise dans la fabrication de certains fromages la présure fournie par la caillette des veaux.) [Syn. LAB-FERMENT.]

PRÉSURER v. t. Cailler à l'aide de la présure.

PRÊT n. m. (de *prêter*). Action de prêter; la chose, la somme prêtée. ‖ Indemnité versée aux soldats et sous-officiers accomplissant leur service militaire légal. ‖ *Dr.* Contrat par lequel une personne en autorise une autre à utiliser un bien à charge de restitution. ● *Prêt de consommation,* prêt au terme duquel l'emprunteur, après avoir aliéné ou consommé la chose prêtée, n'est tenu que de restituer une chose de même nature. ‖ *Prêt d'honneur,* somme allouée à un étudiant, à charge pour lui de la rembourser après avoir terminé ses études. ‖ *Prêt à usage,* contrat par lequel une des parties cède l'usage d'une chose à une autre, à charge pour celle-ci de la rendre après s'en être servi. (Syn. COMMODAT.)

PRÊT, E adj. (lat. *praesto,* à portée de la main). Disposé, décidé à, en état de : *prêt à partir.*

PRÊT-À-COUDRE n. m. (pl. *prêts-à-coudre*). Vêtement vendu coupé, prêt à l'assemblage.

PRÉTANTAINE ou **PRÉTENTAINE** n. f. *Courir la prétantaine* (Fam.), vagabonder au hasard, sans but déterminé; rechercher des aventures amoureuses.

PRÊT-À-PORTER n. m. (pl. *prêts-à-porter*). Vêtement coupé selon des mesures normalisées, et que l'on adapte à la taille du client.

PRÊTÉ n. m. *C'est un prêté pour un rendu,* c'est une juste revanche.

PRÉTENDANT, E n. Prince qui prétend avoir des droits à un trône occupé par un autre. ‖ Celui qui veut épouser une femme.

PRÉTENDRE v. t. (lat. *praetendere,* présenter) [conj. **46**]. Vouloir, exiger : *que prétendez-vous de moi?* ‖ Affirmer, soutenir : *je ne prétends pas vous convaincre.* ◆ v. t. ind. [**à**]. *Litt.* Aspirer : *prétendre aux honneurs.*

PRÉTENDU, E adj. Supposé, affirmé, mais non vrai ou justifié.

PRÉTENDUMENT adv. Faussement.

PRÊTE-NOM n. m. (pl. *prête-noms*). Celui qui prête son nom dans un acte où le véritable contractant ne peut ou ne veut pas voir figurer le sien.

**PRESSOIR À VIN HORIZONTAL
ET SCHÉMA DE FONCTIONNEMENT**

pressage horizontal

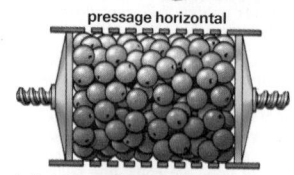

maintien des grains de raisin sans blessures

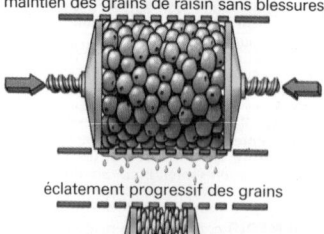

éclatement progressif des grains

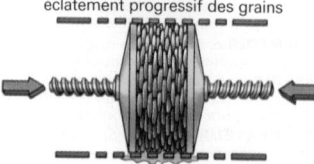

écrasement lent avec création du filtre
constitué par les peaux des grains

PRÉTENTAINE n. f. → PRÉTANTAINE.

PRÉTENTIEUSEMENT adv. De façon prétentieuse.

PRÉTENTIEUX, EUSE adj. et n. Qui cherche à en imposer, qui affiche un air de contentement de soi.

PRÉTENTION n. f. (lat. *praetentum;* de *praetendere,* mettre en avant). Attitude fondée sur une idée vaniteuse de sa propre personne, arrogance, vanité. ‖ Le fait de revendiquer qqch. ● *Sans prétention,* modestement.

PRÊTER v. t. (lat. *praestare,* fournir). Céder pour un temps, à charge de restitution : *prêter de l'argent.* ‖ Attribuer une parole, un acte à qqn qui n'en est pas l'auteur. ● *Prêter attention,* être attentif. ‖ *Prêter le flanc,* donner prise. ‖ *Prêter l'oreille,* écouter attentivement. ‖ *Prêter serment,* faire serment. ◆ v. t. ind. [à]. Fournir matière : *prêter à la critique; prêter à rire.* ◆ **se prêter** v. pr. [à]. Consentir, se plier : *se prêter à un arrangement.* ‖ Être propre à, convenir.

PRÉTÉRIT [preterit] n. m. (lat. *praeteritum* [*tempus*], [temps] passé). *Ling.* Temps passé de l'anglais et de l'allemand.

PRÉTÉRITION n. f. (lat. *praeteritum,* supin de *praeterire,* omettre). Figure de rhétorique par laquelle on déclare ne pas vouloir parler d'une chose dont on parle néanmoins par ce moyen. (Ex. : *je ne suis pas venu vous dire que...*)

PRÉTEUR n. m. (lat. *praetor). Antiq.* Magistrat romain qui veillait au bon fonctionnement de la justice.

PRÊTEUR, EUSE adj. et n. Qui prête.

PRÉTEXTE n. m. Raison apparente dont on se sert pour cacher le véritable motif. ● *Sous prétexte de, que,* en prenant pour prétexte.

PRÉTEXTE n. et adj. f. Toge bordée de pourpre que portaient à Rome les magistrats et les adolescents (de la puberté à l'âge de seize ans).

PRÉTEXTER v. t. (lat. *praetexere).* Alléguer comme prétexte : *prétexter un voyage.*

PRETIUM DOLORIS [presjɔmdɔlɔris] n. m. (loc. lat., *prix de la douleur). Dr.* Ensemble des dommages et intérêts alloués à titre de réparation morale d'un événement dommageable et des souffrances qui en découlent.

PRÉTOIRE n. m. (lat. *praetorium).* Salle d'audience d'un tribunal. ‖ *Antiq. rom.* Emplacement où se trouvait la tente du général, dans un camp romain; palais du gouverneur dans les provinces.

PRÉTORIAL, E, AUX adj. *Antiq. rom.* Relatif au prétoire, au préteur.

PRÉTORIEN, ENNE adj. Relatif au préteur. ● *Droit prétorien* (Dr.), droit élaboré par le juge.

PRÉTORIEN adj. et n. m. Se disait des soldats constituant la garde personnelle des empereurs.

PRÊTRAILLE n. f. Terme de mépris pour désigner le clergé (vx).

PRÊTRE n. m. (lat. *presbyter).* Ministre d'une religion. ‖ Dans l'Église catholique, celui qui a reçu le sacrement de l'ordre.

PRÊTRE-OUVRIER n. m. (pl. *prêtres-ouvriers).* Prêtre qui partage complètement la vie des ouvriers.

PRÊTRESSE n. f. Femme consacrée au culte d'une divinité.

PRÊTRISE n. f. Fonction et dignité de prêtre. ‖ *Relig. cath.* Le premier degré du sacerdoce.

PRÉTURE n. f. (lat. *praetura).* Charge, fonction de préteur; durée de son exercice.

PREUVE n. f. (de *prouver).* Ce qui démontre, établit la vérité de qqch. ‖ Marque, témoignage, signe : *donner une preuve de sa bonne volonté.* ‖ *Math.* Opération par laquelle on contrôle l'exactitude d'un calcul ou la justesse de la solution d'un problème. ● *À preuve que* (Fam.), la preuve en est que. ‖ *Faire preuve de,* montrer. ‖ *Faire ses preuves,* manifester son courage, son savoir, ses capacités.

PREUX adj. et n. m. inv. (bas lat. *prodis). Litt.* Brave, vaillant.

PRÉVALOIR v. i. (lat. *praevalere)* [conj. **34**]. *Litt.* Avoir l'avantage, l'emporter : *son opinion a prévalu.* ◆ **se prévaloir** v. pr. [de]. Tirer avantage de qqch : *se prévaloir de sa fortune.*

PRÉVARICATEUR, TRICE adj. et n. Qui prévarique.

PRÉVARICATION n. f. Action de celui qui manque aux obligations de sa charge.

PRÉVARIQUER v. i. (lat. *praevaricari,* entrer en collusion avec la partie adverse). Manquer, par intérêt ou par mauvaise foi, aux devoirs de sa charge, de son mandat.

PRÉVENANCE n. f. Manière obligeante d'aller au-devant de ce qui peut plaire à qqn.

PRÉVENANT, E adj. Plein de sollicitude, d'attention à l'égard de qqn.

PRÉVENIR v. t. (lat. *praevenire,* devancer) [conj. **16**, mais avec l'auxil. *avoir*]. Aller au-devant de qqch pour l'empêcher de se produire : *prévenir un malheur.* ‖ Satisfaire par avance : *prévenir les désirs de qqn.* ‖ Informer, avertir : *prévenir qqn de ce qui se passe.* ● *Être prévenu contre qqn,* être mal disposé à son égard.

PRÉVENTIF, IVE adj. Qui a pour objet d'empêcher un événement fâcheux.

PRÉVENTION n. f. (lat. *praeventio,* action de devancer). Opinion défavorable formée sans examen, partialité. ‖ Ensemble des mesures prises en vue d'éviter les accidents de la route (*prévention routière*), les accidents du travail ou les maladies professionnelles (*prévention des accidents du travail, médecine du travail*), le développement des épidémies ou l'aggravation des états sanitaires individuels (*médecine préventive*). ‖ *Dr.* État d'un individu contre lequel il existe une accusation de délit ou de crime; temps qu'un prévenu passe en prison avant d'être jugé. ● *Club ou équipe de prévention* (Psychiatr.), action éducative menée dans le milieu naturel de vie en vue de faciliter l'insertion des adolescents inadaptés sociaux.

PRÉVENTIVEMENT adv. De façon préventive.

PRÉVENTOLOGIE n. f. Branche de la médecine qui se préoccupe de la prévention des accidents et maladies.

PRÉVENTORIUM [prevɑ̃tɔrjɔm] n. m. (de *préventif,* sur *sanatorium*). Établissement où l'on soigne préventivement les malades et où l'on reçoit en particulier ceux qui sont atteints de formes initiales de tuberculose non contagieuses.

PRÉVENU, E n. Personne qui doit répondre d'une infraction devant la justice pénale.

PRÉVERBE n. m. *Ling.* Préfixe qui se place devant un verbe.

PRÉVISIBILITÉ n. f. Caractère de ce qui est prévisible.

PRÉVISIBLE adj. Qui peut être prévu.

PRÉVISION n. f. Action de prévoir, conjecture, hypothèse.

PRÉVISIONNEL, ELLE adj. Qui fait l'objet d'un calcul antérieur à un événement.

PRÉVOIR v. t. (lat. *praevidere)* [conj. **37**]. Juger, voir par avance que qqch doit arriver : *prévoir un malheur.* ‖ Organiser à l'avance, envisager : *tout prévoir pour un voyage.*

PRÉVÔT n. m. (lat. *praepositus,* préposé). Nom de divers magistrats sous l'Ancien Régime. ‖ Officier de gendarmerie dans les prévôtés.

PRÉVÔTAL, E, AUX adj. Qui concerne le prévôt ou la prévôté. ● *Cour prévôtale,* tribunal exceptionnel établi à diverses époques, notamment en 1815, et jugeant sans licenciers.

PRÉVÔTÉ n. f. *Hist.* Fonction, juridiction, résidence de prévôt. ‖ *Mil.* Détachement de gendarmerie affecté, en opérations, à une grande unité ou à une base, et chargé des missions de police générale et judiciaire.

PRÉVOYANCE n. f. Qualité de celui qui sait prévoir.

PRÉVOYANT, E adj. Qui a de la prévoyance.

PRIANT n. m. Statue funéraire agenouillée.

PRIAPÉE n. f. *Antiq.* Chant, fête en l'honneur de Priape, à caractère souvent licencieux.

PRIAPISME n. m. (de *Priape*). Érection involontaire, douloureuse, symptomatique de diverses affections.

PRIE-DIEU n. m. inv. Meuble en forme de

siège bas, muni d'un accoudoir, et sur lequel on s'agenouille pour prier.

PRIER v. t. (lat. *precari*). S'adresser à Dieu ou aux saints par le moyen de la prière. ‖ Demander avec instance et humilité : *je vous prie de me rendre ce service.* ● *Je vous prie, je vous en prie,* formule de politesse dont on accompagne une demande ou une invitation presque menaçante, ou qu'on oppose à des excuses. ‖ *Se faire prier,* ne rien faire sans être longuement sollicité. ◆ v. i. Intercéder auprès de Dieu : *prier pour les morts.*

PRIÈRE n. f. (lat. *precarius,* qui s'obtient en priant). Acte de religion par lequel on s'adresse à Dieu ou à un saint pour exprimer l'adoration ou la vénération, une demande ou une action de grâces. ‖ Ensemble de formules par lesquelles on s'adresse à Dieu ou aux saints. ‖ Demande instante : *écoutez ma prière.* ● *Prière de, vous êtes invité à.*

PRIEUR, E n. et adj. (lat. *prior,* premier). Supérieur(e) de certaines communautés religieuses.

PRIEURÉ n. m. Communauté religieuse placée sous l'autorité d'un(e) prieur(e). ‖ Église ou maison de cette communauté.

PRIMA DONNA n. f. (mots it., *première dame*) [pl. *prime donne* (primedɔnne)]. Première chanteuse dans un opéra.

PRIMAGE n. m. (mot angl.). Entraînement d'eau par la vapeur produite dans une chaudière.

PRIMAIRE adj. (lat. *primarius,* du premier rang). Qui vient en premier dans un ordre, une série. ‖ Qui appartient à l'enseignement du premier degré (de l'école maternelle à l'entrée au collège). ‖ *Fam.* et péjor. Qui a peu de culture, simpliste. ‖ *Bot.* Originel : *forêt primaire.* ‖ *Chim.* Se dit d'un atome de carbone lié à un seul atome de carbone. ‖ *Méd.* Se dit des premiers symptômes d'une maladie. ‖ *Psychol.* Se dit, en caractérologie, d'une personne dont les réactions sont rapides, de courte durée et peu profondes. ● *Couleurs primaires* ou *fondamentales,* le rouge, le jaune et le bleu. ‖ *Élection primaire,* ou *primaire* n. f., aux États-Unis, élection ouverte à tous les électeurs pour désigner les candidats des partis à certaines charges (présidence, Sénat, etc.). ‖ *Ère primaire,* ou *primaire* n. m. (Géol.), deuxième division des temps géologiques, succédant au précambrien, d'une durée d'environ 370 millions d'années, et divisée en six périodes : *cambrien, ordovicien, silurien, dévonien, carbonifère et permien.* (Syn. PALÉOZOÏQUE.) ‖ *Secteur primaire,* ou *primaire* n. m., ensemble des activités économiques productrices de matières premières, notamment l'agriculture et les industries extractives. ‖ *Structure primaire* (Bot.), structure acquise par les plantes vivaces dès la première année de leur vie.

PRIMAIRE n. m. Enseignement primaire, secteur primaire, ère primaire. ‖ *Électr.* Circuit recevant le courant de la source d'énergie dans un transformateur ou une bobine d'induction.

PRIMAIRE n. f. Élection primaire.

PRIMARITÉ n. f. Caractère de ce qui est primaire ou premier.

PRIMAT n. m. (lat. *primas,* qui est au premier rang). Titre honorifique attaché à un siège épiscopal en vertu d'une tradition fondée sur l'importance historique de ce siège. ‖ *Philos.* Dominance, antériorité logique.

PRIMATE n. m. (lat. *primas,* qui est au premier rang). Mammifère grimpeur aux ongles plats, au cerveau très développé, tel que les *lémuriens,* les *singes* et l'*homme.* (Les *primates* forment un ordre.) ‖ *Fam.* Homme sans intelligence.

PRIMATIAL, E, AUX [primasjal, sjo] adj. Relatif au primat. ● *Église primatiale,* ou *primatiale* n. f., église, siège d'un primat.

PRIMATIE [primasi] n. f. Dignité de primat; étendue, siège de sa juridiction.

PRIMAUTÉ n. f. (lat. *primus,* premier). Supériorité, premier rang : *la primauté de l'expérience sur la théorie.* ● *Primauté du pape,* pouvoir de juridiction suprême sur l'ensemble de l'Église. (La primauté du pape, niée par les Églises protestantes, est acceptée par les Églises orientales mais à titre purement honorifique.)

PRIME n. f. (lat. *praemium*, récompense). Somme que l'assuré doit à l'assureur. ‖ Récompense accordée par l'État pour l'encouragement d'une activité publique ou privée. ‖ Objet que l'on offre en cadeau à un client, pour l'engager à acheter. ‖ Somme d'argent payée à un salarié en plus de son salaire normal, en vue de lui rembourser certains frais *(prime de transport)* ou de l'intéresser à la production, au rendement. ● *Faire prime*, se dit d'une personne ou d'une chose très recherchée. ‖ *Marché à prime* (Bours.), variété du marché à terme, où, moyennant un dédit appelé *prime*, l'acheteur peut renoncer à sa transaction. ‖ *Prime d'émission*, supplément qu'un souscripteur d'action doit verser en sus de la valeur nominale de celle-ci. ‖ *Prime de remboursement*, différence entre la valeur de souscription d'une obligation et sa valeur de remboursement.

PRIME n. f. (de *prisme*). Joaill. Pierre givreuse, souvent la base d'un cristal plus pur vers son sommet.

PRIME adj. (lat. *primus*, premier). Se dit, en algèbre, d'une lettre affectée d'un seul accent : b' s'énonce b *prime*. ● *Prime jeunesse*, l'âge le plus tendre.

PRIME n. f. Partie de l'office divin qui se récitait au lever du jour, supprimée par la réforme de 1960.

PRIMER v. t. L'emporter sur qqn, qqch. ‖ Accorder un prix à : *primer un animal dans un concours.*

PRIMEROSE n. f. Syn. de ROSE TRÉMIÈRE.

PRIMESAUTIER, ÈRE adj. (anc. fr. *prime*, premier, et *saut*). Litt. Qui agit, parle ou écrit spontanément.

PRIMEUR n. f. Caractère de ce qui est nouveau. ● *Avoir la primeur de qqch*, être le premier ou parmi les premiers à connaître qqch. ◆ pl. Fruits ou légumes commercialisés avant l'époque de maturité normale et provenant d'une culture forcée ou d'une région plus chaude. ● *Marchand de primeurs*, marchand de légumes en général.

PRIMEURISTE n. Jardinier, maraîcher qui produit des primeurs.

PRIMEVÈRE n. f. (lat. *primo vere*, au début du printemps). Plante des prés et des bois, à fleurs souvent jaunes, dont l'éclosion se produit au printemps. (La primevère officinale est appelée usuellement *coucou*. Famille des primulacées.)

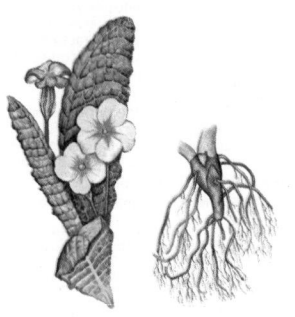

primevère

PRIMIPARE adj. et n. f. (lat. *primus*, premier, et *parere*, accoucher). Qui accouche, qui met bas pour la première fois.

PRIMIPILAIRE ou **PRIMIPILE** n. m. (lat. *primus*, premier, et *pilum*, javelot). Antiq. Dans l'armée romaine, centurion le plus élevé en grade.

PRIMITIF, IVE adj. (lat. *primitivus*, qui naît le premier). Qui appartient au premier état de qqch; qui est dans un état proche de son origine : *forme primitive; état primitif.* ‖ Simple, rudimentaire. ◆ adj. et n. Anthropol. Se dit des sociétés humaines (et des hommes qui les composent) qui sont restées à l'écart des sociétés industrielles, et qui ont conservé leur langue et leurs structures socio-économiques propres. ● *Église primitive*, l'Église des deux premiers siècles du christianisme. ‖ *Fonction primitive d'une autre fonction*, ou *primitive* n. f. (Math.), fonction dont cette dernière est la dérivée.

PRIMITIF n. m. Bx-arts. Peintre ou sculpteur qui a précédé les maîtres de la Renaissance.

PRIMITIVEMENT adv. Originairement.

PRIMITIVISME n. m. Bx-arts. Affinité avec un ou des arts primitifs.

PRIMO adv. (mot lat.). Premièrement, en premier lieu.

PRIMOGÉNITURE n. f. (lat. *primogenitus*, premier-né). Antériorité de naissance pouvant entraîner certains droits.

PRIMO-INFECTION n. f. Première atteinte de l'organisme par un germe. (Se dit surtout en parlant de la tuberculose où la primo-infection est caractérisée par la positivité [virage] de la cuti-réaction.)

PRIMORDIAL, E, AUX adj. (lat. *primordium*, principe). Qui existe depuis l'origine, qui est le plus ancien. ‖ D'une grande importance, principal, fondamental, capital : *rôle primordial.*

PRIMULACÉE n. f. (lat. *primula*, primevère). Herbe gamopétale, à corolle régulière, telle que la *primevère*, le *cyclamen*, le *mouron rouge*. (Les primulacées forment une famille.)

PRINCE n. m. (lat. *princeps*, premier). Titre de noblesse le plus élevé. ‖ Litt. Celui qui possède une souveraineté ou qui appartient à une famille souveraine. ‖ Litt. Premier en mérite : *le prince des poètes.* ● *Être bon prince* (Fam.), être de caractère accommodant. ‖ *Fait du prince* (Litt.), acte arbitraire d'un gouvernement. ‖ *Princes de l'Église*, les cardinaux et les évêques.

PRINCE-DE-GALLES n. m. et adj. inv. Tissu écossais qui utilise des oppositions de tons dans une même couleur.

PRINCEPS [prɛ̃sɛps] adj. inv. (mot lat., *premier*). Édition princeps, la première de toutes les éditions d'un ouvrage. ‖ *Observation princeps*, première description scientifique d'un phénomène.

PRINCESSE n. f. Fille ou femme d'un prince. ‖ Souveraine d'un pays. ● *Aux frais de la princesse* (Fam.), sans payer. ‖ *Faire la princesse* (Fam.), prendre de grands airs.

PRINCIER, ÈRE adj. De prince : *famille princière.* ‖ Somptueux, digne d'un prince.

PRINCIÈREMENT adv. D'une façon somptueuse.

PRINCIPAL, E, AUX adj. (lat. *principalis*, originaire). Qui est le plus important, essentiel : *le rôle principal.* ● *Idéal principal* (Math.), idéal d'un anneau engendré par un seul élément. ‖ *Proposition principale*, ou *principale* n. f. (Ling.), proposition dont toutes les autres dépendent et qui ne dépend d'aucune autre (par oppos. à SUBORDONNÉE). ‖ *Question principale* (Dr.), celle qui a pour objet précis les prétentions portées devant le juge.

PRINCIPAL n. m. Ce qu'il y a de plus important : *vous oubliez le principal.* ‖ L'essentiel d'une action judiciaire. ‖ Capital d'une dette : *rembourser le principal et les intérêts.* ‖ Montant primitif d'un impôt, avant le calcul des centimes ou décimes supplémentaires. ‖ Directeur de collège (vx). ‖ Chef des clercs d'une étude.

PRINCIPALEMENT adv. Avant tout, par-dessus tout.

PRINCIPAT n. m. Dignité de prince. ‖ Régime politique des deux premiers siècles de l'Empire romain (Haut-Empire), qui, tout en conservant le cadre des institutions républicaines, est de fait une monarchie absolue.

PRINCIPAUTÉ n. f. Terre qui donne qualité de prince : *ériger un duché en principauté.* ‖ Petit État indépendant dont le chef a le titre de prince. ◆ pl. Nom donné à l'une des hiérarchies des anges.

PRINCIPE n. m. (lat. *principium*). Ce qui sert de base à qqch, origine, source : *remonter jusqu'au principe de toutes choses.* ‖ Élément constitutif des choses matérielles. ‖ Règle générale théorique qui guide les conduites : *fidèle à ses principes.* ‖ Proposition admise comme base d'une science, d'un art, etc. ‖ Phys. Loi à caractère général, régissant un ensemble de phénomènes, vérifiée par l'exactitude de ses conséquences. ● *De principe*, qui porte sur l'essentiel, mais demande une confirmation. ‖ *En principe*, en théorie, selon les prévisions. ‖ *Question de principe*, question essentielle d'où dérive le reste; règle à observer en toutes circonstances.

PRINTANIER, ÈRE adj. Du printemps.

PRINTANISATION n. f. Syn. de VERNALISATION.

PRINTEMPS n. m. (lat. *primus*, premier, et *temps*). La première des quatre saisons de l'année (20 ou 21 mars - 21 ou 22 juin dans l'hémisphère Nord). ‖ Litt. Année : *avoir vécu seize printemps.* ● *Le printemps de la vie* (Litt.), la jeunesse.

PRIODONTE n. m. Tatou géant de l'Amérique du Sud (1 m de long).

PRIORAT n. m. Fonction de prieur; sa durée.

PRIORI (A) loc. adv. → A PRIORI.

PRIORITAIRE adj. et n. Qui jouit d'une priorité sur les autres.

PRIORITÉ n. f. (lat. *prior*, premier). Antériorité dans l'ordre du temps; importance préférentielle : *priorité de date.* ● Droit, établi par les règlements, de passer avant les autres : *laisser la priorité aux véhicules venant de droite.* ● *En priorité, par priorité*, avant toute autre chose.

PRIS, E adj. Occupé à de nombreuses tâches; atteint d'une maladie. ● *Taille bien prise*, qui a de justes proportions, mince.

PRISCILLIANISME n. m. Doctrine de l'évêque Priscillien, fondée sur un ascétisme et un prophétisme excessifs et entachée de tendances gnostiques.

PRISE n. f. (de *pris*, part. pass. de *prendre*). Action de s'emparer de qqch : *prise de Rome par les Gaulois.* ‖ Chose, personne prise : *une bonne prise.* ‖ Manière de saisir : *une prise de judo.* ‖ Aspérité, saillie que l'alpiniste utilise pour s'accrocher au rocher. ‖ Dose de tabac en poudre utilisée en aspiration nasale. ‖ Action de se figer, de durcir : *la prise du béton.* ‖ Quantité d'un médicament administrée en une fois. ‖ Bifurcation, ouverture au moyen de laquelle on détourne une partie de la masse d'un fluide : *prise d'eau.* ‖ Dr. Confiscation, par un belligérant, d'un navire appartenant à l'ennemi et de sa cargaison. ● *Avoir prise sur qqn*, avoir les moyens de l'arrêter, de le faire obéir. ‖ *Donner prise*, fournir matière, s'exposer. ‖ *Être aux prises avec*, lutter contre, être tourmenté par. ‖ *Être en prise directe avec* (Fam.), avoir un contact étroit. ‖ *Lâcher prise*, cesser de serrer un objet que l'on tenait; abandonner une tâche, une entreprise. ‖ *Mettre aux prises*, faire entrer en lutte. ‖ *Prise d'air*, trou par lequel certains locaux ou appareils sont aérés. ‖ *Prise de conscience* (Philos.), fait de devenir conscient de son rôle, de ses droits, de sa situation, etc. ‖ *Prise de contact*, première rencontre. ‖ *Prise de courant*, ou *prise*, dispositif électrique relié à la ligne d'alimentation et sur lequel on peut brancher des appareils d'utilisation mobiles. ‖ *Prise directe*, ou *prise* (Mécan.), combinaison particulière d'un changement de vitesse, où l'arbre primaire transmet directement le mouvement à l'arbre secondaire. ‖ *Prise à partie* (Dr.), voie de recours contre le juge qui a abusé de son autorité, et destinée à obtenir des dommages et intérêts. ‖ *Prise de possession*, acte par lequel une personne entre en possession d'un bien, un fonctionnaire d'autorité entre en fonction, un État soumet un territoire à sa souveraineté. ‖ *Prise de sang*, prélèvement de sang destiné à une analyse. ‖ *Prise de son*, ensemble des opérations permettant d'enregistrer le son. ‖ *Prise de terre*, conducteur reliant à la terre une installation électrique ou radioélectrique. ‖ *Prise de vues*, enregistrement des images d'un film.

PRISÉE n. f. Dr. Action d'estimer le prix d'une

chose, à l'occasion d'un inventaire ou d'une vente aux enchères.

PRISER v. t. (lat. *pretium*, prix). *Litt.* Faire cas de, estimer, apprécier : *il ne prise pas ce genre de remarque*.

PRISER v. t. (de *prise*). Aspirer du tabac ou de la cocaïne par le nez.

PRISMATIQUE adj. Qui a la forme d'un prisme. ‖ Qui contient un ou plusieurs prismes : *jumelle prismatique*. ● *Couleurs prismatiques*, couleurs produites par le prisme. ‖ *Surface prismatique* (Math.), surface engendrée par une droite de direction fixe qui se déplace en s'appuyant constamment sur le pourtour d'un polygone plan.

PRISME n. m. (gr. *prisma; de prizein*, scier). *Math.* Solide obtenu en coupant une surface prismatique par deux plans parallèles. (Le volume d'un prisme s'obtient en multipliant la surface de la base par la hauteur.) ‖ *Phys.* Solide en forme de prisme triangulaire, en verre blanc ou en cristal, qui sert à dévier, à réfléchir, à polariser ou à décomposer les rayons lumineux. ‖ *Litt.* Ce qui fait voir les choses selon le préjugé et la passion : *le prisme de l'amour-propre*.

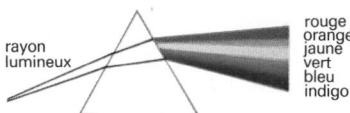

réfraction de la lumière blanche dans un prisme

trajet des rayons lumineux dans un prisme

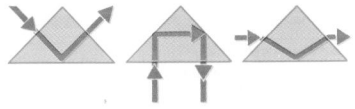

prisme

PRISON n. f. (lat. *prehensio*, action de prendre). Lieu où l'on détient les personnes condamnées à une peine privative de liberté ou en instance de jugement. ‖ Emprisonnement : *condamné à six mois de prison*. ‖ Demeure sombre et triste.

PRISONNIER, ÈRE adj. et n. Personne privée de liberté. ‖ Personne dont la liberté morale est entravée : *prisonnier de ses préjugés*. ● *Prisonnier de guerre*, militaire pris au combat.

PRISONNIER n. m. Organe d'assemblage fixé d'une manière indémontable dans un élément de machine.

PRIVATDOZENT ou **PRIVATDOCENT** [privadɔsɛt] n. m. (lat. *privatim docens*, qui enseigne à titre privé). Professeur libre, dans les universités allemandes ou suisses.

PRIVATIF, IVE adj. Qui prive : *peine privative de liberté*. ‖ Qui accorde une chose exclusivement à une personne déterminée : *un jardin privatif*. ‖ *Ling.* Se dit des préfixes qui marquent la privation, comme *in-* dans *insuccès*.

PRIVATION n. f. Action de priver, de se priver; état de celui qui est privé. ◆ pl. Pénurie des choses nécessaires.

PRIVATISATION n. f. Action de faire tomber dans le domaine de l'entreprise privée ce qui était du ressort de l'État.

PRIVATISER v. t. Procéder à la privatisation.

PRIVATISTE n. Juriste spécialiste du droit privé.

PRIVAUTÉS n. f. pl. Trop grandes familiarités avec qqn.

PRIVÉ, E adj. (lat. *privatus*). Qui n'appartient pas à la collectivité, mais à un particulier : *propriété privée*. ‖ Qui est strictement personnel et n'intéresse pas les autres, intime : *la vie privée*. ‖ Où le public n'a généralement pas accès : *séance privée*.

PRIVÉ n. m. Vie intime, familière. ‖ *Écon.* Le secteur privé. ● *En privé*, dans l'écart des autres.

PRIVER v. t. (lat. *privare*). Ôter ou refuser à qqn la possession, la jouissance de qqch. ◆ se

priver v. pr. [**de**]. S'ôter la jouissance, s'abstenir : *se priver de vin*. ‖ S'imposer des privations : *se priver pour partir en vacances*.

PRIVILÈGE n. m. (lat. *privilegium*). Droit, avantage particulier attaché à qqch ou possédé par qqn, et que les autres n'ont pas. ‖ *Dr.* Avantage qu'ont certaines créances d'être payées avant les autres.

PRIVILÉGIÉ, E adj. et n. Qui jouit d'un privilège. ‖ *Classes privilégiées*, classes riches, ayant des privilèges économiques. ‖ *Créancier privilégié*, créancier qui doit être payé avant les autres.

PRIVILÉGIER v. t. Avantager, favoriser qqn, qqch.

PRIX n. m. (lat. *pretium*). Valeur d'une chose, exprimée en monnaie. ‖ Valeur, importance : *le prix du temps*. ‖ Livre donné comme récompense aux élèves. ‖ Somme, objet, etc., que reçoit comme récompense le vainqueur d'une compétition, d'un concours. ‖ Ce qu'il en coûte pour obtenir qqch : *le prix de l'indépendance*. ● *À prix d'or*, à un prix très élevé. ‖ *À tout prix*, coûte que coûte. ‖ *Au prix de*, moyennant, à la condition de. ‖ *De prix*, d'une grande valeur. ‖ *Hors de prix*, très cher. ‖ *Mettre à prix la tête de qqn*, promettre une récompense à qui livrera une personne recherchée. ‖ *Prix fixe*, prix qu'il n'y a pas à débattre. ‖ *Prix garanti*, prix au-dessous duquel un bien ne peut être payé au producteur, en vertu d'une décision des pouvoirs publics.

PRO n. m. *Sports.* Abrév. de PROFESSIONNEL.

PROBABILISME n. m. Doctrine philosophique selon laquelle l'action dépend d'opinions qui ne sont jamais ni totalement fausses ni totalement vraies.

PROBABILISTE adj. et n. Du probabilisme.

PROBABILITÉ n. f. Vraisemblance : *examiner les probabilités*. ‖ Conception scientifique et déterministe du hasard. ● *Calcul des probabilités*, ensemble des règles permettant de déterminer le pourcentage des chances de réalisation d'un événement.

PROBABLE adj. (lat. *probabilis; de probare*, approuver). Qui a beaucoup de chances de se produire, vraisemblable : *succès probable*.

PROBABLEMENT adv. Vraisemblablement.

PROBANT, E adj. (lat. *probans*). Qui emporte l'approbation, qui convainc : *argument probant*.

PROBATION n. f. Temps pendant lequel on éprouve le candidat à la vie religieuse (de l'entrée dans la communauté religieuse à la fin du noviciat). ‖ Suspension provisoire et conditionnelle de la peine d'un condamné.

PROBATIONNAIRE n. Condamné soumis à la probation.

PROBATOIRE adj. Propre à prouver. ● *Examen probatoire*, qui teste les connaissances d'un candidat pour lui permettre d'accéder à un niveau supérieur.

PROBE adj. (lat. *probus*). *Litt.* D'une honnêteté stricte, scrupuleuse.

PROBITÉ n. f. Observation rigoureuse des devoirs de la justice et de la morale, honnêteté scrupuleuse.

PROBLÉMATIQUE adj. Dont le résultat est douteux, incertain, hasardeux. ‖ Relatif à un problème, à une problématique.

PROBLÉMATIQUE n. f. Ensemble des questions qu'une science ou une philosophie peut valablement poser en fonction de ses moyens, de son objet d'étude et de ses points de vue.

PROBLÉMATIQUEMENT adv. De façon problématique.

PROBLÈME n. m. (lat. *problema; mot gr.*). Question à résoudre par des procédés scientifiques et discursifs. ‖ Tout ce qui est difficile à expliquer ou à résoudre : *problème technique, psychologique*.

PROBOSCIDIEN n. m. (lat. *proboscis*, trompe; mot gr.). Mammifère ongulé muni d'une trompe. (Les *proboscidiens* forment une famille comprenant les *éléphants* actuels et les *mastodontes, mammouths, dinotheriums* fossiles.)

PROCAÏNE n. f. Anesthésique local de synthèse.

PROCÉDÉ n. m. Méthode à suivre pour obtenir un résultat : *simplifier un procédé de fabrication*. ‖ Manière, pour une personne, de se conduire : *un procédé inqualifiable*. ‖ Rondelle de cuir garnissant le petit bout des queues de billard.

PROCÉDER v. t. ind. [**de**] (lat. *procedere*, sortir) [conj. 5]. *Litt.* Provenir, tirer son origine, découler. ◆ v. t. ind. [**à**]. Exécuter une tâche, une opération dans ses différentes phases : *procéder à la démobilisation des troupes*. ‖ *Dr.* Opérer judiciairement. ◆ v. i. Agir de telle ou telle façon : *procéder avec ordre*.

PROCÉDURE n. f. (de *procéder*). Forme suivant laquelle les affaires sont instruites devant les tribunaux. ‖ Actes faits dans une instance. ‖ Méthode utilisée pour obtenir un certain résultat.

PROCÉDURIER, ÈRE n. et adj. Personne qui connaît la procédure, qui aime la chicane.

PROCELLARIIFORME n. m. Oiseau marin au bec formé de plusieurs plaques juxtaposées, comme l'*albatros* et le *pétrel*. (Les *procellariiformes* constituent un ordre.)

PROCÈS [prɔsɛ] n. m. (lat. *processus*, progrès). Instance devant un juge, sur un différend. ‖ *Anat.* Prolongement. ‖ *Ling.* Déroulement d'une action dans le temps. ● *Faire le procès de*, accuser, condamner. ‖ *Gagner*, perdre son procès, réussir, échouer dans une affaire, une discussion. ‖ *Sans autre forme de procès*, sans autre formalité.

PROCESSEUR n. m. *Inform.* Organe capable d'assurer le traitement complet d'une série d'informations. (L'unité centrale et certaines unités d'échange d'un ordinateur sont des processeurs.)

PROCESSIF, IVE adj. Relatif au procès. ◆ adj. et n. *Psychiatr.* Syn. de QUÉRULENT.

PROCESSION n. f. (lat. *processio; de procedere*, avancer). Cortège solennel, à caractère religieux, accompagné de chants et de prières. ‖ *Fam.* Longue suite de personnes.

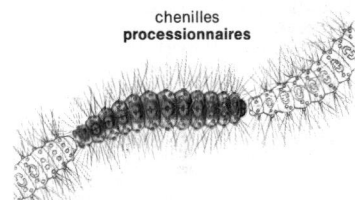

chenilles
processionnaires

PROCESSIONNAIRE adj. et n. f. Se dit de chenilles qui sortent de leur nid à la file indienne et qui sont très nuisibles.

PROCESSUS n. m. (mot lat., *progression*). Ensemble des phénomènes conçus comme une chaîne causale progressive, mécanisme : *le processus d'une maladie; le processus de la lecture*. ● *Processus industriel*, ensemble des opérations d'élaboration d'un produit, selon un procédé déterminé, au moyen d'unités de traitement et de transformation. ‖ *Processus primaire* (Psychanal.), fonctionnement mental caractéristique de l'inconscient et qui utilise le déplacement et la condensation, obéissant au principe de plaisir. ‖ *Processus secondaire* (Psychanal.), fonctionnement mental caractéristique du système préconscient-conscient, et obéissant au principe de réalité.

PROCÈS-VERBAL n. m. (pl. *procès-verbaux*). Pièce établie par un fonctionnaire, un agent assermenté, et constatant un fait, un délit. ‖ Écrit résumant ce qui a été fait, dit, décidé, etc., dans une réunion, une assemblée.

PROCHAIN, E adj. (lat. pop. *propeanus*, proche; de *prope*, près de). Proche dans le temps ou l'espace, qui est près de se produire, qui suit : *l'année prochaine; le prochain départ*.

PROCHAIN n. m. Dans le langage religieux, tout homme ou l'ensemble des hommes par rapport à l'un d'entre eux.

PROCHAINE n. f. *La prochaine* (Fam.), la station suivante : *descendre à la prochaine*.

PROCHAINEMENT adv. Bientôt.

PROCHE adj. (de *prochain*). Qui n'est pas éloigné dans l'espace et le temps : *ces maisons sont proches de la mer; l'heure est proche.* ‖ Qui est peu différent : *prévisions proches de la vérité.* ● *De proche en proche*, par degrés. ‖ *Un proche parent*, qui a d'étroites relations de parenté.

PROCHES n. m. pl. Entourage le plus proche (parents, amis).

PROCHINOIS, E adj. et n. Se dit des partisans politiques des Chinois.

PROCIDENCE n. f. Issue, à l'extérieur de l'utérus, et avant la sortie de l'enfant, d'une partie mobile de l'utérus ou de ses annexes.

PROCLAMATION n. f. Action de proclamer; ce qui est proclamé, appel, manifeste.

PROCLAMER v. t. (lat. *proclamare*). Faire connaître publiquement : *proclamer un verdict.* ‖ Reconnaître, révéler publiquement et solennellement : *proclamer la vérité.*

PROCLITIQUE adj. et n. m. Ling. Se dit d'un mot privé d'accent, qui fait corps avec le mot suivant : *l'article français est proclitique.*

PROCLIVE adj. (lat. *proclivis*, qui penche). Se dit des incisives inférieures lorsqu'elles sont inclinées en avant, comme chez le mouton.

PROCONSUL n. m. (mot lat.). Antiq. rom. Consul sorti de charge prorogé dans ses pouvoirs pour mener à son terme une campagne qu'il a entreprise ou pour gouverner une province.

PROCONSULAIRE adj. Qui appartient au proconsul; qui relève de son autorité.

PROCONSULAT n. m. Dignité, fonction de proconsul; durée de la fonction.

PROCORDÉ ou **PROTOCORDÉ** n. m. Animal voisin des vertébrés proprement dits, tels l'*amphioxus* et les *ascidies.* (Les *procordés* ou *protocordés* forment un embranchement.)

PROCRÉATEUR, TRICE adj. et n. Litt. Qui procrée.

PROCRÉATION n. f. Litt. Action de procréer.

PROCRÉER v. t. (lat. *procreare*). Litt. Engendrer, en parlant de la femme et de l'homme.

PROCTALGIE n. f. (gr. *prôktos*, anus, et *algos*, douleur). Méd. Douleur anale.

PROCTOLOGIE n. f. Spécialité médicale qui traite des maladies de l'anus et du rectum.

PROCTOLOGUE n. Spécialiste en proctologie.

PROCURATEUR n. m. (lat. *procurator*, mandataire). Antiq. rom. Fonctionnaire de l'ordre équestre placé à la tête d'un service important ou d'une province mineure, dans l'Empire romain. ‖ Un des principaux magistrats, dans les anciennes républiques de Venise et de Gênes.

PROCURATIE [prɔkyrasi] n. f. (it. *procuratia*). Charge, palais des procurateurs de Venise.

PROCURATION n. f. (lat. *procuratio*, commission). Pouvoir qu'une personne donne à une autre d'agir en son nom; acte authentique conférant ce pouvoir. ● *Par procuration*, en s'en remettant à un autre pour agir.

PROCURE n. f. Office de procureur dans une communauté religieuse; ses bureaux.

PROCURER v. t. (lat. *procurare*). Obtenir pour qqn; apporter à, occasionner à qqn : *procurer un emploi à qqn; cela nous a procuré bien des ennuis.*

PROCUREUR n. m. Celui qui agit en vertu d'une procuration. ‖ Religieux chargé des intérêts temporels d'une communauté. ● *Procureur général*, magistrat supérieur qui exerce les fonctions du ministère public près la Cour de cassation, la Cour des comptes, les cours d'appel et les cours d'assises. ‖ *Procureur de la République*, membre du parquet qui exerce les fonctions du ministère public près les tribunaux de grande instance et d'instance.

PRODIGALITÉ n. f. Caractère du prodigue. ◆ pl. Dépenses excessives : *ses prodigalités le ruinent.*

PRODIGE n. m. (lat. *prodigium*). Événement qui est ou paraît être en contradiction avec les lois de la nature et dans lequel l'imagination populaire voit un signe envoyé par une puissance surnaturelle. ‖ Personne ou chose extraordinaire, qui surprend : *les prodiges de la science.* ● *Enfant prodige*, enfant exceptionnellement précoce. ‖ *Tenir du prodige*, se dit d'une chose difficile à expliquer.

PRODIGIEUSEMENT adv. De façon prodigieuse.

PRODIGIEUX, EUSE adj. Qui surprend, qui est extraordinaire par ses qualités, sa rareté, sa grandeur, etc.

PRODIGUE adj. et n. (lat. *prodigus*). Qui fait des dépenses excessives, inconsidérées. ‖ Qui donne avec libéralité : *prodigue de compliments, de son temps.* ● *Enfant prodigue*, jeune homme qui, à l'imitation du personnage de la parabole de l'Évangile, rentre dans sa famille après une longue absence et une vie dissipée pour y retrouver la sécurité.

PRODIGUER v. t. Dépenser sans compter, dilapider, gaspiller. ‖ Donner généreusement : *prodiguer des conseils.*

PRO DOMO adj. inv. (mots lat., *pour sa maison*). Se dit du plaidoyer d'une personne qui se fait l'avocat de sa propre cause.

PRODROME n. m. (lat. *prodromus*, précurseur; mot gr.). Symptôme de début d'une maladie. ‖ Fait qui présage quelque événement, signe avant-coureur.

PRODROMIQUE adj. Relatif à un prodrome.

PRODUCTEUR, TRICE n. et adj. Personne qui crée ou participe à la création de biens ou de services. ‖ Cin. Personne qui assure le financement des films. ‖ Radio et Télév. Personne qui a l'idée d'une émission et éventuellement la réalise.

PRODUCTIBILITÉ n. f. Techn. Capacité de production.

PRODUCTIBLE adj. Qui peut être produit.

PRODUCTIF, IVE adj. Qui produit ou rapporte : *sol peu productif; dette productive d'intérêts.* ● *Travail productif*, travail qui, selon Marx, produit à la fois des biens matériels et de la plus-value.

PRODUCTION n. f. Action de produire; bien produit : *les productions du sol.* ‖ Ce qui est produit, considéré sous le rapport de la quantité : *la production d'un atelier.* ‖ Le fait ou la manière de se former. ‖ Mise en valeur d'une créance dans la procédure de règlement judiciaire ou de liquidation des biens. ‖ Action de montrer : *la production d'un acte de naissance.* ‖ Cin. Organisme qui fournit les capitaux, engage les metteurs en scène, assure la réalisation d'un film; le film lui-même. ‖ Pétr. Ensemble des techniques relatives à l'exploitation d'un gisement de pétrole. ● *Mode de production*, pour les marxistes, ensemble constitué par les forces productives et les rapports sociaux de production et d'échange, qui définit une période dans l'histoire d'une société. (Marx distinguait ainsi les modes de production asiatique, antique, féodal et capitaliste. Ce dernier est, selon lui, caractérisé par l'échange généralisé de la marchandise au moyen de la monnaie, et par le système salarial, dans lequel le travailleur vend sa force de travail au propriétaire des moyens de production et d'échange.) ‖ *Moyens de production*, selon les marxistes, ensemble des moyens de travail (machines, etc.) et des objets de travail (matières, etc.) auxquels ils s'appliquent. ‖ *Rapports sociaux de production*, ensemble des liens que les hommes entretiennent inévitablement entre eux dans la production économique. ‖ *Unité de production*, agent économique ayant pour activité la production de biens ou de services.

PRODUCTIVITÉ n. f. Caractère de ce qui est productif. ‖ Rapport mesurable entre une production donnée et l'ensemble des facteurs mis en œuvre (productivité globale) ou un seul de ces facteurs, par ex. la main-d'œuvre (productivité du travail). ‖ Biol. Quantité annuelle de produits que l'on peut prélever dans un milieu naturel sans l'épuiser.

PRODUIRE v. t. (lat. *producere*) [conj. 64]. Donner naissance à une richesse économique : *pays qui produit beaucoup de blé.* ‖ Rapporter, donner du profit : *cette charge produit tant par an.* ‖ Provoquer, causer : *cette méthode produit de bons résultats.* ‖ Montrer, exhiber : *produire des titres, des pièces, une créance.* ‖ Donner naissance, créer : *produire un roman.* ◆ se **produire** v. pr. Se faire connaître, se montrer : *se produire dans les salons.* ‖ Arriver, survenir.

PRODUIT n. m. Richesse, bien économique issu de la production; objet manufacturé; service offert à une clientèle : *produits agricoles; produits bancaires.* ‖ Résultat retiré de qqch : *vivre du produit de sa terre.* ‖ Rejeton : *les produits d'une jument.* ‖ Résultat d'une réaction chimique. ‖ Math. Résultat de la multiplication d'un nombre, le multiplicande, par un autre, le multiplicateur. ● *Produit direct de deux ensembles* (Math.), ensemble des paires formées en associant un élément quelconque du premier ensemble à un élément quelconque du second. ‖ *Produit fini*, produit industriel propre à l'utilisation. ‖ *Produit intérieur brut (P. I. B.)*, ensemble des valeurs ajoutées par les entreprises sur le territoire d'un pays, quelle que soit leur nationalité. ‖ *Produit logique*, syn. de CONJONCTION. ‖ *Produit logique de deux relations*, syn. de INTERSECTION. ‖ *Produit national brut (P. N. B.)*, ensemble de la production d'une économie nationale. ‖ *Produit scalaire de deux vecteurs*, produit de leurs longueurs et du cosinus de l'angle qu'ils forment. ‖ *Produit vectoriel de deux vecteurs*, vecteur perpendiculaire au plan de ces vecteurs et ayant pour longueur la valeur de l'aire du parallélogramme qu'ils sous-tendent et formant avec eux un trièdre orienté positivement.

PRODUIT-PROGRAMME n. m. (pl. *produits-programmes*). Inform. Programme d'intérêt général commercialisé par un constructeur d'ordinateurs ou une société de services en informatique.

PROÉMINENCE n. f. État de ce qui est proéminent; chose proéminente.

PROÉMINENT, E adj. (lat. *proeminens*). En relief par rapport à ce qui l'environne, saillant : *front proéminent.*

PROF n. Fam. Professeur.

PROFANATEUR, TRICE adj. et n. Litt. Qui profane les choses saintes.

PROFANATION n. f. Action de porter atteinte au caractère sacré de qqn, qqch, d'un lieu.

PROFANE adj. (lat. pro, en avant, et fanum, temple). Qui n'appartient pas à la sphère du sacré.

PROFANE n. et adj. Personne étrangère à une association, etc., ou non initiée à certaines connaissances.

PROFANER v. t. Ne pas respecter le caractère sacré, avilir, dégrader.

PROFÉRER v. t. (lat. *proferre*, porter en avant) [conj. 5]. Prononcer, articuler avec violence et force : *proférer des injures.*

PROFÈS, ESSE adj. et n. (lat. *professus*, qui déclare). Religieux qui a fait profession.

PROFESSER v. t. (lat. *profiteri*, déclarer). Déclarer, reconnaître publiquement : *professer une opinion.* ‖ Enseigner : *professer l'histoire.*

PROFESSEUR n. m. (lat. *professor*). Personne qui enseigne une discipline, une science, un art (désignant un homme ou une femme).

PROFESSION n. f. (lat. *professio*, déclaration). Occupation, travail dont on tire les moyens d'existence. ‖ Ensemble des intérêts se rapportant à l'exercice d'un métier. ‖ Vœux publics par lesquels on s'engage dans l'état religieux. ● *De profession*, par état; par habitude : *un ivrogne de profession.* ‖ *Faire profession de*, déclarer ouvertement; avoir comme occupation habituelle. ‖ *Profession de foi*, déclaration publique de sa foi religieuse ou de ses opinions.

PROFESSIONNALISATION n. f. Évolution de la société marquée par la multiplication des activités professionnelles nettement distinctes les unes des autres.

PROFESSIONNALISME n. m. Caractère professionnel d'une activité.

PROFESSIONNEL, ELLE adj. Relatif à une profession donnée : *syndicat professionnel; enseignement professionnel.* ● *Cours profes-*

sionnel, cours suivi par les apprentis en vue d'y recevoir un complément de formation générale et de formation technique. ‖ *École professionnelle*, établissement d'enseignement technique préparant à divers métiers.

PROFESSIONNEL, ELLE n. et adj. Personne qui exerce spécialement une profession, qui réussit parfaitement ce qu'elle fait en raison de l'expérience acquise dans l'exercice de sa profession, de son métier. (Contr. AMATEUR.)

PROFESSIONNELLEMENT adv. Du point de vue professionnel.

PROFESSORAL, E, AUX adj. Relatif au professeur, au professorat.

PROFESSORAT n. m. Fonction de professeur.

PROFIL n. m. (it. *profilo*). Ensemble des traits du visage d'une personne vu de côté. ‖ En parlant d'une chose, aspect général extérieur : *le profil d'une voiture*. ‖ Ligne que dessine la section perpendiculaire d'un objet. ● *De profil*, en regardant le côté qqn ou qqch. ‖ *Droite de profil*, droite située dans un plan de profil. ‖ *Plan de profil*, en géométrie descriptive, plan perpendiculaire aux deux plans de projection et, par suite, à la ligne de terre. ‖ *Profil d'équilibre* (Géogr.), courbe correspondant à un niveau hypothétique où le cours d'eau cesserait de creuser son talweg. ‖ *Profil longitudinal*, courbe représentant la ligne joignant les points bas d'une vallée. ‖ *Profil perdu* ou *fuyant*, profil incomplet, qui montre un peu plus du derrière de la tête et un peu moins de la face. ‖ *Profil psychologique*, représentation obtenue en notant les résultats de divers tests passés par le même sujet. ‖ *Profil transversal*, coupe topographique perpendiculaire à l'axe d'une vallée.

PROFILAGE n. m. Forme de carrosserie, étudiée pour présenter le minimum de résistance à l'avancement.

PROFILÉ n. m. Produit métallurgique de grande longueur, ayant une section constante à profil particulier.

PROFILER v. t. Représenter en profil : *profiler un édifice*. ‖ Donner un profil déterminé spécial. ◆ **se profiler** v. pr. Se présenter, se projeter de profil, en silhouette. ‖ S'ébaucher, apparaître.

PROFILOGRAPHE n. m. Appareil enregistreur du profil en long d'une chaussée.

PROFIT n. m. (lat. *profectus*; de *proficere*, donner du profit). Avantage matériel ou moral que l'on retire de qqch. ‖ Gain réalisé par une entreprise et qui correspond à la différence entre les dépenses nécessitées par la production de biens ou de services et les recettes correspondant à leur commercialisation sur le marché. ● *Au profit de*, au bénéfice de. ‖ *Compte de pertes et profits*, celui qui, dans un bilan, enregistre les opérations étrangères à l'activité courante de l'entreprise (plus- ou moins-values, gains ou pertes exceptionnels, etc.). ‖ *Faire son profit de qqch, tirer profit de qqch*, en retirer un bénéfice. ‖ *Mettre à profit*, employer utilement. ‖ *Taux de profit*, selon Marx, rapport entre la plus-value et le capital total (capital constant et capital variable).

PROFITABLE adj. Qui procure un avantage.

PROFITER v. t. ind. [**de**]. Tirer avantage : *profiter du temps*. ◆ v. t. ind. [**à**]. Être utile : *vos conseils lui ont profité*. ◆ v. i. *Fam.* Se fortifier, grandir : *cet enfant profite bien*. ‖ *Fam.* Faire un long usage; fournir beaucoup : *vêtement, plat qui profite*.

PROFITEROLE n. f. Petit chou fourré de glace ou de crème pâtissière, arrosé d'une crème au chocolat servie chaude.

PROFITEUR, EUSE n. Personne qui cherche à tirer un profit abusif de toute chose, notamment du travail d'autrui.

PROFOND, E adj. (lat. *profundus*). Dont le fond est éloigné du bord, de la surface : *puits profond*. ‖ Qui pénètre loin, qui est loin à l'intérieur : *blessure profonde*. ‖ Se dit de qqch de caché, de difficile à atteindre : *une tendance profonde*. ‖ Qui fait preuve de pénétration, de réflexion : *une œuvre profonde; penseur profond*. ‖ Intense, à un degré élevé : *douleur profonde*. ‖ Se dit de la partie de l'opinion qui ne s'exprime pas nécessairement par les partis politiques. ● *Arriéré profond*, débile mental

dont le Q. I. est inférieur à 20. ‖ *Voix profonde, grave et majestueuse.* ◆ adv. À une grande profondeur.

PROFONDÉMENT adv. De manière profonde. ‖ À un haut degré : *profondément triste; souhaiter profondément qqch.*

PROFONDEUR n. f. Distance du fond par rapport à la surface, à l'ouverture : *profondeur d'une rivière*. ‖ L'une des trois dimensions d'un solide. ‖ Grand savoir, grande pénétration d'esprit : *profondeur des idées*. ‖ Impénétrabilité : *la profondeur des mystères*, syn. anc. de PSYCHANALYSE. ‖ *Psychologie des profondeurs*, syn. anc. de PSYCHANALYSE.

PRO FORMA loc. adj. inv. → FACTURE *pro forma*.

PROFUSION n. f. (lat. *profusio*). Grande abondance, surabondance : *une profusion de lumière, de couleurs*. ● *À profusion*, abondamment.

PROGÉNITURE n. f. (lat. *progenies*, race, lignée). *Litt.* ou *ironiq.* Les enfants par rapport aux parents, la descendance.

PROGESTATIF, IVE adj. et n. m. Se dit d'une substance qui favorise la nidation de l'œuf et la gestation.

PROGESTÉRONE n. f. Hormone progestative produite par le corps jaune de l'ovaire pendant la seconde partie du cycle menstruel et pendant la grossesse. (Syn. anc. LUTÉINE.)

PROGLOTTIS [prɔglɔtis] n. m. (gr. *pro*, devant, et *glôttis*, languette). Chacun des anneaux d'un ver cestode (ténia).

PROGNATHE [prɔgnat] adj. et n. (gr. *pro*, en avant, et *gnathos*, mâchoire). Qui a les mâchoires allongées en avant, en parlant d'une personne, d'une face.

PROGNATHISME n. m. État d'une face prognathe.

PROGRAMMABLE adj. Se dit d'un dispositif automatique dont le programme de travail est introduit au moyen d'un support, tel que ruban perforé ou magnétique, et peut donc être facilement modifié : *calculatrice programmable*.

PROGRAMMATEUR, TRICE n. Personne qui établit un programme de cinéma, de radio, etc.

PROGRAMMATEUR n. m. Appareil dont les signaux de sortie commandent l'exécution d'une suite d'opérations correspondant à un programme. ‖ Dispositif intégré à certains appareils ménagers, qui commande automatiquement l'exécution des différentes opérations à effectuer.

PROGRAMMATION n. f. Établissement d'un programme.

PROGRAMMATIQUE adj. Qui a le caractère d'un programme, d'une déclaration d'intentions.

PROGRAMME n. m. (gr. *programma*, affiche). Indication des matières sur lesquelles porte un examen ou un concours, des détails d'une fête ou d'un spectacle, de l'objectif et des modalités d'une activité industrielle, financière ou politique. ‖ Imprimé indiquant ce qui va être joué au théâtre, à un concert, etc.; liste des émissions de radio ou de télévision présentées au cours d'une période donnée. ‖ Dessein, projet arrêté; exposé des intentions d'une personne. ‖ Devis des nécessités auxquelles devra répondre un projet d'architecture. ‖ Ensemble d'instructions, de données ou d'expressions enregistrées sur un support et permettant d'exécuter une suite d'opérations déterminées, demandées à un ordinateur, à un appareillage automatique ou à une machine-outil.

PROGRAMMÉ, E adj. Qui est commandé par un programme. ● *Enseignement programmé*, méthode consistant à adapter la matière à enseigner aux possibilités d'acquisition de chaque individu selon un programme qui divise cette matière en éléments courts, facilement assimilables.

PROGRAMMER v. t. Établir à l'avance une suite d'opérations. ‖ Établir le programme d'un cinéma, de la radio, de la télévision. ‖ *Inform.* Fractionner un problème à résoudre par un ordinateur en instructions codifiées acceptables par la machine.

PROGRAMMEUR, EUSE n. Spécialiste chargé de préparer les programmes d'ordinateurs.

PROGRÈS n. m. (lat. *processus*, action d'avancer). Changement graduel de qqch allant vers une augmentation ou une amélioration : *progrès d'une inondation*. ‖ Acquisition de connaissances, de capacités : *les progrès d'un élève*. ‖ Développement de la civilisation.

PROGRESSER v. i. Avancer, se développer : *les troupes progressent; le mal progresse*. ‖ Faire des progrès : *cet élève a progressé*.

PROGRESSIF, IVE adj. Qui avance, qui se développe régulièrement. ‖ Qui suit une progression : *intérêt progressif*. ◆ adj. et n. m. *Ling.* Se dit d'une forme verbale exprimant une action en train de s'accomplir.

PROGRESSION n. f. (lat. *progressio*; de *progredi*, s'avancer). Avance, développement, accroissement graduel : *la progression d'une troupe, des idées*. ‖ *Progression arithmétique* (Math.), suite de nombres tels que la différence entre l'un d'eux et celui qui le précède immédiatement est une quantité constante, appelée *raison*. (Ex. de *progression croissante* : $\div 1\ 4\ 7\ 10\ 13...$ [raison $+3$]; de *progression décroissante* : $\div 17\ 13\ 9\ 5\ 1$ [raison -4].) ‖ *Progression géométrique*, suite de nombres dans laquelle le quotient de chaque terme par le terme précédent est une quantité constante, appelée *raison*. (Ex. : $\div 5\ 10\ 20\ 40...$ [raison 2].) ■ La somme des n premiers termes d'une *progression arithmétique* de raison r et dont le premier terme est a et le $n^{ième}$ $l = a + (n-1)r$ est

$$S = \frac{(a+l)\,n}{2}$$

● La somme des n premiers termes d'une *progression géométrique* de raison q et dont le premier terme est a est

$$S = a\,\frac{1-q^n}{1-q}$$

Si $q < 1$, la somme de l'ensemble des termes constituant la progression a pour limite

$$S = \frac{a}{1-q}.$$

PROGRESSISME n. m. Doctrine progressiste.

PROGRESSISTE n. et adj. Qui a des idées politiques et sociales avancées.

PROGRESSIVEMENT adv. Graduellement.

PROGRESSIVITÉ n. f. Caractère de ce qui est progressif. ‖ Caractère du taux d'un impôt ou d'une taxe qui s'élève en même temps que le montant de la matière imposable.

PROHIBÉ, E adj. Défendu par la loi : *arme prohibée*. ● *Temps prohibé*, temps pendant lequel certains actes sont interdits.

PROHIBER v. t. (lat. *prohibere*, écarter). Interdire légalement : *prohiber le trafic de la drogue*.

PROHIBITIF, IVE adj. Qui défend, interdit : *une loi prohibitive*. ‖ Se dit d'un prix trop élevé.

PROHIBITION n. f. (lat. *prohibitio*). Défense, interdiction légale. ‖ Aux États-Unis, interdiction des boissons alcooliques entre 1919 et 1933. (La prohibition a existé aussi en Scandinavie.)

PROHIBITIONNISME n. m. Système économique des prohibitionnistes.

PROHIBITIONNISTE adj. et n. Favorable à la prohibition de certains produits, comme l'alcool.

PROIE n. f. (lat. *praeda*). Être vivant qu'un animal attaque pour le dévorer. ‖ *Litt.* Ce dont on s'empare avec violence : *la Gaule fut la proie des Barbares*. ● *Être en proie à*, être livré à, tourmenté par. ‖ *Être la proie de*, être la victime de, être détruit par : *cette maison a été la proie des flammes*. ‖ *Oiseau de proie*, oiseau qui se nourrit d'autres animaux.

PROJECTEUR n. m. (de *projection*). Appareil servant à orienter dans une même direction toutes les ondes issues d'une même source. ‖ Appareil pour projeter des images sur un écran.

PROJECTIF, IVE adj. *Math.* Se dit des propriétés que les figures conservent quand on les projette sur plan. ● *Géométrie projective*, géométrie qui étudie les propriétés projectives des figures. ‖ *Technique projective*, ou *test projectif* (Psychol.), méthode d'étude d'un sujet, qui le confronte à une situation standardisée aussi ambiguë que possible et à laquelle il répond suivant le sens que cette situation revêt pour lui. ‖ *Transformation projective*, application d'un espace linéaire sur un autre, tel que quatre points en ligne droite se transforment en quatre autres points en ligne droite, de même rapport anharmonique que les premiers.

PROJECTILE n. m. (lat. *projectus*, jeté en avant). Corps auquel, par un moyen quelconque, est communiquée une vitesse suivant une direction quelconque (balle, obus, roquette, missile, grenade, etc.).

PROJECTION n. f. (lat. *projectio*; de *projicere*, projeter). Action de lancer un corps pesant, un liquide, un fluide; ce corps lui-même : *projection de pierres, d'eau, de vapeur*. ‖ Action de projeter un film. ‖ Image éclairée reproduite sur un écran. ‖ Opération cartographique permettant de représenter l'ellipsoïde terrestre sur une surface plane, dite *plan de projection*, suivant certaines règles géométriques. ‖ *Math.* Opération qui, à un point, à un vecteur d'un espace vectoriel, fait correspondre un point, un vecteur d'un sous-espace. ‖ *Psychanal.* Mécanisme de défense très général, par lequel le sujet rejette sur autrui ce qui lui appartient en propre mais qu'il perturberait s'il le reconnaissait pour sien. ● *Plans de projection*, en géométrie descriptive,

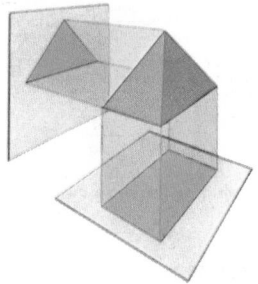

projection orthogonale sur deux plans

plan horizontal et plan frontal sur lesquels on projette orthogonalement les figures de l'espace. ‖ *Projection volcanique*, matière projetée par un volcan (bombes, lapilli, cendres).

PROJECTIONNISTE n. Professionnel chargé de la projection des films.

PROJET n. m. Ce que l'on a l'intention de faire. ‖ Étude, avec dessin et devis, d'une construction à réaliser. ‖ Première rédaction d'un texte. ● *Projet de loi*, texte rédigé par le gouvernement et déposé sur le bureau d'une assemblée législative en vue de son adoption en tant que loi.

PROJETER v. t. (lat. *pro*, en avant, et *jeter*) [conj. **4**]. Jeter avec force : *volcan qui projette des cendres*. ‖ Avoir en projet : *projeter un voyage*. ‖ *Cin.* Faire passer un film dans un appareil qui envoie sur l'écran des images animées. ‖ *Math.* Effectuer la projection de.

PROJETEUR n. m. Technicien chargé d'établir les projets dans une entreprise. ‖ Responsable d'un projet d'urbanisme.

PROLACTINE n. f. Hormone hypophysaire responsable de la sécrétion lactée du postpartum et impliquée dans l'inhibition de la fertilité maternelle que l'on constate alors.

PROLAMINE n. f. Holoprotéine végétale, riche en acide glutamique.

PROLAN n. m. Substance produite par le placenta, ayant la même action que les gonadotrophines de l'hypophyse.

PROLAPSUS [prɔlapsys] n. m. (lat. *prolabi*, glisser en avant). *Méd.* Chute d'un organe en dehors ou au niveau de son emplacement normal.

PROLÉGOMÈNES n. m. pl. (gr. *prolegomena*, choses dites avant). Longue introduction en tête

d'un ouvrage. ‖ Ensemble des notions préliminaires à une science.

PROLEPSE n. f. (gr. *prolêpsis*, anticipation). Procédé de style par lequel on prévient une objection que l'on réfute d'avance.

PROLÉTAIRE n. (lat. *proletarius*). Personne qui ne peut attendre d'autres ressources que la rémunération que lui alloue celui à qui il vend sa force de travail. ‖ *Fam.* Salarié aux revenus modestes. ‖ *Antiq. rom.* Citoyen pauvre qui n'était considéré comme utile à l'État que par sa descendance. ◆ adj. Relatif aux prolétaires; qui appartient au prolétariat.

PROLÉTARIAT n. m. Classe des prolétaires.

PROLÉTARIEN, ENNE adj. Relatif au prolétariat.

PROLÉTARISATION n. f. Action de réduire une catégorie de producteurs indépendants (exploitants agricoles, artisans, commerçants) à l'état de prolétaires.

PROLÉTARISER v. t. Donner un caractère de prolétaire à.

PROLIFÉRATION n. f. Multiplication rapide. ‖ *Biol.* Accroissement du nombre de cellules par division. ‖ *Bot.* Anomalie d'une fleur donnant un nouveau rameau portant feuilles et fleurs.

PROLIFÈRE adj. (lat. *proles*, lignée, et *ferre*, porter). *Bot.* Qui se multiplie.

PROLIFÉRER v. i. (conj. **5**). Se multiplier, augmenter rapidement.

PROLIFIQUE adj. (lat. *proles*, descendance). Qui se multiplie rapidement : *les lapins sont très prolifiques*. ‖ Se dit d'un artiste qui a une abondante production.

PROLIGÈRE adj. Qui porte un germe.

PROLIXE adj. (lat. *prolixus*, qui se répand abondamment). Diffus, trop long, bavard : *discours prolixe; orateur prolixe*.

PROLIXITÉ n. f. Défaut de celui, de ce qui est prolixe.

PROLO n. *Fam.* Abrév. de PROLÉTAIRE.

PROLOGUE n. m. (lat. *prologus*; gr. *pro*, avant, et *logos*, discours). Partie d'une œuvre littéraire dans laquelle on expose des événements antérieurs à ceux qui font l'objet de l'œuvre elle-même. ‖ Introduction : *cette réception servit de prologue à la conférence*. ‖ *Antiq.* Partie d'une pièce de théâtre qui précédait l'entrée du chœur et qui était consacrée à l'exposition du sujet. ‖ *Mus.* Dans la tragédie lyrique classique, tableau situé après l'ouverture et avant le premier acte; morceau qui ouvre une partition.

PROLONGATEUR n. m. Fil électrique muni à ses deux extrémités d'éléments permettant de raccorder un appareil électrique à une prise de courant trop éloignée.

PROLONGATION n. f. (bas lat. *prolongatio*). Action de prolonger; temps ajouté à la durée normale de qqch.

PROLONGE n. f. Autref., nom donné à certains véhicules d'artillerie ou du génie. ‖ *Manut.* Longue corde munie d'un crochet, utilisée pour l'arrimage des marchandises.

PROLONGEMENT n. m. Extension, continuation, accroissement de longueur : *le prolongement d'une rue*. ‖ pl. Conséquences : *les prolongements d'une affaire*.

PROLONGER v. t. (lat. *pro*, en avant, et *longus*, long) [conj. **1**]. Faire durer plus longtemps : *prolonger une séance*. ‖ Accroître la longueur de : *prolonger une route*.

PROMENADE n. f. Action de se promener. ‖ Lieu aménagé pour les promeneurs. ‖ *Chorégr.* Dans un pas de deux, parcours effectué par le danseur en marchant autour de la danseuse, montée sur pointes, et qu'il maintient pour la faire tourner en même temps qu'il avance.

PROMENER v. t. (conj. **5**). Conduire à l'extérieur pour prendre de l'air, de l'exercice, pour divertir : *promener ses enfants*. ● *Envoyer promener* (Fam.), rejeter, renvoyer. ‖ *Promener ses yeux, ses regards, en même temps tous ses sens.* ◆ **se promener** v. pr. Sortir pour faire un exercice agréable ou salutaire.

PROMENEUR, EUSE n. Personne qui se promène.

PROMENOIR n. m. Lieu couvert destiné à la promenade. ‖ Partie d'une salle de spectacle où l'on peut circuler ou se tenir debout.

PROMESSE n. f. (lat. *promissa*, choses promises). Action de promettre, assurance qu'on donne de faire, de fournir ou de dire qqch. ● *Promesse d'action* (Bours.), certificat d'action, lors d'une augmentation de capital en cours.

PROMÉTHAZINE n. f. Antihistaminique dérivé de la phénothiazine, et légèrement hypnotique.

PROMÉTHÉEN, ENNE adj. Relatif au mythe de Prométhée.

PROMÉTHÉUM [prɔmeteɔm] n. m. Métal du groupe des terres rares (Pm), n° 61, de masse atomique 147.

PROMETTEUR, EUSE adj. Plein de promesses.

PROMETTRE v. t. (lat. *promittere*) [conj. **49**]. S'engager verbalement ou par écrit à faire, à dire, à donner qqch : *promettre une récompense*. ◆ v. i. Laisser présager ce qui va suivre, laisser espérer : *la vigne promet beaucoup*. ◆ **se promettre** v. pr. Prendre une ferme résolution : *se promettre de travailler*.

PROMIS, E adj. (lat. *promissus*). Dont on a fait la promesse : *une chose promise*. ● *Terre promise*, la terre de Canaan, que Dieu avait promise aux Hébreux; contrée très fertile.

PROMIS, E n. Fiancé, fiancée (vx).

PROMISCUE adj. f. *Dr.* Qui a le caractère de la promiscuité ou de la communauté.

PROMISCUITÉ n. f. (lat. *promiscuus*, commun). Situation d'une personne placée dans un voisinage jugé désagréable ou choquant.

PROMONTOIRE n. m. (lat. *promontorium*). Cap élevé s'avançant dans la mer.

PROMOTEUR, TRICE n. Personne qui s'engage à faire construire un ou des immeubles dans le cadre d'une opération de promotion. ‖ *Litt.* Celui, celle qui donne l'impulsion, qui est la cause première : *le promoteur d'une réforme*.

PROMOTEUR n. m. Substance qui rend un catalyseur plus actif.

PROMOTION n. f. (bas lat. *promotio*, élévation). Action d'élever plusieurs personnes simultanément à un grade, à une dignité, à des fonctions supérieures. ‖ Ensemble des personnes qui effectuent les mêmes études dans un même établissement au cours d'une même période. ‖ Accession à un niveau de vie supérieur, à la culture. ● *Article en promotion*, article dont les conditions de vente sont déterminées pour en accroître la vente. ‖ *Promotion immobilière*, opération par laquelle une personne (le promoteur) s'engage envers une autre (le « maître de l'ouvrage ») à faire procéder à la construction d'un immeuble autrement que comme vendeur, architecte ou entrepreneur. ‖ *Promotion des ventes*, technique propre à accroître le chiffre d'affaires d'une entreprise par l'action propre du réseau de distribution.

PROMOTIONNEL, ELLE adj. Relatif à l'accroissement des ventes d'une entreprise.

PROMOUVOIR v. t. (lat. *promovere*) [conj. **31**, mais ne s'emploie qu'à l'infinitif, aux temps composés et au passif]. Élever à une fonction ou à un grade supérieur. ‖ Mettre en action, favoriser le développement : *promouvoir une politique de progrès*.

PROMPT, E [prɔ̃, prɔ̃t] adj. (lat. *promptus*). *Litt.* Qui est rapide; qui ne tarde pas : *une prompte repartie; prompt à se décider*.

PROMPTEMENT [prɔ̃tmɑ̃] adv. *Litt.* De façon prompte.

PROMPTEUR n. m. Appareil sur lequel défilent des textes qui sont lus par le présentateur face à une caméra de télévision.

PROMPTITUDE [prɔ̃tityd] n. f. Qualité de celui qui est prompt; rapidité, vitesse.

PROMU, E n. et adj. Personne qui a reçu une promotion.

PROMULGATION n. f. Action de promulguer.

PROMULGUER v. t. (lat. *promulgare*). Rendre applicable une loi régulièrement adoptée.

PROMYÉLOCYTE n. m. Cellule de la moelle

osseuse qui, dans la lignée des polynucléaires, fait suite au myéloblaste et précède le myélocyte.

PRONAOS [prɔnaɔs] n. m. (mot gr.). Vestibule d'un temple antique, donnant accès au naos.

PRONATEUR, TRICE adj. et n. m. Qui sert aux mouvements de pronation.

PRONATION n. f. (lat. *pronare*, pencher en avant). Mouvement de l'avant-bras qui a pour effet de faire exécuter à la main une rotation de dehors en dedans (par oppos. à la SUPINATION).

PRÔNE n. m. (lat. pop. *protinum*, vestibule). *Relig.* Ensemble constitué par les annonces et le sermon de la messe paroissiale.

PRÔNER v. t. Vanter, louer avec insistance.

PRONOM n. m. (lat. *pro*, pour, et *nom*). Mot qui représente un nom, une phrase, un adjectif. (On distingue, en français, les pronoms *personnels, démonstratifs, possessifs, relatifs, interrogatifs, indéfinis*.)

PRONOMINAL, E, AUX adj. *Adjectifs pronominaux*, adjectifs possessifs, démonstratifs, relatifs, interrogatifs, indéfinis, qui ont les formes des pronoms correspondants. ‖ *Verbe pronominal*, ou *pronominal* n. m., verbe qui se conjugue avec deux pronoms de la même personne. (Ex. : *il se flatte; nous nous avançons*.)

PRONOMINALEMENT adv. Comme verbe pronominal.

PRONONÇABLE adj. Qui peut être prononcé.

PRONONCÉ, E adj. Fortement marqué, accentué, accusé : *traits prononcés*.

PRONONCÉ n. m. *Dr.* Décision exprimée par un tribunal.

PRONONCER v. t. (lat. *pronuntiare*, proclamer) [conj. 1]. Articuler d'une certaine manière : *prononcer les lettres, les mots.* ‖ Débiter, dire : *prononcer un discours.* ‖ Déclarer avec autorité : *prononcer un arrêt.* ◆ v. i. Déclarer sa décision, statuer. ◆ **se prononcer** v. pr. Prendre une décision, prendre parti.

PRONONCIATION n. f. Manière de prononcer des phonèmes, des mots. ‖ *Dr.* Action de lire le prononcé d'un jugement.

PRONOSTIC [prɔnɔstik] n. m. (gr. *prognôstikein*, connaître d'avance). Prévision, supposition sur ce qui doit arriver. ‖ *Méd.* Jugement porté sur l'évolution d'une maladie.

PRONOSTIQUER v. t. Prédire, prévoir : *pronostiquer le temps.*

PRONOSTIQUEUR, EUSE n. Personne qui fait des pronostics sportifs.

PRONUNCIAMIENTO [prɔnunsjamjento] n. m. (mot esp.). Coup d'État militaire.

PROPADIÈNE n. m. Syn. de ALLÈNE.

PROPAGANDE n. f. (lat. *congregatio de propaganda fide*, congrégation pour propager la foi). Toute action sur l'opinion organisée en vue de répandre une opinion, une doctrine, etc.

PROPAGANDISTE adj. et n. Qui fait de la propagande.

PROPAGATEUR, TRICE adj. et n. Qui propage.

PROPAGATION n. f. Extension, développement, progrès : *propagation des idées, d'une mode vestimentaire.* ‖ Multiplication des êtres par voie de reproduction. ‖ *Phys.* Mode de transmission des ondes sonores, lumineuses, hertziennes, des rayonnements X et γ : *calculer la vitesse de propagation d'un rayon lumineux.*

PROPAGER [prɔpaʒe] v. t. (lat. *propagare*) [conj. 1]. Répandre, diffuser, colporter dans le public : *propager de fausses nouvelles.* ‖ Multiplier par voie de reproduction. ◆ **se propager** v. pr. S'étendre : *l'incendie se propage.*

PROPAGULE n. f. Massif de cellules assurant la multiplication végétative chez les mousses.

PROPANE [prɔpan] n. m. Hydrocarbure saturé gazeux (C_3H_8), employé comme combustible.

PROPANIER n. m. Navire construit pour transporter le propane sous forme de gaz liquéfié.

PROPÉDEUTIQUE n. f. (gr. *pro*, avant, et *paideuein*, éduquer). Nom de la première année d'études dans les facultés des lettres et des sciences, supprimée en 1966.

PROPÈNE n. m. Syn. de PROPYLÈNE.

PROPENSION [prɔpɑ̃sjɔ̃] n. f. (lat. *propensio*). Penchant, inclination à faire qqch : *propension à la paresse, propension à épargner.*

PROPERGOL n. m. Corps dont la réaction chimique, sans intervention de l'oxygène de l'air, donne naissance, avec libération d'une grande quantité d'énergie, à un fort volume de gaz chauds et entretient ainsi le mouvement d'un engin autopropulsé.

PROPHARMACIEN, ENNE adj. et n. Médecin autorisé à délivrer des médicaments à ses malades, faute d'un pharmacien dans la localité.

PROPHASE n. f. *Biol.* Première phase de la mitose cellulaire, pendant laquelle les chromosomes s'individualisent en filaments fissurés longitudinalement.

PROPHÈTE, PROPHÉTESSE n. (gr. *prophêtês*). Celui par qui se manifeste la volonté divine tant pour le présent que pour l'avenir. ‖ Personne qui annonce un événement futur. • *Le Prophète*, Mahomet. ‖ *Prophètes d'Israël*, prophètes qui se sont manifestés au cours de l'histoire d'Israël à partir du VIIIe s. av. J.-C. et dont on a conservé les oracles. (Les principaux sont : Isaïe, Jérémie, Ézéchiel et, pour les chrétiens, Daniel.)

PROPHÉTIE n. f. Oracle d'un prophète. ‖ Toute prédiction d'un événement futur.

PROPHÉTIQUE adj. Relatif au prophète, à la prophétie.

PROPHÉTIQUEMENT adv. En prophète.

PROPHÉTISER v. t. Faire connaître, par une inspiration divine, les volontés ou les avertissements de la divinité. ‖ Prévoir, dire d'avance, par conjecture ou par hasard.

PROPHÉTISME n. m. Action des prophètes dans un lieu ou un temps donnés.

PROPHYLACTIQUE adj. (gr. *prophulattein*, veiller sur). Relatif à la prophylaxie.

PROPHYLAXIE n. f. Ensemble des mesures destinées à empêcher l'apparition ou la propagation d'une ou de plusieurs maladies.

PROPICE adj. (lat. *propitius*). Qui convient bien, favorable : *circonstances propices à une entreprise.*

PROPITIATION n. f. (lat. *propitius*, propice). *Relig.* Action propitiatoire; intercession.

PROPITIATOIRE [prɔpisjatwar] adj. *Relig.* Qui a la vertu de rendre propice.

PROPOLIS [prɔpɔlis] n. f. (gr. *pro*, en avant, et *polis*, ville). Substance résineuse récoltée sur les bourgeons par les abeilles, qui l'utilisent pour obturer les fissures de leur ruche.

PROPORTION n. f. (lat. *proportio*). Rapport et convenance des parties entre elles et avec l'ensemble. ‖ *Math.* Égalité de deux rapports. $\left(\text{Ex.} : \dfrac{2}{6} = \dfrac{8}{24} \right)$ • *À proportion*, proportionnellement. ‖ *En proportion de*, par rapport à, eu égard à. ‖ *Hors de proportion*, beaucoup trop grand. ◆ pl. Importance matérielle ou morale de qqch, dimensions : *ce désastre a pris des proportions considérables.* ‖ *Toutes proportions gardées*, indique une limitation dans les comparaisons.

PROPORTIONNALITÉ n. f. Caractère des quantités proportionnelles entre elles. • *Proportionnalité de l'impôt*, système de calcul de l'impôt dans lequel le taux de celui-ci reste fixe quel que soit le montant de la matière imposable.

PROPORTIONNÉ, E adj. *Bien proportionné*, dont les proportions sont harmonieuses.

PROPORTIONNEL, ELLE adj. Se dit des quantités du même genre qui sont en proportion avec d'autres quantités. • *Grandeurs directement proportionnelles*, grandeurs variant de telle façon que les nombres qui les mesurent soient dans un rapport constant. ‖ *Grandeurs inversement proportionnelles*, grandeurs variant de telle façon que le produit des nombres qui les mesurent soit constant. ‖ *Moyenne proportionnelle de deux nombres* ou *de deux grandeurs* a et b, nombre x défini par la proportion

$\dfrac{a}{x} = \dfrac{x}{b}$ et égal à la racine carrée de *ab*. ‖ *Quatrième proportionnelle à trois nombres* a, b, c, nombre x défini par la proportion $\dfrac{a}{b} = \dfrac{c}{x} \cdot \left(\text{Sa valeur est } \dfrac{bc}{a} \right)$ ‖ *Représentation proportionnelle*, ou *proportionnelle* n. f., système électoral accordant aux divers partis un nombre de représentants proportionnel au nombre des suffrages obtenus.

PROPORTIONNELLEMENT adv. Suivant une proportion, comparativement.

PROPORTIONNER v. t. Mettre en exacte proportion : *proportionner le travail au but visé.*

PROPOS n. m. (de *proposer*). Paroles échangées dans la conversation : *tenir de joyeux propos.* • *À propos*, de façon opportune : *arriver à propos*; s'emploie quand on va parler de qqch ayant plus ou moins de rapport avec ce qui vient d'être dit : *à propos, vous a-t-on répondu?* ‖ *À propos de*, à l'occasion, au sujet de. ‖ *À tout propos*, à chaque instant. ‖ *Avoir le ferme propos de*, avoir la ferme intention de. ‖ *Hors de propos, mal à propos*, à contretemps, sans raison.

PROPOSABLE adj. Qu'on peut proposer.

PROPOSER v. t. (lat. *propositus*, placé devant). Offrir au choix ou comme prix, faire connaître : *proposer un sujet; proposer mille francs d'un objet.* • *Proposer qqn pour un emploi*, l'indiquer comme capable de le remplir. ◆ **se proposer** v. pr. Offrir de sa personne : *se proposer pour un emploi.* ‖ Avoir l'intention : *il se propose de vous écrire.*

PROPOSITION n. f. (lat. *propositio*). Action de proposer; chose proposée pour qu'on en délibère : *faire une proposition à une assemblée.* ‖ Condition qu'on propose pour arriver à un arrangement : *faire des propositions de paix.* ‖ *Ling.* Unité constitutive de l'énoncé, composée en général d'un verbe accompagné ou non de groupes nominaux. (On distingue les propositions *indépendantes*, *principales* et *subordonnées*. Dans la phrase *je désire que vous écoutiez*, il y a deux propositions : *je désire*, proposition principale, et *que vous écoutiez*, proposition subordonnée.) ‖ *Log.* Énoncé susceptible d'être vrai ou faux. ‖ *Math.* Énoncé d'une propriété concernant un ensemble défini par des axiomes. • *Calcul des propositions* (Log.), partie de la logique qui étudie les propriétés générales des propositions et des opérateurs propositionnels, sans référence au sens de ces propositions, dont on ne considère que la vérité ou la fausseté. (Le calcul des propositions est régi par des lois logiques, comme la loi de la non-contradiction, la loi du tiers exclu, etc.) ‖ *Faire des propositions à qqn*, la poursuivre de ses assiduités. ‖ *Proposition de loi*, texte rédigé par un parlementaire et déposé sur le bureau d'une assemblée législative en vue de son adoption. ‖ *Sur la proposition de*, à.

PROPOSITIONNEL, ELLE adj. *Log.* Qui concerne les propositions. • *Fonction propositionnelle* (Log.), syn. de PRÉDICAT.

PROPRE adj. (lat. *proprius*). Qui appartient spécialement à : *chaque être a ses caractères propres.* ‖ Qui est de la personne même : *écriture de sa propre main.* ‖ Exactement semblable, identique : *voici ses propres paroles.* ‖ Qui n'est point souillé ou taché : *des vêtements propres.* ‖ Qui se lave souvent. ‖ Qui ne salit pas : *avoir un métier propre.* ‖ Honnête, moral : *toutes ces manœuvres, ce n'est pas très propre.* ‖ *Math.* Se dit d'un élément d'un ensemble qui possède une propriété de façon non triviale. • *Capitaux propres*, ensemble des capitaux qui, figurant au passif d'un bilan, ne proviennent pas de l'endettement (ils comprennent essentiellement le capital social et les réserves). ‖ *En main propre*, à la personne même. ‖ *Mot, expression propre*, qui convient exactement. ‖ *Mouvement propre* (Astron.), mouvement réel d'un astre (par oppos. à son MOUVEMENT APPARENT). ‖ *Nom propre*, nom qui ne peut s'appliquer qu'à un seul être ou objet ou à une seule catégorie (par oppos. à *nom commun*). ‖ *Propre à, apte à, approprié à* : *du bois propre à la construction.* ‖ *Sens propre d'un mot,* son sens premier, sans valeur stylistique particulière (par oppos. à *sens figuré*).

PROPRE n. m. Qualité particulière : *le rire est le propre de l'homme.* ‖ *Liturg.* Partie de l'office ou de la messe qui varie selon la fête. ● *En propre,* en propriété particulière : *avoir une ferme en propre.* ‖ *Mettre au propre,* recopier un texte écrit au brouillon. ◆ pl. *Dr.* Biens constituant le patrimoine personnel de chacun des époux.

PROPRE-À-RIEN n. m. (pl. *propres-à-rien*). Personne sans aucune capacité.

PROPREMENT adv. Avec propreté : *manger proprement.* ‖ Précisément, exactement : *voilà proprement ce qu'il a dit.* ‖ Avec honnêteté : *se conduire proprement.* ‖ Au sens propre. ● *À proprement parler,* pour parler en termes exacts. ‖ *Proprement dit,* au sens exact et restreint.

PROPRET, ETTE adj. Propre dans la simplicité.

PROPRETÉ n. f. Qualité de ce qui est net, exempt de saleté.

PROPRÉTEUR n. m. (lat. *propraetor*). *Antiq. rom.* Haut fonctionnaire (généralement anc. préteur) délégué au gouvernement d'une province.

PROPRÉTURE n. f. Dignité, fonction de propréteur ; durée de cette fonction.

PROPRIÉTAIRE n. Personne à qui une chose appartient en propriété. ‖ Personne qui possède un immeuble locatif.

PROPRIÉTÉ n. f. Droit d'user et de disposer d'un bien d'une façon exclusive et absolue, sous certaines réserves définies par la loi. ‖ Terre, maison, etc., qui appartient à qqn : *avoir une propriété à la campagne.* ‖ Ce qui est le propre de qqch, qualité particulière : *propriété de l'aimant.* ‖ Convenance de l'expression avec l'idée à exprimer, adéquation : *la propriété des termes.* ● *Propriété artistique et littéraire,* droit exclusif d'un artiste ou d'un écrivain (et de ses héritiers) de tirer un revenu de l'exploitation de son œuvre. ‖ *Propriété commerciale,* droit que la loi a conféré au commerçant locataire d'un immeuble de conserver l'usage du local loué à l'expiration de son bail ou d'obtenir une indemnité. ‖ *Propriété industrielle,* droit exclusif d'user d'un nom commercial, d'une marque, d'un brevet, d'un dessin et, plus généralement, d'un moyen capable de rallier une clientèle.

PROPRIO n. *Pop.* Propriétaire.

PROPRIOCEPTEUR n. m. Récepteur de la sensibilité proprioceptive.

PROPRIOCEPTIF, IVE adj. Se dit des sensations issues des muscles et de leurs annexes et des canaux semi-circulaires, qui renseignent sur l'attitude, les mouvements, l'équilibre.

PROPRIOCEPTION n. f. Sensibilité propre aux muscles, aux os et aux articulations.

PROPULSER v. t. Faire avancer, projeter au loin. ◆ *se propulser* v. pr. *Fam.* Se déplacer.

PROPULSEUR n. m. Organe ou machine destinés à imprimer un mouvement de propulsion.

PROPULSIF, IVE adj. Qui produit la propulsion. ‖ Se dit d'une poudre apte au lancement d'un projectile dans une arme à feu.

PROPULSION n. f. Action de propulser.

PROPYLÉE n. m. (gr. *pro*, devant, et *pulê*, porte). Entrée monumentale d'une citadelle, d'un temple grec, comprenant un porche à colonnes.

PROPYLÈNE n. m. Hydrocarbure éthylénique $CH_3CH=CH_2$, homologue supérieur de l'éthylène. (Syn. PROPÈNE.)

PRORATA n. m. inv. (lat. *prorata parte*, selon la part déterminée). *Au prorata de,* en proportion de : *percevoir des bénéfices au prorata de sa mise de fonds.*

PROROGATIF, IVE adj. Qui proroge.

PROROGATION n. f. Action de proroger.

PROROGER v. t. (lat. *prorogare*) [conj. 1]. Reporter à une date ultérieure, prolonger la durée : *proroger une échéance, proroger un traité.* ‖ *Dr.* Étendre la compétence d'une juri-

diction. ● *Proroger une assemblée,* suspendre ses séances et en remettre la continuation à une date ultérieure.

PROSAÏQUE adj. (bas lat. *prosaicus,* écrit en prose). Qui manque de noblesse, d'idéal, commun, vulgaire, terre à terre, banal.

PROSAÏQUEMENT adv. De façon prosaïque.

PROSAÏSME n. m. Caractère de ce qui est prosaïque.

PROSATEUR n. m. Auteur qui écrit en prose.

PROSCENIUM [prɔsenjɔm] n. m. (mot lat.). Partie du théâtre ancien qui comprenait ce que nous appelons la *scène* et l'*avant-scène.*

PROSCRIPTEUR n. m. Celui qui proscrit.

PROSCRIPTION n. f. (lat. *proscriptio*). Action de proscrire, abolition, suppression : *la proscription d'un usage.* ‖ Mesure violente contre les personnes, bannissement, en temps de guerre ou de troubles civils.

PROSCRIRE v. t. (lat. *proscribere*) [conj. 65]. Abolir, rejeter, interdire : *proscrire le recours à la violence.* ‖ Condamner au bannissement.

PROSCRIT, E adj. et n. Frappé de proscription.

PROSE n. f. (lat. *prosa*). Forme ordinaire du discours parlé ou écrit, qui n'est pas assujettie aux règles de rythme et de musicalité propres à la poésie. ‖ *Liturg.* Chant en latin, composé de vers sans mesure, mais rimés.

PROSECTEUR [prɔsɛktœr] n. m. (lat. *prosector*). Celui qui prépare les dissections pour un cours d'anatomie.

PROSÉLYTE [prɔzelit] n. (gr. *prosêlutos,* étranger domicilié). Païen converti au judaïsme. ‖ Nouveau converti à une foi religieuse. ‖ Toute personne gagnée à une opinion, à une doctrine.

PROSÉLYTISME n. m. Zèle à faire des prosélytes.

PROSIMIEN n. m. Syn. de LÉMURIEN.

PROSOBRANCHE n. m. Mollusque gastropode à branchies situées vers l'avant. (Les *prosobranches* forment une sous-classe, comprenant le *murex,* le *bigorneau,* la *patelle* et la grande majorité des gastropodes marins.)

PROSODIE n. f. (gr. *prosôdia,* accent tonique). Ensemble des règles relatives à la métrique. ‖ *Ling.* Étude des phénomènes d'intonation d'une langue. ● *Prosodie musicale,* mise en concordance de la musique (durées, intervalles) et des accents du texte.

PROSODIQUE adj. Relatif à la prosodie.

PROSOME n. m. *Zool.* Syn. de CÉPHALOTHORAX.

PROSOPOPÉE n. f. (gr. *prosôpon,* personne, et *poiein,* faire). Procédé par lequel l'orateur ou l'écrivain prête le sentiment et la parole à des êtres inanimés, à des morts ou à des absents.

PROSPECT n. m. (lat. *prospectus,* perspective). Distance minimale imposée par l'Administration entre deux bâtiments, entre un bâtiment et le périmètre du terrain.

PROSPECT n. m. (mot angl.). Personne, firme qui peut devenir client d'une entreprise.

PROSPECTER v. t. (angl. *to prospect*). Rechercher les gîtes minéraux d'un terrain. ‖ Examiner minutieusement et avec méthode. ‖ Étudier les possibilités d'extension d'une clientèle.

PROSPECTEUR, TRICE adj. et n. Qui prospecte.

PROSPECTEUR-PLACIER n. m. (pl. *prospecteurs-placiers*). Fonctionnaire chargé de recenser les emplois disponibles et de les proposer aux chômeurs.

PROSPECTIF, IVE adj. Orienté vers l'avenir.

PROSPECTION n. f. Action de prospecter. ● *Prospection biologique,* recherche des gîtes minéraux d'après les particularités de la flore qui les surmonte.

PROSPECTIVE n. f. Science ayant pour objet l'étude des causes techniques, scientifiques, économiques et sociales qui accélèrent l'évolution du monde moderne, et la prévision des situations qui pourraient découler de leurs influences conjuguées.

PROSPECTUS [prɔspɛktys] n. m. (mot lat., aspect). Brochure donnant le plan, la description d'un ouvrage, d'un établissement, d'une

affaire, etc. ‖ Feuille ou brochure diffusée à des fins publicitaires.

PROSPÈRE adj. (lat. *prosperus*). Qui est dans un état heureux de succès, de réussite : *santé prospère ; affaires prospères.*

PROSPÉRER v. i. (lat. *prosperare*) [conj. 5]. Avoir du succès, réussir, se développer : *son commerce prospère.*

PROSPÉRITÉ n. f. État de ce qui est prospère.

PROSTAGLANDINE n. f. Substance isolée dans le liquide séminal et la prostate, mais aussi dans de nombreux tissus et organes, et douée de propriétés physiologiques très diverses.

PROSTATE n. f. (gr. *prostatês,* qui se tient en avant). Corps glanduleux, propre au sexe masculin, qui entoure le col vésical et une partie de l'urètre. (Il sécrète une grande partie du liquide spermatique.)

PROSTATECTOMIE n. f. Ablation chirurgicale de la prostate.

PROSTATIQUE adj. et n. m. Relatif à la prostate ; atteint d'une maladie de la prostate.

PROSTATITE n. f. Inflammation de la prostate.

PROSTERNATION n. f., ou **PROSTERNEMENT** n. m. Action de se prosterner. ‖ État d'une personne prosternée.

PROSTERNER (SE) v. pr. (lat. *prosternere*). Se courber jusqu'à terre en signe d'adoration, de respect : *se prosterner devant l'autel.*

PROSTHÈSE n. f. (gr. *prosthesis,* addition). *Ling.* Addition d'une lettre non étymologique au commencement d'un mot, comme le é de *échelle* (lat. *scala*).

PROSTHÉTIQUE adj. *Ling.* Relatif à la prosthèse. ● *Groupement prosthétique* (Biol.), partie de la molécule d'une hétéroprotéine qui renferme son radical actif.

PROSTITUÉ, E n. Personne qui se prostitue.

PROSTITUER v. t. (lat. *prostituere,* déshonorer). Livrer à la prostitution. ‖ Faire un usage avilissant, dégradant : *prostituer son talent.* ◆ *se prostituer* v. pr. Se livrer à la prostitution.

PROSTITUTION n. f. Acte par lequel une personne consent à des rapports sexuels contre de l'argent. ‖ *Litt.* Avilissement.

PROSTRATION n. f. État de profond abattement.

PROSTRÉ, E adj. (lat. *prostratus* ; de *prosternere,* renverser). En état de prostration.

PROSTYLE n. m. et adj. (gr. *pro,* en avant, et *stulos,* colonne). *Archit.* Temple ne présentant un portique à colonnes que sur sa façade antérieure.

PROTACTINIUM [prɔtaktinjɔm] n. m. Métal radioactif (Pa), nº 91.

PROTAGONISTE n. (gr. *prôtagônistês ;* de *prôtos,* premier, et *agôn,* combat). Personne qui joue le rôle principal dans une affaire. ‖ *Littér.* Acteur qui a le rôle principal.

PROTAMINE n. f. Polypeptide utilisé pour la fabrication de certaines insulines retard, et comme antidote de l'héparine.

PROTASE n. f. (gr. *protasis*). Exposition d'une pièce de théâtre. ‖ Partie d'une phrase qui constitue comme une avance par rapport à la seconde, dite *apodose.*

PROTE n. m. (gr. *prôtos,* premier). Chef d'un atelier de composition typographique.

PROTÉASE n. f. Enzyme hydrolysant les protides.

PROTECTEUR, TRICE adj. et n. Qui protège. ● *Air, ton protecteur,* qui fait sentir sa supériorité vis-à-vis d'un inférieur.

PROTECTEUR n. m. En Angleterre, titre de régent. (Prend une majuscule dans ce sens.)

PROTECTION n. f. (bas lat. *protectio*). Action de protéger ; statut, système qui peut en résulter sur un plan administratif : *site bénéficiant d'une protection.* ‖ Personne qui protège : *avoir de hautes protections.* ● *Par protection,* par faveur. ‖ *Protection civile,* ensemble des mesures destinées à protéger la population, notamment en cas de sinistre important (v. ORSEC) ou en temps de guerre contre les bombardements. (On disait naguère DÉFENSE PASSIVE.) ‖ *Protection* *judiciaire,* ensemble de mesures sous lesquelles peut être placé le jeune délinquant. ‖ *Protection maternelle et infantile (P. M. I.),* ensemble de mesures prises pour sauvegarder la santé des mères et des enfants en bas âge.

PROTECTIONNISME n. m. Système consistant à protéger l'agriculture, le commerce ou l'industrie d'un pays contre la concurrence étrangère. (Contr. LIBRE-ÉCHANGE.)

PROTECTIONNISTE adj. et n. Qui appartient au protectionnisme.

PROTECTORAT n. m. Situation d'un État étranger qui était placé sous l'autorité d'un autre État, notamment pour tout ce qui concernait ses relations extérieures et sa sécurité. ‖ Nom donné parfois au gouvernement de Cromwell, en Angleterre (1653-1659).

PROTÉE n. m. (lat. *Proteus,* n. d'un dieu marin). Amphibien des eaux souterraines, à peau blanche et à branchies externes, persistant chez l'adulte. (Long. : 20 à 30 cm; sous-classe des urodèles.)

PROTÉGÉ, E n. Personne appuyée par qqn.

PROTÈGE-CAHIER n. m. (pl. *protège-cahiers*). Couverture souple servant à protéger un cahier d'écolier.

PROTÈGE-DENTS n. m. inv. Appareil de protection pour les dents des boxeurs.

PROTÉGER v. t. (lat. *protegere*) [conj. **1** et **5**]. Mettre qqn, qqch à l'abri de dangers, d'incidents. ‖ Appuyer, recommander : *protéger un candidat.* ● *Protéger les lettres, les arts,* favoriser leur développement par une aide.

PROTÈGE-TIBIA n. m. (pl. *protège-tibias*). Appareil de protection parfois porté par les joueurs de football.

PROTÉIDE n. m. Syn. anc. de PROTÉINE.

PROTÉIFORME adj. Qui change fréquemment de forme.

PROTÉINE n. f. (gr. *prôtos,* premier). Macromolécule constituée par l'enchaînement d'un grand nombre d'acides aminés reliés par des liaisons peptidiques. (On distingue les *holoprotéines,* ou *protéines,* et les *hétéroprotéines.*)

PROTÉINURIE n. f. Présence de protéines dans les urines.

PROTÉIQUE adj. Relatif aux protéines.

PROTÈLE n. m. Mammifère carnassier, voisin de l'hyène, propre à l'Afrique du Sud.

PROTÉOLYSE n. f. Ensemble des réactions qui président à la désintégration des substances protéiques complexes.

PROTÉOLYTIQUE adj. Relatif à la protéolyse.

PROTÉRANDRIE n. f. *Bot.* État d'une fleur dont les étamines sont mûres avant le pistil.

PROTESTABLE adj. *Dr.* Qui peut être protesté.

PROTESTANT, E adj. et n. Du protestantisme.

PROTESTANTISME n. m. Ensemble des Églises et des communautés chrétiennes issues de la Réforme; leur doctrine.
■ Le protestantisme apparaît comme une Église aux aspects multiples dont l'unité tient à trois affirmations fondamentales : 1º l'autorité souveraine de la Bible en matière de foi (tout ce qui n'est que tradition humaine est écarté); 2º le salut par la foi qui est don de Dieu (les œuvres bonnes n'étant pas la cause du salut mais la conséquence); 3º la force du témoignage intérieur de l'Esprit-Saint, par lequel le croyant saisit la parole de Dieu exprimée dans les livres saints. Le protestantisme se veut, non pas un ensemble doctrinal, mais une attitude commune de pensée et de vie, qui est fidélité à l'Évangile.

PROTESTATAIRE adj. et n. Qui fait une protestation.

PROTESTATION n. f. Action de protester.

PROTESTER v. i. (lat. *protestari,* déclarer publiquement). Déclarer avec force son opposition, s'élever contre : *protester contre une injustice.* ◆ v. t. ind. [de]. *Litt.* Donner l'assurance formelle de : *protester de son innocence.* ◆ v. t. *Dr.* Faire dresser un protêt.

PROTÊT [prɔtɛ] n. m. (de *protester*). Acte généralement dressé par un huissier, à la requête du

---

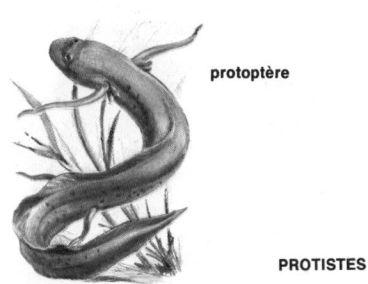
protoptère

porteur d'un effet de commerce, faute de paiement à l'échéance *(protêt faute de paiement)* ou en cas de refus d'acceptation d'une traite par le tiré *(protêt faute d'acceptation).*

PROTHALLE n. m. (gr. *thallos,* branche). *Bot.* Petite lame verte résultant de la germination des spores de fougères ou de plantes voisines et portant les anthéridies et les archégones.

PROTHÈSE n. f. (gr. *prothesis,* addition). Addition artificielle qui a pour objet de remplacer un organe enlevé en partie ou en totalité. ‖ La pièce ou l'appareil de remplacement.

PROTHÉSISTE n. Fabricant de prothèses.

PROTHÉTIQUE adj. Relatif à la prothèse.

PROTHORAX n. m. Premier anneau du thorax des insectes, parfois appelé *corselet.*

PROTHROMBINE n. f. Substance contenue dans le sang et qui participe à sa coagulation. (Le taux de prothrombine, normalement de 100 p. 100, est abaissé entre 20 et 40 p. 100 au cours des traitements anticoagulants.)

PROTIDE n. m. Nom générique des substances organiques azotées englobant les acides aminés et leurs composés.

PROTIDIQUE adj. Relatif aux protides.

PROTISTE n. m. Être vivant unicellulaire à noyau distinct, tel que la *paramécie,* l'*euglène* ou l'*amibe.* (Les protistes chlorophylliens sont des *protophytes,* les autres des *protozoaires.*)

PROTOCOCCALE n. f. Algue verte unicellulaire ou en petites colonies telle que le *protococcus.* (Les protococcales forment un ordre, parfois rangé dans la classe des chlorophycées.)

PROTOCOCCUS [prɔtɔkɔkys] n. m. Algue unicellulaire abondante dans les taches vertes des écorces d'arbres, en petits groupes inorganisés.

PROTOCOLAIRE adj. Conforme au protocole.

PROTOCOLE n. m. (gr. *prôtokollon;* de *prôtos,* premier, et *kolla,* colle). Formulaire pour dresser des actes publics. ‖ Procès-verbal de conférence diplomatique : *dresser un protocole.* ‖ Ensemble des règles établies en matière d'étiquette, d'honneurs, de préséances dans les cérémonies officielles. ‖ *Psychol.* Énoncé des conditions dans lesquelles une expérience ou un test psychologique doit se dérouler.

PROTOCORDÉ n. m. → PROCORDÉ.

PROTOÉTOILE n. f. Matière interstellaire en train de se condenser pour former une étoile.

PROTOGALAXIE n. f. Galaxie en voie de formation.

PROTOGINE n. f. Variété de granite des Alpes, à l'aspect verdâtre, ayant subi un léger métamorphisme.

PROTOGYNIE n. f. *Bot.* État d'une fleur dont le pistil est mûr avant les étamines.

PROTOHISTOIRE n. f. Période chronologique, intermédiaire entre la préhistoire et l'histoire, correspondant à l'existence de documents écrits rares ou indirects sur l'histoire des sociétés.

PROTOHISTORIEN, ENNE n. Spécialiste de protohistoire.

PROTOHISTORIQUE adj. Relatif à la protohistoire.

PROTOMÉ n. m. (mot gr.). *Archéol.* Tête et/ou avant-train d'animal, buste, servant d'élément décoratif.

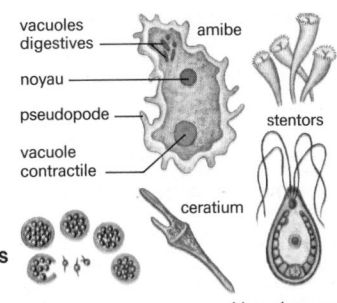

vacuoles digestives — amibe
noyau
pseudopode
vacuole contractile
ceratium
stentors
PROTISTES
protococcus
chlamydomonas

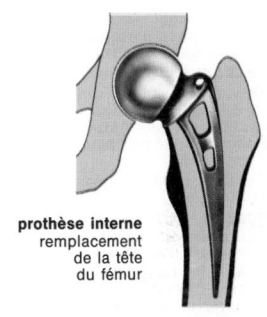

prothèse interne
remplacement de la tête du fémur

PROTON n. m. (mot angl.). Particule élémentaire chargée d'électricité positive, constituant stable de la matière, entrant avec le neutron dans la composition des noyaux.
■ Le nombre des protons, égal à celui des électrons planétaires, définit le numéro atomique de l'élément chimique. Le noyau d'hydrogène est composé d'un seul proton.

PROTONÉMA n. m. *Bot.* Organe filamenteux provenant d'une spore de mousse, et d'où naissent les tiges.

PROTONIQUE adj. Qui concerne le proton.

PROTONOTAIRE n. m. (lat. *protonotarius*). Dignitaire le plus élevé parmi les prélats de la cour romaine qui ne sont pas évêques.

PROTOPHYTE n. m. Végétal unicellulaire.

PROTOPLANÈTE n. f. Planète en voie de formation.

PROTOPLASME ou **PROTOPLASMA** n. m. Ensemble du cytoplasme, du noyau et des autres organites vivants d'une cellule.

PROTOPLASMIQUE adj. Relatif au protoplasme.

PROTOPTÈRE n. m. Poisson des marais de l'Afrique tropicale, respirant par des branchies et des poumons, et passant la saison sèche dans la vase à l'intérieur d'un cocon de mucus séché. (Long. 60 cm; sous-classe des dipneustes.)

PROTOSTOMIEN n. m. Syn. de HYPONEURIEN.

PROTOTHÉRIEN n. m. Syn. de MONOTRÈME.

PROTOTYPE n. m. Premier exemplaire, modèle : *étudier un prototype.* ‖ Premier exemplaire construit industriellement d'un ensemble (appareil, machine, etc.) et destiné à expérimenter en service les qualités de cet ensemble en vue de la construction en série.

PROTOURE n. m. Petit insecte très primitif, sans ailes, sans yeux et sans antennes, vivant dans le sol. (Les *protoures* forment un ordre.)

PROTOXYDE n. m. *Chim.* Oxyde le moins oxygéné d'un élément : *protoxyde d'azote* N_2O.

PROTOZOAIRE n. m. (gr. *prôtos,* premier, et *zôon,* animal). Être unicellulaire à noyau distinct, sans chlorophylle, souvent muni d'une bouche, comme les ciliés (*paramécie*), les flagellés (*trypanosome*), les rhizopodes (*amibes, foraminifères, radiolaires*), l'hématozoaire du paludisme.

PROTRACTILE adj. Qui peut être étiré vers l'avant.

PROTUBÉRANCE [prɔtyberɑ̃s] n. f. (lat. *pro*, en avant, et *tuber*, tumeur). Saillie à la surface d'un os, de la peau, etc., excroissance. ‖ *Astron.* Éjection de matière, fréquemment observée autour du disque solaire. ● *Protubérance annulaire* (Anat.), partie du névraxe située sous le cervelet, constituant, avec le bulbe rachidien et les pédoncules cérébraux, le tronc cérébral.

PROTUBÉRANT, E adj. Qui forme une protubérance, proéminent.

PROTUBÉRANTIEL, ELLE adj. Relatif aux protubérances.

PROU adv. (anc. fr. *proud*, avantage). *Peu ou prou* (Litt.), peu ou beaucoup.

PROUDHONIEN, ENNE adj. et n. Qui appartient au système de Proudhon.

PROUE n. f. (lat. *prora*). Partie avant d'un navire (par oppos. à la POUPE).

PROUESSE n. f. (de *preux*). Exploit, acte d'éclat, performance : *prouesses sportives.* ‖ *Litt.* Acte de courage, d'héroïsme.

PROUVABLE adj. Qui peut être prouvé.

PROUVER v. t. (lat. *probare*, approuver). Établir la vérité de qqch par des raisonnements, des témoignages incontestables. ‖ Marquer, dénoter, faire apparaître la réalité de : *prouver sa reconnaissance, son amour.*

PROVENANCE n. f. Origine : *marchandises de provenance étrangère.*

PROVENÇAL, E, AUX adj. et n. De la Provence. ● *À la provençale*, se dit d'une préparation culinaire à base d'ail.

PROVENÇAL n. m. Ensemble des dialectes de langue d'oc parlés à l'est du Rhône. ‖ La langue d'oc tout entière, ou occitan.

PROVENDE n. f. (lat. *praebenda*, choses devant être fournies). *Agr.* Mélange de grains et de fourrages hachés, pour bestiaux.

PROVENIR v. i. (lat. *provenire*) [conj. **16**; auxil. *être*]. Tirer son origine, résulter, venir de.

PROVERBE n. m. (lat. *proverbium*). Maxime exprimée en peu de mots et devenue populaire. ‖ *Littér.* Petite comédie qui est le développement d'un proverbe. ● *Passer en proverbe* (Litt.), devenir un exemple, un modèle.

PROVERBIAL, E, AUX adj. Qui tient du proverbe : *expression proverbiale.* ‖ Remarquable, exemplaire : *maladresse proverbiale.*

PROVIDENCE n. f. (lat. *providentia*; de *providere*, prévoir). Personne qui veille, qui aide, protège. ‖ Chance, bonheur inespéré : *c'est une providence que vous soyez là.* ‖ *Théol.* Action constante de la sagesse divine par laquelle Dieu conduit toutes choses; (avec une majuscule) Dieu en tant qu'il gouverne le monde.

PROVIDENTIEL, ELLE adj. Qui arrive par un heureux hasard : *un secours providentiel.* ‖ Se dit de qqn qui semble envoyé par la Providence.

PROVIDENTIELLEMENT adv. De façon providentielle.

PROVIGNAGE ou **PROVIGNEMENT** n. m. *Agr.* Marcottage de la vigne.

PROVIGNER v. t. (de *provin*). *Agr.* Marcotter la vigne. ◆ v. i. Se multiplier par provins ou par marcottes.

PROVIN n. m. (lat. *propago*). Sarment de vigne ou rameau d'arbre fruitier qui a été provigné; la fosse dans laquelle on l'enterre.

PROVINCE n. f. (lat. *provincia*). Division territoriale placée sous l'autorité d'un délégué du pouvoir central; habitants de ce territoire. ‖ Toute la France, en dehors de la capitale et de sa proche banlieue. ‖ *Antiq. rom.* Pays hors d'Italie, assujetti à Rome et administré par un magistrat romain.

PROVINCIAL, E, AUX adj. Qui tient de la province : *accent provincial.* ‖ *Péjor.* Un peu gauche : *avoir l'air provincial.*

PROVINCIAL, E, AUX n. Personne qui habite la province.

PROVINCIAL n. m. Supérieur régional de plusieurs maisons d'un même institut religieux.

reines-claudes d'Oullins

quetsches

reines-claudes dorées   mirabelles

PRUNES

PROVINCIALAT n. m. Charge de provincial.

PROVINCIALISME n. m. Locution particulière à une province, à une contrée. ‖ Gaucherie particulière que l'on prête parfois à la province, par opposition à la capitale.

PROVISEUR n. m. (lat. *provisor*, qui pourvoit à). Administrateur chargé de la direction d'un lycée. ‖ En Belgique, dans les athénées et lycées, fonctionnaire chargé de seconder le préfet des études et de s'occuper de la discipline.

PROVISION n. f. (lat. *provisio*, prévoyance). Ensemble de choses nécessaires ou utiles pour l'entretien. ‖ Prélèvement, opéré sur les bénéfices d'une entreprise, en vue de faire face à un ou des événements probables qui créeraient une charge ou une dépréciation de l'actif. ‖ Somme qu'un tribunal adjuge provisoirement ou qu'un client dépose préalablement. ‖ Couverture, en termes de banque : *un chèque sans provision.* ◆ pl. Achat de produits alimentaires, de produits d'entretien, etc.; ces produits.

PROVISIONNEL, ELLE adj. Qui se fait par provision, en attendant le règlement définitif.

PROVISOIRE adj. (lat. *provisus*, prévu). Qui a lieu, qui se fait en attendant un état définitif, transitoire : *gouvernement provisoire.* ‖ *Exécution provisoire*, faculté accordée à celui qui gagne un procès de le faire exécuter immédiatement malgré l'appel interjeté par l'autre partie.

PROVISOIRE n. m. Ce qui dure peu de temps : *sortir du provisoire.*

PROVISOIREMENT adv. Momentanément.

PROVISORAT n. m. Fonction de proviseur.

PROVITAMINE n. f. Substance inactive existant dans les aliments, et que l'organisme transforme en vitamine active.

PROVOCANT, E adj. Qui irrite, agresse, excite ou incite.

PROVOCATEUR, TRICE adj. et n. Qui provoque. ● *Agent provocateur*, personne qui provoque des mouvements séditieux pour susciter des représailles.

PROVOCATION n. f. Défi, excitation provoquée par qqn. ‖ Incitation à commettre des actes répréhensibles.

PROVOQUER v. t. (lat. *provocare*, appeler). Inciter, pousser à faire qqch par un appel ou un défi : *provoquer qqn à boire.* ‖ Produire, occasionner, être la cause : *provoquer des représailles, la colère de qqn.*

PROXÉNÈTE n. (gr. *proxenêtês*, courtier). Personne qui facilite la prostitution d'autrui et en partage le prix.

PROXÉNÉTISME n. m. Activité du proxénète.

PROXIMITÉ n. f. (lat. *proximus*, proche). *Litt.* Voisinage immédiat. ● *À proximité de*, près de. ‖ *Fusée de proximité* ou *fusée-radar*, fusée-détonateur qui se déclenche dès qu'elle détecte l'objectif.

PROYER n. m. (anc. fr. *praiere*). Oiseau passereau du genre *bruant.* (Famille des fringillidés.)

PRUDE adj. et n. f. (de *preux*). D'une pudeur affectée, outrée ou hypocrite.

PRUDEMMENT adv. Avec prudence.

PRUDENCE n. f. (lat. *prudentia*). Qualité de celui qui est prudent.

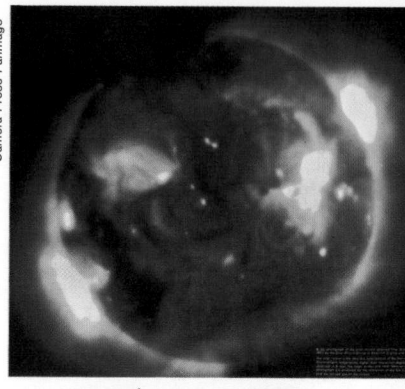

PROTUBÉRANCES SOLAIRES
(radiographie du Soleil aux rayons X, réalisée à bord du *Skylab*, lors de l'éclipse du 30 juin 1973)

PRUDENT, E adj. et n. (lat. *prudens*). Qui agit en veillant à éviter les dangers, avisé, prévoyant; qui manifeste cet état d'esprit.

PRUDERIE n. f. Affectation de vertu, en parlant surtout des femmes.

PRUD'HOMAL, E, AUX adj. Relatif aux conseils de prud'hommes.

PRUD'HOMIE n. f. Ensemble de l'organisation prud'homale.

PRUD'HOMME [prydɔm] n. m. (de *preux* et *homme*). Membre d'un tribunal électif (*conseil de prud'hommes*), composé paritairement de représentants des salariés et des employeurs, en vue de trancher les conflits individuels du travail.

PRUINE n. f. (lat. *pruina*, givre). Matière cireuse qui forme une couche poudreuse sur certains fruits, les champignons, etc.

PRUNE n. f. (lat. *prunum*). Fruit du prunier. ● *Pour des prunes* (Fam.), pour rien. ◆ adj. inv. D'une couleur violet foncé.
■ Les principales variétés de prunes sont : la *reine-claude*, la *mirabelle*, la *prune de Monsieur*, la *prune précoce de Tours*, la *prune d'Agen*, la *quetsche*, etc. Avec ce fruit, on fait de la compote, des confitures et de l'eau-de-vie.

PRUNEAU n. m. Prune séchée au four ou au soleil en vue de sa conservation. ‖ *Pop.* Balle, petit projectile d'une arme à feu. ‖ En Suisse, syn. de QUETSCHE.

PRUNELLE n. f. Petite prune sauvage, fruit du prunellier. ‖ Liqueur faite avec ce fruit. ‖ Autre nom de la PUPILLE de l'œil. ● *Y tenir comme à la prunelle de ses yeux*, y être attaché par-dessus tout.

PRUNELLIER n. m. Prunier sauvage, qui croît surtout dans les haies.

PRUNIER n. m. Arbre aux fleurs blanches paraissant avant les feuilles, cultivé pour son fruit comestible (*prune*). [Famille des rosacées.]

PRURIGINEUX, EUSE adj. *Méd.* Qui cause de la démangeaison; de la nature du prurigo.

PRURIGO n. m. (mot lat., *démangeaison*). *Méd.* Nom de diverses affections cutanées caractérisées par des démangeaisons intenses.

PRURIT [pryrit] n. m. (lat. *pruritus*; de *prurire*, démanger). Vive démangeaison.

PRUSSIATE n. m. Syn. anc. de CYANURE.

PRUSSIEN, ENNE adj. et n. De la Prusse.

PRUSSIQUE adj. m. *Acide prussique*, syn. anc. d'ACIDE CYANHYDRIQUE*.

PRYTANE n. m. (gr. *prutanis*). *Antiq. gr.* Premier magistrat de la cité; à Athènes, membre du Conseil des Cinq-Cents.

PRYTANÉE n. m. (gr. *prutaneîon*). Édifice public, foyer de la cité grecque. (À Athènes, il servait de lieu de réunion aux prytanes.) ● *Prytanée militaire*, établissement militaire d'enseignement du second degré.

PSALLETTE n. f. *Mus.* Syn. de MAÎTRISE.

PSALLIOTE n. f. (gr. *psalis*, voûte). Champignon comestible à lames et à anneau. (La *psalliote des champs* est cultivée dans des souterrains sous le nom de *champignoñ de couche*. Classe des basidiomycètes; famille des agaricacées.)

PSALMISTE n. m. (bas lat. *psalmista*). Auteur de psaumes.

PSALMODIE n. f. (gr. *psalmos*, psaume, et *ôdê*, chant). Manière de chanter, de réciter les psaumes. ‖ *Litt*. Manière monotone de débiter.

PSALMODIER v. t. et i. Réciter des psaumes sans inflexion de voix, avec repos marqués. ‖ Débiter d'une manière monotone.

PSALTÉRION [psalterjɔ̃] n. m. (gr. *psaltêrion*, sorte de harpe). Anc. instrument de musique à cordes pincées, de forme trapézoïdale.

PSAUME n. m. (gr. *psalmos*, air joué sur le psaltérion). Chant liturgique de la religion d'Israël et passé dans le culte chrétien.

PSAUTIER n. m. Recueil de psaumes.

PSCHENT [pskɛnt] n. m. (mot égyptien). Coiffure des pharaons, formée des couronnes de Haute- et de Basse-Égypte emboîtées, symbole de leur souveraineté sur les deux royaumes.

PSEUDARTHROSE n. f. (gr. *pseudês*, faux, et *arthron*, articulation). *Chir*. Articulation anormale qui se forme au niveau d'une fracture dont la consolidation ne peut se faire.

PSEUDO-ALLIAGE n. m. (pl. *pseudo-alliages*). Produit constitué par plusieurs métaux mélangés mais non alliés entre eux.

PSEUDONYME n. m. et adj. (gr. *pseudês*, menteur, et *onoma*, nom). Nom d'emprunt choisi par qqn qui veut dissimuler son identité.

PSEUDOPODE n. m. Expansion du protoplasme, servant d'appareil locomoteur ou préhenseur à certains protozoaires et aux leucocytes.

PSI n. m. Vingt-troisième lettre de l'alphabet grec (ψ), qui correspond à *ps*.

PSILOCYBE n. m. (gr. *psulos*, dénudé, et *kubos*, cube). Champignon hallucinogène d'Amérique centrale.

PSILOCYBINE n. f. Substance hallucinogène extraite du psilocybe.

PSILOPA n. m. Petite mouche dont la larve vit dans les plaques de pétrole avoisinant les puits.

PSITT! [psit] ou **PST!** [pst] interj. Sert à appeler, à attirer l'attention.

PSITTACIDÉ [psitaside] n. m. Oiseau grimpeur, tel que le *perroquet*, la *perruche*. (Les *psittacidés* forment une famille.)

PSITTACISME [psitasism] n. m. (lat. *psittacus*, perroquet). Répétition mécanique de notions qui n'ont pas été assimilées.

PSITTACOSE n. f. Maladie microbienne des perroquets, transmissible à l'homme.

PSOAS [psɔas] n. m. (gr. *psoa*, reins). Nom de deux muscles pairs insérés sur les côtés des vertèbres lombaires et sur le petit trochanter du fémur, et qui contribuent à la flexion de la cuisse sur le tronc.

PSOQUE n. m. (gr. *psôkhein*, émietter). Petit insecte vivant sous les feuilles des arbres. (Superordre des *psocoptéroïdes*.)

PSORALÈNE n. m. Substance provoquant une photosensibilisation et employée dans le traitement de certaines dermatoses (vitiligo, psoriasis).

PSORIASIS [psɔrjazis] n. m. (mot gr.). Affection cutanée caractérisée par des squames blanchâtres recouvrant des plaques rouges.

PSYCHANALYSE n. f. (gr. *psukhê*, âme, et *analyse*). Méthode d'investigation psychologique visant à élucider la signification inconsciente des conduites et dont le fondement se trouve dans la théorie de la vie psychique formulée par Sigmund Freud; technique psychothérapique reposant sur cette investigation.

PSYCHANALYSER v. t. Soumettre à un traitement psychanalytique.

PSYCHANALYSTE n. Praticien de la psychanalyse. (Syn. ANALYSTE.)

PSYCHANALYTIQUE adj. De la psychanalyse.

psalliotes

PSYCHASTHÉNIE [psikasteni] n. f. Syndrome névrotique caractérisé par l'aboulie, l'asthénie, le doute, le scrupule et la méticulosité.

PSYCHASTHÉNIQUE adj. et n. Atteint de psychasthénie.

PSYCHÉ [psiʃe] n. f. (de *Psyché*, n. pr.). Grand miroir mobile par rapport au châssis, posé au sol, qui le supporte. ‖ *Philos*. Syn. du MOI, pris dans ses composants relationnels et affectifs.

PSYCHÉDÉLIQUE adj. Relatif au psychédélisme.

PSYCHÉDÉLISME [psikedelism] n. m. État de rêve éveillé provoqué par certains hallucinogènes.

PSYCHIATRE [psikjatr] n. Médecin spécialiste des maladies mentales.

PSYCHIATRIE n. f. Discipline médicale dont l'objet est l'étude et le traitement des maladies mentales.

PSYCHIATRIQUE adj. Relatif à la psychiatrie : *hôpital psychiatrique*.

PSYCHIATRISATION n. f. Action de psychiatriser.

PSYCHIATRISÉ, E n. et adj. *Péjor*. Personne traitée par la psychiatrie et son dispositif institutionnel.

PSYCHIATRISER v. t. *Péjor*. Soumettre abusivement qqn à un traitement psychiatrique. ‖ Interpréter un événement quelconque en termes de pathologie mentale individuelle.

PSYCHIQUE [psiʃik] adj. (gr. *psukhê*, âme). Qui concerne la vie mentale, les états de conscience.

PSYCHISME [psiʃism] n. m. Ensemble des caractères psychiques d'un individu donné.

PSYCHOAFFECTIF, IVE adj. Se dit de tout processus mental faisant intervenir l'affectivité, par opposition aux processus cognitifs.

PSYCHOANALEPTIQUE [-kɔ-] adj. et n. m. Classe de psychotropes stimulant la vigilance (amphétamines, caféine) ou l'humeur (antidépresseur). [Syn. PSYCHOTONIQUE.]

PSYCHOCHIRURGIE n. f. Ensemble des interventions chirurgicales sur l'encéphale, destinées à faire disparaître certains symptômes de maladie mentale.

PSYCHOCRITIQUE n. f. Méthode de critique littéraire inspirée par la psychanalyse, qui étudie la fréquence et la structure des thèmes privilégiés d'une œuvre. ◆ n. Critique littéraire utilisant cette méthode. ◆ adj. Relatif à la psychocritique.

PSYCHODRAMATIQUE adj. Relatif au psychodrame.

PSYCHODRAME n. m. Technique psychothérapique de groupe reposant sur la catharsis et dans laquelle les patients sont invités à mettre en scène leurs problèmes.

PSYCHODYSLEPTIQUE adj. et n. m. Psychotrope qui provoque des troubles ressemblant à ceux que l'on rencontre dans les psychoses.

PSYCHOGÈNE adj. Se dit des phénomènes dont l'origine est à rechercher dans le fonctionnement mental.

PSYCHOGENÈSE n. f. Étude des causes d'ordre psychique susceptibles d'expliquer un comportement, une modification organique ou un trouble psychiatrique.

PSYCHOKINÈSE ou **PSYCHOKINÉSIE** n. f. Terme désignant, en parapsychologie, l'action directe de l'esprit sur la matière.

PSYCHOLEPTIQUE adj. et n. m. Se dit des substances ayant une action modératrice ou calmante sur les fonctions psychiques.

PSYCHOLINGUISTE n. Spécialiste de psychologie du langage.

PSYCHOLINGUISTIQUE n. f. Étude scientifique des comportements verbaux dans leurs aspects psychologiques. ◆ adj. Relatif à la psycholinguistique.

PSYCHOLOGIE [-kɔ-] n. f. (gr. *psukhê*, âme, et *logos*, science). Étude scientifique des faits psychiques : *la psychologie de l'enfant*. ‖ Ensemble des manières de penser, des sentiments, des états de conscience; analyse de ces sentiments. ‖ Caractère : *la psychologie des héros raciniens*. ‖ Connaissance empirique des sentiments d'autrui, intuition : *manquer de psychologie*.

■ La psychologie, branche de la philosophie jusqu'à la fin du XIXe s., s'est posée comme science, en recourant en particulier à la méthode expérimentale, aux statistiques et aux modèles mathématiques. La psychologie expérimentale, dont le but est la découverte des lois générales qui règlent le comportement humain, s'est alors divisée en plusieurs domaines, suivant l'objet étudié : les comportements animaux *(psychologie animale)*, l'étude des réactions physiologiques *(psychophysiologie)*, celle du développement de l'enfant *(psychologie génétique)*, l'étude des divers comportements individuels en relation avec le système nerveux, notamment du langage *(psycholinguistique, neurolinguistique)*, l'étude des performances individuelles comparées *(psychologie différentielle)*, enfin celle des comportements en groupe *(psychologie sociale)*. Elle se distingue de la *psychologie clinique*, qui a pour objet l'investigation en profondeur de la personne considérée comme une singularité. La psychologie clinique repose essentiellement sur l'intuition du psychologue qui s'exerce à partir d'entretiens non directifs et accessoirement sur des tests. Le modèle théorique auquel elle se réfère est de plus en plus la psychanalyse. Le psychologue clinicien se propose non seulement de diagnostiquer, mais aussi d'aider un patient aux prises avec un problème d'adaptation.

PSYCHOLOGIQUE adj. Relatif à la psychologie. ● *Moment, instant psychologique*, moment opportun pour agir.

PSYCHOLOGIQUEMENT adv. Au point de vue psychologique.

PSYCHOLOGISME n. m. Tendance à réduire la théorie de la connaissance et l'épistémologie à l'étude des états de conscience du sujet.

PSYCHOLOGUE n. et adj. Spécialiste de psychologie. ‖ Qui a une intuition empirique des sentiments d'autrui. ● *Psychologue clinicien*, psychologue qui pratique la psychologie clinique. ‖ *Psychologue scolaire*, psychologue attaché à un ou plusieurs établissements d'enseignement pour faire passer des tests aux élèves et, le cas échéant, conseiller leur famille ou leur tuteur.

PSYCHOMÉTRICIEN, ENNE n. Spécialiste de psychométrie.

PSYCHOMÉTRIE n. f. Ensemble des méthodes de mesure des phénomènes psychologiques, essentiellement les tests.

PSYCHOMÉTRIQUE adj. Relatif à la psychométrie.

PSYCHOMOTEUR, TRICE adj. Se dit du comportement de l'enfant en relation avec l'acquisition des réflexes (maturation). ‖ Se dit de troubles de la réalisation motrice sans support organique. ● *Rééducation psychomotrice*, thérapeutique non verbale s'attachant à rééquilibrer les rapports entre un sujet et son corps.

PSYCHOMOTRICITÉ n. f. Intégration des fonctions motrices et mentales sous l'effet de la maturation du système nerveux.

PSYCHONÉVROSE n. f. *Psychanal*. Ensemble des affections psychiques dont les symptômes sont l'expression symbolique de conflits entre le Moi et le Ça, ayant leurs origines dans l'enfance.

PSYCHOPATHE n. Tout malade mental. ‖ *Psychiatr*. Malade atteint de psychopathie.

PSYCHOPATHIE n. f. *Psychiatr.* Trouble de la personnalité se manifestant essentiellement par des comportements antisociaux (passages à l'acte) sans culpabilité apparente.

PSYCHOPATHOLOGIE n. f. Branche de la psychologie qui compare les processus normaux et pathologiques de la vie psychique.

PSYCHOPÉDAGOGIE n. f. Pédagogie fondée sur l'étude du développement de l'enfant.

PSYCHOPÉDAGOGIQUE adj. Relatif à la psychopédagogie.

PSYCHOPHARMACOLOGIE n. f. Étude du retentissement des psychotropes sur le système nerveux et les fonctions psychiques.

PSYCHOPHYSIOLOGIE n. f. Étude scientifique des rapports entre les faits psychiques et les faits physiologiques.

PSYCHOPHYSIOLOGIQUE adj. Relatif à la psychophysiologie.

PSYCHOPHYSIQUE n. f. Syn. rare de PSYCHO-PHYSIOLOGIE.

PSYCHOPLASTICITÉ n. f. Syn. de SUGGESTI-BILITÉ.

PSYCHOPROPHYLACTIQUE adj. Relatif à l'accouchement sans douleur.

PSYCHORÉÉDUCATEUR, TRICE n. Spécialiste de la rééducation de la psychomotricité.

PSYCHORIGIDE adj. et n. Qui manifeste de la psychorigidité.

PSYCHORIGIDITÉ n. f. Trait de caractère se manifestant par une absence de souplesse des processus intellectuels et une incapacité à s'adapter aux situations nouvelles.

PSYCHOSE [-koz] n. f. Terme générique pour désigner les maladies mentales caractérisées par une altération globale de la personnalité dont les rapports à la réalité sont bouleversés. ‖ Obsession collective provoquée par un traumatisme d'origine sociale ou politique.

PSYCHOSENSORIEL, ELLE adj. *Phénomène psychosensoriel,* syn. de HALLUCINATION.

PSYCHOSOCIAL, E, AUX adj. Relatif à la psychologie individuelle et à la vie sociale.

PSYCHOSOCIOLOGIE n. f. Étude psychologique des faits sociaux.

PSYCHOSOCIOLOGIQUE adj. Relatif à la psychosociologie.

PSYCHOSOCIOLOGUE n. Spécialiste de psychosociologie.

PSYCHOSOMATIQUE adj. (gr. *psukhê,* âme, et *sôma,* corps). Qui concerne à la fois le corps et l'esprit. ● *Médecine psychosomatique,* branche de la médecine qui s'intéresse aux troubles psychosomatiques. ‖ *Trouble psychosomatique,* maladie organique dont le déterminisme et l'évolution sont soumis de façon prioritaire à des facteurs d'ordre psychique, alors que les symptômes de maladie mentale font défaut.

PSYCHOTECHNICIEN, ENNE n. Spécialiste de la psychotechnique.

PSYCHOTECHNIQUE n. f. Ensemble des tests permettant d'apprécier les réactions psychologiques et physiologiques (motrices) des individus. (Souvent utilisée pour l'orientation et la sélection professionnelles.)

PSYCHOTHÉRAPEUTE n. Spécialiste de la psychothérapie.

PSYCHOTHÉRAPIE n. f. Ensemble des techniques dont les effets thérapeutiques découlent du maniement de la relation thérapeute-patient et qui cherchent à corriger les troubles semblant résulter d'un conflit psychique interne.

PSYCHOTHÉRAPIQUE ou **PSYCHOTHÉRAPEUTIQUE** adj. Relatif à la psychothérapie.

PSYCHOTIQUE [-kɔ-] adj. et n. Relatif à la psychose; qui est atteint de psychose.

PSYCHOTONIQUE adj. et n. m. Syn. de PSY-CHOANALEPTIQUE.

PSYCHOTROPE adj. et n. m. Se dit de substances agissant sur le psychisme.

PSYCHROMÈTRE [-krɔ-] n. m. Appareil servant à déterminer l'état hygrométrique de l'air.

PSYCHROMÉTRIE n. f. (gr. *psukhros,* froid). Détermination de l'état hygrométrique de l'air au moyen du psychromètre.

PSYCHROMÉTRIQUE adj. Relatif à la psychrométrie.

PSYLLIUM [psiljɔm] n. m. (mot lat.). Graines d'une espèce de plantain, employées comme laxatif.

Pt, symbole chimique du *platine.*

PTÉRANODON n. m. (gr. *ptéron,* aile, et *anodous,* édenté). Reptile fossile, volant, du secondaire. (Ordre des ptérosauriens.)

PTÉRIDOPHYTE n. m. (gr. *pteris, pteridos,* fougère, et *phuton,* plante). Syn. de CRYPTO-GAME* VASCULAIRE.

PTÉRIDOSPERMÉE n. f. Plante du carbonifère, à feuilles de fougère, mais se reproduisant par graines, ce qui la fait ranger parmi les gymnospermes. (Les *ptéridospermées* forment un ordre.)

PTÉROBRANCHE n. m. Animal aquatique vivant fixé et en colonies, voisin des ancêtres des vertébrés. (Les *ptérobranches* forment une petite classe.)

PTÉRODACTYLE n. m. Reptile volant de l'ère secondaire.

ptérodactyle

PTÉROPODE n. m. Petit gastropode marin nageur, à coquille très légère. (Les *ptéropodes* forment un ordre.)

PTÉROSAURIEN n. m. Reptile du secondaire, adapté au vol grâce à une large membrane soutenue par le cinquième doigt de la main, très allongé. (Les *ptérosauriens* forment un ordre.)

PTÉRYGOÏDE adj. et n. f. *Anat.* Se dit de deux apophyses osseuses de la face inférieure du sphénoïde.

PTÉRYGOÏDIEN adj. et n. m. *Muscles ptérygoïdiens,* muscles qui permettent les déplacements latéraux de la mâchoire inférieure.

PTÉRYGOTE n. m. Insecte ailé. (Les *ptérygotes* forment une sous-classe.)

PTÉRYGOTUS [pterigɔtys] n. m. Animal aquatique fossile de l'ère primaire, proche des crustacés, et qui pouvait atteindre 2 m de long.

PTOLÉMAÏQUE adj. Relatif aux Ptolémées.

PTOMAÏNE n. f. (gr. *ptôma,* cadavre). Alcaloïde toxique provenant de la décomposition des matières organiques.

PTOSE n. f. (gr. *ptôsis,* chute). *Méd.* Descente, chute des organes, due au relâchement des muscles ou des ligaments qui les maintiennent.

PTÔSIS n. m. *Méd.* Chute de la paupière supérieure par paralysie du muscle releveur.

PTYALINE n. f. Enzyme de la salive, qui transforme l'amidon cuit en maltose.

PTYALISME n. m. (gr. *ptualon,* salive). *Méd.* Salivation abondante.

Pu, symbole chimique du *plutonium.*

PUANT, E adj. Qui exhale une odeur fétide. ‖ *Fam.* Qui est d'une fatuité insupportable. ● *Bêtes puantes* (Véner.), bêtes (renard, blaireau, etc.) qui exhalent une mauvaise odeur.

PUANTEUR n. f. Très mauvaise odeur.

PUB [pœb] n. m. (mot angl.). En Grande-Bretagne, établissement où l'on sert des boissons alcoolisées; en France, café dont le décor imite celui des pubs anglais.

PUBÈRE adj. et n. (lat. *puber*). Qui a atteint l'âge de la puberté.

PUBERTAIRE adj. Relatif à la puberté.

PUBERTÉ n. f. (lat. *pubertas*). Période de la vie marquée par le début d'activité des glandes reproductrices et la manifestation des caractères sexuels secondaires (chez l'homme : pilosité, mue de la voix; chez la femme : développement de la pilosité, des seins, menstruation).

PUBESCENCE n. f. *Bot.* État des tiges, des feuilles pubescentes.

PUBESCENT, E adj. (lat. *pubescens*). Se dit d'une tige, d'une feuille garnie de poils très fins imitant le duvet.

PUBIEN, ENNE adj. Relatif au pubis.

PUBIS [pybis] n. m. (mot lat.). Partie antérieure des os iliaques. ‖ Partie inférieure et médiane de la région hypogastrique, formant une éminence triangulaire se couvrant de poils à la puberté.

PUBLIABLE adj. Qui peut être publié.

PUBLIC, IQUE adj. (lat. *publicus*). Qui concerne tout un peuple, une collectivité, un groupe social : *opinion publique.* ‖ Qui concerne ou relève de l'État ou d'une collectivité publique : *secteur public, Trésor public.* ‖ Manifeste, connu de tout le monde : *bruit public.* ‖ Où tout le monde peut aller : *réunion publique.* ● *Affaires publiques,* la vie politique en général. ‖ *Autorité publique,* gouvernement d'un pays. ‖ *Charges publiques,* impositions. ‖ *La chose publique,* l'État. ‖ *Droit public,* ensemble des règles juridiques relatives à l'organisation de l'État et à ses rapports avec les personnes de droit privé.

PUBLIC n. m. Tout le monde indistinctement, la population : *avis au public.* ‖ Ensemble des personnes qui sont réunies dans une salle, qui lisent un livre, qui voient un spectacle, etc. ● *En public,* en présence de beaucoup de personnes : *parler en public.* ‖ *Être bon public* (Fam.), apprécier vite et sans façon un spectacle, des jeux de mots, etc. ‖ *Le grand public,* partie la plus importante du public, par opposition aux initiés, aux connaisseurs.

PUBLICAIN n. m. (lat. *publicanus*). *Antiq. rom.* Adjudicataire d'un service public (travaux, douanes...), et en particulier fermier des impôts.

PUBLICATION n. f. Action de publier : *publication de mariage; la publication d'un livre.* ‖ Ouvrage imprimé, écrit publié : *publication mensuelle.* ‖ *Dr.* Insertion dans un organe officiel de textes à portée générale.

PUBLICISTE n. Journaliste, en général (vieilli). ‖ Juriste spécialiste du droit public.

PUBLICITAIRE adj. et n. Qui s'occupe de publicité. ◆ adj. Qui concerne la publicité : *annonce publicitaire.*

PUBLICITÉ n. f. Caractère de ce qui est public : *la publicité des débats judiciaires.* ‖ Ensemble des moyens employés pour faire connaître une entreprise, pour inciter à l'achat d'un produit, etc. ● *Publicité directe,* transmission directe de messages publicitaires (lettres, tracts, dépliants, etc.) à des prospects sélectionnés. ‖ *Publicité foncière,* ensemble des mesures portant à la connaissance des tiers certains actes juridiques relatifs aux immeubles.

PUBLIC-RELATIONS [pœblikrilɛʃɑ̃s] n. f. pl. *Fam.* Syn. de RELATIONS* PUBLIQUES.

PUBLIER v. t. (lat. *publicare*). Faire connaître légalement : *publier une loi.* ‖ Divulguer, répandre : *publier une nouvelle.* ‖ Faire paraître, mettre en vente un livre : *publier un roman.*

PUBLIPOSTAGE n. m. Prospection d'un marché et vente par voie postale.

PUBLIQUEMENT adv. En public.

PUCCINIE [pyksini] n. f. Champignon microscopique de l'ordre des urédinales, parasite des végétaux. (V. ROUILLE.)

PUCE n. f. (lat. *pulex, -icis*). Insecte sans ailes et à pattes postérieures sauteuses, qui se nourrit du sang puisé par piqûre dans la peau des mammifères. (La puce appartient à un ordre voisin des diptères et mesure au plus 4 mm de long.) ‖ Petite surface de matériau semi-conducteur, en général du silicium, supportant un ou plusieurs circuits intégrés, et en particulier un

puce

microprocesseur. ● *Avoir, mettre la puce à l'oreille*, être, mettre sur le qui-vive. ‖ *Marché aux puces*, ou *les puces*, endroit où l'on vend des objets d'occasion. ‖ *Puce d'eau*, nom usuel de la *daphnie* (crustacé). ‖ *Puce de mer*, v. TALITRE (crustacé). ‖ *Secouer les puces à qqn* (Fam.), le réprimander fortement. ◆ adj. inv. De couleur marron tirant sur le rouge.

PUCEAU n. et adj. m. *Fam.* Garçon qui est vierge.

PUCELAGE n. m. *Fam.* Virginité.

PUCELLE n. et adj. f. (bas lat. *pullicella*, jeune d'un animal). *Fam.* Jeune fille vierge. ● *La Pucelle*, Jeanne d'Arc.

PUCERON n. m. Nom général donné aux petits insectes (long. moyenne : 1 mm) de l'ordre des homoptères, qui pullulent souvent sur les végétaux, dont ils puisent la sève, causant parfois de graves dégâts (cas du phylloxéra de la vigne).

PUCIER n. m. *Pop.* Lit.

PUDDING ou **POUDING** [pudiŋ] n. m. (d'un mot angl.). Entremets sucré à base de farine, de sucre et de beurre en proportions égales, et garni de fruits. (Le pudding anglais, ou PLUM-PUDDING, utilise la graisse de bœuf.)

PUDDLAGE n. m. Procédé métallurgique utilisé autref. pour obtenir du fer ou un acier peu chargé en carbone, par contact avec la fonte d'une scorie oxydante dans un four à réverbère.

PUDDLER v. t. (angl. *to puddle*, troubler). Soumettre à l'opération du puddlage.

PUDEUR n. f. (lat. *pudor*). Discrétion, retenue qui empêche de dire ou de faire ce qui peut blesser la décence, délicatesse, spécialement en ce qui concerne les questions sexuelles. ‖ Réserve de qqn qui évite de choquer le goût des autres, de les gêner moralement.

PUDIBOND, E adj. (lat. *pudibundus*; de *pudere*, avoir honte). Qui pousse la pudeur à l'excès.

PUDIBONDERIE n. f. Caractère pudibond.

PUDICITÉ n. f. *Litt.* Pudeur.

PUDIQUE adj. (lat. *pudicus*). Qui montre de la retenue, de la pudeur, chaste, discret.

PUDIQUEMENT adv. D'une manière pudique.

PUER v. i. (lat. *putere*). Sentir très mauvais. ◆ v. t. Exhaler une mauvaise odeur de : *puer le vin*. ‖ Porter l'empreinte désagréable de : *cette attitude pue la servilité*.

PUÉRICULTRICE n. f. Infirmière diplômée, spécialiste de puériculture.

PUÉRICULTURE n. f. Ensemble des connaissances et des techniques nécessaires aux soins des tout-petits, propres à assurer leur croissance et leur développement.

PUÉRIL, E adj. (lat. *puerilis*; de *puer*, enfant). Qui appartient à l'enfance : *âge puéril*. ‖ Qui n'est pas à sa place chez un adulte, naïf, enfantin : *argument puéril*.

PUÉRILEMENT adv. De façon puérile.

PUÉRILISME n. m. *Psychol.* Comportements évoquant, chez un adulte, ceux d'un enfant.

PUÉRILITÉ n. f. Caractère de ce qui est puéril, enfantin; enfantillage.

PUERPÉRAL, E, AUX adj. (lat. *puerpera*, femme en couches). Qui est propre aux femmes en couches. ● *Fièvre puerpérale*, maladie infectieuse qui peut se déclarer à la suite d'un accouchement. ‖ *Psychose puerpérale*, épisode psychotique aigu survenant dans les semaines qui suivent un accouchement.

PUFFIN n. m. (mot angl.). Oiseau palmipède de haute mer. (Long. 45 cm; ordre des procellariiformes.)

PUGILAT n. m. (lat. *pugilatus*). Combat, rixe à coups de poing.

PUGILISTE n. m. *Litt.* Boxeur.

PUGILISTIQUE adj. Relatif à la boxe.

PUGNACE adj. *Litt.* Combatif.

PUGNACITÉ [pygnasite] n. f. (lat. *pugnacitas*; de *pugnax*, combatif). *Litt.* Amour du combat, de la lutte, de la polémique.

PUÎNÉ, E adj. et n. (de *puis* et *né*). Né après un de ses frères ou une de ses sœurs.

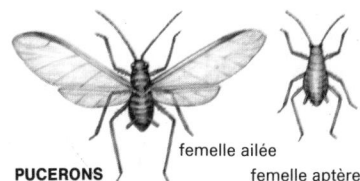

femelle ailée

PUCERONS   femelle aptère

PUIS adv. (lat. *post*, après). Indique une succession dans le temps; ensuite, après. ● *Et puis*, d'ailleurs, au reste, de plus.

PUISAGE ou **PUISEMENT** n. m. Action de puiser.

PUISARD n. m. Égout vertical fermé, destiné à absorber les eaux-vannes. ‖ Petit puits, au fond d'un puits de mine, où se rassemblent les eaux. ‖ Trou pratiqué dans la voûte d'un aqueduc pour le réparer, le nettoyer, etc.

PUISATIER n. et adj. m. Terrassier spécialisé dans le forage des puits de faible diamètre.

PUISEMENT n. m. → PUISAGE.

PUISER v. t. et i. (de *puits*). Prendre un liquide avec un récipient : *puiser de l'eau à une source*. ‖ Prendre qqch dans une réserve, emprunter : *où a-t-il puisé ces documents?* ● *Puiser aux sources*, consulter les auteurs originaux.

PUISQUE conj. Indique la cause; comme, attendu que, par la raison que : *puisque vous le voulez*. (La voyelle *e* de *puisque* ne s'élide que devant les mots *il, elle, on, en, un, une*.)

PUISSAMMENT adv. D'une manière puissante, avec force, intensité : *il m'a aidé puissamment dans cette affaire*.

PUISSANCE n. f. Pouvoir de commander, autorité, domination : *la puissance des lois*. ‖ Force, énergie : *la puissance du vent; il donne une impression de puissance*. ‖ État souverain : *les puissances alliées*. ‖ Influence exercée sur qqn : *la puissance de l'exemple*. ‖ *Géogr.* Pouvoir de transport et d'érosion d'un cours d'eau. ‖ *Géol.* Épaisseur d'une couche, d'un filon. ‖ *Math.* Opérateur qui à un nombre *a* fait correspondre le nombre noté a^n (se lit *a* puissance *n*) et étant l'*exposant*) défini par le produit de *n* facteurs égaux à *a* quand *n* est entier positif, à $1/a^n$ quand $n = -m$ est entier négatif et à $\sqrt[p]{a}$ quand $n = 1/p$ est fractionnaire. ‖ *Philos.* Virtualité, possibilité : *la puissance et l'acte*. ‖ *Phys.* Quotient du travail accompli par une machine par le temps qu'il lui a fallu pour l'accomplir. ● *En puissance*, de manière virtuelle; capable de faire, de commettre. ‖ *Puissance administrative* ou *fiscale*, puissance d'un moteur d'automobile ou de motocyclette, calculée pour servir de base à l'imposition fiscale. ‖ *Puissance effective*, puissance d'un moteur mesurée au banc d'essai. ‖ *Puissance d'un ensemble* (Log.), cardinal de cet ensemble. ‖ *Puissance au frein*, puissance mesurée à l'aide d'un frein. ‖ *Puissance d'une loupe*, *d'un microscope*, quotient de l'angle sous lequel on voit un objet à travers l'instrument par la longueur de cet objet. ‖ *Puissance nominale d'une machine*, puissance indiquée par le constructeur et qui correspond au travail produit par la machine en une seconde, lorsque sa marche est normale. ‖ *Puissance d'un point par rapport à un cercle, à une sphère*, produit des distances de ce point aux intersections de la circonférence ou de la sphère avec une sécante passant par ce point. ‖ *Puissance publique*, ensemble des pouvoirs de l'État; l'État lui-même. ◆ pl. Nom d'une hiérarchie des anges.

PUISSANT, E adj. (anc. part. prés. de *pouvoir*). Qui a beaucoup de pouvoir, d'influence : *parti puissant*. ‖ Capable de produire un effet considérable, qui agit avec force : *une machine puissante*. ‖ Qui a un grand potentiel économique, militaire : *une nation puissante*. ‖ Qui a une grande force physique.

PUITS n. m. (lat. *puteus*). Trou vertical creusé dans le sol, et souvent maçonné, pour atteindre la nappe aquifère souterraine. ‖ Trou creusé

dans le sol en vue d'extraire le minerai ou le charbon, ou destiné à toute autre fin industrielle. ● *Puits aux chaînes*, compartiment d'un navire destiné à loger les chaînes des ancres. ‖ *Puits de pétrole*, trou foré dans le sol pour l'extraction du pétrole. ‖ *Puits de science*, personne très savante.

PULICAIRE n. f. (lat. *pulex, -icis*, puce). Plante des lieux humides, à fleurs jaunes. (Famille des composées.)

PULL n. m. → PULL-OVER.

PULLMAN [pulman] n. m. (du n. de l'inventeur). Voiture de luxe dans certains trains; se dit aussi de certains autocars de luxe.

PULLOROSE n. f. (lat. *pullus*, poulet). Maladie infectieuse des volailles, souvent mortelle, qui atteint surtout les jeunes poussins. (Syn. DIARRHÉE BLANCHE DES POUSSINS.)

PULL-OVER [pylɔvɛr] ou **PULL** [pyl] n. m. (angl. *to pull over*, tirer par-dessus [la tête]) [pl. *pull-overs*]. Tricot avec ou sans manches, que l'on passe par-dessus la tête.

PULLULEMENT n. m., ou **PULLULATION** n. f. Grouillement, grande affluence. ‖ Multiplication rapide de qqch.

PULLULER v. i. (lat. *pullulare*; de *pullus*, jeune animal). Se multiplier beaucoup et vite : *les champignons pullulent dans les bois*. ‖ Se répandre avec profusion, être en grand nombre.

PULMONAIRE adj. (lat. *pulmo, pulmonis*, poumon). Qui concerne le poumon. ● *Congestion pulmonaire*, pneumopathie résultant d'une infection ou d'une insuffisance cardiaque.

PULMONAIRE n. f. Plante herbacée des bois, à fleurs bleues, qui fut utilisée contre les maladies du poumon. (Famille des borraginacées.)

PULMONÉ n. m. Mollusque gastropode respirant par un poumon, comme l'*escargot*, la *limace*, la *limnée*. (Les *pulmonés* forment une sous-classe.)

PULPAIRE adj. Relatif à la pulpe dentaire.

PULPE n. f. (lat. *pulpa*). Nom donné à certains tissus mous des animaux (pulpe dentaire) ou des végétaux (pulpe sucrée des fruits charnus).

PULPEUX, EUSE adj. Qui contient de la pulpe, qui en a la consistance.

PULPITE n. f. Inflammation très douloureuse de la pulpe dentaire.

PULQUE [pulke] n. m. (mot indien de l'Amérique centrale). Boisson fermentée tirée de l'agave du Mexique.

PULSAR n. m. (angl. *pulsating star*, étoile à pulsations). *Astron.* Source de rayonnement radioélectrique, lumineux, X ou gamma, dont les émissions sont très brèves (50 ms environ) et se reproduisent à intervalles extrêmement réguliers (de quelques centièmes de seconde à quelques secondes).

ENVIRONNEMENT D'UN PULSAR

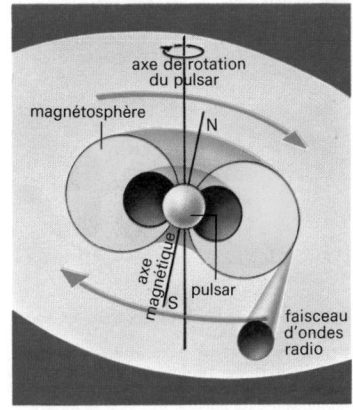

axe de rotation du pulsar

magnétosphère

N

axe magnétique

S

pulsar

faisceau d'ondes radio

■ *Mécanisme d'un pulsar.* Les pulsars sont vraisemblablement des étoiles à neutrons en rotation rapide, dotées d'un champ magnétique dipolaire très intense. Leur rayonnement proviendrait de particules chargées, accélérées par le champ magnétique jusqu'à des vitesses relativistes. Confiné dans un faisceau étroit et entraîné par la rotation de l'étoile, il balaierait l'espace à la manière d'un gyrophare.

PULSATIF, IVE adj. *Méd.* Qui cause des pulsations.

PULSATION n. f. (lat. *pulsatio*). Battement du cœur et des artères. ● *Pulsation d'un phénomène sinusoïdal*, produit de la fréquence *f* de ce phénomène par le facteur 2π, soit $\omega = 2\pi f$.

PULSER v. t. (angl. *to pulse*). Rejeter à l'extérieur par pression : *chauffage à air pulsé*.

PULSION n. f. (lat. *pulsus*, poussé). Impulsion. ‖ *Psychanal.* Force à la limite de l'organique et du psychique qui pousse le sujet à accomplir une action dans le but de résoudre une tension venant de l'organisme lui-même, au moyen d'un objet, et dont le prototype est la pulsion sexuelle. (La variabilité dans le but et dans l'objet déterminés par l'histoire individuelle différencie la pulsion de l'instinct, dont la finalité est déterminée par la phylogenèse.) ● *Pulsion partielle*, composante de la pulsion sexuelle rattachée à une zone érogène.

PULSIONNEL, ELLE adj. *Psychanal.* Relatif aux pulsions.

PULSORÉACTEUR n. m. *Aéron.* Moteur à réaction constitué par une seule tuyère, dont l'entrée est commandée par des volets mobiles. (Dès que la pression intérieure devient inférieure à la pression extérieure, les volets s'ouvrent et laissent pénétrer l'air pour une nouvelle combustion.)

PULTACÉ, E adj. (lat. *puls, pultis*, bouillie). *Méd.* Qui a la consistance d'une bouillie.

PULTRUSION n. f. (angl. *to pull*, tirer, et *extrusion*). Technique de formage, dans laquelle la matière, poussée vers la matrice, est en même temps tirée à la sortie de cette filière.

PULVÉRIN n. m. (lat. *pulvis, pulveris*, poussière). Poudre à canon très fine, employée autref. pour l'amorçage des armes portatives.

PULVÉRISABLE adj. Qui peut être réduit en poudre.

PULVÉRISATEUR n. m. Instrument servant à projeter un liquide en gouttelettes très fines.

PULVÉRISATION n. f. Action de pulvériser; résultat de cette action. ● *Pulvérisation cathodique*, syn. d'IONOPLASTIE.

PULVÉRISER v. t. (lat. *pulvis, pulveris*, poussière). Réduire en poudre, en fines parcelles, en petites parties. ‖ Détruire complètement : *wagons pulvérisés dans un accident.* ‖ Projeter un liquide en fines gouttelettes. ● *Pulvériser un record*, le dépasser très largement.

PULVÉRISEUR n. m. Machine agricole fonctionnant comme un brise-mottes.

PULVÉRULENCE n. f. État pulvérulent.

PULVÉRULENT, E adj. Qui est à l'état de poudre fine.

PUMA n. m. (mot quechua). Mammifère carnassier d'Amérique. (Syn. COUGOUAR.) [Famille des félidés.]

puma

PUNA n. f. (mot esp.). *Géogr.* Dans les Andes, haute plaine semi-aride.

PUNAISE n. f. (lat. *putere*, puer, et *nasus*, nez). Insecte de l'ordre des hétéroptères, à corps aplati et dégageant une odeur âcre et repoussante. (La *punaise des bois* se nourrit de sève; la *punaise des lits*, à ailes réduites, se nourrit de sang.) ‖ Petit clou à tête large, à pointe courte et très fine, qui s'enfonce par simple pression du pouce.

PUNAISER v. t. *Fam.* Fixer à l'aide de punaises.

PUNCH [pɔʃ] n. m. (mot angl.; de l'hindi). Boisson à base de rhum, de sirop de canne et de citron vert.

PUNCH [pœnʃ] n. m. (mot angl.). Qualité du boxeur dont les coups sont décisifs. ‖ Capacité de réagir à une attaque physique ou verbale.

PUNCHEUR n. m. Boxeur dont les coups sont appuyés et efficaces.

PUNCHING-BALL [pœnʃinbol] n. m. (angl. *punching*, en frappant) [pl. *punching-balls*]. Ballon maintenu verticalement par des supports élastiques, et servant à s'entraîner à la boxe.

PUNCTUM [pɔktɔm] n. m. (mot lat., *point*). *Punctum proximum* (Physiol.), point en deçà duquel la vision est indistincte. (Il s'éloigne avec l'âge.) ‖ *Punctum remotum*, point au-delà duquel la vision n'est plus distincte. (Il est situé à l'infini pour un œil normal.)

PUNI, E adj. et n. Qui a une punition.

PUNIQUE adj. (lat. *punicus*). Des Carthaginois.

PUNIR v. t. (lat. *punire*). Infliger à qqn une peine pour un crime, une faute, châtier. ‖ Faire subir un mal à cause de qqch : *il a été puni de sa curiosité.* ● *Punir un crime, une faute*, les frapper d'une sanction, les réprimer.

PUNISSABLE adj. Qui mérite une punition.

PUNITIF, IVE adj. Qui a pour objet de punir.

PUNITION n. f. Action de punir; peine, pénalité, sanction; châtiment infligé.

PUNK [pœk] adj. et n. Se dit d'une mode, apparue vers 1975, caractérisée surtout par l'agressivité et la dérision.

PUNTARELLE [pɔtarɛl] n. f. (anc. prov. *puncha*, pointe). Petit fragment de corail, dont on fait des bracelets et des colliers.

PUPAZZO [pupadzo] n. m. (mot it.) [pl. *pupazzi*]. Marionnette italienne.

PUPE n. f. (lat. *pupa*, poupée). Nymphe des insectes diptères supérieurs (mouches, par ex.), enfermée dans la dernière peau larvaire.

PUPILLAIRE adj. *Dr.* Qui concerne un pupille.

PUPILLAIRE adj. De la pupille de l'œil.

PUPILLARITÉ n. f. *Dr.* État de l'enfant en tutelle; durée de cet état.

PUPILLE [pypij] n. (lat. *pupillus*). Orphelin(e) mineur(e), placé(e) sous la direction d'un tuteur. ● *Pupille de l'État* (jadis de l'*Assistance publique*), orphelin, enfant abandonné, trouvé ou moralement abandonné, qui est placé sous la tutelle de l'État. ‖ *Pupille de la nation*, enfant ayant perdu son père à la guerre, bénéficiant d'un certain soutien de l'État.

PUPILLE [pypij] n. f. (lat. *pupilla*). Orifice central de l'iris de l'œil. (Syn. PRUNELLE.)

PUPINISATION n. f. (de *Pupin*, n. pr.). Introduction de distance en distance, dans les lignes téléphoniques, de bobines d'auto-induction pour améliorer la transmission de la parole.

PUPIPARE adj. Se dit de certains insectes diptères dont les larves se développent dans les voies génitales des femelles et éclosent prêtes à se transformer en pupes.

PUPITRE n. m. (lat. *pulpitum*, estrade). Petit meuble à plan incliné, avec ou sans pied, pour poser des livres, des cahiers de musique, etc. ‖ *Inform.* Organe périphérique d'un ordinateur, qui rassemble tous les moyens de commande manuelle et de contrôle visuel du fonctionnement de la machine.

PUPITREUR, EUSE n. Agent travaillant au pupitre d'un ordinateur.

PUR, E adj. (lat. *purus*). Sans mélange, qui ne contient rien d'étranger; non pollué : *air pur, vin pur.* ‖ Sans corruption, sans défaut moral : *conscience pure.* ‖ D'une harmonie dépouillée et sans défaut. ‖ Limité dans son objet : *recherche pure.* ‖ Qui est uniquement, exclusivement tel ou tel : *c'est la pure vérité.* ● *Corps pur*, corps de composition chimique invariable. ‖ *Pur et simple*, sans aucune condition ni restriction.

PUR n. m. Personne qui conforme rigoureusement son action à ses principes.

PUREAU n. m. Partie d'une tuile ou d'une ardoise qui n'est pas recouverte par la tuile ou l'ardoise supérieure.

PURÉE n. f. (anc. fr. *purer*, nettoyer). Préparation culinaire faite avec des légumes écrasés, passés au tamis et liés avec du lait. ‖ *Fam.* Gêne, misère. ● *Purée de pois*, brouillard épais.

PUREMENT adv. Uniquement : *faire une chose purement par intérêt.* ● *Purement et simplement*, sans réserve ni condition.

PURETÉ n. f. Qualité de ce qui est pur : *pureté de l'air, de l'enfance.*

PURGATIF, IVE adj. Qui purge.

PURGATIF n. m. Remède qui purge, laxatif.

PURGATION n. f. Action de purger.

PURGATOIRE n. m. *Relig. cath.* État ou lieu de purification pour les âmes des justes qui, au moment de leur mort, n'ont pas entièrement satisfait à la justice divine. ‖ Lieu où l'on souffre.

PURGE n. f. Action de purger. ‖ Médication provoquant l'évacuation du contenu intestinal. ‖ Élimination d'individus tenus politiquement pour indésirables. ‖ *Dr.* Opération par laquelle un bien immeuble est libéré des charges qui le grèvent. ‖ *Techn.* Élimination de gaz, de liquides, de résidus indésirables d'un récipient ou d'une enceinte fermée.

PURGER v. tr. (lat. *purgare*) [conj. **1**]. Purifier par l'élimination des matières étrangères. ‖ Nettoyer en vidangeant entièrement : *purger un radiateur.* ‖ Éliminer d'un pays, d'un groupe les individus jugés dangereux. ‖ *Méd.* Traiter au moyen d'un purgatif. ● *Purger une condamnation*, subir une peine de prison. ‖ *Purger les hypothèques* (Dr.), remplir les formalités nécessaires pour qu'un bien ne soit plus hypothéqué. ◆ **se purger** v. pr. Prendre un purgatif.

PURGEUR n. m. Appareil permettant d'éliminer d'une tuyauterie ou d'une installation un fluide qui, par sa présence ou par son excès, en troublerait le fonctionnement.

PURIFICATEUR, TRICE adj. et n. Qui purifie.

PURIFICATION n. f. Action de purifier. ‖ *Relig. cath.* Fête en l'honneur de la Sainte Vierge (2 févr.), dite fête de la *Chandeleur*; depuis 1960, à la même date, fête de la Présentation du Christ.

PURIFICATOIRE adj. *Litt.* Qui purifie.

PURIFICATOIRE n. m. *Liturg.* Linge dont le prêtre fait usage à la messe.

PURIFIER v. t. Rendre pur, assainir, épurer.

PURIN n. m. (anc. fr. *purer*, dégoutter). Liquide s'écoulant du fumier, utilisé comme engrais pour sa richesse en azote et en potasse.

PURINE n. f. Composé $C_5H_4N_4$ comprenant deux hétérocycles accolés et qui entre dans la composition des bases puriques.

PURIQUE adj. Se dit de bases azotées dérivant de la purine et entrant dans la composition des acides nucléiques (A. D. N., A. R. N.) et de leurs métabolites.

PURISME n. m. Souci exagéré de la pureté du langage, caractérisé par le désir de fixer arbitrairement une langue à un stade de son évolution considéré comme idéal. ‖ Volonté de se conformer à un modèle idéal, et qui se manifeste par un souci de perfection exagérée. ‖ Tendance artistique, issue du cubisme, qui s'est attachée à la simplicité géométrique des contours, donnant à ceux-ci une netteté d'ordre génératrice d'effets monumentaux. (Elle a été préconisée à partir de 1918 par Amédée Ozenfant et Le Corbusier.)

PURISTE adj. et n. Propre au purisme; partisan du purisme.

PURITAIN, E n. et adj. (angl. *puritan*). Membre de communautés anglaises, d'inspiration calviniste, qui, au milieu du XVIe s., voulurent revenir à la pureté du christianisme primitif par réaction contre les compromissions de l'Église anglicane. ‖ Qui affecte les principes d'une morale rigoureuse.

■ Persécutés, à partir de 1570, par les souverains anglais, les puritains émigrèrent en grand

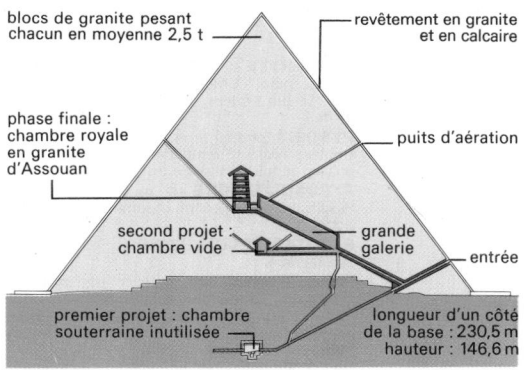

blocs de granite pesant chacun en moyenne 2,5 t

revêtement en granite et en calcaire

phase finale : chambre royale en granite d'Assouan

puits d'aération

COUPE DE LA PYRAMIDE DE KHÉOPS À GIZEH (ÉGYPTE)

second projet : chambre vide

grande galerie

entrée

premier projet : chambre souterraine inutilisée

longueur d'un côté de la base : 230,5 m
hauteur : 146,6 m

pylônes haute tension

Walusinki-Photothèque E. D. F.

---

nombre en Hollande, puis aux États-Unis. Ceux qui restèrent en Angleterre constituèrent, face aux Stuarts, un groupe d'opposition qui, avec Cromwell, fut l'élément déterminant dans la révolution de 1648.

PURITANISME n. m. Doctrine, attitude des puritains. ‖ Grande austérité de principes, rigorisme.

Purkinje (cellules de), grands neurones de l'écorce cérébelleuse.

PUROT n. m. Fosse à purin.

PUROTIN n. m. Pop. et vx. Celui qui est dans la misère.

PURPURA n. m. (mot lat., pourpre). Petites hémorragies dues à la rupture de capillaires dans l'épaisseur du derme et provoquant l'apparition de taches rougeâtres sur la peau.

PURPURIN, E adj. (lat. purpura). Litt. Qui approche de la couleur pourpre : fleur purpurine.

PUR-SANG n. m. inv. Cheval de selle inscrit au stud-book, de race anglaise, arabe ou anglo-arabe.

PURULENCE n. f. État de ce qui est purulent.

PURULENT, E adj. (lat. pus, puris, pus). Qui a l'aspect ou la nature du pus ; mêlé de pus ; qui produit du pus.

PUS [py] n. m. (lat. pus). Liquide jaunâtre qui se forme aux foyers d'infection, et qui est constitué par les déchets de leucocytes et de bactéries.

PUSEYISME [pjuzeism] n. m. (de Pusey, n. pr.). Mouvement ritualiste, dit encore mouvement d'Oxford, qui porta vers le catholicisme ou vers un renouveau spirituel ecclésial une fraction de l'Église anglicane.

PUSH-PULL [puʃpul] adj. et n. m. (mots angl.). Électr. Se dit d'un montage amplificateur constitué de deux tubes électroniques ou transistors qui fonctionnent en opposition.

PUSILLANIME [pyzilanim] adj. et n. (lat. pusillus animus, esprit étroit). Litt. Qui manque de courage, qui a peur des responsabilités.

PUSILLANIMITÉ n. f. Litt. Manque de courage, d'audace.

PUSTULE n. f. (lat. pustula). Petit soulèvement inflammatoire de la peau, qui devient purulent. ● Pustule maligne, pustule noirâtre, déterminée chez l'homme par le bacille du charbon.

PUSTULEUX, EUSE adj. Accompagné de pustules.

PUTAIN ou **PUTE** n. f. (anc. fr. put, vil ; lat. putidus, puant). Pop. Prostituée.

PUTATIF, IVE adj. (lat. putare, croire). Enfant putatif (Dr.), enfant issu d'un mariage putatif. ‖ Mariage putatif (Dr.), mariage qui, ayant fait l'objet d'une annulation, produit cependant tous les effets civils d'un mariage valable pour les enfants et, jusqu'à l'annulation, pour celui ou ceux des époux qui étaient de bonne foi lors de sa célébration. ‖ Titre putatif, titre à l'existence duquel a cru de bonne foi le possesseur d'un bien alors qu'il n'en existe aucun.

PUTIET ou **PUTIER** n. m. (anc. fr. put, puant). Nom usuel du merisier à grappes.

PUTOIS n. m. (anc. fr. put, puant). Mammifère carnassier des bois, s'attaquant aux animaux de basse-cour et dont on recherche la fourrure brun foncé (long : 40 cm sans la queue ; famille des mustélidés ; le furet est une variété blanche de putois) ; sa fourrure. ‖ Sorte de pinceau. ● Crier comme un putois, crier très fort, protester.

PUTRÉFACTION n. f. Décomposition que subissent les corps organisés, lorsque la vie les a abandonnés.

PUTRÉFIABLE adj. Susceptible de se putréfier.

PUTRÉFIER v. t. (lat. putris, pourri). Corrompre, faire pourrir. ◆ **se putréfier** v. pr. Se décomposer.

PUTRESCENCE n. f. Travail de la putréfaction.

PUTRESCENT, E adj. Atteint de putrescence, de putréfaction.

PUTRESCIBILITÉ n. f. Caractère, nature de ce qui est putrescible.

PUTRESCIBLE adj. (lat. putris, pourri). Susceptible de se putréfier.

PUTRIDE adj. (lat. putridus). Putréfié : eau putride. ‖ Produit par la putréfaction : miasmes putrides. ‖ Qui présente les phénomènes de la putréfaction : fermentation putride.

PUTRIDITÉ n. f. État de ce qui est putride.

PUTSCH [putʃ] n. m. (mot all.). Coup d'État ou soulèvement organisé par un groupe armé en vue de s'emparer du pouvoir.

PUTSCHISTE adj. et n. Relatif à un putsch, qui y participe.

PUTTO [puto] n. m. (mot it.) [pl. putti]. Bx-arts. Bébé nu, petit Amour, angelot.

PUY n. m. (lat. podium, tertre). Montagne volcanique, dans le Massif central.

PUZZLE [pœzl] n. m. (mot angl.). Jeu de patience fait de fragments découpés qu'il faut rassembler pour reconstituer une image. ‖ Problème très compliqué.

PYCNOGONIDE n. m. Animal marin ressemblant à une araignée mais n'ayant que quatre ou six pattes. (Les pycnogonides, ou pantopodes, forment une petite classe.)

PYCNOMÈTRE n. m. (gr. puknos, dense, et metron, mesure). Petit flacon pour mesurer la densité d'un solide ou d'un liquide.

PYÉLITE n. f. (gr. puelos, cavité). Inflammation de la membrane muqueuse qui tapisse le bassinet et les calices du rein.

PYÉLONÉPHRITE n. f. Infection du rein et du bassinet.

PYGARGUE n. m. (gr. pugê, croupion, et argos, blanc). Aigle à queue blanche, appelé aussi orfraie et grand aigle de mer. (Il atteint 2,50 m d'envergure.)

putois

PYGMÉE n. m. (gr. Pugmaîos). Personne de très petite taille.

PYGMÉEN, ENNE adj. Relatif à une personne de petite taille.

PYJAMA n. m. (mot angl. ; du persan). Vêtement de nuit ou d'intérieur, ample et léger, composé d'une veste et d'un pantalon.

PYLÔNE n. m. (gr. pulôn, portail). Support, en charpente métallique ou en béton, d'un pont suspendu, d'une ligne électrique aérienne. ‖ Archéol. Massif quadrangulaire en pierre, construit de part et d'autre des portails successifs d'un temple égyptien.

PYLORE n. m. (gr. pulôros, qui garde la porte). Orifice faisant communiquer l'estomac et le duodénum.

PYLORIQUE adj. Du pylore.

PYOCYANIQUE adj. et n. m. Se dit d'un bacille formant du pus bleu.

PYODERMITE n. f. Méd. Lésion cutanée infectieuse, formant du pus et des croûtes.

PYOGÈNE adj. (gr. puon, pus, et genosis, origine). Méd. Qui fait suppurer.

PYORRHÉE n. f. Méd. Écoulement de pus.

PYRALE n. f. (gr. purallis, rouge-gorge). Nom donné à plusieurs papillons crépusculaires, dont les chenilles sont souvent nuisibles (à la vigne, en particulier). ● Pyrale des pommes, syn. de CARPOCAPSE.

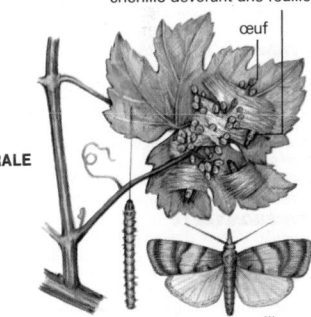

chenille dévorant une feuille

œuf

PYRALE

chenille suspendue   papillon

PYRAMIDAL, E, AUX adj. Qui a la forme d'une pyramide. ‖ Bot. Se dit de diverses plantes qui s'élèvent en pyramide. ● Faisceau pyramidal (Anat.), faisceau de fibres nerveuses motrices allant du cortex cérébral à la moelle épinière.

PYRAMIDE n. f. (lat. pyramis, pyramidis). Monument funéraire de l'Égypte pharaonique ; exhaussement supportant le temple précolombien. ‖ Entassement d'objets, de corps, s'élevant en forme de pyramide : pyramide de livres. ‖ Math. Polyèdre limité par un polygone plan (base), et dont toutes ses autres faces (faces latérales) sont des triangles ayant respectivement pour base les différents côtés du polygone et un sommet commun (sommet). [L'aire latérale d'une pyramide régulière a pour valeur le demi-produit du périmètre de sa base par son

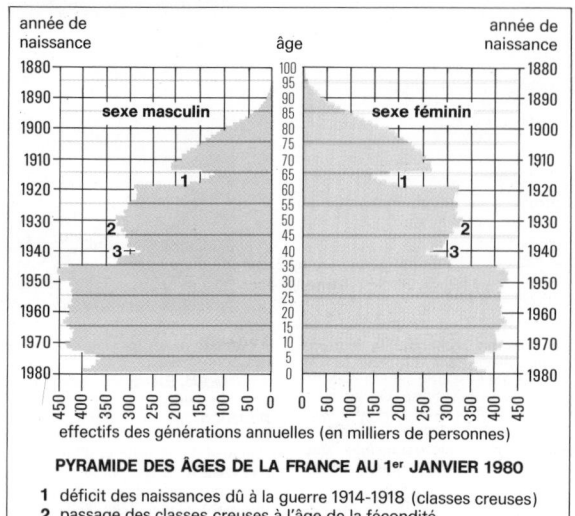

année de naissance	âge	année de naissance

sexe masculin **sexe féminin**

effectifs des générations annuelles (en milliers de personnes)

PYRAMIDE DES ÂGES DE LA FRANCE AU 1er JANVIER 1980

1 déficit des naissances dû à la guerre 1914-1918 (classes creuses)
2 passage des classes creuses à l'âge de la fécondité
3 déficit des naissances dû à la guerre de 1939-1945

apothème. Le volume d'une pyramide quelconque est égal au tiers du produit de la surface de la base par la hauteur.] ● *Pyramide des âges*, moyen de représentation graphique obtenu en portant en ordonnées les âges d'un groupe humain (un État en général), en abscisses négatives le nombre des hommes et en abscisses positives le nombre des femmes. ‖ *Pyramide alimentaire*, représentation graphique du rapport en nombre, en masse ou en énergie existant entre une proie, son prédateur, le prédateur de celui-ci, etc. (D'un étage à l'autre de la pyramide, le rapport dépasse rarement 10 p. 100.) ‖ *Pyramide de Malpighi* (Anat.), élément conique formant la substance médullaire du rein. ‖ *Pyramide régulière*, pyramide qui a pour base un polygone régulier, et dont le sommet se projette au centre de ce polygone. (Les faces d'une pyramide régulière sont des triangles isocèles égaux.)

PYRAMIDÉ, E adj. Qui présente une forme de pyramide.

PYRAMIDION n. m. Petite pyramide quadrangulaire qui termine un obélisque.

PYRANNE n. m. Composé hétérocyclique ayant une chaîne hexagonale qui comprend un atome d'oxygène.

PYRÉNÉEN, ENNE adj. et n. Des Pyrénées.

PYRÉNÉITE n. f. Grenat noir des Pyrénées.

PYRÉNOMYCÈTE n. m. Moisissure du type *monilia*. (Classe des ascomycètes.)

PYRÈTHRE n. m. (gr. *purethron*; de *pûr*, feu). Nom donné à plusieurs espèces de plantes de la famille des composées, dont les capitules, séchés, fournissent une poudre insecticide, dite *poudre de pyrèthre*.

PYREX n. m. (nom déposé). Verre peu fusible et très résistant.

PYREXIE n. f. *Méd.* Fièvre élevée.

PYRIDINE n. f. Composé hétérocyclique à chaîne hexagonale C_5H_5N, présent dans le goudron de houille.

PYRIDOXINE n. f. Syn. de VITAMINE B6.

PYRIMIDINE n. f. Composé hétérocyclique $C_4H_4N_2$ à chaîne hexagonale, qui entre dans la constitution des bases pyrimidiques.

PYRIMIDIQUE adj. Se dit de bases azotées dérivant de la pyrimidine et entrant dans la composition des acides nucléiques.

PYRITE n. f. (gr. *puritês lithos*, pierre de feu). Sulfure naturel de fer (FeS_2) ou de cuivre (*chalcopyrite*) [$FeCuS_2$], donnant des cristaux à reflets dorés.

PYROCLASTIQUE adj. Se dit de roches engendrées par l'accumulation de produits de projection d'origine volcanique.

PYROCORISE n. m. Punaise des bois, rouge, tachetée de noir, usuellement appelée *gendarme*, *soldat*, abondante près des murs, des arbres. (Ordre des hétéroptères.)

PYROÉLECTRICITÉ n. f. Modification de la polarisation électrique de certains matériaux sous l'action d'une variation de température.

PYROGALLIQUE adj. m. *Acide pyrogallique*, nom donné improprement au PYROGALLOL.

PYROGALLOL n. m. Composé possédant trois fonctions phénol, employé comme révélateur photographique.

PYROGÉNATION n. f. Réaction chimique produite par l'action de la chaleur.

PYROGÈNE adj. *Méd.* Qui provoque la fièvre.

PYROGRAPHE n. m. Appareil électrique utilisé en pyrogravure.

PYROGRAVER v. t. Décorer à la pyrogravure.

PYROGRAVEUR, EUSE n. Artiste en pyrogravure.

PYROGRAVURE n. f. Décoration du bois, du cuir, de l'ivoire, de l'os, etc. au moyen d'une pointe métallique portée au rouge vif.

PYROLIGNEUX adj. et n. m. *Chim.* Se dit d'un mélange acide obtenu par la distillation du bois.

PYROLUSITE n. f. Bioxyde naturel de manganèse MnO_2.

PYROLYSE n. f. Décomposition chimique obtenue par chauffage sans catalyseur.

PYROMANE n. Personne atteinte de pyromanie.

PYROMANIE n. f. Impulsion qui pousse certains individus à allumer des incendies.

PYROMÈTRE n. m. Instrument pour la mesure des très hautes températures. (La lunette pyrométrique de Féry, à couple thermoélectrique, est utilisée pour la détermination des températures des fours métallurgiques.)

PYROMÉTRIE n. f. Mesure des hautes températures.

PYROMÉTRIQUE adj. Relatif à la pyrométrie.

PYROPHORE n. m. Substance qui s'enflamme spontanément au contact de l'air.

PYROPHORIQUE adj. *Chim.* Qui s'enflamme spontanément à l'air.

PYROPHOSPHORIQUE adj. m. *Chim.* Se dit de l'acide $H_4P_2O_7$, qu'on obtient en chauffant l'acide phosphorique normal.

PYROPHYTE n. f. Plante capable de résister aux incendies et même d'être avantagée par le feu. (Le pin «queue de renard» est une pyrophyte.)

PYROSIS [pirɔzis] n. m. (gr. *purôsis*, brûlure). Douleur brûlante remontant le long de l'œsophage, depuis l'épigastre jusqu'au pharynx.

PYROSULFURIQUE adj. m. Se dit de l'acide $H_2S_2O_7$, qu'on obtient en chauffant l'acide sulfurique.

PYROTECHNICIEN, ENNE n. Spécialiste en pyrotechnie.

PYROTECHNIE n. f. Science des matières explosives; technique de mise en œuvre des matières explosives et des compositions pyrotechniques. ‖ Établissement où l'on fabrique ces produits.

PYROTECHNIQUE adj. Qui concerne la pyrotechnie. ● *Compositions pyrotechniques*, mélanges qui servent à produire des feux d'artifice.

PYROXÈNE n. m. Silicate de fer, de magnésium, de calcium et parfois d'aluminium, présent dans les roches éruptives et métamorphiques.

PYROXYLE n. m. (gr. *pûr*, feu, et *xulon*, bois). Produit résultant de l'action de l'acide nitrique sur une matière cellulosique (bois, papier, etc.).

PYROXYLÉ, E adj. Se dit des poudres à base de nitrocellulose.

PYRRHIQUE n. f. *Antiq. gr.* Danse guerrière exécutée en armes.

PYRRHONIEN, ENNE adj. et n. Qui appartient au pyrrhonisme.

PYRRHONISME n. m. Doctrine du philosophe Pyrrhon, scepticisme.

PYRRHOTINE n. f. Sulfure naturel de fer FeS, ferromagnétique.

PYRROLE [pirɔl] n. m. Composé hétérocyclique C_4H_4NH à cycle pentagonal, extrait du goudron de houille.

PYRROLIQUE adj. Qui concerne les pyrroles.

PYTHAGORICIEN, ENNE adj. et n. Qui appartient au pythagorisme; qui en est partisan.

PYTHAGORISME n. m. Doctrine de Pythagore.

PYTHIE n. f. (gr. *puthia*). *Antiq. gr.* Prophétesse rendant des oracles au nom d'Apollon à Delphes.

PYTHIEN, ENNE adj. Qui concerne la pythie. ● *Apollon pythien*, Apollon vainqueur du serpent Python.

PYTHIQUES adj. m. pl. *Jeux pythiques* (Antiq. gr.), jeux panhelléniques célébrés tous les quatre ans à Delphes, en l'honneur d'Apollon.

PYTHON n. m. (gr. *Puthôn*). Serpent d'Asie et d'Afrique, non venimeux, qui étouffe ses proies dans ses anneaux. (Le python réticulé, ou *molure*, de la péninsule Malaise, mesure de 7 à 10 m et atteint un poids de 100 kg; c'est le plus grand serpent actuellement vivant.)

PYTHONISSE n. f. *Antiq. gr.* Femme douée du don de prophétie. ‖ *Litt.* Devineresse.

PYURIE n. f. (gr. *puon*, pus, et *oûron*, urine). Présence de pus dans l'urine.

PYXIDE n. f. (gr. *puxis*, boîte). *Archéol.* Boîte à couvercle, plus ou moins sphérique. ‖ *Bot.* Capsule dont la partie supérieure se soulève à la manière d'un couvercle, comme chez le mouron, le plantain. ‖ *Liturg.* Syn. de CUSTODE.

pz, symbole de la *pièze*, unité de pression.

python

Lauros-Giraudon

q

quadrige en bronze (G. Récipon, fin du XIXᵉ s.)

Q n. m. Dix-septième lettre de l'alphabet et la treizième des consonnes. (Le *q* [k] est une consonne gutturale sourde.) ‖ Q (Math.), ensemble des nombres rationnels, c'est-à-dire des fractions, des entiers (positifs et négatifs) et du zéro. ‖ Q*, ensemble des nombres rationnels privés du zéro. ‖ **q**, symbole du *quintal*. ‖ **Q. S.,** abrév. de *quantité suffisante*.

QAṢÍDA n. f. (mot ar.). Dans la littérature arabe, poème; à l'époque archaïque (av. le VIIIᵉ s.), ode en trois parties.

QAT ou **KHAT** [kɑt] n. m. Arbrisseau d'Arabie, dont les feuilles constituent un masticatoire excitant. (Famille des célastracées.)

Q. I., abrév. de *quotient* * *intellectuel*.

QIBLA n. f. (mot ar.). Direction de La Mecque, dans la religion islamique.

QUADRAGÉNAIRE [kwa-] adj. et n. Qui a entre quarante et cinquante ans.

QUADRAGÉSIMAL, E, AUX [kwa-] adj. *Liturg.* Qui appartient au carême.

QUADRAGÉSIME [kwa-] n. f. (lat. *quadragesimus*, quarantième). *Relig. cath.* Anc. nom du CARÊME, qui dure quarante jours.

QUADRANGULAIRE [kwa-] adj. (lat. *quadrangulus*). Qui a quatre angles.

QUADRANT [ka- *ou* kwa-] n. m. (lat. *quadrare*, rendre carré. *Math.* Quart de la circonférence : *un quadrant vaut 90⁰*. ‖ En géométrie analytique, chacun des angles droits formés par les axes de coordonnées.

QUADRATIQUE [kwa-] adj. (lat. *quadratus*, carré). *Math.* Relatif au carré; se dit d'une valeur élevée au carré : *moyenne quadratique*. Se dit d'un prisme droit à base carrée. ● *Forme quadratique*, application qui, à un vecteur d'un espace vectoriel, fait correspondre un nombre calculé comme polynôme du second degré des composants de ce vecteur.

QUADRATURE [kwa-] n. f. (lat. *quadratus*, carré). *Astron.* Position de deux astres par rapport à la Terre quand leurs directions forment un angle droit; phase du premier ou du dernier quartier de la Lune. ‖ *Géom.* Construction géométrique d'un carré équivalant à une aire donnée. ‖ *Math.* En analyse, évaluation d'une aire à l'aide d'une intégrale; calcul d'une intégrale. ● *Grandeurs en quadrature*, grandeurs sinusoïdales de même période, entre lesquelles existe une différence de phase d'un quart de période. ‖ *La quadrature du cercle*, problème insoluble.

QUADRETTE [ka-] n. f. Dans le jeu de boules, équipe de quatre joueurs.

QUADRICEPS [kwa-] n. m. (mot du bas lat.). Muscle antérieur de la cuisse, formé de quatre faisceaux se réunissant par un tendon commun sur la base de la rotule.

QUADRICHROMIE [kwa-] n. f. Impression en quatre couleurs (jaune, magenta, cyan et noir).

QUADRIENNAL, E, AUX [kwa-] adj. Qui dure quatre ans; qui revient tous les quatre ans.

QUADRIFIDE [kwa-] adj. *Bot.* Qui a quatre divisions.

QUADRIGE [kwa- *ou* ka-] n. m. (lat. *quadrigae*). *Antiq.* Char de course et de parade à deux roues, attelé de quatre chevaux de front.

QUADRIJUMEAUX [kwa-] adj. m. pl. *Tubercules quadrijumeaux* (Anat.), nom de quatre mamelons situés sur la face dorsale du mésencéphale des mammifères, contenant des noyaux gris, relais des voies optiques et auditives.

QUADRILATÉRAL, E, AUX ou **QUADRILATÈRE** [kwa- *ou* ka-] adj. Qui a quatre côtés.

QUADRILATÈRE [kwa- *ou* ka-] n. m. *Math.* Polygone qui a quatre côtés. (Les quadrilatères ayant des propriétés particulières sont le *trapèze*, le *parallélogramme*, le *rectangle*, le *losange* et le *carré*.) ‖ *Mil.* Position stratégique s'appuyant sur quatre points ou zones fortifiés. ● *Quadrilatère complet*, figure formée par quatre droites et leurs points d'intersection deux à deux. ‖ *Quadrilatère gauche*, quadrilatère dont les sommets ne sont pas tous dans un même plan. ‖ *Quadrilatère sphérique*, figure formée sur la surface d'une sphère par une suite fermée de quatre arcs de grand cercle.

QUADRILLAGE [kwa-] n. m. Disposition en carrés contigus : *le quadrillage d'une étoffe.* ‖ Division en carrés. ‖ Opération militaire ou policière ayant pour objet de s'assurer le contrôle d'une région en y implantant des unités.

QUADRILLE [ka-] n. m. (esp. *cuadrilla*). Troupe de cavaliers dans un carrousel, de toreros dans une course. ‖ Danse de la fin du XVIIIᵉ s., qui était exécutée par quatre couples de danseurs; groupe formé par ces quatre couples; série de figures exécutées par un quadrille. ● *Second* et *premier quadrille*, échelons de la hiérarchie du corps de ballet de l'Opéra de Paris.

QUADRILLER [kwa-] v. t. Diviser au moyen d'un quadrillage : *quadriller du papier.* ‖ Procéder à un quadrillage militaire ou policier : *quadriller un quartier.*

QUADRILOBE [kwa-] n. m. Motif ornemental voisin du quatre-feuilles.

QUADRIMOTEUR [ka- *ou* kwa-] n. et adj. m. Avion qui possède quatre moteurs.

QUADRIPARTITE [kwa-] adj. Composé de quatre parties : *une conférence quadripartite.*

QUADRIPHONIE [kwa-] n. f. Procédé d'enregistrement et de reproduction des sons faisant appel à quatre canaux.

QUADRIPLÉGIE [kwa-] n. f. Syn. de TÉTRAPLÉGIE.

QUADRIPOLAIRE [kwa-] adj. Qui possède quatre pôles.

QUADRIPÔLE [kwa-] n. m. Partie d'un réseau électrique comprise entre deux paires de bornes d'accès.

QUADRIQUE [kwa-] adj. et n. f. *Math.* Se dit des surfaces du second ordre, représentées par une équation du second degré.

QUADRIRÉACTEUR [kwa- *ou* ka-] n. et adj. m. Avion muni de quatre réacteurs.

QUADRIRÈME [kwa-] n. f. (lat. *quadriremis*). *Antiq.* Navire à quatre rangs de rameurs.

QUADRISYLLABE [kwa-] n. m. Mot de quatre syllabes.

QUADRISYLLABIQUE adj. Composé de quatre syllabes.

QUADRIVALENT, E [kwa-] adj. Qui a pour valence chimique 4.

QUADRUMANE [kwa- *ou* ka-] adj. et n. m. Se dit de tout animal qui a quatre mains : *les singes sont quadrumanes.*

QUADRUPÈDE [kwa- *ou* ka-] n. et adj. Tout animal qui marche sur quatre pieds.

QUADRUPÉDIE n. f. Marche à quatre pattes.

QUADRUPLE [kwa- *ou* ka-] adj. et n. m. (lat. *quadruplex*). Qui vaut quatre fois autant.

QUADRUPLER v. t. Multiplier par quatre. ◆ v. i. Devenir quatre fois aussi grand : *fortune qui a quadruplé.*

QUADRUPLÉS, ÉES n. pl. Jumeaux, jumelles nés au nombre de quatre.

QUADRUPLEX [kwa-] n. m. Système de transmission télégraphique assurant la transmission simultanée de quatre dépêches distinctes.

QUAI n. m. (mot gaul.). Rive d'un cours d'eau, d'un port aménagée en terre-plein pour la circulation des véhicules, ainsi que pour le chargement et le déchargement des navires. ‖ Dans les gares, trottoir qui s'étend le long des voies. ‖ *Manut.* Installation fixe ou mobile, servant au transbordement à niveau. ‖ *Le Quai*, le ministère français des Relations extérieures, situé quai d'Orsay, à Paris. ‖ *Mur de quai*, revêtement vertical, en maçonnerie ou en béton, de la rive d'un cours d'eau ou d'un port.

QUAKER, ERESSE [kwekœr, krɛs] n. (angl. *to quake*, trembler). Membre d'une secte religieuse fondée en 1652 par un jeune cordonnier anglais, George Fox, par réaction contre le ritualisme et le conformisme de l'Église anglicane, et répandue surtout aux États-Unis où elle s'implanta (Pennsylvanie) à partir de 1681.
■ Les quakers, qui se mettent sous l'inspiration directe de l'Esprit, rejettent toute organisation ecclésiale pour vivre dans l'attente de Dieu, dans le silence, la prière, la pureté morale.

QUALIFIABLE adj. Qui peut être qualifié.

QUALIFICATIF, IVE adj. Qui exprime la qualité : *adjectif qualificatif.* ‖ Qui donne la qualification sportive : *épreuve qualificative.*

QUALIFICATIF n. m. Terme servant à qualifier qqn : *un qualificatif injurieux.*

QUALIFICATION n. f. Attribution d'une qualité, d'un titre. ‖ Valeur d'un travailleur suivant sa formation, son expérience. ‖ *Sports.* Le fait de satisfaire à un ensemble de conditions pour pouvoir participer à une épreuve sportive.

QUALIFIÉ, E adj. *Ouvrier qualifié,* syn. de OUVRIER PROFESSIONNEL. ‖ *Vol qualifié,* vol commis avec circonstances aggravantes, comme l'effraction, l'abus de confiance, etc.

QUALIFIER v. t. (lat. *qualis,* quel, et *facere,* faire). Exprimer la qualité de, attribuer une qualité, un titre à : *la loi qualifie d'assassinat le meurtre avec préméditation.* ‖ Donner la qualification sportive. ‖ Donner à qqn la qualité, la compétence : *ce travail ne vous qualifie pas pour tenir un tel poste.* ● *Être qualifié pour,* être capable de. ◆ **se qualifier** v. pr. *Sports.* Obtenir sa qualification.

QUALITATIF, IVE adj. Relatif à la qualité, à la nature des objets, mais non à leur quantité : *analyse qualitative.*

QUALITATIVEMENT adv. Du point de vue de la qualité.

QUALITÉ n. f. (lat. *qualitas; de qualis,* quel). Manière d'être, bonne ou mauvaise, de qqch, état caractéristique : *la qualité d'une étoffe, d'une terre.* ‖ Supériorité, excellence en qqch : *préférer la qualité à la quantité.* ‖ Ce qui fait le mérite de qqn, aptitude : *il a toutes les qualités.* ‖ Condition sociale, civile, juridique, etc. : *qualité de citoyen, de maire, de légataire.* ● *Ès qualités,* en tant qu'exerçant telle fonction. ‖ *Homme de qualité,* homme de naissance noble (vx). ‖ *Qualité de la vie,* tout ce qui contribue à créer des conditions de vie plus harmonieuses ; ces conditions elles-mêmes. ◆ loc. prép. *En qualité de,* comme, à titre de : *en qualité de parent.*

QUAND adv. (lat. *quando*). A quelle époque : *quand partez-vous? dites-moi quand vous viendrez.* ◆ conj. Au moment où : *quand vous serez vieux.* ● *Quand même,* exprime l'opposition, la concession ; malgré tout.

QUANTA [kā- *ou* kwā-] n. m. pl. → QUANTUM.

QUANT À [kāta] loc. prép. (lat. *quantum,* combien). À l'égard de, pour ce qui est : *quant à moi.*

QUANT-À-SOI n. m. inv. *Fam.* Réserve, attitude distante : *il reste sur son quant-à-soi* (renvoyant à un sujet à la troisième personne).

QUANTEUR n. m. *Log.* Syn. de QUANTIFICATEUR.

QUANTIÈME [kātjɛm] n. m. *Quantième du mois,* chiffre qui distingue chaque jour dans le mois.

QUANTIFIABLE adj. Qui peut être quantifié.

QUANTIFICATEUR n. m. *Math.* et *Log.* Symbole indiquant qu'une propriété s'applique à tous les éléments d'un ensemble, ou seulement à certains d'entre eux : le *quantificateur universel* ∀ (« pour tout » ou « quel que soit ») et le *quantificateur existentiel* ∃ (« il existe »).

QUANTIFICATION n. f. Action de quantifier.

QUANTIFIÉ, E adj. Se dit d'une grandeur qui ne peut varier que d'une façon discontinue par quantités distinctes et multiples d'une même valeur élémentaire. ● *Proposition quantifiée* (Log.), celle dont certaines variables sont liées par des quantificateurs.

QUANTIFIER v. t. Déterminer la quantité de. ‖ *Phys.* Imposer à une grandeur une variation discontinue par quantités distinctes et multiples d'une même variation élémentaire.

QUANTIQUE [kā- *ou* kwā-] adj. *Phys.* Relatif aux quanta, à la théorie des quanta.

QUANTITATIF, IVE adj. Relatif à la quantité : *analyse quantitative.*

QUANTITATIVEMENT adv. Du point de vue de la quantité.

QUANTITÉ n. f. (lat. *quantitas; de quantus,*

combien grand). Caractère de ce qui peut être mesuré ou compté ; chose susceptible d'accroissement ou de diminution : *mesurer une quantité.* ‖ Un grand nombre : *quantité de gens disent...* ‖ *Phon.* Durée attribuée à une syllabe dans la prononciation.

QUANTUM [kwātɔm] n. m. (mot lat.) [pl. *quanta*]. Quantité afférente à chacun dans une répartition. ‖ *Dr.* Montant d'une indemnisation. ‖ *Phys.* Quantité minimale d'énergie pouvant être émise, propagée ou absorbée.
■ La théorie des *quanta,* créée par Planck en 1900, affirme que l'énergie rayonnante a, comme la matière, une structure discontinue ; elle ne peut exister que sous forme de grains, ou *quanta,* de valeur *hν,* où *h* est une constante universelle, de valeur $6{,}624 \times 10^{-34}$ J-s, et ν la fréquence du rayonnement. Cette théorie est à la base de toute la physique moderne.

QUARANTAINE n. f. Nombre de quarante ou environ : *une quarantaine de francs.* ‖ Âge d'à peu près quarante ans : *avoir la quarantaine.* ‖ *Bot.* Herbe ornementale aux fleurs odorantes, voisine de la giroflée. (Famille des crucifères.) ‖ *Mar.* Isolement imposé à un navire portant des personnes, des animaux ou des marchandises en provenance d'un pays où règne une maladie contagieuse. ● *Mettre qqn en quarantaine,* l'exclure d'un groupe.

QUARANTE adj. num. et n. m. inv. (lat. *quadraginta*). Quatre fois dix. ‖ Quarantième : *page quarante.* ‖ Au tennis, troisième point marqué dans le jeu. ‖ *Les Quarante,* les membres de l'Académie française.

QUARANTE-HUITARD, E adj. et n. (pl. *quarante-huitards, ardes*). *Hist.* Qui concerne les révolutionnaires de 1848.

QUARANTENAIRE adj. Qui dure quarante ans. ‖ *Mar.* Relatif à une quarantaine sanitaire.

QUARANTIÈME adj. ord. et n. Qui occupe un rang marqué par le numéro quarante. ‖ Qui se trouve quarante fois dans le tout.

QUARK [kwark] n. m. (mot angl., tiré de l'œuvre de James Joyce). Particule fondamentale hypothétique qui entrerait dans la constitution des hadrons.

QUART n. m. (lat. *quartus,* quatrième). La quatrième partie d'une unité : *trois est le quart de douze.* ‖ Bouteille d'un quart de litre. ‖ Petit gobelet métallique muni d'une anse et contenant un quart de litre. ‖ Service assurant en permanence la marche d'un bateau. ‖ Fraction de l'équipage qui en est chargée. ‖ Unité de mesure de capacité anglo-saxonne. ‖ Unité d'angle valant 11^0 15'. ● *Au quart de tour,* immédiatement, avec une grande précision : *une voiture qui démarre au quart de tour.* ‖ *Aux trois quarts,* en grande partie. ‖ *De trois quarts,* se dit de qqn qui se tient de telle manière qu'on lui voit les trois quarts du visage. ‖ *Officier chef de quart* ou *officier de quart,* officier responsable de la conduite d'un navire suivant les ordres de son commandant. ‖ *Passer un mauvais quart d'heure* (Fam.), éprouver, dans un court espace de temps, quelque chose de fâcheux. ‖ *Quart d'heure,* quatrième partie d'une heure, soit quinze minutes ; bref espace de temps. ‖ *Le quart d'heure de Rabelais,* le moment où il faut payer la note ; tout moment fâcheux, désagréable. ‖ *Quart monde,* ensemble formé par les pays les moins avancés économiquement et qui constituent le noyau même du sous-développement ; dans un pays, partie la plus défavorisée de la population ; sous-prolétariat. ‖ *Quart de soupir,* signe de silence d'une durée égale à la double croche. ‖ *Les trois quarts du temps* (Fam.), la plupart du temps.

QUARTAGE n. m. Réduction de volume d'un échantillon de matière sans modification de sa teneur moyenne.

QUARTANNIER [kar-] n. m. *Véner.* Sanglier de quatre ans.

QUARTAUT [kar-] n. m. *Région.* Petit fût de contenance variable (57 à 137 l).

QUART-DE-POUCE n. m. (pl. *quarts-de-pouce*). Syn. de COMPTE-FILS.

QUART-DE-ROND n. m. (pl. *quarts-de-rond*). Moulure pleine dont le profil est proche du

quart de cercle. (Elle relie deux lignes décalées verticalement.)

QUARTE adj. f. *Fièvre quarte,* v. FIÈVRE.

QUARTE n. f. (it. *quarta*). Anc. mesure de capacité contenant deux pintes. ‖ Série de quatre cartes de même couleur. ‖ *Mus.* Intervalle de quatre degrés.

quarte

QUARTÉ [karte] n. m. Pari dans lequel il faut déterminer les quatre premiers arrivants d'une course hippique.

QUARTER v. t. Réduire un échantillon de matière par quartages successifs.

QUARTERON [kar-] n. m. (de *quartier*). Le quart d'un cent, soit vingt-cinq (vx). ‖ *Péjor.* Petit nombre : *un quarteron de mécontents.*

QUARTERON, ONNE n. (esp. *cuarterón;* de *cuarto,* quart). Métis possédant un quart de sang de couleur et trois quarts de sang blanc.

QUARTETTE [kwa-] n. m. *Mus.* Syn. de QUATUOR.

QUARTIER [kar-] n. m. (lat. *quartus,* quart). Portion d'un objet divisé en quatre parties ou en un certain nombre de parties : *un quartier d'orange.* ‖ Division administrative d'une ville. ‖ Partie d'une ville présentant parfois une spécialisation de fonction : *les quartiers commerçants;* ou habitée par une couche déterminée de la population : *les quartiers bourgeois, ouvriers.* ‖ Chacune des phases de la Lune. ‖ Chaque degré de descendance dans une famille noble. ‖ Chacun des quatre termes auxquels on payait par portion une redevance annuelle ; cette portion elle-même. ‖ Bande de cuir qui, dans le soulier, environne le talon. ‖ *Équit.* Chacune des parties d'une selle sur lesquelles portent les cuisses du cavalier. ‖ *Hérald.* Quatrième partie de l'écu écartelé. ‖ *Mar.* Circonscription territoriale de l'Inscription maritime. ‖ *Mil.* Tout lieu occupé par une formation militaire, dans une garnison ; autref., zone d'action d'un bataillon sur une position de défense. ● *Avoir quartier libre,* être autorisé à sortir de la caserne. ‖ *Ne pas faire de quartier,* massacrer tout le monde ; n'avoir aucune pitié. ‖ *Quartier général,* poste de commandement d'un officier général et de son état-major. (En abrégé : Q. G.) ‖ *Quartiers d'hiver,* lieux qu'occupent les troupes pendant la mauvaise saison, entre deux campagnes ; durée de leur séjour. ‖ *Quartier de sécurité renforcée,* ou Q. S. R., partie d'une prison où peuvent être incarcérés les condamnés réputés dangereux, excluant tout contact avec les autres détenus. (On dit aussi QUARTIER DE HAUTE SÉCURITÉ.)

QUARTIER-MAÎTRE n. m. (all. *Quartiermeister*) [pl. *quartiers-maîtres*]. Marin détenteur du grade immédiatement supérieur à celui de matelot dans la Marine nationale. (Ce grade comporte une 1re et une 2e classe correspondant aux grades de caporal-chef et de caporal dans les forces terrestres et aériennes.)

QUARTILE n. m. *Math.* Chacune des 3 valeurs qui divisent une distribution statistique en 4 parties d'effectifs égaux.

QUARTO [kwa-] adv. Quatrièmement.

QUARTZ [kwarts] n. m. (mot all.). Silice cristallisée que l'on trouve dans de nombreuses roches (granite, sable, grès). [Le quartz, habituellement incolore, peut être laiteux, teinté en violet (améthyste) ou en noir (quartz fumé).]

QUARTZEUX, EUSE adj. Formé de quartz.

QUARTZIFÈRE adj. Qui contient du quartz.

QUARTZITE n. m. Grès à ciment siliceux, très dur, employé dans l'empierrement des routes.

QUASAR [kwa- *ou* kazar] n. m. (amér. *quasi stellar* [*object*]). Astre d'apparence stellaire dont le spectre présente un fort décalage vers le rouge, et qui correspond généralement à une radiosource puissante.
■ Les quasars, dont la luminosité est de l'ordre de cent fois celle des grandes galaxies, mais dont le rayonnement est issu d'un volume très petit et présente d'importantes fluctuations sur des durées de l'ordre du mois, semblent être

des noyaux de galaxies dans un stade d'activité particulièrement intense. On considère généralement que ce sont les objets les plus lointains actuellement observés dans l'Univers; toutefois leur distance est encore l'objet de controverses.

QUASI [kazi] n. m. Morceau de la cuisse du veau ou du bœuf, situé au-dessous du gîte.

QUASI [kazi] ou, fam., **QUASIMENT** [kazimɑ̃] adv. (lat. *quasi*, comme si). Presque, à peu près : *il était quasi mort.* (*Quasi* peut accompagner un adj. ou un nom; dans ce dernier cas, il se lie au nom par un trait d'union.)

QUASI-CONTRAT n. m. (pl. *quasi-contrats*). Engagement qui se forme sans convention préalable (par ex. la gestion des affaires d'autrui en son absence). ‖ Contrat conclu entre les pouvoirs publics et un producteur ou un groupe de producteurs en vue d'encourager une production donnée.

QUASI-DÉLIT n. m. (pl. *quasi-délits*). Fait illicite qui, commis sans intention de nuire, cause à autrui un dommage et donne ouverture à une action civile en dommages-intérêts.

QUASIMENT adv. → QUASI.

QUASIMODO [kazi-] n. f. (des mots lat. *quasi* et *modo*, commençant l'introït de la messe de ce jour). Le premier dimanche après Pâques.

QUASI-MONNAIE n. f. (pl. *quasi-monnaies*). Épargne à court terme gérée par l'appareil bancaire et rapidement transformable en monnaie.

QUASSIA ou **QUASSIER** [kwa- ou ka-] n. m. Arbuste de l'Amérique tropicale, au bois amer et tonique. (Famille des simarubacées.)

QUATER [kwatɛr] adv. (mot lat.). Pour la quatrième fois. ‖ Quatrièmement.

QUATERNAIRE [kwa-] adj. (lat. *quaterni*, quatre à la fois). Formé de quatre éléments, divisible par quatre. ‖ *Chim.* Se dit d'un atome de carbone lié à quatre atomes de carbone. ● *Ère quaternaire*, ou *quaternaire* n. m., ère la plus récente et la plus courte de l'histoire de la Terre, qui a commencé il y a moins de trois millions d'années. (Elle est caractérisée par l'apparition de l'homme, et marquée en Europe par plusieurs glaciations successives.)

QUATERNE [kwa-] n. m. (lat. *quaternus*). Au loto, quatre numéros d'une même ligne horizontale.

QUATERNION [kwa-] n. m. *Math.* Nombre hypercomplexe formé par l'assemblage de quatre nombres ordinaires, pris dans un ordre déterminé et qui se combinent suivant certaines lois.

QUATORZE [katɔrz] adj. num. et n. m. inv. Treize plus un. ‖ Quatorzième : *Louis quatorze.* ‖ Au jeu de piquet, les quatre as, rois, dames, valets ou dix. ‖ À la belote, le neuf d'atout.

QUATORZIÈME adj. ord. et n. Qui occupe un rang marqué par le numéro quatorze. ‖ Qui se trouve quatorze fois dans le tout.

QUATORZIÈMEMENT adv. En quatorzième lieu, dans une énumération.

QUATRAIN [ka-] n. m. Strophe de quatre vers.

QUATRE [katr] adj. num. et n. m. inv. (lat. *quatuor*). Trois plus un. ‖ Quatrième : *Henri quatre.* ● *À quatre pas*, tout près, à une petite distance. ‖ *Comme quatre*, beaucoup; *Ne pas y aller par quatre chemins*, aller droit au but. ‖ *Quatre à quatre*, en franchissant quatre marches à la fois. ‖ *Se mettre en quatre*, employer tout son pouvoir. ‖ *Se tenir à quatre*, faire un grand effort sur soi-même, se maîtriser à grand-peine.

QUATRE-DE-CHIFFRE n. m. inv. Piège formé par une planche ou une pierre soutenue en équilibre instable par trois bûchettes assemblées en forme de 4.

QUATRE-ÉPICES n. m. inv. Plante des Antilles dont les fruits rappellent à la fois le poivre, la cannelle, la muscade et le girofle.

QUATRE-FEUILLES n. m. inv. Ornement architectural formé de quatre lobes ou lancettes disposés autour d'un centre de symétrie.

QUATRE-HUIT n. m. inv. *Mus.* Mesure à quatre temps qui a la croche pour unité de temps.

QUATRE-MÂTS n. m. inv. Voilier à quatre mâts.

QUATRE-QUARTS n. m. inv. Gâteau dans lequel la farine, le beurre, le sucre, les œufs sont à poids égal.

QUATRE-SAISONS n. f. inv. Variété d'une plante que l'on peut cultiver à différentes saisons (laitue, fraisier). ● *Marchand(e) des quatre-saisons*, marchand(e) qui vend dans une voiture à bras, sur la voie publique, des fruits et légumes.

QUATRE-TEMPS n. m. pl. *Liturg.* Période de trois jours de jeûne et d'abstinence prescrits autref., par l'Église catholique, les mercredi, vendredi et samedi de la première semaine de chaque saison.

QUATRE-VINGTIÈME adj. ord. et n. Qui occupe un rang marqué par le numéro quatre-vingts. ‖ Qui se trouve quatre-vingts fois dans le tout.

QUATRE-VINGTS ou **QUATRE-VINGT** (quand ce mot est suivi d'un autre adj. num.) adj. num. et n. m. inv. Quatre fois vingt : *quatre-vingts hommes; quatre-vingt-dix francs.* ‖ *Quatre-vingtième* : *page quatre-vingt* (toujours inv. en ce cas).

QUATRIÈME adj. ord. et n. Qui occupe un rang marqué par le numéro quatre. ‖ Qui se trouve quatre fois dans le tout. ● *Quatrième maladie*, fièvre éruptive de l'enfance, différente de la scarlatine, de la rougeole et de la rubéole. ◆ n. f. À certains jeux, quatre cartes qui se suivent dans une même couleur. ‖ *Chorégr.* La quatrième des cinq positions fondamentales de la danse classique, caractérisée par l'écartement des pieds en avant et la stabilité de l'assise ainsi obtenue.

QUATRIÈMEMENT adv. En quatrième lieu.

QUATRILLION [kwa-] n. m. Un million de trillions, soit 10^{24}.

QUATTROCENTO [kwatrɔtʃɛnto] n. m. (it. *quattro*, quatre, et *cento*, cent). Le XVᵉ siècle italien.

QUATUOR [kwatyɔr] n. m. (mot lat., *quatre*). Groupe de quatre personnes. ‖ *Mus.* Composition à quatre parties vocales ou instrumentales; l'orchestre qui l'interprète. ● *Quatuor à cordes*, premier violon, deuxième violon, alto, violoncelle. ‖ *Quatuor vocal*, soprano, alto, ténor et basse.

QUE pron. relat. (lat. *quem*). S'emploie pour représenter une personne ou une chose désignée dans la proposition complétée par un nom ou un pronom appelé antécédent : *la leçon que j'étudie.*

QUE pron. interr. (lat. *quem*). Désigne qqch., une phrase : *qu'êtes-vous devenu? que dis-tu?*

QUE conj. (lat. *quia*, parce que). Sert à unir une proposition principale et une proposition subordonnée complétive sujet, attribut ou objet : *je veux que vous veniez.* ‖ Marque, dans une proposition principale ou indépendante, le souhait, l'imprécation, le commandement, etc. : *qu'il parte à l'instant.* ‖ S'emploie, dans une phrase coordonnée, pour *si ce n'est, comme, quand, puisque, si.* ‖ Sert de corrélatif aux mots *tel, quel, même,* et aux comparatifs. ‖ Sert à former des loc. conj. comme *avant que, afin que, encore que, bien que,* etc. ● *Ne... que,* seulement. ◆ adv. exclam. Indique une grande quantité; combien : *que de gens!* ● *Ce que* (Fam.), combien : *ce que tu peux être bête!*

QUÉBÉCISME n. m. Fait de langue propre au français parlé au Québec.

QUÉBÉCOIS, E adj. et n. De la province du Québec ou de la ville de Québec.

QUEBRACHO [kebratʃo] n. m. (mot esp.). Nom commun à divers arbres de l'Amérique du Sud, riches en tanin.

QUECHUA [ketʃwa] n. m. Langue indienne du Pérou et de la Bolivie.

QUEL, QUELLE adj. interr. et exclam. (lat. *qualis*). Indique la qualité de l'être ou de la chose sur lesquels porte la question, et s'emploie dans les phrases interrogatives : *quelle heure est-il?* ou exclamatives : *quel malheur!*

QUELCONQUE adj. indéf. (lat. *qualiscumque*). N'importe quel : *donner un prétexte quelconque.* ◆ adj. *Fam.* Médiocre, sans valeur : *un livre quelconque.*

QUELEA n. m. Petit passereau africain vivant en foules et très nuisible aux rizières.

QUEL QUE adj. relat. (en deux mots). Placé immédiatement devant le verbe « être », exprime l'idée d'opposition : *quelle que soit votre bonté...*

QUELQUE adj. indéf. Exprime une quantité, une durée, une valeur, un degré indéterminés : *à quelque distance; quelques personnes pensent que...* ‖ Indique un petit nombre, une petite quantité : *pendant quelque temps.*

QUELQUE adv. Marque le degré, l'intensité (il exprime, avec *que* relatif, l'idée de concession) : *quelque habiles qu'ils soient.* ‖ Environ, à peu près : *il y a quelque cinquante ans.* — *Quelque* est adjectif et variable quand il est suivi d'un nom ou d'un adjectif accompagné d'un nom : *choisissons* QUELQUES *amis,* QUELQUES *vrais amis. Quelque* est adverbe et invariable : 1° quand il modifie un adjectif, un participe ou un adverbe; il signifie alors *que* : QUELQUE *habiles* QUE *vous soyez;* QUELQUE *adroitement* QUE *vous vous y preniez, vous ne réussirez pas;* 2° quand il précède un adjectif numéral et qu'il signifie *environ* : *cet homme a* QUELQUE *cinquante ans.* L'e de *quelque* ne s'élide que devant *un* et *une.*

QUELQUE CHOSE pron. indéf. Indique une chose d'une manière vague : *tu cherches quelque chose? il se passe quelque chose d'important.*

QUELQUEFOIS adv. Parfois, en certaines occasions.

QUELQUES-UNS, QUELQUES-UNES pron. indéf. Indique un petit nombre, limité, de personnes.

QUELQU'UN, E pron. indéf. *Litt.* Un, une entre plusieurs : *quelqu'un de vos parents.* ‖ Une personne : *quelqu'un m'a dit.* ‖ *Fam.* Une personne d'importance : *quelqu'un.*

QUÉMANDER v. t. et i. (anc. fr. *caymant, mendiant*). Solliciter humblement et avec insistance.

QUÉMANDEUR, EUSE n. *Litt.* Celui, celle qui quémande, qui sollicite.

QU'EN-DIRA-T-ON [kɑ̃diratɔ̃] n. m. inv. *Fam.* Propos tenus par les gens sur qqn.

QUENELLE n. f. (all. *Knödel,* boule de pâte). Rouleau de poisson ou de viande hachés, lié aux œufs.

QUENOTTE n. f. (anc. fr. *cane,* dent). *Fam.* Dent de petit enfant.

QUENOUILLE n. f. (bas lat. *conucula*). Petit bâton entouré vers le haut de chanvre, de lin ou de soie, destinés à être filés. ‖ Chanvre, lin, soie, etc., dont une quenouille est chargée. ‖ *Industr.* Obturateur pour boucher les ouvertures par lesquelles le métal fondu coule dans les moules. ‖ *Jard.* Arbre fruitier taillé en forme de quenouille. ● *Tomber en quenouille,* passer par succession entre les mains des femmes (vx).

QUÉRABLE [ke-] adj. *Dr.* Se dit des sommes ou des documents qui doivent être réclamés au domicile de celui qui doit les payer.

QUERCINOIS, E adj. et n. Du Quercy.

QUERCITRIN n. m., ou **QUERCITRINE** n. f. Principe colorant du quercitron.

QUERCITRON n. m. (lat. *quercus,* chêne, et *citron*). Chêne vert de l'Amérique du Nord, dont l'écorce fournit une teinture jaune.

QUERELLE n. f. (lat. *querela,* plainte). Contestation amenant des échanges de mots violents, conflit, dispute. ● *Chercher querelle à qqn,* le provoquer. ‖ *Querelle d'Allemand* (Litt.), querelle sans motif.

QUERELLER v. t. *Litt.* Faire des reproches à qqn. ◆ **se quereller** v. pr. Se disputer.

QUERELLEUR, EUSE adj. et n. Qui aime à se quereller.

QUÉRIR [kerir] v. t. (lat. *quaerere*). *Litt.* Chercher avec l'intention d'amener, d'apporter : *envoyer quérir le médecin.* (Seulem. à l'inf., après les verbes *aller, venir, envoyer, faire.*)

QUÉRULENCE n. f. *Psychiatr.* Caractéristique psychique des sujets quérulents.

QUÉRULENT, E adj. et n. *Psychiatr.* Se dit

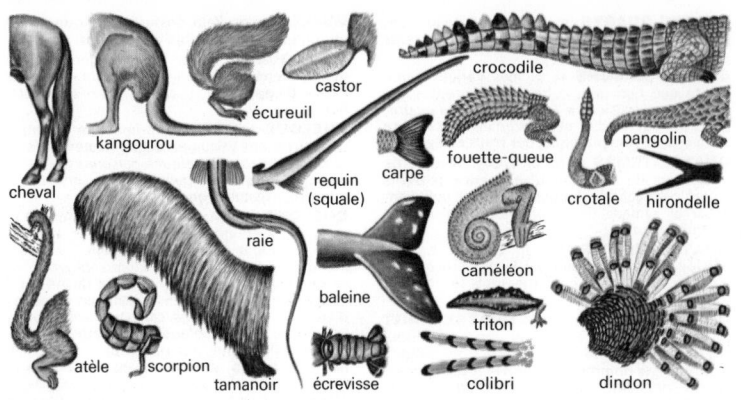

cheval — kangourou — écureuil — castor — crocodile — requin (squale) — carpe — fouette-queue — pangolin — raie — baleine — caméléon — crotale — hirondelle — triton — atèle — scorpion — tamanoir — écrevisse — colibri — dindon

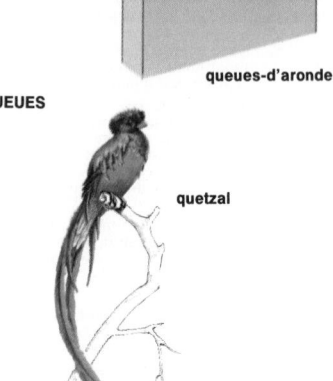

QUEUES — queues-d'aronde — quetzal

d'un sujet dont l'activité est orientée par la réparation des injustices qu'il estime, de façon injustifiée, avoir subies. (Syn. PROCESSIF.)

QUESTEUR [kɛstœr] n. m. (lat. *quaestor*). Dans les assemblées législatives françaises, membre du bureau chargé de diriger l'emploi des fonds, l'administration intérieure et matérielle de l'assemblée. ‖ *Antiq.* Magistrat romain chargé surtout de fonctions financières.

QUESTION [kɛstjɔ̃] n. f. (lat. *quaestio*, recherche). Demande faite à qqn pour apprendre qqch : *presser qqn de questions; poser une question embarrassante.* ‖ Point à discuter, à examiner; difficulté à résoudre : *question de droit.* ‖ *Hist.* Torture infligée aux accusés pour leur arracher des aveux. ● *En question*, dont il s'agit, dont on parle. ‖ *Être en question*, poser un problème. ‖ *Faire question*, être douteux, discutable. ‖ *Mettre en question*, soumettre à une discussion. ‖ *Question de confiance*, procédure déclenchée sur l'initiative du chef d'un gouvernement parlementaire en vue de faire adopter par une assemblée législative un ordre du jour favorable à la politique gouvernementale ou un projet de loi. ‖ *Question* (et substantif) [Fam.], quand il s'agit de : *question d'argent, tout est réglé.* ‖ *Question écrite, question orale*, questions posées par un parlementaire à un membre du gouvernement.

QUESTIONNAIRE n. m. Liste de questions auxquelles on doit répondre par écrit. (Dans une enquête, on distingue les *questions ouvertes*, auxquelles les réponses ne sont pas limitées, et les *questions fermées*, où l'on demande au sujet de choisir entre les réponses qui lui sont proposées.)

QUESTIONNEMENT n. m. Fait de s'interroger sur un problème.

QUESTIONNER v. t. Poser des questions à qqn : *questionner un candidat.*

QUESTIONNEUR, EUSE n. et adj. *Litt.* Celui, celle qui pose sans cesse des questions.

QUESTURE [kɛstyr] n. f. (lat. *quaestura*). Bureau des questeurs d'une assemblée délibérante. ‖ *Antiq. rom.* Charge de questeur.

QUÊTE n. f. (lat. *quaesitus*, cherché). *Litt.* Action de chercher. ‖ Action de demander et de recueillir des dons en argent ou en nature pour des œuvres pieuses ou charitables; somme recueillie : *faire une quête à l'église.* ● *En quête de*, à la recherche de.

QUÊTE n. f. (anc. fr. *cheoite*, chute). *Mar.* Inclinaison sur l'arrière : *quête d'un mât.* ‖ Angle de l'étambot avec la quille.

QUÊTER v. t. Rechercher comme une faveur : *quêter des louanges.* ◆ v. i. Recueillir des aumônes : *quêter à domicile.*

QUÊTEUR, EUSE n. Personne qui quête.

QUETSCHE [kwɛtʃ] n. f. (mot alsacien; all. *Zwetschge*). Grosse prune oblongue, de couleur violette. ‖ Eau-de-vie faite avec cette prune.

QUETZAL [kɛtzal] n. m. (mot nahuatl) [pl. *quetzals*]. Oiseau du Mexique, aux superbes

plumes vertes et rouges. ‖ Unité monétaire principale du Guatemala.

QUEUE n. f. (lat. *cauda*). Région du corps de nombreux vertébrés, postérieure à l'anus, souvent allongée et flexible, dont l'axe squelettique est un prolongement de la colonne vertébrale. ‖ Extrémité du corps opposée à la tête : *queue d'un scorpion.* ‖ Fin d'une chose : *la queue d'un orage.* ‖ Derniers rangs : *être à la queue de sa classe.* ‖ File de personnes qui attendent leur tour : *faire la queue.* ‖ Pétiole des feuilles; pédoncule des fleurs et des fruits; appendice en forme de queue : *queue d'une note.* ‖ Appendice d'un objet servant à le saisir : *queue d'une casserole.* ‖ Partie d'un vêtement qui traîne par derrière : *la queue d'une robe.* ‖ Bandelette de parchemin fixée au bas d'un acte et supportant le sceau. ‖ Partie d'une pierre longue qui est prise dans une construction. ‖ Traînée lumineuse constituée de gaz et de poussières qui prolonge la tête d'une comète dans la direction opposée au Soleil. ● *À la queue leu leu*, à la file, les uns derrière les autres. ‖ *En queue*, à l'arrière. ‖ *Faire une queue de poisson*, se rabattre brusquement après avoir doublé un véhicule. ‖ *Fausse queue*, au billard, glissement accidentel de la queue sur la bille. ‖ *Finir en queue de poisson*, finir piteusement. ‖ *Queue de billard*, tige de bois, garnie d'un procédé, avec laquelle on pousse les billes. ‖ *Queue de garnissage* (Min.), petit bois ou tige métallique placés à cheval sur deux cadres pour maintenir le terrain. ‖ *Sans queue ni tête*, incohérent. ‖ *Théorie des queues* ou *des files d'attente*, théorie étudiant à l'aide des techniques mathématiques, et en particulier du calcul des probabilités, les phénomènes où un certain nombre d'usagers doivent attendre pour recevoir un service déterminé.

QUEUE-D'ARONDE n. f. (pl. *queues-d'aronde*). Tenon en forme de queue d'hirondelle, pénétrant dans une entaille de même forme pour constituer un assemblage.

QUEUE-DE-CHEVAL n. f. (pl. *queues-de-cheval*). Coiffure aux cheveux resserrés en arrière par un nœud ou une barrette, et flottant sur la nuque et les épaules. ‖ *Anat.* Faisceau de cordons nerveux contenus dans le bas du canal rachidien, et formé de racines des nerfs lombaires, sacrés et coccygiens.

QUEUE-DE-COCHON n. f. (pl. *queues-de-cochon*). Tarière terminée en vrille. ‖ En ferronnerie, tige tordue en vrille.

QUEUE-DE-MORUE n. f. (pl. *queues-de-morue*). Large pinceau plat, à l'usage des peintres et des doreurs. ‖ *Fam.* Habit de cérémonie.

QUEUE-DE-PIE n. f. (pl. *queues-de-pie*). *Fam.* Habit de cérémonie aux basques en pointe.

QUEUE-DE-RAT n. f. (pl. *queues-de-rat*). Lime ronde et pointue pour limer dans les creux.

QUEUE-DE-RENARD n. f. (pl. *queues-de-renard*). *Bot.* Nom usuel d'une espèce ornementale d'*amarante.*

QUEUSOT [køzo] n. m. Tube de verre par lequel, dans une ampoule électrique, on pra-

tique le vidage et, éventuellement, ensuite, le remplissage par un gaz déterminé.

QUEUTER [køte] v. i. Au billard, pousser d'un seul coup deux billes qui sont très rapprochées.

QUEUX [kø] n. m. (lat. *coquus*). *Maître queux* (Litt.), cuisinier.

QUEUX n. f. (lat. *cos, cotis*). Pierre à aiguiser : *queux à faux.* (On écrit aussi QUEUE.)

QUI pron. relat. Sert à désigner qqn, qqch : *la personne à qui je parlais; je fais ce qui me plaît.* ‖ Celui qui, quiconque : *rira bien qui rira le dernier.* ◆ pron. interr. désignant une personne : *qui est là?* ◆ **qui que** pron. relat. Quel que soit l'homme que : *qui que vous soyez.*

QUIA (À) [akɥija] loc. adv. (lat. *quia*, parce que). *Être à quia, mettre à quia* (Litt.), être réduit, réduire à ne pouvoir répondre.

QUICHE [kiʃ] n. f. (mot lorrain). Pâte garnie de petits morceaux de lard que l'on recouvre d'un mélange de crème et d'œufs battus.

QUICHENOTTE ou **KICHENOTTE** n. f. Coiffe des paysannes de Saintonge.

QUICONQUE pron. relat. indéf. (lat. *quicumque*). Toute personne qui : *la loi punit quiconque est coupable.* ◆ pron. indéf. N'importe qui : *il est à la portée de quiconque de résoudre ce problème.*

QUIDAM [kɥidam] n. m. (mot lat., *un certain*). Personne dont on ignore ou dont on n'exprime point le nom.

QUIET, ÈTE [kɥiɛ ou kjɛ, ɛt] adj. (lat. *quietus*). *Litt.* Tranquille, calme : *existence quiète.*

QUIÉTISME [kɥie- ou kjetism] n. m. (lat. *quietus*, tranquille). Doctrine mystique qui, s'appuyant sur les œuvres du prêtre espagnol Molinos († 1696), faisait consister la perfection chrétienne dans l'amour de Dieu et la quiétude passive et confiante de l'âme (Molinos fut condamné par Rome en 1687).

■ Le quiétisme fut répandu en France par Mme Guyon, auteur du *Moyen court et très facile pour l'oraison* (1685); Fénelon, qui soutenait Mme Guyon, fut atteint, à partir de 1693, par la persécution que Bossuet et Mme de Maintenon alimentèrent contre le quiétisme.

QUIÉTISTE adj. et n. Relatif au quiétisme; qui en est partisan.

QUIÉTUDE [kɥie- ou kjetyd] n. f. *Litt.* Tranquillité, repos, calme.

QUIGNON [kiɲɔ̃] n. m. (de *coin*). Gros morceau (de pain).

QUILLE [kij] n. f. (anc. scandin. *kilir*). *Mar.* Élément axial de la partie inférieure de la charpente d'un navire, prolongé à l'avant par l'étrave et à l'arrière par l'étambot, et sur lequel s'appuient les couples. ● *Quille de roulis,* tôle longitudinale fixée à la carène et destinée à amortir les mouvements de roulis.

QUILLE [kij] n. f. (haut all. *kegil*). Pièce de bois longue et tournée, posée verticalement, que l'on s'exerce à renverser à l'aide d'une boule. ‖ *Arg.* Fin du service militaire.

QUILLON n. m. Chacun des bras de la croix, dans la garde d'une épée, d'une baïonnette.

QUINAIRE adj. (lat. *quini,* cinq par cinq). Qui a pour base le nombre cinq.

QUINAUD, E adj. (moyen fr. *quin,* singe). *Litt.* et *vx.* Honteux, confus.

QUINCAILLE n. f. (de *kink-,* onomat.). Tout ustensile métallique pour usage domestique.

QUINCAILLERIE n. f. Ensemble d'objets, d'ustensiles en métal servant au ménage, à l'outillage, etc. ‖ Industrie correspondante. ‖ Magasin où se fait le commerce de ces objets.

QUINCAILLIER, ÈRE n. Marchand ou fabricant de quincaillerie.

Quincke (*œdème de*), œdème aigu de la face, de même nature que l'urticaire.

QUINCONCE [kɛ̃kɔ̃s] n. m. (lat. *quincunx,* pièce de monnaie valant cinq onces). Assemblage d'objets disposés par cinq : quatre en carré, en rectangle ou en losange, et un au milieu.

QUINDÉCEMVIR [kɥɛ̃desɛmvir] n. m. (lat. *quindecim,* quinze, et *vir,* homme). *Antiq. rom.* Chacun des quinze magistrats chargés de garder ou d'interpréter les livres sibyllins ainsi que de contrôler les cultes étrangers.

QUINE [kin] n. m. (lat. *quini,* cinq par cinq). Série de cinq numéros placés, au loto, sur la même rangée horizontale d'un carton.

QUININE [ki-] n. f. (esp. *quina*). Alcaloïde amer contenu dans l'écorce de quinquina et employé comme fébrifuge.

QUINOA [ki-] n. m. (mot quechua). Plante cultivée en Amérique centrale pour ses graines alimentaires. (Famille des chénopodiacées.)

QUINOLÉINE [ki-] n. f. Composé hétérocyclique $C_{10}H_7N$, comprenant un cycle benzénique accolé à un cycle de la pyridine, produit par synthèse et ayant des dérivés importants en pharmacie.

QUINONE [ki-] n. m. Nom générique de composés benzéniques possédant deux fonctions cétone.

QUINQUAGÉNAIRE [kɥɛ̃kwa- ou kɛ̃ka-] adj. et n. Qui a entre cinquante et soixante ans.

QUINQUAGÉSIME [kɥɛ̃kwa- ou kɛ̃ka-] n. f. (lat. *quinquagesimus,* cinquantième). *Relig. cath.* Dimanche précédant le carême et qui est le cinquantième jour avant Pâques.

QUINQUENNAL, E, AUX [kɛ̃kɛnal, o] adj. Qui a lieu tous les cinq ans; qui dure cinq ans : *plan quinquennal.*

QUINQUENNAT [kɛ̃kɛna] n. m. Période de cinq ans; durée d'un plan quinquennal.

QUINQUET [kɛ̃kɛ] n. m. (du n. du fabricant). Lampe à huile à double courant d'air, et dont le réservoir est plus haut que la mèche.

QUINQUINA [kɛ̃kina] n. m. (mot quechua). Arbre tropical dont l'écorce donne la quinine. (Famille des rubiacées.) ‖ Vin apéritif au quinquina.

QUINTAINE [kɛ̃-] n. f. (lat. *quintana*). Poteau ou mannequin servant jadis à l'instruction des cavaliers dans l'emploi de la lance.

QUINTAL [kɛ̃tal] n. m. (mot ar.) [pl. *quintaux*]. Unité de mesure de masse (symb. : q), valant 10^2 kilogrammes.

QUINTE [kɛ̃t] n. f. (lat. *quintus,* cinquième). Série de cinq cartes se suivant. ‖ Accès de toux violent et prolongé. ‖ *Mus.* Intervalle de cinq degrés.

quinte

QUINTEFEUILLE n. f. *Bot.* Nom usuel de la potentille rampante.

QUINTEFEUILLE n. m. Rosace à cinq lobes.

QUINTESSENCE [kɛ̃tesɑ̃s] n. f. *Philos.* Substance éthérée et subtile tirée du corps qui la renfermait et dégagée des quatre éléments plus épais. ‖ *Litt.* Ce qu'il y a de principal, de meilleur, de plus parfait dans qqch : *la quintessence d'un livre.*

QUINTETTE [kɛ̃- ou kɥɛ̃tɛt] n. m. (it. *quintetto*). Morceau de musique à cinq parties. ‖ Ensemble de cinq instruments ou de cinq chanteurs.

QUINTEUX, EUSE adj. Qui se produit par quintes : *toux quinteuse.* ‖ *Litt.* Sujet à des accès de mauvaise humeur.

QUINTILLION [kɥɛ̃tiljɔ̃ ou kɛ̃-] n. m. Un million de quatrillions, soit 10^{30}.

QUINTO adv. Cinquièmement.

QUINTUPLE [kɛ̃-] adj. et n. m. Cinq fois aussi grand.

QUINTUPLER v. t. Multiplier par cinq : *quintupler une somme.* ◆ v. i. Être multiplié par cinq : *les prix ont quintuplé.*

QUINTUPLÉS, ÉES n. pl. Jumeaux, jumelles nés au nombre de cinq.

QUINZAINE n. f. Groupe de quinze unités ou environ : *une quinzaine de francs.* ‖ Deux semaines.

QUINZE adj. num. et n. m. inv. (lat. *quindecim*). Quatorze plus un. ‖ Quinzième : *Louis quinze.* ‖ Au tennis, premier point que l'on peut marquer dans un jeu. ‖ Équipe de rugby : *le quinze de France.*

QUINZIÈME adj. ord. et n. Qui occupe un rang marqué par le numéro quinze. ‖ Qui se trouve quinze fois dans le tout.

QUINZIÈMEMENT adv. En quinzième lieu, dans une énumération.

QUINZOMADAIRE n. m. *Fam.* Journal paraissant tous les quinze jours.

QUIPROQUO [kiprɔko] n. m. (lat. *quid pro quod,* une chose pour une autre) [pl. *quiproquos*]. Méprise, erreur qui fait prendre une chose, une personne pour une autre.

QUIPU ou **QUIPO** [ki-] n. m. (mot quechua, *nœud*). Groupe de cordelettes en coton tressées et nouées, de couleurs variées, dont le nombre, le coloris et les nœuds servaient de système de comptabilité aux Incas.

QUIRAT [kira] n. m. (mot ar.). Part dans la propriété d'un navire indivis.

QUIRATAIRE n. Propriétaire d'une part, lorsqu'un navire fait l'objet d'une copropriété.

QUIRITE [kɥirit] n. m. (lat. *quiritis*). *Antiq.* Nom donné aux citoyens résidant à Rome (par oppos. à ceux qui étaient aux armées).

QUISCALE [kɥiskal] n. m. Passereau d'Amérique, noir avec des reflets rouges.

QUITTANCE [ki-] n. f. (de *quitter*). Attestation écrite par laquelle un créancier déclare un débiteur quitte envers lui.

QUITTANCER v. t. (conj. 1). *Dr.* Donner quittance de.

QUITTE [kit] adj. (lat. *quietus,* tranquille). Libéré d'une dette pécuniaire, d'une obligation, d'un devoir moral : *être quitte d'une corvée, d'une visite.* ● *En être quitte pour,* n'avoir à subir que l'inconvénient de. ‖ *Jouer quitte ou double,* risquer, hasarder tout. ‖ *Quitte à,* au risque de. ‖ *Tenir quitte,* dispenser.

QUITTER [kite] v. t. Laisser une personne, se séparer d'elle : *je vous quitte pour un moment.* ‖ Abandonner un lieu, une activité : *quitter Paris, ses fonctions, son travail.* ● *Ne pas quitter des yeux,* avoir toujours les regards fixés sur. ‖ *Quitter ses vêtements,* se déshabiller.

QUITUS [kitys] n. m. (mot lat.). Acte par lequel la gestion d'une personne se reconnaît exacte et régulière : *donner quitus à un caissier, à un syndic.*

QUI VIVE ? [kiviv] interj. et n. m. inv. Cri poussé par une sentinelle à l'approche de quelqu'un, pour l'obliger à se faire reconnaître. ● *Sur le qui-vive,* sur ses gardes.

QUÔC-NGU [kɔkŋu] n. m. (mots vietnamiens). Transcription du vietnamien en caractères latins.

QUOI pron. relat. (lat. *quid*). Renvoie à une phrase, une proposition (sans antécédent ou avec *rien, ce, cela* comme antécédents) comme : 1° complément d'objet indirect : *c'est à quoi je réfléchissais;* 2° complément de l'adjectif : *il n'est rien à quoi je ne sois prêt.* ● *Avoir de quoi,* être riche. ‖ *De quoi,* ce qui est suffisant pour : *avoir de quoi vivre.* ‖ *Quoi que,* quelle que soit la chose que : *quoi que vous disiez, je m'en tiendrai à ma première idée.* ‖ *Quoi qu'il en soit,* en tout état de cause. ‖ *Sans quoi,* ou sinon.

QUOI pron. interr. et exclam. Désigne sans précision une chose, dans l'interrogation directe : *à quoi pensez-vous?;* et dans l'interrogation indirecte : *je devine à quoi vous pensez.*

QUOIQUE conj. Marque l'opposition, la concession; encore que, bien que : *quoique l'affaire parût réalisable, il hésitait.* (Le *e* de *quoique* ne s'élide que devant *il, elle, on, un, une.*)

QUOLIBET [kɔlibɛ] n. m. (lat. *quod libet,* ce qui plaît). Plaisanterie ironique ou injurieuse lancée à qqn.

QUORUM [kɔrɔm ou kwɔrɔm] n. m. (mot lat., *desquels*). Nombre de membres qu'une assemblée doit réunir pour pouvoir valablement délibérer. ‖ Nombre de votants nécessaire pour qu'une élection soit valable.

QUOTA [kɔta ou kwɔta] n. m. (mot lat.). Pourcentage, part, contingent : *quota d'importation.* ‖ *Stat.* Modèle réduit d'une population donnée, permettant la désignation d'un échantillon représentatif.

QUOTE-PART [kɔtpar] n. f. (lat. *quota pars*) [pl. *quotes-parts*]. Part que chacun doit payer ou recevoir dans la répartition d'une somme, contribution.

QUOTIDIEN, ENNE adj. (lat. *quotidianus*). Qui se fait ou revient chaque jour : *le travail quotidien.*

QUOTIDIEN n. m. Journal qui paraît tous les jours.

QUOTIDIENNEMENT adv. Tous les jours.

QUOTIENT [kɔsjɑ̃] n. m. (lat. *quoties,* combien de fois). *Math.* Résultat de la division. (Le produit du diviseur par le quotient, augmenté du reste, doit reproduire le dividende.) ● *Quotient électoral,* résultat de la division du nombre des suffrages exprimés par le nombre de sièges à pourvoir entre les diverses listes, lorsque le système électoral est la représentation proportionnelle. (Chaque liste obtient autant de sièges que la moyenne des voix qu'elle a obtenues contient de fois le quotient; le solde est réparti soit suivant le procédé de la *plus forte moyenne,* soit suivant le procédé du *plus fort reste.*) ‖ *Quotient familial,* résultat de la division du revenu imposable d'un particulier personne physique par un nombre de *parts* (lui-même fonction de l'importance de la famille), réalisant un allégement de l'impôt sur le revenu. ‖ *Quotient intellectuel* ou *Q. I.* (psychol.), pour les enfants, rapport de l'âge mental déterminé par les tests de niveau intellectuel du type Binet et Simon à l'âge réel; pour les adultes, indice de la supériorité (ou de l'infériorité) de leur efficience intellectuelle déterminée par des tests du type Wechsler-Bellevue par rapport à celle des individus de leur groupe d'âge. (Le Q. I. moyen est égal à 100.) ‖ *Quotient respiratoire* (Physiol.), rapport du volume de gaz carbonique expiré au volume d'oxygène absorbé pendant le même temps par un animal ou un végétal.

QUOTITÉ [kɔtite] n. f. (lat. *quot,* combien). Somme fixe à laquelle monte chaque quote-part. ● *Impôt de quotité,* celui par lequel on détermine immédiatement ce que chacun doit payer proportionnellement à son avoir ou à son revenu (par oppos. aux IMPÔTS DE RÉPARTITION). ‖ *Quotité disponible,* portion de biens dont peut légalement disposer par donation ou par testament une personne qui a des descendants ou des ascendants en ligne directe.

antenne du **radiotélescope** de Green Bank (Virginie, États-Unis)

R n. m. Dix-huitième lettre de l'alphabet et la quatorzième des consonnes : *le r est une consonne liquide.* ‖ ℝ, ensemble des nombres réels, c'est-à-dire des nombres rationnels et des nombres irrationnels. ‖ ℝ*, ensemble des nombres réels privés du zéro. ‖ **R,** symbole du *röntgen.*

Ra, symbole chimique du *radium.*

RA [ra] n. m. inv. (onomat.). Série de coups de baguettes donnés sur le tambour, de façon à former un roulement très bref.

RAB ou **RABE** n. m. *Fam.* Abrév. de RABIOT.

RABĀB n. m. → REBAB.

RABĀCHAGE ou **RABĀCHEMENT** n. m. *Fam.* Défaut de celui qui rabâche; ses propos.

RABĀCHER v. t. et i. *Fam.* Redire sans cesse et de manière lassante la même chose, radoter.

RABĀCHEUR, EUSE adj. et n. *Fam.* Qui ne fait que rabâcher.

RABAIS n. m. Diminution faite sur le prix d'une marchandise, le montant d'une facture. ● *Travailler au rabais,* à bon marché.

RABAISSEMENT n. m. Action de rabaisser.

RABAISSER v. t. Mettre plus bas, ramener à un degré inférieur, réduire l'autorité, l'influence. ‖ Déprécier, amoindrir : *rabaisser les mérites de qqn.* ◆ **se rabaisser** v. pr. S'avilir.

RABAN n. m. (moyen néerl. *rabant*). *Mar.* Bout de cordage, tresse, cordon.

RABANE n. f. (mot malgache). Tissu de fibre de raphia.

RABASSENAGE n. m. *Min.* Opération qui consiste à recreuser une galerie dont la partie inférieure a gonflé.

RABAT n. m. Partie d'une chose qui peut se replier. ‖ Morceau d'étoffe que portent au cou les gens de robe et d'Église, les membres de l'Université en robe, etc. ‖ Syn. de RABATTAGE.

RABAT-JOIE n. m. et adj. inv. Personne qui trouble la joie des autres par son humeur chagrine.

RABATTAGE n. m. Action de rabattre le gibier.

RABATTANT, E adj. *Min.* Se dit d'une exploitation qui se rapproche de la galerie principale.

RABATTEMENT n. m. Action de rabattre. ‖ *Math.* En géométrie descriptive, mouvement de rotation par lequel on applique un plan et les figures qu'il contient sur l'un des plans de projection. ‖ *Trav. publ.* Dans les terrains aquifères, méthode permettant d'abaisser le niveau de la nappe d'eau, à l'aide de puits.

RABATTEUR, EUSE n. Personne qui rabat le gibier vers les chasseurs. ‖ *Péjor.* Personne qui amène de la clientèle chez un commerçant, qui recrute des adhérents pour un parti.

RABATTEUR n. m. Élément d'une moissonneuse dont le mouvement rotatif rabat la récolte contre la lame.

RABATTRE v. t. (conj. 48). Rabaisser ce qui s'élève, ramener à un niveau plus bas : *rabattre une balle.* ‖ Appliquer contre qqch : *rabattre son col de chemise.* ‖ Retrancher du prix de qqch, consentir un rabais : *je ne rabattrai rien.* ‖ Rassembler le gibier vers l'endroit où sont les chasseurs. ‖ *Math.* Effectuer un rabattement. ● *Couleur, teinte rabattue,* à la fois foncée et lavée. ● *Rabattre un arbre,* le couper jusqu'à la naissance des branches. ‖ *Rabattre des mailles,* arrêter un tricot en faisant glisser chaque maille sur la suivante. ◆ v. i. Quitter soudain une direction pour se diriger vers un endroit : *il rabattit à travers champs.* ‖ *En rabattre,* réduire ses prétentions. ◆ **se rabattre** v. pr. Quitter brusquement une direction pour en prendre une autre. ● *Se rabattre sur qqch, qqn,* en venir à qqch, qqn, faute de mieux.

RABBI n. m. (mot araméen). Titre donné aux docteurs de la Loi juive.

RABBIN n. m. (araméen *rabbi,* mon maître). Docteur de la Loi juive. ‖ Chef spirituel d'une communauté israélite. ● *Grand rabbin,* chef d'un consistoire israélite.

RABBINAT [-na] n. m. Fonction de rabbin.

RABBINIQUE adj. Relatif aux rabbins ou au rabbinisme. ● *École rabbinique,* école, séminaire où se forment les rabbins.

RABBINISME n. m. Activité religieuse et littéraire du judaïsme, après la destruction du Temple en 70 et la dispersion du peuple juif. (Le XVIIIᵉ s. clôt la période rabbinique.)

RABELAISIEN, ENNE adj. Qui rappelle la verve truculente de Rabelais.

RABIBOCHER v. t. *Fam.* Raccommoder tant bien que mal. ‖ *Fam.* Réconcilier, remettre d'accord.

RABIOT n. m. (mot gascon, *fretin*). *Fam.* Vivres restant en excédent après la distribution. ‖ *Fam.* Temps de service supplémentaire imposé à des recrues. ‖ *Fam.* Supplément.

RABIOTER v. t. *Pop.* Prendre en supplément.

RABIQUE adj. (lat. *rabies,* rage). Relatif à la rage.

RÂBLE n. m. (lat. *rutabulum*). Outil utilisé pour éliminer les impuretés des couches superficielles du verre et des métaux fondus.

RÂBLE n. m. Partie de certains quadrupèdes qui s'étend depuis le bas des épaules jusqu'à la queue.

RÂBLÉ, E adj. Qui a le râble épais : *un lièvre bien râblé.* ‖ Se dit d'une personne plutôt petite et de forte carrure.

RÂBLER v. t. *Techn.* Éliminer les impuretés d'un bain liquide de verre ou de métaux fondus, au moyen du râble.

RABONNIR v. i. Devenir meilleur.

RABOT n. m. Outil de menuisier servant à dresser et à aplanir le bois, et composé d'un fer, d'un contre-fer et d'un coin maintenus dans un fût. ‖ *Min.* Engin d'abattage agissant à la façon d'un rabot de menuisier.

rabot de mine

RABOTAGE ou **RABOTEMENT** n. m. Action de raboter.

RABOTER v. t. Aplanir avec un rabot : *raboter une planche.* ‖ *Fam.* Frotter rudement, racler : *raboter avec les pneus le bord d'un trottoir.*

RABOTEUR n. m. Ouvrier qui rabote.

RABOTEUSE n. f. Machine-outil de grandes dimensions servant à usiner des surfaces parallèles, et dans laquelle la coupe du métal est obtenue par le déplacement horizontal, rectiligne et alternatif de la pièce devant un outil fixe. ● *Raboteuse à bois,* machine servant à mettre à son épaisseur définitive une pièce de bois dégauchie sur une face.

RABOTEUX, EUSE adj. Inégal, couvert d'aspérités : *bois, chemin raboteux.* ‖ Rude, sans harmonie : *style raboteux.*

RABOUGRI, E adj. Qui n'a pas atteint son développement normal, chétif.

RABOUGRIR v. t. (de *bougre,* faible). Retarder la croissance de : *le froid rabougrit les arbres.* ◆ **se rabougrir** v. pr. Se recroqueviller sous l'effet de la sécheresse, de l'âge, etc.

RABOUILLÈRE n. f. *Région.* Terrier peu profond, où les lapins déposent leurs petits.

RABOUILLEUR, EUSE n. (mot du Berry *rabouiller,* de *bouille,* marais). *Litt.* Personne qui trouble l'eau avec une branche d'arbre pour prendre du poisson (vx).

RABOUTER v. t. Assembler bout à bout deux pièces, de métal, de tissu, etc.

RABROUER v. t. (anc. fr. *brouer*, gronder). Repousser avec rudesse, avec dédain.

RACAGE n. m. (anc. fr. *raque*). Collier disposé autour d'un mât pour diminuer le frottement d'une vergue.

RACAILLE n. f. (anc. fr. *rasquer*; lat. *radere*, racler). Rebut de la société, personnes viles.

RACCARD n. m. En Suisse, grange à blé, caractéristique du Valais.

RACCOMMODABLE adj. Qui peut être raccommodé.

RACCOMMODAGE n. m. Réparation d'un meuble, d'un vêtement.

RACCOMMODEMENT n. m. Réconciliation après une brouille.

RACCOMMODER v. t. Remettre en bon état, réparer. ‖ *Fam.* Réconcilier après une brouille : *raccommoder des amis.* ◆ **se raccommoder** v. pr. *Fam.* Se réconcilier.

RACCOMMODEUR, EUSE n. Personne qui raccommode des objets, du linge, etc.

RACCOMPAGNER v. t. Reconduire qqn qui s'en va.

RACCORD n. m. Ajustement de deux parties disjointes. ‖ Pièce métallique permettant d'abouter deux tuyaux. ‖ Touche comblant une solution de continuité dans une peinture. ‖ *Cin.* Passage d'un plan à un autre; plan additionnel tourné après la réalisation d'un film, pour les besoins du montage.

RACCORDEMENT n. m. Action de faire des raccords. ‖ Jonction de deux tuyaux, de deux voies, etc. ● *Courbe ou ligne de raccordement* (Math.), courbe commune à deux surfaces qui ont le même plan tangent en chaque point de cette courbe. ‖ *Surface de raccordement*, surface joignant deux surfaces distinctes et se raccordant à chacune de celles-ci.

RACCORDER v. t. Relier entre elles les parties d'un ensemble, établir une communication entre elles : *raccorder deux bâtiments.* ‖ Faire des raccords.

RACCOURCI n. m. Réduction que subit une figure vue en perspective. ‖ Chemin plus court : *prendre un raccourci.* ‖ Manière de s'exprimer en termes concis; expression abrégée : *un raccourci saisissant.* ‖ *Chorégr.* Position dérivée dans laquelle la jambe en l'air est pliée. ● *En raccourci*, en abrégé, en petit.

RACCOURCIR v. t. Rendre plus court : *raccourcir une robe, un texte.* ‖ ● *À bras raccourcis*, de toutes ses forces. ◆ v. i. Devenir plus court, diminuer : *les jours raccourcissent en hiver.*

RACCOURCISSEMENT n. m. Action de raccourcir, de diminuer la longueur.

RACCROC n. m. *Par raccroc*, d'une manière heureuse et inattendue.

RACCROCHAGE n. m. Action de raccrocher.

RACCROCHER [rakrɔʃe] v. t. Accrocher de nouveau, remettre à sa place : *raccrocher un tableau.* ‖ *Fam.* Ressaisir, rattraper : *raccrocher une affaire.* ‖ v. i. Interrompre une conversation téléphonique. ◆ **se raccrocher** v. pr. Se cramponner, se retenir à qqch, à qqn : *se raccrocher à une branche; il se raccroche à tout ce qui lui rappelle le passé.*

RACCROCHEUR, EUSE adj. et n. Qui raccroche.

RACE n. f. (it. *razza*). Groupe naturel d'individus présentant un ensemble de caractères physiques communs. ‖ Subdivision d'une espèce : *races canines.* ‖ Catégorie de personnes ayant une profession, des inclinations communes. ‖ *Litt.* Ensemble des ascendants ou descendants d'une même lignée. ● *De race*, de bonne lignée, non métissé, en parlant d'un animal : *un chien, un cheval de race.*

RACÉ, E adj. Qui a les qualités de sa race : *cheval racé.* ‖ *Litt.* Se dit de quelqu'un qui a de l'élégance, de la distinction, de la finesse.

RACÉMIQUE adj. m. (lat. *racemus*, grappe). Se

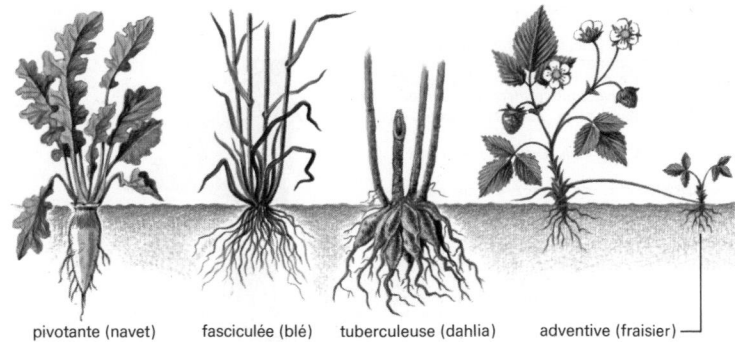

pivotante (navet) fasciculée (blé) tuberculeuse (dahlia) adventive (fraisier)

RACINES

dit d'un mélange de deux isomères optiques qui ne dévie pas le plan de polarisation de la lumière.

RACER [resar ou rasɛr] n. m. (mot angl.). Canot automobile très rapide.

RACHAT n. m. Recouvrement d'une chose vendue en en restituant le prix à l'acheteur. ‖ Délivrance au moyen d'une rançon. ‖ Extinction d'une obligation au moyen d'une indemnité : *négocier le rachat d'une pension.* ‖ *Relig.* Pardon d'une faute : *rachat d'un péché.*

RACHETABLE adj. Susceptible d'être racheté.

RACHETER v. t. (conj. 4). Acheter ce qu'on a vendu : *racheter un objet.* ‖ Acheter de nouveau : *racheter chaque jour du pain.* ‖ Acheter d'occasion : *racheter la voiture de qqn.* ‖ Délivrer en payant une rançon : *racheter des prisonniers.* ‖ Se libérer à prix d'argent de : *racheter une rente.* ‖ Compenser : *racheter ses défauts par ses qualités.* ‖ *Archit.* Raccorder deux plans différents. ● *Racheter un candidat*, lui donner les points nécessaires pour qu'il soit admis à ses examens. ‖ *Racheter ses péchés*, en obtenir le pardon. ◆ **se racheter** v. pr. Se faire pardonner.

RACHIALGIE n. f. *Méd.* Douleur au rachis.

RACHIANESTHÉSIE, RACHIANALGÉSIE ou, par abrév., **RACHI** n. f. Anesthésie des membres inférieurs et des organes du bassin par injection de procaïne dans le canal rachidien.

RACHIDIEN, ENNE adj. Relatif au rachis : *bulbe rachidien.* ‖ *Canal rachidien*, canal formé par les vertèbres et qui contient la moelle épinière. ‖ *Nerfs rachidiens*, ceux qui naissent de la moelle épinière. (L'homme en possède 31 paires.)

RACHIS [raʃis] n. m. (gr. *rhakhis*). *Anat.* Colonne vertébrale ou épine dorsale. ‖ *Bot.* Axe central de l'épi.

RACHITIQUE adj. et n. Affecté de rachitisme.

RACHITISME [raʃitism] n. m. Maladie de la croissance et de l'ossification, due à un défaut de l'absorption intestinale du calcium et du phosphore, lié à une avitaminose D.

RACIAL, E, AUX adj. Relatif à la race : *discrimination raciale.*

RACINAL n. m. (pl. *racinaux*). Grosse pièce de charpente qui supporte d'autres pièces.

RACINE n. f. (lat. *radix, radicis*). Organe des végétaux qui fixe la plante dans le sol et y absorbe l'eau et les sels minéraux. ‖ Partie par laquelle un organe est implanté dans un tissu : *racine des dents, des cheveux, etc.* ‖ Base d'un objet, généralement enfouie dans le sol. ‖ Principe, origine, commencement : *couper le mal à sa racine.* ‖ Lien, attache qui donne la stabilité : *parti qui a de profondes racines dans un pays.* ‖ *Ling.* Élément de base, irréductible, commun à tous les mots d'une même famille à l'intérieur d'une langue ou d'un groupe de langues. ‖ *Pêch.* Fil résistant pour lignes de pêche. ● *Prendre racine*, s'implanter quelque part, y demeurer longtemps. ‖ *Racine carrée, cubique, quatrième, ..., n^{ième}* (d'un nombre ou d'une expression algébrique) [Math.], nombre ou expression algébrique qui, élevés au carré, au

cube, à la quatrième puissance, ..., à la puissance *n*, reproduisent le nombre ou l'expression proposés. ‖ *Racine d'une équation*, valeur réelle ou complexe qui satisfait à cette équation. ■ *(Bot.)* On distingue les *racines pivotantes*, à axe principal (pissenlit), et les *racines fasciculées*, sans axe principal (blé). Les racines peuvent se charger de réserves (racines tuberculeuses de la carotte, du dahlia); certaines apparaissent sur la tige (racines adventives du fraisier, du lierre).

RACINIEN, ENNE adj. Propre à J. Racine.

RACISME n. m. Idéologie qui affirme la supériorité d'un groupe racial sur les autres, en préconisant, en particulier, la séparation de ceux-ci à l'intérieur d'un pays (ségrégation raciale) ou même en visant à leur élimination (génocide, racisme des nazis).

RACISTE adj. et n. Qui relève du racisme; qui fait preuve de racisme.

RACK n. m. (mot angl.). Meuble de rangement d'appareils radioélectriques et électroniques, à dimensions normalisées.

RACKET [rakɛt] n. m. (mot amér.). Extorsion d'argent par intimidation et violence.

RACKETTER v. t. (conj. 4). *Fam.* Effectuer un racket.

RACKETTEUR [rakɛtœr] n. m. (mot amér.). Malfaiteur exerçant un racket.

RACLAGE ou **RACLEMENT** n. m. Action de racler; bruit qui en résulte.

RACLÉE n. f. *Fam.* Volée de coups; défaite.

RACLER v. t. (lat. *rastrum*, râteau). Enlever les aspérités d'une surface en grattant pour nettoyer, égaliser; frotter rudement une surface. ● *Ce vin racle le gosier*, il est dur et âpre. ‖ *Racler les fonds de tiroirs* (Fam.), chercher le peu d'argent encore disponible. ‖ *Racler du violon*, en jouer mal. ◆ **se racler** v. pr. *Se racler la gorge*, s'éclaircir la voix.

RACLETTE n. f. Mets d'origine valaisanne préparé en présentant à la flamme un fromage coupé en deux et dont on racle la partie ramollie pour la manger au fur et à mesure qu'elle fond; fromage qui sert à cette préparation. ‖ *Techn.* Outil pour gratter et lisser les surfaces planes. (Syn. RACLOIR.)

RACLEUR, EUSE n. Personne qui racle.

RACLOIR n. m. *Préhist.* Outil formé par un éclat dont le bord le plus long est retouché. ‖ *Techn.* Syn. de RACLETTE.

RACLURE n. f. Petite partie qu'on enlève d'un corps en le raclant; déchet.

RACOLAGE n. m. Action de racoler. (Le racolage en vue de la débauche est punissable de prison et d'amende.)

RACOLER v. t. (de *cou*). Recruter, attirer par des moyens publicitaires ou autres : *racoler des clients.* ‖ *Hist.* Recruter par surprise ou par force des hommes pour le service militaire.

RACOLEUR, EUSE adj. et n. Se dit d'une personne qui racole.

RACONTABLE adj. Qui peut être raconté : *cette histoire n'est pas racontable aux enfants.*

RACONTAR n. m. *Fam.* Récit insignifiant, bavardage, cancan.

RACONTER v. t. (anc. fr. *aconter*, conter). Faire le récit de, rapporter : *raconter une histoire.* ‖ Dire à la légère des choses blâmables ou ridicules : *ne crois pas tout ce qu'on te raconte.*

RACOON [rakun] n. m. *Zool.* Nom amér. du *raton laveur.*

RACORNI, E adj. *Fam.* Devenu sec et insensible.

RACORNIR v. t. (de *corne*). Rendre coriace, dur comme la corne. ◆ **se racornir** v. pr. Devenir dur et coriace.

RACORNISSEMENT n. m. Fait de racornir.

RAD n. m. Unité de mesure de dose absorbée de rayonnements ionisants (symb. : rd), équivalant à la dose absorbée dans un élément de matière de masse 1 kilogramme auquel les rayonnements ionisants communiquent de façon uniforme une énergie de 0,01 joule : *1 rad vaut 10^{-2} gray.*

rad, symbole du *radian.* ‖ **rad/s**, symbole du *radian par seconde.* ‖ **rad/s²**, symbole du *radian par seconde carrée.*

RADAR n. m. (abrév. de l'angl. *RAdio Detection And Ranging*, détection et télémétrie par radio). Dispositif permettant de déterminer la position et la distance d'un obstacle par l'émission d'ondes radioélectriques et par la détection des ondes réfléchies à sa surface.

■ Le radar est fondé sur l'émission, par impulsions de courte durée, de faisceaux étroits d'ondes radioélectriques qui, après réflexion contre un obstacle, retournent vers un récepteur. La durée du trajet aller et retour des ondes, qui se propagent à la vitesse de la lumière, soit 300 000 km/s, permet de déterminer la distance de l'obstacle. L'orientation de l'antenne, qui sert d'abord à l'émission, puis à la réception, en indique la direction. Un radar se compose donc d'un *générateur d'impulsions*, d'une *antenne directrice*, constituée par un réflecteur parabolique, d'un *récepteur*, employant la même antenne, et, enfin, d'un *indicateur*, servant à lire les résultats.
Depuis la bataille d'Angleterre (1940), le radar a supplanté tous les autres systèmes de guet aérien. En dehors de son rôle essentiel dans les trois armées dans le domaine de la défense aérienne, l'emploi militaire du radar est très largement diversifié depuis 1945 : *radars de bord* des avions, *d'autoguidage* des missiles dans les aviations militaires, *radars de surveillance au sol* dans les forces terrestres et *radars de tir* dans les forces navales.

RADARASTRONOMIE n. f. Technique du radar appliquée à l'étude des astres.

RADARISTE n. Spécialiste de la mise en œuvre et de l'entretien des radars.

RADE n. f. (moyen angl. *rad*). Grand bassin naturel ou artificiel avec libre issue vers la mer, où les bâtiments trouvent de bons mouillages. ● *Laisser en rade* (Fam.), laisser tomber, abandonner. ‖ *Rester, être en rade* (Fam.), être en panne.

RADEAU n. m. (anc. prov. *radel*). Petite construction flottante plate, en bois ou en métal, utilisée comme bâtiment de servitude ou de sauvetage. ‖ Train de bois sur une rivière.

RADER v. t. (lat. *radere*, raser). Mesurer ras à l'aide d'une règle qu'on passe sur les bords de la mesure (vx).

RADIAL, E, AUX adj. (lat. *radius*, rayon). Relatif au rayon, disposé suivant un rayon. ‖ *Anat.* Relatif au radius : *nerf radial.*

RADIALE n. f. Voie routière qui constitue l'un des éléments des voies rayonnant autour d'un centre urbain.

RADIAN n. m. Unité de mesure d'angle plan (symb. : rad), équivalant à l'angle qui, ayant son sommet au centre d'un cercle, intercepte sur la circonférence de ce cercle un arc d'une longueur égale à celle du rayon du cercle. ● *Radian par seconde*, unité de mesure de vitesse angulaire (symb. : rad/s), équivalant à la vitesse angulaire d'un corps qui, animé d'une rotation uniforme autour d'un axe fixe, tourne, en 1 seconde, de 1 radian. ‖ *Radian par seconde carrée*, unité de

Une installation de radar se compose généralement d'une station d'émission, d'une antenne (un aérien), d'une station de réception et d'organes de traitement de l'information. L'émetteur à très hautes fréquences envoie, par l'intermédiaire de l'antenne, des impulsions électromagnétiques le plus souvent de courte durée. Elles sont alors suivies de périodes de silence, destinées à observer les échos réfléchis par l'objet à identifier (ici un avion).

antenne (aérien)　　trajet aller et retour des impulsions électromagnétiques　　échos　　avion

station d'émission　　station de réception　　organe de traitement de l'information

Les échos captés par l'antenne sont traités successivement par le récepteur et par les organes de traitement de l'information, afin de déterminer, à partir des instants de réception (par rapport aux instants d'émission), la distance et la direction de l'objet à identifier.

SCHÉMA DE FONCTIONNEMENT D'UN RADAR

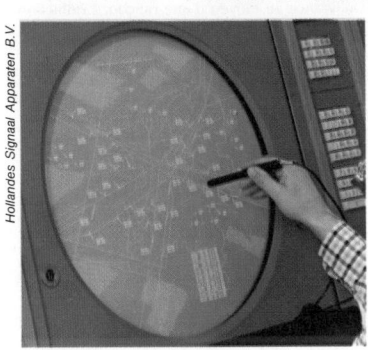

Hollandse Signaal Apparaten B.V.

écran **radar**
pour le contrôle de la circulation aérienne

mesure d'accélération angulaire (symb. : rad/s²), équivalant à l'accélération angulaire d'un corps qui est animé d'une rotation uniformément variée autour d'un axe fixe et dont la vitesse angulaire varie, en 1 seconde, de 1 radian par seconde.

RADIANT, E adj. Qui se propage par radiations, émet des radiations.

RADIANT n. m. *Astron.* Point du ciel d'où paraissent émaner les étoiles filantes d'un essaim.

RADIATEUR n. m. Dispositif augmentant la surface de rayonnement d'un appareil de chauffage ou de refroidissement. ‖ Élément du chauffage central assurant le rayonnement de la chaleur.

RADIATIF, IVE adj. *Phys.* Qui concerne les radiations.

RADIATION n. f. (lat. *radiatio*; de *radiare*, irradier). *Phys.* Émission de rayons, de particules; ensemble des éléments constitutifs d'une onde ou d'un faisceau ; énergie transmise dans l'espace. ● *Radiation infrarouge.* ● *Pression de radiation*, force exercée par les ondes électromagnétiques ou acoustiques sur les corps qu'elles rencontrent. ‖ *Radiations ionisantes*, les rayons X et les rayons α, β et γ émis par les corps radioactifs. ‖ *Radiation solaire*, énergie émise par le Soleil.

RADIATION n. f. Action de radier; sanction disciplinaire dans certaines professions.

RADICAL, E, AUX adj. Qui concerne le fond de la nature d'une personne, d'une chose, qui vise à atteindre quelque chose dans ses causes profondes : *changement radical.* ‖ Se dit de l'organisation, de l'attitude qui sont favorables à des réformes profondes de la société. ‖ *Bot.* Qui appartient à la racine d'un végétal. ‖ *Ling.* Qui fait partie de la racine d'un mot.

RADICAL, E, AUX n. et adj. Qui est partisan du radicalisme, doctrine des républicains libéraux et laïques, qui ont joué un rôle politique de premier plan sous la IIIᵉ République, notamment à partir de 1899. ● *Économie radicale*, école de pensée contemporaine, proche du marxisme, pour laquelle l'économie doit faire l'objet d'une « relecture », en termes totalement renouvelés.

RADICAL n. m. *Chim.* Partie d'un composé moléculaire qui peut exister à l'état non combiné (radical libre) ou qui reste inchangée dans une réaction (radical organique). ‖ *Ling.* Partie du mot que l'on détermine en enlevant les désinences. ‖ *Math.* Signe de l'opération consistant à extraire une racine : $\sqrt{}$ pour la racine carrée, $\sqrt[n]{}$ pour la racine $n^{ième}$. ● *Indice d'un radical* (Math), chiffre qu'on place au-dessus des branches d'un radical pour indiquer le degré de la racine. ‖ *Parti radical*, v. RADICAL-SOCIALISTE.

RADICALAIRE adj. Relatif à un radical chimique.

RADICALEMENT adv. De façon radicale, entièrement, absolument.

RADICALISATION n. f. Action de radicaliser.

RADICALISER v. t. Rendre intransigeant.

RADICALISME n. m. Système, opinions des radicaux en politique. ● *Radicalisme philosophique*, doctrine philosophique et politique de Bentham et Stuart Mill, dont les principaux caractères étaient le libéralisme économique, le rationalisme, l'utilitarisme et l'individualisme.

RADICAL-SOCIALISME n. m. Doctrine des radicaux-socialistes.

RADICAL-SOCIALISTE adj. et n. (pl. *radicaux-socialistes*). Qui appartient au parti républicain radical et radical-socialiste, nom pris en 1901 par le parti radical.

RADICANT, E adj. *Bot.* Se dit des plantes dont les tiges émettent des racines sur différents points de leur longueur.

RADICELLE n. f. Racine secondaire, très petite.

RADICOTOMIE n. f. *Chir.* Section d'une racine nerveuse rachidienne, en général sensitive, afin de supprimer une douleur.

RADICULAIRE adj. *Bot.* Relatif à la racine. ‖ *Méd.* Relatif à la racine des nerfs rachidiens. ● *Poussée radiculaire*, pression exercée par les racines et favorisant l'ascension de la sève brute.

RADICULALGIE n. f. *Méd.* Douleur liée à la souffrance de la racine postérieure d'un nerf rachidien.

RADICULE n. f. (lat. *radicula*). *Bot.* Partie de la plantule qui fournira la racine.

RADICULITE n. f. Inflammation de la racine d'un nerf rachidien.

RADIÉ, E adj. (lat. *radius*, rayon). Qui présente des lignes rayonnantes.

RADIÉE n. f. Plante de la famille des composées, dont les capitules sont constitués au centre par des fleurs en tube, ou *fleurons*, à la périphérie par des fleurs à corolle en languette (*marguerite, pâquerette, chrysanthème*). [Les *radiées* forment une sous-famille.]

RADIER n. m. Plate-forme de maçonnerie ou de charpente couvrant toute la surface d'un sol à bâtir et servant de fondation.

RADIER v. t. Rayer sur une liste, sur un registre : *radier un candidat.*

RADIESTHÉSIE n. f. (lat. *radius*, rayon, et gr. *aisthêsis*, sensation). Méthode par laquelle certains sujets sensibles aux oscillations d'un pendule ou d'une baguette devineraient à distance la présence de sources, gisements ou maladies.

RADIESTHÉSISTE n. Personne qui pratique la radiesthésie.

RADIEUX, EUSE adj. Brillant, lumineux : *soleil radieux; journée radieuse.* ‖ Qui rayonne de joie, de bonheur : *visage radieux.*

RADIN, E adj. et n. *Fam.* Avare. (Au fém., l'adj. peut rester inv.)

RADINER v. i., ou **SE RADINER** v. pr. (anc. fr. *rade*, rapide). *Pop.* Arriver, venir.

RADINERIE n. f. *Fam.* Avarice.

RADIO n. f. Abrév. de RADIODIFFUSION, RADIOGRAPHIE, RADIOTÉLÉGRAPHIE, RADIOTÉLÉPHONIE. ‖ *Fam.* Appareil récepteur de radiodiffusion. ● *Radio libre*, organisme de radiodiffusion privé dont les émissions ne sont captées que dans un rayon de quelques kilomètres.

RADIO n. m. Abrév. de RADIOTÉLÉGRAPHISTE ou de RADIOTÉLÉPHONISTE.

RADIOACTIF, IVE adj. Doué de radioactivité.

RADIOACTIVATION n. f. Formation d'un radioélément par irradiation d'un noyau non radioactif.

RADIOACTIVITÉ n. f. Désintégration spontanée du noyau d'un atome avec émission de particules ou de rayonnement électromagnétique.

RADIOALIGNEMENT n. m. Dispositif électromagnétique guidant un navigateur le long d'un axe.

RADIOALTIMÈTRE n. m. Altimètre utilisant le principe du radar.

RADIOAMATEUR n. m. Amateur pratiquant l'émission et la réception sur ondes courtes.

RADIOASTRONOME n. Spécialiste de radioastronomie.

RADIOASTRONOMIE n. f. Branche de l'astronomie qui a pour objet l'étude du rayonnement radioélectrique des astres.

RADIOBALISAGE n. m. Signalisation au moyen de radiobalises.

RADIOBALISE n. f. Émetteur de faible puissance modulé par un signal d'identification pour guider les navires en mer ou pour indiquer aux avions leur position.

RADIOBALISER v. t. Munir d'une signalisation par radiobalisage.

RADIOBIOLOGIE n. f. Étude de l'action biologique de l'ionisation produite par les rayons X, les corps radioactifs et les neutrons.

RADIOCARBONE n. m. Dénomination commune du carbone 14.

RADIOCASSETTE n. f. Appareil constitué d'un poste de radio associé à un lecteur de cassettes.

RADIOCOBALT n. m. Isotope radioactif du cobalt, utilisé en curiethérapie. (Syn. : COBALT RADIOACTIF, COBALT 60.)

RADIOCOMMUNICATION n. f. Transmission de signaux à distance, effectuée à l'aide d'ondes radioélectriques se propageant dans l'atmosphère.

RADIOCOMPAS n. m. Radiogoniomètre qui permet à un avion ou à un navire de conserver sa direction grâce aux indications fournies par une station émettrice au sol.

RADIOCONDUCTEUR n. m. Conducteur dont la résistance varie sous l'action des ondes électromagnétiques.

RADIOCRISTALLOGRAPHIE n. f. Étude de la structure des cristaux, fondée sur la diffraction des rayons X, des électrons, des neutrons, etc., qu'ils produisent.

RADIODERMITE n. f. Dermite due aux rayons X ou à des substances radioactives.

RADIODIAGNOSTIC n. m. Application des rayons X au diagnostic médical. (Il s'appuie sur les résultats de la radiographie* ou de la radioscopie*.)

RADIODIFFUSER v. t. Diffuser au moyen de la radio.

RADIODIFFUSION n. f. Émission, par ondes hertziennes, de nouvelles, de programmes littéraires, artistiques, scientifiques, etc., à usage du public en général; organisme qui assure cette émission.

V. ill. page suivante

RADIODISTRIBUTION n. f. Distribution par câbles des programmes de radiodiffusion dans le centre des villes ou dans certaines régions où la réception des stations est difficile.

RADIOÉLECTRICIEN, ENNE n. Spécialiste de la radioélectricité.

RADIOÉLECTRICITÉ n. f. Technique permettant la transmission à distance de messages et de sons à l'aide des ondes électromagnétiques.

RADIOÉLECTRIQUE adj. Qui concerne la radioélectricité. ‖ Qui se rapporte au rayonnement électromagnétique de longueur d'onde supérieure au millimètre.

RADIOÉLÉMENT n. m. Élément chimique radioactif. (Syn. RADIO-ISOTOPE.)

RADIOFRÉQUENCE n. f. Fréquence d'une onde hertzienne utilisée en radiocommunication.

RADIOGALAXIE n. f. Galaxie émettant un rayonnement radioélectrique intense.

RADIOGONIOMÈTRE n. m. Appareil permettant de déterminer la direction d'un émetteur radioélectrique et qui, à bord des avions et des navires, sert à repérer direction et position.

RADIOGONIOMÉTRIE n. f. Détermination de la direction et de la position d'un poste radioélectrique émetteur.

RADIOGRAMME n. m. Message transmis par radiotélégraphie.

RADIOGRAPHIE n. f. Technique photographique utilisant les propriétés pénétrantes des rayons X et γ pour l'étude de la structure interne des corps. (La radiographie a transformé et simplifié le diagnostic de la plupart des maladies.) ‖ Image ainsi obtenue.

RADIOGRAPHIER v. t. Photographier à l'aide de rayons X.

RADIOGUIDAGE n. m. Action de radioguider. ‖ Information radiophonique sur le trafic routier.

RADIOGUIDER v. t. Guider à distance par ondes radioélectriques.

RADIO-IMMUNOLOGIE n. f. Technique de dosage, à l'aide de marqueurs radioactifs, de grosses molécules biologiques (hormones).

radiocompas (navigation maritime)

J. Pierre - Thomson-CSF

RADIO-ISOTOPE n. m. (pl. *radio-isotopes*). Syn. de RADIOÉLÉMENT.

RADIOLAIRE n. m. Protozoaire des mers chaudes, formé d'un squelette siliceux autour

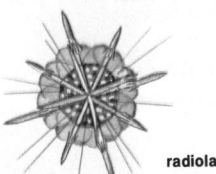

radiolaire

duquel rayonnent de fins pseudopodes. (Les *radiolaires* forment une classe de l'embranchement des rhizopodes.)

RADIOLARITE n. f. Roche sédimentaire siliceuse, d'origine marine, formée essentiellement de tests de radiolaires.

RADIOLÉSION n. f. *Méd.* Affection provoquée par les rayons X et les corps radioactifs.

RADIOLOCALISATION n. f. Technique de positionnement maritime utilisant les ondes radioélectriques.

RADIOLOGIE n. f. Application des rayons X au diagnostic et à la thérapeutique.

V. ill. page suivante

RADIOLOGIQUE adj. Relatif à la radiologie.

RADIOLOGUE ou **RADIOLOGISTE** n. Spécialiste de radiologie.

RADIOMÉTALLOGRAPHIE n. f. Radiographie appliquée à l'examen non destructif des métaux.

RADIOMÈTRE n. m. Appareil qui permet de mesurer le flux d'énergie transporté par les ondes électromagnétiques ou acoustiques. (C'est à l'aide de radiomètres sensibles à l'infrarouge que les sondes spatiales mesurent la température à la surface et dans l'atmosphère des planètes.)

RADIONAVIGANT n. m. Opérateur de radio faisant partie de l'équipage d'un navire ou d'un avion.

RADIONAVIGATION n. f. Technique de navigation faisant appel à des procédés radioélectriques.

RADIONÉCROSE n. f. Destruction tissulaire due à l'action des rayons X.

RADIOPHARE n. m. Station émettrice d'ondes radioélectriques, permettant à un navire ou à un avion de déterminer sa position et de suivre la route prévue.

RADIOPHONIE n. f. Système de transmission des sons utilisant les propriétés des ondes radioélectriques.

RADIOPHONIQUE adj. Relatif à la radiophonie, à la radiodiffusion.

RADIOPHOTOGRAPHIE n. f. Photographie de l'image obtenue sur un écran de radioscopie.

RADIOPROTECTION n. f. Ensemble des moyens utilisés pour se protéger contre les rayonnements ionisants.

RADIORÉCEPTEUR n. m. Poste récepteur de radiocommunication.

RADIOREPORTAGE n. m. Reportage diffusé par le moyen de la radiodiffusion.

RADIOREPORTER [radjɔrapɔrtɛr] n. m. Journaliste spécialisé dans les radioreportages.

RADIORÉSISTANCE n. f. État des tissus et spécialement des tumeurs qui, spontanément ou à la suite de plusieurs irradiations, ont perdu leur sensibilité aux radiations ionisantes.

RADIORÉVEIL n. m. Appareil de radio associé à un réveil électronique.

RADIOSCOPIE n. f. Examen d'un objet ou d'un organe d'après leur ombre portée sur une surface fluorescente au moyen des rayons X.

RADIOSENSIBILITÉ n. f. Sensibilité des tissus vivants à l'action des rayonnements ionisants.

RADIOSONDAGE n. m. Mesure météorologique effectuée au moyen d'un ballon-sonde équipé d'appareils radioélectriques émetteurs.

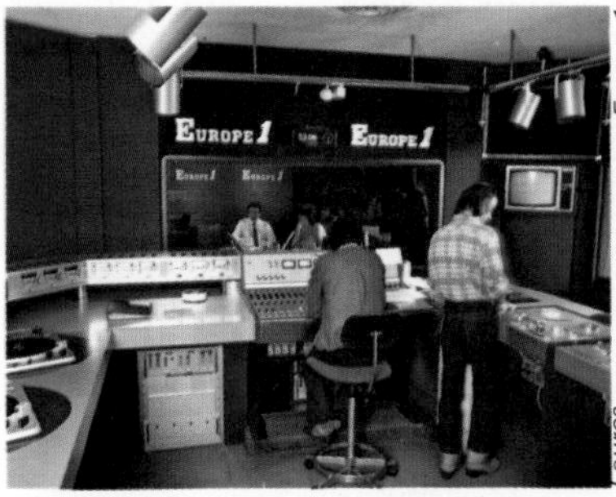

EUROPE 1
EUROPE 1
Lauros

studio et régie

Europe 1

antennes ▷

Lauros

reportage à moto

voiture de reportage

auditorium

EUROPE 1
EUROPE 1
Lauros

vers l'émetteur

Lauros

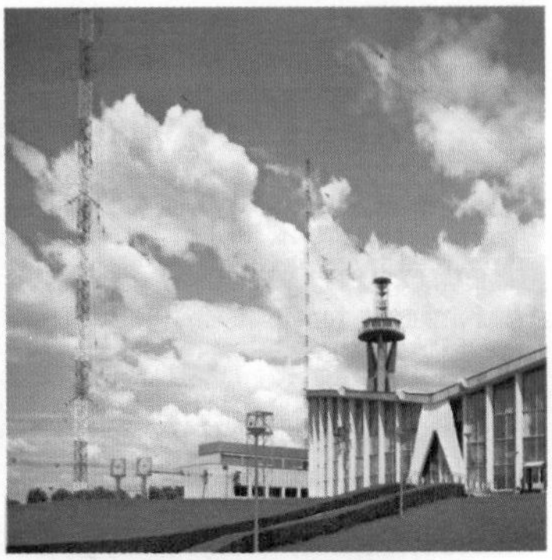

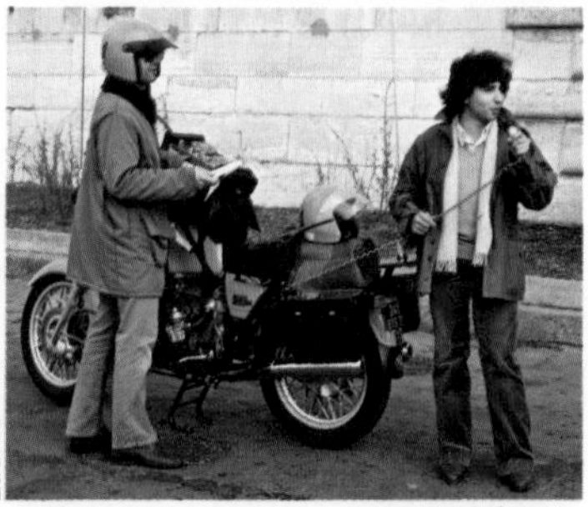

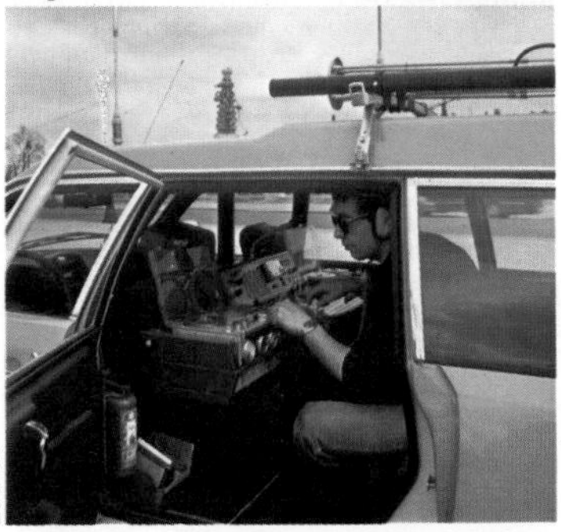

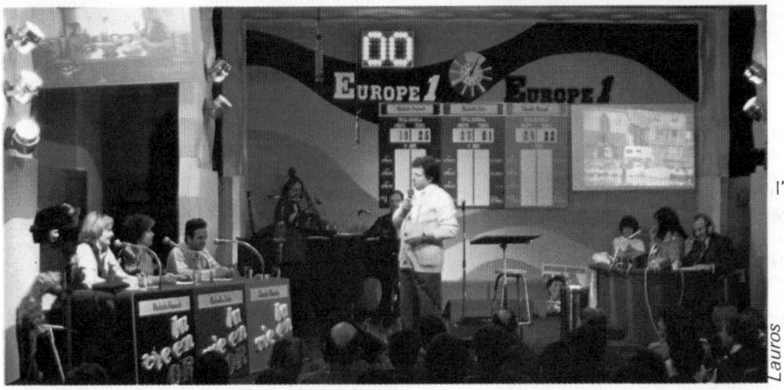

studio
auditorium
chambre d'écho
régie
pupitre de mélange
magnéto-phone
tourne-disque
magnéto-phone d'enregistr.
centre distributeur de modulation
bloc-programme
pupitre de commutation
cabine de programmes
reportages extérieurs, transmission par câble P.T. ou par faisceau hertzien
studio tête de programme
magnéto-phone
tourne-disque
pupitre de mélange
speaker
microphone

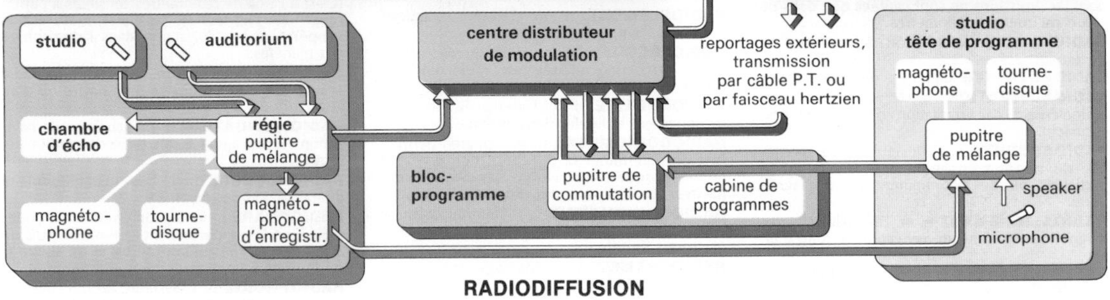

RADIODIFFUSION

RADIOLOGIE

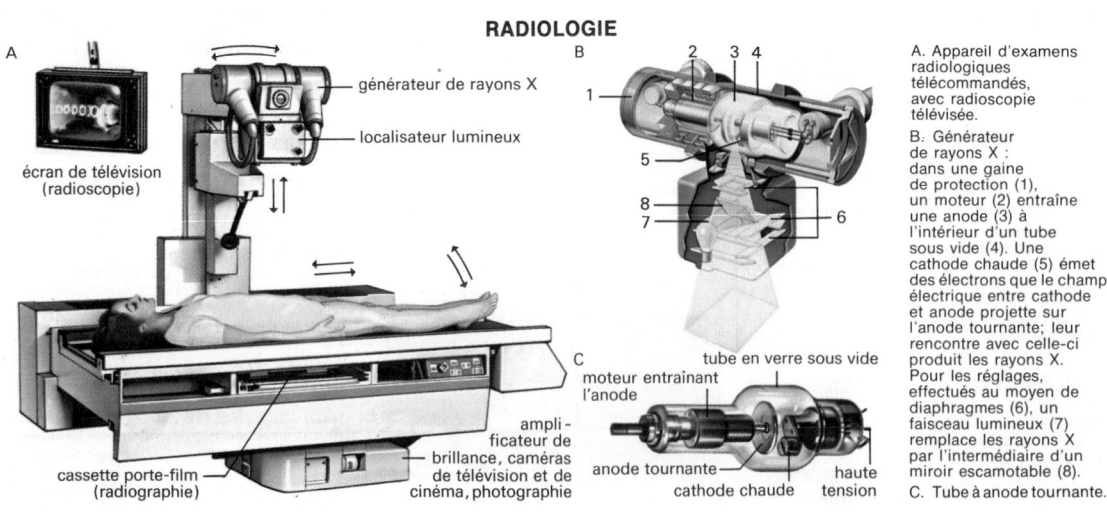

A

générateur de rayons X
localisateur lumineux
écran de télévision (radioscopie)
cassette porte-film (radiographie)
ampli-ficateur de brillance, caméras de télévision et de cinéma, photographie

B

1
2
3
4
5
6
7
8

C

tube en verre sous vide
moteur entraînant l'anode
anode tournante
cathode chaude
haute tension

A. Appareil d'examens radiologiques télécommandés, avec radioscopie télévisée.

B. Générateur de rayons X : dans une gaine de protection (1), un moteur (2) entraîne une anode (3) à l'intérieur d'un tube sous vide (4). Une cathode chaude (5) émet des électrons que le champ électrique entre cathode et anode projette sur l'anode tournante; leur rencontre avec celle-ci produit les rayons X. Pour les réglages, effectués au moyen de diaphragmes (6), un faisceau lumineux (7) remplace les rayons X par l'intermédiaire d'un miroir escamotable (8).

C. Tube à anode tournante.

RADIOSONDE n. f. Appareil qui transmet automatiquement à un opérateur au sol les renseignements recueillis par les éléments d'un équipement météorologique entraîné par un ballon-sonde au cours de son ascension.

RADIOSOURCE n. f. Astre émetteur de rayonnement radioélectrique.

RADIO-TAXI n. m. (pl. *radio-taxis*). Taxi muni d'un équipement de liaison téléphonique par ondes courtes.

RADIOTECHNIQUE n. f. Ensemble des techniques d'utilisation des rayonnements radioélectriques. ◆ adj. Relatif à la radiotechnique.

RADIOTÉLÉGRAMME n. m. Syn. de RADIO-GRAMME.

RADIOTÉLÉGRAPHIE n. f. Télégraphie sans fil.

RADIOTÉLÉGRAPHISTE n. Spécialiste de radiotélégraphie.

RADIOTÉLÉPHONE n. m. Téléphone placé dans un véhicule et fonctionnant en utilisant des ondes radio.

RADIOTÉLÉPHONIE n. f. Système de liaison téléphonique entre deux correspondants utilisant les ondes électromagnétiques.

RADIOTÉLÉPHONISTE n. Spécialiste de radiotéléphonie.

RADIOTÉLESCOPE n. m. Instrument récepteur utilisé en radioastronomie.

RADIOTÉLÉVISÉ, E adj. Transmis à la fois par la radiodiffusion et la télévision.

RADIOTÉLÉVISION n. f. La radio et la télévision.

RADIOTHÉRAPEUTE n. Spécialiste de radiothérapie.

RADIOTHÉRAPIE n. f. Traitement par les rayons X, les rayons γ et les radiations ionisantes.

RADIS [radi] n. m. (it. *radice*; lat. *radix, -icis*, racine). Plante potagère comestible, à racine tuberculeuse, de la famille des crucifères. ● *N'avoir pas un radis* (Fam.), ne pas avoir d'argent.

RADIUM [radjɔm] n. m. Métal (Ra), n° 88, de masse atomique 226,025, découvert en 1898 par P. et M. Curie. (Il est doué d'une intense radioactivité.)

RADIUS [radjys] n. m. (mot lat., *rayon*). Le plus court des deux os de l'avant-bras. (Le radius tourne autour du *cubitus*, permettant les mouvements de pronation et de supination.)

RADJAH n. m. → RÂJA.

RADÔME n. m. (mot angl.). Dôme en matière plastique protégeant une antenne radar.

RADON n. m. Élément gazeux radioactif (Rn), n° 86. (Syn. ÉMANATION DU RADIUM.)

RADOTAGE n. m. Propos dénués de raison, de sens. ‖ Répétition fatigante des mêmes propos.

RADOTER v. i. (mot néerl.). Tenir des propos dénués de sens; se répéter sans cesse.

RADOTEUR, EUSE n. Personne qui radote.

RADOUB [radu] n. m. (anc. fr. *adouber*, équiper). Passage au bassin de radoub d'un navire pour l'entretien ou la réparation de sa coque. ● *Bassin* ou *cale de radoub*, syn. de CALE SÈCHE.

RADOUBER v. t. (de *adouber*). Mar. Faire des réparations à un navire, un filet.

RADOUCIR v. t. Rendre plus doux, plus conciliant. ◆ **se radoucir** v. pr. Devenir plus doux : *le temps se radoucit*.

RADOUCISSEMENT n. m. Action de radoucir ou de se radoucir.

RADULA n. f. (mot lat., *racloir*). Langue rapeuse existant chez les mollusques (sauf chez les bivalves).

RAFALE n. f. (it. *raffica*). Coup de vent violent et momentané. ‖ Ensemble de coups tirés sans interruption par une arme automatique, une pièce ou une unité d'artillerie, avec les mêmes éléments de tir. ‖ Manifestation soudaine, violente : *une rafale d'applaudissements.*

RAFFERMIR v. t. Rendre plus ferme, consolider : *raffermir les gencives, la santé, le courage.* ◆ **se raffermir** v. pr. Devenir plus stable.

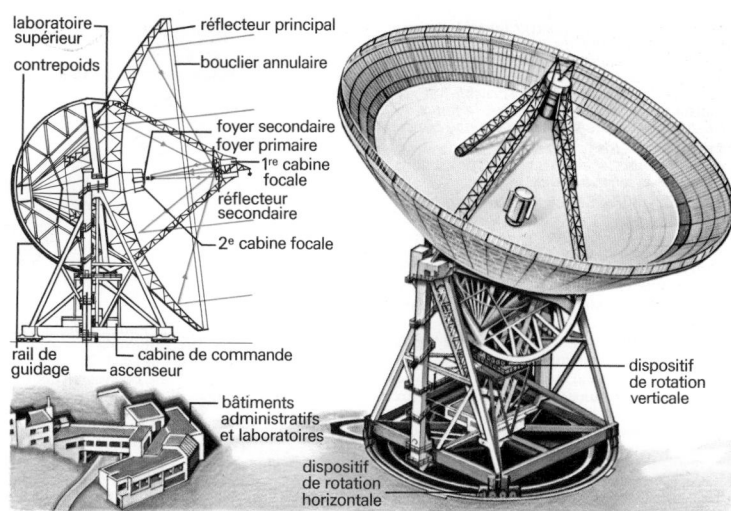

laboratoire supérieur — réflecteur principal
contrepoids — bouclier annulaire
foyer secondaire
foyer primaire
1re cabine focale
réflecteur secondaire
2e cabine focale
rail de guidage — cabine de commande — ascenseur
bâtiments administratifs et laboratoires
dispositif de rotation verticale
dispositif de rotation horizontale

RADIOTÉLESCOPE D'EFFELSBERG (R. F. A.)

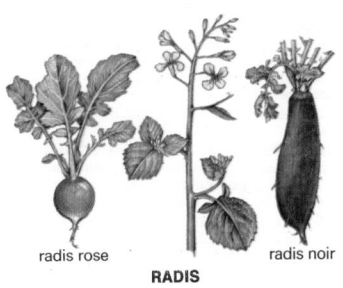

radis rose — radis noir

RADIS

RADIUS

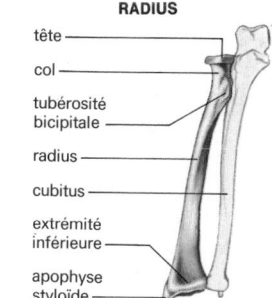

tête
col
tubérosité bicipitale
radius
cubitus
extrémité inférieure
apophyse styloïde

tre une recherche excessive : *raffiner sur une question.*

RAFFINERIE n. f. Usine où l'on raffine certaines substances (sucre, pétrole).

RAFFINEUR, EUSE n. Personne qui travaille dans une raffinerie, qui exploite une raffinerie.

RAFFINEUR n. m. Appareil utilisé pour le raffinage de la pâte à papier.

RAFFLÉSIE n. f. (de *Raffles*, n. pr.). Plante de l'Insulinde, aux fleurs énormes, parasite de lianes. (Diamètre 1 m; poids 7 kg.)

RAFFOLER v. t. ind. [**de**]. *Fam.* Aimer à l'excès qqn, qqch : *raffoler de danse.*

RAFFUT n. m. (anc. fr. *afuster*, ajuster). *Fam.* Tapage, vacarme.

RAFFÛTER v. t. Au rugby, pour le possesseur du ballon, écarter un adversaire avec la main libre ouverte.

RAFIOT n. m. *Fam.* Petit bateau, mauvaise embarcation.

RAFISTOLAGE n. m. *Fam.* Raccommodage.

RAFISTOLER v. t. (moyen fr. *afistoler*, séduire). *Fam.* Raccommoder grossièrement.

RAFLE n. f. (all. *Raffel*). Action de rafler : *cambrioleurs qui font une rafle dans un hôtel.* ‖ Arrestation en masse faite à l'improviste par la police : *être pris dans une rafle.* ‖ *Bot.* Ensemble des pédoncules qui soutiennent les grains dans une grappe de fruits (raisin, groseille); partie centrale de l'épi de maïs, supportant les grains. (On dit aussi RÂPE.)

RAFLER v. t. Emporter rapidement tout ce que l'on trouve.

RAFRAÎCHIR v. t. Rendre frais ou plus frais : *rafraîchir du vin.* ‖ Remettre en meilleur état,

RAFFERMISSEMENT n. m. Action de raffermir ou de se raffermir.

RAFFINAGE n. m. Action de purifier le sucre, les métaux, l'alcool, le caoutchouc, etc. ‖ Ensemble des procédés de fabrication des produits pétroliers.

RAFFINAT n. m. *Pétr.* Produit raffiné.

RAFFINÉ, E adj. Fin, délicat, d'une recherche subtile : *goût raffiné; nourriture raffinée.* ‖ *Industr.* Débarrassé de ses impuretés.

RAFFINÉ, E n. et adj. Personne de goût, d'esprit, de sentiments très délicats.

RAFFINEMENT n. m. Ce qui marque une grande recherche : *raffinement de langage; raffinement de cruauté.*

RAFFINER v. t. Rendre plus fin, plus pur : *raffiner le sucre.* ‖ Traiter un produit pétrolier pour le transformer, le fractionner ou le purifier. ◆ v. t. ind. [**sur**]. Chercher des subtilités, met-

bassin de **radoub**

Lisnave

767

redonner de l'éclat : *rafraîchir un tableau, une peinture.* ● *Rafraîchir les cheveux,* les couper légèrement. ‖ *Rafraîchir la mémoire,* rappeler à qqn le souvenir d'une chose. ◆ v. i. Devenir frais : *on a mis le vin à rafraîchir.* ◆ **se rafraîchir** v. pr. Devenir plus frais : *le temps se rafraîchit.* ‖ Se désaltérer : *se rafraîchir au buffet.*

RAFRAÎCHISSANT, E adj. Qui donne de la fraîcheur : *brise rafraîchissante.* ‖ Qui calme la soif : *boisson rafraîchissante.*

RAFRAÎCHISSEMENT n. m. Action de rendre ou de devenir plus frais : *le rafraîchissement de la température.* ‖ Action de réparer, de rajeunir : *le rafraîchissement d'un mobilier.* ◆ pl. Boissons fraîches que l'on sert dans une réunion, ou que l'on offre en dehors des repas.

RÂGA n. m. inv. Mode musical hindou exprimant un état d'âme.

RAGAILLARDIR v. t. Fam. Redonner de la gaieté, de la force, ranimer.

RAGE n. f. (lat. *rabies*). Maladie due à un virus, transmissible par morsure de certains animaux à l'homme, et caractérisée par des phénomènes d'excitation, puis de la paralysie et enfin la mort. (Pasteur a trouvé la vaccination contre la rage.) ‖ Mouvement violent de dépit, de colère, de désir, etc. : *fou de rage; trembler de rage.* ● *Faire rage,* se déchaîner, atteindre une grande violence. ‖ *Rage de dents,* mal de dents provoquant une violente douleur.

RAGEANT, E adj. *Fam.* Qui fait rager.

RAGER v. i. (conj. **1**). *Fam.* Être très irrité.

RAGEUR, EUSE adj. *Fam.* Sujet à des colères violentes. ‖ Qui dénote la mauvaise humeur.

RAGEUSEMENT adv. Avec rage.

RAGLAN n. m. (de lord *Raglan,* général angl.). Vêtement à manches droites, dont la partie supérieure remonte jusqu'à l'encolure par des coutures en biais.

RAGONDIN n. m. Mammifère rongeur de l'Amérique du Sud, de mœurs aquatiques, à fourrure estimée. (Long. 50 cm.)

RAGOT n. m. (de *ragoter,* grogner comme un ragot). *Fam.* Bavardage malveillant, cancan.

RAGOT n. m. Sanglier de deux à trois ans.

RAGOT, E adj. *Litt.* Se dit d'un animal court et gros : *cheval ragot.*

RAGOUGNASSE n. f. Mauvais ragoût, nourriture infecte.

RAGOÛT n. m. Plat de viande, de légumes ou de poisson, coupés en morceaux et cuits dans une sauce.

RAGOÛTANT, E adj. (seulem. dans des expressions négatives). Appétissant : *mets peu ragoûtant; une besogne qui n'est pas ragoûtante.*

RAGRÉER v. t. Racler, polir, finir après une construction : *ragréer une façade.*

RAGTIME [-tajm] n. m. (mot angl.). Style musical très syncopé à la vogue vers la fin du XIX⁰ s., issu à la fois du folklore négro-américain et des airs de danse blancs, et qui fut une des sources du jazz; style pianistique et orchestral qui en découle.

RAGUER v. i. (angl. *to rag,* saccager). *Mar.* S'user, se détériorer par le frottement sur un objet dur, en parlant d'un cordage.

RAHAT-LOUKOUM [raatlukum] ou **RAHAT-LOKOUM** [-lɔkum] n. m. (mots ar.). Syn. de LOUKOUM.

RAI n. m. (lat. *radius*). *Litt.* et *vx.* Rayon : *un rai de lumière.*

RAÏA n. m. → RAYIA.

RAID [rɛd] n. m. (mot angl.). Opération rapide et de durée limitée menée en territoire inconnu ou ennemi par une formation militaire très mobile en vue de démoraliser l'adversaire, de désorganiser ses arrières, de recueillir des renseignements, etc. ‖ *Aéron.* Vol à longue distance, exécuté par un ou plusieurs appareils. ‖ *Sports.* Longue épreuve destinée à montrer l'endurance des hommes et du matériel qui l'accomplissent.

RAIDE adj. (lat. *rigidus*). Très tendu, difficile à plier : *jambe raide.* ‖ Que la pente, l'inclinaison rend difficile à monter : *escalier raide.* ‖ Sans

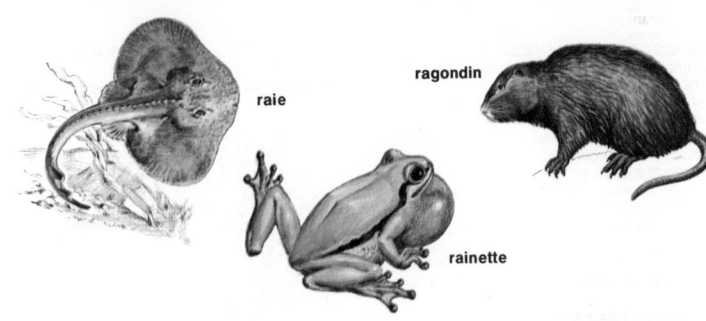

raie

ragondin

rainette

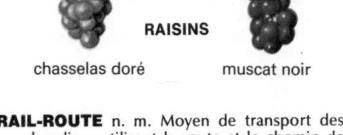

RAISINS

chasselas doré   muscat noir

souplesse, sans grâce : *attitude raide.* ‖ Peu accommodant, opiniâtre, inflexible : *caractère raide.* ‖ *Fam.* Étonnant, difficile à croire, à accepter. ‖ *Fam.* Se dit d'une boisson alcoolisée forte et âpre. ‖ Qui choque la bienséance, grivois, licencieux. ◆ adv. Tout d'un coup : *tomber raide mort.*

RAI-DE-CŒUR n. m. (pl. *rais-de-cœur*). Ornement linéaire formé de feuilles aiguës en forme de cœur alternant avec des fers de lance.

RAIDEUR n. f. État de ce qui est raide ou raidi : *raideur du bras; danser avec raideur.*

RAIDILLON n. m. Court chemin en pente rapide.

RAIDIR v. t. Rendre raide, tendre avec force : *raidir le bras, une corde.* ◆ **se raidir** v. pr. Devenir raide : *ses membres se raidissent.* ‖ Montrer de la fermeté, du courage : *se raidir contre l'adversité.*

RAIDISSEMENT n. m. Action de raidir ou de se raidir.

RAIDISSEUR n. m. Élément de construction servant à renforcer en certains points un support soumis à une charge. ‖ Appareil servant à tendre les fils de fer d'une clôture.

RAIE n. f. (mot gaul.). Ligne tracée sur une surface avec une substance colorante ou avec un instrument : *tirer une raie au crayon.* ‖ Ligne ou bande étroite quelconque : *étoffe à grandes raies.* ‖ Séparation des cheveux. ‖ *Agric.* Entre-deux des sillons d'un champ. ‖ *Phys.* Ligne obscure (*raie d'absorption*) interrompant un spectre continu, ou ligne brillante (*raie d'émission*) formant avec d'autres un spectre d'émission.

RAIE n. f. (lat. *raia*). Poisson cartilagineux à corps aplati et à nageoires pectorales triangulaires très développées et soudées à la tête.

■ Les raies vivent en général près des fonds marins; sur les côtes européennes, elles mesurent de 1 à 2 m de long, mais on connaît une espèce des mers chaudes dont l'envergure atteint 8 m, et le poids 3 tonnes. Les raies font partie de la sous-classe des sélaciens.

RAIFORT [rɛfɔr] n. m. (anc. fr. *raiz* [du lat. *radix*] et *fort*). Plante dont la souche épaisse, râpée, peut être consommée pour remplacer la moutarde. (Famille des crucifères.) ‖ Nom donné à tort au gros radis noir d'hiver.

RAIL [raj] n. m. (mot angl.; anc. fr. *reille,* barre). Profilé de métal servant de guide à un mou-

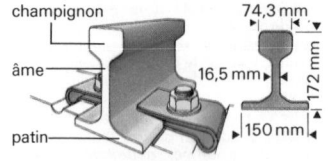

champignon

âme

patin

74,3 mm

16,5 mm

172 mm

150 mm

STRUCTURE D'UN RAIL

vement de translation. ‖ Voie ferrée, chemin de fer : *transport par rail.* ● *Remettre sur les rails,* rétablir, donner de nouveau les moyens de fonctionner normalement.

RAILLER v. t. (lat. *ragere,* rugir). Tourner en ridicule; se moquer, ridiculiser.

RAILLERIE n. f. Action de railler, plaisanterie.

RAILLEUR, EUSE adj. et n. Qui raille.

RAIL-ROUTE n. m. Moyen de transport des marchandises utilisant la route et le chemin de fer et destiné à éviter les transbordements.

RAINER v. t. *Techn.* Pratiquer une rainure avec un bouvet : *rainer une planche.*

RAINETTE n. f. Amphibien voisin des grenouilles, à doigts adhésifs, vivant souvent sur les arbres près de l'eau. (L'espèce française, normalement verte, modifie sa couleur selon le milieu; elle mesure 5 cm de long.)

RAINURAGE n. m. Ensemble de rainures creusées sur certaines chaussées en béton pour les rendre moins glissantes aux véhicules à quatre roues.

RAINURE n. f. Entaille longue et étroite, dans une pièce de bois, de métal ou sur la chaussée.

RAINURER v. t. Creuser de rainures.

RAIPONCE n. f. (it. *raponzo;* de *rapa,* rave). Campanule dont la racine et les feuilles se mangent en salade.

RAIRE (conj. **73**) ou **RÉER** v. i. (bas lat. *ragere*). Bramer, crier, en parlant des cerfs, des chevreuils (vx).

RAÏS [rais] n. m. (ar. *ra'īs*). Dans les pays arabes, chef d'État, président (Égypte surtout).

RAISIN n. m. (lat. *racemus,* grappe de raisin). Fruit charnu (baie) de la vigne : *raisin rouge, blanc, noir.* ‖ *Arts graph.* Format de papier aux dimensions de 50 × 64 cm. ● *Raisins de Corinthe,* raisins secs, à petits grains, qui viennent des îles Ioniennes. ‖ *Raisin de mer,* nom usuel des œufs de seiche, fixés en grappes aux plantes marines. ‖ *Raisin d'ours,* syn. de BUSSEROLE.

RAISINÉ n. m. Confiture faite avec du jus de raisin et d'autres fruits.

RAISON n. f. (lat. *ratio*). Faculté au moyen de laquelle l'homme peut connaître, juger et déterminer sa conduite d'après cette connaissance. ‖ Explication d'un fait; cause, motif; argument destiné à prouver, à justifier : *avoir de bonnes raisons pour...* ● *Âge de raison,* âge auquel les enfants sont censés avoir conscience des conséquences de leurs actes. ‖ *À plus forte raison,* par un motif d'autant plus fort. ‖ *À raison de,* au prix de; à proportion de. ‖ *Avec raison,* en ayant une justification valable. ‖ *Avoir raison,* être fondé dans ce qu'on dit ou dans ce qu'on fait. ‖ *Avoir raison de* (Litt.), vaincre, dominer. ‖ *Comme de raison,* comme il est juste. ‖ *Culte de la Raison,* culte antichrétien organisé en novembre 1793 par les hébertistes. ‖ *Demander raison* (Litt.), demander réparation d'une offense par les armes. ‖ *Donner raison,* décider qu'il a de justes motifs pour parler, pour agir comme il le fait. ‖ *En raison de,* en considération de; à cause de. ‖ *Entendre raison* (Litt.), acquiescer à ce qui est raisonnable. ‖ *Faire entendre raison à qqn*, le ramener à de meilleurs sentiments. ‖ *Mariage de raison*, mariage de convenance plutôt que d'inclination. ‖ *Mettre à la raison* (Litt.), réduire par force ou par persuasion. ‖ *Perdre la raison*, devenir fou. ‖ *Plus que de raison*, plus qu'il n'est convenable. ‖ *Raison directe* (Math.), relation entre deux quantités qui augmentent ou diminuent dans la même proportion. ‖ *Raison d'État*, prétexte allégué pour justifier une action illégale. ‖ *Raison d'être, de vivre*, ce qui justifie l'existence. ‖ *Raison inverse* (Math.), relation entre deux quantités dont l'une diminue dans la proportion où l'autre augmente. ‖ *Raison sociale*, dénomination sous laquelle une société commerciale prend des engagements sociaux. ‖ *Se faire une raison*, se résigner à l'inévitable.

RAISONNABLE adj. Doué de raison; qui agit conformément au bon sens, d'une manière réfléchie. ‖ Qui est conforme à la sagesse, à l'équité : *prétention raisonnable*. ‖ Suffisant, convenable, sans excès : *prix raisonnable*.

RAISONNABLEMENT adv. D'une manière raisonnable : *agir, boire raisonnablement*.

RAISONNÉ, E adj. Fondé sur le raisonnement : *analyse raisonnée*.

RAISONNEMENT n. m. Faculté, action ou manière de raisonner : *manquer de raisonnement*. ‖ Suite de propositions déduites les unes des autres, argumentation : *élaborer un raisonnement*. ◆ pl. Observations à un ordre reçu, objections.

RAISONNER v. i. Se servir de sa raison pour connaître, pour juger. ‖ Passer d'un jugement à un autre pour aboutir à une conclusion. ‖ Répliquer, alléguer des excuses, discuter : *ne raisonnez pas*. ◆ v. t. Amener qqn à une attitude raisonnable : *raisonner un malade*. ‖ Litt. Appliquer le raisonnement à ce qu'on fait : *raisonner un problème*. ‖ Discourir sur : *raisonner politique*.

RAISONNEUR, EUSE n. et adj. Qui veut raisonner sur tout, qui fatigue par de longs raisonnements : *un raisonneur ennuyeux*. ‖ Qui réplique, qui discute : *faire le raisonneur*.

RÂJA, RAJAH ou **RADJAH** [radʒa] n. m. (mot hindi). Prince indien.

RÂJASTHÂNI n. m. Langue indo-aryenne parlée au Râjasthân.

RAJEUNIR v. t. Donner la vigueur, l'apparence de la jeunesse à qqn; faire paraître plus jeune. ‖ Attribuer un âge moindre qu'elle n'a à une personne : *vous me rajeunissez!* ‖ Donner apparence, une fraîcheur nouvelle à qqch. ◆ *Rajeunir les cadres*, recruter un personnel plus jeune. ◆ v. i. Recouvrer la vigueur de la jeunesse. ◆ **se rajeunir** v. pr. Se dire plus jeune qu'on ne l'est.

RAJEUNISSANT, E adj. Qui rend plus jeune.

RAJEUNISSEMENT n. m. Action de rajeunir.

RAJOUT n. m. Action de rajouter; chose rajoutée : *faire des rajouts sur une épreuve d'imprimerie*.

RAJOUTER v. t. Ajouter de nouveau; mettre en plus.

RAJUSTEMENT ou **RÉAJUSTEMENT** n. m. Action de rajuster : *rajustement des salaires*.

RAJUSTER ou **RÉAJUSTER** v. t. Ajuster de nouveau; remettre en bonne place, en ordre : *rajuster sa cravate*. ‖ Modifier, relever en fonction du coût de la vie : *rajuster les salaires*.

RAKI n. m. (mot turc). Eau-de-vie orientale parfumée à l'anis.

RÂLE n. m. (de *râler*). Oiseau échassier, très

râle d'eau

estimé comme gibier, et qui vit en plaine *(râle des genêts)* ou aux abords des marécages *(râle d'eau)*.

RÂLE ou **RÂLEMENT** n. m. Bruit anormal produit au niveau des alvéoles pulmonaires ou des bronches par un liquide pathologique. ‖ *Respiration des agonisants*.

RALENTI n. m. Mouvement d'un moteur qui tourne à vitesse réduite. ‖ Artifice de prise de vues grâce auquel les mouvements paraissent à l'écran beaucoup plus lents que dans la réalité. ● *Au ralenti*, en diminuant la vitesse, l'énergie, le rythme.

RALENTIR v. t. (anc. fr. *alentir*). Rendre plus lent : *ralentir sa marche*. ‖ Rendre moins intense : *ralentir son effort*. ◆ v. i. Aller plus lentement : *les voitures doivent ralentir aux carrefours*.

RALENTISSEMENT n. m. Diminution de mouvement, de vitesse, d'énergie : *le ralentissement de l'expansion*.

RALENTISSEUR n. m. Dispositif ayant pour effet de réduire la vitesse.

RÂLER v. i. Rendre un son enroué, par la difficulté de la respiration (agonisants; dans certaines maladies respiratoires). ‖ Fam. Être de mauvaise humeur, protester.

RÂLEUR, EUSE adj. et n. Fam. Qui proteste en grognant, rouspéteur.

RALINGUE n. f. (anc. scandin. *rarlik*). Mar. Cordage auquel sont cousus les bords d'une voile pour la renforcer.

RALINGUER v. t. Mar. Coudre les ralingues d'une voile. ◆ v. i. Battre au vent, en parlant d'une voile.

RALLIDÉ n. m. Oiseau tel que les *râles* et les *poules d'eau*. (Les *rallidés* forment une famille.)

RALLIÉ, E adj. et n. Qui a donné son adhésion à un parti, à une cause. ‖ Catholique qui, à partir de 1890, se rallia à la république.

RALLIEMENT n. m. Action de rallier, de se rallier. ‖ *Hist.* Mouvement qui conduisit des catholiques militants, à l'appel du pape Léon XIII, à accepter la république. ● *Mot, signe de ralliement*, signe caractéristique qui permet aux membres d'un groupe de se reconnaître.

RALLIER v. t. (de *allier*). Rassembler des gens dispersés : *rallier ses troupes*. ‖ Rejoindre, regagner : *rallier son poste*. ‖ Faire adhérer à une cause, à une opinion, gagner, mettre d'accord : *rallier tous les suffrages*. ◆ **se rallier** v. pr. [à]. Donner son adhésion : *se rallier à un avis*.

RALLIFORME n. m. Oiseau échassier au plumage terne comme les *râles*, les *grues*, les *outardes*. (Les *ralliformes* constituent un ordre.)

RALLONGE n. f. Ce qui sert à rallonger. ‖ Planche qui augmente la surface d'une table à coulisses. ‖ Fam. Ce qui s'ajoute à qqch; augmentation de salaire, de vacances; supplément.

RALLONGEMENT n. m. Action de rallonger.

RALLONGER v. t. (conj. 1). Rendre plus long en ajoutant qqch. ◆ v. i. Devenir plus long.

RALLUMER v. t. Allumer de nouveau : *rallumer sa pipe*. ‖ Donner une nouvelle force, une nouvelle adhésion : *rallumer la guerre*. ◆ **se rallumer** v. pr. Être allumé de nouveau.

RALLYE [rali] n. m. (mot angl.). Compétition relevant généralement du sport automobile, où les concurrents doivent rallier un point déterminé après certaines épreuves.

RAMADÂN n. m. (mot ar.). Neuvième mois du calendrier islamique, période de jeûne et de privations (abstention de nourriture, de boisson, de tabac et de relations sexuelles du lever au coucher du soleil).

RAMAGE n. m. (lat. *ramus*, rameau). Chant des oiseaux dans les arbres. ‖ Dessin représentant des rameaux, des fleurs, etc., sur une étoffe.

RAMAGER v. t. (conj. 1). Couvrir de ramages : *ramager du velours*. ◆ v. i. Chanter, en parlant de certains oiseaux.

RAMASSAGE n. m. Action de ramasser : *le ramassage des vieux papiers*. ● *Ramassage scolaire*, organisation du transport par autocar des enfants qui habitent loin de l'établissement scolaire qu'ils fréquentent.

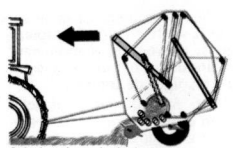

fabrication de la botte

arrêt et liage

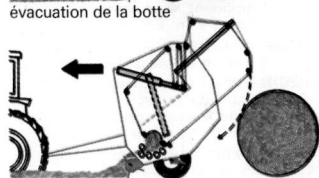

évacuation de la botte

fermeture du hayon et ramassage de la botte

**FONCTIONNEMENT
D'UNE RAMASSEUSE-PRESSE**

RAMASSÉ, E adj. Trapu : *cheval ramassé*. ‖ Concis : *expression ramassée*.

RAMASSE-MIETTES n. m. inv. Ustensile qui sert à ramasser les miettes sur la table.

RAMASSER v. t. Rassembler ce qui est épars : *ramasser du bois mort*. ‖ Prendre, relever ce qui est à terre : *ramasser ses gants*. ‖ Resserrer en une masse, pelotonner. ‖ Condenser, résumer : *ramasser en un court exposé toute une série de problèmes*. ● *Ramasser un animal*, un être vivant, les emmener avec soi, les recueillir. ‖ *Ramasser ses forces*, les réunir pour un effort. ‖ *Ramasser une pelle, une bûche* (Fam.), tomber. ‖ *Se faire ramasser* (Fam.), être arrêté; être réprimandé. ◆ **se ramasser** v. pr. Se replier sur soi-même, se pelotonner.

RAMASSEUR, EUSE n. Personne qui ramasse toutes sortes de choses. ‖ Personne qui collecte dans les fermes certains produits agricoles.

RAMASSEUSE-PRESSE n. f. (pl. *ramasseuses-presses*). Machine servant à rassembler et à mettre en ballots la paille ou le foin.

RAMASSIS n. m. Ensemble, réunion de choses de peu de valeur, de personnes jugées peu estimables.

RAMASSOIRE n. f. En Suisse, petite pelle pour les balayures.

RAMBARDE n. f. (it. *rambata*). Mar. Garde-corps d'un navire, constitué par des montants verticaux, les *chandeliers*, réunis par des tringles horizontales, les *filières*, et surmontés d'une main courante, la *lisse*.

RAMDAM [ramdam] n. m. (mot ar.). Pop. Vacarme.

RAME n. f. (fém. de l'anc. fr. *raim*, branche; lat. *ramus*, branche). Hortic. Branche que l'on plante en terre pour soutenir des plantes grimpantes.

RAME n. f. (de *ramer*). Aviron, longue pièce de bois élargie à une extrémité, pour faire mouvoir une barque.

RAME n. f. (catalan *raima*; mot ar.). Réunion de

769

20 mains de 25 feuilles de papier. (La rame est l'unité adoptée pour la vente en gros du papier.) ‖ Groupe de wagons, de voitures manœuvrant ensemble. ‖ Dans l'industrie pétrolière, assemblage de deux ou trois tiges de forage.

RAMEAU n. m. (lat. *ramus*). Petite branche d'arbre. ‖ Subdivision d'une artère, d'une veine, d'un nerf, d'un arbre généalogique, etc. ‖ Étroit couloir dérivé d'une galerie de mine. ● *Dimanche des Rameaux*, dernier dimanche du carême, précédant la fête de Pâques. (Syn. PÂQUES FLEURIES.)

RAMÉE n. f. (lat. *ramus*, rameau). *Litt.* et *vx.* Branches coupées avec leurs feuilles vertes; assemblage de branches entrelacées.

RAMENDER v. t. Amender de nouveau : *ramender un champ.* ‖ Raccommoder, réparer (des filets de pêche, la dorure d'un objet).

RAMENER v. t. (conj. 5). Amener de nouveau dans un endroit : *ramener ses enfants à l'école.* ‖ Faire revenir une personne dans le lieu d'où elle était partie, reconduire. ‖ Remettre en place, mettre dans une certaine position : *ramener un châle sur ses épaules.* ‖ Être cause de retour : *quelle affaire vous ramène?* ‖ Faire revenir à un certain état : *ramener à la vie, au devoir.* ‖ Réduire : *ramener les prix à un niveau plus bas.* ‖ Faire renaître : *ramener la paix.* ● *La ramener* (Pop.), faire l'important. ◆ **se ramener** v. pr. Être réductible à qqch. ‖ *Fam.* Revenir.

RAMENER n. m. Opération de dressage qui consiste à obliger un cheval à plier l'encolure.

RAMEQUIN [ramkɛ̃] n. m. (néerl. *rammeken*). Récipient de céramique ou de verre, utilisé pour les préparations nécessitant une cuisson au four. ‖ Tartelette garnie d'une crème au fromage.

RAMER v. t. *Hortic.* Soutenir des plantes grimpantes avec des rames : *ramer des pois.*

RAMER v. i. (lat. *remus*, rame). Manœuvrer une rame; faire avancer un bateau à la rame.

RAMESCENCE n. f. Disposition en rameaux.

RAMETTE n. f. Rame de papier à lettres.

RAMEUR, EUSE n. Personne qui rame.

RAMEUTER v. t. Grouper, rassembler.

RAMEUX, EUSE adj. (lat. *ramosus*). Qui a beaucoup de branches. ‖ Qui a des ramifications : *les bois rameux du cerf.*

RAMI n. m. Jeu de cartes qui se joue généralement avec 52 cartes et un joker.

RAMIE n. f. (mot malais). Plante de la famille des urticacées, dont on tire en Extrême-Orient une fibre textile.

RAMIER n. et adj. m. (anc. fr. *raim*, rameau). La plus grande espèce de pigeons de l'Europe occidentale, commune dans les jardins publics. (Long. 40 cm.) [Syn. PALOMBE.]

pigeon **ramier**

RAMIFICATION n. f. Division d'un végétal arborescent; division d'une artère, d'un nerf, etc., en parties plus petites, qui en sont comme les rameaux. ‖ Subdivision de ce qui va dans des directions différentes : *les ramifications des égouts.* ‖ Groupement secondaire lié à une organisation centrale.

RAMIFIER v. t. Diviser en plusieurs rameaux. ◆ **se ramifier** v. pr. Se partager en plusieurs branches; se diviser et se subdiviser.

RAMILLES n. f. pl. Petits rameaux.

RAMINGUE adj. (it. *ramingo*). *Équit.* Se dit d'un cheval qui se défend contre l'éperon.

RAMOLLI, E adj. et n. *Fam.* Qui manifeste un certain degré de détérioration intellectuelle.

RAMOLLIR v. t. Rendre mou : *ramollir du cuir.* ◆ **se ramollir** v. pr. Devenir mou. ‖ *Fam.* Perdre peu à peu ses facultés mentales.

RAMOLLISSANT, E adj. Qui ramollit, relâche.

RAMOLLISSEMENT n. m. État de ce qui est ramolli. ‖ *Méd.* Altération particulière de certains organes due à un trouble de leur vascularisation.

RAMONAGE n. m. Action de ramoner.

RAMONER v. t. (anc. fr. *ramon*, balai). Racler l'intérieur d'une cheminée, pour enlever la suie qui s'y est déposée. ‖ En alpinisme, effectuer une escalade à l'intérieur d'une cheminée.

RAMONEUR n. m. Personne dont le métier est de ramoner les cheminées.

RAMPANT, E adj. Qui rampe : *animal rampant.* ‖ Humble, bassement soumis devant les supérieurs. ‖ Dont l'évolution est peu sensible : *inflation rampante.* ‖ *Archit.* Disposé selon une ligne oblique. ‖ *Bot.* Étalé sur le sol, horizontal. ‖ *Hérald.* Dressé sur ses pieds de derrière.

RAMPANT n. m. *Fam.* Membre du personnel non navigant de l'aviation. ‖ *Archit.* Chacun des côtés obliques du triangle dessiné par un pignon, un fronton, un gable.

RAMPE n. f. Pente, ouvrage en pente; partie inclinée d'une rue, d'une route, d'une voie de chemin de fer. ‖ Garde-corps portant une main courante et bordant un escalier du côté du vide. ‖ Rangée de lumières sur le devant de la scène d'un théâtre, dans la devanture d'un magasin, etc. ‖ *Aéron.* Alignement de projecteurs pour éclairer une piste. ● *Passer la rampe*, toucher le public. ‖ *Rampe d'accès*, ouvrage en pente douce permettant aux véhicules de passer d'un niveau à un autre. ‖ *Rampe de chargement*, plate-forme sur laquelle sont réunis les postes de chargement. ‖ *Rampe des culbuteurs*, ensemble des culbuteurs et de leur support, dans un moteur à explosion. ‖ *Rampe de lancement*, plan incliné pour le lancement de certains projectiles autopropulsés, etc. ‖ *Rampe tympanique, vestibulaire* (Anat.), chacune des deux parties du limaçon de l'oreille interne, séparées par la lame spirale et communiquant la première avec la caisse du tympan par la fenêtre ronde, la seconde avec le vestibule.

RAMPEAU n. m. Coup que l'on joue à certains jeux (principalement aux dés) lorsque les adversaires ont obtenu le même nombre de points.

RAMPEMENT n. m. Syn. rare de REPTATION.

RAMPER v. i. (mot germ.). Se traîner sur le ventre : *passer sous un barbelé en rampant.* ‖ Progresser lentement sur le sol comme les serpents et les escargots. ‖ S'étendre sur terre ou s'attacher aux arbres, comme le lierre, la vigne, etc. ‖ S'abaisser lâchement devant qqn.

RAMPONNEAU n. m. (d'un n. pr.). *Fam.* Coup violent.

RAMURE n. f. Ensemble des branches et des rameaux d'un arbre. ‖ Bois du cerf, du daim.

RANALE n. f. Plante dicotylédone d'un type primitif, aux carpelles plus ou moins séparés, telle que le *bouton-d'or*, le *magnolia*, le *laurier*, l'*épine-vinette*, le *nénuphar*, etc. (Les ranales forment un ordre rassemblant plus de 3 000 espèces et de nombreuses familles, dont les *renonculacées* sont les plus importante; syn. POLYCARPIQUE.)

RANATRE n. f. (lat. *rana*, grenouille). Insecte des eaux stagnantes, à corps allongé terminé par un tube respiratoire. (Ordre des hétéroptères.)

RANCARD, RANCART ou **RENCARD** n. m. *Arg.* Renseignement. ‖ *Pop.* Rendez-vous.

RANCARDER ou **RENCARDER** v. t. *Arg.* Renseigner.

RANCART n. m. (normand *récarter*, éparpiller). *Mettre, jeter au rancart* (Fam.), jeter de côté, au rebut ce dont on ne se sert plus.

RANCE adj. (lat. *rancidus*). Se dit de tout corps gras qui a contracté une odeur forte et une saveur âcre : *lard rance.* ◆ n. m. Odeur ou saveur rance : *sentir le rance.*

RANCESCIBLE adj. Susceptible de rancir.

RANCH [rɑ̃ʃ ou rɑ̃tʃ] n. m. (mot amér.; de l'esp.) [pl. *ranches*]. Grande ferme d'élevage extensif de la Prairie américaine.

RANCHE n. f. (mot francique). Chacune des chevilles qui traversent une pièce de bois pour servir d'échelon.

RANCHER [rɑ̃ʃe] n. m. Sorte d'échelle comportant un seul montant.

RANCI n. m. Odeur, goût de rance.

RANCIO n. m. (mot esp.; lat. *rancidus*). Vin de liqueur qu'on a laissé vieillir.

RANCIR v. i. Devenir rance : *lard qui rancit.*

RANCISSEMENT n. m., ou, vx, **RANCISSURE** n. f. Fait de rancir. (Le rancissement du beurre est dû à la transformation, par fermentation, du lactose restant dans le beurre en acide butyrique, par le bacille amylobacter.)

RANCŒUR n. f. (bas lat. *rancor*, état de ce qui est rance). Amertume profonde que l'on garde à la suite d'une déception, d'une injustice.

RANÇON n. f. (lat. *redemptio*, rachat). Ce qu'on donne pour la délivrance d'un captif, d'un prisonnier de guerre : *payer rançon.* ‖ Inconvénient au prix duquel on obtient un avantage : *la rançon de la gloire.*

RANÇONNEMENT n. m. Action de rançonner.

RANÇONNER v. t. Exiger de force ce qui n'est pas dû : *voleurs qui rançonnent les passants.* ‖ *Litt.* Exiger un prix excessif : *hôtelier qui rançonne les voyageurs.*

RANÇONNEUR, EUSE n. *Litt.* Personne qui rançonne.

RANCUNE n. f. (bas lat. *rancor*, état de ce qui est rance, et *cura*, souci). Ressentiment qu'on garde d'une offense, d'une injustice. ● *Sans rancune* (Fam.), formule de réconciliation.

RANCUNIER, ÈRE adj. et n. Sujet à la rancune; qui garde rancune.

RAND n. m. Unité monétaire principale de l'Afrique du Sud.

RANDOMISATION n. f. *Stat.* Action de randomiser.

RANDOMISER v. t. (angl. *random*, fortuit). *Stat.* Introduire un élément de hasard.

RANDONNÉE n. f. (anc. fr. *randir*, courir rapidement). Grande promenade; marche sur des sentiers balisés appelés sentiers de grande randonnée (abrév. : G. R.). ‖ *Vén.* Circuit que fait le cerf, le chevreuil, après avoir été lancé.

RANDONNEUR, EUSE n. Celui, celle qui fait des excursions à pied.

RANG n. m. (mot francique). Suite de personnes ou de choses placées, en largeur, sur la même ligne : *un rang de soldats, d'arbres.* ‖ Place de qqn, de qqch dans un ensemble, hiérarchisé ou non. ‖ Place qu'on doit occuper dans une assemblée, dans une cérémonie, qu'on occupe dans la hiérarchie sociale, dans l'estime des hommes. ‖ Catégorie de personnes ayant les mêmes opinions, les mêmes goûts, les mêmes intérêts : *nous l'avons admis dans nos rangs.* ‖ Dans un ouvrage de tricot, de crochet, ensemble de mailles faites d'affilée sur un même ligne. ‖ Au Canada, terroir allongé d'une exploitation agricole, perpendiculaire à une rivière ou à une route. ● *Au rang de*, au nombre de. ‖ *Avoir rang de*, avoir le grade de. ‖ *Homme du rang*, terme générique désignant tous les militaires qui ne sont ni officiers ni sous-officiers. (On disait autrefois HOMME DE TROUPE.) ‖ *Prendre rang*, prendre son tour. ‖ *Rang d'une matrice* (Math.), ordre maximal des déterminants non nuls que l'on peut former avec les éléments de cette matrice en supprimant un certain nombre de lignes et de colonnes de celle-ci. ‖ *Rang serré* (Mil.), syn. de ORDRE SERRÉ. ‖ *Rentrer dans le rang*, redevenir un simple citoyen après avoir exercé de hautes fonctions. ‖ *Se mettre, être sur les rangs*, parmi les prétendants à une place. ‖ *Serrer les rangs*, se rapprocher pour tenir moins de place, pour s'aider. ‖ *Sorti du rang*, se dit d'un militaire qui a été promu officier sans passer par une école militaire.

RANGÉ, E adj. Qui a de l'ordre, qui mène une vie régulière : *homme rangé.* ● *Bataille rangée*, celle que se livrent deux armées régulièrement disposées l'une en face de l'autre.

RANGÉE n. f. Suite de personnes ou d'objets disposés sur une même ligne : *rangée d'arbres.*

RANGEMENT n. m. Action de ranger. ‖ Disposition de ce qui est rangé.

RANGER v. t. (conj. 1). Mettre en rang : *ran-*

ger des troupes en ordre de bataille. || Mettre en ordre, à la place convenable : *ranger des papiers.* || Mettre de l'ordre dans : *ranger une chambre.* || Mettre de côté pour laisser la voie libre : *ranger une voiture.* || *Litt.* Mettre sous la dépendance, amener à : *ranger un auditoire à son avis.* || *Litt.* Mettre au nombre : *ranger un auteur parmi les classiques.* || *Mar.* Longer, passer près de. ◆ **se ranger** v. pr. S'écarter pour faire de la place. || Se placer dans un certain ordre, se disposer : *se ranger autour d'une table.* || Adopter une manière de vivre plus régulière. ● *Se ranger à un avis,* l'adopter. || *Se ranger du côté de,* s'engager dans le parti de.

RANGER [rɑ̃dʒər] n. m. (mot amér.). Soldat d'une unité de choc de l'armée américaine.

RÂNI n. f. (mot hindī). Femme d'un *rāja.*

RANIDÉ [ranide] n. m. (lat. *rana,* grenouille). Animal de la famille de la grenouille.

RANIMER v. t. Redonner de la vie, de la vigueur, de la force : *ranimer le courage; ranimer le feu.* ◆ **se ranimer** v. pr. Reprendre conscience; reprendre la force.

RANZ [rɑ̃ ou rɑ̃z] n. m. *Ranz des vaches,* ou *ranz,* air populaire des bergers suisses.

RAOUT [raut] n. m. (angl. *rout*). Réunion, fête mondaine (vx).

RAPACE adj. (lat. *rapax, rapacis*). Vorace : *le vautour est rapace.* || Avide de gain, cupide : *usurier rapace.*

RAPACE n. m. Oiseau carnivore, à bec crochu et à griffes fortes et recourbées, chasseur diurne *(aigle, faucon, vautour)* ou nocturne *(hibou, chouette).* [Les *rapaces* forment un ordre.]

RAPACITÉ n. f. Caractère rapace, cupidité.

RÂPAGE n. m. Action de râper.

RAPATRIÉ, E adj. et n. Renvoyé dans sa patrie.

RAPATRIEMENT n. m. Action de rapatrier.

RAPATRIER v. t. Faire revenir dans sa patrie.

RÂPE n. f. (de *râper*). Ustensile de ménage pour réduire en poudre ou en petits morceaux certaines substances alimentaires. || *Bot.* Syn. de RAFLE. || *Techn.* Grosse lime plate ou demironde, pour user la surface des matières tendres.

RÂPÉ n. m. Fromage râpé. || Poudre de tabac à priser en cours de fabrication. || Boisson obtenue en ajoutant de l'eau au marc de raisin venant du pressurage.

RÂPÉ, E adj. Pulvérisé, réduit en miettes. || *Fam.* Raté, fichu. ● *Vêtement râpé,* usé jusqu'à la corde.

RÂPER v. t. (germ. *raspôn,* rafler). Réduire en poudre ou en petits morceaux avec la râpe : *râper du fromage.* || Donner une sensation d'âpreté, gratter : *ce vin râpe le gosier.* || *Techn.* User la surface d'un corps avec une râpe, pour le dresser ou l'arrondir.

RÂPERIE n. f. Atelier où l'on râpe les betteraves destinées à la fabrication du sucre.

RAPETASSAGE n. m. *Fam.* Action de rapetasser.

RAPETASSER v. t. (anc. prov. *petasar,* rapiécer). *Fam.* Raccommoder grossièrement : *rapetasser de vieux vêtements.*

RAPETISSEMENT n. m. Action de rapetisser.

RAPETISSER v. t. Rendre plus petit, faire paraître plus petit : *la distance rapetisse les objets.* || Diminuer le mérite de : *rapetisser les actions des autres.* ◆ v. i. Devenir plus petit, plus court : *les jours rapetissent.*

RÂPEUX, EUSE adj. Rude au toucher : *langue râpeuse.* || Qui a une saveur âpre : *vin râpeux.*

RAPHAÉLESQUE ou **RAPHAÉLIQUE** adj. Qui rappelle les types de Raphaël.

RAPHÉ n. m. Entrecroisement de fibres musculaires aponévrotiques ou nerveuses.

RAPHIA n. m. (mot malgache). Palmier d'Afrique et d'Amérique, fournissant une fibre très solide, qui sert à faire des liens; cette fibre.

RAPIAT, E adj. (lat. *rapere,* voler). *Fam.* Qui dépense avec parcimonie, avare.

RAPIDE adj. (lat. *rapidus*). Qui parcourt beaucoup d'espace en peu de temps. || Qui s'accomplit très vite : *guérison rapide.* || Se dit d'une route, d'une voie où l'on circule rapidement. ||

Très incliné : *pente rapide.* || Qui agit vite, qui comprend facilement : *rapide dans son travail; intelligence rapide.* || Se dit d'un film de sensibilité élevée. ● *Acier rapide,* acier spécial utilisé pour l'usinage des métaux.

RAPIDE n. m. Section d'un cours d'eau où l'écoulement est accéléré en raison d'une augmentation brutale de la pente du lit. || Train effectuant un parcours à vitesse élevée, et ne s'arrêtant qu'à des gares importantes.

RAPIDEMENT adv. Avec rapidité, vite.

RAPIDITÉ n. f. Caractère de ce qui est rapide : *la rapidité d'une fusée; la rapidité du temps.*

RAPIÈCEMENT ou **RAPIÉÇAGE** n. m. Action de rapiécer.

RAPIÉCER v. t. (conj. **1** et **5**). Raccommoder, réparer avec des pièces.

RAPIÈRE n. f. Épée à lame fine et longue, dont on se servait dans les duels (XVᵉ - XVIIIᵉ s.).

Giraudon

rapière (fin du XVIᵉ s.)

RAPIN n. m. (mot d'arg.). Autref., dans les ateliers de peinture, apprenti chargé des besognes subalternes. || *Péjor.* Peintre.

RAPINE n. f. (lat. *rapina*). *Litt.* Action de prendre par violence; ce qui est volé.

RAPLAPLA adj. inv. *Fam.* Très fatigué.

RAPLATIR v. t. Aplatir de nouveau.

RAPPAREILLER v. t. Assortir de nouveau pour former un ensemble complet.

RAPPARIEMENT n. m. Action de rapparier.

RAPPARIER v. t. Réassortir deux choses qui vont par paire : *rapparier des gants.*

RAPPEL n. m. (de *rappeler*). Action par laquelle on rappelle : *rappel d'un ambassadeur.* || Paiement d'une portion d'appointements ou d'arrérages restée en suspens. || Action de rappeler, de faire se souvenir. || Système de retour en arrière d'un mécanisme. || *Alp.* Procédé de descente d'une paroi verticale à l'aide d'une corde double, récupérable ensuite. || *Mar.* Position prise par un équipier pour limiter la gîte d'un voilier. || *Mil.* Batterie de tambour, sonnerie de clairon pour rassembler une troupe. ● *Battre le rappel,* rassembler, réunir les personnes, les ressources nécessaires. || *Injection de rappel,* nouvelle injection d'un vaccin pratiquée systématiquement après un délai précis, ou occasionnellement en cas d'épidémie ou d'accident (vaccin antitétanique) pour consolider l'immunité conférée par le vaccin. || *Rappel à l'ordre,* avertissement donné à qqn qui ne respecte pas un règlement.

RAPPELABLE adj. Qui peut être rappelé.

RAPPELÉ, E adj. et n. Convoqué de nouveau sous les drapeaux.

RAPPELER v. t. (conj. **3**). Appeler de nouveau, spécialem. au téléphone. || Faire revenir en

raphia

appelant, faire revenir une personne absente : *rappeler le médecin; rappeler les acteurs.* || Faire revenir qqn d'un pays étranger où il exerçait des fonctions : *rappeler un ambassadeur.* || Faire revenir à la mémoire : *rappeler une promesse; rappeler le souvenir d'un événement historique.* || Présenter une ressemblance avec : *fille qui rappelle son père.* ● *Rappeler à la vie,* faire reprendre connaissance. ◆ **se rappeler** v. pr. *Se rappeler qqn, qqch* (ou, fam., *de qqn, de qqch*), en garder le souvenir.

RAPPLIQUER v. i. *Pop.* Revenir rapidement.

RAPPOINTIS n. m. (de *pointe*). Pointe métallique enfoncée dans un bois pour retenir le plâtre.

RAPPORT n. m. Exposé dans lequel on rend compte de qqch : *rédiger un rapport.* || Liaison qui existe entre les choses; élément commun existant entre des choses; conformité, analogie : *l'italien a beaucoup de rapports avec le latin.* || Revenu, produit : *le rapport d'une terre.* || État d'un fonds qui donne un produit : *terre en plein rapport.* || *Dr.* Action par laquelle celui qui a reçu une somme, un bien, les rapporte à la succession pour être compte au partage. || Exposé fait aux membres d'une assemblée délibérante, relatif aux travaux d'une commission et concernant notamment une proposition ou un projet de loi. || *Math.* Quotient de deux grandeurs de même espèce, dont les mesures sont faites avec la même unité. || *Mil.* Rassemblement quotidien d'une unité militaire pour recevoir les ordres de son chef. ● *Rapport à qqch* (Fam.), à cause de. || *En rapport avec,* proportionné à. || *Maison de rapport,* immeuble dont la location procure des revenus au propriétaire. || *Mettre en rapport,* mettre en communication. || *Par rapport à,* en proportion de : *la Terre est petite par rapport au Soleil.* || *Rapport de masse,* dans une fusée, rapport entre le poids au départ et le poids à l'arrivée. || *Rapport sexuel,* syn. de COÏT. || *Rapport volumétrique,* dans un moteur à combustion interne, quotient de la somme des volumes d'un cylindre et de sa chambre de combustion par le volume de cette chambre. || *Sous le rapport de,* du point de vue de, eu égard à. ◆ pl. Relations que les hommes ont entre eux : *entretenir des rapports d'amitié avec qqn.* ● *Sous tous les rapports,* à tous égards.

RAPPORTÉ, E adj. Qui a été ajouté pour compléter. ● *Pièce rapportée,* élément constitutif d'un ensemble auquel il est assemblé après avoir été façonné à part; (Fam.) personne alliée à une famille.

RAPPORTER v. t. Apporter une chose au lieu où elle était, rendre à qqn : *rapportez-moi le livre que je vous ai prêté.* || Apporter avec soi en revenant : *rapporter des cigares de La Havane.* || Donner comme produit, bénéfice, profit : *cette terre rapporte beaucoup de blé; ce mensonge ne vous rapportera rien.* || Faire le récit de ce qu'on a vu et entendu : *rapporter un fait comme il s'est passé.* || Redire, répéter par indiscrétion ou par méchanceté : *on n'ose rien dire devant lui, il rapporte tout.* || Rattacher à une cause, à une fin, attribuer : *rapporter un fait à telle époque; rapporter tout à soi.* || Abroger, annuler : *rapporter un décret.* || Rédiger un rapport relatif à un projet ou une proposition de loi. || Compléter une chose en y ajoutant : *rapporter un morceau à une étoffe.* || *Chass.* En parlant d'un chien, apporter le gibier tué. || *Dr.* Effectuer un rapport avec un partage. || *Math.* Tracer sur le papier le dessin des mesures prises sur le terrain : *rapporter des angles.* ◆ **se rapporter** v. pr. [à]. Avoir un rapport, un lien logique avec, se rattacher à : *la réponse ne se rapporte pas à la question.* || *S'en rapporter à qqn,* s'en remettre à sa décision, lui faire confiance.

RAPPORTEUR, EUSE adj. et n. Qui rapporte, par indiscrétion ou par malice, ce qu'il a vu ou entendu.

RAPPORTEUR n. m. Celui qui est chargé de faire l'exposé d'un procès, d'une affaire, de faire le rapport des conclusions que propose une commission parlementaire, etc. || Instrument en forme de demi-cercle gradué, servant à mesurer ou à rapporter des angles sur un dessin.

RAPPRENDRE ou **RÉAPPRENDRE** v. t. Apprendre de nouveau.

RAPPROCHEMENT n. m. Action de rapprocher, de se rapprocher. ‖ Réconciliation : *le rapprochement de deux familles.* ‖ Action de mettre en parallèle des faits, des idées, pour les comparer; cette comparaison.

RAPPROCHER v. t. Mettre, faire venir plus près : *rapprocher deux planches disjointes.* ‖ Rendre plus proche dans l'espace ou le temps. ‖ Mettre en rapport : *rapprocher des textes.* ‖ Réconcilier : *rapprocher deux personnes.* ◆ **se rapprocher** v. pr. Venir plus près. ‖ Avoir des relations plus étroites. ‖ Avoir certaines ressemblances avec qqn, qqch.

RAPPROVISIONNEMENT ou **RÉAPPROVISIONNEMENT** n. m. Action de rapprovisionner.

RAPPROVISIONNER ou **RÉAPPROVISIONNER** v. t. Approvisionner de nouveau.

RAPSODIE n. f. → RHAPSODIE.

RAPT [rapt] n. m. (lat. *raptus,* enlèvement). Enlèvement illégal d'une personne.

RAPTUS n. m. (mot lat., *enlèvement*). *Psychiatr.* Comportement paroxystique à caractère de décharge brusque et irrésistible, susceptible d'avoir des conséquences dramatiques pour le sujet ou pour autrui.

RÂPURE n. f. Ce qu'on enlève en râpant.

RAQUER v. t. *Pop.* Payer.

RAQUETTE n. f. (mot ar.). Instrument formé d'un cadre ovale garni d'un réseau de boyaux et terminé par un manche, pour jouer notamment au tennis. ‖ Lame de bois, recouverte généralement de caoutchouc et munie d'un manche, pour jouer au tennis de table. ‖ Large semelle pour marcher sur la neige molle. ‖ Aiguille commandant le réglage d'une montre, par déplacement sur la rosette. ‖ Tige aplatie du nopal, ou opuntia.

RAQUETTEUR n. m. Personne qui se déplace sur la neige avec des raquettes.

RARE adj. (lat. *rarus*). Qui n'est pas commun, qu'on ne voit pas souvent : *un livre rare.* ‖ En petit nombre : *les commerçants sont rares dans ce quartier.* ‖ Peu fréquent : *de rares visites.* ‖ Peu dense : *une herbe rare.* ‖ Surprenant : *c'est rare de vous voir à cette heure.* ◆ *Se faire rare,* se dit de qqn qu'on voit moins souvent.

RARÉFACTION n. f. Le fait de se raréfier.

RARÉFIABLE adj. Qui peut se raréfier.

RARÉFIER v. t. Rendre rare. ‖ *Phys.* Diminuer la densité, la pression. ◆ **se raréfier** v. pr. Devenir plus rare, moins dense, moins fréquent.

RAREMENT adv. Peu souvent.

RARETÉ n. f. (lat. *raritas*). Caractère de ce qui est rare; chose rare : *la rareté du diamant; la neige en mai est une rareté.*

RARISSIME adj. Très rare.

RAS [rɑ] n. m. (lat. *ratis,* radeau). *Mar.* Plateforme flottante, servant aux réparations d'un navire, près de la flottaison.

RAS [ras] n. m. (mot ar.). Chef éthiopien.

RAS, E [rɑ, rɑz] adj. (lat. *rasus,* rasé). Coupé jusqu'à la peau, en parlant des poils, des cheveux : *barbe rase.* ‖ Qui a le poil très court : *velours ras.* ‖ *À ras bord,* jusqu'au bord, très plein. ‖ *Faire table rase,* mettre de côté, considérer comme nul ce qui a été dit ou fait antérieurement. ‖ *Ras du cou,* se dit d'un vêtement dont l'encolure s'arrête au niveau du cou. ‖ *Rase campagne,* pays plat et découvert. ‖ *Table rase* (Philos.), expression désignant l'esprit antérieurement à toute représentation (par analogie avec une tablette de cire où rien n'est encore écrit). ◆ adv. De très près : *cheveux coupés ras.* ◆ **au ras de, à ras de,** au niveau de.

RASADE n. f. (de *ras*). Quantité de boisson représentant un verre rempli à ras bord.

RASAGE n. m. Action de raser ou de se raser.

RASANCE n. f. *Mil.* Rapport entre la hauteur à laquelle s'élève la trajectoire d'un projectile et celle de l'objectif visé.

RASANT, E adj. *Fam.* Ennuyeux, fatigant : *livre rasant.* ‖ *Mil.* Qui ne s'élève pas à une hauteur supérieure à celle de l'objectif : *tir rasant.*

rat

rascasse

RASCASSE n. f. (prov. *rascasso*). Nom donné à plusieurs poissons osseux de la Méditerranée et du golfe de Gascogne, comestibles, mais couverts d'épines venimeuses.

RASE-MOTTES n. m. inv. *Aéron.* Vol effectué par un avion au plus près du sol.

RASER v. t. (lat. *radere,* tondre). Couper avec un rasoir et au ras de la peau les cheveux, la barbe. ‖ Abattre à ras de terre : *raser un édifice.* ‖ Enlever les aspérités de la surface d'un corps. ‖ Passer tout près, effleurer : *raser les murs.* ‖ *Fam.* Importuner, ennuyer. ◆ **se raser** v. pr. Se couper la barbe. ‖ *Fam.* S'ennuyer.

RASETTE n. f. Petit soc fixé sur la charrue en avant du coutre.

RASEUR, EUSE n. *Fam.* Personne ennuyeuse.

RASH [raʃ] n. m. (mot angl.). *Méd.* Éruption érythémateuse de courte durée, qui s'observe dans diverses maladies.

RASIBUS [razibys] adv. *Fam.* Tout près.

RASKOL [raskɔl] n. m. (mot russe, *schisme*). Dissidence religieuse russe née au XVIIᵉ s. à la suite des réformes du patriarche Nikon et caractérisée par un attachement aux anciennes traditions. (V. VIEUX-CROYANT.)

RAS-LE-BOL n. m. inv. *Pop.* Fait d'être excédé, exaspération.

RASOIR n. m. Instrument tranchant dont on se sert surtout pour se couper la barbe. ● *Rasoir électrique,* appareil électrique qui permet le rasage à sec. ‖ *Rasoir mécanique* ou *de sûreté,* rasoir à lame amovible dont le type de montage supprime le risque de coupures graves.

RASOIR adj. *Pop.* Ennuyeux : *film rasoir.*

RASPOUTITSA [rasputitsa] n. f. (mot russe). Période de dégel qui transforme la surface du sol en boue gluante.

RASSASIEMENT n. m. *Litt.* État d'une personne rassasiée.

RASSASIER v. t. (lat. *satiare*). Apaiser la faim. ‖ Satisfaire pleinement les désirs, les passions de qqn : *il n'est jamais rassasié de vivre.*

RASSEMBLEMENT n. m. Action de rassembler : *rassemblement de documents.* ‖ Grande réunion de personnes; attroupement : *disperser un rassemblement.* ‖ Union de groupements politiques ou parti qui prétend regrouper des adhérents d'origines politiques diverses. ‖ *Mil.* Sonnerie de clairon ou batterie de tambour pour rassembler une troupe.

RASSEMBLER v. t. Faire venir dans le même lieu, réunir : *rassembler les moutons.* ‖ Mettre ensemble, accumuler : *rassembler des matériaux.* ‖ Réunir, concentrer pour entreprendre qqch : *rassembler ses forces, ses idées.* ‖ *Rassembler un cheval* (Équit.), le tenir dans la main et dans les jambes, de façon à le préparer aux mouvements qu'on veut lui faire exécuter. ◆ **se rassembler** v. pr. Se réunir, se grouper.

RASSEMBLEUR, EUSE n. Personne qui rassemble, réunit.

RASSEOIR v. t. (conj. 38). Asseoir de nouveau, replacer. ◆ **se rasseoir** v. pr. S'asseoir de nouveau, après s'être levé.

RASSÉRÉNER [raserene] v. t. (conj. 5). Rendre la sérénité, le calme à : *cette bonne nouvelle le rasséréna.* ◆ **se rasséréner** v. pr. Retrouver son calme.

RASSIR v. i. Devenir rassis.

RASSIS, E adj. (part. pass. de *rasseoir,* diminuer). *Esprit rassis,* calme, réfléchi. ‖ *Pain rassis,* pain qui n'est plus très frais, mais qui n'est pas encore dur. ‖ *Viande rassise,* viande d'animaux tués depuis plusieurs jours.

RASSISSEMENT n. m. Fait de rassir.

RASSORTIMENT n. m. → RÉASSORTIMENT.

RASSORTIR v. t. → RÉASSORTIR.

RASSURANT, E adj. Propre à rassurer : *nouvelle rassurante.*

RASSURER v. t. Rendre la confiance, l'assurance, la tranquillité, dissiper les craintes : *ce que vous me dites là me rassure.*

RASTAFARI ou **RASTA** adj. et n. (de *ras Tafari,* titre porté par Hailé Sélassié). Se dit d'un mouvement mystique, politique et culturel propre aux Noirs de la Jamaïque et des Antilles anglophones. (La musique reggae en est notamment une manifestation.)

RASTAQUOUÈRE [rastakwɛr] ou **RASTA** n. m. (esp. *rastacuero*). *Fam.* Étranger menant grand train et dont on ne connaît pas les moyens d'existence.

RAT n. m. Mammifère rongeur, très nuisible, originaire d'Asie. (Le *rat noir* a envahi l'Europe au XIIIᵉ s. et a été supplanté au XVIIᵉ s. par le *rat d'égout,* ou *surmulot.*) ‖ *Fam.* Homme avare. ‖ Jeune élève de la classe de danse, à l'Opéra. ● *Être fait comme un rat* (Fam.), être pris, dupé. ‖ *Rat de bibliothèque* (Fam.), personne qui passe son temps à consulter des livres dans les bibliothèques. ‖ *Rat d'hôtel* (Fam.), filou qui dévalise les hôtels. ‖ *Rat musqué,* syn. de ONDATRA.

RATA n. m. (abrév. de *ratatouille*). *Pop.* Mauvais ragoût; pitance quelconque.

RATAFIA n. m. (mot créole). Liqueur préparée par macération de fruits, de fleurs, de tiges, etc., dans l'alcool ou par mélange de marc et de jus de raisin.

RATAGE n. m. Action de rater, échec.

RATAPLAN interj. Roulement d'un tambour.

RATATINÉ, E adj. Flétri, ridé : *figure ratatinée.* ‖ *Fam.* Rapetissé par l'âge : *vieillard tout ratatiné.*

RATATINER v. t. (anc. franç. *tatin,* petite quantité). *Fam.* Endommager gravement, démolir. ◆ **se ratatiner** v. pr. Se raccourcir, se resserrer. ‖ *Se faire ratatiner* (Fam.), se faire tuer.

RATATOUILLE n. f. (de *touiller*). *Fam.* Ragoût grossier. ‖ *Ratatouille niçoise,* mélange d'aubergines, de courgettes, de poivrons, d'oignons et de tomates assaisonnés et cuits à l'huile d'olive.

RAT-DE-CAVE n. m. (pl. *rats-de-cave*). Commis des contributions indirectes qui contrôlait les caves (vx). ‖ Longue mèche recouverte de cire servant à éclairer.

RATE n. f. Femelle du rat.

RATE n. f. (moyen néerl. *rate,* rayon de miel). Organe lymphoïde situé dans l'hypocondre gauche, entre l'estomac et les fausses côtes. (La

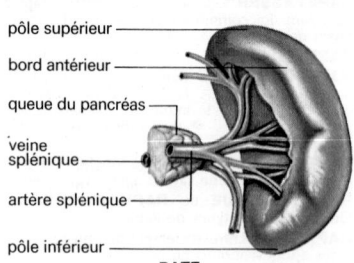

pôle supérieur
bord antérieur
queue du pancréas
veine splénique
artère splénique
pôle inférieur

RATE

rate produit des leucocytes et tient en réserve des hématies.) ● *Dilater la rate* (Fam.), faire rire.

RATÉ n. m. Fonctionnement défectueux de qqch. ‖ Coup d'une arme à feu qui n'est pas parti. ‖ Légère détonation qui se produit à l'échappement d'un moteur à explosion, lorsque l'allumage du mélange carburé se produit à contretemps.

RATÉ, E n. et adj. *Fam.* Personne qui, faute de talent ou de chance, n'a pas réussi.

RÂTEAU n. m. (lat. *rastellus*). Outil agricole et de jardinage formé d'une traverse portant des dents et munie d'un manche. ‖ Raclette à manche avec lequel le croupier ramasse les mises et les jetons sur les tables de jeu. ‖ *Techn.* Instrument muni d'une rangée de dents.

RATEL n. m. Mammifère carnassier de l'Afrique et de l'Inde, à dessus blanc et argenté, et à dessous noir. (Long. : 60 cm sans la queue; famille des mustélidés.)

RÂTELAGE n. m. Action de râteler.

RÂTELÉE n. f. Ce qu'on peut ramasser d'un seul coup de râteau.

RÂTELER v. t. (conj. 3). Ramasser avec le râteau.

RÂTELIER n. m. Assemblage à claire-voie de barres de bois, pour mettre le foin et la paille qu'on donne aux animaux. ‖ Tringle disposée le long d'un établi pour y placer les outils. ‖ *Fam.* Dentier. ● *Manger à deux râteliers, à plusieurs râteliers* (Fam.), servir avec profit deux causes opposées, tirer avantage d'emplois différents. ‖ *Râtelier d'armes* (Mil.), support muni d'encoches où l'on range les fusils.

RATER v. i. (de *rat*). *Fam.* Échouer : *projet qui rate.* ‖ Ne pas partir, en parlant du coup d'une arme à feu. ◆ v. t. Manquer : *rater un lièvre; rater un examen.* ‖ Ne pas rencontrer qqn. ● *Ne pas rater qqn* (Fam.), lui faire une réponse bien envoyée; prendre sur le fait pour punir. ‖ *Ne pas en rater une* (Fam.), commettre toutes les gaffes possibles.

RATIBOISER v. t. (de *ratisser*). *Pop.* Prendre, rafler. ‖ *Pop.* Ruiner, détruire.

RATICIDE n. m. Produit qui détruit les rats.

RATIER n. m. Chien qui chasse les rats.

RATIÈRE n. f. Piège à rats. ‖ Mécanisme servant à faire évoluer les lames d'un métier à tisser.

RATIFICATION n. f. Action de ratifier, confirmation, approbation. ‖ Acte par lequel une personne prend à son compte l'engagement pris en son nom par une autre qui n'était pas habilitée. ‖ *Dr. intern.* Formalité par laquelle un État affirme sa volonté d'être engagé par un traité international préalablement signé.

RATIFIER v. t. (lat. *ratus*, confirmé). Confirmer ce qu'a été fait ou promis : *ratifier un projet.* ‖ *Dr.* Reconnaître la validité d'un engagement pris par un mandataire irrégulier; procéder à une ratification.

RATINAGE n. m. Frisure que l'on fait subir à certaines étoffes.

RATINE n. f. Étoffe de laine croisée dont le poil est tiré au-dehors et frisé.

RATINER v. t. Passer une étoffe, un drap à la machine à ratiner.

RATING [ratiŋ] n. m. (mot angl., de *to rate*, évaluer). *Mar.* Nombre exprimé en dimensions linéaires (mètres ou pieds) et représentatif des qualités d'un voilier.

RATIO [rasjo] n. m. (mot lat.). Rapport entre deux grandeurs économiques ou financières.

RATIOCINATION n. f. *Litt.* Abus du raisonnement; raisonnement trop subtil.

RATIOCINER v. i. (lat. *ratiocinari;* de *ratio*, raison). *Litt.* Raisonner d'une façon trop subtile.

RATION n. f. (lat. *ratio*, compte). Portion de nourriture ou d'une autre denrée distribuée chaque jour à une personne, à une formation militaire, à un animal, etc. (La ration d'entretien d'un homme adulte au repos doit apporter une énergie de 2400 calories.) ‖ Ce qui est donné, infligé à qqn.

RATIONALISATION n. f. Action de rationaliser. ‖ *Psychol.* Justification logique et consciente d'un comportement relevant d'autres motivations inconscientes ou non conformes à la morale. ● *Rationalisation des choix budgétaires (R. C. B.),* modalité d'application en France de méthodes d'évaluation relatives aux décisions d'ordre économique et budgétaire, originaires des États-Unis.

RATIONALISÉ, E adj. Se dit de formu-

les d'électrostatique et d'électromagnétisme employées habituellement avec le système d'unités M. K. S. A.

RATIONALISER v. t. Déterminer, organiser suivant des calculs ou des raisonnements : *rationaliser l'alimentation.* ‖ Rendre plus efficace et moins coûteux un processus de production, normaliser : *rationaliser une fabrication.* ‖ *Psychol.* Justifier ce qui relève de motivations inconscientes.

RATIONALISME n. m. Caractère de ce qui est fondé sur la seule raison. ‖ *Philos.* Philosophie de la connaissance fondée sur la raison, par oppos. à celles qui se fondent sur la révélation ou sur l'expérience. ‖ *Théol.* Doctrine qui consiste à justifier les dogmes religieux par le recours à la raison (par oppos. à FIDÉISME). ‖ Doctrine artistique selon laquelle la beauté de l'objet ou de l'édifice est le résultat d'une juste appropriation à l'usage auquel ils sont destinés. ● *Rationalisme morbide* (Psychiatr.), jeu stérile du raisonnement qui, coupé de ses racines affectives, tourne à vide dans l'abstraction.

RATIONALISTE adj. et n. Qui relève du rationalisme; qui en est partisan.

RATIONALITÉ n. f. Caractère de ce qui est rationnel : *la rationalité d'un fait scientifique.*

RATIONNAIRE adj. et n. Qui a droit à une ration.

RATIONNEL, ELLE adj. (lat. *ratio*, raison). Qui est fondé sur la raison : *certitude rationnelle; méthode rationnelle.* ‖ Qui est déduit par le raisonnement et n'a rien d'empirique : *mécanique rationnelle.* ‖ Déterminé par des calculs ou par des raisonnements : *alimentation rationnelle.* ‖ Conforme au bon sens : *ce que vous dites n'est pas rationnel.* ‖ *Math.* Se dit d'une expression algébrique ne comportant aucun radical. ● *Nombre rationnel,* nombre entier relatif, ou nombre fractionnaire positif ou négatif.

RATIONNELLEMENT adv. De façon rationnelle.

RATIONNEMENT n. m. Action de rationner.

RATIONNER v. t. Réduire la consommation en répartissant qqch par quantités limitées. ‖ Restreindre la quantité de nourriture, de qqch qu'il a le droit de consommer.

RATISSAGE n. m. Action de ratisser.

RATISSER v. t. (moyen fr. *rater*, racler). Nettoyer et unir avec un râteau : *ratisser une allée.* ‖ Fouiller méthodiquement une zone de terrain, un quartier, pour rechercher les éléments adverses, les malfaiteurs. ● *Ratisser qqn* (Fam.), le ruiner.

RATITE n. m. Oiseau coureur à ailes réduites et à sternum sans bréchet (*autruche, nandou, émeu, aptéryx*). [Les *ratites* forment une sous-classe.]

RATON n. m. Petit rat. ● *Raton laveur,* mammifère carnassier d'Amérique, recherché pour sa fourrure de couleur gris fauve. (Omnivore, il trempe ses aliments dans l'eau avant de les manger.) [Syn. RACOON.]

RATTACHEMENT n. m. Action de rattacher.

RATTACHER v. t. Attacher de nouveau. ‖ Faire dépendre qqch d'une chose principale; établir un rapport entre des choses ou des personnes : *rattacher une question à une autre.* ◆ se rattacher v. pr. [à]. Être lié.

RATTRAPABLE adj. Qui peut être rattrapé.

RATTRAPAGE n. m. Action de rattraper ou de se rattraper.

RATTRAPER v. t. Attraper, saisir de nouveau : *rattraper un prisonnier.* ‖ Saisir qqch, qqn afin de les empêcher de tomber, retenir. ‖ Rejoindre qqn, qqch qui a de l'avance : *allez devant, je vous rattraperai.* ‖ Atténuer un défaut, une erreur, corriger une inégalité. ◆ se rattraper v. pr. Se retenir : *se rattraper à une branche.* ‖ Regagner l'argent ou le temps qu'on a perdu. ‖ Se remettre au courant. ‖ Atténuer une erreur qu'on était en train de commettre.

RATURAGE n. m. Action de raturer.

RATURE n. f. (lat. *radere*, raser). Trait tracé sur ce qu'on a écrit pour l'annuler.

RATURER v. t. Annuler par des ratures : *raturer un texte.*

RAUBASINE n. f. Alcaloïde vasodilatateur et hypotenseur extrait des racines du rauwolfia.

RAUCHAGE n. m. *Min.* Remise à section d'une galerie écrasée.

RAUCHER v. t. *Min.* Faire un rauchage.

RAUCHEUR [roʃœr] n. m. Ouvrier mineur chargé du boisage des galeries.

RAUCITÉ n. f. Rudesse, âpreté de la voix.

RAUQUE adj. (lat. *raucus*). Se dit d'une voix rude et comme enrouée.

RAUWOLFIA n. m. Arbuste de l'Inde (*Rauwolfia serpentina*), dont les racines sont employées pour leurs propriétés hypotensives.

RAVAGE n. m. (de *ravir*). Dommage, dégât important causé par la guerre, les orages, etc. ‖ Détérioration du corps : *les ravages de l'alcoolisme.* ● *Faire des ravages,* provoquer des passions irrésistibles.

RAVAGER v. t. (conj. 1). Endommager gravement, saccager, dévaster. ‖ Causer de violents désordres moraux : *être ravagé par les soucis.* ● *Être ravagé* (Pop.), être fou.

RAVAGEUR n. m. Celui qui ravage.

RAVAL n. m. (pl. *ravals*). *Min.* Approfondissement d'un puits.

RAVALEMENT n. m. Action de ravaler. ‖ Enduit posé sur un mur.

RAVALER v. t. (de *val*). Avaler de nouveau : *ravaler sa salive.* ‖ Déprécier, rabaisser : *ravaler le mérite de qqn.* ‖ *Constr.* Nettoyer les murs extérieurs d'une construction pour en remplacer le crépi ou pour les peindre. ‖ *Min.* Approfondir (un puits). ◆ se ravaler v. pr. S'abaisser, perdre sa dignité morale.

RAVALEUR n. et adj. m. Cimentier spécialisé dans les travaux de façade.

RAVAUDAGE n. m. Raccommodage de vêtements usés.

RAVAUDER v. t. (anc. fr. *ravaut*, sottise; de *ravaler*). Raccommoder à l'aiguille, repriser : *ravauder des bas.*

RAVAUDEUR, EUSE n. Personne qui raccommode les vêtements.

RAVE n. f. (anc. fr. *reve;* lat. *rapa*, navet). Plante potagère à racine ronde et plate, voisine du navet. (Famille des crucifères.)

RAVENALA [ravenala] n. m. (mot malgache). Plante de Madagascar, appelée aussi *arbre du voyageur,* car la base de ses feuilles recueille l'eau de pluie. (Famille des musacées.)

RAVENELLE n. f. (anc. fr. *rafne;* lat. *raphanus,* raifort). Nom usuel de la *moutarde des champs* et du *radis sauvage.*

raton laveur

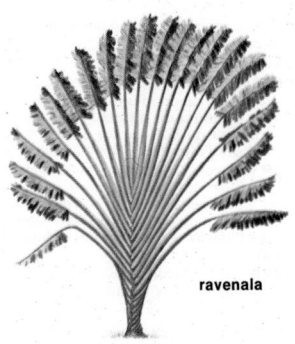

ravenala

RAVIER n. m. (de *rave*). Petit plat oblong, dans lequel on sert des hors-d'œuvre.

RAVIÈRE n. f. Terrain semé de raves.

RAVIGOTANT, E adj. *Fam.* Qui ravigote.

RAVIGOTE n. f. Sauce vinaigrette mêlée d'œufs durs pilés et relevée à l'échalote.

RAVIGOTER v. t. (altér. de *revigorer*). *Fam.* Redonner de la vigueur, de la force.

RAVIN n. m. Dépression allongée et profonde, creusée par un torrent.

RAVINE n. f. Petit ravin.

RAVINEMENT n. m. Formation de sillons, de ravines par les eaux de pluie, sur les pentes déboisées des reliefs.

RAVINER v. t. Creuser un terrain par des ravines : *l'orage a raviné les terres.*

RAVIOLI n. m. inv. (mot it.). Petit carré de pâte farci de viande hachée, que l'on fait cuire à l'eau.

RAVIR v. t. (lat. *rapere*). Plaire énormément : *cette musique me ravit.* || *Litt.* Enlever de force : *ravir un enfant à ses parents.* || *Litt.* Arracher qqn à l'affection de ses proches. ● *À ravir*, admirablement : *cette robe lui va à ravir.*

RAVISER (SE) v. pr. Changer d'avis, revenir sur une résolution.

RAVISSANT, E adj. Qui transporte d'admiration, qui procure un plaisir extrême.

RAVISSEMENT n. m. État de l'esprit transporté de joie, d'admiration.

RAVISSEUR, EUSE n. Qui enlève qqn de force.

RAVITAILLEMENT n. m. Action de ravitailler;

ravitaillement en vol d'un bombardier « Mirage IV » par un Boeing « KC-135 »

R. Demeulle

denrées qui sont nécessaires à la consommation.

RAVITAILLER v. t. (anc. fr. *avitailler*; de *vitaille*, victuaille). Fournir de vivres : *ravitailler un village isolé.* || Fournir du carburant à un véhicule, des munitions à une armée, etc.

RAVITAILLEUR n. et adj. m. Soldat, navire, avion porteur de ravitaillement.

RAVIVAGE n. m. Action de raviver.

RAVIVER v. t. Rendre plus vif : *raviver le feu.* || Redonner de l'éclat, de la fraîcheur. || *Litt.* Faire revivre, ranimer : *raviver l'espérance.* || *Techn.* Aviver de nouveau une pièce pour améliorer son éclat ou ses arêtes tranchantes.

RAVOIR v. t. Avoir de nouveau. || *Fam.* Remettre les objets en état. (N'est usité qu'à l'infinitif.)

RAY [rɛ] n. m. (mot annamite). *Géogr.* En Asie du Sud-Est, culture sur brûlis.

RAYAGE n. m. Action de rayer.

RAYÉ, E adj. Qui a des raies ou des rainures. ● *Canon rayé*, canon d'une arme à feu dont l'intérieur est muni de rayures. || *Vaisseau rayé* (Bot.), vaisseau du bois où les épaississements de lignine ont l'aspect de raies transversales.

RAYER v. t. (conj. **2**). Faire des raies; détériorer une surface par des rayures : *rayer une glace.* || Annuler au moyen d'un trait, barrer : *rayer un mot.* || Exclure, radier, éliminer : *rayer qqn de la liste des candidats.* || Pratiquer des rayures dans le canon d'une arme à feu.

RAYÈRE n. f. *Archit.* Ouverture longue et étroite, pratiquée dans le mur d'une tour pour en éclairer l'intérieur.

RAY-GRASS [rɛgra ou -gras] n. m. (mot angl.).

Graminacée fourragère vivace, voisine de l'ivraie, utilisée pour les prairies, les pelouses.

RAYIA ou **RAIA** [raja] n. m. *Hist.* Sujet non musulman de l'Empire ottoman.

Raynaud *(syndrome de)*, trouble de la vasomotricité des extrémités des membres, qui sont d'abord blanches, puis cyanosées (bleues), lorsqu'elles sont soumises au froid.

RAYON n. m. (mot francique). Chaque tablette d'une bibliothèque, d'une armoire, etc. || Ensemble de certains comptoirs d'un magasin affectés à un même genre de marchandises. || Gâteau de cire, comportant une juxtaposition d'alvéoles, que font les abeilles. || *C'est (de) mon rayon* (Fam.), cela me concerne. || *En connaître un rayon* (Fam.), être très compétent.

RAYON n. m. (lat. *radius*). Trajectoire suivie par la lumière : *rayon lumineux.* || Chacune des choses qui partent d'un centre commun et vont en divergent : *rayons d'une roue.* || Lueur faible ou passagère, apparence : *un rayon d'espérance.* || *Agric.* Sillon peu profond dans lequel on sème des graines. || *Math.* Dans un cercle, segment joignant le centre du cercle à tout point de la circonférence; vecteur joignant un point déterminé à un point variable. ● *Dans un rayon de dix kilomètres*, à dix kilomètres à la ronde. || *Rayons α, β, γ, X,* v. ALPHA, BÊTA, GAMMA, X. || *Rayon d'action*, distance maximale à laquelle un mobile (avion, navire, char, etc.) peut, à une vitesse donnée, s'éloigner de son point de ravitaillement en carburant; zone d'influence, d'activité. || *Rayon vert*, bref éclat vert que l'on aperçoit dans certaines circonstances favorables au point de l'horizon où le Soleil commence à se lever ou vient de se coucher.

RAYONNAGE n. m. Assemblage de planches, d'étagères constituant une bibliothèque, une vitrine, etc. || *Agric.* Action de rayonner.

RAYONNANT, E adj. Qui rayonne : *fleur rayonnante.* || Se dit de qqn dont le visage exprime la plus vive satisfaction. ● *Chaleur rayonnante*, chaleur qui se transmet par rayonnement, c'est-à-dire par des rayons qui partent d'un corps chaud et qui sont analogues aux rayons lumineux. || *Chapelles rayonnantes,* chapelles absidales ouvrant sur le déambulatoire semi-circulaire du chœur. || *Style gothique rayonnant*, forme que prend l'architecture gothique française à partir de 1240 environ. (On y voit, entre autres motifs ornementaux, de grandes rosaces rayonnantes et rayonnantes.)

RAYONNE n. f. Fil textile continu réalisé en viscose; étoffe tissée avec ce fil.

RAYONNÉ, E adj. Disposé en forme de rayons. || Orné de rayons.

RAYONNÉ n. m. Représentant d'une ancienne division du règne animal qui comprenait les échinodermes et les cœlentérés.

RAYONNEMENT n. m. Action de rayonner. || Mode de propagation de l'énergie sous forme d'ondes ou de particules. || Ensemble des radiations émises par un corps : *rayonnement solaire.* || Action qui se propage, influence : *le rayonnement d'une œuvre, d'une civilisation.* || Vive expression de bonheur, de satisfaction : *rayonnement de joie.* ● *Rayonnement thermique*, mode de propagation de la chaleur sous forme d'ondes électromagnétiques émises par les corps chauds.

RAYONNER v. i. Émettre des rayons. || Émettre de l'énergie qui se transmet à travers l'espace. || Être disposé comme les rayons d'un cercle. || Faire son action sur une certaine étendue. || Porter l'expression du bonheur : *visage qui rayonne.* || Se déplacer dans un certain rayon : *rayonner autour de Paris.* || Garnir de rayonnages. || *Agric.* Tracer des rayons dans un champ, un jardin pour y faire des semis.

RAYONNEUR n. m. *Agric.* Pièce d'un semoir mécanique traçant des rayons où viennent se déposer les semences.

RAYURE n. f. Trace laissée sur un objet par un corps pointu ou coupant. || Chacune des bandes, des raies qui se détachent sur un fond : *les rayures d'une étoffe.* || Rainure hélicoïdale pratiquée à l'intérieur du canon d'une arme à feu, pour imprimer au projectile un mouvement de rotation qui en augmente la précision.

RAZ [rɑ] n. m. (mot breton). Courant très violent dans un passage étroit communiquant avec deux mers; ce passage. ● *Raz de marée*, énorme vague de translation, qui peut atteindre de 20 à 30 m de hauteur, provoquée par un tremblement de terre ou par une éruption volcanique sous-marine; phénomène brutal et massif qui bouleverse une situation donnée.

RAZZIA [razja ou radzja] n. f. (mot ar.). Incursion faite en territoire ennemi afin d'enlever les troupeaux, de faire du butin, etc. ● *Faire une razzia sur qqch*, l'emporter par surprise ou par violence.

RAZZIER v. t. Exécuter une razzia sur; piller.

Rb, symbole chimique du *rubidium.*

rd, symbole du *rad.*

Re, symbole chimique du *rhénium.*

RÉ n. m. inv. Note de musique, deuxième degré de la gamme de *do.*

ré

RÉA n. m. (de *rouat*, altér. de *rouet*). Roue dont le pourtour est creusé en forme de gorge.

RÉABONNEMENT n. m. Action de réabonner, de se réabonner.

RÉABONNER v. t. Abonner de nouveau.

RÉABSORBER v. t. Absorber de nouveau.

RÉABSORPTION n. f. Nouvelle absorption.

RÉAC adj. et n. Abrév. fam. de RÉACTIONNAIRE.

RÉACCOUTUMER v. t. *Litt.* Accoutumer de nouveau.

RÉACTANCE n. f. Partie imaginaire de l'impédance complexe, électrique, acoustique ou mécanique.

RÉACTEUR n. m. Propulseur aérien utilisant ▷ l'air ambiant comme comburant, et fonctionnant par réaction directe sans entraîner d'hélice. || Installation industrielle où s'effectue une réaction chimique en présence d'un catalyseur. ● *Réacteur nucléaire*, partie d'une centrale nucléaire dans laquelle l'énergie est libérée par fission du combustible. (Au cours de la fission d'un noyau d'uranium ou de plutonium, une grande quantité d'énergie est libérée; plusieurs neutrons sont émis en même temps, provoquant d'autres fissions. Pour éviter que les fissions en chaîne se fassent trop rapidement, le réacteur contient des éléments qui les contrôlent [plaques de cadmium qui absorbent de façon contrôlable les neutrons].)

RÉACTIF, IVE adj. Qui réagit : *force réactive.*

RÉACTIF n. m. *Chim.* Substance employée pour reconnaître la nature des corps, par suite des réactions qu'elle provoque.

RÉACTION n. f. Force qu'exerce en retour un corps soumis à l'action d'un autre corps. || Attitude d'une personne, d'un groupe en réponse à une action d'origine sociale : *les réactions du public à une émission.* || Comportement d'une machine, d'un véhicule. || Mouvement d'opinion dans un sens opposé à celui qui a précédé : *réaction contre le romantisme.* || Action d'un parti politique qui s'oppose aux modifications politiques et sociales rompant avec les principes traditionnels et qui tente de faire revivre les institutions du passé; ensemble des réactionnaires. || *Chim.* Phénomène qui se produit entre des corps chimiques mis en contact et qui donne naissance à de nouvelles substances. || *Cybern.* Syn. de FEED-BACK. || *Psychol.* Comportement d'un être vivant qui se manifeste en présence d'un *stimulus.* (La réaction peut être soit *inconditionnelle*, ou naturelle, par exemple dans le *réflexe inconditionnel**, soit *conditionnelle.* Elle peut être locale ou générale. Elle peut consister en un mouvement, en une sécrétion ou une modification neurovégétative.) [Syn. RÉPONSE.] ● *Amplificateur à réaction*, amplificateur dans lequel une partie du signal de sortie est combinée avec le signal d'entrée. ‖ *Avion à réaction,* avion propulsé par un moteur à réaction. ‖ *Barre de réaction,* dispositif empêchant la rotation, autour d'un essieu, d'un organe qui lui transmet un couple. ‖ *Réaction nucléaire,* phénomène obtenu en bombardant le noyau d'un atome par une particule élémentaire, un autre noyau, etc., et qui donne naissance à d'autres noyaux. ‖ *Temps de réaction* (Psychol.), syn. de LATENCE.

■ La *propulsion par réaction* est due à l'éjection d'une « certaine quantité de mouvement » (produit d'une masse par une vitesse) dans le sens opposé à celui qu'on veut imprimer. Ce résultat s'obtient soit en aspirant une certaine quantité de fluide à l'avant du mobile et en la rejetant vers l'arrière à une vitesse plus élevée, soit en empruntant le mobile lui-même une partie de sa masse. Dans ce mode de propulsion, l'air ambiant ne joue aucun rôle.

RÉACTIONNAIRE adj. et n. Qui appartient à la réaction (au sens politique) : *politique réactionnaire.*

RÉACTIONNEL, ELLE adj. Chim. Relatif à une réaction. ‖ *Psychiatr.* Se dit de tout trouble mental se manifestant d'emblée ou avec un certain temps de latence après un événement traumatisant, seul responsable de son apparition et de son évolution.

RÉACTIVATION n. f. Action de réactiver.

RÉACTIVER v. t. Faire réapparaître des pro-

priétés, des phénomènes disparus. ‖ *Accélérer* l'action, le mouvement de qqch. ‖ Chim. Syn. de RÉGÉNÉRER.

RÉACTIVITÉ n. f. Aptitude à réagir.

RÉACTOGÈNE adj. et n. m. Méd. Se dit d'une substance déclenchant dans l'organisme une réaction d'hypersensibilité.

RÉACTUALISER v. t. Mettre à jour.

RÉADAPTATION n. f. Action d'adapter de nouveau. ‖ Action de se réadapter à une activité interrompue pendant un certain temps.

RÉADAPTER v. t. Adapter de nouveau, et en particulier, après un accident, adapter les muscles à leur ancienne fonction.

RÉADMETTRE v. t. (conj. 49). Admettre de nouveau.

RÉADMISSION n. f. Nouvelle admission.

RÉAFFIRMER v. t. Affirmer de nouveau et de manière plus catégorique.

RÉAGIR v. i. En parlant d'un corps, agir en retour sur un autre corps dont il a éprouvé l'action. ‖ S'opposer à une action contraire, résister : *ne vous laissez pas abattre, réagissez.* ‖ Avoir une réaction contre qqch : *il réagit vivement à ce reproche.* ‖ Exercer une action réciproque, se répercuter : *les sentiments du public réagissent sur les acteurs.* ‖ Chim. Entrer en réaction.

RÉAJUSTEMENT n. m., **RÉAJUSTER** v. t. → RAJUSTEMENT, RAJUSTER.

TYPES DE RÉACTEURS NUCLÉAIRES

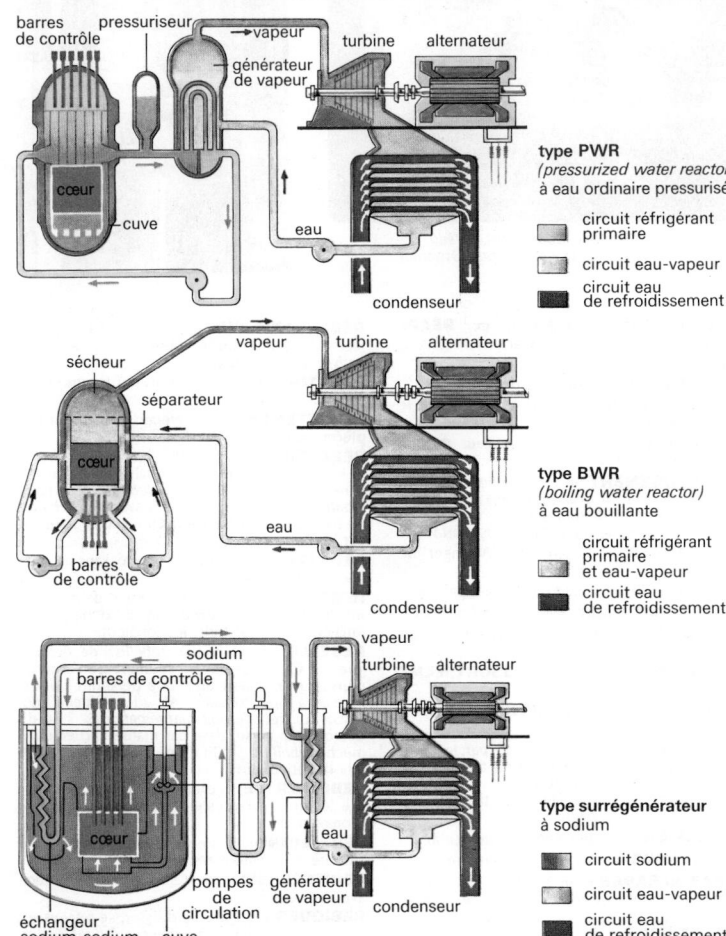

type PWR
(pressurized water reactor)
à eau ordinaire pressurisée

◻ circuit réfrigérant primaire
◻ circuit eau-vapeur
◻ circuit eau de refroidissement

type BWR
(boiling water reactor)
à eau bouillante

◼ circuit réfrigérant primaire et eau-vapeur
◻ circuit eau de refroidissement

type surrégénérateur
à sodium

◼ circuit sodium
◻ circuit eau-vapeur
◼ circuit eau de refroidissement

RÉAL, E, AUX adj. (mot esp.). *Galère réale,* ou *réale* n. f. (Hist.), galère que montait le roi ou le général des galères.

RÉAL n. m. (mot esp.) [pl. *réaux*]. Ancienne monnaie d'Espagne, valant le quart de la peseta.

RÉALÉSAGE n. m. Action de réaléser.

RÉALÉSER v. t. Augmenter le diamètre d'un cylindre pour faire disparaître l'ovalisation due à l'usure.

RÉALGAR n. m. (mot ar.). Sulfure naturel d'arsenic AsS, de couleur rouge.

RÉALISABLE adj. Qui peut se réaliser : *un projet facilement réalisable.* ‖ Qui peut être vendu ou escompté : *valeurs réalisables.*

RÉALISATEUR, TRICE n. Personne qui réalise. ‖ Metteur en scène d'un film. ‖ Technicien qui assume l'exécution d'une émission de radio ou de télévision.

RÉALISATION n. f. Action de réaliser : *la réalisation d'un projet, d'un film.* ‖ Ce qui a été réalisé : *les réalisations sociales.* ‖ Dr. Fait de vendre un bien. ‖ Mus. Action de réaliser un chiffrage.

RÉALISER v. t. (de *réel*). Rendre réel et effectif, concrétiser, accomplir : *réaliser des promesses; réaliser un exploit.* ‖ Concevoir d'une manière nette, comme réelle, se rendre compte : *réalisez-vous ce que vous dites?* ‖ Diriger la préparation et l'exécution d'un film, d'une émission de radio ou de télévision. ‖ Dr. Vendre un bien, corporel ou non. ‖ Mus. Compléter, dans une partition ancienne, les accords imposés par leur note de basse chiffrée. ◆ **se réaliser** v. pr. Devenir réel. ‖ Devenir tel qu'on souhaite être.

RÉALISME n. m. Disposition à voir la réalité telle qu'elle est et à agir en conséquence. ‖ Doctrine, tendance littéraire et artistique qui vise à représenter la nature telle qu'elle est, sans chercher à l'idéaliser. ‖ École littéraire du milieu du XIXᵉ s., qui vise à la reproduction intégrale de la réalité et qui est à l'origine du naturalisme*; école artistique de la même époque. ‖ Philosophie qui affirme que l'être existe aussi indépendamment de l'esprit qui le perçoit (par oppos. à l'IDÉALISME). ● *Réalisme socialiste,* doctrine définie dans les statuts de l'Union des écrivains soviétiques (1934) et qui impose à l'artiste une « tâche de transformation idéologique et d'éducation des travailleurs dans l'esprit du socialisme ».

■ Si on a pu parler de réalisme, en art, à propos notamment de courants qui se sont manifestés au XVIIᵉ s. en réaction contre le maniérisme (le Caravage, les Carrache en Italie; Zurbarán, Velázquez, Murillo, Ribera en Espagne; Hals, Vermeer, certains peintres de genre et de paysage en Hollande; les Le Nain et les « peintres de la réalité » en France, etc.), le terme désigne plus particulièrement une tendance apparue au milieu du XIXᵉ s. en France. Manifestant une double réaction contre le classicisme académique et les aspirations romantiques, cette tendance est marquée par diverses influences. Outre la peinture en plein air de l'école de Barbizon, les idées positivistes ainsi que le socialisme naissant incitent Courbet, le plus important peintre réaliste, à privilégier la substance, même vulgaire, du vécu quotidien, Millet à se consacrer à la vie et au travail des paysans, Daumier à dépeindre le peuple de Paris et à fustiger juges et notables. Puis, dans le climat du naturalisme de Zola, Manet apporte sa marque au mouvement avant d'être entraîné, tout comme Degas, dans une voie picturale divergente, celle de l'impressionnisme. En Europe, le courant réaliste touche divers pays, que ce soit avec les paysagistes de La Haye (Jozef Israëls), le Belge C. Meunier, les *macchiaioli* italiens (Giovanni Fattori, Silvestro Lega, Telemaco Signorini, etc.), le Russe Repine, etc.
Au XXᵉ s., courant de réaction contre les forces dominantes de la plastique pure et de l'abstraction, le réalisme prend souvent une nuance insolite de violence (*nouvelle objectivité* des Allemands Grosz et Dix) ou de précision photographique déroutante (*hyperréalisme* de la fin des années 60, préparé dès l'entre-deux-guerres par l'œuvre de peintres américains comme

RÉALISME

Jean-François Millet : *les Botteleurs de foin*, v. 1850. (Musée du Louvre, Paris.)

Telemaco Signorini : *la Salle des agités à l'hospice de San Bonifacio*, v. 1865. (Musée d'Art moderne, Venise.)

Jules Dalou : *Femme retirant son bas.* Plâtre. (Musée du Petit Palais, Paris.)

Honoré Daumier : *les Joueurs d'échecs*, v. 1863. (Musée du Petit Palais, Paris.)

Gilles Aillaud (né en 1928) : *Trompe*, 1970 (Galerie Mutina, Modène.)

Gustave Courbet : *Un veau.* (Musée Gustave-Courbet, Ornans.)

Edward Hopper). Quant au *nouveau réalisme* européen (Y. Klein, Tinguely, Arman, César, Christo, Mimmo Rotella, Daniel Spoerri, Martial Raysse, etc.), contemporain du pop* art et visant à embrasser la réalité contemporaine dans ses manifestations urbaines et technologiques, il s'est exprimé notamment par un art de l'assemblage (Spoerri, Raysse) et de l'« accumulation » d'objets (Arman).

RÉALISTE adj. et n. Qui a le sens des réalités, qui a l'esprit pratique. ‖ Relatif au réalisme, en philosophie, en littérature et arts.

RÉALITÉ n. f. Existence effective, caractère de ce qui est réel ; la vie, l'existence réelle : *la réalité du monde extérieur.* ‖ Chose réelle, fait réel : *nos espoirs sont devenus des réalités.* ● *En réalité*, réellement, effectivement. ‖ *Réalité psychique* (Psychanal.), ce qui, pour le sujet, prend dans son psychisme valeur et réalité (fantasme), par opposition à la réalité matérielle des événements.

RÉAMÉNAGER v. t. (conj. 1). Aménager sur de nouvelles bases.

RÉANIMABLE adj. Qui peut être réanimé.

RÉANIMATEUR, TRICE n. Spécialiste de réanimation.

RÉANIMATION n. f. *Méd.* Procédé manuel ou mécanique et médicamenteux pour rétablir les fonctions vitales (circulation, respiration, fonctions nerveuses).

RÉANIMER v. t. Soumettre à la réanimation.

RÉAPPARAÎTRE v. i. (conj. 58). Apparaître de nouveau.

RÉAPPARITION n. f. Fait de réapparaître.

RÉAPPRENDRE v. t. → RAPPRENDRE.

RÉAPPROVISIONNEMENT n. m., **RÉAP-PROVISIONNER** v. t. → RAPPROVISIONNEMENT, RAPPROVISIONNER.

RÉARGENTER v. t. Argenter de nouveau.

RÉARMEMENT n. m. Action de réarmer : *le réarmement d'un navire, d'un pays.*

RÉARMER v. t. Armer de nouveau. ◆ v. i. S'armer de nouveau.

RÉARRANGEMENT n. m. Action d'arranger différemment. ● *Réarrangement moléculaire* (Chim.), migration d'atomes ou de radicaux au sein d'une molécule. (Syn. TRANSPOSITION.)

RÉARRANGER v. t. (conj. 1). Arranger de nouveau.

RÉASSIGNATION n. f. Nouvelle assignation.

RÉASSIGNER v. t. *Dr.* Assigner de nouveau.

RÉASSORT n. m. Ensemble de marchandises destinées au réassortiment.

RÉASSORTIMENT ou **RASSORTIMENT** n. m. Action de réassortir.

RÉASSORTIR ou **RASSORTIR** v. t. Assortir de nouveau.

RÉASSURANCE n. f. Opération par laquelle une compagnie d'assurances, après avoir assuré un client, se couvre de tout ou partie du risque, en se faisant assurer à son tour par une ou plusieurs autres compagnies.

RÉASSURER v. t. Faire une réassurance à.

RÉASSUREUR n. m. Celui qui réassure.

REBAB ou **RABÂB** n. m. (mot ar.). Instrument de musique arabe, à cordes frottées et à table de peau.

REBAPTISER v. t. Baptiser une seconde fois.

RÉBARBATIF, IVE adj. (anc. fr. *rebarber*, faire face à l'ennemi). Rude, rebutant : *figure rébarbative ; sujet rébarbatif.*

REBÂTIR v. t. Bâtir de nouveau ce qui a été détruit.

REBATTEMENT n. m. *Héral.* Répétition des pièces honorables (pal, fasce, etc.).

REBATTRE v. t. (conj. 48). Battre de nouveau. ● *Rebattre un matelas*, le refaire en battant la laine avec des baguettes. ‖ *Rebattre* (ou, fam., *rabattre*) *les oreilles*, répéter à satiété. ‖ *Rebattre un tonneau*, en resserrer les douves en frappant sur les cercles.

REBATTU, E adj. Souvent répété, sans originalité : *sujet rebattu.*

REBEC n. m. (mot ar.). Instrument de musique médiéval à trois cordes et à archet, dont jouaient les ménestrels, les jongleurs.

REBELLE adj. et n. (lat. *rebellis* ; de *bellum*, guerre). Qui refuse de se soumettre à l'autorité d'un gouvernement ou d'une personne : *il est rebelle à nos conseils.* ◆ adj. Indocile, qui résiste à : *rebelle aux mathématiques.* ‖ Se dit de qqch qui ne se laisse pas manier facilement : *mèche rebelle.* ‖ Se dit d'une maladie qui résiste à la thérapeutique.

REBELLER (SE) v. pr. Refuser d'obéir à l'autorité légitime. ‖ Protester : *se rebeller contre la propagande.*

RÉBELLION n. f. Refus d'obéissance à une autorité. ‖ Ensemble des rebelles.

REBIFFER (SE) v. pr. *Fam.* Se refuser à qqch avec brusquerie.

REBIQUER v. i. *Fam.* Se dresser, se retrousser, en parlant de qqch : *des cheveux qui rebiquent.*

REBLANCHIR v. t. Blanchir de nouveau.

REBLOCHON n. m. (mot savoyard; de *reblochi*, traire). Fromage au lait de vache, à pâte molle non cuite, fabriqué en Savoie.

REBOISEMENT n. m. Action de reboiser.

REBOISER v. t. Planter de nouveau en bois un terrain qui avait été déboisé.

REBOND n. m. Le fait de rebondir.

REBONDI, E adj. Arrondi, gonflé par l'embonpoint : *joues rebondies*.

REBONDIR v. i. Faire un ou plusieurs bonds après avoir touché un obstacle. ‖ Avoir des conséquences imprévues, des développements nouveaux : *une affaire qui rebondit*.

REBONDISSEMENT n. m. Conséquence imprévue, développement nouveau.

REBORD n. m. Bord en saillie : *rebord d'une table*. ‖ Bord naturel d'une chose qui a de la profondeur : *le rebord d'un fossé*.

REBORDER v. t. Border de nouveau.

REBOT n. m. Jeu de pelote basque.

REBOUCHER v. t. Boucher de nouveau.

REBOUILLEUR n. m. Échangeur de chaleur qui vaporise partiellement le liquide tombé au fond d'une tour de distillation fractionnée.

REBOURS (À) loc. adv. (lat. *reburrus*, qui a les cheveux rebroussés). À contre-pied, à contresens : *aller à rebours*. ● *À* (ou *Au*) *rebours de*, au contraire de. ‖ *Compte à rebours*, dans les techniques spatiales, horaire des opérations de lancement qui précèdent la mise à feu.

REBOUTEUR ou **REBOUTEUX, EUSE** n. Praticien qui, sans connaissances médicales théoriques, réduit fractures et luxations.

REBOUTONNER v. t. Boutonner de nouveau.

REBROUSSEMENT n. m. Action de rebrousser. ‖ Changement de sens sur une direction.

REBROUSSE-POIL (À) loc. adv. À contrepoil. ● *Prendre qqn à rebrousse-poil*, agir avec lui de telle manière qu'il se met en colère.

REBROUSSER v. t. (de *rebours*). Relever en sens contraire du sens naturel les cheveux, le poil. ● *Rebrousser chemin*, retourner en arrière.

REBRÛLER v. t. Réchauffer les bords d'un objet en verre pour les arrondir.

REBUFFADE n. f. (it. *rebuffo*). Mauvais accueil, refus accompagné de paroles dures : *essuyer une rebuffade*.

RÉBUS [rebys] n. m. (lat. *de rebus quae geruntur*, des choses qui se passent). Jeu d'esprit qui consiste à exprimer des mots ou des phrases par des dessins ou des signes dont le nom offre de l'analogie avec ce qu'on veut faire entendre, comme G a (*j'ai grand appétit* : g grand, a petit).

REBUT n. m. Ce qui est rejeté, laissé de côté, considéré comme sans valeur. ‖ En parlant des personnes, ce qu'il y a de plus vil : *rebut de l'humanité*. ● *De rebut*, sans valeur : *produit de rebut*. ‖ *Jeter, mettre au rebut*, se débarrasser de choses sans valeur.

REBUTANT, E adj. Qui rebute, répugne, ennuie : *travail rebutant; mine rebutante*.

REBUTER v. t. (de *buter*, repousser du but). Décourager, dégoûter, lasser : *la moindre chose le rebute*. ‖ Inspirer de l'antipathie, choquer, déplaire : *ses manières me rebutent*.

RECACHETER v. t. (conj. 4). Cacheter de nouveau.

RECALAGE n. m. *Fam.* Fait d'être recalé, action de recaler.

RECALCIFICATION n. f. Augmentation de la fixation du calcium dans l'organisme.

RECALCIFIER v. t. Enrichir en calcium.

RÉCALCITRANT, E adj. et n. (lat. *recalcitrans*, qui se rue). Qui résiste avec opiniâtreté, rétif, rebelle.

RECALÉ, E adj. et n. *Fam.* Refusé à un examen.

RECALER v. t. *Fam.* Refuser à un examen.

RÉCAPITULATIF, IVE adj. Qui sert à récapituler : *tableau récapitulatif*.

RÉCAPITULATION n. f. Répétition sommaire de ce qu'on a déjà dit ou écrit.

RÉCAPITULER v. t. (lat. *capitulum*, point principal). Résumer, redire sommairement. ‖ Rappeler en examinant de nouveau : *récapituler les événements de l'année passée*.

RECARDER v. t. Carder de nouveau.

RECARRELAGE n. m. Action de recarreler.

RECARRELER v. t. (conj. 3). Carreler de nouveau.

RECASER v. t. *Fam.* Caser de nouveau qqn qui a perdu sa place.

RECAUSER v. i. Causer de nouveau.

RECÉDER v. t. (conj. 5). Céder à qqn ce qu'il nous avait cédé auparavant, ou qqch qu'on avait acheté pour soi.

RECEL n. m. Action de receler.

RECELER v. t. (conj. 3). Garder et cacher une chose volée par un autre : *receler des bijoux*. ‖ Soustraire qqn aux recherches de la justice : *receler un meurtrier*. ‖ Renfermer, contenir : *que de beautés cet ouvrage recèle !*

RECELEUR, EUSE n. Personne qui recèle.

RÉCEMMENT adv. Depuis peu.

RÉCENCE n. f. Caractère d'une chose récente.

RECENSEMENT n. m. Opération administrative qui consiste à faire le dénombrement de la population d'un État, d'une ville, des suffrages d'un vote, etc. ‖ Dénombrement, effectué par les mairies, des jeunes gens atteignant l'âge du service national l'année suivante. ‖ Inventaire des animaux, des voitures, etc., susceptibles d'être requis en temps de guerre.

RECENSER v. t. (lat. *recensere*, passer en revue). Faire le dénombrement officiel d'une population, de moyens d'action, etc.

RECENSEUR, EUSE n. et adj. Personne chargée d'un recensement.

RECENSION n. f. Analyse et compte rendu critique d'un ouvrage dans une revue. ‖ Vérification d'un texte d'après les manuscrits.

RÉCENT, E adj. (lat. *recens*, frais). Nouvellement fait ou arrivé : *découverte récente*.

RECEPAGE ou **RECÉPAGE** n. m. Action de receper.

RECEPER ou **RECÉPER** v. t. (de *cep*) [conj. 5]. *Agr.* Couper près du sol un arbre, des rejets, pour favoriser la végétation. ‖ *Techn.* En parlant de pieux, de pilots, les couper à hauteur égale. ● *Receper un mur*, le réparer en remplaçant les anciennes fondations par de la maçonnerie nouvelle.

RÉCÉPISSÉ n. m. (lat. *recepisse*, avoir reçu). Écrit par lequel on reconnaît avoir reçu un colis, une somme, des marchandises, etc.

RÉCEPTACLE n. m. (lat. *receptaculum*, magasin; de *receptare*, recevoir). Lieu où se trouvent rassemblées des choses, des personnes venues de plusieurs endroits. ‖ *Bot.* Extrémité plus ou moins élargie du pédoncule d'une fleur, sur laquelle s'insèrent les pièces florales, et qui peut être bombée, plate ou creusée en coupe.

RÉCEPTEUR, TRICE adj. (lat. *receptus*, reçu). Qui reçoit (un courant, un signal) : *poste récepteur*.

RÉCEPTEUR n. m. Organe, mécanisme qui, sous l'action d'une énergie de nature déterminée, produit un autre effet énergétique. ‖ Appareil recevant un signal de télécommunication et le transformant en sons, en images : *récepteur téléphonique*. ‖ *Biochim.* Molécule ou site de molécule sur lesquels vient se lier et agir une autre molécule. ‖ *Électr.* Conducteur dans lequel l'énergie électrique produit un autre effet (mécanique, chimique) que l'effet Joule. ‖ *Ling.* Celui qui reçoit et décode un message réalisé selon un code spécifique. ‖ *Physiol.* Élément sensoriel stimulé directement par un certain agent et généralement en contact avec une fibre nerveuse afférente.

RÉCEPTIF, IVE adj. Susceptible de recevoir des impressions. ‖ *Méd.* Susceptible de contracter des maladies contagieuses.

RÉCEPTION n. f. (lat. *receptio*). Action de recevoir : *la réception d'un paquet*. ‖ Manière de recevoir, accueil : *faire bonne réception à qqn*. ‖ Local où l'on reçoit les visiteurs; personnel affecté à cette tâche. ‖ Réunion mondaine. ‖

Cérémonie par laquelle on est reçu dans une compagnie : *discours de réception à l'Académie*. ‖ Dans le contrat d'entreprise, acte par lequel le maître de l'ouvrage déclare accepter l'ouvrage livré. ‖ *Dr. intern.* Incorporation au droit interne d'un pays d'une règle de droit international. ‖ *Sports.* Manière de retomber au sol après un saut; manière de recevoir un ballon, une balle.

RÉCEPTIONNAIRE adj. et n. Qui est chargé de réceptionner des marchandises.

RÉCEPTIONNER v. t. Vérifier des marchandises lors de leur réception; en prendre livraison.

RÉCEPTIONNISTE n. et adj. Personne chargée d'accueillir les voyageurs dans un hôtel, les clients dans un magasin, etc.

RÉCEPTIVITÉ n. f. Aptitude à recevoir des impressions, des informations, à répondre à certaines stimulations. ‖ *Méd.* Aptitude à contracter certaines maladies, notamment les maladies infectieuses. ‖ *Radiotechn.* Qualité d'un récepteur capable de capter des ondes de longueurs très diverses.

RECERCLER v. t. Cercler de nouveau.

RÉCESSIF, IVE adj. *Biol.* Se dit d'un caractère héréditaire, ou gène, qui ne se manifeste qu'en l'absence du gène contraire, dit *dominant*.

RÉCESSION n. f. (lat. *recessio; de recedere*, s'éloigner). Action de revenir en arrière. ● *Récession économique*, crise économique atténuée.

RÉCESSIVITÉ n. f. *Biol.* État d'un gène ou d'un caractère récessif.

RECETTE n. f. (lat. *receptus*, reçu). Ce qui est reçu en argent par un établissement commercial ou industriel : *compter la recette*. ‖ Bureau d'un receveur : *porter son argent à la recette*. ‖ Manière de préparer un mets, un produit domestique, une opération quelconque. ‖ Dans une mine, ensemble des abords d'un puits qui servent au déchargement des berlines. ● *Garçon de recette*, employé chargé d'encaisser les effets de commerce dans une maison de commerce ou une banque. ‖ *Recettes publiques*, ensemble des ressources financières de l'État ou des collectivités publiques.

RECEVABILITÉ n. f. *Dr.* Qualité de ce qui est recevable.

RECEVABLE adj. Qui peut être admis, reçu, en parlant des choses : *offre, excuse recevable*. ‖ *Dr.* Se dit d'une demande à poursuivre en justice; se dit d'une demande que l'on peut être accueillie.

RECEVEUR, EUSE n. Personne chargée de recevoir les recettes publiques : *receveur des contributions directes*. ‖ Employé qui perçoit la recette dans les transports publics. ‖ Administrateur d'un bureau de poste. ‖ Malade sur lequel on a fait la transplantation d'un organe prélevé sur un donneur. ● *Receveur universel*, individu appartenant à un groupe sanguin (le groupe AB) lui permettant de recevoir le sang de tous les groupes.

RECEVOIR v. t. (lat. *recipere*) [conj. 28]. Accepter, prendre ce qui est offert, donné, envoyé, toucher ce qui est dû : *recevoir son journal, sa pension*. ‖ Inviter chez soi, accueillir : *recevoir un ami*. ‖ Admettre à un examen, un concours : *recevoir un candidat*. ‖ Laisser entrer, recueillir : *la gouttière reçoit les eaux de pluie*. ‖ Subir, éprouver : *recevoir un bon accueil; le projet a reçu plusieurs modifications*. ◆ v. i. Avoir des visites, donner des repas, des soirées : *cette personne reçoit beaucoup*. ◆ **se recevoir** v. pr. Prendre contact avec le sol après un saut.

RÉCHAMPIR ou **RECHAMPIR** v. t. (de *champ*). *Arts décor.* Faire ressortir un ornement sur un fond, notamment par un contraste de couleurs.

RÉCHAMPISSAGE ou **RECHAMPISSAGE** n. m. Action de réchampir; ouvrage réchampi.

RECHANGE n. m. Action de mettre un objet à la place d'un autre (vx). ● *De rechange*, se dit d'objets mis en réserve pour remplacer des objets semblables : *pièces de rechange*.

RECHANTER v. t. Chanter une seconde fois.

RECHAPAGE n. m. Action de rechaper.

RECHAPER v. t. Reconstituer la bande de roulement d'une enveloppe de pneu usagée.

RÉCHAPPER v. i. ou t. ind. **[à, de]**. Échapper par chance à un danger, s'en sortir vivant : *réchapper d'un massacre, à une maladie grave.*

RECHARGE n. f. Remise en état de fonctionnement : *recharge d'une batterie d'accumulateurs.* ‖ Ce qui permet de recharger; partie d'un équipement qui peut remplacer un élément usé : *une recharge de briquet.*

RECHARGEABLE adj. Qu'on peut recharger.

RECHARGEMENT n. m. Action de recharger.

RECHARGER v. t. (conj. **1**). Charger de nouveau des marchandises. ‖ Mettre une nouvelle charge dans : *recharger son fusil.* ‖ Charger un appareil déchargé : *recharger une batterie.* ● *Recharger un outil, une pièce,* ajouter de la matière dans les parties usées. ‖ *Recharger une route, une voie ferrée,* en empierrer de nouveau.

RECHASSER v. t. Chasser une seconde fois.

RÉCHAUD n. m. Petit fourneau portatif.

RÉCHAUFFAGE n. m. Action de réchauffer.

RÉCHAUFFÉ n. m. Chose réchauffée : *ce dîner n'est que du réchauffé.* ‖ Ce qui est vieux, trop connu, et qu'on donne comme neuf.

RÉCHAUFFEMENT n. m. Action de se réchauffer : *le réchauffement du climat.*

RÉCHAUFFER v. t. Chauffer ce qui est refroidi, rendre plus chaud : *réchauffer du potage.* ‖ Exciter de nouveau, ranimer : *réchauffer le zèle.* ◆ **se réchauffer** v. pr. Réchauffer son corps. ‖ Devenir plus chaud : *le temps se réchauffe.*

RÉCHAUFFEUR n. m. Appareil dans lequel on élève ou on maintient la température d'un corps avant son utilisation immédiate.

RECHAUSSEMENT n. m. Action de rechausser (un arbre, un mur).

RECHAUSSER v. t. Chausser de nouveau. ● *Rechausser un arbre,* remettre de la terre au pied. ‖ *Rechausser un mur,* en rétablir le pied en y apportant de nouveaux matériaux.

RÊCHE adj. (mot francique). Rude au toucher : *peau rêche.* ‖ Âpre au goût : *vin rêche.*

RECHERCHE n. f. Action de rechercher : *recherche de paternité.* ‖ Effort d'originalité, raffinement, voire affectation : *recherche dans le style.* ‖ Travail scientifique : *faire de la recherche.*

RECHERCHÉ, E adj. Auquel on attache du prix, peu commun, rare : *ouvrage très recherché.* ‖ Qui manque de naturel, affecté : *style recherché; toilette recherchée.*

RECHERCHER v. t. Chercher de nouveau. ‖ Chercher avec soin : *rechercher la cause d'un phénomène.* ‖ Tâcher d'obtenir : *rechercher l'amitié de qqn.* ‖ *Litt.* Désirer la société, la fréquentation de qqn : *tout le monde le recherche.* ‖ Poursuivre juridiquement; faire une enquête sur : *rechercher l'auteur d'un crime.*

RECHIGNER v. i. ou t. ind. **[à]** (mot francique). Témoigner de la mauvaise humeur, de la répugnance : *rechigner devant* ou *à une besogne facile.*

RECHRISTIANISER v. t. Ramener (qqn, un groupe) au christianisme.

RECHUTE n. f. Retour, réapparition des symptômes d'une maladie, la cause n'en étant pas disparue. ‖ Fait de retomber dans une faute dont on s'était insuffisamment corrigé.

RECHUTER v. i. Faire une rechute.

RÉCIDIVANT, E adj. *Méd.* Qui récidive.

RÉCIDIVE n. f. (lat. *recidivus,* qui revient). *Dr.* État d'une personne qui, ayant fait l'objet d'une condamnation pour une infraction antérieure, commet une nouvelle infraction. ‖ *Méd.* Réapparition d'une maladie après un temps plus ou moins long de guérison.

RÉCIDIVER v. i. Commettre de nouveau la même faute, le même délit, le même crime. ‖ *Méd.* Réapparaître, en parlant d'une maladie.

RÉCIDIVISME n. m. Tendance à la récidive.

RÉCIDIVISTE n. et adj. *Dr.* Personne qui est en état de récidive.

RÉCIF n. m. (esp. *arrecife;* mot ar.). Rocher ou groupe de rochers à fleur d'eau, généralement au voisinage des côtes. ● *Récif corallien,* récif formé par la croissance des polypes constructeurs dans les mers tropicales. (On distingue notamment le *récif-barrière,* qui borde le rivage à une certaine distance de la côte, le *récif frangeant,* lié au littoral, et l'*atoll.*)

RÉCIPIENDAIRE n. (lat. *recipiendus,* qui doit être reçu). Personne que l'on reçoit dans une compagnie, dans un corps savant, avec un certain cérémonial. ‖ Personne qui reçoit un diplôme universitaire.

RÉCIPIENT n. m. Objet servant à recevoir, à contenir des substances diverses.

RÉCIPROCITÉ n. f. État, caractère de ce qui est réciproque.

RÉCIPROQUE adj. (lat. *reciprocus*). Qui a lieu entre deux personnes, deux choses agissant l'une sur l'autre, mutuel : *confiance réciproque.* ‖ *Ling.* Se dit d'un verbe pronominal qui exprime l'action de plusieurs sujets les uns sur les autres. ‖ *Log.* Se dit de deux propositions dont l'une implique nécessairement l'autre. ‖ *Math.* Se dit d'une transformation telle que si *b* est le transformé de l'élément *a,* celui-ci est le transformé de *b.*

RÉCIPROQUE n. f. La pareille : *rendre la réciproque.* ‖ *Log.* Proposition réciproque.

RÉCIPROQUEMENT adv. De façon réciproque.

RÉCIPROQUER v. t. En Belgique, rendre la pareille.

RÉCIT n. m. Relation écrite ou orale de faits réels ou imaginaires : *récit historique.* ‖ *Mus.* Syn. de RÉCITATIF; clavier secondaire de l'orgue, souvent expressif.

RÉCITAL n. m. (mot angl., de *to recite*) [pl. *récitals*]. Audition d'un musicien soliste : *un récital de piano.* ‖ Séance artistique donnée par un seul interprète, ou consacrée à un seul genre.

RÉCITANT, E n. et adj. Personne qui récite un texte. ‖ *Mus.* Narrateur qui, dans un oratorio, une cantate ou une scène lyrique, déclame les textes parlés ou chantés.

RÉCITATIF n. m. *Mus.* Dans l'opéra, l'oratorio ou la cantate, fragment narratif, dont la déclamation se rapproche du langage parlé, et qui est soutenu par un ou plusieurs instruments. (Syn. RÉCIT.)

RÉCITATION n. f. Action, manière de réciter : *la récitation des leçons.* ‖ Texte à apprendre par cœur : *savoir sa récitation.*

RÉCITER v. t. (lat. *recitare*). Dire à haute voix ce que l'on sait par cœur : *réciter une leçon.*

RÉCLAMATION n. f. Action de réclamer, de revendiquer ou de protester.

RÉCLAME n. m. (anc. fr. *reclaim,* appel). *Chass.* Cri et signe pour faire revenir un faucon.

RÉCLAME n. f. Petit article du journal qui contient l'éloge d'un livre, d'un objet, etc. (vx). ‖ Toute sorte de publicité par voie d'affiche, de prospectus, etc. ‖ Indication en tête d'une lettre du nom et du titre du destinataire. ● *Faire de la réclame,* attirer l'attention de manière publicitaire sur qqch ou sur qqn. ‖ *Produit en réclame,* produit vendu à prix réduit.

RÉCLAMER v. t. (lat. *reclamare,* protester). Demander avec instance qqch : *réclamer la parole.* ‖ Avoir besoin : *la culture de la vigne réclame beaucoup de soins.* ◆ v. i. Protester : *réclamer contre une injustice.* ◆ **se réclamer** v. pr. **[de]**. Se prévaloir, invoquer la caution : *se réclamer d'appuis officiels.*

RECLASSEMENT n. m. Action de reclasser. ● *Reclassement professionnel,* ensemble des mesures ayant pour but de réinsérer un handicapé à un poste de travail plus compatible avec la nature de son invalidité.

RECLASSER v. t. Classer de nouveau. ‖ Rétablir les traitements des fonctionnaires, les salaires, par référence à ceux d'autres catégories.

RECLOUER v. t. Clouer de nouveau.

RECLUS, E adj. et n. (lat. *reclusus,* enfermé). Qui vit enfermé, retiré du monde.

RÉCLUSION n. f. État d'une personne enfermée ou qui est à l'écart du monde. ● *Réclusion criminelle,* peine criminelle, afflictive et infamante, consistant dans la privation de la liberté avec assujettissement au travail. (Elle a remplacé la peine des travaux forcés.)

RÉCLUSIONNAIRE n. *Dr.* Personne qui subit la réclusion.

RÉCOGNITIF adj. m. (lat. *recognitus,* reconnu). *Dr.* Se dit d'un acte par lequel on reconnaît une obligation, en rappelant le titre qui l'a créée.

RÉCOGNITION n. f. Reconnaissance de l'état d'une personne, de la qualité d'une chose.

RECOIFFER v. t. Coiffer de nouveau; réparer le désordre d'une coiffure.

RECOIN n. m. Coin plus caché, moins en vue : *les coins et les recoins d'une maison.* ‖ Ce qu'il y a de plus secret : *les recoins du cœur.*

RÉCOLEMENT n. m. *Dr.* Vérification des objets contenus dans un inventaire, une saisie; action de récoler un témoin; témoignage qui en résulte. ‖ Vérification d'une coupe de bois.

RÉCOLER v. t. (lat. *recolere,* se rappeler). Vérifier par un nouvel examen. ‖ *Dr.* Lire à des témoins leurs dépositions, pour voir s'ils y persistent.

RECOLLAGE ou **RECOLLEMENT** n. m. Action de recoller.

RÉCOLLECTION n. f. (lat. *recollectio*). *Relig.* Retraite spirituelle de courte durée.

RECOLLER v. t. Coller de nouveau; réparer à la colle. ‖ *Sports.* Rejoindre : *recoller au peloton.*

RÉCOLLET n. m. Nom porté par des religieux réformés chez les Augustins et chez les Frères mineurs. (Les récollets franciscains ont été réunis par Léon XIII aux Frères mineurs en 1897.)

RÉCOLTABLE adj. Que l'on peut récolter.

RÉCOLTANT, E adj. et n. Qui récolte.

RÉCOLTE n. f. (it. *ricolta*). Action de recueillir les produits de la terre; ces produits eux-mêmes. ‖ Ce qu'on recueille ou rassemble à la suite de recherches : *récolte de documents.*

RÉCOLTER v. t. Faire une récolte, recueillir : *récolter du blé; récolter des ennuis.*

RECOMBINAISON n. f. Reconstitution d'une molécule, d'un atome préalablement dissociés. ● *Recombinaison génétique,* processus par lequel se produit un brassage du matériel génétique parental donnant naissance à de nouvelles combinaisons.

RECOMMANDABLE adj. Estimable.

RECOMMANDATAIRE n. *Dr.* Syn. de BESOIN.

RECOMMANDATION n. f. Avis, conseil, exhortation : *des recommandations minutieuses.* ‖ Action de recommander qqn : *solliciter la recommandation d'un personnage important.* ‖ Engagement que prend la poste (moyennant une taxe spéciale) de remettre une lettre, un paquet en main propre.

RECOMMANDÉ, E adj. et n. Se dit d'une lettre ou d'un paquet ayant fait l'objet d'une recommandation postale.

RECOMMANDER v. t. Charger qqn de faire qqch; lui demander avec insistance : *je lui ai recommandé de veiller sur vous.* ‖ Signaler à l'attention, à la bienveillance : *recommander qqn pour une place.* ‖ Envoyer une lettre, un paquet sous recommandation. ◆ **se recommander** v. pr. Se recommander à qqn, implorer son secours, son assistance. ‖ Se recommander de qqn, invoquer son appui, son témoignage. ‖ *Se recommander par qqch,* se distinguer, être signalé à l'attention.

RECOMMENCEMENT n. m. Action de recommencer.

RECOMMENCER v. t. (conj. **1**). Commencer de nouveau; refaire depuis le début : *recommencer un travail.* ◆ v. t. ind. **[à, de]**. Commencer de nouveau à faire qqch : *recommencer à pleurer.* ◆ v. i. Se produire de nouveau : *la pluie recommence.*

RECOMPARAÎTRE v. i. (conj. **58**). Comparaître de nouveau.

RÉCOMPENSE n. f. Don que l'on fait à qqn en reconnaissance d'un service rendu. ‖ *Dr.*

Indemnité en espèces due à l'un des époux par la communauté à la dissolution de celle-ci (ou réciproquement).

RÉCOMPENSER v. t. (bas lat. *recompensare*, compenser). Accorder une récompense à : *récompenser un bon élève, la conduite de qqn.*

RECOMPOSABLE adj. Qui peut être recomposé.

RECOMPOSER v. t. Composer de nouveau.

RECOMPOSITION n. f. Action de recomposer.

RECOMPTER v. t. Compter de nouveau.

RÉCONCILIATION n. f. Raccommodement entre personnes : *ménager une réconciliation entre deux frères brouillés.* ‖ Relig. Acte par lequel un hérétique est réuni à l'Église catholique; nouvelle bénédiction d'une église profanée.

RÉCONCILIER v. t. (lat. *reconciliare*). Remettre d'accord des personnes brouillées. ‖ Inspirer à qqn des opinions plus favorables à propos de qqch. ‖ Relig. Effectuer une réconciliation. ◆ **se réconcilier** v. pr. Se remettre d'accord avec qqn.

RECONDAMNER v. t. Condamner de nouveau.

RECONDUCTIBLE adj. Qui peut être reconduit, renouvelé.

RECONDUCTION n. f. Action de reconduire, continuation : *reconduction de la politique actuelle.* ‖ Dr. Renouvellement d'une location, d'un bail à terme, d'un crédit. ‖ *Tacite reconduction* (Dr.), renouvellement du bail, s'opérant par le fait de la continuation de jouissance du preneur sans opposition du bailleur.

RECONDUIRE v. t. (conj. 64). Accompagner une personne qui s'en va : *reconduire un visiteur; reconduire qqn à la frontière.* ‖ Continuer : *reconduire la politique actuelle.* ‖ Dr. Renouveler par reconduction.

RÉCONFORT n. m. Consolation, secours dans la peine.

RÉCONFORTANT, E adj. Qui réconforte.

RÉCONFORTER v. t. (anc. fr. *conforter*; lat. *fortis*, courageux). Redonner du courage, de l'espoir; aider à supporter une douleur. ‖ Redonner des forces physiques.

RECONNAISSABLE adj. Facile à reconnaître.

RECONNAISSANCE n. f. Action de reconnaître comme vrai, légitime : *la reconnaissance d'un droit.* ‖ Souvenir, gratitude d'un bienfait reçu : *témoigner de la reconnaissance.* ‖ Examen détaillé, vérification : *la reconnaissance des lieux.* ‖ Dr. Acte par lequel on admet l'existence d'une obligation; acte par lequel on reconnaît un gouvernement ou un État comme légal; reçu d'un dépôt au crédit municipal. ‖ Mil. Mission de recherche de renseignements sur le terrain ou sur l'ennemi; formation (aéronefs blindés, fantassins) chargée de cette mission. ● *Avoir la reconnaissance du ventre* (Fam.), manifester de la gratitude pour la personne qui vous a nourri. ‖ *Fausse reconnaissance* (Psychiatr.), identification erronée de personnes ou de lieux à d'autres antérieurement connus par suite de ressemblances superficielles ou même sans aucune ressemblance. ‖ *Reconnaissance automatique des formes, de la parole,* procédé mettant en œuvre des ordinateurs pour identifier des signes graphiques (caractères, dessins...) ou sonores. ‖ *Reconnaissance d'enfant,* acte par lequel on reconnaît officiellement être le père (ou la mère) d'un enfant naturel. ‖ *Reconnaissance d'utilité publique,* acte par lequel l'État accorde un statut privilégié à une association.

RECONNAISSANT, E adj. Qui a de la reconnaissance.

RECONNAÎTRE v. t. (lat. *recognoscere*) [conj. 58]. Retrouver dans sa mémoire le souvenir de qqn, qqch quand on les revoit : *reconnaître un ami d'enfance.* ‖ Distinguer à certains caractères : *reconnaître qqn à sa voix.* ‖ Admettre comme vrai, réel, légitime : *on a reconnu son innocence.* ‖ Avouer, confesser : *reconnaître ses torts.* ‖ Chercher à déterminer la situation d'un lieu, explorer : *aller reconnaître les lieux.* ● *Reconnaître un enfant,* se déclarer le père ou la mère. ‖ *Reconnaître un gouvernement,* admettre comme légitime le nouveau gouvernement d'un État établi par des moyens extralégaux (coup

d'État, révolution). ◆ **se reconnaître** v. pr. Retrouver son image, son caractère dans qqn, qqch : *se reconnaître dans ses enfants.* ‖ Savoir où l'on est, s'orienter : *je commence à me reconnaître.* ‖ Reprendre ses sens, ses esprits : *laissez-moi le temps de me reconnaître.* ● *Se reconnaître coupable,* avouer sa faute.

RECONNU, E adj. Que l'on reconnaît comme vrai; important.

RECONQUÉRIR v. t. (conj. 13). Conquérir de nouveau, recouvrer par une lutte.

RECONQUÊTE n. f. Action de reconquérir.

RECONSIDÉRER v. t. (conj. 5). Reprendre l'examen d'une question pour une nouvelle décision.

RECONSTITUANT, E adj. et n. m. Se dit d'un médicament qui ramène l'organisme fatigué à l'état normal.

RECONSTITUER v. t. Constituer, former de nouveau, rétablir dans sa forme primitive. ● *Reconstituer un crime,* déterminer, par les résultats d'une enquête, les conditions dans lesquelles il a été commis.

RECONSTITUTION n. f. Action de reconstituer.

RECONSTRUCTION n. f. Action de reconstruire. ● *Reconstruction à l'identique,* reconstruction d'un édifice conformément à l'état qu'il avait avant sa destruction.

RECONSTRUIRE v. t. (conj. 64). Rebâtir. ‖ Rétablir, reconstituer.

RECONVENTION n. f. Dr. Demande que forme un défendeur contre celui qui, le premier, en a formé une contre lui.

RECONVENTIONNEL, ELLE adj. Dr. De la nature d'une reconvention.

RECONVENTIONNELLEMENT adv. Dr. Par mode de reconvention.

RECONVERSION n. f. Action de reconvertir, de se reconvertir.

RECONVERTIR v. t. Adapter une usine, une main-d'œuvre à de nouveaux besoins, à de nouvelles conditions économiques. ◆ **se reconvertir** v. pr. Changer de profession, le plus souvent pour des motifs économiques.

RECOPIER v. t. Copier de nouveau; mettre au propre.

RECORD n. m. (mot angl.). Exploit sportif officiellement constaté, et surpassant tout ce qui a été fait auparavant. ‖ Résultat remarquable surpassant tout ce qui a été obtenu dans un genre quelconque : *record de production.* ◆ adj. Jamais atteint : *chiffre record d'accidents.*

RECORDAGE n. m. Action de recorder.

RECORDER v. t. Attacher de nouveau avec une corde. ‖ Remettre des cordes à : *recorder une raquette.*

RECORDMAN [rəkɔrdman] n. m. (de *record* et angl. *man*) [pl. *recordmen* ou *recordmans*]. Homme qui détient un ou plusieurs records. (Fém. : *recordwoman.*)

RECORRIGER v. t. (conj. 1). Corriger de nouveau.

RECORS [rəkɔr] n. m. (anc. fr. *record*, rappel). Celui qui accompagnait un huissier pour lui servir de témoin et lui prêter main-forte au besoin (vx).

RECOUCHER v. t. Coucher de nouveau.

RECOUDRE v. t. (conj. 52). Coudre ce qui est décousu, déchiré, disjoint.

RECOUPAGE n. m. Action de recouper.

RECOUPE n. f. Son provenant de la mouture de gros gruaux. (Syn. REMOULAGE.) ‖ Eau-de-vie provenant du mélange d'alcool avec de l'eau. ‖ Seconde coupe de fourrage.

RECOUPEMENT n. m. Vérification d'un fait au moyen de renseignements provenant de sources diverses. ‖ Constr. Retrait fait à chaque assise de pierre pour donner de la solidité à un bâtiment. ‖ Procédé particulier de levé de plans.

RECOUPER v. t. Couper de nouveau : *recouper une ligne.* ‖ Mélanger des vins de diverses origines avec les produits d'un premier coupage. ‖ Apporter une confirmation. ◆ v. i. Faire une seconde coupe aux cartes.

RECOURBEMENT n. m. Action de recourber.

RECOURBER v. t. Courber de nouveau; courber par le bout.

RECOURBURE n. f. État d'une chose recourbée.

RECOURIR v. t. et i. (lat. *recurrere*) [conj. 21]. Courir de nouveau. ◆ v. t. ind. S'adresser à qqn pour obtenir de l'aide : *recourir au médecin.* ‖ Se servir de qqch dans une circonstance donnée : *recourir à la force.*

RECOURS n. m. (lat. *recursus*, retour en arrière). Personne ou chose à laquelle on s'adresse pour une aide, un secours. ‖ Dr. Action en garantie ou en dommages-intérêts que l'on a contre qqn; pourvoi. ● *Avoir recours à qqn,* lui demander de l'aide. ‖ *Avoir recours à qqch,* s'en servir comme d'un moyen. ‖ *Recours en grâce,* demande adressée au chef de l'État en vue de la remise ou de la commutation d'une peine. ‖ *Recours pour excès de pouvoir,* recours, porté devant le juge administratif, dirigé contre un acte illégal de l'Administration.

RECOUVRABLE adj. Qui peut être recouvré.

RECOUVRAGE n. m. Travail fait pour recouvrir.

RECOUVREMENT n. m. Action de recouvrer ce qui était perdu : *recouvrement de titres.* ‖ Perception de sommes dues.

RECOUVREMENT n. m. Action de recouvrir. ‖ Constr. Agencement dans lequel un élément en recouvre un autre. ‖ *Lambeaux de recouvrement* (Géol.), restes fragmentés d'une nappe de charriage, reposant en discordance sur les terrains sous-jacents. ‖ *Recouvrement d'un ensemble* (Math.), famille de parties de cet ensemble telles que tout élément de cet ensemble appartienne à au moins l'une des parties de la famille.

RECOUVRER v. t. (lat. *recuperare*). Rentrer en possession de ce qu'on avait perdu : *recouvrer la vue.* ‖ Opérer la perception de : *recouvrer l'impôt.*

RECOUVRIR v. t. (conj. 10). Couvrir de nouveau ou complètement : *la neige recouvre la plaine.*

RECRACHER v. t. et i. Cracher ce qu'on a pris dans sa bouche.

RÉCRÉANCE n. f. (anc. fr. *recroire,* rendre). *Lettres de récréance* ou *de rappel* (Dr.), lettres envoyées à un ambassadeur pour qu'il les présente au chef de l'État d'auprès de qui on le rappelle.

RÉCRÉATIF, IVE adj. Qui divertit.

RÉCRÉATION n. f. Action de recréer.

RÉCRÉATION n. f. Ce qui interrompt le travail et délasse : *prendre un peu de récréation.* ‖ Temps accordé aux enfants dans les écoles pour jouer.

RECRÉER v. t. Reconstituer par un travail intellectuel et sur un plan différent.

RÉCRÉER v. t. (lat. *recreare*). Litt. Délasser, divertir par quelque amusement.

RECRÉPIR v. t. Crépir de nouveau.

RECRÉPISSAGE n. m. Action de recrépir.

RECREUSER v. t. Creuser de nouveau ou plus profond.

RÉCRIER (SE) v. pr. Litt. Pousser une exclamation de surprise, de mécontentement, de protestation : *ils se sont tous récriés à la vue de ce tableau.*

RÉCRIMINATEUR, TRICE adj. et n. Qui récrimine, est porté à récriminer.

RÉCRIMINATION n. f. Action de récriminer; reproche, critique amère.

RÉCRIMINER v. i. (lat. *recriminari;* de *crimen,* accusation). Trouver à redire; critiquer amèrement : *il récrimine sans cesse et à propos de tout.*

RÉCRIRE ou **RÉÉCRIRE** v. t. (conj. 65). Écrire ou rédiger de nouveau.

RECRISTALLISATION n. f. Géol. Transformation des roches qui se produit lorsque certains minéraux qui les constituent sont détruits et remplacés par d'autres cristaux. ‖ Métall. Cristallisation nouvelle se développant dans un métal ou un alliage à l'état solide, au cours d'un chauffage de recuit.

RECRISTALLISER v. t. et i. Cristalliser de nouveau.

RECROQUEVILLÉ, E adj. Ramassé, replié.

RECROQUEVILLER (SE) v. pr. (de *croc* et de *vrille*). Se rétracter, se replier sous l'action de la chaleur, du .froid, etc. ‖ Se ramasser sur soi-même, se pelotonner.

RECRU, E adj. (anc. fr. *se recroire*, se rendre à merci). *Recru de fatigue* (Litt.), harassé.

RECRÛ n. m. (part. pass. de *croître*). *Sylvic.* Rejets qui se forment spontanément après l'exploitation d'une coupe de bois.

RECRUDESCENCE n. f. (lat. *recrudescere*, reprendre des forces). Intensité plus grande des symptômes d'une maladie, des ravages d'une épidémie, etc., après une accalmie. ‖ Réapparition et augmentation d'intensité.

RECRUDESCENT, E adj. *Litt.* Qui reprend de l'intensité.

RECRUE n. f. (de *croître*). Jeune militaire qui vient d'être appelé au service. ‖ Nouveau membre d'une société, d'un groupe.

RECRUTEMENT n. m. Action de recruter. ● *Service de recrutement,* anc. appellation de la DIRECTION DU SERVICE NATIONAL, chargée de concevoir et de mettre en application la réglementation relative à ce service.

RECRUTER v. t. Appeler des recrues, lever des troupes. ‖ Engager du personnel. ‖ Amener à faire partie d'une société, d'un parti. ◆ **se recruter** v. pr. Être recruté; provenir de.

RECRUTEUR n. et adj. m. Autref., personne chargée de faire du recrutement. ● *Agent recruteur,* celui qui recrute pour le compte d'un parti, d'un groupe.

RECTA adv. (mot lat., *en droite ligne*). *Fam.* Ponctuellement : *payer recta.*

RECTAL, E, AUX adj. Relatif au rectum.

RECTANGLE n. m. (lat. *rectangulus*). Figure à quatre angles droits dont les côtés sont égaux deux à deux. ‖ *Math.* Tout parallélogramme ayant un angle droit. ● *Rectangle blanc,* v. CARRÉ. ◆ adj. *Trapèze rectangle,* trapèze ayant un angle droit. ‖ *Triangle rectangle,* triangle qui a un angle droit.

RECTANGULAIRE adj. Qui a la forme d'un rectangle. ‖ Qui forme un angle droit. ● *Système de coordonnées rectangulaires,* système de coordonnées dans lequel chaque point est rapporté à deux axes fixes rectangulaires.

RECTEUR, TRICE adj. Qui dirige.

RECTEUR n. m. (lat. *rector;* de *regere,* diriger). Haut fonctionnaire de l'Éducation nationale, placé à la tête d'une circonscription académique. ‖ Prêtre desservant une église non paroissiale ou une chapelle. ‖ Directeur de certains collèges religieux. ‖ En Bretagne, curé de paroisse.

RECTIFIABLE adj. Qui peut être rectifié. ‖ *Math.* Se dit d'un arc de courbe dont la longueur peut être définie comme la borne supérieure des longueurs de toutes les lignes brisées pouvant y être inscrites.

RECTIFICATEUR n. m. Appareil s'adaptant à un alambic et où s'effectue la rectification.

RECTIFICATIF, IVE adj. Qui rectifie, qui sert à rectifier.

RECTIFICATIF n. m. Document apportant une rectification.

RECTIFICATION n. f. Action de rectifier; texte, paroles qui rectifient : *la rectification d'un compte.* ‖ Distillation fractionnée d'un liquide pour en séparer les constituants ou pour les purifier. ● *Rectification d'une courbe, d'un arc de courbe* (Math.), calcul de sa longueur.

RECTIFIER v. t. (lat. *rectus,* droit, et *facere,* faire). Rendre droit : *rectifier le tracé d'une route.* ‖ Rendre une chose exacte, modifier en corrigeant : *rectifier un calcul.* ‖ Purifier par distillation. ‖ Parachever par meulage la surface d'une pièce usinée. ‖ *Pop.* Tuer.

RECTIFIEUR n. m. Ouvrier qui conduit une rectifieuse.

RECTIFIEUSE n. f. Machine-outil servant à rectifier.

RECTILIGNE adj. (lat. *rectus,* droit). En ligne droite. ‖ Formé uniquement de lignes droites : *figure rectiligne.*

RECTILIGNE n. m. *Rectiligne d'un dièdre* (Math.), angle plan obtenu en coupant ce dièdre par un plan perpendiculaire à l'arête.

RECTILINÉAIRE adj. Se dit d'un objectif photographique qui ne déforme pas l'image.

RECTION n. f. *Ling.* Propriété qu'ont un verbe, une préposition d'être accompagnés d'un complément dont le mode ou le cas est déterminé grammaticalement.

RECTITE n. f. Inflammation du rectum.

RECTITUDE n. f. (lat. *rectus,* droit). *Litt.* Qualité de ce qui est droit : *la rectitude d'une ligne.* ‖ Conformité à la raison, à la justice, à la rigueur : *rectitude de jugement.*

RECTO n. m. (lat. *recto folio,* à feuille droite) [pl. *rectos*]. Première page d'un feuillet, celle qui se trouve à droite lorsque le livre est ouvert (par oppos. à VERSO).

RECTO-COLITE n. f. (pl. *recto-colites*). Inflammation simultanée du rectum et du côlon.

RECTORAL, E, AUX adj. Relatif au recteur.

RECTORAT n. m. Charge de recteur. ‖ Bureau de l'administration rectorale d'une académie.

RECTOSCOPE n. m. Endoscope spécial pour l'examen optique du rectum.

RECTOSCOPIE n. f. Examen du rectum avec le rectoscope.

RECTRICE n. f. Plume de la queue des oiseaux, qui dirige le vol et soutient l'arrière du corps.

RECTUM [rεktɔm] n. m. (lat. *rectum intestinum,* intestin droit). Dernière partie du côlon, qui aboutit à l'anus.

REÇU, E n. Personne admise à un examen, à un concours.

REÇU n. m. (part. pass. de *recevoir*). Quittance sous seing privé par laquelle on reconnaît avoir reçu une somme. (*Reçu* est un part. pass. inv. quand il est employé par ellipse devant l'énoncé d'une somme, pour en reconnaître le paiement.)

RECUEIL [rəkœj] n. m. (de *recueillir*). Réunion de divers actes, de divers écrits, images, etc. : *recueil de lois, de poésies.*

RECUEILLEMENT n. m. Action, état d'une personne qui se recueille.

RECUEILLI, E adj. Qui est dans le recueillement.

RECUEILLIR v. t. (lat. *recolligere*) [conj. 12]. Retirer quelque chose : *recueillir le fruit de son travail.* ‖ Obtenir : *recueillir des voix.* ‖ Recevoir par héritage : *recueillir la succession de qqn.* ‖ Réunir ce qui est dispersé, en collectant, en ramassant : *recueillir des documents, des dons.* ‖ Donner l'hospitalité, accueillir chez soi : *recueillir les sinistrés.* ◆ **se recueillir** v. pr. Se replier sur soi-même, réfléchir. ‖ Concentrer son esprit sur Dieu et sur les choses de la vie religieuse.

RECUIRE v. i. (lat. *recoquere*) [con. 64]. Cuire de nouveau. ◆ v. t. Exposer de nouveau à l'action du feu. ‖ Améliorer les qualités d'un métal par le recuit. ‖ Diminuer la fragilité d'un verre par le recuit.

RECUIT n. m. Action de recuire, de soumettre de nouveau à l'action de la chaleur. ‖ Chauffage d'un produit métallurgique à une température suffisante pour assurer son équilibre physico-chimique et structural, et que l'on fait suivre d'un refroidissement lent.

RECUL n. m. Mouvement en arrière : *recul d'une armée, de la civilisation.* ‖ Espace libre pour reculer. ‖ Mouvement vers l'arrière, effectué par une bouche à feu au départ du coup. ‖ Éloignement dans l'espace ou dans le temps pour juger d'un événement.

RECULADE n. f. Action de celui qui, s'étant trop avancé dans une affaire, est obligé de revenir sur ses pas.

RECULÉ, E adj. Isolé, d'accès difficile : *quartier reculé.* ‖ Éloigné dans le temps : *époque reculée.*

RECULÉE n. f. *Géogr.* Sur la bordure occidentale du Jura, vallée profonde, aux parois verticales, qui se termine en cul-de-sac au pied d'un escarpement calcaire, le « bout du monde ».

RECULEMENT n. m. Pièce du harnais qui couvre l'arrière du cheval. ● *Servitude de reculement,* servitude pesant sur un immeuble frappé d'alignement, aux termes de laquelle le propriétaire ne peut plus opérer que des travaux d'entretien.

RECULER v. t. (de *cul*). Tirer, pousser en arrière : *reculer sa chaise.* ‖ Reporter plus loin : *reculer les bornes, les frontières d'un État.* ‖ Ajourner, retarder : *reculer un paiement.* ◆ v. i. Aller en arrière. ‖ Perdre du terrain, rétrograder : *la tuberculose recule.* ‖ Renoncer, céder devant une difficulté; éviter de faire ce qui est exigé. ● *Reculer pour mieux sauter,* hésiter devant une décision désagréable qu'il faudra prendre tôt ou tard.

RECULONS (À) loc. adv. En reculant, en allant en arrière.

RECULOTTER v. t. Remettre la culotte, le pantalon.

RÉCUPÉRABLE adj. Qui peut être récupéré.

RÉCUPÉRATEUR, TRICE adj. et n. Qui récupère.

RÉCUPÉRATEUR n. m. *Industr.* Appareil pour la récupération de la chaleur ou de l'énergie.

RÉCUPÉRATION n. f. Action de récupérer; son résultat.

RÉCUPÉRER v. t. (lat. *recuperare*) [conj. 5]. Rentrer en possession de, retrouver après avoir perdu : *récupérer une somme que l'on avait prêtée.* ‖ Recueillir pour utiliser ce qui pourrait être perdu : *récupérer de la ferraille.* ‖ Travailler une heure, une journée en remplacement de celles qui avaient été perdues pour une cause quelconque. ‖ Détourner un courant d'idées, un mouvement d'opinion de son sens original. ◆ v. i. Reprendre ses forces après un effort.

RÉCURAGE n. m. Action de récurer.

RÉCURER v. t. Nettoyer en frottant.

RÉCURRENCE n. f. Retour, répétition. ‖ *Mus.* Rétrogradation dans l'énoncé d'une série de sons. ‖ *Philos.* Retour, à partir du présent d'une science, sur son histoire, tel qu'il en montre la formation progressive. ● *Raisonnement par récurrence,* démonstration par laquelle on étend à une série de termes homogènes la vérité d'une propriété d'au moins deux de ces termes.

RÉCURRENT, E adj. (lat. *recurrens,* courant en arrière). *Anat.* Qui revient en arrière : *nerfs récurrents.* ● *Fièvre récurrente,* syn. de BORRÉLIOSE. ‖ *Image récurrente ou consecutive,* image qui subsiste après que l'œil a été impressionné par un objet vivement éclairé. ‖ *Série récurrente* (Math.), série dont chaque terme se calcule en fonction d'un nombre fini de termes le précédant immédiatement.

RÉCURSIF, IVE adj. *Ling.* Qui peut être répété de façon indéfinie. ‖ *Log.* Se dit des fonctions qu'on peut définir à l'aide d'une certaine classe de fonctions élémentaires. (Il existe un algorithme permettant de déterminer la valeur des fonctions récursives pour tous leurs arguments.)

RÉCURSIVITÉ n. f. Propriété de ce qui est récursif.

RÉCURSOIRE adj. *Dr.* Qui ouvre un recours.

RÉCUSABLE adj. Qui peut être récusé.

RÉCUSATION n. f. Action de récuser.

RÉCUSER v. t. (lat. *recusare,* refuser). Refuser de reconnaître la compétence d'un tribunal, d'un juge, d'un expert, d'un témoin, d'un juré. ‖ Rejeter, ne pas admettre l'autorité de : *je récuse son autorité.* ◆ **se récuser** v. pr. Se déclarer incompétent pour juger une cause, décider d'une question.

RECYCLAGE n. m. Formation complémentaire donnée à certaines personnes pour leur permettre de s'adapter aux progrès industriels et scientifiques. ‖ Action de réintroduire dans une partie d'un cycle de traitement un fluide ou des matières qui l'ont déjà parcouru, lorsque leur transformation reste incomplète par un passage unique. ‖ Destination nouvelle donnée à des disponibilités monétaires.

RECYCLER v. t. Effectuer le recyclage. ◆ **se recycler** v. pr. Acquérir une formation complémentaire.

RÉDACTEUR, TRICE n. (lat. *redactus*, part. pass. de *redigere*, arranger). Personne qui rédige un texte, qui participe à la rédaction d'un journal, d'un livre.

RÉDACTION n. f. Action ou manière de rédiger. ‖ Exercice scolaire pour apprendre à rédiger. ‖ Ensemble des rédacteurs; salle où sont les rédacteurs : *la rédaction d'un journal.*

RÉDACTIONNEL, ELLE adj. Relatif à la rédaction. ● *Publicité rédactionnelle*, qui se présente comme si elle venait de la rédaction du journal où elle figure.

REDAN ou **REDENT** [rədɑ̃] n. m. *Archit.* Découpure en forme de dent, dont la répétition constitue un ornement. ‖ *Constr.* Ressaut, saillie en gradin. ‖ *Fortif.* Ouvrage de la fortification bastionnée, en angle saillant. ‖ *Techn.* Groupe d'entailles faites en sens opposés, dans deux pièces qu'on veut rendre solidaires.

REDDITION n. f. Action de rendre ou de se rendre : *reddition de comptes; reddition d'une ville.*

REDÉCOUVRIR v. t. (conj. 10). Découvrir de nouveau.

REDÉFAIRE v. t. (conj. 72). Défaire de nouveau.

REDÉFINIR v. t. Définir de nouveau.

REDEMANDER v. t. Demander de nouveau. ‖ Demander à qqn ce qu'on lui a prêté.

REDÉMARRAGE n. m. Action de redémarrer.

REDÉMARRER v. i. Démarrer de nouveau.

RÉDEMPTEUR, TRICE adj. et n. (lat. *redemptor*). Qui rachète. ● *Le Rédempteur*, Jésus-Christ, qui a racheté le genre humain du péché.

RÉDEMPTION n. f. (lat. *redemptio*). *Théol.* Salut du genre humain par Jésus-Christ : *le mystère de la Rédemption.*

RÉDEMPTORISTE n. m. Membre d'une congrégation religieuse cléricale (prêtres et frères) missionnaire, fondée à Naples par saint Alphonse-Marie de Liguori, en 1732, sous le nom de *congrégation du Très-Saint-Rédempteur.* (Cette congrégation comporte une branche féminine, les *rédemptoristines.*)

REDENT n. m. → REDAN.

REDÉPLOIEMENT n. m. Réorganisation d'une économie, d'une branche de l'économie, d'un secteur de l'administration, etc.

REDESCENDRE v. i. (conj. 46). Descendre de nouveau ou après s'être élevé : *ballon qui redescend.* ◆ v. t. Porter de nouveau en bas.

REDEVABLE adj. et n. Qui verse une redevance. ◆ adj. Qui doit encore qqch après un paiement. ‖ Qui a une obligation envers qqn : *je vous suis redevable de la vie.*

REDEVANCE n. f. Dette, charge, taxe, rente qu'on doit acquitter à termes fixes.

REDEVENIR v. i. (conj. 16; auxil. *être*). Recommencer à être ce que l'on était auparavant.

RÉDHIBITION n. f. *Dr.* Annulation d'une vente obtenue par l'acheteur, lorsque la chose vendue est entachée de vices.

RÉDHIBITOIRE adj. (lat. *redhibere*, restituer). Qui constitue un obstacle radical : *un prix rédhibitoire.* ‖ *Dr.* Qui peut motiver l'annulation d'une vente.

RÉDIE n. f. (d'un n. pr.). *Zool.* Forme larvaire du cycle biologique des trématodes, vivant en parasite dans le corps d'un mollusque.

REDIFFUSER v. t. Diffuser une émission une seconde fois.

REDIFFUSION n. f. Action de rediffuser; émission rediffusée.

RÉDIGER v. t. (lat. *redigere*, mettre en ordre) [conj. 1]. Exprimer par écrit selon une forme voulue : *rédiger un article de journal.*

REDINGOTE [rədɛ̃ɡɔt] n. f. (angl. *riding-coat*, vêtement pour aller à cheval). Vêtement masculin à basques qu'on se rejoignaient par-devant (vx). ‖ Manteau de femme, cintré à la taille.

RÉDINTÉGRATION n. f. (mot angl.; lat. *integrare*, renouveler). *Psychol.* Retour intégral de qqch, par exemple un souvenir dans l'esprit.

REDIRE v. t. (conj. 68). Répéter ce qu'on a déjà dit ou ce qu'un autre a dit : *il redit toujours les*

mêmes choses. ‖ Révéler par indiscrétion : *il redit tout.* ‖ *Avoir, trouver à redire*, avoir, trouver à blâmer.

REDISCUTER v. t. Discuter à nouveau.

REDISTRIBUER v. t. Distribuer de nouveau.

REDISTRIBUTION n. f. Action de redistribuer. ‖ Correction dans la répartition des revenus, grâce, notamment, à l'impôt et aux transferts sociaux.

REDITE n. f. Répétition inutile.

REDONDANCE n. f. Superfluité de mots, de paroles : *discours plein de redondances.* ‖ Augmentation de la longueur d'un message par introduction de symboles supplémentaires dans un but de vérification.

REDONDANT, E adj. Qui est de trop dans un écrit, un discours. ‖ Qui présente des redondances.

REDONNER v. t. Donner de nouveau la même chose. ‖ Rendre ce qui avait été perdu : *redonner des forces, de l'espérance.*

REDORER v. t. Dorer de nouveau. ● *Redorer son blason*, épouser une riche roturière, en parlant d'un noble pauvre.

REDOUBLANT, E adj. et n. Se dit d'un élève qui recommence une même année de scolarité.

REDOUBLÉ, E adj. Qui est répété. ● *À coups redoublés*, avec violence.

REDOUBLEMENT n. m. Action de redoubler, d'accroître, de répéter. ‖ Action de recommencer une année de scolarité.

REDOUBLER v. t. Remettre une doublure : *redoubler une robe.* ‖ Rendre double; renouveler en augmentant : *redoubler ses cris.* ‖ Recommencer (une classe). ◆ v. t. ind. *Redoubler de*, apporter plus de : *redoubler de soins.* ◆ v. i. S'accroître, augmenter en intensité : *la fièvre redouble.*

REDOUL [rədul] n. m. (mot prov.). Plante herbacée des coteaux des régions méditerranéennes, dont les jeunes pousses sont riches en tanin, appelée aussi *herbe aux tanneurs.*

redoul

REDOUTABLE adj. Fort à craindre, dangereux.

REDOUTE n. f. (it. *ridotto*, réduit). Petit ouvrage de fortification isolé.

REDOUTER v. t. Craindre vivement, avoir peur.

REDOUX n. m. Radoucissement de la température survenant au cours de la saison froide.

REDOX adj. Relatif à un couple de réactions inverses et simultanées, l'une d'oxydation, l'autre de réduction.

REDRESSAGE n. m. Action de redresser.

REDRESSE (À LA) loc. adj. *Pop.* Énergique.

REDRESSEMENT n. m. Action de redresser, de se redresser : *redressement de la situation.* ‖ *Électr.* Transformation d'un courant alternatif en un courant d'un seul sens. ‖ *Dr. fisc.* Correction de la déclaration d'un contribuable conduisant au relèvement des sommes dues au titre de l'impôt. ● *Maison de redressement*, autref., établissement chargé de la rééducation de jeunes délinquants.

REDRESSER v. t. Rendre droit ce qui est penché, courbé, tordu; remettre debout; rétablir dans son état primitif : *redresser un poteau,*

une situation. ‖ Rendre sa forme initiale à une pièce mécanique ayant subi des déformations permanentes. ‖ Hausser le nez d'un avion. ‖ Remettre les roues d'une voiture en ligne droite après un virage. ‖ *Litt.* Réformer, rectifier : *redresser le jugement.* ‖ *Électr.* Transformer un courant alternatif en courant d'un seul sens. ◆ **se redresser** v. pr. Se remettre droit. Retrouver son énergie; reprendre son essor : *pays qui se redresse après une guerre.* ‖ Prendre une attitude fière.

REDRESSEUR n. m. *Électr.* Appareil dans lequel un courant alternatif est redressé. ● *Redresseur de torts*, chevalier errant qui vengeait les victimes de l'injustice; *fam.*, personne qui a la manie de vouloir réformer. ◆ adj. m. Qui change le sens d'une grandeur.

RÉDUCTEUR, TRICE adj. (lat. *reductus*, ramené). Qui diminue. ‖ Qui fait diminuer. ◆ adj. et n. m. *Chim.* Se dit des corps qui ont la propriété de réduire : *le charbon est un réducteur.* ‖ *Mécan.* Se dit d'un mécanisme qui diminue la vitesse de rotation d'un arbre.

RÉDUCTIBILITÉ n. f. Caractère de ce qui est réductible.

RÉDUCTIBLE adj. Qui peut être réduit, diminué. ‖ *Chir.* Qui peut être remis en place. ● *Équation réductible*, équation dont le degré peut être abaissé. ‖ *Fraction réductible*, fraction qui peut être simplifiée. ‖ *Nombre réductible*, nombre non premier.

RÉDUCTION n. f. Action de réduire, de diminuer : *réduction des impôts.* ‖ Diminution de prix : *consentir une réduction à un client.* ‖ Reproduction à une échelle plus petite : *la réduction d'une statue.* ‖ Opération par laquelle on passe d'une mesure brute à un résultat affranchi de certains effets non essentiels, tels que les conditions physiques du moment, les facteurs instrumentaux, etc. ‖ *Chim.* Réaction dans laquelle on enlève l'oxygène à un corps qui en contient ou, plus généralement, dans laquelle un atome ou un ion gagne des électrons. ‖ *Chir.* Action de remettre à leur place les os luxés ou fracturés. ‖ *Math.* Opération par laquelle on remplace une figure par une autre semblable, mais plus petite; transformation remplaçant une expression algébrique par une autre équivalente, mais plus simple ou plus commode. ‖ *Mus.* Transfert sur deux portées d'une partition une œuvre : *réduction pour piano d'une œuvre orchestrale.* ● *Réduction chromatique*, diminution de moitié du nombre des chromosomes d'une cellule, qui se réalise au cours d'une des divisions préludant à la formation des cellules reproductrices. ‖ *Réduction directe* (Métall.), réduction d'un minerai à une température inférieure à la température de fusion des métaux contenus. ‖ *Réduction eidétique* (Philos.), pour E. Husserl, élimination de ce qui est perçu empiriquement d'un objet pour n'en retenir que l'essence. ‖ *Réduction à l'état laïque*, pour un clerc, cessation de l'état clérical et retour à l'état laïque. ‖ *Réduction au même dénominateur*, recherche, pour plusieurs fractions arithmétiques, d'un dénominateur commun, de valeur la plus basse possible. ‖ *Réduction des libéralités excessives* (Dr.), action par laquelle un héritier réservataire fait réintégrer à la succession un bien dont le défunt avait disposé en dépassement de la quotité disponible. ‖ *Réduction phénoménologique* (Philos.), pour E. Husserl, suspension du jugement sur l'existence des choses.

RÉDUCTIONNISME n. m. *Philos.* Tendance, commune à certains systèmes, à certaines conceptions, qui consiste à réduire les phénomènes complexes à leurs composants plus simples et à considérer ces derniers comme plus fondamentaux que les phénomènes complexes observés.

RÉDUCTIONNISTE adj. et n. Relatif au réductionnisme; qui en est partisan.

RÉDUIRE v. t. (lat. *reducere*, ramener) [conj. 64]. Ramener à des proportions moindres, diminuer : *réduire ses dépenses.* ‖ Reproduire en plus petit, avec les mêmes proportions : *réduire une figure géométrique.* ‖ Transformer une chose en une autre : *réduire du blé en farine.* ‖ Anéantir : *réduire les dernières résistances.* ‖ Amener par la force, l'autorité, contraindre à : *réduire qqn au silence.* ‖ Rendre plus concentré par l'ébullition : *réduire une sauce.* ‖ *Chim.* Enlever de l'oxygène à un corps qui en contient et plus généralement faire gagner des électrons. ‖ *Chir.* Opérer une réduction. ‖ *Math.* Transformer, simplifier : *réduire deux fractions au même dénominateur.* ◆ v. i. Subir une réduction, une diminution : *ce sirop n'a pas assez réduit.* ◆ **se réduire** v. pr. Diminuer son train de vie. ‖ Être ramené à qqch : *toute votre querelle se réduit à un malentendu.*

RÉDUIT, E adj. Plus petit, plus bas : *modèle réduit, tarif réduit.*

RÉDUIT n. m. (lat. *reductus,* qui est à l'écart). Local de petites dimensions. ‖ Ouvrage fortifié à l'intérieur d'un autre, servant d'emplacement pour l'ultime défense. ‖ *Mar.* Au XIXᵉ s., compartiment cuirassé où était rassemblée l'artillerie des gros navires de guerre.

RÉDUPLICATION n. f. *Ling.* Répétition d'une syllabe, d'une lettre.

RÉDUVE n. m. (lat. *reduviae,* dépouilles). Punaise ailée qui vit dans les maisons mal tenues. (Long. 15 mm.)

RÉÉCOUTER v. t. Écouter de nouveau.

RÉÉCRIRE v. t. → RÉCRIRE.

RÉÉCRITURE n. f. Action de réécrire. ● *Règles de réécriture* (Ling.), règle d'une grammaire permettant de convertir un élément en un autre élément ou une suite d'éléments.

RÉÉDIFICATION n. f. *Litt.* Action de réédifier.

RÉÉDIFIER v. t. *Litt.* Rebâtir.

RÉÉDITER v. t. Faire une nouvelle édition de. ‖ Recommencer : *rééditer un exploit.*

RÉÉDITION n. f. Édition nouvelle.

RÉÉDUCATION n. f. Action d'éduquer à nouveau. ‖ Ensemble des méthodes ayant pour objectif de développer les fonctions saines chez un enfant ou un adulte handicapé, de façon à compenser ses déficiences et à le réinsérer dans un milieu normal. ‖ Ensemble de mesures auxquelles la juridiction répressive astreint le mineur condamné pénalement.

RÉÉDUQUER v. t. Faire la rééducation de.

RÉEL, ELLE adj. (lat. *realis;* de *res,* chose). Qui existe ou a existé véritablement : *besoins réels.* ‖ Qui est bien tel qu'on le dit, authentique, véritable : *son mérite est réel.* ‖ *Dr.* Qui concerne une chose (par oppos. à PERSONNEL). [L'hypothèque confère un *droit réel* sur l'immeuble hypothéqué; le prêt d'une somme d'argent ne confère qu'un *droit personnel* sur l'emprunteur.] ‖ *Opt.* Se dit d'une image qui se forme à l'intersection de rayons convergents. (Contr. VIRTUEL.) ● *Droite, point, plan réel,* en géométrie analytique, droite, point, plan dont les coordonnées sont des nombres réels. ‖ *Nombre réel,* nombre pouvant servir à définir la position d'un point sur un axe : *les nombres*

$$1, -\frac{2}{3}, \sqrt{2}, \pi, ..., \text{ sont des nombres réels.}$$

(L'ensemble ℝ des nombres réels comprend les nombres rationnels, entiers et fractionnaires, et les nombres irrationnels.)

RÉEL n. m. Ce qui existe effectivement; ce qui concerne les choses.

RÉÉLECTION n. f. Action d'élire de nouveau.

RÉÉLIGIBLE adj. Qui peut être réélu.

RÉÉLIRE v. t. (conj. 69). Élire de nouveau.

RÉELLEMENT adv. Effectivement, véritablement : *il est réellement le meilleur.*

RÉEMBAUCHER v. t. Embaucher de nouveau.

RÉÉMETTEUR n. m. Émetteur de faible puissance servant à retransmettre les signaux provenant d'un émetteur principal.

RÉEMPLOI n. m. → REMPLOI.

RÉEMPLOYER v. t. → REMPLOYER.

RÉEMPRUNTER v. t. → REMPRUNTER.

RÉENGAGEMENT n. m., **RÉENGAGER** v. t. → RENGAGEMENT, RENGAGER.

RÉENSEMENCEMENT n. m. Action de réensemencer.

RÉENSEMENCER v. t. (conj. 1). Ensemencer de nouveau.

RÉÉQUILIBRAGE n. m. Action de rééquilibrer.

RÉÉQUILIBRER v. t. Équilibrer de nouveau.

RÉER v. i. → RAIRE.

RÉESCOMPTE n. m. Acte par lequel un banquier fait escompter par un autre banquier, ou par la Banque de France, un effet de commerce qu'il a lui-même acquis par voie d'escompte.

RÉESCOMPTER v. t. Escompter de nouveau.

RÉESSAYER v. t. → RESSAYER.

RÉÉVALUATION n. f. Action d'évaluer de nouveau. ‖ Relèvement de la parité d'une monnaie. (Contr. DÉVALUATION.) ● *Réévaluation des bilans,* réinscription en hausse des valeurs inscrites à l'actif des bilans, permettant des amortissements, en déduction d'impôts, plus importants qu'auparavant.

RÉÉVALUER v. t. Évaluer de nouveau. ‖ Procéder à une réévaluation.

RÉEXAMEN n. m. Nouvel examen.

RÉEXAMINER v. t. Examiner une seconde fois et plus profondément.

RÉEXPÉDIER v. t. Expédier de nouveau.

RÉEXPÉDITION n. f. Nouvelle expédition.

RÉEXPORTATION n. f. Action de réexporter.

RÉEXPORTER v. t. Transporter hors d'un État, d'un pays, des marchandises qui y avaient été importées.

REFAÇONNER v. t. Façonner de nouveau.

RÉFACTION n. f. (de *refaire*). *Comm.* Réduction sur le prix des marchandises au moment de la livraison, lorsqu'elles ne correspondent pas aux conditions convenues.

REFAIRE v. t. (conj. 72). Faire de nouveau ce qu'on a déjà fait : *refaire un voyage.* ‖ Remettre en bon état, réparer : *refaire un fauteuil; refaire sa santé.* ‖ *Fam.* Tromper, duper, voler : *il s'est laissé refaire.* ◆ v. i. Recommencer : *cette donne est à refaire.* ◆ **se refaire** v. pr. Récupérer; au jeu, gagner après une série de revers.

RÉFECTION n. f. (lat. *refectio;* de *reficere,* refaire). Action de refaire, de remettre à neuf : *réfection d'une route.*

RÉFECTOIRE n. m. (lat. *refectorius,* qui restaure). Salle où les membres d'une communauté, d'une collectivité prennent leurs repas.

REFEND n. m. *Constr.* Rainure, canal taillé dans le parement d'un mur pour accuser ou simuler le tracé des joints d'un appareil. ‖ *Bois de refend,* bois scié en long. ‖ *Mur de refend,* gros mur porteur formant une division intérieure et servant à réduire les portées des poutres ou à adosser les conduits de fumée.

REFENDRE v. t. (conj. 46). Fendre de nouveau. ‖ Scier en long : *refendre l'ardoise.*

RÉFÉRÉ n. m. *Dr.* Procédure d'urgence par laquelle un juge règle provisoirement un litige; décision rendue selon cette procédure.

RÉFÉRENCE n. f. (de *référer*). Action de se référer à qqch. ‖ Autorité, texte auquel on renvoie : *indiquer des références.* ‖ Indication précise permettant de se reporter au passage d'un texte cité. ‖ Indication placée en tête d'une lettre, à rappeler dans la réponse. ‖ *Ling.* Fonction par laquelle un signe linguistique renvoie à un objet du monde. ‖ *Log.* Dénotation. ● *Ouvrage de référence,* ouvrage non à lire, mais à consulter. ◆ pl. Attestation servant de recommandation : *avoir de bonnes références.*

RÉFÉRENCER v. t. (conj. 1). Pourvoir d'une référence.

RÉFÉRENDAIRE [referɑ̃dɛr] adj. (bas lat. *referendarius;* de *referre,* rapporter). Relatif à un référendum. ● *Conseiller référendaire à la Cour des comptes,* magistrat à la Cour des comptes, chargé d'examiner les pièces de la comptabilité publique, d'en faire un rapport et de rédiger les arrêts.

RÉFÉRENDUM [referɛ̃dɔm] n. m. (lat. *referendum,* ce qui doit être rapporté). Procédure aux termes de laquelle le peuple est associé directement à l'élaboration des lois, notamment en matière d'organisation des pouvoirs publics. ‖ Consultation des adhérents d'un groupement ou des membres d'une collectivité. ‖ En Suisse, institution de droit public en vertu de laquelle les citoyens se prononcent sur une décision des chambres fédérales, à condition qu'un tel vote soit expressément demandé par un nombre déterminé de signatures.

RÉFÉRENT n. m. *Ling.* Ce à quoi renvoie un signe linguistique dans la réalité.

RÉFÉRENTIEL, ELLE adj. *Ling.* Relatif à la référence.

RÉFÉRENTIEL n. m. Ensemble d'éléments formant un système de référence. ‖ Ensemble des éléments liés à ce système. ‖ *Math.* Ensemble général dont les ensembles étudiés constituent des sous-ensembles. ‖ *Phys.* Système de coordonnées servant à l'expression des lois physiques.

RÉFÉRER v. t. ind. [à] (lat. *referre,* rapporter) [conj. 5]. Faire rapport, en appeler à : *il faut en référer aux autorités supérieures.* ‖ *Ling.* Avoir pour référent. ◆ **se référer** v. pr. S'en rapporter à : *je m'en réfère à votre avis.*

REFERMER v. t. Fermer de nouveau.

REFILER v. t. *Pop.* Donner, vendre, écouler qqch dont on veut se débarrasser : *refiler une pièce fausse.*

REFINANCEMENT n. m. Action, pour les établissements de crédit, de se procurer des ressources auprès de la banque centrale ou du marché monétaire.

RÉFLÉCHI, E adj. Qui est dit ou fait avec réflexion. ‖ Qui agit avec réflexion, pondéré. ● *Rayon réfléchi, onde réfléchie,* rayon, onde provenant d'une réflexion. ‖ *Verbes, pronoms réfléchis,* verbes, pronoms indiquant qu'une action revient sur le sujet de la proposition.

RÉFLÉCHIR v. t. (lat. *reflectere,* replier). Renvoyer dans une autre direction la lumière, les radiations, le son : *les miroirs réfléchissent les rayons lumineux.* ◆ v. i. et ind. [à]. Penser, examiner longuement : *réfléchir avant d'agir.* ◆ **se réfléchir** v. pr. Donner une image par réflexion : *arbres qui se réfléchissent dans un lac.*

RÉFLÉCHISSANT, E adj. Qui réfléchit la lumière, les radiations, le son.

RÉFLECTEUR n. m. Appareil servant à réfléchir la lumière, la chaleur, les ondes. ‖ Syn. de TÉLESCOPE.

RÉFLECTIF, IVE adj. *Physiol.* Qui concerne les réflexes.

RÉFLECTORISÉ, E adj. Se dit d'objets réfléchissant la lumière des phares d'automobile.

REFLET n. m. (it. *riflesso*). Image provenant de la réflexion de la lumière par la surface d'un corps. ‖ Image des tendances, du caractère d'un groupe, d'une personne : *c'est le reflet de son père.* ‖ *Philos.* Pour les matérialistes, image de la réalité extérieure qui se forme dans la conscience humaine, et qui la constitue.

REFLÉTER v. t. (conj. 5). Renvoyer la lumière, la couleur sur un autre corps. ‖ Reproduire, exprimer : *visage qui reflète la bonté.* ◆ **se refléter** v. pr. Transparaître : *sa joie se reflète sur son visage.*

REFLEURIR v. i. Fleurir de nouveau.

REFLEX adj. (mot angl.). Se dit d'un système de visée photographique caractérisé par le renvoi de l'image sur un verre dépoli au moyen d'un miroir incliné à 45⁰. ◆ n. m. Appareil qui utilise ce système.

RÉFLEXE n. m. et adj. (lat. *reflexus,* réfléchi). Réaction rapide en présence d'un événement soudain : *avoir de bons, de mauvais réflexes.* ‖ *Physiol.* Ensemble d'une excitation sensorielle transmise à un centre par voie nerveuse et de la réponse motrice ou glandulaire, toujours involontaire, qu'elle provoque. (La salivation est un réflexe produit par l'excitation des papilles gustatives sous l'effet des substances sapides.) ● *Réflexe conditionnel, conditionné,* liaison établie entre un stimulus conditionnel et un comportement particulier *(réponse)* de l'être vivant, acquis au cours d'un apprentissage. ‖ *Réflexe inconditionnel, inné,* celui que l'être vivant possède naturellement.

RÉFLEXIBLE adj. Qui peut être réfléchi, renvoyé par réflexion.

RÉFLEXIF, IVE adj. *Philos.* Qui concerne la

conscience se prenant elle-même pour objet. ‖ *Log.* et *Math.* Se dit d'une relation vérifiée par tout couple d'éléments identiques.

RÉFLEXION [reflɛksjõ] n. f. (bas lat. *reflexio,* action de tourner en arrière). Changement de direction d'un corps qui en a choqué un autre. ‖ Changement de direction des ondes électromagnétiques ou sonores qui tombent sur une surface réfléchissante. ‖ Action de l'esprit qui réfléchit, qui examine et compare ses pensées; jugement qui en résulte. ‖ Remarque désobligeante. ● *Angle de réflexion,* angle que fait la normale à la surface réfléchissante, menée au point d'incidence, avec le rayon réfléchi. (L'angle de réflexion est égal à l'angle d'incidence.) ‖ *(Toute) réflexion faite,* tout bien examiné.

RÉFLEXIVITÉ n. f. *Math.* et *Log.* Propriété d'une relation réflexive.

RÉFLEXOGÈNE adj. Qui provoque un réflexe.

RÉFLEXOGRAMME n. m. Enregistrement graphique d'un réflexe.

RÉFLEXOLOGIE n. f. Étude scientifique des réflexes, en vue d'établir la topographie des connexions nerveuses.

REFLUER v. i. (lat. *refluere,* couler en arrière). En parlant des eaux, retourner vers le lieu d'où elles ont coulé. ‖ En parlant des personnes, revenir vers le lieu d'où elles sont parties.

REFLUX [rɛfly] n. m. Retour en arrière : *le reflux de la foule.* ‖ Syn. de JUSANT. ‖ *Méd.* Mouvement d'un liquide dans le sens inverse de la normale.

REFONDRE v. t. (conj. **46**). Fondre de nouveau : *refondre un métal.* ‖ Refaire entièrement : *refondre un dictionnaire.*

REFONTE n. f. Action de refondre.

RÉFORMABLE adj. Qui peut être réformé.

RÉFORMAGE n. m. Procédé de raffinage d'une essence qui en modifie la composition sous l'effet de la température et de la pression en présence d'un catalyseur. (On dit aussi REFORMING.)

RÉFORMATEUR, TRICE adj. et n. Qui réforme. ◆ Nom donné aux promoteurs de la Réforme protestante.

RÉFORMATION n. f. (lat. *reformatio*). Action de réformer. ‖ *Dr.* Action de corriger : *réformation d'un jugement.* ‖ *Hist.* (avec une majuscule). Syn. de RÉFORME.

RÉFORME n. f. Changement opéré en vue d'une amélioration : *réforme des mœurs, des institutions.* ‖ Retour à une observance plus stricte de la règle primitive, dans un ordre religieux. ‖ *Mil.* Classement comme inapte au service dans les armées d'une personne, d'un animal ou d'un matériel. ‖ *La Réforme,* v. part. hist.

RÉFORMÉ, E adj. et n. Religieux d'un ordre réformé. ‖ Protestant, et plus particulièrement calviniste. ● *Religion réformée,* le protestantisme.

RÉFORMÉ n. m. Militaire qui a été mis à la réforme.

REFORMER v. t. Former de nouveau. ‖ Refaire ce qui était défait : *reformer les rangs.* ‖ Faire subir le reformage. ◆ **se reformer** v. pr. En parlant des troupes, de groupes, se rallier après avoir été dispersés.

RÉFORMER v. t. (lat. *reformare*). Changer en mieux; corriger : *réformer les lois.* ‖ Supprimer ce qui est nuisible : *réformer un abus.* ‖ *Dr.* Apporter des modifications à un jugement. ‖ *Mil.* Prononcer la réforme d'un militaire, d'un animal ou d'un matériel des armées.

RÉFORMETTE n. f. *Fam.* et *péjor.* Réforme de détail, sans grande portée.

REFORMEUR n. m. Installation dans laquelle l'essence non raffinée subit un craquage thermique ou catalytique pour augmenter son indice d'octane.

REFORMING [rɛfɔrmiŋ] n. m. (mot angl.). Syn. de REFORMAGE.

RÉFORMISME n. m. Comportement et doctrine visant à la transformation et à l'amélioration, par des voies légales, des structures politiques, économiques et sociales.

RÉFORMISTE adj. et n. Relatif au réformisme; qui en est partisan.

REFOUILLER v. t. *Sculpt.* Détacher un relief en accentuant les creux.

REFOULÉ, E adj. et n. *Pop.* Se dit de qqn qui souffre de refoulement, inhibé. ◆ n. m. *Psychanal.* Ce qui a subi le refoulement.

REFOULEMENT n. m. Action de refouler, fait d'être refoulé : *le refoulement d'un intrus.* ‖ *Psychanal.* Processus de défense du Moi par lequel le sujet cherche à maintenir, dans l'inconscient, un désir inconciliable avec ses autres désirs ou la morale.

REFOULER v. t. Faire reculer, repousser : *refouler l'ennemi, des manifestants.* ‖ Faire entrer de force : *refouler une cheville.* ‖ Empêcher de se manifester, de s'extérioriser, réprimer : *refouler ses larmes.* ‖ Reconduire à la frontière un étranger qui s'est refusé le séjour. ‖ *Psychanal.* Soumettre au refoulement. ● *Refouler un train,* le faire reculer.

REFOULOIR n. m. Bâton garni d'un cylindre, qui servait jadis à pousser le projectile dans une bouche à feu.

RÉFRACTAIRE adj. (lat. *refractarius,* querelleur; de *refringere,* briser). Qui résiste à une autorité. ‖ Qui résiste à certaines influences physiques ou chimiques. ‖ Qui résiste à de très hautes températures : *argile réfractaire.* ‖ *Biol.* Qui résiste à une infection microbienne. ● *Période réfractaire,* diminution ou annulation passagère de l'excitabilité d'un récepteur sensoriel ou d'une fibre nerveuse après une période d'activité. ‖ *Prêtre réfractaire,* prêtre qui, sous la Révolution, avait refusé de prêter serment à la Constitution civile du clergé.

RÉFRACTAIRE n. m. Au XIXe s., conscrit qui cherchait à échapper au service militaire. (On dit auj. INSOUMIS.) ‖ De 1942 à 1944, nom donné à celui qui se dérobait au service du travail obligatoire en Allemagne.

RÉFRACTER v. t. Produire la réfraction : *le prisme réfracte la lumière.*

RÉFRACTEUR adj. m. Qui réfracte. ◆ n. m. Lunette astronomique.

RÉFRACTION n. f. (bas lat. *refractio,* renvoi). *Phys.* Changement de direction d'une onde passant d'un milieu dans un autre.
■ On distingue deux lois de réfraction : 1° le rayon incident AI, le rayon réfracté IR' et la normale NIN' sont dans un même plan, appelé *plan d'incidence*; 2° le rapport entre le sinus de l'angle d'incidence *i* et le sinus de l'angle de réfraction *i'* est constant pour une radiation et deux milieux bien définis. Ce rapport est appelé *indice de réfraction.*

RÉFRACTOMÈTRE n. m. Instrument de mesure des indices de réfraction.

REFRAIN n. m. (anc. fr. *refraindre,* moduler). Répétition de mots à la fin de chaque couplet d'une chanson ou d'un poème lyrique. ‖ Phrase musicale qui revient après chaque couplet d'une composition en strophe ou en rondeau. ‖ Ce qu'une personne répète sans cesse, rengaine : *c'est toujours le même refrain.*

RÉFRANGIBILITÉ n. f. Propriété de ce qui est réfrangible.

RÉFRANGIBLE adj. Susceptible de réfraction.

REFRÈNEMENT n. m. Action de refréner (vx).

REFRÉNER ou **RÉFRÉNER** v. t. (lat. *refrenare,* retenir par le frein) [conj. **5**]. Mettre un frein à, retenir : *refréner sa colère.*

RÉFRIGÉRANT, E adj. (lat. *refrigerans*). Qui abaisse la température. ‖ Dont l'abord est glacial.

RÉFRIGÉRANT n. m. Appareil, installation pour refroidir. ‖ Échangeur de chaleur utilisé pour refroidir un liquide ou un gaz par un fluide plus froid : *réfrigérant atmosphérique.*

RÉFRIGÉRATEUR n. m. Appareil de production du froid.

RÉFRIGÉRATION n. f. Abaissement artificiel de la température, production du froid.

RÉFRIGÉRÉ, E adj. *Fam.* Qui a très froid. ● *Wagon réfrigéré,* wagon à parois isolantes et qui comporte un bac à glace permettant le transport de marchandises périssables.

RÉFRIGÉRER [refriʒere] v. t. (lat. *refrigerare,* refroidir) [conj. **5**]. Refroidir, soumettre à la réfrigération. ‖ Mettre mal à l'aise.

RÉFRINGENCE n. f. *Phys.* Propriété de réfracter la lumière.

RÉFRINGENT, E adj. (lat. *refringens,* brisant). *Phys.* Qui réfracte la lumière : *milieu réfringent.*

REFROIDIR v. t. Rendre froid, abaisser la température. ‖ Diminuer l'ardeur, décourager : *cet échec l'a refroidi.* ‖ *Pop.* Tuer, assassiner. ◆ v. i. Devenir froid. ‖ Devenir moins vif.

REFROIDISSEMENT n. m. Abaissement de la température : *refroidissement de l'air.* ‖ Indisposition causée par un froid subit. ‖ Action de calmer une économie en surchauffe. ‖ Diminution de tendresse, d'affection, etc. ‖ *Techn.* Évacuation de l'excédent de chaleur produit dans un moteur, dans une machine.

REFROIDISSEUR n. et adj. m. *Industr.* Appareil pour refroidir.

REFUGE n. m. (lat. *refugium*). Asile, retraite, lieu où l'on se retire pour échapper à un danger, se mettre à l'abri : *les églises étaient jadis des lieux de refuge.* ‖ Abri de haute montagne. ‖ Sorte de trottoir central au milieu des voies urbaines et des places les plus vastes, permettant aux piétons de se mettre à l'abri de la circulation. ‖ Élargissement que présente en plusieurs points de sa longueur le tablier d'un pont pour permettre aux piétons de se mettre à l'abri de la circulation.

RÉFUGIÉ, E adj. et n. Qui a quitté son pays pour des raisons politiques, raciales, ou qui a quitté une région, une ville pour fuir une catastrophe.

RÉFUGIER (SE) v. pr. Se retirer en un lieu pour y être en sûreté.

REFUS n. m. Action de refuser : *essuyer un refus.* ‖ *Équit.* Désobéissance d'un cheval devant un obstacle. ● *Ce n'est pas de refus,* volontiers.

REFUSÉ, E adj. et n. Qui n'a pas été admis à un examen, un concours.

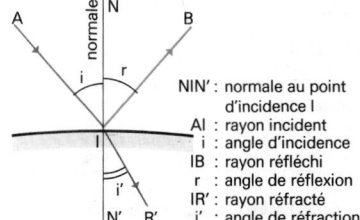

NIN' :	normale au point d'incidence I
AI :	rayon incident
IB :	rayon réfléchi
r :	angle de réflexion
IR' :	rayon réfracté
i' :	angle de réfraction

RÉFLEXION ET RÉFRACTION

RÉFRIGÉRANT ATMOSPHÉRIQUE

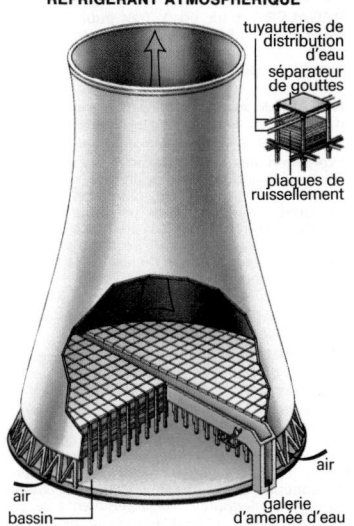

tuyauteries de distribution d'eau
séparateur de gouttes
plaques de ruissellement
air
air
bassin
galerie d'amenée d'eau

REFUSER v. t. (lat. *refutare*, croisé avec *recusare*). Ne pas accepter une chose offerte : *refuser un présent.* ‖ Ne pas accorder ce qui est demandé, ne pas consentir à qqch : *refuser une grâce.* ‖ Ne pas laisser entrer. ‖ Ne pas recevoir à un examen. ‖ Ne pas reconnaître : *refuser toute compétence à qqn.* ◆ v. i. *Équit.* En parlant du cheval, s'arrêter devant un obstacle. ‖ *Mar.* En parlant du vent, venir plus de l'avant. ◆ **se refuser** v. pr. Se priver de : *il ne se refuse rien.* ● *Se refuser à*, ne pas consentir, ne pas être disposé à; résister à : *se refuser à l'évidence.*

RÉFUTABLE adj. Qui peut être réfuté.

RÉFUTATION n. f. Action de réfuter; paroles ou actions qui réfutent, démenti.

RÉFUTER v. t. (lat. *refutare*). Détruire par des raisons solides ce qu'un autre a affirmé : *réfuter une erreur.* ● *Réfuter qqn*, démontrer la fausseté de ses opinions.

REG [reg] n. m. (mot ar.). *Géogr.* Dans les déserts, vaste espace caillouteux.

REGAGNER v. t. Retrouver ce qu'on avait perdu, recouvrer, reprendre. ‖ Rattraper, faire en sorte que le retard soit comblé. ‖ Retourner, revenir vers, rejoindre : *regagner la frontière.*

REGAIN n. m. (anc. fr. *gaïn*, fourrage). Herbe qui repousse dans un pré après une première coupe. ‖ Recrudescence, renouveau : *regain de jeunesse, d'activité.*

RÉGAL n. m. (anc. fr. *gale*, réjouissance) [pl. *régals*]. Mets préféré : *c'est un régal pour moi.* ‖ Grand plaisir que l'on trouve à qqch.

RÉGALADE n. f. Feu vif et clair (vx). ● *Boire à la régalade*, boire en se versant la boisson dans la bouche sans que le récipient touche les lèvres.

RÉGALAGE ou **RÉGALEMENT** n. m. *Trav. publ.* Action de régaler.

RÉGALE n. m. ou f. (lat. *regalis*, royal). Anc. instrument de musique à vent, à réservoir d'air et à anches battantes.

RÉGALE adj. f. (lat. *regalis*, royal). *Eau régale*, mélange d'acide nitrique et d'acide chlorhydrique, qui dissout l'or et le platine.

RÉGALE n. f. (lat. *regalia*, droit du roi). Droit qu'avaient les rois de France de toucher les revenus des évêchés vacants et d'y faire les nominations ecclésiastiques. (Ce droit fut l'occasion d'un conflit entre Louis XIV et le pape Innocent XI, entre 1673 et 1693.)

RÉGALEMENT n. m. *Dr.* Répartition proportionnelle, entre plusieurs personnes, d'une taxe dont le total est arrêté. ‖ *Trav. publ.* V. RÉGALAGE.

RÉGALER v. t. Offrir un bon repas, offrir à boire à qqn. ◆ **se régaler** v. pr. Se donner le plaisir d'un bon repas; s'offrir un grand plaisir.

RÉGALER v. t. (de *égal*). *Trav. publ.* Aplanir la surface d'un terrain à niveau ou suivant une pente donnée. ● *Régaler une taxe* (Dr.), la répartir proportionnellement entre les contribuables.

RÉGALIEN adj. m. (lat. *regalis*, royal). *Hist.* Se dit d'un droit attaché à la souveraineté royale.

REGARD n. m. Action ou manière de regarder; expression des yeux : *avoir le regard fixe.* ‖ *Techn.* Ouverture pour faciliter la visite d'un conduit. ● *Droit de regard*, possibilité juridique de contrôler les actes d'une personne ou d'une société. ‖ *En regard*, vis-à-vis, en face : *traduction avec texte en regard.* ‖ *Regard d'une faille*, orientation géographique du plan de la faille sur le compartiment soulevé. ◆ loc. prép. *Au regard de*, par rapport à.

REGARDANT, E adj. *Fam.* Qui regarde de trop près à la dépense.

REGARDER v. t. (de *garder*). Porter la vue sur : *regarder qqn en face.* ‖ Être tourné vers : *cette maison regarde le midi.* ‖ Avoir en vue, considérer, envisager : *regarder la situation où on se trouve.* ‖ Concerner, intéresser : *cela vous regarde.* ● *Regarder d'un bon œil*, considérer avec bienveillance. ‖ *Regarder comme*, tenir pour, juger. ‖ *Regarder de travers*, considérer avec mépris ou colère. ◆ v. t. ind. [à]. Donner toute son attention à : *regardez bien à ce que vous allez faire.* ● *Regarder à la dépense*, être

très économe. ‖ *Regarder de près à qqch*, y prêter grande attention. ‖ *Y regarder à deux fois*, n'agir qu'après réflexion. ◆ **se regarder** v. pr. Être en face l'un de l'autre : *maisons qui se regardent.*

REGARNIR v. t. Garnir de nouveau.

RÉGATE n. f. (vénitien *regata*, défi). Course de bateaux à voiles. ‖ Cravate formant un nœud à pans tombant verticalement (vx).

RÉGATER v. i. Prendre part à une régate.

RÉGATIER n. m. Personne participant à une régate.

REGEL n. m. Nouvelle gelée survenant après un dégel.

REGELER v. t. et impers. (conj. 3). Geler de nouveau.

RÉGENCE n. f. (de *régent*). Dignité, fonction de celui qui gouverne un État en tant que régent; durée de cette dignité. ● *Conseil de régence*, organe de direction de la Banque de France de 1800 à 1936. ◆ adj. inv. *Litt.* Qui rappelle les mœurs, le style de la régence de Philippe d'Orléans. ● *Style Régence*, style de transition entre le Louis XIV et le Louis XV.

REGENCY adj. inv. (mot angl., *régence*). *Style Regency*, style de la régence de George IV ou, plus largement, du premier tiers du XIXe s.

RÉGÉNÉRATEUR, TRICE adj. et n. Qui régénère.

RÉGÉNÉRATEUR n. m. Appareil pour régénérer un catalyseur. ‖ Empilage de briques réfractaires dans lequel périodiquement la chaleur des fumées s'accumule, puis est cédée au gaz à réchauffer. ● *Régénérateur de prairie*, instrument agricole employé pour briser la couche superficielle du sol des prairies.

RÉGÉNÉRATION n. f. Action de régénérer. ‖ *Biol.* Reconstitution naturelle d'un organe détruit ou supprimé. ‖ *Chim.* Opération qui consiste à rétablir l'activité d'un catalyseur.

RÉGÉNÉRÉ, E adj. Se dit de certains produits industriels qu'on a débarrassés de leurs impuretés et ramenés à l'état de neuf.

RÉGÉNÉRER v. t. (lat. *regenerare*) [conj. 5]. Rétablir ce qui était détruit. ‖ Réformer, corriger de manière radicale. ‖ *Chim.* Rétablir l'activité d'un catalyseur. (Syn. RÉACTIVER.)

RÉGENT, E n. et adj. (lat. *regens*, de *regere*, diriger). Chef du gouvernement pendant la minorité, l'absence ou la maladie du souverain. ‖ En Belgique, professeur du cycle inférieur de l'enseignement secondaire.

RÉGENT n. m. Membre du conseil de régence de la Banque de France (de 1800 à 1936). ● *Le Régent*, Philippe d'Orléans, régent de France de 1715 à 1723; célèbre diamant de la couronne de France, qui fut acheté en 1717 par ce prince. (Le poids du « Régent » est de 137 carats.)

RÉGENTER v. t. Gouverner de manière trop autoritaire.

REGGAE [rege] n. m. Style musical d'origine jamaïcaine.

RÉGICIDE n. (lat. *rex, regis*, roi, et *caedere*, tuer). Assassin d'un roi. ‖ *Hist.* Chacun de ceux qui avaient voté la condamnation à mort de Charles Ier d'Angleterre, de Louis XVI.

RÉGICIDE n. m. Meurtre d'un roi.

RÉGIE n. f. (de *régir*). Mode de gestion d'un service public lorsque celui-ci est assuré directement par l'Administration. ‖ Nom donné à certaines entreprises publiques : *la Régie autonome des transports parisiens.* ‖ Perception directe des impôts par l'État ou la commune; administration chargée de cette perception. ‖ Direction du service intérieur d'un théâtre, d'une production cinématographique. ‖ Local à proximité d'un studio de radio ou de télévision, où l'on contrôle la mise en œuvre des microphones et des caméras. ● *Travaux en régie*, travaux dont le règlement est fondé sur le nombre d'heures de main-d'œuvre passées et sur le remboursement du prix des matériaux utilisés.

REGIMBER v. i. (anc. fr. *regiber*, ruer). Ruer, en parlant des animaux. ‖ Refuser d'obéir, résister : *regimber contre une autorité.*

RÉGIME n. m. (lat. *regimen*, direction). Règle

observée dans le mode de vie, et surtout dans l'alimentation et les boissons. ‖ Mode de fonctionnement d'une organisation politique, sociale, économique d'un État : *régime parlementaire.* ‖ Ensemble des lois relatives à un objet particulier : *le régime des assurances sociales; régime matrimonial.* ‖ Administration de certains établissements : *régime des prisons.* ‖ Ensemble des règles légales et fiscales qui régissent certains produits : *le régime des boissons.* ‖ Mode de fonctionnement d'une machine à l'état normal. ‖ Vitesse de rotation d'un moteur. ‖ Caractère de l'écoulement d'un fluide : *régime turbulent.* ‖ Assemblage en grappe des fruits du bananier, du palmier dattier. ‖ *Ling.* Nom ou pronom qui dépend grammaticalement du verbe. ● *Ancien Régime*, gouvernement qui existait en France avant 1789. ‖ *Régime d'un cours d'eau*, caractère de l'écoulement des eaux au cours de l'année. ‖ *Régime de croisière*, régime d'une machine, d'un moteur, etc., tel qu'en même temps le rendement soit élevé, la consommation faible et l'usure acceptable.

RÉGIMENT n. m. (bas lat. *regimentum*, direction). Unité militaire formant corps, commandée par un colonel et groupant plusieurs formations (bataillons, groupes, batteries, compagnies, escadrons). ‖ *Fam.* Service militaire. ‖ Grand nombre, multitude.

RÉGIMENTAIRE adj. Relatif au régiment.

RÉGION n. f. (lat. *regio*). Étendue de pays qui doit son unité à des causes physiques (climat, végétation, relief) ou humaines (peuplement, économie, structures politiques ou administratives, etc.). ‖ Division administrative remplaçant l'ancienne circonscription d'action régionale, et à la tête de laquelle se trouve le préfet de région. ‖ Circonscription territoriale militaire, terrestre, aérienne ou maritime, correspondant à plusieurs départements et commandée par un officier général. (La région militaire terrestre correspond à plusieurs *divisions* militaires.) ‖ *Anat.* Espace déterminé de la surface du corps.

RÉGIONAL, E, AUX adj. Qui concerne une seule région.

RÉGIONALISATION n. f. Transfert aux régions de compétences qui appartenaient au pouvoir central.

RÉGIONALISER v. t. Effectuer une régionalisation.

RÉGIONALISME n. m. Tendance à accorder une certaine autonomie aux régions, aux provinces, et à leur conserver leurs caractères originaux. ‖ Caractère de l'œuvre d'un régionaliste. ‖ Mot, locution propres à une région.

RÉGIONALISTE adj. Relatif à une région d'un pays. ◆ adj. et n. Écrivain ou artiste qui se consacre à la description ou à l'évocation d'une région et des mœurs locales.

RÉGIR v. t. (lat. *regere*, diriger). Administrer, gérer (vx) : *régir des biens.* ‖ Déterminer la forme, l'action de : *lois qui régissent le mouvement des astres.* ‖ *Ling.* Avoir pour complément, déterminer.

RÉGISSEUR n. m. Personne chargée d'administrer, de gérer : *le régisseur d'une propriété.* ‖ Dans un théâtre, dans une production cinématographique, personne qui fait exécuter les ordres du metteur en scène (recrutement de figurants, fournitures d'accessoires, organisation du plateau) et qui porte la responsabilité du déroulement du spectacle devant la direction.

REGISTRATION n. f. *Mus.* Possibilité d'utiliser les différents jeux qui respectent d'un clavecin, d'un orgue.

REGISTRE n. m. (anc. fr. *regeste*, récit). Tout livre public ou particulier où l'on inscrit certains faits ou actes dont on veut conserver le souvenir. ‖ Caractère particulier d'une œuvre : *registre tragique.* ‖ Domaine de compétence de qqn. ‖ *Bx-arts.* Bande, compartiment horizontaux faisant partie d'un ensemble sculpté ou peint. ‖ *Inform.* Mémoire particulière d'un ordinateur, utilisée en liaison avec un circuit spécialisé d'analyse ou de circulation des informations. ‖ *Mus.* Chacune des sections (grave, médiane, aiguë) de l'échelle musicale; étendue de l'échelle vocale; tirants commandant les différents jeux d'un orgue. || *Techn.* Mécanisme réglant le débit d'un fluide.

REGISTRER v. t. *Mus.* Faire la registration.

RÉGLABLE adj. Qui peut être réglé.

RÉGLAGE n. m. Action, manière de régler un mécanisme. || Manière de régler du papier. ● *Réglage d'un tir* (Mil.), opération ayant pour objet d'amener au plus près de l'objectif les coups tirés par une bouche à feu.

RÈGLE n. f. (lat. *regula*). Instrument long, à arêtes vives et rectilignes, pour tracer des lignes ou effectuer des mesures. || Principes qui dirigent la conduite, selon lesquels est enseignée une science; ensemble des conventions d'un jeu, *les règles de la politesse, de la grammaire, du rugby.* || Statuts et coutumes d'un ordre religieux : *la règle de saint Benoît.* ● *En bonne règle,* suivant l'usage, la bienséance. || *En règle, dans les règles,* conforme aux prescriptions légales. || *En règle générale,* dans la plupart des cas. || *Être de règle,* être conforme à l'usage. || *Règle à calcul,* instrument utilisé pour les calculs rapides, relevant de l'emploi des logarithmes, et constitué par une règle graduée mobile, se déplaçant dans une autre règle munie d'autres graduations. || *Règle fondamentale* (Psychanal.), méthode de la libre association posée comme principe du traitement psychanalytique. || *Règle proportionnelle,* clause, fréquemment introduite dans les contrats d'assurance, qui permet à l'assureur de n'indemniser que partiellement l'assuré lorsque la valeur réelle des biens assurés était supérieure à la valeur inscrite au contrat lors du sinistre. || *Règle de trois,* calcul d'une grandeur inconnue à partir de trois autres connues, dont deux varient soit en proportion directe, soit en proportion inverse. || *Se mettre en règle,* faire ce qu'il faut pour être dans l'état exigé par la loi, les convenances, etc. ◆ pl. Écoulement sanguin qui se produit chaque mois chez la femme. (Syn. MENSTRUES.)

RÉGLÉ, E adj. Rayé de lignes droites : *papier réglé.* || Fixé définitivement : *affaire réglée.* || *Litt.* Discipliné, ordonné : *jeune homme réglé.* || Se dit d'une femme qui a ses règles. ● *Surface réglée* (Math.), surface engendrée par une droite mobile dépendant d'un paramètre.

RÈGLEMENT n. m. Écrit, texte qui prescrit ce que l'on doit faire : *règlement de police; règlements d'une association.* || Action de régler une affaire, un compte : *règlement d'un conflit; règlement par chèque.* || *Mil.* Ensemble des prescriptions définissant la conduite à tenir par les militaires en toute circonstance. ● *Règlement administratif,* acte de portée générale édicté par le pouvoir exécutif et les autorités administratives. || *Règlement d'administration publique (R.A.P.),* décret pris par le gouvernement, le Conseil d'État entendu, en vue de développer les dispositions d'une loi. || *Règlement de compte(s),* action de régler un différend par la violence. || *Règlement intérieur,* écrit par lequel sont fixées les conditions du travail et de la discipline dans les ateliers et bureaux; ensemble de règles d'organisation et de fonctionnement d'une assemblée délibérante. || *Règlement judiciaire,* procédure appliquée à un débiteur en état de cessation de paiements en vue du règlement collectif de ses créanciers. || *Règlement de juges,* procédure réglant un conflit de compétence entre deux juridictions.

RÉGLEMENTAIRE adj. Qui concerne le règlement. || Conforme au règlement : *tenue réglementaire.*

RÉGLEMENTAIREMENT adv. En vertu des règlements.

RÉGLEMENTATION n. f. Action de réglementer; ensemble des mesures légales et réglementaires régissant une question.

RÉGLEMENTER v. t. Soumettre à un règlement.

RÉGLER v. t. (conj. 5). Tirer, avec une règle, des lignes sur du papier. || Rendre exact un instrument de mesure; mettre au point le fonctionnement d'une machine. || Assujettir à certaines règles; conformer : *régler sa dépense sur son revenu.* || Soumettre à un certain ordre, fixer, déterminer : *régler l'emploi de ses journées.* || Décider d'une façon définitive : *régler*

une affaire, un différend. || Acquitter, payer : *régler une note.* || Mettre en ordre : *régler ses affaires.* ● *Régler un tir,* procéder à son réglage. || *Tir réglé,* tir dans lequel le point central du groupement des coups tirés coïncide avec l'objectif. || *Régler son compte à qqn,* le punir, le tuer pour exercer une vengeance.

RÉGLET n. m. Petite moulure pleine de section rectangulaire. || Ruban d'acier à ressort, gradué et servant pour la mesure des longueurs.

RÉGLETTE n. f. Petite règle. || *Topogr.* Instrument pour la mesure des angles.

RÉGLEUR, EUSE n. Spécialiste chargé du réglage de certains appareils ou de l'outillage de certaines machines.

RÉGLISSE n. f. (gr. *glukurrhiza*, racine douce). Genre de papilionacées dont la racine est employée pour composer des boissons rafraîchissantes. || Jus de cette plante, à saveur sucrée, et qui a des propriétés adoucissantes.

réglisse

RÉGLO adj. *Pop.* Correct, loyal.

RÉGLURE n. f. Manière dont le papier est réglé.

RÉGNANT, E adj. Qui règne : *prince régnant.* || Dominant : *le goût régnant.*

RÈGNE n. m. (lat. *regnum*). Gouvernement d'un souverain; durée, époque de ce gouvernement. || Pouvoir absolu exercé par qqch ou qqn, influence prédominante : *le règne de la mode.* || *Hist. nat.* Chacune des grandes divisions du monde vivant : *règne animal, végétal.* (Chaque règne se divise en embranchements; l'expression *règne minéral* n'est plus usitée.)

RÉGNER v. i. (lat. *regnare*) [conj. 5]. Gouverner un État comme chef suprême, et spécialement comme roi : *Louis XIV régna de 1643 à 1715.* || Dominer, être en vogue, prévaloir : *telle mode règne en ce moment.* || Être, exister, durer un certain temps : *le silence régnait dans l'assemblée.*

RÉGOLITE n. m. (de *reg*) Manteau de débris grossiers résultant de la fragmentation des roches sous-jacentes.

REGONFLEMENT ou **REGONFLAGE** n. m. Action de regonfler.

REGONFLER v. t. Gonfler de nouveau : *regonfler un ballon.* || *Fam.* Redonner du courage à qqn, le réconforter. ◆ v. i. Se gonfler de nouveau.

REGORGEMENT n. m. Fait de regorger.

REGORGER [rəgɔrʒe] v. i. (conj. 1). Avoir en très grande abondance.

REGRATTAGE n. m. Action de regratter.

REGRATTER v. t. Nettoyer par grattage.

REGRATTIER, ÈRE n. *Hist.* Personne qui vendait au détail de menues denrées.

REGRÉER v. t. Remplacer le gréement de.

REGREFFER v. t. Greffer pour la seconde fois.

RÉGRESSER v. i. Subir une régression.

RÉGRESSIF, IVE adj. Qui revient sur soi-même, qui constitue une régression. ● *Impôt régressif,* impôt frappant plus durement les petits revenus. (Contr. PROGRESSIF.)

RÉGRESSION n. f. (lat. *regressio*). Recul, diminution; retour à un état antérieur : *la régression*

d'une épidémie. || *Biol.* Retour d'un tissu, d'un individu à un état antérieur. || *Psychanal.* Retour vers une phase antérieure du développement libidinal, se manifestant par la recherche de satisfactions pulsionnelles qui méconnaissent les changements historiques intervenus dans la vie du sujet. || *Stat.* Méthode de recherche d'une relation exprimant le lien entre une variable dite dépendante et une ou plusieurs variables dites indépendantes. ● *Régression marine,* baisse du niveau de la mer.

REGRET n. m. Chagrin causé par la mort de qqn, par la perte, l'absence de qqch; contrariété causée par la non-réalisation d'un désir. || Repentir : *le regret d'une faute.* ● *À regret,* à contrecœur, malgré soi. || *Être au regret,* éprouver un déplaisir d'avoir fait ou de ne pouvoir faire quelque chose.

REGRETTABLE adj. Qui mérite d'être regretté ou qu'on doit regretter.

REGRETTER v. t. (anc. scandin. *grāta*, gémir). Éprouver de la peine au souvenir de qqn qu'on a perdu, dont on est séparé, ou éprouver de la contrariété, du mécontentement d'avoir fait ou de n'avoir pas fait qqch, de ne pas avoir qqch : *regretter un ami, une faute, une décision.*

REGROS [rəgro] n. m. Grosse écorce de chêne, dont on fait le tan.

REGROUPEMENT n. m. Action de regrouper.

REGROUPER v. t. Grouper, rassembler ce qui est dispersé.

RÉGULAGE n. m. Dépôt de régule en couche mince sur un support métallique.

RÉGULARISATION n. f. Action de régulariser. || Action de donner à un cours d'eau un lit unique et bien délimité, ainsi qu'un régime plus régulier. || *Géogr.* Diminution des irrégularités d'une forme de relief, d'un rivage.

RÉGULARISER v. t. (lat. *regula,* règle). Rendre conforme aux règlements, à la loi : *faire régulariser un passeport.* || Rendre régulier : *régulariser un cours d'eau.*

RÉGULARITÉ n. f. Caractère de ce qui est régulier : *régularité des élections.* || Juste proportion, harmonie : *régularité des traits.* || Ponctualité réglée : *régularité des repas.*

RÉGULATEUR, TRICE adj. Qui règle, régularise.

RÉGULATEUR n. m. Grande horloge de précision. || Appareil capable de maintenir ou de faire varier suivant une loi déterminée un élément de fonctionnement d'une machine : *courant, tension, fréquence, pression, vitesse, puissance, débit, etc.* || Mécanisme d'une charrue, maintenant les dimensions choisies d'un labour. || Agent chargé de la régulation des trains.

RÉGULATION n. f. Action de régler : *régulation des naissances, du trafic ferroviaire.* || *Physiol.* Ensemble de mécanismes assurant la constance d'un caractère physique ou chimique du milieu intérieur d'un animal. ● *Régulation automatique,* branche de l'automatique traitant des systèmes asservis, dans lesquels la grandeur d'entrée ou de référence est constante ou varie lentement dans le temps. || *Régulation extrémale,* mode de régulation qui tend à maintenir une grandeur réglée à l'une de ses valeurs extrêmes.

RÉGULE n. m. (lat. *regulus*). Alliage antifriction à base d'antimoine, utilisé pour le garnissage des coussinets.

RÉGULER v. t. Effectuer le régulage.

RÉGULIER, ÈRE adj. (lat. *regularis; de regula,* règle). Caractérisé par un mouvement, une allure qui ne varie pas : *vitesse régulière.* || Conforme aux dispositions légales, constitutionnelles : *gouvernement régulier.* || Qui a lieu à jour ou à heure fixes : *un train régulier.* || Exact, ponctuel : *un employé régulier.* || Constant, continu : *un travail régulier.* || Conforme aux règles, aux conventions sociales : *vie régulière.* || Bien proportionné, harmonieux : *des traits réguliers.* || Conforme aux règles de la grammaire. || *Bot.* Se dit d'une corolle, d'un calice dont les éléments sont égaux. ● *Clergé régulier,* ensemble des ordres religieux soumis à une règle (par oppos. à CLERGÉ SÉCULIER). || *Polyèdre régulier* (Math.), polyèdre ayant toutes ses faces égales et tous ses dièdres égaux. ‖ *Polygone régulier* (Math.), polygone ayant tous ses angles égaux et tous ses côtés égaux. ‖ *Troupes régulières*, troupes recrutées et organisées par les pouvoirs publics pour constituer les forces armées officielles d'un État (par oppos. à FRANCS-TIREURS). ‖ *Verbes réguliers*, verbes conformes aux types de conjugaison donnés comme modèles.

RÉGULIER n. m. Moine, religieux. ‖ Militaire appartenant à une armée régulière.

RÉGULIÈREMENT adv. De façon régulière; exactement, uniformément.

REGUR [regyr] n. m. Sol noir de l'Inde.

RÉGURGITATION n. f. Retour dans la bouche, sans effort de vomissement, de matières contenues dans l'estomac ou l'œsophage.

RÉGURGITER v. t. (lat. *gurges*, gouffre). Faire revenir des aliments dans la bouche.

RÉHABILITABLE adj. Qui peut être réhabilité.

RÉHABILITATION n. f. Action de réhabiliter.

RÉHABILITÉ, E adj. et n. Qui a obtenu sa réhabilitation.

RÉHABILITER v. t. Rétablir une personne dans des droits, une capacité, une situation juridique qu'elle avait perdus : *réhabiliter un condamné.* ‖ Faire recouvrer l'estime d'autrui. ‖ Remettre en état un immeuble délabré et y apporter le confort ; réaménager un vieux quartier.

RÉHABITUER v. t. Faire reprendre une habitude.

REHAUSSAGE n. m. Action de relever par des rehauts.

REHAUSSEMENT n. m. Action de rehausser. ‖ Correction en hausse d'un bénéfice fiscal ou d'un forfait fiscal.

REHAUSSER v. t. Placer plus haut, augmenter la hauteur : *rehausser un plancher.* ‖ Faire valoir, donner plus de valeur, de force en soulignant : *rehausser le mérite d'une action.*

REHAUT n. m. *Bx-arts.* Dans un dessin, une peinture, retouche d'un ton clair destinée à faire ressortir la partie à laquelle elle s'applique.

RÉHOBOAM n. m. Grosse bouteille de champagne d'une contenance de six bouteilles.

REICHSMARK [rajʃsmark] n. m. Unité monétaire principale de l'Allemagne de 1924 à 1948, remplacée par le *deutsche Mark.*

RÉIFICATION n. f. *Philos.* Transformation en chose.

RÉIFIER v. t. (lat. *res*, chose, et *facere*, faire). *Philos.* Faire la réification de qqch.

RÉIMPERMÉABILISER v. t. Imperméabiliser de nouveau.

RÉIMPLANTATION n. f. Action de réimplanter.

RÉIMPLANTER v. t. *Chir.* Remettre un organe à sa place ou à une place différente.

RÉIMPORTATION n. f. Action de réimporter.

RÉIMPORTER v. t. Importer de nouveau.

RÉIMPOSER v. t. Établir une nouvelle imposition pour compléter le paiement d'une taxe. ‖ Imposer de nouveau une feuille, une forme d'imprimerie.

RÉIMPOSITION n. f. Action de réimposer.

RÉIMPRESSION n. f. Impression nouvelle d'un ouvrage.

RÉIMPRIMER v. t. Imprimer de nouveau.

REIN n. m. (lat. *ren*). Viscère pair qui sécrète l'urine. (Les reins sont placés de chaque côté de la colonne vertébrale dans les fosses lombaires.) ‖ *Archit.* Partie inférieure ou centrale de la montée d'une voûte ou d'un arc. (Pour éviter sa déformation, elle est souvent chargée d'une masse de blocage sur l'extrados.) ● *Rein artificiel*, appareillage permettant de purifier le sang au cours des insuffisances rénales. ◆ pl. Lombes, partie inférieure de l'épine dorsale. ● *Avoir les reins solides* (Fam.), être suffisamment riche et puissant pour faire face à une épreuve. ‖ *Casser les reins à qqn*, le ruiner, briser sa carrière.

■ Le rein est formé par la réunion d'innombrables petits tubes (tubes urinifères, ou *néphrons*), qui ont pour fonction d'extraire du sang les déchets (urée, acide urique, etc.), et de retenir les substances dont l'organisme a besoin.

Le rein n'est donc pas un simple filtre, mais une glande dont la sécrétion est sélective à l'état normal. Les inflammations du rein, ou *néphrites*, perturbent ces mécanismes : perte de substances utiles (protéines), insuffisance d'élimination des déchets (urée), provoquant l'*urémie.*

RÉINCARCÉRATION n. f. Nouvelle incarcération.

RÉINCARCÉRER v. t. (conj. 5). Incarcérer de nouveau.

RÉINCARNATION n. f. Nouvelle incarnation.

RÉINCARNER (SE) v. pr. Revivre sous une nouvelle forme corporelle.

RÉINCORPORER v. t. Incorporer de nouveau.

REINE n. f. (lat. *regina*). Femme d'un roi. ‖ Souveraine d'un royaume. ‖ Femelle féconde, chez les insectes sociaux (abeilles, fourmis, termites). ‖ *Litt.* La première, la plus belle : *la rose est la reine des fleurs.* ‖ Aux échecs, pièce la plus importante après le roi. ● *La petite reine* (Fam.), la bicyclette.

REINE-CLAUDE n. f. (pl. *reines-claudes*). Prune reine-claude.

REINE-DES-PRÉS n. f. (pl. *reines-des-prés*). Nom usuel de la *spirée.*

REINE-MARGUERITE n. f. (pl. *reines-marguerites*). Plante voisine de la marguerite, originaire d'Asie, cultivée pour ses capitules à languettes blanches, rouges, bleues.

REINETTE n. f. Nom donné à diverses variétés de pommes.

RÉINSCRIPTION n. f. Nouvelle inscription.

RÉINSCRIRE v. t. (conj. 65). Inscrire de nouveau.

RÉINSÉRER v. t. (conj. 5). Insérer de nouveau, réintroduire, en partic. dans un groupe social.

RÉINSERTION n. f. Action de réinsérer.

RÉINSTALLATION n. f. Action de réinstaller.

RÉINSTALLER v. t. Installer de nouveau.

RÉINTÉGRABLE adj. Qui peut être réintégré.

RÉINTÉGRANDE n. f. *Dr.* Action ouverte à celui à qui la possession ou la détention d'une chose a été retirée par violence ou voie de fait.

RÉINTÉGRATION n. f. Action de réintégrer.

RÉINTÉGRER v. t. (lat. *reintegrare*, rétablir) [conj. 5]. Rentrer dans : *réintégrer le domicile conjugal.* ‖ *Dr.* Rétablir qqn dans la possession d'un bien, d'un emploi dont il avait été dépouillé.

REIN

1. Pôle supérieur; 2. Substance médullaire;
3. Colonne de Bertin; 4. Petit calice;
5. Substance corticale; 6. Papille;
7. Grand calice;
8. Pôle inférieur; 9. Capsule;
10. Pyramide de Malpighi; 11. Hile;
12. Artère rénale; 13. Veine rénale;
14. Bassinet (vue extérieure); 15. Uretère.

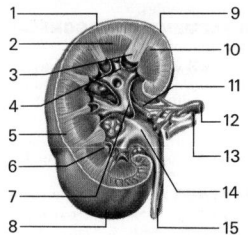

RÉINTRODUCTION n. f. Nouvelle introduction.

RÉINTRODUIRE v. t. (conj. 64). Introduire de nouveau.

RÉINVENTER v. t. Inventer de nouveau.

RÉINVITER v. t. Inviter de nouveau.

REIS [reis] n. m. (mot turc). Titre décerné à certains dignitaires de l'Empire ottoman.

RÉITÉRATIF, IVE adj. Qui réitère.

RÉITÉRATION n. f. *Litt.* Répétition.

RÉITÉRER v. t. et i. (bas lat. *reiterare*, recommencer) [conj. 5]. *Litt.* Faire de nouveau, renouveler, répéter.

REÎTRE [rɛtr] n. m. (all. *Reiter*). *Hist.* Du XVᵉ au XVIIᵉ s., cavalier allemand mercenaire au service de la France. ‖ *Litt.* Soudard.

REJAILLIR v. i. Jaillir avec force, en parlant des liquides. ‖ Atteindre en retour, retomber : *la honte en rejaillit sur lui.*

REJAILLISSEMENT n. m. Acte de rejaillir, mouvement de ce qui rejaillit.

REJET n. m. Action de rejeter, de ne pas agréer : *le rejet d'un projet de loi.* ‖ *Agric.* Pousse qui se développe à partir d'une tige, et provenant de bourgeons anormaux, ou à partir d'une souche d'arbre coupé (production de taillis). ‖ *Dr.* Renvoi d'une partie d'un compte sur un autre compte. ‖ *Géol.* Dénivellation produite par une faille. ‖ *Méd.* Après une greffe d'organe, réaction de défense caractérisée par l'apparition d'anticorps qui détruisent le greffon. ‖ *Métr.* Action de rejeter au début du vers suivant un ou plusieurs mots nécessaires au sens.

REJETABLE adj. Qui doit ou peut être rejeté.

REJETER v. t. (conj. 4). Renvoyer en lançant, repousser : *rejeter une balle.* ‖ Renvoyer, jeter hors de soi : *rejeter la nourriture.* ‖ Ne pas admettre, refuser : *rejeter un projet de loi; rejeter une offre.* ● *Rejeter qqch sur qqn*, l'en rendre responsable. ◆ v. i. *Agric.* Donner des rejets. ◆ **se rejeter** v. pr. Se porter vivement en arrière. ‖ Se reporter sur qqch faute de mieux.

REJETON [rəʒtõ] n. m. Pousse qui apparaît au pied de la tige d'une plante. ‖ *Litt.* Descendant, enfant : *le dernier rejeton d'une famille.*

REJOINDRE v. t. (conj. 81). Réunir des parties séparées : *rejoindre les lèvres d'une plaie.* ‖ Aller retrouver qqn : *je vous rejoindrai d'ici peu.* ‖ Aboutir à un endroit : *ce chemin rejoint la nationale.*

REJOINTOIEMENT n. m. Action de rejointoyer.

REJOINTOYER v. t. (conj. 2). Refaire des joints de maçonnerie dégradés.

REJOUER v. t. et i. Jouer de nouveau.

RÉJOUI, E adj. Qui exprime la joie, la gaieté : *air réjoui.*

RÉJOUIR v. t. (préf. *re-* et anc. fr. *esjouir*). Donner de la joie : *cette nouvelle réjouit tout le monde.* ◆ **se réjouir** v. pr. Éprouver de la joie, de la satisfaction : *se réjouir d'un succès.*

RÉJOUISSANCE n. f. Joie collective. ◆ pl. Fêtes destinées à célébrer un événement heureux : *on a ordonné des réjouissances.*

RÉJOUISSANT, E adj. Qui réjouit : *une nouvelle qui n'est pas réjouissante.*

RELÂCHE n. f. ou, vx, n. m. *Litt.* Interruption dans un travail, un exercice : *donner un moment de relâche.* ‖ Suspension momentanée des représentations théâtrales. ● *Sans relâche*, sans interruption.

RELÂCHE n. f. *Mar.* Action de relâcher; lieu où l'on relâche.

RELÂCHÉ, E adj. Qui n'est pas assez sévère, pas assez rigoureux : *mœurs, style relâchés.*

RELÂCHEMENT n. m. Diminution de tension : *le relâchement des cordes d'un violon.* ‖ Ralentissement d'activité, d'ardeur, de sévérité, etc. : *relâchement dans le travail.*

RELÂCHER v. t. Diminuer la tension, détendre : *relâcher une corde.* ‖ Remettre en liberté : *relâcher un prisonnier.* ‖ Rendre moins sévère, plus mou : *relâcher la discipline.* ◆ v. i. *Mar.* S'arrêter en quelque endroit pour une cause quelconque. ◆ **se relâcher** v. pr. Devenir moins tendu. ‖ Perdre de son zèle, diminuer d'activité : *cet écolier se relâche.* ‖ Devenir moins sévère : *sa discipline se relâche.*

RELAIS n. m. (de *relayer*). Personne, lieu intermédiaires entre deux autres. ‖ Chevaux frais et préparés de distance en distance pour remplacer les chevaux fatigués; lieu où l'on mettait ces chevaux (vx). ‖ *Arm.* Sachet de poudre adjoint à un obus de mortier pour augmenter sa charge et, donc, sa portée. || *Électr.* Appareil destiné à produire, dans un circuit, une modification donnée, lorsque certaines conditions se réalisent dans le même circuit ou dans un autre circuit. || *Télécomm.* Dispositif qui retransmet, en l'amplifiant considérablement, le signal qu'il a reçu. || *Véner.* Troupe de chiens placés en un endroit déterminé pour être découplés pendant la chasse. • *Course de relais,* ou *relais,* épreuve sportive dans laquelle les coureurs d'une même équipe se succèdent. || *Prendre le relais,* succéder, poursuivre une action. || *Relais électrique,* dispositif de contrôle de l'intensité du courant électrique dans un circuit.

RELANCE n. f. Action de donner un nouvel élan, un nouvel essor : *relance de l'économie.* || Au poker, nouvel enjeu, supérieur à celui de l'adversaire.

RELANCER v. t. (conj. **1**). Lancer de nouveau : *relancer une balle.* || Donner un nouvel élan, augmenter : *relancer la production.* || Faire une relance au poker. || *Véner.* Faire repartir : *relancer un cerf.* • *Relancer qqn* (Fam.), le poursuivre avec insistance pour obtenir qqch de lui.

RELAPS, E [rəlaps] adj. et n. (lat. *relapsus,* retombé). Retombé dans l'hérésie ou les fausses religions.

RELATER v. t. (lat. *relatus,* raconté). Raconter en détaillant les circonstances.

RELATIF, IVE adj. (lat. *relatum;* de *referre,* reporter). Qui se rapporte à : *études relatives à l'histoire.* || Qui n'a rien d'absolu, qui dépend d'autre chose : *toute connaissance humaine est relative.* || Incomplet, approximatif : *un silence relatif.* || *Math.* Se dit d'un nombre affecté d'un signe, + pour un nombre positif, − pour un nombre négatif. (L'ensemble des entiers relatifs [positifs, négatifs et le zéro] se désigne par ℤ.) || *Mus.* Se dit de deux gammes dont l'armature est la même et dont l'une est majeure et l'autre mineure. (La gamme relative est plus basse d'une tierce mineure que la gamme majeure correspondante.) • *Pronom relatif,* pronom qui sert, dans une *subordonnée relative,* à joindre au reste de la phrase le mot dont il tient la place.

RELATION n. f. (lat. *relatio*). Rapport existant entre deux grandeurs, deux phénomènes : *relation de cause à effet.* || Communication, liaison d'affaires, d'amitié : *être en relation avec qqn.* || Personne avec laquelle on est en rapport : *il a éloigné de lui toutes ses relations.* || Récit, narration : *relation de voyage.* || *Log.* Prédicat à plusieurs variables. (L'*égalité* [=], la *différence* [≠] sont des relations à deux variables, ou binaires.) || *Math.* Condition qui lie les valeurs de deux ou plusieurs grandeurs; dans un ensemble, liaison existant entre certains couples d'éléments. • *Avoir des relations,* connaître des personnes influentes. || *Fonctions de relation* (Physiol.), ensemble des fonctions organiques qui assurent la relation avec le milieu extérieur (motricité, sensibilité), par oppos. aux fonctions de nutrition et de reproduction. || *Relations internationales,* partie du droit international public étudiant les rapports entre les gouvernements et les nations. || *Relations publiques,* ensemble d'activités professionnelles dont l'objet est d'informer l'opinion sur les réalisations de collectivités de tout type. || *Théorie des relations,* partie fondamentale de la logique moderne, comprenant le calcul des relations, ainsi que l'étude des divers types de relations et de leurs propriétés générales. (On étudie notamment les relations d'équivalence et les relations d'ordre.)

RELATIONNEL, ELLE adj. *Psychol.* Relatif aux relations entre les individus.

RELATIVEMENT adv. Par comparaison. || D'une manière relative.

RELATIVISATION n. f. Action de relativiser.

RELATIVISER v. t. Faire perdre à qqch son caractère absolu.

RELATIVISME n. m. *Philos.* Doctrine soutenant la relativité de la connaissance.

RELATIVISTE adj. et n. Qui relève du relativisme ou de la théorie de la relativité. ◆ adj. *Phys.* Se dit de particules ayant une vitesse proche de celle de la lumière.

RELATIVITÉ n. f. Caractère de ce qui est relatif : *la relativité de deux propositions; relativité de la connaissance.* || *Phys.* Théories d'Einstein qui reposent sur l'équivalence, pour les lois physiques, de tous les systèmes de référence en translation uniforme *(relativité restreinte)* ou en mouvement relatif quelconque *(relativité généralisée).*

RELAVER v. t. Laver de nouveau. || En Suisse, laver la vaisselle après le repas.

RELAX ou **RELAXE** adj. *Fam.* Décontracté.

RELAXANT, E adj. Qui relaxe, repose.

RELAXATION n. f. Relâchement, état de détente : *relaxation des muscles.* || *Dr.* Mise en liberté. || *Phys.* Processus de retour progressif à l'équilibre d'un système après cessation des actions extérieures qu'il subit. || *Psychol.* Ensemble des techniques qui utilisent le relâchement conscient et la maîtrise du tonus musculaire comme support de l'action psychothérapique.

RELAXE n. f. *Dr.* Décision du juge pénal qui abandonne l'action engagée contre un prévenu.

RELAXER v. t. (lat. *relaxare,* relâcher). Mettre en état de décontraction, reposer. || *Dr.* Remettre en liberté un détenu; libérer. ◆ **se relaxer** v. pr. *Fam.* Détendre ses muscles, son esprit.

RELAYER v. t. (anc. fr. *laier,* laisser) [conj. **2**]. Remplacer dans un travail, une épreuve sportive pour éviter une interruption : *relayer un camarade.* || Remplacer un équipier dans une course de relais. || Retransmettre une émission vers des zones qui seraient inaccessibles directement. ◆ **se relayer** v. pr. Se remplacer mutuellement, travailler alternativement.

RELAYEUR, EUSE n. Participant(e) d'une course de relais.

RELEASING FACTOR n. m. (mots angl.). Polypeptide sécrété par l'hypothalamus, et qui déclenche spécifiquement la sécrétion de l'une des hormones de l'antéhypophyse.

RELECTURE n. f. Nouvelle lecture.

RELÉGATION n. f. Action de reléguer. || *Dr.* Pénalité qui consistait dans l'internement perpétuel des récidivistes dans une colonie française. (Supprimée en 1970, elle fut remplacée par la tutelle pénale.) || *Sports.* Descente d'une équipe dans une catégorie inférieure.

RELÉGUÉ, E n. et adj. Autref., délinquant soumis à la relégation.

RELÉGUER v. t. (lat. *relegare,* bannir) [conj. **5**]. Exiler dans un endroit déterminé. || Éloigner, mettre à l'écart : *reléguer un meuble au grenier.*

RELENT n. m. (lat. *lentus,* visqueux). Mauvaise odeur qui persiste : *un relent d'égout.* || *Litt.* Trace, reste : *un relent de jansénisme.*

RELEVAGE n. m. Action de relever. • *Système de relevage,* dispositif permettant de relever automatiquement des éléments pesants qui ont été transitoirement abaissés.

RELEVAILLES n. f. pl. *Relig. cath.* Bénédiction donnée à une femme relevant de couches.

RELÈVE n. f. Remplacement d'une troupe, d'une équipe par une autre; troupe, équipe qui exécute cette opération. • *Prendre la relève,* relayer.

RELEVÉ, E adj. Épicé : *sauce très relevée.* || *Litt.* Noble, généreux : *sentiments relevés.*

RELEVÉ n. m. Détail, résumé écrit, liste : *faire le relevé d'un compte.* || Action de prendre par écrit : *relevé des compteurs.* || Représentation d'un bâtiment en plan, coupe et élévation. || Copie dessinée ou peinte d'une œuvre d'art (et surtout d'une peinture murale), d'une inscription, etc. || *Chorégr.* Mouvement qui dresse la danseuse ou le danseur sur pointes (temps de pointes) ou sur demi-pointes, pour les faire revenir ensuite à leur position initiale. (D'exécution très difficile, le relevé sur pointes demande une longue préparation. Les jeunes élèves ne sont admis à « monter sur pointes » qu'après au moins deux ans d'entraînement.) • *Relevé à bout,* remise à niveau des pavés d'une chaussée par infiltration et bourrage de sable. || *Relevé d'identité bancaire,* pièce délivrée par les banques à leurs clients, facilitant le bon enregistrement des opérations passées à leur compte.

RELÈVEMENT n. m. Action de relever qqch : *le relèvement d'un mur, des impôts.* || Redressement : *le relèvement d'un pays.* || *Dr.* Action de relever. || *Mar.* Détermination exacte de la position d'un point. || *Math.* Opération inverse du rabattement.

RELEVER v. t. (lat. *relevare*) [conj. **5**]. Remettre debout qqn, remettre qqch dans sa position naturelle, ramasser : *relever un enfant; relever une chaise.* || Diriger vers le haut, remettre plus haut : *relever la tête, les manches.* || Rétablir ce qui tombait en ruine : *relever un mur.* || Rendre plus élevé : *relever un virage.* || Rétablir la prospérité de : *relever une maison de commerce.* || Augmenter : *relever les prix.* || Faire remarquer : *relever une faute.* || Noter par l'écriture ou le dessin une position, un nombre, etc. : *relever une date, un compteur.* || Délier d'un engagement : *relever d'un vœu.* || Faire valoir, mettre en valeur : *la parure relève la beauté.* || Déterminer la position d'un objet qu'on aperçoit : *relever une cote.* || Prêter attention à qqch, apercevoir : *relever des traces.* || Procéder à la relève d'une troupe, d'une sentinelle : *relever la garde.* || Révoquer : *relever qqn de ses fonctions.* || Donner un goût plus piquant : *relever une sauce.* || *Dr.* Effacer une condamnation. • *Relever une maille,* reprendre dans un tricot une maille mise en attente ou déjà tricotée dans un rang. ◆ v. t. ind. [**de**]. Sortir de : *relever de maladie.* || Dépendre de : *ne relever de personne.* ◆ **se relever** v. pr. Se remettre debout; sortir de nouveau de son lit. || Se remettre; sortir heureusement de : *il ne s'en relèvera jamais.*

RELEVEUR, EUSE adj. et n. Qui relève, est destiné à relever. || Se dit des muscles dont la fonction est de relever les parties auxquelles ils sont attachés.

RELIAGE n. m. Action de relier.

RELIEF n. m. (de *relever*). Ce qui fait saillie sur une surface : *le relief d'une médaille.* || Ensemble des inégalités de la surface terrestre, de celle d'un pays, d'une région : *le relief de la France.* || Sculpture dans laquelle le motif se détache en saillie plus ou moins forte sur un fond. || Éclat qui naît de l'opposition, du contraste : *certaines couleurs se donnent mutuellement du relief.* • *Mettre en relief,* faire ressortir; mettre en évidence. || *Relief acoustique,* sensation auditive de l'espace, donnée par l'emploi simultané des deux oreilles. ◆ pl. *Litt.* Restes d'un repas.

RELIER v. t. Lier ensemble : *relier une gerbe.* || Unir, établir un lien entre des choses : *relier le présent au passé.* || Faire communiquer : *relier deux routes.* || *Rel.* Assembler et coudre ensemble les feuillets d'un livre, puis les couvrir d'un carton résistant doublé de peau ou de toile, ou imprimé. || *Techn.* Mettre des cercles à un tonneau.

RELIEUR, EUSE n. et adj. Praticien de la reliure.

RELIGIEUSE n. f. Gâteau en pâte à choux fourré de crème pâtissière.

RELIGIEUSEMENT adv. D'une manière religieuse : *être élevé religieusement.* || Exactement, scrupuleusement : *observer religieusement les traités.*

RELIGIEUX, EUSE adj. Qui appartient à la religion : *chant religieux.* || Pieux : *homme religieux.* || Qui porte au recueillement : *silence religieux.*

RELIGIEUX, EUSE n. Membre d'un ordre, d'une congrégation ou d'un institut religieux.
■ En ce qui concerne les religieux, le droit canon distingue, par ordre décroissant de préséance : les ordres monastiques — chanoines réguliers et moines —, les ordres mendiants, les clercs réguliers, les congrégations religieuses cléricales, les sociétés cléricales de vie commune sans vœux publics, les congrégations religieuses laïques, les instituts séculiers.

RELIGION n. f. (lat. *religio*). Ensemble des croyances et des pratiques ayant pour objet les rapports de l'homme avec la divinité ou le sacré. || Foi, convictions religieuses, croyance : *un homme sans religion.* • *Éclairer la religion de qqn* (Litt.), le renseigner. || *Se faire une religion de* ou *sur* qqch (Litt.), s'en faire une obligation; s'en informer.

RELIGIOSITÉ n. f. Effet de la sensibilité sur l'attitude religieuse, conduisant à une vague religion personnelle.

RELIQUAIRE n. m. Boîte, coffret, cadre destiné à contenir des reliques.

RELIQUAT [rəlika] n. m. (lat. *reliqua*, choses restantes). Ce qui reste. ‖ *Dr.* Ce qui reste dû après un arrêté de comptes.

RELIQUE n. f. (lat. *reliquiae*, restes). Ce qui reste d'un martyr, d'un saint personnage, conservé dans un but de vénération. ‖ *Fam.* Vieil objet sans valeur.

RELIRE v. t. (conj. 69). Lire de nouveau ce qu'on a déjà lu ou ce qu'on vient d'écrire. ◆ **se relire** v. pr. Lire ce qu'on a écrit pour se corriger.

RELIURE n. f. Activité industrielle, artisanale ou artistique consistant à relier des livres. ‖ Couverture dont un livre est relié.

RELOGEMENT n. m. Action de reloger.

RELOGER v. t. (conj. 1). Donner un nouveau logement à.

RELOUER v. t. Louer de nouveau.

RÉLUCTANCE n. f. (mot angl.; lat. *luctari*, lutter). Quotient de la force magnétomotrice d'un circuit magnétique par le flux d'induction qui le traverse.

RELUIRE v. i. (lat. *relucere*) [conj. 63]. Briller, luire en réfléchissant la lumière. ◆ *Passer, manier la brosse à reluire* (Fam.), flatter qqn.

RELUISANT, E adj. Qui reluit. ● *Peu reluisant,* médiocre : *situation peu reluisante.*

RELUQUER v. t. (néerl. *locken*, regarder). *Fam.* Lorgner du coin de l'œil, avec curiosité ou convoitise.

REM n. m. (de *Röntgen Equivalent Man*). Unité servant à évaluer l'effet biologique d'un rayonnement radioactif, dose de radiations produisant les mêmes effets biologiques sur l'homme que 1 rad de rayons X de 250 keV.

REMÂCHER v. t. Mâcher une seconde fois, en parlant des ruminants. ‖ Repasser dans son esprit des sentiments d'amertume, de colère.

REMAILLAGE ou **REMMAILLAGE** n. m. Action ou manière de remailler.

REMAILLER [rəmaje] ou **REMMAILLER** [rãmaje] v. t. Reconstituer les mailles d'un tricot, d'un filet.

REMAKE [rimɛk] n. m. (mot angl.). Nouvelle version d'un film, d'une œuvre, d'un thème.

RÉMANENCE n. f. (lat. *remanere*, rester). *Phys.* Persistance de l'aimantation dans un barreau d'acier qui a été soumis à l'action d'un champ magnétique.

RÉMANENT, E adj. Qui subsiste. ● *Image rémanente,* image qui reste après la disparition du stimulus.

REMANGER v. t. et i. (conj. 1). Manger de nouveau.

REMANIABLE adj. Qui peut être remanié.

REMANIEMENT n. m. Action de remanier, changement, modification : *un remaniement ministériel.*

REMANIER v. t. Changer complètement la composition, modifier par un nouveau travail : *ouvrage remanié.*

REMAQUILLER v. t. Maquiller de nouveau.

REMARCHER v. i. *Fam.* Fonctionner de nouveau.

REMARIAGE n. m. Nouveau mariage.

REMARIER (SE) v. pr. Se marier de nouveau.

REMARQUABLE adj. Digne d'être remarqué; extraordinaire, insigne, éminent.

REMARQUABLEMENT adv. De façon remarquable.

REMARQUE n. f. Observation : *remarque judicieuse.* ‖ Note, observation écrite : *ouvrage plein de remarques.* ‖ Petit croquis gravé dans la marge d'une estampe.

REMARQUER v. t. Faire attention à, constater : *tu ne remarques rien?* ‖ Distinguer parmi d'autres : *remarquer qqn dans la foule.* ‖ Marquer de nouveau. ● *Se faire remarquer* (Péjor.), se singulariser.

REMASTICAGE n. m. Action de remasticer.

REMASTIQUER v. t. Mastiquer de nouveau.

REMBALLAGE n. m. Action de remballer.

REMBALLER v. t. Emballer de nouveau.

REMBARQUEMENT n. m. Action de rembarquer ou de se rembarquer.

REMBARQUER v. t. Embarquer de nouveau. ◆ v. i. et **se rembarquer** v. pr. S'embarquer de nouveau.

REMBARRER v. t. *Fam.* Reprendre vivement qqn, le remettre à sa place.

REMBLAI n. m. Action de remblayer; son résultat. ‖ *Trav. publ.* Masse de terre rapportée pour élever un terrain ou combler un creux.

REMBLAIEMENT n. m. Action de l'eau qui dépose tout ou partie des matériaux qu'elle transporte.

REMBLAYAGE n. m. Action de remblayer; son résultat.

REMBLAYER v. t. (conj. 2). Remettre des matériaux pour hausser ou combler.

REMBLAYEUSE n. f. Machine pour effectuer le remblayage.

REMBOÎTAGE ou **REMBOÎTEMENT** n. m. Action de remboîter.

REMBOÎTER v. t. Remettre en place ce qui a été déboîté.

REMBOURRAGE n. m. Action de rembourrer.

REMBOURRER v. t. Garnir d'une matière plus ou moins compressible (crin, bourre, etc.).

REMBOURRURE n. f. Matière servant à rembourrer.

REMBOURSABLE adj. Qui peut, qui doit être remboursé.

REMBOURSEMENT n. m. Action de rembourser; paiement d'une somme due. ● *Envoi contre remboursement,* envoi d'une marchandise délivrable contre paiement de sa valeur et, éventuellement, des frais de port.

REMBOURSER v. t. (de *bourse*). Rendre l'argent déboursé.

REMBRANESQUE adj. Qui rappelle la manière de peindre de Rembrandt.

REMBRUNIR (SE) v. pr. Devenir sombre, triste : *le temps se rembrunit.*

REMBUCHEMENT ou **REMBUCHER** n. m. *Véner.* Rentrée d'une bête sauvage dans une forêt.

REMBUCHER v. t. *Véner.* Suivre la bête avec le limier jusqu'à la rentrée dans la forêt.

REMÈDE n. m. (lat. *remedium*). Ce qui sert à apaiser les souffrances morales, à consoler des malheurs de l'existence, à faire cesser un inconvénient, un mal : *imaginer un remède à l'inflation monétaire.* ‖ Syn. vieilli de MÉDICAMENT.

REMÉDIABLE adj. À quoi l'on peut apporter remède.

REMÉDIER v. t. ind. [à] (lat. *remediare*). Apporter un remède à : *remédier au mal de mer, à un inconvénient.*

REMEMBREMENT n. m. Aménagement foncier, réalisé généralement sur le territoire d'une commune, qui a pour but de substituer au morcellement excessif des terres des parcelles moins nombreuses, plus grandes et pourvues d'accès faciles.

REMEMBRER v. t. Effectuer un remembrement.

REMÉMORATION n. f. *Litt.* Éveil d'un souvenir.

REMÉMORER v. t. (lat. *rememorari*). *Litt.* Remettre en mémoire, rappeler : *rememorer un fait.* ◆ **se remémorer** v. pr. Se rappeler.

REMERCIEMENT n. m. Action de remercier; paroles par lesquelles on remercie.

REMERCIER v. t. Exprimer sa gratitude à qqn pour qqch : *je vous remercie de ou pour vos conseils.* ‖ Congédier, renvoyer : *remercier un employé.* ● *Je vous remercie,* expression de refus poli.

RÉMÉRÉ n. m. (lat. *redimere*, racheter). *Dr.* Clause par laquelle on se réserve le droit de racheter dans un certain délai la chose qu'on vend, en remboursant à l'acquéreur le prix principal et les frais de son acquisition.

REMETTRE v. t. (lat. *remittere*) [conj. 49]. Replacer les personnes, les choses à l'endroit où elles étaient, dans l'état ancien : *remettre un livre à sa place; remettre en usage.* ‖ Mettre de nouveau : *remettre un manteau.* ‖ Replacer, remboîter : *remettre un bras.* ‖ Mettre entre les mains, dans la possession, le pouvoir de qqn : *remettre une lettre; remettre son sort entre les mains de qqn.* ‖ Rétablir la santé : *l'air de la campagne l'a remis.* ‖ Reconnaître, se ressouvenir de : *je vous remets à présent.* ‖ Faire grâce de : *remettre une peine.* ‖ Différer : *remettre une affaire au lendemain.* ● *En remettre,* exagérer. ‖ *Remettre ça* (Fam.), recommencer. ‖ *Remettre à sa place* (Fam.), rappeler aux convenances, réprimander. ‖ *Remettre qqn au pas,* le contraindre à faire son devoir. ◆ **se remettre** v. pr. Se replacer : *se remettre à table.* ‖ Recommencer à faire : *se remettre à jouer.* ‖ Se rappeler : *je me remets son visage.* ‖ Revenir à un meilleur état de santé, de situation, de calme : *se remettre après un accident.* ● *S'en remettre à qqn,* s'en rapporter à lui.

REMEUBLER v. t. Regarnir de meubles ou garnir de nouveaux meubles.

RÉMIGE n. f. (lat. *remex, remigis,* rameur). Chacune des grandes plumes de l'aile d'un oiseau.

REMILITARISATION n. f. Action de remilitariser.

REMILITARISER v. t. Redonner un caractère militaire à. ‖ Réinstaller un dispositif militaire dans une région.

RÉMINISCENCE n. f. (lat. *reminisci,* se souvenir). Retour d'un souvenir qui n'est pas reconnu comme tel. ‖ Chose, expression dont on se souvient inconsciemment; souvenir imprécis : *roman plein de réminiscences.*

REMISAGE n. m. Action de remiser.

REMISE n. f. (lat. *remissa,* chose remise). Action de remettre dans un lieu : *la remise en place d'un meuble.* ‖ Action de remettre, de livrer : *la remise d'un paquet.* ‖ Rabais consenti sur le prix fort de certaines marchandises. ‖ Réduction que l'on fait à un débiteur d'une partie de sa dette. ‖ Ristourne sur les droits de courtage consentie par un agent de change à ses remisiers. ‖ Renvoi d'un procès à une audience ultérieure. ‖ Taillis servant de retraite au gibier. ‖ Local servant d'abri à des voitures. ● *Remise de peine,* grâce que l'on accorde à un condamné d'une partie de sa peine.

REMISER v. t. Placer dans une remise. ‖ Mettre à sa place habituelle. ◆ **se remiser** v. pr. S'arrêter ou se poser après avoir couru ou volé, en parlant du gibier.

REMISIER n. m. Intermédiaire rémunéré intervenant entre un agent de change et un client.

RÉMISSIBLE adj. Digne de pardon.

RÉMISSION n. f. (lat. *remissio*). Pardon : *rémission des péchés.* ‖ *Méd.* Atténuation momentanée d'un mal. ● *Sans rémission,* sans indulgence, sans nouvelle faveur.

RÉMITTENCE n. f. *Méd.* Caractère des affections rémittentes.

RÉMITTENT, E adj. (lat. *remittere,* relâcher). *Méd.* Qui diminue d'intensité par intervalles.

RÉMIZ n. m. (mot polon.). Oiseau passereau voisin des mésanges, qui construit un nid en forme de bourse suspendu à une branche. (Long. 12 cm; famille des paridés.)

REMMAILLAGE [rãmajaʒ] n. m. Action d'ajuster ensemble les mailles. ‖ Opération industrielle utilisée pour le montage des pieds de bas et des coutures dans les tricots. ‖ V. REMAILLAGE.

REMMAILLER v. t. → REMAILLER.

REMMAILLOTER v. t. Emmailloter de nouveau.

REMMANCHER v. t. Emmancher de nouveau.

REMMENER v. t. (conj. 5). Emmener après avoir amené.

REMMOULAGE [rãmulaʒ] ou **REMOULAGE** n. m. En fonderie, opération d'assemblage des différentes parties du moule.

REMODELAGE n. m. Restructuration et remise en état d'un quartier ou d'un ensemble de constructions vétustes. ‖ *Chir.* Intervention ayant pour but de rendre ou de donner une forme plus esthétique.

REMODELER v. t. (conj. 3). Effectuer un remodelage.

RÉMOIS, E adj. et n. De Reims.

REMONTAGE n. m. Action de porter de nouveau en haut. ‖ Action de tendre de nouveau le ressort d'un mécanisme : *le remontage d'une horloge.* ‖ Action d'assembler de nouveau les pièces d'une machine, d'un objet démontés.

REMONTANT, E adj. Qui va vers le haut. ‖ Se dit d'une plante qui refleurit à diverses époques.

REMONTANT n. m. Aliment ou médicament qui redonne de la force.

REMONTE n. f. Action de remonter un cours d'eau. ‖ Ensemble des poissons qui remontent un cours d'eau pour frayer. ‖ *Mil.* Action de pourvoir une unité en chevaux (vx).

REMONTÉE n. f. Action de remonter. ● *Remontée mécanique,* toute installation utilisée par les skieurs pour remonter les pentes (téléskis, télébennes).

REMONTE-PENTE n. m. (pl. *remonte-pentes*). Appareil permettant aux skieurs de gagner un point élevé sans quitter leurs skis. (On dit aussi TÉLÉSKI.)

REMONTER v. i. Monter de nouveau du lieu où l'on était descendu : *remonter à cheval, du fond de la mine.* ‖ Aller vers la source d'un cours d'eau. ‖ S'élever, faire un mouvement de bas en haut : *son col remonte.* ‖ Augmenter de valeur après avoir baissé : *le dollar remonte.* ‖ Aller vers l'origine, se reporter au début, à la cause : *remonter jusqu'à la source d'un bruit.* ● *En remontant* (Chorégr.), indique que les pas sont exécutés en direction du fond de scène, le danseur étant soit face au public, soit de dos. ‖ *Remonter au vent, dans le vent* (Mar.), naviguer au plus près du vent, louvoyer. ◆ v. t. Gravir de nouveau : *remonter un escalier.* ‖ Exhausser : *remonter un mur.* ‖ Mettre en état de fonctionnement : *remonter une montre.* ‖ Pourvoir de nouveau de ce qui est nécessaire : *remonter sa garde-robe.* ‖ Redonner à qqn de la force, de l'énergie. ‖ Rajuster les différentes pièces d'un objet, d'une machine : *remonter un robinet, une bicyclette.* ‖ Regagner du terrain sur un adversaire, sur un peloton de coureurs. ● *Remonter le courant,* redresser une situation compromise. ‖ *Remonter un cours d'eau,* aller vers sa source. ‖ *Remonter le moral,* redonner du courage. ◆ **se remonter** v. pr. Se pourvoir de nouveau des forces nécessaires.

REMONTEUR, EUSE n. *Techn.* Celui, celle qui remonte.

REMONTOIR n. m. Organe au moyen duquel on peut remonter un mécanisme.

REMONTRANCE n. f. Avertissement, réprimande. ‖ *Hist.* Discours adressé au roi par le parlement et les autres cours souveraines, pour lui signaler les inconvénients d'un édit, etc.

REMONTRER v. t. Montrer de nouveau. ● *En remontrer à qqn,* lui prouver qu'on est supérieur.

RÉMORA n. m. (mot lat., *retard*). Poisson marin ne dépassant pas 40 cm de long, possédant sur la tête un disque formant ventouse, qui lui permet de se faire transporter par d'autres poissons, des cétacés et même des bateaux.

REMORDS n. m. (de *remordre*). Douleur morale causée par la conscience d'avoir mal agi : *être bourrelé de remords.*

REMORQUAGE n. m. Action de remorquer.

REMORQUE n. f. Traction exercée sur un véhicule à l'aide d'un autre véhicule : *prendre un bateau en remorque.* ‖ Véhicule sans moteur remorqué par un autre. ‖ Câble servant au remorquage. ‖ Véhicule ferroviaire spécialement destiné à être incorporé dans un train automoteur. ● *Être à la remorque,* rester en arrière. ‖ *Être à la remorque de qqn,* le suivre aveuglément.

REMORQUER [rəmɔrke] v. t. (it. *rimorchiare*). Traîner à sa suite (un bateau, une voiture, etc.) : *sa voiture ne peut pas remorquer une caravane.*

REMORQUEUR, EUSE adj. Qui remorque.

REMORQUEUR n. m. Bâtiment de petit tonnage, mais muni de machines puissantes, construit pour remorquer d'autres navires.

REMOUILLER v. t. Mouiller de nouveau.

RÉMOULADE n. f. (lat. *armoracia,* raifort). Mayonnaise additionnée de moutarde et de fines herbes.

REMOULAGE n. m. Issues provenant de la mouture des semoules.

REMOULAGE n. m. → REMMOULAGE.

RÉMOULEUR n. m. (de l'anc. fr. *rémoudre,* émoudre de nouveau). Ouvrier qui aiguise les couteaux et les instruments tranchants.

REMOUS n. m. (du moyen fr. *remoudre*). Tourbillon d'eau qui se forme derrière un navire en marche. ‖ Tourbillon qui se forme après le passage de l'eau sur un obstacle. ‖ Contre-courant le long divers d'un cours d'eau. ‖ Mouvement en sens divers, agitation : *les remous de la foule.*

REMPAILLAGE n. m. Action de rempailler; ouvrage du rempailleur.

REMPAILLER v. t. Garnir de paille le siège des chaises, des fauteuils, etc.

REMPAILLEUR, EUSE n. Personne qui rempaille les sièges.

REMPAQUETER v. t. (conj. 4). Empaqueter de nouveau.

REMPART n. m. (anc. fr. *remparer*). Levée de terre ou forte muraille entourant une place de guerre ou un château fort. ‖ *Litt.* Ce qui sert de défense : *faire à qqn un rempart de son corps.*

REMPIÉTEMENT n. m. Reprise en sous-œuvre des fondations d'un mur, d'un édifice.

REMPILER v. t. Empiler de nouveau. ● v. i. *Arg. mil.* Rengager.

REMPLAÇABLE adj. Qu'on peut remplacer.

REMPLAÇANT, E n. Personne qui en remplace une autre.

REMPLACEMENT n. m. Action de remplacer une chose par une autre, ou une personne dans une fonction. ‖ *Hist.* Système légal permettant autrefois de se soustraire au service militaire en payant un remplaçant. (Il fut supprimé en 1872.)

REMPLACER v. t. (conj. 1). Mettre à la place de : *remplacer de vieux meubles par des neufs.* ‖ Prendre la place de qqn, de qqch d'autre d'une manière temporaire ou définitive, succéder à qqn, le relayer : *remplacer un maire.*

REMPLAGE n. m. Armature de pierre subdivisant une fenêtre, notamment gothique.

REMPLIR v. t. Mettre un contenu dans un récipient, des choses dans un lieu : *remplir une bouteille.* ‖ Occuper entièrement : *ce fait divers remplit les journaux; les citadins remplissent les plages cet été; ceci me remplit de joie.* ‖ Accomplir, effectuer, réaliser : *remplir une fonction, une promesse.* ‖ Répondre à : *remplir l'attente.* ‖ Compléter un document : *remplir un questionnaire.* ● *Être rempli de soi-même,* avoir une très haute opinion de sa valeur. ‖ *Remplir ses poches* (Fam.), gagner beaucoup d'argent. ◆ **se remplir** v. pr. Devenir plein : *la citerne se remplit d'eau.*

REMPLISSAGE n. m. Action de remplir : *le remplissage d'un tonneau.* ‖ Développement inutile ou étranger au sujet : *scènes de remplissage dans une pièce.* ‖ *Constr.* Blocage compris entre deux appareils de revêtement. ‖ *Mus.* Action d'écrire les notes intermédiaires d'un accord entre la basse et le dessus. ● *Poteau de remplissage,* pièce verticale secondaire d'un pan de bois et ayant sensiblement la hauteur d'un étage.

REMPLOI ou **RÉEMPLOI** n. m. Mise en œuvre, dans une construction, d'éléments, de matériaux provenant d'une construction antérieure. ‖ Achat d'un bien avec le produit de la vente ou l'indemnisation de la perte d'un autre bien; placement nouveau d'un capital.

REMPLOYER ou **RÉEMPLOYER** v. t. (conj. 2). Employer de nouveau : *remployer des bénéfices dans de nouveaux investissements.*

REMPLUMER (SE) v. pr. Se recouvrir de nouveau de plumes, en parlant des oiseaux. ‖ *Fam.* Rétablir sa situation financière. ‖ *Fam.* Reprendre des forces, du poids : *ses quinze jours de vacances l'ont remplumé.*

REMPOCHER v. t. *Fam.* Remettre en poche : *rempocher son argent.*

REMPOISSONNEMENT n. m. Action de rempoissonner.

REMPOISSONNER v. t. Repeupler de poissons.

REMPORTER v. t. Reprendre, emporter ce qu'on avait apporté. ‖ Gagner, obtenir : *remporter une victoire.*

REMPOTAGE n. m. Action de rempoter.

REMPOTER v. t. Transporter une plante dans un pot plus grand, ou qui contient de la terre nouvelle.

REMPRUNTER ou **RÉEMPRUNTER** v. t. Emprunter de nouveau.

REMUAGE n. m. Action de remuer qqch : *le remuage du blé.* ‖ Oscillations données aux bouteilles sur pointe dans la fabrication des vins de Champagne.

REMUANT, E adj. Qui est sans cesse en mouvement; turbulent. ‖ *Péjor.* Qui aime l'agitation, entreprenant : *esprit remuant.*

REMUE n. f. (de *remuer*). Mode d'activité montagnard, qui consiste en un va-et-vient, réglé selon les saisons, entre les différents étages d'une exploitation rurale. ‖ Lieu de séjour temporaire du bétail dans un haut pâturage.

REMUE-MÉNAGE n. m. inv. *Fam.* Dérangement de choses que l'on transporte d'un lieu en un autre. ‖ Trouble, désordre qui résulte de changements subits ou violents.

REMUEMENT n. m. *Litt.* Action, mouvement de ce qui remue : *le remuement des lèvres.*

REMUER v. t. (préf. *re-* et *muer*). Changer de place; agiter : *remuer un meuble, la tête.* ‖ Émouvoir profondément : *remuer l'auditoire.* ◆ v. i. Changer de place, faire un ou des mouvements : *cet enfant remue continuellement.* ◆ **se remuer** v. pr. Se mouvoir. ‖ Se donner de la peine pour réussir.

REMUEUR, EUSE n. *Remueur d'idées* (Litt.), qui met en branle beaucoup d'idées.

REMUGLE n. m. (anc. scandin. *mygla,* moisi). Odeur particulière que prennent les objets longtemps enfermés ou exposés à l'air vicié (vx).

RÉMUNÉRATEUR, TRICE adj. Qui est avantageux, procure des bénéfices.

remorqueur de haute mer

RÉMORA

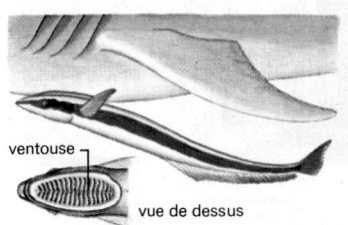

ventouse

vue de dessus

RÉMUNÉRATION

RÉMUNÉRATION n. f. Prix d'un travail, d'un service rendu : *demander la juste rémunération de son travail.*

RÉMUNÉRATOIRE adj. *Dr.* Qui a un caractère de rémunération.

RÉMUNÉRER v. t. (lat. *remunerare*) [conj. 5]. Rétribuer, payer pour un travail, un service.

RENÂCLER v. i. (de *renifler* et moyen fr. *renaquer*, reculer). En parlant d'un animal, faire du bruit en reniflant. ‖ *Fam.* Témoigner de la répugnance, refuser de faire : *renâcler à la besogne.*

RENAISSANCE n. f. Action de renaître. ‖ Renouvellement, retour : *la renaissance des lettres, des arts.* ‖ Mouvement littéraire, artistique et scientifique qui eut lieu en Europe aux XVᵉ-XVIᵉ s., et qui était fondé en grande partie sur l'imitation de l'Antiquité. (Prend une majuscule dans ce sens.) ● *Renaissance carolingienne,* nom donné au bref mais remarquable essor des arts qui marqua les règnes des premiers souverains carolingiens. ◆ adj. inv. Qui appartient à la Renaissance : *un décor Renaissance.*

■ C'est à Florence, dès la première moitié du *quattrocento*, que le retour aux sources antiques commence à se traduire, dans un climat de renouveau des aspirations esthétiques, scientifiques et morales, par l'élaboration d'un système cohérent d'architecture et décoration (plans, tracés modulaires, ordres*) et par l'adoption d'un répertoire nouveau de thèmes mythologiques et allégoriques, où le nu trouve une place importante. Œuvre des Brunelleschi, Donatello, Masaccio, L. B. Alberti, etc., cette *première Renaissance*, d'une robustesse et d'une saveur primitive qui en dénotent la spontanéité, gagne rapidement l'ensemble de l'Italie, trouvant des développements multiples dans les cours princières d'Urbino, Ferrare, Mantoue, Milan...

En 1494, l'arrivée des troupes françaises bouleverse l'équilibre italien, et Rome recueille le flambeau du modernisme, jusqu'à la dispersion des artistes qui suit le pillage de 1527. C'est la *seconde Renaissance*, œuvre d'artistes d'origines diverses rassemblés par les papes et qui réalisent au plus haut degré les aspirations florentines d'universalisme, de polyvalence, de liberté créatrice : Bramante, Raphaël, Michel-Ange (Léonard de Vinci étant, lui, contraint à une carrière nomade). D'autres foyers contribuent à cet apogée *classique* de la Renaissance : Parme, avec le Corrège ; Venise, surtout, avec Giorgione, puis avec le long règne de Titien (qu'accompagnera, un peu plus tard, celui de Palladio en architecture). Cette époque voit le début de la diffusion du nouvel art en Europe. Dürer s'imprègne de la première Renaissance vénitienne (Giovanni Bellini), et le voyage de Gossart à Rome (1508) prépare, pour la peinture des Pays-Bas, la voie du « romanisme ». L'Espagne et la France sont d'abord touchées, surtout, par le biais du décor : grotesques et rinceaux, médaillons, pilastres et ordres plaqués sur une architecture traditionnelle tendent à remplacer le répertoire gothique.

Dans le deuxième tiers du XVIᵉ s., environ, se situe la phase *maniériste* de la Renaissance, qui voit une exaspération des acquis antérieurs, en peinture et en sculpture surtout ; elle coïncide souvent, en architecture, avec la simple acquisition progressive du vocabulaire classique (Lescot et Delorme en France). Le désir d'égaler la « manière » des grands découvreurs du début du siècle conduit, dans une atmosphère de crise (crise politique de l'Italie, crise religieuse de la Réforme), à l'irréalisme fiévreux d'un Pontormo, à la grâce sophistiquée d'un Parmesan, à l'emphase d'un J. Romain, aux développements subtils de l'art de cour à Fontainebleau*. Ce dernier centre devient à son tour point d'attraction, au même titre que les capitales italiennes, pour des Flamands comme Jan Matsys. À la fin du siècle, Prague sera un autre centre du maniérisme (Arcimboldi, Spranger).

Une dernière phase se joue en Italie avec la conclusion du concile de Trente, en 1563. La réforme de l'art religieux est portée au premier plan, avec le retour d'un classicisme* de tendance puriste en architecture (Vignole ; style grandiose de l'Escorial en Espagne), naturaliste en peinture (les Carrache). Et, tandis que par-

Italie : cour intérieure du palais Farnèse, à Rome, entrepris en 1515 par A. da Sangallo le Jeune, continué par Michel-Ange (étage supérieur, 1547), achevé par Giacomo Della Porta en 1589.

Espagne : façade du palais de Charles Quint, à Grenade (colline de l'Alhambra), dû à Pedro Machuca. Milieu du XVIᵉ s.

France : façade de l'hôtel de ville de Beaugency (Loiret). 1526.

Belgique : cheminée monumentale de la chambre échevinale du palais du Franc, à Bruges, d'après esquisses de Lancelot Blondeel. 1531.

France : hôtel d'Assézat, à Toulouse, construit vers 1555 par Nicolas Bachelier et Jean Castagné.

Le Rosso : une des douze fresques,
avec encadrement de stucs,
réalisées dans la galerie
François-Ier au château
de Fontainebleau. 1534-1540.

Masolino da Panicale : *le Banquet d'Hérode*,
fresque du baptistère de Castiglione d'Olona.
Après 1432.

Jan Gossart : *Danaé*, 1527.
(Alte Pinakothek, Munich.)

Giorgione et Titien (?) : *Concert champêtre*. (Musée du Louvre.)

Paolo Uccello : fresque du *Monument
équestre de John Hawkwood*
à la cathédrale de Florence. 1436.

Léonard de Vinci : *l'Annonciation*. (Musée des Offices, Florence.)

Allemagne : grande coupe.
Fin du XVIe s.
(Musée Lázaro Galdiano, Madrid.)

tout en Europe s'est imposé le vocabulaire de la Renaissance, avec ses versions régionales souvent pittoresques, l'Italie, encore, va voir naître à la fin du siècle les courants qui marqueront le début d'une ère nouvelle : le réalisme populiste et dramatique du Caravage, la poétique illusionniste du baroque*.

RENAISSANT, E adj. Qui renaît : *des obstacles sans cesse renaissants.* ‖ De la Renaissance.

RENAÎTRE v. i. (conj. 59, mais n'a pas de part. pass. ni de temps composés). Naître de nouveau, croître de nouveau, repousser : *les fleurs renaissent au printemps.* ‖ Se manifester de nouveau, reprendre des forces, de la vie : *l'espoir renaît.* ● *Renaître à* (Litt.), être rendu à, animé de nouveau par : *renaître à l'espérance.* ‖ *Renaître par le baptême*, naître à la vie surnaturelle après être né à la vie physique.

RÉNAL, E, AUX adj. (lat. *ren, renis,* rein). Relatif aux reins.

RENARD [rənar] n. m. (francique *Reginhart,* n. pr.). Genre de mammifères carnassiers de la famille des canidés, comprenant des animaux à

renard

queue velue et à museau pointu, grands destructeurs d'oiseaux et de petits mammifères. (Cri : le renard *glapit.*) ‖ Fourrure de cet animal : *renard roux; renard argenté.* ‖ Homme rusé. ‖ *Techn.* Fissure dans un bassin, un barrage, par où se produit une fuite.

Renard (*série*), progression géométrique de raison particulière, due au colonel Renard et très précieuse en matière de normalisation.

RENARDE n. f. Femelle du renard.

RENARDEAU n. m. Petit du renard.

RENARDIÈRE n. f. Tanière du renard.

RENAUDER v. i. *Pop.* et *vx.* Se plaindre.

RENCAISSAGE ou **RENCAISSEMENT** n. m. Action de rencaisser.

RENCAISSER v. t. Remettre en caisse.

RENCARD n. m. → RANCARD.

RENCARDER v. t. → RANCARDER.

RENCHÉRIR v. i. Devenir plus cher : *les loyers renchérissent.* ‖ Faire une enchère supérieure. ‖ Dire ou faire plus qu'un autre : *il renchérit sur tout ce qu'il entend raconter.*

RENCHÉRISSEMENT n. m. Augmentation de prix d'une marchandise.

RENCHÉRISSEUR, EUSE n. Personne qui renchérit.

RENCOGNER v. t. *Fam.* Pousser, serrer dans un coin : *rencogner qqn dans une embrasure.*

RENCONTRE n. f. Hasard, circonstance qui fait trouver fortuitement ou non une personne ou une chose; fait pour des choses de se trouver en contact : *rencontre de circonstances.* ‖ Combat imprévu de deux troupes adverses en mouvement. ‖ Compétition sportive. ‖ Duel. ● *Aller à la rencontre de*, aller au-devant de. ‖ *De rencontre*, de hasard : *amour de rencontre.*

RENCONTRE n. m. *Hérald.* Tête d'animal représentée seule et de face.

RENCONTRER v. t. Être mis, se trouver en présence de qqn, qqch : *rencontrer qqn, un obstacle.* ‖ Se trouver opposé en compétition. ◆ **se rencontrer** v. pr. Se trouver en même temps au même endroit. ‖ Avoir, exprimer la même pensée qu'un autre : *les grands esprits se rencontrent.* ‖ Faire connaissance : *quand s'est-on rencontrés?*

RENDEMENT n. m. Production, gain, rapport total : *le rendement d'une terre.* ‖ Effet utile d'un travailleur intellectuel ou manuel. ‖ *Chim.* Dans la préparation d'un corps, rapport de la masse obtenue à celle qu'aurait fournie une réaction totale. ‖ *Écon.* Rentabilité des capitaux

employés dans un processus productif. ‖ *Industr.* Rapport entre le travail utile obtenu et la quantité d'énergie dépensée.

RENDEZ-VOUS n. m. inv. Convention que font deux ou plusieurs personnes de se trouver à la même heure en un même lieu; lieu où l'on doit se trouver : *prendre des rendez-vous; arriver le premier au rendez-vous.* ‖ Lieu où l'on a l'habitude de se réunir. ● *Rendez-vous spatial* (ou *orbital*), manœuvre réalisée dans l'espace en vue du rapprochement et généralement de l'arrimage mutuel de deux ou plusieurs satellites lancés par des fusées différentes.

RENDORMIR v. t. (conj. 17). Endormir de nouveau.

RENDRE v. t. (lat. *reddere,* altéré par *prehendere,* saisir) [conj. 46]. Restituer une chose, la remettre à qui elle appartient : *rendre des livres empruntés.* ‖ Renvoyer, ne pas accepter : *rendre un cadeau.* ‖ Faire rentrer en possession de ce qu'on avait perdu : *rendre la santé.* ‖ Donner en retour, en échange : *elle ne l'aime pas, il le lui rend bien.* ‖ Rejeter, vomir : *rendre son déjeuner.* ‖ Exprimer, traduire : *ce peintre a bien rendu vos traits.* ‖ Prononcer : *rendre un arrêt.* ‖ Faire devenir : *rendre heureux.* ‖ Faire entendre : *ce violon rend des sons harmonieux.* ‖ Rapporter : *cette ferme ne rend guère.* ● *Rendre les armes,* s'avouer vaincu. ◆ **se rendre** v. pr. Se transporter, aller dans un lieu : *se rendre à Paris.* ‖ Aboutir : *les fleuves se rendent à la mer.* ‖ Se soumettre, capituler devant : *se rendre à l'ennemi.* ‖ Se montrer : *se rendre utile.* ● *Se rendre à l'évidence,* admettre ce qui est incontestable. ‖ *Se rendre maître de,* s'emparer de.

RENDU, E adj. Fatigué, harassé. ‖ Arrivé à destination : *enfin, nous voilà rendus.*

RENDU n. m. Dans une œuvre d'art figurative, qualité expressive de l'exécution : *le rendu des chairs dans un tableau.* ‖ Objet que l'on vient d'acheter et qu'on retourne au commerçant.

RENDZINE [rɛdzin] n. f. (mot polon.). Sol peu lessivé développé sur roche mère calcaire et contenant des fragments rocheux dans une matrice argileuse rougeâtre.

RÊNE n. f. (lat. *retinere,* retenir). Courroie fixée au mors du cheval et que le cavalier tient à la main pour guider sa monture. ● *Tenir les rênes de qqch* (Litt.), en avoir la direction.

RENÉGAT, E n. (it. *rinnegato*). Personne qui renie sa religion. ‖ Personne qui abjure ses opinions ou trahit sa patrie, son parti.

RENÉGOCIATION n. f. Nouvelle négociation des termes d'un accord.

RENÉGOCIER v. t. Négocier à nouveau.

RENEIGER v. impers. Neiger de nouveau.

RENETTE n. f. (de *rouanne*). Instrument pour couper l'ongle du cheval par sillons. ‖ Outil à pointe recourbée, pour tracer des lignes sur le bois, le cuir.

RENFERMÉ, E adj. *Fam.* Peu communicatif.

RENFERMÉ n. m. Mauvaise odeur qu'exhale une pièce qui a été longtemps fermée.

RENFERMEMENT n. m. Action de renfermer qqn.

RENFERMER v. t. Enfermer de nouveau. ‖ Comprendre, contenir : *ce livre renferme de grandes vérités.* ◆ **se renfermer** v. pr. Se concentrer, se dissimuler : *se renfermer dans le silence.* ● *Se renfermer en, sur soi-même,* taire ses sentiments, se replier sur soi.

RENFILER v. t. Enfiler de nouveau.

RENFLÉ, E adj. Dont le diamètre est plus grand vers la partie médiane : *colonne renflée.*

RENFLEMENT n. m. État de ce qui est renflé; partie renflée.

RENFLER v. t. Rendre convexe, bombé.

RENFLOUAGE ou **RENFLOUEMENT** n. m. Action de renflouer.

RENFLOUER v. t. (normand *flouée,* marée). *Mar.* Remettre à flot. ‖ Fournir les fonds nécessaires pour rétablir une situation financière.

RENFONCEMENT n. m. Partie d'élévation en retrait dans un ouvrage d'architecture.

RENFONCER v. t. (conj. 1). Enfoncer de nouveau ou plus avant.

RENFORÇATEUR n. et adj. m. *Phot.* Bain de renforcement photographique. ‖ *Psychol.* Dans le conditionnement instrumental, événement quelconque qui, suivant une réaction, est capable d'en modifier la fréquence, l'intensité ou la rapidité; dans le conditionnement classique, le stimulus inconditionnel lui-même.

RENFORCEMENT ou **RENFORÇAGE** n. m. Action de renforcer; son résultat. ‖ *Phot.* Accroissement de l'intensité des noirs dans un cliché photographique.

RENFORCEMENT n. m. *Psychol.* Action exercée par un renforçateur dans le conditionnement.

RENFORCER v. t. (conj. 1). Rendre plus fort : *renforcer une poutre; renforcer une couleur.*

RENFORMIR v. t. *Constr.* Remplacer les pierres manquantes d'un vieux mur et le crépir.

RENFORMIS [rɑ̃fɔrmi] n. m. *Constr.* Crépissage plus épais qu'un enduit ordinaire.

RENFORT n. m. (de *renforcer*). Augmentation du nombre d'une troupe, d'une équipe. ‖ *Arm.* Partie la plus épaisse d'un canon. ‖ Renforcement; pièce servant à consolider. ‖ *Techn.* Surcroît d'épaisseur donné en un point à une pièce pour augmenter sa solidité. ● *À grand renfort de,* au moyen d'une grande quantité de.

RENFROGNER (SE) v. pr. (gaul. *frogna,* nez). Manifester son mécontentement par une expression maussade.

RENGAGÉ n. m. Militaire qui, son temps achevé, reprend volontairement du service.

RENGAGEMENT ou **RÉENGAGEMENT** n. m. Action de se rengager ou de remettre en gage. ‖ Acte par lequel un militaire libérable contracte un nouvel engagement.

RENGAGER ou **RÉENGAGER** v. t. (conj. 1). Engager de nouveau. ◆ v. i. et **se rengager** v. pr. Contracter un nouvel engagement.

RENGAINE n. f. (de *rengainer*). *Fam.* Chanson, paroles ressassées.

RENGAINER v. t. Remettre dans la gaine, dans le fourreau. ‖ Supprimer ou ne pas achever ce qu'on voulait dire : *rengainer son discours.*

RENGORGER (SE) v. pr. (conj. 1). Avancer la gorge en ramenant la tête un peu en arrière : *le paon se rengorge.* ‖ Prendre une attitude fière, faire l'important.

RENGRAISSER v. i. Redevenir gras.

RENGRÈNEMENT n. m. Action de rengréner.

RENGRÉNER ou **RENGRENER** v. t. (conj. 5). Remplir la trémie de nouveau grain. ‖ *Mécan.* Engager de nouveau entre les dents d'une roue dentée : *rengréner un pignon.*

RENIEMENT n. m. Action de renier.

RENIER v. t. (de *nier*). Déclarer, contre la vérité, qu'on ne connaît pas qqn, qqch. ‖ Refuser de reconnaître comme sien : *renier son fils.* ‖ Renoncer à, abjurer : *renier ses idées.*

RENIFLARD n. m. Appareil qui sert à évacuer les eaux de condensation dans les conduites, ou les vapeurs d'huile de graissage d'un moteur.

RENIFLEMENT n. m. Action de renifler.

RENIFLER v. i. (anc. fr. *nifler*). Aspirer fortement par le nez en faisant du bruit. ◆ v. t. Aspirer par le nez : *renifler du tabac.* ‖ *Fam.* Flairer : *renifler une bonne affaire.*

RENIFLEUR, EUSE adj. et n. Se dit de qqn qui renifle.

RÉNIFORME adj. *Bot.* En forme de rein.

RÉNITENCE n. f. État de ce qui est rénitent.

RÉNITENT, E adj. (lat. *renitens,* qui résiste). *Méd.* Qui offre une certaine résistance à la pression.

REN-MIN-BI YUAN ou **YUAN** n. m. inv. Unité monétaire principale de la Chine populaire.

RENNAIS, E adj. et n. De Rennes.

RENNE n. m. (mot norvég.). Mammifère ruminant de la famille des cervidés, vivant en Sibérie, en Scandinavie, au Groenland et au Canada (où on l'appelle *caribou*).

■ Le renne atteint 1,50 m de haut. C'est un animal sobre et résistant. Il porte des andouillers aplatis en palette, qui lui servent à découvrir sous la neige les lichens dont il se nourrit. Les

renne

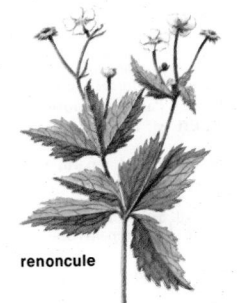

renoncule

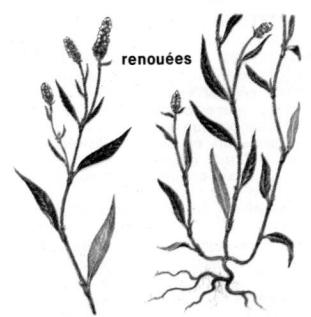

renouées

Lapons et les Esquimaux le tiennent dans une demi-domesticité; ils l'emploient comme bête de trait. Son sang, sa chair, son lait, son cuir, ses bois sont pour eux de précieuses ressources.

RENOM n. m. Opinion favorable, largement répandue dans le public, sur qqn, qqch.

RENOMMÉ, E adj. Célèbre, réputé : *vin renommé.*

RENOMMÉE n. f. Célébrité, réputation : *bonne, mauvaise renommée.* ● *Preuve par commune renommée* (Dr.), enquête au cours de laquelle les témoins rapportent ce qu'ils ont entendu dire ou croient savoir, et non pas les faits certains.

RENOMMER v. t. Nommer, élire de nouveau.

RENON n. m. En Belgique, résiliation d'un bail.

RENONCE n. f. Action de ne pas fournir la couleur demandée, aux jeux de cartes.

RENONCEMENT n. m. Action de renoncer. ‖ Abnégation, sacrifice complet de soi-même.

RENONCER v. t. ind. [à] (lat. *renuntiare*) [conj. 1]. Abandonner la possession de : *renoncer à une succession, au pouvoir.* ‖ N'avoir plus de désir de qqch, d'attachement pour qqn : *renoncer à un voyage.* ‖ Cesser volontairement ou par impossibilité de réussir : *renoncer à faire entendre raison à qqn.* ◆ v. t. En Belgique, résilier qqch, donner congé à qqn : *renoncer un bail, un locataire.* ◆ v. i. Au jeu, mettre une carte d'une couleur autre que la couleur demandée.

RENONCIATAIRE n. *Dr.* Personne en faveur de qui l'on fait une renonciation.

RENONCIATEUR, TRICE n. *Dr.* Personne qui fait une renonciation.

RENONCIATION n. f. Acte par lequel on renonce à une chose, à un droit, à une charge, à une fonction.

RENONCULACÉE n. f. Plante à pétales séparés, aux carpelles indépendants fixés sur un réceptacle bombé, telle que la *renoncule,* la *clématite,* l'*anémone,* l'*ancolie,* la *pivoine,* etc. (Les *renonculacées* forment une famille.)

RENONCULE n. f. (lat. *ranunculus,* petite grenouille [une des espèces, la *grenouillette,* est aquatique]. Plante herbacée, type de la famille des renonculacées, dont il existe de nombreuses espèces à fleurs jaunes (*boutons-d'or*), et d'autres à fleurs blanches (*boutons-d'argent*).

RENOUÉE n. f. Genre de plantes de la famille des polygonacées, dont une espèce cultivée est le *sarrasin,* ou *blé noir,* et dont une espèce sauvage est utilisée comme astringent.

RENOUER v. t. Nouer une chose dénouée : *renouer un ruban.* ‖ Reprendre après interruption : *renouer la conversation.* ◆ v. i. Se lier de nouveau : *renouer avec qqn.*

RENOUVEAU n. m. Renouvellement, retour : *mode qu'on connaît un renouveau de succès.* ‖ *Litt.* Retour du printemps.

RENOUVELABLE adj. Qui peut être renouvelé. ● *Énergie renouvelable,* celle dont la consommation n'aboutit pas à la diminution des ressources naturelles, parce qu'elle fait appel à des éléments qui se recréent naturellement (la biomasse, le Soleil).

RENOUVELANT, E n. Enfant qui renouvelle sa première communion.

RENOUVELER v. t. (conj. 3). Substituer une personne ou une chose à une autre qui ne convient plus : *renouveler son personnel, sa garde-robe.* ‖ Recommencer, refaire : *renouveler une promesse.* ‖ Conclure un nouveau contrat du même type que celui qui expire : *renouveler un bail.* ‖ Rendre nouveau en transformant : *renouveler une question.* ◆ *se renouveler* v. pr. Changer, être remplacé : *les membres du bureau se renouvellent chaque année.* ‖ Ne pas garder le même aspect. ‖ Recommencer.

RENOUVELLEMENT n. m. Action de renouveler; fait de se renouveler. ‖ Prorogation de l'échéance d'une dette, d'un effet de commerce.

RÉNOVATEUR, TRICE adj. et n. Qui rénove.

RÉNOVATION n. f. Changement en mieux, transformation, modernisation : *la rénovation des méthodes de travail, d'un appartement.* ● *Rénovation urbaine,* opération d'aménagement au niveau d'un quartier, destinée à remplacer les îlots urbains défectueux.

RÉNOVER v. t. (lat. *renovare*). Remettre à neuf : *rénover un appartement ancien.* ‖ Donner une nouvelle forme, une nouvelle existence : *rénover les institutions politiques.*

RENSEIGNEMENT n. m. Indication, éclaircissement servant à faire connaître une chose : *prendre des renseignements.* ‖ Connaissances de tous ordres sur un adversaire potentiel, utiles aux pouvoirs publics et au commandement militaire. ● *Service de renseignements* (abrév. : S.R.) [Mil.], organisme chargé de la recherche des renseignements nécessaires à la Défense. ◆ pl. Bureau, service de renseignements. ● *Aller aux renseignements,* s'informer. ‖ *Renseignements généraux,* service du ministère de l'Intérieur ayant pour mission de réunir des renseignements politiques, économiques et sociaux.

RENSEIGNER v. t. Donner des indications, des éclaircissements à qqn : *renseigner un passant.* ◆ *se renseigner* v. pr. S'informer, prendre des renseignements.

RENTABILISATION n. f. Action de rentabiliser.

RENTABILISER v. t. Rendre rentable.

RENTABILITÉ n. f. Caractère de ce qui est rentable. ● *Taux de rentabilité,* rapport entre les profits d'une entreprise et les capitaux engagés.

RENTABLE adj. Qui donne un bénéfice satisfaisant : *une affaire rentable.*

RENTAMER v. t. Recommencer, reprendre.

RENTE n. f. (de *rendre*). Revenu annuel; ce qui est dû tous les ans pour des fonds placés ou un bien mis à ferme : *rente foncière.* ‖ Titre d'emprunt émis par l'État, donnant droit chaque année à un revenu d'un montant fixe. ‖ Profit réalisé par une entreprise du fait de conditions d'exploitation plus favorables que celles des autres. ● *Rente perpétuelle,* titre d'emprunt émis par l'État, dont la date de remboursement est indéterminée.

RENTIER, ÈRE n. Personne qui possède des rentes ou qui vit de revenus non professionnels.

RENTOILAGE n. m. Action de rentoiler.

RENTOILER v. t. Renforcer la toile usée d'un tableau en la collant sur une toile neuve; transposer la couche picturale sur une nouvelle toile.

RENTOILEUR, EUSE n. Ouvrier, ouvrière spécialisés dans le rentoilage des tableaux.

RENTRAGE n. m. Action de rentrer qqch.

RENTRAITURE n. f. Couture faite en rentrayant.

RENTRANT, E adj. *Angle rentrant,* angle supérieur à 180°. (Contr. SAILLANT.)

RENTRAYER (conj. 2) ou **RENTRAIRE** (conj. 73) v. t. Réparer une tapisserie à l'aiguille.

RENTRÉ, E adj. Qui ne se manifeste pas extérieurement : *colère rentrée.* ‖ Cave, creux : *avoir les yeux rentrés.*

RENTRÉE n. f. Action de rentrer : *la rentrée des ouvriers à l'usine; la rentrée des foins.* ‖ Action de reprendre ses fonctions, ses travaux; période de retour après les vacances : *rentrée des classes.* ‖ Recouvrement de fonds. ‖ *Astronaut.* Retour d'un engin spatial dans l'atmosphère terrestre. ‖ *Jeux.* Cartes qu'on prend au talon, à la place de celles qu'on a écartées.

RENTRER v. i. (auxil. *être*). Entrer de nouveau dans un lieu, une situation. ‖ Reprendre son travail, ses occupations : *les tribunaux sont rentrés.* ‖ Pénétrer l'un l'autre, s'emboîter : *tubes qui rentrent les uns dans les autres.* ‖ Être payé, perçu : *fonds qui rentrent mal.* ‖ Être compris, contenu dans : *cet article rentre dans le précédent.* ● *Rentrer dans ses droits,* les recouvrer. ‖ *Rentrer dedans* (Pop.), se jeter sur. ‖ *Rentrer en grâce,* obtenir son pardon. ‖ *Rentrer en soi-même* (Litt.), réfléchir sur sa propre conduite. ◆ v. t. (auxil. *avoir*). Porter, reporter, ramener dans un lieu, à l'intérieur, à l'abri : *rentrer des foins, des bestiaux.* ‖ Refouler, cacher : *rentrer ses larmes.*

RENVERSANT, E adj. *Fam.* Qui étonne profondément.

RENVERSE n. f. *Mar.* Vent ou courant venant d'une direction opposée à celle qu'il avait auparavant. ● *À la renverse,* sur le dos : *tomber à la renverse.*

RENVERSÉ, E adj. Qui est ou paraît être dans une position contraire à la position normale : *image renversée d'un objet.* ‖ Stupéfait, déconcerté. ● *C'est le monde renversé,* cela va au rebours de la raison, du bon sens.

RENVERSEMENT n. m. Action de renverser, fait de se renverser : *renversement de la situation.* ‖ *Mus.* État d'un accord dont la note fondamentale ne se trouve pas à la base.

RENVERSER v. t. (de *envers*). Mettre à l'envers, sens dessus dessous : *renverser un moule.* ‖ Faire tomber : *renverser un verre.* ‖ Détruire : *renverser tous les obstacles.* ‖ Causer de l'étonnement, du trouble : *cela me renverse.* ● *Renverser un ministère,* obtenir la démission des ministres composant un gouvernement. (En régime parlementaire, une assemblée renverse un gouvernement en refusant la confiance ou en adoptant une motion de censure.) ‖ *Renverser la tête,* la pencher en arrière. ‖ *Renverser la vapeur,* mettre une locomotive en marche arrière, pour l'arrêter rapidement; changer totalement sa façon d'agir. ◆ v. i. *Mar.* En parlant du courant de la marée, changer de direction. ◆ *se renverser* v. pr. Pencher son corps en arrière. ‖ *Se retourner sens dessus dessous : la voiture s'est renversée dans le fossé.* ‖ *Mar.* Syn. de REN-VERSER.

RENVIDAGE n. m. Action de renvider.

RENVIDER v. t. Enrouler sur les bobines l'aiguillée de fil obtenue par le métier à filer.

RENVIDEUR n. m. Métier à renvider.

RENVOI n. m. Action de renvoyer : *renvoi de marchandises, d'un élève.* ‖ Action d'ajourner ou de renvoyer devant une commission, une autre juridiction. ‖ Indication par laquelle le lecteur d'un livre est averti de l'endroit où il trouvera le complément du passage qu'il a sous les yeux. ‖ Émission par la bouche de gaz provenant de l'estomac. ‖ *Mécan.* Mécanisme permettant dans une transmission de faire passer une courroie d'une poulie sur une autre, de changer la direction d'un mouvement. ‖ *Mus.* Signe qui indique une reprise.

RENVOYER v. t. (conj. **6**). Envoyer de nouveau ou en retour, faire retourner : *renvoyer un enfant à l'école.* ‖ Ne pas accepter : *renvoyer un cadeau.* ‖ Rendre un objet prêté, oublié : *renvoyer un livre, des gants.* ‖ Relancer : *renvoyer la balle.* ‖ Réfléchir la lumière, le son. ‖ Congédier, mettre à la porte : *renvoyer un domestique.* ‖ Adresser une personne à qqn, à qqch qui puisse le renseigner : *renvoyer à des notes en fin de livre.* ‖ Remettre à plus tard, ajourner : *renvoyer un procès.*

RÉOCCUPATION n. f. Nouvelle occupation.

RÉOCCUPER v. t. Occuper de nouveau : *réoccuper un poste.*

RÉOPÉRER v. t. (conj. **5**). Opérer de nouveau.

RÉORCHESTRATION n. f. Nouvelle orchestration.

RÉORCHESTRER v. t. Orchestrer de nouveau : *réorchestrer un opéra.*

RÉORDINATION n. f. Seconde ordination faite dans le cas où une première ordination a été reconnue invalide ou d'une validité douteuse.

RÉORGANISATEUR, TRICE adj. et n. Qui réorganise.

RÉORGANISATION n. f. Action de réorganiser.

RÉORGANISER v. t. Organiser de nouveau, sur de nouvelles bases.

RÉORIENTATION n. f. Action de réorienter.

RÉORIENTER v. t. Orienter dans une nouvelle direction.

RÉOUVERTURE n. f. Action de rouvrir : *réouverture d'un théâtre.* ‖ Mesure judiciaire consistant à reprendre un débat précédemment clos.

REPAIRE n. m. Retraite de bêtes sauvages, de malfaiteurs.

REPAIRER v. i. (bas lat. *repatriare*, rentrer dans sa patrie). *Véner.* Être au repaire, au gîte.

REPAÎTRE v. t. (conj. **74**). *Litt.* Nourrir, rassasier. ◆ **se repaître** v. pr. *Litt.* Assouvir sa faim, ses désirs : *se repaître de sang, de carnage.*

RÉPANDRE v. t. (conj. **46**). Laisser tomber en dispersant : *répandre du vin par terre.* ‖ Envoyer hors de soi, être la source de, verser : *répandre des larmes; répandre une odeur.* ‖ Propager, faire connaître : *répandre une nouvelle.* ‖ Distribuer : *répandre des bienfaits.* ◆ **se répandre** v. pr. S'écouler, se dégager : *la fumée se répand dans la pièce.* ‖ Se propager : *cet usage se répand.* ‖ Se répandre en invectives, en louanges, en compliments, etc., dire beaucoup d'injures, faire beaucoup de louanges, de compliments, etc.

RÉPANDU, E adj. Communément admis : *l'opinion la plus répandue.*

RÉPARABLE adj. Qui peut être réparé.

REPARAÎTRE v. i. (conj. **58**). Paraître, se manifester de nouveau.

RÉPARATEUR, TRICE adj. et n. Qui répare.

RÉPARATION n. f. Action de réparer. ‖ *Psychanal.* Processus par lequel le sujet cherche à réparer ses attaques fantasmatiques contre son objet d'amour. ● *Question des réparations,* ensemble des problèmes posés par le paiement des dommages de guerre imposés à l'Allemagne par le traité de Versailles (1919). ‖ *Réparation par les armes,* duel. ‖ *Surface de réparation,* au football, surface rectangulaire devant la ligne de but.

RÉPARER v. t. (lat. *reparare*). Remettre en bon

état de fonctionnement, raccommoder : *réparer une montre.* ‖ Corriger : *réparer des négligences.* ‖ Faire disparaître les traces du moule sur un objet obtenu par moulage, en améliorer le fini. ● *Réparer ses forces,* se rétablir.

REPARLER v. i. Parler de nouveau.

REPARTAGER v. t. (conj. **1**). Partager de nouveau.

REPARTIE [rəparti *ou* reparti] n. f. Réponse vive et spirituelle.

REPARTIR v. t. (de *partir,* partager) [conj. **22,** mais avec l'auxil. *avoir*]. *Litt.* Répliquer promptement : *il ne lui a reparti que des impertinences.*

REPARTIR v. i. (conj. **22**; auxil. *être*). Partir de nouveau, retourner.

RÉPARTIR v. t. (se conj. comme *finir*). Partager, distribuer d'après certaines règles : *répartissez cette somme.*

RÉPARTITEUR n. m. Personne qui fait une répartition.

RÉPARTITION n. f. Action de répartir qqch, partage. ‖ Distribution à l'intérieur d'un espace : *répartition géographique.* ‖ Technique de financement de régimes de prévoyance. ‖ Partie de la science économique étudiant les mécanismes de la formation et de la redistribution des revenus. ● *Impôt de répartition,* celui dont le contingent, fixé annuellement par la loi de finances, est réparti entre les départements, les arrondissements, les communes et les contribuables.

REPAS n. m. (anc. fr. *past,* nourriture). Nourriture que l'on prend chaque jour à certaines heures.

REPASSAGE n. m. Action d'aiguiser un couteau, un canif, etc. ‖ Action de repasser du linge.

REPASSER v. i. Passer de nouveau, revenir : *je repasserai ce soir.* ◆ v. t. Passer de nouveau : *repasser la frontière; repasser un examen.* ‖ Aiguiser : *repasser un couteau.* ‖ Défriper au moyen d'un fer chaud : *repasser du linge.* ‖ Relire, redire pour s'assurer que l'on sait; se remettre en mémoire : *repasser sa leçon.*

REPASSEUR n. m. Ouvrier qui aiguise les couteaux, les ciseaux, etc.

REPASSEUSE n. f. Femme dont le métier est de repasser le linge. ‖ Machine électrique qui repasse le linge entre deux tambours.

REPAVAGE n. m. Action de repaver.

REPAVER v. t. Paver de nouveau.

REPAYER v. t. (conj. **2**). Payer de nouveau.

REPÊCHAGE n. m. Action de repêcher.

REPÊCHER v. t. Retirer de l'eau ce qui y est tombé. ● *Repêcher un candidat,* le recevoir en majorant ses notes.

REPEINDRE v. t. (conj. **55**). Peindre de nouveau.

REPEINT n. m. Endroit d'un tableau qui a été repeint, par l'artiste ou par un restaurateur.

REPENSER v. t. et i. Penser de nouveau.

REPENTANT, E adj. Qui se repent.

REPENTI, E adj. et n. Qui s'est repenti.

REPENTIR n. m. Vif regret d'avoir fait ou de n'avoir pas fait qqch. ‖ *Bx-arts.* Trace d'un changement apporté à une œuvre durant son exécution.

REPENTIR (SE) v. pr. (lat. *poenitere*) [conj. **15**]. Regretter : *se repentir de ses fautes.*

REPÉRABLE adj. Qui peut être repéré. ● *Grandeur, quantité repérable,* grandeur telle qu'on peut définir l'égalité ou l'inégalité, mais non la somme ou le rapport de deux grandeurs de cette espèce (par ex., la température).

REPÉRAGE n. m. Action de repérer, de mettre au point, de localiser : *repérage par le son, par radar.* ‖ *Arts graph.* Action de repérer des repères de l'endroit où des dessins tracés sur des supports séparés doivent se réunir ou se superposer. ‖ *Cin.* Reconnaissance des lieux, préalable au tournage en décors naturels.

RÉPERCUSSION n. f. Action de répercuter ou de se répercuter : *répercussion du son.* ‖ Conséquence, contrecoup : *événement qui aura de graves répercussions.*

RÉPERCUTER v. t. (lat. *repercutere,* repousser). Réfléchir, renvoyer : *paroi qui répercute la voix.* ‖ Faire en sorte que qqch soit transmis : *répercuter les consignes.* ‖ *Fin.* Faire supporter par d'autres personnes, en parlant d'un impôt ou d'une taxe. ◆ **se répercuter** v. pr. Avoir des conséquences directes.

REPERDRE v. t. (conj. **46**). Perdre de nouveau : *reperdre tous ses avantages.*

REPÈRE n. m. (de *repaire*). Tout ce qui permet de retrouver qqch dans un ensemble. ‖ Marque faite aux pièces d'un assemblage pour les reconnaître et les ajuster. ‖ *Constr.* Marque servant à indiquer ou à retrouver un alignement, un niveau, une hauteur, etc. ‖ *Phys.* Syn. de RÉFÉRENTIEL. ‖ *Topogr.* Plaque scellée dans un mur, indiquant l'altitude d'un lieu. ● *Point de repère,* marque, indice qui sert à se retrouver.

REPÉRER v. t. (conj. **5**). Marquer de repères : *repérer un alignement.* ‖ Déterminer la position exacte, localiser : *repérer un sous-marin.* ‖ Apercevoir, trouver parmi d'autres : *j'ai repéré Georges dans la foule.*

RÉPERTOIRE n. m. (lat. *repertum,* trouvé). Table, recueil où les matières sont rangées dans un ordre qui les rend faciles à trouver : *répertoire alphabétique; répertoire des métiers.* ‖ Liste des œuvres qui constituent le fonds d'un théâtre, d'une compagnie de ballet. ‖ Ensemble des œuvres interprétées habituellement par un artiste dramatique, un chanteur ou un instrumentiste. ‖ Ensemble de connaissances, d'anecdotes, etc. : *un vaste répertoire d'injures.* ‖ *Bx-arts.* Ensemble de motifs décoratifs, formels, iconographiques propres à un artiste, à une époque, à une civilisation. ‖ *Chorégr.* Les œuvres essentiellement classiques et romantiques.

RÉPERTORIER v. t. Inscrire dans un répertoire; faire un répertoire de.

RÉPÉTER v. t. (lat. *repetere,* aller chercher de nouveau) [conj. **5**]. Redire ce qu'on a déjà dit ou ce qu'un autre a dit : *répéter dix fois la même chose.* ‖ Refaire ce qu'on a déjà fait, recommencer : *répéter une expérience.* ‖ Reproduire plusieurs fois : *répéter un ornement.* ‖ S'exercer à dire, à exécuter seul ce qu'on devra faire en public : *répéter un rôle.* ‖ *Dr.* Réclamer ce qu'on a prêté ou ce qu'on aurait avoir été pris sans droit. ◆ **se répéter** v. pr. Redire les mêmes choses sans nécessité.

RÉPÉTEUR n. m. Amplificateur téléphonique utilisé sur les lignes à grandes distances.

RÉPÉTITEUR, TRICE n. Personne qui donne des leçons particulières à des élèves (vx).

RÉPÉTITIF, IVE adj. Qui se reproduit de façon monotone, qui se répète sans cesse.

RÉPÉTITION n. f. Redite, retour de la même idée, du même mot. ‖ Réitération d'une même action : *la répétition d'un acte.* ‖ Leçon particulière donnée à un ou plusieurs élèves (vx). ‖ Essai d'une pièce, d'un morceau de musique, d'un ballet qu'on doit jouer, danser en public. ● *Arme à répétition,* arme à feu dont la cadence de tir est augmentée par le chargement automatique des munitions dans la chambre. (Syn. ARME SEMI-AUTOMATIQUE.) ‖ *Centre de répétition d'ordre,* pour certaines figures planes, point tel qu'une rotation d'un $n^{ième}$ de tour autour de ce point amène la figure en coïncidence avec sa position initiale. ‖ *Compulsion de répétition* (Psychanal.), processus inconscient et irréistible qui replace le sujet dans des situations désagréables, analogues à des expériences anciennes. ‖ *Répétition de l'indu* (Dr.), action en restitution d'une somme reçue sans cause.

REPEUPLEMENT n. m. Action de repeupler.

REPEUPLER v. t. Peupler de nouveau un pays d'habitants, un parc de gibier, un étang de poissons, etc.

REPIQUAGE n. m. Action de repiquer. ‖ Transplantation d'une jeune plante venue de semis. ‖ Opération consistant à copier un disque, une bande magnétique par réenregistrement; enregistrement obtenu. ‖ Nouvelle impression sur une feuille déjà imprimée.

REPIQUER v. t. Piquer de nouveau. ‖ Copier un enregistrement. ‖ *Agric.* Transplanter : *repiquer un plant.* ‖ *Arts graph.* Faire une nouvelle impression sur une feuille déjà imprimée. ‖ *Constr.* Faire des trous de faible dimension pour le parement d'une maçonnerie pour donner une meilleure prise à l'enduit qui doit le recouvrir. ‖ *Phot.* Faire une retouche. ‖ *Trav. publ.* Remplacer les pavés cassés d'une chaussée par des pavés neufs ou retaillés. ◆ v. t. ind. [à]. *Pop.* Recommencer qqch, reprendre de qqch : *repiquer à un plat.*

RÉPIT n. m. (lat. *respectus*, regard en arrière). Arrêt de qqch qui accable; temps de repos, de détente : *un instant de répit.* ● *Sans répit,* sans cesse.

REPLACEMENT n. m. Action de replacer.

REPLACER v. t. (conj. **1**). Remettre en place.

REPLANTATION n. f. Action de replanter.

REPLANTER v. t. Planter de nouveau.

REPLAT n. m. Sur un versant, adoucissement momentané très prononcé de la pente.

REPLÂTRAGE n. m. Action de replâtrer.

REPLÂTRER v. t. Recouvrir de plâtre : *replâtrer un mur.* ‖ Réparer d'une manière superficielle et précaire.

REPLET, ÈTE adj. (lat. *repletus*, rempli). Qui a de l'embonpoint, grassouillet.

RÉPLÉTIF, IVE adj. *Méd.* Qui sert à remplir.

RÉPLÉTION n. f. *Astron.* Hétérogénéité d'un astre, qui se traduit par une augmentation locale du champ de gravitation de cet astre. ‖ *Méd.* État d'un organe rempli : *réplétion gastrique.*

REPLEUVOIR v. impers. (conj. **41**). Pleuvoir de nouveau.

REPLI n. m. Double pli. ‖ *Mil.* Retraite volontaire d'une troupe. ◆ pl. Sinuosités, ondulations : *les replis d'un terrain.* ‖ Ce qu'il y a de plus intime : *les replis du cœur humain.*

REPLIABLE adj. Qui peut être replié.

RÉPLICATION n. f. *Biol.* Syn. de DUPLICATION.

REPLIEMENT n. m. Action de replier, de se replier.

REPLIER v. t. Plier une chose qui avait été dépliée. ◆ **se replier** v. pr. Se plier, se courber une ou plusieurs fois : *se replier en tous sens.* ‖ Faire un mouvement en arrière et en bon ordre. ● *Se replier sur soi-même,* s'isoler du monde extérieur, intérioriser ses émotions.

RÉPLIQUE n. f. Réponse vive à ce qui a été dit ou écrit; objection. ‖ Personne, action, œuvre qui semble l'image d'une autre. ‖ Partie d'un dialogue théâtral dite par un acteur. ‖ Répétition plus ou moins fidèle d'une œuvre d'art, exécutée par l'auteur lui-même ou sous sa surveillance. ‖ Secousse secondaire faisant suite à la secousse principale d'un séisme. ● *Donner la réplique à un acteur,* prendre part au dialogue où cet acteur a le rôle principal.

RÉPLIQUER v. t. et i. (lat. *replicare*). Répondre avec vivacité, en s'opposant.

REPLISSER v. t. Plisser de nouveau.

REPLOIEMENT n. m. *Litt.* Syn. de REPLIEMENT.

REPLONGER v. t. et i. (conj. **1**). Plonger de nouveau. ◆ **se replonger** v. pr. S'enfoncer profondément de nouveau dans une occupation : *se replonger dans le journal.*

REPOLIR v. t. Polir de nouveau.

REPOLISSAGE n. m. Action de repolir.

RÉPONDANT, E n. Personne qui répond la messe (vieilli). ‖ Caution, garant : *être le répondant de qqn.* ◆ n. m. *Avoir du répondant* (Fam.), avoir des capitaux servant de garantie.

RÉPONDEUR, EUSE adj. Qui répond, qui réplique aux remontrances.

RÉPONDEUR n. m. Dispositif qui permet d'enregistrer un message téléphoné ou de donner automatiquement des renseignements à un correspondant utilisant le téléphone.

RÉPONDRE v. t. et i. (lat. *respondere*) [conj. **46**]. Faire une réponse à ce qui est dit, écrit ou demandé : *répondre une impertinence; je vous réponds que cela est ainsi.* ● *Répondre la messe,* répondre, pendant la messe, aux paroles prononcées par le célébrant. ◆ v. t. ind. [à]. Envoyer une lettre en retour d'une autre. ‖ Apporter des raisons contre : *répondre à une objection.* ‖ Être en proportion de, être en accord

avec, correspondre : *le succès ne répond pas à l'effort; cet achat répond à ses besoins.* ‖ Payer de retour : *répondre à l'affection de qqn.* ‖ Produire l'effet attendu : *les freins ne répondent plus.* ◆ v. t. ind. [**de**]. Être garant, responsable : *je ne réponds de rien.*

RÉPONS [repɔ̃] n. m. (lat. *responsum*). Chant alterné dans l'office liturgique romain.

RÉPONSE n. f. (lat. *responsum*). Parole ou écrit adressés pour répondre : *réponse affirmative.* ‖ Solution, explication apportée à une question. ‖ *Psychol.* Syn. de RÉACTION. ● *Avoir réponse à tout,* n'être embarrassé par rien. ‖ *Droit de réponse,* droit, pour une personne mise en cause par un article de journal ou de revue, de faire paraître dans la publication une lettre de réponse aux assertions de cet article. ‖ *Réponse d'un appareil ou d'un composant,* réaction d'un appareil ou d'un composant sous l'effet d'une sollicitation donnée.

REPOPULATION n. f. Augmentation de la population après un dépeuplement.

REPORT n. m. (de *reporter*). Action de reporter un total d'une colonne ou d'une page sur une autre; la somme ainsi reportée. ‖ Action de remettre à un autre moment : *le report d'une question à une autre séance.* ‖ *Fin.* Opération de Bourse traitée à la liquidation d'un marché à terme en vue de proroger la spéculation jusqu'à la liquidation suivante; bénéfice réalisé par le détenteur de capitaux qui prête au spéculateur les fonds nécessaires pour cette prorogation. ‖ *Impr.* Transport par décalque, sur pierre ou sur métal, d'un dessin, d'une gravure, d'un texte composé. ‖ *Turf.* Gain dans une première course de chevaux, que l'on engage dans une autre course. ● *Report d'incorporation* (Mil.), délai accordé par la loi depuis 1970 à certains jeunes gens désirant retarder la date de leur incorporation. (Il a remplacé le *sursis.*) ‖ *Report à nouveau,* reliquat du bénéfice d'une société, qui ne fait pas l'objet d'une affectation particulière. ‖ *Report photographique* (Art contemp.), transfert d'une image photographique sur une toile, une estampe.

REPORTAGE n. m. Fonctions, service de reporter dans un journal. ‖ Article de journal écrit d'après l'enquête d'un reporter. ‖ Enquête radiodiffusée, filmée ou télévisée.

REPORTER [rəpɔrtɛr] n. m. (mot angl.). Journaliste qui recueille des informations qui sont diffusées par la presse, la radio, la télévision.

REPORTER v. t. Porter une chose au lieu où elle était auparavant : *reporter un livre dans la bibliothèque.* ‖ Appliquer une chose à une autre destination : *reporter les voix sur un autre candidat.* ‖ Placer à un autre endroit, réinscrire ailleurs : *reporter une somme à une autre page.* ‖ Remettre à un autre moment : *reporter une fête.* ‖ *Fin.* Faire un report en Bourse. ◆ **se reporter** v. pr. [à]. Se transporter en pensée : *reporter aux jours de son enfance.* ‖ Se référer à : *se reporter à tel ou tel document.*

REPORTER-CAMERAMAN n. m. (pl. *reporters-cameramen*). Journaliste chargé de recueillir, avec une caméra, des éléments d'information visuels. (L'Administration préconise REPORTEUR D'IMAGES.)

REPORTEUR n. m. Ouvrier professionnel qui prépare par décalque ou par copie les plaques offset. ● *Reporteur d'images,* v. REPORTER-CAMERAMAN.

REPOS n. m. Cessation de travail, d'exercice afin de se reposer : *cure de repos.* ‖ Pause dans la lecture ou la déclamation. ‖ *Litt.* Sommeil : *perdre le repos.* ‖ *Litt.* Tranquillité, quiétude : *avoir la conscience en repos.* ‖ *Constr.* Plateforme ou large marche qui rompt la pente d'un escalier et sépare les volées entre deux paliers. ‖ *Phys.* Absence de mouvement. ● *De tout repos,* se dit de qqch de sûr, qui ne donne aucun souci. ‖ *Repos!,* commandement militaire indiquant l'abandon de la position du garde-à-vous. ‖ *Repos hebdomadaire,* cessation d'activité, de travail une journée par semaine (en principe le dimanche), que l'employeur doit accorder à ses salariés.

REPOSANT, E adj. Qui repose, apaisant.

REPOSE n. f. Action de remettre en place ce qui avait été enlevé ou déposé.

REPOSÉ, E adj. Qui ne présente plus trace de fatigue : *air, teint reposé.* ● *À tête reposée,* mûrement et avec réflexion.

REPOSÉE n. f. *Véner.* Lieu où une bête se repose pendant le jour.

REPOSE-PIED n. m. inv. Appui fixé au cadre d'une moto, où on peut poser ses pieds. ‖ Appui fixé à un fauteuil pour poser ses pieds.

REPOSER v. t. (lat. *pausare*, s'arrêter). Poser de nouveau, remettre en place : *reposer une serrure.* ‖ Mettre dans un état d'inaction, délasser : *reposer ses membres fatigués; cela repose l'esprit.* ◆ v. i. *Litt.* Être enterré : *ici repose...* ‖ Être posé sur, établi, fondé : *la maison repose sur le roc; ce raisonnement ne repose sur rien de certain.* ● *Laisser reposer une pâte,* laisser une pâte après l'avoir travaillée, avant de la faire cuire. ‖ *Laisser reposer une terre,* la laisser en jachère. ‖ *Laisser reposer du vin,* lui donner le temps de s'éclaircir, de déposer. ◆ **se reposer** v. pr. Cesser de travailler pour faire disparaître la fatigue. ● *Se reposer sur ses lauriers,* demeurer inactif après un succès. ‖ *Se reposer sur qqn,* s'en remettre à lui, avoir confiance en lui.

REPOSE-TÊTE n. m. inv. Syn. de APPUI-TÊTE.

REPOSOIR n. m. *Relig. cath.* Autel préparé lors d'une procession, pour y déposer le saint sacrement.

REPOURVOIR v. t. (conj. **37**). En Suisse, confier un poste, une charge à qqn.

REPOUSSAGE n. m. Formage à froid de pièce métallique à paroi mince.

REPOUSSANT, E adj. Qui inspire du dégoût, de l'aversion.

REPOUSSE n. f. Action de repousser (cheveux, plantes).

REPOUSSÉ adj. et n. m. Se dit d'un travail exécuté au marteau ou au ciselet sur une lame mince de métal ou sur du cuir, afin de leur donner un relief.

REPOUSSER v. t. Renvoyer : *repousser la balle.* ‖ Faire reculer, pousser en arrière, écarter, résister à : *repousser l'ennemi, une tentation.* ‖ Ne pas agréer, ne pas accepter : *repousser une demande.* ‖ Réaliser une forme par une opération de repoussage. ◆ v. i. Pousser de nouveau : *sa barbe repousse.*

REPOUSSOIR n. m. Cheville pour chasser un clou ou une autre cheville enfoncée dans un trou. ‖ Partie d'un tableau plus vigoureuse de ton, servant à accuser l'éloignement en profondeur d'autres parties. ‖ *Fam.* Chose, personne qui en fait valoir une autre par contraste. ‖ *Fam.* Personne très laide.

RÉPRÉHENSIBLE adj. Digne de blâme.

REPRENDRE v. t. (lat. *reprehendere*) [conj. **50**]. Prendre de nouveau : *reprendre du pain, du personnel, des forces.* ‖ Rentrer en possession de ce qui avait été perdu ou donné : *reprendre une ville; reprendre un cadeau.* ‖ Racheter un objet usagé. ‖ Chercher : *je viendrai vous reprendre.* ‖ Continuer une chose interrompue : *reprendre un travail.* ‖ Redire, répéter : *reprendre les mêmes arguments.* ‖ Prendre la parole après un silence. ‖ Apporter des modifications, des transformations à qqch : *reprendre le projet d'un article.* ‖ Réprimander, blâmer : *reprendre un enfant.* ‖ Attaquer de nouveau : *sa goutte l'a repris.* ● *On ne m'y reprendra plus,* je ne commettrai plus cette maladresse, cette erreur. ‖ *Reprendre une pièce,* la jouer de nouveau. ‖ *Reprendre un vêtement,* y faire des retouches. ◆ v. i. Prendre de nouveau racine : *cet arbre reprend bien.* ‖ Revenir, recommencer : *le froid reprend.* ● *Les affaires reprennent,* commerce et industrie deviennent plus actifs. ◆ **se reprendre** v. pr. Se rétracter, corriger ce qu'on vient de dire. ‖ Recommencer, se remettre à : *tout le monde se reprend à espérer.* ‖ Retrouver son sang-froid.

REPRÉSAILLES n. f. pl. (de *reprendre*). Violences que l'on fait subir à un ennemi pour s'indemniser d'un dommage qu'il a causé, ou pour se venger.

REPRÉSENTABLE adj. Qui peut être représenté.

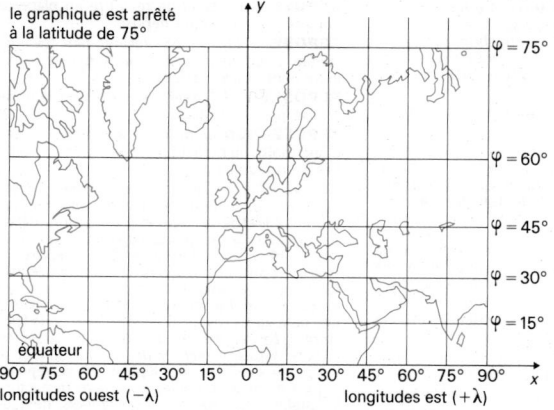

le graphique est arrêté
à la latitude de 75°

système de représentation de Mercator appliqué
à une partie de l'hémisphère Nord (la conformité du système
entraîne l'écartement progressif des parallèles [latitude croissante])

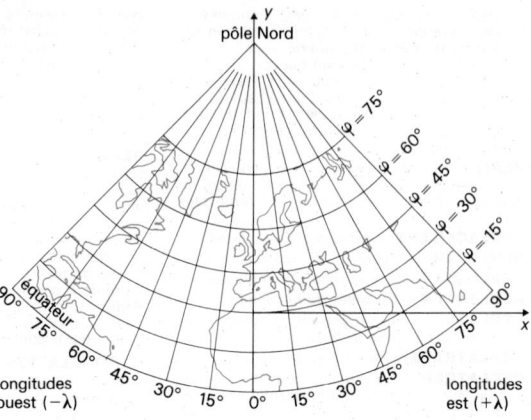

système de représentation conique conforme de Lambert,
appliqué à une partie de l'hémisphère Nord

REPRÉSENTANT, E n. Personne qui représente une autre personne ou un groupe. ‖ Commis voyageur, courtier : *représentant de commerce.* ● *Chambre des représentants,* première Chambre en Belgique et aux États-Unis. ‖ *Représentants du personnel,* membres des comités d'entreprise et délégués du personnel. ‖ *Représentant du peuple,* député. ‖ *Représentant syndical,* représentant du syndicat au comité d'entreprise.

REPRÉSENTATIF, IVE adj. Qui représente convenablement un ensemble : *syndicat représentatif.* ‖ Considéré comme le modèle, le type d'une catégorie : *échantillon représentatif.* ‖ Se dit d'un organisme auquel est reconnu le droit de représenter une nation, une communauté. ● *Gouvernement représentatif,* forme de gouvernement suivant laquelle la nation délègue à un Parlement l'exercice du pouvoir législatif.

REPRÉSENTATION n. f. Action de représenter, de présenter de nouveau : *la présentation d'un passeport.* ‖ Le fait de jouer une pièce de théâtre. ‖ Image graphique, picturale, etc., de qqch. ‖ Image mentale d'un objet donné. ‖ *Litt.* (au pl.) Remontrances faites avec mesure. ‖ Corps des représentants d'une nation : *la représentation nationale.* ‖ Action de traiter des affaires pour le compte d'une maison de commerce. ‖ *Dr.* Procédé juridique par lequel une personne, le représentant, agit au nom et pour le compte d'une autre, le représenté ; action de recueillir une succession à la place d'un ascendant prédécédé, E. ‖ *En représentation* (Chorégr.), v. INVITÉ, E. ‖ *Système de représentation,* correspondance ponctuelle, biunivoque, entre les points de l'ellipsoïde terrestre, définis par leur longitude λ et leur latitude φ, et les points du plan, définis par leurs coordonnées cartésiennes x, y : x = f(λ, φ), y = g(λ, φ).

REPRÉSENTATIVITÉ n. f. Caractère représentatif : *la représentativité d'un échantillon.*

REPRÉSENTER v. t. (lat. *repraesentare,* reproduire). Faire apparaître d'une manière concrète l'image d'une chose abstraite : *ceci représente un progrès.* ‖ Figurer par la peinture, la gravure, le récit, etc. ‖ Jouer en public une pièce de théâtre. ‖ Tenir la place de qqn : *les ambassadeurs représentent les chefs d'État.* ‖ Faire des affaires pour le compte d'une maison de commerce. ‖ *Litt.* Faire observer : *représenter les inconvénients d'une action.* ◆ v. i. *Litt.* En imposer : *cet homme représente bien.* ◆ **se représenter** v. pr. Se figurer, imaginer : *représente-toi son étonnement.* ‖ Se présenter de nouveau : *se représenter à un examen.*

RÉPRESSEUR n. m. Molécule hypothétique qui, dans les cellules vivantes, empêche la production d'une enzyme lorsque celle-ci n'est pas utile. (L'inducteur ou dérépresseur neutralise le répresseur lorsque l'enzyme doit être produite en grande quantité.)

RÉPRESSIF, IVE adj. Qui réprime ; qui a pour but de réprimer.

RÉPRESSION n. f. (lat. *repressum*). Action de réprimer : *la répression des délits.* ‖ Le fait d'arrêter par la violence un mouvement collectif. ‖ *Psychan.* Mécanisme de défense conscient qui tend à exclure du champ de la conscience des contenus pénibles.

RÉPRIMANDE n. f. (lat. *reprimenda culpa,* faute qui doit être réprimée). Reproche que l'on adresse à qqn pour une faute. ‖ *Mil.* Sanction disciplinaire infligée aux officiers et sous-officiers.

RÉPRIMANDER v. t. Faire une réprimande à : *réprimander un enfant.*

RÉPRIMER v. t. (lat. *reprimere*). Arrêter l'effet, le progrès de qqch : *réprimer un mouvement de colère.* ‖ Exercer sur les auteurs d'un désordre des peines graves afin d'éviter que celui-ci ne se développe.

REPRINT [ʀəpʀint] n. m. (mot angl.). *Arts graph.* Réimpression sous forme de fac-similé d'un ouvrage épuisé.

REPRIS n. m. *Repris de justice,* celui qui a subi une précédente condamnation.

REPRISAGE n. m. Action de repriser.

REPRISE n. f. (part. pass. de *reprendre*). Action de reprendre : *la reprise d'un drame, d'une affaire.* ‖ Continuation d'une chose interrompue : *travail fait en plusieurs reprises.* ‖ Nouvel essor : *la reprise économique.* ‖ Réparation faite à une étoffe déchirée. ‖ Le fait de jouer de nouveau une pièce, un film. ‖ Action de déduire du prix de vente d'un objet la valeur actuelle d'un objet analogue mais usagé, et cédé par l'acheteur au vendeur ; mobilier et installations rachetés par un locataire à celui qui le précède dans un logement ; somme d'argent correspondante. ‖ *Constr.* Réfection des parties d'une construction. ‖ *Équit.* Groupe de cavaliers s'exerçant dans un manège sous la conduite d'un moniteur ; ensemble de figures exécutées par un ou plusieurs cavaliers, selon un ordre et un tracé déterminés. ‖ *Mus.* Répétition d'une partie d'un morceau, indiquée par des *barres de reprise* ; toute partie d'un air, d'une chanson, qui doit être exécutée, chantée deux fois, bien qu'elle ne soit écrite qu'une fois. ‖ *Sports.* Chacune des parties d'un assaut d'escrime, d'un combat de boxe. ‖ *Techn.* Dans un moteur, passage rapide d'un bas régime à un régime supérieur. ● *Pompe de reprise,* petit piston situé dans le carburateur, qui enrichit en essence le mélange air-essence pour une accélération rapide. ● *Taux de reprise,* pourcentage fixe d'humidité, admis dans les transactions commerciales, à ajouter à la masse déshydratée d'un textile. ‖ pl. *Dr.* Ce que chacun des époux a le droit de prélever avant partage sur la masse des biens de la communauté, lorsqu'elle est dis-

soute. ● *À plusieurs reprises,* plusieurs fois successivement.

REPRISER v. t. Faire des reprises dans une étoffe, raccommoder.

RÉPROBATEUR, TRICE adj. Qui exprime la réprobation.

RÉPROBATION n. f. (bas lat. *reprobatio*). Blâme très sévère : *encourir la réprobation générale.* ‖ *Théol.* Jugement par lequel Dieu exclut un pécheur du bonheur éternel.

REPROCHE n. m. Blâme que l'on adresse à une personne pour lui exprimer son mécontentement ou pour lui faire honte. ● *Sans reproche,* à qui l'on ne peut rien reprocher.

REPROCHER v. t. (lat. pop. *repropiare,* mettre sous les yeux). Adresser un blâme à qqn ; lui faire grief de qqch : *reprocher son ingratitude à qqn.* ◆ **se reprocher** v. pr. Se blâmer de qqch, se considérer comme responsable : *n'avoir rien à se reprocher.*

REPRODUCTEUR, TRICE adj. et n. Qui sert à la reproduction.

REPRODUCTEUR n. m. *Techn.* Gabarit en forme de la pièce à obtenir, utilisé sur les machines-outils à reproduire.

REPRODUCTIBILITÉ n. f. Caractère de ce qui est reproductible.

REPRODUCTIBLE adj. Susceptible de reproduction.

REPRODUCTIF, IVE adj. Relatif à la reproduction.

REPRODUCTION n. f. Fonction par laquelle les êtres vivants perpétuent leur espèce. ‖ Acte de reproduire un texte, une illustration, des sons ; imitation fidèle. ‖ Image obtenue à partir d'un original. ‖ *Arts graph.* Fixation matérielle d'une œuvre littéraire ou artistique par tous procédés permettant sa communication au public d'une manière indirecte. ‖ *Philos.* Ensemble des conditions institutionnelles, économiques, sociales qui entraînent le renouvellement d'un processus. ● *Droit de reproduction,* droit que possède l'auteur ou le propriétaire d'une œuvre littéraire ou artistique d'en autoriser la diffusion et d'en tirer un bénéfice. ■ On distingue la *reproduction sexuée,* où interviennent des cellules haploïdes des deux sexes, les gamètes, dont l'union est la *fécondation,* et la *reproduction asexuée,* ou multiplication végétative, sans intervention de gamètes (bourgeonnement et scissiparité des animaux ; marcottage, bouturage et greffage des végétaux).

REPRODUCTRICE n. f. Machine mécanographique effectuant la reproduction automatique d'un paquet de cartes perforées ou d'un ruban perforé.

REPRODUIRE v. t. (conj. **64**). Donner l'image exacte, l'équivalent : *reproduire les sons avec* fidélité. ‖ Imiter : *reproduire un tableau, un article.* ● *Machine à reproduire,* machine-outil permettant d'exécuter une pièce similaire à un modèle donné avec un coefficient d'amplification ou de réduction différent de l'unité. ◆ **se reproduire** v. pr. Se produire de nouveau : *les mêmes abus se sont reproduits.* ‖ Donner naissance à des êtres de son espèce.

REPROGRAPHIE n. f. Ensemble des techniques permettant de reproduire un document.

REPROGRAPHIER v. t. Reproduire par reprographie.

RÉPROUVÉ, E adj. et n. Damné : *les justes et les réprouvés.* ‖ Qui est rejeté par la société.

RÉPROUVER v. t. (bas lat. *reprobare*). Rejeter ce qui révolte, blâmer, critiquer fortement. ‖ *Théol.* Condamner aux peines éternelles.

REPS [rɛps] n. m. (mot angl.). Étoffe d'ameublement à côtes perpendiculaires aux lisières.

REPTATION n. f. (lat. *reptatio;* de *repere,* ramper). Action de ramper.

REPTILE n. m. (bas lat. *reptilis;* de *repere,* ramper). Vertébré aérien, à température variable, respirant à la naissance par des poumons, rampant avec ou sans pattes, comme le *serpent,* le *lézard,* la *tortue,* etc. (Les *reptiles* forment une classe, qui était beaucoup plus nombreuse et diverse à l'ère secondaire que de nos jours.) ■ Les reptiles sont des animaux à sang froid, généralement ovipares, organisés pour la vie terrestre, bien que beaucoup d'entre eux, notamment les crocodiliens, puissent séjourner plus ou moins longtemps sous l'eau. Leur peau est renforcée par des plaques dermiques parfois très résistantes (carapace des tortues, des grands sauriens), imbriquées ou juxtaposées. Chez les serpents, ce revêtement solide et souple se renouvelle à chaque *mue.* Il peut exister une paire ou deux de membres, permettant parfois une grande vivacité de mouvements (sauriens). Mais, souvent aussi, ces membres sont atrophiés, et à peine apparents. Ils manquent, en règle générale, chez les serpents, qui avancent par *reptation,* au moyen des mouvements de leurs côtes. Sauf de rares exceptions, les reptiles sont carnivores. Certains peuvent, grâce à une faculté exceptionnelle de distension de leur mâchoire et de leur œsophage, avaler leur proie sans la diviser. Chez les grandes espèces, la digestion se fait alors lentement et dans une sorte de sommeil léthargique de l'animal. Enfin, un certain nombre de reptiles sont venimeux, et leur morsure peut être mortelle pour l'homme (vipère, naja, céraste, etc.). Très résistants aux causes de destruction, pouvant subir sans succomber des mutilations terribles, les reptiles sont répandus sur tout le globe, leurs espèces croissant en variété et en taille à mesure qu'on s'avance vers l'équateur (gavials, pythons), sans approcher cependant des formes colossales des reptiles fossiles, dont certains ont mesuré jusqu'à 30 m de longueur. La classe des reptiles est divisée en quatre grands groupes : *lacertiliens* (lézards), *ophidiens* (serpents), *chéloniens* (tortues) et *crocodiliens.*

REPTILIEN, ENNE adj. Relatif aux reptiles.

REPU, E adj. (de *repaître*). Qui a satisfait sa faim; rassasié.

RÉPUBLICAIN, E adj. Qui appartient à une république ou à la république. ◆ adj. et n. Qui est partisan de la république. ● *Parti républicain,* un des deux grands partis aux États-Unis, qui, officiellement créé à Pittsburgh puis à Philadelphie en 1856, sous le signe de l'abolitionnisme, fut au pouvoir de 1861 à 1913, de 1921 à 1933, de 1953 à 1960 (Eisenhower), de 1968 à 1974 (R. Nixon); parti politique français (P. R.) issu, en 1977, de la Fédération nationale des républicains indépendants. ‖ *Républicains indépendants (R. I.),* parti politique français créé en 1962, qui, en 1966, se constitua en Fédération nationale des républicains indépendants.

RÉPUBLICAIN n. m. Oiseau passereau africain qui bâtit des nids collectifs.

RÉPUBLICANISME n. m. Sentiments républicains.

RÉPUBLIQUE n. f. (lat. *res publica,* chose publique). Forme de gouvernement dans laquelle le peuple exerce la souveraineté directement ou par l'intermédiaire de délégués élus.

RÉPUDIATION n. f. Action de répudier.

RÉPUDIER v. t. (lat. *repudiare*). Dans les législations antiques et dans le droit musulman, renvoyer sa femme en vertu de dispositions légales par décision unilatérale du mari. ‖ Renoncer à qqch, le rejeter.

RÉPUGNANCE n. f. Aversion pour qqn, qqch, antipathie, répulsion.

RÉPUGNANT, E adj. Qui inspire de la répugnance.

RÉPUGNER v. t. ind. [à] (lat. *repugnare,* s'opposer). Avoir de la répugnance; rechigner, renâcler : *répugner à faire une chose.* ‖ Inspirer de la répugnance, dégoûter, écœurer : *cet homme me répugne.*

RÉPULSIF, IVE adj. (lat. *repulsus,* repoussé). Qui repousse.

RÉPULSION n. f. (bas lat. *repulsio,* action de repousser). Vive répugnance, aversion, dégoût : *éprouver de la répulsion pour qqn.* ‖ *Phys.* Résultat des forces qui tendent à éloigner deux corps l'un de l'autre.

RÉPUTATION n. f. Opinion publique favorable ou défavorable, estime, renommée, célébrité : *avoir une bonne réputation.* ‖ Fait d'être considéré comme : *il a la réputation d'un gourmand.* ● *De réputation,* pour en avoir entendu parler.

RÉPUTÉ, E adj. Qui jouit d'une grande réputation; connu, renommé : *médecin réputé.* ● *Être réputé pour,* être considéré comme.

REQUÉRABLE adj. *Dr.* Que le créancier doit aller chercher.

REQUÉRANT, E adj. et n. *Dr.* Qui requiert, qui demande en justice.

REQUÉRIR v. t. (lat. *requirere;* de *re* et *quaerere,* chercher) [conj. 13]. En parlant des choses, demander, exiger comme nécessaire : *travaux qui requièrent une grande application.* ‖ Demander en justice : *requérir l'application d'une peine.* ‖ Sommer en vertu d'un droit légal : *requérir qqn de faire qqch.* ‖ Délivrer à une autorité militaire une réquisition de la force armée.

REQUÊTE n. f. (de *requeste,* part. pass. de *requérir*). Demande instante, écrite ou verbale, supplique : *présenter une requête.* ‖ *Dr.* Demande effectuée auprès d'une juridiction ou d'un juge, dans le but d'introduire l'instance ou d'obtenir une décision provisoire. ● *Maître des requêtes,* magistrat qui fait office de rapporteur au Conseil d'État.

REQUÉTÉ [rekete] n. m. Nom donné en Espagne aux volontaires carlistes.

REQUIEM [rekyjɛm] n. m. (mot lat., *repos*). Prière de l'Église catholique pour les morts; musique composée sur ce texte.

REQUIN n. m. Nom donné aux poissons sélaciens à corps allongé et à nageoires pectorales modérément développées qu'on appelle aussi *squales.* (Les requins sont tous marins, et certains méritent leur réputation de férocité [*requin bleu, requin blanc, lamie*], mais les plus grandes espèces [*pèlerin :* 15 m de long, 8 tonnes] sont en général inoffensives et se nourrissent de plancton.) ‖ Personne cupide, impitoyable en affaires.

REQUINQUER [rakɛ̃ke] v. t. (mot picard). *Fam.* Redonner des forces, de l'entrain. ◆ **se requinquer** v. pr. *Fam.* Se rétablir après une maladie.

REQUIS, E adj. (de *requérir*). Exigé, nécessaire : *les conditions requises pour obtenir un avancement.*

REQUIS n. m. Civil désigné par les pouvoirs publics pour exercer un emploi déterminé, qu'il ne peut refuser.

RÉQUISIT n. m. Hypothèse, présupposé : *les réquisits d'une logique modale.*

RÉQUISITION n. f. *Dr.* Demande incidente faite à l'audience, pour requérir la représentation d'une pièce ou d'une personne : *prendre des réquisitions.* ● *Réquisition civile,* opération par laquelle les pouvoirs publics exigent d'une personne ou d'une collectivité soit une prestation de service, soit la remise d'un bien (voiture, usine, local d'habitation, etc.). ‖ *Réquisition de la force armée,* acte par lequel certaines autorités civiles confient à une autorité militaire une mission de maintien de l'ordre ou de police judiciaire. ◆ pl. *Dr.* Syn. de RÉQUISITOIRE.

RÉQUISITIONNER v. t. Se procurer par des réquisitions, utiliser les services de qqn par réquisition : *réquisitionner des logements, des employés en grève.*

RÉQUISITOIRE n. m. (lat. *requisitus,* recherché). Reproches violents. ‖ *Dr.* Développement par lequel le ministère public demande à un juge d'instruction d'informer ou à une juridiction d'appliquer la loi à un inculpé.

RÉQUISITORIAL, E, AUX adj. *Dr.* Qui tient du réquisitoire.

RESALER v. t. Saler de nouveau.

RESCAPÉ, E adj. et n. (picard *rescaper,* réchapper). Sorti sain et sauf d'un accident ou d'une catastrophe.

RESCINDABLE adj. *Dr.* Qui peut être rescindé.

RESCINDANT, E ou **RESCISOIRE** adj. *Dr.* Qui donne lieu à la rescision.

RESCINDER v. t. (lat. *rescindere*). *Dr.* Casser, annuler (une convention, un jugement, etc.).

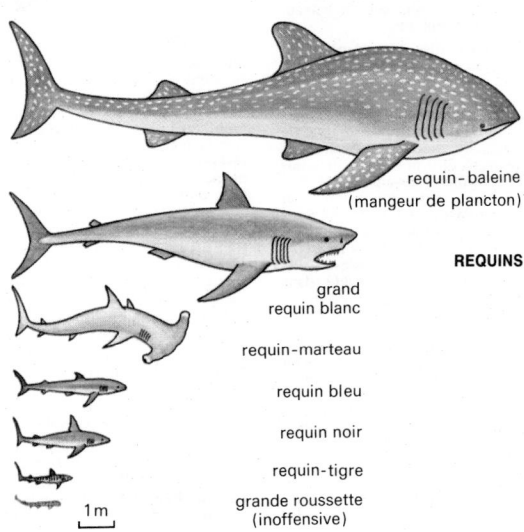

requin-baleine
(mangeur de plancton)

REQUINS

grand
requin blanc

requin-marteau

requin bleu

requin noir

requin-tigre

grande roussette
(inoffensive)

1 m

RESCISION n. f. (bas lat. *rescissio*). Dr. Annulation d'un acte pour cause de vice radical.

RESCISOIRE n. m. Dr. Action intentée sur le fond, après que l'acte ou le jugement a été annulé.

RESCOUSSE n. f. (anc. fr. *escorre*, secouer). *À la rescousse*, au secours.

RESCRIT n. m. (lat. *rescriptum*). À Rome, réponse écrite de l'empereur à un particulier ou à un magistrat et dans sa portée limitée à la personne à laquelle elle était adressée. ‖ Ordonnance du chef de l'État dans certains pays. ‖ *Dr. canon.* Acte de la chancellerie pontificale (pape, congrégations) en réponse à une supplique.

RÉSEAU n. m. (dimin. de *rets*). Répartition des éléments d'un ensemble en différents points; ces points ainsi répartis. ‖ Ensemble de lignes entrecroisées. ‖ Fond de dentelle à mailles géométriques. ‖ Entrelacement des vaisseaux sanguins. ‖ Ensemble de voies ferrées, de lignes téléphoniques, de lignes électriques, de canalisations d'eau ou de gaz, de liaisons hertziennes, etc., desservant une même unité géographique. ‖ Ensemble des personnes qui sont en liaison en vue d'une action clandestine. ‖ *Bx-arts.* Dessin que forment des lignes entrecroisées, entrelacées (par ex. les nervures d'un remplage, les plombs d'un vitrail, etc.). ‖ *Inform.* Système d'ordinateurs géographiquement éloignés les uns des autres, interconnectés par des télécommunications, généralement permanentes. ‖ *Phys.* Ensemble de traits fins, parallèles et très rapprochés, qui diffractent la lumière. ‖ *Zool.* Bonnet, deuxième poche de l'estomac des ruminants. ● *Réseau cristallin*, disposition régulière des atomes au sein d'un cristal. ‖ *Réseau hydrographique*, ensemble des fleuves et de leurs affluents drainant une région. ‖ *Réseau urbain*, ensemble, généralement hiérarchisé, de villes d'importance variable unies par des liens économiques.

RÉSECTION [reseksjɔ̃] n. f. (lat. *resecare*, retrancher). *Chir.* Action de couper, de retrancher une portion d'organe, en rétablissant la continuité de sa fonction.

RÉSÉDA [rezeda] n. m. (mot lat., de *resedare*, calmer). Plante type de la famille des résédacées, dicotylédone dialypétale, dont on cultive une espèce originaire d'Afrique, pour ses fleurs odorantes. (La *gaude* est un réséda indigène dont on extrait une teinture jaune.)

RÉSÉQUER v. t. (lat. *resecare*) [conj. 5]. *Chir.* Faire une résection.

RÉSERPINE n. f. Alcaloïde du rauwolfia, utilisé pour ses propriétés hypotensives.

RÉSERVATAIRE n. et adj. *Dr.* Héritier qui ne peut être légalement écarté d'une succession.

RÉSERVATION n. f. Action de retenir une place dans un avion, un train, sur un bateau, une chambre dans un hôtel, etc.

RÉSERVE n. f. Chose mise de côté pour des occasions prévues ou imprévisibles : *faire des réserves de sucre.* ‖ Local où l'on entrepose les marchandises. ‖ Attitude de qqn qui agit avec prudence, évite tout excès, dignité, discrétion. ‖ Dans les collections publiques, ensemble de tableaux, de livres, de pièces, de documents divers qui ne peuvent être ni exposés ni communiqués sans contrôle. ‖ *Bx-arts.* Dans une aquarelle, une gravure, partie non peinte, non attaquée. ‖ *Chass.* et *Pêch.* Canton réservé pour le repeuplement. ‖ *Dr.* Fraction de la succession dont une personne ne peut disposer au détriment de certains héritiers. ‖ *Fin.* Prélèvements effectués sur les bénéfices d'une société, dans un but de prévoyance, et non incorporés au capital social. ‖ *Mil.* Période faisant suite au service actif et à la disponibilité; ensemble des citoyens soumis à ces obligations; formation maintenue à la disposition du commandement pour être employée en renfort. ‖ *Sylvic.* Portion de bois qu'on réserve dans une coupe, qu'on laisse croître en haute futaie. ‖ *Techn.* Toute surface soustraite momentanément, à l'aide d'un isolant ou autrement, à l'action d'un colorant, d'une encre, d'un acide, etc. ● *En réserve*, à part, de côté : *mettre en réserve.* ‖ *Obligation de réserve*, obligation à la discrétion qui s'impose aux agents de l'Administration, pour les faits dont ils peuvent avoir eu connaissance dans l'exercice de leurs fonctions, ainsi que pour les opinions qu'ils expriment. ‖ *Réserve indienne*, aux États-Unis et au Canada, territoire réservé aux Indiens et soumis à un régime spécial. ‖ *Réserve légale*, fonds que toute société de capitaux doit constituer jusqu'à concurrence d'un certain montant, au moyen de prélèvements sur les bénéfices. ‖ *Réserve naturelle*, territoire délimité et réglementé pour la sauvegarde de l'ensemble des espèces animales et végétales qui y ont élu domicile (*réserve naturelle intégrale*), ou de certaines d'entre elles (*réserve botanique, zoologique, ornithologique*, etc.). ‖ *Sans réserve*, sans exception, sans restriction. ‖ *Sous toute réserve*, en faisant la part d'une rectification possible; sans garantie. ◆ pl. Protestation que l'on fait contre le sens d'un acte que l'on accomplit. ‖ Quantité non encore exploitée : *réserves de pétrole.* ‖ *Dr.* Clauses restrictives. ‖ *Physiol.* Substances entreposées dans un organe en vue de leur utilisation ultérieure (comme l'amidon dans le tubercule de la pomme de terre, les lipides dans la moelle jaune des os). ● *Faire, émettre des réserves*, ne pas donner son approbation entière. ‖ *Réserves foncières*, ensemble de biens immobiliers, généralement non construits, acquis ou conservés par l'État ou les collectivités publiques en vue de leur assurer la maîtrise des sols dans les régions urbanisées. ‖ *Réserves obligatoires*, procédure obligeant les établissements de crédit à conserver à la banque centrale un montant de liquidités proportionnel à certains éléments de leur passif ou, parfois, de leur actif.

RÉSERVÉ, E adj. Discret, circonspect. ‖ Destiné exclusivement à une personne, à son usage : *places réservées, chasse réservée.* ‖ *Cas réservé*, péché que le pape ou l'évêque peuvent seuls absoudre. ‖ *Quartier réservé*, quartier d'une ville où se pratique la prostitution.

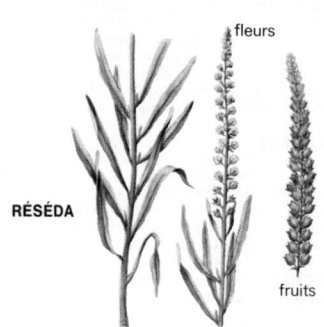

RÉSÉDA

fleurs

fruits

RÉSERVER v. t. (lat. *reservare*). Mettre à part qqch, garder : *réserver une chambre; réserver sa réponse.* ‖ Destiner : *à quoi réservez-vous cela?* ‖ *Bx-arts.* Laisser vierges certaines parties du fond d'une aquarelle; faire apparaître un motif sur une surface gravée par le principe de la taille d'épargne. (On dit aussi ÉPARGNER.) ◆ se réserver v. pr. Garder pour soi qqch. ‖ Attendre, ne pas s'engager immédiatement : *se réserver pour une autre occasion.* ● *Se réserver de* ou *de faire qqch*, attendre, pour faire cette chose, le moment qu'on jugera convenable.

RÉSERVISTE n. m. Celui qui appartient à la réserve des forces armées.

RÉSERVOIR n. m. Lieu aménagé pour y tenir certaines choses en réserve. ‖ Récipient destiné à recevoir un liquide ou un gaz. ‖ Endroit où l'on peut trouver des réserves : *réservoirs de main-d'œuvre.*

RÉSIDANAT n. m. Fonction qu'assurent à l'hôpital les étudiants en médecine pour parfaire leur formation pratique. (Le résidanat est obligatoire pour les futurs généralistes qui ne sont pas internes.)

RÉSIDANT, E adj. et n. Se dit de qqn qui réside dans un lieu.

RÉSIDENCE n. f. Demeure habituelle dans un lieu déterminé. ‖ Séjour effectif et obligatoire au lieu où l'on exerce une fonction. ‖ Groupe d'habitations d'un certain confort. ● *Résidence secondaire*, lieu d'habitation, s'ajoutant au logement habituel, dans lequel, en général, on séjourne pendant les vacances et les week-ends. ‖ *Résidence surveillée*, séjour imposé à un individu que les autorités veulent surveiller.

RÉSIDENT n. m. Personne qui réside dans un autre endroit que son pays d'origine. ● *Résident général*, haut fonctionnaire qui était placé par un pays protecteur auprès du souverain d'un pays sous protectorat.

RÉSIDENTIEL, ELLE adj. Réservé aux habitations privées d'un certain standing : *quartier résidentiel.*

RÉSIDER v. i. (lat. *residere*, demeurer). Demeurer, être établi en quelque endroit. ‖ Avoir sa base, son principe d'existence : *en cela réside la difficulté.*

RÉSIDU n. m. (lat. *residuus*). Ce qui reste. Reste des substances soumises à l'action de divers agents. ● *Méthode des résidus*, une des méthodes d'induction préconisées par J. Stuart Mill, et qui consiste à retrancher d'un phénomène la portion dont on connaît déjà les causes, afin de trouver par élimination les causes de la portion restante.

RÉSIDUAIRE adj. Qui forme un résidu.

RÉSIDUEL, ELLE adj. Qui provient d'un reste. ● *Relief résiduel* (Géogr.), dans une région de pénéplaine, relief qui a été préservé de l'érosion. ‖ *Roches résiduelles* (Géol.), roches exogènes formées par concentration sélective de certains éléments d'une roche préexistante, les autres étant lessivés.

RÉSIGNATION n. f. Soumission à la volonté de qqn, au destin. ‖ *Dr.* Action de résigner une fonction.

RÉSIGNÉ, E adj. et n. Qui supporte une chose pénible, désagréable, sans protester.

RÉSIGNER v. t. (lat. *resignare*, décacheter). *Dr.* Renoncer volontairement à une charge, une fonction; se démettre de : *résigner ses fonctions.* ◆ se résigner v. pr. Se soumettre sans protestation à qqch de pénible, de désagréable; accepter en dépit de ses répugnances.

RÉSILIABLE adj. Qui peut être résilié.

RÉSILIATION n. f. *Dr.* Annulation d'un contrat par l'accord des parties ou la volonté de l'une d'entre elles.

RÉSILIENCE n. f. *Phys.* Nombre caractérisant la résistance au choc d'un matériau.

RÉSILIER v. t. (lat. *resilire*, se retirer). Mettre fin à une convention, à un contrat, à un acte.

RÉSILLE n. f. (de *réseau*). Filet dont on enveloppe les cheveux.

RÉSINE n. f. (lat. *resina*). Substance visqueuse insoluble dans l'eau, soluble dans l'alcool, combustible, produite par certains végétaux (conifères, térébinthacées). [De la résine du pin des Landes, on obtient par distillation l'essence de térébenthine et la colophane. L'ambre jaune est une résine fossile.] ● *Résine artificielle, synthétique*, produit artificiel doué de propriétés analogues à celles de la résine naturelle.

RÉSINÉ adj. et n. m. *Vin résiné*, ou *résiné*, vin légèrement additionné de résine.

RÉSINER v. t. Extraire la résine de. ‖ Enduire de résine.

RÉSINEUX, EUSE adj. Qui tient de la résine; qui en produit. ◆ n. m. pl. En sylviculture, pins, sapins, épicéas, etc. (par oppos. aux FEUILLUS).

RÉSINGLE [resɛ̃gl] n. f. Outil avec lequel l'orfèvre redresse les formes bossuées.

RÉSINIER, ÈRE n. Professionnel effectuant des saignées dans les pins et récoltant la résine qui s'en écoule. ◆ adj. Qui a trait aux produits résineux.

RÉSINIFÈRE adj. Qui produit de la résine.

RÉSIPISCENCE [resipisãs] n. f. (lat. *resipiscere*, se repentir). *Relig.* Reconnaissance de sa faute, avec amendement.

RÉSISTANCE n. f. Action de résister; qualité de ce qui résiste. ‖ Qualité d'un corps qui réagit contre l'action d'un autre corps. ‖ Capacité à endurer la fatigue, les privations. ‖ *Électr.* Quotient d'une différence de potentiel appliquée aux extrémités d'un conducteur par l'intensité du courant qu'elle produit lorsque le conducteur n'est pas le siège d'une force électromotrice; conducteur dans lequel toute l'énergie du courant électrique est transformée en chaleur par effet Joule et ne comporte pas de force électromotrice. ‖ *Psychanal.* Acte ou parole du patient qui s'oppose à la prise de conscience de ce qui a été refoulé. ● *Plat de résistance,* plat principal d'un repas. ‖ *Résistance de l'air,* force que l'air oppose au déplacement d'un corps. ‖ *Résistance des matériaux,* science ayant pour but de déterminer les dimensions des éléments d'une construction afin de leur permettre de résister aux efforts qu'ils auront à supporter. ‖ *Résistance superficielle* (Électr.), résistance entre deux conducteurs placés sur une même surface isolante. ‖ *Solide d'égale résistance,* forme sous laquelle un corps soumis à une action extérieure supporte des efforts égaux dans toutes ses parties.

RÉSISTANT, E adj. Qui offre de la résistance : *l'acajou est un bois résistant; il est très résistant et n'est jamais fatigué.* ◆ adj. et n. Qui s'oppose à une occupation ennemie. ‖ Membre de la Résistance pendant la Seconde Guerre mondiale.

RÉSISTER v. t. ind. [à] (lat. *resistere,* se tenir ferme). Ne pas céder sous l'action d'un choc, d'une force : *le fer froid résiste au marteau; la population a résisté aux envahisseurs.* ‖ Lutter contre ce qui attire, ce qui est dangereux : *résister à un désir.* ‖ Tenir ferme, supporter sans faiblir : *résister à la fatigue.*

RÉSISTIVITÉ n. f. *Électr.* Caractéristique d'une substance conductrice, numériquement égale à la résistance d'un cylindre de cette substance de longueur et de section unités.

RÉSOLU, E adj. (part. pass. de *résoudre*). Ferme dans ses projets, hardi, déterminé : *il se montre très résolu à ne pas céder; une attitude résolue.*

RÉSOLUBLE adj. *Dr.* Qui peut être annulé : *un contrat résoluble.*

RÉSOLUMENT adv. De manière résolue, décidée; sans hésitation.

RÉSOLUTIF, IVE adj. et n. m. *Méd.* Se dit de médicaments qui déterminent la résolution des engorgements.

RÉSOLUTION n. f. (lat. *resolutio,* action de relâcher). Action de se résoudre, de se réduire : *résolution d'un nuage en pluie.* ‖ Moyen par lequel on tranche un cas douteux, une question : *résolution d'une difficulté, d'un problème.* ‖ Décision prise avec volonté de s'y tenir : *résolution inébranlable.* ‖ *Dr.* Dissolution d'un contrat pour inexécution des conditions ou des charges. ‖ *Méd.* État de relâchement des muscles. ‖ *Polit.* Motion adoptée par une assemblée délibérante, qui constitue soit un simple vœu, soit une disposition du règlement intérieur. ● *Limite de résolution,* plus petit intervalle entre deux éléments, tel que ceux-ci puissent être séparés par un instrument d'observation. ‖ *Résolution d'un accord* (Mus.), manière satisfaisante à l'oreille d'enchaîner une dissonance à une consonance. ‖ *Résolution d'une équation* (Math.), détermination des racines de cette équation. ‖ *Résolution d'un triangle* (Math.), calcul, à partir de trois éléments qui déterminent un triangle, des autres éléments de ce triangle.

RÉSOLUTOIRE adj. *Dr.* Qui a pour objet de résoudre un acte.

RÉSOLVANTE n. f. *Résolvante d'une équation* (Math.), seconde équation dont la résolution facilite celle de la première.

RÉSONANCE n. f. Propriété d'accroître la durée ou l'intensité du son : *la résonance d'une salle.* ‖ Effet, écho produit dans l'esprit, le cœur : *ce poème éveille des résonances profondes.* ‖ Mode de transmission des ondes sonores par un corps. ‖ *Chim.* Théorie selon laquelle certaines molécules organiques ne peuvent être représentées que par un ensemble de structures ne différant que par la localisation des électrons. ‖ *Phys.* Grande augmentation de l'amplitude d'une oscillation sous l'influence d'une

action périodique de fréquence voisine. ‖ État instable d'un système de particules élémentaires en interaction. ● *Résonance électrique,* phénomène de résonance qui se produit dans un circuit oscillant quand il est alimenté par une tension alternative de fréquence voisine de sa fréquence propre. ‖ *Résonance magnétique,* méthode d'analyse spectroscopique fondée sur les transitions induites entre les niveaux d'énergie magnétique d'un atome, d'un ion, d'une molécule. (Le moment nucléaire créé peut provenir soit des noyaux [R. M. N., *Résonance Magnétique Nucléaire*], soit des électrons [R. P. E., *Résonance Paramagnétique Électronique*].)

RÉSONATEUR n. m. *Phys.* Appareil qui vibre par résonance.

RÉSONNANT, E ou **RÉSONANT, E** adj. Susceptible d'entrer en résonance.

RÉSONNER v. i. (lat. *resonare*). Renvoyer le son en augmentant sa durée ou son intensité, retentir : *cette salle résonne trop.* ‖ Produire un son : *cette cloche résonne faiblement.*

RÉSORBER v. t. (lat. *resorbere,* absorber). Faire disparaître peu à peu : *résorber un déficit.* ‖ *Méd.* Opérer la résorption d'une tumeur, d'un abcès.

RÉSORCINE n. f. (mot angl.), ou **RÉSORCINOL** n. m. Diphénol dérivé du benzène.

RÉSORPTION n. f. Disparition progressive totale ou partielle.

RÉSOUDRE v. t. (lat. *resolvere,* délier) [conj. 54]. Décomposer un corps en ses éléments constituants. ‖ Prendre une décision : *il a résolu de changer de conduite.* ‖ Trouver la solution, décider d'une question : *résoudre un problème.* ‖ *Dr.* Annuler. ‖ *Méd.* Résorber, faire disparaître. ● *Résoudre une équation* (Math.), déterminer les valeurs qui, substituées à l'inconnue, transforment l'équation en identité. ◆ **se résoudre** v. pr. Se décider à : *se résoudre à partir.* ‖ Consister en, se ramener à; être réduit à : *tout ceci se résout à presque rien.*

RESPECT n. m. (lat. *respectus,* égard). Sentiment qui porte à traiter qqn ou qqch avec de grands égards, à ne pas porter atteinte à qqch : *respect filial; respect des lois.* ● *Respect humain,* crainte qu'on a du jugement des hommes. ‖ *Sauf votre respect,* que cela ne vous offense pas. ‖ *Tenir qqn en respect,* le contenir, lui en imposer; le menacer avec une arme. ◆ pl. *Litt.* Hommages, civilités : *présenter ses respects.*

RESPECTABILITÉ n. f. (angl. *respectability*). Qualité d'une personne respectable.

RESPECTABLE adj. Digne de respect. ‖ D'une importance dont on doit tenir compte; assez grand : *un nombre respectable de spectateurs.*

RESPECTER v. t. Avoir du respect, de la déférence pour qqn. ‖ Ne porter aucune atteinte à qqch : *respecter le bien d'autrui; respecter le silence, le travail des autres, le sommeil de qqn.* ◆ **se respecter** v. pr. Garder les bienséances qui conviennent à sa situation, à son âge.

RESPECTIF, IVE adj. (lat. *respectus,* égard). Qui concerne chaque personne, chaque chose, par rapport aux autres.

RESPECTIVEMENT adv. De façon respective.

RESPECTUEUSEMENT adv. Avec respect.

RESPECTUEUX, EUSE adj. Qui témoigne du respect; qui marque du respect : *présenter ses respectueuses salutations.*

RESPIRABLE adj. Qu'on peut respirer.

RESPIRATEUR n. m. Appareil pour faire la respiration artificielle.

RESPIRATION n. f. (lat. *respiratio*). Fonction par laquelle les cellules vivantes oxydent des substances organiques, et qui se manifeste par des échanges gazeux (absorption d'oxygène et rejet de gaz carbonique). ● *Respiration artificielle,* méthode de traitement de l'asphyxie et des paralysies respiratoires (électrocution, poliomyélite, etc.), qui consiste à provoquer manuellement ou avec des appareils (poumon d'acier, respirateur, etc.) les contractions de la cage thoracique, et à rétablir ainsi la circulation de l'air dans les poumons. (On lui associe le plus souvent l'oxygénothérapie.)

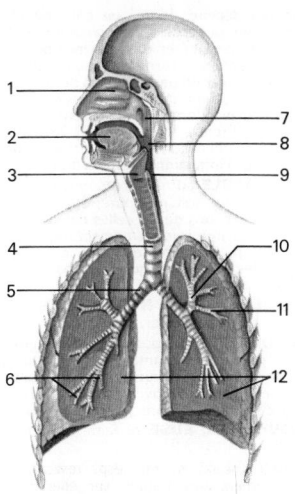

APPAREIL RESPIRATOIRE

1. Fosse nasale ; 2. Langue ; 3. Larynx ;
4. Trachée ; 5. Bronche souche droite ;
6. Bronches ventrales droites ; 7. Rhinopharynx ; 8. Pharynx buccal ; 9. Œsophage ;
10. Bronche supérieure gauche ;
11. Bronche dorsale ; 12. Poumons.

■ Suivant la manière dont les gaz sont échangés avec l'extérieur, on distingue quatre types de respiration chez les animaux : la *respiration cutanée* (lombric, grenouille), où les échanges se font par la peau; la *respiration pulmonaire* (oiseaux, mammifères), où les poumons assurent l'échange entre l'air et le sang; la *respiration branchiale* (poissons, crustacés), où les branchies assurent les échanges entre l'eau et le milieu intérieur; la *respiration trachéenne* (insectes), où l'air est conduit à l'état gazeux, par des trachées, jusqu'aux organes utilisateurs. Chez l'homme et les mammifères terrestres, la respiration revêt deux aspects : 1° mouvements d'inspiration et d'expiration de l'air dans les poumons, réalisés par les contractions du diaphragme et des muscles costaux, qui font varier le volume de la cage thoracique (le rythme étant réglé par le centre respiratoire situé dans le bulbe rachidien); 2° échanges réalisés au niveau des alvéoles pulmonaires, entre l'air et le sang; ce dernier arrive au poumon, rouge sombre et chargé de gaz carbonique, et repart vers le cœur, rouge vif, enrichi en oxygène.

RESPIRATOIRE adj. Relatif à la respiration; qui sert à respirer.

RESPIRER v. i. (lat. *respirare*). Absorber l'air ambiant et le rejeter après qu'il a régénéré le sang. ‖ Absorber l'oxygène de l'air et rejeter du gaz carbonique : *les végétaux respirent.* ‖ Avoir un moment de répit : *laissez-moi respirer un moment.* ◆ v. t. Absorber en aspirant : *respirer un bon air.* ‖ Marquer, manifester, exprimer : *cet homme respire la santé; cette maison respire le calme.*

RESPLENDIR v. i. (lat. *resplendere,* être éclatant). *Litt.* Briller avec grand éclat : *la lune resplendit; son visage resplendit de joie.*

RESPLENDISSANT, E adj. Qui resplendit.

RESPLENDISSEMENT n. m. *Litt.* Éclat de ce qui resplendit.

RESPONSABILISER v. t. Rendre responsable.

RESPONSABILITÉ n. f. Obligation de réparer une faute, de remplir une charge, un engagement. ‖ Capacité de prendre une décision sans en référer préalablement à une autorité supérieure. ● *Responsabilité civile,* obligation de réparer le préjudice causé à autrui par l'inexécution d'un contrat ou toute action dommageable commise par soi-même, par une personne qui dépend de soi ou par une chose qu'on a sous sa garde. ‖ *Responsabilité collective*, fait de considérer tous les membres d'un groupe comme solidairement responsables de l'acte commis par un des membres de ce groupe. ‖ *Responsabilité ministérielle*, nécessité, pour un ministère, d'abandonner ses fonctions lorsque le Parlement lui refuse sa confiance. ‖ *Responsabilité pénale*, obligation de supporter la peine prévue pour l'infraction qu'on a commise.

RESPONSABLE adj. (lat. *respondere*, se porter garant). Qui doit répondre, être garant de ses propres actions ou de celles des personnes dont il a la charge : *gouvernement responsable.* ◆ adj. et n. Personne qui a la capacité de prendre des décisions, qui a la charge d'une fonction.

RESQUILLE n. f., ou **RESQUILLAGE** n. m. *Fam.* Action de resquiller.

RESQUILLER v. t. (prov. *resquiha*, glisser). *Fam.* Se procurer un avantage auquel on n'a pas droit. ◆ v. i. *Fam.* Se faufiler dans une salle de spectacle, dans un moyen de transport sans attendre son tour ou sans payer sa place.

RESQUILLEUR, EUSE n. *Fam.* Personne qui resquille.

RESSAC [rəsak] n. m. (esp. *resaca*). *Mar.* Retour violent des vagues sur elles-mêmes, lorsqu'elles se brisent contre un obstacle.

RESSAISIR v. t. Saisir de nouveau; reprendre possession. ◆ **se ressaisir** v. pr. Reprendre son calme, son sang-froid, redevenir maître de soi.

RESSAISISSEMENT n. m. *Litt.* Action de se ressaisir.

RESSASSER v. t. Répéter sans cesse : *ressasser les mêmes plaisanteries.*

RESSAUT n. m. (it. *risalto*). Rupture d'alignement d'un mur, notamment liée à une avancée ou à un renfoncement du bâtiment. ‖ Saillie qui interrompt un plan horizontal.

RESSAUTER v. t. Sauter de nouveau. ◆ v. i. Faire ressaut.

RESSAYER ou **RÉESSAYER** v. t. (conj. 2). Essayer de nouveau.

RESSEMBLANCE n. f. Conformité, rapport de physionomie, de forme, de caractère, etc., entre les personnes ou les choses, entre une personne et son image, entre une œuvre d'art et son modèle.

RESSEMBLANT, E adj. Qui a de la ressemblance avec un modèle : *portrait ressemblant.*

RESSEMBLER v. t. ind. [à]. Avoir de la ressemblance avec qqn, qqch.

RESSEMELAGE n. m. Action de ressemeler.

RESSEMELER v. t. (conj. 3). Remettre une semelle à une chaussure.

RESSEMER v. t. (conj. 5). Semer de nouveau.

RESSENTIMENT n. m. Souvenir d'une injure, d'une injustice avec désir de s'en venger.

RESSENTIR v. t. (conj. 15). Éprouver une sensation ou un sentiment agréable ou pénible : *ressentir un malaise.* ◆ **se ressentir** v. pr. Éprouver les suites, les conséquences fâcheuses de : *le pays se ressentira longtemps de la guerre.* ● *Ne pas s'en ressentir* (Fam.), ne pas avoir le courage de faire qqch.

RESSERRE n. f. Endroit où l'on met quelque chose à l'abri.

RESSERRÉ, E adj. Enfermé à l'étroit, serré.

RESSERREMENT n. m. Action de resserrer, fait d'être resserré.

RESSERRER v. t. Serrer davantage, rendre plus étroit : *resserrer un cordon, une amitié.* ◆ **se resserrer** v. pr. Devenir plus étroit, se renfermer dans des limites étroites.

RESSERVIR v. i. et t. (conj. 14). Servir de nouveau.

RESSORT n. m. (de *sortir*). Organe élastique pouvant supporter d'importantes déformations et destiné à réagir après avoir été plié, tordu ou comprimé. ‖ Ce qui met en mouvement, ce qui est l'origine de : *nous ignorons tous les ressorts de cette affaire.* ‖ Force, énergie qui permet de réagir : *cet homme manque de ressort.* ● *Faire ressort*, rebondir.

RESSORT n. m. (de *ressortir*, v. t. ind.). *Dr.* Étendue de juridiction : *le ressort d'un tribunal.* ● *Être du ressort de qqn*, de sa compétence. ‖ *Juger en dernier ressort*, sans appel.

RESSORTIR v. i. (conj. 23; auxil. *être*). Sortir de nouveau; sortir après être entré. ‖ Apparaître nettement par un effet de contraste : *faire ressortir les difficultés d'une entreprise.* ◆ v. impers. Résulter : *il ressort de là que...*

RESSORTIR v. t. ind. [à] (se conj. comme *finir*). *Dr.* Être de la juridiction, de la compétence, du ressort, du domaine de.

RESSORTISSANT, E n. *Dr.* Personne qui relève d'un État dont elle n'a pas la nationalité.

RESSOUDER v. t. Souder de nouveau.

RESSOURCE n. f. (anc. fr. *resurdre*, ressusciter). Ce qu'on emploie dans une situation fâcheuse pour se tirer d'embarras : *ce sera ma dernière ressource.* ‖ *Aéron.* Manœuvre de redressement d'un avion à la suite d'un piqué. ● *Personne de ressource(s)*, personne capable de fournir des solutions à qqch. ‖ *Sans ressource*, sans remède. ◆ pl. Moyens d'existence d'une personne; éléments de la richesse ou de la puissance d'une nation. ‖ Moyens dont on dispose, possibilités d'action : *les ressources de la langue.*

RESSOURCER (SE) v. pr. Faire un retour aux sources de qqch.

RESSOUVENIR (SE) v. pr. (conj. 16). *Litt.* Se souvenir de nouveau.

RESSUAGE [rəsɥaʒ] n. m. Séparation d'une phase liquide au cours du chauffage d'un alliage, le reste de la masse restant solide.

RESSUER v. t. Pratiquer le ressuage. ‖ En parlant de certains corps, rendre de l'humidité intérieure.

RESSUI n. m. (de *ressuyer*). *Véner.* Lieu où les bêtes sauvages se retirent pour se sécher.

RESSUSCITER v. t. (lat. *resuscitare*, réveiller). Ramener de la mort à la vie, d'une grave maladie à la santé. ‖ Renouveler, faire réapparaître : *ressusciter une mode.* ◆ v. i. Revenir de la mort à la vie, d'une grave maladie à la santé.

RESSUYAGE n. m. Action d'enlever de la terre laissée sur les légumes lors de l'arrachage.

RESTANT, E adj. Qui reste : *le seul héritier restant.* ● *Poste restante*, mention indiquant qu'une lettre doit rester au bureau de poste pendant un certain délai afin de permettre à son destinataire de venir la réclamer.

RESTANT n. m. Ce qui reste.

RESTAURANT n. m. Établissement public où l'on sert des repas moyennant paiement.

RESTAURATEUR, TRICE n. Personne qui répare une œuvre d'art : *restaurateur de tableaux.* ‖ Personne qui tient un restaurant.

RESTAURATION n. f. Réparation, réfection : *restauration d'un monument.* ‖ Métier de restaurateur; ensemble des restaurants et de leur administration. ‖ Nouvelle vigueur, nouvelle existence donnée à quelque chose : *restauration des arts.* ‖ Rétablissement d'une dynastie déchue : *restauration des Bourbons.* ‖ Amélioration de certaines propriétés mécaniques des métaux et alliages écrouis soit au cours d'un réchauffage, soit au cours d'une irradiation. ‖ Opération ponctuelle qui consiste à sauvegarder et à mettre en valeur des immeubles ou groupes d'immeubles à conserver.

RESTAURER v. t. (lat. *restaurare*). Réparer, remettre en bon état : *restaurer une statue.* ‖ *Litt.* Remettre en vigueur, en honneur : *restaurer la liberté.* ● *Restaurer une dynastie*, la remettre sur le trône. ◆ **se restaurer** v. pr. Rétablir ses forces en prenant de la nourriture.

RESTE n. m. Ce qui demeure d'une quantité dont on a retranché une partie; ce qui reste encore à faire, à dire : *le reste de la vie; je terminerai le reste de mon travail ce soir.* ‖ *Math.* Résultat d'une soustraction; excès du dividende sur le produit du diviseur par le quotient, dans une division; nombre qu'il faut ajouter au carré de la racine carrée d'un nombre pour retrouver ce nombre. ● *Au reste, du reste*, au surplus, d'ailleurs. ‖ *Demeurer, être en reste avec qqn*, lui devoir qqch. ‖ *De reste*, plus qu'il ne faut. ‖

Ne pas demander son reste, se retirer rapidement, et sans rien dire. ‖ *Un reste d'une petite quantité de.* ◆ pl. Ce qui reste d'un plat, d'un repas. ‖ Cadavre, ossements : *les restes d'un grand homme.* ‖ Ce qui subsiste d'un état antérieur : *elle a encore de beaux restes.*

RESTER v. i. (lat. *restare*, s'arrêter) [auxil. *être*]. Demeurer en un lieu, subsister après disparition : *voilà tout ce qui reste de sa fortune.* ‖ Continuer à être dans un endroit : *rester à Paris.* ‖ Continuer à être dans tel état, telle position ou situation : *il est resté fidèle à ses camarades.* ● *En rester là*, ne pas aller plus avant, ne pas progresser. ‖ *Il reste que*, il est vrai néanmoins que.

RESTITUABLE adj. Que l'on doit rendre.

RESTITUER v. t. (lat. *restituere*). Rendre ce qui a été pris ou ce qui est possédé indûment : *restituer le bien d'autrui.* ‖ Rétablir, remettre en son premier état : *restituer un texte, le plan d'un édifice.* ‖ Reproduire un son enregistré.

RESTITUTION n. f. Action de restituer.

RESTITUTOIRE adj. *Dr.* D'une restitution.

RESTOROUTE n. m. (nom déposé). Restaurant aménagé au bord d'une grande route, d'une autoroute.

RESTREINDRE v. t. (lat. *restringere*) [conj. 55]. Réduire à des limites plus étroites, limiter : *restreindre les crédits.* ◆ **se restreindre** v. pr. Réduire sa dépense, son train de vie.

RESTRICTIF, IVE adj. (lat. *restrictus*, serré). Qui restreint, qui limite : *clause restrictive.*

RESTRICTION n. f. Condition, modification qui restreint : *cette mesure a été adoptée sans restriction.* ‖ Action de limiter, de réduire la quantité, l'importance de qqch : *restriction des crédits.* ● *Formule à restriction* (Mar.), formule énonçant un certain nombre de critères et permettant à des voiliers de concourir sans handicap. ‖ *Restriction mentale*, réserve, omission d'un détail, faite pour tromper ceux à qui l'on parle. ◆ pl. Mesures de rationnement édictées en temps de pénurie économique.

RESTRUCTURATION n. f. Action de restructurer.

RESTRUCTURER v. t. Donner une nouvelle organisation sur le plan économique ou technique : *restructurer une industrie.*

RESUCÉE n. f. *Fam.* Chose déjà faite, vue, entendue, goûtée plusieurs fois.

RÉSULTANT, E adj. *Math.* Qui est relatif au résultat de la composition de tous les éléments d'un système.

RÉSULTANTE n. f. Résultat de l'action conjuguée de plusieurs facteurs. ‖ *Math.* Vecteur unique (s'il existe) équivalant à un système de vecteurs glissants. (Des vecteurs concourants ont toujours une résultante : leur somme géométrique appliquée au point de concours de leurs supports.) ● *Résultante de transformations (d'opérations)*, transformation (opération) équivalant à l'ensemble de ces transformations (opérations) effectuées successivement.

RÉSULTAT n. m. Ce qui résulte d'une action, d'un fait, d'un principe, d'un calcul : *le résultat d'une division, d'une négociation.* ‖ Réussite ou échec à un examen ou à un concours. ◆ pl. Réalisations concrètes : *obtenir des résultats.* ‖ Solde du compte des profits et pertes.

RÉSULTER v. i. et impers. (lat. *resultare*, rebondir; de *saltare*, sauter) [auxil. *être* ou *avoir*]. S'ensuivre, être la conséquence, l'effet de : *de la discussion, il résulte que...*

RÉSUMÉ n. m. Abrégé, sommaire : *résumé d'un discours.* ● *En résumé*, en résumant, en récapitulant.

RÉSUMER v. t. (lat. *resumere*, recommencer). Rendre en moins de mots ce qui a été dit, écrit, représenté plus longuement : *résumer un livre, un film.* ◆ **se résumer** v. pr. Reprendre sommairement ce qu'on a dit. ‖ Consister essentiellement.

RESURCHAUFFE n. f. Action de resurchauffer.

RESURCHAUFFER v. t. Surchauffer de nouveau une vapeur qui, après avoir été déjà surchauffée, a subi une première détente.

RESURCHAUFFEUR n. m. Appareil servant à resurchauffer une vapeur.

RÉSURGENCE [rezyrʒɑ̃s] n. f. (lat. *resurgere*, renaître). Réapparition à l'air libre, sous forme de grosse source, d'eaux infiltrées dans un massif calcaire.

RESURGIR [rəsyrʒir] v. i. Surgir de nouveau.

RÉSURRECTION n. f. (lat. *resurgere*, se relever). Retour de la mort à la vie : *la résurrection de Jésus-Christ.* ‖ Réapparition, nouvel essor d'un phénomène artistique, littéraire, etc. ‖ Bx-arts (avec une majuscule). Tableau qui représente la résurrection du Christ.

RETABLE n. m. (de *table*). Dans les églises, construction verticale, peinte ou sculptée, placée à l'arrière d'une table d'autel.

RÉTABLIR v. t. Remettre en son premier état, ou en meilleur état : *rétablir ses affaires.* ‖ Ramener, faire exister de nouveau, remettre en vigueur : *rétablir l'ordre.* ‖ Redonner des forces, guérir : *ce régime l'a rétabli.* ● *Rétablir les faits, la vérité,* les présenter sous leur véritable jour. ◆ **se rétablir** v. pr. Recouvrer la santé.

RÉTABLISSEMENT n. m. Action de rétablir : *rétablissement de l'ordre.* ‖ Retour à la santé. ‖ Mouvement de gymnastique permettant de s'élever en prenant un point d'appui sur chaque poignet, après une traction sur les bras.

RETAILLE n. f. Techn. Morceau retranché d'une chose qu'on a façonnée.

RETAILLER v. t. Tailler de nouveau.

RÉTAMAGE n. m. Action de rétamer.

RÉTAMER v. t. Étamer de nouveau des ustensiles de cuisine. ● *Être rétamé* (Pop.), être fatigué, épuisé. ‖ *Se faire rétamer* (Pop.), se faire battre au jeu; échouer à un examen.

RÉTAMEUR n. m. Ouvrier qui rétame.

RETAPAGE n. m. *Fam.* Action de retaper.

RETAPE n. f. *Pop.* Racolage. ‖ *Pop.* Publicité tapageuse. ● *Faire de la retape* (Pop.), racoler.

RETAPER v. t. Réparer sommairement un objet quelconque. ‖ *Fam.* Corriger, remettre au goût du jour. ● *Retaper un lit* (Fam.), le faire superficiellement sans déplacer les draps. ◆ **se retaper** v. pr. *Fam.* Recouvrer la santé.

RETARD n. m. Action d'arriver, d'agir trop tard : *il est en retard; apporter du retard à qqch.* ‖ Ralentissement du mouvement d'une horloge. ‖ État d'une chose moins développée qu'il ne conviendrait. ‖ *Mus.* Prolongation de l'une des notes d'un accord sur une harmonie qui lui est étrangère. ● *En retard,* plus tard que prévu, plus lentement que la normale. ‖ *Sans retard,* sans délai. ◆ adj. inv. Se dit d'un mode de préparation d'un médicament, qui permet de prolonger l'action dans le temps.

RETARDATAIRE adj. et n. Qui est en retard.

RETARDATEUR, TRICE adj. Qui ralentit un mouvement, une action chimique. ● *Action retardatrice* (Mil.), forme du combat défensif menée sur des positions successives pour ralentir la progression de l'adversaire.

RETARDÉ, E adj. et n. *Fam.* et péjor. Qui est en retard dans son développement intellectuel.

RETARDEMENT n. m. *À retardement,* quand il est trop tard : *comprendre à retardement.* ‖ *Engin à retardement,* engin muni d'un dispositif qui en retarde l'explosion jusqu'à un moment déterminé.

RETARDER v. t. (lat. *retardare*). Remettre à un temps plus éloigné : *retarder son départ.* ‖ Empêcher d'arriver, de partir, d'avoir lieu au moment prévu : *la pluie nous a retardés.* ‖ *Mouvement retardé* (Mécan.), mouvement dont la vitesse diminue. ◆ v. i. Aller trop lentement : *votre montre retarde.* ‖ Ignorer une nouvelle que tout le monde connaît; être en retard sur les idées modernes.

RETASSURE n. f. *Métall.* Défaut d'une pièce de fonderie, sous forme de cavité, dû à la contraction du métal au cours de sa solidification.

RETÂTER v. t. Tâter de nouveau. ◆ v. t. ind. [**de**]. Essayer de nouveau.

RETEINDRE v. t. (conj. 55). Teindre de nouveau.

RETENDOIR n. m. Outil servant à détendre ou à retendre les cordes d'un piano.

RETENDRE v. t. (conj. 46). Tendre de nouveau.

RETENIR v. t. (lat. *retinere*) [conj. 16]. Garder par-devers soi ce qui est à un autre : *retenir le bien d'autrui.* ‖ Maintenir qqn, qqch, un animal pour l'empêcher de tomber, de courir, d'agir mal, etc. ‖ Ne pas laisser aller, maintenir en place, contenir : *retenir les eaux d'une rivière.* ‖ Faire réserver par précaution : *retenir une place dans le train.* ‖ Déduire, prélever : *retenir tant sur un salaire.* ‖ Empêcher de partir, faire demeurer : *retenir qqn à dîner.* ‖ Empêcher de se manifester, contenir : *retenir sa colère.* ‖ Garder dans sa mémoire : *retenir par cœur.* ‖ Estimer digne de réflexion, d'attention : *retenir un projet.* ● *Retenir un chiffre,* dans une opération arithmétique, le réserver pour le joindre aux chiffres de la colonne suivante. ◆ **se retenir** v. pr. S'accrocher à qqch pour ne pas tomber. ‖ Se modérer. ‖ *Fam.* Différer la satisfaction d'un besoin naturel.

RÉTENTION n. f. (lat. *retentio*). *Géogr.* Immobilisation de l'eau sous forme de neige (*rétention nivale*) ou de glace (*rétention glaciaire*). ‖ *Méd.* Fait qu'un liquide destiné à être évacué du corps y est retenu dans une cavité. ‖ *Psychol.* Période pendant laquelle ce qui a été mémorisé se trouve conservé de façon latente. ● *Droit de rétention* (Dr.), faculté donnée à un créancier de refuser la restitution d'un objet appartenant à son débiteur tant que celui-ci ne s'est pas intégralement acquitté de son obligation.

RETENTIR v. i. (lat. *retinnire*). *Litt.* Rendre, renvoyer un son éclatant, puissant : *la rue retentit du bruit d'un camion qui passe.* ‖ Produire un son éclatant qui se prolonge : *la trompette retentit.* ‖ Avoir des répercussions : *cet événement retentit loin des frontières.*

RETENTISSANT, E adj. Qui rend un son puissant : *voix retentissante.* ‖ Qui attire l'attention du public : *scandale retentissant.*

RETENTISSEMENT n. m. Répercussion, effet qui se propage dans le public : *cette nouvelle a eu un grand retentissement.* ‖ Son renvoyé avec éclat (vx).

RETENUE n. f. Action de garder : *retenue des marchandises par la douane.* ‖ Somme qu'un employeur peut ou doit déduire du salaire ou traitement dû. ‖ Privation de récréation ou de sortie dans les établissements scolaires. ‖ Qualité d'une personne qui contient ses sentiments, garde une réserve discrète. ‖ *Constr.* Assujettissement des extrémités d'une poutre dans un mur. ‖ *Mar.* Cordage servant à maintenir un objet que l'on hisse. ‖ *Math.* Dans une opération mathématique, chiffre reporté. ‖ *Trav. publ.* Hauteur d'eau emmagasinée dans un réservoir, un bief. ● *Retenue d'eau,* barrage. ‖ *Retenue de garantie,* fraction du montant d'un marché qui n'est pas réglée à l'entrepreneur ou au fournisseur à la réception provisoire, mais à la réception définitive.

RETERÇAGE n. m. Action de retercer.

RETERCER v. t. (conj. 1). *Agric.* Donner un nouveau labour à la vigne.

RÉTIAIRE [resjɛr] n. m. (lat. *retiarius*; de *rete*, filet). Chez les Romains, gladiateur armé d'un trident et d'un filet, qui était généralement opposé à un mirmillon.

RÉTICENCE n. f. (lat. *reticere*, taire). Omission volontaire de ce qu'on devrait ou on pourrait dire : *parler sans réticence.* ‖ Attitude de qqn qui hésite à dire sa pensée, à prendre une décision.

RÉTICENT, E adj. Qui fait preuve de réticence.

RÉTICULAIRE adj. Qui a la forme d'un réseau. ‖ Relatif à un réseau cristallin. ● *Formation réticulaire* (Anat.), v. RÉTICULÉ.

RÉTICULATION n. f. Plissement de la gélatine d'un phototype, provoqué par la différence de température entre deux bains successifs. ‖ Formation de liaisons chimiques suivant les différentes directions de l'espace au cours d'une polymérisation, d'une polycondensation ou d'une polyaddition, et qui conduit à la formation d'un réseau solide.

RÉTICULE n. m. (lat. *reticulum*, petit filet).

Petit sac à main. ‖ *Opt.* Disque percé d'une ouverture coupée par deux fils très fins se croisant à angle droit, et qui sert à faire des visées dans une lunette.

RÉTICULÉ, E adj. Marqué de nervures formant réseau : *élytre réticulé.* ‖ Se dit d'un type de parement architectonique, formé de petits moellons à face carrée disposés selon des lignes obliques. (C'est l'*opus reticulatum* des Romains.) ● *Formation réticulée,* ou *réticulée* n. f., groupement diffus de neurones du tronc cérébral, qui joue un rôle important dans la vigilance. (On dit aussi FORMATION RÉTICULAIRE.) ‖ *Porcelaine réticulée,* porcelaine à deux enveloppes, dont l'extérieur est découpée à jour.

RÉTICULOCYTE n. m. *Biol.* Hématie jeune, à structure granuleuse et filamenteuse.

RÉTICULO-ENDOTHÉLIAL, E, AUX adj. Se dit d'un tissu formé de cellules endothéliales disposées en réseau, et qui constitue la trame de la rate et des ganglions lymphatiques. (Ce tissu joue un rôle dans l'hématopoïèse.)

RÉTICULO-ENDOTHÉLIOSE ou **RÉTICULOSE** n. f. Maladie du tissu réticulo-endothélial. (Il en existe de nombreuses formes.)

RÉTICULUM [retikylɔm] n. m. *Biol.* Réseau formé par les fibres de certains tissus ou les anastomoses des petits vaisseaux.

RÉTIF, IVE adj. (lat. *restare*, s'arrêter). Qui s'arrête ou recule au lieu d'avancer : *cheval rétif.* ‖ Difficile à conduire, à persuader, récalcitrant, indocile.

RÉTINE n. f. (lat. *rete*, filet). Membrane sensible de l'œil, située à l'intérieur de la choroïde et formée par l'épanouissement du nerf optique. ■ La rétine contient deux types de cellules visuelles photosensibles : les *cônes,* utilisés en assez forte intensité lumineuse et sensibles aux radiations colorées, et les *bâtonnets,* ne fonctionnant qu'aux faibles intensités lumineuses. Seule la *tache jaune,* zone de la rétine occupant le pôle postérieur de l'œil, permet une perception nette des images formées par les milieux réfringents de l'œil (cornée, cristallin, etc.).

RÉTINIEN, ENNE adj. Relatif à la rétine.

RÉTINITE n. f. Inflammation de la rétine.

RÉTIQUE adj. → RHÉTIQUE.

RETIRAGE n. m. Nouveau tirage (d'un livre, d'une photo).

RETIRATION n. f. Impression du verso d'une feuille déjà imprimée d'un côté. ● *Presse à retiration,* presse imprimant successivement le recto et le verso en un seul passage de la feuille.

RETIRÉ, E adj. Peu fréquenté : *village retiré.* ‖ Se dit de qqn qui a cessé toute activité professionnelle.

RETIRER v. t. Tirer à soi, ramener en arrière : *retirer la jambe.* ‖ Faire sortir qqch de l'endroit où ils étaient : *retirer un enfant du lycée; retirer une balle d'une plaie.* ‖ Reprendre, ôter : *retirer à qqn sa place, sa confiance.* ‖ Renoncer à : *retirer ses accusations, sa candidature.* ‖ Obtenir, recueillir : *retirer d'un bien.* ◆ **se retirer** v. pr. S'en aller, s'éloigner : *se retirer à la campagne.* ‖ Aller dans un lieu pour y trouver refuge : *se retirer dans sa chambre.* ‖ Prendre sa retraite. ‖ Cesser de participer à qqch : *se retirer de la compétition.* ● *La mer se retire,* elle est dans son reflux. ‖ *La rivière se retire,* elle rentre dans son lit.

RETISSAGE n. m. Action de retisser.

RETISSER v. t. Tisser de nouveau.

RETOMBANT, E adj. Qui retombe.

RETOMBÉ n. m. *Chorégr.* Chute naturelle du corps après un temps d'élévation.

RETOMBÉE n. f. Ce qui retombe : *retombée de rideaux; retombées radioactives.* ‖ *Constr.* Naissance d'un arc ou d'une voûte; ensemble des voussoirs situés au-dessus des pieds-droits et qui pourraient se maintenir sans cintre. ◆ pl. Conséquences, répercussions : *retombées politiques.*

RETOMBER v. i. (auxil. *être*). Tomber de nouveau, tomber après s'être élevé, après avoir été élevé : *la vapeur retombe en pluie.* ‖ Commettre de nouveau; se trouver de nouveau dans une situation fâcheuse : *retomber dans les mêmes* *erreurs; retomber malade.* ‖ Être imputé à qqn, rejaillir sur lui : *faire retomber la responsabilité sur qqn.*

RETORDAGE ou **RETORDEMENT** n. m. Action de retordre.

RETORDEUR, EUSE n. Dans une filature, personne qui conduit une machine à retordre les fils.

RETORDRE v. t. (lat. *retorquere*) [conj. **46**]. Tordre de nouveau. ● *Donner du fil à retordre à qqn,* lui susciter des embarras, des soucis.

RÉTORQUER v. t. (lat. *retorquere,* renvoyer). Répondre vivement, répliquer.

RETORS, E adj. Qui a été tordu plusieurs fois : *soie retorse.* ‖ Qui trouve des moyens détournés pour se tirer d'affaire, rusé : *esprit retors.*

RÉTORSION n. f. (de *rétorquer,* d'après *torsion*). *Dr.* Acte par lequel un État applique aux ressortissants d'un autre État une mesure que ce dernier a préalablement appliquée aux siens. ● *Mesures de rétorsion,* vengeance.

RETOUCHE n. f. Action de retoucher, correction. ‖ Rectification d'un vêtement en confection aux mesures d'un client. ‖ Correction sur un film photographique ou un cliché d'impression.

RETOUCHER v. t. et t. ind. [à]. Apporter des modifications, perfectionner, corriger : *retoucher un ouvrage, une photo, un vêtement.*

RETOUCHEUR, EUSE n. Personne qui fait la retouche des photographies. ‖ Personne qui effectue les retouches d'un vêtement.

RETOUR n. m. Action de revenir; moment où l'on revient; voyage que l'on fait : *le retour des hirondelles.* ‖ Coude d'une ligne, d'une surface : *retour d'une façade.* ‖ Fait de revenir à un état ancien : *retour au calme.* ‖ Mouvement imprévu en sens opposé : *retour de manivelle; retour de flamme.* ‖ Vicissitude, changement brusque : *les retours de la fortune.* ‖ Fait de se répéter, de se reproduire : *le retour de la fièvre.* ‖ *Comm.* Ouvrage non vendu que le détaillant retourne à l'éditeur à l'expiration d'un délai convenu. ‖ *Dr.* Droit en vertu duquel un donateur rentre en possession de choses par lui données, si le donataire décède avant lui. ● *En retour, en échange.* ‖ *Être de retour,* être revenu. ‖ *Être sur le retour,* être au moment de revenir chez soi; commencer à vieillir. ‖ *Par retour du courrier,* aussitôt après l'avoir reçu. ‖ *Retour d'âge,* ménopause. ‖ *Retour de couches,* la première menstruation après un accouchement. ‖ *Retour en arrière,* au cours d'un récit, d'un film, le fait de remonter à un point antérieur du temps. ‖ *Retour éternel* (Philos.), théorie des stoïciens selon laquelle les phénomènes cosmiques, terrestres, etc., reviennent identiquement, de façon cyclique; pour Nietzsche, objectif de toute volonté affirmative qui désire le retour de ce qui est dans l'ordre de la nature et dans l'ordre éternel des valeurs morales supérieures. ‖ *Retour de flamme,* renouveau de passion, d'activité. ‖ *Retour sans frais, sans protêt,* clause aux termes de laquelle le porteur d'une lettre de change est dispensé de protester en cas de non-paiement. ‖ *Retour sur soi-même,* sérieuse réflexion sur sa conduite. ‖ *Sans retour,* pour toujours, à jamais.

RETOURNAGE n. m. Action de retourner un vêtement.

RETOURNE n. f. *Jeux.* Carte qu'on retourne pour déterminer l'atout.

RETOURNEMENT n. m. Action de retourner, de se retourner, changement brusque et complet de direction, d'orientation, d'opinion : *le retournement de la situation.* ‖ *Math.* Rotation d'une figure de 180⁰ autour d'une droite.

RETOURNER v. i. Aller de nouveau; revenir dans un lieu : *retourner chez le médecin.* ◆ v. t. ind. [à]. Revenir à une situation, un état antérieurs : *retourner à ses occupations.* ‖ Être restitué : *maison qui retourne à son premier propriétaire.* ◆ v. t. Tourner de manière à mettre dessus ce qui était dessous, renverser; tourner en tous sens : *retourner une carte, un vêtement, la terre.* ‖ Renvoyer à l'expéditeur, à celui qui l'a fait : *retourner une lettre; retourner un compliment.* ‖ Examiner à fond : *retourner un projet.* ‖ *Fam.* Faire changer d'opinion, de

sentiment. ‖ Émouvoir vivement, bouleverser : *la vue de l'accident l'a retourné.* ◆ **se retourner** v. pr. Se tourner dans un autre sens; regarder derrière soi. ● *Laisser le temps de se retourner,* laisser le temps de prendre ses dispositions. ‖ *Se retourner contre qqn,* lui devenir hostile. ‖ *S'en retourner,* revenir à son point de départ. ◆ v. impers. *De quoi retourne-t-il?,* que se passe-t-il?

RETRACER v. t. (conj. **1**). Tracer de nouveau ou autrement. ‖ Raconter, exposer, rappeler au souvenir : *retracer des faits.*

RÉTRACTABILITÉ n. f. Aptitude du bois en œuvre à varier de dimensions et de volume en fonction de son humidité.

RÉTRACTABLE adj. Qui peut être rétracté.

RÉTRACTATION n. f. Action de se rétracter, de désavouer ce qu'on a fait ou dit.

RÉTRACTER v. t. (lat. *retractare,* retirer). *Litt.* Désavouer ce qu'on a dit, fait. ◆ **se rétracter** v. pr. Revenir sur ce qu'on a dit, se dédire : *se rétracter publiquement.*

RÉTRACTER v. t. (lat. *retrahere*). Faire se rétrécir, contracter : *l'escargot rétracte ses cornes.* ◆ **se rétracter** v. pr. Se contracter, subir une rétraction.

RÉTRACTIF, IVE adj. Qui produit une rétraction.

RÉTRACTILE adj. (lat. *retractus,* retiré). Qui a la faculté de se retirer, de rentrer en dedans.

RÉTRACTILITÉ n. f. Qualité de ce qui est rétractile.

RÉTRACTION n. f. *Méd.* Raccourcissement, contraction de certains tissus ou organes. ‖ *Trav. publ.* Caractéristique du béton de diminuer de volume durant sa prise.

RETRADUIRE v. t. (conj. **64**). Traduire de nouveau ou sur une nouvelle traduction.

RETRAIT n. m. (anc. fr. *retraire,* retirer). Action de retirer : *retrait bancaire; retrait du permis de conduire.* ‖ Action de se retirer : *retrait des troupes.* ‖ *Dr.* Mise à néant d'un acte administratif unilatéral, accomplie par son auteur. ‖ *Techn.* Diminution de volume éprouvée par un produit ou une substance, par suite de cuisson, de solidification, de dessiccation, etc. ● *En retrait,* en arrière d'un alignement, d'une ligne déterminée, d'une opinion. ‖ *Retrait successoral,* droit pour des cohéritiers d'écarter de la succession un étranger auquel l'un d'entre eux a cédé ses droits.

RETRAITANT, E n. Personne qui fait une retraite spirituelle.

RETRAITE n. f. (anc. fr. *retraire,* retirer). État d'une personne (employé, fonctionnaire, etc.) qui, ayant atteint un certain âge, cesse son activité professionnelle et reçoit une pension; cette pension elle-même. ‖ Marche en arrière d'une armée après des combats malheureux. ‖ Signal équivalant autrefois au couvre-feu et marquant aujourd'hui la fin d'une manœuvre ou d'un tir. ‖ Éloignement momentané de ses occupations habituelles, pour se recueillir, se préparer à un acte important; lieu où l'on se retire. ‖ *Constr.* Ressaut portant le nu d'une partie haute en arrière de celui d'une partie basse. ● *Battre en retraite,* se retirer devant l'ennemi. ‖ *Caisses de retraite,* institutions assurant, moyennant des versements périodiques, une pension de retraite à certaines catégories de personnes. ‖ *Point de retraite,* unité de calcul des avantages d'assurance vieillesse.

RETRAITÉ, E n. et adj. Personne qui a pris sa retraite et qui perçoit une retraite.

RETRAITEMENT n. m. Série d'opérations physico-chimiques visant à séparer aussi parfaitement que possible les différents composants des combustibles nucléaires irradiés.

RETRAITER v. t. Pratiquer le retraitement des combustibles nucléaires irradiés.

RETRANCHEMENT n. m. Suppression, diminution (vx). ‖ Obstacle naturel ou artificiel, organisé pour défendre une position. ● *Attaquer qqn dans ses derniers retranchements,* l'attaquer violemment.

RETRANCHER v. t. Ôter qqch d'un tout : *retrancher un passage d'un ouvrage.* ◆ **se retran-**

cher v. pr. Se mettre à l'abri derrière des défenses. ● *Se retrancher derrière qqch,* l'invoquer comme moyen de défense contre des demandes, des accusations, etc.

RETRANSCRIPTION n. f. Nouvelle transcription.

RETRANSCRIRE v. t. (conj. **65**). Transcrire de nouveau.

RETRANSMETTRE v. t. (conj. **49**). Transmettre de nouveau ou à d'autres : *retransmettre un message.* ‖ Diffuser une émission radiophonique ou télévisée.

RETRANSMISSION n. f. Action de retransmettre; émission retransmise.

RETRAVAILLER v. t. et i. Travailler de nouveau.

RETRAVERSER v. t. Traverser de nouveau.

RETRAYANT, E n. et adj. *Dr.* Personne qui exerce le retrait successoral.

RETRAYÉ, E n. et adj. *Dr.* Personne contre laquelle s'exerce le retrait successoral.

RÉTRÉCIR v. t. (anc. fr. *étrécir;* lat. *strictus,* étroit). Rendre plus étroit; diminuer l'ampleur, la capacité. ◆ v. i. Devenir plus étroit : *ce pull a rétréci au lavage.* ◆ **se rétrécir** v. pr. Devenir de plus en plus étroit.

RÉTRÉCISSEMENT n. m. Action de rétrécir. ‖ *Méd.* Diminution du diamètre d'un orifice, d'un vaisseau, d'un canal.

RÉTREINDRE v. t. (conj. **55**). Diminuer les dimensions d'objets en métal par martelage de la périphérie.

RÉTREINT n. m., ou **RÉTREINTE** n. f. Action de rétreindre.

RETREMPE n. f. *Métall.* Nouvelle trempe.

RETREMPER v. t. Tremper de nouveau : *retremper du linge dans l'eau.* ‖ *Métall.* Donner une nouvelle trempe. ◆ **se retremper** v. pr. Reprendre contact avec qqch, qqn.

RÉTRIBUER v. t. (lat. *retribuere*). Payer pour un travail : *rétribuer un employé; rétribuer un service.*

RÉTRIBUTION n. f. Somme d'argent donnée en échange d'un travail.

RETRIEVER [retrivœr] n. m. (mot angl.). Chien de chasse dressé à rapporter le gibier.

RÉTRO adj. inv. *Fam.* Se dit d'une mode s'inspirant de la première moitié du XXᵉ s.

RÉTRO n. m. *Fam.* Au billard, effet de recul. ‖ Abrév. fam. de RÉTROVISEUR.

RÉTROACTES n. m. pl. En Belgique, antécédents : *les rétroactes d'une affaire.*

RÉTROACTIF, IVE adj. Se dit de qqch, d'une mesure qui a des conséquences sur des faits antérieurs : *les lois ne sont pas rétroactives.*

RÉTROACTION n. f. Effet rétroactif. ‖ *Cybern.* Syn. de FEED-BACK.

RÉTROACTIVEMENT adv. De façon rétroactive.

RÉTROACTIVITÉ n. f. Caractère rétroactif.

RÉTROCÉDER v. t. (lat. *retrocedere,* reculer) [conj. **5**]. Céder ce qui nous a été cédé auparavant. ‖ Céder une chose achetée pour soi-même.

RÉTROCESSION n. f. Acte par lequel on rétrocède un droit acquis.

RÉTROCONTRÔLE n. m. Syn. de FEED-BACK.

RÉTROFLEXE adj. et n. f. *Phon.* Se dit d'une consonne articulée avec la pointe de la langue tournée vers l'arrière de la bouche.

RÉTROFUSÉE n. f. Fusée de freinage, utilisée en astronautique.

RÉTROGRADATION n. f. Action de rétrograder. ‖ Mesure disciplinaire par laquelle un fonctionnaire, un militaire, etc., est placé dans une situation inférieure à la précédente.

RÉTROGRADE adj. Qui va, qui se fait en arrière : *marche rétrograde.* ‖ Opposé au progrès : *esprit rétrograde.* ‖ *Mécan. et Astron.* Se dit du sens du mouvement des aiguilles d'une montre. ● *Amnésie rétrograde,* forme d'amnésie qui consiste dans l'oubli des souvenirs anciens.

RÉTROGRADER v. i. (lat. *retrogradi*). Revenir en arrière. ‖ Perdre de ce que l'on avait acquis, régresser. ‖ *Autom.* Passer la vitesse inférieure à celle où l'on se trouve. ◆ v. t. Soumettre à la rétrogradation.

RÉTROGRESSION n. f. Mouvement en arrière.

RÉTROPÉDALAGE n. m. Pédalage en arrière.

RÉTROPROJECTEUR n. m. Appareil permettant de projeter, sans obscurcir la salle, des textes rédigés ou imprimés sur un support transparent.

RÉTROPROPULSION n. f. Freinage d'un véhicule spatial par fusée.

RÉTROSPECTIF, IVE adj. (lat. *retro,* en arrière, et *spectare,* regarder). Qui se rapporte au passé : *revue rétrospective.*

RÉTROSPECTIVE n. f. Exposition présentant de façon historique et récapitulative les œuvres d'un artiste, d'une école, d'une époque.

RÉTROSPECTIVEMENT adv. De façon rétrospective, après coup.

RETROUSSÉ, E adj. *Nez retroussé,* dont le bout est un peu relevé.

RETROUSSEMENT n. m. Action de retrousser.

RETROUSSER v. t. Relever, replier vers le haut : *retrousser ses manches.*

RETROUSSIS n. m. Partie retroussée de qqch.

RETROUVAILLES n. f. pl. *Fam.* Action de retrouver des personnes dont on était séparé.

RETROUVER v. t. Trouver de nouveau, trouver une chose perdue, oubliée, qqn qui s'est échappé; avoir une nouvelle manière d'agir : *retrouver ses clefs, un malfaiteur; retrouver le calme.* ‖ Retourner vers qqn, rejoindre : *j'irai vous retrouver.* ◆ **se retrouver** v. pr. Se trouver réunis de nouveau après une séparation. ‖ Être de nouveau dans tel ou tel état : *se retrouver sans emploi.* ‖ Reconnaître son chemin. ● *S'y retrouver* (Fam.), compenser ses frais par des recettes; éclaircir une situation embrouillée.

RÉTROVERSION n. f. *Méd.* Position d'un organe basculé en arrière.

RÉTROVISEUR n. m. Petit miroir qui permet au conducteur d'un véhicule de voir ce qui se passe derrière lui. (Syn. fam. RÉTRO.)

RETS [rɛ] n. m. (lat. *rete*). *Litt.* Filet pour prendre des oiseaux, des poissons.

RÉUNIFICATION n. f. Action de réunifier.

RÉUNIFIER v. t. Rétablir l'unité d'un pays, d'un parti, etc.

RÉUNION n. f. Action de réunir, de rassembler, de rapprocher : *réunion des preuves de la culpabilité de qqn.* ‖ Fait de rassembler des personnes; assemblée de personnes : *réunion nombreuse.* ● *Chambres de réunion* (Hist.), chambres créées après le traité de Nimègue (1678) pour faciliter la politique des réunions. ‖ *Politique des réunions* (Hist.), politique d'expansion territoriale pratiquée en pleine paix par Louis XIV, notamment au détriment des princes allemands (1679-1684). ‖ *Réunion de deux ensembles* (Math.), ensemble dont les éléments appartiennent soit à l'un, soit à l'autre de ces deux ensembles.

RÉUNIONNAIS, E adj. et n. De l'île de la Réunion.

RÉUNIR v. t. Rapprocher, rejoindre ce qui était séparé : *réunir les deux bouts d'une corde.* ‖ Faire communiquer : *cette galerie réunit les deux pavillons.* ‖ Rassembler, grouper : *réunir des papiers, les membres d'une assemblée.* ● *Droits réunis,* nom donné, sous le premier Empire, aux contributions indirectes réunies en une seule administration. ◆ **se réunir** v. pr. Se trouver ensemble; se joindre.

RÉUNISSAGE n. m. Action de réunir des fils de coton dans les filatures.

RÉUSSI, E adj. Exécuté avec succès : *une photographie tout à fait réussie.* ‖ Brillant, parfait en son genre : *une soirée réussie.*

RÉUSSIR v. i. (it. *riuscire,* ressortir). Avoir un résultat heureux : *il réussit en tout; vos projets ont tous réussi.* ‖ S'acclimater, bien venir : *la vigne réussit dans cette région.* ◆ v. t. ind. [à]. Obtenir un succès; parvenir à : *réussir à un examen; j'ai réussi à lui parler.* ‖ Être bénéfique

à qqn : *l'air de la mer lui réussit.* ◆ v. t. Faire avec succès : *réussir un portrait, un plat.*

RÉUSSITE n. f. Succès, heureux résultat : *la réussite d'une entreprise.* ‖ Œuvre parfaite en son genre : *ce film est une réussite.* ‖ Combinaison de cartes à jouer. (Syn. PATIENCE.)

RÉUTILISABLE adj. Que l'on peut utiliser à nouveau.

REVACCINATION n. f. Action de revacciner.

REVACCINER v. t. Vacciner de nouveau.

REVALOIR v. t. (conj. **34**). Rendre la pareille : *je lui revaudrai cela!*

REVALORISATION n. f. Action de revaloriser.

REVALORISER v. t. Rendre à qqch son ancienne valeur ou lui donner une valeur plus grande : *revaloriser le franc, la fonction gouvernementale, une doctrine.*

REVANCHARD, E adj. et n. *Fam.* Qui est dominé par le désir de revanche, en particulier militaire.

REVANCHE n. f. Action de rendre la pareille pour qqch, souvent pour un mal que l'on a reçu : *j'aurai ma revanche.* ‖ Seconde partie qu'on joue après avoir perdu la première. ● *En revanche,* en compensation; inversement.

REVANCHISME n. m. Attitude politique agressive, inspirée par le désir de revanche.

REVASCULARISATION n. f. *Chir.* Opération ayant pour but d'apporter de nouveaux vaisseaux à un organe insuffisamment vascularisé.

REVASCULARISER v. t. Opérer la revascularisation.

RÊVASSER v. i. Se laisser aller à la rêverie.

RÊVASSERIE n. f. Action de rêvasser.

RÊVASSEUR, EUSE adj. et n. Qui rêvasse.

RÊVE n. m. (de *rêver*). Série d'images, paraissant plus ou moins incohérentes, qui se présentent à l'esprit durant le sommeil. ‖ Idée plus ou moins chimérique poursuivie avec l'espoir de réussir : *des rêves de fortune.* ‖ Chose très jolie, très agréable.

RÊVÉ, E adj. Qui convient tout à fait, idéal.

REVÊCHE adj. (mot francique). Peu accommodant, rébarbatif, bourru.

RÉVEIL n. m. Passage de l'état de sommeil à l'état de veille : *sauter du lit dès son réveil.* ‖ Sonnerie de clairon qui annonce aux soldats l'heure du lever. ‖ *Litt.* Retour à l'activité : *le réveil de la nature.*

RÉVEILLE-MATIN n. m. inv., ou **RÉVEIL** n. m. Petite pendule à sonnerie, pour réveiller à une heure déterminée à l'avance.

RÉVEILLER v. t. Tirer du sommeil : *réveiller un enfant.* ‖ Susciter de nouveau, faire renaître : *réveiller l'appétit, le courage.* ◆ **se réveiller** v. pr. Cesser de dormir. ‖ Se ranimer.

RÉVEILLON n. m. Repas fait au milieu de la nuit dans la nuit de Noël et du jour de l'an; réjouissances qui l'accompagnent.

RÉVEILLONNER v. i. Prendre part à un réveillon.

RÉVÉLATEUR, TRICE adj. et n. Qui révèle.

RÉVÉLATEUR n. m. Bain qui transforme l'image latente d'une photographie en image visible.

RÉVÉLATION n. f. Action de révéler; ce qui est révélé : *révélation d'un secret; faire des révélations.* ‖ Personne qui manifeste tout à coup un grand talent. ‖ *Relig.* Manifestation d'un mystère ou d'une vérité par Dieu ou par un homme inspiré de Dieu.

RÉVÉLÉ, E adj. Communiqué par révélation divine : *religion révélée.*

RÉVÉLER v. t. (lat. *revelare*) [conj. **5**]. Découvrir, faire connaître ce qui était inconnu et secret, dévoiler, communiquer : *révéler ses desseins.* ‖ Laisser voir, être l'indice, la marque de : *ce roman révèle un grand talent.* ‖ En parlant de Dieu, faire connaître par un moyen surnaturel. ◆ **se révéler** v. pr. Se manifester, apparaître : *son génie se révéla tout à coup.*

REVENANT n. m. Âme d'un mort qu'on suppose revenir de l'autre monde, fantôme. ‖ *Fam.* Personne qui revient après une longue absence.

REVENDEUR, EUSE n. Personne qui achète pour revendre.

REVENDICATEUR, TRICE n. Personne qui exprime une revendication.

REVENDICATIF, IVE adj. Qui exprime ou comporte une revendication.

REVENDICATION n. f. Action de revendiquer; son résultat. ‖ *Dr.* Action en justice dont l'objet est de faire reconnaître un droit de propriété.

REVENDIQUER v. t. (lat. *vindicare,* réclamer). Réclamer qqch qui vous appartient et dont on est privé. ‖ En parlant d'une collectivité, réclamer l'exercice d'un droit politique ou social, une amélioration des conditions de vie ou de travail. ‖ Réclamer pour soi, assumer : *revendiquer la responsabilité de ses actes.*

REVENDRE v. t. (conj. **46**). Vendre ce qu'on a acheté, ou vendre de nouveau : *revendre une chose plus cher qu'elle n'a coûté.* ● *Avoir d'une chose à revendre,* en avoir en abondance.

REVENEZ-Y n. m. inv. *Fam.* Retour vers le passé. ● *Avoir un goût de revenez-y,* se dit d'une chose agréable qui incite à recommencer.

REVENIR v. i. (lat. *revenire*) [conj. **16**; auxil. *être*]. Venir de nouveau, ou venir une autre fois : *je reviens vous chercher.* ‖ Se rendre au lieu d'où on était parti : *revenir au point de départ; revenir à Paris.* ‖ Reparaître, se reproduire : *fête qui revient à date fixe; la joie est revenue.* ‖ Se présenter à l'esprit : *son nom ne me revient pas.* ‖ Continuer qqch d'abandonné : *revenir à ses études.* ‖ Passer de nouveau à un état; quitter un état : *revenir à la vie; revenir d'un évanouissement.* ‖ Être retrouvé : *l'appétit lui revient.* ‖ Se résumer à, aboutir : *cela revient au même.* ‖ Plaire, inspirer confiance : *sa figure ne me revient pas.* ‖ Coûter : *cet habit me revient à tant.* ‖ Échoir, appartenir : *cela lui revient de droit.* ‖ Abandonner, cesser d'avoir : *revenir d'une illusion.* ● *En revenir,* être blasé, désabusé. ‖ *Faire revenir un aliment,* lui faire subir un commencement de cuisson dans le beurre ou dans la graisse. ‖ *Il m'est revenu que,* j'ai appris que; je me suis rappelé que. ‖ *Ne pas en revenir,* être très surpris. ‖ *Revenir sur le compte de qqn,* changer d'opinion à son égard. ‖ *Revenir d'une erreur,* la corriger. ‖ *Revenir de loin,* échapper à un grand danger, guérir d'une maladie grave. ‖ *Revenir sur ses pas,* rebrousser chemin. ‖ *Revenir sur une promesse,* s'en dédire. ‖ *Revenir sur une question,* l'examiner de nouveau.

REVENTE n. f. Seconde vente de qqch.

REVENU n. m. Somme annuelle perçue par une personne ou une collectivité soit à titre de rente, soit à titre de rémunération de son activité. ‖ *Techn.* Traitement thermique consistant à chauffer uniformément, à une température inférieure à la température de transformation, une pièce métallique qui a subi antérieurement une trempe, et à la laisser refroidir, en vue de détruire l'état de faux équilibre dû à la trempe. ‖ *Impôt sur le revenu,* impôt calculé d'après le revenu annuel des contribuables. ‖ *Politique des revenus,* intervention des pouvoirs publics en vue de répartir harmonieusement entre les catégories sociales les revenus provenant de l'activité économique. ‖ *Revenu national,* valeur nette des biens économiques produits par la nation.

REVENUE n. f. *Sylvic.* Pousse nouvelle des bois récemment coupés.

RÊVER v. i. (lat. pop. *exvagus,* errant). Faire des rêves : *j'ai rêvé toute la nuit.* ‖ Laisser son imagination de manière vague : *il ne fait que rêver.* ‖ Dire des choses déraisonnables, extravagantes : *vous rêvez!* ◆ v. t. ind. [à]. Songer à, méditer sur : *rêver à des projets d'avenir.* ◆ v. t. ind. [de]. Voir en rêve pendant la nuit : *j'ai rêvé de vous.* ‖ Désirer ardemment, souhaiter : *rêver d'être seul dans une île.* ◆ v. t. Voir en rêve : *j'ai rêvé toutes les nuits la même chose.* ‖ Imaginer : *ce n'est pas vrai, tu l'as rêvé.* ● *Ne rêver que plaies et bosses,* être batailleur, querelleur.

RÉVERBÉRANT, E adj. Qui réverbère le son.

RÉVERBÉRATION n. f. Réflexion de la

lumière ou de la chaleur. ‖ Persistance des sensations auditives dans une salle, après qu'a cessé l'émission du son.

RÉVERBÈRE n. m. Lanterne munie d'un réflecteur, pour éclairer les rues. ● *Four à réverbère*, four dans lequel les matières à traiter sont chauffées indirectement par l'intermédiaire de la voûte, qui, portée à haute température par les flammes et les gaz chauds, rayonne fortement sur la sole.

RÉVERBÉRER v. t. (lat. *reverberare*, repousser un coup) [conj. **5**]. Réfléchir, renvoyer la lumière, la chaleur, le son.

REVERCHER v. t. (lat. *revertere*, retourner). *Techn.* Boucher les trous d'une pièce de poterie d'étain avec le fer à souder.

REVERCHON n. f. Variété de cerise bigarreau.

REVERDIR v. t. Rendre de nouveau vert. ◆ v. i. Redevenir vert : *les arbres reverdissent.*

REVERDOIR n. m. Dans une brasserie, petit réservoir collecteur, d'où les moûts s'écoulent vers la chaudière à bière.

RÉVÉRENCE n. f. (lat. *reverentia*). *Litt.* Respect profond, vénération : *traiter qqn avec révérence.* ‖ Mouvement du corps que l'on fait pour saluer, soit en s'inclinant, soit en pliant les genoux. ● *Révérence parler* (Litt.), se dit pour excuser un propos jugé inconvenant. ● *Tirer sa révérence,* saluer en s'en allant; s'en aller.

RÉVÉRENCIEL, ELLE adj. Inspiré par la révérence (vx).

RÉVÉRENCIEUX, EUSE adj. *Litt.* Qui marque la révérence, le respect.

RÉVÉREND, E adj. et n. (lat. *reverendus*, digne de vénération). Titre d'honneur donné aux religieux et aux religieuses. ‖ Titre donné aux membres du clergé anglican.

RÉVÉRENDISSIME adj. Titre d'honneur donné aux prélats et aux supérieurs de congrégations ou d'ordres religieux.

RÉVÉRER v. t. (lat. *revereri*) [conj. **5**]. *Litt.* Honorer, traiter avec un profond respect.

RÊVERIE n. f. État de distraction pendant lequel l'activité mentale n'est plus dirigée par l'attention et s'abandonne à des souvenirs, à des images vagues; objet qui occupe alors l'esprit : *passer des heures dans la rêverie.*

REVERS n. m. (lat. *reversus*, retourné). Côté d'une chose opposé au côté principal ou à celui qui se présente d'abord. ‖ Le côté d'une médaille, d'une monnaie, opposé à l'AVERS. ‖ Envers, replié sur l'endroit, d'un col, d'un bas de manche ou de pantalon. ‖ Au tennis et au tennis de table, coup de raquette où le joueur attaque la balle à sa gauche s'il est droitier, à sa droite s'il est gaucher. ‖ Événement malheureux qui transforme une situation, échec, épreuve : *éprouver des revers de fortune.* ● *A revers,* par-derrière. ‖ *Revers de la main,* dos de la main, surface opposée à la paume. ‖ *Revers de la médaille,* mauvais côté d'une chose.

RÉVERSAL, E, AUX adj. (lat. *reversus*, retourné). *Dr.* S'est dit d'un acte d'assurance donné à l'appui d'un engagement précédent.

REVERSEMENT n. m. Transfert de fonds d'une caisse à une autre.

REVERSER v. t. Verser de nouveau. ‖ Transporter, reporter sur : *reverser une somme d'un compte sur un autre.*

REVERSI ou **REVERSIS** [rəvɛrsi] n. m. (it. *rovescino*). Jeu de cartes où celui qui fait le moins de levées et de points gagne la partie.

RÉVERSIBILITÉ n. f. Qualité de ce qui est réversible.

RÉVERSIBLE adj. (lat. *reversus*, retourné). Qui peut revenir en arrière : *un mouvement réversible.* ‖ Se dit d'un phénomène dans lequel l'effet et la cause peuvent être intervertis. ‖ Se dit d'un vêtement qui peut être porté à l'envers comme à l'endroit. ‖ *Dr.* Se dit des biens qui doivent, en certains cas, retourner au propriétaire qui en a disposé, ou d'une pension dont le service des arrérages est continué à d'autres personnes à la mort du titulaire. ‖ *Phys.* et *Chim.* Se dit d'une transformation qui peut, à un instant quelconque, changer de sens sous l'influence d'une modification infinitésimale dans les conditions de production du phénomène.

● *Hélice à pas réversible* (Aéron.), hélice dont on peut changer le sens de l'effort par une rotation des pales autour de leur axe.

RÉVERSION n. f. (lat. *reversio*). *Dr.* Droit en vertu duquel les biens dont une personne a disposé en faveur d'une autre lui reviennent quand celle-ci meurt sans enfants. ● *Pension de réversion,* retraite versée au conjoint survivant d'une personne décédée qui s'était acquis des droits à la retraite.

REVERSOIR n. m. Barrage par-dessus lequel l'eau s'écoule en nappe.

REVÊTEMENT n. m. Tout ce qui sert à recouvrir pour protéger, consolider. ‖ Partie supérieure d'une chaussée : *un revêtement antidérapant.* ‖ Placage en pierre, en bois, en plâtre, en ciment, etc., dont on recouvre le gros œuvre d'une construction. ‖ Dépôt effectué sur une pièce métallique pour lui conférer des propriétés particulières.

REVÊTIR v. t. (conj. **20**). Mettre sur soi un vêtement : *revêtir un manteau.* ‖ Recouvrir, enduire, garnir d'un revêtement : *revêtir de mosaïque.* ‖ Pourvoir un acte, un document de ce qui est nécessaire pour qu'il soit valide. ‖ Prendre tel ou tel aspect : *cela revêt un caractère dangereux.*

RÊVEUR, EUSE adj. et n. Qui se laisse aller à des pensées vagues; qui indique la rêverie. ● *Cela laisse rêveur,* cela étonne beaucoup.

RÊVEUSEMENT adv. De manière rêveuse.

REVIENT n. m. *Prix de revient,* somme représentant le total des dépenses nécessaires pour élaborer et distribuer un produit ou un service.

REVIF n. m. *Mar.* Période de la marée comprise entre la morte-eau et la vive-eau.

REVIGORER v. t. (lat. *vigor*, vigueur). Redonner des forces.

REVIREMENT n. m. Changement brusque et complet dans les opinions, les comportements.

RÉVISABLE adj. Qui peut être révisé.

RÉVISER v. t. (lat. *revisere*). Revoir, examiner de nouveau, pour modifier s'il y a lieu : *réviser son jugement; réviser une pension.* ‖ Examiner en vue de réparer; remettre en bon état de marche, vérifier : *réviser un moteur.* ‖ Étudier de nouveau une matière en vue d'un examen, d'un concours.

RÉVISEUR n. m. Personne qui revoit après une autre. ‖ Celui qui fait la révision des épreuves typographiques.

RÉVISION n. f. Action de réviser : *la révision des listes électorales, de la Constitution.* ‖ *Dr.* Voie de recours destinée à faire rétracter un jugement passé pour qu'il soit à nouveau statué.

RÉVISIONNEL, ELLE adj. Relatif à une révision.

RÉVISIONNISME n. m. Attitude de ceux qui remettent en cause les bases d'une doctrine, notamment politique, d'une constitution.

RÉVISIONNISTE adj. et n. Qui suggère ou effectue la révision d'une doctrine politique, d'une constitution. ‖ *Hist.* Partisan du général Boulanger dont le programme comportait la dissolution de la Chambre élue en 1885 et la révision de la Constitution de 1875; partisan de la révision du procès Dreyfus.

REVISSER v. t. Visser à nouveau ce qui est dévissé.

REVITALISATION n. f. Action de revitaliser.

REVITALISER v. t. Donner une force nouvelle, rétablir le bon fonctionnement.

REVIVIFICATION n. f. Action de revivifier.

REVIVIFIER v. t. *Litt.* Vivifier de nouveau.

REVIVISCENCE n. f. (lat. *reviviscere*, revenir à la vie). Propriété de certains animaux ou végétaux qui peuvent, après avoir été longtemps desséchés, reprendre vie à l'humidité. ‖ *Litt.* Réapparition d'états de conscience déjà éprouvés.

REVIVISCENT, E adj. Doué de reviviscence.

REVIVRE v. i. (conj. **57**). Revenir à la vie. ‖ Reprendre des forces, de l'énergie. ‖ Renaître, se renouveler : *l'espoir revit dans les cœurs.*

● *Faire revivre une chose,* la renouveler, lui rendre son éclat. ‖ *Faire revivre qqn,* lui redonner une sorte de vie par l'imagination, le récit. ◆ v. t. Vivre de nouveau qqch.

RÉVOCABILITÉ n. f. État de celui ou de ce qui est révocable.

RÉVOCABLE adj. Qui peut être révoqué.

RÉVOCATION n. f. Action de révoquer : *révocation d'un testament.* ‖ Action de destituer : *la révocation d'un fonctionnaire.*

RÉVOCATOIRE adj. Qui révoque.

REVOICI prép. Voici de nouveau.

REVOILÀ prép. Voilà de nouveau.

REVOIR v. t. (conj. **36**). Voir de nouveau : *revoir un ami.* ‖ Revenir dans un lieu : *revoir son village natal.* ‖ Assister de nouveau à : *revoir un film.* ‖ Examiner de nouveau, en vue d'améliorer, de réparer : *revoir un manuscrit, une voiture.* ‖ Étudier de nouveau une matière afin de se le rappeler. ◆ **se revoir** v. pr. Être de nouveau en présence l'un de l'autre.

REVOIR n. m. *Au revoir,* formule de politesse pour prendre congé.

REVOLER v. i. Voler de nouveau.

RÉVOLTANT, E adj. Qui révolte, indigne : *ce procédé est révoltant.*

RÉVOLTE n. f. Rébellion, soulèvement contre l'autorité établie. ‖ Refus d'obéissance, opposition à une autorité quelconque.

RÉVOLTÉ, E adj. et n. En état de révolte.

RÉVOLTER v. t. (it. *rivoltare*, retourner). Indigner, choquer vivement, écœurer : *procédé qui révolte.* ◆ **se révolter** v. pr. Se soulever contre une autorité. ‖ S'indigner, s'irriter.

RÉVOLU, E adj. (lat. *revolutus*). Achevé, complet : *avoir vingt ans révolus.* ‖ Qui est passé, qui n'existe plus : *une époque révolue.*

RÉVOLUTION n. f. (lat. *revolutio*; de *revolvere*, retourner). Mouvement orbital périodique d'un mobile autour d'un corps central : *la révolution d'une planète.* ‖ Temps mis par ce mobile pour effectuer ce mouvement. ‖ Mouvement, autour d'un axe, d'une figure de forme invariable. ‖ Changement brusque et violent dans la structure sociale ou politique d'un État, souvent d'origine populaire : *la révolution de 1848.* ‖ Transformation complète : *révolution dans les arts; révolution sexuelle.* ‖ *Fam.* Effervescence, agitation passagère. ● *La Révolution* (Absol.), la révolution de 1789. ‖ *Révolution de palais,* redistribution des postes de pouvoir à l'intérieur d'un groupe dirigeant, sans participation populaire. ‖ *Surface de révolution,* surface engendrée par la rotation d'une ligne de forme invariable, appelée *génératrice* ou *méridienne,* autour d'un axe.

RÉVOLUTIONNAIRE adj. Relatif à des révolutions politiques ou à une révolution en particulier : *période révolutionnaire.* ◆ adj. et n. Favorable à une transformation radicale des structures d'un pays.

RÉVOLUTIONNAIREMENT adv. Par des moyens révolutionnaires.

RÉVOLUTIONNARISATION n. f. Mise en œuvre d'une démarche révolutionnaire dans un processus politique, idéologique.

RÉVOLUTIONNARISME n. m. Tendance à considérer la révolution comme une fin en soi.

RÉVOLUTIONNARISTE adj. et n. Qui appartient au révolutionnarisme.

RÉVOLUTIONNER v. t. Causer du trouble, bouleverser : *cette nouvelle m'a révolutionné.* ‖ Modifier profondément : *cette découverte a révolutionné l'imprimerie.*

REVOLVER [revɔlvɛr] n. m. (mot angl., de *to revolve,* tourner). Arme à feu individuelle, à répétition, dont le magasin est constitué par un barillet. ‖ Toute arme à feu de poing, à répétition.

REVOLVING [-iŋ] adj. (mot angl.). *Crédit revolving,* crédit à moyen terme dont le taux est révisable périodiquement.

RÉVOQUER v. t. (lat. *revocare*, rappeler). Ôter à qqn les fonctions, le pouvoir qu'on lui avait donnés, destituer : *révoquer un fonctionnaire.* ‖ *Litt.* Déclarer nul : *révoquer un ordre.*

REVOTER v. t. et i. Voter une nouvelle fois.

REVOYURE [rəvwajyr] n. f. *À la revoyure* (Pop.), au revoir.

REVUE n. f. Recherche, inspection exacte : *faire la revue de ses papiers.* ‖ Inspection détaillée des effectifs ou du matériel d'un corps de troupes : *passer une revue de détail.* ‖ Défilé, parade militaire : *la revue du 14-Juillet.* ‖ Publication périodique spécialisée ou non : *revue scientifique.* ‖ Pièce comique où l'on met en scène des événements de l'actualité, des personnages connus. ‖ Spectacle de music-hall formé par une succession de tableaux. ● *Passer en revue,* examiner tour à tour ou successivement. ‖ *Revue de presse,* examen et lecture des principaux articles de journaux reflétant les diverses opinions politiques.

REVUISTE n. m. Auteur dramatique qui écrit des revues.

RÉVULSÉ, E adj. Retourné, bouleversé : *avoir les yeux révulsés.*

RÉVULSER v. t. Bouleverser le visage. ‖ *Méd.* Produire une révulsion.

RÉVULSIF, IVE adj. et n. m. Se dit des remèdes produisant une révulsion.

RÉVULSION n. f. (lat. *revulsio,* action d'arracher). *Méd.* Irritation locale provoquée pour faire cesser un état congestif ou inflammatoire.

REWRITER [rərajtœr] n. m. (mot angl.). Personne chargée du rewriting.

REWRITER [rərajte] v. t. Procéder à un rewriting.

REWRITING [rərajtiŋ] n. m. (mot angl.). Nouvelle rédaction d'un texte pour l'adapter aux besoins spécifiques d'une catégorie de lecteurs.

REXISME n. m. Mouvement antiparlementaire, autoritaire et corporatif belge fondé en 1935 par Léon Degrelle, et qui disparut en 1944.

REXISTE adj. et n. Qui relève du rexisme.

REZ-DE-CHAUSSÉE n. m. inv. Étage situé au niveau du sol.

rH, indice analogue au pH, représentant quantitativement la valeur du pouvoir oxydant ou réducteur d'un milieu.

Rh, symbole chimique du *rhodium.*

Rh, abrév. de FACTEUR RHÉSUS.

RHABDOMANCIE n. f. (gr. *rhabdos,* baguette). Syn. de RADIESTHÉSIE.

RHABDOMANCIEN, ENNE n. Personne qui pratique la rhabdomancie.

RHABILLAGE n. m. Action de rhabiller.

RHABILLER v. t. Habiller de nouveau. ‖ Remettre en état : *rhabiller une montre.* ◆ **se rhabiller** v. pr. Remettre ses habits.

RHABILLEUR, EUSE n. Personne qui fait des rhabillages.

RHAMNACÉE n. f. Plante à fleurs telle que le *nerprun,* le *jujubier.* (Les *rhamnacées* forment une famille.)

RHAPSODE n. m. (gr. *rhapsôdos;* de *rhaptein,* coudre, et *ôdê,* chant). Dans la Grèce ancienne, chanteur qui allait de ville en ville en récitant des poèmes épiques, spécialement les poèmes homériques.

REVOLVER

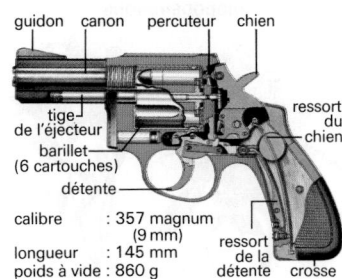

guidon   canon   percuteur   chien

tige
de l'éjecteur
barillet
(6 cartouches)
détente

calibre : 357 magnum
(9mm)
longueur : 145 mm
poids à vide : 860 g

ressort
du
chien

ressort
de la
détente   crosse

RHAPSODIE n. f. *Antiq.* Chant ou morceau contenant un épisode épique. ‖ *Mus.* Composition musicale de caractère improvisé, de style brillant et populaire.

RHÉNAN, E adj. Relatif au Rhin, à la Rhénanie.

RHÉNIUM [renjɔm] n. m. Métal blanc (Re), rare, n° 75, de masse atomique 186,2, analogue au manganèse.

RHÉOBASE n. f. *Physiol.* Intensité minimale d'un courant électrique qui, appliqué pendant une longue durée à un nerf ou à un muscle, en provoque l'excitation.

RHÉOLOGIE n. f. (gr. *rhein,* couler). Branche de la physique qui étudie la viscosité, la plasticité, l'élasticité et l'écoulement de la matière.

RHÉOLOGIQUE adj. Relatif à la rhéologie.

RHÉOLOGUE n. Spécialiste de rhéologie.

RHÉOMÈTRE n. m. Instrument de jaugeage pour les fluides.

RHÉOPHILE adj. *Biol.* Se dit des animaux des torrents, adaptés à résister au courant.

RHÉOSTAT n. m. *Électr.* Résistance variable qui, placée dans un circuit, permet de modifier l'intensité du courant.

RHÉSUS [rezys] n. m. Espèce de singe, appartenant au groupe *macaque.* ● *Facteur Rhésus,* ou *rhésus,* v. FACTEUR.

RHÉTEUR n. m. (gr. *rhêtôr*). Dans l'Antiquité, celui qui enseignait l'art de l'éloquence. ‖ Syn. de SOPHISTE. ‖ *Péjor.* Orateur emphatique.

RHÉTIQUE ou **RÉTIQUE** adj. De Rhétie.

RHÉTORICIEN, ENNE adj. et n. Qui use de la rhétorique (vx).

RHÉTORIQUE n. f. (gr. *rhêtorikê*). Ensemble de procédés et de techniques permettant de s'exprimer correctement et avec éloquence. ‖ Autref., classe de première des lycées. ‖ Affectation d'éloquence : *ce n'est que de la rhétorique.* ● *Figure de rhétorique,* tournure de style qui rend plus vive l'expression de la pensée. ■ On distingue, dans les *figures de rhétorique,* les *figures de mots,* qui consistent à détourner le sens des mots (*ellipse, syllepse, inversion, hypallage, pléonasme, métaphore, allégorie, catachrèse, synecdoque, métonymie, euphémisme, antonomase, antiphrase,* etc.), et les *figures de pensée,* qui consistent en certains tours de pensée indépendants de l'expression (*antithèse, apostrophe, exclamation, interrogation, énumération, gradation, réticence, périphrase, hyperbole, litote, prosopopée,* etc.).

RHÉTORIQUEUR n. m. *Littér.* Nom que se donnaient eux-mêmes, à la fin du XVᵉ s., des poètes de cour qui entreprenaient d'exprimer des vérités morales dans un style caractérisé par son raffinement et sa virtuosité. (On dit souvent *grands rhétoriqueurs.*)

RHÉTO-ROMAN, E adj. Se dit des dialectes romans de la Suisse orientale (anc. Rhétie), du Tyrol et du Frioul.

RHEXISTASIE n. f. (gr. *rhêxis,* action de rompre, et *stasis,* stabilité). *Géomorphol.* Phase de grande activité érosive provoquée par l'ab-

---

rhinocéros
d'Asie

rhinocéros d'Afrique

rhinanthe

rhizome

---

sence ou la rareté de la couverture végétale. (Contr. BIOSTASIE.)

RHINANTHE n. m. (gr. *rhis, rhinos,* nez, et *anthos,* fleur). Plante des prairies, parasite d'autres plantes par ses racines. (Famille des scrofulariacées; nom usuel : *crête-de-coq.*)

RHINENCÉPHALE n. m. Ensemble des formations nerveuses situées à la face interne et inférieure de chaque hémisphère cérébral. (En étroite connexion avec l'hypothalamus, le rhinencéphale intervient dans le contrôle de la vie végétative, dans l'olfaction et le goût.)

RHINGRAVE [rɛ̃grav] n. m. (all. *Rheingraf*). *Hist.* Autref., comte du Rhin; titre de quelques princes d'Allemagne.

RHINITE n. f. Syn. de CORYZA.

RHINOCÉROS n. m. (gr. *rhis, rhinos,* nez, et *keras,* corne). Mammifère périssodactyle des régions chaudes, caractérisé par la présence d'une ou deux cornes sur la face. (Cri : le rhinocéros *barrit.*) ■ Les rhinocéros sont de puissants animaux sauvages, à peau très épaisse, qui atteignent 4 m de long et 2 m de haut. Ils vivent dans les régions marécageuses de l'Asie et de l'Afrique et causent de grands dégâts dans les plantations. Le rhinocéros d'Asie n'a généralement qu'une corne sur le nez; celui d'Afrique en a deux.

RHINOLOGIE n. f. Étude des affections nasales.

RHINOLOPHE n. m. (gr. *rhis, rhinos,* nez, et *lophos,* crête). Chauve-souris dont le nez porte un appendice en forme de fer à cheval.

RHINO-PHARYNGIEN, ENNE ou **RHINO-PHARYNGÉ, E** adj. Relatif au rhino-pharynx.

RHINO-PHARYNGITE n. f. Inflammation du rhino-pharynx. (Nommée aussi *rhume,* cette affection est fréquente, bénigne, mais c'est le point de départ possible de complications : otites, sinusites, bronchites, etc.)

RHINO-PHARYNX n. m. Partie supérieure du pharynx, immédiatement en communication avec les fosses nasales.

RHINOPLASTIE n. f. Opération chirurgicale qui a pour but de reconstituer ou de remodeler le nez en cas de malformation ou d'accident.

RHINOSCOPIE n. f. Examen des fosses nasales avec un spéculum (*rhinoscopie antérieure*) ou avec un miroir placé derrière le voile du palais (*rhinoscopie postérieure*).

RHIZOBIUM [rizɔbjɔm] n. m. Bactérie symbiotique des nodosités des légumineuses.

RHIZOCARPÉE n. f. Syn. anc. de HYDROFILICALE.

RHIZOCTONE n. m., ou **RHIZOCTONIE** n. f. Champignon microscopique qui se trouve dans les racines des orchidées et en permet la tubérisation.

RHIZOÏDE n. m. Poil unicellulaire, fixateur et absorbant, des végétaux non vasculaires (algues, lichens) et des prothalles de fougères.

RHIZOME n. m. (gr. *rhiza,* racine). Tige souterraine pérennante, souvent allongée et horizontale.

RHIZOPHAGE adj. Qui se nourrit de racines.

RHIZOPHORE n. m. Syn. de MANGLIER.

RHIZOPODE n. m. (gr. *rhiza*, racine, et *pous, podos*, pied). Protozoaire possédant des pseudopodes, comme les *amibes*, les *foraminifères*, les *radiolaires*. (Les *rhizopodes* forment un embranchement.)

RHIZOSTOME n. m. Méduse d'un blanc crémeux, à bras orangés et festonnés, commune dans les mers de l'Europe occidentale. (Diamètre : jusqu'à 60 cm; classe des acalèphes.)

RHÔ [ro] n. m. Lettre de l'alphabet grec (ρ), correspondant à *r*.

RHODAMINE n. f. Nom générique de matières colorantes rouges, de constitution analogue à celle des fluorescéines.

RHODANIEN, ENNE adj. Relatif au Rhône.

RHODIEN, ENNE adj. et n. De Rhodes.

RHODITE n. m. Insecte hyménoptère dont une espèce pond sur les rosiers et y détermine une galle appelée *bédégar*. (Long. 2 mm.)

RHODIUM [rɔdjɔm] n. m. (gr. *rhodon*, rose). Métal (Rh), n° 45, de masse atomique 102,90, de densité 12,4, fusible vers 2 000 °C, analogue au chrome et au cobalt.

RHODODENDRON [rɔdɔdɛ̃drɔ̃] n. m. (gr. *rhodon*, rose, et *dendron*, arbre). Arbrisseau de montagne, cultivé pour ses grandes fleurs ornementales. (Famille des éricacées.)

RHODOÏD n. m. (nom déposé). Matière thermoplastique, à base d'acétate de cellulose.

RHODOPHYCÉE n. f. Algue chlorophyllienne colorée par un pigment rouge, généralement marine, caractérisée par un cycle reproductif complexe et parfois revêtue d'une croûte calcaire. (Les *rhodophycées* forment une classe.) [Syn. : ALGUE ROUGE, FLORIDÉE.]

RHODOPSINE n. f. Pigment de la rétine indispensable à la vision. (Syn. POURPRE RÉTINIEN.)

RHOMBE n. m. (gr. *rhombos*, losange). Instrument de musique (Amérique, Australie, Nouvelle-Guinée) généralement constitué de deux pièces de bois qu'on balance ou qu'on fait tourner au bout d'une ficelle. || Losange (vx).

RHOMBENCÉPHALE n. m. *Embryol.* Structure nerveuse de l'embryon, située autour du quatrième ventricule, à partir de laquelle se différencient le métencéphale (pont et cervelet) et le myélencéphale (bulbe rachidien).

RHOMBIQUE adj. Qui a la forme d'un losange.

RHOMBOÈDRE n. m. Parallélépipède dont les six faces sont des losanges égaux.

RHOMBOÉDRIQUE adj. Qui a la forme d'un rhomboèdre.

RHOMBOÏDAL, E, AUX adj. Qui a la forme d'un losange.

RHOMBOÏDE n. m. Parallélogramme (vx). || *Anat.* Muscle large et mince de la région dorsale, ayant la forme d'un losange.

RHOTACISME n. m. (gr. *rhô*, sur le modèle de *iotacisme*). *Ling.* Substitution de *r* à une autre consonne.

RHOVYL n. m. (nom déposé). Fibre synthétique à base de chlorure de vinyle.

RHUBARBE n. f. (bas lat. *rheubarbarum*, racine barbare). Plante vivace à racines et à tiges laxatives. (On fait des confitures et des compotes des pétioles de ses larges feuilles. Famille des polygonacées.)

RHUM [rɔm] n. m. (angl. *rum*). Eau-de-vie obtenue par la fermentation et la distillation des jus de canne à sucre ou, le plus souvent, de mélasses.

RHUMATISANT, E adj. et n. Affecté de rhumatisme.

RHUMATISMAL, E, AUX adj. Qui concerne un rhumatisme.

RHUMATISME n. m. (gr. *rheumatismos*, catarrhe). Maladie caractérisée par une atteinte inflammatoire ou dégénérative d'une ou plusieurs articulations. ● *Rhumatisme articulaire aigu*, affection fébrile due à l'action des toxines du streptocoque, atteignant successivement les grosses articulations et comportant parfois une atteinte cardiaque. || *Rhumatisme infectieux*, affection due à l'action directe de germes divers sur les articulations. (Le gonocoque est le plus souvent en cause.)

RHUMATOÏDE adj. Se dit d'une douleur analogue à celle des rhumatismes. ● *Facteur rhumatoïde*, globuline anormale présente dans le sérum des sujets atteints de polyarthrite rhumatoïde. || *Polyarthrite rhumatoïde*, inflammation chronique touchant plusieurs articulations, simultanément ou successivement, et aboutissant à des déformations et à l'impotence. (Syn. POLYARTHRITE CHRONIQUE ÉVOLUTIVE.)

RHUMATOLOGIE n. f. Partie de la médecine qui traite des affections ostéo-articulaires, rhumatismales et dégénératives.

RHUMATOLOGIQUE adj. Relatif à la rhumatologie.

RHUMATOLOGUE n. Médecin spécialiste en rhumatologie.

RHUMB [rɔb] n. m. (mot angl.). *Mar.* Quantité angulaire comprise entre deux des trente-deux aires de vent du compas et égale à $\dfrac{360^0}{32}$, soit 11° 15'.

RHUME n. m. (gr. *rheûma*, écoulement). Nom usuel du catarrhe de la muqueuse nasale et des affections qui produisent la toux. ● *Rhume de cerveau*, coryza. || *Rhume des foins*, irritation de la muqueuse des yeux et du nez, d'origine allergique (pollen, poussière, etc.).

RHUMER [rɔme] v. t. Additionner de rhum.

RHUMERIE [rɔmri] n. f. Usine où l'on fabrique le rhum.

RHYNCHITE [rɛkit] n. m. (gr. *rhugkhos*, bec). Insecte coléoptère de la famille des charançons, vivant sur le chêne, l'aubépine, le prunellier. (Long. : 3 à 9 mm.)

RHYNCHONELLE [rɛkɔnɛl] n. f. Genre de brachiopodes marins, fossiles, abondants à l'ère secondaire.

RHYNCHOTE [rɛkɔt] n. m. (gr. *rhugkhos*, groin). Syn. anc. de HÉMIPTÉROÏDE.

RHYOLITE n. f. (gr. *rheîn*, couler). Roche volcanique acide, composée essentiellement de quartz et de feldspath alcalin.

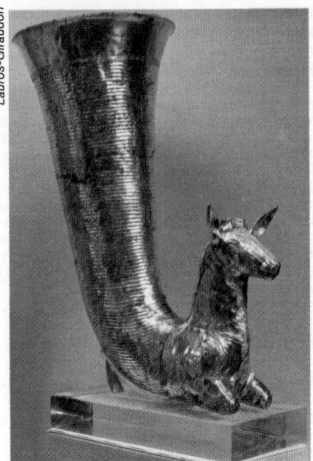

rhyton en forme de bouquetin
(argent, art achéménide)

RHYTHM AND BLUES [ritmɛdbluz] n. m. (loc. amér.). Musique populaire noire américaine, issue du blues, du gospel et du jazz.

RHYTIDOME n. m. (gr. *rhutidôma*, ride). *Bot.* Ensemble des tissus extérieurs au liège d'une racine ou d'une tige âgée, qui forment ce qu'on appelle usuellement l'*écorce* d'un tronc.

RHYTINE n. f. Grand mammifère sirénien des côtes sibériennes, anéanti au XVIIIᵉ s.

RHYTON n. m. (gr. *rhuton*). *Archéol.* Vase à boire en forme de corne ou de tête d'animal.

RIA n. f. (mot esp.). *Géogr.* Partie aval d'une vallée encaissée, envahie par la mer.

RIANT, E adj. Qui exprime la gaieté : *visage riant*. || Agréable : *campagne riante*.

RIBAMBELLE n. f. (mot dialect. *riban*, ruban). *Fam.* Longue suite de personnes, de choses.

RIBAUD, E adj. et n. (anc. fr. *riber*, se livrer à la débauche). *Hist.* Au Moyen Âge, personne qui suivait une armée. || *Litt.* Personne débauchée.

RIBAUDEQUIN n. m. (mot néerl.). Arme des XIVᵉ et XVᵉ s., formée de plusieurs piques ou bouches à feu montées sur un chariot.

RIBÉSIACÉE n. f. (ar. *ribas*, groseille). Arbuste voisin des rosacées, tel que le *groseillier* et le *cassis*. (Les *ribésiacées* forment une famille.)

RIBLON n. m. Déchet d'acier ou de fer.

RIBOFLAVINE n. f. Vitamine B2.

RIBONUCLÉASE n. f. Enzyme pancréatique catalysant l'hydrolyse des acides ribonucléiques.

RIBONUCLÉIQUE adj. Se dit d'un groupe d'acides nucléiques localisés dans le cytoplasme et le nucléole, et qui jouent un grand rôle dans la synthèse des protéines.

RIBOSE n. m. Aldose $C_5H_{10}O_5$ constituant de nombreux nucléotides.

rhizostome

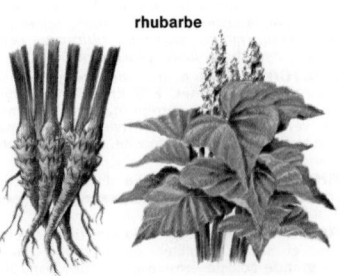

rhubarbe

RHODODENDRONS

cultivé   ferrugineux

RIBOSOME n. m. Organite cytoplasmique de toutes les cellules vivantes, assurant la synthèse des protéines.

RIBOTE n. f. (anc. fr. *riboter*; de *ribaud*). *Litt.* Excès de table et de boisson.

RIBOULDINGUE n. f. (de *ribouler*, vagabonder, et *dinguer*). *Faire la ribouldingue* (Pop. et vx), faire la fête, la noce.

RICAIN, E n. et adj. *Pop.* Américain(e) des États-Unis.

RICANEMENT n. m. Action de ricaner.

RICANER v. i. (anc. fr. *recaner*, braire). Rire à demi, sottement ou avec une intention moqueuse ou malveillante.

RICANEUR, EUSE adj. et n. Qui se plaît à ricaner.

RICCIE [riksi] n. f. Genre d'hépatiques qui croissent sur les terres humides.

RICERCARE [ritʃerkare] n. m. (mot it.) [pl. *ricercari*]. Forme musicale composée d'épisodes juxtaposés traités en imitation.

RICHARD, E n. *Fam.* Personne très riche.

RICHE adj. et n. (mot francique). Qui possède de grands biens, une grande fortune. ◆ adj. Abondant, fertile, plein de qualités : *sol riche; riche moisson; riche idée.* ‖ Qui renferme qqch en abondance : *minerai riche en argent.* ‖ Qui est de grand prix, magnifique : *de riches broderies.* ◆ *Rimes riches,* rimes qui comportent trois éléments communs. ‖ *Une riche nature* (Fam.), une personne énergique.

RICHELIEU n. m. Soulier bas, à lacets (vx).

RICHEMENT adv. De façon riche.

RICHESSE n. f. Abondance de biens, fortune. ‖ Abondance, fertilité : *la richesse du sol, du style.* ‖ Qualité de ce qui est précieux, magnificence : *ameublement d'une grande richesse.* ◆ pl. Produits de l'activité économique d'une collectivité nationale; ressources naturelles (exploitées ou non) d'un pays.

RICHISSIME adj. *Fam.* Très riche.

Richter (échelle de), graduation (de 1 à 9) mesurant l'intensité des séismes.

RICIN n. m. (lat. *ricinus*). Euphorbiacée dont les graines toxiques fournissent une huile purgative ou une huile de graissage.

graine

RICIN

RICINÉ, E adj. Imprégné d'huile de ricin.

RICKETTSIE [riketsi] n. f. (de *Ricketts,* n. pr.). Genre de micro-organismes intermédiaires entre les virus et les bactéries, agents de certaines maladies contagieuses (typhus).

RICKETTSIOSE n. f. Non générique de toutes les maladies causées par des rickettsies (typhus exanthématique, typhus murin, fièvre boutonneuse de la Méditerranée, fièvre pourprée des montagnes Rocheuses, fièvre Q, fièvre fluviale du Japon, etc.).

RICOCHER v. i. Faire ricochet.

RICOCHET n. m. Rebond que fait un objet plat jeté obliquement sur la surface de l'eau ou sur un projectile rencontrant obliquement un obstacle. ◆ *Par ricochet,* indirectement, par contrecoup.

RIC-RAC loc. adv. *Fam.* Très exactement : *payer ric-rac.* ‖ *Fam.* De façon tout juste suffisante.

RICTUS [riktys] n. m. (mot lat., *fente de la bouche*). Contraction de la bouche qui découvre toutes les dents en donnant au visage l'expression ou l'apparence du rire.

RIDAGE n. m. Action de rider un cordage.

RIDE n. f. (de *rider*). Pli de la peau, ordinairement sous l'effet de l'âge. ‖ Ondulation qui se forme sur une surface quelconque : *le vent forme des rides sur l'eau.* ‖ *Mar.* Cordage servant à tendre des haubans. ◆ *Ride océanique,* syn. de DORSALE.

RIDÉ, E adj. Couvert de rides.

RIDEAU n. m. (de *rider*). Voile ou pièce d'étoffe qui coulisse sur une tringle pour intercepter le jour ou masquer quelque chose. ‖ Grande toile peinte qu'on lève ou qu'on abaisse devant la scène d'un théâtre. ‖ Ligne d'objets formant un obstacle à la vue ou une protection : *rideau d'arbres.* ‖ Talus qui sépare deux champs étagés sur un versant et qui ralentit l'érosion. ◆ *Rideau!* (Fam.), interj. indiquant que c'est assez. ‖ *Rideau de fer,* assemblage métallique qui sert à protéger la devanture d'un magasin ou qui, dans un théâtre, peut séparer la scène de la salle en cas d'incendie; expression servant parfois à désigner la frontière qui sépare les républiques socialistes d'Europe orientale des États d'Europe occidentale.

RIDÉE n. f. Filet pour prendre les alouettes.

RIDELLE n. f. (moyen haut all. *reidel,* grande perche). Châssis léger, plein ou à claire-voie, formant chacun des côtés d'un chariot ou d'un camion découvert, pour maintenir la charge.

RIDER v. t. (anc. haut all. *rîdan,* tourner). Marquer de rides. ‖ *Mar.* Tendre au moyen de ridoirs. ◆ **se rider** v. pr. Se couvrir de rides.

RIDICULE adj. (lat. *ridiculus*). Propre à exciter le rire, la moquerie : *discours ridicule.* ‖ Qui est insignifiant, minime, déraisonnable : *cette accusation est ridicule; une somme ridicule.*

RIDICULE n. m. Ce qui est ridicule : *peindre les ridicules de son temps.* ◆ *Tourner en ridicule,* se moquer de.

RIDICULEMENT adv. De façon ridicule.

RIDICULISER v. t. Tourner en ridicule.

RIDOIR n. m. *Mar.* Appareil permettant de tendre un cordage, une chaîne.

RIDULE n. f. Petite ride.

RIEL n. m. Unité monétaire du Cambodge.

RIEMANNIEN, ENNE adj. Relatif aux théories de Bernhard Riemann.

RIEN pron. indéf. (lat. *rem*; de *res,* chose). Aucune chose (avec la particule négative *ne*) : *n'en dites rien.* ‖ Quelque chose (sans *ne*) : *est-il rien de plus beau?* ◆ *Ça n'est rien,* ça n'est pas inquiétant. ‖ *Ce n'est rien,* c'est très important. ‖ *Cela ne fait rien,* cela importe peu. ‖ *Cela ne me dit rien* (Fam.), je n'en ai aucune envie. ‖ *Comme si de rien n'était,* comme si la chose n'était pas arrivée. ‖ *Compter pour rien,* ne faire aucun cas de; être considéré comme une quantité négligeable. ‖ *De rien, de rien du tout,* sans importance. ‖ *En moins de rien,* en très peu de temps. ‖ *En rien,* en quoi que ce soit, pas du tout. ‖ *Il n'en est rien,* c'est faux. ‖ *N'avoir rien de,* n'être pas du tout. ‖ *N'être rien à qqn,* lui être indifférent. ‖ *Ne plus rien faire,* ne plus travailler. ‖ *Pour rien,* sans utilité : *il est venu pour rien;* gratuitement : *il a fait ce travail pour rien;* pour peu d'argent : *il a eu cette maison pour rien.* ‖ *Rien que,* seulement.

RIEN n. m. Chose sans importance, bagatelle : *un rien lui fait peur; s'amuser à des riens.* ◆ *Comme un rien* (Fam.), très facilement. ‖ *Un rien de,* un petit peu de. ‖ *Un(e) rien du tout,* personne tout à fait méprisable.

RIESLING [rislin] n. m. (mot all.). Variété de cépage blanc qui constitue la base des vignobles d'Alsace et de Rhénanie.

RIEUR, EUSE adj. et n. Qui rit, qui aime à rire, à railler, à plaisanter. ◆ *Avoir, mettre les rieurs de son côté,* faire rire aux dépens de son adversaire.

RIEUSE n. f. Sorte de mouette.

RIFAIN, E adj. et n. Du Rif.

RIFAMPICINE n. f. Antibiotique antituberculeux, actif par voie orale.

RIFIFI n. m. (de *rif,* combat). *Arg.* Bagarre.

RIFLARD n. m. (anc. haut all. *riffilôn,* frotter). Ciseau en forme de palette, qui sert aux maçons pour ébarber les ouvrages de plâtre. ‖ Grand rabot de menuisier pour dégrossir le bois.

RIFLARD n. m. (d'un n. pr.). *Pop.* Parapluie.

RIFLE n. m. (mot angl.). Carabine à long canon : *carabine 22 long rifle.*

RIFLOIR n. m. Nom donné à diverses limes, de formes et d'emplois variés.

RIFT n. m. (mot angl.). *Géol.* Système de fossés d'effondrement qui accidente la partie axiale d'un bombement de l'écorce terrestre.

RIGAUDON ou **RIGODON** n. m. Air et danse vive à deux temps, d'origine provençale, en vogue aux XVIIe et XVIIIe s.

RIGIDE adj. (lat. *rigidus*). Raide : *une barre de fer rigide.* ‖ D'une grande sévérité, qui se refuse aux compromis.

RIGIDEMENT adv. Avec rigidité.

RIGIDIFIER v. t. Rendre rigide.

RIGIDITÉ n. f. Résistance qu'oppose une substance solide aux efforts de torsion ou de cisaillement. ‖ Manque d'adaptation d'un facteur économique à un changement de la conjoncture. ‖ Sévérité, austérité inflexible : *la rigidité des jansénistes, des magistrats.* ◆ *Rigidité diélectrique,* valeur du champ électrique auquel il faut soumettre un matériau isolant pour qu'il en résulte une perforation le rendant inapte à remplir ses fonctions.

RIGOLADE n. f. *Fam.* Action de rire. ‖ Chose dite pour faire rire. ‖ Chose faite sans effort, comme par jeu.

RIGOLAGE n. m. *Hortic.* Action de creuser de petites rigoles pour y planter de jeunes sujets.

RIGOLARD, E adj. et n. *Pop.* Qui aime à rire.

RIGOLE n. f. (moyen néerl. *regel,* ligne droite). Canal étroit et en pente pour l'écoulement des eaux. ‖ Petite tranchée creusée pour recevoir les fondations d'un mur. ‖ Sillon pour recevoir des semis ou de jeunes plants.

RIGOLER v. i. (de *rire,* et anc. fr. *galer,* s'amuser). *Fam.* Rire, s'amuser beaucoup. ‖ *Fam.* Ne pas parler sérieusement.

RIGOLO, OTE adj. et n. *Fam.* Plaisant, amusant.

RIGORISME n. m. Sévérité extrême dans l'interprétation et l'application de règles morales ou religieuses.

RIGORISTE adj. et n. Qui pousse trop loin la sévérité des principes.

RIGOTTE n. f. Petit fromage rond, fait d'un mélange de lait de chèvre et de lait de vache.

RIGOUREUSEMENT adv. Avec rigueur. ‖ Absolument, totalement : *c'est rigoureusement vrai.*

RIGOUREUX, EUSE adj. D'une sévérité inflexible : *maître rigoureux.* ‖ Pénible, difficile à supporter : *châtiment rigoureux.* ‖ Rude, âpre : *hiver rigoureux.* ‖ Précis, exact, strict, sans défaut : *examen rigoureux des faits; organisation rigoureuse d'un tableau.*

RIGUEUR n. f. (lat. *rigor*). Sévérité, dureté : *user de rigueur envers qqn.* ‖ Âpreté de la température extérieure. ‖ Grande exactitude, précision, exigence intellectuelle : *la rigueur d'une analyse.* ◆ *À la rigueur,* au pis aller, en cas de nécessité absolue. ‖ *De rigueur,* imposé par les usages, les règlements, indispensable : *tenue de rigueur.* ‖ *Tenir rigueur à qqn,* ne pas lui pardonner.

RIKIKI adj. inv. → RIQUIQUI.

RILLETTES n. f. pl. (moyen fr. *rille,* bande de lard). Viande de porc ou d'oie hachée menu et cuite dans la graisse.

RILLONS n. m. pl. Dés de poitrine de porc entrelardés, rissolés et confits entiers dans leur graisse de cuisson.

RILSAN n. m. (nom déposé). Fibre textile synthétique de la famille des polyamides.

RIMAILLER v. t. et i. Faire de mauvais vers.

RIMAILLEUR, EUSE n. *Fam.* Personne qui fait de mauvais vers.

RIMAYE [rimaj ou -mɛ] n. f. (lat. *rima*, fente). Crevasse profonde qui sépare parfois un glacier et ses parois rocheuses.

RIME n. f. (mot francique). Retour du même son à la fin de deux ou plusieurs vers. ● *N'avoir ni rime ni raison,* n'avoir pas de sens.

RIMER v. i. Avoir les mêmes sons, en parlant des finales des mots : *«étude» et «solitude» riment.* ‖ Faire des vers : *aimer à rimer.* ● *Ne rimer à rien,* être dépourvu de sens : *ce texte ne rime à rien.* ◆ v. t. Mettre en vers.

RIMEUR, EUSE n. Poète sans inspiration.

RIMMEL n. m. (n. déposé). Fard pour les cils.

RINÇAGE n. m. Action de rincer; passage à l'eau pure de ce qui a été lavé.

RINCEAU n. m., ou **RINCEAUX** n. m. pl. (bas lat. *ramusculus,* petit rameau). *Bx-arts.* Ornement fait d'éléments végétaux disposés en enroulements successifs.

Brogi-Giraudon

rinceau (fragment de frise provenant du forum de Trajan à Rome)

RINCE-BOUCHE n. m. inv. Gobelet d'eau tiède parfumée, que l'on utilisait pour se rincer la bouche après les repas (vx).

RINCE-BOUTEILLES n. m. inv. Appareil pour rincer les bouteilles. (Syn. RINCEUSE.)

RINCE-DOIGTS n. m. inv. Bol contenant de l'eau tiède parfumée de citron pour se rincer les doigts à table.

RINCÉE n. f. *Pop.* Volée de coups. ‖ *Pop.* Pluie torrentielle.

RINCER v. t. (anc. fr. *recincier*; lat. *recens, frais*) [conj. **1**]. Nettoyer en lavant et en frottant : *rincer un verre.* ‖ Passer dans une eau nouvelle après un nettoyage pour retirer toute trace des produits de lavage : *rincer un drap.* ◆ **se rincer** v. pr. *Se rincer la bouche,* se laver la bouche avec un liquide que l'on recrache. ‖ *Se rincer l'œil* (Fam.), regarder avec plaisir une personne attrayante, un spectacle obscène.

RINCETTE n. f. *Fam.* Petite quantité d'eau-de-vie que l'on verse dans son verre ou dans sa tasse à café après les avoir vidés.

RINCEUSE n. f. Syn. de RINCE-BOUTEILLES.

RINÇURE n. f. Eau qui a servi à rincer.

RINFORZANDO [rinfɔrtsãdo] adv. (mot it.). *Mus.* En renforçant, en passant du piano au forte. (S'indique en abrégé *rinf.* ou <.)

RING [riŋ] n. m. (mot angl., *cercle*). Estrade entourée de cordes pour les combats de boxe, de catch.

RINGARD, E n. *Fam.* Acteur, actrice à demi oublié(e). ◆ adj. *Fam.* Désuet, dépassé, médiocre.

RINGARD n. m. (wallon *ringuèle,* levier). Outil utilisé pour activer la combustion sur une grille ou pour remuer la matière en traitement dans certains fours.

RINGARDAGE n. m. Dans un foyer, brassage du combustible avec un ringard.

RIPAGE ou **RIPEMENT** n. m. Action de riper un cordage. ‖ Déplacement latéral.

RIPAILLE n. f. (moyen néerl. *rippen,* racler). *Fam.* et *vx.* Excès, débauche de table. ● *Faire ripaille,* faire bombance.

RIPAILLER v. i. *Fam.* et *vx.* Faire ripaille.

RIPAILLEUR, EUSE n. *Fam.* Celui, celle qui aime à faire ripaille.

RIPE n. f. Outil de tailleur de pierre, en forme de S, dont l'extrémité tranchante est finement dentelée.

RIPER v. t. (néerl. *rippen,* palper). Dresser une pierre avec la ripe. ‖ Déplacer latéralement. ‖ *Mar.* Faire glisser : *riper un cordage.* ● *Riper une voie* (Ch. de f.), la déplacer, la dresser sans la démonter. ◆ v. i. Déraper.

RIPIENO n. m. (mot it.). Ensemble des instrumentistes accompagnateurs, dans un concerto grosso.

RIPOLIN n. m. (nom déposé). Peinture laquée très brillante.

RIPOLINER v. t. Peindre au Ripolin.

RIPOSTE n. f. (it. *riposto*; de *rispondere,* répondre). Repartie prompte; réponse vive à une raillerie : *avoir la riposte facile.* ‖ Contre-attaque vigoureuse. ‖ *Escr.* Attaque qui suit une parade. ● *Riposte graduée,* théorie stratégique américaine (1961) qui consiste à adapter à la nature et à la puissance de la menace exercée par un adversaire le choix des moyens militaires à mettre en œuvre pour lui répondre.

RIPOSTER v. i. Répondre vivement à une attaque, à une raillerie, à une injure. ‖ *Escr.* Attaquer immédiatement après avoir paré.

RIPPER [ripɛr] n. m. (mot angl., de *to rip,* arracher). Syn. de ROOTER.

RIPPLE-MARK [riplmark] n. f. (mot angl.) [pl. *ripple-marks*]. *Géogr.* Petite ride ciselée dans le sable par l'eau (sur la plage) ou par le vent (dans les déserts).

RIPUAIRE adj. (lat. *ripa,* rive). Se dit des anciens peuples germaniques des bords du Rhin, et particulièrement des Francs.

RIQUIQUI ou **RIKIKI** adj. inv. *Fam.* Petit et d'aspect mesquin, étriqué.

RIRE v. i. (lat. *ridere*) [conj. **61**]. Manifester un sentiment de gaieté par un mouvement des lèvres, de la bouche, et accompagné de sons rapidement égrenés. ‖ Prendre une expression de gaieté : *des yeux qui rient.* ‖ S'amuser, prendre du bon temps : *aimer à rire.* ‖ Ne pas parler, ne pas agir sérieusement : *j'ai dit cela pour rire.* ● *Avoir le mot pour rire,* savoir dire des choses plaisantes. ‖ *Prêter à rire,* donner sujet de rire, de railler. ‖ *Rire au nez, à la barbe de qqn,* se moquer de lui en face. ‖ *Rire sous cape,* éprouver une satisfaction maligne qu'on cherche à dissimuler. ‖ *Vous me faites rire,* ce que vous dites est absurde. ‖ *Vous voulez rire, vous ne parlez pas sérieusement.* ◆ v. t. ind. [**de**]. Se moquer : *tous rient de sa sottise.* ● *Rire des menaces de qqn,* n'en pas tenir compte. ◆ **se rire** v. pr. [**de**]. Se moquer, ne pas tenir compte de.

RIRE n. m. Action de rire; hilarité.

RIS [ri] n. m. (lat. *risus*). Action de rire (vx).

RIS [ri] n. m. (anc. scandin. *rifs*). *Mar.* Partie d'une voile où passent les garcettes, qui permettent de la serrer sur la vergue pour diminuer sa surface. ● *Prendre un ris,* diminuer ainsi la surface d'une voile.

RIS [ri] n. m. Nom usuel du thymus du veau et de l'agneau, qui est un mets délicat.

RISBERME n. f. (mot néerl.). Accumulation de fascines chargées de pierres, pour protéger les fondations d'un ouvrage hydraulique.

RISÉE n. f. Moquerie collective : *être un objet de risée.* ● *Être la risée de,* être un objet de moquerie pour.

RISÉE n. f. *Mar.* Petite brise subite et passagère.

RISER [rizɛr] n. m. (mot angl.). Dans un forage pétrolier en mer, canalisation reliant le fond du puits à l'engin de surface.

RISETTE n. f. (de *ris*). Sourire; sourire d'un enfant.

RISIBLE adj. Propre à faire rire, ridicule, drôle : *aventure risible.*

RISORIUS [rizɔrjys] n. m. et adj. (mot lat.; de *risor,* rieur). Petit muscle peaucier qui s'attache aux commissures des lèvres et contribue à l'expression du rire.

RISOTTO [rizɔto] n. m. (mot it.). Plat italien composé de riz accompagné de tomate et de parmesan.

RISQUE n. m. (it. *risco*). Danger, inconvénient possible : *courir un risque; s'exposer à un risque.* ‖ Préjudice, sinistre éventuel, que les compagnies d'assurances garantissent moyennant le paiement d'une prime. ● *À ses risques et périls,* en assumant sur soi toute la responsabilité de qqch, d'une entreprise. ● *Au risque de,* en s'exposant au danger de. ‖ *Grossesse à risque(s),* grossesse au cours de laquelle un état pathologique de la mère ou du fœtus peut faire craindre des complications pendant son cours ou au moment de l'accouchement. ‖ *Risque social,* perte de l'emploi, diminution du niveau de vie familial, maladie, accident, invalidité, vieillesse, décès, qu'une politique moderne de sécurité sociale vise à prévenir ou à réparer.

RISQUÉ, E adj. Qui comporte un risque, dangereux, hasardeux : *une entreprise risquée.* ‖ Indécent, osé : *des plaisanteries risquées.*

RISQUER v. t. Hasarder, exposer à un danger possible : *risquer sa vie.* ‖ S'exposer à quelque danger : *il risqua la mort, la bataille.* ● *Risquer le coup,* tenter une affaire douteuse. ◆ v. t. ind. *Risquer de* (suivi d'un inf.), être exposé à : *le temps risque de changer.* ◆ **se risquer** v. pr. S'exposer à un risque. ‖ Se hasarder à dire ou à faire qqch.

RISQUE-TOUT n. inv. Personne très audacieuse.

RISS n. m. (d'un n. pr.). *Géol.* La troisième des glaciations de l'ère quaternaire en Europe.

RISSOLE n. f. (prov. *rissolo*; lat. *retiolum,* petit filet). Filet à petites mailles, pour pêcher les sardines et les anchois dans la Méditerranée.

RISSOLE n. f. (lat. pop. *russeola*; de *russeus,* roux). Morceau de pâte feuilletée contenant un hachis de viande ou de poisson, que l'on peut frire ou cuire au four.

RISSOLER v. t. et i. Rôtir de manière à faire prendre une couleur dorée.

RISTOURNE n. f. (it. *ristorno*). Réduction accordée au client, généralement par un courtier qui lui abandonne une partie de sa commission. ‖ Part des bénéfices d'une coopérative, accordée en fin d'année au sociétaire. ‖ Dans l'assurance maritime, rétrocession de la prime à l'assuré, au cas où le risque n'est pas encouru.

RISTOURNER v. t. Faire une ristourne.

RITAL n. m. (*pl. ritals*). Pop. et péjor. Italien.

RITARDANDO adv. (mot it.). *Mus.* En retenant le mouvement. (En abrégé *rit.* ou *ritard.*)

RITE n. m. (lat. *ritus*). Ensemble des règles qui fixent le déroulement d'une cérémonie liturgique ou d'un culte religieux en général : *les rites du baptême; le rite de l'Église romaine.* ‖ Cérémonial quelconque : *les rites maçonniques.* ‖ Ce qui se fait selon une coutume traditionnelle : *les rites du nouvel an.* ‖ *Anthropol.* Acte, cérémonie qui a pour objet d'orienter une force occulte vers une action déterminée.

RITOURNELLE n. f. (it. *ritornello*). Courte phrase musicale qui précède ou suit un chant. ‖ *Fam.* Propos que l'on répète sans cesse.

RITUALISATION n. f. Action de ritualiser.

RITUALISER v. t. Instaurer des rites; codifier par des rites.

RITUALISME n. m. Tendance à exagérer l'importance des cérémonies du culte. ‖ Nom donné, au XIXᵉ s., à un mouvement tendant à restaurer dans l'Église anglicane les cérémonies et les pratiques de l'Église romaine.

RITUALISTE adj. et n. Qui a trait au ritualisme.

RITUEL, ELLE adj. (lat. *ritualis*). Conforme aux rites : *chant rituel.* ‖ Exécuté de manière précise et habituelle : *promenade rituelle.*

RITUEL n. m. Livre contenant les règles à observer dans l'administration des sacrements et la célébration des cérémonies liturgiques. ‖ Ensemble des rites d'une religion. ‖ Ensemble de règles, d'habitudes : *le rituel de la vie quotidienne.*

RITUELLEMENT adv. De façon rituelle.

RIVAGE n. m. (de *rive*). Bande de terre qui borde une étendue d'eau marine.

RIVAL, E, AUX adj. et n. (lat. *rivalis*). Qui aspire aux mêmes avantages qu'un autre avec lequel il est en compétition : *surpasser ses rivaux; nations rivales.* ‖ Qui dispute à un autre l'amour de qqn. ● *Sans rival,* inégalable.

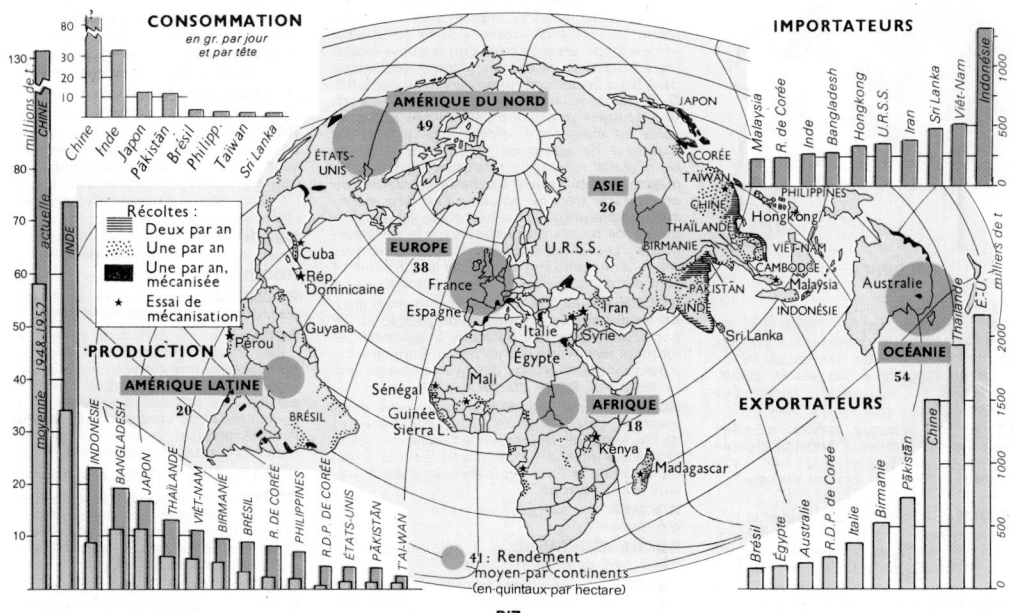

CONSOMMATION
en gr. par jour et par tête

Chine, Inde, Japon, Pakistan, Brésil, Philipp., Taiwan, Sri Lanka

IMPORTATEURS

Malaysia, R. de Corée, Inde, Bangladesh, Hongkong, U.R.S.S., Iran, Sri Lanka, Viêt-Nam, Indonésie

millions de t — milliers de t

AMÉRIQUE DU NORD 49
ÉTATS-UNIS

ASIE 26
JAPON, CORÉE, TAIWAN, CHINE, THAÏLANDE, BIRMANIE, VIÊT-NAM, CAMBODGE, PAKISTAN, INDE, Sri Lanka

EUROPE 38
France, Espagne, Italie

U.R.S.S.

Cuba, Rép. Dominicaine

Récoltes :
Deux par an
Une par an
Une par an, mécanisée
Essai de mécanisation

Guyana, Pérou, BRÉSIL

PRODUCTION

AMÉRIQUE LATINE 20

Sénégal, Mali, Guinée, Sierra L., Égypte, Syrie, Iran

OCÉANIE 54
Australie

AFRIQUE 18
Kenya, Madagascar

EXPORTATEURS

Brésil, Égypte, Australie, R.D.P. de Corée, Italie, Birmanie, Pakistan, Chine, E.-U., Thaïlande

41 : Rendement moyen par continents
(en quintaux par hectare)

millions de t — actuelle — moyenne 1948-1952

CHINE, INDE, INDONÉSIE, BANGLADESH, JAPON, THAÏLANDE, VIÊT-NAM, BIRMANIE, BRÉSIL, R. DE CORÉE, PHILIPPINES, R.D.P. DE CORÉE, ÉTATS-UNIS, PAKISTAN, TAÏWAN

RIZ

RIVALISER v. i. Chercher à égaler ou à surpasser qqn; lutter : *rivaliser d'efforts avec qqn.*

RIVALITÉ n. f. Concurrence de personnes qui prétendent à la même chose; antagonisme.

RIVE n. f. (lat. *ripa*). Bord en général. ‖ Bande de terre qui borde une étendue d'eau douce ou marine. ‖ *Constr.* Limite d'un versant de toit couvrant les rampants d'un pignon. ● *Poutre de rive,* chacune des poutres longitudinales d'un pont soutenant le tablier de ce pont; poutre bordant l'un des côtés d'un plancher, plaquée contre un mur et généralement soutenue en plusieurs points de sa portée. ‖ *Rive droite, rive gauche,* bord d'un cours d'eau qu'on a à sa droite, à sa gauche, quand on regarde dans le sens du courant; quartiers d'une ville qui bordent le fleuve.

RIVELAINE n. f. (mot picard). Pic de mineur, à deux pointes.

RIVER v. t. (de *rive*). Rabattre et aplatir la pointe d'un clou, d'un rivet, etc., sur l'autre côté de l'objet qu'il traverse. ‖ Assembler, assujettir, fixer à demeure au moyen de rivets : *river deux tôles ensemble.* ‖ Assembler deux ou plusieurs éléments par écrasement d'une partie de l'un d'eux dans une partie adéquate de l'autre : *river les anneaux d'une chaîne.* ● *Être rivé à,* être attaché étroitement à : *le regard rivé à terre.* ‖ *River son clou à qqn* (Fam.), lui répondre vertement, le réduire au silence.

RIVERAIN, E adj. et n. Qui habite ou possède une propriété le long d'un cours d'eau, d'une forêt, d'une route, etc.

RIVERAINETÉ n. f. Droits que les propriétaires dont le fonds borde une rivière non navigable possèdent sur les eaux de celle-ci. ‖ Situation juridique d'immeubles qui en voisinent d'autres ou qui sont situés le long de voies publiques ou privées.

RIVESALTES n. m. Vin blanc doux naturel du Roussillon.

RIVET n. m. Courte tige cylindrique renflée à une extrémité et dont l'autre extrémité est aplatie après l'assemblage.

RIVETAGE n. m. Opération consistant à assembler deux pièces par écrasement de l'extrémité de l'une d'elles dans un logement de l'autre. ‖ Opération consistant à assembler divers éléments au moyen de rivets.

RIVETER v. t. (conj. 4). *Industr.* Syn. de RIVER.

RIVETEUSE ou **RIVEUSE** n. f. Machine qui sert à poser les rivets.

RIVEUR n. m. Ouvrier qui rive.

RIVIÈRE n. f. (lat. *riparius*, qui se trouve sur la rive). Toute espèce de cours d'eau abondant, et particulièrement celui qui se jette dans un fleuve. ‖ Obstacle artificiel formé par une pièce d'eau et placé sur le parcours d'un steeple. ● *Rivière de diamants,* collier sur lequel sont enchâssés des diamants.

RIVOIR n. m. Machine à river. ‖ Marteau dont on se sert pour river.

RIVULAIRE n. f. Algue bleue formée de filaments rameux. (Famille des cyanophycées.)

RIVURE n. f. Action de river; son résultat.

RIXDALE [riksdal] n. f. (mot néerl.). Anc. monnaie d'argent de différentes valeurs, frappée en Europe centrale et nordique.

RIXE n. f. (lat. *rixa*). Querelle violente, accompagnée d'injures et de coups, bagarre.

RIYAL n. m. Unité monétaire principale de l'Arabie Saoudite, de la république arabe du Yémen et du Qatar.

RIZ n. m. (it. *riso*; lat. *oryza*). Graminacée cultivée dans les terrains humides et chauds, et dont le grain farineux est un excellent aliment (nom scientifique : *oryza*); le grain de cette plante. ● *Eau de riz,* boisson astringente obtenue en faisant cuire du riz dans de l'eau. ‖ *Paille de riz,* paille fournie par la partie ligneuse du riz, utilisée pour la confection des chapeaux. ‖ *Poudre de riz,* fécule de riz parfumée pour le maquillage, les soins de beauté.

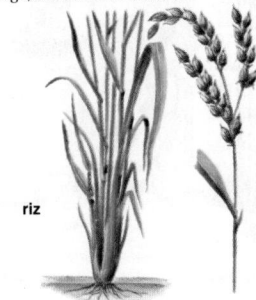

riz

RIZERIE n. f. Usine où l'on traite le riz.

RIZICULTEUR n. m. Cultivateur de riz.

RIZICULTURE n. f. Culture du riz.

RIZIÈRE n. f. Champ, plantation de riz.

RIZ-PAIN-SEL n. m. inv. Sobriquet donné aux militaires du service de l'intendance.

Rn, symbole chimique du *radon.*

ROADSTER n. m. (mot angl.). *Autom.* Carrosserie ancienne comprenant deux places avant, que pouvait protéger une capote, et deux places à l'arrière dans un spider.

ROB n. m. (mot ar.). Suc épuré d'un fruit cuit, épaissi jusqu'à consistance de miel.

ROB ou **ROBRE** n. m. (angl. *rubber,* partie liée). Au bridge et au whist, chacune des manches jouées avec le même partenaire.

ROBAGE ou **ROBELAGE** n. m. Action de rober.

ROBE n. f. (mot germ.). Vêtement féminin composé d'un corsage et d'une jupe d'un seul tenant. ‖ Vêtement long et ample, que portent les juges, les avocats, etc. ‖ *Litt.* Profession de la magistrature. ‖ Couleur du vin. ‖ Feuille de tabac constituant l'enveloppe d'un cigare. (Syn. CAPE.) ‖ Couleur de l'ensemble des poils du cheval. ‖ Enveloppe : *robe d'une fève, d'un oignon.* ● *Homme de robe* (Litt.), magistrat. ‖ *Pommes de terre en robe de chambre, en robe des champs,* cuites dans leur peau. ‖ *Robe de chambre,* vêtement d'intérieur tombant jusqu'aux pieds.

ROBER v. t. Entourer les cigares d'une feuille extérieure, dite robe.

ROBIN n. m. *Litt.* et péjor. Magistrat.

ROBINET n. m. (de *Robin,* surnom donné au mouton). Appareil permettant d'établir ou de suspendre l'écoulement d'un fluide contenu dans un réservoir ou dans une conduite de distribution; la clef seule du robinet : *tourner le robinet.* ● *Robinet d'incendie armé,* syn. de POSTE D'INCENDIE.

ROBINETIER n. m. Fabricant ou marchand de robinets.

ROBINETTERIE n. f. Usine de robinets; industrie, commerce de robinets. ‖ Ensemble des robinets d'un dispositif : *faire refaire toute la robinetterie.*

ROBINIER n. m. (de *Robin,* jardinier du roi

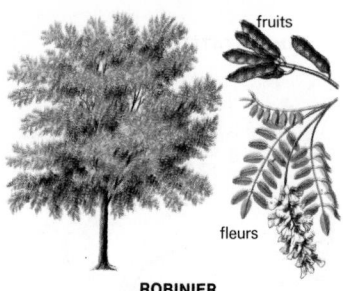

ROBINIER

[1550-1629]). Arbre venant de l'Amérique du Nord, à feuilles composées pennées et à grappes de fleurs blanches odorantes, souvent planté en France, où on l'appelle à tort *acacia*. (Haut. 20 m; longévité : 2 à 3 siècles; famille des papilionacées.)

ROBOT n. m. (tchèque *robota*, corvée). Machine à l'aspect humain. ‖ Appareil capable d'agir de façon automatique pour une fonction donnée. ‖ Homme agissant comme un automate.

ROBOTIQUE n. f. Ensemble des études et des techniques tendant à concevoir des systèmes capables de se substituer à l'homme dans ses fonctions motrices, sensorielles et intellectuelles.

ROBOTISATION n. f. Action de robotiser.

ROBOTISER v. t. Enlever à qqn toute initiative, réduire un travail à une tâche automatique, comparable à celle d'un robot. ‖ Introduire l'emploi de robots industriels.

ROBUSTE adj. (lat. *robustus;* de *robur,* force). Capable de supporter la fatigue, solidement constitué, fort, résistant.

ROBUSTESSE n. f. Force, vigueur.

ROC [rɔk] n. m. (de *roche*). Masse de pierre très dure : *bâtir sur le roc.*

ROCADE n. f. Voie destinée à détourner la circulation d'une région, qui part d'une voie principale et qui aboutit à une autre voie principale. ‖ *Mil.* Voie de communication parallèle à la ligne de combat.

ROCAILLAGE n. m. Revêtement en rocaille.

ROCAILLE n. f. Terrain rempli de cailloux. ‖ Ouvrage ornemental imitant les rochers et les pierres naturelles. ◆ adj. inv. et n. f. Se dit d'une tendance des arts décoratifs qui fut en vogue, en France, d'environ 1710 à 1750. (Aspect particulier du style Louis XV, elle se caractérise par la fantaisie de compositions dissymétriques, où règnent des formes contournées, déchiquetées, évoquant concrétions minérales, coquillages, sinuosités végétales.)

ROCAILLEUR n. m. Cimentier spécialisé dans la confection de rocaille.

ROCAILLEUX, EUSE adj. Plein de petits cailloux : *chemins rocailleux.* ‖ Désagréable à l'oreille : *style rocailleux; voix rocailleuse.*

ROCAMADOUR n. m. Très petit fromage rond et plat fabriqué dans le Quercy avec du lait de brebis.

ROCAMBOLE n. f. (all. *Rockenbolle*). Espèce d'ail ou d'oignon qui porte au sommet de la tige des bulbilles pouvant servir à sa multiplication.

ROCAMBOLESQUE adj. (de *Rocambole*, héros des romans-feuilletons de Ponson du Terrail). Rempli de péripéties invraisemblables, extraordinaires.

ROCHAGE n. m. Dégagement de gaz qui se produit au cours de la solidification de certains métaux ou alliages, et qui forme des cloques irrégulières.

ROCHASSIER n. m. Alpiniste spécialisé dans l'escalade en rochers.

ROCHE n. f. (bas lat. *rocca*). Matériau constitutif de l'écorce terrestre, formé d'un agrégat de minéraux et présentant une homogénéité de composition, de structure et de mode de forma-

tion. ● *Clair comme de l'eau de roche,* évident. ‖ *Eau de roche,* eau très limpide, qui sourd d'une roche. ‖ *Roche mère,* roche à partir de laquelle se développe un sol et que l'on retrouve inaltérée à la base de ce dernier; couche géologique dans laquelle se sont formés les hydrocarbures. ■ On divise les roches, d'après leur origine, en trois groupes principaux : les *roches sédimentaires* ou *exogènes* (formées à la surface, par diagenèse de sédiments); les *roches éruptives* ou *magmatiques,* qui cristallisent à partir d'un magma, en profondeur (roches *plutoniques*) ou en surface (roches *volcaniques*); les *roches métamorphiques,* qui résultent de la transformation de roches préexistantes par le métamorphisme. Les roches éruptives et métamorphiques qui se forment ou ont leur origine en profondeur sont parfois qualifiées de roches *endogènes.*

ROCHE-MAGASIN n. f. (pl. *roches-magasins*). Roche perméable, imprégnée de pétrole ou de gaz naturel dont elle constitue le gisement, et toujours recouverte par un niveau imperméable empêchant la migration des hydrocarbures vers le haut. (Syn. ROCHE-RÉSERVOIR.)

ROCHER n. m. Grande masse de pierre dure, escarpée; paroi rocheuse. ‖ *Anat.* Partie massive de l'os temporal, qui renferme l'oreille moyenne et l'oreille interne. ‖ Petit gâteau ayant la forme d'un rocher. ● *Faire du rocher,* faire de l'escalade, de la varappe.

ROCHER v. i. Mousser, en parlant de la bière qui fermente.

ROCHE-RÉSERVOIR n. f. (pl. *roches-réservoirs*). Syn. de ROCHE-MAGASIN.

ROCHET n. m. (mot francique). Surplis à manches étroites, des prélats ou des chanoines.

ROCHET n. m. (mot francique). Grosse bobine pour la soie. ● *Roue à rochet,* roue à dents taillées en biseau de façon à ne pouvoir soulever que dans un sens un cliquet qui l'immobilise dans l'autre sens.

ROCHEUX, EUSE adj. Couvert, formé de roches, de rochers.

ROCH HACHANA ou **ROSH HA-SHANA** [rɔʃaʃana] n. m. (mot hébreu). Fête du nouvel an juif, au début de l'automne.

ROCHIER n. m. Nom usuel de plusieurs poissons qui vivent près des côtes rocheuses.

ROCK [rɔk] n. m. (mot ar.). Oiseau énorme et fabuleux des contes orientaux.

ROCK ou **ROCK AND ROLL** [rɔkɛndrɔl] n. m. (angl. *rock,* balancer, et *roll,* rouler). Danse à deux ou quatre temps sur un rythme très accentué. ‖ Style d'une école de chanteurs et de musiciens très populaires après 1955, dérivé du

jazz, du rhythm and blues noir et de divers éléments folkloriques, qui donne la priorité au rythme par rapport à l'improvisation mélodique.

ROCKER [rɔkœr] n. m. Chanteur de rock and roll. ‖ Jeune homme fanatique de rock and roll.

ROCKING-CHAIR [rɔkiŋtʃɛr] n. m. (mot angl.) [pl. *rocking-chairs*]. Fauteuil à bascule.

ROCOCO n. m. et adj. inv. (de *rocaille*). Se dit de la forme décorative exubérante que prend au XVIIIe s., en Allemagne notamment, le style baroque, en partie sous l'influence de la rocaille. ‖ Se dit d'un objet, d'une mode vieillots, tarabiscotés, surannés.

ROCOU n. m. (mot tupi). Matière tinctoriale rouge, extraite des graines de rocouyer.

ROCOUER v. t. Teindre avec du rocou.

ROCOUYER n. m. Arbuste de l'Amérique du Sud, dont la graine fournit le rocou.

RODAGE n. m. Action de roder : *le rodage d'une réforme.* ‖ *Mécan.* Opération ayant pour but d'obtenir une surface unie et polie, et, dans le cas de surfaces frottantes, une portée aussi parfaite que possible des pièces en contact. ‖ Fonctionnement contrôlé d'un moteur neuf. ‖ Période pendant laquelle les pièces mobiles d'un moteur neuf s'ajustent les unes aux autres.

RÔDAILLER v. i. Flâner, errer çà et là.

RODÉO n. m. (mot esp.). Fête donnée à l'occasion du marquage des bêtes, dans certaines régions d'Amérique. ‖ Jeu américain qui consiste, pour le cavalier, à maîtriser un cheval ou un bœuf sauvages.

RODER v. t. (lat. *rodere,* ronger). Mettre au point le fonctionnement d'un organisme, d'un système d'organisation. ‖ Faire disparaître, par usure intentionnelle, les aspérités laissées par les procédés habituels d'usinage. ‖ Exécuter le rodage d'un moteur. ● *Être rodé,* avoir acquis de l'expérience; être au point.

RÔDER v. i. (lat. *rotare,* tourner). Errer çà et là, souvent avec de mauvaises intentions.

RÔDEUR, EUSE n. Personne qui rôde; individu louche, vagabond; malfaiteur.

RODOIR n. m. Outil pour roder.

RODOMONT n. m. (du n. d'un personnage de l'Arioste). *Litt.* Fanfaron, faux brave, vantard.

RODOMONTADE n. f. *Litt.* Fanfaronnade.

RŒSTI ou **RÖSTI** [røʃti] n. m. pl. Mets suisse fait de pommes de terre râpées ou coupées en minces tranches et rissolées à la poêle.

ROGATIONS n. f. pl. (lat. *rogatio,* demande). *Relig. cath.* Prières publiques et processions faites pour attirer sur les champs la bénédiction de Dieu.

ROGATOIRE adj. (lat. *rogatus,* interrogé). *Dr.* Qui concerne une demande. ● *Commission rogatoire,* commission qu'un tribunal adresse à un autre pour l'inviter à faire, dans l'étendue de son ressort, un acte de procédure ou d'instruction qu'il ne peut faire lui-même; en matière criminelle, mandat qu'un juge donne à un officier de police judiciaire pour procéder en ses lieu et place à des actes d'instruction.

ROGATON n. m. (lat. *rogatum,* chose demandée). *Fam.* Reste d'un repas; objet de rebut.

ROGNAGE n. m. Action de rogner.

ROGNE n. f. (lat. *aranea,* araignée). *Fam.* Colère, mauvaise humeur : *être en rogne.*

ROGNER v. t. (lat. pop. *rotundiare,* couper en rond). Retrancher qqch sur les bords : *rogner un livre.* ‖ Retrancher une petite partie de : *rogner les appointements de qqn.* ● *Rogner les ailes à qqn,* l'empêcher d'agir. ◆ v. i. *Pop.* Pester, être furieux. ● *Rogner sur qqch,* en retrancher une petite partie.

ROGNEUR, EUSE n. Ouvrier, ouvrière qui rogne le papier.

ROGNON n. m. (lat. *ren,* rein). Rein de certains animaux, considéré surtout comme comestible. ● *Rognon de silex,* petite masse de silex de forme arrondie, que l'on trouve dans certains calcaires et surtout dans la craie. ‖ *Table rognon,* table dont le dessus présente le contour d'un rognon ou d'un haricot (XVIIIe s.).

style **rocaille** : pendule astronomique due à Claude Passemant (XVIIIe s., bronzes de Jacques Caffieri)

ROGNONNADE n. f. *Cuis.* Longe de veau cuite avec le rognon enveloppé dans sa graisse.

ROGNURE n. f. Résidu, déchet du rognage.

ROGOMME n. m. *Fam.* et *vx.* Liqueur forte, eau-de-vie. ● *Voix de rogomme,* voix enrouée par l'abus de l'alcool.

ROGUE adj. (anc. scandin. *hrôkr,* arrogant). Arrogant, d'une raideur hautaine.

ROGUE n. f. (anc. scandin. *rogn*). Œufs de poissons salés, employés comme appât dans la pêche de la sardine.

ROGUÉ, E adj. *Pêch.* Qui a des œufs.

ROHART n. m. (anc. scandin. *hrosshvalr*). Ivoire de morse ou d'hippopotame.

ROI n. m. (lat. *rex, regis*). Détenteur du pouvoir exécutif, au moins en théorie, dans un État monarchique. ‖ Principale pièce au jeu d'échecs; figure de la carte représentant un roi. ‖ Personne ou chose supérieure aux autres dans un domaine quelconque. ● *Le Grand Roi,* titre du roi de Perse, selon les auteurs grecs. ‖ *Le jour des Rois,* l'Épiphanie. ‖ *Morceau de roi,* mets exquis. ‖ *Le roi des animaux,* le lion. ‖ *Le Roi Catholique,* le roi d'Espagne. ‖ *Les Rois Catholiques,* Isabelle Iʳᵉ, reine de Castille, et Ferdinand II, roi d'Aragon. ‖ *Le Roi des rois,* titre du souverain d'Éthiopie. ‖ *Le Roi Très Chrétien,* le roi de France. ‖ *Roi des Romains,* dans l'anc. Empire germanique, titre que portait depuis le XIIᵉ s., l'empereur avant son couronnement, puis, à partir de 1508, le successeur désigné de l'empereur régnant. ‖ *Travailler pour le roi de Prusse,* travailler pour rien.

ROITELET n. m. Roi d'un très petit État. ‖ Petit oiseau passereau insectivore, reconnaissable à la petite huppe orange ou jaune que le mâle porte sur la tête. (Long. 10 cm; famille des régulidés.)

roitelet
femelle

RÔLAGE n. m. *Techn.* Confection des rôles de tabac à mâcher.

Rolando (*scissure de*), scissure située à la face externe des hémisphères cérébraux, séparant le lobe frontal du lobe pariétal et bordée par deux circonvolutions correspondant à la zone motrice (en avant) et à la zone sensitive (en arrière).

RÔLE n. m. (lat. *rota,* rouleau). Ce que doit dire ou faire un acteur, un danseur dans une pièce de théâtre, dans un film, un ballet; personnage représenté par l'acteur : *comprendre son rôle.* ‖ Emploi, fonction, influence exercée par qqn; fonction assumée par un élément quelconque : *quel est son rôle dans cette affaire? le rôle de la préposition dans le groupe du verbe.* ‖ Liste, catalogue : *le rôle de l'équipage.* ‖ *Dr.* Liste des causes inscrites dans l'ordre où elles doivent se plaider; recto et verso d'un feuillet sur lequel sont transcrits certains actes juridiques (actes notariés, expéditions de jugement, cahiers des charges, etc.). ‖ *Fisc.* Cahiers portant la liste des contribuables avec indication de leur cotisation individuelle. ‖ *Sociol.* Ensemble, diffus ou explicite, des droits et des obligations d'un individu dans un groupe social, en rapport avec son statut juridique ou sa fonction dans ce groupe. ‖ *Techn.* Corde de tabac obtenue par torsion de feuilles fermentées, pour la consommation en chique. ● *À tour de rôle,* chacun son tour. ‖ *Avoir le beau rôle,* se montrer à son avantage; avoir la belle part. ‖ *Créer un rôle,* le jouer pour la première fois. ‖ *Jouer un rôle,* tenir tel ou tel rang, tel ou tel emploi.

RÔLE-TITRE n. m. (pl. *rôles-titres*). Dans les arts du spectacle, rôle homonyme du titre de l'œuvre interprétée.

ROLLIER n. m. Oiseau de la taille d'un geai, à plumage bleuté, passant en été dans le sud de la France. (Long. 30 cm, ordre des coraciadiformes.)

ROLLMOPS [rɔlmɔps] n. m. (mot all.). Hareng fendu, roulé autour d'un cornichon sur une brochette de bois et mariné au vin blanc.

ROLL ON-ROLL OFF [rɔlɔnrɔlɔf] n. m. (mots angl., *qui roule dedans, qui roule dehors*). *Mar.* Système de manutention par roulage.

ROLLOT n. m. Fromage à pâte molle, en forme de cœur, fabriqué en Picardie avec du lait de vache.

ROMAIN, E adj. et n. (lat. *romanus*). Qui appartient à l'ancienne Rome ou à la Rome actuelle. ‖ Se dit d'un caractère d'imprimerie dont les traits sont perpendiculaires à la direction de la ligne et dont on se sert généralement pour toute la partie courante d'un livre. ● *Chiffres romains,* lettres numéraires I, V, X, L, C, D, M, qui valent respectivement 1, 5, 10, 50, 100, 500, 1000 et qui, diversement combinées, servaient aux Romains à former tous les nombres. ‖ *Église romaine,* l'Église catholique.

ROMAINE n. et adj. f. (mot ar.). Se dit d'une balance à levier, formée d'un fléau à bras inégaux. (Sur le bras le plus long, qui est gradué, on fait glisser un poids pour équilibrer l'objet suspendu à l'autre bras.)

ROMAINE n. f. Variété de laitue à feuilles allongées et croquantes.

ROMAN, E adj. Se dit des langues dérivées du latin (français, italien, espagnol, portugais, roumain, etc.). ‖ Se dit de l'art qui s'est épanoui en Europe aux XIᵉ et XIIᵉ s.

ROMAN n. m. Langue dérivée du latin, qui a précédé historiquement le français. ‖ Art ou style roman.

■ Art symbolique qui, dans sa création majeure, celle des édifices religieux, tend avant tout à l'expression du sacré, l'art roman est d'une grande clarté fonctionnelle dans ses procédés : mise au point, pour échapper aux catastrophiques incendies de charpentes, de systèmes variés de voûtes de pierre (voûtes d'arêtes, berceaux) avec leurs contrebutements appropriés (tribunes ou hauts collatéraux de part et d'autre du vaisseau principal des églises); stricte localisation de la sculpture en des points vitaux (chapiteaux) ou privilégiés (tympans des portails) de l'édifice; soumission des plans aux intentions liturgiques (circulation organisée des fidèles, par les collatéraux et le déambulatoire, dans les grandes églises de pèlerinage, telles que St-Martin de Tours au début du XIᵉ s.); etc. Empruntant aux sources les plus variées (carolingienne, antique, de l'Orient chrétien, de l'islâm, de l'Irlande, etc.), l'art roman brille en France dès la seconde moitié du Xᵉ s. (abbatiale de Cluny II, auj. disparue) et à partir de l'an mille : «massif» occidental de Tournus (qui rappelle, avec son petit appareil et ses «bandes lombardes», les œuvres de ce qu'on a appelé le *premier art roman,* petites églises répandues dans certaines régions montagneuses, de la Catalogne aux Grisons), rotonde de St-Bénigne de Dijon, tour Gauzlin de Saint-Benoît-sur-Loire (où s'affirme la renaissance de la sculpture monumentale). Le XIᵉ s. est le temps de toutes les inventions et, déjà, d'une parfaite maîtrise, qui allie volontiers jaillissement et massivité (Payerne, Conques, Jumièges). L'œuvre de la fin du XIᵉ s. et de la première moitié du XIIᵉ s., en France (St-Sernin de Toulouse, Cluny III, églises de Normandie, d'Auvergne, du Poitou, de Provence, de Bourgogne, églises à coupole du Périgord, etc.) ou en Angleterre (Ely, Durham), n'en est que l'épanouissement, avec une remarquable amplification des programmes iconographiques, sculptés (cloître puis porche de Moissac, tympans bourguignons, etc.) ou peints (fresques ou peintures murales de S. Angelo in Formis [Capoue], de Tavant, de Saint-Savin, de la Catalogne, etc.). Des édifices d'une grande majesté s'élèvent dans les pays germaniques, dès l'époque ottonienne (St-Michel d'Hildesheim, églises de Cologne, etc.) à la fin du XIIᵉ s., et en Italie (cathédrale de Pise), ce dernier pays demeurant toutefois sous l'influence dominante des traditions paléochrétienne et byzantine; ici et là, les problèmes de voûtement demeurent secondaires, les grands vaisseaux restant en général couverts de plafonds.
On n'oubliera pas, enfin, la production de la période romane dans les domaines de l'enluminure (ateliers monastiques d'Allemagne, d'Angleterre, d'Espagne, de France), du vitrail, de la ferronnerie, ainsi que dans un ensemble de techniques où brille notamment la région mosane : travail de l'ivoire, émaillerie, orfèvrerie, bronze (cuve baptismale de St-Barthélemy de Liège).

V. ill. page suivante

ROMAN n. m. Anc., œuvre narrative, en prose ou en vers, écrite en langue romane : *le «Roman de la Rose»; le «Roman de Renart».* ‖ Auj., œuvre d'imagination, constituée par un récit en prose d'une certaine longueur, dont l'intérêt est dans la narration d'aventures, l'étude de mœurs ou caractères, l'analyse de sentiments ou de passions. ‖ Aventure dénuée de vraisemblance : *cela a tout l'air d'un roman.* ● *Nouveau roman,* vocable collectif qui rassemble un certain nombre d'écrivains français qui manifestent un refus commun à l'égard du roman traditionnel (rejet du héros, de la psychologie, de la compréhension d'un monde qu'on ne peut saisir que de l'extérieur par le regard).

ROMANCE n. f. (esp. *romance,* petit poème). Chanson sur un sujet tendre et touchant, de caractère facile.

ROMANCE n. m. (mot esp.). *Littér. esp.* Poème, d'inspiration populaire et sentimentale, en vers de huit syllabes, dont les vers pairs sont assonancés, et les impairs, libres.

ROMANCER v. t. (conj. 1). Donner la forme ou le caractère d'un roman.

ROMANCERO [rɔmãsero] n. m. (mot esp.) [pl. *romanceros*]. *Littér. esp.* Recueil rassemblant des romances soit relatifs à une même légende, soit écrits à une même époque (les romanceros se sont constitués à partir du XVᵉ s.); ensemble de tous les romances.

ROMANCHE n. m. (lat. *romanice*). Nom de la langue rhéto-romane parlée dans les Grisons et devenue depuis 1938 la quatrième langue nationale de la Confédération suisse.

ROMANCIER, ÈRE n. Auteur de romans.

ROMAND, E adj. et n. Se dit de la partie de la Suisse où l'on parle le français, de ses habitants.

ROMANÉE n. m. Vin rouge de Bourgogne, récolté en Côte-d'Or, dans la commune de Vosne-Romanée.

ROMANESQUE adj. et n. m. Propre au genre du roman. ‖ Qui présente les caractères attribués traditionnellement au roman, fabuleux, extraordinaire : *aventure romanesque.* ‖ Rêveur, chimérique, qui voit la vie comme un roman : *esprit romanesque.*

ROMAN-FEUILLETON n. m. (pl. *romans-feuilletons*). Roman sentimental publié en une série d'épisodes dans un journal, et caractérisé par des rebondissements répétés de l'action.

ROMAN-FLEUVE n. m. (pl. *romans-fleuves*). Roman très long mettant en scène de nombreux personnages. ‖ *Fam.* Récit qui n'en finit pas.

ROMANICHEL, ELLE n. (mot tzigane *romani*). *Péjor.* Tzigane. ‖ Individu sans domicile fixe.

ROMANISATION n. f. Action de romaniser.

ROMANISER v. t. (de *romain*). Imposer la civilisation des Romains, la langue latine. ‖ Transcrire une langue en alphabet latin.

ROMANISTE n. Spécialiste des langues romanes. ‖ Se dit des peintres flamands qui, au XVIᵉ s., s'inspirèrent des maîtres de la seconde Renaissance italienne.

ROMANITÉ n. f. *Hist.* Civilisation romaine; ensemble des pays touchés par la civilisation romaine.

ROMAN-PHOTO n. m. (pl. *romans-photos*). Intrigue romanesque ou policière racontée sous forme de photos accompagnées de textes, inté-

Porche méridional de l'ancienne abbatiale Saint-Pierre, à Moissac (Tarn-et-Garonne). Au tympan, le Christ de l'Apocalypse. V. 1115-1120.

Campanile et narthex à trois arcades de l'ancienne abbatiale Santa Maria de Pomposa, près de Ferrare (Italie). Xᵉ-XIᵉ s.

ART ROMAN

Peintures à la voûte de la nef de l'église (ancienne abbatiale) de Saint-Savin (Vienne). Fin XIᵉ-début XIIᵉ s. ?

Cloître-atrium précédant la façade occidentale de l'église abbatiale Maria Laach (Rhénanie, R.F.A.). XIIᵉ s.

Chef reliquaire de saint Candide (trésor de l'abbaye de Saint-Maurice, Suisse). Argent repoussé, XIIᵉ s.

Chapiteau de la nef de la basilique (ancienne abbatiale) de la Madeleine, à Vézelay (Yonne) : *le Moulin mystique.* V. 1120-1150.

---

grés aux images. (Syn. : CINÉROMAN, PHOTO-ROMAN.)

ROMANTICISME n. m. Italianisme dont use Stendhal pour définir, en 1823, une littérature moderne opposée aux traditions classiques.

ROMANTIQUE adj. Qui relève du romantisme : *littérature romantique.* ‖ Passionné, exalté. ◆ adj. et n. Se dit des écrivains et des artistes qui, au XIXᵉ s., se réclament du romantisme.

ROMANTISME n. m. Ensemble de mouvements intellectuels et artistiques qui, à partir de la fin du XVIIIᵉ s., firent prévaloir des principes de liberté et de subjectivité contre les règles classiques et le rationalisme philosophique. ‖ Attitude passionnée, exaltée.

■ Le romantisme est un mouvement d'idées européen qui se manifeste dans les lettres dès la fin du XVIIIᵉ s. en Angleterre et en Allemagne, puis au XIXᵉ s. en France, en Italie et en Espagne. Il se caractérise par une réaction du sentiment contre la raison : cherchant l'évasion dans le rêve, dans l'exotisme ou le passé, il exalte le goût du mystère et du fantastique. Il réclame la libre expression de la sensibilité et, prônant le culte du « moi », affirme son opposition à l'idéal classique. Le romantisme se dessine dès les romans de Richardson (*Clarisse Harlowe,* 1747)

et les poèmes d'Ossian, et prend forme avec Goethe (*Werther,* 1774), Novalis et Hölderlin en Allemagne, Southey et Wordsworth (*Ballades lyriques,* 1798) en Grande-Bretagne. Plus tardif dans le reste de l'Europe, le romantisme triomphe en France avec Lamartine, Hugo, Vigny, Musset, qui prolongent un courant qui remonte à J.-J. Rousseau en passant par Mᵐᵉ de Staël et Chateaubriand. Entre la révolution de 1830 et celle de 1848, le romantisme s'impose comme « une nouvelle manière de sentir », notamment en Italie (Manzoni, Leopardi) et en Espagne (J. Zorrilla). Son influence dépasse les genres littéraires proprement dits ; c'est à lui qu'est dû le

Girodet-Trioson : *les Ombres des héros français reçues par Ossian dans le paradis d'Odin.* V. 1800-1802.

Victor Hugo : *le Château de Vianden*, au Luxembourg.
Aquarelle. (Musée Victor-Hugo, Paris.)

ROMANTISME

Philipp Otto Runge : *le Repos pendant la fuite en Égypte.*
1805-1806. (Hamburger Kunsthalle, Hamburg.)

△ William Blake : *le Cercle de la luxure : Paolo et Francesca.*
Aquarelle. (City Museum and Art Gallery, Birmingham.)

Joseph Turner :
*les Grandes
Chutes de
Reichenbach.*
Aquarelle.
(Cecil Higgins
Art Gallery,
Bedford.)

Eugène
Delacroix :
*la Mort
de Sardanapale.*
1827.
(Musée
du Louvre,
Paris.)

développement de l'histoire au XIXe s. (A. Thierry, Michelet) et de la critique (Sainte-Beuve). À partir du milieu du XIXe s., le romantisme survit à travers la poésie de V. Hugo et les œuvres des écrivains scandinaves, tandis que les littératures occidentales voient l'apparition du réalisme. Parallèlement au romantisme littéraire, le romantisme artistique fut en France une réaction contre le néoclassicisme de l'école de David, réaction animée par les peintres Gros et Géricault, Delacroix, E. Devéria, le sculpteur David d'Angers, etc.; l'Angleterre, après W. Blake et Füssli, a les paysagistes Constable et Bonington, l'Allemagne C. D. Friedrich et, romantiques par leur nostalgie du passé, les nazaréens. Le romantisme musical est représenté par Weber, Schubert, Schumann, Berlioz, Chopin, Liszt, Franck, Wagner, Verdi et Brahms.

ROMARIN n. m. (lat. *rosmarinus*, rosée de mer). Arbrisseau aromatique, à fleurs douées de propriétés stimulantes.

ROMBIÈRE [rɔ̃bjɛr] n. f. *Fam.* Femme, généralement âgée, un peu ridicule et prétentieuse.

ROMPRE v. t. (lat. *rumpere*) [conj. **46**]. Mettre en morceaux, briser, casser : *rompre une branche.* ‖ Défoncer, enfoncer : *le fleuve a rompu ses digues; rompre le front ennemi.* ‖ Faire cesser : *rompre le silence, le combat; rompre un marché.* ‖ *Applaudir à tout rompre,* très fort. ‖ *Être rompu à,* être expérimenté, habile dans. ‖ *Être rompu de fatigue,* être très fatigué. ‖ *Rompre la glace,* mettre fin à la gêne du premier contact. ‖ *Rompre les rangs,* se disperser. ◆ v. i. *Litt.* Se briser : *cette poutre va rompre.* ‖ *Cesser d'être amis; se séparer,* en parlant d'un couple : *ils ont rompu.* ‖ *Sports.* Reculer. ‖ *Rompre avec,* renoncer à : *rompre avec la tradition.* ◆ **se rompre** v. pr. *Se rompre le cou,* se tuer ou se blesser grièvement en faisant une chute.

ROMPU n. m. *Fin.* Quantité de droits ou de titres manquant pour participer à une opération financière.

ROMSTECK ou **RUMSTECK** [rɔmstɛk] n. m. (angl. *rumpsteak*). Partie la plus haute de la culotte de bœuf.

RONCE n. f. (lat. *rumex*). Rosacée épineuse dont les fruits (mûrons ou mûres sauvages) sont rafraîchissants. (Le framboisier est une espèce cultivée de ronce.) ‖ Partie aux veines enchevêtrées dans certains bois. ● *Ronce artificielle,* fil de fer barbelé*.

RONCERAIE n. f. Terrain envahi par les ronces.

RONCEUX, EUSE adj. Se dit d'un bois qui a des veines arrondies.

RONCHON adj. et n. *Fam.* Grincheux, grognon.

RONCHONNEMENT n. m. *Fam.* Action de ronchonner.

RONCHONNER v. i. (anc. fr. *ronchier,* ronfler). *Fam.* Manifester son mécontentement par des grognements, des murmures.

RONCHONNEUR, EUSE n. et adj. Personne qui ronchonne sans cesse.

RONCIER n. m., ou **RONCIÈRE** n. f. Buisson de ronces.

ROND, E adj. (lat. *rotundus*). Se dit d'un corps, d'une ligne que l'on peut obtenir par révolution d'une surface ou d'une ligne autour d'un axe : *la sphère, le cylindre, le cône sont des corps ronds.* ‖ Charnu : *visage rond.* ‖ Arrondi, courbé, sans angles. ‖ *Fam.* Gros et court : *une petite fille toute ronde.* ‖ Qui agit avec sincérité et décision : *être rond en affaires.* ‖ *Pop.* Ivre. ● Se dit d'une quantité qui ne comporte pas de fraction. ◆ adv. *Ne pas tourner rond* (Fam.), être un peu fou. ‖ *Tourner rond,* en parlant d'un moteur, fonctionner régulièrement.

ROND n. m. Cercle, ligne circulaire : *tracer un rond; faire des ronds dans l'eau.* ‖ Objet de forme circulaire : *rond de serviette.* ‖ *Fam.* Sou, argent : *je n'ai pas un rond.* ● *En rond,* en cercle. ‖ *Faire des ronds de jambe,* avoir une attitude obséquieuse. ‖ *Rond de jambe* (Chorégr.), mouvement de la jambe qui fait décrire un cercle sur le sol libre (rond de jambe à terre) ou un demi-cercle à une certaine hauteur (rond de jambe soutenu). ‖ *Rond de sorcière,* dans un pré ou un bois, anneau sur lequel

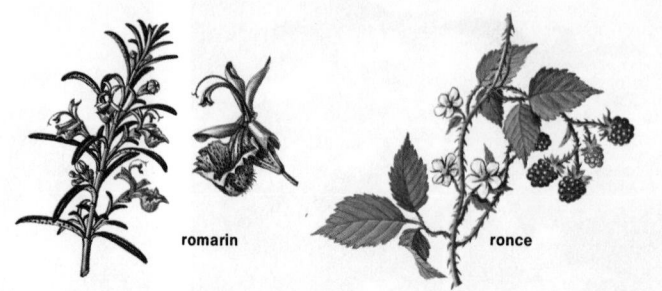

romarin   ronce

poussent les champignons issus d'une même spore.

RONDACHE n. f. *Archéol.* Bouclier rond, en usage jusqu'à la fin du XVIe s.

RONDADE [rɔ̃dad] n. f. *Sports.* Prise d'élan en acrobatie au sol.

ROND-DE-CUIR n. m. (pl. *ronds-de-cuir*). *Fam.* Bureaucrate.

RONDE n. f. Parcours pour vérifier que tout est en bon ordre, et notamment pour s'assurer du respect des consignes par les postes isolés. ‖ Visite faite autour d'une maison, d'un groupe d'immeubles, etc., pour voir si tout est en sûreté; ensemble de ceux qui sont chargés de cette mission. ‖ Chanson accompagnée d'une danse en rond, où les danseurs se tiennent par la main. ‖ Sorte d'écriture en caractères ronds et verticaux. ‖ *Mus.* Note prise comme unité et qui

rondache (XVe s.)

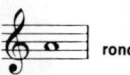

ronde

se divise en durées de plus en plus brèves. ● *À la ronde,* aux alentours : *être connu à vingt lieues à la ronde;* chacun à son tour : *boire à la ronde.* ‖ *Chemin de ronde,* chemin sur la saillie de la muraille, derrière les créneaux.

RONDEAU n. m. *Agric.* Rouleau de bois que l'on passe sur la terre ensemencée. ‖ *Littér.* Poème à forme fixe, sur deux rimes et à refrain.

RONDE-BOSSE n. f. (pl. *rondes-bosses*). Ouvrage de sculpture (statue, groupe), pleinement développé dans les trois dimensions. (On écrit sans trait d'union la loc. *en ronde bosse.*)

RONDELET, ETTE adj. *Fam.* Un peu rond; qui a un peu d'embonpoint. ● *Somme rondelette,* somme assez importante.

RONDELLE n. f. Pièce de faible épaisseur, généralement ronde, percée d'un trou en son milieu pour pouvoir être enfilée sur une tige. ‖ Petite tranche mince et ronde : *rondelle de saucisson.* ● *Rondelle Grower,* rondelle d'acier trempé, à arête vive et à section carrée, coupée suivant un de ses rayons et dont l'une des extrémités, se trouvant dans un plan différent, joue le rôle de ressort. (Placée entre une pièce à serrer et un écrou, elle empêche ce dernier de se desserrer.)

RONDEMENT adv. Avec décision, promptement : *affaire menée rondement.* ‖ Loyalement, franchement : *il y va rondement.*

RONDEUR n. f. État de ce qui est rond, sphérique : *la rondeur d'une pomme.* ‖ État de ce qui est rond (en parlant de parties du corps). ‖ Franchise, loyauté : *rondeur de caractère.*

RONDIN n. m. Bois à brûler rond et court. ‖ Bille de bois non équarrie.

RONDO n. m. (mot it.). *Mus.* Forme instrumentale ou vocale caractérisée par l'alternance d'un même refrain et de couplets différents et en nombre variable.

RONDOUILLARD, E adj. *Fam.* Grassouillet.

ROND-POINT n. m. (pl. *ronds-points*). Carrefour, place circulaires ou semi-circulaires. ‖ Partie en hémicycle, en général à arcades, d'un chœur d'église.

RONÉO n. f. (nom déposé). Machine servant à reproduire un texte ou un dessin faits au moyen de stencils.

RONÉOTER ou **RONÉOTYPER** v. t. Reproduire à la Ronéo un texte ou un dessin faits au stencil.

RONFLANT, E adj. Sonore, bruyant : *voix ronflante.* ‖ Déclamatoire, emphatique et creux : *style ronflant.* ‖ *Promesses ronflantes,* magnifiques, mais mensongères.

RONFLEMENT n. m. Bruit qu'un dormeur fait en ronflant. ‖ Sonorité sourde et prolongée.

RONFLER v. i. Faire un certain bruit de la gorge et des narines en respirant pendant le sommeil. ‖ Produire un bruit sourd et prolongé.

RONFLEUR, EUSE n. Personne qui ronfle.

RONFLEUR n. m. Appareil à lame vibrante qui produit un ronflement de basse fréquence.

RONGEMENT n. m. Action de ronger.

RONGER v. t. (lat. *rumigare,* ruminer) [conj. **1**]. Couper, manger, déchiqueter progressivement avec les dents ou le bec : *ronger ses ongles.* ‖ User lentement, corroder : *la rouille ronge le fer.* ‖ Attaquer, détruire : *les chenilles rongent les feuilles.* ‖ Consumer, tourmenter : *il est rongé par le chagrin.*

RONGEUR, EUSE adj. Qui ronge.

RONGEUR n. m. Mammifère, végétarien ou omnivore, souvent nuisible aux cultures et aux réserves, possédant de longues incisives taillées en biseau et coupantes, et des molaires râpeuses. (Les *rongeurs* forment un ordre.)

RÔNIER n. m. Syn. de BORASSUS.

RONRON ou **RONRONNEMENT** n. m. (onomat.). Ronflement sourd par lequel le chat manifeste son contentement. ‖ Bruit sourd et continu : *le ronron d'un moteur.*

RONRONNER v. i. Faire entendre des ronrons, des ronronnements.

RÖNTGEN [røntgɛn] n. m. (du n. du physicien all.). Unité de mesure d'exposition (symb. : R), équivalant à l'exposition telle que la charge de tous les ions d'un même signe produits dans l'air, lorsque les électrons (négatifs et positifs) libérés par les photons de façon uniforme dans une masse d'air égale à 1 kilogramme sont complètement arrêtés dans l'air, est égale en valeur absolue à $2,58 \times 10^{-4}$ coulomb.

ROOF n. m. (mot angl.). *Mar.* Partie haute des aménagements intérieurs d'un petit bâtiment, en saillie sur le pont et ne s'étendant pas d'un côté à l'autre du navire. (Syn. ROUF.)

ROOKERIE ou **ROOKERY** [rukri] n. f. (mot angl.). *Zool.* Rassemblement de manchots dans les régions polaires.

ROOTER [rutœr] n. m. (mot angl.). Matériel auxiliaire de travaux publics à grand débit, servant à défricher un terrain très dur. (Syn. RIPPER.)

ROQUE n. m. (de *roquer*). Aux échecs, coup qui consiste à placer l'une de ses tours auprès de son roi et à faire passer le roi de l'autre côté de la tour en un seul mouvement.

ROQUEFORT n. m. Fromage fabriqué dans la région de Roquefort-sur-Soulzon avec du lait de brebis et ensemencé de spores d'une moisissure spéciale.

ROQUER v. i. (de *roc*, anc. n. de la tour au jeu d'échecs). Aux échecs, faire un roque.

ROQUET n. m. Sorte de petit chien. ‖ *Péjor.* Petit chien hargneux qui aboie pour rien.

ROQUETTE ou **ROUQUETTE** n. f. (it. *rochetta*). Crucifère à fleurs jaunes, cultivée pour ses feuilles, que l'on mange en salade, ou à cause de ses propriétés médicinales.

ROQUETTE n. f. (angl. *rocket*, fusée). Autref., fusée de guerre. ‖ Auj., type de projectile tactique autopropulsé et non guidé employé à bord des avions et des navires et, à terre, dans les tirs d'artillerie et antichars. (Son emploi s'est généralisé depuis la Seconde Guerre mondiale.)

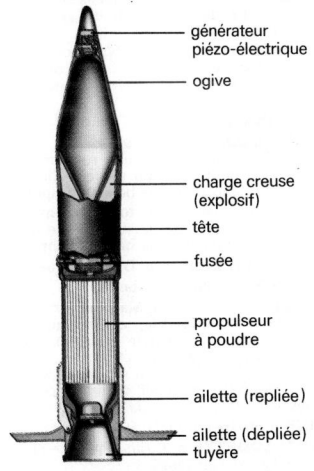

ROQUETTE ANTICHAR

générateur piézo-électrique
ogive
charge creuse (explosif)
tête
fusée
propulseur à poudre
ailette (repliée)
ailette (dépliée)
tuyère

RORQUAL [rɔrkwal] n. m. (anc. norvég. *raudhhwalr*) [pl. *rorquals*]. Syn. de BALÉNOPTÈRE.

Rorschach [rɔrʃa] (*test de*), test projectif, constitué par une série de planches représentant des taches d'encre que le sujet doit interpréter. (L'analyse des réponses permet de déceler certains aspects de la personnalité.)

ROSACE n. f. (de *rose*). *Archit.* Ornement circulaire, fait d'éléments floraux répartis autour d'un centre. ‖ *Archit.* Syn. de ROSE.

ROSACÉE n. f. (lat. *rosaceus*; de *rosa*, rose). Plante dialypétale à nombreuses étamines, souvent pourvue d'un double calice, et dont les types sont le *rosier* et la plupart des arbres fruitiers d'Europe : *prunier, pêcher, cerisier, poirier, pommier*, etc. (Les *rosacées* forment une vaste famille.) ‖ *Méd.* Acné avec couperose.

ROSAGE n. m. Nom usuel donné à plusieurs plantes aux fleurs roses.

ROSAIRE n. m. (lat. *rosarium*, guirlande de roses). Grand chapelet, composé de quinze dizaines d'Ave, précédées chacune d'un Pater. ‖ Les prières elles-mêmes : *réciter un rosaire*.

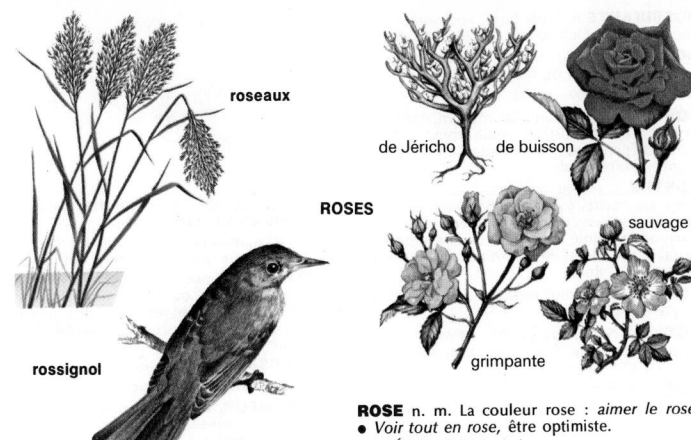

roseaux
de Jéricho   de buisson
sauvage
ROSES
grimpante
rossignol

ROSALBIN n. m. (lat. *rosa*, rose, et *albus*, blanc). Espèce de cacatoès.

ROSANILINE n. f. Base azotée dont les dérivés (*fuchsine, bleu de Lyon, violet de Paris*, etc.) sont des couleurs teignant directement la fibre animale.

ROSAT [rɔza] adj. inv. (lat. *rosatus*, rosé). Se dit des préparations où il entre des roses, et en particulier des roses rouges : *miel rosat*.

ROSÂTRE adj. Qui a une teinte rose sale.

ROSBIF [rɔsbif] n. m. (angl. *roast*, rôti, et *beef*, bœuf). Pièce de bœuf de première catégorie destinée à être rôtie.

ROSE n. f. (lat. *rosa*). Fleur du rosier : *un bouquet de roses blanches*. ‖ Diamant taillé à facettes et dont la culasse est plane. ‖ Vitrail circulaire d'église, dont le réseau évoque parfois le dessin d'une fleur. (On dit aussi ROSACE.) ● *Bois de rose*, bois fourni par un arbre du Brésil, et qui a une odeur de rose. ‖ *Eau de rose*, essence tirée des roses par distillation et utilisée en cosmétologie. ‖ *Envoyer sur les roses* (Fam.), repousser avec rudesse, se débarrasser vivement de qqn. ‖ *Ne pas sentir la rose*, sentir mauvais. ‖ *Rose de Jéricho*, genre de crucifères des régions sablonneuses d'Orient, qui se contracte en boule par temps sec et s'étale à l'humidité. ‖ *Rose de Noël*, ellébore noir. ‖ *Rose des sables*, concrétion de gypse, jaune ou rose, qui se forme par évaporation dans les sebkhas des régions désertiques. ‖ *Rose trémière*, espèce de guimauve, appelée aussi *primerose, passerose, althæa*, cultivée pour ses grandes fleurs colorées. ‖ *Rose des vents*, figure circulaire sur le

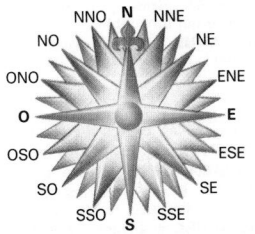

rose des vents

cadran du compas, et marquée de trente-deux divisions.

ROSE adj. Qui a une couleur rouge pâle ou pourpre pâle, semblable à celle de la rose commune : *des étoffes roses, rose clair*. ● *Rose bonbon*, rose vif. ‖ *Rose thé*, qui a une couleur jaune rosé. ‖ *Vieux rose*, qui a une couleur d'un rose atténué.

ROSE n. m. La couleur rose : *aimer le rose*. ● *Voir tout en rose*, être optimiste.

ROSÉ, E adj. Teinté de rose.

ROSÉ n. m. Vin de couleur rosée.

ROSEAU n. m. (mot germ.). Nom usuel de diverses plantes des genres *phragmite, massette*, etc., vivant au bord des eaux.

ROSE-CROIX n. m. inv. Membre de la Rose-Croix. ‖ Grade de la franc-maçonnerie.

ROSÉ-DES-PRÉS n. m. (pl. *rosés-des-prés*). Nom usuel d'un champignon de l'espèce des psalliotes à lames rosées.

ROSÉE n. f. (lat. *ros, roris*, rosée). Ensemble de fines gouttelettes produites par la condensation de la vapeur d'eau atmosphérique, à la fin de la nuit, sur des objets en plein air. ● *Point de rosée*, température d'une surface froide sur laquelle la vapeur d'eau atmosphérique commence à se condenser.

ROSELIÈRE n. f. Lieu couvert de roseaux.

ROSÉOLE n. f. (de *rose*). *Méd.* Éruption de taches rosées caractéristique de certaines maladies ou d'intolérance à certains médicaments.

ROSERAIE n. f. Terrain planté de rosiers.

ROSETTE n. f. Nœud de ruban en forme de rose. ‖ Insigne d'officier, de dignitaire de certains ordres civils ou militaires, qui se porte à la boutonnière. ‖ *Bot.* Ensemble de feuilles étalées en cercle près du sol. ‖ *Horlog.* Petit cadran sur lequel est placée l'aiguille commandant l'avance ou le retard d'une montre.

ROSICRUCIEN, ENNE adj. Relatif aux rose-croix.

ROSIER n. m. Arbrisseau épineux de la famille des rosacées, cultivé pour ses magnifiques fleurs souvent odorantes (*roses*), dont on connaît des milliers de variétés.

ROSIÈRE n. f. Jeune fille vertueuse à laquelle, dans quelques localités, en vertu d'une coutume ancienne, on décerne solennellement une récompense.

ROSIÉRISTE n. Horticulteur qui s'occupe spécialement de la culture des rosiers.

ROSIR v. t. Donner une teinte rose. ◆ v. i. Devenir rose.

ROSSARD n. m. *Fam.* Homme prêt à faire des mauvais tours, malveillant.

ROSSE n. f. (all. *Ross*, coursier). *Fam. et vx.* Cheval sans force. ‖ *Fam.* Personne méchante, dure. ◆ adj. D'une ironie mordante, méchant. ‖ Très exigeant, qui note sévèrement : *un professeur rosse*.

ROSSÉE n. f. *Fam.* Volée de coups.

ROSSER v. t. (lat. pop. *rustiare*, battre). *Fam.* Battre qqn violemment, rouer de coups.

ROSSERIE n. f. *Fam.* Petite méchanceté.

ROSSIGNOL n. m. (lat. *luscinia*, altéré par *russus*, roux). Oiseau passereau à plumage brun clair, dont le mâle est un chanteur remarquable. (Long. 15 cm; famille des turdidés.) [Cri : le rossignol *chante*.] ‖ *Fam.* Crochet dont se servent les serruriers et les voleurs pour ouvrir les serrures. ‖ *Fam.* Marchandise défraîchie, démodée.

ROSSINANTE n. f. (de l'esp. *Rocinante*, n. du cheval de don Quichotte). *Litt.* Mauvais cheval.

ROSSOLIS [rɔsɔli] n. m. (mot lat., *rosée du soleil*). Nom usuel du *drosera*.

RÖSTI n. m. pl. → RŒSTI.

ROSTRAL, E, AUX adj. (lat. *rostrum*, éperon de navire). *Colonne rostrale* (Antiq. rom.), colonne ornée d'éperons de navires, élevée en souvenir d'une victoire navale.

ROSTRE n. m. (lat. *rostrum*, bec). *Antiq.* Éperon d'un navire. ‖ *Zool.* Pièces buccales allongées et piqueuses de certains insectes (punaises, pucerons); pointe antérieure de la carapace de certains crustacés. ◆ pl. *Antiq.* Tribune aux harangues, à Rome.

ROT [rɔt] n. m. (mot angl.). Maladie cryptogamique des plantes.

ROT [ro] n. m. (de *roter*). Émission par la bouche, et avec bruit, de gaz stomacaux. (Syn. ÉRUCTATION.)

RÔT n. m. Syn. anc. de RÔTI.

ROTACÉ, E adj. (lat. *rota*, roue). *Bot.* En forme de roue.

ROTANG [rɔtãg] n. m. (mot malais). Palmier d'Inde et de Malaisie, appelé aussi *jonc d'Inde*, dont les tiges fournissent le rotin.

ROTARY [rɔtari] n. m. (mot angl.). Appareil de forage par rotation. ‖ Système de commutation téléphonique automatique dans lequel certains organes sont animés d'un mouvement de rotation continu.

ROTATEUR adj. m. (lat. *rotator*). *Anat.* Se dit des muscles qui produisent le mouvement de rotation des os sur leur axe.

ROTATIF, IVE adj. Qui agit en tournant.

ROTATION n. f. (lat. *rotatio*; de *rotare*, tourner). Mouvement d'un corps autour d'un axe fixe, matériel ou non : *rotation de la Terre.* ‖ Fréquence des voyages effectués par un moyen de transport (bateau, avion, voiture de chemin de fer, etc.) affecté à une ligne régulière. ‖ *Agr.* Ordre de succession des cultures sur une sole ou sur une parcelle. ‖ *Math.* Déplacement conservant les distances et les angles et transformant un point M en un point M', tel que OM = OM', (OM, OM') = θ donné, dans le plan, le point O étant fixe, ou dans l'espace, le point O étant la projection orthogonale du point M sur un axe fixe Δ. ‖ Emploi méthodique et successif de matériel, de marchandises, de procédés, etc. ● *Rotation du personnel*, pourcentage du personnel remplacé, pendant un an, dans une entreprise, par rapport à l'effectif moyen. ‖ *Rotation des stocks*, transformation en chiffre d'affaires des stocks de produits d'une entreprise.

ROTATIVE n. f. Presse à imprimer dont la forme est cylindrique et dont le mouvement rotatif continu permet une très grande vitesse d'impression.

ROTATIVISTE n. m. Ouvrier chargé de faire fonctionner une rotative.

ROTATOIRE adj. Relatif à une rotation : *mouvement rotatoire.* ‖ *Phys.* Qui fait tourner le plan de polarisation de la lumière.

ROTE n. f. (lat. *rota*, roue). Tribunal ordinaire du Saint-Siège, dont la compétence est universelle mais qui instruit surtout les causes matrimoniales déjà jugées par les officialités diocésaines.

ROTENGLE n. m. (all. *Roteugel*, œil rouge). Gardon aux yeux et aux nageoires d'un rouge vif. (Famille des cyprinidés.)

ROTÉNONE n. f. (mot angl.; jap. *roten*). Substance insecticide extraite de la racine de légumineuses d'Asie tropicale.

ROTER v. i. (bas lat. *ruptare*). *Pop.* Faire des rots.

RÔTI n. m. Morceau de boucherie (veau, bœuf, porc, etc.) bardé et ficelé, destiné à être rôti.

RÔTIE n. f. Tranche de pain grillé : *préparer des rôties pour le petit déjeuner.*

ROTIFÈRE n. m. (lat. *rota*, roue, et *ferre*, porter). Invertébré microscopique abondant dans les eaux douces, portant deux couronnes de cils

rotifère

vibratiles autour de la bouche. (Les *rotifères* forment un embranchement.)

ROTIN n. m. (mot malais). Tige de rotang qu'on emploie pour faire des cannes, des sièges, etc.

RÔTIR v. t. (mot francique). Faire cuire à la broche, au four ou sur le gril. ‖ Dessécher, brûler : *le soleil rôtit les fleurs.* ◆ v. i. et **se rôtir** v. pr. *Fam.* Être exposé à une grande chaleur : *on rôtit ici; se rôtir au soleil.*

RÔTISSAGE n. m. Action de rôtir.

RÔTISSERIE n. f. Boutique du rôtisseur.

RÔTISSEUR, EUSE n. Commerçant qui vend des viandes rôties.

RÔTISSOIRE n. f. Ustensile de cuisine qui sert à rôtir la viande. ‖ Dispositif de cuisson comportant un tournebroche et un élément chauffant à feu vif. (La *rôtissoire-four* peut être fermée par une porte et comporter un deuxième élément chauffant à la sole.)

ROTOGRAVURE n. f. Procédé d'héliogravure.

ROTONDE n. f. (it. *rotonda*; lat. *rotundus*, rond). Construction de plan circulaire ou approchant, souvent surmontée d'une coupole.

ROTONDITÉ n. f. (lat. *rotunditas*). État, forme de ce qui est rond : *rotondité d'une sphère.* ‖ *Fam.* Corpulence, embonpoint.

ROTOR n. m. (bas lat. *rotor*, qui fait tourner). Ensemble du moyeu et des surfaces en rotation assurant la sustentation des giravions. ‖ Ensemble tournant, dans certaines constructions mécaniques et électromécaniques (par oppos. au STATOR).

ROTROUENGE ou **ROTRUENGE** n. f. Aux XIIᵉ et XIIIᵉ s., poème composé de strophes monorimes, accompagnées ou non d'un refrain.

ROTULE n. f. (lat. *rotula*, petite roue). Os mobile, placé en avant du genou. ‖ *Mécan.* Articulation de forme sphérique. ● *Être sur les rotules* (Fam.), être épuisé de fatigue.

ROTULIEN, ENNE adj. Qui concerne la rotule.

ROTURE n. f. (lat. *ruptura*, fracture). Condition d'une personne qui n'est pas noble; ensemble des roturiers.

ROTURIER, ÈRE adj. et n. Qui n'est pas noble.

ROUABLE n. m. (lat. *rutabulum*). Perche terminée par un crochet et servant aux boulangers pour tirer la braise du four. ‖ Râteau sans dents, pour ramasser le sel dans les salines.

ROUAGE n. m. Chacune des pièces qui font partie d'un mécanisme. ‖ Chacun des éléments d'une chose qui fonctionne.

ROUAN, ANNE adj. (esp. *roano*). Se dit d'un cheval dont la robe se compose de poils rouges, blancs et noirs.

ROUANNE n. f. (gr. *rhukanê*, rabot). *Techn.* Compas servant à marquer le bois de charpente. ‖ Outil pour tailler, dégrossir et évider le bois.

ROUANNETTE n. f. Petite rouanne.

ROUBAISIEN, ENNE adj. et n. De Roubaix.

ROUBLARD, E adj. et n. (arg. anc. *roubliou*, feu). *Fam.* Habile, rusé, retors.

ROUBLARDISE n. f. *Fam.* Caractère, acte du roublard, habileté, ruse.

ROUBLE n. m. (mot russe). Unité monétaire principale de l'U.R.S.S.

ROUCHI n. m. (mot picard). Patois du nord de la France.

ROUCOULADE n. f. *Litt.* Tendre murmure.

ROUCOULANT, E adj. Qui roucoule.

ROUCOULEMENT n. m. Cri des pigeons et des tourterelles.

ROUCOULER v. i. (onomat.). Faire entendre un cri, en parlant du pigeon et de la tourterelle.

◆ v. i. et t. *Fam.* Tenir des propos tendres, langoureux; chanter langoureusement.

ROUDOUDOU n. m. *Fam.* Caramel coloré coulé dans une petite boîte de bois.

ROUE n. f. (lat. *rota*). Organe plat, de forme circulaire, tournant autour d'un axe passant par son centre. ‖ Supplice qui consistait à rompre les membres du condamné, puis à le laisser mourir sur une roue. ● *Faire la roue*, déployer en roue les plumes de sa queue, en parlant de certains volatiles comme le paon; en parlant d'une personne, tourner latéralement sur soi-même en s'appuyant successivement sur les mains et sur les pieds. ‖ *Grande roue*, attraction foraine en forme de roue dressée. ‖ *Pousser à la roue*, aider à la réussite d'une affaire. ‖ *La roue de la Fortune*, allégorie des vicissitudes humaines. ‖ *Roue de friction*, mécanisme de transmission dans lequel l'entraînement des roues se fait par la simple action du frottement. ‖ *Roue hydraulique*, machine transformant en énergie mécanique l'énergie disponible d'une petite chute d'eau. ‖ *Roue d'inertie*, dispositif permettant de créer des couples correcteurs pour la stabilisation des satellites. ‖ *Roue libre*, dispositif permettant à un organe moteur d'entraîner un mécanisme sans être entraîné par lui. ‖ *Roue motrice*, roue commandée par le moteur et qui assure la traction du véhicule. ‖ *Roue de secours*, roue de rechange destinée à remplacer une roue dont le pneu a crevé.

ROUÉ, E adj. Excédé, rompu : *être roué de fatigue, de coups.* ◆ adj. et n. Qui est très rusé, hypocrite : *une petite rouée.*

ROUÉ n. m. *Hist.* Nom donné aux compagnons de débauche du Régent et, en général, aux débauchés de cette époque.

ROUELLE n. f. (lat. *rotella*, petite roue). Tranche épaisse tirée du cuisseau du veau. ‖ *Hist.* Signe distinctif de couleur jaune, imposé aux Juifs au Moyen Âge.

ROUENNAIS, E adj. et n. De Rouen.

ROUE-PELLE n. f. (pl. *roues-pelles*). Matériel de chantier constitué par une roue munie de godets à sa périphérie qui recueille des matériaux et les dépose sur une bande transporteuse.

ROUER v. t. (lat. *rotare*, tourner comme une roue). Faire mourir par le supplice de la roue. ● *Rouer qqn de coups*, le battre violemment.

ROUERGAT, E adj. et n. Du Rouergue.

ROUERIE n. f. Ruse, fourberie.

ROUET n. m. (de *roue*). Machine à roue, mue au moyen d'une pédale, qui servait surtout autrefois à filer le chanvre et le lin. ‖ Garde d'une serrure. ‖ Aux XVIᵉ et XVIIᵉ s., rondelle d'acier dentée, qui, battant sur un silex, provoquait l'étincelle et faisait partir le coup des armes à feu (arquebuse, platine à rouet).

ROUF n. m. (néerl. *roef*). Syn. de ROOF.

ROUFLAQUETTE n. f. *Fam.* Patte de cheveux descendant sur les joues.

ROUGE adj. (lat. *rubeus*, rougeâtre). Qui a la couleur du sang, du feu, des coquelicots, etc. : *des tissus rouge foncé.* ‖ Qui a la figure colorée par une émotion : *rouge de colère.* ‖ Se dit de cheveux d'un roux vif. ● *Armée rouge des ouvriers et paysans*, nom des forces soviétiques de 1918 à 1946. ‖ *La garde rouge*, ensemble des groupes armés formés pendant la révolution d'Octobre par les soviets locaux et qui constituèrent en 1918 les éléments de base de l'armée rouge. ‖ *Un garde rouge*, un membre de la garde rouge. ◆ adj. et n. Se dit des partisans de l'action révolutionnaire et des groupements politiques de gauche en général. ◆ adv. *Se fâcher tout rouge*, se fâcher sérieusement. ‖ *Voir rouge*, avoir un violent accès de colère.

ROUGE n. m. Couleur rouge. ‖ Température à laquelle les corps, devenus incandescents, émettent cette couleur. ‖ Matière colorante rouge. ‖ Fard rouge : *rouge à lèvres.* ‖ Couleur caractéristique des signaux d'arrêt ou de danger. ‖ Teinte que prend le visage sous l'effet du froid, d'une émotion. ‖ *Fam.* Vin rouge : *un litre de rouge.* ‖ *Gros rouge* (Fam.), vin rouge de qualité médiocre.

ROUGEÂTRE adj. Qui tire sur le rouge.

ROUGEAUD, E adj. et n. Qui a le visage rouge.

rouge-gorge

rouget

rouge-queue

à billes   à aiguilles   à rouleaux cylindriques   à rouleaux coniques

ROULEMENTS (mécanique)

ROUGE-GORGE n. m. (pl. *rouges-gorges*). Oiseau passereau à plumage brun, avec la gorge et la poitrine rouges, commun en France, où il reste l'hiver. (Long. 15 cm; nom usuel : *rubiette*; famille des turdidés.)

ROUGEOIEMENT n. m. Lueurs, reflets rouges.

ROUGEOLE n. f. (lat. pop. *rubeola*). Maladie infectieuse, contagieuse, due à un virus et caractérisée par une éruption de taches rouges sur la peau, qui atteint surtout les enfants. ‖ *Bot.* Mélampyre des champs.

ROUGEOYANT, E adj. Qui rougeoie.

ROUGEOYER v. i. (conj. 2). Prendre une teinte rougeâtre.

ROUGE-QUEUE n. m. (pl. *rouges-queues*). Oiseau à queue rouge, dit *rossignol des murailles*. (Famille des turdidés.)

ROUGET n. m. Nom donné à deux sortes de poissons marins de couleur rouge : le *rouget barbet*, comestible estimé, et le *rouget grondin*, variété rouge du grondin. ‖ *Vétér.* Maladie infectieuse du porc.

ROUGEUR n. f. Couleur rouge. ‖ Teinte rouge passagère qui apparaît sur la peau du visage et qui révèle une émotion : *sa rougeur trahit un mensonge.* ◆ pl. Taches rouges sur la peau.

ROUGIR v. t. Rendre rouge : *fer rougi au feu.* ◆ v. i. Devenir rouge : *l'écrevisse rougit en cuisant.* ‖ Éprouver de la honte, de la confusion; devenir rouge par suite d'une émotion.

ROUGISSANT, E adj. Qui devient rouge : *un adolescent timide et rougissant.*

ROUGISSEMENT n. m. Le fait de rougir.

ROUILLE n. f. (lat. *robigo, robiginis*). Oxyde ferrique hydraté, d'un brun roux, qui altère les objets de fer exposés à l'air humide. ‖ *Bot.* Maladie cryptogamique provoquée par des urédinales, atteignant surtout les céréales et se manifestant par des taches brunes ou jaunes sur les tiges et les feuilles. ‖ *Cuis.* Sorte d'aïoli relevé de piments rouges, accompagnant la soupe de poisson et la bouillabaisse. ● *Rouille des feuilles* (Vitic.), syn. de MILDIOU. ◆ adj. inv. De la couleur de la rouille.

ROUILLER v. t. Produire de la rouille sur un corps : *l'humidité rouille le fer.* ‖ Faire perdre ses forces faute d'activité. ◆ v. i. et **se rouiller** v. pr. Se couvrir de rouille. ‖ Perdre son activité, sa force, par manque d'exercice.

ROUILLEUSE n. f. *Min.* Machine faisant des rouillures.

ROUILLURE n. f. Effet de la rouille sur le fer. ‖ Effet de la rouille sur les céréales. ‖ *Min.* Coupure verticale faite dans une couche.

ROUIR v. t. (mot francique). Isoler les fibres textiles des tiges du lin, du chanvre, soit par trempage dans de l'eau, soit par simple exposition à l'air en faisant intervenir l'action des bactéries ou des moisissures pour solubiliser les matières pectiques.

ROUISSAGE n. m. Action de rouir.

ROUISSOIR n. m. Endroit où l'on rouit le chanvre, le lin.

ROULADE n. f. Syn. de ROULÉ-BOULÉ. ‖ *Cuis.* Tranche de viande roulée et garnie. ‖ *Mus.* Vocalise brillante sur une seule syllabe.

ROULAGE n. m. Opération consistant à faire passer un rouleau sur un champ pour briser les mottes. ‖ Opération permettant de donner une forme précise à un morceau de métal en le roulant entre deux tables en mouvement ou en le faisant tourner entre deux matrices qui portent des empreintes au profil à obtenir. ‖ Transport de marchandises par voiture. ‖ Système utilisant des engins roulants pour le chargement et le déchargement des navires. ‖ *Min.* Transport du charbon dans une mine.

ROULANT, E adj. Qui est muni de roues : *fauteuil roulant.* ‖ *Pop.* Très amusant, comique. ● *Cuisine roulante,* ou *roulante* n. f., cuisine ambulante employée par les troupes en campagne. ‖ *Escalier, tapis roulant,* appareil élévateur ou transporteur pour les personnes, les choses. ‖ *Feu roulant,* feu de mousqueterie continu (vx); succession vive et ininterrompue. ‖ *Matériel roulant,* ensemble des voitures, des wagons, des locomotives employés dans une exploitation.

ROULANT adj. et n. m. *Fam.* Se dit du personnel employé à bord des véhicules d'entreprises de transport en commun.

ROULE n. m. *Techn.* Cylindre de bois dur.

ROULÉ, E adj. Enroulé, mis en rond : *un pull à col roulé.* ‖ *Géol.* Se dit de galets arrondis par l'action de l'eau. ● *Épaule roulée* (Bouch.), épaule désossée et parée sous forme de rouleau. ‖ *Personne bien roulée* (Pop.), bien faite.

ROULÉ n. m. Gâteau dont la pâte est roulée sur elle-même.

ROULEAU n. m. (dimin. de *rôle*). Objet formé par une chose disposée, façonnée ou enroulée en cylindre : *rouleau de papier;* ou par des objets empilés en cylindre : *rouleau de pièces.* ‖ Instrument de culture pour briser les mottes de terre et plomber. ‖ Cylindre dont les pâtissiers se servent pour étendre la pâte. ‖ Bigoudi. ‖ Manchon en peau de mouton ou en matière plastique dont on se sert pour étaler la peinture. ‖ Grande vague déferlante. ‖ *Archit.* Rangée de claveaux d'un arc. ‖ *Sports.* Saut en hauteur dans lequel l'athlète franchit la barre sur le ventre. ● *Être au bout du rouleau* (Fam.), avoir épuisé tous ses moyens; être à bout de forces; être au point de mourir. ‖ *Rouleau compresseur,* engin automoteur pour le compactage des sols, composé de plusieurs cylindres métalliques de grand diamètre.

ROULÉ-BOULÉ n. m. (pl. *roulés-boulés*). Action de se rouler en boule au cours d'une chute, afin d'amortir le choc.

ROULEMENT n. m. Mouvement de ce qui roule : *le roulement d'une bille.* ‖ Batterie de tambour où l'on bat à coups égaux et pressés. ‖ Bruit causé par ce qui roule ou semblable à celui de qqch qui roule : *roulement de tonnerre.* ‖ Action de se remplacer alternativement dans certaines fonctions. ● *Bruit de roulement* (Méd.), bruit anormal d'auscultation cardiaque,

caractéristique du rétrécissement mitral. ‖ *Fonds de roulement,* excédent des ressources à long terme d'une entreprise par rapport à ses immobilisations, lui permettant de faire face aux aléas de son exploitation. ‖ *Roulement à billes, à rouleaux, à aiguilles,* coussinet dans lequel l'arbre tourne à l'intérieur d'un anneau formé de billes, de rouleaux d'acier cylindriques ou coniques, ou de fines aiguilles.

ROULER v. t. (de *rouelle*). Faire avancer qqch en le faisant tourner sur lui-même : *rouler un tonneau.* ‖ Déplacer en poussant un objet muni de roues : *rouler un chariot.* ‖ Mettre en rouleau : *rouler une pièce d'étoffe.* ‖ *Litt.* Tourner et retourner dans sa tête. ‖ *Fam.* Duper, mystifier : *rouler un acheteur.* ● *Machine à rouler,* machine utilisée en chaudronnerie pour façonner des cylindres métalliques à partir de tôles planes; machine-outil employée pour le formage des filets sur une vis. ‖ *Rouler une cigarette,* faire tourner une feuille de papier autour du tabac pressé pour l'enrouler. ‖ *Rouler les épaules* ou, pop., *les mécaniques,* avoir une démarche prétentieuse en imprimant aux épaules un mouvement de balancement. ‖ *Rouler les « r »,* les faire vibrer fortement. ‖ *Rouler une surface,* l'aplanir avec un rouleau. ‖ *Rouler les yeux,* les porter rapidement de côté et d'autre. ◆ v. i. Tomber, avancer en tournant sur soi-même : *rouler de haut en bas d'un escalier; bille qui roule.* ‖ Se déplacer en voiture, en train. ‖ Errer sans s'arrêter. ‖ *Fam.* Être entendre des roulements. ‖ Avoir pour sujet : *sa conversation roule toujours sur l'argent.* ‖ *Mar.* En parlant d'un navire, être animé, sous l'effet de la mer, de mouvements alternatifs sur un bord et sur l'autre. ‖ *Ça roule* (Fam.), ça va bien. ‖ *Rouler sur l'or,* être fort riche. ‖ *Tout roule là-dessus,* c'est le point dont le reste dépend. ◆ **se rouler** v. pr. Étant couché, se tourner et se retourner : *se rouler sur le gazon, dans la poussière.* ‖ S'envelopper dans : *se rouler dans une couverture.* ● *Se rouler les pouces,* ou *se les rouler* (Fam.), demeurer inactif.

ROULETTE n. f. (de *roue*). Petite roue montée dans une chape mobile autour d'un axe vertical, et permettant le déplacement aisé des objets aux pieds desquels elle est fixée. ‖ Instrument formé d'un petit disque monté au bout d'un manche. ‖ *Fam.* Fraise de dentiste. ‖ Jeu de hasard où le gagnant est désigné par l'arrêt d'une boule sur un numéro d'un plateau tournant. ● *Aller, marcher comme sur des roulettes* (Fam.), ne rencontrer aucun obstacle.

ROULEUR n. m. Manœuvre qui pousse des wagonnets, des chariots, des brouettes. ‖ Cric d'automobile monté sur roues. ‖ Coureur cycliste doué de qualités d'endurance pour le parcours de plat et les courses contre la montre.

ROULIER n. m. Voiturier qui transportait des marchandises. ‖ Navire de charge sur lequel les opérations de chargement et de déchargement s'effectuent par roulage.

ROULIS n. m. Mouvement d'oscillation d'un bord sur l'autre que prend un véhicule, en particulier un bateau, autour d'un axe longitudinal, sous l'influence d'une force perturbatrice. ● *Quille de roulis,* quille latérale destinée à atténuer le roulis d'un navire.

roulis

ROULISSE n. f. *Min.* Base élargie du revêtement d'un puits.

ROULOTTE n. f. Grande voiture automobile ou remorque aménagées en logement, caravane. ● *Vol à la roulotte* (Fam.), vol d'objets dans une voiture en stationnement.

ROULOTTÉ n. m. *Cout.* Petit ourlet très fin.

ROULOTTER v. t. *Cout.* Ourler d'un roulotté.

ROULURE n. f. *Pop.* Personne méprisable; prostituée. ‖ *Agric.* Décollement des couches ligneuses du bois des arbres sous l'effet de la gelée.

ROUMAIN, E adj. et n. De Roumanie.

ROUMAIN n. m. Langue romane parlée en Roumanie.

ROUMI n. m. (mot ar.). Nom par lequel les musulmans désignent un chrétien.

ROUND [rawnd *ou* rund] n. m. (mot angl., *tour*). Reprise, dans un combat de boxe.

ROUPIE n. f. *Fam.* et *vx.* Goutte qui pend au nez. ● *Roupie de sansonnet* (Fam.), chose sans valeur.

ROUPIE n. f. (mot hindī). Unité monétaire principale de l'Inde, du Népal et du Pākistān.

ROUPILLER v. i. *Pop.* Dormir.

ROUPILLON n. m. *Pop.* Petit somme.

ROUQUETTE n. f. → ROQUETTE.

ROUQUIN, E adj. et n. *Fam.* Qui a les cheveux roux.

ROUQUIN n. m. *Pop.* Vin rouge.

ROUSCAILLER v. i. *Pop.* Protester.

ROUSPÉTANCE n. f. *Fam.* Action de rouspéter, de protester.

ROUSPÉTER v. i. (anc. v. *rousser*, et *péter*) [conj. 5]. *Fam.* Protester, râler.

ROUSPÉTEUR, EUSE adj. et n. *Fam.* Qui rouspète, grincheux.

ROUSSÂTRE adj. Qui tire sur le roux.

ROUSSE n. f. *Arg.* Police.

ROUSSEAU n. m. Nom usuel de divers poissons (pagel, dorade).

ROUSSEROLLE n. f. Passereau voisin des fauvettes et construisant près des eaux un nid suspendu. (Long. 20 cm; famille des sylviidés.)

ROUSSETTE n. f. Nom général donné aux grandes chauves-souris frugivores d'Asie et d'Afrique. ‖ Squale de petite taille, abondant sur

roussette

les côtes d'Europe et nommé aussi *touille, chat* ou *chien de mer*.

ROUSSEUR n. f. Couleur rousse. ● *Tache de rousseur*, syn. de ÉPHÉLIDE.

ROUSSI n. m. Odeur d'une chose que le feu a brûlée superficiellement. ● *Ça sent le roussi* (Fam.), les choses prennent une mauvaise tournure.

ROUSSIN n. m. (anc. fr. *roncin*, cheval de charge). *Hist.* Cheval de forte taille, que l'on montait surtout à la guerre. ‖ *Arg.* Policier.

ROUSSIR v. t. Rendre roux : *le soleil a roussi cette étoffe*. ‖ Brûler légèrement : *roussir du linge.* ◆ v. i. Devenir roux.

ROUSSISSEMENT n. m., *ou* **ROUSSISSURE** n. f. Action de roussir; état de ce qui est roussi.

ROUTAGE n. m. Action de router.

ROUTARD n. m. *Fam.* Jeune qui voyage à pied ou en auto-stop avec peu d'argent.

ROUTE n. f. (lat. *via rupta*, voie frayée). Voie carrossable, aménagée hors agglomération; moyen de communication utilisant ce genre de voie. ‖ Espace à parcourir, itinéraire à suivre pour aller d'un endroit à un autre : *prendre la route de Paris.* ‖ Ligne de conduite suivie par

qqn; direction de vie : *barrer la route à qqn; être sur la bonne route.* ● *Code de la route,* ensemble des réglementations concernant la circulation routière. ‖ *Faire fausse route,* s'écarter de sa route, s'égarer; se tromper. ‖ *Faire route,* se diriger, se déplacer. ‖ *Mettre en route,* mettre en marche, faire fonctionner.

ROUTER v. t. Grouper et réunir en liasses, par destination, les imprimés, journaux, prospectus, etc., confiés à la poste.

ROUTIER n. m. Conducteur de camion sur longues distances. ‖ Cycliste qui dispute des épreuves sur route. ‖ Scout âgé de plus de seize ans. ‖ *Fam.* Restaurant en bordure de route fréquenté surtout par les routiers. ● *Vieux routier,* homme devenu habile par une longue pratique. ◆ pl. *Hist.* Bandes de partisans, de soldats pillards, au Moyen Âge.

ROUTIER, ÈRE adj. Relatif aux routes : *réseau routier.* ● *Carte routière,* carte où les routes sont indiquées.

ROUTIÈRE n. f. Automobile permettant de réaliser de longues étapes dans d'excellentes conditions.

ROUTINE n. f. (de *route*). Habitude prise de faire une chose toujours de la même manière.

ROUTINIER, ÈRE adj. et n. Qui se conforme à la routine, qui agit par routine.

ROUVERIN *ou* **ROUVERAIN** adj. m. (anc. fr. *rouvel,* rougeâtre). Se dit du fer que les impuretés incomplètement éliminées rendent cassant et difficilement soudable.

ROUVIEUX n. m. (mot picard). Sorte de gale, sur l'encolure du cheval et le dos du chien. ◆ adj. m. Qui est atteint de cette maladie.

ROUVRAIE n. f. Lieu planté de rouvres.

ROUVRE n. m. et adj. (lat. pop. *roborem;* de *robur,* rouvre). Chêne des forêts plutôt sèches, à feuilles pétiolées et à glands sessiles.

ROUVRIR v. t. (conj. 10). Ouvrir de nouveau. ● *Rouvrir une blessure, une plaie,* ranimer une peine, un chagrin. ◆ v. i. Être de nouveau ouvert.

ROUX, ROUSSE adj. (lat. *russus*). D'une couleur orangée tirant sur le marron ou sur le rouge. ◆ adj. et n. Qui a les cheveux roux.

ROUX n. m. Couleur rousse. ‖ Préparation faite avec de la farine roussie dans le beurre, et qui sert à lier les sauces.

ROWING [rowiŋ] n. m. (mot angl.). Sport de l'aviron.

ROYAL, E, AUX adj. (lat. *regalis;* de *rex, regis,* roi). Qui appartient, qui se rapporte à un roi : *château royal; ordonnance royale.* ‖ Digne d'un roi, magnifique, grandiose : *magnificence royale.* ● *Famille royale,* ensemble des personnes formant la famille du roi. ‖ *Prince royal, princesse royale,* héritier présomptif, héritière présomptive de la couronne. ‖ *Tigre, aigle royal,* de la plus grande espèce. ‖ *Voie royale,* le moyen le plus glorieux pour parvenir à qqch.

ROYALE n. f. Petite touffe de barbe sous la lèvre inférieure (époque Louis XIII). ◆ n. f. *La Royale* (Fam.), en France, la marine nationale.

ROYALEMENT adv. Avec magnificence.

ROYALISME n. m. Attachement à la monarchie.

ROYALISTE adj. et n. Qui est partisan du roi, de la royauté. ● *Être plus royaliste que le roi,* défendre les intérêts de qqn plus qu'il ne le fait lui-même.

ROYALTIES [rwajalti] n. f. pl. (mot angl.). Redevance due au propriétaire d'un brevet, du sol dans lequel sont assurées certaines exploitations, etc. (L'Administration préconise REDEVANCE.)

ROYAUME n. m. (lat. *regimen,* gouvernement [altéré par *royal*]). État à régime monarchique. ● *Royaume des cieux,* le paradis. ‖ *Royaume des morts* (Myth.), le séjour des morts.

ROYAUTÉ n. f. Dignité de roi : *aspirer à la royauté.* ‖ Régime monarchique.

Ru, symbole chimique du *ruthénium.*

RU n. m. (lat. *rivus*). *Litt.* Petit ruisseau.

RUADE n. f. Action de ruer.

RUBAN n. m. (moyen néerl. *ringhband*). Bande de tissu mince et étroite servant d'ornement. ‖ Assemblage de grande longueur et d'une certaine épaisseur de fibres textiles parallèles. ‖ Fragment plat et long d'une matière flexible : *un ruban d'acier; scie à ruban.* ‖ Insigne de certains ordres ou décoration portés à la boutonnière. ‖ *Archit.* Ornement imitant le ruban. ● *Ruban bleu,* trophée autrefois accordé au paquebot qui traversait le plus rapidement l'Atlantique; reconnaissance symbolique d'un mérite. ‖ *Ruban d'eau,* nom usuel du *sparganier.*

RUBANÉ, E adj. Qui a la forme ou qui semble composé de rubans.

RUBANERIE n. f. Industrie, commerce de rubans.

RUBANIER, ÈRE adj. Relatif à la fabrication, à la vente des rubans.

RUBATO [rubato] adv. (mot it.). *Mus.* Mot indiquant que l'on doit exécuter un passage avec une grande liberté rythmique.

RUBÉFACTION n. f. Rougeur produite à la surface de la peau par des médicaments irritants. ‖ Dans les régions tropicales, coloration en rouge d'un sol, due à l'imprégnation par des oxydes ferriques libérés par l'altération des roches.

RUBÉFIANT, E adj. et n. m. Qui rubéfie.

RUBÉFIER v. t. (lat. *ruber,* rouge, et *facere,* faire). Produire la rubéfaction.

RUBELLITE n. f. Variété rouge de tourmaline.

RUBÉNIEN, ENNE adj. Qui rappelle la manière de Rubens.

RUBÉOLE n. f. (lat. *rubeus,* roux). Maladie virale éruptive, contagieuse et épidémique ressemblant à la rougeole.

■ La rubéole se manifeste par des signes voisins de ceux de la rougeole, mais moins intenses. Bénigne chez l'enfant, elle est grave chez la femme enceinte, car elle peut être cause de malformations de l'embryon.

RUBÉOLEUX, EUSE adj. et n. Qui se rapporte à la rubéole; qui en est atteint.

RUBIACÉE n. f. (lat. *rubia,* garance). Plante gamopétale telle que le *gaillet,* le *caféier,* le *quinquina,* la *garance,* le *gardénia.* (Les *rubiacées* forment une famille.)

RUBICAN adj. m. (mot esp.). Se dit d'un cheval noir, bai ou alezan, à robe semée de poils blancs.

RUBICOND, E adj. (lat. *rubicundus*). Rouge, en parlant du visage : *face rubiconde.*

RUBIDIUM [rybidjɔm] n. m. Métal alcalin (Rb), n° 37, de masse atomique 85,46, de densité 1,52, fusible à 39 °C, analogue au potassium, mais beaucoup plus rare.

RUBIETTE n. f. Un des noms du *rouge-gorge.*

RUBIGINEUX, EUSE adj. (lat. *rubiginosus,* rouillé). Couvert de rouille. ‖ *Litt.* Qui a la couleur de la rouille.

RUBIK'S CUBE n. m. (marque déposée, du nom du Hongrois Ernö Rubik). Casse-tête formé d'un cube dont chaque face est partagée en neuf carrés de six couleurs différentes appartenant à de petits cubes mobiles qui sont l'objet de manipulations visant à reconstituer un cube principal aux faces de couleur homogène.

RUBIS [rybi] n. m. (lat. *rubeus,* rougeâtre). Pierre précieuse, variété de corindon, transparente et d'un rouge vif nuancé de rose ou de pourpre. ‖ Pierre dure servant de support à un pivot de rouage d'horlogerie. ● *Payer rubis sur l'ongle,* payer immédiatement et complètement ce qu'on doit.

RUBRIQUE n. f. (lat. *rubrica,* titre en rouge). Titre qui, dans les livres de droit, était autrefois marqué en rouge. ‖ Indication de matière, dans un catalogue, une revue, un journal, un dictionnaire, etc. ‖ Dans un journal, article paraissant régulièrement dans un domaine précis : *la rubrique gastronomique.* ◆ pl. Dans les livres de la liturgie catholique, indications pratiques (ordinairement imprimées en rouge) sur les règles à observer dans un office.

RUCHE n. f. (mot gaul.). Habitation préparée pour un essaim d'abeilles. ‖ Essaim habitant une même ruche. ‖ *Litt.* Agglomération active. ‖ Bande plissée de tulle, de dentelle ou de toile, servant d'ornement dans la toilette (vx).

RUCHÉ n. m. *Cout.* Bande d'étoffe légère cousue sur une seule ligne et laissant les bords libres former garniture.

RUCHÉE n. f. Population d'une ruche.

RUCHER n. m. Endroit où sont les ruches. ‖ Ensemble des ruches.

RUCHER v. t. *Cout.* Garnir d'un ruché.

RUDBECKIE [rydbɛki] n. f., ou **RUDBECKIA** [-kja] n. m. (de *Rudbeck*, n. pr.). Plante originaire de l'Amérique du Nord, cultivée pour ses fleurs jaunes. (Famille des composées.)

RUDE adj. (lat. *rudis*, brut). Dur au toucher : *peau rude.* ‖ Qui cause de la fatigue, pénible à supporter : *rude métier; saison rude.* ‖ Qui manque de finesse, de distinction, désagréable : *voix rude; manières rudes.* ‖ Difficile à vaincre, redoutable : *c'est un rude adversaire.* ‖ *Fam.* Remarquable en son genre : *un rude appétit.*

RUDEMENT adv. De façon rude, brutale, cruellement : *être rudement éprouvé.* ‖ *Fam.* Beaucoup : *il fait rudement froid.*

RUDENTÉ, E adj. (lat. *rudens*, câble). Qui a des rudentures.

RUDENTURE n. f. *Archit.* Ornement en forme de bâton ou de câble, remplissant jusqu'au tiers environ de la hauteur les cannelures d'une colonne ou d'un pilastre.

RUDÉRAL, E, AUX adj. (lat. *rudus, ruderis*, décombres). *Bot.* Qui croît dans les décombres.

RUDÉRATION n. f. Pavage en caïlloux ou en petites pierres.

RUDESSE n. f. État de ce qui est rude : *rudesse de la peau, des traits, de la voix; traiter qqn avec rudesse.*

RUDIMENTAIRE adj. Élémentaire, peu développé : *connaissances, organe rudimentaires.*

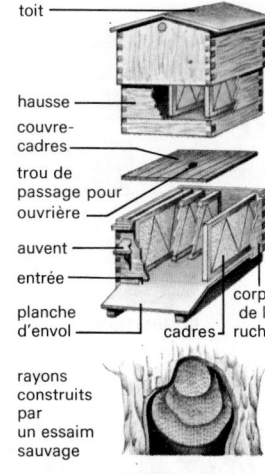

toit
hausse
couvre-cadres
trou de passage pour ouvrière
auvent
entrée
planche d'envol
cadres
corps de la ruche

rayons construits par un essaim sauvage

RUCHE

RUDIMENTS n. m. pl. (lat. *rudimentum*, début des études). Premières notions d'une science, d'un art : *les rudiments de la géométrie.* ‖ Premiers linéaments de la structure des organes : *les rudiments des plantes.*

RUDISTE n. m. Mollusque bivalve, fossile du secondaire, ayant constitué d'importants récifs.

RUDOIEMENT n. m. Action de rudoyer.

RUDOYER v. t. (conj. **2**). Traiter rudement, sans ménagement, brutaliser, maltraiter.

RUE n. f. (lat. *ruga*, ride). Voie publique aménagée dans une agglomération, entre les maisons ou les propriétés closes. ‖ Ensemble des habitants des maisons qui bordent une rue. ● *À tous les coins de rue*, partout. ‖ *Être à la rue*, être sans abri. ‖ *Homme de la rue*, le citoyen moyen, n'importe qui.

V. ill. page suivante

RUE n. f. (lat. *ruta*). Plante vivace malodorante, à fleurs jaunes, vivant dans les endroits secs. (Famille des rutacées.)

RUÉE n. f. Mouvement rapide d'un grand nombre de personnes dans une même direction.

RUELLE n. f. Petite rue étroite. ‖ Espace entre un côté du lit et le mur. ‖ *Littér.* Au XVIe et au XVIIe s., partie de la chambre à coucher où se trouvait le lit et où les personnes de haut rang recevaient leurs invités.

RUER v. i. (lat. *ruere*, se précipiter). Jeter en l'air avec force les pieds de derrière, en parlant d'un cheval, d'un âne, etc. ◆ **se ruer** v. pr. [**sur**]. Se jeter avec violence, se précipiter en masse sur qqn, qqch.

RUFFIAN ou **RUFIAN** n. m. (it. *ruffiano*). Homme débauché (vx).

RUGBY [rygbi] n. m. (de *Rugby*, n. d'une ville

tentative de drop

touche

sortie de mêlée

formation d'une mêlée

essai

RUGBY

plan et dimensions d'un terrain de rugby, avec la disposition des joueurs

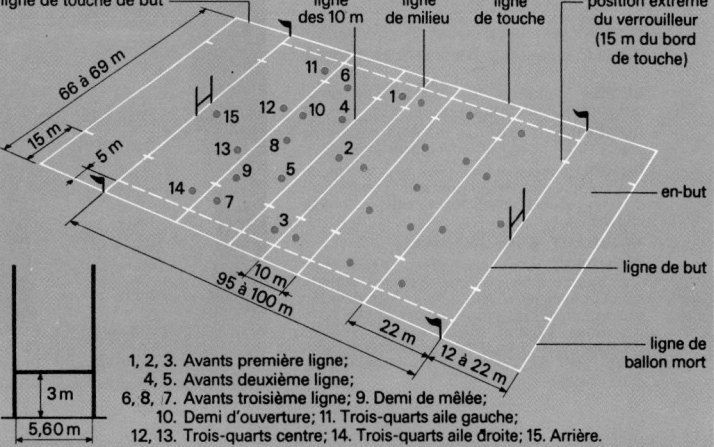

ligne de touche de but
ligne des 10 m
ligne de milieu
ligne de touche
position extrême du verrouilleur (15 m du bord de touche)
66 à 69 m
15 m
5 m
95 à 100 m
10 m
22 m
12 à 22 m
en-but
ligne de but
ligne de ballon mort
3 m
5,60 m

1, 2, 3. Avants première ligne;
4, 5. Avants deuxième ligne;
6, 8, 7. Avants troisième ligne; 9. Demi de mêlée;
10. Demi d'ouverture; 11. Trois-quarts aile gauche;
12, 13. Trois-quarts centre; 14. Trois-quarts aile droite; 15. Arrière.

angl.). Sport qui se joue à la main et au pied avec un ballon ovale, et opposant des équipes de 15 ou 13 joueurs. (Le jeu consiste à déposer le ballon derrière le but adverse [essai], ou à le faire passer, par un coup de pied, au-dessus de la barre transversale entre les poteaux de but.)

RUGBYMAN [rygbiman] n. m. (pl. *rugbymen*). Joueur de rugby.

RUGINE n. f. (bas lat. *rugina*, rabot). Instrument de chirurgie servant à racler les os.

RUGIR v. i. (lat. *rugire*). Pousser des rugissements : *le lion rugit.* || Pousser des cris de fureur, de menace : *rugir de colère.*

RUGISSANT, E adj. Qui rugit.

RUGISSEMENT n. m. Cri du lion et de certains animaux féroces. || Cri, bruit violent : *les rugissements de la tempête.*

RUGOSITÉ n. f. État de ce qui est rugueux; petite aspérité.

RUGUEUX, EUSE adj. Qui a de petites aspérités à la surface.

RUGUEUX n. m. Dispositif de mise à feu par friction dans un artifice.

RUILER v. t. (anc. fr. *ruille*, règle). *Constr.* Raccorder avec du plâtre pour remplir un joint entre un toit et un mur.

RUINE n. f. (lat. *ruina*, chute). Écroulement, destruction d'un bâtiment; bâtiment délabré : *maison qui tombe en ruine.* || Perte, fin, chute : *il court à sa ruine; la ruine de ses espérances.* || Perte des biens, de la fortune. || Personne qui a beaucoup perdu de ses qualités physiques ou morales. ◆ pl. Restes, décombres de construction partiellement écroulée.

RUINE-DE-ROME n. f. (pl. *ruines-de-rome*). Nom usuel de la *cymbalaire* des murailles. (Famille des scrofulariacées.)

RUINER v. t. Causer la perte de la fortune. || Infirmer, détruire : *ruiner un raisonnement.* || *Litt.* Ravager, endommager gravement : *la grêle a ruiné les vignes.* ◆ **se ruiner** v. pr. Causer sa propre ruine; dépenser trop.

RUINEUX, EUSE adj. Qui provoque des dépenses excessives : *une entreprise ruineuse.*

RUINIFORME adj. *Géol.* Se dit d'une roche (calcaire dolomitique, grès) ou d'un relief auxquels l'érosion a donné un aspect de ruine.

RUISSEAU n. m. (lat. pop. *rivuscellus*). Petit cours d'eau. || Tout ce qui coule en abondance : *ruisseaux de larmes.* || Syn. anc. de CANIVEAU. || *Litt.* Situation dégradante, déchéance : *tirer qqn du ruisseau.*

RUISSELANT, E adj. Qui ruisselle.

RUISSELER v. i. (conj. 3). Couler, se répandre sans arrêt : *son sang ruisselait.* || Être couvert d'un liquide qui coule : *ruisseler de sueur.*

RUISSELET n. m. Petit ruisseau.

RUISSELLEMENT n. m. Le fait de ruisseler. || *Géogr.* Écoulement rapide des eaux pluviales sur les pentes des terrains. ● *Ruissellement concentré,* mode de ruissellement dans lequel les eaux se concentrent dans des chenaux qui se rassemblent pour former le réseau hydrographique. || *Ruissellement diffus* ou *en nappe,* mode de ruissellement dans lequel les eaux s'écoulent sur toute la surface d'un versant.

RUMBA [rumba] n. f. Danse cubaine d'origine africaine.

RUMEN [rymɛn] n. m. (mot lat., de *ruma,* œsophage). *Zool.* Syn. de PANSE.

RUMEUR n. f. (lat. *rumor*). Bruit confus de voix. || Nouvelle qui se répand dans le public.

RUMEX [rymɛks] n. m. (mot lat., *pointe de dard*). *Bot.* Genre de polygonacées comprenant diverses espèces, usuellement nommées *oseille* et *patience.*

RUMINANT, E adj. Qui rumine.

RUMINANT n. m. Mammifère ongulé muni d'un estomac à trois ou quatre poches et pratiquant la rumination. (Les *ruminants* forment un très important sous-ordre, comprenant les *bovidés* [bœuf, mouton, chèvre, gazelle, etc.], les *girafidés* [girafe, okapi], les *cervidés* [cerf, daim, renne, etc.], les *camélidés* [chameau, dromadaire, lama].)

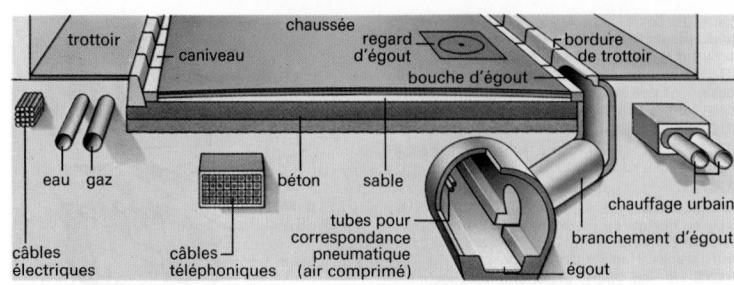

COUPE D'UNE RUE

RUMINATION

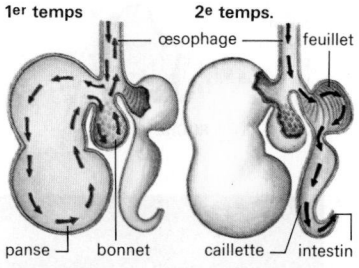

1er temps   2e temps.

æliments non mâchés   aliments mâchés

RUMINATION n. f. Mode de digestion particulier aux ruminants, qui emmagasinent dans la panse l'herbe non mâchée, puis la ramènent par boulettes dans la bouche, où elle subit une trituration avant de redescendre dans le feuillet et la caillette, pour y subir la digestion gastrique. || *Psychol.* Méditation irrépressible et anxieuse de la même préoccupation.

RUMINER v. t. (lat. *ruminare*). Remâcher les aliments ramenés de la panse dans la bouche, en parlant des ruminants. || Tourner et retourner qqch dans son esprit : *ruminer un projet.*

RUMSTECK n. m. → ROMSTECK.

RUNABOUT [rønabawt] n. m. (mot angl., *vagabond*). Petit canot de course ou de plaisance dont le moteur, de grande puissance, est logé à l'intérieur de la coque.

RUNE n. f. (mot norvég.). Chacun des caractères des plus anciens alphabets germaniques et scandinaves.

RUNIQUE adj. Relatif aux runes; formé de runes : *inscription runique.*

pierre **runique** (art viking, Suède)

V. Seroussi

RUOLZ [ryɔls] n. m. (du n. de l'inventeur). Alliage utilisé en orfèvrerie, de couleur semblable à celle de l'argent, et composé de cuivre, de nickel et d'argent.

RUPESTRE adj. (lat. *rupes*, rocher). Qui croît dans les rochers : *plante rupestre.* || Réalisé sur des rochers, taillé dans la roche : *art rupestre.*

RUPIAH [rupja] n. f. Unité monétaire principale de l'Indonésie.

RUPICOLE n. m. *Zool.* Syn. de COQ DE ROCHE.

RUPIN, E adj. et n. (anc. arg. *rupe*, dame). *Pop.* Riche, luxueux.

RUPTEUR n. m. Sur une automobile, dispositif destiné à rompre le courant dans un système d'allumage électrique pour produire l'étincelle à la bougie.

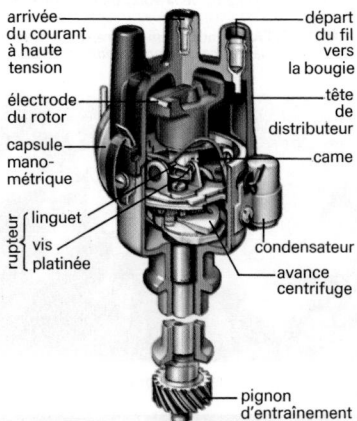

RUPTEUR D'ALLUMAGE (automobile)

RUPTURE n. f. (lat. *ruptum;* de *rumpere*, rompre). Action de rompre, de se rompre : *rupture d'une digue; rupture des relations diplomatiques, d'un contrat de travail.* || Séparation brutale entre des personnes qui étaient liées. ● *Rupture de charge,* changement de véhicule ou de mode de transport, lors d'un déplacement. || *Rupture de stock,* niveau d'un stock de marchandises ou de produits finis devenu insuffisant pour satisfaire la demande.

RURAL, E, AUX adj. (lat. *rus, ruris,* campagne). Qui concerne les paysans, la campagne : *vie rurale.*

RURAUX n. m. pl. Habitants de la campagne.

RUSE n. f. Moyen habile dont on se sert pour tromper; art de dissimuler, de tromper : *ruse de guerre.*

RUSÉ, E adj. et n. Fin, adroit.

RUSER v. i. (lat. *recusare*, refuser, repousser). Se servir de ruses, agir avec ruse.

RUSH [rœʃ] n. m. (mot angl.). Effort final impétueux, assaut. || Afflux d'une foule : *le rush des vacanciers.*

RUSHES [rœʃ] n. m. pl. (mot angl.). Prises de vues cinématographiques telles qu'elles apparaissent avant le choix du montage. (L'Administration préconise ÉPREUVES DE TOURNAGE.)

RUSSE adj. et n. De la Russie.

RUSSE n. m. Langue slave parlée en Russie.

RUSSIFICATION n. f. Action de russifier.

RUSSIFIER v. t. Faire adopter les institutions ou la langue russes.

RUSSOPHILE adj. et n. Favorable aux Russes.

RUSSULE n. f. (lat. *russulus*, rougeâtre). Champignon à lames, à chapeau jaune, vert, rouge ou brun violacé. (On trouve les russules en été et en automne dans les bois; certaines sont comestibles [*russule charbonnière*], d'autres toxiques. Classe des basidiomycètes; famille des agaricacées.)

RUSTAUD, E adj. et n. (de *rustre*). *Litt.* Grossier, lourd dans ses manières.

RUSTICAGE n. m. Action de rustiquer. ‖ Sorte de crépi, de crépissage.

RUSTICITÉ n. f. Simplicité; absence de raffinement. ‖ En parlant des animaux et des plantes, résistance aux intempéries.

RUSTINE n. f. (nom déposé). Petite rondelle de caoutchouc, servant à réparer une chambre à air de bicyclette.

RUSTIQUE adj. (lat. *rusticus*). Qui a le caractère, la simplicité de la campagne : *travaux rustiques.* ‖ Façonné avec une grande simplicité : *meuble rustique.* ‖ *Agric.* Qui résiste aux intempéries. ● *Ordre rustique* (Archit.), ordre qui utilise des bossages bruts, ou comme bruts, ou vermiculés, etc.

RUSTIQUE n. m. Hache de tailleur de pierre, à tranchant dentelé.

russule
charbonnière

russule
émétique

RUSSULES

RUSTIQUER v. t. Tailler une pierre avec un rustique, ce qui lui donne un aspect brut.

RUSTRE adj. et n. (lat. *rusticus*). Grossier, qui manque d'éducation : *se comporter comme un véritable rustre.*

RUT [ryt] n. m. (lat. *rugitus,* rugissement). État physiologique des mammifères, qui les pousse à rechercher l'accouplement.

RUTABAGA n. m. (mot suéd.). Espèce de chou à racine tubérisée comestible, appelée aussi CHOU-NAVET.

RUTACÉE n. f. Plante dicotylédone dialypétale, telle que le *citronnier,* l'*oranger,* le *pamplemoussier.* (Les *rutacées* forment une famille.)

RUTHÈNE adj. et n. De Ruthénie. ● *Église ruthène,* Église dépendant de l'ancienne métropole de Kiev et ayant souscrit à l'Acte d'union

avec le Saint-Siège en 1595 (ratifié à Brest-Litovsk en 1596), d'où sa dénomination, par les orthodoxes, d'*Église uniate.*

RUTHÉNIUM [rytenjɔm] n. m. Métal (Ru), n° 44, appartenant au groupe du platine, de masse atomique 101,07, de densité 12,3, fondant vers 2 500 °C.

RUTILANCE n. f., ou **RUTILEMENT** n. m. *Litt.* État, qualité de ce qui est rutilant.

RUTILANT, E adj. *Litt.* D'un rouge éclatant. ‖ Qui brille d'un vif éclat.

RUTILE n. m. Oxyde naturel de titane, TiO_2.

RUTILER v. i. (lat. *rutilare*). *Litt.* Briller d'un rouge ardent. ‖ Briller d'un vif éclat.

RUTINE n. f., ou **RUTOSIDE** n. m. Glucoside extrait de nombreux végétaux (rue, tomate), et doué de l'activité vitaminique P.

RUZ [ry] n. m. (mot jurassien, *ruisseau*). Dans le Jura, vallée creusée sur le flanc d'un anticlinal.

RYTHME n. m. (lat. *rhythmus;* du gr.). Disposition symétrique et à retour périodique des temps forts et des temps faibles dans un vers, dans une composition plastique, etc. : *rythme poétique.* ‖ Vitesse d'une action quelconque. ‖ Fréquence d'un phénomène physiologique ou biologique périodique : *rythme cardiaque.* ‖ Succession plus ou moins régulière de mouvements, de gestes, d'événements : *rythme des habitudes.* ‖ *Mus.* Combinaison des durées.

RYTHMER v. t. Donner du rythme, régler selon un rythme, une cadence.

RYTHMICITÉ n. f. Caractère d'un phénomène rythmique.

RYTHMIQUE adj. Qui appartient au rythme; qui a du rythme : *lecture rythmique; musique rythmique.* ● *Gymnastique rythmique,* ou *rythmique* n. f., v. GYMNASTIQUE.

surf

S

S n. m. Dix-neuvième lettre de l'alphabet et quinzième des consonnes : *le « s » est une consonne sifflante.* (L's placé entre deux voyelles se prononce [z] : *rose* [roz], *vase* [vaz].) ‖ Succession de virages en forme d'S; trajet sinueux. ‖ **s,** symbole de la *seconde* de temps. ‖ **S,** symbole chimique du *soufre;* symbole du *siemens.*

SA adj. poss. f. → SON.

SABAYON [sabajɔ̃] n. m. (it. *zabaione*). Crème liquide à base de vin ou de liqueur, d'œufs et de sucre.

SABBAT [saba] n. m. (hébr. *schabbat*, repos). Jour de repos hebdomadaire (du vendredi soir au samedi soir) consacré à Dieu, dont la loi mosaïque fait à tout juif une stricte obligation. ‖ Assemblée nocturne de sorciers et de sorcières qui, suivant la tradition populaire, se tenait le samedi à minuit sous la présidence de Satan. ‖ *Fam.* Tapage, vacarme.

SABBATIQUE adj. Qui appartient au sabbat : *repos sabbatique.* ● *Année sabbatique,* se dit, dans la loi mosaïque, de chaque septième année, durant laquelle les terres étaient laissées en jachère et leurs produits naturels abandonnés aux pauvres; se dit d'une année de congé accordée à certains employés ou cadres dans les entreprises, à des professeurs d'université de certains pays.

SABÉEN, ENNE adj. et n. Du pays de Saba.

SABÉENS n. m. pl. Nom donné aux derniers descendants des mandéens vivant actuellement en Iraq.

SABÉISME n. m. Religion des sabéens.

SABELLE n. f. (lat. *sabulum*, sable). Ver marin vivant dans un tube enfoncé dans la vase, et portant deux lobes de branchies filamenteuses. (Long. : jusqu'à 25 cm; classe des annélides polychètes.)

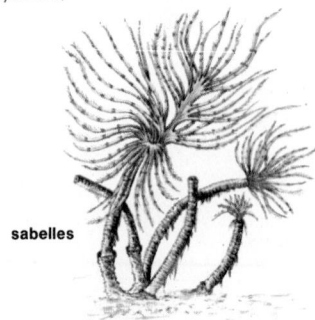

sabelles

SABELLIANISME n. m. Doctrine de Sabellius.

SABINE n. f. (lat. *sabina herba,* herbe des Sabins). Genévrier de l'Europe méridionale, dont les feuilles ont des propriétés médicinales.

SABIR n. m. (esp. *saber*, savoir). Langage incompréhensible. ‖ *Ling.* Langue composite réduite à quelques règles de combinaison et au vocabulaire d'un champ lexical déterminé.

SABLAGE n. m. Action de sabler.

SABLE n. m. (lat. *sabulum*, sable). Roche sédimentaire meuble, formée de grains, souvent quartzeux, dont la taille varie de 0,02 à 2 mm. ● *Bâtir sur le sable,* fonder une entreprise sur qqch de peu solide. ‖ *Être sur le sable* (Fam.), être sans argent, sans travail. ‖ *Sables mouvants,* sables qui s'enfoncent sous le pied. ◆ adj. inv. D'une couleur beige clair.

SABLE n. m. (polon. *sabol,* zibeline). *Hérald.* La couleur noire.

SABLÉ, E adj. Couvert de sable : *allée sablée.* ● *Pâte sablée* (Cuis.), pâte dans laquelle il entre une forte proportion de beurre.

SABLÉ n. m. Sorte de gâteau sec fait avec de la pâte sablée.

SABLER v. t. Couvrir de sable : *sabler une allée.* ‖ Modifier l'aspect de surface d'un objet par projection de grains de silice ou de tout autre abrasif. ● *Sabler le champagne,* boire du champagne à l'occasion d'une réjouissance.

SABLEUR n. m. Ouvrier qui pratique le sablage.

SABLEUSE n. f. Machine à sabler.

SABLEUX, EUSE adj. Mêlé de sable.

SABLIER n. m. Appareil dans lequel une certaine quantité de sable fin, en s'écoulant d'un compartiment dans un autre placé au-dessous, mesure une durée déterminée.

SABLIÈRE n. f. Carrière de sable. ‖ *Ch. de f.* Réservoir contenant du sable destiné à empêcher le patinage des roues sur les rails. ‖ *Constr.* Grosse pièce de charpente posée horizontalement sur l'épaisseur d'un mur dans le même plan que celui-ci.

SABLON n. m. Sable à grains fins.

SABLONNEUX, EUSE adj. Où il y a beaucoup de sable.

SABLONNIÈRE n. f. Lieu d'où l'on tire le sablon.

SABORD n. m. (de *bord* et d'un élément obscur). Ouverture rectangulaire, pratiquée dans la muraille d'un navire et munie d'un dispositif de fermeture.

SABORDAGE ou **SABORDEMENT** n. m. Action de saborder.

SABORDER v. t. Percer un navire au-dessous de la ligne de flottaison pour le faire couler. ‖ Ruiner, détruire volontairement une entreprise.

SABOT n. m. (de *botte* et *savate*). Chaussure creusée dans du bois ou simplement à semelle de bois. ‖ Ongle développé entourant l'extrémité des doigts des mammifères ongulés (cheval, bœuf, porc, etc.), et sur lequel ils marchent.

antérieur   postérieur

mamelle ——   —— fourchette
pince ——   —— glome
sole ——   —— talon
quartier ——   —— lacune médiane

SABOTS DE CHEVAL

‖ Garniture de métal aux pieds de certains meubles. ‖ Jouet d'enfant, en forme de toupie. ‖ Baignoire de dimension réduite. ‖ Partie d'un frein, qui presse sur la circonférence du bandage d'une roue. ‖ Garniture protégeant l'extrémité d'une pièce de charpente, d'un pieu. ‖ Mauvais instrument, mauvaise machine. ● *Avec ses gros sabots* (Fam.), brutalement, franchement. ‖ *Sabot de Denver,* dispositif utilisé par la police, immobilisant les voitures en stationnement illicite par blocage d'une roue.

SABOTAGE n. m. Malfaçon volontaire dans un travail. ‖ Détérioration volontaire d'un outillage commercial, industriel, d'une affaire. ‖ *Techn.* Action de saboter (un poteau, une traverse).

SABOT-DE-VÉNUS n. m. (pl. *sabots-de-Vénus*). Orchidacée des montagnes, aux fleurs en forme de sabot, devenue très rare en France.

SABOTER v. t. Exécuter vite et mal : *saboter son travail.* ‖ Détériorer ou détruire volontairement : *saboter un avion; saboter une entreprise.* ‖ Munir d'un sabot le pied d'un poteau. ‖ Entailler une traverse de chemin de fer au droit du patin du rail.

SABOTERIE n. f. Fabrique de sabots.

SABOTEUR, EUSE n. Personne qui exécute mal un travail, détériore une machine, entrave la bonne exécution d'une tâche. ‖ Ouvrier qui exécute le sabotage des traverses.

SABOTIER, ÈRE n. Artisan qui fabrique et vend des sabots.

SABRA adj. et n. (mot hébr., *cactus*). Se dit d'un juif né en Israël.

SABRE n. m. (all. *Säbel*). Arme blanche, droite ou recourbée, qui ne tranche que d'un côté. ‖

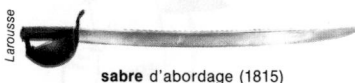

Larousse

sabre d'abordage (1815)

Art du maniement du sabre. ‖ Rasoir à manche et à longue lame. ● *Sabre d'abattis*, sabre assez court, à large lame, utilisé pour se frayer un chemin à travers la brousse. ‖ *Sabre de bois*, batte d'Arlequin; juron familier. ‖ *Le sabre et le goupillon* (Fam.), l'armée et l'Église.

SABRE-BAÏONNETTE n. m. (pl. *sabres-baïonnettes*). Autref., sabre court qu'on pouvait fixer à l'extrémité d'un fusil.

SABRE-BRIQUET n. m. (pl. *sabres-briquets*). Aux XVIIIe et XIXe s., sabre court des fantassins.

SABRER v. t. Frapper à coups de sabre. ‖ Biffer, faire des coupures importantes dans un texte. ‖ *Fam.* Faire vite et mal : *sabrer un travail.* ‖ *Fam.* Renvoyer, refuser à un poste, à un examen.

SABRETACHE n. f. (all. *Säbeltasche*). Sorte de sacoche plate portée par les officiers et les cavaliers aux XVIIIe et XIXe s.

SABREUR n. m. Celui qui se bat au sabre.

SABURRAL, E, AUX adj. (lat. *saburra*, lest). Se dit d'une langue dont la muqueuse est recouverte d'un enduit blanchâtre, qui se produit dans la plupart des affections digestives.

SAC n. m. (lat. *saccus*). Contenant fait de toile, de papier, de cuir, etc., et ouvert par le haut : *sac d'écolier; son contenu : sac de blé.* ‖ Habit de grosse toile que l'on portait autrefois en signe de deuil ou de pénitence. ‖ Enveloppe en forme de sac : *sac de couchage.* ‖ *Anat.* Cavité tapissée d'une membrane. ● *L'affaire est dans le sac* (Fam.), l'affaire est en bonne voie. ‖ *Avoir plus d'un tour dans son sac,* être plein d'habileté. ‖ *Homme de sac et de corde,* brigand (vx). ‖ *Mettre dans le même sac,* considérer comme de même valeur. ‖ *Prendre qqn la main dans le sac,* le prendre sur le fait. ‖ *Sac aérien* (Zool.), cavité pleine d'air, en relation avec l'appareil respiratoire des oiseaux et avec ses pneumatiques. ‖ *Sac à dos,* sac de toile muni de bretelles et utilisé par les alpinistes et les campeurs. ‖ *Sac embryonnaire* (Bot.), chez les plantes à fleurs, masse centrale de l'ovule, contenant l'oosphère. ‖ *Sac (à main),* sac où l'on met les divers objets personnels dont on peut avoir besoin quand on sort. ‖ *Sac à vin,* ivrogne. ‖ *Vider son sac,* dire tout ce qu'on a sur le cœur.

SAC n. m. (it. *sacco*). *Litt.* Pillage d'une ville; massacre des habitants. ● *Mettre à sac,* piller, dévaster.

SACCADE n. f. (anc. fr. *saquer,* tirer). Brusque secousse donnée à un cheval en lui tirant les rênes ou les guides. ‖ Mouvement brusque et intermittent : *avancer par saccades.*

SACCADÉ, E adj. Qui se fait par saccades, brusque, irrégulier : *mouvements saccadés.*

SACCAGE n. m. Action de saccager.

SACCAGER v. t. (it. *saccheggiare;* de *sacco,* sac) [conj. **1**]. Mettre à sac, livrer au pillage : *saccager une ville.* ‖ *Fam.* Mettre en désordre, dévaster : *les enfants ont saccagé le jardin.*

SACCAGEUR, EUSE n. Personne qui saccage.

SACCHARASE [-ka-] n. f. Syn. de INVERTASE.

SACCHARATE [-ka-] n. m. Combinaison du saccharose avec un oxyde métallique.

SACCHARIFÈRE [-ka-] adj. Qui produit, contient du sucre.

SACCHARIFICATION [-ka-] n. f. Conversion en sucre.

SACCHARIFIER [-ka-] v. t. Changer en sucre.

SACCHARIMÈTRE [-ka-] n. m. *Industr.* Instrument de saccharimétrie.

SACCHARIMÉTRIE n. f. *Industr.* Ensemble des procédés servant à mesurer la quantité de sucre en dissolution dans un liquide.

SACCHARIMÉTRIQUE adj. Relatif à la saccharimétrie.

SACCHARIN, E [-ka-] adj. Qui est de la nature du sucre.

SACCHARINE [-ka-] n. f. (lat. *saccharum,* sucre; du gr.). Substance blanche, dérivée du toluène, donc chimiquement sans rapport avec les vrais sucres, donnant cependant une saveur sucrée, utilisée comme succédané du sucre.

SACCHARINÉ, E adj. Additionné de saccharine.

SACCHAROÏDE [-ka-] adj. Qui a l'apparence du sucre : *gypse saccharoïde.*

SACCHAROMYCES [sakaɔmisɛs] n. m. Levure produisant la fermentation alcoolique de jus sucrés, intervenant dans la fabrication du vin, de la bière, du cidre, etc.

SACCHAROSE [-ka-] n. m. Glucide du groupe des osides, fournissant par hydrolyse du glucose et du fructose, constituant des sucres de canne et de betterave.

SACCHARURE n. m. *Pharm.* Syn. de GRANULÉ.

SACCULE n. m. (lat. *sacculus,* petit sac). Petite cavité de l'oreille interne, contenant des récepteurs sensibles à la pesanteur.

SACCULINE n. f. Crustacé parasite des crabes, dont la femelle, très modifiée, a l'aspect d'un sac pendu à l'abdomen de l'hôte. (Sous-classe des cirripèdes.)

SACERDOCE n. m. (lat. *sacerdotium*). Dignité et fonctions du prêtre, dans diverses religions. ‖ Fonction qui présente un caractère respectable en raison du dévouement qu'elle exige.

SACERDOTAL, E, AUX adj. Relatif aux prêtres, au sacerdoce.

L. Lauros-Giraudon

sabretache (XVIIIe s.)

SACHEM [saʃɛm] n. m. (mot iroquois). Membre du conseil de la nation, chez certains Amérindiens.

SACHERIE n. f. Industrie des sacs.

SACHET n. m. Petit sac : *thé en sachets.*

SACOCHE n. f. (it. *saccoccia*). Sac de toile ou de cuir de formes diverses.

SACOLÈVE n. f., ou **SACOLÉVA** n. m. (moyen gr. *sagoleipha,* voile). Navire caboteur du Levant, mâté et relevé de l'arrière.

SACQUER ou **SAQUER** v. t. (de *sac*). *Fam.* Chasser, renvoyer; punir sévèrement.

SACRAL, E, AUX adj. (lat. médiév. *sacralis*). Relatif au sacré; qui a un caractère sacré.

SACRALISATION n. f. Action de sacraliser. ‖ *Méd.* Anomalie de la cinquième vertèbre lombaire, qui est soudée au sacrum.

SACRALISER v. t. Donner un caractère religieux à une chose profane.

SACRAMENTAL n. m. *Relig.* Rite sacré institué par l'Église catholique pour obtenir un effet d'ordre spirituel.

SACRAMENTEL, ELLE adj. Qui concerne un sacrement : *l'eau sacramentelle du baptême.*

SACRE n. m. (de *sacrer*). Consécration d'un évêque. ‖ Cérémonie religieuse pour le couronnement d'un souverain (calquée sur le sacre d'un évêque).

SACRE n. m. (mot ar.). Grand faucon de l'Europe méridionale et de l'Asie.

SACRÉ, E adj. Qui a rapport avec le divin. ‖ Qui doit inspirer un respect absolu, inviolable : *un engagement sacré.* ‖ *Fam.* Renforce un terme injurieux ou admiratif : *sacré menteur.* ● *Art sacré,* se dit, surtout au XXe s., de l'art religieux, au service du culte. ‖ *Feu sacré,* sentiments nobles et passionnés; ardeur au travail. ‖ *Livres sacrés,* la Bible. ‖ *Sacré Collège,* l'ensemble des cardinaux de l'Église romaine.

SACRÉ, E adj. Qui appartient au sacrum.

SACRÉ n. m. Dans l'interprétation des phénomènes religieux, caractère de ce qui transcende l'humain, par opposition au PROFANE.

SACRÉ-CŒUR n. m. Cœur de Jésus proposé à l'adoration des catholiques en sa qualité de symbole de l'amour divin.

SACREMENT n. m. (lat. *sacramentum,* serment, obligation). *Théol.* Acte rituel sacré, destiné à la sanctification des hommes. (L'Église catholique et les Églises orientales reconnaissent sept sacrements : le *baptême,* la *confirmation,* l'*eucharistie,* la *pénitence,* le *sacrement des malades* [*extrême-onction*], l'*ordre* et le *mariage.* Les Églises protestantes n'en retiennent que deux : le *baptême* et l'*eucharistie* ou *sainte cène.*) ● *Les derniers sacrements,* pénitence, eucharistie et, éventuellement, sacrement des malades. ‖ *Le saint sacrement,* l'eucharistie.

SACRÉMENT adv. *Fam.* Extrêmement.

SACRER v. t. (lat. *sacrare;* de *sacer,* saint). Conférer un caractère sacré : *Charlemagne fut sacré empereur par le pape Léon III.* ◆ v. i. Proférer des imprécations, blasphémer.

SACRET n. m. Sacre mâle ou tiercelet.

SACRIFICATEUR n. m. *Antiq.* Prêtre qui offrait les sacrifices.

SACRIFICE n. m. (lat. *sacrificium*). Offrande faite à une divinité en signe d'adoration, d'expiation, etc. ‖ Renoncement volontaire ou forcé : *faire le sacrifice de sa vie.* ● *Le saint sacrifice,* la messe. ‖ *Sacrifice humain,* immolation d'un être humain à la divinité. ◆ pl. Dépenses que l'on s'impose : *faire des sacrifices pour ses enfants.*

SACRIFICIEL, ELLE adj. Propre à un sacrifice religieux : *rite sacrificiel.*

SACRIFIÉ, E adj. et n. Se dit de qqn qui se sacrifie ou qui est sacrifié. ‖ *Adj.* Se dit de marchandises vendues à très bas prix.

SACRIFIER v. t. Offrir comme victime en sacrifice. ‖ Renoncer volontairement à qqch, s'en défaire : *sacrifier des marchandises.* ‖ Abandonner, négliger volontairement qqn, qqch au profit d'un autre : *sacrifier ses amis à ses intérêts.* ◆ v. t. ind. [à]. *Litt.* Se conformer à qqch par faiblesse ou conformisme : *sacrifier à la mode.* ◆ se sacrifier v. pr. Faire le sacrifice de sa vie, de ses intérêts.

SACRILÈGE n. m. (lat. *sacrilegus,* impie). Profanation de personnes, de lieux ou de choses sacrées. ‖ Action qui porte atteinte à qqn ou à qqch de respectable, de vénérable.

SACRILÈGE adj. et n. Qui se rend coupable d'un sacrilège. ◆ adj. Qui a le caractère d'un sacrilège : *intention sacrilège.*

SACRIPANT n. m. (de *Sacripante,* personnage de Boiardo et de l'Arioste). Vaurien, mauvais drôle capable de toutes les violences.

SACRISTAIN n. m. Employé chargé de l'entretien de l'église et du soin des objets du culte.

SACRISTI! ou **SAPRISTI!** interj. Juron familier.

SACRISTIE n. f. (lat. *sacristia*). Local annexé à une église, où l'on conserve les objets du culte.

SACRISTINE n. f. Femme, religieuse ou laïque, à qui est confié le soin de l'église et de la sacristie.

SACRO-ILIAQUE adj. Se dit de l'articulation du sacrum avec l'os iliaque.

SACRO-SAINT, E adj. *Ironiq.* Très saint.

SACRUM [sakrɔm] n. m. (lat. *os sacrum,* os offert aux dieux en sacrifice). Os formé par la soudure des cinq vertèbres sacrées, et s'articulant avec les os iliaques pour former le bassin.

SADDUCÉEN ou **SADUCÉEN, ENNE** n. et

adj. Membre d'une secte juive rivale des pharisiens.

■ Cette secte apparut au IIᵉ s. av. J.-C. et disparut à la ruine de Jérusalem et du Temple, en 70; ses membres appartenaient en majorité aux familles sacerdotales. Conservateurs dans le domaine religieux et politique, ils se défiaient à la fois des pharisiens et des mouvements messianiques et s'accommodaient fort bien de la présence romaine; le peuple, qu'ils méprisaient, ne les aimait pas.

SADIQUE adj. et n. (de *Sade*, n. pr.). Qui prend plaisir à faire souffrir autrui; qui a le caractère du sadisme.

SADIQUE-ANAL, E, AUX adj. *Stade sadique-anal* (Psychanal.), deuxième stade du développement libidinal (entre deux et quatre ans), s'organisant autour de la zone anale, qui devient la zone érogène dominante.

SADIQUEMENT adv. De façon sadique.

SADISME n. m. Plaisir à voir souffrir les autres, cruauté. ‖ *Psychiatr.* Perversion dans laquelle la satisfaction sexuelle ne peut être obtenue qu'en infligeant des souffrances morales ou physiques au partenaire. (Pour S. Freud, le sadisme est le détournement sur un objet extérieur de la pulsion de mort.)

SADOMASOCHISME [-ʃism] n. m. *Psychanal.* Complémentarité des positions sadique et masochiste de la fantasme.

SADOMASOCHISTE adj. et n. Qui relève du sadomasochisme.

SADUCÉEN, ENNE n. et adj. → SADDUCÉEN.

S. A. E. adj. (de *Society of Automotive Engineers*). Se dit d'un nombre caractérisant la viscosité d'un lubrifiant à base d'huile minérale pour moteur.

SAFARI n. m. (mot souahéli; de l'ar.). En Afrique noire, expédition de chasse.

SAFARI-PHOTO n. m. (pl. *safaris-photos*). Excursion dans une réserve naturelle, destinée à photographier ou à filmer des animaux sauvages et non à les chasser.

SAFRAN n. m. (mot ar.). Crocus cultivé pour ses fleurs, dont le stigmate fournit une teinture jaune et une poudre servant d'assaisonnement; cette teinture; cette poudre. ♦ *Safran des prés*, nom usuel du *colchique*. ♦ n. m. et adj. inv. Variété de jaune.

SAFRAN n. m. (mot ar.). *Mar.* Surface du gouvernail sur laquelle agissent les filets d'eau.

SAFRANÉ, E adj. Qui présente la couleur du safran. ‖ Aromatisé au safran.

SAFRANIÈRE n. f. Plantation de safran.

SAFRE n. m. (de *saphir*). Oxyde de cobalt, de couleur bleue.

SAGA n. f. (mot scandin.). Nom générique de récits et de légendes des littératures scandinaves du Moyen Âge. ‖ Se dit parfois de l'histoire d'un héros ou d'un groupe humain qui présente des aspects mythiques ou légendaires.

SAGACE adj. (lat. *sagax*, qui a l'odorat subtil). Doué de sagacité, fin : *critique sagace*.

SAGACITÉ n. f. Perspicacité, pénétration, finesse d'esprit.

SAGAIE n. f. (mot ar.). Javelot utilisé comme arme dans certaines ethnies.

SAGARD n. m. (all. *Säger*, scieur). Dans les Vosges, ouvrier d'une scierie qui débite le bois en planches.

SAGE adj. et n. Prudent et réfléchi dans sa conduite : *agir en sage*. ♦ adj. Qui n'est pas turbulent, posé, doux, obéissant : *enfant sage*. ‖ Pudique, chaste. ‖ Conforme aux règles de la raison, de la morale.

SAGE n. m. Homme dont la vie repose sur l'application d'une philosophie. ‖ Conseiller appelé par un gouvernement pour examiner un projet.

SAGE-FEMME n. f. (pl. *sages-femmes*). Auxiliaire médicale dont la compétence est limitée aux accouchements et à la surveillance des grossesses, mais qui peut dispenser l'ensemble des soins médicaux prescrits ou conseillés par un médecin.

SAGEMENT adv. De façon sage.

sagoutier

saïga

SAGESSE n. f. Conduite réfléchie et modérée, prudence, circonspection, retenue : *il agit avec sa sagesse habituelle*. ‖ Docilité, en parlant des enfants. ‖ Caractère de ce qui est dit ou fait sagement : *sagesse d'une réponse*. ‖ *Philos.* Connaissance spéculative du monde, qui cherche à en expliquer l'ordre.

SAGINE ou **SAGINA** n. f. Plante herbacée naine, à tiges étalées, à fleurs blanches. (Famille des caryophyllacées.)

SAGITTAIRE n. m. (lat. *sagitta*, flèche). *Antiq. rom.* Archer.

SAGITTAIRE n. f. Plante des eaux douces calmes, à feuilles aériennes en forme de fer de flèche. (Famille des alismacées; nom usuel : *flèche d'eau*.)

SAGITTAL, E, AUX adj. En forme de flèche. ‖ Suivant le plan de symétrie : *coupe sagittale*. ● *Suture sagittale* (Anat.), suture qui unit les deux pariétaux.

SAGITTÉ, E adj. (lat. *sagitta*, flèche). *Bot.* Qui a la forme d'un fer de flèche.

SAGOU n. m. (mot malais). Fécule qu'on retire de la moelle des sagoutiers.

SAGOUIN n. m. (esp. *sagoy*; du tupi). Petit singe d'Amérique du Sud. ‖ *Fam.* Homme, enfant malpropre, grossier. (Fém. : *sagouine*.)

SAGOUTIER n. m. Palmier de l'Asie du Sud-Est, dont le stipe contient une moelle fournissant le sagou.

SAHARIEN, ENNE adj. Du Sahara.

SAHARIENNE n. f. Veste de toile.

SAHÉLIEN, ENNE adj. Relatif au Sahel.

SAHRAOUI, E adj. et n. Du Sahara, en particulier du Sahara occidental.

SAÏ [sai] n. m. Petit singe américain du genre *sajou*. (Syn. CAPUCIN.)

SAIE [sɛ] n. f. (lat. *sagum*). Manteau court en laine, vêtement militaire des Romains et des Gaulois, que l'on attachait sur les épaules au moyen d'une fibule.

SAIE [sɛ] n. f. (de *soie*). Petite brosse en soies de porc à l'usage des orfèvres.

SAIETTER [sɛjɛte] v. t. Nettoyer avec la saie.

SAÏGA n. m. (mot russe). Genre d'antilope des steppes entre la Caspienne et l'Oural.

SAIGNANT, E adj. Qui dégoutte de sang : *blessure saignante*. ● *Plaie encore saignante*, injure, douleur toute récente. ‖ *Viande saignante*, viande très peu cuite.

saïmiri

SAIGNÉE n. f. Ouverture d'une veine pour tirer du sang à des fins thérapeutiques; sang ainsi tiré. ‖ Pli formé par le bras et l'avant-bras. ‖ Rigole creusée dans un terrain pour en retirer l'eau. ‖ Rainure de révolution, réalisée dans la partie cylindrique d'une pièce. ‖ Entaille pratiquée sur un tronc d'arbre pour récolter la résine, le latex, etc. ‖ Pertes en vies humaines subies par un pays. ‖ Prélèvement d'argent exagéré sur les ressources de qqn.

SAIGNEMENT n. m. Écoulement de sang. ● *Temps de saignement*, temps pendant lequel saigne une petite plaie faite au lobule de l'oreille, et qui renseigne sur la défense de l'organisme contre les hémorragies.

SAIGNER v. t. (lat. *sanguinare*; de *sanguis*, sang). Évacuer du sang à des fins thérapeutiques. ‖ Tuer en laissant le sang s'écouler : *saigner un poulet*. ‖ Exiger de qqn des sommes considérables : *saigner les contribuables*. ‖ *Techn.* Pratiquer une saignée. ♦ v. i. Perdre du sang par un orifice naturel ou par une blessure : *saigner du nez*. ● *Le cœur me saigne*, j'éprouve une vive souffrance. ♦ **se saigner** v. pr. *Fam.* S'imposer de lourdes dépenses : *se saigner pour ses enfants*.

SAILLANT, E adj. (lat. *salire*, sauter). Qui avance, dépasse : *transept saillant*. ‖ Qui attire l'attention, remarquable, frappant : *trait saillant; les moments les plus saillants de la journée*. ● *Angle saillant*, angle dont la mesure est inférieure à 180⁰. (Contr. RENTRANT.)

SAILLANT n. m. Partie qui fait saillie.

SAILLIE n. f. Éminence à la surface de certains objets, partie qui avance : *os qui fait saillie; toit en saillie*. ‖ *Litt.* Trait d'esprit brillant et imprévu : *ouvrage plein de saillies*.

SAILLIE n. f. Accouplement des animaux domestiques.

SAILLIR v. t. (lat. *salire*, couvrir une femelle) [se conj. comme *finir* et ne s'emploie guère qu'à l'inf., aux 3ᵉˢ pers. des temps simples et au part. prés.]. Couvrir, s'accoupler à : *étalon qui saillit une jument*.

SAILLIR v. i. (lat. *salire*, sauter) [conj. 27]. S'avancer en dehors, déborder, dépasser : *balcon qui saille trop; ses côtes saillaient*.

SAÏMIRI n. m. (mot tupi). Singe de l'Amérique tropicale, à longue queue non prenante.

SAIN, E adj. (lat. *sanus*). Dont l'organisme est bien constitué et fonctionne normalement : *homme sain, économie saine*. ‖ Qui n'est pas gâté : *dents saines.* ‖ Salubre; qui contribue à la santé : *air sain.* ‖ Conforme à la raison, à l'équilibre intellectuel, à la morale; sensé, juste : *jugement sain; affaire saine.* ‖ Mar. Où il n'y a pas d'écueil. ● *Sain et sauf,* sans avoir éprouvé aucun dommage.

SAINBOIS n. m. Bot. Autre nom du GAROU.

SAINDOUX n. m. (lat. *sagina,* graisse, et *doux*). Graisse de porc fondue.

SAINEMENT adv. D'une manière saine.

SAINFOIN n. m. (de *sain* et *foin*). Herbe vivace qui fournit un excellent fourrage. (Famille des papilionacées.)

SAINT, E adj. et n. (lat. *sanctus*). Souverainement parfait. ‖ Personne dont la vie exemplaire a été jugée digne, par la canonisation, d'un culte public universel. ‖ Qui a une vie exemplaire : *un saint homme.* ● *Prêcher pour son saint,* louer, vanter qqch pour en tirer profit personnellement. ‖ *Saints de glace,* saint Mamert, saint Pancrace et saint Servais, dont les fêtes (11-12-13 mai) sont souvent accompagnées de gelées tardives, redoutées des agriculteurs. ‖ *Le saint des saints,* la partie la plus secrète du temple de Jérusalem; la partie la plus secrète de qqch. ◆ adj. Conforme à la loi morale : *vie sainte.* ‖ Relatif à la religion : *temple saint.* ‖ Se dit des jours de la semaine qui précèdent le dimanche de Pâques. ‖ *Année sainte,* année jubilaire de l'Église catholique, célébrée ordinairement tous les 25 ans. ‖ *Toute la sainte journée* (Fam.), du matin au soir.

SAINT-BERNARD n. m. inv. Chien de montagne à poil long et doux, de forte taille, dont les qualités de sauveteur sont légendaires.

SAINT-CRÉPIN n. m. inv. (du n. du patron des cordonniers). Ensemble des outils nécessaires à un cordonnier (vx).

SAINT-CYRIEN n. m. (pl. *saint-cyriens*). Élève officier de l'École spéciale militaire de Saint-Cyr (Coëtquidan).

SAINTE-BARBE n. f. (pl. *saintes-barbes*). Mar. anc. Magasin à poudre.

SAINTEMENT adv. De façon sainte.

SAINT-ÉMILION n. m. inv. Vin rouge récolté dans la région de Saint-Émilion.

SAINTE NITOUCHE n. f. (pl. *saintes nitouches*). Personne qui cache ses défauts, ses fautes sous une apparence de sagesse.

SAINT-ESPRIT n. m. Troisième personne de la Sainte-Trinité dans la Révélation chrétienne.

SAINTETÉ n. f. Qualité de celui ou de ce qui est saint. ● *Sa Sainteté,* titre donné au pape.

SAINT-FLORENTIN n. m. inv. Fromage à pâte molle lavée, fabriqué avec du lait de vache.

SAINT-FRUSQUIN n. m. inv. Pop. Tout ce qu'un homme possède de vêtements.

SAINT-GLINGLIN (À LA) loc. adv. Fam. Dans un temps indéterminé; jamais.

Saint-Guy (danse de), syn. pop. de CHORÉE.

SAINT-HONORÉ n. m. inv. Gâteau décoré de petits choux à la crème et de crème Chantilly.

SAINT-MARCELLIN n. m. inv. Petit fromage rond fabriqué dans le Dauphiné avec du lait de vache.

SAINT-NECTAIRE n. m. inv. Fromage fabriqué avec du lait de vache, à pâte pressée, subissant un affinage au cours duquel se développent des moisissures externes.

SAINT-OFFICE n. m. Congrégation romaine dont la compétence s'étend à tout ce qui concerne la défense de la doctrine catholique. (Depuis le 7 décembre 1965, le *Saint-Office* a été remplacé par la *congrégation pour la Doctrine de la foi.*)

SAINT-PAULIN n. m. inv. Fromage à pâte pressée et à croûte lavée fabriqué avec du lait de vache.

SAINT-PÈRE n. m. Nom par lequel on désigne le pape.

SAINT-PIERRE n. m. inv. Poisson à corps haut et comprimé, comestible, commun dans toutes les mers tempérées. (Long. : 30 à 50 cm.)

SAINT-SIÈGE n. m. Ensemble des organismes (curie romaine) chargés par le pape de le secon-

der dans l'exercice de ses fonctions de gouvernement.

SAINT-SIMONIEN, ENNE adj. et n. (pl. *saint-simoniens*). Qui appartient au saint-simonisme.

SAINT-SIMONISME n. m. Doctrine du comte de Saint-Simon et de ses disciples, notamment Enfantin et Bazard.
■ La doctrine préconise le collectivisme, qui assurera « à chacun selon ses capacités, à chaque capacité selon ses œuvres», et critique la propriété privée parce qu'elle aboutit à une organisation anarchique de la production et qu'elle consacre l'exploitation de l'homme par l'homme. L'école saint-simonienne évolua en une secte religieuse; mais, divisée, condamnée par les tribunaux, elle disparut en 1833.

SAINT-SYNODE n. m. Conseil suprême de l'Église russe de 1721 à 1917, qui remplaçait le patriarcat supprimé par Pierre le Grand.

SAISI, E n. Dr. Personne dont on saisit un bien. ◆ adj. Se dit du bien ayant fait l'objet d'une saisie. ● *Tiers saisi,* personne entre les mains de qui est saisie une somme due ou un bien mobilier appartenant à autrui.

SAISIE n. f. Mesure par laquelle l'Administration ou la justice retire à une personne l'usage ou la possibilité de disposer d'un bien (mobilier ou immobilier) dont elle est propriétaire ou détentrice; voie d'exécution par laquelle un créancier s'assure des biens de son débiteur en vue de les faire vendre et de se payer sur leur prix. ● *Saisie conservatoire* (Dr.), mesure accordée au créancier qui peut faire mettre les meubles du débiteur sous main de justice, pour éviter que celui-ci ne les fasse disparaître ou n'en diminue la valeur. ‖ *Saisie des données* (Inform.), ensemble des procédures mises en œuvre pour prélever dans l'univers réel et enregistrer sur un support (carte ou ruban perforé, bande ou disque magnétique, etc.) des données en vue de leur traitement par un système informatique. ‖ *Saisie foraine* (Dr.), saisie faite sur les meubles d'un débiteur de passage.

SAISIE-ARRÊT n. f. (pl. *saisies-arrêts*). Dr. Saisie effectuée par un créancier (*saisissant*), sur une personne (*tiers saisi*) qui détient des sommes dues ou des objets mobiliers appartenant au débiteur du saisissant (*saisi*). [Syn. OPPOSITION.]

SAISIE-BRANDON n. f. (pl. *saisies-brandons*). Dr. Saisie des fruits non encore récoltés.

SAISIE-EXÉCUTION n. f. (pl. *saisies-exécu-*

tions). Dr. Saisie des meubles corporels du débiteur, exigeant un titre exécutoire et précédée d'un commandement.

SAISIE-GAGERIE n. f. (pl. *saisies-gageries*). Dr. Saisie pratiquée par le bailleur sur les meubles garnissant les lieux loués, effectuée avec l'autorisation du juge.

SAISINE n. f. (de *saisir*). Droit à la prise de possession des biens d'un défunt à l'instant même du décès et sans autorisation préalable de justice. ‖ Fait de saisir une juridiction. ‖ Mar. Cordage servant à maintenir ou à soulever certains objets.

SAISIR v. t. (mot francique). Prendre vivement et avec vigueur : *saisir qqn aux épaules.* ‖ Exposer d'emblée à feu vif : *saisir une viande.* ‖ Prendre qqch de manière à pouvoir le tenir, s'en servir, le porter, etc. : *saisir un outil par le manche.* ‖ Mettre à profit : *saisir l'occasion.* ‖ Percevoir par les sens, comprendre : *saisir le moindre bruit; saisir une pensée.* ‖ S'emparer de qqn, en parlant d'un mal, d'une passion, etc. : *le froid l'a saisi; le désespoir l'a saisi.* ‖ Dr. S'assurer, par une saisie, des biens d'un débiteur ou d'objets litigieux; solliciter une juridiction de trancher un conflit. ● *Être saisi,* être frappé d'effroi, de douleur, d'étonnement, etc. ◆ **se saisir** v. pr. [**de**]. S'emparer de qqch, se rendre maître de qqn.

SAISISSABLE adj. Qui peut être saisi, compris. ‖ Dr. Qui peut faire l'objet d'une saisie.

SAISISSANT, E adj. Qui surprend tout d'un coup : *froid saisissant.* ‖ Qui émeut vivement : *spectacle saisissant.*

SAISISSANT n. m. Dr. Celui qui pratique une saisie afin d'obtenir d'un débiteur l'acquittement de son obligation.

SAISISSEMENT n. m. Impression subite et violente causée par le froid, une émotion forte et soudaine : *être muet de saisissement.*

SAISON n. f. (lat. *satio, -onis*). Chacune des quatre parties en lesquelles l'année se trouve divisée par les équinoxes et les solstices. ‖ Période où dominent certains états de l'atmosphère : *la saison des pluies.* ‖ Époque où se fait une culture, une récolte : *la saison des fraises.* ‖ Période de l'année caractérisée par telle ou telle activité : *la saison théâtrale.* ‖ Durée d'un séjour dans une station balnéaire, thermale, etc. ‖ Pour certaines localités, période de l'année où elles reçoivent des vacanciers. ● *Être de saison,* être à propos. ‖ *Haute saison,* dans une région touristique, période de l'année correspondant

SAISONS

La division de l'année en saisons résulte de l'inclinaison (23⁰ 26') de l'axe de rotation de la Terre par rapport à son plan de translation autour du Soleil.
Comme l'axe des pôles garde au cours de l'année
une direction fixe dans l'espace, c'est tantôt le pôle Nord, tantôt le pôle Sud qui est éclairé par le Soleil, et la durée du jour aux différents points du globe varie. Au solstice de juin, le Soleil passe au zénith du tropique du Cancer et l'hémisphère Nord connaît les jours les plus longs ; au solstice de décembre, il passe au zénith du tropique du Capricorne et c'est l'hémisphère Sud qui connaît les jours les plus longs. Aux équinoxes (mars et septembre), le Soleil se trouve exactement dans le plan de l'équateur, de sorte qu'en tout point du globe la durée du jour est égale à celle de la nuit.

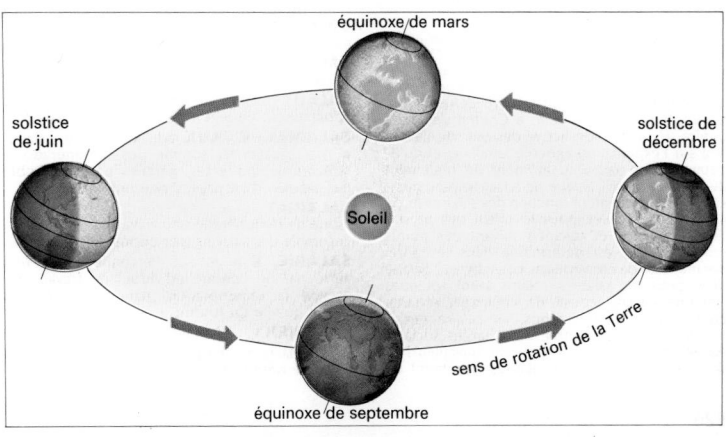

équinoxe de mars

solstice de juin

Soleil

solstice de décembre

sens de rotation de la Terre

équinoxe de septembre

au maximum d'affluence, par oppos. à *basse saison*. ‖ *Hors de saison*, déplacé.

■ La division de l'année en quatre saisons dérive du mouvement de la Terre autour du Soleil : le *printemps* commence à l'équinoxe de printemps et se termine au solstice d'été ; viennent ensuite l'*été*, l'*automne* et l'*hiver*, qui se terminent respectivement à l'équinoxe d'automne, au solstice d'hiver et à l'équinoxe de printemps. La Terre ne se déplaçant pas à une vitesse constante sur son orbite, parce que celle-ci est elliptique, il en résulte une inégalité dans la durée des saisons. Actuellement, le printemps, l'été, l'automne, l'hiver ont respectivement pour durées moyennes, dans l'hémisphère Nord, 92 j 20 h ; 93 j 15 h ; 89 j 19 h ; 89 j. Ces durées subissent des variations séculaires. Les saisons, dans l'hémisphère Sud, sont inversées par rapport à celles de l'hémisphère Nord. Les saisons constituent un phénomène commun à toutes les planètes dont l'axe de rotation n'est pas perpendiculaire au plan de l'orbite.

SAISONNIER, ÈRE adj. Qui ne dure qu'une saison, qui est propre à une saison : *travail saisonnier; produits saisonniers.*

SAISONNIER n. m. Ouvrier qui loue ses services pour des travaux saisonniers (moisson, vendanges, etc.).

SAJOU ou **SAPAJOU** n. m. (mot tupi). Singe de l'Amérique tropicale, à longue queue.

SAKÉ n. m. (mot jap.). Boisson japonaise alcoolisée, à base de riz fermenté.

SAKI n. m. (mot tupi). Singe de l'Amérique du Sud, à épaisse fourrure.

SAKIEH [sakje] n. f. (ar. *sāqiyya*). En Égypte, noria actionnée par des bœufs.

SAKTISME n. m. Doctrine religieuse de l'Inde, propre à certains courants (viṣṇuisme, śivaïsme, tantrisme), qui donne à l'énergie créatrice féminine, appelée « śakti », un rôle important dans la délivrance du cycle des renaissances et dans l'histoire de l'univers.

SÂL n. m. Grand arbre de l'Inde, au bois précieux.

SALACE adj. (lat. *salax*). Porté aux plaisirs sexuels, lubrique.

SALACITÉ n. f. Caractère salace.

SALADE n. f. (prov. *salada*, mets salé). Mets composé de feuilles de certaines plantes potagères crues et assaisonnées ; ces plantes potagères (laitue, chicorée, etc.). ‖ Mets composé de légumes crus ou cuits, de viande ou de poisson assaisonnés avec une vinaigrette. ‖ *Fam.* Choses confusément assemblées. ● *Salade de fruits,* assortiment de fruits coupés, accommodés avec du sucre et très souvent de l'alcool. ‖ *Salade russe,* macédoine de légumes coupés en petits morceaux et assaisonnés de mayonnaise. ‖ *Vendre sa salade* (Fam.), essayer de convaincre. ◆ pl. *Fam.* Mensonges, histoires.

SALADE n. f. (it. *celata*, pourvue d'une voûte). Casque du XVe et XVIIIe s.

SALADERO [saladero] n. m. (mot esp.). Cuir salé de bœuf, venant de l'Amérique du Sud.

SALADIER n. m. Récipient où l'on prépare et sert la salade ; contenu de ce récipient.

SALAGE n. m. Action de saler.

SALAIRE n. m. (lat. *salarium*, solde pour acheter du sel). Rémunération du travail effectué par une personne pour le compte d'une autre, en vertu d'un contrat de travail. ‖ Récompense et, par antiphrase, châtiment : *toute peine mérite salaire; le salaire de la peur*. ‖ *Contrat de salaire différé*, rémunération fictive des enfants travaillant sur l'exploitation agricole familiale, et qu'ils peuvent faire valoir au moment du règlement de la succession. ‖ *Salaire de base*, somme mensuelle (théoriquement fonction des salaires minimaux réels) utilisée pour le calcul des prestations familiales, et calculée suivant des points dont la valeur est déterminée dans le cadre, notamment, de conventions collectives. ‖ *Salaire brut*, pour les salariés, salaire avant retenues (sécurité sociale, caisse de chômage, retraite, etc.) et primes, par oppos. au *salaire net*. ‖ *Salaire indirect*, ensemble des charges sociales payées par l'employeur pour le travailleur, et dont le coût s'ajoute au salaire proprement dit

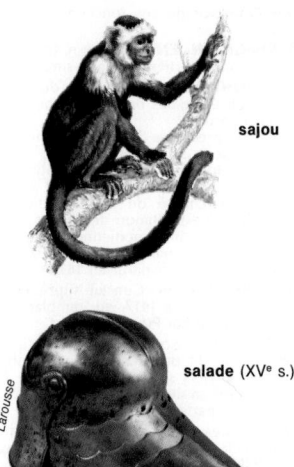

sajou

salamandre

salade (XVe s.)

Larousse

salangane

versé à celui-ci. ‖ *Salaire minimum de croissance* (S.M.I.C.), salaire minimal au-dessous duquel, depuis 1970, aucun salarié ne peut, en principe, être rémunéré. (Il varie en fonction de l'évolution de l'indice des prix à la consommation. Les variations sont décidées en Conseil des ministres après avis de la Commission supérieure des conventions collectives.) ‖ *Salaire réel*, celui qui exprime un pouvoir d'achat réel en fonction du coût de la vie.

■ Le salaire constitue la contrepartie des prestations de travail fournies par le travailleur. Il est versé à des intervalles réguliers, de façon mensuelle pour la plupart des salariés, ouvriers ou employés liés à un employeur par un contrat de travail, en espèces, par chèque ou par virement bancaire ou postal. Son montant est calculé soit forfaitairement (*salaire au temps*), soit en fonction de la quantité de travail fournie (*salaire aux pièces*), soit en intégrant au salaire forfaitaire des éléments (*primes*) qui le font varier en fonction du rendement général de l'entreprise, d'indices économiques propres à la profession, etc.

SALAISON n. f. Action de saler certains aliments pour assurer leur conservation. ◆ pl. Denrées alimentaires ainsi conservées.

SALAMALECS n. m. pl. (ar. *salām 'alayk*, paix sur toi [formule de politesse]). *Fam.* Révérences, politesse exagérée.

SALAMANDRE n. f. (lat. *salamandra*; mot gr.). Amphibien urodèle de l'Europe, ayant la forme d'un lézard. ‖ Nom déposé d'un poêle à combustion lente.

SALAMI n. m. (pl. de l'it. *salame*). Gros saucisson sec.

SALANGANE n. f. (malais *sarang*, nid). Genre d'oiseaux passereaux de l'Asie et de l'Océanie, dont on consomme, sous le nom de « nids d'hirondelles », les nids faits d'algues agglomérées.

SALANT adj. m. Qui produit ou qui contient du sel : *marais salants.*

SALANT n. m. *Géogr.* Étendue de sol où apparaissent de légères efflorescences salines.

SALARIAL, E, AUX adj. Relatif au salaire. ● *Masse salariale,* somme des rémunérations, directes ou indirectes, perçues par l'ensemble des salariés d'un pays, d'une entreprise.

SALARIAT n. m. État, condition de salarié ; mode de rémunération du travail par le salaire. ‖ Ensemble des salariés (par oppos. au PATRONAT).

SALARIÉ, E n. et adj. Personne liée à une autre par un contrat individuel de travail, qui prévoit la rémunération, par un salaire, du travail qu'elle lui fournit.

SALARIER v. t. Donner un salaire à.

SALAUD n. m. *Pop.* Personne déloyale, malhonnête (terme d'injure).

SALBANDE n. f. (mot all., *chaîne*). *Min.* Enduit onctueux situé à la séparation d'un filon ou d'une faille avec ses épontes.

SALE adj. (francique *salo*, trouble). Couvert de crasse, de poussière, de taches, malpropre : *avoir les mains sales*. ‖ Se dit d'une couleur qui manque d'éclat : *un blanc sale*. ‖ Qui blesse la pudeur, ordurier : *histoires sales*. ‖ Se dit de qqch de méprisable. ‖ Se dit de qqch de très désagréable, détestable : *un sale temps; c'est une sale affaire.*

SALÉ, E adj. Imprégné ou saupoudré de sel : *beurre, poisson salé*. ‖ Qui a le goût du sel. ‖ *Fam.* Très libre, grivois : *un conte salé*. ‖ *Fam.* Exagéré, excessif : *l'addition est salée!*

SALÉ n. m. Chair de porc salée. ● *Petit salé,* chair de porc conservée par salaison, qui se consomme cuite à l'eau.

SALEMENT adv. De façon sale. ‖ *Pop.* Beaucoup, très : *il est salement malade.*

SALER v. t. (lat. *sal*, sel). Assaisonner avec du sel. ‖ Mettre du sel sur les viandes et les poissons crus pour les conserver. ‖ *Fam.* Faire payer trop cher. ‖ *Fam.* Punir sévèrement.

SALERS n. m. Variété de cantal (fromage).

SALÉSIEN, ENNE adj. et n. Se dit des membres de la congrégation de religieux (société des Prêtres de Saint-François-de-Sales) fondée en 1859 par saint Jean Bosco à Turin, et de la congrégation de religieuses (Filles de Marie-Auxiliatrice) fondée par lui à Turin en 1872. (Ces congrégations se vouent à l'éducation, notamment dans des écoles professionnelles.)

SALETÉ n. f. État de ce qui est sale : *être d'une saleté repoussante*. ‖ Chose malpropre, ordure : *nettoyer les saletés du débarras*. ‖ *Fam.* Chose sans valeur : *vendre des saletés*. ‖ Action vile, procédé peu délicat : *il m'a fait une saleté*. ‖ Parole obscène : *dire des saletés*.

SALEUR, EUSE n. Personne qui prépare des salaisons.

SALICACÉE n. f. Arbre aux fleurs sans pétales tel que les *saules* et les *peupliers*. (Les *salicacées* forment une famille.)

SALICAIRE n. f. (lat. *salix, -icis*, saule). Plante dont diverses espèces croissent dans les lieux humides. (Famille des lythracées.)

SALICOQUE n. f. (mot normand). Autre nom de la CREVETTE ROSE ou BOUQUET.

SALICORNE n. f. Genre de chénopodiacées des marais salants, dont on extrait de la soude.

SALICYLATE n. m. Sel ou ester de l'acide salicylique.

SALICYLÉ adj. m. Relatif à l'acide salicylique ou à ses sels.

SALICYLIQUE adj. Se dit d'un acide doué de propriétés antiseptiques et anti-inflammatoires.

SALIDIURÉTIQUE adj. et n. m. Se dit d'un diurétique dont l'action sur le rein aboutit à une forte élimination de chlorures de sodium et de potassium.

SALIEN, ENNE adj. Relatif aux Francs Saliens.

SALIÈRE n. f. Petit récipient pour présenter le sel sur la table. ‖ Enfoncement au-dessus des yeux des vieux chevaux. ‖ *Fam.* Creux en arrière des clavicules, chez les personnes maigres.

SALIFÈRE adj. Qui renferme du sel.

SALIFIABLE adj. *Chim.* Qui peut fournir un sel.

SALIFICATION n. f. *Chim.* Formation d'un sel.

SALIFIER v. t. *Chim.* Transformer en sel.

SALIGAUD, E n. (bas all. *salik*, sale). *Pop.* Personne répugnante physiquement ou moralement.

SALIN, E adj. (de *sel*). Qui contient du sel. ‖ *Chim.* Qui a les caractères d'un sel. ● *Roches salines*, roches sédimentaires solubles dans l'eau, et provenant de l'évaporation de l'eau de mer dans les lagunes (gypse [sulfate de calcium hydraté], sel gemme [chlorure de sodium], etc.).

SALIN n. m. Marais salant.

SALINE n. f. Établissement industriel dans lequel on produit du sel en extrayant le sel gemme ou en faisant évaporer des eaux saturées du sous-sol. ‖ *Géol.* Syn. de ÉVAPORITE.

SALINIER n. m. Producteur de sel.

SALINITÉ n. f. Teneur en sel.

SALIQUE adj. Relatif aux Francs Saliens. ● *Loi salique*, monument de la législation franque, qui est surtout un code civil et pénal. (Une disposition de cette loi, excluant les femmes de la succession à la terre, a été interprétée plus tard de façon à les évincer de la couronne de France.)

SALIR v. t. Rendre sale : *salir son pull.* ‖ Déshonorer, porter atteinte à : *salir la réputation de qqn.*

SALISSANT, E adj. Qui se salit aisément : *le blanc est une couleur salissante.* ‖ Qui salit : *travail salissant.* ● *Plantes salissantes* (Agric.), mauvaises herbes des prairies.

SALISSURE n. f. Ordure, souillure.

SALIVAIRE adj. Relatif à la salive. ● *Glandes salivaires* (Anat.), glandes qui sécrètent la salive. (On en compte trois paires chez l'homme : les *parotides*, les *sous-maxillaires* et les *sublinguales*. Les glandes salivaires de la larve de bombyx sécrètent la soie.)

SALIVATION n. f. Sécrétion de la salive.

SALIVE n. f. (lat. *saliva*). Liquide clair et filant produit par la sécrétion des glandes salivaires. (Elle contient une amylase, la ptyaline, qui hydrolyse l'amidon cuit.) ● *Dépenser beaucoup de salive* (Fam.), parler beaucoup.

SALIVER v. i. Sécréter de la salive.

SALLE n. f. (mot francique). Pièce d'une habitation destinée à un usage particulier (avec un complément.) ‖ Autref., vaste pièce de réception dans une grande demeure : *salle basse; salle haute.* ‖ Lieu vaste et couvert, destiné à un service public ou à une grande exploitation : *salle des ventes; salle de spectacle.* ‖ Public qui remplit une salle : *toute la salle applaudit.* ‖ Dortoir dans un hôpital : *salle commune.* ● *Salle d'armes*, lieu où les maîtres d'armes donnent leurs leçons d'escrime. ‖ *Salle de bains*, cabinet de toilette avec baignoire. ‖ *Salle d'eau*, local spécialement aménagé pour les soins corporels. ‖ *Salle à manger*, pièce d'un appartement dans laquelle on prend ses repas. ‖ *Salle obscure*, salle de cinéma. ‖ *Salle des pas perdus*, salle d'un palais de justice, servant de lieu de réunion; grand hall qui donne accès aux différents services d'une gare. ‖ *Salle de séjour*, ou *séjour* n. m., pièce d'un appartement pouvant servir à la fois de salon et de salle à manger.

SALMANAZAR n. m. Bouteille de champagne d'une contenance de douze bouteilles.

SALMIGONDIS [salmigɔ̃di] n. m. (de *sel* et anc. fr. *condir*, assaisonner). Écrit, discours composé de choses disparates.

SALMIS [salmi] n. m. Ragoût de pièces de gibier ou de volailles déjà cuites à la broche.

SALMONELLE n. f. (de *Salmon*, n. pr.). Bactérie responsable des salmonelloses.

SALMONELLOSE n. f. *Méd.* Ensemble des affections dues aux salmonelles (fièvres typhoïde et paratyphoïde; gastro-entérites).

SALMONICULTURE n. f. (lat. *salmo*, saumon). Élevage du saumon.

SALMONIDÉ n. m. Poisson osseux des eaux fraîches, à deux nageoires dorsales, dont la seconde est adipeuse, tel que le *saumon* et la *truite.* (Les *salmonidés* forment une famille.)

SALOIR n. m. Récipient dans lequel on place les viandes, les poissons, etc., à saler.

SALOL n. m. Salicylate de phényle, antiseptique.

SALON n. m. (it. *salone*; de *sala*, salle). Pièce destinée, dans un appartement, à recevoir les visiteurs. ‖ Exposition collective périodique d'artistes vivants. ‖ Article autrefois consacré au compte rendu d'un Salon. ‖ Présentation périodique de diverses industries : *Salon de l'automobile, des arts ménagers.* (Avec une majuscule dans ces trois derniers sens.) ‖ Nom donné à certains magasins : *salon de thé, de coiffure.* ‖ *Litt.* Société mondaine : *fréquenter les salons.* ‖ *Littér.* Aux XVIIe et XVIIIe s., réunion d'hommes du monde, d'écrivains, d'artistes, d'hommes politiques autour d'une femme distinguée. (Les salons eurent une influence capitale, au XVIIe s., sur l'évolution des manières et du goût littéraire, au XVIIIe, sur la diffusion des idées philosophiques.)

SALONNARD, E n. *Fam.* et péjor. Personne qui fréquente les salons, les gens du monde.

SALONNIER n. m. Journaliste qui, autrefois, rendait compte du Salon officiel des beaux-arts.

SALOON [salun] n. m. (mot amér.). Bar du Far West américain.

SALOPARD n. m. *Pop.* Individu qui se conduit malhonnêtement avec les autres.

SALOPE n. f. *Pop.* Femme dévergondée, de mauvaise vie, garce (terme d'injure).

SALOPER v. t. *Pop.* Faire très mal un travail quelconque; salir.

SALOPERIE n. f. *Pop.* Saleté, grande malpropreté. ‖ *Pop.* Chose de très mauvaise qualité. ‖ *Pop.* Action, propos bas et vils.

SALOPETTE n. f. Vêtement constitué par un pantalon prolongé par une bavette à bretelles.

SALPE n. f. Tunicier nageur en forme de cylindre creux et transparent, et dont la reproduction est très complexe. (Les *salpes* forment une sous-classe.)

SALPÊTRAGE n. m. Formation de salpêtre.

SALPÊTRE n. m. (lat. *sal*, sel, et *petrae*, de pierre). Nom usuel du *nitrate de potassium.* ● *Salpêtre du Chili*, nitrate de sodium.

SALPÊTRER v. t. Couvrir de salpêtre : *l'humidité salpêtre les murs.* ‖ Mêler de salpêtre.

SALPINGITE n. f. (gr. *salpigx*, trompe). *Méd.* Inflammation d'une trompe utérine.

SALSA n. f. Musique de danse afro-cubaine, particulièrement en vogue dans les îles Caraïbes, l'Amérique centrale et les colonies latines des grandes villes américaines.

SALSEPAREILLE n. f. (portug. *salsaparilla*). Plante volubile du Mexique, à rhizome dépuratif. (Famille des liliacées.)

SALSIFIS n. m. (it. *salsifica*). Plante de la famille des composées, à racine comestible. ● *Salsifis noir*, scorsonère.

SALSOLACÉE n. f. Syn. de CHÉNOPODIACÉE.

SALTATION n. f. (lat. *saltatio*, danse). Technique artistique, chorégraphiques ou acrobatiques. ‖ Déplacement par bonds successifs des particules entraînées par l'eau ou par l'air.

SALTATOIRE adj. Qui sert à sauter : *appareil saltatoire d'un insecte.* ● *Art saltatoire*, la danse.

SALTIMBANQUE n. m. (it. *saltimbanco*, qui saute sur le tremplin). Personne qui fait des tours d'adresse, des acrobaties sur les places publiques, dans les foires.

SALUBRE adj. (lat. *salubris*; de *salus*, santé). Sain, qui contribue à la santé : *un air, un appartement salubre.*

SALUBRITÉ n. f. Qualité de ce qui est salubre.

● *Mesures de salubrité*, mesures édictées par l'Administration en matière d'hygiène des personnes, des animaux et des choses.

SALUER v. t. (lat. *salutare*). Donner à qqn une marque d'attention, de civilité, de respect : *saluer un ami.* ‖ Accueillir par des marques d'approbation ou d'hostilité : *saluer par des sifflets.* ‖ *Mil.* Honorer du signe de civilité précisé par les règlements.

SALURE n. f. Caractère de ce qui est salé; teneur en sel.

SALUT n. m. (lat. *salus, salutis*). Fait d'échapper à un danger, à un malheur : *ne devoir son salut qu'à la fuite.* ‖ Action ou manière de saluer. ‖ Marque de civilité que l'on donne à qqn, qqch. ‖ *Liturg.* Bénédiction solennelle, accompagnée de prières et de chants, donnée avec le saint sacrement. ‖ *Relig.* Libération du péché et accession à la vie éternelle.

SALUT! interj. *Fam.* Formule dont on se sert pour aborder des amis ou les quitter.

SALUTAIRE adj. Utile pour conserver la santé physique ou morale; qui a une action favorable : *remède, conseil salutaire.*

SALUTATION n. f. Salut, action de saluer : *faire de grandes salutations.* ● *Salutation angélique* (Relig. cath.), prière à la Sainte Vierge (Ave); en iconographie, syn. de ANNONCIATION.

SALUTISTE adj. et n. De l'Armée du salut.

SALVATEUR, TRICE adj. *Litt.* Qui sauve : *des mesures salvatrices.* (*Salvatrice* sert aussi de féminin à *sauveur.*)

SALVE n. f. (lat. *salve*, salut). Décharge simultanée d'armes à feu au combat ou en l'honneur de qqn, ou en signe de réjouissance. ● *Salve d'applaudissements*, applaudissements qui éclatent tous en même temps.

SAMARE n. f. (lat. *samara*, semence d'orme). *Bot.* Akène ailé, comme chez l'orme, l'érable.

SAMARITAIN, E adj. et n. De la Samarie.

SAMARITAIN n. m. En Suisse, syn. de SECOURISTE.

SAMARIUM [samarjɔm] n. m. Métal (Sm), nº 62, de masse atomique 150,43, du groupe des terres rares.

SAMBA n. f. (mot portug.). Danse populaire brésilienne d'origine africaine, à deux temps, de rythme syncopé; air sur lequel elle se danse.

SAMEDI n. m. (lat. *sabbati dies*, jour du sabbat). Sixième jour de la semaine.

SAMIT [sami] n. m. (gr. *hexamitos*, à six fils). *Archéol.* Riche tissu à trame de soie et chaîne de fil.

SAMIZDAT [samizdat] n. m. (mot russe, *auto-édition*). Ensemble des moyens employés en U.R.S.S. pour diffuser clandestinement les ouvrages interdits par la censure.

SAMOAN, E adj. et n. Des îles Samoa.

SAMOLE n. m. Plante herbacée à fleurs blanches, des régions marécageuses et salées. (Famille des primulacées.)

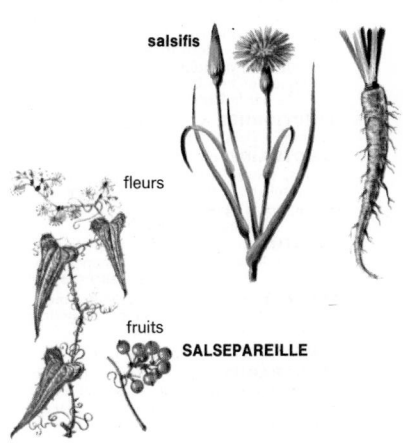

salsifis

fleurs

fruits

SALSEPAREILLE

sampan

SAMOURAÏ ou **SAMURAI** [samuraj] n. m. (mot jap.). Au Japon, avant 1868, membre de la classe des guerriers.

SAMOVAR n. m. (mot russe). Bouilloire russe à cheminée intérieure centrale, destinée à conserver l'eau chaude pour le thé.

SAMOYÈDE n. m. Langue parlée par les Samoyèdes.

SAMPAN n. m. (mot chin.). En Extrême-Orient, petit bateau marchant à la godille et à l'aviron, servant souvent d'habitation à une famille.

SAMPOT n. m. Dans le Sud-Est asiatique, pièce d'étoffe enveloppant la taille et les cuisses.

S. A. M. U. n. m. (sigle de *Service d'Aide Médicale Urgente*). Organisme qui prend en charge les cas graves de maladie ou de blessures nécessitant une intervention rapide.

SANA n. m. Abrév. de SANATORIUM.

SANATORIAL, E, AUX adj. Du sanatorium.

SANATORIUM [sanatɔrjɔm] n. m. (mot angl.; lat. *sanare*, guérir) [pl. *sanatoriums*]. Établissement qui reçoit des tuberculeux.

SAN-BENITO [sãbenito] n. m. (mot esp., *saint Benoît* [parce que ce vêtement rappelait l'habit des bénédictins]) [pl. *san-benitos*]. Scapulaire jaune marqué de croix noires imposé par le tribunal de l'Inquisition aux hérétiques.

SANCERRE n. m. Vin blanc du Sancerrois.

SANCTIFIANT, E adj. Qui sanctifie : *grâce sanctifiante.*

SANCTIFICATEUR, TRICE adj. et n. Qui sanctifie.

SANCTIFICATION n. f. Action et effet de ce qui sanctifie : *la sanctification des âmes.* ‖ Célébration selon la loi religieuse : *sanctification du dimanche.*

SANCTIFIER v. t. (lat. *sanctus*, saint, et *facere*, faire). Rendre saint : *la grâce nous sanctifie.* ‖ Révérer comme saint : *que son nom soit sanctifié.* ‖ Célébrer suivant la loi de l'Église : *sanctifier le dimanche.*

SANCTION n. f. (lat. *sanctio*; de *sancire*, établir une loi). Approbation, confirmation considérée comme nécessaire : *mot qui a reçu la sanction de l'usage.* ‖ Conséquence bonne ou mauvaise d'un acte : *l'échec a été la sanction de son imprudence.* ‖ Peine prévue pour assurer l'exécution d'une loi, d'un règlement : *sanctions pénales.* ‖ Mesure répressive infligée par une autorité : *prendre des sanctions.* ‖ *Dr.* Acte par lequel le chef de l'État rend exécutoire une loi votée par le Parlement.

SANCTIONNER v. t. Infliger un châtiment, réprimer. ‖ *Dr.* Confirmer par une sanction.

SANCTUAIRE n. m. (lat. *sanctuarium*; de *sanctus*, saint). Partie de l'église, située autour de l'autel, où s'accomplissent les cérémonies liturgiques; l'église elle-même. ‖ Lieu, espace sacré. ‖ Asile sacré et inviolable.

SANCTUS [sãktys] n. m. (mot lat., *saint*). Chant de louange à Dieu, commençant par ce mot et qui se place à la messe après la préface.

SANDALE n. f. (lat. *sandalium*; mot gr.). Chaussure formée d'une simple semelle retenue au pied par des cordons.

SANDALETTE n. f. Petite sandale.

SANDARAQUE n. f. (gr. *sandarakê*). Résine extraite d'une espèce de thuya, et employée pour la préparation des vernis, le glaçage du papier, etc.

SANDERLING [sãdɛrlɛ̃] n. m. (mot angl., de *sand*, sable). Petit oiseau échassier vivant sur les côtes. (Long. 15 cm.)

SANDJAK [sãdʒak] n. m. *Hist.* Subdivision d'une province, dans l'ancien Empire ottoman.

SANDOW [sãdo ou sãdɔv] n. m. (nom déposé). Câble en caoutchouc, utilisé notamment dans les extenseurs et pour le lancement des planeurs, ou pour fixer des objets sur un porte-bagages, une galerie de voiture, etc.

SANDRE n. m. ou f. (all. *Zander*). Poisson osseux voisin de la perche, à chair estimée.

SANDWICH [sãdwitʃ] n. m. (de lord *Sandwich*, pour qui un cuisinier inventa ce mets) [pl. *sandwiches* ou *sandwichs*]. Tranches minces de pain, beurré ou non, entre lesquelles on a mis une tranche de jambon, de fromage, etc. ● *En sandwich*, étroitement serré entre des personnes ou des choses. ◆ adj. inv. *Fond sandwich*, se dit du fond d'une casserole constitué par une couche de cuivre intercalée entre deux couches du métal dont est faite la casserole. ‖ *Matériau sandwich*, matériau constitué d'une couche de matériau économique enfermé entre deux couches extérieures de matériau plus noble.

SANFORISAGE n. m. (nom déposé). Traitement qui donne au tissu de coton une stabilité dimensionnelle évitant le retrait au lavage.

SANG n. m. (lat. *sanguis, sanguinis*). Liquide rouge qui circule dans les veines, les artères, le cœur et les capillaires, et qui transporte les éléments nutritifs et les déchets de toutes les cellules de l'organisme. *D'un sang illustre.* ● *Apport de sang frais*, arrivée d'éléments nouveaux, plus jeunes; apport de capitaux. ‖ *Avoir du sang dans les veines* (Fam.), être énergique. ‖ *Avoir le sang chaud*, être ardent, dynamique. ‖ *Avoir le sang qui monte à la tête*, être près de se fâcher. ‖ *Avoir qqch dans le sang*, être très doué ou passionné pour cela. ‖ *Donner son sang*, sacrifier sa vie; participer à la collecte pour les transfusions sanguines. ‖ *La voix du sang*, l'esprit de famille. ‖ *Le sang a coulé*, il y a eu des blessés et des morts. ‖ *Liens du sang*, liens entre personnes de la même famille. ‖ *Mettre un pays à feu et à sang*, le saccager. ‖ *Prince du sang*, de la maison royale. ‖ *Sang laqué*, sang ayant subi l'hémolyse. ‖ *Se faire du mauvais sang*, s'inquiéter. ‖ *Se ronger les sangs*, être très inquiet. ‖ *Un être de chair et de sang*, personne réelle, vivante.

■ Le sang est le liquide nourricier de l'organisme; il est porté dans tout le corps par les artères et il est ramené par les veines au cœur, qui l'envoie dans les poumons, où il s'oxygène de nouveau. Il reçoit les matériaux provenant de la digestion, et il recueille les déchets inutiles. Il est composé d'un liquide, le *plasma*, et de cellules mobiles, les *globules*, qui s'y trouvent en suspension. Le plasma est composé d'eau, de sels minéraux, de glucides, de protides, de lipides; on y trouve aussi les hormones et les vitamines. Les globules se divisent en *globules rouges*, ou *hématies*, qui transportent l'oxygène des poumons aux tissus et qui ramènent le gaz carbonique des tissus aux poumons, en *globules blancs*, ou *leucocytes*, qui détruisent les microbes et autres corps nuisibles par phagocytose, et en *plaquettes*, ou *thrombocytes*, qui interviennent dans la coagulation du sang. La *transfusion de sang* permet de donner à un malade ou à un blessé le sang d'un autre individu sain, mais cette intervention doit respecter les *groupes sanguins*, déterminés par les phénomènes d'agglutination qui se produisent entre les différents groupes. On appelle *maladies du sang* ou *hémopathies* essentiellement les anomalies portant sur la qualité et sur le nombre des différents globules (v. ANÉMIE, LEUCÉMIE, LEUCOCYTOSE, LEUCOPÉNIE), et les anomalies du plasma (défaut de coagulation, telle l'hémophilie par exemple). En revanche, les maladies infectieuses ou parasitaires (septicémies, paludisme, etc.), au cours desquelles on trouve les parasites dans le sang, sont considé-

FORMATION DES GLOBULES DU SANG (HÉMATOPOÏÈSE)

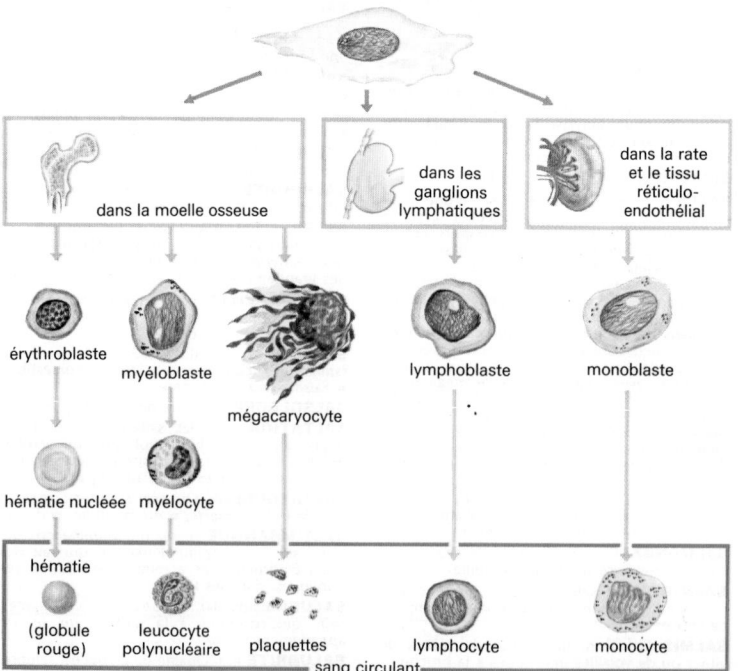

hémocytoblaste
(cellule souche d'où dérivent toutes les autres)

dans la moelle osseuse

dans les ganglions lymphatiques

dans la rate et le tissu réticulo-endothélial

érythroblaste myéloblaste mégacaryocyte lymphoblaste monoblaste

hématie nucléée myélocyte

hématie (globule rouge) leucocyte polynucléaire plaquettes lymphocyte monocyte

sang circulant

rées comme des maladies générales; il en est de même des affections au cours desquelles la composition du sang est modifiée par une atteinte déterminée d'un organe (ainsi dans l'urémie, l'excès de l'urée dans le sang dépend d'une maladie des reins; dans le diabète, l'excès de sucre dépend de facteurs pancréatiques et autres), et il ne s'agit pas d'hémopathies.

SANG-DRAGON ou **SANG-DE-DRAGON** n. m. inv. Résine rouge extraite du fruit d'une espèce de palmier du genre *rotang*, et utilisée comme hémostatique.

SANG-FROID n. m. inv. Tranquillité, maîtrise de soi : *garder son sang-froid dans une occasion grave.* ● *De sang-froid*, de façon délibérée; calmement, sans emportement.

SANGLANT, E adj. (lat. *sanguilentus*). Taché de sang : *mains sanglantes.* ‖ Où il y a beaucoup de sang répandu : *combat sanglant.* ‖ Très offensant : *affront sanglant.* ‖ *Litt.* Qui est de la couleur du sang : *nuage sanglant.* ● *Mort sanglante*, mort violente avec effusion de sang.

SANGLE n. f. (lat. *cingula*; de *cingere*, ceindre). Bande de cuir ou de toile, large et plate, qui sert à entourer, à serrer, etc. ‖ *Lit de sangle*, lit composé de deux châssis croisés en X, sur lesquels sont tendues des sangles ou une toile.

SANGLER v. t. Serrer avec une sangle. ‖ Serrer fortement à la taille.

SANGLIER n. m. (lat. *singularis porcus*, porc solitaire). Genre de mammifères pachydermes, dont le type habite l'Europe. (Cri : le sanglier *grommelle*, *nasille*.)
■ Le sanglier est le porc sauvage; c'est un animal puissant, qui cause de grands ravages dans les champs; sa femelle se nomme *laie*, et ses petits, *marcassins*. La chair de cet animal est comestible. (Long. 1,70 m.)

SANGLOT n. m. (lat. *singultus*; de *gluttire*, avaler). Contraction spasmodique du diaphragme par l'effet de la douleur, physique ou morale, suivie de l'émission brusque de l'air contenu dans la poitrine.

SANGLOTER v. i. Pousser des sanglots; pleurer en sanglotant.

SANG-MÊLÉ n. inv. Personne issue du croisement des races différentes.

SANGRIA [sãgrija] n. f. (mot esp., de *sangre*, sang). Boisson d'origine espagnole faite de vin sucré où macèrent des morceaux de fruits.

SANGSUE [sãsy] n. f. (lat. *sanguisuga*). Genre de vers de l'embranchement des annélides, classe des hirudinées, vivant dans l'eau douce, et dont le corps est terminé par une ventouse à chaque extrémité. (Les sangsues absorbent le sang des vertébrés après avoir pratiqué une incision dans la peau, grâce à trois mâchoires entourant leur bouche; elles conservent ce sang

sangsue

liquide dans un tube digestif dilatable. On les a longtemps utilisées pour les saignées.) ‖ Nom donné aux larves des hirudinées. ‖ *Litt.* Personne avide, qui tire de l'argent par tous les moyens. ‖ *Fam.* Personne ennuyeuse, dont on ne peut se défaire.

SANGUIN, E adj. (lat. *sanguineus*). Relatif au sang : *écoulement sanguin.* ● *Tempérament sanguin*, ou *sanguin* n. m., personne qui a un tempérament impulsif. ‖ *Vaisseaux sanguins*, conduits qui servent à la circulation du sang.

SANGUINAIRE adj. *Litt.* Qui n'hésite pas ou se plaît à répandre le sang; cruel : *loi sanguinaire.* ● *Lutte sanguinaire*, où l'on verse beaucoup de sang.

SANGUINAIRE n. f. Plante de la famille des papavéracées, de l'Amérique du Nord, où son

latex rouge fut utilisé par les indigènes pour se teindre la peau.

SANGUINE n. f. Variété terreuse d'oxyde de fer oligiste. ‖ Crayon fait avec cet oxyde (ou ocre rouge); dessin, de couleur rouge, fait avec ce crayon. ‖ Pierre fine de couleur gris acier, à éclat métallique, et dont la poussière est rouge. ‖ Variété d'orange à chair rougeâtre.

SANGUINOLENT, E adj. Teinté ou mêlé de sang; couleur de sang.

SANGUISORBE n. f. Syn. de PIMPRENELLE.

SANHÉDRIN [sanedrɛ̃] n. m. (mot araméen). Ancien conseil suprême du judaïsme, siégeant à Jérusalem et présidé par le grand prêtre. (Créé à la fin du IIIe s. av. J.-C., il cessa d'exister en fait à la disparition de l'État juif en 70 de notre ère.)

SANICLE ou **SANICULE** n. f. (lat. *sanare*, guérir). Plante vivace de la famille des ombellifères, poussant dans les endroits frais.

SANIE n. f. (lat. *sanies*). Syn. anc. de PUS.

SANIEUX, EUSE adj. Qui contient de la sanie.

SANITAIRE adj. (lat. *sanitas*, santé). Relatif à la conservation de la santé, à l'hygiène : *règlement sanitaire.* ‖ Relatif à la distribution, à l'évacuation de l'eau, à l'hygiène dans un appartement. ● *Action sanitaire et sociale*, activité des caisses de Sécurité sociale et d'Allocations familiales qui revêt une forme collective.

sanglier

SANITAIRES n. m. pl. Ensemble des installations de propreté (lavabos, W.-C., etc.) d'un local, d'un camping, etc.

SANS [sã] prép. (lat. *sine*). Marque la privation, l'absence, l'exclusion : *sans argent, sans effort*; la condition négative : *sans vous, j'aurais gagné mon procès.* ● *Non sans*, avec : *je l'ai trouvé non sans peine.* ‖ *Sans quoi*, sinon, autrement : *partez, sans quoi vous serez en retard.* ◆ loc. conj. *Sans que* (avec le subj.) : *il est parti sans que je m'aperçoive de rien.*

SANS-ABRI n. inv. Personne qui n'a pas de logement.

SANS-CŒUR adj. et n. inv. *Fam.* Qui est sans pitié, sans sensibilité.

SANSCRIT, E adj. et n. m. → SANSKRIT.

SANS-CULOTTE n. m. (pl. *sans-culottes*). Nom par lequel, sous la Convention, on désignait les révolutionnaires qui appartenaient aux couches les plus populaires.

SANS-EMPLOI n. inv. Syn. de CHÔMEUR.

SANSEVIÈRE n. f. Liliacée dont les feuilles fournissent des fibres textiles.

SANS-FAÇON n. m. inv. Désinvolture.

SANS-GÊNE n. m. inv. Manière d'agir sans tenir compte des formes habituelles de politesse, indélicatesse. ◆ n. inv. Personne qui agit de cette manière.

SANSKRIT, E ou **SANSCRIT, E** [sãskri, it] adj. et n. m. (sanskr. *samskrita*, parfait). Se dit de la langue sacrée et littéraire de la civilisation brahmanique, qui appartient au groupe des langues indo-européennes, et des livres écrits en cette langue.

SANSKRITIQUE adj. Relatif au sanskrit.

SANSKRITISME n. m. Ensemble des sciences ayant trait à la connaissance du sanskrit.

SANSKRITISTE n. Spécialiste du sanskrit.

SANS-LE-SOU n. inv. *Fam.* Personne qui n'a pas d'argent.

SANS-LOGIS n. inv. Personne qui ne dispose pas d'un local d'habitation.

SANSONNET [sãsɔnɛ] n. m. (dimin. de *Samson*). Autre nom de l'ÉTOURNEAU.

SANS-PARTI n. inv. Personne qui n'est inscrite à aucun parti politique.

SANS-SOUCI [-si] adj. et n. inv. *Fam.* Qui ne s'inquiète de rien.

SANTAL n. m. (mot ar.) [pl. *santals*]. Arbuste d'Asie, type de la famille des santalacées (dicotylédones apétales), dont le bois est utilisé en parfumerie, en petite ébénisterie, etc. ‖ Bois de cet arbre, essence qui en est extraite.

SANTÉ n. f. (lat. *sanitas*). État de celui dont l'organisme fonctionne normalement en absence de maladie : *ménager sa santé.* ‖ État habituel (bon ou mauvais) de l'organisme : *il a toujours été d'une santé délicate.* ‖ État sanitaire d'une collectivité. ● *À votre santé!*, vœu que l'on fait avant de boire en l'honneur de quelqu'un. ‖ *Boire à la santé de qqn*, faire des vœux pour lui en buvant. ‖ *Maison de santé*, établissement privé où l'on recevait autrefois des malades mentaux moyennant une rétribution. ‖ *Officier de santé*, officier autorisé, jusqu'en 1892, à exercer la médecine sans le titre de docteur. ‖ *Santé mentale*, ajustement de la personne aux normes de conduite imposées par le groupe. ‖ *Santé publique*, ensemble des services administratifs chargés de maintenir et d'améliorer l'état sanitaire d'un pays. ‖ *Service de santé*, service chargé, dans les armées, de la santé des militaires, ainsi que du traitement des malades et des blessés.

SANTIAG n. f. Botte à bout effilé et à talon oblique.

SANTOLINE n. f. Arbrisseau méditerranéen de la famille des composées. ‖ Espèce d'armoise fournissant le semen-contra.

SANTON n. m. (prov. *santoun*, petit saint). Figurine coloriée servant à décorer les crèches de Noël.

SANTONINE n. f. (lat. *santonica herba*, herbe de Saintonge). Substance vermifuge extraite du semen-contra.

SANVE n. f. (lat. *sinapi*, moutarde). Autre nom de la MOUTARDE DES CHAMPS.

SAOUDIEN, ENNE adj. et n. De l'Arabie Saoudite.

SAOUDITE adj. Relatif à l'État d'Arabie fondé par Ibn Sa'ūd en 1932.

SAOUL [su], **E** [sul] adj., **SAOULER** [sule] v. t. → SOÛL, SOÛLER.

SAPAJOU n. m. Autre forme de SAJOU. ‖ Petit homme laid et ridicule.

SAPE n. f. (bas lat. *sappa*). Action de saper : *travaux de sape.* ‖ Dans la guerre de siège, communication enterrée ou souterraine. ◆ pl. *Pop.* Vêtements.

SAPEMENT n. m. Action de saper.

SAPÈQUE n. f. Pièce de monnaie de faible valeur, autrefois en usage en Extrême-Orient.

SAPER v. t. (anc. fr. *sape*, boyau). Détruire avec le pic et la pioche, ou par tout autre moyen mécanique, les fondements d'un édifice, d'un bastion, etc., pour le faire tomber. ‖ Détruire par une action progressive et secrète, ébranler en attaquant les principes : *saper le moral de qqn.* ● *Être sapé* (Pop.), être habillé, vêtu (d'une certaine manière). ◆ *se saper* v. pr. *Pop.* Se vêtir, s'habiller.

SAPERDE n. f. (gr. *saperdês*). Insecte coléoptère grisâtre, jaune ou verdâtre, dont la larve vit dans le tronc de divers arbres. (Long. : 15 à 30 mm; famille des longicornes.)

SAPERLIPOPETTE! interj. Juron familier.

SAPEUR n. m. Soldat du génie en général (sapeur-mineur, sapeur-pontonnier, etc.).

SAPEUR-POMPIER n. m. (pl. *sapeurs-pompiers*). Syn. de POMPIER.

SAPHÈNE adj. et n. (ar. *safin*, artère). *Anat.* Se dit de veines et de nerfs du membre inférieur.

SAPHIQUE adj. Relatif à Sappho, au saphisme. ● *Vers saphique*, vers grec ou latin de onze syllabes, dont on attribuait l'invention à Sappho.

SAPHIR n. m. (gr. *sappheiros*). Pierre précieuse bleue, variété transparente de corindon. ‖ Dans l'électrophone, un tourne-disque, petite pointe qui fait partie de la tête de lecture. ◆ adj. inv. D'un bleu lumineux.

SAPHISME n. m. (de *Sappho*, poétesse gr.). *Litt.* Homosexualité féminine. (Syn. TRIBADISME.)

SAPIDE adj. (lat. *sapidus; de sapor*, saveur). Qui a de la saveur. (Contr. INSIPIDE.)

SAPIDITÉ n. f. Qualité de ce qui est sapide.

SAPIENCE n. f. (lat. *sapientia*). Sagesse (vx).

SAPIENTIAUX [sapjɛ̃sjo] adj. m. pl. Se dit d'un groupe de cinq livres bibliques (Proverbes, Job, Ecclésiaste, Ecclésiastique et Sagesse), recueils de maximes, sentences et poèmes moraux de la sagesse orientale. (On y joint parfois les Psaumes et le Cantique des cantiques.)

SAPIENTIEL, ELLE adj. Qui concerne les écrits sapientiaux.

SAPIN n. m. (mot gaul.). Arbre résineux commun dans les montagnes d'Europe occidentale entre 500 et 1 500 m, à feuilles persistantes, portant deux lignes blanches en dessous (ce qui les distingue de celles de l'épicéa). [Ordre des conifères.] ● *Sentir le sapin* (Fam.), n'avoir plus longtemps à vivre.
■ Le sapin, qu'il ne faut pas confondre avec l'épicéa, atteint 40 m de haut; son bois est utilisé en menuiserie, en parqueterie, pour la fabrication de la pâte à papier.

SAPINDACÉE n. f. Plante dicotylédone tropicale, telle que le *savonnier*, le *litchi*. (Les *sapindacées* forment une famille.)

SAPINE n. f. Type de grue pour élever les matériaux de construction. ‖ Planche, solive de sapin. ‖ Baquet en bois de sapin.

SAPINETTE n. f. Nom de diverses espèces d'épicéas de l'Amérique du Nord. ‖ Nom usuel du *cèdre* dans le Midi.

SAPINIÈRE n. f. Lieu planté de sapins.

SAPITEUR n. m. (lat. *sapere*, savoir). *Mar.* Expert chargé d'estimer des marchandises.

SAPONACÉ, E adj. (lat. *sapo, saponis*, savon). De la nature du savon.

SAPONAIRE n. f. (lat. *sapo, saponis*, savon). Plante à fleurs roses, préférant les lieux humides, dont la tige et les racines contiennent de la saponine et font mousser l'eau comme du savon. (Haut. 50 cm; famille des caryophyllacées.)

saponaire

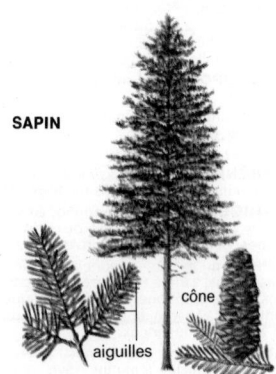

SAPIN

cône

aiguilles

sapines

SAPONIFIABLE adj. Qu'on peut saponifier.

SAPONIFICATION n. f. Transformation des matières grasses en savon, à la suite de leur décomposition par une base en sel d'acide gras et en glycérine. ‖ *Chim.* Action de saponifier.

SAPONIFIER v. t. (lat. *sapo, saponis*, savon). Transformer en savon : *saponifier des huiles*. ‖ *Chim.* Décomposer un ester par une base.

SAPONINE n. f. Glucoside de la saponaire, du bois de Panamá, etc., dont la solution aqueuse mousse comme du savon.

SAPONITE n. f. Silicate hydraté naturel de magnésium et d'aluminium, blanchâtre et onctueux.

SAPOTACÉE n. f. Plante dicotylédone gamopétale, tropicale. (Certaines espèces de cette famille fournissent le balata, la gutta-percha.)

SAPOTE ou **SAPOTILLE** n. f. Fruit du sapotier, grosse baie charnue et très sucrée.

SAPOTIER ou **SAPOTILLIER** n. m. (esp. *zapote;* mot aztèque). Arbre des Antilles, dont le fruit est comestible. (Famille des sapotacées.)

SAPPAN n. m. (mot malais). Arbre cultivé en Asie tropicale pour son bois, utilisé en teinture.

SAPRISTI! interj. (de *sacristi*). → SACRISTI.

SAPROPHAGE adj. et n. m. (gr. *sapros*, pourri, et *phagein*, manger). *Zool.* Qui se nourrit de matières organiques en décomposition.

SAPROPHYTE n. m. et adj. Végétal qui tire sa nourriture de substances organiques en décomposition. (Divers champignons sont saprophytes : *amanites, bolets*, etc.) ● *Microbe saprophyte*, germe qui vit sur un hôte sans y provoquer de maladie, par oppos. à PATHOGÈNE.

SAPROPHYTISME n. m. Mode de vie des saprophytes.

SAQUER v. t. → SACQUER.

SARABANDE n. f. (esp. *zarabanda*). Danse noble à trois temps, en vogue aux XVIIe et XVIIIe s. ‖ Composition musicale dans le tempo et, le caractère de cette danse. ‖ *Fam.* Jeux bruyants, vacarme.

SARBACANE n. f. (mot ar.; du malais). Long tuyau qui sert à lancer, en soufflant, de petits projectiles.

SARCASME n. m. (gr. *sarkasmos;* de *sarkazein*, mordre de la chair). Raillerie insultante, ironie mordante.

SARCASTIQUE adj. Moqueur et méchant : *rire sarcastique; écrivain sarcastique.*

SARCASTIQUEMENT adv. De façon sarcastique.

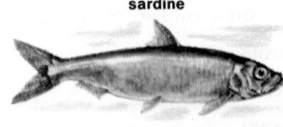

sardine

SARCELLE n. f. (lat. pop. *cercedula*). Canard sauvage de petite taille, qui niche souvent en France. (Long. max. 40 cm.)

SARCINE n. f. (lat. *sarcina*, ballot). Bactérie saprophyte qui s'observe dans la gangrène pulmonaire.

SARCLAGE n. m. Action de sarcler.

SARCLER v. t. (bas lat. *sarculare*). Enlever les mauvaises herbes d'un terrain.

SARCLOIR n. m. Instrument, voisin de la houe, utilisé pour sarcler.

SARCOÏDE adj. et n. f. Se dit d'une petite tumeur cutanée, en général multiple, ressemblant au sarcome, mais de nature bénigne.

SARCOMATEUX, EUSE adj. Relatif au sarcome.

SARCOME n. m. (gr. *sarkôma*, excroissance de chair). Tumeur maligne ayant pour point de départ un tissu conjonctif. (On précise en général le tissu intéressé par un préfixe : ostéosarcome, fibrosarcome, etc.)

SARCOPHAGE n. m. (gr. *sarx, sarkos*, chair, et *phagein*, manger). *Archéol.* Cercueil de pierre ou de bois.

SARCOPTE n. m. (gr. *sarx, sarkos*, chair, et *koptein*, couper). Acarien parasite de l'homme et de certains vertébrés. (La femelle détermine la gale en creusant dans l'épiderme des galeries où elle dépose ses œufs.) [Long. 0,3 mm.]

SARDANE n. f. (catalan *sardana*). Air et ronde dansée populaires en Catalogne.

SARDE adj. et n. De la Sardaigne.

SARDE n. m. Langue romane parlée en Sardaigne.

SARDINE n. f. (lat. *sardina*, de Sardaigne). Poisson voisin du hareng, commun dans la Méditerranée et l'Atlantique. (Pendant la belle saison, les sardines se déplacent par bancs en surface; on les pêche alors pour les consommer fraîches ou conservées dans l'huile.) [Long. 20 cm; dos bleu-vert; ventre argenté; famille des clupéidés.] ‖ *Fam.* Galon de sous-officier.

SARDINELLE n. f. Petite sardine de la Méditerranée et de l'Atlantique tropical.

SARDINERIE n. f. Endroit où l'on prépare des conserves de sardines.

SARDINIER, ÈRE n. Pêcheur, pêcheuse de sardines. ‖ Ouvrier, ouvrière travaillant à la mise en conserve de la sardine.

SARDINIER n. m. Bateau pour la pêche de la sardine.

SARDOINE n. f. (lat. *sardonux;* mot gr.). Variété brune ou rouge de calcédoine.

SARDONIQUE adj. (lat. *sardonia herba*, herbe de Sardaigne [qui provoquait un rire de fou]). D'une ironie méchante : *rire sardonique.*

SARDONIQUEMENT adv. De façon sardonique.

SARGASSE n. f. (portug. *sargaço*). Algue brune flottante, dont l'accumulation forme, au large des côtes de Floride *(mer des Sargasses),* une véritable prairie où pondent les anguilles.

SÂRI n. m. (mot hindī). En Inde, costume féminin composé d'une pièce de coton ou de soie, drapée et ajustée sans coutures ni épingles. ▷

SARIGUE n. f. (mot tupi). Mammifère de la sous-classe des marsupiaux, d'Amérique, dont la femelle possède une longue queue préhensile à laquelle s'accrochent les jeunes montés sur son dos. (Il existe plusieurs espèces de sarigues, parmi lesquelles l'*opossum*.) ▷

SARISSE n. f. (gr. *sarissa*). *Antiq. gr.* Longue lance de la phalange macédonienne.

sarcophage mérovingien

s. a. r. l., abrév. de SOCIÉTÉ À RESPONSABILITÉ LIMITÉE.

SARMENT n. m. (lat. *sarmentum*). Jeune rameau de vigne. ‖ *Bot.* Tige ou branche ligneuse grimpante.

SARMENTEUX, EUSE adj. Qui produit beaucoup de sarments : *vigne sarmenteuse.* ‖ *Bot.* Se dit d'une plante dont la tige est longue, flexible et grimpante comme le sarment.

SARODE n. m. Instrument de musique hindou, proche du sitar.

SARONG [sarɔ̃g] n. m. (mot malais). Sorte de jupe portée par les Malais des deux sexes.

SAROS [sarɔs] n. m. (mot gr.). Période de 18 ans et 11 jours, qui comporte 223 lunaisons et qui règle approximativement le retour des éclipses. (Durant cette période, on compte en moyenne 84 éclipses, dont 42 de Soleil et 42 de Lune.)

SAROUAL n. m. (pl. *sarouals*). Large pantalon en usage dans les régions sahariennes.

SARRACENIA n. m. (de *Sarrasin*). Plante d'Amérique, à feuilles enroulées en cornet et qui forment des pièges à insectes.

SARRANCOLIN n. m. (n. d'un village des Pyrénées). Variété de marbre des Pyrénées, à fond gris, avec des veines rosées et jaunes.

SARRASIN, E adj. et n. (lat. *Sarracenus*, n. pr.). Nom donné par les Occidentaux du Moyen Âge aux musulmans d'Europe et d'Afrique.

SARRASIN n. m. (de *sarrasin, e*). Plante originaire d'Orient, cultivée sous le nom de *blé noir* pour ses graines alimentaires. (Famille des polygonacées.)

SARRASINE n. f. *Archéol.* Herse placée entre le pont-levis et la porte d'un château fort.

SARRASIN

fruit

J.-L. Nou

sârī

sarigue

SARRAU n. m. (moyen haut all. *sarrok*) [pl. *sarraus* ou *sarraux*]. Tablier d'enfant, boutonné derrière. ‖ Sorte d'ample blouse de travail.

SARRETTE n. f. (lat. *serra*, scie). Nom usuel de la *serratule.*

SARRIETTE n. f. (lat. *satureia*). Labiacée aromatique qui sert d'assaisonnement.

SARROIS, E adj. et n. De la Sarre.

SAS [sa *ou* sɑs] n. m. (lat. *seta*, poil rude). Tamis de crin, de soie, etc., entouré d'un cercle de bois, pour passer les matières pulvérulentes ou liquides. ‖ Partie d'un canal comprise entre les deux portes d'une écluse. ‖ Petite chambre munie de deux portes étanches, permettant de mettre en communication deux milieux dans lesquels les pressions sont différentes.

SASSAFRAS [sasafra] n. m. (esp. *sasafras*; mot amérindien). Lauracée d'Amérique, dont les feuilles sont employées comme condiment.

SASSEMENT n. m. Action de sasser.

SASSER v. t. Passer au sas : *sasser de la farine.* ‖ *Mar.* Faire passer par le sas.

SASSEUR, EUSE n. Personne qui passe une matière au sas.

SATANÉ, E adj. (de *Satan*, n. pr.). *Fam.* Abominable, sacré (avant le nom) : *satané farceur.*

SATANIQUE adj. Qui évoque le diable, démoniaque, diabolique : *un rire, une ruse satanique.*

SATANISME n. m. Caractère de ce qui est satanique. ‖ Culte voué à Satan et au mal.

SATELLISABLE adj. Qui peut être satellisé.

SATELLISATION n. f. Action de satelliser.

SATELLISER v. t. Établir un mobile sur une orbite fermée autour de la Terre, d'un astre. ‖ Mettre un pays sous l'étroite dépendance d'un autre.

SATELLITE n. m. (lat. *satelles, satellitis*, escorte). *Astron.* Corps qui gravite autour d'une planète. ‖ Astre qui gravite autour d'un autre, de masse plus élevée. ‖ *Mécan.* Pignon d'un engrenage dont l'axe n'est pas fixe et tourne avec la roue qui l'entraîne. ‖ Bâtiment annexe d'une aérogare, à proximité immédiate de l'aire de stationnement des avions, relié, en général, au bâtiment principal par un couloir souterrain. ● *Satellite artificiel,* engin placé par une fusée sur une orbite autour de la Terre ou d'un astre quelconque. ◆ adj. et n. m. Qui dépend d'un autre sur le plan politique ou économique : *pays satellite.* ■ Le premier satellite artificiel fut l'engin soviétique « Spoutnik 1 », placé sur orbite autour de la Terre le 4 octobre 1957. Le premier satellite artificiel où prit place un homme fut le vaisseau spatial soviétique « Vostok I », qui accomplit une révolution autour de la Terre le 12 avril 1961, avec à son bord Iouri Gagarine.

SATI n. f. (mot hindī). Dans le brahmanisme, nom donné à la veuve qui se faisait brûler sur le bûcher funéraire de son époux.

SATIÉTÉ [sasjete] n. f. (lat. *satietas*). État d'une personne complètement rassasiée.

SATIN n. m. (ar. *zaytūnī*, de la ville de *Tsiatoung*, en Chine). Étoffe d'une armure particulière, en soie, en laine, en coton ou en fibre synthétique, pleine, moelleuse et brillante.

SATINAGE n. m. Action de satiner.

SATINÉ, E adj. Qui a un aspect intermédiaire entre la matité et le brillant. ● *Peau satinée,* peau douce comme du satin.

SATINÉ n. m. Aspect demi-brillant, doux et lisse.

SATINER v. t. Donner à une étoffe, à du papier, à un métal, etc., un caractère satiné.

SATINETTE n. f. Étoffe de coton et de soie, ou de coton seul, offrant l'aspect du satin.

SATINEUR, EUSE adj. et n. Qui satine des étoffes, du papier.

SATIRE n. f. (lat. *satira*, anc. *satura*, macédoine, mélange). Pamphlet, discours, écrit, dessin qui s'attaque aux mœurs publiques ou privées, qui tourne qqn ou qqch en ridicule. ‖ *Littér.* Pièce de vers, qui mêle les rythmes et les tons, et où l'auteur attaque les vices et les ridicules de son temps.

SATIRIQUE adj. et n. Enclin à la médisance, à la raillerie, qui tient de la satire : *esprit satirique; chanson, dessin satirique.* ‖ *Littér.* Qui appartient à la satire.

SATIRIQUEMENT adv. De façon satirique.

SATIRISTE n. Auteur de satires, de dessins satiriques.

SATISFACTION n. f. Action de satisfaire une réclamation, un besoin, un désir. ‖ Contentement, plaisir qui résulte de l'accomplissement de ce qu'on attend, de ce qu'on désire. ‖ Action par laquelle on répare une offense : *réclamer satisfaction.* ● *Satisfaction sacramentelle* (Relig.), syn. de PÉNITENCE.

SATISFAIRE v. t. (lat. *satis*, assez, et *facere*, faire) [conj. 72]. Causer un sentiment de plaisir. ‖ Remplir, contenter (un besoin, un désir). ◆ v. t. ind. [à]. Faire ce qui est exigé par qqch : *satisfaire à ses obligations, à une promesse.* ◆ **se satisfaire** v. pr. [de]. Se contenter.

SATISFAISANT, E adj. Qui contente, satisfait : *réponse satisfaisante.*

SATISFAIT, E adj. Content de ce qui est, ou de ce qui a été fait ou dit : *je suis satisfait de vos progrès.* ‖ Assouvi : *curiosité, désir satisfaits.*

SATISFECIT [satisfesit] n. m. inv. (mot lat., *il a satisfait*). Attestation donnée par un supérieur en témoignage de satisfaction.

SATISFIABILITÉ n. f. *Log.* Caractère de ce qui est satisfiable.

SATISFIABLE adj. *Log.* Se dit d'une fonction propositionnelle si elle est vraie sous certaines conditions.

SATRAPE n. m. (gr. *satrapês*). Gouverneur d'une province, dans l'Empire perse. ‖ *Litt.* Personnage qui mène une vie fastueuse.

SATRAPIE n. f. Province gouvernée par un satrape.

SATURABILITÉ n. f. *Chim.* Qualité de ce qui peut être saturé.

SATURABLE adj. *Chim.* Qui peut être saturé.

SATURANT, E adj. Qui sature. ● *Vapeur saturante,* vapeur d'un liquide en équilibre avec ce liquide.

SATELLITE MÉTÉOROLOGIQUE GÉOSTATIONNAIRE EUROPÉEN « MÉTÉOSAT »

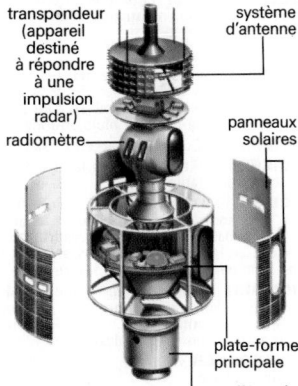

transpondeur (appareil destiné à répondre à une impulsion radar)

système d'antenne

radiomètre

panneaux solaires

plate-forme principale

moteur d'apogée

poids : 697 kg
diamètre : 2,10 m
hauteur : 3,20 m

SATURATEUR n. m. Dispositif servant à augmenter dans une pièce la teneur en vapeur d'eau de l'atmosphère. ‖ Appareil servant à saturer divers liquides en certains gaz.

SATURATION n. f. Action de saturer; état d'un liquide saturé. ‖ Satiété, encombrement : *saturation du marché.* ‖ *Chim.* Transformation en liaisons simples des liaisons multiples d'un composé organique. ‖ *Log.* Caractère d'un système axiomatique où l'on ne peut adjoindre un nouvel axiome sans qu'il en résulte une théorie contradictoire. (C'est une notion de métalogique.)

SATURÉ, E adj. Pleinement rassasié. ‖ Se dit d'une solution qui ne peut dissoudre une quantité supplémentaire de la substance dissoute. ‖ *Chim.* Se dit d'un composé organique ne possédant pas de liaisons multiples. ‖ *Géol.* Se dit d'une roche magmatique ne contenant ni quartz ni feldspathoïde. ‖ *Log.* Se dit d'un système axiomatique caractérisé par une saturation. ● *Couleur saturée,* couleur pure, intense.

SATURER v. t. (lat. *saturare,* rassasier). Rassasier ; remplir à l'excès : *le marché est saturé de gadgets.* ‖ Amener une solution à contenir la plus grande quantité possible de corps dissous. ‖ *Chim.* Transformer les liaisons multiples d'un composé en liaisons simples.

SATURNALES n. f. pl. (lat. *saturnalia*). Fêtes de la Rome antique en l'honneur de Saturne, durant lesquelles régnait la plus grande liberté.

SATURNE n. m. Nom donné au plomb par les alchimistes.

SATURNIE n. f. Nom savant des papillons appelés aussi *paons de nuit.*

SATURNIEN, ENNE adj. Relatif à Saturne.

SATURNIN, E adj. (de *saturne*). Relatif au plomb ; produit par le plomb.

SATURNISME n. m. Intoxication chronique par les sels de plomb. (Le saturnisme est considéré comme une maladie professionnelle.)

SATYRE n. m. (lat. *satyrus ;* mot gr.). Individu qui se livre à des attentats contre la pudeur. ‖ *Myth. gr.* Génie associé au culte de Dionysos. (Les danses des satyres en l'honneur du dieu sont à l'origine du *drame satyrique* grec. La tradition leur attribuait des instincts lubriques.) ‖ *Zool.* Papillon de jour, à grandes ailes brunnoir.

SATYRIASIS [satirjazis] n. m. (mot lat. ; du gr.). *Psychol.* État permanent d'excitation sexuelle chez l'homme.

SATYRIQUE adj. *Myth.* Relatif aux satyres.

SAUCE n. f. (lat. *salsus,* salé). Préparation plus ou moins liquide servie avec certains aliments. ‖ *Fam.* Ce qui est accessoire ; accompagnement souvent inutile : *allonger la sauce.* ‖ Crayon noir très friable, pour dessiner à l'estompe. ● *En sauce,* se dit d'un mets accompagné d'une sauce. ‖ *Mettre qqn, qqch à toutes les sauces,* le traiter de toutes sortes de façons.

SAUCÉ, E adj. Se dit d'une pièce de monnaie antique de métal vil, recouverte d'une couche d'argent très mince.

SAUCÉE n. f. *Pop.* Averse.

SAUCER v. t. (conj. 1). Tremper dans la sauce : *saucer du pain.* ‖ Débarrasser de la sauce : *saucer son assiette.* ● *Être saucé, se faire saucer* (Fam.), être mouillé par une pluie abondante.

SAUCIER n. m. Cuisinier chargé des sauces.

SAUCIÈRE n. f. Récipient dans lequel on sert une sauce sur la table.

SAUCISSE n. f. (lat. *salsicius,* salé). Boyau rempli de viande de porc haché et assaisonnée. ‖ *Fam.* Ballon captif, d'observation ou de protection antiaérienne. ● *Ne pas attacher ses chiens avec des saucisses* (Fam.), être avare.

SAUCISSON n. m. (it. *salsiccione*). Grosse saucisse que l'on consomme crue ou cuite, fortement assaisonnée. ‖ Charge de poudre ayant la forme d'un long rouleau.

SAUCISSONNER v. i. *Fam.* Prendre un repas froid sur le pouce.

SAUF, SAUVE adj. (lat. *salvus*). Sauvé, tiré d'un péril de mort : *avoir la vie sauve.* ‖ Qui n'est point atteint : *l'honneur est sauf.*

SAUF prép. (lat. *salvus,* intact). À la réserve de, à l'exclusion de : *sauf erreur ; sauf avis contraire.* ‖ Hormis, excepté : *vendre tout, sauf la maison.* ‖ *Litt.* Sans blesser, sans porter atteinte à : *sauf votre respect.* ● *Sauf que,* excepté que.

SAUF-CONDUIT n. m. (pl. *sauf-conduits*). Permission donnée par une autorité d'aller en quelque endroit, d'y séjourner un certain temps et de s'en retourner librement, sans crainte d'être arrêté : *solliciter un sauf-conduit.*

SAUGE n. f. (lat. *salvia ;* de *salvus,* sauf). Plante à fleurs, ligneuse ou herbacée, dont il existe plusieurs variétés, cultivées pour leurs pro-

priétés toniques ou comme plantes ornementales. (La *sauge officinale* est utilisée en cuisine et en pharmacie.) [Famille des labiacées.]

SAUGRENU, E adj. (lat. *sal,* sel, et *grain*). Absurde, d'une bizarrerie ridicule : *question saugrenue.*

SAULAIE ou **SAUSSAIE** n. f. Lieu planté de saules.

SAULE n. m. (mot francique). Arbre ou arbrisseau à feuilles lancéolées, vivant près de l'eau. (Les osiers et les marsaults sont des saules ; le *saule pleureur* a des rameaux tombants.) [Famille des salicacées.]

SAUMÂTRE adj. (lat. *salmacidus*). Se dit des eaux moins salées que l'eau de mer moyenne. ‖ Désagréable : *plaisanterie saumâtre.* ● *La trouver saumâtre,* trouver qqch insupportable.

SAUMON n. m. (lat. *salmo, salmonis*). Poisson voisin de la truite, à chair estimée, atteignant jusqu'à 1,50 m de long. (Famille des salmonidés.) ‖ Type de lingot métallique (surtout plomb et étain) tel qu'il sort du moule de fonderie. ◆ adj. inv. D'une couleur rose orangé. ■ Les jeunes saumons, ou *tacons,* vivent deux ans dans les cours d'eau, puis, poursuivant leur croissance en mer pendant plusieurs années, ils remontent enfin les fleuves pour se reproduire et pondent près des sources en décembre.

SAUMONÉ, E adj. Se dit des poissons à la chair rose-orangé, comme celle du saumon : *truite saumonée.*

SAUMONEAU n. m. Jeune saumon.

SAUMURAGE n. m. Action de saumurer.

SAUMURE n. f. (lat. *sal,* sel, et *muria,* saumure). Préparation liquide très salée, dans laquelle on conserve des viandes, des poissons ou des légumes. ‖ Eau salée concentrée qu'on évapore pour en retirer le sel.

SAUMURER v. t. Conserver dans la saumure.

SAUNA n. m. Bain de chaleur sèche et de vapeur, d'origine finlandaise ; établissement où l'on prend ces bains ; appareil qui permet de prendre ces bains.

SAUNAGE n. m., ou **SAUNAISON** n. f. Fabrication et vente du sel. ‖ Époque à laquelle on récolte le sel dans les marais salants.

SAUNER v. i. (lat. pop. *salinare ;* de *sal,* sel). Extraire le sel. ‖ Produire du sel, en parlant des bassins des marais salants.

SAUNIER n. m. Ouvrier qui recueille le sel. ‖ Celui qui le vend. ● *Faux saunier* (Hist.), celui qui se livrait à la contrebande du sel.

saule pleureur

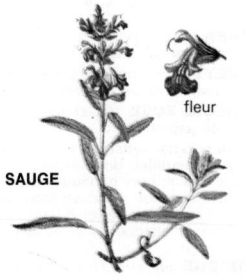

fleur

SAUGE

SAUPIQUET n. m. (lat. *sal,* sel, et *piquer*). Sorte de sauce piquante.

SAUPOUDRAGE n. m. Action de saupoudrer.

SAUPOUDRER v. t. (lat. *sal,* sel, et *poudrer*). Poudrer de sel, de farine, de sucre, etc. : *saupoudrer un gâteau de sucre.* ‖ Parsemer, orner çà et là : *saupoudrer son discours de citations.* ‖ Disperser des crédits minimes entre une multitude de bénéficiaires.

SAUPOUDREUSE n. f. Flacon à bouchon percé de trous, servant à saupoudrer.

SAUR [sɔr] adj. m. (moyen néerl. *soor,* séché). *Hareng saur,* salé, puis séché à la fumée.

SAURAGE n. m. Syn. de SAURISSAGE.

SAURER v. t. Assurer la conservation par fumage, avec de la saumure et de l'huile.

SAURIEN n. m. (gr. *saura,* lézard). Syn. de LACERTILIEN.

SAURIN n. m. Hareng nouvellement sauré.

SAURIS [sɔri] n. m. Saumure qui a servi à saler des harengs dans les caques.

SAURISSAGE n. m. Action de saurer.

SAURISSERIE n. f. Établissement où l'on saure les harengs.

SAURISSEUR n. et adj. m. Ouvrier qui fait le saurissage.

SAUROPHIDIEN n. m. Reptile au corps couvert de replis écailleux, comme les *lézards* et les *serpents.* (On réunit aujourd'hui tous les *saurophidiens* dans un même groupe [ordre ou superordre].) [Syn. SQUAMATE.]

SAUROPSIDÉ n. m. Vertébré caractérisé par certains traits anatomiques reptiliens. (Le groupe des *sauropsidés* comprend non seulement la plupart des reptiles actuels et fossiles, mais aussi les oiseaux.)

SAUSSAIE n. f. → SAULAIE.

SAUT n. m. (lat. *saltus*). Action de sauter, mouvement fait en sautant : *saut à la corde, à pieds joints.* ‖ Mode de déplacement de divers animaux (puce, gerboise, kangourou, sauterelle, grenouille, etc.). ‖ Action de s'élancer en parachute à partir d'un aéronef. ‖ Chute d'eau dans le courant d'une rivière. ‖ Passage brusque et sans degrés intermédiaires. ‖ *Inform.* Instruction provoquant une modification de la séquence normale des instructions d'un programme d'ordinateur. ● *Au saut du lit,* au sortir du lit. ‖ *Faire le saut,* se déterminer à prendre un parti. ‖ *Faire un saut quelque part,* y passer un court moment. ‖ *Saut en hauteur,* épreuve d'athlétisme consistant à passer au-dessus d'une barre sans la faire tomber. ‖ *Saut en longueur,* épreuve d'athlétisme consistant à franchir la plus grande longueur possible. ‖ *Saut à la perche,* saut en hauteur où l'athlète s'aide d'une perche. ‖ *Saut périlleux,* saut qu'exécutent les acrobates quand le corps fait un tour entier en l'air. ‖ *Triple saut,* épreuve de saut en longueur où le concurrent doit franchir la plus grande distance possible en trois sauts enchaînés. ◆ pl. *Chorégr.* Ensemble de tous les temps d'élévation, simples ou battus, avec ou sans parcours.

SAUT-DE-LIT n. m. (pl. *sauts-de-lit*). Peignoir léger.

saumon de fontaine

saumon argenté

SAUT-DE-LOUP n. m. (pl. *sauts-de-loup*). Fossé profond et court placé devant une ouverture pratiquée dans un mur de clôture, pour en défendre l'entrée.

SAUT-DE-MOUTON n. m. (pl. *sauts-de-mouton*). Passage d'une voie par-dessus une autre voie de même nature (route, chemin de fer, canal) pour éviter les traversées à niveau dans un croisement.

SAUTE n. f. Changement brusque : *saute de vent; avoir des sautes d'humeur.*

SAUTÉ n. m. Aliment en morceaux cuit à feu vif avec un corps gras dans une sauteuse ou une poêle.

SAUTE-MOUTON n. m. inv. Jeu dans lequel les joueurs sautent alternativement les uns par-dessus les autres.

SAUTER v. i. (lat. *saltare*, danser). S'élever de terre avec effort, ou s'élancer d'un lieu dans un autre : *sauter haut.* ‖ S'élancer d'un lieu élevé vers le bas : *sauter par la fenêtre.* ‖ Être détruit par une explosion, voler en éclats : *la poudrière a sauté.* ‖ Être projeté ou déplacé soudainement : *le bouchon de la bouteille a sauté.* ‖ S'élancer et saisir avec vivacité : *sauter au collet, à la gorge de qqn.* ‖ Passer d'une chose à une autre sans intermédiaire : *sauter d'un sujet à l'autre; sauter de troisième en première.* ● *Et que ça saute!* (Fam.), il faut se dépêcher. ‖ *Faire sauter,* faire revenir à feu vif, avec un corps gras, un mets, en le faisant sauter de temps en temps pour l'empêcher d'attacher : *faire sauter un poulet; pommes de terre sautées.* ‖ *Faire sauter qqn* (Fam.), lui faire perdre sa place. ‖ *Faire sauter une serrure,* la forcer. ‖ *Sauter aux nues, au plafond* (Fam.), se mettre en colère; être fort surpris. ‖ *Se faire sauter la cervelle,* se tuer d'un coup de pistolet à la tête. ◆ v. t. Franchir en faisant un saut : *sauter un fossé.* ‖ Passer sans s'arrêter : *sauter un mot; sauter une classe.* ● *La sauter* (Fam.), se passer de manger; avoir faim.

SAUTEREAU n. m. Dans le clavecin, tige de bois porteuse d'une languette armée d'un bec qui pince les cordes.

SAUTERELLE n. f. (de *sauter*). Insecte ordi-

sauterelle

nairement vert, à pattes postérieures sauteuses, possédant une tarière chez la femelle. (On appelle souvent *sauterelle* le criquet, en particulier le *criquet pèlerin* : tous deux appartiennent aux orthoptères, mais les criquets sont plutôt gris ou bruns et n'ont jamais de tarière.) ‖ *Fam.* Personne maigre. ‖ *Techn.* Fausse équerre formée d'une tige et d'une lame, permettant de relever et de reporter un angle quelconque, de tracer des parallèles obliques par rapport au bord de la pièce; appareil de manutention mobile, constitué par un châssis monté sur roues et équipé d'une bande transporteuse sans fin; mode d'attache des chaînes, cordes, bat-flanc d'écurie, etc., qui peut se défaire automatiquement.

SAUTERIE n. f. *Fam.* Petite soirée dansante.

SAUTERNES n. m. Vin blanc du pays de Sauternes (Gironde).

SAUTE-RUISSEAU n. m. inv. *Fam.* et *vx.* Jeune clerc d'avoué, de notaire, qui fait les courses.

SAUTEUR, EUSE n. et adj. Athlète spécialisé dans les épreuves de saut : *sauteur en hauteur.* ‖ Cheval dressé pour le saut d'obstacles. ‖ Orthoptère qui a les pattes postérieures propres au saut. ‖ *Fam.* et *vx.* Personne à l'esprit changeant, sur qui l'on ne peut compter. ◆ adj. *Scie sauteuse,* scie à découper.

SAUTEUSE n. f. Casserole à bords bas, pour faire sauter les aliments. (Syn. SAUTOIR.)

SAUTILLANT, E adj. Qui sautille.

SAUTILLEMENT n. m. Action de sautiller.

SAUTILLER v. i. Avancer par petits sauts, comme les oiseaux. ‖ S'exprimer de façon décousue, en petites phrases.

SAUTOIR n. m. Disposition des objets mis l'un sur l'autre de manière à former une espèce d'X ou de croix de Saint-André : *deux épées en sautoir sur un cercueil.* ‖ Chaîne d'orfèvrerie, que les femmes portent comme un collier descendant sur la poitrine. ‖ Aire sur laquelle un sauteur prend son élan et se reçoit. ‖ Syn. de SAUTEUSE. ‖ *Hérald.* Pièce honorable, formée par une barre et par une bande réunies. ● *Porter qqch en sautoir,* autour du cou et en forme de collier tombant en pointe sur la poitrine.

SAUVAGE adj. (lat. *silvaticus*; de *silva*, forêt). Qui n'est pas apprivoisé : *animaux sauvages.* ‖ Qui pousse naturellement, sans culture : *chicorée sauvage.* ‖ Désert, inculte : *site sauvage.* ‖ Qui a quelque chose de féroce, de cruel, de violent, de grossier : *haine sauvage.* ‖ Qui se développe en dehors des règles, des processus courants : *crèche, grève sauvage.* ◆ adj. et n. Qui n'est pas civilisé, qui vit en dehors de la civilisation : *peuplade sauvage.* ‖ Qui fuit la société des hommes, qui vit seul.

SAUVAGEMENT adv. Avec sauvagerie : *il a été attaqué sauvagement dans une rue déserte.*

SAUVAGEON n. m. *Agr.* Plant d'arbre qui n'a pas été greffé.

SAUVAGEON, ONNE n. Jeune enfant sauvage, farouche.

SAUVAGERIE n. f. Férocité, cruauté : *la sauvagerie de la guerre.* ‖ Caractère de celui qui ne peut souffrir la société.

SAUVAGIN, E adj. et n. m. *Chass.* Se dit du goût et de l'odeur de certains oiseaux de mer, d'étang, de marais.

SAUVAGINE n. f. Nom collectif du gibier d'eau qui a le goût de sauvagin. ‖ Nom donné aux peaux de certaines bêtes vivant en France à l'état sauvage (renards, fouines, blaireaux), servant des fourrures communes.

SAUVEGARDE n. f. (de *sauf* et *garde*). Garantie, protection accordées par une autorité ou assurées par une institution : *les lois sont la sauvegarde de la liberté.* ‖ Protection, défense : *servir de sauvegarde.* ‖ *Mar.* Corde, chaîne qui empêche le gouvernail ou tout autre objet de tomber à la mer. ● *Placement sous la sauvegarde de justice* (Dr.), une des mesures appliquées aux incapables majeurs, tendant à les assister pour les actes de la vie civile.

SAUVEGARDER v. t. Protéger, défendre : *sauvegarder sa liberté, l'indépendance d'un pays.*

SAUVE-QUI-PEUT n. m. inv. Désarroi où chacun se sauve comme il peut.

SAUVER v. t. (bas lat. *salvare*). Tirer qqn du danger, de la mort, du malheur. ‖ Préserver qqch de la perte, de la destruction : *sauver la vie; sauver un vieux quartier.* ‖ Pallier, masquer ce qui est défectueux : *la forme de ce meuble en sauve le fond.* ‖ *Relig.* Procurer le salut éternel. ● *Sauver les meubles* (Fam.), réussir à tirer d'un désastre ce qui permet de survivre. ◆ **se sauver** v. pr. Fuir, s'échapper : *se sauver à toutes jambes.* ‖ *Fam.* S'en aller vivement, prendre congé rapidement : *je me sauve, il est tard.* ‖ *Relig.* Assurer son salut éternel.

SAUVETAGE n. m. Action de tirer d'un péril et de mettre en sûreté les personnes ou les choses en danger. ● *Bateau, canot de sauvetage,* embarcation insubmersible, qui porte secours aux naufragés. ‖ *Ceinture, brassière* ou *gilet de sauvetage,* sorte de gilet gonflable ou constitué par un matériau insubmersible, qui permet à une personne de se maintenir sur l'eau.

SAUVETÉ n. f. (de *sauf,* adj.). *Hist.* Bourgade rurale, lieu de refuge ou d'asile au Moyen Âge. ● *Cellule de sauveté* (Apic.), alvéole agrandie par les ouvrières pour l'élevage d'une reine de sauveté. ‖ *Reine de sauveté,* abeille élevée spécialement par les ouvrières à partir d'une larve naissante, et destinée à remplacer une reine morte.

SAUVETERRIEN, ENNE adj. et n. m. (de *Sauveterre-la-Lémance,* en Lot-et-Garonne). Se

dit d'un faciès culturel épipaléolithique contemporain de l'azilien (VIIIe millénaire).

SAUVETEUR adj. et n. m. Qui prend part, qui est employé à un sauvetage.

SAUVETTE (À LA) loc. adv. Avec une hâte excessive; pour échapper à l'attention. ● *Vente à la sauvette,* vente sur la voie publique sans autorisation.

SAUVEUR n. et adj. m. (lat. *salvator*). Celui qui sauve, qui apporte le salut. (V. SALVATEUR.) ● *Le Sauveur,* Jésus-Christ.

SAUVIGNON n. m. Cépage blanc produisant des vins de qualité, et ces vins.

SAVAMMENT adv. De façon savante : *disserter savamment d'une question.* ‖ Avec habileté, adroitement : *intrigue savamment concertée.*

SAVANE n. f. (esp. *sabana*). Dans la zone tropicale, formation herbacée, fermée, souvent parsemée d'arbres (*savane arborée* ou *savane-parc*). ‖ Au Canada, terrain marécageux.

SAVANT, E adj. et n. (de *savoir*). Qui a beaucoup de connaissances en matière scientifique. ‖ Qui connaît très bien telle ou telle discipline. ◆ adj. Où il y a de la science, de l'érudition : *livre savant.* ‖ Qui dénote de l'habileté : *la savante retraite de Napoléon.* ● *Animal savant,* animal dressé à certains exercices. ‖ *Société savante,* société dont les membres rendent compte de leurs travaux.

SAVARIN n. m. (de *Brillat-Savarin,* n. pr.). Gâteau en pâte levée, ayant la forme d'une couronne, imbibé de rhum ou de kirsch, et souvent garni de crème.

SAVART n. m. (de *Savart,* n. pr.). Unité pratique d'intervalle musical.

SAVATE n. f. (turc *çabata*). Vieille pantoufle, soulier usé. ‖ *Fam.* Maladresse. ‖ Sorte de boxe où l'on peut frapper avec les pieds et les poings. (Syn. BOXE FRANÇAISE.) ‖ *Mar.* Pièce de bois disposée longitudinalement dans l'axe, sous un navire, en vue de son lancement. ● *Traîner la savate* (Fam.), être dans l'indigence; ne rien faire.

SAVETIER n. m. Ancien nom du CORDONNIER.

SAVEUR n. f. (lat. *sapor*). Sensation produite par certains corps sur l'organe du goût : *saveur piquante.* ‖ Ce qui stimule le goût, en littérature, en art; charme, piquant : *poésie pleine de saveur.*

SAVOIR v. t. (lat. *sapere*) [conj. **32**]. Être instruit dans qqch, posséder un métier, être capable d'une activité dont on a la pratique : *savoir nager, savoir l'anglais.* ‖ Avoir le pouvoir, le talent, le moyen : *savoir se défendre.* ‖ Avoir dans la mémoire, de manière à pouvoir répéter : *savoir sa leçon.* ‖ Être informé de : *savoir un secret.* ‖ Prévoir : *nous ne pouvons savoir ce qui nous attend.* ● *À savoir,* marquant une énumération : *il y a trois solutions, à savoir...* ‖ *En savoir long,* être bien renseigné. ‖ *Faire savoir,* informer. ‖ *Que je sache,* autant que je peux en juger. ‖ *Qui sait?* ce n'est pas impossible, peut-être. ◆ loc. conj. *À savoir que,* introduit une explication.

SAVOIR n. m. Ensemble des connaissances acquises par l'étude. ‖ *Philos.* Ensemble des discours, des pratiques, des objets et des méthodes qui constituent le champ historique de l'apparition des sciences et de leur développement.

SAVOIR-FAIRE n. m. inv. Habileté à réussir ce qu'on entreprend; compétence professionnelle.

SAVOIR-VIVRE n. m. inv. Connaissance et pratique des usages du monde.

SAVON n. m. (lat. *sapo*). Produit obtenu par l'action d'une base sur un corps gras, et servant au nettoyage ainsi qu'au blanchissage; morceau moulé de ce produit. ‖ *Fam.* Verte réprimande : *passer un savon à qqn.* ● *Bulle de savon,* bulle transparente, irisée, que l'on produit en soufflant dans l'eau chargée de savon.

SAVONNAGE n. m. Lavage au savon.

SAVONNER v. t. Laver au savon.

SAVONNERIE n. f. Établissement industriel où l'on fabrique le savon. ‖ Tapis de la manufacture de la Savonnerie.

SAVONNETTE n. f. Petit savon parfumé pour la toilette. ● *Montre à savonnette,* montre dont le cadran est recouvert d'un couvercle muni d'un ressort.

SAVONNEUX, EUSE adj. Qui contient du savon : *eau savonneuse.* ‖ Mou et onctueux comme le savon : *argile savonneuse.*

SAVONNIER, ÈRE adj. Relatif au savon, à sa fabrication ou à son commerce.

SAVONNIER n. m. Fabricant de savon. ‖ Arbre des Antilles, dont l'écorce et les fruits, riches en saponine, sont utilisés pour dégraisser les étoffes. (Famille des sapindacées.)

SAVOURER v. t. (de *saveur*). Goûter lentement avec attention et plaisir : *savourer une tasse de café.* ‖ Jouir avec délices, se délecter de : *savourer le soleil.*

SAVOUREUX, EUSE adj. Qui a une saveur agréable, délicieuse : *mets très savoureux.* ‖ Que l'on goûte avec grand plaisir, qui a du piquant : *plaisanterie savoureuse.*

SAVOYARD, E adj. et n. De la Savoie : *la population savoyarde.*

SAXE n. m. Porcelaine de Saxe.

SAXHORN [saksɔrn] n. m. (de *Sax*, nom de l'inventeur, et de l'all. *Horn*, cor). Famille d'instruments de musique à vent, en cuivre, à embouchure et à pistons, comprenant les bugles, le tuba, le bombardon. (Seul le *tuba* est employé dans l'orchestre comme basse des trombones.)

SAXICOLE adj. (lat. *saxum*, rocher, et *colere*, habiter). *Bot.* Qui vit parmi les rochers.

SAXIFRAGACÉE n. f. (lat. *saxum*, rocher, et *frangere*, briser). Plante à fleurs, dialypétale et dicotylédone, telle que les *saxifrages*, les *hortensias*, les *seringas*. (Les saxifragacées forment une petite famille.)

SAXIFRAGE n. f. Plante herbacée qui pousse au milieu des pierres, et dont on cultive certaines espèces ornementales.

SAXO n. m. Abrév. de SAXOPHONE et de SAXOPHONISTE.

SAXON, ONNE adj. et n. De la Saxe ou du peuple germanique des Saxons.

SAXOPHONE n. m. (de *Sax*, nom de l'inventeur, et gr. *phônê*, voix). Famille d'instruments de musique à vent, en cuivre ou en laiton, à anche simple, munis d'un bec de clarinette et d'un mécanisme de clefs. (Abrév. : SAXO.)
■ Le plus employé de cette famille est le saxophone ténor. Les compositeurs l'intègrent couramment à l'orchestre. Dans la musique de jazz, il est l'instrument favori des solistes.

SAXOPHONISTE n. m. Joueur de saxophone. (Abrév. : SAXO.)

SAYNÈTE [sɛnɛt] n. f. (esp. *sainete*). Syn. vieilli de SKETCH. ‖ *Littér.* Petite pièce comique du théâtre espagnol.

SAYON [sɛjɔ̃] n. m. (esp. *saya*, manteau).

Casaque de guerre des Romains, des Gaulois et des soldats du Moyen Âge.

Sb, symbole chimique de l'*antimoine* (en lat. *stibium*).

SBIRE n. m. (it. *sbirro*). *Litt.* Policier sans scrupule ; homme de main.

SBRINZ n. m. Fromage fabriqué en Suisse avec du lait de vache.

Sc, symbole chimique du *scandium*.

SCABIEUSE n. f. (lat. *scabiosus*, galeux). Plante à fleurs blanches, bleues ou lilas, qu'on utilisait autref. contre les maladies de peau. (Famille des dipsacacées.)

SCABIEUX, EUSE adj. (lat. *scabies*, gale). *Méd.* Qui ressemble ou se rapporte à la gale : *lésion scabieuse.*

SCABREUX, EUSE adj. (lat. *scaber*, rude). Dangereux, difficile : *entreprise scabreuse.* ‖ Délicat à traiter décemment : *sujets scabreux.*

SCAFERLATI n. m. Tabac ordinaire, coupé demi-fin.

SCALAIRE adj. (lat. *scala*, échelle). *Math.* Se dit d'une grandeur entièrement définie par sa mesure, en fonction d'une certaine unité. ● *Produit scalaire de deux vecteurs*, produit de leurs longueurs et du cosinus de leur angle.

SCALAIRE n. m. Poisson à corps aplati verticalement, de 15 cm de long, originaire de l'Amérique du Sud, souvent élevé en aquarium.

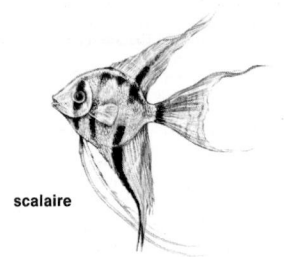

scalaire

SCALANT, E adj. Se dit d'une figure géométrique ou d'un élément naturel dont les parties ont, à l'échelle près, la même forme que le tout.

SCALDE n. m. (mot scandin.). *Littér.* Nom des anciens poètes scandinaves.

SCALDIEN, ENNE adj. De la région de l'Escaut.

SCALÈNE adj. et n. m. (gr. *skalênos*, oblique). *Anat.* Se dit des muscles inspirateurs tendus entre les vertèbres cervicales et les deux pre-

mières paires de côtes. ◆ adj. *Math.* Se dit d'un triangle dont les trois côtés sont inégaux.

SCALP [skalp] n. m. (angl. *scalp*, cuir chevelu). Chevelure détachée du crâne avec la peau, et que les Indiens d'Amérique conservaient comme trophée.

SCALPEL n. m. (lat. *scalpellum*; de *scalpere*, gratter). Petit couteau de chirurgie pour inciser.

SCALPER v. t. (angl. *to scalp*). Détacher la peau du crâne avec un instrument tranchant.

SCANDALE n. m. (gr. *skandalon*, piège, obstacle). Indignation que produit une action coupable : *au grand scandale des spectateurs.* ‖ Affaire malhonnête, qui émeut l'opinion publique : *un scandale financier.* ‖ Querelle bruyante, tapage. ‖ Fait immoral, révoltant. ‖ *Relig.* Ce qui peut fournir l'occasion d'une erreur ou d'une faute.

SCANDALEUSEMENT adv. De façon scandaleuse.

SCANDALEUX, EUSE adj. Qui cause du scandale, honteux, révoltant.

SCANDALISER v. t. Soulever l'indignation de, choquer très vivement : *sa conduite scandalise tout le monde.* ‖ *Relig.* Être une cause de péché. ◆ **se scandaliser** v. pr. [de]. Ressentir de l'indignation.

SCANDER v. t. (lat. *scandere*). Souligner fortement, ponctuer : *parler en scandant les mots.* ‖ *Littér.* Marquer la quantité ou la mesure des vers grecs, latins, etc.

SCANDINAVE adj. et n. De la Scandinavie.

SCANDIUM [skɑ̃djɔm] n. m. Corps simple métallique (Sc), n° 21, de masse atomique 44,95.

SCANNER [skanɛr] n. m. Appareil de télédétection capable de capter, par balayage, les radiations électromagnétiques émises par des surfaces étendues. (Syn. ANALYSEUR À BALAYAGE.) ‖ *Arts graph.* Appareil servant à réaliser, par balayage électronique d'un document original en couleurs, les sélections nécessaires à sa reproduction. ‖ *Méd.* Appareil de radiodiagnostic composé d'un système de tomographie et d'un ordinateur qui en analyse les données pour reconstituer des images de diverses parties de l'organisme en coupes fines. (Syn. SCANOGRAPHE, TACHOGRAPHE, TOMODENSITOMÈTRE.)

SCANOGRAPHE n. m. Syn. de SCANNER.

SCANOGRAPHIE n. f. *Méd.* Partie de la radiologie qui traite de l'emploi du scanner. (Syn. TOMODENSITOMÉTRIE.) ‖ Image obtenue avec le scanner.

SCANSION n. f. Action ou façon de scander.

SCAPHANDRE n. m. (gr. *skaphê*, barque, et *anêr*, *andros*, homme). Équipement hermétiquement clos, dans lequel est assurée une circulation d'air au moyen d'une pompe, et dont se revêtent les plongeurs pour travailler sous l'eau. ● *Scaphandre autonome*, appareil respiratoire individuel, permettant à un plongeur d'évoluer sous les eaux sans lien avec la surface.

SCAPHANDRIER n. m. Plongeur muni d'un scaphandre.

scanner (médecine) : table d'examen, pupitre de commande et écrans de visualisation

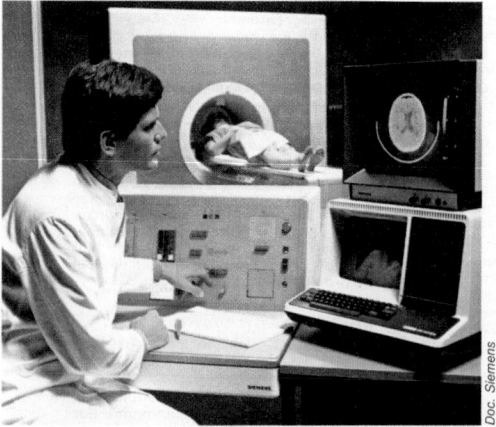

Doc. Siemens

saxophone

SCAPHANDRE AUTONOME

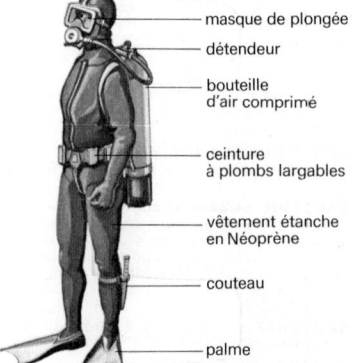

— masque de plongée

— détendeur

— bouteille d'air comprimé

— ceinture à plombs largables

— vêtement étanche en Néoprène

— couteau

— palme

SCAPHITE n. m. Genre d'ammonites du crétacé, à coquille d'abord spiralée, puis prolongée par une crosse.

SCAPHOÏDE adj. et n. m. (gr. *skaphê*, barque, et *eidos*, forme). *Anat.* Se dit d'un des os du carpe et du tarse.

SCAPHOPODE n. m. Mollusque à la coquille en forme de tube, tel que le *dentale*. (Les *scaphopodes* forment une classe.)

SCAPULAIRE adj. *Anat.* Relatif à l'épaule. ● *Ceinture scapulaire*, squelette de l'épaule, formé de trois os : la clavicule, l'omoplate et la coracoïde. (Chez les mammifères, celle-ci est réduite et soudée à l'omoplate.)

SCAPULAIRE n. m. (lat. *scapula*, épaule). *Relig. cath.* Pièce du costume monastique consistant en un capuchon et deux pans d'étoffe rectangulaires couvrant les épaules et retombant dans le dos et sur la poitrine jusqu'aux pieds. (Il existe des scapulaires à dimensions réduites qui sont portés par les fidèles sous leurs vêtements.)

SCAPULO-HUMÉRAL, E, AUX adj. Qui appartient à l'omoplate et à l'humérus.

SCAPULOMANCIE n. f. (lat. *scapula*, épaule, et gr. *manteia*, divination). *Anthropol.* Divination par l'interprétation des os éclatés à la chaleur.

 scarabée sacré

SCARABÉE n. m. (lat. *scarabaeus*; mot gr.). Nom donné à divers insectes coléoptères voisins du hanneton.

SCARABÉIDÉ n. m. Insecte coléoptère à antennes en lamelles, comme le *hanneton*, la *cétoine*. (Les *scarabéidés* forment une famille.)

SCARE n. m. (lat. *scarus*; mot gr.). Poisson des récifs coralliens, à couleurs variées et brillantes, d'où son nom usuel de *poisson-perroquet*. (Long. : 20 à 30 cm.)

SCARIEUX, EUSE adj. (lat. *scaria*, bouton). *Bot.* Se dit d'un organe mince et translucide.

SCARIFIAGE n. m. *Agric.* Action de labourer légèrement le sol.

SCARIFICATEUR n. m. *Agric.* Instrument agricole servant à ameublir la terre sans la retourner. ‖ *Chir.* Instrument pour faire de petites incisions dans la peau.

SCARIFICATION n. f. Destruction de la cohésion d'un sol ou d'un revêtement de chaussée par un labour. ‖ *Chir.* Incision superficielle de la peau, faite avec un vaccinostyle pour les cutiréactions ou certaines vaccinations.

SCARIFIER v. t. (bas lat. *scarificare*, inciser légèrement). Faire des incisions sur : *scarifier la peau.*

SCARLATINE n. f. (lat. *scarlatum*, écarlate). Maladie fébrile contagieuse, caractérisée par l'existence de plaques écarlates sur la peau et les muqueuses.

■ La scarlatine est surtout une maladie de l'enfance; elle est due à une variété de streptocoque hémolytique. L'incubation dure à peine 4 jours; alors apparaît une angine rouge vif, puis, vingt-quatre heures après, une éruption générale écarlate, constituée par des plaques homogènes et non proéminentes. Elle se termine par une desquamation intense. Les complications les plus fréquentes sont les néphrites et le rhumatisme articulaire. Grâce à l'emploi des antibiotiques, l'éviction scolaire (précédemment de 40 jours) a pu être ramenée à 15 jours pour les malades traités.

SCAROLE n. f. (lat. *escariola*, endive). Sorte de chicorée à larges feuilles, mangée en salade.

SCAT [skat] n. m. (mot amér.). Style d'improvisation vocale dans lequel les paroles sont remplacées par des onomatopées et qui fut rendu populaire par certains grands jazzmen.

SCATOLE ou **SCATOL** n. m. *Chim.* Composé, à odeur de matière fécale, qui prend naissance dans la putréfaction des protéines.

SCATOLOGIE n. f. (gr. *skôr*, *skatos*, excrément, et *logos*, discours). Genre de plaisanterie, de littérature, qui a rapport aux excréments, aux grossièretés.

SCATOLOGIQUE adj. Relatif à la scatologie.

SCATOPHILE adj. (gr. *skôr*, *skatos*, excrément, et *philos*, ami). *Hist. nat.* Qui vit ou croît sur les excréments.

SCEAU n. m. (lat. *sigillum*; de *signum*, marque). Cachet qui authentifie un acte : *le sceau de l'État.* ‖ L'empreinte même de ce cachet; morceau de cire, de plomb portant cette empreinte. ‖ *Litt.* Caractère distinctif, marque : *cet ouvrage porte le sceau du génie.* ● *Sous le sceau du secret*, à condition que le secret sera bien gardé.

SCEAU-DE-SALOMON n. m. (pl. *sceaux-de-salomon*). Plante des bois à petites fleurs blanchâtres et à rhizome formé de renflements portant chacun une cicatrice rappelant un sceau. (Famille des liliacées.)

SCÉLÉRAT, E adj. et n. (lat. *scelus*, crime). *Litt.* Qui a commis ou qui est capable de commettre des crimes. ◆ adj. *Litt.* Qui manifeste des intentions ou des sentiments criminels ou perfides : *conduite scélérate.*

SCÉLÉRATESSE n. f. *Litt.* Caractère d'un scélérat; action scélérate.

SCELLAGE n. m. Action de sceller.

SCELLEMENT n. m. *Techn.* Action de fixer une pièce dans un trou (en général de maçonnerie) à l'aide d'un liant qui s'y durcit. ‖ Partie d'une pièce de serrurerie disposée pour être scellée.

SCELLER [sɛle] v. t. (lat. *sigillare*). Appliquer un sceau : *sceller un acte à la cire rouge.* ‖ Apposer les scellés : *sceller la porte d'un logement.* ‖ Fermer hermétiquement. ‖ Fixer par scellement : *sceller une lettre*, la cacheter. ‖ *Sceller une promesse*, la confirmer.

SCELLÉS n. m. pl. Ensemble de la bande de papier ou d'étoffe et des cachets de cire revêtus d'un sceau officiel, employé par des fonctionnaires publics pour empêcher l'ouverture d'un meuble, d'un local.

SCÉNARIO n. m. (mot it.; lat. *scena*, scène). Canevas d'une pièce, d'un roman. ‖ Déroulement programmé ou prévu d'une action : *le scénario d'un hold-up.* ‖ *Cin.* Rédaction détaillée des diverses scènes dont un film est composé. (Se dit aussi du DÉCOUPAGE et du SYNOPSIS.)

SCÉNARISTE n. Auteur de scénarios cinématographiques.

SCÈNE n. f. (lat. *scaena*; gr. *skênê*). Fait auquel on assiste en spectateur : *scène attendrissante.* ‖ Lieu où se passe une action : *la scène du crime.* ‖ *Fam.* Querelle violente; colère, emportement : *faire une scène.* ‖ Partie d'un théâtre où jouent les acteurs. ‖ Ensemble des décors qui représentent le lieu où se passe l'action. ‖ Art dramatique : *avoir une parfaite connaissance de la scène.* ‖ Subdivision d'un acte d'une pièce de théâtre. ‖ Toute action partielle ayant une unité d'une œuvre littéraire, cinématographique, etc. ● *Mettre en scène*, disposer pour la représentation théâtrale ou la prise de vues cinématographique. ‖ *Mettre sur la scène un événement*, en faire le sujet d'une pièce. ‖ *Quitter la scène*, abandonner le théâtre; sortir de l'actualité. ‖ *Sur le devant de la scène*, en pleine actualité.

SCÉNIQUE adj. Relatif à la scène, au théâtre : *indication scénique.* ● *Jeux scéniques*, spectacles organisés hors du cadre traditionnel des salles de théâtre, le plus souvent en plein air.

SCÉNIQUEMENT adv. Du point de vue scénique.

SCÉNOGRAPHE n. Spécialiste de la scénographie.

SCÉNOGRAPHIE n. f. Étude et pratique de toute expression capable de s'inscrire dans un univers relevant du théâtre, du spectacle, de l'organisation spatiale.

SCÉNOLOGIE n. f. Art de la scène au théâtre.

SCEPTICISME n. m. État d'esprit de toute personne qui refuse son adhésion à des croyances ou à des affirmations généralement admises. ‖ *Philos.* Doctrine qui soutient que la vérité absolue n'existe pas et qu'en conséquence il faut suspendre son jugement.

SCEPTIQUE [sɛptik] adj. et n. (gr. *skeptikos*, qui observe). Qui manifeste du scepticisme, incrédule. ‖ *Philos.* Qui appartient au scepticisme.

SCEPTRE n. m. (lat. *sceptrum*; gr. *skêptron*, bâton). Espèce de bâton de commandement, insigne de l'autorité souveraine.

SCHAPPE [ʃap] n. f. (mot germ.). *Text.* Bourre de soie.

SCHEIDAGE [ʃɛdaʒ] n. m. Action de scheider.

SCHEIDER v. t. (all. *scheiden*, séparer). *Min.* Fragmenter au marteau des morceaux de minerai pour en éliminer les parties stériles.

SCHÉMA n. m. (lat. *schema*, manière d'être; gr. *skhêma*). Dessin ne comportant que les traits essentiels de la figure représentée, afin d'indiquer non sa forme, mais ses relations et son fonctionnement. ‖ Plan d'un ouvrage littéraire, d'un projet d'entreprise, d'un processus, etc. ● *Schéma corporel* (Psychol.), image que chacun se fait de son propre corps. ‖ *Schéma directeur d'aménagement et d'urbanisme*, document déterminant les grandes orientations de l'évolution de l'urbanisme pour le territoire auquel il s'applique.

SCHÉMATIQUE adj. Qui a le caractère d'un schéma, simplifié : *coupe schématique de l'oreille.* ‖ Qui schématise à l'excès : *esprit schématique; interprétation schématique.*

SCHÉMATIQUEMENT adv. De façon schématique.

SCHÉMATISATION n. f. Action de schématiser.

SCHÉMATISER v. t. Représenter au moyen d'un schéma. ‖ Simplifier à l'excès.

SCHÉMATISME n. m. Caractère schématique. ‖ *Philos.* Système fondé sur le schème.

SCHÈME n. m. (gr. *skhêma*, figure). Structure d'ensemble d'un processus. ● *Schème moteur* (Psychol.), ensemble d'images ou de sensations kinesthésiques. ‖ *Schème transcendantal* (Philos.), représentation intermédiaire entre le concept et les données de la perception.

SCHÉOL ou **SHÉOL** [ʃeɔl] n. m. (mot hébr.). Séjour des morts dans la Bible.

SCHERZO [skɛrtzo] ou **SCHERZANDO** [-tzando] adv. (mots it.). *Mus.* Vivement et gaiement.

SCHERZO n. m. *Mus.* Morceau de mesure ternaire, d'un style léger et brillant, qui peut remplacer le menuet dans la sonate et la symphonie, ou constituer une pièce isolée.

SCHIEDAM [skidam] n. m. (du n. de la ville). Eau-de-vie parfumée au genièvre, en Belgique et au Pays-Bas.

SCHILLING [ʃiliɳ] n. m. (mot all.). Unité monétaire principale de l'Autriche.

SCHISMATIQUE adj. et n. Qui provoque un schisme; qui adhère à un schisme.

SCHISME [ʃism] n. m. (gr. *skhisma*, séparation). Rupture de l'union dans l'Église chrétienne. ‖ Division dans un parti, un groupement.

SCHISTE [ʃist] n. m. (gr. *skhistos*, fendu). Nom général des roches sédimentaires ou métamorphiques se débitant mécaniquement en feuillets. ‖ Roche métamorphique feuilletée présentant une faible recristallisation. ● *Schiste bitumineux*, roche argileuse à structure schisteuse contenant des hydrocarbures lourds sous forme solide.

SCHISTEUX, EUSE adj. De la nature du schiste.

SCHISTOSITÉ n. f. État d'une roche divisible en feuillets minces.

SCHISTOSOMIASE n. f. Syn. de BILHARZIOSE.

SCHIZOGAMIE [ski-] n. f. *Biol.* Mode de reproduction de certaines annélides par division de l'organisme.

SCHIZOGONIE [ski-] n. f. *Biol.* Mode de multiplication des sporozoaires, comportant un cloisonnement tardif des cellules.

SCHIZOÏDE [skizɔid] adj. Se dit d'une constitution mentale caractérisée par le repli sur soi.

SCHIZOPHASIE [ski-] n. f. *Psychiatr.* Trouble du langage parlé où les mots sont détournés de leur sens habituel, des néologismes abondants le rendant incompréhensible.

SCHIZOPHRÈNE n. et adj. Malade atteint de schizophrénie.

SCHIZOPHRÉNIE [skizɔfreni] n. f. (gr. *skhizein*, fendre, et *phrēn, phrēnos*, pensée). Psychose caractérisée par la rupture de contact avec le monde extérieur.

■ La schizophrénie, autrefois appelée *démence précoce*, touche principalement l'adulte jeune. Elle est caractérisée par la discordance et l'autisme au lesquels peut émerger un délire flou et incohérent (délire paranoïaque), dominé par le sentiment de transformation et d'irréalité de soi comme du monde extérieur (dépersonnalisation). La schizophrénie, que l'on rattache généralement à des perturbations précoces de la relation mère-enfant, nécessite la mise en œuvre d'un traitement psychiatrique alliant chimiothérapie et psychothérapie.

SCHIZOPHRÉNIQUE adj. Relatif à la schizophrénie.

SCHIZOTHYMIE n. f. Tempérament caractérisé par l'introversion.

SCHIZOTHYMIQUE ou **SCHIZOTHYME** adj. et n. Relatif à la schizothymie; qui en est atteint.

SCHLAGUE [ʃlag] n. f. (all. *Schlag*, coup). Punition militaire longtemps en usage en Allemagne, consistant en l'application de coups de baguette. ‖ Manière brutale de se faire obéir.

SCHLAMM [ʃlam] n. m. (mot all.). Produit très fin provenant du concassage des minerais.

SCHLITTAGE n. m. Action de schlitter.

SCHLITTE [ʃlit] n. f. (all. *Schlitten*, traîneau). Autrefois, traîneau servant à descendre le bois des montagnes, notamment dans les Vosges, et glissant sur une voie faite de troncs d'arbres.

SCHLITTER v. t. Transporter le bois à l'aide de schlittes.

SCHLITTEUR n. et adj. m. Ouvrier qui transportait le bois avec la schlitte.

SCHNAPS [ʃnaps] n. m. (mot all.). *Fam.* Eau-de-vie.

SCHNORCHEL [ʃnɔrkɛl] n. m. (mot all.). Tube permettant à un sous-marin d'utiliser sous l'eau ses diesels, en aspirant l'air frais nécessaire à leur marche, ce qui lui permet de naviguer en plongée de façon prolongée.

SCHOONER [ʃunœr] n. m. (mot angl.). *Mar.* Petit bâtiment à deux mâts, gréé comme une goélette.

SCHORRE [ʃɔr] n. m. (mot flamand). *Géogr.* Partie haute des vasières littorales, souvent recouverte de prairies (prés salés).

SCHUPO [ʃupo] n. m. (abrév. de l'all. SCHUtzPOlizist, policier de protection). Agent de police allemand.

SCHUSS [ʃus] n. m. (mot all., *élan*). À skis, descente directe dans le sens de la plus grande pente.

SCIABLE adj. Qui peut être scié.

SCIAGE n. m. Action de scier; travail de celui qui scie le bois, la pierre. ‖ Bois de construction ou de menuiserie, provenant de troncs sciés dans toute leur longueur.

SCIALYTIQUE [sjalitik] n. m. (nom déposé) [du gr. *skia*, ombre, et *luein*, dissoudre]. Dispositif d'éclairage qui ne projette pas d'ombre et qui est utilisé en chirurgie.

SCIATIQUE [sjatik] adj. (gr. *iskhion*, hanche). Qui a rapport à la hanche et à l'ischion. ● *Nerf sciatique*, ou *sciatique* n. m., nerf qui innerve les muscles de la cuisse et de la jambe.

SCIATIQUE n. f. Affection très douloureuse du nerf sciatique, due à la compression de ses racines, à leur émergence du canal rachidien, ou à une névrite.

SCIE n. f. (de *scier*). Lame, ruban ou disque d'acier portant sur un côté une suite de dents tranchantes, et servant à débiter le bois, la pierre, les métaux, etc. ‖ *Fam.* Personne ou chose ennuyeuse : *elle ne cesse de se plaindre,*

quelle scie! ‖ Rengaine, répétition fastidieuse. ‖ *Mus.* Instrument constitué par une lame d'acier qui vibre plus ou moins selon sa tension. ● *En dents de scie*, qui présente des pointes régulièrement disposées.

SCIEMMENT [sjamã] adv. (lat. *sciens*). Avec réflexion, en connaissance de cause.

SCIENCE n. f. (lat. *scientia*; de *scire*, savoir). Ensemble cohérent de connaissances relatives à certaines catégories de faits, d'objets ou de phénomènes : *les progrès de la science*. ‖ Talent, habileté à faire qqch. ● *Sciences humaines*, sciences qui ont pour objet de connaissance les différents aspects de l'homme et en particulier sa vie sociale, comme l'histoire, la sociologie, la psychologie, etc. ‖ *Sciences naturelles*, sciences constituées à partir de l'étude de la nature (botanique, géologie, zoologie, etc.). ‖ *Science pure*, syn. de RECHERCHE FONDAMENTALE*. ◆ pl. Disciplines où le calcul et l'observation ont la plus grande part (par oppos. aux LETTRES) : *étudiant en sciences*.

SCIENCE-FICTION n. f. Genre littéraire et cinématographique dont la fiction se fonde sur l'évolution de l'humanité et en particulier sur les conséquences de ses progrès scientifiques.

SCIÈNE [sjɛn] n. f. (gr. *skiaina*). Poisson osseux de l'Atlantique, dont la chair est très estimée. (Long. : jusqu'à 2 m.) [Syn. MAIGRE.]

SCIÉNIDÉ n. m. Poisson osseux téléostéen tel que la *sciène*. (Les *sciénidés* forment une famille.)

SCIENTIFICITÉ n. f. Caractère scientifique de qqch.

SCIENTIFIQUE adj. Relatif à la science ou à une science : *nomenclature scientifique*. ‖ Qui a la rigueur et l'objectivité de la science : *méthode scientifique*. ◆ n. Spécialiste des sciences (par oppos. à LITTÉRAIRE).

SCIENTIFIQUEMENT adv. De façon scientifique.

SCIENTISME n. m. *Philos.* Courant d'après lequel il n'y a de connaissance véritable que scientifique, sur le modèle des sciences physiques.

SCIENTISTE adj. et n. Qui relève du scientisme.

SCIER v. t. (lat. *secare*). Couper, diviser avec une scie : *scier du bois, du marbre*. ‖ *Fam.* Étonner vivement.

SCIERIE [siri] n. f. Usine où le bois est débité en planches à l'aide de scies mécaniques.

SCIEUR n. m. Ouvrier qui exécute un travail de sciage. ● *Scieur de long*, ouvrier qui procédait au sciage à la main de grandes pièces de bois, dans le sens du fil.

SCILLE [sil] n. f. (gr. *skilla*). Plante bulbeuse, dont une espèce du Midi est employée comme diurétique. (Famille des liliacées.)

SCINCIDÉ n. m. Reptile lacertilien des régions arides de l'Ancien Monde. (Les *scincidés* forment une famille dont le type est le *scinque*.)

SCINDER [sɛ̃de] v. t. (lat. *scindere*, fendre). Diviser, fractionner : *scinder une question*. ◆ **se scinder** v. pr. Se diviser : *parti politique qui s'est scindé en deux groupes*.

SCINQUE [sɛ̃k] n. m. (lat. *scincus*; mot gr.). Reptile voisin des lézards.

SCINTIGRAPHIE n. f. Syn. de GAMMAGRAPHIE.

SCINTILLANT, E adj. Qui scintille.

SCINTILLATEUR n. m. *Phys.* Appareil permettant de détecter des particules grâce aux scintillations qu'elles produisent sur un écran fluorescent.

SCINTILLATION n. f. État de ce qui présente de rapides variations d'éclat lumineux. ‖ *Radio.* Ensemble de fluctuations indésirables de la fréquence porteuse d'un émetteur.

SCINTILLEMENT n. m. Action de scintiller. ‖ En télévision, sensation de discontinuité de la perception des images lumineuses, due à l'intervalle de temps séparant les images successives.

SCINTILLER v. i. (lat. *scintillare*). Briller en jetant des éclats par intervalles : *les étoiles, les diamants scintillent*.

SCION [sjɔ̃] n. m. (mot francique). Pousse de l'année, rejeton tendre et flexible. ‖ Jeune

branche destinée à être greffée. ‖ Extrémité la plus fine d'une canne à pêche.

SCIOTTE [sjɔt] n. f. Scie à main des marbriers et tailleurs de pierre.

SCIRPE [sirp] n. m. (lat. *scirpus*, jonc). Plante vivant au bord des eaux, à feuilles plates (ce qui la fait distinguer des joncs à feuilles et tiges cylindriques). [Famille des cypéracées.]

SCISSION [sisjɔ̃] n. f. (lat. *scissio*). Division dans une assemblée, dans un parti politique, un syndicat, une association, une entreprise.

SCISSIONNISTE adj. et n. Qui tend à provoquer une division; dissident.

SCISSIPARE adj. Se dit des êtres qui se multiplient par scissiparité.

SCISSIPARITÉ n. f. Forme de multiplication ou de génération dans laquelle l'organisme se divise en deux parties.

SCISSOMÈTRE n. m. Appareil servant à mesurer la cohésion d'un sol.

SCISSURE n. f. (lat. *scissura*; de *scindere*, fendre). *Anat.* Fente naturelle à la surface de certains organes.

SCITAMINALE n. f. Plante monocotylédone, à ovaire infère, présentant des étamines de deux types, dont un est stérile. (Les *scitaminales* constituent un ordre comprenant le *bananier*, le *canna*.)

SCIURE [sjyr] n. f. Poudre produite par le sciage d'une matière, en particulier du bois.

SCIURIDÉ [sjyride] n. m. Mammifère rongeur de petite taille, tel que l'*écureuil*. (Les *sciuridés* forment une famille.)

SCLÉRAL, E, AUX adj. De la sclérotique. ● *Verre scléral*, verre de contact qui s'adapte sur la cornée et sur la sclérotique.

SCLÉRANTHE n. m. Petite herbe à fleurs verdâtres, poussant dans les lieux rocailleux. (Famille des caryophyllacées.)

SCLÉRENCHYME [sklerɑ̃ʃim] n. m. (gr. *sklēros*, dur, et *egkhuma*, effusion). *Bot.* Tissu végétal de soutien.

SCLÉREUX, EUSE adj. *Méd.* Épaissi, fibreux.

SCLÉRODERMIE n. f. Maladie des fibres collagènes du derme, qui durcit la peau et réduit sa souplesse et sa mobilité.

SCLÉROGÈNE adj. *Méd.* Qui engendre la formation de tissu scléreux.

SCLÉROMÈTRE n. m. Instrument servant à mesurer la dureté des solides, d'après l'effort nécessaire pour les rayer.

SCLÉROPHYLLE adj. *Bot.* Qui a des feuilles dures, à cuticule épaisse et, de ce fait, bien adaptées à la sécheresse.

SCILLE MARITIME

bulbe

scinque

SCLÉROPROTÉINE n. f. Protéine très résistante. (La kératine des cheveux, de la corne est une scléroprotéine.)

SCLÉROSE n. f. (gr. *sklêrôsis*). Impossibilité de s'adapter à une situation nouvelle, d'évoluer. ‖ *Méd.* Induration pathologique d'un tissu. ● *Sclérose en plaques,* affection de la substance blanche du système nerveux, se manifestant par de multiples foyers de sclérose de celle-ci, et entraînant des troubles nerveux variés et régressifs, du moins au début de l'évolution de la maladie.

SCLÉROSÉ, E adj. et n. Atteint de sclérose.

SCLÉROSER v. t. *Méd.* Provoquer artificiellement la sclérose. ◆ **se scléroser** v. pr. Perdre toute souplesse; se figer, se laisser aller à l'inertie : *se scléroser dans ses habitudes.*

SCLÉROTE n. m. Tubercule souterrain formé par certains champignons et qui résiste bien au gel.

SCLÉROTIQUE n. f. (gr. *sklêrotês,* dureté). Membrane externe du globe oculaire, résistante, de nature conjonctive, formant le blanc de l'œil.

SCOLAIRE adj. (lat. *schola,* école). Qui a rapport à l'école, à l'enseignement : *programme scolaire.* ‖ *Péjor.* De caractère livresque, sans originalité : *une critique théâtrale très scolaire.* ● *Âge scolaire,* période de la vie durant laquelle la loi fait une obligation d'aller à l'école.

SCOLAIRE n. m. Enfant d'âge scolaire. ‖ Ouvrage destiné aux écoles.

SCOLARISATION n. f. Action de scolariser.

SCOLARISER v. t. Pourvoir d'établissements scolaires : *scolariser un pays.*

SCOLARITÉ n. f. Durée des études : *prolonger la scolarité.* ‖ Études scolaires : *faire sa scolarité.*

SCOLASTICAT [skɔlastika] n. m. Maison où les jeunes religieux, après leur noviciat, font leurs études de philosophie et de théologie.

SCOLASTIQUE [skɔlastik] adj. (gr. *skholastikos,* relatif à l'école). Relatif à la scolastique. ‖ Se dit de toute doctrine considérée comme dogmatique et sclérosée.

SCOLASTIQUE n. f. Enseignement philosophique et théologique propre au Moyen Âge, fondé sur la tradition aristotélicienne interprétée par les théologiens.

SCOLASTIQUE n. m. Philosophe ou théologien scolastique.

SCOLEX [skɔlɛks] n. m. (mot gr., *ver*). Extrémité antérieure du ténia, portant des ventouses.

SCOLIASTE [skɔljast] n. m. Annotateur des ouvrages des Anciens.

SCOLIE [skɔli] n. f. (gr. *skholion,* explication). Note de grammaire ou de critique sur les auteurs anciens.

SCOLIOSE [skɔljoz] n. f. (gr. *skoliôsis;* de *skolios,* tortueux). Déviation latérale de la colonne vertébrale.

SCOLIOTIQUE adj. et n. Relatif à la scoliose; qui en est atteint.

SCOLOPENDRE n. f. (lat. *scolopendra;* mot gr.). Fougère à feuilles en fer de lance atteignant 50 cm de long. ‖ Mille-pattes du midi de la France et des régions chaudes, à morsure dangereuse pour l'homme. (Long. max. 30 cm.)

SCOLYTE n. m. (lat. *scolytus*). Insecte coléoptère qui creuse des galeries dans les arbres des forêts et se rend ainsi très nuisible. (Long. 5 mm.)

SCOMBRIDÉ n. m. (lat. *scomber*). Poisson osseux de haute mer tel que le *maquereau* ou le *thon.* (Les *scombridés* forment une famille.)

SCONSE [skɔs] n. m. (angl. *skunk;* mot algonquin). Fourrure provenant des carnassiers du genre *moufette.* (On écrit aussi SKONS, SCONS, SKUNS et SKUNKS.)

SCOOP [skup] n. m. (mot angl.). Information importante ou sensationnelle donnée en exclusivité par une agence de presse ou par un journaliste.

SCOOTER [skutœr *ou* -ter] n. m. (mot angl.). Véhicule à moteur, à deux roues, à cadre ouvert et plus ou moins caréné, où le conducteur n'est pas assis à califourchon.

SCOOTÉRISTE n. Personne qui conduit un scooter.

SCOPOLAMINE n. f. (de *Scopoli,* n. pr.). Alcaloïde extrait de la mandragore, voisin de l'atropine et ayant les mêmes effets qu'elle.

SCORBUT [skɔrbyt] n. m. (lat. médiév. *scorbutus;* du moyen néerl.). Avitaminose C, maladie caractérisée par des hémorragies, la chute des dents, l'altération des articulations. (Le scorbut atteint les personnes se nourrissant de conserves : marins, explorateurs, enfants nourris de lait stérilisé [maladie de Barlow]. L'administration de vitamine C enraye tous les symptômes.)

SCORBUTIQUE adj. Relatif au scorbut.

SCORE n. m. (mot angl.). Nombre de points acquis par chaque équipe ou par chaque adversaire dans un match. (Syn. MARQUE.) ‖ Nombre de points à un test; nombre de voix à une élection.

SCORIACÉ, E adj. De la nature des scories.

SCORIE n. f. (gr. *skória*). Sous-produit d'opération d'élaboration métallurgique, ayant une composition à base de silicates. ‖ *Géol.* Lave bulleuse, rude au toucher, légère. ● *Scorie de déphosphoration,* résidu de la déphosphoration du minerai de fer, utilisé comme engrais.

SCORPÈNE n. f. (lat. *scorpaena;* mot gr.). *Zool.* Nom scientifique de la *rascasse.*

SCORPION n. m. (lat. *scorpio;* mot gr.). Arthropode des pays chauds, portant en avant une paire de pinces, et dont l'abdomen mobile se termine par un aiguillon venimeux. (Les scorpions, dont la taille varie entre 3 et 20 cm, appartiennent aux arachnides. Leur piqûre est douloureuse, parfois mortelle pour l'homme.)

SCORSONÈRE n. f. (it. *scorzonera*). Salsifis noir alimentaire.

scorpion

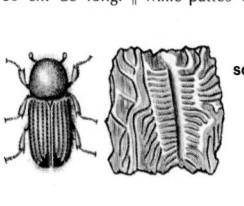

scolyte typographe

scolopendre (zool.)

scolopendre (bot.)

SCOTCH [skɔtʃ] n. m. (mot angl., *écossais*). Whisky écossais.

SCOTCH n. m. (nom déposé). Ruban adhésif transparent.

SCOTCHER v. t. Coller avec du Scotch.

SCOTIE [skɔti] n. f. (lat. *scotia*). *Archit.* Gorge séparant deux tores sur la base d'une colonne.

SCOTISME n. m. Ensemble des opinions du philosophe Duns Scot.

SCOTOME n. m. (bas lat. *scotoma,* vertige; mot gr.). Perte ou altération de la vision dans une zone limitée du champ visuel.

SCOTOMISATION n. f. Action de scotomiser.

SCOTOMISER v. t. *Psychol.* Faire disparaître du champ de la conscience.

SCOTTISH-TERRIER [skɔtiʃterje] n. m. (angl. *scottish,* écossais) [pl. *scottish-terriers*]. Chien basset à poil dur.

SCOUT, E [skut] n. (mot angl.). Enfant ou adolescent faisant partie d'une association de scoutisme. ◆ adj. Relatif au scoutisme.

SCOUTISME n. m. Organisation créée en 1909 par Baden-Powell, ayant pour but d'organiser des jeunes garçons et des jeunes filles en groupes hiérarchisés, afin de développer chez eux des qualités morales et sportives.

SCRABBLE [skrabəl *ou* skrabl] n. m. (nom déposé). Jeu d'origine américaine consistant à former des mots et à les placer sur une grille spéciale. (Les points marqués dépendent des lettres utilisées et de leur emplacement choisi.)

SCRABBLEUR, EUSE n. Joueur de Scrabble.

SCRAPER [skrapœr] n. m. (mot angl.). Syn. de DÉCAPEUSE.

SCRATCH [skratʃ] n. m. et adj. (mot angl.) [pl. *scratches*]. *Sports.* Concurrent ne bénéficiant d'aucun avantage ou handicap.

SCRATCHER v. t. *Sports.* Éliminer (pour absence, retard, etc.) un concurrent.

SCRIBAN n. m. Secrétaire formant pupitre et surmonté d'un corps d'armoire.

SCRIBE n. m. (lat. *scriba;* de *scribere,* écrire). *Péjor.* Employé de bureau, chargé des écritures, des copies. ‖ *Antiq.* Fonctionnaire chargé de la rédaction des actes administratifs, religieux ou juridiques. ‖ Chez les Juifs, docteur de la Loi.

SCRIBOUILLARD n. m. *Fam.* et péjor. Employé aux écritures.

SCRIBOUILLEUR, EUSE n. *Fam.* Écrivain médiocre.

SCRIPOPHILIE n. f. Recherche, collection des actions et des obligations qui ne sont plus cotées en Bourse.

SCRIPT [skript] n. m. (angl. *script;* lat. *scriptum*). Scénario de film découpé en scènes et accompagné des dialogues. (L'Administration préconise TEXTE.) ‖ *Fin.* Document représentant la fraction de la valeur des intérêts ou du capital remboursable d'un obligataire que la collectivité emprunteuse ne peut payer à échéance. ● *Écriture script,* écriture simplifiée, composée de lettres réduites à des traits et à des cercles.

SCRIPTE n. m. ou f. Collaborateur du réalisateur d'un film ou d'une émission de télévision, qui note tous les détails relatifs à la prise de vues et qui est responsable de la continuité de la réalisation.

SCRIPTEUR n. m. (lat. *scriptor*). *Ling.* Personne qui écrit, par opposition à LOCUTEUR.

SCRIPT-GIRL n. f. (pl. *script-girls*). Syn. de SCRIPTE, n. f.

SCRIPTURAIRE adj. (lat. *scriptura,* texte). Relatif à l'Écriture sainte.

SCRIPTURAL, E, AUX adj. Relatif à l'écriture. ● *Monnaie scripturale,* dénomination des moyens de paiement autres que les billets de banque et les pièces de monnaie.

SCROFULAIRE n. f. (bas lat. *scrofulae,* écrouelles). Plante vivant de préférence au bord des eaux. (Syn. HERBE AUX ÉCROUELLES.)

SCROFULARIACÉE n. f. Plante gamopétale, telle que la *scrofulaire,* la *digitale,* le *muflier,* le *paulownia.* (Les *scrofulariacées* forment une famille, de l'ordre des personales.)

Pablo Picasso :
la Guenon et son petit, 1952.
Bronze. (Coll. priv.)

Antoine Poncet : *Translucide*,
1978. Marbre. (Coll. priv.)

César : *Gris nacré*, v. 1969.
« Expansion » en plastique.

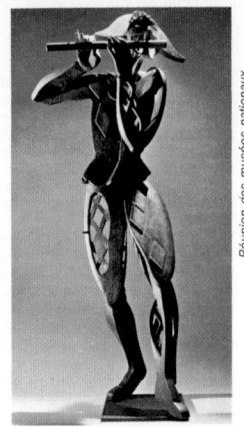

Pablo Gargallo : *Arlequin
à la flûte*, 1932. Fer forgé.
(Musée national
d'Art moderne, Paris.)

SCULPTURE DU XXᵉ S.

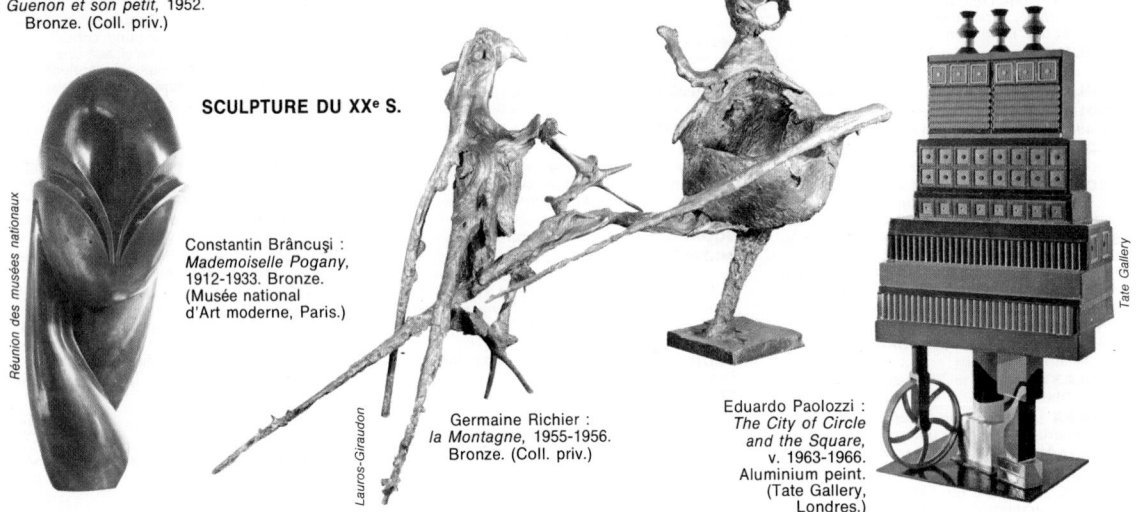

Constantin Brâncuşi :
Mademoiselle Pogany,
1912-1933. Bronze.
(Musée national
d'Art moderne, Paris.)

Germaine Richier :
la Montagne, 1955-1956.
Bronze. (Coll. priv.)

Eduardo Paolozzi :
*The City of Circle
and the Square*,
v. 1963-1966.
Aluminium peint.
(Tate Gallery,
Londres.)

SCROFULE n. f. (bas lat. *scrofulae*). Syn. de ÉCROUELLES (vx).

SCROFULEUX, EUSE adj. et n. Relatif à la scrofule; qui en est atteint (vx).

SCROTAL, E, AUX adj. Relatif au scrotum.

SCROTUM [skrɔtɔm] n. m. (mot lat.). Sac qui renferme les testicules. (Syn. BOURSES.)

SCRUBBER [skrœbœr] n. m. (mot angl.). Tour où se fait l'épuration d'un gaz à l'aide d'un jet d'eau finement pulvérisée qui entraîne les poussières en suspension.

SCRUPULE n. m. (lat. *scrupulus*, petit caillou). Inquiétude de conscience, hésitation, inspirées par une grande délicatesse morale. ‖ Ancien poids de 24 grains. ● *Se faire un scrupule de qqch*, ne pas vouloir le faire, par sentiment du devoir.

SCRUPULEUSEMENT adv. De façon scrupuleuse.

SCRUPULEUX, EUSE adj. Sujet à avoir des scrupules : *conscience scrupuleuse*. ‖ Exact, minutieux : *apporter une attention scrupuleuse*.

SCRUTATEUR, TRICE adj. Litt. Qui scrute.

SCRUTATEUR, TRICE n. Personne qui con-court au dépouillement ou à la vérification d'un scrutin.

SCRUTER v. t. (lat. *scrutari*). Chercher à pénétrer à fond : *scruter les intentions de qqn*. ‖ Examiner attentivement en parcourant du regard : *scruter l'horizon*.

SCRUTIN n. m. (lat. *scrutinium*, examen). Vote émis soit par bulletins déposés dans une urne et comptés ensuite, soit par un procédé électronique; ensemble des opérations de vote.
■ On distingue le *scrutin secret*, qui garantit au votant la certitude que nul ne pourra percer l'anonymat de son vote, et le *scrutin public*, qui permet de connaître le vote émis par chacun. (Au Parlement français, le *scrutin public à la tribune* désigne un mode de votation public auquel participent seuls les présents.) Le *scrutin majoritaire*, dans lequel est élu le candidat ayant obtenu le plus grand nombre de voix, s'oppose au *scrutin avec représentation proportionnelle*, dans lequel chaque liste de candidats obtient un nombre d'élus plus ou moins proportionnel à celui des voix qu'elle a réunies. Le *scrutin uninominal*, où l'électeur ne vote que pour un candidat, s'oppose au *scrutin de liste*, où l'on vote pour plusieurs candidats choisis sur une seule liste lorsque le panachage est interdit, ou sur plusieurs listes lorsque le panachage est

permis. Le *scrutin d'arrondissement* est un système uninominal majoritaire, qui, en France, a toujours comporté deux tours, la majorité absolue étant nécessaire pour être élu au premier, la majorité relative suffisant au second. (Sa dénomination provient du fait que, originairement, l'arrondissement constituait la circonscription électorale.)

SCULL [skœl] n. m. (mot angl.). En aviron, rame utilisée en couple (un aviron dans chaque main).

SCULPTER [skylte] v. t. (lat. *sculpere*). Tailler avec le ciseau dans le bois, la pierre, etc., en vue d'un effet artistique. ‖ Créer une œuvre d'art à trois dimensions par tout procédé, y compris le modelage : *sculpter un bas-relief*. ‖ Pratiquer la sculpture.

SCULPTEUR n. m. Artiste qui sculpte.

SCULPTURAL, E, AUX adj. Relatif à la sculpture : *l'art sculptural*. ‖ Digne d'être sculpté : *beauté sculpturale*.

SCULPTURE n. f. (lat. *sculptura*). Art de sculpter; ensemble d'œuvres sculptées : *la sculpture grecque*. ‖ Œuvre du sculpteur : *une sculpture en ronde bosse*.

SCUTELLAIRE n. f. (lat. *scutella*, petite coupe). Plante des lieux humides, de la famille des labiacées.

SCYPHOZOAIRE [sifɔzɔɛr] n. m. (gr. *skuphos*, coupe, et *zôon*, animal). Syn. de ACALÈPHE.

SCYTHE ou **SCYTHIQUE** adj. Des Scythes.

SE pron. pers. de la 3e pers. des deux genres et des deux nombres. (Il peut être complément d'objet direct [*il se regarde dans la glace; ils se sont combattus*], complément d'objet indirect [*ils se nuisent*] ou complément d'attribution [*ils se sont donné quelques jours pour réfléchir*].)

Se, symbole chimique du *sélénium*.

SEA-LINE [silajn] n. m. (mot angl.) [pl. *sea-lines*]. Canalisation immergée permettant le chargement ou le déchargement en mer ou sur rade d'un produit pétrolier.

SÉANCE n. f. (de *seoir*). Réunion d'une assemblée constituée; durée de cette réunion : *ouvrir, suspendre, lever la séance*. ‖ Temps qu'on passe à une occupation ininterrompue, à un travail avec d'autres personnes : *faire un portrait en trois séances*. ‖ Réunion où l'on assiste à une conférence, à un concert, à une représentation théâtrale, cinématographique, etc.

SÉANT, E adj. (de *seoir*). *Litt.* Décent, convenable : *il n'est pas séant de vous habiller ainsi*.

SÉANT n. m. *Se mettre, être sur son séant* (Litt.), sur son derrière.

SEAU n. m. (lat. *sitella*). Récipient cylindrique de bois, de métal, de toile, de plastique, etc., propre à puiser, à transporter de l'eau, etc. ‖ Récipient de même forme, servant à divers usages; son contenu. ● *Il pleut à seaux* (Fam.), il pleut très fort.

SÉBACÉ, E adj. (lat. *sebum*, suif). Relatif au sébum. ● *Glande sébacée*, glande cutanée annexée à un poil et sécrétant du sébum, qui lubrifie le poil à la surface de la peau.

SÉBASTE n. m. Poisson voisin de la rascasse, commun dans le golfe de Gascogne et en Méditerranée. (Long. : 20 à 30 cm.)

SÉBILE n. f. Écuelle de bois, ronde et presque plate.

SEBKHA [sɛpka] n. f. (mot ar.). Dans les régions désertiques, marécage salé, parfois temporairement asséché, qui occupe le fond d'une dépression.

SÉBORRHÉE n. f. Hypersécrétion de sébum.

SÉBUM [sebɔm] n. m. (mot lat., *suif*). Sécrétion grasse produite par les glandes sébacées.

SEC, SÈCHE adj. (lat. *siccus*). Dépourvu d'eau, aride : *terrain sec, temps sec*. ‖ Qui a perdu son humidité naturelle; qui n'est plus vert : *noix sèche*. ‖ Qui n'est pas mouillé, humecté : *avoir la bouche sèche*. ‖ Desséché, maigre, décharné : *homme grand et sec*. ‖ Qui n'est pas accompagné : *pain sec*. ‖ Sans agrément : *style sec*. ‖ Brusque, rude : *réponse sèche*. ‖ Qui n'a pas de sensibilité, dur, froid, autoritaire : *cœur sec*. ● *À pied sec*, sans se mouiller les pieds. ‖ *Bruit sec*, sans résonance. ‖ *Coup sec*, coup donné vivement. ‖ *Guitare sèche*, guitare traditionnelle, qui n'est pas électrique. ‖ *Perte sèche*, perte que ne compense aucun avantage. ‖ *Regarder d'un œil sec*, sans être attendri. ‖ *Régime sec*, sans alcool. ‖ *Rester sec* (Fam.), ne rien trouver à répondre à une question. ‖ *Tout sec*, tout seul, sans rien de plus : *un merci tout sec*. ‖ *Vapeur sèche* (Phys.), vapeur non saturante. ‖ *Vin sec*, peu sucré. ◆ adv. D'une manière rude, brusque : *démarrer sec*. ● *Aussi sec* (Pop.), sans délai; du tac au tac. ‖ *Boire sec*, beaucoup et sans eau. ‖ *En cinq sec*, rapidement. ‖ *L'avoir sec* (Fam.), être déçu, contrarié.

SEC n. m. Ce qui n'est pas humide. ● *À sec*, sans eau; à court d'idées; d'argent. ‖ *À sec de toile* (Mar.), se dit d'un bateau qui navigue sans se servir de ses voiles, poussé par un fort vent arrière.

SÉCABLE adj. Qui peut être coupé.

SÉCANT, E adj. *Math.* Se dit d'un premier ensemble qui a des points communs avec un second ensemble. (Chacun de ces ensembles peut être une droite, une ligne, un plan, une surface.)

SÉCANTE n. f. (lat. *secare*, couper). *Math.* Droite qui est sécante. ● *Sécante d'un angle*, inverse de son cosinus.

SÉCATEUR n. m. Gros ciseaux à ressort pour la taille des arbustes. ‖ Instrument pour découper les volailles.

SÉCESSION n. f. (lat. *secessio*; de *secedere*, se retirer). Action de se séparer d'un groupe auquel on appartenait, notamment en parlant d'une population qui se sépare d'une collectivité nationale.

SÉCESSIONNISTE adj. et n. Qui fait sécession; qui préconise l'union.

SÉCHAGE n. m. Action d'enlever par évaporation l'excès d'humidité : *le séchage des foins*. ‖ Solidification d'un vernis ou d'une peinture.

SÈCHE n. f. *Pop.* Cigarette.

SÈCHE-CHEVEUX n. m. inv. Appareil électrique qui sèche les cheveux grâce à un courant d'air chaud. (Syn. SÉCHOIR.)

SÈCHE-LINGE n. m. inv. Armoire monobloc où l'on fait sécher le linge grâce au réchauffement de l'air par une résistance électrique.

SÈCHE-MAINS n. m. inv. Dispositif à air chaud pulsé qui permet de se sécher les mains.

SÈCHEMENT adv. De façon froide, peu agréable; de façon brève et rude : *parler sèchement*.

SÉCHER v. t. (lat. *siccare*) [conj. 5]. Débarrasser de son humidité, rendre sec : *le vent sèche la peau*. ‖ *Arg. scol.* Ne pas assister à une classe : *sécher un cours*. ◆ v. i. Devenir sec : *ces fleurs ont séché*. ‖ *Fam.* Ne pas pouvoir répondre à une question. ‖ *Litt.* Se consumer d'ennui, de tristesse, languir.

SÉCHERESSE n. f. État de ce qui est sec : *la sécheresse de la terre nuit à la végétation*. ‖ Absence de pluie : *il y eut une grande sécheresse cette année-là*. ‖ Froideur, brusquerie : *répondre avec sécheresse*. ‖ Absence d'agrément, de charme : *sécheresse du style*.

SÉCHERIE n. f. Établissement industriel spécialisé dans le séchage de certaines marchandises, en vue de leur conservation.

SÉCHEUR n. m., ou **SÉCHEUSE** n. f. Dispositif, appareil de séchage.

SÉCHOIR n. m. Local où s'opère le séchage. ‖ Appareil ou support servant à faire sécher le linge. ‖ Syn. de SÈCHE-CHEVEUX.

SECOND, E [səgɔ̃, 5d] adj. (lat. *secundus*). Immédiatement après le premier : *la seconde place*. ‖ Qui s'ajoute à un autre : *une seconde jeunesse*. ‖ Qui vient après dans l'ordre de la valeur, du rang : *voyager en seconde classe; un second rôle*. ● *De seconde main*, indirectement. ‖ *État second*, état de qqn qui est séparé de la réalité, comme sous l'effet d'une drogue.

SECOND n. m. Personne qui en aide une autre dans une affaire, dans un emploi. ‖ Remplaçant désigné du commandant d'un navire. ‖ Témoin dans un duel. ● *En second*, en second rang; sous les ordres d'un autre.

SECONDAIRE adj. Qui vient en second pour l'importance, l'intérêt, accessoire : *motif secondaire*. ‖ *Bot.* Se dit de la structure présentée par une racine ou une tige âgée, quand fonctionnent les assises génératrices, ou *cambiums*, qui assurent la croissance en épaisseur; se dit également des tissus produits par les méristèmes. ‖ *Chim.* Se dit d'un atome de carbone lié à deux autres atomes de carbone. ‖ *Géogr.* Se dit d'une formation végétale, non originelle, liée à l'action de l'homme. ‖ *Méd.* Se dit de toute manifestation pathologique consécutive à une autre. ‖ *Psychol.* Se dit, en caractérologie, d'une personne dont les réactions sont lentes, durables et profondes. ● *Ère secondaire*, ou **SECONDAIRE** n. m., troisième division des temps géologiques, succédant au primaire, d'une durée de 160 millions d'années environ, caractérisée par le développement des gymnospermes, l'abondance des bélemnites et des ammonites, et la prépondérance et la variété des reptiles, cependant qu'apparaissent oiseaux et mammifères. (Syn. MÉSOZOÏQUE.) ‖ *Secteur secondaire*, ensemble des activités économiques correspondant à la transformation des matières premières en biens productifs ou en biens de consommation. (La mécanisation des entreprises tend à réduire la main-d'œuvre employée dans ce secteur, qui correspond pratiquement à l'industrie [activités extractives parfois exclues].)

SECONDAIRE n. m. *Électr.* Enroulement relié au circuit d'utilisation dans un transformateur ou une bobine d'induction. ‖ Syn. de ENSEIGNEMENT SECONDAIRE, de ÈRE SECONDAIRE.

SECONDAIREMENT adv. De façon secondaire, accessoire.

SECONDE n. f. Unité de mesure de temps (symb. : s), équivalant à la durée de 9 192 631 770 périodes de la radiation correspondant à la transition entre les deux niveaux hyperfins de l'état fondamental de l'atome de cæsium 133; soixantième partie de la minute. ‖ Temps très court, moment : *attendez une seconde*. ‖ Classe qui constitue la cinquième année de l'enseignement secondaire. ‖ *Chorégr.* La deuxième des cinq positions fondamentales de la danse classique. ‖ *Mus.* Intervalle de deux degrés

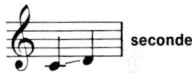

seconde

conjoints. ● *Seconde d'angle*, unité de mesure d'angle plan (symb. : "), valant 1/60 de minute, soit π/648 000 radian.

SECONDEMENT adv. En second lieu, dans une énumération.

SECONDER v. t. Servir d'aide à qqn dans un travail; venir en aide, aider, assister. ‖ Favoriser : *seconder les désirs de qqn*.

SECOUEMENT n. m. *Litt.* Action de secouer.

SECOUER v. t. (lat. *succutere*). Agiter fortement et à plusieurs reprises : *secouer un arbre*. ‖ Se débarrasser de qqch par des mouvements brusques : *secouer la poussière de ses chaussures*. ‖ Ne pas ménager qqn, réprimander, inciter à l'effort. ‖ Donner une commotion physique, morale, ébranler : *cette maladie l'a secoué*. ● *Secouer la tête*, la remuer en signe de doute, d'hésitation, de refus. ◆ **se secouer** v. pr. *Fam.* Ne pas se laisser aller à l'inertie, au découragement, ne pas s'écouter.

SECOUEUR n. m. Mécanisme de la batteuse favorisant la séparation du grain.

SECOURABLE adj. Qui secourt, obligeant.

SECOURIR v. t. (lat. *succurrere*) [conj. 21]. Venir en aide, porter assistance à qqn, assister, défendre.

SECOURISME n. m. Méthode de premiers secours et de sauvetage.

SECOURISTE n. Membre d'une organisation de secours pour les victimes d'un accident, d'une catastrophe.

SECOURS n. m. Aide, assistance à qqn qui est en danger : *demander, prêter secours*. ‖ Aide matérielle, financière, fournie à qqn : *distribuer des secours*. ‖ Moyens pour porter assistance à une victime, aide : *secours aux blessés*. ‖ Ce qui est utile, aide : *ma mémoire m'a été d'un grand secours en cette occasion*. ‖ Renfort en hommes, en matériel. ● *De secours*, destiné à servir en cas de nécessité. ‖ *Devoirs de secours* (Dr.), obligation, pour chaque époux, de fournir à l'autre des ressources s'il est dans le besoin et, plus généralement, de subvenir aux besoins de la vie commune. ◆ pl. Choses qui servent à secourir : *secours en espèces*.

SECOUSSE n. f. (lat. *succussus*, secoué). Mouvement brusque qui agite un corps, ébranlement : *donner une secousse*. ‖ Chacune des oscillations du sol dans un tremblement de terre. ‖ Choc psychologique : *cette maladie a été pour lui une secousse*.

SECRET, ÈTE adj. (lat. *secretus*). Peu connu, que l'on tient caché : *négociation secrète*. ‖ Qui

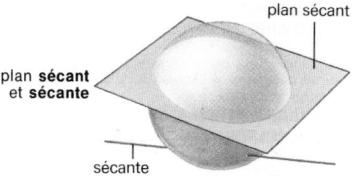

plan sécant

plan **sécant**
et **sécante**

sécante

est placé de façon à être dissimulé : *escalier secret.* ‖ Qui n'est pas apparent, invisible : *vie secrète.* ‖ *Litt.* Qui ne fait pas de confidences, renfermé.

SECRET n. m. (lat. *secretum*, chose secrète). Ce qui doit être caché, ce qu'il ne faut pas dire : *confier un secret à qqn.* ‖ Mécanisme, ressort caché : *serrure à secret.* ‖ Lieu isolé, dans une prison : *mettre un prisonnier au secret.* ‖ Moyen caché, peu connu pour réussir à qqch : *le secret de plaire ; secret pour guérir une maladie.* ● *Dans le secret du cœur,* dans l'intimité. ‖ *En secret,* sans témoin. ‖ *Être, mettre dans le secret* (Fam.), dans la confidence d'une affaire. ‖ *Ne pas avoir de secret pour qqn,* ne rien lui cacher. ‖ *Secret d'État,* chose dont la divulgation nuirait aux intérêts de la nation. ‖ *Secret professionnel,* interdiction légale de divulguer un secret dont on a eu connaissance dans l'exercice de ses fonctions.

SECRÉTAIRE n. (de *secret*). Personne chargée d'écrire sous la dictée de qqn, de rédiger sa correspondance, ses écritures, de classer des documents, etc. ‖ Membre du bureau d'une assemblée délibérante chargé d'assister le président et de rédiger le procès-verbal de la séance. ‖ *Secrétaire d'État,* personne qui, non revêtue du titre de ministre, est cependant pourvue d'un département ministériel ou assiste un ministre ; titre du ministre des Affaires étrangères des États-Unis ; titre du cardinal chargé des rapports extérieurs au Vatican. ‖ *Secrétaire général,* personne chargée des problèmes d'organisation administrative dans un établissement public, une préfecture, un ministère, ou certaines grandes entreprises privées. ‖ *Secrétaire de mairie,* personne qui assume, aux côtés du maire, les fonctions administratives de la commune. ‖ *Secrétaire de rédaction,* dans l'édition, le journalisme, personne chargée de la rédaction d'une partie de celle-ci.

SECRÉTAIRE n. m. Meuble à tiroirs et à casiers comportant une surface pour écrire, escamotable ou non. ‖ *Zool.* Syn. de SERPENTAIRE.

SECRÉTAIRE-GREFFIER n. m. (pl. *secrétaires-greffiers*). Nouvelle appellation du greffier devant les cours et tribunaux. (Il a la qualité de fonctionnaire.)

SECRÉTAIRERIE n. f. *Secrétairerie d'État,* organisme administratif suprême de la curie romaine, que dirige le cardinal secrétaire d'État, au Vatican.

SECRÉTARIAT n. m. Fonctions, métier de secrétaire ; bureau de secrétaire ; ensemble des personnes qui y travaillent.

SECRÉTARIAT-GREFFE n. m. (pl. *secrétariats-greffes*). Ensemble des services administratifs d'une juridiction, dirigé par un secrétaire-greffier en chef et chargé notamment de délivrer les expéditions de jugements et d'assister les magistrats à l'audience.

SECRÈTE n. f. *Liturg. cath.* Oraison qui termine l'offertoire de la messe.

SECRÈTEMENT adv. En secret.

SÉCRÉTER v. t. (conj. 5). Opérer la sécrétion : *le foie sécrète la bile.* ● *Sécréter l'ennui,* être très ennuyeux.

SÉCRÉTEUR, EUSE ou **TRICE** adj. *Physiol.* Qui sécrète.

SÉCRÉTINE n. f. Hormone sécrétée par la muqueuse duodénale à l'arrivée du chyme, et qui déclenche la sécrétion du suc pancréatique et du suc intestinal.

SÉCRÉTION n. f. (lat. *secretio,* dissolution). Fonction par laquelle une cellule spécialisée de l'organisme émet une substance que intervient ensuite dans la physiologie de cet organisme ; cette substance elle-même.

SÉCRÉTOIRE adj. Relatif à la sécrétion.

SECTAIRE adj. et n. Qui témoigne d'étroitesse d'esprit, d'intolérance à l'égard des opinions des autres : *esprit sectaire.* ‖ Relatif à une secte ; membre d'une secte.

SECTARISME n. m. Caractère d'une personne sectaire.

SECTATEUR, TRICE n. Membre d'une secte.

SECTE n. f. (lat. *secta* ; de *sequi,* suivre). Petit groupe animé par une idéologie doctrinaire. ‖ *Antiq.* École philosophique. ‖ *Relig.* Groupe dissident minoritaire à l'intérieur des religions ou des Églises constituées.

SECTEUR n. m. (lat. *sector* ; de *secare,* couper). Partie, aspect particulier d'un ensemble ; domaine : *secteur économique.* ‖ *Fam.* Endroit, lieu quelconque : *qu'est-ce que tu viens faire dans ce secteur?* ‖ Partie d'une zone d'urbanisme soumise à un régime particulier. ‖ Subdivision d'un réseau de distribution électrique. ‖ Subdivision statistique employée par la comptabilité nationale. ‖ *Math.* Surface plane limitée par deux segments rectilignes et un arc de courbe. ‖ *Mil.* Territoire confié à une grande unité. ● *Secteur chaud, secteur froid* (Géogr.), chacune des parties d'une dépression cyclonique, déterminée selon la position des fronts. ‖ *Secteur circulaire,* portion de cercle limitée par deux rayons. (On trouve la surface d'un secteur en multipliant la longueur de l'arc qui lui sert de base par la moitié du rayon, ou encore en

multipliant l'aire du cercle par la fraction $\dfrac{n}{360}$, *n*

étant le nombre de degrés de l'arc du secteur.) ‖ *Secteur postal* (abrév. : S. P.), circonscription du service de la poste aux armées. ‖ *Secteur privé,* ensemble des activités assumées par des entreprises appartenant à des personnes physiques ou morales de droit privé ; par oppos. au SECTEUR PUBLIC. ‖ *Secteur sphérique,* solide engendré par un secteur circulaire tournant autour d'un diamètre qui ne le traverse pas.

SECTION n. f. (lat. *sectio,* division). Action de couper ; endroit où qqch est coupé : *la section des tendons.* ‖ Division ou subdivision d'une ville, d'un parcours d'autobus, etc. ‖ Division administrative : *section de vote ; section d'un tribunal.* ‖ Groupement local constituant une subdivision d'un parti, d'un syndicat, etc. ‖ *Math.* Ensemble des points communs à deux surfaces ; surface déterminée par la rencontre d'un solide et d'un plan, ou de deux solides. ‖ *Mil.* Unité élémentaire de l'infanterie, du génie, etc., commandée par un lieutenant, un sous-lieutenant ou un adjudant-chef. ‖ *Techn.* Dessin en coupe mettant en évidence certaines particularités d'une construction, d'une machine, etc. ● *Section droite d'un prisme ou d'un cylindre,* section de ce prisme ou de ce cylindre par un plan perpendiculaire aux arêtes ou aux génératrices. ‖ *Section efficace* (Phys.), mesure de la probabilité d'une interaction d'un type déterminé entre un faisceau de particules et une cible. ‖ *Section homogène,* partie d'une entreprise, d'une usine, d'un atelier, etc., constituée de moyens de production semblables, dont les coûts horaires de fonctionnement sont très proches. ‖ *Section mouillée,* coupe en travers d'un cours d'eau, et qui sert à la mesure de son débit. ‖ *Section plane,* section par un plan. ‖ *Section syndicale d'entreprise,* ensemble des membres d'une entreprise qui adhèrent à un même syndicat.

SECTIONNEMENT n. m. Action de sectionner. ‖ *Ch. de f.* Zone séparant la caténaire ou le rail conducteur des lignes électriques en deux tronçons alimentés séparément.

SECTIONNER v. t. Diviser par sections : *sectionner une administration.* ‖ Couper net, trancher : *la balle avait sectionné l'artère.*

SECTIONNEUR n. m. Appareil permettant de rompre la continuité d'un circuit électrique, spécialement pour des questions de sécurité.

SECTORIEL, ELLE adj. Relatif à un secteur, à une catégorie professionnelle : *l'application sectorielle d'une mesure.*

SECTORISATION n. f. Répartition en plusieurs secteurs géographiques.

SECTORISER v. t. Procéder à la sectorisation.

SÉCULAIRE adj. (lat. *saecularis,* de *saeculum,* siècle). Qui a lieu tous les cent ans : *cérémonie séculaire.* ‖ Qui existe depuis plusieurs siècles : *chêne séculaire.* ● *Année séculaire,* année qui termine le siècle.

SÉCULARISATION n. f. Action de séculariser.

SÉCULARISER v. t. (lat. *saeculum,* siècle). Rendre des clercs à la vie laïque ; laïciser des biens d'Église.

SÉCULIER, ÈRE adj. (lat. *saeculum,* siècle). Se dit du clergé qui n'appartient pas à un ordre religieux (par oppos. à RÉGULIER). ‖ Laïque : *tribunaux séculiers* (par oppos. à ECCLÉSIASTIQUE). ● *Bras séculier,* justice de l'État.

SÉCULIER n. m. Laïque ou prêtre séculier.

SECUNDO [sekɔ̃do ou sagɔ̃do] adv. (mot lat.). Secondement, en second lieu. (S'écrit 2°.)

SÉCURISANT, E adj. Qui sécurise.

SÉCURISATION n. f. Action de sécuriser.

SÉCURISER v. t. Donner un sentiment de sécurité, enlever la crainte, l'anxiété.

SÉCURITÉ n. f. (lat. *securitas* ; de *securus, sûr*). Situation où l'on n'a aucun danger à craindre : *sécurité matérielle, sécurité de l'emploi.* ‖ Confiance, tranquillité d'esprit résultant de la pensée qu'il n'y a pas de danger à redouter : *se sentir en sécurité.* ‖ *Arm.* Dispositif bloquant la détente d'une arme à feu pour empêcher tout départ inopiné du coup. ● *De sécurité,* se dit de choses destinées à empêcher un accident, à atténuer un inconvénient. ‖ *Sécurité civile,* nom donné depuis 1975 à la *protection civile.* ‖ *Sécurité militaire,* service créé en 1945 et chargé de la protection du moral des armées. ‖ *Sécurité publique,* élément de l'ordre public. ‖ *Sécurité routière,* ensemble de services visant à la protection des usagers de la route. ‖ *Sécurité sociale,* ensemble des législations (ainsi que des organismes qui les appliquent) qui ont pour objet de garantir les individus et les familles contre certains risques sociaux.

■ En France, on distingue les *assurances sociales* (maladie, maternité, décès, invalidité, vieillesse), l'*assurance contre les accidents du travail* et les *prestations familiales.* Conçue initialement pour protéger les salariés les plus défavorisés, la Sécurité sociale a été progressivement étendue à tous les salariés, puis à l'ensemble des non-salariés.

SÉDATIF, IVE adj. et n. m. (lat. *sedare,* calmer). Qui calme l'organisme.

SÉDATION n. f. *Méd.* Apaisement d'une douleur physique ou morale, d'un état anxieux.

SÉDENTAIRE adj. et n. (lat. *sedere,* être assis). Qui sort peu, qui reste ordinairement chez soi, casanier. ‖ *Anthropol.* Qui reste dans une région déterminée (par oppos. à NOMADE). ◆ adj. Qui ne comporte ou n'exige pas de déplacements : *emploi sédentaire.*

SÉDENTARISATION n. f. *Anthropol.* Passage de l'état nomade à l'état sédentaire.

SÉDENTARISER v. t. Rendre sédentaire.

SÉDENTARITÉ n. f. Le fait d'être sédentaire.

SEDIA GESTATORIA [sedjaʒɛstatɔrja] n. f. (mots it., *chaise* à *porteurs*). Chaise à porteurs dans laquelle est transporté le pape dans les cérémonies solennelles.

SÉDIMENT n. m. (lat. *sedimentum,* affaissement). Dépôt qui se forme dans un liquide où des substances sont en suspension. ‖ Dépôt meuble laissé par les eaux, le vent et les autres agents d'érosion. (D'après leur origine, les sédiments peuvent être marins, fluviatiles, lacustres, glaciaires, etc.)

SÉDIMENTAIRE adj. De la nature du sédiment. ● *Roches sédimentaires,* roches formées à la surface de la Terre par diagenèse de sédiments d'origine détritique ou clastique (débris solides résultant de la destruction du relief), chimique ou organique (résultant de l'action d'êtres vivants).

SÉDIMENTATION n. f. Dépôt de sédiments. ● *Vitesse de sédimentation,* examen du sang qui permet de mesurer l'importance d'une inflammation, quelle qu'en soit la nature.

SÉDIMENTOLOGIE n. f. *Géol.* Étude de la genèse des sédiments et des roches sédimentaires.

SÉDITIEUX, EUSE adj. et n. (lat. *seditiosus*). *Litt.* En révolte contre une autorité établie.

SÉDITION n. f. (lat. *seditio*). *Litt.* Révolte contre l'autorité établie, insurrection.

SÉDUCTEUR, TRICE n. et adj. Personne qui charme, fait des conquêtes.

SÉDUCTION n. f. Action par laquelle on séduit

ou on est séduit; attrait. ‖ Fait pour un homme d'amener une femme à se donner à lui.

SÉDUIRE v. t. (lat. *seducere*, conduire à l'écart) [conj. 64]. Obtenir les faveurs de qqn. ‖ Attirer, gagner de manière irrésistible, charmer, fasciner : *ses manières m'ont séduit.*

SÉDUISANT, E adj. Qui séduit : *femme séduisante; offre séduisante.*

SÉDUM [sedɔm] n. m. *Bot.* Nom scientifique de l'*orpin.* (Famille des crassulacées.)

SEFARDI (pl. *sefardim*) ou **SÉFARADE** n. et adj. Nom donné aux juifs des pays méditerranéens.

SÉGALA n. m. (anc. prov. *segle*). Dans le Massif central, terre acide où, autrefois, on ne récoltait guère que du seigle.

SEGMENT n. m. (lat. *segmentum*, morceau coupé). Portion bien délimitée, détachée d'une figure, d'un ensemble. ‖ *Zool.* Syn. de ANNEAU ou SOMITE. ● *Segment circulaire, elliptique*, etc., surface limitée par un arc de la courbe et la corde qui la sous-tend. (La surface d'un segment est égale à la surface du secteur de même arc diminuée de la surface du triangle ayant son sommet au centre et ayant pour base la corde du segment.) ‖ *Segment de droite*, portion de droite limitée par deux points. ‖ *Segment de frein*, pièce en forme de croissant, sur laquelle est fixée la garniture spéciale dont le frottement contre le tambour de frein assure le freinage. ‖ *Segment orienté*, segment de droite doté d'un sens. (La mesure d'un segment orienté s'exprime par un nombre algébrique.) ‖ *Segment de piston*, anneau élastique coupé suivant une hélice, utilisé dans le mécanisme piston-cylindre pour assurer l'étanchéité entre les deux milieux séparés par le piston.

SEGMENTAIRE adj. Formé de plusieurs segments.

SEGMENTATION n. f. Division en segments. ‖ *Biol.* Ensemble des premières divisions de l'œuf après la fécondation.

SEGMENTER v. t. Partager en segments, diviser, couper.

SÉGRAIRIE n. f. (de *ségrais*). Possession d'un bois par indivis; ce bois lui-même.

SÉGRAIS n. m. (lat. *secretum*, mis à part). Bois isolé, qu'on exploite à part.

SÉGRÉGABILITÉ n. f. Tendance qui pousse les grains les plus gros d'un mélange hétérogène à se séparer de l'agrégat dans le sens de la pesanteur.

SÉGRÉGATIF, IVE adj. Qui favorise ou provoque la ségrégation : *prendre des mesures ségrégatives à l'égard des minorités.*

SÉGRÉGATION n. f. Action de séparer d'un tout, de mettre à part. ‖ Action de séparer les personnes d'origines, de mœurs ou de religions différentes, à l'intérieur d'un même pays : *ségrégation raciale.* ‖ *Industr.* Séparation partielle de diverses parties homogènes d'un alliage pendant sa liquéfaction.

SÉGRÉGATIONNISME n. m. Politique de ségrégation raciale.

SÉGRÉGATIONNISTE adj. et n. Relatif à la ségrégation raciale; qui en est partisan.

SÉGRÉGUÉ, E adj. Soumis à la ségrégation raciale.

SÉGUEDILLE [segədij] ou **SEGUIDILLA** [segidija] n. f. (mot esp., de *seguida*, suite). Chanson et danse populaires espagnoles à 3/4, de rythme vif, d'origine andalouse.

SEGUIA [segja] n. f. (mot ar.). *Géogr.* Rigole d'irrigation au Sahara.

SEICHE n. f. (lat. *sepia*). Mollusque vivant près des côtes, dont la tête porte dix tentacules à ventouses et qui projette un liquide noir lorsqu'il est attaqué. (L'*os de seiche*, que l'on donne aux jeunes oiseaux pour s'aiguiser le bec, est la coquille interne de la seiche.) [Long. 30 cm; classe des céphalopodes.]

SEICHE n. f. *Géogr.* Oscillation libre du niveau de l'eau dans une baie ou dans un lac, déterminée parfois par des différences locales de pression atmosphérique.

SÉIDE [seid] n. m. (ar. *Zayd*, n. d'un affranchi

de Mahomet). Homme d'un dévouement aveugle et fanatique.

SEIGLE n. m. (lat. *secale*). Céréale cultivée sur

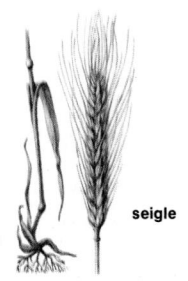

seigle

les terres pauvres et sous les climats froids, pour son grain et comme fourrage. (Famille des graminacées.)

SEIGNEUR n. m. (lat. *senior*, plus âgé). Propriétaire, maître absolu, qui occupe le premier rang. ‖ *Féod.* Possesseur d'un fief, d'une terre. ‖ *Hist.* Titre donné à certaines personnes nobles. ● *Faire le grand seigneur*, prendre des airs d'homme cossu, dépenser sans compter. ‖ *Le Seigneur*, Dieu.

SEIGNEURIAGE n. m. *Écon.* Situation d'un pays dont la monnaie est utilisée dans les échanges internationaux; pratique consistant à donner à une monnaie plus de valeur qu'elle n'en a intrinsèquement. ‖ *Féod.* Tout droit d'un seigneur.

SEIGNEURIAL, E, AUX adj. Qui appartenait à un seigneur; digne d'un seigneur.

SEIGNEURIE n. f. *Féod.* Autorité d'un seigneur; territoire sur lequel s'étendait cette autorité. (Apparue au Moyen Âge avec la féodalité, la seigneurie comprenait un domaine, avec réserves seigneuriales et tenures libres ou serviles, ainsi que des droits divers. Dans sa forme la plus achevée, elle représentait une véritable entité politique.) ● *Votre Seigneurie*, titre d'honneur des anciens pairs de France et des membres de la Chambre des lords en Angleterre.

SEILLE n. f. (lat. *situla*). Seau et, en général, récipient quelconque de bois (vx).

SEILLON n. m. Petit baquet peu profond (vx).

SEIME n. f. (anc. fr. *semer*, dépérir). *Vétér.* Fente qui se forme au sabot du cheval.

SEIN n. m. (lat. *sinus*, pli). Glande mammaire et ses conduits excréteurs qui aboutissent au mamelon. ‖ Poitrine d'une femme, chacune des mamelles de la femme : *donner le sein à un*

enfant. ‖ *Litt.* Partie du corps humain depuis le bas du cou jusqu'au creux de l'estomac : *presser qqn contre son sein.* ‖ *Litt.* Partie du corps de la femme où l'enfant est conçu et porté jusqu'à sa naissance. ‖ *Litt.* Partie interne : *dans le sein de la terre.* ‖ *Litt.* Cœur, pensée : *déposer un secret dans le sein d'un ami.* ● *Au sein de*, au milieu de.

SEINE n. f. → SENNE.

SEING [sɛ̃] n. m. (lat. *signum*, marque). *Dr.* Signature d'une personne sur un acte, pour en attester l'authenticité. ● *Sous seing privé*, se dit d'un acte dressé en dehors de l'intervention d'un officier public.

SÉISMAL, E, AUX adj. → SISMAL.

SÉISME n. m. (gr. *seismos*, tremblement de terre). Secousse plus ou moins violente imprimée au sol, et qui se produit toujours à une certaine profondeur à partir d'un épicentre.

SÉISMICITÉ n. f., **SÉISMIQUE** adj., **SÉISMOGRAPHE** n. m., **SÉISMOLOGIE** n. f. → SISMICITÉ, SISMIQUE, SISMOGRAPHE, SISMOLOGIE.

SEIZE adj. num. et n. m. inv. (lat. *sedecim*). Nombre qui suit quinze dans la suite naturelle des entiers. ‖ Seizième : *Louis seize.*

SEIZIÈME adj. ord. et n. Qui occupe le rang marqué par le nombre seize. ‖ Qui se trouve seize fois dans le tout.

SEIZIÈMEMENT adv. En seizième lieu, dans une énumération.

SÉJOUR n. m. (de *séjourner*). Résidence plus ou moins longue dans un lieu, dans un pays. ‖ *Litt.* Le lieu même où l'on séjourne : *séjour enchanteur.* ● *Salle de séjour*, ou *séjour*, pièce principale d'un appartement.

SÉJOURNER v. i. (lat. *subdiurnare*, durer un certain temps). Demeurer quelque temps dans un lieu, habiter : *séjourner à Paris.*

SEL n. m. (lat. *sal*). Substance incolore, cristallisée, friable, soluble et d'un goût âcre, employée comme assaisonnement. ‖ Ce qu'il y a de piquant, de vif dans la conversation ou dans un ouvrage de l'esprit : *goûter le sel d'une plaisanterie.* ‖ *Chim.* Composé formé par le remplacement de l'hydrogène d'un acide par un métal. ● *Mettre son grain de sel*, intervenir mal à propos, se mêler de ce qui ne vous regarde pas. ‖ *Sel d'Angleterre, de Sedlitz* ou *d'Epsom*, ou *sel de magnésie*, sulfate de magnésium. ‖ *Sel gemme*, minéral ayant la composition du chlorure de sodium; roche sédimentaire constituée de ce minéral. ‖ *Sel de Glauber*, sulfate de sodium. ‖ *Sel gris* ou *de cuisine*, sel marin mêlé d'impuretés. ‖ *Sel marin*, chlorure de sodium tiré de l'eau de mer. ‖ *Sel de Saturne*, acétate de plomb cristallisé. ‖ *Sel de Vichy*, bicarbonate de sodium. ◆ pl. Ce que l'on fait respirer pour ranimer.

■ Le sel, ou *chlorure de sodium* (NaCl), se trouve en abondance dans la nature, soit à l'état de roche, ou *sel gemme*, soit mélangé avec des argiles (argiles salifères), ou encore en solution dans l'eau de mer (*sel marin*, 25 à 30 g environ par litre).

SÉLACIEN n. m. (gr. *selakhos*, requin). Poisson marin à squelette cartilagineux, comme les requins, les raies, les roussettes. (Les *sélaciens* forment une sous-classe.)

SÉLAGINELLE n. f. (lat. *selago*, genre de plante). Plante des forêts tropicales, ayant l'aspect de mousses, mais faisant partie des cryptogames vasculaires.

SÉLECT [selɛkt] adj. inv. en genre (mot angl.). *Fam.* De premier ordre, choisi, distingué : *des réunions sélects.*

SÉLECTEUR n. m. Circuit ou dispositif permettant de choisir un organe ou une voie de transmission parmi un certain nombre de possibilités. ‖ Pédale actionnant le changement de vitesse sur une motocyclette ou un cyclomoteur.

SÉLECTIF, IVE adj. Qui fait une sélection, un choix. ‖ Se dit d'un poste récepteur de radiodiffusion qui opère une bonne séparation des ondes de fréquences voisines.

SÉLECTION n. f. (lat. *selectio*, tri). Choix des personnes les plus aptes, des choses qui conviennent : *faire une sélection parmi des candi-*

SEIN

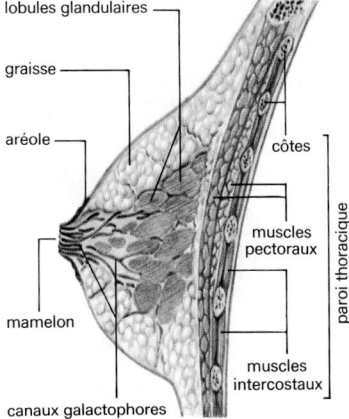

lobules glandulaires

graisse

aréole

côtes

muscles pectoraux

paroi thoracique

mamelon

muscles intercostaux

canaux galactophores

dats. ‖ Ensemble de gens ou de choses qui ont été choisis. ‖ Choix, naturel ou provoqué, d'animaux ou de végétaux en vue de la reproduction. ‖ Mil. Opération préliminaire à l'appel du contingent, ayant pour but de déceler les aptitudes des futures recrues et de leur faire passer une visite médicale. ● *Sélection des couleurs* (Impr.), procédé photographique ou électronique permettant d'obtenir, à partir d'un original en couleurs, les clichés d'impression pour la reproduction en trichromie. ‖ *Sélection naturelle*, survivance des variétés animales ou végétales les mieux adaptées dans les conditions considérées, aux dépens des moins aptes. ‖ *Sélection professionnelle*, choix des candidats à une profession, selon les qualités adéquates.

SÉLECTIONNÉ, E adj. et n. Sportif, sportive choisis pour représenter un club ou un pays.

SÉLECTIONNER v. t. Choisir par sélection.

SÉLECTIONNEUR, EUSE n. Personne (dirigeant sportif, technicien) qui procède à une sélection.

SÉLECTIVEMENT adv. De façon sélective.

SÉLECTIVITÉ n. f. Qualité d'un récepteur de radiodiffusion sélectif.

SÉLÉNHYDRIQUE adj. m. Se dit de l'acide H_2Se, appelé aussi *hydrogène sélénié*.

SÉLÉNIATE n. m. Sel de l'acide sélénique.

SÉLÉNIEUX adj. m. Chim. Se dit de l'anhydride SeO_2 et de l'acide correspondant.

SÉLÉNIQUE adj. m. Se dit de l'anhydride SeO_3 et de l'acide correspondant.

SÉLÉNITE n. m. Habitant imaginaire de la Lune.

SÉLÉNITEUX, EUSE adj. Qui contient du sulfate de calcium.

SÉLÉNIUM [selenjɔm] n. m. (gr. *Selênê*, Lune [par analogie avec le *tellure*]). Métalloïde (Se), nº 34, de masse atomique 78,96, solide, de densité 4,8, fusible à 217 ºC, analogue au soufre, et dont la conductivité électrique augmente avec la lumière qu'il reçoit.

SÉLÉNIURE n. m. Combinaison du sélénium avec un métal.

SÉLÉNOGRAPHIE n. f. Description de la surface de la Lune.

SÉLÉNOGRAPHIQUE adj. Relatif à la sélénographie.

SÉLÉNOLOGIE n. f. Étude de la Lune.

SELF n. f. Abrév. de SELF-INDUCTANCE et de BOBINE DE SELF-INDUCTION.

SELF n. m. Fam. Abrév. de SELF-SERVICE. ‖ Psychanal. Le Moi en tant qu'unité recouvrant le Moi corporel et le Moi psychique.

SELF-CONTROL n. m. (mot angl.) [pl. *self-controls*]. Maîtrise de soi.

SELF-GOVERNMENT [sɛlfgɔvərnmənt] n. m. (mot angl.). Système d'administration des dominions britanniques et des anciens territoires coloniaux qui ont obtenu leur autonomie.

SELF-INDUCTANCE n. f. Coefficient de self-induction. (Syn. AUTO-INDUCTANCE.)

SELF-INDUCTION n. f. Induction produite dans un circuit électrique par les variations du courant qui le parcourt. (Syn. AUTO-INDUCTION.)

SELF-MADE MAN [sɛlfmɛdman] n. m. (mots angl.) [pl. *self-made men*]. Homme qui a atteint sa situation matérielle et sociale par ses seuls efforts, qui ne doit sa réussite qu'à lui-même.

SELF-SERVICE [sɛlfsɛrvis] ou **SELF** n. m. (mot angl.) [pl. *self-services*]. Magasin, restaurant où le client se sert lui-même.

SELF-TRIMMER n. m. (pl. *self-trimmers*). Mar. Vraquier dont la partie inférieure des parois latérales des cales constitue un plan incliné permettant le self-trimming.

SELF-TRIMMING n. m. Mar. Arrimage automatique d'une cargaison pulvérulente en vrac sur un navire.

SELLE n. f. (lat. *sella*, siège). Siège que l'on met sur le dos d'une bête de somme pour la commodité du cavalier. ‖ Petit siège sur lequel s'assied un cycliste, un motocycliste. ‖ Trépied que surmonte un plateau tournant, sur lequel le sculpteur place l'ouvrage auquel il travaille. ‖ Groupe d'anneaux renflés, chez le lombric,

produisant le mucus entourant la ponte. ● *Aller à la selle*, expulser les matières fécales. ‖ *Cheval de selle*, propre à être monté. ‖ *Être bien en selle*, être bien affermi dans son emploi, dans sa place. ‖ *Remettre qqn en selle*, le rétablir dans sa situation. ‖ *Selle de mouton, d'agneau, de chevreuil*, etc., partie de la bête qui s'étend de la première côte au gigot. ◆ pl. Matières fécales.

SELLER v. t. Placer et sangler la selle sur le dos d'un cheval, d'un mulet, etc.

SELLERIE n. f. Commerce, industrie du sellier. ‖ Ensemble de selles, de harnais; lieu où on les range.

SELLERIE-BOURRELLERIE n. f. Fabrication des pièces composant l'équipement du cheval.

SELLERIE-GARNITURE n. f. Fabrication des pièces de garniture pour véhicules.

SELLERIE-MAROQUINERIE n. f. Travail des cuirs et des peaux pour la confection d'articles variés, et principalement de voyage.

SELLETTE n. f. Petit siège de bois sur lequel on faisait asseoir un accusé. ‖ Petite selle de sculpteur. ‖ Petit siège suspendu à une corde, à l'usage de certains ouvriers du bâtiment. ● *Être sur la sellette*, être accusé. ‖ *Mettre sur la sellette*, presser de questions.

SELLIER n. m. Ouvrier qui fabrique les selles et tout ce qui concerne le harnachement des chevaux.

SELON prép. **1.** Conformément à : *selon leur témoignage*. — **2.** Eu égard à : *selon ses forces*. — **3.** Du point de vue de, d'après : *selon moi; selon ses goûts*. ● *C'est selon* (Fam.), cela dépend des circonstances. ◆ loc. conj. *Selon que*, ainsi que; dans la même proportion que.

SEMAILLES n. f. pl. Action de semer; époque où l'on sème.

SEMAINE n. f. (lat. *septimana*, espace de sept jours). Période de sept jours fixée par le calendrier. ‖ Suite de sept jours consécutifs. ‖ Ensemble des jours ouvrables pendant la semaine. ‖ Travail d'un ouvrier pendant la semaine; salaire de ce travail. ● *À la petite semaine* (Fam.), sans plan d'ensemble, en usant d'expédients. ‖ *Être de semaine*, être chargé de certaines fonctions durant une semaine. ‖ *Fin de semaine*, au Canada, week-end. ‖ *Semaine anglaise*, organisation du travail dans laquelle, au repos du dimanche, s'ajoute l'après-midi du samedi. (En fait, la majeure partie des entreprises françaises pratiquent actuellement la semaine [de travail] de 5 jours.)

SEMAINIER, ÈRE n. Personne qui est de semaine pour remplir une fonction.

SEMAINIER n. m. Bracelet composé de sept anneaux. ‖ Meuble à sept tiroirs. ‖ Calendrier, agenda de bureau qui indique les jours en les groupant par semaines.

SÉMANTICIEN, ENNE n. Spécialiste de sémantique.

SÉMANTIQUE adj. (gr. *sêmantikos*; de *sêma*, signe). Ling. Qui a trait au sens : *le contenu sémantique d'un mot*. ‖ Log. Qui se rapporte à l'interprétation d'un système formel.

ÉLÉMENTS CONSTITUANT UNE SELLE ORDINAIRE

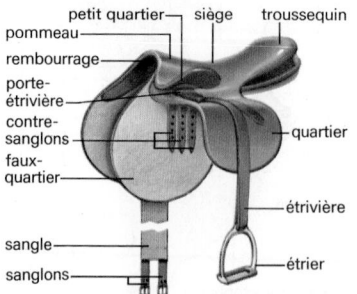

pommeau
rembourrage
porte-étrivière
contre-sanglons
faux-quartier
petit quartier — siège — troussequin
quartier
étrivière
étrier
sangle
sanglons

SÉMANTIQUE n. f. Ling. Étude du sens des mots et des énoncés. ‖ Log. Étude des propositions d'une théorie déductive du point de vue de leur vérité ou de leur fausseté.

SÉMANTIQUEMENT adv. Du point de vue sémantique.

SÉMAPHORE n. m. (gr. *sêma*, signe, et *phoros*, qui porte). Télégraphe aérien établi sur une côte pour signaler les navires en vue et pour correspondre avec eux. ‖ Ch. de f. Signal d'arrêt employé en signalisation de bloc.

SÉMAPHORIQUE adj. Relatif au sémaphore.

SÉMASIOLOGIE n. f. Ling. Étude des significations, partant du mot pour en étudier le sens.

SEMBLABLE adj. De même nature, de même qualité, de même apparence; pareil, similaire. ‖ De cette nature : *ne tenez pas de semblables discours*. ‖ Math. Se dit de deux figures dont les angles correspondants sont égaux, et les longueurs correspondantes proportionnelles.

SEMBLABLE n. m. Qui a même nature, même caractère : *il n'a point son semblable*. ‖ Être animé, considéré par rapport aux autres hommes, aux autres animaux : *aimer son semblable*.

SEMBLABLEMENT adv. De façon semblable.

SEMBLANT n. m. *Faire semblant (de)*, avoir l'air, donner l'apparence de. ‖ *Ne faire semblant de rien* (Fam.), prendre un air indifférent pour tromper. ‖ *Un semblant de*, une apparence de.

SEMBLER v. i. (lat. *simulare*). Avoir une certaine apparence, avoir l'air, donner l'impression : *ce vin me semble trouble*. ◆ v. impers. Il paraît, on dirait : *il semble que cette chose soit facile*. ● *Ce me semble*, selon moi, à mon avis. ‖ *Il me semble que*, je crois que. ‖ *Que vous en semble?* (Litt.), qu'en pensez-vous? ‖ *Si bon vous semble*, si vous le trouvez bon.

SÈME n. m. Ling. Trait pertinent sémantique minimal.

SÉMÉIOLOGIE ou **SÉMIOLOGIE** n. f. (gr. *sêmeion*, signe, et *logos*, discours). Partie de la médecine qui s'occupe des signes cliniques, ou symptômes, des maladies.

SÉMÉIOLOGIQUE ou **SÉMIOLOGIQUE** adj. Relatif à la séméiologie.

SEMELLE n. f. (altér. du picard *lemelle*; lat. *lamella*, petite lame). Pièce de cuir, de corde, de caoutchouc, etc., qui forme le dessous de la chaussure. ‖ Pièce de même forme que l'on met dans une chaussure : *semelle de feutre*. ‖ Dessous du ski. ‖ Constr. Élément d'assise destiné à soutenir une charge ou à répartir un effort; tôle placée perpendiculairement à l'âme d'un élément (poutre, poteau, etc.) de construction métallique. ● *Battre la semelle*, frapper ses pieds sur le sol pour les réchauffer. ‖ *De la semelle* (Fam.), se dit d'une viande coriace. ‖ *Ne pas avancer d'une semelle*, ne faire aucun progrès. ‖ *Ne pas quitter d'une semelle*, suivre de près. ‖ *Ne pas reculer d'une semelle*, demeurer ferme. ‖ *Semelle de frein*, organe métallique ou composite venant s'appliquer sur la roue d'un véhicule ferroviaire lors de la mise en action du frein.

SÉMÈME n. m. Ling. Unité formée par un faisceau de sèmes, et correspondant à un lexème.

SEMENCE n. f. (lat. *sementia*). Graine ou partie du fruit propre à la reproduction, et que l'on met en terre pour la faire germer. ‖ Petit clou à large tête, employé par les tapissiers. ‖ Syn. de SPERME.

SEMEN-CONTRA [semɛnkɔtra] n. m. inv. (lat. *semen*, semence, et *contra*, contre). Pharm. Capitules de plusieurs espèces d'armoise, actifs contre certains vers intestinaux.

SEMER v. t. (lat. *seminare*) [conj. 5]. Mettre une graine en terre afin de la faire germer : *semer de la laitue, des céréales*. ‖ Répandre, jeter çà et là : *semer des clous sur la route*. ‖ Litt. Propager : *semer la discorde, l'erreur*. ‖ Fam. Quitter adroitement, se débarrasser de : *semer un importun*.

SEMESTRE n. m. (lat. *sex*, six, et *mensis*, mois). Espace de six mois. ‖ Rente, traitement qui se paie tous les six mois.

SEMESTRIEL, ELLE adj. Qui a lieu tous les

six mois : *assemblée semestrielle.* ‖ Qui dure six mois : *congé semestriel.*

SEMESTRIELLEMENT adv. Tous les six mois.

SEMEUR, EUSE n. Personne qui sème.

SEMI-ARIDE adj. Se dit des régions, du climat, dans les zones proches des déserts. (Syn. SUBDÉSERTIQUE.)

SEMI-AUTOMATIQUE adj. Se dit d'un ensemble mécanique dont le fonctionnement automatique implique une commande manuelle. ● *Arme semi-automatique* (Arm.), syn. de ARME À RÉPÉTITION.

SEMI-CHENILLÉ, E adj. et n. m. (pl. *semi-chenillé[e]s*). Se dit d'un véhicule muni à la fois de roues, assurant sa direction, et de chenilles, produisant son mouvement.

SEMI-CIRCULAIRE adj. En demi-cercle. ● *Canaux semi-circulaires,* organes de l'oreille interne donnant le sens des positions de la tête, base du mécanisme de l'équilibration.

SEMI-CONDUCTEUR, TRICE adj. et n. m. (pl. *semi-conducteurs*). Électr. Corps dont la conductivité électrique, comprise entre celle des métaux et celle des isolants, croît sous l'effet de la chaleur, d'une irradiation, d'un champ électrique ou avec la présence en son sein de certains atomes d'impuretés.

SEMI-CONSERVE n. f. (pl. *semi-conserves*). Conserve alimentaire dont la durée est limitée et qui doit être gardée au frais.

SEMI-CONSONNE n. f. (pl. *semi-consonnes*). Syn. de SEMI-VOYELLE.

SEMI-CONVERGENTE adj. f. Math. Se dit d'une série convergente qui devient divergente si l'on remplace ses termes par leurs valeurs absolues.

SEMI-DIESEL n. m. (pl. *semi-diesels*). Diesel fonctionnant à un taux de compression moins élevé et nécessitant de ce fait un allumage électrique.

SEMI-DURABLE adj. Se dit d'un produit dont la durée d'utilisation est moyenne.

SEMI-FINI adj. m. *Produit semi-fini,* produit de l'industrie, intermédiaire entre la matière première et le produit fini.

SEMI-GROSSISTE n. (pl. *semi-grossistes*). Intermédiaire de la distribution situé entre le grossiste et le détaillant.

SEMI-LIBERTÉ n. f. Dr. pén. Régime dans lequel le condamné peut vivre partiellement en dehors de l'établissement pénitentiaire mais doit le regagner quotidiennement.

SÉMILLANT, E adj. (anc. fr. *semilleus,* rusé). *Litt.* Très vif et gai : *enfant, esprit sémillant.*

SÉMILLON [semijɔ̃] n. m. (occitan *semihoun*). Cépage blanc de Bordeaux, donnant un vin très sucré.

SEMI-LUNAIRE adj. Anat. Qui a la forme d'une demi-lune.

SÉMINAIRE n. m. (lat. *seminarium,* pépinière). Établissement religieux où l'on instruit les jeunes gens qui se destinent à l'état ecclésiastique. ‖ Série de conférences sur un objet de connaissance; groupe de travail.

SÉMINAL, E, AUX adj. Relatif à la semence.

SÉMINARISTE n. m. Celui qui se forme dans un séminaire préparant au sacerdoce.

SÉMINIFÈRE adj. Anat. Qui conduit le sperme.

SEMI-NOMADE adj. et n. (pl. *semi-nomades*). Qui pratique le semi-nomadisme.

SEMI-NOMADISME n. m. Géogr. Genre de vie combinant une agriculture occasionnelle et un élevage nomade, le plus souvent en bordure des déserts.

SÉMINOME n. m. Méd. Variété de tumeur maligne du testicule.

SÉMIOLOGIE n. f. Ling. Théorie, science générale des signes. ‖ Syn. de SÉMÉIOLOGIE.

SÉMIOLOGIQUE adj. Relatif à la sémiologie. ‖ Syn. de SÉMÉIOLOGIQUE.

SÉMIOLOGUE n. Spécialiste de sémiologie.

SÉMIOTICIEN, ENNE n. Spécialiste de sémiotique.

SÉMIOTIQUE n. f. Dans la logique mathématique, théorie des signes. ‖ Théorie des signes culturels, en particulier littéraires. ◆ adj. Relatif à la sémiotique.

SEMI-OUVERT, E adj. Math. Se dit d'un intervalle formé des nombres *x* compris entre deux nombres *a* et *b* et de l'un des nombres *a* ou *b,* à l'exclusion de l'autre. (L'intervalle *semi-ouvert à droite* [*a, b*[comprend l'ensemble des nombres *x* tels que *a* ⩽ *x* < *b* et l'intervalle *semi-ouvert à gauche*]*a, b*] comprend l'ensemble des nombres *x* tels que *a* < *x* ⩽ *b*.)

SEMI-OUVRÉ, E adj. Techn. Se dit d'un produit partiellement élaboré.

SEMI-PEIGNÉ n. m. Fil ayant des caractéristiques voisines du fil peigné, mais n'ayant pas subi l'opération du peignage.

SEMI-PERMÉABLE adj. Se dit d'une membrane ou d'une cloison qui, séparant deux solutions, laisse passer les molécules du solvant, mais arrête celles des corps dissous.

SEMI-POLAIRE adj. Se dit de la liaison chimique de deux atomes, dont l'un fournit à l'autre les deux électrons de valence.

SEMI-PRÉSIDENTIEL, ELLE adj. Se dit d'un régime politique caractérisé par un chef de l'État élu au suffrage universel et ayant des pouvoirs importants, et un gouvernement responsable devant le Parlement.

SEMI-PRODUIT n. m. (pl. *semi-produits*). Syn. de DEMI-PRODUIT.

SEMI-PUBLIC, IQUE adj. Dr. Se dit d'un organisme en partie public, en partie privé.

SÉMIQUE adj. Ling. Relatif au sème.

SEMI-REMORQUE n. m. ou f. (pl. *semi-remorques*). Ensemble formé par un tracteur routier et une remorque qui peut être désolidarisée du premier.

SEMI-RIGIDE adj. Se dit d'un dirigeable à carcasse rigide, mais à enveloppe flexible.

SEMIS [səmi] n. m. (de *semer*). Action ou manière de semer. ‖ Plant d'arbrisseaux, de fleurs, etc., qui ont été semés en graines. ‖ Ensemble de choses menues, de petits motifs décoratifs parsemant une surface.

SEMI-SUBMERSIBLE adj. Se dit d'une plate-forme de forage en mer supportée par des caissons de stabilisation à immersion réglable.

SÉMITE n. (de *Sem,* fils de Noé). Nom donné aux membres d'un ensemble de peuples du Proche-Orient parlant actuellement ou ayant parlé dans l'Antiquité des langues sémitiques. (Les plus importants des peuples sémitiques anciens ou modernes sont les Akkadiens [Assyro-Babyloniens], les Amorrites, les Araméens, les Phéniciens, les Arabes, les Hébreux, les Éthiopiens.)

SÉMITIQUE adj. Relatif aux Sémites. ● *Langues sémitiques,* ensemble des langues parlées dans un vaste domaine de l'Asie occidentale à l'Afrique du Nord (arabe, hébreu).

SÉMITISANT, E n. Spécialiste d'études sémitiques.

SÉMITISME n. m. Caractère sémitique.

SEMI-VOYELLE n. f. (pl. *semi-voyelles*). Voyelle pourvue d'éléments consonantiques lui permettant de former une diphtongue avec une autre voyelle, comme [j], [w], [ɥ] dans *yeux, oui, huit.* (Syn. SEMI-CONSONNE.)

SEMNOPITHÈQUE n. m. (gr. *sêmnos,* vénérable, et *pithêkos,* singe). Grand singe des forêts d'Asie, vivant en bandes. (Long. : 75 cm sans la queue.)

SEMOIR n. m. Récipient où le semeur met les graines. ‖ Machine servant à semer les graines.

SEMONCE n. f. (anc. fr. *semondre,* prier avec insistance). Avertissement mêlé de reproches, donné par un supérieur. ● *Coup de semonce,* coup de canon ou rafale d'arme automatique accompagnant l'ordre donné par un bâtiment de guerre à un autre navire de s'identifier ou de stopper; réprimande brutale.

SEMOULE n. f. (it. *semola;* lat. *simila,* fleur de farine). Fragments de l'amande du grain de blé, résultant de la mouture.

SEMOULERIE n. f. Usine où l'on fabrique des

semoules de blé dur destinées à la préparation des pâtes alimentaires.

SEMOULIER n. m. Fabricant de semoule.

SEMPER VIRENS [sɛ̃pɛrvirɛ̃s] n. m. inv. (mots lat., *toujours vert*). Nom spécifique de plantes qui portent des feuilles vertes toute l'année.

SEMPERVIRENT, E adj. Se dit d'une forêt dont le feuillage ne se renouvelle pas selon un rythme saisonnier et qui apparaît toujours verte.

SEMPERVIVUM [sɛ̃pɛrvivɔm] n. m. (mot lat., *toujours vivant*). Plante de la famille des crassulacées, vivant longtemps sans eau ni terre, appelée encore *joubarbe.*

SEMPITERNEL, ELLE adj. (lat. *semper,* toujours, et *aeternus,* éternel). Qui ne cesse point, continuel, éternel.

SEMPITERNELLEMENT adv. Sans cesse.

SEMPLE n. m. (de *simple*). Disposition de ficelles formant une partie du métier à tisser les étoffes de soie.

SEN [sɛn] n. m. inv. (mot jap.). Unité monétaire divisionnaire dans divers pays d'Extrême-Orient.

SÉNAT n. m. (lat. *senatus;* de *senex,* vieux). Dans l'ancienne Rome, assemblée politique qui fut, sous la République, la plus haute autorité de l'État. ‖ Assemblée aujourd'hui composée de personnalités élues au suffrage indirect et assurant la représentation des collectivités territoriales. ‖ Nom donné à l'organe essentiel du gouvernement dans l'ancienne république de Venise. ‖ Lieu où les sénateurs s'assemblent.

SÉNATEUR n. m. Membre d'un sénat.

SÉNATORERIE n. f. Hist. Dotation accordée à un sénateur sous le premier Empire.

SÉNATORIAL, E, AUX adj. Qui appartient au sénateur, au sénat.

SÉNATUS-CONSULTE [senatyskɔ̃sylt] n. m. (lat. *senatus consultum*) [pl. *sénatus-consultes*]. Autref., décision du sénat romain. ‖ Acte voté par le Sénat, pendant le premier et le second Empire, et ayant la valeur d'une loi.

SÉNÉ n. m. (mot ar.). Nom donné à diverses espèces de cassier, et à la drogue purgative que l'on tire de ses feuilles.

SÉNÉCHAL, AUX n. m. (mot francique). Officier féodal ou royal qui était chef de la justice. (La fonction de sénéchal fut supprimée en 1191, mais le titre demeura pour désigner, dans les régions méridionales, des officiers royaux ayant les attributions des baillis.)

SÉNÉCHAUSSÉE n. f. Étendue de la juridiction d'un sénéchal; tribunal de sénéchal.

SÉNEÇON n. m. (lat. *senecio;* de *senex,* vieillard). Plante de la famille des composées, dont il existe de nombreuses espèces. (Certaines sont des mauvaises herbes très courantes dans les

séneçon

SÉNÉ

fruit

champs et les jardins; d'autres, vivant en Afrique, atteignent la taille d'arbres.)

SÉNÉGALAIS, E adj. et n. Du Sénégal. ● *Tirailleurs sénégalais*, nom donné, depuis leur création en 1857, aux militaires recrutés par la France au Sénégal puis dans les territoires français d'Afrique noire jusqu'à leur indépendance (1960).

SÉNESCENCE n. f. *Méd.* Vieillissement normal des tissus et de l'organisme.

SÉNESCENT, E adj. Atteint par la sénescence.

SENESTRE ou **SÉNESTRE** adj. *Zool.* Se dit d'une coquille spirale qui, du sommet à l'ouverture, s'enroule vers la gauche.

SENESTROCHÈRE [sənɛstrɔkɛr] n. m. *Hérald.* Bras gauche représenté sur un écu.

SÉNEVÉ [sɛnve] n. m. (lat. *sinapi*). Moutarde sauvage.

SÉNEVOL n. m. Nom générique des éthers de formule S=C=N—R, où R est un radical carboné.

SÉNILE adj. (lat. *senilis*; de *senex*, vieillard). Relatif au vieillard, à la vieillesse. ‖ Se dit de qqn qui donne des marques de sénilité.

SÉNILITÉ n. f. Affaiblissement physique et surtout intellectuel produit par la vieillesse.

SENIOR n. m. (mot lat., *plus âgé*). *Sports.* Se dit des concurrents âgés de vingt ans ou plus. (Les limites varient suivant les sports.)

SENNE ou **SEINE** n. f. (gr. *sagênê*). Nappe de filets de pêche formant muraille et délimitant sur le fond un demi-cercle.

SENNEUR adj. m. Se dit d'un type de chalutier utilisant les sennes comme filets.

SÉNONAIS, AISE adj. et n. De Sens.

SEÑORITA [seɲorita] n. m. (mot esp., *demoiselle*). Petit cigare analogue aux ninas.

SENS n. m. (lat. *sensus*). Fonction psycho-physiologique par laquelle un organisme reçoit des informations sur certains éléments du milieu extérieur de nature physique (vue, audition, sensibilité à la pesanteur, toucher) ou chimique (goût, odorat). ‖ Côté du corps, d'une chose : *couper un objet dans le sens de la longueur.* ‖ Direction, orientation : *aller en sens contraire.* ‖ Connaissance immédiate; manière de comprendre, de juger; opinion : *avoir le sens des réalités; j'abonde dans votre sens.* ‖ Raison d'être, signification : *donner un sens à son action.* ‖ *Ling.* et *Log.* Ensemble des représentations que suggère un mot, un énoncé. ● *Le bon sens*, le sens commun, capacité de distinguer le vrai du faux, d'agir raisonnablement; ensemble des opinions dominantes dans une société donnée. ‖ *En dépit du bon sens*, contrairement à la simple raison. ‖ *Les cinq sens*, la vue, l'ouïe, l'odorat, le toucher, le goût. ‖ *Sens dessus dessous*, de façon que ce qui devait être dessus ou en haut se trouve dessous ou en bas; dans un grand désordre; dans un grand trouble. ‖ *Sens devant derrière*, de telle sorte que ce qui devrait être devant se trouve derrière. ‖ *Sens direct, sens trigonométrique, sens positif* (Math.), sens de rotation inverse du mouvement des aiguilles d'une montre. ‖ *Sens rétrograde*, sens de rotation inverse du sens direct. ‖ *Sens unique*, voie sur laquelle la circulation, par décision administrative, ne s'effectue que dans une seule direction. ‖ *Sixième sens*, intuition. ‖ *Tomber sous le sens*, être évident. ◆ pl. Sensualité, besoins sexuels : *troubler ses sens.*

SENSATION n. f. (lat. *sensatio*; de *sentire*, sentir). Information reçue par le système nerveux central, lorsqu'un organe des sens réagit à un stimulus extérieur. ● *À sensation*, de nature à causer l'émotion, à attirer l'attention. ‖ *Avoir la sensation*, avoir l'impression que. ‖ *Faire sensation*, produire une impression marquée d'intérêt, de surprise, d'admiration, etc.

SENSATIONNALISME n. m. Recherche systématique d'événements sensationnels, de personnes sortant du commun.

SENSATIONNEL, ELLE adj. et n. m. De nature à faire sensation : *goût du sensationnel.* ◆ adj. *Fam.* Excellent en son genre, formidable.

SENSÉ, E adj. Qui a du bon sens, raisonnable : *personne sensée; discours sensé.*

SENSÉMENT adv. De façon sensée.

SENSEUR n. m. (amér. *sensor*). Terme générique désignant tout équipement qui permet d'acquérir une information. ‖ Organe du système de stabilisation active d'un satellite artificiel, qui permet de définir l'orientation réelle de l'engin et d'élaborer un signal d'erreur en fonction de l'écart entre cette orientation et l'orientation désirée. (Syn. DÉTECTEUR D'ORIENTATION.)

SENSIBILISANT, E adj. et n. m. Se dit d'une substance qui augmente la sensibilité d'un explosif à l'amorçage.

SENSIBILISATEUR, TRICE n. et adj. Produit qui sert à sensibiliser.

SENSIBILISATION n. f. Action de sensibiliser. ‖ *Méd.* État d'un organisme qui, après avoir été au contact de certaines substances étrangères (surtout protéines) agissant comme antigènes, acquiert à leur égard des propriétés de réaction, utiles ou non, liées à la production d'anticorps. (V. ALLERGIE et ANAPHYLAXIE.)

SENSIBILISATRICE n. f. *Méd.* Anticorps.

SENSIBILISER v. t. Rendre sensible à une action physique, chimique, etc. ‖ Rendre capable de réactions : *sensibiliser l'opinion publique aux dangers de la pollution.* ‖ *Méd.* Provoquer la sensibilisation. ‖ *Phot.* Rendre impressionnable.

SENSIBILITÉ n. f. Disposition à être facilement ému de pitié, de tendresse, etc., ou à éprouver un sentiment esthétique : *personne d'une grande sensibilité.* ‖ Aptitude d'un organisme à réagir à des excitations externes ou internes. ‖ Degré de réaction d'une substance pyrotechnique sous l'effet d'une excitation donnée (choc, friction, élévation de température). ‖ Qualité d'un instrument de mesure, d'une pellicule photographique, qui peut déceler de très petites variations.

SENSIBLE adj. (lat. *sensibilis*; de *sentire*, sentir). Qui peut être perçu par les sens : *la lumière rend les objets sensibles à la vue.* ‖ Qui ressent aisément les impressions physiques : *être sensible au froid.* ‖ Qui est facilement ému, touché, émotif : *cœur sensible.* ‖ Qui est accessible à certains sentiments; compatissant : *sensible à la louange.* ‖ Qu'on remarque aisément : *progrès sensible.* ‖ *Phot.* Se dit de la qualité d'une couche impressionnée sous l'action de la lumière. ‖ *Phys.* Qui indique les plus légères variations. ● *Note sensible*, ou *sensible* n. f. (Mus.), septième degré de la gamme, situé un demi-ton au-dessous de la tonique.

SENSIBLEMENT adv. D'une manière appréciable, notable.

SENSIBLERIE n. f. Sensibilité affectée et outrée.

SENSILLE n. f. Poil ou cil du tégument, chez les insectes, sensible à divers types de vibrations.

SENSITIF, IVE adj. Qui conduit l'influx nerveux d'un organe sensoriel à un centre : *nerf sensitif.* ◆ adj. et n. D'une sensibilité excessive. ‖ *Psychiatr.* Se dit de sujets qui ressentent vivement les réactions d'autrui à leur égard.

SENSITIVE n. f. Autre nom du MIMOSA.

SENSITOMÈTRE n. m. Appareil servant à réaliser des expositions échelonnées d'une surface sensible afin d'en étudier les propriétés.

SENSITOMÉTRIE n. f. *Phot.* Étude des propriétés des surfaces sensibles.

SENSORIEL, ELLE adj. Relatif aux sensations en tant que phénomènes psycho-physiques.

SENSORIMÉTRIQUE adj. Destiné à mesurer les sensations.

SENSORI-MOTEUR, TRICE adj. Relatif à la fois aux phénomènes sensoriels et à l'activité motrice : *troubles sensori-moteurs.*

SENSUALISME n. m. (lat. *sensualis*, qui concerne les sens). Philosophie d'après laquelle toutes les idées de l'homme proviennent des sensations qu'il éprouve.

SENSUALISTE adj. et n. Qui relève du sensualisme.

SENSUALITÉ n. f. Tempérament d'une personne sensuelle. ‖ *Litt.* Recherche des plaisirs des sens.

SENSUEL, ELLE adj. et n. Qui recherche tout ce qui flatte les sens; qui est porté aux plaisirs sexuels : *homme sensuel.* ◆ adj. Voluptueux : *baiser sensuel.*

SENTE n. f. (lat. *semita*). Petit sentier.

SENTENCE n. f. (lat. *sententia*). Jugement rendu par des juges ou par des arbitres : *sentence de mort.* ‖ Pensée courte, d'une portée générale et de valeur morale (vx). ● *Sentence arbitrale* (Dr. intern.), décision rendue par un tiers arbitre ou un tribunal de juristes, concernant un point de droit opposant deux États.

SENTENCIEUSEMENT adv. De façon sentencieuse.

SENTENCIEUX, EUSE adj. D'une gravité affectée, solennel, pompeux.

SENTEUR n. f. Odeur agréable.

SENTI, E adj. *Bien senti*, exprimé avec force et sincérité.

SENTIER n. m. (de *sente*). Chemin étroit.

SENTIMENT n. m. (de *sentir*). Connaissance plus ou moins claire donnée d'une manière immédiate; sensation, impression : *avoir le sentiment de sa force; j'ai le sentiment que c'est agir à contresens.* ‖ Manifestation d'une tendance, d'un penchant : *être animé de mauvais sentiments.* ‖ Disposition à être facilement ému, touché : *agir par sentiment plus que par réflexion.* ‖ *Litt.* Manière de penser, d'apprécier : *exprimer son sentiment.*

SENTIMENTAL, E, AUX adj. (mot angl., de *sentiment*). Relatif aux sentiments tendres, à l'amour : *chanson sentimentale.* ◆ adj. et n. Qui a une sensibilité un peu romanesque, exagérée.

SENTIMENTALEMENT adv. De façon sentimentale.

SENTIMENTALISME n. m. Tendance à se guider sur sa sensibilité ou sur ses sentiments.

SENTIMENTALITÉ n. f. État d'une personne sentimentale.

SENTINE n. f. (lat. *sentina*). *Mar.* Partie de la cale d'un navire où s'amassent les eaux.

SENTINELLE n. f. (it. *sentinella*). Soldat en armes placé en faction; personne qui fait le guet.

SENTIR v. t. (lat. *sentire*, percevoir) [conj. 15]. Recevoir une impression physique : *sentir le froid, la faim.* ‖ Percevoir par l'odorat : *sentir une odeur bizarre.* ‖ Avoir une saveur particulière : *ce vin sent son terroir.* ‖ Répandre une odeur de : *ce tabac sent la violette.* ‖ Avoir conscience de, connaître par intuition : *je sens que ce livre vous plaira.* ‖ Indiquer, révéler : *cela sent le pédant.* ● *Faire sentir*, faire éprouver; faire reconnaître. ‖ *Ne pouvoir sentir qqn*, avoir pour lui de l'antipathie. ◆ v. i. Exhaler, répandre une odeur : *ce bouquet sent bon*; et en partic., une mauvaise odeur : *ce poisson sent.* ‖ Prévoir : *sentir de loin.* ◆ **se sentir** v. pr. Connaître, apprécier dans quelle disposition physique ou morale on se trouve : *je ne me sens pas bien.* ‖ Être perceptible, appréciable : *ça se sent qu'il fait froid.* ● *Ne plus se sentir* (Fam.), ne plus pouvoir se contrôler. ‖ *Se faire sentir*, se manifester.

SEOIR [swar] v. i. (lat. *sedere*, être assis) [conj. 40]. *Litt.* Aller bien, convenir à : *cette coiffure ne vous sied pas.* ◆ v. impers. *Litt.* Il appartient : *il vous sied mal de parler ainsi.*

SEP [sɛp] n. m. (lat. *cippus*, pieu). Pièce de la charrue glissant sur le fond de la raie pendant le labour.

SÉPALE n. m. (lat. *sepalum*). *Bot.* Pièce florale, habituellement verte, située au-dessous de la corolle et qui, précédemment, enveloppait le bouton floral. (L'ensemble des sépales forme le *calice.*)

SÉPALOÏDE adj. *Bot.* En forme de sépale.

SÉPARABLE adj. Qui peut se séparer.

SÉPARATEUR, TRICE adj. Qui sépare. ● *Pouvoir séparateur*, qualité de l'œil ou d'un instrument d'optique qui permet de distinguer deux points rapprochés.

SÉPARATEUR n. m. Appareil servant à opérer un choix : *séparateur magnétique.* ‖ Cloison mince, isolante, perforée, placée entre les plaques d'un accumulateur.

SÉPARATION n. f. (lat. *separatio*). Action de séparer, de se séparer. ‖ Objet qui sépare (mur, cloison, etc.). ‖ *Chim.* Opération d'extraction visant à isoler un ou plusieurs constituants d'un mélange homogène ou hétérogène. ● *Séparation de biens*, régime matrimonial dans lequel chacun des époux conserve la propriété et la gestion de ses biens, à charge pour lui de contribuer aux dépenses du ménage. ‖ *Séparation de corps*, situation légale des époux qui ont obtenu — pour l'une des causes susceptibles de motiver le divorce — une décision judiciaire les déliant du devoir de cohabitation, et substituant la séparation de biens à leur régime matrimonial antérieur. ‖ *Séparation des Églises et de l'État*, système d'organisation des rapports des Églises et de l'État, dans lequel les premières sont considérées comme des groupements de droit privé. (En France, la séparation des Églises et de l'État intervint le 9 décembre 1905 et mit fin au régime créé par le concordat de 1801.) ‖ *Séparation isotopique*, opération consistant à isoler les différents isotopes constituants d'un élément naturel. ‖ *Séparation des patrimoines*, fiction juridique qui assure aux créanciers d'une personne décédée une priorité de paiement sur les biens de la succession par rapport aux créanciers personnels des héritiers.

SÉPARATISME n. m. Tendance des habitants d'un territoire à séparer celui-ci de l'État dont il fait partie.

SÉPARATISTE adj. et n. Qui cherche à se séparer d'un État.

SÉPARÉ, E adj. Distinct, isolé : *des intérêts séparés*. ‖ *Dr.* Qui est sous un régime de séparation.

SÉPARÉMENT adv. À part l'un de l'autre.

SÉPARER v. t. (lat. *separare*, disposer à part). Désunir les parties d'un tout, éloigner l'un de l'autre : *séparer la tête du corps*. ‖ Ranger à part l'un de l'autre, trier : *séparer l'ivraie du bon grain*. ‖ Diviser : *séparer une chambre en deux par une cloison*. ‖ Être placé entre des personnes, des choses : *une heure de train me sépare de Lyon*. ‖ Considérer à part : *séparer des problèmes*. ◆ **se séparer** v. pr. Cesser d'être, de vivre ensemble : *époux qui se séparent*. ‖ Se diviser en plusieurs éléments.

SÉPIA n. f. (it. *seppia*). Nom scientifique de la seiche. ‖ Liquide sécrété par la seiche. ‖ Matière colorante d'un rouge-brun sombre autrefois faite avec la sépia de seiche, utilisée pour le dessin au lavis ; lavis exécuté avec cette matière.

SÉPIOLE n. f. Petite seiche aux nageoires en ailes de papillon, comestible.

SÉPIOLITE n. f. Silicate hydraté naturel de magnésium. (Syn. ÉCUME DE MER.)

SEPS [sɛps] n. m. (gr. *sêps*). Lézard à pattes

seps

très courtes, vivant dans les pays méditerranéens. (Long. 20 cm.)

SEPT [sɛt] adj. num. et n. m. inv. (lat. *septem*). Nombre qui suit six dans la suite naturelle des nombres entiers. ‖ Septième : *Charles sept.*

SEPTAIN n. m. Strophe de sept vers.

SEPTAL, E, AUX adj. Relatif à un septum.

SEPTANTE adj. num. Soixante-dix. (En Suisse et en Belgique.)

SEPTEMBRE n. m. (lat. *september*). Neuvième mois de l'année.

SEPTEMBRISEUR n. m. Personne qui prit part aux massacres des détenus politiques dans les prisons de Paris du 2 au 6 septembre 1792.

SEPTENNAL, E, AUX adj. (lat. *septum*, sept,

et *annus*, année). Qui arrive tous les sept ans ; qui dure sept ans.

SEPTENNALITÉ n. f. Qualité de ce qui est septennal, de ce qui dure sept ans.

SEPTENNAT n. m. Durée (sept ans) du mandat du président de la République française. (C'est le 20 novembre 1873 que l'Assemblée nationale, face à l'échec de la restauration monarchique, disposa que le pouvoir exécutif serait confié pour sept ans au maréchal de Mac-Mahon, avec le titre de président de la République. La règle du septennat dans la présidence est demeurée depuis lors dans le régime républicain français.)

SEPTENTRION n. m. (lat. *septemtriones*, les sept étoiles de la Petite Ourse). *Litt.* Le nord.

SEPTENTRIONAL, E, AUX adj. Du côté du nord.

SEPTICÉMIE n. f. (gr. *sêptikos*, septique, et *haima*, sang). Maladie causée par la pullulation, dans le sang, de bactéries pathogènes.

SEPTICÉMIQUE adj. Relatif à la septicémie.

SEPTICITÉ n. f. Caractère de ce qui est septique.

SEPTICOPYOÉMIE n. f. (gr. *sêptikos*, septique, et *puon*, pus). Forme de septicémie caractérisée par l'apparition d'un ou plusieurs abcès, superficiels ou viscéraux.

SEPTIÈME adj. ord. et n. (lat. *septimus*). Qui occupe un rang marqué par le nombre sept. ‖ Qui se trouve sept fois dans le tout. ● *Être au septième ciel*, être dans un bonheur parfait. ‖ *Septième art*, le cinéma. ‖ *Septième ciel*, dans l'astronomie des Anciens, ciel de Saturne, la plus éloignée des planètes alors connues. ◆ n. f. *Mus.* Intervalle de sept degrés.

septième

SEPTIÈMEMENT adv. En septième lieu, dans une énumération.

SEPTIMO adv. (mot lat.). Septièmement.

SEPTIQUE adj. (gr. *sêptikos*; de *sêpein*, pourrir). Qui cause une infection : *microbes septiques*. ‖ Causé par les microbes. ‖ Se dit des objets ou des individus contaminés par des microbes. ● *Fosse septique*, fosse d'aisances où les matières fécales subissent une fermentation rapide, qui les liquéfie.

SEPTMONCEL [sɛmɔsɛl] n. m. Fromage cylindrique à moisissures internes, fabriqué dans le Jura avec du lait de vache.

SEPTUAGÉNAIRE adj. et n. (lat. *septuageni*, soixante-dix). Âgé de soixante-dix ans.

SEPTUAGÉSIME n. f. (lat. *septuagesimus*). Dans l'ancienne liturgie romaine, période de trois dimanches commençant le 70e jour avant Pâques (d'où son nom), qui prépare le carême.

SEPTUM n. m. (mot lat., *clôture*). *Anat.* Cloison séparant deux cavités.

SEPTUOR n. m. (de *sept*, formé sur *quatuor*). *Mus.* Composition à sept parties vocales ou instrumentales.

SEPTUPLE adj. et n. m. (lat. *septuplus*). Qui vaut sept fois autant.

SEPTUPLER v. t. Multiplier par sept : *septupler son revenu*. ◆ v. i. Devenir septuple : *revenu qui a septuplé*.

SÉPULCRAL, E, AUX adj. *Voix sépulcrale*, voix sourde et profonde.

SÉPULCRE n. m. (lat. *sepulcrum*). *Litt.* Tombeau. ● *Le saint sépulcre*, le tombeau de Jésus-Christ, à Jérusalem.

SÉPULTURE n. f. (lat. *sepultura*). Lieu où l'on enterre : *violation de sépulture*. ‖ *Litt.* Ensevelissement, inhumation : *donner la sépulture à des naufragés*.

SÉQUELLE n. f. (lat. *sequela*, conséquence). Trouble qui persiste après la guérison d'une maladie ou après une blessure. ‖ Conséquences plus ou moins lointaines d'un événement, d'une situation. (Surtout au pl.)

SÉQUENCE n. f. (lat. *sequens*, suivant). Suite

ordonnée d'opérations, d'éléments, d'objets, de mots, etc. ‖ *Cin.* Suite d'images ou de scènes formant un ensemble, et qui ne se présentent pas dans un même décor. ‖ *Inform.* Succession des phases opératoires d'un automatisme séquentiel. ‖ *Jeux.* Série de cartes qui se suivent. ‖ *Liturg. cath.* Chant rythmé exécuté à la messe avant l'Évangile à certaines fêtes et à la messe des morts.

SÉQUENCEUR n. m. *Inform.* Organe de commande d'un ordinateur.

SÉQUENTIEL, ELLE adj. Relatif à une séquence. ‖ Se dit d'un brûleur à gaz qui s'allume et s'éteint selon des rythmes préréglés en fonction du type de cuisson. ● *Traitement séquentiel* (Inform.), traitement dans lequel chaque opération en précède une et en suit une autre, sans que jamais deux d'entre elles soient simultanées.

SÉQUESTRATION n. f. Action de séquestrer; infraction qui consiste à maintenir arbitrairement une personne enfermée.

SÉQUESTRE n. m. (lat. *sequester*, arbitre). *Chir.* Fragment osseux retenu dans les tissus après fracture ou infection de l'os. ‖ *Dr.* Dépôt provisoire, entre les mains d'un tiers, d'une chose dont la possession est discutée ; dépositaire d'une chose mise sous séquestre.

SÉQUESTRER v. t. Maintenir arbitrairement, illégalement, une personne enfermée. (Séquestrer une personne constitue un délit ou un crime suivant que la durée de l'infraction a été inférieure ou supérieure à dix jours.)

SEQUIN [səkɛ̃] n. m. (it. *zecchino*; mot ar.). Monnaie d'or de valeur variable, en usage autrefois dans différents États italiens et du Levant.

SÉQUOIA [sekɔja] n. m. (mot lat.). Conifère qui atteint 140 m de haut et peut vivre plus de 2 000 ans. (Syn. WELLINGTONIA.)

séquoia

cône et rameau d'aiguilles

SÉRAC n. m. (lat. *serum*, petit-lait). Amas chaotique de glaces aux endroits où la pente du lit glaciaire s'accentue et où l'adhérence du glacier diminue. ‖ Fromage blanc des Alpes.

SÉRAIL n. m. (it. *serraglio*; mot persan). Dans l'ancienne Turquie, palais, notamment celui du Sultan ottoman ; harem de ce palais.

SÉRANÇAGE n. m. Action de sérancer.

SÉRANCER v. t. (mot gaul.) [conj. **1**]. *Text.* Partager les fils du lin ou du chanvre pour pouvoir les filer.

SERAPEUM [serapeɔm] n. m. (mot lat.; gr. *Serapeion*). Nécropole des taureaux Apis, en Égypte. ‖ Temple antique de Sérapis.

SÉRAPHIN n. m. (mot hébr.). *Relig.* Nom donné à une catégorie d'anges.

SÉRAPHIQUE adj. *Relig.* Qui appartient aux séraphins. ‖ *Litt.* Éthéré, digne des anges : *amour séraphique.*

SERBE adj. et n. De Serbie.

SERBO-CROATE n. m. Langue slave parlée en Yougoslavie.

SERDEAU n. m. (pour *sert d'eau*). Officier de bouche, à la cour des rois de France.

SEREIN, E adj. (lat. *serenus*; de *serum*, soir). Qui marque le calme, la tranquillité d'esprit : *visage serein.* ‖ *Litt.* Clair, pur et calme : *temps serein.* ● *Goutte sereine* (Méd.), syn. de AMAUROSE.

SEREINEMENT adv. De façon sereine.

SÉRÉNADE n. f. (it. *serenata*, ciel serein). Concert de voix et d'instruments, ou d'instruments seuls, donné la nuit, sous les fenêtres de qqn pour l'honorer. ‖ *Fam.* Tapage nocturne.

SÉRÉNISSIME adj. (it. *serenissimo*). *Hist.* Qualification donnée à quelques hauts personnages ou à certains États. ‖ Se disait de la république de Venise.

SÉRÉNITÉ n. f. (lat. *serenitas*). Absence d'agitation, de trouble; calme, placidité.

SÉREUSE n. f. Membrane qui recouvre certains organes mobiles, formée de deux feuillets délimitant une cavité virtuelle qui peut se remplir de liquide ou de gaz.

SÉREUX, EUSE adj. (lat. *serum*, petit-lait). *Méd.* Qui a les caractères de la sérosité.

SERF, SERVE [serf, serv] adj. et n. (lat. *servus*, esclave). *Féod.* Personne attachée à une terre et dépendant d'un seigneur. ◆ adj. Relatif au servage : *condition serve.*

SERFOUETTE n. f. Outil de jardinier, comprenant un manche et une pièce métallique composée d'une lame et d'une fourche ou d'une lame et d'une pointe.

SERFOUIR v. t. (lat. *circumfodere*, entourer d'un fossé). Sarcler, biner avec la serfouette.

SERFOUISSAGE n. m. Action de serfouir.

SERGE n. f. (lat. *serica*, étoffes de soie). Tissu léger de laine dérivant du sergé. ‖ Étoffe de soie travaillée comme la serge.

SERGÉ n. m. Armure utilisée pour le tissage d'étoffes présentant des côtes obliques.

SERGENT n. m. (lat. *serviens*, qui sert). Sous-officier titulaire du grade le moins élevé de la hiérarchie dans l'infanterie, le génie et l'armée de l'air. (V. GRADE.) ‖ *Hist.* Officier de justice chargé de signifier les exploits, les assignations, de faire les saisies, d'arrêter ceux contre lesquels il y avait prise de corps. ‖ *Techn.* V. SERRE-JOINT. ● *Sergent fourrier* (Vx), v. FOURRIER. ‖ *Sergent de ville*, syn. anc. de GARDIEN DE LA PAIX.

SERGENT-CHEF n. m. (pl. *sergents-chefs*). Sous-officier des armées de terre et de l'air dont le grade est compris entre ceux de sergent et d'adjudant. (V. GRADE.)

SERGENT-MAJOR n. m. (pl. *sergents-majors*). Autref., sous-officier de l'armée de terre dont le grade était compris entre ceux de sergent-chef et d'adjudant.

SERGETTE n. f. Étoffe de laine légère.

SERIAL [serjal] n. m. (mot angl.) [pl. *serials*]. Film à épisodes. ‖ Feuilleton télévisé.

SÉRIALISME n. m. Caractère de la musique sérielle.

SÉRIALITÉ n. f. *Philos.* Situation de séparation entre les hommes, qui les maintient extérieurs les uns par rapport aux autres à l'intérieur d'un même ensemble.

SÉRIATION n. f. Action de sérier, de disposer en séries.

SÉRICICOLE adj. (lat. *sericus*, de soie, et *colere*, cultiver). Relatif à la sériciculture.

SÉRICICULTEUR n. m. Éleveur de vers à soie.

SÉRICICULTURE n. f. Industrie qui a pour objet la production de la soie.

SÉRICIGÈNE adj. Qui produit de la soie.

SÉRICINE n. f. Protéine gélatineuse de la soie, unissant les filaments de fibroïne, et que l'on élimine par le décreusage. (Syn. GRÈS.)

SÉRIE n. f. (lat. *series*). Suite, succession, ensemble de choses de même nature : *série de difficultés; ranger des objets par séries.* ‖ *Chim.* Groupe de composés organiques présentant de nombreuses analogies, et se distinguant par une différence constante dans certains radicaux. ‖

Chorégr. Enchaînement d'exercices, identiques ou voisins, dont la répétition permet d'acquérir une parfaite maîtrise d'exécution. ‖ *Mar.* Ensemble de yachts ayant des caractéristiques suffisamment comparables pour qu'on puisse les faire courir ensemble. ‖ *Math.* Couple formé d'une suite de termes se succédant d'après une loi déterminée et de la suite des sommes des *n* premiers termes de cette suite. ‖ *Sports.* Catégorie; éliminatoire. ● *Développement d'une fonction en série* (Math.), formation d'une série dont la somme représente cette fonction dans un intervalle donné. ‖ *En série* (Électr.), se dit de plusieurs conducteurs, générateurs ou récepteurs électriques dont les bornes de noms contraires se trouvent réunies électriquement, et qui sont parcourus par le même courant. ‖ *Film de série B*, film à petit budget tourné dans un temps relativement court; *film de série Z*, film de série B médiocre, de la dernière catégorie. ‖ *Hors série*, qui n'est pas de fabrication courante; qui n'est pas habituel, remarquable. ‖ *Production en série*, type de production où un atelier ne change pas de travail pendant une longue période. ‖ *Série noire*, suite de mésaventures, de malheurs. ‖ *Série de prix*, barème établi par une organisation professionnelle ou par l'Administration, dans lequel chaque acte d'un métier est tarifé et sur la base duquel sont établis des devis, des marchés et des factures. ‖ *Série télévisée*, feuilleton filmé pour la télévision. ‖ *Travail en série*, exécution d'un travail donné, sur un grand nombre de pièces, par des méthodes qui permettent d'abaisser le prix de revient. ‖ *Voiture de série*, type répété à de nombreux exemplaires et fabriquée à la chaîne.

SÉRIEL, ELLE [serjɛl] adj. Relatif à une série. ● *Musique sérielle*, musique qui applique les principes de la série dodécaphonique à d'autres critères que celui de la hauteur des sons (durées, temps, nuances, timbres, etc.).

SÉRIER v. t. Classer par séries, par nature, par importance : *sérier les questions.*

SÉRIEUSEMENT adv. De façon sérieuse.

SÉRIEUX, EUSE adj. (lat. *serius*). Qui agit avec réflexion, avec application; qui inspire confiance : *écolier sérieux.* ‖ Qui ne plaisante pas, grave. ‖ Qui ne fait pas d'écarts de conduite. ‖ Vrai, réel, sincère : *promesses sérieuses.* ‖ Important, qui peut avoir des conséquences : *maladie sérieuse.*

SÉRIEUX n. m. Air grave. ‖ Qualité d'une personne réfléchie. ● *Esprit de sérieux* (Philos.), pour Sartre, état d'esprit rassurant, qui ne pose pas la question du sens de l'action. ‖ *Prendre au sérieux*, regarder comme réel, important. ‖ *Se prendre au sérieux*, attacher trop d'importance à ses actions, ses paroles.

SÉRIGRAPHIE n. f. (lat. *sericus*, de soie, et gr. *graphein*, écrire). Procédé d'impression à travers un écran de tissu, dérivé du pochoir.

SERIN, E n. (gr. *seirên*, sirène). Petit oiseau des

serin

îles Canaries, à plumage ordinairement jaune. ‖ *Fam.* Niais, étourdi, naïf.

SÉRINE n. f. (lat. *sericus*, de soie). *Biol.* Acide aminé constitutif des protéines.

SÉRINE n. f. (de *sérum*). *Biol.* Syn. de SÉRUM-ALBUMINE.

SERINER v. t. Instruire un serin ou tout autre oiseau avec la serinette. ‖ *Fam.* Répéter souvent une chose à qqn pour la lui apprendre; importuner à force de répéter.

SERINETTE n. f. Boîte à musique dont on se sert pour susciter le chant des oiseaux.

SERINGA ou **SERINGAT** n. m. (lat. *syringa*, seringue). Arbuste souvent cultivé pour ses fleurs blanches, odorantes. (Famille des saxifragacées.)

SERINGAGE n. m. Arrosage en pluie fine.

SERINGUE n. f. (lat. *syringa*). Petite pompe portative, dont on se sert pour repousser l'air ou les liquides. ‖ Instrument au moyen duquel on peut injecter ou prélever des liquides dans les tissus ou les cavités naturelles.

SERINGUER v. t. Opérer le seringage.

SÉRIQUE adj. Relatif au sérum sanguin.

SERMENT n. m. (lat. *sacramentum*; de *sacrare*, rendre sacré). Affirmation solennelle d'une personne, en vue d'attester la vérité d'un fait, la sincérité d'une promesse, l'engagement de bien remplir les devoirs de son état (officiers ministériels, avocats) ou de sa fonction (garde-chasse, gendarme). ‖ Promesse solennelle : *oublier ses serments.* ● *Serment d'ivrogne* (Fam.), serment sur lequel il ne faut pas compter.

SERMON n. m. (lat. *sermo*, discours). Enseignement religieux donné en chaire; prédication. ‖ Remontrance longue et ennuyeuse.

SERMONNAIRE n. m. Auteur de sermons. ‖ Recueil de sermons.

SERMONNER v. t. Faire des remontrances à, admonester : *sermonner un jeune homme.*

SERMONNEUR, EUSE n. et adj. Personne qui aime à faire des remontrances.

SÉRODIAGNOSTIC n. m. Examen portant sur le sérum et permettant de confirmer le diagnostic d'une maladie infectieuse par l'identification des anticorps spécifiques du germe en cause qui représente l'antigène.

SÉROLOGIE n. f. Étude des sérums, de leurs propriétés, de leurs applications.

SÉROLOGIQUE adj. Relatif à la sérologie.

SÉROLOGISTE n. Spécialiste de sérologie.

SÉROSITÉ n. f. (lat. *serum*, petit-lait). Liquide, analogue à la lymphe, contenu et sécrété dans les séreuses.

SÉROTHÉRAPIE n. f. Méthode de traitement de certaines maladies infectieuses par les sérums.

SÉROTONINE n. f. Substance du groupe des catécholamines, qui joue un rôle de médiateur chimique au niveau de certaines synapses du système nerveux central.

SÉROVACCINATION n. f. Vaccination où l'on associe au vaccin un sérum spécifique.

SERPE n. f. (lat. *sarpere*, tailler). Outil à large lame, droite ou courbe, muni d'un manche, servant à couper du bois, à tailler les arbres.

SERPENT n. m. (lat. *serpens*; de *serpere*, ramper). Reptile sans membres, se déplaçant par reptation. (Cri : le serpent *siffle*.) [On connaît plus de 2 000 espèces de serpents, formant l'ordre des ophidiens et vivant surtout dans les régions chaudes. Certains sont venimeux : *naja* ou *serpent à lunettes*, *crotale* ou *serpent à sonnette*, *vipère*; parmi les autres se trouvent la *couleuvre*, le *boa*, l'*anaconda*.] ‖ Personne perfide et méchante. ‖ Ancien instrument de musique à vent, en bois recouvert de cuir, percé de neuf trous qui en règlent l'intonation. ‖ *Écon.* Figure en forme de serpent montrant les limites supérieure et inférieure que ne doivent pas franchir les valeurs de diverses monnaies liées par un accord limitant leurs fluctuations (*serpent monétaire européen*). ● *Langue de serpent*, personne très médisante. ‖ *Serpent de mer*, animal fantastique de grandes dimensions; événement extraordinaire que la presse à sensation décrit lorsque l'actualité ne présente pas d'événements notables.

SERPENTAIRE n. m. Oiseau rapace d'Afrique,

serpentaire

qui se nourrit de serpents. (La huppe que porte sa tête lui a valu aussi le nom de SECRÉTAIRE.)

SERPENTEAU n. m. Petit serpent. ‖ Pièce d'artifice.

SERPENTEMENT n. m. Fait de serpenter.

SERPENTER v. i. Avoir un cours sinueux.

SERPENTIN n. m. Tube enroulé en hélice, en spirale, etc., de manière à faire tenir une grande longueur de tube dans un récipient ou une enceinte de dimensions limitées. ‖ Longue et étroite bande de papier coloré, enroulée sur elle-même et qui se déroule quand on la lance.

SERPENTINE n. f. Minéral constitué de silicate de magnésium hydraté. ‖ Roche vert sombre résultant du métamorphisme de roches ultrabasiques et constituée essentiellement de ce minéral. (La serpentine est utilisée en décoration.) ‖ Anc. pièce d'artillerie.

SERPETTE n. f. Petite serpe.

SERPIGINEUX, EUSE adj. (lat. pop. *serpigo,* dartre). *Méd.* Se dit des affections cutanées à contours sinueux.

SERPILLIÈRE [serpijɛr] n. f. (lat. *scirpiculus,* de jonc). Grosse toile d'étoupe, servant à l'emballage ou au nettoyage.

SERPOLET n. m. (moyen fr. *serpol;* lat. *serpullum*). Plante aromatique du genre du thym. (Famille des labiacées.)

SERPULE n. f. (lat. *serpula,* petit serpent). Ver marin construisant un tube calcaire sur les rochers côtiers. (Long. 5 cm; embranchement des annélidés; classe des polychètes.)

SERRA n. f. Nom portugais de SIERRA.

SERRAGE n. m. Action de serrer.

SERRAN n. m. (lat. *serra,* scie). Poisson des côtes rocheuses, voisin du mérou, atteignant au plus 30 cm de long. (Type de la famille des serranidés.)

SERRANIDÉ n. m. Poisson marin côtier tel que le *serran* ou le *mérou.* (Les *serranidés* forment une famille.)

SERRATULE n. f. (lat. *serratula*). Plante à fleurs pourpres, pouvant fournir une teinture jaune. (Famille des composées; nom usuel : *sarrette.*)

SERRE n. f. (de *serrer*). Action de soumettre à une pression : *donner une première serre au raisin.* ◆ pl. Griffes ou ongles des oiseaux de proie : *les serres de l'aigle.*

SERRE n. f. (de *serrer*). Espace clos, fermé par des parois translucides, permettant d'obtenir, pour la production des végétaux, des conditions d'environnement meilleures que les conditions naturelles.

SERRE n. m. (lat. *serra,* scie). Dans le sud de la France, crête étroite et allongée, entre deux vallées profondes ou entre deux ravins latéraux à une même vallée.

SERRÉ, E adj. Dont les parties constituantes sont très rapprochées : *tissu serré.* ‖ Rigoureux : *logique serrée.* ‖ Qui s'applique étroitement sur le corps. ‖ Qui a peu d'argent. ◆ *Café serré,* contenant peu d'eau et très fort. ‖ *Serré du devant, du derrière,* se dit d'un cheval dont les membres antérieurs ou postérieurs sont trop rapprochés. ◆ adv. *Jouer serré,* jouer avec application et prudence; agir avec prudence.

SERRE-FILE n. m. (pl. *serre-files*). Gradé placé derrière une formation militaire en mouvement pour s'assurer de la bonne marche de chacun de ses éléments. ‖ Dernier navire d'une ligne de marche ou de combat.

SERRE-FILS n. m. inv. Instrument pour réunir deux fils électriques.

SERRE-FREIN(S) n. m. inv. Employé chargé de serrer les freins dans un train (vx).

SERRE-JOINT(S) n. m. inv. *Techn.* Instrument pour maintenir serrées l'une contre l'autre des pièces de bois. (On dit aussi SERGENT.)

SERRE-LIVRES n. m. inv. Accessoire destiné à maintenir les livres serrés les uns contre les autres.

SERREMENT n. m. Action de serrer : *serrement de mains.* ‖ Barrage étanche fermant une galerie de mine. ● *Serrement de cœur,* émotion en général.

SERRER v. t. (lat. *serrare,* fermer avec une barre). Maintenir fermement, étreindre, presser : *serrer qqn à la gorge; serrer la main.* ‖ Exercer sur un organe mécanique une force, un couple ou une percussion pour augmenter sa pression de contact avec les éléments auxquels il est associé. ‖ Rapprocher : *serrer les rangs.* ‖ Tirer sur les extrémités : *serrer une ficelle.* ‖ Épouser étroitement la forme du corps, en créant éventuellement une impression de gêne : *ces chaussures me serrent.* ‖ Passer tout à fait contre qqch, qqn : *serrer le trottoir.* ‖ Pousser qqn contre un obstacle : *serrer qqn contre un mur.* ‖ *Litt.* Placer en un lieu sûr, ranger : *serrer du linge.* ● *Serrer le cœur, la gorge,* causer de l'angoisse, de l'émotion. ‖ *Serrer les dents,* presser fortement l'une contre l'autre les mâchoires; résister à la douleur, à l'émotion. ‖ *Serrer qqch de près,* être sur le point de l'atteindre; *serrer qqch de près,* l'analyser avec attention. ‖ *Serrer le vent* (Mar.), gouverner le plus près possible de la direction d'où vient le vent. ‖ *Serrer une voile,* la plier et l'attacher le long d'une vergue ou d'un mât.

serpules

SERRURE À GORGE

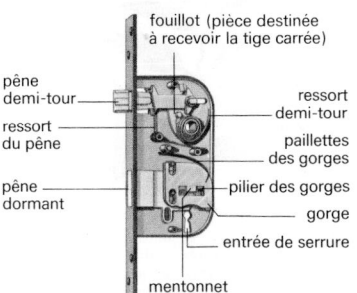

fouillot (pièce destinée à recevoir la tige carrée)

pêne demi-tour

ressort du pêne

pêne dormant

ressort demi-tour

paillettes des gorges

pilier des gorges

gorge

entrée de serrure

mentonnet

SERRE-TÊTE n. m. inv. Bandeau qui serre la chevelure.

SERRISTE n. Agriculteur qui exploite des serres.

SERRURE n. f. Appareil de fermeture se manœuvrant soit à la main au moyen d'un accessoire généralement amovible (clef, béquille, etc.), soit à distance par un dispositif technique quelconque.

SERRURERIE n. f. Branche de la construction qui s'occupe de la fabrication de tous les dispositifs de fermeture et des objets en métal ouvré; métier, ouvrage du serrurier.

SERRURIER n. m. Ouvrier qui procède à la fabrication et à l'entretien de clefs, serrures, grilles, ouvrages en fer forgé, etc.

SERTÃO [sɛrtã] n. m. (mot portug. du Brésil). Nom parfois donné aux régions intérieures du Brésil, notamment dans le Nord-Est aride.

SERTE n. f. (de *sertir*). Enchâssement des pierres fines.

SERTIR v. t. (anc. fr. *sartir;* lat. *sarcire,* réparer). En joaillerie, enchâsser une pierre dans une monture : *sertir un diamant.* ‖ *Techn.* Rabattre le bord d'une pièce de tôle afin d'assurer la fixation de cette pièce par rapport à une autre.

SERTISSAGE n. m. Action de sertir.

SERTISSEUR, EUSE n. et adj. Personne qui sertit.

SERTISSEUR n. m. Appareil pour sertir.

SERTISSURE n. f. Manière dont une pierre est sertie. ‖ Partie du chaton qui sertit la pierre.

SÉRUM [serɔm] n. m. (lat. *serum,* petit-lait). Liquide se séparant du caillot après coagulation du sang, de même composition que le plasma, mais sans fibrinogène. ‖ Plus particulièrement, sérum extrait du sang d'un animal, habituellement le cheval, vacciné contre une maladie microbienne ou contre une substance toxique. (La richesse en antitoxines d'un tel sérum permet une lutte rapide contre l'affection correspondante chez l'homme [sérothérapie]. On utilise les sérums antidiphtérique, antitétanique, antipesteux, antivenimeux.) ● *Sérum physiologique,* solution saline de composition déterminée et isotonique au plasma sanguin.

SÉRUM-ALBUMINE n. f. *Biol.* Holoprotéine du sérum sanguin.

SERVAGE n. m. (de *serf*). État de serf. (En Occident, c'est au cours des XIe-XIIe s. que la condition du serf se confondit peu à peu avec celle des hommes libres. En Russie, le servage fut aboli, *de jure,* en 1861.)

SERVAL n. m. (portug. *cerval,* cervier) [pl. *servals*]. Espèce de grand chat propre à l'Afrique, recherché pour sa fourrure.

serval

SERVANT n. m. et adj. Militaire affecté au service d'une arme : *servant de canon, de mitrailleuse,* etc. ● *Cavalier, chevalier servant,* homme qui rend des hommages assidus à une femme. ‖ *Fonds servant* (Dr.), immeuble, bâti ou non, grevé d'une servitude. ‖ *Frère servant,* religieux convers, employé aux travaux manuels d'un monastère.

SERVANTE n. f. Employée rétribuée pour faire les travaux domestiques (vx). ‖ *Techn.* Support utilisé par les forgerons, les menuisiers, pour soutenir les longues pièces pendant qu'on travaille à l'une de leurs extrémités.

SERVENTOIS n. m. → SIRVENTÈS.

SERVEUR, EUSE n. Personne qui sert dans un café, dans un restaurant. ‖ *Sports.* Personne qui met la balle en jeu. ◆ n. m. *Serveur de données,* organisme privé ou public gérant des banques de données et en autorisant l'accès sous certaines conditions.

SERVIABILITÉ n. f. Qualité d'une personne serviable.

SERVIABLE adj. Qui aime à rendre service.

SERVICE n. m. (lat. *servitium*). Action de servir; ensemble des obligations envers les individus ou les collectivités : *se mettre au service de l'État.* ‖ Action ou manière de servir un maître, un client, etc. : *un service rapide.* ‖ Pourcentage de la note d'hôtel, de restaurant, affecté au personnel. ‖ Travail déterminé effectué pour le compte d'une autorité : *service de surveillance.* ‖ Ensemble des plats servis à table dans un ordre donné. ‖ Organisme de certaines institutions publiques ou privées, chargé d'une fonction particulière : *le service des hôpitaux.* ‖ Ensemble du personnel employé dans une telle organisation : *chef du service de la publicité.* ‖ Expédition, distribution : *faire le service d'une revue.* ‖ Fonctionnement d'un appareil, d'un transport : *mettre en service une nouvelle ligne de métro.* ‖ Aide, assistance : *rendre service à qqn.* ‖ Assortiment de vaisselle ou de linge pour la table : *service à café.* ‖ Célébration de l'office divin; messe solennelle célébrée pour un défunt. ‖ Dans divers sports, mise en jeu de la balle. ‖ Usage que l'on tire de certaines choses (vx). ● *Escalier de service,* escalier qui est destiné au service de la maison, aux fournisseurs, etc. ‖ *Être de service,* être dans l'exercice de ses fonctions. ‖ *Louage de services,* ancienne dénomination du *contrat de travail.* ‖ *Rendre service à qqn,* l'aider. ‖ *Service national,* ensemble des obligations légales imposées en France à tous les hommes âgés de 18 à 50 ans pour les besoins de la défense du pays. ‖ *Service de presse,* service qui envoie les ouvrages d'une maison d'édition aux critiques, aux journalistes; l'ouvrage lui-même; le service d'un organisme, d'une entreprise, chargé des relations avec le public, avec la presse. ‖ *Service public,* activité assumée par l'Administration ou une entreprise, publique ou privée, tendant à satisfaire certains besoins collectifs (poste, fourniture de gaz, etc.); organisme public assumant une activité de service public. ◆ pl. Travail rémunéré ou non : *se passer des services de qqn.* ‖ *Écon.* Partie de l'activité de l'homme destinée à la satisfaction d'un besoin humain, mais qui ne se présente pas sous l'aspect d'un bien matériel (transport, recherche scientifique, travail ménager, consultation médicale ou juridique, etc.). ‖ En Suisse, syn. de COUVERTS (cuiller, fourchette, couteau). ● *Services secrets,* administration tendant à détecter les activités contraires aux intérêts nationaux. ‖ *Services votés,* crédits du budget de l'État (faisant l'objet d'un vote unique) correspondant aux dotations minimales indispensables au fonctionnement des services publics et approuvés par le Parlement l'année précédente. ‖ *Société de services,* entreprise fournissant à titre onéreux à sa clientèle un travail, une facilité, du personnel, une location de biens matériels, etc., à l'exclusion d'une production matérielle.

■ Le service national revêt en France quatre formes : le *service militaire* pour les besoins des armées, jusqu'à 35 ans avec un an de *service actif,* quatre ans de *disponibilité* et le reliquat dans la *réserve;* le *service de défense,* pour les besoins de la défense et notamment de la protection des populations (personnel non militaire); les services particuliers de l'*aide technique* et de la *coopération.*

SERVIETTE n. f. Pièce de linge de table et de toilette. ‖ Sac utilisé pour porter des documents, des livres, etc.

SERVIETTE-ÉPONGE n. f. (pl. *serviettes-éponges*). Serviette de toilette en tissu bouclé.

SERVILE adj. (lat. *servilis;* de *servus,* esclave). Qui appartient à l'état d'esclave. ‖ Qui a un caractère de soumission excessive, bas, obséquieux : *flatterie servile.* ‖ Qui suit trop étroitement le modèle : *imitation servile.* ● *Œuvres serviles* (Théol.), travail manuel.

SERVILEMENT adv. De façon servile.

SERVILITÉ n. f. Esprit de servitude, de basse soumission.

SERVIR v. t. (lat. *servire,* être esclave) [conj. **14**]. S'acquitter de certaines fonctions, de certains devoirs : *servir le peuple.* ‖ Vendre, fournir des marchandises contre de l'argent : *ce commerçant me sert depuis longtemps.* ‖ Placer les plats sur la table, les présenter aux convives. ‖ Apporter son aide, son appui : *servir ses amis.* ‖ Débiter, offrir : *il nous sert toujours les mêmes arguments.* ‖ Être utile : *les circonstances l'ont bien servi.* ‖ *Véner.* Donner la mort à une bête fauve. ● *Servir une arme,* exécuter les opérations diverses que comporte son emploi. ‖ *Servir Dieu,* lui rendre le culte qui lui est dû. ‖ *Servir l'État,* exercer un emploi public, être militaire. ‖ *Servir la messe,* assister le prêtre qui la célèbre. ‖ *Servir une rente,* en payer les intérêts. ◆ v. t. ind. **[à, de].** Être utilisé par qqn au titre de, en guise de : *servir de secrétaire à qqn.* ‖ Être propre, bon à : *cet instrument sert à tel usage.* ● *Faire servir à,* employer pour un résultat. ◆ v. i. Être militaire : *servir dans l'infanterie.* ‖ *Sports.* Mettre la balle en jeu. ● **se servir** v. pr. **[de].** Faire usage de : *se servir du compas.* ‖ Prendre d'un plat. ‖ S'approvisionner chez un commerçant.

SERVITE n. m. Membre d'un ordre religieux, assimilé aux mendiants (*Servites de Marie*), fondé en 1233, près de Florence, par sept riches marchands.

SERVITEUR n. m. *Litt.* Celui qui est au service de qqn, d'une collectivité : *serviteur de l'État.*

SERVITUDE n. f. (lat. *servitudo*). État de qqn, d'un pays privé de son indépendance. ‖ Contrainte, assujettissement, obligation : *c'est une grande servitude d'être obligé de...* ‖ *Dr.* Charge qui grève un immeuble (dit *fonds servant*) au profit d'un autre bien immeuble (dit *fonds dominant*) appartenant à un propriétaire différent (servitude de vue, de passage, d'écoulement des eaux, de voirie, etc.). ● *Navire de servitude,* bâtiment ou engin flottant destiné au service des rades et des ports (remorqueur, drague, ponton-grue, dock flottant, etc.). ‖ *Servitudes militaires,* mesures interdisant ou limitant la construction dans certaines zones.

SERVOCOMMANDE n. f. Mécanisme auxiliaire ayant pour objet de suppléer la force musculaire de l'homme en assurant automatiquement, par amplification, la force nécessaire au fonctionnement d'un ensemble.

SERVOFREIN n. m. Servocommande destinée à assurer le fonctionnement des freins.

SERVOMÉCANISME n. m. Mécanisme conçu pour réaliser seul un certain programme d'action grâce à une comparaison permanente entre les consignes qui lui sont données et le travail qu'il exécute.

SERVOMOTEUR n. m. Organe de commande dont l'énergie de manœuvre est empruntée à une source extérieure, en vue de réduire les efforts à mettre en œuvre ou de faciliter la commande à distance.

SES adj. poss. Pl. de SON, SA.

SÉSAME n. m. (gr. *sésamon*). Plante annuelle, gamopétale, très anciennement cultivée en Asie tropicale pour ses graines, qui fournissent jusqu'à 50 p. 100 d'huile.

SÉSAME

fruit

SÉSAMOÏDE adj. et n. m. *Os sésamoïdes,* petits os du métacarpe et du métatarse.

SESBANIA [sɛsbanja] n. m., ou **SESBANIE** n. f. (lat. *sesbanus*). Arbuste des régions tropicales, cultivé en Inde pour la filasse qu'on extrait des tiges et dont on fait du papier à cigarettes. (Famille des papilionacées.)

SESQUI- [sɛskɥi], préf. signif. *un et demi.* (Ex. : *un sesquioxyde de fer,* Fe_2O_3.)

SESSILE adj. (lat. *sessilis;* de *sedere,* être assis). *Bot.* Se dit de tout organe inséré sur l'axe directement et sans support : *fleur sessile.*

SESSION n. f. (angl. *session;* lat. *sessio,* séance). Période de l'année pendant laquelle une assemblée, un tribunal peut statutairement exercer ses fonctions. ‖ Période pendant laquelle des examens ont lieu.

SESTERCE n. m. (lat. *sestertius*). *Antiq.* Monnaie romaine d'argent ou de bronze.

SET [sɛt] n. m. (mot angl.). Une manche, au tennis, au tennis de table, au volley-ball. ‖ Plateau sur lequel ont lieu les prises de vues de cinéma. ‖ Ensemble de napperons qui remplace la nappe; chacun de ces napperons.

SÉTACÉ, E adj. (lat. *seta,* soie). *Hist. nat.* Se dit de tout organe en forme de soie de porc.

SETIER n. m. (lat. *sextarius,* sixième). Anc. mesure de capacité qui variait suivant le pays et la matière mesurée.

SÉTON n. m. (anc. prov. *sedon;* lat. *seta,* soie). Fine bande de soie qu'on passait sous un pont de peau pour drainer une plaie suppurante (vx). ● *Plaie en séton,* plaie faite par une arme blanche ou par un projectile qui entre et ressort simplement en passant sous la peau et sans entamer les muscles ou autres organes.

SETTER [sɛtɛr] n. m. (mot angl.). Race de chiens d'arrêt à poil long, doux et ondulé.

SEUIL n. m. (lat. *solum,* base). Dalle de pierre dure ou pièce de bois en travers et en bas de l'ouverture d'une porte. ‖ Entrée d'une maison, d'une pièce. ‖ Limite au-delà de laquelle les conditions sont changées : *franchir un seuil.* ‖ Couloir de basses terres qui fait communiquer deux régions élevées et qui sert de voie de passage. ‖ Longue élévation du fond de la mer entre deux bassins. ‖ Partie en saillie dans le lit d'un cours d'eau entre deux zones creusées (mouilles). ‖ *Psychol.* Niveau d'une stimulation à partir duquel on observe une réponse. ● *Au seuil de,* au commencement de : *au seuil de la vie.* ‖ *Seuil absolu,* intensité minimale que doit atteindre une stimulation quelconque pour être sentie. ‖ *Seuil différentiel,* quantité minimale dont il faut accroître un stimulus pour qu'un changement soit perçu. ‖ *Seuil d'excitation,* intensité minimale d'un excitant pour provoquer une réaction. ‖ *Seuil de rentabilité,* chiffre d'affaires d'une entreprise à partir duquel est réalisé un profit. ‖ *Substances à seuil,* substances, comme le chlorure de sodium, le glucose, qui doivent atteindre une certaine concentration dans le sang pour être éliminées par les reins.

SEUL, E adj. (lat. *solus*). Qui est sans compagnie, isolé : *vivre seul; un homme seul.* ‖ Unique, excluant toute autre personne ou chose : *nous ne l'avons vu qu'une seule fois; c'est le seul exemplaire qui reste.* ‖ À l'exclusion des autres : *moi seul je le connais bien.* ● *Seul à seul,* en tête à tête. ‖ *Tout seul,* sans aide.

SEULEMENT adv. Rien de plus, pas davantage : *être deux seulement.* ‖ Uniquement : *dites-lui seulement.* ‖ Mais, toutefois : *il consent, seulement il demande des garanties.* ‖ Pas plus tôt que : *il est arrivé seulement ce soir.* ● *Non seulement* (ordinairement suivi de *mais* ou de *mais encore*), introduit le premier de deux groupes, dont le second marque une insistance, une addition, etc. ‖ *Pas seulement,* pas même. ‖ *Si seulement,* si au moins.

SÈVE n. f. (lat. *sapa,* vin cuit). Liquide circulant dans les diverses parties des végétaux. (On distingue la *sève brute,* qui monte des racines vers les feuilles, et la *sève élaborée,* produite par les feuilles à partir de la sève brute.) ‖ *Litt.* Vigueur : *la sève de la jeunesse.*

SÉVÈRE adj. (lat. *severus,* grave). Qui n'a pas d'indulgence, qui est rigoureux : *professeur sévère; sévère critique.* ‖ Dépourvu d'ornements, sobre ou austère : *architecture sévère.* ‖ Grave par son importance, considérable : *des pertes sévères.*

SÉVÈREMENT adv. Avec sévérité.

SÉVÉRITÉ n. f. État de ce qui est sévère, attitude de qqn qui est sévère; acte sévère : *faire preuve de sévérité.*

SÉVICES n. m. pl. (lat. *saevitia,* violence). Mauvais traitements exercés à l'encontre de qqn sur lequel on a autorité. ‖ *Dr.* Voies de fait.

SÉVIR v. i. (lat. *saevire,* être furieux). Punir avec rigueur : *sévir contre un coupable.* ‖ Se faire sentir vivement, exercer des ravages : *le froid sévit encore.*

SEVRAGE n. m. Action, manière de sevrer.

SEVRER v. t. (lat. *separare,* séparer) [conj. **5**]. Cesser l'allaitement d'un enfant ou d'un petit animal pour lui donner une alimentation plus solide. ‖ Priver qqn de qqch. ● *Sevrer une marcotte* (Agric.), la séparer du pied mère après qu'elle a pris racine.

SÈVRES n. m. Porcelaine fabriquée à la manufacture de Sèvres.

SÉVRIENNE n. f. Élève de l'École normale supérieure de jeunes filles, autref. à Sèvres.

SEXAGE n. m. *Agric.* et *Chass.* Tri des jeunes animaux d'après leur sexe.

SEXAGÉNAIRE adj. et n. (lat. *sexaginta*, soixante). Qui a entre soixante et soixante-dix ans.

SEXAGÉSIMAL, E, AUX adj. Qui a pour base le nombre soixante. ‖ Se dit d'une fraction dont le dénominateur est une puissance de soixante.

SEXAGÉSIME n. f. (lat. *sexagesimus*, soixantième). Le deuxième dimanche avant le carême. (La réforme liturgique consécutive à Vatican II a supprimé cette dénomination [1970].)

SEX-APPEAL [sɛksapil] n. m. (mot amér.). Charme sensuel, attrait physique.

SEXE n. m. (lat. *sexus*). Organe de la génération et du plaisir; organes génitaux externes de l'homme et de la femme. ‖ Ensemble de caractères qui permettent de distinguer chez la plupart des êtres vivants deux genres, mâle et femelle. ‖ Ensemble des individus qui ont le même sexe : *des personnes des deux sexes*. ‖ *Fam.* : *l'obsession du sexe*. ● *Le sexe faible, le beau sexe* (Fam.), les femmes. ‖ *Le sexe fort* (Fam.), les hommes.

SEXISME n. m. Attitude discriminatoire et méprisante à l'égard du sexe féminin.

SEXISTE adj. et n. Relatif au sexisme; partisan du sexisme.

SEXOLOGIE n. f. Étude des problèmes relatifs à la sexualité et à ses troubles.

SEXOLOGUE n. Spécialiste de la sexologie.

SEXPARTITE adj. Se dit d'une voûte gothique à six voûtains, reposant sur quatre piles maîtresses, entre lesquelles s'élèvent deux piles intermédiaires.

SEX-RATIO n. f. Rapport numérique des sexes à la naissance. (La sex-ratio est d'environ 105 garçons pour 100 filles.)

SEX-SHOP [sɛksʃɔp] n. m. (mot angl.) [pl. *sex-shops*]. Magasin spécialisé dans la vente de livres ou de revues érotiques ou pornographiques, de produits aphrodisiaques, etc.

SEXTANT n. m. (lat. *sextans*, sixième partie). Instrument à réflexion, dont le limbe gradué s'étend sur 60⁰, qui permet de mesurer des hauteurs d'astres à partir d'un navire ou d'un aéronef. (En mesurant avec le sextant la hauteur du Soleil, on détermine la latitude.)

SEXTE n. f. (lat. *sexta hora*, la sixième heure). Partie de l'office divin célébrée à la sixième heure du jour (midi).

SEXTILLION n. m. Un million de quintillions (10³⁶).

SEXTINE n. f. *Littér.* Poème à forme fixe, comprenant six strophes de six vers et un tercet, où les mêmes mots reviennent à la rime dans un ordre différent.

SEXTO adv. (mot lat.). Sixièmement.

SEXTOLET n. m. *Mus.* Groupe de six notes, d'égale valeur, surmontées du chiffre 6, à exécuter dans le même temps que quatre notes de même figure.

SEXTUOR n. m. (lat. *sex*, six, d'après *quatuor*). *Mus.* Composition à six parties vocales ou instrumentales.

SEXTUPLE adj. et n. m. Qui vaut six fois autant.

SEXTUPLER v. t. Multiplier par six : *sextupler une somme.* ◆ v. i. Devenir sextuple : *revenu qui a sextuplé.*

SEXUALISATION n. f. Action de sexualiser; son résultat. ‖ Différenciation sexuelle de l'embryon.

SEXUALISER v. t. Introduire la sexualité dans un domaine quelconque; donner un caractère sexuel à qqch.

SEXUALITÉ n. f. (lat. *sexus*, sexe). Ensemble des caractères spéciaux, externes ou internes, que présentent les individus, et qui sont déterminés par leur sexe. ‖ Ensemble des phénomènes relatifs à l'instinct sexuel et à sa satisfaction. ‖ *Psychanal.* Ensemble recouvrant le plaisir lié au fonctionnement de l'appareil génital et les plaisirs liés à l'exercice d'une fonction vitale s'accompagnant par étayage d'un plaisir immédiatement sexuel.

SEXUÉ, E adj. Qui a un sexe. ● *Reproduction sexuée,* celle qui se réalise par l'intermédiaire de cellules spécialisées, les gamètes mâles et femelles.

SEXUEL, ELLE adj. Qui caractérise le sexe des animaux et des plantes. ‖ Relatif à la sexualité : *éducation sexuelle.* ● *Acte sexuel,* copulation, coït. ‖ *Caractères sexuels,* ensemble des manifestations anatomiques et physiologiques déterminées par le sexe. (On distingue des caractères *sexuels primaires* [organes génitaux] et des caractères *sexuels secondaires* [pilosité (barbe, etc.), adiposité, voix], spéciaux à chaque sexe.)

SEXUELLEMENT adv. Du point de vue de la sexualité.

SEXY [sɛksi] adj. inv. (mot angl.). *Fam.* Se dit d'une personne qui a un charme attirant ou d'un film, d'une publication à caractère érotique.

SEYANT, E adj. Qui sied, qui va bien.

S. F. n. f. Abrév. fam. de SCIENCE-FICTION.

SFORZANDO [sfɔrdzãdo] adv. (mot it.). *Mus.* En renforçant progressivement l'intensité du son. (Nuance moins prolongée que *crescendo*.)

SFUMATO [sfumato] n. m. (mot it.). *Peint.* Demi-jour vaporeux qui baigne les formes.

SGRAFFITE [sgrafit] n. m. (it. *sgraffito*, égratigné). Genre de peinture à fresque, consistant à appliquer, sur un fond noir de stuc, un enduit blanc qu'on enlève ensuite par hachures pour former les ombres.

SHĀH n. m. → CHĀH.

SHAKE-HAND [ʃɛkãd] n. m. inv. (mots angl.). Poignée de main (vx).

SHAKER [ʃɛkœr] n. m. (angl. *to shake,* secouer). Récipient étanche dans lequel on agite avec de la glace les éléments d'un cocktail.

SHAKESPEARIEN, ENNE [ʃɛkspirjɛ̃, ɛn] adj. Propre à Shakespeare; qui rappelle son théâtre.

SHAKO [ʃako] n. m. (mot hongr.). Coiffure rigide et tronconique, portée notamment par les saint-cyriens et la garde de Paris.

SHAMA n. m. (mot hindi). Passereau chanteur, noir, roux et blanc, d'Inde et d'Indonésie. (Famille des turdidés.)

SHAMISEN [ʃamizɛn] n. m. (mot jap.). Instrument de musique japonais à cordes pincées.

SHAMPOOING [ʃãpwɛ̃] n. m. (mot angl. ; de l'hindi). Lavage de la chevelure au savon. ‖ Produit servant à ce lavage.

SHAMPOUINER v. t. Faire un shampooing.

SHAMPOUINEUR, EUSE [ʃãpwinœr, øz] n. Employé d'un coiffeur chargé du lavage des cheveux.

SHANTUNG ou **CHANTOUNG** n. m. (n. d'une prov. chin.). Étoffe de soie présentant un grain très prononcé.

SHARPIE n. m. (mot angl.). Petit voilier à fond plat, à bouchain à angles vifs et qui possède une dérive.

SHAVING [ʃɛviŋ] n. m. (mot angl.). Opération de finition de pièces mécaniques pour lesquelles il est demandé une très grande précision d'ajustage.

SHED [ʃɛd] n. m. (mot angl., *hangar*). Comble en dents de scie ayant un versant vitré de pente rapide exposé au nord.

SHÉOL n. m. → SCHÉOL.

SHERARDISATION n. f. Procédé thermochimique de protection de l'acier par diffusion superficielle de zinc.

SHÉRIF [ʃerif] n. m. (angl. *sheriff*). Officier d'administration qui représente la Couronne dans chaque comté d'Angleterre. ‖ Aux États-Unis, officier d'administration élu, ayant un pouvoir judiciaire limité.

SHERRY [ʃeri] n. m. (mot angl.). Nom donné par les Anglais au vin de Xérès.

SHETLAND [ʃɛtlãd] n. m. (des îles *Shetland*). Tissu fabriqué avec la laine des moutons d'Écosse. ‖ Race de poneys. ‖ Pull-over de laine moelleuse.

SHIFT [ʃift] n. m. (mot angl.). Chacune des deux périodes dont est constituée la journée de travail des dockers.

SHILLING [ʃiliŋ] n. m. (mot angl.). Anc. unité monétaire divisionnaire anglaise (symb. : s), qui valait 1/20 de livre. ‖ Unité monétaire principale du Kenya, de la Somalie et de la Tanzanie.

SHIMMY [ʃimi] n. m. (mot amér.). Mouvement d'oscillations latérales qui peut affecter les roues directrices d'une automobile.

SHINTŌ ou **SHINTOÏSME** [ʃinto, ʃintoism] n. m. Religion nationale du Japon antérieure (VIᵉ s.) à l'introduction du bouddhisme, qui honore les ancêtres.
■ Alors que le shintō ancien consistait en un ensemble de croyances et de rites animistes, depuis le XIVᵉ s., le shintō — qui fait de l'empereur un représentant des dieux — s'est transformé en un mouvement à caractère nationaliste. Séparé officiellement de l'État en 1946, le shintō demeure très influent au Japon.

SHINTOÏSTE adj. et n. Relatif au shintō; adepte du shintō.

SHIPCHANDLER n. m. (mot angl.). Marchand d'articles de marine.

SHIRTING [ʃœrtiŋ] n. m. (mot angl.). Tissu de coton fabriqué en armure toile, utilisé pour la lingerie et la chemiserie.

SHŌGUN ou **SHOGOUN** [ʃɔgun] n. m. Nom donné aux chefs militaires qui, de 1192 à 1867, exercèrent, parallèlement aux dynasties impériales, le pouvoir véritable au Japon.

SHŌGUNAL ou **SHOGOUNAL, E, AUX** adj. Relatif aux shōguns.

SHOOT [ʃut] n. m. (angl. *to shoot,* tirer). *Sports.* Syn. de TIR.

SHOOTER [ʃute] v. i. *Sports.* Tirer. ◆ se shooter v. pr. *Pop.* Se faire une injection de drogue.

SHOPING ou **SHOPPING** [ʃɔpiŋ] n. m. (mot angl.). Action de courir les magasins pour regarder et acheter.

SHORT [ʃɔrt] n. m. (mot angl.). Culotte de sport très courte.

SHORTHORN [ʃɔrtɔrn] n. et adj. (angl. *shorthorn,* courte corne). Race anglaise de bovins, à cornes courtes, appréciée comme race de boucherie.

SHORT TON [ʃɔrttœn] n. m. Unité de mesure de masse américaine (symb. : t ou ton), valant 2 000 pounds, soit 907,184 kg. (Le nom français correspondant est TONNE AMÉRICAINE.)

SHOW [ʃo] n. m. (mot angl.). Spectacle centré sur un acteur de music-hall, un chanteur ou un animateur.

SHOW-BUSINESS [ʃobiznɛs] n. m. inv. Ensemble des activités commerciales concourant à la production de représentations artistiques. (L'Administration préconise INDUSTRIE DU SPECTACLE.)

SHRAPNELL ou **SHRAPNEL** [ʃrapnɛl] n. m. (du n. de l'inventeur). Obus chargé de balles.

SHUNT [ʃœnt] n. m. (angl. *to shunt,* dériver). *Électr.* Dérivation prise sur un circuit de façon à ne laisser passer dans ce circuit qu'une fraction de courant. ‖ *Méd.* Dérivation du courant sanguin, pathologique ou lors d'une intervention chirurgicale.

SHUNTER v. t. Munir d'un shunt.

SI conj. (lat. *si*). Introduit une subordonnée indiquant la condition d'un acte, d'un état, une hypothèse ou une opposition, la répétition d'un fait : *s'il vient, je serai content; s'il venait, je serais content; si j'avais de l'argent, je vous en prêterais.* ‖ Dans une phrase exclamative, *si* exprime le souhait, le désir, le regret : *si nous allions nous promener! si j'avais su!* ● *Si ce n'est,* sinon. ‖ *Si ce n'est que,* excepté que. ‖ *Si ... ne,* à moins que ... ne : *il ne viendra pas, si je ne me trompe.* ‖ *Si tant est que,* s'il est vrai que. ◆ n. m. inv. Hypothèse, supposition.

SI adv. interr. Introduit une proposition interrogative indirecte : *je me demande s'il viendra.*

SI adv. (lat. *sic,* ainsi). 1. Indique la quantité (tellement) : *ne courez pas si vite; si petit qu'il soit.* — 2. Exprime l'affirmation (oui, en réponse à une négation) : *Vous ne l'avez pas vu? — Si.* ◆ loc. conj. *Si bien que,* de sorte que. ‖ *Si peu que,* pour peu que; quelque peu que.

SI n. m. inv. (initiales du lat. *Sanctus Johannes*, saint Jean). Note de musique, septième degré de la gamme de *do;* signe qui la représente.

si

SI, abrév. de SYSTÈME INTERNATIONAL (d'unités).

Si, symbole chimique du *silicium.*

SIAL n. m. (de S*Ilicium* et A*Luminium*). Nom autref. donné à la zone externe du globe terrestre, composée essentiellement de silicates d'aluminium et qui, dans les théories modernes, correspond à la croûte continentale.

SIALAGOGUE adj. et n. m. (gr. *sialon,* salive). *Méd.* Se dit d'une substance qui augmente la production de la salive.

SIALIS [sjalis] n. m. (mot lat.). Insecte abondant près des eaux et à larve aquatique. (Long. 2 cm; ordre des névroptères.)

SIALORRHÉE n. f. (gr. *sialon,* salive, et *rhein,* couler). Sécrétion excessive de salive.

SIAMANG n. m. Gibbon noir d'Indonésie.

SIAMOIS, E adj. et n. Du royaume de Siam. ● *Frères siamois* et *sœurs siamoises* (du nom de deux jumeaux siamois [1811-1874]), jumeaux rattachés l'un à l'autre par deux parties de leurs corps.

SIAMOIS n. m. Langue thaï parlée en Thaïlande.

SIBÉRIEN, ENNE adj. et n. De Sibérie.

SIBILANT, E adj. (lat. *sibilare*). *Méd.* Qui a le caractère d'un sifflement : *râle sibilant.*

SIBYLLE n. f. (lat. *sibylla*). Femme inspirée, de l'Antiquité gréco-romaine, qui transmettait les oracles des dieux.

SIBYLLIN, E adj. Relatif aux sibylles : *oracles sibyllins.* ‖ *Litt.* Obscur; dont le sens est difficile à saisir : *un langage sibyllin.*

SIC [sik] adv. (mot lat., *ainsi*). Se met entre parenthèses après un mot, une expression, pour indiquer que l'on cite textuellement, si bizarre ou incorrect que cela paraisse.

SICAIRE n. m. (lat. *sicarius;* de *sica,* poignard). *Litt.* Tueur à gages.

S.I.C.A.V. n. f. (abrév. de *Société d'Investissement à Capital Variable*). Société dont le capital fluctue librement au gré des entrées et des sorties des souscripteurs, et dont le rôle est de gérer un portefeuille de valeurs dont chaque porteur de titre de la S.I.C.A.V. détient une fraction.

SICCATIF, IVE adj. et n. m. (lat. *siccare,* sécher). Qui accélère le séchage des peintures, des vernis, des encres.

SICCATIVITÉ n. f. Aptitude d'une peinture à sécher rapidement.

SICCITÉ n. f. (lat. *siccus,* sec). Qualité de ce qui est sec.

SICILIEN, ENNE adj. et n. De la Sicile.

SICILIEN n. m. Dialecte de l'Italie méridionale, parlé en Sicile.

SICILIENNE n. f. *Mus.* Morceau instrumental (sans doute inspiré d'une danse sicilienne) à 6/8 ou 12/8, de caractère pastoral.

SICLE n. m. (hébr. *cheqel,* monnaie d'argent ou d'or). Chez les Hébreux, poids et monnaie pesant environ 6 grammes.

SIDE-CAR [sidkar] n. m. (mot angl.) [pl. *side-cars*]. Véhicule à une seule roue, accouplé latéralement à une motocyclette.

SIDÉRAL, E, AUX adj. (lat. *sidus, sideris,* astre). Qui concerne les astres.

SIDÉRANT, E adj. Qui frappe de stupeur.

SIDÉRATION n. f. *Psychiatr.* Brusque suspension des réactions émotionnelles et motrices sous l'effet d'un choc affectif intense.

SIDÉRER v. t. (lat. *siderari;* de *sidus,* étoile) [conj. 5]. Frapper de stupeur, stupéfier : *cette nouvelle l'a sidéré.*

SIDÉRITE [siderit] n. f. Variété de météorite constituée principalement de fer et de nickel. ‖ Syn. de SIDÉROSE.

SIDÉROGRAPHIE n. f. (gr. *sidêros,* fer, et *graphein,* écrire). Art de graver sur fer, sur acier.

SIDÉROLITE ou **SIDÉROLITHE** n. f. Variété de météorite constituée de métaux (fer, nickel) et de silicates, en proportions comparables.

SIDÉROLITHIQUE ou **SIDÉROLITIQUE** adj. et m. *Géol.* Se dit de formations tertiaires riches en minerais de fer, en placages ou en poches dans les calcaires.

SIDÉROSE n. f. Carbonate naturel de fer $FeCO_3$. (On dit aussi SIDÉRITE.) ‖ *Méd.* Pneumoconiose due à l'inhalation d'oxyde de fer, observée chez les fondeurs, meuleurs, soudeurs.

SIDÉROSTAT n. m. Instrument muni d'un miroir mobile qui permet de réfléchir l'image d'un astre dans une direction fixe.

SIDÉROXYLON n. m. Arbre des pays chauds, fournissant un bois dur et incorruptible, dit *bois de fer.* (Famille des sapotacées.)

SIDÉRURGIE n. f. (gr. *sidéros,* fer, et *ergon,* travail). Métallurgie du minerai de fer pour en obtenir la fonte et l'acier.

SIDÉRURGIQUE adj. Relatif à la sidérurgie.

SIDÉRURGISTE n. m. Ouvrier, industriel de la sidérurgie.

SIÈCLE n. m. (lat. *saeculum*). Durée de cent années. ‖ Période de cent années numérotées de 1 à 100, de 101 à 200, de 201 à 300, etc., en comptant à partir d'un point de départ chronologique, appelé *ère.* ‖ Époque rendue célèbre par un grand homme, une grande découverte, etc. : *le siècle de Périclès, de l'atome.* ‖ Temps où l'on vit : *il faut être de son siècle.* ‖ *Fam.* Temps qu'on trouve trop long : *il y a un siècle qu'on ne vous a vu.* ‖ *Relig.* Vie ou activités profanes par oppos. aux activités spirituelles. ● *Le Grand Siècle,* en France, l'époque de Louis XIV.

SIÈGE n. m. (lat. pop. *sedicum;* de *sedere,* s'asseoir). Meuble ou autre objet fait pour s'asseoir; partie horizontale de ce meuble, de cet objet, sur laquelle on s'assied. ‖ Place occupée par un membre d'une assemblée délibérante : *perdre des sièges aux élections législatives.* ‖ Endroit où réside une autorité, où se réunit le Parlement, où sont installés les organes dirigeants d'une entreprise. ‖ Endroit où naît et se développe qqch, centre : *le siège d'une douleur.* ‖ *Opération* militaire dirigée contre un ouvrage, une place forte, en vue de s'en emparer de vive force. ‖ *Techn.* Surface sur laquelle repose une pièce mécanique. ● *Accouchement par le siège,* ou *siège,* accouchement au cours duquel c'est le bassin ou les membres inférieurs de l'enfant qui sortent en premier. ‖ *Bain de siège,* bain que l'on prend assis. ‖ *État de siège,* régime d'exception par lequel l'autorité militaire assume certains pouvoirs normalement attribués à l'autorité civile pour le maintien de l'ordre. ‖ *Magistrat du siège* (Dr.), juge inamovible qui rend la justice (par oppos. à MAGISTRAT DU PARQUET). ‖ *Mon siège est fait* (Litt.), mon parti est pris. ‖ *Siège épiscopal,* lieu où réside un évêque; territoire de sa juridiction. ‖ *Siège social,* lieu où sont les organes dirigeants d'une société. ‖ *Siège d'un tribunal, d'une cour,* endroit où ces juridictions rendent la justice.

SIÉGER v. i. (conj. **1** et **5**). Faire partie d'une assemblée, d'un tribunal : *siéger au Sénat.* ‖ Résider, tenir ses séances : *la Cour de cassation siège à Paris.* ‖ Être, se trouver : *l'endroit où siège le mal.*

SIEMENS [si- ou zimɛns] n. m. (du n. de l'ingénieur all.). Unité de mesure de conductance électrique (symb. : S), équivalant à la conductance électrique d'un conducteur ayant une résistance électrique de 1 ohm.

SIEN, ENNE pron. poss. (lat. *suum*) [précédé de *le, la, les*]. Ce qui est à lui, à elle. ◆ adj. poss. *Litt.* Qui est à lui, à elle.

SIEN, ENNE n. m. Ce qui lui appartient : *à chacun le sien.* ● *Y mettre du sien,* contribuer personnellement à qqch. ◆ pl. Ses parents : *vivre au milieu des siens.* ● *Faire des siennes* (Fam.), faire des folies, des bêtises.

SIERRA [sjɛra] n. f. (mot esp., *scie*). Chaîne de montagnes, dans les pays de langue espagnole.

SIESTE n. f. (esp. *siesta;* lat. *sexta,* sixième heure). Repos pris après le repas de midi.

SIEUR n. m. (lat. *senior,* plus vieux). Qualification dont on fait précéder un nom propre d'homme, en style juridique. ● *Le sieur Un tel,* terme péjor. désignant qqn.

SIFFLANT, E adj. Qui produit un sifflement : *prononciation sifflante.* ◆ *Consonne sifflante,* ou *sifflante* n. f., consonne caractérisée par un sifflement (*s, z, ch, j* en français).

SIFFLEMENT n. m. Bruit, son fait en sifflant ou produit par le vent, par un projectile, etc.

SIFFLER v. i. (lat. *sibilare*). Produire un son aigu soit avec la bouche, soit avec un instrument. ‖ Produire un son aigu semblable à celui d'un sifflement : *entendre siffler les balles.* ◆ v. t. Reproduire en sifflant : *siffler un air.* ‖ Appeler en sifflant : *siffler son chien.* ‖ Témoigner sa désapprobation à coups de sifflet à l'égard de qqn, qqch : *siffler un acteur.* ‖ Signaler en sifflant : *l'arbitre a sifflé une faute.* ● *Siffler un verre* (Fam.), l'avaler rapidement.

SIFFLET n. m. Petit instrument avec lequel on siffle. ‖ Appareil de signalisation sonore actionné par la vapeur ou l'air comprimé. ● *Couper le sifflet* à qqn (Pop.), le mettre hors d'état de répondre. ● *En sifflet,* en biseau. ‖ *Joint en sifflet,* assemblage de deux pièces de bois par coupes obliques. ◆ pl. Désapprobation marquée par des coups de sifflet.

SIFFLEUR, EUSE adj. et n. Qui siffle.

SIFFLOTEMENT n. m. Action de siffloter.

SIFFLOTER v. i. et t. Siffler doucement, négligemment.

SIFILET n. m. (de *six* et *filet*). Paradisier de la Nouvelle-Guinée, dont la tête est ornée de six pennes fines.

sifilet

poterie **sigillée**
(art gallo-romain)

Lauros-Giraudon

SIGILLAIRE adj. Relatif aux sceaux.

SIGILLAIRE n. f. Arbre fossile du carbonifère, qui atteignait 30 m de haut et qu'on trouve dans les terrains houillers.

SIGILLÉ, E adj. (lat. *sigillum,* sceau). Marqué d'un sceau ou d'une empreinte semblable à celle d'un sceau. (Se dit d'une céramique gallo-romaine rouge, vernie et ornée d'un décor en relief.)

SIGILLOGRAPHIE n. f. Étude des sceaux.

SIGILLOGRAPHIQUE adj. Relatif à la sigillographie.

SIGISBÉE n. m. (it. *cicisbeo*). *Ironiq.* et *litt.* Cavalier servant d'une dame.

SIGLAISON n. f. Formation de sigles.

SIGLE n. m. (lat. *siglum*). Lettre initiale ou groupe de lettres initiales constituant l'abréviation de mots fréquemment employés.

SIGMA n. m. Lettre de l'alphabet grec (σ, ς, Σ), correspondant à s.

SIGMOÏDE adj. (de *sigma*). *Anse* ou *côlon sigmoïde,* dernière portion du côlon, qui décrit un S avant le rectum. ‖ *Cavité sigmoïde,* cavité articulaire de certains os (radius, cubitus). ‖ *Valvules sigmoïdes,* valvules situées à l'origine de l'aorte et de l'artère pulmonaire.

SIGMOÏDITE n. f. *Méd.* Inflammation chronique du côlon sigmoïde.

SIGNAL n. m. (lat. *signalis*; de *signum*, signe). Signe convenu pour avertir, annoncer, donner un ordre. ‖ Ce qui annonce ou provoque une action : *la prise de la Bastille a été le signal de la Révolution.* ‖ Appareil, panneau disposé sur le bord d'une voie de communication pour régler la marche des véhicules. ‖ En théorie de la communication, variation d'une grandeur de nature quelconque porteuse d'information. ● *Code international des signaux,* code adopté en 1965 par l'Organisation intergouvernementale consultative de la navigation maritime (O. M. C. I.) et dont les signaux sont transmis au moyen de pavillons et de flammes. ‖ *Donner le signal de,* annoncer, provoquer.

SIGNALÉ, E adj. *Litt.* Remarquable, important : *rendre un service signalé.*

SIGNALEMENT n. m. Description physique de qqn pour le faire reconnaître.

SIGNALER v. t. Annoncer, indiquer par un signal : *signaler un danger.* ‖ Appeler l'attention sur : *signaler qqn à la police.* ◆ **se signaler** v. pr. Se distinguer, se faire remarquer.

SIGNALÉTIQUE adj. Qui donne le signalement de qqn, la description de qqch.

SIGNALEUR n. m. Celui qui s'occupe d'une signalisation.

SIGNALISATION n. f. Emploi, installation de divers signaux pour donner à distance des renseignements; ensemble de signaux.

V. ill. page suivante

SIGNALISER v. t. Munir d'une signalisation : *route mal signalisée.*

SIGNATAIRE n. Personne qui a signé un acte, une pièce quelconque.

SIGNATURE n. f. (de *signe*). Nom ou marque qu'une personne appose au bas d'un document écrit pour attester la vérité des assertions qu'il contient ou la sincérité de l'engagement pris; nom apposé par l'artiste au bas d'un tableau, d'une photo, etc., pour attester qu'il en est l'auteur. ‖ Action de signer : *la signature du contrat a lieu aujourd'hui.* ‖ *Impr.* Lettre ou chiffre imprimé en dessous de la dernière ligne en bas et à droite sur la première page de chaque cahier d'un livre, pour indiquer l'emplacement de ce cahier dans le livre. ● *Avoir la signature,* être en possession d'une délégation de pouvoir, en particulier pour recevoir ou allouer des fonds. ‖ *Signature apostolique,* tribunal suprême institué par Pie X en 1909 et jouant, par rapport à la rote, le rôle de cour de cassation. ‖ *Signature sociale,* signature qui engage une société. ‖ *Signature spectrale d'un corps,* figure montrant la longueur d'onde et l'intensité respectives des diverses radiations électromagnétiques émises par ce corps.

SIGNE n. m. (lat. *signum*). Ce qui permet de connaître, de deviner, de prévoir, indice, marque : *signe de pluie.* ‖ Marque matérielle distinctive : *marquer ses livres d'un signe.* ‖ Élément du langage, geste, mimique, élément graphique ou plastique qui permet de faire connaître, de communiquer : *signes verbaux; se parler par signes; signe cabalistique.* ‖ Représentation matérielle de qqch ayant un caractère conventionnel : *signes de ponctuation, musicaux.* ‖ *Méd.* Manifestation élémentaire d'une maladie. (On distingue les signes physiques [observés par le médecin], les signes fonctionnels, ou symptômes [dont certains ne sont perceptibles que par le malade], et les signes généraux.) ‖ *Math.* Symbole indiquant un sens ou une opération. ● *Ne pas donner signe de vie,* sembler mort; ne pas donner de ses nouvelles. ‖ *Signe de (la) croix,* geste de la liturgie ou de la piété

chrétienne figurant la croix de Jésus-Christ. ‖ *Signe des temps,* ce qui peut servir à juger l'époque où il se produit. ‖ *Sous le signe de,* sous l'influence de. ◆ pl. *Signes extérieurs de richesse,* indices des ressources du contribuable utilisés par le fisc pour évaluer son revenu.

SIGNER v. t. (lat. *signare*). Marquer, revêtir de sa signature : *signer une pétition.* ‖ Attester par sa signature qu'on est l'auteur de : *signer un tableau.* ● *Signer son nom,* apposer sa signature. ◆ **se signer** v. pr. Faire le signe de la croix.

SIGNET n. m. Ruban fixé en haut du dos d'un volume et s'insérant entre les pages.

SIGNIFIANT n. m. *Ling.* Image acoustique ou visuelle, constituant formel d'un signe.

SIGNIFICATIF, IVE adj. Qui exprime d'une manière manifeste une pensée, une intention.

SIGNIFICATION n. f. Ce que signifie, représente un signe, un geste, un fait. ‖ Sens et valeur d'un mot. ‖ *Dr.* Notification d'un acte, d'un jugement, faite par un huissier de justice.

SIGNIFICATIVEMENT adv. De façon significative.

SIGNIFIÉ n. m. *Ling.* Sens, contenu sémantique d'un signe.

SIGNIFIER v. t. (lat. *significare*). Vouloir dire, avoir le sens de. ‖ Faire connaître d'une manière expresse : *signifier ses intentions.* ‖ *Dr.* Notifier par voie judiciaire.

SIKH adj. et n. (sanskr. *śiṣya*, disciple). Adepte d'une secte de l'Inde fondée par Nānak Dev (1469-1538).

ŚIKHARA n. m. Dans l'Inde médiévale, haute tour-sanctuaire à la silhouette curviligne.

SIL n. m. (mot lat.). Argile rouge ou jaune.

SILANE n. m. Nom générique des composés hydrogénés du silicium, analogues aux alcanes.

SILENCE n. m. (lat. *silentium*). Absence de tout bruit, de toute agitation : *le silence de la nuit.* ‖ État de qqn qui s'abstient de parler ou d'écrire, d'exprimer son opinion : *garder le silence.* ‖ Absence de mention d'un événement. ‖ *Mus.* Interruption plus ou moins longue du son; signe qui représente cette interruption. ● *Passer sous silence,* ne pas parler de, omettre.

SILENCIEUSEMENT adv. En silence.

SILENCIEUX, EUSE adj. Qui garde le silence, s'abstient de parler; qui est peu communicatif : *demeurer silencieux.* ‖ Qui a lieu, qui se fait sans bruit : *pas silencieux.* ‖ Où l'on n'entend aucun bruit : *bois silencieux.*

SILENCIEUX n. m. Dispositif (autre qu'une enveloppe isolante) utilisé pour réduire le bruit du fonctionnement d'un moteur, de la détonation d'une arme à feu, etc.

SILÈNE n. m. (de *Silène,* n. pr.). Plante herbacée très répandue dans les bois d'Europe occidentale. (Famille des caryophyllacées.)

SILENTBLOC n. m. (nom déposé). Bloc élastique interposé entre des pièces pour absorber les vibrations et les bruits.

SILEX [silɛks] n. m. (mot lat.). Roche siliceuse très dure, composée de calcédoine et d'opale, de couleur variable, formant des rognons dans certaines roches calcaires. (La cassure du silex, à arêtes tranchantes, l'a fait utiliser par les hommes préhistoriques comme arme et comme outil. On s'en servit comme pierre à fusil et comme pierre à briquet, car, utilisé en frappant du fer ou de l'acier, il arrache des particules de métal dont la température est assez élevée pour allumer de la poudre ou de l'amadou. On s'en sert maintenant pour la fabrication du béton et l'empierrement.)

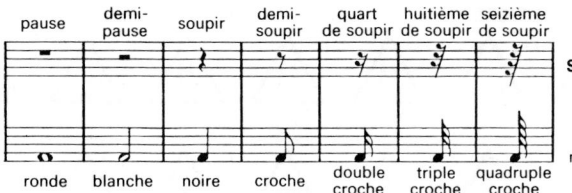

pause	demi-pause	soupir	demi-soupir	quart de soupir	huitième de soupir	seizième de soupir	

SILENCES

notes de même durée

ronde · blanche · noire · croche · double croche · triple croche · quadruple croche

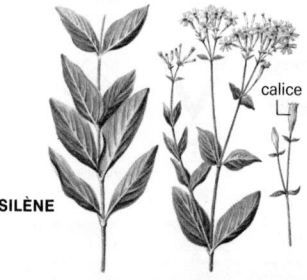

calice

SILÈNE

SILHOUETTE n. f. (de *Silhouette,* contrôleur général des finances). Aspect, lignes générales du corps : *avoir une silhouette élégante.* ‖ Forme générale, dessin d'une être, d'un objet, dont les contours se profilent sur un fond.

SILHOUETTER v. t. Dessiner en silhouette. ◆ **se silhouetter** v. pr. Apparaître en silhouette.

SILICATE n. m. Minéral que l'on considère comme un assemblage de tétraèdres quasi réguliers (Si, Al)O₄ dont les centres sont occupés par des ions silicium ou aluminium, et les sommets par des ions oxygène.

■ Matières premières des industries du bâtiment, de la verrerie, de la céramique, constituants des laitiers, les silicates forment la quasi-totalité de l'écorce terrestre.

SILICE n. f. (lat. *silex, silicis,* silice). Oxyde de silicium SiO₂. (Il en existe plusieurs variétés naturelles : le quartz cristallisé, la calcédoine à structure fibreuse, l'opale amorphe.) ● *Silice fondue,* ou *verre de silice,* forme vitreuse de la silice, qui peut supporter d'importants et brusques changements de température.

SILICEUX, EUSE adj. Qui contient beaucoup de silice. ● *Roches siliceuses,* famille de roches sédimentaires dures, riches en silice, comme le sable, le grès, le silex, la meulière.

SILICICOLE adj. *Bot.* Se dit d'une plante qui prospère sur les sols siliceux, comme le châtaignier, la bruyère, la digitale.

SILICIQUE adj. Se dit d'hypothétiques acides dérivés de la silice.

SILICIUM [silisjɔm] n. m. Métalloïde (Si), n° 14, de masse atomique 28,086, de densité 2,35, qui, à l'état amorphe, est d'une couleur brune et qui, à l'état cristallisé, est d'un gris de plomb. (Le silicium fond vers 2 000 °C et se volatilise au four électrique.)

SILICIURE n. m. Composé d'un métal et de silicium.

SILICONE n. f. Nom générique de substances analogues aux composés organiques, dans lesquelles le silicium remplace le carbone.

SILICOSE n. f. Maladie, en général professionnelle, due à l'inhalation de poussière de silice et qui se marque par une transformation fibreuse du poumon.

SILICOSÉ, E adj. et n. Atteint de silicose.

SILICOTIQUE adj. Relatif à la silicose.

SILICULE n. f. Variété de silique courte.

SILIONNE n. f. (nom déposé). Fil de verre formé de fibres élémentaires continues, d'un diamètre inférieur à 6 μm.

SILIQUE n. f. (lat. *siliqua*). *Bot.* Fruit sec qui s'ouvre par quatre fentes, comme celui de la giroflée et des autres crucifères.

SIGNALISATION

SIGNALISATION ROUTIÈRE

panneaux de danger

virage
à droite

double
virage

cassis ou
dos-d'âne

chaussée
rétrécie

chaussée rétrécie
à droite à gauche

descente
dangereuse

pont
mobile

chaussée
glissante

projection
de gravillons

travaux

annonce
de feux
tricolores

enfants

passage
pour
piétons

danger
particulier

passage
d'animaux
domestiques

passage
d'animaux
sauvages

circulation
dans les
deux sens

chute
de pierres

débouché
sur
une berge

priorité
à droite

vent
latéral

arrêt
obligatoire

annonce de
route prioritaire

annonce de
fin de
priorité

proximité
d'un
aérodrome

débouché
de
cyclistes

passage à niveau
avec sans
barrières barrières

ligne électrifiée à moins
de 6 m de haut

demi-barrières
automatiques

marques sur la chaussée

franchissable

infranchissable

franchissement sur la voie délimitée par la ligne discontinue

flèche de rabattement

panneaux autoroutiers

entrée d'autoroute

présignalisation de sortie

bifurcation

restaurant

poste de
carburant

parc de
stationnement

fin
d'autoroute

SIGNALISATION FERROVIAIRE

	carré	sémaphore	disque	feu rouge clignotant	avertissement	feu jaune ou vert clignotant	ralentissement	rappel

fermés jour / nuit

arrêt absolu

arrêt pouvant être franchi sous certaines conditions

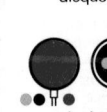
marche à vue jusqu'au prochain poste

marche à vue à 15 km/h

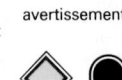
annonce un carré ou un sémaphore

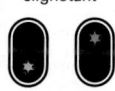
annonce un avertissement

précèdent une ou plusieurs aiguilles en déviation : 30 km/h

ouverts jour / nuit

  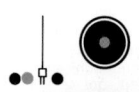    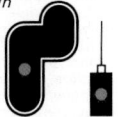

SIGNALISATION AÉRIENNE

signalisation diurne d'une piste d'atterrissage

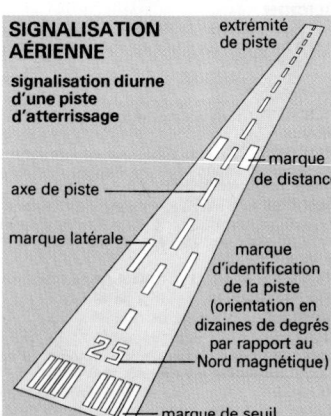

extrémité de piste

marque de distance

axe de piste

marque latérale

marque d'identification de la piste (orientation en dizaines de degrés par rapport au Nord magnétique)

marque de seuil

balisage lumineux

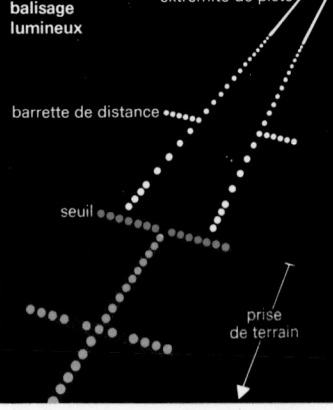

extrémité de piste

barrette de distance

seuil

prise de terrain

ralentissement 60 rappel 60

aiguilles en déviation : 60 km/h

carré violet

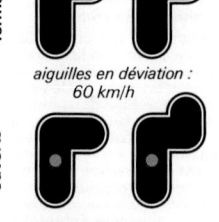
arrêt absolu (sur voie de service)

marche à vue à 30 km/h

fermés / **ouverts**

bande lumineuse jaune horizontale

annonce l'arrêt à quai sur une distance réduite

feu blanc clignotant

autorisation de manœuvre sur voie de service de faible longueur

852

panneaux de prescription absolue

sens interdit — interdiction de tourner à gauche — interdiction de faire demi-tour — interdiction de dépasser *(tous véhicules)* — de dépasser *(véhicules de plus de 3,5 t)* — arrêts obligatoires — stationnement interdit — arrêt interdit — interdit aux véhicules à moteur — stationnement alterné semi-mensuel

interdit aux poids lourds — interdit aux cycles — arrêt à l'intersection — largeur limitée — hauteur limitée — charge maximale autorisée — limitations de vitesse — avertisseurs sonores interdits — interdit au transport de produits inflammables polluants

fin de prescription ou d'interdiction — signaux d'obligation

Allemagne

verglas — accotement non stabilisé

écoliers — déviation

Espagne

interdit aux véhicules longs — stationnement à durée limitée

eau potable — parc national

Grande-Bretagne

passage autorisé d'un côté ou de l'autre — interdit aux piétons

trafic venant de gauche — changez de voie

fin de route à chaussées séparées — double intersection

Italie

 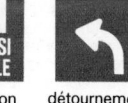

arrêt en cas de croisement avec un autobus — circulation interdite aux autobus

circulation en files parallèles — détournement pour les camions

SIGNALISATION MARITIME

A — B — C — D — E — F — G — H — I — J — K — L

M — N — O — P — Q — R — S — T — U — V — W — X

Y — Z — 1 — 2 — 3 — 4 — 5 — 6 — 7 — 8 — 9 — 0

N / C — je suis en détresse
E / D — vos signaux de détresse sont compris
K / P — remorquez-moi jusqu'au port
F / O — je vais rester près de vous
P / M — suivez dans mon sillage
I / R — tenez-vous à l'écart
J / G — je suis échoué en situation dangereuse
N / A — navigation interdite
K / N — je ne peux pas vous prendre en remorque

épave — mine — naufrage — vu — compris ou terminé — substituts : répètent les 1er, 2e ou 3e signes

au mouillage — échoué — dragueur — manœuvre restreinte — navire de pêche — voile et moteur — pas maître de sa manœuvre — remorqueur et remorqué — détresse — navire à moteur — navire à voile

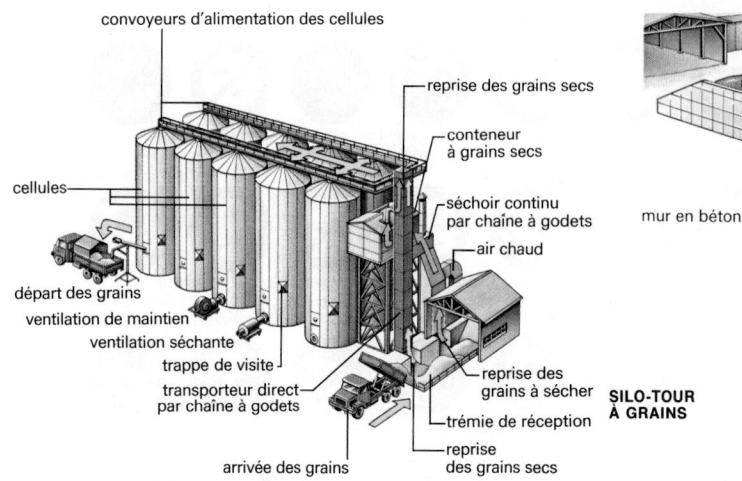

convoyeurs d'alimentation des cellules

reprise des grains secs

conteneur
à grains secs

cellules

séchoir continu
par chaîne à godets

air chaud

départ des grains

ventilation de maintien

ventilation séchante

trappe de visite

transporteur direct
par chaîne à godets

reprise des
grains à sécher

**SILO-TOUR
À GRAINS**

trémie de réception

arrivée des grains

reprise
des grains secs

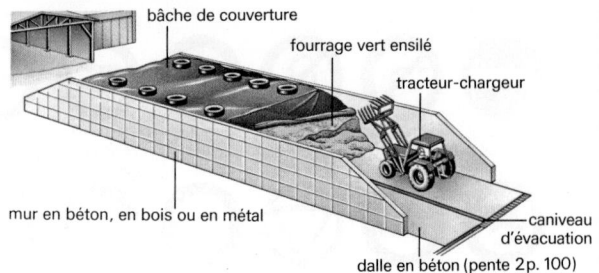

bâche de couverture

fourrage vert ensilé

tracteur-chargeur

mur en béton, en bois ou en métal

caniveau
d'évacuation

dalle en béton (pente 2p. 100)

SILO-COULOIR À FOURRAGES

SILLAGE n. m. (de *sillon*). Zone de perturbations que laisse derrière lui un corps en mouvement dans un fluide. ● *Marcher dans le sillage de qqn,* suivre ses traces, son exemple.

SILLET [sijɛ] n. m. (it. *ciglietto;* de *ciglio,* bord). *Mus.* Pièce de bois ou d'ivoire appliquée sur le manche d'un instrument à cordes ou sur le cadre d'un piano ou d'un clavecin, pour en supporter les cordes.

SILLON n. m. (mot gaul.). Rigole que fait dans la terre le soc de la charrue. ‖ Trace longitudinale : *sillon de feu tracé par une fusée.* ‖ Rainure que présente la surface d'un disque.

SILLONNER v. t. Parcourir dans tous les sens : *avions qui sillonnent le ciel.*

SILO n. m. (mot esp.; gr. *siros,* fosse à blé). Fosse pratiquée dans la terre pour y conserver les végétaux. ‖ Réservoir de grande capacité pour stocker les récoltes; fosse ou réservoir pour stocker les fourrages verts sous forme d'ensilage. ● *Silo lance-missile* (Arm.), cavité bétonnée creusée dans le sol pour stocker et lancer un missile stratégique.

SILOTAGE n. m. Action d'ensiler.

SILPHE n. m. (gr. *silphê*). Insecte coléoptère, dont une espèce est nuisible aux betteraves. (Long. 1 cm.)

SILT [silt] n. m. (mot angl.). Sable très fin; limon.

SILURE n. m. (lat. *silurus;* du gr.). Poisson d'eau douce portant six longs barbillons autour de la bouche. (Le *poisson-chat* est un silure.)

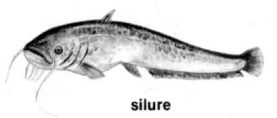

silure

SILURIEN, ENNE adj. et n. m. Se dit de la troisième période de l'ère primaire, située entre l'ordovicien et le dévonien.

SILVANER n. m. Cépage blanc cultivé dans l'est de la France ainsi qu'en Allemagne, en Suisse et en Autriche.

SILVES n. f. pl. (lat. *silva,* forêt). *Littér. lat.* Recueil de pièces poétiques sur des sujets variés.

SIMA n. m. (de *silicium* et *magnésium*). Nom autref. donné à une zone du globe terrestre composée essentiellement de silicates de fer et de magnésium. (Dans les théories modernes, il correspond approximativement au manteau.)

SIMAGRÉES n. f. pl. *Fam.* Manières affectées, minauderies ridicules; mines, singeries.

SIMARRE n. f. (it. *zimarra*). Nom de différents types anciens de robes. ‖ Soutane à camail.

SIMARUBA [simaruba] n. m. (mot caraïbe). Arbre de l'Amérique tropicale, dont l'écorce a des propriétés apéritives.

SIMARUBACÉE n. f. Plante dicotylédone dialypétale des régions tropicales, comme le *simaruba,* l'*ailante.* (Les *simarubacées* forment une famille.)

SIMBLEAU n. m. (lat. *cingula,* ceinture). Cordeau avec lequel les charpentiers tracent de grandes circonférences.

SIMIEN, ENNE adj. (lat. *simius,* singe). Relatif au singe.

SIMIEN n. m. Syn. de SINGE. (Les *simiens* forment un sous-ordre de primates.)

SIMIESQUE adj. (lat. *simius,* singe). Qui rappelle le singe.

SIMILAIRE adj. (lat. *similis,* semblable). De même nature, analogue, qui peut être assimilé à un autre.

SIMILARITÉ n. f. Caractère de ce qui est similaire.

SIMILI n. m. (lat. *similis,* semblable). Cliché de photogravure obtenu par une trame et permettant de reproduire un document original en demi-teintes. ‖ *Fam.* Toute chose qui imite une matière précieuse.

SIMILI n. f. Similigravure.

SIMILICUIR n. m. Toile enduite qui imite le cuir.

SIMILIGRAVURE ou, par abrév., **SIMILI** n. f. Procédé d'obtention de clichés tramés en partant d'originaux à modelé continu.

SIMILISAGE n. m. *Industr.* Action d'un alcali sur le coton, dont les fibres deviennent ainsi minces, dures et brillantes.

SIMILISER v. t. Soumettre au similisage.

SIMILISTE n. m. Spécialiste en similigravure.

SIMILITUDE n. f. (lat. *similitudo*). Ressemblance plus ou moins parfaite, analogie : *similitude de caractère.* ‖ *Math.* Caractère des figures semblables entre elles. ‖ *Phys.* Méthode d'étude de phénomènes (surtout en mécanique des fluides) utilisant des maquettes dimensionnées de façon que les équations soient les mêmes que dans le phénomène en vraie grandeur.

SIMONIAQUE adj. et n. Coupable de simonie.

SIMONIE n. f. (du n. de *Simon* le Magicien). *Relig.* Trafic d'objets sacrés, de biens spirituels ou de charges ecclésiastiques.

SIMOUN n. m. (mot ar.). Vent chaud et violent du désert.

SIMPLE adj. (lat. *simplex*). Se dit d'un corps

formé d'atomes identiques : *l'or, l'oxygène sont des corps simples.* ‖ Qui n'est pas double ou multiple, qui n'est pas compliqué, facile, aisé : *réduit à sa plus simple expression; mécanisme, méthode simple.* ‖ Sans recherche, sans apprêt : *robe simple.* ‖ Qui évite l'affectation, le luxe. ‖ Sans malice, sans déguisement : *simple comme un enfant.* ‖ *Péjor.* Naïf, facile à tromper, crédule : *il est si simple que...* ‖ Qui se suffit à lui-même, seul, unique : *croire qqn sur sa simple parole.* ‖ Qui est seulement ce que son nom indique : *un simple salarié.* ‖ *Chim.* Se dit de la liaison entre deux atomes assurée par une paire d'électrons. (Elle est représentée par le signe — placé entre les symboles des atomes.) ● *Fleur simple,* celle dont la corolle n'a qu'un rang de pétales. ‖ *Passé simple,* temps du verbe qui indique une période de temps complètement écoulée. (Ex. : *Henri IV mourut en 1610.*) ‖ *Simple comme bonjour* (Fam.), extrêmement simple. ‖ *Simple particulier,* qui n'exerce pas de fonction officielle. ‖ *Simple soldat,* qui n'a point de grade. ‖ *Temps simples,* temps du verbe qui se conjuguent sans auxiliaire.

SIMPLE n. m. Ce qui est simple : *passer du simple au composé.* ‖ Partie de tennis ou de tennis de table entre deux joueurs seulement. ● *Simple d'esprit,* débile mental. ◆ pl. *Bot.* Plantes médicinales.

SIMPLEMENT adv. De façon simple. ● *Purement et simplement,* sans réserve et sans condition.

SIMPLET, ETTE adj. Un peu simple, crédule.

SIMPLEXE n. m. *Math.* Ensemble formé par les parties d'un ensemble.

SIMPLICITÉ n. f. Qualité de celui ou de ce qui est simple.

SIMPLIFIABLE adj. Qui peut être simplifié.

SIMPLIFICATEUR, TRICE adj. et n. Qui simplifie.

SIMPLIFICATION n. f. Action de simplifier.

SIMPLIFIER v. t. Rendre plus simple, moins compliqué : *simplifier un problème.*

SIMPLISME n. m. Tendance à simplifier d'une manière excessive.

SIMPLISTE adj. et n. D'une simplicité exagérée, qui ne considère qu'un aspect des choses.

SIMULACRE n. m. (lat. *simulacrum,* représentation figurée). *Litt.* Fausse apparence; action de faire semblant : *simulacre de combat.*

SIMULATEUR, TRICE n. Personne qui simule un trouble, un symptôme, une maladie.

SIMULATEUR n. m. Appareil capable de reproduire le comportement d'un appareil dont on désire soit étudier le fonctionnement, soit enseigner l'utilisation, ou d'un corps dont on veut suivre l'évolution.

SIMULATION n. f. (lat. *simulatio*). Action de simuler. ‖ *Psychol.* Présentation, dans un but utilitaire, de troubles inexistants en réalité. ‖ *Techn.* Méthode de mesure et d'étude consistant à remplacer un phénomène, un système à étudier par un modèle plus simple, mais ayant un comportement semblable.

SIMULÉ, E adj. Feint, qui n'est pas réel : *fuite simulée.*

SIMULER v. t. (lat. *simulare,* feindre). Faire paraître comme réelle une chose qui ne l'est pas, feindre : *simuler une maladie.* ‖ Offrir l'apparence de : *simuler un combat.* ‖ *Dr.* Déguiser un acte sous l'apparence d'un autre.

SIMULIE n. f. Genre de diptères dont les larves vivent fixées aux rochers dans les torrents, et dont les adultes peuvent, dans les pays chauds, transmettre certains parasites.

SIMULTANÉ, E adj. (lat. *simul*, en même temps). Qui se produit, existe en même temps, concomitant : *des mouvements simultanés.*

SIMULTANÉE n. f. Fait pour un joueur d'échecs ou de dames de jouer en même temps contre plusieurs adversaires.

SIMULTANÉISME n. m. *Littér.* Procédé de narration qui consiste à présenter sans transition des événements qui se déroulent au même moment en divers lieux.

SIMULTANÉITÉ n. f. Existence de plusieurs actions dans le même instant, coïncidence.

SIMULTANÉMENT adv. En même temps.

SINANTHROPE [sinɑ̃trɔp] n. m. (lat. *Sina*, Chine, et gr. *anthrôpos*, homme). Type d'archanthropien reconnu près de Pékin (Chine). [Il remonterait à 500 000 ans env.]

SINAPISÉ, E adj. *Méd.* Additionné de farine de moutarde.

SINAPISME n. m. (lat. *sinapi*, moutarde). Médicament à base de farine de moutarde.

SINCÈRE adj. (lat. *sincerus*, pur). Qui s'exprime sans déguiser sa pensée, franc, loyal : *homme sincère.* ‖ Qui est éprouvé, dit ou fait d'une manière franche; authentique, vrai : *regrets sincères.*

SINCÈREMENT adv. De façon sincère.

SINCÉRITÉ n. f. Qualité de ce qui est sincère, franchise, loyauté : *je doute de la sincérité de sa réponse.*

SINCIPITAL, E, AUX adj. Du sinciput.

SINCIPUT [sɛ̃sipyt] n. m. (lat. *semi*, demi, et *caput*, tête). *Anat.* Partie supérieure, sommet de la tête.

SINÉCURE n. f. (lat. *sine*, sans, et *cura*, souci). Emploi où l'on est payé beaucoup pour très peu de travail. ● *Ce n'est pas une sinécure* (Fam.), ce n'est pas de tout repos.

SINE DIE [sinedje] loc. adv. (mots lat.). *Dr.* Sans fixer de jour : *des négociations ajournées sine die.*

SINE QUA NON [sinekwanɔn] loc. adj. (mots lat., [*condition*] *sans laquelle il n'y a rien à faire*). Se dit d'une condition indispensable, nécessaire.

SINGALETTE n. f. (de *Saint-Gall*, n. d'une ville suisse). Dénomination industrielle de la gaze ordinaire et de la gaze apprêtée (simple toile de coton à texture très claire).

SINGE n. m. (lat. *simius*). Mammifère de l'ordre des primates, à face nue, à mains et pieds préhensiles et terminés par des ongles. ‖ Celui qui contrefait, qui imite les actions des autres. ‖ Personne très laide ou très malicieuse. ‖ *Pop.* Patron, chef d'atelier. ‖ *Arg.* Bœuf en conserve. ● *Payer en monnaie de singe*, en belles paroles, en vaines promesses.

■ Les singes forment le sous-ordre des simiens. Ils vivent dans les pays chauds, où ils se nourrissent surtout de fruits et de graines. Ce sont en général des animaux intelligents, sociables, très adroits. Les grands singes (*chimpanzé, gorille, orang-outan*) sont les animaux actuels les plus proches de l'homme.

SINGER v. t. (conj. **1**). Imiter maladroitement ou pour se moquer : *singer un camarade.*

SINGERIE n. f. Ménagerie de singes. ‖ Imitation maladroite; grimace, geste comique. ◆ pl. *Fam.* Manières affectées, hypocrites.

SINGLE [singal] n. m. (mot angl.). Chambre d'hôtel, compartiment de voiture-lit à une seule place.

SINGLETON [sɛ̃glətɔ̃] n. m. (mot angl.; de *single*, seul). Carte qui est seule de sa couleur dans la main d'un joueur après la donne. ‖ *Math.* Ensemble ne comprenant qu'un seul élément.

SINGSPIEL [siŋʃpil] n. m. (mot all.). Pièce de théâtre allemande dans laquelle alternent le parlé et le chanté, le plus souvent de caractère léger et populaire.

SINGULARISER v. t. Distinguer des autres par qqch d'inusité : *votre conduite vous singularise.* ◆ **se singulariser** v. pr. Se faire remarquer par qqch d'étrange.

SINGULARITÉ n. f. Ce qui rend une chose singulière, étrangeté : *singularité d'un fait.* ‖ Manière extraordinaire, bizarre, de parler, d'agir, excentricité : *ses singularités choquent.* ‖ *Math.* Comportement d'une fonction, propriété d'un espace en un point, différents de ce qu'ils sont aux points voisins; ce point lui-même.

SINGULIER, ÈRE adj. Qui se distingue par qqch d'inusité, d'extraordinaire, bizarre, étrange. ● *Combat singulier*, combat d'homme à homme.

SINGULIER n. m. adj. *Ling.* Nombre qui marque l'unité (par oppos. à PLURIEL).

SINGULIÈREMENT adv. Beaucoup, fortement : *être singulièrement affecté.* ‖ Principalement, notamment : *tout le monde a souffert de la crise et singulièrement les salariés.* ‖ D'une manière bizarre : *s'habiller singulièrement.*

SINISANT, E n. Syn. de SINOLOGUE.

SINISATION n. f. Expansion de la civilisation chinoise.

SINISER v. t. Marquer des caractères de la civilisation chinoise.

SINISTRE adj. (lat. *sinister*, gauche). De mauvais augure, qui présage le malheur : *bruit sinistre.* ‖ Qui fait naître l'effroi, sombre, inquiétant : *regard sinistre.* ‖ Triste et ennuyeux : *réunion sinistre.*

SINISTRE n. m. Événement catastrophique qui entraîne de grandes pertes matérielles et humaines. ‖ *Dr.* Fait dommageable pour soi-même ou pour autrui, de nature à mettre en jeu la garantie d'un assureur.

SINISTRÉ, E adj. et n. Victime d'un sinistre.

SINISTREMENT adv. De façon sinistre.

SINISTROSE n. f. État mental pathologique résidant dans une idée délirante de préjudice corporel, qui s'enracine dans l'esprit de certains accidentés.

SINN-FEINER [sinfɛjnœr] n. Partisan du Sinn Féin.

SINOLOGIE n. f. Science de l'histoire, de la langue et de la civilisation chinoises.

SINOLOGUE n. (lat. *Sina*, Chine, et gr. *logos*, science). Spécialiste de sinologie.

SINON conj. (lat. *si non*, si ne... pas). Autrement, sans quoi : *obéissez, sinon gare!* ‖ Excepté, sauf : *que faire donc attendre?* ◆ loc. conj. *Sinon que*, si ce n'est que : *je ne sais rien, sinon qu'il est venu.*

SINOPLE n. m. (lat. *sinopis*, terre de Sinope, de couleur rouge). *Hérald.* Couleur verte.

SINO-TIBÉTAIN, E adj. et n. m. Se dit d'une famille de langues réunissant le chinois et le tibéto-birman.

SINTER [sɛ̃tɛr] n. m. Mâchefer de minerai obtenu à haute température.

SINTÉRISATION n. f. Action de sintériser.

SINTÉRISER v. t. Réaliser des objets solides par frittage de poudres de matières plastiques infusibles.

SINUEUX, EUSE adj. (lat. *sinuosus*; de *sinus*, pli). Qui fait des replis, des détours : *le cours sinueux de la Seine.* ‖ Qui ne va pas droit au but, tortueux : *pensée sinueuse.*

SINUOSITÉ n. f. Détour que fait qqch de sinueux.

SINUS [sinys] n. m. (mot lat., *pli*). *Anat.* Cavité dans certains os de la tête (frontal, maxillaire supérieur). ‖ *Math.* Rapport au rayon OA de la

perpendiculaire MP abaissée d'une des extrémités M d'un arc de cercle AM sur le diamètre qui passe par l'autre extrémité A de cet arc (symb. : sin). ● *Sinus du cœur*, première portion du tube cardiaque de l'embryon, qui formera les oreillettes, et point de départ de l'influx nerveux qui commande la contraction cardiaque.

SINUSAL, E, AUX adj. Relatif au sinus du cœur.

SINUSITE n. f. Inflammation des sinus osseux de la face.

SINUSOÏDAL, E, AUX adj. *Math.* Dont l'allure, la forme ou la variation rappellent celles d'une sinusoïde; se dit d'un phénomène périodique dont la représentation en fonction du temps est une sinusoïde.

SINUSOÏDE n. f. *Math.* Courbe plane représentant les variations du sinus quand l'arc varie.

SIONISME n. m. (de *Sion*, montagne de Jérusalem). Doctrine, mouvement visant à l'établissement du plus grand nombre possible de Juifs dans une communauté nationale autonome et indépendante en Palestine.

■ Très ancien, le mouvement sioniste prit corps grâce à Theodor Herzl et à son livre *l'État juif* (1896). En 1901 fut créé le Fonds national juif pour le rachat de terres en Palestine. L'immigration juive s'accrut surtout après la déclaration Balfour (1917), favorable à la création en Palestine d'un foyer juif. Mais ce n'est qu'après la Seconde Guerre mondiale que le sionisme déboucha sur une solution précise : la création de l'État d'Israël (1948).

SIONISTE adj. et n. Qui relève du sionisme; partisan du sionisme.

SIOUX adj. inv. Relatif aux Sioux.

SIPHOÏDE adj. En forme de siphon.

SIPHOMYCÈTE n. m. Champignon inférieur à thalle continu, non cloisonné. (Les *siphomycètes* forment une classe comprenant des moisissures saprophytes [*mucor*] ou parasites [*phytophtora*]. Ils sont caractérisés par leur mycélium formé de filaments continus, sans cloisons cellulaires.) [Syn. PHYCOMYCÈTE.]

SIPHON n. m. (lat. *sipho*; mot gr.). Tube en forme d'U renversé, pour transvaser les liquides d'un niveau à un autre plus bas, en les élevant d'abord au-dessus du niveau le plus haut. ‖ Tube recourbé deux fois, et servant à évacuer les eaux usées tout en empêchant le dégagement des mauvaises odeurs. ‖ Appareil employé pour faire franchir un obstacle à des eaux d'alimentation ou d'évacuation. ‖ Carafe en verre épais, fermée par une soupape commandée par un levier, pour obtenir l'écoulement d'un liquide sous pression. ‖ Organe tubuleux de certains mollusques bivalves fouisseurs, qui leur permet d'assurer le renouvellement de l'eau respiratoire. ‖ En spéléologie, conduit naturel envahi par l'eau.

SIPHONAPTÈRE n. m. Insecte sans ailes, voisin des diptères, tel que la *puce*. (Les *siphonaptères* forment un ordre.)

SIPHONNÉ, E adj. *Pop.* Fou.

SIPHONNER v. t. Transvaser avec un siphon.

SIPHONOGAMIE n. f. Mode normal de fécondation des plantes supérieures, à l'aide d'un tube pollinique.

SIPHONOPHORE n. m. Cnidaire colonial à individus spécialisés, comme la *physalie*. (Les *siphonophores* forment une sous-classe.)

SIRDAR n. m. (persan *serdar*). *Hist.* Général anglais commandant l'armée égyptienne (1882-1925).

SIRE n. m. (lat. *senior*, plus vieux). Titre primitivement donné à un noble et qu'on donnait au souverain, en France, en lui parlant ou en lui écrivant. ● *Triste sire*, individu peu recommandable.

SIRÈNE n. f. (lat. *siren*; mot gr.). Divinité de la mer, mi-femme, mi-oiseau, que le charme de son chant rendait redoutable. (L'iconographie du Moyen Âge a représenté les sirènes avec un buste de femme et une queue de poisson.) ‖ Appareil émettant des sons par interruptions et rétablissements périodiques d'un jet d'air.

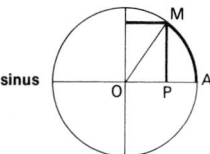

sinus

SIRÉNIEN n. m. Mammifère herbivore marin et fluvial à nageoires, tel que le *lamantin*, le *dugong*. (Les *siréniens* forment un ordre.)

SIREX n. m. Insecte hyménoptère dont la larve vit dans le bois des conifères.

SIRLI n. m. (onomat.). Alouette d'Afrique du Nord, à plumage brun rayé.

SIROCCO n. m. (it. *scirocco*; mot ar.). Vent très sec et très chaud qui souffle du Sahara vers le littoral, lorsque des basses pressions règnent sur la Méditerranée.

SIROP n. m. (lat. médiév. *sirupus*; mot ar.). Liquide formé de sucre en solution concentrée et de substances aromatiques ou médicamenteuses.

SIROTER v. t. et i. *Fam.* Boire à petits coups, en dégustant.

SIRTAKI n. m. (mot gr.). Danse d'origine grecque, en vogue en France vers 1965.

SIRUPEUX, EUSE adj. Qui est de la nature, de la consistance du sirop visqueux : *un mélange sirupeux.*

SIRVENTÈS [sirvɑ̃tɛs] ou **SERVENTOIS** n. m. (mot prov.). Genre poétique provençal, qui traite de l'actualité, spécialement politique, sur le mode polémique et satirique.

SIS, E adj. (part. pass. de *seoir*). *Dr.* Situé : *maison sise à Paris.*

SISAL n. m. (de *Sisal*, port du Yucatán) [pl. *sisals*]. Agave du Mexique, dont les feuilles ont des fibres qu'on utilise pour faire des sacs, des cordes.

SISMAL ou **SÉISMAL, E, AUX** adj. Se dit de la ligne qui suit l'ordre d'ébranlement, dans un séisme.

SISMICITÉ ou **SÉISMICITÉ** n. f. Fréquence des tremblements de terre, qui est en rapport avec les grandes lignes de fracture de l'écorce terrestre.

SISMIQUE ou **SÉISMIQUE** adj. Relatif aux tremblements de terre. ● *Prospection sismique*, méthode de prospection fondée sur la propriété qu'ont les ondes sonores provoquées par une explosion au voisinage de la surface du sol de subir des réfractions et des réflexions aux surfaces de contact de couches ayant des vitesses de transmission différentes, suivant des lois analogues à celles de l'optique.

SISMIQUE-RÉFLEXION n. f. Méthode d'étude de la structure interne de la Terre, fondée sur l'enregistrement des ondes sismiques issues d'une source artificielle (explosif, générateur de vibrations, etc.) après leur réflexion dans le sous-sol.

SISMIQUE-RÉFRACTION n. f. Méthode d'étude de la structure interne de la Terre, fondée sur l'enregistrement des ondes sismiques issues d'une source artificielle après qu'elles aient parcouru un assez long trajet en projection horizontale dans le sous-sol.

SISMOGRAMME n. m. Tracé d'un sismographe.

SISMOGRAPHE ou **SÉISMOGRAPHE** n. m. Instrument très sensible, destiné à enregistrer l'heure, la durée et l'amplitude des tremblements de terre.

SISMOLOGIE ou **SÉISMOLOGIE** n. f. Science des tremblements de terre.

SISMOLOGIQUE adj. Relatif à la sismologie.

SISMOLOGUE n. Spécialiste de sismologie.

SISMOMÉTRIE n. f. Ensemble des techniques d'enregistrement des ondes sismiques.

SISMOTHÉRAPIE n. f. *Psychiatr.* Syn. de ÉLECTROCHOC.

SISSONNE ou **SISSONE** n. m. ou f. *Chorégr.* Saut effectué après un plié et un appel des deux pieds, suivi d'une retombée sur un seul.

SISTER-SHIP [sistœrʃip] n. m. (mot angl.) [pl. *sister-ships*]. Navire exactement semblable à un autre.

SISTRE n. m. (lat. *sistrum*; mot gr.). Instrument de musique antique à percussion, dont les éléments mobiles se heurtent contre leur cadre lorsqu'on le secoue.

SISYMBRE n. m. (gr. *sisumbrion*). Plante herbacée de la famille des crucifères, appelée aussi *roquette*, *vélar*, et dont une espèce est l'*herbe aux chantres*.

SITAR n. m. (mot hindī). Instrument de musique indien, à cordes pincées.

SITARISTE n. Joueur de sitar.

SITE n. m. (it. *sito*; lat. *situs*, situation). Paysage considéré du point de vue de l'harmonie ou du pittoresque. ‖ *Géogr.* Configuration propre du lieu occupé par un établissement humain et qui lui fournit les éléments locaux de vie matérielle et les possibilités d'extension (ravitaillement en eau, nature du sol, matériaux de construction). ● *Angle de site* (Mil.), angle formé par la ligne de site avec le plan horizontal. (V. TIR.) ‖ *En site propre*, se dit d'une voie réservée à un seul type de transport. ‖ *Ligne de site* (Mil.), ligne droite joignant une arme à son objectif au moment du tir.

SIT-IN [sitin] n. m. inv. (mot angl., de *to sit*, s'asseoir). Manifestation non violente consistant, pour les participants, à s'asseoir sur la voie publique ou en un lieu public quelconque.

SITIOMANIE n. f. (gr. *sition*, aliment). *Psychiatr.* Impulsion incoercible à manger d'une manière excessive.

SITOGONIOMÈTRE n. m. Appareil de mesure des angles de site, des écarts angulaires, etc.

SITOSTÉROL n. m. (gr. *sitos*, blé). Stérol d'origine végétale, présent dans le blé, le soja, etc.

SITÔT adv. *Litt.* Aussitôt : *sitôt dit, sitôt fait.* ● *De sitôt*, prochainement : *il ne reviendra pas de sitôt.* ◆ loc. conj. *Sitôt que*, dès que.

SITTELLE n. f. (gr. *sittê*, pivert). Passereau des

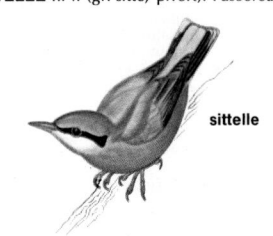

sittelle

forêts d'Europe occidentale, qui grimpe avec agilité sur les troncs. (Long. 15 cm.)

SITUATION n. f. Emplacement d'un édifice, d'un terrain relativement à l'espace environnant. ‖ État, condition d'une personne, d'une chose; état des affaires politiques, financières, etc., d'une nation : *être dans une situation brillante; la situation est critique.* ‖ État où se trouve une caisse, un approvisionnement, etc. ‖ Emploi rémunéré : *trouver une situation.* ‖ État caractéristique des personnages d'un récit, d'un drame : *situation dramatique.* ‖ *Géogr.* Localisation d'une ville par rapport à sa région. ‖ *Philos.* Pour Sartre, position vécue par l'individu dans le monde où il engage sa liberté. ● *En situation*, dans des conditions aussi proches que possible de celles de la réalité. ‖ *Être en situation de*, avoir la possibilité de.

SITUATIONNISME n. m. Mouvement contestataire des années 60, surtout développé dans le milieu universitaire.

PRINCIPE DU SISMOGRAPHE

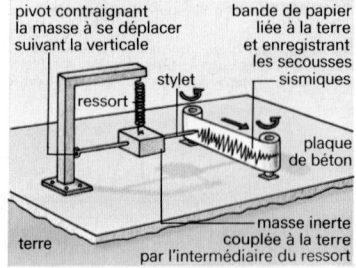

pivot contraignant la masse à se déplacer suivant la verticale — bande de papier liée à la terre et enregistrant les secousses sismiques — stylet — ressort — plaque de béton — masse inerte couplée à la terre par l'intermédiaire du ressort — terre

SITUATIONNISTE adj. et n. Qui relève du situationnisme.

SITUÉ, E adj. Se dit d'une ville, d'un édifice, etc., par rapport aux environs, à l'exposition : *maison bien située.*

SITUER v. t. (lat. *situs*, situation). Déterminer la place, la situation dans l'espace ou le temps : *situer une ville sur une carte.*

SIUM [sjɔm] n. m. Nom scientifique du *chervis* d'une plante aquatique à souche rampante de la famille des ombellifères.

ŚIVAÏSME ou **ÇIVAÏSME** [ʃivaism] n. m. Courant religieux issu de l'hindouisme, qui fait de Śiva un dieu plus important que Viṣṇu et Brahma et qui est à l'origine de plusieurs sectes.

SIX adj. et n. m. inv. (lat. *sex*). Nombre qui suit cinq dans la série naturelle des entiers. ‖ Sixième : *Charles six.*

SIXAIN n. m. → SIZAIN.

SIX-HUIT n. m. inv. *Mus.* Mesure à deux temps qui a la noire pointée (ou trois croches) pour unité de temps.

SIXIÈME adj. ord. et n. Qui occupe un rang marqué par le numéro six. ‖ Qui se trouve six fois dans le tout.

SIXIÈMEMENT adv. En sixième lieu, dans une énumération.

SIX-QUATRE-DEUX (À LA) loc. adv. *Fam.* Négligemment, très vite.

SIXTE n. f. *Mus.* Intervalle de six degrés.

sixte

SIZAIN ou **SIXAIN** n. m. Strophe de six vers. ‖ Poème de six vers présentant de nombreuses combinaisons de rimes. ‖ Paquet de six jeux de cartes.

SIZERIN n. m. (flamand *sisje*). Petit passereau commun dans les forêts des régions froides.

SKA n. m. Type de musique jamaïcaine, né au début des années 60.

SKAÏ [skaj] n. m. (nom déposé). Matériau synthétique imitant le cuir.

SKATEBOARD ou **SKATE** n. m. (angl. *to skate*, patiner, et *board*, planche). Sport qui consiste à exécuter des figures sur une planche

skateboard

Boissonnet-Larousse

munie de quatre roues, tout en conservant son équilibre; la planche elle-même. (Syn. PLANCHE À ROULETTES.)

SKEET [skit] n. m. (mot angl.). Sport qui consiste à tirer au fusil des plateaux d'argile projetés en l'air.

SKETCH [skɛtʃ] n. m. (mot angl., *esquisse*) [pl. *sketches*]. Œuvre dialoguée de courte durée, généralement comique, représentée au théâtre, au music-hall, à la télévision ou au cinéma. ‖ Exercice utilisé dans la formation du personnel d'entreprise et consistant à faire dialoguer deux personnes à qui on donne des rôles qu'elles sont chargées de respecter.

SKI n. m. (mot norvég.). Long patin, en bois, en métal ou en matières synthétiques, pour glisser sur la neige ou sur l'eau : *faire du ski; une station de ski.* ● *Ski alpin*, ski pratiqué sur des pentes généralement accentuées. ‖ *Ski de fond*, ski pratiqué sur des parcours de faible dénivellation. ‖ *Ski nautique*, sport dans lequel l'exécutant, tiré rapidement par un bateau à moteur, glisse sur l'eau en se maintenant sur un ou deux skis. ‖ *Ski nordique*, discipline sportive englobant notamment une course de ski de fond et un saut à partir d'un tremplin. ‖ *Ski de randonnée*, ski pratiqué généralement en haute montagne et hors des pistes balisées.

SKIABLE adj. Où l'on peut skier : *des pistes skiables.*

SKIASCOPIE n. f. (gr. *skia*, ombre, et *skopein*, examiner). Méthode permettant de déterminer d'une façon objective les caractéristiques optiques de l'œil, et fondée sur l'étude de l'ombre que porte la pupille sur la rétine.

SKIER v. i. Pratiquer le ski.

SKIEUR, EUSE n. Personne qui pratique le ski. ● *Éclaireur skieur*, fantassin d'une unité spécialisée dans les reconnaissances et le combat en haute montagne.

SKIFF n. m. (mot angl.; fr. *esquif*). Bateau de sport très étroit et très long, à un seul rameur.

SKINHEAD [skinɛd] adj. et n. (mot angl., *tondu*). Se dit des jeunes Anglais qui suivent une mode, dont une caractéristique consiste à se raser la tête.

SKIP n. m. (mot angl.). Benne glissant sur un châssis vertical ou incliné pour la manutention de matériaux. ‖ *Min.* Grande cuve se vidant par le bas ou par culbutage, remplaçant une cage d'extraction dans un puits.

SKIPPER [skipər] n. m. (mot angl.). Commandant de bord d'un yacht.

SKUA n. m. Grand stercoraire de l'Arctique, très agressif.

SKUNKS [skɔ̃s] n. m. (mot angl.) → SCONSE.

SKYE-TERRIER [skajterje] n. m. (mot angl.) [pl. *skye-terriers*]. Terrier de l'île de Skye.

SLALOM [slalɔm] n. m. (mot norvég.). Descente à skis sur un parcours sinueux jalonné de portes à franchir, marquées par des piquets surmontés de fanions. (Les portes sont plus nombreuses, plus étroites et plus rapprochées dans le *slalom spécial* que dans le *slalom géant*, qui constitue en fait une épreuve intermédiaire entre la descente et le véritable slalom, enchaînement rapide de virages.) ‖ *Parcours très sinueux, hérissé de virages.*

SLALOMER v. i. Effectuer un slalom.

SLALOMEUR, EUSE n. Spécialiste du slalom.

SLANG [slɑ̃g] n. m. (mot angl.). Argot anglais.

SLAVE adj. et n. Du groupe qui comprend les Russes, les Biélorusses, les Ukrainiens, les Polonais, les Serbes, les Tchèques, les Slovaques, etc.

SLAVE n. m. Ensemble de langues indo-européennes parlées en Europe orientale et centrale par les Slaves.

SLAVISANT, E ou **SLAVISTE** n. Spécialiste des langues slaves.

SLAVISER v. t. Donner le caractère slave.

SLAVISME n. m. Syn. rare de PANSLAVISME.

SLAVISTIQUE n. f. Science et étude des langues slaves.

SLAVON n. m. Langue artificielle développée à partir du vieux slave et utilisée anciennement comme langue religieuse et littéraire en Russie, en Serbie et en Bulgarie.

SLAVOPHILE adj. et n. *Hist.* Se disait de ceux qui prônaient les valeurs spirituelles traditionnelles propres à la Russie.

SLBM n. m. (sigle de *Submarine Launched Balistic Missile*). Missile balistique stratégique lancé d'un sous-marin.

SLIKKE [slik] n. f. (mot flamand). Partie des vasières recouverte à chaque marée.

SLIP n. m. (mot angl., de *to slip*, glisser). Culotte courte, servant de sous-vêtement ou de culotte de bain. ‖ *Mar.* Plan incliné pour haler à sec les navires à réparer.

sloop

SLOGAN n. m. (mot angl.). Phrase publicitaire, formule de propagande, brève et frappante.

SLOOP [slup] n. m. (néerl. *sloep*). Navire à voiles à un mât, n'ayant qu'un seul foc à l'avant.

SLOUGHI [slugi] n. m. (mot ar.). Variété de lévriers d'Afrique.

SLOVAQUE adj. et n. De Slovaquie.

SLOVAQUE n. m. Langue slave parlée en Slovaquie.

SLOVÈNE adj. et n. De Slovénie.

SLOW [slo] n. m. (angl. *slow*, lent). Fox-trot de tempo lent.

Sm, symbole chimique du *samarium.*

SMALA ou **SMALAH** n. f. (mot ar.). Ensemble des équipages de la maison d'un chef arabe. (La plus célèbre est celle d'Abd el-Kader, prise par les Français en 1843.) ‖ *Fam.* Famille nombreuse.

SMALTINE n. f. Arséniure naturel de cobalt, $CoAs_2$.

SMARAGDITE n. f. (lat. *smaragdus*, émeraude). Minéral d'un beau vert d'émeraude, du genre amphibole.

SMART [smart] adj. (mot angl.). *Fam.* Élégant.

SMASH [smatʃ] n. m. (mot angl.). *Sports.* Coup par lequel on rabat violemment la balle ou le ballon.

SMASHER [smatʃe] v. i. Effectuer un smash.

SMECTIQUE adj. (gr. *smêktikos*; de *smêkhein*, nettoyer). Se dit d'une substance servant à dégraisser la laine. ‖ *Phys.* Se dit d'un état mésomorphe dans lequel les centres des molécules sont situés dans des plans parallèles.

SMEGMA n. m. (mot gr.). Matière blanchâtre qui se dépose dans les replis des organes génitaux externes.

S.M.I.C. n. m. Sigle de SALAIRE MINIMUM INTERPROFESSIONNEL DE CROISSANCE, appelé aujourd'hui *salaire minimum de croissance.*

SMICARD, E n. *Fam.* Personne dont le salaire est égal au S.M.I.C.

SMILAX n. m. (mot lat.). Nom scientifique de la *salsepareille.*

SMILLAGE n. m. Dégrossissage des moellons bruts à l'aide de la smille.

SMILLE n. f. (gr. *smilê*). Marteau à deux pointes des tailleurs de pierre.

SMILLER v. t. Dresser avec la smille.

SMITHSONITE [smitsɔnit] n. f. Carbonate naturel de zinc $ZnCO_3$.

SMOCKS [smɔk] n. m. pl. (mot angl.). *Cout.* Fronces rebrodées sur l'endroit, servant de garniture à certains vêtements.

SMOG n. m. (mot angl.). Mélange de fumée et de brouillard, sévissant parfois au-dessus des concentrations urbaines et surtout industrielles.

SMOKING [smɔkiŋ] n. m. (angl. *smoking-jacket*). Costume habillé d'homme, à revers de soie.

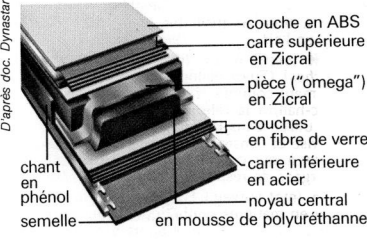

ski : passage d'une porte au cours d'une épreuve de slalom géant

ski : épreuve de descente

ski nautique

STRUCTURE D'UN SKI

couche en ABS
carre supérieure en Zicral
pièce ("omega") en Zicral
couches en fibre de verre
carre inférieure en acier
noyau central en mousse de polyuréthanne
chant en phénol
semelle

Sn, symbole chimique de l'*étain* (en lat. *stannum*).

SNACK-BAR (pl. *snack-bars*) ou **SNACK** n. m. (angl. *snack*, portion). Restaurant servant rapidement des repas à toute heure.

SNOB adj. et n. (mot angl.). Qui fait preuve de snobisme.

SNOBER v. t. Chercher à s'imposer à qqn par la situation, la facilité de parler, etc., ou le négliger.

SNOBINARD, E adj. et n. *Fam.* Un peu snob.

SNOBISME n. m. Admiration pour tout ce qui est en vogue, dans les milieux qui passent pour distingués.

SNOW-BOOT [snobut] n. m. (mot angl.) [pl. *snow-boots*]. Chaussure caoutchoutée et fourrée, pour la neige.

SOBRE adj. (lat. *sobrius*). Qui mange et qui boit avec modération. ‖ Qui garde la mesure, la modération en toute chose. ‖ Sans excès d'ornementation; simple : *un décor, un style sobre.*

SOBREMENT adv. D'une manière sobre.

SOBRIÉTÉ n. f. Comportement de qqn de sobre; caractère de ce qui est sobre.

SOBRIQUET n. m. Surnom, donné le plus souvent par dérision.

SOC n. m. (mot gaul.). Partie de la charrue qui creuse le sillon.

SOCIABILITÉ n. f. Qualité d'une personne sociable. ‖ *Sociol.* Caractère des relations entre personnes.

SOCIABLE adj. (lat. *sociabilis;* de *sociare,* associer). Qui recherche la compagnie de ses semblables. ‖ Avec qui il est facile de vivre : *caractère sociable et généreux.*

SOCIAL, E, AUX adj. Qui concerne la société, une collectivité humaine : *classes sociales.* ‖ Qui vit en société : *animal social.* ‖ Qui concerne une société de commerce : *raison sociale, signature sociale.* ‖ Qui concerne l'amélioration de la condition des travailleurs : *une politique sociale.* ‖ Qui concerne les rapports entre les groupes, les classes de la société : *climat social.* ● *Législation sociale,* ensemble des dispositions législatives et réglementaires relatives au monde du travail et aux transferts sociaux. ‖ *Psychologie sociale,* celle qui étudie les interactions entre l'individu et les groupes auxquels il appartient. ‖ *Sciences sociales,* ensemble des sciences (sociologie, économie, etc.) qui étudient les groupes humains, leur comportement, leur évolution, etc. ‖ *Travailleurs sociaux,* dans une collectivité, dans un établissement, personnes dont le statut consiste à apporter une aide, à rendre service aux membres de cette collectivité, de cet établissement. (On compte parmi les travailleurs sociaux les aides maternelles, les assistantes sociales, les éducateurs spécialisés, les animateurs culturels.)

SOCIAL-CHRÉTIEN adj. et n. m. (pl. *sociaux-chrétiens*). Qui se dit du parti démocrate-chrétien en Belgique (P. S. C.), et de ses membres.

SOCIAL-DÉMOCRATE adj. et n. (pl. *sociaux-démocrates*). Qui se dit d'un partisan de la social-démocratie.

SOCIAL-DÉMOCRATIE n. f. Dénomination du parti socialiste dans certains pays, notamment en Allemagne et en Scandinavie. ‖ Ensemble des organisations et des hommes politiques qui se rattachent au socialisme parlementaire et réformiste.

SOCIALEMENT adv. Relativement à la société.

SOCIAL-IMPÉRIALISME n. m. Politique impérialiste pratiquée au nom du socialisme.

SOCIALISANT, E adj. et n. Qui se rapproche du socialisme. ‖ Qui met l'accent sur les réalités économiques et sociales.

SOCIALISATION n. f. Action de socialiser.

SOCIALISER v. t. Déposséder par rachat, expropriation ou réquisition les personnes propriétaires de certains moyens de production ou d'échange, au bénéfice d'une collectivité. ‖ Adapter un individu aux exigences de la vie sociale.

SOCIALISME n. m. Dénomination de diverses doctrines économiques, sociales et politiques,

reliées par une commune condamnation de la propriété privée des moyens de production et d'échange.

■ À la base du socialisme, on trouve la dénonciation des inégalités sociales, dénonciation qui, de Platon à Gracchus Babeuf, n'a qu'un fondement moral. Ensuite viendront les explications techniques des inégalités, puis des propositions de palliatifs (Sismondi, Saint-Simon); c'est ainsi qu'apparaissent à la fin du XIXᵉ s. le *socialisme d'État* (Rodbertus, Lassalle), ou *socialisme de la chaire,* puis, au XXᵉ s., l'interventionnisme qui préconise l'intervention de l'État dans l'économie, l'internationalisme prolétarien, qui s'appuie sur la solidarité des exploités, etc. Le socialisme véritable met en cause les institutions, et non plus seulement leur fonctionnement. Les saint-simoniens (Enfantin, Bazard) et les associationnistes (Fourier et Louis Blanc en France, Owen en Grande-Bretagne) préconisent la substitution au régime de la propriété privée soit d'une socialisation étatique, soit d'un fédéralisme d'associations de producteurs, qui s'est, depuis, partiellement concrétisé dans le mouvement coopératif (dont la branche « coopératives de consommation » a connu une certaine réussite, alors que la branche « coopératives de production », davantage dans la ligne de pensée des associationnistes, a végété). Avec Marx et Engels apparaît le *socialisme scientifique* ou *marxisme*,* qui ne se borne pas à imaginer une transformation de structures, mais déclare que cette transformation est inéluctable, qu'elle est la conséquence logique des contradictions internes du régime capitaliste. Le marxisme constitue le fondement théorique de plusieurs partis socialistes. Prolongé par Lénine, il est à la base de l'activité doctrinale et pratique de divers partis communistes.

SOCIALISTE adj. et n. Qui appartient au socialisme. ● *Parti socialiste,* nom porté habituellement par les organismes socialistes politiques, notamment en France (où le parti socialiste [P. S.] a remplacé en 1971 la S. F. I. O., elle-même héritière [1905] du parti ouvrier français [P. O. F.], fondé en 1879), en Belgique (où le parti socialiste belge [P. S. B.] a remplacé depuis 1945 le parti ouvrier belge [P. O. B.], fondé en 1885) et en Italie (où le premier parti socialiste naquit en 1882; ressuscité en 1945, il se scinda, en 1947, en deux branches principales).

SOCIALITÉ n. f. Instinct social.

SOCIAL-RÉVOLUTIONNAIRE adj. et n. m. (pl. *sociaux-révolutionnaires*). S'est dit d'un parti politique russe (et de ses membres) créé en 1901-1902 et qui fut éliminé par les bolcheviks après 1918.

SOCIÉTAIRE adj. et n. Qui fait partie d'une société, d'une mutuelle, etc. ● *Sociétaire de la Comédie-Française,* acteur qui possède un certain nombre de parts dans la distribution des bénéfices du théâtre.

SOCIÉTARIAT n. m. Qualité de sociétaire.

SOCIÉTÉ n. f. (lat. *societas;* de *socius,* compagnon). Réunion d'individus vivant en groupes organisés; milieu humain dans lequel une personne est intégrée : *société féodale, capitaliste.* ‖ Union de plusieurs personnes soumises à un règlement commun : *une société littéraire.* ‖ Réunion de gens qui s'assemblent pour converser, jouer, etc., qui ont une vie mondaine. ‖ *Litt.* Relations habituelles : *rechercher la société de qqn.* ‖ *Dr.* Groupement de plusieurs personnes ayant mis quelque chose en commun en vue de partager le bénéfice qui pourra en résulter, et auquel la loi reconnaît une personnalité morale considérée comme propriétaire du patrimoine social; (on donnant naissance à ce groupement. (On distingue les *sociétés commerciales,* dont l'objet principal est l'exécution d'actes de commerce, et les *sociétés civiles.*) ● *Haute société,* ensemble de personnes marquantes par leur condition sociale, par leur fortune. ‖ *Société animale,* groupe permanent et hiérarchisé d'animaux de la même espèce. ‖ *Société anonyme,* société de capitaux constituée entre des associés, appelés *actionnaires,* qui ne sont tenus qu'à hauteur de leur apport et qui peuvent céder les titres représentatifs de celui-ci. ‖ *Société de capitaux,* société commerciale dans laquelle chaque associé n'est engagé qu'à con-

currence de son apport (société en commandite par actions, société anonyme). ‖ *Société civile* (Philos.), associations d'individus humains reposant sur un contrat social dont les liens de réciprocité instituent un ordre économique ou politique. ‖ *Société nationale,* société qui assume un service public mais dont le statut se calque sur celui des sociétés anonymes. ‖ *Société de personnes* ou *par intérêts,* société commerciale dans laquelle chaque associé s'engage personnellement jusqu'à concurrence de sa fortune entière (société en nom collectif, société en commandite simple, société en participation). ‖ *Société à responsabilité limitée* (S. A. R. L.), société commerciale d'un type particulier, intermédiaire entre celui des sociétés de personnes et celui des sociétés de capitaux.

SOCINIANISME n. m. Doctrine du réformateur italien Socin, opposée aux dogmes de la divinité de Jésus-Christ et de la Trinité, qu'il considérait comme incompatibles avec le monothéisme.

SOCIOCENTRISME n. m. Tendance à concentrer l'attention sur la seule dimension sociale des événements historiques, passés ou actuels.

SOCIOCULTUREL, ELLE adj. Relatif aux structures sociales et à la culture qui contribue à les caractériser.

SOCIODRAMATIQUE adj. Relatif au sociodrame.

SOCIODRAME n. m. Forme de psychodrame s'adressant à un groupe et qui vise une catharsis collective.

SOCIO-ÉCONOMIQUE adj. Qui intéresse la société définie en termes économiques.

SOCIO-ÉDUCATIF, IVE adj. Qui intéresse l'éducation collective, la diffusion de la culture.

SOCIOGRAMME n. m. *Psychol.* Figure représentant les relations interindividuelles entre les membres d'un groupe restreint.

SOCIOLINGUISTIQUE n. f. Discipline qui étudie les relations entre le langage, la culture et la société.

SOCIOLOGIE n. f. Science des phénomènes sociaux, qui a pour objet soit la description systématique de comportements sociaux particuliers (*sociologie du travail, sociologie religieuse,* etc.), soit l'étude des « phénomènes sociaux totaux », qui vise à interpréter tout fait social au sein du groupe dans lequel il se manifeste, et qui a pour méthodes l'observation (analyse objective, sondages statistiques, etc.) et la constitution de modèles descriptifs.

SOCIOLOGIQUE adj. Relatif à la sociologie.

SOCIOLOGIQUEMENT adv. D'un point de vue sociologique.

SOCIOLOGISME n. m. Doctrine affirmant la primauté épistémologique des faits sociaux et celle de la sociologie, qui les étudie.

SOCIOLOGISTE adj. et n. Qui fait preuve de sociologisme.

SOCIOLOGUE n. Spécialiste de sociologie.

SOCIOMÉTRIE n. f. Étude des relations interindividuelles des membres d'un même groupe, recourant à des méthodes permettant de mesurer leurs rapports à l'aide d'indices numériques.

SOCIOMÉTRIQUE adj. Relatif à la sociométrie.

SOCIOPROFESSIONNEL, ELLE adj. Qui caractérise un groupe humain par le secteur économique et le niveau dans la hiérarchie sociale auquel il se situe.

SOCIOTHÉRAPIE n. f. *Psychiatr.* Ensemble des moyens visant à la réduction des troubles mentaux par l'utilisation de l'interaction entre l'individu et son milieu de vie.

SOCLE n. m. (it. *zoccolo,* sabot). Base surélevant une statue, un support (colonne, pilier), etc. ‖ *Géol.* Ensemble de terrains anciens, essentiellement plutoniques et métamorphiques, aplanis par l'érosion, recouverts ou non par des sédiments plus récents.

SOCQUE n. m. (lat. *soccus,* sandale). Dans l'Antiquité, chaussure basse des acteurs comiques. ‖ Chaussure à semelle de bois.

SOCQUETTE n. f. (nom déposé). Chaussette basse s'arrêtant à la cheville.

SOCRATIQUE adj. Relatif à Socrate et à sa philosophie.

SODA n. m. (angl. *soda water*, eau de soude). Boisson gazeuse faite d'eau chargée de gaz carbonique, additionnée de sirop de fruit.

SODÉ, E adj. Qui contient de la soude.

SODIQUE adj. Qui contient du sodium.

SODIUM [sɔdjɔm] n. m. (de *soude*). Métal (Na), nº 11, de masse atomique 22,98, de densité 0,97, fondant à 98 ⁰C, très répandu dans la nature à l'état de chlorure (sel marin et sel gemme) et de nitrate. (Blanc et mou, il s'altère rapidement à l'air humide, en donnant naissance à de la soude caustique. Comme il réagit violemment sur l'eau, on le conserve dans le pétrole.)

SODOKU n. m. (mot jap.). Maladie infectieuse due à un spirille, transmise par morsure de rat, qui sévit en Extrême-Orient et qui se manifeste par des accès fébriles et par une éruption cutanée.

SODOMIE n. f. (de *Sodome*). Coït anal.

SODOMISER v. t. Pratiquer la sodomie.

SODOMITE n. m. Celui qui pratique la sodomie.

SŒUR n. f. (lat. *soror*). Fille née du même père et de la même mère qu'une autre personne, ou de l'un des deux seulement. ‖ Nom donné couramment aux religieuses. ● *Bonne sœur*, religieuse. ‖ *Les Neuf Sœurs*, les Muses. ◆ adj. Se dit de choses qui ont beaucoup de rapports.

SŒURETTE n. f. *Fam.* Petite sœur.

SOFA n. m. (mot ar.). Sorte de canapé ou de lit de repos à trois dossiers, rembourré.

SOFFITE n. m. (it. *soffito*; lat. *suffixus*, suspendu). *Archit.* Face inférieure dégagée d'un linteau, d'une plate-bande, d'un larmier; plafond à caissons.

SOFTWARE [sɔftwɛr] n. m. (mot angl., de *soft*, mou, et *ware*, marchandise). *Inform.* Syn. de LOGICIEL.

SOI pron. pers. réfléchi de la 3ᵉ pers. et des deux genres (lat. *se*). Se rapporte ordinairement à un sujet déterminé. ‖ *En soi*, de nature. ‖ *Sur soi*, sur sa personne : *n'avoir pas d'argent sur soi.*

SOI-DISANT adj. inv. et adv. Qui prétend être, qu'on ne reconnaît pas pour tel : *les soi-disant philosophes*. ‖ À ce qu'on prétend : *ils sont partis, soi-disant pour aller le chercher.*

SOIE n. f. (lat. *saeta*, poil rude). Substance à base de fibroïne et de séricine, sécrétée sous forme de fil fin et brillant par divers arthropodes (certaines chenilles, diverses araignées). ‖ Étoffe faite avec la soie produite par la chenille du bombyx du mûrier, ou *ver à soie*. ‖ Poil dur et

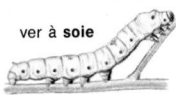

ver à soie

raide du porc, du sanglier et de certains invertébrés (lombric, polychètes). ‖ Partie du fer d'une arme blanche, d'un couteau, qui pénètre dans le manche, dans la poignée. ● *Papier de soie*, papier très fin et translucide. ‖ *Soie végétale*, poils longs et soyeux qui entourent les graines de certaines plantes.

SOIERIE n. f. Tissu de soie. ‖ Fabrication, commerce de la soie; fabrique de soie.

SOIF n. f. (lat. *sitis*). Besoin de boire. ‖ Désir passionné : *soif de l'or.* ● *Jusqu'à plus soif* (Fam.), d'une façon excessive.

SOIFFARD, E n. *Fam.* Personne qui boit trop.

SOIGNANT, E adj. et n. Qui donne des soins. ● *Aide soignant(e)*, personne chargée de donner des soins aux malades, mais qui n'a pas de diplôme d'infirmier ou d'infirmière.

SOIGNÉ, E adj. Qui prend soin de sa personne, élégant. ‖ Exécuté avec soin : *travail soigné*. ‖ *Fam.* Fort, important : *un rhume soigné.*

SOIGNER v. t. (mot francique). Avoir soin de qqn, de qqch, s'en occuper : *soigner un malade;*

soigner sa santé. ‖ Apporter de l'application à qqch : *soigner son style.*

SOIGNEUR n. m. Celui qui prend soin de l'état physique d'un athlète.

SOIGNEUSEMENT adv. Avec soin.

SOIGNEUX, EUSE adj. Qui apporte du soin à ce qu'il fait : *écolier soigneux.* ‖ Qui prend soin de : *soigneux de sa personne.* ‖ Fait avec soin : *soigneuses recherches.*

SOIN n. m. (mot francique). Attention, application à qqch : *objet travaillé avec soin.* ‖ Charge, devoir de veiller à qqch : *confier à qqn le soin de ses affaires.* ● *Avoir, prendre soin de*, être attentif à, veiller sur. ◆ pl. Moyens par lesquels on s'efforce de rendre la santé à un malade. ● *Aux bons soins de*, formule inscrite sur une lettre pour demander au destinataire de la faire parvenir à une seconde personne. ‖ *Être aux petits soins pour qqn*, avoir pour lui des attentions délicates.

SOIR n. m. (lat. *sero*, tard). Dernière partie du jour.

SOIRÉE n. f. Espace de temps depuis le déclin du jour jusqu'au moment où l'on se couche. ‖ Fête, réunion dans la soirée, pour causer, jouer, etc. : *une soirée dansante.* ● *En soirée* (par oppos. à EN MATINÉE), se dit d'une représentation donnée dans la soirée (vers 21 heures).

SOIT [swa] conj. (lat. *sit*). Marque une alternative : *soit l'un, soit l'autre;* une supposition : *soit 4 à multiplier par 3;* une explication (c'est-à-dire) : *il a perdu une forte somme, soit un million.* ‖ *Tant soit peu*, très peu. ◆ loc. conj. *Soit que*, indique une alternative (suivi du subjonctif) : *soit que vous restiez, soit que vous partiez.*

SOIT [swat] adv. Admettons; oui : *vous aimez mieux cela, soit.*

SOIT-COMMUNIQUÉ n. m. *Ordonnance de soit-communiqué* (Dr.), ordonnance par laquelle un juge d'instruction communique le dossier de sa procédure au parquet, pour que celui-ci prenne ses réquisitions.

SOIXANTAINE n. f. Groupe de soixante unités ou environ. ‖ Âge d'à peu près soixante ans.

SOIXANTE adj. num. et n. m. inv. (lat. *sexaginta*). Six fois dix. ‖ Soixantième : *page soixante.*

SOIXANTE-HUITARD, E adj. et n. *Fam.* Se dit de celui, de celle qui a participé aux événements de mai 1968, qui a été influencé par le mouvement de cette époque.

SOIXANTIÈME adj. ord. et n. Qui occupe un rang marqué par le nombre soixante. ‖ Qui se trouve soixante fois dans le tout.

SOJA ou **SOYA** n. m. (mot mandchou). Plante oléagineuse grimpante, voisine du haricot, originaire d'Asie, qui fournit des graines dont on extrait de l'huile et de la farine, et des pousses utilisées comme légume et comme fourrage.

fruit

SOJA

SOL n. m. (lat. *solum*, base). Terre considérée quant à sa nature et à ses capacités de production. ‖ Terrain sur lequel on bâtit, on marche : *sol peu stable.* ‖ Surface d'un plancher : *sol carrelé.* ‖ *Pédol.* Partie superficielle de l'écorce terrestre, au contact avec l'atmosphère, et qui est soumise à l'action de l'érosion, des animaux

et des végétaux, aboutissant à l'altération et à l'ameublissement des roches. ● *Coefficient d'occupation du sol (C. O. S.)*, nombre qui, multiplié par la superficie d'un terrain, donne la surface de plancher autorisée. ‖ *Mécanique des sols*, branche de la mécanique générale étudiant tous les problèmes de massifs et d'infrastructure dans les travaux publics et le génie civil. ‖ *Plan d'occupation des sols (P. O. S.)*, document d'urbanisme qui fixe les conditions et les servitudes relatives à l'utilisation des sols.

SOL n. m. (de *solution*). Dispersion colloïdale de particules dans un gaz (aérosol) ou dans un liquide.

SOL n. m. Unité monétaire principale du Pérou.

SOL n. m. inv. *Mus.* Cinquième degré de la gamme de *do;* signe qui représente cette note.

sol

clef de « sol »

● *Clef de «sol»*, clef indiquant l'emplacement de cette note.

SOLAIRE adj. (lat. *solaris*). Relatif au Soleil : *rayon, année solaire.* ‖ Qui protège du soleil : *crème solaire.* ‖ Relatif à l'énergie fournie par le Soleil : *four solaire.* ● *Centrale solaire*, centrale de production d'énergie électrique à partir de l'énergie solaire. ‖ *Constante solaire*, puissance du rayonnement solaire avant son entrée dans l'atmosphère. ‖ *Four solaire*, appareil dans lequel on utilise la chaleur rayonnée par le Soleil pour obtenir des températures élevées. ‖ *Plexus solaire* (Anat.), plexus des systèmes sympathiques, situé entre l'estomac et la colonne vertébrale. ‖ *Système solaire*, ensemble du Soleil et des astres qui gravitent autour de lui. ‖ *Vent solaire*, flux de particules chargées émis en permanence par le Soleil; vent de beau temps dont la direction reste toute la journée celle du soleil.

V. ill. page suivante

SOLAIRE n. m. Ensemble des techniques, des industries qui mettent en œuvre l'énergie solaire.

SOLANACÉE n. f. (lat. *solanum*, morelle). Plante gamopétale telle que la *pomme de terre*, la *tomate*, la *belladone*, le *tabac*, le *pétunia*. (Les *solanacées* forment une famille.)

SOLARIGRAPHE n. m. Appareil pour mesurer le rayonnement solaire.

SOLARIUM [sɔlarjɔm] n. m. (mot lat.) [pl. *solariums*]. Établissement où l'on traite certaines affections par la lumière solaire. ‖ Emplacement aménagé pour les bains de soleil.

SOLDANELLE n. f. (anc. prov. *soltz*, viande à la vinaigrette). Genre de primulacées à fleurs violettes, des pays montagneux.

SOLDAT n. m. (it. *soldato;* de *soldare*, payer une solde). Homme équipé et instruit par l'État pour la défense du territoire. ‖ Premier grade de la hiérarchie des hommes du rang dans les armées de terre et de l'air. ‖ Tout homme qui sert ou qui a servi dans les armées. ‖ Chez les termites, caste d'individus à tête et à mandibules énormes, chargés de la défense de la société. ● *Jouer au petit soldat* (Fam.), adopter une attitude téméraire. ‖ *Soldat de 1ʳᵉ classe*, soldat titulaire d'une distinction en raison de sa conduite.

SOLDATE n. f. *Fam.* Femme soldat.

SOLDATESQUE adj. Qui a la rudesse du soldat : *manières soldatesques.*

SOLDATESQUE n. f. Troupe de soldats indisciplinés.

SOLDE n. f. (it. *soldo*, pièce de monnaie). Traitement des militaires et de certains fonction-

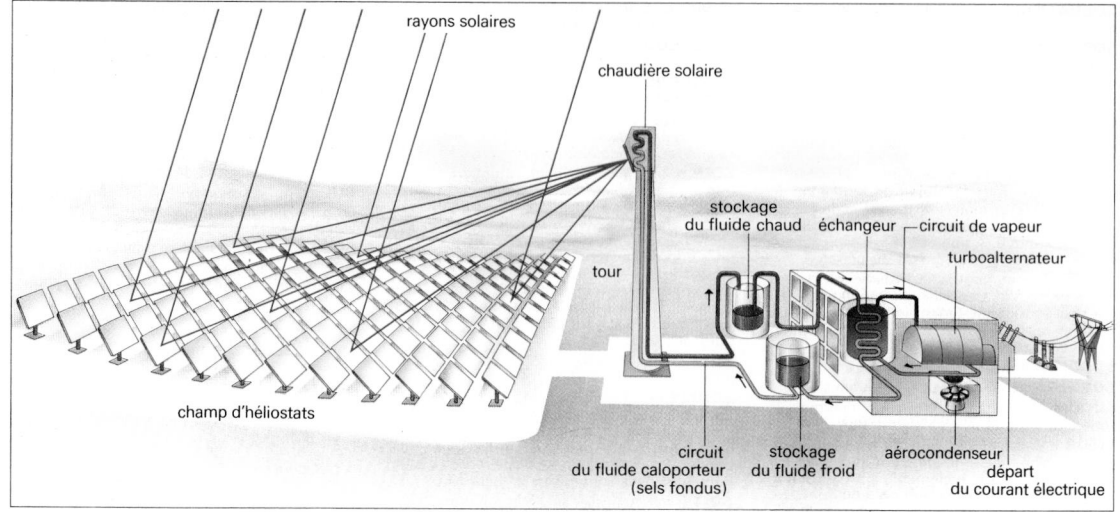

CENTRALE THERMIQUE SOLAIRE « THEM »

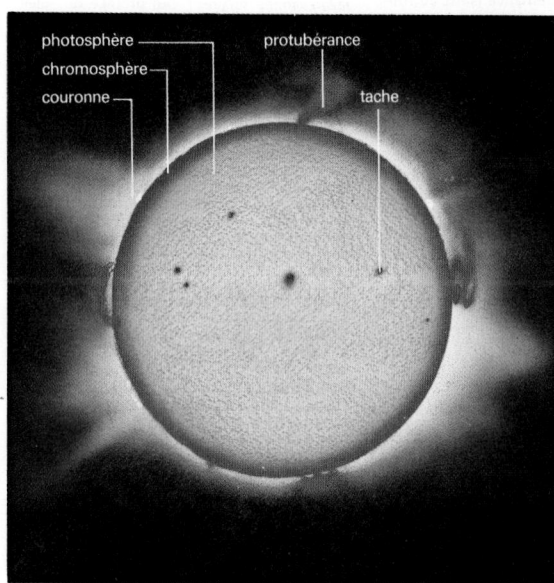

SOLEIL

photosphère
chromosphère
couronne
protubérance
tache

naires assimilés. ● *Être à la solde de qqn* (Péjor.), être payé pour défendre ses intérêts.

SOLDE n. m. (de *solder*). Différence entre le débit et le crédit d'un compte. ‖ Reliquat d'une somme à payer. ‖ Marchandise vendue au rabais. ● *Solde migratoire,* bilan entre les mouvements d'immigration et d'émigration dans une région, un État. ‖ *Solde naturel,* bilan entre les naissances et les décès dans une région, un État.

SOLDER v. t. (it. *soldare*). Acquitter une dette, régler un compte : *solder un mémoire.* ‖ Vendre des marchandises au rabais. ‖ *Mil.* Verser une solde à des troupes (vx). ◆ **se solder** v. pr. [**par**]. Avoir pour résultat : *se solder par un échec.*

SOLDEUR, EUSE n. Personne qui achète des marchandises dépréciées pour les revendre.

SOLE n. f. (lat. pop. *sola;* de *solea,* sandale). Poisson plat, ovale, très recherché pour la délicatesse de sa chair.

SOLE n. f. (lat. *solea,* sandale). Partie des terres labourables d'une exploitation, affectée à l'une des cultures de l'assolement. ‖ Plaque cornée formant le dessous du sabot d'un animal. ‖ Pièce horizontale de la charpente soutenant le bâti d'une machine. ‖ Fond d'un bateau plat. ‖ *Min.* Dessous d'une galerie. ● *Sole d'un four,* partie d'un four sur laquelle on place les produits à traiter.

SOLEÁ n. f. (mot esp.) [pl. *soleares*]. Chant et

sole

danse populaires andalous, graves et mélancoliques.

SOLÉAIRE adj. et n. m. (de *sole*). *Anat.* Se dit d'un muscle placé à la partie postérieure de la jambe.

SOLÉCISME n. m. (de *Soles,* v. de Cilicie où l'on parlait un grec incorrect). Construction syntaxique s'écartant de la forme grammaticale admise. (Ex. : *quoiqu'il est tard,* pour *quoiqu'il soit tard.*)

SOLEIL n. m. (lat. *sol, solis*). Étoile autour de laquelle gravite la Terre. (Dans ce sens, s'écrit avec une majuscule.) ‖ La lumière, la chaleur, le rayonnement du Soleil; temps ensoleillé. ‖ Étoile quelconque : *chaque galaxie contient des milliards de soleils.* ‖ Pièce d'artifice tournante, qui jette des feux en forme de rayons. ‖ Cercle rayonnant, image du Soleil. ‖ *Bot.* Nom usuel de l'*hélianthe.* ‖ *Sports.* Figure à la barre fixe. ● *Bien au soleil,* propriété immobilière. ‖ *Le Roi-Soleil,* Louis XIV. ‖ *Sous le soleil,* sur la Terre, dans le monde.
■ Le Soleil est une étoile dont l'énergie provient des phénomènes thermonucléaires de transformation de l'hydrogène en hélium. Sa température superficielle moyenne est estimée à 5 800 K. La surface lumineuse, ou *photosphère,* présente l'aspect d'un réseau à mailles irrégulières, formé par une multitude de points brillants, appelés *granules,* en perpétuelle évolution. Dans cette couche, instable, apparaissent des *taches* sombres d'une très grande diversité de forme et d'étendue, qui correspondent à des zones plus froides. On y observe également des *facules,* régions très brillantes qui sont les traces sur la photosphère de structures situées dans une couche plus élevée, la *chromosphère,* siège des *protubérances.* Au-delà de la chromosphère, épaisse d'environ 5 000 km, l'atmosphère solaire se prolonge par la *couronne,* qui s'étend dans l'espace jusqu'à des millions de kilomètres. Le globe solaire, considéré comme sphérique, a un rayon égal à 696 000 km, soit environ 109 fois le rayon équatorial de la Terre. Sa densité n'est que de 1,41, de sorte que sa masse est seulement 333 000 fois celle de la Terre, pour un volume 1 300 000 fois plus important. La distance moyenne de la Terre au Soleil est de 149 600 000 km : le rayonnement solaire met environ 8 min pour parvenir jusqu'à nous.

SOLEN [sɔlɛn] n. m. (gr. *sôlên,* canal). Mollusque bivalve, à coquille allongée, appelé usuellement *couteau,* et qui vit enfoncé dans le sable des plages. (Long. 20 cm.)

SOLENNEL, ELLE [sɔlanɛl] adj. (lat. *sollemnis*). Célébré par des cérémonies religieuses revêtant un certain éclat : *service solennel.* ‖

Pompeux, majestueux, emphatique : *ton solennel.* ● *Acte solennel* (Dr.), acte soumis à des formes précises mettant en cause sa validité.

SOLENNELLEMENT adv. De façon solennelle.

SOLENNISER v. t. Célébrer publiquement et avec pompe.

SOLENNITÉ n. f. Fête solennelle : *la solennité de Pâques.* ‖ Cérémonie publique qui accompagne une fête. ‖ Emphase, affectation de gravité : *parler avec solennité.* ‖ Dr. Formalités, actes qui donnent de l'importance à un fait.

SOLÉNOÏDAL, E, AUX adj. Relatif au solénoïde.

SOLÉNOÏDE n. m. (gr. *sôlên*, canal, et *eidos*, forme). *Électr.* Fil métallique enroulé en hélice sur un cylindre, et qui, parcouru par un courant, crée un champ magnétique comparable à celui d'un aimant droit.

SOLERET n. m. (anc. fr. *soler*, soulier). Partie de l'armure qui protégeait le pied.

SOLFATARE [sɔlfatar] n. f. (it. *solfatara*). Dépôt de soufre, résultant d'émanations de gaz sulfurés qui sortent d'un volcan au repos.

SOLFÈGE n. m. (it. *solfeggio*). Action de solfier. ‖ Recueil d'exemples progressifs servant à la lecture des notes.

SOLFIER v. t. Chanter un morceau de musique en nommant les notes.

SOLICITOR n. m. (mot angl.). Homme d'affaires anglais dont les fonctions s'apparentent à celles de l'avoué et du notaire français.

SOLIDAGO n. m. Plante à fleurs jaunes, assez souvent cultivée comme ornementale. (Famille des composées ; nom usuel : *verge d'or*.)

SOLIDAIRE adj. (lat. *in solidum*, solidairement). Il a d'autres par des intérêts communs : *ils sont solidaires les uns des autres.* ‖ Se dit de choses qui dépendent l'une de l'autre. ‖ Se dit des personnes qui répondent juridiquement les unes des autres. ● *Obligation solidaire* (Dr.), celle aux termes de laquelle l'un des créanciers peut réclamer la totalité de la créance, ou pour laquelle l'un des débiteurs peut se voir poursuivre pour la totalité de la dette.

SOLIDAIREMENT adv. Avec solidarité.

SOLIDARISER (SE) v. pr. [avec]. Se déclarer solidaire.

SOLIDARITÉ n. f. Dépendance mutuelle entre les hommes. ‖ Sentiment qui pousse les hommes à s'accorder une aide mutuelle. ‖ Dr. Modalité d'une obligation faisant obstacle à sa division. ● *Solidarité ministérielle*, principe voulant que chacun des ministres soit responsable des décisions collégiales prises par le gouvernement dont il fait partie.

SOLIDE adj. (lat. *solidus*, massif). Qui a une forme propre, une consistance (par oppos. à FLUIDE) : *corps solide.* ‖ Vigoureux, fortement constitué : *solide gaillard.* ‖ Ferme, capable de durer, de résister : *bâtiment solide.* ‖ Qui a un fondement réel, effectif, durable : *de solides raisons.* ‖ Qui est ferme dans ses opinions, ses sentiments : *un esprit solide.* ‖ Important : *un solide coup de poing.* ‖ Phys. Se dit d'un état de la matière dans lequel les atomes oscillent autour de positions fixes ayant une distribution soit arbitraire (solides amorphes), soit ordonnée (cristaux).

SOLIDE n. m. Corps dont les différents points sont à des distances invariables, de sorte que sa forme et son volume sont déterminés. ‖ Math. Portion d'espace bien délimitée et envisagée comme un tout indéformable.

SOLIDEMENT adv. De façon solide.

SOLIDIFICATION n. f. Passage d'un corps de l'état liquide à l'état solide.

SOLIDIFIER v. t. Faire passer à l'état solide. ◆ se solidifier v. pr. Devenir solide.

SOLIDITÉ n. f. Qualité de ce qui est solide.

SOLIFLORE n. m. Vase destiné à ne contenir qu'une seule fleur.

SOLIFLUXION ou **SOLIFLUCTION** n. f. *Géogr.* Glissement en masse, sur un versant, de la partie superficielle du sol gorgée d'eau, qui se produit surtout dans les régions froides lors du dégel.

SOLILOQUE n. m. (lat. *solus*, seul, et *loqui*, parler). Entretien d'un homme avec lui-même ; monologue.

SOLILOQUER v. i. Se parler à soi-même.

SOLIN n. m. (de *sole*). *Constr.* Couvre-joint formé de mortier, de tuiles, d'ardoises, etc., à la jonction d'un versant de toit et du mur contre lequel ce versant s'appuie, ou autour des souches de cheminée, pour assurer l'étanchéité.

SOLIPÈDE adj. et n. m. (lat. *solidus*, massif, et *pes, pedis*, pied). *Zool.* Dont le pied ne présente qu'un doigt terminé par un sabot.

SOLIPÈDE n. m. Syn. de ÉQUIDÉ.

SOLIPSISME n. m. (lat. *solus*, seul, et *ipse*, soi-même). *Philos.* Doctrine idéaliste, affirmant que rien n'existe en dehors de la pensée individuelle et que seul existe le sujet.

SOLISTE n. Artiste qui exécute un solo ; équivalent d'étoile dans une troupe de danse moderne.

SOLITAIRE adj. et n. (lat. *solitarius* ; de *solus*, seul). Qui est seul, qui aime à être, à vivre seul. ◆ adj. Qui est placé dans un lieu écarté, désert : *hameau solitaire.* ‖ Qui se fait, qui se passe dans la solitude.

SOLITAIRE n. m. Vieux sanglier mâle. ‖ Diamant monté seul. ‖ Jeu de combinaisons, auquel on joue seul. ‖ Bateau sur lequel un seul homme est embarqué.

SOLITAIREMENT adv. De façon solitaire.

SOLITUDE n. f. (lat. *solitudo* ; de *solus*, seul). État d'une personne seule, retirée du monde ; isolement.

SOLIVE n. f. (de *sole*). Pièce de charpente horizontale supportant un plancher et reposant sur des poutres ou des sablières, ou appuyée sur des blochets ou le mur.

SOLIVEAU n. m. Petite solive.

SOLLICITATION n. f. Demande instante.

SOLLICITER v. t. (lat. *sollicitare*, inquiéter). Demander avec déférence : *solliciter une audience.* ‖ Attirer, provoquer : *solliciter l'attention des spectateurs.* ‖ Faire appel à qqn pour faire qqch. ‖ *Solliciter un cheval*, l'exciter, l'animer.

SOLLICITEUR, EUSE n. Personne qui sollicite une place, une grâce, une faveur.

SOLLICITUDE n. f. (lat. *sollicitudo*). Soins attentifs, affectueux.

SOLO n. m. (mot it., *seul*) [pl. *solos* ou *soli*]. *Mus.* Morceau joué ou chanté par un seul artiste, que les autres accompagnent. ‖ Chorégr. Partie d'un ballet dansée par un seul artiste. ◆ adj. Qui joue seul : *violon solo.*

SOLOGNOT, E adj. et n. De la Sologne.

SOLSTICE n. m. (lat. *solstitium* ; de *sol*, soleil, et *stare*, s'arrêter). *Astron.* Chacun des deux points de l'écliptique les plus éloignés de l'équateur céleste ; époque de l'année à laquelle le Soleil atteint l'un de ces points.

■ Les solstices sont situés sur le diamètre de l'écliptique perpendiculaire à la ligne des équinoxes. Le passage du Soleil en ces points, le 21 ou le 22 juin et le 21 ou le 22 décembre, marque respectivement le début de l'été et celui de l'hiver ou le jour le plus long et le jour le plus court de l'année dans l'hémisphère Nord. (La situation est inverse dans l'hémisphère Sud.)

SOLSTICIAL, E, AUX adj. Relatif aux solstices.

SOLUBILISATION n. f. Action de solubiliser.

SOLUBILISER v. t. Rendre soluble.

SOLUBILITÉ n. f. Qualité de ce qui est soluble.

SOLUBLE adj. (lat. *solubilis* ; de *solvere*, dissoudre). Qui peut se dissoudre dans un solvant : *le sucre est soluble dans l'eau.* ‖ Qui peut être résolu : *problème soluble.*

SOLUTÉ n. m. Solution d'une substance médicamenteuse. ‖ Chim. Corps dissous.

SOLUTION n. f. (lat. *solutio* ; de *solvere*, délier). Dénouement d'une difficulté, réponse à une question, à un problème : *la solution d'un rébus.* ‖ Conclusion, action de terminer : *affaire qui demande une prompte solution.* ‖ Mélange homogène, et ayant une seule phase, de deux ou plusieurs corps, en particulier, liquide contenant un corps dissous : *une solution sucrée.* ‖ Math. Système de valeurs des inconnues satisfaisant à une équation ou un système d'équations. ● *Solution solide*, mélange homogène de plusieurs solides.

SOLUTIONNER v. t. Fam. Donner une solution à, résoudre : *solutionner un problème.*

SOLUTRÉEN, ENNE adj. et n. m. (de *Solutré-Pouilly*, Saône-et-Loire). Se dit d'un faciès culturel du paléolithique supérieur, caractérisé par une retouche plate en écaille sur les deux faces de l'outil (feuille de laurier). [Centré sur le sud-ouest de la France, le solutréen a précédé le magdalénien (20000-15000 av. J.-C.) et a produit de remarquables œuvres d'art dont les bas-reliefs sculptés au Roc-de-Sers et au Fourneau-du-Diable.]

SOLVABILITÉ n. f. Le fait d'être solvable.

SOLVABLE adj. (lat. *solvere*, payer). Qui a les moyens de payer ses créanciers.

SOLVANT n. m. Substance capable de dissoudre un corps et qui sert généralement de diluant ou de dégraissant.

SOLVATATION n. f. Agrégation de molécules de solvant avec les ions du soluté.

SOLVATE n. m. Combinaison chimique d'un corps dissous avec son solvant.

SOMA n. m. (gr. *sôma*, corps). *Biol.* Ensemble des cellules non reproductrices des êtres vivants (par oppos. au GERMEN).

SOMATION n. f. *Biol.* Variation atteignant seulement le soma d'un organisme, par conséquent non transmissible par hérédité (par oppos. à la MUTATION).

SOMATIQUE adj. (gr. *sôma, sômatos*, corps). Qui concerne le corps (par oppos. à PSYCHIQUE). ‖ Biol. Relatif au soma.

SOMATIQUEMENT adv. Du point de vue somatique.

SOMATISATION n. f. *Psychol.* Inscription d'un conflit psychique dans une affection somatique.

SOMATISER v. t. *Psychol.* Opérer une somatisation.

SOMATOTROPE adj. *Hormone somatotrope*, l'une des hormones de l'hypophyse, agissant sur la croissance.

SOMATOTROPHINE n. f. Syn. de HORMONE SOMATOTROPE.

SOMBRE adj. (bas lat. *subumbrare*). Peu éclairé : *maison sombre.* ‖ Foncé, mêlé de noir : *couleur sombre.* ‖ Mélancolique, taciturne, morne : *caractère sombre.* ‖ Qui ne laisse place à aucun espoir, inquiétant : *sombre avenir.*

SOMBRER v. i. Couler, être englouti dans l'eau : *navire qui sombre.* ‖ S'anéantir, se perdre : *sombrer dans la misère.*

SOMBRERO [sɔ̃brero] n. m. (mot esp.) [pl. *sombreros*]. Chapeau de feutre à larges bords.

SOMITE n. m. Zool. Syn. de MÉTAMÈRE.

SOMMABLE adj. Dont on peut calculer la somme. ‖ Math. Se dit d'une somme dont le nombre de termes tend vers l'infini, mais qui tend vers une limite finie.

SOMMAIRE adj. (lat. *summarium*, abrégé). Exposé en peu de mots, succinct : *analyse sommaire.* ‖ Qui est réduit à la forme la plus simple : *repas sommaire ; examen sommaire.* ● *Exécution sommaire*, faite sans jugement préalable.

SOMMAIRE n. m. Analyse abrégée d'un ouvrage ; liste des chapitres.

SOMMAIREMENT adv. De façon sommaire, brièvement, simplement.

SOMMATION n. f. Dr. Mise en demeure faite au débiteur d'une obligation d'avoir à exécuter celle-ci ; exploit d'huissier contenant une mise en demeure. ‖ Mil. Appel lancé par une sentinelle, un représentant qualifié de la force publique, enjoignant à une ou à plusieurs personnes de s'arrêter.

SOMMATION n. f. Math. Opération par laquelle on fait la somme de plusieurs quantités.

(Le signe de la sommation est Σ.) ‖ *Physiol.* Succession efficace de plusieurs excitations semblables, qui, isolément, seraient inefficaces, sur un muscle ou sur un nerf.

SOMME n. f. (lat. *summa;* de *summus,* qui est au point le plus haut). Ensemble de choses qui s'ajoutent. ‖ Résultat d'une addition. ‖ Quantité déterminée d'argent. ‖ Ouvrage qui résume un ensemble de connaissances. ● *Somme géométrique de plusieurs vecteurs,* résultat de la composition de ces vecteurs. ‖ *Somme logique* (Log.), ensemble de l'extension de deux ou plusieurs concepts. ‖ *Somme d'une série,* limite de la somme des *n* premiers termes de cette série, lorsque *n* tend vers l'infini. ‖ *Somme toute,* en somme, enfin, en résumé.

SOMME n. f. (lat. *sagma,* bât, charge). *Bête de somme,* animal propre à porter des fardeaux.

SOMME n. m. (lat. *somnus*). *Fam.* Temps plus ou moins long pendant lequel on dort.

SOMMEIL n. m. (lat. *somnus*). État d'une personne dont la vigilance se trouve suspendue de façon immédiatement réversible : *être plongé dans le sommeil.* ‖ Envie, besoin de dormir : *avoir sommeil.* ‖ État momentané d'inertie, d'inactivité : *mettre qqch en sommeil.* ‖ *Cure de sommeil* (Psychiatr.), thérapie de certains épisodes aigus par un sommeil plus ou moins profond artificiellement provoqué par des psychotropes. ‖ *Maladie du sommeil,* maladie contagieuse produite par un flagellé, le trypanosome, que transmet un diptère piqueur, la glossine, ou mouche tsé-tsé. (La maladie sévit en Afrique tropicale et équatoriale.) ‖ *Le sommeil éternel* (Litt.), la mort.

SOMMEILLER v. i. Dormir d'un sommeil léger. ‖ Exister à l'état latent : *passions qui sommeillent.*

SOMMELIER n. m. (anc. prov. *saumalier,* conducteur de bêtes de somme). Professionnel chargé du service des vins et liqueurs dans un restaurant.

SOMMELIÈRE n. f. En Suisse, serveuse dans un café, un restaurant.

SOMMELLERIE n. f. Fonction du sommelier.

SOMMER v. t. (de *somme*). Signifier à qqn, dans les formes établies, qu'il ait à faire qqch ; demander impérativement.

SOMMER v. t. *Math.* Faire la somme de.

SOMMER v. t. (anc. fr. *som*). *Archit.* Orner le sommet, surmonter.

SOMMET n. m. (anc. fr. *som,* sommet; lat. *summum,* point le plus élevé). Le haut, la partie la plus élevée : *le sommet d'une montagne.* ‖ Degré suprême d'une hiérarchie, point culminant. ● *Conférence au sommet,* ou *sommet,* conférence internationale réunissant les dirigeants de pays concernés par un problème particulier. ‖ *Sommet d'un angle* (Math.), point de rencontre des deux côtés de cet angle. ‖ *Sommet d'un angle solide,* d'un cône, point d'où partent toutes les génératrices de l'angle, du cône. ‖ *Sommet d'un polyèdre,* point de rencontre de trois ou moins de ses faces. ‖ *Sommet d'un polygone,* point de rencontre de deux côtés consécutifs. ‖ *Sommet d'un triangle,* sommet de l'un de ses angles ; sommet de l'angle opposé au côté pris pour base.

SOMMIER n. m. (bas lat. *sagma,* bât). Sorte de cadre muni de ressorts et supportant le matelas. ‖ Coffre d'un orgue. ‖ Gros registre utilisé par certains comptables publics. ‖ Traverse métallique maintenant les barreaux d'une grille. ‖ *Constr.* Claveau qui se pose le premier dans la construction d'un arc ou d'une voûte, sur chacun des piédroits ; pièce horizontale de charpente, servant notamment de linteau à une

sommier
(constr.)

baie. ● *Sommiers de police technique,* fichiers des condamnés à une peine d'emprisonnement, contenant leur signalement précis, ainsi que l'extrait de jugement les concernant, et tenus à jour par la préfecture de police de Paris.

SOMMITAL, E, AUX adj. Relatif au sommet.

SOMMITÉ n. f. Pointe, extrémité des branches, des plantes fleuries. ‖ Personne éminente dans une science, un art.

SOMNAMBULE adj. et n. (lat. *somnus,* sommeil, et *ambulare,* marcher). Qui est en proie au somnambulisme.

SOMNAMBULIQUE adj. Relatif au somnambulisme.

SOMNAMBULISME n. m. Comportement moteur plus ou moins adapté se produisant durant le sommeil.

SOMNIFÈRE adj. et n. m. (lat. *somnus,* sommeil, et *ferre,* porter). Se dit d'une substance qui provoque le sommeil.

SOMNILOQUIE n. f. Émission de sons plus ou moins bien articulés durant le sommeil.

SOMNOLENCE n. f. (lat. *somnolentia*). État de sommeil léger. ‖ Manque d'activité, mollesse.

SOMNOLENT, E adj. Qui a rapport à la somnolence : *état somnolent.*

SOMNOLER v. i. Être dans la somnolence.

SOMPTUAIRE adj. (lat. *sumptus,* dépense). Relatif à la dépense : *réformes somptuaires.* ● *Dépense somptuaire,* dépense excessive, faite pour le luxe. ‖ *Lois somptuaires,* lois qui ont pour objet de restreindre le luxe et la dépense.

SOMPTUEUSEMENT adv. De façon somptueuse.

SOMPTUEUX, EUSE adj. (lat. *sumptuosus;* de *sumptus,* dépense). Dont la magnificence suppose une grande dépense : *cadeau somptueux.*

SOMPTUOSITÉ n. f. Caractère de ce qui est somptueux ; magnificence.

SON, SA, SES adj. poss. (lat. *suus*). De lui, d'elle, de soi (indique la possession ou l'intérêt) : *son père; sa sœur; son âme.* (*Son* s'emploie pour *sa* devant un nom fém. commençant par une voyelle ou un *h* muet.)

SON n. m. (lat. *sonus*). Effet des vibrations rapides des corps, se propageant dans les milieux matériels et excitant l'organe de l'ouïe : *son aigu; son grave.* ● *Spectacle son et lumière,* spectacle nocturne, généralement historique, prenant pour cadre un édifice ancien et utilisant des éclairages et le son stéréophonique.

■ Quand un corps sonore a été frappé, ses différentes parties entrent en *vibration.* L'air qui environne ce corps participe à ce mouvement et forme autour de lui des *ondes* qui parviennent à l'oreille. Tel est donc le principal véhicule du *son,* qui s'y propage avec une vitesse de 340 m/s. La vitesse de propagation est plus grande dans les liquides (dans l'eau, elle est de 1 425 m/s), plus encore dans les solides. Le son ne se transmet pas dans le vide, et son intensité augmente ou diminue en même temps que la pression du gaz qui le transmet. Lorsque les ondes sonores rencontrent un obstacle fixe, elles se réfléchissent. C'est sur cette propriété qu'est fondée la théorie de l'écho. Les sons perceptibles ont une fréquence comprise entre 16 Hz et 15 000 Hz, les *infrasons* ont une fréquence inférieure à 16, et les *ultrasons* une fréquence supérieure à 15 000.

SON n. m. (lat. *secundus,* qui suit). Partie périphérique des grains de céréales, lorsqu'elle a été séparée par l'action de la mouture. ● *Tache de son,* tache de rousseur.

SONAGRAMME n. m. Graphique représentant le spectre acoustique de la voix.

SONAGRAPHE n. m. Appareil électronique permettant d'étudier les sons du langage en déterminant l'énergie pour chacune des fréquences composantes.

SONAR n. m. (sigle de l'angl. SOund NAvigation Ranging). Appareil de détection sous-marine, utilisant les ondes sonores et permettant le repérage, la localisation et l'identification des objets immergés.

SONATE n. f. (it. *sonata*). Terme désignant habituellement, depuis la fin du XVIIe s., une composition de musique instrumentale en trois ou quatre mouvements, pour un ou deux instruments, et dont le premier mouvement obéira dès le milieu du XVIIIe s. à un plan déterminé. ● *Forme sonate,* forme du premier mouvement (quelquefois de l'un des autres mouvements) d'une sonate, d'une symphonie, d'un quatuor, constitué par l'exposition, le développement et la réexposition de deux sujets.

SONATINE n. f. Petite sonate, en général assez facile.

SONDAGE n. m. Action de sonder, d'explorer au moyen d'une sonde; son résultat : *sondage d'un terrain.* ‖ *Méd.* Introduction dans un canal naturel d'une sonde destinée à évacuer le contenu de la cavité où elle aboutit (*sondage vésical*), ou à étudier le calibre, la profondeur et les lésions éventuelles de l'organe considéré. ● *Enquête par sondage,* ou *sondage d'opinion,* procédure d'enquête sur certaines caractéristiques d'une population, à partir d'observations sur un échantillon limité, considéré comme représentatif de cette population. (L'enquête par sondage sert notamment à étudier un marché potentiel pour le lancement d'un produit, à prévoir le comportement politique avant une élection, etc.) ‖ *Sondage aérologique,* détermination, au moyen d'un ballon-sonde, de la direction et de la vitesse du vent à diverses altitudes.

SONDE n. f. (anglo-saxon *sund,* mer). Appareil servant à déterminer la profondeur de l'eau et la nature du fond. ‖ Tige métallique employée par les douaniers pour contrôler le contenu des ballots. ‖ Instrument que l'on enfonce dans certaines masses alimentaires pour en retirer une partie et s'assurer de leur qualité. ‖ *Méd.* Instrument à l'aide duquel on pratique un sondage. ‖ *Min.* Appareil de forage permettant d'atteindre les moyennes et les grandes profondeurs, de pratiquer des carottages. ● *Sonde spatiale,* engin d'exploration spatiale non habité, lancé de la Terre, destiné à quitter la gravisphère terrestre ou à évoluer aux limites de celle-ci, pour étudier le milieu interplanétaire ou certains astres du système solaire.

SONDÉ, E n. Personne qui répond à un sondage d'opinion.

SONDER v. t. Reconnaître, au moyen de la sonde, la profondeur de l'eau, la nature d'un terrain, l'état d'une plaie, etc. ‖ Effectuer une enquête par sondage. ‖ Chercher à connaître qqch de caché, les intentions de qqn. ● *Sonder le terrain,* chercher à connaître la situation.

SONDEUR, EUSE n. Personne qui sonde, fait des sondages.

SONDEUR n. m. Appareil de sondage.

SONDEUSE n. f. Petite sonde, généralement montée sur camion, et destinée au forage des puits à faible profondeur.

SONE n. m. Unité de mesure de la sonie. (Cette unité n'est pas légale en France.)

SONGE n. m. (lat. *somnium*). *Litt.* Rêve.

SONGE-CREUX n. m. inv. Homme qui nourrit sans cesse son esprit de chimères.

SONGER v. t. ind. [à] (conj. **1**). Avoir présent à l'esprit, avoir l'intention de : *songer à se marier.* ‖ Penser à qqn, qqch qui mérite attention : *songez à ce que vous faites.* ● *Songer à mal,* avoir des mauvaises intentions. ◆ v. i. *Litt.* S'abandonner à des rêveries.

SONGERIE n. f. Pensée vague, rêverie.

SONGEUR, EUSE adj. Préoccupé, pensif.

SONIE n. f. Intensité de la sensation sonore, en relation avec la pression acoustique.

SONIQUE adj. Qui concerne la vitesse du son. ‖ Qui possède une vitesse égale à celle du son.

SONNAILLE n. f. Clochette attachée au cou des bestiaux. ‖ Son produit par des clochettes.

SONNAILLER n. m. Animal qui, dans un troupeau, marche le premier avec la sonnaille.

SONNAILLER v. i. *Péjor.* Sonner.

SONNANT, E adj. Qui sonne. ● *À 8 heures sonnantes,* à 8 heures précises.

SONNÉ, E adj. Annoncé par une cloche, une

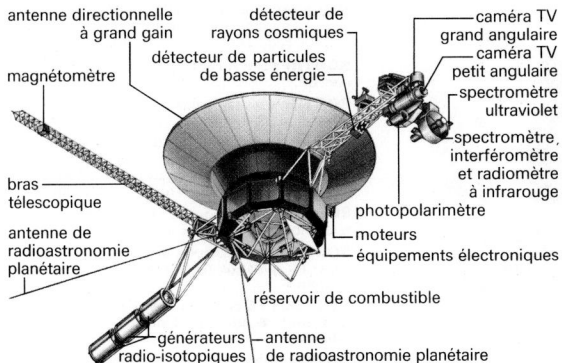

antenne directionnelle à grand gain
détecteur de rayons cosmiques
magnétomètre
détecteur de particules de basse énergie
caméra TV grand angulaire
caméra TV petit angulaire
spectromètre ultraviolet
spectromètre, interféromètre et radiomètre à infrarouge
bras télescopique
photopolarimètre
moteurs
équipements électroniques
antenne de radioastronomie planétaire
réservoir de combustible
générateurs radio-isotopiques
antenne de radioastronomie planétaire

SONDE SPATIALE AMÉRICAINE « VOYAGER »

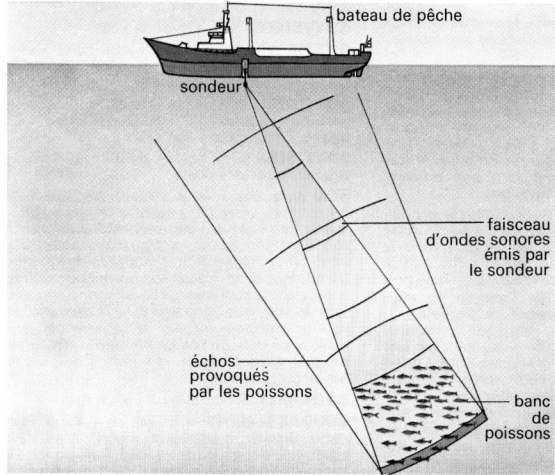

bateau de pêche
sondeur
faisceau d'ondes sonores émis par le sondeur
échos provoqués par les poissons
banc de poissons

SONAR
structure et fonctionnement d'un sondeur à ultrasons

metron, mesure). Instrument destiné à mesurer les niveaux de sonie.

SONORE adj. (lat. *sonorus*). Propre à rendre des sons : *corps sonore*. ‖ Qui a un son éclatant, retentissant : *voix sonore*. ‖ Qui renvoie bien le son : *amphithéâtre sonore*. ‖ Qui concerne les sons : *ondes sonores*. ● *Consonne sonore*, ou *sonore* n. f. (Phon.), consonne émise avec des vibrations des cordes vocales (*b, d, g*).

SONORISATION n. f. Action de sonoriser. ‖ Ensemble des équipements qui servent à sonoriser un lieu.

SONORISER v. t. Ajouter des éléments sonores à : *sonoriser un film*. ‖ Munir d'une installation pour amplifier les sons : *sonoriser une église*. ‖ Phon. Rendre sonore une consonne.

SONORITÉ n. f. Qualité de ce qui est sonore. ‖ Qualité de ce qui rend un son agréable : *sonorité d'un violon*.

SONOTHÈQUE n. f. Archives contenant des enregistrements de divers bruits.

SOPHISME n. m. (gr. *sophisma*). Raisonnement qui n'est logiquement correct qu'en apparence, et qui est conçu avec l'intention d'induire en erreur.

SOPHISTE n. m. (gr. *sophistês*). Chez les anciens Grecs, philosophe rhéteur. (Les sophistes les plus marquants furent : Critias, Protagoras, Gorgias, Calliclès.) ◆ n. Personne qui use de sophismes.

SOPHISTICATION n. f. Action de sophistiquer, fait d'être sophistiqué.

SOPHISTIQUE adj. De la nature du sophisme.

SOPHISTIQUE n. f. Mouvement de pensée qui, dans les cités grecques et particulièrement à Athènes, a été représenté par les sophistes.

SOPHISTIQUÉ, E adj. Qui manque de naturel par excès de recherche. ‖ Se dit d'un appareil, d'une technique très perfectionnés, d'une grande complexité.

SOPHISTIQUER v. t. Perfectionner à l'extrême un appareil, une étude, etc. ‖ Falsifier, frelater une liqueur, une drogue, etc. (vx).

SOPHORA n. m. (mot ar.). Arbre ornemental, originaire d'Extrême-Orient. (Haut. : 15 à 30 m; famille des papilionacées.)

sophora

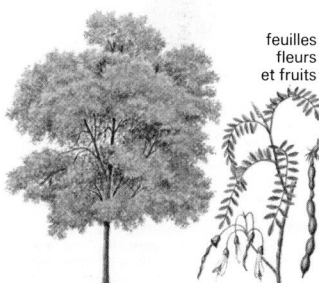

feuilles fleurs et fruits

sonnerie : *il est midi sonné*. ‖ Révolu, accompli : *il a cinquante ans sonnés*. ‖ Fam. Qui a perdu la raison. ‖ Qui vient de recevoir un coup violent : *boxeur sonné*.

SONNER v. i. (lat. *sonare*). Produire un son : *le réveil a sonné*. ‖ Tirer des sons de : *sonner du cor*. ‖ Être annoncé par une sonnerie : *midi vient de sonner*. ‖ Faire fonctionner une sonnerie : *sonner à la porte*. ● *Faire sonner une lettre*, la faire sentir, appuyer dessus en prononçant. ‖ *Se faire sonner les cloches* (Fam.), se faire réprimander vivement. ‖ *Sonner creux*, être vide; résonner comme une chose vide. ‖ *Sonner faux*, donner une impression de fausseté. ◆ v. t. Faire résonner : *sonner les cloches*. ‖ Fam. Frapper violemment qqn à la tête, assommer, étourdir. ‖ Appeler par le son d'une sonnette : *sonner l'infirmière*. ‖ Annoncer par une sonnerie : *sonner la retraite*. ‖ Techn. Vérifier le bon état d'un circuit, d'une installation électrique.

SONNERIE n. f. Son des cloches, d'un réveil, du téléphone, etc. ‖ Ensemble des cloches d'une église. ‖ Mécanisme servant à faire sonner une pendule, un appareil d'alarme ou de contrôle, etc. ‖ Air sonné par un clairon ou une trompette, par un ou plusieurs cors de chasse. ● *Sonnerie électrique*, appareil d'appel, d'alarme ou de contrôle, actionné par un électroaimant. ‖ *Sonnerie militaire*, air réglementaire servant à marquer un emploi du temps (réveil...), un commandement (cessez-le-feu...) ou à rendre les honneurs (au drapeau...).

SONNET n. m. (it. *sonnetto*). Pièce de poésie de quatorze vers, composée de deux quatrains et de deux tercets, et soumise à des règles fixes pour la disposition des rimes.

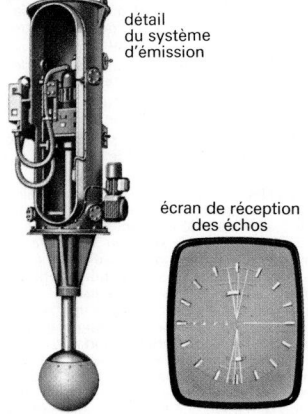

détail du système d'émission

écran de réception des échos

SONNETTE n. f. Clochette ou timbre pour appeler ou pour avertir. ‖ Trav. publ. Charpente en forme de pyramide pour le guidage du mouton dans le battage des pieux; petit appareil de sondage muni d'un treuil qui relève l'outil de forage périodiquement lâché pour perforer la roche. ● *Serpent à sonnette*, nom usuel du crotale.

SONNEUR n. m. Celui qui sonne les cloches, qui joue du cor, etc.

SONO n. f. Fam. Abrév. de SONORISATION.

SONOMÈTRE n. m. (lat. *sonus*, son, et gr.

SOPHROLOGIE n. f. (gr. *sôphrôn*, sage). Technique de relaxation fondée sur l'hypnose.

SOPHROLOGUE n. Praticien de la sophrologie.

SOPHRONIQUE adj. Relatif à la sophrologie.

SOPORIFIQUE adj. et n. m. (lat. *sopor*, sommeil, et *facere*, faire). Se dit d'une substance qui provoque le sommeil. ◆ adj. Très ennuyeux : *livre soporifique*.

SOPRANISTE n. m. Chanteur adulte qui a conservé une voix de soprano.

SOPRANO n. m. (mot it.) [pl. *sopranos* ou *soprani*]. Voix de femme ou de jeune garçon, la plus élevée des voix. ◆ n. Personne qui a cette voix.

SORBE n. f. (lat. *sorbum*). Fruit comestible du sorbier. (Syn. CORME.)

SORBET n. m. (mot turc). Glace légère, sans

crème, à base de jus de fruits, parfois parfumée d'une liqueur.

SORBETIÈRE n. f. Appareil pour préparer les glaces et les sorbets.

SORBIER n. m. Arbre de la famille des rosacées, dont certaines espèces (alisier, cormier) produisent des fruits comestibles. (Haut. : jusqu'à 15 ou 20 m.)

SORBITOL n. m. Polyalcool dérivé du glucose et du fructose, qu'on trouve dans les baies de sorbier. (C'est un cholérétique et un laxatif.)

SORBONNARD, E n. et adj. *Fam.* Étudiant, professeur en Sorbonne.

SORCELLERIE n. f. Opérations magiques du sorcier. ‖ Tours d'adresse qui paraissent au-dessus des forces humaines. ‖ *Anthropol.* Capacité de guérir ou de nuire, propre à un individu au sein d'une société, d'un groupe donné, par des procédés et des rituels magiques.

SORCIER, ÈRE n. et adj. (de *sort*). Personne qu'on croit en relation avec le diable pour faire des maléfices. ‖ Personne fort habile : *il faut être sorcier pour lire cette écriture.* ‖ *Anthropol.* Personne qui pratique la sorcellerie. (Le sorcier ou la sorcière sont fréquemment investis de la mission de résoudre des problèmes ou régler des conflits que les institutions du groupe n'ont pas prévus.) ● *Chasse aux sorcières,* recherche et élimination systématique des opposants politiques par le pouvoir en place. ‖ *Vieille sorcière* (Fam.), se dit d'une femme vieille et méchante. ◆ adj. *Ça n'est pas sorcier* (Fam.), ce n'est pas difficile à comprendre, à résoudre.

SORDIDE adj. (lat. *sordidus*; de *sordes*, saleté). D'une saleté repoussante : *un intérieur sordide.* ‖ Vil, bas : *crime sordide.* ● *Avarice sordide,* avarice répugnante.

SORDIDEMENT adv. De façon sordide.

SORE n. m. (gr. *sôros*, tas). *Bot.* Groupe de sporanges chez les fougères.

SORGHO n. m. (it. *sorgo*). Graminacée tropicale, alimentaire et fourragère. (Syn. GROS MIL.)

sorgho

SORITE n. m. (gr. *sôreitês*; de *sôros*, monceau). *Log.* Argument composé d'une suite de propositions liées entre elles de manière que l'attribut de chacune d'elles devienne le sujet de la suivante, et ainsi de suite, jusqu'à la conclusion, qui a pour sujet le sujet de la première et pour attribut l'attribut de la dernière proposition avant la conclusion.

SORNETTE n. f. (moyen fr. *sorne*, morgue). Propos frivole, bagatelle : *dire des sornettes.* (S'emploie surtout au pl.)

SORORAT n. m. *Anthropol.* Système en vertu duquel un homme remplace l'épouse morte par la sœur cadette de celle-ci.

SORT n. m. (lat. *sors, sortis*). Décision par le hasard : *tirer au sort.* ‖ Pratiques de sorcellerie consistant en paroles, gestes, etc., en vue de nuire : *jeter un sort.* ‖ Condition de qqn, situation matérielle : *se plaindre de son sort.* ‖ *Litt.* Puissance qui est censée gouverner la vie humaine, destin : *le sort en a décidé.* ● *Faire un sort à qqch,* le propager, le faire valoir; l'utiliser à son profit. ‖ *Le sort en est jeté,* le parti en est pris.

SORTABLE adj. *Fam.* Que l'on peut montrer en public (surtout négativement) : *un garçon qui n'est pas sortable.*

SORTANT, E adj. Qui sort : *numéro sortant.* ◆ adj. et n. m. Personne qui sort : *les entrants et les sortants.* ‖ Qui cesse, par extinction de son mandat, de faire partie d'une assemblée : *députés sortants.*

SORTE n. f. (lat. *sors*). Espèce, genre, catégorie d'êtres ou de choses : *toutes sortes de bêtes.* ● *De la sorte,* de cette façon. ‖ *En quelque sorte,* pour ainsi dire. ‖ *Faire en sorte de* ou *que,* tâcher d'arriver à ce que. ‖ *Une sorte de,* une chose ou une personne qui ressemble à. ◆ loc. conj. *De sorte que, de telle sorte que, en sorte que,* si bien que, de manière que.

SORTIE n. f. Action de sortir, d'aller se promener. ‖ Endroit par où l'on sort, issue : *cette maison a deux sorties.* ‖ Action de quitter la scène : *acteur qui fait une fausse sortie.* ‖ Mise en vente d'un produit commercial. ‖ Transport des marchandises hors de l'endroit où elles étaient. ‖ Action de s'échapper, de s'écouler : *la sortie des gaz.* ‖ Somme dépensée. ‖ Manière d'échapper à une difficulté : *se ménager une sortie.* ‖ *Fam.* Emportement soudain contre qqn : *je ne m'attendais pas à cette sortie.* ‖ *Inform.* Transfert d'une information traitée dans un ordinateur, de l'unité centrale vers l'extérieur. ‖ *Mil.* Opération menée par une troupe assiégée pour rompre le front des assiégeants, ou par une force navale pour rompre un blocus; mission de combat accomplie par un aéronef militaire. ● *À la sortie de,* au moment où l'on sort de : *à la sortie du spectacle.* ‖ *Être de sortie,* être sorti; avoir la permission de sortir.

SORTIE-DE-BAIN n. f. (pl. *sorties-de-bain*). Peignoir que l'on porte après le bain.

SORTIE-DE-BAL n. f. (pl. *sorties-de-bal*). Manteau porté sur une robe du soir (vx).

SORTILÈGE n. m. (lat. *sors, sortis,* sort, et *legere,* choisir). Action de jeter un sort. ‖ Action qui semble magique.

SORTIR v. i. (conj. **23**; auxil. *être*). Aller hors d'un lieu; quitter une réunion, une occupation, etc.; aller hors de chez soi pour se promener : *sortir de chez soi; sortir au spectacle.* ‖ Commencer à paraître, pousser au dehors : *les blés sortent de terre.* ‖ Se répandre dehors : *une douce odeur sort de ces fleurs.* ‖ Passer d'une époque, d'une condition dans une autre : *sortir de l'hiver, de l'enfance.* ‖ Cesser d'être dans tel état physique ou moral : *sortir de maladie.* ‖ S'écarter, s'éloigner de, franchir une limite : *sortir du sujet; le ballon sort du terrain.* ‖ Être mis en vente; être distribué : *ce film sort prochainement.* ‖ Avoir tel résultat : *que sortira-t-il de tout cela?* ‖ Être issu : *sortir du peuple.* ‖ Se produire (au jeu) : *le 3 est sorti.* ● *Cela sort des mains d'Un tel,* Un tel en est l'auteur. ‖ *En sortir* (Fam.), ou *s'en sortir,* se tirer d'affaire; guérir. ‖ *Ne pas sortir de là,* persister dans son opinion. ‖ *Sortir de* (Fam.) [avec un infinitif, indique un passé tout proche] : *il sortait de manger.* ‖ *Sortir d'une école,* y avoir été élève. ‖ *Sortir de la mémoire, de l'esprit,* être oublié. ‖ *Les yeux lui sortent de la tête,* il est animé par un sentiment violent. ◆ v. t. (auxil. *avoir*). Mener dehors, faire sortir : *sortir un cheval de l'écurie; sortir qqn d'embarras.* ‖

sorbier

feuilles

fruits

Mettre en vente un article nouveau : *sortir un livre.* ‖ Emmener pour la promenade, pour une visite. ‖ *Fam.* Dire : *sortir des âneries.*

SORTIR n. m. *Au sortir de,* au moment où l'on sort de.

SORTIR v. t. (lat. *sortiri*) [se conj. comme *finir* et seulement à la 3e pers.]. *Dr.* Obtenir, avoir.

S.O.S. n. m. Signal de détresse radiotélégraphique, émis par les navires ou les avions en danger. (Ce signal a été adopté en 1906 par la Conférence radiotélégraphique de Berlin.)

SOSIE n. m. (de *Sosie,* n. pr.). Personne qui ressemble parfaitement à une autre.

SOSTENUTO [sɔstenuto] adv. (mot it.). *Mus.* Note ou passage devant être joués de façon soutenue.

SOT, SOTTE adj. et n. *Litt.* Dénué d'esprit, de jugement. ◆ adj. Qui dénote un manque d'intelligence.

SOTCH [sɔtʃ] n. m. (mot dialect.). *Géogr.* Syn. de DOLINE.

SOT-L'Y-LAISSE n. m. inv. Morceau délicat au-dessus du croupion d'une volaille.

SOTTEMENT adv. De façon sotte.

SOTTIE ou **SOTIE** n. f. (de *sot*). *Littér.* Genre dramatique médiéval (XIVe-XVIe s.), qui relève de la satire sociale ou politique.

SOTTISE n. f. Manque d'intelligence; parole ou action dépourvue d'intelligence. ‖ Mots injurieux : *il m'a dit des sottises.*

SOTTISIER n. m. Recueil de phrases ridicules relevées dans des écrits.

SOU n. m. (lat. *solidus,* massif). Anc. pièce de 5 centimes créée à la Révolution française. ‖ Autref., de diverses monnaies françaises : *sou d'or; sou parisis.* ● *De quatre sous,* sans importance, sans valeur. ‖ *Être près de ses sous* (Fam.), être avare. ‖ *Gros sou,* ancienne pièce en bronze de 10 centimes. ‖ *N'avoir pas le sou, être sans le sou,* être sans argent. ‖ *N'avoir pas un sou, pas pour un sou de,* n'avoir pas de : *n'avoir pas pour un sou de bon sens.* ‖ *Question de gros sous,* d'argent, d'intérêt. ‖ *Sou à sou,* par petites sommes.

SOUAHÉLI, E adj. et n. m. → SWAHILI.

SOUBASSEMENT n. m. (de *bas*). Partie inférieure, massive, d'une construction, qui surélève celle-ci au-dessus du sol. ‖ Base, fondements de qqch. ‖ *Géol.* Socle sur lequel reposent des couches de terrains.

SOUBRESAUT n. m. (esp. *sobresalto*). Saut brusque et imprévu : *le cheval fit un soubresaut.* ‖ Mouvement brusque et involontaire du corps. ‖ *Chorégr.* Saut bref au cours duquel le corps reste dans la position verticale, jambes serrées et pointes de pieds baissées.

SOUBRETTE n. f. (prov. *soubreto;* de *soubret,* affecté). Suivante de comédie. ‖ *Litt.* Femme de chambre.

SOUBREVESTE n. f. (it. *sopravesta,* veste de dessus). Casaque sans manches, portée autref. par-dessus les armes (XVIIe-XIXe s.).

SOUCHE n. f. (mot gaul.). Partie du tronc de l'arbre qui reste dans la terre après que l'arbre a été coupé. ‖ Personne ou animal à l'origine d'une suite de descendants. ‖ Origine, source, principe : *mot de souche indo-européenne.* ‖ Partie qui reste des feuilles d'un registre, pour vérifier si l'autre partie, détachée, s'y rapporte exactement : *carnet à souches.* ‖ *Biol.* Ensemble des individus issus des repiquages successifs d'une colonie microbienne. ● *Dormir comme une souche,* dormir très profondément. ‖ *Faire souche,* avoir une suite de descendants. ‖ *Partage par souche,* partage d'une succession par moitié entre les ascendants de la ligne paternelle et ceux de la ligne maternelle. ‖ *Rester, être comme une souche* (Fam.), être inactif. ‖ *Souche de cheminée,* ouvrage de maçonnerie renfermant un ou plusieurs conduits de fumée et s'élevant au-dessus du toit.

SOUCHET n. m. Canard à bec large en forme de cuiller. (Long. 47 cm.) ‖ *Bot.* Plante du bord des eaux, dont une espèce a un rhizome alimentaire, et une autre est le papyrus. (Famille des cypéracées.)

SOUCHETAGE n. m. Inspection des souches après une coupe; marquage des arbres à abattre dans une coupe.

SOUCHETTE n. f. Champignon basidiomycète, poussant sur les souches, à chapeau comestible.

SOUCHONG ou **SOU-CHONG** [suʃɔ̃ɡ ou suʃɔ̃ɡ] n. m. (mot chin.). Thé noir de Chine, très estimé.

SOUCI n. m. (bas lat. *solsequia*, tournesol). Plante de la famille des composées, dont une espèce est cultivée pour ses fleurs jaunes ornementales. ● *Souci des marais,* nom usuel du *populage.*

SOUCI n. m. (de *se soucier*). Préoccupation relative à qqn ou à qqch auquel on porte intérêt; inquiétude. ‖ Ce qui occupe l'esprit, inquiète.

SOUCIER (SE) v. pr. (lat. *sollicitare,* inquiéter). S'inquiéter de qqch, y prendre de l'intérêt.

SOUCIEUSEMENT adv. *Litt.* Avec souci.

SOUCIEUX, EUSE adj. Qui a du souci, inquiet, pensif : *mère soucieuse.* ‖ Qui se préoccupe de qqch, attentif : *soucieux de rendre service.*

SOUCOUPE n. f. Petite assiette qui se place sous une tasse. ● *Soucoupe volante,* objet mystérieux de forme souvent lenticulaire que certaines personnes prétendent avoir aperçu dans l'atmosphère ou au sol.

SOUDABILITÉ n. f. Aptitude de deux corps en matériaux métalliques, minéraux ou plastiques à être assemblés par soudage.

SOUDABLE adj. Qui peut être soudé.

SOUDAGE n. m. Opération qui consiste à faire une soudure.

SOUDAIN, E adj. (lat. *subitaneus*). Qui se produit, arrive tout à coup; brusque; subit.

SOUDAIN adv. Dans le même instant; aussitôt après : *il apparut soudain.*

SOUDAINEMENT adv. Subitement.

SOUDAINETÉ n. f. Caractère de ce qui est soudain, brusquerie, rapidité.

SOUDANAIS, E ou **SOUDANIEN, ENNE** adj. et n. Du Soudan. ● *Langues soudanaises,* famille de langues négro-africaines parlées du Soudan au golfe de Guinée.

SOUDANT, E adj. Se dit de la température à laquelle on porte le fer pour le souder.

SOUDARD n. m. (anc. fr. *soudoier,* homme d'armes). *Litt.* Individu grossier et brutal. ‖ *Hist.* Soldat de métier.

SOUDE n. f. (mot ar.). Plante des terrains salés du littoral, dont on tirait autrefois la soude. (Famille des chénopodiacées.) ‖ Nom commercial du carbonate de sodium Na_2CO_3, qu'on prépare aujourd'hui à partir du chlorure de sodium. ● *Soude caustique,* hydroxyde de sodium NaOH, solide blanc, fondant à 320 °C, fortement basique.

SOUDER v. t. (lat. *solidare,* affermir). Effectuer une soudure. ‖ Unir, lier étroitement : *ils étaient soudés autour de leur chef.* ◆ **se souder** v. pr. En parlant de deux parties distinctes, se réunir pour n'en former qu'un tout.

SOUDEUR, EUSE n. Personne qui soude.

SOUDIER, ÈRE adj. Relatif à la soude.

SOUDIÈRE n. f. Usine de soude.

SOUDOYER v. t. (de *sou*) [conj. 2]. *Péjor.* S'assurer le concours de qqn à prix d'argent : *soudoyer des assassins.*

SOUDURE n. f. Assemblage permanent de deux pièces métalliques ou de certains produits synthétiques, exécuté par voie thermique. ‖ Endroit soudé. ‖ Alliage fusible à basse température (à base d'étain) réalisant l'assemblage de deux métaux. ‖ Travail de celui qui soude. ‖ *Méd.* Jonction par adhésion. ● *Faire la soudure,* satisfaire aux besoins des consommateurs à la fin d'une période comprise entre deux récoltes, deux livraisons, deux rentrées financières; assurer une transition.

SOUE n. f. (bas lat. *sutis*). Étable à porcs.

SOUFFLAGE n. m. Action de souffler. ‖ Procédé traditionnel de fabrication de la verrerie creuse, auj. réservé à certaines productions de luxe. ‖ *Mar.* Renflement de la carène d'un navire au voisinage de la flottaison.

SOUFFLANT, E adj. *Fam.* Qui stupéfie.

SOUFFLANTE n. f. Ventilateur de soufflerie.

SOUFFLARD n. m. *Géogr.* Jet intermittent de vapeur d'eau dans les régions volcaniques.

SOUFFLE n. m. Agitation de l'air : *il n'y a pas un souffle.* ‖ Air chassé par la bouche : *retenir son souffle.* ‖ Déplacement d'air extrêmement brutal, provoqué par une explosion. ‖ *Méd.* Bruit anormal produit par un organe, et perceptible à l'auscultation. ● *Avoir du souffle,* avoir une respiration telle qu'elle permette un effort physique; *(Fam.),* être hardi. ‖ *Couper le souffle* (Fam.), étonner vivement. ‖ *Être à bout de souffle,* être épuisé; ne pas pouvoir continuer un effort, une entreprise. ‖ *Manque de souffle,* essoufflement au cours d'un effort; manque de force, d'inspiration. ‖ *Second souffle,* dans le langage sportif, regain de vitalité après une défaillance momentanée; nouvelle période d'activité dans un domaine quelconque.

SOUFFLÉ n. m. Se dit d'un plat auquel des blancs d'œufs donnent à la cuisson une augmentation de volume caractéristique.

SOUFFLEMENT n. m. Action de souffler.

SOUFFLER v. i. (lat. *sufflare,* souffler sur). Agiter, déplacer l'air : *le mistral souffle.* ‖ Envoyer de l'air avec la bouche : *souffler dans ses doigts.* ‖ Respirer avec effort : *souffler comme un bœuf.* ‖ Reprendre haleine; prendre un peu de repos : *laisser les chevaux souffler.* ‖ Crier, en parlant du buffle. ◆ v. t. Diriger un souffle sur qqch : *souffler le feu; souffler la chandelle.* ‖ Envoyer, chasser au moyen d'un souffle : *souffler la poussière au visage.* ‖ Détruire par l'explosion : *la maison a été soufflée par une bombe.* ‖ Dire à voix basse : *souffler une réponse à qqn.* ‖ Suggérer : *souffler une bonne idée à qqn.* ‖ *Fam.* Étonner profondément, ahurir, époustoufler. ● *Ne pas souffler mot,* ne rien dire. ‖ *Souffler une dame, un pion* (Jeux), l'enlever à son adversaire, quand il ne s'en est pas servi pour prendre. ‖ *Souffler qqch à qqn* (Fam.), le lui enlever. ‖ *Souffler le verre, l'émail,* les dilater en soufflant dans une masse au moyen d'un tube.

SOUFFLERIE n. f. Machine destinée à produire le vent nécessaire à la marche d'une installation métallurgique ou à l'aération d'une mine, etc. ‖ Ensemble des soufflets d'un orgue, d'une forge, etc. ● *Soufflerie aérodynamique,* installation d'essai utilisée en aérodynamique pour étudier l'action, sur un corps, d'un écoulement d'air, de vitesse et de caractéristiques connues.

SOUFFLET n. m. Instrument qui sert à souffler de l'air, à produire du vent. ‖ Partie pliante d'une chambre photographique. ‖ *Litt.* Coup du plat ou du revers de la main, sur la joue; affront. ‖ *Archit.* Élément en forme de fer de lance ou de pique dans les fenestrages du style gothique flamboyant. ‖ *Ch. de f.* Couloir flexible de communication entre deux voitures de voyageurs. ‖ *Cout.* Pièce triangulaire cousue dans une fente de tissu pour élargir un bord.

SOUFFLETER v. t. (conj. 4). *Litt.* Donner un soufflet; insulter.

SOUFFLEUR, EUSE n. Personne qui, au théâtre, est chargée de souffler leur rôle aux acteurs.

SOUFFLEUR n. m. Ouvrier façonnant le verre à chaud pour lui donner sa forme définitive. ‖ Cétacé du genre *dauphin.*

SOUFFLEUSE n. f. Au Canada, sorte de chasse-neige.

SOUFFLURE n. f. *Industr.* Cavité remplie de gaz occlus, formée au cours de la solidification d'une masse en fusion.

SOUFFRANCE n. f. Le fait de souffrir, douleur physique ou morale. ● *Affaires en souffrance,* affaires en suspens. ‖ *Colis en souffrance,* colis qui n'a pas été délivré ou réclamé. ‖ *Jour de souffrance,* ouverture qui, pratiquée dans un mur mitoyen, est destinée à donner de la lumière sans permettre de voir chez le voisin. ‖ *Vue de souffrance,* fenêtre pratiquée dans un mur mitoyen et qui ne peut être établie sans l'autorisation du propriétaire voisin.

SOUFFRANT, E adj. Qui est peu gravement malade. ● *Église souffrante* (Relig. cath.), les âmes qui sont au purgatoire.

SOUFFRE-DOULEUR n. m. inv. Personne qui est continuellement exposée aux tracasseries des autres.

SOUFFRETEUX, EUSE adj. (anc. fr. *suffraite,* disette). De santé débile, chétif, malingre.

SOUFFRIR v. t. et i. (lat. *sufferre*) [conj. 10]. Supporter qqch de pénible, endurer, subir : *souffrir la faim.* ◆ v. t. *Litt.* Permettre : *souffrez que je vous parle.* ‖ Admettre, être susceptible de : *cela ne souffre aucun retard.* ● *Ne pouvoir souffrir qqn,* avoir pour lui de l'antipathie, de l'aversion. ‖ *Souffrir le martyre, mille morts,* éprouver de grandes douleurs. ◆ v. t. ind. [de]. Avoir mal à : *souffrir des dents.* ‖ Être tourmenté par : *souffrir de la faim.* ‖ Être endommagé par : *les vignes ont souffert de la grêle.* ◆ **se souffrir** v. pr. Se supporter mutuellement.

SOUFI ou **ṢŪFĪ** n. (mot ar.). Mystique de l'islām.

SOUFISME n. m. Courant mystique de l'islām, né au VIIIe s. (Opposé au légalisme, il met l'accent sur la religion intérieure. Ses principaux représentants sont al-Ḥallāǧ [858-922], al-Rhazālī [1058-1111].)

SOUFRAGE n. m. Action de soufrer.

SOUFRE n. m. (lat. *sulphur*). Métalloïde solide (S), n° 16, de masse atomique 32,06, de densité 2, d'une couleur jaune citron, insipide et inodore. ● *Sentir le soufre,* présenter un caractère d'hérésie. ◆ adj. inv. De la couleur jaune clair du soufre.

■ Le soufre a une densité voisine de 2; il fond vers 115 °C et bout à 444,6 °C. Insoluble dans l'eau, le soufre se dissout dans le benzène et le sulfure de carbone. Mauvais conducteur de la chaleur et de l'électricité, il brûle à l'air en donnant du gaz sulfureux SO_2. Le soufre est très répandu dans la nature, où on le trouve à l'état natif au voisinage des anciens volcans (Sicile, Louisiane); en France, on l'extrait du gaz de Lacq. On utilise le soufre pour fabriquer des allumettes chimiques, pour faire du sulfure de carbone, de l'acide sulfurique; on s'en sert également en médecine. Le soufre en poudre (*fleur de soufre*) sert au soufrage des vignes.

SOUFRER v. t. Enduire de soufre. ‖ Répandre du soufre en poudre sur certains végétaux pour lutter contre les maladies cryptogamiques. ‖ Traiter avec du soufre, de l'anhydride sulfureux. ‖ Faire brûler du soufre dans un tonneau pour détruire les micro-organismes.

SOUFREUR, EUSE n. Personne qui est chargée de soufrer.

SOUFREUSE n. f. Appareil pour répandre du soufre en poudre sur les végétaux.

SCHÉMA DE LA SOUFFLERIE DE CHALAIS-MEUDON

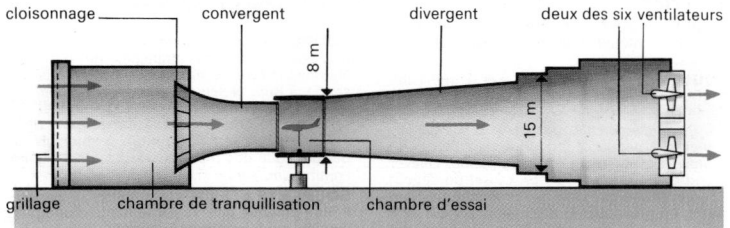

cloisonnage — convergent — divergent — deux des six ventilateurs — 8 m — 15 m — grillage — chambre de tranquillisation — chambre d'essai

SOUFRIÈRE n. f. Lieu d'où l'on extrait le soufre.

SOUHAIT n. m. (mot francique). Vœu, désir que qqch s'accomplisse. ● *À souhait* (Litt.), selon ses désirs : *tout lui réussit à souhait.* ‖ *À vos souhaits!*, formule de politesse adressée à une personne qui éternue.

SOUHAITABLE adj. Que l'on peut souhaiter, désirable.

SOUHAITER v. t. Désirer pour soi ou pour autrui l'accomplissement de qqch : *je souhaite qu'il vienne.* ‖ Exprimer sous forme de vœu, de compliment : *souhaiter la bonne année.*

SOUILLARD n. m. Trou percé dans un entablement ou dans l'épaisseur d'un mur pour laisser passer un tuyau de descente d'eaux pluviales.

SOUILLE n. f. (lat. *solium*, siège). *Chass.* Lieu bourbeux où se vautre le sanglier. ‖ *Mar.* Enfoncement formé dans la vase ou le sable par un navire échoué. ‖ *Mil.* Trace sur le sol d'un obus qui ricoche.

SOUILLER v. t. *Litt.* Salir, couvrir de boue, d'ordure. ‖ *Litt.* Déshonorer, avilir : *souiller sa réputation.*

SOUILLON n. *Fam.* Personne malpropre.

SOUILLURE n. f. *Litt.* Ce qui souille, tache. ‖ *Litt.* Tache morale : *la souillure du péché.*

SOUÏMANGA ou **SOUÏ-MANGA** [swimᾶga] n. m. (mot malgache). Petit oiseau passereau

souïmanga

d'Afrique, dont le mâle porte un plumage à couleurs éclatantes. (Famille des nectariniidés.)

SOUK n. m. (mot ar.). Marché couvert, dans les pays arabes. ‖ *Fam.* Désordre.

SOÛL, E ou **SAOUL, E** [su, sul] adj. (lat. *satullus*, de *satur*, rassasié). Qui est ivre. ● *Être soûl de qqch*, en être rassasié jusqu'au dégoût.

SOÛL n. m. *En avoir tout son soûl* (Fam.), autant qu'on peut en désirer.

SOULAGEMENT n. m. Diminution d'une charge, d'une douleur physique ou morale.

SOULAGER [sulaʒe] v. t. (lat. *subleviare*) [conj. 1]. Débarrasser qqn d'une partie d'un fardeau. ‖ Diminuer, adoucir une souffrance physique ou morale : *soulager la douleur.* ‖ Aider, diminuer la peine; secourir : *la machine a-t-elle soulagé l'ouvrier?* ‖ *Techn.* Diminuer l'effort subi par qqch. ◆ **se soulager** v. pr. Se procurer du soulagement. ‖ *Fam.* Satisfaire un besoin naturel.

SOULANE n. f. (mot béarnais). Syn. de ADRET.

SOÛLANT, E adj. *Fam.* Se dit de qqn qui fatigue, ennuie avec ses discours interminables.

SOÛLARD, E ou **SOÛLAUD, E** ou **SOÛLOT, OTE** n. *Pop.* Ivrogne, ivrognesse.

SOÛLER ou **SAOULER** v. t. *Fam.* Faire trop boire qqn, enivrer. ‖ Griser : *les succès l'ont soûlé.* ◆ **se soûler** v. pr. *Fam.* S'enivrer.

SOÛLERIE n. f. Ivresse, beuverie.

SOULÈVEMENT n. m. Fait de soulever, d'être soulevé. ‖ Mouvement de révolte collective, d'insurrection.

SOULEVER v. t. (conj. 5). Lever à une faible hauteur : *soulever un fardeau.* ‖ Susciter des sentiments, déclencher : *soulever l'enthousiasme, les applaudissements.* ‖ Pousser à la révolte : *soulever le peuple.* ‖ Provoquer la colère : *il a soulevé tout le monde contre lui.* ‖ *Pop.* Enlever, prendre. ● *Soulever le cœur,* causer du dégoût. ‖ *Soulever une question, un problème,* les faire naître, en provoquer la discussion. ‖ *Soulever le voile, un coin du voile,* découvrir en partie.

se soulever v. pr. Se lever légèrement. ‖ Se révolter.

SOULIER n. m. (bas lat. *subtelare*). Chaussure d'extérieur à semelle résistante. ● *Être dans ses petits souliers* (Fam.), être embarrassé.

SOULIGNAGE ou **SOULIGNEMENT** n. m. Action de souligner; trait qui souligne.

SOULIGNER v. t. Tirer un trait, une ligne sous : *souligner un mot.* ‖ Attirer l'attention sur qqch : *souligner l'importance d'un fait.*

SOÛLOGRAPHE n. *Fam.* Ivrogne.

SOÛLOGRAPHIE n. f. *Fam.* Ivrognerie.

SOULTE n. f. (anc. fr. *solte*; lat. *solvere*, payer). *Dr.* Somme d'argent qui, dans un partage ou un échange, compense l'inégalité de valeur des lots ou des biens échangés.

SOUMAINTRAIN n. m. Fromage à pâte molle fabriqué dans l'Yonne avec du lait de vache.

SOUMETTRE v. t. (lat. *submittere*) [conj. 49]. Ranger sous sa puissance, sous son autorité; astreindre à une loi, un règlement : *soumettre des rebelles; revenu soumis à l'impôt.* ‖ Proposer au jugement, au contrôle, à l'approbation, à l'examen de qqn : *je vous soumets ce projet.* ‖ Faire subir une opération à : *soumettre un produit à une analyse.* ◆ **se soumettre** v. pr. Faire sa soumission, obéir : *je me soumets à sa décision.*

SOUMIS, E adj. Disposé à l'obéissance; docile. ‖ Qui annonce la soumission : *air soumis.* ● *Fille soumise* (vx), prostituée.

SOUMISSION n. f. (lat. *submissio,* action d'abaisser). Fait de se soumettre; disposition à obéir. ‖ *Dr.* Déclaration écrite par laquelle une entreprise s'engage à respecter le cahier des charges d'une adjudication au prix fixé par elle-même.

SOUMISSIONNAIRE n. *Dr.* Personne qui fait une soumission pour une entreprise.

SOUMISSIONNER v. t. *Dr.* Faire une soumission pour des fournitures ou des travaux.

SOUNDANAIS n. m. Langue indonésienne parlée dans la partie occidentale de Java.

SOUPAPE n. f. (anc. fr. *soupape,* coup sous le menton). Obturateur sous tension, dont le déplacement est utilisé pour régler le mouvement d'un fluide. ‖ Dispositif qui, dans un circuit électrique, ne laisse passer le courant que dans un sens. ● *Soupape en chapelle* ou *latérale,* soupape disposée la tête en haut, sur le côté du cylindre, dans un moteur à explosion. ‖ *Soupape de sûreté,* soupape qui, montée sur une capacité sous pression, s'ouvre automatiquement quand la pression intérieure dépasse une certaine limite; exutoire (à une révolte, à une effervescence). ‖ *Soupape en tête* ou *en dessus,* dans un moteur à explosion, soupape disposée la tête en bas, au-dessus de la culasse.

SOUPÇON n. m. (lat. *suspicere,* regarder). Opinion désavantageuse portée sur qqn mais sans certitude : *détourner les soupçons.* ‖ Simple conjecture; simple opinion : *j'ai quelque soupçon que c'est lui.* ‖ *Un soupçon de qqch* (Fam.), une petite quantité de qqch : *un soupçon de lait dans le thé.*

SOUPÇONNABLE adj. Qui peut être soupçonné.

SOUPÇONNER v. t. Avoir des soupçons, suspecter : *soupçonner qqn de fraude.* ‖ Conjecturer l'existence ou la présence, présumer : *je soupçonne une ruse de sa part.*

SOUPÇONNEUSEMENT adv. Avec soupçon.

SOUPÇONNEUX, EUSE adj. Défiant, enclin à soupçonner.

SOUPE n. f. (mot francique). Potage ou bouillon épais avec des tranches de pain, des légumes. ‖ *Fam.* Repas des soldats : *aller à la soupe.* ‖ *Fam.* Neige fondante. ● *Gros plein de soupe* (Pop.), homme très gros. ‖ *Soupe au lait,* se dit de qqn qui se met facilement en colère. ‖ *Soupe populaire,* institution de bienfaisance qui distribue des repas aux indigents. ‖ *Trempé comme une soupe* (Fam.), très mouillé.

SOUPENTE n. f. (lat. *suspendere,* suspendre). Réduit pratiqué dans la partie haute d'une pièce coupée en deux par un plancher.

SOUPER n. m. Repas du soir. (Syn. DÎNER.) ‖ Repas qu'on fait dans la nuit à la sortie d'un spectacle, au cours d'une soirée.

SOUPER v. i. Prendre le souper. ● *En avoir soupé* (Fam.), en avoir assez.

SOUPESER v. t. (conj. 5). Lever qqch avec la main pour en estimer le poids. ‖ Évaluer : *soupeser les inconvénients d'une affaire.*

SOUPEUR, EUSE n. Personne qui a l'habitude de souper après un spectacle.

SOUPIÈRE n. f. Récipient creux et large avec couvercle, pour servir la soupe, le potage.

SOUPIR n. m. Respiration forte et profonde, occasionnée par la douleur, une émotion, etc. ‖

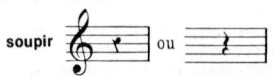

soupir

Mus. Signe de silence de la durée d'une noire. ● *Rendre le dernier soupir* (Litt.), mourir.

SOUPIRAIL n. m. (de *soupirer,* au sens d'*exhaler*) [pl. *soupiraux*]. Ouverture donnant de la lumière à un sous-sol.

SOUPIRANT n. m. *Iron.* Celui qui fait la cour à une femme.

SOUPIRER v. i. (lat. *suspirare*). Pousser des soupirs; dire en soupirant. ‖ *Litt.* Être amoureux d'une femme. ◆ v. t. ind. [**après**]. Désirer ardemment : *soupirer après une place.*

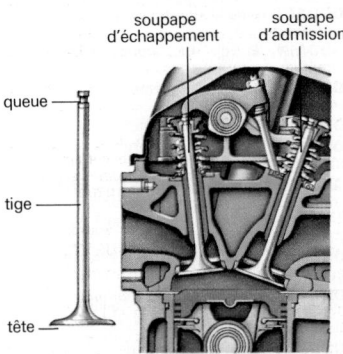

SOUPAPE DE MOTEUR À EXPLOSION

SOUPLE adj. (lat. *supplex,* qui plie les genoux pour supplier). Qui se plie facilement, flexible : *cuir souple.* ‖ Qui donne une impression de légèreté et d'élasticité : *Qui a le corps flexible : la gymnastique rend souple.* ‖ Accommodant, complaisant, capable de s'adapter : *avoir un caractère souple.* ● *Avoir l'échine souple, les reins souples,* être soumis, complaisant.

SOUPLEMENT adv. De manière souple.

SOUPLESSE n. f. Qualité de celui ou de ce qui est souple.

SOUQUENILLE [suknij] n. f. (anc. all. *sukenie;* mot slave). Longue blouse (vx).

SOUQUER v. t. (prov. *souca,* serrer un nœud). *Mar.* Raidir, serrer fortement. ◆ v. i. Tirer sur les avirons.

SOURATE n. f. → SURATE.

SOURCE n. f. (de *sours,* part. pass. de *sourdre*). Point d'émergence à la surface du sol de l'eau emmagasinée à l'intérieur. (L'eau d'infiltration revient au jour sous forme de source lorsque la couche imperméable laquelle elle coule affleure à l'air libre, à flanc de coteau par ex.) ‖ Principe de qqch, cause, origine : *une source importante de revenus.* ‖ Origine d'une information, d'un renseignement : *ne pas révéler ses sources.* ‖ Système qui peut fournir de façon permanente une énergie (chaleur, lumière, électricité, son, particules). ‖ *Coulée en source,* coulée du métal dans un canal vertical alimentant le moule par la partie inférieure. ‖ *Remonter aux sources,* retrouver l'origine d'une affaire;

revenir aux débuts, jugés plus purs, d'une doctrine. ‖ *Retenue à la source,* système dans lequel l'impôt est prélevé sur le revenu avant le paiement de celui-ci. ‖ *Source chaude, source froide,* sources de chaleur à températures différentes entre lesquelles évolue un fluide actif (frigorigène ou produisant du travail) en échangeant chaleur et travail.

SOURCIER n. m. Homme qui possède le don de découvrir les sources souterraines à l'aide d'une baguette, d'un pendule, etc.

SOURCIL [sursi] n. m. (lat. *supercilium*). Saillie arquée, revêtue de poils, qui s'étend au-dessus de l'orbite de l'œil. ● *Froncer les sourcils,* témoigner du mécontentement, de la mauvaise humeur.

SOURCILIER, ÈRE adj. Qui concerne les sourcils : *l'arcade sourcilière.*

SOURCILLER v. i. Remuer les sourcils en signe de mécontentement, de surprise. ● *Sans sourciller,* en restant impassible.

SOURCILLEUX, EUSE adj. Pointilleux.

SOURD, E adj. et n. (lat. *surdus*). Privé complètement de l'audition. ◆ adj. Insensible, inexorable : *sourd à la pitié.* ‖ Dont le son est étouffé, peu sonore : *bruit sourd, voix sourde.* ‖ Qui ne se manifeste pas nettement : *douleur, inquiétude sourde.* ● *Consonne sourde,* ou *sourde* n. f. (Phon.), consonne dépourvue de vibrations laryngiennes (*f, s, ch, p, t, k*). ‖ *Crier, frapper comme un sourd,* de toutes ses forces. ‖ *Faire la sourde oreille,* faire semblant de ne pas entendre. ‖ *Lame sourde* (Mar.), lame qui se lève sans bruit. ‖ *Sourd comme un pot* (Fam.), extrêmement sourd. ‖ *Teinte sourde,* rabattue, peu éclatante.

SOURDEMENT adv. De façon qui n'est pas sonore : *le tonnerre grondait sourdement.* ‖ Secrètement : *agir sourdement.*

SOURDINE n. f. (it. *sordina*). Dispositif permettant d'assourdir le son de certains instruments de musique. ● *En sourdine,* sans bruit; secrètement, à la dérobée. ‖ *Mettre une sourdine à,* atténuer, modérer.

SOURDINGUE adj. et n. *Pop.* Sourd.

SOURD-MUET, SOURDE-MUETTE n. (pl. *sourds-muets, sourdes-muettes*). Personne privée de l'ouïe et de la parole.

SOURDRE v. i. (lat. *surgere,* jaillir) [conj. 75]. *Litt.* Sortir de terre, en parlant de l'eau; jaillir, en parlant d'un liquide quelconque.

SOURIANT, E adj. Qui sourit.

SOURICEAU n. m. Petit d'une souris.

SOURICIÈRE n. f. Piège pour prendre les souris. ‖ Piège tendu par la police.

SOURIRE v. i. et t. ind. [à] (lat. *subridere*) [conj. 61]. Rire sans éclat, et seulement par un léger mouvement de la bouche et des yeux. ‖ Plaire, convenir : *cette affaire ne me sourit pas.*

SOURIRE n. m. Action de sourire; rire léger. ● *Avoir le sourire,* être content de qqch. ‖ *Garder le sourire,* rester serein, en dépit d'un échec.

SOURIS n. f. (lat. *sorex, soricis*). Petit mammifère rongeur dont l'espèce la plus commune, au pelage gris, cause des dégâts dans les maisons.

souris

(La souris peut avoir 4 à 6 portées annuelles, de 4 à 8 souriceaux chacune.) ‖ *Pop.* Jeune femme. ‖ *Bouch.* Muscle charnu tenant à l'os du gigot. ● *Gris souris,* se dit d'une couleur d'un gris proche de celui du pelage d'une souris.

SOURNOIS, E adj. et n. (anc. prov. *sorn,* sombre). Qui cache ce qu'il pense, qui agit en dessous, dissimulé.

SOURNOISEMENT adv. De façon sournoise.

SOURNOISERIE n. f. Dissimulation hypocrite.

SOUS prép. (lat. *subtus,* dessous). Marque la situation par rapport à ce qui est plus haut ou en contact; le temps, le moyen, la cause, le point de vue, la dépendance : *mettre un oreiller sous sa tête; sous la IIIe République; écraser un serpent sous ses pieds; agir sous l'empire de la colère; voir les choses sous un mauvais jour.* ● *Sous peu,* bientôt.

SOUS-ACQUÉREUR n. m. (pl. *sous-acquéreurs*). *Dr.* Celui qui a acquis d'un précédent acquéreur.

SOUS-AFFRÈTEMENT n. m. (pl. *sous-affrètements*). *Dr. mar.* Contrat par lequel un affréteur sous-loue le navire affrété.

SOUS-ALIMENTATION n. f. Alimentation insuffisante en quantité ou en qualité (vitamines, protéines animales, sels minéraux).

SOUS-ALIMENTER v. t. Alimenter insuffisamment.

SOUS-AMENDEMENT n. m. (pl. *sous-amendements*). Modification à un amendement.

SOUS-ARACHNOÏDIEN, ENNE adj. *Anat.* Situé en dessous de l'arachnoïde.

SOUS-ARBRISSEAU n. m. (pl. *sous-arbrisseaux*). *Bot.* Plante qui tient le milieu entre l'arbrisseau et l'herbe.

SOUS-ARRONDISSEMENT n. m. (pl. *sous-arrondissements*). Subdivision d'un arrondissement maritime.

sourdine

SOUS-ASSURANCE n. f. (pl. *sous-assurances*). Assurance où la valeur réelle du bien assuré est supérieure à la somme pour laquelle il est assuré.

SOUS-BARBE n. f. (pl. *sous-barbes*). Partie de la mâchoire inférieure du cheval qui supporte la gourmette. ‖ Pièce du licou qui réunit les montants. ‖ *Mar.* Ensemble des cordages qui maintiennent le beaupré en place.

SOUS-BAS n. m. Sorte de chaussette emboîtant juste le tour du pied, portée entre la chaussure et le bas.

SOUS-BOIS n. m. inv. Végétation qui pousse sous les arbres d'une forêt. ‖ Espace recouvert par les arbres d'une forêt. ‖ Dessin, peinture représentant l'intérieur d'une forêt.

SOUS-BRIGADIER n. m. (pl. *sous-brigadiers*). Douanier ou gardien de la paix d'un rang analogue à celui de caporal dans l'armée.

SOUS-CALIBRÉ, E adj. Se dit d'un projectile de calibre inférieur à celui du canon qui le tire.

SOUS-CAVE n. f. (pl. *sous-caves*). *Min.* Excavation faite à la partie inférieure du front de taille.

SOUS-CAVER v. t. Exécuter une sous-cave.

SOUS-CHEF n. m. (pl. *sous-chefs*). Celui qui seconde le chef, qui dirige en son absence.

SOUS-CLASSE n. f. (pl. *sous-classes*). *Hist. nat.* Subdivision d'une classe.

SOUS-CLAVIER, ÈRE adj. *Anat.* Qui est sous la clavicule.

SOUS-COMMISSION n. f. (pl. *sous-commissions*). Réunion d'un petit nombre de personnes

désignées parmi les membres d'une commission, afin de préparer le travail.

SOUS-COMPTOIR n. m. (pl. *sous-comptoirs*). Succursale d'un comptoir.

SOUS-CONSOMMATION n. f. Consommation inférieure à la normale.

SOUS-CONTINENT n. m. *Sous-continent indien,* partie de l'Asie située au sud de l'Himalaya.

SOUS-COUCHE n. f. (pl. *sous-couches*). Première couche de peinture sur une surface.

SOUSCRIPTEUR n. m. Celui qui souscrit un effet de commerce. ‖ Celui qui prend part à une souscription.

SOUSCRIPTION n. f. (lat. *subscriptio*). Engagement pris de s'associer à une entreprise, d'acheter un ouvrage en cours de publication, etc.; somme qui doit être versée par le souscripteur. ‖ Indication sous la signature d'une lettre du nom et du titre de l'expéditeur. ‖ *Dr.* Signature mise au-dessous d'un acte pour l'approuver. ‖ *Bours.* Participation à une augmentation de capital par appel au public, à une émission publique d'obligations. ● *Droit de souscription,* privilège accordé à un actionnaire de participer par priorité à une augmentation de capital.

SOUSCRIRE v. t. (lat. *subscribere*) [conj. 65]. *Dr.* Signer au bas d'un acte pour l'approuver. ◆ v. i. ind. [à]. Donner son adhésion, consentir : *souscrire à un arrangement.* ◆ v. i. S'engager à fournir une certaine somme pour une entreprise : *souscrire pour un monument.* ‖ Prendre l'engagement d'acheter, moyennant un prix convenu, un ouvrage qui doit être publié.

SOUS-CUTANÉ, E adj. Situé sous la peau : *tumeur sous-cutanée.* ‖ Qui se fait sous la peau : *injection sous-cutanée.* (Syn. HYPODERMIQUE.)

SOUS-DÉVELOPPÉ, E adj. et n. Qui se trouve en deçà d'un niveau normal de développement. ‖ Se dit d'un pays dont les habitants ont un faible niveau de vie moyen, en raison, notamment, de l'insuffisance de la production agricole et du faible développement de l'industrie, autre qu'extractive, facteurs fréquemment aggravés par la croissance démographique, plus rapide que la progression du revenu national. (On dit aussi PAYS EN VOIE DE DÉVELOPPEMENT.)

SOUS-DÉVELOPPEMENT n. m. Ensemble des caractères d'un pays sous-développé.

SOUS-DIACONAT n. m. (pl. *sous-diaconats*). *Relig.* Ordre sacré précédant le diaconat (supprimé par la réforme de 1972).

SOUS-DIACRE n. m. (pl. *sous-diacres*). Clerc ayant reçu le sous-diaconat.

SOUS-DIRECTEUR, TRICE n. (pl. *sous-directeurs, trices*). Personne qui dirige en second.

SOUS-DOMINANTE n. f. (pl. *sous-dominantes*). *Mus.* Quatrième degré de la gamme diatonique, au-dessous de la dominante.

SOUS-EMBRANCHEMENT n. m. (pl. *sous-embranchements*). *Hist. nat.* Subdivision de l'embranchement.

SOUS-EMPLOI n. m. *Écon.* Emploi d'une partie seulement de la main-d'œuvre disponible.

SOUS-EMPLOYER v. t. (conj. 2). Employer de manière insuffisante.

SOUS-ENSEMBLE n. m. (pl. *sous-ensembles*). *Math.* Dans un ensemble E, ensemble A formé exclusivement d'éléments appartenant à E.

SOUS-ENTENDRE v. t. (conj. 46). Faire comprendre qqch sans le dire; ne pas exprimer franchement sa pensée. ‖ *Être sous-entendu,* se dit d'un mot qui n'est pas exprimé.

SOUS-ENTENDU n. m. (pl. *sous-entendus*). Ce qu'on fait comprendre sans le dire : *une lettre pleine de sous-entendus.*

SOUS-ENTREPRENEUR n. m. (pl. *sous-entrepreneurs*). Entrepreneur qui se substitue, pour l'exécution d'un travail, à l'entrepreneur qui en a reçu la commande.

SOUS-ÉQUIPÉ, E adj. *Écon.* Dont l'équipement industriel est insuffisant.

SOUS-ÉQUIPEMENT n. m. *Écon.* État d'une région sous-équipée.

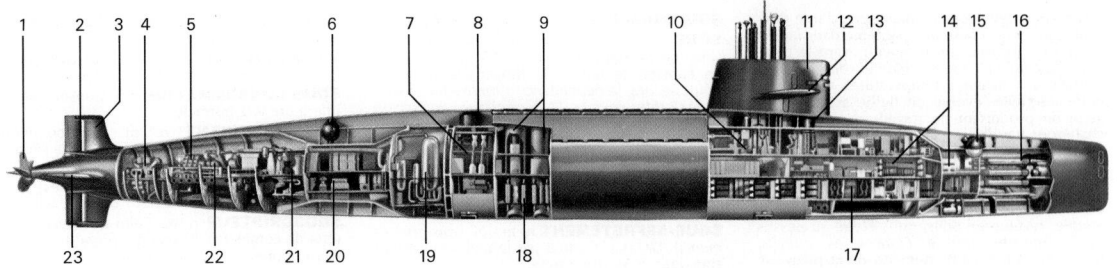

SOUS-MARIN NUCLÉAIRE FRANÇAIS LANCE-MISSILES LE « REDOUTABLE »

1. Hélice ; 2. Gouvernail de direction ; 3. Aileron ; 4. Moteur électrique auxiliaire de propulsion ; 5. Réducteur ;
6. Sas de sauvetage arrière ; 7. Régénération d'atmosphère ; 8. Sas d'accès arrière ; 9. Tubes lance-missiles ;
10. Poste central navigation-opérations ; 11. Kiosque ; 12. Gouvernail de plongée avant ; 13. Sas d'accès à la passerelle
de navigation en surface ; 14. Logements ; 15. Sas de sauvetage avant ; 16. Poste de torpilles ; 17. Chambres frigorifiques ;
18. Système de lancement ; 19. Compartiment réacteur-échangeur ; 20. Local d'auxiliaires ; 21. Poste de conduite de la propulsion ;
22. Turbines de propulsion ; 23. Gouvernail de plongée arrière.

SOUS-ESPACE n. m. (pl. *sous-espaces*). *Math.* Sous-ensemble d'un espace possédant les mêmes propriétés ou la même structure que l'espace lui-même.

SOUS-ESPÈCE n. f. (pl. *sous-espèces*). *Hist. nat.* Subdivision de l'espèce.

SOUS-ESTIMATION ou **SOUS-ÉVALUATION** n. f. (pl. *sous-estimations, sous-évaluations*). Action de sous-estimer, de sous-évaluer.

SOUS-ESTIMER ou **SOUS-ÉVALUER** v. t. Apprécier au-dessous de sa valeur réelle : *sous-estimer un adversaire*.

SOUS-EXPLOITATION n. f. *Écon.* Exploitation insuffisante.

SOUS-EXPLOITER v. t. *Écon.* Exploiter insuffisamment.

SOUS-EXPOSER v. t. *Phot.* Exposer insuffisamment une émulsion photographique.

SOUS-EXPOSITION n. f. (pl. *sous-expositions*). *Phot.* Exposition insuffisante.

SOUS-FAÎTE n. m. (pl. *sous-faîtes*). Pièce de charpente qui, placée dans un comble au-dessous du faîte, contribue au contreventement de l'ensemble.

SOUS-FAMILLE n. f. (pl. *sous-familles*). *Hist. nat.* Subdivision de la famille. (Syn. TRIBU.)

SOUS-FIFRE n. m. (pl. *sous-fifres*). *Fam.* Individu occupant un emploi tout à fait secondaire.

SOUS-FILIALE n. f. (pl. *sous-filiales*). Filiale d'une filiale.

SOUS-FRUTESCENT, E adj. *Bot.* Qui a la stature d'un sous-arbrisseau.

SOUS-GENRE n. m. (pl. *sous-genres*). *Hist. nat.* Subdivision du genre.

SOUS-GLACIAIRE adj. *Géogr.* Qui concerne la région où le glacier est en contact avec le rocher.

SOUS-GORGE n. f. inv. Partie de la bride qui passe sous la gorge du cheval et se rattache de chaque côté de la têtière.

SOUS-GOUVERNEUR n. m. (pl. *sous-gouverneurs*). Fonctionnaire inférieur au gouverneur.

SOUS-GROUPE n. m. (pl. *sous-groupes*). Subdivision d'un groupe. ‖ *Math.* Dans un groupe, sous-ensemble qui, pour la loi de composition du groupe, possède lui aussi la structure de groupe.

SOUS-HOMME n. m. (pl. *sous-hommes*). Homme considéré comme privé de sa dignité.

SOUS-HUMANITÉ n. f. Condition de sous-homme ; ensemble des sous-hommes.

SOUS-JACENT, E adj. (de *sous*, et lat. *jacens*, qui est étendu). Qui est placé dessous : *muscles sous-jacents*. ‖ Caché : *théories, idées sous-jacentes*.

SOUS-LIEUTENANT n. m. (pl. *sous-lieutenants*). Officier titulaire du premier grade de la hiérarchie dans les armées de terre et de l'air.

SOUS-LOCATAIRE n. (pl. *sous-locataires*). Personne qui occupe un local en sous-location.

SOUS-LOCATION n. f. (pl. *sous-locations*). Action de sous-louer.

SOUS-LOUER v. t. Donner à loyer la totalité ou une partie d'une maison ou d'un appartement dont on est locataire. ‖ Prendre à loyer du principal locataire une portion de maison ou d'appartement.

SOUS-MAIN n. m. inv. Accessoire de bureau sur lequel on place son papier pour écrire. ● *En sous-main*, en cachette, secrètement.

SOUS-MAÎTRE n. m. (pl. *sous-maîtres*). Appellation donnée à certains sous-officiers du Cadre noir de Saumur.

SOUS-MAÎTRESSE n. f. (pl. *sous-maîtresses*). Femme qui dirigeait une maison de tolérance.

SOUS-MARIN, E adj. Qui est sous la mer : *volcan sous-marin*. ‖ Qui s'effectue sous la mer : *navigation sous-marine*. ● *Chasse sous-marine*, sport qui consiste à s'approcher à la nage du poisson et à le tirer avec un fusil-harpon.

SOUS-MARIN n. m. (pl. *sous-marins*). Bâtiment de guerre conçu pour naviguer de façon prolongée sous l'eau et pour combattre en plongée avec le lancement de projectiles. ‖ Tout bâtiment capable d'être immergé pour accomplir une mission de recherche ou de sauvetage.

SOUS-MARINIER n. m. (pl. *sous-mariniers*). Membre de l'équipage d'un sous-marin.

SOUS-MAXILLAIRE adj. *Anat.* Situé sous la mâchoire.

SOUS-MÉDICALISÉ, E adj. Se dit d'un pays ou d'une région où la densité médicale trop faible ne permet pas de répondre correctement aux besoins sur le plan de la santé.

SOUS-MULTIPLE adj. et n. m. (pl. *sous-multiples*). *Math.* Se dit d'un nombre, d'une grandeur contenus un nombre entier de fois dans un autre nombre, une autre grandeur.

SOUS-NAPPE n. f. (pl. *sous-nappes*). Molleton qu'on place sous la nappe.

SOUS-NORMALE n. f. (pl. *sous-normales*). *Math.* Projection sur un axe du segment de la normale en un point d'une courbe compris

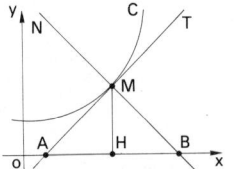

T : tangente
N : normale
AH : sous-tangente en M à la courbe C
HB : sous-normale en M à la courbe C

sous-normale

entre ce point et le point où la normale rencontre l'axe considéré.

SOUS-NUTRITION n. f. (pl. *sous-nutritions*). Nutrition insuffisante.

SOUS-ŒUVRE n. m. *Reprise en sous-œuvre*, travail exécuté dans les parties portantes d'une construction, sous les charges des parties supérieures, qui sont soutenues pendant l'opération.

SOUS-OFF n. m. (pl. *sous-offs*). *Fam.* et *péjor.* Abrév. de SOUS-OFFICIER.

SOUS-OFFICIER n. m. (pl. *sous-officiers*). Militaire d'active ou de réserve situé dans la hiérarchie entre l'homme du rang et l'officier, et dont le grade est compris entre ceux de sergent dans les armées de terre et de l'air ou de second maître dans la marine et celui de major dans les trois armées.

SOUS-ORBITAIRE adj. *Anat.* Sous l'orbite.

SOUS-ORBITAL, E, AUX adj. *Astronaut.* Se dit des caractéristiques du mouvement d'un engin spatial avant qu'il ait été placé sur une orbite circumterrestre. ● *Vitesse sous-orbitale*, vitesse d'injection d'un engin sur une orbite, ne lui permettant pas d'accomplir un tour complet de la Terre.

SOUS-ORDRE n. m. (pl. *sous-ordres*). Personne soumise aux ordres d'une autre ; subalterne. ‖ *Hist. nat.* Subdivision d'un ordre. ● *Créancier en sous-ordre*, créancier d'un créancier.

SOUS-PALAN (EN) loc. adv. Se dit d'une marchandise qui, extraite des cales du navire, est livrée au port à son destinataire.

SOUS-PAYER v. t. (conj. 2). Payer en dessous du taux normal.

SOUS-PEUPLÉ, E adj. Peuplé insuffisamment.

SOUS-PEUPLEMENT n. m. Peuplement insuffisant, eu égard aux ressources exploitées ou potentielles d'un pays.

SOUS-PIED n. m. (pl. *sous-pieds*). Bande de cuir ou d'étoffe qui passe sous le pied et s'attache au bas d'une guêtre ou d'un pantalon.

SOUS-PRÉFECTORAL, E, AUX adj. Relatif à une sous-préfecture, à un sous-préfet.

SOUS-PRÉFECTURE n. f. (pl. *sous-préfectures*). Subdivision de l'arrondissement, administrée par un sous-préfet. ‖ Ville où réside le sous-préfet.

SOUS-PRÉFET n. m. (pl. *sous-préfets*). Fonctionnaire chargé de l'administration d'un arrondissement. (La réforme administrative entreprise en 1981 envisage la nouvelle appellation de « commissaire de la République adjoint ».)

SOUS-PRÉFÈTE n. f. (pl. *sous-préfètes*). Femme de sous-préfet.

SOUS-PRODUCTION n. f. Production insuffisante.

SOUS-PRODUIT n. m. (pl. *sous-produits*). Corps obtenu accessoirement au cours de la fabrication d'une autre substance, ou comme résidu d'une extraction. ‖ Mauvaise imitation.

SOUS-PROGRAMME n. m. (pl. *sous-programmes*). *Inform.* Séquence d'instructions réalisant une fonction particulière, conçue pour être utilisée dans différents programmes.

SOUS-PROLÉTAIRE n. (pl. *sous-prolétaires*). Personne qui fait partie du sous-prolétariat.

SOUS-PROLÉTARIAT n. m. Syn. de LUMPEN-PROLETARIAT.

SOUS-PULL n. m. (pl. *sous-pulls*). Pull-over à mailles très fines et à col roulé, destiné à être porté sous un autre plus épais.

SOUS-QUARTIER n. m. (pl. *sous-quartiers*). *Mil.* Autref., territoire confié à une unité de l'ordre de la compagnie.

SOUS-REFROIDI, E adj. Se dit d'une solution liquide en faux équilibre à une température où le solvant devrait cristalliser.

SOUS-RÈGNE n. m. (pl. *sous-règnes*). *Hist. nat.* Pour certains auteurs, syn. de CLADE.

SOUS-SATURÉ, E adj. *Géol.* Se dit d'une roche magmatique contenant du feldspathoïde.

SOUS-SCAPULAIRE adj. *Anat.* Qui est placé sous l'omoplate.

SOUS-SECRÉTAIRE n, m. (pl. *sous-secrétaires*). Personne assistant un ministre ou placée à la tête d'une administration dont l'importance ne justifie pas l'existence d'un ministère.

SOUS-SECRÉTARIAT n. m. (pl. *sous-secrétariats*). *Sous-secrétariat d'État,* administration dirigée par un sous-secrétaire d'État.

SOUS-SECTEUR n. m. (pl. *sous-secteurs*). *Mil.* Autref., territoire confié à une unité de l'ordre du régiment.

SOUS-SECTION n. f. (pl. *sous-sections*). Une des formations du Conseil d'État.

SOUSSIGNÉ, E adj. et n. Qui a mis son nom au bas d'un acte : *le soussigné déclare...*

SOUS-SOL n. m. (pl. *sous-sols*). Couche immédiatement au-dessous de la terre végétale : *un sous-sol sablonneux.* ‖ Partie ou ensemble des couches géologiques d'une région : *les richesses du sous-sol.* ‖ Étage souterrain ou partiellement souterrain d'un bâtiment.

SOUS-SOLAGE n. m. (pl. *sous-solages*). Labour qui fragmente les parties profondes du sol sans les ramener à la surface.

SOUS-SOLEUSE n. f. (pl. *sous-soleuses*). Charrue conçue pour effectuer le sous-solage.

SOUS-STATION n. f. (pl. *sous-stations*). Ensemble des appareils de transformation ou de distribution groupés dans un bâtiment ou à l'air libre, et destinés à l'alimentation d'un réseau électrique.

SOUS-SYSTÈME n. m. (pl. *sous-systèmes*). Système subordonné à un autre.

SOUS-TANGENTE n. f. (pl. *sous-tangentes*). *Math.* Projection sur un axe, et spécialement sur un axe de coordonnées, du segment de la

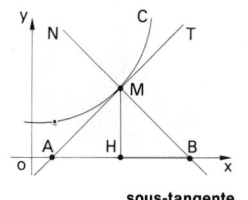

T : tangente
N : normale
AH : sous-tangente en M à la courbe C
HB : sous-normale en M à la courbe C

sous-tangente

tangente en un point d'une courbe compris entre le point de contact et le point où la tangente rencontre l'axe considéré.

SOUS-TASSE n. f. (pl. *sous-tasses*). Syn. de SOUCOUPE.

SOUS-TENDRE v. t. (conj. 46). Être à la base de qqch, impliquer : *cette théorie sous-tend la lutte des classes.* ‖ *Math.* Joindre les extrémités d'un arc de courbe.

SOUS-TENSION n. f. (pl. *sous-tensions*). Tension électrique inférieure à la normale.

SOUS-TITRAGE n. m. Action de sous-titrer.

SOUS-TITRE n. m. (pl. *sous-titres*). Titre placé après le titre principal d'un livre. ‖ *Cin.* Traduction des paroles d'un film en version originale, qui paraît au bas de l'image sur l'écran.

SOUS-TITRÉ adj. m. Se dit d'un film en version originale muni de sous-titres.

SOUS-TITRER v. t. Mettre un sous-titre, des sous-titres à.

SOUSTRACTEUR n. m. Organe de calcul analogique ou numérique permettant d'effectuer la différence de deux nombres.

SOUSTRACTIF, IVE adj. *Math.* Relatif à la soustraction.

SOUSTRACTION n. f. *Dr.* Prise de possession d'une chose contre le gré et à l'insu de son détenteur légitime. (Elle est un des éléments du vol.) ‖ *Math.* Pour deux nombres *a* et *b*, opération notée − (moins), inverse de l'addition, qui consiste à trouver un nombre *c*, nommé différence, tel que $a = b + c$.

SOUSTRAIRE v. t. (lat. *subtrahere*, retirer) [conj. 73]. Prendre par ruse ou par tromperie : *soustraire des papiers.* ‖ Faire échapper à : *soustraire qqch aux regards.* ‖ Effectuer une soustraction, retrancher. ◆ **se soustraire** v. pr. Se dérober, échapper : *se soustraire à des inconvénients.*

SOUS-TRAITANCE n. f. (pl. *sous-traitances*). Exécution, par un artisan ou un industriel, d'une fabrication ou d'un traitement de pièces selon les directives techniques et pour le compte d'un autre industriel, le donneur d'ordres, conformément à des normes ou à des plans imposés.

SOUS-TRAITANT n. m. (pl. *sous-traitants*). Entrepreneur qui fait de la sous-traitance.

SOUS-TRAITER v. t. Prendre en charge un marché primitivement conclu par un autre.

SOUS-VENTRIÈRE n. f. (pl. *sous-ventrières*). Courroie attachée aux deux limons d'une voiture ou d'une charrette et qui passe sous le ventre du cheval.

SOUS-VERGE n. m. inv. Cheval attelé, non monté, placé à la droite d'un autre attelé et qui porte le cavalier.

SOUS-VERRE n. m. inv. Mode de présentation d'une image, d'un dessin, d'une photographie entre une plaque de verre et une autre plaque rigide.

SOUS-VÊTEMENT n. m. (pl. *sous-vêtements*). Pièce de lingerie ou de bonneterie que l'on porte sous les vêtements.

SOUS-VIRER v. i. En parlant d'une automobile, avoir ses roues avant qui, dans un virage, tendent à s'échapper latéralement vers l'extérieur de la courbe.

SOUS-VIREUR, EUSE adj. Se dit d'un véhicule automobile qui sous-vire.

SOUTACHE n. f. (hongr. *sujtás*). Tresse de galon appliquée sur diverses parties du costume militaire (écussons) ou sur une étoffe dans un but décoratif.

SOUTANE n. f. (it. *sottana*). Vêtement long en forme de robe porté par les ecclésiastiques. (Le port de la soutane a tendance à disparaître.)

SOUTE n. f. (anc. prov. *sota*). Magasin établi dans l'entrepont ou dans la cale d'un bateau. ‖ Compartiment à bagages aménagé dans le fuselage d'un avion. ◆ pl. Combustibles liquides pour les navires.

SOUTENABLE adj. Qui peut être supporté, enduré. ‖ Qui peut se soutenir par de bonnes raisons : *opinion soutenable.*

SOUTENANCE n. f. Action de soutenir une thèse.

SOUTÈNEMENT n. m. Action de soutenir; appui, contrefort. ‖ *Dr.* Justifications présentées en justice pour établir la sincérité d'un compte. ‖ *Min.* Dispositif pour empêcher l'éboulement du toit d'un chantier d'exploitation ou d'une galerie de mine. ● *Mur de soutènement,* mur enterré sur une de ses faces et servant à contenir la poussée des terres. ‖ *Soutènement marchant* (Min.), soutènement de taille que des vérins hydrauliques font progresser.

SOUTENEUR n. m. Individu vivant aux dépens d'une prostituée qu'il prétend protéger.

SOUTENIR v. t. (lat. *sustinere*) [conj. 16]. Tenir par-dessous en supportant une partie du poids; maintenir en place, empêcher de tomber : *colonnes qui soutiennent les voûtes.* ‖ Aider,

secourir qqn, en particulier sur le plan financier. ‖ Empêcher de faiblir; pousser jusqu'au bout : *soutenir un effort.* ‖ Appuyer, défendre : *soutenir un candidat.* ‖ Résister sans fléchir à : *soutenir une attaque.* ‖ Affirmer : *je vous soutiens que...* ‖ *Chorégr.* Maintenir une attitude; poursuivre un effort. ● *Soutenir la conversation,* ne pas la laisser s'éteindre. ‖ *Soutenir son rang,* vivre d'une manière convenable à son rang. ‖ *Soutenir une thèse,* faire valoir les arguments en faveur de cette thèse et réfuter les objections; exposer une thèse de doctorat et répondre aux questions du jury. ‖ *Soutenir la voix,* prolonger le son avec la même force. ◆ **se soutenir** v. pr. Se tenir debout, droit, en équilibre. ‖ Continuer, se maintenir : *l'intérêt d'un bon roman se soutient jusqu'au bout.* ‖ Se prêter une mutuelle assistance.

SOUTENU, E adj. Constamment noble, élevé : *style soutenu.* ‖ Qui ne se relâche pas : *intérêt soutenu; efforts soutenus.* ● *Langue soutenue* (Ling.), langue écrite soignée.

SOUTERRAIN, E adj. Sous terre : *abri souterrain; exploitation souterraine.* ‖ Caché, obscur : *manœuvres souterraines.*

SOUTERRAIN n. m. Couloir, galerie qui s'enfonce sous terre; ouvrage construit au-dessous du niveau du sol pour livrer passage à une voie de communication ou à une galerie d'amenée ou d'évacuation des eaux. (On dit aussi TUNNEL.)

SOUTIEN n. m. Action de soutenir : *apporter son soutien.* ‖ Ce qui sert à soutenir, ce qui aide, défend, protège; appui, défenseur : *le soutien d'un parti.* ● *Soutien de famille,* jeune homme dont la présence est reconnue indispensable pour assurer la subsistance de sa famille, laquelle bénéficie pendant son service militaire d'une allocation mensuelle.

SOUTIEN-GORGE n. m. (pl. *soutiens-gorge*). Pièce de lingerie féminine servant à maintenir la poitrine.

SOUTIER n. m. Matelot chargé d'alimenter en charbon les chaufferies d'un navire utilisant ce combustible.

SOUTIRAGE n. m. Action de soutirer.

SOUTIRER v. t. (de *sous* et *tirer*). Transvaser doucement du vin, un liquide ou un gaz d'un récipient dans un autre. ‖ Obtenir par ruse ou par adresse : *soutirer de l'argent à qqn.*

SOUTRA n. m. → SÛTRA.

SOUTRAGE n. m. (anc. gascon *sostratge*, litière). Droit de retirer des menus produits des forêts (pierres, sable, gazon).

SOUVENANCE n. f. *Avoir souvenance* (Litt.), se souvenir.

SOUVENIR n. m. Impresssion, idée que la mémoire conserve d'une chose. ‖ Ce qui rappelle un fait, la mémoire de qqch, de qqn : *objet donné en souvenir.* ‖ Objet vendu aux touristes. ● *Rappeler au bon souvenir,* transmettre à qqn le témoignage de sa sympathie.

SOUVENIR (SE) v. pr. (conj. 16). Avoir présent à l'esprit une image liée au passé : *souvenez-vous de vos promesses.* ● *Je m'en souviendrai,* je me vengerai, il me le paiera. ◆ v. impers. *Litt.* Revenir à la mémoire : *vous souvient-il que...*

SOUVENIR-ÉCRAN n. m. (pl. *souvenirs-écrans*). *Psychanal.* Souvenir d'enfance insignifiant évoqué par l'adulte à la place d'un souvenir chargé d'angoisse et refoulé.

SOUVENT adv. (lat. *subinde,* aussitôt). Plusieurs fois en peu de temps, fréquemment.

SOUVERAIN, E adj. (lat. *super,* au-dessus). Qui atteint le plus haut degré : *un souverain mépris; une souveraine habileté.* ‖ Qui s'exerce sans contrôle : *puissance souveraine.* ‖ Très efficace : *remède souverain.* ‖ *Dr.* Qui juge sans appel.

SOUVERAIN, E n. et adj. Titulaire de la souveraineté.

SOUVERAIN n. m. *Philos.* Instance qui détient en droit le pouvoir politique, qu'il s'agisse d'un individu, d'une assemblée ou du peuple.

SOUVERAIN n. m. (angl. *sovereign*). Monnaie d'or d'Angleterre, qui valait une livre sterling ou 25 francs avant 1914.

SOUVERAINEMENT adv. Au plus haut point :

livre souverainement ennuyeux. ‖ Sans appel, avec un pouvoir souverain.

SOUVERAINETÉ n. f. Autorité suprême : *souveraineté du peuple.* ‖ Pouvoir, dont dispose l'État, de commander, de contraindre et de réprimer; qualité du pouvoir politique d'un État ou d'un organisme qui n'est soumis au contrôle ni d'un autre État ni d'un autre organisme. ● *Souveraineté nationale,* principe du droit public français selon lequel la souveraineté, jadis exercée par le roi, l'est aujourd'hui par l'ensemble des citoyens.

SOVIET n. m. (mot russe, *conseil*). Conseil des délégués des ouvriers, des paysans et des soldats en U. R. S. S. ■ Les premiers soviets ouvriers se sont formés durant la révolution russe de 1905. Réapparus en février-mars 1917, les soviets des députés ouvriers et soldats se rallièrent à partir de juillet-août aux bolcheviks, qui s'emparèrent du pouvoir en octobre-novembre 1917. La première Constitution révolutionnaire (1918) ayant organisé l'administration politique sur les bases d'une hiérarchie des conseils des ouvriers, paysans et soldats, les divers États constituant, depuis 1922, l'U. R. S. S. ont reçu la dénomination de « républiques socialistes soviétiques ».

SOVIÉTIQUE adj. Relatif aux soviets, à l'U. R. S. S. : *l'économie soviétique.* ◆ adj. et n. Habitant ou originaire de l'U. R. S. S.

SOVIÉTISATION n. f. Action de soviétiser.

SOVIÉTISER v. t. Soumettre au régime des soviets, à l'influence de l'Union soviétique.

SOVIÉTOLOGUE n. Spécialiste de la politique soviétique.

SOVKHOZE [sɔvkoz] n. m. (mot russe). En U. R. S. S., grande ferme modèle d'État.

SOVNARKHOZE [sɔvnarkoz] n. m. Conseil chargé, jusqu'en 1965, de la gestion de l'économie dans les régions de l'U. R. S. S.

SOYA n. m. → SOJA.

SOYEUX, EUSE adj. Fin et doux au toucher comme de la soie : *laine soyeuse.*

SOYEUX n. m. Industriel de la soierie.

SPACIEUSEMENT adv. De façon spacieuse.

SPACIEUX, EUSE adj. (lat. *spatiosus*). Vaste, où l'on dispose de beaucoup d'espace : *maison spacieuse.*

SPADASSIN n. m. (it. *spadaccino*; de *spada*, épée). Personne qui recherche des duels (vx). ‖ *Litt.* Tueur à gages.

SPADICE n. m. (gr. *spadix*). *Bot.* Inflorescence constituée par un épi enveloppé dans une bractée appelée *spathe*, qu'on rencontre chez les palmiers et les arums.

SPADICIFLORE n. f. Plante monocotylédone ayant des spadices. (Les *spadiciflores* forment un ordre.)

SPAGHETTI n. m. pl. (mot it.). Pâte alimentaire de semoule de blé dur, déshydratée et présentée à l'emploi culinaire sous forme de longs bâtonnets pleins.

SPAHI n. m. (mot turc). Cavalier de l'armée française appartenant à un corps créé en 1834 en Algérie, avec un recrutement en principe autochtone.

SPALAX n. m. (mot gr., *taupe*). Rongeur de l'Europe centrale (long. 20 cm), qui creuse de profondes galeries. (Nom usuel : *rat-taupe.*)

SPALLATION n. f. (angl. *to spall*, éclater). *Phys.* Éclatement, en nombreuses particules, du noyau d'un atome sous l'effet d'un bombardement corpusculaire assez intense.

SPALTER [spaltɛr] n. m. (all. *spalten*, fendre). Brosse plate dont les peintres se servent pour faire les faux bois.

SPANANDRIE n. f. État d'une espèce animale où les mâles sont très rares et où la parthénogénèse est de règle.

SPANIOMÉNORRHÉE n. f. (gr. *spanios*, rare). *Méd.* Cycles menstruels anormalement longs.

SPARADRAP n. m. (lat. médiév. *sparadrapum*). Tissu recouvert de caoutchouc (ou d'un autre adhésif) sur une de ses faces et servant à maintenir en place de petits pansements.

SPARDECK n. m. (mot angl., de *spar*, barre, et

deck, pont). *Mar.* Pont qui s'étend sans interruption de l'avant à l'arrière d'un navire sans dunette ni gaillards.

SPARGANIER n. m. Plante aquatique, dite communément *ruban d'eau.*

SPARIDÉ n. m. Poisson à nageoires pelviennes insérées sous le thorax, à une seule dorsale ayant un rayon épineux, comme la *dorade,* le *pagre,* le *pagel.* (Les *sparidés* forment une famille.)

SPARRING-PARTNER [sparinpartnɛr] n. m. (mot angl.) [pl. *sparring-partners*]. Boxeur entraînant un autre boxeur avant un match.

SPART ou **SPARTE** n. m. (gr. *sparton*). Nom de plusieurs herbes, entre autres l'*alfa,* dont les fibres sont utilisées en sparterie.

SPARTAKISME n. m. Mouvement socialiste, puis communiste, allemand (en all. *Spartakusbund*) dirigé par Karl Liebknecht et Rosa Luxemburg de 1914 à 1919 et qui réunit des éléments minoritaires de la social-démocratie. (Il fut finalement vaincu [janv. 1919] par les forces conservatrices.)

SPARTAKISTE adj. et n. (de *Spartacus*). Qui appartient au spartakisme.

SPARTÉINE n. f. Alcaloïde extrait du spart à balai, tonique du cœur et diurétique.

SPARTERIE n. f. Ouvrage, tel que corde, natte, tapis, panier, etc., tressé en fibre végétale; fabrication de ces objets.

SPARTIATE adj. et n. De Sparte. ‖ Qui rappelle la rigueur, l'austérité des coutumes de Sparte. ● *À la spartiate,* sévèrement.

SPARTIATE n. f. Sandale à lanières.

SPASME n. m. (gr. *spasmos,* contraction). Contraction involontaire d'un groupe musculaire.

SPASMODIQUE adj. Relatif au spasme; qui a les caractères du spasme.

SPASMOLYTIQUE adj. et n. m. Syn. de ANTISPASMODIQUE.

SPASMOPHILIE n. f. Affection caractérisée par des crampes, des fourmillements, des crises d'agitation et des malaises, et au cours de laquelle apparaissent des crises de tétanie.

SPASMOPHILIQUE adj. et n. Relatif à la spasmophilie; qui en est atteint.

SPAT n. m. (lat. *spatium,* espace). Unité d'angle solide, comprenant la totalité de l'espace autour d'un point.

SPATANGUE n. m. (gr. *spataggês*). Oursin en forme de cœur, qui vit dans les sables vaseux des côtes. (Long. 10 cm.)

SPATH n. m. (mot all.). Nom de divers minerais pierreux à structure lamelleuse. ● *Spath d'Islande,* variété transparente, biréfringente, de calcite cristallisée.

SPATHE n. f. (gr. *spathê*). *Bot.* Bractée entourant l'épi dans les spadices.

SPATHIQUE adj. De la nature du spath.

SPATIAL, E, AUX [spasjal, sjo] adj. Relatif à l'espace, à l'étendue. ‖ Relatif à l'espace interplanétaire ou intersidéral : *engin spatial.* ● *Charge spatiale,* accumulation d'électrons qui entourent le filament d'un tube électronique. ‖ *Guerre spatiale,* compétition, lutte caractérisées par l'emploi, dans l'espace orbital, de moyens militaires offensifs ou défensifs.

SPATIALITÉ n. f. (lat. *spatium,* espace). Caractère de ce qui est spatial.

SPATIONAUTE n. Syn. d'ASTRONAUTE.

SPATIONAUTIQUE n. f. Syn. de ASTRONAUTIQUE.

SPATIONEF n. m. Appareil capable d'évoluer dans l'espace.

SPATIO-TEMPOREL, ELLE adj. Relatif à la fois à l'espace et au temps.

SPATULE n. f. (lat. *spatula*). Instrument de métal, de bois, etc., en forme de petite pelle aplatie. ‖ Partie antérieure et recourbée du ski. ‖ Oiseau échassier à bec élargi, qui niche sur les côtes ou dans les roseaux. (Long. 80 cm.)

SPATULÉ, E adj. En forme de spatule.

SPEAKER [spikœr] n. m. (mot angl., *celui qui parle*). Président de la Chambre des communes.

SPEAKER, SPEAKERINE [spikœr, -krin] n. Personne qui annonce les programmes, les informations à la radio et à la télévision. (Syn. ANNONCEUR, EUSE.)

SPÉCIAL, E, AUX adj. (lat. *specialis*; de *species,* espèce). Particulier à une espèce de personnes ou de choses, approprié à un but : *papier spécial, train spécial.* ‖ Qui constitue une exception : *faveur spéciale.* ‖ Qui n'est pas commun, bizarre : *des goûts spéciaux.* ● *Mathématiques spéciales,* ou *spéciale* n. f., classe d'enseignement supérieur qui suit la classe de mathématiques supérieures (2e année) et qui prépare aux concours des grandes écoles scientifiques. ◆ n. f. Huître plus grasse qu'une fine de claire, en raison d'un plus long séjour en claire (plusieurs mois).

SPÉCIALEMENT adv. De façon spéciale.

SPÉCIALISATION n. f. Action de spécialiser, fait de se spécialiser.

SPÉCIALISER v. t. Faire acquérir des connaissances spéciales pour exécuter un travail ou pour pratiquer une science, une technique. ◆ **se spécialiser** v. pr. Se consacrer à une branche de connaissances, à une production, à un travail déterminés.

SPÉCIALISTE n. et adj. Personne qui a des connaissances théoriques ou pratiques dans un domaine précis. ‖ Médecin qui s'attache à un genre de maladies ou aux maladies d'un système, d'un organe en particulier.

SPÉCIALITÉ n. f. Activité à laquelle on se consacre particulièrement; ensemble des connaissances approfondies acquises en ce domaine. ‖ Produit caractéristique d'une région, d'un restaurant, etc. ‖ *Fam.* Manie particulière de qqn : *il a la spécialité de vous interrompre.* ‖ *Dr.* Principe du droit budgétaire aux termes duquel les dépenses autorisées dans un budget le sont pour un objectif précis et déterminé. ‖ *Pharm.* Médicament préparé à l'avance, présenté sous un conditionnement particulier, vendu dans plus d'une officine et enregistré au ministère de la Santé publique. ● *Spécialité administrative,* principe du droit public selon lequel le pouvoir de chaque autorité administrative est limité à sa sphère d'attributions. ‖ *Spécialité médicale,* branche de la médecine dont la pratique régulière et exclusive est réservée aux praticiens qui justifient d'études complémentaires.

SPÉCIATION n. f. *Biol.* Apparition de différences entre deux espèces voisines, entraînant leur séparation définitive.

SPÉCIEUSEMENT adv. De façon spécieuse.

SPÉCIEUX, EUSE adj. (lat. *speciosus*; de *species,* aspect). Qui n'a qu'une apparence de vérité, sans valeur : *raisonnement spécieux.*

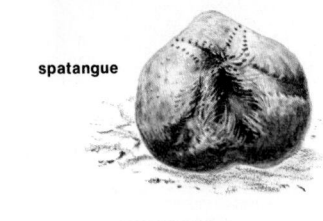

spatangue

spatule

SPÉCIFICATION n. f. Action de spécifier qqch. ‖ Définition des caractéristiques auxquelles doivent répondre une installation, une construction, un matériel, une fabrication, un produit, etc.

SPÉCIFICITÉ n. f. Qualité de ce qui est spécifique.

SPÉCIFIER v. t. Exprimer de manière précise, déterminer en détail : *la loi ne peut pas spécifier tous les cas de délit.*

SPÉCIFIQUE adj. Qui est exclusivement propre à une espèce, à une chose : *les qualités spécifiques d'un produit.* ● *Droits spécifiques,* droits de douane assis sur certaines caractéristiques des biens qu'ils frappent.

SPÉCIFIQUEMENT adv. De façon spécifique.

SPÉCIMEN [spesimɛn] n. m. et adj. (mot lat.). Échantillon, modèle d'une catégorie. ‖ Exemplaire d'un livre, d'une revue offert gratuitement.

SPÉCIOSITÉ n. f. Caractère spécieux.

SPECTACLE n. m. (lat. *spectaculum*). Ce qui se présente au regard, à l'attention : *le spectacle de la nature.* ‖ Représentation théâtrale, cinématographique, etc. ‖ Ensemble des activités du théâtre, du cinéma, du music-hall, etc. : *l'industrie du spectacle.* ● *Revue à grand spectacle,* de mise en scène luxueuse. ‖ *Se donner en spectacle,* attirer l'attention sur soi.

SPECTACULAIRE adj. Qui frappe l'imagination, qui fait sensation, prodigieux : *accident spectaculaire; résultats spectaculaires.*

SPECTATEUR, TRICE n. (lat. *spectator,* qui regarde). Personne qui est témoin oculaire d'un événement. ‖ Personne qui assiste à un spectacle artistique, à une manifestation sportive, etc.

SPECTRAL, E, AUX adj. Qui a le caractère d'un spectre, d'un fantôme : *vision spectrale.* ‖ *Math.* Qui se rapporte au spectre d'une matrice. ‖ *Phys.* Qui concerne un spectre lumineux.

SPECTRE n. m. (lat. *spectrum*). Fantôme, apparition fantastique que l'on croit voir. ‖ *Fam.* Personne grande, hâve et maigre. ‖ Ce qui épouvante, menace : *le spectre de la guerre.* ‖ *Méd.* Ensemble des bactéries sur lesquelles un antibiotique a une action. ‖ *Phys.* Ensemble des raies résultant de la décomposition d'une lumière complexe et, plus généralement, répartition de l'intensité d'une onde (acoustique, électromagnétique), d'un faisceau de particules, en fonction de la fréquence, de l'énergie. ● *Spectre d'absorption,* spectre obtenu en faisant traverser par un rayonnement, continu en fréquence, une substance qui absorbe certaines radiations caractéristiques de cette substance.

représentation schématique du **spectre** de la lumière blanche

‖ *Spectre acoustique,* répartition de l'intensité acoustique en fonction de la fréquence. ‖ *Spectre atomique, moléculaire,* spectre du rayonnement émis par excitation des atomes (spectre de raies), des molécules (spectre de bandes). ‖ *Spectre d'émission,* spectre du rayonnement électromagnétique émis par une source convenablement excitée (flamme, arc ou décharge électriques, étincelle). ‖ *Spectre magnétique, électrique,* figure de lignes de force d'un champ magnétique, d'un champ électrique, obtenue en répandant de la limaille de fer, des particules conductrices dans un plan où règne ce champ. ‖ *Spectre d'une matrice,* ensemble des valeurs propres de cette matrice.

SPECTROCHIMIQUE adj. *Analyse spectrochimique,* application des techniques spectroscopiques à l'analyse chimique qualitative et quantitative.

SPECTROGRAMME n. m. Photographie d'un spectre lumineux.

SPECTROGRAPHE n. m. Appareil servant à enregistrer les spectres lumineux sur une plaque photographique. ● *Spectrographe de masse,* appareil servant à séparer les atomes d'un ou de plusieurs corps selon leurs masses.

SPECTROGRAPHIE n. f. Étude des spectres à l'aide de spectrographes.

SPECTROGRAPHIQUE adj. Relatif à la spectrographie.

SPECTROHÉLIOGRAPHE n. m. Instrument servant à photographier les détails de la surface solaire en utilisant la lumière provenant d'une radiation unique du spectre.

SPECTROMÈTRE n. m. Appareil enregistrant et mesurant les spectres élément par élément à l'aide d'un détecteur photoélectrique et d'un système de mesure.

SPECTROMÉTRIE n. f. Étude des spectres à l'aide de spectromètres.

SPECTROMÉTRIQUE adj. Relatif à la spectrométrie.

SPECTROPHOTOMÈTRE n. m. Appareil servant à mesurer, en fonction de la longueur d'onde, le rapport des valeurs d'une même grandeur photométrique relatives à deux faisceaux de rayonnement.

SPECTROPHOTOMÉTRIE n. f. Étude réalisée avec un spectrophotomètre.

SPECTROSCOPE n. m. Appareil destiné à observer les spectres lumineux.

SPECTROSCOPIE n. f. *Phys.* Étude des spectres lumineux. ● *Spectroscopie nucléaire,* étude de la répartition en énergie des rayonnements électromagnétiques émis par un noyau excité. ‖ *Spectroscopie des radiofréquences* ou *spectroscopie hertzienne,* ensemble des études faites sur les phénomènes d'interaction résonnante (résonance magnétique notamment) entre atomes, molécules et ondes hertziennes.

SPECTROSCOPIQUE adj. Relatif à la spectroscopie.

SPÉCULAIRE adj. (lat. *speculum,* miroir). Se dit des minéraux composés de feuillets brillants. ‖ Relatif au miroir. ● *Hallucination spéculaire,* hallucination dans laquelle le sujet voit sa propre image comme dans un miroir. ‖ *Poli spéculaire,* poli parfait d'une pièce mécanique.

SPÉCULAIRE n. f. Plante herbacée à fleurs violettes. (Famille des campanulacées.)

SPÉCULATEUR, TRICE n. Personne qui fait des spéculations commerciales ou financières.

SPÉCULATIF, IVE adj. (lat. *speculari,* observer). Relatif à une spéculation commerciale ou financière : *des manœuvres spéculatives.* ‖ *Philos.* Qui s'attache à la théorie sans se préoccuper de la pratique ou de l'expérience.

SPÉCULATION n. f. Opération sur des biens meubles ou immeubles en vue d'obtenir un gain d'argent de leur revente ou de leur exploitation. ‖ *Philos.* Recherche abstraite; théorie (par oppos. à PRATIQUE).

SPÉCULATIVEMENT adv. De façon spéculative.

SPÉCULER v. i. (lat. *speculari,* observer). Effectuer des opérations commerciales ou financières dont on espère tirer un bénéfice du seul fait de la variation des cours ou des prix. ‖ *Compter sur qqch pour en tirer un avantage :* spéculer sur la faiblesse d'un adversaire. ‖ *Philos.* Méditer, raisonner, faire de la théorie pure.

SPÉCULUM [spekylɔm] n. m. (mot lat., *miroir*)

[pl. *spéculums*]. Instrument dont se sert le médecin ou le chirurgien pour élargir certaines cavités du corps et en faciliter l'examen.

SPEECH [spitʃ] n. m. (mot angl.) [pl. *speeches*]. *Fam.* Petit discours de circonstance.

SPEISS [spɛs] n. m. (mot all.). *Métall.* Minerai de nickel qui a subi un premier grillage.

SPÉLÉOLOGIE n. f. (gr. *spêlaion,* caverne, et *logos,* science). Science et sport qui ont pour objet l'étude ou l'exploration des cavités naturelles du sous-sol.

SPÉLÉOLOGIQUE adj. Relatif à la spéléologie.

SPÉLÉOLOGUE n. Spécialiste en spéléologie.

SPENCER [spɛsœr *ou* spɛnsɛr] n. m. (de *Spencer,* n. pr.). Habit sans basques ou veste tailleur courte.

SPÉOS [speɔs] n. m. (mot gr., *grotte souterraine*). *Archéol.* Temple rupestre égyptien.

SPERGULE n. f. (lat. médiév. *spergula*). Petite plante des champs et des bois, à feuilles en lanières. (Famille des caryophyllacées.)

SPERMACETI [spɛrmaseti] n. m. (gr. *sperma,* semence, et *kêtos,* cétacé). Nom scientifique du *blanc de baleine.*

SPERMATIDE n. f. *Biol.* Gamète mâle immature qui deviendra un spermatozoïde.

SPERMATIE n. f. *Bot.* Spore à un seul noyau des champignons.

SPERMATIQUE adj. Relatif au sperme. ● *Cordon spermatique,* ensemble du canal déférent et des veines et artères du testicule.

SPERMATOCYTE n. m. Cellule germinale mâle appelée à subir la première ou la seconde division de la méiose.

SPERMATOGENÈSE n. f. Formation des cellules reproductrices mâles.

SPERMATOGONIE n. f. *Zool.* Cellule sexuelle mâle immature et diploïde.

SPERMATOPHORE n. m. Organe contenant les spermatozoïdes chez divers invertébrés et que ces animaux présentent à la femelle.

SPERMATOPHYTE ou **SPERMAPHYTE** n. m. Syn. de PHANÉROGAME.

SPERMATOZOÏDE n. m. Gamète mâle des animaux, habituellement formé d'une tête, occupée par le noyau haploïde, et d'un flagelle, qui assure son déplacement.

SPERME n. m. (gr. *sperma,* semence). Liquide émis par les glandes reproductrices mâles, et contenant les spermatozoïdes.

SPERMICIDE adj. et n. m. Se dit d'une substance qui, placée dans les voies génitales féminines, agit comme anticonceptionnel en détruisant les spermatozoïdes.

SPERMOGRAMME n. m. Examen en laboratoire du sperme; résultats de cet examen.

SPERMOPHILE n. m. Animal voisin de l'écureuil, dont une espèce vit en Europe centrale, et qui se nourrit de grains.

SPHACÈLE n. m. (gr. *sphakelos*). *Méd.* Tissu nécrosé en voie d'élimination.

SPHAIGNE [sfɛɲ] n. f. (gr. *sphagnos*). Mousse dont la décomposition concourt à la formation de la tourbe.

SPHÉNISQUE n. m. (gr. *sphêniskos,* cheville). Variété de manchot de l'hémisphère Sud.

SPHÉNODON n. m. Syn. de HATTÉRIA.

SPHÉNOÏDAL, E, AUX adj. Relatif au sphénoïde.

SPHÉNOÏDE adj. (gr. *sphên,* coin, et *eidos,* aspect). *Os sphénoïde,* ou *sphénoïde* n. m., un des os de la tête, à la base du crâne.

SPHÈRE n. f. (gr. *sphaira,* boule). Surface fermée dont tous les points sont à la même distance (rayon) d'un point intérieur appelé « centre »; solide limité par la surface précédente. (Les sections planes d'une sphère sont des cercles.) ‖ Domaine, milieu dans lequel s'exerce une activité : *étendre la sphère des connaissances humaines; les hautes sphères de la finance.* ● *Sphère d'attributions,* ensemble des matières relevant de la compétence d'un agent, d'une autorité. ‖ *Sphère céleste* (Astron.), sphère imaginaire, de rayon indéterminé, ayant pour centre l'œil de l'observateur et servant à définir la direction des astres indépendamment de leur distance. ‖ *Sphère d'influence*, région du globe sur laquelle une grande puissance s'est vu reconnaître — explicitement ou tacitement — par les autres des droits d'intervention particuliers.

■ La surface d'une sphère de rayon R est $4\pi\,R^2$; son volume est $\frac{4}{3}\,\pi\,R^3$.

SPHÉRICITÉ n. f. État de ce qui est sphérique.

SPHÉRIQUE adj. Qui a la forme d'une sphère : *figure sphérique.* ‖ Relatif à une sphère. ● *Anneau sphérique*, solide engendré par la rotation d'un segment de cercle autour d'un diamètre du cercle qui ne traverse pas le segment. ‖ *Fuseau sphérique*, portion de surface de la sphère, comprise entre deux demi-grands cercles. ‖ *Onglet sphérique*, solide découpé dans une sphère par un dièdre ayant un diamètre pour arête. ‖ *Secteur sphérique*, solide engendré par un secteur circulaire tournant autour d'un diamètre du cercle qui ne traverse pas le secteur. ‖ *Segment sphérique*, portion du volume de la sphère comprise entre deux plans parallèles. ‖ *Triangle sphérique*, triangle tracé sur la sphère, et dont les côtés sont des arcs de grands cercles.

SPHÉROÏDAL, E, AUX adj. Qui est ou qui concerne un sphéroïde.

SPHÉROÏDE n. m. Solide dont la forme approche de celle de la sphère.

SPHÉROÏDISATION n. f. Formation de graphite sous forme sphéroïdale au cours de l'élaboration de la fonte malléable.

SPHÉROMÈTRE n. m. Instrument permettant de mesurer la courbure des surfaces sphériques.

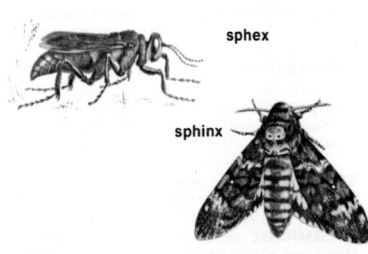

sphex

sphinx

SPHEX n. m. (mot gr.). Insecte voisin des guêpes, qui paralyse des criquets, des grillons, etc., et les ramène à son terrier pour servir de nourriture aux larves. (Long. 2 cm.)

SPHINCTER n. m. (gr. *sphigktêr*; de *sphiggein*, serrer). Muscle annulaire servant à fermer ou à resserrer un orifice ou un canal naturel.

SPHINCTÉRIEN, ENNE adj. Relatif au sphincter.

SPHINGE n. f. Sphinx à buste de femme.

SPHINGIDÉ n. m. Papillon à longue trompe, aux ailes antérieures longues et étroites, tel que les *sphinx*. (Les *sphingidés* forment une famille.)

SPHINX [sfɛks] n. m. (mot lat.; du gr.). Monstre à corps de lion et à tête humaine, parfois muni d'ailes de griffon et préposé en Égypte à la garde des sanctuaires funéraires. (Le plus célèbre est celui de Gizeh. Il passa ensuite en Grèce où il était surtout rattaché à la légende d'Œdipe.) ‖ Personne énigmatique. ‖ Papillon nocturne dont on connaît de nombreuses espèces.

SPHYGMOMANOMÈTRE ou **SPHYGMOTENSIOMÈTRE** n. m. (gr. *sphugmos*, pouls). Appareil permettant la mesure de la pression artérielle.

SPHYRÈNE n. f. (gr. *sphuraina*). Poisson marin vorace, dont une espèce de la mer des Antilles est le *barracuda.*

SPIC n. m. → ASPIC.

SPICILÈGE n. m. (lat. *spicilegium*; de *spica*, épi, et *legere*, choisir). Recueil de morceaux choisis, de documents variés, d'observations.

SPICULE n. m. (lat. *spicula*, petit épi). Corpuscule siliceux ou calcaire constitutif du squelette des éponges. ‖ *Astron.* Élément constitutif de la chromosphère solaire.

SPIDER [spidɛr] n. m. (mot angl.). Cavité ménagée derrière la capote d'un cabriolet, dans laquelle on pouvait mettre des bagages et, à la rigueur, des passagers.

SPIEGEL [spigɛl] n. m. (mot all.). Fonte au manganèse utilisée dans la fabrication de l'acier.

SPIN [spin] n. m. (mot angl.). *Phys.* Moment cinétique propre d'une particule.

SPINA-BIFIDA n. m. (mot lat., *épine dorsale fendue*). Malformation congénitale de la colonne vertébrale, consistant en une hernie d'une partie du contenu du canal rachidien.

SPINAL, E, AUX adj. (lat. *spina*, épine). Relatif à l'épine dorsale. ● *Nerf spinal*, nerf crânien pair, moteur des muscles du cou, du larynx et du pharynx.

SPINALIEN, ENNE adj. et n. D'Épinal.

SPINELLE n. m. (lat. *spinella*). Minéral constitué par l'aluminate de magnésium, pouvant donner des pierres fines de couleur rose, rouge, rouge-brun, bleu-gris, bleu-violet, grisâtre, verdâtre. ‖ Groupe de minéraux composés d'oxydes doubles répondant à la formule générale $MO\cdot M'_2O_3$, où M et M' sont des métaux respectivement bi- et trivalents.

SPINNAKER [spinekœr] n. m. (mot angl.). *Mar.* Foc de grande surface, léger et très creux, utilisé dans la marche au vent arrière.

SPINOZISME n. m. Système de Spinoza.

SPINOZISTE adj. et n. Qui appartient au spinozisme.

De Greef-Neptune

spinnaker

spirée

Scala

sphinges (bronze, art romain)

SPIRACLE n. m. (lat. *spiraculum*, ouverture). *Zool.* Orifice d'évacuation de l'eau qui a baigné les branchies internes des têtards anoures.

SPIRAL, E, AUX adj. Qui a la forme d'une spirale.

SPIRAL n. m. Petit ressort en spirale qui régularise le mouvement d'un balancier d'horlogerie.

SPIRALE n. f. (de *spire*). *Math.* Courbe non fermée, composée d'une suite d'arcs de cercle raccordés. ‖ Courbe plane dont le rayon polaire est une fonction constamment croissante (ou décroissante) de l'angle polaire. ● *En spirale*, en forme de spirale.

SPIRALÉ, E adj. Roulé en spirale.

SPIRE n. f. (gr. *speira*, enroulement). Tour d'une ligne spirale, d'une hélice. ‖ Partie élémentaire d'un enroulement électrique dont les extrémités sont, en général, très rapprochées l'une de l'autre. ‖ Ensemble des tours d'une coquille enroulée, comme celle des gastropodes.

SPIRÉE n. f. Plante de la famille des rosacées, dont certaines espèces sont cultivées pour leurs fleurs odorantes, et dont une espèce sauvage

des lieux humides est la *filipendule* ou *reine-des-prés.*

SPIRIFER [spirifɛr] n. m. Brachiopode de l'ère primaire.

SPIRILLE n. m. *Biol.* Nom générique des bactéries en forme de filaments allongés et contournés en spirale.

SPIRILLOSE [spiriloz] n. f. Maladie provoquée par un spirille.

SPIRITAIN n. m. (lat. *spiritus*, esprit). Religieux de la congrégation missionnaire du Saint-Esprit, fondée en 1703 par Poullart des Places pour le service religieux des colonies françaises. (En 1848, les Pères du Saint-Esprit, ou Spiritains, absorbèrent la société du Cœur-Immaculé de Marie, fondée en 1841 par le P. Libermann, qui peut être considéré comme le second fondateur des Spiritains, à qui il inculqua l'esprit sulpicien.)

SPIRITE n. (angl. *spirit-rapper*, esprit frappeur). Personne qui pratique le spiritisme. ◆ adj. Relatif au spiritisme.

SPIRITISME n. m. Science occulte qui a pour objet de provoquer la manifestation d'êtres immatériels, ou «esprits», en particulier celle des âmes des défunts, et à entrer en communication avec eux par les moyens occultes (tables tournantes) ou des sujets dans un état de transe hypnotique (médiums).

SPIRITUAL n. m. (pl. *spirituals*). Syn. de NEGRO SPIRITUAL.

SPIRITUALISATION n. f. Action de spiritualiser; interprétation dans le sens spirituel.

SPIRITUALISER v. t. Donner un caractère spirituel, dégager de toute matérialité, de toute sensualité : *spiritualiser un sentiment.*

SPIRITUALISME n. m. Philosophie qui considère l'esprit comme une réalité irréductible et première. (S'oppose à MATÉRIALISME.)

SPIRITUALISTE adj. et n. Qui relève du spiritualisme; qui en est partisan.

SPIRITUALITÉ n. f. Qualité de ce qui est esprit : *la spiritualité de l'âme.* ‖ *Théol.* Doctrine relative à la vie spirituelle.

SPIRITUEL, ELLE adj. (lat. *spiritualis*; de *spiritus*, esprit). Qui est de l'ordre de l'esprit, de l'âme : *vie spirituelle*. ‖ Relatif au domaine de l'intelligence, de l'esprit, de la morale : *valeurs spirituelles*. ‖ Relatif à la religion, à l'Église : *exercices spirituels; pouvoir spirituel*. ‖ Qui a de la vivacité d'esprit, de la finesse, de l'intelligence : *réponse spirituelle*. ● *Concert spirituel*, qui se compose de morceaux de musique religieuse.

SPIRITUEL n. m. Membre d'un courant extrémiste de l'ordre des Franciscains qui, par fidélité à l'idéal d'absolue pauvreté du fondateur, se sépara de l'ordre au XIIIᵉ s. et s'opposa à la papauté.

SPIRITUELLEMENT adv. Avec esprit : *répondre spirituellement*. ‖ En esprit : *communier spirituellement avec le prêtre*.

SPIRITUEUX, EUSE adj. (lat. *spiritus*, esprit [de vin]). Qui contient de l'alcool en quantité notable.

SPIRITUEUX n. m. Liqueur forte en alcool.

SPIROCHÈTE [-kɛt] n. m. Micro-organisme en forme de long filament spiralé. (Trois genres de spirochètes sont pathogènes : *borrelia, leptospira* et *treponema*.)

SPIROCHÉTOSE [-ke-] n. f. Maladie causée par un spirochète, et spécialement la *leptospirose* ou *spirochétose ictéro-hémorragique*.

SPIROGRAPHE n. m. Ver marin vivant dans le sable vaseux et construisant un tube assez souple, d'où sort son panache branchial en hélice. (Long. 30 cm; embranchement des annélides.)

SPIROGYRE n. m. Algue verte formée d'une simple file de cellules allongées, commune dans les eaux douces.

SPIROÏDAL, E, AUX adj. En forme de spirale.

SPIROMÈTRE n. m. Instrument servant à mesurer la capacité respiratoire des poumons.

spirorbes

SPIRORBE n. m. Petit ver marin, très abondant sur les côtes, où il construit un tube calcaire, blanc, spiralé. (Diamètre du tube : 2 mm; embranchement des annélides.)

SPIRULINE n. f. Algue bleue des eaux saumâtres d'Afrique, comestible, très riche en protéines et dont la croissance est rapide.

SPITANT, E adj. En Belgique, vif, enjoué.

SPLANCHNIQUE [splãknik] adj. *Anat.* Relatif aux viscères.

SPLEEN [splin] n. m. (mot angl., *rate*). *Litt.* Mélancolie, absence de joie de vivre.

SPLENDEUR n. f. (lat. *splendor*). Magnificence, éclat, luxe; chose splendide : *la splendeur d'un spectacle*. ‖ *Litt.* Grand éclat de lumière : *la splendeur du soleil*.

SPLENDIDE adj. (lat. *splendidus*). D'un grand éclat lumineux : *un temps splendide*. ‖ Magnifique, somptueux : *paysage splendide*.

SPLENDIDEMENT adv. Avec splendeur.

SPLÉNECTOMIE n. f. *Chir.* Ablation de la rate.

SPLÉNIQUE adj. (gr. *splên*, rate). *Anat.* Qui concerne la rate.

SPLÉNOMÉGALIE n. f. Augmentation de volume de la rate.

SPLÉNOMÉGALIQUE adj. Relatif à la splénomégalie.

SPOLIATEUR, TRICE adj. et n. Qui spolie.

SPOLIATION n. f. Action de spolier.

SPOLIER v. t. (lat. *spoliare*, dépouiller). Déposséder par ruse ou par violence.

SPONDÉE n. m. (gr. *spondeios*; de *spondê*, libation). *Métr.* Pied composé de deux syllabes longues.

Différentes éponges avec leur squelette

de toilette

mie de pain

cornée

polymastia

corbeilles vibratiles

oscule

spicule

sens du trajet de l'eau

1. Coupe à travers une éponge montrant le réseau des canaux et les corbeilles de cellules à collerette et à fouet

SPONGIAIRES

SPONDIAS [spɔ̃djɑs] n. m. Arbre fruitier de Tahiti et d'Amérique, dont les fruits sont appelés *pommes de Cythère*. (Famille des anacardiacées; nom usuel : *mombin*.)

SPONDYLARTHRITE n. f. Rhumatisme inflammatoire évoluant par poussées et qui touche essentiellement le rachis, les articulations sacro-iliaques.

SPONDYLE n. m. (gr. *spondulos*). Anc. nom des VERTÈBRES.

SPONDYLITE n. f. Inflammation d'une ou de plusieurs vertèbres.

SPONGIAIRE n. m. (lat. *spongia*, éponge). Animal aquatique, presque toujours marin, très primitif, vivant fixé et possédant des cellules à collerette qui créent un courant d'eau à travers ses nombreux orifices. (Les *spongiaires*, ou *éponges*, forment un embranchement du règne animal.)

SPONGIEUX, EUSE adj. (lat. *spongia*, éponge). Qui s'imbibe de liquide comme une éponge : *sol spongieux*. ‖ De la nature de l'éponge, poreux : *tissu spongieux*.

SPONGILLE [spɔ̃ʒil] n. f. Éponge d'eau douce.

SPONGIOSITÉ n. f. Caractère de ce qui est spongieux.

SPONSOR n. m. (mot angl.). Commanditaire finançant, au moins partiellement, la préparation d'un sportif ou le déroulement d'une compétition.

SPONSORING n. m. Activité d'un sponsor.

SPONSORISER v. t. Accorder un appui financier contre l'utilisation d'un support pour une fin publicitaire.

SPONTANÉ, E adj. (lat. *sponte*, de son plein gré). Qui s'exécute de soi-même et sans que la volonté intervienne : *les mouvements du cœur sont spontanés*. ‖ Que l'on fait de soi-même sans être poussé par autrui : *geste spontané*. ‖ Se dit de qqn qui exprime sans détour ce qu'il ressent : *un enfant spontané*. ‖ *Bot.* Qui pousse à l'état sauvage. ● *Génération spontanée*, selon certaines théories, apparition d'êtres vivants à partir de la matière inerte.

SPONTANÉISME n. m. Attitude de ceux qui, à l'extrême gauche, cherchent à développer des actions révolutionnaires dans le peuple sans tenir compte des partis et des syndicats, en profitant d'événements qu'ils jugent capables de mobiliser les masses.

SPONTANÉISTE adj. et n. Relatif au spontanéisme; qui en est partisan.

SPONTANÉITÉ n. f. Caractère de ce qui est spontané, sincérité.

SPONTANÉMENT adv. De façon spontanée.

SPORADICITÉ n. f. Caractère de ce qui est sporadique.

SPORADIQUE adj. (gr. *sporadikos*; de *speirein*, semer). Qui existe çà et là, de temps à autre : *des mouvements de grève sporadiques*. ‖ *Hist. nat.* Se dit des espèces dont les individus sont épars dans diverses régions. ‖ *Méd.* Se dit des maladies qui n'atteignent que quelques individus isolément (par oppos. à ÉPIDÉMIQUE).

SPORADIQUEMENT adv. De façon sporadique.

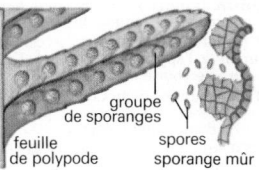

groupe de sporanges

feuille de polypode

spores

sporange mûr

SPORANGES

SPORANGE n. m. (de *spore*, et gr. *aggos*, vase). *Bot.* Sac ou urne contenant les spores, chez les fougères, les mousses, les moisissures, les algues, etc.

SPORE n. f. (gr. *spora*, semence). Élément unicellulaire produit par les végétaux inférieurs (fougères, mousses, champignons, bactéries), dont il est une forme de dissémination ou de résistance aux conditions défavorables. (La spore germe en donnant soit un nouvel individu, soit une forme différente, sexuée, le *prothalle*.)

SPOROGONE n. m. Nom donné, chez les mousses, à l'ensemble du sporange en urne et de la soie qui le porte.

SPOROPHYTE n. m. Individu végétal issu d'un œuf fécondé, et qui, à maturité, porte des spores. (Le sporophyte est réduit à un *sporogone* chez les mousses; chez les plantes supérieures, il constitue la plante presque entière.)

SPOROTRICHE [-triʃ] n. m. Moisissure parasite produisant, chez l'homme, la sporotrichose.

SPOROTRICHOSE [-trikoz] n. f. Mycose due à une invasion de sporotriches.

SPOROZOAIRE n. m. Protozoaire capable de former des spores. (Les *sporozoaires* forment un embranchement comprenant des parasites de l'homme, comme le *plasmodium* du paludisme, et la *coccidie*, qui parasite les cellules épithéliales de vertébrés et d'invertébrés.)

SPORT n. m. (mot angl.; anc. fr. *desport*, amusement). Ensemble des exercices physiques se présentant sous forme de jeux individuels ou collectifs, pratiqués en observant certaines règles. ● *C'est du sport* (Fam.), c'est difficile. ‖ *Il va y avoir du sport* (Fam.), l'affaire sera rude. ‖ *Sports de combat*, ensemble des sports individuels où l'élimination de l'adversaire est recherchée par des coups ou des prises (boxe, judo, karaté, lutte, etc.). ‖ *Sports d'hiver*, sports de neige (ski, luge) ou de glace (patinage, hockey); vacances d'hiver en montagne, ne nécessitant pas obligatoirement la pratique de ces sports.

SPORT adj. inv. De sport : *costume sport.* ‖ Loyal : *il a été très sport et a accepté sa défaite.*

SPORTIF, IVE adj. Qui concerne les sports : *épreuve sportive.* ‖ Qui manifeste de la sportivité, loyal.

SPORTIF, IVE n. Personne qui pratique un ou plusieurs sports.

SPORTIVEMENT adv. Loyalement.

SPORTIVITÉ n. f. Caractère sportif, loyauté.

SPORTULE n. f. (lat. *sportula*; de *sporta*, corbeille). *Antiq.* Don que les patriciens romains faisaient distribuer à leurs clients.

SPORULATION n. f. *Biol.* Reproduction par spores; émission de spores.

SPORULER v. i. Former des spores, ou passer à l'état de spores lorsque les conditions de vie deviennent défavorables.

SPOT [spɔt] n. m. (mot angl., *tache*). Tache lumineuse concentrée. ‖ Petit projecteur à faisceau lumineux assez étroit. ‖ Petit élément de l'image à transmettre en télévision ou de l'image à reconstituer. ‖ Film publicitaire de courte durée. (L'Administration préconise MESSAGE PUBLICITAIRE.)

SPRAT [sprat] n. m. (mot angl.). Poisson abondant dans la Manche et dans la mer du Nord, voisin du hareng (long. 15 cm), que l'on pêche pendant l'été. (Famille des clupéidés.)

SPRAY [sprɛ] n. m. (mot angl., *brouillard*). Aérosol obtenu avec une bombe de liquide sous pression (médicament, laque, produit ménager, lubrifiant, etc.).

SPRINGBOK [springbɔk] n. m. (mot néerl.). Antilope commune en Afrique du Sud.

SPRINT [sprint] n. m. (mot angl.). Accélération d'un coureur à l'approche du but. ‖ Course disputée sur une courte distance.

SPRINTER [sprintœr] n. m. Coureur de vitesse sur petites distances ou capable de pointes de vitesse en fin d'une longue course.

SPRINTER [sprinte] v. i. Augmenter sa vitesse en arrivant près du but.

SPRUE n. f. (mot angl., *scories*). Maladie chronique de l'intestin, se manifestant par une diarrhée et une malabsorption. (On distingue la *sprue tropicale*, d'origine parasitaire et carentielle, et la *sprue non tropicale*, ou maladie cœliaque, due à une intolérance au gluten.)

SPUMESCENT, E adj. (lat. *spuma*, écume). Qui ressemble à de l'écume; qui en produit.

SPUMEUX, EUSE adj. Couvert, rempli d'écume.

SPUMOSITÉ n. f. Qualité de ce qui est spumeux.

SQUALE [skwal] n. m. (lat. *squalus*). Nom donné aux requins, aux roussettes.

SQUAMATE n. m. Syn. de SAUROPHIDIEN.

SQUAME [skwam] n. f. (lat. *squama*, écaille). *Méd.* Lamelle épidermique qui se détache de la peau, particulièrement dans les dermatoses (pityriasis, psoriasis, etc.).

SQUAMEUX, EUSE adj. *Méd.* Couvert de squames.

SQUAMIFÈRE adj. *Hist. nat.* Revêtu d'écailles, comme la plupart des poissons.

SQUAMULE n. f. Petite écaille, telle que celle qui recouvre les ailes des papillons.

SQUARE [skwar] n. m. (mot angl., *place carrée*). Jardin public, généralement entouré d'une grille.

SQUASH [skwaʃ] n. m. (mot angl.). Jeu proche de la pelote basque et du tennis, pratiqué sur un espace plus restreint.

SQUAT [skwat] n. m. (mot angl.). Action de squatter; habitation ainsi occupée.

SQUATINA [skwatina] n. m. Requin de l'Atlantique et de la Méditerranée, inoffensif. (Long. 2 m.) [Syn. ANGE DE MER.]

SQUATTER [skwatœr] n. m. (mot angl.). Per-

sonne sans abri qui occupe illégalement un logement vacant ou destiné à la destruction. ‖ Aux États-Unis, pionnier qui se fixait dans les États non encore occupés. ‖ En Australie, propriétaire de troupeaux de moutons qui paissent sur des terrains loués au gouvernement.

SQUATTER [skwate] ou **SQUATTÉRISER** [skwaterize] v. t. Occuper un logement vide, sans droit ni titre.

SQUAW [skwo] n. f. En Amérique du Nord, épouse d'un Indien.

SQUELETTE n. m. (gr. *skeleton*, momie). Charpente du corps des vertébrés, de nature osseuse ou, plus rarement, cartilagineuse. ‖ Ensemble des parties dures d'un animal quelconque. ‖ Carcasse, charpente : *squelette d'un navire.* ‖ Personne extrêmement maigre et décharnée. ‖ Canevas général, esquisse.

V. ill. planche ANATOMIE pp. 42-43

SQUELETTIQUE adj. Relatif au squelette. ‖ D'une extrême maigreur : *jambes squelettiques.* ‖ Très réduit, peu important.

SQUIRE [skwajœr] n. m. (mot angl.). En Angleterre, titre nobiliaire le moins élevé.

SQUIRRE ou **SQUIRRHE** [skir] n. m. (gr. *skirrhos*). *Méd.* Tumeur constituée par un épithélioma accompagné d'une réaction fibreuse.

SQUIRREUX, EUSE adj. *Méd.* De la nature du squirre.

sr, symbole du *stéradian*.

Sr, symbole chimique du *strontium*.

S.S.B.S. n. m. (sigle de *Sol Sol Balistique Stratégique*). Missile stratégique français à charge nucléaire, installé dans les silos du plateau d'Albion, portée 3 000 km).

st, symbole du *stère*.

St, symbole du *stokes*.

STABAT MATER [stabatmatɛr] n. m. inv. (mots lat., *la Mère était debout*). Chant de la liturgie catholique composé au XIVe s. sur les douleurs de la Vierge au pied de la croix de Jésus et dont le texte a inspiré de nombreuses compositions musicales.

STABILISANT, E adj. et n. m. Substance incorporée à une matière pour en améliorer la stabilité chimique.

STABILISATEUR, TRICE adj. Qui stabilise.

STABILISATEUR n. m. Mécanisme destiné à éviter ou à amortir les oscillations. ‖ Chacun des plans fixes formant l'empennage d'un avion, l'un vertical, l'autre horizontal. ● *Stabilisateur de roulis*, appareil permettant une importante réduction du roulis des navires au moyen d'ailerons disposés de chaque bord.

STABILISATION n. f. Action de stabiliser.

STABILISER v. t. Rendre stable : *stabiliser les prix.*

STABILITÉ n. f. Qualité de ce qui est stable : *vérifier la stabilité d'un pont; la stabilité de la monnaie.* ‖ *Chim.* Caractère d'une combinaison difficilement décomposable. ‖ *Mécan.* État d'un solide en équilibre qui tend à revenir à sa position initiale si on l'en écarte. ‖ *Météor.* État de l'atmosphère caractérisé par la superposition de couches de densités décroissantes vers le haut. ‖ *Phys.* Aptitude d'une grandeur à retrouver une valeur dite « normale », lorsqu'elle vient à en être momentanément et accidentellement écartée. ● *Contrats de stabilité*, accords passés entre les professions et les pouvoirs publics pour maintenir la stabilité des prix.

STABLE adj. (lat. *stabilis*; de *stare*, être debout). Qui est dans un état, dans une situation ferme, solide, qui ne risque pas de tomber : *édifice stable.* ‖ Qui se maintient, reste dans le même état, durable, permanent : *situation stable.* ‖ *Chim.* Se dit d'un composé chimique qui résiste à la décomposition. ‖ *Mécan.* Se dit d'un équilibre qui n'est pas détruit par une faible variation des conditions.

STABULATION n. f. (lat. *stabulum*, étable). Séjour des animaux dans l'étable. ● *Stabulation libre*, mode de logement du bétail, principa-

lement bovin, dans lequel ce dernier n'est pas attaché.

STACCATO [stakato] adv. et n. m. (mot it., *détaché*) [pl. *staccatos*]. *Mus.* Mot indiquant que, dans une suite de notes rapides, chacune d'elles doit être nettement détachée des autres.

STADE n. m. (lat. *stadium*; du gr.). Lieu destiné à la pratique du sport, à des manifestations sportives. ‖ Degré de développement d'un phénomène : *les différents stades d'une évolution.* ‖ Chez les Grecs, mesure itinéraire de 600 pieds, dont la longueur variait entre 147 et 192 m.

STADHOUDER n. m. → STATHOUDER.

STADIA n. m. *Techn.* Mire graduée utilisée pour mesurer au tachéomètre la distance entre deux points.

STAFF [staf] n. m. (mot angl.). *Fam.* Groupe formé par la direction et les cadres supérieurs d'une entreprise, les dirigeants d'une organisation. ‖ Équipe.

STAFF [staf] n. m. (all. *staffieren*, orner). Matériau constitué de plâtre à mouler armé de fibres végétales.

STAFFER v. t. Construire en staff.

STAFFEUR n. m. Ouvrier employant le staff.

STAGE n. m. (bas lat. *stagium*). Période d'études pratiques exigée des candidats à l'exercice de certaines professions : *stage d'un avocat; stage pédagogique.* ‖ Période pendant laquelle une personne exerce une activité temporaire dans une entreprise, en vue de sa formation.

STAGFLATION n. f. (de STAGnation et inFLATION). Situation économique d'un pays qui souffre de l'inflation sans connaître un développement économique notable ni le plein emploi.

STAGIAIRE adj. et n. Qui fait un stage.

STAGNANT, E adj. Qui ne coule pas : *eaux stagnantes.* ‖ Qui ne fait aucun progrès : *l'état stagnant des affaires.*

STAGNATION [stagnasjɔ̃] n. f. État d'une eau stagnante. ‖ Inertie, absence de progrès, d'activité.

STAGNER [stagne] v. i. (lat. *stagnare*; de *stagnum*, étang). Ne pas couler (en parlant d'un fluide). ‖ Ne faire aucun progrès, rester inerte.

STAKHANOVISME [stakanɔvism] n. m. (de *Stakhanov*, mineur russe). Dans les pays d'économie socialiste, méthode fondée sur l'initiative du travailleur pour augmenter le rendement.

STAKHANOVISTE adj. et n. Qui concerne ou pratique le stakhanovisme.

STAKNING [stakniŋ] n. m. (mot norvég.). En ski de fond, progression simultanée des skis grâce à une poussée également simultanée sur les deux bâtons.

STALACTITE n. f. (gr. *stalaktos*, qui coule goutte à goutte). Colonne qui descend de la voûte d'une grotte, et qui est formée par des concrétions calcaires.

STALAG n. m. (sigle de l'all. STAmmLAGer, camp de base). Nom donné en Allemagne, pendant la Seconde Guerre mondiale, aux camps de prisonniers réservés aux sous-officiers et aux soldats.

STALAGMITE n. f. (gr. *stalagmos*, écoulement

stalactites et stalagmites

M. Sester-Pitch

goutte à goutte). Colonne formée par des concrétions calcaires à partir du sol des grottes.

STALAGMOMÈTRE n. m. Instrument pour mesurer la masse des gouttes.

STALAGMOMÉTRIE n. f. Mesure de la tension superficielle en déterminant la masse ou le volume d'une goutte de liquide à l'extrémité d'un tube capillaire.

STALINIEN, ENNE adj. et n. Qui soutient les théories et les méthodes de Staline.

STALINISME n. m. Doctrine, pratique de Staline et de ceux qui se rattachent à ses conceptions idéologiques et politiques et à ses méthodes.

STALLE n. f. (lat. médiév. *stallum*). Chacun des sièges fixes dans le chœur d'une église, réservés au clergé. ‖ Dans une écurie ou une étable, espace réservé à un animal et limité par les cloisons des compartiments contigus. ‖ Compartiment cloisonné destiné à garer une voiture.

STAMINAL, E, AUX adj. Relatif aux étamines.

STAMINÉ, E adj. (lat. *stamen, -inis*, étamine). Se dit des fleurs qui ne possèdent que des étamines.

STAMINIFÈRE adj. Qui porte des étamines.

STANCE n. f. (it. *stanza*, strophe). Groupe de vers offrant un sens complet, et suivi d'un repos. ◆ pl. Poème lyrique, religieux ou élégiaque, formé de strophes de même structure.

STAND n. m. (mot angl., de *to stand*, se dresser). Endroit aménagé pour le tir de précision à la cible. ‖ Espace réservé aux participants d'une exposition. ‖ Poste de ravitaillement d'un coureur sur piste (auto, moto).

STANDARD adj. (mot angl.). Conforme à une norme de fabrication, à un modèle, à un type : *un pneu standard.* ‖ Sans originalité. ● *Prix standard,* prix d'ordre fixé pour tous les coûts de l'entreprise (matières, main-d'œuvre, etc.), afin d'obtenir des résultats comptables indépendants de la variation des prix.

STANDARD n. m. Règle fixée à l'intérieur d'une entreprise pour caractériser un produit, une méthode de travail, une quantité à produire, etc. ‖ Appareil permettant la desserte de nombreux postes téléphoniques connectés à un groupe très restreint de lignes. ● *Standard de vie,* niveau de vie d'un individu.

STANDARDISATION n. f. Action de standardiser.

STANDARDISER v. t. Établir un standard, normaliser, uniformiser, simplifier.

STANDARDISTE n. Personne affectée au service d'un standard téléphonique.

STAND-BY [stɑ̃dbaj] adj. Se dit d'un passager sans réservation et qui ne monte dans l'avion que s'il y a une place disponible.

STANDING [stɑ̃diŋ] n. m. (mot angl.). Position sociale, rang d'une personne dans le monde : *avoir un haut standing.* ‖ Confort, luxe : *appartement de grand standing.*

STANNEUX adj. m. *Chim.* Se dit des composés de l'étain bivalent.

STANNIFÈRE adj. Qui contient de l'étain.

STANNIQUE adj. m. (lat. *stannum,* étain). *Chim.* Se dit des composés de l'étain quadrivalent.

STAPHISAIGRE n. f. (lat. *staphis agria,* raisin sauvage). Espèce de dauphinelle du Midi, appelée aussi *herbe aux poux,* car sa décoction est toxique pour ces parasites. (Famille des renonculacées.)

STAPHYLIER n. m. Arbuste de l'est de la France, appelé aussi *faux pistachier.*

staphylin

STAPHYLIN, E adj. *Anat.* Qui appartient à la luette.

STAPHYLIN n. m. (gr. *staphulê,* grain de raisin). Insecte coléoptère carnassier, à élytres courts et à abdomen mobile.

STAPHYLOCOCCIE n. f. Infection par le staphylocoque.

STAPHYLOCOQUE n. m. (gr. *staphulê,* grain de raisin, et *kokkos,* graine). Bactérie dont les individus sont groupés en grappes. (Ils produisent le furoncle, l'anthrax, l'ostéomyélite, la septicémie, etc.)

STAPHYLOME n. m. Tumeur de la cornée de l'œil.

STAR n. f. (mot angl., étoile). Vedette de cinéma ou de music-hall.

STARETS [starɛts] ou **STARIETS** [starjɛts] n. m. (mot russe, *vieillard*). Nom donné dans l'ancienne Russie à de saints moines ou ermites, considérés par le peuple comme prophètes ou thaumaturges.

STARIES [stariz] n. f. pl. (néerl. *star,* immobile). *Mar.* Délai fixé pour charger ou décharger un navire. (On dit aussi JOURS DE PLANCHE.)

STARISER v. t. Transformer en star.

STARKING n. f. Variété de pomme rouge.

STARLETTE n. f. Jeune débutante, au cinéma.

STAROSTE n. m. (mot russe). *Hist.* Dans la Russie tsariste, chef de l'administration du mir.

STAR-SYSTEM n. m. (mot angl.) [pl. *star-systems*]. Dans les spectacles (cinéma, danse), système de production et de distribution centré sur le prestige d'une vedette.

STARTER [startɛr] n. m. (mot angl., de *to start,* faire partir). Celui qui, dans les courses ou sur un terrain d'aviation, donne le signal du départ. ‖ Dispositif auxiliaire d'un carburateur, qui, en augmentant la richesse en carburant du mélange gazeux, facilite le départ à froid d'un moteur à explosion.

STARTING-BLOCK [startiŋblɔk] n. m. (mot angl.) [pl. *starting-blocks*]. Cale de départ pour les coureurs à pied.

STARTING-GATE [startiŋgɛt] n. m. (mot angl.) [pl. *starting-gates*]. Équipement placé sur la piste, et dont les portes s'ouvrent automatiquement et simultanément pour le départ des chevaux de course.

STASE n. f. (gr. *stasis,* arrêt). Arrêt ou ralentissement de la circulation d'un liquide organique.

STATÈRE n. m. (gr. *statêr*). Unité de poids et de monnaie de la Grèce antique.

STATHOUDER [statudɛr] ou **STADHOUDER** [-dudɛr] n. m. (mot néerl., *gouverneur*). Dans les Pays-Bas, titre porté d'abord par le gouverneur de chaque province, puis par les chefs militaires de l'Union, notamment par les princes d'Orange.

STATHOUDÉRAT n. m. Dignité de stathouder; fonctions du stathouder.

STATICE n. m. (gr. *statikê*). Plante à fleurs roses ou mauves. (Les statices croissant sur les sables littoraux sont appelés *immortelle bleue, lavande de mer.* Famille des plombaginacées.)

STATIF, IVE adj. (lat. *stativus,* fixe). *Ling.* Syn. de DURATIF.

STATIF n. m. Partie mécanique (pied, corps et tube) du microscope. ‖ Socle massif, lourd et stable, dans lequel sont fixées une ou plusieurs tiges servant de support à des accessoires.

STATION n. f. (lat. *statio;* de *stare,* se tenir debout). Façon de se tenir : *la station verticale; station debout.* ‖ Pause, arrêt de durée variable qu'on fait dans un lieu : *faire une longue station au café.* ‖ Lieu où s'arrêtent les voitures publiques, les trains de chemin de fer, etc., pour prendre ou laisser des voyageurs. ‖ Lieu de séjour pour faire une cure ou pratiquer certains sports : *station de sports d'hiver.* ‖ Établissement de recherches scientifiques : *station météorologique.* ‖ Installation fixe ou mobile, entretenue pour remplir une ou plusieurs missions déterminées. ‖ Point où l'on se place, dans les opérations de triangulation et de géodésie, pour faire des observations. ‖ *Relig.* Chacune des quatorze pauses du chemin de croix; suite de sermons prêchés pendant un avent ou un carême. ● *Station d'émission,* poste émetteur

de radio, de télévision. ‖ *Station spatiale,* engin ne disposant que de moyens autonomes de propulsion limités, et destiné à assurer une mission déterminée, dans l'espace ou sur un astre, avec une certaine permanence.

STATION-AVAL n. f. (pl. *stations-aval*). *Astronaut.* Installation située à une certaine distance d'une base de lancement d'engins spatiaux et destinée à assurer les liaisons avec les engins lancés lorsqu'ils ne sont plus en vue de la base.

STATIONNAIRE adj. Qui demeure au même point, sans avancer ni reculer, sans faire de progrès : *état stationnaire.* ‖ Qui conserve la même valeur ou les mêmes propriétés. ‖ *Math.* Se dit d'une suite de nombres tous égaux à partir d'un certain rang. ● *Onde stationnaire* (Phys.), onde en tous les points de laquelle les vibrations sont soit en concordance, soit en opposition de phase.

STATIONNAIRE n. m. Bâtiment de guerre affecté à la surveillance d'un port ou d'une zone maritime.

STATIONNARITÉ n. f. Fait pour un phénomène d'être stationnaire.

STATIONNEMENT n. m. Fait de stationner, de s'arrêter en un lieu. ● *Disque de stationnement,* dans certaines zones où le stationnement est réglementé, dispositif indiquant l'heure d'arrivée de l'automobiliste.

STATIONNER v. i. S'arrêter momentanément en un lieu. ● *Être stationné,* être en stationnement.

starting-block

starting-gate

STATION-SERVICE n. f. (pl. *stations-service*). Poste d'essence offrant aux automobilistes et aux motocyclistes toutes les ressources nécessaires à la bonne marche de leur véhicule, y compris les dépannages d'urgence.

STATIQUE adj. (gr. *statikos*). Qui demeure au même point, qui n'évolue pas. ‖ *Phys.* Qui a rapport à l'équilibre des forces.

STATIQUE n. f. Branche de la mécanique qui a pour objet l'équilibre des systèmes de forces.

STATIQUEMENT adv. De façon statique.

STATISME n. m. État de ce qui est statique.

STATISTICIEN, ENNE n. Personne qui s'occupe de recherches statistiques.

STATISTIQUE n. f. (all. *Statistik;* lat. *status,* état). Science dont l'objet est de récolter une information quantitative concernant des individus, des groupes, des séries de faits, etc., et de déduire, grâce à l'analyse de ces données, des significations précises ou des prévisions pour l'avenir. ‖ Tableau numérique d'un fait se prêtant à la statistique : *statistique de la natalité.*

STATISTIQUE adj. Relatif à la statistique : *méthode statistique.*

STATISTIQUEMENT adv. D'une manière statistique.

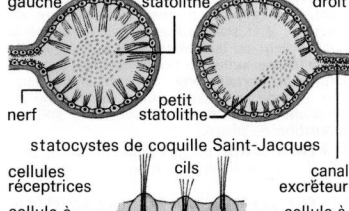

statocystes de coquille Saint-Jacques

STATOCYSTE

STATOCYSTE n. m. (gr. *statos*, stationnaire, et *kustis*, vessie). *Physiol.* Organe creux contenant des grains pesants (*statolithes*), entouré d'une paroi sensible, qui renseigne de nombreux groupes d'animaux sur leur orientation dans le champ de la pesanteur.

STATOR [statɔr] n. m. *Techn.* Partie fixe d'une machine tournante (par oppos. à la partie mobile, ou ROTOR).

STATORÉACTEUR n. m. *Aéron.* Propulseur à réaction sans organe mobile, constitué par une tuyère thermopropulsive.

STATTHALTER [statalter *ou* ʃtataltər] n. m. (mot all., de *statt*, au lieu de, et *Halter*, tenant). Gouverneur en pays allemand, et plus particulièrement gouverneur de l'Alsace-Lorraine de 1879 à 1918.

STATUAIRE adj. Relatif aux statues.

STATUAIRE n. Sculpteur qui fait des statues.

STATUAIRE n. f. Art de faire des statues.

STATUE n. f. (lat. *statua*; de *statuere*, placer). Ouvrage de sculpture en ronde bosse, représentant un être animé entier et isolé. ● *Statue de sel* (Litt.), personne figée dans une attitude.

STATUER v. i. Régler avec autorité, décider : *statuer sur un litige.*

STATUETTE n. f. Petite statue.

STATUFIER v. t. Élever une statue à. ‖ Rendre semblable à une statue.

STATU QUO [statykwo] n. m. inv. (lat. *in statu quo ante*, dans l'état où se trouvaient les choses). État actuel des choses.

STATURE n. f. (lat. *statura*). Taille d'une personne.

STATURO-PONDÉRAL, E, AUX adj. Relatif à la taille et au poids.

STATUT n. m. (lat. *statuere*, établir). Texte ou ensemble de textes fixant les garanties fondamentales accordées à une collectivité, à un corps. ‖ Situation de fait, position, par rapport à la société : *le statut de la femme.* ◆ pl. Texte qui fixe les règles du fonctionnement d'une association, d'une société.

STATUTAIRE adj. Conforme aux statuts; désigné par les statuts.

STATUTAIREMENT adv. Conformément aux statuts.

STAYER [stɛjœr] n. m. (mot angl., de *to stay*, rester). Coureur cycliste de demi-fond (derrière moto et sur piste).

STEAK [stɛk] n. m. (mot angl.). Syn. de BIFTECK.

STEAM-CRACKING [stimkrakiŋ] n. m. Syn. de VAPOCRAQUAGE.

STEAMER [stimœr] n. m. (mot angl., de *steam*, vapeur). Navire à vapeur (vx).

STÉARATE n. m. Sel ou ester de l'acide stéarique.

stégosaure

STÉARINE n. f. (gr. *stear*, graisse). Corps gras, principal constituant des graisses animales.

STÉARINERIE n. f. Fabrique de stéarine.

STÉARINIER n. m. Fabricant de stéarine.

STÉARIQUE adj. Se dit d'un acide contenu dans les graisses animales et servant surtout à fabriquer des bougies.

STÉATOME n. m. (gr. *steatôma*). *Méd.* Tumeur graisseuse bénigne.

STÉATOPYGE adj. Caractérisé par la stéatopygie : *Vénus stéatopyge.*

STÉATOPYGIE n. f. Caractère anatomique des Hottentots et des Bochimans, marqué, surtout chez les femmes, par le développement d'une masse graisseuse dans la région des fesses.

STÉATOSE n. f. *Méd.* Dégénérescence graisseuse d'un tissu.

STEEPLE-CHASE [stipəltʃez] ou **STEEPLE** n. m. (mot angl., de *steeple*, clocher, et *chase*, chasse) [pl. *steeple-chases*]. Course à pied (*3 000 m steeple*) ou à cheval, comportant le franchissement d'obstacles variés.

STÉGANOPODE n. m. Syn. de PÉLÉCANIFORME.

STÉGOCÉPHALE n. m. Amphibien fossile du primaire et du trias, à crâne particulièrement bien ossifié. (Les *stégocéphales* constituent une sous-classe.)

STÉGOMYIE n. f. (gr. *stegos*, abri, et *muia*, mouche). Moustique des pays chauds, qui propage la fièvre jaune par ses piqûres.

STÉGOSAURE n. m. (gr. *stegein*, couvrir, et *sauros*, reptile). Reptile du crétacé d'Amérique, mesurant 7 m de long et portant sur le dos des plaques osseuses.

STEINBOCK n. m. (mot afrikaans). Petite antilope d'Afrique du Sud, aux oreilles noires.

STÈLE n. f. (lat. *stela*; du gr.). Monument monolithe vertical, le plus souvent funéraire, orné d'un décor épigraphique ou figuré.

STELLAGE n. m. À la Bourse, sorte de marché à terme avec option entre un achat ou une vente à l'échéance prévue.

STELLAIRE adj. (lat. *stella*, étoile). Relatif aux étoiles : *magnitude stellaire.* ‖ Rayonné en étoile : *disposition stellaire.* ● *Ganglion stellaire*, ganglion cervical du système sympathique, aux ramifications étoilées.

STELLAIRE n. f. Plante de la famille des caryophyllacées, dont le *mouron des oiseaux* est une espèce.

STELLÉRIDE n. m. Échinoderme appelé usuellement *étoile de mer.* (Les *stellérides* forment une classe.)

STELLIONAT n. m. (lat. *stellio*, lézard [animal pris pour symbole de la fraude]). *Dr.* Fait de vendre ou d'hypothéquer un immeuble dont on n'est pas propriétaire ou de cacher une hypothèque portant sur un immeuble.

STELLITE n. (nom déposé). Type d'alliage à base de cobalt, de chrome, de tungstène et de molybdène, utilisé pour ses propriétés de résistance à l'usure et de tenue à chaud.

STEM ou **STEMM** n. m. (mot norvég.). En ski, sorte de virage, apparenté au christiania.

STEMMATE n. m. *Zool.* Œil simple des larves d'insectes supérieurs.

STENCIL [stɛnsil *ou* stɛsil] n. m. (mot angl.). Matrice d'impression constituée par un papier

spécial rendu perméable par places à l'encre fluide et se comportant comme un pochoir.

STENCILISTE n. Spécialiste de la dactylographie sur stencil.

STENDHALIEN, ENNE adj. Propre à Stendhal; dans la manière de Stendhal.

STÉNODACTYLO n. Dactylo qualifié pour l'enregistrement, par signes écrits, des éléments d'une dictée, d'une conversation, d'un discours.

STÉNODACTYLOGRAPHIE n. f. Emploi de la sténographie et de la dactylographie combinées.

STÉNOGRAMME n. m. Tracé en sténographie d'une syllabe ou d'un mot.

STÉNOGRAPHE ou **STÉNO** n. Personne capable de prendre en dictée, à la vitesse de conversation, un texte à l'aide de signes sténographiques.

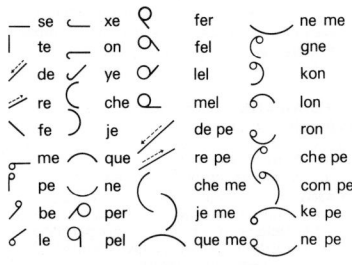

SIGNES STÉNOGRAPHIQUES
(méthode Prévost-Delaunay)

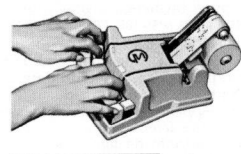

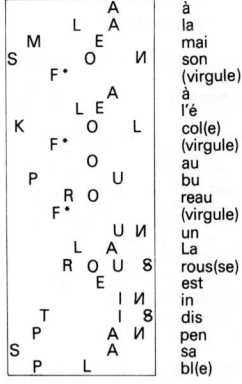

SIGNES DE STÉNOTYPIE

STÉNOGRAPHIE ou **STÉNO** n. f. (gr. *stenos*, serré, et *graphein*, écrire). Procédé d'écriture formé de signes abréviatifs et conventionnels, qui sert à transcrire la parole aussi rapidement qu'elle est prononcée.

STÉNOGRAPHIER v. t. Prendre en dictée à l'aide de la sténographie.

STÉNOGRAPHIQUE adj. Qui est relatif à la sténographie.

STÉNOHALIN, E adj. *Zool.* Se dit des animaux marins qui ne peuvent vivre que dans les eaux à salinité constante.

STÉNOPÉ n. m. (gr. *stenos*, étroit, et *opê*, trou). Petit trou dans une paroi de la chambre noire, faisant office d'objectif photographique.

STÉNOSAGE [stenɔzaʒ] n. m. Traitement des fibres cellulosiques pour les durcir.

STÉNOSE n. f. (gr. *stenos*, serré). *Méd.* Rétrécissement d'un conduit ou d'un orifice.

STÉNOTHERME adj. Se dit des animaux marins qui exigent une température à peu près constante du milieu.

STÉNOTYPE n. f. Machine pour transcrire à la vitesse de la parole la plus rapide des textes sous une forme phonétique simplifiée.

STÉNOTYPIE n. f. Technique d'écriture de la parole à l'aide d'une sténotype.

STÉNOTYPISTE n. Employé capable de sténographier à l'aide d'une sténotype.

STENTOR [stɑ̃tɔr] n. m. (n. d'un héros troyen). Protozoaire d'eau douce, en forme de trompe. (Long. 1 mm; embranchement des ciliés.) ● *Voix de stentor*, voix extrêmement puissante et sonore.

STÉPHANOIS, E adj. et n. De Saint-Étienne.

STEPPAGE n. m. *Méd.* Anomalie de la marche, due à une paralysie des muscles releveurs du pied.

STEPPE n. f. (mot russe). Formation discontinue de végétaux xérophiles, souvent herbacés, des régions tropicales et des régions de climat continental semi-arides. ● *Art des steppes*, production artistique, à l'âge du bronze, des peuples nomades des steppes de l'Eurasie, qui atteint son apogée entre le VIIIᵉ et le IIIᵉ s. av. J.-C.

STEPPIQUE adj. Formé de steppes.

STÉRADIAN n. m. Unité de mesure d'angle solide (symb. : sr), équivalant à l'angle solide qui, ayant son sommet au centre d'une sphère, découpe, sur la surface de cette sphère, une aire équivalant à celle d'un carré dont le côté est égal au rayon de la sphère.

STERCORAIRE n. m. (lat. *stercus, stercoris*, fumier). Oiseau palmipède à plumage brun et blanc, des mers arctiques, qui se nourrit de poissons dérobés à d'autres oiseaux. (On appelle souvent les stercoraires *mouettes ravisseuses*. Ils peuvent atteindre 60 cm de long. Les *skuas* sont des stercoraires.)

STERCORAL, E, AUX adj. Qui concerne les excréments.

STERCULIACÉE n. f. Plante dialypétale, comme le *cacaoyer* et le *kolatier*. (Les *sterculiacées* forment une famille.)

STÈRE n. m. (gr. *stereos*, solide). Anc. unité de mesure de volume (symb. : st), employée pour mesurer le volume du bois de chauffage empilé et valant 1 mètre cube.

STÉRÉO n. f. et adj. inv. Abrév. de STÉRÉOPHONIE et de STÉRÉOPHONIQUE.

STÉRÉOBATE n. m. *Archit.* Soubassement.

STÉRÉOCHIMIE n. f. Étude de la forme spatiale des composés chimiques.

STÉRÉOCHIMIQUE adj. Relatif à la stéréochimie.

STÉRÉOCOMPARATEUR n. m. Appareil utilisé dans les levés de plans par la photographie pour effectuer des mesures de coordonnées de très grande précision et pour en déduire la position de points topographiques.

STÉRÉOGNOSIE n. f. Perception de la forme et des volumes des corps, utilisant les sensibilités tactile et musculaire.

STÉRÉOGRAMME n. m. Syn. de BLOC-DIAGRAMME.

STÉRÉOGRAPHIE n. f. Art de représenter les solides par projection sur un plan.

STÉRÉOGRAPHIQUE adj. Relatif à la stéréographie.

STÉRÉO-ISOMÈRE n. m. et adj. Composé isomère stérique d'un autre composé.

STÉRÉO-ISOMÉRIE n. f. *Chim.* Isomérie de nature stérique.

STÉRÉOMÉTRIE n. f. Partie de la géométrie qui traite de la mesure des solides.

STÉRÉOMÉTRIQUE adj. Relatif à la stéréométrie.

STÉRÉOPHONIE n. f. Technique de la reproduction des sons enregistrés ou transmis par

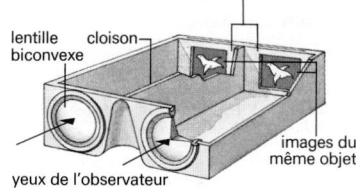

emplacement de l'image stéréoscopique obtenue par superposition des images réelles

lentille biconvexe — cloison

images du même objet

yeux de l'observateur

STÉRÉOSCOPE

radio, caractérisée par la reconstitution spatiale des sources sonores.

STÉRÉOPHONIQUE adj. Relatif à la stéréophonie.

STÉRÉOPHOTOGRAPHIE n. f. Photographie stéréoscopique.

STÉRÉOSCOPE n. m. Instrument d'optique dans lequel deux images planes, superposées par la vision binoculaire, donnent l'impression d'une seule image en relief.

STÉRÉOSCOPIE n. f. Vision du relief, grâce à un stéréoscope.

STÉRÉOSCOPIQUE adj. Relatif au stéréoscope.

STÉRÉOSPÉCIFIQUE adj. *Chim.* Se dit des catalyseurs qui permettent la formation de hauts polymères à structure régulière. ‖ Relatif à une réaction dans laquelle un composé possédant une configuration déterminée et unique conduit à la formation d'un composé ayant aussi une configuration unique.

STÉRÉOTAXIE n. f. Procédé de repérage rigoureux des structures cérébrales profondes, employé en neurochirurgie.

STÉRÉOTAXIQUE adj. Effectué grâce à la stéréotaxie.

STÉRÉOTOMIE n. f. Science de la coupe des solides employés dans l'industrie et dans la construction.

STÉRÉOTOMIQUE adj. Relatif à la stéréotomie.

STÉRÉOTYPE n. m. Formule banale, opinion dépourvue d'originalité. ‖ *Arts graph.* Cliché obtenu par coulage de plomb dans un flan ou une empreinte. (On dit aussi CLICHÉ.)

STÉRÉOTYPÉ, E adj. Qui se présente toujours sous la même forme, figé : *gestes stéréotypés; formules stéréotypées.*

STÉRÉOTYPIE n. f. *Arts graph.* Branche de la clicherie qui permet la multiplication de formes, de textes ou de clichés au moyen de flans. ‖ *Psychol.* Répétition immotivée, automatique et inadaptée à la situation, de mots, de mouvements ou d'attitudes.

STÉRÉOVISION n. f. *Opt.* Vision stéréoscopique du relief.

STÉRER v. t. (conj. 5). Évaluer le volume d'une quantité de bois.

STÉRILE adj. (lat. *sterilis*). Qui ne porte pas de fruits, qui ne produit pas : *arbre stérile, terre stérile.* ‖ Qui est inapte à la génération : *femelle stérile.* ‖ Qui ne produit rien, sans imagination : *esprit stérile.* ‖ Sans résultats, vain, inutile : *discussions stériles.* ‖ *Méd.* Qui est exempt de tout germe microbien.

STÉRILE n. m. *Min.* Roche non utilisable comme minerai.

STÉRILEMENT adv. De façon stérile.

STÉRILET n. m. Dispositif intra-utérin et permanent, utilisé par les femmes dans un but contraceptif.

STÉRILISANT, E adj. Qui stérilise.

STÉRILISATEUR n. m. Appareil que l'on emploie pour stériliser.

STÉRILISATION n. f. Action de stériliser. ‖ Action de détruire les microbes existant dans une substance ou sur un objet par des procédés physiques (chaleur, radiations ultraviolettes) ou chimiques (antiseptiques).

sterne

STÉRILISÉ, E adj. Soumis à la stérilisation. ● *Lait stérilisé*, lait qui a été porté à haute température, et qui peut être conservé plusieurs mois.

STÉRILISER v. t. Rendre stérile, rendre inapte à la génération, à la production, à l'invention. ‖ Opérer la stérilisation.

STÉRILITÉ n. f. État de ce qui est stérile, de qqn de stérile.

STÉRIQUE adj. *Chim.* Relatif à la configuration spatiale d'un composé chimique. ● *Effet stérique*, influence de l'encombrement des groupes et des atomes constituant une molécule sur les interactions qu'elle peut avoir avec d'autres.

STERLET n. m. (mot russe). Espèce d'esturgeon, dont les œufs servent à préparer le caviar.

STERLING [stɛrliŋ] adj. et n. m. inv. (mot angl.). Se dit des monnaies, valeurs, etc., évaluées en livres sterling.

STERNAL, E, AUX adj. Relatif au sternum.

STERNE n. f. (anc. angl. *stern*). Oiseau palmipède à tête noire et à dos gris, vivant sur les côtes. (Long. 40 cm; nom usuel : *hirondelle de mer.*)

STERNO-CLÉIDO-MASTOÏDIEN adj. et n. m. *Anat.* Se dit d'un muscle qui s'insère sur le sternum, la clavicule et l'apophyse mastoïde.

STERNUM [stɛrnɔm] n. m. (mot lat.; du gr.). Os plat, situé en avant de la cage thoracique et auquel sont reliées les dix premières côtes chez l'homme. (Le sternum des oiseaux porte une lame osseuse ventrale, le *bréchet.*)

STERNUTATION n. f. (lat. *sternutare*, éternuer). *Méd.* Action d'éternuer.

STERNUTATOIRE adj. *Méd.* Qui provoque l'éternuement.

STÉROÏDE adj. et n. m. Se dit d'un groupe de substances possédant une chaîne carbonée comprenant quatre cycles accolés.

STÉROL n. m. *Chim.* Substance organique possédant le squelette des stéroïdes et une fonction alcool (ex. : le cholestérol).

STERTOREUX, EUSE adj. (lat. *stertere*, ronfler). Caractérisé par le ronflement, le râle.

STÉTHOSCOPE n. m. (gr. *stêthos*, poitrine, et *skopein*, examiner). Instrument inventé par Laennec et servant à ausculter.

STEWARD [stjuward *ou* stiwart] n. m. (mot angl.). Maître d'hôtel, garçon à bord des paquebots, des avions.

STHÈNE n. m. (gr. *sthenos*, force). Anc. unité de mesure de force (symb. : sn). [Le sthène équivalait à la force qui, en 1 seconde, communique à une masse égale à 1 tonne un accroissement de vitesse de 1 mètre par seconde.]

STIBIÉ, E adj. (lat. *stibium*, antimoine). *Pharm.* Où il entre de l'antimoine.

STIBINE n. f. Sulfure naturel d'antimoine Sb_2S_3, principal minerai de ce métal.

STICHOMYTHIE [stikɔmiti] n. f. (gr. *stikhos*, ligne, et *muthein*, parler). Dialogue tragique où les interlocuteurs se répondent vers pour vers.

STICK [stik] n. m. (mot angl.). Canne flexible. ‖ Équipe de parachutistes largués par le même avion. ‖ Fard, colle ou produit de toilette solidifié sous forme de bâton.

STIGMA n. m. (mot gr., *piqûre*). *Biol.* Point sensible à la lumière chez certains protistes.

STIGMATE n. m. (lat. *stigma*, marque de flétrissure). Marque que laisse une plaie, une maladie : *les stigmates de la petite vérole.* ‖ *Litt.* Trace, marque honteuse : *les stigmates du vice.* ‖ *Bot.* Partie supérieure du pistil. ‖ *Zool.* Orifice respiratoire des trachées chez les insectes, les arachnides. ◆ pl. Plaies qui reproduisent celles de Jésus crucifié, chez certains mystiques chrétiens.

STIGMATIQUE adj. Doué de stigmatisme.

STIGMATISATION n. f. Action de stigmatiser.

STIGMATISÉ, E adj. et n. Se dit des porteurs de stigmates.

STIGMATISER v. t. Flétrir, blâmer avec dureté et publiquement : *stigmatiser les violations des droits de l'homme.*

STIGMATISME n. m. *Opt.* Qualité d'un système optique qui donne un point image d'un point objet.

STILB n. m. (gr. *stilbein*, briller). Anc. unité de mesure de luminance (symb. : cd/cm²), équivalant à la luminance d'une source ayant une intensité d'une candela par centimètre carré de surface apparente. (Cette unité de mesure n'est plus légale en France.)

STILLATION [stilasjɔ̃] n. f. (bas lat. *stillatio*, goutte). Écoulement d'un liquide goutte à goutte.

STILLATOIRE adj. Qui tombe goutte à goutte.

STILLIGOUTTE n. m. Syn. savant de COMPTE-GOUTTES.

STILTON [stiltɔn] n. m. Fromage anglais à moisissures internes, fabriqué avec du lait de vache.

STIMULANT, E adj. et n. Propre à accroître l'activité : *potion stimulante ; faire usage de stimulants.* ‖ Qui augmente l'ardeur : *succès stimulant ; ce succès a été pour lui un stimulant.*

STIMULATEUR n. m. *Stimulateur cardiaque,* appareil électrique destiné à provoquer la contraction cardiaque quand celle-ci ne s'effectue plus normalement. (Syn. PACEMAKER.)

STIMULATION n. f. Action de stimuler.

STIMULER v. t. (lat. *stimulare*; de *stimulus,* aiguillon). Inciter, pousser à agir; encourager : *les premiers succès l'ont stimulé.* ‖ Accroître l'activité : *stimuler l'industrie.*

STIMULINE n. f. Hormone sécrétée par l'hypophyse et stimulant l'activité d'une glande endocrine.

STIMULUS [stimylys] n. m. (mot lat.) [pl. *stimuli* ou *stimulus*]. *Physiol.* Agent capable de provoquer dans certaines conditions la réponse d'un système vivant excitable.

STIPE n. m. (lat. *stipes,* souche). *Bot.* Tronc non ramifié, recouvert par les cicatrices des feuilles, comme chez les palmiers, l'aloès; axe principal de certaines algues et champignons.

STIPENDIÉ, E adj. *Litt.* et *péjor.* Qui est payé pour accomplir une action.

STIPENDIER v. t. (lat. *stipendium,* solde militaire). *Litt.* et *péjor.* Avoir à sa solde.

STIPULAIRE adj. Qui appartient aux stipules.

STIPULATION n. f. Clause, convention énoncée dans un contrat.

STIPULE n. f. (lat. *stipula,* paille). Petit appendice membraneux ou foliacé, qui se rencontre au point d'insertion des feuilles.

STIPULER v. t. (lat. *stipulari*). Formuler de façon très nette une clause, une convention dans un contrat; faire savoir expressément.

STOCHASTIQUE [-kas-] adj. (gr. *stokhastikos*; de *stokhazein*, viser). Se dit de processus qui ne sont soumis qu'au hasard et qui font l'objet d'une analyse statistique.

STOCHASTIQUE n. f. Calcul des probabilités.

STOCK n. m. (mot angl.). Ensemble des marchandises disponibles sur un marché, dans un magasin, etc. ‖ Ensemble des marchandises, des matières premières, des produits semi-ouvrés, des produits finis, etc., qui sont la propriété d'une entreprise. ‖ Ensemble de choses possédées et gardées en réserve : *avoir un stock de romans policiers.*

STOCKAGE n. m. Action de stocker.

STOCK-CAR n. m. (mot angl.) [pl. *stock-cars*].

Voiture automobile engagée dans une course où les obstructions et les carambolages sont de règle; la course elle-même.

STOCKER v. t. Mettre en stock. ‖ Constituer des stocks de fournitures plus importants que ne l'exigent les besoins de l'entreprise, ou conserver en stock des produits finis bien que l'écoulement immédiat en soit assuré.

STOCKFISCH [stɔkfiʃ] n. m. (moyen néerl. *stocvisch,* poisson de bâton). Morue séchée à l'air libre. ‖ Poisson séché en général.

STOCK-OUTIL n. m. (pl. *stock-outils*). Stock nécessaire pour permettre le fonctionnement continu, sans rupture, d'une entreprise.

STŒCHIOMÉTRIE [stekjɔmetri] n. f. (gr. *stoikheion,* élément). *Chim.* Étude des proportions suivant lesquelles les corps se combinent entre eux.

STŒCHIOMÉTRIQUE adj. Relatif à la stœchiométrie.

STOÏCIEN, ENNE adj. et n. (lat. *stoicus*; gr. *stoa,* portique [parce que les philosophes stoïciens se rassemblaient sous le Portique, à Athènes]). Qui appartient au stoïcisme; qui en est adepte. ‖ Indifférent à la souffrance.

STOÏCISME n. m. Doctrine philosophique de Zénon de Kition, puis de Chrysippe, Sénèque, Épictète et Marc Aurèle. (On l'a fréquemment opposé à l'ÉPICURISME.) ‖ Fermeté, austérité : *supporter ses malheurs avec stoïcisme.*
■ Le stoïcisme est surtout une éthique qui s'appuie sur une conception du monde (physique) et une théorie logique de la connaissance. Pour les stoïciens, le souverain bien de l'homme consiste à vivre en harmonie avec lui-même, ses semblables et la nature, c'est-à-dire à rechercher l'absence de troubles (ataraxie).

STOÏQUE adj. Se dit de qqn qui supporte la douleur, le malheur avec courage.

STOÏQUEMENT adv. De façon stoïque.

STOKER ou **-kœr**] n. m. (mot angl.). Dispositif d'alimentation mécanique en charbon du foyer d'une locomotive à vapeur.

STOKES [stɔks] n. m. (de *Stokes,* n. pr.). Unité de mesure de viscosité cinématique (symb. : St), valant 10⁻⁴ mètre carré par seconde.

STOLON n. m. (lat. *stolo,* rejeton). *Bot.* Tige aérienne rampante, terminée par un bourgeon qui, de place en place, produit des racines adventives, point de départ de nouveaux pieds (par ex. chez le fraisier). ‖ *Zool.* Bourgeon assurant la multiplication asexuée de certains animaux marins.

STOLONIFÈRE adj. *Bot.* Qui émet des stolons.

STOMACAL, E, AUX adj. (lat. *stomachus,* estomac). Qui appartient à l'estomac : *douleur stomacale.*

STOMACHIQUE adj. Relatif à l'estomac. ◆ adj. et n. m. Se dit de médicaments pour l'estomac.

STOMATE n. m. (gr. *stoma, -atos,* bouche). *Bot.* Appareil microscopique de l'épiderme des végétaux, percé d'un minuscule orifice (*ostiole*).

STOMATITE n. f. Inflammation de la muqueuse buccale.

STOMATOLOGIE n. f. Spécialité médicale dont l'objet est l'étude et le traitement des affections de la bouche et du système dentaire.

STOMATOLOGISTE ou **STOMATOLOGUE** n. Médecin spécialiste en stomatologie.

STOMATOPLASTIE n. f. Restauration chirurgicale de la bouche. ‖ Élargissement chirurgical du col utérin.

STOMOCORDÉ n. m. *Zool.* Animal marin primitif, voisin des cordés (balanoglosses, ptérobranches, graptolites, pogonophores).

STOMOXE n. m. Mouche qui pique les bestiaux et peut transmettre des microbes (streptocoques, microbe du charbon, etc.).

STOP! interj. (mot angl.). Ordre impératif d'arrêter, de cesser toute manœuvre.

STOP n. m. Terme servant, dans les télégrammes, à séparer nettement les phrases. ‖ Panneau de signalisation routière imposant impérativement un arrêt. ‖ Signal lumineux placé à l'arrière d'un véhicule, et qui s'allume quand on freine. ‖ *Fam.* Syn. de AUTO-STOP.

STOP-AND-GO n. m. inv. (mots angl.). *Écon.* Correction d'un dérèglement économique par un autre, en sens inverse, compensant le premier.

STOPPAGE n. m. Réfection de la trame et de la chaîne d'un tissu pour réparer une déchirure.

STOPPER v. t. Faire un stoppage à.

STOPPER v. t. Arrêter la marche d'un navire, d'un train, d'une machine, etc. ‖ Empêcher d'avancer, de progresser, arrêter définitivement : *stopper une offensive.* ◆ v. i. S'arrêter.

STOPPEUR, EUSE n. et adj. Personne qui fait le stoppage. ◆ n. *Fam.* Syn. de AUTO-STOPPEUR, EUSE.

STOPPEUR n. m. Au football, joueur placé au centre de la défense, devant le libero.

STORAX n. m. → STYRAX.

STORE n. m. (it. *stora,* natte). Rideau de tissu ou panneau en lattes de bois, qui se lève et se baisse devant une fenêtre, une devanture. ‖ Grand rideau intérieur de fenêtre, qui se tire latéralement.

STOUPA n. m. → STŪPA.

STOUT [stawt] n. m. (mot angl.). Bière anglaise brune, alcoolisée.

STRABIQUE adj. et n. Affecté de strabisme.

STRABISME n. m. (gr. *strabos,* louche). Défaut de parallélisme des axes optiques des yeux, entraînant un trouble de la vision binoculaire.

STRADIOT ou **ESTRADIOT** n. m. (gr. *stratiôtês,* soldat). Aux XVᵉ et XVIᵉ s., soldat de cavalerie légère, originaire de Grèce.

STRADIVARIUS [-rjys] n. m. Violon, violoncelle ou alto fabriqué par Stradivarius.

STRADOGRAPHE n. m. (lat. *strada,* route, et gr. *graphein,* écrire). *Trav. publ.* Appareil permettant de déterminer la glissance d'un revêtement.

STRAMOINE n. f. (lat. médiév. *stramonium*). Plante vénéneuse du genre *datura,* à grandes fleurs blanches et à fruit épineux. (Famille des solanacées.)

STRANGULATION n. f. (lat. *strangulare,* étrangler). Action d'étrangler.

STRAPONTIN n. m. (it. *strapuntino*). Siège fixe à abattant. ‖ Place secondaire dans un organisme quelconque.

STRASBOURGEOIS, E adj. et n. De Strasbourg.

STRASS ou **STRAS** [stras] n. m. (de *Strass,* n. de l'inventeur). Sorte de verre coloré à l'aide d'oxydes métalliques pour imiter les diverses gemmes. ‖ Ce qui brille d'un faux éclat.

STRATAGÈME n. m. (gr. *stratêgêma*). Ruse habile.

STRATE n. f. (lat. *stratum,* chose étendue). Chacune des couches de matériaux qui constituent un terrain, en particulier un terrain sédimentaire. ‖ *Psychol.* Dans une enquête, subdivision d'un échantillon en ensembles homogènes.

STRATÈGE n. m. (gr. *stratêgos*). Spécialiste ou praticien de la stratégie. ‖ *Hist.* Principal magistrat, à Athènes; commandant d'armée.

STRATÉGIE n. f. Art de diriger un ensemble de dispositions pour atteindre un but. ‖ Art de coordonner l'action des forces militaires, politiques, économiques et morales impliquées dans la conduite d'un conflit ou dans la préparation de la défense d'une nation ou d'une communauté de nations. (La stratégie ressortit conjointement à la compétence du gouvernement et à celle du haut commandement des armées.) ‖ *Math.* Dans la théorie des jeux, ensemble de décisions prises en fonction d'hypothèses de comportement des personnes intéressées dans une conjoncture déterminée.

STRATÉGIQUE adj. Qui intéresse la stratégie.

STRATÉGIQUEMENT adv. D'après les règles de la stratégie.

STRATIFICATION n. f. Disposition en couches superposées. ‖ *Géol.* Disposition des sédiments ou roches sédimentaires en strates superposées. ‖ *Psychol.* Technique particulière d'enquête par sondage, dans laquelle la population à étudier est préalablement partagée en strates.

D. Delattre-Pitch

stratus

strato-cumulus

STRATIFIÉ, E adj. Qui se présente en couches superposées. ‖ Se dit de produits fabriqués à partir de supports divers (papier, toile, etc.) et imprégnés d'un vernis thermoplastique.

STRATIFIER v. t. Disposer par couches superposées. ‖ Disposer en strates.

STRATIGRAPHIE n. f. Partie de la géologie qui étudie les couches de l'écorce terrestre en vue d'établir l'ordre normal de superposition et l'âge relatif. ‖ Méthode de tomographie dans laquelle la source de rayons X reste fixe.

STRATIGRAPHIQUE adj. Relatif à la stratigraphie. ● Échelle stratigraphique, chronologie des événements qui se sont succédé à la surface de la Terre, au cours des temps géologiques.

STRATO-CUMULUS [-lys] n. m. Nuage sombre, à la base ondulée, situé à une altitude moyenne de 2 000 m.

STRATOFORTERESSE n. f. Type de bombardier américain.

STRATOPAUSE n. f. Limite entre la stratosphère et la mésosphère.

STRATOSPHÈRE n. f. Partie de l'atmosphère entre la troposphère et la mésosphère, qui est épaisse d'une trentaine de kilomètres et où la température est sensiblement constante.

STRATOSPHÉRIQUE adj. Relatif à la stratosphère.

STRATOVOLCAN n. m. Cône volcanique constitué d'un empilement de coulées de lave alternant avec des couches de projections.

STRATUS [stratys] n. m. (mot lat., étendu). Nuage inférieur qui se présente en couche uniforme grise, formant un voile continu.

STRELITZIA n. m. Plante d'ornement, originaire d'Afrique australe. (Famille des musacées.)

STREPSIPTÈRE n. m. Insecte minuscule, parasite d'autres insectes. (Les strepsiptères forment un ordre.)

STREPTOCOCCIE n. f. Infection par le streptocoque.

STREPTOCOCCIQUE adj. Relatif à la streptococcie.

STREPTOCOQUE n. m. (gr. streptos, arrondi, et kokkos, grain). Bactérie dont les individus sont disposés en chaînes et dont plusieurs espèces produisent des infections graves (érysipèle, impétigo).

STREPTOMYCINE n. f. Antibiotique tiré d'une moisissure du sol, actif contre la bacille de la tuberculose et contre d'autres bactéries (bacilles du charbon, de la diphtérie, de la peste; méningocoque; pneumocoque; etc.).

STRESS [stres] n. m. (mot angl.). Ensemble de perturbations biologiques et psychiques provoquées par une agression quelconque sur un organisme et des réponses de celui-ci.

STRESSANT, E adj. Qui provoque un stress.

STRESSER v. t. Provoquer un stress.

STRETTE n. f. (it. stretta; lat. strictus, étroit). Mus. Partie d'une fugue, précédant la conclusion, où les entrées de la tête du thème se multiplient et se chevauchent.

STRIATION n. f. Action de strier; ensemble des stries.

STRICT, E adj. (lat. strictus, serré). Qui ne laisse aucune liberté, rigoureux : stricte exécution de la consigne. ‖ Qui ne tolère aucune négligence, sévère : un professeur très strict. ‖

Sobre, dépourvu d'ornements : costume strict. ‖ Qui constitue un minimum, réduit à la plus petite valeur : le strict nécessaire. ● Inégalité au sens strict (Math.), inégalité excluant l'égalité.

STRICTEMENT adv. De façon stricte.

STRICTION n. f. (bas lat. strictio; de stringere, serrer). Méd. Constriction, ligature. ‖ Métall. Diminution de section de l'éprouvette de métal soumise à un effort de traction, peu avant la rupture, dans la zone où celle-ci se produira. ‖ Phys. Diminution de la section d'écoulement d'un fluide sous l'action d'éléments mécaniques ou d'un autre écoulement; resserrement, mis à profit pour confiner les plasmas, des trajectoires des particules électrisées d'un courant électrique très intense traversant un gaz.

STRICTO SENSU [striktosɛ̃sy] loc. adv. (mots lat.). Au sens étroit, strict.

STRIDENCE n. f. Sonorité stridente.

STRIDENT, E adj. (lat. stridere, grincer). Se dit d'un son aigu, perçant : bruit strident.

STRIDOR n. m. Méd. Bruit aigu lors de l'inspiration.

STRIDULANT, E adj. Qui fait entendre un bruit aigu.

STRIDULATION n. f. (lat. stridulus, sifflant). Crissement aigu que produisent certains insectes (criquets, grillons, cigales).

STRIDULER v. i. Faire une stridulation.

STRIDULEUX, EUSE adj. Méd. Relatif au stridor.

STRIE n. f. (lat. stria). Fine ligne à la surface d'un objet, d'une roche.

STRIÉ, E adj. Dont la surface présente des stries. ● Corps striés (Anat.), masses de substance grise situées à la base du cerveau, et intervenant dans le tonus musculaire et dans l'accomplissement des mouvements automatiques. ‖ Muscle strié, muscle à contraction rapide et volontaire, dont les fibres montrent au microscope une striation transversale, due à l'alternance de disques clairs et sombres dans les fibrilles, par oppos. au MUSCLE LISSE.

STRIER v. t. Faire des stries sur qqch.

STRIGE n. f. (lat. striga; gr. strigx, oiseau de nuit). Vampire des légendes orientales.

STRIGIDÉ n. m. (lat. strix, strigis, chouette). Oiseau rapace nocturne, tel que le hibou, la chouette. (Les strigidés forment une famille.)

STRIGILE n. m. (lat. strigilis, étrille). Antiq. Racloir courbe servant à la toilette. ‖ Archéol. Cannelure sinueuse utilisée comme motif décoratif de certains sarcophages antiques.

STRIOSCOPIE n. f. Étude, par la méthode photographique, du sillage produit dans l'air par un projectile ou par un profil d'aile dans une soufflerie aérodynamique.

STRIOSCOPIQUE adj. Relatif à la strioscopie.

STRIPAGE n. m. (angl. stripping). Phys. Réaction nucléaire dans laquelle un nucléon est arraché d'un noyau projectile et est capté par le noyau cible.

STRIPPER [stripœr] n. m. Méd. Instrument servant au stripping. (Syn. TIRE-VEINE.)

STRIPPING [stripiŋ] n. m. (mot angl.). Entraînement des fractions légères et volatiles d'un liquide. ‖ Méd. Méthode d'ablation chirurgicale des varices. (L'Administration préconise le terme ÉVEINAGE.)

STRIP-TEASE n. m. inv. (angl. to strip, déshabiller, et to tease, agacer). Spectacle de cabaret au cours duquel une ou plusieurs femmes se déshabillent d'une façon lente et suggestive; établissement spécialisé dans ce spectacle.

STRIP-TEASEUSE n. f. (pl. strip-teaseuses). Femme exécutant un numéro de strip-tease.

STRIURE n. f. État de ce qui est strié; stries.

STROBILE n. m. (gr. strobilos, toupie). Bot. Fruit en cône. ‖ Zool. Forme larvaire de certaines méduses.

STROBOSCOPE n. m. Appareil servant à observer par stroboscopie.

STROBOSCOPIE n. f. Mode d'observation d'un mouvement périodique rapide, grâce à des éclairs réguliers dont la fréquence est voisine de celle du mouvement. (Grâce à la persistance des impressions lumineuses, on a l'illusion d'un mouvement fortement ralenti.)

STROBOSCOPIQUE adj. Relatif à la stroboscopie.

STROMA n. m. (mot gr.). Anat. Tissu conjonctif formant la charpente d'un organe, d'une tumeur.

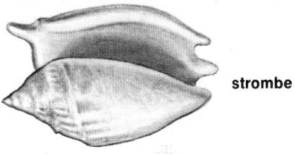

strombe

STROMBE n. m. Mollusque des mers chaudes, dont la coquille sert à fabriquer des camées.

STROMBOLIEN, ENNE adj. (du Stromboli). Se dit d'un type d'éruption volcanique caractérisée par l'alternance d'explosions et d'émissions de laves.

STRONGLE ou **STRONGYLE** n. m. (gr. stroggulos, rond). Ver parasite de l'intestin du cheval, de l'âne. (Long. max. 5 cm; classe des nématodes; famille des strongyloïdés.)

STRONGYLOSE n. f. Vétér. Maladie provoquée chez certains animaux par des nématodes.

STRONTIANE n. f. Oxyde ou hydroxyde de strontium, employé dans les sucreries.

STRONTIUM [strɔ̃sjɔm] n. m. (de Strontian, n. d'un village d'Écosse). Métal jaune (Sr), n° 38, de masse atomique 87,62, analogue au calcium. (On utilise le nitrate de strontium en pyrotechnie, pour colorer les flammes en rouge.)

STROPHANTINE n. f. Alcaloïde tiré du strophantus et utilisé comme tonicardiaque.

STROPHANTUS [strɔfɑ̃tys] n. m. (mot lat.; gr. strophos, cordon, et anthos, fleur). Liane des régions tropicales, contenant un poison dont les indigènes garnissent leurs flèches. (Famille des apocynacées.)

STROPHE n. f. (lat. stropha; mot gr.). Groupe de vers formant une unité et s'ordonnant de manière à présenter une correspondance métrique avec un ou plusieurs groupes semblables. ‖ Première des trois parties lyriques chantées par le chœur de la tragédie grecque.

STRUCTURABLE adj. Qui peut être structuré.

STRUCTURAL, E, AUX adj. Relatif à la structure, au structuralisme. ● *Causalité structurale* (Philos.), production d'effets d'une structure sur les éléments qui la constituent, selon la place qu'ils y occupent. ‖ *Géologie structurale*, partie de la géologie qui étudie la structure de l'écorce terrestre. ‖ *Surface structurale*, surface constituée par la partie supérieure d'une couche dure, dégagée par l'érosion d'une couche tendre se trouvant au-dessus.

STRUCTURALISME n. m. Théorie linguistique considérant la langue comme un ensemble autonome et structuré, où les rapports définissent les termes aux divers niveaux (phonèmes, morphèmes, phrases). ‖ Courant de pensée commun à plusieurs sciences humaines (psychologie, anthropologie, etc.), visant à définir un fait humain en fonction d'un ensemble organisé et à rendre compte de ce dernier à l'aide de modèles mathématiques.

STRUCTURALISTE adj. et n. Qui relève du structuralisme.

STRUCTURANT, E adj. Qui détermine ou opère une structure. ‖ Se dit d'un réaménagement urbain, d'un nouveau mode de transport susceptible d'amener une évolution dans la répartition des activités et la structure économique d'un quartier de ville, d'une région.

STRUCTURATION n. f. Action de structurer, fait d'être structuré.

STRUCTURE n. f. (lat. *structura*; de *struere*, assembler). Manière dont les différentes parties d'un ensemble, concret ou abstrait, sont disposées entre elles et sont solidaires, et ne prennent sens que par rapport à l'ensemble : *la structure d'un réseau routier; la structure du corps humain*. ‖ *Écon.* Ensemble des caractères relativement stables d'un système économique à une période donnée (par oppos. à CONJONCTURE). ‖ *Géol.* Agencement des couches géologiques les unes par rapport aux autres. ‖ *Math.* Caractère d'un ensemble résultant des opérations qui y sont définies et des propriétés de ces opérations. ‖ *Philos.* Ensemble ordonné et autonome d'éléments interdépendants dont les rapports sont réglés par des lois. ● *Réforme de structure* (Dr.), réforme législative qui modifie profondément une des structures d'une collectivité. ◆ *Structure d'une roche*, agencement les uns par rapport aux autres des minéraux constituant la roche.

STRUCTURÉ, E adj. Se dit de ce qui a telle ou telle structure.

STRUCTUREL, ELLE adj. Relatif aux structures, à une structure. ● *Chômage structurel*, chômage des pays où les conditions économiques fondamentales ne permettent pas à une fraction importante de la population de trouver du travail.

STRUCTURELLEMENT adv. D'une manière structurelle.

STRUCTURER v. t. Doter d'une structure.

STRYCHNINE [strikin] n. f. (gr. *strukhnos*). Poison qui est un alcaloïde extrait de la noix vomique, et qui provoque la contracture, puis la paralysie des muscles. (À très faibles doses la strychnine est stimulante.)

STRYCHNOS [striknos] n. m. (mot gr.). Arbre des régions tropicales, dont une espèce donne la noix vomique et d'autres fournissent le curare. (Famille des *loganiacées*.)

STUC n. m. (it. *stucco*). Enduit imitant le marbre, composé ordinairement de plâtre fin, d'eau et de colle, de poussière de marbre ou de craie. ‖ pl. Revêtement mural décoratif (coloré, sculpté, etc.) réalisé avec ce matériau.

STUCAGE n. m. Application de stuc; revêtement de stuc.

STUCATEUR n. m. Ouvrier travaillant le stuc.

STUD-BOOK [stœdbuk] n. m. (mot angl., *livre de haras*) [pl. *stud-books*]. Registre où sont inscrites la généalogie et les performances des chevaux pur sang.

STUDETTE n. f. Petit studio (appartement).

STUDIEUSEMENT adv. Avec application.

STUDIEUX, EUSE adj. (lat. *studium*, zèle). Qui aime l'étude, appliqué : *écolier studieux*. ‖ Consacré à l'étude : *vacances studieuses*.

STUDIO n. m. (mot it., *atelier d'artiste*). Petit appartement composé d'une seule pièce principale. ‖ Local où opère un photographe. ‖ Local où se font les prises de vues ou de son pour le cinéma, la télévision, la radio, etc. ‖ Salle de répétition de danse.

STUKA [ʃtuka] n. m. (abrév. de STUrzkAmpfflugzeug, avion de combat en piqué). Bombardier allemand d'attaque en piqué (Seconde Guerre mondiale).

STÛPA n. m. inv., ou **STOUPA** n. m. (mot hindi). Monument funéraire ou commémoratif en forme de dôme plein, élevé sur des reliques du Bouddha ou de religieux éminents.

stûpa (Sânci, Inde;
Ier s. av.-Ier s. apr. J.-C.)

STUPÉFACTION n. f. Étonnement profond qui empêche toute réaction.

STUPÉFAIT, E adj. (lat. *stupefactus*). Interdit, immobile de surprise.

STUPÉFIANT, E adj. Qui stupéfie, qui frappe de stupeur : *nouvelle stupéfiante.*

STUPÉFIANT n. m. Substance qui provoque l'accoutumance et un état de besoin pouvant conduire à une toxicomanie. (Les stupéfiants sont inscrits au tableau B.)

STUPÉFIER v. t. Causer une grande surprise à : *cette nouvelle m'a stupéfié.*

STUPEUR n. f. (lat. *stupor*). Étonnement profond. ‖ *Psychiatr.* État d'inhibition motrice d'origine psychique.

STUPIDE adj. (lat. *stupidus*, frappé de stupeur). D'un esprit lourd et pesant, qui manque d'intelligence, idiot.

STUPIDEMENT adv. De façon stupide.

STUPIDITÉ n. f. Caractère d'une personne stupide; parole, action stupide.

STUPOREUX, EUSE adj. *Psychiatr.* Relatif à la stupeur.

STUPRE n. m. (lat. *stuprum*). *Litt.* Acte de débauche honteuse, infamie.

STUQUER v. t. Enduire de stuc.

STURNIDÉ n. m. Passereau au gros bec, au plumage sombre, tel que l'étourneau. (Les sturnidés forment une famille.)

STYLE n. m. (lat. *stilus*). Manière particulière d'écrire, d'exprimer sa pensée. ‖ Forme de langue utilisée dans certaines activités : *style administratif*. ‖ Manière d'exécuter propre à un artiste, reconnaissable dans ses œuvres ou dans son interprétation. ‖ Manière particulière à un genre, à une époque : *style gothique*. ‖ Façon personnelle de se comporter, d'exécuter un mouvement : *style de vie; style d'un sauteur*. ‖ Tige dont l'ombre marque l'heure sur un cadran solaire. ‖ *Antiq.* Poinçon de métal servant à écrire sur des tablettes enduites de cire. ‖ *Bot.* Colonne surmontant l'ovaire et portant à son sommet les stigmates. ‖ *Techn.* Aiguille pointue servant à l'inscription sur un appareil enregistreur. ● *De style*, se dit d'un objet appartenant au style d'une époque déterminée. ‖ *De grand style*, entrepris avec des moyens puissants.

STYLER v. t. Former à certaines habitudes, à certaines règles : *maître d'hôtel stylé.*

STYLET n. m. (it. *stiletto*; de *stilo*, poignard). Petit poignard à lame très effilée. ‖ Instrument de chirurgie. ‖ Organe fin et pointu, chez certains animaux.

STYLISATION n. f. Action de styliser.

Renaissance française :
armoire (Île-de-France)
à deux corps, en bois sculpté
avec incrustations de marbre.
(Musée des Arts décor., Paris.)

Louis XIII :
fauteuil en bois tourné,
recouvert
de tissu damassé.
(Musée
des Arts
décoratifs,
Paris.)

Louis XIV :
armoire
à marqueterie
de cuivre
et écaille
attribuée
à André
Charles Boulle.
(Musée
des Arts
décoratifs,
Paris.)

Régence :
fauteuil en bois doré,
recouvert de tapisserie.
(Musée
des Arts décoratifs,
Paris.)

Giraudon

Louis XVI :
secrétaire
à cylindre
(ou à panse)
exécuté
par Riesener
pour
Marie-Antoinette.
Marqueterie
de nacre. (Château
de Fontainebleau.)

Giraudon

Restauration :
table par François Laurent Puteaux.
(Musée Carnavalet, Paris.)

Larousse

Larousse

Louis XV :
secrétaire attribué à Vandercruse.
(Musée du Petit Palais, Paris.)

Lauros-Giraudon

Directoire :
lit de repos de Madame Récamier
attribué aux Jacob. Acajou.
(Coll. priv., Paris.)

Candelier-Lauros-Giraudon

Style « 1900 » : bureau en chêne naturel
par Henry Van de Velde.
(Germanisches Nationalmuseum, Nuremberg.)

Giraudon

Empire : fauteuil en bois doré
réalisé par Jacob Desmalter
pour l'impératrice Joséphine.
(Château de Malmaison.)

Giraudon

Napoléon III :
« confident » capitonné à deux places.
(Château de Compiègne.)

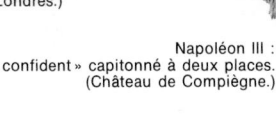

Candelier-Lauros-Giraudon

Chippendale : lit « chinois ».
(Victoria and Albert Museum, Londres.)

STYLISER v. t. Représenter qqch sous une forme simplifiée, synthétique, pour lui donner un aspect décoratif ou un caractère particulier.

STYLISME n. m. Soin extrême que l'on donne à son style. ‖ Activité, profession de styliste.

STYLISTE n. Écrivain qui brille surtout par le style. ‖ Personne dont le métier est de concevoir des formes nouvelles dans le domaine de l'habillement, de l'ameublement, etc.

STYLISTICIEN, ENNE n. Spécialiste de stylistique.

STYLISTIQUE n. f. *Ling.* Étude scientifique du style. ◆ adj. Relatif à la stylistique, au style.

STYLITE n. m. (gr. *stûlos*, colonne). Ermite qui passait sa vie sur une colonne.

STYLO ou **STYLOGRAPHE** [stilɔgraf] n. m. Porte-plume dont le manche, évidé, contient un réservoir d'encre.

STYLOBATE n. m. (gr. *stulobatês*). *Archit.* Soubassement portant une colonnade.

STYLOÏDE adj. *Anat.* Se dit de certaines apophyses osseuses en forme de stylet.

STYPTIQUE adj. et n. m. (gr. *stuptikos*, astringent). *Méd.* Se dit d'un astringent puissant (alun, sels de plomb, de fer, etc.).

STYRAX ou **STORAX** n. m. (mot lat.). Arbrisseau exotique fournissant le benjoin et un baume ; ce baume. (Famille des *styracacées* ; nom usuel : *aliboufier*.)

STYRÈNE ou **STYROLÈNE** n. m. Hydrocarbure benzénique C_8H_8, servant de matière première pour de nombreuses matières plastiques.

SU n. m. V. VU, n. m.

SUAGE n. m. (anc. fr. *soue*, corde). Petit ourlet sur le bord d'un plat d'étain. ‖ Partie carrée du pied d'un flambeau.

SUAGE n. m. (de *suer*). Eau qui suinte d'une bûche exposée à la chaleur du feu.

SUAIRE n. m. (lat. *sudarium*, linge pour essuyer la sueur). *Litt.* Linceul dans lequel on ensevelit un mort. ● *Le saint suaire*, linceul qui servit à ensevelir Jésus-Christ.

SUANT, E adj. *Fam.* Ennuyeux.

SUAVE adj. (lat. *suavis*). D'une douceur agréable, exquis : *parfum, musique suave.*

SUAVEMENT adv. *Litt.* De façon suave.

SUAVITÉ n. f. Qualité de ce qui est suave.

SUBAIGU, Ë adj. *Méd.* Se dit d'un état pathologique moins accusé que l'état aigu.

SUBALPIN, E adj. *Géogr.* Se dit des régions situées en bordure des Alpes.

SUBALTERNE adj. et n. (lat. *sub*, sous, et *alter*, autre). Qui est subordonné à qqn; qui dépend d'un autre. ‖ Qui est hiérarchiquement inférieur, secondaire : *emploi subalterne.*

SUBATOMIQUE adj. Se dit de toute particule constitutive de l'atome.

SUBCARPATIQUE adj. *Géogr.* Situé au pied des Carpates.

SUBCONSCIENCE n. f. Syn. vieilli de SUB-CONSCIENT.

SUBCONSCIENT, E adj. Relatif au subconscient.

SUBCONSCIENT n. m. État psychique, dont le sujet n'a pas conscience, mais qui influe sur son comportement.

SUBDÉLÉGATION n. f. Action de subdéléguer; mission donnée à un subdélégué.

SUBDÉLÉGUÉ n. m. Sous l'Ancien Régime, fonctionnaire placé sous les ordres de l'intendant, nommé par lui et ne dépendant que de lui.

SUBDÉLÉGUER v. t. (conj. 5). Confier à qqn l'autorité qu'on a reçue soi-même par délégation.

SUBDÉSERTIQUE adj. Syn. de SEMI-ARIDE.

SUBDIVISER v. t. Diviser les parties d'un tout qui a déjà été divisé.

SUBDIVISION n. f. Division d'une des parties d'un tout déjà divisé.

SUBDIVISIONNAIRE adj. Relatif à une subdivision.

SUBDUCTION n. f. (lat. *subducere*, tirer de dessous). *Géol.* Dans la théorie de la tectonique des plaques, enfoncement d'une plaque sous une autre le long d'un plan de Benioff.

SUBÉQUATORIAL, E, AUX adj. Proche de l'équateur.

SUBER [sybεr] n. m. (mot lat.). *Bot.* Tissu des plantes vivaces qui élabore le liège.

SUBÉREUX, EUSE adj. (lat. *suber*, liège). Qui a la consistance du liège.

SUBÉRINE n. f. Substance organique qui entre dans la composition du liège.

SUBINTRANT, E adj. *Méd.* Se dit d'un mal dont un accès nouveau commence avant la fin du précédent.

SUBIR v. t. (lat. *subire*, supporter). Se soumettre de gré ou de force à ce qui est prescrit, ordonné, imposé; endurer : *subir un interrogatoire, des tortures, une conversation ennuyeuse.* ‖ Supporter la présence de qqn qui déplaît. ‖ Être l'objet de qqch : *subir des modifications, des pertes, une influence.*

SUBIT, E adj. (lat. *subitus*). Qui arrive tout à coup, soudain, brusque.

SUBITEMENT adv. Soudainement.

SUBITO adv. (mot lat.). *Fam.* Subitement.

SUBJECTIF, IVE adj. (lat. *subjectus*, mis dessous). Qui varie avec le jugement, les sentiments, les habitudes, etc., de chacun : *critique subjective.* ‖ *Philos.* Qui se rapporte au sujet pensant, à une conscience individuelle (par oppos. à OBJECTIF).

SUBJECTILE n. m. *Peint.* Surface, matière qui reçoit une couche de peinture, d'émail, etc.

SUBJECTIVEMENT adv. De façon subjective.

SUBJECTIVISME n. m. *Philos.* Pensée qui n'admet de réalité que subjective. ● *Subjectivisme juridique*, doctrine fondant l'obligation juridique sur la volonté du sujet.

SUBJECTIVISTE adj. et n. Qui concerne ou qui professe le subjectivisme.

SUBJECTIVITÉ n. f. État, caractère de ce qui

est subjectif. ‖ Domaine de ce qui est subjectif.

SUBJONCTIF, IVE n. m. et adj. (bas lat. *subjunctivus*, subordonné). Mode du verbe indiquant qu'une action est conçue comme subordonnée à une autre, ou comme douteuse, possible, voulue.

SUBJUGUER [sybӡyge] v. t. (lat. *sub*, sous, et *jugum*, joug). Exercer un puissant ascendant sur, séduire : *subjuguer les esprits.*

SUBKILOTONNIQUE adj. Se dit d'une charge nucléaire dont les effets sont comparables à ceux que produit l'explosion d'une charge de trinitrotoluène inférieure à 1 000 tonnes.

SUBLIMATION n. f. Action de sublimer. ‖ *Psychanal.* Mécanisme de défense du Moi par lequel la pulsion sexuelle est dérivée vers des buts non sexuels, intellectuelles : socialement valorisés.

SUBLIME adj. (lat. *sublimis*, élevé dans les airs). Le plus haut, le plus élevé, en parlant des choses morales, intellectuelles : *éloquence sublime.* ‖ Très grand, noble dans ses actes, ses paroles, ses œuvres : *sublime dans son dévouement.*

SUBLIME n. m. Ce qu'il y a de plus élevé dans le style, les sentiments, etc.

SUBLIMÉ n. m. *Chim.* Corps volatilisé et recueilli à l'état solide. ● *Sublimé corrosif*, ou *sublimé*, chlorure mercurique HgCl₂ (substance caustique très toxique).

SUBLIMER v. t. (lat. *sublimare*, distiller les éléments volatils). *Litt.* Orienter une tendance, une passion vers une valeur sociale positive ou vers un intérêt moral. ‖ *Chim.* Faire passer directement de l'état solide à l'état gazeux. ◆ v. i. *Psychanal.* Se livrer à une sublimation.

SUBLIMINAL, E, AUX ou **SUBLIMINAIRE** adj. (lat. *sub*, à l'entrée de, et *limen*, seuil). *Psychol.* Syn. de INFRALIMINAIRE. ● *Perception subliminale*, perception d'un objet à la limite de sa reconnaissance par le sujet, en raison de l'éloignement, de l'éclairement, etc.

SUBLIMITÉ n. f. *Litt.* Qualité de ce qui est sublime : *la sublimité du style.*

SUBLINGUAL, E, AUX adj. (lat. *sub*, sous, et *lingua*, langue). Qui se trouve sous la langue.

SUBLUNAIRE adj. *Astron.* Qui est entre la Terre et l'orbite de la Lune.

SUBMERGER v. t. (lat. *sub*, sous, et *mergere*, plonger) [conj. 1]. Recouvrir complètement d'eau, inonder. ‖ Déborder, envahir complètement : *être submergé de travail.*

SUBMERSIBLE adj. Qui peut être submergé : *moteur submersible.*

SUBMERSIBLE n. m. Bâtiment de guerre capable de naviguer en plongée pour une durée limitée. Il est, au début du XXᵉ s., l'ancêtre du sous-marin. ‖ Engin d'exploration sous-marine.

SUBMERSION n. f. Action de submerger.

SUBODORER v. t. (lat. *subodorari*, flairer). *Fam.* Pressentir : *je subodore une intrigue.*

SUBORBITAL, E, AUX adj. Syn. de SOUS-ORBITAL, E, AUX.

SUBORDINATION n. f. Ordre établi entre les personnes, et qui rend les unes dépendantes des autres. ‖ Dépendance d'une chose par rapport à une autre. ‖ *Log.* Relation de l'espèce au genre.

SUBORDONNANT n. m. Syn. de CONJONC-TION DE SUBORDINATION.

SUBORDONNÉ, E adj. et n. Qui est soumis à un supérieur; qui dépend de qqn, de qqch. ● *Proposition subordonnée*, ou *subordonnée* n. f. (Log.), proposition qui complète le sens d'une autre, à laquelle elle est rattachée par une conjonction de subordination, par un pronom relatif ou interrogatif, ou par un adjectif ou un adverbe interrogatif, etc.

SUBORDONNER v. t. (lat. *sub*, sous, et *ordinare*, mettre en ordre). Mettre sous l'autorité de qqn d'autre. ‖ Faire dépendre de : *subordonner sa réponse à une nouvelle demande.*

SUBORNATION n. f. *Dr.* Action de suborner.

SUBORNER v. t. (lat. *subornare*, soudoyer). *Dr.* Porter à agir contre la loi.

SUBORNEUR, EUSE adj. et n. *Litt.* Qui emploie des promesses fallacieuses pour séduire.

SUBRÉCARGUE n. m. (esp. *sobrecargo*). *Mar.* Sur un navire affrété, représentant des chargeurs, dont il défend les intérêts.

SUBREPTICE [sybrɛptis] adj. (lat. *subreptum*, supin de *subripere*, dérober). Se dit de qqch qui se fait furtivement, d'une façon déloyale, illicite.

SUBREPTICEMENT adv. Clandestinement.

SUBROGATEUR adj. m. *Dr.* Relatif à une subrogation.

SUBROGATEUR n. m. *Dr.* Magistrat désigné pour en remplacer un autre en qualité de rapporteur.

SUBROGATIF, IVE adj. *Dr.* Qui exprime, qui constitue une subrogation.

SUBROGATION n. f. *Dr.* Substitution, dans un rapport juridique, d'une personne *(subrogation personnelle)* ou d'une chose *(subrogation réelle)* à une autre.

SUBROGATOIRE adj. *Dr.* Qui subroge.

SUBROGÉ, E adj. et n. *Subrogé tuteur* (Dr.), personne choisie par le conseil de famille pour surveiller le tuteur ou le suppléer.

SUBROGER v. t. (lat. *subrogare*, faire venir à la place de) [conj. 1]. *Dr.* Substituer qqn ou qqch par subrogation.

SUBSÉQUEMMENT adv. *Litt.* ou *Dr.* En conséquence.

SUBSÉQUENT, E adj. (lat. *subsequens*). *Dr.* Qui vient après. ‖ *Géogr.* Se dit d'un cours d'eau ou d'une dépression qui suivent le pied d'un relief monoclinal.

SUBSIDE n. m. (lat. *subsidium*, réserve, soutien). Somme d'argent versée à titre de secours, de subvention. ● *Action à fins de subsides* (Dr.), action réservée à l'enfant naturel dont la filiation n'est pas établie, intentée contre un père présumé.

SUBSIDENCE n. f. (lat. *subsidere*, tomber au fond). *Géol.* Lent mouvement d'affaissement d'une partie de l'écorce terrestre sous le poids des dépôts sédimentaires et sous l'action de déformations. ‖ *Météor.* Mouvement généralisé d'affaissement qui affecte une masse d'air.

SUBSIDIAIRE adj. (lat. *subsidium*, réserve). Donné accessoirement pour venir à l'appui de qqch de principal : *raison, question subsidiaire.* ‖ *Dr.* Destiné à suppléer autre chose.

SUBSISTANCE n. f. Nourriture et entretien : *contribuer à la subsistance de sa famille.* ● *Mise en subsistance*, rattachement administratif d'un militaire à une autre unité que la sienne. ◆ pl. Ensemble des vivres et des objets au moyen desquels on subsiste (vx). ● *Service des subsistances*, service de l'intendance militaire ayant pour mission de fournir ce qui est nécessaire à l'alimentation de la troupe.

SUBSISTANT, E n. Assuré social qui perçoit ses prestations de la caisse de sa résidence accidentelle. ‖ Militaire mis en subsistance.

SUBSISTER v. i. (lat. *subsistere*, durer). Exister encore, continuer d'être : *rien ne subsiste de son entreprise.* ‖ Pourvoir à ses besoins, à son entretien : *travailler pour subsister.*

SUBSONIQUE adj. Dont la vitesse est inférieure à celle du son. (Contr. SUPERSONIQUE.)

SUBSTANCE n. f. (lat. *substantia*; de *substare*, être dessous). Matière dont qqch est formé : *substance dure, molle.* ‖ Ce qu'il y a d'essentiel dans un ouvrage, dans un acte, etc. : *la substance d'un entretien.* ‖ *Litt.* Ce qu'il y a de meilleur, de plus nourrissant : *les plantes tirent leur substance de la terre.* ‖ *Philos.* Ce qu'il y a de permanent dans les choses qui changent. ● *En substance*, en ne retenant que l'essentiel, en résumé.

SUBSTANTIALISME n. m. Philosophie qui admet l'existence de la substance.

SUBSTANTIALISTE adj. et n. Qui concerne ou qui soutient le substantialisme.

SUBSTANTIALITÉ n. f. *Philos.* Caractère de ce qui est une substance.

SUBSTANTIEL, ELLE adj. Nourrissant : *repas substantiel.* ‖ Essentiel, capital : *extraire d'un livre ce qu'il y a de plus substantiel.* ‖ Important, considérable : *obtenir une augmentation substantielle.* ‖ *Philos.* Relatif à la substance (par oppos. à ACCIDENTEL).

SUBSTANTIELLEMENT adv. De façon substantielle.

SUBSTANTIF, IVE adj. Se dit d'un colorant capable de teindre le coton sans mordançage.

SUBSTANTIF n. m. (lat. *substantivum*). *Ling.* Syn. de NOM.

SUBSTANTIFIQUE adj. *La substantifique moelle* (Litt.), ce qu'il y a d'essentiel dans un écrit.

SUBSTANTIVATION n. f. *Ling.* Action de substantiver.

SUBSTANTIVEMENT adv. Comme substantif.

SUBSTANTIVER v. t. *Ling.* Donner à un mot la valeur, la fonction de substantif.

SUBSTITUER v. t. (lat. *sub*, sous, et *statuere*, placer). Mettre ou qqch à la place d'un autre : *substituer un mot à un autre.* ‖ *Dr.* Appeler qqn à hériter à la place d'un autre, avec mission de lui remettre plus tard l'héritage. ◆ **se substituer** v. pr. Prendre la place d'un autre.

SUBSTITUT n. m. Ce qui peut remplacer autre chose. ‖ *Dr.* Magistrat chargé de suppléer au parquet le procureur général ou le procureur de la République.

SUBSTITUTIF, IVE adj. Se dit de qqch qui peut servir de substitut à autre chose.

SUBSTITUTION n. f. Action de substituer. ‖ *Chim.* Réaction chimique dans laquelle un atome d'un composé est remplacé par un autre atome ou groupe d'atomes. ‖ *Écon.* Introduction d'une dose accrue d'un facteur de production pour compenser ou remplacer l'emploi d'un autre (substitution de capital au travail); introduction, dans les achats des consommateurs, de biens voisins remplaçant d'autres. ‖ *Math.* Permutation effectuée sur *n* éléments distincts; changement de variables dans une fonction de plusieurs variables; application biunivoque d'un ensemble fini sur lui-même. ‖ *Psychanal.* Remplacement d'un désir inconscient par un autre. ● *Pouvoir de substitution* (Dr.), possibilité, pour une autorité administrative de contrôle, d'agir à la place de l'autorité contrôlée. ‖ *Substitution vulgaire* (Dr.), disposition consistant à désigner la personne qui recevra un don ou un legs dans le cas où le légataire désigné en première ligne ne pourrait le recueillir.

SUBSTRAT n. m. (lat. *substratum;* de *substernere*, étendre sous). Ce qui sert de base à qqch; ce sur quoi s'exerce une action. ‖ *Philos.* Langue parlée jadis dans un pays et considérée dans son influence sur une langue différente parlée ensuite dans le même pays. ‖ *Techn.* Matériau sur lequel sont réalisés les éléments d'un circuit intégré.

SUBSTRATUM n. m. (mot lat.). *Géol.* Roche en place plus ou moins masquée par des dépôts superficiels.

SUBSTRUCTION ou **SUBSTRUCTURE** n. f. *Constr.* Partie basse d'un bâtiment détruit incluse dans les fondations d'un nouveau bâtiment.

SUBTERFUGE n. m. (bas lat. *subterfugere,* fuir en cachette). Moyen détourné pour se tirer d'embarras, échappatoire, ruse.

SUBTIL, E adj. (lat. *subtilis*, délié). Qui a de la finesse; ingénieux, perspicace : *un esprit subtil.* ‖ Qui exige beaucoup de finesse, de sagacité : *question subtile.*

SUBTILEMENT adv. De façon subtile.

SUBTILISATION n. f. Action de subtiliser.

SUBTILISER v. t. *Fam.* Dérober adroitement : *on lui a subtilisé sa bourse.* ◆ v. i. *Litt.* Penser, raisonner avec une finesse excessive.

SUBTILITÉ n. f. Caractère d'une personne, d'une chose subtile. ‖ Pensée, parole d'une finesse parfois excessive.

SUBTROPICAL, E, AUX adj. Situé sous les tropiques. ● *Climat subtropical,* climat chaud, à longue saison sèche.

SUBULÉ, E adj. (lat. *subula,* alène). *Hist. nat.* Terminé en pointe comme une alène.

SUBURBAIN, E adj. (lat. *suburbanus*). Qui est tout près de la ville.

SUBURBICAIRE adj. Se dit des sept évêchés contigus au diocèse de Rome.

SUBVENIR v. t. ind. [à]. (lat. *subvenire,* venir au secours) [conj. 16; auxil. *avoir*]. Procurer à qqn ce qui lui est nécessaire, pourvoir : *subvenir aux besoins de qqn.*

SUBVENTION n. f. (lat. *subventio,* aide). Somme versée à fonds perdus à un individu, à une association, à une école, etc., par l'État, une collectivité locale, une société ou un mécène.

SUBVENTIONNER v. t. Accorder une subvention à un organisme, une personne, etc. : *subventionner un théâtre, une industrie.*

SUBVERSIF, IVE adj. (lat. *subversum,* renversé). Propre à détruire, à renverser l'ordre établi : *propos subversifs.*

SUBVERSION n. f. Action de troubler, de renverser l'ordre établi.

SUC n. m. (lat. *sucus,* sève). Liquide organique susceptible d'être extrait des tissus animaux et végétaux. ‖ *Litt.* Ce qui existe de plus substantiel en fait de doctrine. ‖ *Biol.* Sécrétion organique contenant des enzymes.

SUCCÉDANÉ, E [syksedane] adj. et n. m. (lat. *succedaneus;* de *succedere,* remplacer). Se dit de tout produit qu'on peut substituer à un autre, ersatz.

SUCCÉDER v. t. ind. [à] (lat. *succedere*) [conj. 5]. Venir après, prendre la place de : *la nuit succède au jour.* ‖ Parvenir après un autre à un emploi, à une dignité, une charge. ‖ *Dr.* Recueillir une succession. ◆ **se succéder** v. pr. Succéder l'un à l'autre, venir l'un après l'autre, former une série : *les voitures se sont succédé toute la soirée sur l'autoroute.*

SUCCENTURIÉ, E adj. (lat. *succenturiatus,* qui remplace). *Ventricule succenturié* (Zool.), première partie de l'estomac des oiseaux.

SUCCÈS n. m. (lat. *successus*). Résultat heureux, réussite : *le succès d'une entreprise.* ‖ Approbation du public : *la pièce a eu du succès; le succès d'une mode.* ● *Auteur à succès,* écrivain qui plaît au plus grand nombre.

SUCCESSEUR n. m. Personne qui prend la suite d'une autre dans un état, une profession, ou dans ses droits ou obligations. ● *Successeur d'un entier naturel* (Math.), entier naturel *n* + 1 (généralement noté *n'*).

SUCCESSIBILITÉ n. f. *Dr.* Droit de succéder.

SUCCESSIBLE adj. *Dr.* Qui peut légitimement succéder.

SUCCESSIF, IVE adj. Qui se succède : *les générations successives.* ‖ *Dr.* Qui a rapport aux successions : *le droit successif.* ● *Contrat successif,* contrat où l'une des parties au moins s'engage à des prestations périodiques.

SUCCESSION n. f. (lat. *successio*). Suite, série de personnes ou de choses qui se succèdent sans interruption ou à peu d'intervalle : *succession de rois, d'idées.* ‖ Transmission légale à des personnes vivantes des biens et obligations d'une personne décédée. ‖ Biens qu'une personne laisse en mourant. ● *Droits de succession,* droits de mutation que les bénéficiaires d'une succession doivent verser à l'enregistrement. ‖ *Ordre de succession,* manière dont la loi règle les successions ab intestat suivant le degré de parenté des héritiers. ■ Il y a succession *ab intestat* lorsque le défunt est décédé sans avoir testé; ses biens vont alors à ses *héritiers,* qui sont classés en ordres appelés l'un après l'autre à la succession : 1° les descendants; 2° les ascendants et collatéraux privilégiés (père et mère d'une part, frères et sœurs et leurs descendants d'autre part); 3° les ascendants ordinaires; 4° le conjoint survivant; 5° les collatéraux ordinaires. Il y a succession *testamentaire* lorsque le défunt a fait un testament valable; les bénéficiaires sont des *légataires.* On appelle *succession vacante* celle que personne ne réclame, et *succession en déshérence* celle pour laquelle il n'existe ni légataire ni héritier au degré successible, et qui est alors dévolue à l'État.

SUCCESSIVEMENT adv. L'un après l'autre; par degrés successifs; tour à tour.

SUCCESSORAL, E, AUX adj. *Dr.* Relatif aux successions.

SUCCIN [syksɛ̃] n. m. (lat. *succinum*). Syn. de AMBRE JAUNE.

SUCCINCT, E [syksɛ̃, ɛt] adj. (lat. *succinctus,* court vêtu). Bref, concis, laconique : *récit succinct; être succinct dans ses réponses.* ‖ *Fam.* Peu abondant : *repas succinct.*

SUCCINCTEMENT adv. Brièvement.

SUCCINIQUE adj. Se dit d'un acide découvert dans le succin.

SUCCION [syksjɔ̃] n. f. (lat. *suctus;* de *sugere,* sucer). Action de sucer.

SUCCOMBER v. i. (lat. *succumbere*). Mourir : *le malade a succombé.* ‖ Perdre un combat, être vaincu. ‖ *Litt.* Être accablé sous un fardeau. ◆ v. t. ind. [à]. Ne pas résister, céder à : *succomber à la tentation.*

SUCCUBE n. m. et adj. Démon femelle qui, selon la tradition, séduit les hommes pendant leur sommeil (par oppos. à INCUBE).

SUCCULENCE n. f. Qualité d'un mets succulent.

SUCCULENT, E adj. (lat. *succulentus*). Qui a une saveur délicieuse, savoureux : *viande succulente.* ‖ *Bot.* Se dit d'une plante possédant des organes charnus et riches en eau.

SUCCURSALE n. f. (lat. *succurrere,* secourir). Établissement commercial ou financier dépendant d'un autre, bien que jouissant d'une certaine autonomie.

SUCCURSALISME n. m. Forme de commerce concentré disposant d'un réseau composé d'un grand nombre de petits magasins.

SUCCURSALISTE adj. et n. Relatif au succursalisme; qui en est partisan.

SUCCUSSION n. f. (lat. *succussio,* secousse). *Méd.* Exploration consistant à secouer le malade pour produire un bruit de flot thoracique ou stomacal.

SUCEMENT n. m. Action de sucer.

SUCER v. t. (lat. *sugere,* sucer) [conj. 1]. Aspirer avec la bouche un liquide, une substance; pratiquer sur qqch un mouvement d'aspiration : *sucer un bonbon, un crayon.* ‖ Tirer parti de qqn jusqu'à l'épuisement. ● *Sucer avec le lait* (Litt.), contracter, recevoir dès l'enfance.

SUCETTE n. f. Petite tétine de caoutchouc que l'on donne à sucer aux jeunes enfants. ‖ Bonbon en sucre cuit aromatisé, fixé à l'extrémité d'un bâtonnet.

SUCEUR, EUSE adj. et n. Qui suce.

SUÇOIR n. m. *Bot.* Organe fixant une plante parasite à son hôte et y prélevant la sève. ‖ *Zool.* Organe des insectes, propre à sucer.

SUÇON n. m. *Fam.* Marque qu'on fait à la peau en la suçant fortement.

SUÇOTER v. t. Sucer négligemment, du bout des lèvres.

SUCRAGE n. m. Action de sucrer.

SUCRANT, E adj. Qui sucre : *pouvoir sucrant.*

SUCRASE n. f. Syn. de INVERTASE.

SUCRE n. m. (it. *zucchero;* mot ar.). Aliment de saveur douce, cristallisé, extrait de la canne à sucre et de la betterave à sucre : *sucre en poudre* ou *sucre semoule, sucre en morceaux.* (Nom scientifique : *saccharose.*) ‖ Morceau de cet aliment. ‖ *Chim.* Syn. de GLUCIDE. ● *Casser du sucre sur le dos de qqn* (Fam.), dire du mal de lui. ‖ *Sirop de sucre,* dissolution concentrée de sucre. ‖ *Sucre glace,* sucre en poudre extrêmement fin obtenu par un broyage très poussé, employé surtout en pâtisserie. ■ Le sucre, que l'on obtenait autrefois uniquement à partir de la canne à sucre, s'extrait également de la betterave. Le suc, obtenu par la pression ou le râpage de la matière première, est successivement purifié au moyen de la chaux (défécation), concentré, filtré et cristallisé. Il est consommé après un raffinage qui le rend plus pur encore.

V. ill. page suivante

SUCRE n. m. Unité monétaire principale de l'Équateur.

SUCRÉ, E adj. Qui a le goût du sucre : *des*

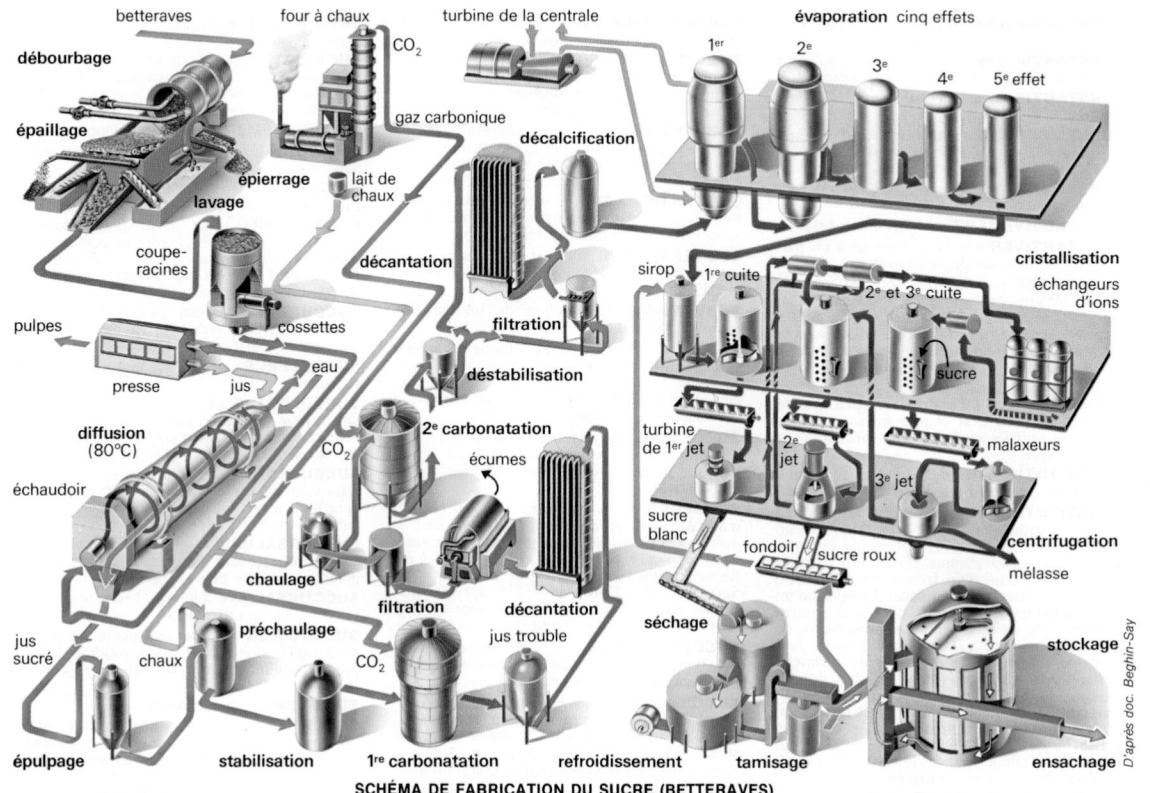

épaillage — **débourbage** — **four à chaux** — betteraves — CO₂ — turbine de la centrale — **évaporation** cinq effets

SCHÉMA DE FABRICATION DU SUCRE (BETTERAVES)

D'après doc. Beghin-Say

---

poires sucrées. ‖ Mielleux, d'une douceur affectée : *langage sucré.*

SUCRER v. t. Ajouter du sucre à un liquide, un aliment, adoucir avec du sucre : *sucrer son café.* ‖ *Pop.* Supprimer. ◆ **se sucrer** v. pr. *Pop.* Toucher, s'octroyer la plus large part.

SUCRERIE n. f. Usine où l'on fabrique le sucre. ◆ pl. Friandises préparées avec du sucre.

SUCRIER, ÈRE adj. Relatif à la production du sucre.

SUCRIER n. m. Récipient où l'on met du sucre. ‖ Fabricant de sucre; ouvrier qui travaille à la fabrication du sucre.

SUCRINE n. f. Variété de laitue, proche de la romaine.

SUD n. m. et adj. inv. (anc. angl. *suth*). Celui des quatre points cardinaux qui est opposé au nord. ‖ Pays ou partie d'un pays situé au sud. (En ce sens, prend une majuscule.)

SUD-AFRICAIN, E adj. et n. (pl. *sud-africains*). De la république d'Afrique du Sud.

SUD-AMÉRICAIN, E adj. et n. (pl. *sud-américains*). De l'Amérique du Sud.

SUDARABIQUE adj. et n. m. Se dit d'une langue sémitique proche de l'arabe.

SUDATION n. f. (lat. *sudatio*). Production de sueur physiologique ou artificielle. ‖ *Bot.* Rejet d'eau sous forme liquide par les feuilles.

SUDATOIRE adj. Accompagné de sueur.

SUD-CORÉEN, ENNE adj. et n. (pl. *sud-coréens*). De la Corée du Sud.

SUD-EST n. m. et adj. inv. Point de l'horizon ou région situés entre le sud et l'est.

SUDISTE n. et adj. Partisan des États du Sud, dans la guerre de Sécession (1861-1865).

SUDORAL, E, AUX adj. Relatif à la sueur.

SUDORIFIQUE adj. et n. m. Qui provoque la sudation.

SUDORIPARE ou **SUDORIFÈRE** adj. Qui produit ou conduit la sueur.

SUD-OUEST n. m. et adj. inv. Point de l'horizon ou région situés entre le sud et l'ouest.

SUÈDE n. m. (de la *Suède,* n. de pays). Peau de gant dont le côté chair est à l'extérieur.

SUÉDÉ, E adj. Se dit d'un tissu ayant été traité aux apprêts pour lui donner l'aspect du suède.

SUÉDINE n. f. Tissu de coton qui rappelle le suède.

SUÉDOIS, E adj. et n. De Suède.

SUÉDOIS n. m. Langue nordique parlée principalement en Suède.

SUÉE n. f. *Fam.* Transpiration abondante à la suite d'un travail pénible, d'une émotion.

SUER v. i. (lat. *sudare*). Sécréter par les pores de la peau un liquide appelé sueur. ‖ Suinter : *les murs suent par les temps humides.* ‖ Se donner beaucoup de peine, de fatigue : *il a sué pour rédiger cet exposé.* ◆ *Faire suer* (Cuis.), faire rendre son jus à une viande ou à un légume, à feu doux dans un ustensile fermé. ‖ *Faire suer qqn* (Fam.), le fatiguer, l'exaspérer. ‖ *Se faire suer* (Fam.), s'ennuyer. ◆ v. t. *Litt.* Exhaler : *suer l'ennui.* ◆ *Suer sang et eau* (Fam.), se donner une peine extrême.

SUEUR n. f. (lat. *sudor*). Sécrétion aqueuse, contenant un peu de chlorure de sodium et d'urée, formée par les glandes sudoripares et émise par les pores de la peau. ‖ *Litt.* Travail pénible : *vivre de la sueur du peuple.* ◆ *À la sueur de son front,* par un travail pénible et persévérant. ‖ *Sueurs froides,* vif sentiment d'inquiétude.

SUFFÈTE n. m. (mot punique). Nom des magistrats suprêmes de Carthage.

SUFFIRE v. t. ind. [**à**] (lat. *sufficere,* fournir) [conj. **67**]. Être capable de fournir le nécessaire, pouvoir satisfaire à : *suffire à ses obligations.* ‖

Être en assez grande quantité pour : *cette somme me suffira.* ◆ *Cela suffit, il suffit, suffit!,* c'est assez! ‖ *Il suffit de,* il n'est besoin que de. ‖ *Il suffit que,* c'est assez que. ◆ **se suffire** v. pr. N'avoir pas besoin du secours des autres.

SUFFISAMMENT adv. De manière suffisante.

SUFFISANCE n. f. Présomption dans les manières, dans le ton; satisfaction de soi. ◆ *En suffisance* (Litt.), suffisamment.

SUFFISANT, E adj. Qui est en quantité assez grande : *somme suffisante.* ◆ adj. et n. *Péjor.* Qui est excessivement satisfait de soi-même, fat, vaniteux.

SUFFIXAL, E, AUX adj. Relatif aux suffixes.

SUFFIXATION n. f. Dérivation par des suffixes.

SUFFIXE n. m. (lat. *suffixus,* fixé sous). *Ling.* Élément qui, ajouté après la racine d'un mot, en modifie la forme et le sens.

SUFFIXER v. t. Pourvoir d'un suffixe.

SUFFOCANT, E adj. Qui suffoque.

SUFFOCATION n. f. Le fait de suffoquer.

SUFFOQUER v. t. (lat. *suffocare,* étouffer). Étouffer, faire perdre la respiration. ‖ Causer une émotion violente, estomaquer. ◆ v. i. Perdre le souffle, la respiration : *suffoquer de colère.*

SUFFRAGANT adj. et n. m. (lat. *suffragans,* qui seconde). *Relig.* Se dit des évêques dépendant de l'archevêque.

SUFFRAGE n. m. (lat. *suffragium*). Vote, voix donnés en matière d'élection : *refuser son suffrage.* ‖ *Litt.* Approbation : *enlever tous les suffrages du public.* ◆ *Suffrage direct,* système dans lequel l'électeur vote lui-même pour le candidat à élire. ‖ *Suffrage indirect,* système dans lequel le candidat qu'il faut élire est élu par les membres du corps élus ou par des délégués élus par le corps électoral. ‖ *Suffrage universel,* système dans lequel le corps électoral est constitué par tous les citoyens (en France,

884

les hommes et les femmes majeurs justifiant de la nationalité française et d'une résidence dans la commune) qui n'ont pas été privés de leurs droits politiques à la suite d'une condamnation de droit commun.

SUFFRAGETTE n. f. *Hist.* Nom donné en Angleterre aux militantes qui réclamaient pour les femmes le droit de voter.

SUFFUSION n. f. (lat. *suffusio*). *Méd.* Infiltration d'un liquide organique sous la peau.

ŞÛFI n. m. → SOUFI.

SUGGÉRER v. t. (lat. *suggerere*, procurer) [conj. 5]. Inspirer à qqn un acte, une idée, une image : *suggérer une solution.*

SUGGESTIBILITÉ n. f. Caractère suggestible.

SUGGESTIBLE adj. *Psychol.* Se dit d'un sujet qui se soumet facilement aux suggestions.

SUGGESTIF, IVE adj. (angl. *suggestive*). Qui produit une suggestion, évocateur. || Qui inspire des idées érotiques.

SUGGESTION n. f. Action de suggérer, conseil : *faire une suggestion.* || Processus psychique consistant à penser ou à agir sous l'influence d'une autre personne.

SUGGESTIONNER v. t. Exercer une suggestion chez un sujet, influencer.

SUGGESTIVITÉ n. f. Caractère de ce qui est suggestif.

SUICIDAIRE adj. et n. Qui tend vers le suicide, l'échec; qui semble prédisposé au suicide : *comportement suicidaire.*

SUICIDE n. m. (lat. *sui*, de soi, et *caedere*, tuer). Action de se donner soi-même la mort. (Syn. AUTOLYSE.) || Action de se détruire ou de se nuire gravement. ◆ adj. Qui comporte des risques mortels : *opération suicide.*

SUICIDÉ, E adj. et n. Qui s'est donné la mort.

SUICIDER (SE) v. pr. Se donner volontairement la mort. || Se nuire à soi-même.

SUIDÉ n. m. (lat. *sus*, porc). Mammifère ongulé à quatre doigts par patte et à fortes canines, tel que le *porc*, le *sanglier*, le *pécari*. (Les *suidés* forment une famille de l'ordre des porcins.)

SUIE n. f. (mot gaul.). Matière noire et épaisse, que la fumée dépose à la surface des corps mis en contact avec elle.

SUIF n. m. (lat. *sebum*). Nom donné en boucherie à une partie de la graisse des ruminants.

SUIFFER v. t. Enduire de suif.

SUIFFEUX, EUSE adj. De la nature du suif.

SUI GENERIS [sɥiʒeneris] loc. adj. (mots lat., *de son espèce*). *Ironiq.* Se dit de ce qui caractérise qqch : *une odeur sui generis.*

SUINT [sɥɛ̃] n. m. (de *suer*). Graisse qui imprègne la toison des moutons.

SUINTANT, E adj. Qui suinte.

SUINTEMENT n. m. Action de suinter.

SUINTER v. i. S'écouler, sortir presque insensiblement (en parlant des liquides) : *l'eau suinte à travers les roches.* || Laisser s'écouler un liquide : *ce mur suinte.* || Transparaître, se dégager : *l'ennui suinte dans ce bureau.*

SUINTINE n. f. Produit préparé à partir des graisses obtenues lors du lavage des toisons des moutons.

SUISSE, SUISSESSE adj. et n. De la Suisse. ● *Cent-suisses, garde suisse, régiments suisses,* noms donnés en France, du XVᵉ s. à 1830, à des unités de soldats suisses en service dans l'armée royale. (Du XVᵉ au XIXᵉ s., de nombreux soldats suisses servirent en corps dans les armées étrangères, et surtout en France. Il existe encore une garde suisse pontificale, qui fut créée en 1506.)

SUISSE n. m. Portier d'une grande maison (vx). || Employé d'église chargé d'assurer l'ordre. || Au Canada, écureuil rayé. ● *Boire, manger en suisse,* tout seul, sans inviter personne.

SUITE n. f. (lat. *secutus*, ayant suivi). Série de choses rangées les unes à côté des autres : *suite de mots.* || Ce qui vient après une chose déjà connue : *pour comprendre ce passage, il faut lire la suite.* || Continuation d'une œuvre écrite : *la suite d'un roman.* || Succession, enchaînement de faits qui se suivent. || Conséquence, résultat :

cette affaire aura des suites graves. || Ordre, liaison, logique : *raisonnements sans suite.* || Ensemble des personnes qui accompagnent un haut personnage. || Collection d'objets de même nature : *une suite d'estampes.* || Dans un grand hôtel, série de pièces contiguës constituant un véritable appartement. || *Math.* Ensemble d'éléments classés dans un ordre déterminé. || *Mus.* Série de pièces instrumentales écrites dans le même ton et relevant de la danse. ● *À la suite de,* après; derrière. || *Avoir de la suite dans les idées,* être persévérant, opiniâtre. || *De suite,* sans interruption : *faire dix kilomètres de suite; (Fam.) tout de suite : j'arrive de suite.* || *Donner suite à qqch,* le continuer. || *Droit de suite,* droit d'un créancier hypothécaire de saisir l'immeuble hypothéqué, même s'il n'appartient plus à son débiteur; droit accordé à un artiste d'effectuer un prélèvement sur le produit de la vente publique de ses œuvres; droit que s'arroge un belligérant de poursuivre des unités sur le territoire d'un État voisin où elles se sont réfugiées. || *Esprit de suite,* persévérance dans les idées. || *Et ainsi de suite,* et de même en continuant. || *Par la suite,* dans la période postérieure, plus tard. || *Par suite (de),* par une conséquence naturelle ou logique (de). || *Sans suite,* incohérent, incompréhensible; se dit d'un objet dont l'approvisionnement n'est plus renouvelé. || *Tout de suite,* immédiatement, sans délai.

SUITÉE adj. f. Se dit d'une femelle, partic. d'une jument, suivie de son petit.

SUIVANT, E adj. Qui est après : *au chapitre suivant.* ◆ n. Celui ou celle qui accompagne, escorte, notamment dans les pièces de théâtre.

SUIVANT prép. Selon une ligne donnée : *marcher suivant l'axe d'une vallée.* || À proportion de; en fonction de; conformément à : *suivant sa force; suivant les cas; suivant son habitude.* ◆ loc. conj. *Suivant que,* selon que : *suivant qu'on a ajouté ou non un élément...*

SUIVEUR n. m. Celui qui suit une course cycliste. || Dispositif composé d'un détecteur et d'un appareil permettant de commander l'orientation d'un autre appareil ou de l'engin spatial sur lequel il est placé. || Celui qui suit au lieu de diriger, d'innover.

SUIVI, E adj. Qui a lieu de manière continue : *relations suivies.* || Où il y a de la liaison, cohérent : *raisonnement bien suivi.* || Fréquenté : *cours suivi.* || Se dit d'un objet qui continue à être vendu.

SUIVI n. m. Opération permettant de surveiller la mise en œuvre d'un processus.

SUIVISME n. m. Attitude de celui qui s'aligne sur un parti politique, un syndicat, sans faire preuve d'esprit critique.

SUIVISTE n. et adj. Qui relève du suivisme.

SUIVRE v. t. (lat. *sequi*) [conj. 56]. Aller, venir, être après; accompagner : *suivre qqn pas à pas.* || Marcher derrière pour surveiller; épier : *suivre un malfaiteur.* || Aller dans une direction déterminée : *suivre la lisière d'un bois.* || Se conformer à, imiter : *suivre la mode; un exemple à suivre.* || Penser, agir comme qqn : *tous vous suivront.* || S'intéresser à, s'adonner à : *suivre l'actualité, un match à la télévision; suivre un élève, un malade.* || Venir après (dans le temps) : *les bagages suivront.* || Comprendre : *suivre un raisonnement.* ● *À suivre,* formule indiquant que le récit n'est pas terminé. || *Faire suivre,* formule mise sur les lettres pour indiquer, en cas d'absence du destinataire, de les lui envoyer à sa nouvelle adresse. || *Suivre une affaire,* s'en occuper sérieusement. || *Suivre un cours,* y assister assidûment. || *Suivre ses goûts,* s'y abandonner. || *Suivre une méthode,* la pratiquer. || *Suivre un raisonnement,* le comprendre. ◆ v. impers. Résulter : *il suit de là que...* ◆ v. i. Au poker, miser afin de pouvoir rester dans le jeu. ◆ **se suivre** v. pr. Se succéder : *les jours se suivent.* || Être placé l'un après l'autre dans un ordre régulier : *numéros qui se suivent.* || S'enchaîner : *ces raisonnements se suivent.*

SUJET n. m. (lat. *subjectum*, ce qui est subordonné). Cause, occasion, motif d'une action, d'un sentiment : *quel est le sujet de votre dispute?* || Matière sur laquelle on parle, on écrit, on compose : *le sujet d'une conversation;*

sujet d'examen, de film. || Être vivant sur lequel on fait des observations. || *Chorégr.* Troisième échelon de la hiérarchie du corps de ballet de l'Opéra de Paris. (Avant 1963, on distinguait les *petits* et les *grands sujets.*) || *Ling.* Fonction grammaticale du groupe nominal qui donne ses marques de nombre, de personne, etc., au verbe. || *Log.* Dans une proposition, ce à quoi se rapportent les propriétés. || *Mus.* Thème principal d'une fugue. || *Philos.* Esprit qui connaît par rapport à l'objet qui est connu; conscience libre donatrice de sens utilisée comme le principe explicatif dernier de tout fait humain; individu qui est le support d'une expérience, d'une action, d'un droit, d'une connaissance. ● *Au sujet de,* relativement à. || *Avoir sujet de,* avoir un motif légitime de. || *Être plein de son sujet,* en être pénétré. || *Mauvais sujet,* personne méchante et vicieuse. || *Sujet de droit,* personne titulaire de droits et d'obligations.

SUJET, ETTE adj. (lat. *subjectus*, soumis). Exposé à éprouver certaines maladies, certains inconvénients : *sujet à la migraine.* || Porté à, enclin à, susceptible de : *sujet à s'enivrer.* ● *Sujet à caution,* à qui on ne peut se fier.

SUJET, ETTE n. Personne qui est soumise à l'autorité d'un souverain.

SUJÉTION n. f. Dépendance, état de celui qui est soumis à un pouvoir, à une domination : *vivre dans la sujétion.* || Contrainte, assujettissement à une nécessité : *certaines habitudes deviennent des sujétions.*

SULCIFORME adj. En forme de sillon.

SULFACIDE n. m. Composé dérivant d'un oxacide par substitution du soufre à l'oxygène. (Syn. THIOACIDE.)

SULFAMIDE [sylfamid] n. m. Nom générique de composés organiques azotés et soufrés, bases de plusieurs groupes de médicaments anti-infectieux (bacilles et microcoques), antidiabétiques et diurétiques.

SULFATAGE n. m. Épandage sur les végétaux d'une solution de sulfate de cuivre ou de sulfate de fer pour combattre les maladies cryptogamiques.

SULFATATION n. f. Formation d'une couche de sulfate sur le béton, les bornes d'un accumulateur, etc.

SULFATE n. m. Sel de l'acide sulfurique.

SULFATÉ, E adj. Qui renferme un sulfate.

SULFATER v. t. Opérer le sulfatage de.

SULFATEUSE n. f. Machine servant à sulfater. || *Pop.* Mitraillette.

SULFHYDRILE n. m. Radical —SH.

SULFHYDRIQUE adj. m. (lat. *sulfur*, soufre, et gr. *hudôr*, eau). Se dit d'un acide (H_2S) formé de soufre et d'hydrogène, gaz incolore, très toxique, à odeur d'œuf pourri, produit par la décomposition des matières organiques. (Syn. HYDROGÈNE SULFURÉ.)

SULFINISATION n. f. Cémentation au soufre.

SULFITAGE n. m. Emploi de l'anhydride sulfureux (comme désinfectant, décolorant, producteur de froid, etc.), fréquent en vinification.

SULFITE n. m. *Chim.* Sel de l'acide sulfureux.

SULFONATION n. f. Réaction de substitution d'un ou plusieurs groupements SO_3H à un ou plusieurs atomes d'hydrogène d'un composé organique.

SULFONÉ, E adj. Se dit de composés benzéniques (appelés aussi ACIDES SULFONIQUES) contenant le radical SO_3H fixé à un atome de carbone.

SULFOVINIQUE adj. Se dit d'un acide obtenu par l'action de l'acide sulfurique sur l'alcool. (Syn. ÉTHYLSULFURIQUE.)

SULFURAGE n. m. Action de sulfurer.

SULFURE n. m. (lat. *sulfur*, soufre). *Chim.* Combinaison du soufre et d'un élément. (Le sulfure de carbone CS_2 est utilisé pour vulcaniser le caoutchouc, extraire le parfum des plantes, dégraisser les draps, etc., et aussi comme insecticide [sulfurage]. || Sel de l'acide sulfhydrique. || Objet en cristal décoré dans la masse.

SULFURÉ, E adj. À l'état de sulfure. ● *Hydrogène sulfuré,* syn. de ACIDE SULFHYDRIQUE.

SULFURER v. t. Combiner avec le soufre. ‖ *Agric.* Introduire dans le sol du sulfure de carbone pour détruire les insectes.

SULFUREUX, EUSE adj. *Chim.* Qui a la nature du soufre, qui contient une combinaison du soufre. ● *Acide sulfureux*, composé H_2SO_3 non isolé, mais existant en solution. ‖ *Anhydride sulfureux*, composé oxygéné SO_2 dérivé du soufre. (C'est un gaz incolore, suffocant, employé comme décolorant et désinfectant.)

SULFURIQUE adj. *Acide sulfurique*, acide oxygéné (H_2SO_4) dérivé du soufre, corrosif violent. (Il sert à la fabrication de nombreux acides, des sulfates et aluns, des superphosphates, du glucose, d'explosifs et de colorants, etc.)

SULFURISÉ, E adj. Se dit du papier traité par l'acide sulfurique.

SULKY [sylki] n. m. (mot angl.). Voiture très légère, sans caisse, à deux roues, utilisée pour les courses de trot attelé.

SULPICIEN, ENNE adj. et n. m. Qui appartient à la Compagnie des prêtres de Saint-Sulpice. ◆ adj. *Péjor.* Se dit des objets d'art religieux vendus dans le quartier de Saint-Sulpice à Paris.

SULPIRIDE n. m. Médicament régulateur du cerveau végétatif et antidépresseur.

SULTAN n. m. (mot ar.). *Hist.* Dans les pays musulmans, détenteur de l'autorité.

SULTANAT n. m. Dignité, règne d'un sultan; État placé sous l'autorité d'un sultan.

SULTANE n. f. Épouse du sultan.

sumac

sulky

SUMAC [symak] n. m. (mot ar.). Arbre des régions chaudes, fournissant des vernis, des laques, des tanins. (Le *fustet* est un sumac ornemental. Famille des anacardiacées.)

SUMÉRIEN, ENNE adj. Relatif à Sumer, aux Sumériens.

SUMÉRIEN n. m. Langue ancienne, parlée du sud de Babylone au golfe Persique, écrite en caractères cunéiformes.

SUMMUM [sɔmmɔm] n. m. (mot lat.). Le plus haut degré : *être au summum de la célébrité.*

SUMÔ [sumo] n. m. Sorte de lutte japonaise.

SUNLIGHT [sœnlajt] n. m. (mot angl., *lumière du soleil*). Fort projecteur pour prises de vues cinématographiques.

SUNNA [suna] n. f. (mot ar.). Ensemble des paroles et actions de Mahomet et de la tradition (*ḥadīth*) qui les rapporte.

SUNNISME n. m. Courant majoritaire de l'islām, qui s'appuie sur la sunna et le consensus communautaire qu'elle suscite.

SUNNITE n. et adj. Musulman appartenant au sunnisme.

SUPER adj. inv. *Fam.* Supérieur, formidable.

SUPER n. m. Abrév. fam. de SUPERCARBURANT.

SUPERALLIAGE n. m. Alliage de composition complexe, ayant une bonne tenue à haute température et utilisé pour la fabrication de pièces mécaniques réfractaires.

SUPERBE adj. (lat. *superbus*, orgueilleux). D'une beauté éclatante.

SUPERBE n. f. *Litt.* Orgueil.

SUPERBEMENT adv. Magnifiquement.

SUPERBÉNÉFICE n. m. Bénéfice très élevé.

SUPERBOMBE n. f. Bombe de très grande puissance.

SUPERCARBURANT n. m. Essence de qualité supérieure, à indice d'octane qui avoisine et parfois dépasse 100. (Syn. SUPER.)

SUPERCHAMPION, ONNE n. Champion qui a remporté de nombreuses victoires.

SUPERCHERIE n. f. (it. *soperchieria*, excès). Tromperie calculée, fraude.

SUPERCIMENT n. m. Ciment Portland artificiel à très hautes résistances initiale et finale.

SUPERCRITIQUE adj. Se dit d'un profil d'aile d'avion permettant de voler, sans augmentation importante de traînée, au voisinage immédiat de la vitesse du son.

SUPÈRE adj. *Bot.* Se dit d'un ovaire situé au-dessus du point d'insertion des sépales, pétales et étamines, comme chez la tulipe, le coquelicot. (Contr. INFÈRE.)

SUPÉRETTE n. f. Magasin de vente en libre-service, de petite taille.

SUPERFÉTATOIRE adj. (lat. *superfetare*, s'ajouter). *Litt.* Qui s'ajoute inutilement.

SUPERFICIE n. f. (lat. *superficies*, surface). Étendue d'une surface. ‖ Apparence, aspect extérieur : *s'arrêter à la superficie.* ● *Droit de superficie*, droit réel exercé, durant la durée du bail, par le locataire sur les constructions qu'il a édifiées sur le terrain du bailleur.

SUPERFICIEL, ELLE adj. Qui n'existe qu'à la superficie : *plaie superficielle.* ‖ Qui ne va pas au fond des choses; incomplet, non approfondi : *esprit superficiel; connaissances superficielles.* ‖ *Phys.* Relatif à la surface d'un solide ou d'un liquide. ● *Densité superficielle* (Mécan.), densité d'une plaque infiniment mince.

SUPERFICIELLEMENT adv. De façon superficielle.

SUPERFIN, E adj. Syn. de SURFIN.

SUPERFINITION n. f. *Mécan.* Opération qui consiste, sur une surface métallique, à faire disparaître la couche superficielle de métal amorphe décarburé, due à l'action de l'outil.

SUPERFLU, E adj. et n. m. (lat. *superfluere*, déborder). De trop, inutile : *ornement superflu; regrets superflus; se passer du superflu.*

SUPERFLUIDE adj. Doué de superfluidité.

SUPERFLUIDITÉ n. f. Abaissement considérable de la viscosité de l'hélium 4 liquide au-dessous de 2,17 K.

SUPERFLUITÉ n. f. *Litt.* Chose superflue.

SUPERFORTERESSE n. f. → FORTERESSE.

SUPERGRAND n. m. *Fam.* Une des superpuissances.

SUPERHÉTÉRODYNE n. m. et adj. Récepteur radioélectrique dans lequel les oscillations électriques engendrées dans l'antenne sont superposées à celles d'un oscillateur local pour donner lieu à des oscillations d'une fréquence constante qui peuvent être amplifiées et filtrées.

SUPER-HUIT n. m. et adj. inv. *Cin.* Format de film amateur, supérieur au modèle courant de huit millimètres. (On écrit aussi SUPER-8.)

SUPÉRIEUR, E adj. (lat. *superior*). Qui est situé au-dessus (par oppos. à INFÉRIEUR) : *étage supérieur.* ‖ Plus grand que, qui atteint un degré plus élevé : *température supérieure à la normale.* ‖ Qui surpasse les autres en dignité, en mérite, en force, en rang, en qualité, etc. ‖ Qui témoigne d'un sentiment de supériorité : *air supérieur.* ‖ Se dit de la partie d'un fleuve plus rapprochée de la source. ‖ *Hist. nat.* Plus avancé dans l'évolution. ● *Être supérieur aux événements*, les subir avec courage.

SUPÉRIEUR, E n. Personne qui commande à d'autres en vertu d'une hiérarchie. ‖ Personne qui dirige une communauté religieuse.

SUPÉRIEUREMENT adv. De façon supérieure : *être supérieurement doué.*

SUPÉRIORITÉ n. f. État d'une personne, d'une chose qui est au-dessus des autres par quelque qualité. ● *Supériorité aérienne, navale* (Mil.), état d'un parti qui, à un moment et en un lieu donnés, dispose des moyens capables de surclasser l'adversaire.

SUPERLATIF n. m. (lat. *superlatum*, ce qui est porté au-dessus). *Ling.* Degré de signification qui exprime une qualité portée à un très haut degré (*superlatif absolu*), à un plus haut degré (*superlatif relatif de supériorité*) ou à un moins haut degré (*superlatif relatif d'infériorité*). [Ex. : *très grand; le plus grand; le moins grand.*]

SUPERMAN [sypɛrman] n. m. (mot angl. d'un héros de bande dessinée) [pl. *supermen*]. Personnage fantastique doué de pouvoirs surhumains. ‖ *Ironiq.* Homme supérieur, surhomme.

SUPERMARCHÉ n. m. Magasin de grande surface (400 à 2500 m²) offrant des produits vendus en libre-service.

SUPERNOVA [sypɛrnɔva] n. f. (pl. *supernovae*). *Astron.* Étoile qui acquiert soudain un éclat considérablement plus élevé, puis faiblit graduellement. (L'explosion d'une supernova se distingue de celle d'une nova par son ampleur bien plus importante : c'est l'étoile tout entière, et non plus seulement son enveloppe, qui est affectée. Ce phénomène est caractéristique des étoiles très massives à la fin de leur vie.)

SUPERORDRE n. m. *Hist. nat.* Niveau de classification des êtres vivants, qui se situe entre la classe et l'ordre.

SUPEROVARIÉ, E adj. *Bot.* Se dit d'une plante dont l'ovaire est supère.

SUPERPHOSPHATE n. m. Produit obtenu par traitement du phosphate tricalcique par l'acide sulfurique, et utilisé comme engrais.

SUPERPLASTICITÉ n. f. Propriété que possèdent certains matériaux, dans des conditions particulières, de subir des déformations importantes (200 à 2000 p. 100) sans rupture.

SUPERPLASTIQUE adj. Qui possède la propriété de superplasticité.

SUPERPOSABLE adj. Qui peut être superposé.

SUPERPOSER v. t. Poser l'un au-dessus de l'autre. ◆ se superposer v. pr. [à]. S'ajouter.

SUPERPOSITION n. f. Action de superposer, de se superposer; ensemble de choses superposées.

SUPERPRODUCTION n. f. Film produit et lancé à grands frais.

SUPERPROFIT n. m. Profit particulièrement important.

SUPERPUISSANCE n. f. Une des deux grandes puissances mondiales, les États-Unis ou l'U.R.S.S.

SUPERSONIQUE adj. Dont la vitesse est supérieure à celle du son. ‖ Relatif aux vitesses supérieures à celle du son.

SUPERSTAR n. f. Vedette très célèbre.

SUPERSTITIEUSEMENT adv. De façon superstitieuse.

SUPERSTITIEUX, EUSE adj. et n. Qui a de la superstition. ◆ adj. Où il y a de la superstition : *crainte superstitieuse.*

SUPERSTITION n. f. (lat. *superstitio*, croyance). Déviation du sentiment religieux, fondée sur la crainte ou l'ignorance, et qui prête un caractère sacré à certaines pratiques, obli-

F. Varin

gations, etc. ‖ Croyance à divers présages tirés d'événements fortuits (comme une salière renversée, du nombre treize, etc.). ‖ Attachement excessif : *avoir la superstition du passé.*

SUPERSTRUCTURE n. f. Tout ce qui se superpose à qqch qui lui sert de base. ‖ Construction élevée sur une autre; ensemble des travaux exécutés par-dessus les terrassements et les ouvrages d'art, et qui concerne particulièrement l'établissement d'une voie ferrée. ‖ Construction placée sur le pont supérieur, faisant corps avec la coque et s'étendant sur toute la largeur du navire. ‖ Ensemble de l'appareil d'État et des formes juridiques, politiques, idéologiques et culturelles d'une société (par oppos. à l'INFRASTRUCTURE.)

SUPERTANKER n. m. Navire-citerne de port en lourd égal ou supérieur à 100 000 t.

SUPERVISER v. t. Contrôler et réviser un travail fait, sans entrer dans le détail.

SUPERVISEUR n. m. Personne qui supervise. ‖ *Inform.* Programme chargé, dans un système d'exploitation, de contrôler l'enchaînement et la gestion des processus.

SUPERVISION n. f. Action de superviser.

SUPIN n. m. (lat. *supinus*, tourné en arrière). *Ling.* Forme nominale du verbe latin.

SUPINATEUR adj. et n. m. (lat. *supinus*, renversé sur le dos). *Anat.* Se dit des muscles déterminant la supination.

SUPINATION n. f. Mouvement de l'avant-bras plaçant la main, la paume en avant et le pouce à l'extérieur; position de la main après ce mouvement. (Contr. PRONATION.)

SUPPLANTER v. t. (lat. *supplantare*, renverser par un croc-en-jambe). Prendre la place de qqn, auprès d'une autre personne, l'évincer pour se substituer à lui : *supplanter un rival.* ‖ Éliminer qqch : *mot qui en supplante un autre.*

SUPPLÉANCE n. f. Fait d'être suppléant.

SUPPLÉANT, E adj. et n. Qui supplée, qui remplace qqn dans ses fonctions sans être titulaire.

SUPPLÉER v. t. (lat. *supplere*, remplir). *Litt.* Ajouter ce qui manque; compléter. ‖ Remplacer dans ses fonctions : *suppléer un professeur.* ◆ v. t. ind. [**à**]. Remédier au manque de qqch : *la valeur suppléée au nombre.*

SUPPLÉMENT n. m. (lat. *supplementum*). Ce qui s'ajoute à qqch pour le compléter, l'améliorer, etc. ‖ Billet que délivre un contrôleur de chemin de fer, de théâtre, etc., pour constater que l'on a payé une somme supplémentaire. ● *Supplément d'un angle* (Math.), ce qui lui manque pour valoir 180 degrés.

SUPPLÉMENTAIRE adj. Qui sert de supplément, qui constitue un supplément, fait en supplément : *heures supplémentaires.* ● *Angle supplémentaire* (Math.), angle qui, ajouté à un autre, forme avec lui une somme égale à deux angles droits. ‖ *Lignes supplémentaires* (Mus.), petites lignes tracées au-dessus ou au-dessous de la portée, sur ou entre lesquelles viennent se placer les notes.

SUPPLÉTIF, IVE adj. et n. m. (lat. *supplere*, remplir). Se dit de militaires autochtones engagés temporairement en complément de troupes régulières. ◆ adj. Qui complète, supplée.

SUPPLÉTOIRE adj. *Dr.* Se dit d'un serment déféré par le juge à une des parties, pour suppléer à l'insuffisance des preuves.

SUPPLIANT, E adj. et n. Qui supplie, implore.

SUPPLICATION n. f. Prière faite avec instance et soumission.

SUPPLICE n. m. (lat. *supplicium*). Souffrances physiques qu'on fait subir à une victime. ‖ Violente douleur physique. ‖ Ce qui cause une forte peine, une souffrance morale : *sa vue est pour moi un supplice.* ‖ *Hist.* Punition corporelle qui était ordonnée par la justice : *le supplice de la roue.* ‖ Être au supplice, éprouver une souffrance morale. ‖ *Le dernier supplice* (Litt.), la peine de mort. ‖ *Supplice de Tantale,* tourment de celui qui ne peut atteindre une chose qu'il désire vivement.

SUPPLICIÉ, E n. Personne qui subit ou a subi un supplice.

SUPPLICIER v. t. Faire subir la torture ou la peine de mort. ‖ *Litt.* Faire souffrir.

SUPPLIER v. t. (lat. *supplicare*). Demander avec insistance et humilité, de manière pressante : *je vous supplie de me croire; laissez-moi partir, je vous en supplie.*

SUPPLIQUE n. f. (it. *supplica*). Requête écrite pour demander une grâce, une faveur.

SUPPORT n. m. Ce qui supporte; appui ou soutien de qqch. ‖ *Hérald.* Figure d'animal placée à côté de l'écu et qui semble le supporter. ‖ *Inform.* Tout milieu matériel susceptible de recevoir une information, de la véhiculer ou de la conserver, puis de la restituer à la demande (carte perforée, disque, bande magnétique, etc.). ‖ *Peint.* Syn. de SUBJECTILE. ● *Support d'un glisseur* (Math.), droite sur laquelle on peut donner au glisseur une origine quelconque. ‖ *Support publicitaire,* média quelconque (presse, annonce télévisée, affichage, etc.), considéré dans son utilisation pour la publicité.

SUPPORTABLE adj. Qu'on peut endurer, tolérer, excuser.

SUPPORTER [sypɔrtœr ou -tɛr] n. m. Partisan d'un concurrent ou d'une équipe qu'il encourage exclusivement.

SUPPORTER v. t. (lat. *supportare*, porter). Soutenir, porter par-dessous pour empêcher de tomber : *piliers qui supportent une voûte.* ‖ Endurer avec patience, courage ce qui est pénible : *supporter un malheur.* ‖ Tolérer la présence, l'attitude de qqn. ‖ Prendre en charge : *supporter les frais d'un procès.* ‖ Résister à une épreuve, à une action physique : *ce livre ne supporte pas l'examen; supporter la chaleur.* ‖ *Sports.* Soutenir, encourager un concurrent, une équipe. ◆ **se supporter** v. pr. Se tolérer mutuellement.

SUPPOSABLE adj. Qu'on peut supposer.

SUPPOSÉ, E adj. Faux : *testament, nom supposé.* ‖ Admis, posé comme hypothèse : *cette circonstance supposée.* ◆ loc. conj. *Supposé que,* dans la supposition que.

SUPPOSER v. t. (lat. *supponere*, mettre sous). Poser par hypothèse une chose comme établie : *supposons que cela soit vrai.* ‖ Exiger logiquement, nécessairement l'existence de : *les droits supposent les devoirs.* ‖ Attribuer qqch à qqn : *vous lui supposez des défauts qu'il n'a pas.*

SUPPOSITION n. f. Action d'admettre par hypothèse; hypothèse elle-même. ‖ *Une supposition (que)* [Fam.], admettons, comme exemple, que...

SUPPOSITOIRE n. m. (lat. *suppositorius*, placé dessous). Médicament solide qu'on introduit dans le rectum.

SUPPÔT n. m. (lat. *suppositus*, placé dessous). *Litt.* Complice des mauvais desseins de qqn. ‖ *Suppôt de Satan* (Litt.), démon, personne malfaisante.

SUPPRESSION n. f. Action de supprimer.

SUPPRIMER v. t. (lat. *supprimere*). Mettre un terme à l'existence de : *supprimer un journal; supprimer des emplois inutiles.* ‖ Enlever qqch à qqn : *supprimer à un chauffard son permis de conduire.* ‖ Se débarrasser de qqn en le tuant. ◆ **se supprimer** v. pr. Se donner la mort.

SUPPURANT, E adj. Qui suppure.

SUPPURATION n. f. Production de pus.

SUPPURER v. i. (lat. *suppurare*). Produire du pus.

SUPPUTATION n. f. Action de supputer.

SUPPUTER v. t. (lat. *supputare*, calculer). *Litt.* Évaluer indirectement une quantité par le calcul de certaines données, calculer, apprécier.

SUPRA adv. lat. Plus haut, ci-dessus. (Contr. INFRA.)

SUPRACONDUCTEUR adj. et n. m. Qui présente le phénomène de supraconduction.

SUPRACONDUCTION n. f. Phénomène présenté par certains métaux dont la résistivité électrique devient pratiquement nulle au-dessous d'une certaine température. (On dit aussi SUPRA-CONDUCTIBILITÉ ou SUPRACONDUCTIVITÉ.)

SUPRANATIONAL, E, AUX adj. Placé au-dessus des institutions de chaque nation.

SUPRANATIONALITÉ n. f. Caractère de ce qui est supranational.

SUPRASEGMENTAL, E, AUX adj. *Trait suprasegmental* (Ling.), caractéristique phonologique qui affecte un segment plus long que le phonème (accent, intonation).

SUPRASENSIBLE adj. Au-dessus des sens; qui ne peut être senti.

SUPRATERRESTRE adj. Relatif à l'au-delà.

SUPRÉMATIE n. f. (angl. *supremacy;* fr. *suprême*). Situation qui permet de dominer dans quelque domaine, prééminence.

SUPRÊME adj. (lat. *supremus*). Qui est au-dessus de tout, qui ne saurait être dépassé : *dignité suprême.* ‖ Qui vient en dernier lieu : *un suprême effort.* ‖ Se dit d'une sauce qui consiste en un velouté de volaille, réduit et additionné de crème. ● *Cour suprême,* tribunal qui tranche en dernier ressort. ‖ *Moment, heure suprême* (Litt.), le moment, l'heure de la mort. ‖ *Pouvoir suprême,* la souveraineté. ‖ *Volontés suprêmes,* dernières dispositions d'un mourant.

SUPRÊME n. m. Filets de poisson ou de volaille, servis avec une sauce suprême.

SUPRÊMEMENT adv. Extrêmement.

SUPREMUM n. m. *Math.* Borne supérieure.

SUR prép. (lat. *super*). Marque la situation par rapport à ce qui est plus bas ou en contact, la direction, la cause, l'approximation, le sujet dont on parle, etc. : *monter sur le toit; mettre un chapeau sur sa tête; revenir sur Paris; elle va sur ses dix ans; écrire sur l'histoire.* ● *Sur ce,* cela dit ou fait : *sur ce, je vous quitte.*

SUR, E adj. (mot francique). D'un goût acide et aigre.

SÛR, E adj. (lat. *securus*). En qui l'on peut avoir confiance : *ami sûr.* ‖ Qui n'offre aucun danger : *route sûre.* ‖ Dont on ne peut douter, qui est vrai, exact : *le fait est sûr.* ‖ Qui agit d'une manière certaine : *j'en suis sûr.* ● *À coup sûr* ou, fam., *pour sûr,* infailliblement, certainement. ‖ *Avoir le coup d'œil sûr,* bien juger à la simple vue. ‖ *Avoir le goût sûr,* bien juger de qqch. ‖ *Avoir la main sûre,* avoir la main ferme, qui ne tremble pas. ‖ *Bien sûr,* c'est évident. ‖ *En lieu sûr,* dans un lieu où il n'y a rien à craindre, ou d'où on ne peut s'échapper. ‖ *Le temps n'est pas sûr,* il peut devenir mauvais.

SURABONDAMMENT adv. Plus que suffisamment.

SURABONDANCE n. f. Grande abondance.

SURABONDANT, E adj. Abondant jusqu'à l'excès : *une récolte surabondante; des détails surabondants.*

SURABONDER v. i. Être très abondant.

SURACCUMULATION n. f. *Écon.* Accumulation exagérée de capital, facteur de crises.

SURACTIVITÉ n. f. Activité intense au-delà de la normale.

SURAH n. m. (mot hindî). Étoffe de soie croisée, originaire de l'Inde.

SURAIGU, Ë adj. Très aigu.

SURAJOUTER v. t. Ajouter par surcroît.

SURAL, E, AUX adj. *Anat.* Du mollet.

SURALCOOLISATION n. f. Processus d'enrichissement des vins au-delà du taux normal d'alcool.

SURALIMENTATION n. f. Augmentation de la ration alimentaire absorbée par un individu, un animal. ‖ Alimentation d'un moteur à combustion interne avec de l'air à une pression supérieure à la pression atmosphérique.

SURALIMENTER v. t. Pratiquer la suralimentation de.

SURANNÉ, E adj. (de *sur* et *an*). Qui n'est plus en usage, démodé, périmé.

SURARBITRE n. m. Arbitre choisi en second lieu pour la décision d'une affaire, quand les premiers arbitres sont en désaccord.

SURARMEMENT n. m. Armement excessif.

SURATE ou **SOURATE** n. f. (mot ar.). Chacun des chapitres du Coran.

SURBAISSÉ, E adj. Qui est notablement abaissé. ‖ *Archit.* Se dit d'un arc ou d'une voûte dont la flèche est inférieure à la moitié de la portée. (Contr. SURHAUSSÉ.)

SURBAISSEMENT n. m. *Archit.* Quantité dont un arc ou une voûte sont surbaissés.

SURBAISSER v. t. Rendre surbaissé.

SURBAU n. m. (pl. *surbaux*). Élément de la structure d'un navire, encadrant un panneau, le pied d'un rouf ou d'une construction quelconque sur un pont, et s'élevant au-dessus des barrots.

SURBOUM n. f. *Fam.* Surprise-partie.

SURCAPACITÉ n. f. *Écon.* Capacité de production supérieure aux besoins.

SURCAPITALISATION n. f. Attribution à une entreprise d'une valeur de capital fictive supérieure à sa valeur réelle.

SURCHARGE n. f. Excès de charge, poids supplémentaire excessif. ‖ Poids de bagages excédant celui qui est alloué à chaque voyageur. ‖ Surcroît d'épaisseur donné à un enduit. ‖ Contrainte supplémentaire que peut avoir à supporter une construction, une pièce ou une machine dans des conditions exceptionnelles et qu'il faut envisager pour la détermination de ses éléments. ‖ Surcroît de peine, de dépense, excès : *surcharge des programmes scolaires.* ‖ Mot écrit sur un autre mot : *en comptabilité les surcharges sont interdites.* ‖ Surplus de poids imposé à certains chevaux de course. ‖ Impression typographique faite sur un timbre-poste.

SURCHARGER v. t. (conj. **1**). Imposer une charge excessive, accabler : *surcharger un cheval; surcharger d'impôts.* ‖ Faire une surcharge sur une écriture, un timbre, etc.

SURCHAUFFE n. f. État instable d'un liquide dont la température est supérieure à son point d'ébullition. ‖ Élévation de température d'une vapeur saturante pour la rendre sèche. ‖ Chauffage exagéré d'un métal ou d'un alliage, mais sans fusion, même partielle. ‖ État d'une économie en expansion menacée d'inflation.

SURCHAUFFER v. t. Chauffer de manière excessive : *surchauffer un appartement.* ‖ Provoquer un phénomène de surchauffe.

SURCHAUFFEUR n. m. Appareil servant pour la surchauffe de la vapeur.

SURCHOIX n. m. Première qualité.

SURCLASSER v. t. Triompher d'un adversaire par une incontestable supériorité.

SURCOMPENSATION n. f. *Fin.* Reversement du surplus de caisses publiques excédentaires à des caisses déficitaires. ‖ *Psychol.* Réaction à un sentiment d'infériorité, constituée par la recherche d'une revanche dans le domaine même où l'infériorité est ressentie.

SURCOMPOSÉ, E adj. *Ling.* Se dit d'un temps passé conjugué avec deux auxiliaires. (Ex. : *j'ai eu fini, j'aurai eu fini.*)

SURCOMPRESSION n. f. Augmentation de la compression d'un corps soit par réduction de volume, soit par élévation de la pression à laquelle on le soumet. ‖ Méthode consistant à réaliser, sur un moteur d'avion, une compression variable avec l'altitude.

SURCOMPRIMÉ, E adj. Relatif à la surcompression. ● *Moteur surcomprimé,* moteur dans lequel le taux de compression du mélange détonant est porté au maximum.

SURCOMPRIMER v. t. Soumettre à la surcompression.

SURCONSOMMATION n. f. *Écon.* Consommation excessive.

SURCONTRE n. m. *Jeux.* Action de surcontrer.

SURCONTRER v. t. *Jeux.* Confirmer une annonce contrée par un adversaire.

SURCONVERTISSEUR n. et adj. m. Type de surrégénérateur produisant une matière fissile différente de celle qui est consommée.

SURCOT [syrko] n. m. (de *cotte*). Robe de dessus portée au Moyen Âge par les deux sexes.

SURCOUPE n. f. *Jeux.* Action de surcouper.

SURCOUPER v. t. *Jeux.* Couper avec un atout supérieur à celui qui vient d'être jeté.

SURCREUSEMENT n. m. *Géogr.* Phénomène se caractérisant par l'excavation de certaines parties des lits glaciaires.

SURCROÎT n. m. Ce qui s'ajoute à ce que l'on a; augmentation, accroissement : *un surcroît de travail.* ● *Par surcroît, de surcroît,* en plus, en outre.

SURCUIT n. m. Dans la fabrication du ciment, élément calcaire ayant subi un excès de cuisson.

SURDÉTERMINANT, E adj. Qui produit la surdétermination.

SURDÉTERMINATION n. f. *Philos.* Processus de détermination multiple selon un grand nombre de facteurs ayant entre eux des liens structurels. ‖ *Psychanal.* Hypothèse selon laquelle un processus inconscient renvoie à plusieurs facteurs déterminants.

SURDÉTERMINER v. t. Opérer la surdétermination sur qqch, qqn.

SURDÉVELOPPÉ, E adj. Dont le développement économique est extrême ou excessif.

SURDI-MUTITÉ n. f. État du sourd-muet.

SURDITÉ n. f. (lat. *surdus*, sourd). Perte ou grande diminution du sens de l'ouïe. ● *Surdité verbale,* troubles des aphasiques qui entendent les sons et les bruits mais ne comprennent plus le sens du langage.

SURDOS [syrdo] n. m. Bande de cuir placée sur le dos du cheval, pour soutenir les traits.

SURDOSAGE n. m. Administration d'une dose excessive de médicament, et spécialement de stupéfiant. (L'Administration préconise ce terme pour traduire l'angl. OVERDOSE.)

SURDOUÉ, E adj. et n. Se dit d'un enfant dont l'efficience intellectuelle évaluée par les tests est supérieure à celle qui est obtenue par la majorité des enfants du même âge.

SUREAU n. m. (lat. *sambucus*). Arbuste à fleurs blanches et à fruits acides rouges ou noirs. (Haut. 10 m; longévité jusqu'à 100 ans; famille des caprifoliacées.)

SURÉLÉVATION n. f. Action de surélever; augmentation de la hauteur de qqch.

SURÉLEVER v. t. (conj. **5**). Donner un surcroît de hauteur à : *surélever un bâtiment.*

SÛREMENT adv. Certainement, à coup sûr : *il sera déjà sûrement arrivé.*

SURÉMINENT, E adj. Éminent au suprême degré : *la dignité suréminente du pape.*

SURÉMISSION n. f. Émission exagérée de billets de banque.

SUREMPLOI n. m. Situation du marché du travail caractérisée par une pénurie de main-d'œuvre.

SURENCHÈRE n. f. Enchère au-dessus d'une autre ou au-dessus du prix d'adjudication. ‖ Action de rivaliser de promesses : *surenchère électorale.*

SURENCHÉRIR v. i. Faire une surenchère.

SURENCHÉRISSEMENT n. m. Nouvel enchérissement.

SURENCHÉRISSEUR, EUSE n. Personne qui fait une surenchère.

SURENTRAÎNEMENT n. m. *Sports.* Entraînement excessif qui fait perdre la forme.

SURENTRAÎNER v. t. *Sports.* Entraîner de façon excessive et nuisible à la forme.

SURÉQUIPEMENT n. m. Équipement excessif.

SURÉQUIPER v. t. Équiper au-delà des possibilités de consommation, de production.

SURESTARIES [syrɛstari] n. f. pl. (préf. *sur-*, et *estaries* ou *staries*). Temps pendant lequel le chargement ou le déchargement d'un navire sont poursuivis au-delà du délai normal, moyennant le paiement d'une indemnité. ‖ Somme payée à l'armateur en cas de retard dans le chargement ou le déchargement. (V. STARIES.)

SURESTIMATION n. f. Estimation exagérée.

SURESTIMER v. t. Estimer au-delà de sa valeur, de son importance réelle.

SURET, ETTE adj. Un peu acide.

SÛRETÉ n. f. (lat. *securitas*, sécurité). Qualité de qqn, de qqch à qui ou sur quoi on peut se fier, sur qui on peut compter. ‖ Certitude qui empêche de se tromper : *sûreté de coup d'œil.* ‖ *Dr.* Moyen juridique garantissant au créancier le paiement d'une obligation. ‖ *Mil.* Ensemble des dispositions permettant d'éviter la surprise et procurant au commandement la liberté d'action indispensable à la conduite de la bataille. ‖ *Atteintes à la sûreté de l'État,* crimes et délits tendant à substituer une autorité illégale à l'autorité de l'État, mettant en péril la défense nationale ou portant atteinte à l'intégrité du territoire. ‖ *De sûreté,* muni d'un dispositif tel qu'il assure une protection. ‖ *En sûreté,* dans un endroit où l'on est à l'abri, d'où l'on ne peut s'échapper. ‖ *Sûreté individuelle,* garantie que la loi accorde aux citoyens contre les arrestations et les pénalités arbitraires. ‖ (Avec une majuscule.) *Sûreté nationale,* ou *la Sûreté,* anc. nom donné à une direction générale du ministère de l'Intérieur chargée de la police, devenue, en 1966, *Police nationale.*

SURÉVALUER v. t. Surestimer.

SUREXCITABLE adj. Sujet à la surexcitation.

SUREXCITANT, E adj. Qui surexcite.

SUREXCITATION n. f. Très vive excitation. ‖ Animation passionnée.

SUREXCITER v. t. Exciter au-delà des limites ordinaires; exalter.

SUREXPLOITATION n. f. Action de surexploiter.

SUREXPLOITER v. t. Exploiter de façon excessive qqn ou qqch.

SUREXPOSER v. t. *Phot.* Donner un temps de pose excessif.

SUREXPOSITION n. f. *Phot.* Exposition trop prolongée d'une surface sensible à la lumière.

SURF [sœrf] n. m. (mot angl.). Sport consistant à se maintenir en équilibre sur une planche portée par une vague déferlante.

SURFAÇAGE n. m. Action de surfacer.

SURFACE n. f. (de *sur* et *face*). Partie extérieure d'un corps. ‖ Aspect extérieur, apparence : *ne pas s'arrêter à la surface des choses.* ‖ Syn. usuel de AIRE. ‖ *Math.* Figure géométrique définie par l'ensemble des points de l'espace dont les coordonnées vérifient une équation ou sont données comme fonctions continues de

SUREAU

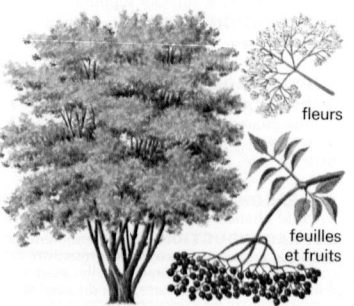

fleurs

feuilles
et fruits

J. Bottin

surf

AIRES DES SURFACES

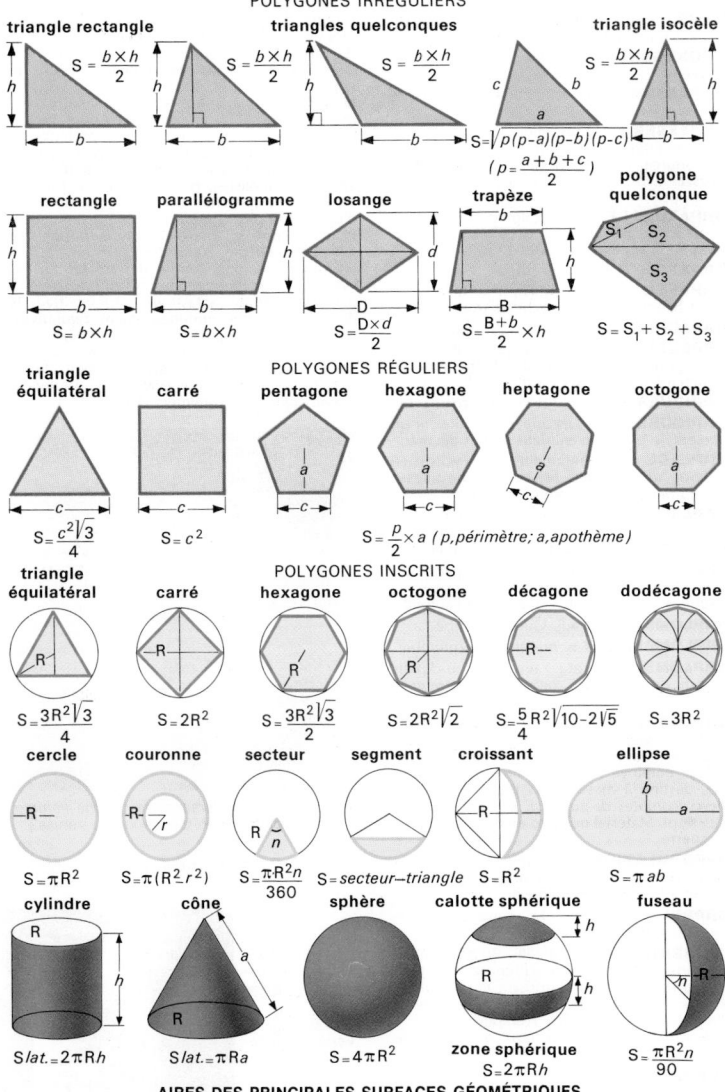

POLYGONES IRRÉGULIERS

triangle rectangle
$$S = \frac{b \times h}{2}$$

triangles quelconques
$$S = \frac{b \times h}{2} \qquad S = \frac{b \times h}{2}$$

triangle isocèle
$$S = \frac{b \times h}{2}$$
$$S = \sqrt{p(p-a)(p-b)(p-c)}$$
$$\left(p = \frac{a+b+c}{2} \right)$$

rectangle
$$S = b \times h$$

parallélogramme
$$S = b \times h$$

losange
$$S = \frac{D \times d}{2}$$

trapèze
$$S = \frac{B+b}{2} \times h$$

polygone quelconque
$$S = S_1 + S_2 + S_3$$

POLYGONES RÉGULIERS

triangle équilatéral
$$S = \frac{c^2 \sqrt{3}}{4}$$

carré
$$S = c^2$$

pentagone — **hexagone** — **heptagone** — **octogone**
$$S = \frac{p}{2} \times a \ (\,p, \text{périmètre}; \ a, \text{apothème}\,)$$

POLYGONES INSCRITS

triangle équilatéral
$$S = \frac{3R^2 \sqrt{3}}{4}$$

carré
$$S = 2R^2$$

hexagone
$$S = \frac{3R^2 \sqrt{3}}{2}$$

octogone
$$S = 2R^2 \sqrt{2}$$

décagone
$$S = \frac{5}{4} R^2 \sqrt{10-2\sqrt{5}}$$

dodécagone
$$S = 3R^2$$

cercle
$$S = \pi R^2$$

couronne
$$S = \pi (R^2 - r^2)$$

secteur
$$S = \frac{\pi R^2 n}{360}$$

segment
$$S = secteur - triangle$$

croissant
$$S = R^2$$

ellipse
$$S = \pi ab$$

cylindre
$$S \textit{lat.} = 2\pi Rh$$

cône
$$S \textit{lat.} = \pi Ra$$

sphère
$$S = 4\pi R^2$$

calotte sphérique
zone sphérique
$$S = 2\pi Rh$$

fuseau
$$S = \frac{\pi R^2 n}{90}$$

AIRES DES PRINCIPALES SURFACES GÉOMÉTRIQUES

---

deux paramètres. ● *Avoir de la surface,* offrir toute garantie de solvabilité. ‖ *Faire surface,* émerger, en parlant d'un sous-marin. ‖ *Grande surface,* magasin exploité en libre-service et présentant une superficie consacrée à la vente supérieure à 400 m². ‖ *Surface corrigée,* élément de calcul des loyers des locaux d'habitation, tenant compte de la situation et du confort du logement.

SURFACER v. t. et i. (conj. 1). *Techn.* Assurer la réalisation de surfaces régulières par l'emploi de machines ou d'appareils spéciaux.

SURFACEUSE n. f. Machine-outil spécialement conçue pour améliorer la planéité et l'état de surface d'un corps.

SURFACIQUE adj. Se dit d'une grandeur rapportée à la superficie correspondante : *charge, masse surfaciques.*

SURFAIRE v. t. et i. (conj. 72). Demander un prix trop élevé d'une marchandise.

SURFAIT, E adj. Estimé au-dessus de sa valeur.

SURFAIX [syrfɛ] n. m. Bande servant à attacher une couverture sur le dos d'un cheval ou à retenir les quartiers d'une selle.

SURFEUR, EUSE [sœrfœr, øz] n. Personne qui pratique le surf.

SURFIL n. m. *Cout.* Surjet lâche, exécuté sur le bord d'un tissu pour éviter qu'il ne s'effiloche.

SURFILAGE n. m. Action de surfiler.

SURFILER v. t. *Cout.* Faire un point de surfil. ‖ *Industr.* Augmenter la torsion d'un fil.

SURFIN, E adj. De qualité très fine.

SURFONDU, E adj. En état de surfusion.

SURFUSION n. f. État métastable d'un corps

qui reste liquide à une température inférieure à sa température de congélation.

SURGÉLATEUR n. m. Appareil de surgélation.

SURGÉLATION n. f. Action de surgeler.

SURGELÉ, E adj. et n. m. Se dit d'une substance alimentaire conservée par surgélation.

SURGELER v. t. (conj. 3). Congeler rapidement à très basse température.

SURGÉNÉRATEUR n. m. → SURRÉGÉNÉRATEUR.

SURGEON n. m. (de *surgir*). Rejeton qui sort au pied d'un arbre.

SURGIR v. i. (lat. *surgere,* s'élever). Apparaître brusquement, en s'élançant, en sortant, en s'élevant : *une voiture surgit à droite.* ‖ Se manifester brusquement : *de nouvelles difficultés surgissent.*

SURGISSEMENT n. m. *Litt.* Action de surgir.

SURHAUSSÉ, E adj. *Archit.* Se dit d'un arc ou d'une voûte dont la flèche est plus grande que la moitié de la portée. (Contr. SURBAISSÉ.)

SURHAUSSEMENT n. m. Action de hausser. ‖ Quantité dont un arc, une voûte sont surhaussés.

SURHAUSSER v. t. Augmenter la hauteur de, rendre surhaussé : *surhausser un mur.* ‖ Mettre à un plus haut prix ce qui était déjà assez cher.

SURHOMME n. m. Homme supérieurement doué. ‖ Hypothèse d'un nouveau type d'homme, formulée par Nietzsche, pour symboliser de nouvelles manières de sentir, de penser. (Elle a été reprise et déformée par les nazis pour classer les êtres humains et les nations.)

SURHUMAIN, E adj. Qui est au-dessus des forces ou des qualités de l'homme.

SURICATE n. m. Mangouste sud-africaine, de l'ordre des carnassiers.

SURIMPOSER v. t. Frapper d'un surcroît d'impôts ou d'un impôt trop lourd.

SURIMPOSITION n. f. Surcroît d'imposition. ‖ *Géogr.* Phénomène qui amène un cours d'eau à entailler, du fait de son enfoncement, des structures géologiques différentes de celles sur lesquelles il s'est installé.

SURIMPRESSION n. f. Impression de deux ou plusieurs images sur la même surface sensible. ‖ Passage d'un vernis de protection sur une impression.

SURIN [syrɛ̃] n. m. (de *sur,* acide). *Agric.* Jeune pommier non encore greffé.

SURIN n. m. (tzigane *chouri,* couteau). *Arg.* Couteau.

SURINER ou **CHOURINER** v. t. *Arg.* Donner un coup de couteau.

SURINFECTION n. f. Infection survenant chez un sujet déjà atteint d'une maladie.

SURINTENDANCE n. f. Charge de surintendant.

SURINTENDANT n. m. Autref., officier chargé de la surveillance des intendants d'une administration. ● *Surintendant des Finances,* du XVIᵉ s. à 1661, en France, administrateur général des Finances. (Après l'arrestation de Fouquet, ses attributions furent recueillies par le contrôleur général des Finances.)

SURINTENDANTE n. f. Directrice de certaines maisons d'éducation. ‖ Chef du service social de certaines entreprises.

SURINTENSITÉ n. f. *Électr.* Intensité de courant supérieure à celle du régime normal.

SURINVESTISSEMENT n. m. Investissement exagéré dépassant les besoins réels. ‖ *Psychanal.* Investissement supplémentaire d'une perception ou d'une représentation, rendant compte de l'attention consciente.

SURIR v. i. Devenir sur, aigre.

SURJALÉE adj. f. *Mar.* Se dit d'une ancre dont la chaîne fait un tour sur le jas.

SURJECTIF, IVE adj. *Math.* Se dit d'une surjection.

SURJECTION n. f. *Math.* Application d'un ensemble E dans un ensemble F, si cette application recouvre l'ensemble F en entier.

SURJET n. m. *Cout.* Point exécuté à cheval en lisière de deux tissus à assembler bord à bord. ‖ *Chir.* Suture par fil unique.

SURJETER v. t. (conj. **4**). Coudre en surjet.

SUR-LE-CHAMP loc. adv. Sans délai, immédiatement.

SURLENDEMAIN n. m. Jour qui suit le lendemain.

SURLIURE n. f. *Mar.* Petite ligature à l'extrémité d'un cordage.

SURLONGE n. f. Morceau de bœuf situé au niveau des trois premières vertèbres dorsales.

SURLOYER n. m. Somme venant en plus du montant fixé par le contrat de location.

SURMÉDICALISATION n. f. *Fam.* Action de surmédicaliser.

SURMÉDICALISER v. t. *Fam.* Faire un usage excessif des techniques médicales.

SURMENAGE n. m. État résultant d'une fatigue excessive.

SURMENER v. t. (conj. **5**). Imposer un travail, un effort excessif.

SURMOI n. m. inv. *Psychanal.* L'une des trois instances de l'appareil psychique décrites par S. Freud dans la deuxième topique. (C'est une formation inconsciente qui se constitue à partir du Moi par identification de l'enfant au parent représentant de l'autorité; elle joue le rôle de juge vis-à-vis du Moi; de leur conflit éventuel naissent les sentiments inconscients de culpabilité.)

SURMONTABLE adj. Que l'on peut surmonter.

SURMONTER v. t. Être placé au-dessus de qqch : *statue qui surmonte une colonne.* ‖ Avoir le dessus, vaincre : *surmonter les obstacles, sa colère.*

SURMONTOIR n. m. Élément de publicité placé au-dessus d'un produit pour le mettre en vedette.

SURMORTALITÉ n. f. Excès d'un taux de mortalité par rapport à un autre.

SURMOULAGE n. m. Moulage pris sur un autre moulage.

SURMOULER v. t. Mouler une figure dans un moule pris sur un objet moulé.

SURMULET n. m. Poisson marin côtier, appelé aussi *rouget barbet.*

surmulot

SURMULOT n. m. Espèce de rat, appelé aussi *rat d'égout.* (Long. : 25 cm sans la queue.)

SURMULTIPLICATION n. f. Dispositif permettant d'obtenir une vitesse surmultipliée.

SURMULTIPLIÉ, E adj. Se dit d'une combinaison d'engrenages, dans un changement de vitesse, donnant à l'arbre de transmission une vitesse de rotation supérieure à celle de l'arbre moteur.

SURNAGER v. i. (conj. **1**). Rester à la surface d'un liquide. ‖ Durer, survivre, subsister : *de cette époque surnagent quelques souvenirs.*

SURNATALITÉ n. f. Natalité trop importante.

SURNATUREL, ELLE adj. et n. m. Qui dépasse les forces ou les lois de la nature : *pouvoir surnaturel.* ‖ Qui est du domaine de la foi religieuse : *vérités surnaturelles.* ‖ Extraordinaire : *beauté surnaturelle.*

SURNOM n. m. Nom ajouté ou substitué au nom propre d'une personne ou d'une famille.

SURNOMBRE n. m. *En surnombre,* en trop.

SURNOMMER v. t. Donner un surnom.

SURNUMÉRAIRE adj. et n. (lat. *numerus,* nombre). En sus du nombre fixé. ● *Employé surnuméraire,* employé en surnombre.

SUROFFRE n. f. Offre plus avantageuse qu'une offre déjà faite.

SUROÎT [syrwa] n. m. (forme normande de *sud-ouest*). *Mar.* Vent soufflant du sud-ouest. ‖

Chapeau de marin en toile imperméable, dont le bord se prolonge derrière pour protéger le cou.

SUROS [syro] n. m. Exostose qui se forme sur le canon du membre antérieur du cheval.

SUROXYGÉNÉ, E adj. Qui contient un excès d'oxygène.

SURPASSEMENT n. m. Action de surpasser, de se surpasser.

SURPASSER v. t. Faire mieux que qqn : *surpasser ses concurrents.* ‖ *Litt.* Excéder les forces, les ressources : *cela surpasse ses moyens.* ◆ **se surpasser** v. pr. Faire encore mieux qu'à l'ordinaire.

SURPÂTURAGE n. m. Exploitation excessive des pâturages par le bétail, entraînant la dégradation de la végétation et des sols.

SURPAYE n. f. Action de surpayer.

SURPAYER v. t. (conj. **2**). Payer au-delà de ce qui est habituel, en plus; acheter trop cher.

SURPEUPLÉ, E adj. Peuplé à l'excès.

SURPEUPLEMENT n. m. Peuplement excessif par rapport au niveau de développement ou d'équipement d'un pays ou d'une ville.

SURPIQUER v. t. Faire une surpiqûre.

SURPIQÛRE n. f. Piqûre apparente faite sur un vêtement, le plus souvent dans un but décoratif.

SURPLACE n. m. Immobilité d'un cycliste en équilibre, utilisée dans les courses de vitesse pour un démarrage en bonne position.

SURPLIS [syrpli] n. m. (lat. *superpellicium,* qui est sur la pelisse). *Relig. cath.* Courte tunique de fine toile blanche, portée sur la soutane.

SURPLOMB [syrplɔ̃] n. m. État d'une partie qui est en saillie par rapport aux parties qui sont au-dessous. ● *En surplomb,* en avant de l'aplomb.

SURPLOMBANT, E adj. Qui surplombe.

SURPLOMBEMENT n. m. Fait de surplomber.

SURPLOMBER v. t. et i. Faire saillie au-dessus de qqch, dominer : *les rochers surplombent le ravin.*

SURPLUS [syrply] n. m. Ce qui est en plus, excédent : *vendre le surplus de sa récolte.* ‖ Magasin vendant des surplus militaires. ‖ *Écon.* Concept employé par les économistes d'entreprise, destiné à mesurer les performances de celle-ci *(comptes de surplus).* ● *Au surplus,* au reste. ◆ pl. Matériel militaire en excédent après une guerre.

SURPOPULATION n. f. Population en excès dans un pays par rapport aux moyens de subsistance et à l'espace disponible.

SURPRENANT, E adj. Qui cause de la surprise, étonnant.

SURPRENDRE v. t. (conj. **50**). Prendre sur le fait : *surprendre un voleur.* ‖ Prendre à l'improviste, au dépourvu, par surprise : *la pluie nous a surpris.* ‖ Déconcerter, étonner : *cette nouvelle m'a surpris.* ‖ *Litt.* Tromper, abuser : *surprendre la confiance de qqn.* ● *Surprendre un secret,* le découvrir.

SURPRESSION n. f. Pression excessive.

SURPRIME n. f. Prime supplémentaire demandée par un assureur pour couvrir un risque exceptionnel.

SURPRISE n. f. (part. pass. de *surprendre*). Étonnement, ce qui surprend par son caractère inattendu : *causer une grande surprise.* ‖ Cadeau ou plaisir inattendu que l'on fait à qqn. ‖ *Mil.* Engagement inopiné d'une troupe. ● *Par surprise,* à l'improviste, par une attaque inattendue.

SURPRISE-PARTIE n. f. (angl. *surprise party*) [pl. *surprises-parties*]. Soirée ou après-midi dansante.

SURPRODUCTEUR, TRICE adj. Qui produit en excès.

SURPRODUCTION n. f. Production excessive d'un produit ou d'une série de produits au-delà de la demande ou des besoins solvables des consommateurs.

SURPRODUIRE v. t. (conj. **64**). Pratiquer une surproduction.

SURPROTÉGER v. t. (conj. **1** et **5**). Assurer une protection exagérée sur qqn.

SURRÉALISME n. m. Mouvement littéraire et artistique, né au lendemain de la Première Guerre mondiale, qui se dresse contre toutes formes d'ordre et de conventions logiques, morales, sociales, et qui leur oppose les valeurs du rêve, de l'instinct, du désir et de la révolte, dans l'expression du « fonctionnement réel de la pensée ».

■ Le surréalisme, annoncé par Apollinaire (*l'Esprit nouveau*, 1917) et défini par André Breton (*Manifeste du surréalisme*, 1924), prolonge le mouvement dada*. Il voit des précurseurs en Lautréamont, Rimbaud, Jarry (sans oublier, en art, les symbolistes, H. Rousseau, De Chirico, etc.), et se réclame de la psychanalyse et d'un philosophe comme Hegel. Son influence, majeure entre les deux guerres mondiales, se fait sentir encore aujourd'hui sur les formes artistiques. Les plus connus des artistes surréalistes, qui se sont exprimés par l'*automatisme* et par une sorte de fantastique onirique (traduits dans des images minutieusement figuratives, dans des collages, dans des assemblages dits « objets surréalistes », etc.), sont Ernst, Masson, Miró, Tanguy, Magritte, Dalí, Giacometti, Brauner, Oscar Dominguez (1906-1957), Wolfgang Paalen (1907-1959), Bellmer, Matta.

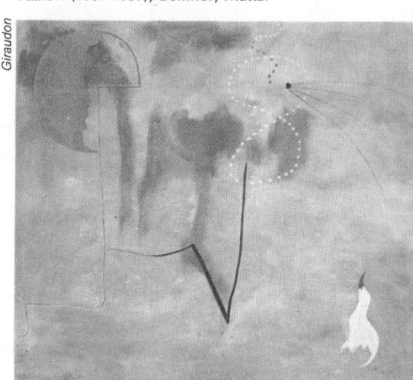

Giraudon

Joan Miró : *Deux Personnages et une flamme,* 1925. (Fondation P. Guggenheim, Venise.)

SURRÉALISME

Salvator Dalí : *Vénus de Milo aux tiroirs,* 1936. Plâtre original. (Coll. priv.)

R. Descharnes

Lauros-Giraudon

Yves Tanguy :
le Palais aux rochers de fenêtre, 1942.
(Musée national d'Art moderne, Paris.)

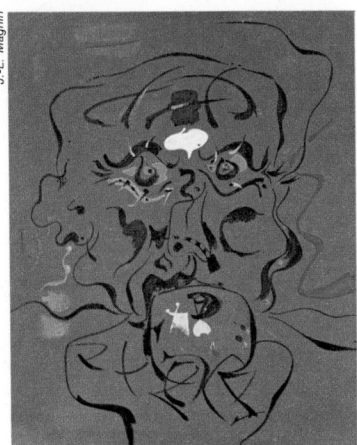

J.-L. Magnin

André Masson :
le Mangeur de pommes, 1943.
(Museum of Modern Art, New York.)

Galerie Iolas

Roberto Matta :
*Elle hegramme
à l'étonnement
général*,
1969.
(Coll. priv.)

Lauros-Giraudon

Max Walter Svanberg :
*Hommage de l'étoile étrange
à la femme de l'artiste.*
Un des collages de 1963.
(Moderna Museet, Stockholm.)

SURRÉALISTE adj. et n. Qui appartient au surréalisme.

SURRECTION n. f. *Géol.* Soulèvement d'une portion de l'écorce terrestre.

SURRÉEL n. m. *Littér.* Ce qui dépasse le réel, dans le vocabulaire surréaliste.

SURRÉGÉNÉRATEUR ou **SURGÉNÉRATEUR** adj. et n. m. Se dit d'un réacteur nucléaire à neutrons rapides, fondé sur la surrégénération.

SURRÉGÉNÉRATION n. f. Production, à partir de matière nucléaire fertile, d'une quantité de matière fissile supérieure à celle qui est consommée.

SURREMISE n. f. Pourcentage qu'un éditeur consent aux libraires en plus de la remise habituelle, lors d'un achat en quantités importantes d'exemplaires d'un même titre.

SURRÉNALE adj. et n. f. *Glande* ou *capsule surrénale* n. f., chacune des deux glandes endocrines situées au-dessus des reins. ■ Chaque surrénale est formée de deux parties : la *corticosurrénale*, qui produit des hormones intervenant dans les différents métabolismes, et dont l'insuffisance provoque la maladie bronzée d'Addison, et la *médullo-surrénale*, qui sécrète l'adrénaline et la noradrénaline agissant sur les vaisseaux.

SURSALAIRE n. m. Supplément s'ajoutant au salaire normal.

SURSATURATION n. f. Action de sursaturer. ‖ État d'une solution sursaturée.

SURSATURÉ, E adj. *Géol.* Se dit d'une roche magmatique contenant du quartz.

SURSATURER v. t. Rassasier jusqu'au dégoût : *nous sommes sursaturés de récits de crimes.* ‖ Obtenir une solution plus concentrée que la solution saturée.

SURSAUT n. m. Mouvement brusque, occasionné par quelque sensation subite ou violente. ‖ Action de se ressaisir, de reprendre brusquement courage : *sursaut d'énergie.* ‖ *Astron.* Accroissement brusque, et en général de faible durée, du rayonnement d'un astre sur certaines fréquences. ● *En sursaut*, subitement, brusquement : *se réveiller en sursaut.*

SURSAUTER v. i. Avoir un sursaut.

SURSEMER v. t. (conj. **5**). *Agric.* Semer de nouveau une terre déjà ensemencée.

SURSEOIR v. t. ind. [à] (conj. **39**). *Litt.* ou *Dr.* Interrompre, différer : *surseoir à des poursuites.*

SURSIMULATION n. f. *Psychol.* Exagération volontaire et utilitaire d'une affection réelle.

SURSIS n. m. (part. de *surseoir*). Dispense d'exécution d'une peine d'emprisonnement ou d'amende si, dans les cinq années qui suivent la condamnation, l'intéressé n'encourt aucune condamnation pour un délit de droit commun. ● *Sursis d'incorporation*, anc. appellation du REPORT* D'INCORPORATION. ‖ *Sursis à statuer*, décision par laquelle un tribunal remet à une date ultérieure l'examen d'une affaire.

SURSITAIRE n. Personne qui bénéficie d'un sursis, en partic. d'un sursis d'incorporation.

SURTAUX n. m. Taux excessif.

SURTAXE n. f. Taxe supplémentaire. ● *Surtaxe postale*, taxation supplémentaire infligée au destinataire d'un envoi insuffisamment affranchi; taxe supplémentaire exigée pour un acheminement plus rapide.

SURTAXER v. t. Faire payer une surtaxe.

SURTENSION n. f. Tension électrique supérieure à la tension normale, pouvant exister en service normal entre deux parties conductrices. (On dit, à tort, SURVOLTAGE.)

SURTITRE n. m. Titre placé au-dessus du titre principal d'un article de journal.

SURTOUT adv. Principalement, par-dessus tout. ◆ loc. conj. *Surtout que* (Fam.), d'autant

SURRÉNALES : 1. Diaphragme ; 2. Veines cave inférieure et sus-hépatique ; 3. Artères capsulaires supérieures ; 4. Capsule surrénale droite ; 5. Veine capsulaire droite ; 6. Artère capsulaire inférieure ; 7. Rein droit ; 8. Artère et veine rénales droites ; 9. Veine cave inférieure ; 10. Uretère droit ; 11. Œsophage ; 12. Artère diaphragmatique inférieure ; 13. Capsule surrénale gauche ; 14. Artère capsulaire moyenne ; 15. Tronc artériel cœliaque ; 16. Rein gauche ; 17. Veine capsulaire gauche ; 18. Artère mésentérique supérieure ; 19. Uretère gauche ; 20. Artère mésentérique inférieure.

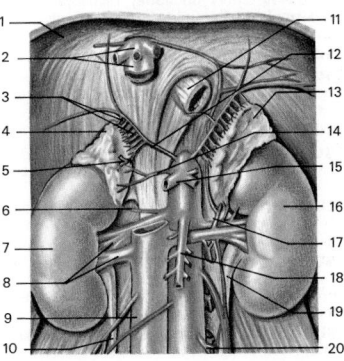

plus que : *prêtez-moi votre livre, surtout que ce ne sera pas pour longtemps.*

SURTOUT [syrtu] n. m. Vêtement ample qu'on met par-dessus les autres vêtements. ‖ Grande pièce ou ensemble de pièces de vaisselle, ordinairement en métal, qu'on place comme ornement au milieu de la table.

SURTRAVAIL n. m. Dans la terminologie de Marx, travail fourni par l'ouvrier et qui crée la plus-value en ce qu'il s'ajoute au travail nécessaire pour l'entretien de l'ouvrier.

SURVEILLANCE n. f. Action de surveiller : *exercer une surveillance active.* ● *Sous la surveillance de,* surveillé par : *être sous la surveillance de la police.*

SURVEILLANT, E n. Personne chargée de surveiller. ‖ Personne chargée de la discipline dans un établissement scolaire.

SURVEILLER v. t. Veiller avec attention, autorité, et souvent avec défiance; contrôler : *surveiller des travaux, des élèves.* ‖ Observer attentivement les faits et gestes : *surveiller un suspect.*

SURVENANCE n. f. *Dr.* Fait de venir après coup.

SURVENIR v. i. (conj. **16;** auxil. *être*). Arriver inopinément ou accidentellement.

SURVENTE n. f. Vente à un prix qui laisse un bénéfice considérable.

SURVENUE n. f. *Litt.* Venue inopinée.

SURVÊTEMENT n. m. Vêtement chaud et souple que les sportifs mettent par-dessus leur tenue entre les épreuves ou au cours de séances d'entraînement.

SURVIE n. f. Prolongement de l'existence au-delà d'un certain terme. ‖ *Biol.* Maintien artificiel de la vie végétative après l'abolition de la vie de relation. ‖ *Relig.* Prolongement de l'existence au-delà de la mort. ● *Gains* ou *droits de survie* (Dr.), tous avantages que, dans un acte, les contractants stipulent au profit du survivant. ‖ *Tables de survie,* statistique indiquant, pour chaque âge, la proportion de survivants.

SURVIRAGE n. m. Fait de survirer.

SURVIRER v. i. Avoir le train arrière qui, dès le début d'un virage, tend à glisser latéralement vers l'extérieur de la courbe.

SURVIREUR, EUSE adj. Se dit d'un véhicule automobile qui survire.

SURVITESSE n. f. Vitesse supérieure à la vitesse normale.

SURVITRAGE n. m. Vitrage supplémentaire qui se pose sur le châssis de la fenêtre à des fins d'isolation.

SURVIVANCE n. f. Ce qui subsiste d'un ancien état, d'une chose disparue : *survivance d'une coutume.* ‖ Opinion, coutume qui continue d'exister après la disparition de ce qui l'avait suscitée (souvent péjor.). ‖ *Hist.* Privilège accordé au roi au titulaire d'une charge non vénale et intransmissible de désigner d'avance son successeur.

SURVIVANT, E adj. et n. Qui a échappé à la mort. ‖ Qui survit à un autre : *le survivant des époux; l'époux survivant.*

SURVIVRE v. i. et t. ind. [à] (conj. **57**). Demeurer en vie après un autre; réchapper à une catastrophe. ‖ Continuer à exister : *mode qui survit.*

SURVOL n. m. Action de survoler.

SURVOLER v. t. Voler au-dessus de; passer en avion au-dessus. ‖ Examiner rapidement : *survoler une question.*

SURVOLTAGE n. m. Fait d'être survolté.

SURVOLTER v. t. Mettre au paroxysme de l'excitation. ‖ *Électr.* Augmenter la tension électrique au-delà de la valeur normale.

SURVOLTEUR n. m. *Électr.* Machine auxiliaire dont la force électromotrice s'ajoute à la tension fournie par une autre source électrique.

SURVOLTEUR-DÉVOLTEUR n. m. (pl. *survolteurs-dévolteurs*). *Électr.* Transformateur disposé de façon à augmenter ou à diminuer la tension fournie par une source électrique.

SUS [sys ou sy] adv. (lat. *sursum,* en haut). *Courir sus à qqn* (Vx), le poursuivre avec des

intentions hostiles. ● *En sus (de),* en plus (de).

SUSCEPTIBILITÉ n. f. Disposition à se vexer trop aisément. ● *Susceptibilité magnétique,* rapport χ de la polarisation magnétique produite dans une substance au champ magnétique qui la produit.

SUSCEPTIBLE adj. (bas lat. *susceptibilis;* de *suscipere,* soulever). Capable de recevoir certaines qualités, de subir certaines modifications, de produire un effet, d'accomplir un acte : *enfant susceptible de faire des progrès.* ‖ Qui se vexe, s'offense aisément, irascible, ombrageux.

SUSCITER v. t. (lat. *suscitare,* exciter). Faire naître qqch de fâcheux; être cause de : *susciter un obstacle, l'admiration.*

SUSCRIPTION n. f. Inscription de l'adresse sur l'enveloppe qui contient une lettre. ● *Acte de suscription,* acte authentique accompagnant le testament mystique.

SUS-DÉNOMMÉ, E adj. et n. *Dr.* Nommé précédemment ou plus haut dans le texte.

SUSDIT, E adj. et n. Nommé ci-dessus.

SUS-DOMINANTE n. f. (pl. *sus-dominantes*). *Mus.* Sixième degré de la gamme diatonique, au-dessus de la dominante.

SUS-HÉPATIQUE adj. *Veines sus-hépatiques,* celles qui, situées au-dessus du foie, ramènent le sang du foie à la veine cave inférieure.

SUS-JACENT, E adj. *Géol.* Placé au-dessus.

SUS-MAXILLAIRE adj. et n. m. Situé à la mâchoire supérieure.

SUSMENTIONNÉ, E adj. Mentionné précédemment ou plus haut.

SUSNOMMÉ, E adj. et n. Nommé précédemment ou plus haut.

SUSPECT, E adj. et n. (lat. *suspectus*). Qui inspire de la défiance : *témoignage suspect.* ‖ Dont la qualité est douteuse : *un vin suspect.* ● *Suspect de,* qui est soupçonné, qui mérite d'être soupçonné de.

SUSPECTER v. t. Soupçonner, tenir pour suspect : *suspecter l'honnêteté de qqn.*

SUSPENDRE v. t. (lat. *suspendere*) [conj. **46**]. Fixer en haut et laisser pendre : *suspendre un lustre.* ‖ Interrompre pour quelque temps, différer : *suspendre sa marche.* ‖ Interdire pour un temps : *suspendre un journal.* ‖ Retirer temporairement ses fonctions à qqn : *suspendre un maire, un fonctionnaire.* ● *Suspendre son jugement,* rester sur l'expectative.

SUSPENDU, E adj. Qui est en suspens. ‖ Fixé de façon à pendre ou à surplomber. ‖ Se dit d'une voiture dont le corps ne porte pas directement sur les essieux, mais sur des ressorts interposés. ● *Vallée suspendue* (Géogr.), vallée secondaire dont la confluence avec la vallée principale est marquée par une très forte accentuation de la pente.

SUSPENS adj. et n. m. (lat. *suspensus,* suspendu). Se dit d'un clerc frappé de suspense. ● *En suspens,* non résolu, non terminé : *laisser une affaire en suspens.*

SUSPENSE [syspɑ̃s] n. f. *Dr. canon.* Peine interdisant à un clerc l'exercice de ses fonctions.

SUSPENSE [sœspɛns ou syspɛs] n. m. (mot angl.). Moment d'un film, d'une œuvre littéraire, où l'action, s'arrêtant un instant, tient le spectateur, l'auditeur ou le lecteur dans l'attente angoissée de ce qui va se produire.

SUSPENSEUR adj. m. *Anat.* Qui soutient.

SUSPENSEUR n. m. *Bot.* Organe de la graine en formation, qui enfonce l'embryon dans les tissus nutritifs.

SUSPENSIF, IVE adj. *Dr.* Qui suspend l'exécution d'un jugement, d'un contrat.

SUSPENSION n. f. Action de suspendre, d'attacher, de fixer en haut et de laisser pendre. ‖ Cessation momentanée : *suspension de séance; suspension de l'instance.* ‖ Ensemble des organes qui transmettent aux essieux le poids d'un véhicule, tout en amortissant les cahots. ‖ Appareil d'éclairage suspendu au plafond. ‖ Interdiction momentanée faite à un fonctionnaire ou à un militaire d'exercer ses fonctions. ‖ *Dr.* Interruption d'un délai conférant la prescription; interruption d'un contrat de travail. ‖ *Géogr.* Mode de transport d'un matériel détritique par un fluide (air, eau), dans lequel il se maintient sous l'influence de forces ascensionnelles. ‖ *Phys.* État d'un solide très divisé, mêlé à la masse d'un liquide sans être dissous par lui. ● *Points de suspension,* signe de ponctuation (...) marquant que la phrase est incomplète. ‖ *Suspension d'armes,* cessation concertée et momentanée des combats. ‖ *Suspension provisoire des poursuites,* mesure pouvant être ordonnée par le tribunal de commerce en faveur d'entreprises en situation financière difficile, mais dont on veut éviter la disparition.

SUSPENSOIR n. m. Bandage propre à soutenir le scrotum et les testicules.

SUSPENTE n. f. Corde rattachant la nacelle au filet d'un ballon. ‖ Chacune des tresses assurant la liaison entre le parachute et le harnais. ‖ *Mar.* Cordage amarré à un mât et qui soutient une vergue en son milieu.

SUSPICION n. f. (lat. *suspicio,* soupçon). Action de tenir qqn pour suspect, défiance, soupçon. ● *Suspicion légitime* (Dr.), crainte qu'un plaideur peut éprouver de voir son procès jugé avec partialité par un tribunal, et qui, si elle est reconnue fondée, peut aboutir au renvoi de l'affaire devant un autre tribunal.

SUSTENTATION n. f. Position d'un corps sur un autre qui le soutient. ● *Plan de sustentation,* aile d'un avion. ‖ *Polygone de sustentation,* courbe fermée, convexe, contenant tous les

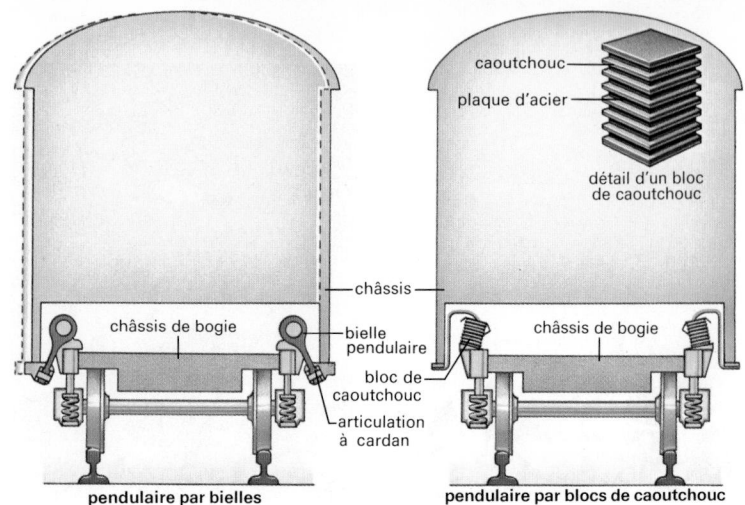

TYPES DE SUSPENSIONS (chemin de fer)

(légendes de l'illustration) caoutchouc — plaque d'acier — détail d'un bloc de caoutchouc — châssis — châssis de bogie — bielle pendulaire — bloc de caoutchouc — articulation à cardan — châssis de bogie — **pendulaire par bielles** — **pendulaire par blocs de caoutchouc**

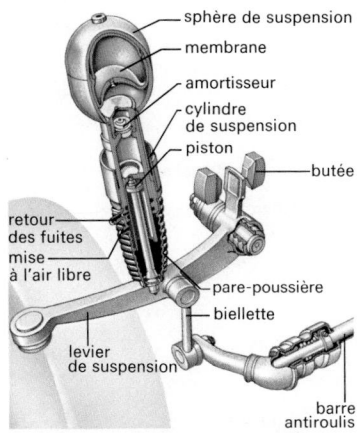

sphère de suspension
membrane
amortisseur
cylindre
de suspension
piston
butée
retour
des fuites
mise
à l'air libre
pare-poussière
biellette
levier
de suspension
barre
antiroulis

hydropneumatique à hauteur constante

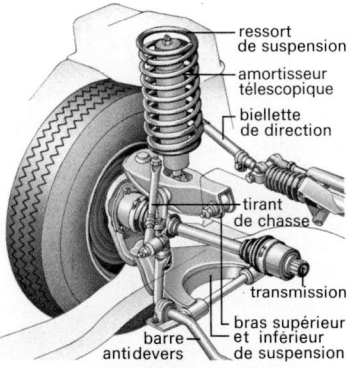

ressort
de suspension
amortisseur
télescopique
biellette
de direction
tirant
de chasse
transmission
bras supérieur
et inférieur
de suspension
barre
antidevers

**à amortisseur télescopique
et ressort hélicoïdal**

TYPES DE SUSPENSIONS
(automobile)

points par lesquels un corps solide repose sur un plan.

SUSTENTER v. t. (lat. *sustentare*, alimenter). Nourrir, entretenir les forces par des aliments (vx). ◆ **se sustenter** v. pr. Se nourrir.

SUSURRANT, E adj. Qui susurre.

SUSURREMENT n. m. Murmure, bruissement.

SUSURRER v. i. et t. (lat. *susurrare*, bourdonner). Murmurer doucement.

SUSVISÉ, E adj. Dr. Indiqué ci-dessus.

SÛTRA [sutra] ou **SOUTRA** n. m. (mot sanskr.). Dans le brahmanisme et le bouddhisme, texte qui réunit les règles du rituel, de la morale, de la vie quotidienne.

SUTURAL, E, AUX adj. Relatif aux sutures.

SUTURE n. f. (lat. *suere*, coudre). Anat. Articulation dentelée de deux os. ‖ Bot. Ligne de soudure entre les carpelles d'un pistil. ‖ Chir. Opération consistant à coudre les lèvres d'une plaie. ‖ Zool. Chez les nautiles, les ammonites, ligne d'insertion des cloisons transversales sur les parois de la coquille.

SUTURER v. t. Faire une suture à (une plaie).

SUZERAIN, E n. et adj. (de *sus*, d'après *souverain*). Féod. Seigneur qui possédait un fief dont dépendaient d'autres fiefs.

SUZERAINETÉ n. f. Droit d'un suzerain, d'un État sur un pays, un État protégé.

SVASTIKA [svastika] n. m. (mot sanskr.). Symbole religieux de l'Inde, qui consiste en une croix gammée à branches égales.

SVELTE adj. (it. *svelto*, vif). D'une forme légère et élancée.

SVELTESSE n. f. Qualité d'une personne svelte.

S. V. P., abrév. des mots S'IL VOUS PLAÎT.

SWAHILI, E ou **SOUAHÉLI, E** adj. et n. Se dit d'une langue bantoue parlée au Kenya et en Tanzanie, et qui s'écrit en caractères arabes.

SWAP [swap] n. m. (angl. *to swap*, troquer). Opération d'échange de monnaies entre deux banques centrales. (Syn. CRÉDIT CROISÉ.)

SWEATER [swɛtœr] n. m. (mot angl., de *to sweat*, suer). Chandail de laine.

SWEATING-SYSTEM [swɛtɲsistɛm] n. m. (mots angl., *système qui fait suer*). Procédé d'exploitation de la main-d'œuvre tendant à avilir les salaires.

SWEAT-SHIRT [swɛtʃœrt] n. m. (mots angl.) [pl. *sweat-shirts*]. Chemise en jersey de coton molletonné.

SWEEPSTAKE [swipstɛk] n. m. (mot angl., de *to sweep*, enlever, et *stake*, enjeu). Loterie consistant à tirer au sort les chevaux engagés dans une course dont le résultat fixe les gagnants.

SWING [swiŋ] n. m. (mot angl.). En boxe, coup porté latéralement en balançant le bras. ‖ Manière d'exécuter le jazz, consistant en une distribution typique des accents, donnant un balancement rythmique vivant et souple.

SWINGUER v. i. Jouer avec swing (jazz).

SYBARITE adj. et n. (de *Sybaris*). Personne qui mène une vie facile et voluptueuse.

SYBARITIQUE adj. Propre aux sybarites.

SYBARITISME n. m. Vie, mœurs des sybarites.

SYCOMORE n. m. (gr. *sukomoros*). Variété d'érable, appelée aussi *faux platane*.

SYCOPHANTE n. m. (gr. *sukophantês*). Antiq. gr. Délateur professionnel.

SYCOSIS [sikozis] n. m. (gr. *sukôsis*, tumeur; de *sûkon*, figue). Infection de la peau se manifestant au niveau des poils, et due au staphylocoque ou au trichophyton.

SYÉNITE n. f. (de *Syène*, en Égypte). Roche plutonique, sans quartz, constituée principalement de feldspath alcalin et d'amphibole.

SYLI n. m. Unité monétaire de la Guinée.

SYLLABAIRE n. m. Livre élémentaire pour apprendre à lire aux enfants.

SYLLABATION n. f. Ling. Opération qui consiste à décomposer en syllabes différentes des séquences phoniques de la chaîne parlée.

SYLLABE n. f. (lat. *syllaba*; gr. *sullabê*, réunion). Groupe formé de consonnes et de voyelles qui se prononcent d'une seule émission de voix : « *Paris* » *a deux syllabes*.

SYLLABIQUE adj. Relatif aux syllabes. ● *Écriture syllabique*, écriture où chaque syllabe est représentée par un caractère. ‖ *Vers syllabique*, vers où la mesure est déterminée par le nombre et non par la valeur des syllabes.

SYLLABUS [silabys] n. m. (mot lat., *sommaire*). Relig. Formulaire des questions tranchées par l'autorité ecclésiastique.

SYLLEPSE n. f. (gr. *sullêpsis*, compréhension). Ling. Accord des mots dans la phrase selon le sens, et non selon les règles grammaticales. (Ex. : *une personne me disait qu'un jour il avait eu une grande joie.*)

SYLLOGISME n. m. (gr. *sullogismos*; de *sun*, avec, et *logos*, discours). Raisonnement qui contient trois propositions (la majeure, la mineure et la conclusion), et tel que la conclusion est déduite de la majeure par l'intermédiaire de la mineure. (Ex. : *si tous les hommes sont mortels* [majeure]; *si tous les Grecs sont des hommes* [mineure]; *donc tous les Grecs sont mortels* [conclusion].)

SYLLOGISTIQUE n. f. Science des syllogismes. ◆ adj. Qui appartient au syllogisme.

SYLPHE n. m. (lat. *sylphus*, génie). Génie de l'air des mythologies celte et germanique.

SYLPHIDE n. f. Sylphe femelle. ‖ Litt. Femme gracieuse et légère.

SYLVAIN n. m. (lat. *sylva*, forêt). Myth. rom. Génie protecteur des bois.

SYLVE n. f. Géogr. Forêt équatoriale dense.

SYLVESTRE adj. (lat. *sylva*, forêt). Qui croît dans les bois.

SYLVICOLE adj. Relatif à la sylviculture. ‖ Qui vit dans les forêts.

SYLVICULTEUR n. m. Celui qui fait de la sylviculture.

SYLVICULTURE n. f. Entretien et exploitation des forêts.

SYLVINITE n. f. (d'un n. pr.). Chlorure de potassium KCl naturel, utilisé comme engrais.

SYMBIOSE n. f. (gr. *sun*, avec, et *bios*, vie). Union étroite entre des personnes, des choses. ‖ Biol. Association de deux ou plusieurs organismes différents, qui leur permet de vivre avec des avantages pour chacun.

SYMBIOTE n. m. Biol. Chacun des êtres associés en symbiose.

SYMBIOTIQUE adj. Relatif à la symbiose.

SYMBOLE n. m. (gr. *sumbolon*, signe). Signe figuratif, être animé ou chose qui représente une chose abstraite, qui est l'image d'une chose : *la balance est le symbole de la justice.* ‖ Tout signe conventionnel abréviatif. ‖ Signe figuratif d'une grandeur, d'un nombre, d'une opération, d'un être mathématique, d'une logique de nature quelconque. ‖ Chim. Lettre ou groupe de lettres adoptées pour désigner un élément. ‖ Relig. Résumé des vérités essentielles de la religion (en ce sens, prend une majuscule).

SYMBOLIQUE adj. Qui sert de symbole; qui a le caractère d'un symbole : *langage symbolique.* ‖ Qui n'a pas de valeur, d'efficacité en soi : *geste purement symbolique.* ‖ Qui a une structure proche de celle du langage.

SYMBOLIQUE n. m. Psychanal. Dans la formulation de J. Lacan, ordre qui, avec le réel et l'imaginaire, est constitutif du sujet, qu'il établit dans l'ordre du langage, par conséquent dans celui de la culture.

SYMBOLIQUE n. f. Ensemble des symboles propres à une religion, à un peuple, etc. ‖ Science qui explique les symboles.

SYMBOLIQUEMENT adv. De façon symbolique.

SYMBOLISATION n. f. Action de symboliser.

SYMBOLISER v. t. Exprimer par un symbole, être le symbole de : *l'olivier symbolise la paix.*

SYMBOLISME n. m. Système de symboles exprimant des croyances. ‖ Système de signes écrits dont l'agencement répond à des règles, et qui traduit visuellement la formalisation d'un raisonnement. ‖ Mouvement littéraire et artistique né dans la seconde moitié du XIXe s., qui réagit contre le réalisme naturaliste et le formalisme parnassien et qui, s'attachant au mystère et à l'essence spirituelle des choses et des êtres, cherche à donner des « équivalents plastiques » de la nature et de la pensée.

■ Le mouvement symboliste s'affirme dans le *Manifeste* de Jean Moréas (*le Figaro*, 1886); il groupe les poètes qui, réagissant à la fois contre l'idéal esthétique de « l'art pour l'art » et le positivisme de la littérature naturaliste, cherchent à suggérer, par la valeur musicale et symbolique des mots, les nuances les plus subtiles des impressions et des états d'âme. Se rattachant au romantisme allemand et au préraphaélisme anglais, les symbolistes se rassemblèrent autour de Verlaine, et surtout de Mallarmé. Le symbolisme atteignit le grand public grâce au théâtre de Maeterlinck et prit une dimension internationale avec les poètes belges (G. Rodenbach, E. Verhaeren), anglais (O. Wilde), allemands (S. George), russes (C. Balmont), hispano-américains (R. Darío), danois (G. Brandes).

Le symbolisme en peinture a pour principaux représentants : en Angleterre, George Frederic Watts (1817-1904), Burne-Jones; en France, G. Moreau, Puvis de Chavannes, Redon, Gauguin, Lucien Lévy-Dhurmer (1865-1953); en Bel-

Schwitter

Arnold Böcklin :
une des six versions de *l'Île des morts*, 1880-1890.
(Kunstmuseum, Bâle.)

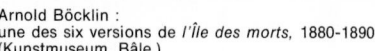

Giovanni Segantini : *l'Amour aux sources de la vie*, 1896.
(Galerie d'Art moderne, Milan.)

Scala

SYMBOLISME

Musée Kröller-Müller

Johan Thorn Prikker :
la Mariée, 1892.
(Musée Kröller-Müller, Otterlo.)

Leon Spilliaert :
Digue de mer, 1909. (Coll. priv.)

Laoros-Giraudon

Laoros-Giraudon

Lucien Lévy-Dhurmer :
Ève, 1896. (Coll. priv., Paris.)

Laoros-Giraudon

Jean Delville (1867-1953) :
Orphée, 1893. (Coll. priv., Bruxelles.)

gique, Fernand Khnopff (1858-1921), Ensor, William Degouve de Nuncques (1867-1935), Leon Spilliaert (1881-1946) ; aux Pays-Bas, Jan Toorop (1858-1928), Johan Thorn Prikker (1868-1932) ; dans les pays germaniques, Böcklin, Hodler, Max Klinger (1857-1920), Klimt, Alfred Kubin (1877-1959) ; en Italie, Segantini, Alberto Martini (1876-1954).

SYMBOLISTE adj. et n. Qui appartient au symbolisme.

SYMÉTRIE n. f. (lat. *symmetria* ; gr. *sun*, avec, et *metron*, mesure). Harmonie résultant de certaines positions des éléments constituant un ensemble. ‖ *Math.* Transformation qui, à un point M, fait correspondre un point M' tel que le segment MM' possède soit un point fixe comme milieu (symétrie par rapport à un point), soit une droite ou un axe fixes comme médiatrice (symétrie par rapport à une droite, à un axe), ou encore un plan fixe comme plan médiateur (symétrie par rapport à un plan) ; propriété d'une figure qui reste invariante par une telle transformation. ‖ *Phys.* Propriété des équations décrivant un système physique de rester invariantes par un groupe de transformations.

SYMÉTRIQUE adj. Qui a de la symétrie. ‖ Se dit de deux choses semblables et opposées : *les deux parties du visage sont symétriques* ; se dit d'une de ces deux choses par rapport à l'autre.

● *Fonction symétrique*, fonction de plusieurs variables qui n'est pas modifiée si on permute les variables. ‖ *Relation symétrique* (Math.), relation qui, si elle est vraie pour *a* et *b* pris dans cet ordre, l'est aussi pour *b* et *a* pris dans cet ordre.

SYMÉTRIQUE n. Tout élément symétrique d'un autre.

SYMÉTRIQUEMENT adv. Avec symétrie.

SYMPA adj. inv. Syn. fam. de SYMPATHIQUE.

SYMPATHECTOMIE n. f. *Chir.* Ablation de ganglions ou de filets nerveux du système sympathique.

SYMPATHIE n. f. (gr. *sumpatheia* ; de *sun*, avec, et *pathein*, ressentir). Penchant instinctif qui porte deux personnes l'une vers l'autre. ‖ Participation à la joie ou à la douleur, sentiment de bienveillance : *témoigner sa sympathie à qqn qui a eu un deuil dans sa famille.*

SYMPATHIQUE adj. Qui inspire de la sympathie, agréable.

SYMPATHIQUE n. m. *Anat.* L'un des deux systèmes nerveux régulateurs de la vie végétative (l'autre étant le *parasympathique*). [Syn. SYSTÈME ORTHOSYMPATHIQUE.]

■ L'excitation du sympathique accélère le cœur, augmente la tension artérielle, dilate les bronches et ralentit les contractions du tube digestif; le parasympathique a une action inverse; de l'équilibre entre les deux systèmes résulte le fonctionnement normal de l'organisme.

SYMPATHIQUEMENT adv. Avec sympathie.

SYMPATHISANT, E adj. et n. Qui manifeste de la sympathie (envers une doctrine, un parti).

SYMPATHISER v. i. [**avec**]. Avoir de la sympathie, de l'amitié pour qqn, s'entendre avec lui.

SYMPATHOLYTIQUE adj. et n. m. Se dit d'une substance qui supprime les effets de la stimulation du système nerveux sympathique.

SYMPATHOMIMÉTIQUE adj. et n. m. Se dit d'une substance qui reproduit les effets provoqués par la stimulation des nerfs sympathiques.

SYMPHONIE n. f. (lat. *symphonia*; gr. *sun*, avec, et *phônê*, son). *Mus.* Depuis le début du XVIIIᵉ s., composition musicale pour orchestre, empruntant la forme de la sonate. (Anciennement, le terme de *symphonie*, écrit souvent « sinfonia », pouvait désigner n'importe quelle composition pour un ensemble d'instruments.)

SYMPHONIQUE adj. Relatif à la symphonie.

SYMPHONISTE n. Personne qui compose ou exécute des symphonies.

SYMPHORINE n. f. Arbrisseau à petites fleurs roses et à fruits blancs de la taille d'une cerise. (Famille des caprifoliacées.)

SYMPHYSE n. f. (gr. *sumphusis*, union naturelle). *Anat.* Articulation peu mobile, formée de tissu conjonctif élastique. ‖ *Pathol.* Accolement anormal des deux feuillets d'une séreuse.

SYMPOSIUM [sɛ̃pozjɔm] ou **SYMPOSION** n. m. (gr. *sumposion*, banquet, par allusion au *Banquet* de Platon). Ensemble de travaux se rapportant à une même question et dus à des auteurs différents. ‖ Réunion, congrès scientifiques.

SYMPTOMATIQUE adj. Qui est le symptôme d'une maladie. ‖ Qui révèle un certain état de choses, un état d'esprit particulier : *incident symptomatique*. ● *Traitement symptomatique*, celui qui combat les symptômes, sans tenter de s'attaquer à leur cause (par oppos. au traitement fondé sur l'étiologie).

SYMPTOMATOLOGIE n. f. Étude des symptômes des maladies. (Syn. SÉMÉIOLOGIE.)

SYMPTÔME n. m. (gr. *sumptôma*, coïncidence). Indice, présage : *des symptômes de crise économique.* ‖ *Méd.* Phénomène qui révèle un trouble fonctionnel ou une lésion.

SYNAGOGUE n. f. (gr. *sunagôgê*, réunion). Maison de prière et de réunion des communautés juives.

SYNALÈPHE n. f. (gr. *sunaloiphê*, fusion). Réunion de deux syllabes en une seule, dans la prononciation.

SYNALLAGMATIQUE adj. (gr. *sunallattein*, unir). Se dit d'un contrat qui comporte des obligations réciproques.

SYNANTHÉRÉE n. f. *Bot.* Syn. de COMPOSÉE.

SYNAPSE n. f. (gr. *sun*, avec, et *aptein*, joindre). *Neurol.* Région de contact entre deux neurones.

SYNAPTIQUE adj. Relatif à une synapse.

SYNARCHIE [sinarʃi] n. f. Gouvernement exercé par un groupe de personnes.

SYNARTHROSE n. f. *Anat.* Articulation fixe entre deux os.

SYNCHROCYCLOTRON n. m. Accélérateur de particules, analogue au cyclotron, mais dans lequel se trouve rétabli le synchronisme entre la fréquence du champ accélérateur et la fréquence de rotation des particules.

SYNCHRONE [sɛ̃kron] adj. (gr. *sunkhronos*; de *sun*, avec, et *khronos*, temps). Se dit des mouvements qui se font dans un même temps. ‖ Se dit d'une machine électrique dont la vitesse angulaire est toujours égale à la pulsation du courant alternatif qu'elle reçoit ou produit, ou en est un sous-multiple ou un multiple.

SYNCHRONIE [-krɔ-] n. f. *Ling.* Ensemble de phénomènes linguistiques considérés à un moment déterminé de l'histoire, indépendamment de leur évolution. (Contr. DIACHRONIE.)

SYNCHRONIQUE adj. Qui se passe dans le même temps. ‖ Qui représente ou étudie des faits arrivés en même temps.

SYNCHRONIQUEMENT adv. De façon synchronique.

SYNCHRONISATION n. f. Action de synchroniser. ‖ *Cin.* Mise en concordance des images et des sons dans un film.

SYNCHRONISER v. t. Assurer le synchronisme : *synchroniser des mouvements.*

SYNCHRONISEUR n. m. *Techn.* Pièce qui permet d'amener au même régime deux pignons avant leur engrènement.

SYNCHRONISME n. m. État de ce qui est synchrone; fait de se produire en même temps.

SYNCHROTRON [-krɔ-] n. m. Accélérateur de particules de grande puissance, qui tient à la fois du cyclotron et du bêtatron. ● *Rayonnement synchrotron*, rayonnement électromagnétique émis par des électrons relativistes se déplaçant dans un champ magnétique. (Émis dans les anneaux de stockage sous forme de faisceaux intenses de rayons X mous, ce rayonnement est un outil précieux pour la recherche et les applications techniques.)

SYNCINÉSIE n. f. Trouble consistant en l'exécution involontaire et sans utilité de tout mouvement d'un membre par le membre opposé.

SYNCLINAL, E, AUX adj. et n. m. *Géol.* Se dit d'un pli dont la convexité est tournée vers le bas. (Contr. ANTICLINAL.)

SYNCOPAL, E, AUX adj. Relatif à la syncope.

SYNCOPE n. f. (gr. *sunkopê*; de *koptein*, briser). Perte momentanée de la sensibilité et du mouvement (la syncope est due à un arrêt de courte durée du cœur : le malade pâlit [*syncope blanche*]; la syncope respiratoire est un arrêt de la respiration sans arrêt du cœur : le malade bleuit [*syncope bleue*].) ‖ *Mus.* Procédé rythmique qui consiste à déplacer sur le cœur un temps fort sur un temps faible ou sur la partie faible d'un temps.

syncope

SYNCOPÉ, E adj. *Rythme syncopé, mesure syncopée*, qui comporte des syncopes.

SYNCRÉTIQUE adj. Relatif au syncrétisme.

SYNCRÉTISME n. m. *Anthropol.* Fusion de plusieurs systèmes religieux, de pratiques religieuses appartenant à plusieurs cultures. ‖ *Psychol.* Système archaïque de pensée et de perception, consistant en une perception globale et confuse des différents éléments.

SYNCRÉTISTE adj. et n. Qui appartient au syncrétisme.

SYNCYTIUM [sɛ̃sitjɔm] n. m. (mot lat.). Masse de cytoplasme comportant plusieurs noyaux.

SYNDACTYLE adj. (gr. *sun*, avec, et *daktulos*, doigt). Qui a les doigts soudés entre eux.

SYNDACTYLIE n. f. *Méd.* Fusion de doigts ou d'orteils.

SYNDERME n. m. Substitut du cuir naturel, obtenu par agglomération de fibres de cuir et de latex de caoutchouc naturel ou synthétique.

SYNDIC n. m. (gr. *sundikos*, qui assiste quelqu'un en justice). Celui qui a été désigné pour prendre soin des affaires d'une collectivité, d'une corporation, d'une assemblée de propriétaires, d'un ensemble de créanciers, etc. ‖ Titre porté par le président d'une commune dans les cantons de Vaud et de Fribourg.

SYNDICAL, E, AUX adj. Qui appartient au syndicat ou qui le représente.

SYNDICALISATION n. f. Action de syndicaliser.

SYNDICALISER v. t. Faire entrer dans une organisation syndicale. ‖ Organiser les syndicats dans un secteur économique.

SYNDICALISME n. m. Mouvement ayant pour objet de grouper les personnes exerçant une même profession, en vue de la défense de leurs intérêts. ‖ Activité exercée dans un syndicat.

SYNDICALISTE n. et adj. Personne qui milite dans un syndicat.

SYNDICAT n. m. Groupement formé pour la défense d'intérêts professionnels communs : *syndicat ouvrier; syndicat patronal.* ● *Syndicat de communes*, établissement public créé par deux ou plusieurs communes en vue d'exercer un service intercommunal. ‖ *Syndicat financier*, groupement temporaire de personnes physiques ou morales, ayant pour objet l'étude ou la réalisation d'une opération financière. ‖ *Syndicat d'initiative*, organisme dont l'objet est de favoriser le tourisme dans une localité ou dans une région. ‖ *Syndicat de propriétaires*, association dont l'objet est d'effectuer des travaux d'utilité générale ou de la copropriété.

■ Les syndicats ouvriers se sont organisés avant les syndicats d'employeurs. Tous sont d'abord interdits par la législation issue de la Révolution (loi Le Chapelier, juin 1791), au nom même de la liberté. Face au capitalisme naissant, des grèves surgissent dès la Restauration et certaines « coalitions » se manifestent ouvertement. L'échec sanglant de la révolte des canuts (1831) marque un temps d'arrêt; une série de grèves chez des ouvriers hautement qualifiés (notamment typographes) entraîne la loi de 1864, qui autorise l'action commune de professionnels, sans autoriser d'association. L'échec de la Commune (1871) marque un nouvel arrêt et il faut attendre la loi Waldeck-Rousseau (mars 1884) pour que soient autorisés et réglementés les syndicats professionnels. Les Bourses du travail se forment dès ce moment et la Confédération générale du travail, ébauchée en 1895, vient coordonner leur action. La participation des socialistes dans le mouvement syndical, apparue avant la Première Guerre mondiale, suscite une lutte entre deux tendances, dont l'une vise à maintenir le mouvement syndical dans le cadre professionnel, et l'autre à relier l'action syndicale à l'action politique (thèse soutenue par les socialistes, notamment marxistes). Tout en changeant de forme, cette lutte continue après la révolution d'Octobre et la guerre froide issue de la Seconde Guerre mondiale. En 1948, la C.G.T.-F.O. se forme au sein même de la C.G.T., jugée trop politisée; et qui reste cependant de loin le syndicat le plus important. Une autre centrale syndicale, d'origine chrétienne, regroupe principalement des employés à partir de 1919 : la C.F.T.C., qui donne naissance à la C.F.D.T. en 1964. En 1944 apparaît la Confédération générale des cadres. Ce n'est qu'en 1968 que naît officiellement la section syndicale d'entreprise.

SYNDICATAIRE n. et adj. Personne qui fait partie d'un syndicat de propriétaires ou d'un syndicat financier.

SYNDIQUÉ, E n. et adj. Membre d'un syndicat.

SYNDIQUER v. t. Organiser en syndicat : *syndiquer une profession.* ◆ **se syndiquer** v. pr. S'affilier, adhérer à un syndicat.

SYNDROME n. m. (gr. *sundromê*, concours). *Méd.* Ensemble des symptômes qui caractérisent une maladie, une affection.

SYNECDOQUE n. f. (gr. *sunekdokhê*, compréhension simultanée). Figure de style qui consiste à prendre la partie pour le tout (« payer tant par tête »), le genre pour l'espèce, l'espèce pour le genre, etc.

SYNÉCHIE [sineki] n. f. (gr. *sunekhein*, être avec). *Méd.* Accolement pathologique, cicatriciel, de deux surfaces.

SYNECTIQUE n. f. *Psychol.* Méthode de stimulation des différentes étapes de la création intellectuelle, individuelle ou en groupe.

SYNÉRÈSE n. f. (gr. *sunairesis*, rapprochement). *Chim.* Séparation du liquide d'un gel. ‖ *Phon.* Fusion de deux voyelles contiguës en une diphtongue. (Ex. : *lier* [*li-er*].)

SYNERGIDE n. f. Cellule végétale voisine de l'oosphère et qui peut très exceptionnellement être fécondée. (Il y a toujours deux synergides.)

SYNERGIE n. f. (gr. *sun*, avec, et *ergon*, travail). *Physiol.* Association de plusieurs organes pour l'accomplissement d'une fonction.

SYNERGIQUE adj. Relatif à la synergie.

SYNERGISTE adj. et n. m. Se dit d'un muscle qui s'associe avec un autre pour l'exécution d'un mouvement.

SYNESTHÉSIE n. f. (gr. *sun*, avec, et *aisthêsis*, sensation). *Psychol.* Association spontanée par correspondance de sensations appartenant à des domaines différents.

SYNGNATHE n. m. Poisson marin à corps et museau très allongés. (Long. max. sur les côtes européennes : 50 cm; ordre des *catostéomes*.)

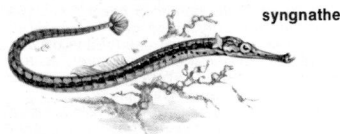

syngnathe

SYNODAL, E, AUX adj. Relatif au synode : *assemblée synodale.*

SYNODE n. m. (gr. *sunodos*, réunion). Dans l'Église catholique, assemblée d'ecclésiastiques convoquée pour les affaires d'un diocèse, de l'Église universelle. (Le deuxième concile du Vatican a créé des synodes épiscopaux périodiques [1969, 1971, 1974, 1977], qui rassemblent à Rome, autour d'un thème d'actualité, un certain nombre d'évêques.) ‖ Dans l'Église réformée, assemblée des délégués (pasteurs et laïcs) des consistoires paroissiaux ou régionaux.

SYNODIQUE adj. (gr. *sunodikos*). *Révolution synodique,* temps que met une planète pour revenir en conjonction avec le Soleil.

SYNŒCISME [sinesism] n. m. (gr. *sunoikismos*). *Antiq. gr.* Regroupement de plusieurs bourgs ruraux autour d'un centre urbain et qui est à l'origine de la cité grecque, ou *polis.*

SYNONYME adj. et n. m. (gr. *sunônumos*; de *sun*, avec, et *onoma*, nom). Se dit des mots de même catégorie qui ont des sens très proches (*épée* et *glaive*).

SYNONYMIE n. f. Qualité des mots synonymes.

SYNONYMIQUE adj. Relatif à la synonymie.

SYNOPSIS [sinɔpsis] n. m. (mot gr., *vue d'ensemble*). Bref exposé d'un sujet de film, constituant l'ébauche d'un scénario.

SYNOPTIQUE adj. (gr. *sunoptikos*). Qui permet de saisir d'un même coup d'œil les diverses parties d'un ensemble. ● *Carte synoptique,* carte météorologique représentant simultanément les isobares, les fronts et les masses d'air. ‖ *Évangiles synoptiques,* nom donné aux trois premiers Évangiles de saint Matthieu, saint Marc et saint Luc, qui présentent de grandes ressemblances.

SYNOSTOSE n. f. *Méd.* Réunion des os par une soudure.

SYNOVECTOMIE n. f. Ablation chirurgicale d'une synoviale.

SYNOVIAL, E, AUX adj. Relatif à la synovie.

SYNOVIALE n. f. Séreuse sécrétant la synovie.

SYNOVIE n. f. Liquide d'aspect filant qui lubrifie les articulations.

SYNOVIORTHÈSE n. f. Traitement de certaines affections articulaires par destruction de la synoviale malade, qui est suivie de sa reconstitution normale.

SYNOVITE n. f. Inflammation d'une membrane synoviale.

SYNTACTICIEN, ENNE n. Spécialiste de la syntaxe.

SYNTACTIQUE adj. Relatif à l'arrangement des mots dans la phrase.

SYNTAGMATIQUE adj. *Ling.* Relatif au syntagme. ● *Axe syntagmatique,* chaîne parlée où les termes sont déterminés par les choix qui précèdent ou qui suivent.

SYNTAGME n. m. *Ling.* Dans une phrase, unité syntaxique élémentaire (groupe nominal, groupe verbal).

SYNTAXE n. f. (gr. *suntaxis*; de *sun*, avec, et *taxis*, ordre). Partie de la grammaire qui traite

de la fonction et de la disposition des mots et des propositions dans la phrase. ‖ *Log.* Étude des propositions d'une théorie déductive du point de vue de la possibilité de les démontrer.

SYNTAXIQUE adj. Relatif à la syntaxe. ● *Système syntaxique,* système de lois permettant d'étudier un langage sous son aspect purement formel, sans référence à la signification ou à l'usage qui est fait de ce langage.

SYNTHÈSE n. f. (gr. *sunthesis*, mélange). Méthode de démonstration qui descend des principes aux conséquences, des causes aux effets : *la synthèse est l'opération inverse de l'analyse.* ‖ Exposé d'ensemble, aperçu global; réunion d'éléments en un tout. ‖ *Chim.* Formation artificielle d'un corps composé à partir de ses éléments. ● *Synthèse additive,* principe de mélange des couleurs observable par projection, sur un écran blanc, de taches en partie décalées de lumières rouge, verte et bleue (on obtient le cyan, le magenta, le jaune et le blanc). ‖ *Synthèse soustractive,* principe de mélange des couleurs observable en superposant sur un certain décalage, devant une source de lumière blanche, des filtres colorés jaune, magenta et cyan (on obtient le bleu, le vert, le rouge et le noir).

SYNTHÉTASE n. f. *Biol.* Syn. de LIGASE.

SYNTHÉTIQUE adj. Qui appartient à la synthèse : *méthode synthétique.* ‖ Qui résume, synthétise. ‖ Obtenu par synthèse : *caoutchouc synthétique.*

SYNTHÉTIQUEMENT adv. De façon synthétique.

SYNTHÉTISER v. t. Réunir par synthèse, faire la synthèse de : *synthétiser les faits.*

SYNTHÉTISEUR n. m. Appareil électronique utilisé en studio de composition musicale et capable de produire un son à partir de ses constituantes (fréquences, intensités, durées).

SYNTHÉTISME n. m. Technique et esthétique picturale, également dite *cloisonnisme,* fondée sur l'usage de grands aplats de couleur aux contours vigoureusement cernés. (Opposé à la dissolution des formes de l'impressionnisme, le synthétisme, élaboré par É. Bernard à Pont-Aven*, fut d'abord repris par divers artistes qui travaillaient là, Gauguin notamment.)

SYNTONE adj. *Psychol.* Qui manifeste de la syntonie.

SYNTONIE n. f. *Phys.* Accord en résonance de plusieurs circuits électriques oscillant sur une même fréquence. ‖ *Psychol.* Aptitude à vibrer en résonance avec le milieu ambiant.

SYNTONISATION n. f. Méthode de réglage des récepteurs de radiodiffusion, utilisant la syntonie.

SYPHILIDE n. f. Lésion cutanée ou muqueuse de la syphilis, se manifestant par des taches, des boutons, des plaques, etc.

SYPHILIS [sifilis] n. f. (mot lat.). Maladie infectieuse et contagieuse, vénérienne, provoquée par un tréponème pâle et se manifestant par un chancre initial et par des atteintes viscérales et nerveuses tardives.

SYPHILITIQUE adj. et n. Relatif à la syphilis; atteint de la syphilis.

SYRIAQUE adj. et n. m. Langue sémitique dérivée de l'araméen, restée comme langue littéraire et liturgique de certaines Églises orientales.

SYRIEN, ENNE adj. et n. De la Syrie.

SYRIEN n. m. Dialecte arabe de Syrie.

SYRINGOMYÉLIE n. f. Maladie du système nerveux central dans laquelle la destruction de la substance grise de la moelle épinière entraîne la perte de la sensibilité à la douleur et à la température.

SYRINX [siʀɛks] n. f. (gr. *surigx*, flûte). Organe du chant, chez les oiseaux, situé à la bifurcation des bronches.

SYRPHE n. m. (lat. *syrphus*). Mouche à abdomen jaune et noir, commune sur les fleurs.

SYRPHIDÉ n. m. Insecte diptère tel que la *volucelle,* l'*éristale* et le *syrphe.* (Les *syrphidés* forment une famille.)

SYRRHAPTE n. m. Oiseau des steppes asiatiques, aux pattes emplumées, aux ailes longues

et fines, effectuant parfois de vastes migrations en Europe. (Famille des *ptéroclididés.*)

SYSTÉMATICIEN, ENNE n. Spécialiste de systématique.

SYSTÉMATIQUE adj. Relatif à un système. ‖ Qui procède avec méthode, cohérent : *volonté systématique.* ‖ Qui agit de façon rigide, sans tenir compte des circonstances.

SYSTÉMATIQUE n. f. Classification des êtres vivants d'après un système. ‖ Ensemble de données érigé en système.

SYSTÉMATIQUEMENT adv. De façon systématique.

SYSTÉMATISATION n. f. Action de systématiser.

SYSTÉMATISÉ, E adj. *Délire systématisé* (Psychiatr.), délire dans lequel les idées délirantes sont organisées progressivement et donnent une impression de cohérence et de logique.

SYSTÉMATISER v. t. Réduire en système. ‖ Juger à partir d'idées préconçues.

SYSTÈME n. m. (gr. *sustêma,* ensemble). Ensemble ordonné d'idées scientifiques ou philosophiques : *le système newtonien, hégélien.* ‖ Combinaison d'éléments qui se coordonnent pour concourir à un résultat ou de manière à former un ensemble : *système nerveux.* ‖ Ensemble de divers organes analogues; dispositif formé d'éléments agencés : *système de fermeture.* ‖ Ensemble de termes définis par les relations qu'ils entretiennent entre eux : *système linguistique.* ‖ Ensemble de méthodes, de procédés destinés à produire un résultat : *système de défense.* ‖ Mode d'organisation : *le système capitaliste; système de parenté.* ‖ Mode de gouvernement, d'administration, etc. : *les systèmes électoraux.* ‖ Moyen habile pour réussir qqch : *un système pour faire fortune.* ‖ *Hist. nat.* Méthode de classification fondée sur l'emploi d'un seul ou d'un petit nombre de caractères. *Psychanal.* Syn. de INSTANCE. ‖ *Sports.* Pièce métallique montée sur pivot, dans laquelle se pose l'aviron. ● *Courir sur le système* (Fam.), ennuyer, énerver. ‖ *Esprit de système,* tendance à faire prévaloir l'organisation systématique sur l'enseignement pratique des faits. ‖ *Par système,* de parti pris. ‖ *Système d'arme,* terme générique désignant l'ensemble organisé autour d'un projectile et comprenant tous les équipements nécessaires à sa mise en œuvre. ‖ *Système de construction,* emploi d'éléments déterminés pour réaliser une construction, notamment de façon industrielle. ‖ *Système d'équations,* ensemble de plusieurs équations liant simultanément plusieurs variables. ‖ *Système d'exploitation* (Inform.), ensemble des programmes permettant de gérer les diverses tâches d'un ordinateur et de décharger les utilisateurs de toute programmation de routine. ‖ *Système international d'unités (SI),* système de mesures métrique décimal à sept unités de base (mètre, kilogramme, seconde, ampère, kelvin, mole, candela). ‖ *Système monétaire européen,* système d'harmonisation des changes des différentes monnaies européennes (il se substitua, en 1979, au serpent). ‖ *Système nuageux,* ensemble des différents types de nuages qui accompagnent une perturbation complète. ‖ *Système de référence,* ensemble de corps (considérés eux-mêmes comme fixes, pour les besoins de la démonstration) par rapport auxquels on définit le mouvement d'un autre corps. ‖ *Théorie des systèmes,* théorie générale et interdisciplinaire qui étudie les systèmes en tant qu'ensembles d'éléments, matériels ou non, en relation les uns avec les autres et formant un tout.

SYSTÉMIQUE adj. Relatif à un système pris dans son ensemble.

SYSTOLE n. f. (gr. *sustolê,* contraction). Mouvement de contraction du cœur et des artères. (Contr. DIASTOLE.)

SYSTOLIQUE adj. Relatif à la systole.

SYZYGIE n. f. (gr. *suzugia,* réunion). *Astron.* Conjonction ou opposition de la Lune avec le Soleil (nouvelle ou pleine lune).

SZLACHTA [ʃlakta] n. f. Nom qui, à partir du XIIIe s., désigna la petite noblesse polonaise, celle qui contribua à affaiblir la royauté.

t

torii

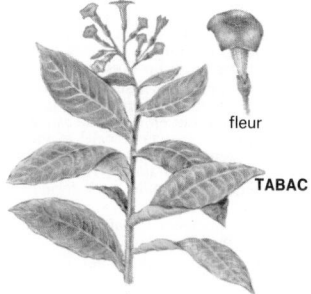

fleur

TABAC

T n. m. Vingtième lettre de l'alphabet et la seizième des consonnes. (La consonne *t* [t] est une dentale sourde.) ‖ **T**, symbole de *téra.* ‖ **T**, symbole du *tesla.* ‖ **t**, symbole de la *tonne.* ● *En T,* qui a la forme de la lettre T.

TA adj. poss. fém. → TON.

Ta, symbole chimique du *tantale.*

T. A. B., sigle du vaccin contre la typhoïde et les paratyphoïdes A et B.

TABAC [taba] n. m. (esp. *tabaco;* mot haïtien). Plante annuelle de la famille des solanacées, originaire de l'île de *Tobago,* dont les feuilles, diversement préparées, se fument, se prisent ou se mâchent. ‖ Feuilles de tabac préparées : *tabac à priser.* ‖ Débit de tabac. ● *Coup de tabac,* tempête violente et de courte durée. ‖ *Faire un tabac* (Fam.), avoir un grand succès. ‖ *Le même tabac* (Fam.), la même chose. ‖ *Passer à tabac* (Fam.), frapper, rouer de coups. ◆ pl. Administration des tabacs de la Régie. (La dénomination officielle est *Service d'exploitation industrielle des tabacs et des allumettes* [S. E. I. T. A.].) ◆ adj. inv. De couleur brun-roux rappelant celle du tabac.

■ Le tabac est une plante vigoureuse, pouvant atteindre 2 mètres de haut, à larges feuilles. Originaire probablement des Antilles, importé en Europe par les Espagnols et vulgarisé en France par l'ambassadeur de Catherine de Médicis, Jean Nicot, il est cultivé à peu près dans tous les pays, notamment aux États-Unis (côte de l'Atlantique), en Inde, au Brésil, dans les Balkans,

FABRICATION DU TABAC ET DES CIGARETTES

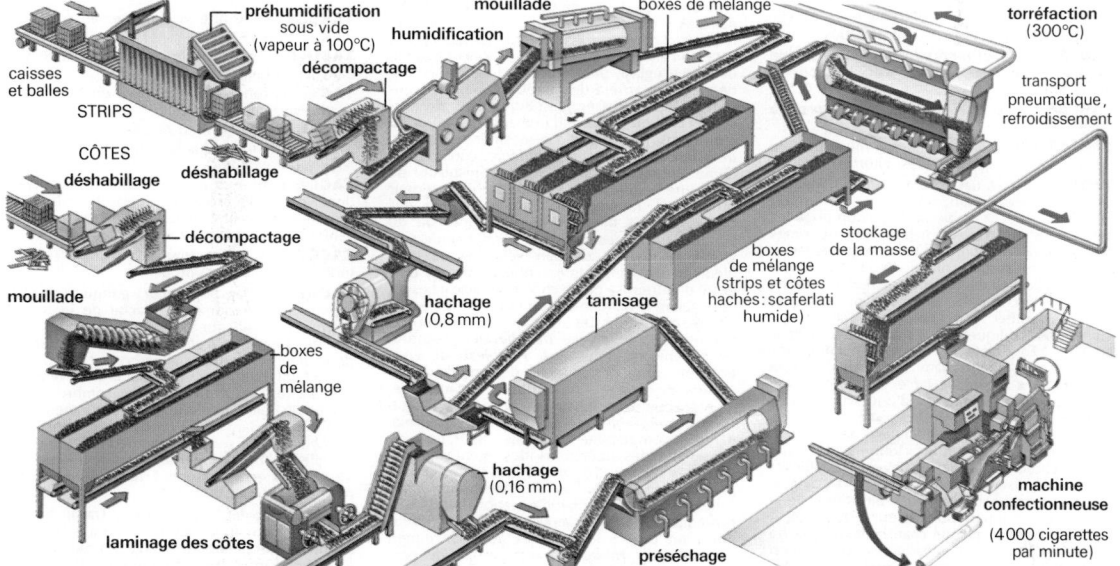

Les strips (parenchymes) des feuilles de tabac sont traités à part des côtes (nervures), assouplis par préhumidification sous vide, puis humidifiés à l'eau tiède et trempés (mouillade); ils sont stockés dans des boxes avant d'être hachés. Les côtes, brassées à l'eau chaude, sont entreposées dans des boxes de mélange, avant d'être laminées, hachées, puis préséchées. Strips et côtes hachés, mélangés, constituent le scaferlati humide. Celui-ci, brassé dans un cylindre rotatif chauffé à 300 °C dans un courant d'air à 90 °C (torréfaction), verra son taux d'humidité ramené de 30 à 16 p. 100.

etc. Les feuilles de tabac récoltées sont séchées sous des hangars, puis soumises à une fermentation en masse, et transformées en très menus grains (tabac à priser), en filaments découpés (tabac à fumer), en carottes (tabac à chiquer). En France, la culture (autorisée dans 25 départements), la fabrication et la vente du tabac sont l'objet d'un monopole de l'État.

TABACOMANIE n. f. Usage excessif du tabac.

TABAGIE n. f. Endroit où l'on a fumé beaucoup et qui conserve l'odeur du tabac. ‖ Au Canada, magasin où l'on vend du tabac.

TABAGIQUE adj. Relatif au tabagisme.

TABAGISME n. m. Syn. de NICOTINISME.

TABARD n. m. Surtout flottant, porté sur l'armure au Moyen Âge.

TABASSER v. t. Pop. Passer à tabac, battre violemment.

TABATIÈRE n. f. Petite boîte où l'on met du tabac à priser. ● Fenêtre à tabatière, ou tabatière, fenêtre en comble comprenant un châssis ayant la même inclinaison que le versant sur lequel il est adapté, et fermée par un abattant vitré. ‖ Tabatière anatomique, petite dépression de la partie postérieure et externe du poignet, lorsque le pouce est en extension (on y dosait le tabac à priser).

T. A. B. D. T., sigle du vaccin contre la fièvre typhoïde, les paratyphoïdes A et B, la dyphtérie et le tétanos.

TABELLAIRE adj. (lat. tabella, tableau). Impression tabellaire, celle qu'on faisait avec des planches gravées.

TABELLE n. f. En Suisse, tableau, liste.

TABELLION n. m. (lat. tabellio). Fonctionnaire autref. chargé de mettre en grosse les actes dont les minutes étaient dressées par les notaires. ‖ Anc. officier public jouant le rôle de notaire dans les juridictions subalternes.

TABERNACLE n. m. (lat. tabernaculum, tente). Relig. hébr. Sanctuaire mobile contenant l'arche d'alliance jusqu'à la construction du Temple de Salomon (Xᵉ s. av. J.-C.). ‖ Relig. cath. Petite armoire placée sur l'autel ou encastrée dans le mur du chœur d'une église, destinée à conserver l'eucharistie. ‖ Fête des Tabernacles ou de Soukkôt, fête liturgique juive célébrée en automne.

TABÈS [tabɛs] n. m. (lat. tabes, consumption). Syphilis tardive atteignant la moelle épinière, et caractérisée par une incoordination motrice.

TABÉTIQUE adj. et n. Atteint de tabès.

TABLA n. m. (mot hindi). Instrument à double percussion de l'Inde, formé d'un tambour et d'une timbale.

TABLAR n. m. En Suisse, étagère servant à ranger qqch.

TABLATURE n. f. Anc. notation musicale faite de lignes et de signes (lettres, chiffres).

TABLE n. f. (lat. tabula, planche). Meuble fait d'un plateau horizontal posé sur un ou plusieurs pieds. ‖ Meuble sur lequel on place les mets ; mets qu'on y sert habituellement ; repas pris à une table : quitter la table ; linge de table. ‖ Plaque ou surface plane de matière quelconque. ‖ Recueil de nombres ou d'observations que l'on inscrit dans un ordre méthodique, propre à faciliter les recherches. ‖ Tableau qui indique méthodiquement les sujets traités dans un livre. ‖ En athlétisme, mode de cotation des performances, utilisé dans le décathlon et le pentathlon. ● Heure de table, temps consacré au repas par les employés d'une entreprise ; Mettre, dresser la table, placer sur la table les choses nécessaires pour les repas. ‖ Sainte table, dans une église catholique, clôture basse séparant le chœur de la nef et devant laquelle les fidèles se présentent pour recevoir la communion. ‖ Se mettre à table, s'asseoir autour de la table pour les repas ; pop., avouer, dénoncer. ‖ Table de cuisson, plaque chauffante, au gaz ou à l'électricité. ‖ Table d'harmonie, partie d'un instrument de musique sur laquelle les cordes sont tendues et qui amplifie le son. ‖ Table d'hôte, table servie à heures et à prix fixes. ‖ Table de lancement, dispositif assurant le support et le maintien d'un véhicule spatial et permettant un décollage vertical. ‖ Table de lecture, syn. de PLATINE (d'un électrophone). ‖ Tables de la Loi, tables de pierre que Dieu, selon la Bible, remit à Moïse et sur lesquelles était gravé le Décalogue. ‖ Table de nuit ou de chevet, petit meuble à compartiments et tiroirs qui se place à côté du lit. ‖ Table d'opération, table articulée sur laquelle on place le malade pour les interventions chirurgicales. ‖ Table d'orientation, table circulaire permettant de reconnaître les détails d'un point de vue. ‖ Table ronde, réunion tenue par plusieurs personnes pour discuter, sur un pied d'égalité, des questions d'intérêt commun. ‖ Table de rotation, plateau circulaire qui entraîne le train des tiges de sonde dans sa rotation. ‖ Table roulante, petite table à double plateau, montée sur roulettes. ‖ Table traçante, table à dessiner, à commande numérique ou analogique, qui peut être connectée à un ordinateur mais fonctionne le plus souvent en association avec un dérouleur de bande magnétique. ‖ Table de vérité (Log.), tableau indiquant en abscisse les propositions élémentaires (par ex., p et q) et l'opérateur choisi pour former la proposition composée (par ex., la conjonction p ∧ q), et en ordonnée les valeurs vraies (V) ou fausses (F) des propositions. (À chaque valeur de p et de q correspond une valeur de la conjonction p ∧ q.)

TABLEAU n. m. Panneau revêtu d'un enduit noir ou vert foncé pour écrire à la craie, principalement en usage dans les écoles. ‖ Panneau destiné à recevoir des renseignements, des annonces, etc. ‖ Œuvre picturale exécutée sur châssis (toile tendue), sur panneau de bois, etc. ‖ Liste contenant des informations, des renseignements : tableau statistique. ‖ Liste des membres d'un corps, d'une société : tableau des avocats. ‖ Feuille sur laquelle des matières sont rangées méthodiquement : tableau chronologique. ‖ Spectacle qui fait impression : de cette hauteur, on découvre un tableau magnifique. ‖ Représentation imagée de qqch, récit vivant : faire un tableau fidèle des événements. ‖ Théâtr. Subdivision d'un acte marquée par un changement de décor. ● Il y a une ombre au tableau, il y a un élément défavorable dans une situation excellente. ‖ Jouer, miser sur les deux tableaux, se ménager un avantage quel que soit le vainqueur. ‖ Tableaux A, B, C des substances vénéneuses, listes où sont réparties les différentes substances pharmaceutiques vénéneuses employées en thérapeutique humaine et vétérinaire (A : toxique ; B : stupéfiant ; C : dangereux). ‖ Tableau arrière (Mar.), surface plane située à l'arrière d'une coque. ‖ Tableau d'autel, dans une église, peinture encadrée placée au-dessus et en arrière de l'autel. ‖ Tableau d'avancement, liste, dressée périodiquement, du personnel civil ou militaire d'une administration ou d'un corps, jugé digne d'avancement. ‖ Tableau de baie ou d'embrasure extérieure, côté vertical d'une embrasure, entre l'éventuel dispositif de fermeture (feuillure, huisserie) et le nu extérieur du mur. ‖ Tableau de bord, ensemble des organes placés bien en vue du pilote ou du conducteur, et destinés à lui permettre de surveiller la marche de son véhicule ; rassemblement des éléments essentiels dont un dirigeant d'entreprise ou un chef de service a besoin pour suivre la marche de son unité. ‖ Tableau de chasse, exposition des animaux abattus groupés par espèces. ‖ Tableau de chevalet, peinture de dimensions moyennes. ‖ Tableau de contrôle, ensemble des appareils de commande, de mesure, de réglage et de sécurité d'une machine, d'un groupe de machines ou d'une installation complète. ‖ Tableau économique d'ensemble, dans la comptabilité nationale, figuration de l'ensemble des opérations des agents économiques. ‖ Tableau d'honneur, liste des élèves les plus méritants. ‖ Tableau des opérations financières, dans la comptabilité nationale, tableau présentant les voies et moyens par lesquels sont mises en œuvre les sources de financement nécessaires. ‖ Tableau vivant, groupe de personnes représentant une scène.

TABLEAUTIN n. m. Petit tableau (peinture).

TABLÉE n. f. Ensemble des personnes prenant un repas à la même table.

TABLER v. t. ind. [sur]. Fonder ses calculs sur qqch, compter sur : tabler sur un changement.

TABLETIER, ÈRE n. Artisan qui fabrique ou qui vend des jeux nécessitant l'emploi d'un damier ou d'un échiquier, ainsi que de menus ouvrages d'ivoire, de bois, de nacre, etc.

TABLETTE n. f. Planche disposée pour recevoir des papiers, des livres, etc. ‖ Pierre plate qui termine les murs d'appui ou d'autres pièces de maçonnerie : tablette de cheminée. ‖ Préparation moulée, de forme plate : tablette de chocolat. ◆ Minéral de forme plate aplatie. ● pl. Dans l'Antiquité, plaquette d'argile, ou plaquette de bois ou d'ivoire enduite de cire, sur laquelle on écrivait avec un poinçon. ● Mettre sur ses tablettes, prendre bonne note. ‖ Rayer de ses tablettes, ne plus y compter.

TABLETTERIE [tablɛtri] n. f. Métier, commerce, ouvrage du tabletier.

TABLIER n. m. (de table). Vêtement de protection que l'on attache devant soi pour préserver ses vêtements. ‖ Blouse enveloppante. ‖ Dans un pont, plate-forme horizontale supportant la chaussée ou la voie ferrée. ‖ Cloison séparant le moteur de la caisse d'une auto. ● Rendre son tablier (Fam.), se démettre de ses fonctions.

TABLOÏD adj. et n. m. Se dit d'une publication dont le format est la moitié du format habituel des journaux.

TABOR n. m. (mot ar.). Corps de troupes marocain équivalant à un bataillon d'infanterie.

TABORITES n. pl. Hussites intransigeants qui se groupèrent autour de Jan Žižka à Tábor, ville tchèque, et qui furent vaincus à Lipany en 1434 par les catholiques et les hussites modérés.

TABOU n. m. (mot polynésien). Anthropol. Caractère d'un objet, d'un être ou d'un acte dont il faut se détourner en raison de sa nature sacrée. ‖ Interdit de caractère social et moral. ◆ adj. inv. (en genre). Interdit et marqué d'un caractère sacré : un mot tabou. ‖ Fam. Qui ne peut être critiqué ni modifié : un règlement tabou.

TABOURET n. m. (anc. fr. tabour). Siège à piétement, sans dossier ni bras.

TABULAIRE adj. (lat. tabula, table). En forme de table, plat.

TABULATEUR n. m. Dispositif d'une machine de bureau, permettant de retrouver automatiquement les mêmes zones d'arrêt à chaque ligne.

TABULATRICE n. f. Machine servant à exploiter les cartes perforées.

TABULÉ n. m. Cnidaire constructeur, fossile dans les terrains primaires.

TAC n. m. (onomat.). Répondre du tac au tac, rendre vivement la pareille.

TACAUD n. m. (breton takohed). Poisson voisin de la morue, dos brunâtre. (Long. 30 cm ; famille des gadidés.)

TACCA n. m. (mot malais). Plante monocotylédone des pays tropicaux, dont le tubercule fournit une fécule alimentaire (arrow-root de Tahiti).

TACET [tasɛt] n. m. (mot lat., il se tait). Mus. Indique le silence d'une partie.

TACHE n. f. (lat. pop. tacca ; gotique ta[i]kko, signe). Marque qui salit : tache de graisse. ‖ Marque naturelle sur la peau de l'homme ou le poil des animaux : taches de rousseur. ‖ Marque de couleur, de lumière, d'ombre. ‖ Litt. Tout ce qui atteint l'honneur, la réputation : une vie sans tache. ‖ Astron. Formation sombre sur le disque du Soleil ou d'une planète. ● Faire tache, être déplacé dans ; faire un contraste choquant. ‖ Tache auditive (Anat.), zone de l'utricule et du saccule de l'oreille interne, sensible à la pesanteur et aux accélérations. ‖ Tache jaune, autre nom de la MACULA.

TÂCHE n. f. (lat. taxare, taxer). Travail à faire dans un temps fixé. ‖ Ce que l'on a à faire par devoir ou par nécessité ; obligation morale. ● À la tâche, à prix convenu pour un travail fixé d'avance. ‖ Enrichissement des tâches (Écon.), augmentation du contenu des tâches exécutées par le personnel ouvrier ou employé, afin de stimuler l'intérêt au travail.

TACHÉOMÈTRE [-ke-] n. m. (gr. *takhus*, rapide). Sorte de théodolite destiné aux levés de plans et aux mesures d'altitude.

TACHÉOMÉTRIE [-ke-] n. f. Ensemble de procédés employés pour lever des plans avec le tachéomètre.

TACHER v. t. Salir en faisant une tache. ‖ *Litt.* Ternir, souiller : *tacher sa réputation.*

TÂCHER v. t. ind. [**de**]. Faire des efforts pour venir à bout, essayer : *tâchez de terminer ce travail.* ◆ v. t. *Tâcher que*, faire en sorte que.

TÂCHERON n. m. Petit entrepreneur, ouvrier qui travaille à la tâche. ‖ *Péjor.* Personne qui exécute une tâche ingrate et sans éclat.

TACHETER v. t. (conj. 4). Marquer de nombreuses petites taches.

TACHINA [takina] n. m. (gr. *takhinos*, rapide). Mouche noire, commune sur les fleurs, et dont les larves parasitent certaines chenilles. (Long. 1 cm.)

TACHISME [taʃism] n. m. Nom donné v. 1954 à une des tendances de la peinture abstraite.

TACHISTE adj. et n. Qui pratique le tachisme.

TACHISTOSCOPE [-kis-] n. m. Appareil servant à présenter à un sujet des images lumineuses pendant un court instant afin d'expérimenter et de mesurer certaines modalités de la perception.

TACHISTOSCOPIQUE [-kis-] adj. Relatif au tachistoscope.

TACHOGRAPHE [-ko-] n. m. Syn. de SCANNER.

TACHYARYTHMIE [-ki-] n. f. *Méd.* Variété d'arythmie, accompagnée de tachycardie.

TACHYCARDIE [-ki-] n. f. (gr. *takhus*, rapide, et *kardia*, cœur). Battement accéléré du cœur.

TACHYGRAPHE [-ki-] n. m. Appareil enregistreur de vitesse.

TACHYMÈTRE [-ki-] n. m. Instrument employé pour la mesure continue des vitesses.

TACHYON [-kjɔ̃] n. m. Nom donné à des particules hypothétiques ayant une vitesse supérieure à celle de la lumière dans le vide.

TACHYPHÉMIE [-ki-] n. f. *Psychiatr.* Trouble de l'émission du langage, caractérisé par la rapidité du débit.

TACHYPSYCHIE [-ki-] n. f. *Psychiatr.* Enchaînement anormalement rapide des idées, se manifestant au niveau verbal par des coq-à-l'âne.

TACITE adj. (lat. *tacitus*, qui se tait). Qui n'est pas formellement exprimé, mais qui est sous-entendu ; implicite.

TACITEMENT adv. De façon tacite.

TACITURNE adj. (lat. *taciturnus* ; de *tacere*, taire). Qui parle peu, silencieux.

TACLE n. m. (angl. *to tackle*, empoigner). Au football, glissade, un ou deux pieds en avant, destinée à déposséder l'adversaire du ballon.

TACON n. m. (mot gaul.). Jeune saumon, avant sa descente en mer, mesurant au plus 15 cm.

TACON n. m. (lat. médiév. *taco*, morceau de cuir). En Suisse, pièce servant à raccommoder un vêtement.

TACONEOS [takɔneɔs] n. m. pl. (mot esp.). Dans la danse flamenca, rythmes donnés par le martèlement des talons.

TACOT n. m. *Fam.* Véhicule automobile démodé et défectueux.

TACT n. m. (lat. *tactus* ; de *tangere*, toucher). Sensation produite par le contact mécanique d'un objet avec la peau et reçue par les corpuscules de Meissner (contact léger) et de Vater-Pacini (pression). [Le tact n'est qu'une partie du toucher, qui comprend aussi les sensations thermiques et douloureuses.] ‖ Sentiment délicat des convenances, de la mesure, délicatesse : *manquer de tact.*

TACTICIEN, ENNE n. Personne qui a l'art d'employer des moyens pour réussir.

TACTICIEN n. m. Spécialiste ou théoricien de la tactique militaire.

TACTILE adj. (lat. *tactilis* ; de *tactus*, tact). Relatif au toucher : *corpuscules tactiles.*

TACTIQUE n. f. (gr. *taktikê*, art de ranger). Moyens qu'on emploie pour parvenir à un résultat : *changer de tactique.* ‖ *Mil.* Art de conduire un combat terrestre, naval ou aérien en combinant l'action des différents moyens disponibles en vue d'obtenir un résultat déterminé. (La tactique est, avec la logistique, la partie exécutive de la stratégie.)

TACTIQUE adj. Relatif à la tactique.

TACTIQUEMENT adv. Conformément à la tactique.

TACTISME n. m. Mouvement d'un être vivant orienté par un facteur externe, indépendamment de la croissance. (Le tactisme comprend notamment le *phototactisme* et le *chimiotactisme*.)

TADJIK n. m. Langue, proche du persan, parlée au Tadjikistan.

TADORNE n. m. Canard à bec rouge et à plumage multicolore, passant sur les côtes d'Europe occidentale. (Long. 60 cm.)

TAEL [tael] n. m. Ancienne monnaie chinoise.

TÆNIA n. m. → TÉNIA.

TAFFETAS [tafta] n. m. (it. *taffeta* ; mot persan). Toile légère de soie ou de fibres synthétiques.

TAFIA n. m. (mot créole). Autref., toute eau-de-vie de canne à sucre produite dans les Antilles françaises, puis eau-de-vie obtenue des seules mélasses ; auj., eau-de-vie fraîchement distillée à partir du jus ou des mélasses de canne, le rhum étant de l'eau-de-vie vieillie.

TAGAL n. m. Langue nationale des Philippines, du groupe indonésien.

TAGETES [taʒetɛs] n. m. Œillet d'Inde.

TAGLIATELLES [taljatɛl] n. f. pl. (mot it.). Pâtes alimentaires découpées en minces lanières.

TAHITIEN, ENNE adj. et n. De Tahiti.

TAÏAUT! ou **TAYAUT!** [tajo] interj. (onomat.). Cri du veneur à la vue du gibier.

TAIE n. f. (lat. *theca* ; gr. *thêkê*, boîte). Enveloppe de tissu fin dans laquelle on glisse les oreillers ou les traversins. ‖ Tache blanche, opaque, sur la cornée.

TAÏGA n. f. (mot russe). Formation végétale du nord de l'Eurasie et de l'Amérique, constituée par la forêt de conifères (mêlés parfois de bouleaux), caractéristiques des régions froides à été court, mais encore sensible.

TAILLABLE adj. *Hist.* Sujet à la taille.

TAILLADE n. f. Entaille dans les chairs. ‖ Coupure en long dans une étoffe.

TAILLADER v. t. Faire des entailles, entailler.

TAILLAGE n. m. *Techn.* Usinage spécial.

TAILLANDERIE n. f. Métier, commerce du taillandier.

TAILLANDIER n. m. (de *tailler*). *Techn.* Forgeron qui réalise plus particulièrement des outils tels que haches, marteaux, bêches, etc.

TAILLANT n. m. Tranchant d'une lame.

TAILLE n. f. (de *tailler*). Action ou manière de couper, de tailler certaines choses : *la taille des arbres ; la taille des diamants.* ‖ Tranchant d'une épée. ‖ Hauteur du corps humain, d'un animal, d'un objet quelconque : *homme de grande taille.* ‖ Partie du corps située à la jonction du thorax et de l'abdomen. ‖ Dimension standard d'un vêtement, d'une paire de chaussures. ‖ *Chir.* Opération qui a pour objet d'ouvrir la vessie, pour extraire les calculs qui s'y sont formés. ‖ *Grav.* Incision de la planche qui servira à tirer une estampe. (V. ÉPARGNE [*taille d'*] et TAILLE-DOUCE.) ‖ *Hist.* Impôt direct en France sous l'Ancien Régime. ‖ *Min.* Chantier allongé (par oppos. à CHAMBRE). ‖ *Mus.* Syn. anc. de TÉNOR. ◆ *De taille*, d'importance. ‖ *Être de taille à*, être capable de.

■ (*Hist.*) La taille avait la double caractéristique d'être un impôt de répartition, dont le montant total était fixé en Conseil du roi, et un impôt roturier, dont les nobles et les clercs étaient exempts. En fait, la taille, dont furent généralement exemptés les bourgeois des grandes villes, fut supportée par les masses paysannes.

TAILLÉ, E adj. Se dit de qqn qui a une certaine taille : *taillé en hercule.* ◆ *Être taillé pour*, être fait pour, apte à. ◆ adj. et n. m. *Hérald.* Se dit de l'écu divisé en deux parties égales par une diagonale, de l'angle senestre du chef à l'angle dextre de la pointe.

TAILLE-CRAYON n. m. (pl. *taille-crayon[s]*). Petit outil, garni d'une lame tranchante, servant à tailler les crayons.

TAILLE-DOUCE n. f. (pl. *tailles-douces*). Gravure en creux sur métal au burin, à l'eau-forte, etc. ; estampe obtenue par ce procédé.

TAILLER v. t. (lat. pop. *taliare* ; de *talea*, rejeton). Couper, retrancher qqch d'un objet, pour lui donner une certaine forme : *tailler un arbre.* ‖ Couper dans une étoffe pour confectionner une pièce de vêtement. ● *Machine à tailler*, machine-outil spécialement conçue pour usiner les dents des engrenages. ‖ *Tailler un engrenage*, usiner les dents d'un engrenage. ‖ *Tailler en pièces une armée*, la défaire entièrement. ◆ **se tailler** v. pr. S'attribuer qqch. ‖ *Pop.* Se sauver.

TAILLERIE n. f. Art de tailler les cristaux et les pierres fines. ‖ Atelier où s'exécute ce travail.

TAILLEUR n. m. Celui qui taille : *tailleur de pierre.* ‖ Artisan qui fait des vêtements sur mesure. ‖ Costume de femme, comprenant une jaquette et une jupe. ● *S'asseoir en tailleur*, s'asseoir les jambes repliées et les genoux écartés.

TAILLEUR-PANTALON n. m. (pl. *tailleurs-pantalons*). Costume féminin composé d'un pantalon et d'une veste assortie.

TAILLEUSE n. f. Ouvrière qui taille et confectionne sur mesure des vêtements de femme.

TAILLIS [taji] n. et adj. (de *tailler*). Bois que l'on coupe à des intervalles rapprochés, constitué d'arbres de petite dimension obtenus de rejets de souches ou de drageons.

TAILLOIR n. m. Plateau pour découper la viande. ‖ Sorte d'abaque de chapiteau.

TAIN n. m. (de *étain*). Amalgame d'étain, qui sert à l'étamage des glaces.

TAIRE v. t. (lat. *tacere*) [conj. 71]. Ne pas dire, cacher : *taire la vérité.* ◆ **se taire** v. pr. Garder le silence. ‖ Ne pas divulguer un secret. ‖ Ne pas faire de bruit. ● *Faire taire*, imposer silence ; empêcher de se manifester : *faites taire votre indignation.*

TAISEUX, EUSE adj. et n. En Belgique, se dit de qqn qui parle peu, taciturne.

TAJINE n. m. Ragoût de mouton d'origine nord-africaine.

TAKE-OFF [tɛkɔf] n. m. inv. (mot angl.). *Écon.* Syn. de DÉCOLLAGE ÉCONOMIQUE.

TALC n. m. (mot ar.). Silicate naturel de magnésium, onctueux et tendre, de texture lamelleuse, qu'on rencontre dans les schistes cristallins ; poudre de cette substance.

TALÉ, E adj. (mot germ.). Meurtri, en parlant des fruits.

TALENT n. m. (lat. *talentum* ; gr. *talanton*). Aptitude particulière dans une activité, spécialement dans les domaines artistique et littéraire. ‖ Personne qui excelle en son genre : *c'est un talent de premier ordre.* ‖ Unité de poids et de monnaie, dans l'Orient ancien et la Grèce antique.

TALENTUEUX, EUSE adj. *Fam.* Qui a du talent.

TALETH ou **TALLETH** n. m. → TALITH.

TALION n. m. (lat. *talio*). *Loi du talion*, punition de l'offense par une peine du même ordre.

TALISMAN n. m. (mot ar. ; gr. *telesma*, rite). Objet marqué parfois de signes cabalistiques, auquel on attribue la vertu d'apporter le bonheur ou de conférer un pouvoir magique. ‖ Ce qui a des effets merveilleux.

TALISMANIQUE adj. Relatif aux talismans.

TALITH ou **TALLITH** [talit] n. m. (mot hébr.). Châle rituel dont se couvrent les Juifs pour la prière. (On dit aussi TALETH ou TALLETH.)

TALITRE n. m. (lat. *talitrum*, chiquenaude). Petit crustacé sauteur, qui pullule dans le sable des plages. (Long. 2 cm) ; ordre des amphipodes ; nom usuel : *puce de mer*.)

TALKIE-WALKIE [tokiwoki] n. m. (angl. *to talk*, parler, et *to walk*, marcher) [pl. *talkies-*

walkies]. Petit appareil de radio émetteur et récepteur, de faible portée.

TALLAGE n. m. Action de taller; formation de talles par une plante.

TALLE n. f. (lat. *thallus*). *Agric.* Pousse qui, après le développement de la tige principale, sort du collet des racines d'une plante.

TALLER v. i. *Agric.* Donner naissance à une ou plusieurs talles; favoriser le tallage en aplatissant les chaumes sur le sol.

TALLITH n. m. → TALITH.

TALMUDIQUE adj. Relatif au Talmud.

TALMUDISTE n. Savant juif versé dans l'étude du Talmud.

TALOCHE n. f. (de *taler*, meurtrir). *Fam.* Coup donné sur la figure avec la main ouverte.

TALOCHE n. f. (anc. fr. *talevaz*, bouclier; mot gaul.). Planchette dont une face est munie d'une poignée, servant à étendre le plâtre sur un mur, un plafond.

TALOCHER v. t. *Fam.* Donner une ou des taloches à qqn.

TALON [talɔ̃] n. m. (lat. *talus*). Partie postérieure du pied de l'homme. ‖ Partie postérieure du pied du cheval. ‖ Partie d'une chaussure, d'un bas, sur laquelle repose la partie postérieure de la plante du pied. ‖ Extrémité arrière du ski. ‖ Saillie, le plus souvent parallélépipédique, sur une surface destinée à servir d'appui ou de butée. ‖ Croûton d'un pain; extrémité d'un jambon. ‖ Ce qui reste des cartes après distribution à chaque joueur. ‖ Partie d'une feuille d'un carnet ou d'un registre qui reste attachée à la souche lorsque la partie principale est détachée et qui porte les mêmes mentions que celle-ci. ‖ *Archit.* Moulure composée dont le profil dessine un S aux extrémités tendant vers la verticale, en général convexe en haut, concave en bas. ‖ *Mar.* Partie inférieure de l'étambot, qui se raccorde à la quille. ● *Montrer, tourner les talons*, s'enfuir. ‖ *Sur les talons de qqn*, immédiatement derrière lui. ‖ *Talon d'Achille*, point vulnérable, côté faible de qqn.

TALONNAGE n. m. Action de talonner.

TALONNER v. t. Presser du talon ou de l'éperon : *talonner son cheval.* ‖ Poursuivre de près; pourchasser, presser vivement : *être talonné par ses créanciers, par la faim.* ‖ Au rugby, diriger le ballon vers son camp, dans une mêlée. ◆ v. i. *Mar.* Toucher du talon : *navire qui talonne.* ‖ *Mécan.* En parlant des organes mécaniques, entrer en contact en des zones qui normalement ne devraient pas se toucher.

TALONNETTE n. f. Plaque de liège ou de toute autre matière, taillée en biseau et placée sous le talon, à l'intérieur du soulier. ‖ Extra-fort cousu au bas d'un pantalon pour en éviter l'usure.

TALONNEUR n. m. Au rugby, joueur qui se trouve dans la mêlée entre les deux piliers et qui est chargé du talonnage.

TALONNIÈRE n. f. Aile que Mercure, messager des dieux, portait aux talons.

TALPACK n. m. (mot turc). Coiffure des janissaires (XIVᵉ s.), puis des chasseurs à cheval (second Empire).

TALQUER v. t. Saupoudrer ou enduire de talc.

TALUS n. m. (mot gaul., *pente*). Terrain en pente. ‖ Face d'un mur ou d'une partie de mur ayant un fruit très accentué. ● *Tailler, couper en talus*, obliquement. ‖ *Talus continental*, déclivité limitant le plateau continental vers la haute mer.

TALUS adj. m. (mot lat., *talon*). Pied talus, pied bot dont le talon porte seul à terre, le pied étant renversé vers la jambe.

TALUTÉ, E adj. Se dit d'un mur ou d'une partie de mur présentant un fruit très accentué.

TALWEG ou **THALWEG** [talvɛg] n. m. (mot all.; de *Tal*, vallée, et *Weg*, chemin). *Géogr.* Ligne joignant les points les plus bas du fond d'une vallée.

TAMANDUA n. m. (mot tupi). Animal voisin du tamanoir, mais plus petit. (Long. 50 cm.)

TAMANOIR n. m. (mot tupi). Mammifère édenté de l'Amérique du Sud, atteignant 2,50 m de long (avec la queue) et appelé *grand fourmi-*

lier, car il se nourrit d'insectes capturés avec sa longue langue visqueuse.

TAMARIN n. m. (mot ar.). Autre nom du TAMARINIER et du TAMARIS. ‖ Pulpe du fruit du tamarinier.

TAMARIN n. m. Singe de l'Amérique du Sud, voisin du ouistiti.

TAMARINIER n. m. Arbre cultivé dans les régions tropicales pour son fruit. (Famille des césalpiniacées.)

TAMARIS [tamaris] ou **TAMARIX** n. m. (lat. *tamariscus*). Arbrisseau à très petites feuilles et à grappes de fleurs roses, souvent planté dans le Midi et près des littoraux.

TAMBOUILLE n. f. *Pop.* Ragoût médiocre. ● *Faire la tambouille* (Pop.), faire la cuisine.

TAMBOUR [tābur] n. m. (persan *tabir*). Caisse cylindrique dont les fonds sont formés de peaux tendues dont l'une est frappée avec deux baguettes pour en tirer des sons. ‖ Celui qui bat du tambour. ‖ Cylindre portant à sa périphérie une graduation permettant de mesurer une grandeur par lecture, en face, d'un index. ‖ Chacune des assises de pierre cylindriques composant le fût d'une colonne. ‖ Nom de certaines parties cylindriques d'une construction, d'une machine. ‖ Cylindre, en bois ou en métal, sur lequel s'enroule le câble d'un treuil. ‖ Cylindre sur lequel est tendue une étoffe que l'on veut broder à l'aiguille. ‖ Ouvrage de menuiserie fermé, formant enceinte, avec une ou plusieurs portes, placé à l'entrée principale de certains édifices pour empêcher le vent ou le froid d'y pénétrer. ● *Sans tambour ni trompette*, sans bruit, en secret. ‖ *Tambour de basque*, v. TAMBOURIN. ‖ *Tambour battant* (Fam.), rudement. ‖ *Tambour de frein* (Techn.), pièce circulaire solidaire de la pièce à freiner, et sur laquelle s'exerce le frottement du segment de frein. ‖ *Tambour magnétique* (Inform.), support de mémoire d'un ordinateur formé par un cylindre métallique dont la surface est recouverte d'une couche magnétique sur laquelle peuvent être enregistrées des informations.

TAMBOURIN n. m. Tambour plus long et plus étroit que le tambour ordinaire et que l'on bat avec une seule baguette. ‖ Air de danse et danse de rythme vif, à deux temps, dont on marque la mesure sur le tambourin. ‖ Cercle de bois pour jouer à la balle. ● *Tambourin à sonnailles*, dit « tambour de basque », instrument plat composé d'une peau tendue sur un cadre muni de grelots.

TAMBOURINAGE ou **TAMBOURINEMENT** n. m. Action de tambouriner.

TAMBOURINAIRE n. m. Joueur de tambourin, en Provence.

TAMBOURINER v. i. Battre du tambour (vx). ‖ Frapper à coups répétés : *la pluie tambourine sur les vitres; tambouriner sur la porte.* ◆ v. t. Annoncer au son du tambour. ‖ Publier, répandre partout : *tambouriner une nouvelle.*

TAMBOURINEUR n. m. Joueur de tambourin.

TAMBOUR-MAJOR n. m. (pl. *tambours-majors*). Sous-officier, chef des tambours ou de la clique dans une musique militaire.

TAMIER n. m. (lat. *taminia* [uva], [raisin] sauvage). Plante grimpante commune dans les haies. (Famille des dioscoréacées.)

TAMIL n. m. → TAMOUL.

TAMIS [tami] n. m. (mot gaul.). Instrument qui sert à passer des matières pulvérulentes ou des liquides épais. ● *Mouvement de tamis* (Ch. de f.), mouvement rapide d'un bogie autour de son axe vertical. ‖ *Passer au tamis*, examiner sévèrement.

tamanoir

TAMISAGE n. m. Action de tamiser.

TAMISER v. t. Passer au tamis : *tamiser de la farine.* ● *Tamiser la lumière*, la laisser passer en l'adoucissant. ◆ v. i. Passer à travers un tamis. ● *Voile qui tamise* (Mar.), voile si usée qu'elle laisse passer le vent.

TAMISEUR, EUSE n. Ouvrier, ouvrière qui tamise. ‖ Appareil, machine à tamiser.

TAMOUL ou **TAMIL** n. m. Langue dravidienne parlée au Tamilnād.

TAMPICO n. m. (n. d'un port mexicain). Espèce d'agave fournissant un crin végétal; ce crin.

TAMPON n. m. (mot francique). Étoffe ou autre matière roulée ou pressée, servant à frotter ou à imprégner. ‖ Plaque de métal ou de caoutchouc gravée, et qui, imprégnée d'encre, permet d'imprimer le timbre d'une administration, d'une société, etc. ‖ Ce qui atténue les chocs, aplanit les différends, etc. ‖ Gros bouchon destiné à obturer un trou. ‖ Calibre cylindrique, lisse ou fileté, utilisé pour la vérification des dimensions d'un trou à paroi lisse (*alésage*) ou filetée (*taraudage*). ‖ Cheville de bois ou de métal mou enfoncée dans un mur afin d'y placer une vis ou un clou. ‖ *Ch. de f.* Plateau vertical, muni de ressorts, placé à l'extrémité des voitures ou des wagons pour amortir les chocs. ‖ *Chim.* Substance ou solution qui maintient la constance du pH (ex. : le mélange acide carbonique-carbonate dans le sang). ● *Tampon de visite*, orifice permettant de vérifier l'intérieur d'une canalisation.

TAMPONNADE n. f. Compression du muscle cardiaque par un épanchement péricardique ou, en réanimation, par un excès de pression intrathoracique dû à un respirateur mal réglé.

tambourinaires

TAMPONNAGE n. m. *Chim.* Action de tamponner.

TAMPONNEMENT n. m. Collision de deux véhicules. ‖ *Méd.* Introduction d'une compresse, d'une mèche dans une cavité naturelle.

TAMPONNER v. t. Heurter, rencontrer avec violence, télescoper : *train qui en tamponne un autre.* ‖ Marquer d'un tampon. ‖ Percer un mur pour y introduire un tampon (cheville). ‖ *Chim.* Faire une solution tampon. ● **s'en tamponner** v. pr. *Fam.* Être indifférent à qqch.

TAMPONNEUR, EUSE adj. *Autos tamponneuses*, petits véhicules électriques pour deux personnes, qui s'entrechoquent sur une piste, dans les fêtes foraines.

TAMPONNOIR n. m. Outil pour préparer dans un mur la place d'un tampon (cheville).

TAM-TAM n. m. (mot créole) [pl. *tam-tams*]. En Afrique, sorte de tambour. ‖ Bruit produit par des chocs répétés sur un objet de métal, de bois, etc. ‖ *Fam.* Publicité tapageuse : *faire du tam-tam.* ‖ *Mus.* Sorte de gong d'origine extrême-orientale.

TAN n. m. (mot gaul.). Écorce de chêne, d'un brun roux, réduite en poudre pour le tannage des peaux.

TANAGRA n. m. Figurine en terre cuite de Tanagra, simple et gracieuse.

TANAISIE n. f. (lat. pop. *tanacita*). Plante des bords des chemins, des talus, dont les fleurs jaunes ont une action vermifuge. (Famille des composées.)

TANCER v. t. (lat. pop. *tentiare*; de *tendere*, tendre) [conj. **1**]. *Litt.* Réprimander vertement.

TANCHE n. f. (mot gaul.). Poisson cyprinidé

tanche

des eaux douces, trapu et ovale, qui se plaît dans les fonds vaseux et calmes des étangs. (Sa chair est estimée.)

TANDEM n. m. (mot angl.). Bicyclette conçue pour être actionnée par deux personnes placées l'une derrière l'autre. ‖ Association de deux personnes, de deux groupes travaillant à une œuvre commune. ‖ Cabriolet découvert, attelé de deux chevaux (vx). ● *Attelage en tandem*, se dit, dans les cirques, de deux chevaux en flèche, non attelés, et dont le second est monté.

TANDIS QUE [tãdika *ou* tãdiskə] loc. conj. (lat. *tamdiu*, aussi longtemps, et *que*). Marque : 1° la simultanéité de deux actions (pendant que) : *travaillons tandis que nous sommes jeunes;* 2° le contraste, l'opposition (alors que) : *vous reculez, tandis qu'il faudrait avancer.*

TANGAGE n. m. Mouvement d'oscillation d'un

tangage

véhicule (navire, avion, etc.) qui se produit dans le sens de la longueur (par oppos. au ROULIS).

TANGARA n. m. (mot tupi). Oiseau passereau d'Amérique, aux vives couleurs.

TANGENCE n. f. *Math.* État de ce qui est tangent. (On dit aussi CONTACT.) ● *Point de tangence*, point unique où deux lignes, deux surfaces se touchent.

TANGENT, E adj. (lat. *tangens, tangentis*, touchant). Qui est en contact par un seul point : *droite tangente à un cercle.* ‖ Qui approche de justesse un résultat, qui est sur le point d'obtenir. ● *Plan tangent à une surface en un point,*

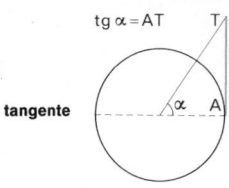

tangente

plan contenant les tangentes à toutes les courbes tracées sur la surface et passant par ce point. ‖ *Surfaces tangentes en un point*, surfaces qui admettent en ce point le même plan tangent.

TANGENTE n. f. *Math.* Position limite d'une sécante à une courbe, lorsqu'un des points d'intersection se rapproche indéfiniment de l'autre en restant sur cette courbe. ● *Prendre la tangente* (Fam.), se tirer d'affaire habilement; se sauver. ‖ *Tangente d'un angle* ou *d'un arc*,

$$tg\,\alpha = AT$$

quotient du sinus par le cosinus de cet angle ou de cet arc (symb. : tg). ‖ *Tangente à une surface*, tangente à une courbe quelconque tracée sur celle-ci.

TANGENTIEL, ELLE adj. *Math.* Qui est tangent, relatif à la tangence ou aux tangentes. ● *Accélération tangentielle*, projection de l'accélération sur la tangente à la trajectoire. ‖ *Force tangentielle*, force dirigée suivant la tangente à la trajectoire.

TANGENTIELLEMENT adv. De façon tangentielle.

TANGIBILITÉ n. f. État de ce qui est tangible.

TANGIBLE adj. (lat. *tangere*, toucher). Que l'on peut percevoir par le toucher : *réalités tangibles.* ‖ Sensible, réel : *un signe tangible.*

TANGIBLEMENT adv. D'une façon tangible.

TANGO n. m. (mot esp.). Danse de salon et composition musicale, de rythme lent et continu, à deux temps, proche de la habanera. (Danse en couple, le tango, surtout « argentin », a une chorégraphie souple et très élaborée.)

TANGO adj. inv. D'une couleur orange.

TANGON n. m. (moyen néerl. *tange*, tenailles). *Mar.* Poutre horizontale, établie perpendiculairement et à l'extérieur de la coque d'un navire, pour amarrer les embarcations.

TANGUE n. f. (anc. scandin. *tang*). Sable vaseux qui se dépose sur les estrans du littoral de la Manche, et qu'on utilise comme amendement calcaire.

TANGUER v. i. (anc. scandin. *tangi*, pointe). Être soumis au tangage, en parlant d'un véhicule. ‖ *Fam.* Osciller dans sa marche.

TANGUIÈRE n. f. Endroit où l'on recueille la tangue.

TANIÈRE n. f. (gaul. *taxo*, blaireau). Cavité souterraine servant de repaire aux bêtes sauvages. ‖ Habitation misérable ou très retirée.

TANIN ou **TANNIN** n. m. (de *tan*). Substance contenue dans plusieurs organes végétaux (écorce de chêne, de châtaignier, noix de galle, etc.), qui rend les peaux imputrescibles, d'où son emploi dans la fabrication des cuirs. (Les tanins fournissent aussi des encres.)

TANISAGE ou **TANNISAGE** n. m. Action de taniser.

TANISER ou **TANNISER** v. t. Ajouter du tan à une poudre ou à un liquide. ‖ Ajouter du tanin à un vin ou à un moût.

TANK n. m. (mot angl., *citerne*). Réservoir, citerne destinés à contenir un liquide. ‖ En Inde, réservoir destiné à l'irrigation. ‖ *Mil.* Char de combat (1917-1918). ● *Tank destroyer*, engin blindé organisé pour la lutte contre les chars (Seconde Guerre mondiale).

TANKA n. m. inv. (mot tibétain). Peinture mobile ou bannière de tissu constituant une image pieuse, au Tibet et au Népal.

TANKER [tãkœr] n. m. (mot angl.). Navire-citerne.

TANKISTE n. m. Soldat d'une unité de tanks.

TANNAGE n. m. Action de tanner les cuirs.

TANNANT, E adj. Propre au tannage des

cuirs : *écorces tannantes.* ‖ *Fam.* Qui importune, ennuie, fatigue.

TANNÉ, E adj. Préparé par le tannage. ‖ Qui a pris l'aspect d'un cuir tanné.

TANNÉ n. m. Couleur du tan.

TANNÉE n. f. Vieux tan dépourvu de son tanin, et qui a servi à la préparation des cuirs. ‖ *Pop.* Correction, volée de coups.

TANNER v. t. Transformer en cuir la peau naturelle brute des animaux, sous l'action chimique de tanins ou d'autres produits. ‖ *Fam.* Ennuyer, importuner, harceler. ● *Tanner le cuir à qqn* (Pop.), lui donner une correction.

TANNERIE n. f. Établissement où l'on tanne les cuirs; industrie du tannage.

TANNEUR n. m. Celui qui tanne les cuirs, qui vend des cuirs tannés.

TANNIN n. m. → TANIN.

TANNIQUE adj. Qui contient du tanin.

TANNISAGE n. m., **TANNISER** v. t. → TANISAGE, TANISER.

TANREC ou **TENREC** [tãrɛk] n. m. (mot malgache). Mammifère insectivore de Madagascar, au corps couvert de piquants. (Long. 35 cm.)

TAN-SAD [tãsad] n. m. (angl. *tandem*, et *saddle*, selle) [pl. *tan-sads*]. Siège supplémentaire d'une motocyclette, placé derrière la selle.

TANT adv. (lat. *tantum*). Marque la grande quantité, le grand nombre, l'intensité : *il a tant d'amis que...; il a tant mangé...; j'ai tant marché.* ● *Tant bien que mal*, indique l'approximation. ‖ *Tant mieux*, marque que l'on est satisfait d'une chose; *tant pis*, que l'on en est fâché. ‖ *Tant et plus*, beaucoup. ‖ *Tant soit peu, un tant soit peu*, si peu que ce soit. ‖ *Tant qu'à faire* (Fam.), dans l'état actuel des choses. ‖ *Tant qu'à moi* (Fam.), quant à moi. ‖ *Tant s'en faut*, loin de là. ◆ loc. conj. *En tant que*, selon que, en qualité de. ‖ *Si tant est que*, supposé que. ‖ *Tant que*, aussi longtemps que.

TANTALE n. m. (lat. *Tantalus*, n. pr.). Métal (Ta), n° 73, de masse atomique 180,947, très dur, dense (densité 16,6) et peu fusible, qui se présente habituellement sous forme de poudre noire brillante.

TANTALE n. m. Oiseau voisin de la cigogne, habitant l'Amérique, l'Afrique et l'Asie, à plumage blanc et noir.

TANTE n. f. (anc. *ante*; lat. *amita*). Sœur du père, de la mère, ou femme de l'oncle. ‖ *Pop.* Homosexuel. ● *Ma tante* (Pop.), le mont-de-piété. ‖ *Tante à la mode de Bretagne*, cousine germaine du père ou de la mère.

TANTIÈME adj. Qui représente une fraction non précisée d'une grandeur.

TANTIÈME n. m. Quote-part des bénéfices d'une société, versée aux administrateurs.

TANTINE n. f. *Fam.* Tante.

TANTINET n. m. *Un tantinet* (Fam.), un peu : *il est un tantinet roublard.*

TANTÔT adv. (de *tant* et *tôt*). Cet après-midi (dans le futur ou le passé). ● *Tantôt..., tantôt...*, exprime l'alternance, la succession : *tantôt il est d'un avis, tantôt il est d'un autre.*

TANTRIQUE adj. Relatif au tantrisme.

TANTRISME n. m. (mot sanskr.). Ensemble de croyances et de rites relevant de l'hindouisme, du bouddhisme tardif et d'autres textes sacrés appelés *tāntra*.

TAO n. m. (mot chin.). Principe suprême et impersonnel d'ordre et d'unité du cosmos dans la pensée chinoise ancienne.

TAOÏSME n. m. Religion populaire de la Chine, mélange du culte des esprits de la nature et des ancêtres, des doctrines de Lao-tseu et croyances diverses.

■ Pour Lao-tseu et Tchouang-tseu, il faut libérer l'homme du monde dans lequel il vit afin de le faire accéder au monde vrai du tao, c'est-à-dire à l'existence par excellence avec laquelle il doit communier dans une expérience mystique. Cette croyance en la valeur de l'existence s'est exprimée à travers une religion ésotérique qui a profondément marqué la civilisation chinoise.

TAOÏSTE adj. et n. Qui appartient au taoïsme.

tam-tams

Myers-A.A.A.

TAON [tã] n. m. (lat. *tabanus*). Mouche dont la femelle pique l'homme et les bestiaux, et leur suce le sang. (Long. : 10 à 25 mm.)

taon

TAPAGE n. m. Bruit tumultueux, accompagné de cris; vacarme.

TAPAGEUR, EUSE adj. Qui fait, qui a l'habitude de faire du tapage. ‖ Qui cherche à attirer l'attention : *luxe tapageur; toilette tapageuse.*

TAPAGEUSEMENT adv. De façon tapageuse.

TAPANT, E adj. À une, deux... *heures tapantes* ou *tapant* (Fam.), au moment où sonnent une, deux... heures.

TAPE n. f. (de *taper*). Coup donné avec la main. ‖ Bouchon servant à fermer un écubier, une bitte creuse, la bouche d'un canon.

TAPÉ, E adj. Se dit d'un fruit pourri par endroits. ‖ *Fam.* Un peu fou. ‖ *Fam.* Marqué par l'âge. ● *Bien tapé*, réussi.

TAPE-À-L'ŒIL n. m. inv. Ce qui est destiné à attirer l'attention, à éblouir. ◆ adj. inv. Frappant, voyant.

TAPECUL [tapky] n. m. Voiture inconfortable, mal suspendue. ‖ Tilbury à deux places. ‖ *Fam.* Trot assis. ‖ *Mar.* Voile trapézoïdale appliquée au mât établi tout à fait à l'arrière et dont le gui déborde généralement de la coque.

TAPÉE n. f. *Fam.* Grande quantité, ribambelle : *une tapée d'enfants.*

TAPEMENT n. m. Action de taper.

TAPER v. t. et i. (onomat.). Donner un coup, frapper. ‖ *Fam.* Emprunter de l'argent à. ‖ Écrire à la machine. ● *Le soleil tape (dur)*, il fait très chaud. ‖ *Taper dans qqch*, en prendre une partie. ‖ *Taper dans le mille*, deviner juste; réussir. ‖ *Taper dans l'œil (Fam.)*, plaire. ‖ *Taper sur les nerfs*, agacer vivement. ◆ **se taper** v. pr. *Fam.* Manger, boire. ‖ *Fam.* Faire qqch de désagréable : *se taper la vaisselle.* ● *S'en taper* (Pop.), se moquer, ne pas se soucier de qqch.

TAPETTE n. f. Petit objet servant à taper. ‖ Manière de jouer aux billes en les tapant contre un mur. ‖ Sorte de tampon de graveur. ‖ Type de piège à souris. ‖ *Fam.* Langue : *avoir une fière tapette.* ‖ *Pop.* Homosexuel.

TAPEUR, EUSE n. *Fam.* Personne qui emprunte souvent de l'argent.

TAPIN n. m. *Faire le tapin* (Pop.), faire le trottoir, racoler.

TAPINER v. i. *Pop.* Faire le tapin.

TAPINOIS (EN) loc. adv. (anc. fr. *tapin*, qui se dissimule). Sournoisement, en cachette.

TAPIOCA n. m. (mot portug.; du tupi). Fécule tirée de la racine de manioc, dont on fait du potage, des bouillies, etc.

tapir

TAPIR n. m. (mot tupi). Mammifère de l'Asie tropicale et d'Amérique, portant une courte trompe. (Long. 2 m; ordre des ongulés; sous-ordre des périssodactyles.) ‖ *Arg.* Élève auquel un professeur donne des leçons particulières.

TAPIR (SE) v. pr. (mot francique). Se cacher en se blottissant. ‖ Se retirer, s'enfermer pour échapper à la vue.

TAPIS n. m. (gr. *tapétion*). Ouvrage textile, en général à face veloutée, fait pour être étendu sur un sol. ‖ Ce qui forme comme un tapis : *tapis de gazon, de mousse.* ‖ Pièce d'étoffe dont

Lauros-Giraudon

TAPISSERIE

La Rédemption de l'homme : le Jugement dernier (partie centrale). Bruxelles, fin du XVe s.-début du XVIe s. (Musée du Louvre, Paris.)

on recouvre un meuble. ‖ Table autour de laquelle se réunissent des personnes pour délibérer. ● *Aller, envoyer au tapis*, en boxe, être envoyé, envoyer au sol. ‖ *Amuser le tapis*, entretenir la société de choses plaisantes. ‖ *Être sur le tapis*, faire le sujet de l'entretien ou de l'examen. ‖ *Mettre, jeter qqch sur le tapis*, le proposer à l'examen. ‖ *Revenir sur le tapis*, être de nouveau un sujet de conversation. ‖ *Tapis mécanique*, chacun des types de tapis, telles les moquettes, fabriqués mécaniquement par tissage ou par des procédés modernes autres. ‖ *Tapis à point noué*, tapis exécuté à la main sur métier. ‖ *Tapis roulant*, appareil transporteur pour personnes ou marchandises. ‖ *Tapis de sol*, toile qui isole l'intérieur de la tente de l'humidité du sol. ‖ *Tapis vert*, table de jeu recouverte d'un tapis vert.

tapis d'Orient (Anatolie, fin du XIVe-début du XVe s.)

Historiska Museet, Stockholm

TAPIS-BROSSE n. m. (pl. *tapis-brosses*). Tapis de fibres végétales, à poils durs et serrés.

TAPISSER v. t. Revêtir, orner de tapisserie ou de papier peint : *tapisser une chambre.* ‖ Couvrir et revêtir une surface de ce qui peut l'orner.

TAPISSERIE n. f. Pièce de tissu décoratif, tendant un mur ou couvrant un meuble, fabriquée selon une technique manuelle particulière sur un métier à deux nappes de fils de chaîne. (Figures et ornements sont uniquement formés par les fils teintés de trame, tassés de manière à cacher les fils de chaîne.) ‖ Ouvrage exécuté à l'aiguille sur un canevas, à points comptés, et suivant le tracé d'un dessin. ‖ Ouvrage d'aspect similaire aux précédents, mais de fabrication mécanique. ‖ Art, métier du tapissier. ‖ Papier tendu sur les murs. ● *Faire tapisserie*, se dit d'une personne qui assiste à un bal, à une réunion sans y prendre part.

TAPISSIER, ÈRE n. Personne qui vend ou pose les tapis et tissus d'ameublement. ‖ Personne qui exécute manuellement des tapisseries ou des tapis.

TAPON n. m. (mot francique). *Fam.* Morceau d'étoffe, de linge, chiffonné, qui forme une sorte de bouchon.

TAPOTEMENT n. m. Action de tapoter.

TAPOTER v. t. Donner avec la main de petits coups à plusieurs reprises.

TAPURE n. f. Défaut d'une pièce métallique, sous forme de fissure, d'origine métallurgique.

TAQUE n. f. Plaque de fonte dressée formant table, fixée sur le sol et utilisée en association avec certaines machines-outils de grandes dimensions.

TAQUER v. t. *Arts graph.* Égaliser les lettres d'une forme au moyen du taquoir.

TAQUET n. m. (onomat.). Petit morceau de bois taillé, qui sert à tenir provisoirement en place un objet. ‖ *Mar.* Pièce de bois ou de métal pour amarrer les cordages. ‖ *Techn.* Pièce servant d'arrêt, de butée.

TAQUIN, E adj. et n. (anc. fr. *taquehain*, émeute). Qui aime à taquiner, à contrarier.

TAQUIN n. m. Jeu de combinaisons, consistant à ranger par simple glissement des plaques numérotées, étroitement juxtaposées.

TAQUINER v. t. Harceler légèrement, contrarier pour agacer.

Le Colosse de Rhodes. Tapisserie d'H. Lerambert, d'après A. Caron. Paris, fin XVI⁰ - début XVII⁰ s. (Mobilier national, Paris.)

Détail d'une des pièces de *l'Histoire de Don Quichotte.* Tapisserie de Beauvais, d'après C. Natoire. XVIII⁰ s. (Musée des Tapisseries, Aix-en-Provence.)

Maraña Fibrosa, de Olga de Amaral. Colombie, 1972. (Coll. galerie La Demeure, Paris.)

TAQUINERIE n. f. Caractère et action de celui qui taquine.

TAQUOIR n. m. *Arts graph.* Morceau de bois tendre et bien plan, pour égaliser les caractères qui entrent dans la composition d'une forme.

TARABISCOT [tarabisko] n. m. Petite cavité ménagée entre deux moulures. ‖ Outil servant à creuser cette cavité.

TARABISCOTÉ, E adj. Orné à l'excès, maniéré : *décoration tarabiscotée.*

TARABUSTER v. t. (anc. prov. *tabustar,* faire du bruit). Malmener, houspiller. ‖ Préoccuper vivement.

TARAGE n. m. Action de tarer.

TARAMA n. m. Préparation à base d'œufs de poisson fumés.

TARARE n. m. Instrument qui sert à nettoyer les grains après le battage.

TARASQUE n. f. (prov. *tarasco;* de *Tarascon*). Monstre légendaire dont sainte Marthe aurait délivré Tarascon et dont la représentation fait partie du folklore des fêtes provençales.

TARATATA! interj. *Fam.* Marque le dédain, l'incrédulité, le doute.

TARAUD n. m. (anc. fr. *tarel*). Outil à main ou à machine servant à effectuer des filetages à l'intérieur des trous de faible diamètre, destinés à recevoir des vis.

TARAUDAGE n. m. Exécution d'un filetage à l'aide d'un taraud sur les parois d'un trou cylindrique. ‖ Trou cylindrique dont les parois portent un filetage.

TARAUDER v. t. Exécuter un filetage à l'intérieur d'un trou à l'aide d'un taraud. ‖ *Fam.* Tourmenter moralement.

TARAUDEUSE n. f. Machine-outil servant à tarauder mécaniquement.

TARBOUCH ou **TARBOUCHE** n. m. (mot ar.). Bonnet rouge, orné d'un gland, porté dans les anciens pays ottomans.

TARD adv. (lat. *tarde,* lentement). Après le temps fixé ou le moment convenable : *vous êtes venu un peu tard.* ‖ À une heure très avancée de la journée, de la nuit : *se coucher tard.* ● *Au plus tard,* dans l'hypothèse du temps la plus éloignée. ‖ *Tôt ou tard,* un jour ou l'autre. ◆ n. m. *Sur le tard,* à une heure avancée de la soirée; vers la fin de la vie.

TARDENOISIEN, ENNE adj. et n. m. (de la région du *Tardenois*). Faciès culturel épipaléolithique, dont la phase finale est contemporaine des premières manifestations néolithiques en France.

TARDER v. i. (lat. *tardare*). Être lent à venir : *pourquoi avez-vous tant tardé?* ◆ v. t. ind. [**à**]. Différer de faire qqch, attendre longtemps : *ne tardez pas à nous écrire.* ● *Sans tarder,* immédiatement. ◆ v. impers. *Il me tarde de...,* j'attends avec impatience de...

TARDIF, IVE adj. Qui vient tard : *regrets tardifs.* ‖ Qui a lieu tard dans la journée : *heure tardive.* ● *Fruits tardifs,* fruits qui mûrissent après les autres de la même espèce.

TARDIGRADE n. m. (lat. *tardus,* lent, et *gradi,* marcher). Autre nom du PARESSEUX (édenté). ‖ Très petit animal articulé, vivant dans les mousses. (Les *tardigrades* forment une classe.)

TARDILLON, ONNE n. *Fam.* Dernier-né tardivement venu dans une famille.

TARDIVEMENT adv. De façon tardive.

TARDIVETÉ n. f. *Agric.* Croissance tardive.

TARE n. f. (mot ar., *déduction*). Poids qu'on place dans un plateau d'une balance pour équilibrer un corps pesant mis dans l'autre plateau. ‖ Poids propre de l'emballage d'une marchandise : *la tare ajoutée au poids net fournit le poids brut.* ‖ Maladie héréditaire. ‖ Grave défaut de qqn, d'une société.

TARÉ, E adj. et n. (de *tare*). Atteint d'une tare physique ou morale.

TARENTELLE n. f. (mot it.). Danse vive et air à danser de l'Italie méridionale.

TARENTIN, E adj. et n. De Tarente.

TARENTULE n. f. (it. *tarantola*). Nom usuel d'une grosse araignée du genre *lycose,* commune aux environs de Tarente.

TARER v. t. Peser le contenant d'une marchandise emballée, et en défalquer le poids du poids total pour obtenir le poids net.

TARET n. m. Mollusque marin qui creuse des galeries dans le bois des bateaux, des pilotis. (Long. : jusqu'à 30 cm, la coquille étant très réduite; classe des bivalves.)

TARGE n. f. (mot francique). Petit bouclier en usage au Moyen Âge.

TARGETTE n. f. Petit verrou plat, monté sur une plaque, et servant à fermer de l'intérieur une porte ou une fenêtre.

TARGUER (SE) v. pr. [**de**] (de *targe*). *Litt.* Se vanter, se glorifier de, se prévaloir de.

TARGUI, E adj. et n. → TOUAREG.

TARGUM [targɔm] n. m. (mot hébr.). Paraphrase araméenne de livres bibliques, faite à l'usage des Juifs pour les lectures à la synagogue, lorsque l'hébreu, à partir du V⁰ s. av. J.-C., fut supplanté par l'araméen.

TARIÈRE n. f. (mot gaul.). Grande vrille de charpentier, de charron, pour faire des trous

N. D. Roger-Viollet

diptère

TARIÈRES

hyménoptère

orthoptère

tarsier

tatou

tartane

---

dans le bois. ‖ Organe allongé, situé à l'extrémité de l'abdomen des femelles de certains insectes et permettant le dépôt des œufs dans le sol, les végétaux, etc. (Syn. : OVIPOSITEUR, OVISCAPTE.)

TARIF n. m. (it. *tariffa;* mot ar.). Tableau indiquant le coût des marchandises, le montant des droits de douane, etc. ‖ Montant du prix de certains services ou travaux.

TARIFAIRE adj. Relatif au tarif.

TARIFER v. t. Établir le tarif de.

TARIFICATION n. f. Action de tarifer.

TARIN n. m. Oiseau passereau vivant dans les bois de l'Europe occidentale l'hiver, à plumage jaune verdâtre rayé de noir. (Long. 12 cm; famille des fringillidés.) ‖ *Pop.* Nez.

TARIR v. t. (mot francique). Mettre à sec : *la sécheresse tarit les puits.* ◆ v. i. et **se tarir** v. pr. Cesser de couler, être mis à sec : *la source a tari tout à coup.* ● *Ne pas tarir sur,* ne pas cesser de parler de : *ne pas tarir d'éloges sur qqn.*

TARISSABLE adj. Qui peut se tarir.

TARISSEMENT n. m. Action de tarir.

TARLATANE n. f. (portug. *tarlatana*). Mousseline de coton transparente et très apprêtée.

TARMACADAM n. m. (angl. *tar,* goudron, et *macadam*). Matériau destiné au revêtement des chaussées et constitué par des pierres cassées enrobées dans une émulsion de goudron.

TARO n. m. (mot polynésien). Plante cultivée dans les régions tropicales pour ses tubercules comestibles. (Famille des aracées.)

TAROT n. m., ou **TAROTS** n. m. pl. (it. *tarocco*). Ensemble de soixante-dix-huit cartes, plus longues et comportant d'autres figures que les cartes ordinaires, servant au jeu et à la divination. ‖ Jeu qu'on joue avec ces cartes.

TAROTÉ, E adj. *Cartes tarotées,* dont le dos, ou revers, est orné de grisaille en compartiments, comme les tarots.

TARPAN n. m. (mot kirghiz). Cheval domestique retourné à l'état sauvage, en Asie occidentale.

TARPON n. m. (mot angl.). Poisson des régions chaudes de l'Atlantique (Floride), objet d'une pêche sportive. (Long. 2 m.)

TARSE n. m. (gr. *tarsos*). Région postérieure du squelette du pied, formée, chez l'homme, de sept os, dits *os tarsiens.* ‖ Lame fibreuse maintenant tendue la paupière. ‖ Dernière partie de la patte des insectes, formée de deux à cinq petits articles.

TARSIEN, ENNE adj. Qui concerne le tarse.

TARSIER n. m. Mammifère de Malaisie, nocturne, à grands yeux. (Long. : 15 cm sans la queue; sous-ordre des *tarsiens*.)

TARTAN n. m. (mot angl.). Étoffe de laine, à larges carreaux de diverses couleurs, fabriquée en Écosse. ‖ Vêtement, châle de cette étoffe.

TARTAN n. m. (nom déposé). Aggloméré d'amiante, de matières plastiques et de caout-

---

chouc, utilisé comme revêtement des pistes d'athlétisme.

TARTANE n. f. (anc. prov. *tartana*). Petit bâtiment de la Méditerranée, portant un grand mât avec voile sur antenne et un beaupré.

TARTARE adj. (ar. *tatar*). *Sauce tartare,* mayonnaise fortement relevée avec de la moutarde, des épices, des herbes hachées. ‖ *Steak tartare,* ou *tartare* n. m., viande hachée que l'on mange crue, mélangée avec un jaune d'œuf, des câpres, et fortement assaisonnée.

TARTE n. f. (var. de *tourte*). Pâtisserie faite d'une pâte amincie au rouleau et garnie de crème, de confiture, de fruits, etc. ‖ *Pop.* Gifle. ● *C'est de la tarte, c'est pas de la tarte* (Fam.), c'est facile, c'est difficile. ‖ *Tarte à la crème* (Fam.), idée toute faite, point de vue d'une grande banalité. ◆ adj. *Fam.* Se dit de qqn de sot ou ridicule; de qqch de laid, sans intérêt, sans valeur.

TARTELETTE n. f. Petite tarte.

TARTEMPION n. m. *Fam.* et *péjor.* Mot utilisé pour désigner une personne quelconque.

TARTINE n. f. (de *tarte*). Tranche de pain recouverte de beurre, de confiture, etc. ‖ *Fam.* Long développement, long article.

TARTINER v. t. Mettre du beurre, de la confiture, etc., sur une tranche de pain. ‖ *Fam.* Faire de longs développements.

TARTRATE n. m. Sel de l'acide tartrique.

TARTRE n. m. (bas lat. *tartarum*). Dépôt salin que laisse le vin dans l'intérieur des tonneaux. ‖ Sédiment jaunâtre qui se dépose autour des dents. ‖ Croûte dure et insoluble, formée de calcaire, qui se dépose sur les parois des chaudières, les canalisations d'eau ou de vapeur, etc.

TARTRÉ, E adj. Additionné de tartre.

TARTREUX, EUSE adj. De la nature du tartre.

TARTRIQUE adj. Se dit d'un acide-alcool CO_2H—$CHOH$—$CHOH$—CO_2H découvert dans la lie du vin.

TARTUFE n. m. *Litt.* Hypocrite.

TARTUFERIE n. f. *Litt.* Hypocrisie.

TAS n. m. (mot francique). Accumulation d'objets mis les uns sur les autres. ‖ *Fam.* Grand nombre de personnes ou de choses. ● *En tas de charge* (Archit.), se dit d'un appareil de pierres constitué d'assises horizontales en surplomb l'une sur l'autre. ‖ *Sur le tas* (Fam.), sur le lieu même du travail. ‖ *Tas à boule,* sorte de petite enclume portative que le chaudronnier applique derrière la tôle qu'il façonne par martelage.

TASSE n. f. (mot ar.). Petit récipient à anse dont on se sert pour boire; son contenu : *une tasse à porcelaine; offrir une tasse de thé.* ● *Boire la tasse,* avaler involontairement de l'eau en se baignant.

TASSEAU n. m. (lat. *taxillus,* petit dé à jouer). Pièce de bois de petite section, servant à soutenir, à maintenir, à caler une autre pièce.

TASSEMENT n. m. Action de tasser, de se

---

tasser. ‖ Descente régulière d'un ouvrage ou d'une partie d'ouvrage, prévue à la construction.

TASSER v. t. Réduire de volume par pression : *tasser du foin.* ‖ Resserrer dans un petit espace. ◆ **se tasser** v. pr. S'affaisser sur soi-même par son propre poids : *le mur se tasse.* ‖ Se voûter : *avec l'âge, il se tasse.* ‖ Diminuer, en parlant d'une accélération, d'une progression. ‖ *Fam.* Perdre son caractère de gravité, se calmer. ‖ *Pop.* Prendre, manger.

TASSETTE n. f. Pièce de l'armure qui protégeait le devant des cuisses.

TASSILI n. m. (mot berbère). Plateau de grès, au Sahara.

TASTE-VIN n. m. inv. → TÂTE-VIN.

T. A. T. n. m. (sigle de l'angl. *Thematic Apperception Test*). Test projectif, consistant à faire raconter au sujet une histoire à partir d'une série d'images représentant des situations ambiguës.

TATA n. f. *Fam.* Tante.

TATAMI n. m. (mot jap.). Tapis en paille de riz, servant en particulier à la pratique des arts martiaux (judo, karaté, etc.).

TATANE n. f. *Pop.* Soulier.

TATAR, E adj. Relatif aux Tatars, en partic. à ceux de la république soviétique socialiste de Kazan.

TATAR n. m. Langue turque parlée en U. R. S. S.

TÂTER v. t. (lat. *taxare,* toucher). Manier doucement, explorer à l'aide de la main : *tâter une étoffe.* ‖ Sonder qqn pour connaître ses intentions. ● *Tâter le terrain* (Fam.), s'assurer par avance de l'état des choses, des esprits. ◆ v. t. ind. [**de, à**]. Essayer, faire l'épreuve de : *tâter de tous les métiers.* ◆ **se tâter** v. pr. Examiner ses propres sentiments, hésiter.

TÂTEUR n. et adj. m. Organe de contrôle d'une machine à planter les pommes de terre, à décolleter les betteraves, etc.

TÂTE-VIN ou **TASTE-VIN** n. m. inv. Tube pour aspirer, par la bonde, le vin qu'on veut goûter. ‖ Petite tasse plate de métal dans laquelle on examine le vin qu'on va goûter.

TATILLON, ONNE adj. et n. *Fam.* Trop minutieux, attaché aux petits détails.

TÂTONNANT, E adj. Hésitant.

TÂTONNEMENT n. m. Action de tâtonner.

TÂTONNER v. i. Chercher en tâtant : *on tâtonne dans l'obscurité.* ‖ Procéder avec hésitation, sans méthode.

TÂTONS (À) loc. adv. En tâtonnant dans l'obscurité. ‖ Avec hésitation, sans méthode.

TATOU n. m. (mot tupi). Mammifère d'Amérique tropicale, couvert de plaques cornées et pouvant s'enrouler en boule. (Long. : 30 cm sans la queue; ordre des édentés xénarthres.)

TATOUAGE n. m. Action de tatouer; signe exécuté en tatouant la peau.

TATOUER v. t. (mot polynésien). Imprimer sur le corps des dessins indélébiles.

taupe

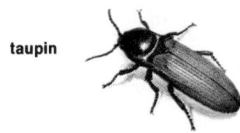

taupin

TATOUEUR adj. et n. m. Qui tatoue.

TAU n. m. Lettre de l'alphabet grec (T, τ) correspondant à notre *t*. ‖ Figure héraldique en forme de T.

TAUD n. m. (anc. scandin. *tjald*). Tente de toile établie au-dessus des barques quand il pleut.

TAUDIS n. m. (anc. fr. *se tauder*, s'abriter). Logement misérable, malpropre.

TAULARD, E n. → TÔLARD.

TAULE n. f. → TÔLE.

TAULIER, ÈRE n. → TÔLIER.

TAUPE n. f. (lat. *talpa*). Mammifère à pattes antérieures larges et robustes, lui permettant de creuser des galeries dans le sol, où elle chasse insectes et vers. (La taupe est presque aveugle.) [Long. 15 cm; ordre des insectivores.] ‖ Peau de la taupe, qui constitue une fourrure estimée. ‖ Syn. de LAMIE. ‖ Engin de génie civil servant à creuser des tunnels, et travaillant de manière continue et à pleine section. ‖ *Arg.* Classe préparatoire aux grandes écoles scientifiques. ‖ *Fam.* Espion placé dans un organisme pendant une période suffisamment longue pour acquérir une position donnant accès aux renseignements confidentiels.

TAUPÉ, E adj. Se dit d'un feutre à poils de lièvre légèrement brillants.

TAUPE-GRILLON n. m. (pl. *taupes-grillons*). Nom usuel de la *courtilière*.

TAUPIÈRE n. f. Piège à taupes.

TAUPIN n. m. Insecte coléoptère sauteur. (Famille des élatéridés.) ‖ *Arg.* Élève de taupe.

TAUPINIÈRE ou **TAUPINÉE** n. f. Petit monceau de terre qu'une taupe élève en fouillant.

TAURE n. f. (lat. *taura*). *Région.* Génisse.

TAUREAU n. m. (lat. *taurus*). Mâle reproducteur de l'espèce bovine. (V. BŒUF.) [Cri : le taureau *mugit*.] ● *De taureau*, très gros, très fort : *cou de taureau*. ‖ *Prendre le taureau par les cornes*, affronter résolument une difficulté.

TAURILLON n. m. Jeune taureau.

TAURIN, E adj. Relatif aux taureaux.

TAUROBOLE n. m. (gr. *taûros*, taureau, et *ballein*, frapper). *Antiq.* Sacrifice dans lequel le fidèle était arrosé du sang du taureau immolé.

TAUROMACHIE [-maʃi] n. f. (gr. *taûros*, taureau, et *makhê*, combat). Art de combattre les taureaux dans l'arène. ‖ Course de taureaux.

TAUROMACHIQUE adj. Relatif à la tauromachie.

TAUTOCHRONE [-kron] adj. *Phys.* Qui a lieu dans des temps égaux.

TAUTOLOGIE n. f. (gr. *tautos*, le même, et *logos*, discours). Répétition d'une même idée en termes différents dans certaines formules. ‖ *Log.* Proposition vraie quelle que soit la valeur de vérité de ses composants. (Syn. PROPOSITION VALIDE.)

TAUTOLOGIQUE adj. Relatif à la tautologie.

TAUTOMÈRE adj. *Chim.* Se dit d'une substance qui existe sous plusieurs formes en équilibre.

TAUTOMÉRIE n. f. Propriété des substances tautomères.

TAUX n. m. (de *taxer*). Prix fixé, réglé par une convention, par la loi ou par l'usage : *taux de change.* ‖ Pourcentage : *taux d'invalidité.* ‖ Proportion d'un facteur dans un phénomène, d'un constituant dans un mélange : *le taux d'urée dans le sang.* ‖ Montant, en parlant des salaires, des impôts, des loyers, de certains prix, etc. ● *Taux de base bancaire*, prix du crédit pour les emprunteurs bénéficiant des meilleures conditions. ‖ *Taux de compression*, dans les moteurs à combustion interne, rapport entre le volume maximal et le volume minimal de la chambre de combustion. ‖ *Taux d'intérêt*, pourcentage du capital d'une somme prêtée, qui en détermine le revenu annuel.

TAUZIN n. m. Chêne à feuilles cotonneuses, de l'ouest et du sud-ouest de la France.

TAVELER v. t. (lat. *tabella*, tablette) [conj. 3]. Moucheter, tacheter, gâter par places.

TAVELURE n. f. Bigarrure d'une peau tavelée. ‖ Maladie cryptogamique des arbres fruitiers, en particulier des poiriers, dont les fruits se crevassent.

TAVERNE n. f. (lat. *taberna*). Autref., cabaret.

TAVERNIER, ÈRE n. Personne qui tenait une taverne.

TAVILLON n. m. En Suisse, planche mince, en forme de tuile, revêtant la façade ou le toit d'un bâtiment.

TAXABLE adj. Qui peut être taxé.

TAXACÉE n. f. Plante gymnosperme, telle que l'*if* et le *podocarpus*. (Les taxacées forment une famille de l'ordre des conifères.)

TAXATION n. f. Action de taxer.

TAXE n. f. Impôt : *la taxe sur le chiffre d'affaires.* ‖ *Dr.* Fixation, décidée par autorité de justice, des frais judiciaires et des honoraires dus aux officiers ministériels. ● *Taxes parafiscales*, taxes perçues au profit de services administratifs, d'établissements publics, d'entreprises nationalisées et ayant, en principe, une affectation précise. ‖ *Taxe à la valeur ajoutée (T.V.A.)*, taxe payée par les entreprises et atteignant l'accroissement de valeur qu'elles confèrent, à chaque stade de la production d'un bien ou d'un service.

TAXER v. t. (lat. *taxare*, évaluer). Interdire la hausse du prix d'une marchandise. ‖ Mettre un impôt sur : *taxer les produits de luxe.* ‖ Fixer les frais de justice, contrôler les honoraires demandés par un officier ministériel ou public. ‖ Accuser qqn d'un défaut, d'un tort : *taxer qqn d'incompétence.*

TAXI n. m. (abrév. de *taximètre*). Automobile de location munie d'un taximètre.

TAXIARQUE n. m. (gr. *taxiarkhos*). *Antiq. gr.* Commandant d'un des dix bataillons formant l'infanterie athénienne.

TAXIDERMIE n. f. (gr. *taxis*, arrangement, et *derma*, peau). Art d'empailler les animaux vertébrés.

TAXIDERMISTE n. Naturaliste, empailleur.

TAXIE n. f. *Biol.* Mouvement ou réaction d'orientation des organismes se déplaçant librement dans l'espace.

TAXIMÈTRE n. m. Compteur qui établit le prix d'une course en voiture, en fonction du temps pendant lequel on l'occupe et de la distance parcourue.

TAXINOMIE ou, rare, **TAXONOMIE** n. f. Théorie de la classification. ‖ Suite d'éléments formant des listes concernant un domaine, une science.

TAXINOMIQUE adj. Relatif à la taxinomie.

TAXINOMISTE n. Spécialiste de taxinomie.

TAXIPHONE n. m. (nom déposé). Appareil

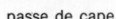

Jipé

passe de cape

Jipé

intervention du picador

Jipé

pose des banderilles

TAUROMACHIE

passe de muleta

Jipé

téléphonique que l'on peut utiliser en y introduisant un jeton ou des pièces de monnaie.

TAXODIUM [taksɔdjɔm] n. m. Nom générique du *cyprès chauve* de Virginie.

TAYAUT! interj. → TAÏAUT!

TAYLORISATION n. f. Action de tayloriser.

TAYLORISER v. t. Appliquer le taylorisme.

TAYLORISME n. m. Système d'organisation du travail, de contrôle des temps d'exécution et de rémunération, établi par F. W. Taylor.

Tb, symbole chimique du *terbium.*

Tc, symbole chimique du *technétium.*

TCHADIEN, ENNE adj. et n. Du Tchad.

TCHADOR n. m. (mot persan). Grand voile noir des femmes iraniennes.

TCH'AN ou **CHAN** n. m. → ZEN.

TCHÉCOSLOVAQUE adj. et n. De Tchécoslovaquie.

TCHÈQUE adj. et n. De Bohême, de Moravie ou d'une partie de la Silésie.

TCHÈQUE n. m. Langue slave parlée en Bohême et en Moravie-Silésie.

TCHÉRÉMISSE n. m. Langue finno-ougrienne de la région de la Volga.

TCHERNOZIOM [tʃɛrnozjɔm] n. m. (mot russe). En U. R. S. S., terre noire très fertile.

TCHIN-TCHIN! [tʃintʃin] interj. fam. utilisée pour trinquer.

TE pron. pers. → TU.

Te, symbole chimique du *tellure.*

TÉ n. m. Pièce quelconque ayant la forme d'un T. ‖ Double règle employée par les dessinateurs, composée de deux branches, dont l'extrémité de la plus grande s'assemble au milieu de l'autre à angle droit. ‖ Ferrure en forme de T, employée pour consolider les assemblages de menuiserie dans les croisées. ● *Fer en té,* à *double té,* fer en cornière employé en construction et présentant comme section un T, un double T.

tec, symbole de la *tonne* d'équivalent charbon.*

TECHNÉTIUM [tɛknesjɔm] n. m. (gr. *tekhnê-tos,* artificiel). Élément chimique (Tc), n° 43, de masse atomique 98,90, obtenu artificiellement.

TECHNICIEN, ENNE n. Personne qui connaît et pratique une technique particulière, spécialiste. ‖ Professionnel qualifié qui travaille sous les directives d'un ingénieur.

TECHNICISER v. t. Donner un caractère technique.

TECHNICITÉ n. f. Caractère de ce qui est technique.

TECHNICO-COMMERCIAL, E, AUX adj. Qui concerne à la fois la technique et le commercial.

TECHNICOLOR n. m. (nom déposé). Procédé de films en couleurs.

TECHNIQUE [tɛknik] adj. (gr. *tekhnê,* art). Qui appartient à un domaine particulier d'une science ou à ses applications, à un métier; qui concerne l'application de la connaissance théorique. ● *Enseignement technique,* ou *technique* n. m., qui donne une formation professionnelle destinée aux métiers de l'industrie et du commerce. ‖ *Incident technique,* défaillance dans le fonctionnement d'une machine.

TECHNIQUE n. f. Ensemble des procédés et des méthodes d'un art, d'un métier, d'une industrie.

TECHNIQUEMENT adv. De façon technique.

TECHNOBUREAUCRATIQUE adj. Qui a en même temps des caractères techniques et bureaucratiques.

TECHNOCRATE n. Homme d'État ou haut fonctionnaire qui fait prévaloir les facteurs techniques sur les facteurs humains.

TECHNOCRATIE n. f. Exercice d'un pouvoir politique dans lequel l'influence déterminante appartient aux techniciens de l'Administration, au détriment des élus.

TECHNOCRATIQUE adj. De la technocratie.

TECHNOCRATISATION n. f. Action de technocratiser.

TECHNOCRATISER v. t. Donner un caractère technocratique.

TECHNOCRATISME n. m. Comportement technocratique.

TECHNOLOGIE n. f. Étude des outils, des techniques et des procédés employés dans les diverses branches de l'industrie; l'ensemble de ces facteurs.

TECHNOLOGIQUE adj. Relatif à la technologie. ● *Art technologique,* art qui prend pour matériaux des dispositifs empruntés aux sciences appliquées, aux techniques modernes.

TECHNOLOGUE ou **TECHNOLOGISTE** n. Spécialiste de technologie.

TECHNOSTRUCTURE n. f. Groupe d'experts et d'administrateurs qui monopolisent le pouvoir dans une firme, une administration.

TECK ou **TEK** n. m. (portug. *teca*). Arbre de l'Asie tropicale, fournissant un bois dur, de densité moyenne, imputrescible.

TECKEL n. m. (mot all.). Basset musclé, à poil ras, dur, ou à poil long.

TECTIBRANCHE n. m. Mollusque gastropode marin possédant une seule branchie latérale protégée par un manteau. (Les *tectibranches* forment un ordre.)

TECTITE n. f. (gr. *têktos,* fondu). Sorte de verre naturel, riche en silice et en alumine, vraisemblablement d'origine cosmique.

TECTONIQUE n. f. (gr. *tektôn,* artisan). Partie de la géologie qui étudie les déformations des terrains, sous l'effet des forces internes, postérieurement à leur mise en place; ensemble de ces déformations. ● adj. Relatif à la tectonique.

TECTONOPHYSIQUE n. f. Science qui étudie les processus physiques qui interviennent lors de la formation des structures géologiques.

TECTRICE adj. et n. f. (lat. *tectus,* couvert). Se dit des plumes dont le rôle est de recouvrir les rémiges, dans l'aile des oiseaux.

TE DEUM [tedeɔm] n. m. inv. Hymne de louange et d'action de grâces de l'Église catholique, commençant par les mots *Te Deum laudamus,* «Seigneur, nous te louons».

TEE [ti] n. m. (mot angl.). Au golf, cheville fixée en terre et servant à surélever la balle.

TEEN-AGER [tinedʒœr] n. (mot anglo-amér.). Adolescent.

TEE-SHIRT ou **T-SHIRT** [tiʃœrt] n. m. (mot angl.) [pl. *tee-shirts*]. Maillot en coton, le plus souvent à manches courtes.

TÉFLON n. m. (nom déposé). Matière plastique fluorée, résistante à la chaleur et à la corrosion.

TÉGÉNAIRE n. f. Araignée des maisons, tissant une toile irrégulière dans les angles des murs, derrière les meubles.

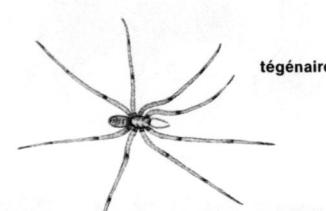

tégénaire

TÉGUMENT n. m. (lat. *tegumentum;* de *tegere,* couvrir). *Anat.* Ce qui couvre le corps de l'homme et des animaux (peau, poils, plumes, etc.). ‖ *Bot.* Enveloppe de la graine.

TÉGUMENTAIRE adj. Relatif au tégument.

TEIGNE n. f. (lat. *tinea*). Petit papillon, appelé aussi *mite,* dont les chenilles vivent sur des plantes cultivées (pomme de terre, betterave, lilas), sur des denrées (farine, grains) ou sur des objets ménagers (vêtements, fourrures, tapis). ‖ Maladie du cuir chevelu et des poils, produite par divers champignons microscopiques et entraînant des chutes partielles de cheveux (alopécies). ‖ *Fam.* Personne méchante. ● *Fausse teigne,* syn. de GALLÉRIE.

TEIGNEUX, EUSE adj. et n. Qui a la teigne. ‖ *Fam.* Se dit d'une personne méchante.

TEILLAGE ou **TILLAGE** n. m. Action ou manière de teiller.

TEILLE ou **TILLE** n. f. (lat. *tilia,* chanvre). Écorce de la tige du chanvre. ‖ Liber du tilleul.

TEILLER ou **TILLER** v. t. Enlever la teille.

TEILLEUR, EUSE n. Personne qui teille.

TEILLEUSE n. f. Machine qui opère le teillage.

TEINDRE v. t. (lat. *tingere*) [conj. 55]. Imprégner, imbiber d'une substance colorante, communiquer une couleur : *teindre des étoffes.* ◆ **se teindre** v. pr. Donner à ses cheveux une couleur artificielle.

TEINT n. m. (lat. *tinctus,* teint). Coloris du visage : *teint bronzé.* ‖ Couleur donnée à une étoffe par la teinture : *teint solide.* ● *Bon teint,* couleur solide, qui ne disparaît pas au lavage; se dit d'une personne ferme dans ses opinions : *républicain bon teint.* ‖ *Grand teint,* se dit d'un tissu de couleur garanti au lavage et à la lumière.

TEINT, E adj. Qui a reçu une teinture.

TEINTE n. f. Couleur nuancée obtenue par mélange. ‖ Apparence légère : *teinte d'ironie.*

TEINTER v. t. Couvrir d'une teinte. ‖ Donner une légère couleur : *teinter de l'eau avec du vin.* ‖ Ajouter une nuance : *indifférence teintée d'ironie.*

TEINTURE n. f. (lat. *tinctura*). Action de teindre. ‖ Liquide tenant une matière colorante en dissolution et dont on imprègne les tissus ou les cheveux. ‖ Connaissance superficielle : *avoir une teinture d'histoire.* ‖ *Pharm.* Alcool ou éther chargé des principes actifs d'une substance végétale, animale ou minérale.

TEINTURERIE n. f. Industrie de la teinture. ‖ Établissement ou boutique qui reçoit les vêtements, les tissus à nettoyer ou à teindre.

TEINTURIER, ÈRE n. Personne qui tient une teinturerie.

TEK n. m. → TECK.

TEL, TELLE adj. (lat. *talis*). Marque la similitude; pareil, semblable : *on ne verra plus de tels hommes.* ‖ Résume le contenu de ce qui précède ou suit : *tel est mon avis.* ‖ Marque l'intensité : *une telle peur.* ‖ Un certain : *telle page est griffonnée, telle autre tachée d'encre.* ● *Tel..., tel...,* comme..., ainsi... : *tel père, tel fils.* ‖ *Tel que,* indique une comparaison; exactement comme : *tels sont les hommes tels qu'ils sont;* annonce une énumération : *des langues telles que l'anglais, l'allemand;* marque une conséquence : *il y a un tel vacarme qu'on ne s'entend plus.* ‖ *Tel quel,* comme il est, sans changement : *je vous rends votre texte tel quel.* ◆ pron. indéf. Quelqu'un, quelque chose : *tel qui rit vendredi, dimanche pleurera.* ● *Un tel, Une telle,* remplace un nom propre d'une façon vague. ● pron. et adj. dém. Ce, cet, cela, celui-ci, etc. : *tel fut le résultat de ses efforts.*

TÉLAMON n. m. (mot gr.). Syn. d'ATLANTE.

TÉLANGIECTASIE n. f. (gr. *têle,* loin, *angîon,* vaisseau, et *ektasis,* dilatation). Dilatation des vaisseaux capillaires (loin du cœur) formant de petites lignes rouges sur la peau.

TÉLÉ n. f. Abrév. de TÉLÉVISION.

TÉLÉALARME n. f. Service téléphonique permettant à des personnes âgées, handicapées ou malades d'alerter un centre de secours par simple pression sur un bouton.

TÉLÉBOUTIQUE n. f. Établissement où sont proposés au public les divers types d'installations téléphoniques.

TÉLÉCABINE ou **TÉLÉBENNE** n. f. Téléphérique monocâble aménagé pour le transport de personnes par petites cabines.

TÉLÉCINÉMA n. m. Appareil transmettant par télévision un film cinématographique.

TÉLÉCOMMANDE n. f. Action de réaliser à distance une manœuvre quelconque; mécanisme assurant cette transmission.

TÉLÉCOMMANDER v. t. Commander à distance. ‖ Influencer de loin.

TÉLÉCOMMUNICATION n. f. Ensemble des moyens de communication à distance.

TÉLÉCONFÉRENCE n. f. Procédé utilisant les télécommunications et qui permet à deux ou

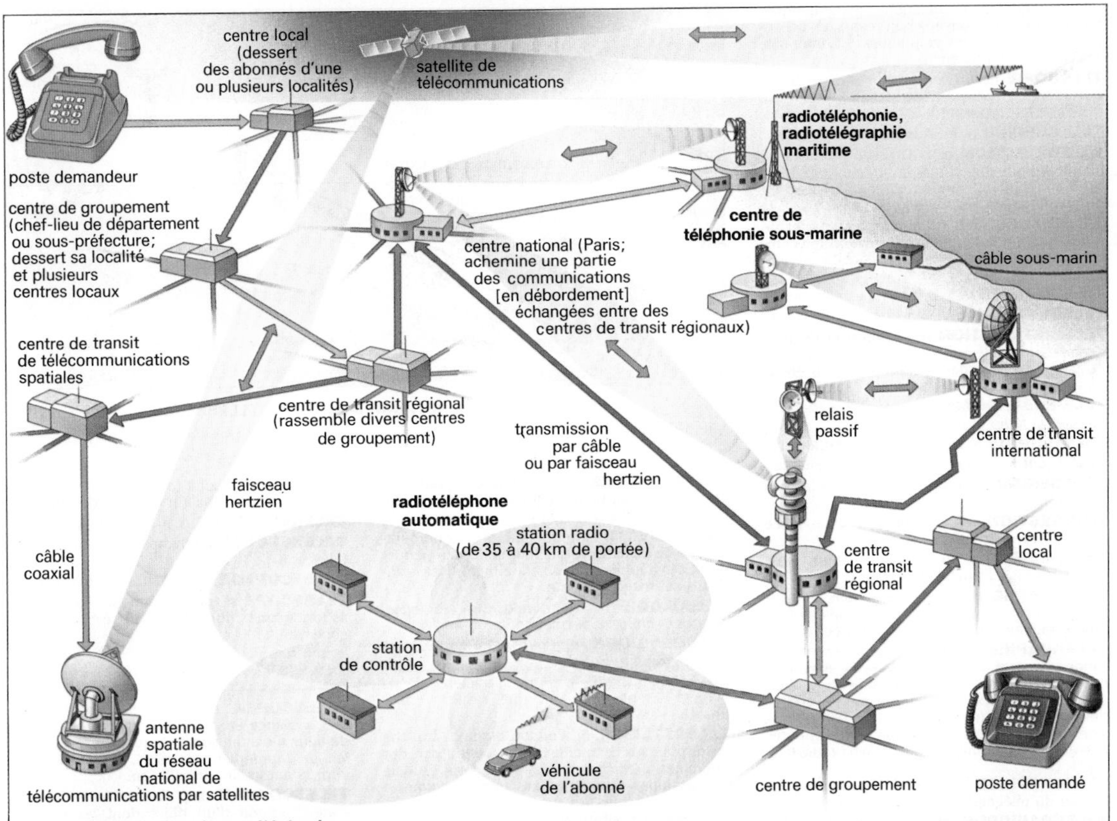

centre local
(dessert
des abonnés d'une
ou plusieurs localités)

satellite de
télécommunications

poste demandeur

radiotéléphonie,
radiotélégraphie
maritime

centre de groupement
(chef-lieu de département
ou sous-préfecture;
dessert sa localité
et plusieurs
centres locaux

centre de
téléphonie sous-marine

câble sous-marin

centre national (Paris;
achemine une partie
des communications
[en débordement]
échangées entre des
centres de transit régionaux)

centre de transit
de télécommunications
spatiales

câble sous-marin

centre de transit régional
(rassemble divers centres
de groupement)

transmission
par câble
ou par faisceau
hertzien

relais
passif

centre de transit
international

faisceau
hertzien

radiotéléphone
automatique

station radio
(de 35 à 40 km de portée)

câble
coaxial

centre
de transit
régional

centre
local

station
de contrôle

antenne
spatiale
du réseau
national de
télécommunications par satellites

véhicule
de l'abonné

centre de groupement

poste demandé

schématisation d'un réseau téléphonique

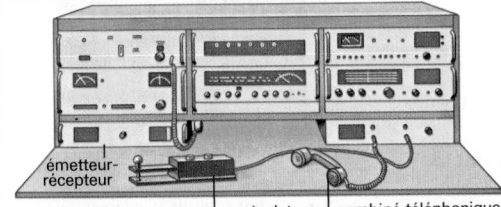

émetteur-
récepteur

manipulateur — combiné téléphonique

téléimprimeur
(émetteur)

bande
perforée

réseau

téléimprimeur
(récepteur)

télégraphe
Ce moyen de communication permet de transmettre des messa-ges par câble ou par radio suivant l'alphabet Morse*. Un manipu-lateur permet d'envoyer ou d'interrompre un signal pendant un temps bref (point) ou long (trait). Un récepteur reçoit les signaux, l'opérateur les décode.

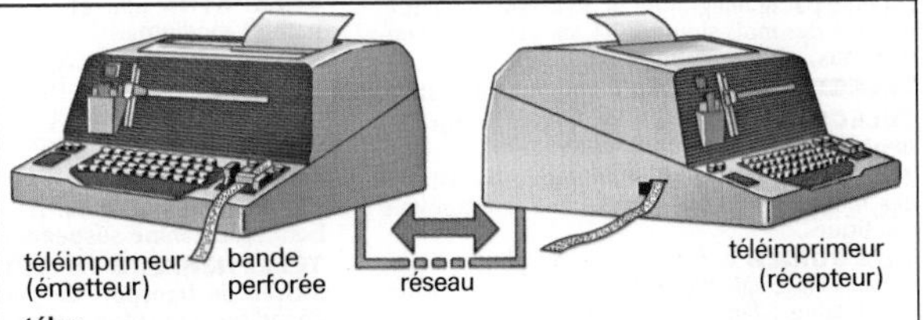

télex
Le réseau télex permet à un abonné de transmettre à un autre abonné un message dactylographié au moyen d'un téléimprimeur. Le texte à transmettre est frappé sur un clavier dont chaque touche émet un signal codé déclen-chant la touche imprimante correspondante du récepteur. On peut aussi préparer le message, préalablement à l'émission, en l'enregistrant sur bande perforée.

télématique
Le système Télétel permet d'inter-roger à distance une banque de données (horaires de trains ou d'a-vions, médecins de garde, cham-bres d'hôtel, places de spectacles, actualités, bulletin météorologique, cours de langues étrangères, etc.) à partir d'une installation d'abonné comportant un téléviseur raccordé au poste téléphonique et un clavier de commande, les informations de-mandées s'inscrivant sur l'écran du téléviseur.

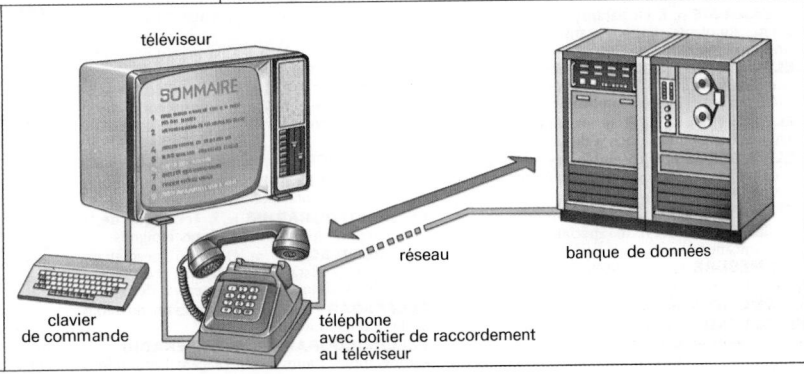

téléviseur

SOMMAIRE

banque de données

réseau

clavier
de commande

téléphone
avec boîtier de raccordement
au téléviseur

plusieurs groupes de personnes géographiquement distincts de converser entre eux, en échangeant des documents graphiques. ‖ Conférence
réalisée par ce procédé.

TÉLÉCOPIE n. f. Transmission à distance de
documents graphiques, de dessins, etc. (Syn.
COURRIER ÉLECTRONIQUE.)

TÉLÉCOPIEUR n. m. Appareil de télécopie.

TÉLÉDÉTECTION n. f. Détection à distance
d'informations concernant la surface de la Terre
ou d'une planète, fondée sur l'enregistrement
du rayonnement électromagnétique.

TÉLÉDIAGNOSTIC n. m. Diagnostic effectué
à distance grâce à la transmission par télécommunication de paramètres quantifiables ou ana-
logiques.

TÉLÉDIFFUSER v. t. Diffuser par télévision.

TÉLÉDIFFUSION n. f. Diffusion par télévision.

TÉLÉDISTRIBUTION n. f. Diffusion de programmes de télévision à des abonnés dont
l'appareil est relié par câble à la station émettrice. (On dit aussi TÉLÉVISION PAR CÂBLE.)

TÉLÉ-ENSEIGNEMENT n. m. Enseignement
utilisant la radio et la télévision.

TÉLÉFÉRIQUE n. m. et adj. → TÉLÉPHÉRIQUE.

TÉLÉFILM n. m. Film réalisé pour la télévision.

TÉLÉGÉNIQUE adj. Qui fait un bel effet à la
télévision.

TÉLÉGESTION n. f. Gestion à distance, grâce
au télétraitement.

TÉLÉGRAMME n. m. Communication, message transmis à l'aide du télégraphe.

TÉLÉGRAPHE n. m. (gr. *têle*, loin, et *graphein*, écrire). Dispositif permettant de communiquer rapidement et à distance des écrits.

TÉLÉGRAPHIE n. f. Système de télécommunication assurant la transmission de messages
écrits ou de documents par l'utilisation d'un
code de signaux ou d'autres moyens appropriés. ● *Télégraphie sans fil (T. S. F.)*, transmission de messages par utilisation des propriétés
des ondes électromagnétiques. (Syn. RADIOTÉLÉ-
GRAPHIE.)

TÉLÉGRAPHIER v. t. et i. Transmettre au
moyen du télégraphe.

TÉLÉGRAPHIQUE adj. Relatif au télégraphe,
expédié par le télégraphe. ● *Style télégraphique*,
réduit à des mots significatifs, sans termes grammaticaux; abrégé au maximum.

TÉLÉGRAPHIQUEMENT adv. Par télégraphe.

TÉLÉGRAPHISTE n. et adj. Porteur de
dépêches télégraphiques.

TÉLÉGUIDAGE n. m. Commande à distance
des mouvements d'un engin doté d'autonomie
cinétique.

TÉLÉGUIDER v. t. Conduire ou piloter à distance. ‖ Faire agir qqn par une influence cachée
et lointaine : *l'intervention de ce parlementaire
a été téléguidée par le gouvernement.*

TÉLÉIMPRIMEUR n. m. Appareil télégraphique permettant l'impression à distance par
un procédé quelconque. (Syn. : TÉLÉSCRIPTEUR,
TÉLÉTYPE.)

TÉLÉINFORMATIQUE n. f. Informatique faisant appel aux moyens des télécommunications.

TÉLÉKINÉSIE n. f. En parapsychologie, mouvement spontané d'objets sans intervention
d'une force ou énergie observables.

TÉLÉMAINTENANCE n. f. Maintenance à distance d'un véhicule spatial au moyen de liaisons
de télémesure et de télécommande.

TÉLÉMANIPULATEUR n. m. Appareil permettant de manipuler qqch à distance.

TÉLÉMATIQUE n. f. Ensemble des techniques
et des services qui associent les télécommunications et l'informatique.

TÉLÉMATIQUE adj. De la télématique.

TÉLÉMÉCANICIEN n. m. Spécialiste des télécommunications.

TÉLÉMESURE n. f. Transmission à distance
d'un signal porteur d'un résultat de mesure.

TÉLÉMÈTRE n. m. Appareil de télémétrie.

TÉLÉMÉTRIE n. f. Mesure des distances par
des procédés acoustiques, optiques, radioélectriques, ou par réflexion d'un faisceau laser.

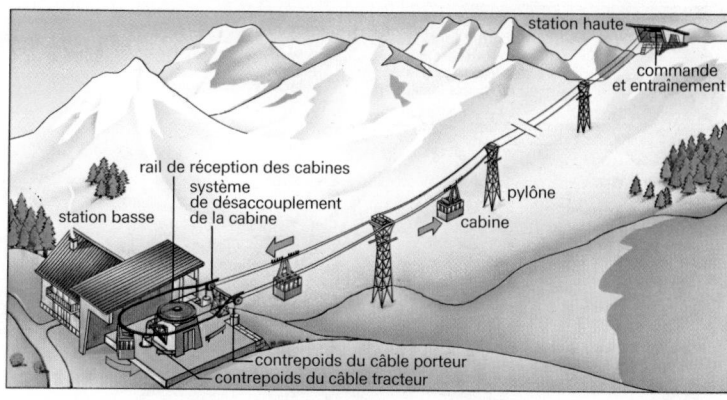

PRINCIPE DE FONCTIONNEMENT D'UN TÉLÉPHÉRIQUE

TÉLENCÉPHALE n. m. Structure nerveuse de
l'embryon, à partir de laquelle se différencient
les hémisphères cérébraux.

TÉLÉOBJECTIF n. m. Objectif photographique de distance focale longue, et qui permet
de photographier des objets éloignés, en donnant une image agrandie.

TÉLÉOLOGIE n. f. (gr. *telos*, fin, et *logos*,
discours). *Philos.* Spéculation sur la finalité.

TÉLÉOLOGIQUE adj. *Philos.* Qui concerne la
téléologie.

TÉLÉONOMIE n. f. *Biol.* Caractère de la
matière vivante, en tant que résultat d'une
finalité.

TÉLÉOSTÉEN n. m. Poisson osseux à bouche
terminale, aux branchies recouvertes par des
opercules, à écailles plates, à nageoire caudale
à deux lobes égaux ou sans lobes, comme le
sont presque tous les poissons osseux actuels.
(Les *téléostéens* forment un superordre.)

TÉLÉPATHE adj. et n. Qui pratique la télépathie; médium.

TÉLÉPATHIE n. f. (gr. *têle*, loin, et *pathos*,
ce qu'on éprouve). Transmission extrasensorielle de sensations et de pensées à grande
distance entre deux ou plusieurs sujets.

TÉLÉPATHIQUE adj. Relatif à la télépathie.

TÉLÉPHÉRAGE n. m. Transport à distance par
benne ou cabine suspendue à un câble aérien.

TÉLÉPHÉRIQUE ou **TÉLÉFÉRIQUE** n. m.
Moyen de transport de personnes ou de marchandises, constitué par un ou plusieurs câbles
porteurs sur lesquels se déplace le chariot
supportant la cabine des voyageurs ou la benne
de matériaux. ◆ adj. Relatif au téléphérage.

TÉLÉPHONE n. m. (gr. *têle*, loin, et *phônê*,
voix). Instrument qui permet une conversation
entre deux personnes éloignées. ‖ Syn. courant
de TÉLÉPHONIE. ● *Téléphone arabe* (Fam.), information, rumeur qui se propage très vite de
bouche à oreille.

TÉLÉPHONER v. i. et t. Communiquer, transmettre par le téléphone.

TÉLÉPHONIE n. f. Système de télécommunication établi en vue de la transmission de la
parole. ● *Téléphonie sans fil*, syn. de RADIOTÉLÉ-
PHONIE.

TÉLÉPHONIQUE adj. Relatif au téléphone.

TÉLÉPHONISTE n. Personne chargée du service d'un téléphone public ou privé.

TÉLÉPHOTOGRAPHIE n. f. Technique de la
photographie des sujets ou objets éloignés.

TÉLÉPOINTAGE n. m. Dispositif permettant
le pointage à distance des canons d'un navire
de guerre à partir d'un poste central de tir.

TÉLÉRADAR n. m. Emploi combiné du radar
et de la télévision.

TÉLÉRADIOGRAPHIE ou **TÉLÉRADIO** n. f.
Radiographie pratiquée en plaçant l'ampoule à

rayons X loin du sujet (de 2 à 3 mètres), ce qui
supprime la déformation conique de l'image.

TÉLÉREPORTAGE n. m. Reportage télévisé.

TÉLÉREPORTER [telerɔpɔrtɛr] n. Reporter de
télévision.

TÉLESCOPAGE n. m. Action de télescoper.

TÉLESCOPE n. m. Instrument d'observation
astronomique dont l'objectif est un miroir
concave.

V. ill. page 910

TÉLESCOPER v. t. (de *télescope*). Heurter
avec violence en défonçant. ‖ Opérer la fusion
de deux mots qui sont tronqués (ex. : *tripatouiller*, de *tripoter* et *patouiller*). ◆ **se télescoper**
v. pr. S'emboutir par collision.

TÉLESCOPIQUE adj. Fait à l'aide du télés-
cope. ‖ Se dit d'un objet dont les éléments
s'emboîtent et coulissent les uns dans les autres.

TÉLESCRIPTEUR n. m. Syn. de TÉLÉIM-
PRIMEUR.

TÉLÉSIÈGE n. m. Téléphérique à câble unique
sans fin, le long duquel sont répartis des sièges
accrochés par des suspentes.

TÉLÉSKI n. m. Syn. de REMONTE-PENTE.

TÉLÉSPECTATEUR, TRICE n. Personne qui
regarde la télévision.

TÉLÉSURVEILLANCE n. f. Surveillance à
distance par un procédé de télécommunication.

TÉLÉTEXTE n. m. Système qui permet l'affichage de textes ou de graphismes sur l'écran
d'un téléviseur à partir d'un signal de télévision
ou d'une ligne téléphonique. (Syn. VIDÉOTEX.)

TÉLÉTRAITEMENT n. m. Mode d'exploitation
ou de fonctionnement d'un ordinateur qui traite
des données transmises par voie téléphonique
ou télégraphique, par faisceau hertzien, etc.

TÉLÉTRANSMISSION n. f. Action de transmettre à distance une information.

TÉLÉTYPE n. m. (nom déposé). Nom d'une
marque de téléimprimeur.

TÉLEUTOSPORE n. f. L'une des formes de
spore de la rouille du blé.

TÉLÉVISER v. t. Transmettre par télévision.

TÉLÉVISEUR n. m. Récepteur de télévision.

TÉLÉVISION n. f. Transmission par voie électrique, à distance, d'images non permanentes
d'objets fixes ou mobiles. ‖ Ensemble des services assurant la transmission d'émissions, de
reportages par télévision. ‖ *Fam.* Téléviseur.
● *Télévision par câble*, syn. de TÉLÉDISTRIBUTION.
■ La télévision permet de transmettre à distance
des images animées et les sons correspondants.
En principe, cette transmission s'effectue en
convertissant à l'émission une image optique en
signaux électriques proportionnellement à la
brillance de chacun des points qui constituent
cette image. À la réception, on opère la conver-

studio

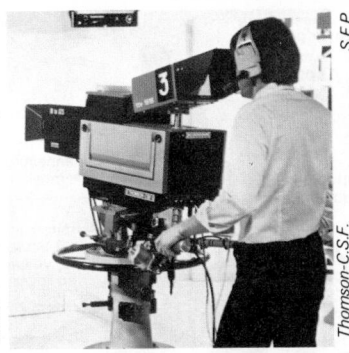

caméra

régie studio

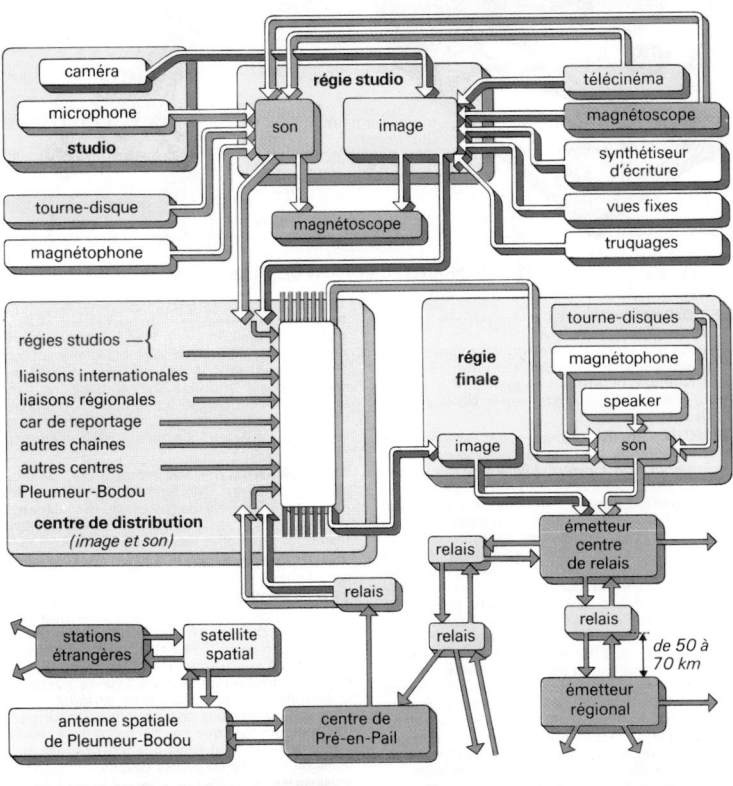

magnétoscope

télécinéma

antenne de Pleumeur-Bodou

émetteur du pic du Midi

antennes paraboliques d'un relais

sion inverse. Il convient donc de transmettre, outre la variation de brillance de chaque point en fonction du temps (signal vidéo), la position de chacun d'eux dans le plan de l'image (synchronisation). Plus il est prévu de points pour une image, plus celle-ci est fine et détaillée. Ces points sont rangés en lignes successives pour former l'image grâce aux signaux de synchronisation. Pour obtenir le mouvement, il faut transmettre un certain nombre d'images par seconde. Le son correspondant module un émetteur séparé de celui qui assure la transmission des images. Le nombre de points d'une ligne détermine la *définition horizontale;* le nombre de lignes d'une image donne la *définition verticale.* Les émissions en couleurs doivent être reçues en noir et blanc sur les téléviseurs de ce type. Inversement, les émissions en noir et blanc doivent pouvoir être reçues sur le téléviseur en couleurs. Grâce aux lois de colorimétrie, on peut transmettre une image colorée au moyen de trois signaux correspondant aux couleurs fondamentales : rouge, bleu et vert.

TÉLÉVISUEL, ELLE adj. Relatif à la télévision comme moyen d'expression.

TÉLEX n. m. Service de dactylographie à distance, mis à la disposition des usagers au moyen de téléimprimeurs.

TÉLEXER v. t. Transmettre par télex.

TÉLEXISTE n. Employé d'un télex.

TELL n. m. (mot ar.). *Archéol.* Au Proche-Orient, colline artificielle formée par les ruines superposées d'une ville ancienne.

TELLEMENT adv. Marque l'intensité; très, beaucoup : *il est tellement gentil; l'âge l'a tellement changé; je n'aime pas tellement cela.* ● *Tellement... que,* marque la conséquence : *il a tellement mangé qu'il s'est rendu malade.*

TELLIÈRE n. m. et adj. (du n. du chancelier *Le Tellier*). Format de papier (34 × 44 cm).

TELLURE n. m. (lat. *tellus, -uris,* terre). Corps simple (Te), n° 52, de masse atomique 127,60, solide, d'un blanc bleuâtre, lamelleux et fragile, de densité 6,2, fusible à 452 °C.

TELLUREUX adj. m. Se dit de l'anhydride TeO_2 et de l'acide correspondant.

TELLURHYDRIQUE adj. m. Se dit de l'acide H_2Te, gaz incolore toxique.

TELLURIQUE ou **TELLURIEN, ENNE** adj. Qui concerne la Terre : *secousse tellurique.* ‖ *Chim.* Se dit de l'anhydride TeO_3 et de l'acide correspondant. ● *Planète tellurique,* planète dense et de petite taille, dont la Terre est le prototype (Mercure, Vénus, la Terre, Mars).

TELLUROMÈTRE n. m. Appareil mesurant la valeur des résistances des prises de terre.

TELLURURE n. m. *Chim.* Combinaison du tellure avec un autre élément.

TÉLOLÉCITHE adj. *Biol.* Se dit de l'œuf caractérisé par un volume de vitellus considérable (céphalopodes, poissons, reptiles, oiseaux).

TÉLOPHASE n. f. *Biol.* Dernière phase de la mitose cellulaire, pendant laquelle se constituent les noyaux des cellules filles et se forme une nouvelle membrane.

TÉLOUGOU ou **TELUGU** n. m. Langue dravidienne parlée en Andhra Pradesh.

TELSON [tɛlsɔ̃] n. m. (mot gr.). *Zool.* Dernier anneau de l'abdomen des arthropodes.

TEMENOS [temenɔs] n. m. *Antiq.* Aire sacrée d'un sanctuaire, délimitée par le péribole.

TÉMÉRAIRE adj. et n. (lat. *temerarius,* inconsidéré). Hardi jusqu'à l'imprudence; casse-cou, audacieux. ● *Jugement téméraire,* hasardé, porté sans preuves.

TÉMÉRITÉ n. f. Hardiesse imprudente et présomptueuse.

TÉMOIGNAGE n. m. Action de témoigner; relation faite par une personne de ce qu'elle a vu ou entendu : *recueillir des témoignages.* ‖ Marque extérieure, preuve : *témoignage d'amitié, de satisfaction.* ● *Porter témoignage,* témoigner. ‖ *Rendre témoignage à qqch,* le reconnaître. ‖ *Rendre témoignage à qqn,* témoigner publiquement en sa faveur.

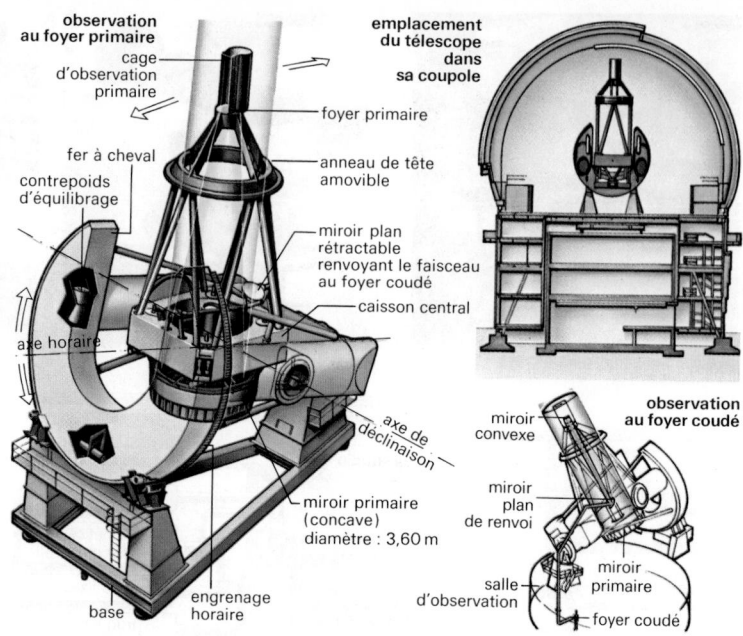

observation au foyer primaire
cage d'observation primaire
foyer primaire
fer à cheval
anneau de tête amovible
contrepoids d'équilibrage
miroir plan rétractable renvoyant le faisceau au foyer coudé
caisson central
axe horaire
axe de déclinaison
miroir primaire (concave) diamètre : 3,60 m
base
engrenage horaire

emplacement du télescope dans sa coupole

observation au foyer coudé
miroir convexe
miroir plan de renvoi
salle d'observation
miroir primaire
foyer coudé

TÉLESCOPE FRANCO-CANADIEN DES ÎLES HAWAII

TÉMOIGNER v. t. Faire paraître par ses paroles ou ses actions : *témoigner de la joie.* ‖ Être le signe, la preuve de : *gestes qui témoignent une vive surprise.* ◆ v. i. Révéler, rapporter ce qu'on sait; faire une déposition en justice. ◆ v. t. ind. [de]. *Témoigner de qqch,* servir de preuve à qqch.

TÉMOIN n. m. (lat. *testimonium*). Personne qui a vu ou entendu qqch, et qui peut le certifier : *être témoin d'un accident.* ‖ Personne qui témoigne en justice : *les témoins prêtent serment de dire la vérité.* ‖ Personne dont on se fait assister pour certains actes : *servir de témoin pour un mariage.* ‖ Preuve matérielle, attestation quelconque d'un fait : *cette cathédrale est un témoin de l'art gothique.* ‖ Butte qu'on laisse dans un terrain déblayé, pour évaluer la quantité de matériaux enlevés. ‖ Petite plaque de plâtre établie à la surface d'une fissure d'un ouvrage de maçonnerie, pour surveiller l'évolution de celle-ci. ‖ Animal, plante, etc., qui ne subit aucun traitement particulier afin de fournir la comparaison avec des individus de même espèce soumis à des essais divers. ‖ *Sports.* Bâtonnet que se transmettent les coureurs dans une course de relais. ● *Prendre qqn à témoin,* invoquer son témoignage. ‖ *Les témoins d'un duel,* ceux qui en règlent les conditions. ‖ *Témoin de Jéhovah,* membre d'une secte religieuse adventiste, fondée aux États-Unis en 1872. (La doctrine des Témoins de Jéhovah est centrée sur la venue prochaine du Christ en ce monde; leur refus de reconnaître toute organisation religieuse ou politique [ils refusent le service militaire] les expose à de dures répressions.) ◆ adj. Se dit de qqch qui indique qqch, qui sert de repère, de contrôle, de modèle : *lampe témoin.*

TEMPE n. f. (lat. pop. *tempula;* de *tempora,* tempes). Partie latérale de la tête, comprise entre l'œil, le front, l'oreille et la joue.

TEMPE n. f. (lat. *templum,* traverse). Morceau de bois qui sert au boucher pour tenir écartés les deux côtés du ventre d'un animal ouvert.

TEMPERA n. f. (mot it.). *Bx-arts.* Nom de certaines détrempes : *peindre « a tempera »,* ou *à la tempera.*

TEMPÉRAMENT n. m. (lat. *temperamentum,* juste proportion). Ensemble des dispositions physiques innées d'un individu et qui détermi-

neraient son caractère : *tempérament violent.* ● *Avoir du tempérament* (Fam.), avoir une forte personnalité; être porté aux plaisirs sexuels. ‖ *Tempérament·égal* (Mus.), système musical qui divise l'octave en douze demi-tons égaux; dans le *tempérament inégal,* les demi-tons n'ont pas tous la même valeur. ‖ *Vente à tempérament,* vente où l'acheteur s'acquitte par versements échelonnés.

TEMPÉRANCE n. f. (lat. *temperantia;* de *temperare,* tempérer). Modération des désirs, des passions. ‖ Sobriété dans l'usage des aliments, des boissons. ● *Société de tempérance,* association pour combattre l'usage de l'alcool.

TEMPÉRANT, E adj. et n. Qui fait preuve de tempérance, sobre.

TEMPÉRATURE n. f. Grandeur physique qui caractérise de façon objective la sensation subjective de chaleur ou de froid laissée par le contact d'un corps. ‖ État atmosphérique de l'air du point de vue de son action sur nos organes; degré de froid ou de chaleur. ‖ Fièvre : *avoir de la température.* ● *Température absolue,* grandeur définie par des considérations théoriques de thermodynamique ou de mécanique statistique, pratiquement égale à la température centésimale majorée de 273,15 degrés.

TEMPÉRÉ, E adj. Ni trop chaud ni trop froid : *climat tempéré.* ‖ *Mus.* Se dit d'un instrument dans lequel l'espace entre les demi-tons est normalisé et égalisé.

TEMPÉRER v. t. (lat. *temperare,* adoucir) [conj. 5]. *Litt.* Diminuer, atténuer l'excès de qqch : *tempérer la sévérité.*

TEMPÊTE n. f. (lat. pop. *tempesta*). Violente perturbation atmosphérique, sur terre ou sur mer. ‖ Explosion subite et violente : *une tempête d'injures.* ‖ Violente agitation dans un groupe, un pays : *tempête politique.*

TEMPÊTER v. i. Manifester bruyamment son mécontentement, fulminer.

TEMPÉTUEUX, EUSE adj. *Litt.* Agité par la tempête : *mer tempétueuse.*

TEMPLE n. m. (lat. *templum*). Édifice consacré au culte d'une divinité : *les temples grecs.* ‖ Édifice dans lequel les protestants célèbrent leur culte. ‖ Édifice cultuel consacré à Jahvé, élevé à Jérusalem dans l'Antiquité judaïque. (En ce sens prend une majuscule.) ▷

TEMPLIER n. m. Chevalier de l'ordre du Temple.

TEMPO [tɛpo ou tɛmpo] n. m. (mot it., *temps*). *Mus.* Notation des différents mouvements dans lesquels est écrit ou exécuté un morceau. ‖ Vitesse d'exécution d'une œuvre; rythme d'une action. ● *A tempo*, indication musicale qui invite à reprendre le mouvement initial après un ralenti ou une accélération.

TEMPORAIRE adj. (lat. *temporarius*). Momentané, provisoire, qui ne dure que peu de temps.

TEMPORAIREMENT adv. Pour un temps.

TEMPORAL, E, AUX adj. Relatif aux tempes. ● *Lobe temporal du cerveau* (Anat.), partie moyenne et inférieure de chacun des deux hémisphères cérébraux, qui joue un rôle important dans l'intégration des sensations auditives et dans le langage.

TEMPORAL n. m. Os du crâne situé dans la région de la tempe.

TEMPORALITÉ n. f. Caractère de ce qui existe dans le temps.

TEMPOREL, ELLE adj. (lat. *temporalis*; de *tempus, -oris*, temps). Qui a lieu dans le temps (par oppos. à ÉTERNEL). ‖ Qui concerne les choses matérielles (par oppos. à SPIRITUEL) : *les biens temporels*. ‖ Qui concerne et indique le temps : *subordonnée temporelle*. ● *Pouvoir temporel*, pouvoir des papes en tant que souverains de leur territoire.

TEMPOREL n. m. *Dr. canon.* Ensemble des biens appartenant à une église ou à une communauté religieuse.

TEMPORISATEUR, TRICE adj. et n. Qui temporise.

TEMPORISATEUR n. m. Appareil introduisant intentionnellement un intervalle de temps entre le début et la fin du fonctionnement d'un dispositif électrique.

TEMPORISATION n. f. Retard calculé apporté à une action. ‖ Technique de la commande des temps opératoires, c'est-à-dire de la durée des diverses opérations industrielles.

TEMPORISER v. i. (lat. *tempus, -oris*, temps). Différer une action avec espoir d'une meilleure occasion, retarder qqch, surseoir à qqch.

TEMPS [tɑ̃] n. m. (lat. *tempus*). Grandeur caractérisant à la fois la durée des phénomènes et les instants successifs de leur déroulement. ‖ Durée limitée considérée par rapport à l'usage qu'on en fait : *bien employer son temps*. ‖ Moment favorable, occasion : *il y a un temps pour tout*. ‖ Époque, relativement à certaines circonstances, à l'état des choses, des mœurs, des opinions. ‖ État de l'atmosphère à un moment donné. ‖ *Chorégr.* Moment d'élévation; une des

phases de la décomposition d'un pas; pas se décomposant en plusieurs moments. ‖ *Ling.* Modification de la forme du verbe, qui sert à exprimer un rapport de temps (passé, présent, futur). ‖ *Mécan.* Chacune des phases dont l'ensemble constitue le cycle de fonctionnement d'un moteur. ‖ *Mus.* Division de la mesure. ‖ *Philos.* Forme de l'expérience de l'homme dans ses rapports avec le monde. ‖ *Sports.* Chronométrage d'une course. ● *À temps*, assez tôt. ‖ *Avant le temps*, prématurément. ‖ *Avoir le temps*, n'être pas pressé. ‖ *Avoir fait son temps*, être dépassé, périmé. ‖ *Dans le temps* (Fam.), autrefois. ‖ *De temps en temps*, quelquefois. ‖ *De tout temps*, toujours. ‖ *En même temps*, ensemble. ‖ *Être de son temps*, agir selon les idées de son époque. ‖ *Faire son temps*, faire son service militaire. ‖ *Gagner du temps*, temporiser. ‖ *Gros temps*, temps en mer. ‖ *N'avoir qu'un temps*, avoir une courte durée. ‖ *Passer le (son) temps à*, l'employer à. ‖ *Perdre son temps*, ne rien faire. ‖ *Temps d'accès* (Inform.), temps qui s'écoule entre le lancement d'une opération de recherche en mémoire et l'obtention de la première information cherchée. ‖ *Temps atomique*, temps dont la mesure est fondée sur la fréquence de vibration d'un atome, dans des conditions bien déterminées. ‖ *Temps civil* (Astron.), temps solaire moyen augmenté de douze heures : *le temps civil se compte de 0 à 24 heures à partir de minuit, avec changement du quantième à minuit*. ‖ *Temps des éphémérides*, ou *TE* (Astron.), temps défini par le mouvement de translation de la Terre autour du Soleil. ‖ *Temps partagé*, ou *partage de temps* (Inform.), technique d'utilisation simultanée d'un ordinateur à partir de nombreux terminaux, une tranche de temps étant en général accordée successivement à chaque utilisateur. (Syn. TIME-SHARING.) ‖ *Temps partiel*, se dit du travail qui s'effectue selon un horaire inférieur au temps normal. ‖ *Temps réel* (Inform.), technique d'utilisation d'un ordinateur dans laquelle celui-ci doit élaborer, à partir d'informations acquises ou reçues de l'extérieur, des informations de commande, de contrôle ou de réponse, dans un délai très bref, cohérent avec l'évolution du processus avec lequel il est en relation. ‖ *Temps sidéral en un lieu donné*, angle horaire du point vernal en ce lieu. ‖ *Temps solaire moyen*, temps solaire vrai, dépouillé de ses inégalités séculaires et périodiques : *le temps moyen se compte de 0 à 24 heures à partir de midi*. ‖ *Temps solaire vrai en un lieu donné*, angle horaire du centre du Soleil en ce lieu. ‖ *Temps universel*, ou *TU*, temps civil de Greenwich (Grande-Bretagne). [L'expression « temps moyen de Greenwich », ou GMT, est considérée comme incorrecte.]

TEMPLE DORIQUE D'ATHÉNA APHAIA À ÉGINE (GRÈCE)

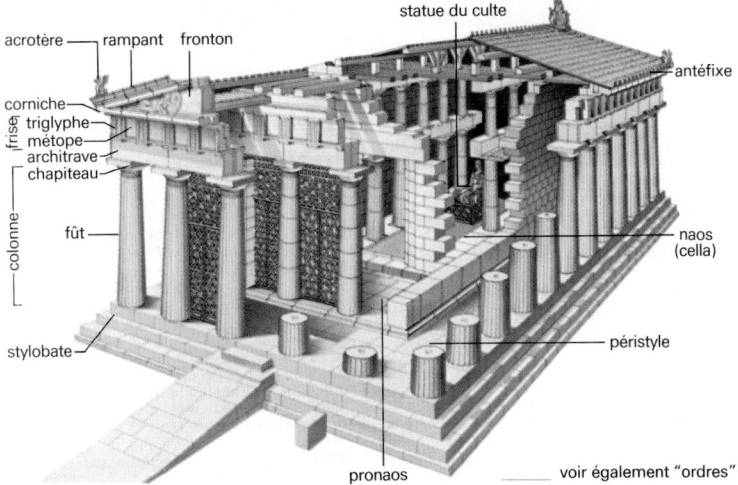

acrotère — rampant — fronton
corniche
triglyphe
(frise) métope
architrave
chapiteau
colonne
fût
stylobate
statue du culte
antéfixe
naos (cella)
péristyle
pronaos — voir également "ordres"

TENABLE adj. Qu'on peut tenir, supporter (presque toujours avec la négation).

TENACE adj. (lat. *tenax*; de *tenere*, tenir). Fortement attaché à ses idées, à ses décisions : *personne tenace*. ‖ Difficile à extirper, à détruire : *les préjugés sont tenaces*. ‖ Qui adhère fortement : *la poix est tenace*. ‖ *Techn.* Qui résiste à la rupture : *métal tenace*.

TENACEMENT adv. Avec ténacité.

TÉNACITÉ n. f. Caractère tenace : *pour atteindre son but, il a fait preuve d'une grande ténacité*.

TENAILLE n. f., ou **TENAILLES** n. f. pl. (lat. *tenaculum*, attache). Outil composé de deux pièces croisées, mobiles autour d'un axe et terminées par des mors qu'on peut rapprocher pour saisir ou serrer certains objets. ‖ *Mil.* Élément extérieur de la fortification bastionnée, couvrant la courtine.

TENAILLEMENT n. m. *Litt.* Action de tenailler.

TENAILLER v. t. Faire souffrir, torturer : *la faim le tenaillait*. ‖ *Litt.* Tourmenter moralement : *être tenaillé par le remords*.

TENANCIER, ÈRE n. Personne qui dirige une maison de jeu, un hôtel, etc. ‖ Personne qui tenait une terre en roture dépendant d'un fief.

TENANT, E adj. *Séance tenante*, dans le cours même de la séance, immédiatement.

TENANT n. m. Celui qui se fait le champion, le défenseur d'une opinion. ‖ Sportif ou équipe qui détient un titre. ‖ Chevalier qui, dans un tournoi, appelait en lice quiconque voulait se mesurer avec lui. ● *D'un seul tenant*, d'un seul morceau : *une propriété de vingt hectares d'un seul tenant*. ● pl. *Les tenants et les aboutissants d'une terre*, les lieux contigus à cette terre. ‖ *Les tenants et les aboutissants d'une affaire*, toutes les circonstances, tous les détails.

TENDANCE n. f. Force qui oriente qqn vers certaines fins; penchant. ‖ Idées politiques, philosophiques, artistiques orientées dans telle ou telle direction. ‖ Fraction organisée d'un groupement syndical ou politique. ‖ Orientation qui se dégage de l'examen d'une série de faits : *tendance à la baisse*. ‖ *Psychol.* Disposition à répondre par certains comportements à certaines situations déterminées. ● *Procès de tendance*, procès fait non pour ce qui est dit expressément, mais pour les idées suggérées.

TENDANCIEL, ELLE adj. Qui indique une tendance : *baisse tendancielle du taux de profit*.

TENDANCIEUSEMENT adv. De façon tendancieuse.

TENDANCIEUX, EUSE adj. *Péjor.* Qui marque une intention secrète, un parti pris d'imposer une opinion.

TENDELLE n. f. Collet pour prendre les grives.

TENDER [tɑ̃dɛr] n. m. (mot angl.). Véhicule placé immédiatement après une locomotive à vapeur, et contenant l'eau et le combustible nécessaires à la machine. ‖ Navire annexe d'une plate-forme de forage en mer.

TENDEUR, EUSE n. Personne qui tend qqch.

TENDEUR n. m. Courroie élastique. ‖ Appareil servant à tendre une courroie, une corde, un fil métallique, un fil textile, etc.

TENDINEUX, EUSE adj. De la nature des tendons. ‖ *Viande tendineuse*, qui contient des fibres dures, coriaces (aponévroses et tendons).

TENDINITE n. f. *Méd.* Inflammation d'un tendon.

TENDON n. m. Partie amincie, conjonctive, par laquelle un muscle s'insère sur un os.

TENDRE adj. et n. (lat. *tener*). Porté à l'amitié, à l'amour, affectueux. ◆ adj. Qui peut être facilement coupé, divisé, entamé, mâché : *pierre, viande tendre*. ● *Âge tendre*, première jeunesse. ‖ *Couleur tendre*, claire et délicate. ‖ *Ne pas être tendre pour qqn*, être sévère.

TENDRE n. m. *Pays du Tendre*, pays allégorique, où les divers chemins de l'amour avaient été imaginés par Mlle de Scudéry et les écrivains de son entourage.

TENDRE v. t. (lat. *tendere*) [conj. 46]. Tirer et tenir dans un état d'allongement : *tendre une corde*. ‖ Avancer, porter en avant : *tendre la* main. ‖ Élever, dresser : *tendre une tente.* ‖ Couvrir d'une tapisserie, d'une étoffe. ● *Tendre le dos,* se préparer à être battu. ‖ *Tendre son esprit,* l'appliquer avec effort. ‖ *Tendre un piège,* le disposer pour prendre du gibier; chercher à tromper qqn. ◆ v. t. ind. **[à, vers]**. Avoir pour but, évoluer, se diriger vers : *à quoi tendent vos démarches?; tendre à la perfection.*

TENDREMENT adv. Avec tendresse.

TENDRESSE n. f. Sentiment d'amour, d'amitié; attachement. ◆ pl. Caresses, témoignages d'affection.

TENDRETÉ n. f. Qualité d'une viande tendre.

TENDRON n. m. *Fam.* Très jeune fille. ‖ *Bouch.* Partie du bœuf et du veau comprenant les cartilages qui prolongent les côtes flottantes.

TENDU, E adj. *Esprit tendu,* fortement appliqué. ‖ *Rapports tendus,* rendus difficiles par suite d'un état de tension. ‖ *Situation tendue,* situation critique. ‖ *Style tendu,* qui sent l'application, l'effort. ‖ *Tir tendu* (Mil.), tir plongeant dans lequel on utilise la portion initiale de la trajectoire, voisine d'une ligne droite.

TÉNÈBRES n. f. pl. (lat. *tenebrae*). *Litt.* Obscurité profonde : *marcher dans les ténèbres.* ‖ *Litt.* Ignorance, incertitude. ● *L'ange, le prince, l'esprit des ténèbres* (Litt.), le démon. ‖ *L'empire des ténèbres* (Litt.), l'enfer.

TÉNÉBREUX, EUSE adj. *Litt.* Plongé dans les ténèbres : *forêt ténébreuse.* ‖ *Litt.* Obscur, malaisé à comprendre.

TÉNÉBRION n. m. (bas lat. *tenebrio*). Insecte coléoptère brun foncé, vivant dans les boulangeries. (Long. 15 mm. Sa larve est appelée *ver de farine.*)

TÉNÉBRIONIDÉ n. m. Coléoptère vivant dans les lieux obscurs, tel que le *ténébrion.* (Les ténébrionidés forment une famille.)

TÉNESME n. m. (gr. *tênesmos*). Tension douloureuse et brûlure produites par l'irritation des sphincters (anus, col de la vessie).

TENEUR n. f. Contenu exact d'un acte, d'un arrêt, d'un écrit quelconque. ‖ Ce qu'un mélange contient d'un corps particulier : *teneur en alcool.* ‖ *Teneur isotopique,* pourcentage du nombre des atomes d'un isotope donné d'un élément par rapport au nombre total des atomes de cet élément contenus dans une matière.

TENEUR, EUSE n. Celui, celle qui tient. ● *Teneur de livres,* personne qui tient la comptabilité.

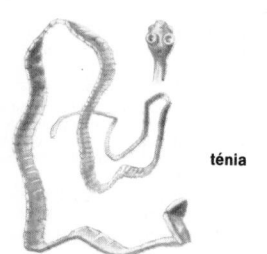

ténia

TÉNIA ou **TÆNIA** n. m. (lat. *taenia,* ruban; mot gr.). *Méd.* Ver plat et segmenté, parasite de l'intestin grêle des mammifères, appartenant à la classe des cestodes.
■ L'homme héberge le *ténia inerme,* transmis par la viande de bœuf, où se développe sa larve, et le *ténia armé,* transmis par la viande de porc; ils peuvent atteindre 8 m de long et occasionner des troubles digestifs et nerveux.

TÉNICIDE adj. et n. m. Se dit d'un médicament qui provoque la destruction des ténias.

TÉNIFUGE adj. et n. m. Se dit d'un médicament qui provoque l'expulsion des ténias.

TENIR [tənir] v. t. (lat. *tenere*) [conj. **16**]. Avoir à la main, garder dans ses bras : *tenir un livre.* ‖ Détenir, posséder, occuper : *tenir la place de qqn.* ‖ Garder, maintenir dans un certain état, conserver : *tenir en prison.* ‖ Contenir, avoir une certaine capacité : *cette carafe tient un litre.*

‖ Regarder comme : *je tiens l'affaire faite.* ‖ Être le maître de, s'emparer de : *quand la colère le tient.* ‖ Observer fidèlement, respecter : *tenir ses promesses.* ‖ Retenir, arrêter : *il m'a tenu trois heures.* ‖ Remplir une activité : *tenir un poste, un rôle.* ‖ Diriger avec maîtrise : *tenir une classe.* ● Être tenu à qqch, y être obligé. ‖ Tenir la caisse, des livres, etc., être caissier, comptable, etc. ‖ *Tenir une chose de qqn,* l'avoir reçue de lui. ‖ *Tenir la mer,* être capable de naviguer en haute mer. ‖ *Tenir des propos, des discours,* parler d'une certaine façon. ‖ *Tenir son rang,* l'occuper dignement. ‖ *Tenir la route,* rouler sans se déporter aux grandes vitesses ou dans les virages. ◆ v. i. Être solidement attaché : *la corde tient au mur.* ‖ Durer, subsister, résister : *cette mode ne tiendra pas.* ‖ Être contenu dans un certain espace, être limité à : *on tient huit à cette table.* ● *En tenir pour* (Fam.), être amoureux de. ‖ *Tenir bon, ferme,* résister. ‖ *Tiens!, tenez!,* s'emploient avec une valeur d'interjection pour attirer l'attention ou pour manifester de la surprise, de l'ironie, etc. ◆ v. t. ind, **[de, à]**. Ressembler à : *il tient de son père.* ‖ Être attaché à : *tenir à qqn, à sa réputation.* ‖ Participer : *le mulet tient de l'âne et du cheval.* ‖ Résulter, provenir de : *cela tient à plusieurs raisons.* ‖ Avoir un grand désir : *il tient à vous voir.* ◆ v. impers. *Il ne tient qu'à moi,* cela dépend uniquement de moi. ‖ *Qu'à cela ne tienne,* peu importe. ◆ **se tenir** v. pr. Demeurer, rester en un certain lieu : *tenez-vous là;* dans une certaine attitude : *tenez-vous droit.* ‖ *S'en tenir à qqch,* ne vouloir rien de plus.

TENNIS n. m. (de *tennis* et angl. *man*). Sport qui consiste, pour deux ou quatre joueurs munis de raquettes, à envoyer une balle par-dessus un filet dans les limites du terrain *(court).* ‖ Flanelle à rayures fines. ● *Tennis de table,* sorte de tennis qui se pratique sur une table de dimensions standardisées. (Syn. PING-PONG.) ◆ pl. Chaussures de sport, en toile et à semelles de caoutchouc.

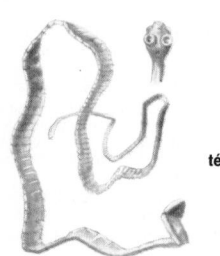

PLAN ET MESURES D'UN TERRAIN DE TENNIS

1,06 m — 0,915 m — 23,77 m — 0,915 m — 0,915 m — 10,97 m — marque centrale — filet — poteau (double) — poteau (simple) — ligne médiane — ligne de service — ligne de fond — ligne de côté (simple) — ligne de côté (double) — 1,37 m — 6,40 m — 5,485 m — 8,23 m — 1,37 m

TENNIS-ELBOW [tenisɛlbo] n. m. (mot angl.). Épicondylite des joueurs de tennis.

TENNISMAN [tenisman] n. m. (mot angl.) [pl. *tennismen*]. Joueur de tennis.

TENON n. m. (de *tenir*). Extrémité d'une pièce qu'on a façonnée pour la faire entrer dans un trou, la *mortaise,* pratiqué dans une pièce destinée à être assemblée à la première.

TENONNER v. t. Pratiquer des tenons sur une pièce de bois.

TENONNEUSE n. f. Machine-outil exécutant des tenons.

TÉNOR n. m. (it. *tenore*). *Mus.* Voix d'homme élevée; chanteur qui possède ce genre de voix. ‖ *Fam.* Celui qui tient un rôle de vedette dans l'activité qu'il exerce : *les ténors de la politique.*

TÉNORINO n. m. (mot it.). Ténor très léger, chantant en fausset.

TÉNORISANT adj. m. Proche du ténor.

TÉNORISER v. i. Chanter à la manière d'un ténor, dans le registre du ténor.

TÉNOTOMIE n. f. (gr. *tenôn,* tendon, et *tomê,* section). Section chirurgicale d'un tendon.

TENREC n. m. → TANREC.

TENSEUR adj. et n. m. Se dit de chacun des muscles destinés à produire une tension.

TENSEUR n. m. Grandeur mathématique à plusieurs composantes ayant des propriétés d'invariance formelle par changement de base.

TENSIOACTIF, IVE adj. Se dit d'une substance qui modifie la tension superficielle d'un liquide dans lequel elle est dissoute.

TENSIOMÈTRE n. m. Appareil servant à mesurer la tension des fils, des câbles, la tension superficielle. ‖ Syn. de SPHYGMOMANOMÈTRE.

TENSION n. f. (lat. *tendere,* tendre). État de ce qui est tendu : *la tension d'un ressort.* ‖ État de raideur qui se manifeste dans certaines parties du corps. ‖ Désaccord dans les rapports entre États, entre classes sociales ou entre partis politiques. ‖ Résultante des forces élastiques équilibrant, dans un corps travaillant en traction, l'effort extérieur qui tend à l'allonger. ‖ *Bx-arts.* Dynamisme contenu. ‖ *Électr.* Différence de potentiel électrique. ‖ *Phys.* Pression d'une vapeur. ‖ *Psychol.* État de préparation à l'action sous-tendu par un état de besoin. ● *Avoir, faire de la tension* (Fam.), être atteint d'hypertension. ‖ *Tension artérielle,* ou *tension* (Méd.), syn. de PRESSION ARTÉRIELLE. ‖ *Tension d'esprit,* effort continu de l'esprit sur un sujet donné. ‖ *Tension superficielle,* grandeur égale au rapport de l'énergie nécessaire pour augmenter la surface libre d'un liquide à l'augmentation de l'aire de cette surface.

TENSON n. f. (bas lat. *tentio,* dispute, querelle). Dans la poésie du Moyen Âge, dialogue où s'échangent les invectives.

TENSORIEL, ELLE adj. *Math.* Relatif à un tenseur ou à l'ensemble des tenseurs.

TENTACULAIRE adj. Relatif aux tentacules. ‖ Qui s'étend dans toutes les directions : *ville tentaculaire.*

TENTACULE n. m. (lat. *tentaculum*). Appendice mobile dont beaucoup d'animaux (mollusques, actinies) sont pourvus, et qui leur sert d'organe du tact ou de la préhension. (Un unique tentacule est plutôt appelé *trompe.*)

TENTANT, E adj. Qui fait naître un désir, une envie.

TENTATEUR, TRICE adj. et n. Qui tente, cherche à séduire.

TENTATION n. f. Attrait vers une chose défendue. ‖ Mouvement intérieur qui incite au mal : *céder à la tentation.* ‖ Tout ce qui porte à faire qqch, désir : *tentation de voyager.*

TENTATIVE n. f. Action par laquelle on s'efforce d'obtenir un certain résultat. (Syn. ESSAI.) ● *Faire une tentative,* essayer.

TENTE n. f. (de *tendre*). Abri portatif démontable, en toile serrée, que l'on dresse en plein air. ● *Se retirer sous sa tente,* abandonner par dépit un parti, une cause (allusion à la colère d'Achille.) ‖ *Tente à oxygène* (Chir.), parois plastiques transparentes destinées à isoler le sujet de l'atmosphère pour le soumettre à l'action de l'oxygène pur.

TENTE-ABRI n. f. (pl. *tentes-abris*). Tente très légère.

TENTER v. t. (lat. *tentare*). Entreprendre, essayer, chercher à faire réussir : *tenter une expérience; tenter de résister.* ‖ Se proposer de faire qqch de hardi ou de difficile : *tenter une expédition.* ‖ Chercher à séduire, à solliciter au mal. ‖ Donner envie, exciter : *ce fruit me tente.* ● *Tenter Dieu* (Litt.), entreprendre qqch au-dessus des forces humaines.

tenthrède

TENTHRÈDE n. f. (gr. *tenthrêdon*, mouche à scie). Insecte hyménoptère appelé usuellement *mouche à scie*, et dont la larve vit dans le bois. (Long. : 10 à 15 mm.)

TENTURE n. f. Étoffe qui couvre les murs d'un appartement, ou qui en orne les fenêtres. ‖ Ensemble de plusieurs tapisseries formant un tout. ‖ Étoffe noire dont on tend une maison, une église, pour une cérémonie funèbre.

TENU, E adj. Soigné, maintenu dans un certain état : *maison bien tenue.* ‖ *Bours.* Ferme dans les prix : *valeurs tenues.*

TENU n. m. Dans certains sports d'équipe, action d'un joueur qui immobilise le ballon.

TÉNU, E adj. (lat. *tenuis*). Très fin, très mince.

TENUE n. f. (de *tenir*). Temps pendant lequel siègent certaines assemblées : *tenue des assises.* ‖ Manière d'entretenir, de conserver en bon état : *tenue d'une maison.* ‖ Manière de se tenir, de se conduire, de se vêtir, de soigner son extérieur : *bonne, mauvaise tenue.* ‖ Ensemble des effets, des insignes de grades, de fonctions, que revêtent les militaires, certains fonctionnaires, etc. ‖ Qualité d'une œuvre, d'un écrivain qui respecte la moralité : *roman de haute tenue.* ‖ *Bours.* Fermeté dans la valeur des fonds. ‖ *Mus.* Action de prolonger un son pendant quelque temps. ● *En petite tenue, en tenue légère,* peu vêtu. ‖ *En tenue,* en uniforme. ‖ *Grande tenue,* autref. uniforme ou habit de parade. (On dit auj. TENUE DE CÉRÉMONIE.) ‖ *Tenue de livres,* action de tenir la comptabilité d'une entreprise. ‖ *Tenue de route,* qualité d'une voiture qui se tient dans la ligne commandée par le conducteur.

TÉNUIROSTRE adj. (lat. *tenuis*, grêle, et *rostrum*, bec). Qui a le bec fin et pointu, en parlant d'un passereau.

TÉNUITÉ n. f. *Litt.* État d'une chose ténue.

TENURE n. f. *Féod.* Terre que concédait un seigneur, tout en en conservant la propriété.

TENUTO [tenuto] adv. (mot it., *tenu*). *Mus.* Expression qu'on place au-dessus de certains passages pour indiquer que les sons doivent être tenus pendant toute leur durée, et non détachés. (Abrév. : *ten.*)

TEOCALLI ou **TEOCALI** [teɔkali] n. m. (mot mexicain, *maison de dieu*). *Archéol.* Au Mexique, éminence artificielle de l'époque précolombienne, en forme de pyramide.

TÉORBE ou **THÉORBE** n. m. (it. *tiorba*). Grand luth en faveur, du XVIe au XVIIIe s.

tep, symbole de la *tonne* d'équivalent pétrole.*

TÉPALE n. m. *Bot.* Pièce périanthaire des fleurs de monocotylédones, à la fois pétale et sépale.

TÉPHRITE n. f. (gr. *tephra*, cendre). Roche volcanique caractérisée par l'association du plagioclase et d'un feldspathoïde.

TEPIDARIUM [tepidarjɔm] n. m. (mot lat.). *Antiq.* Pièce des thermes romains où était maintenue une température tiède.

TEQUILA [tekila] n. f. (n. d'une localité du Mexique). Alcool d'agave, fabriqué au Mexique.

TER adv. (mot lat.). Trois fois. ‖ Pour la troisième fois.

TÉRA-, préf. (symb. : T) qui, placé devant une unité de mesure, la multiplie par 10[12].

TÉRASPIC n. m. Variété ornementale d'ibéris.

TÉRATOGÈNE adj. *Méd.* Qui produit des malformations congénitales.

TÉRATOGENÈSE ou **TÉRATOGÉNIE** n. f. Étude de l'évolution embryologique des malformations congénitales.

TÉRATOLOGIE n. f. (gr. *teras, -atos,* monstre, et *logos,* science). Partie de l'histoire naturelle et de la biologie qui traite des malformations congénitales.

TÉRATOLOGIQUE adj. Relatif à la tératologie.

TERBIUM [tɛrbjɔm] n. m. (de la v. d'*Ytterby,* Suède). Métal (Tb), nº 65, de masse atomique 158,92, du groupe des terres rares.

TERCER v. t. → TIERCER.

TERCET n. m. (it. *terzetto;* de *terzo,* tiers). *Littér.* Groupe de trois vers unis par le sens et par certaines combinaisons de rimes.

TÉRÉBELLE n. f. (lat. *terebra,* tarière). Ver marin vivant dans les fentes des rochers et portant des branchies rouges et des filaments orangés. (Long. : 5 à 8 cm; embranchement des annélides.)

TÉRÉBENTHÈNE n. m. Syn. de PINÈNE.

TÉRÉBENTHINE n. f. (lat. *terebinthina*). Nom donné à des résines semi-liquides, tirées du térébinthe (*térébenthine de Chio*), du mélèze (*térébenthine de Venise*), du sapin (*térébenthine d'Alsace*), du pin maritime (*térébenthine de Bordeaux*). ● *Essence de térébenthine,* essence fournie par la distillation des térébenthines, qu'on utilise pour dissoudre les corps gras, pour fabriquer les vernis, délayer les couleurs, etc.

TÉRÉBINTHACÉE n. f. Arbre des régions chaudes, tel que l'*anacardier,* le *pistachier,* le *sumac,* le *manguier.* (Les *térébinthacées* forment une famille.) [Syn. ANACARDIACÉE.]

TÉRÉBINTHE n. m. (gr. *terebinthos*). Arbre des régions méditerranéennes, dont l'écorce fournit la térébenthine de Chio. (Famille des térébinthacées; genre *pistachier*.)

TÉRÉBRANT, E adj. (lat. *terebrans*). *Méd.* Qui ronge, qui creuse les tissus : *ulcères térébrants.* ‖ *Zool.* Qui perce, qui pratique des ouvertures. ● *Douleur térébrante,* douleur très vive.

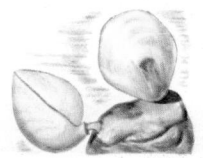

térébratules

TÉRÉBRATULE n. f. Animal marin abondant à l'ère secondaire et encore représenté actuellement. (Sous-embranchement des brachiopodes.)

TÉRÉPHTALIQUE adj. Se dit d'un acide isomère de l'acide phtalique, qui sert à la préparation de fibres textiles.

TERFESSE n. f., ou **TERFÈZE** n. f. Grosse truffe d'Afrique du Nord.

TERGAL n. m. (nom déposé) [pl. *Tergals*]. Fil ou fibre synthétique de polyester, de fabrication française.

TERGITE n. m. Pièce dorsale des anneaux des arthropodes.

TERGIVERSATION n. f. Action de tergiverser; hésitation, flottement.

TERGIVERSER v. i. (lat. *tergiversari,* tourner le dos). Prendre des détours, des faux-fuyants, pour éviter d'agir ou de conclure, hésiter.

TERMAILLAGE n. m. *Écon.* Décalage, dans les règlements internationaux, entre le recouvrement de créances et le règlement de dettes, l'une de ces opérations étant retardée, l'autre accélérée.

TERME n. m. (lat. *terminus,* borne). Fin, limite fixée dans le temps : *terme de la vie.* ‖ Époque à laquelle sont payés les loyers, les fermages, les pensions. ‖ Somme due à chacune de ces épo-

ques. ‖ Époque de l'accouchement naturel : *enfant né avant terme.* ‖ Mot, expression; élément simple (d'une proposition) : *un terme de botanique; le terme précis.* ‖ *Antiq.* Borne formée par une figure engainée. ‖ *Bours.* Ensemble des opérations de Bourse qui doivent se dénouer à chacune des dates fixées pour les liquidations, par les règlements de la place. ‖ *Dr.* Modalité d'un engagement juridique, qui ne suspend pas celui-ci mais en retarde l'exécution. ‖ *Ling.* Mot considéré sous le rapport de l'étendue de sa signification. ‖ *Log.* Sujet ou prédicat dans une prémisse du syllogisme. ‖ *Math.* Chacune des quantités qui composent un rapport, une somme, une expression algébrique, une série, une suite, une progression. ● *À court, à long, à moyen terme,* portant sur une période brève, longue ou intermédiaire. ‖ *Mener à son terme,* achever. ‖ *Mettre un terme,* faire cesser. ‖ *Termes de l'échange* (Écon.), comportement des prix des produits les uns par rapport aux autres, particulièrement dans le commerce international. ‖ *Toucher à son terme,* arriver à expiration, finir. ‖ *Vente à terme,* vente dont le paiement est acquitté à une date fixée. ◆ pl. Manière de dire qqch : *en d'autres termes.* ● *Aux termes de,* en se conformant strictement à qqch. ‖ *Être en bons, en mauvais termes,* entretenir de bonnes, de mauvaises relations.

TERMINAISON n. f. État d'une chose qui finit : *la terminaison d'un procès.* ‖ *Ling.* Partie finale d'un mot variable (par oppos. au RADICAL).

TERMINAL, E, AUX adj. Qui forme l'extrémité, la fin. ‖ *Méd.* Qui précède de peu la mort. ● *Classe terminale,* syn. de TERMINALE.

TERMINAL n. m. Ensemble des installations de pompage et de stockage situées à l'extrémité d'un pipeline. ‖ Gare, aérogare urbaine servant de point de départ et d'arrivée des passagers. ‖ Équipement portuaire servant au chargement ou au débarquement des vraquiers, des pétroliers et des minéraliers. ‖ *Inform.* Organe périphérique d'un ordinateur, généralement placé à distance de la machine et permettant soit de lui envoyer des données ou des demandes, soit d'en recevoir des résultats ou des réponses.

TERMINALE n. f. Année qui termine l'enseignement secondaire avant le baccalauréat; classe qui correspond à cette année.

TERMINATEUR n. m. Ligne de séparation des parties éclairée et obscure du disque de la Lune ou d'une planète.

TERMINER v. t. Mener à son terme, finir : *terminer ses études.* ‖ Passer la fin de : *terminer la soirée avec des amis.* ‖ Faire qqch pour finir, placer à la fin : *terminer le repas par des fromages.* ● *En terminer avec qqch,* l'achever. ◆ **se terminer** v. pr. Arriver à sa fin, finir de telle ou telle façon.

TERMINISME n. m. *Philos.* Syn. de NOMINALISME.

TERMINOLOGIE n. f. (de *terme,* et gr. *logos,* science). Ensemble des termes particuliers à une science, à un art ou à un domaine. ‖ Étude des dénominations de concepts et d'objets dans les domaines spécialisés du savoir.

TERMINOLOGIQUE adj. Relatif à la terminologie.

TERMINOLOGUE n. Spécialiste de terminologie.

TERMINUS [tɛrminys] n. m. (mot angl.; du lat.). Dernière station d'une ligne de transports en commun.

TERMITE n. m. (bas lat. *termes, termitis,* ver rongeur). Insecte vivant en société, composée d'une femelle à énorme abdomen, d'un mâle, de nombreux ouvriers, qui assurent la construction et apportent la nourriture, et de nombreux soldats, chargés de la défense. (Quelques espèces habitent en France, mais les termites sont surtout abondants dans les régions chaudes, où ils édifient d'énormes termitières. Ils commettent des dégâts dans les constructions. Ordre des isoptères.)

V. ill. page suivante

TERMITIÈRE n. f. Construction en terre ou en carton de bois, que les termites fabriquent dans

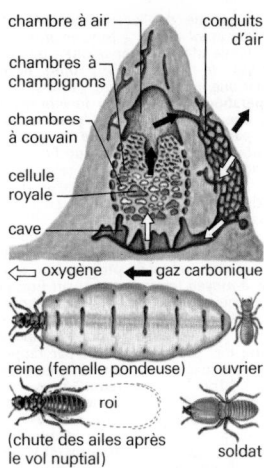

chambre à air — conduits d'air

chambres à champignons

chambres à couvain

cellule royale

cave

⇦ oxygène — ◄ gaz carbonique

reine (femelle pondeuse) — ouvrier

roi

(chute des ailes après le vol nuptial) — soldat

TERMITES et TERMITIÈRE
Macrotermes bellicosus
(Côte-d'Ivoire)

les pays tropicaux. (Elle peut atteindre plusieurs mètres de haut et se poursuit dans le sol par de nombreuses galeries.)

TERNAIRE adj. (lat. *ternarius;* de *terni,* trois). Composé de trois éléments : *nombre ternaire.* ‖ *Chim.* Se dit de substances organiques, comme les glucides et les lipides, constituées de carbone, d'hydrogène et d'oxygène. ● *Mesure ternaire* (Mus.), dont chaque temps est divisible par trois (mesure à 6/8).

TERNE n. m. (lat. *ternas,* coup de trois). Aux dés, coup où l'on amène les deux trois. ‖ *Électr.* Ensemble des trois câbles de transport d'un réseau triphasé.

TERNE adj. (de *ternir*). Qui a peu ou pas d'éclat : *couleur terne.* ‖ Qui manque de brillant, monotone, sans intérêt : *style terne.*

TERNIR v. t. (du germ.). Ôter la fraîcheur, l'éclat, la couleur : *ternir une étoffe.* ‖ Rendre moins pur, moins honorable, salir : *ternir sa réputation.*

TERNISSEMENT n. m. Action de ternir.

TERNISSURE n. f. État de ce qui est terni.

TERPÈNE n. m. Nom générique des hydrocarbures d'origine végétale, de formule brute $(C_5H_8)_n$.

TERPÉNIQUE adj. Se dit des terpènes et de leurs dérivés.

TERPINE n. f. Hydrate de térébenthène, qui sert à préparer le terpinéol (essence de muguet) et qui est employé comme expectorant.

TERPINÉOL n. m. Composé à odeur de muguet, que l'on tire de la terpine.

TERRAGE n. m. *Féod.* Droit, pour le seigneur, de prélever certains produits agricoles.

TERRAIN n. m. (lat. *terrenus,* formé de terre). Espace de terre considéré comme un bien : *acheter un terrain.* ‖ Sol considéré du point de vue de sa nature, de son relief, de sa structure : *terrain argileux, boisé.* ‖ Lieu où se déroule une activité sportive, militaire, etc. ‖ Situation, état des choses ou des esprits; conditions, circonstances définies : *trouver un terrain d'entente.* ‖ Espace où se déroule une recherche scientifique, une enquête ethnographique, etc. ‖ *Méd.* Ensemble des facteurs génétiques, physiologiques, immunologiques, etc., qui conditionnent la résistance à une maladie. ● *Aller sur le terrain,* se battre en duel. ‖ *Céder du terrain,* reculer. ‖ *Connaître le terrain,* connaître les gens auxquels on a affaire. ‖ *Être sur son terrain,* parler de ce que l'on connaît bien. ‖ *Organisation du terrain* (Mil.), son aménagement en vue du combat (surtout défensif). ‖ *Se placer sur un bon, un mauvais terrain,* soutenir une bonne, une mauvaise cause; être dans une situation avantageuse, désavantageuse. ‖ *Terrain d'aviation,*

espace découvert réservé à l'atterrissage et au décollage des avions. ‖ *Tout terrain,* se dit d'un véhicule capable de rouler sur toutes sortes de terrains.

TERRARIUM [tɛrarjɔm] n. m. (mot formé à l'imitation d'*aquarium,* sur le lat. *terra,* terre). Emplacement préparé pour l'élevage et l'entretien de reptiles, batraciens, etc.

TERRASSE n. f. (de *terre*). Terre-plein d'une levée de terre mettant de niveau un terrain en pente, généralement maintenu par un mur de soutènement et bordé par un garde-corps. ‖ Couverture horizontale d'un bâtiment devant les portes de l'étage supérieur d'un corps contigu. ‖ Partie du trottoir longeant un café, un restaurant et où sont installées des tables. ‖ Socle plat de certaines pièces d'orfèvrerie. ‖ *Géogr.* Sur les versants d'une vallée, replat, souvent recouvert de dépôts fluviatiles, qui correspond à un ancien fond de vallée. ● *Cultures en terrasses,* cultures pratiquées sur des pentes décomposées en paliers juxtaposés, limités par des murettes. ‖ *Toit en terrasse,* ou *terrasse,* ou *toiture-terrasse,* couverture horizontale d'un bâtiment.

TERRASSEMENT n. m. Action de creuser et de transporter des terres; ensemble des travaux destinés à modifier la forme d'un terrain.

terne △

TERRASSER v. t. Jeter à terre avec violence au cours d'une lutte : *terrasser un adversaire.* ‖ Vaincre complètement : *terrasser l'ennemi.* ‖ Abattre physiquement ou moralement : *la fièvre l'a terrassé.*

TERRASSIER n. m. Ouvrier employé à l'exécution des terrassements.

TERRE n. f. (lat. *terra*). Planète du système solaire habitée par l'homme (avec une majuscule en ce sens). ‖ Continent, sol sur lequel on marche; matière dont est faite la surface du globe terrestre. ‖ Terrain par rapport à sa nature : *terre fertile.* ‖ Terre à poterie, argile. ‖ Pays, région : *mourir en terre étrangère.* ‖ Terrain cultivé, domaine rural : *acheter une terre.* ‖ Les activités de la campagne, la vie paysanne. ‖ *Électr.* Masse conductrice de la terre, ou tout conducteur relié à elle par une impédance négligeable. ‖ *Relig.* Par oppos. à CIEL, séjour des vivants. ‖ *A terre,* sur le sol (par oppos. à EN L'AIR, EN MER). ‖ *Avoir les deux pieds sur terre* (Fam.), avoir le sens des réalités. ‖ *Être sur terre,* exister. ‖ *Fonds de terre,* propriété. ‖ *Ligne de terre,* en géométrie descriptive, intersection du plan horizontal et du plan vertical de projection. ‖ *Par terre,* sur le sol. ‖ *Revenir sur terre,* sortir d'une rêverie. ‖ *Sciences de la Terre,* ensemble des sciences qui ont pour objet l'origine et l'évolution du globe terrestre (géochimie, géophysique, géologie, etc.). ‖ *Terre à terre,* vulgaire, commun, sans élévation; se dit d'un style de danse où l'importance est donnée aux pas de virtuosité exécutés au ras du sol ou sur pointes. (S'oppose à la DANSE D'ÉLÉVATION, qui utilise les grands sauts.) ‖ *Terre cuite,* argile façonnée et mise au four; objet obtenu de cette façon. ‖ *Terre rare,* nom générique des oxydes de métaux, et des métaux eux-mêmes correspondant aux éléments (lanthanides) ayant un numéro atomique compris entre 57 et 71. ‖ *Terre sainte,* les lieux où vécut le Christ. ‖ *Terre de Sienne* (naturelle ou brûlée), ocre brune utilisée en peinture. ‖ *Terre végétale,* partie du sol mêlée d'humus et propre à la végétation. ‖ *Terre vierge,* terre qui n'a pas encore été cultivée.
■ La Terre est la troisième des planètes principales du système solaire dans l'ordre croissant des distances au Soleil. Elle s'intercale entre Vénus et Mars. Elle tourne sur elle-même, d'un mouvement quasi uniforme, autour d'un axe passant par son centre de gravité, tout en décrivant autour du Soleil une orbite elliptique. Le demi-grand axe de cette orbite mesure environ 149 600 000 km. La révolution de la Terre autour du Soleil détermine la durée de l'année, et sa rotation sur elle-même celle du jour. La Terre a la forme d'un ellipsoïde de révolution aplati. Son diamètre équatorial est de 12 756 km environ et son diamètre polaire de 12 713 km. Sa superficie est de $510\,101 \cdot 10^3$ km², son volume de $1\,083\,320 \cdot 10^6$ km³ et sa masse de $6 \cdot 10^{21}$ ton-

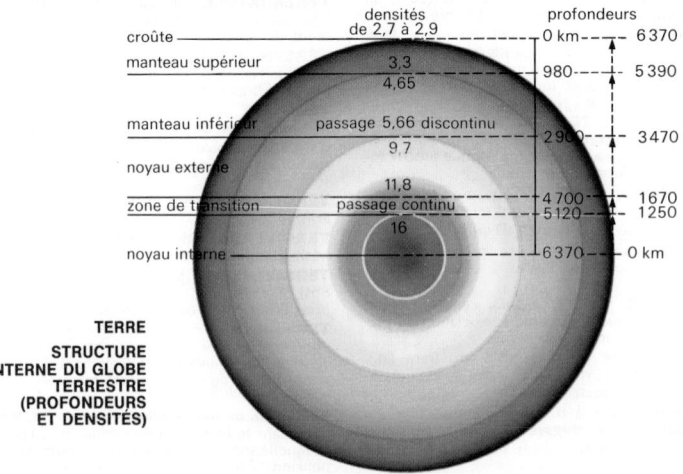

	densités de 2,7 à 2,9	profondeurs
croûte		0 km — 6370
manteau supérieur	3,3	980 — 5390
	4,65	
manteau inférieur	passage 5,66 discontinu	2900 — 3470
	9,7	
noyau externe	11,8	4700 — 1670
zone de transition	passage continu	5120 — 1250
noyau interne	16	6370 — 0 km

TERRE
STRUCTURE INTERNE DU GLOBE TERRESTRE (PROFONDEURS ET DENSITÉS)

Bérenger-Photothèque E. D. F.

nes. Sa densité moyenne est de 5,52. L'étude de certaines radioactivités naturelles a permis de fixer approximativement son âge à 4,6 milliards d'années.

TERREAU n. m. Terre comprenant une grande proportion de matières animales ou végétales décomposées.

TERREAUTAGE n. m. *Agric.* Travail de surface consistant à recouvrir de terreau les jeunes graines pour les protéger.

TERREAUTER v. t. *Agric.* Entourer ou recouvrir de terreau.

TERREFORT n. m. Dans le sud-ouest de la France, sol argileux formé sur la molasse.

TERRE-NEUVAS [tɛʀnœva] n. m. inv. ou **TERRE-NEUVIER** n. m. (pl. *terre-neuviers*). Bateau équipé pour la pêche sur les bancs de Terre-Neuve; le pêcheur lui-même.

TERRE-NEUVE n. m. inv. Chien de pelage foncé, originaire de l'île de Terre-Neuve. (Il a les poils longs et soyeux; ses pieds sont palmés, ce qui lui permet de nager avec facilité.)

TERRE-NEUVIEN, ENNE adj. et n. (pl. *terre-neuviens*). De Terre-Neuve.

TERRE-PLEIN n. m. (it. *terrapieno*, terrassement) [pl. *terre-pleins*]. Terrain rapporté soutenu par des murs.

TERRER v. t. *Agric.* Mettre de la nouvelle terre au pied d'une plante; couvrir de terre. ● *Être terré*, être caché sous terre; être isolé pour ne voir personne. ◆ **se terrer** v. pr. Se cacher sous terre, en parlant du lapin, etc. ‖ Éviter de se montrer en s'isolant.

TERRESTRE adj. Relatif à la Terre : *le globe terrestre*. ‖ Qui vit sur la partie solide du globe : *les animaux, les plantes terrestres.* ‖ Qui est, se déplace sur le sol : *transport terrestre.* ‖ Qui concerne la vie matérielle : *les joies terrestres.*

TERREUR n. f. (lat. *terror*). Épouvante, frayeur, très grande peur. ‖ Politique d'exception et de répression policière. ‖ Personne ou chose terrifiante, individu dangereux.

TERREUX, EUSE adj. Propre à la terre : *goût terreux.* ‖ Mêlé, sali de terre : *avoir les mains terreuses.* ‖ Qui a la couleur de la terre, pâle, grisâtre : *visage terreux.*

TERRI n. m. → TERRIL.

TERRIBLE adj. (lat. *terribilis*; de *terrere*, épouvanter). Qui cause, inspire de la terreur, affreux, effrayant, effroyable. ‖ Qui a une intensité remarquable, violent, très fort : *vent terrible.* ‖ Extraordinaire : *un terrible bavard.* ‖ *Fam.* Remarquable, d'une grande originalité : *cet acteur est terrible dans les rôles de voyou.* ● *Enfant terrible,* très turbulent.

TERRIBLEMENT adv. De façon terrible.

TERRICOLE adj. Qui vit dans la terre.

TERRIEN, ENNE adj. et n. Qui possède des terres. ‖ Qui habite la Terre (par oppos. à EXTRA-TERRESTRE). ‖ Qui habite la terre (par oppos. à MARIN). ‖ Qui concerne la campagne (par oppos. à CITADIN).

TERRIER n. m. Trou creusé dans la terre par certains animaux comme le lapin, le renard, etc. ‖ Chien du groupe des dogues, propre à chasser les animaux qui habitent des terriers. (On distingue le *fox-terrier,* le *bull-terrier,* le *skye-terrier,* l'*irish-terrier.*) ‖ *Hist.* Registre foncier d'une seigneurie.

TERRIFIANT, E adj. Qui terrifie.

TERRIFIER v. t. Frapper de terreur.

TERRIGÈNE adj. *Dépôt terrigène* (Géol.), dépôt des fonds océaniques, d'origine continentale.

TERRIL ou **TERRI** n. m. Entassement des stériles au voisinage d'une mine.

TERRINE n. f. (anc. fr. *terrin;* de *terre*). Récipient de cuisine en terre vernissée, servant à cuire et à conserver les viandes. ‖ Viande cuite conservée dans une terrine.

TERRITOIRE n. m. (lat. *territorium*). Étendue de terre dépendant d'un État, d'une ville, d'une juridiction, etc. ‖ *Éthol.* Zone occupée par un animal ou un couple, délimitée d'une certaine manière et défendue contre l'accès des congénères. ‖ *Méd.* Ensemble des parties anatomiques

desservies par un vaisseau, un nerf. ● *Territoire d'outre-mer (T. O. M.),* territoire qui, tout en demeurant dans le cadre de la République, a cependant un statut et une organisation qui le différencient des départements.

TERRITORIAL, E, AUX adj. Qui concerne un territoire. ● *Armée territoriale,* ou *territoriale* n. f., portion de l'armée mobilisée, formée avant 1914 par les réservistes des classes anciennes. ‖ *Eaux territoriales,* zone maritime bordant la côte d'un État, qui y exerce ses compétences, surtout en matière de pêche, de police, de contrôle douanier et sanitaire.

TERRITORIAL n. m. (pl. *territoriaux*). Militaire de l'armée territoriale.

TERRITORIALEMENT adv. Du point de vue territorial.

TERRITORIALITÉ n. f. Qualité de ce qui fait partie du territoire d'un État ou de ce qui s'y rapporte (territorialité des lois).

TERROIR n. m. (de *terre*). Terre considérée sous l'angle de la production agricole : *terroir fertile.* ‖ Territoire exploité par un village, par une communauté rurale. ‖ Province, campagne, considérées sous le rapport des habitudes typiques : *mots du terroir.* ● *Goût de terroir,* goût particulier à certains vins.

TERRORISER v. t. Frapper de terreur, d'épouvante, tenir sous un régime de terreur.

TERRORISME n. m. Ensemble d'actes de violence commis par une organisation pour créer un climat d'insécurité ou renverser le gouvernement établi. ‖ Régime de violence institué par un gouvernement.

TERRORISTE adj. et n. Qui participe à un acte de terrorisme.

TERSER v. t. → TIERCER.

TERTIAIRE adj. (lat. *tertius,* troisième). Qui occupe le troisième rang. ‖ *Chim.* Se dit d'un atome de carbone lié à trois atomes de carbone. ● *Ère tertiaire,* ou *tertiaire* n. m., ère géologique précédant l'ère quaternaire, d'une durée de 65 millions d'années, et marquée par le plissement alpin et la diversification des mammifères. (Syn. CÉNOZOÏQUE.) ‖ *Secteur tertiaire,* ou *tertiaire* n. m., partie de la population active employée dans les services (Administration, commerce, banques, enseignement, armée, etc.). ◆ n. *Relig.* Membre d'un tiers ordre.

TERTIAIRISATION n. f. *Écon.* Développement du secteur tertiaire.

TERTIO [tɛʀsjo] adv. (mot lat.; de *tertius,* troisième). Troisièmement, en troisième lieu.

TERTRE n. m. (lat. *termen, -inis*). Élévation peu considérable de terre. ● *Tertre funéraire,* éminence de terre recouvrant une sépulture.

TÉRYLÈNE n. m. (nom déposé). Fil ou fibre synthétique de polyester, de fabrication anglaise.

TERZETTO [tɛʀdzɛto] n. m. (mot it.). *Mus.* Petite composition pour trois voix ou trois instruments.

TES adj. poss. Pl. de TON, TA.

TESLA n. m. (de *Tesla,* n. pr.). Unité de mesure d'induction magnétique (symb. : T), équivalant à l'induction magnétique uniforme qui, répartie normalement sur une surface de 1 mètre carré, produit à travers cette surface un flux d'induction magnétique total de 1 weber.

TESSÈRE n. f. (lat. *tessera*). *Antiq. rom.* Plaquette ou jeton (ivoire, métal, terre cuite) aux usages multiples dans l'Antiquité : entrée au spectacle, vote, marque de fabrique, etc. ‖ *Bx-arts.* Petite pièce, souvent cubique, de pierre ou de pâte de verre de toutes teintes, qui est le matériau de la mosaïque. (On dit aussi TESSELLE.)

TESSITURE n. f. (it. *tessitura;* de *tessere,* tisser). *Mus.* Ensemble des sons qui conviennent le mieux à une voix; ensemble des notes qui reviennent le plus souvent dans un morceau, constituant pour ainsi dire la texture, l'étendue moyenne dans laquelle il est écrit.

TESSON n. m. (de *têt*). Débris d'un objet en verre, en poterie.

TEST n. m. (lat. *testum,* écaille). *Zool.* Carapace des oursins, des foraminifères, des radiolaires; coquille des mollusques.

TEST n. m. (mot angl.). Épreuve permettant de mesurer les aptitudes et les acquisitions d'un sujet, ou d'explorer sa personnalité. ‖ Épreuve en général qui permet de juger qqch. ● *Test statistique,* épreuve ayant pour objet, à partir d'observations portant sur un échantillon, de décider de l'acceptation ou du rejet d'une hypothèse relative à la distribution de la variable observée dans la population d'où provient l'échantillon.

■ Les *tests de niveau,* comme ceux de Binet-Simon, de Terman, de Wechsler-Bellevue, qui font intervenir des items verbaux ou pratiques, comme des raisonnements arithmétiques, des classements d'images, des assemblages d'objets, donnent des renseignements sur le quotient intellectuel. Les *tests projectifs* (Rorschach*, T.A.T.*, M.M.P.I.) sont destinés à explorer les aspects affectifs de la personnalité.

TESTABLE adj. Qui peut être testé.

TESTACÉ, E adj. *Zool.* De la nature du test, de la coquille; qui possède un test.

TESTACELLE n. f. Mollusque à aspect de limace, à coquille très petite, vivant dans le sol. (Long. 7 cm.)

TESTAMENT n. m. (bas lat. *testamentum;* de *testari,* attester). Acte par lequel on déclare ses dernières volontés et dispose de ses biens pour le temps qui suivra sa mort. ‖ Tout écrit posthume dans lequel l'auteur fait part de ses vues ou de ses projets. ‖ Dernière œuvre d'un artiste, d'un écrivain. ● *Ancien Testament,* appellation chrétienne désignant les livres bibliques de l'histoire juive avant la venue de Jésus-Christ. (V. BIBLE.) ‖ *Nouveau Testament,* recueil des écrits de la Bible chrétienne concernant la vie et le message de Jésus-Christ, à savoir les Évangiles, les Actes des Apôtres, les Épîtres, l'Apocalypse. (V. BIBLE.) ‖ *Testament authentique* ou *par acte public,* testament reçu par deux notaires ou par un notaire assisté de deux témoins. ‖ *Testament mystique* ou *secret,* testament écrit par le testateur ou par un tiers, signé par le testateur, et remis clos et scellé au notaire devant deux témoins.

TESTAMENTAIRE adj. Qui concerne le testament. ● *Exécuteur testamentaire,* personne chargée de l'exécution d'un testament.

TESTATEUR, TRICE n. Auteur d'un testament.

TESTER v. i. (lat. *testari*). Faire son testament.

TESTER v. t. Soumettre à un test.

TESTEUR n. m. Personne qui fait passer un test. ‖ Appareil servant à tester les composants électroniques, les microprocesseurs.

TESTICULAIRE adj. Relatif aux testicules.

TESTICULE n. m. (lat. *testiculus;* de *testis,* témoin). Glande génitale mâle, élaborant les spermatozoïdes et sécrétant l'hormone mâle.

TESTIMONIAL, E, AUX adj. (lat. *testimonium,* témoin). *Preuve testimoniale,* preuve qui repose sur des témoignages.

TESTON n. m. (it. *testone;* de *testa,* tête). Monnaie d'argent à effigie de la tête du roi, frappée sous Louis XII.

TESTOSTÉRONE n. f. Hormone produite par les testicules, et agissant sur le développement des organes génitaux et des caractères sexuels secondaires mâles.

TÊT [tɛ] n. m. (lat. *testum,* vase en terre). *Chim.* Récipient en terre réfractaire, utilisé dans les laboratoires pour la coupellation et la calcination des matières infusibles. ● *Têt à gaz,* capsule de terre sur laquelle on dépose une éprouvette pour recueillir un gaz dans la cuve à eau.

TÉTANIE n. f., ou **TÉTANISME** n. m. État pathologique caractérisé par des crises de contractions musculaires spasmodiques. (Les crises de tétanie surviennent chez les sujets atteints de spasmophilie.)

TÉTANIQUE adj. et n. Relatif au tétanos ou à la tétanie; qui en est atteint.

TÉTANISATION n. f. Action de tétaniser.

TÉTANISER v. t. Provoquer par des impulsions électriques des contractions prolongées d'un muscle, comme dans le tétanos.

TÉTANOS [tetanos] n. m. (mot gr., *rigidité*). *Pathol.* Maladie infectieuse grave, caractérisée par des contractures douloureuses se généralisant à tous les muscles du corps. (Son agent est un bacille anaérobie se développant dans les plaies souillées [terre, débris végétaux, etc.] et agissant par une toxine qui atteint les centres nerveux. On lutte contre le tétanos par un vaccin et par un sérum.) ‖ *Physiol.* Contraction prolongée d'un muscle. (Le tétanos est imparfait quand les secousses élémentaires ne sont pas fusionnées [tremblement], parfait lorsqu'elles le sont.)

TÉTARD n. m. (de *tête*). Larve des amphibiens, aquatique, à tête fusionnée au tronc en une masse globuleuse, à respiration branchiale. ‖ *Bot.* Arbre taillé de manière à former une touffe au sommet du tronc.

têtard

TÊTE n. f. (lat. *testa*, coquille). Extrémité supérieure du corps de l'homme, et antérieure de celui de nombreux animaux (vertébrés, invertébrés supérieurs), contenant la bouche, le cerveau et les organes de plusieurs sens. ‖ Crâne, partie où se trouvent les cheveux. ‖ Partie supérieure de qqch, partie terminale : *tête d'un arbre, d'une épingle.* ‖ Commencement : *la tête d'un chapitre.* ‖ Esprit, imagination, raison : *avoir qqch en tête; perdre la tête.* ‖ Individu : *payer tant par tête.* ‖ Vie : *sauver la tête de qqn.* ‖ Direction, premier rang : *la tête d'une entreprise.* ‖ Personne intelligente et volontaire. ‖ *Chim.* Fraction la plus légère ou la plus volatile, obtenue au cours de la distillation fractionnée d'un mélange. ‖ *Mil.* Élément le plus avancé d'une formation en mouvement. ‖ *Sports.* Au football, frappe du ballon avec le front. ‖ *Techn.* Partie d'un organe mécanique ou d'un ensemble douée d'une fonction particulière. ● *À la tête de*, au premier rang, à la direction de. ‖ *Avoir en tête*, avoir l'intention. ‖ *Avoir toute sa tête*, jouir de son bon sens. ‖ *Avoir une bonne tête*, inspirer confiance. ‖ *Baisser la tête*, avoir honte. ‖ *De tête*, de mémoire. ‖ *D'une tête*, de la longueur, de la hauteur d'une tête. ‖ *En avoir par-dessus la tête*, être excédé. ‖ *En faire une tête*, avoir l'air grognon ou triste. ‖ *En tête à tête*, seul à seul. ‖ *Être tombé sur la tête* (Fam.), être fou. ‖ *Faire la tête*, bouder. ‖ *Monter à la tête*, causer une sorte de trouble. ‖ *Tenir tête*, résister. ‖ *Tête baissée*, sans réfléchir, sans regarder le danger. ‖ *Tête chercheuse*, partie antérieure d'un projectile, dotée d'un dispositif électronique permettant de diriger sa trajectoire sur l'objectif. ‖ *Tête d'effacement, de lecture, d'enregistrement*, partie d'un appareil d'enregistrement qui efface, lit, enregistre des données sur le support. ‖ *Tête d'injection* (Industr.), raccord fixé au sommet de la tige de forage. ‖ *Tête de ligne*, origine d'une ligne de transport. ‖ *Tête de mort*, squelette d'une tête humaine. ‖ *Tête nucléaire*, v. OGIVE. ‖ *Tête de pont*, position provisoire occupée par une force militaire en territoire ennemi, au-delà d'un fleuve ou de la mer, en vue d'un franchissement ou d'un débarquement ultérieurs; secteur à partir duquel une influence quelconque peut se développer. ‖ *Tourner la tête*, rendre fou; faire adopter ses opinions.

TÊTE-À-QUEUE n. m. inv. Pivotement brusque d'un véhicule, généralement à la suite d'un tout coup de frein.

TÊTE-À-TÊTE n. m. inv. Entretien particulier de deux personnes. ‖ Service à café ou à petit déjeuner, pour deux personnes.

TÊTEAU n. m. *Bot.* Extrémité d'une maîtresse branche.

TÊTE-BÊCHE loc. adv. Se dit de la position de deux personnes ou de deux objets placés à côté l'un de l'autre en sens inverse.

TÊTE-DE-CLOU n. m. (pl. *têtes-de-clou*). Saillie à quatre facettes en pointe de diamant, constituant, par sa répétition, un motif décoratif sur les rouleaux d'un arc roman.

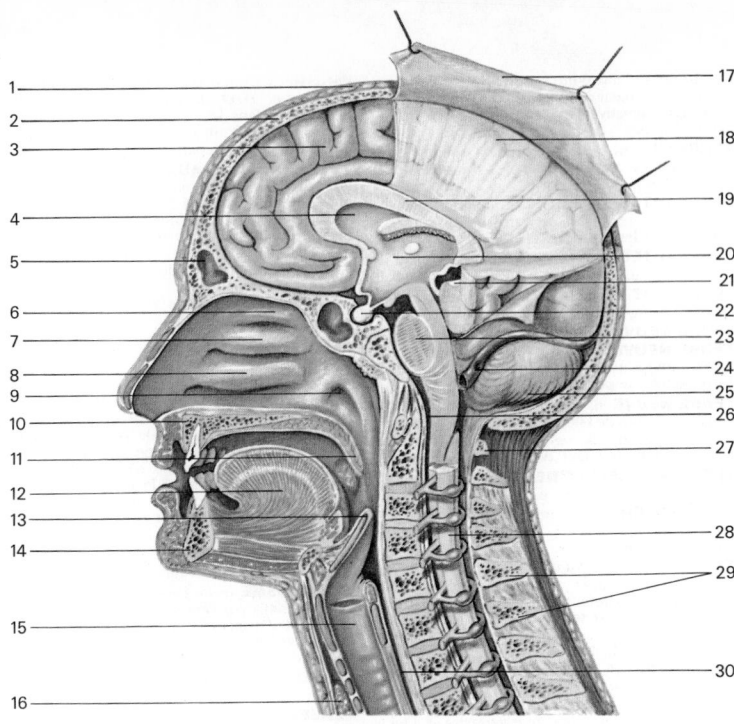

TÊTE (vue en coupe et en perspective)

1. Cuir chevelu; 2. Voûte crânienne; 3. Hémisphère cérébral droit (face interne); 4. Ventricule latéral droit; 5. Sinus frontal. 6. Cornet supérieur; 7. Cornet moyen; 8. Cornet inférieur; 9. Orifice de la trompe d'Eustache; 10. Maxillaire supérieur; 11. Luette; 12. Langue; 13. Épiglotte; 14. Maxillaire inférieur; 15. Larynx; 16. Corps thyroïde; 17. Dure-mère (réclinée); 18. Faux du cerveau; 19. Corps calleux; 20. Troisième ventricule; 21. Coupe du ventricule latéral gauche; 22. Hypophyse; 23. Protubérance; 24. Sinus veineux latéral; 25. Cervelet; 26. Quatrième ventricule; 27. Atlas; 28. Moelle épinière; 29. Vertèbres cervicales; 30. Œsophage.

TÊTE-DE-LOUP n. f. (pl. *têtes-de-loup*). Sorte de balai à très long manche pour nettoyer les plafonds.

TÊTE-DE-MAURE n. f. (pl. *têtes-de-Maure*). Fromage de Hollande de forme sphérique. ◆ adj. inv. D'une couleur brun foncé.

TÊTE-DE-NÈGRE n. m. et adj. inv. Couleur brun marron foncé.

TÉTÉE n. f. Action de téter. ‖ Quantité de lait qu'un nouveau-né tète en une fois.

TÉTER v. t. et i. (de *tette*, bout de sein) [conj. 5]. Sucer le lait de la mamelle de la femme ou de la femelle d'un animal, un biberon, etc.

TÉTERELLE n. f. Petit appareil en verre qui se place sur le bout du sein d'une nourrice, et avec lequel on aspire le lait.

TÉTIÈRE n. f. Partie supérieure de la bride d'un cheval, qui soutient le mors. ‖ *Mar.* Partie supérieure d'une voile carrée.

TÉTIN n. m. Mamelon du sein (vx).

TÉTINE n. f. Mamelle d'un mammifère. ‖ Embouchure en caoutchouc, percée de trous, que l'on adapte sur les biberons pour faire téter les nourrissons.

TÉTON n. m. *Fam.* Mamelle, sein. ‖ *Mécan.* Petite pièce en saillie maintenant une autre pièce.

TÉTRACHLORURE n. m. Composé contenant quatre atomes de chlore. ● *Tétrachlorure de carbone*, liquide incolore CCl_4, employé comme solvant ininflammable.

TÉTRACORDE n. m. Intervalle de quatre degrés, sur lequel est fondé le système musical de l'Antiquité grecque.

TÉTRACYCLINE n. f. Antibiotique fongique dont la molécule comprend quatre cycles, et qui est actif sur de nombreuses bactéries.

TÉTRADACTYLE adj. *Zool.* Qui a quatre doigts au pied.

TÉTRADE n. f. *Bot.* Ensemble formé par les quatre grains de pollen issus de la méiose de la même cellule mère.

TÉTRADYNAME adj. *Bot.* Se dit des étamines, au nombre de six, dont quatre sont plus longues, comme celles des crucifères.

TÉTRAÈDRE n. m. *Math.* Polyèdre à quatre faces; pyramide à base triangulaire. ● *Tétraèdre régulier*, tétraèdre qui a pour faces quatre triangles équilatéraux égaux. (Si a est la longueur de son arête, sa surface totale est $a^2\sqrt{3}$ et son volume $\dfrac{a^3\sqrt{3}}{12}$.)

TÉTRAÉDRIQUE adj. Relatif au tétraèdre; en forme de tétraèdre.

TÉTRAGONE n. f. *Bot.* Plante originaire d'Australie, et dont les feuilles peuvent remplacer celles de l'épinard.

TÉTRALOGIE n. f. *Littér. gr.* Ensemble de quatre pièces (trois tragédies et un drame satyrique) que les poètes tragiques présentaient aux concours dramatiques. ‖ Ensemble de quatre œuvres, littéraires ou musicales, liées par une même inspiration.

TÉTRAMÈRE adj. *Biol.* Divisé en quatre parties.

TÉTRAPLÉGIE n. f. Paralysie des quatre membres. (Syn. QUADRIPLÉGIE.)

TÉTRAPLÉGIQUE adj. et n. Atteint de tétraplégie.

TÉTRAPLOÏDE adj. et n. m. *Biol.* Se dit des individus mutants dont la garniture chromosomique est double de celle de leurs géniteurs.

TÉTRAPLOÏDIE n. f. État des tétraploïdes.

TÉTRAPODE n. m. et adj. Amphibien, reptile, oiseau et mammifère dont le squelette des quatre membres est construit sur le même type.

TÉTRAPTÈRE adj. Qui possède deux paires d'ailes, en parlant des insectes. (C'est le cas général.)

TÉTRARCHAT [-ka] n. m. Dignité et fonction de tétrarque.

TÉTRARCHIE [-∫i] n. f. (gr. *tetra*, quatre, et *arkhein*, commander). Territoire provincial gouverné par un tétrarque. ‖ Organisation de l'Empire romain, divisé par Dioclétien entre quatre empereurs.

TÉTRARQUE n. m. Souverain vassal, à l'époque gréco-romaine, dont le territoire était trop restreint pour mériter le titre de roi.

TÉTRAS [tetra] n. m. (lat. *tetrax*; mot gr.). Syn. de COQ DE BRUYÈRE.

TÉTRAS-LYRE n. m. (pl. *tétras-lyres*). Coq des bouleaux.

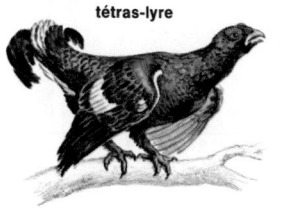

tétras-lyre

TÉTRASTYLE adj. et n. m. À quatre colonnes.

TÉTRASYLLABE ou **TÉTRASYLLABIQUE** adj. Qui a quatre syllabes.

TÉTRATOMIQUE adj. Formé de quatre atomes.

TÉTRODE n. f. Tube électronique à quatre électrodes (anode, cathode, grille de contrôle, grille-écran).

TÉTRODON [tetrɔdɔ̃] n. m. Poisson des mers chaudes, couvert d'écailles épineuses, et appelé *poisson-globe* pour sa faculté de devenir globuleux en se gonflant d'air.

TETTE n. f. (mot germ.). *Zool*. Bout de la mamelle, en parlant des animaux.

TÊTU, E adj. et n. (de *tête*). Très attaché à ses idées; insensible aux arguments, entêté, obstiné.

TÊTU n. m. Marteau de carrier, utilisé pour dégrossir les pierres et dont chaque tête, découpée en V, présente deux arêtes vives.

TEUTON, ONNE adj. et n. De l'ancienne Germanie. ‖ *Fam*. et *péjor*. Allemand.

TEUTONIQUE adj. Relatif aux Teutons.

TEX [tɛks] n. m. Unité de mesure de masse linéique (symb. : tex) valant 10^{-6} kilogramme par mètre, soit 1 gramme par kilomètre. (Le tex est employé dans le commerce des fibres textiles et des fils.)

TEXAN, E adj. et n. Du Texas.

TEXTE n. m. (lat. *textus*, tissu). Ensemble des termes qui constituent un écrit, une œuvre (par oppos. aux COMMENTAIRES, aux TRADUCTIONS, etc.) : *revoir, corriger un texte.* ‖ Teneur exacte d'une loi, d'un acte, etc. ‖ Page imprimée, écrite (par oppos. aux ILLUSTRATIONS). ‖ Document authentique; ouvrage original. ‖ Fragment détaché d'une œuvre. ‖ Sujet de devoir.

TEXTILE adj. (lat. *textilis*, tissé). Qui peut être divisé en fibres propres à faire un tissu, comme le chanvre, le lin, la laine, l'amiante, etc. ‖ Qui se rapporte à la fabrication des tissus : *l'industrie textile.*

TEXTILE n. m. Matière textile, syn. de TISSU. ‖ Ensemble des industries textiles. ● *Textile artificiel*, textile fabriqué chimiquement à partir de produits naturels ou de substances protéiniques végétales ou animales. ‖ *Textile chimique*, textile

V. ill. page suivante

artificiel ou synthétique. ‖ *Textile synthétique*, textile fabriqué chimiquement à partir de produits obtenus sur la voie de synthèse.

TEXTUEL, ELLE adj. Conforme au texte.

TEXTUELLEMENT adv. De façon textuelle.

TEXTURATION n. f. Opération ayant pour but d'améliorer les propriétés physiques des textiles synthétiques.

TEXTURE n. f. (lat. *textura*, tissu). Mode d'entrecroisement des fils de tissage. ‖ État d'une chose tissée. ‖ Disposition des parties d'un corps. ‖ Disposition, arrangement des parties d'un ouvrage. ‖ *Géol*. Disposition et dimension relatives des éléments constitutifs d'une roche à l'échelle de l'échantillon.

T. G. V., sigle de TRAIN* À GRANDE VITESSE.

Th, symbole chimique du *thorium*.

th, symbole de la *thermie*.

THAÏ, THAÏE adj. Se dit des populations dont la langue est le thaï.

tétrodon

THAÏ n. m. Famille de langues parlées en Asie du Sud-Est.

THAÏLANDAIS, E adj. et n. De la Thaïlande.

THALAMIQUE adj. Relatif au thalamus.

THALAMUS [talamys] n. m. (mot lat.). *Anat*. Partie de l'encéphale située à la base du cerveau. (C'est un relais sensitif, et il intervient dans la régulation de fonctions végétatives.) [Syn. COUCHES OPTIQUES.]

THALASSÉMIE n. f. *Méd*. Hémoglobinopathie héréditaire caractérisée par la persistance d'une hémoglobine de type fœtal.

THALASSOCRATIE n. f. *Hist*. État dont la puissance résidait dans la maîtrise des mers.

THALASSOTHÉRAPIE n. f. (gr. *thalassa*, mer). Traitement par les bains d'eau de mer (froide ou réchauffée) et par les climats maritimes.

THALER [talɛr] n. m. (mot all.). Anc. monnaie prussienne d'argent.

THALIDOMIDE n. f. Tranquillisant actuellement abandonné en raison de son action tératogène (phocomélies).

THALLE n. m. *Bot*. Appareil végétatif des végétaux inférieurs, où l'on ne peut distinguer ni racine, ni tige, ni feuilles.

THALLIUM [taljɔm] n. m. (mot angl.; gr. *thallos*, rameau). Métal blanc (Tl), n° 81, de masse atomique 204,37, présent dans certaines pyrites.

THALLOPHYTE n. f. Végétal pluricellulaire dont l'appareil végétatif est constitué par un thalle, comme c'est le cas chez les algues, les champignons, les lichens.

THALWEG n. m. → TALWEG.

THANATOLOGIE n. f. Étude scientifique de la mort.

THANATOPRAXIE n. f. Ensemble des moyens mis en œuvre pour la conservation des corps. (L'embaumement en est la forme historique.)

THANATOS [tanatɔs] n. m. (mot gr., *mort*). *Psychanal*. Syn. de PULSION DE MORT (par oppos. à ÉROS).

THAUMATURGE n. (gr. *thauma, -atos*, prodige, et *ergon*, œuvre). Personne qui fait ou prétend faire des miracles.

THAUMATURGIE n. f. Pouvoir du thaumaturge.

THÉ n. m. (mot chin.). Feuilles de théier torréfiées après la cueillette (thé vert) ou après avoir

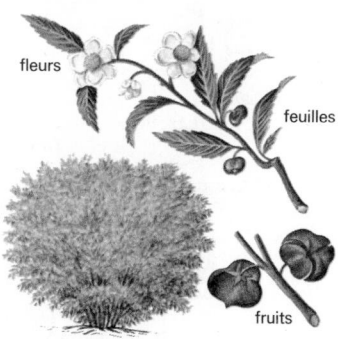

fleurs

feuilles

fruits

THÉIER

subi une légère fermentation (thé noir). ‖ Infusion que l'on en fait. ‖ Repas léger où l'on sert du thé et des pâtisseries l'après-midi. ● *Thé des jésuites*, syn. de MATÉ.

■ Introduit en Europe dans la seconde moitié du XVIIᵉ s., le thé est digestif, excitant (il contient de la caféine, de la théobromine, de la théophylline) et diurétique; l'abus en peut être nuisible. Les neuf dixièmes de la production proviennent de l'Asie des moussons.

THÉATIN n. m. (lat. *Teatinus*, habitant de *Teate*). Membre d'une congrégation de clercs réguliers fondée en 1524, à Rome, par Gian Pietro Carafa, le futur Paul IV, évêque de Chieti, en vue de réformer les mœurs ecclésiastiques.

THÉÂTRAL, E, AUX adj. Qui concerne le théâtre : *action théâtrale*. ‖ Qui vise à l'effet, artificiel, forcé : *attitude théâtrale*.

THÉÂTRALEMENT adv. De façon théâtrale.

THÉÂTRALISER v. t. Donner un caractère de théâtralité.

THÉÂTRALISME n. m. *Psychol*. Tendance pathologique aux manifestations émotives spectaculaires et manquant de naturel. (Syn. HISTRIONISME.)

THÉÂTRALITÉ n. f. Qualité d'une pièce qui repose plus sur des moyens spécifiquement scéniques que sur sa forme littéraire.

THÉÂTRE n. m. (lat. *theatrum*; mot gr.). Lieu où l'on représente des ouvrages dramatiques. ‖ Art de représenter une action dramatique devant un public. ‖ La littérature dramatique; ensemble des pièces d'un pays ou d'un auteur : *le théâtre grec; le théâtre de Corneille*. ‖ Lieu où se passent certains faits, le plus souvent dramatiques. ‖ Jeu forcé, attitude artificielle. ● *Coup de théâtre*, événement inattendu qui modifie le cours de l'action. ‖ *Nouveau théâtre*, ensemble des manifestations du théâtre d'avant-garde dans les années 50 (Adamov, Beckett, Ionesco, Genet, Vauthier). ‖ *Théâtre musical*, spectacle qui mêle le théâtre, la littérature et la musique. ‖ *Théâtre d'opérations*, secteur présentant une unité géographique ou stratégique dans laquelle peuvent se dérouler des opérations militaires. ‖ *Théâtre d'opérations extérieures (T. O. E.)*, théâtre d'opérations situé en dehors de la France.

V. ill. page 919

THÉBAÏDE n. f. (de *Thébaïde*, contrée d'Égypte). *Litt*. Solitude profonde.

THÉBAIN, E adj. et n. De Thèbes.

THÉBAÏNE n. f. Alcaloïde toxique rencontré dans l'opium.

THÉIER n. m. Arbrisseau originaire de la Chine méridionale et cultivé dans toute l'Asie du Sud-Est pour ses feuilles, qui donnent le thé. (Il peut atteindre 10 m, mais, en culture, on ne le laisse pas dépasser 3 m.)

THÉIÈRE n. f. Récipient pour l'infusion du thé.

THÉINE n. f. Nom donné à la caféine contenue à l'état naturel dans les feuilles de thé.

THÉISME n. m. Habitude de boire des quantités excessives de thé.

THÉISME n. m. (gr. *theos*, dieu). Doctrine qui

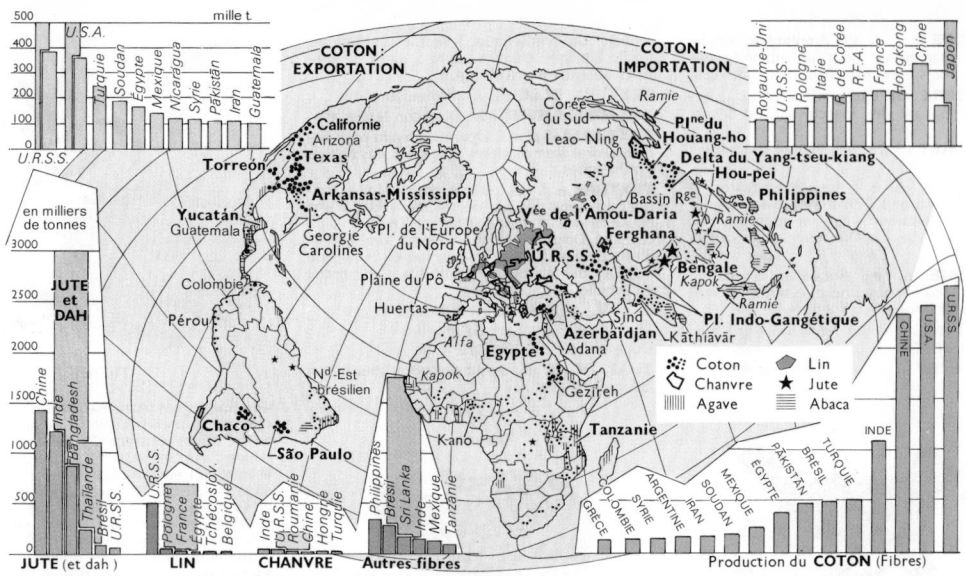

PLANTES TEXTILES

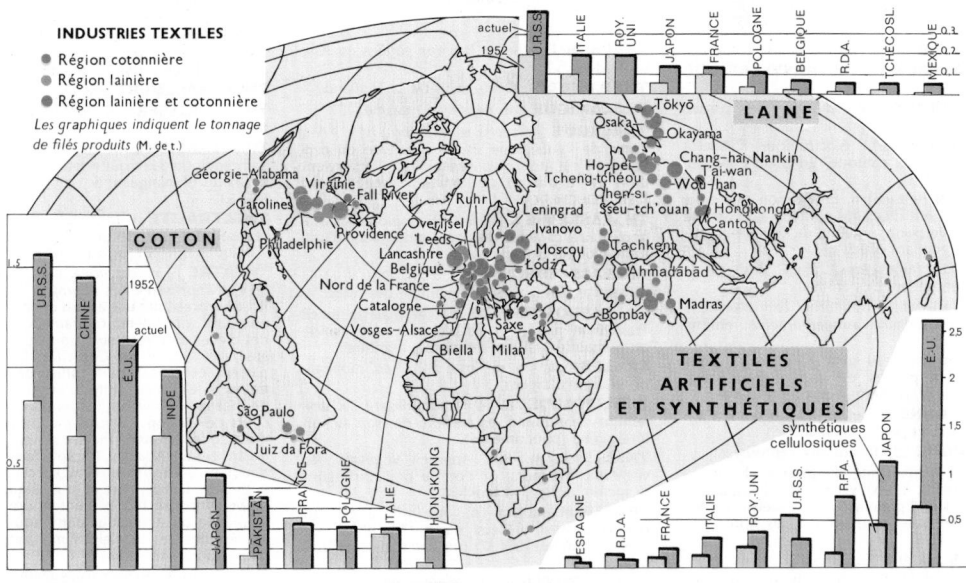

INDUSTRIES TEXTILES

affirme l'existence personnelle et unique d'un Dieu distinct du monde.

THÉISTE adj. et n. Qui appartient au théisme.

THÉMATIQUE adj. Relatif à un thème, à la mise en valeur d'un sujet précis. ‖ *Ling.* Relatif au thème des mots. ‖ *Mus.* Qui a rapport aux thèmes musicaux. ● *Critique thématique,* critique qui détermine et étudie les thèmes constants d'une œuvre ou d'un écrivain.

THÉMATIQUE n. f. Ensemble des thèmes développés par un écrivain, une école, etc.

THÈME n. m. (gr. *thema,* sujet posé). Sujet, matière à développer. ‖ Sujet privilégié d'un artiste, d'un écrivain, d'une époque. ‖ Texte qu'un élève doit traduire de la langue qu'il parle dans une langue étrangère. ‖ *Astrol.* Représentation symbolique de l'état du ciel au moment de

la naissance de qqn. ‖ *Ling.* Partie du mot qui reste invariable et en forme la base, à laquelle s'ajoutent les désinences; terme de la phrase désignant l'être ou la chose dont on dit qqch (par oppos. à PRÉDICAT). ‖ *Mus.* Fragment mélodique ou rythmique sur lequel est construite une œuvre musicale. ● *Fort en thème,* se dit d'un élève plus appliqué qu'intelligent. ‖ *Thème tactique* (Mil.), situation servant de cadre à une étude tactique.

THÉNAR n. m. (mot gr.). *Éminence thénar* (Anat.), saillie du côté externe de la paume de la main.

THÉOBROMINE n. f. (de *theobroma,* n. sc. du cacaoyer). Alcaloïde contenu dans la fève du cacao et dans les feuilles du théier.

THÉOCENTRISME n. m. Disposition d'esprit ou attitude consistant à placer Dieu et ceux qui

sont investis de l'autorité religieuse au centre de toute vision du monde et de toute interprétation de l'histoire.

THÉOCRATIE n. f. (gr. *theos,* dieu, et *kratos,* puissance). Régime politique dans lequel le pouvoir est considéré comme venant directement de Dieu, et exercé par ceux qui sont investis de l'autorité religieuse.

THÉOCRATIQUE adj. Relatif à la théocratie.

THÉODICÉE n. f. (gr. *theos,* dieu, et *dikê,* justice). Doctrine, traité sur la justice de Dieu. ‖ Connaissance de Dieu par la raison. (Syn. THÉOLOGIE NATURELLE.)

THÉODOLITE n. m. Instrument de géodésie et de topographie servant à mesurer les angles réduits à l'horizon, les distances zénithales et les azimuts.

918

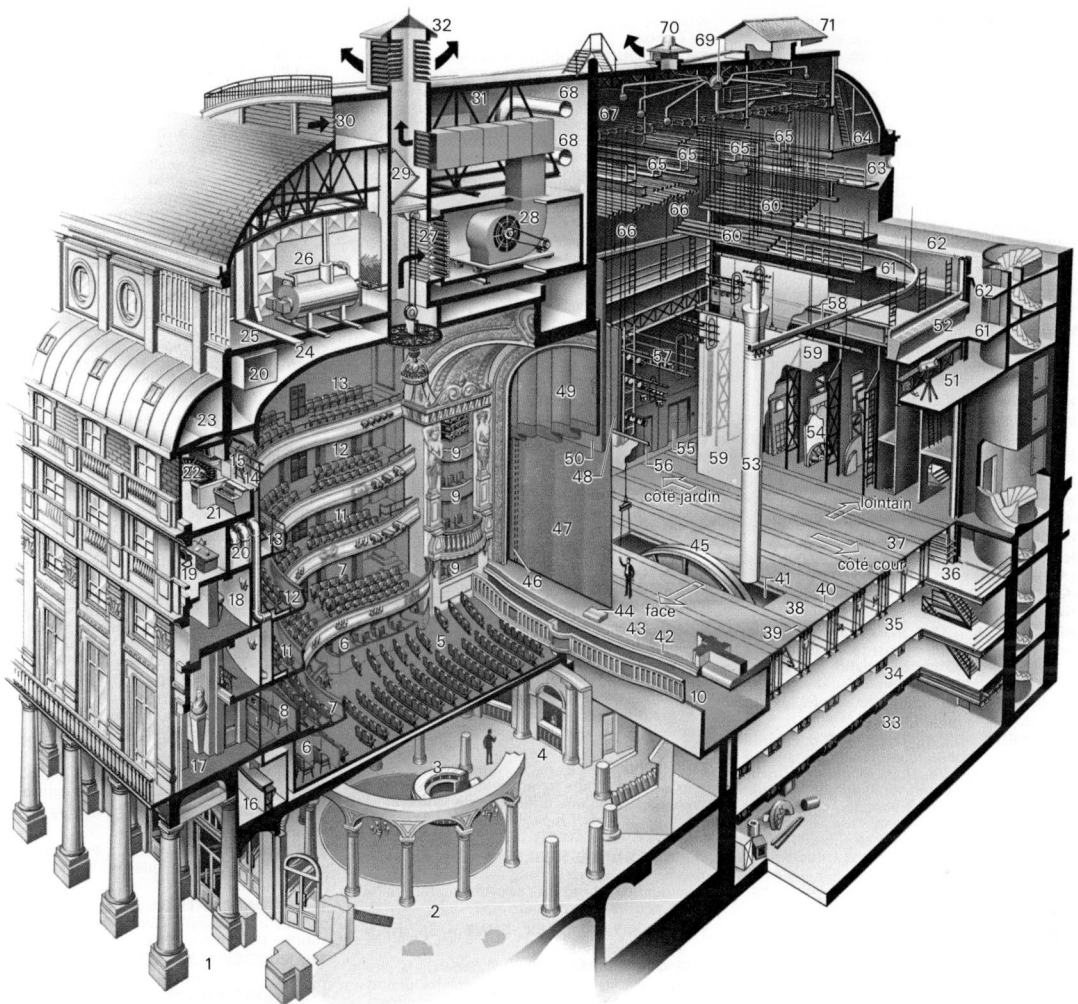

THÉÂTRE DE LA COMÉDIE-FRANÇAISE À PARIS

ENTRÉE ET SALLE : 1. Péristyle; 2. Vestibule; 3. Contrôle; 4. Guichet de location; 5. Fauteuils d'orchestre; 6. Baignoires;
7. Corbeille; 8. Loge présidentielle; 9. Loges d'avant-scène; 10. Fosse d'orchestre; 11. Premier balcon;
12. Deuxième balcon; 13. Galerie; 14. Galerie technique; 15. Projecteur de poursuite; 16. Bar;
17. Galerie des bustes; 18. Bar automatique; 19. Régie; 20. Gaines de ventilation; 21. Cabine du son; 22. Jeu d'orgue (éclairage);
23. Réserves; 24. Fausse coupole; 25. Coupole; 26. Installation de climatisation; 27. Récupérateur de calories;
28. Ventilateur d'extraction d'air; 29. Trappe de désenfumage; 30. Arrivée d'air neuf;
31. Combles; 32. Cheminée d'extraction d'air. — SCÈNE : 33. Quatrième dessous; 34. Troisième dessous; 35. Deuxième dessous;
36. Premier dessous; 37. Plancher de scène; 38. Rue; 39. Fausse rue; 40. Costières et trappillons; 41. Trappe d'apparitions; 42. Rampe;
43. Proscénium; 44. Trou (amovible) du souffleur; 45. Tournette démontable; 46. Draperie; 47. Rideau d'avant-scène;
48. Manteau mobile; 49. Manteau d'Arlequin; 50. Rideau de fer; 51. Pont de projection; 52. Pupitre de commande des porteuses;
53. Cyclorama (décor mobile); 54. Tas de décors; 55. Monte-charge; 56. Guignol (salle de repos);
57. Herse (éclairage supérieur de la scène); 58. Rail du cyclorama; 59. Rideau de fond; 60. Série de porteuses; 61. Premier service;
62. Deuxième service; 63. Troisième service; 64. Quatrième service; 65. Passerelles de service; 66. Fils de commande; 67. Gril;
68. Gaines de ventilation; 69. Grand secours (lutte contre l'incendie); 70. Extracteur d'air; 71. Système de désenfumage.

THÉOGONIE n. f. (gr. *theos*, dieu, et *gonos*, génération). Généalogie et filiation des dieux; ensemble des divinités d'une mythologie donnée.

THÉOGONIQUE adj. Relatif à la théogonie.

THÉOLOGAL, E, AUX adj. Qui a Dieu pour objet. ● *Vertus théologales*, la foi, l'espérance et la charité.

THÉOLOGIE n. f. (gr. *theos*, dieu, et *logos*, science). Étude méthodique de la foi en Dieu sur la base des données de la révélation chrétienne. ‖ Doctrine particulière sur des problèmes religieux.

THÉOLOGIEN n. m. Spécialiste de théologie.

THÉOLOGIQUE adj. Relatif à la théologie.

THÉOLOGIQUEMENT adv. Selon les principes théologiques.

THÉOPHILANTHROPE n. Membre de la théophilanthropie.

THÉOPHILANTHROPIE n. f. Sous le Directoire, secte déiste fondée sur la croyance en un Dieu puissant et bon.

THÉOPHORE adj. (gr. *theos*, dieu, et *pherein*, porter). Se dit d'un nom dans lequel entre en composition un nom de divinité : *Isidore*, don d'Isis; *Théophile*, ami de Dieu.

THÉOPHYLLINE n. f. Alcaloïde des feuilles de thé, utilisé en médecine comme diurétique et comme vasodilatateur bronchique.

THÉORBE n. m. → TÉORBE.

THÉORÉMATIQUE adj. Qui concerne des théorèmes, des hypothèses.

THÉORÈME n. m. (gr. *theôrêma*, objet d'étude). Proposition scientifique qui peut être démontrée. ‖ *Math.* et *Log.* Expression d'un système formel démontrable à l'intérieur de ce système.

THÉORÉTIQUE adj. (gr. *theôrein*, examiner). Contemplatif.

THÉORICIEN, ENNE n. Personne spécialisée dans la recherche fondamentale et abstraite. ‖ Personne qui défend une théorie, qui connaît la théorie de qqch.

THÉORIE n. f. (gr. *theôria*, action d'observer). Connaissance spéculative, idéale, indépendante des applications. ‖ Ensemble de théorèmes et de lois systématiquement organisés, soumis à une vérification expérimentale, et qui vise à établir la vérité d'un système scientifique. ‖ Ensemble systématisé d'opinions, d'idées sur un sujet déterminé : *théorie politique.* ● *En théorie,* en spéculant, de manière abstraite. ‖ *Théorie déductive* (Log.), ensemble de propositions démontrées de façon purement logique à partir d'axiomes, et qui énoncent les propriétés qui conviennent à un domaine d'objets. (Par ex., la théorie des groupes est une théorie déductive.)

THÉORIE n. f. (gr. *theôria*, procession). *Antiq. gr.* Ambassade solennelle envoyée par une ville. ‖ *Litt.* Groupe de personnes qui s'avancent en rangs.

THÉORIQUE adj. Qui appartient à la théorie. ‖ Du domaine de la spéculation, sans rapport avec la réalité ou la pratique.

THÉORIQUEMENT adv. De façon théorique.

THÉORISATION n. f. Action de théoriser.

THÉORISER v. t. Émettre sur un sujet des jugements énoncés sous une forme théorique.

THÉOSOPHE n. Partisan de la théosophie.

THÉOSOPHIE n. f. Forme de religion qui fonde la connaissance des choses spirituelles sur une intuition intérieure, une illumination.

THÉOSOPHIQUE adj. Relatif à la théosophie.

THÉRAPEUTE n. (gr. *therapeuein*, soigner). *Méd.* Nom générique désignant les personnes qui ont pour fonction de soigner les autres, quelles que soient les techniques utilisées.

THÉRAPEUTIQUE adj. Relatif au traitement des maladies.

THÉRAPEUTIQUE ou **THÉRAPIE** n. f. Partie de la médecine qui se rapporte à la manière de traiter les maladies. ● *Thérapie comportementale,* méthode psychothérapique qui s'appuie sur l'interprétation du comportement humain en termes de conditionnement et qui vise à faire disparaître chaque symptôme en suivant les lois de l'apprentissage. (Syn. BEHAVIOR THERAPY.)

THÉRIDION n. m. (gr. *thêridion*). Araignée à couleurs vives, construisant des toiles irrégulières sur les buissons, les rochers. (Long. 5 mm.)

THERMAL, E, AUX adj. Se dit des eaux de source chaudes et de toute eau de source utilisée comme moyen de traitement, ainsi que des installations permettant leur emploi. ● *Station thermale,* localité dotée d'un ou plusieurs établissements spécialisés dans le traitement d'affections diverses par l'utilisation d'eaux de source aux caractéristiques minéralogiques déterminées et constantes.

THERMALISME n. m. Ensemble des questions se rapportant aux sources thermales, à leur industrie, à leur exploitation et à leur utilisation.

THERMALITÉ n. f. Nature, qualité des eaux thermales.

THERMES n. m. pl. (gr. *thermos,* chaud). Établissement où l'on prend des bains d'eaux médicinales. ‖ Bains publics dans l'Antiquité gréco-romaine.

THERMICIEN, ENNE n. Spécialiste de la thermique et de ses applications.

THERMICITÉ n. f. Action, pour un système de corps subissant une transformation physico-chimique, d'échanger de la chaleur avec le milieu extérieur.

THERMIDOR n. m. (gr. *thermos,* chaud, et *dôron,* don). Onzième mois de l'année républicaine (du 19 ou 20 juillet au 17 ou 18 août).

THERMIDORIEN, ENNE adj. Relatif aux événements du 9 thermidor an II, jour qui vit la chute de Robespierre.

THERMIDORIENS n. m. pl. Groupe de Conventionnels qui, en thermidor an II, s'unirent pour mettre fin à la dictature de Robespierre.

THERMIE n. f. (gr. *thermos,* chaud). Unité de mesure de quantité de chaleur (symb. : th),

valant 10^6 calories. (Cette unité n'est plus légale en France.)

THERMIQUE adj. Relatif à la chaleur. ‖ *Phys.* Se dit de neutrons ayant une énergie cinétique de l'ordre de celle de l'agitation thermique et capables de provoquer la fission de l'uranium 235. ● *Agitation thermique,* mouvement désordonné des particules constitutives de la matière, dont la vitesse augmente avec la température. ‖ *Analyse thermique,* ensemble de méthodes qui permettent la mesure, en fonction de la température, des grandeurs caractéristiques d'une propriété d'un échantillon soumis à un échauffement ou à un refroidissement progressifs. ‖ *Ascendance thermique,* ascension d'air chaud dans l'atmosphère, mise à profit dans le vol à voile. ‖ *Centrale thermique,* usine de production d'énergie électrique à partir de l'énergie thermique de combustion.

THERMIQUE n. f. Science de la production, de la transmission et de l'utilisation de la chaleur.

THERMISTANCE n. f. Résistance électrique à coefficient de température élevé et négatif pour les températures normalement rencontrées.

THERMOCAUTÈRE n. m. Cautère de platine, maintenu incandescent par un courant d'air carburé.

THERMOCHIMIE n. f. Partie de la chimie qui s'occupe des quantités de chaleur mises en jeu par les réactions chimiques.

THERMOCHIMIQUE adj. Relatif à la thermochimie.

THERMOCLASTIE n. f. *Géomorphol.* Éclatement des roches sous l'effet de variations brutales de température.

THERMOCLINE n. f. Couche d'eau maritime (ou lacustre), dont la température diminue rapidement avec la profondeur.

THERMOCOPIE n. f. Procédé de reprographie fondé sur le fait que les substances sombres absorbent plus la chaleur que celles de couleur claire.

THERMOCOUPLE n. m. Circuit formé par deux métaux différents entre les soudures desquels on a établi une différence de température qui se traduit par l'apparition d'une force électromotrice. (Syn. COUPLE THERMOÉLECTRIQUE.)

THERMODURCISSABLE adj. Qui possède la propriété de durcir au-dessus d'une température donnée et de ne pouvoir reprendre sa forme primitive de manière réversible.

THERMODYNAMICIEN, ENNE n. Spécialiste de thermodynamique.

THERMODYNAMIQUE n. f. Partie de la physique qui traite des relations entre les phénomènes mécaniques et calorifiques. ◆ adj. Relatif à la thermodynamique.

THERMOÉLECTRICITÉ n. f. Ensemble des phénomènes réversibles de transformation directe de l'énergie thermique en énergie électrique, et vice versa. ‖ Électricité produite par la combustion du charbon, du gaz ou du fuel lourd d'une part *(thermoélectricité classique),* ou de l'uranium ou du plutonium d'autre part *(thermoélectricité nucléaire).*

THERMOÉLECTRIQUE adj. Relatif à la thermoélectricité.

THERMOÉLECTRONIQUE adj. Se dit de l'émission d'électrons par un conducteur électrique porté à haute température. (Syn. THERMOÏONIQUE ou THERMO-IONIQUE.)

THERMOFORMAGE n. m. Mise en forme, sous l'action de la chaleur et d'une contrainte mécanique, de feuilles ou de tubes en matière thermoplastique.

THERMOGÈNE adj. Qui produit de la chaleur.

THERMOGENÈSE n. f. *Physiol.* Partie de la thermorégulation qui assure la production de chaleur chez l'animal.

THERMOGRAPHIE n. f. Technique d'enregistrement graphique des températures de divers points d'un corps. ‖ Procédé d'impression en relief avec une encre contenant une résine que l'on solidifie par chauffage.

THERMOÏONIQUE ou **THERMO-IONIQUE** adj. Syn. de THERMOÉLECTRONIQUE.

THERMOLUMINESCENCE n. f. Émission de lumière par certains corps, provoquée par un échauffement bien inférieur à celui qui produirait l'incandescence.

THERMOLYSE n. f. Partie de la thermorégulation qui assure la perte de chaleur chez l'animal.

THERMOMÈTRE n. m. Instrument qui sert à mesurer la température. ‖ Ce qui permet d'évaluer qqch. ‖ *Thermomètre centésimal,* thermomètre qui comprend 100 divisions entre la division 0, qui correspond à la température de la glace fondante, et la division 100, qui correspond à la température de la vapeur d'eau bouillante sous la pression atmosphérique normale. ‖ *Thermomètre Fahrenheit,* thermomètre qui comprend 180 divisions entre la division 32, qui correspond à la température de la glace fondante, et la division 212, qui correspond à la température de la vapeur d'eau bouillante. ‖ *Thermomètre à maximum et à minimum,* thermomètre qui enregistre les températures maximale et minimale atteintes au cours d'une certaine période de temps.

THERMOMÉTRIE n. f. Évaluation de la température.

THERMOMÉTRIQUE adj. Relatif au thermomètre, à la thermométrie.

THERMONUCLÉAIRE adj. Se dit des réactions de fusion nucléaire entre éléments légers (et de l'énergie qu'elles produisent), rendues possibles par l'emploi de températures très élevées. ● *Arme thermonucléaire* ou à *hydrogène,* ou *H,* arme mettant en jeu, grâce à l'obtention de très hautes températures, la fusion de noyaux d'atomes légers avec un dégagement considérable d'énergie. (La puissance des armes thermonucléaires s'exprime en mégatonnes.) [V. NUCLÉAIRE.]

THERMOPLASTIQUE adj. Qui se ramollit sous l'action de la chaleur et se durcit en se refroidissant, de manière réversible.

THERMOPOMPE n. f. Syn. de POMPE À CHALEUR.

THERMOPROPULSÉ, E adj. Qui est propulsé d'après le principe de la thermopropulsion.

THERMOPROPULSIF, IVE adj. Qui assure la thermopropulsion.

THERMOPROPULSION n. f. Principe de propulsion fondé sur la seule mise en œuvre de l'énergie thermique.

THERMORÉCEPTEUR n. m. Organe animal périphérique sensible aux températures, dont il informe les centres nerveux.

THERMORÉGULATEUR, TRICE adj. Qui concerne la thermorégulation.

THERMORÉGULATION n. f. Réglage automatique de la température. ‖ Mécanisme physiologique qui maintient constante la température interne chez l'homme, les mammifères et les oiseaux.

THERMOS [-mos] n. f. (nom déposé). Bouteille isolante permettant à un liquide de conserver sa température pendant plusieurs heures.

THERMOSCOPE n. m. Sorte de thermomètre à air, servant à étudier les différences de température entre deux milieux.

THERMOSIPHON n. m. Dispositif dans lequel une circulation d'eau est assurée par variation de la température.

THERMOSPHÈRE n. f. Couche atmosphérique supérieure à la mésosphère, et où la température croît régulièrement avec l'altitude.

THERMOSTAT n. m. Appareil servant à maintenir la température constante.

THERMOTACTISME n. m. Action exercée par les différences de température entre divers points de leur milieu sur les animaux, qui s'y déplacent vers leur «preferendum» thermique. (On dit aussi, à tort, THERMOTROPISME.)

THÉROMORPHE n. m. Reptile fossile de l'ère secondaire, probablement apparenté aux mammifères. (Les *théromorphes* forment une sous-classe.) [Syn. PÉLYCOSAURE.]

THÉSARD, E n. *Fam.* Personne qui prépare une thèse de doctorat.

THÉSAURISATION n. f. *Litt.* Action de thésauriser. ‖ *Écon.* Conservation de monnaie en dehors du marché monétaire ou financier pendant un laps de temps prolongé.

THÉSAURISER v. i. et t. (gr. *thesauros*, trésor). *Litt.* Amasser de l'argent, le mettre de côté.

THÉSAURISEUR, EUSE adj. et n. *Litt.* Qui thésaurise.

THESAURUS [tezɔrys] n. m. (gr. *thesauros*, trésor). Dictionnaire destiné à aider la recherche dans certaines disciplines et contenant, pour chaque mot clé, les termes similaires ou synonymes.

THÈSE n. f. (gr. *thesis*, sujet). Opinion qu'on soutient et dont on cherche à démontrer la vérité. ‖ Ouvrage présenté en vue de l'obtention du grade de docteur. ‖ *Philos.* Ce que l'on pose en vue d'une explication ou d'une démonstration; premier terme de la vulgarisation d'un système dialectique, en particulier celui de Hegel, le deuxième terme étant l'*antithèse*, et le troisième la *synthèse*. ● *Pièce, roman à thèse*, œuvres destinées à démontrer la vérité d'une théorie.

THESMOPHORIES n. f. pl. (gr. *thesmos*, loi, et *pherein*, porter). *Antiq. gr.* Fêtes en l'honneur de Déméter.

THESMOTHÈTE n. m. *Antiq. gr.* Magistrat chargé de codifier les lois et d'organiser la justice.

THESSALIEN, ENNE adj. et n. De Thessalie.

THÊTA n. m. Huitième lettre de l'alphabet grec (θ), qui correspond à *th*.

THÉTIQUE adj. *Philos.* Qui se rapporte à une thèse; dans le vocabulaire de la phénoménologie, se dit de ce qui pose l'existence d'une conscience, de ce qui l'affirme comme telle.

THÉURGIE n. f. (gr. *theourgia*, œuvre de Dieu). Art d'accomplir des prodiges avec l'aide divine obtenue par des procédés magiques.

THIAMINE n. f. Syn. de VITAMINE B1.

THIAZOLE n. m. Composé hétérocyclique à cinq atomes dont un de soufre et un d'azote, et dont le noyau joue un rôle important en biochimie.

THIBAUDE n. f. (de *Thibaud*, n. donné aux bergers). Tissu grossier servant à doubler les moquettes clouées au sol.

THIOACIDE n. m. Syn. de SULFACIDE.

THIOALCOOL ou **THIOL** n. m. Syn. de MERCAPTAN.

THIOCARBONATE n. m. Composé M_2CS_3 résultant de la combinaison du sulfure de carbone CS_2 avec un sulfure métallique M_2S.

THIONIQUE adj. (gr. *theion*, soufre). *Série thionique*, se dit d'une série d'acides oxygénés du soufre, de formule générale $H_2S_nO_6$, où *n* peut prendre les valeurs 3, 4, 5 et 6.

THIOPHÈNE ou **THIOFÈNE** n. m. Hétérocycle à cinq atomes dont un de soufre.

THIOSULFATE n. m. Syn. de HYPOSULFITE.

THIOSULFURIQUE adj. Syn. de HYPOSULFUREUX.

THIXOTROPIE n. f. Transformation en sols de certains gels très visqueux, lorsqu'on les agite, mais qui reprennent leur viscosité première après repos.

THLASPI n. m. (mot gr.). Plante herbacée, à fleurs en grappes, variété d'ibéris. (Famille des crucifères.)

THOLOS n. f. *Archit.* Temple à cella circulaire, ayant généralement une toiture conique et un péristyle concentrique. ‖ *Archéol.* Tombe à coupole en tas de charge.

THOMISE n. m. (gr. *thômix*, corde). Araignée à abdomen très large, commune dans le midi de la France. (Long. 1 cm.)

THOMISME n. m. Ensemble de doctrines théologiques et philosophiques de saint Thomas d'Aquin et de ses épigones.

THOMISTE adj. et n. Qui appartient au thomisme.

THON n. m. (lat. *thunnus*; mot gr.). Poisson marin, excellent nageur, effectuant des migrations en Méditerranée et dans l'Atlantique. (On le pêche pour sa chair. Le *thon blanc*, ou *germon*, atteint 1 m de long, le *thon rouge*, 2 à 3 m.)

Le Merdy-Ateliers et chantiers de la Manche

thonier

THONAIRE n. m. Grand filet employé pour la pêche du thon.

THONIER n. m. Bateau pour la pêche du thon.

THONINE n. f. Thon propre à la Méditerranée. (Long. max. 1 m.)

THORACENTÈSE n. f. Ponction à travers la paroi thoracique. (Syn. PONCTION PLEURALE.)

THORACIQUE adj. (gr. *thôrax, thôrakos*, cuirasse). Relatif à la poitrine : *région thoracique*. ● *Canal thoracique*, principal tronc collecteur de la lymphe, longeant la colonne vertébrale et débouchant dans la veine sous-clavière gauche.

THORACOPLASTIE n. f. *Chir.* Intervention qui consiste à réséquer un nombre plus ou moins grand de côtes, pour affaisser une caverne tuberculeuse sous-jacente.

THORACOTOMIE n. f. *Chir.* Ouverture chirurgicale du thorax.

THORAX n. m. (gr. *thôrax*). Partie du corps des vertébrés limitée par les côtes, le sternum et le diaphragme, et contenant les poumons, le cœur. ‖ Seconde partie du corps des insectes, formée de trois anneaux, et sur laquelle sont fixées les pattes et les ailes.

THORIANITE n. f. Oxyde naturel d'uranium et de thorium, noir, cubique.

THORINE n. f. Oxyde de thorium ThO_2.

THORITE n. f. Silicate hydraté de thorium $ThSiO_4$, quadratique.

THORIUM [tɔrjɔm] n. m. (de *Thor*, n. d'un dieu scandin.). Métal (Th), n° 90, de masse atomique 232,03, blanc, cristallin, de densité 12,1 et fondant vers 1700 °C, extrait de la thorite.

THORON n. m. *Chim.* Émanation du thorium, isotope du radon.

THRÈNE n. m. (gr. *thrênos*). *Antiq. gr.* Chant, lamentation funèbre.

THRÉONINE n. f. Acide aminé indispensable à l'homme.

THRIDACE n. f. (gr. *thridax*, laitue). Extrait de suc de laitue, préconisé comme calmant.

THRILLER [trilœr] n. m. (mot angl.). Film ou roman (policier ou d'épouvante) à suspense, qui procure des sensations fortes.

THRIPS n. m. (mot gr.). Insecte voisin des punaises, à ailes étroites, abondant sur les fleurs et attaquant les jeunes feuilles. (Long. 1 cm.)

THROMBINE n. f. Enzyme provoquant la coagulation du sang par transformation du fibrinogène en fibrine.

THROMBOCYTE n. m. Syn. de PLAQUETTE SANGUINE.

THROMBOÉLASTOGRAMME n. m. Enregistrement graphique des différentes phases de la coagulation sanguine.

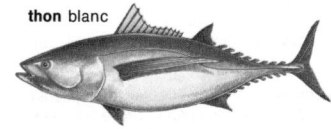

thon blanc

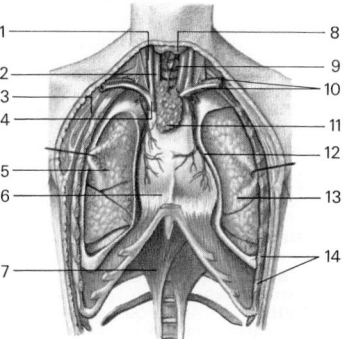

THORAX

1. Veine jugulaire interne;
2. Artère carotide; 3. Muscle grand pectoral;
4. Veine cave supérieure; 5. Poumon droit;
6. Cœur inclus dans le péricarde; 7. Pilier du diaphragme; 8. Thyroïde; 9. Trachée;
10. Artère et veine sous-clavières gauches;
11. Thymus; 12. Plèvre; 13. Poumon gauche;
14. Côtes.

THROMBOEMBOLIQUE adj. Se dit d'un état pathologique produisant des thromboses qui, en se fragmentant, provoquant des embolies.

THROMBOKINASE ou **THROMBOPLASTINE** n. f. *Biol.* Enzyme sécrétée par les plaquettes sanguines, qui intervient dans la coagulation du sang en transformant la prothrombine en thrombine.

THROMBOLYSE n. f. Résorption spontanée d'un caillot. ‖ Thérapeutique ayant pour but la résorption d'un caillot dans un vaisseau sanguin.

THROMBOPÉNIE n. f. *Méd.* Diminution pathologique du nombre des plaquettes sanguines.

THROMBOPHLÉBITE n. f. Inflammation d'une veine avec formation d'un caillot dans celle-ci.

THROMBOSE n. f. (gr. *thrombos*, caillot). Formation de caillots dans un vaisseau sanguin chez un être vivant.

THROMBUS [trɔbys] n. m. Caillot sanguin formé dans un vaisseau (artère ou veine) pendant la vie et provoquant la *thrombose*.

THUG [tyg] n. m. *Hist.* Membre d'une association religieuse en Inde, où le meurtre rituel par strangulation était pratiqué sur des victimes humaines choisies.

THULIUM [tyljɔm] n. m. Métal (Tm), n° 69, de masse atomique 168,93, du groupe des terres rares.

THUNE n. f. *Arg.* Nom donné à l'anc. pièce d'argent de cinq francs.

THURIFÉRAIRE n. m. (lat. *thus, thuris*, encens, et *ferre*, porter). *Litt.* Flatteur : *les thuriféraires du pouvoir*. ‖ *Liturg.* Clerc chargé de porter l'encensoir.

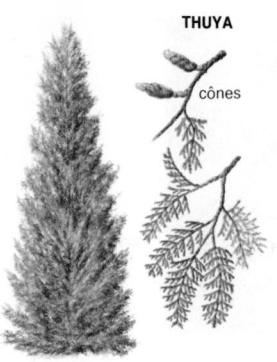

THUYA

cônes

thym

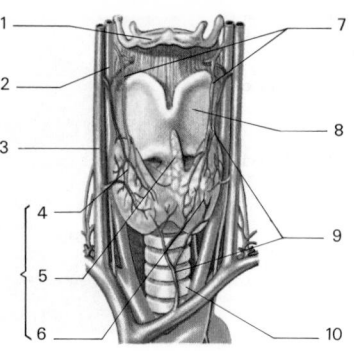

THYROÏDE

(situation dans le cou) :
1. Os hyoïde;
2. Artère carotide;
3. Veine jugulaire;
4. Lobe droit;
5. Pyramide de Lalouette;
6. Lobe gauche;
7. Artères thyroïdiennes supérieures;
8. Larynx;
9. Veines thyroïdiennes;
10. Trachée.

THUYA n. m. (gr. *thuia*). Arbre originaire d'Asie ou d'Amérique, souvent cultivé dans les parcs pour son feuillage ornemental. (Famille des cupressacées.)

THYIADE n. f. (gr. *thuias*). *Myth.* Bacchante.

THYLACINE n. m. (gr. *thulakos*, sac). Genre de mammifères marsupiaux carnivores, de la Tasmanie, presque disparu.

THYM n. m. (lat. *thymus;* mot gr.). *Bot.* Genre de labiacées odoriférantes, dont une espèce, le *serpolet,* est très répandue.

THYMIE n. f. (gr. *thumos,* siège des passions). *Psychol.* Syn. de HUMEUR.

THYMINE n. f. L'une des quatre bases azotées qui servent de « lettres » au code génétique.

THYMIQUE adj. *Méd.* Qui appartient au thymus. ‖ *Psychol.* Qui concerne l'humeur.

THYMOANALEPTIQUE adj. et n. m. *Méd.* Syn. de ANTIDÉPRESSEUR.

THYMOL n. m. Phénol retiré de l'essence de thym, à odeur aromatique.

THYMOLEPTIQUE adj. et n. m. *Méd.* Syn. de TRANQUILLISANT.

THYMUS [timys] n. m. (gr. *thumos*). Glande située devant la trachée, qui n'est développée que chez l'enfant et les jeunes animaux, et qui joue un rôle dans la résistance à l'infection. (Le thymus du veau est communément appelé *ris de veau.* C'est un lieu de réserves de protides.)

THYRATRON n. m. (nom déposé). Tube à gaz, à cathode chaude, employé comme redresseur ou comme régulateur de courant.

THYRÉOSTIMULINE n. f. Hormone de l'hypophyse qui stimule la sécrétion de la glande thyroïde. (Syn. HORMONE THYRÉOTROPE.)

THYRÉOTROPE adj. Qui stimule la sécrétion de la glande thyroïde.

THYRISTOR n. m. Redresseur à semi-conducteur.

THYROÏDE adj. (gr. *thuroeidês,* qui a la forme d'un bouclier). *Cartilage thyroïde,* le plus développé des cartilages du larynx, formant chez l'homme la saillie appelée *pomme d'Adam.* ‖ *Corps* ou *glande thyroïde,* ou *thyroïde* n. f., glande endocrine située devant la trachée, produisant la thyroxine, qui intervient dans la croissance, le métabolisme, et la calcitonine.

THYROÏDECTOMIE n. f. Ablation de la thyroïde.

THYROÏDIEN, ENNE adj. Relatif à la thyroïde.

THYROÏDITE n. f. Inflammation de la thyroïde.

THYROXINE n. f. Hormone sécrétée par la thyroïde.

THYRSE n. m. (gr. *thursos,* bâton de Dionysos). *Antiq. gr.* Emblème de Dionysos, consistant en un bâton entouré de feuilles de lierre ou de vigne et surmonté d'une pomme de pin. ‖ *Bot.* Sorte de grappe de fleurs de forme pyramidale (lilas, marronnier d'Inde).

THYSANOPTÈRE n. m. Insecte suceur minuscule, aux ailes frangées, tel que le *thrips.* (Les *thysanoptères* forment un petit ordre.)

THYSANOURE n. m. (gr. *thusanos,* frange, et

oura, queue). Insecte primitif sans ailes, à trois appendices filiformes terminant l'abdomen, tel le *lépisme.* (Les *thysanoures* forment un ordre.)

Ti, symbole chimique du *titane.*

TIARE n. f. (lat. *tiara;* du persan). Coiffure d'apparat symbole de la souveraineté dans l'ancien Orient. ‖ Coiffure d'apparat à trois couronnes du pape, pour les cérémonies non liturgiques (elle n'est plus en usage actuellement); dignité papale.

TIBÉTAIN, E adj. et n. Du Tibet.

TIBÉTAIN n. m. Langue parlée au Tibet, s'écrivant avec un alphabet d'origine indienne.

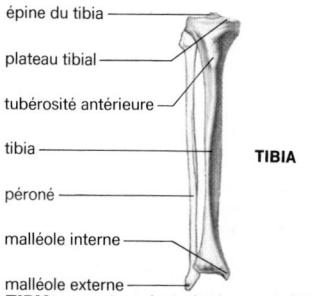

épine du tibia

plateau tibial

tubérosité antérieure

tibia

TIBIA

péroné

malléole interne

malléole externe

TIBIA n. m. (mot lat.). Os long qui forme la partie interne de la jambe. (Le *péroné* en constitue la partie externe; le tibia est le plus gros de ces deux os. Son extrémité inférieure [malléole interne] forme avec celle du péroné une mortaise où s'articule l'astragale.) ‖ L'un des articles de la patte des insectes, avant le tarse.

TIBIAL, E, AUX adj. *Anat.* Relatif au tibia.

TIC n. m. (onomat.). Contraction brusque et rapide de certains muscles, surtout de ceux du visage, involontaire et stéréotypée. ‖ Habitude ridicule à force d'être fréquente.

TICAL n. m. (pl. *ticals*). Unité monétaire de la Thaïlande.

TICHODROME [tikɔdrom] n. m. (gr. *teikhos,* muraille, et *dromos,* course). Passereau gris et rouge, au long bec fin, qui vit sur les rochers des hautes montagnes.

TICKET [tikɛ] n. m. (mot angl.). Billet d'entrée, de chemin de fer, d'autobus, etc.

TICKET [tikɛt] n. m. (mot angl.). Aux États-Unis, ensemble formé par les deux candidats du même parti à la présidence et à la vice-présidence.

TIC-TAC n. m. inv.. Bruit sec et régulier d'un mouvement d'horlogerie.

TIE-BREAK [tajbrɛk] n. m. (mots angl., *rupture d'égalité*) [pl. *tie-breaks*]. Au tennis, jeu décisif servant à départager deux joueurs à égalité.

TIÉDASSE adj. D'une tiédeur désagréable.

TIÈDE adj. (lat. *tepidus*). D'une chaleur très atténuée. ◆ adj. et n. Qui manque d'ardeur, de

zèle, de ferveur, mou. ◆ adv. *Boire tiède,* prendre des boissons tièdes.

TIÈDEMENT adv. Avec indifférence, sans passion, sans conviction.

TIÉDEUR n. f. Température tiède : *la tiédeur de l'eau.* ‖ Manque de ferveur, d'ardeur : *la tiédeur des sentiments.*

TIÉDIR v. i. Devenir tiède. ◆ v. t. Rendre tiède.

TIÉDISSEMENT n. m. Fait de tiédir.

TIEN, ENNE pron. poss. (précédé de *le, la, les*). Ce qui est à toi : *j'ai mes soucis et tu as les tiens.* ● *À la tienne!* (Fam.), à ta santé! ◆ adj. poss. *Litt.* Qui t'appartient.

TIEN n. m. Ce qui t'appartient, ton bien. ◆ pl. *Les tiens,* tes parents, tes amis.

TIENTO [tjɛnto] n. m. (mot esp.). Forme contrapuntique de la musique instrumentale espagnole du XVIe au XVIIIe s.

TIERCE n. f. (fém. de *tiers*). *Arts graph.* Dernière épreuve avant le tirage ou le clichage. ‖ *Astron.* et *Math.* Soixantième partie d'une seconde d'angle, d'arc ou de temps. ‖ *Jeux.* Série de trois cartes consécutives de même couleur. ‖ *Liturg.* Partie de l'office monastique ou du bréviaire qui se dit à la troisième heure, soit à 9 heures du matin. ‖ *Mus.* Intervalle de trois degrés.

tierce

TIERCÉ, E adj. *Héral.* Se dit d'un écu divisé en trois parties égales. ● *Pari tiercé,* ou *tiercé* n. m., pari dans lequel il faut prévoir les trois premiers chevaux dans une course.

TIERCEFEUILLE n. f. *Héral.* Meuble représentant une fleur à trois pétales.

TIERCELET n. m. Mâle de plusieurs oiseaux de proie (plus petit d'un *tiers* que la femelle).

TIERCEMENT n. m. Action de tiercer.

TIERCER v. t. (de *tiers*) [conj. **1**]. *Agric.* Donner aux terres un troisième labour. (On dit aussi TERCER ou TERSER.)

TIERCERON n. m. *Archit.* Nervure qui relie une lierne au sommier d'un doubleau ou d'un formeret.

TIERS n. m. Chaque partie d'un tout divisé en trois parties égales : *le tiers d'une pomme.* ‖ Troisième personne : *il survint un tiers.* ‖ Personne étrangère à une affaire, à un acte juridique, à un procès : *déposer une somme entre les mains d'un tiers.* ● *Principe du tiers exclu* (Log.), principe selon lequel, d'une proposition et de sa négation, l'une au moins est vraie. ‖ *Tiers payant,* paiement des honoraires médicaux et des frais pharmaceutiques, de prothèse ou d'hospitalisation assumé par l'assureur et non par le malade. ‖ *Tiers provisionnel,* acompte obligatoirement versé en cours d'année par le contribuable, qui le calcule sur la base de l'impôt sur le revenu payé l'année précédente.

TIERS, TIERCE adj. (lat. *tertius*, troisième). Qui vient au troisième rang; qui s'ajoute à deux autres : *une tierce personne.* ● *Tierce opposition* (Dr.), voie de recours par laquelle un tiers s'oppose à l'exécution d'un jugement intervenu dans un procès où il n'a pas été partie. ‖ *Tiers état*, partie de la société française qui, sous l'Ancien Régime, n'appartenait ni à la noblesse ni au clergé. ‖ *Tiers monde*, ensemble des pays peu développés économiquement, qui n'appartiennent ni au groupe des États industriels d'économie libérale ni au groupe des États de type socialiste. ‖ *Tiers ordre* (Relig. cath.), association de religieux *(tiers ordres réguliers)* ou de laïcs *(tiers ordres séculiers)* qui sont affiliés à un ordre religieux (Franciscains, Dominicains, Carmes, Bénédictins...). ‖ *Tiers temps pédagogique*, dans l'enseignement élémentaire et maternel, répartition de l'horaire hebdomadaire en trois parties : quinze heures de disciplines fondamentales, six heures d'activité d'éveil, six heures de sport.

TIERS-MONDISTE adj. et n. Du tiers monde.

TIERS-POINT n. m. (pl. *tiers-points*). *Techn.* Lime à section triangulaire. ‖ *Mar.* Voile triangulaire. ● *Arc en tiers-point* (Archit.), arc brisé dans lequel s'inscrit un triangle équilatéral.

TIF n. m. *Pop.* Cheveu.

TIGE n. f. (lat. *tibia*, flûte). Axe d'une plante, qui porte des feuilles et se termine par un bourgeon. (Le chaume des graminées, le tronc des arbres ont des *tiges aériennes;* les rhizomes [iris], les tubercules [pomme de terre], des *tiges souterraines.*) ‖ Partie mince et allongée de certains objets. ‖ Tube cylindrique de faible diamètre, permettant l'entraînement du trépan au fond d'un puits en forage. ‖ Partie de la chaussure qui enveloppe la cheville ou la jambe. ● *Tige de culbuteur*, pièce interposée entre le poussoir et les culbuteurs, et commandant les soupapes.

TIGELLE n. f. Partie de la plantule des graines qui fournira la tige de la plante.

TIGNASSE n. f. (de *teigne*). *Fam.* Chevelure rude et mal peignée.

TIGRE n. m. (lat. *tigris*). Mammifère carnassier, du genre *chat*, à peau rayée. (Femelle : *tigresse.*) [Long. 2 m; poids 200 kg; longévité 25 ans.] (Cri : le tigre *feule, rauque, râle.*) ‖ *Litt.* Personne très cruelle. ● *Jaloux comme un tigre*, extrêmement jaloux. ‖ *Tigre du poirier*, hémiptère qui vit sur les feuilles de cet arbre.

■ Le tigre habite l'Asie du Sud-Est. Sa livrée, d'un beau jaune orangé, blanchâtre au ventre, est marquée de zébrures noires. Le tigre est, avec le lion, le plus puissant des carnassiers; il est nocturne, se tient dans les forêts, au voisinage des cours d'eau.

TIGRÉ, E adj. Moucheté, rayé comme la peau du tigre.

TIGRESSE n. f. Femelle du tigre.

TIGRIDIE n. f. (gr. *tigris*, tigre, et *eidos*, forme). Plante bulbeuse originaire du Mexique, à belles fleurs. (Famille des iridacées.)

TIGRON ou **TIGLON** n. m. Nom donné à l'hybride des espèces tigre et lion.

TILBURY [tilbyri] n. m. (mot angl.; du n. de l'inventeur). Cabriolet hippomobile léger et découvert, à deux places.

TILDE n. m. (mot esp.; lat. *titulus*, titre). Accent qui se trouve sur la lettre *n* de l'alphabet espagnol (ñ), notant un son équivalant à *n* mouillé [ɲ] en français. ‖ *Phon.* Signe placé au-dessus d'une voyelle nasalisée.

TILIACÉE n. f. (lat. *tilia*, tilleul). Arbre tel que le *tilleul*. (Les *tiliacées* forment une famille.)

TILLAC n. m. (anc. scandin. *thilja*, planche). *Mar. anc.* Pont supérieur d'un navire en bois.

TILLAGE n. m., **TILLE** n. f., **TILLER** v. t. → TEILLAGE, TEILLE, TEILLER.

TILLANDSIA n. m. (de *Tillands*, n. d'un botaniste suéd.). Plante dont certaines espèces sont cultivées en serre pour leurs fleurs ornementales et dont d'autres vivent en épiphytes dans les forêts tropicales d'Amérique. (Famille des broméliacées.)

TILLEUL n. m. (lat. *tilia*). Arbre souvent planté dans les parcs et dans les avenues, fournissant

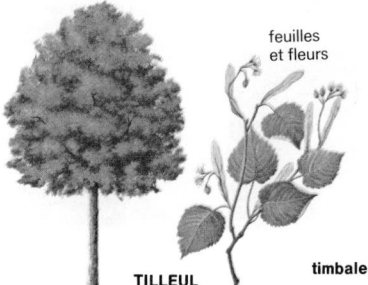

feuilles et fleurs

TILLEUL

timbales

Ph. Gras

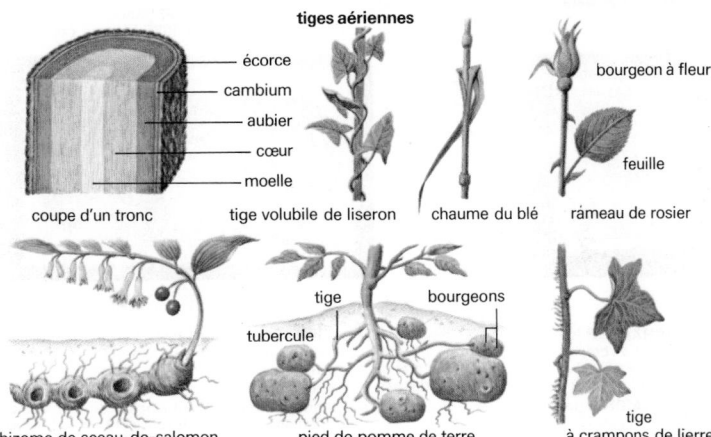

tiges aériennes

coupe d'un tronc — écorce — cambium — aubier — cœur — moelle

tige volubile de liseron — chaume du blé — rameau de rosier — bourgeon à fleur — feuille

rhizome de sceau-de-salomon — pied de pomme de terre — tige à crampons de lierre

tubercule — tige — bourgeons

tiges souterraines

TIGE

tigre

un bois blanc, facile à travailler, et dont les fleurs odorantes donnent une infusion sudorifique et calmante. (Haut. : 25 à 30 m; famille des tiliacées.) ‖ Infusion de fleurs de tilleul.

TILT n. m. (mot angl., *coup*). Au billard électrique, déclic qui signale l'interruption d'une partie à cause d'une faute d'un joueur. ● *Faire tilt* (Fam.), frapper soudain l'attention de qqn.

TIMBALE n. f. (altér. de *tambale;* esp. *atabal*). Instrument de musique à percussion formé d'un bassin demi-sphérique en cuivre, recouvert d'une peau tendue que l'on frappe avec des mailloches. (On l'utilise souvent par paire.) ‖ Gobelet en métal. ‖ *Cuis.* Moule rond et haut; préparation culinaire cuite dans ce moule, enveloppée dans une croûte de pâte. ● *Décrocher la timbale*, remporter le prix, réussir.

TIMBALIER n. m. Celui qui bat des timbales.

TIMBRAGE n. m. Action de timbrer. ‖ Impression où l'image imprimée se présente en relief sur le papier.

TIMBRE n. m. (gr. *tumpanon*, sorte de tambour). Disque métallique bombé et sonore, sur

lequel frappe un marteau. ‖ Qualité d'un son complexe résultant de l'importance relative des diverses fréquences (fondamentale et harmoniques) qui le constituent et caractéristique de chaque instrument de musique. ‖ Vignette attestant le paiement d'une cotisation. ‖ Instrument qui sert à imprimer une marque, un cachet. ‖ Marque qui garantit l'authenticité d'un document. ‖ Droit fiscal auquel sont soumis divers actes, et qui est perçu soit d'après la dimension du papier utilisé *(timbre de dimension)*, soit en fonction du montant des sommes énoncées dans l'acte *(timbre proportionnel)*, ou encore en tant que *droit fixe.* ‖ Autref., partie supérieure d'un casque. ‖ *Hérald.* Casque ou couronne surmontant l'écu. ● *Timbre tuberculinique* (Méd.), pastille adhésive sur laquelle est placée une goutte de tuberculine, et qui sert à la recherche de l'allergie tuberculeuse, à la place de la cuti-réaction. ‖ *Timbre d'une chaudière*, pression maximale qu'elle peut admettre sans danger.

TIMBRE ou **TIMBRE-POSTE** n. m. (pl. *timbres-poste*). Vignette adhésive, de valeur conventionnelle, émise par une administration postale et destinée à affranchir les envois confiés à la poste.

V. ill. page suivante

TIMBRÉ, E adj. *Fam.* Un peu fou. ● *Papier timbré*, papier marqué d'une empreinte et d'un timbre à l'encre grasse, que vend l'État et qui doit être obligatoirement utilisé pour la rédaction de certains actes. ‖ *Voix timbrée*, voix qui résonne bien.

TIMBRE-QUITTANCE n. m. (pl. *timbres-quittances*). Vignette ou marque apposée sur les quittances, les reçus et les décharges.

TIMBRER v. t. Marquer, affranchir avec un timbre ou un cachet.

TIMBRES-POSTE

Le « Cap de Bonne-Espérance », de 1861. Erreurs de couleur :
à gauche, 4 pence dans la couleur du 1 penny ;
à droite, 1 penny dans la couleur du 4 pence.

Larousse

Le 10 centimes
bistre de 1849,
un des premiers
timbres-poste
français.
(Musée postal.)

Le « tête-bêche »
du 1 franc Napoléon III
de 1853.

La « Semeuse »
de 30 centimes
de 1903.
(Musée postal.)

Timbre de 50 francs
« Poste aérienne », de 1936. (Musée postal.)

Larousse

TIME-CHARTER [tajmʃartər] n. m. (mots angl., *affrètement à temps*). *Dr. mar.* Variété de contrat d'affrètement par lequel l'affréteur prévoit d'exploiter lui-même le navire qu'il prend à bail.

TIME-SHARING [tajmʃεriŋ] n. m. *Inform.* Syn. de TEMPS* PARTAGÉ.

TIMIDE adj. et n. (lat. *timidus* ; de *timere*, craindre). Qui manque de hardiesse, d'assurance.

TIMIDEMENT adv. Avec timidité.

TIMIDITÉ n. f. Caractère de celui qui est timide ; manque d'assurance ; embarras.

TIMING [tajmiŋ] n. m. (mot angl.). Chronologie détaillée d'un processus quelconque.

TIMON n. m. (lat. *temo*, flèche). Longue pièce de bois de l'avant-train d'une voiture, d'une machine agricole, de chaque côté de laquelle on attelle une bête de trait. ‖ Sorte de rame utilisée autrefois, avant l'invention du gouvernail articulé, pour l'orientation des navires.

TIMONERIE n. f. Service des timoniers ; ensemble des timoniers ; partie close et abritée de la passerelle de navigation d'un navire. ‖ *Techn.* Ensemble des éléments entrant dans la commande des freins ou dans la direction d'un véhicule.

TIMONIER n. m. Celui qui tenait la barre (vx). ‖ Matelot chargé des signaux et du service de veille sur la passerelle. ‖ Cheval qu'on met au timon d'une voiture.

TIMORÉ, E adj. (lat. *timor*, crainte). Qui n'ose pas agir par crainte du risque ou des responsabilités, craintif, pusillanime.

TIN n. m. *Mar.* Chacune des pièces de bois qui soutiennent un navire en construction.

TINAMOU n. m. (mot caraïbe). Oiseau d'un type très primitif de l'Amérique du Sud.

TINCAL n. m. (mot portug.). Syn. de BORAX.

TINCTORIAL, E, AUX adj. (lat. *tinctorius* ; de *tingere*, teindre). Qui sert à teindre : *plante tinctoriale*. ‖ Relatif à la teinture.

TINETTE n. f. (de *tine*, baquet). Récipient servant au transport des matières fécales, qu'on emploie comme fosse d'aisances mobile. ‖ *Fam.* Lieux d'aisances.

TINTAMARRE n. m. (de *tinter*). *Fam.* Grand bruit, vacarme.

TINTEMENT n. m. Sonnerie qui se fait à petits coups. ‖ Vibration prolongée du son d'une clo-

che ou d'un autre objet. ● *Tintement d'oreilles*, bourdonnement d'oreilles analogue à celui d'une cloche qui tinte.

TINTER v. t. (bas lat. *tinnitare*, sonner). Faire sonner lentement une cloche, de manière que le battant frappe d'un seul côté. ◆ v. i. Résonner lentement par coups espacés : *la cloche tinte*. ‖ Produire des sons aigus. ● *Les oreilles me tintent*, j'ai un bourdonnement d'oreille.

TINTINNABULER v. i. (lat. *tintinnabulum*, clochette). *Litt.* Produire le son d'un grelot.

TINTOUIN n. m. (de *tinter*). *Fam.* Inquiétude, embarras, souci. ‖ *Fam.* Vacarme.

TIPULE n. f. (lat. *tippula*, araignée d'eau). Grand moustique, inoffensif pour l'homme. (Ordre des diptères.)

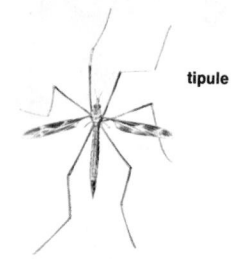

tipule

TIQUE n. f. (angl. *tike*). Parasite vivant sur la peau des ruminants, du chien, parfois de l'homme, où il puise le sang. (Sous-classe des acariens ; nom scientifique : *ixode*.)

TIQUER v. i. (de *tic*). *Fam.* Manifester sa surprise, son mécontentement.

TIQUETÉ, E adj. (mot picard ; de *tache*). Marqué de points colorés.

TIQUETURE n. f. État de ce qui est tiqueté.

TIQUEUR, EUSE adj. et n. Atteint d'un tic.

TIR n. m. Action de lancer avec une arme un projectile sur un but appelé « objectif ». ‖ Ensemble de projectiles envoyés par une ou plusieurs armes. ‖ *Sports.* Action de lancer une balle, une flèche (vers le but) ou une boule. ● *Angle de tir*, angle formé par la ligne de tir et le plan horizontal (on dit auj. *angle au niveau*). ‖ *Calculateur de tir*, appareil naguère électromécanique, auj. électronique, permettant de calculer les éléments d'un tir. ‖ *Ligne de tir*, prolongement de l'axe de la bouche à feu au moment du départ du coup. ‖ *Plan de tir*, plan vertical passant par l'axe de la bouche à feu ou de la rampe de lancement. ‖ *Table de tir*, recueil de renseignements théoriques nécessaires à l'exécution des tirs.

TIRADE n. f. (de *tirer*). Développement oratoire ou écrit, d'une certaine étendue, emphatique ou véhément. ‖ Ce qu'un personnage de théâtre débite d'un seul trait.

TIRAGE n. m. Action d'émettre une traite, un chèque. ‖ Ensemble des exemplaires d'un ouvrage imprimés en une seule fois. ‖ *Arts graph.* Passage des feuilles de papier sur les formes d'une presse pour les imprimer. ‖ *Bx-arts.* Impression d'une estampe, fonte d'une sculpture (en plusieurs exemplaires). ‖ *Méd.* Dépression de la paroi thoracique, lors de l'inspiration, due à un obstacle mécanique à l'entrée de l'air dans les poumons. ‖ *Métall.* Action de faire passer un métal précieux par la filière. ‖ *Phot.* Reproduction sur positif d'un cliché. ‖ *Stat.* Constitution d'un échantillon en partant d'une population statistique. ‖ *Techn.* Différence de pression entre l'entrée et la sortie d'une installation dans laquelle circulent des gaz, en particulier dans une combustion. ● *Cordon de tirage*, cordon destiné à faire coulisser un rideau le long d'une tringle. ‖ *Droits de tirage spéciaux (D. T. S.)*, devises octroyées à l'initiative du Fonds monétaire international (F. M. I.) et que le pays bénéfi-

TIR : TRAJECTOIRE D'UN PROJECTILE CLASSIQUE

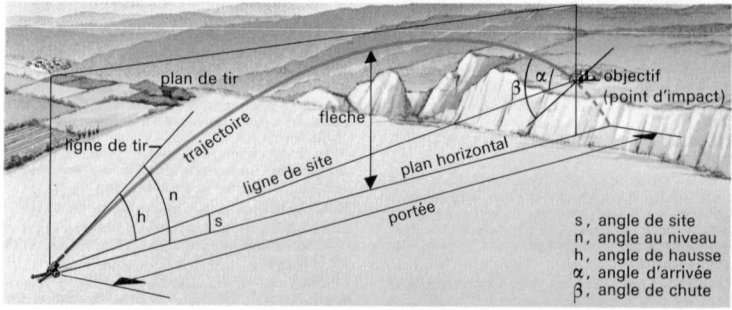

plan de tir
flèche
objectif (point d'impact)
ligne de tir
trajectoire
ligne de site
plan horizontal
portée
h
n
s

s, angle de site
n, angle au niveau
h, angle de hausse
α, angle d'arrivée
β, angle de chute

ciaire peut employer en cas de difficultés dans sa balance des paiements. ‖ *Il y a du tirage* (Fam.), il y a des difficultés. ‖ *Tirage d'une loterie,* action d'en tirer les numéros. ‖ *Tirage de la soie,* action de la dévider. ‖ *Tirage au sort* (Hist.), mode de recrutement qui servait autrefois à désigner les hommes d'un contingent astreints au service militaire.

TIRAILLEMENT n. m. Action de tirailler. ‖ Sensation de contraction douloureuse de certaines parties intérieures du corps. ‖ Déchirement moral, conflit, opposition : *tiraillements dans un parti.*

TIRAILLER v. t. Tirer fréquemment et par petits coups, dans diverses directions. ‖ Solliciter de divers côtés d'une manière contradictoire. ◆ v. i. Tirer peu à la fois et souvent, avec une arme à feu.

TIRAILLEUR n. m. Soldat détaché en avant comme éclaireur. ‖ Autref., fantassin recruté parmi les autochtones des anciens territoires français d'outre-mer. ● *Marcher en tirailleur,* progresser en ordre dispersé pour reconnaître un terrain.

TIRANT n. m. Cordon pour ouvrir et fermer une bourse. ‖ Chacun des deux morceaux de cuir du soulier dans lesquels passe le lacet. ‖ Ganse fixée à la tige d'une botte pour aider à la mettre. ‖ *Bouch.* Tendon dans la viande de boucherie. ‖ *Constr.* Pièce de charpente neutralisant deux poussées divergentes en réunissant les parties auxquelles elles s'appliquent. ● *Tirant d'air,* hauteur libre sous un pont. ‖ *Tirant d'eau,* distance verticale entre la flottaison d'un navire et le dessous de la quille.

TIRASSE n. f. Filet pour prendre des cailles, des perdrix. ‖ *Mus.* Pédale que l'organiste abaisse afin d'accoupler les claviers entre eux, ou l'un des claviers manuels au pédalier.

TIRE n. f. (de *tirer*). Au Canada, friandise au sucre d'érable. ‖ *Arg.* Automobile. ● *Vol à la tire,* vol qui consiste à tirer des poches les objets qu'on dérobe.

TIRÉ, E adj. Fatigué et amaigri : *traits tirés.* ● *Tiré à quatre épingles,* vêtu avec recherche. ‖ *Tiré par les cheveux* (Fam.), peu naturel; mal amené.

TIRÉ n. m. Celui sur lequel une lettre de change ou un chèque a été tiré et à qui un ordre est donné de payer. ‖ Gibier que l'on chasse au fusil. ‖ Taillis maintenu à hauteur d'homme, pour faciliter la chasse au fusil. ● *Tiré à part,* reproduction séparée d'un article de revue.

TIRE-AU-CUL ou **TIRE-AU-FLANC** n. m. inv. *Pop.* Paresseux, personne qui s'arrange pour échapper aux corvées.

TIRE-BONDE n. m. (pl. *tire-bondes*). Outil utilisé pour enlever la bonde d'un tonneau.

TIRE-BOTTE n. m. (pl. *tire-bottes*). Instrument qui aide à ôter des bottes. ‖ Crochet métallique qu'on passe dans le tirant d'une botte pour la chausser.

TIRE-BOUCHON n. m. (pl. *tire-bouchons*). Instrument formé d'une vis en métal, pourvue d'un manche, pour retirer le bouchon d'une bouteille. ● *En tire-bouchon,* en forme de spirale, d'hélice.

TIRE-BOUCHONNER v. t. Rouler en tire-bouchon.

TIRE-BRAISE n. m. inv. Ringard à l'extrémité aplatie et recourbée, dont les boulangers se servent pour retirer la braise du four.

TIRE-CLOU n. m. (pl. *tire-clous*). Tige métallique, plate et dentée, qui sert à l'extraction des clous.

TIRE-D'AILE (À) loc. adv. En battant vigoureusement des ailes, en parlant d'un oiseau qui s'enfuit en volant.

TIRE-FESSES n. m. inv. *Fam.* Remonte-pente.

TIRE-FOND n. m. inv. Anneau qu'on fixe à un plafond pour y suspendre un lustre. ‖ *Ch. de f.* Grosse vis employée pour fixer un coussinet ou un rail à patin sur la traverse.

TIRE-LAINE n. m. inv. Autref., rôdeur de nuit, qui volait les manteaux.

TIRE-LAIT n. m. inv. Instrument pour tirer par aspiration le lait du sein de la mère.

TIRE-LARIGOT (À) loc. adv. (refrain d'une chanson). *Fam.* Beaucoup et sans s'arrêter : *boire à tire-larigot.*

TIRE-LIGNE n. m. (pl. *tire-lignes*). Instrument de dessinateur, qui sert à tracer des lignes.

TIRELIRE n. f. Récipient muni d'une fente par laquelle on introduit l'argent qu'on veut économiser.

TIRE-NERF n. m. (pl. *tire-nerfs*). Broche barbelée utilisée par le chirurgien-dentiste pour extirper la pulpe radiculaire.

TIRER v. t. (abrév. de l'anc. fr. *martirier,* martyriser). Amener vers soi ou après soi, mouvoir dans une certaine direction : *cheval qui tire une voiture.* ‖ Tendre, allonger : *tirer une courroie.* ‖ Faire sortir, extraire : *tirer de l'argent de sa poche; tirer la langue.* ‖ Obtenir, avoir, emprunter : *tirer profit; tirer avantage.* ‖ Faire sortir d'une situation : *tirer qqn du sommeil.* ‖ Imprimer : *tirer une estampe.* ‖ Reproduire un positif un cliché photographique. ‖ Faire partir au moyen d'une arme : *tirer un coup de canon.* ‖ *Pop.* Passer un temps assez long : *tirer un an de prison.* ‖ *Escr.* Faire des armes. ‖ *Navire qui tire six mètres d'eau,* navire qui s'enfonce dans l'eau de cette quantité. ‖ *Tirer de l'argent de qqn,* en obtenir de lui. ‖ *Tirer une conséquence,* conclure. ‖ *Tirer l'horoscope, les cartes,* prédire l'avenir. ‖ *Tirer une lettre de change sur qqn,* désigner cette personne comme devant le payer. ‖ *Tirer une loterie,* faire sortir les numéros. ‖ *Tirer parti de,* utiliser. ‖ *Tirer les rois,* distribuer les parts du gâteau des rois. ‖ *Tirer satisfaction d'une injure,* en obtenir réparation. ‖ *Tirer des sons d'un instrument,* lui faire émettre des sons. ‖ *Tirer au sort,* choisir en s'en remettant au sort. ◆ v. i. Lancer un projectile au moyen d'une arme. ‖ Dans de nombreux sports, envoyer la balle vers le but adverse, avec l'intention de marquer. ‖ Exercer une traction : *tirer sur une corde.* ‖ Aspirer : *tirer sur sa pipe.* ‖ Aux boules, envoyer sa boule sur celle qu'on cherche à déplacer. ‖ Avoir du tirage, en parlant d'une cheminée. ‖ Avoir de la ressemblance, en parlant des couleurs : *tirer sur le bleu.* ● *Tirer à sa fin,* être près de finir. ◆ **se tirer** v. pr. En parlant du temps, passer lentement. ‖ *Fam.* S'en aller, s'enfuir. ● *Se tirer de, s'en tirer,* sortir heureusement d'une maladie, d'une difficulté.

TIRET n. m. Petit trait horizontal qui, dans un dialogue, indique le changement d'interlocuteur, ou qui sert de parenthèse dans un texte.

TIRETAINE n. f. (anc. fr. *tiret;* lat. *tyrius* [étoffe] de Tyr). Nom de plusieurs étoffes anciennes en laine pure ou mélangée.

TIRETTE n. f. Cordon, lacet pour tirer ou suspendre qqch (vx). ‖ Petite tablette à glissière pouvant sortir d'un meuble et y rentrer. ‖ Dispositif de commande par traction d'un appareil mécanique ou électrique.

TIREUR, EUSE n. Personne qui tire avec une arme à feu. ‖ Sportif qui expédie le ballon vers le but adverse. ‖ Ouvrier, ouvrière qui tire les fils, etc. ‖ Personne qui, dans une lettre de change ou un chèque, donne ordre de payer une somme à qqn. ‖ À la pétanque, joueur chargé de chasser une boule adverse gênante. ● *Tireur, tireuse de cartes,* personne qui prétend prédire l'avenir d'après certaines combinaisons de cartes à jouer.

TIREUSE n. f. Machine photographique facilitant les tirages des positifs sur papier. ‖ Appareil de photogravure dans lequel on fait des copies par contact.

TIRE-VEINE n. m. inv. *Chir.* Syn. de STRIPPER.

TIROIR n. m. Petite caisse sans couvercle emboîtée dans un meuble, et qu'on peut tirer à volonté. ‖ *Techn.* Organe mécanique animé d'un mouvement de translation et assurant la distribution d'un fluide suivant une loi déterminée. ● *Fond de tiroir* (Fam.), chose vieille, sans valeur. ‖ *Pièce, roman à tiroirs,* œuvre littéraire dont les scènes ou les épisodes sont détachés et n'ont presque aucune relation entre eux.

TIROIR-CAISSE n. m. (pl. *tiroirs-caisses*). Tiroir contenant la caisse d'un commerçant.

TISANE n. f. (lat. *ptisana,* tisane d'orge). Liquide préparé par action de l'eau sur des substances végétales et servant soit de véhicule à certains médicaments, soit de boisson.

TISANIÈRE n. f. Récipient servant à faire infuser une tisane.

TISON n. m. (lat. *titio*). Morceau de bois brûlé en partie et encore en ignition.

TISONNÉ, E adj. Se dit du poil d'un cheval parsemé de taches noires.

TISONNER v. i. et t. Attiser le feu.

TISONNIER n. m. Tige métallique, droite ou recourbée, pour attiser le feu.

TISSAGE n. m. Ensemble d'opérations constituant la fabrication des tissus. ‖ Établissement industriel où l'on tisse.

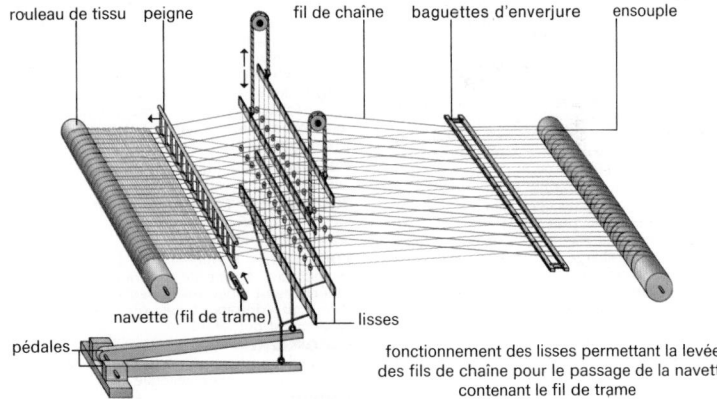

rouleau de tissu — peigne — fil de chaîne — baguettes d'enverjure — ensouple

navette (fil de trame) — lisses

pédales

fonctionnement des lisses permettant la levée des fils de chaîne pour le passage de la navette contenant le fil de trame

FONCTIONNEMENT D'UN MÉTIER À TISSER

SCHÉMA DE PRINCIPE DU TISSAGE

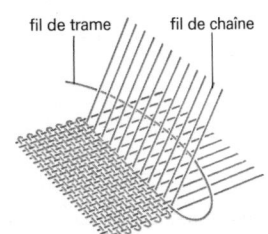

fil de trame — fil de chaîne

TISSER v. t. (lat. *texere*). Entrelacer, suivant une armure donnée, les fils de chaîne (en longueur) et les fils de trame (en largeur), pour faire un tissu. ‖ Construire, disposer en réseau : *l'araignée tisse sa toile.*

TISSERAND, E n. Ouvrier, artisan qui fabrique des tissus à la main ou sur machine.

TISSERIN n. m. Oiseau passereau des régions chaudes, ainsi nommé pour son habileté à tisser un nid suspendu.

TISSEUR, EUSE n. Personne qui fait du tissage.

TISSU n. m. Surface obtenue par l'assemblage de fils entrelacés. (Les uns, étendus en longueur, forment la *chaîne;* les autres, en travers, constituent la *trame.*) ‖ Suite enchevêtrée de choses : *tissu de mensonges.* ‖ Ensemble d'éléments constituant un tout homogène : *tissu social.* ‖ *Histol.* Ensemble de cellules ayant même structure et même fonction : *tissu osseux; tissu nerveux.* ● *Tissu urbain,* disposition de l'habitat et des activités dans une ville.

TISSU-ÉPONGE n. m. (pl. *tissus-éponges*). Tissu bouclé sur ses deux faces et spongieux.

TISSULAIRE adj. *Histol.* Relatif à un tissu.

TITAN n. m. (du n. myth.). *Litt.* Personne d'une puissance extraordinaire. ● *De titan,* démesuré, gigantesque.

TITANE n. m. (gr. *titanos,* chaux). Métal (Ti), n° 22, de masse atomique 47,9, de densité 4,5, blanc, dur, fondant à 1800 °C, qui, par ses propriétés, se rapproche du silicium et de l'étain.

TITANESQUE adj. *Litt.* Gigantesque.

TITANIQUE adj. Se dit de l'anhydride TiO₂ et des acides correspondants.

TITI n. m. *Pop.* Gamin de Paris.

TITILLATION n. f. Chatouillement léger, agréable.

TITILLER v. t. (lat. *titillare*). Chatouiller légèrement et agréablement.

TITISME n. m. Forme de socialisme pratiquée en Yougoslavie par Tito.

TITISTE adj. et n. Qui appartient au titisme.

TITRAGE n. m. Action de titrer un film. ‖ Détermination des quantités de certaines matières contenues dans certains mélanges. ‖ Opération qui a pour objet d'indiquer le titre des fils textiles. (Le titrage des fils se fait soit en numérotage métrique, le titre exprimant la longueur du fil pesant 1 000 g, soit en deniers, le titre exprimant le poids en grammes de 9 000 m de fil, ou encore en tex, le titre exprimant le poids en grammes de 1 000 m de fil.)

TITRE n. m. (lat. *titulus*). Nom, désignation d'un livre, d'un chapitre, d'un film, etc. ‖ Phrase en gros caractères présentant un article de journal. ‖ Nom de dignité, d'emploi, de grade universitaire, de charge, de fonction. ‖ Écrit constatant un acte juridique. ‖ Subdivision employée dans les recueils de lois. ‖ Division du budget. ‖ Écrit, document établissant un droit social : *un titre de transport, de propriété.* ‖ Certificat représentatif d'une valeur mobilière (rente sur l'État, action, obligation, part de fondateur), qui peut être nominatif, au porteur ou à ordre. ‖ Qualification exprimant une relation sociale : *le titre de père.* ‖ Qualité qui donne un droit moral, un motif légitime : *avoir des titres à la reconnaissance.* ‖ Qualité de champion dans une compétition sportive. ‖ Marque frappée sur un objet de platine, d'or, d'argent ou de vermeil, attestant la conformité de sa teneur en métal précieux à l'une des normes fixées par la loi. ‖ Désignation indiquant la grosseur d'un fil textile. (On dit aussi NUMÉRO.) ● *À ce titre,* pour cette raison. ‖ *À juste titre,* avec raison. ‖ *À titre de,* en qualité de. ‖ *En titre,* comme titulaire, reconnu comme tel. ‖ *Titre d'un alliage de métal précieux,* rapport, exprimé en millièmes, entre le poids de métal fin contenu dans cet alliage et le poids total de l'alliage. ‖ *Titre exécutoire,* pièce permettant à son bénéficiaire de procéder à l'exécution forcée (acte notarié, jugement, etc.). ‖ *Titres de participation,* actions ou parts sociales de sociétés possédées durablement par une entreprise, pour exercer dans celles-ci un contrôle ou une influence. ‖ *Titres de pla-*

cement, actions ou obligations possédées par les entreprises pour réaliser un emploi de capitaux et sans but de contrôle. ‖ *Titre d'une solution* (Chim.), rapport de la masse du corps dissous à la masse totale de la solution. ‖ *Titre universel de paiement,* ordre de prélèvement à un compte bancaire, signé par le débiteur, et susceptible de réduire l'usage du chèque.

TITRÉ, E adj. Qui possède un titre nobiliaire ou honorifique. ‖ *Chim.* Se dit d'une solution dont le titre est connu.

TITRER v. t. Mettre pour titre dans un journal. ‖ *Chim.* Déterminer le titre d'une solution, d'un alliage.

TITREUSE n. f. *Arts graph.* Appareil de photocomposition pour titres ou textes courts.

TITRIMÉTRIE n. f. Mesure du titre d'une solution.

TITUBANT, E adj. Chancelant.

TITUBER v. i. (lat. *titubare*). Chanceler, vaciller sur ses jambes.

TITULAIRE adj. et n. Qui occupe un poste pour lequel il a été choisi ou nommé. ‖ Qui possède juridiquement qqch.

TITULARISATION n. f. Action de titulariser.

TITULARISER v. t. Rendre titulaire d'un emploi, d'un poste, etc.

TJÄLE [tjɛl] n. m. (mot suéd., *sol gelé*). Syn. de MERZLOTA.

Tl, symbole chimique du *thallium.*

Tm, symbole chimique du *thulium.*

TMÈSE n. f. (gr. *tmêsis,* action de couper). Séparation de deux éléments d'un mot par l'intercalation d'un ou de plusieurs autres mots. (Ex. : LORS *même* QUE *vous auriez raison.*)

T.N.T. n. m. Abrév. de TRINITROTOLUÈNE.

TOAST [tost] n. m. (mot angl.). Brève allocution invitant à boire à la santé de qqn, au succès d'une entreprise. ‖ Tranche de pain grillée.

TOBOGGAN [tɔbɔgã] n. m. (mot angl.; de la langue des Algonquins). Traîneau bas, glissant sur deux patins. ‖ Glissière en bois, rectiligne ou hélicoïdale, pour les marchandises. ‖ Piste glissante à pente plus ou moins forte, utilisée comme jeu. ‖ Viaduc routier, souvent provisoire, destiné à établir une circulation à deux niveaux, à un carrefour.

TOC n. m. *Fam.* Imitation de métaux ou d'objets précieux. ‖ *Mécan.* Organe d'un tour qui sert à maintenir et à entraîner la pièce à usiner.

TOCANTE n. f. → TOQUANTE.

TOCARD, E adj. (de *toc*). *Pop.* Laid, sans goût, sans valeur, mauvais.

TOCARD ou **TOQUARD** n. m. (normand *toquart,* tête). *Fam.* Cheval de course médiocre. ‖ *Pop.* Personne incapable.

TOCCATA n. f. (mot it., *touche*) [pl. *toccate* ou *toccatas*]. Forme de musique instrumentale généralement pour instruments à clavier, son libre, soit contrapuntique, ou obéissant à un mouvement perpétuel.

TOCOPHÉROL n. m. (gr. *tokos,* accouchement, et *pherein,* porter). *Biol.* Substance vitaminique d'origine végétale.

TOCSIN n. m. (anc. prov. *tocassen;* de *tocar,* sonner, et *senh* [lat. *signum*], cloche). Sonnerie d'une cloche qu'on tinte à coups répétés pour donner l'alarme.

TOGE n. f. (lat. *toga*). Vêtement d'apparat des Romains, constitué d'une longue pièce de laine drapée, symbole de la citoyenneté. ‖ Robe de magistrat, d'avocat, de professeur.

TOGOLAIS, E adj. et n. Du Togo.

TOHU-BOHU n. m. inv. (mot hébr.). *Fam.* Confusion, grand désordre.

TOI pron. pers. → TU.

TOILAGE n. m. Fond sur lequel se détache le dessin d'une dentelle.

TOILE n. f. (lat. *tela*). Tissu à armure croisée la plus simple : *toile de coton.* ‖ Tissu sec et serré, valant par sa résistance, quels que soient son armure et son usage. ‖ Toile tendue et préparée, sur laquelle on peint; tableau sur toile : *une toile de Rubens.* ‖ Voilure portée par un navire.

● *Chansons de toile,* au Moyen Âge, et dans le nord de la France, chansons chantées par les femmes travaillant même à tisser. ‖ *Toile d'araignée,* ensemble de fils constitués par la soie que sécrètent les araignées et souvent disposés avec régularité. (Les toiles d'araignées sont des pièges pour les petits insectes.) ‖ *Toile de fond,* toile sur laquelle sont représentés les derniers plans d'un décor de théâtre; contexte, cadre dans lequel se détache qqch., se situent des événements, etc. ◆ pl. Filets pour prendre les bêtes fauves.

TOILERIE n. f. Fabrique, commerce de toile.

TOILETTAGE n. m. Soins de propreté donnés à un chien, à un chat.

TOILETTE n. f. Action de se laver, de se coiffer, de s'habiller. ‖ Ensemble des soins de propreté du corps : *faire sa toilette.* ‖ Meuble garni de divers objets destinés aux soins de propreté et de parure. ‖ Ensemble des vêtements et des accessoires utilisés par une femme pour s'habiller, se parer. ● *Faire la toilette de qqch.,* le nettoyer. ◆ pl. Cabinet d'aisances.

TOILETTER v. t. Effectuer le toilettage.

TOISE n. f. (lat. *tensa,* étendue). Anc. mesure française de longueur, valant 1,949 m. ‖ Instrument pour mesurer la taille de qqn.

TOISER v. t. Regarder avec dédain ou avec défi. ‖ Mesurer avec la toise (vx).

TOISON n. f. (lat. *tonsio,* action de tondre). Laine d'un mouton; pelage, poil abondant d'autres animaux. ‖ Chevelure abondante.

TOIT n. m. (lat. *tectum*). Couverture d'un bâtiment, présentant des versants et reposant sur une charpente ou l'extrados d'une voûte. ‖ Paroi supérieure d'un véhicule. ‖ Maison, habitation : *être sans toit.* ‖ *Min.* Terrain au-dessus de l'exploitation. ● *Crier sur les toits,* annoncer partout. ‖ *Le toit du monde,* l'Himâlaya ou le Tibet.

TOITURE n. f. Ensemble des toits d'un édifice.

TOITURE-TERRASSE n. f. (pl. *toitures-terrasses*). Couverture d'un bâtiment, plane, imperméable et accessible, formée d'une dalle en béton avec évacuation des eaux.

TOKAMAK ou **TOKOMAK** n. m. (mot russe). Machine à confinement magnétique stationnaire permettant de créer des plasmas à haute énergie et d'étudier la fusion thermonucléaire.

TOKAY, TOKAI ou **TOKAJ** [tɔkɛ ou tɔkaj] n. m. Vin de liqueur, jaune doré, récolté en Hongrie.

TOKHARIEN, ENNE adj. et n. Se dit d'une langue indo-européenne, parlée jusqu'au XIᵉ s. en Asie centrale.

TÔLARD, E ou **TAULARD, E** n. *Pop.* Détenu.

TOLBUTAMIDE n. m. Sulfamide antidiabétique actif par voie orale.

TÔLE n. f. (forme dialect. de *table*). Produit sidérurgique plat, laminé soit à chaud, soit à froid, à surface généralement lisse ou présentant parfois des saillies.

TÔLE ou **TAULE** n. f. *Pop.* Prison.

TÔLÉE adj. *Neige tôlée,* neige fondue et reglacée, dangereuse pour les skieurs.

TOLÉRABLE adj. Qu'on peut tolérer.

TOLÉRANCE n. f. (lat. *tolerare,* supporter). Respect de la liberté d'autrui, de ses manières de penser, d'agir, de ses opinions politiques et religieuses. ‖ Liberté limitée accordée à qqn en certaines circonstances : *ce n'est pas un droit, c'est une tolérance.* ‖ *Méd.* Propriété de l'organisme de supporter, sans en souffrir, certains agents physiques ou chimiques. ‖ *Techn.* Écart acceptable sur certaines grandeurs (dimensions, masse, fréquence, etc.) relatives à des fabrications mécaniques, à des composants électroniques, etc. ● *Maison de tolérance,* établissement de prostitution, autrefois toléré par la loi.

TOLÉRANT, E adj. Indulgent dans les relations sociales.

TOLÉRER v. t. (lat. *tolerare*) [conj. 5]. Admettre à contrecœur la présence de qqn, le supporter. ‖ Laisser subsister, ne pas empêcher, permettre : *tolérer des abus.* ‖ *Méd.* Supporter qqch sans réaction pathologique.

TÔLERIE n. f. Fabrication de la tôle; atelier où l'on travaille la tôle; objets faits en tôle.

TOLET n. m. (anc. scandin. *thollr*). Tourillon autour duquel pivote une pièce mobile.

TÔLIER n. et adj. m. Ouvrier qui exécute tous travaux de tôlerie.

TÔLIER, ÈRE ou **TAULIER, ÈRE** n. *Pop.* Patron, patronne d'un hôtel peu recommandable.

TOLITE n. f. Explosif formé par un dérivé nitré du toluène.

TOLLÉ n. m. (anc. fr. *tolez*, impér. de *toldre*, enlever). Cri d'indignation, réclamation pleine de colère.

TOLU n. m. (de *Tolú*, v. de Colombie). Baume produit par un arbre de l'Amérique du Sud.

TOLUÈNE n. m. Hydrocarbure aromatique liquide C_7H_8, employé comme solvant et détachant, ainsi que dans la préparation de colorants, de médicaments et du T. N. T.

TOLUIDINE n. f. Aniline dérivée du toluène.

TOLUOL n. m. Toluène brut.

TOMAHAWK [tɔmaok] n. m. (mot algonquin). Hache de guerre des Indiens d'Amérique.

TOMAISON n. f. *Impr.* Indication du numéro du tome auquel appartient chaque feuille d'un ouvrage composé de plusieurs volumes.

TOMATES

TOMATE n. f. (esp. *tomata*; mot aztèque). Plante d'origine américaine, cultivée pour ses fruits rouges et charnus, comestibles (famille des solanacées); ce fruit. ‖ *Fam.* Apéritif anisé additionné de grenadine.

TOMBAC n. m. (mot malais). Alliage de cuivre et de zinc.

TOMBALE adj. f. Relatif à la tombe : *pierre tombale.*

TOMBANT, E adj. Qui pend : *cheveux tombants.* ● *À la nuit tombante*, au crépuscule.

TOMBE n. f. (gr. *tumbos*, tumulus). Endroit où un mort est enterré; fosse recouverte d'une dalle de pierre, de marbre, etc. ● *Avoir un pied dans la tombe*, être près de mourir. ‖ *Descendre dans la tombe*, mourir. ‖ *Se retourner dans sa tombe*, se dit d'un mort qu'on imagine bouleversé par ce qui vient d'être fait.

TOMBÉ n. m. À la lutte, contact des épaules avec le sol. ‖ *Chorégr.* Pas qui s'achève sur l'une des deux jambes fléchie (chassé sauté). [On dit aussi PAS TOMBÉ.]

TOMBEAU n. m. Monument élevé sur les restes d'un mort. ‖ Lieu où l'on meurt. ● *À tombeau ouvert*, à toute allure, en risquant un accident. ‖ *Mettre qqn au tombeau*, causer sa mort. ‖ *Tirer du tombeau*, tirer de l'oubli; rendre à la vie.

TOMBÉE n. f. *À la tombée de la nuit*, à la tombée du jour, au moment où la nuit arrive.

TOMBELLE n. f. *Archéol.* Tombe recouverte d'une petite éminence de terre.

TOMBER v. i. (lat. pop. *tumbare*) [auxil. *être*]. Perdre l'équilibre, une chute; être entraîné par son poids : *il a voulu courir et il est tombé.* ‖ Succomber, périr : *tomber au combat.* ‖ Devenir (suivi d'un adj.) : *tomber malade.* ‖ Être subitement saisi par un mal : *tomber en syncope.* ‖ Être pendant : *les cheveux lui tombent sur les épaules.* ‖ Se déverser : *la pluie tombe.* ‖ Se détacher : *cheveux qui tombent.* ‖ Être sur le point de finir : *la conversation tombe.* ‖

Perdre de sa force, de son intensité, baisser : *le vent est tombé.* ‖ Perdre de son pouvoir, être renversé : *le ministre est tombé; sa ferveur tombe.* ‖ Ne pas réussir : *cette pièce tombera.* ‖ Arriver : *cette fête tombe le jeudi; cette lettre m'est tombée entre les mains.* ● *Bien tomber*, être bien servi par le hasard, arriver à propos. ‖ *Les bras m'en tombent*, ne plus s'en occuper. ‖ *Le sort est tombé sur lui*, l'a désigné. ‖ *Tomber aux pieds de qqn*, supplier. ‖ *Tomber bas*, être dans un état de déchéance. ‖ *Tomber à glace* (Cuis.), réduire une sauce jusqu'à ce qu'elle devienne sirupeuse. ‖ *Tomber dans l'oubli*, être oublié. ‖ *Tomber en ruine*, s'écrouler lentement. ‖ *Tomber de sommeil*, avoir un besoin invincible de dormir. ‖ *Tomber sur qqn*, se précipiter sur lui; le rencontrer par hasard. ◆ v. t. (auxil. *avoir*). *Fam.* Jeter à terre : *tomber un adversaire.* ● *Tomber une femme* (Fam.), la séduire. ‖ *Tomber la veste* (Fam.), l'enlever.

TOMBEREAU n. m. Engin de transport de matériaux, constitué par une benne automotrice à pans inclinés, ouverte à l'arrière et se déchargeant par basculement. ‖ Wagon à bords hauts, pour le transport des marchandises en vrac.

TOMBEUR n. et adj. *Fam.* Lutteur qui tombe ses adversaires. ‖ *Fam.* Séducteur.

TOMBOLA n. f. (mot it., *culbute*). Sorte de loterie de société où chaque gagnant reçoit un lot en nature.

TOMBOLO n. m. (mot it.) [pl. *tombolos*]. Flèche de sable unissant une île à la côte. (Un tombolo peut être simple [Quiberon], double [Giens], ou même triple [Monte Argentario].)

TOME n. m. (gr. *tomos*, portion). Division d'un ouvrage, qui correspond le plus souvent à un volume complet.

TOME n. f. → TOMME.

TOMENTEUX, EUSE adj. (lat. *tomentum*, bourre). *Bot.* Couvert d'une espèce de duvet.

TOMME ou **TOME** n. f. (anc. dauphinois *toma*). Désignation de nombreux fromages, en particulier de la tomme de Savoie, fromage au lait de vache, parfois affiné au marc de raisin. ‖ Caillé obtenu dans la fabrication du cantal.

TOMMETTE ou **TOMETTE** n. f. Brique plate de carrelage, en général hexagonale et très dure, originaire du midi de la France.

TOMMY [tɔmi] n. m. (mot angl.) [pl. *tommies*]. Surnom donné familièrement au soldat anglais.

TOMODENSIMÈTRE ou **TOMODENSITO-MÈTRE** n. m. Syn. de SCANNER.

TOMODENSITOMÉTRIE n. f. *Méd.* Syn. de SCANOGRAPHIE.

TOMOGRAPHIE n. f. (gr. *tomê*, section, et *graphein*, décrire). Procédé de radiographie qui permet de faire des clichés sur un seul plan du volume observé, avec effacement des autres plans.

TON, TA, TES adj. poss. de la deuxième personne.

TON n. m. (gr. *tonos*). Degré d'élévation ou d'abaissement de la voix humaine à un moment donné. ‖ Inflexion ou expression de la voix en tant que reflet d'une humeur. ‖ Manière particulière de s'exprimer par écrit, style. ‖ Manière, conduite : *il faut changer de ton.* ‖ *Ling.* Changement de hauteur du son de la voix, ayant une valeur pertinente dans certaines langues. ‖ *Mus.* Gamme dans laquelle un air est composé; intervalle de deux demi-tons. ‖ *Peint.* Couleur considérée sous l'angle de sa valeur et de son intensité. ● *Donner le ton*, régler la mode, les habitudes, les manières d'une société. ‖ *Le bon ton*, langage, manières qui sont de règle, ou considérées comme distinguées dans une société donnée. ‖ *Ton local*, couleur propre d'un objet représenté en peinture. ‖ *Ton rompu*, teinte.

TON [tœn] n. f. (mot angl.). Unité anglo-saxonne (symb. : t ou ton) de masse. (La ton anglaise, ou *long ton* aux États-Unis, équivaut à 1 016,05 kg. La ton américaine, ou *short ton*, vaut 907,18 kg.)

TONAL, E, ALS adj. Relatif à un ton, à une tonalité.

TONALITÉ n. f. Impression générale qui se dégage de qqch. ‖ Échelle tonale d'un morceau

de musique (la tonalité est indiquée par l'armature à la clef). ‖ Dominante chromatique. ‖ Qualité d'un appareil électro-acoustique qui restitue aussi fidèlement les tons graves que les tons aigus. ‖ Son que produit un téléphone qu'on décroche.

TONDAGE n. m. Action de tondre.

TONDEUR, EUSE n. Celui, celle qui tond.

TONDEUSE n. f. Nom de divers instruments qu'on emploie pour faucher le gazon, couper les cheveux et la barbe de l'homme, les poils des animaux, raser les étoffes de laine, etc.

TONDRE v. t. (lat. *tondere*) [conj. 46]. Couper de près la laine, les cheveux, le gazon, le poil d'une étoffe, etc.; tailler ras. ‖ *Fam.* Dépouiller en frappant d'impôts excessifs.

TONDU, E adj. et n. On a coupé le poil, les cheveux. ● *Le Petit Tondu*, surnom familier donné par ses soldats à Napoléon Ier. ● *Pré tondu*, dont on a fauché l'herbe récemment.

TONICARDIAQUE adj. et n. m. Se dit d'une substance qui renforce et régularise les contractions du cœur.

TONICITÉ n. f. Propriété qu'ont les muscles vivants de posséder un tonus.

TONIE n. f. Caractère de la sensation auditive, lié à la fréquence des sons.

TONIFIANT, E adj. Qui tonifie.

TONIFIER v. t. Donner de la vigueur physique ou morale, revigorer, affermir.

TONIQUE adj. (gr. *tonikos*, qui se tend). Qui reçoit le ton ou l'accent : *syllabe tonique.* ‖ Qui a un effet stimulant sur le moral. ‖ *Méd.* Relatif au tonus. ● *Accent tonique*, accent d'intensité qui tombe sur l'une des syllabes d'un mot.

TONIQUE adj. et n. m. Se dit d'un remède qui fortifie ou stimule l'activité de l'organisme. ‖ Lotion légèrement astringente destinée à raffermir les muscles du visage.

TONIQUE n. f. *Mus.* Première note de la gamme du ton dans lequel est composé un morceau.

TONITRUANT, E adj. Qui fait un bruit énorme.

TONITRUER v. i. (lat. *tonitrus*, tonnerre). Crier, hurler.

TONKA n. f. Fève d'un arbre d'Amérique du Sud, dont on extrayait la coumarine.

TONLIEU n. m. (gr. *telônês*, percepteur d'impôts). *Féod.* Impôt payé par les marchands pour avoir le droit d'exposer aux foires et marchés.

TONNAGE n. m. Quantité de marchandise exprimée en tonnes. ‖ *Mar.* Syn. de JAUGE.

TONNANT, E adj. Qui tonne. ● *Voix tonnante*, éclatante.

TONNE n. f. (mot gaul.). Tonneau de grandes dimensions. ‖ Unité de mesure de masse (symb. : t) valant 10^3 kilogrammes. ‖ Énorme quantité. ● *Tonne d'équivalent charbon (tec)*, d'équivalent pétrole (tep), grandeurs utilisées pour exprimer des énergies de sources différentes et égales à l'énergie moyenne dégagée par la combustion d'une tonne de charbon ou de pétrole (1 tep = 1,5 tec). ‖ *Tonne kilométrique*, unité de calcul du prix des transports par voie ferrée, et équivalant au prix du transport d'une tonne de marchandises sur un kilomètre.

TONNEAU n. m. Récipient en bois, formé de douves assemblées et retenues par des cercles, et ayant deux fonds plats; son contenu. ‖ Unité internationale de volume pour le jaugeage des navires, équivalant à 2,83 m³. ‖ Culbute d'une voiture qui fait un tour complet sur elle-même. ‖ *Aéron.* Figure de voltige aérienne, au cours de laquelle l'avion fait une sorte de vrille horizontale avec un moment de vol sur le dos. ● *Du même tonneau* (Fam.), de la même valeur, du même acabit. ‖ *Tonneau des Danaïdes*, travail interminable, désespérant.

TONNELAGE n. m. *Marchandises de tonnelage*, marchandises qu'on met en tonneaux.

TONNELET n. m. Petit tonneau, petit fût.

TONNELIER n. m. Ouvrier qui fait ou répare les tonneaux.

TONNELLE n. f. Petit pavillon de verdure à armature légère.

TONNELLERIE n. f. Métier, commerce, atelier du tonnelier; objets qu'il fabrique.

TONNER v. impers. (lat. *tonare*). Faire du bruit, en parlant du tonnerre. ◆ v. i. Produire un bruit semblable à celui du tonnerre : *le canon tonne.* ‖ Parler avec véhémence contre qqn, qqch : *tonner contre le désordre.*

TONNERRE n. m. (lat. *tonitrus*). Bruit accompagnant une décharge électrique (entre nuages ou entre un nuage et le sol), dont l'éclair est la manifestation lumineuse. (Le temps séparant la vision de l'éclair de la perception du tonnerre indique la distance à laquelle s'est produite la décharge, le son se propageant à la vitesse de 340 m/s.) ‖ La foudre elle-même. ‖ Grand bruit assourdissant : *un tonnerre d'applaudissements.* ● *Coup de tonnerre,* événement brutal, imprévu. ‖ *Du tonnerre* (Fam.), formidable. ‖ *Tonnerre!,* juron. ‖ *Voix de tonnerre,* voix forte et éclatante.

TONOGRAPHIE n. f. Enregistrement des variations de pression, et spécialement de la pression intra-oculaire.

TONOMÉTRIE n. f. *Méd.* Mesure de la pression intra-oculaire. ‖ *Phys.* Mesure de la masse moléculaire d'une substance par abaissement de la pression de vapeur d'une solution diluée de cette substance.

TONOMÉTRIQUE adj. Qui concerne la tonométrie.

TONSURE n. f. (lat. *tonsura,* tonte). *Relig. cath.* Anc. cérémonie liturgique (supprimée en 1972) par laquelle on marquait l'entrée d'un laïque dans l'état ecclésiastique ou religieux en lui coupant cinq mèches de cheveux en forme de couronne. ‖ Espace circulaire rasé sur le sommet du crâne, chez les clercs et les religieux. (Actuellement le port de la tonsure est abandonné.)

TONSURÉ adj. et n. m. Qui a reçu la tonsure.

TONSURER v. t. Donner la tonsure à.

TONTE n. f. Action de tondre les moutons; la laine qu'on en retire en tondant; époque de la tonte.

TONTINE n. f. (de *Tonti,* banquier it.). Association d'épargnants, à l'expiration de laquelle l'avoir est distribué entre les survivants ou entre les ayants droit des membres décédés. (Les tontines ont pratiquement disparu.) ‖ Paillon au moyen duquel on maintient une motte de terre autour des racines d'une plante que l'on doit transplanter.

TONTISSE adj. et n. f. Se dit de la bourre qui provient de la tonture des draps.

TONTON n. m. *Fam.* Oncle.

TONTURE n. f. Action de tondre les draps; poil que l'on tond ainsi. ‖ *Mar.* Courbure longitudinale donnée aux ponts d'un navire, et en relevant un peu les extrémités.

TONUS [tɔnys] n. m. (mot lat.). Contraction partielle et permanente de certains muscles. (Le tonus règle les attitudes du corps dans les différentes positions [debout, assis, couché, etc.].) ‖ *Fam.* Énergie, dynamisme.

TOP n. m. Signal bref pour prévenir un auditeur de noter une indication à un moment précis. ‖ En télévision, courte impulsion électrique servant à la synchronisation.

TOPAZE n. f. (lat. *topazus;* mot gr.). Silicate fluoré d'aluminium, cristallisé, qui est une pierre fine jaune, transparente.

TOPER v. i. Se taper mutuellement dans la main, en signe d'accord. ● *Tope!* ou *tope là!,* j'accepte.

TOPETTE n. f. (mot picard). Fiole généralement longue et étroite.

TOPHUS [tɔfys] n. m. inv. (mot lat., *tuf*). Dépôt d'urates de sodium et de calcium, qui se fait autour des articulations et sur le bord du pavillon de l'oreille chez les goutteux.

TOPIAIRE adj. et n. f. (lat. *topiarius,* jardinier). Se dit de l'art de tailler les arbres et les arbustes selon des formes plus ou moins géométriques.

TOPINAMBOUR n. m. (du n. d'une peuplade du Brésil). Plante originaire d'Amérique, cultivée pour ses tubercules alimentaires, qui rappellent les pommes de terre. (Famille des composées.)

TOPIQUE adj. et n. m. (gr. *topikos;* de *topos,*

lieu). Se dit d'un médicament qui agit à l'endroit où il est appliqué.

TOPIQUE n. m. *Ling.* Sujet du discours, ce dont on va dire qqch.

TOPIQUE n. f. *Psychanal.* Théorie qui décrit l'appareil psychique selon différents plans, à partir desquels les phénomènes psychiques peuvent être analysés. (La première topique [1905] freudienne distinguait trois systèmes : l'inconscient, le préconscient et le conscient; la seconde [1920], trois instances : le Ça, le Moi et le Surmoi.)

TOPO n. m. *Fam.* Plan, croquis : *le topo d'une maison.* ‖ *Fam.* Discours, exposé : *un long topo.*

TOPOGRAPHE n. Spécialiste de topographie.

TOPOGRAPHIE n. f. (gr. *topos,* lieu, et *graphein,* décrire). Technique de représentation sur un plan des formes du terrain avec les détails naturels ou artificiels qu'il porte. ‖ Disposition, relief d'un lieu.

TOPOGRAPHIQUE adj. Relatif à la topographie.

TOPOLOGIE n. f. Branche des mathématiques fondée sur l'étude des déformations continues et sur les rapports entre la théorie des surfaces et l'analyse mathématique. ‖ Structure définie sur un ensemble E par la donnée de parties de E appelées « ouverts » et satisfaisant à certains axiomes.

TOPOLOGIQUE adj. Relatif à la topologie. ● *Espace topologique,* espace muni d'une topologie.

TOPOMÉTRIE n. f. Ensemble des opérations effectuées sur le terrain pour la détermination métrique des éléments d'une carte.

TOPONYME n. m. *Ling.* Nom de lieu.

TOPONYMIE n. f. (gr. *topos,* lieu, et *onuma,* nom). Étude linguistique de l'origine des noms de lieux. ‖ Ensemble de noms de lieux (d'une région, d'une langue).

TOPONYMIQUE adj. Relatif à la toponymie.

TOQUADE n. f. *Fam.* Caprice, manie.

TOQUANTE ou **TOCANTE** n. f. *Pop.* Montre.

TOQUARD n. m. → TOCARD.

TOQUE n. f. Coiffure sans bords, de forme cylindrique.

TOQUÉ, E adj. et n. *Fam.* Un peu fou.

TOQUER (SE) v. pr. [**de**]. *Fam.* Avoir un engouement pour.

TORANA n. m. (mot sanskrit). Arc, portique décoré précédant le stūpa.

TORCHE n. f. (lat. *torques,* guirlande). Flambeau grossier, consistant en un bâton de sapin entouré de résine, de cire ou de suif. ‖ Bouchon de paille tortillée. ‖ Installation de brûlage, à l'atmosphère, de sous-produits gazeux, dans l'industrie du pétrole. ● *Mise en torche,* mauvaise ouverture d'un parachute, qui aboutit à la formation d'une torsade rendant impossible son fonctionnement. ‖ *Torche électrique,* lampe de poche cylindrique, de forte puissance.

TORCHER v. t. Essuyer avec un linge, du papier, etc., pour nettoyer. ‖ *Fam.* Exécuter à la hâte et mal.

TORCHÈRE n. f. Vase métallique à jour, placé sur un pied et dans lequel on mettait des matières combustibles, destinées à donner de la lumière. ‖ Candélabre monumental montant du sol, ou candélabre en applique (XVIIᵉ s.).

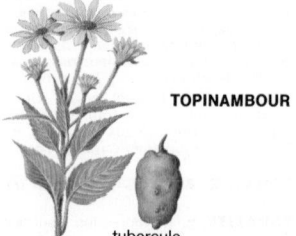

TOPINAMBOUR

tubercule

TORCHIS n. m. Matériau de construction composé de terre grasse et de paille hachée, utilisé comme remplissage.

TORCHON n. m. (de *torche*). Serviette de toile plus ou moins fine pour essuyer la vaisselle, les meubles, etc. ‖ *Fam.* Texte, journal mal présenté ou très médiocre. ● *Coup de torchon,* épuration. ‖ *Le torchon brûle,* se dit lorsque deux amis ou deux parents se disputent.

TORCHONNER v. t. *Fam.* Exécuter rapidement et sans soin.

TORCOL n. m. (de *tordre* et *cou*). Oiseau grimpeur à cou très souple, qu'on rencontre en France pendant l'été. (Long. 18 cm.)

TORDAGE n. m. *Techn.* Action de tordre en corde des fils textiles.

TORDANT, E adj. *Fam.* Drôle, amusant.

TORD-BOYAUX n. m. inv. *Fam.* Eau-de-vie très forte ou de basse qualité.

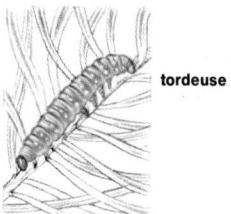

tordeuse

TORDEUSE n. f. Nom usuel de certaines chenilles nuisibles, qui enroulent les feuilles de diverses plantes (chêne, vigne, etc.). [Syn. TORTRICIDÉ.]

TORD-NEZ n. m. inv. Instrument de contention composé d'un manche de bois terminé par une boucle de corde ou de cuir, utilisé pour pincer violemment la lèvre supérieure ou l'oreille d'un cheval que l'on soigne.

TORDOIR n. m. Bâton ou garrot pour tordre, serrer une corde.

TORDRE v. t. (lat. *torquere*) [conj. 46]. Tourner en sens contraire un corps par ses deux extrémités, déformer en pliant : *tordre du linge, une barre de fer.* ‖ Tourner violemment : *tordre le bras de qqn.* ‖ Brûler, torturer : *des douleurs lui tordent l'estomac.* ● *Tordre le cou,* tuer. ◆ se **tordre** v. pr. Se plier sous l'effet de la douleur, de l'émotion. ‖ *Fam.* Rire sans retenue. ● *Se tordre un membre,* se faire une entorse.

TORDU, E adj. et n. *Fam.* Extravagant, bizarre, un peu fou. ● *Coup tordu* (Fam.), acte malveillant.

TORE n. m. (lat. *torus*). *Archit.* Moulure pleine de profil curviligne. ‖ *Math.* Solide de révolution engendré par un cercle tournant autour d'une droite située dans son plan, mais ne passant pas par son centre.

TORÉADOR n. m. Syn. vx de TORERO.

TORÉER v. i. (esp. *torear*). Exercer le métier de torero.

TORERO [tɔrero] n. m. (mot esp.). Nom donné à ceux qui combattent les taureaux dans l'arène, parfois réservé, à tort, au seul matador. (En France, le nom de TORÉADOR a longtemps supplanté celui de torero.)

TOREUTIQUE n. f. (gr. *toreutikê*). *Archéol.* Art de ciseler.

TORGNOLE n. f. *Pop.* Gifle, coup violent.

TORII n. m. inv. (mot jap.). Portique précédant, au Japon, l'entrée des temples shintoïstes.

TORIL [tɔril] n. m. (mot esp.). Local attenant à l'arène, où l'on tient les taureaux enfermés.

TORIQUE adj. Qui a la forme d'un tore.

TORNADE n. f. (esp. *tornado*). Coup de vent très violent et tourbillonnant.

TOROÏDAL, E, AUX adj. Relatif à un tore.

TORON n. m. (de *tore*). Assemblage de plusieurs gros fils tordus ensemble.

TORONNEUSE n. f. Machine pour tordre les torons d'un câble.

TORPÉDO n. f. (esp. *torpedo,* torpille). Automobile découverte, qui pouvait être fermée par une capote et par des rideaux de côté.

TORPEUR n. f. (lat. *torpor*; de *torpere*, être engourdi). Engourdissement profond. ‖ Ralentissement intellectuel; attitude de passivité.

TORPIDE adj. Qui est dans la torpeur. ‖ *Méd.* Se dit de lésions chroniques qui n'évoluent ni vers l'aggravation ni vers la guérison.

TORPILLAGE n. m. Action de torpiller.

TORPILLE n. f. (lat. *torpedo*, engourdissement). Poisson marin voisin de la raie, pouvant atteindre 1 m de long, possédant de chaque côté de la tête un organe capable de produire des décharges électriques. ‖ Engin automoteur sous-marin chargé d'explosif et capable de détecter, de poursuivre et d'attaquer l'objectif qui lui a été désigné à partir de sa plate-forme de lancement (sous-marin, navire, aéronef). ‖ Type de bombe lancée d'avion (1914-1918).

TORPILLER v. t. Attaquer, faire sauter, détruire à l'aide de torpilles : *torpiller un navire*. ‖ Faire échouer par des manœuvres secrètes : *torpiller un projet*.

TORPILLEUR n. m. Bâtiment de guerre dont l'arme principale était la torpille. ‖ Marin spécialisé dans le service des torpilles.

TORQUE n. m. (lat. *torques*). Collier celtique métallique et rigide.

TORQUE n. f. (de *torche*). Fil de fer, de laiton, roulé en cercle.

TORR n. m. (de *Torricelli*, n. pr.). Unité de mesure de pression, équivalant à la pression exercée par une colonne de mercure à 0 °C ayant une hauteur de 1 mm. (Cette unité de mesure n'est pas légale en France.)

TORRÉFACTEUR n. m. Appareil de torréfaction. ‖ Commerçant qui vend du café qu'il torréfie.

TORRÉFACTION n. f. Action de torréfier.

TORRÉFIER v. t. (lat. *torrefacere*). Griller, rôtir des grains, en particulier le café.

TORRENT n. m. (lat. *torrens, torrentis*). En montagne, cours d'eau violent, au régime irrégulier, qui a une forte puissance d'érosion et qui comprend, d'amont en aval, le bassin de réception, le chenal d'écoulement et le cône de déjection. ‖ Écoulement violent : *torrent de larmes*. ● *À torrents*, en grande abondance (en parlant de la pluie).

TORRENTIEL, ELLE adj. Qui appartient aux torrents : *des eaux torrentielles*. ‖ Qui tombe à torrents : *pluie torrentielle*.

TORRENTIELLEMENT adv. De manière torrentielle.

TORRENTUEUX, EUSE adj. *Litt.* Qui a l'impétuosité d'un torrent.

TORRIDE adj. (lat. *torridus*; de *torrere*, brûler). Brûlant, excessivement chaud.

TORS, E adj. (lat. *tortus*, tordu). Qui a été tordu : *fils tors*. ‖ Courbé, déformé : *des jambes torses*. ● *Colonne torse* (Archit.), colonne dont le fût est contourné en hélice.

TORS n. m. *Text.* Action de tordre les fils.

TORSADE n. f. Frange tordue en hélice, dont on orne des tentures, des draperies. ‖ Motif d'ornement imitant un câble tordu.

TORSADER v. t. Disposer, mettre en torsade.

TORSE n. m. (it. *torso*). Partie du corps comprenant les épaules et la poitrine. ‖ *Sculpt.* Tronc, figure humaine sans tête ni membres.

TORSEUR n. m. *Math.* Système de vecteurs glissants; ensemble d'un vecteur $\vec{R}$ et d'un couple de moment G dirigé suivant la ligne d'action de $\vec{R}$. (Le support de $\vec{R}$ est l'*axe central* du torseur, et le rapport $\dfrac{G}{\vec{R}}$ son *pas*.)

TORSION n. f. (lat. *tortus*, tordu). Action de tordre; déformation produite en tordant. ‖ *Math.* Qualité caractéristique des courbes gauches. ‖ *Mécan.* Déformation subie par un corps sous l'action de deux couples opposés agissant dans des plans parallèles, chaque section du corps subissant une rotation par rapport à la section infiniment voisine. ‖ *Text.* Action de tordre un fil. (La torsion d'un fil est caractérisée par le

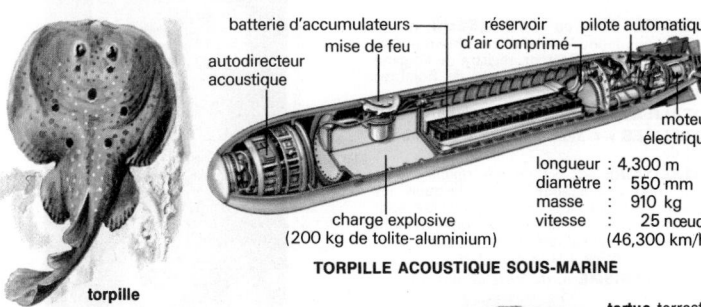

torpille

TORPILLE ACOUSTIQUE SOUS-MARINE

batterie d'accumulateurs
mise de feu
réservoir d'air comprimé
pilote automatique
autodirecteur acoustique
moteur électrique
charge explosive (200 kg de tolite-aluminium)

longueur : 4,300 m
diamètre : 550 mm
masse : 910 kg
vitesse : 25 nœuds
(46,300 km/h)

torque (or, art gaulois)

Lauros-Giraudon

sens de torsion indiqué par les lettres majuscules S ou Z.)

TORT n. m. (lat. *tortus*, tordu, contraire au droit). Action ou état contraire au droit, à la raison, à la vérité : *tous les torts sont de son côté*. ‖ Dommage, préjudice : *faire du tort à qqn*. ● *À tort*, injustement. ‖ *À tort et à travers*, sans discernement. ‖ *À tort ou à raison*, avec ou sans motif valable. ‖ *Avoir tort*, soutenir une chose fausse; agir contrairement à son devoir. ‖ *Donner tort à qqn*, déclarer qu'il a tort. ‖ *Dans son tort*, dans la situation de qqn qui a tort. ‖ *Faire du tort à qqn*, lui causer un préjudice.

TORTICOLIS n. m. Affection du cou caractérisée par une douleur, la limitation des mouvements et, par suite, une attitude vicieuse de la tête. (Le torticolis est dû le plus souvent à un rhumatisme de la colonne cervicale, retentissant sur les nerfs et sur les muscles du cou.)

TORTIL [tɔrtil] n. m. *Hérald.* Cercle d'or autour duquel est passé en spirale un collier de perles. (C'est la couronne des barons.)

TORTILLAGE n. m. Action de tortiller.

TORTILLARD n. m. *Fam.* Train qui suit un trajet sinueux et effectue de nombreux arrêts.

TORTILLEMENT n. m. Action de tortiller, aspect de ce qui est tortillé.

TORTILLER v. t. (lat. *tortus*, tordu). Tordre à plusieurs tours : *tortiller une corde*. ◆ v. i. Remuer en ondulant : *tortiller des hanches*. ● *Il n'y a pas à tortiller* (Fam.), il n'y a pas à chercher des détours, à tergiverser. ◆ **se tortiller** v. pr. Se tourner sur soi-même de différentes façons.

TORTILLON n. m. Bourrelet qu'on pose sur la tête pour porter un fardeau. ‖ Linge, papier tortillé. ‖ Estompe faite de papier enroulé.

TORTIONNAIRE n. (lat. *tortio*, torture). Personne qui torture qqn pour lui arracher des aveux ou par sadisme.

TORTRICIDÉ n. m. (lat. *tortrix*). Nom scientifique des *tordeuses*. (Les *tortricidés* forment une famille.)

TORTUE n. f. (lat. *tartaruca*, bête infernale du Tartare). Terme général qui désigne tous les reptiles chéloniens à corps court, renfermé dans une double cuirasse osseuse et écailleuse nom-

tortue terrestre

mée *carapace*. ‖ Sorte de toit que les soldats romains formaient en unissant leurs boucliers au-dessus de leurs têtes. ‖ Papillon du genre *vanesse*. ● *À pas de tortue*, lentement.
■ La tortue est un animal lourd et lent sur terre. Elle n'a pas de dents : ses mâchoires forment un bec. Sa chair est comestible. Ses membres (pattes ou nageoires) sont écartés, courts et souvent tordus. Il y a des tortues de mer, des tortues d'eau douce et des tortues de terre. Certaines (aux Mascareignes) dépassent 1 m de long et pèsent plus de 300 kg.

TORTUEUSEMENT adv. D'une manière tortueuse.

TORTUEUX, EUSE adj. (lat. *tortuosus*). Qui fait plusieurs tours et détours, sinueux. ‖ Qui manque de loyauté : *conduite tortueuse*.

TORTURANT, E adj. Qui torture.

TORTURE n. f. (bas lat. *tortura*, action de tordre). Supplice physique que l'on fait subir à qqn. ‖ Souffrance physique ou morale très vive. ● *Mettre qqn à la torture*, lui causer un embarras pénible ou une vive impatience. ‖ *Se mettre l'esprit à la torture*, s'occuper de qqch avec une grande contention d'esprit.

TORTURER v. t. Soumettre à des tortures. ‖ Faire souffrir moralement ou physiquement. ‖ Défigurer, déformer : *torturer un texte*. ◆ **se torturer** v. pr. Se creuser l'esprit.

TORVE adj. (lat. *torvus*). Se dit d'un regard oblique et menaçant.

TORY [tɔri] n. m. et adj. (mot angl.) [pl. *tories*]. *Hist.* Dénomination des membres du parti conservateur anglais avant 1832.

TORYSME n. m. Opinion, parti des tories.

TOSCAN, E adj. et n. De la Toscane. ‖ Ordre d'architecture romain inspiré par le dorique grec (chapiteau). [Il s'en différencie surtout par l'entablement, très dépouillé, et par une colonne reposant sur une base.]

TOSCAN n. m. Dialecte parlé en Toscane, base de l'italien moderne.

TOSSER v. i. *Mar.* Pour un navire, frapper continuellement, sous l'effet de la houle, contre le quai auquel il est amarré.

TÔT adv. (lat. *tostum*, chaudement). De bonne heure : *se coucher tôt*. ● *Au plus tôt*, dans un délai très court; pas avant. ‖ *Tôt ou tard*, un jour ou l'autre.

TOTAL, E, AUX adj. (lat. *totus*, tout entier). À quoi il ne manque rien, complet, entier.

TOTAL n. m. Assemblage de plusieurs parties formant un tout. ‖ Somme obtenue par l'addition. ● *Au total* ou, fam., *total*, tout considéré : *au total, c'est une bonne affaire*.

TOTALE n. f. *Pop.* Hystérectomie avec ovariectomie.

TOTALEMENT adv. Entièrement, tout à fait.

TOTALISANT, E adj. *Philos.* Qui synthétise.

TOTALISATEUR ou **TOTALISEUR** n. m. Appareil qui donne le total d'une série d'opérations. ‖ Dans un ordinateur, registre de l'organe de calcul dans lequel une suite de nombres peuvent être cumulés.

TOTALISATION n. f. Action de faire un total.

TOTALISER v. t. Réunir un total. ‖ Atteindre le total de.

TOTALITAIRE adj. Se dit des régimes politiques non démocratiques dans lesquels les pouvoirs exécutif, législatif et judiciaire sont concentrés entre les mains d'un petit nombre de dirigeants, qui subordonnent les droits de la personne humaine à la raison d'État.

TOTALITARISME n. m. Système des régimes totalitaires.

TOTALITÉ n. f. Le total, l'ensemble. ● *En totalité,* complètement.

TOTEM n. m. (mot algonquin). *Anthropol.* Animal ou plante considéré comme ancêtre mythique, ou parent lointain, des individus appartenant à un groupe social précis, le clan le plus souvent; représentation particulière de cet animal, de cette plante, symbolique de ce groupe.

TOTÉMIQUE adj. Relatif aux totems. ● *Clan totémique,* clan ou tribu fondés sur la croyance au totem.

TOTÉMISME n. m. Organisation sociale fondée sur le totem. (Le totémisme est aujourd'hui considéré comme une notion ambiguë, recouvrant des types hétérogènes de relations et d'institutions entre les individus d'un groupe ayant le même totem, telles que la parenté, les rites propitiatoires, etc.)

TOTIPOTENCE n. f. Caractère des cellules totipotentes.

TOTIPOTENT, E adj. Se dit des cellules embryonnaires aptes à former les tissus les plus divers selon les circonstances.

TOTO n. m. (onomat.). *Arg.* Pou.

TOTON n. m. (lat. *totum,* tout [mot marqué sur une des faces des anciens totons]). Sorte de toupie marquée de différents signes ou lettres sur ses faces latérales. ‖ Petite toupie qu'on fait tourner avec le pouce et l'index.

TOUAGE n. m. *Mar.* Action de touer; prix payé par un bateau toué.

TOUAREG ou **TARGUI, E** adj. et n. (mots ar.). Se dit d'un peuple nomade du Sahara, de ce qui se rapporte à ce peuple. (On réserve parfois la forme *touareg* pour le pluriel, et *targui* pour le sing.)

TOUAREG n. m. Langue berbère parlée par les Touaregs.

TOUBIB n. m. (mot ar.). *Fam.* Médecin.

TOUCAN n. m. (mot tupi). Oiseau grimpeur de l'Amérique tropicale, à bec gros et très long.

TOUCHANT prép. *Litt.* Concernant, au sujet de : *touchant vos intérêts.*

TOUCHANT, E adj. Qui touche, émeut le cœur, attendrissant.

TOUCHAU ou **TOUCHEAU** n. m. Étoile d'or ou d'argent, dont chaque branche est à un titre déterminé et qui sert aux essais de ces métaux.

TOUCHE [tuʃ] n. f. Chacun des leviers qui composent le clavier; partie du manche où l'on appuie sur les cordes d'un instrument. ‖ Manière dont la couleur est appliquée par un peintre sur la toile; couleur appliquée par chaque coup de brosse. ‖ Manière dont un écrivain fait sentir le caractère de sa pensée. ‖ Attaque, plus ou moins précise, d'un poisson sur l'hameçon. ‖ Long bâton dont on se sert pour faire avancer les bœufs. ‖ *Escr.* Coup ayant atteint l'adversaire. ‖ *Sports.* Au football, au rugby, etc., limite latérale d'un terrain; sortie du ballon au-delà de cette ligne, et sa remise en jeu. ● *Avoir une drôle de touche* (Fam.), une drôle d'allure. ‖ *Être sur la touche* (Fam.), se voir retirer les responsabilités; être mis à l'écart. ‖ *Faire une touche* (Fam.), plaire à qqn. ‖ *Pierre de touche,* variété de jaspe noir qui sert à éprouver l'or et l'argent; moyen d'épreuve.

TOUCHE-À-TOUT n. m. inv. *Fam.* Personne qui touche à tout, qui se mêle de tout, ou qui se disperse en toutes sortes d'activités.

Lenars-Atlas-Photo

totem des Indiens kwakiutls
(Colombie britannique,
Canada; XIXᵉ s.)

toucan

TOUCHER v. t. et t. ind. [**à**] (lat. pop. *toccare,* faire toc). Porter la main sur : *toucher un objet du doigt; toucher à tout.* ‖ Être proche de, contigu : *ma maison touche la vôtre* ou *à la vôtre.* ‖ Entrer en contact : *toucher le fond.* ◆ v. t. Recevoir, percevoir : *toucher de l'argent.* ‖ Avoir rapport, concerner : *cela ne me touche en rien.* ‖ Intéresser, émouvoir, attendrir : *son sort me touche.* ‖ *Fam.* Dire : *je lui en toucherai un mot.* ‖ Atteindre, blesser : *toucher son adversaire.* ‖ Entrer en relation, communiquer avec : *où puis-je le toucher?* ◆ v. t. ind. [**à**]. Être sur le point d'atteindre : *toucher au port, à sa fin.* ‖ Entamer : *il n'a pas touché à son déjeuner.* ‖ Apporter des changements, des modifications : *toucher à un règlement.* ‖ Avoir pour objet, aborder : *il touche aux problèmes les plus délicats.* ◆ N'avoir pas *l'air d'y toucher,* n'avoir pas l'air de s'intéresser à une chose; cacher son jeu. ◆ **se toucher** v. pr. Être contigu.

TOUCHER n. m. Celui des cinq sens à l'aide duquel on reconnaît, par le contact direct de certains organes, la forme et l'état extérieur du corps. (On distingue dans le toucher cinq sensations : contact, pression, chaleur, froid, douleur; les quatre premières sont perçues par des points précis de la peau.) ‖ Impression produite par un corps que l'on touche. ‖ *Méd.* Méthode d'investigation des cavités naturelles. ‖ *Mus.* Manière de jouer de certains instruments.

TOUCHETTE n. f. Chacune des petites barres incrustées dans le manche d'une guitare, d'une mandoline, etc., qui permettent de donner les tons et les demi-tons.

TOUCHEUR n. m. Conducteur de bœufs de boucherie.

TOUÉE n. f. *Mar.* Longueur de la remorque qui sert à haler un navire; longueur de la chaîne filée pour mouiller une ancre.

TOUER v. t. (mot d'anc. scandin.). *Mar.* Haler (un bateau) à l'aide d'un remorqueur.

TOUFFE n. f. (mot francique). Ensemble de choses de même nature, minces, légères, rapprochées, et formant une sorte de bouquet.

TOUFFEUR n. f. *Litt.* Chaleur humide et malsaine. ‖ Vapeur qui monte au visage lorsqu'on entre dans un lieu très chaud.

TOUFFU, E adj. Épais, bien garni : *arbre touffu.* ‖ Obscur, par suite de l'enchevêtrement d'éléments complexes : *récit touffu.*

TOUILLAGE n. m. *Fam.* Action de touiller.

TOUILLE n. f. Autre nom de certains squales (roussette, lamie).

TOUILLER v. t. (lat. *tudiculare,* broyer). *Fam.* Mêler, agiter, remuer, brasser.

TOUJOURS adv. (de *tous les jours*). Sans cesse, sans fin ni interruption. ‖ En toute occasion : *il est toujours prêt à rendre service.* ‖ Encore à présent : *il l'aime toujours.* ● *Depuis toujours,* depuis un temps très éloigné. ‖ *Pour toujours,* sans retour, d'une façon définitive. ‖ *Toujours est-il que,* néanmoins, en tout cas.

TOULONNAIS, E adj. et n. De Toulon.

TOULOUSAIN, E adj. et n. De Toulouse.

TOUNDRA [tundra] n. f. (mot russe). *Géogr.* Dans les régions de climat froid, formation végétale discontinue, qui comprend quelques graminacées, des lichens et quelques arbres nains (bouleaux). [Syn. BARREN GROUNDS.]

TOUNGOUSE ou **TOUNGOUZE** [tunguz] n. m. et adj. Langue proche du turc et du mongol, parlée par les Toungouses.

TOUPET n. m. (mot francique). Petite touffe de cheveux. ‖ *Fam.* Audace, effronterie.

TOUPIE n. f. (mot francique). Jouet en forme de poire, qu'on fait tourner sur la pointe en lui donnant un mouvement de rotation. ‖ Machine pour le travail du bois, avec laquelle on exécute les moulures et les entailles les plus variées. (On dit parfois TOUPILLEUSE.)

TOUPILLER v. t. *Techn.* Travailler le bois à l'aide de la toupie.

TOUPILLEUR n. m. Ouvrier du bois travaillant à la toupie.

TOUPILLEUSE n. f. Machine à toupiller. (On dit plutôt TOUPIE.)

TOUPILLON n. m. *Litt.* Petite touffe de poils, de plumes, etc.; petit toupet.

TOUQUE n. f. Récipient de fer-blanc, pour le conditionnement, et permettant le transport de divers produits.

TOUR n. f. (lat. *turris*). Bâtiment ou corps de bâtiment de plan massé et nettement plus haut que large. ‖ Construction en hauteur. ‖ Pièce du jeu des échecs. ‖ *Fam.* Personne grande et corpulente. ● *Tour de contrôle,* bâtiment dominant l'aire d'un aérodrome, et dont émanent les ordres d'envol, de vol et d'atterrissage. ‖ *Tour de forage,* syn. de DERRICK. ‖ *Tour de fractionnement* (Industr.), appareil de forme généralement cylindrique, utilisé pour la séparation des différents corps contenus dans un mélange. ‖ *Tour d'ivoire,* symbole de l'isolement.

TOUR n. m. (lat. *tornus,* tour de potier). Mouvement circulaire complet d'un corps sur lui-même : *tour de roue.* ‖ Action de parcourir la périphérie de; parcours où l'on revient à son point de départ : *faire le tour de la ville.* ‖ Promenade : *faire un tour.* ‖ Limite, circonférence d'un objet, d'un lieu, d'une surface plus ou moins circulaire : *le tour des yeux, de taille.* ‖ Ornement, garniture qui enveloppe une partie du corps : *un tour de cou.* ‖ Exercice qui exige de l'agilité, de la force, de l'adresse, de la subtilité : *tour de cartes.* ‖ Aspect, allure que prend qqch, tournure : *cette affaire prend un mauvais tour.* ‖ Rang successif : *parler à son tour.* ‖ Chaque phase d'une opération qui en comporte plusieurs : *tour de scrutin.* ‖ *Autref.,* armoire ronde et tournante, posée dans l'épaisseur du mur, dans les monastères et les hôpitaux, pour recevoir ce qu'on y déposait du dehors. ‖ *Chorégr.* Syn. de PIROUETTE. ‖ *Mécan.* Machine-outil utilisée pour usiner en travail continu, par enlèvement de matière à l'aide d'un outil présentant une avance, une pièce

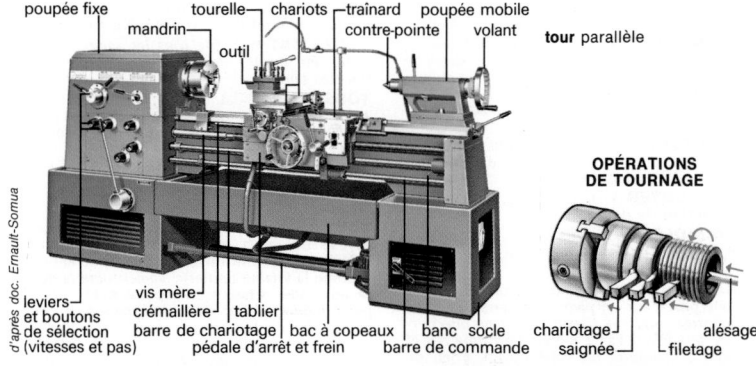

poupée fixe — tourelle — chariots — traînard — poupée mobile

mandrin — tourelle — contre-pointe — volant

outil

tour parallèle

d'après doc. Ernault-Somua

leviers et boutons de sélection (vitesses et pas) — vis mère — crémaillère — tablier — bac à copeaux — banc socle

barre de chariotage — pédale d'arrêt et frein — barre de commande

OPÉRATIONS DE TOURNAGE

chariotage — saignée — filetage — alésage

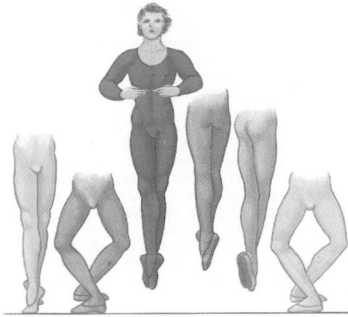

tour
en l'air

Christian Sappa

tour de contrôle

animée d'un mouvement de rotation autour d'un axe. ‖ *Métrol.* Unité de mesure d'angle plan (symb. : tr), équivalant à l'angle au centre qui intercepte sur la circonférence un arc d'une longueur égale à celle de cette circonférence, soit 2 π radians. ● *À tour de bras,* de toute la force du bras; avec acharnement. ‖ *Cela vous jouera un tour,* cela vous fera du tort. ‖ *En un tour de main,* en un instant. ‖ *Faire le tour du propriétaire,* visiter sa propriété, sa maison. ‖ *Faire le tour d'une question,* en examiner les points principaux. ‖ *Faire son tour de France,* parcourir la France en exerçant son métier (vx). ‖ *Jouer un bon tour,* user d'un stratagème aux dépens de qqn. ‖ *Tour à tour,* alternativement. ‖ *Tour de bâton,* profits illicites. ‖ *Tour de chant,* récital que donne un chanteur, une chanteuse. ‖ *Tour d'esprit,* manière d'être et de se comporter. ‖ *Tour de force,* action difficile. ‖ *Tour de main,* grande habileté manuelle due à l'habitude. ‖ *Tour de phrase,* manière dont la pensée est exprimée. ‖ *Tour de potier,* machine rudimentaire, actionnée au pied et comprenant un plateau tournant sur lequel on dispose, pour être façonné à la main, un bloc de terre glaise. ‖ *Tour de reins,* rupture ou foulure dans la région lombaire; douleur qui en résulte. ‖ *Tour de vis,* action de serrer une vis; action de traiter avec sévérité. ‖ *Tour en l'air* (Chorégr.), saut au cours duquel le danseur effectue un, deux ou trois tours complets sur lui-même. ‖ *Tour par minute,* unité de mesure de vitesse angulaire (symb. : tr/min) valant 2 π/60 radian par seconde. ‖ *Tour par seconde,* unité de mesure de vitesse angulaire (symb. : tr/s) valant 2 π radians par seconde.

TOURAILLAGE n. m. En brasserie, dessiccation de l'orge germée.

TOURAILLE n. f. Bâtiment où s'effectue le touraillage.

TOURAILLON n. m. Germe d'orge séché.

TOURANGEAU, ELLE adj. et n. De la Touraine ou de Tours.

TOURANIEN, ENNE adj. et n. m. Se dit d'un groupement hypothétique de langues constitué par le turc, le mongol et le toungouse.

TOURBE n. f. (mot francique). Roche organique, sorte de charbon fossile qui se forme dans les tourbières par décomposition partielle de végétaux (carex, sphaignes). [Contenant 60 p. 100 de carbone, la tourbe est un combustible médiocre, dégageant beaucoup de fumée.]

TOURBE n. f. (lat. *turba,* foule). *Litt.* Foule de gens méprisables.

TOURBEUX, EUSE adj. Qui contient de la tourbe.

TOURBIÈRE n. f. Marécage acide à sphaignes, hypnes, drosera, etc., où se forme la tourbe.

TOURBILLON n. m. (lat. *turbo, turbinis*). Vent très fort qui souffle en tournoyant. ‖ Masse d'eau qui tournoie rapidement en formant une sorte d'entonnoir. ‖ Masse d'air, de gaz, etc., qui se déplace en tournoyant : *tourbillon de fumée.* ‖ Mouvement rapide de personnes ou de choses : *tourbillon de feuilles.*

TOURBILLONNAIRE adj. Qui présente les caractéristiques d'écoulement d'un tourbillon ou d'un assemblage de tourbillons.

TOURBILLONNANT, E adj. Qui tourbillonne.

TOURBILLONNEMENT n. m. Mouvement en tourbillon.

TOURBILLONNER v. i. Former un tourbillon.

TOURD n. m. (lat. *turdus,* grive). Poisson du genre *labre,* de la Méditerranée, à vives couleurs. (Long. 15 cm.)

TOURDE n. f. Syn. de GRIVE en général.

TOURDILLE adj. (esp. *tordillo*). Se dit d'un cheval de couleur gris-jaune.

TOURELLE n. f. Tour de faible section, attenante à un autre bâtiment, en surplomb ou montant du sol. ‖ Abri orientable, généralement blindé, dans lequel sont disposées certaines

armes d'un avion, d'un engin blindé, etc. ‖ *Cin.* Sur une caméra, dispositif rotatif permettant d'utiliser, sans démontage, plusieurs objectifs sur un plateau unique. ● *Tourelle de machine-outil,* support d'outils de coupe comportant plusieurs outils régulièrement disposés autour de l'axe de révolution de ce support.

TOURET n. m. Machine-outil de petites dimensions, dont l'axe horizontal, commandé en rotation à sa partie centrale, porte à ses deux extrémités soit des meules, soit des disques en feutre, en coton, etc. ‖ Petit tour de graveur en pierres fines. ‖ *Mar.* Dévidoir sur lequel on enroule des lignes, des câbles, etc.

TOURIE n. f. Grosse bouteille de grès ou de verre, entourée d'osier, pour le transport de liquides caustiques.

TOURIER, ÈRE adj. et n. Autref., préposé au tour, dans un couvent. ● *Sœur tourière,* religieuse converse, chargée des relations avec l'extérieur.

TOURILLON n. m. Organe mécanique de révolution, généralement cylindrique à axe horizontal, utilisé comme guide de mouvement circulaire. ‖ Chacun des pivots fixés de part et d'autre du tube d'un canon, et grâce auxquels il repose sur l'affût et peut se déplacer dans un plan vertical.

TOURILLONNER v. i. Tourner autour d'un axe, généralement horizontal, par l'intermédiaire de deux tourillons de même axe tournant dans des paliers.

TOURIN n. m. (mot béarnais). Soupe à l'oignon liée avec un jaune d'œuf.

TOURISME n. m. (angl. *tourism*). Action de voyager pour son plaisir; ensemble des questions d'ordre technique, financier ou culturel, que soulève, dans chaque pays ou dans chaque région, l'importance du nombre des touristes. ● *Avion, voiture de tourisme,* à usage privé.

TOURISTE n. Personne voyageant pour son plaisir. ● *Classe touriste,* tarif réduit, appliqué sur des services de transports internationaux.

TOURISTIQUE adj. Relatif au tourisme. ‖ Se dit d'un lieu qui attire les touristes.

TOURMALINE n. f. (mot cinghalais). Borosilicate naturel d'aluminium, de coloration variée, formant des prismes allongés à triple axe et présentant des phénomènes de pyro- et piézoélectricité; pierre fine rouge, bleu-vert, jaune, brune, etc.

TOURMENT n. m. (lat. *tormentum*). *Litt.* Violente douleur physique ou morale.

TOURMENTE n. f. *Litt.* Tempête, bourrasque violente. ‖ *Litt.* Troubles sociaux ou politiques : *tourmente révolutionnaire.*

TOURMENTÉ, E adj. Qui est en proie aux tourments, à l'angoisse. ‖ Qui a des irrégularités nombreuses et brusques : *sol tourmenté.* ‖ *Littér.* et *Bx-Arts.* D'une recherche exacerbée ou véhémente : *style tourmenté.* ‖ *Mer tourmentée,* très agitée.

TOURMENTER v. t. *Litt.* Causer une souffrance morale ou physique : *son procès le tourmente.* ‖ *Litt.* Importuner fortement, harceler, persécuter. ◆ **se tourmenter** v. pr. *Litt.* Se faire beaucoup de soucis.

TOURMENTIN n. m. *Mar.* Petit foc très résistant, pour le mauvais temps.

TOURNAGE n. m. Action d'usiner au tour. ‖ *Cin.* Action de tourner un film. ‖ *Fin.* Prêt, entre établissements de crédit, de leurs excédents monétaires.

TOURNAILLER v. i. *Fam.* Aller et venir sans but; rôder autour.

TOURNANT, E adj. Qui pivote : *pont tournant.* ‖ Qui est destiné à contourner qqch, qqn : *mouvement tournant.* ● *Table tournante,* table utilisée par les spirites et dont les mouvements sont censés être des messages de l'au-delà.

TOURNANT n. m. Endroit où une route fait un coude; portion courbe d'une route. ‖ Moment capital où les événements changent de direction. ● *Attendre qqn au tournant, avoir, rattraper qqn au tournant* (Fam.), prendre sur lui sa revanche dès que l'occasion se présente.

TOURNE n. f. Altération du lait, du vin (qui tourne).

TOURNÉ, E adj. Aigri, altéré, fermenté : *lait, vin tourné.* ● *Bien tourné,* bien fait, de justes proportions ; bien rédigé. ‖ *Esprit mal tourné,* disposé à mal interpréter les choses.

TOURNE-À-GAUCHE n. m. inv. *Techn.* Instrument servant à faire virer une tige sur elle-même ; outil avec lequel on donne de la voie aux scies ; outil qui sert à faire des pas de vis.

TOURNEBOULER v. t. (anc. fr. *torneboele,* culbute). *Fam.* Affoler, bouleverser.

TOURNEBROCHE n. m. Appareil servant à faire tourner une broche à rôtir. ‖ Marmiton qui tourne une broche (vx).

TOURNE-DISQUE n. m. (pl. *tourne-disques*). Appareil permettant la lecture de sons enregistrés sur un disque.

TOURNEDOS n. m. Tranche ronde de filet de bœuf, assez épaisse.

TOURNÉE n. f. Voyage, à itinéraire déterminé, que fait un fonctionnaire, un commerçant, une troupe de théâtre, etc. ‖ Ensemble des boissons offertes et payées par qqn. ‖ *Pop.* Volée de coups. ● *Faire la tournée de,* visiter tour à tour.

TOURNEMAIN n. m. *En un tournemain* (Litt.), en un instant, en un tour de main.

TOURNE-PIERRE n. m. (pl. *tourne-pierres*). Oiseau des côtes d'Europe occidentale, qui cherche sous les pierres les vers et mollusques dont il se nourrit. (Long. 30 cm.)

TOURNER v. t. (lat. *tornare,* façonner au tour). Imprimer un mouvement circulaire : *tourner une roue.* ‖ Changer la position, la direction, par un mouvement de rotation : *tourner la tête.* ‖ Mettre une chose dans un sens opposé : *tourner les pages d'un livre.* ‖ Diriger, orienter : *tourner les yeux vers qqn.* ‖ Faire le tour de qqch pour l'éviter : *tourner une difficulté.* ‖ Usiner au tour : *tourner un pied de table.* ‖ Donner un certain tour, exprimer d'une certaine façon ses pensées : *bien tourner une lettre.* ‖ Examiner : *tourner une affaire en tous sens.* ‖ Interpréter : *tourner en bien, en mal.* ‖ *Cin.* Enregistrer un appareil de prise de vues : *tourner un film.* ● *Tourner le dos à qqn,* marcher en sens contraire ; le traiter avec mépris. ‖ *Tourner la page,* renoncer à se venger. ‖ *Tourner en ridicule,* rendre ridicule. ‖ *Tourner le sang, les sangs* (Litt.), causer une vive émotion. ‖ *Tourner les talons,* s'éloigner. ‖ *Tourner la tête à qqn,* lui inspirer une vive admiration, une vive affection ; l'enivrer. ◆ v. i. Se mouvoir circulairement : *la Terre tourne autour du Soleil.* ‖ Prendre une autre direction : *tourner à droite, à gauche.* ‖ Fonctionner, être en activité : *l'usine tourne toute l'année.* ‖ Procéder au tournage d'un film ; interpréter un rôle dans un film. ‖ S'altérer, aigrir : *le lait, le vin a tourné.* ‖ Changer en bien ou en mal, évoluer, aboutir : *l'affaire a bien tourné ; ce jeune homme a mal tourné.* ● *La chance a tourné,* la chance en favorise d'autres. ‖ *La tête lui tourne,* il a le vertige. ‖ *Tourner autour du pot,* ne pas aller directement au fait. ‖ *Tourner autour de qqn,* avoir des intentions à son égard. ‖ *Tourner court,* s'arrêter brusquement dans son évolution. ‖ *Tourner du côté de qqn,* prendre son parti. ‖ *Tourner de l'œil* (Fam.), s'évanouir. ◆ **se tourner** v. pr. Regarder en direction de. ‖ Changer de position.

TOURNESOL n. m. (it. *tornasole*). Nom usuel de l'*hélianthe,* ou *grand soleil,* cultivé pour ses

graine **TOURNESOLS**

graines dont on extrait une huile de table et un tourteau utilisé dans l'alimentation du bétail.

TOURNEUR, EUSE n. Spécialiste du travail au tour. ◆ adj. Qui tourne sur lui-même : *derviche tourneur.*

TOURNE-VENT n. m. inv. *Constr.* Sorte de mitre tournante dont l'orifice se place à l'opposé du vent.

TOURNEVIS [turnəvis] n. m. Outil emmanché en acier, dont l'extrémité est adaptée pour visser ou dévisser des vis.

TOURNICOTER v. i. *Fam.* Aller de-ci de-là, rôder autour de qqn.

TOURNIOLE n. f. Panaris autour de l'ongle.

TOURNIQUER v. i. *Fam.* Tournailler, tournicoter.

TOURNIQUET n. m. (de *tourner*). Croix mobile posée sur un pivot, dans une rue, dans une entrée, pour ne laisser passer qu'une personne à la fois. ‖ Lame mobile en forme d'S et servant à maintenir un volet ouvert. ‖ Jeu de hasard qui consiste en un disque tournant, autour duquel sont marqués des numéros. ‖ *Chir.* Instrument pour comprimer les artères. ‖ *Mil.* Tribunal militaire.

TOURNIS [turni] n. m. (de *tourner*). Maladie des ruminants, plus particulièrement des agneaux, causée par la présence, dans l'encéphale, de larves de ténia cénure du chien, et se manifestant par divers symptômes dont le tournoiement. ● *Avoir, donner le tournis,* avoir, donner le vertige.

TOURNISSE n. f. Dans une construction en pan de bois, poteau vertical assemblé entre une sablière et une décharge de cloison.

TOURNOI n. m. (de *tournoyer*). Compétition amicale, sans enjeu important et ne donnant pas lieu à l'attribution d'un titre : *tournoi de bridge.* ‖ Épreuve sportive. ‖ *Hist.* Joutes guerrières de la chevalerie féodale (XIIᵉ-XVIᵉ s.).

TOURNOIEMENT n. m. Action de tournoyer.

TOURNOIS adj. inv. Se dit de la monnaie frappée jusqu'au XIIIᵉ s. à Tours, puis de la monnaie royale française frappée sur le même modèle.

TOURNOYANT, E adj. Qui tournoie.

TOURNOYER v. i. (conj. 2). Tourner sur soi ou tourner en spirale en faisant plusieurs tours.

TOURNURE n. f. Manière dont les mots sont agencés dans une phrase ; expression, locution. ‖ Manière dont qqch se présente : *l'affaire prend une bonne tournure.* ‖ Coussinet bouffant que les femmes mettaient à la fin du siècle dernier par-derrière sous leur jupe. ‖ Déchet métallique détaché d'une pièce pendant l'usinage. ● *Tournure d'esprit,* manière d'être, d'envisager les choses.

TOURON [turõ ou turɔn] n. m. (mot esp.). Confiserie faite avec des amandes pilées, des œufs, du sucre, etc.

TOUR-OPÉRATEUR n. m. (pl. *tours-opérateurs*). Personne ou entreprise qui vend des voyages organisés.

TOURTE n. f. (bas lat. *torta*). Pâtisserie de forme circulaire en pâte brisée ou feuilletée, garnie de viande, de poisson ou de légumes.

TOURTEAU n. m. (de *tourte*). Résidu solide obtenu lors du traitement des grains et des fruits oléagineux en vue de l'extraction de l'huile. (Les tourteaux, riches en protides et pour la plupart comestibles, sont principalement utilisés pour l'alimentation des animaux.) ‖ Gros pain de forme ronde. ‖ *Hérald.* Figure circulaire, toujours en émail.

TOURTEAU n. m. (de *tort,* tordu). Gros crabe à large carapace elliptique (jusqu'à 25 cm de large) et dont les pinces ont l'extrémité noire.

TOURTEREAU n. m. Jeune tourterelle encore au nid. ◆ pl. Jeunes gens qui s'aiment tendrement.

TOURTERELLE n. f. (lat. *turturilla ;* de *turtur,* tourterelle). Oiseau voisin du pigeon, mais plus petit. (On élève la *tourterelle à collier,* à plumage isabelle, originaire d'Égypte.) [Cri : la tourterelle *gémit, roucoule.*]

TOURTIÈRE n. f. Ustensile de cuisine pour faire cuire des tourtes ou des tartes. ‖ Au Canada, tarte ou gros pâté.

TOUSELLE n. f. (anc. prov. *tozella ;* de *tos,* tondu). Blé dont l'épi est dépourvu de barbes.

TOUSSAINT n. f. (de *tous les saints*). *Relig. cath.* Fête du 1ᵉʳ novembre, en l'honneur de tous les saints.

TOUSSER v. i. (lat. *tussire ;* de *tussis,* toux). Avoir un accès de toux ; se racler la gorge pour s'éclaircir la voix ou attirer l'attention : *la fumée le fait tousser.*

TOUSSOTEMENT n. m. Action de toussoter.

TOUSSOTER v. i. Tousser souvent et faiblement.

TOUT [tu *devant une consonne,* tut *devant une voyelle ou un* h *muet*], pl. masc. **TOUS**, adj. qualificatif (lat. *totus,* tout entier). Exprime la totalité (entier) : *veiller toute la nuit.* ◆ adj. indéf. Chaque, n'importe quel : *toute peine mérite salaire ;* en toute occasion. ● *Tout le monde,* l'ensemble des hommes : *tout le monde est mortel ;* n'importe qui : *s'habiller comme tout le monde.* ◆ pron. indéf. Tout le monde : *tous sont venus.* ‖ Toute chose : *tout est dit.* ● *Après tout,* en définitive. ‖ *À tout prendre,* en somme, en considérant toute chose. ‖ *Avoir tout de,* ressembler strictement à. ‖ *Comme tout,* extrêmement. ‖ *Tout compris,* sans dépense supplémentaire. ‖ *Tout ou rien,* mode de fonctionnement discontinu à deux valeurs d'un régulateur.

TOUT [tu, tut] adv. Indique l'intensité ; entièrement : *elle est tout heureuse.* ‖ Quelque, si : *tout aimable qu'il est* (ou *qu'il soit*). ● *En tout,* tout compris. ‖ *Pour tout de bon,* sérieusement. ‖ *Tout à fait,* entièrement. ‖ *Tout plein,* beaucoup : *avoir tout plein de projets ;* et, *fam.,* tout à fait : *c'est joli tout plein.*

— *Tout* adverbe varie devant un adj. fém. commençant par une consonne ou par un h aspiré (*elle était toute surprise, toute honteuse*), mais il reste inv. au fém. devant une voyelle ou un h muet (*elle est tout étonnée*). ‖ *Tout* suivi de *autre* varie lorsqu'il détermine le nom qui suit l'adj. AUTRE : *je répondrai à* TOUTE AUTRE *question* (à *toute question autre que celle que vous me posez*). *Tout* est invariable s'il modifie l'adj. AUTRE et quand il est accompagné de UN, UNE : *ceci est* TOUT AUTRE *chose, c'est* UNE TOUT AUTRE *chose* (*une chose tout à fait autre*).

TOUT n. m. La totalité : *le tout est plus grand que la partie.* ‖ L'important, le principal, l'essentiel : *le tout est de réussir.* ● *Ce n'est pas le tout,* ce n'est pas suffisant. ‖ *Du tout, pas du tout,* nullement. ‖ *Du tout au tout,* complètement, de fond en comble. ‖ *Rien du tout,* absolument rien. ‖ *Risquer le tout pour le tout,* hasarder de tout perdre pour tout gagner. ‖ *Tout électrique,* se dit d'un système dans lequel tous les besoins énergétiques sont satisfaits grâce à l'énergie électrique.

TOUT-À-L'ÉGOUT n. m. inv. Système de canalisations permettant d'envoyer directement dans les égouts les matières fécales et les eaux usées des habitations.

TOUTE-ÉPICE n. f. (pl. *toutes-épices*). Nom usuel de la *nigelle* cultivée, dont les graines sont utilisées en Europe orientale comme épice.

TOUTEFOIS [tutfwa] adv. Marque une opposition ; cependant, néanmoins.

TOUTE-PUISSANCE n. f. Pouvoir souverain. ‖ *Théol.* Puissance infinie de Dieu.

TOUTIM n. m. *Arg.* Le tout, le reste.

TOUTOU n. m. Chien (langage enfantin).

TOUT-PARIS n. m. Ensemble des personnalités qui figurent dans les manifestations mondaines de Paris.

tourterelle

TOUT-PETIT n. m. (pl. *tout-petits*). Très jeune enfant.

TOUT-PUISSANT, TOUTE-PUISSANTE adj. et n. (pl. *tout-puissants, toutes-puissantes*). Qui a un pouvoir sans bornes ou très grand. ● *Le Tout-Puissant*, Dieu.

TOUT-VENANT n. m. et adj. inv. Charbon ou minerai tel qu'il est extrait, mélangé de stérile, en morceaux de toute taille. ‖ Ce qui n'a pas été soigneusement choisi, sélectionné.

TOUX [tu] n. f. (lat. *tussis*). Expiration brusque et sonore de l'air contenu dans les poumons, provoquée par l'irritation des voies respiratoires. (La toux se produit isolément ou par accès, par quinte. La *toux grasse* est suivie d'expectoration, la *toux sèche* ne l'est pas.)

TOXÉMIE n. f. (gr. *toxikon*, poison, et *haima*, sang). Ensemble des accidents provoqués par les toxines véhiculées par le sang.

TOXICITÉ n. f. Caractère de ce qui est toxique : *la toxicité de l'arsenic.* ‖ Rapport de la quantité d'une substance nécessaire pour tuer un animal à la masse de cet animal exprimée en kilogrammes.

TOXICOLOGIE n. f. Science traitant de la capacité toxique, théorique ou réelle, des divers produits.

TOXICOLOGIQUE adj. Relatif à la toxicologie.

TOXICOLOGUE n. Spécialiste de toxicologie.

TOXICOMANE adj. et n. Qui souffre de toxicomanie.

TOXICOMANIAQUE adj. Relatif à la toxicomanie.

TOXICOMANIE n. f. Habitude de consommer un ou plusieurs produits susceptibles d'engendrer un état de dépendance psychique ou physique.

TOXICOMANOGÈNE adj. Susceptible d'engendrer une toxicomanie.

TOXICOSE n. f. Syndrome grave d'apparition brutale, particulier au nourrisson, dont les causes sont multiples et où dominent les troubles digestifs et la déshydratation.

TOXIDERMIE n. f. Ensemble des lésions cutanées d'origine toxique.

TOXI-INFECTIEUX, EUSE adj. Relatif à une toxi-infection.

TOXI-INFECTION n. f. (pl. *toxi-infections*). Affection causée par une exotoxine agissant à distance du foyer infectieux dont elle est issue (diphtérie, tétanos).

TOXINE n. f. Substance toxique de nature protéique, élaborée par un organisme vivant (bactérie, champignon vénéneux, insecte ou serpent venimeux) auquel elle confère son pouvoir pathogène. ‖ Poison.

TOXIQUE adj. et n. m. (gr. *toxikon*, poison). Se dit d'une substance nocive pour les organismes vivants.

TOXOPLASMOSE n. f. Parasitose due à un protozoaire, *Toxoplasma gondii.* (C'est une infection bénigne, sauf chez la femme enceinte, car elle peut entraîner une embryopathie ou une fœtopathie.)

tr, symbole du *tour*, unité d'angle. ‖ **tr/min**, symbole du *tour par minute*. ‖ **tr/s**, symbole du *tour par seconde*.

TRABE n. f. (lat. *trabs*, poutre). Hampe d'un drapeau.

TRABOULE n. f. (mot lyonnais). À Lyon, passage étroit qui fait communiquer deux rues à travers un pâté de maisons.

TRAC n. m. (formation expressive). *Fam.* Peur que l'on éprouve, en particulier au moment de paraître en public.

TRAÇAGE n. m. Action de tracer.

TRAÇANT, E adj. Se dit d'un projectile (balle, obus) muni d'une composition combustible qui laisse derrière lui un sillage lumineux. ‖ *Bot.* Se dit d'une racine qui s'étend horizontalement et très près de la surface du sol.

TRACAS [traka] n. m. (surtout au pl.). Embarras, ennui, préoccupation.

TRACASSER v. t. (de *traquer*). Tourmenter, inquiéter : *sa santé le tracasse.*

TRACASSERIE n. f. Action de tracasser, ennui.

TRACASSIER, ÈRE adj. et n. Qui tracasse; qui aime à faire des tracasseries.

TRACASSIN n. m. *Fam.* Humeur inquiète et agitée.

TRACE n. f. (de *tracer*). Empreinte ou suite d'empreintes sur le sol marquant le passage d'un corps, d'un homme ou d'un animal : *suivre une biche à la trace.* ‖ Cicatrice, marque physique qui reste d'un coup, d'un choc, etc. : *la trace d'une brûlure.* ‖ Impression, marque faite par un événement : *cette aventure a laissé des traces profondes en lui.* ‖ Indice, marque, reste : *on ne trouve pas trace de cet événement chez les historiens.* ‖ Quantité minime : *des traces d'albumine dans les urines.* ● *Marcher sur les traces de qqn,* suivre son exemple. ‖ *Trace d'un droite sur un plan* (Math.), point où la droite rencontre le plan. ‖ *Trace d'un plan sur un plan,* droite d'intersection de ces deux plans.

TRACÉ n. m. Dessin, épure d'un ouvrage ou d'un élément d'un ouvrage ; forme donnée à cet élément : *le tracé d'un arc, d'un boulevard.* ‖ *Ligne continue : le tracé de la côte.*

TRACEMENT n. m. Action de tracer.

TRACER v. t. (lat. *tractus*, trait) [conj. 1]. Représenter au moyen de lignes et de points : *tracer une circonférence.* ‖ Marquer l'emplacement : *tracer un route.* ‖ Dépeindre, décrire : *tracer un tableau sinistre.* ‖ Indiquer la direction, la voie : *tracer à qqn sa conduite.* ‖ *Techn.* Marquer par des lignes les coupes à faire sur un matériau. ◆ v. i. *Pop.* Aller très vite. ‖ *Bot.* S'étaler horizontalement, en parlant de racines ou de tiges de plantes.

TRACERET n. m. *Techn.* Pointe à tracer d'ajusteur, de menuisier. (Syn. TRAÇOIR.)

TRACEUR, EUSE adj. et n. Qui trace. ‖ Se dit d'une substance radioactive dont on peut suivre le cheminement avec des détecteurs spéciaux, à des fins médicales ou scientifiques.

TRACEUR n. m. *Traceur de courbes,* machine auxiliaire d'un ordinateur, chargée de traiter des résultats de calcul et de les présenter sous forme de dessins.

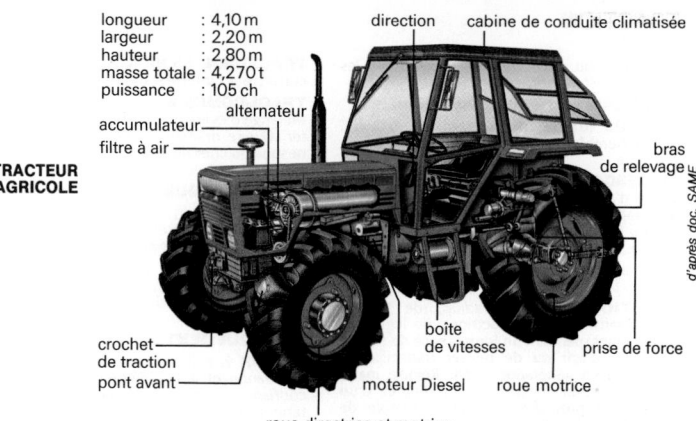

longueur : 4,10 m
largeur : 2,20 m
hauteur : 2,80 m
masse totale : 4,270 t
puissance : 105 ch

direction — cabine de conduite climatisée
alternateur
accumulateur
filtre à air
TRACTEUR AGRICOLE
bras de relevage
d'après doc. SAME
crochet de traction
pont avant
moteur Diesel
boîte de vitesses
prise de force
roue motrice
roue directrice et motrice

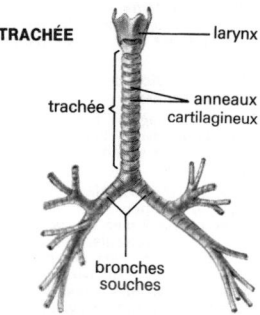

TRACHÉE
larynx
trachée
anneaux cartilagineux
bronches souches

TRACHÉAL, E, AUX [trakeal, o] adj. *Anat.* Relatif à la trachée, aux trachées.

TRACHÉE [traʃe] n. f. *Anat.* Chez l'homme et les vertébrés à respiration aérienne, tube maintenu béant par des anneaux de cartilage, commençant au larynx et conduisant l'air aux bronches et aux poumons. (On dit aussi TRACHÉE-ARTÈRE.) ‖ *Bot.* Un des types de vaisseau du bois. (Syn. VAISSEAU PARFAIT.) ‖ *Zool.* Chez les insectes, les arachnides, tube ramifié conduisant l'air des stigmates aux organes.

TRACHÉE-ARTÈRE n. f. (gr. *trakheîa artéria,* artère raboteuse) [pl. *trachées-artères*]. Syn. de TRACHÉE.

TRACHÉEN, ENNE [trakeɛ̃, ɛn] adj. *Zool.* Relatif à la trachée.

TRACHÉIDE [trakeid] n. f. Vaisseau du bois des conifères, de type primitif, coupé par des cloisons intercellulaires et percé latéralement d'aréoles.

TRACHÉITE [trakeit] n. f. Inflammation de la trachée.

TRACHÉO-BRONCHITE [trakeo-] n. f. (pl. *trachéo-bronchites*). Inflammation simultanée de la trachée et des bronches.

TRACHÉOTOMIE [trakeɔtɔmi] n. f. Opération chirurgicale qui consiste à ouvrir la trachée au niveau du cou pour la mettre en communication avec l'extérieur au moyen d'une canule, lorsqu'il y a risque d'asphyxie.

TRACHOME [trakom] n. m. (gr. *trakhôma,* rudesse). Conjonctivite granuleuse due à un virus spécifique, et qui est endémique dans certains pays chauds.

TRACHYTE [trakit] n. m. (gr. *trakhus,* rude). Roche volcanique constituée essentiellement de feldspath alcalin et d'un peu de biotite.

TRAÇOIR n. m. Syn. de TRACERET.

TRACT n. m. (mot angl., abrév. de *tractate,* traité). Feuille ou brochure distribuée à des fins de propagande.

TRACTABLE adj. Qui peut être tracté.

TRACTATIONS n. f. pl. *Péjor.* Manière de traiter une affaire, un marché.

TRACTER v. t. Tirer au moyen d'un véhicule ou d'un procédé mécanique : *tracter un bateau.*

TRACTEUR, TRICE adj. Capable de tracter.

TRACTEUR n. m. Véhicule automobile dont les roues sont munies d'organes d'adhérence pour terrains meubles, principalement utilisé pour les travaux agricoles.

TRACTIF, IVE adj. Qui exerce une traction.

TRACTION n. f. (lat. *tractio,* action de tirer). Action de tirer, de mouvoir quand la force est placée en avant de la résistance : *traction d'un wagon.* ‖ *Ch. de f.* Service chargé des locomotives et du personnel de conduite. ‖ *Mécan.* Mode de travail d'un corps soumis à l'action d'une force qui tend à l'allonger. ‖ *Sports.* Mouvement de gymnastique consistant à soulever avec les bras le corps suspendu à une barre ou à des anneaux, ou allongé sur le sol. ● *Trac-*

tion avant, ou *traction,* automobile dont les roues avant sont motrices.

TRACTORISTE n. Conducteur d'un tracteur.

TRACTUS [traktys] n. m. (mot lat., trainée). *Anat.* Ensemble de fibres ou d'organes qui se font suite.

TRADESCANTIA [tradɛskɑ̃sja] n. m. Plante originaire d'Amérique, à feuillage coloré, à croissance rapide, qu'on cultive en serre et en appartement. (Nom usuel : *misère.*)

TRADE-UNION [trɛdjunjɔn ou trɛdynjɔn] n. f. (angl. *trade,* métier, et *union,* union) [pl. *trade-unions*]. Syndicat ouvrier en pays anglo-saxon.

TRADITION n. f. (lat. *traditio;* de *tradere,* livrer). Transmission de doctrines, de légendes, de coutumes, pendant un long espace de temps. ‖ Manière d'agir ou de penser transmise de génération en génération. ‖ *Dr.* Remise matérielle d'un bien meuble faisant l'objet d'un transfert de propriété. ‖ *Relig.* Ensemble de vérités de foi qui ne sont pas contenues directement dans la révélation écrite, mais fondées sur l'enseignement constant et les institutions d'une religion.

TRADITIONALISME n. m. Système de croyances fondé sur la tradition. ‖ Attachement aux traditions.

TRADITIONALISTE adj. et n. Relatif au traditionalisme; qui en est partisan.

TRADITIONNEL, ELLE adj. Fondé sur la tradition, sur un long usage. ‖ Passé dans les habitudes, dans l'usage.

TRADITIONNELLEMENT adv. D'après la tradition; conformément à la tradition.

TRADUCTEUR, TRICE n. Auteur d'une traduction.

TRADUCTEUR n. m. *Inform.* Programme servant à traduire un programme d'un langage de programmation dans un autre langage plus proche de celui de la machine. ● *Traducteur de mesure,* organe de conversion de la grandeur de sortie d'un capteur sous la forme d'une grandeur utilisable, généralement électrique.

TRADUCTION n. f. Action de traduire, de transposer dans une autre langue; ouvrage traduit : *lire une traduction d'Homère.* ‖ Interprétation : *traduction de la pensée de qqn.* ‖ *Traduction automatique,* traduction d'un texte au moyen de machines électroniques.

TRADUIRE v. t. (lat. *traducere,* faire passer) [conj. **64**]. Faire passer un texte d'une langue dans une autre : *traduire de l'anglais en français.* ‖ Exprimer d'une certaine façon, reproduire, interpréter : *le ton de sa voix traduisait son inquiétude.* ● *Traduire en justice,* citer, appeler devant un tribunal. ◆ **se traduire** v. pr. Être exprimé : *sa douleur se traduisait par des cris.*

TRADUISIBLE adj. Qui peut être traduit.

TRAFALGAR n. pr. *Coup de Trafalgar* (Fam.), accident imprévu et désastreux.

TRAFIC n. m. (it. *traffico*). Commerce clandestin et illégal. ‖ Importance et fréquence de la circulation des trains, des voitures, des avions; circulation de marchandises : *trafic ferroviaire; trafic routier.* ● *Trafic d'influence,* infraction pénale commise par celui qui se fait rémunérer pour obtenir ou tenter de faire obtenir un avantage de l'autorité publique.

TRAFICOTER v. i. et t. Fam. et péjor. Trafiquer.

TRAFIQUANT, E n. Personne qui fait un trafic malhonnête.

TRAFIQUER v. i. Effectuer des opérations commerciales illégales. ‖ Fam. Faire qqch de plus ou moins mystérieux. ◆ v. t. Fam. Falsifier un produit, une marchandise. ◆ v. t. ind. **[de]**. Tirer un profit de qqch qui n'est pas vénal : *trafiquer de son influence.*

TRAGÉDIE n. f. (lat. *tragoedia;* mot gr.). Événement funeste, terrible. ‖ Littér. Œuvre dramatique, dont le sujet est le plus souvent emprunté à la légende ou à l'histoire et qui, mettant en scène des personnages illustres, représente une action destinée à provoquer la terreur ou la pitié par le spectacle des passions et des catastrophes qui en sont la conséquence.

TRAGÉDIEN, ENNE n. Acteur, actrice qui se consacre à l'interprétation de la tragédie.

TRAGI-COMÉDIE n. f. (pl. *tragi-comédies*). Mélange d'événements graves et comiques. ‖ Littér. Œuvre dramatique dont le sujet est romanesque ou chevaleresque et dont le dénouement est heureux.

TRAGI-COMIQUE adj. Qui tient de la tragi-comédie.

TRAGIQUE adj. Relatif à la tragédie, effrayant, terrible : *situation tragique.*

TRAGIQUE n. m. Caractère de ce qui est terrible : *prendre qqch au tragique.* ‖ Le genre tragique. ‖ Auteur de tragédies : *les tragiques grecs.*

TRAGIQUEMENT adv. De façon tragique.

TRAHIR v. t. (lat. *tradere,* livrer). Abandonner en manquant à la fidélité : *trahir un ami, la confiance de qqn.* ‖ Révéler ce qu'on voulait tenir secret : *ses pleurs l'ont trahi.* ‖ Déformer, ne pas traduire fidèlement : *trahir la pensée de qqn.* ‖ Ne pas seconder, abandonner : *ses forces l'ont trahi.* ‖ Trahir les intérêts de qqn, lui nuire. ‖ *Trahir un secret,* le révéler, le divulguer. ◆ **se trahir** v. pr. Laisser paraître ce qu'on voulait cacher.

TRAHISON n. f. Action de celui qui trahit. ‖ Intelligence avec l'ennemi.

TRAILLE n. f. (lat. *tragula*). Bac solidaire d'un câble tendu d'une rive à l'autre d'un cours d'eau, et disposé pour se mouvoir sous l'action du courant. ‖ Chalut.

TRAIN n. m. (de *traîner*). Allure d'un cheval, d'un véhicule, d'une personne; vitesse de la marche, d'une course à pied ou cycliste : *train soutenu.* ‖ Suite de véhicules remorqués ou avançant en file : *un train de péniches.* ‖ Ensemble de véhicules ferroviaires traînés par une ou plusieurs machines attelées au même convoi; moyen de transport ferroviaire. ‖ Enchaînement de différentes choses : *un train de mesures fiscales.* ‖ *Pop.* Derrière. ‖ *Mil.* Arme des transports automobiles et de la circulation routière dans l'armée de terre. (C'est l'anc. *train des équipages,* créé par Napoléon en 1807.) ‖ *Techn.* Charronnage sur lequel porte le corps d'un véhicule. ‖ *Train de vitesse,* grande vitesse. ‖ *Aller bon train,* aller vite. ‖ *Être en train,* être en bonne disposition physique, de bonne humeur. ‖ *Être en train de,* être occupé à; être en voie d'exécution. ‖ *Mener bon train,* expédier rapidement. ‖ *Mener grand train,* vivre luxueusement. ‖ *Mener le train,* pendant une course, être le premier d'un peloton. ‖ *Mettre qqch en train,* commencer à l'exécuter. ‖ *Mise en train* (Arts graph.), ensemble des opérations qui s'effectuent avant le tirage, en vue de donner à celui-ci toute la régularité désirable. ‖ *Prendre le train en marche,* participer à une action lorsqu'elle est déjà en cours. ‖ *Train d'atterrissage,* dispositif d'atterrissage d'un avion. ‖ *Train avant, train arrière,* ensemble des éléments qui, sur les voitures modernes, remplacent l'essieu à l'avant, à l'arrière. ‖ *Train de bois,* ensemble de pièces de bois réunies et flottant sur un cours d'eau. ‖ *Train de combat, train régimentaire,* ensemble de véhicules transportant tout ce dont les unités ont besoin pour combattre et pour subsister. ‖ *Train de devant, de derrière,* partie antérieure ou postérieure d'un animal de trait, d'un quadrupède. ‖ *Train d'engrenages* (Techn.), ensemble de roues dentées engrenant les unes avec les autres pour transmettre ou transformer un mouvement. ‖ *Train à grande vitesse* (T. G. V.), train de voyageurs pouvant atteindre les vitesses de 250 à 300 km/h. ‖ *Train de laminoir* (Industr.), ensemble des différents cylindres d'un laminoir. ‖ *Train de maison,* ensemble des services d'une maison. ‖ *Train mixte,* train composé de voitures pour voyageurs et de wagons de marchandises. ‖ *Train d'ondes* (Phys.), groupe d'ondes successives. ‖ *Train de pneus,* ensemble des pneumatiques équipant une voiture. ‖ *Train de roulement,* ensemble des organes assurant la progression et la suspension des véhicules. ‖ *Train routier,* ensemble de véhicules routiers comprenant un tracteur qui entraîne plusieurs remorques. ‖ *Train de sonde* (Pétr.), ensemble des tiges de forage et du trépan. ‖ *Train de vie,*

manière de vivre relativement aux dépenses que permet la situation.

TRAÎNAGE n. m. Action de traîner. ‖ Transport au moyen de traîneaux.

TRAÎNAILLER v. i. Syn. de TRAÎNASSER.

TRAÎNANT, E adj. Qui traîne à terre : *robe traînante.* ‖ Languissant, monotone, sans vigueur : *parler d'une voix traînante.*

TRAÎNARD, E n. Fam. Personne qui reste en arrière d'un groupe en marche. ‖ Personne lente dans son travail.

TRAÎNARD n. m. Sur un tour, ensemble mécanique coulissant sur la glissière du banc et portant les organes destinés à maintenir les outils et à commander leur avance.

TRAÎNASSER v. i. Fam. Rester longtemps à faire qqch. ‖ En parlant de la voix, avoir des inflexions lentes et vulgaires.

TRAÎNE n. f. Partie d'un vêtement long qui se prolonge par-derrière et traîne à terre. ‖ Mar. Tout objet qu'on file à l'arrière d'un navire, au bout d'un filin. ● *À la traîne* (Fam.), à l'abandon, en désordre; en retard.

TRAÎNEAU [trɛno] n. m. Véhicule muni de patins, que l'on fait glisser sur la glace et la neige. ‖ Grand filet que l'on traîne dans les champs pour prendre des oiseaux, ou dans les rivières pour pêcher.

TRAÎNÉE n. f. Trace laissée sur une surface ou dans l'espace par un corps en mouvement, par une substance répandue : *traînée de sang.* ‖ Fam. Femme de mauvaise vie. ‖ Aéron. Force qui s'oppose à l'avancement d'un mobile, par suite de la résistance de l'air. ‖ Pêch. Ligne de fond.

TRAÎNEMENT n. m. Action de traîner.

TRAÎNER v. t. (lat. *trahere,* tirer). Tirer après soi, derrière soi; déplacer en tirant par terre. ‖ Amener partout avec soi : *il traîne avec lui toute sa famille.* ‖ Forcer à aller : *traîner qqn au cinéma.* ‖ Supporter une chose pénible qui dure : *traîner une maladie.* ‖ *Traîner la jambe,* marcher avec difficulté. ‖ *Traîner qqch en longueur,* en différer la conclusion. ‖ *Traîner les pieds,* marcher sans lever les pieds. ◆ v. i. Pendre jusqu'à terre : *son manteau traîne.* ‖ Rester en arrière, aller trop lentement : *traîner en chemin.* ‖ Ne pas pouvoir se rétablir, languir : *il traîne depuis longtemps.* ‖ Durer trop longtemps : *le procès traîne.* ‖ N'être pas à sa place, être en désordre : *tout traîne dans cette maison.* ‖ Se trouver partout, être rebattu : *une histoire qui traîne dans tous les livres.* ‖ Se promener sans but. ◆ **se traîner** v. pr. Marcher avec difficulté. ‖ Se glisser en rampant. ‖ Passer, avancer lentement dans le temps.

TRAÎNE-SAVATES n. m. inv. Fam. Oisif qui passe son temps à traîner.

TRAÎNEUR, EUSE n. Personne qui traîne. ● *Traîneur de sabre,* militaire qui affecte des airs fanfarons (vx).

TRAIN-FERRY n. m. (pl. *train-ferries*). Mar. Type de transbordeur disposé pour recevoir des trains entiers de voyageurs.

TRAINGLOT ou **TRINGLOT** n. m. Fam. Militaire du train.

TRAINING [trɛniŋ] n. m. (mot angl.). Entraînement sportif. ‖ (Avec une majuscule.) Pull-over à cagoule en coton molletonné, porté par les sportifs à l'entraînement (nom déposé). ‖ Chaussure de toile à semelles de caoutchouc. ● *Training autogène,* méthode de relaxation fondée sur la suggestion.

TRAIN-TRAIN ou **TRAINTRAIN** n. m. Fam. Répétition monotone d'actes quotidiens.

TRAIRE v. t. (lat. *trahere*) [conj. **73**]. Tirer le lait des mamelles des vaches, des chèvres, etc. ● *Machine à traire,* machine effectuant la traite pneumatiquement.

TRAIT, E adj. Techn. Se dit d'un métal passé à la filière et transformé en fil très ténu.

TRAIT n. m. (lat. *tractus*). Ligne qu'on trace avec le crayon, la plume, etc. ‖ Action révélatrice d'un caractère, d'un sentiment : *trait de génie.* ‖ Ce qui distingue, caractérise, est significatif : *c'est un trait de notre époque.* ‖ Longe de corde ou de cuir avec laquelle les chevaux tirent. ‖

Tout projectile lancé par une arme de jet (javelot, flèche, etc.). ‖ *Bx-arts.* Ligne d'un dessin qui n'est pas ombré. ‖ *Impr.* Document original sans demi-teintes, ne comportant que des noirs et des blancs purs. ‖ *Ling.* Élément pertinent minimal d'une unité significative. ‖ *Mus.* Passage d'une œuvre vocale ou instrumentale qui exige de la virtuosité. • *À grands traits,* rapidement; sommairement. ‖ *Avoir trait à,* avoir rapport avec. ‖ *Bête, animal de trait,* propre à tirer une voiture. ‖ *D'un trait, d'un seul coup.* ‖ *Partir comme un trait,* très vite. ‖ *Tirer un trait sur un projet,* y renoncer. ‖ *Trait de scie,* coupe faite avec la scie. ‖ *Trait pour trait,* exactement. ‖ *Trait d'union,* petit tiret qui sert à lier les parties d'un mot composé; personne ou chose servant à joindre, à unir. ◆ pl. Lignes caractéristiques du visage humain.

TRAITANT, E adj. Qui permet de soigner : *shampooing traitant pour cheveux gras.* • *Médecin traitant,* médecin qui suit l'évolution d'une maladie et en prescrit le traitement.

TRAITE n. f. Action de traire. ‖ *Litt.* Étendue de chemin qu'on parcourt sans s'arrêter : *longue traite.* ‖ *Dr.* Syn. de LETTRE DE CHANGE*; titre de créance au profit de l'État ou à l'encontre de l'État. ‖ *Hist.* Forme élémentaire de commerce qui consistait à échanger des marchandises manufacturées de faible valeur contre des produits locaux. • *D'une traite, d'une seule traite,* sans s'arrêter, sans s'interrompre. ‖ *Traite des Blanches,* délit consistant à entraîner ou à détourner une femme en vue de la prostitution. ‖ *Traite des Noirs,* trafic des esclaves sur les côtes de l'Afrique, pratiqué par les Européens du XVIe et XIXe s. (Le congrès de Vienne condamna la traite des Noirs en 1815, et diverses conventions s'appliquèrent par la suite à la prohiber.)

TRAITÉ n. m. Ouvrage relatif à une matière particulière : *traité de mathématiques.* ‖ Convention écrite entre deux ou plusieurs gouvernements, entre deux particuliers : *conclure un traité de commerce.*

TRAITEMENT n. m. Manière d'agir envers qqn. ‖ Rémunération d'un fonctionnaire. ‖ Manière de soigner un malade ou une maladie : *prescrire, ordonner un traitement.* ‖ *Cin.* Développement d'un synopsis. ‖ *Industr.* Ensemble d'opérations que l'on fait subir à des matières premières. • *Mauvais traitements,* coups, voies de fait, sévices. ‖ *Traitement de l'information* (Inform.), déroulement systématique d'un ensemble d'opérations sur des données alphabétiques ou numériques, en vue d'exploiter l'information qu'elles représentent. ‖ *Traitement de surface,* traitement appliqué en surface sur une pièce métallique pour en modifier les propriétés superficielles ou pour la recouvrir d'une couche protectrice. ‖ *Traitement thermique,* opération ou suite d'opérations au cours desquelles un matériau (métal, verre), à l'état solide, est soumis à des cycles thermiques appropriés en vue de lui conférer des caractéristiques optimales d'emploi.

TRAITER v. t. (lat. *tractare*). Agir bien ou mal avec : *traiter qqn durement.* ‖ Exposer verbalement ou par écrit : *traiter une question.* ‖ Soigner à l'aide d'une médication appropriée : *traiter un malade.* ‖ Donner un qualificatif péjoratif : *traiter qqn de voleur.* ‖ Soumettre qqch à diverses opérations de manière à le rendre utilisable : *traiter un minerai.* ‖ Régler les conditions d'un marché, d'une affaire. ‖ En art, prendre pour sujet. ‖ *Litt.* Recevoir à table, donner à manger : *il nous a traités splendidement.* ◆ v. t. ind. [de]. Prendre pour objet d'étude : *traité d'économie.* ◆ v. i. Entrer en pourparlers pour une négociation commerciale ou diplomatique : *traiter avec le Japon.*

TRAITEUR n. m. Professionnel qui prépare des repas sur commande et les porte à domicile.

TRAÎTRE, ESSE adj. et n. (lat. *traditor*). Qui trahit, qui est capable de trahir. • *En traître,* d'une manière perfide. ‖ adj. Qui trompe, dangereux, sournois : *un vin traître.* • *Ne pas dire un traître mot,* garder un silence absolu.

TRAÎTREUSEMENT adv. Avec traîtrise.

TRAÎTRISE n. f. Action de trahir; perfidie, déloyauté.

TRAJECTOGRAPHIE n. f. Technique de l'étude des trajectoires des fusées et des engins spatiaux.

TRAJECTOIRE n. f. (lat. *trajectus,* traversé). Ligne décrite par un point matériel en mouvement et notamment par le centre de gravité d'un projectile. (En balistique extérieure, une trajectoire est définie notamment par son origine, son angle d'inclinaison, sa flèche, son point d'impact...) [V. TIR.]

TRAJET n. m. (it. *tragetto,* traversée). Espace à parcourir pour aller d'un lieu à un autre; action de traverser cet espace; temps mis pour faire ce parcours : *notre trajet fut difficile.*

TRALALA n. m. (onomat.). *Fam.* Affectation de chercher un certain apparat.

TRAM n. m. Abrév. de TRAMWAY.

TRAMAGE n. m. *Text.* Action de tramer; état de ce qui est tramé.

TRAMAIL ou **TRÉMAIL** n. m. (lat. *tres,* trois, et *macula,* maille). Filet de pêche formé de trois nappes superposées.

TRAME n. f. (lat. *trama,* chaîne d'un tissu). Ensemble des fils qui constituent un fond sur lequel se détachent des événements marquants : *la trame des événements.* ‖ *Archit.* Maillage, quadrillage d'un plan d'urbanisme ou d'architecture. ‖ *Phot.* Écran quadrillé ou réticulé que l'on interpose entre l'original et la couche sensible dans les procédés de photogravure. ‖ *Télév.* Demi-image en transmission par télévision. (Afin d'éviter le scintillement, les 25 images complètes transmises par seconde sont émises au moyen de 50 trames par seconde. Les lignes impaires de l'image sont analysées pendant la durée d'une trame, puis les lignes paires sont émises pendant la trame suivante. La définition et la stabilité de l'image sont ainsi améliorées.) ‖ *Text.* Ensemble des fils passant transversalement entre les fils tendus de la chaîne d'une étoffe que l'on tisse.

TRAMER v. t. Machiner, préparer secrètement : *tramer une conspiration.* ‖ *Phot.* Produire à l'aide d'une trame. ‖ *Text.* Entrelacer la trame avec la chaîne. ◆ **se tramer** v. pr. Être ourdi, en parlant d'une machination.

TRAMINOT n. m. Employé de tramway.

TRAMONTANE n. f. (it. *tramontana,* étoile Polaire). Vent froid soufflant dans le Languedoc et le Roussillon.

TRAMP n. m. (mot angl.). Navire de charge qui navigue au hasard des affrètements.

TRAMPING [-piŋ] n. m. (mot angl.). *Mar.* Navigation à la demande, sans itinéraire fixe.

TRAMPOLINE [trãpɔlin] n. m. (mot angl.). Grande toile tendue sur des ressorts d'acier, sur laquelle on effectue des sauts; sport ainsi pratiqué.

TRAMWAY [tramwɛ] ou **TRAM** n. m. (mot angl.) [pl. *tramways*]. Chemin de fer urbain, établi au moyen de rails posés, sans saillie, sur le profil de la rue; voiture qui circule sur ces rails.

TRANCHAGE n. m. Action de trancher. ‖ En ébénisterie, action de couper en tranches minces le bois de placage.

TRANCHANT, E adj. Qui coupe : *instrument tranchant.* ‖ Qui décide de façon péremptoire, absolue : *ton tranchant.* • *Couleurs tranchantes,* contrastées, très vives.

TRANCHANT n. m. Côté affilé d'un instrument coupant. • *À double tranchant,* qui peut avoir deux effets opposés.

TRANCHE n. f. Morceau coupé mince d'une chose comestible : *tranche de jambon.* ‖ Surface que présente un corps vu dans le sens de l'épaisseur. ‖ Ensemble de chiffres consécutifs, dans une même nombre. ‖ Chacune des parties successives d'une émission financière, d'une loterie. ‖ Un des éléments constituant une série quelconque : *la première tranche des travaux, d'une centrale nucléaire.* ‖ Subdivision des émissions de radio ou de télévision. ‖ *Arm.* Dans un canon, section perpendiculaire à l'axe d'un élément cylindrique. ‖ *Arts graph.* L'une des trois faces du bloc des cahiers d'un livre relié ou broché (*tranche de tête* en haut du volume,

tranche de queue en bas du volume, *tranche de gouttière,* plate ou concave, du côté opposé au dos du volume). ‖ *Bouch.* Partie moyenne de la cuisse du bœuf. ‖ *Fisc.* Ensemble des revenus soumis à un même taux pour le calcul de l'impôt progressif. • *S'en payer une tranche* (Pop.), s'amuser beaucoup. ‖ *Tranche de vie,* description réaliste de la vie courante.

TRANCHÉ, E adj. Bien marqué, net et distinct : *deux couleurs bien tranchées.* ‖ *Hérald.* Se dit de l'écu partagé par une ligne oblique allant de l'angle dextre du chef à l'angle senestre de la pointe.

TRANCHÉE n. f. Excavation longue, profonde et étroite à ciel ouvert dans le sol. ‖ *Mil.* Fossé permettant, au combat, le stationnement, la circulation et le tir à couvert. • *Guerre de tranchées,* guerre dans laquelle le front est jalonné par une ligne de tranchées continue (de 1915 à 1918, par ex.). ◆ pl. *Méd.* Douleurs paroxystiques de l'intestin ou de l'utérus.

TRANCHEFILE n. f. *Arts graph.* Galon brodé de couleurs vives, collé au dos en haut et en bas du livre relié.

TRANCHER v. t. (lat. pop. *trinicare,* couper en trois). Séparer en coupant, diviser nettement, découper, sectionner. ‖ Résoudre en prenant une décision subite : *trancher une question, une difficulté.* ◆ v. i. Ressortir par opposition; former un contraste : *ces couleurs ne tranchent pas assez sur le fond.*

TRANCHET n. m. Outil de cordonnier, en acier plat et affilé, servant à couper le cuir.

TRANCHEUSE n. f. Engin de terrassement servant à creuser des tranchées. ‖ Appareil servant à découper en feuilles discontinues d'épaisseur uniforme une pièce de bois animée d'un mouvement de va-et-vient, par passage contre le tranchant d'un couteau fixe.

TRANCHOIR n. m. Poisson des récifs d'Indo-Malaisie, à corps plat prolongé par d'amples nageoires. (Long. 20 cm.) ‖ Couteau pour trancher. ‖ Plateau de bois sur lequel on découpe la viande.

TRANQUILLE adj. (lat. *tranquillus*). Sans agitation, sans bruit, paisible : *eau tranquille; rue tranquille.* ‖ Sans inquiétude, sans trouble : *avoir la conscience tranquille.* • *Laisser tranquille,* s'abstenir de taquiner, de troubler.

TRANQUILLEMENT adv. De façon tranquille, calmement, paisiblement.

TRANQUILLISANT, E adj. Qui tranquillise.

TRANQUILLISANT n. m. Médicament psychotrope qui apaise l'angoisse, sans action hypnotique vraie. (Syn. THYMOLEPTIQUE.)

TRANQUILLISER v. t. Calmer, délivrer d'un souci, rassurer. ◆ **se tranquilliser** v. pr. Cesser d'être inquiet, ne plus se troubler.

TRANQUILLITÉ n. f. État de ce qui est sans mouvement, sans agitation, d'une personne sans inquiétude.

TRANSACTION n. f. (lat. *transactum;* de *transigere,* accommoder). Opération commerciale ou boursière. ‖ Contrat par lequel les parties mettent fin à une contestation, ou la préviennent, en renonçant à une partie de leurs prétentions réciproques. ‖ Accord conclu à partir de concessions. ‖ Acte par lequel une administration fiscale consent à ne pas exercer de poursuites contre le contrevenant, moyennant le paiement d'une somme forfaitaire.

TRANSACTIONNEL, ELLE adj. Qui a le caractère d'une transaction.

TRANSAFRICAIN, E adj. Qui traverse l'Afrique.

TRANSALPIN, E adj. Qui est au-delà des Alpes. • *Gaule transalpine* ou, substantiv., *la Transalpine,* nom donné par les Romains à la Gaule proprement dite, située pour eux au-delà des Alpes.

TRANSAMINASE n. f. Enzyme qui catalyse le transfert du groupement amine d'un acide aminé sur un acide cétonique. (Le taux sanguin des transaminases s'élève considérablement en cas d'atteinte hépatique ou d'infarctus du myocarde.)

TRANSANDIN, E adj. Qui traverse les Andes.

TRANSAT [trãzat] n. m. *Fam.* Chaise longue pliante recouverte de toile.

TRANSAT [trãzat] n. f. Abrév. de COURSE TRANSATLANTIQUE.

TRANSATLANTIQUE adj. Au-delà de l'océan Atlantique. ‖ Qui traverse l'océan Atlantique. ● *Course transatlantique,* course de voiliers traversant l'océan Atlantique. ‖ *Pont transbordeur,*

TRANSATLANTIQUE n. m. Paquebot faisant le service entre l'Europe et l'Amérique.

TRANSBAHUTER v. t. *Fam.* Transporter.

TRANSBORDEMENT n. m. Action de transborder.

TRANSBORDER v. t. Transférer des marchandises ou des voyageurs d'un bateau, d'un train, d'un véhicule dans un autre.

TRANSBORDEUR n. et adj. m. Mot préconisé par l'Administration pour remplacer CAR-FERRY, TRAIN-FERRY et FERRY-BOAT. ● *Pont transbordeur,* plate-forme mobile suspendue à un tablier élevé, pour le franchissement d'un fleuve ou d'une baie.

TRANSCANADIEN, ENNE adj. Qui traverse le Canada de l'Atlantique au Pacifique.

TRANSCAUCASIEN, ENNE adj. Au-delà du Caucase.

TRANSCENDANCE n. f. Qualité, caractère de ce qui est transcendant. ‖ *Philos.* Caractère de ce qui se situe hors d'atteinte de l'expérience et de la pensée de l'homme; processus par lequel la conscience, comme conscience de qqch, se dépasse vers un objet. (Contr. IMMANENCE.)

TRANSCENDANT, E adj. (lat. *transcendens,* qui franchit). Qui excelle en son genre, supérieur : *esprit transcendant.* ‖ *Math.* Se dit de tout nombre qui n'est racine d'aucune équation algébrique à coefficients entiers. (π est un nombre transcendant.) ‖ *Philos.* Hors de portée de l'action ou de la connaissance. (Contr. IMMANENT.) ● *Courbe transcendante,* courbe dont l'équation n'est pas algébrique.

TRANSCENDANTAL, E, AUX adj. *Philos.* Qui se rapporte aux conditions *a priori* de la connaissance, hors de toute détermination empirique.

TRANSCENDANTALISME n. m. École philosophique américaine, représentée principalement par Emerson et caractérisée par un mysticisme d'allure panthéiste.

TRANSCENDER v. t. *Philos.* Dépasser (un domaine de la connaissance). ‖ *Fam.* Être supérieur à tous.

TRANSCODAGE n. m. Traduction dans un code différent. ‖ Dans un ordinateur, traduction en code interne des instructions écrites par le programmeur.

TRANSCODER v. t. Faire le transcodage.

TRANSCONTENEUR n. m. Navire conçu pour le transport des conteneurs.

TRANSCONTINENTAL, E, AUX adj. Qui traverse un continent.

TRANSCRIPTEUR n. m. Personne, appareil qui transcrit.

TRANSCRIPTION n. f. Action de transcrire; état de ce qui est transcrit. ‖ Copie officielle, à partir des registres de l'état civil, de certains actes ou de certains jugements relatifs à l'état des personnes. ‖ *Biol.* Transfert de l'information génétique de l'A.D.N. à l'A.R.N. des cellules, et par la même du noyau au cytoplasme.

TRANSCRIRE v. t. (lat. *transcribere*) [conj. 65]. Copier, reproduire exactement ou selon un mode d'expression différent que l'écriture. ‖ Jeter sur le papier ce qu'on a dans l'esprit. ‖ *Mus.* Adapter une œuvre pour la confier à des voix ou des instruments auxquels elle n'avait pas été primitivement destinée.

TRANSCULTUREL, ELLE adj. *Psychiatrie transculturelle,* syn. d'ETHNOPSYCHIATRIE.

TRANSDUCTEUR n. m. Dispositif qui transforme une grandeur physique en une autre grandeur physique, fonction de la précédente.

TRANSDUCTION n. f. Transformation d'une énergie en une énergie de nature différente. ‖ *Biol.* Type particulier d'échange génétique, réalisé par l'intermédiaire d'un bactériophage.

TRANSE n. f. (de *transir*). Grande appréhension d'un mal qu'on croit prochain, angoisse, anxiété. ● *Entrer en transe* (Fam.), s'agiter sous l'effet d'une émotion, réelle ou simulée. ‖ *Transe médiumnique,* état de sensibilité particulière où se trouvent certains médiums lorsqu'ils sont le siège de phénomènes dits *parapsychiques.*

TRANSEPT [trãsɛpt] n. m. (mot angl.; lat. *trans,* au-delà de, et *saeptum,* enclos). Corps transversal d'une église, qui sépare le chœur de la nef et forme les bras de la croix.

TRANSFÉRABLE adj. Qui peut être transféré.

TRANSFÉRASE n. f. Enzyme qui catalyse le transfert de groupes chimiques d'un composé à un autre.

TRANSFÈREMENT n. m. Action de transférer qqn d'un lieu dans un autre.

TRANSFÉRENTIEL, ELLE adj. *Psychanal.* Relatif au transfert.

TRANSFÉRER v. t. (lat. *transferre*) [conj. 5]. Faire passer d'un lieu dans un autre : *transférer un prisonnier.* ‖ *Dr.* Transmettre d'une personne à une autre en observant les formalités requises.

TRANSFERT n. m. Déplacement, transport : *transfert de technologie; transfert de fonds.* ‖ Décalcomanie collée sur un vêtement. ‖ Mutation d'un joueur professionnel d'un club dans un autre. ‖ *Dr.* Acte par lequel un droit est transféré d'une personne à une autre; substitution, sur un registre, du nom d'une personne à celui d'une autre personne. ‖ *Inform.* Déplacement d'une information d'un emplacement à un autre, spécialement d'une position de mémoire centrale à une unité périphérique d'un ordinateur ou *vice versa.* ‖ *Mécan.* Transport automatique des pièces en cours de fabrication ou de montage d'un poste de travail au suivant. ‖ *Psychanal.* Déplacement conscient et inconscient, au cours de la cure, sur la personne de l'analyste des sentiments éprouvés autrefois envers les figures parentales. ‖ *Psychol.* Phénomène par lequel une activité intellectuelle ou manuelle modifie une autre activité qui la suit, soit en la rendant plus facile (transfert positif), soit en la troublant (transfert négatif). ● *Chaîne de transfert,* installation d'atelier comprenant une succession de machines-transferts, dans laquelle les pièces à usiner sont déplacées automatiquement d'un poste à l'autre. ◆ pl. *Écon.* Ensemble des opérations financières réalisées dans le cadre du budget ou des cotisations sociales, qui opèrent une redistribution des revenus.

TRANSFIGURATION n. f. Changement de figure, d'apparence. ‖ *Relig.* (avec une majuscule). Apparition du Christ dans la gloire de sa divinité à trois de ses apôtres (Pierre, Jacques et Jean) sur le mont Thabor; fête qui célèbre cet événement.

TRANSFIGURER v. t. (lat. *transfigurare,* transformer). Donner au visage un éclat inaccoutumé : *la joie l'avait transfiguré.* ‖ Changer, en l'améliorant, l'aspect, la nature de qqch.

TRANSFILER v. t. *Mar.* Joindre deux morceaux de toile bord à bord ou une voile et un espar au moyen d'un filin.

TRANSFINI, E adj. *Math.* Se dit du cardinal d'un ensemble infini.

TRANSFO n. m. Abrév. fam. de TRANSFORMATEUR.

TRANSFORMABLE adj. Qui peut être transformé.

TRANSFORMANTE adj. f. *Faille transformante* (Géol.), dans la théorie des plaques, faille verticale séparant deux blocs de la lithosphère animés de mouvements différents et le long de laquelle ils coulissent l'un par rapport à l'autre.

TRANSFORMATEUR, TRICE adj. Qui transforme : *industrie transformatrice.*

TRANSFORMATEUR n. m. Appareil statique à induction électromagnétique, qui transforme un système de courants variables en un ou plusieurs autres systèmes de courants variables de même fréquence, mais d'intensité et de tension différentes.

TRANSFORMATION n. f. Action de transformer; changement de forme. ‖ Au rugby, conver-

sion de l'essai en but. ‖ *Fin.* Emploi à moyen ou à long terme d'épargnes liquides ou de dépôts à vue, effectué par les intermédiaires bancaires ou financiers. ‖ *Ling.* Conversion de certains types de structures de la langue en d'autres au moyen de règles explicites. ● *Rapport de transformation,* rapport des tensions efficaces aux bornes du secondaire et du primaire d'un transformateur. ‖ *Transformation géométrique,* correspondance qui, à une figure F, associe une figure F'. ‖ *Transformation thermodynamique,* modification que subit un système du fait de ses échanges d'énergie avec le milieu extérieur.

TRANSFORMATIONNEL, ELLE adj. *Ling.* Qui relève des transformations, qui les utilise.

TRANSFORMER v. t. (lat. *trans,* au-delà de, et *formare,* former). Donner à qqn ou à qqch une forme différente : *transformer un appartement.* ‖ Modifier l'aspect ou la nature d'un être vivant, métamorphoser. ‖ Améliorer : *ce séjour à la montagne l'a transformé.* ‖ Au rugby, réussir la conversion d'un essai en but. ‖ *Math.* Opérer le passage d'un ensemble à un autre, suivant une loi qu'on s'est fixée. ● *Transformer une équation* (Math.), la changer en une autre équivalente, mais de forme différente. ◆ **se transformer** v. pr. Se métamorphoser : *la chenille se transforme en papillon.* ‖ Prendre un autre aspect.

TRANSFORMISME n. m. Théorie explicative de la succession des faunes et des flores au cours des temps géologiques, fondée sur l'idée de transformation progressive des populations et des lignées, soit sous l'influence du milieu (Lamarck), soit par mutation suivie de sélection naturelle (Darwin, De Vries). [Dans ce dernier sens on emploie aussi ÉVOLUTIONNISME.]

TRANSFORMISTE adj. et n. Qui appartient au transformisme.

TRANSFUGE n. (lat. *transfuga*). Celui qui passe à l'ennemi, au parti adverse, qui adopte une idée opposée. ‖ Artiste chorégraphique qui a quitté une compagnie de ballet pour passer dans une autre.

TRANSFUSER v. t. Faire passer un liquide d'un récipient dans un autre. ‖ Opérer la transfusion du sang.

TRANSFUSION n. f. Injection dans une veine d'un malade de sang prélevé sur un donneur. (Le respect des règles de compatibilité entre les groupes sanguins du donneur et du receveur permet d'éviter les accidents transfusionnels.)

TRANSFUSIONNEL, ELLE adj. *Méd.* Relatif à la transfusion sanguine.

TRANSGRESSER v. t. (lat. *transgressus,* qui a traversé). Contrevenir à un ordre, à une loi.

TRANSGRESSION n. f. Action de transgresser, violation. ● *Transgression marine,* submersion d'une partie du continent, résultant soit de l'affaissement du continent, soit de l'élévation du niveau de la mer.

TRANSHORIZON adj. inv. *Radar transhorizon,* radar basé à terre dont la portée est supérieure à la portée optique limitée par l'horizon.

TRANSHUMANCE n. f. Migration estivale des troupeaux de moutons méditerranéens de la plaine vers les pâturages de montagnes. ‖ Déplacement du bétail entre deux zones de pâturages complémentaires.

TRANSHUMANT, E adj. Se dit des troupeaux qui sont soumis au régime de la transhumance.

CONSTITUTION D'UN TRANSFORMATEUR

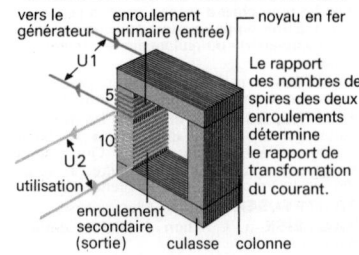

vers le générateur
enroulement primaire (entrée)
noyau en fer
U1
5
10
U2
utilisation
enroulement secondaire (sortie)
culasse
colonne

Le rapport des nombres de spires des deux enroulements détermine le rapport de transformation du courant.

TRANSHUMER v. i. et t. (esp. *trashumar;* lat. *trans*, au-delà, et *humus*, terre). Suivre le régime de la transhumance.

TRANSI, E [trãzi] adj. et n. m. Se dit d'un nu cadavérique, dans l'art funéraire de la fin du Moyen Âge. ● *Transi de froid*, saisi, engourdi par le froid.

TRANSIGER [trãziʒe] v. i. (lat. *transigere*, mener à bonne fin) [conj. **1**]. Conclure un arrangement par des concessions réciproques, composer. ● *Transiger sur qqch*, abandonner une partie de ses exigences relativement à qqch.

TRANSIR [trãzir] v. t. (lat. *transire*, aller au-delà). *Litt.* Pénétrer et engourdir de froid : *le vent du nord nous transit.*

TRANSISTOR n. m. (mot angl.; de *transfer resistor*, résistance de transfert). Dispositif à semi-conducteur, qui, comme un tube électronique, peut amplifier des courants électriques, engendrer des oscillations électriques et assumer les fonctions de modulation et de détection. ‖ Récepteur radiophonique portatif, équipé de transistors.

J. Pierre-Thomson-CSF

transistors de puissance

TRANSISTORISATION n. f. Action de transistoriser.

TRANSISTORISER v. t. Équiper un appareil de transistors.

TRANSIT [trãzit] n. m. (it. *transito*, passage). Action de traverser ou de faire traverser à des marchandises un pays, au cours d'un voyage ou d'un transport vers d'autres pays. ● *Cité de transit*, ensemble de logements destinés à des occupants de locaux insalubres, à rénover ou à détruire, en vue de les reloger dans des immeubles conformes aux normes d'habitation en vigueur. ‖ *Transit intestinal* (Méd.), déplacement du contenu du tube digestif entre le pylore et le rectum sous l'influence du péristaltisme intestinal.

TRANSITAIRE adj. Relatif au transit : *commerce transitaire; pays transitaire.*

TRANSITAIRE n. m. Commissionnaire en marchandises qui s'occupe de leur importation et de leur exportation.

TRANSITER v. t. et i. Passer en transit : *transiter des marchandises.*

TRANSITIF, IVE adj. (lat. *transire*, passer). *Ling.* Se dit d'un verbe suivi d'un complément d'objet direct (ex. : *j'aime mes parents*) ou indirect (précédé d'une prép. *à, de, sur*, etc.), comme *plaire (à), user (de)*. ‖ *Math. et Log.* Se dit d'une relation binaire qui, lorsqu'elle est vérifiée pour *a* et *b*, ainsi que pour *b* et un troisième élément *c*, l'est aussi pour *a* et *c*.

TRANSITION [trãzisjɔ̃] n. f. (lat. *transitio*, passage). Degré, stade intermédiaire : *passer sans transition du rire aux larmes.* ‖ Manière de passer d'un raisonnement à un autre, de lier les parties d'un discours : *habile transition.* ‖ Passage d'un état de choses à un autre : *une brusque transition.* ‖ *Phys.* Passage d'un atome, d'un noyau, d'une molécule, d'un niveau d'énergie à un autre. ● *De transition*, qui constitue un état intermédiaire. ‖ *Éléments de transition* (Chim.), éléments métalliques, au nombre de 56, qui possèdent une sous-couche électronique de rang trois partiellement remplie.

TRANSITIONNEL, ELLE adj. Qui marque une transition. ● *Objet transitionnel*, objet particulier (couche, ours en peluche) auquel le nourrisson est passionnément attaché et qui l'aide à supporter l'angoisse de séparation d'avec sa mère en gardant celle-ci symboliquement présente.

TRANSITIVEMENT adv. *Ling.* Avec le sens des verbes transitifs.

TRANSITIVITÉ n. f. Caractère de ce qui est transitif.

TRANSITOIRE adj. Qui dure peu de temps, passager : *loi transitoire.* ‖ Qui sert de transition, provisoire : *solution transitoire.*

TRANSLATIF, IVE adj. *Dr.* Par lequel on transfère une chose à un autre.

TRANSLATION n. f. (lat. *translatio*, transfert). Action de transférer d'un lieu dans un autre : *la translation des reliques d'un saint.* ‖ *Dr.* Action de transférer. ‖ *Math.* Transformation géométrique faisant correspondre à un point M un point M' tel que le vecteur $\overrightarrow{MM'}$ soit équipollent à un vecteur constant.

TRANSLITÉRATION ou **TRANSLITTÉRATION** [trãsliterasjɔ̃] n. f. *Ling.* Transcription faite en transposant les lettres d'un alphabet par les lettres d'un autre alphabet.

TRANSLOCATION n. f. (mot angl.). Aberration chromosomique par laquelle un segment de chromosome se détache et se fixe sur un chromosome non analogue.

TRANSLUCIDE adj. (lat. *translucidus*). Qui laisse passer la lumière, sans permettre toutefois de voir nettement les objets.

TRANSLUCIDITÉ n. f. État, qualité, caractère de ce qui est translucide.

TRANSMETTEUR n. m. Appareil expéditeur de signaux télégraphiques. ‖ *Biol.* Substance qui assure la transmission d'une information d'un point à un autre de l'organisme.

TRANSMETTRE v. t. (lat. *transmittere*) [conj. **49**]. Faire parvenir, communiquer ce qu'on a reçu : *transmettre un ordre.* ‖ Permettre le passage, agir comme intermédiaire : *le mouvement est transmis aux roues par l'arbre moteur.* ‖ *Dr.* Faire passer par mutation. ◆ *se transmettre* v. pr. Se propager, passer d'un endroit à un autre.

TRANSMIGRATION n. f. *Transmigration des âmes*, syn. de MÉTEMPSYCOSE.

TRANSMIGRER v. i. (lat. *transmigrare*). *Relig.* Passer d'un lieu à un autre.

TRANSMISSIBILITÉ n. f. Qualité, caractère de ce qui est transmissible.

TRANSMISSIBLE adj. Qui peut être transmis.

TRANSMISSION n. f. (lat. *transmissio*, trajet). Action de transmettre : *transmission d'un droit.* ‖ Communication du mouvement d'un organe à un autre; organe servant à transmettre le mouvement. ‖ Ensemble des organes interposés, dans une automobile, entre le moteur et les roues motrices. ● *Agent de transmission*, soldat porteur d'un ordre ou d'un renseignement. ‖ *Transmission de pensée*, syn. de TÉLÉPATHIE. ‖ *Transmission des pouvoirs*, opération par laquelle les pouvoirs d'un chef d'État, d'un ministre, d'une assemblée, etc., sont transférés à son successeur. ◆ pl. Arme ou service chargé de la mise en œuvre des moyens de liaison (téléphone, radio, faisceaux hertziens, téléimprimeurs...) à l'intérieur des forces armées. ● *Réseau intégré de transmissions automatiques* (abrév. : R. I. T. A.), système militaire de télécommunications fondé sur les propriétés de l'informatique et utilisant un maillage hertzien.

TRANSMODULATION n. f. Déformation d'un signal radioélectrique, due à la superposition d'un autre signal dans un élément de liaison ou d'amplification non linéaire.

TRANSMUABLE ou **TRANSMUTABLE** adj. Qui peut être transmuté.

TRANSMUTABILITÉ n. f. Propriété de ce qui est transmuable.

TRANSMUTATION n. f. Transformation d'un noyau atomique en un autre.

TRANSMUTER ou **TRANSMUER** v. t. (lat. *transmutare*). Transformer un noyau atomique en un autre.

TRANSNATIONAL, E, AUX adj. Se dit d'un organisme, d'une entreprise qui déborde, par ses activités ou son influence, le cadre national : *les firmes transnationales.*

TRANSOCÉANIQUE adj. Qui traverse l'océan ou qui relie deux océans : *canal transocéanique.*

TRANSPALETTE n. m. Engin élévateur à moteur, utilisé pour la manutention des palettes.

TRANSPARAÎTRE v. i. (conj. **58**). Se montrer, apparaître à travers : *laisser transparaître ses intentions.*

TRANSPARENCE n. f. Qualité de ce qui est transparent. ‖ *Cin.* Procédé consistant à projeter un film sur un écran dépoli servant de décor devant lequel évoluent les personnages réels et permettant ainsi de tourner en studio des scènes d'extérieurs. ● *Transparence fiscale*, concept selon lequel certains associés sont considérés comme redevables directs des impôts dus à raison de l'activité sociale, sans que le fisc prenne en considération l'existence de la personne morale dont ils sont membres.

TRANSPARENT, E adj. (lat. *trans*, au-delà de, et *parens*, apparaissant). Qui, se laissant aisément traverser par la lumière, permet de distinguer nettement les objets à travers son épaisseur. ‖ Dont le sens se laisse deviner, saisir aisément : *allusion transparente.*

TRANSPARENT n. m. Feuille où sont tracées des lignes noires et qui, mise sous un papier non réglé, sert à guider celui qui écrit.

TRANSPERCER v. t. (conj. **1**). Percer de part en part. ‖ Passer au travers, traverser : *la pluie ne peut transpercer un vêtement imperméable.*

TRANSPHRASTIQUE adj. *Ling.* Se dit du niveau d'analyse s'appliquant à un texte formé d'une suite de phrases.

TRANSPIRANT, E adj. Qui transpire.

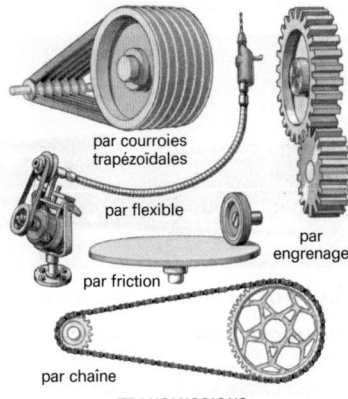

par courroies trapézoïdales

par flexible

par engrenage

par friction

par chaîne

TRANSMISSIONS

TRANSMISSION AUTOMOBILE

moteur avant et propulsion arrière

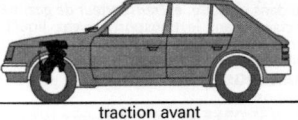

traction avant

moteur arrière

TRANSPIRATION n. f. Sortie de la sueur par les pores de la peau. ‖ *Bot.* Émission de vapeur d'eau, réalisée surtout au niveau des feuilles et assurant le renouvellement de l'eau de la plante et son alimentation minérale.

TRANSPIRER v. i. (lat. *transpirare*, exhaler). Exhaler de la sueur : *transpirer à cause de la chaleur.* ‖ Être divulgué, commencer à être connu.

TRANSPLANT n. m. *Méd.* Organe qui doit être transplanté.

TRANSPLANTABLE adj. Qui peut être transplanté.

TRANSPLANTATION n. f. Action de transplanter. ‖ *Méd.* Greffe d'un organe.

TRANSPLANTER v. t. Planter en un autre endroit en enlevant de sa place : *transplanter des arbres.* ‖ Faire passer d'un lieu à un autre; transférer : *transplanter une colonie.* ‖ *Méd.* Greffer un organe dans un corps vivant en assurant le raccordement des vaisseaux sanguins et des conduits excréteurs.

TRANSPOLAIRE adj. Qui passe par le pôle.

TRANSPORT n. m. Action de porter d'un lieu dans un autre : *transport de marchandises.* ‖ *Litt.* Sentiment vif, violent : *transport de joie.* ‖ *Dr.* Transfert de droits incorporels. ‖ *Mil.* Navire propre à transporter les troupes ou du matériel de guerre. ● *Aviation de transport*, subdivision de l'armée de l'air chargée des transports de personnel et de matériel par avion ou par hélicoptère. ‖ *Transport de force*, ligne aérienne électrique à très haute tension, pour la transmission d'énergie à longue distance. ‖ *Transport de justice*, déplacement de magistrats sur les lieux d'un crime, soit au cours d'une instruction, soit au cours d'un jugement. ◆ pl. Ensemble des divers moyens permettant le déplacement des marchandises ou des personnes : *transports maritimes, aériens.* ‖ *Géol.* Matériaux solides déplacés par un cours d'eau.

Lockheed Aircraft

avion américain de **transport** aérien militaire Lockheed « C-5 A Galaxy »

TRANSPORTABLE adj. Qui peut être transporté.

TRANSPORTATION n. f. Autref., régime d'exécution de certaines peines privatives de liberté dans les colonies.

TRANSPORTER v. t. (lat. *transportare*). Porter d'un lieu dans un autre : *transporter des marchandises.* ‖ Faire passer d'un milieu à un autre : *transporter sur la scène un fait divers.* ‖ *Litt.* Agiter violemment, mettre hors de soi : *la fureur le transporte.* ‖ *Dr.* Céder qqch par un acte. ◆ **se transporter** v. pr. Se rendre en un lieu. ‖ Se porter par l'imagination.

TRANSPORTEUR, EUSE adj. Qui transporte : *benne transporteuse.*

TRANSPORTEUR n. m. Appareil assurant mécaniquement le transport d'un objet d'un lieu dans un autre. ● *Transporteur de gaz*, navire spécialisé dans le transport de gaz liquéfié. ‖ *Transporteur routier*, personne qui, par profession, effectue des transports routiers.

TRANSPOSABLE adj. Qui peut être transposé.

TRANSPOSÉE adj. et n. f. *Matrice transposée*, ou *transposée* (Math.), matrice obtenue à partir d'une matrice A dont on a permuté les lignes et les colonnes, et notée ^tA.

TRANSPOSER v. t. Mettre une chose à une place autre que celle qu'elle occupe ou qu'elle doit occuper : *transposer un mot, une lettre.* ‖ Placer dans un autre décor, une autre

époque, etc., un thème littéraire ou artistique : *transposer l'intrigue d'une pièce.* ‖ *Mus.* Écrire ou exécuter un morceau dans un ton différent de celui dans lequel il est composé.

TRANSPOSITEUR adj. et n. m. Se dit du dispositif prévu sur certains instruments de musique, qui permet de produire un son différent de celui qui est noté.

TRANSPOSITION n. f. Action de transposer. ‖ *Chim.* Syn. de RÉARRANGEMENT. ‖ *Math.* Substitution portant sur deux éléments *a* et *b*, notée (*a*, *b*), indiquant qu'on échange *a* et *b*. ‖ *Mus.* Changement de tonalité de tout un morceau.

TRANSPYRÉNÉEN, ENNE adj. Situé au-delà des Pyrénées. ‖ Qui franchit les Pyrénées.

TRANSSAHARIEN, ENNE adj. Qui traverse le Sahara.

TRANSSEXUALISME n. m. *Psychiatr.* Conviction délirante d'appartenir à l'autre sexe, et désir de changer anatomiquement de sexe.

TRANSSEXUEL, ELLE adj. et n. Atteint de transsexualisme.

TRANSSONIQUE adj. Se dit des vitesses voisines de celle du son (de Mach 0,8 à Mach 1,2). ‖ Se dit des appareils et des installations servant à l'étude expérimentale de ces vitesses.

TRANSSUBSTANTIATION n. f. *Théol. cath.* Transformation de la substance du pain et du vin en celle du corps et du sang de Jésus-Christ, dans l'eucharistie. (Dogme défini en 1551 au concile de Trente.)

TRANSSUDAT n. m. *Méd.* Liquide dont la composition est identique au plasma moins les protéines, et apparaissant au niveau d'une muqueuse ou d'une séreuse par suite d'un obstacle à la circulation de retour vers le cœur.

TRANSSUDATION n. f. Action de transsuder.

TRANSSUDER v. i. (lat. *transsudare*). Passer à travers la paroi du récipient qui le contient, en parlant d'un liquide.

TRANSTÉVÉRIN, E adj. Situé au-delà du Tibre, par rapport au centre de Rome.

TRANSTOCKEUR n. m. Appareil utilisé dans la manutention de charges isolées à l'intérieur de magasins comportant des rayonnages et des allées de circulation rectilignes.

TRANSURANIEN adj. Se dit des éléments chimiques de numéro atomique supérieur à celui de l'uranium (92). [Les éléments transuraniens sont instables et n'existent pas sur la Terre.]

TRANSVASEMENT n. m. Action de transvaser.

TRANSVASER v. t. (lat. *trans*, à travers, et *vas*, vase). Verser d'un récipient dans un autre.

TRANSVERSAL, E, AUX adj. (lat. *transversus*; de *trans*, à travers, et *versus*, tourné). Disposé en travers, qui coupe en travers : *ligne transversale; vallée transversale.*

TRANSVERSALE n. f. Ligne, barre horizontale. ‖ Itinéraire routier ou voie ferrée qui joint directement deux villes, deux régions, sans passer par le centre du réseau. ‖ *Math.* Droite coupant un polygone ou une courbe.

TRANSVERSALEMENT adv. De façon transversale.

TRANSVERSE adj. (lat. *transversus*). *Anat.* Placé dans une direction transversale par rapport à l'axe du corps.

TRANSVESTISME n. m. → TRAVESTISME.

TRANSVIDER v. t. Verser le contenu d'un récipient incomplètement plein dans un autre.

TRANSYLVAIN, E ou **TRANSYLVANIEN, ENNE** adj. et n. De la Transylvanie.

TRAPÈZE n. m. (gr. *trapezion*, petite table). Quadrilatère dont deux côtés, appelés *bases*, sont parallèles et inégaux. (L'aire d'un trapèze s'obtient en multipliant la demi-somme des bases par leur distance appelée *hauteur*.) ‖ Appareil de gymnastique formé de deux cordes verticales, réunies à leur base par une barre cylindrique. ‖ *Anat.* Muscle du dos, qui rapproche l'omoplate de la colonne vertébrale; os le plus externe de la deuxième rangée du carpe. ‖ *Mar.* Système de sangles permettant à un équipier de voilier de porter son poids à l'extérieur dans la position de rappel.

TRAPÉZISTE n. Gymnaste qui fait du trapèze.

TRAPÉZOÈDRE n. m. *Minér.* Solide à faces trapézoïdales.

TRAPÉZOÏDAL, E, AUX adj. En forme de trapèze.

TRAPÉZOÏDE adj. et n. m. *Anat.* Se dit de l'os de la deuxième rangée du carpe, situé entre le trapèze et le grand os.

TRAPPE n. f. (mot francique). Sorte de plateau fermant une ouverture pratiquée au niveau du sol ou d'un plancher; l'ouverture elle-même. ‖ Piège à bascule qu'on place au-dessus d'une fosse. ‖ Monastère de trappistes.

TRAPPEUR n. m. (mot amér.). Chasseur d'animaux à fourrure, en Amérique du Nord.

TRAPPILLON n. m. Ce qui tient une trappe fermée. ‖ *Théâtr.* Ouverture dans le plancher de la scène, donnant passage aux décors appelés « fermes », qui montent des dessous.

TRAPPISTE n. m. Religieux de l'ordre des Cisterciens réformés de la stricte observance, ou de la Trappe.

TRAPPISTINE n. f. Religieuse cistercienne de la stricte observance. ‖ Liqueur fabriquée par les trappistes.

TRAPU, E adj. Gros et court : *un homme trapu.* ‖ *Fam.* Fort dans une matière : *trapu en maths.* ‖ *Fam.* Ardu, difficile : *problème trapu.*

TRAQUE n. f. *Fam.* Action de traquer.

TRAQUENARD n. m. (mot gascon). Piège pour prendre les animaux nuisibles. ‖ Piège tendu à qqn pour l'arrêter, le faire échouer : *tomber dans un traquenard.*

TRAQUER v. t. (anc. fr. *trac*, piste des bêtes). Poursuivre, serrer de près, harceler qqn : *traquer des voleurs; journalistes qui traquent une vedette.* ‖ *Chass.* Enfermer le gibier dans un cercle de chasseurs qui se resserre de plus en plus.

TRAQUET n. m. Oiseau passereau à queue blanche à la base, insectivore. (Long. : 15 à 20 cm. Famille des turdidés.)

TRAQUEUR, EUSE n. Personne qui traque. ‖ *Astronaut.* Appareil de poursuite automatique.

TRATTORIA n. f. (mot it.). Petit restaurant, en Italie.

TRAUMA n. m. (mot gr.). *Psychanal.* Syn. de TRAUMATISME PSYCHIQUE.

TRAUMATIQUE adj. (gr. *trauma*, blessure). Qui concerne les plaies, les blessures. ● *Choc traumatique*, syndrome général d'abattement consécutif à un traumatisme.

TRAUMATISANT, E adj. Qui provoque un choc moral.

TRAUMATISER v. t. Provoquer un traumatisme psychique.

TRAUMATISME n. m. *Méd.* Ensemble des lésions du revêtement cutané intéressant un tissu, un organe ou un segment de membre, provoquées accidentellement par un agent extérieur; ensemble des troubles qui en résultent. ● *Traumatisme psychique* (Psychanal.), événement de forte portée émotionnelle de la vie du sujet, entraînant des troubles psychiques durables, par suite de son incapacité d'y répondre adéquatement sur-le-champ.

TRAUMATOLOGIE n. f. Partie de la chirurgie qui traite des blessures, des plaies.

TRAUMATOLOGIQUE adj. Relatif à la traumatologie.

TRAUMATOLOGISTE n. Spécialiste de traumatologie.

TRAVAIL n. m. (lat. *trepalium*, instrument de torture) [pl. *travaux*]. Activité déployée pour faire qqch : *travail manuel; travail intellectuel*. ‖ Ouvrage réalisé ou qui est à faire : *distribuer le travail aux ouvriers*. ‖ Manière dont un ouvrage est exécuté : *bijou d'un beau travail*. ‖ Activité rétribuée : *vivre de son travail*. ‖ L'ensemble des travailleurs, des ouvriers. ‖ Action progressive ayant un effet constatable; phénomènes qui se produisent dans une substance et en changent la nature : *le travail de la fermentation*. ‖ Mouvement qui se produit dans les matériaux : *le travail du bois*. ‖ Écon. L'un des facteurs de la production. ‖ Mécan. Produit de l'intensité d'une force par la projection, sur la direction de cette force, du déplacement de son point d'application. (L'unité légale de travail est le *joule*.) ‖ Méd. Contractions de l'utérus pendant l'accouchement. ‖ Philos. Activité de transformation de la nature, propre aux hommes, qui les met en relation, et qui est productrice de valeur. ● *Camp de travail*, organisation définie par le code pénal soviétique, qui consiste à regrouper dans certains lieux des personnes condamnées pour activité antisoviétique ou pour violation de certaines lois de l'U.R.S.S. ‖ *Inspection du travail*, organisme chargé d'étudier la situation de l'emploi, de surveiller les infractions aux législations protectrices des travailleurs et d'en dresser procès-verbal. ‖ *Psychologie du travail*, partie de la psychologie qui a pour objectif l'étude des conduites constituées par le travail. ‖ *Sociologie du travail*, étude systématique du travail industriel, sur le plan des exécutants et sur le plan de l'organisation. (On dit parfois *sociologie industrielle*.) ‖ *Travail du deuil* (Psychanal.), processus psychique inconscient faisant suite à la perte d'un objet d'amour et conduisant le sujet à se détacher de celui-ci. ‖ *Travail du rêve* (Psychanal.), déformation (déplacement, condensation, figuration) que la censure inflige au contenu latent du rêve. ◆ pl. Ensemble d'opérations propres à un domaine déterminé : *travaux agricoles*. ‖ Publications scientifiques; recherches érudites. ‖ Discussions et études collectives en vue de l'élaboration d'un texte (rapport, résolution, projet ou proposition de loi). ● *Inspecteur des travaux finis* (Fam.), se dit de qqn qui arrive quand le travail est fini. ‖ *Travaux forcés*, anc. peine afflictive et infamante, temporaire ou perpétuelle, qui a été remplacée par la réclusion criminelle. ‖ *Travaux publics*, œuvres de construction, de réparation, d'entretien ou de destruction effectuées dans un but d'utilité générale ou pour le compte d'une personne publique.

TRAVAIL n. m. (bas lat. *trepalium*, machine faite de trois pieux) [pl. *travails*]. Appareil servant à maintenir les grands animaux domestiques pendant qu'on les ferre ou les soigne.

TRAVAILLÉ, E adj. Où l'on remarque le soin, le travail : *style travaillé*.

TRAVAILLER v. i. Fournir un travail; exercer une activité, un métier : *travailler dans l'imprimerie*. ‖ Se donner de la peine pour faire qqch, s'efforcer de : *travailler à perdre qqn*. ‖ Se déformer, se disjoindre : *poutre qui travaille*. ‖ Fonctionner activement : *son imagination travaille*. ‖ Produire un revenu : *faire travailler son argent*. ‖ Fermenter : *le vin nouveau travaille*. ◆ v. t. Soumettre à une action de manière à donner une forme; façonner : *travailler le fer*. ‖ Soigner, exercer : *travailler son style*. ‖ Causer de la souffrance, du trouble, de la gêne : *la fièvre le travaille*; *être travaillé par un désir*. ‖ Chercher à gagner ou à soulever : *travailler les esprits*. ● *Travailler une pâte*, la pétrir, la rouler.

TRAVAILLEUR, EUSE n. et adj. Personne salariée, spécialement dans l'industrie. ‖ Personne qui aime le travail, actif. ● *Travailleuse familiale*, syn. de AIDE FAMILIALE.

TRAVAILLEUSE n. f. Table à compartiments pour travaux de couture.

TRAVAILLISME n. m. Mouvement politique des socialistes anglais.

TRAVAILLISTE n. et adj. En Angleterre, membre du parti travailliste. ● *Parti travailliste*, ou *Labour Party*, parti socialiste anglais, constitué par les trade-unions, les coopératives, ainsi que par des sections locales.

■ Le parti travailliste (en angl. *Labour Party*) est né en 1900. Grâce à l'action de son leader Ramsay MacDonald, il obtient dès 1906 vingt-neuf sièges à la Chambre des communes. En 1924, R. MacDonald devient le chef du premier cabinet travailliste (socialiste); il revient au pouvoir de 1929 à 1931. Après avoir fait partie du gouvernement de coalition dirigé par W. Churchill (1940-1945), les travaillistes triomphent aux élections de 1945 (395 sièges). Ils sont au pouvoir de 1945 à 1951 avec Clement Attlee, puis avec Harold Wilson, de 1964 à 1970 et de 1974 à 1976, et James Callaghan, de 1976 à 1979.

TRAVAILLOTER v. i. Fam. Travailler peu, sans se fatiguer.

TRAVÉE n. f. (anc. fr. *trev*, poutre; lat. *trabs*). Rangée de bancs : *les travées d'une assemblée*. ‖ Espace compris entre deux points d'appui principaux d'un ouvrage de construction; partie verticale d'une élévation délimitée par des supports (colonnes, piliers) consécutifs.

TRAVELAGE n. m. Ch. de f. Ensemble des traverses d'une voie ferrée; nombre de traverses placées dans un kilomètre de voie.

TRAVELLER'S CHEQUE ou **TRAVELLER'S CHECK** n. m. (mots angl. ou amér.) [pl. *traveller's cheques* ou *checks*]. Chèque* de voyage.

TRAVELLING [travliŋ] n. m. (mot angl.). Artifice de mise en scène cinématographique, qui consiste à fixer un plan sur un appareil mobile généralement monté sur un chariot roulant sur rails; l'appareil lui-même. ● *Travelling optique*, effet identique au travelling ordinaire, obtenu, avec une caméra immobile, par la variation de la distance focale.

TRAVELO n. m. Pop. Personne atteinte de travestisme.

TRAVERS n. m. (lat. *transversus*, oblique). Petit défaut un peu ridicule. ‖ Étendue transversale d'un corps (vx). ● *À travers*, par le milieu. ‖ *Au travers*, de part en part. ‖ *De travers*, obliquement; irrégulièrement; de manière fausse, inexacte. ‖ *En travers*, d'un côté à l'autre, suivant la largeur. ‖ *Passer au travers*, échapper. ‖ *Prendre qqch de travers*, être très susceptible. ‖ *Regarder de travers*, regarder avec antipathie. ‖ *Travers de porc*, côtes de porc coupées dans le sens transversal. ‖ *Vent de travers*, vent qui agit sur un navire perpendiculairement à la route suivie. ◆ loc. prép. *À travers*, au milieu de; par le milieu de; *à travers champs*, au-delà de; en passant d'un bout à l'autre. ‖ *Au travers de*, par le milieu de; de part en part de (lorsqu'il y a obstacle).

TRAVERSABLE adj. Qui peut être traversé.

TRAVERS-BANC n. m. (pl. *travers-bancs*). Dans une mine, galerie horizontale dans le rocher, perpendiculaire aux lignes de niveau des couches.

TRAVERSE n. f. Pièce d'appui posée sur le ballast perpendiculairement aux rails d'une voie ferrée, qu'elle supporte et dont elle maintient l'écartement. ‖ Techn. Pièce perpendiculaire aux éléments principaux d'une construction et destinée à maintenir l'écartement de ces éléments; élément horizontal d'un remplage de fenêtre. ● *Chemin de traverse*, chemin plus direct que la grand-route. ◆ pl. Litt. Obstacles, afflictions.

TRAVERSÉE n. f. Action de traverser la mer, un cours d'eau, un pays, un espace quelconque. ● *Traversée du désert*, disparition temporaire d'une personnalité de la scène politique. ‖ *Traversée de voie* (Ch. de f.), point où deux voies se coupent.

TRAVERSER v. t. (lat. *transversare*). Passer d'un côté à l'autre : *traverser une forêt, la rue*. ‖ Pénétrer de part en part : *la pluie a traversé mes vêtements*. ‖ Passer par; vivre dans : *traverser une crise de désespoir*. ● *Traverser l'esprit*, se présenter rapidement à la pensée.

TRAVERSIER, ÈRE adj. Qui sert à traverser (vx).

TRAVERSIER n. m. Au Canada, bac, ferry-boat.

TRAVERSIN n. m. Coussin long et cylindrique qui occupe toute la largeur à la tête du lit. ‖ Chacune des pièces de bois qui forment le fond d'un tonneau.

TRAVERSINE n. f. Traverse d'un grillage.

TRAVERTIN n. m. Roche calcaire de très belle qualité, présentant des cavités garnies de cristaux, employée en construction.

TRAVESTI n. m. Déguisement. ‖ Personne atteinte de travestisme. ● *Danser, jouer un travesti*, interpréter le rôle d'un personnage du sexe opposé au sien.

TRAVESTIR v. t. (it. *travestire*). Déguiser avec les vêtements d'un autre sexe, d'une autre condition. ‖ Transformer, rendre méconnaissable, falsifier : *travestir une pensée, la vérité*. ● *Bal travesti*, bal où les danseurs sont déguisés. ◆ *se travestir* v. pr. Revêtir un déguisement.

TRAVESTISME n. m. Adoption, par certains sujets atteints d'inversion sexuelle, des vêtements et des habitudes sociales du sexe opposé. (On dit aussi TRANSVESTISME.)

TRAVESTISSEMENT n. m. Action ou manière de travestir ou de se travestir; déguisement.

TRAVIOLE (DE) loc. adv. Pop. De travers.

TRAYEUR, EUSE n. Personne qui trait les vaches.

TRAYEUSE n. f. Appareil pour traire les vaches.

TRAYON [trejɔ̃] n. m. (de *traire*). Extrémité du pis d'une vache, d'une chèvre, etc.

Lauros

travelling

TRÉBUCHANT, E adj. *Espèces sonnantes et trébuchantes*, argent liquide.

TRÉBUCHER v. i. (anc. fr. *tres*, au-delà, et *buc*, tronc du corps). Perdre l'équilibre en marchant : *trébucher sur une pierre*. ‖ Être arrêté par une difficulté : *trébucher sur un mot*. ◆ v. t. Techn. Peser au trébuchet.

TRÉBUCHET n. m. Piège pour les petits oiseaux. ‖ Petite balance de précision pour peser de très faibles quantités de matière.

TRÉCHEUR n. m. → TRESCHEUR.

TRÉFILAGE n. m. Action de tréfiler.

TRÉFILER v. t. (lat. *trans*, au-delà, et *fil*). Convertir un métal en fils de diverses grosseurs par étirage à froid.

TRÉFILERIE n. f. Établissement industriel, atelier dans lequel s'effectue le tréfilage.

TRÉFILEUR n. m. Ouvrier qui tréfile; industriel qui exploite une tréfilerie.

TRÈFLE n. m. (gr. *triphullon*; de *treis*, trois, et *phullon*, feuille). Plante herbacée à feuilles composées de trois folioles et à fleurs blanches, roses ou pourpres, dont plusieurs espèces cultivées constituent d'excellents fourrages, comme le trèfle incarnat, ou *farouch*. (Famille des papilionacées.) ‖ Une des quatre couleurs du jeu de cartes, représentée par un trèfle. ‖ Pop. Argent. ‖ Archit. Jour ou ornement composé de trois cercles sécants qui ont leurs centres respectifs à chacun des sommets d'un triangle équilatéral.

● *Carrefour en trèfle,* croisement de routes à des niveaux différents, affectant la forme d'un trèfle à quatre feuilles. ‖ *Trèfle cornu,* syn. de LOTIER. ‖ *Trèfle d'eau,* syn. de MÉNYANTHE.

TRÉFLIÈRE n. f. Champ de trèfle.

TRÉFONCIER, ÈRE adj. *Dr.* Relatif à la redevance due au propriétaire du sol par l'exploitant de la mine.

TRÉFONDS n. m. *Litt.* Ce qu'il y a de plus secret : *le tréfonds d'une affaire.* ‖ *Dr.* Ce qui est en dessous du sol, d'un terrain.

TRÉGORROIS ou **TRÉGOROIS, SE** adj. et n. De Tréguier.

TREILLAGE [trɛjaʒ] n. m. Assemblage de lattes en treillis ; clôture à claire-voie.

TREILLAGER v. t. Garnir de treillage.

TREILLAGEUR n. m. Celui qui fait ou vend des treillages.

TREILLE n. f. (lat. *trichila,* berceau de verdure). Ceps de vigne élevés contre un mur ou sur un treillage. ● *Le jus de la treille,* le vin.

TREILLIS [trɛji] n. m. (lat. *trillix,* à trois fils). Ouvrage de bois ou de métal imitant les mailles d'un filet et qui sert de clôture. ‖ Toile de chanvre écru très grosse : *pantalon de treillis.* ‖ Vêtement d'exercice ou de combat. ‖ *Math.* Ensemble ordonné dans lequel tout couple d'éléments admet une borne supérieure et une borne inférieure. ‖ *En treillis,* se dit d'un ouvrage métallique formé de poutres entrecroisées et maintenues par des rivets, qui constitue un ensemble rigide.

TREILLISSER v. t. Garnir de treillis.

TREIZE adj. num. et n. m. inv. (lat. *tredecim*). Douze plus un. ‖ Treizième : *Louis treize.* ● *Treize à la douzaine,* treize objets donnés pour douze payés.

TREIZIÈME adj. ord. et n. Qui occupe un rang marqué par le numéro treize. ‖ Qui se trouve treize fois dans le tout.

TREIZIÈMEMENT adv. En treizième lieu, dans une énumération.

TREKKING [trekiŋ] n. m. Randonnée touristique à pied.

TRÉMA n. m. (gr. *trêma,* point). Double point qu'on met horizontalement sur les voyelles *e, i, u,* pour indiquer que la voyelle qui précède doit être prononcée séparément, comme dans *cigu-ë, ha-ïr, No-ël.*

TRÉMAIL n. m. → TRAMAIL.

TRÉMATAGE n. m. Action de trémater. ● *Droit de trématage,* droit que possèdent certaines catégories de bateaux de passer les premiers aux écluses.

TRÉMATER v. i. Dépasser un bateau, sur une voie d'eau navigable.

TRÉMATODE n. m. (gr. *trêmatôdês,* troué). Ver plat non annelé, parasite des vertébrés, à évolution larvaire complexe, tel que la *douve* du foie du mouton. (Les *trématodes* constituent une classe de l'embranchement des platodes ou plathelminthes.)

TREMBLAIE n. f. Lieu planté de trembles.

TREMBLANT, E adj. Qui tremble : *voix tremblante.* ‖ Saisi d'effroi : *il était tout tremblant.*

TREMBLANTE n. f. Maladie des moutons, caractérisée par un tremblement musculaire.

TREMBLE n. m. (lat. *tremulus,* tremblant). Espèce de peuplier dont la feuille tremble au moindre vent. (Le tremble atteint 20 mètres de haut. Son bois, mauvais pour le chauffage, fournit un excellent charbon à poudre.)

TREMBLÉ, E adj. *Écriture tremblée,* tracée par une main tremblante. ‖ *Sons tremblés,* sons qui varient rapidement d'intensité.

TREMBLEMENT n. m. Agitation de ce qui tremble : *tremblement de main.* ‖ *Mus.* Syn. de TRILLE. ● *Et tout le tremblement* (Fam.), tout le reste. ‖ *Tremblement de terre,* syn. de SÉISME.

TREMBLER v. i. (lat. pop. *tremulare ;* de *tremere,* trembler). Être agité de petits mouvements rapides et répétés : *le plancher tremble.* ‖ Être ébranlé : *la terre a tremblé.* ‖ Éprouver de petits mouvements musculaires involontaires, rythmés, convulsifs, d'un ou plusieurs segments

du corps, frissonner, grelotter : *trembler de froid.* ‖ Éprouver une violente crainte : *trembler pour sa vie.*

TREMBLEUR, EUSE adj. et n. Qui tremble ; personne craintive, timide à l'excès.

TREMBLEUR n. m. Appareil à lame flexible qui interrompt et rétablit le passage d'un courant électrique à de très courts intervalles.

TREMBLOTANT, E adj. Qui tremblote.

TREMBLOTE n. f. *Avoir la tremblote* (Fam.), trembler de froid ou de peur.

TREMBLOTEMENT n. m. *Fam.* Léger tremblement.

TREMBLOTER v. i. Trembler un peu, vaciller.

TRÉMELLE n. f. (lat. *tremulus,* tremblant). Champignon gélatineux, doré ou orangé, apparaissant en hiver sur les branches mortes. (Classe des basidiomycètes.)

TRÉMIE n. f. (lat. *trimodia,* vase de la contenance de trois muids). Sorte de réservoir en forme de pyramide quadrangulaire tronquée et renversée. ‖ Espace réservé dans un plancher pour placer une cheminée, laisser passage à un conduit de fumée, à un escalier, etc. ‖ Mangeoire pour la volaille. ‖ Assemblage de cristaux de sel marin.

TRÉMIÈRE adj. f. (altér. de *rose d'outremer*). *Rose trémière,* v. ROSE.

TRÉMOLITE n. f. *Minér.* Silicate naturel du genre amphibole.

TRÉMOLO n. m. (mot it.). Répétition rapide d'un même son. ‖ Tremblement de la voix.

TRÉMOUSSEMENT n. m. Action de se trémousser : *trémoussement d'ailes.*

TRÉMOUSSER (SE) [satremuse] v. pr. S'agiter d'un mouvement rapide et irrégulier, gigoter.

TREMPABILITÉ n. f. Aptitude d'un alliage à subir la trempe sur une forte épaisseur.

TREMPAGE n. m. Immersion dans un liquide, etc. ‖ Opération qui consiste à laisser tremper le linge sale dans une eau savonneuse pour le décrasser avant le lavage.

TREMPE n. f. Fermeté du caractère, force d'âme : *ils sont de même trempe.* ‖ *Pop.* Volée de coups. ‖ Opération de traitement thermique qui consiste, par le refroidissement rapide d'un produit métallurgique, du verre, etc. à température ambiante soit une structure stable à chaud, soit une structure dérivée de cette dernière. ‖ Eau propre à faire fermenter le grain destiné à la fabrication de la bière.

TREMPÉ, E adj. Se dit d'un métal, du verre qui a subi l'opération de la trempe. ‖ *Fam.* Très mouillé par la pluie, les embruns. ● *Bien trempé,* se dit de qqn qui a de l'énergie. ‖ *Trempé comme une soupe* ou *jusqu'aux os,* très mouillé.

TREMPER v. t. (lat. *temperare,* modérer). Plonger dans un liquide, imbiber de ce liquide : *tremper sa plume dans l'encre.* ‖ Soumettre un métal, le verre à la trempe. ● *Tremper la soupe,*

verser le bouillon sur le pain. ‖ *Tremper son vin,* y mettre beaucoup d'eau. ◆ v. i. Demeurer quelque temps dans un liquide. ‖ Être complice de ; participer à une action condamnable : *tremper dans un crime.*

TREMPETTE n. f. *Faire trempette* (Fam.), prendre un bain très court, ou dans une eau peu profonde.

TREMPEUR n. et adj. m. Ouvrier qui trempe.

TREMPLIN n. m. (it. *trampolino ;* de *trampolo,* échasse). Planche élastique, sur laquelle un sauteur ou un plongeur prend son élan. ‖ Plan incliné, couvert de neige, sur lequel un skieur prend son élan pour un saut. ‖ Ce dont on se sert pour arriver à un résultat.

TRÉMULANT, E adj. En proie à des trémulations.

TRÉMULATION n. f. (lat. *tremulare,* trembloter). *Méd.* Tremblement.

TRENCH-COAT [trɛnʃkot] n. m. (mot angl.) [pl. *trench-coats*]. Manteau imperméable d'une coupe particulière.

TREND [trɛnd] n. m. (mot angl.). *Écon.* Mouvement de longue durée.

TRENTAINE n. f. Nombre de trente ou environ. ‖ Âge d'à peu près trente ans.

TRENTE adj. num. et n. m. inv. (lat. *triginta*). Trois fois dix. ‖ Trentième : *les années trente.* ‖ Au tennis, deuxième point que l'on peut marquer dans un jeu. ● *Se mettre sur trente et un* (Fam.), être habillé de ses plus beaux vêtements.

TRENTE-ET-QUARANTE n. m. inv. Jeu de cartes et de casino.

TRENTENAIRE adj. Qui dure trente ans.

TRENTIÈME adj. ord. et n. Qui occupe un rang marqué par le numéro trente. ‖ Qui se trouve trente fois dans le tout.

TRÉPAN n. m. (gr. *trupanon,* tarière). *Chir.* Instrument avec lequel on perce les os, surtout la boîte crânienne. ‖ *Techn.* Outil qui, dans un sondage, attaque par percussion ou rotation le terrain sur tout le fond du trou.

TRÉPANATION n. f. Opération chirurgicale consistant à pratiquer une ouverture dans un os, et particulièrement dans la boîte crânienne, à l'aide du trépan.

TRÉPANER v. t. Pratiquer la trépanation sur.

TRÉPANG n. m. → TRIPANG.

TRÉPAS n. m. *Litt.* Décès, mort. ● *Passer de vie à trépas,* mourir.

TRÉPASSÉ, E n. *Litt.* Personne décédée. ● *La fête des trépassés,* le 2 novembre, jour des morts.

TRÉPASSER v. i. (anc. fr. *tres,* au-delà, et *passer*). *Litt.* Mourir.

TRÉPIDANT, E adj. Agité de secousses brusques. ● *Vie trépidante,* vie pleine d'agitation, d'occupations.

TRÉPIDATION n. f. (lat. *trepidatio,* trouble). Action de trépider.

TRÉPIDER v. i. (lat. *trepidare,* s'agiter). Être agité de petites secousses rapides.

TRÉPIED n. m. (lat. *tres,* trois, et *pes, pedis,* pied). Support ou siège à trois pieds.

TRÉPIGNEMENT n. m. Action de trépigner.

TRÉPIGNER v. i. (anc. fr. *treper,* frapper du pied ; mot germ.). Frapper vivement des pieds contre terre : *trépigner de colère.*

TRÉPOINTE n. f. *Techn.* Bande de cuir que les cordonniers, les bourreliers, etc., cousent entre deux cuirs plus épais.

TRÉPONÉMATOSE n. f. Maladie causée par un tréponème.

TRÉPONÈME n. m. (gr. *trepein,* tourner, et *nêma,* fil). Bactérie spiralée de l'ordre des spirochètes, comprenant les agents de la syphilis et du pian.

TRÈS adv. (lat. *trans,* au-delà). Indique l'intensité absolue d'un adj., adv., loc. verbale, etc. : *il est très riche ; avoir très froid.*

TRÉSAILLE n. f. (anc. fr. *teseiller,* tendre). Pièce de bois qui maintient les ridelles d'une charrette.

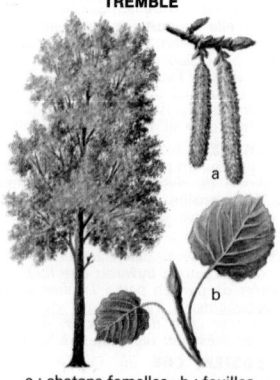

TREMBLE

a : chatons femelles ; b : feuilles

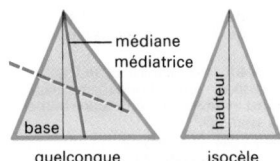
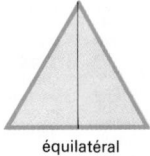
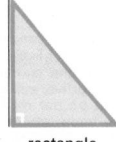

base — médiane, médiatrice — hauteur

quelconque — isocèle — équilatéral — rectangle — obtusangle

TRIANGLES

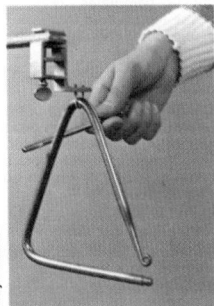

triangle (mus.)

Riby-Larousse

TRESCHEUR ou **TRÊCHEUR** n. m. *Hérald.* Pièce honorable constituée par un orle rétréci.

TRÉSOR n. m. (lat. *thesaurus*). Ensemble d'or, d'argent, de choses précieuses mis en réserve. ‖ Objet précieux, caché ou enfoui, découvert par hasard. (Le trésor découvert sur le fonds d'autrui appartient par moitié à l'inventeur et par moitié au propriétaire du fonds.) ‖ Lieu d'une église où l'on garde les reliques, les ornements et objets précieux. ‖ Tout ce qui est précieux, excellent; personne ou chose extrêmement utile. ‖ Titre de certains ouvrages d'érudition. ● *Le trésor public*, ou *le Trésor*, direction du ministère des Finances qui a pour rôle essentiel d'assurer à l'État les disponibilités financières dont il a besoin pour faire face à ses obligations. ‖ *Un trésor de*, une abondance précieuse de.

TRÉSORERIE n. f. Administration du trésor public. ‖ Ensemble des actifs liquides d'une entreprise (caisse, banques, effets négociables). ‖ Bureau, fonction d'un trésorier-payeur général. ‖ Finances de l'État. ‖ Ministère des Finances en Grande-Bretagne. ‖ *Fam.* Argent liquide dont on peut disposer : *ma trésorerie est basse.* ● *Rapport de trésorerie*, proportion, dans le bilan d'une entreprise, entre les valeurs disponibles et réalisables et les dettes à court terme.

TRÉSORIER, ÈRE n. Personne qui détient et comptabilise les fonds d'une collectivité. ● *Trésorier-payeur général*, fonctionnaire supérieur chargé de gérer le Trésor dans le ressort d'un département. (Pl. *trésoriers-payeurs généraux.*)

TRESSAGE n. m. Action de tresser.

TRESSAILLEMENT n. m. Brusque secousse de tout le corps, généralement à la suite d'une émotion vive.

TRESSAILLIR v. i. (de *saillir*) [conj. 11]. Éprouver un tressaillement : *tressaillir de joie.*

TRESSAUTER v. i. (de *sauter*). Sursauter, tressaillir vivement sous l'effet de la surprise, de la crainte : *tressauter devant un danger.*

TRESSE n. f. (gr. *thrix*, poil). Galon, cordelière formés de trois brins entrelacés. ‖ Longue mèche de cheveux divisée en trois et entrelacée. (Syn. NATTE.) ‖ Cordage plat. ‖ Ornement architectural ou autre formé de rubans entrelacés.

TRESSER v. t. Arranger en tresse : *tresser de l'osier.* ‖ Confectionner en entrelaçant des brins : *tresser un panier.*

TRÉTEAU n. m. (lat. *transtillum*). Pièce de bois longue et étroite, portée par quatre pieds, et servant à soutenir une table, une estrade, etc. ◆ pl. *Théâtre ambulant* (vx).

TREUIL n. m. (lat. *torculum*, pressoir). Cylindre horizontal, mobile autour de son axe, sur lequel s'enroule une corde ou un câble et qui sert à élever des fardeaux.

TREUILLAGE n. m. *Techn.* Utilisation d'un treuil pour soulever des charges, pour lancer un planeur.

TRÊVE n. f. (mot francique). Cessation temporaire de tout acte d'hostilité entre des, des personnes. ● *Ne pas avoir, ne pas laisser de trêve*, ne pas avoir de fin, ne pas laisser de répit. ‖ *Sans trêve*, sans jamais s'arrêter. ‖ *Trêve de* (Fam.), assez de. ‖ *Trêve des confiseurs*, période de calme social et politique correspondant aux fêtes de fin d'année. ‖ *Trêve de Dieu* (Hist.), mesure d'interdiction de la mesure de la seule pendant certains jours de la semaine, prescrite de façon répétée par les conciles aux Xe et XIe s.

TRÉVIRE [trevir] n. f. (de *virer*). *Mar.* Cordage frappé en double, au sommet d'un plan incliné.

TRÉVIRER v. t. Déplacer à l'aide de trévires.

TRI n. m. (de *trier*). Action de trier; triage : *le tri des lettres.* ‖ Dans un ordinateur, mise en ordre des informations en vue de leur traitement.

TRI n. m. → TRICK.

TRIACIDE n. m. Corps chimique qui possède trois fonctions acide.

TRIADE n. f. Groupe de trois unités. ‖ *Relig.* Groupe de trois divinités associées dans un même culte.

TRIADIQUE adj. *Math.* Se dit de l'écriture des nombres dans le système à base trois.

TRIAGE n. m. Action de trier : *le triage des grains.* ● *Gare de triage*, ensemble de voies de garage où s'exécute le tri des wagons de marchandises suivant leur destination.

TRIAL [trijal] n. m. (mot angl.) [pl. *trials*]. Sport motocycliste sur tous terrains, faisant surtout appel à la maniabilité de la machine, aux qualités d'adresse et d'équilibre du pilote.

TRIAMCINOLONE n. f. Corticostéroïde de synthèse.

TRIANGLE n. m. (lat. *triangulum*; de *tres*, trois, et *angulum*, angle). Polygone à trois sommets, donc à trois côtés. (L'aire d'un triangle est égale au demi-produit de sa base par la mesure de sa hauteur.) ‖ *Mus.* Instrument à percussion formé d'une tige d'acier recourbée en triangle. ● *Élément d'un triangle*, toute grandeur élémentairement définissable dans un triangle. (Les trois angles et les trois côtés d'un triangle en sont les six éléments principaux; les trois hauteurs et les trois médianes sont des éléments secondaires.)

TRIANGULAIRE adj. Qui est en forme de triangle : *lame triangulaire.* ‖ Dont la base est un triangle : *pyramide triangulaire.* ‖ Qui se fait entre trois personnes, trois groupes : *élection triangulaire.* ‖ *Anat.* Se dit de divers muscles qui ont la forme d'un triangle.

TRIANGULATION n. f. Partage d'une surface terrestre en un réseau de triangles, pour mesurer une ligne géodésique ou pour dresser la carte d'une région.

TRIANGULER v. t. Faire la triangulation de.

TRIAS [trijɑs] n. m. (gr. *trias*, groupe de trois). Première période de l'ère secondaire, d'une durée approximative de 35 millions d'années, marquée par l'Europe occidentale par le dépôt de trois faciès caractéristiques (grès bigarrés, calcaires coquilliers, marnes irisées), correspondant à trois étages sédimentaires.

TRIASIQUE adj. Relatif au trias.

TRIATOMIQUE adj. Se dit des corps dont la molécule comprend trois atomes.

TRIBADISME n. m. Syn. de SAPHISME.

TRIBAL, E, AUX adj. Relatif à la tribu.

TRIBALISME n. m. Organisation de type tribal.

TRIBOÉLECTRICITÉ n. f. Électricité statique produite par frottement.

TRIBOÉLECTRIQUE adj. Relatif à la triboélectricité.

TRIBOLOGIE n. f. Étude des frottements.

TRIBOLUMINESCENCE n. f. Luminescence provoquée par un choc.

TRIBOMÉTRIE n. f. (gr. *tribein*, frotter). Mesure des forces de frottement.

TRIBORD n. m. (mot d'anc. néerl.). *Mar.* Côté droit d'un navire, quand on regarde vers l'avant : *le feu de tribord est vert.* (Contr. BÂBORD.)

TRIBORDAIS n. m. Homme de l'équipage faisant partie du quart de tribord.

TRIBOULET n. m. Baguette de forme tronconique et calibrée qui sert au bijoutier pour déterminer le diamètre des bagues.

TRIBU n. f. (lat. *tribus*). Groupement de familles homogène aux plans linguistique, politique, social et culturel, que certains considèrent comme une subdivision d'une ethnie, et d'autres comme un simple équivalent de l'ethnie. ‖ *Fam.* Famille nombreuse. ‖ *Antiq.* Une des divisions du peuple, chez les Anciens; chez les Hébreux, postérité de chacun des douze fils de Jacob. ‖ *Hist. nat.* Syn. de SOUS-FAMILLE.

TRIBULATIONS n. f. pl. (lat. *tribulare*, tourmenter). Mésaventures, épreuves; aventures : *il a passé par de nombreuses tribulations.*

TRIBUN n. m. (lat. *tribunus*). Orateur populaire. ‖ *Antiq.* Magistrat romain exerçant des fonctions politiques ou militaires. ‖ *Hist.* En France, membre du Tribunat, sous le Consulat et l'Empire. ● *Tribun militaire* (Antiq. rom.), officier assistant du général en chef. ‖ *Tribun de la plèbe* (Antiq. rom.), magistrat chargé, au temps de la République, de défendre les droits et les intérêts du peuple. (Sous l'Empire, cette fonction devint honorifique.)

TRIBUNAL n. m. (mot lat.). Juridiction formée d'un ou de plusieurs magistrats qui jugent ensemble; les magistrats qui composent le tribunal; lieu où ils siègent. ‖ Ce que l'on considère comme pouvant rendre une décision quelconque : *le tribunal de l'histoire.*
■ On distingue : les *tribunaux judiciaires*, chargés de régler les conflits entre les personnes morales ou physiques (tribunaux d'instance et tribunaux de grande instance) ou de réprimer les contraventions, délits et crimes (tribunaux de police, tribunaux correctionnels, cours d'assises), et les *tribunaux administratifs*, chargés de dire le droit dans les litiges où l'État ou une collectivité publique est partie. (Le *tribunal des conflits* a pour rôle de résoudre les difficultés de compétence qui peuvent surgir de cette dualité.) À côté des *tribunaux de droit commun*, il faut signaler de nombreux tribunaux à compétence étroite : tribunaux de commerce en matière de droit commercial, conseils de prud'hommes en matière de droit du travail; tribunaux militaires, pour juger en certains cas les militaires; Cour de sûreté de l'État, pour juger en temps de paix les infractions contre la sûreté de l'État; tribunal des pensions, tribunal des dommages de guerre; tribunaux paritaires des baux ruraux, tribunaux maritimes commerciaux. Le principe de double juridiction, c'est-à-dire d'appel des décisions du tribunal inférieur devant le tribunal supérieur, est en principe de droit pour les litiges d'une certaine importance. Il y a plusieurs *tribunaux d'instance* et, au moins, un *tribunal de grande instance* et un *tribunal correctionnel* par département. Il existe trente *cours d'appel* en métropole, dont l'étendue du ressort est variable.
Des tribunaux suprêmes ont également été institués : Cour de cassation en matière civile et criminelle, Conseil d'État en matière administrative, Cour supérieure d'arbitrage en matière de conflits collectifs du travail. La Cour des comptes juge les comptes des comptables publics.

TRIBUNAT [tribyna] n. m. *Antiq. rom.* Charge de tribun; exercice de cette charge. ‖ *Hist.* (avec une majuscule). Sous le Consulat et l'Empire (1800-1807), assemblée consultative.

TRIBUNE n. f. (lat. médiév. *tribuna*). Lieu élevé, sorte d'estrade où parlent les orateurs. ‖ Galerie surélevée réservée à certaines personnes dans les grandes salles d'assemblée. ‖ Espace muni de gradins, d'où l'on regarde une course de chevaux, une manifestation sportive, etc. ‖ Lieu d'où l'on s'exprime oralement ou par écrit. ‖ *Archit.* Dans une église, galerie haute située au-dessus du bas-côté et ouvrant sur le vaisseau central; balcon supportant le buffet d'orgues. ● *Tribune libre*, rubrique de journal, émission de radio, de télévision où une personnalité est admise à expliquer son opinion, sous sa propre responsabilité.

TRIBUT n. m. (lat. *tributum; de tribuere*, attribuer). Ce qu'un État paie à un autre en signe de dépendance. ‖ *Litt.* Ce qu'on est obligé d'accorder, de souffrir, de faire : *en tribut d'admiration.*

TRIBUTAIRE adj. Dépendant de. Être tributaire de l'étranger pour l'énergie. ‖ *Géogr.* Se dit d'un cours d'eau qui se jette dans un autre, dans un lac ou dans la mer. ‖ *Hist.* Qui paie tribut.

TRICALCIQUE adj. Qui renferme trois atomes de calcium : *phosphate tricalcique* $Ca_3(PO_4)_2$.

TRICENNAL, E, AUX adj. De trente ans.

TRICENTENAIRE n. m. Troisième centenaire. ◆ adj. Qui a trois cents ans.

TRICÉPHALE adj. (gr. *kephalê*, tête). Qui a trois têtes : *monstre tricéphale.*

TRICEPS [trisɛps] n. m. (lat. *triceps*, à trois têtes). Nom des muscles ayant trois faisceaux à une de leurs extrémités.

TRICÉRATOPS [triseratɔps] n. m. (gr. *keras*, corne, et *ôps*, vue). Reptile fossile du crétacé des États-Unis, long de 8 m, dont la tête était pourvue de trois cornes.

tricératops

TRICHE n. f. *Fam.* Action de tricher.

TRICHER v. i. (lat. *tricari*, chicaner). Tromper au jeu. ‖ Ne pas respecter les règles, les conventions; tromper d'une manière quelconque. ‖ Dissimuler un défaut de symétrie. ◆ v. t. ind. [sur]. Tromper sur la valeur, la quantité de qqch.

TRICHERIE n. f. Le fait de tricher.

TRICHEUR, EUSE adj. et n. Qui triche.

TRICHINE [trikin] n. f. (gr. *thrix, trikhos*, cheveu). Ver parasite, vivant à l'état adulte dans l'intestin de l'homme et du porc, et à l'état larvaire dans leurs muscles. (Long. : 2 à 4 mm; classe des nématodes.)

TRICHINÉ, E adj. Envahi de trichines.

TRICHINEUX, EUSE adj. Relatif à la trichine.

TRICHINOSE [trikinoz] n. f. Maladie grave provoquée par les trichines.

TRICHITE [trikit] n. f. *Minér.* Groupe de fins cristaux, ressemblant à des paquets de fils.

TRICHLORÉTHYLÈNE [triklɔretilɛn] n. m. Composé $CHCl=CCl_2$, liquide ininflammable employé comme solvant.

TRICHOCÉPHALE [trikɔsefal] n. m. Ver de la classe des nématodes, mesurant de 3 à 5 cm, parasite de l'intestin de l'homme et de quelques mammifères.

TRICHOGRAMME [trikɔgram] n. m. Insecte qui parasite le ver de la pomme et protège ainsi les récoltes de ce fruit.

TRICHOLOME [trikɔlom] n. m. Champignon à lames, qui pousse dans les bois ou les prés. (Le *tricholome de la Saint-Georges* est aussi appelé *mousseron*.) [Famille des agaricacées.]

TRICHOMA [trikɔma] ou **TRICHOME** [-kom] n. m. (gr. *trikhôma*). *Méd.* Feutrage des cheveux, produit par l'accumulation de la poussière, de la matière sébacée et des parasites.

TRICHOMONAS [trikɔmonas] n. m. (gr. *thrix*, cheveu, et *monas*, seul). Protozoaire flagellé, parasite vaginal et intestinal de l'espèce humaine et de divers animaux.

TRICHOPHYTON [trikɔfitɔ̃] n. m. (gr. *thrix*, poil, et *phuton*, végétal). Moisissure parasite des poils produisant une variété de teigne. (C'est un champignon ascomycète.)

TRICHOPTÈRE [trikɔptɛr] n. m. Insecte à métamorphoses complètes, dont la larve est aquatique et se fabrique un fourreau protecteur, tel que la *phrygane*. (Les *trichoptères* forment un ordre.)

TRICHROME [trikrom] adj. Se dit d'une image obtenue par la trichromie.

TRICHROMIE n. f. (préf. *tri-*, trois, et gr. *khrôma*, couleur). Ensemble des procédés photographiques et photomécaniques en couleurs, dans lesquels toutes les teintes sont obtenues à l'aide des trois couleurs primaires ou des trois couleurs complémentaires.

TRICK [trik] ou **TRI** n. m. (angl. *trick*). Au bridge, tout pli suivant le sixième pli.

TRICLINIQUE adj. Se dit des cristaux ne possédant aucun axe de symétrie.

TRICLINIUM [triklinjɔm] n. m. (mot lat.; gr. *treîs*, trois, et *klinê*, lit). *Antiq. rom.* Lit à trois places sur lequel les Romains s'étendaient pour manger; salle à manger, généralement à trois lits, de la maison romaine.

TRICOISES n. f. pl. (altér. de *tenailles turcoises*, tenailles turques). Sorte de tenailles des maréchaux-ferrants. ‖ Clé pour serrer ou desserrer les raccords des tuyaux d'incendie.

TRICOLORE adj. De trois couleurs. ● *Le drapeau tricolore*, le drapeau français (bleu, blanc, rouge). [L'origine du *drapeau tricolore* remonte à juillet 1789, où l'on réunit d'abord sur une cocarde le blanc, couleur du roi, avec le bleu et le rouge, couleurs de Paris, symbole de l'union de la royauté et du peuple.] ◆ adj. et n. *Sports.* Syn. de FRANÇAIS : *l'équipe tricolore; les tricolores ont remporté l'épreuve.*

TRICÔNE n. m. *Min.* Trépan de sondage par rotation comportant trois molettes dentées.

TRICORNE n. m. (lat. *tricornis*, à trois cornes). Chapeau à bords repliés en trois cornes.

TRICOT n. m. Technique selon laquelle on tricote. ‖ Tissu à mailles tricotées. ‖ Vêtement fait en tricot.

TRICOTAGE n. m. Action de tricoter.

TRICOTER v. t. (anc. fr. *tricoter*, sauter). Exécuter un tissu en mailles entrelacées avec un fil textile et des aiguilles spéciales. ● *Machine à tricoter*, machine composée d'une rangée d'aiguilles (fonture) et d'un chariot qui exécute mécaniquement le tricot. ◆ v. i. *Fam.* Marcher très vite.

TRICOTEUR, EUSE n. Personne qui tricote.

TRICOTEUSE n. f. Machine à tricoter. ‖ *Hist.* Nom donné aux femmes du peuple qui, pendant la Révolution, assistaient en tricotant aux séances de la Convention, des assemblées populaires et du Tribunal révolutionnaire.

TRICOURANT adj. inv. Capable de fonctionner avec trois types de courant.

TRICHOLOMES

tricholome   tricholome
de la St-Georges   pied-bleu

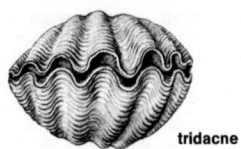

tridacne

TRICTRAC n. m. (onomat.). Jeu qui se joue avec des dames et des dés sur un tableau spécial à deux compartiments.

TRICUSPIDE adj. (préf. *tri-*, trois, et lat. *cuspis*, pointe). *Anat.* Qui est muni de trois pointes.

TRICYCLE n. m. Petit vélo d'enfant à trois roues, dont deux à l'arrière.

TRIDACNE n. m. (gr. *tridaknos*; de *daknein*, mordre). Mollusque bivalve géant des mers chaudes, appelé aussi *bénitier.*

TRIDACTYLE adj. Se dit d'un membre de vertébré terminé par trois doigts.

TRIDENT n. m. (lat. *tridens*, à trois dents). Fourche à trois pointes, ou dents. ‖ *Myth. gr. et rom.* Harpon à trois dents, attribut de nombreuses divinités marines.

TRIDENTÉ, E adj. Qui présente trois dents.

TRIDIMENSIONNEL, ELLE adj. Qui comporte trois dimensions.

TRIÈDRE [triɛdr] adj. (préf. *tri-*, trois, et gr. *hedra*, base). *Math.* Qui offre trois faces.

TRIÈDRE n. m. Figure géométrique formée par trois demi-droites de même origine SA, SB, SC, mais non situées dans un même plan, et limitée par les trois angles ayant ces demi-droites pour côtés. (S est le *sommet*; SA, SB, SC sont les *arêtes*; les angles BSC, CSA, ASB, les *faces*.)

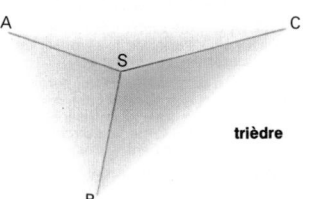

trièdre

TRIENNAL, E, AUX adj. (préf. *tri-*, trois, et lat. *annus*, année). Qui dure trois ans; qui revient tous les trois ans.

TRIER v. t. (bas lat. *tritare*). Choisir parmi plusieurs certains éléments, en les séparant du reste; sélectionner. ‖ Répartir des objets suivant certains critères : *trier des lettres.*

TRIÉRARQUE n. m. (gr. *triêrês*, trière, et *arkhein*, guider). *Antiq. gr.* Commandant d'une trière; riche citoyen athénien tenu d'équiper à ses frais une trière.

TRIÈRE (gr. *triêrês*) ou **TRIRÈME** (lat. *triremis*) n. f. *Antiq. gr.* Navire de guerre à trois rangs de rameurs superposés.

trière grecque

TRIEUR, EUSE n. Personne qui opère un triage. ‖ *Techn.* Appareil mécanique de triage.

TRIEUSE n. f. Machine de bureau permettant de classer à grande vitesse des cartes perforées.

TRIFIDE adj. (lat. *trifidus*). *Hist. nat.* Partagé en trois divisions.

TRIFOLIÉ, E adj. À feuilles groupées par trois.

TRIFORIUM [triforjɔm] n. m. (mot angl.; du lat.). *Archit.* Dans une église, étroite galerie au-dessus des grandes arcades ou de la tribune, ouverte par une suite de baies sur la nef (vaisseau central en général) ou le chœur.

TRIFOUILLER v. i. *Fam.* Fouiller sans méthode, en bouleversant.

TRIGÉMELLAIRE adj. (lat. *gemellus*, jumeau). Se dit d'une grossesse à trois fœtus.

TRIGLE n. m. (gr. *triglê*). Poisson osseux marin, dit aussi *grondin*.

TRIGLYCÉRIDE n. m. Lipide formé par l'estérification du glycérol par trois acides gras. (Les triglycérides se trouvent dans le sang au taux de 0,50 à 1,50 g par litre à l'état normal.)

TRIGLYPHE n. m. (gr. *trigluphos*). *Archit.* Ornement de la frise dorique, composé de deux glyphes et de deux demi-glyphes.

TRIGONE [trigon] adj. et n. m. Qui présente trois angles.

TRIGONE n. m. (gr. *trigônos*, à trois angles). *Anat.* Lame de substance blanche placée au-dessous du corps calleux, au-dessus du troisième ventricule, dont elle constitue la voûte.

TRIGONELLE n. f. (lat. *trigonus*, triangulaire). Papilionacée, voisine des trèfles et dont l'espèce la plus connue est le *fenugrec*.

TRIGONOCÉPHALE n. m. Serpent voisin du crotale, très venimeux, d'Asie et d'Amérique, appelé aussi *mocassin d'eau*.

TRIGONOMÉTRIE n. f. (gr. *trigônon*, triangle). *Math.* Étude des propriétés des fonctions circulaires des angles et des arcs (sinus, cosinus, tangente); calcul des éléments d'un triangle défini par des données numériques. ● *Trigonométrie sphérique*, étude des relations entre les éléments des triangles sphériques.

TRIGONOMÉTRIQUE adj. Relatif à la trigonométrie. ● *Rapports trigonométriques*, sinus, cosinus, tangente.

TRIGONOMÉTRIQUEMENT adv. Suivant les règles de la trigonométrie.

TRIGRAMME n. m. Figure formée par la superposition de trois lignes, utilisée dans la divination chinoise.

TRIJUMEAU adj. et n. m. *Anat.* Se dit du nerf crânien de la cinquième paire, qui se divise en trois branches, qui sont le nerf ophtalmique et les nerfs maxillaires supérieur et inférieur.

TRILATÉRAL, E, AUX adj. Qui a trois côtés.

TRILINGUE adj. et n. (lat. *lingua*, langue). Qui parle trois langues. ◆ adj. Écrit en trois langues.

TRILLE n. m. (it. *trillo*, tremblement). *Mus.* Ornement qui consiste dans le battement rapide et plus ou moins prolongé d'une note avec la note conjointe supérieure. (Syn. TREMBLEMENT.)

TRILLER v. i. Exécuter un trille.

TRILLION [triljɔ̃] n. m. Un million de billions, soit 10^{18}.

TRILOBÉ, E adj. *Archit.* Qui a trois lobes.

TRILOBITE n. m. (lat. *tres*, trois, et *lobus*, lobe). Arthropode marin, fossile de l'ère pri-

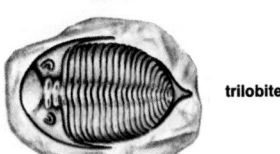

trilobite

maire, dont le corps était divisé en trois parties. (Les *trilobites* forment une classe.)

TRILOCULAIRE adj. *Anat.* Divisé en trois loges.

TRILOGIE n. f. (gr. *logos*, discours). Série de

triforium (cathédrale de Bordeaux, XIVᵉ s.)

Tholy-Rapho

trois œuvres dont les sujets sont liés. ‖ *Littér.* Chez les Grecs, ensemble des trois tragédies que devait présenter chacun des concurrents dans les concours dramatiques. (Ces trois pièces, portant sur un même thème, formaient d'abord un ensemble dont les trois moments étaient reliés logiquement et chronologiquement : c'est la *trilogie liée*; puis, à partir de Sophocle, chacune des pièces acquit son autonomie : c'est la *trilogie libre*.)

TRILOGIQUE adj. De la trilogie.

TRIMARAN n. m. (de *tri-*, et de [*cata*]*maran*). Voilier comportant trois coques parallèles.

TRIMARD n. m. *Pop.* Route; vagabondage (vx).

TRIMARDEUR n. m. *Pop.* Vagabond (vx).

TRIMBALAGE ou **TRIMBALEMENT** n. m. *Fam.* Action de trimbaler.

TRIMBALER ou **TRIMBALLER** v. t. (anc. fr. *tribaler*, remuer). *Fam.* Traîner partout avec soi : *trimbaler ses valises*. ● *Qu'est-ce qu'il trimbale!* (Fam.), ce qu'il est stupide! ◆ **se trimbaler** v. pr. *Fam.* Se déplacer, aller et venir.

TRIMER v. i. *Fam.* Travailler dur; peiner.

TRIMÈRE [trimɛr] adj. (préf. *tri-*, trois, et gr. *meros*, partie). *Bot.* Qui présente une symétrie axiale d'ordre 3, chaque forme se répétant trois fois autour de l'axe.

TRIMESTRE [trimɛstr] n. m. (lat. *trimestris*, qui dure trois mois). Espace de trois mois. ‖ Division de l'année scolaire (celle-ci commence en septembre). ‖ Somme payée pour trois mois.

TRIMESTRIEL, ELLE adj. Qui revient, se produit tous les trois mois.

TRIMESTRIELLEMENT adv. Tous les trois mois.

TRIMÉTAL n. m. Ensemble métallique monobloc formé de trois métaux ou alliages différents adhérant l'un à l'autre.

TRIMÈTRE n. m. et adj. *Métr. anc.* Vers composé de trois mètres. ‖ *Littér. fr.* Vers marqué de trois accents principaux.

TRIMMER [trimœr ou -mɛr] n. m. (mot angl.). Engin de pêche constitué par un gros flotteur plat circulaire, sur la tranche duquel s'enroule la ligne. ‖ *Radiotechn.* Condensateur ajustable de faible capacité, servant à parfaire l'accord d'un condensateur variable d'un circuit oscillant dans un récepteur où plusieurs circuits doivent être rigoureusement alignés.

TRIMOTEUR adj. et n. m. Se dit d'un avion qui possède trois moteurs.

TRINERVÉ, E adj. *Bot.* À trois nervures.

TRINGLE n. f. (moyen néerl. *tingel*, cale). Barre métallique servant à suspendre un rideau, une draperie, etc. ‖ Tige métallique de faible section cylindrique.

TRINGLOT n. m. → TRAINGLOT.

TRINITAIRE adj. Relatif à la Trinité. ◆ n. Religieux de l'ordre de la Sainte-Trinité, fondé en 1198 par saint Jean de Matha et saint Félix de Valois pour racheter les chrétiens prisonniers des Barbaresques. (Les Trinitaires sont actuellement voués aux missions [quatre congrégations féminines portent aussi ce nom].)

TRINITÉ n. f. (lat. *trinus*, triple). Réunion de trois éléments formant un tout. ‖ *Relig. chrét.* Ensemble des trois personnes divines (Père, Fils et Saint-Esprit) constituant un seul Dieu; fête en l'honneur de ce mystère, le dimanche qui suit la Pentecôte. (Avec une majuscule.)

TRINITRINE n. f. Solution à 1 p. 100 de nitroglycérine, employée dans le traitement de l'angine de poitrine.

TRINITROTOLUÈNE n. m. Solide cristallisé produit par nitration du toluène, constituant un explosif particulièrement puissant, appelé *tolite*. (Abrév. : T.N.T.)

TRINÔME n. m. et adj. (gr. *nomos*, division). *Math.* Quantité algébrique composée de trois termes.

TRINQUART n. m. (angl. *trinker-boat*). Petit bâtiment de formes lourdes, destiné à la pêche du hareng.

TRINQUEBALLE n. m. → TRIQUEBALLE.

TRINQUER v. i. (all. *trinken*, boire). Choquer son verre contre celui d'un autre, avant de boire. ‖ *Pop.* Subir un dommage, un désagrément.

TRINQUET n. m. (it. *trinchetto*). *Mar.* Mât de misaine, incliné un peu sur l'avant des bâtiments gréés en voiles latines. ‖ *Sports.* Salle où l'on joue à la pelote basque.

TRINQUETTE n. f. (it. *trinchetto*). *Mar.* Foc le plus rapproché du grand mât ou du mât de misaine, avant le petit foc.

TRIO n. m. (mot it.). Réunion de trois personnes ou de trois choses. ‖ *Métall.* Laminoir non réversible à trois cylindres. ‖ *Mus.* Composition musicale à trois parties; ensemble de musiciens qui exécutent cette composition; en musique instrumentale, partie centrale des menuets ou des scherzos, autref. composée à trois voix.

TRIODE n. f. et adj. *Électr.* Tube électronique à trois électrodes.

TRIOLET n. m. *Poème* à forme fixe de huit vers, composé sur deux rimes et dont trois vers (le premier, le quatrième et le septième) sont identiques. ‖ *Mus.* Groupe de trois notes d'égale valeur, surmonté du chiffre 3, à exécuter dans le même temps que deux notes de même figure.

TRIOLISME n. m. Déviation sexuelle dans laquelle l'acte sexuel s'accomplit à trois.

TRIOMPHAL, E, AUX adj. Qui constitue une réussite éclatante : *succès triomphal*. ‖ Qui se fait avec éclat : *accueil triomphal*. ‖ *Antiq. rom.* Relatif au triomphe.

TRIOMPHALEMENT adv. En triomphe.

TRIOMPHALISME n. m. Attitude de ceux qui font preuve d'une confiance exagérée en eux-mêmes, en leurs théories.

TRIOMPHALISTE adj. et n. Qui fait preuve de triomphalisme.

TRIOMPHANT, E adj. Qui triomphe. ‖ Qui marque la joie et la fierté : *air triomphant*.

TRIOMPHATEUR, TRICE adj. et n. Personne qui triomphe, a triomphé.

TRIOMPHE n. m. (lat. *triumphus*). Grand succès, victoire éclatante. ‖ *Antiq. rom.* Honneurs exceptionnels attribués à un général victorieux. ‖ *Mil.* Cérémonie de baptême d'une promotion de saint-cyriens. ● *Porter qqn en triomphe*, le porter à bras d'hommes pour lui faire honneur.

TRIOMPHER v. i. (lat. *triumphare*). Remporter une victoire, un succès. ‖ Manifester sa joie, sa fierté d'avoir obtenu un succès : *le vainqueur triomphait*. ‖ *Antiq.* Recevoir les honneurs du triomphe. ◆ v. t. ind. [de]. Remporter un avantage, l'emporter sur : *triompher de l'adversaire*.

TRIONYX [trijɔniks] n. m. (gr. *onux*, ongle). Tortue carnivore des cours d'eau des régions chaudes (Gange, Congo, Sénégal, Nil), atteignant 70 cm de long, très féroce.

TRIP n. m. (mot amér., *voyage*). *Pop.* Absorption de substances hallucinogènes; état qui en résulte.

TRIPAILLE n. f. *Fam.* Amas de tripes, d'intestins.

TRIPALE adj. Qui a trois pales.

TRIPANG ou **TRÉPANG** [-pɑ̃] n. m. (mot malais). Holothurie comestible, très appréciée en Extrême-Orient.

TRIPARTI, E ou **TRIPARTITE** (des deux genres) adj. Divisé en trois parties : *feuille tripartite.* ‖ Constitué par l'association de trois partis : *gouvernement tripartite.* ‖ Réalisé entre trois partenaires : *accord tripartite.*

TRIPARTISME n. m. Coalition gouvernementale formée de trois partis politiques.

TRIPARTITION n. f. Action de diviser une quantité en trois parties égales.

TRIPATOUILLAGE n. m. *Fam.* Action de tripatouiller.

TRIPATOUILLER v. t. (de *tripoter* et *patouiller*). *Fam.* Remanier, sans l'assentiment de l'auteur, une œuvre dramatique ou littéraire. ‖ *Fam.* Transformer, modifier avec maladresse, avec malhonnêteté. ◆ v. i. *Fam.* Tripoter.

TRIPATOUILLEUR, EUSE n. *Fam.* Personne qui tripatouille.

TRIPE n. f. (it. *trippa*). Boyau d'un animal de boucherie. ‖ Partie intérieure d'un cigare. ◆ pl. Mets constitué par l'estomac des ruminants diversement accommodé. ‖ *Fam.* Les entrailles de l'homme.

TRIPERIE n. f. Lieu où l'on vend des tripes et autres abats. ‖ commerce du tripier; marchandises qu'il vend.

TRIPETTE n. f. *Cela ne vaut pas tripette* (Fam.), cela ne vaut rien.

TRIPHASÉ, E adj. *Électr.* Se dit d'un système de trois courants alternatifs monophasés décalés l'un par rapport à l'autre de 1/3 de période.

TRIPHÉNYLMÉTHANE n. m. Composé dérivant du méthane et qui a une grande importance dans la chimie des matières colorantes.

TRIPHTONGUE n. f. (gr. *phthongos*, son). Syllabe composée de trois sons, qu'on fait entendre en une seule émission de voix.

TRIPIER, ÈRE n. Commerçant qui vend des tripes, des abats.

TRIPLACE adj. À trois places.

TRIPLAN n. m. Avion à trois plans de sustentation.

TRIPLE adj. et n. m. (lat. *triplus*). Qui contient trois fois une chose. ◆ adj. Sert à marquer un haut degré : *triple idiot.* ● *Point triple*, température à laquelle se trouvent en équilibre les états solide, liquide et gazeux d'un même corps pur. ‖ *Triple liaison*, liaison (notée ≡) entre deux atomes assurée par trois paires d'électrons.

TRIPLEMENT adv. Trois fois autant.

TRIPLEMENT n. m. Action de tripler; augmentation jusqu'au triple.

TRIPLER v. t. Multiplier par trois : *tripler un nombre.* ◆ v. i. Devenir triple.

TRIPLÉS, ÉES n. pl. Groupe de trois enfants nés d'un même accouchement.

TRIPLET n. m. Objectif photographique composé de trois lentilles corrigées chacune isolément pour l'aberration. ‖ *Archit.* Ensemble de trois baies jumelées. ‖ *Math.* Système de trois éléments d'un ensemble pris dans un ordre déterminé.

TRIPLETTE n. f. Équipe de trois joueurs, à la pétanque. ‖ Bicyclette à trois places (vx).

TRIPLEX n. m. (nom déposé). Verre de sécurité formé de feuilles de verre assemblées.

TRIPLICATA n. m. inv. (mot lat.). Troisième exemplaire d'un écrit.

TRIPLOBLASTIQUE adj. Se dit des espèces animales dont l'embryon présente trois feuillets : ectoderme, endoderme et mésoderme (par oppos. aux espèces DIPLOBLASTIQUES).

TRIPLOÏDE adj. et n. *Biol.* Se dit des organismes dont les cellules ont trois lots chromosomiques au lieu de deux.

TRIPLOÏDIE n. f. *Biol.* Caractère des organismes triploïdes.

TRIPLURE n. f. *Cout.* Étoffe de coton très apprêtée, utilisée pour donner du maintien à d'autres tissus.

TRIPODE adj. (gr. *tripous, -podos*, à trois

pieds). À trois pieds. ● *Mât tripode* (Mar.), mâture métallique, en forme de trépied, de certains bâtiments modernes.

TRIPOLI n. m. (de *Tripoli*, v. du Liban). Roche siliceuse utilisée pour le polissage et comme absorbant de la nitroglycérine.

TRIPORTEUR n. m. Cycle à trois roues, dont deux à l'avant, muni d'une caisse pour porter des marchandises.

TRIPOT n. m. (anc. fr. *triper*, sauter). Maison de jeu. ‖ Endroit mal fréquenté.

TRIPOTAGE n. m. *Fam.* Action de tripoter. ‖ *Fam.* Opération plus ou moins honnête.

TRIPOTÉE n. f. *Pop.* Volée de coups. ‖ *Pop.* Grande quantité : *une tripotée d'enfants.*

TRIPOTER v. t. (de *tripot*). *Fam.* Toucher sans cesse, manipuler avec plus ou moins de soin, de précaution : *tripoter un bouton, la radio.* ‖ *Fam.* Faire des attouchements à une personne. ◆ v. i. *Fam.* Faire des opérations malhonnêtes.

TRIPOTEUR, EUSE n. *Fam.* Personne qui fait des tripotages.

TRIPOUS ou **TRIPOUX** n. m. pl. Plat auvergnat ou rouergat composé de tripes de mouton accompagnées de pieds de mouton.

TRIPTYQUE n. m. (gr. *triptukhos*, plié en trois). Au Moyen Âge surtout, œuvre peinte ou sculptée en trois panneaux, dont les deux extérieurs se replient sur celui du milieu. ‖ Œuvre littéraire, musicale, plastique composée de trois parties, de trois scènes.

TRIQUE n. f. *Fam.* Gros bâton.

TRIQUEBALLE ou **TRINQUEBALLE** n. m. Fardier à deux roues servant au transport de fardeaux longs et lourds que l'on suspend au-dessous de l'essieu.

triqueballe

triptyque en ivoire (XIVe s.)

TRISOMIE [trizɔmi] n. f. (gr. *sôma*, corps). *Biol.* Anomalie caractérisée par l'apparition d'un chromosome en surnombre dans une paire. (Le mongolisme est dû à une trisomie.)

TRISSER v. t. (fait sur *bisser*, avec préf. *tri-*, trois). Faire répéter jusqu'à trois fois de suite.

TRISSER v. i., ou **SE TRISSER** v. pr. (all. *stritzen*). *Pop.* S'en aller rapidement.

TRISSER v. i. (bas lat. *trissare*). Crier, en parlant de l'hirondelle.

TRISTE adj. (lat. *tristis*). Qui éprouve du chagrin : *il est triste de la mort de son ami.* ‖ Mélancolique, morose : *il est triste de son naturel.* ‖ Méprisable, vil (l'adj. est placé avant le nom) : *c'est un triste personnage.* ‖ Qui marque, évoque le chagrin : *un air triste.* ‖ Qui afflige, chagrine, pénible : *une triste nouvelle.* ‖ Obscur, sombre, sans éclat : *chambre, couleurs tristes.* ‖ Dont la médiocrité, la mauvaise qualité a qqch d'affligeant, de méprisable : *une triste réputation.* ● *Avoir triste mine, triste figure*, avoir mauvaise mine. ‖ *Faire triste mine, triste figure*, avoir l'air mécontent. ‖ *Faire triste mine à qqn*, lui faire mauvais accueil.

TRISTEMENT adv. De façon triste.

TRISTESSE n. f. État naturel ou accidentel de chagrin, de mélancolie; caractère d'une chose triste.

TRISTOUNET, ETTE adj. *Fam.* Un peu triste.

TRISYLLABE adj. et n. m. Qui a trois syllabes.

TRISYLLABIQUE adj. Qui appartient à un trisyllabe.

TRITICALE n. f. (lat. *triticum*, blé, et *secale*, seigle). *Agric.* Hybride de blé et de seigle.

TRITIUM [tritjɔm] n. m. Isotope radioactif de l'hydrogène, de nombre de masse 3.

TRITON n. m. (mot gr.). Amphibien à queue

triton

aplatie latéralement, vivant dans les mares et étangs, et mesurant de 10 à 20 cm suivant les espèces. (Sous-classe des urodèles.) ‖ Mollusque gastropode marin, dont la coquille, ou conque, peut atteindre 30 cm de long. ‖ *Myth. gr.* Nom de divinités marines descendant du dieu Triton et représentées avec un corps d'homme barbu et une queue de poisson, tirant le char des dieux de la Mer.

TRITON n. m. (gr. *tritonon*). *Mus.* Intervalle

TRIQUE-MADAME n. f. *Bot.* Nom usuel de l'*orpin blanc.* (On dit parfois TRIPE-MADAME.)

TRIQUET n. m. Battoir étroit, dont on se sert pour jouer à la paume. ‖ Échelle double.

TRIQUÈTRE n. f. → TRISCÈLE.

TRIRECTANGLE adj. Qui a trois angles droits.

TRIRÈME n. f. → TRIÈRE.

TRISAÏEUL, E n. (pl. *trisaïeuls, trisaïeules*). Le père, la mère du bisaïeul ou de la bisaïeule.

TRISANNUEL, ELLE adj. Qui a lieu tous les trois ans; qui dure trois ans.

TRISCÈLE ou **TRISKÈLE** n. f. (gr. *triskelês*, à trois jambes). Motif décoratif celtique, puis méditerranéen, fait de trois jambes ou branches repliées qui suggèrent un mouvement giratoire autour du centre auquel elles s'attachent. (On dit aussi TRIQUÈTRE.)

TRISECTEUR, TRICE adj. Qui réalise la trisection.

TRISECTION [trisɛksjɔ̃] n. f. *Math.* Division en trois parties égales.

TRISMUS [trismys] ou **TRISME** n. m. (gr. *trismos*, petit bruit aigu). *Méd.* Constriction des mâchoires due à la contracture des muscles masticateurs.

TRISOC n. m. Charrue à trois socs.

mélodique ou harmonique de trois tons. (Syn. QUARTE AUGMENTÉE.)

TRITON n. m. *Phys.* Noyau du tritium.

TRITURATEUR n. m. Appareil pour triturer.

TRITURATION n. f. Action de triturer.

TRITURER v. t. (lat. *triturare*). Broyer, réduire en parties très menues : *les dents triturent les aliments.* ‖ Manier en tordant dans tous les sens. ‖ Manier sans soin, tripoter. ● *Se triturer la cervelle* (Fam.), faire des efforts pour comprendre sans aboutir à des résultats.

TRIUMVIR [trijɔmvir] n. m. (mot lat., de *tres*, trois, et *vir*, homme). *Antiq. rom.* Membre d'un collège de trois magistrats.

TRIUMVIRAL, E, AUX adj. Qui appartient aux triumvirs.

TRIUMVIRAT [-ra] n. m. Fonction de triumvir. ‖ Association de trois hommes qui exercent un pouvoir, une influence.

TRIVALENT, E adj. *Chim.* Qui possède la valence 3.

TRIVIAL, E, AUX adj. (lat. *trivialis*; de *trivium*, carrefour). Vulgaire, grossier : *expression triviale.* ‖ D'une évidence banale et sans intérêt. ‖ *Math.* Se dit d'une grandeur qui présente un caractère particulier insolite, d'une relation que son évidence rend banale et souvent sans intérêt.

TRIVIALEMENT adv. De façon triviale.

TRIVIALITÉ n. f. Caractère de ce qui est trivial; pensée ou expression triviale.

TROC n. m. (de *troquer*). Échange direct d'un objet contre un autre. ‖ Système économique n'employant pas la monnaie.

TROCART n. m., ou **TROIS-QUARTS** [trwakar] n. m. inv. *Chir.* Instrument en forme de poinçon, monté sur un manche et contenu dans une canule propre à faire des ponctions.

TROCHAÏQUE [trɔkaik] adj. et n. m. (lat. *trochaicus*). Se dit du rythme ou du vers où le pied fondamental est le trochée.

TROCHANTER [trɔkɑ̃ter] n. m. (gr. *trokhantêr*; de *trokhân*, courir). Nom de deux tubérosités du fémur où s'attachent les muscles qui font tourner la cuisse.

TROCHE n. f. Syn. de TROQUE.

TROCHÉE [trɔʃe] n. m. (gr. *trokhaios*, coureur). Pied de la métrique grecque ou latine, formé d'une syllabe longue et d'une brève.

TROCHÉE [trɔʃe] n. f. (gr. *trokhaios*, coureur). Touffe de rameaux qui s'élève du tronc d'un arbre coupé un peu au-dessus de terre.

TROCHES n. f. pl. *Véner.* Excréments à demi formés des cerfs.

TROCHILIDÉ [-ki-] n. m. Oiseau-mouche ou colibri. (Les *trochilidés* forment une famille.)

TROCHIN n. m. *Anat.* Petite tubérosité de l'extrémité supérieure de l'humérus.

TROCHITER [trɔkiter] n. m. *Anat.* Grosse tubérosité de l'extrémité supérieure de l'humérus.

TROCHLÉE [trɔkle] n. f. (lat. *trokhlea*, poulie). *Anat.* Articulation dans laquelle un os roule sur une poulie que lui permet l'os adjacent.

TROCHOPHORE [trɔko-] ou **TROCHO-SPHÈRE** n. f. Larve en forme de toupie, caractéristique des annélides et des mollusques.

TROCHURE [trɔʃyr] n. f. Quatrième andouiller du cerf.

TROÈNE n. m. (mot francique). Arbuste à fleurs blanches en grappes, odorantes, souvent cultivé en haies. (Haut. : 2 à 3 m; famille des oléacées.)

TROGLOBIE adj. *Biol.* Qui vit exclusivement dans les grottes.

TROGLODYTE n. m. (gr. *trôglê*, trou, et *dunein*, pénétrer). Habitant des cavernes. ‖ Passereau insectivore, nichant dans les trous des murs et abris, dans les buissons. (Long. 10 cm.)

TROGLODYTIQUE adj. Relatif aux troglodytes : *habitation troglodytique.*

TROGNE n. f. (mot gaul.). *Fam.* Visage grotesque ou comique révélant souvent l'usage de la bonne chère.

TROGNON n. m. (anc. fr. *estroigner*, élaguer). Cœur d'un fruit ou d'un légume, dépouillé de la partie comestible. ● *Jusqu'au trognon* (Pop.), totalement.

TROÏKA n. f. (mot russe). En Russie, groupe de trois chevaux attelés de front; ensemble des trois chevaux et du véhicule (landau, traîneau, etc.). ‖ Groupe de trois personnalités politiques.

TROIS adj. num. et n. m. inv. (lat. *tres*). Deux plus un. ‖ Troisième : *Henri trois.*

TROIS-DEUX n. m. inv. *Mus.* Mesure à trois temps, qui a la blanche pour unité de temps.

TROIS-ÉTOILES n. m. et adj. inv. Ensemble de trois astérisques, employé pour désigner une personne qu'on ne veut pas nommer : *Monsieur***.* ● *Hôtel, restaurant trois-étoiles,* hôtel, restaurant luxueux, de grande réputation.

TROIS-HUIT n. m. inv. *Mus.* Mesure à trois temps qui a la croche pour unité de temps. ◆ pl. *Faire les trois-huit,* travailler par rotation pendant chacune des trois périodes de huit heures qui constituent la journée.

TROISIÈME adj. ord. et n. Qui occupe un rang marqué par le numéro trois. ‖ *Chorégr.* La troisième des cinq positions; transition permettant l'acquisition de la cinquième.

TROISIÈMEMENT adv. En troisième lieu, dans une énumération.

TROIS-MÂTS n. m. inv. Navire portant trois mâts.

TROIS-PONTS n. m. inv. Navire à trois ponts, dans l'ancienne marine de guerre.

TROIS-QUARTS n. m. inv. → TROCART.

TROIS-QUARTS n. m. inv. Petit violon d'enfant. ‖ Manteau court arrivant à mi-cuisses. ‖ Au rugby, joueur de la ligne d'attaque.

TROIS-QUATRE n. m. inv. *Mus.* Mesure à trois temps qui a la noire pour unité de temps.

TROLL n. m. (mot suéd.). Espèce de gnome ou d'esprit follet, chez les peuples scandinaves.

TROLLE n. f. *Véner.* Manière de chasser au hasard du lancer, quand on n'a pas détourné le cerf avec le limier.

TROLLEY [trɔlɛ] n. m. (mot angl.; de *to troll*, rouler). Petit chariot roulant le long d'un câble. ‖ *Électr.* Dispositif qui assure, par un contact roulant ou glissant, la liaison électrique entre un conducteur aérien et un récepteur mobile.

TROLLEYBUS [trɔlɛbys] ou **TROLLEY** n. m. Véhicule électrique de transport en commun, monté sur pneus, avec prise de courant par trolley et fils aériens.

trois-mâts norvégien *Stadtraat Lemmkhul*

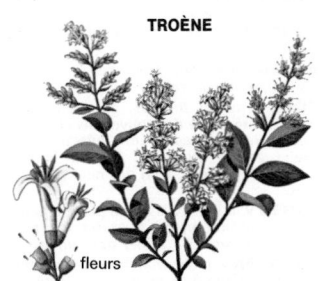

TROÈNE

fleurs

TROMBE n. f. (it. *tromba*). Colonne d'eau ou de vapeur, mue en tourbillon par le vent. ● *Arriver, partir en trombe,* d'une manière rapide et imprévue. ‖ *Trombe d'eau,* pluie très violente et abondante.

TROMBIDION n. m. Petit animal rouge, dont la larve, appelée *aoûtat,* pique l'homme et les vertébrés à sang chaud. (Long. 1 mm; sous-classe des acariens.)

TROMBIDIOSE n. f. Phénomènes (rougeurs, démangeaisons, etc.) déterminés chez l'homme par le trombidion.

TROMBINE n. f. *Pop.* Visage.

TROMBINOSCOPE n. m. *Fam.* Document

contenant le portrait des membres d'une assemblée, d'un comité.

TROMBLON n. m. (it. *trombone*, grande trompette). Fusil court, à canon évasé. ‖ Cylindre creux qui s'adaptait au bout du canon d'un fusil pour lancer des grenades ou des fusées.

TROMBONE n. m. (it. *trombone*, grande trompette). Instrument à vent à embouchure, de la catégorie des cuivres, dont on obtient les sons en en allongeant le corps grâce à la coulisse; musicien qui joue de cet instrument. ‖ Petite agrafe servant à réunir des papiers. ● *Trombone à pistons,* trombone dans lequel des pistons remplacent le jeu de la coulisse.

trombones à coulisse

TROMBONISTE n. Personne qui joue du trombone. (On dit plutôt TROMBONE.)

TROMMEL n. m. (mot all.). Crible cylindrique ou conique, légèrement incliné sur l'horizontale, servant à classer par grosseur des matériaux en morceaux.

TROMPE n. f. (mot francique). Instrument de musique à vent, en cuivre, à l'origine de la trompette et du cor de chasse. ‖ Appareil avertisseur (vx). ‖ Toute partie buccale ou nasale allongée en tube, comme chez l'éléphant, les moustiques, les papillons, les punaises, etc. ‖ *Archit.* Petite voûte, en général construite dans un angle rentrant, formant support sous un pan de mur ou un ouvrage quelconque en surplomb, et permettant un changement de plan à ce niveau de la construction. ● *Trompe à eau, à mercure,* appareil servant à faire le vide. ‖ *Trompe d'Eustache,* canal de communication pour l'air extérieur, entre la bouche et l'oreille moyenne. ‖ *Trompe de Fallope,* conduit pair reliant les ovaires à l'utérus chez la femme et les mammifères femelles.

TROMPE-LA-MORT n. inv. *Fam.* Personne qui a échappé miraculeusement à la mort.

TROMPE-L'ŒIL n. m. inv. Peinture qui donne à distance l'illusion de la réalité (et notamment du relief). ‖ Apparence trompeuse.

TROMPER v. t. Induire en erreur, berner, mystifier, abuser. ‖ Être infidèle en amour : *tromper sa femme*. ‖ Échapper à l'attention de qqn : *tromper ses poursuivants*. ‖ Décevoir : *tromper nos espérances*. ‖ Détourner par une diversion : *tromper la faim, l'ennui*. ◆ se **tromper** v. pr. Être dans l'erreur. ● *Se tromper de*, faire erreur sur, faire une confusion : *elle s'est trompée de rue*.

TROMPERIE n. f. Action faite pour tromper.

TROMPETER v. i. [conj. 4]. Jouer de la trompette (vx). ‖ Crier, en parlant de l'aigle. ◆ v. t. *Litt*. Divulguer, répandre à grand bruit : *trompeter une nouvelle*.

TROMPETEUR n. m. *Anat*. Syn. de BUCCINATEUR.

TROMPETTE n. f. Instrument à vent à embouchure, muni de pistons, de la catégorie des cuivres, comprenant un tube de perce cylindrique, replié sur lui-même et terminé par un pavillon. ‖ Chacune des parties évasées du pont arrière, situées de part et d'autre du différentiel et renfermant les arbres de roues. ‖ *Mil*. Instrument de fanfare, sans pistons, employé dans les armes anciennement montées. ‖ *Zool*. Nom donné à divers animaux à cause de leur forme (trompette de mer ou bécasse, poisson), de leur cri (agami, oiseau échassier), de l'usage que l'on fait de leur coquille comme instrument sonore (triton, mollusque). ● *Nez en trompette*, nez relevé.

TROMPETTE n. m. Joueur de trompette.

TROMPETTE-DES-MORTS ou **TROMPETTE-DE-LA-MORT** n. f. (pl. *trompettesdes-morts, trompettes-de-la-mort*). Nom usuel de la *craterelle*, champignon comestible noir.

TROMPETTISTE n. Personne qui joue de la trompette dans un orchestre.

TROMPEUR, EUSE adj. et n. Qui trompe, qui induit en erreur.

TROMPEUSEMENT adv. De façon trompeuse.

TRONC n. m. (lat. *truncus*). Partie d'un arbre depuis la naissance des racines jusqu'à celle des branches. ‖ Le corps humain ou animal considéré sans la tête ni les membres. ‖ Boîte fermée servant à recevoir des offrandes et des aumônes. ‖ Souche d'une famille. ‖ *Anat*. Partie principale d'un nerf, d'un vaisseau. ● *Tronc cérébral*, partie de l'axe cérébro-spinal formée du bulbe rachidien, de la protubérance annulaire et du mésencéphale. ‖ *Tronc commun*, premières années d'un cycle d'enseignement, où le programme est le même pour tous. ‖ *Tronc de cône*, solide compris entre la base d'un cône et une section plane qui rencontre toutes les génératrices de ce cône. ‖ *Tronc de prisme*, solide limité, dans

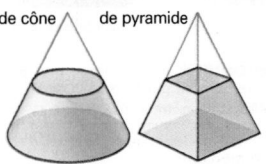

de cône   de pyramide

TRONCS (math.)

une surface prismatique, par deux sections planes non parallèles. (Dans un tronc de prisme, les faces latérales sont des trapèzes.) ‖ *Tronc de pyramide*, solide compris entre la base d'une pyramide et une section plane qui rencontre toutes les arêtes latérales de cette pyramide.

TRONCATION n. f. *Ling*. Abrègement d'un mot par suppression d'une ou de plusieurs syllabes à l'initiale ou à la finale.

TRONCATURE n. f. État de ce qui est tronqué. ‖ *Minér*. Remplacement d'un sommet ou d'une arête par une facette, dans un cristal.

TRONCHE n. f. (de *tronc*). *Pop*. Tête. ‖ *Sylvic*. Pièce de bois dont les deux sections transversales sont parallèles. (Syn. BILLE.)

TRONCHET n. m. Billot de bois à trois pieds.

Nature morte, peinture en **trompe-l'œil** de J.-B. Oudry

trompette

TRONÇON n. m. (anc. fr. *truns*, morceau; lat. *truncus*, coupé). Morceau coupé ou rompu d'un objet plus long que large : *tronçon d'épée*. ‖ Partie d'un tout : *tronçon de route*.

TRONCONIQUE adj. En forme de tronc de cône.

TRONÇONNAGE ou **TRONÇONNEMENT** n. m. Action de tronçonner.

TRONÇONNER v. t. Couper par tronçons : *tronçonner une anguille*.

TRONÇONNEUSE n. f. Machine-outil servant à tronçonner.

TRONCULAIRE adj. *Méd*. Relatif à un tronc nerveux ou vasculaire.

TRÔNE n. m. (lat. *thronus*; gr. *thrônos*, siège). Siège de cérémonie des souverains et des dignitaires ecclésiastiques. ‖ *Litt*. Puissance souveraine : *aspirer au trône*. ‖ *Fam*. Siège des cabinets. ◆ pl. *Relig*. L'un des neuf chœurs des anges.

TRÔNER v. i. Être assis à une place d'honneur, avec un air important. ‖ Attirer les regards, s'étaler avec orgueil : *trôner dans un salon*.

TRONQUER v. t. (lat. *truncare*). Retrancher une partie essentielle de : *tronquer un texte*.

TROP adv. (mot francique). Indique une quantité excessive : *trop manger; venir trop rarement*. ● *C'en est trop*, marque l'impatience. ‖ *De trop*, excessif, superflu; importun, déplacé. ‖ *En trop* (Fam.), en excès. ‖ *Par trop* (Litt.), réellement trop. ‖ *Trop peu*, pas assez.

TROPE n. m. (gr. *tropos*, tour, manière). *Rhét*. Toute figure dans laquelle on emploie les mots avec un sens différent de leur sens habituel (métonymie, métaphore).

TROPHALLAXIE n. f. Échange de nourriture entre les membres d'une société d'insectes, assurant la cohésion de celle-ci, en particulier pour l'élevage des larves.

TROPHÉE n. m. (bas lat. *trophaeum*; mot gr.). Marque, souvenir d'un succès, d'une victoire :

trophées de chasse. ‖ Objets divers mis en faisceau : *trophée de drapeaux*. ‖ *Antiq*. Ensemble des dépouilles d'un ennemi vaincu; monument commémoratif d'une victoire. ‖ *Bx-arts*. Motif décoratif consistant dans la figuration d'un assemblage d'armes, de dépouilles, etc.

TROPHIQUE adj. (gr. *trophê*, nourriture). Qui est relatif à la nutrition d'un tissu vivant.

TROPHOBLASTE n. m. *Embryol*. Couche périphérique à fonction nourricière, entourant les blastomères.

TROPHOBLASTIQUE adj. Relatif au trophoblaste.

TROPICAL, E, AUX adj. Relatif aux régions avoisinant les tropiques. ● *Régions tropicales* ou *intertropicales*, régions situées entre les tropiques. (Ce sont des pays constamment chauds, où la différenciation saisonnière s'effectue en fonction des variations pluviométriques, opposant une période sèche [correspondant à notre hiver] et une période humide.)

TROPICALISATION n. f. Préparation d'un matériau ou d'un matériel pour le rendre pratiquement insensible à l'action du climat tropical, et, en particulier, aux moisissures ou de la corrosion. ‖ *Métall*. Traitement de passivation pour pièces en acier préalablement zinguées ou cadmiées.

TROPICALISER v. t. Faire subir la tropicalisation.

TROPIQUE adj. (gr. *tropikos*, qui tourne). Qui se réfère à la position exacte de l'équinoxe, laquelle définit le rythme et, par conséquent, l'instant des solstices où le Soleil, dans son mouvement propre, atteint l'un ou l'autre des tropiques.

TROPIQUE n. m. Chacun des deux parallèles de la sphère terrestre, de latitude + et − 23° 26', le long desquels le Soleil passe au zénith à chacun des solstices. (Celui de l'hémisphère Nord est le *tropique du Cancer*, et celui de

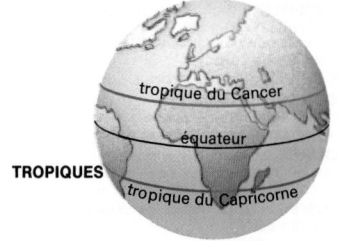

tropique du Cancer

équateur

TROPIQUES

tropique du Capricorne

l'hémisphère Sud, le *tropique du Capricorne*; ils délimitent les régions du globe pour lesquelles le Soleil peut passer au zénith.) ◆ pl. La région intertropicale.

TROPISME n. m. (gr. *tropos*, tour). *Biol*. Croissance orientée dans l'espace, chez les végétaux et les animaux fixes, sous l'influence d'une excitation extérieure (phototropisme, géotropisme, etc.).

TROPOPAUSE n. f. Surface de séparation de la troposphère et de la stratosphère.

TROPOSPHÈRE n. f. Couche atmosphérique la plus voisine du globe, dont l'épaisseur augmente du pôle (5 km) à l'équateur (18 km).

TROP-PERÇU n. m. (pl. *trop-perçus*). Somme perçue en trop : *rembourser le trop-perçu*.

TROP-PLEIN n. m. (pl. *trop-pleins*). Ce qui excède la capacité d'un récipient : *le trop-plein d'un réservoir*. ‖ Système de déversement d'un réservoir, pour empêcher le niveau de dépasser une certaine limite. ‖ Excès, surabondance : *trop-plein de forces*.

TROQUE n. f. (gr. *trokhos*, toupie). Mollusque

troque

à coquille conique, dont les exemplaires de grande taille de l'océan Indien sont utilisés pour leur nacre. (Classe des gastropodes.) [On dit aussi TROCHE.]

TROQUER v. t. (anc. fr. *trocher*). Échanger pour autre chose.

TROQUET n. m. (abrév. de *mastroquet*). *Fam.* Café, bar.

TROT n. m. Allure du cheval et de certains quadrupèdes, intermédiaire entre le pas et le galop. ● *Au trot* (Fam.), vivement.

TROTSKISME n. m. Doctrine des partisans de Trotski.

TROTSKISTE [trɔtskist] adj. et n. Relatif au trotskisme; qui en est partisan.

TROTTE n. f. *Fam.* Distance assez longue à parcourir. ● *Tout d'une trotte*, sans s'arrêter.

TROTTE-MENU adj. inv. *La gent trotte-menu*, nom donné par La Fontaine aux souris.

TROTTER v. i. (mot francique). *Fam.* Marcher vite et beaucoup : *trotter toute une journée.* || *Équit.* Aller au trot. ● *Trotter par* (ou *dans*) *la cervelle, la tête de qqn*, le préoccuper, l'obséder. ◆ **se trotter** v. pr. *Fam.* S'enfuir.

TROTTEUR, EUSE n. et adj. Cheval dressé à trotter.

TROTTEUSE n. f. Aiguille des secondes dans une montre, dans une pendule.

TROTTINEMENT n. m. Action de trottiner.

TROTTINER v. i. Marcher vite et à petits pas. || *Équit.* Avoir le trot très court.

TROTTINETTE n. f. Jouet d'enfant, consistant en une planchette allongée montée sur deux roues placées l'une derrière l'autre, la roue avant étant orientable à l'aide d'un guidon. (Syn. PATINETTE.)

TROTTING [trɔtiŋ] n. m. (mot angl.). Élevage des chevaux trotteurs.

TROTTOIR n. m. Partie latérale surélevée d'une chaussée, réservée à la circulation des piétons. ● *Faire le trottoir*, racoler sur la voie publique, s'adonner à la prostitution.

TROU n. m. (mot gaul.). Toute ouverture dans un corps, un objet : *le trou d'une aiguille.* || Cavité, naturelle ou creusée dans une surface, un corps, un objet : *tomber dans un trou.* || Élément qui manque, dans un ensemble, une continuité : *trou de mémoire.* || Au golf, petite cavité dans laquelle le joueur doit envoyer la balle; parcours entre deux trous. || *Fam.* Petite localité, éloignée d'une grande ville. || *Pop.* Prison. || *Phys.* Absence — équivalente à une charge positive et pouvant se déplacer dans le cristal — d'un électron de valence d'un atome. ● *Avoir des trous de mémoire*, avoir des oublis. || *Avoir un trou dans son emploi du temps*, un moment libre. || *Boucher un trou*, payer une dette; satisfaire l'appétit. || *Faire son trou* (Fam.), se faire une situation quelque part. || *Trou d'air* (Aéron.), courant atmosphérique descendant, qui annule en partie la portance d'un avion ou d'un planeur. || *Trou de conjugaison* (Anat.), espace entre deux vertèbres, par lequel passe un nerf rachidien. || *Trou d'homme*, ouverture de faible dimension, fermée par un tampon étanche et ménagée dans le pont d'un navire, un réservoir, une chaudière, etc., pour permettre le passage d'un homme. || *Trou individuel* (Mil.), élément de tranchée pour un seul homme. || *Trou noir* (Astron.), astre dont le champ de gravitation est tel qu'aucun rayonnement n'en peut sortir et qui ne peut se manifester à l'observation que par son champ gravitationnel ou par des rayonnements de matière qu'il capture. (Ces objets représenteraient l'ultime stade d'évolution des étoiles massives.) || *Trou normand*, action de boire un verre d'alcool au milieu du repas.

TROUBADOUR n. m. (anc. prov. *trobador*, trouveur). Poète lyrique des XIIe et XIIIe s., qui composait ses œuvres dans une des langues d'oc. ◆ adj. Se dit d'une mode qui s'est manifestée dans les lettres et les arts, en France, sous la Restauration, et qui se caractérise par une libre évocation du Moyen Âge et du style gothique.

TROUBLANT, E adj. Qui cause du trouble; qui incite à réfléchir.

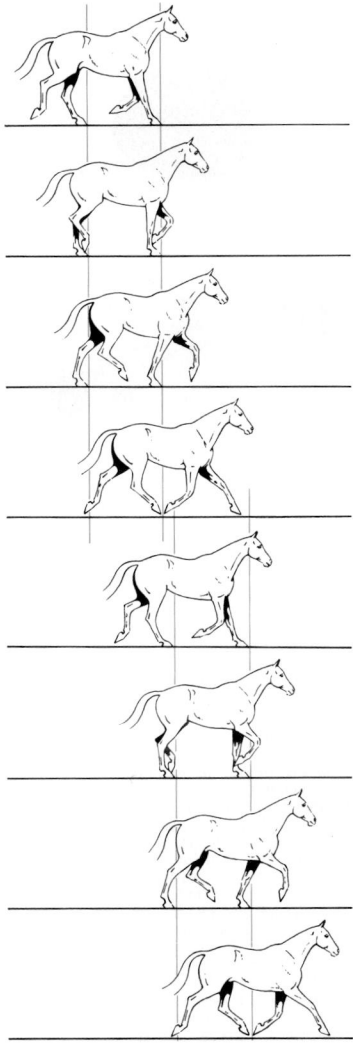

trot du cheval

TROUBLE adj. (lat. *turbidus*). Qui n'est pas limpide, pas transparent : *eau trouble.* || Qui ne s'explique pas nettement, suspect : *tout ceci reste trouble.* || Qui n'est pas pur : *joie trouble devant l'échec d'autrui.* || Qui n'est pas net : *vue trouble.* ◆ adv. *Voir trouble*, d'une manière indistincte.

TROUBLE n. m. Agitation confuse, tumultueuse : *son arrivée causa du trouble dans l'assistance.* || Mésintelligence, désunion : *mettre du trouble dans une famille.* || Inquiétude, agitation produite par une émotion, désarroi, embarras : *sa rougeur trahit son trouble.* || Anomalie de fonctionnement d'un organe, d'un système : *trouble nerveux; trouble trophique.* || État de non-limpidité, de non-transparence. || *Dr.* Tout fait venant s'opposer à la possession d'un immeuble, à l'exercice d'un droit. ◆ pl. Soulèvement populaire, émeute : *fomenter des troubles.* || *Hydrol.* Matériaux en fines particules transportés en suspension par un cours d'eau.

TROUBLE n. f., ou **TROUBLEAU** n. m. → TRUBLE.

TROUBLE-FÊTE n. inv. Personne qui vient troubler la joie d'une réunion par sa présence.

TROUBLER v. t. Altérer la limpidité, la transparence de : *troubler l'eau.* || Altérer la clarté, la finesse de : *troubler la vue.* || Inquiéter, tourmenter, causer de l'agitation, du désordre :

cette pensée ne peut que le troubler; *troubler la paix publique.* || Faire perdre la lucidité, le sang-froid, émouvoir, perturber : *troubler l'esprit.* || Interrompre le cours de qqch : *troubler un entretien.* ◆ **se troubler** v. pr. Devenir trouble. || S'embarrasser, perdre son assurance : *l'orateur se troubla.*

TROUÉE n. f. Large ouverture naturelle ou artificielle dans une haie, dans un bois, etc. || *Mil.* Syn. de PERCÉE.

TROUER v. t. Faire un trou dans.

TROUFION n. m. *Pop.* Simple soldat.

TROUILLARD, E adj. et n. *Pop.* Peureux.

TROUILLE n. f. *Pop.* Peur.

TROU-MADAME n. m. (pl. *trous-madame*). Jeu qui consistait à faire passer de petites boules sous des arcades numérotées.

TROUPE n. f. (mot francique). Rassemblement d'hommes, d'animaux : *troupe d'enfants.* || Groupe de comédiens, d'artistes qui jouent ensemble. || Groupement de militaires. || Ensemble de tous les militaires qui ne sont ni officiers ni sous-officiers. || Ensemble de plusieurs patrouilles de scouts. ● *Homme de troupe*, ancien nom de l'homme du rang.

TROUPEAU n. m. Réunion d'animaux domestiques de même espèce. || Ensemble des animaux d'une même exploitation ou qui sont gardés ensemble. || Multitude de personnes rassemblées passivement. || *Relig.* Ensemble des fidèles.

TROUPIALE n. m. (mot brésilien). Oiseau passereau d'Amérique, bon chanteur, vivant en bandes dans les forêts. (Famille des ictéridés.)

TROUPIER n. m. *Fam.* Soldat. ◆ adj. m. *Comique troupier*, chanteur en costume de militaire, dont le répertoire était fondé sur la vie de caserne; genre comique lourd et grossier qui s'y rattache.

TROUSSAGE n. m. Action de trousser une volaille. || *Techn.* Exécution des moules ou des pièces de révolution en fonderie.

TROUSSE n. f. (de *trousser*). Étui à compartiments, dans lequel on réunit les instruments ou les outils dont on se sert fréquemment : *trousse de chirurgien; trousse de toilette.* || *Min.* Base de cuvelage. ◆ pl. Chausses bouffantes des pages. ● *Aux trousses de qqn*, à la poursuite de qqn : *avoir les gendarmes à ses trousses.*

TROUSSEAU n. m. Ensemble du linge et des vêtements donnés à un enfant pensionnaire, ou qui part en colonie de vacances, à une jeune fille qui se marie ou qui devient religieuse. || Méthode utilisée en fonderie pour exécuter des moules ou des noyaux en sable, destinés à la confection de pièces présentant un profil constant ou un axe de symétrie. ● *Trousseau de clefs*, série de clefs attachées ensemble.

TROUSSE-PIED n. m. inv. Lanière qui tient replié le pied d'un animal que l'on ferre ou que l'on soigne.

TROUSSE-QUEUE n. m. inv. Morceau de cuir rond qui, dans le harnachement du cheval, passe sous le tronçon de la queue de l'animal.

TROUSSEQUIN n. m. (de *trousse*, et suffixe picard). Partie postérieure d'une selle. || *Techn.* V. TRUSQUIN.

TROUSSER v. t. (anc. fr. *torser*, mettre en paquet). Replier, relever un vêtement pour l'empêcher de traîner : *trousser ses manches.* || Expédier rapidement : *trousser une affaire, un compliment.* ● *Trousser une femme* (Pop.), la posséder. || *Trousser une volaille*, la préparer, en ficelant au corps les membres et le cou, pour la faire cuire. ◆ **se trousser** v. pr. Relever ses jupes.

TROU-TROU n. m. (pl. *trou-trous*). Ornement de lingerie composé d'une série de petits jours où l'on passe un ruban.

TROUVABLE adj. Qu'on peut trouver.

TROUVAILLE n. f. Découverte heureuse : *faire une bonne trouvaille.*

TROUVÉ, E adj. *Bien trouvé*, neuf, original. || *Enfant trouvé*, enfant abandonné dans un lieu public, et recueilli par une institution spécialisée. || *Tout trouvé*, qui se présente de soi-même.

TROUVER v. t. (lat. pop. *tropare*; de *tropus*, figure de rhétorique). Découvrir après recherche, rencontrer ce qu'on cherchait : *trouver un appartement, une idée.* ‖ Rencontrer par hasard : *trouver qqn sur son passage; trouver un portefeuille.* ‖ Surprendre, rencontrer dans telle ou telle situation : *trouver en faute; trouver son appartement cambriolé.* ‖ Découvrir, inventer : *trouver un procédé.* ‖ Éprouver, sentir : *trouver du plaisir.* ‖ Remarquer, constater chez qqn telle ou telle manière d'être : *je vous trouve bonne mine.* ‖ Estimer, juger : *je trouve qu'il a raison.* ● *Aller trouver qqn,* se rendre auprès de lui. ‖ *La trouver mauvaise* (Fam.), juger mauvais un procédé. ‖ *Trouver bon, mauvais,* approuver, désapprouver. ‖ *Trouver à dire, à redire,* trouver des raisons de blâmer. ‖ *Trouver le temps long,* s'ennuyer, s'impatienter, s'inquiéter. ◆ **se trouver** v. pr. Se rencontrer, exister. ‖ Être dans un lieu, être situé. ‖ Être dans telle position, tel état : *se trouver fort embarrassé.* ◆ *Se trouver mal,* s'évanouir. ◆ v. impers. *Il se trouve que, il arrive que; il se fait que.* ‖ *Si ça se trouve* (Fam.), il est bien possible que.

TROUVÈRE n. m. (de *trouver*). Poète lyrique des XIIᵉ et XIIIᵉ s., qui composait ses œuvres dans la langue du nord de la France, dite « langue d'oïl ».

TROYEN, ENNE adj. et n. De Troie (Troade) ou de Troyes (Champagne). ● *Planète troyenne,* petite planète de même période de révolution que Jupiter et formant avec lui et le Soleil un triangle sensiblement équilatéral. (Réparties en deux groupes symétriques par rapport à Jupiter, ces planètes portent des noms de héros de la guerre de Troie.)

TRUAND, E n. (mot gaul.). Homme du milieu. ‖ Au Moyen Âge, vagabond, mendiant.

TRUANDER v. t. *Pop.* Voler; tromper.

TRUANDERIE n. f. Ensemble de truands (vx).

TRUBLE, TROUBLE n. f., ou **TROUBLEAU** n. m. (lat. *trublium,* écuelle). Poche de filet attachée à un cerceau auquel est ajusté un manche, et qui sert à prendre les poissons dans les viviers et sous les berges des rivières.

TRUBLION n. m. Individu qui sème le trouble, qui fait de l'agitation.

TRUC [tryk] n. m. (mot prov.). *Fam.* Savoir-faire, procédé, astuce : *les trucs d'un métier.* ‖ *Fam.* Mot qui sert à désigner un objet dont on n'arrive pas à se rappeler le nom ou qui n'a pas de nom précis : *un truc pour ouvrir les boîtes.*

TRUC ou **TRUCK** [trœk] n. m. (mot angl.). Wagon en plate-forme pour le transport des objets encombrants et pesants.

TRUCAGE n. m. → TRUQUAGE.

TRUCHEMENT [tryʃmɑ̃] n. m. (mot ar.). *Par le truchement de,* par l'intermédiaire de.

TRUCIDER v. t. (lat. *trucidare*). *Fam.* et *ironiq.* Massacrer, tuer.

TRUCULENCE n. f. Caractère de ce qui est truculent.

TRUCULENT, E adj. (lat. *truculentus*). Qui exprime les choses avec crudité et réalisme; pittoresque, haut en couleur.

TRUELLE n. f. (lat. *trulla;* de *trua,* cuiller à pot). Outil de maçon pour étendre le mortier sur les joints ou pour faire les enduits de plâtre. ‖ Spatule de métal pour servir le poisson.

TRUELLÉE n. f. Quantité de mortier qui peut tenir sur une truelle.

TRUFFE n. f. (anc. prov. *trufa*). Champignon souterrain, comestible très recherché, dont les fructifications, brun sombre, mûrissent en hiver à la base des chênes (ascomycètes, discomycètes). ‖ Nez d'un chien. ‖ *Fam.* Gros nez. ● *Truffe en chocolat,* friandise à base de beurre et de chocolat.

TRUFFER v. t. Garnir de truffes : *truffer une volaille.* ‖ Remplir, bourrer : *truffer un discours de citations.*

TRUFFICULTURE n. f. Production de truffes.

TRUFFIER, ÈRE adj. Relatif aux truffes : *région truffière; chêne truffier.* ● *Chêne truffier,* variété de chêne blanc au pied duquel on trouve la truffe.

truffe

truite

tuba

TRUFFIÈRE n. f. Terrain où poussent des truffes.

TRUIE n. f. (bas lat. *troja*). Femelle du porc.

TRUISME n. m. (angl. *truism;* de *true,* vrai). Vérité banale, d'évidence, sans portée.

TRUITE n. f. (bas lat. *tructa*). Poisson voisin du saumon, carnassier, à chair fine et estimée. (La truite de rivière préfère les eaux vives et aérées et atteint 50 cm de long; la truite des lacs est un peu plus grande; la truite arc-en-ciel, plus résistante, vient d'Amérique.)

TRUITÉ, E adj. Marqueté, tacheté : *chien truité.* ‖ Se dit d'une céramique dont le réseau de craquelures de la glaçure est utilisé à des fins décoratives.

TRULLO [trullo] n. m. (mot it.) [pl. *trulli*]. Construction ronde et conique des Pouilles.

TRUMEAU n. m. (mot francique). Pan de mur entre deux embrasures de même niveau; pilier divisant en deux le portail d'une église; panneau de glace ou peinture occupant le dessus d'une glace ou l'espace entre deux fenêtres. ‖ *Bouch.* Jarret de bœuf.

TRUQUAGE ou **TRUCAGE** n. m. Ensemble des procédés à l'aide desquels on donne à des objets, à des marchandises l'apparence des qualités recherchées. ‖ Artifice cinématographique. ‖ Emploi de moyens adroits pour tromper.

TRUQUER v. t. Falsifier, modifier par fraude : *truquer un dossier, un match.*

TRUQUEUR, EUSE n. Personne qui fraude.

TRUSQUIN ou **TROUSSEQUIN** n. m. (wallon *cruskin*). Instrument servant, en mécanique et en menuiserie, à tracer des lignes parallèles à une surface dressée.

TRUSQUINER v. t. Tracer au trusquin des lignes parallèles.

TRUST [trœst] n. m. (mot angl.; de *to trust,* avoir confiance). Combinaison économique ou financière qui réunit sous un même contrôle un ensemble d'entreprises. ‖ Toute grande entreprise concentrée.

TRUSTE [tryst] ou **TRUSTIS** [trystis] n. f. *Hist.* Compagnonnage guerrier d'hommes libres, chez les Francs. (Ils constituaient, sous le nom d'*antrustions,* une garde d'honneur des chefs.)

TRUSTEE [trœsti] n. m. (mot angl.). *Dr.* Personne investie de la propriété d'un bien, mais qui doit le gérer au profit d'une autre.

TRUSTER v. t. Accaparer par un trust. ‖ *Fam.* Accaparer, monopoliser.

TRUSTEUR n. m. Personne qui truste.

TRUTTICULTURE n. f. Élevage de truites.

TRYPANOSOME n. m. Protozoaire flagellé, parasite du sang ou des tissus des vertébrés, auxquels il est généralement transmis par des insectes vecteurs. (Une espèce provoque la maladie du sommeil.)

TRYPANOSOMIASE n. f. Affection parasitaire due à un trypanosome.

TRYPSINE n. f. (gr. *tripsis,* friction). Enzyme

du suc pancréatique, qui transforme les protéines en acides aminés.

TRYPSINOGÈNE n. m. Substance sécrétée par le pancréas et qui se transforme en trypsine sous l'action de l'entérokinase.

TRYPTOPHANE n. m. Acide aminé indispensable à l'organisme.

TSAR [tsar] n. m. (mot russe; lat. *caesar*). Titre de certains souverains slaves (Serbie, Bulgarie, Russie).

TSARÉVITCH [tsarevitʃ] n. m. Fils du tsar.

TSARINE n. f. Épouse du tsar.

TSARISME n. m. Régime politique de la Russie au temps des tsars.

TSARISTE adj. et n. Propre au tsarisme.

TSÉ-TSÉ n. f. inv. Nom usuel d'une mouche africaine, du genre *glossine,* dont certaines espèces propagent la maladie du sommeil.

T. S. F. n. f. Syn. vieilli de RADIO, n. f.

T-SHIRT n. m. → TEE-SHIRT.

TSIGANE ou **TZIGANE** [tsigan] adj. (mot hongr.). Relatif aux Tsiganes. ● *Musique tsigane,* musique populaire de Bohême et de Hongrie, adaptée par les musiciens tsiganes.

TSUNAMI [tsynami] n. m. (mot jap.). Raz de marée dans le Pacifique occidental, provoqué par un tremblement de terre ou une éruption volcanique.

TU, TOI, TE (lat. *tu, te*). Pron. pers. sing. de la 2ᵉ pers. ● *Être à tu et à toi avec qqn* (Fam.), être avec lui dans une grande familiarité.

TUANT, E adj. *Fam.* Pénible, fatigant.

TUB [tœb] n. m. (mot angl.). Large cuvette où peuvent se faire des ablutions à grande eau; bain qu'on y prend.

TUBA n. m. (mot it.; du lat.). Instrument de musique à vent, en métal et à pistons. ‖ Tube respiratoire des nageurs sous-marins.

TUBAGE n. m. *Méd.* Introduction d'un tube dans le larynx pour empêcher l'asphyxie, dans des cas de croup, ou par l'œsophage dans l'estomac, pour des analyses biologiques et bactériologiques. ‖ *Pétr.* Mise en place, à l'intérieur d'un puits de pétrole, d'un tube pour la remontée du brut à la surface. ‖ *Trav. publ.* Action de revêtir de tubes un sondage, un puits pour en cuveler les parois.

TUBAIRE adj. Relatif à la trompe d'Eustache ou à la trompe de Fallope.

TUBARD, E adj. et n. *Fam.* Syn. de TUBERCULEUX.

TUBE n. m. (lat. *tubus*). Tuyau ou appareil cylindrique : *tube de plomb.* ‖ Récipient allongé de forme cylindrique ou fait d'une matière malléable : *tube d'aspirine; tube de dentifrice.* ‖ *Fam.* Chanson qui connaît un grand succès. ‖ *Anat.* Canal ou conduit naturel : *le tube digestif.* ‖ *Bot.* Partie inférieure et tubuleuse des calices ou des corolles gamopétales. ● *À plein(s) tube(s)* [Fam.], à pleine puissance. ‖ *Tube d'un canon,* la bouche à feu proprement dite. ‖ *Tube*

Riby-Larousse

cathodique, tube électronique en forme d'ampoule fermée portant sur une face un écran fluorescent qui reçoit un faisceau électronique. ‖ *Tube à choc*, installation d'essais aérodynamiques pour vitesses hypersoniques. ‖ *Tube criblé* (Bot.), vaisseau où circule la sève élaborée. ‖ *Tube de Crookes, de Coolidge*, appareils producteurs de rayons X. ‖ *Tube électronique*, composant électronique formé d'une ampoule contenant un vide suffisant *(tube à vide)* ou un gaz ionisé *(tube à gaz)* et deux ou plusieurs électrodes qui émettent, captent des faisceaux électroniques ou en modifient le mouvement. ‖ *Tube à essai*, tube en verre servant à faire des expériences de chimie sur de petites quantités. ‖ *Tube lance-torpilles*, tube métallique servant à lancer une torpille dans la direction choisie. ‖ *Tubes de Malpighi*, principaux organes d'excrétion chez les insectes. ‖ *Tube à ondes progressives*, tube électronique permettant de contrôler et d'amplifier des ondes de fréquence très élevée. ‖ *Tube de Pitot* ou *de Darcy*, instrument imaginé par Pitot, perfectionné par Darcy, et qui sert à mesurer le débit des cours d'eau.

TUBER v. t. *Trav. publ.* Revêtir, garnir de tubes un puits, un sondage.

TUBÉRALE n. f. Champignon ascomycète, tel que la *truffe*. (Les *tubérales* forment un ordre.)

TUBERCULE n. m. (lat. *tuberculum*, petite bosse). Toute excroissance d'une partie quelconque d'une plante, mais principalement sur une tige souterraine, comme la pomme de terre, l'igname, la patate, etc. ‖ *Anat.* Surface arrondie des molaires broyeuses. ‖ *Pathol.* Petite tumeur arrondie de l'intérieur des tissus, qui est caractéristique de la tuberculose. ● *Tubercules bijumeaux, quadrijumeaux*, saillies de la face dorsale du mésencéphale.

TUBERCULEUX, EUSE adj. Qui est de la nature du tubercule : *racine tuberculeuse*. ‖ Relatif à la tuberculose. ◆ adj. et n. Atteint de tuberculose.

TUBERCULINATION ou **TUBERCULINISATION** n. f. Action d'injecter de la tuberculine diluée à l'homme (recherche de l'allergie) ou aux animaux (dépistage des sujets atteints de tuberculose latente).

TUBERCULINE n. f. Liquide préparé à partir de cultures de bacilles de Koch, et destiné au diagnostic de la tuberculose. (On l'emploie dans la cuti-réaction et la tuberculination.)

TUBERCULINIQUE adj. Relatif à la tuberculine : *réaction tuberculinique*.

TUBERCULISATION n. f. *Méd.* Formation du tubercule au cours d'une tuberculose.

TUBERCULISER (SE) v. pr. *Méd.* Subir la tuberculisation.

TUBERCULOSE n. f. Maladie infectieuse, contagieuse, due au bacille de Koch, caractérisée par la formation de tubercules dans des organes variés : poumons, vertèbres (mal de Pott), reins, peau (lupus tuberculeux), méninges (méningite tuberculeuse), intestins.

■ La *tuberculose pulmonaire*, la plus fréquente, présente une évolution variable suivant l'état de résistance des individus : souvent simple primo-infection, décelable par le virage de la cuti-réaction, et qui accroît la résistance à la maladie; parfois formation de tubercules, repérables à l'examen radiologique, auxquels succèdent des cavernes avec rejet de crachats riches en bacilles, hémoptysie (tuberculose *ulcéro-nodulaire*); parfois réactions fibreuses de défense se produisant autour des nodules (tuberculose *fibro-nodulaire*); parfois, enfin, extension des lésions aux deux poumons et aux autres organes. Toutes les formes de tuberculose sont justiciables des traitements antibiotiques (streptomycine, P. A. S., isoniazide, etc.), auxquels s'ajoutent, selon les cas, les interventions chirurgicales (lésions non régressives) et les traitements climatiques (sanatoriums).

TUBÉREUSE n. f. Plante originaire du Mexique, cultivée pour ses belles grappes de fleurs blanches à odeur suave et pénétrante. (Famille des liliacées.)

TUBÉREUX, EUSE adj. (lat. *tuberosus*). Qui forme une masse charnue.

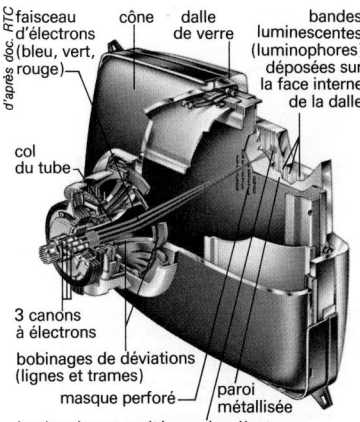

faisceau d'électrons (bleu, vert, rouge) — cône — dalle de verre — bandes luminescentes (luminophores) déposées sur la face interne de la dalle

col du tube

3 canons à électrons

bobinages de déviations (lignes et trames)

masque perforé — paroi métallisée

luminophores excités par les électrons

TUBE CATHODIQUE
pour la télévision en couleurs

TUBÉRIFORME adj. Se dit d'une production animale ou végétale en forme de truffe.

TUBÉRISATION n. f. Transformation en tubercules ou en pseudo-bulbes de la partie inférieure de la tige ou des organes radiculaires de certains végétaux.

TUBÉRISÉ, E adj. *Bot.* Qui forme un tubercule.

TUBÉROSITÉ n. f. (de *tubéreux*). *Anat.* Protubérance d'un os donnant attache à des muscles ou à des ligaments; chacune des portions renflées des deux extrémités de l'estomac.

TUBICOLE adj. *Zool.* Qui vit dans un tube qu'il construit.

TUBIFEX n. m. Petite annélide tubicole des vases de rivière.

TUBIPORE n. m. Genre de polypiers des mers chaudes, usuellement appelés *orgues de mer*.

TUBISTE n. et adj. m. Ouvrier travaillant dans un caisson à air comprimé.

TUBULAIRE adj. Qui a la forme d'un tube. ‖ Se dit d'une chaudière ou d'un échangeur de chaleur dans lesquels la circulation du fluide chaud ou de l'eau s'effectue dans des tubes qui offrent une grande surface aux échanges de chaleur. ● *Pont tubulaire*, pont formé d'une série de tubes métalliques ajoutés bout à bout et supportés par des piles en maçonnerie.

TUBULE n. m. Petit tube plusieurs fois replié qui fait suite au glomérule dans le néphron (constituant élémentaire du rein).

TUBULÉ, E adj. Muni d'une ou de plusieurs tubulures.

TUBULEUX, EUSE adj. En forme de tube.

TUBULIDENTÉ n. m. → ORYCTÉROPE.

TUBULIFLORE adj. À fleurs tubuleuses.

TUBULURE n. f. (lat. *tubulus*, petit tube). Ouverture aménagée pour recevoir un tube. ‖ Ensemble des tubes d'une installation. ‖ Petit conduit naturel.

TUDESQUE adj. (mot francique, *teuton*). Se dit des Germains (vx).

TUDIEU ! interj. (de *tue* et *Dieu*). Ancien juron familier.

TUÉ, E n. Personne tuée.

TUE-CHIEN n. m. inv. Nom usuel du *colchique d'automne* et de la *morelle noire*.

TUE-DIABLE n. m. inv. Leurre pour poissons carnassiers de rivière.

TUE-MOUCHES adj. inv. *Amanite tue-mouches*, autre nom de la FAUSSE ORONGE. ‖ *Papier tue-mouches*, papier imprégné d'une substance vénéneuse et de colle, dont on se sert pour attraper les mouches.

TUER v. t. (lat. *tutare*, protéger, étouffer). Ôter la vie d'une manière violente, causer la mort. ‖ Détruire : *la gelée tue les plantes*. ‖ Épuiser,

accabler physiquement ou moralement, exténuer : *son métier le tue*. ‖ Causer la disparition, la ruine : *tuer un sentiment*. ● Être à tuer, être insupportable. ‖ *Tuer le temps*, s'amuser à des riens. ◆ **se tuer** v. pr. Se donner la mort. ‖ Compromettre sa santé : *se tuer au travail*. ‖ Faire de grands efforts pour, ne pas cesser de, s'évertuer à : *se tuer à répéter*.

TUERIE n. f. Carnage, massacre.

TUE-TÊTE (À) loc. adv. *Crier à tue-tête*, de toute la force de sa voix.

TUEUR, EUSE n. Personne qui tue. ‖ Professionnel qui tue les animaux.

TUF [tyf] n. m. (it. *tufo*). Roche poreuse légère, formée de cendres volcaniques cimentées (cinérite) ou de concrétions calcaires déposées dans les sources ou dans les lacs.

TUFFEAU ou **TUFEAU** n. m. Roche calcaire renfermant des grains de quartz et de mica et utilisée en construction malgré sa friabilité.

TUILE n. f. (lat. *tegula*; de *tegere*, couvrir). Plaquette de terre cuite, de forme variable, pour couvrir les maisons, les bâtiments. ‖ *Fam.* Événement imprévu et fâcheux. ● *Tuile canal* ou *tuile romaine*, tuile ayant l'aspect d'un demi-tronc de cône.

TUILEAU n. m. Fragment de tuile cassée.

TUILERIE n. f. Industrie de la fabrication des tuiles. ‖ Établissement industriel où se fait cette fabrication.

TUILIER, ÈRE adj. Relatif à la fabrication des tuiles; qui en fabrique ou en vend.

TULARÉMIE n. f. (de *Tulare*, n. d'un comté de Californie). Maladie infectieuse due à un microbe (*Pasteurella tularensis*), épidémique chez le lièvre et transmissible à l'homme.

TULIPE n. f. (mot turc). Liliacée bulbeuse, à belles fleurs ornementales. (La culture de la tulipe est en honneur en Hollande, et les variétés de cette plante s'y comptent par milliers.) ‖ Objet en forme de tulipe.

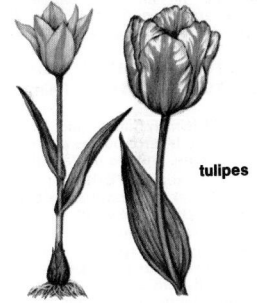

tulipes

TULIPIER n. m. (de *tulipe*, par ressemblance avec la fleur). Arbre originaire d'Amérique, cultivé dans les parcs et jardins. (Haut. : 20 à 30 m; famille des magnoliacées.)

TULLE n. m. Tissu léger et très transparent à mailles rondes ou polygonales.

TULLERIE n. f. Commerce ou fabrication de tulle; fabrique de tulle.

TULLIER, ÈRE adj. Relatif au tulle.

TULLISTE n. Fabricant de tulles et dentelles.

TUMÉFACTION n. f. (lat. *tumefacere*, gonfler). *Méd.* Augmentation de volume d'une partie du corps, quelle qu'en soit la nature.

TUMÉFIÉ, E adj. Qui porte des tuméfactions.

TUMÉFIER v. t. Causer la tuméfaction.

TUMESCENCE n. f. État d'un organe qui se gonfle au cours de certaines fonctions physiologiques.

TUMESCENT, E adj. (lat. *tumescere*, s'enfler). Se dit d'un organe en état de tumescence.

TUMEUR n. f. (lat. *tumor*). Augmentation pathologique de volume d'une partie d'un tissu ou d'un organe, due à une prolifération cellulaire formant un nouveau tissu (néoplasie).

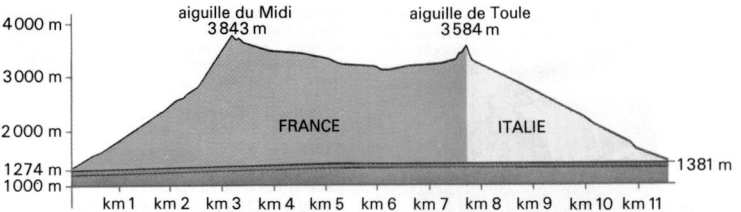

aiguille du Midi 3 843 m

aiguille de Toule 3 584 m

4 000 m
3 000 m
2 000 m
1 274 m
1 000 m

FRANCE   ITALIE

1 381 m

km 1 km 2 km 3 km 4 km 5 km 6 km 7 km 8 km 9 km 10 km 11

TUNNEL DU MONT-BLANC

coupe du tunnel (à l'aplomb d'un garage)

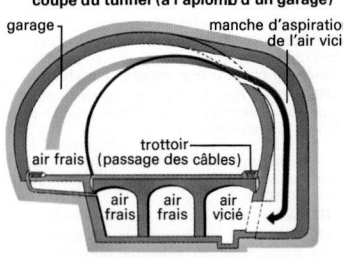

garage — manche d'aspiration de l'air vicié

air frais

trottoir (passage des câbles)

air frais air frais air vicié

tunnelier

■ On distingue des *tumeurs bénignes* (verrues, adénomes, fibromes, etc.), qui sont bien circonscrites, repoussent les tissus voisins sans les envahir et ne se généralisent jamais, et des *tumeurs malignes*, ou *cancers*, qui sont mal limitées, envahissent les tissus voisins et donnent des localisations à distance, ou *métastases*, si elles ne sont pas extirpées précocement.

TUMORAL, E, AUX adj. Relatif à une tumeur.

TUMULAIRE adj. (lat. *tumulus*, tombeau). Relatif aux tombeaux : *pierre tumulaire*.

TUMULTE n. m. (lat. *tumultus*). Grand désordre accompagné de bruit : *apaiser un tumulte*. ‖ Grande agitation désordonnée : *le tumulte des affaires*.

TUMULTUEUSEMENT adv. Dans le tumulte.

TUMULTUEUX, EUSE adj. Plein de tumulte, agité.

TUMULUS [tymylys] n. m. (mot lat.). Éminence formée par de la terre ou des pierres au-dessus d'une sépulture, typique de l'âge du bronze.

TUNAGE n. m., ou **TUNE** n. f. (néerl. *tuin*). Couchis de fascines traversé de piquets et de clayons, et chargé d'un lit de gravier pour arrêter l'action des eaux.

TUNER [tjunœr ou tynɛr] n. m. (angl. *to tune*, accorder). Récepteur radio, généralement prévu pour les émissions à modulation de fréquence, ne comprenant ni amplificateur basse fréquence ni haut-parleur.

TUNGSTÈNE [tœkstɛn] n. m. (suéd. *tungsten*, pierre lourde). *Chim.* Métal (W), n° 74, de masse atomique 183,85, de densité 19,2, fondant à 3 410 °C, d'un gris presque noir, qui est utilisé pour fabriquer les filaments des lampes à incandescence. (Syn. WOLFRAM.)

TUNGSTIQUE adj. Se dit d'un oxyde et d'un acide dérivant du tungstène.

TUNICIER [tynisje] n. m. (lat. *tunica*, tunique). Animal marin au corps en forme de sac à deux siphons, l'un pour l'entrée de l'eau, l'autre pour sa sortie, comme les *ascidies*. (Les *tuniciers* forment un sous-embranchement.)

TUNIQUE n. f. (lat. *tunica*). Dans l'Antiquité, vêtement de dessous, cousu, court ou mi-long, avec ou sans manches, généralement resserré à la taille. ‖ Vêtement droit plus ou moins long, porté sur une jupe ou un pantalon. ‖ Longue vareuse d'uniforme. ‖ *Anat.* Nom de diverses membranes qui enveloppent les organes. ‖ *Bot.* Enveloppe adhérente d'un bulbe.

TUNISIEN, ENNE adj. et n. De Tunisie.

TUNISIEN n. m. Dialecte arabe maghrébin parlé en Tunisie.

TUNISOIS, E adj. et n. De Tunis.

TUNNEL n. m. (mot angl.; fr. *tonnelle*). Galerie souterraine de grande section, donnant passage à une voie de communication : *tunnel ferroviaire*. ● *Effet tunnel*, en mécanique quantique, probabilité non nulle pour une particule d'énergie cinétique E de traverser une région où règne un potentiel répulsif supérieur à E. ‖ *Tunnel aérodynamique*, dispositif expérimental permettant de faire circuler de l'air à grande vitesse autour d'une maquette, pour étudier son comportement dans l'écoulement.

TUNNELIER n. m. Lourde et puissante machine à forer, en section circulaire, les tunnels et les galeries de travaux publics.

TUPAÏA ou **TUPAJA** n. m. (mot malais). Genre de mammifères insectivores d'Asie, assez voisins des tarsiens.

TUPI n. m. Langue indienne parlée au Brésil et au Paraguay.

TUPI-GUARANI n. m. Famille de langues indiennes d'Amérique du Sud.

TUPINAMBIS n. m. Grand lézard carnassier de l'Amérique du Sud. (Long. 1,20 m.)

TUQUE n. f. Au Canada, bonnet de laine orné d'un pompon.

TURBAN n. m. (mot turc). Coiffure des Orientaux, formée d'une longue pièce d'étoffe enroulée autour de la tête. ‖ Coiffure de femme, drapée dans le style des turbans orientaux.

TURBELLARIÉ n. m. Ver plat vivant dans la terre humide, les eaux douces ou salées, comme les *planaires*. (Les *turbellariés* forment une classe.)

TURBIDIMÈTRE n. m. Appareil permettant d'apprécier la turbidité d'un liquide.

TURBIDITÉ n. f. État d'un liquide trouble. ‖ *Hydrol.* Teneur en troubles, en boues, d'un cours d'eau. ● *Courants de turbidité*, violents courants du fond des océans, qui transportent une grande quantité de matériaux en suspension et à l'action desquels on attribue notamment le dépôt des flyschs.

TURBIN n. m. *Pop.* Travail rémunéré.

TURBINE n. f. (lat. *turbo, turbinis*, roue). Moteur composé d'une roue mobile sur laquelle est appliquée l'énergie d'un fluide moteur (eau, vapeur, gaz, etc.). ‖ Essoreuse utilisée dans l'industrie, et dont le fonctionnement est fondé sur l'action de la force centrifuge.

TURBINÉ, E adj. *Hist. nat.* En forme de toupie : *coquille turbinée*.

TURBINER v. i. *Pop.* Travailler.

TURBOALTERNATEUR n. m. Groupe générateur d'électricité, composé d'une turbine et d'un alternateur montés sur le même axe.

TURBOCOMPRESSÉ, E adj. Se dit d'un moteur dont les cylindres sont alimentés en surpression grâce à une turbine.

TURBOCOMPRESSEUR n. m. Compresseur entraîné par une turbine.

TURBOFORAGE n. m. Procédé de forage dans lequel l'entraînement du trépan se fait par une turbine placée au-dessus de celui-ci et actionnée par la circulation des boues.

TURBOMACHINE n. f. Nom générique des appareils générateurs ou récepteurs agissant dynamiquement sur un fluide à l'aide d'une roue cloisonnée, mobile autour d'un axe fixe (turboréacteurs, turbomoteurs).

TURBINES HYDRAULIQUES

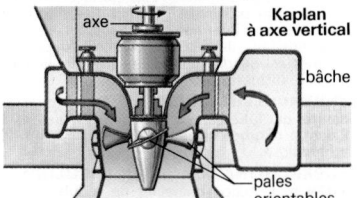

axe

Kaplan à axe vertical

bâche

pales orientables

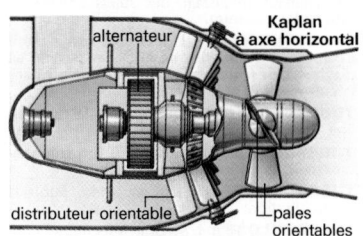

alternateur

Kaplan à axe horizontal

distributeur orientable

pales orientables

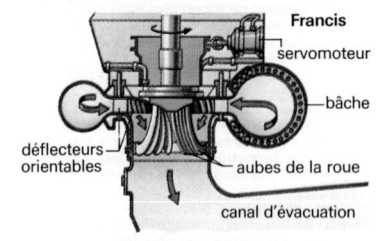

Francis

servomoteur

bâche

déflecteurs orientables

aubes de la roue

canal d'évacuation

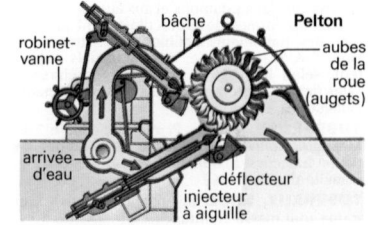

bâche

robinet-vanne

Pelton

aubes de la roue (augets)

arrivée d'eau

déflecteur

injecteur à aiguille

TURBOMOTEUR n. m. Organe de propulsion dont l'élément essentiel est une turbine à gaz.

TURBOPOMPE n. f. Pompe centrifuge accouplée directement à une turbine à vapeur.

TURBOPROPULSEUR n. m. Propulseur aéronautique composé d'une turbine à gaz, entraînant une ou plusieurs hélices par l'intermédiaire d'un réducteur.

TURBORÉACTEUR n. m. Turbine à gaz utilisée dans l'aéronautique et fonctionnant par réaction directe dans l'atmosphère.

TURBOSOUFFLANTE n. f. Soufflante à grande vitesse de rotation, conduite par turbine à vapeur ou par turbine à gaz.

TURBOT n. m. (mot d'anc. scandin.). Poisson plat répandu dans l'Atlantique et la Méditerranée, et très estimé pour sa chair. (Longueur : jusqu'à 80 cm.)

turbot

TURBOTIÈRE n. f. Récipient de forme allongée pour faire cuire des turbots.

TURBOTIN n. m. Petit turbot.

TURBOTRAIN n. m. Train dont l'énergie est fournie par une ou plusieurs turbines à gaz.

TURBULENCE n. f. Caractère, défaut d'une personne turbulente, agitation bruyante. ‖ Agitation désordonnée d'un fluide en écoulement turbulent.

TURBULENT, E adj. (lat. *turbulentus*; de *turbare*, troubler). Porté à faire du bruit, du trouble, remuant : *enfant turbulent*. ‖ *Mécan.* Se dit d'un écoulement dans lequel les filets fluides, au lieu de conserver leur individualité, comme dans l'écoulement laminaire, échangent entre eux des particules fluides.

TURC, TURQUE adj. et n. De Turquie. • *À la turque*, se dit de cabinets d'aisances sans siège. ‖ *Café turc*, très noir, préparé par décoction du marc. ‖ *Fort comme un Turc*, très fort. ‖ *Grand Turc*, titre que les chrétiens donnaient autref. aux empereurs ottomans. ‖ *Jeune turc*, partisan d'une politique dynamique dans un parti. ‖ *Tête de Turc*, personne qui est la cible privilégiée des critiques, des railleries.

TURC n. m. Groupe de langues ouraloaltaïques parlées en Turquie et dans certaines des républiques soviétiques d'Asie centrale.

TURCIQUE adj. *Selle turcique* (Anat.), cavité de l'os sphénoïde où est logée l'hypophyse.

TURCO n. m. (de *turc*). Nom familier donné jadis aux tirailleurs algériens depuis la campagne de Crimée (1854).

TURCO-MONGOL, E adj. et n. m. *Ling.* Se dit de l'ensemble formé par les langues turques et mongoles.

TURDIDÉ n. m. (lat. *turdus*, grive). Oiseau passereau tel que les *merles, grives, rossignols*, etc. (Les *turdidés* forment une famille.)

TURF [tœrf *ou* tyrf] n. m. (mot angl., *gazon*). Terrain sur lequel ont lieu les courses de chevaux. ‖ Ensemble des activités qui se rattachent aux courses de chevaux. ‖ *Arg.* Travail.

TURFISTE n. Personne qui aime les courses de chevaux, qui y assiste souvent et qui parie.

TURGESCENCE n. f. *Bot.* État normal de rigidité des tissus végétaux vivants. ‖ *Méd.* Syn. de TUMESCENCE.

TURGESCENT, E adj. (lat. *turgescere*, se gonfler). En état de turgescence.

TURION n. m. (lat. *turio*, bourgeon). *Bot.* Bourgeon ou jeune pousse de l'asperge.

TURKMÈNE adj. et n. Relatif au Turkménistan.

TURKMÈNE n. m. Langue turque parlée au Turkménistan.

TURLUPINER v. t. *Fam.* Tracasser, tourmenter : *cette idée me turlupine*.

TURLUTTE n. f. Ustensile de pêche en mer, formé d'un morceau de plomb entouré d'hameçons.

TURLUTUTU! interj. Indique un refus moqueur.

TURNE n. f. (mot alsacien). *Pop.* Chambre.

TURNEP [tyrnɛp] *ou* **TURNEPS** [tyrnɛps] n. m. (angl. *turnip*). Variété de chou-rave.

Turner (*syndrome de*), aberration chromosomique entraînant une agénésie ovarienne, des dysmorphoses diverses et des troubles psychiques.

TURPITUDE n. f. (lat. *turpitudo*; de *turpis*, honteux). Conduite ignominieuse d'une personne; action honteuse.

TURQUERIE n. f. Œuvre artistique ou littéraire représentant des scènes turques, ou d'inspiration orientale.

TURQUETTE n. f. Plante des lieux sablonneux. (Famille des caryophyllacées.)

TURQUIN adj. m. (it. *turchino*, de Turquie). *Litt.* D'un bleu foncé. • *Marbre turquin*, variété de marbre bleu.

TURQUOISE n. f. (de *turc*). Variété de phosphate d'aluminium et de cuivre naturel, donnant des pierres fines opaques, de couleur bleu ciel à bleu-vert. ◆ adj. inv. D'une couleur de turquoise.

TURRITELLE n. f. (lat. *turritus*, garni de tours). Mollusque gastropode à coquille très pointue, vivant dans le sable. (On en connaît de nombreuses espèces fossiles.)

TUSSILAGE n. m. (lat. *tussis*, toux). Composée dont une espèce, appelée aussi *pas-d'âne*, plante envahissante et très commune, possède des propriétés pectorales.

TUSSOR n. m. (mot angl.; de l'hindi). Foulard fabriqué avec une soie fournie par le ver à soie sauvage. (On dit aussi TUSSAH ou TUSSAU.) ‖ Étoffe de soie légère, analogue à celle qui est tissée avec de la soie tussor.

TUTÉLAIRE adj. (bas lat. *tutelaris*). *Litt.* Qui tient sous sa protection : *dieu tutélaire; puissance tutélaire.* ‖ *Dr.* Qui concerne la tutelle.

TUTELLE n. f. (lat. *tutela*). Surveillance, dépendance gênante : *tenir sous sa tutelle.* ‖

Ensemble de mesures légales destinées à protéger les biens des enfants mineurs et des incapables majeurs. ‖ *Litt.* Protection, sauvegarde exercée en faveur de qqn : *la tutelle des lois.* • *Autorité de tutelle*, administration qui exerce un contrôle. ‖ *Territoire sous tutelle*, pays dont l'administration est assurée par un autre avec l'accord de l'O.N.U. ‖ *Tutelle administrative*, contrôle exercé par l'autorité administrative sur les collectivités publiques décentralisées. ‖ *Tutelle d'État*, forme de tutelle s'appliquant à des personnes protégées dépourvues de famille. ‖ *Tutelle en gérance*, forme de tutelle concernant certains majeurs ne disposant pas de moyens financiers et que la famille ne peut normalement exercer. ‖ *Tutelle aux prestations familiales et sociales*, institution qui permet le versement de ces prestations à une personne physique ou morale autre que les parents. ‖ *Tutelle pénale*, peine complémentaire applicable aux récidivistes auteurs de crimes et délits, subie dans un établissement pénitentiaire ou sous le régime de la liberté conditionnelle. (Elle remplaça, en 1970, la relégation.)

TUTEUR, TRICE n. (lat. *tutor*; de *tueri*, protéger). Personne chargée de surveiller les intérêts d'un mineur non émancipé ou d'un incapable majeur placé sous le régime de la tutelle. • *Tuteur ad hoc*, personne chargée de représenter un incapable pour toute opération juridique dans laquelle les intérêts de ce dernier risquent d'être opposés à ceux du tuteur.

TUTEUR n. m. Perche, armature qui soutient une jeune plante.

TUTEURAGE n. m. *Agric.* Action de tuteurer.

TUTEURER v. t. *Agric.* Munir d'un tuteur.

TUTHIE ou **TUTIE** n. f. (mot ar.). *Chim.* Oxyde de zinc qui se produit dans le travail de certains minerais de plomb.

TUTOIEMENT n. m. Action de tutoyer.

TUTOYER v. t. (conj. 2). User de la deuxième personne du singulier, en parlant à qqn.

TUSSILAGE

jeunes feuilles

TUTTI [tuti] n. m. (mot it., *tous*). *Mus.* Ensemble des instruments de l'orchestre (par oppos. au SOLISTE ou au GROUPE DE SOLISTES).

TUTTI FRUTTI [tutifruti] loc. adj. inv. (mots it.). Composé ou parfumé de toutes sortes de fruits : *une glace tutti frutti.*

TUTTI QUANTI loc. adv. *Fam.* Tous ces gens-là, tous autant qu'ils sont.

TURBINE À VAPEUR

admission de la vapeur sous pression — aubes de la turbine — arbre d'entraînement de l'alternateur

sortie de la vapeur vers le condenseur

TURBINE À GAZ

entrée d'air — arrivée du combustible — échappement des gaz chauds

chambre de combustion

compresseur — turbine H.P. — turbine B.P. — arbre d'entraînement

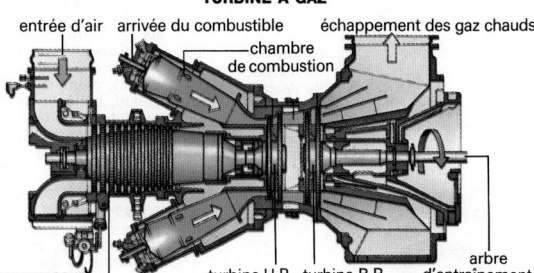

tutu
long

tutu
court

TUTU n. m. (onomat.). Costume de scène de la danseuse académique, composé de plusieurs jupes de gaze superposées.

TUYAU n. m. (mot francique). Élément à section constante d'un conduit, utilisé pour la circulation d'un fluide ou d'un produit pulvérulent. ‖ Bout creux d'une plume d'oiseau. ‖ Tige creuse du blé et de certaines plantes. ‖ Pli cylindrique qu'on fait à du linge empesé. ‖ *Fam.* Renseignement confidentiel. ● *Dire qqch dans le tuyau de l'oreille* (Fam.), dire qqch à voix basse et en secret. ‖ *Tuyau à ailettes,* élément de machine constitué par un tube métallique sur lequel sont fixées des ailettes rectangulaires ou circulaires. ‖ *Tuyau d'arrosage, d'incendie,* tuyau souple destiné à amener à la lance d'arrosage ou d'incendie l'eau prise à une canalisation ou à un réservoir. ‖ *Tuyau sonore,* tube rendant un son lorsque la colonne d'air qu'il renferme entre en vibration.

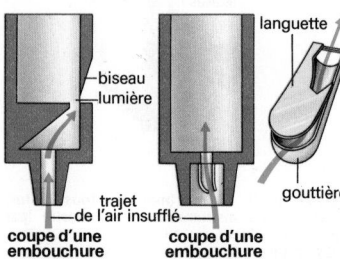

languette

biseau
lumière

gouttière

trajet
de l'air insufflé
**coupe d'une
embouchure
de flûte**

**coupe d'une
embouchure
à anche**

TUYAUX SONORES

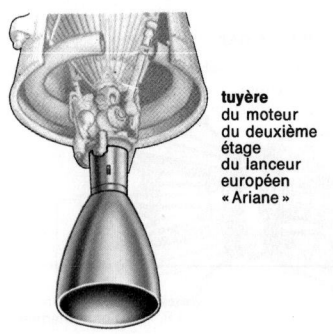

tuyère
du moteur
du deuxième
étage
du lanceur
européen
« Ariane »

TUYAUTAGE n. m. Action de tuyauter.

TUYAUTÉ n. m. Manière dont le linge est tuyauté.

TUYAUTER v. t. Plisser en forme de tuyaux. ‖ *Fam.* Renseigner confidentiellement.

TUYAUTERIE n. f. Ensemble de tuyaux, assurant la circulation d'un fluide ou d'un produit pulvérulent dans une installation.

TUYÈRE n. f. (de *tuyau*). Élément de canalisation profilé, destiné à imposer à un fluide en écoulement une augmentation de vitesse. ‖ Conduit terminal d'une turbine à gaz, dans lequel se produit la détente fournissant l'énergie. ‖ Ouverture pratiquée à la partie inférieure d'un four métallurgique pour le passage de l'air soufflé; buse qui passe par cette ouverture.

T. V. A. n. f. Sigle de Taxe à la Valeur Ajoutée.

TWEED [twid] n. m. (mot angl.). Tissu de laine cardée, d'armure toile ou sergé, généralement établi en deux couleurs et utilisé pour la confection des vêtements genre sport.

TWEEN n. m. Substance dont les molécules ont deux pôles, l'un soluble dans les graisses et l'autre dans l'eau, et qui constitue la plupart des produits mouillants, émulsionnants, lessives, etc.

TWEETER [twitœr] n. m. (mot angl.). Haut-parleur chargé de la reproduction des sons aigus.

TWIN-SET [twinsɛt] n. m. (mot angl.) [pl. *twin-sets*]. Ensemble composé d'un chandail et d'un cardigan de tricot assortis.

TWIST [twist] n. m. (angl. *to twist,* tordre). Danse fortement déhanchée, apparue en 1961.

TYLENCHUS [tilɛkys] n. m. (gr. *tulos,* bosse, et *egkhelus,* anguille). Ver nématode vivant dans les matières végétales en décomposition.

TYMPAN n. m. (gr. *tumpanon,* tambour). *Archit.* Surface comprise entre le linteau et les deux rampants d'un fronton ou d'un gable; paroi diminuant par le haut l'ouverture d'une baie (portails romans et gothiques). ‖ *Mécan.* Pignon enté sur son arbre, et qui engrène dans les dents d'une roue. ● *Briser le tympan à qqn,* lui parler trop fort. ‖ *Caisse du tympan* (Anat.), cavité dans l'os temporal, où est logée l'oreille moyenne. ‖ *Membrane du tympan,* ou *tympan* (Anat.), membrane située au fond du conduit auditif, qui transmet les vibrations de l'air aux osselets de l'oreille moyenne.

TYMPANAL n. m. *Anat.* Os en forme d'anneau, sur lequel est tendue la membrane du tympan.

TYMPANIQUE adj. Relatif au tympan.

TYMPANISME n. m. *Méd.* Augmentation de la sonorité du thorax ou de l'abdomen décelée à la percussion, notamment en cas de pneumothorax ou d'occlusion intestinale.

TYMPANON n. m. (mot gr., *tambourin*). Ins-

trument de musique à cordes frappées par des maillets, et de forme trapézoïdale.

TYMPANOPLASTIE n. f. Réparation chirurgicale du tympan et de la chaîne des osselets dans le traitement de la surdité.

Tyndall (*effet*), diffusion de la lumière sur le trajet d'un rayon lumineux par des particules matérielles qui rendent perceptible ce rayon.

TYNDALLISATION [tɛ̃dalizasjɔ̃] n. f. (de *Tyndall,* n. de l'inventeur). Procédé de stérilisation par une série d'échauffements à une température variant entre 60 et 80 °C, et de refroidissements successifs.

TYPE n. m. (gr. *tupos,* empreinte). Modèle abstrait réunissant à un haut degré les traits essentiels de tous les êtres ou de tous les objets de même nature : *Harpagon est le type de l'avare.* ‖ Ensemble de traits caractéristiques d'un groupe, d'une famille de choses : *le type allemand; les types d'architecture.* ‖ *Fam.* Individu quelconque : *un grand type.* (Parfois fém. TYPESSE, dans ce sens.) ‖ *Biol.* Forme générale autour de laquelle oscillent les variations d'une espèce, d'une race. ‖ *Impr.* Caractère d'imprimerie. ‖ *Techn.* Empreinte servant à produire des empreintes semblables.

TYPÉ, E adj. Qui présente à un haut degré les caractères du type dans lequel on le range : *personnage fortement typé.*

TYPER v. t. Représenter d'une manière qui caractérise.

TYPESSE n. f. V. TYPE.

TYPHACÉE n. f. (gr. *tuphê,* varech). Plante monocotylédone du bord des eaux, telle que la *massette.* (Les *typhacées* forment une famille.)

TYPHIQUE adj. et n. Atteint du typhus ou de la fièvre typhoïde. ● *Bacille typhique,* bacille d'Eberth, provoquant la fièvre typhoïde.

TYPHOÏDE adj. et n. f. (gr. *tuphos,* stupeur). *Fièvre typhoïde,* ou *typhoïde,* maladie infectieuse et contagieuse provoquée par des aliments contenant des bacilles d'Eberth, qui se multiplient dans l'intestin et agissent par des toxines.

TYPHOÏDIQUE adj. Relatif à la fièvre typhoïde.

TYPHON n. m. (gr. *tuphôn,* tourbillon). En Extrême-Orient, cyclone tropical très violent.

TYPHOSE n. f. Maladie microbienne, contagieuse, des volailles.

TYPHUS [tifys] n. m. (mot lat.; gr. *tuphos,* torpeur). Gastro-entérite attaquant plusieurs animaux, dont le chien et le chat. ● *Typhus exanthématique,* ou *typhus,* maladie infectieuse due à une rickettsie que transmet le pou, caractérisée par une fièvre, des taches rouges sur la peau, ou exanthèmes, et par un état stuporeux. (Endémique en Afrique et en Inde, le typhus est combattu par un vaccin et le chloramphénicol.) ‖ *Typhus murin,* maladie analogue, dont la rickettsie est transmise par la puce.

TYPIQUE adj. (gr. *tupikos*). Qui distingue une personne, un groupe, une chose, caractéristique. ‖ *Biol.* Relatif à un type. ● *Musique typique,* musique de caractère sud-américain.

TYPIQUEMENT adv. De façon typique.

TYPO, OTE n. Abrév. fam. de TYPOGRAPHE.

TYPO n. f. Abrév. de TYPOGRAPHIE.

TYPOGRAPHE n. *Arts graph.* Ouvrier qui compose, à l'aide de caractères mobiles, les textes destinés à l'impression.

TYPOGRAPHIE n. f. (gr. *tupos,* caractère, et *graphein,* écrire). Procédé d'impression sur formes en relief (caractères mobiles, gravures, clichés). ‖ Manière dont un texte est imprimé : *typographie peu lisible.*

TYPOGRAPHIQUE adj. Relatif à la typographie.

TYPOLOGIE n. f. Étude des traits caractéristiques dans un ensemble de données, en vue d'y déterminer des types, des systèmes. ‖ Étude des caractères morphologiques de l'homme, communs aux différentes races. ‖ *Psychol.* Étude systématique des traits de caractère en rapport avec les caractéristiques morphologiques de l'individu.

TYPOLOGIQUE adj. Relatif à une typologie.

TYPOMÈTRE n. m. *Impr.* Règle divisée en points typographiques.

TYPON n. m. Positif tramé, destiné à la confection de la plaque offset.

TYPTOLOGIE n. f. (gr. *tuptein*, frapper, et *logos*, discours). Dans le spiritisme, communication des esprits au moyen de coups frappés par les tables tournantes.

TYRAN n. m. (gr. *turannos*). Souverain despotique, injuste, cruel. ‖ Personne qui abuse de son autorité : *tyran domestique* ou *familial.* ‖ Oiseau passereau, appelé aussi *gobe-mouches américain*, insectivore et bon chanteur. ‖ *Antiq. gr.* Chef populaire qui exerce un pouvoir personnel obtenu par un coup de force et sans fondement légal.

TYRANNEAU n. m. Petit tyran.

TYRANNICIDE n. Personne qui tue un tyran.

TYRANNICIDE n. m. Assassinat d'un tyran.

TYRANNIE n. f. Gouvernement autoritaire qui ne respecte pas les libertés individuelles et sur lequel les gouvernés n'ont aucun contrôle. ‖ *Litt.* Pouvoir de certaines choses sur les hommes : *la tyrannie de l'usage, de la mode.* ‖ *Antiq. gr.* Gouvernement d'un tyran.

TYRANNIQUE adj. Qui a le caractère de la tyrannie, despotique : *loi, pouvoir tyrannique; passion tyrannique.*

TYRANNIQUEMENT adv. De façon tyrannique.

TYRANNISER v. t. Exercer une autorité excessive sur, opprimer, persécuter : *tyranniser sa famille; tyranniser les consciences.*

TYRANNOSAURE n. m. Très grand reptile dinosaurien fossile, carnivore et bipède. (Long. 15 m.)

TYROLIEN, ENNE adj. et n. Du Tyrol.

TYROLIENNE n. f. *Mus.* Air à trois temps, qui s'exécute en franchissant, à l'aide de certaines notes de poitrine et de tête qui se succèdent rapidement, d'assez grands intervalles mélodiques. ‖ Danse du Tyrol.

TYROSINASE n. f. Enzyme qui provoque l'oxydation de la tyrosine.

TYROSINE n. f. (gr. *turos*, fromage). Acide aminé dont l'oxydation fournit des pigments noirs, les *mélanines.*

TYROTHRICINE n. f. (gr. *turos*, fromage, et *thrix*, poil). Antibiotique d'usage externe obtenu à partir d'un champignon.

TZAR n. m., **TZARÉVITCH** n. m., **TZARINE** n. f. → TSAR, TSARÉVITCH, TSARINE.

TZIGANE adj. → TSIGANE.

tympan (art roman, XIIᵉ s.)

Lauros-Giraudon

urbanisme : maquette (détail) du centre de la ville nouvelle d'Évry

U n. m. Vingt et unième lettre de l'alphabet et la cinquième des voyelles [y]. ‖ **U**, symbole chimique de l'*uranium*. ‖ **u**, symbole de l'*unité de masse atomique*.

UBAC n. m. (lat. *opacus*, sombre). *Géogr.* Dans la montagne, versant à l'ombre, par oppos. à l'ADRET. (Syn. : ENVERS, OMBRÉE.)

UBIQUISTE [ybikɥist] n. et adj. (lat. *ubique*, partout). Qui a le don d'ubiquité.

UBIQUITÉ [ybikɥite] n. f. (lat. *ubiquitas*; de *ubique*, partout). Faculté d'être présent en plusieurs lieux à la fois.

UBUESQUE adj. Digne du personnage grotesque créé par A. Jarry, le « père Ubu ».

U. E. R. n. f. Abrév. de UNITÉ* D'ENSEIGNEMENT ET DE RECHERCHE.

UFOLOGIE n. f. (de UFO, *Unindentified Flying Object*). Étude des ovnis.

UHLAN [ylɑ̃] n. m. (mot all.; du polon.). Lancier, dans les anciennes armées allemande, autrichienne, polonaise et russe.

UKASE [ukaz] ou **OUKASE** n. m. (mot russe; de *ukasat*, publier). Édit du tsar. ‖ Décision autoritaire et arbitraire.

UKRAINIEN, ENNE adj. et n. De l'Ukraine.

UKRAINIEN n. m. Langue slave parlée en Ukraine.

ULCÉRATIF, IVE adj. Qui produit l'ulcération.

ULCÉRATION n. f. Formation d'ulcère; l'ulcère lui-même.

ULCÈRE n. m. (lat. *ulcus, ulceris*). Perte de substance d'un revêtement épithélial, cutané ou muqueux, s'accompagnant de lésions plus ou moins profondes des tissus sous-jacents, qui en rendent la cicatrisation difficile. ‖ *Agric.* Plaie sur un arbre.

ULCÉRER v. t. (conj. **5**). Produire un ulcère. ‖ Causer un profond et durable ressentiment, blesser : *vos critiques l'ont ulcéré.*

ULCÉREUX, EUSE adj. De la nature de l'ulcère; couvert d'ulcères.

ULÉMA [ulema] ou **OULÉMA** n. m. (mot ar.). Docteur de la loi musulmane, juriste et théologien.

ULIGINAIRE ou **ULIGINEUX, EUSE** adj. (lat. *uligo, uliginis*, humidité). *Bot.* Qui croît ou vit dans les lieux humides.

ULLUQUE n. m. (du quechua). Plante des Andes, à tubercules comestibles. (Famille des chénopodiacées.)

ULMACÉE n. f. (lat. *ulmus*, orme). Arbre aux fleurs sans pétales, tel que l'*orme* et le *micocoulier*. (Les *ulmacées* forment une famille.)

ULMAIRE n. f. Autre nom de la REINE-DES-PRÉS, ou SPIRÉE.

ULNAIRE adj. (lat. *ulna,* avant-bras). *Anat.* Qui a rapport à l'os cubital.

ULTÉRIEUR, E adj. (lat. *ulterior;* de *ultra,* au-delà). Qui arrive après, qui succède à une autre chose, postérieur (par oppos. à ANTÉRIEUR) : *renseignement ultérieur.* ‖ *Géogr. anc.* Qui est au-delà (par oppos. à CITÉRIEUR).

ULTÉRIEUREMENT adv. Plus tard.

ULTIMATUM [yltimatɔm] n. m. (mot lat., *dernière chose*). Conditions définitives imposées à un État par un autre, et dont la non-acceptation entraîne la guerre. ‖ Proposition précise qui n'admet aucune contestation.

ULTIME adj. (lat. *ultimus*). Dernier, final : *ultime concession.*

ULTIMO adv. (mot lat.). En dernier lieu, lorsqu'on a compté par *primo, secundo,* etc.

ULTRA [yltra] n. et adj. (mot lat., *au-delà*). Celui qui professe des opinions extrêmes. ‖ Abrév. de ULTRAROYALISTE.

ULTRABASIQUE adj. *Géol.* Se dit d'une roche éruptive contenant moins de 45 p. 100 de silice et constituée essentiellement de silicates ferromagnésiens qui lui donnent une teinte sombre.

ULTRACENTRIFUGATION n. f. Centrifugation par ultracentrifugeuse.

ULTRACENTRIFUGEUSE n. f. Centrifugeuse à régime de rotation extrêmement élevé (de l'ordre de 60 000 tr/min).

ULTRACOURT, E adj. *Phys.* Se dit des ondes électromagnétiques dont la longueur est de l'ordre de quelques centimètres.

ULTRAFILTRATION n. f. Action de filtrer à travers un ultrafiltre.

ULTRAFILTRE n. m. Filtre dont le rendement est au moins de 99,9 p. 100 et capable d'arrêter des particules de 0,01 μm.

ULTRAMICROSCOPE n. m. Instrument permettant, grâce à son éclairement latéral, de déceler des objets invisibles au microscope ordinaire.

ULTRAMODERNE adj. Très moderne.

ULTRAMONTAIN, E adj. et n. Qui est au-delà des monts, au-delà des Alpes, par rapport à la France (vx). ‖ Partisan de l'ultramontanisme. ◆ adj. Qui appartient aux doctrines théologiques favorables au Saint-Siège, par opposition à GALLICAN.

ULTRAMONTANISME n. m. Ensemble des doctrines ultramontaines.

ULTRA-PETITA [yltrapetita] n. m. inv. (mots lat., *au-delà de ce qui a été demandé*). Statuer *ultra-petita* (Dr.), se dit d'un tribunal qui décide sur les choses qui ne lui étaient pas soumises. (Les jugements entachés d'ultra-petita peuvent être rétractés par la voie de la requête civile.)

ULTRAPRESSION n. f. Pression très élevée, atteignant plusieurs milliers d'atmosphères.

ULTRAROYALISTE n. et adj. Partisan extrémiste de la royauté et des idées monarchiques.

ULTRASENSIBLE adj. Extrêmement sensible.

ULTRASON n. m. Vibration de même nature que le son, mais de fréquence trop élevée (20 kHz à plusieurs centaines de mégahertz) pour qu'une oreille humaine puisse la percevoir. (Les ultrasons ont de nombreuses applications : sonar, écholocation, échographie médicale, métallurgie.)

ULTRASONORE ou **ULTRASONIQUE** adj. Qui concerne les ultrasons.

ULTRAVIDE n. m. Vide correspondant à une pression inférieure à 10^{-9} torr.

ULTRAVIOLET, ETTE adj. et n. m. *Phys.* Se dit des radiations invisibles à l'œil humain, qui sont placées dans la partie du spectre au-delà du violet, et dont la longueur d'onde est plus petite que celle du violet et plus grande que celle des rayons X mous. (Ces radiations ont une action favorable sur le rachitisme, mais sont nocives pour l'œil.)

ULTRAVIRUS n. m. Syn. de VIRUS FILTRANT.

ULULATION n. f., ou **ULULEMENT** n. m. Cri des oiseaux rapaces nocturnes.

ULULER ou **HULULER** v. i. (lat. *ululare*). Crier, en parlant des oiseaux rapaces nocturnes.

ULVE n. f. (lat. *ulva*). Algue verte marine, à thalle mince et foliacé, appelée aussi *laitue de mer.*

UN, UNE adj. num. (lat. *unus*). Le premier nombre de la série naturelle des entiers : *un franc.* ‖ Seul, qui n'est pas associé à d'autres : *travail fait en un jour.* ‖ Ne faire ni une ni deux (Fam.), ne pas hésiter. ‖ Ne faire qu'un, être tout à fait semblable ou parfaitement uni. ‖ Pas un, aucun, nul. ‖ Un à un, l'un succédant à l'autre. ◆ adj. ord. Premier : *page un.* ◆ adj. qualificatif. Qui n'admet pas de division : *Dieu est un; la vérité est une.* ‖ Qui forme un tout harmonieux. ● *C'est tout un, ce n'est qu'un,* c'est chose semblable. ◆ art. indéf. (pl. *des*). Sert à désigner une personne ou une chose de manière indéterminée : *donne-moi un livre.* ◆ pron. indéf. *L'un,* un des deux nommés (par oppos. à L'AUTRE) [pl. *les uns*]. ● *L'un l'autre,* réciproquement.

UN n. m. Une unité : *un et un font deux.* ‖ *Philos.* L'être comme principe d'unité en tant qu'il existe en soi et par soi. (Prend une majuscule en ce sens.)

UNANIME adj. (lat. *unus*, un seul, et *animus*, âme). Qui exprime un accord complet : *un consentement unanime.* ‖ (Au pl.) Qui ont

954

même avis, même sentiment : *nous avons été unanimes sur cette question.*

UNANIMEMENT adv. À l'unanimité.

UNANIMISME n. m. École littéraire du début du XXᵉ s. qui se proposait de traduire les sentiments et les impressions de larges groupes humains (Jules Romains, en France, et Dos Passos, aux États-Unis.)

UNANIMISTE adj. et n. Qui concerne ou qui professe l'unanimisme.

UNANIMITÉ n. f. Accord complet des opinions, des suffrages.

UNAU [yno] n. m. (mot tupi) [pl. *unaus*]. Mammifère d'Amérique tropicale, arboricole, à mouvements lents. (Ordre des édentés; famille des bradypodidés.)

UNCIFORME [ɔ̃sifɔrm] adj. (lat. *uncus*, crochet). *Anat.* En forme de crochet.

UNCINÉ, E [ɔ̃sine] adj. *Bot.* Pourvu d'un crochet. ● *Crise uncinée* (Méd.), accident paroxystique, associant des hallucinations gustatives et olfactives à des troubles de la conscience (sentiment d'étrangeté ou de déjà vu, caractéristique des lésions du lobe temporal).

UNDERGROUND [œndœrgraund] adj. et n. m. inv. (mot angl.). Se dit de divers spectacles, d'œuvres littéraires, de revues d'avant-garde, réalisés en dehors des circuits commerciaux ordinaires.

UNE n. f. (de *un*). *La une* (Fam.), première page d'un journal.

UNGUÉAL, E, AUX [ɔ̃geal, ɔ̃geo] adj. (lat. *unguis*, ongle). Relatif à l'ongle.

UNGUIFÈRE adj. Qui porte un ongle.

UNGUIS [ɔ̃guis] n. m. (mot lat., *ongle*). Petit os situé sur le côté interne de l'orbite.

UNI, E adj. Sans inégalités, sans aspérités : *chemin uni.* ‖ D'une seule couleur : *linge uni.* ‖ *Litt.* Sans variété, sans diversité : *vie unie.*

UNI n. m. Étoffe unie, d'une seule couleur.

UNIATE n. (mot russe; lat. *unio*, union). Se dit des fractions des Églises orientales qui ont rétabli l'union avec l'Église catholique romaine. ◆ adj. et n. Chrétien appartenant à ces Églises.

UNIAXE adj. *Minér.* Se dit d'un cristal biréfringent possédant une direction dans laquelle un rayon lumineux se propage sans être dédoublé.

UNICELLULAIRE adj. *Biol.* Formé d'une seule cellule, comme le sont les *protistes.*

UNICITÉ n. f. Qualité de ce qui est unique.

UNICOLORE adj. Qui est d'une seule couleur.

UNIDIMENSIONNEL, ELLE adj. Qui a une seule dimension.

UNIDIRECTIONNEL, ELLE adj. Qui n'a qu'un sens de déplacement : *courant unidirectionnel.* ‖ Se dit d'une antenne, d'un aérien transmettant ou recevant une onde dans une direction bien déterminée.

UNIÈME adj. ord. (de *un*). Seulement à la suite des dizaines, des centaines, etc. : *le vingt et unième jour du mois.*

UNIÈMEMENT adv. Seulement en composition : *vingt et unièmement.*

UNIFICATEUR, TRICE adj. et n. Qui unifie.

UNIFICATION n. f. Action d'unifier.

UNIFIER v. t. Amener ou ramener à l'unité : *unifier un pays.* ◆ **s'unifier** v. pr. Être amené à l'unité, se fondre en un tout.

UNIFILAIRE adj. *Techn.* Qui ne comprend qu'un seul fil électrique.

UNIFORME adj. Qui a la même forme, le même aspect, pareil : *des maisons uniformes; couleur, style, vie uniforme.* ‖ Qui est semblable dans ses parties, qui ne présente aucune variété. ● *Mouvement uniforme,* mouvement à vitesse constante.

UNIFORME n. m. (abrév. de *habit uniforme*). Costume qui est le même pour toute une catégorie de personnes et qui est défini par un règlement. ● *Habit militaire.* ● *Endosser l'uniforme,* devenir militaire. ● *Quitter l'uniforme,* rentrer dans la vie civile.

UNIFORMÉMENT adv. De façon uniforme.

UNIFORMISATION n. f. Action d'uniformiser.

unau

UNIFORMISER v. t. Rendre de même genre, de même nature, de même forme.

UNIFORMITÉ n. f. État de ce qui est uniforme, monotone, semblable dans ses parties.

UNIJAMBISTE n. et adj. Personne amputée d'une jambe.

UNILATÉRAL, E, AUX adj. Qui ne concerne qu'un seul côté : *stationnement unilatéral.* ‖ Qui est pris par une seule des parties en présence : *décision, réponse unilatérale.* ‖ Qui néglige un autre point de vue possible : *un argument unilatéral.*

UNILATÉRALEMENT adv. De façon unilatérale.

UNILINÉAIRE adj. *Ethnol.* Se dit d'une filiation qui ne tient compte que de l'une des deux ascendances. (Elle donne naissance aux systèmes matrilinéaire ou patrilinéaire.)

UNILINGUE adj. Qui parle une seule langue. ‖ Qui est écrit en une seule langue.

UNILOCULAIRE adj. *Bot.* Qui n'a qu'une loge.

UNIMENT adv. De façon égale, uniforme. ● *Tout uniment* (Litt.), simplement, sans façon.

UNINOMINAL, E, AUX adj. Qui ne contient qu'un nom; où l'on n'indique qu'un seul nom.

UNION n. f. (lat. *unio*; de *unus*, un). Association ou combinaison de différentes choses, de personnes : *l'union de deux familles, des efforts.* ‖ Mariage : *union bien assortie.* ‖ Conformité des sentiments, des pensées, entente, harmonie : *vivre en parfaite union avec qqn.* ‖ Association, parti, syndicat formé par le groupement de plusieurs personnes. ‖ Ensemble d'États qui se groupent d'une manière ou d'une autre. ‖ *Dr.* Groupement des créanciers concourant, lors de la liquidation des biens d'un débiteur, à la répartition entre eux des sommes produites. ‖ *Math.* Énoncé (symb. : ∪) de la réunion de deux ensembles : A∪B (A union B). ● *Union libre,* situation de deux personnes célibataires vivant maritalement sans avoir accompli les formalités du mariage. ‖ *Union sacrée,* expression qui caractérisa le rassemblement de tous les Français lors de la déclaration de guerre, le 4 août 1914.

UNIONISME n. m. Doctrine des unionistes.

UNIONISTE adj. et n. Partisan du maintien de l'union dans un État confédéré. ◆ adj. *Éclaireur unioniste,* scout protestant.

■ En Angleterre, le *parti libéral unioniste,* fondé en 1886 par Joseph Chamberlain, s'opposa, en s'alliant aux conservateurs, aux autres libéraux, fidèles à la conception de Gladstone du *Home Rule* en Irlande.

UNIOVULÉ, E adj. *Bot.* Qui n'a qu'un ovule.

UNIPARE adj. Se dit d'une femme qui n'a eu qu'un seul enfant. ‖ *Biol.* Qui, généralement, ne donne naissance qu'à un seul petit.

UNIPOLAIRE adj. Qui n'a qu'un pôle. ‖ *Cytol.* Se dit d'un neurone dont le corps cellulaire ne porte qu'un seul prolongement, comme les neurones en T des ganglions spinaux.

UNIQUE adj. (lat. *unicus*). Seul en son genre : *fils unique.* ‖ Infiniment au-dessus des autres, incomparable, exceptionnel : *un talent unique.* ‖ Qui est le même pour plusieurs choses : *commandement unique.* ‖ *Fam.* Singulier, extravagant : *ah ! vous êtes unique.*

UNIQUEMENT adv. Exclusivement, seulement.

UNIR v. t. (lat. *unire*). Joindre l'un à l'autre, de manière à former un tout ou pour établir une communication : *unir deux communes.* ‖ Établir un lien d'amitié, d'intérêt, de parenté : *unir deux familles par un mariage.* ◆ **s'unir** v. pr. Se lier par les liens de l'amour, du mariage. ‖ S'associer; faire cause commune.

UNISEXE adj. Se dit de ce qui convient aussi bien aux hommes qu'aux femmes : *coiffure, mode unisexe.*

UNISEXUÉ, E ou **UNISEXUEL, ELLE** adj. Qui ne porte que les organes d'un seul sexe (ne se dit guère que des fleurs).

UNISSON n. m. (lat. *unus*, un, et *sonus*, son). *Mus.* Ensemble de voix ou d'instruments chantant ou jouant des sons de même hauteur ou à l'octave. ● *À l'unisson,* en parfaite conformité d'idées, de sentiments.

UNITAIRE adj. Qui a rapport à l'unité. ‖ Qui recherche ou manifeste l'unité sur le plan politique ou syndical : *une manifestation unitaire de gauche.* ‖ *Math.* Se dit d'un vecteur porté par un axe, de sens positif et de longueur unité. ● *Théorie du champ unitaire,* partie de la théorie de la relativité visant à regrouper les forces de la gravitation et les forces électromagnétiques dans une même interprétation, comme conséquences des propriétés de l'espace.

UNITÉ n. f. (lat. *unitas*). Grandeur finie prise comme terme de comparaison avec des grandeurs de même espèce. (Les nombres qui résultent de ces comparaisons donnent les mesures de ces grandeurs.) ‖ Chacune des parties semblables qui composent un nombre. ‖ Qualité de ce qui est un, unique, de ce qui forme un tout (par oppos. à PLURALITÉ) : *l'unité française; l'unité du moi.* ‖ Harmonie d'ensemble d'une œuvre artistique ou littéraire : *ce roman manque d'unité.* ‖ Accord, harmonie : *il n'y a pas d'unité de vues entre eux.* ‖ *Fin.* Principe budgétaire impliquant la présentation en un document unique de l'ensemble des ressources et des charges publiques prévues pour l'année à venir. ‖ *Industr.* Groupe d'appareils, dans une usine, capables de réaliser une opération industrielle indépendamment des autres installations de cette usine. ‖ *Mil.* Terme générique désignant un groupe de militaires constitué, équipé et encadré de façon permanente; bâtiment de la marine de guerre. ● *Grande unité* (Mil.), formation d'importance égale ou supérieure à la brigade. ‖ *Grandeur unité,* étalon de grandeur. ‖ *Système d'unités,* ensemble cohérent d'unités choisies de façon à simplifier certaines formules physiques reliant plusieurs grandeurs. ‖ *Les trois unités : unité d'action, de lieu, de temps,* dans la littérature classique, règles dramatiques d'après lesquelles la pièce entière doit se développer en une seule action principale, dans un lieu unique, dans l'espace d'une journée. ‖ *Unité arithmétique et logique,* ou *unité de traitement* (Inform.), partie d'un ordinateur qui effectue sur les données qu'elle reçoit les opérations arithmétiques ou logiques commandées par l'unité de contrôle. ‖ *Unité astronomique,* unité de longueur (symb. : UA) valant 149 597 870 km. (C'est une constante fondamentale en astronomie, très sensiblement égale au rayon moyen de l'orbite terrestre.) ‖ *Unité centrale,* ou *unité centrale de traitement* (Inform.), partie d'un ordinateur qui exécute le programme (elle comprend l'unité arithmétique et logique et l'unité de commande). ‖ *Unité de commande* ou *de contrôle* (Inform.), partie d'un ordinateur qui commande l'exécution des opérations demandées par le programme. ‖ *Unité de compte,* étalon monétaire ayant pour objet de mesurer, dans des conventions, l'équivalence des prestations. ‖ *Unité d'échange* ou *d'entrée-sortie* (Inform.), partie d'un ordinateur qui gère les échanges d'information avec l'extérieur. ‖ *Unité élémentaire* (Mil.), compagnie, escadron, batterie. ‖ *Unité d'enseignement et de recherche* (U. E. R.), nom donné aux cellules de base de l'enseignement supérieur. (Les U. E. R. se regroupent en universités.) ‖ *Unité fourragère* (Agric.), point de comparaison entre les valeurs alimentaires de divers produits. (L'unité fourragère correspond à l'énergie utile d'un kilogramme de grains

TABLEAU DES UNITÉS DE MESURE

Unités de mesure légales françaises

(Décret du 3 mai 1961, modifié par les décrets du 5 janvier 1966 et du 4 décembre 1975.)

Les unités SI de base du système international d'unités (SI) sont écrites en **MAJUSCULES GRASSES**.
Les unités SI dites « supplémentaires » sont écrites en **minuscules grasses**.
Les unités SI dérivées sont écrites en PETITES CAPITALES.
Les multiples et sous-multiples décimaux des unités SI ayant une dénomination particulière sont écrits en minuscules.
Les unités hors système sont écrites en *italique*.

MULTIPLES ET SOUS-MULTIPLES DÉCIMAUX

exa	E	10^{18}	ou	1 000 000 000 000 000 000	d'unités	déci	d	10^{-1}	ou	0,1	unité
peta	P	10^{15}	ou	1 000 000 000 000 000	d'unités	centi	c	10^{-2}	ou	0,01	unité
téra	T	10^{12}	ou	1 000 000 000 000	d'unités	milli	m	10^{-3}	ou	0,001	unité
giga	G	10^{9}	ou	1 000 000 000	d'unités	micro	μ	10^{-6}	ou	0,000 001	unité
méga	M	10^{6}	ou	1 000 000	d'unités	nano	n	10^{-9}	ou	0,000 000 001	unité
kilo	k	10^{3}	ou	1 000	unités	pico	p	10^{-12}	ou	0,000 000 000 001	unité
hecto	h	10^{2}	ou	100	unités	femto	f	10^{-15}	ou	0,000 000 000 000 001	unité
déca	da	10^{1}	ou	10	unités	atto	a	10^{-18}	ou	0,000 000 000 000 000 001	unité

1. UNITÉS GÉOMÉTRIQUES

longueur
MÈTRE .... m
mille — 1 852 m

longueur d'onde, distances atomiques
angström .... Å — 10^{-10} m

nombre d'ondes
1 PAR MÈTRE .... m^{-1}

aire ou superficie
MÈTRE CARRÉ .... m^2
hectare .... ha — 10^4 m^2
are .... a — 10^2 m^2

section efficace
barn .... b — 10^{-28} m^2

volume
MÈTRE CUBE .... m^3
litre .... l ou L — 10^{-3} m^3

angle plan
radian .... rad
tour .... tr — $2\,\pi$ rad
grade (ou gon) .... gr (ou gon) — $\pi/200$ rad
degré .... ° — $\pi/180$ rad
minute d'angle .... ' — $\pi/10\,800$ rad
seconde d'angle .... " — $\pi/648\,000$ rad

angle solide
stéradian .... sr

2. UNITÉS DE MASSE

masse
KILOGRAMME .... kg
tonne .... t — 10^3 kg
quintal .... q — 10^2 kg
carat métrique .... — 2.10^{-4} kg

masse atomique
unité de masse atomique .... u — $1,660\,56.10^{-27}$ kg

masse linéique
KILOGRAMME PAR MÈTRE .... kg/m
tex .... tex — 10^{-6} kg/m

masse surfacique
KILOGRAMME PAR MÈTRE CARRÉ .... kg/m^2

masse volumique
KILOGRAMME PAR MÈTRE CUBE .... kg/m^3

volume massique
MÈTRE CUBE PAR KILOGRAMME .... m^3/kg

concentration
KILOGRAMME PAR MÈTRE CUBE .... kg/m^3

3. UNITÉS DE TEMPS

temps
SECONDE .... s
minute de temps .... min — 60 s
heure .... h — 3 600 s
jour .... d ou j — 86 400 s

fréquence
HERTZ .... Hz

4. UNITÉS MÉCANIQUES

vitesse
MÈTRE PAR SECONDE .... m/s
kilomètre par heure .... km/h — 1/3,6 m/s
nœud .... — 1 852/3 600 m/s

vitesse angulaire
RADIAN PAR SECONDE .... rad/s
tour par minute .... tr/min — $2\,\pi/60$ rad/s
tour par seconde .... tr/s — $2\,\pi/3\,600$ rad/s

accélération
MÈTRE PAR SECONDE CARRÉE .... m/s^2
gal .... Gal — 10^{-2} m/s^2

accélération angulaire
RADIAN PAR SECONDE CARRÉE ...... rad/s^2

force
NEWTON .... N
dyne .... dyn — 10^{-5} N

moment d'une force
NEWTON-MÈTRE .... N.m

tension capillaire
NEWTON PAR MÈTRE .... N/m

travail, énergie, quantité de chaleur
JOULE .... J
erg .... — 10^{-7} J
wattheure .... Wh — 3 600 J
électronvolt .... eV — $1,602\,19.10^{-19}$ J

intensité énergétique
WATT PAR STÉRADIAN .... W/sr

puissance, flux énergétique, flux thermique
WATT .... W
voltampère .... VA
var .... var

contrainte et pression
PASCAL .... Pa
bar .... — 10^5 Pa

viscosité dynamique ou viscosité
PASCAL-SECONDE .... Pa.s
poise .... P 10^{-1} Pa.s

viscosité cinématique
MÈTRE CARRÉ PAR SECONDE .... m²/s
stokes .... St 10^{-4} m²/s

5. UNITÉS ÉLECTRIQUES

intensité de courant électrique
AMPÈRE .... A

force électromotrice et différence de potentiel (ou tension)
VOLT V

résistance électrique
OHM .... Ω

intensité de champ électrique
VOLT PAR MÈTRE .... V/m

conductance électrique
SIEMENS .... S

quantité d'électricité, charge électrique
COULOMB C
ampère-heure .... Ah   3 600 C

capacité électrique
FARAD .... F

inductance électrique
HENRY .... H

flux d'induction magnétique
WEBER .... Wb

induction magnétique
TESLA .... T

intensité de champ magnétique
AMPÈRE PAR MÈTRE .... A/m

force magnétomotrice
AMPÈRE .... A

6. UNITÉS CALORIFIQUES

température
KELVIN .... K
DEGRÉ CELSIUS .... ⁰C

capacité thermique, entropie
JOULE PAR KELVIN .... J/K

chaleur massique, entropie massique
JOULE PAR KILOGRAMME-KELVIN ...... J/(kg.K)

conductivité thermique
WATT PAR MÈTRE-KELVIN .... W/(m.K)

7. UNITÉS DES RAYONNEMENTS IONISANTS

activité
BECQUEREL .... Bq
curie .... Ci $3,7 \times 10^{10}$ Bq

exposition
COULOMB PAR KILOGRAMME .... C/kg
röntgen .... R $2,58 \times 10^{-4}$ C/kg

dose absorbée
GRAY .... Gy
rad .... rd 10^{-2} Gy

8. UNITÉS DE QUANTITÉ DE MATIÈRE

quantité de matière
MOLE .... mol

9. UNITÉS OPTIQUES

intensité lumineuse
CANDELA .... cd

flux lumineux
LUMEN .... lm

éclairement lumineux
LUX lx

luminance lumineuse
CANDELA PAR MÈTRE CARRÉ .... cd/m²

vergence des systèmes optiques
1 PAR MÈTRE .... m^{-1}
DIOPTRIE .... δ

10. UNITÉ MONÉTAIRE

FRANC .... F
centime .... 10^{-2} F

Principales unités de mesure anglo-saxonnes

	NOM ANGLAIS		NOM ET ÉQUIVALENT FRANÇAIS		OBSERVATIONS
longueur					
inch	in ou ″	pouce	25,4	mm	
foot	ft ou ′	pied	0,304 8	m	vaut 12 inches
yard	yd	**yard**	0,914 4	m	vaut 3 feet
fathom	fm	brasse	1,828 8	m	vaut 2 yards
statute mile		mille terrestre	1,609 3	km	vaut 1 760 yards
nautical mile	m ou mile	mille marin britannique	1,853 18	km	vaut 6 080 feet
U.S. nautical mile		mille marin américain	1,853 24	km	
masse-avoirdupois (commerce)					
ounce	oz	once	28,349	g	
pound	lb	**livre**	453,592	g	vaut 16 ounces
capacité					
U.S. liquid pint	U.S. pt	pinte américaine	0,473	l	
pint	pt	pinte britannique	0,568	l	
U.S. gallon	U.S. gal	**gallon américain**	3,785	l	
imperial gallon	Imp. gal	**gallon britannique**	4,546	l	vaut 8 pints
U.S. bushel	U.S. bu	boisseau américain	35,238	l	
bushel	bu	boisseau britannique	36,368	l	vaut 8 gallons
U.S. barrel (petroleum)	U.S. bbl	baril américain	158,98	l	
force					
poundal	pdl (= 0,138 2 N)				
puissance					
horsepower	HP	cheval-vapeur britannique	0,745 7 kW		équivaut à 1,013 ch
température					
degree Fahrenheit	⁰F	**degré Fahrenheit**	une température de t degrés Fahrenheit correspond à $\frac{5}{9}(t-32)$ degrés Celsius		
chaleur, énergie, travail					
british thermal unit	B.T.U. (= 1 055,06 J)		212 ⁰F correspond à 100 ⁰C		
			32 ⁰F correspond à 0 ⁰C		

d'orge.) ‖ *Unité périphérique* (Inform.), syn. de PÉRIPHÉRIQUE. ‖ *Unité de valeur* (abrév. : U. V.), dans une université, enseignement correspondant à une discipline précise et sanctionné par un contrôle des connaissances.

UNITIF, IVE adj. *Vie unitive* (Relig.), vie de perpétuelle union avec Dieu.

UNIVALENT, E adj. Qui a pour valence 1. (Syn. MONOVALENT.)

UNIVALVE adj. Se dit des fruits capsulaires d'une seule pièce, et des mollusques qui n'ont qu'une valve.

UNIVERS n. m. Le monde entier, l'ensemble de ce qui existe. (Dans le sens astronomique, prend une majuscule : *l'Univers.*) ‖ Le monde habité; l'ensemble des hommes. ‖ Le milieu dans lequel on vit; le champ d'activité : *sa famille est tout son univers.*

UNIVERSALISATION n. f. Action d'universaliser.

UNIVERSALISER v. t. Rendre universel; répandre partout.

UNIVERSALISME n. m. Opinion qui ne reconnaît d'autre autorité que le consentement universel.

UNIVERSALISTE adj. Relatif au monde tout entier, à tous les hommes. ◆ adj. et n. Relatif à l'universalisme; qui en est partisan.

UNIVERSALITÉ n. f. Caractère de ce qui est universel. ‖ Caractère d'un esprit universel. ‖ *Dr.* Ensemble de biens, ou de droits et d'obligations, considéré comme formant une unité juridique. ‖ *Fin.* Principe budgétaire impliquant la présentation intégrale de toutes les recettes et de toutes les dépenses publiques sans aucune compensation entre elles et interdisant l'affectation d'une ressource à une charge. ‖ *Log.* Qualité d'une proposition universelle.

UNIVERSAUX n. m. pl. *Ling.* Ensemble des structures et relations existant dans toutes les langues du monde. ‖ *Log.* Concepts généraux.

UNIVERSEL, ELLE adj. (lat. *universus,* tout entier). Général, qui s'étend à tout ou à tous : *histoire universelle.* ‖ Qui a des aptitudes pour tout, des connaissances dans toutes les matières : *esprit universel.* ‖ *Philos.* Qui convient à tous les objets d'une classe, sans exception. ‖ *Techn.* Se dit d'une machine-outil conçue pour exécuter les diverses opérations successives d'usinage d'une pièce, sans qu'il soit nécessaire de modifier son montage. ● *Communauté universelle* (Dr.), régime matrimonial où tous les biens des époux tombent en communauté. ‖ *Légataire à titre universel,* personne qui est désignée pour recueillir une quote-part des biens du testateur. ‖ *Légataire universel,* personne désignée dans un testament pour recueillir la totalité d'une succession. ‖ *Proposition universelle* (Log.), proposition dont le sujet est considéré dans toute son extension.

UNIVERSEL n. m. (pl. *universaux*). *Philos.* Pour les scolastiques, idées ou termes généraux qui servaient à classer les êtres et les idées.

UNIVERSELLEMENT adv. De façon universelle, de tout l'univers.

UNIVERSITAIRE adj. et n. Qui appartient à l'université. ‖ En Belgique, qui est pourvu d'un diplôme de fin d'études à l'université.

UNIVERSITÉ n. f. Ensemble d'établissements scolaires relevant de l'enseignement supérieur; bâtiments d'une université. ■ Le troisième concile de Latran (1179) avait décidé que toute église cathédrale devrait entretenir un maître chargé d'instruire les clercs de l'Église. C'est de l'école épiscopale de Paris que naquit la plus ancienne université de France. Philippe Auguste (1200), puis le pape (1215) lui accordèrent les privilèges d'une corporation ecclésiastique. Elle obtint le droit exclusif de conférer les grades de bachelier, de licencié et de docteur aux étudiants répartis en quatre facultés (*arts libéraux, droit canon, médecine, théologie*). La période d'apogée de l'université de Paris s'étend du XIIIe au XVe s. En province, des universités s'établirent créées à l'image de celle de Paris; les plus anciennes étaient celles de Toulouse (1229-30) et de Montpellier (1289). Supprimée en 1790, l'Université fut réorganisée

uræus (masque funéraire de Toutankhamon)

en 1808 par Napoléon Ier, qui la plaça sous la surveillance directe de l'État. Depuis 1968, les universités sont dotées d'une large autonomie administrative, pédagogique et financière. Gérées par un conseil élu, elles élaborent leurs statuts au sein d'assemblées constitutives formées par les « unités d'enseignement et de recherche » (U. E. R.) qui les composent. Aujourd'hui, le nombre des universités françaises est de l'ordre de 70.

UNIVITELLIN, INE adj. *Biol.* Se dit de jumeaux provenant d'un seul œuf.

UNIVOCITÉ n. f. Caractère de ce qui est univoque.

UNIVOQUE adj. (lat. *univocus;* de *vox,* voix). Qui conserve le même sens dans des emplois différents (par oppos. à ÉQUIVOQUE). ‖ *Math.* Se dit d'une correspondance entre deux ensembles qui, d'un élément du premier, conduit à un élément, et à un seul, du second.

UNTEL, UNETELLE [œtɛl, yntɛl] n. Mot forgé pour désigner anonymement un individu. (S'écrit souvent avec une majuscule.)

UPAS [ypas] n. m. Arbre de Malaisie, dont le latex, toxique, est utilisé pour empoisonner les flèches. (Famille des moracées.)

UPÉRISATION n. f. Procédé de stérilisation du lait qui consiste à le porter pendant quelques secondes à une très haute température (140 ⁰C).

UPÉRISER v. t. Soumettre à l'upérisation.

UPPERCUT [yperkyt] n. m. (mot angl.; de *upper,* supérieur, et *to cut,* couper). En boxe, coup de poing porté de bas en haut.

UPSILON [ypsilɔn] n. m. (mot gr.). Vingtième lettre de l'alphabet grec (υ), correspondant à notre *u* et devenu *y* dans les mots français tirés du grec.

UPWELLING [œpwɛliŋ] n. m. (mot angl.). *Géogr.* Remontée d'eaux froides profondes des océans le long de certains littoraux.

URAÈTE n. m. (gr. *oura,* queue, et *aetos,* aigle). Aigle d'Australie.

URÆUS [yreys] n. m. Cobra femelle dressé, motif ornemental évoquant dans l'Égypte ancienne l'œil de Rê, et symbole de la puissance de certaines divinités et de celle du pharaon.

URANATE n. m. Sel de l'acide uranique.

URANE n. m. *Chim.* Oxyde d'uranium UO₂.

URANEUX adj. m. Se dit des dérivés de l'uranium.

URANIE n. f. (gr. *ouranos,* ciel). Grand papillon aux vives couleurs.

URANIFÈRE adj. Qui renferme de l'uranium.

URANINITE n. f. Syn. de PECHBLENDE.

URANIQUE adj. Se dit de l'anhydride UO₃ et de l'acide correspondant. ‖ Qui concerne l'uranium.

uranie

uranoscope

URANISME n. m. (de [Aphrodite] *Ourania*). Inversion sexuelle chez les hommes.

URANITE n. f. Phosphate hydraté naturel d'uranium.

URANIUM [yranjɔm] n. m. Métal (U), n° 92, de masse atomique 238,02, de densité 18,7, extrait de l'urane. (Faiblement radioactif, l'uranium naturel est un mélange de trois isotopes, dont l'uranium 235 est fissile et l'uranium 238 fertile.)

URANOSCOPE n. m. Poisson osseux voisin de la vive, vivant enfoui dans le sable des côtes méditerranéennes, et dont seul dépasse le dessus de la tête portant des yeux saillants. (Long. 25 cm.) [Syn. RASCASSE BLANCHE.]

URANYLE n. m. Radical bivalent UO₂.

URATE n. m. Sel de l'acide urique. (Les urates peuvent précipiter dans l'organisme, soit dans les articulations [goutte], soit dans les voies urinaires [calculs].)

URBAIN, E adj. (lat. *urbanus;* de *urbs,* ville). De la ville (par oppos. à RURAL) : *les populations urbaines.* ● *Unité urbaine,* expression désignant l'ensemble formé par une ville et ses banlieues ou une commune isolée comptant plus de 2 000 habitants agglomérés.

URBANISATION n. f. Action d'urbaniser. ‖ Concentration croissante de la population dans des agglomérations de type urbain.

URBANISER v. t. En parlant d'un site, l'aménager en vue de développer ou de créer une agglomération urbaine.

URBANISME n. m. Science se rapportant à la construction et à l'aménagement des agglomérations, villes et villages.

URBANISTE n. Spécialiste de la conception, de l'établissement et de l'application des plans d'urbanisme et d'aménagement des territoires.

URBANISTE ou **URBANISTIQUE** adj. Relatif à l'urbanisme.

URBANITÉ n. f. (lat. *urbanitas*). *Litt.* Politesse raffinée.

URBI ET ORBI [yrbiɛtɔrbi] loc. adv. (mots lat.; *à la ville* [Rome] *et à l'univers*). *Liturg.* Relatif à la bénédiction solennelle que le pape lorsqu'elle s'étend aux fidèles du monde entier.

URDU [urdu] ou **OURDOU** n. m. Langue officielle du Pākistān, proche du hindī, mais écrite avec des caractères arabes et persans.

URE n. m. → URUS.

URÉDINALE n. f. Champignon basidiomycète, parasite des végétaux, sur lesquels il produit les rouilles. (Les *urédinales* forment un ordre.)

URÉDOSPORE n. f. Spore produite par la rouille du blé, et qui propage cette maladie.

URÉE n. f. (de *urine*). Substance de formule CO(NH₂)₂, déchet des matières azotées de l'organisme, que celui-ci fabrique à partir d'acides aminés et de sels ammoniacaux, et que le rein extrait du sang et concentre dans l'urine. (Le plasma humain contient 0,30 g d'urée par litre, l'urine 20 g par litre, la sueur 1 g par litre.) ‖ *Agric.* Engrais azoté d'origine industrielle. ● *Urée-formol,* matière plastique thermodurcissable obtenue à partir de l'urée et du formaldéhyde.

URÉIDE n. m. Nom générique de composés dérivés de l'urée.

URÉMIE n. f. Augmentation pathologique du taux d'urée dans le sang.

URÉMIQUE adj. et n. Relatif à l'urémie ; atteint d'urémie.

URÉTÉRAL, E, AUX adj. Relatif aux uretères.

URETÈRE n. m. (gr. *ourêtêr*). Chacun des deux canaux qui portent l'urine des reins dans la vessie.

URÉTÉRITE n. f. Inflammation des uretères.

URÉTÉROSTOMIE n. f. *Chir.* Abouchement de l'uretère à la peau.

URÉTHANNE n. m. Nom générique des composés NH$_2$COOR (R radical carboné), esters de l'acide carbamique.

URÉTRAL, E, AUX adj. Relatif à l'urètre.

URÈTRE n. m. (gr. *ourêthra;* de *oureîn,* uriner). Canal qui conduit l'urine du col de la vessie au méat urétral.

URÉTRITE n. f. Inflammation de l'urètre.

URGENCE n. f. Caractère de ce qui est urgent. ‖ *Dr.* Situation particulière impliquant une procédure accélérée. ● *D'urgence,* immédiatement, sans retard : *prendre une décision d'urgence.* ‖ *État d'urgence,* régime exceptionnel qui, en cas de troubles, renforce les pouvoirs de l'autorité administrative. ‖ *Service des urgences,* local d'un hôpital où l'on reçoit les malades ou blessés dont l'état nécessite un traitement immédiat.

URGENT, E adj. Qui ne peut être différé, qu'il est nécessaire de faire tout de suite.

URGER v. i. (conj. **1**). *Fam.* Presser, être urgent : *une démarche qui urge.*

URICÉMIE n. f. Taux de l'acide urique dans le sang (normalement inférieur à 0,060 g/l).

URINAIRE adj. Relatif à l'urine. ● *Appareil urinaire,* ensemble des reins et des voies urinaires (uretères, vessie, urètre).

URINAL n. m. (pl. *urinaux*). Vase à col relevé, où les hommes alités urinent. (On dit aussi PISTOLET.)

URINE n. f. (lat. *urina*). Liquide extrait du sang par les reins et collecté par la vessie avant son évacuation au-dehors par le méat.

URINER v. i. et t. Évacuer son urine.

URINIFÈRE adj. Qui porte, conduit l'urine.

URINOIR n. m. Édicule, lieu, dispositif aménagé pour la miction des hommes.

URIQUE adj. *Acide urique,* acide organique azoté, présent à très faible dose dans le sang, à dose moins faible dans l'urine (0,5 g par litre), et provenant de la dégradation, dans l'organisme, des nucléoprotéides.

URNE n. f. (lat. *urna*). Vase servant à conserver les cendres des morts. ‖ Vase à flancs arrondis. ‖ Boîte servant à recueillir les bulletins de vote. ‖ *Bot.* Sporange des mousses, en forme d'urne, recouvert d'un opercule et d'une coiffe.

UROBILINE n. f. Pigment biliaire constituant l'une des matières colorantes de l'urine.

UROBILINURIE n. f. *Méd.* Présence anormale d'urobiline dans les urines (maladies fébriles, insuffisance hépatique).

UROCHROME [yrɔkrom] n. m. Substance azotée jaune, le plus abondant des pigments urinaires.

URODÈLE n. m. (gr. *oura,* queue, et *dêlos,* visible). Amphibien conservant sa queue à la métamorphose, tel que le *triton,* la *salamandre.* (Les *urodèles* forment une sous-classe.)

URO-GÉNITAL, E, AUX adj. → GÉNITO-URINAIRE.

UROGRAPHIE n. f. Radiographie des voies urinaires après injection intraveineuse d'une substance opaque aux rayons X, qui, en s'élimi-

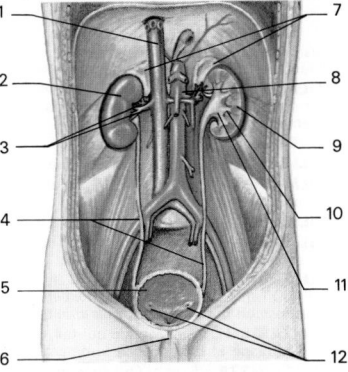

APPAREIL URINAIRE

1. Veine cave inférieure ; 2. Rein droit ;
3. Artère et veine rénales droites ;
4. Uretères ; 5. Vessie ; 6. Urètre ;
7. Surrénales ; 8. Aorte ; 9. Rein gauche
en coupe ; 10. Calice ; 11. Bassinet ;
12. Méats urétéraux.

nant, donne une image contrastée des cavités rénales, des uretères et de la vessie.

UROLAGNIE n. f. (gr. *oûron,* urine, et *lagneia,* libertinage). *Psychiatr.* Déviation sexuelle caractérisée par une érotisation des fonctions d'excrétion urinaire.

UROLOGIE n. f. Étude des maladies des voies urinaires des deux sexes, et de l'appareil génital de l'homme.

UROLOGUE n. Spécialiste de l'urologie.

UROPODE n. m. *Zool.* Dernier appendice abdominal des crustacés, souvent aplati et servant de nageoire (on dit aussi PATTE-NAGEOIRE).

UROPYGIENNE adj. f. (gr. *oura,* queue, et *pugê,* fesse). Se dit d'une glande graisseuse qui se trouve au croupion des oiseaux, et dont la sécrétion sert à graisser les plumes.

URSIDÉ n. m. (lat. *ursus,* ours). Mammifère carnassier plantigrade et souvent omnivore, tel que les *ours.* (Les *ursidés* forment une famille.)

URSULINE n. f. Religieuse de l'ordre de Sainte-Ursule, fondé en 1535 par sainte Angèle Merici.

URTICACÉE n. f. (lat. *urtica,* ortie). Herbe dicotylédone sans pétales, telle que l'*ortie,* la *ramie,* la *pariétaire.* (Les *urticacées* forment une famille.)

URTICAIRE n. f. (lat. *urtica,* ortie). Éruption cutanée ressemblant à des piqûres d'ortie, qui est souvent une réaction allergique à certains aliments (fraises, œufs, crustacés, etc.).

URTICALE n. f. Plante dicotylédone à fleurs peu apparentes. (Les *urticales* forment un ordre qui comprend quatre familles principales : cannabinacées, moracées, ulmacées, urticacées.)

URTICANT, E adj. Se dit des animaux ou des végétaux qui produisent une piqûre analogue à celle de l'ortie.

URTICATION n. f. *Méd.* Réaction inflammatoire de la peau, accompagnée d'une sensation de brûlure.

URUBU n. m. (mot tupi). Espèce de vautour de la taille d'un dindon, répandu dans toute l'Amérique chaude. (L'*urubu* est noir, avec les pieds rougeâtres, la face et le cou roux et bleuâtres.)

URUGUAYEN, ENNE [yrygwɛjɛ̃, ɛn] adj. et n. De l'Uruguay.

URUS [yrys] ou **URE** n. m. (lat. *urus;* mot celtique). Nom donné parfois à l'*aurochs.*

US [ys] n. m. pl. (lat. *usus*). *Les us et coutumes* (Litt.), les usages.

USAGE n. m. (de *us*). Action de se servir de qqch : *perdre l'usage de la parole.* ‖ Fonction, service : *quel est l'usage de cet appareil?* ‖ Coutume, habitude communes à un groupe, ensemble de pratiques sociales, expérience de ce qu'il faut dire ou faire : *aller contre l'usage établi.* ‖ Emploi ordinaire des mots tel qu'il

existe chez le plus grand nombre : *expression hors d'usage.* ‖ *Dr.* Droit de se servir d'une chose qui appartient à autrui et d'en percevoir les fruits. ● *À l'usage,* lorsqu'on s'en sert. ‖ *À l'usage de,* destiné à servir à. ‖ *Faire usage de,* employer, utiliser. ‖ *Faire de l'usage, faire un bon usage,* durer longtemps, en parlant d'une chose dont on se sert habituellement. ‖ *Orthographe d'usage,* orthographe des mots eux-mêmes, indépendamment des règles d'accord et de la fonction. ‖ *Usage de faux,* infraction constituée par l'emploi d'une pièce falsifiée et la connaissance du préjudice causé par cet emploi. ‖ *Usage du monde,* connaissance de ce qu'il faut faire et dire en société. ‖ *Valeur d'usage,* propriété, pour les biens et les services, de satisfaire les besoins. (Elle se distingue de la valeur d'échange*.)

USAGÉ, E adj. Qui a déjà servi et qui est, de ce fait, usé : *vêtements usagés.*

USAGER n. m. Celui qui utilise habituellement un service public : *les usagers du rail, de la route.* ‖ *Dr.* Celui qui a un droit d'usage.

USANCE n. f. Délai le plus long imposé par la Banque de France aux effets de commerce.

USANT, E adj. *Fam.* Qui fatigue à l'extrême : *travail usant.*

USÉ, E adj. Qui a subi une certaine détérioration due à l'usure : *vêtement usé.* ‖ Affaibli : *homme usé.* ‖ Banal, pour avoir été trop répété ou employé : *sujet usé.* ● *Eaux usées,* ensemble des eaux ménagères, des eaux-vannes, des eaux industrielles, des eaux du service public et des eaux de drainage.

USER v. t. ind. [**de**] (lat. pop. *usare;* de *uti,* se servir de). *Litt.* Faire usage de qqch : *user d'une permission; user de finesse.* ◆ v. t. Détériorer par l'usage : *user ses vêtements.* ‖ Consommer jusqu'à épuisement : *cette voiture use beaucoup d'essence.* ‖ Affaiblir, détruire progressivement : *user sa santé.* ◆ **s'user** v. pr. Se détériorer par l'usage, par le temps : *cette étoffe s'use vite.* ‖ Perdre ses forces : *s'user en efforts répétés.*

USINABILITÉ n. f. Aptitude d'un alliage à être usiné dans certaines conditions de coupe.

USINAGE n. m. *Industr.* Action d'usiner. ● *Usine d'usinage,* machine-outil à commande numérique, dans laquelle la manutention des pièces à usiner et le changement des outils sont automatisés.

USINE n. f. (lat. *officina,* atelier). Établissement industriel où, à l'aide de machines, on transforme des matières premières ou semi-ouvrées en produits finis.

USINER v. t. Soumettre une matière brute ou dégrossie à l'action d'une machine-outil. ‖ Fabriquer dans une usine.

USINIER, ÈRE adj. Relatif à l'usine (vx).

USITÉ, E adj. (lat. *usitatus*). Se dit d'un mot, d'une expression dont on se sert habituellement.

USNÉE [ysne] n. f. (mot ar., *mousse*). Lichen filamenteux poussant sur les vieux arbres.

USTENSILE n. m. (lat. *ustensilia;* de *uti,* se servir de). Objet servant aux usages de la vie courante, et principalement à la cuisine.

USTILAGINALE n. f. (bas lat. *ustilago,* chardon sauvage). Champignon basidiomycète parasite des végétaux, sur lesquels il produit le *charbon* et la *carie.* (Les *ustilaginales* forment un ordre.)

USUCAPION [yzykapjɔ̃] n. f. (lat. *usucapio*). *Dr.* Prescription acquisitive.

USUEL, ELLE adj. Dont on se sert ordinairement, courant : *mots usuels.*

USUEL n. m. Ouvrage d'un usage courant et qui est dans les bibliothèques à la portée des lecteurs.

USUELLEMENT adv. D'une façon usuelle.

USUFRUCTUAIRE adj. *Dr.* Relatif à l'usufruit.

USUFRUIT n. m. (lat. *usus fructus*). *Dr.* Droit d'utiliser et de jouir des fruits d'un bien dont la nue-propriété appartient à un autre.

USUFRUITIER, ÈRE n. Celui, celle qui fait usage de l'usufruit. ◆ adj. *Réparations usufruitières,* celles qui incombent à l'usufruitier.

USURAIRE adj. (lat. *usurarius;* de *usura,* intérêt). Entaché d'usure.

USURE n. f. (lat. *usura,* intérêt de l'argent). Délit commis par celui qui prête de l'argent à un taux d'intérêt excessif. ● *Avec usure* (Litt.), au-delà de ce qu'on a reçu.

USURE n. f. (de *user*). Détérioration que produit l'usage *l'usure des chaussures.* ‖ Affaiblissement, amoindrissement : *usure nerveuse.* ● *Guerre d'usure,* celle où l'on cherche à épuiser à la longue les forces de l'adversaire.

USURIER, ÈRE n. Personne qui prête à usure.

USURPATEUR, TRICE adj. et n. Qui usurpe : *pouvoir usurpateur.* ‖ Qui s'empare, par des moyens injustes, de l'autorité souveraine.

USURPATION n. f. Action d'usurper. ‖ *Dr.* Fait d'exercer des fonctions, de porter des décorations, des titres, auxquels on n'a pas droit.

USURPATOIRE adj. Qui a le caractère de l'usurpation.

USURPER v. t. (lat. *usurpare,* faire usage de). S'emparer, par violence ou par ruse, d'un droit, de ce qui appartient à autrui, du pouvoir.

USUS [yzys] n. m. *Dr.* Droit d'utiliser la chose dont on est propriétaire.

UT [yt] n. m. inv. Note de musique; premier

ut

clef d'« ut »

degré de la gamme de *do;* signe qui le représente. (Syn. DO.) ● *Clef d'ut,* clef indiquant l'emplacement de cette note.

UTÉRIN, E adj. et n. (de *utérus*). Se dit des frères et des sœurs nés de la même mère, mais non du même père. ◆ adj. Qui se rapporte à l'utérus : *muqueuse utérine.*

UTÉRUS [yterys] n. m. (mot lat., *matrice*).

Organe de la gestation chez la femme et chez les femelles des mammifères. (Syn. MATRICE.)

UTILE adj. (lat. *utilis;* de *uti,* se servir de). Qui rend service : *travaux utiles.* ● *En temps utile,* en temps opportun.

UTILEMENT adv. De façon utile.

UTILISABLE adj. Qui peut être utilisé.

UTILISATEUR, TRICE n. et adj. Personne qui fait usage de.

UTILISATION n. f. Action d'utiliser.

UTILISER v. t. Employer, tirer parti de qqch, s'en servir pour son usage, son profit.

UTILITAIRE adj. Qui vise essentiellement à l'utilité : *véhicule, architecture utilitaire.* ‖ Qui se propose un but intéressé : *politique utilitaire.*

UTILITARISME n. m. Morale qui fait de l'utilité le principe et la norme de toute action.

UTILITARISTE adj. et n. Qui concerne ou qui professe l'utilitarisme.

UTILITÉ n. f. Caractère de ce qui est utile. ‖ Emploi subalterne au théâtre; personne qui le remplit. ‖ Fait de satisfaire un besoin ou de servir de moyen en vue d'une fin. ● *Utilité publique,* qualité, conférée par l'Administration à certains organismes, les soumettant à un contrôle et leur conférant la personnalité juridique.

fleurs

fruit

feuilles

utricule

UTRICULAIRE

U.T.M. (abrév. de *Universal Transverse Mercator*), système de projection dérivé de celui de Mercator, mais dans lequel le cylindre est enroulé suivant un méridien. (Dans le système U.T.M., la Terre est divisée en 60 fuseaux de 6⁰ de longitude chacun : 3⁰ de part et d'autre de chaque méridien de référence constituant la limite au-delà de laquelle les déformations seraient trop considérables.)

UTOPIE n. f. (lat. *Utopia,* titre d'une œuvre de Th. More; du gr. *ou,* non, et *topos,* lieu). Système ou projet irréalisable; conception imaginaire. ‖ *Philos.* Conception d'une société idéale où les rapports humains sont réglés mécaniquement ou harmonieusement. (Ceux qui ont imaginé des utopies sont Platon, Th. More, Saint-Simon, Fourier, Orwell; Ernst Bloch en a fait la théorie.)

UTOPIQUE adj. Qui tient de l'utopie. ● *Socialisme utopique,* doctrine socialiste systématique et abstraite (par oppos. à SOCIALISME SCIENTIFIQUE, dénomination que K. Marx et F. Engels donnent à leur propre doctrine).

UTOPISTE adj. et n. Qui forme des projets irréalisables.

UTRAQUISTES n. pl. Nom donné à la fraction modérée des hussites, opposés aux taborites.

UTRICULAIRE n. f. Plante aquatique capturant des proies animales dans des utricules.

UTRICULE n. m. (lat. *utriculus,* petite outre). *Anat.* Une des cavités du vestibule de l'oreille interne, contenant des éléments sensibles à la pesanteur et aux accélérations. ‖ *Bot.* Très petit organe en forme d'outre.

UVAL, E, AUX adj. Relatif au raisin.

UVÉE n. f. (lat. *uva,* raisin). Tunique moyenne de l'œil, constituée en avant par l'iris et en arrière par la choroïde.

UVÉITE n. f. Inflammation de l'uvée.

UVULAIRE adj. *Anat.* Relatif à la luette. ‖ *Phon.* Se dit d'une consonne réalisée par la vibration de la luette contre le dos de la langue.

UVULE n. f. (lat. *uvula,* petit grain de raisin). *Anat.* Luette.

UXORILOCAL, E, AUX adj. *Anthropol.* Se dit du mode de résidence des époux qui habitent dans le village des parents de l'épouse.

UZBEK adj. et n. → OUZBEK.

volcan : l'Etna en activité

V

V n. m. Vingt-deuxième lettre de l'alphabet et la dix-septième des consonnes. (La consonne *v* est une fricative sonore.) ‖ **V**, chiffre romain qui vaut cinq. ‖ **V**, symbole chimique du *vanadium*. ‖ **V** (Électr.), symbole du *volt*. ‖ **V/m**, symbole du *volt par mètre*.

V1, V2 n. m. (abrév. all. de *Vergeltungswaffe*, arme de représailles). Projectile autopropulsé, à grand rayon d'action, employé par les Allemands en 1944 et 1945. (Le V2 est le précurseur des missiles modernes.)

VA, symbole de *volt-ampère*.

VA ! interj. (impér. du v. *aller*). S'emploie pour encourager, exciter, menacer, accepter, etc. ● *Va pour* (Fam.), c'est bon pour : *va pour dix francs*.

VACANCE n. f. État d'une place, d'une charge non occupée, d'une succession non réclamée : *vacance d'un siège sénatorial*. ● *Vacance du pouvoir*, temps pendant lequel une autorité, publique ou privée, ne s'exerce plus. ◆ pl. Période de congé accordé aux travailleurs de toute catégorie, pour les écoles et universités. ● *Vacances judiciaires, parlementaires*, suspension légale annuelle des audiences, des séances.

VACANCIER, ÈRE n. Personne qui est en vacances dans un lieu de villégiature.

VACANT, E adj. (lat. *vacans*, qui est vide). Non occupé, libre : *appartement, poste vacant*. ‖ Se dit d'un poste ou d'une dignité qui n'a pas de titulaire : *évêché vacant*. ● *Succession vacante*, succession ouverte et non réclamée.

VACARME n. m. (moyen néerl. *wacharme*, pauvre de moi). Bruit assourdissant, tapage.

VACATAIRE n. Personne employée pour un temps déterminé à une fonction précise.

VACATION n. f. (lat. *vacatio*; de *vacare*, être vacant). Temps consacré à l'examen d'une affaire ou à l'accomplissement d'une fonction déterminée par la personne qui en a été chargée : *vacation d'un expert, d'un notaire*. ● Rémunération de cette personne. ● *Audiences de vacation* (Dr.), audiences spéciales tenues pendant les vacances judiciaires.

VACCIN n. m. (de *vaccine*). Culture microbienne ou toxine à virulence atténuée que l'on inocule à un individu ou à un animal pour l'immuniser contre une maladie microbienne.

VACCINABLE adj. Qu'on peut vacciner.

VACCINAL, E, AUX adj. Relatif au vaccin ou à la vaccine.

VACCINATEUR, TRICE adj. et n. Qui vaccine.

VACCINATION n. f. Action de vacciner.
■ La vaccination fut découverte par Jenner, qui remarqua que le cow-pox des vaches était transmissible à l'homme sous la forme d'une maladie bénigne, la *vaccine*, qui l'immunisait contre la variole, beaucoup plus grave. La vaccination contre de nombreuses autres maladies se fait maintenant avec des anatoxines (tétanos, diphtérie) ou avec des germes atténués (typhoïde, tuberculose, poliomyélite, rougeole, rubéole, etc.).

VACCINE n. f. (lat. *vaccinus*; de *vacca*, vache). Maladie de la vache *(cow-pox)* ou du cheval *(horse-pox)*, qui peut se transmettre à l'homme et lui assure l'immunité antivariolique.

VACCINER v. t. Administrer un vaccin à. ‖ *Fam.* Mettre à l'abri d'une tentation, débarrasser d'une habitude.

VACCINIER n. m. *Bot.* Syn. de AIRELLE.

VACCINIFÈRE adj. Se dit de la génisse porteuse de pustules vaccinales, dont la lymphe sert à la vaccination.

VACCINOSTYLE n. m. Petit instrument de métal en forme de lancette, destiné à pratiquer des scarifications.

VACCINOTHÉRAPIE n. f. Traitement d'une maladie déclarée par ˙ l'administration d'un vaccin.

VACHARD, E adj. *Pop.* Méchant : *faire une réponse vacharde*.

VACHE n. f. (lat. *vacca*). Nom de la femelle de l'espèce bovine à partir de sa première mise bas : *du lait de vache*. ‖ *Pop.* Personne méchante ; *un sac en vache*. ‖ *Pop.* Personne méchante. ‖ *Arg.* Agent de police (vx). ● *Coup en vache*, coup donné par traîtrise. ‖ *La vache!* (Pop.), expression de dépit. ‖ *Manger de la vache enragée*, endurer des privations. ‖ *Montagne à vaches*, se dit d'une montagne dont l'ascension ne présente pas de difficultés. ‖ *Vache à eau*, récipient de toile, utilisé par les campeurs pour mettre de l'eau. ‖ *Vache à lait* (Fam.), personne ou chose dont on tire un profit continuel. ‖ *Vache laitière* ou *vache à lait*, vache élevée pour le lait qu'elle produit. ‖ *Vache à viande*, vache élevée pour la viande qu'on tire de sa descendance. ‖ *Vaches grasses, vaches maigres*, périodes d'abondance, de privations.

VACHE adj. *Pop.* Dur, sévère : *se montrer vache*. ● *Un(e) vache (de)* [Pop.], qui est formidable.

VACHEMENT adv. *Pop.* Beaucoup, très.

VACHER, ÈRE n. Personne qui mène paître, qui soigne les vaches.

VACHERIE n. f. Étable à vaches; lieu où l'on trait les vaches et où l'on vend le lait. ‖ *Pop.* Méchanceté, sévérité; action méchante.

VACHERIN n. m. Gâteau meringué garni avec de la crème Chantilly et des fruits frais ou avec de la glace vanillée. ‖ Fromage au lait de vache,

à pâte molle et onctueuse, fabriqué en Suisse et dans le Jura français.

VACHETTE n. f. Petite ou jeune vache. ‖ Cuir fourni par la peau d'une petite vache.

VACILLANT, E adj. Qui vacille, chancelant : *jambes vacillantes*.

VACILLEMENT n. m. Action de vaciller.

VACILLER v. i. (lat.˙ *vacillare*). Chanceler, n'être pas bien ferme, tituber : *vaciller sur ses jambes*. ‖ Trembler légèrement : *la lumière vacille*. ‖ Hésiter, être irrésolu, incertain; s'affaiblir : *sa raison vacille*.

VACUITÉ n. f. (lat. *vacuitas*; de *vacuus*, vide). État d'une chose ou d'un organe vide. ‖ *Litt.* Vide moral, intellectuel.

VACUOLAIRE adj. Relatif aux vacuoles.

VACUOLE n. f. (lat. *vacuus*, vide). *Biol.* Cavité du cytoplasme des cellules, renfermant diverses substances en solution dans l'eau. ‖ *Géol.* Cavité dans la structure d'une roche.

VACUOME n. m. *Biol.* Ensemble des vacuoles d'une cellule.

VADE-MECUM [vademekɔm] n. m. inv. (mots lat., *va avec moi*). *Litt.* Objet, livre qu'on porte ordinairement avec soi.

VADROUILLE n. f. (mot lyonnais *drouilles*, vieilles hardes). *Pop.* Promenade sans but défini. ‖ *Mar.* Tampon composé de déchets de laine ou de filasse et fixé à un manche pour servir au nettoyage. ‖ Au Canada, balai en tissu frangé.

VADROUILLER v. i. *Pop.* Aller en vadrouille.

VADROUILLEUR, EUSE n. *Pop.* Celui, celle qui aime à vadrouiller.

VA-ET-VIENT [vaevjɛ̃] n. m. inv. Mouvement alternatif d'un point à un autre. ‖ Circulation de personnes ou de choses se faisant dans deux sens opposés. ‖ Gond à ressort, permettant l'ouverture d'une porte dans les deux sens. ‖ Cordage qui permet de faire passer qqch entre deux points dont l'accès de l'un à l'autre est très difficile. ‖ *Électr.* Dispositif permettant d'éteindre ou d'allumer une lampe de plusieurs endroits différents.

VAGABOND, E adj. (lat. *vagari*, errer). Qui erre çà et là : *chien vagabond*. ‖ Qui obéit à la fantaisie; désordonné, déréglé : *imagination vagabonde*.

VAGABOND, E n. Personne qui n'a pas de domicile, pas de moyens de subsistance ni de profession.

VAGABONDAGE n. m. État de celui qui n'a ni domicile ni moyens de subsistance licites. ‖ Divagation de l'esprit, rêverie.

VAGABONDER v. i. Errer çà et là. ‖ Passer d'une chose à une autre; être mobile, instable.

VAGAL, E, AUX adj. Relatif au nerf vague.

VAGIN n. m. (lat. *vagina*, gaine). Organe génital interne de la femme, composé d'un canal auquel aboutit le col de l'utérus, et qui s'ouvre dans la vulve.

VAGINAL, E, AUX adj. Relatif au vagin.

VAGINISME n. m. Contraction douloureuse et spasmodique du muscle constricteur du vagin, d'origine psychique ou organique.

VAGINITE n. f. Inflammation de la muqueuse du vagin.

VAGIR v. i. (lat. *vagire*). Crier, en parlant du nouveau-né. ‖ Crier, en parlant du lièvre ou du crocodile.

VAGISSANT, E adj. Qui vagit.

VAGISSEMENT n. m. Cri des enfants nouveau-nés ou de certains animaux.

VAGOLYTIQUE adj. *Méd.* Qui paralyse le nerf vague.

VAGOTOMIE n. f. Section chirurgicale du nerf vague (ou pneumogastrique).

VAGOTONIE n. f. État d'un organisme où le tonus vagal est prépondérant.

VAGOTONIQUE adj. Relatif au tonus vagal ou à la vagotonie.

VAGUE adj. (lat. *vagus*, errant). Qui est sans précision, mal déterminé : *geste vague*. ‖ Obscur, peu net : *une vague promesse*. ‖ Se dit d'un vêtement qui a une certaine ampleur. ● *Nerf vague* (Anat.), syn. de NERF PNEUMOGASTRIQUE ou dixième paire des nerfs crâniens.

VAGUE adj. (lat. *vacuus*, vide). *Terrain vague*, terrain à proximité d'une agglomération, et qui n'est ni cultivé ni construit.

VAGUE n. m. Ce qui est imprécis, mal défini : *rester dans le vague*. ‖ *Vague à l'âme*, mélancolie, tristesse sans cause apparente.

VAGUE n. f. (mot de l'anc. scandin.). Mouvement ondulatoire de la surface de l'eau, généralement dû à l'action du vent. ‖ Phénomène qui produit plusieurs fois une montée et une descente : *des vagues d'applaudissements*. ‖ Mouvement massif de personnes ou de choses : *une vague d'immigrants, de départs, de chars, de bombardiers*. ‖ Phénomène qui apparaît subitement en se propageant : *vague de hausses de prix*. ● *La nouvelle vague*, la jeune génération d'avant-garde. ‖ *Vague de chaleur, de froid* (Météor.), afflux de masses d'air chaud, d'air froid.

VAGUELETTE n. f. Petite vague.

VAGUEMENT adv. D'une manière vague.

VAGUEMESTRE [vagmɛstr] n. m. (all. *Wagenmeister*, maître des équipages). Militaire chargé du service postal.

VAGUER v. i. (lat. *vagari*). *Litt.* Errer çà et là au hasard : *laisser vaguer son imagination*.

VAHINÉ [vaine] n. f. (mot tahitien). Femme de Tahiti.

VAIGRAGE n. m. Ensemble des vaigres.

VAIGRE n. f. (mot néerl.). Bordage qui couvre le côté intérieur des membrures d'un navire.

VAILLAMMENT adv. *Litt.* Avec vaillance.

VAILLANCE n. f. *Litt.* Qualité de celui qui est brave dans la lutte, bravoure, courage.

VAILLANT, E adj. (anc. part. prés. de *valoir*). *Litt.* Qui a de la fermeté, du courage; qui manifeste de l'ardeur. ‖ En bonne santé, vigoureux : *se sentir vaillant*. ● *N'avoir plus un sou vaillant* (Litt.), n'avoir plus ni bien ni argent.

VAIN, E adj. (lat. *vanus*). Qui n'a pas de sens, sans valeur, sans effet, inutile, illusoire : *vains efforts; vaines excuses*. ● *En vain*, sans résultat, inutilement : *il a travaillé en vain*. ‖ *Vaine pâture*, droit de faire paître son bétail sur des terrains non clos dont on n'est pas propriétaire, après la récolte.

VAINCRE v. t. (lat. *vincere*) [conj. **47**]. Remporter une victoire à la guerre, dans une compétition. ‖ Venir à bout de, surmonter, triompher de : *vaincre un obstacle; vaincre sa peur*.

VAINCU, E n. Personne qui a subi une défaite.

VAINEMENT adv. Inutilement.

VAINQUEUR n. et adj. m. Celui qui remporte

une victoire dans un combat, une compétition. ● *Air vainqueur*, air de suffisance.

VAIR n. m. (lat. *varius*, varié). Nom ancien de la fourrure de petit-gris blanc et gris. ‖ *Hérald.* L'une des fourrures de l'écu, faite de points blancs et bleus alternés.

VAIRON adj. m. (lat. *varius*, varié). Se dit des yeux quand ils sont de couleur différente.

VAIRON n. m. Petit poisson très commun dans les ruisseaux, et dont la chair est peu estimée. (Famille des cyprinidés.)

vairon

VAISSEAU n. m. (lat. *vasculum*, petit vase). *Litt.* Navire d'assez grandes dimensions; bâtiment de guerre de fort tonnage. ‖ *Anat.* Canal servant à la circulation du sang ou de la lymphe. (On distingue trois sortes de vaisseaux : les *artères*, les *capillaires* et les *veines*.) ‖ *Archit.* Espace intérieur, en général allongé, occupant la plus grande partie de la hauteur d'un bâtiment, ou, du moins, la hauteur de plusieurs étages : *une nef d'église à trois vaisseaux*. ‖ *Bot.* Tube servant à la conduction de la sève brute. ● *Brûler ses vaisseaux* (Litt.), se couper la retraite. ‖ *Officier de vaisseau*, officier de marine (vx). ‖ *Vaisseau spatial* (Astronaut.), astronef habité, destiné aux vols dans l'espace.

VAISSELIER n. m. Buffet dont la partie haute est constituée par des étagères sur lesquelles on range et expose de la vaisselle.

VAISSELLE n. f. (bas lat. *vascellum*). Ensemble des récipients utilisés au service de la table, comme plats, assiettes, etc. ● *Faire la vaisselle*, laver ce qui a servi à la cuisine et au repas.

VAISSELLERIE n. f. Industrie fabriquant des seaux, des écuelles, etc. ‖ Objets ainsi fabriqués.

VAIŚYA [vɛsja] n. m. inv. (mot sanskr.). Membre de la troisième des castes de l'Inde, constituée par les commerçants, les éleveurs de bétail, les agriculteurs.

VAL n. m. (lat. *vallis*) [pl. *vals*, remplaçant *vaux*]. Vallée très large. ‖ *Géogr.* Dans le Jura, vallée correspondant à un synclinal. ● *Val perché*, dans le relief jurassien, vallée synclinale qui, par suite de l'action de l'érosion, se trouve à une altitude supérieure à celle des combes voisines.

VALABLE adj. Qui a les conditions requises pour produire son effet : *quittance valable*. ‖ Dont la valeur n'est pas contestée, acceptable, admissible, fondé : *excuse valable*. ‖ Qui a une certaine valeur, une certaine importance : *œuvre valable*. ‖ Qui a les qualités requises pour remplir qqch., autorisé : *interlocuteur valable*.

VALABLEMENT adv. De façon valable.

VALAISAN, ANNE adj. et n. Du Valais.

VALAQUE adj. et n. De la Valachie.

VALDINGUER v. i. *Pop.* Tomber brutalement.

VALDÔTAIN, E adj. et n. Du Val d'Aoste.

VALENÇAY n. m. Fromage de chèvre du Berry, en forme de pyramide tronquée.

VALENCE n. f. Variété d'orange de la région de Valence (Espagne).

VALENCE n. f. (lat. *valere*, valoir). *Valence d'un élément* (Chim.), nombre maximal d'atomes d'hydrogène pouvant se combiner avec un atome de cet élément, ou auxquels peut se substituer un atome de cet élément. (Ce nombre est lié à celui des électrons de la couche extérieure de l'atome.) ‖ *Valence d'un objet, d'une situation* (Psychol.), attirance (*valence positive*) ou répulsion (*valence négative*) que le sujet éprouve à leur égard.

VALENCE-GRAMME n. f. (pl. *valences-grammes*). Atome-gramme d'un élément divisé par sa valence.

VALENCIENNES n. f. Dentelle aux fuseaux à dessin floral sur fond de réseau à mailles régulières.

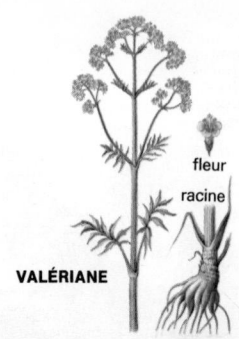

fleur

racine

VALÉRIANE

VALENCIENNOIS, E adj. et n. De Valenciennes ou de son agglomération.

VALENTINITE n. f. Oxyde naturel d'antimoine Sb_2O_3.

VALÉRIANACÉE n. f. Herbe gamopétale telle que la *valériane*, la *mâche*. (Les *valérianacées* forment une famille.)

VALÉRIANE n. f. (lat. médiév. *valeriana*). Plante à fleurs roses, blanches ou jaunâtres, préférant les lieux humides. (La valériane officinale, utilisée comme antispasmodique et fébrifuge, est aussi appelée *herbe-aux-chats*, parce que ces animaux sont attirés par son odeur.)

VALÉRIANELLE n. f. Plante dont une espèce est la mâche.

VALET n. m. (lat. pop. *vassellittus*, de *vassus*; mot gaul.). Serviteur à gages : *valet de ferme*. ‖ *Péjor.* Homme par complaisance servile et intéressée. ‖ Figure du jeu de cartes. ‖ *Techn.* Outil coudé pour maintenir le bois sur l'établi. ● *Valet de nuit*, grand cintre monté sur pieds, qui permet de disposer les différentes pièces d'un costume d'homme. ‖ *Valet de pied*, domestique de grande maison en livrée.

VALETAILLE n. f. *Litt.* Ensemble de valets.

VALÉTUDINAIRE adj. et n. (lat. *valetudo, -dinis*, mauvaise santé). *Litt.* Qui a une santé chancelante, maladif.

VALEUR n. f. (lat. *valor*). Qualité physique, intellectuelle, morale de qqn : *garçon de grande valeur*. ‖ Qualité de qqch digne d'intérêt, d'estime, prix : *tableau de valeur; mobilier de grande valeur*. ‖ Importance attachée à qqch : *texte sans valeur*. ‖ Quantité approximative : *il n'a pas bu la valeur d'un verre de vin*. ‖ *Ling.* Nuance de sens que prend un mot dans la phrase considérée; effet littéraire produit. ‖ *Math.* L'une des déterminations possibles d'une grandeur ou d'une quantité variables ou d'une fonction. ‖ *Mus.* Durée d'une note. ‖ *Peint.* Degré de clair ou de sombre, de lumière ou d'ombre d'une plage de couleur donnée. ‖ *Philos.* Ce qu'une morale pose comme idéal ou norme. ● *Jugement de valeur* (Philos.), jugement qui énonce une appréciation (par oppos. à JUGEMENT DE RÉALITÉ, qui se borne à constater un fait). ‖ *Mettre en valeur*, faire ressortir, donner du relief à; faire fructifier. ‖ *Théorie de la valeur* (Écon.), explication de ce qui fait la valeur d'un bien; pour les marxistes, explication qui met en relation la valeur d'usage* et la valeur d'échange*. (V. MARXISME.) ‖ *Valeur ajoutée*, différence entre la valeur d'une production et celle des consommations ayant servi à la réaliser. ‖ *Valeur mobilière*, titre négociable émis par des personnes morales publiques ou privées et représentant une fraction soit de leur capital social (action), soit d'un prêt à long terme qui leur est consenti (obligation). ‖ *Valeur numérique d'une grandeur*, mesure de cette grandeur. ‖ *Valeur de vérité* (Log.), propriété de toute proposition. (On ne considère généralement que deux valeurs de vérité, le vrai et le faux.) ◆ pl. Ensemble des règles de conduite, des lois jugées conformes à un idéal et auxquelles on se réfère. ● *Échelle des valeurs*, hiérarchie établie entre les principes moraux.

VALEUREUSEMENT adv. Avec courage.

VALEUREUX, EUSE adj. (de *valeur*). *Litt.* Qui a de la vaillance, du courage; hardi.

VALGUS [valgys], fém. **VALGA** adj. (mot lat., *bancal*). Qui est dévié en dehors, en parlant du pied ou de la jambe. (Contr. VARUS.) ● *Hallux valgus*, déviation du gros orteil en dehors.

VALIDATION n. f. Action de valider.

VALIDE adj. (lat. *validus*). En bonne santé, sain, vigoureux : *homme valide.* || *Dr.* Qui satisfait aux conditions légales pour produire ses effets. || *Psychol.* Se dit d'un test qui mesure effectivement ce qu'il est censé mesurer. ● *Proposition valide* (Log.), énoncé qui est vrai en vertu de sa seule forme. (Syn. TAUTOLOGIE.)

VALIDEMENT adv. De façon valide.

VALIDER v. t. Rendre ou déclarer valide : *valider une élection, un test psychologique.*

VALIDEUSE n. f. Appareil servant à enregistrer le jeu du loto national.

VALIDITÉ n. f. Qualité, durée de ce qui est valide, valable : *la validité d'un passeport.*

VALINE n. f. Acide aminé dont la carence dans la nutrition entraîne des troubles sensitifs et moteurs.

VALISE n. f. (it. *valigia*). Bagage à main de forme rectangulaire. ● *Valise diplomatique*, ensemble des colis transportés par un courrier diplomatique et dispensés de toute visite douanière.

VALLÉE n. f. Dépression allongée, plus ou moins évasée, façonnée par un cours d'eau ou par un glacier. ● *Vallée sèche* ou *morte*, vallée qui n'est plus parcourue par un cours d'eau.

VALLEUSE n. f. (altér. du normand *avaleuse*, descente de falaise). *Géogr.* Petite vallée sèche suspendue au-dessus de la mer, en raison du recul rapide de la falaise qu'elle entaille.

VALLISNÉRIE n. f. Plante des eaux stagnantes, dont la fécondation à lieu à la surface de l'eau et la fructification dans l'eau. (Famille des hydrocharidacées.)

VALLON n. m. (it. *vallone*). Petite vallée.

VALLONNÉ, E adj. Qui présente l'aspect de vallons.

VALLONNEMENT n. m. État de ce qui est vallonné.

VALOIR v. i. (lat. *valere*) [conj. 34]. Être estimé un certain prix : *montre qui vaut cinq cents francs.* || Avoir une certaine utilité, une certaine valeur, un certain intérêt : *cet argument ne vaut rien.* || Légitimer, justifier : *ce restaurant vaut le détour.* || Avoir certaines qualités : *que vaut cet acteur?* || Équivaloir, tenir lieu de : *une blanche, en musique, vaut deux noires.* || *À valoir*, à compte. || *Ça ne vous vaut rien*, c'est nuisible à votre santé. || *Faire valoir*, rendre productif; faire fructifier; vanter, faire apprécier. || *Ne rien faire qui vaille*, ne rien faire de bon. || *Se faire valoir*, faire ressortir ses qualités ou ses droits, se faire apprécier; s'attribuer des qualités que l'on n'a pas. || *Vaille que vaille*, tant bien que mal. || *Valoir bien*, être digne. ◆ v. t. Procurer, faire avoir qqch : *cette erreur lui a valu des reproches.* ◆ v. impers. *Il vaut mieux*, il est plus avantageux, il est préférable. ● *Autant vaudrait*, il serait aussi convenable. ◆ **se valoir** v. pr. Avoir la même valeur.

VALORISANT, E adj. Qui valorise : *une situation valorisante.*

VALORISATION n. f. Action de valoriser, de mettre en valeur. || Hausse du prix d'un service, d'un produit, etc., provoquée par une mesure légale. || *Philos.* Fait de donner de la valeur à un objet ou à une représentation mentale.

VALORISER v. t. Donner une plus grande valeur, une plus grande rentabilité. || Augmenter la valeur, le mérite : *son succès l'a valorisé.*

VALSE n. f. (all. *Walzer*). Danse tournante à trois temps, dont le premier est accentué; morceau musical composé sur ce rythme. || *Fam.* Changement fréquent parmi les membres d'un bureau, d'un service, etc.

VALSE-HÉSITATION n. f. (pl. *valses-hésitations*). Comportement hésitant devant une décision à prendre.

VALSER v. i. Danser la valse. ● *Envoyer qqn, qqch valser* (Fam.), le renvoyer; le lancer loin

vanesse

vampire

de soi. || *Faire valser qqn*, le déplacer sans égards. || *Faire valser l'argent*, le dépenser sans compter. ◆ v. t. Exécuter en valsant : *valser une mazurka.*

VALSEUR, EUSE n. Personne qui valse.

VALVAIRE adj. Qui se rapporte aux valves.

VALVE n. f. (lat. *valva*, battant de porte). Appareil destiné à régler le mouvement d'un fluide dans une canalisation suivant les nécessités des organes d'utilisation. || Chacune des deux parties d'une coquille bivalve. || *Anat.* Élément des valvules cardiaques. || *Bot.* Chacune des parties d'un fruit sec qui s'ouvre pour laisser échapper les graines. || *Électr.* Dispositif thermoïonique ou à semi-conducteur, présentant une conductibilité unilatérale et pouvant, de ce fait, servir de détecteur ou de redresseur. ◆ n. f. pl. En Belgique, tableau d'affichage.

VALVÉ, E adj. *Bot.* Qui est composé de valves.

VALVULAIRE adj. Relatif aux valvules.

VALVULE n. f. (lat. *valvula*). *Anat.* Lame élastique fixée sur la paroi interne du cœur ou d'un vaisseau, ayant un bord libre, empêchant le sang ou la lymphe de revenir en arrière. || *Bot.* Petite valve.

VAMP [vãp] n. f. (mot amér.). Artiste de cinéma qui joue les rôles de femme fatale; femme fatale.

VAMPER v. t. *Fam.* Essayer de séduire qqn par des allures de vamp.

VAMPIRE n. m. (du serbe). Mort qui, suivant la superstition populaire, sort du tombeau pour sucer le sang des vivants. || Personne qui s'enrichit du travail d'autrui. || Chauve-souris d'Amérique tropicale, en général insectivore, mais pouvant mordre des mammifères endormis et absorber leur sang. (Envergure : environ 20 cm.)

VAMPIRIQUE adj. Relatif aux vampires, au vampirisme.

VAMPIRISER v. t. *Fam.* Mettre quelqu'un sous sa totale dépendance.

VAMPIRISME n. m. Croyance aux vampires; leur comportement supposé. || Avidité de ceux qui s'enrichissent du travail d'autrui.

VAN [vã] n. m. (lat. *vannus*). Grand panier plat en osier muni de deux anses, pour agiter le grain et en chasser les poussières.

VAN n. m. (mot angl., abrév. de *caravan*). Voiture fermée, pour le transport des chevaux.

VANADINITE n. f. Chlorovanadate naturel de plomb.

VANADIQUE adj. Se dit de l'anhydride V_2O_5 et des acides correspondants.

VANADIUM [vanadjɔm] n. m. (mot lat.). Métal blanc (V), n° 23, de masse atomique 50,94, de densité 5,7, fusible vers 1750 °C.

VANDA n. f. (mot hindi). Orchidacée originaire de l'Inde et de l'Océanie, cultivée en serre chaude pour ses fleurs superbes.

VANDALE n. m. (de *Vandales*, n. de peuple). Personne qui détruit, mutile les œuvres d'art, les choses de valeur.

VANDALISME n. m. Attitude qui porte à détruire ou mutiler des œuvres d'art, des édifices ou des objets de valeur.

VANDOISE n. f. (mot gaul.). Poisson des eaux douces limpides, voisin du gardon, à dos brun verdâtre et ventre argenté. (Long. : 15 à 30 cm; famille des cyprinidés.)

VANESSE n. f. (lat. *vanessa*). Papillon diurne aux ailes vivement colorées et dont les principales espèces sont la *belle-dame*, le *vulcain*, le *paon de jour*, la *tortue*, le *morio*. (Famille des nymphalidés.)

VANILLE n. f. (esp. *vainilla*). Fruit du vanillier, employé comme parfum en pâtisserie.

VANILLÉ, E adj. Parfumé avec la vanille.

VANILLIER n. m. Orchidacée grimpante des régions tropicales, qui produit la *vanille*. (Le vanillier est une liane d'Amérique et d'Afrique. Son fruit, qui est une capsule ou gousse, atteint 0,25 m de long et la grosseur du petit doigt.)

VANILLINE n. f. Principe odorant de la vanille, utilisé en parfumerie et en pâtisserie, et que l'on prépare maintenant par synthèse.

VANILLON n. m. Variété de vanille.

VANISÉ, E adj. Se dit, en bonneterie, du fil mêlé de laine, de soie, de Nylon, etc.

VANITÉ n. f. (lat. *vanitas*). Caractère de ce qui est vain. || Défaut de celui qui cherche à paraître, à produire de l'effet, fatuité. || *Bx-arts.* Nature morte évoquant les «fins dernières» (la destinée mortelle) de l'homme. ● *Tirer vanité de*, se glorifier de, s'enorgueillir de.

VANITEUSEMENT adv. Avec vanité.

VANITEUX, EUSE adj. et n. Qui a de la vanité, prétentieux, suffisant.

VANNAGE n. m. Ensemble des vannes d'une machine.

VANNAGE n. m. Action de vanner.

VANNE n. f. (bas lat. *venna*, treillage). Dispositif servant à contrôler l'écoulement des eaux d'un canal, d'un barrage, etc., ou celui d'un fluide dans une conduite.

VANNE n. f. (de *van*, panier d'osier). *Fam.* Remarque, plaisanterie désobligeante.

VANNÉ, E adj. *Fam.* Extrêmement fatigué.

VANNEAU n. m. (de *van*, panier d'osier). Oiseau échassier, commun en Europe. (Le *vanneau huppé*, au dos vert cuivré et au ventre blanc, niche dans les plaines marécageuses; sa chair est estimée; long. 30 cm. Famille des charadriidés.)

VANNELLE ou **VANTELLE** n. f. Petite vanne destinée à remplir ou à vider les sas des écluses, des canaux, ou les bassins des ports. || Petite valve au moyen de laquelle on interrompt ou l'on rétablit l'écoulement de l'eau dans une conduite.

VANNER v. t. *Techn.* Garnir de vannes.

VANNER v. t. Secouer le grain au moyen d'un van, pour le nettoyer. || *Fam.* Fatiguer excessivement; harasser.

VANNERIE n. f. Art, industrie du vannier. || Objets en osier, rotin, jonc, etc.

VANNEUR, EUSE n. et adj. Personne qui vanne le grain.

VANNIER n. m. Ouvrier qui confectionne divers objets (paniers, corbeilles, sièges, etc.) au

van

Larousse

moyen de tiges ou de fibres végétales entrelacées.

VANNURE ou **VANNÉE** n. f. Poussières qui proviennent du vannage des grains.

VANTAIL n. m. (de *vent*) [pl. *vantaux*]. Panneau plein, châssis vitré ou grille de fermeture pivotant sur un de ses bords. (Syn. BATTANT.)

VANTARD, E adj. et n. Qui a l'habitude de se vanter, fanfaron, hâbleur.

VANTARDISE n. f. Action de se vanter; attitude, propos de vantard.

VANTELLE n. f. → VANNELLE.

VANTER v. t. (bas lat. *vanitare*; de *vanus*, vide). Louer beaucoup : *vanter le temps passé*. ◆ **se vanter** v. pr. S'attribuer des qualités, des mérites qu'on n'a pas. ● *Se vanter de*, tirer vanité de : *se vanter de sa force; se déclarer capable de : il se vante de réussir.*

VA-NU-PIEDS n. inv. *Fam.* Gueux, misérable.

VAPES n. f. pl. *Être dans les vapes* (Pop.), être complètement abruti. ‖ *Tomber dans les vapes* (Pop.), s'évanouir.

VAPEUR n. f. (lat. *vapor*). Gaz provenant du changement d'état physique d'un liquide ou d'un solide : *vapeur d'eau*. ‖ Énergie obtenue par la machine à vapeur. ‖ Ensemble de particules liquides en suspension, brouillard léger. ● *À la vapeur*, se dit d'aliments cuits à la vapeur dans une marmite sous pression. ‖ *À toute vapeur*, à toute vitesse. ‖ *Avoir des vapeurs*, avoir des bouffées de chaleur. ‖ *Machine, bateau à vapeur*, machine, bateau qui fonctionnent à l'aide de la vapeur d'eau. ‖ *Vapeur surchauffée*, vapeur à une température supérieure à celle d'ébullition normale. ‖ *Les vapeurs du vin* (Litt.), l'ivresse.

■ Une goutte d'eau transformée en vapeur occupe, sous la pression atmosphérique et à 100 °C, un volume 1700 fois plus grand qu'à l'état liquide; il en résulte une force d'expansion. La pression de la vapeur d'eau saturante, de 1 atmosphère à 100 °C, croît rapidement avec la température. Salomon de Caus eut, dès 1615, l'idée d'employer la vapeur à la production de la force motrice. Denis Papin imagina la première machine à piston; enfin, James Watt rendit cet appareil industriel.

VAPEUR n. m. *Mar.* Navire d'un certain tonnage, mû par une machine à vapeur.

VAPOCRAQUAGE n. m. Craquage d'hydrocarbures en présence de vapeur d'eau.

VAPOCRAQUEUR n. m. Installation où se réalise le vapocraquage.

VAPOREUX, EUSE adj. Léger et flou, qui a l'apparence légère de la vapeur : *tissu vaporeux*. ‖ Dont l'éclat est voilé comme par la vapeur : *lumière vaporeuse*.

VAPORISAGE n. m. Action de soumettre à l'action de la vapeur des fils, des tissus pour donner l'apprêt, fixer les couleurs, etc.

VAPORISATEUR n. m. Récipient dans lequel on opère la vaporisation. ‖ Instrument employé pour projeter un liquide, un parfum, etc., sous forme de fines gouttelettes. (Syn. ATOMISEUR.)

VAPORISATION n. f. Action de vaporiser.

VAPORISER v. t. Faire passer de l'état liquide à l'état gazeux. ‖ Disperser, projeter en gouttelettes fines.

VAQUER v. i. (lat. *vacare*, être vide). Cesser pour un temps ses fonctions : *les tribunaux vaquent.* ◆ v. t. ind. **[à]**. S'appliquer à, s'occuper de : *vaquer à ses affaires.*

VAR n. m. (de *Volt-Ampère-Réactif*). *Électr.* Nom spécial du watt utilisé pour la mesure de la puissance électrique réactive (symb. : var).

VARAIGNE n. f. Ouverture par laquelle on introduit l'eau de mer dans les marais salants.

VARAN n. m. (mot ar.). Reptile lacertilien, carnivore, habitant l'Afrique, l'Asie et l'Australie, et atteignant de 2 à 3 m de long.

varan

VARANGUE n. f. (mot d'anc. scandin.). Sur un navire, pièce à deux branches formant la partie inférieure d'un couple.

VARAPPE n. f. (de *Varappe*, n. d'un couloir rocheux près de Genève). Escalade de parois rocheuses.

VARAPPER v. i. Faire de la varappe.

VARAPPEUR, EUSE n. Alpiniste spécialiste de la varappe.

VARECH [varɛk] n. m. (anc. scandin. *vágrek*, épave). Algue brune que l'on recueille pour amender les terres sablonneuses, pour en tirer la soude et l'iode, pour en faire de la litière, etc. (Le varech s'appelle *goémon* en Bretagne et en Normandie.)

VAREUSE n. f. (de *varer*, forme dialect. de *garer*, protéger). Veste assez ample. ‖ Blouse d'uniforme des quartiers-maîtres et matelots de la Marine nationale.

VARHEURE n. m. *Électr.* Unité d'énergie réactive correspondant à la mise en œuvre d'une puissance réactive de 1 var pendant une heure.

VARIA n. m. pl. (mot lat., *choses diverses*). Collection, recueil bibliographique d'œuvres variées.

VARIABILITÉ n. f. Caractère de ce qui est variable.

VARIABLE adj. Sujet au changement, qui varie facilement : *humeur variable*. ‖ Divers : *résultats variables*. ‖ *Mot variable* (Ling.), dont la forme varie selon le nombre, le genre, la fonction.

VARIABLE n. f. *Math.* et *Log.* Terme indéterminé qui, dans une relation ou une fonction, peut être remplacé par divers termes déterminés qui en sont les valeurs. ‖ *Astron.* Syn. d'ÉTOILE VARIABLE.

VARIANCE n. f. Nombre maximal de facteurs de l'équilibre dont on peut imposer simultanément la valeur dans un système en équilibre physico-chimique. ‖ *Stat.* Carré de l'écart type.

VARIANTE n. f. Chose qui diffère légèrement d'une autre de la même espèce. ‖ Texte ou fragment de texte qui diffère de celui qui est communément admis, du fait soit de corrections volontaires dues à la copie ou l'édition d'un ouvrage. ‖ *Bx-arts.* Chacune des différences que présente une réplique ou une copie par rapport à l'original.

VARIATEUR n. m. *Variateur de vitesse* (Mécan.), appareil permettant de transmettre le mouvement d'un arbre à un autre arbre avec possibilité de modifier, de façon continue, la vitesse de rotation de ce dernier.

VARIATION n. f. État de ce qui varie, changement de la valeur d'une quantité ou d'une grandeur, ou changement de degré. ‖ *Biol.* Modification d'un animal ou d'une plante par rapport au type habituel de son espèce. (On distingue les *somations*, purement individuelles acquises au cours de la vie, intransmissibles, et les *mutations*, transmissibles.) ‖ *Chorégr.* Enchaînement figurant dans un grand pas de deux. ‖ *Mus.* Procédé de composition qui consiste à employer un même thème en le transformant, en l'ornant, tout en le laissant plus ou moins reconnaissable; forme musicale qui use de ce procédé. ◆ pl. Transformations, changements : *les variations d'une doctrine.* ● *Calcul des variations*, branche de l'analyse mathématique dont le but est de déterminer les maximums et les minimums d'une intégrale dans certaines conditions.

VARICE n. f. (lat. *varix, varicis*). *Pathol.* Dilatation permanente d'une veine, particulièrement fréquente aux jambes.

VARICELLE n. f. (de *variole*). Maladie infectieuse, contagieuse et épidémique sans gravité, due au virus herpès, atteignant surtout les enfants et conférant l'immunité, caractérisée par une éruption de vésicules, qui disparaissent en une dizaine de jours.

VARICOCÈLE n. f. Dilatation variqueuse des veines du cordon spermatique et du scrotum.

VARIÉ, E adj. (lat. *varius*). Qui présente de la diversité : *travail varié; paysage varié*. ‖ (Au pl.) Se dit de choses très différentes entre elles : *hors-d'œuvre variés*. ◆ *Air varié*, ou *thème varié* (Mus.), mélodie suivie d'un certain nombre de variations.

VARIER v. t. (lat. *variare*; de *varius*, varié). Présenter qqch de différentes manières, donner différents aspects : *varier la décoration, le style*. ‖ Changer des choses contre d'autres de même espèce : *varier l'alimentation, les menus.* ◆ v. i. Présenter des différences quantitatives ou qualitatives : *les goûts, les prix varient.* ‖ Changer d'opinion, d'attitude : *les médecins varient sur ce point.* ‖ *Math.* Changer de valeur.

VARIÉTÉ n. f. Qualité de ce qui est composé de parties diverses; manière différente de présenter les choses : *la variété des occupations; mettre de la variété dans la décoration.* ‖ Caractère opposé ou différent des parties d'un tout : *la variété d'un paysage.* ‖ *Hist. nat.* Subdivision de l'espèce. ◆ pl. Spectacle, émission composés de différents numéros sans lien entre eux (chansons, danses, etc.).

VARIOLE n. f. (bas lat. *variola*; de *varius*, varié). Maladie infectieuse, immunisante, très contagieuse et épidémique, due à un virus, caractérisée par une éruption de taches rouges devenant des vésicules, puis des pustules. (Le pronostic de la variole est grave, mortel dans 15 p. 100 des cas environ; en cas de guérison, les pustules se dessèchent en laissant des cicatrices indélébiles.) [Syn. PETITE VÉROLE.]

VARIOLÉ, E adj. et n. Marqué de la variole.

VARIOLEUX, EUSE adj. et n. Atteint de la variole.

VARIOLIQUE adj. Relatif à la variole.

VARIOLISATION n. f. Méthode employée avant la vaccination jennérienne, et qui consistait à inoculer une variole bénigne pour éviter une variole grave.

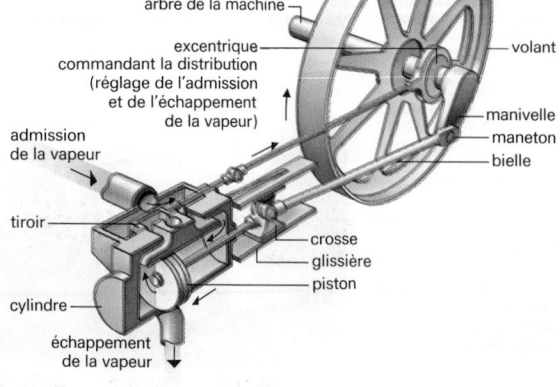
arbre de la machine
excentrique commandant la distribution (réglage de l'admission et de l'échappement de la vapeur)
admission de la vapeur
tiroir
cylindre
échappement de la vapeur
volant
manivelle
maneton
bielle
crosse
glissière
piston

PRINCIPE DE FONCTIONNEMENT DE LA MACHINE À VAPEUR

VARIOMÈTRE n. m. *Électr.* Appareil servant à la mesure des inductances.

VARIQUEUX, EUSE adj. Relatif aux varices.

VARISTANCE n. f. Céramique dont la résistance électrique diminue fortement quand la tension augmente et qui sert à la régulation de cette dernière.

VARLET [varlɛ] n. m. (forme anc. de *valet*). *Féod.* Jeune noble placé auprès d'un seigneur pour faire l'apprentissage de chevalier.

VARLOPE n. f. (mot néerl.). Grand rabot muni d'une poignée pour aplanir le bois.

VARLOPER v. t. Travailler à la varlope.

VAROIS, E adj. et n. Du Var.

VARRON n. m. (mot d'anc. prov.; lat. *varus*, pustule). Larve parasite de la peau des bovins, qu'elle perfore, rendant le cuir inutilisable. (L'adulte est un diptère, l'hypoderme.)

VARUS [varys], fém. **VARA** adj. (mot lat., *cagneux*). *Méd.* Tourné pathologiquement vers l'intérieur, par rapport à l'axe du corps : *pied bot varus; coxa vara.* (Contr. VALGUS.)

VARVE n. f. (suéd. *varvig*, rayé). *Sédiment*, argile à varves, dépôts alternativement fins et grossiers qui se sont formés dans les eaux tranquilles en avant des grands glaciers quaternaires. (Ils permettent des évaluations précises de certaines périodes du quaternaire, un niveau fin plus un niveau grossier correspondant à la sédimentation d'une année.)

VASCULAIRE adj. (lat. *vasculum*, petit vase). Qui appartient aux vaisseaux : *système vasculaire.* ● *Plantes vasculaires* (Bot.), plantes à vaisseaux.

VASCULARISATION n. f. Ensemble des vaisseaux qui nourrissent une région, un organe, un tissu.

VASCULARISÉ, E adj. Se dit d'un organe pourvu de vaisseaux.

VASCULO-NERVEUX, EUSE adj. Relatif aux vaisseaux et aux nerfs.

VASE n. f. (mot germ.). Boue qui se dépose au fond des eaux.

VASE n. m. (lat. *vas*). Récipient rigide de matière, forme et usage quelconques : *une collection de vases grecs; vase à fleurs ou de fleurs.* ● *Vases communicants*, vases qu'un tube fait communiquer et dans lesquels un même liquide s'élève au même niveau, quelle que soit la forme de chacun. ‖ *Vase d'expansion*, réservoir permettant la libre dilatation de l'eau d'un chauffage à eau chaude. ‖ *Vases sacrés*, vases réservés au culte.

VASECTOMIE [vazɛktɔmi] n. f. Résection chirurgicale des canaux déférents, rendant l'homme stérile sans modifier son comportement sexuel.

VASECTOMISER v. t. Pratiquer une vasectomie.

VASELINE n. f. (all. *Wasser*, eau, et gr. *elaion*, huile). Graisse minérale, translucide, extraite du résidu de la distillation des pétroles, utilisée en pharmacie et en parfumerie.

VASELINER v. t. Enduire de vaseline.

VASEUX, EUSE adj. Chargé, formé de vase : *fond vaseux.* ‖ *Fam.* Fatigué, abruti. ‖ *Fam.* Obscur, difficile à comprendre : *un article vaseux.* ‖ *Fam.* Très médiocre : *astuce vaseuse.*

VASIÈRE n. f. Endroit vaseux. ‖ Réservoir disposé au point le plus haut d'un marais salant pour y stocker, entre deux grandes marées, les eaux destinées à son alimentation.

VASISTAS [vazistas] n. m. (all. *was ist das?*, qu'est-ce que c'est?). Vantail vitré faisant partie de l'imposte ou d'un grand vantail d'une baie.

VASOCONSTRICTEUR, TRICE adj. et n. m. Qui diminue le calibre des vaisseaux sanguins.

VASOCONSTRICTION n. f. Diminution du calibre des vaisseaux sanguins.

VASODILATATEUR, TRICE adj. et n. m. Qui augmente le calibre des vaisseaux sanguins.

VASODILATATION n. f. Augmentation du calibre des vaisseaux sanguins.

VASOMOTEUR, TRICE adj. *Méd.* Se dit de ce qui a rapport aux variations du calibre des vaisseaux sanguins. ● *Troubles vasomoteurs,*

troubles circulatoires dus à un relâchement des vaisseaux (rougeur) ou à leur constriction (pâleur), en rapport avec des troubles fonctionnels du système nerveux végétatif ou des centres vasomoteurs du système nerveux central.

VASOMOTRICITÉ n. f. *Méd.* Variation de calibre des artères et des veines.

VASOPRESSINE n. f. Hormone du lobe postérieur de l'hypophyse, qui augmente la tonicité des vaisseaux et diminue le volume des urines. (Syn. HORMONE ANTIDIURÉTIQUE.)

VASOUILLER v. i. *Fam.* Hésiter, s'embrouiller : *vasouiller dans une explication.*

VASQUE n. f. (it. *vasca*). Large cuvette d'une fontaine. ‖ Coupe large servant à la décoration d'une table.

VASSAL, E, AUX n. (lat. *vassus*, serviteur). Personne liée à un suzerain par l'obligation de foi et hommage, et lui devant des services personnels. ◆ adj. et n. Qui est en état de dépendance par rapport à un autre.

VASSALISER v. t. Asservir, réduire à la condition de vassal.

VASSALITÉ n. f., ou **VASSELAGE** n. m. Condition de vassal. ‖ *Litt.* État de servilité, de sujétion.

VASTE adj. (lat. *vastus*). D'une grande étendue, qui s'étend au loin : *une vaste plaine.* ‖ Spacieux, large : *une pièce assez vaste.* ‖ De grande ampleur, de grande envergure : *une vaste entreprise, de vastes projets.*

Vater (*ampoule de*), dilatation de l'extrémité inférieure du canal cholédoque, où se jette le canal de Wirsung.

VATICANE adj. f. Relatif au Vatican : *politique vaticane; Bibliothèque vaticane* ou, substantiv. (avec une majuscule), *la Vaticane.*

VATICINATEUR, TRICE n. (lat. *vaticinari*, prophétiser). *Litt.* Devin, devineresse.

VATICINATION n. f. *Litt.* et *péjor.* Prédiction de l'avenir, prophétie rabâchée et pompeuse.

VATICINER v. i. (lat. *vaticinari*). *Litt.* et *péjor.* Prophétiser, prédire l'avenir; délirer.

VA-TOUT n. m. inv. À certains jeux de cartes, mise de tout l'argent qu'on a devant soi. ● *Jouer son va-tout*, risquer sa dernière chance.

VAUCHÉRIE n. f. Algue filamenteuse verte, vivant dans l'eau douce.

VAUCLUSIEN, ENNE adj. Du Vaucluse. ● *Source vauclusienne*, syn. de RÉSURGENCE.

VAUDEVILLE n. m. (de *Vau-de-Vire*, n. d'une région du Calvados). *Littér.* Comédie légère, fondée sur l'intrigue et le quiproquo.

VAUDEVILLESQUE adj. Qui convient à un vaudeville.

VAUDEVILLISTE n. Auteur de vaudevilles.

VAUDEVIRE n. m. *Littér.* Forme sous laquelle on désigna au XVe s. les chansons satiriques qui donnèrent naissance aux *vaudevilles.*

VAUDOIS, E adj. et n. Du canton de Vaud.

VAUDOIS, E adj. et n. Qui appartient à la secte hérétique fondée à Lyon par P. Valdo au XIIe s. ■ Les membres de cette secte chrétienne furent excommuniés en 1184. Leur doctrine, fondée sur la fidélité en la seule Écriture, la pauvreté absolue et la non-violence, se confondit partiellement avec le calvinisme au XVIe s. Les vaudois ont la plupart de leurs paroisses dans des vallées alpines du Piémont.

de Greef-Neptune

Vaurien

VAUDOU adj. inv. et n. m. (mot dahoméen). Se dit du culte des Noirs antillais, d'origine animiste et qui emprunte certains éléments au rituel catholique.

VAU-L'EAU (À) loc. adv. (de *avau*, var. de *aval*, et *eau*). Au gré du courant de l'eau. ● *Aller à vau-l'eau*, ne pas réussir.

VAURIEN, ENNE n. et adj. (de *vaut* [valoir] et *rien*). Personne dénuée de scrupules et de préjugés moraux (vx). ‖ Enfant mal élevé.

VAURIEN n. m. (nom déposé). Voilier monotype dériveur, gréé en sloop.

VAUTOUR n. m. (lat. *vultur*). Oiseau rapace diurne des montagnes de l'Ancien Monde, à tête et cou nus et colorés, se nourrissant de charognes. (Le vautour fauve, ou *griffon*, et le *vautour moine* peuvent se rencontrer dans les Pyrénées; ils atteignent 1,25 m de long.) ‖ Homme dur et rapace.

VAUTRER (SE) v. pr. (lat. *volvere*, rouler). S'étendre, se coucher, se rouler sur le sol, dans la boue, dans un siège, etc.

VAUX n. m. pl. Pl. anc. de VAL.

VAVASSEUR n. m. (lat. *vassus vassorum*). *Féod.* Celui qui occupait le degré inférieur dans la noblesse féodale.

VA-VITE (À LA) loc. adv. Avec une grande hâte, sommairement.

V.D.Q.S. n. m. Abrév. de VIN* DÉLIMITÉ DE QUALITÉ SUPÉRIEURE.

VEAU n. m. (lat. *vitellus*). Le petit de la vache. ‖ Sa chair : *un rôti de veau.* ‖ Sa peau corroyée : *sac en veau.* ‖ *Fam.* Personne lente, paresseuse;

vautour

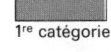
1re catégorie

VEAU DE BOUCHERIE

2e catégorie

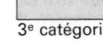
3e catégorie

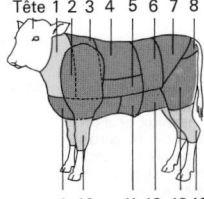
Tête 1 2 3 4 5 6 7 8

9 10   11 12 13 10

1. Collier; 2. Épaule;
3. Carré couvert;
4. Carré découvert;
5. Haut-de-côtelettes;
6. Longe; 7. Quasi;
8. Culotte;
9. Poitrine;
10. Jarrets;
11. Tendron;
12. Flanchet;
13. Cuisseau.

véhicule peu nerveux. ‖ *Techn.* Levée d'une pièce de bois que l'on veut cintrer suivant une courbe donnée. ● *Le veau d'or,* symbole de la richesse (par allusion à l'idole que les Hébreux adorèrent au pied du Sinaï). ‖ *Tuer le veau gras,* faire de grandes réjouissances de table (allusion à la parabole de l'Enfant prodigue). ‖ *Veau marin,* phoque.

VECTEUR n. m. et adj. m. (lat. *vector;* de *vehere,* transporter). *Math.* Segment de droite orienté sur lequel on distingue une origine et une extrémité. (Le sens de parcours est défini par l'ordre des lettres qui désignent le vecteur, la première lettre désignant l'origine du vecteur et la seconde de son extrémité. Un vecteur est indiqué par le signe →, placé au-dessus des lettres : $\overline{AB}$.) ‖ *Méd.* Arthropode qui transmet le germe d'une maladie (bactérie, virus ou protozoaire) d'un sujet malade à un sujet sain. ‖ *Mil.* Véhicule (bombardier, sous-marin, missile...) porteur d'une charge explosive, notamment nucléaire. ● *Rayon vecteur* (Math.), segment orienté qui a pour origine un point fixe, et dont l'extrémité peut se déplacer sur une courbe donnée. ‖ *Système de vecteurs,* ensemble composé d'un nombre fini de vecteurs mobiles sur leur ligne d'action. (La résultante générale d'un système de vecteurs est la somme géométrique des vecteurs libres équipollents aux vecteurs du système.) ‖ *Vecteur énergétique,* forme intermédiaire (électricité, hydrogène, essence, méthanol, etc.) en laquelle est transformée l'énergie d'une source primaire pour son transport, son stockage, avant utilisation. ‖ *Vecteur libre,* vecteur qui peut être remplacé par tout autre vecteur parallèle, de même sens et de même longueur. ‖ *Vecteur lié,* vecteur dont la position dans l'espace est entièrement déterminée.

VECTORIEL, ELLE adj. *Math.* Relatif aux vecteurs. ● *Analyse vectorielle,* étude des fonctions d'une variable vectorielle. ‖ *Espace vectoriel,* structure d'un ensemble dont le modèle est fourni par les propriétés des vecteurs libres de l'espace euclidien ordinaire. ‖ *Grandeur vectorielle,* grandeur physique dont la définition exige l'énoncé d'un nombre, d'une direction et d'un sens sur cette direction.

VÉCU, E adj. Qui s'est passé ou qui semble s'être passé réellement : *une histoire vécue.*

VÉCU n. m. Expérience vécue. ‖ *Psychol.* Expérience telle qu'elle est ressentie par le sujet, sans souci, sans prise en considération de la réalité des faits.

VEDETTARIAT n. m. Fait de devenir une vedette. ‖ Ensemble des phénomènes commerciaux et sociaux qui accompagnent la promotion des vedettes.

VEDETTE n. f. (it. *vedetta,* lieu élevé où l'on place une sentinelle). Artiste connu à qui on a l'habitude de donner de grands rôles au cinéma, au théâtre; artiste qui a une grande notoriété au music-hall, dans les variétés, etc. ‖ Personne de premier plan : *les vedettes de la politique.* ‖ *Mar.* Petite embarcation à moteur. ‖ *Mil.* Autref., sentinelle à cheval; auj., sentinelle chargée de la sécurité d'un champ de tir. ● *Avoir, tenir la vedette, être en vedette,* occuper une position prééminente dans l'actualité. ‖ *En vedette* (Arts graph.), isolément, sur une seule ligne, ou en tête d'une ligne en caractères spéciaux. ‖ *Mettre en vedette,* mettre en évidence. ‖ *Vedette lance-missiles, vedette de combat,* petit bâtiment de guerre très rapide et puissamment armé.

VEDIKĀ n. f. inv. (mot sanskrit). Balustrade entourant le *stūpa.*

VÉDIQUE adj. Relatif aux Veda.

VÉDIQUE n. m. Langue des Veda, qui est une forme archaïque du sanskrit.

VÉDISME n. m. Forme primitive de la religion brahmanique.

VÉGÉTAL n. m. (lat. médiév. *vegetalis;* de *vegetare,* croître). Être vivant caractérisé par l'absence de bouche, de système nerveux et d'organes locomoteurs, par la présence de parois cellulosiques, souvent de chlorophylle et d'amidon, et la reproduction par spores. (Les bactéries, les champignons, les plantes et les arbres sont des végétaux.)

VÉGÉTAL, E, AUX adj. Qui appartient aux végétaux : *règne végétal.* ‖ Qui en est extrait : *rouge végétal.*

VÉGÉTALISME n. m. Alimentation exclusive par les végétaux. (V. VÉGÉTARISME.)

VÉGÉTARIEN, ENNE adj. et n. Relatif au végétarisme; qui pratique le végétarisme.

VÉGÉTARISME n. m. Système d'alimentation supprimant les viandes (végétarisme), ou même tous les produits d'origine animale (végétarisme pur ou *végétalisme*), dans un dessein soit prophylactique, soit curatif ou encore mystique.

VÉGÉTATIF, IVE adj. Qui assure l'entretien de la vie et de la croissance des animaux et des plantes, sans concerner les phénomènes de reproduction, ni les phénomènes contrôlés par le cortex, ni la vie psychique. ‖ Qui évoque les végétaux par son inaction : *vie végétative.* ‖ *Méd.* Qui concerne le fonctionnement des viscères. ● *Appareil végétatif,* racines, tige et feuilles des plantes supérieures, thalle des végétaux inférieurs, qui assurent la nutrition. ‖ *Multiplication végétative,* celle qui se fait par un élément de l'appareil végétatif (marcottage, bouturage, greffage, etc.). ‖ *Système nerveux végétatif,* ensemble des systèmes nerveux sympathique et parasympathique, qui règlent le fonctionnement des viscères. (Syn. SYSTÈME NERVEUX AUTONOME.)

VÉGÉTATION n. f. Ensemble des végétaux d'un lieu ou d'une région : *la végétation des tropiques.* ‖ Développement des végétaux. ‖ *Pathol.* Excroissance anormale qui se développe sur des animaux ou des végétaux. ◆ pl. *Végétations adénoïdes,* ou *végétations,* hypertrophie du tissu lymphoïde du rhino-pharynx, qui obstrue les fosses nasales, spécialement chez les enfants.

VÉGÉTER v. i. (bas lat. *vegetare,* croître; de *vegetus,* vivant) [conj. 5]. Croître, en parlant des plantes. ‖ Vivre médiocrement; se développer difficilement : *végéter dans un emploi subalterne; ses affaires végètent.*

VÉHÉMENCE n. f. Mouvement violent et passionné, violence, emportement.

VÉHÉMENT, E adj. (lat. *vehemens,* passionné). Violent, passionné.

VÉHÉMENTEMENT adv. Avec véhémence.

VÉHICULAIRE adj. *Langue véhiculaire,* langue qui permet les rapports commerciaux, les échanges entre des populations de langues maternelles différentes.

VÉHICULE n. m. (lat. *vehiculum;* de *vehere,* porter). Moyen de transport terrestre ou aérien : *véhicules industriels; véhicule spatial.* Tout ce qui sert à transmettre : *l'air est le véhicule du son.* ‖ *Opt.* Système de lentilles ou de prismes redressant l'image dans une lunette d'observation terrestre. ● *Véhicule de secours aux asphyxiés et blessés (V. S. A. B.),* ambulance de transport et de premiers soins.

VÉHICULER v. t. Transporter au moyen d'un véhicule. ‖ Communiquer, faire passer d'un lieu à un autre, transmettre.

VÉHICULEUR n. m. Produit permettant d'accélérer la vitesse de diffusion d'un colorant à l'intérieur d'une fibre textile.

VEILLE n. f. (lat. *vigilia*). État de celui qui veille; privation de sommeil : *être en état de veille.* ‖ Action de monter la garde de nuit. ‖ (Avec l'art. défini.) Jour qui précède celui dont on parle : *la veille de Pâques.* ● *À la veille de,* sur le point de. ◆ pl. *Litt.* Fait de passer la nuit sans sommeil; travaux effectués pendant le temps.

VEILLÉE n. f. Temps qui s'écoule depuis le repas du soir jusqu'au coucher. ‖ Réunion de personnes qui passent ce temps ensemble. ‖ Action de veiller un malade, un mort. ● *Veillée d'armes,* soirée qui précède une jour important.

VEILLER v. i. (lat. *vigilare*). Rester éveillé pendant le temps destiné au sommeil : *veiller jusqu'au jour.* ‖ Monter une garde, une surveillance. ◆ v. t. ind. **[à, sur].** Exercer une surveillance vigilante, protéger : *veiller sur les jours de qqn.* ‖ Prendre soin de, s'occuper de : *veiller à l'approvisionnement.* ◆ v. t. *Veiller un malade,* rester à son chevet pendant la nuit.

VEILLEUR n. m. *Veilleur de nuit,* personne chargée de garder un bâtiment pendant la nuit.

VEILLEUSE n. f. Petite lampe électrique de faible intensité qu'on allume la nuit. ‖ Petite flamme d'un chauffe-eau, d'un appareil à gaz ou à mazout, qui brûle en permanence et permet l'allumage instantané de ces appareils. ● *En veilleuse,* au ralenti. ◆ pl. *Autom.* Syn. de LANTERNES.

VEINARD, E adj. et n. *Fam.* Qui a de la veine.

VEINE n. f. (lat. *vena*). Vaisseau ramenant le sang ou la lymphe vers le cœur. ‖ Trace plus ou moins sinueuse visible sur une pièce de bois, un bloc ou une plaque de pierre. ‖ *Fam.* Chance : *avoir de la veine au jeu.* ‖ *Bot.* Nervure très saillante de certaines feuilles. ‖ *Min.* Filon de roche ou d'une espèce minérale dans une roche encaissante de nature différente. ‖ *Phys.* Ensemble des filets groupés d'un fluide en écoulement. ● *Être en veine de, être disposé à.* ‖ *Se saigner aux quatre veines* (Fam.), donner en se privant soi-même de l'argent qu'on a. ‖ *Veine poétique,* le génie poétique.

VEINÉ, E adj. Qui a des veines apparentes : *main veinée; marbre veiné.* ‖ Qui porte des dessins imitant les veines du bois ou des pierres.

VEINER v. t. Imiter par des couleurs les veines du marbre ou du bois.

VEINETTE n. f. Brosse plate employée par les peintres pour imiter les veines du bois. ‖ *Min.* Couche très mince.

VEINEUX, EUSE adj. Relatif aux veines. ● *Sang veineux,* sang appauvri en oxygène et riche en gaz carbonique, qui circule dans les veines de la grande circulation et dans l'artère pulmonaire.

VEINULE n. f. (lat. *venula;* de *vena,* veine). Petite veine.

VEINURE n. f. Ensemble de veines dans certains matériaux (pierre, etc.).

VÊLAGE ou **VÊLEMENT** n. m. Action de mettre bas, de vêler, en parlant des vaches.

VÉLAIRE adj. et n. f. (lat. *velum,* voile). *Phon.* Se dit des voyelles ou des consonnes articulées près du voile du palais.

VÉLANI n. m. (moyen gr. *balanidi,* gland. Espèce de chêne d'Asie Mineure, dont les cupules, ou *vélanèdes,* sont utilisées pour leur tanin.

VÉLAR n. m. (lat. *vela;* mot gaul.). *Bot.* Autre nom du SISYMBRE.

VELARIUM ou **VÉLARIUM** [velarjɔm] n. m. (mot lat.; de *velum,* voile). Toile dont on couvrait les cirques, les théâtres et les amphithéâtres romains, pour abriter les spectateurs du soleil et de la pluie.

VELCHE ou **WELCHE** [vɛlʃ] adj. et n. Surnom péjoratif appliqué aux Allemands à tout ce qui est étranger (vx). ‖ Surnom que les Suisses alémaniques donnent aux Romands.

VELD [vɛld] n. m. (mot néerl., champ). *Géogr.* Plateau couvert par la savane ou la steppe en Afrique du Sud.

VÊLEMENT n. m. → VÊLAGE.

VÊLER v. i. (anc. fr. *veel,* veau). Mettre bas, en parlant d'une vache.

VÊLEUSE n. f. Appareil facilitant le vêlage.

VÉLIE n. f. (lat. *velia*). Punaise vivant sur l'eau, au corps épais. (Long. 2 cm.)

VÉLIN n. m. (anc. fr. *veel,* veau). Parchemin très fin. ‖ Ouvrage ancien, calligraphié, imprimé ou peint sur vélin. ● *Papier vélin,* ou *vélin,* papier de qualité supérieure dont l'épair est uni : *vélin teinté.*

VÉLIPLANCHISTE n. Syn. de PLANCHISTE.

VÉLIQUE adj. (lat. *velum,* voile). *Mar.* Relatif aux voiles. ● *Point vélique,* point où paraît être appliquée la résultante de toutes les actions du vent sur les voiles du navire.

VÉLITE n. m. (lat. *veles, velitis*). Soldat d'infanterie légère, chez les Romains. ◆ pl. Corps de jeunes gens sélectionnés dans la garde de Napoléon, pour former de futurs gradés.

VÉLIVOLE n. (lat. *velivolus,* qui marche à la voile). Personne qui pratique le vol à voile. ◆ adj. Relatif au vol à voile.

VELLÉITAIRE adj. et n. Qui n'a que des intentions fugitives, non une volonté déterminée.

VELLÉITÉ n. f. (lat. *velle*, vouloir). Volonté faible, hésitante et inefficace; intention fugitive non suivie d'acte.

VÉLO n. m. (de *vélocipède*). *Fam.* Bicyclette.

VÉLOCE adj. (lat. *velox*). *Litt.* Agile, rapide.

VÉLOCIPÈDE n. m. (lat. *velox*, rapide, et *pes, pedis*, pied). Appareil qui est à l'origine de la bicyclette.

VÉLOCISTE n. Spécialiste de la vente et de la réparation des cycles.

VÉLOCITÉ n. f. *Litt.* Grande vitesse.

VÉLODROME n. m. Piste pour les courses cyclistes.

VÉLOMOTEUR n. m. Motocyclette légère dont la cylindrée n'excède pas 125 cm³.

VELOURS n. m. (anc. prov. *velos*; lat. *villosus*, velu). Étoffe rase d'un côté et couverte de l'autre de poils dressés très serrés. ‖ Qualité de ce qui a de la douceur, du moelleux : *le velours d'une pêche*. ● *Faire patte de velours*, cacher de mauvais desseins sous des dehors caressants. ‖ *Jouer sur le velours* (Fam.), obtenir ce qu'on désire sans efforts, sans risque. ‖ *Patte de velours*, patte d'un chat quand il rentre ses griffes.

VELOUTÉ, E adj. Qui est de la nature du velours. ‖ Qui a l'aspect du velours : *papier velouté*. ‖ Doux au toucher, au goût : *peau veloutée; vin velouté*.

VELOUTÉ n. m. Qualité de ce qui est agréable au toucher, au goût : *le velouté d'un fruit, d'une crème*. ‖ Potage onctueux, lié aux jaunes d'œufs : *velouté d'asperges*.

VELOUTEMENT n. m. Reflet et moelleux du velours.

VELOUTER v. t. Donner l'apparence du velours. ‖ *Litt.* Donner de la douceur, du moelleux.

VELOUTEUX, EUSE adj. Qui a le toucher du velours.

VELOUTIER n. m. Ouvrier qualifié qui tisse au métier mécanique des articles de velours.

VELOUTINE n. f. Étoffe de soie du XVIIIe s. ‖ Tissu de coton gratté des deux côtés pour donner l'aspect du velours rasé.

VELTE n. f. (all. *Viertel*, quart). Instrument qui sert à jauger les tonneaux.

VELU, E adj. (lat. *villosus*, velu). Couvert de poils : *bras velus; fruit velu*.

VÉLUM [velɔm] n. m. (lat. *velum*, voile). Grand voile tendu ou froncé, simulant un plafond ou servant de toiture.

VENAISON n. f. (lat. *venatio*, chasse). Chair comestible de gros gibier (sanglier, cerf, etc.).

VÉNAL, E, AUX adj. (lat. *venalis*; de *venum*, vente). Prêt à se vendre pour de l'argent; facilement corruptible : *un personnage vénal*. ‖ Qui se transmet à prix d'argent : *une charge vénale*.

VÉNALITÉ n. f. État de ce qui est vénal : *la vénalité des charges*. ‖ Caractère d'une personne vénale. ■ Sous l'Ancien Régime, la *vénalité des offices* consistait dans la mise en vente par l'État des fonctions publiques. Ceux qui les achetaient demeuraient propriétaires de leur charge et pouvaient les transmettre à leurs héritiers.

VENANT n. m. *À tout venant*, au premier venu.

VENDABLE adj. Qui peut être vendu.

VENDANGE n. f. (lat. *vindemia*). Récolte du raisin; époque de cette récolte. ‖ Les raisins récoltés.

VENDANGEOIR n. m. Hotte ou panier de vendangeur.

VENDANGER v. t. (conj. 1). Récolter le raisin de : *vendanger une vigne*. ◆ v. i. Faire la vendange : *vendanger de bonne heure*.

VENDANGEROT n. m. Panier d'osier utilisé en Bourgogne pour la vendange.

VENDANGETTE n. f. Autre nom de la GRIVE.

VENDANGEUR, EUSE n. Celui, celle qui fait la vendange.

VENDANGEUSE n. f. *Bot.* Autre nom de l'ASTER.

VENDÉEN, ENNE adj. et n. De Vendée. ‖ *Hist.* Nom donné pendant la Révolution aux insurgés royalistes de l'ouest de la France.

VENDÉMIAIRE n. m. (lat. *vindemia*, vendange). Premier mois de l'année, dans le calendrier républicain, qui débutait à l'équinoxe d'automne.

VENDETTA n. f. (mot it., *vengeance*). En Corse, poursuite de la vengeance d'une offense ou d'un meurtre, qui se transmet à tous les parents de la victime.

VENDEUR, EUSE n. Personne dont la profession est de vendre, en particulier dans un magasin. ‖ *Dr.* Personne qui fait un acte de vente. (En ce sens, le fém. est VENDERESSE.)

VENDRE v. t. (lat. *vendere*) [conj. 46]. Céder moyennant un prix convenu : *vendre sa maison*. ‖ Faire le commerce d'une marchandise : *vendre des tissus*. ‖ Sacrifier à prix d'argent ce qui ne doit pas être vénal : *vendre son silence*. ‖ Trahir, dénoncer par intérêt, livrer : *vendre ses complices*. ● *Vendre la peau de l'ours*, disposer d'une chose avant de la posséder; se flatter trop tôt du succès. ◆ se vendre v. pr. Trouver des acquéreurs : *se vendre bien, difficilement*.

VENDREDI n. m. (lat. *Veneris dies*, jour de Vénus). Cinquième jour de la semaine. ● *Vendredi saint*, jour où les Églises chrétiennes célèbrent l'anniversaire de la mort de Jésus.

VENDU, E adj. et n. Qui s'est laissé acheter pour de l'argent. ‖ Terme d'injure.

VENELLE n. f. (de *veine*). Ruelle. ‖ *Dr.* Espace étroit entre les murs respectifs de deux biens-fonds.

VÉNÉNEUX, EUSE adj. (lat. *venenum*, poison). Se dit d'un aliment qui renferme du poison et est dangereux pour l'organisme : *champignons vénéneux*.

VÉNÉRABLE adj. (lat. *venerari*, vénérer). Digne de vénération.

VÉNÉRABLE n. m. Président de loge maçonnique. ◆ n. *Relig. cath.* Titre donné à un saint personnage dont la cause de béatification est à l'étude.

VÉNÉRATION n. f. Respect et admiration que l'on a pour qqn : *il a beaucoup de vénération pour son père*. ‖ *Relig.* Respect, adoration.

VÉNÉRER v. t. (lat. *venerari*) [conj. 5]. Avoir une estime respectueuse pour : *vénérer un bienfaiteur*. ‖ *Relig.* Adorer des choses saintes.

VÉNÉRICARDE n. f. (lat. *Veneris*, de Vénus, et *kardia*, cœur). Mollusque bivalve de la Méditerranée, à coquille en forme de cœur. (Long. 25 mm.)

VÉNERIE n. f. (lat. *venari*, chasser). Art de chasser avec des chiens courants toute espèce d'animaux sauvages.

VÉNÉRIEN, ENNE adj. (lat. *Venus, Veneris*, Vénus). Relatif aux rapports sexuels. ● *Maladies vénériennes*, affections contractées au cours des rapports sexuels.

VENEUR n. m. (lat. *venator*, chasseur). Celui qui, à la chasse, dirige les chiens courants. ● *Grand veneur*, chef de la vénerie d'un souverain.

VÉNÉZUÉLIEN, ENNE adj. et n. Du Venezuela.

VENGEANCE n. f. Action de se venger; mal que l'on fait à qqn pour le châtier d'une injure, d'un dommage.

VENGER v. t. (lat. *vindicare*, revendiquer) [conj. 1]. Tirer satisfaction, réparation de : *venger une injure*. ‖ *Venger qqn*, châtier ceux qui lui ont fait du mal. ◆ se venger v. pr. [de]. Se faire justice en punissant; se dédommager d'un affront, d'un préjudice.

VENGERON n. m. En Suisse, nom du *gardon*.

VENGEUR, ERESSE adj. et n. Qui venge, est animé par l'esprit de vengeance.

VÉNIEL, ELLE adj. (lat. *venia*, pardon). Sans gravité : *faute vénielle*. ● *Péché véniel*, péché léger (par oppos. à PÉCHÉ MORTEL).

VENIMEUX, EUSE adj. (anc. fr. *venim*, venin). Qui a du venin et un appareil pour l'injecter : *la vipère est un animal venimeux*. ‖ *Litt.* Méchant, malveillant : *critique venimeuse*.

VENIN n. m. (lat. *venenum*, poison). Liquide toxique sécrété chez certains animaux par un organe spécial et qui est injecté par une piqûre ou une morsure à l'homme ou à d'autres animaux, dans un but défensif ou agressif. ‖ *Litt.* Attitude malveillante, méchanceté, perfidie : *répandre son venin contre qqn*.

VENIR v. i. (lat. *venire*) [conj. 16; auxil. *être*]. Se rendre dans un lieu : *venez chez moi; venir à Paris; venir de Lyon; venez me voir*. ‖ Parvenir, atteindre à : *il me vient à l'épaule*. ‖ Atteindre à un but, à un résultat : *venir à maturité*. ‖ Être originaire, provenir : *ce vin vient de Ceylan; ce mot vient du grec*. ‖ Sortir, couler : *ce vin vient goutte à goutte*. ‖ Arriver : *le printemps vient après l'hiver; le moment est venu*. ‖ Naître, se former : *il lui est venu une tumeur*. ● *À venir*, futur. ‖ *En venir à*, aller jusqu'à, finir par faire qqch. ‖ *En venir aux mains*, se battre. ‖ *Faire venir qqn*, l'appeler. ‖ *Faire venir qqch*, le faire apporter, le commander : *faire venir des provisions de la campagne*. ‖ *Laisser venir*, attendre sans se presser d'agir. ‖ *Ne faire qu'aller et venir*, être toujours en mouvement; partir pour peu de temps. ‖ *Savoir où qqn veut en venir*, connaître ses objectifs. ‖ *Venir à* (avec un inf.), insiste sur l'éventualité : *si je venais à disparaître*. ‖ *Venir après*, succéder. ‖ *Venir avec*, accompagner. ‖ *Venir de* (avec un inf.), avoir accompli à l'instant même : *il vient de partir*. ‖ *Y venir*, se résoudre à.

VÉNITIEN, ENNE adj. et n. De Venise.

VENT n. m. (lat. *ventus*). Mouvement de l'air qui se déplace d'une zone de hautes pressions vers une zone de basses pressions. ‖ Air agité par un moyen quelconque : *faire du vent avec un éventail*. ‖ Gaz contenus dans le corps de l'homme et de l'animal : *avoir des vents*. Tendance, mouvement : *le vent est à l'optimisme*. ‖ Chose vaine, néant : *il n'y a que du vent dans ce programme*. ‖ Odeur que la bête laisse dans les lieux où elle a passé. ● *Au vent* (Mar.), du côté d'où souffle le vent. ‖ *Avoir bon vent*, avoir le vent favorable. ‖ *Avoir vent de qqch*, en être informé. ‖ *Bon vent!*, bonne chance ou bon débarras. ‖ *Dans le vent*, à la mode. ‖ *En plein vent*, à découvert. ‖ *Prendre le vent*, voir comment la situation va tourner. ‖ *Sous le vent* (Mar.), dans la direction opposée à celle d'où le vent souffle. ‖ *Venir dans le vent*, amener l'avant d'un navire dans la direction du vent. ◆ pl. *Vents* ou *instruments à vent* (Mus.), terme générique désignant les instruments dont le son se produit par le souffle, à l'aide soit d'une anche, soit d'une embouchure.

VENTAGE n. m. Nettoyage des grains à l'aide d'un van.

VENTAIL n. m. (pl. *ventaux*), ou **VENTAILLE** n. f. (de *vent*). Partie de la visière des casques clos par laquelle passait l'air.

VENTE n. f. (lat. *venditus*, vendu). Cession moyennant un prix convenu : *contrat de vente*. ‖ Commerce de celui qui vend : *la vente du lait*. ‖ Partie d'une forêt qui vient d'être coupée. ● *En vente*, destiné à être vendu. ● *Point de vente*, magasin où peut être vendu tel ou tel produit. ‖ *Vente directe*, vente effectuée sans intermédiaire entre le producteur et le consommateur. ‖ *Vente par correspondance*, système de vente dans lequel l'offre et l'achat des produits s'effectuent par correspondance.

VENTÉ, E adj. Battu par le vent.

VENTER v. impers. Faire du vent.

VENTEUX, EUSE adj. (lat. *ventosus*). Sujet aux vents : *pays venteux*.

VENTILATEUR n. m. Appareil transformant l'énergie cinétique qui lui est fournie par un moteur en un déplacement d'air ou d'un gaz quelconque sous une faible pression.

VENTILATION n. f. Action de ventiler, d'aérer. ● *Ventilation pulmonaire* (Physiol.), mouvement de l'air dans les poumons.

VENTILATION n. f. Action de ventiler, de répartir : *ventilation des frais généraux*.

VENTILER v. t. (lat. *ventilare*, aérer). Aérer, renouveler l'air de : *ventiler un tunnel*.

VENTILER v. t. (lat. *ventilare*, examiner une question). Évaluer la valeur respective d'objets vendus ensemble. ‖ Répartir entre différents comptes ou différentes personnes les divers éléments d'une somme.

VENTILEUSE n. f. Nom donné aux abeilles qui, à l'entrée d'une ruche, battent des ailes constamment pour établir un courant d'air.

VENTIS [vɑ̃ti] n. m. pl. *Sylvic.* Arbres abattus par le vent.

VENTÔSE n. m. (lat. *ventosus*, venteux). Sixième mois de l'année dans le calendrier républicain (du 19 février au 20 mars).

VENTOUSE n. f. (lat. *ventosa cucurbita*, courge pleine de vent). Ampoule de verre appliquée sur la peau pour y produire une révulsion locale, en raréfiant l'air : *poser des ventouses.* ‖ Petite calotte de caoutchouc qui peut s'appliquer par la pression de l'air sur une surface plane. ‖ *Techn.* Petite ouverture d'aération; ouverture pratiquée dans les ponts et les murailles pour renouveler l'air intérieur. ‖ *Zool.* Organe de fixation de la sangsue, de la pieuvre et de quelques autres animaux. ● *Faire ventouse*, adhérer. ‖ *Voiture ventouse*, voiture qui, par un stationnement trop long au même endroit, encombre la voie publique.

VENTRAL, E, AUX adj. Relatif au ventre. ● *Face ventrale*, partie inférieure ou inférieure du corps de l'homme et des animaux (par oppos. à FACE DORSALE).

VENTRE n. m. (lat. *venter*). Partie inférieure et antérieure du tronc humain, renfermant principalement les intestins. (Syn. ABDOMEN.) ‖ Partie renflée d'un objet : *le ventre d'une bouteille.* ‖ Partie centrale d'un navire. ‖ *Phys.* Point d'un corps vibrant où les oscillations ont une amplitude maximale. ● *À plat ventre*, tout de son long sur le ventre. ‖ *Avoir, prendre du ventre*, avoir, prendre de l'embonpoint. ‖ *Avoir les yeux plus gros que le ventre*, prendre plus que l'on ne peut manger; entreprendre plus que l'on ne peut mener à bien. ‖ *Avoir qqch dans le ventre*, avoir de l'énergie, de la volonté. ‖ *Faire mal au ventre à qqn* (Fam.), lui être très désagréable, lui répugner. ‖ *Marcher, passer sur le ventre de qqn*, triompher de lui par tous les moyens et sans se soucier des conséquences. ‖ *Se mettre à plat ventre*, s'humilier. ‖ *Sur le ventre*, de tout son long. ‖ *Taper sur le ventre à qqn* (Fam.), le traiter trop familièrement. ‖ *Ventre à terre*, très vite.

VENTRE-DE-BICHE adj. inv. Se dit d'une chose d'un blanc roussâtre.

VENTRÉE n. f. *Pop.* Nourriture dont on s'emplit l'estomac; platée.

VENTRICULAIRE adj. Relatif aux ventricules.

VENTRICULE n. m. (lat. *ventriculus*). Cavité du cœur, à parois musclées, dont les contractions envoient le sang dans les artères. ‖ L'une des quatre cavités de l'encéphale, contenant du liquide céphalo-rachidien.

VENTRICULOGRAPHIE n. f. *Méd.* Technique radiologique d'étude des ventricules cérébraux par opacification de ceux-ci avec un produit de contraste.

VENTRIÈRE n. f. Sangle que l'on passe sous le ventre d'un animal pour le soulever, dans un embarquement, etc.

VENTRILOQUE n. et adj. Personne qui a l'art de parler comme si sa voix venait du ventre.

VENTRILOQUIE [-ki] n. f. Art du ventriloque.

VENTRIPOTENT, E adj. *Fam.* Ventru.

VENTRU, E adj. Qui a un gros ventre. ‖ Renflé, bombé : *une potiche ventrue.*

VENTURI n. m. (du physicien it.) Tube comportant un rétrécissement, utilisé pour la mesure du débit des fluides.

VENU, E adj. Qui vient : *il entra dans le premier café venu.* ● *Être bien, mal venu*, être bien, mal reçu; être réussi ou non. ‖ *Être mal venu à faire, à dire*, être peu qualifié.

VENU, E n. *Dernier venu*, celui qui arrive le dernier. ‖ *Nouveau venu, nouvelle venue*, per-sonne récemment arrivée. ‖ *Premier venu*, une personne quelconque.

VENUE n. f. Arrivée. ‖ Acte de pousser, de croître : *arbre d'une venue excessive.* ● *Tout d'une venue*, sans irrégularité dans sa longueur; sans détours ni nuances.

VÉNUS [venys] n. f. Mollusque bivalve marin, dont une espèce comestible s'appelle la *praire.*

VÉNUSIEN, ENNE adj. et n. De la planète Vénus.

VÊPRES n. f. pl. (lat. *vespera*, soir). *Relig. cath.* Partie de l'office divin célébrée à la fin de la journée.

VER n. m. (lat. *vermis*). Nom donné aux animaux à corps mou et allongé, sans pattes, que l'on répartit en trois embranchements : *anné-lides*, ou vers annelés, *plathelminthes*, ou vers plats, et *némathelminthes*, ou vers ronds. ‖ Nom donné à certains insectes vermiformes : *ver blanc*, larve du hanneton; *ver luisant*, femelle du lampyre; *ver à soie*, chenille du bombyx du mûrier; *ver de farine*, larve du ténébrion; *ver fil de fer*, larve du taupin. ● *Tirer les vers du nez à qqn*, lui faire dire ce qu'on veut savoir. ‖ *Tuer le ver*, boire un petit verre d'eau-de-vie à jeun. ‖ *Ver solitaire*, ténia. ‖ *Ver de terre*, lombric.

VÉRACITÉ n. f. (lat. *verax, veracis*, véridique). Qualité de ce qui est conforme à la vérité, authenticité : *la véracité d'un témoignage.* ‖ *Litt.* Attachement à la vérité : *la véracité d'un historien.*

VÉRAISON n. f. (moyen fr. *vérir*, mûrir). État des fruits, et surtout du raisin, qui commencent à prendre la couleur de leur maturité.

VÉRANDA n. f. (mot angl.; du portug.). Galerie légère, établie sur toute la longueur d'une façade de maison, en Inde, en Extrême-Orient, etc. ‖ Pièce ou galerie entièrement vitrée, en rez-de-chaussée.

VÉRATRE n. m. (lat. *veratrum*). Plante véné-neuse voisine du colchique, dont une espèce des prés humides est appelée *ellébore blanc*. (Sa racine peut être confondue avec celle de la gentiane.)

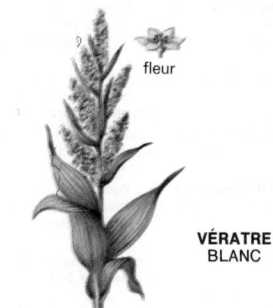

fleur

VÉRATRE
BLANC

VÉRATRINE n. f. Alcaloïde toxique produit par l'ellébore blanc.

VERBAL, E, AUX adj. (de *verbe*). Qui est fait de vive voix (par oppos. à ÉCRIT) : *promesse verbale.* ‖ Qui a rapport aux mots, à la parole : *délire verbal.* ‖ *Ling.* Propre au verbe : *forme verbale.* ● *Location verbale*, contrat de location de mots écrits ou verbaux, à durée indéterminée, révocable par l'une ou l'autre partie sous la réserve d'un délai-congé de courte durée. ‖ *Locution verbale* (Ling.), groupe de mots qui se comporte comme un verbe. ‖ *Note verbale*, note écrite, mais non signée, remise par un agent diplomatique à un gouvernement étranger.

VERBALEMENT adv. De vive voix.

VERBALISATION n. f. Action de verbaliser.

VERBALISER v. i. Dresser un procès-verbal : *verbaliser contre un chasseur sans permis.* ◆ v. t. Formuler de vive voix ce qui était intériorisé.

VERBALISME n. m. Langage parlé abondant, mais imprécis et creux.

VERBASCACÉE n. f. Plante dicotylédone telle que le *bouillon-blanc*. (Les *verbascacées* forment une famille, voisine des scrofulariacées.)

VERBE n. m. (lat. *verbum*, parole). *Litt.* Parole, expression de la pensée par les mots : *la magie du verbe.* ‖ *Ling.* Mot qui, dans une proposition, exprime l'action ou l'état du sujet et porte les désinences de temps et de mode. ‖ *Théol.* (avec une majuscule). La deuxième personne de la Sainte-Trinité, incarnée en Jésus-Christ. ● *Avoir le verbe haut*, parler fort.

VERBÉNACÉE n. f. (lat. pop. *verbena*, ver-veine). Herbe telle que la *verveine*. (Les *verbé-nacées* forment une petite famille.)

VERBEUX, EUSE adj. (lat. *verbosus*; de *ver-bum*, parole). Qui expose les choses en trop de paroles, de mots; qui contient trop de mots; bavard, prolixe : *commentaire verbeux.*

VERBIAGE n. m. (anc. fr. *verbier*, parler). Abondance de paroles inutiles.

VERBIGÉRATION n. f. (lat. *verbigerare*, se disputer). *Psychiatr.* Dévidage automatique de mots ou de phrases entières, sans suite et incohérents, que l'on rencontre surtout dans les états démentiels.

VERBOQUET n. m. (de *virer*, et *bouquet*, faisceau). Cordage qui sert à diriger à partir du sol un fardeau que l'on hisse, pour l'empêcher de heurter les murs.

VERBOSITÉ n. f. Défaut de celui, de ce qui est verbeux; superfluité de paroles.

VERDÂTRE adj. Qui tire sur le vert, d'un vert trouble.

VERDELET, ETTE adj. *Vin verdelet*, vin un peu vert, acide.

VERDET n. m. (anc. fr. *verd*, vert). Nom com-mercial donné à divers acétates de cuivre, à cause de leur couleur verte. (Le verdet est employé, en bouillies, pour le traitement des maladies cryptogamiques des plantes.)

VERDEUR n. f. Défaut de maturité des fruits, du vin. ‖ Vigueur, ardeur : *la verdeur de l'âge.* ‖ Caractère osé, crudité : *la verdeur de ses pro-pos.*

VERDICT [verdikt ou -dik] n. m. (mot angl.; lat. *vere dictum*, proprement dit). Réponse faite par le jury aux questions posées par la cour d'as-sises. ‖ Jugement rendu en matière quelconque; avis : *le verdict de l'opinion publique.*

VERDIER n. m. Oiseau passereau des bois et jardins, à plumage vert olive, granivore. (Long. 15 cm; famille des fringillidés.)

verdier

VERDIR v. t. Rendre vert : *la lumière verdit les feuilles.* ◆ v. i. Devenir vert.

VERDISSAGE n. m. Action de verdir.

VERDISSEMENT n. m. État de ce qui verdit.

VERDOIEMENT n. m. Fait de verdoyer.

VERDOYANT, E adj. Qui verdoie.

VERDOYER v. i. (conj. 2). *Litt.* Devenir vert, en parlant de la végétation.

VERDUNISATION n. f. (de *Verdun*, n. de ville). Procédé de purification de l'eau par addi-tion de chlore à très faible dose.

VERDUNISER v. t. Opérer la verdunisation de.

VERDURE n. f. Couleur verte de la végétation : *la verdure des prés.* ‖ Herbe, feuillage verts : *un écran de verdure.* ‖ Plante potagère dont on mange les feuilles. ‖ Tapisserie où les feuillages tiennent la plus grande place.

VÉRÉTILLE n. f. (lat. *veretilla*). Animal vivant en colonies, formé de polypes insérés dans un axe commun fiché par sa base dans le sable près des côtes. (Haut. 30 cm; embranchement des cnidaires; ordre des octocoralliaires.)

VÉREUX, EUSE adj. Qui a des vers (plus précisément, des larves d'insectes) : *fruit véreux.* ‖ Suspect, louche, douteux : *affaire véreuse.* ‖ Se dit de qqn de malhonnête : *banquier véreux.*

VERGE n. f. (lat. *virga*). Tringle de métal. ‖ Petite baguette de bois ou de métal que l'on peut faire vibrer. ‖ Organe érectile de la copulation, chez l'homme et les mammifères supérieurs. ‖ Instrument de punition corporelle formé d'une baguette flexible ou d'une poignée de brindilles (vx). ‖ Anc. mesure agraire valant le quart d'un arpent. ‖ Au Canada, unité de mesure valant trois pieds. ‖ Mar. Partie droite d'une ancre, dans le sens de sa hauteur. ● *Donner des verges pour se faire battre,* fournir des arguments contre soi-même.

VERGÉ, E adj. *Étoffe vergée,* étoffe renfermant des fils plus gros ou plus teintés que le reste. ‖ *Papier vergé,* papier où il y a des vergeures.

VERGENCE n. f. Inverse de la distance focale d'un système optique centré.

VERGEOISE n. f. Sucre de qualité inférieure, obtenu autrefois par une refonte de déchets du raffinage, aujourd'hui en mélangeant un colorant à du sucre blanc.

VERGER n. m. (lat. *viridarium*). Terrain planté d'arbres fruitiers.

VERGETÉ, E adj. *Hérald.* Se dit de l'écu partagé en vergettes. ‖ Parsemé de raies, de taches : *peau, figure vergetée.*

VERGETTE n. f. Petite verge. ‖ *Hérald.* Pal diminué d'épaisseur.

VERGETURES n. f. pl. Raies de la peau, dues à la distension ou à la rupture des fibres élastiques du derme pendant la grossesse ou certaines maladies.

VERGEURE [vɛrʒyr] n. f. Chacun des fils de laiton, très serrés et parallèles, dont l'ensemble constitue une sorte de toile métallique destinée à retenir la pâte dans la fabrication du papier à la main; marque laissée par ces fils.

VERGLACÉ, E adj. Couvert de verglas.

VERGLACER v. impers. (conj. **1**). Faire du verglas.

VERGLAS [vɛrgla] n. m. (de *verre* et *glace*). Couche de glace mince sur le sol, due à la congélation de l'eau, du brouillard.

VERGNE ou **VERNE** n. m. (mot gaul.). Autre nom de l'espèce d'AUNE la plus courante.

VERGOBRET [vɛrgɔbrɛ] n. m. (mot gaul.). *Hist.* Chef élu de certaines cités gauloises.

VERGOGNE n. f. (lat. *verecundia,* discrétion). *Sans vergogne,* sans pudeur, sans scrupule.

VERGUE n. f. (forme dialect. de *verge*). *Mar.* Espar cylindrique, effilé à ses extrémités et placé en travers d'un mât, pour soutenir et orienter la voile.

VÉRIDICITÉ n. f. Caractère de celui ou de ce qui est véridique.

VÉRIDIQUE adj. (lat. *veredicus;* de *verus,* vrai, et *dicere,* dire). Conforme à la vérité : *témoignage véridique.* ‖ *Litt.* Qui a l'habitude de dire la vérité : *homme véridique.*

VÉRIDIQUEMENT adv. De façon véridique.

VÉRIFIABLE adj. Qui peut être vérifié.

VÉRIFICATEUR, TRICE n. et adj. Celui qui est chargé de faire des vérifications.

VÉRIFICATIF, IVE adj. Qui sert de vérification.

VÉRIFICATION n. f. Action de vérifier : *vérification d'un compte.* ‖ *Épistémol.* Procédure qui tente de confirmer les conséquences d'une loi ou d'un théorème appartenant à une science par des faits construits à partir d'observations empiriques, de montages techniques, de concepts et, parfois, d'outils véritablement. ‖ *Vérification d'écriture,* examen fait en justice d'un acte sous seing privé. ‖ *Vérification des pouvoirs,* procédure préliminaire de toute assemblée délibérante, consistant à contrôler les pouvoirs des participants. (En France, depuis 1958, c'est le Conseil constitutionnel qui vérifie l'éligibilité et la régularité de l'élection des membres des assemblées parlementaires.)

VÉRIFICATRICE n. f. Machine mécanographique effectuant la comparaison d'un paquet de cartes perforées ou d'un ruban perforé avec un paquet ou un ruban de référence.

VÉRIFIER v. t. (lat. *verificare;* de *verus,* vrai). S'assurer si qqch est exact : *vérifier un compte, une citation.* ‖ Faire voir la vérité, l'exactitude d'une chose, prouver, corroborer : *l'événement a vérifié sa prédiction.*

VÉRIFIEUR, EUSE n. Personne chargée du fonctionnement d'une vérificatrice.

VÉRIN n. m. (lat. *veruina;* de *veru,* petite pique). Appareil qui, placé sous des charges, permet de les soulever sur une faible course.

VÉRISME n. m. Nom donné en Italie à l'école littéraire et musicale qui, comme l'école réaliste en France, revendique le droit de représenter la réalité sans idéaliser.

VÉRISTE adj. et n. Qui appartient au vérisme.

VÉRITABLE adj. Qui existe vraiment, qui est réel. ‖ Conforme à la vérité : *histoire véritable.* ‖ Qui est réellement ce qu'il paraît être : *un ami véritable.*

VÉRITABLEMENT adv. De fait, réellement.

VÉRITÉ n. f. (lat. *veritas*). Qualité de ce qui est vrai; conformité de ce qu'on dit avec ce qui est; chose, idée vraie : *jurer de la vérité.* ‖ Principe certain, constant : *les vérités mathématiques.* ‖ Sincérité : *un accent de vérité.* ‖ *Peint.* et *Sculpt.* Expression fidèle de la nature. ● *À la vérité,* j'en conviens, il est vrai. ‖ *Dire à quelqu'un ses (quatre) vérités* (Fam.), lui reprocher ses fautes, ses défauts. ‖ *En vérité,* certainement, assurément. ‖ *Sérum de vérité,* substance qui aurait pour effet de faire avouer malgré lui un coupable.

VERJUS n. m. (de *vert* et *jus*). Suc acide que l'on extrait du raisin cueilli vert.

VERJUTÉ, E adj. Acide comme du verjus.

VERLAN n. m. (de *l'envers*). Argot codé dans lequel on inverse les syllabes des mots.

VERMÉE n. f. (anc. fr. *verm,* ver). Pêche faite en prenant comme appât des vers de terre enfilés sur un fil de laine.

VERMEIL, EILLE adj. (lat. *vermiculus,* vermisseau). D'un rouge vif. ◆ **VERMEIL** n. m. Argent recouvert d'or.

VERMET n. m. Mollusque gastropode, à coquille enroulée, fixé aux rochers littoraux.

VERMICELLE n. m. (it. *vermicelli*). Pâte à potage (semoule de blé dur), passée à la filière pour obtenir des fils très fins.

VERMICIDE n. et adj. Se dit des remèdes propres à détruire les vers parasites.

VERMICULAIRE adj. (lat. *vermiculus,* vermisseau). *Anat.* Qui ressemble à un ver. ● *Appendice vermiculaire,* diverticule creux, en doigt de gant, abouché au cæcum. ‖ *Mouvement vermiculaire,* contractions successives des différentes parties du canal musculeux.

VERMICULÉ, E adj. *Archit.* Dont les ornements imitent des taraudages de vers.

VERMICULURE n. f. Ornement en forme de taraudages de vers.

VERMIDIEN n. m. (lat. *vermis,* ver, et gr. *eidos,* forme). Animal vermiforme appelé aussi *ver aberrant.* (Les vermidiens formaient autref. un embranchement dont les principales classes étaient les brachiopodes, les bryozoaires, les rotifères.)

VERMIFORME adj. Qui est en forme de ver.

VERMIFUGE n. et adj. (lat. *vermis,* ver, et *fugare,* chasser). Se dit des remèdes propres à faire évacuer les vers intestinaux (*semen-contra, santonine,* etc.).

VERMILLE n. f. Syn. de LIGNE DE FOND et de TRAÎNÉE.

VERMILLER v. i. En parlant du sanglier et du cochon, fouiller la terre pour y trouver des vers, des racines.

VERMILLON n. m. (de *vermeil*). Sulfure de mercure pulvérisé, ou cinabre, d'un beau rouge vif. ◆ n. m. et adj. inv. Rouge vif tirant sur l'orangé, semblable à la couleur du cinabre.

VERMILLONNER v. i. *Véner.* En parlant du blaireau, fouir la terre pour y trouver des tubercules, des racines.

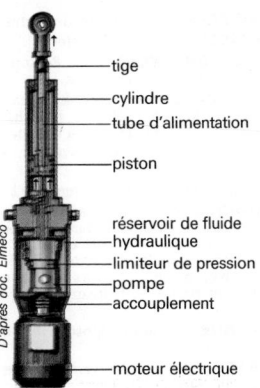

D'après doc. Elmeco

tige
cylindre
tube d'alimentation
piston
réservoir de fluide hydraulique
limiteur de pression
pompe
accouplement
moteur électrique

VÉRIN (ÉLECTRO-HYDRAULIQUE)

VERMINE n. f. (lat. *vermis,* ver). Ensemble des insectes parasites de l'homme. ‖ *Litt.* Individus vils, nuisibles, néfastes, canaille.

VERMINEUX, EUSE adj. Pouilleux, couvert de vermine. ‖ *Méd.* Se dit des troubles provoqués par les vers.

VERMINOSE n. f. Affection parasitaire due aux vers.

VERMIS [vɛrmis] n. m. (mot lat., ver). *Anat.* Région médiane du cervelet.

VERMISSEAU n. m. Petit ver de terre.

VERMIVORE adj. Qui se nourrit de vers.

VERMOULER (SE) v. pr. Commencer à devenir vermoulu.

VERMOULU, E adj. (de *ver* et *moulu*). Se dit d'un bois miné par des larves d'insectes.

VERMOULURE n. f. Trace laissent les vers dans ce qu'ils ont rongé. ‖ Poudre de bois qui sort des trous faits par les larves d'insectes, improprement appelées *vers.*

VERMOUTH n. m. (all. *Wermut,* absinthe). Apéritif à base de vin, aromatisé avec des plantes amères et toniques.

VERNACULAIRE adj. (lat. *vernaculus,* indigène). *Langue vernaculaire,* langue indigène, propre à une ethnie.

VERNAL, E, AUX adj. (lat. *vernalis;* de *ver,* printemps). *Astron.* Qui se rapporte au printemps : *équinoxe vernal.* ● *Point vernal,* point d'intersection de l'écliptique et de l'équateur céleste, que le Soleil franchit à l'équinoxe de printemps.

VERNALISATION n. f. Transformation, due au froid, de graines ou de plantes, conférant l'aptitude à fleurir. ● *Vernalisation artificielle,* traitement de graines par le froid pour provoquer une floraison plus précoce. (On peut transformer par vernalisation des blés d'hiver en blés de printemps.) [Syn. PRINTANISATION.]

VERNE n. m. → VERGNE.

VERNI, E adj. et n. *Fam.* Qui a de la chance.

VERNIER n. m. (du n. de l'inventeur). *Techn.* Dispositif de mesure joint à une échelle rectiligne ou circulaire et dont l'emploi facilite la lecture des fractions de division.

VERNIR v. t. Recouvrir de vernis.

VERNIS [vɛrni] n. m. Produit mixte de liants, solvants, éventuellement de diluants, sans pigment, donnant, par application, des films adhérents et durs, lisses et en général transparents, ayant des qualités protectrices, décoratives ou techniques particulières. ‖ Sorte de glaçure plus ou moins transparente, très plombifère, utilisée sur les poteries cuites à basse température. ‖ Nom d'une espèce de sumac fournissant une laque. ‖ Aspect séduisant, brillant mais superficiel : *un vernis de culture.* ● *Vernis du Japon,* nom usuel de l'*ailante.*

VERNISSAGE n. m. Action de vernir, de vernisser. ‖ Réception qui marque l'ouverture d'une exposition d'art.

VERNISSÉ, E adj. Recouvert de vernis.

VERNISSER v. t. Vernir la poterie.

VERNISSEUR, EUSE n. Personne qui fabrique ou applique des vernis.

VERNIX CASEOSA [vɛrnikskazeoza] n. m. (mots lat.). Matière sébacée blanchâtre qui recouvre le corps des enfants à leur naissance.

VÉROLE n. f. *Pop.* Syn. de SYPHILIS. ● *Petite vérole,* syn. de VARIOLE.

VÉROLÉ, E adj. et n. *Pop.* Atteint de la vérole.

VÉRONIQUE n. f. (de *sainte Véronique*). Plante herbacée commune dans les bois et les prés. (La véronique officinale est aussi appelée *thé d'Europe.*) [Famille des scrofulariacées.] ‖ En tauromachie, passe au cours de laquelle le matador fait passer le taureau le long de son corps.

VERRANNE n. f. (nom déposé). Fibre de verre discontinue.

VERRAT [vera] n. m. (lat. *verres*). Mâle reproducteur de l'espèce porcine.

VERRE [ver] n. m. (lat. *vitrum*). Corps solide, minéral, non cristallin, généralement fragile, résultant du figeage progressif de certaines substances après leur fusion. ‖ Récipient en verre pour boire. ‖ Liquide qu'il contient : *un verre de vin.* ‖ Morceau, plaque, objet fait de verre : *verre de montre.* ‖ Lentille pour corriger la vue. ‖ *Géol.* Matière solide non cristallisée résultant du refroidissement brutal d'un magma au contact de l'air ou de l'eau. ● *Maison de verre,* endroit où il n'y a rien de secret. ‖ *Petit verre,* liqueur alcoolisée qu'on prend dans un verre de petite dimension. ‖ *Verre armé,* verre obtenu en incorporant dans la masse un treillis en fil de fer, emprisonné entre deux feuilles laminées simultanément. ‖ *Verre feuilleté,* verre de sécurité constitué de plusieurs feuilles de verre séparées par une feuille de plastique. ‖ *Verre de*

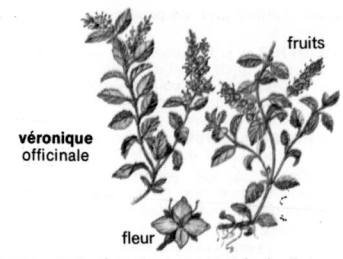

véronique officinale

fruits

fleur

lampe, protection transparente de la flamme des lampes à pétrole. ‖ *Verre métallique,* solide amorphe obtenu par trempe ultrarapide d'un alliage métallique liquide. ‖ *Verre trempé,* verre traité thermiquement en vue d'accroître sa résistance mécanique et sa résistance aux variations brusques de température.

VERRÉ, E adj. Saupoudré de poudre de verre.

VERRERIE n. f. Fabrication du verre. ‖ Usine où on le fabrique. ‖ Ouvrages, objets de verre.

VERRIER, ÈRE adj. Qui se rapporte au travail du verre : *peintre verrier.*

VERRIER n. m. Celui qui fabrique des objets en verre, des vitraux. ‖ Panier pour mettre les verres à boire.

VERRIÈRE n. f. Toit formé d'une charpente de fer vitrée ou de dalles de verre. ‖ Grande surface vitrée ménagée dans le mur d'un édifice; grand vitrail. ‖ *Aéron.* Sorte de dôme profilé, en matière plastique transparente, recouvrant l'habitacle du pilote sur les avions monoplaces rapides.

VERROTERIE n. f. Petits ouvrages de verre, coloriés et travaillés, dont on fait des colliers, des bracelets, etc.

VERROU n. m. (lat. *veruculum,* petite broche). Appareil de fermeture possédant un pêne que l'on fait coulisser pour l'engager dans une gâche. ‖ Pièce servant à fermer la chambre de la culasse d'une arme à feu. ‖ En football, ancien système de jeu consistant surtout à replier les joueurs en défense. ‖ *Géogr.* Dans une vallée glaciaire, saillie de roches dures qui barre la vallée et que le torrent scie en gorge. ● *Sous les verrous,* en prison.

VERROUILLAGE n. m. Action de verrouiller. ● *Verrouillage d'une arme,* opération qui, avant le départ du coup, rend la culasse solidaire de l'arrière du canon au moyen d'un verrou.

VERROUILLER v. t. Fermer au verrou : *verrouiller sa porte.* ‖ Enfermer : *verrouiller un prisonnier.* ‖ Bloquer, rendre impraticable : *l'armée a verrouillé les brèches.* ◆ se verrouiller v. pr. S'enfermer.

VERROUILLEUR n. m. Au rugby, joueur limitant la longueur de l'alignement des avants lors d'une touche. (Il appartient obligatoirement à l'équipe qui effectue la remise en jeu.)

VERRUCAIRE n. f. (lat *verrucaria*). Genre d'algue qui pousse sur les écorces et les branches mortes. (Classe des chlorophycées.)

VERRUCOSITÉ n. f. *Méd.* Syn. de VERRUE.

VERRUE n. f. (lat. *verruca*). Petite excroissance cutanée, ferme et rugueuse, siégeant principalement sur la peau des mains, ou du visage.

VERRUQUEUX, EUSE adj. Relatif aux verrues.

VERS n. m. (lat. *versus*). Assemblage de mots mesurés selon certaines règles (coupe, rime, etc.), rythmés soit d'après la quantité des syllabes, comme en latin et en grec *(vers métriques),* soit d'après leur accentuation, comme en allemand ou en anglais *(vers rythmiques),* soit d'après leur nombre, comme en français *(vers syllabiques).* ● *Vers blancs,* vers qui ne riment

FABRICATION DU VERRE ET DE SES DÉRIVÉS

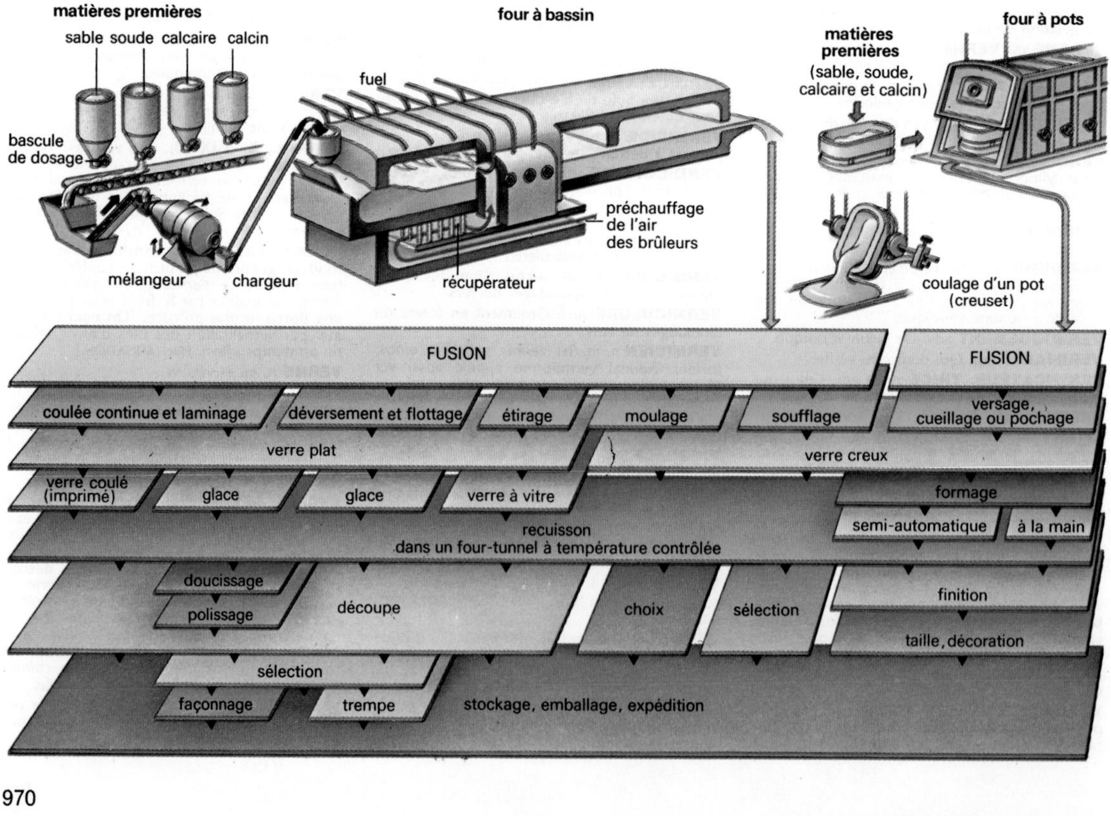

matières premières

sable soude calcaire calcin

bascule de dosage

mélangeur   chargeur

four à bassin

fuel

préchauffage de l'air des brûleurs

récupérateur

matières premières
(sable, soude, calcaire et calcin)

four à pots

coulage d'un pot (creuset)

FUSION

FUSION

coulée continue et laminage   déversement et flottage   étirage   moulage   soufflage   versage, cueillage ou pochage

verre plat   verre creux

verre coulé (imprimé)   glace   glace   verre à vitre   formage

recuisson
dans un four-tunnel à température contrôlée   semi-automatique   à la main

doucissage   choix   sélection   finition

polissage   découpe   taille, décoration

sélection

façonnage   trempe   stockage, emballage, expédition

pas entre eux. (On appelle aussi *vers blancs* des groupes rythmiques, principalement de douze syllabes, que l'on remarque dans des œuvres en prose.) ‖ *Vers libres,* dans la poésie classique, vers de mètres et de rimes réguliers, disposés librement; dans la poésie moderne, vers dégagés de toute règle préconçue de prosodie.

VERS prép. (lat. *versus;* de *vertere,* tourner). Indique : 1° la direction : *aller vers la fenêtre; aller vers sa fin;* 2° l'approximation : *vers la fin de l'Empire; vers midi.*

VERSAILLAIS, E adj. et n. De Versailles. ‖ *Hist.* Se dit de l'armée organisée par Thiers au camp de Satory à Versailles, sous le commandement de Mac-Mahon, pour combattre la Commune, ainsi que des partisans du gouvernement de Versailles en 1871.

VERSANT n. m. Chacune des deux pentes qui encadrent le fond d'une vallée. ‖ *Constr.* Plan incliné d'un toit.

VERSATILE adj. (lat. *versatilis;* de *versare,* tourner). Qui change facilement d'opinion, inconstant, changeant, lunatique.

VERSATILITÉ n. f. Caractère versatile.

VERSE n. f. *Agric.* Accident de végétation des céréales, par lequel les tiges sont couchées à terre. (Les causes en sont diverses : climat, maladies cryptogamiques.)

VERSE (À) [avɛʀs] loc. adv. Qui tombe abondamment, en parlant de la pluie.

VERSÉ, E adj. (lat. *versatus*). Exercé, expérimenté dans une matière, une science.

VERSEMENT n. m. Action de verser de l'argent, des valeurs à une caisse, paiement : *payer en plusieurs versements.*

VERSER v. t. (lat. *versare,* faire tourner). Répandre un liquide, faire couler : *verser de l'eau sur les mains.* ‖ Faire passer d'un récipient dans un autre, transvaser : *verser du vin dans un verre.* ‖ Faire tomber, chavirer une voiture ou ses occupants. ‖ Coucher à terre des céréales sur pied. ‖ Remettre de l'argent à un organisme ou à une personne. ‖ Déposer, joindre un document à qqch : *verser une pièce au dossier.* ‖ Affecter qqn à une arme, à un corps. ● *Verser des larmes,* pleurer. ‖ *Verser son sang* (Litt.), donner sa vie. ◆ v. i. Tomber sur le côté, se renverser. ● *Verser dans qqch,* évoluer vers cette chose.

VERSET n. m. (de *vers*). Chacune des divisions numérotées d'un chapitre de la Bible, du Coran, d'un livre sacré. ‖ À l'office et à la messe, brève phrase psalmodique suivie d'une réponse du chœur appelée *répons.* ‖ Signe typographique en forme de V barré (℣), que l'on emploie pour indiquer les versets.

VERSEUR adj. m. *Bouchon, bec verseur,* dont la conception ou la forme permet de verser correctement un liquide.

VERSEUSE n. f. Cafetière à poignée droite.

VERSICOLORE adj. (lat. *versus,* changé, et *color,* couleur). Dont la couleur est changeante ou qui a plusieurs couleurs.

VERSIFICATEUR n. m. Personne qui fait des vers (le plus souvent péjor.).

VERSIFICATION n. f. Art de faire des vers. ‖ Technique propre à un poète.

VERSIFIER v. i. (lat. *versificare*). Faire des vers. ◆ v. t. Mettre en vers : *versifier une fable.*

VERSION n. f. (lat. *versio;* de *vertere,* tourner). Traduction d'un texte. ‖ Chacun des états successifs d'un texte. ‖ Manière de raconter, de rapporter un fait : *il y a sur cet accident différentes versions.* ● *En version originale,* se dit d'un film étranger distribué sans être doublé.

VERS-LIBRISTE n. et adj. (pl. *vers-libristes*). Qui compose des vers libres modernes.

VERSO n. m. (lat. *folio verso,* sur le feuillet tourné). Revers d'un feuillet (par oppos. à RECTO).

VERSOIR n. m. Partie de la charrue qui jette la terre de côté. (Syn. OREILLE.)

VERSTE n. f. (russe *versta*). Mesure itinéraire usitée autrefois en Russie et valant 1 067 m.

VERSUS ou **VS** [vɛʀsys] prép. *Ling.* Par opposition à.

VERT, E adj. (lat. *viridis*). D'une couleur que l'on peut produire par la combinaison du jaune et du bleu; de la couleur usuelle des plantes à chlorophylle. ‖ Qui a encore de la sève, qui n'est pas encore sec : *du bois vert.* ‖ Frais, nouveau, en parlant des légumes : *des pois verts.* ‖ Qui n'est pas mûr : *pomme verte.* ‖ Resté vigoureux malgré l'âge avancé : *vieillard encore vert.* ‖ Âpre, rude, vif : *une verte réprimande.* ● *Café vert,* café non torréfié. ‖ *Vin vert,* vin qui n'est pas fait, qui a gardé une partie de son acidité. ‖ *Volée de bois vert,* volée de coups vigoureux.

VERT n. m. Couleur verte : *aimer le vert.* ‖ Fourrage frais : *mettre un cheval au vert.* ● *Se mettre au vert* (Fam.), aller se reposer à la campagne. ‖ *Vert anglais,* mélange de bleu de Prusse et de jaune de chrome. ‖ *Vert Véronèse,* arséniate de cuivre utilisé en peinture.

VERT-DE-GRIS n. m. inv. Carbonate hydraté de cuivre, dont le métal se recouvre au contact de l'air.

VERT-DE-GRISÉ, E adj. Couvert de vert-de-gris.

VERTE n. f. *En raconter des vertes et des pas mûres,* dire des choses scandaleuses et choquantes.

VERTÉBRAL, E, AUX adj. Relatif aux vertèbres : *la colonne vertébrale.* ● *Manipulations vertébrales,* méthode de traitement de diverses affections basée sur des mobilisations directes ou indirectes des vertèbres. (V. CHIROPRACTIE.)

VERTÈBRE n. f. (lat. *vertebra;* de *vertere,* tourner). Chacun des os courts constituant la colonne vertébrale. (Chaque vertèbre est formée d'un corps, de pédicules, d'apophyses articulaires et de lames limitant le trou vertébral, où passe la moelle épinière; les vertèbres ont des apophyses latérales, dites *transverses,* et une apophyse postérieure épineuse.)

VERTÉBRÉ, E adj. Se dit des animaux qui ont des vertèbres.

rales partant toutes d'un même niveau de l'axe qui les porte.

VERTICILLÉ, E adj. *Bot.* Disposé en verticille.

VERTICITÉ n. f. *Phys.* Faculté qu'a un corps d'aller dans une direction privilégiée.

VERTIGE n. m. (lat. *vertigo,* tournoiement). Sensation d'un manque d'équilibre dans l'espace, étourdissement. ‖ Folie passagère, trouble de l'esprit.

VERTIGINEUX, EUSE adj. Qui donne le vertige; très haut.

VERTIGO n. m. (mot lat., *tournoiement*). Maladie des chevaux, qui se manifeste par le désordre des mouvements.

VERTU n. f. (lat. *virtus*). *Litt.* Disposition constante qui porte à faire le bien et à éviter le mal. ‖ Qualité particulière : *il a tous les vices et aucune vertu.* ‖ Chasteté, fidélité conjugale (vx). ‖ Qualité qui rend propre à produire certains effets : *vertu des plantes.* ● *En vertu de,* en conséquence de, au nom de.

VERTUEUSEMENT adv. De façon vertueuse.

VERTUEUX, EUSE adj. Qui fait le bien par volonté. ‖ Chaste (vx). ‖ Inspiré par le bien : *conduite vertueuse.*

VERTUGADIN n. m. (esp. *verdugado*). Bourrelet que les femmes portaient par-dessous leur jupe pour la faire bouffer; robe rendue bouffante par un de ces bourrelets. ‖ Terrain gazonné en glacis et en amphithéâtre.

VERVE n. f. (lat. *verbum,* parole). Qualité de qqn qui parle avec enthousiasme et brio.

VERVEINE n. f. (lat. *verbena*). Plante type de la famille des verbénacées, dont on cultive des formes ornementales originaires d'Amérique et une variété médicinale. ‖ Infusion obtenue à partir de la variété médicinale de cette plante.

VERVET n. m. Espèce de cercopithèque d'Afrique. (Syn. SINGE VERT.)

VERVEUX n. m. (lat. *vertere,* tourner). Filet de pêche en forme d'entonnoir.

VÉSANIE [vezani] n. f. (lat. *vesania;* de *vesanus,* insensé). Maladie mentale (vx).

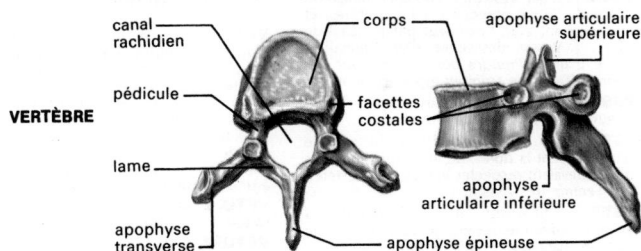

VERTÈBRE

canal rachidien — corps — apophyse articulaire supérieure
pédicule — facettes costales
lame — apophyse articulaire inférieure
apophyse transverse — apophyse épineuse

6ᵉ vertèbre thoracique (ou dorsale)

VERTÉBRÉ n. m. Animal pourvu d'une colonne vertébrale et, en général, de deux paires de membres. (Les *vertébrés* forment un embranchement du règne animal dans lequel on peut distinguer cinq classes principales : poissons, amphibiens [ou batraciens], reptiles, oiseaux, mammifères.)

VERTÉBROTHÉRAPIE n. f. Traitement par manipulations vertébrales.

VERTEMENT adv. Avec vivacité, rudesse.

VERTEX n. m. Sommet du crâne, tant chez les vertébrés que chez les insectes.

VERTICAL, E, AUX adj. (lat. *vertex, verticis,* sommet). Qui a la direction du fil à plomb. ● *Tir vertical,* syn. de TIR COURBE.

VERTICAL n. m. *Astron.* Grand cercle de la sphère céleste, dont le plan contient la verticale du point d'observation.

VERTICALE n. f. Ligne parallèle à la direction du fil à plomb.

VERTICALEMENT adv. Perpendiculairement à l'horizon.

VERTICALITÉ n. f. État de ce qui est vertical.

VERTICILLE n. m. (lat. *verticillus*). *Bot.* Ensemble de feuilles, de fleurs, de pièces flo-

vertugadin (XVIIᵉ s.)

VESCE n. f. (lat. *vicia*). Plante herbacée de la famille des papilionacées, dont on cultive une espèce fourragère; sa graine.

VÉSICAL, E, AUX adj. (lat. *vesica*, vessie). *Anat.* Relatif à la vessie.

VÉSICANT, E adj. (lat. *vesica*, ampoule). *Méd.* Qui fait naître des ampoules sur la peau.

VÉSICATION n. f. *Méd.* Effet produit par un médicament vésicant.

VÉSICATOIRE adj. et n. m. Se dit d'un médicament externe qui fait venir des vésicules sur la peau.

VÉSICULAIRE adj. En forme de vésicule.

VÉSICULE n. f. (lat. *vesicula*, petite ampoule). *Anat.* Sac membraneux semblable à une petite vessie. ‖ *Bot.* Flotteur de certaines plantes aquatiques. ‖ *Pathol.* Soulèvement hémisphérique ou conique de l'épiderme, plein de sérosité. ● *Vésicule ombilicale*, l'une des annexes embryonnaires des vertébrés. (Chez les poissons, elle subsiste après l'éclosion, et sa substance nourrit le jeune alevin.) [Syn. SAC VITELLIN.]

VÉSICULEUX, EUSE adj. Qui a la forme d'une petite vessie, d'une vésicule.

VESOU n. m. (mot créole). Liquide qui sort de la canne à sucre quand on l'écrase.

VESPASIENNE n. f. (de *Vespasien*, empereur romain). Édicule public à usage d'urinoir.

VESPÉRAL, E, AUX adj. (lat. *vesper*, soir). *Litt.* Du soir : *clarté vespérale*.

VESPÉRAL n. m. *Relig. cath.* Livre liturgique contenant l'office du soir.

VESPERTILION n. m. (lat. *vespertilio*). Chauve-souris commune en France. (Envergure 15 cm.)

VESPIDÉ n. m. (lat. *vespa*, guêpe). Insecte hyménoptère, tel que les guêpes, les frelons. (Les *vespidés* forment une famille.)

VESSE n. f. *Pop.* Émission de gaz fétides, faite sans bruit par l'anus.

VESSE-DE-LOUP n. f. (pl. *vesses-de-loup*). Nom usuel du *lycoperdon*.

VESSIE n. f. (lat. *vesica*). Poche abdominale où s'accumule l'urine amenée par les uretères, et communique avec l'extérieur par le canal de l'urètre. ‖ Vessie desséchée d'un animal et gonflée d'air. ● *Prendre des vessies pour des lanternes* (Fam.), se tromper grossièrement.

VESSIGON n. m. (it. *vescicone*). *Vétér.* Tumeur molle du jarret du cheval.

VESTALE n. f. À Rome, prêtresse du culte de Vesta. (Pendant la durée de leurs fonctions, les vestales devaient respecter le vœu de chasteté.) ‖ *Litt.* Femme très chaste.

VESTE n. f. (it. *veste*; lat. *vestis*). Vêtement à manches, boutonné devant, qui couvre le buste jusqu'aux hanches. ‖ *Fam.* Échec, insuccès : *ramasser une veste*. ● *Retourner sa veste* (Fam.), changer d'opinion, de parti.

VESTIAIRE n. m. (lat. *vestiarium*, armoire à vêtements). Salle où l'on dépose les vêtements et autres objets que l'on ne veut pas ou qu'il ne faut pas garder avec soi dans certains établissements publics; ensemble de ces vêtements.

VESTIBULAIRE adj. *Anat.* Relatif au vestibule de l'oreille.

VESTIBULE n. m. (lat. *vestibulum*). Pièce ou galerie d'entrée de grandes dimensions assurant la communication des autres pièces d'une maison ou d'un édifice avec l'extérieur. ‖ *Anat.* Cavité de l'oreille interne, reliée à l'oreille moyenne par les fenêtres ronde et ovale, se prolongeant par le limaçon et portant les canaux semi-circulaires. (Elle contient deux cavités : l'utricule et le saccule.)

VESTIGE n. m. (lat. *vestigium*, trace). Marque, reste du passé : *les vestiges d'une civilisation*.

VESTIMENTAIRE adj. Relatif aux vêtements.

VESTON n. m. Veste croisée ou droite faisant partie du complet masculin.

VÊTEMENT n. m. (lat. *vestimentum*). Tout ce qui sert à couvrir le corps humain, pour le cacher, le protéger, le parer; habit; habillement. ‖ *Héral.* Pièce honorable, formée par quatre triangles qui occupent les coins de l'écu.

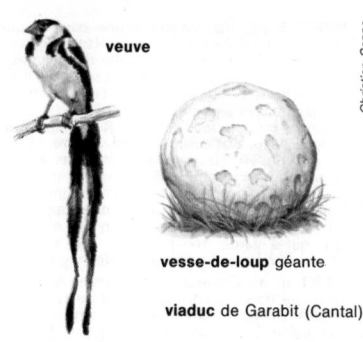

veuve

vesse-de-loup géante

viaduc de Garabit (Cantal)

Christian Sappa

VÉTÉRAN n. m. (lat. *veteranus*, vieux). Vieux soldat. ‖ Homme qui a une longue pratique dans une activité, une profession, etc. ‖ Sportif ayant généralement atteint ou dépassé quarante ans. ‖ *Antiq. rom.* Soldat qui, après avoir achevé son service, bénéficiait de certains avantages.

VÉTÉRANCE n. f. État de vétéran.

VÉTÉRINAIRE adj. (lat. *veterina*, bêtes de somme). Relatif à la médecine des animaux : *soins vétérinaires*. ◆ n. Spécialiste de la médecine des animaux. ● *Vétérinaire biologiste*, nom donné depuis 1967 au vétérinaire des armées.

VÉTILLE n. f. Bagatelle, chose insignifiante, qui ne mérite pas qu'on s'y arrête.

VÉTILLER v. i. (anc. fr. *vette*, ruban). *Litt.* S'amuser à des vétilles, critiquer sur des riens.

VÉTILLEUX, EUSE adj. *Litt.* Qui a l'habitude de s'attacher à des vétilles.

VÊTIR v. t. (lat. *vestire*) [conj. **20**]. *Litt.* Habiller, couvrir de vêtements; mettre sur soi : *vêtir un enfant; vêtir une robe*.

VÉTIVER [vetivɛr] n. m. (mot tamoul). Plante cultivée dans l'Inde et aux Antilles pour ses racines, dont on retire un parfum. (Famille des graminées.)

VETO [veto] n. m. inv. (mot lat., *je m'oppose*). Formule qu'employaient, à Rome, les tribuns du peuple, pour s'opposer à un décret du sénat. ‖ Institution par laquelle une autorité peut s'opposer à l'entrée en vigueur d'une loi (*veto absolu* ou *suspensif* du chef de l'État) ou d'une résolution (veto du représentant d'une des cinq grandes puissances au Conseil de sécurité de l'O.N.U.). ‖ Opposition, refus : *mettre son veto à une décision*.

VÊTU, E adj. Qui porte un vêtement, habillé : *chaudement vêtu*.

VÊTURE n. f. Cérémonie de la prise d'habit dans une congrégation ou un ordre religieux.

VÉTUSTE adj. (lat. *vetustus*). Vieux, en parlant de qqch, usé, dégradé : *mobilier vétuste*.

VÉTUSTÉ n. f. État de ce qui est vétuste.

VEUF, VEUVE adj. et n. (lat. *vidua*, veuve). Dont la femme ou le mari est mort. ◆ adj. *Fam.* Séparé momentanément de son conjoint. ● *Défendre la veuve et l'orphelin*, protéger les malheureux, les opprimés.

VEUGLAIRE n. f. (néerl. *vogel*, oiseau). Canon des XIVᵉ et XVᵉ s., qui se chargeait par la culasse.

VEULE adj. (lat. pop. *volus*). *Litt.* Qui manque d'énergie, faible, mou.

VEULERIE n. f. Manque d'énergie.

VEUVAGE n. m. État d'un veuf, d'une veuve.

VEUVE n. f. Oiseau passereau d'Afrique, à plumage en grande partie noir, recherché comme oiseau de cage et de volière. (Famille des plocéidés.) ‖ V. aussi VEUF.

VEXANT, E adj. Qui contrarie, peine.

VEXATEUR, TRICE adj. Qui commet, cause des vexations.

VEXATION n. f. Action de vexer, d'être vexé.

VEXATOIRE adj. Qui a le caractère de la vexation.

VEXER v. t. (lat. *vexare*, tourmenter). Contrarier, faire de la peine à, blesser qqn dans son amour-propre. ◆ **se vexer** v. pr. Être contrarié, se fâcher, se froisser.

VEXILLAIRE n. m. (lat. *vexillarius; de vexillum*, enseigne). *Antiq. rom.* Porte-étendard.

VEXILLE n. m. (lat. *vexillum*). *Antiq. rom.* Étendard des armées romaines. ‖ *Zool.* Chacun des deux côtés d'une plume d'oiseau.

VEXILLOLOGIE n. f. Étude des drapeaux, des pavillons nationaux et régionaux.

VIA prép. (lat. *via*, voie). Par la voie, en passant par : *Paris à Ajaccio via Nice*.

VIABILISER v. t. Exécuter des travaux de viabilité pour rendre un terrain habitable.

VIABILITÉ n. f. (lat. *vita*, vie). Aptitude à vivre d'un organisme.

VIABILITÉ n. f. (lat. *via*, chemin). Bon état d'une route, permettant d'y circuler. ‖ Ensemble des travaux d'intérêt général (voirie, eau, gaz, électricité, égouts, téléphone) à exécuter sur un terrain avant toute construction. ● *Matériau de viabilité*, ensemble des roches utilisées pour la construction des routes.

VIABLE adj. (de *vie*). Qui peut vivre : *enfant viable*. ‖ Organisé pour aboutir, pour durer : *entreprise viable*.

VIADUC n. m. (lat. *via*, voie, et *ducere*, conduire). Pont de grande longueur, généralement à plusieurs arches.

VIAGER, ÈRE adj. (anc. fr. *viage*, durée de la vie). *Rente viagère*, revenu dont on possède la jouissance durant toute sa vie.

VIAGER n. m. Rente viagère. ● *En viager*, en échange d'une rente viagère.

VIANDE n. f. (lat. *vivenda*, ce qui sert à la vie). Chair des animaux terrestres, des oiseaux, des poissons, dont on se nourrit. ‖ *Viande blanche*, viande de veau, de lapin, de volaille. ‖ *Viande noire*, viande du gibier. ‖ *Viande rouge*, viande de bœuf, de mouton, de cheval.

VIANDER v. i. *Véner.* Pâturer, en parlant du grand gibier (cerf, daim, chevreuil). ◆ **se viander** v. pr. *Pop.* Avoir un grave accident, se blesser.

VIATIQUE n. m. (lat. *viaticum; de via*, route). Argent, provisions que l'on donne pour faire un voyage (vx). ‖ *Litt.* Moyen de parvenir, soutien, atout. ‖ *Liturg.* Sacrement de l'eucharistie donné à un malade en danger de mort.

VIBRAGE n. m. Transmission à un corps de chocs multiples et répétés à de très courts intervalles. ● *Vibrage du béton*, action de soumettre un béton, avant achèvement de la prise du liant, à des vibrations qui améliorent l'homogénéité et le tassement.

VIBRANT, E adj. Qui vibre : *lame vibrante*. ‖ Touchant, émouvant : *discours vibrant*.

VIBRANTE n. et adj. f. Consonne que l'on articule en faisant vibrer la langue ou le gosier, comme [l] et [r].

VIBRAPHONE n. m. Instrument de musique formé de lames d'acier que l'on frappe avec des marteaux, et muni de tubes de résonance.

VIBRAPHONISTE n. Joueur de vibraphone.

VIBRATEUR n. m. Appareil produisant des vibrations mécaniques.

VIBRATILE adj. Susceptible de vibrer. ● *Cil vibratile*, organite filamenteux, assurant le déplacement de certains protozoaires (paramécie), le courant d'eau nutritif des mollusques lamellibranches, l'expulsion de particules solides dans la trachée-artère de l'homme, etc.

VIBRATION n. f. Mouvement oscillatoire rapide. ‖ *Phys.* Mouvement périodique d'un système matériel autour de sa position d'équilibre.

VIBRATO n. m. (mot it.). *Mus.* Tremblement obtenu, sur les instruments à cordes, par un mouvement rapide d'oscillation du doigt; légère ondulation dans l'émission vocale d'un son.

VIBRATOIRE adj. Composé de vibrations. ● *Sens vibratoire*, chez le pic, la taupe, etc., aptitude à percevoir les vibrations du support.

VIBRER v. i. (lat. *vibrare*, agiter). Effectuer des vibrations, entrer en vibration. ‖ Résonner : *la rue vibrait, secouée par le vacarme.* ‖ Être touché, être ému. ‖ Traduire une certaine intensité d'émotion : *sa voix vibrait de colère.* ◆ v. t. Effectuer le vibrage du béton.

VIBREUR n. m. Appareil électrique animé d'un mouvement vibratoire.

VIBRION n. m. Bacille mobile à corps incurvé.

VIBRISSE n. f. (lat. *vibrissa*). Poil des narines de l'homme. ‖ Plume filiforme des oiseaux. ‖ Poil tactile de certains mammifères.

VIBROMASSEUR n. m. Appareil électrique produisant des massages vibratoires.

VICAIRE n. m. (lat. *vicarius*, remplaçant). Prêtre qui exerce son ministère dans une paroisse sous la dépendance d'un curé. ● *Vicaire apostolique*, évêque chargé de l'administration d'un pays de mission qui n'est pas encore érigé en diocèse. ‖ *Vicaire épiscopal*, prêtre assistant de l'évêque pour des questions pastorales dans un secteur déterminé. ‖ *Vicaire général*, prêtre assistant de l'évêque pour l'administration d'un diocèse. ‖ *Vicaire de Jésus-Christ*, le pape.

VICARIAL, E, AUX adj. Relatif au vicariat.

VICARIANCE n. f. *Méd.* Suppléance fonctionnelle d'un organe par un autre.

VICARIANT, E adj. *Physiol.* Se dit de l'organe capable de suppléer à l'insuffisance d'un autre organe, de l'espèce végétale qui peut en remplacer une autre dans une association.

VICARIAT n. m. Fonctions d'un vicaire.

VICE n. m. (lat. *vitium*). *Litt.* Disposition habituelle au mal : *flétrir le vice.* ‖ Défaut, imperfection grave : *vice de conformation.* ‖ Habitude morbide mais qui donne du plaisir. ● *Avoir du vice* (Fam.), être rusé. ‖ *Vice du consentement* (Dr.), défaut atteignant l'accord donné dans un contrat et faisant obstacle à sa validité. ‖ *Vice de construction* (Dr.), faute commise dans la construction d'un édifice. ‖ *Vice de forme*, défaut qui rend nul un acte juridique lorsqu'une des formalités légales a été omise.

VICE- (lat. *vice*, à la place de), particule inv. qui, en composition de mots, indique des fonctions de suppléant ou d'adjoint du titulaire.

VICE-AMIRAL n. m. (pl. *vice-amiraux*). Officier général de la marine. (V. GRADE.)

VICE-CONSUL n. m. (pl. *vice-consuls*). Qui aide le consul, ou tient lieu de consul.

VICE-CONSULAT n. m. (pl. *vice-consulats*). Emploi de vice-consul.

VICENNAL, E, AUX adj. (lat. *vicennalis*). Qui dure vingt ans.

VICE-PRÉSIDENCE n. f. (pl. *vice-présidences*). Fonction, dignité de vice-président.

VICE-PRÉSIDENT, E n. (pl. *vice-présidents, es*). Personne désignée à l'avance pour remplir les fonctions du président si ce dernier est dans l'impossibilité de les exercer.

VICE-RECTEUR n. m. (pl. *vice-recteurs*). Dans les facultés catholiques, titre que porte le dignitaire placé au-dessous du recteur et qui le supplée. ‖ Titre porté jusqu'en 1920 par le chef de l'université de Paris, dont le ministre de l'Instruction publique était officiellement recteur.

VICE-ROI n. m. (pl. *vice-rois*). Gouverneur d'un royaume ou d'une grande province dépendant d'un autre État.

VICE-ROYAUTÉ n. f. (pl. *vice-royautés*). Fonction de vice-roi; pays gouverné par un vice-roi.

VICÉSIMAL, E, AUX adj. (lat. *vicesimus*, vingtième). Qui a pour base le nombre vingt.

VICE VERSA [viseversa] loc. adv. (mots lat.). Réciproquement, inversement.

VICHY n. m. Étoffe de coton dont les effets d'ourdissage et de tramage forment des carreaux. (On dit aussi TOILE DE VICHY.)

VICHYSSOIS, E adj. et n. De Vichy. ‖ *Hist.* Partisan du régime de Vichy.

VICIABLE adj. Qui peut être vicié.

VICIATEUR, TRICE adj. Qui vicie.

VICIATION n. f. Action de vicier.

VICIÉ, E adj. Impur, pollué : *air vicié.*

VICIER v. t. (lat. *vitiare*). Corrompre, gâter la pureté : *vicier l'air.* ‖ *Dr.* Rendre nul.

VICIEUSEMENT adv. De façon vicieuse.

VICIEUX, EUSE adj. et n. (lat. *vitiosus*; de *vitium*, vice). Qui a des dispositions habituelles à faire le mal, qui manifeste ce penchant, dépravé, pervers. ◆ adj. Exécuté avec ruse, pour tromper : *envoyer une balle vicieuse.* ‖ Qui a une défectuosité, une imperfection : *conformation vicieuse.* ‖ Ombrageux, rétif : *mule vicieuse.*

VICINAL, E, AUX adj. (lat. *vicinus*, voisin). Se dit d'un chemin qui met en communication des villages entre eux.

VICINALITÉ n. f. Qualité de chemin vicinal. ‖ Ensemble des chemins vicinaux.

VICISSITUDE n. f. (lat. *vicissitudo*). *Litt.* Événements heureux ou malheureux qui affectent l'existence humaine (au pl. le plus souvent) : *les vicissitudes de la fortune.*

VICOMTAL, E, AUX adj. Relatif à un vicomte.

VICOMTE n. m. (bas lat. *vicecomes*). Autref., seigneur d'une terre qui avait le titre de vicomte. ‖ Titre de noblesse immédiatement inférieur à celui de comte, et porté généralement par la branche cadette.

VICOMTÉ n. f. Titre attaché autrefois à une terre appartenant à un vicomte.

VICOMTESSE n. f. Femme d'un vicomte. ‖ Femme possédant une vicomté.

VICTIME n. f. (lat. *victima*). Créature vivante offerte en sacrifice à la divinité. ‖ Personne, communauté qui souffre des agissements de qqn, des événements : *victime du froid.* ‖ Personne tuée ou blessée : *une centaine de victimes au cours d'une catastrophe aérienne.*

VICTIMOLOGIE n. f. Branche de la criminologie qui s'intéresse à la personnalité des victimes de crimes ou de délits.

VICTOIRE n. f. (lat. *victoria*). Avantage remporté à la guerre : *la victoire fut longtemps indécise.* ‖ Succès remporté dans une épreuve. ● *Chanter, crier victoire*, se glorifier d'un succès. ‖ *Victoire à la Pyrrhus*, trop chèrement obtenue.

VICTORIA n. f. Nymphéacée, dont les feuilles flottantes ont jusqu'à 2 m de diamètre. (On dit aussi MAÏS D'EAU.)

VICTORIA n. f. Voiture hippomobile découverte, à quatre roues.

VICTORIEN, ENNE adj. Relatif à la reine Victoria de Grande-Bretagne et à son époque.

VICTORIEUSEMENT adv. De façon victorieuse.

VICTORIEUX, EUSE adj. Qui est vainqueur dans une lutte, une guerre ou une épreuve. ‖ Qui exprime un succès : *air victorieux.*

VICTUAILLES n. f. pl. (lat. *victus*, nourriture). Provisions alimentaires.

VIDAGE n. m. Action de vider.

VIDAME n. m. (lat. *vicedominus*, lieutenant d'un prince). Personnage qui, au Moyen Âge, représentait l'évêque au temporel et commandait ses troupes.

VIDANGE n. f. (de *vider*). Action de vider pour nettoyer ou rendre de nouveau utilisable. ‖ *En vidange*, en Belgique, verre consigné. ● *En vidange*, en cours d'épuisement, de vidage. ◆ pl. Immondices; matières fécales retirées des fosses d'aisances. ‖ En Belgique, bouteilles vides.

VIDANGER v. t. (conj. **1**). Effectuer la vidange (en parlant des fosses d'aisances, de réservoirs d'automobile, etc.).

VIDANGEUR n. m. Ouvrier assurant la vidange des fosses d'aisances.

VIDE adj. (lat. *vacuus*, vide). Qui ne contient rien, ni objet, ni matière : *espace vide.* ‖ Qui n'a pas d'occupant : *salle vide.* ‖ D'où l'on a tout enlevé : *maison vide.* ‖ Qui manque d'intérêt, de vie, d'occupation, d'idées : *avoir l'esprit vide; cœur, tête vide.* ‖ Qui est privé de : *mot vide de sens.* ‖ *Math.* Se dit d'un ensemble ne comportant aucun élément. (Il se note ⌀.)

VIDE n. m. Espace ne contenant aucun objet sensible : *tomber dans le vide.* ‖ Solution de continuité, espace où il manque qqch. ‖ Sentiment pénible d'absence, de privation : *sa mort fait un grand vide.* ‖ *Bx-arts.* Évidement d'un mur (baie), évidement d'une sculpture. ‖ *Phys.* Espace où les particules matérielles sont fortement raréfiées (pression inférieure à celle de l'atmosphère). ● *À vide*, sans rien contenir : *la voiture est partie à vide*; sans effet : *moteur qui tourne à vide.* ‖ *Faire le vide autour de qqn*, le fuir, le laisser seul. ‖ *Parler dans le vide*, sans susciter aucun intérêt. ‖ *Vide juridique*, absence de toute loi, de tout règlement concernant un sujet donné. ‖ *Vide sanitaire*, vide continu et ventilé entre les planchers de rez-de-chaussée et le sol dans les immeubles ne comportant pas de caves ou de sous-sol.

VIDE-BOUTEILLE n. m. (pl. *vide-bouteilles*). Siphon terminé en haut par un robinet et qui sert à vider une bouteille sans la déboucher.

VIDE-CAVE n. m. inv. Pompe hydraulique utilisée pour évacuer l'eau d'un local inondé.

VIDÉO adj. inv. et n. f. (lat. *video*, je vois). Se dit d'une technique permettant d'enregistrer magnétiquement ou mécaniquement l'image et le son sur un support, et de les restituer sur un écran en direct ou en différé. ● *Jeu vidéo*, jeu utilisant un écran de visualisation du type télévision et dans lequel les mouvements sont commandés électroniquement. ‖ *Signal vidéo*, signal contenant les éléments servant à la transmission d'une image. ‖ *Système vidéo*, système qui transmet les images et le son à distance.

VIDÉOCÂBLE n. m. Câble destiné au transport de signaux vidéo.

VIDÉOCASSETTE n. f. Cassette contenant une bande magnétique qui permet l'enregistrement et la reproduction à volonté d'un programme de télévision ou d'un film vidéo.

VIDÉOCONFÉRENCE n. f. Téléconférence assurée grâce à des moyens de télécommunication transmettant le son et les images.

VIDÉODISQUE n. m. Disque sur lequel sont enregistrés des images et du son restituables sur certains postes de télévision.

V. ill. page suivante

VIDÉOFRÉQUENCE n. f. Fréquence du signal fourni par le tube de prise de vues, dans la chaîne d'appareils constituant un émetteur de télévision.

VIDE-ORDURES n. m. inv. Dans un immeuble, conduit vertical par lequel sont évacuées les ordures ménagères.

VIDÉOTEX n. m. Syn. de TÉLÉTEXTE.

VIDE-POCHES n. m. inv. Coupe où l'on dépose les menus objets que l'on porte habituellement dans ses poches. ‖ Dans une automobile, compartiment recevant divers objets.

victoria

Delton

973

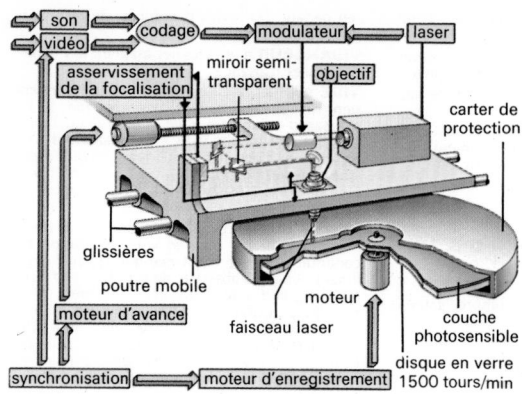

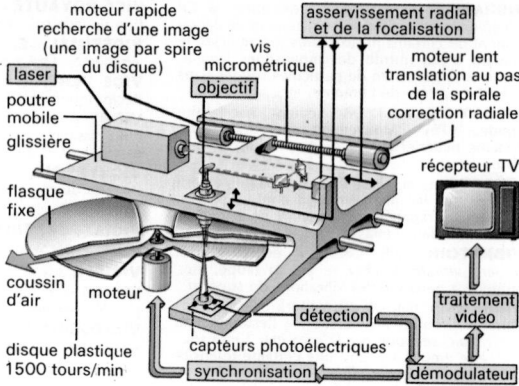

VIDÉODISQUE

GRAVURE

Un faisceau laser, modulé par un signal vidéo codé, localisé par un objectif, se déplace au-dessus d'une couche photosensible déposée sur un disque de verre tournant à 1 500 tr/min. Après traitement chimique apparaît une spirale composée de « micropuits » plus ou moins longs, larges de 0,6 μm, profonds de 1 500 Å, résultant de l'impact lumineux du faisceau laser sur l'émulsion. Métallisé, détaché du disque de verre, le flan fournira par galvanoplastie la matrice servant au pressage des disques souples.

LECTURE

Un faisceau laser est focalisé par un objectif sur la spirale du disque plastique transparent, qui tourne à 1 500 tr/min sous un coussin d'air. Un asservissement assure le centrage optique permanent sur la piste, large de 0,6 μm. La variation de la diffraction du faisceau laser au travers du relief est recueillie par des capteurs photoélectriques et transformée en un signal électrique qui, après démodulation et traitement vidéo, sera transmis au récepteur de télévision

VIDE-POMME n. m. inv. Outil pour ôter le cœur des pommes sans les couper.

VIDER v. t. Rendre vide, retirer le contenu, enlever qqch d'un endroit : *vider un tonneau; vider l'eau d'un réservoir.* ‖ Faire évacuer : *l'orage a vidé les rues.* ‖ Sortir, quitter : *vider les lieux.* ‖ Boire le contenu d'un récipient : *vider une bouteille.* ‖ *Fam.* Faire sortir brutalement, renvoyer une personne d'un lieu quelconque ; *Fam.* Épuiser, fatiguer qqn. ● *Vider une querelle* (Litt.), la terminer. ‖ *Vider une volaille, un poisson,* en retirer les entrailles.

VIDEUR, EUSE n. m. Celui, celle qui vide.

VIDEUR n. m. *Fam.* Dans une boîte de nuit, un bal, un lieu de spectacle, personne chargée d'expulser les perturbateurs.

VIDE-VITE n. m. inv. Dispositif de vidange presque instantanée d'une installation, d'un réservoir, etc., utilisé en cas de danger.

VIDICON n. m. Tube analyseur d'images de télévision utilisant la photoconductivité.

VIDIMUS [vidimys] n. m. (mot lat., *nous avons vu*). *Dr.* Attestation commençant par le mot *vidimus* et certifiant qu'un acte a été collationné et trouvé conforme à l'original (vx).

VIDOIR n. m. Orifice d'un vide-ordures, par lequel on introduit les ordures. ‖ Cuvette dans laquelle on jette les eaux résiduaires.

VIDUITÉ n. f. (lat. *viduus,* veuf). *Dr.* Veuvage. (Ne se dit guère que des femmes.) ● *Délai de viduité,* période fixée en principe à 300 jours, pendant laquelle la femme veuve ou divorcée ne peut contracter un nouveau mariage.

VIDURE n. f. Ce qu'on ôte en vidant un animal.

VIE n. f. (lat. *vita*). Résultat du jeu des organes concourant au développement et à la conservation du sujet. ‖ Espace de temps qui s'écoule depuis la naissance jusqu'à la mort ; existence humaine considérée dans sa durée : *vie courte; rater sa vie.* ‖ Condition humaine en général : *connaissance de la vie.* ‖ Moyens de subsistance : *la vie est chère.* ‖ Manière de vivre : *mener joyeuse vie.* ‖ Biographie, histoire de qqn. ‖ Activité humaine en général : *la vie politique.* ‖ Apparence animée, entrain, mouvement, chaleur : *style plein de vie.* ‖ Existence des choses dans le temps, sujette au changement : *la vie des mots; la vie des étoiles.* ● *À vie,* pour toute la durée de la vie. ‖ *À la vie, à la mort,* pour la vie, pour toujours. ‖ *Ce n'est pas une vie,* c'est intenable. ‖ *De la vie, de ma vie,* jamais. ‖ *Devoir la vie à qqn,* être né de lui ;

avoir été sauvé par lui. ‖ *Faire la vie,* se livrer à des parties de plaisir ; être insupportable. ‖ *Faire sa vie,* organiser son existence à son idée. ‖ *Gagner sa vie,* s'assurer de quoi vivre. ‖ *Jamais de la vie,* nullement, en aucune façon. ‖ *Redonner, rendre la vie à qqn,* le ranimer ; le rassurer. ‖ *Vie éternelle,* bonheur éternel des élus. ‖ *Vie future,* existence de l'âme après la mort.

VIEIL adj. m. Forme de *vieux,* devant un mot commençant par une voyelle ou par un *h* muet : *mon vieil ami; mon vieil habit.* (V. VIEUX.)

VIEILLARD n. m. Homme d'un âge avancé. ◆ pl. Ensemble des gens âgés.

VIEILLE n. f. Nom usuel du *labre.*

VIEILLERIE n. f. Objet ancien, usé et démodé. ‖ Idée rebattue, chose surannée, banale.

VIEILLESSE n. f. Le fait pour un organisme d'être vieux ; le dernier âge de la vie. ‖ Les personnes âgées. ‖ Ancienneté : *la vieillesse améliore certains vins.* ● *Assurance vieillesse,* celle des assurances sociales qui a pour objet de verser une pension ou une rente aux personnes âgées.

VIEILLI, E adj. Qui porte les marques de la vieillesse, qui a perdu sa force, sa jeunesse : *retrouver bien vieilli un ami ancien.* ‖ Passé de mode, suranné : *mot vieilli.*

VIEILLIR v. i. Devenir vieux, perdre sa jeunesse, sa force, en prenant de l'âge : *vieillir rapidement.* ‖ S'affaiblir par la durée, commencer à n'être plus d'usage, à n'être plus apprécié, goûté : *cette mode vieillit, ce roman a vieilli.* ‖ Acquérir des qualités particulières par la conservation (alcool, vin, fromage). ◆ v. t. Faire paraître plus vieux : *cette toilette vous vieillit.* ‖ Rendre plus âgé, plus fatigué : *la maladie l'a vieilli.* ◆ *se vieillir* v. pr. Se faire paraître vieux ; se dire plus vieux qu'on ne l'est réellement.

VIEILLISSANT, E adj. Qui vieillit.

VIEILLISSEMENT n. m. État de ce qui vieillit ou de ce qui devient suranné. ‖ *Métall.* Syn. de MATURATION. ‖ *Physiol.* Processus d'évolution des organismes qui ont atteint le stade adulte. ● *Vieillissement d'une population,* accroissement de la proportion des personnes les plus âgées.

VIEILLOT, OTTE adj. Démodé, suranné : *des idées vieillottes.*

VIÈLE n. f. (lat. *fidicula*). Instrument de musique ancien, à cordes et à archet, l'un des ancêtres du violon.

VIELLE n. f. (anc. prov. *viola*). *Vielle à roue,* ou *vielle,* instrument de musique ancien et populaire, à touches et à cordes frottées par une roue.

VIELLER v. i. Jouer de la vielle.

VIELLEUR, EUSE ou **VIELLEUX, EUSE** n. Joueur de vielle.

VIENNOIS, E adj. et n. De Vienne (villes).

VIERGE adj. (lat. *virgo, virginis*). Se dit d'une personne qui n'a jamais eu de relations sexuelles. ‖ Se dit d'une chose où l'on n'a pas pénétré, qui n'a pas servi, qui est intact : *forêt vierge; page vierge; réputation vierge.* ● *Huile vierge,* huile extraite des olives écrasées à froid.

VIERGE n. f. Femme vierge. ● *Sainte Vierge,* ou *la Vierge,* la Vierge Marie.

VIETNAMIEN, ENNE adj. et n. Du Viêt-nam.

VIETNAMIEN n. m. Langue parlée au Viêt-nam, s'écrivant avec un alphabet latin, le quôc-ngu.

VIEUX ou **VIEIL, VIEILLE** adj. et n. (lat. *vetus*). Avancé en âge : *un vieil homme; une pauvre vieille; les vieilles gens.* ● *Mon vieux, ma vieille,* termes d'amitié familiers ; (Pop.) mon père, ma mère. ‖ *Un vieux de la vieille* (Fam.), vétéran, ancien dans le métier. ◆ adj. Qui existe depuis longtemps : *vieux meuble.* ‖ Qui a les

vielle à roue

caractères de la vieillesse : *se sentir vieux.* ‖ Âgé par rapport à un autre : *je suis plus vieux que vous.* ● Qui est dans une situation, un métier, etc., depuis longtemps : *vieil ami.* ‖ Usé, dont on se sert depuis longtemps : *un vieux chapeau.* ‖ Qui n'est plus en usage : *vieille expression.* ‖ Qui existe depuis longtemps : *une vieille habitude.* ● *Ne pas faire de vieux os* (Fam.), ne pas vivre longtemps. ‖ *Se faire vieux,* vieillir. ‖ *Vieux jeu,* suranné, démodé. ‖ *Les vieux jours,* la vieillesse.

VIEUX n. m. Ce qui est ancien : *acheter du vieux.* ● *Prendre un coup de vieux* (Fam.), vieillir brusquement.

VIEUX- (fém. **VIEILLE-**) **CATHOLIQUE** n. et adj. Se dit des catholiques qui refusèrent d'adhérer au dogme de l'infaillibilité pontificale en 1870. (Ils constituent une Église indépendante, groupant environ 600 000 fidèles.) ‖ Se dit d'une Église schismatique hollandaise, dite *Église d'Utrecht,* héritière du jansénisme du XVIIIᵉ s.

VIEUX-CROYANT n. m. Membre de communautés dissidentes russes qui vivent en marge de l'Église officielle depuis le *raskol* (XVIIᵉ s.).

VIEUX-LILLE n. m. inv. Sorte de maroilles longuement affiné et à goût prononcé.

VIF, VIVE adj. (lat. *vivus*). Qui a de la vitalité, de la vigueur, agile, leste, preste : *des yeux vifs, un pas vif.* ‖ Prompt à s'emporter : *tempérament un peu vif.* ‖ Qui conçoit promptement : *imagination vive.* ‖ Éclatant, intense : *couleur vive.* ‖ Qui marque une inclination intense : *un goût très vif pour la peinture.* ‖ Qui saisit : *un froid vif.* ‖ Exprimé avec violence ou mordant : *vifs reproches.* ● *À joints vifs,* se dit d'une construction en pierre de taille sans mortier. ‖ *Arête vive,* angle saillant et non émoussé d'un matériau travaillé, etc. ‖ *De vive force,* en employant la violence. ‖ *De vive voix,* en parlant directement à la personne intéressée; oralement. ‖ *Eau vive,* qui coule d'une source vive. ‖ *Être brûlé vif,* vivant. ‖ *Haie vive,* haie formée d'arbustes en pleine végétation. ‖ *Plus mort que vif,* presque paralysé par la peur.

VIF n. m. Chair vive : *trancher dans le vif.* ‖ Petit poisson vivant qui sert d'appât. ‖ *Ce qu'il y a de plus important, de plus intéressant : *entrer dans le vif d'une question.* ‖ Dr. Personne vivante. ● *À vif,* avec la chair à nu. ‖ *Couper, trancher dans le vif,* jusque dans les parties essentielles, les inclinations les plus chères; prendre des mesures énergiques. ‖ *Piquer, toucher au vif,* au point le plus sensible. ‖ *Prendre, saisir sur le vif,* imiter d'après nature, avec beaucoup de vie. ‖ *Vif de l'eau,* marée de vive-eau.

VIF-ARGENT n. m. Anc. nom du MERCURE.

VIGIE n. f. (portug. *vigia;* de *vigiar,* veiller). *Mar.* Homme placé en observation à bord d'un navire.

VIGILANCE n. f. Attention vive, surveillance soutenue. ‖ *Physiol.* État physiologique de l'organisme qui reçoit des stimulations et y répond.

VIGILANT, E adj. (lat. *vigilare,* veiller). Plein de vigilance, attentif.

VIGILE n. f. (lat. *vigilia,* veille). *Relig. cath.* Veille d'une fête religieuse importante.

VIGILE n. m. (lat. *vigil*). Personne chargée de la surveillance de locaux administratifs, industriels, universitaires, etc. ‖ Dans la Rome antique, membre de la milice urbaine chargée de la lutte contre les incendies et de la police nocturne.

VIGNE n. f. (lat. *vinea;* de *vinum,* vin). Arbrisseau de la famille des ampélidacées, cultivé depuis la préhistoire pour ses baies sucrées, ou raisin, dont le suc fermenté fournit le vin. ‖ Terre plantée en ceps de vigne. ● *Être dans les vignes du Seigneur* (Fam.), être ivre. ‖ *Pêche de vigne,* pêche provenant d'un arbre cultivé en plein vent et qui produit à l'époque des vendanges. ‖ *Vigne vierge,* espèce de liane décorative, de la famille des ampélidacées.
■ La tige ligneuse de la vigne, ou cep, porte des rameaux feuillés, ou pampres, qui se lignifient ensuite et deviennent des sarments; les pampres s'accrochent par des vrilles. On reproduit la vigne par bouturage, marcottage ou greffage. La vigne exige un climat local chaud et assez sec. L'invasion du phylloxéra, qui a affecté la France dans la décennie 1870, a conduit à l'introduction de plants américains résistant au puceron, utilisés comme producteurs directs ou, le plus souvent, comme porte-greffes.

VIGNEAU ou **VIGNOT** n. m. (de *vigne*). Autre nom du BIGORNEAU.

VIGNERON, ONNE n. Personne qui cultive la vigne. ◆ adj. Relatif à la vigne, au vigneron, au vin : *charrue vigneronne.*

VIGNETTE n. f. (de *vigne*). Petite gravure ornementale; petite illustration. ‖ Petite étiquette, portant l'estampille de l'État et servant à certifier le paiement de certains droits, notamment de l'impôt sur les automobiles. ‖ Timbre attaché à une spécialité pharmaceutique, que l'assuré social doit coller sur sa feuille de soins.

VIGNETTISTE n. Personne qui dessinait ou gravait des vignettes pour les livres, etc.

VIGNOBLE n. m. Territoire planté de vignes; ensemble des vignes d'une région.

VIGOGNE n. f. (esp. *vicuña;* mot quechua). Lama des Andes, de la taille d'un mouton, au pelage laineux. ‖ Tissu fin fait avec le poil de cet animal.

VIGOUREUSEMENT adv. Avec vigueur.

VIGOUREUX, EUSE adj. Qui a ou manifeste de la vigueur physique ou morale : *vieillard vigoureux.* ‖ Qui a de la netteté, de la fermeté : *talent vigoureux; paroles vigoureuses.*

VIGUERIE [vigri] n. f. Fonction du viguier.

VIGUEUR n. f. (lat. *vigor*). Force physique : *la vigueur de la jeunesse.* ‖ Énergie physique ou morale que l'on exécute qqch : *agir avec vigueur; vigueur de l'imagination.* ‖ Fermeté du style, du dessin. ● *En vigueur,* en usage, en parlant des lois, des règlements, etc.

VIGUIER n. m. (mot d'anc. prov.; lat. *vicarius*). Magistrat qui rendait la justice dans certaines provinces du midi de la France avant 1789. ‖ Magistrat et chef militaire d'Andorre.

VIHÂRA n. m. inv. (mot sanskr.). Monastère bouddhique ou jaïn.

VIKING adj. Relatif aux Vikings.

VIL, E adj. (lat. *vilis,* à bas prix). *Litt.* Méprisable : *homme vil.* ● *À vil prix,* très bon marché.

VILAIN, E adj. (bas lat. *villanus,* paysan). Malhonnête, méprisable : *vilaine action.* ‖ Se dit d'un enfant insupportable, désobéissant. ‖ Désagréable, menaçant : *vilain temps.* ‖ Qui déplaît à la vue : *avoir de vilaines dents; vilain pays.* ‖ Qui est dangereux : *une vilaine toux.* ◆ adv. *Il fait vilain* (Fam.), il fait mauvais temps.

VILAIN n. m. Autref., paysan libre. ‖ Scandale, dispute : *il y a eu du vilain.*

VILAINEMENT adv. De façon vilaine, malpropre, grossière, honteuse.

VILAYET [vilajɛ] n. m. (mot turc). Division administrative en Turquie.

VILEBREQUIN n. m. (moyen fr. *wimbelkin*). Outil au moyen duquel on imprime un mouvement de rotation à une mèche pour percer des trous ou à une clef de serrage pour vis ou écrou. ‖ *Mécan.* Arbre qui transforme le mouvement rectiligne alternatif de l'ensemble piston-bielle d'un moteur thermique en un mouvement circulaire.

VILEMENT adv. *Litt.* De façon vile.

VILENIE [vilni *ou* vileni] n. f. (de *vilain*). *Litt.* Action ou parole basse et vile.

VILIPENDER v. t. (lat. *vilis,* vil, et *pendere,* estimer). *Litt.* Dénoncer qqn comme vil.

VILLA n. f. (it. *villa;* mot lat.). Maison d'habitation ou de villégiature, élégante, avec jardin. ‖ Voie privée bordée de maisons individuelles. ‖ *Antiq.* Domaine rural ou riche demeure de villégiature à Rome et en Gaule romaine.

VILLAFRANCHIEN, ENNE adj. et n. m. (de *Villafranca Piemonte,* Italie). Se dit d'une formation sédimentaire correspondant à la transition entre les ères tertiaire et quaternaire, qui a livré les plus anciennes industries paléolithiques.

VILLAGE n. m. (de *ville*). Agglomération à fonction spécialisée, généralement agricole, plus rarement artisanale ou industrielle, et où se trouve, le plus souvent, le siège de l'administration d'une commune rurale. ● *Village de toile,* organisation de vacances et de tourisme, mettant à la disposition des usagers des tentes, des installations sanitaires, etc.

VILLAGEOIS, E n. Habitant d'un village. ◆ adj. Propre aux gens du village.

VILLANELLE n. f. (it. *villanella,* chanson villageoise). Au XVIᵉ s., chanson pastorale ou populaire originaire de Naples. ‖ Ancienne danse, accompagnée de chant. ‖ Poème à forme fixe composé d'un nombre impair de tercets et terminé par un quatrain.

VILLE n. f. (lat. *villa,* maison rurale). Agglomération relativement importante et dont les habitants ont des activités professionnelles diversifiées, notamment dans le secteur tertiaire; habitants de la ville. ‖ Mœurs de la ville (par oppos. à celles de la campagne). ● *À la ville,* dans une ville (par oppos. à À LA CAMPAGNE). ‖ *En ville,* dans la ville; hors de chez soi. ‖ *Travaux de ville* (Impr.), syn. de BILBOQUET. ‖ *Ville nouvelle,* dont la conception et la réalisation sont le fruit d'une planification totale et qui est implantée sur un territoire non encore urbanisé. ‖ *Ville ouverte,* ville qui n'est pas défendue en temps de guerre.

VILLE-CHAMPIGNON n. f. (pl. *villes-champignons*). Ville dont la population s'accroît très rapidement.

VILLE-DORTOIR n. f. (pl. *villes-dortoirs*). Agglomération de résidence qui n'est pas, pour la majeure partie de la population qui l'habite, le cadre de son activité professionnelle.

VILLÉGIATURE n. f. (it. *villeggiare,* aller à la campagne). Séjour d'agrément en dehors de chez soi, à la campagne, à la mer, etc.

VILLÉGIATURER v. i. Être en villégiature.

vilebrequin d'un moteur à explosion

bielle
tourillon
flasque
maneton

vigne vierge

vigne

vigogne

VILLE-SATELLITE n. f. (pl. *villes-satellites*). Ville séparée d'un centre urbain plus important, mais qui a des relations étroites avec lui, bien qu'administrativement autonome.

VILLEUX, EUSE adj. (lat. *villosus*, poilu). Couvert de longs poils touffus.

VILLOSITÉ n. f. État d'une surface velue; ensemble des poils qui recouvrent cette surface. ‖ *Anat.* Chacune des saillies filiformes creuses qui tapissent intérieurement l'intestin grêle et autres cavités.

VIMĀNA n. m. inv. (mot hindī). Dans l'Inde médiévale, tour-sanctuaire pyramidale.

VIN n. m. (lat. *vinum*). Boisson fermentée, préparée à partir de raisin frais. ‖ Nom donné à tous les jus dont une partie ou la totalité du sucre est transformée par fermentation : *vin de riz; vin de palme.* ‖ Préparation dans laquelle le vin sert d'excipient : *vin d'orange.* ● *Entre deux vins*, un peu ivre. ‖ *Mettre de l'eau dans son vin*, se radoucir, se modérer. ‖ *Tache de vin*, nævus pigmentaire de couleur vineuse. ‖ *Vin délimité de qualité supérieure* (V. D. Q. S.), vin d'appellation simple dont la qualité est garantie par un syndicat responsable de la défense de l'appellation. ‖ *Vin d'honneur*, celui que des municipalités, des sociétés, etc., offrent en l'honneur de quelqu'un. ‖ *Vin cuit*, vin provenant d'un moût concentré à chaud. ‖ *Vin de liqueur, vin doux naturel*, vins obtenus à partir de moût de raisin frais et par addition d'alcool. ‖ *Vin mousseux*, vin qui a subi une deuxième fermentation en bouteille ou en cuve, soit spontanément, soit par la méthode champenoise. ‖ *Vin nouveau*, vin de l'année, consommé dès la fin de la fermentation. ‖ *Vin de pays*, vin sans appellation, de bonne qualité. ‖ *Vin de table*, vin de consommation courante.

■ Le vin est obtenu par la fermentation du jus de raisin frais. Cette opération s'effectue dans de grandes cuves. Suivant qu'on a laissé ou non la grappe en présence du liquide, on obtient du *vin rouge* ou du *vin blanc*. Celui-ci peut d'ailleurs être rendu mousseux en l'emprisonnant dans des bouteilles avant l'achèvement complet de la fermentation. Les *vins de liqueur* sont obtenus en concentrant le sucre dans le moût soit par une dessiccation du raisin sur la souche ou sur des lits de paille *(vins de paille)*, soit par évaporation à la chaudière. Pris en petite quantité, le vin constitue une boisson saine, mais son abus mène à l'alcoolisme.

VĪNĀ n. f. inv. Instrument de musique de l'Inde, à quatre cordes.

VINAGE n. m. Action de viner.

VINAIGRE n. m. (de *vin* et *aigre*). Condiment constitué par une solution aqueuse riche en acide acétique, résultant d'une fermentation du vin ou d'un autre liquide alcoolisé. ● *Faire vinaigre* (Fam.), faire vite, se dépêcher. ‖ *Tourner au vinaigre* (Fam.), prendre une fâcheuse tournure.

VINAIGRER v. t. Assaisonner avec du vinaigre.

VINAIGRERIE n. f. Établissement où l'on fabrique du vinaigre; industrie du vinaigre.

VINAIGRETTE n. f. Sauce faite avec du vinaigre, de l'huile, du sel, etc. ‖ Ancien véhicule à deux roues, sorte de chaise à porteurs.

VINAIGRIER n. m. Celui qui fabrique ou vend du vinaigre. ‖ Burette à vinaigre. ‖ Récipient servant à la fabrication domestique du vinaigre.

VINASSE n. f. *Fam.* Vin médiocre et fade. ‖ Résidu de la distillation des moûts fermentés.

VINBLASTINE n. f. Alcaloïde antimitotique de la pervenche.

VINCAMINE n. f. Alcaloïde vasodilatateur de la pervenche. (On l'emploie pour améliorer l'oxygénation du cerveau dans l'insuffisance circulatoire cérébrale.)

VINCRISTINE n. f. Alcaloïde antimitotique de la pervenche.

VINDICATIF, IVE adj. (lat. *vindicare*, venger). Qui aime à se venger : *caractère vindicatif.*

VINDICTE n. f. (lat. *vindicta*, vengeance). *Vindicte publique* (Litt.), poursuite d'un crime au nom de la société.

VINÉE n. f. Récolte du raisin. ‖ Endroit où l'on

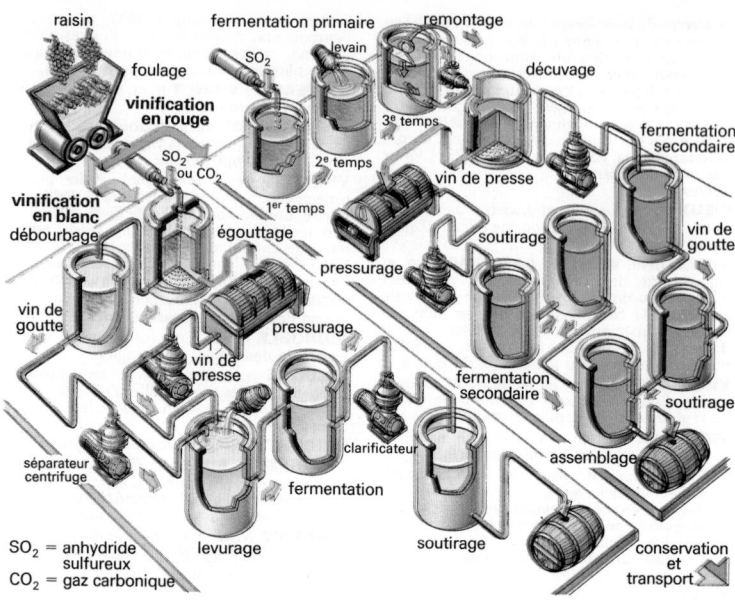

FABRICATION DU VIN ROUGE ET DU VIN BLANC

(étiquettes de l'illustration :) raisin — foulage — vinification en rouge — SO₂ — SO₂ ou CO₂ — vinification en blanc — débourbage — égouttage — pressurage — vin de goutte — pressurage — vin de presse — séparateur centrifuge — fermentation — fermentation primaire — levain — remontage — décuvage — 3ᵉ temps — 2ᵉ temps — 1ᵉʳ temps — levurage — soutirage — clarificateur — fermentation secondaire — vin de presse — vin de goutte — soutirage — assemblage — fermentation secondaire — soutirage — conservation et transport

SO_2 = anhydride sulfureux
CO_2 = gaz carbonique

fait fermenter la vendange. ‖ Branche à fruits dans la taille de la vigne.

VINER v. t. Additionner d'alcool des vins ou des moûts pour remonter leur degré alcoolique.

VINEUX, EUSE adj. Qui a le goût, l'odeur du vin : *pêche vineuse.* ‖ Qui a la couleur du vin rouge : *visage vineux.* ‖ En parlant du vin, qui est riche en alcool.

VINGT [vɛ̃ et vɛ̃t *devant un autre nombre*] adj. num. et n. m. (lat. *viginti*). Deux fois dix : *vingt francs.* ‖ Vingtième : *page vingt.* ● *Vingt-deux!* (Pop.), indique un danger imminent. ‖ *Vingt-quatre heures*, un jour entier. ‖ *Vingt-et-un*, jeu de cartes.
— *Vingt* prend un *s* quand il est précédé d'un adjectif de nombre qui le multiplie : *quatre-vingts hommes.* Il reste invariable : 1° s'il est suivi d'un autre adjectif de nombre : *quatre-vingt-deux francs;* 2° quand il est employé pour *vingtième* : *page quatre-vingt.*

VINGTAINE n. f. Nombre de vingt ou environ.

VINGTIÈME adj. ord. et n. Qui occupe un rang marqué par le numéro vingt. ‖ Qui se trouve vingt fois dans le tout. ● *Impôt du vingtième* (Hist.), impôt institué en 1749, qui frappait de 5 p. 100 tous les revenus déclarés et qui était destiné à l'amortissement de la dette.

VINGTIÈMEMENT adv. En vingtième lieu.

VINICOLE adj. Relatif à la production du vin.

VINIFÈRE adj. Qui produit du vin.

VINIFICATION n. f. Ensemble des procédés mis en œuvre pour transformer le raisin en vin.

VINIFIER v. t. Opérer la vinification.

VINIQUE adj. Qui provient du vin (vx).

VINOSITÉ n. f. Caractère des substances vineuses.

VINYLE n. m. Radical éthylénique univalent $CH_2{=}CH—$.

VINYLIQUE adj. Se dit de composés contenant le radical *vinyle* et de résines obtenues par leur condensation.

VIOL n. m. Relation sexuelle imposée par la contrainte. (C'est un crime dans la législation française.) ‖ Action de pénétrer dans un lieu interdit, de transgresser la loi.

VIOLACÉ, E adj. (lat. *viola*, violette). D'une couleur tirant sur le violet.

VIOLACÉE n. f. Herbe à fleurs dialypétales zygomorphes, telle que la *violette.* (Les *violacées* forment une petite famille.)

VIOLACER (SE) v. pr. (conj. **1**). Se couvrir de taches violettes, prendre une teinte violacée.

VIOLAT adj. m. Où il entre de l'extrait de violette.

VIOLATEUR, TRICE n. Personne qui viole les lois, les engagements.

VIOLATION n. f. Action de violer un engagement, d'enfreindre une obligation, de profaner une chose sacrée, une sépulture. ● *Violation de domicile*, fait de s'introduire chez quelqu'un contre son gré. ‖ *Violation de la loi*, moyen de cassation basé sur la violation, la fausse interprétation ou la fausse application par un tribunal d'une règle de droit; un des cas d'ouverture d'un recours pour excès de pouvoir contre une décision de l'Administration. ‖ *Violation du secret des lettres*, délit consistant à ouvrir ou à supprimer une correspondance adressée à un tiers.

VIOLÂTRE adj. Syn. de VIOLACÉ.

VIOLE n. f. (anc. prov. *viola*). Viole d'amour,

viole de gambe,
détail d'une peinture italienne du XVIᵉ s.

instrument à deux rangées superposées de cordes, dans lequel le frottement de l'une entraîne la résonance de l'autre. ‖ *Viole de bras,* famille d'instruments à cordes frottées, l'un des ancêtres du violon. ‖ *Viole de gambe,* famille d'instruments à cordes frottées au manche muni de frettes, et qui se jouent serrés entre les genoux.

VIOLEMMENT [vjɔlamɑ̃] adv. Avec violence.

VIOLENCE n. f. (lat. *violentia*). Force brutale des êtres animés ou des choses : *violence de l'orage; attaquer avec violence.* ‖ Contrainte exercée sur une personne par la force ou l'intimidation. ‖ Outrance : *la violence d'une expression.* ● *Faire une douce violence à qqn,* lui faire accepter une chose qu'il ne refuse que pour se faire prier. ‖ *Faire violence à la loi,* lui donner un sens forcé. ‖ *Se faire violence,* se contraindre. ◆ pl. Actes violents : *commettre des violences.*

VIOLENT, E adj. et n. (lat. *violentus*). Qui agit par la force; qui se livre à des brutalités. ◆ adj. Qui a une grande intensité : *un orage violent; une passion violente.* ‖ Qui exige de l'énergie : *exercice violent.* ‖ *Fam.* Excessif, vexant : *c'est un peu violent de se voir ainsi traité.* ● *Mort violente,* mort causée par un accident, un meurtre, un suicide.

VIOLENTER v. t. Violer une femme. ‖ *Litt.* Contraindre, faire agir par force.

VIOLER v. t. Transgresser, enfreindre : *violer un règlement.* ‖ Pénétrer dans un lieu malgré une interdiction : *violer un domicile.* ‖ Commettre un viol sur qqn.

VIOLET, ETTE adj. De la couleur de la violette (mélange de bleu et de rouge).

VIOLET n. m. Couleur violette.

VIOLETER v. t. (conj. 4). Teinter de violet.

VIOLETTE n. f. (lat. *viola*). Plante à fleurs violettes, parfois très odorantes. (Famille des violacées.) ‖ Parfum de cette plante.

VIOLEUR, EUSE n. Personne qui a commis un viol sur qqn.

VIOLIER n. m. (anc. fr. *viole,* violette). Espèce cultivée de matthiole, appelée aussi *giroflée rouge.*

VIOLINE adj. D'une couleur violet pourpre.

VIOLISTE n. Joueur de viole.

VIOLON n. m. (de *viole*). Instrument de musique à quatre cordes accordées par quintes *(sol, ré, la, mi),* qu'on frotte avec un archet. ‖ Musicien qui joue de cet instrument. ‖ *Fam.* Prison d'un poste de police, dans un corps de garde. ● *Accorder ses violons,* se mettre d'accord. ‖ *Violon d'Ingres,* occupation secondaire où l'on excelle.

■ Le terme de «violon» apparaît pour la première fois en 1529. C'est surtout aux luthiers de Crémone que la facture du violon doit ses perfectionnements (Stradivarius). L'instrument se compose de la caisse de résonance formée de deux tables voûtées réunies par les éclisses,

du manche portant la touche sur laquelle l'interprète pose les doigts, et de la tête dans laquelle sont plantées les chevilles où s'enroulent les cordes supportées par le chevalet et retenues par le cordier. L'étendue du violon est de trois octaves et une sixte.

VIOLONCELLE n. m. (it. *violoncello*). Instrument de musique à quatre cordes accordées par quintes *(do, sol, ré, la),* qu'on frotte avec un archet. ‖ Musicien qui joue de cet instrument.

■ Le violoncelle appartient à la famille du violon. Il se compose des mêmes parties, mais est de dimension plus grande et donne des sons plus graves. Son étendue est d'un peu plus de quatre octaves.

VIOLONCELLISTE n. Joueur de violoncelle.

VIOLONEUX n. m. Ménétrier de campagne. ‖ *Fam.* Mauvais joueur de violon.

VIOLONISTE n. Joueur de violon.

VIORNE n. f. (lat. *viburnum*). Arbrisseau de la famille des caprifoliacées, dont les espèces principales sont l'*obier* et le *laurier-tin.*

V.I.P. [veipe] n. (de l'angl. *very important person*). *Fam.* Personnalité de marque.

VIPÈRE n. f. (lat. *vipera*). Serpent venimeux, long de 50 à 60 cm, à tête triangulaire, vivipare, préférant les endroits pierreux et ensoleillés. ‖ Personne malfaisante. ● *Langue de vipère,* personne très médisante. ‖ *Vipère à cornes,* syn. de CÉRASTE.

■ La morsure de la vipère inocule un venin dangereux, mortel pour l'homme dans 10 p. 100 des cas. Le traitement le plus efficace consiste dans l'injection de sérum antivenimeux, ce qui n'empêche pas les précautions immédiates, qui consistent à ligaturer, au-dessus de la plaie, le membre atteint (en déplaçant de temps à autre la ligature vers le haut), élargir sans hésitation la plaie, la faire saigner abondamment et la laver avec une solution de chlorure de calcium (1 g pour 60 g d'eau) ou de l'eau de Javel. On peut aussi sucer la morsure de manière à en extraire le venin, mais à la condition expresse de n'avoir ni plaie ni excoriation dans la bouche. En France, on rencontre surtout deux vipères : la péliade et l'aspic.

VIPÉREAU, VIPÉREAU ou **VIPÉRIAU** n. m. Petite vipère.

VIPÉRIDÉ n. m. Serpent venimeux. (Les *vipéridés* forment une famille comprenant les différentes espèces de vipères [*aspic, péliade, céraste*], le *crotale,* etc.)

VIPÉRIN, E adj. Qui a rapport à la vipère.

VIPÉRINE n. f. Couleuvre qui, par sa forme et sa coloration, ressemble à la vipère. ‖ Plante des endroits incultes. (Famille des borraginacées.)

VIRAGE n. m. Changement de direction d'un véhicule : *faire un virage à droite.* ‖ Partie courbe d'une route, d'une piste : *un virage relevé.* ‖ Changement de couleur d'un réactif

coloré. ‖ Changement de direction, de conduite d'un parti, d'une pensée, d'une politique. ‖ *Phot.* Opération qui consiste à modifier le ton des épreuves par le passage dans divers bains. ● *Virage de la cuti-réaction,* fait pour la cuti-réaction de devenir positive.

VIRAGO n. f. (lat. *virago,* femme robuste; de *vir,* homme). *Fam.* Femme grossière et autoritaire qui a l'allure et les manières d'un homme.

VIRAL, E, AUX adj. Relatif à un virus.

VIRE n. f. En montagne, terrasse étroite sur une paroi verticale.

VIRÉE n. f. *Fam.* Promenade rapide faite pour se distraire.

VIRELAI n. m. Poème médiéval sur deux rimes et comptant quatre strophes, dont la première est reprise intégralement ou partiellement après chacune des trois autres.

VIREMENT n. m. Opération consistant à transférer des fonds d'un compte bancaire ou postal à un autre. ● *Virement de bord* (Mar.), manœuvre à l'issue de laquelle le vent frappe la voilure de l'autre côté. ‖ *Virement budgétaire,* opération qui consiste à affecter à un chapitre du budget des crédits votés pour un autre.

VIRER v. i. (lat. *vibrare,* agiter). Changer de direction, faire tourner le véhicule que l'on conduit. ‖ Tourner sur soi. ‖ Changer de nuance, en parlant d'une étoffe teinte. ‖ *Mar.* Exercer une traction sur une chaîne, un câble ou un cordage à l'aide d'un guindeau, d'un cabestan ou d'un treuil. ‖ *Phot.* Subir l'opération du virage. ◆ v. t. Transporter d'un compte à un autre : *virer une somme.* ‖ Transformer la teinte d'une épreuve photographique. ‖ *Pop.* Mettre qqn à la porte, renvoyer. ● *Virer sa cuti,* avoir une cuti-réaction positive; (Fam.) s'émanciper. ◆ v. t. ind. [à]. Changer de couleur, d'aspect, de caractère : *virer à l'aigre.*

VIRESCENCE n. f. Métamorphose des parties colorées des fleurs en feuilles vertes.

VIRETON n. m. Flèche d'arbalète à laquelle un empennage imprime un mouvement rotatif.

VIREUR n. m. Mécanisme permettant de modifier, à l'arrêt, la position de l'axe d'une machine tournante (turbine, alternateur, etc.).

VIREUX, EUSE adj. (lat. *virus,* poison). Qui a des propriétés vénéneuses.

VIREVOLTE n. f. Tour rapide que fait une personne sur elle-même. ‖ Changement complet de direction, d'opinion. ‖ *Équit.* Tour et retour faits rapidement par un cheval.

VIREVOLTER v. i. (anc. fr. *virevouster,* tourner en rond). Faire une virevolte.

VIRGINAL, E, AUX adj. (lat. *virgo, virginis,* vierge). Qui appartient à une vierge. ‖ Pur, immaculé.

VIRGINAL n. m. (pl. *virginals*). Épinette en usage en Angleterre aux XVIe et XVIIe s.

VIRGINIE n. m. Tabac en feuilles provenant de la Virginie.

VIOLON

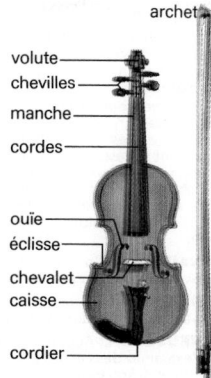

archet
volute
chevilles
manche
cordes
ouïe
éclisse
chevalet
caisse
cordier

violoncelle

Riby-Larousse

violettes

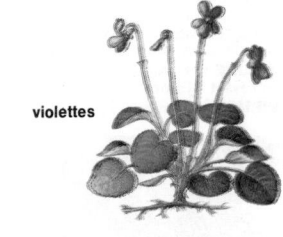

vipère

VIRGINITÉ n. f. (lat. *virginitas;* de *virgo,* vierge). État d'une personne vierge. ‖ Pureté, candeur.

VIRGULE n. f. (lat. *virgula*). Signe de ponctuation (petit trait un peu courbé vers la gauche) servant à séparer les divers membres d'une phrase ou la partie entière et la partie décimale d'un nombre. ● *Bacille virgule,* vibrion du choléra.

VIRGULER v. t. Marquer de virgules.

VIRIL, E adj. (lat. *virilis;* de *vir,* homme). Propre à l'homme, au sexe masculin. ‖ Énergique, ferme, résolu : *action virile; langage viril.* ● *Âge viril,* âge d'un homme fait.

VIRILEMENT adv. D'une manière virile.

VIRILISANT, E adj. *Méd.* Se dit d'une substance qui fait apparaître des caractères masculins.

VIRILISER v. t. Donner un caractère viril à.

VIRILISME n. m. *Méd.* Apparition de caractères masculins chez un sujet de sexe féminin.

VIRILITÉ n. f. Ce qui caractérise le sexe masculin. ‖ Vigueur sexuelle. ‖ Vigueur de caractère, énergie.

VIRILOCAL, E, AUX adj. *Anthropol.* Se dit du mode de résidence de jeunes époux qui doivent habiter dans le village des parents du mari.

VIROLAGE n. m. Action de viroler.

VIROLE n. f. (lat. *viriola*). Bague de métal qu'on met au bout de certains objets pour les empêcher de se fendre, de s'user, etc. ‖ Dans la frappe des monnaies, bague en acier dans laquelle se place le flan et qui porte en creux les dessins qui doivent être reproduits en relief sur la tranche. ‖ Bague de tôle entrant dans la construction des chaudières et des réservoirs.

VIROLER v. t. Munir d'une virole un manche d'outil. ‖ Introduire les flans, destinés à produire des monnaies, dans la virole.

VIROLOGIE n. f. Partie de la microbiologie qui étudie les virus.

VIROLOGIQUE adj. Relatif à la virologie.

VIROLOGISTE n. Spécialiste de virologie.

VIROSE n. f. Maladie due à un ou à plusieurs virus.

VIRTUALITÉ n. f. Qualité de ce qui est virtuel.

VIRTUEL, ELLE adj. (lat. *virtus,* force). Qui n'est pas réalisé, qui n'a pas d'effet actuel; potentiel, théorique. ● *Objet, image virtuelle* (Phys.), dont les points se trouvent sur le prolongement des rayons lumineux.

VIRTUELLEMENT adv. De façon virtuelle.

VIRTUOSE n. (it. *virtuoso*). Artiste qui résout les plus grandes difficultés techniques. ‖ Personne très habile dans une activité quelconque.

VIRTUOSITÉ n. f. Talent de virtuose; technique brillante.

VIRULENCE n. f. Caractère de ce qui est virulent.

VIRULENT, E adj. (lat. *virulentus;* de *virus,* poison). Se dit de qqn, d'un acte manifestant une âpreté violente. ‖ *Méd.* Dont le pouvoir de multiplication est maximal : *microbe virulent.*

VIRURE n. f. *Mar.* File de bordages s'étendant de l'avant à l'arrière d'un navire sur la carène.

VIRUS n. m. (mot lat., *poison*). Organisme de très petite taille, ne contenant qu'un seul acide nucléique et ne pouvant se développer qu'à l'intérieur d'une cellule vivante. ‖ Principe de contagion morale : *le virus de la danse.* ● *Virus filtrant,* germe pathogène qui peut traverser les filtres les plus fins et n'est perceptible qu'au microscope électronique.

virus cancérigène du singe vu au microscope électronique

VIS n. f. (lat. *vitis,* vrille de la vigne). Tige cylindrique, en général métallique, dont la surface porte une saillie hélicoïdale destinée à s'enfoncer en tournant. ● *Donner un tour de vis, serrer la vis,* adopter une attitude plus sévère. ‖ *Escalier à vis* ou *en vis,* escalier tournant autour d'un noyau ou présentant un limon hélicoïdal autour d'un vide central. ‖ *Vis d'Archimède,* hélice tournant autour de son axe dans une goulotte et assurant le déplacement de matériaux pâteux ou pulvérulents. ‖ *Vis mère,* sur un tour à fileter, vis de pas rigoureux qui assure le déplacement de translation en relation avec le mouvement de rotation de la pièce à fileter. ‖ *Vis Parker,* dénomination commerciale d'une vis d'assemblage conçue spécialement pour une utilisation sur les tôles minces. ‖ *Vis de pression,* vis servant à serrer un objet contre un autre. ‖ *Vis de rappel,* vis tournant entre deux points fixes et servant à amener ou à reculer un objet dont elle est solidaire. ‖ *Vis sans fin,* vis dont les filets agissent sur les dents d'une roue et lui impriment un mouvement de rotation dans un sens perpendiculaire à celui de la vis.

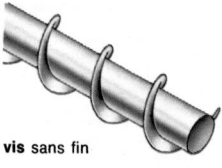

vis sans fin

VISA n. m. (mot. lat., *choses vues*). Sceau, signature ou paraphe apposés sur un document soit pour le valider, soit pour attester le paiement d'un droit. ‖ Cachet apposé sur un passeport et permettant l'entrée dans un pays.

VISAGE n. m. (anc. fr. *vis;* lat. *visus,* aspect). Face de l'homme, partie antérieure de la tête, figure. ‖ Personnage, personne : *mettre un nom sur un visage.* ‖ Aspect d'une chose : *le vrai visage de l'Afrique.* ● *À visage découvert,* franchement. ‖ *Changer de visage,* changer de couleur (rougir, pâlir).

VISAGISME n. m. (nom déposé). Ensemble des techniques pour mettre en valeur la beauté d'un visage.

VISAGISTE n. (nom déposé). Spécialiste du visagisme.

VIS-À-VIS [vizavi] loc. adv. (lat. *visus,* aspect). En face, à l'opposé : *nous étions placés vis-à-vis.* ◆ loc. prép. *Vis-à-vis de,* en face de; à l'égard de.

VIS-À-VIS n. m. inv. Personne, chose qui se trouve en face d'une autre. ‖ Petit canapé pour favoriser le tête-à-tête de deux personnes.

VISCACHE [viskaʃ] n. f. Rongeur d'Amérique

viscache

du Sud, voisin du chinchilla, recherché pour sa fourrure.

VISCÉRAL, E, AUX adj. Relatif aux viscères. ‖ Qui provient du plus profond de l'être, inconscient : *réaction, émotion, peur viscérale.* ● *Squelette viscéral,* squelette soutenant la bouche et les branchies, chez certains vertébrés.

VISCÉRALEMENT adv. De façon viscérale, profonde.

VISCÈRE n. m. (lat. *viscus, visceris*). Tout organe creux innervé par les systèmes ortho- et parasympathique, tel que le cœur, l'estomac, le foie, l'utérus; organe quelconque.

VISCOÉLASTICITÉ n. f. Caractère d'un solide à la fois élastique et visqueux.

VISCOÉLASTIQUE adj. Doué de viscoélasticité.

VISCOPLASTICITÉ n. f. Caractère d'un solide à la fois plastique et visqueux.

VISCOPLASTIQUE adj. Doué de viscoplasticité.

VISCORÉDUCTEUR n. m. Installation pour la viscoréduction.

VISCORÉDUCTION n. f. Procédé de raffinage qui abaisse la viscosité d'un fuel-oil lourd par un craquage modéré en l'absence de catalyseur.

VISCOSE n. f. Cellulose sodique employée pour la fabrication de la rayonne, de la fibranne et de la pellicule cellulosique.

VISCOSIMÈTRE n. m. Appareil industriel servant à mesurer la viscosité.

VISCOSITÉ n. f. (bas lat. *viscosus,* gluant). Caractère de ce qui est visqueux. ‖ Résistance d'un fluide à l'écoulement uniforme et sans turbulence. ‖ *Écon.* Lenteur d'adaptation des phénomènes économiques les uns aux autres. ● *Viscosité absolue* ou *dynamique,* résistance opposée par un fluide pour une vitesse de déformation donnée. ‖ *Viscosité cinématique,* quotient de la viscosité dynamique d'un fluide par sa masse volumique. ‖ *Viscosité mentale,* ralentissement des processus psychiques.

VISÉE n. f. Opération par laquelle on oriente le regard, une arme, un instrument d'optique en direction de qqch. ◆ pl. Ce que l'on cherche à atteindre; buts, desseins, intentions.

VISER v. t. et i. (lat. *visere,* voir). Pointer une arme, un appareil optique sur l'objectif. ◆ v. t. Chercher à atteindre, avoir en vue : *viser la magistrature.* ‖ Concerner qqn : *il se sent visé par ta remarque.* ◆ v. t. ind. [à]. Avoir en vue un objectif, un résultat : *viser à l'effet.*

VISER v. t. Marquer d'un visa.

VISEUR n. m. Dispositif optique servant à viser.

VISIBILITÉ n. f. Qualité, caractère de ce qui est visible, discernable. ‖ Possibilité de voir : *tournant sans visibilité.*

VISIBLE adj. (lat. *visibilis*; de *videre,* voir). Qui peut être vu : *un objet visible à l'œil nu.* ‖ *Fam.* Disposé à recevoir des visites. ‖ Concret, perceptible : *une preuve visible.* ‖ Évident, manifeste : *un plaisir visible.*

VISIBLE n. m. Ensemble du monde, des choses tels qu'ils se présentent à l'œil.

VISIBLEMENT adv. De façon visible, manifestement.

VISIÈRE n. f. (anc. fr. *vis,* visage). Pièce de casque qui se haussait et se baissait à volonté devant le visage. ‖ Partie d'une casquette, d'un képi, etc., qui protège le front et les yeux. ● *Rompre en visière* (Litt.), attaquer, contredire violemment, en face.

VISION n. f. (lat. *visio*). Perception par l'organe de la vue : *troubles de la vision.* (Syn. VUE.) ‖ Fait de voir ou de se représenter qqch : *la vision de l'avenir.* ‖ Perception imaginaire d'objets irréels, hallucination : *avoir des visions.* ‖ Apparition surnaturelle.

■ La vision comprend la distinction des objets (pouvoir séparateur), celle des couleurs, celle des distances et des reliefs (pour lesquels les deux yeux sont nécessaires [vision binoculaire]), la perception des mouvements. Elle peut s'adapter à des changements temporaires de distance, vision des objets proches ou éloignés (accommodation), vision en faible lumière (adaptation rétinienne).

VISIONNAIRE adj. et n. Qui a des visions, des révélations surnaturelles, des idées bizarres.

VISIONNER v. t. Voir à la visionneuse. ‖ Voir un film avant sa distribution publique.

VISIONNEUSE n. f. Appareil d'optique permettant d'examiner des clichés photographiques de petit format. ‖ Appareil servant à regarder les films pour en faire le montage.

VISITANDINE n. f. Religieuse de l'ordre de la Visitation Sainte-Marie.

VISITATION n. f. Fête catholique commémorant la rencontre de la Vierge Marie, mère de Jésus, et de sainte Élisabeth, mère de Jean-Baptiste; représentation de cette rencontre.

VISITE n. f. (de visiter). Action d'aller voir qqn chez lui : *faire une visite de politesse.* ‖ Action d'aller voir avec attention qqch : *la visite d'un musée.* ‖ Personne qui se rend chez une autre, visiteur : *avoir de la visite.* ‖ Tournée des médecins et des élèves dans un hôpital pour examiner et soigner les malades. ‖ Inspection d'un supérieur religieux aux lieux et aux personnes ressortissant à son autorité. ‖ Examen détaillé d'une nature quelconque : *faire la visite d'un navire.* ● *Droit de visite* (Dr.), droit reconnu à l'enfant mineur d'entretenir des rapports avec d'autres ascendants que ses père et mère ainsi qu'avec ses parents divorcés ou séparés; en temps de guerre, droit permettant à un belligérant de vérifier la nationalité d'un navire, ainsi que la nature de sa cargaison, la qualité de l'équipage et la direction du navire. ‖ *Rendre visite à qqn,* aller le voir. ‖ *Visite médicale,* ou *visite,* examen d'un patient par un médecin.

VISITER v. t. (lat. *visitare*). Aller voir par curiosité, par devoir professionnel ou social : *visiter un malade.* ‖ Parcourir en examinant : *visiter un pays.*

vison

VISITEUR, EUSE n. et adj. Personne qui est en visite, fait une visite. ‖ Personne chargée d'une inspection : *visiteurs de la douane.* ● *Visiteur médical,* délégué d'un laboratoire de spécialités pharmaceutiques auprès des médecins, auxquels il présente les produits fabriqués par celui-ci. ‖ *Visiteur de prison,* personne qui, en accord avec l'administration pénitentiaire, rend visite à des détenus.

VISNUISME [viʃnuism] n. m. Ensemble des doctrines et des pratiques religieuses relatives à Visnu.

VISON n. m. (lat. pop. *vissio,* puanteur). Mammifère carnassier de la taille d'un putois, très recherché pour sa fourrure. (On le trouve en Europe, en Asie et en Amérique.)

VISONNIÈRE n. f. Établissement d'élevage des visons.

VISQUEUX, EUSE adj. (lat. *viscum,* glu de gui). De consistance pâteuse, ni liquide ni solide, gras, gluant : *une peau visqueuse.* ‖ Qui possède une viscosité élevée. ‖ Se dit de qqch, de qqn qui suscite la répulsion.

VISSAGE n. m. Action de visser.

VISSER v. t. Fixer avec des vis. ‖ Serrer, en le faisant tourner, un élément muni d'un pas de vis : *visser le couvercle d'un bocal.* ‖ *Fam.* Surveiller étroitement, traiter sévèrement.

VISSERIE n. f. Ensemble des articles tels que vis, écrous, boulons; usine où on les fabrique.

VISUALISATION n. f. Mise en évidence, d'une façon matérielle, de l'action et des effets d'un phénomène. ‖ *Inform.* Présentation sur un écran, sous forme graphique ou alphanumérique, des résultats d'un traitement d'informations.

VISUALISER v. t. Rendre visible.

VISUEL, ELLE adj. (bas lat. *visualis;* de *videre,* voir). Qui a rapport à la vue. ● *Mémoire visuelle,* mémoire de ce qu'on voit. ‖ *Rayon visuel,* ligne droite allant de l'objet à l'œil de l'observateur.

VISUEL n. m. *Inform.* Syn. de CONSOLE DE VISUALISATION; dispositif d'affichage ou de tracé sur l'écran d'une telle console.

Saint Dominique. **Vitrail** de Georges Braque dans la chapelle Saint-Dominique à Varengeville-sur-Mer (Seine-Maritime). V. 1954.

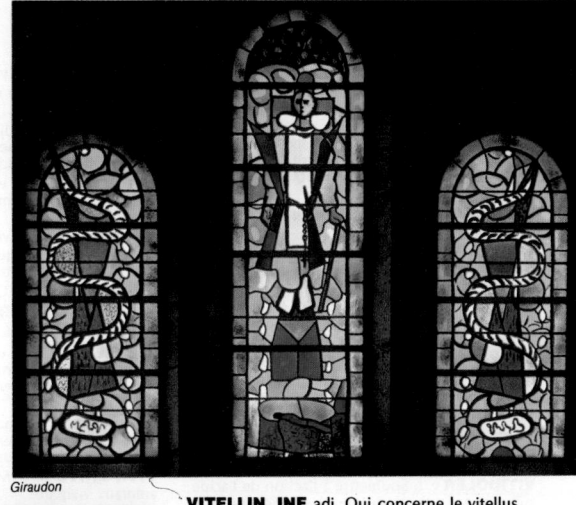

détail d'un des **vitraux** de la chapelle Saint-Jean à la cathédrale de Rouen. Ateliers rouennais, début du XIIIᵉ s.

Giraudon

Lauros-Giraudon

VISUELLEMENT adv. De façon visuelle.

VITAL, E, AUX adj. (lat. *vita,* vie). Qui appartient à la vie, essentiel à la vie : *les fonctions vitales.* ‖ Fondamental, nécessaire à l'action ou à la conservation : *question vitale.* ● *Centre vital,* centre urbain dont les activités sont essentielles pour un pays, une région. ‖ *Minimum vital,* revenu minimal nécessaire à la subsistance et à l'entretien d'une personne, d'une famille. ‖ *Principe vital,* entité non matérielle postulée par certains biologistes pour expliquer la vie.

VITALISME n. m. Doctrine biologique qui attribue aux phénomènes vitaux des lois particulières issues d'un principe vital.

VITALISTE adj. et n. Qui appartient au vitalisme; partisan du vitalisme.

VITALITÉ n. f. Intensité de la vie, de l'énergie de qqn, de qqch, dynamisme : *doué d'une grande vitalité; vitalité d'une entreprise.* ‖ Aptitude à vivre, à durer longtemps : *la vitalité d'un régime politique.*

VITAMINE n. f. (lat. *vita,* vie, et *amine*). Substance organique indispensable en infime quantité à la croissance et au bon fonctionnement de l'organisme, qui ne peut en effectuer lui-même la synthèse.
■ On connaît de nombreuses vitamines : vitamines A, B1, B2, B6, B12, C, D, E, K, P, PP, etc. Leur absence ou leur insuffisance entraîne des troubles graves (maladies par carence ou avitaminoses).

VITAMINÉ, E adj. Qui contient une ou plusieurs vitamines.

VITAMINIQUE adj. Relatif aux vitamines.

VITAMINOTHÉRAPIE n. f. Emploi des vitamines à des fins thérapeutiques.

VITE adv. Avec vitesse, rapidement : *parler vite.* ‖ En peu de temps, sous peu : *il a vite fait de finir.* ● *Faire vite,* se hâter. ◆ adj. *Litt.* Qui se meut avec rapidité : *les coureurs les plus vites.*

VITELLIN, INE adj. Qui concerne le vitellus.

VITELLUS [vitɛllys] n. m. (mot lat., *jaune d'œuf*). Biol. Ensemble des substances de réserve contenues dans l'ovule des animaux.

VITELOTTE [vitlɔt] n. f. (lat. *vectis,* pilon). Variété de pomme de terre rouge, longue et très estimée.

VITESSE n. f. Qualité d'une personne ou d'une chose qui se déplace, agit beaucoup en peu de temps, rapidité à agir, promptitude. ‖ Distance parcourue pendant l'unité de temps. ‖ Chacune des combinaisons d'engrenages d'une boîte de vitesses. ‖ *Sports.* En athlétisme et en cyclisme notamment, course disputée sur une courte distance. ● *Vecteur vitesse,* vecteur qui, dans le mouvement d'un point mobile, définit à un instant donné la rapidité du déplacement et sa direction. ‖ *Vitesse angulaire,* rapport de l'angle balayé par un axe, une droite tournant autour d'un point au temps mis à le balayer. ‖ *Vitesse de croisière,* moyenne horaire qu'un véhicule est capable de soutenir sur un assez long parcours. ‖ *Vitesse initiale,* vitesse dont un projectile est animé à l'origine de sa trajectoire. (Abrév. : V_o.) ‖ *Vitesse limite,* valeur vers laquelle tend la vitesse d'un corps qui se déplace dans un milieu résistant sous l'action d'une force constante. ‖ *Vitesse moyenne,* rapport du chemin parcouru au temps employé à le parcourir. ‖ *Vitesse pratique de tir,* nombre maximal de coups pouvant être tirés en une minute par une arme à feu, compte tenu des arrêts imposés par son service.

VITICOLE [vitikɔl] adj. (lat. *vitis,* vigne, et *colere,* cultiver). Relatif à la culture de la vigne.

VITICULTEUR, TRICE n. Personne qui cultive la vigne.

VITICULTURE n. f. Culture de la vigne.

VITILIGO n. m. (mot du bas lat., *tache blanche*). Méd. Disparition, par plaques limitées, de la pigmentation de la peau.

VITRAGE n. m. Action de vitrer. ‖ Vitre, châssis ou ensemble de châssis garnis de vitres. ‖ Rideau droit se fixant au vantail de la fenêtre.

VITRAIL n. m. (pl. *vitraux*). Composition décorative translucide, formée de pièces de verre colorées maintenues par un réseau de plomb (lui-même soutenu par des tiges métalliques liées au remplage ou au châssis de la fenêtre) ou par un ciment.

VITRAIN n. m. Constituant macroscopique du charbon, ayant l'aspect d'un verre noir.

VITRE n. f. (lat. *vitrum*). Chacune des plaques de verre dont on garnit les châssis laissant passer la lumière, fixes ou mobiles, qui participent à la fermeture d'une baie.

VITRÉ, E adj. Garni de vitres. ● *Humeur vitrée,* substance transparente et gélatineuse qui remplit le globe de l'œil, en arrière du cristallin.

VITRER v. t. Garnir de vitres ou de vitrages.

VITRERIE n. f. Fabrication, pose ou commerce des vitres; marchandise du vitrier. ‖ Ensemble de vitraux, de vitrages.

VITREUX, EUSE adj. Qui a l'aspect brillant et homogène du verre, sans être nécessairement transparent. ‖ Se dit de l'œil, du regard qui ne brille plus. ‖ *Géol.* Qui contient du verre. ‖ *Minér.* Se dit de la texture de certaines roches éruptives constituées par du verre. ‖ *Phys.* Se dit des solides homogènes à structure non cristalline.

VITRIER n. m. Personne qui fabrique, vend ou pose les vitres.

VITRIFIABLE adj. Qui peut être vitrifié.

VITRIFICATION n. f. Action de vitrifier.

VITRIFIER v. t. Rendre vitreux par fusion; transformer en verre. ‖ Revêtir une surface d'une matière plastique protectrice et transparente.

VITRINE n. f. Devanture vitrée de boutique. ‖ Armoire, table munie d'un châssis vitré, afin de laisser voir les objets qui y sont placés.

VITRIOL n. m. (bas lat. *vitriolum*; de *vitrum*, verre). Nom donné par les anciens chimistes aux sulfates. ● *Huile de vitriol*, ou *vitriol*, anc. nom de l'ACIDE SULFURIQUE CONCENTRÉ.

VITRIOLER v. t. Soumettre à l'action de l'acide sulfurique. ‖ Lancer du vitriol sur qqn pour le défigurer.

VITRIOLEUR, EUSE n. Personne qui lance du vitriol sur qqn.

VITROCÉRAMIQUE n. f. Produit céramique obtenu par des techniques verrières et constitué de microcristaux dispersés dans une phase vitreuse.

VITULAIRE adj. (lat. *vitulus*, veau). *Vétér.* Se dit d'une fièvre puerpérale des vaches.

VITUPÉRATION n. f. Action de vitupérer.

VITUPÉRER v. t. ou t. ind. [**contre**] (lat. *vituperare*) [conj. 5]. *Litt.* Blâmer vivement qqn, désapprouver par des discours véhéments.

VIVABLE adj. *Fam.* Où l'on peut vivre, que l'on peut supporter; avec qui l'on peut vivre.

VIVACE adj. (lat. *vivax*). Qui peut vivre longtemps. ‖ Qui dure, tenace, indestructible : *les préjugés sont vivaces.* ● *Plantes vivaces*, celles qui vivent plusieurs années et qui fructifient plusieurs fois dans leur existence (arbres, herbes rhizomateuses, etc.).

VIVACE [vivatʃe] adj. inv. ou adv. (mot it.). *Mus.* Vif, rapide, animé : *allegro vivace.*

VIVACITÉ n. f. Qualité d'une personne qui a de la vie, de l'entrain. ‖ Promptitude à concevoir, à comprendre : *vivacité d'esprit.* ‖ Disposition à se mettre en colère; colère : *manifester de la vivacité.* ‖ Qualité de ce qui est vif, intense : *vivacité des couleurs, des sentiments.*

VIVANDIER, ÈRE n. (anc. fr. *vivendier*, hospitalier). *Hist.* Personne qui vendait aux soldats des vivres, des boissons (XVIIe-XIXe s.).

VIVANT, E adj. Qui est en vie, qui est organisé pour vivre : *les êtres vivants.* ‖ Qui a de l'animation, du mouvement : *quartier vivant.* ‖ Animé d'une sorte de vie : *témoignage, portrait vivant.* ‖ Dont l'action demeure efficace : *influence encore vivante de qqn.*

VIVANT n. m. Celui qui vit. ‖ Ce qui vit. ● *Bon vivant*, homme d'humeur gaie et facile. ‖ *Du vivant de qqn*, pendant sa vie.

VIVARIUM [vivarjɔm] n. m. (mot lat.). Établissement aménagé en vue de la conservation de petits animaux vivants dans un milieu artificiel proche de leur habitat particulier.

VIVAT [viva ou -vat] n. m. (mot lat., *qu'il vive!*). Acclamation qui indique l'enthousiasme.

VIVE n. f. (lat. *vipera*, vipère). Poisson vivant dans la mer ou enfoncé dans le sable des plages, comestible, mais redouté pour ses épines venimeuses. (Long. : 20 à 50 cm.)

VIVE! interj. (de *vivre*). Sert pour acclamer. (Avant un nom pluriel, on écrit *vive les vacances!* ou *vivent les vacances!*)

VIVE-EAU n. f. (pl. *vives-eaux*). Forte marée de nouvelle lune ou de pleine lune.

VIVEMENT adv. Avec vivacité, ardeur : *marcher vivement.* ‖ Profondément, beaucoup : *vivement touché.* ◆ interj. Indique qu'on désire qqch rapidement : *vivement les vacances!*

VIVERRIDÉ n. m. Petit mammifère carnassier tel que la *civette*, la *mangouste*. (Les *viverridés* forment une famille.)

VIVEUR, EUSE adj. et n. Se dit d'une personne qui mène une vie dissipée et ne songe qu'aux plaisirs. (Surtout au masculin.)

VIVIDITÉ n. f. (lat. *vividus*, vif). *Psychol.* Force avec laquelle les images s'imposent à notre esprit.

VIVIER n. m. (lat. *vivarium*; de *vivus*, vivant). Pièce d'eau dans laquelle on conserve du poisson vivant, des crustacés.

VIVIFIANT, E adj. Qui vivifie : *air vivifiant.*

VIVIFICATEUR, TRICE adj. Qui vivifie.

VIVIFICATION n. f. Action de vivifier.

VIVIFIER v. t. (lat. *vivificare*; de *vivus*, vivant, et *facere*, faire). Donner de la vie, de la santé, de la vigueur, tonifier.

VIVIPARE adj. et n. (lat. *vivus*, vivant, et *parere*, mettre au monde). Se dit d'un animal dont les petits naissent déjà développés et sans enveloppe (par oppos. à OVIPARE).

VIVIPARITÉ n. f. Mode de reproduction des animaux vivipares.

VIVISECTION n. f. Opération pratiquée à titre d'expérience sur un animal vivant.

VIVOIR n. m. Au Canada, salle de séjour, living-room.

VIVOTER v. i. *Fam.* Vivre petitement; aller au ralenti : *le petit commerce vivote.*

VIVRE v. i. (lat. *vivere*) [conj. 57]. Être en vie : *il respire la joie de vivre.* ‖ Habiter : *vivre à la campagne.* ‖ Avoir tel genre de vie, telle conduite, tel train de vie : *vivre seul; vivre largement.* ‖ Durer : *faire vivre une idée.* ‖ Avoir, se procurer les moyens de se nourrir, de subsister : *faire vivre ses parents.* ● *Apprendre à vivre à qqn*, lui donner une bonne leçon. ‖ *Facile à vivre*, d'un caractère accommodant. ‖ *Ne pas vivre*, être dévoré d'inquiétude. ‖ *Savoir vivre*, avoir le sens de ce qu'il faut faire. ‖ *Vivre au jour le jour*, vivre sans s'inquiéter de l'avenir. ‖ *Vivre de*, entretenir son existence au moyen de : *vivre de son travail.* Par oppos., faire le but de sa vie de. ◆ v. t. Éprouver intensément : *vivre de bons moments.* ‖ *Vivre sa vie*, suivre ses aspirations, jouir de l'existence.

VIVRÉ, E adj. *Hérald.* Se dit d'une pièce dont les bords sont en dents de scie.

VIVRES n. m. pl. Aliments, tout ce qui sert à nourrir : *s'approvisionner en vivres.*

VIVRIER, ÈRE adj. Se dit des cultures qui fournissent des produits alimentaires destinés principalement à la population locale.

VIZIR n. m. (mot turc). *Hist.* Dans les pays islamiques, chef suprême de l'Administration. ● *Grand vizir*, Premier ministre dans l'Empire ottoman.

VIZIRAT n. m. Dignité, fonction de vizir.

VLAN! ou **V'LAN!** [vlɑ̃] interj. Exprime un coup, un bruit violent.

VOCABLE n. m. (lat. *vocabulum*). Mot, terme dénommant un objet, une notion. ‖ *Liturg.* Nom du saint sous le patronage duquel une église est placée.

VOCABULAIRE n. m. Ensemble des mots, ayant une valeur de dénomination, qui appartiennent à une langue, à une science, à un art, à un milieu social, à un auteur, etc. ‖ Dictionnaire abrégé limité à l'essentiel.

vive

VOCAL, E, AUX adj. (lat. *vocalis*; de *vox, vocis*, voix). Relatif à la voix : *les cordes vocales.* ● *Musique vocale*, musique destinée à être chantée (par oppos. à MUSIQUE INSTRUMENTALE).

VOCALEMENT adv. Au moyen de la voix.

VOCALIQUE adj. Relatif aux voyelles.

VOCALISATEUR, TRICE n. Personne qui vocalise, qui sait vocaliser.

VOCALISATION n. f. Action de vocaliser.

VOCALISE n. f. Manière ou action de vocaliser; dans une œuvre chantée, formule mélodique amplificatrice, écrite ou improvisée, sur une syllabe, et rattachée à l'art du *bel canto.*

VOCALISER v. i. (de *vocal*). Faire des exercices de chant, sans nommer les notes ni prononcer les paroles, sur une ou plusieurs syllabes. ◆ v. t. *Phon.* Changer une consonne en voyelle.

VOCALISME n. m. Système des voyelles d'une langue.

VOCATIF n. m. *Ling.* Forme prise par les noms ou pronoms quand ils servent à l'interpellation.

VOCATION n. f. (lat. *vocatio*; de *vocare*, appeler). Destination naturelle de qqn, d'un groupe. ‖ Penchant, aptitude spéciale pour un genre de vie, une profession, inclination, goût : *vocation du théâtre.* ‖ *Théol.* Appel au sacerdoce ou à la vie religieuse. ● *Avoir vocation à, pour* (Dr.), être qualifié pour.

VOCÉRATRICE [vɔtʃeratritʃe] n. f. (mot corse). Femme qui, en Corse, chante un *vocero.*

VOCERO [vɔtʃero] n. m. (mot corse) [pl. *voceri*]. Chant funèbre improvisé du folklore corse.

VOCIFÉRATEUR, TRICE n. Personne qui a l'habitude de vociférer.

VOCIFÉRATION n. f. Parole dite en criant et avec colère.

VOCIFÉRER v. i. ou t. ind. [**contre**] (lat. *vociferare*) [conj. 5]. Parler en criant et avec colère : *vociférer contre qqn.* ◆ v. t. Proférer en criant : *vociférer des injures.*

VOCODEUR n. m. (angl. *voice coder*). *Inform.* Organe d'analyse des sons, permettant la synthèse de réponses vocales dans un système informatique.

VODKA [vɔdka] n. f. (mot russe). Eau-de-vie de grain (blé, seigle).

VŒU n. m. (lat. *votum*). Promesse faite à la divinité, engagement religieux : *faire vœu d'aller en pèlerinage; vœu de pauvreté.* ‖ Promesse faite à soi-même : *faire vœu de ne plus boire.* ‖ Volonté, intention : *le vœu de la nation.* ‖ Résolution d'ordre politique adoptée par une assemblée à pouvoirs exclusivement administratifs. ‖ Souhait, désir ardent de voir se réaliser qqch : *former des vœux pour qqn.* ● *Vœu pieux*, souhait, intention qui n'a aucune chance de se réaliser. ◆ pl. Souhaits adressés à qqn : *présenter ses vœux le 1er janvier.* ● *Vœux de religion* ou *vœux monastiques*, engagement temporel ou perpétuel dans l'état religieux.

VOGOULE n. m. et adj. Langue finno-ougrienne, parlée à l'est de l'Oural.

VOGUE n. f. (de *voguer*). Célébrité, faveur dont bénéficie qqn, qqch. ● *En vogue*, à la mode.

VOGUER v. i. (anc. fr. *wogon*, balancer). *Litt.* Être poussé sur l'eau à force de rames ou de voiles, naviguer. ● *Vogue la galère!* (Litt.), advienne que pourra!

VOICI prép. et adv. (de *vois* et *ci*). Désigne, de deux ou plusieurs objets, celui qui est le plus près ou présent, ou annonce ce que l'on va dire.

VOIE n. f. (lat. *via*). Route, chemin par où l'on va d'un lieu à un autre : *voie privée, publique.* ‖ Moyen de transport, de communication : *arriver par la voie des airs.* ‖ Moyen dont on se sert : *la voie de la persuasion.* ‖ Direction de la vie, ligne de conduite : *tracer la voie; des voies détournées.* ‖ Intermédiaire utilisé pour atteindre un but : *par la voie hiérarchique.* ‖ Double ligne de rails parallèles, fixés à des traverses placées transversalement sur le ballast, servant à la circulation des trains. ‖ Distance entre les roues d'un même essieu d'un véhicule. ‖ Galerie de mine. ‖ *Anat.* Trajet que suivent dans certains appareils de l'organisme les liquides, gaz ou influx nerveux. ‖ *Vén.* Chemin parcouru par le gibier. ● *En bonne voie*, en train de réussir. ‖ *En voie de*, sur la voie de : *il est en voie de réussir.* ‖ *La voie est libre*, on peut agir librement. ‖ *Mettre qqn sur la voie*, lui donner les indications pour le but qu'il se propose, le diriger pour qu'il trouve ce qu'il cherche. ‖ *Par voie de conséquence*, en conséquence. ‖ *Voie de bois* (Techn.), unité de volume valant environ 2 stères. ‖ *Voie de communication,* toute installation permettant la circulation des personnes et des objets sur terre, sur l'eau et dans les airs. ‖ *Voie de desserte,* voie permettant l'accès direct à un bâtiment. ‖ *Voies de droit* (Dr.), moyen légal dont on dispose pour se faire rendre justice. ‖ *Voie d'eau,* ouverture, déchirure par laquelle l'eau envahit l'intérieur d'un navire. ‖ *Voies d'exécution,* procédures grâce auxquelles un particulier peut obtenir la mise à exécution des actes ou des jugements lui reconnaissant des droits. ‖ *Voie de fait,* violence volontaire commise à l'égard de qqn; acte de l'Administration d'une gravité particulière, portant atteinte aux droits individuels (liberté, propriété). ‖ *Voie humide,* emploi de solvants liquides dans une opération chimique. ‖ *Voies et moyens,* partie de la loi de finances précisant les moyens par lesquels seront couvertes les dépenses du budget. ‖ *Voie de la liberté,* itinéraire suivi, en 1944, d'Avranches au sud de Paris, puis à Metz, par les blindés de Patton. ‖ *Voie publique,* route, chemin, rue, ouverts à la circulation et appartenant au domaine public. ‖ *Voies de recours,* moyens dont dispose le plaideur pour bénéficier d'un nouvel examen de la cause ou d'une partie de celle-ci. ‖ *Voie sacrée,* voie processionnelle qui reliait Athènes à Éleusis; voie qui, en Grèce, menait à un grand sanctuaire; à Rome, voie triomphale qui, à travers le Forum, conduisait au Capitole; nom donné en 1916 à la route de Bar-le-Duc à Verdun par Souilly (75 km), seule voie utilisable pour alimenter la défense de Verdun. ‖ *Voie d'une scie,* inclinaison de ses dents alternativement à droite et à gauche. ‖ *Voie sèche,* opération chimique conduite par chauffage, sans emploi de solvant. ‖ *Voies du Seigneur,* ses desseins impénétrables aux hommes.

voie
d'une automobile

VOÏÉVODE ou **VOÏVODE** n. m. (serbo-croate *voï,* armée, et *voda,* qui conduit). Dans les pays balkaniques et en Pologne, haut dignitaire civil ou militaire.

VOÏÉVODIE ou **VOÏVODIE** n. f. Division administrative en Pologne.

VOILÀ prép. et adv. (de *vois* et *là*). Indique ce que l'on vient de dire, ou désigne, de deux objets, celui qui est le plus éloigné. (Dans la langue courante, il remplace aussi *voici*.) ‖ Il y a : *voilà huit jours qu'il est parti.* ● *En voici, en voilà,* indique une grande quantité. ‖ *En voilà assez!,* cela suffit! ‖ *Nous voilà bien!,* indique qu'on est dans une situation désagréable.

VOILAGE n. m. Grand rideau de voile. ‖ Garniture d'étoffe transparente placée sur un vêtement.

VOILE n. m. (lat. *velum*). Étoffe destinée à couvrir ou à protéger. ‖ Pièce de toile, de dentelle, de soie, etc., servant à couvrir le visage ou la tête des femmes, dans certaines circonstances. ‖ *Ce qui cache,* empêche de voir : *un voile de nuages; sous le voile de l'anonymat.* ‖ Tissu léger et fin. ‖ Trouble, souvent dû à une fermentation, se produisant sur un liquide. ‖ Syn. de VOILEMENT. ‖ *Bot.* Enveloppe qui entoure le jeune champignon et qui se déchire ensuite. ‖ *Constr.* Coque mince en béton armé. ‖ *Phot.* Obscurcissement accidentel d'un cliché par excès de lumière. ‖ *Text.* Assemblage léger de fibres textiles obtenu à la sortie de la carde. ● *Mettre un voile, jeter un voile, cacher.* ‖ *Prendre le voile,* pour une femme, entrer en religion. ‖ *Voile noir,* perte momentanée de la vision chez les aviateurs soumis à de fortes accélérations. ‖ *Voile du palais,* membrane qui sépare les fosses nasales de la bouche. ‖ *Voile au poumon* (Méd.), diminution homogène de la transparence d'une partie d'un poumon, visible à la radioscopie.

VOILIER (TROIS-MÂTS BARQUE)

1. Clinfoc ; 2. Grand foc ; 3. Faux foc ; 4. Petit foc ; 5. Misaine ; 6. Petit hunier fixe ; 7. Petit hunier volant ; 8. Petit perroquet fixe ; 9. Petit perroquet volant ; 10. Grand-voile d'étai avant ; 11. Voile d'étai de hune avant ; 12. Voile d'étai de grand perroquet avant ; 13. Grand-voile avant ; 14. Grand hunier fixe avant ; 15. Grand hunier volant avant ; 16. Grand perroquet fixe avant ; 17. Grand perroquet volant avant ; 18. Diablotin (étai de largue) ; 19. Voile d'étai de flèche ; 20. Brigantine ; 21. Flèche.

VOILE n. f. (lat. *velum*). Assemblage de pièces de toile ou d'autres tissus, cousues ensemble pour former une surface capable de recevoir l'action du vent et de servir à la propulsion d'un navire. ‖ *Le bateau lui-même : signaler une voile à l'horizon.* ‖ Pratique sportive du bateau à voile : *une école de voile.* ● *Avoir du vent dans les voiles* (Fam.). ‖ *Faire voile,* naviguer. ‖ *Mettre à la voile,* appareiller. ‖ *Mettre les voiles* (Pop.), s'en aller. ‖ *Voile au tiers,* voile quadrangulaire soutenue par une vergue qui porte sur le mât vers son premier tiers.

VOILÉ, E adj. Gauchi, courbé, déformé : *planche, roue voilée.* ‖ Recouvert d'un voile. ‖ Qui porte un voile. ‖ Obscur, dissimulé : *parler en termes voilés.* ● *Voix voilée,* voix dont le timbre n'est pas pur.

VOILEMENT n. m. Déformation d'une pièce de grande surface et de faible épaisseur sous l'action d'un effort trop grand. (Syn. VOILE.)

VOILER v. t. Couvrir d'un voile. ‖ Fausser, gauchir : *voiler une roue de bicyclette.* ‖ *Litt.* Cacher, dissimuler : *voiler sa désapprobation; larmes qui voilent le regard.* ‖ *Phot.* Provoquer un voile sur une surface sensible. ● **se voiler** v. pr. Être affecté d'un voilement; être légèrement tordu. ● *Se voiler la face,* se cacher le visage par honte ou pour ne rien voir.

VOILERIE n. f. Atelier où l'on fabrique, répare ou conserve les voiles des bateaux.

VOILETTE n. f. Petit voile transparent, posé en garniture au bord d'un chapeau et recouvrant le visage en partie ou en totalité.

VOILIER n. m. Bateau propulsé par la force du vent. ‖ Ouvrier qui fait ou répare les voiles de navire. ‖ Oiseau dont le vol est très étendu.

VOILURE n. f. Ensemble des voiles d'un navire ou d'un de ses mâts. ‖ Ensemble de la surface portante d'un avion, d'un parachute. ‖ *Mécan.* Courbure d'une planche, d'une feuille de métal, qui se voile. ● *Centre de voilure,* point central de la poussée du vent dans la voilure. ‖ *Voilure tournante,* surface en rotation permettant l'envol et la descente verticaux des giravions.

VOIR v. t. (lat. *videre*) [conj. **36**]. Percevoir par les yeux : *je l'ai vu de mes propres yeux.* ‖ Être témoin, spectateur de qqch, assister à : *la génération qui a vu la guerre.* ‖ Examiner, regarder avec attention : *voyez ce tableau.* ‖ Rendre visite; rencontrer, fréquenter, avoir des rapports avec qqn : *voir ses amis.* ‖ Consulter : *voir son*

médecin, un avocat. ‖ Constater, remarquer : *je vais voir s'il est rentré.* ‖ Parcourir, visiter : *voir du pays.* ● Examiner, étudier, réfléchir à qqch : *voir les choses de près.* ‖ Imaginer, avoir de l'esprit, comprendre, concevoir : *je ne vois pas ce qu'il faut faire; je l'ai vu en rêve; je vous vois très bien médecin.* ‖ Juger, décider : *je connais votre façon de voir.* ● *Aller se faire voir* (Pop.), aller au diable. ‖ *N'avoir rien à voir,* n'avoir pas de relation, de rapport avec. ‖ *En faire voir à qqn,* lui causer des ennuis. ‖ *En voir,* supporter des malheurs. ‖ *Faire voir,* montrer. ‖ *Laisser voir,* montrer, ne pas dissimuler. ‖ *Pour voir,* pour essayer. ‖ *Se faire voir,* se montrer en public. ‖ *Voir d'un bon, d'un mauvais œil,* avoir des dispositions favorables ou défavorables; être content ou mécontent. ‖ *Voir le jour,* exister; être publié. ‖ *Voir loin, voir de loin,* avoir de la perspicacité, prévoir. ‖ *Voir venir,* deviner les intentions de qqn; attendre avant d'agir. ‖ *Voyons,* formule d'exhortation, d'encouragement, etc. : *voyons, parlez franchement.* ● v. t. ind. [à]. Veiller à, faire en sorte que. ● **se voir** v. pr. Se fréquenter. ‖ Être apparent, visible. ‖ Arriver, se produire : *cela se voit tous les jours.*

VOIRE adv. (lat. *vera,* choses vraies). Sert à renchérir; et aussi, et même : *Mazarin était habile, voire* (ou *voire même*) *retors.*

VOIRIE n. f. Ensemble des voies de communication, routières, ferroviaires, aériennes, privées ou fluviales, publiques ou privées. ‖ Ensemble des règles administratives qui les concernent. ‖ Lieu où l'on dépose les immondices, les débris d'animaux, etc.

VOISÉ, E adj. *Phon.* Se dit d'un phonème dont la réalisation est caractérisée par le voisement.

VOISEMENT n. m. Vibration des cordes vocales dans la réalisation d'un phonème.

VOISIN, E adj. et n. (lat. *vicinus*). Qui demeure auprès; qui occupe la place la plus proche : *il est mon voisin.* ● adj. Situé à faible distance de qqn, qqch : *de la chambre voisine on entend tout.* ‖ Rapproché dans le temps : *voisin de la cinquantaine.* ‖ Qui a de l'analogie, de la ressemblance avec : *son projet est voisin du mien.*

VOISINAGE n. m. Proximité dans le temps ou l'espace : *le voisinage de ces gens est insupportable.* ‖ Lieux qui se trouvent à proximité de qqch : *il demeure dans le voisinage.* ‖ Ensemble des voisins : *être détesté du voisinage.*

VOISINER v. i. Être voisin de : *sur sa table, les livres voisinaient avec un reste de repas.*

VOITURAGE n. m. Transport en voiture.

VOITURE n. f. (lat. *vectura*, transport). Véhicule servant au transport des personnes et des choses. ‖ Syn. de AUTOMOBILE. ‖ *Ch. de f.* Véhicule servant au transport des voyageurs.

VOITURE-BAR n. f. (pl. *voitures-bars*). Voiture de chemin de fer aménagée en bar.

VOITURÉE n. f. Contenu d'une voiture.

VOITURE-LIT n. f. (pl. *voitures-lits*). Syn. de WAGON-LIT.

VOITURER v. t. Transporter par voiture.

VOITURE-RESTAURANT n. f. (pl. *voitures-restaurants*). Syn. de WAGON-RESTAURANT.

VOITURETTE n. f. Petite voiture.

VOITURIER n. m. Conducteur de véhicule hippomobile (vx). ‖ *Dr.* Nom donné, dans le contrat de transport, au transporteur.

VOÏVODE n. m., **VOÏVODIE** n. f. → VOÏÉVODE, VOÏÉVODIE.

VOIX n. f. (lat. *vox, vocis*). Ensemble des sons émis par l'être humain; organe de la parole, du chant : *voix harmonieuse; voix de ténor.* ‖ Conseil, avertissement, appel venu de qqn ou du plus intime d'une personne : *écouter la voix d'un ami, la voix du sang.* ‖ Possibilité d'exprimer son opinion : *avoir voix consultative.* ‖ Expression de l'opinion d'un électeur, suffrage, vote : *donner sa voix à tel candidat; perdre des voix.* ‖ *Ling.* Forme que prend le verbe suivant que l'action est faite ou subie par le sujet (*voix active, passive, pronominale*). ‖ *Mus.* Partie vocale ou instrumentale d'une composition. ● *Donner de la voix*, crier, en parlant des chiens de chasse; parler très fort. ‖ *Sans voix*, sans parler, muet.

‖ Les voix humaines se répartissent en deux catégories : les *voix d'homme*, qui sont les plus graves, et les *voix de femme*, dont le registre est plus élevé d'une octave. Parmi les voix d'homme, on distingue le *ténor* (registre supérieur) et la *basse* (registre inférieur); parmi les voix de femme, le *soprano* et le *contralto*. Soprano et ténor, contralto et basse forment le quatuor vocal. Les voix de *baryton, taille, basse-taille, haute-contre, ténor léger* et *mezzo-soprano* sont caractérisées par des registres mixtes. Chacune de ces catégories de voix comprend une tessiture de treize à quatorze notes.

basse   baryton   ténor

ténor léger   contralto   mezzo-soprano   soprano

ÉTENDUE DES VOIX

VOL n. m. (de *voler* v. i.). Déplacement actif dans l'air de divers animaux (oiseaux, chauves-souris, insectes) au moyen de surfaces latérales battantes (ailes). ‖ Espace qu'un oiseau peut parcourir en volant sans se reposer. ‖ Groupe d'oiseaux qui volent ensemble. ‖ Déplacement dans l'air d'un engin d'aviation ou dans l'espace d'un engin spatial. (On dit *vol plané* quand l'avion descend moteur arrêté, *vol à voile* pour désigner le mode de déplacement d'un planeur par l'utilisation des courants aériens.) ‖ Mouvement rapide d'un lieu dans un autre : *le vol des flèches.* ● *Au vol*, en l'air : *arrêter une balle au vol;* en courant vite : *prendre l'autobus au vol.* ‖ *De haut vol*, de grande envergure : *un escroc de haut vol.* ‖ *Vol libre*, sport pratiqué avec une aile* libre.

■ Les oiseaux se déplacent selon diverses espèces de vols : 1º le *vol ramé*, dans lequel les ailes, par de rapides battements, prennent appui sur l'air à la manière des rames d'un bateau dans l'eau; 2º le *vol plané*, dans lequel l'oiseau, les ailes grandes ouvertes et immobiles, glisse sur l'air en perdant peu à peu de sa hauteur; 3º le *vol à voile*, dans lequel l'oiseau, tout en semblant planer, peut s'élever et conserver sa hauteur sans faire d'effort, en utilisant simplement la puissance du vent et ses courants ascendants.

VOL n. m. (de *voler* v. t.). Délit commis contre la propriété privée par celui qui prend indûment ce qui ne lui appartient pas : *commettre un vol.* ‖ Produit du vol. ‖ Le fait de prendre à autrui plus qu'il ne doit, de faire des bénéfices trop importants.

VOLAGE adj. (lat. *volaticus*, qui vole). Dont les sentiments changent souvent, peu fidèle en amour.

VOLAILLE n. f. (lat. *volatilia*, oiseaux). Oiseau élevé dans une basse-cour. ‖ Ensemble des oiseaux d'une basse-cour.

VOLAILLER ou **VOLAILLEUR** n. m. Marchand ou éleveur de volaille.

VOLANT, E adj. Qui a la faculté de s'élever, de se déplacer facilement dans l'air : *poisson volant.* ‖ Qui se déplace facilement : *brigade volante.* ● *Feuille volante*, feuille qui n'est pas reliée, qui n'est attachée à aucune autre. ‖ *Pont volant*, pont qui se monte et se déplace à volonté.

VOLANT n. m. Morceau de liège, etc., garni de plumes, qu'on lance avec une raquette; jeu auquel on se livre avec cet objet. ‖ Organe de manœuvre d'un mécanisme. ‖ Dispositif en forme de roue servant à orienter les roues directrices d'une automobile : *un as du volant.* ‖ Bande de tissu froncée sur un côté et servant de garniture dans l'habillement et l'ameublement. ‖ *Mécan.* Organe tournant d'une machine, constitué par un solide ayant un grand moment d'inertie par rapport à son axe et destiné à en régulariser la marche. ● *Volant de sécurité*, réserve assurant la bonne marche d'une opération commerciale; ce qui sert à régulariser un processus. ‖ *Volant magnétique*, volant qui, dans certains moteurs à explosion légers, sert à produire le courant d'allumage.

VOLANT n. m. Dans l'aviation, membre du personnel navigant. (Contr. RAMPANT.)

VOLAPÜK n. m. (angl. *world*, univers, et *puk*, altér. de [to] *speak*, parler). Langue internationale artificielle inventée en 1880 par l'Allemand Johann Martin Schleyer.

VOLATIL, E adj. (lat. *volatilis*, léger). Qui se transforme aisément en vapeur. ● *Mémoire volatile* (Inform.), mémoire dont le contenu disparaît lorsque la tension s'annule.

VOLATILE n. m. Oiseau, en particulier oiseau de basse-cour.

VOLATILISABLE adj. Qui peut se volatiliser.

VOLATILISATION n. f. Action de volatiliser.

VOLATILISER v. t. Rendre volatil, transformer en vapeur : *volatiliser du soufre.* ‖ Faire disparaître et, en particulier, voler, subtiliser : *volatiliser un portefeuille.* ◆ se **volatiliser** v. pr. Disparaître.

VOLATILITÉ n. f. Qualité de ce qui est volatil.

VOL-AU-VENT n. m. inv. (de *voler au vent*). Moule de pâte feuilletée, garni de viande ou de poisson, avec quenelles, champignons, etc., le tout lié par une sauce.

VOLCAN n. m. (it. *vulcano*; de *Vulcain*, dieu du Feu). Relief résultant de l'émission en surface de produits de haute température, issus de l'intérieur de la Terre, qui montent par une fissure de l'écorce (*cheminée*) et sortent par une ouverture de forme généralement circulaire (*cratère*). ‖ *Litt.* Personne d'une nature ardente, impétueuse. ● *Être sur un volcan*, être dans une situation dangereuse.

VOLCANIQUE adj. Relatif aux volcans. ‖ *Litt.* Ardent, impétueux. ● *Roches volcaniques* (Géol.), roches éruptives qui se forment en surface par refroidissement brutal, au contact de l'air ou de l'eau, du magma qui s'épanche d'un volcan.

VOLCANISER v. t. Rendre volcanique.

VOLCANISME n. m. Ensemble des manifestations volcaniques.

VOLCANOLOGIE ou **VULCANOLOGIE** n. f. Étude des volcans et des phénomènes volcaniques.

VOLCANOLOGIQUE ou **VULCANOLOGIQUE** adj. Relatif à la volcanologie.

VOLCANOLOGUE ou **VULCANOLOGUE** n. Spécialiste de volcanologie. (On a dit aussi VOLCANOLOGISTE ou VULCANOLOGISTE.)

VOLE n. f. Coup qui consiste à faire toutes les levées aux cartes.

VOLÉ, E adj. *Chorégr.* Se dit de pas sautés commencés sur les deux pieds et achevés sur un seul.

VOLÉ, E adj. et n. Victime d'un vol.

VOLÉE n. f. Action de voler, envol, essor. ‖ Distance qu'un oiseau parcourt en volant, sans se poser : *une hirondelle traverse la Méditerranée d'une seule volée.* ‖ Bande d'oiseaux qui volent ensemble : *volée de moineaux.* ‖ Suite de coups nombreux et consécutifs : *recevoir une volée.* ‖ Son d'une cloche mise en branle : *sonner à toute volée.* ‖ Partie d'escalier entre deux repos ou paliers consécutifs. (Un escalier est caractérisé par la forme et le nombre des volées qui lui servent à franchir la hauteur d'un étage.) ‖ Pièce transversale de chaque côté du timon, pour atteler les chevaux. ‖ Pièce d'une grue supportant et servant à l'extrémité la poulie recevant le câble. ‖ *Arm.* Partie d'un canon entre la bouche et la partie frettée portant les tourillons. ‖ *Sports.* Frappe d'une balle avant qu'elle ait touché terre. ● *À la volée*, très promptement : *saisir une allusion à la volée;* se dit d'un pas de danse commencé à partir d'une jambe en l'air. (Ces pas sont alors « de volée » : entrechats de volée, brisés de volée en tournant.) ‖ *Arrêt de volée*, au rugby, prise du ballon provenant de l'adversaire, en gardant les pieds au sol et en criant « marque » pour indiquer l'intention d'arrêter le jeu. ‖ *De haute volée*, de haut rang, de grande envergure.

VOLER v. i. (lat. *volare*). Se mouvoir, se maintenir en l'air au moyen d'ailes. ‖ Se déplacer en engin d'aviation ou en engin spatial. ‖ En parlant

VOLCAN : TYPES D'ÉRUPTIONS

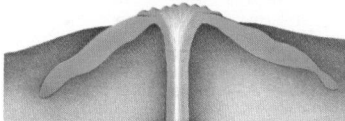

hawaiien

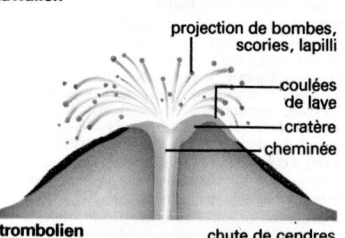

projection de bombes, scories, lapilli

coulées de lave

cratère

cheminée

strombolien

chute de cendres ponces, blocs

cône de débris

vulcanien

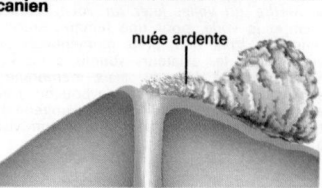

nuée ardente

péléen

d'un objet, être projeté dans l'air à grande vitesse. ‖ Aller très vite : *voler chez un ami pour annoncer la nouvelle.* ● *Voler en éclats,* être détruit, pulvérisé. ◆ v. t. Chasser, poursuivre, en parlant des oiseaux de proie.

VOLER v. t. (lat. *volare*). Commettre un vol; dépouiller qqn par un vol. ● *Ne l'avoir pas volé* (Fam.), mériter ce qui nous arrive.

VOLERIE n. f. Chasse qui se faisait avec les oiseaux de proie.

VOLET n. m. Panneau de bois ou de tôle pour clore une baie de fenêtre ou de porte. ‖ Partie plane d'un objet pouvant se rabattre sur celle à laquelle elle tient : *volet d'un permis de conduire.* ‖ Partie d'un ensemble : *les volets d'un plan gouvernemental.* ‖ *Aéron.* Partie d'une aile ou d'une gouverne pouvant être braquée par rotation pour en modifier les caractéristiques aérodynamiques. ● *Trier sur le volet,* choisir avec soin entre plusieurs personnes, plusieurs choses.

VOLETER v. i. (conj. 4). Voler à petites distances.

VOLEUR, EUSE adj. et n. Se dit d'une personne qui a volé ou qui vole habituellement.

VOLIÈRE n. f. Grande cage dans laquelle on élève des oiseaux.

VOLIGE n. f. (de *voler*). *Constr.* Planche mince utilisée dans les couvertures et les cloisons.

VOLIGEAGE [-ʒaʒ] n. m. Action de voliger; ouvrage en voliges, généralement espacées les unes des autres.

VOLIGER v. t. (conj. 1). Garnir de voliges.

VOLIS [vɔli] n. m. (anc. fr. *volaïz*, abattu par le vent). Cime d'un arbre qui a été rompue et enlevée par le vent.

VOLITIF, IVE adj. Relatif à la volonté.

VOLITION n. f. (lat. *volo*, je veux). Acte par lequel la volonté se détermine à qqch.

VOLLEY-BALL [vɔlɛbol] ou **VOLLEY** [vɔlɛ] n. m. (mot angl.). Sport qui se dispute entre deux équipes de six joueurs se renvoyant par-dessus un filet un ballon léger sans qu'il touche le sol.

VOLLEYEUR, EUSE [vɔlɛjœr, øz] n. Joueur, joueuse de volley-ball. ‖ Spécialiste de la volée, au tennis.

VOLONTAIRE adj. (lat. *voluntarius*). Qui se fait sans contrainte et de pure volonté : *acte volontaire.* ‖ Qui manifeste une volonté ferme : *regard volontaire.*

VOLONTAIRE n. Celui qui sert dans une armée, qui remplit une mission sans y être obligé.

VOLONTAIREMENT adv. De sa propre volonté. ‖ Avec intention, exprès.

VOLONTARIAT n. m. Service accompli par un engagé volontaire dans une armée.

VOLONTARISME n. m. Attitude de celui qui pense pouvoir modifier l'avenir par la seule volonté. ‖ *Philos.* Doctrine ou thèse qui pose la volonté comme fondement de l'être et valorise l'action par rapport à la connaissance.

VOLONTARISTE adj. et n. Qui appartient au volontarisme.

VOLONTÉ n. f. (lat. *voluntas*). Faculté de se déterminer à certains actes et de les accomplir. ‖ Énergie, fermeté avec laquelle on exerce cette faculté : *avoir de la volonté; volonté inflexible.* ● *À volonté,* autant qu'on veut, comme on veut : *vin à volonté.* ‖ *Bonne, mauvaise volonté,* intention réelle de bien, de mal faire. ‖ *Volonté générale* (Philos.), chez Rousseau, expression par tous les citoyens des choix du gouvernement en vue du bien commun. ‖ *Volonté de puissance* (Philos.), selon Nietzsche, volonté d'un surplus de puissance propre à un type d'hommes forts qui affirment la vie. ◆ pl. Caprices, fantaisies opiniâtres : *enfant qui fait toutes ses volontés.* ● *Dernières volontés,* intentions, désirs formels manifestés avant de mourir. ‖ *Faire ses quatre volontés* (Fam.), faire tout ce qui plaît.

VOLONTIERS adv. (lat. *volontarius*, volontaire). De bon gré, avec plaisir.

VOLT n. m. (du physicien *Volta*). *Électr.* Unité

de mesure de force électromotrice et de différence de potentiel ou tension (symb. : V), équivalant à la différence de potentiel qui existe entre deux points d'un conducteur parcouru par un courant constant de 1 ampère, lorsque la puissance dissipée entre ces points est égale à 1 watt. ● *Volt par mètre,* unité de mesure d'intensité de champ électrique (symb. : V/m), équivalant à l'intensité d'un champ électrique exerçant une force de 1 newton sur un corps chargé d'une quantité d'électricité de 1 coulomb.

VOLTAGE n. m. Syn. fam. de TENSION ÉLECTRIQUE.

VOLTAÏQUE [vɔltaik] adj. *Électr.* Se dit de la pile de Volta et de l'électricité développée par les piles.

VOLTAÏQUE adj. De la Haute-Volta.

VOLTAIRE n. m. Fauteuil rembourré et à bois apparent, à dossier haut et un peu incliné. (On dit aussi FAUTEUIL VOLTAIRE.)

VOLTAIRIANISME n. m. Philosophie de Voltaire; incrédulité et hostilité à l'influence de l'Église.

VOLTAIRIEN, ENNE adj. et n. Qui concerne Voltaire, sa philosophie; qui en est partisan.

VOLTAMÈTRE n. m. *Électr.* Tout appareil où se produit une électrolyse.

VOLTAMPÈRE n. m. Nom spécial du watt utilisé pour la mesure de la puissance apparente de courant électrique alternatif (symb. : VA).

VOLTE n. f. (it. *volta*, tour). *Équit.* Mouvement en rond, que l'on fait faire à un cheval.

VOLTE-FACE n. f. inv. (it. *volta faccia*, tourne face). Action de se retourner du côté opposé à celui qu'on regardait. ‖ Changement subit d'opinion, de manière d'agir, revirement.

VOLTER v. i. *Équit.* Exécuter une volte.

VOLTIGE n. f. Corde lâche sur laquelle les bateleurs font des tours. ‖ Exercices au trapèze volant. ‖ Exercice d'équitation qui consiste à sauter de diverses manières sur un cheval en marche ou arrêté. ‖ Ensemble des manœuvres inhabituelles dans le pilotage ordinaire d'un avion, et qui font l'objet d'un apprentissage particulier. ‖ Entreprise risquée ou malhonnête.

VOLTIGEMENT n. m. Mouvement de ce qui voltige.

VOLTIGER v. i. (it. *volteggiare*; de *volta*, tour) [conj. 1]. Voler çà et là. ‖ Flotter au gré du vent.

VOLTIGEUR n. m. Acrobate qui fait des voltiges. ‖ Soldat de certaines unités d'élite d'infanterie légère (XIXe s.). ‖ Fantassin chargé de mener le combat. (On dit aussi *grenadier-voltigeur*.)

VOLTMÈTRE n. m. *Électr.* Appareil qui sert à mesurer une différence de potentiel en volts.

VOLUBILE adj. (lat. *volubilis*, qui tourne aisément). Qui parle avec abondance et rapidité. ‖ *Bot.* Se dit des tiges qui s'enroulent en spirale autour des corps voisins.

VOLUBILIS [vɔlybilis] n. m. Autre nom du LISERON, appliqué surtout aux espèces ornementales à fleurs colorées.

VOLUBILITÉ n. f. Facilité et rapidité de la parole.

VOLUCELLE n. f. (lat. *volucer*, qui vole).

Mouche à aspect de bourdon, qui se pose sur les fleurs. (Long. 1 cm.)

VOLUCOMPTEUR n. m. (nom déposé). Appareil de mesure installé sur un distributeur de fluide pour indiquer le débit et le prix du produit distribué.

VOLUME n. m. (lat. *volumen*, rouleau). Livre relié ou broché. ‖ Chacune des parties séparées d'un même ouvrage. ‖ Grosseur d'un objet; cet objet lui-même en tant qu'il occupe une portion de l'espace. ‖ Mesure de l'espace à trois dimensions occupé par un corps. ‖ Masse d'eau que débite un fleuve, une fontaine, etc. ‖ Force, ampleur, intensité des sons; étendue de la voix. ‖ *Hist.* Chez les Anciens, manuscrit enroulé autour d'un bâton. ● *Faire du volume,* être encombrant.

V. ill. page suivante

VOLUMÉTRIE n. f. Mesure des volumes.

VOLUMÉTRIQUE adj. Relatif à la volumétrie.

VOLUMINEUX, EUSE adj. De grand volume.

VOLUMIQUE adj. Se dit du quotient d'une grandeur par le volume correspondant.

VOLUPTÉ n. f. (lat. *voluptas*). Plaisir des sens, plaisir sexuel. ‖ Plaisir, satisfaction intense d'ordre moral ou intellectuel.

VOLUPTUEUSEMENT adv. Avec volupté.

VOLUPTUEUX, EUSE adj. et n. Qui aime, recherche la volupté. ‖ Qui inspire ou exprime le plaisir.

VOLUTE n. f. (it. *voluta*). Ce qui est en forme de spirale. ‖ *Archit.* Enroulement en spirale formant les angles du chapiteau ionique.

VOLVAIRE n. f. Champignon à lames et à volve, sans anneau, comestible, mais pouvant être confondu avec certaines amanites. (Classe des basidiomycètes; famille des agaricacées.)

VOLVE n. f. (lat. *vulva*). *Bot.* Membrane épaisse qui entoure complètement le chapeau et le pied de certains champignons à l'état jeune (volvaires, amanites), et qui se déchire irrégulièrement quand le pied s'allonge.

VOLVOCALE n. f. Algue d'eau douce, unicellulaire ou formée de peu de cellules munies chacune de deux flagelles, telle que *volvox, chlamydomonas,* etc. (Les volvocales forment un ordre ou, pour certains auteurs, une sous-classe.)

VOLVOX [vɔlvɔks] n. m. (mot lat.). Protozoaire d'eau douce, dont les cellules, possédant de la chlorophylle et deux flagelles, peuvent former des colonies sphériques de 1 mm de diamètre.

VOLVULUS [vɔlvylys] n. m. *Méd.* Torsion d'un organe creux autour d'un point fixe.

VOMER [vɔmɛr] n. m. (mot lat., *soc de charrue*). *Anat.* Os qui forme la partie supérieure de la cloison des fosses nasales.

VOMI n. m. Vomissement; matières vomies.

VOMIQUE adj. (lat. *vomere*, vomir). *Noix vomique,* graine du vomiquier, contenant de la strychnine.

VOMIQUE n. f. (lat. *vomica*, abcès). Rejet, par expectoration, d'une collection purulente du poumon passée par effraction dans les bronches.

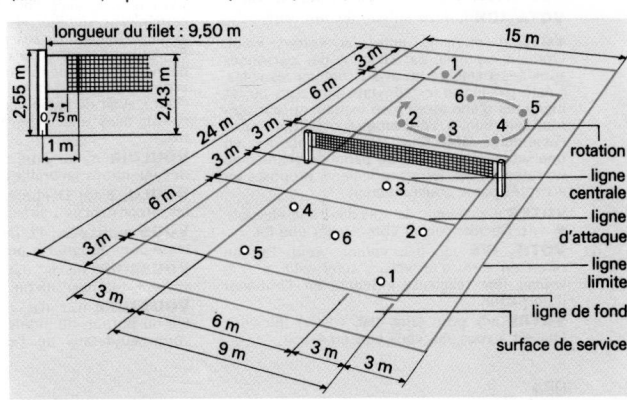

plan et mesures d'un terrain de **volley-ball** avec la disposition des joueurs

longueur du filet : 9,50 m

2,55 m · 0,75 m · 1 m · 2,43 m

15 m · 3 m · 6 m · 24 m · 3 m · 6 m · 3 m · 9 m · 3 m

rotation
ligne centrale
ligne d'attaque
ligne limite
ligne de fond
surface de service

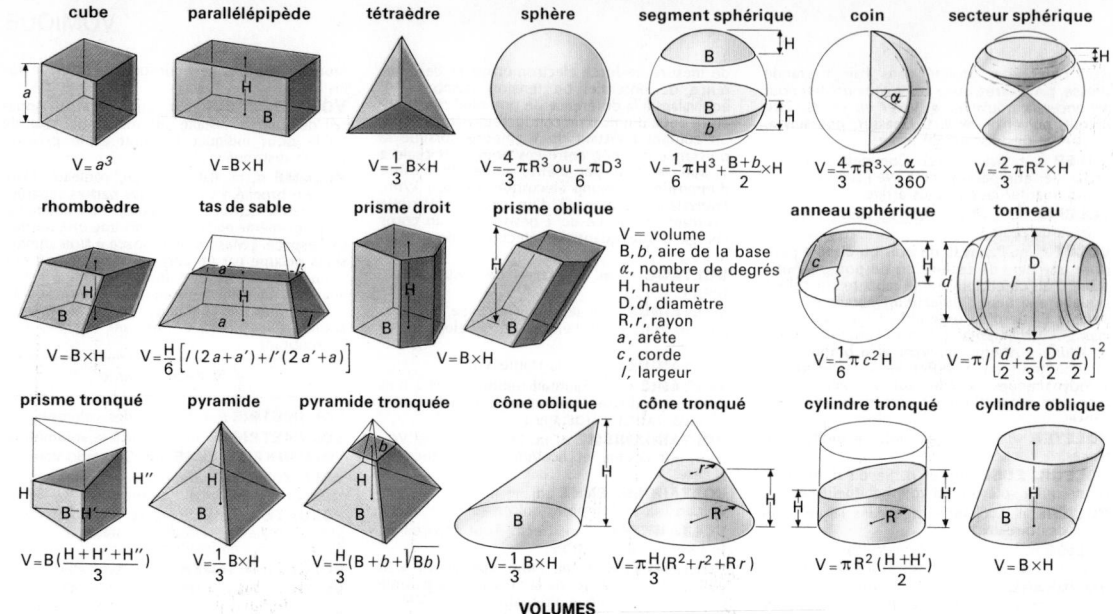

cube	parallélépipède	tétraèdre	sphère	segment sphérique	coin	secteur sphérique

$V = a^3$ | $V = B \times H$ | $V = \frac{1}{3} B \times H$ | $V = \frac{4}{3} \pi R^3$ ou $\frac{1}{6} \pi D^3$ | $V = \frac{1}{6} \pi H^3 + \frac{B+b}{2} \times H$ | $V = \frac{4}{3} \pi R^3 \times \frac{\alpha}{360}$ | $V = \frac{2}{3} \pi R^2 \times H$

rhomboèdre | tas de sable | prisme droit | prisme oblique | anneau sphérique | tonneau

$V = B \times H$ | $V = \frac{H}{6} \left[l(2a + a') + l'(2a' + a) \right]$ | $V = B \times H$

V = volume
B, b, aire de la base
α, nombre de degrés
H, hauteur
D, d, diamètre
R, r, rayon
a, arête
c, corde
l, largeur

$V = \frac{1}{6} \pi c^2 H$ | $V = \pi l \left[\frac{d}{2} + \frac{2}{3} \left(\frac{D}{2} - \frac{d}{2} \right) \right]^2$

prisme tronqué | pyramide | pyramide tronquée | cône oblique | cône tronqué | cylindre tronqué | cylindre oblique

$V = B \left(\frac{H + H' + H''}{3} \right)$ | $V = \frac{1}{3} B \times H$ | $V = \frac{H}{3} (B + b + \sqrt{Bb})$ | $V = \frac{1}{3} B \times H$ | $V = \pi \frac{H}{3} (R^2 + r^2 + Rr)$ | $V = \pi R^2 \left(\frac{H + H'}{2} \right)$ | $V = B \times H$

VOLUMES

VOMIQUIER n. m. Arbre de l'Asie tropicale, dont la graine est la noix vomique.

VOMIR v. t. (lat. *vomere*). Rejeter par la bouche ce qui était dans l'estomac : *vomir son déjeuner.* ‖ Litt. Lancer violemment au-dehors : *les canons vomissent le feu et la mort.* ‖ Litt. Proférer avec violence : *vomir des injures.* ● *Être à vomir,* être dégoûtant (au physique ou au moral).

VOMISSEMENT n. m. Action de vomir; matières vomies.

VOMISSURE n. f. Matières vomies.

VOMITIF, IVE adj. et n. Se dit d'un médicament qui fait vomir.

VOMITOIRE n. m. (lat. *vomitorium*). Dans les amphithéâtres romains, issue par laquelle s'écoulait la foule.

VORACE adj. (lat. *vorax*). Qui dévore, qui mange avec avidité. ‖ Qui exige une grande quantité de nourriture : *un appétit vorace.*

VORACEMENT adv. De façon vorace.

VORACITÉ n. f. Avidité à manger : *la voracité des loups.* ‖ Avidité extrême.

VORTEX [vɔrtɛks] n. m. (mot lat.). Tourbillon creux qui peut prendre naissance dans un fluide en écoulement. ‖ Ensemble de nuages enroulés en spirale.

VORTICELLE n. f. (lat. *vortex*, tourbillon). Protozoaire cilié d'eau douce, vivant fixé par un pédoncule contractile.

VOS adj. poss. Pl. de VOTRE.

VOSGIEN, ENNE [voʒjɛ̃, ɛn] adj. et n. Des Vosges.

VOTANT, E n. Qui vote; qui a le droit de voter.

VOTATION n. f. En Suisse, syn. de VOTE.

VOTE n. m. (angl. *vote*; lat. *votum*, *vœu*). Opinion exprimée par chacune des personnes appelées à émettre un avis : *compter les votes.* ‖ Acte par lequel les citoyens d'un pays ou les membres d'une assemblée expriment leur opinion, élection. ● *Vote bloqué,* celui par lequel l'assemblée saisie d'un texte se prononce, en une seule fois, sur tout ou partie de celui-ci, en ne retenant que les amendements proposés ou acceptés par le gouvernement.

VOTER v. i. Donner sa voix dans une élection. ◆ v. t. Décider par un vote : *voter une loi.*

VOTIF, IVE adj. (lat. *votum*, *vœu*). Fait ou offert en vertu d'un vœu : *autel votif.* ● *Fête votive,* fête religieuse célébrée en l'honneur d'un patron.

VOTRE adj. poss. sing. (lat. *voster*) [pl. *vos*]. Qui est à vous, qui vous concerne.

VÔTRE pron. poss. (lat. *vester*) [précédé de *le, la, les*]. Ce qui est à vous : *mon père et le vôtre.* ◆ adj. poss. Litt. (toujours attribut). Qui est à vous : *considérez ma maison comme vôtre.* ◆ n. m. pl. Vos parents, vos amis, etc.

VOUCHER [vuʃɛr] n. m. (mot angl.). Bon émis par une agence de voyages, une société de location de voitures, etc., donnant droit à certains services.

VOUER v. t. (lat. *votum*, *vœu*). Promettre, engager d'une manière particulière : *l'amitié que je lui ai vouée.* ‖ Destiner : *entreprise qui est vouée à l'échec.* ‖ Relig. Consacrer, par un vœu, à Dieu, à un saint. ◆ **se vouer** v. pr. Se consacrer. ● *Ne savoir à quel saint se vouer,* ne savoir à qui recourir.

VOUGE n. m. (bas lat. *vidubium*, serpe; mot gaul.). Du XIIIᵉ au XVIᵉ s., arme d'hast faite d'une lame tranchante et asymétrique. ‖ Croissant pour émonder les arbres.

VOULOIR v. t. (lat. pop. *volere*) [conj. 33]. Avoir l'intention de faire une chose : *partez si vous voulez.* ‖ Demander, exiger avec autorité : *je veux mon argent.* ‖ Désirer, souhaiter, tendre vers : *vous aurez tout ce que vous voudrez.* ‖ Attendre qqch de qqn : *que veut-il de moi?; vouloir tant de sa maison.* ‖ En parlant des choses, pouvoir, se prêter à : *ce bois ne veut pas brûler.* ● *Que veux-tu!, que voulez-vous!,* expriment la résignation. ‖ *Sans le vouloir,* involontairement, par mégarde. ‖ *Savoir ce que parler veut dire,* comprendre le sens caché de certaines paroles. ‖ *Vouloir bien,* consentir, accepter. ‖ *Vouloir du bien, du mal à qqn,* avoir de bonnes, de mauvaises intentions à son égard. ‖ *Vouloir dire,* avoir l'intention de dire; avoir un certain sens, signifier. ◆ v. t. ind. [de]. Accepter, agréer : *je ne veux pas de vos excuses.* ◆ v. i. *En vouloir à qqn,* avoir contre lui un sentiment de malveillance, de rancune. ‖ *En vouloir à qqch,* avoir des visées sur cette chose. ‖ *En vouloir* (Fam.), avoir de l'ambition, être très désireux de réussir dans une tâche exigeant de la combativité.

VOULOIR n. m. *Bon, mauvais vouloir* (Litt.), des intentions favorables, défavorables.

VOULU, E adj. Délibéré, volontaire. ‖ Exigé par les circonstances : *arriver au moment voulu.*

VOUS pron. pers. Pl. de TU. ‖ Forme de politesse pour désigner la personne à qui l'on parle.

VOUSSOIR n. m. (lat. pop. *volsorium;* de *volvere,* tourner). Archit. Syn. de CLAVEAU.

VOUSSURE n. f. (lat. *volutus,* enroulé). Montée ou portion de montée d'une voûte. ‖ Petite voûte au-dessus de l'embrasure d'une baie.

(Une de ses variétés s'appelle *arrière-voussure.*) ‖ Adoucissement du pourtour d'un plafond.

VOÛTAIN n. m. Portion de voûte délimitée par des arêtes ou par des nervures.

VOÛTE n. f. (lat. pop. *volvita;* de *volvere,* tourner). Ouvrage de maçonnerie cintré couvrant un espace entre des appuis et formé traditionnellement, en général, d'un assemblage de claveaux ou de voussoirs qui s'appuient les uns sur les autres. ‖ Géogr. Dans le relief jurassien, bombement correspondant au sommet d'un anticlinal. ‖ Industr. Partie supérieure d'un four à réverbère, qui est disposée en forme de coupole. ‖ Mar. Partie arrière de la coque d'un navire, située au-dessus du gouvernail. ● *Voûte azurée, étoilée* (Poét.), le ciel. ‖ *Voûte du crâne* (Anat.), partie supérieure de la boîte osseuse du crâne. ‖ *Voûte du palais* ou *palatine,* cloison qui forme la paroi supérieure de la bouche et la paroi inférieure des cavités nasales. ‖ *Voûte plantaire,* portion cintrée, concave, de la plante du pied normal, qui ne repose pas sur le sol. (Son affaissement constitue le *pied plat.*)

VOÛTÉ, E adj. Couvert d'une voûte : *une salle voûtée.* ‖ Courbé : *avoir le dos voûté.*

VOÛTER v. t. Couvrir d'une voûte : *voûter un souterrain.* ◆ **se voûter** v. pr. Se courber.

VOUVOIEMENT n. m. Action de vouvoyer.

VOUVOYER v. t. (conj. 2). S'adresser à qqn en utilisant le pronom *vous* par politesse (et non le pronom *tu*).

VOUVRAY n. m. Vin blanc récolté dans la région de Vouvray.

VOX POPULI n. f. (mots lat., *voix du peuple*). Litt. Opinion du plus grand nombre.

VOYAGE n. m. (lat. *viaticum,* argent pour le voyage). Fait de se déplacer hors de sa région ou de son pays. ‖ Allée et venue d'un lieu dans un autre pour transporter qqch. ‖ Fam. État hallucinatoire provoqué par l'usage d'une drogue. ● *Les gens du voyage,* les artistes du cirque.

VOYAGER v. i. (conj. 1). Aller dans un pays plus ou moins éloigné; se déplacer. ‖ Faire un trajet : *voyager en seconde classe.*

VOYAGEUR, EUSE n. Personne qui voyage, qui a l'habitude de voyager. ● *Commis voyageur,* ou *voyageur de commerce,* personne qui voyage pour une maison de commerce.

VOYANCE n. f. Don de ceux qui prétendent lire dans le passé et prédire l'avenir.

VOYANT, E adj. et n. Qui jouit de la vue. ◆ adj. Qui attire l'œil : *couleur voyante.*

VOYANT, E n. Personne qui fait métier du don de voyance.

VOYANT n. m. Appareil, dispositif matérialisant qqch pour le rendre perceptible par la vue. ‖ Disque ou ampoule électrique d'avertissement de divers appareils de contrôle, de tableaux de sonnerie, etc. ‖ *Mar.* Partie caractéristique d'un signal maritime; sphère surmontant les mâts des bateaux-feux. ‖ *Topogr.* Plaque de deux couleurs, mobile sur la tige d'une mire de nivellement.

VOYELLE n. f. (lat. *vocalis;* de *vox,* voix). Son du langage produit par la vibration du larynx avec le concours de la bouche plus ou moins ouverte; lettre représentant ce son. (L'alphabet français a six voyelles, qui sont : *a, e, i, o, u, y.*)

VOYER adj. m. (lat. *vicarius*). Agent voyer, anc. appellation de l'INGÉNIEUR DU SERVICE VICINAL.

VOYEUR n. m. Personne attirée par une curiosité plus ou moins malsaine. ‖ Personne atteinte de voyeurisme.

VOYEURISME n. m. *Psychiatr.* Déviation sexuelle dans laquelle le plaisir est obtenu par la vision dérobée de scènes érotiques.

VOYOU n. m. (de *voie*). Individu sans scrupule ni moralité. ‖ Enfant mal élevé, garnement.

VRAC n. m. (néerl. *wrac,* mauvais). Marchandise, telle que le charbon, les minerais, etc., qui ne demande pas d'arrimage et qui n'est pas emballée. ● *En vrac,* pêle-mêle ou sans emballage; en désordre.

VRAI, E adj. (lat. *verus*). Conforme à la vérité,

VOÛTES

berceau

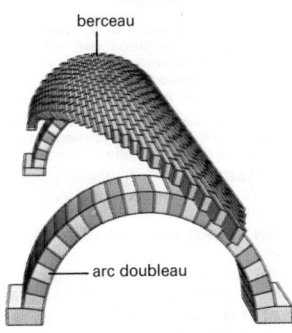

arc doubleau

en berceau

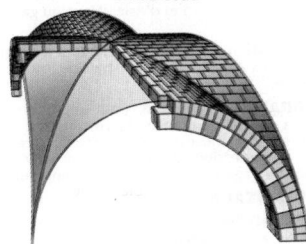

d'arête en plein cintre

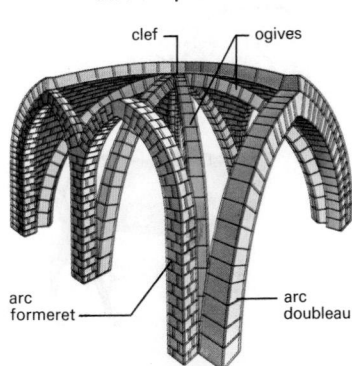

clef — ogives

arc formeret — arc doubleau

d'ogives (sexpartite)

à la réalité : *rien n'est vrai dans ce qu'il dit.* ‖ Qui est réellement ce qu'il paraît être : *un vrai diamant.* ‖ Convenable, conforme à ce qu'il doit être : *voilà sa vraie place.*

VRAI n. m. La vérité : *distinguer le vrai du faux.* ● *À vrai dire,* à *dire vrai, au vrai,* pour parler sans déguisement. ‖ *Pour de vrai* (Fam.), pour de bon.

VRAIMENT adv. Véritablement : *une vie vraiment extraordinaire.* ‖ Souligne une affirmation, une question : *vraiment, il exagère.*

VRAISEMBLABLE adj. et n. m. Qui a l'aspect de la vérité, qu'on est en droit d'estimer vrai.

VRAISEMBLABLEMENT adv. Probablement; sans doute, selon la vraisemblance.

VRAISEMBLANCE n. f. Qualité de ce qui a l'apparence de la vérité.

VRAQUIER n. m. Navire transportant des produits en vrac.

VRAQUIER-PÉTROLIER n. m. (pl. *vraquiers-pétroliers*). Navire-citerne pouvant charger indifféremment des cargaisons pulvérulentes en vrac et des hydrocarbures liquides.

VRENELI n. m. En Suisse, pièce d'or de vingt francs.

VRILLAGE n. m. Défaut des matières textiles dans lesquelles la torsion des fils a été poussée trop loin. ‖ *Aéron.* Torsion donnée aux pales d'une hélice ou à une aile.

VRILLE n. f. (lat. *viticula,* vrille de la vigne). Organe porté par certaines plantes (vigne, pois) et qui s'enroule autour des supports. ‖ Outil à percer le bois, constitué par une tige métallique usinée à son extrémité en forme de vis à bois à pas ·variable et se terminant par une pointe aiguë. ‖ Défaut d'un fil qui se tortille sur lui-même. ‖ *Aéron.* Figure de voltige aérienne dans laquelle le nez de l'avion suit sensiblement une verticale, tandis que l'extrémité des ailes décrit une hélice en descente assez rapide.

VRILLÉ, E adj. Enroulé, tordu comme une vrille : *ficelle vrillée.* ‖ *Bot.* Muni de vrilles.

VRILLER v. t. Percer avec une vrille : *vriller une planche.* ◆ v. i. S'élever, se mouvoir en décrivant une hélice. ‖ Se tordre en se rétrécissant : *corde qui vrille.*

VRILLETTE n. f. Coléoptère dont la larve creuse des galeries dans le bois. (Syn. ANOBIE.)

VROMBIR v. i. (onomat.). Produire un ronflement vibrant, caractéristique de certains objets en rotation rapide.

VROMBISSEMENT n. m. Bruit de ce qui vrombit.

V. R. P. n. m. Abrév. de VOYAGEUR, REPRÉSENTANT, PLACIER.

VS prép. → VERSUS.

V. T. O. L., abrév. des mots angl. VERTICAL TAKE OFF AND LANDING, et désignant tous les aéronefs à décollage vertical. (En- fr. A.D.A.V., avion à décollage et atterrissage verticaux.)

VU, E adj. (de *voir*). *Bien vu, mal vu,* bien, mal considéré. ● *C'est tout vu,* inutile d'examiner plus longtemps.

VU prép. Eu égard à : *vu la difficulté.* ◆ loc. conj. *Vu que,* attendu que.

VU n. m. *Au vu et au su de qqn,* à sa connaissance. ‖ *Du déjà vu,* se dit de qqch qui n'a rien d'original.

VUE n. f. (de *voir*). Faculté de voir; sens par lequel on perçoit la forme, la couleur, le relief des choses matérielles : *sa vue baisse.* ‖ Regard : *détourner la vue de qqch.* ‖ Action de regarder, d'examiner : *la vue du sang.* ‖ Étendue de ce qu'on peut voir du lieu où l'on est : *cette maison a une belle vue.* ‖ Image d'un lieu, d'un paysage : *une vue de Rome.* ‖ Idée, conception : *procéder à un échange de vues.* ‖ Intention de faire qqch : *tu as une affaire en vue?* ‖ *Dr.* Ouverture qui, pratiquée dans un mur, permet d'avoir une vue sur la propriété d'autrui. ● *À perte de vue,* très loin. ‖ *À première vue,* sans examen. ‖ *À vue de nez* (Fam.), à peu près, sans préciser. ‖ *À vue d'œil,* autant qu'on en peut juger par la seule vue; très rapidement. ‖ *Connaître* qqn *de vue,* connaître seulement pour avoir vu, rencontré. ‖ *Dessin à vue,* fait sans prendre de mesures, et sans le secours d'instru-

ments. ‖ *En mettre plein la vue* (Fam.), en imposer par son aspect, par ses manières, être dans une position brillante qui attire les regards. ‖ *En vue,* visible. ‖ *En vue de,* dans l'intention de, en considération de. ‖ *Être en vue,* être à portée du regard; être dans une position brillante. ‖ *Garder* qqn *à vue,* le surveiller étroitement, de manière à ne pas cesser de le voir. ‖ *Payable à vue* (Comm.), payable sur présentation. ‖ *Seconde, double vue,* faculté prétendue de voir par l'esprit des objets ou des faits hors de portée des sens. ‖ *Vue de l'esprit,* conception théorique sans rapport avec la réalité. ◆ pl. Projets : *avoir des vues sur...*

VULCAIN n. m. (lat. *Vulcanus*). Papillon du genre *vanesse,* à ailes brun-noir portant une bande rouge, et dont la chenille vit sur l'ortie.

VULCANIEN, ENNE adj. (it. *Vulcano,* volcan de Sicile). *Géol.* Se dit d'un type d'éruption volcanique caractérisé par le large prédominance des explosions sur les émissions de lave.

VULCANISATION n. f. Opération qui consiste à améliorer le caoutchouc en le traitant par le soufre.

VULCANISER v. t. (angl. *to vulcanize;* de *Vulcain*). Faire subir au caoutchouc la vulcanisation.

VULCANOLOGIE n. f. → VOLCANOLOGIE.

VULCANOLOGIQUE adj. → VOLCANOLOGIQUE.

VULCANOLOGUE n. → VOLCANOLOGUE.

VULGAIRE adj. (lat. *vulgaris;* de *vulgus,* multitude). Qui ne se distingue en rien du commun, quelconque : *ce sont de vulgaires copies de tableaux célèbres.* ‖ Qui manque de délicatesse, d'élégance, ordinaire, grossier, bas : *manières vulgaires.* ● *Latin vulgaire,* latin parlé dans l'Empire romain à basse époque. ‖ *Nom vulgaire d'une plante, d'un animal,* nom usuel, par oppos. à NOM SCIENTIFIQUE.

VULGAIREMENT adv. Communément : *l'arum se nomme vulgairement «pied-de-veau».* ‖ De façon grossière : *s'exprimer vulgairement.*

VULGARISATEUR, TRICE adj. et n. Qui vulgarise une connaissance.

VULGARISATION n. f. Action de vulgariser.

VULGARISER v. t. Rendre accessible une connaissance au grand public, faire connaître, propager.

VULGARISME n. m. Expression, construction appartenant à la langue populaire.

VULGARITÉ n. f. Défaut de celui ou de ce qui est vulgaire, grossier. ◆ pl. Paroles grossières.

VULGUM PECUS [vylgɔmpekys] n. m. (lat. *vulgus,* foule, et *pecus,* troupeau). *Fam.* Le commun des mortels.

VULNÉRABILITÉ n. f. Caractère vulnérable.

VULNÉRABLE adj. (lat. *vulnerare,* blesser). Susceptible d'être blessé, d'être attaqué : *position vulnérable.* ‖ Faible, défectueux, qui donne prise à une attaque : *argumentation vulnérable.* ‖ Au bridge, se dit d'une équipe qui, ayant gagné une manche, se trouve exposée à de plus fortes pénalités.

VULNÉRAIRE adj. et n. m. (lat. *vulnus, -eris,* blessure). Se dit des médicaments propres à guérir une blessure, ou que l'on administre après un traumatisme (vx).

VULNÉRAIRE n. f. Plante herbacée à fleurs jaunes, qui fut utilisée contre les blessures. (Famille des papilionacées; genre *anthyllis.*)

VULPIN n. m. (lat. *vulpinus,* de renard). Plante des prairies, dont l'épi rappelle la forme d'une queue de renard. (Famille des graminacées.)

VULTUEUX, EUSE adj. (lat. *vultus,* visage). *Méd.* Rouge et gonflé, en parlant de la face.

VULVAIRE n. f. (lat. *vulva,* vulve). Espèce de chénopode dont les feuilles exhalent une odeur fétide. (On l'appelle aussi ARROCHE PUANTE.)

VULVAIRE adj. Relatif à la vulve.

VULVE n. f. (lat. *vulva*). Ensemble des parties génitales externes, chez la femme et chez les femelles des animaux supérieurs.

VULVITE n. f. Inflammation de la vulve.

VUMÈTRE n. m. Appareil de contrôle visuel du niveau d'un signal électroacoustique.

western : *Río Lobo* (1970), d'Howard Hawks

W n. m. Vingt-troisième lettre de l'alphabet et la dix-huitième des consonnes. ‖ **W,** symbole du *watt.* ‖ **W/(m.K),** symbole du *watt par mètre-kelvin.* ‖ **W/sr,** symbole du *watt par stéradian.* ‖ **W,** symbole chimique du *tungstène.*
— Lettre propre aux langues du Nord, le *w* n'est utilisé en français que dans les mots empruntés à ces langues avec leur orthographe. Dans les mots français empruntés à l'allemand, *w* a la valeur du *v* simple; *Wagram* se lit [vagram]. Dans l'anglais et le néerlandais, *w* a le son de *ou; Wellington* se lit [wɛliŋtɔn]. *Wagon* se prononce exceptionnellement [vagɔ̃].

WAGAGE [wagaʒ] n. m. (néerl. *wak*, humide). Limon de rivière, employé comme engrais.

WAGNÉRIEN, ENNE [vagnerjɛ̃, ɛn] adj. et n. Relatif à R. Wagner; partisan de R. Wagner.

WAGNÉRISME n. m. Système musical de R. Wagner.

WAGON [vagɔ̃] n. m. (mot angl.). Véhicule ferroviaire, employé au transport des marchandises et des animaux. (Pour les voyageurs, on emploie, en principe, le mot VOITURE.) ‖ *Constr.* Conduit de fumée, en terre cuite, dont la forme facilite l'assemblage.

WAGON-CITERNE n. m. (pl. *wagons-citernes*). Wagon destiné au transport des liquides.

WAGON-FOUDRE n. m. (pl. *wagons-foudres*). Wagon aménagé pour le transport des boissons.

WAGON-LIT n. m. (pl. *wagons-lits*). Voiture de chemin de fer aménagée pour permettre aux voyageurs de dormir dans une couchette. (Le terme officiel est VOITURE-LIT.)

WAGONNET n. m. Petit wagon basculant, pour le transport des terres.

WAGONNIER n. m. Homme d'équipe employé à la manœuvre des wagons.

WAGON-POSTE n. m. (pl. *wagons-poste*). Wagon réservé au service de la poste.

WAGON-RÉSERVOIR n. m. (pl. *wagons-réservoirs*). Syn. de WAGON-CITERNE.

WAGON-RESTAURANT n. m. (pl. *wagons-restaurants*). Voiture de chemin de fer aménagée pour le service des repas. (Le terme officiel est VOITURE-RESTAURANT.)

WAGON-TOMBEREAU n. m. (pl. *wagons-tombereaux*). Wagon à bords élevés, que l'on charge par le haut et que l'on décharge par des portes latérales.

WAGON-TRÉMIE n. m. (pl. *wagons-trémies*). Wagon comportant une ou plusieurs trémies à sa partie supérieure pour le transport et le déchargement rapide des matériaux en vrac.

WAHHÂBISME [waabism] n. m. Mouvement politico-religieux, à tendance puritaine, des musulmans d'Arabie.
■ Communauté puritaine musulmane fondée en Arabie par Muḥammad ibn 'Abd al-Wahhāb (1703-1792), le wahhābisme avait pour but de restaurer la religion islamique dans sa pureté originelle et de rassembler tous les Arabes en un État conforme aux préceptes du Coran. Le mouvement, écrasé par les Ottomans (1811-1819), a été restauré à partir de 1902 dans les régions de l'actuelle Arabie-Saoudite.

WAHHÂBITE adj. et n. Relatif au wahhābisme;
— qui en est partisan.

WALKIE-TALKIE [wokitoki] n. m. (pl. *walkie-talkies*). Syn. de TALKIE-WALKIE.

WALKMAN n. m. (nom déposé). Dispositif constitué d'un lecteur de cassettes portatif relié à un casque d'écoute et qui permet d'écouter de la musique tout en marchant.

WALK-OVER [walkɔvœr] n. m. (mot angl.). Course à laquelle ne prend part qu'un concurrent. ● *Gagner par walk-over* (abrév. : *w.-o.*), gagner une compétition lorsque le ou les concurrents ont déclaré forfait ou ont été éliminés.

WALLABY [walabi] n. m. (mot australien) [pl. *wallabies*]. Nom donné à plusieurs espèces de kangourous de petite taille.

WALLINGANT, E n. et adj. Wallon partisan de l'autonomie de la Wallonie, moitié francophone de la Belgique.

WALLON, ONNE [walɔ̃, ɔn] adj. et n. De la Wallonie.

WALLON n. m. Dialecte roman de langue d'oïl, utilisé en Belgique et dans le nord de la France.

WALLONISME [walɔnism] n. m. Fait de langue propre au wallon.

WAPITI [wapiti] n. m. (mot amér.). Grand cerf d'Amérique du Nord et d'Asie. (Haut. au garrot : 1,70 m.)

WARGAME n. m. Jeu de société dont les règles suivent les principes de la stratégie ou de la tactique.

WARRANT [warɑ̃] n. m. (mot angl., *garant*). Titre à ordre, permettant la constitution d'un gage sur les choses qu'il représente, réalisée sans dépossession du débiteur ou grâce au dépôt du gage dans des magasins généraux.

WARRANTAGE n. m. Action de warranter.

WARRANTER v. t. Donner un warrant en garantie à un créancier.

WASSINGUE [vasɛ̃g] n. f. (mot flamand). Toile à laver, serpillière.

wagons pour le transport de conteneurs

wapiti

WATER-BALLAST ·[watɛrbalast] n. m. (mot angl.) [pl. *water-ballasts*]. Compartiment d'un navire destiné à recevoir de l'eau de mer de lestage. ‖ Compartiment utilisé pour transporter de l'eau douce ou du combustible liquide. ‖ Réservoir dont le remplissage à l'eau de mer permet à un sous-marin de plonger.

WATER-CLOSET [watɛrklɔzɛt] n. m., ou **WATERS** n. m. pl., ou **W.-C.** n. m. pl. (mot angl.; de *water*, eau, et *closet*, cabinet) [pl. *water-closets*]. Lieux d'aisances, toilettes.

WATERGANG [watœrgɑ̃g] n. m. (néerl. *water*, eau, et *gang*, voie). Fossé ou canal qui borde un chemin ou un polder, aux Pays-Bas.

WATERINGUE [watrɛ̃g] n. f. En Flandre et dans les Pays-Bas, ensemble des travaux d'assèchement de terres situées au-dessous du niveau de la mer; association de propriétaires pour l'exécution de ces travaux.

WATER-POLO [watɛrpolo] n. m. (angl. *water*, eau, et *polo*). Jeu de ballon qui se joue dans l'eau entre deux équipes de sept joueurs et qui consiste à faire pénétrer un ballon dans les buts adverses.

WATT [wat] n. m. (de *Watt*, n. pr.). Unité de mesure de puissance, de flux énergétique et de flux thermique (symb. : W), équivalant à la puissance d'un système énergétique dans lequel est transférée uniformément une énergie de 1 joule pendant 1 seconde. ● *Watt par mètrekelvin*, unité de mesure de conductivité thermique [symb. : W/(m.K)], équivalant à la conductivité thermique d'un corps homogène isotrope dans lequel une différence de température de 1 kelvin produit entre deux plans parallèles, ayant une aire de 1 mètre carré et distants de 1 mètre, un flux thermique de 1 watt. ‖ *Watt par stéradian*, unité de mesure d'intensité énergétique (symb. : W/sr), équivalant à l'intensité énergétique d'une source ponctuelle uniforme qui émet un flux énergétique de 1 watt dans un angle solide de 1 stéradian ayant son sommet sur la source.

WATTHEURE n. m. (pl. *wattheures*). Unité de mesure de travail, d'énergie et de quantité de chaleur (symb. : Wh), équivalant à l'énergie fournie en 1 heure par une puissance de 1 watt et valant 3 600 joules.

WATTMAN [watman] n. m. (de *watt*, et angl. *man*, homme) [pl. *wattmen*]. Conducteur d'un tramway électrique (vx).

WATTMÈTRE n. m. *Électr.* Instrument de mesure de la puissance mise en jeu dans un circuit électrique.

Wb, symbole du *weber*.

W.-C. [dublǝvese *ou* vese] n. m. pl. Abrév. de WATER-CLOSET.

WEBER [vebɛr] n. m. (de *Weber*, n. pr.). *Électr.* Unité de mesure de flux d'induction magnétique (symb. : Wb), équivalant au flux d'induction magnétique qui, traversant un circuit d'une seule spire, y produit une force électromotrice de 1 volt si on l'annule en 1 seconde par décroissance uniforme.

WEEK-END [wikɛnd] n. m. (mot angl., *fin de semaine*) [pl. *week-ends*]. Congé de fin de semaine, généralement du samedi au lundi matin.

WEHNELT [venɛlt] n. m. (du nom d'un physicien all.). Électrode cylindrique servant à régler le flux d'électrons dans certains tubes.

WELCHE adj. et n. → VELCHE.

WELLINGTONIA [weliŋtɔnja] n. m. (mot angl.). Nom scientifique du *séquoia*, conifère gigantesque de l'Amérique du Nord. (Famille des abiétacées.)

WELTER [vɛltɛr] n. m. (mot angl.). En boxe, syn. de MI-MOYEN.

WERGELD [vɛrgɛld] n. m. (mot saxon). *Hist.* Valeur d'un homme, dans le droit germanique médiéval; somme que devait donner l'assassin à la famille de sa victime; transaction entre le coupable et sa victime ou les parents de celle-ci.

WESTERN [wɛstɛrn] n. m. (mot amér., *de l'Ouest*). Film aux péripéties mouvementées, dont le genre fut créé en Amérique, et qui raconte les aventures des pionniers, des cowboys dans l'Ouest américain au XIXᵉ s.; ce genre cinématographique.

Wh, symbole du *wattheure*.

WHARF [warf] n. m. (mot angl.). *Mar.* Appontement perpendiculaire à la rive, auquel les navires peuvent accoster des deux côtés.

WHIG [wig] n. m. et adj. (mot angl.). En Angleterre, membre d'un parti qui s'opposait au parti tory et qui apparut vers 1680.
■ Les whigs étaient des hommes politiques protestants et antiabsolutistes, adversaires des Stuarts. Leur parti triompha avec la succession hanovrienne, en 1714. S'appuyant sur une oligarchie de grands propriétaires et sur de larges couches de la bourgeoisie, le parti whig connut son apogée avec Walpole (1721-1741) et sous George III (1760-1820), dont il combattit l'autoritarisme. Au milieu du XIXᵉ s., renforcé par les radicaux et les tories dissidents, disciples de Robert Peel, il prit le nom de *parti libéral*.

WHIPCORD [wipkɔrd] n. m. (mot angl., *corde à fouet*). Étoffe anglaise à tissu très serré présentant un effet de côte oblique prononcé.

WHISKY [wiski] n. m. (mot angl.; de l'irlandais) [pl. *whiskies*]. Eau-de-vie de grain que l'on fabrique surtout en Écosse et aux États-Unis.

WHIST [wist] n. m. (mot angl.). Jeu de cartes, ancêtre du bridge, qui se joue entre quatre personnes, deux contre deux.

WHITE-SPIRIT [wajtspirit] n. m. (mot angl., *essence blanche*). Solvant minéral intermédiaire entre l'essence et le kérosène, qui a remplacé l'essence de térébenthine comme diluant de peinture.

WIGWAM [wigwam] n. m. Hutte, chaumière des Indiens d'Amérique.

WILAYA ou **WILLAYA** [vilaja] n. f. (mot. ar.). Division administrative de l'Algérie.

WILLIAMS [wiljams] n. f. Variété de poire.

WINCH [wintʃ] n. m. (mot angl.). *Mar.* Treuil servant à hisser ou à border une voile.

WINCHESTER [wintʃɛstɛr] n. m. (mot angl.). Fusil américain à répétition, employé au cours de la guerre de Sécession et de celle de 1870 (calibre : 10,7 mm).

WINDSURF [windsœrf] n. m. (nom déposé). Nom d'un type de planche à voile.

WINTERGREEN [wintœrgrin] n. m. (mot angl.). *Essence de wintergreen*, essence parfumée, à base de salicylate de méthyle, que l'on tire, aux États-Unis, des feuilles de la *gaultheria*.

Wirsung *(canal de)*, canal principal d'excrétion du pancréas dans le duodénum.

WISHBONE [wiʃbon] n. m. *Mar.* Vergue en forme d'arceau, entourant une voile.

WISIGOTH, E [vizigo, ɔt] ou **WISIGOTHIQUE** [vizigɔtik] adj. Relatif aux Wisigoths.

WITLOOF [witlɔf] n. f. (mot flamand, *feuille blanche*). Variété de chicorée, dite aussi *chicorée de Bruxelles*, et qui, par étiolement, fournit l'*endive* et la *barbe-de-capucin*.

WOLFRAM [vɔlfram] n. m. Oxyde naturel de fer, de manganèse et de tungstène, dont c'est un minerai. ‖ Nom donné parfois au *tungstène*.

WOMBAT [vɔ̃ba] n. m. (mot australien). Marsupial fouisseur, ressemblant à un rongeur.

WON [wɔn] n. m. Unité monétaire de la Corée.

WORMIEN [vɔrmjɛ̃] adj. m. (de *Worm*, médecin). *Anat.* Se dit de chacun des petits os surnuméraires de la voûte du crâne, entre l'occipital et les pariétaux.

WU [vu] n. m. Dialecte chinois parlé au Tchökiang.

WÜRM n. m. La dernière des quatre grandes glaciations du quaternaire dans les Alpes.

WÜRMIEN, ENNE [vyrmjɛ̃, ɛn] adj. Du würm.

WURTEMBERGEOIS, OISE [vyrtɛbɛrʒwa, az] adj. et n. Du Wurtemberg.

WYANDOTTE [vjɑ̃dɔt] n. et adj. (mot amér.). Race mixte américaine de poules, obtenue de divers croisements.

X
y

yachting : course de voiliers

X n. m. Vingt-quatrième lettre de l'alphabet et la dix-neuvième des consonnes, correspondant à [ks] ou [gz]. ‖ **X,** chiffre romain, valant dix. ‖ En algèbre, *x* représente l'inconnue ou une des inconnues. ‖ Sert à désigner une personne ou une chose qu'on ne veut ou ne peut désigner plus clairement : *Monsieur X; en un temps x.* ‖ Objet en forme d'X. ‖ Tabouret à pieds croisés. ‖ **X,** chromosome sexuel (gonosome), présent en un exemplaire chez l'homme et en deux exemplaires chez la femme. ● *Film classé X,* film pornographique. ‖ *Rayons X,* radiations électromagnétiques de faible longueur d'onde (comprises entre l'ultraviolet et les rayons γ), traversant plus ou moins facilement les corps matériels.

XANTHÉLASMA n. m. *Méd.* Ensemble de taches apparaissant à l'angle interne de l'œil sur la paupière supérieure, dues à des dépôts intradermiques de cholestérol.

XANTHODERME adj. *Race xanthoderme,* syn. de RACE JAUNE.

XANTHOGÉNIQUE ou **XANTHIQUE** adj. Se dit d'acides peu stables, de formule générale S=C—(OR)SH, dérivant du sulfure de carbone.

XANTHOME [gzɑtom] n. m. Tumeur bénigne, cutanée ou sous-cutanée, de couleur jaune, et contenant essentiellement du cholestérol.

XANTHOPHYCÉE n. f. Algue unicellulaire (ou protiste chlorophyllien) dont la cellule porte deux flagelles inégaux, telle que les genres *tribonema* et *botrydium*. (Les *xanthophycées* forment une sous-classe, divisée en plusieurs ordres.)

XANTHOPHYLLE [gzɑtɔfil] n. f. (gr. *xanthos,* jaune, et *phullon,* feuille). Pigment jaune des cellules végétales, accompagnant la chlorophylle et habituellement masqué par elle.

Xe, symbole chimique du *xénon.*

XÉNARTHRE n. m. Mammifère (de l'ancien ordre des édentés) ayant des articulations vertébrales d'un type particulier, tel que le *paresseux* et le *fourmilier.* (Les *xénarthres* forment un ordre.)

XÉNON [ksenɔ̃] n. m. (mot angl.). Gaz inerte (Xe), nᵒ 54, de masse atomique 131,30, en quantité infime dans l'air.

XÉNOPHILE [ksenɔfil] adj. et n. (gr. *xenos,* étranger, et *philos,* qui aime). Qui aime les étrangers.

XÉNOPHILIE n. f. Sympathie pour les étrangers.

XÉNOPHOBE adj. et n. Qui déteste les étrangers.

XÉNOPHOBIE n. f. Haine des étrangers.

XÉRÈS [keres *ou* kseres] ou **JEREZ** n. m. Vin blanc sec et alcoolisé, que l'on produit dans la région de Jerez de la Frontera (province de Cadix).

XÉROCOPIE n. f. (nom déposé). Procédé de copie basé sur l'utilisation de phénomènes électrostatiques.

XÉROGRAPHIE n. f. (nom déposé). Procédé d'impression sans contact.

XÉROPHILE [kserɔfil] adj. (gr. *xêros,* sec). *Bot.* Se dit d'une plante adaptée aux climats secs.

XÉROPHTALMIE [kserɔftalmi] n. f. (gr. *xêros,* dur). Diminution de la transparence de la cornée, provoquée par la carence en vitamine A.

XÉROPHYTE n. f. Plante adaptée à la sécheresse, soit par ses surfaces réduites, soit par ses formes charnues, ou bien par une vie principalement souterraine, ou enfin par une vie végétative très courte.

XÉROPHYTIQUE adj. Se dit des caractères propres aux xérophytes.

XÉRUS [kserys] n. m. (mot lat.; gr. *xêros,* sec). Rongeur d'Afrique voisin de l'écureuil, et appelé usuellement *rat palmiste.* (Long. : 20 cm sans la queue.)

xérus

XI [ksi] n. m. → KSI.

XIANG [ksjɑ̃g] n. m. Dialecte chinois parlé au Hou-nan.

XIMENIA [ksimenja *ou* gzi-] n. m. (de *Ximénès,* n. pr.). Plante des régions tropicales, à fruits comestibles, appelée aussi *prunier de mer.*

XIPHOÏDE [ksifɔid] adj. m. (gr. *xiphos,* épée, et *eidos,* aspect). *Anat.* Se dit de l'appendice qui constitue la partie inférieure du sternum.

XIPHOÏDIEN, ENNE adj. Relatif à l'appendice xiphoïde.

XIPHOPHORE [ksifɔfɔr] ou **XIPHO** n. m. (gr. *xiphophoros,* qui porte une épée). Poisson de coloration variée, atteignant de 6 à 10 cm de long, originaire du Mexique, très fécond et souvent élevé en aquarium à 20-24 ºC. (Son

autre nom de PORTE-GLAIVE est dû au lobe inférieur long et pointu de la queue du mâle.)

XYLÈME n. m. Nom scientifique du tissu végétal, formé de cellules vivantes, de fibres et de vaisseaux, constituant le bois.

XYLÈNE [ksilɛn] n. m. (gr. *xulon,* bois). Hydrocarbure benzénique $C_6H_4(CH_3)_2$, extrait du goudron de houille et surtout à partir du pétrole.

XYLIDINE n. f. Amine dérivée du xylène, utilisée dans la fabrication des colorants.

xylocope

XYLOCOPE [ksilɔkɔp] n. m. Insecte voisin de l'abeille, à corps noir et ailes bleutées, appelé aussi *abeille charpentière,* parce qu'il creuse son nid dans le bois. (Long. 3 cm; ordre des hyménoptères; famille des apidés.)

XYLOGRAPHE n. (gr. *xulon,* bois, et *graphein,* graver). Graveur sur bois.

XYLOGRAPHIE [ksilɔgrafi] n. f. Impression, estampe obtenues à l'aide d'une planche de bois gravée (taille d'épargne) [vx].

XYLOGRAPHIQUE adj. Relatif à la xylographie.

XYLOL n. m. Nom commercial du *xylène brut.*

XYLOPHAGE [ksilɔfaʒ] adj. et n. Se dit des insectes qui se nourrissent de bois.

XYLOPHONE [ksilɔfɔn] n. m. Instrument de musique composé de plaques de bois d'inégale longueur, portées sur deux appuis, sur lesquelles on frappe avec deux baguettes de bois ou des mailloches.

XYSTE [ksist] n. m. (gr. *xustos*). *Antiq. gr.* Galerie couverte d'un gymnase, où les exercices avaient lieu en hiver.

xiphophore

Y n. m. Vingt-cinquième lettre de l'alphabet et la sixième des voyelles. (L'*y* [j] commençant un mot n'entraîne pas l'élision de la voyelle finale dans le mot précéd., sauf pour l'*yèble*, l'*yeuse*, l'*Yonne*.) ‖ **Y**, symbole chimique de l'*yttrium*. ‖ **Y**, chromosome sexuel (gonosome) présent seulement chez l'homme, qui en possède un par cellule.

Y adv. de lieu (lat. *ibi*). Dans cet endroit-là : *allez-y*. ● *Il y a*, il est, il existe. ◆ pron. pers. À cela, à cette personne-là : *ne vous y fiez pas*.

YACHT [jot *ou*, vx, jak *ou* jakt] n. m. (mot néerl.). *Mar.* Navire de plaisance, à voiles ou à moteur.

YACHT-CLUB [jotklœb *ou* jaktklœb] n. m. (pl. *yacht-clubs*). Association ayant pour objet la pratique des sports nautiques, en particulier du yachting.

YACHTING [jotiŋ *ou* jaktiŋ] n. m. Pratique de la navigation de plaisance sous toutes ses formes.

YACHTMAN *ou* **YACHTSMAN** [jotman *ou* jakman] n. m. (pl. *yacht(s)men*). Homme adonné au yachting. (Au fém. *yachtwoman* ou *yachtswoman*; pl. *yacht(s)women*.)

YACK *ou* **YAK** [jak] n. m. (mot tibétain). Ruminant à long pelage, vivant au Tibet à 5 000 m d'altitude, et utilisé comme animal de bât. (Famille des bovidés.)

YANG [jãg] n. m. (mot chin.). Force cosmologique, indissociable du yin et du tao, qui se manifeste surtout par le mouvement.

YANKEE [jãki] n. Nom donné par les Anglais aux colons révoltés de la Nouvelle-Angleterre, puis par les sudistes aux nordistes et, depuis, appliqué aux habitants anglo-saxons des États-Unis.

YANKEE [jãki] adj. Des États-Unis. ◆ n. m. *Mar.* Grand voile d'une grande surface et dont le point d'écoute est placé très haut.

YAOURT [jaurt] *ou* **YOGOURT** [jogurt] n. m. (mot bulgare). Lait caillé préparé à l'aide de ferments lactiques acidifiants.

YAOURTIÈRE n. f. Récipient clos servant à la fabrication domestique des yaourts.

YARD [jard] n. m. (mot angl.). Unité de mesure de longueur anglo-saxonne, valant 0,914 m. (Il existe également le *square yard*, ou *yard carré*, valant 0,836 m², et le *cubic yard*, ou *yard cube*, valant 0,764 m³.)

YASSE *ou* **YASS** n. m. En Suisse, jeu de cartes très populaire.

YATAGAN [jatagã] n. m. (mot turc). Sabre incurvé en deux sens opposés, qui était en usage chez les Turcs et les Arabes.

YAWL [jol] n. m. (mot angl.). Voilier à deux mâts ayant l'artimon en arrière de la barre.

Yb, symbole chimique de l'*ytterbium*.

YEARLING [jœrliŋ] n. m. (mot angl., *d'un an*). Cheval de pur sang, âgé d'un an.

YÈBLE n. f. → HIÈBLE.

YÉMÉNITE adj. et n. Du Yémen.

YEN [jɛn] n. m. Unité monétaire principale au Japon.

YEOMAN [joman] n. m. (pl. *yeomen*). *Hist.* En Angleterre, petit propriétaire.

YEOMANRY n. f. (mot angl.). Ancienne formation territoriale de l'armée anglaise.

Yersin *(bacille de)*, bacille de la peste.

YEUSE [jøz] n. f. (prov. *euze*; lat. *ilex*). Syn. de CHÊNE VERT.

YEUX n. m. pl. Pl. de ŒIL.

YÉ-YÉ [jeje] adj. et n. inv. *Fam.* Se dit d'un style de musique, de chansons, en vogue parmi les jeunes à partir de 1962.

YIDDISH [jidiʃ] adj. et n. m. inv. Langue germanique parlée par les communautés juives d'Europe centrale et orientale.

YIN [jin] n. m. (mot chin.). Force cosmologique, indissociable du yang et du tao, et qui se manifeste surtout par la passivité.

YLANG-YLANG n. m. → ILANG-ILANG.

YOD [jɔd] n. m. (mot hébr.). Nom donné en linguistique à la semi-voyelle [j], transcrite *i* ou

yack

y, dans les diphtongues *mien* [mjɛ̃], *lia* [lja], *myokinétique* [mjɔ-].

YOGA [jɔga] n. m. (mot sanskr., *jonction*). Discipline spirituelle et corporelle, issue d'un système philosophique brahmanique, et qui vise à libérer l'esprit des contraintes du corps par la maîtrise de son mouvement, de son rythme et du souffle.

YOGI [jɔgi] n. m. Celui qui pratique le yoga.

YOGOURT n. m. → YAOURT.

YOHIMBINE n. f. Alcaloïde de l'ergot de seigle, dont l'action s'oppose aux effets du système sympathique.

YOLE [jɔl] n. f. (mot néerl.). *Mar.* Embarcation légère et allongée, d'un faible tirant d'eau, propulsée à l'aviron.

YOM KIPPOUR *ou* **KIPPOUR** n. m. (mot hébreu). Fête juive de pénitence célébrée dix jours après le nouvel an.

YOUGOSLAVE adj. et n. De Yougoslavie.

YOUPIN, E adj. et n. *Pop.* Terme raciste utilisé pour désigner un juif.

YOURTE *ou* **IOURTE** [jurt] n. f. (russe *jurta*). Tente en feutre, chez les Mongols.

YOUYOU n. m. Petite embarcation courte, large, manœuvrant à la voile ou à l'aviron et employée à divers services du bord.

YO-YO n. m. inv. (nom déposé). Jouet consistant en un disque évidé que l'on fait monter et descendre le long d'un fil enroulé sur son axe.

YPÉRITE n. f. (de *Ypres*, où elle fut employée pour la première fois en 1917). Liquide huileux utilisé comme gaz de combat (sulfure d'éthyle dichloré), suffocant et vésicant.

YPONOMEUTE n. m. → HYPONOMEUTE.

YPRÉAU n. m. (de *Ypres*, où il se trouve en abondance). Peuplier blanc.

YSOPET [isɔpɛ] n. m. (du n. d'*Ésope*). Nom donné, au Moyen Âge, à des recueils de fables.

YTTERBIUM [iterbjɔm] n. m. (de *Ytterby*, village suéd.). Métal (Yb), n° 70, de masse atomique 173,04, du groupe des terres rares.

YTTRIA n. m. Oxyde naturel d'yttrium Y_2O_3.

YTTRIALITE n. f. Silicate naturel d'yttrium, de thorium, etc.

YTTRIFÈRE adj. Qui contient de l'yttrium.

YTTRIQUE adj. Se dit de composés de l'yttrium.

YTTRIUM [itrijɔm] n. m. Métal (Y), n° 39, de masse atomique 88,05, du groupe des terres rares, accompagnant le cérium dans la plupart de ses minerais.

YUAN n. m. → REN-MIN-BI YUAN.

YUCCA [juka] n. m. (mot d'Haïti). Liliacée américaine, acclimatée dans les pays tempérés et ressemblant à l'aloès.

yucca

Z

la **ziggourat** d'Our (environs d'Aqarquf, en Iraq, XVe s. av. J.-C.)

Z n. m. Vingt-sixième lettre de l'alphabet et la vingtième des consonnes. (La consonne [z] est une dentale sonore.) ‖ $\mathbb{Z}$, ensemble des nombres entiers relatifs, c'est-à-dire des nombres positifs, négatifs et du zéro. ‖ $\mathbb{Z}^*$, ensemble des nombres entiers relatifs privé du zéro.

ZABRE n. m. (lat. zoologique *zabrus*). Insecte coléoptère se nourrissant de grains de céréales, et dont la larve dévore les jeunes pousses de blé. (Long. 15 mm.)

Z. A. C. n. f. Abrév. de ZONE D'AMÉNAGEMENT CONCERTÉ.

Z. A. D. n. f. Abrév. de ZONE D'AMÉNAGEMENT DIFFÉRÉ.

ZAIN [zɛ̃] adj. m. (esp. *zaino*). Se dit du cheval ou du chien qui n'a aucun poil blanc.

ZAÏRE n. m. Unité monétaire du Zaïre.

ZAÏROIS, E adj. et n. Du Zaïre.

ZAKOUSKI [zakuski] n. f. pl. (mot russe). Hors-d'œuvre qui précèdent le repas russe.

ZAMBIEN, ENNE adj. et n. De la Zambie.

ZAMIA n. m. Plante tropicale voisine du cycas, et dont certaines espèces fournissent une fécule alimentaire appelée *sagou*.

ZANCLE n. m. (gr. *zagklon*, faucille). Poisson des mers chaudes, dont une espèce est le *tranchoir*.

ZANNI ou **ZANI** [dzani] n. m. (altér. de *Giovanni* en dialecte vénitien) [pl. *zanni*]. Personnage bouffon de la comédie italienne.

ZANZIBAR ou **ZANZI** n. m. Jeu de hasard, qui se joue au moyen de deux ou trois dés.

ZAPATEADO [sapateado] n. m. (esp. *zapata*, soulier). Danse espagnole caractérisée par les martèlements rythmés des talons du danseur.

ZARZUELA [sarswela] n. f. (mot esp.). Drame lyrique espagnol caractérisé par l'alternance de la déclamation et du chant.

ZÂWIYA [zawija] ou **ZAOUÏA** n. f. Complexe religieux (couvent, oratoire, école), associé à une hôtellerie et parfois à un cimetière, construit, dans certaines parties du monde islamique, à proximité d'un tombeau vénéré.

ZAZOU n. et adj. *Fam.* Surnom donné, à Paris, pendant la Seconde Guerre mondiale, à la jeunesse excentrique.

ZÈBRE n. m. (portug. *zebro*). Mammifère ongulé d'Afrique, voisin du cheval, à pelage blanchâtre rayé de noir ou de brun. (Long. 1,90 m; longévité 30 ans.) ‖ *Pop.* Individu, type : *quel drôle de zèbre!*

ZÉBRER v. t. (conj. **5**). Marquer de raies, de lignes sinueuses : *les éclairs qui zèbrent le ciel.*

ZÉBRURE n. f. Rayure sur la peau.

ZÉBU n. m. Espèce de bœuf, dit *bœuf à bosse*, domestiqué en Asie et à Madagascar, possédant une bosse adipeuse sur le garrot.

ZÉE [ze] n. m. (lat. *zaeus*). Poisson appelé aussi *saint-pierre.*

ZÉINE n. f. Protéine contenue dans les grains de maïs. (Dépourvue de deux aminoacides indispensables : la lysine et le tryptophane, cette protéine ne peut à elle seule constituer la nourriture azotée de l'homme.)

ZÉLATEUR, TRICE n. et adj. (bas lat. *zelator*). *Litt.* Qui agit avec zèle.

ZÈLE n. m. (gr. *zêlos*, ardeur). Ardeur au service d'une personne ou d'une chose, inspirée par la foi, le dévouement, etc. ● *Faire du zèle* (Fam.), montrer un empressement excessif.

ZÉLÉ, E adj. et n. Qui a, qui montre du zèle.

ZÉLOTE n. m. (gr. *zelôtês*). *Hist.* Membre d'un parti nationaliste juif qui joua un rôle très actif dans la révolte de 66-70.

ZEMSTVO [zjemstvo] n. m. (mot russe). Avant 1917, assemblée locale russe, instituée en 1864 par Alexandre III et composée de représentants élus par les propriétaires fonciers, les citadins et les paysans.

ZEN n. m. et adj. (mot jap.; sanskr. *dhyana*, méditation). Secte bouddhique, originaire de Chine (tch'an), répandue au Japon depuis la fin du XIIe s.

ZÉNANA n. f. (mot hindî). Étoffe cloquée de soie ou de coton, utilisée pour la confection de robes d'intérieur.

ZEND, E [zɛ̃d] adj. S'est dit au XIXe s. de la langue indo-européenne dans laquelle sont écrits les textes sacrés de l'Avesta.

ZÉNITH n. m. (mot ar., *chemin*). Point de la sphère céleste représentatif de la direction verticale ascendante, en un lieu donné. (Contr. NADIR.) ‖ *Litt.* Degré le plus élevé, apogée : *sa gloire est au zénith.*

ZÉNITHAL, E, AUX adj. Relatif au zénith. ● *Distance zénithale*, distance angulaire d'un point au zénith. ‖ *Distance zénithale d'une étoile*, angle que fait avec la verticale du lieu le rayon visuel allant de l'œil de l'observateur à l'étoile. ‖ *Éclairage zénithal* (Archit.), éclairage assuré par des vitrages de plafond.

ZÉOLITE n. f. (gr. *zein*, bouillir, et *lithos*, pierre). *Minér.* Silicate naturel complexe de certaines roches volcaniques.

ZÉPHYR n. m. (gr. *zephuros*). *Litt.* Vent doux et agréable. ‖ Tissu de coton peigné, souple, fin et serré.

ZEPPELIN [zeplɛ̃] n. m. (du n. de l'inventeur). Ballon dirigeable allemand, du type rigide, à carcasse métallique.

ZÉRO n. m. (mot it.; de l'ar.). Cardinal de l'ensemble vide. ‖ Signe numérique représenté par le chiffre 0, qui note la valeur nulle d'une grandeur et qui, figurant à un certain rang dans un nombre (unités, dizaines...), indique l'absence d'unités de ce rang. ‖ Point de départ de l'échelle de graduation d'un instrument de mesure, du décompte des heures. ‖ Valeur de la température correspondant à la glace fondante dans les échelles Celsius et Réaumur. ‖ Celui dont les capacités sont nulles. ‖ Absence de valeur, de quantité : *fortune réduite à zéro.* ● *Appareil de zéro*, appareil de mesure dans lequel l'égalité de deux grandeurs est constatée par le retour d'une indication à la graduation zéro. ‖ *Être à zéro*, être déprimé. ‖ *Point zéro* (abrév. : Pz), projection au sol du point d'éclatement d'un projectile nucléaire. ‖ *Zéro absolu*, température de − 273,15 ºC. ◆ adj. Aucun : *zéro faute; zéro franc; zéro centime.*

ZESTE n. m. (onomat.). Cloison membraneuse qui divise en quatre l'intérieur de la noix. ‖ Écorce extérieure de l'orange, du citron; petit morceau qu'on y découpe.

ZÊTA [dzɛta] n. m. Lettre de l'alphabet grec (ζ), équivalant à dz.

ZEUGMA n. m. (mot gr., *réunion*). Procédé qui consiste à rattacher grammaticalement deux ou

zèbre

zébu

plusieurs noms à un adjectif ou à un verbe qui, logiquement, ne se rapporte qu'à l'un des noms.

ZEUZÈRE n. f. Papillon nocturne à ailes blanches tachetées de noir, dont les chenilles creusent des galeries dans le bois de plusieurs arbres. (Famille des cossidés.)

ZÉZAIEMENT n. m. Défaut d'une personne qui zézaye.

ZÉZAYER [zezεje] v. i. (onomat.) [conj. **2**]. Prononcer z [z] les articulations j [ʒ] et g [ʒ] et prononcer s [s], le ch [ʃ] (par ex., *zuzube, pizon, sien,* pour *jujube, pigeon, chien*).

Z. I. n. f. Abrév. de ZONE INDUSTRIELLE.

ZIBELINE n. f. (it. *zibellino*). Martre de Sibérie et du Japon, à poil très fin; sa fourrure brun foncé, une des plus coûteuses.

ZIEUTER v. t. *Pop.* Regarder.

Z. I. F. n. f. Abrév. de ZONE D'INTERVENTION FONCIÈRE.

ZIG ou **ZIGUE** n. m. *Pop.* et *vx.* Type, individu.

ZIGGOURAT [zigurat] n. f. (mot assyrien). Tour à étages, l'un des éléments du complexe sacré en Mésopotamie (apparu chez les Sumériens), qui supportait un temple.

ZIGOUILLER v. t. (mot poitevin). *Pop.* Tuer.

ZIGZAG n. m. (onomat.). Ligne brisée à angles alternativement saillants et rentrants.

ZIGZAGUER v. i. Faire des zigzags; marcher, avancer en zigzag.

ZINC [zε̃g] n. m. (all. *Zink*). Métal (Zn), n° 30, de masse atomique 65,37, d'un blanc bleuâtre. ‖ *Fam.* Comptoir d'un bar, d'un café. ‖ *Fam.* Avion.

■ Le zinc a pour densité 7,1; il fond à 419,4 °C et bout vers 907 °C. On le trouve dans la nature, surtout à l'état de sulfure, ou *blende,* et de carbonate, ou *calamine.* Peu oxydable à froid, il est utilisé en larges plaques pour recouvrir les toitures. Le fer galvanisé s'obtient par dépôt galvanique ou bien par trempage dans un bain de zinc fondu. Le zinc entre dans la composition de nombreux alliages (laiton, maillechort, etc.).

ZINCATE n. m. Sel de l'anhydride ZnO.

ZINCIFÈRE [zε̃sifεr] adj. Qui renferme du zinc.

ZINGAGE ou **ZINCAGE** n. m. Dépôt électrolytique de zinc sur une pièce métallique pour la protéger de la corrosion.

ZINGARO [dzingaro] n. m. (pl. *zingari*). Nom italien des Tziganes.

ZINGIBÉRACÉE n. f. Plante monocotylédone, telle que le *gingembre,* le *curcuma.* (Les *zingibéracées* forment une famille.)

ZINGUER v. t. Recouvrir de zinc : *zinguer un toit.* ‖ Procéder au zingage : *zinguer du fer.*

ZINGUEUR n. et adj. m. Ouvrier qui travaille le zinc.

ZINJANTHROPE n. m. Nom donné par le Dr L. B. S. Leakey à un australopithèque qu'il a découvert, en 1959, dans la région d'Olduvai (Tanzanie). [Son ancienneté serait comprise entre 1 600 000 et 1 900 000 ans.]

ZINNIA n. m. (de *Zinn,* botaniste all.). Plante originaire du Mexique, cultivée pour ses fleurs ornementales dont il existe de nombreuses variétés. (Famille des composées.)

ZINZIN adj. *Fam.* Se dit d'un individu bizarre, un peu fou.

ZINZIN n. m. *Pop.* Objet quelconque.

ZIRCON n. m. Silicate de zirconium, donnant des gemmes naturelles transparentes, jaunes, vertes, brunes, rouge-orangé (variété dite *hyacinthe,* très recherchée), ou incolores, ou bleuvert. (Son indice de réfraction élevé l'approche du diamant par l'éclat, mais sa dureté assez faible l'en éloigne.)

ZIRCONE n. f. Oxyde de zirconium ZrO₂.

ZIRCONITE n. f. Variété de zircon.

ZIRCONIUM [zirkɔnjɔm] n. m. Métal gris (Zr), n° 40, de masse atomique 91,22, de densité 6,51, qui se rapproche du titane et du silicium.

ZIZANIE n. f. (lat. *zizania,* ivraie). Graminacée aquatique d'Asie et d'Amérique, fournissant une farine sucrée. ● *Mettre, semer la zizanie,* mettre la désunion, la discorde.

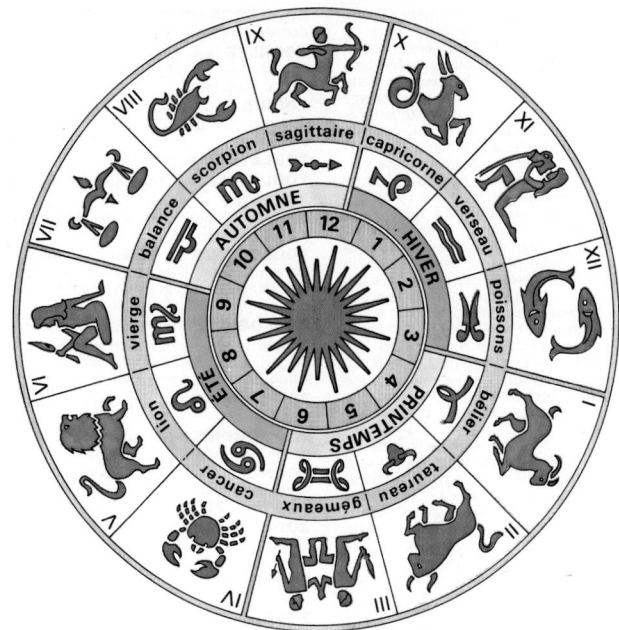

SIGNES DU ZODIAQUE

ZIZI n. m. Espèce de bruant.

ZIZI n. m. *Fam.* Membre viril, dans le langage enfantin.

ZIZYPHE n. m. *Bot.* Syn. de JUJUBIER.

ZŁOTY [zlɔti] n. m. (mot polon.). Unité monétaire principale de la Pologne.

Zn, symbole chimique du *zinc.*

ZOANTHAIRE n. m. Cnidaire colonial, tel que le *zoanthus.* (Sous-classe des madréporaires.)

ZODIACAL, E, AUX adj. Relatif au zodiaque.
● *Lumière zodiacale,* lueur faible et diffuse, concentrée autour du Soleil, dans le plan de l'écliptique, observable avant l'aurore ou après le crépuscule. (Elle est due à la diffusion de la lumière solaire par les poussières du milieu interplanétaire.)

zinnia

ZODIAQUE n. m. (gr. *zôdiakos;* de *zôon,* être vivant). *Astron.* Zone de la sphère céleste qui s'étend sur 8,5° de part et d'autre de l'écliptique et dans laquelle on voit se déplacer le Soleil, la Lune et les planètes principales du système solaire sauf Pluton. ● *Signe du zodiaque,* chacune des douze parties qui s'étalent sur 30° de longitude et en lesquelles le zodiaque est divisé à partir du point vernal.

■ Les signes du zodiaque portent les noms des constellations qui s'y trouvaient il y a 2 000 ans; ce sont, à partir du point vernal : le Bélier, le Taureau, les Gémeaux, le Cancer, le Lion, la Vierge, la Balance, le Scorpion, le Sagittaire, le Capricorne, le Verseau et les Poissons. L'année est ainsi divisée, à partir du 20 ou 21 mars, en périodes d'environ un mois, correspondant à la présence du Soleil dans les différents signes. Depuis Hipparque (IIe s. av. J.-C.), l'équinoxe a rétrogradé d'environ 30°, de sorte que les signes ont avancé d'un rang par rapport au passage du Soleil parmi les constellations : sous le signe du Bélier, le Soleil traverse la constellation des Poissons. Il faut environ 25 790 ans pour rétablir la coïncidence des constellations et des signes.

ZOÉ n. f. (gr. *zôê,* vie). Forme larvaire de certains crustacés.

ZOÉCIE n. f. *Zool.* Loge contenant un individu, chez les bryozoaires.

ZOMBIE n. m. (mot créole). Dans les croyances populaires des Antilles, mort sorti du tombeau et qu'un sorcier met à son service. ‖ *Fam.* Personne sans volonté, sans caractère.

ZONA n. m. (mot lat., *ceinture*). Affection virale douloureuse, caractérisée par des éruptions vésiculeuses de la peau, localisées sur le trajet des nerfs sensitifs.

ZONAGE n. m. Répartition d'un territoire en zones affectées chacune à un genre déterminé d'occupation ou d'utilisation du sol. ‖ Expression graphique, sur un plan d'urbanisme, de la répartition d'un territoire en zones.

ZONAL, E, AUX adj. Relatif aux différentes zones de la Terre. ‖ *Hist. nat.* Qui a des bandes transversales colorées.

ZONARD n. m. (de l'anc. «zone» qui entourait Paris). *Fam.* Jeune en marge de la société.

ZONE n. f. (lat. *zona,* ceinture). Surface quelconque, portion de territoire, région : *zone frontière.* ‖ Espace, à la limite d'une ville, caractérisé par la misère de son habitat. ‖ Ce qui est du ressort de l'activité ou de l'influence de qqn, d'une collectivité : *zone d'action, d'influence.* ‖ *Géogr.* Espace qui s'allonge sensiblement dans le sens des parallèles; chacune des divisions de la Terre déterminées par les pôles, les cercles polaires et les tropiques, et à laquelle correspond approximativement un grand type de climat (*zones tropicale, tempérée, polaire*). ‖ *Math.* Portion de la surface d'une sphère limitée par deux plans parallèles qui la coupent. (L'aire d'une zone a pour mesure le produit de la circonférence d'un cercle ayant même rayon que la sphère par la distance qui sépare les deux plans sécants parallèles, ou hauteur de cette zone.) ● *Abattement de zone* (Dr.), pourcentage d'abattement qui était applicable à chaque localité, en fonction de son classement dans telle ou telle zone, en matière de salaire minimum interprofessionnel garanti et de salaire de base servant au calcul des prestations familiales. ‖ *Zone d'action* (Mil.), étendue de terrain à l'intérieur de laquelle une unité est appelée à agir. ‖ *Zone d'aménagement concerté* (Z.A.C.), aire à l'urbanisation de laquelle participent des administrations et des initiatives privées, par l'acquisition et l'équipement des terrains, et la rétrocession de ceux-ci à des utilisateurs publics ou privés. ‖ *Zone d'aménagement différé* (Z.A.D.), zone d'extension dont l'aménagement n'est pas immédiatement nécessaire et pour laquelle les pouvoirs publics font intervenir le droit de préemption sur les terrains mis en vente. ‖ *Zone des armées, de l'intérieur* (Mil.), en temps de guerre, nom donné autrefois aux portions de territoire placées respectivement sous le contrôle de l'autorité militaire ou civile. ‖ *Zone de défense* (Mil.), subdivision du territoire national à l'intérieur de laquelle s'exercent la préparation, la coordination et la conduite des efforts civils et militaires de défense. ‖ *Zone économique* (Dr.), zone comprise entre la limite des eaux territoriales (12 milles nautiques) et une distance de 200 milles à partir des côtes, et qui est placée sous la souveraineté partielle et non exclusive de l'État côtier (exercice, notamment, des droits sur les ressources biologiques et minérales). ‖ *Zone érogène* (Psychol.), surface cutanée ou muqueuse susceptible d'être le siège d'une excitation sexuelle. ‖ *Zone d'extension* ou *d'urbanisation*, zone délimitée, sur le plan d'aménagement d'une agglomération, comme destinée à recevoir de nouveaux quartiers ou groupes d'habitations. ‖ *Zone fondue*, technique de purification consistant à créer et à déplacer le long d'un barreau métallique une zone où le métal fondu entraîne les impuretés aux extrémités. ‖ *Zone franche*, zone où des marchandises sont importées ou fabriquées (généralement pour être exportées) en bénéficiant de régimes fiscaux particulièrement favorables. ‖ *Zone industrielle*, zone spécialement localisée et équipée en vue d'accueillir des établissements industriels. ‖ *Zone d'influence*, zone réservée à l'influence politique d'un État sur un autre. ‖ *Zone d'intervention foncière* (Z.I.F.), espace urbain où les immeubles aliénés peuvent faire l'objet d'une préemption exercée par la municipalité. ‖ *Zone non aedificandi*, zone où aucune construction ne doit être édifiée. ‖ *Zone non altius tollendi*, zone dans laquelle aucune construction ne doit s'élever au-dessus d'une hauteur donnée. ‖ *Zone résidentielle*, zone affectée en majeure partie aux habitations et aux installations d'équipements collectifs. ‖ *Zone à urbaniser par priorité* (Z.U.P.), zone d'extension qui devait être aménagée en vue d'utiliser le sol à bref délai. (Supprimée en 1975 et remplacée par la zone d'aménagement concerté.)

ZONÉ, E adj. *Hist. nat.* Qui présente des bandes concentriques.

ZONURE n. m. (gr. *zônê*, ceinture, et *oura*, queue). Reptile saurien d'Afrique du Sud, carnivore, pouvant atteindre 60 cm de long.

ZOO [zoo] n. m. Abrév. de JARDIN ZOOLOGIQUE.

ZOOGÉOGRAPHIE n. f. Étude de la répartition des animaux à la surface du globe.

ZOOGLÉE n. f. (lat. *zoogloea*; gr. *glotos*, glu). Réunion de microbes agglutinés par une substance visqueuse.

ZOOÏDE adj. Qui a la forme d'une figure d'animal, ou de quelqu'une des parties d'un animal.

ZOOLÂTRE adj. et n. Qui adore les animaux.

ZOOLÂTRIE n. f. Adoration des animaux.

ZOOLOGIE n. f. (gr. *zôon*, animal, et *logos*, science). Branche des sciences naturelles qui étudie les animaux.

ZOOLOGIQUE adj. Relatif à la zoologie. ● *Jardin zoologique*, parc où se trouvent rassemblés des animaux sauvages en vue de leur présentation au public (abrév. : zoo).

ZOOLOGISTE n. Spécialiste de zoologie.

ZOOM [zum] n. m. (mot amér.). Objectif de prise de vues dont on peut faire varier de façon continue la distance focale.

ZOOMORPHE adj. Qui présente une forme animale.

ZOOMORPHISME n. m. Action de donner la forme d'un animal.

ZOONOSE n. f. Maladie microbienne ou parasitaire atteignant les animaux et pouvant être transmise à l'homme.

ZOOPATHIQUE adj. *Délire zoopathique* (Psychiatr.), délire au cours duquel le sujet croit qu'un animal habite l'intérieur de son corps.

ZOOPHILE adj. et n. Relatif à la zoophilie; qui en est atteint.

ZOOPHILIE n. f. Déviation sexuelle au cours de laquelle les animaux sont l'objet du désir.

ZOOPHOBIE n. f. Crainte pathologique que l'on éprouve devant certains animaux.

ZOOPHYTE n. m. Dans diverses classifications zoologiques anciennes, embranchement qui comprend les échinodermes, méduses, polypes, spongiaires, infusoires.

ZOOPSIE n. f. *Psychiatr.* Hallucination visuelle constituée par des animaux.

ZOOSPORANGE n. m. Sporange qui produit des zoospores.

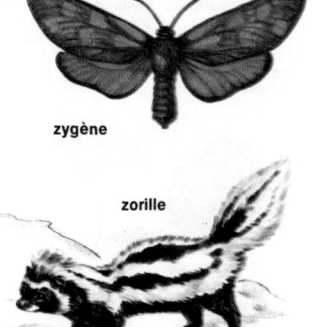

zygène

zorille

ZOOSPORE n. f. Spore qui peut nager par des cils vibratiles et que produisent divers champignons et algues.

ZOOTECHNICIEN, ENNE n. Personne qui s'occupe de zootechnie.

ZOOTECHNIE n. f. (gr. *zôon*, animal, et *tekhnê*, art). Science de la production et de l'exploitation des animaux domestiques.

ZOOTECHNIQUE adj. Relatif à la zootechnie.

ZOOTHÉRAPEUTIQUE adj. Relatif à la thérapeutique des animaux.

ZOOTHÉRAPIE n. f. Thérapeutique animale.

ZORILLE n. f. (esp. *zorilla*). Mammifère carnassier d'Afrique, à fourrure noir et blanc recherchée. (Famille des mustélidés.)

ZOROASTRIEN, ENNE adj. Qui se rapporte à Zarathushtra (Zoroastre) ou à sa doctrine.

ZOROASTRISME n. m. Doctrine de Zarathushtra (Zoroastre).

ZOSTÈRE n. f. (gr. *zôstêr*, ceinture). Plante monocotylédone poussant dans la vase en formant de véritables prairies sous-marines.

ZOSTÉRIEN, ENNE adj. *Méd.* Relatif au zona.

ZOUAVE n. m. (mot ar.). Soldat d'un corps d'infanterie française créé en Algérie en 1831. ● *Faire le zouave* (Pop.), faire le malin.

ZOZOTER v. i. (onomat.). *Fam.* Syn. de ZÉZAYER.

Zr, symbole chimique du zirconium.

Z.U.P. n. f. Abrév. de ZONE À URBANISER PAR PRIORITÉ.

ZUT! [zyt] interj. *Fam.* Exclamation qui exprime le dépit, le mépris, l'indifférence.

ZYGÈNE [ziʒɛn] n. f. (gr. *zugaina*). Papillon à ailes noires tachetées de rouge, dont les chenilles vivent sur le trèfle, la vesce, la spirée. (Long. : 3 à 4 cm.)

ZYGNÉMA n. m. Algue filamenteuse des mares, voisine de la spirogyre. (Sous-classe des conjuguées.)

ZYGOMA n. m. (gr. *zugôma*, jonction). *Anat.* Os de la pommette.

ZYGOMATIQUE adj. *Anat.* Se dit d'une apophyse de l'os temporal, qui atteint l'os malaire de la pommette et forme l'*arcade zygomatique*.

ZYGOMORPHE adj. (gr. *zugos*, couple). *Bot.* Se dit des fleurs qui présentent une symétrie bilatérale (légumineuses, labiacées, violette, etc.).

ZYGOMYCÈTE n. m. Moisissure telle que le *mucor*. (Les zygomycètes forment un groupe appartenant à la classe des siphomycètes; ils possèdent un mycélium non cloisonné et se reproduisent par isogamie.)

ZYGOPÉTALE n. m. Orchidacée des régions chaudes de l'Amérique.

ZYGOTE n. m. (gr. *zugos*, joug). Cellule résultant immédiatement de la fécondation. (Syn. ŒUF FÉCONDÉ.)

ZYMASE n. f. (gr. *zumê*, ferment). Enzyme de la levure de bière, provoquant la décomposition du glucose en alcool et en gaz carbonique dans la fermentation alcoolique.

ZYMOTECHNIE n. f. Art de produire et de diriger la fermentation.

ZYMOTIQUE adj. Relatif aux ferments solubles.

ZYTHUM [zitɔm] ou **ZYTHON** [-tɔ̃] n. m. (gr. *zuthos*, bière). Bière que les anciens Égyptiens fabriquaient avec de l'orge germée et broyée.

LOCUTIONS ET TRADUCTION	APPLICATION
Ab imo pectore ou **imo pectore** *Du fond de la poitrine, du cœur.*	Du plus profond du cœur, avec une entière franchise : *Exprimer son indignation* **ab imo pectore.**
Ab irato *Par un mouvement de colère.*	Ne prenez aucune résolution **ab irato.** — *Un testament* **ab irato.**
Ab ovo *À partir de l'œuf.*	Mot emprunté d'Horace (*Art poétique*, 147); allusion à l'œuf de Léda, d'où était sortie Hélène. Homère aurait pu y remonter s'il avait voulu raconter **ab ovo** la guerre de Troie; mais Horace le loue précisément d'avoir tiré *l'Iliade* d'un seul événement du siège : la colère d'Achille, sans remonter jusqu'à la naissance d'Hélène.
Ab urbe condita *Depuis la fondation de la ville.*	Les Romains dataient les années de la fondation de Rome **ab urbe condita** ou **urbis conditae,** qui correspond à 753 av. J.-C. Ces mots se marquent souvent par les initiales **U. C. :** *L'an 532* **U. C.,** c'est-à-dire *l'an 532 de la fondation de Rome.*
Abusus non tollit usum *L'abus n'exclut pas l'usage.*	Maxime de l'ancien droit. Dans l'application : L'abus que l'on peut faire d'une chose ne doit pas forcer nécessairement de s'en abstenir.
Abyssus abyssum invocat *L'abîme appelle l'abîme.*	Expression figurée empruntée d'un psaume de David (XLII, 8), qu'on emploie pour exprimer qu'une faute en entraîne une autre.
Acta est fabula *La pièce est jouée.*	C'est ainsi que, dans le théâtre antique, on annonçait la fin de la représentation. **Acta est fabula,** dit Auguste à son lit de mort, et ce furent ses dernières paroles. *La farce est jouée,* aurait dit aussi Rabelais.
Ad augusta per angusta *À des résultats grandioses par des voies étroites.*	Mots de passe des conjurés au quatrième acte d'*Hernani*, de V. Hugo. On n'arrive au triomphe qu'en surmontant maintes difficultés.
Ad honores *Pour l'honneur; Gratuitement.*	S'emploie en parlant d'un titre purement honorifique, sans rétribution : *Des fonctions* **ad honores.**
Adhuc sub judice lis est *Le procès est encore devant le juge.*	Hémistiche d'Horace (*Art poétique*, 78) examinant la question controversée de l'origine du rythme élégiaque. On emploie cette locution pour dire que la question n'est pas résolue, que l'accord n'est pas encore fait.
Ad limina apostolorum *Au seuil (des basiliques) des apôtres.*	Périphrase pour dire *À Rome; Vers le Saint-Siège.* On dit, par abréviation : *Visite* **ad limina.**
Ad litteram *À la lettre.*	On doit citer un auteur **ad litteram.**
Ad majorem Dei gloriam *Pour une plus grande gloire de Dieu.*	Devise de l'ordre des Jésuites. Les initiales A. M. D. G. servaient d'épigraphe à la plupart des livres émanés de cette Compagnie.
Ad referendum *Sous condition d'en référer.*	Formule de chancellerie : *Accepter une proposition* **ad referendum.**
Ad rem *À la chose.*	Précisément : *Répondre* **ad rem.**
Ad usum Delphini *À l'usage du Dauphin.*	Nom donné aux excellentes éditions des classiques latins entreprises pour le Dauphin, fils de Louis XIV, mais dont on avait retranché quelques passages trop crus. On emploie ironiquement cette formule à propos de publications expurgées ou arrangées pour les besoins de la cause.
Ad vitam aeternam *Pour la vie éternelle.*	À jamais; pour toujours.
Aequo animo *D'une âme égale; Avec constance.*	Le sage supporte **aequo animo** les coups de l'adversité.

Aere perennius
Plus durable que l'airain.

Mots d'Horace. V. EXEGI MONUMENTUM.

Age quod agis
Fais ce que tu fais.

C'est-à-dire *Sois attentif à ce que tu fais*, conseil que l'on donne à une personne qui se laisse distraire par un objet étranger à son occupation.

Alea jacta est
Le sort en est jeté.

Paroles fameuses qu'on attribue à César (Suétone, *Caesar*, 32) se préparant à franchir le Rubicon, parce qu'une loi ordonnait à tout général entrant en Italie par le nord de licencier ses troupes avant de passer cette rivière. Cette phrase s'emploie quand on prend une décision hardie et importante, après avoir longtemps hésité.

All right [olrajt]
Tout (est) droit.

Locution anglaise : *Tout va bien, tout est en état, vous pouvez aller de l'avant :* **all right.**

Alma mater ou **Alma parens.**
Mère nourricière.

Expressions souvent employées par les poètes latins pour désigner la patrie, et quelquefois par les écrivains de nos jours pour désigner l'Université.

Anno aetatis suae
Dans l'année de son âge.

Formule tumulaire, que l'on fait suivre du chiffre d'années atteint par la personne décédée.

A novo
De nouveau.

Affaire renvoyée **a novo** *devant une autre cour.*

Aperto libro
À livre ouvert.

Traduire **aperto libro.**

Argumentum baculinum
Argument du bâton.

Donner des coups de bâton en guise d'arguments; employer la force pour convaincre. *Dans le Mariage forcé, de Molière, Sganarelle emploie avec le pyrrhonien Marphurius* l'**argumentum baculinum.**

Ars longa, vita brevis
L'art est long, la vie est courte.

Traduction latine du premier aphorisme d'Hippocrate (**Ho bios brakhus, hê de tekhnê makra**).

A sacris
À l'écart des (ordres) sacrés.

Le prêtre interdit **a sacris** *ne peut exercer aucune des fonctions de son ministère.*

Asinus asinum fricat
L'âne frotte l'âne.

Se dit de deux personnes qui s'adressent mutuellement des éloges outrés.

At home [atom]
À la maison.

Locution anglaise : *Se trouver bien* **at home.**

Audaces fortuna juvat
La fortune favorise les audacieux.

Locution imitée de l'hémistiche de Virgile (*l'Énéide*, X, 284) :
Audentes fortuna juvat...

Aura popularis
Le souffle populaire.

Expression métaphorique, exprimant chez Virgile (*l'Énéide*, VI, 816), Horace (*Odes*, III, 2, 20), etc., l'inconstance de la faveur populaire.

Aurea mediocritas
Médiocrité d'or.

Expression d'Horace (*Odes*, II, 10, 5), pour dire qu'une condition moyenne, gage de tranquillité, doit être préférée à tout.

Auri sacra fames !
Exécrable faim de l'or !

Expression de Virgile (*l'Énéide*, III, 57). On dirait, en français : *Exécrable soif de l'or.*

Austriae est imperare orbi universo
Il appartient à l'Autriche de commander à tout l'univers.

Ambitieuse devise de la maison d'Autriche. Elle s'écrit par abréviation **A. E. I. O. U.** Elle est composée sur les cinq voyelles de l'alphabet, et a été traduite par des mots allemands qui commencent par les mêmes lettres : *Alles Erdreich ist Österreich untertan.*

Aut Caesar, aut nihil
Ou empereur, ou rien.

Devise attribuée à César Borgia, et qui peut servir à tous les ambitieux.

Ave Casear (ou **Imperator**),
morituri te salutant
Salut César (ou *Empereur*),
ceux qui vont mourir te saluent.

Paroles que, suivant Suétone (*Claude*, 21), prononçaient les gladiateurs romains en défilant, avant le combat, devant la loge impériale.

Beati pauperes spiritu
Bienheureux les pauvres en esprit.

C'est-à-dire ceux qui savent se détacher des biens du monde. Paroles qui se trouvent au début du *Sermon sur la montagne* (Évangile selon saint Matthieu, v, 3), et qui, par un travestissement du sens, s'emploient ironiquement pour désigner ceux qui réussissent avec peu d'intelligence.

Beati possidentes
Heureux ceux qui possèdent.

Locution dont il est fait de fréquentes applications depuis que le prince de Bismarck la mit à la mode. Elle signifie que, pour revendiquer utilement un pays ou son droit, il faut d'abord en prendre possession de fait.

Bis dat, qui cito dat
Celui-là donne deux fois, qui donne vite.

Proverbe latin signifiant que celui qui oblige promptement oblige doublement.

Bis repetita placent
Les choses répétées, redemandées, plaisent.

Aphorisme imaginé d'après un vers de l'*Art poétique* d'Horace (365), où le poète dit que telle œuvre ne plaira qu'une fois, tandis que telle autre répétée dix fois plaira toujours (*Haec decies repetita placebit*).

Bonum vinum laetificat cor hominis
Le bon vin réjouit le cœur de l'homme.

Proverbe tiré d'un passage de la Bible (Ecclésiastique, XL, 20), dont le véritable texte est : **Vinum et musica laetificant cor** (*Le vin et la musique réjouissent le cœur*), et le texte ajoute : *et plus que tous les deux, l'amour de la sagesse.*

Carcere duro [kartʃereduro]
Dur cachot.

Expression italienne, usitée pendant la domination autrichienne pour désigner un système d'emprisonnement réservé aux condamnés politiques : *Silvio Pellico fut condamné au* **carcere duro.**

Carpe diem
Mets à profit le jour présent.

Mots d'Horace (*Odes*, I, 11, 8) qui aime à rappeler que la vie est courte, et qu'il faut se hâter d'en jouir.

Castigat ridendo mores
Elle corrige les mœurs en riant.

Devise de la comédie, imaginée par le poète Santeul, et donnée à l'arlequin Dominique pour qu'il la mît sur la toile de son théâtre.

Caveant consules !
Que les consuls prennent garde !

Premiers mots d'une formule qui se complète par : **ne quid detrimenti respublica capiat** *(afin que la république n'éprouve aucun dommage)*, et par laquelle le sénat romain, dans les moments de crise, accordait aux consuls les pleins pouvoirs. On l'emploie au figuré : *L'émeute gronde à nos portes :* **caveant consules !**

Cedant arma togae
Que les armes le cèdent à la toge.

Premier hémistiche d'un vers cité par Cicéron *(Des devoirs, I, 22)*. On rappelle cette phrase pour exprimer que le gouvernement militaire, représenté par les armes, par l'épée, doit faire place au gouvernement civil, représenté par la toge, ou s'incliner devant lui.

Chi [ki] lo sa ?
Qui le sait ?

Locution italienne, fréquemment employée.

Chi [ki] va piano, va sano
Qui va doucement, va sûrement.

Proverbe italien. Il se complète par **chi va sano, va lontano** *(qui va sûrement, va loin)*. Racine a dit *(les Plaideurs, I, I)* :
> *Qui veut voyager loin ménage sa monture.*

Col canto
Avec le chant.

Locution italienne, employée en musique.

Compos sui
Maître de soi-même.

Dans toutes les circonstances, le sage reste **compos sui.**

Consensus omnium
Le consentement universel.

Prouver une chose par le **consensus omnium.**

Consilio manuque
Par la clairvoyance et l'habileté.

Devise donnée par Beaumarchais à Figaro, dans *le Barbier de Séville* (acte Ier, sc. VI).

Contraria contrariis curantur
Les contraires se guérissent par les contraires.

Maxime de la médecine classique, en opposition avec celle de l'homéopathie : **Similia similibus curantur** *(Les semblables se guérissent par les semblables).*

Credo quia absurdum
Je le crois parce que c'est absurde.

Paroles inexactement rapportées de Tertullien *(De carne Christi)* et attribuées à tort à saint Augustin, qui enseigne seulement que le propre de la foi est de croire, sans avoir besoin de preuves rationnelles.

Cuique suum
À chacun le sien.

Aphorisme de la législation romaine : *Il faut donner* **cuique suum.**

Cujus regio, ejus religio
Telle la religion du prince, telle celle du pays.

Ce principe fut consacré par la paix d'Augsbourg (1555) qui reconnut la liberté religieuse aux États luthériens.

De auditu
Par ouï-dire.

· *Ne savoir une chose que* **de auditu.**

De commodo et incommodo
De l'avantage et de l'inconvénient.

Cette locution est presque exclusivement administrative : *Ordonner une enquête* **de commodo et incommodo** *sur des travaux publics.*

De gustibus et coloribus non disputandum
Des goûts et des couleurs il ne faut pas discuter.

Proverbe des scolastiques du Moyen Âge, qui est devenu français. Chacun est libre de penser, d'agir selon ses préférences.

Delenda Carthago
Il faut détruire Carthage.

Paroles par lesquelles Caton l'Ancien (Florus, *Hist. rom.*, II, 15) terminait tous ses discours, sur quelque sujet que ce fût. S'emploient pour rendre une idée fixe que l'on a dans l'esprit, dont on poursuit avec acharnement la réalisation, et à laquelle on revient toujours.

De minimis non curat praetor
Le préteur ne s'occupe pas des petites affaires.

Axiome que l'on cite pour signifier qu'un homme qui a de hautes responsabilités n'a pas à s'occuper de vétilles. On dit aussi **Aquila non capit muscas** *(L'aigle ne prend pas de mouches).*

Deo gratias
Grâces soient rendues à Dieu.

Formule liturgique latine employée familièrement pour exprimer le soulagement de voir la fin de choses désagréables ou ennuyeuses.

De omni re scibili, et quibusdam aliis
De toutes les choses qu'on peut savoir, et même de plusieurs autres.

De omni re scibili était la devise du fameux Pic de La Mirandole, qui se faisait fort de tenir tête à tout venant sur tout ce que l'homme peut savoir; **et quibusdam aliis** est une addition d'un plaisant, peut-être de Voltaire, qui critique d'une manière piquante les prétentions du jeune savant. La devise a passé en proverbe avec son complément, et sert à désigner ironiquement un prétentieux qui croit tout savoir.

Desinit in piscem
Finit en queue de poisson.

Allusion au passage de l'*Art poétique* d'Horace (4), où le poète compare une œuvre d'art sans unité à un beau buste de femme qui se terminerait en queue de poisson :
> **Desinit in piscem** *mulier formosa superne.*

Se dit des choses dont la fin ne répond pas au commencement.

De viris
Des hommes.

Premiers mots d'un livre élémentaire, le *De viris illustribus urbis Romae* (Des hommes illustres de la ville de Rome), par Lhomond, où, dans les lycées et collèges, on commence à apprendre le latin.

Dignus est intrare
Il est digne d'entrer.

Formule empruntée à la cérémonie burlesque du *Malade imaginaire*, de Molière, et qui s'emploie toujours par plaisanterie, quand il s'agit d'admettre quelqu'un dans une corporation ou une société.

Divide ut regnes
Divise, afin de régner.

Maxime poétique énoncée par Machiavel, qui a été celle du sénat romain, de Louis XI, de Catherine de Médicis. La forme la plus générale est : *Divide ut imperes* ou *Divide et impera* (Divise et règne).

Dixi
J'ai dit.

Formule par laquelle on termine un raisonnement, un plaidoyer, etc. On l'emploie aussi familièrement pour indiquer que ce que l'on vient de dire n'admet pas de réplique.

Doctus cum libro
Savant avec le livre.

Se dit de ceux qui, incapables de penser eux-mêmes, étalent une science d'emprunt, et puisent leurs idées dans les ouvrages des autres.

Dominus vobiscum
Le Seigneur soit avec vous.

Formule liturgique du rite latin.

Donec eris felix, multos numerabis amicos
Tant que tu seras heureux,
tu compteras beaucoup d'amis.

Vers d'Ovide (*Tristes*, I, 9, 5) exilé par Auguste et abandonné de ses amis. On ajoute d'ordinaire le second vers :
Tempora si fuerint nubila, solus eris.
(Si le ciel se couvre de nuages, tu seras seul.)
Cette réflexion convient à tous ceux qu'une foule d'amis entourent dans la prospérité et abandonnent dans le malheur.

Dulce et decorum
est pro patria mori
Il est doux et beau de mourir pour la patrie.

Vers d'Horace (*Odes*, III, 2, 13) s'adressant aux jeunes Romains pour leur conseiller d'imiter les vertus de leurs ancêtres, et en particulier leur courage guerrier.

Dura lex, sed lex
La loi est dure, mais c'est la loi.

Maxime que l'on rappelle en parlant d'une règle pénible à laquelle on est forcé de se soumettre.

Ejusdem farinae
De la même farine.

Se prend toujours en mauvaise part, pour établir une comparaison entre personnes ayant mêmes vices, mêmes défauts, etc.

Eli, Eli, lamma sabacthani
Mon Dieu, mon Dieu,
pourquoi m'avez-vous abandonné ?

C'est le cri du Christ mourant sur la Croix (saint Matthieu, XXVII, 46; saint Marc, XV, 34); début du psaume XXII.

English spoken
On parle anglais.

Phrase que l'on inscrit sur la devanture d'une boutique, etc., pour indiquer qu'on peut y trouver une personne parlant anglais.

Ense et aratro
Par l'épée et par la charrue.

Devise du citoyen qui sert son pays en temps de guerre par son épée, en temps de paix par les travaux de l'agriculture. C'était la devise du maréchal Bugeaud, alors qu'il était gouverneur de l'Algérie.

Eppur (ou E pur), si muove !
Et pourtant, elle tourne !

Mot prêté à Galilée forcé de faire amende honorable pour avoir proclamé, après Copernic, que la Terre tourne sur elle-même, contrairement à la lettre des Écritures.

Errare humanum est
Il est de la nature de l'homme de se tromper.

S'emploie pour expliquer, pour pallier une faute, une chute morale. On ajoute parfois : **perseverare diabolicum** *(persévérer est diabolique).*

Exegi monumentum aere perennius
J'ai achevé un monument
plus durable que l'airain.

Premier vers de la trentième et dernière ode du IIIe livre des *Odes* d'Horace. Le poète, terminant le recueil de ses trois premiers livres, promet à son œuvre l'immortalité. Souvent, on cite la première ou la seconde moitié du vers.

Exempli gratia
Par exemple.

En abrégé **e. g.** — On dit aussi, dans le même sens, **verbi gratia.** En abrégé **v. g.**

Ex nihilo nihil
Rien [ne vient] de rien.

Célèbre aphorisme résumant la philosophie de Lucrèce et d'Épicure, mais tiré d'un vers de Perse (*Satires*, III, 84), qui commence par *De nihilo nihil* (Rien ne vient de rien, c'est-à-dire Rien n'a été tiré de rien. Rien n'a été créé, mais tout ce qui existe existait déjà en quelque manière de toute éternité).

Ex professo
En homme qui possède
parfaitement son sujet.

Traiter une matière **ex professo.** — Parler d'une chose **ex professo.**

Facit indignatio versum
L'indignation fait (jaillir) le vers.

Expression de Juvénal (*Satires*, I, 79), qui signifie que l'indignation suffit à inspirer le poète.

Fama volat
La Renommée vole.

Expression de Virgile (*l'Énéide*, III, 121). Exprime la rapidité avec laquelle une nouvelle se répand.

Felix qui potuit rerum cognoscere causas
Heureux celui qui a pu pénétrer
les causes secrètes des choses.

Vers de Virgile (*Géorgiques*, II, 489), souvent cité pour vanter le bonheur de ceux dont l'esprit vigoureux pénètre les secrets de la nature et s'élève ainsi au-dessus des superstitions du vulgaire.

Festina lente
Hâte-toi lentement.

Maxime grecque citée par Auguste, selon Suétone (*Auguste*, 25) : Allez lentement pour arriver plus vite à un travail bien fait. Boileau a dit de même : *Hâtez-vous lentement.*

Fiat lux !
Que la lumière soit !

Allusion à la parole créatrice de la Genèse (I, 3) : *Dieu dit « Que la lumière soit », et la lumière fut.* — Elle est devenue la devise de toute grande découverte, qui fait, en quelque sorte, passer une chose de la nuit au jour, du néant à l'être.

Fiat voluntas tua
Que votre volonté soit faite.

Paroles tirées de l'*Oraison dominicale*, et qu'on emploie en manière d'acquiescement résigné.

Fluctuat nec mergitur
Il est battu par les flots,
mais ne sombre pas.

Devise de la Ville de Paris, qui a pour emblème un vaisseau.

For ever !
Pour toujours.

Locution souvent employée en Angleterre, dans un sens exclamatif, comme on dirait en français *Vive à jamais !*

Fugit irreparabile tempus
Le temps fuit irréparable.

Fin d'un vers de Virgile (*Géorgiques*, III, 284). Se cite pour marquer la fuite du temps.

Furia francese
La furie française.

Expression dont les Italiens, après Machiavel, se servirent à partir de la bataille de Fornoue (1495), pour caractériser l'impétuosité des Français.

Genus irritabile vatum
La race irritable des poètes.

Expression d'Horace (*Épîtres*, II, 2, 102), qui sert à caractériser l'extrême susceptibilité des poètes et des gens de lettres.

Gloria victis !
Gloire aux vaincus !

Antithèse de la locution **Vae victis !**

Gnôthi seauton [gnotiseotɔn]
Connais-toi toi-même.

Inscription gravée au fronton du temple d'Apollon à Delphes et que Socrate avait choisie pour devise.

Grammatici certant
Les grammairiens discutent.

Commencement d'un vers d'Horace (*Art poétique,* 78), qui se complète par : **et adhuc sub judice lis est.** V. Adhuc.

Gratis pro Deo
Gratuitement pour l'amour de Dieu.

Travailler **gratis pro Deo.**

Hic jacet...
Ci-gît...

Premiers mots d'une inscription tumulaire.

Hoc erat in votis
Cela était dans mes vœux.

Voilà ce que je désirais. Mots d'Horace (*Satires*, II, 6, 1), que l'on rappelle en parlant d'un souhait dont la réalisation a comblé tous les désirs.

Hoc volo, sic jubeo, sit pro ratione voluntas
Je le veux, je l'ordonne, que ma volonté tienne lieu de raison.

Vers de Juvénal (*Satires*, VI, 223), qui met ces mots dans la bouche d'une épouse tyrannique. Se cite en parlant d'une volonté arbitraire.

Homo homini lupus
L'homme est un loup pour l'homme.

Pensée de Plaute (*Asinaria*, II, 4, 88), reprise et illustrée par Bacon et Hobbes, et qui revient à dire que l'homme fait souvent beaucoup de mal à ses semblables.

Homo sum : humani nil a me alienum puto
Je suis homme : rien de ce qui est humain ne m'est étranger.

Vers de Térence (*le Bourreau de soi-même*, I, 1, 25), exprimant le sentiment de la solidarité humaine.

Honest Iago
Honnête Iago.

Mots ironiques de Shakespeare (*Othello*), appliqués à un scélérat. On s'en sert dans le même sens.

Horresco referens
Je frémis en le racontant.

Exclamation d'Énée racontant la mort de Laocoon (Virgile, *l'Énéide*, II, 204). Ces mots s'emploient quelquefois d'une manière plaisante.

Ignoti nulla cupido
On ne désire pas ce qu'on ne connaît pas.

Aphorisme d'Ovide (*l'Art d'aimer*, III, 397). *L'indifférence naît de causes diverses, le plus souvent de l'ignorance :* **ignoti nulla cupido.**

In aeternum
Pour toujours.

S'engager **in aeternum** *par des vœux religieux.* On dit aussi **in perpetuum.**

In articulo mortis
À l'article de la mort.

Se confesser, faire son testament **in articulo mortis.** Même application que **in extremis.**

In cauda venenum
Dans la queue le venin.

Comme le venin du scorpion est renfermé dans sa queue, les Romains tirèrent de cette circonstance le proverbe **In cauda venenum,** qu'ils appliquaient à la dernière partie d'une lettre, d'un discours, débutant sur un ton inoffensif, et s'achevant par un trait blessant et inattendu.

In cha' Allah !
Si Dieu le veut !

Locution arabe employée pour marquer que l'on est soumis à la destinée voulue par Dieu.

Infandum, regina, jubes renovare dolorem
Vous m'ordonnez, reine, de renouveler une indicible douleur.

Vers de *l'Énéide* (II, 3). Mots par lesquels Énée commence le récit qu'il fait à Didon de la prise de Troie. On le cite, en manière de précaution oratoire, lorsqu'on a à faire quelque confidence plus ou moins douloureuse ; on l'emploie aussi par plaisanterie.

In fine
À la fin.

À la fin d'un paragraphe ou d'un chapitre : *Cette disposition se trouve dans tel titre du Code,* **in fine.**

In hoc signo vinces
Tu vaincras par ce signe.

La tradition rapporte que, Constantin allant combattre contre Maxence, une croix se montra dans les airs à son armée, avec ces mots : **In hoc signo vinces.** Il fit peindre ce signe sur son étendard, ou *labarum,* et fut vainqueur. S'emploie pour désigner ce qui, dans une circonstance quelconque, nous fera surmonter une difficulté, ou remporter un avantage.

In limine
Sur le seuil.

Par extension, au début : *L'auteur de ce livre a inscrit un sonnet* **in limine.**

In medias res
Au milieu des choses.

Autrement dit, en plein sujet, au milieu de l'action. Expression d'Horace (*Art poétique*, 148) expliquant qu'Homère jette son lecteur **in medias res.**

In medio stat virtus
La vertu est au milieu.

C'est-à-dire : également éloignée des extrêmes.

In saecula saeculorum
Dans les siècles des siècles.

S'emploie figurément pour marquer la longue durée d'une chose. Cette locution, ainsi que *ad vitam aeternam,* qui a le même sens, est empruntée à la liturgie latine.

Intelligenti pauca
À qui sait comprendre, peu de mots suffisent.

À certaines personnes, on peut parler à demi-mot.

In vino veritas
La vérité dans le vin.

C'est-à-dire : L'homme est expansif quand il a bu du vin ; la vérité, qu'il ne dirait pas à jeun, lui échappe alors.

Ira furor brevis est
La colère est une courte folie.

Maxime d'Horace (*Épîtres*, I, 2, 62); la colère, comme toute passion violente, est une aliénation mentale momentanée.

Is fecit cui prodest
Celui-là a fait, à qui la chose faite est utile.

Le coupable est presque toujours celui à qui le délit ou le crime profite. — (On ne doit se servir qu'avec circonspection de ce vieil axiome de droit.)

Ita diis placuit
Ainsi il a plu aux dieux.

Locution que l'on emploie dans le sens de « la chose est faite, accomplie, il n'y a plus à y revenir ».

Ita est
Il en est ainsi.

Formule de visa, mise anciennement sur les grosses pour certifier leur conformité avec la minute.

Italia (L') farà da sè
L'Italie fera par elle-même.

C'est-à-dire : L'Italie n'a besoin de personne. Dicton favori des Italiens, à l'époque où l'unité était en voie de formation.

Ite, missa est
Allez, la messe est dite.

Formule liturgique de la messe, qui suit la bénédiction finale donnée par le célébrant dans le rite latin.

Judicatum solvi
Que ce qui est jugé soit payé.

Usité dans l'expression juridique : *Caution* **judicatum solvi,** caution exigée d'un étranger demandeur dans une instance en France contre un Français, pour assurer le paiement des frais du procès.

Jure et facto
De droit et de fait.

Henri IV ne fut roi **jure et facto** *qu'après son entrée solennelle dans Paris.*

Jus est ars boni et aequi
Le droit est l'art du bien et du juste.

Telle est l'élégante définition du droit, donnée par le *Digeste*.

Ktêma eis aei
Un trésor, un bien pour toujours, une acquisition définitive.

Expression de Thucydide (*Guerre du Péloponnèse*, I, 22). L'historien, caractérisant son œuvre, dit qu'il a composé non pas un discours d'apparat destiné à des auditeurs d'un moment, mais un monument durable.

Labor omnia vincit Improbus
Un travail opiniâtre vient à bout de tout.

Fragments de deux vers des *Géorgiques* de Virgile (I, 144-145), devenus proverbe.

Last but not least
Dernier point mais non le moindre.

Expression anglaise utilisée dans une argumentation pour mettre en valeur un argument final ou dans une énumération pour souligner l'importance du dernier terme.

Lato sensu
Au sens large.

Locution latine signifiant « au sens large », « par extension », et qui s'oppose à l'expression **stricto sensu** (au sens strict).

Laudator temporis acti
Celui qui fait l'éloge du temps passé.

Fin d'un vers d'Horace (*Art poétique*, 173), où il fait ressortir ce défaut, ordinaire aux vieillards, de dénigrer le présent au profit du passé.

Lex est quod notamus
Ce que nous écrivons fait loi.

Devise de la Chambre des notaires, à Paris. Elle est due à Santeul.

Loco citato
À l'endroit cité.

S'emploie dans un livre pour renvoyer à l'endroit cité précédemment. (En abrégé : **loc. cit.**)

Magister dixit
Le maître l'a dit.

Formule pythagoricienne, reprise au Moyen Âge par les scolastiques, citant, comme un argument sans réplique, un texte du maître (Aristote). Cette expression s'emploie lorsqu'on fait référence à la pensée de quelqu'un que l'on estime faire autorité en la matière.

Major e longinquo reverentia
L'éloignement augmente le prestige.

Mot célèbre de Tacite (*Annales*, I, 47), souvent cité pour signifier que nous sommes portés à admirer de confiance ce qui est éloigné de nous dans le temps ou dans l'espace.

Malesuada fames
La faim mauvaise conseillère.

Virgile (l'*Énéide*, VI, 276) caractérise ainsi la Faim.

Mane, thecel, pharès
Compté, pesé, divisé.

Menace prophétique qu'une main mystérieuse écrivit sur le mur du palais royal au moment où Cyrus pénétrait dans Babylone (Livre de Daniel, chap. V).

Man spricht deutsch
On parle allemand.

Phrase que l'on inscrit sur la devanture d'une boutique, etc., pour indiquer qu'on peut y trouver une personne parlant l'allemand.

Margaritas ante porcos
(Ne jetez pas) des perles aux pourceaux.

Paroles de l'Évangile (saint Matthieu, VII, 6) qui, dans l'application, signifient qu'il ne faut pas parler à un sot de choses qu'il est incapable d'apprécier.

Medice, cura te ipsum
Médecin, guéris-toi toi-même.

Maxime de l'Évangile (saint Luc, IV, 23); se dit à ceux qui donnent des conseils qu'ils devraient commencer par pratiquer eux-mêmes.

Mehr Licht !
Plus de lumière!

Expression allemande. Dernières paroles de Goethe demandant qu'on ouvrît une fenêtre pour donner plus de lumière, et qu'on cite dans un sens tout différent pour dire : « Plus de clarté intellectuelle, plus de savoir, de vérité! »

Memento, homo, quia pulvis es et in pulverem reverteris
Souviens-toi, homme, que tu es poussière et que tu retourneras en poussière.

Paroles que prononce le prêtre en marquant de cendre le front des fidèles le jour des Cendres, en souvenir de la parole de la Genèse (III, 19), dite par Dieu à Adam, après le péché originel.

Mens agitat molem
L'esprit meut la masse.

Commencement d'un vers de Virgile (*l'Énéide*, VI, 727) placé dans une explication panthéiste et stoïcienne du monde, et signifiant qu'un principe spirituel anime l'univers. — S'emploie dans un sens différent pour désigner tout ce qui marque l'empire de l'intelligence sur la matière.

Mens sana in corpore sano
Âme saine dans un corps sain.

Maxime de Juvénal (*Satires*, X, 356). L'homme vraiment sage, dit le poète, ne demande au ciel que la *santé de l'âme avec la santé du corps*. Dans l'application, ces vers sont souvent détournés de leur sens, pour exprimer que la santé du corps est une condition importante de la santé de l'esprit.

Minima de malis
Des maux choisir les moindres.

Proverbe tiré des fables de Phèdre.

Mirabile visu
Chose admirable à voir.

C'était vraiment un spectacle curieux, **mirabile visu.** — Dans un sens analogue, on dit **Mirabile dictu** (Chose étonnante à dire).

More majorum
D'après la coutume des ancêtres.

Locution latine employée pour dire qu'une chose a été faite selon la tradition.

Morituri te salutant

V. Ave Caesar.

Mors ultima ratio
La mort est la raison finale de tout.

La haine, l'envie, tout s'efface au trépas : **mors ultima ratio.**

Multi sunt vocati, pauci vero electi
Beaucoup sont appelés, mais peu sont élus.

Paroles de l'Évangile (saint Matthieu, XX et XXII), qui ne regardent que la vie future, mais qu'on applique à la vie présente dans une foule de circonstances.

Nascuntur poetae, fiunt oratores
On naît poète, on devient orateur.

Maxime attribuée à Cicéron. L'éloquence est fille de l'art, la poésie est fille de la nature. Brillat-Savarin, dans les *Aphorismes* qui précèdent sa *Physiologie du goût*, a plaisamment parodié ainsi l'axiome latin : *On devient cuisinier, mais on naît rôtisseur.*

Naturam expelles furca, tamen usque recurret
Chassez la nature avec une fourche, elle reviendra toujours en courant.

Vers d'Horace (*Épîtres*, I, 10, 24), que Destouches, dans son *Glorieux* (III, 5), a traduit par le vers célèbre :
Chassez le naturel, il revient au galop.

Natura non facit saltus
La nature ne fait pas de sauts.

C'est-à-dire : La nature ne crée ni espèces ni genres absolument tranchés; il y a toujours entre eux quelque intermédiaire qui les relie l'un à l'autre. Aphorisme scientifique énoncé par Leibniz (*Nouveaux Essais*, IV, 16).

Nec pluribus impar
Non inégal à plusieurs (soleils).

C'est-à-dire : Supérieur à tout le monde, au-dessus du reste des hommes. Orgueilleuse devise de Louis XIV, qui avait pour emblème le soleil.

Ne quid nimis
Rien de trop.

Sentence qui, empruntée par les Latins aux Grecs *(Mêden agan)*, avait le sens de « l'excès en tout est un défaut ».

Ne sutor ultra crepidam

V. Sutor, ne supra crepidam.

Nihil (ou **nil**) **obstat**
Rien n'empêche.

Formule employée par la censure ecclésiastique pour autoriser l'impression d'un ouvrage contre lequel aucune objection doctrinale ne peut être retenue : *Le* **nihil obstat** *précède l'imprimatur.*

Nil admirari
Ne s'émouvoir de rien.

Mots d'Horace (*Épîtres*, I, 6, 1). Cette maxime stoïcienne est d'après lui le principe du bonheur. Ces mots s'emploient souvent dans le sens de « ne s'étonner de rien », et sont pris alors comme la devise des indifférents.

Nil novi sub sole
Rien de nouveau sous le soleil.

Paroles de l'Ecclésiaste (I, 9).

Nolens, volens
Ne voulant pas, voulant.

Expression latine qui équivaut à l'expression française *Bon gré mal gré.*

Non bis in idem
Non deux fois pour la même chose.

Axiome de jurisprudence, en vertu duquel on ne peut être jugé deux fois pour le même délit.

Non decet
Cela ne convient pas.

Locution pour exprimer la désapprobation.

Non erat his locus
Ce n'en était pas la place.

Mots empruntés de l'*Art poétique* d'Horace (19), et par lesquels le poète blâme les digressions. S'emploient à propos d'une chose faite à contretemps. On les cite souvent, inexactement, sous cette forme : **Non est** (ou **non erat**) **hic** (ici) **locus.**

Non licet omnibus adire Corinthum
Il n'est pas donné à tout le monde d'aller à Corinthe.

Traduction latine d'un proverbe grec exprimant que les plaisirs étaient si coûteux à Corinthe qu'il n'était pas permis à tous d'y aller séjourner. Se rappelle à propos de toutes les choses auxquelles il faut renoncer faute d'argent, de moyens, etc.

Non, nisi parendo, vincitur
On ne la [le] vainc qu'en lui obéissant.

Axiome que le philosophe Francis Bacon applique à la nature : «Pour faire servir la nature aux besoins de l'homme, il faut obéir à ses lois.»

Non nova, sed nove
Non pas des choses nouvelles, mais d'une manière nouvelle.

Se dit par exemple d'un écrivain qui n'apporte pas d'idées nouvelles, mais qui fait siennes des idées déjà connues, en les présentant d'une manière nouvelle, dans un ordre qui lui est propre.

Non omnia possumus omnes
Nous ne pouvons tous faire toutes choses.

Expression de Virgile (*Églogues*, VIII, 63). Tout le monde n'a pas toutes les aptitudes : l'homme n'est pas universel.

Non possumus
Nous ne pouvons.

Réponse de saint Pierre et de saint Jean aux princes des prêtres, qui voulaient leur interdire de prêcher l'Évangile (Actes des Apôtres, IV, 19-20). Dans l'application, ces mots expriment un refus sur lequel on ne peut revenir. S'emploie aussi substantivement : *Opposer un* **non possumus.**

Nulla dies sine linea
Pas un jour sans une ligne.

Mots prêtés par Pline (*Histoire naturelle*, 35-36) à Apelle, qui ne passait pas un jour sans tracer une ligne, c'est-à-dire sans peindre. Cette expression s'applique surtout aux écrivains.

Nunc dimittis servum tuum, Domine
*Maintenant, tu renvoies
ton serviteur, Seigneur.*

Paroles du vieillard juif Siméon, après avoir vu le Messie (Évangile selon saint Luc, II, 25). On peut mourir après avoir vu s'accomplir ses plus chères espérances.

Nunc est bibendum
C'est maintenant qu'il faut boire.

Mots empruntés à Horace dans une ode (I, 37, 1) composée à l'occasion de la victoire d'Actium. Manière familière de dire qu'il faut célébrer un grand succès, un succès inespéré.

Nutrisco et exstinguo
Je [le] nourris et je [l']éteins.

Devise qui accompagnait la salamandre sur les armes de François Ier, par allusion à cette ancienne croyance que les salamandres sont capables de vivre dans le feu, de l'activer et de l'éteindre.

Oderint, dum metuant
*Qu'ils me haïssent,
pourvu qu'ils me craignent.*

Expression du poète tragique Accius (*Atrée*), citée par Cicéron (*De officiis*, I, 28, 97). Elle peut servir de devise aux tyrans.

Odi profanum vulgus
Je hais le vulgaire profane.

Pensée d'Horace (*Odes*, III, 1, 1), qui se flatte de mépriser les applaudissements de la foule, et de ne rechercher que les suffrages des gens de goût.

**O fortunatos nimium,
sua si bona norint, Agricolas!**
*Trop heureux les hommes des champs
s'ils connaissaient leur bonheur!*

Vers de Virgile (*Géorgiques*, II, 458-459), dont on ne cite souvent que la première partie, laquelle s'applique à ceux qui jouissent d'un bonheur qu'ils ne savent pas apprécier.

Oleum perdidisti
Tu as perdu ton huile.

C'est-à-dire : Tu as perdu ton temps, ta peine. Les Anciens disaient d'un discours, d'un livre trop travaillé, qui avait dû coûter de la peine, qu'il sentait l'huile; s'il ne valait rien, l'auteur « avait perdu son huile ».

Omne tulit punctum, qui miscuit utile dulci
*Il a remporté tous les suffrages,
celui qui a su mêler l'utile à l'agréable.*

Vers d'Horace (*Art poétique*, 343). On dit de quelqu'un qui a réussi, qui a recueilli tous les suffrages : **Omne tulit punctum.**

Omnia vincit amor
L'amour triomphe de tout.

Première partie d'un vers de Virgile (*Églogues*, X, 69). Il s'agit de l'Amour personnifié, tyran des hommes et des dieux.

Omnis homo mendax
Tout homme est menteur.

Paroles tirées du psaume CXVI, 11.

Opere citato
Dans l'ouvrage cité.

S'emploie dans un livre pour indiquer l'ouvrage cité précédemment. (En abrégé : **op. cit.**)

O sancta simplicitas!
Ô sainte simplicité!

Exclamation de Jérôme de Prague, disciple de Jean Hus, voyant une vieille femme apporter, pour gagner une indulgence, un fagot au bûcher où il brûlait. Se cite souvent par ironie pour railler une conduite, une parole naïves.

O tempora! o mores!
Ô temps! ô mœurs!

Exclamation par laquelle Cicéron s'élève contre la perversité des hommes de son temps (*Catilinaires*, I, 1 et *Verrines : De signis*, 25, 56).

Panem et circenses
Du pain et les jeux du cirque.

Mots d'amer mépris adressés par Juvénal (*Satires*, X, 81) aux Romains incapables de s'intéresser à d'autres choses qu'aux distributions gratuites de blé et aux jeux du cirque.

Parcere subjectis et debellare superbos
*Épargner ceux qui se soumettent,
et dompter les superbes.*

Vers de Virgile (*l'Énéide*, VI, 853), mis dans la bouche d'Anchise, qui explique à Énée le rôle futur du peuple romain.

Par pari refertur
On rend la pareille.

Répond à peu près à la loi mosaïque du talion : *Œil pour œil, dent pour dent*, etc.

Parturiunt montes; nascetur ridiculus mus
*Les montagnes sont en travail;
il en naîtra une souris ridicule.*

Pensée d'Horace (*Art poétique*, 139), que La Fontaine a commentée dans sa fable *la Montagne qui accouche*, et qui, dans l'application, sert à qualifier des projets grandioses aboutissant à des réalisations ridicules.

Paulo majora canamus
Chantons des choses un peu plus relevées.

Virgile (*Églogues*, IV, 1). Cette locution sert de transition pour passer d'un sujet à un autre plus important.

Per fas et nefas
Par le juste et l'injuste.

C'est-à-dire : Par toutes les voies, par tous les moyens possibles.

Perinde ac cadaver
Comme un cadavre.

Expression par laquelle saint Ignace de Loyola, dans ses *Constitutions*, prescrit aux jésuites la discipline et l'obéissance à leurs supérieurs, réserve faite des cas que la conscience défend.

Per Jovem!
Par Jupiter!

Espèce de juron familier, que Molière met dans la bouche d'un pédant.

Plaudite, cives!
Citoyens, applaudissez!

Mots par lesquels les acteurs romains, à la fin d'une comédie, sollicitaient les applaudissements du public.

Post hoc, ergo propter hoc
À la suite de cela, donc à cause de cela.

Formule par laquelle on désignait, dans la scolastique, l'erreur qui consiste à prendre pour cause ce qui n'est qu'un antécédent dans le temps.

Potius mori quam foedari
Plutôt mourir que se déshonorer.

Expression latine qui peut servir de devise à tous ceux qui préfèrent l'honneur à la vie. On l'attribue au cardinal Jacques de Portugal (m. en 1459). Sous une forme un peu différente, elle a été la devise d'Anne de Bretagne, de Ferdinand d'Aragon : **Malo mori quam foedari.**

Primum vivere, deinde philosophari
Vivre d'abord, philosopher ensuite.

Précepte des Anciens, par lequel on se moque de ceux qui ne savent que philosopher ou discuter, et ne sont pas capables de se créer des moyens d'existence.

Primus inter pares
Le premier entre ses égaux.

Le président d'une république n'est que le **primus inter pares.**

Prolem sine matre creatam
Enfant né sans mère.

Montesquieu a mis cette épigraphe, tirée d'un vers d'Ovide (*Métamorphoses,* II, 553), en tête de son *Esprit des lois,* pour marquer qu'il n'avait pas eu de modèle.

Pro memoria
Pour mémoire.

Formule encore employée en diplomatie, pour rappeler des droits périmés depuis longtemps.

Pro rege saepe; pro patria semper
Pour le roi, souvent;
pour la patrie, toujours.

Devise de Colbert.

Punica fides
Foi punique, carthaginoise.

Les Romains accusaient les Carthaginois d'enfreindre souvent les traités, ce qui leur fit employer cette expression comme synonyme de *mauvaise foi.*

Qualis artifex pereo !
Quel grand artiste périt avec moi !

Dernière exclamation de Néron avant de se tuer, d'après Suétone (*Néron,* 44), exprimant la perte que le monde faisait par la mort d'un homme comme lui qui avait brillé au théâtre et dans le cirque.

Quandoque bonus dormitat Homerus
Le bon Homère sommeille quelquefois.

Horace (*Art poétique,* 359) veut faire entendre par ces mots que même un écrivain de génie n'est pas toujours égal à lui-même.

Quia nominor leo
Parce que je m'appelle lion.

Mots tirés d'une fable de Phèdre (I, 5). C'est la raison donnée par le Lion pour s'attribuer la première part du butin. Se dit de celui qui abuse de sa force, de son autorité. L'imitation de La Fontaine a donné naissance à cette expression, qui s'emploie dans le même sens : *La part du lion.*

Qui bene amat, bene castigat
Qui aime bien, châtie bien.

Application facile, puisque le *châtiment* n'a d'autre but que de corriger les défauts de ceux que l'on aime.

Quid novi ?
Quoi de nouveau ?

Interrogation familière, que deux personnes s'adressent quand elles se rencontrent.

Qui habet aures audiendi, audiat
Que celui qui a des oreilles
pour entendre entende.

Paroles qui se trouvent plusieurs fois dans l'Évangile, à la suite de paraboles du Christ. S'emploie pour avertir qu'on doit faire son profit de ce qui a été dit.

Qui nescit dissimulare, nescit regnare
Celui qui ne sait pas dissimuler
ne sait pas régner.

Maxime favorite de Louis XI.

Qui scribit, bis legit
Celui qui écrit, lit deux fois.

Axiome latin. Pour comprendre et retenir un texte, l'écrire équivaut à le lire deux fois.

Quis, quid, ubi, quibus auxiliis,
cur, quomodo, quando ?
Qui, quoi, où, par quels moyens,
pourquoi, comment, quand ?

Hexamètre mnémotechnique, qui renferme ce qu'en rhétorique on appelle les circonstances : la *personne,* le *fait,* le *lieu,* les *moyens,* les *motifs,* la *manière* et le *temps.* Il résume aussi toute l'instruction criminelle : *Quel est le coupable? quel est le crime? où l'a-t-on commis? par quels moyens ou avec quels complices? pourquoi? de quelle manière? à quel moment?* Il nous a été transmis par Quintilien.

Quod erat demonstrandum
Ce qu'il fallait démontrer
[ou, par abréviation : C. Q. F. D.].

Phrase qu'on prononce souvent après une démonstration, et qu'on trouve reproduite dans les livres par ces initiales : **Q. E. D.**

Quo non ascendet ?
Où ne montera-t-il pas ?

(Et non *Quo non ascendam ?* malgré une tradition constante.) Devise de Fouquet. Elle figurait, dans ses armes, au-dessous d'un écureuil.

Quos ego
Ceux que je...

Paroles (en forme de réticence) que Virgile (*l'Énéide,* I, 135) met dans la bouche de Neptune irrité contre les vents déchaînés sur la mer, et qui, dans la bouche d'un supérieur, expriment la colère et la menace.

Quot capita, tot sensus
Autant de têtes, autant d'avis.

Jamais on ne vit pareille confusion : quot capita, tot sensus.
Térence a dit dans le même sens (*Phormion,* II, 4, 14) : **Quot homines, tot sententiae** (*Autant d'hommes, autant d'avis*).

Quousque tandem...
Jusques à quand...

Premiers mots du premier discours de Cicéron contre Catilina, lorsque celui-ci osa se présenter au sénat après qu'on eut découvert le complot qu'il tramait contre la République.

Rara avis in terris
Oiseau rare sur la terre.

Hyperbole de Juvénal (*Satires,* VI, 165) à propos des Lucrèce et des Pénélope. Se dit par extension de tout ce qui est extraordinaire. Le plus ordinairement, on cite seulement les deux premiers mots : **Rara avis.**

Redde Caesari quae sunt Caesaris,
et quae sunt Dei Deo
Rendez à César ce qui appartient à César,
et à Dieu ce qui appartient à Dieu.

Réponse de Jésus aux pharisiens qui lui demandaient insidieusement s'il fallait payer le tribut à César (saint Matthieu, XXII, 21). S'emploie le plus souvent sous la forme française.

Remember ! [rimεmbœr]
Souvenez-vous !

Dernier mot de Charles Ier, roi d'Angleterre, sur l'échafaud; ces paroles étaient, dit-on, destinées à son fils.

Requiescat in pace !
Qu'il repose en paix !

Paroles qu'on chante à l'office des morts, et qu'on grave souvent sur les pierres tumulaires (parfois en abrégé **R.I.P.**).

Res judicata pro veritate habetur
La chose jugée est tenue pour vérité.

Axiome de l'ancien droit, toujours en vigueur : «Chose jugée, chose démontrée; Arrêt rendu vaut titre formel.»

Res, non verba
Des réalités, non des mots.

Expression latine qu'on emploie pour dire qu'on demande (que la situation exige) des effets, des actes, et non des paroles.

Res nullius
La chose de personne.

Ce qui n'appartient en propre à personne : *La terre n'est jamais considérée comme* **res nullius.**

Retro Satana !
Arrière Satan !

V. Vade retro.

Rule, Britannia [rul]
Gouverne, Angleterre.

Premiers mots d'un chant patriotique des Anglais, dans lequel ils se glorifient de posséder l'empire des mers.

Salus populi suprema lex esto
*Que le salut du peuple
soit la suprême loi.*

Maxime du droit public, à Rome : Toutes les lois particulières doivent s'effacer s'il s'agit de sauver la patrie. *(Loi des XII Tables.)*

Sapiens nihil affirmat quod non probet
Le sage n'affirme rien qu'il ne prouve.

Il ne faut pas avancer une chose sans être en mesure de la prouver.

Scribitur ad narrandum, non ad probandum
On écrit pour raconter, non pour prouver.

C'est de cette façon que Quintilien (*Instit. orat.*, X, 1, 31) note la différence entre l'histoire et l'éloquence.

Se habla español
On parle espagnol.

Phrase que l'on inscrit sur la devanture d'une boutique, etc., pour indiquer qu'on peut y trouver une personne parlant l'espagnol.

Se non è vero, è bene trovato
*Si cela n'est pas vrai,
c'est bien trouvé.*

Proverbe italien, d'une application facile et très fréquente.

Servum pecus
Troupeau servile.

Paroles par lesquelles Horace (*Épîtres*, I, 19, 19) a flétri les imitateurs en littérature. Se dit des flatteurs, des plagiaires, des courtisans.

Sic transit gloria mundi
Ainsi passe la gloire du monde.

Paroles (peut-être tirées de l'*Imitation*, I, 3, 6) adressées naguère au souverain pontife lors de son couronnement, pour lui rappeler la fragilité de toute puissance humaine.

Similia similibus curantur

V. Contraria contrariis curantur.

Sint ut sunt, aut non sin
*Qu'ils soient ce qu'ils sont,
ou qu'ils ne soient pas.*

Réponse attribuée, selon certains, au P. Ricci, général des jésuites, à qui l'on proposait de modifier les *Constitutions* de sa Société, et, selon d'autres, au pape Clément XIII. S'emploie pour faire entendre qu'il s'agit d'un changement substantiel qu'on ne peut accepter à aucun prix.

Si parla italiano
On parle italien.

Phrase que l'on inscrit sur la devanture d'une boutique, etc., pour indiquer qu'on peut y trouver une personne parlant l'italien.

Sit tibi terra levis !
Que la terre te soit légère !

Inscription tumulaire, souvent employée.

Si vis pacem, para bellum
Si tu veux la paix, prépare la guerre.

Locution signifiant que, pour éviter d'être attaqué, le meilleur moyen est de se mettre en état de se défendre. Végèce (*Instit. rei milit.*, III, Prol.) dit : *Qui desiderat pacem, praeparet bellum.*

Sol lucet omnibus
Le soleil luit pour tout le monde.

Tout le monde a le droit de jouir de certains avantages naturels.

Spiritus promptus est, caro autem infirma
*L'esprit est prompt,
mais la chair est faible.*

Paroles de Jésus-Christ, au mont des Oliviers (saint Matthieu, XXVI, 36-41), lorsque, trouvant ses disciples endormis, il leur conseille de veiller et de prier afin d'éviter la tentation.

Spiritus ubi vult spirat
L'esprit souffle où il veut.

Paroles de l'Écriture (saint Jean, III, 8), employées familièrement pour indiquer que l'inspiration ne dépend pas de la volonté : c'est un don du ciel. On dit aussi : **Spiritus fiat ubi vult.** Le texte évangélique dit : *Le vent souffle où il veut.*

Stans pede in uno
Debout sur un seul pied.

Expression d'Horace (*Satires*, I, 4, 10) qui nous représente Lucilius dictant deux cents vers à l'heure, littéralement *debout sur un seul pied.* Elle correspond à l'expression française *Au pied levé.*

Stare sulla corda
Se tenir sur la corde.

Locution italienne. Être dans l'incertitude, dans l'état d'équilibre instable de quelqu'un qui se tient sur la corde raide.

Struggle for life
Lutte pour la vie.

Locution anglaise, mise à la mode par Darwin. Elle équivaut à *Concurrence vitale : La sélection dans les espèces animales s'explique par le* **struggle for life.**

Suave mari magno...
Il est doux, sur la vaste mer...

Commencement d'un vers de Lucrèce (*De natura rerum*, II, 1). Le sens complet est : « Il est doux, quand, sur la vaste mer, les vents soulèvent les flots, de regarder, de la terre ferme, les terribles périls d'autrui. » Ces mots s'emploient pour marquer la satisfaction que l'on éprouve à être soi-même exempt des périls auxquels les autres sont exposés.

Sublata causa, tollitur effectus
La cause supprimée, l'effet disparaît.

Conséquence évidente du principe philosophique *Il n'y a pas d'effet sans cause.*

Summum jus, summa injuria
Comble de justice, comble d'injustice.

Adage latin de droit, cité par Cicéron (*De officiis*, I, 10, 33). Il entend par là qu'on commet souvent des injustices par une application trop rigoureuse de la loi.

Suo tempore
En son temps.

Il faut que chaque chose se fasse **suo tempore.**

Sursum corda.
Haut les cœurs.

Paroles que prononce le prêtre à la messe, en rite latin, au commencement de la préface. On cite ces mots pour faire appel ou signifier que quelqu'un fait appel à des sentiments élevés.

Sustine et abstine.
Supporte et abstiens-toi.

Maxime des stoïciens (en grec : *Anekhou kai apekhou*). *Supporte* tous les maux sans que ton âme en soit troublée; *abstiens-toi* de tous les plaisirs qui peuvent nuire à ta liberté morale.

Sutor, ne supra crepidam.
Cordonnier, pas plus haut que la chaussure.

Paroles du peintre Apelle à un cordonnier qui, après avoir critiqué dans un de ses tableaux une sandale, voulut juger du reste (Pline, *Histoire naturelle*, 35-36). Ce proverbe est à l'adresse de ceux qui veulent parler en connaisseurs de choses au-dessus de leur compétence.

Taedium vitae.
Le dégoût de la vie.

Le **taedium vitae** *est souvent la conséquence d'une vie inactive et sans objet.*

Tantae molis erat...
Tant il était difficile...

Expression de Virgile (*l'Énéide*, I, 33), qui caractérise les difficultés que la nation romaine rencontra à se fonder, et qui, dans l'application, désigne la difficulté d'une entreprise.

Tarde venientibus ossa.
Ceux qui viennent tard à table ne trouvent plus que des os.

S'emploie au propre et au figuré. Dans ce dernier cas, ces mots s'appliquent à tous ceux qui, par négligence ou par oubli, manquent une bonne affaire.

Tempus edax rerum.
Le temps qui détruit tout.

Expression d'Ovide (*Métamorphoses*, XV, 234).

Tenere lupum auribus.
Tenir le loup par les oreilles.

Expression de Térence (*Phormion*, III, 2) qui signifie « se trouver dans l'embarras », ou bien encore « la difficulté est surmontée ».

Terminus ad quem...
Limite jusqu'à laquelle...

Dans l'intervalle compris entre le **terminus a quo** et le **terminus ad quem** se trouve la date approximative d'un fait dont la date certaine est ignorée.

Terminus a quo...
Limite à partir de laquelle...

Testis unus, testis nullus.
Témoin seul, témoin nul.

Adage de jurisprudence, qui s'emploie pour faire entendre que le témoignage d'un seul ne suffit pas pour établir en justice la vérité d'un fait.

Thalassa ! thalassa !
La mer ! la mer !

Cri de joie des dix mille Grecs conduits par Xénophon (*Anabase*, IV, 8), quand, accablés de fatigue après une retraite de seize mois, ils aperçurent le rivage du Pont-Euxin.

That is the question.
Cela est la question.

Expression de Shakespeare au premier vers du monologue d'Hamlet (III, 1) : *Être ou ne pas être, voilà la question.* S'emploie pour exprimer un cas douteux.

The right man in the right place.
L'homme qu'il faut dans la place qu'il faut.

Expression anglaise, qu'on applique à tout homme qui convient tout à fait à l'emploi auquel on le destine.

Time is money.
Le temps, c'est de l'argent.

Proverbe anglais. Maxime d'un peuple pratique, qui sait que le temps bien employé est un profit.

Timeo Danaos et dona ferentes.
Je crains les Grecs, même quand ils font des offrandes [aux dieux].

Paroles que Virgile (*l'Énéide*, II, 49) met dans la bouche du grand prêtre Laocoon, pour dissuader les Troyens de faire entrer dans leurs murs le fameux cheval de bois que les Grecs avaient perfidement laissé sur le rivage. Elles expriment cette vérité qu'il faut toujours se défier d'un ennemi, quelque aimable, quelque généreux qu'il paraisse.

Timeo hominem unius libri.
Je crains l'homme d'un seul livre.

Pensée de saint Thomas d'Aquin : « L'homme qui ne connaît qu'un seul livre, mais qui le possède bien, est un adversaire redoutable. » Quelquefois, on donne à cette phrase un autre sens : « Je crains un homme qui a choisi un livre et ne jure que par lui. »

To be or not to be.
Être ou ne pas être.

Commencement du premier vers du monologue d'Hamlet (III, 1), dans le drame de Shakespeare. Caractérise une situation où l'existence même d'un individu, d'une nation, est en jeu.

Tolle, lege.
Prends, lis.

Un jour que saint Augustin, violemment agité par les hésitations qui précédèrent sa conversion, s'était réfugié dans un bosquet pour s'y recueillir, il entendit une voix prononcer ces mots : *Tolle, lege.* Jetant les yeux sur un livre que lisait son ami Alypius, il tomba sur un texte de saint Paul (*Romains*, XIII, 13-14), qui décida de sa conversion.

Totus in illis.
Tout entier à ces choses.

Fin d'un vers d'Horace (*Satires*, I, 9, 2) :
    Nescio quid meditans nugarum, totus in illis,
c'est-à-dire : Songeant à je ne sais quelles bagatelles qui absorbaient toute ma pensée.

Traduttore, traditore.
Traducteur, traître.

Aphorisme italien, qui signifie que toute traduction est fatalement infidèle et trahit par conséquent la pensée de l'auteur du texte original.

Trahit sua quemque voluptas.
Chacun a son penchant qui l'entraîne.

Maxime empruntée à Virgile (*Églogues*, II, 65), équivalent des adages français : *Tous les goûts sont dans la nature* et *Chacun prend son plaisir où il le trouve.*

Tu duca, tu signore e tu maestro.
Tu es mon guide, mon seigneur et mon maître.

Paroles de Dante à Virgile, qu'il prend pour guide dans sa descente aux Enfers (*l'Enfer*, II, 140). Augustin Thierry a fait une heureuse application de ce vers à Chateaubriand, en déclarant que la lecture des *Martyrs* lui avait donné la vocation de l'histoire.

Tu es ille vir.
Tu es cet homme.

Paroles du prophète Nathan à David (Livre de Samuel, II, 12, 7), après lui avoir rappelé, au moyen d'une parabole, le crime dont il s'était rendu coupable en faisant tuer Urie pour épouser sa femme Bethsabée.

Tu Marcellus eris !
Tu seras Marcellus !

Allusion aux paroles que Virgile (*l'Énéide*, VI, 883) met dans la bouche d'Anchise montrant à Énée, dans les Enfers, parmi les glorieux descendants de sa race, le jeune Marcellus, neveu d'Auguste et son héritier présomptif, qui mourut prématurément. *Tu seras Marcellus !* C'est une promesse du ciel qui ne se réalisera pas.

Tu quoque, fili !
Toi aussi, mon fils !

Cri de douleur de César, lorsqu'il aperçut au nombre de ses assassins Brutus, qu'il aimait particulièrement.

Ubi bene, ibi patria
Où l'on est bien, là est la patrie.

Devise de ceux chez qui les jouissances matérielles l'emportent sur le sentiment patriotique. Elle rappelle le vers de Pacuvius, cité par Cicéron (*Tusculanes*, V, 37) :
Patria est ubicumque est bene.

Ubi solitudinem faciunt, pacem appellant
*Où ils font un désert,
ils disent qu'ils ont donné la paix.*

Phrase mise par Tacite (*Vie d'Agricola*, 30) dans la bouche de Galgacus, héros calédonien, flétrissant les excès des Romains. Ces mots s'appliquent aux conquérants qui colorent leurs ravages d'un spécieux prétexte de civilisation.

Ultima forsan
La dernière, peut-être.

Inscription placée souvent sur les cadrans d'horloge : *Tu regardes l'heure;* **ultima forsan.**

Ultima ratio regum
Dernier argument des rois.

Devise que Louis XIV avait fait graver sur ses canons.

Una salus victis
La seule chance de salut pour les vaincus.

Allusion au vers de Virgile (*l'Énéide*, II, 354), dernière exhortation d'Énée à ses compagnons d'armes lors de la prise de Troie, lorsqu'il essaie d'éveiller en eux le courage du désespoir :
Una salus victis, *nullam sperare salutem,*
vers que le poète Racan (*les Bergeries*) a traduit ainsi :
Le salut des vaincus est de n'en plus attendre.

Unguibus et rostro
Du bec et des ongles.

Se défendre **unguibus et rostro,** c'est-à-dire vigoureusement et en utilisant tous ses moyens.

Up to date
Jusqu'à la date [où l'on est].

Expression anglaise qui signifie « à jour » et par extension « au goût du jour ».

Ut fata trahunt
Comme les destins conduisent.

Au gré du destin, du hasard.

Uti, non abuti
User, ne pas abuser.

Axiome de modération, s'appliquant à tout ordre d'idées.

Ut supra
Comme ci-dessus.

Formule souvent employée, surtout dans les actes juridiques, pour renvoyer à ce qui précède. — On dit aussi **Vide supra** *(Voyez ci-dessus).*

Vade in pace
Va en paix.

Paroles de l'Évangile, souvent utilisées dans le rituel romain.

Vade retro, Satana
Retire-toi, Satan.

Paroles de Jésus, qu'on trouve dans l'Évangile sous une forme un peu différente (saint Matthieu, IV, 10, et saint Marc, VIII, 33). On les applique en repoussant quelqu'un dont on rejette les propositions.

Vae soli !
Malheur à l'homme seul !

Paroles de l'Ecclésiaste (IV, 10), qui caractérisent la position malheureuse de l'homme isolé, abandonné à lui-même.

Vae victis !
Malheur aux vaincus !

Paroles adressées par Brennus aux Romains, au moment où il jetait son épée dans la balance dans laquelle on pesait l'or destiné à acheter le départ des Gaulois (Tite-Live, V, 48). Elles se rappellent pour faire entendre que le vaincu est à la merci du vainqueur.

Vanitas vanitatum, et omnia vanitas
Vanité des vanités, et tout est vanité.

Paroles par lesquelles l'Ecclésiaste (I, 2) enseigne que tout est illusion et déception ici-bas.

Variorum
De divers.

Abréviation de la formule **Cum notis variorum scriptorum** *(Avec des notes de divers auteurs),* qui est la marque d'anciennes éditions classiques estimées : *L'édition* **variorum** *de Virgile.*

Varium et mutabile
Chose variable et changeante.

Mots de Virgile (*l'Énéide*, IV, 569), appliqués par Mercure à la Femme, pour décider Énée à quitter Carthage, où le retient l'amour de Didon. François Ier les a redits à sa manière :
*Souvent femme varie,
Bien fol est qui s'y fie.*

Vedi Napoli, e poi muori !
Vois Naples, et meurs !

Proverbe par lequel les Italiens expriment leur admiration pour Naples et son golfe magnifique.

Veni, vidi, vici
Je suis venu, j'ai vu, j'ai vaincu.

Mots célèbres par lesquels César annonça au sénat la rapidité de la victoire qu'il venait de remporter près de Zéla (47) sur Pharnace, roi du Bosphore. Phrase d'une application toujours familière, pour exprimer la facilité et la rapidité d'un succès quelconque.

Verba volant, scripta manent
Les paroles s'envolent, les écrits restent.

Ce proverbe latin conseille la circonspection dans les circonstances où il serait imprudent de laisser des preuves matérielles d'une opinion, d'un fait, etc.

Veritas odium parit
La franchise engendre la haine.

Fin d'un vers de Térence (*Andrienne*, I, 1, 68), dont la première partie est **Obsequium amicos** *(La complaisance [crée] des amis).*

Vir bonus, dicendi peritus
Un homme de bien qui sait parler.

Définition de l'orateur, que Caton l'Ancien proposait à son fils, donnant à entendre qu'il faut à l'orateur la double autorité de la vertu et du talent.

Vis comica
La force comique; Le pouvoir de faire rire.

Mots extraits d'une épigramme de César sur Térence, cités par Suétone. En réalité, dans l'épigramme latine, l'adjectif *comica* ne se rapporte probablement pas à *vis*, mais à un substantif qui suit.

Vitam impendere vero
Consacrer sa vie à la vérité.

Mots de Juvénal (*Satires*, IV, 91), dont J.-J. Rousseau fit sa devise.

Vive valeque
Vis et porte-toi bien.

Formule latine pour terminer une lettre (Horace, *Satires*, II, 5, 110). — On écrit aussi **Vive et me ama** *(Vis et aime-moi bien).*

Vixit
Il a vécu.

Formule par laquelle les Romains annonçaient la mort de quelqu'un; on l'emploie encore familièrement. André Chénier l'a transplantée en français :
Elle a vécu, Myrto, la jeune Tarentine !

Volenti non fit injuria
On ne fait pas tort à celui qui consent.

Axiome de jurisprudence, d'après lequel on n'est pas fondé à porter plainte pour un dommage auquel on a consenti.

Volti subito
Tournez vite.

Expression italienne (en abrégé **V. S.**) indiquant de tourner rapidement un feuillet d'une partition.

Vox clamantis in deserto
La voix de celui qui crie dans le désert.

Paroles de saint Jean-Baptiste définissant son rôle de précurseur du Messie : « *Je suis la voix de celui qui crie dans le désert : Rendez droites les voies du Seigneur.* » (Évangile selon saint Matthieu, III, 3.) Il faisait allusion à ses prédications devant la foule, dans le désert. C'est abusivement qu'on applique ce texte à ceux qui parlent et ne sont pas écoutés.

Vulnerant omnes, ultima necat
Toutes blessent, la dernière tue.

En parlant des heures, inscription latine placée anciennement sur les cadrans d'horloge des églises ou des monuments publics.

PROVERBES

A beau mentir qui vient de loin, celui qui vient d'un pays lointain peut, sans craindre d'être démenti, raconter des choses fausses.

A bon chat, bon rat, se dit quand celui qui attaque trouve un antagoniste capable de lui résister.

Abondance de biens ne nuit pas, on accepte encore, par mesure de prévoyance, une chose dont on a déjà une quantité suffisante.

A bon vin point d'enseigne, ce qui est bon se recommande de soi-même.

A chaque jour suffit sa peine, supportons les maux d'aujourd'hui sans penser par avance à ceux que peut nous réserver l'avenir.

A cœur vaillant rien d'impossible, avec du courage, on vient à bout de tout.

L'air ne fait pas la chanson, l'apparence n'est pas la réalité.

A la Chandeleur, l'hiver se passe ou prend vigueur, si le froid n'est pas fini à la Chandeleur, il devient plus rigoureux qu'auparavant.

A la Sainte-Luce, les jours croissent du saut d'une puce, les jours commencent à croître un peu à la Sainte-Luce (13 décembre).

A l'impossible nul n'est tenu, on ne peut exiger de quiconque ce qu'il lui est impossible de faire.

A l'œuvre on connaît l'ouvrier (ou **l'artisan**), c'est par la valeur de l'ouvrage qu'on juge celui qui l'a fait.

A méchant ouvrier, point de bon outil, le mauvais ouvrier fait toujours du mauvais travail, et met ses maladresses sur le compte de ses outils.

A père avare, enfant prodigue ; à femme avare, galant escroc, un défaut, un vice fait naître autour de soi, par réaction, le défaut, le vice contraire.

L'appétit vient en mangeant, plus on a, plus on veut avoir.

Après la pluie, le beau temps, la joie succède souvent à la tristesse, le bonheur au malheur.

A quelque chose malheur est bon, les événements fâcheux peuvent procurer quelque avantage, ne fût-ce qu'en donnant de l'expérience.

L'argent est un bon serviteur et un mauvais maître, l'argent contribue au bonheur de celui qui sait l'employer, et fait le malheur de celui qui se laisse dominer par l'avarice ou la cupidité.

L'argent n'a pas d'odeur, certains ne se soucient guère de la manière dont ils gagnent de l'argent, pourvu qu'ils en gagnent.

A tout seigneur, tout honneur, il faut rendre honneur à chacun suivant son rang.

Au royaume des aveugles, les borgnes sont rois, avec un mérite, un savoir médiocre, on brille au milieu des sots et des ignorants.

Autant en emporte le vent, se dit en parlant de promesses auxquelles on n'ajoute pas foi, ou qui ne se sont pas réalisées.

Autres temps, autres mœurs, les mœurs changent d'une époque à l'autre.

Aux grands maux les grands remèdes, il faut prendre des décisions énergiques contre les maux graves et dangereux.

Avec un (ou **des**) **« si », on mettrait Paris en bouteille,** avec des hypothèses, tout devient possible.

A vieille mule, frein doré, on pare une vieille bête pour le mieux vendre ; se dit aussi de vieilles femmes qui abusent des artifices de la toilette.

Beaucoup de bruit pour rien, titre d'une comédie de Shakespeare, passé en proverbe pour exprimer que telle affaire a pris des proportions qui se réduisent à peu de chose.

Les beaux esprits se rencontrent, se dit plaisamment lorsqu'une même idée, une même pensée, une même vérité est énoncée simultanément par deux personnes.

Bien faire, et laisser dire (ou **laisser braire**), il faut faire son devoir sans se préoccuper des critiques.

Bien mal acquis ne profite jamais, on ne peut jouir en paix du bien obtenu par des voies illégitimes.

Bon chien chasse de race, on hérite généralement des qualités de sa famille.

Bonne renommée vaut mieux que ceinture dorée, mieux vaut jouir de l'estime publique que d'être riche.

Bon sang ne peut (ou **ne saurait**) **mentir,** qui est d'une noble race n'en saurait être indigne.

Les bons comptes font les bons amis, pour rester amis, il faut s'acquitter exactement de ce que l'on se doit l'un à l'autre.

La caque sent toujours le hareng, on se ressent toujours de son origine, de son passé.

Ce que femme veut, Dieu le veut, les femmes en viennent toujours à leur fins.

C'est en forgeant qu'on devient forgeron, à force de s'exercer à une chose, on y devient habile.

C'est le ton qui fait la musique (ou **qui fait la chanson**), c'est la manière dont on dit les choses qui marque l'intention véritable.

C'est l'hôpital qui se moque de la Charité, se dit de celui qui raille la misère d'autrui, bien qu'il soit lui-même aussi misérable.

Chacun pour soi et Dieu pour tous, laissons à Dieu le soin de s'occuper des autres.

Charbonnier est maître chez soi, le maître de maison est libre d'agir comme il l'entend dans sa propre demeure.

Charité bien ordonnée commence par soi-même, avant de songer aux autres, il faut songer à soi.

Chat échaudé craint l'eau froide, on redoute même l'apparence de ce qui vous a déjà nui.

Le chat parti, les souris dansent, quand maîtres ou chefs sont absents, écoliers ou subordonnés mettent à profit leur liberté.

Les chiens aboient, la caravane passe (prov. arabe), qui est sûr de sa voie ne s'en laisse pas détourner par la désapprobation la plus bruyante.

Chose promise, chose due, on est obligé de faire ce qu'on a promis.

Cœur qui soupire n'a pas ce qu'il désire, les soupirs que l'on pousse prouvent qu'on n'est pas satisfait.

Comme on connaît les saints, on les honore, on traite chacun selon son caractère.

Comme on fait son lit, on se couche, il faut s'attendre en bien ou en mal à ce qu'on s'est préparé à soi-même par sa conduite.

Comparaison n'est pas raison, une comparaison ne prouve rien.

Les conseillers ne sont pas les payeurs, défions-nous parfois des conseilleurs ; ni leur personne ni leur bourse ne courent le risque qu'ils conseillent.

Contentement passe richesse, bonheur est préférable à fortune.

Les cordonniers sont les plus mal chaussés, on néglige souvent les avantages qu'on a, de par sa condition, à sa portée.

Dans le doute, abstiens-toi, maxime qui s'applique au doute pratique comme au doute purement spéculatif.

De deux maux il faut choisir le moindre, adage que l'on prête à Socrate, qui aurait ainsi expliqué pourquoi il avait pris une femme de très petite taille.

Défiance (ou **méfiance**) **est mère de sûreté,** il ne faut pas être trop confiant, on ne veut pas être trompé.

De la discussion jaillit la lumière, des opinions discutées contradictoirement se dégage la vérité.

Déshabiller saint Pierre pour habiller saint Paul, faire une dette pour en acquitter une autre ; se tirer d'une difficulté en s'en créant une nouvelle.

Deux avis valent mieux qu'un, on fait bien, avant d'agir, de consulter plusieurs personnes.

Dis-moi qui tu hantes, je te dirai qui tu es, on juge une personne d'après la société qu'elle fréquente.

Donner un œuf pour avoir un bœuf, faire un petit présent dans l'espoir d'en recevoir un plus considérable.

L'eau va à la rivière, l'argent va aux riches.

En avril, n'ôte pas un fil ; en mai, fait ce qu'il te plaît, on ne doit pas mettre des vêtements légers en avril ; on le peut en mai.

L'enfer est pavé de bonnes intentions, les bonnes intentions ne suffisent pas si elles ne sont pas réalisées ou n'aboutissent qu'à des résultats fâcheux.

Entre l'arbre et l'écorce il ne faut pas mettre le doigt, il ne faut point intervenir dans une dispute entre proches.

Erreur n'est pas compte, tant que subsiste une erreur, un compte n'est pas définitif.

L'exception confirme la règle, cela même qui est reconnu comme exception constate une règle, puisque, sans la règle, point d'exception.

La faim chasse le loup hors du bois, la nécessité contraint les hommes à faire des choses qui ne sont pas de leur goût.

Fais ce que dois, advienne que pourra, fais ton devoir, sans t'inquiéter de ce qui en pourra résulter.

Faute de grives, on mange des merles, à défaut de mieux, il faut se contenter de ce que l'on a.

La fête passée, adieu le saint, une fois une satisfaction obtenue, on oublie qui l'a procurée.

La fin justifie les moyens, principe d'après lequel le but excuserait les actions coupables commises pour l'atteindre.

La fortune vient en dormant, le plus sûr moyen de s'enrichir est d'attendre passivement un heureux coup du sort.

Des goûts et des couleurs il ne faut pas disputer, chacun est libre d'avoir ses préférences.

Les grandes douleurs sont muettes, l'extrême souffrance morale ne fait entendre aucune plainte.

Les grands diseurs ne sont pas les grands faiseurs, ceux qui se vantent le plus ou promettent le plus sont ordinairement ceux qui font le moins.

L'habit ne fait pas le moine, ce n'est pas sur l'extérieur qu'il faut juger les gens.

L'habitude est une seconde nature, l'habitude nous fait agir aussi spontanément qu'un instinct naturel.

Heureux au jeu, malheureux en amour, qui gagne souvent au jeu est rarement heureux en ménage.

Il faut battre le fer pendant qu'il est chaud, il faut pousser activement une affaire qui est en bonne voie.

Il faut que jeunesse se passe, on doit excuser les fautes que la légèreté et l'inexpérience font commettre à la jeunesse.

Il faut qu'une porte soit ouverte ou fermée, il faut prendre un parti dans un sens ou dans un autre.

Il faut rendre à César ce qui appartient à César, et à Dieu ce qui est à Dieu, il faut rendre à chacun ce qui lui est dû.

Il faut tourner sa langue sept fois dans sa bouche avant de parler, avant de parler, de se prononcer, il faut mûrement réfléchir.

Il ne faut jamais jeter le manche après la cognée, il ne faut jamais se rebuter.

Il ne faut jurer de rien, il ne faut jamais répondre de ce qu'on fera, ni de ce qui peut arriver.

Il ne faut pas dire : Fontaine, je ne boirai pas de ton eau, nul ne peut assurer qu'il ne recourra jamais à une personne ou à une chose.

Il n'est pire aveugle que celui qui ne veut pas voir ou **Il n'est pire sourd que celui qui ne veut pas entendre,** le parti pris ferme l'esprit à tout éclaircissement.

Il n'est pire eau que l'eau qui dort, ce sont souvent des personnes d'apparence inoffensive dont il faut le plus se méfier.

Il n'est point de sot métier, toutes les professions sont bonnes.

Il n'y a pas de fumée sans feu, derrière les apparences, les on-dit, il y a toujours quelque réalité.

Il n'y a que la vérité qui blesse, les reproches vraiment pénibles sont ceux que l'on a mérités.

Il n'y a que le premier pas qui coûte, le plus difficile en toute chose est de commencer.

Il vaut mieux aller au boulanger (ou **au moulin**) **qu'au médecin,** maladie coûte plus cher encore que dépense pour la nourriture.

Il vaut mieux avoir affaire à Dieu qu'à ses saints, il vaut mieux s'adresser directement au maître qu'aux subalternes.

Il vaut mieux tenir que courir, la possession vaut mieux que l'espérance.

Il y a loin de la coupe aux lèvres, il peut arriver bien des événements entre un désir et sa réalisation.

L'intention vaut le fait, l'intention compte comme si elle avait été mise à exécution.

Le jeu ne vaut pas la chandelle, la chose ne vaut pas la peine qu'on se donne pour l'obtenir.

Les jours se suivent et ne se ressemblent pas, les circonstances varient avec le temps.

Loin des yeux, loin du cœur, l'absence détruit ou affaiblit les affections.

Les loups ne se mangent pas entre eux, les méchants ne cherchent pas à se nuire.

Mains froides, cœur chaud, la froideur des mains indique un tempérament amoureux.

Mauvaise herbe croît toujours, se dit pour expliquer la croissance rapide d'un enfant de mauvais caractère.

Mettre la charrue devant (ou **avant**) **les bœufs,** commencer par où l'on devrait finir.

Le mieux est l'ennemi du bien, on court le risque de gâter ce qui est bien en voulant obtenir mieux.

Mieux vaut tard que jamais, il vaut mieux, en certains cas, agir tard que ne pas agir du tout.

Morte la bête, mort le venin, un ennemi, un méchant ne peut plus nuire quand il est mort.

Les murs ont des oreilles, dans un entretien confidentiel, il faut se défier de ce qui vous entoure.

Nécessité fait loi, dans un besoin ou un péril extrême, on peut se soustraire à toutes les obligations conventionnelles.

Ne fais pas à autrui ce que tu ne voudrais pas qu'on te fît, règle de conduite qui est le fondement d'une morale élémentaire.

N'éveillez pas le chat qui dort, il ne faut pas réveiller une fâcheuse affaire, une menace assoupie.

Noël au balcon, Pâques au tison, si le temps est beau à Noël, il fera froid à Pâques.

La nuit porte conseil, la nuit est propre à nous inspirer de sages réflexions.

La nuit, tous les chats sont gris, on ne peut pas bien, de nuit, distinguer les personnes et les choses.

Nul n'est prophète en son pays, personne n'est apprécié à sa vraie valeur là où il vit habituellement.

L'occasion fait le larron, l'occasion fait faire des choses répréhensibles auxquelles on n'aurait pas songé.

Œil pour œil, dent pour dent, loi du talion.

L'oisiveté est mère (ou **la mère**) **de tous les vices,** n'avoir rien à faire, c'est s'exposer à toutes les tentations.

On ne fait pas d'omelette sans casser d'œufs, on n'arrive pas à un résultat sans peine ni sacrifices.

On ne prête qu'aux riches, on ne rend des services qu'à ceux qui sont en état de les récompenser ; on attribue volontiers certains actes à ceux qui sont habitués à les faire.

On reconnaît l'arbre à ses fruits, c'est à ses actes qu'on connaît la valeur d'un homme.

Paris ne s'est pas fait en un jour, rien ne peut se faire sans le temps voulu.

Pauvreté n'est pas vice, il n'y a pas de honte à être pauvre.

Péché avoué est à demi pardonné, celui qui avoue son péché obtient plus aisément l'indulgence.

Petit à petit, l'oiseau fait son nid, à force de persévérance, on vient à bout d'une entreprise.

Petite pluie abat grand vent, souvent, peu de chose suffit pour calmer une grande colère.

Les petits ruisseaux font les grandes rivières, les petits profits accumulés finissent par faire de gros bénéfices.

Pierre qui roule n'amasse pas mousse, on ne s'enrichit pas en changeant souvent d'état, de pays.

Plaie d'argent n'est pas mortelle, les pertes d'argent peuvent toujours se réparer.

La pluie du matin réjouit le pèlerin, la pluie du matin est souvent la promesse d'une belle journée.

La plus belle fille du monde ne peut donner que ce qu'elle a, nul ne peut donner ce qu'il n'a pas.

Plus on est de fous, plus on rit, la gaieté devient plus vive avec le nombre des joyeux compagnons.

Point de nouvelles, bonnes nouvelles, sans nouvelles de quelqu'un, on peut conjecturer qu'il ne lui est rien arrivé de fâcheux.

Prudence est mère de sûreté, c'est en étant prudent qu'on évite tout danger.

Quand on veut noyer son chien, on dit qu'il a la rage (ou **la gale**), quand on en veut à quelqu'un, on l'accuse faussement.

Qui a bu boira, on ne se corrige jamais d'un défaut devenu une habitude.

Qui aime bien châtie bien, un amour véritable est celui qui ne craint pas d'user d'une sage sévérité.

Quiconque se sert de l'épée périra par l'épée, celui qui use de violence sera victime de la violence.

Qui donne aux pauvres prête à Dieu, celui qui fait la charité en sera récompensé dans la vie future.

Qui dort dîne, le sommeil tient lieu de dîner.

Qui ne dit mot consent, ne pas élever d'objection, c'est donner son adhésion.

Qui ne risque rien n'a rien, un succès ne peut s'obtenir sans quelque risque.

Qui paye ses dettes s'enrichit, en payant ses dettes, on crée ou on augmente son crédit.

Qui peut le plus peut le moins, celui qui est capable de faire une chose difficile, coûteuse, etc., peut à plus forte raison faire une chose plus facile, moins coûteuse, etc.

Qui sème le vent récolte la tempête, celui qui produit des causes de désordre ne peut s'étonner de ce qui en découle.

Qui se ressemble s'assemble, ceux qui ont les mêmes penchants se recherchent mutuellement.

Qui se sent morveux se mouche, que celui qui se sent en faute s'applique ce que l'on vient de dire.

Qui s'y frotte s'y pique, celui qui s'y risque s'en repent.

Qui trop embrasse mal étreint, qui entreprend trop de choses à la fois n'en réussit aucune.

Qui va à la chasse perd sa place, qui quitte sa place doit s'attendre à la trouver occupée à son retour.

Qui veut aller loin ménage sa monture, il faut ménager ses forces, ses ressources, etc., si l'on veut tenir, durer longtemps.

Qui veut la fin veut les moyens, qui veut une chose ne doit pas reculer devant les moyens qu'elle réclame.

Qui vole un œuf vole un bœuf, qui commet un vol minime se montre par là capable d'en commettre un plus considérable.

Rira bien qui rira le dernier, qui se moque d'autrui risque d'être raillé à son tour si les circonstances changent.

Rome ne s'est pas faite en un jour, se dit à ceux que l'on veut engager à prendre patience.

Santé passe richesse, la santé est plus précieuse que la richesse.

Si jeunesse savait, si vieillesse pouvait, les jeunes manquent d'expérience, les vieillards de force.

Le soleil luit pour tout le monde, chacun a droit aux choses que la nature a départies à tous.

Tant va la cruche à l'eau qu'à la fin elle se casse (ou **qu'enfin elle se brise**), tout finit par s'user ; à force de braver un danger, on finit par y succomber ; à force de faire la même faute, on finit par en pâtir.

Tel est pris qui croyait prendre, on subit souvent le mal qu'on a voulu faire à autrui.

Tel père, tel fils, le plus souvent, le fils tient de son père.

Le temps, c'est de l'argent, traduction de l'adage anglais *Time is money* : le temps bien employé est un profit.

Tous les goûts sont dans la nature, se dit à propos d'une personne qui a des goûts singuliers.

Tout chemin mène à Rome, il y a bien des moyens d'arriver au même but.

Toute peine mérite salaire, chacun doit être récompensé de sa peine, quelque petite qu'elle ait été.

Tout est bien qui finit bien, se dit d'une entreprise qui réussit après qu'on a craint le contraire.

Toute vérité n'est pas bonne à dire, il n'est pas toujours bon de dire ce que l'on sait, quelque vrai que cela puisse être.

Tout nouveau tout beau, la nouveauté a toujours un charme particulier.

Tout vient à point à qui sait attendre, avec du temps et de la patience, on réussit, on obtient ce que l'on désire.

Trop de précaution nuit, l'excès de précaution tourne souvent à notre propre désavantage.

Un clou chasse l'autre, se dit en parlant de personnes ou de choses qui succèdent à d'autres et les font oublier.

Un de perdu, dix de retrouvés, la personne, la chose perdue est très facile à remplacer.

Une fois n'est pas coutume, un acte isolé n'entraîne à rien ; on peut fermer les yeux sur un acte isolé.

Une hirondelle ne fait pas le printemps, on ne peut rien conclure d'un seul cas, d'un seul fait.

Un homme averti en vaut deux, quand on a été prévenu de ce que l'on doit craindre, on se tient doublement sur ses gardes.

Un mauvais arrangement vaut mieux qu'un bon (ou **que le meilleur**) **procès,** s'entendre, à quelque condition que se soit, vaut mieux que plaider.

Un tiens vaut mieux que deux tu l'auras, posséder peu, mais sûrement, vaut mieux qu'espérer beaucoup, sans certitude.

Ventre affamé n'a point d'oreilles, l'homme pressé par la faim est sourd à toute parole.

Le vin est tiré, il faut le boire, l'affaire étant engagée, il faut en accepter les suites, même fâcheuses.

Vouloir, c'est pouvoir, on réussit lorsqu'on a la ferme volonté de réussir.

Vautier-Decool

Paysage des **Andes** boliviennes.

À la recherche du temps perdu, titre général de l'ensemble romanesque de Marcel Proust, formé par : *Du côté de chez Swann* (1913), *À l'ombre des jeunes filles en fleurs* (1918), *le Côté de Guermantes* (1920), *Sodome et Gomorrhe* (1922), *la Prisonnière* (1923), *Albertine disparue* ou *la Fugitive* (1925), *le Temps retrouvé* (1927).

AA, fl. de France qui passe à Saint-Omer et rejoint la mer du Nord; 80 km.

AACHEN, nom allemand d'*Aix-la-Chapelle**.

AALBORG → ÅLBORG.

AALST, nom néerlandais d'*Alost**.

AALTER, comm. de Belgique (Flandre-Orientale); 14 800 h.

AALTO (Alvar), architecte et designer finlandais, né à Kuortane (1898-1976). Le plus illustre des architectes nordiques modernes, il a infléchi le style international dans un sens organique.

AAR, riv. de Suisse, qui naît dans le *massif de l'Aar,* traverse les lacs de Brienz, Thoune et Bienne avant de rejoindre le Rhin (r. g.); 295 km. Elle passe à Berne.

AAR (massif de l'), partie la plus élevée des Alpes bernoises englobant plusieurs sommets de plus de 4 000 m (dont la Jungfrau et le Finsteraarhorn) et d'où sont issus des glaciers (dont celui d'Aletsch).

AARAU, v. de Suisse, ch.-l. du cant. d'Argovie, sur l'Aar; 16 881 h. Optique.

AARGAU, nom allemand du canton d'*Argovie**.

AARHUS → ÅRHUS.

AARON, frère aîné de Moïse et premier grand prêtre d'Israël.

AARSCHOT, v. de Belgique (Brabant); 25 700 h.

AARTSELAAR, comm. de Belgique (Anvers); 10 400 h.

ABA, v. du sud-est du Nigeria; 158 000 h.

ÂBÂDÂN, port de l'Iran, près de l'embouchure du Chaṭṭ al-'Arab dans le golfe Persique; 306 000 h. Raffinage du pétrole.

ABAKAN, v. de l'U.R.S.S., en Sibérie, au confluent de l'*Abakan* et de l'Ienissei; 123 000 h. Matériel ferroviaire.

ABATE ou **ABBATE** (Nicolo DELL') → DELL'ABATE.

'ABBÂDIDES, dynastie arabe qui régna à Séville au XIᵉ s.

'ABBÂS, oncle de Mahomet, m. v. 652.

'ABBÂS Iᵉʳ le Grand (1571-1629), châh de Perse (1587-1629), de la dynastie des Séfévides. Il fit d'Ispahan sa capitale.

'ABBÂS HILMÎ II, né à Alexandrie (1874-1944), khédive d'Égypte (1892-1914). Il fut déposé par les Anglais.

'ABBÂSSIDES, dynastie de califes arabes, fondée par Abū al-'Abbās, descendant d''Abbās, oncle du Prophète. Elle détrôna les Omeyyades en 750 et régna jusqu'en 1258. Elle fit de sa capitale, Bagdad, un brillant centre de civilisation.

Abbaye (groupe de l'), communauté d'écrivains et d'artistes (G. Duhamel, Ch. Vildrac, A. Gleizes, etc.) qui, en 1906, s'installa à Créteil pour échapper aux contraintes sociales.

Abbaye-aux-Bois, couvent de femmes, fondé à Paris, rue de Sèvres, en 1640 et démoli en 1907. Mᵐᵉ Récamier y résida de 1819 à 1849.

ABBE (Ernst), industriel allemand, né à Eisenach (1840-1905). Il perfectionna les verres d'optique et le microscope.

ABBEVILLE (80100), ch.-l. d'arr. de la Somme, sur la Somme; 26 581 h. *(Abbevillois).* Anc. cap. du Ponthieu. Église St-Vulfran, collégiale de style flamboyant (XVᵉ-XVIᵉ s.); château de Bagatelle (1752). Industries mécaniques, alimentaires et textiles.

ABBON (saint), abbé de Fleury-sur-Loire, m. en 1004. Théologien et chroniqueur.

'ABD AL-'AZÎZ IBN AL-HASAN, né à Marrakech (1878 ou 1881-1943), sultan du Maroc (1894), fils et successeur de Mūlāy Ḥasan; détrôné en 1908 par son frère Mūlāy Hafiz.

'ABD AL-'AZÎZ III IBN SA'ÛD, roi de l'Arabie Saoudite, né à Riyāḍ, dans le Nadjd (v. 1880-1953). Il succéda à son père comme émir du Nadjd en 1902 et, à la suite de ses conquêtes, fut reconnu roi du Hedjaz et du Nadjd en 1927. Il se proclama roi de l'Arabie Saoudite en 1932.

'ABD ALLÂH, père de Mahomet, né à La Mecque (545 ou 554-v. 570).

'ABD AL-MALIK, sultan du Maroc de 1575 a 1578.

'ABD AL-MU'MIN, premier calife almohade, m. en 1163. Il conquit le Maroc de 1139 à 1147 et fit occuper une partie de l'Espagne.

'ABD AL-RAHMÂN Iᵉʳ (731-788), premier émir omeyyade de Cordoue (756-788). — 'ABD AL-RAHMÂN II, né à Tolède (792-852), quatrième émir (822-852); il prit Barcelone et chassa les pirates normands. — 'ABD AL-RAHMÂN III (891-961), huitième émir et premier calife (912-961); il fonda l'école de médecine de Cordoue.

'ABD AL-RAHMÂN AL-ṢÛFÎ, astronome arabe, né à Rayy (903-986). Il établit le *Livre des étoiles fixes* (v. 965).

'ABDALWÂDIDES, dynastie berbère de Tlemcen, fondée en 1235 aux dépens des Almohades. Les Turcs la firent succomber en 1550.

ABD EL-KADER, en ar. 'Abd al-Qādir al-Hādjdj, émir arabe, né près de Mascara (1808-1883). Il mena de 1832 à 1847 la guerre contre les Français, qui, par le traité de la Tafna, reconnurent en 1837 son autorité sur l'ouest de l'Algérie. Après la prise de sa smala par le duc d'Aumale (1843) et la défaite de ses alliés marocains sur l'Isly (1844), il dut se rendre en 1847 à Lamoricière. Interné en France, il fut libéré en 1852 et se retira à Damas où il se montra ami de la France. Ses restes furent transférés en Algérie en 1966.

ABD EL-KRIM, en ar. 'Abd al-Karīm, chef

Lehtikuva Oy

Aalto : auditorium de l'École polytechnique d'Otaniemi (1955-1965)

rifain, né à Ajdir (1882-1963). En 1921, il souleva le Rif contre les Espagnols, qu'il vainquit à Anoual, puis attaqua les Français. Battu, il se rendit en 1926. Interné à la Réunion, il se réfugia au Caire au cours de son transfert en France (1947).

ABDÈRE, v. de l'anc. Thrace, sur la mer Égée.

ABDIAS, prophète juif du Ve s. av. J.-C.

'ABDUH (Muḥammad), écrivain et théologien égyptien (1849-1905), initiateur du réformisme musulman.

ABDÜLAZIZ (1830-1876), sultan ottoman (1861-1876). Il fut assassiné par les partisans des réformes.

ABDÜLHAMID Ier (1725-1789), sultan ottoman (1774-1789). — ABDÜLHAMID II, né à Constantinople (1842-1918), fils d'Abdülmecid, sultan en 1876, déposé en 1909; il se rendit complice des massacres d'Arménie.

ABDULLAH ou **'ABD ALLÂH,** roi Hâchémite de Jordanie, né à La Mecque (1882-1951). Fils du roi Husayn du Hedjaz, roi (1946) de Transjordanie, devenue, en 1949, royaume Hâchémite de Jordanie. Il fut assassiné.

ABDÜLMECID Ier (1823-1861), sultan ottoman (1839-1861). Il participa à l'expédition de Crimée et fit de vaines tentatives de réformes.

ABDUL RAHMAN, homme politique malais, né à Alor Star (Kedha) [1903], Premier ministre de Malaisie de 1957 à 1970.

ABDUL RAZAK, homme politique malais, né à Pekan (État de Pahang) [1923-1976]. Premier ministre de 1970 à sa mort.

ABE KÔBÔ, écrivain japonais, né à Tôkyô, en 1924, poète et romancier (*la Femme des sables*, 1962).

ABEL, deuxième fils d'Adam et d'Ève, tué par son frère Caïn.

ABEL (Niels), mathématicien norvégien, né dans l'île de Finnøy (1802-1829). Spécialiste de l'algèbre, il créa la théorie des fonctions elliptiques.

ABÉLARD ou **ABAILARD** (Pierre), théologien et philosophe scolastique français, né au Pallet, près de Nantes (1079-1142), célèbre par sa passion pour Héloïse. Dans la querelle des universaux, il défendit le conceptualisme.

ABELL (Kjeld), écrivain danois, né à Ribe (1901-1961), poète et auteur de théâtre (*La mélodie qui disparut*, *Silkeborg*, *le Cri*), rénovateur de la technique dramatique.

ABENCÉRAGES, tribu maure du royaume de Grenade, au XVe s., qui inspira à Chateaubriand une nouvelle, *les Aventures du dernier Abencérage* (1826).

ABEOKUTA, v. du sud-ouest du Nigeria; 226 000 h.

ABERDEEN, port d'Écosse, sur la mer du Nord; 182 000 h. Pêche. Métallurgie.

ABERDEEN (George GORDON, comte D'), homme d'État britannique, né à Édimbourg (1784-1860). Premier ministre de 1852 à 1855, il ne put éviter la guerre de Crimée.

ABER-VRAC'H ou **ABER-WRACH,** fl. côtier et estuaire du Finistère, dans le Léon; 34 km.

ABGAR, nom de plusieurs rois d'Édesse, en Mésopotamie (132 av. J.-C. - 216 apr.).

ABIA, roi de Juda de 913 à 911 av. J.-C., fils de Roboam.

ABIDJAN, cap. de la Côte-d'Ivoire, sur la lagune Ebrié; env. 1 million d'h. Archevêché. Université. Port actif. Raffinerie de pétrole.

ABILDGAARD (Nicolaï), peintre et architecte danois, né à Copenhague (1743-1809). Il pratiqua le classicisme.

ABITIBI, région agricole et minière du Canada, dans le nord-ouest du Québec, à l'est du *lac Abitibi* (915 km²).

ABKHAZIE, république autonome de l'U.R.S.S., en Géorgie, sur la mer Noire; 487 000 h. Cap. *Soukhoumi.*

ABLON-SUR-SEINE (94480), comm. du Val-de-Marne, au S.-S.-E. de Paris; 5 629 h.

ABNER, général sous Saül et David. Il fut assassiné par Joab, qui voyait en lui un rival.

ÂBO, nom suédois de *Turku**.

ABOMEY, v. du Bénin; 31 000 h. Anc. cap. d'un royaume dont l'apogée se situe entre 1645 et 1685. Musée dans les palais royaux du XIXe s.

ABONDANCE (74360), ch.-l. de c. de la Haute-Savoie; 1 303 h. Centre de séjour à 930 m d'alt. Anc. abbaye. Race bovine réputée.

ABOUKIR, v. de la basse Égypte, au nord-est d'Alexandrie. Une escadre française y fut détruite par Nelson en 1798. Victoire de Bonaparte sur les Turcs (1799).

ABOU-SIMBEL ou **ABÛ SIMBEL,** site d'Égypte en aval de la deuxième cataracte. Les deux temples rupestres, élevés sous Ramsès II, ont été démontés à la suite de la construction du haut barrage d'Assouan, réédifiés au-dessus du niveau du Nil et adossés à une falaise artificielle.

ABOUT (Edmond), écrivain français, né à Dieuze (Moselle) [1828-1885]; journaliste et romancier (*le Roi des montagnes, l'Homme à l'oreille cassée*). [Acad. fr.]

ABRAHAM, patriarche biblique (XIXe s. av. J.-C.). Originaire d'Our, en basse Mésopotamie, il s'établit avec son clan en Palestine. Ancêtre des peuples juif et arabe par ses fils Isaac et Ismaël, il est aussi revendiqué par les chrétiens, qui se considèrent comme ses héritiers spirituels.

ABRAHAM (Karl), psychanalyste et médecin allemand, né à Brême (1877-1925). Il s'est surtout intéressé aux stades prégénitaux de la libido à partir de sa pratique des psychoses.

ABRAHAM (plaines d'), plateau dominant le Saint-Laurent, près de Québec. Victoire des Anglais sur les Français (13 sept. 1759).

ABRAHAMS (Peter), écrivain sud-africain d'expression anglaise, né à Johannesburg en 1911. Ses romans évoquent les conflits raciaux (*Rouge est le sang des Noirs, une Couronne pour Udomo*).

ABRAMOVITZ ou **ABROMOVITZ** (Chalom YAACOV), dit **Mendele-Mocher-Sefarim,** écrivain d'expression yiddish et hébraïque, né à Kopyle (gouv. de Minsk) [1836-1917]; peintre de la vie des ghettos d'Europe orientale (*les Voyages de Benjamin III*, 1878).

ABRANTÈS, v. du Portugal, près du Tage; 8 800 h. Prise par Junot en 1807.

ABRANTÈS (Laure, *duchesse d'*) → JUNOT.

ABRIÈS (05460), comm. des Hautes-Alpes, sur le Guil; 242 h. Station de sports d'hiver (alt. 1 530-2 400 m).

ABRUZZES (les), région montagneuse du centre de l'Italie, dans l'Apennin, culminant au Gran Sasso (2 914 m) et formée des prov. de L'Aquila, Chieti, Pescara et Teramo; 10 794 km²; 1 221 000 h. Parc national.

ABSALON, fils de David. Révolté contre son père et vaincu dans un combat, il s'enfuit, mais sa longue chevelure se prit dans les branches d'un arbre où il resta suspendu. Joab, qui le poursuivait, le tua.

Abidjan : le port

Serraillier-Rapho

Niels **Abel**

Boyer

ABSIL (Jean), compositeur belge, né à Bonsecours-Péruwelz (1893-1974), auteur de quatuors à cordes, de symphonies, et d'opéras (*Peau d'Âne*).

Abstraction-Création, groupement d'artistes et revue (1931-1936), fondés à Paris par Georges Vantongerloo et Herbin, et qui succédèrent à *Cercle et Carré* de Joaquim Torres García et Michel Seuphor (1930). Nombre d'artistes de tous pays, de tendance constructiviste, s'y affilièrent, dont Mondrian.

ABÛ AL-'ABBÂS 'ABD ALLÂH, premier calife 'abbâsside (749-754). Il fit massacrer les Omeyyades (750) et fut surnommé *le Sanguinaire* («al-Saffâḥ »).

ABÛ AL-'ALÂ' AL-MA'ARRÎ, écrivain arabe, né à Ma'arrat al-Nu'mân (Syrie) [973-1057], célèbre pour la hardiesse de sa pensée religieuse (*les Maximes et les buts*).

ABÛ AL-'ATÂHIYA, poète arabe, né à Kûfa (747-825), peintre pessimiste du destin de l'homme.

ABÛ AL-FARADJ 'ALÎ AL-IṢFAHÂNÎ, écrivain arabe, né à Ispahan (897-967); auteur du *Livre des chansons*, recueil des anciens poèmes arabes chantés.

ABŪ AL-FEIZI, poète indien de langue persane, né à Āgra (1547-1595); traducteur du *Mahābhārata* et auteur d'un *Dīwān* de 18 000 vers.

ABŪ AL-FIDĀ', historien et géographe arabe, né à Damas (1273-1331).

ABŪ BAKR, beau-père et successeur de Mahomet, le premier des califes; m. à Médine en 634.

ABŪ ḤANĪFA, théologien et législateur musulman, né à Kūfa (v. 696-767), fondateur d'une secte de l'islām sunnite, le *ḥanafisme*.

ABUJA, future cap. du Nigeria, au centre du pays.

ABŪ NUWĀS, poète arabe, né à Ahvāz (v. 747-v. 815), créateur du lyrisme « moderne » dans la littérature arabe.

ABŪ TAMMĀM, poète arabe, né à Djāsim (v. 804-845). En réaction contre Abū Nuwās, il retrouva l'inspiration de la poésie bédouine.

ABŪ ẒABĪ ou **ABŪ DHABĪ,** l'un des Émirats arabes unis, sur le golfe Persique; 67 000 km²; 236 000 h. V. pr. *Abū Ẓabī.* Grands gisements de pétrole.

Abwehr (mot allem. signif. *défense*), service de renseignements de l'état-major allemand de 1925 à 1944.

ABYDOS, site de Haute-Égypte. Nécropoles des premières dynasties pharaoniques. Temples, dont celui de Séti Ier, l'un des plus classiques, qui a livré la *table d'Abydos,* liste royale de Ménès à Séti. C'est le lieu présumé du tombeau d'Osiris, ce qui en faisait un important centre de pèlerinage.

ABYMES (Les) [97110 Pointe à Pitre], ch.-l. de c. de la Guadeloupe; 54 048 h.

ABYSSINIE, anc. nom de l'*Éthiopie**.

Académie, école philosophique fondée dans les jardins voisins d'Athènes par Platon, et qui dura du IVe au Ier s. av. J.-C. On distingua, d'après les variations que subit la doctrine de Platon, l'*Ancienne Académie* (Speusippe, Xénocrate) et la *Nouvelle Académie* (Arcésilas, Carnéade). Le nom d'*Académie* désigne spécialement aujourd'hui les cinq compagnies dont se compose l'Institut de France : 1. *Académie française,* fondée en 1635 par Richelieu (40 membres), chargée de la rédaction d'un *Dictionnaire* (8 éditions de 1694 à 1932) et d'une *Grammaire* (publiée en 1933); 2. *Académie des inscriptions et belles-lettres,* fondée par Colbert en 1663 (40 membres, plus des membres libres, des associés et correspondants étrangers), s'occupant de travaux d'érudition historique ou archéologique; 3. *Académie des sciences,* fondée en 1666 par Colbert (130 membres titulaires, 80 associés étrangers et 160 correspondants, au plus, avec 2 secrétaires perpétuels) pour l'étude des sciences mathématiques, physiques, chimiques, naturelles, biologiques et médicales et leurs applications; 4. *Académie des beaux-arts* (40 membres, plus un secrétaire perpétuel), composée de peintres, sculpteurs, architectes, graveurs et un chorégraphe (depuis 1969) et dont les diverses sections, créées successivement par Mazarin et Colbert, furent réunies en une seule compagnie en 1795; 5. *Académie des sciences morales et politiques,* créée en 1795 par la Convention (40 membres), se consacrant à l'étude des questions de philosophie, d'économie politique, de droit, d'histoire générale.

Académie des Goncourt, société littéraire, instituée par le testament d'Edmond de Goncourt en 1896. Composée de dix membres, elle décerne chaque année, depuis 1903, après un déjeuner traditionnel au restaurant Drouant, à Paris, le prix littéraire le plus recherché des jeunes écrivains. Depuis 1974, l'Académie s'est associé des membres correspondants à titre étranger (5 en 1977), et attribue également une bourse de la nouvelle et une bourse du récit historique.

ACADIE, anc. région de la Nouvelle-France, cédée par le traité d'Utrecht à l'Angleterre (1713) et formant aujourd'hui la Nouvelle-Écosse et une partie du Nouveau-Brunswick.

ACAPULCO, port du Mexique, sur le Pacifique; 353 000 h. Grande station touristique.

ACARIE (Barbe AVRILLOT, Mme), béatifiée en 1791 sous le nom de *Marie de l'Incarnation,* née à Paris (1565-1618); elle introduisit en France les carmélites.

ACARNANIE, contrée de la Grèce antique, arrosée par l'Achéloos.

ACCIUS (Lucius), poète latin, né à Pisaurum (170-v. 84 av. J.-C.), le meilleur représentant de la tragédie latine.

Acclimatation (*Jardin zoologique d'*), établi en 1860 au bois de Boulogne (Paris); créé pour l'exposition de plantes et d'animaux exotiques, il est devenu un parc d'attractions pour enfants.

ACCOUS (64490 Bedous), ch.-l. de c. des Pyrénées-Atlantiques; 440 h.

ACCRA, cap. du Ghāna, port sur le golfe de Guinée; 738 000 h. Raffinerie de pétrole.

ACCURSE (François), en ital. **Accursio** (Francesco), jurisconsulte italien, né à Bagnolo (Toscane) [v. 1185-v. 1263].

ACHAB, roi d'Israël (874-853 av. J.-C.), un des plus brillants rois d'Israël malgré sa politique religieuse défavorable au culte de Yahvé.

ACHAÏE, contrée de l'anc. Grèce au nord du Péloponnèse. Elle forma au XIIIe s. une principauté de l'Empire latin, et fut rattachée à l'Empire byzantin au début du XVe s.

ACHANTIS ou **ASHANTIS,** ethnie du centre du Ghāna. Les Achantis formaient autrefois un royaume puissant, dont la capitale était Koumassi. (XVIIIe-fin du XIXe.)

ACHARD (Marcel), auteur dramatique français, né à Sainte-Foy-lès-Lyon (Rhône) [1899-1974]; auteur de comédies légères (*Jean de la Lune, Patate*). [Acad. fr.]

ACHAZ, roi de Juda (736-716 av. J.-C.); il devint le vassal du roi d'Assyrie Téglat-Phalasar III, qu'il avait appelé à son secours.

ACHEBE (Chinua), écrivain nigérian d'expression anglaise, né à Ogidi en 1930. Ses romans décrivent la décomposition des sociétés africaines traditionnelles au contact de l'Europe (*la Flèche de Dieu, le Démagogue*).

Achéenne (*ligue*), confédération de douze villes du Péloponnèse, dirigée surtout contre l'influence macédonienne. Créée au Ve s. av. J.-C., dissoute par Philippe de Macédoine en 338 av. J.-C., reconstituée en 281 av. J.-C., elle fut anéantie par les Romains en 146 av. J.-C.

ACHÉENS, la plus ancienne famille ethnique grecque. Originaires de la Thessalie, les Achéens envahirent la péninsule au début du IIe millénaire. Ils fondèrent une civilisation brillante, qui avait comme centres Mycènes et Tirynthe, et qui fut détruite par les Doriens (v. 1200 av. J.-C.).

ACHÉLOOS ou gr. **Akhelóos,** fl. de Grèce, en Épire ; 220 km. Usines hydroélectriques.

ACHÉMÉNIDES, dynastie perse fondée par Cyrus vers 550 av. J.-C. Elle fit progressivement l'unité de l'Orient, du milieu du VIe s. à la fin du IVe s. av. J.-C., et cessa de régner en 330 av. J.-C., après la mort de Darios III. Les ruines de Persépolis et de Suse témoignent de la splendeur et de l'éclectisme de son art antique.

ACHÈRES (78260), comm. des Yvelines, près de la Seine; 15 172 h. Station d'épuration des eaux. Gare de triage.

ACHERNAR, la 9e des étoiles les plus brillantes du ciel.

ACHÉRON [akerɔ̃]. *Myth. gr.* Fleuve des Enfers.

ACHERY (dom Luc D'), bénédictin français, de la Congrégation de Saint-Maur, né à Saint-Quentin (1609-1685), auteur du *Spicilegium.*

ACHEUX-EN-AMIÉNOIS (80560), ch.-l. de c. de la Somme; 464 h.

ACHICOURT (62000 Arras), comm. du Pas-de-Calais, banlieue d'Arras; 7 433 h.

ACHILLE, fils de Thétis et de Pélée, roi des Myrmidons, le plus célèbre des héros homériques, personnage central de l'*Iliade**.

ACHKHABAD, v. d'U.R.S.S., cap. du Turkménistan; 302 000 h. Université. Industries textiles, mécaniques et alimentaires.

ACIREALE, port d'Italie (Sicile) ; 49 000 h. Eaux minérales.

ACIS, berger sicilien aimé de Galatée et que Polyphème, jaloux, écrasa sous un rocher.

AÇOKA → ASOKA.

ACONCAGUA, point culminant des Andes et du continent américain (Argentine); 6 959 m.

AÇORES (les), archipel portugais de l'Atlantique; 2 344 km²; 273 000 h. V. pr. *Ponta Delgada.* Les principales îles, volcaniques, sont São Miguel, Pico et Terceira. Base aérienne américaine dans les îles de Santa Maria et de Terceira.

ACQUAVIVA, famille napolitaine, dont le membre le plus remarquable fut CLAUDIO, né à Naples (1543-1615), général des Jésuites en 1581.

ACRE, État du nord-ouest du Brésil, cédé par la Bolivie en 1903; 215 000 h. Cap. *Rio Branco.*

ACRE, auj. Akko, anc. *Ptolémaïs,* port d'Israël, sur la Méditerranée; 35 000 h. Sidérurgie. Anc. forteresse des croisés (*Saint-Jean-d'Acre*), elle résista à Bonaparte en 1799.

Acropole, citadelle de l'ancienne Athènes, sur un rocher haut d'une centaine de mètres. Cette vieille forteresse, où Pisistrate avait encore son palais, fut ravagée par les Perses lors des guerres médiques. Au Ve s. av. J.-C. (époque de Périclès), l'Acropole, consacrée à Athéna, fut ornée de magnifiques monuments (*Parthénon, Erechthéion*), auxquels on accédait par les Propylées.

V. ill. page suivante

ACRUX, la 13e des étoiles les plus brillantes du ciel dans la constellation de la Croix du Sud.

Acta sanctorum (*Actes des saints*), recueil dit des *Bollandistes,* qui renferme la vie de tous les saints.

Acte additionnel aux constitutions de l'Empire, Constitution éphémère de tendances libérales, établie par Napoléon Ier après son retour de l'île d'Elbe (1815).

Actes des Apôtres, un des livres canoniques du Nouveau Testament, écrit entre 80 et 90 et attribué à saint Luc; il contient l'histoire du christianisme depuis l'Ascension du Christ jusqu'à l'arrivée de saint Paul à Rome.

Actes de courage et de dévouement (*médaille d'honneur des*), décoration française créée en 1816.

ACTÉON, chasseur qui surprit Artémis au bain et que la déesse, irritée, changea en cerf; il fut dévoré par ses propres chiens.

Action catholique, ensemble des organismes catholiques laïcs, créés à partir de 1925 et qui, suivant les directives de la hiérarchie, travaillent à résoudre, dans une perspective chrétienne, les problèmes de la vie familiale, professionnelle, civique, sociale et internationale. Sa mission a été définie par Pie XI (1922-1926).

Action française (*l'*), journal quotidien français (1908-1944) qui, avec Ch. Maurras, J. Banville et Léon Daudet, fut l'organe d'un mouvement politique d'inspiration monarchiste et antidémocratique (né en 1899), se réclamant du nationalisme intégral.

ACTIUM, promontoire de Grèce, à l'entrée du golfe d'Ambracie (auj. d'Arta). Victoire navale d'Octavien et d'Agrippa sur Antoine en 31 av. J.-C.; elle assura à Octavien la domination du monde romain.

Actor's Studio, école d'art dramatique fondée en 1947 à New York et inspirée des méthodes de Stanislavski.

AÇVIN → ASVIN.

ADALBÉRON (v. 920-988), archevêque de Reims, chancelier de Lothaire et de Louis V; il contribua à l'avènement de Hugues Capet et le sacra roi (987).

ADALGIS ou **ADALGISE,** prince lombard, m. en 788, fils du roi Didier; vaincu et dépossédé en 775 par Charlemagne, son beau-frère.

ADAM (pont d'), chaîne de récifs entre Sri Lanka (Ceylan) et l'Inde.

ADAM, le premier homme, selon la Bible. Dieu, qui l'avait créé et à qui il désobéit, le chassa, avec son épouse Ève, du Paradis terrestre.

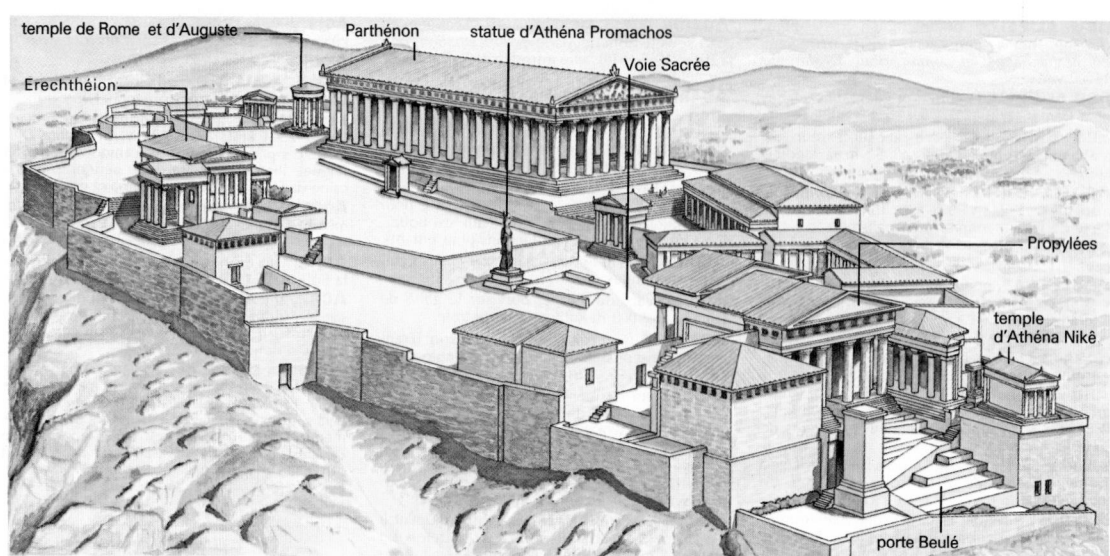

Labels on illustration: temple de Rome et d'Auguste — Parthénon — statue d'Athéna Promachos — Voie Sacrée — Erechthéion — Propylées — temple d'Athéna Nikê — porte Beulé

ACROPOLE D'ATHÈNES (restitution)

ADAM le Bossu, ou **de la Halle,** trouvère picard, né à Arras (v. 1240-v. 1285); auteur de motets, de rondeaux polyphoniques, du *Jeu* de la feuillée* et du *Jeu* de Robin et Marion.*

ADAM (Lambert Sigisbert), sculpteur français, né à Nancy (1700-1759), prix de Rome, auteur du *Triomphe marin de Neptune et d'Amphitrite* (Versailles); — son frère NICOLAS SÉBASTIEN, sculpteur, né à Nancy (1705-1778). Ils comptent parmi les principaux représentants du style rocaille.

ADAM (Robert), architecte et décorateur britannique, né à Kirkcaldy (1728-1792); il eut pour collaborateur son frère JAMES, né à Kirkcaldy (1730-1794). S'inspirant de l'Antiquité tout en s'écartant du palladianisme, ils ont pratiqué un style élégant, qui porte leur nom.

ADAMAOUA, pays d'Afrique, aux confins du Cameroun et du Nigeria. Ancien État peul.

ADAMELLO, massif des Alpes italiennes, dans le Trentin; 3 554 m.

ADAMOV (Arthur), auteur dramatique français d'origine russe, né à Kislovodsk (Caucase) [1908-1970]. Son théâtre évolua du symbolisme tragique (*la Parodie, le Professeur Taranne*) au réalisme politique (*le Ping-Pong, Paolo Paoli, le Printemps 71*).

ADAMS (Samuel), homme politique américain, né à Boston (1722-1803), un des fondateurs de l'indépendance américaine.

ADAMS (John), homme d'État américain, né à Braintree (1735-1826), deuxième président des États-Unis (1797-1801). — Son fils aîné, JOHN QUINCY, né à Braintree (1767-1848), fut le sixième président des États-Unis (1825-1829).

ADAMS (John Couch), astronome britannique, né à Laneast (1819-1892). Il démontra par le calcul, indépendamment de Le Verrier, l'existence de la planète Neptune.

ADAMS (Ansel), photographe américain, né à San Francisco en 1902, l'un des membres fondateurs, avec Weston, du *groupe f. 64*, à l'écriture rigoureuse, dense et sensible.

ADANA, v. du sud de la Turquie; 467 000 h. Industrie cotonnière. Tabac.

ADAPAZARI, v. du nord-ouest de la Turquie; 113 000 h. Pneumatiques.

ADDA, riv. d'Italie, affl. du Pô (r. g.); 300 km. Née au nord-est de la Bernina, elle draine la Valteline et traverse le lac de Côme.

ADDIS-ABEBA ou **ADDIS-ABABA,** cap. de l'Éthiopie, à 2 500 m d'alt.; 1 083 000 h. Musées. Siège de l'Organisation de l'unité africaine.

ADDISON (Joseph), écrivain et publiciste anglais, né à Milston (Wiltshire) [1672-1719]. Ses articles du *Spectator* contribuèrent à former le type idéal du «gentleman» et furent considérés comme des modèles de l'essai. Le succès de sa tragédie de *Caton* (1713) lui valut une courte carrière politique (secrétaire d'État en 1717).

Arthur **Adamov**

Camera Press

ADDISON (Thomas), médecin anglais, né à Long Benton (1793-1860). Il décrivit l'insuffisance des glandes surrénales (*maladie d'Addison*).

ADÉLAÏDE, v. d'Australie, sur l'océan Indien, cap. de l'Australie-Méridionale; 868 000 h. Université. Métallurgie.

ADÉLAÏDE (sainte), née au château d'Orb (v. 931-999), épouse du roi d'Italie Lothaire II, puis de l'empereur Otton Ier.

ADÉLAÏDE DE FRANCE, née à Versailles (1732-1800), troisième fille de Louis XV.

ADÉLAÏDE D'ORLÉANS, née à Paris (1777-1847), sœur de Louis-Philippe.

ADÉLAÏDE (ou **ALIX) DE SAVOIE,** m. vers 1154. Elle épousa, en 1115, Louis VI, roi de France.

ADELBODEN, comm. de Suisse (Berne); 3 326 h. Station de sports d'hiver (alt. 1 400-2 200 m).

ADÈLE (ou **ALIX) DE CHAMPAGNE,** m. en

Ginn-Magnum

Konrad **Adenauer**

1206, troisième femme (1160) de Louis VII, roi de France; mère de Philippe Auguste.

ADÉLIE (terre), terre antarctique française, à 2 500 km au sud de la Tasmanie, découverte par Dumont d'Urville en 1840; env. 350 000 km². Les expéditions polaires françaises y ont établi des bases scientifiques.

ADÉMAR (ou **ADHÉMAR) de Monteil,** évêque du Puy, l'un des prédicateurs de la première croisade; m. de la peste à Antioche en 1098.

ADEN, cap. et port du Yémen démocratique, sur le *golfe d'Aden;* 285 000 h. Installés en 1839, les Britanniques firent d'Aden et de ses environs une colonie de la Couronne en 1937, leur protectorat s'étendant, lui, sur un ensemble de sultanats et de principautés. De 1959 à 1963, cette colonie et la majorité des sultanats constituèrent le protectorat firent partie de la Fédération d'Arabie du Sud, embryon de la future république démocratique et populaire du Yémen.

ADEN (golfe d'), partie nord-ouest de l'océan Indien, entre le sud de l'Arabie et le nord-est de l'Afrique.

ADENAUER (Konrad), homme d'État allemand, né à Cologne (1876-1967). Maire de Cologne (1917-1933 et 1945-1949), il fut chancelier de la République fédérale d'Allemagne de 1949 à 1963. Président du parti chrétien-démocrate (CDU), hostile au marxisme, libéral en matière économique, il inaugura une politique d'entente avec la France et les États de l'Europe occidentale afin d'intégrer l'Allemagne dans une Union européenne sur un pied d'égalité.

ADENET ou **ADAM**, dit **le Roi**, trouvère brabançon (v. 1240- v. 1300). Il adapta les chansons de geste à la technique du récit romanesque (*Berthe au grand pied, Cléomadès*).

ADER (Clément), ingénieur français, né à Muret (1841-1925). Il construisit plusieurs appareils volants dont l'*Éole*, avec lequel il s'éleva de terre en 1890. Il est considéré comme le « père de l'aviation ».

ADHERBAL, amiral carthaginois. Il vainquit Claudius Pulcher à Drepanum (Sicile), en 249 av. J.-C.

ADHERBAL, roi de Numidie (118-112 av. J.-C.), fils de Micipsa; il fut assiégé et pris à Cirta par Jugurtha, qui le fit mettre à mort.

ADIGE, fl. d'Italie; 410 km. Né dans les Alpes, aux confins de la Suisse et de l'Autriche, il traverse le Trentin et la Vénétie, arrosant Trente et Vérone, puis se jette dans l'Adriatique.

ADIRONDACKS (*monts*), massif du nord-est des États-Unis (État de New York); 1628 m.

ADJARIE, république autonome de l'U.R.S.S., en Géorgie, sur la mer Noire; 310000 h. Cap. Batoumi.

'ADJMÂN, l'un des Émirats arabes unis.

ADLER (Victor), homme politique autrichien, né à Prague (1852-1918). Il fut l'un des principaux animateurs de la IIe Internationale.

ADLER (Alfred), psychologue et médecin autrichien, né à Vienne (1870-1937), auteur d'une théorie du fonctionnement psychique fondée sur le sentiment d'infériorité.

ADLERCREUTZ (Kaarle Juhana), général suédois né à Kiala (1757-1815), un des chefs de la révolution de 1809.

ADLISWIL, comm. de Suisse, banlieue de Zurich; 15920 h.

ADMÈTE, fondateur et roi de Phères, en Thessalie, et l'un des Argonautes, époux d'Alceste*.

Adolphe, roman de B. Constant (1816); le héros, obsédé par l'idée de la mort, analyse le fonctionnement d'une intelligence destructive, qui le rend incapable de répondre à un amour passionné qu'il a lui-même provoqué.

ADOLPHE DE NASSAU (1248 ou 1255-1298), empereur germanique (1292-1298), défait et tué par Albert de Habsbourg.

ADOLPHE-FRÉDÉRIC, né à Gottorp (1710-1771), roi de Suède (1751-1771). Sous son gouvernement se formèrent les factions des *Bonnets* et des *Chapeaux*. Son fils Gustave III lui succéda.

ADONAÏ (*Seigneur, souverain maître*), titre donné à Dieu par les Juifs.

ADONIS, dieu phénicien de la Végétation, honoré dans le monde gréco-romain. Le mythe de sa mort et de sa résurrection est le symbole du cycle annuel de la végétation.

ADORNO (Theodor), philosophe et musicologue allemand, né à Francfort-sur-le-Main (1903-1969). Il a renouvelé l'esthétique à partir du freudo-marxisme.

ADOUA ou **ADWA**, v. d'Éthiopie, anc. cap. de l'empire. Les Italiens y furent vaincus par les Éthiopiens en 1896.

ADOUR, fl. du sud-ouest de la France; 335 km. Né près du Tourmalet, il décrit une vaste courbe puis à Tarbes, Dax et Bayonne avant de rejoindre l'Atlantique dans le Pays basque.

ADRAR, mot berbère équivalent au *djebel* arabe et désignant divers massifs montagneux de l'Afrique du Nord et du Sahara.

ADRASTE, roi d'Argos. Il accueillit Polynice, chassé de Thèbes par son frère Étéocle, et entreprit contre celui-ci la guerre des Sept Chefs.

ADRETS (François DE BEAUMONT, *baron* DES), capitaine dauphinois, né au château de la Frette (Dauphiné) [1513-1587]. Il abjura le catholicisme en 1562, dévasta le midi de la France, puis revint au catholicisme, et combattit les protestants.

ADRIA, v. d'Italie (Vénétie); 26000 h. Elle a donné son nom à la mer Adriatique, dont les alluvions du Pô l'ont considérablement éloignée.

ADRIAN (*sir* Edgar Douglas), médecin anglais, né à Londres (1889-1977), connu pour ses travaux sur le système nerveux. (Prix Nobel, 1932.)

ADRIATIQUE (*mer*), long golfe de la Méditerranée, qui baigne l'Italie, la Yougoslavie et l'Albanie. Le Pô est son principal tributaire.

ADRIEN → HADRIEN.

ADRIEN (*saint*), martyr à Nicomédie v. 303.

ADRIEN Ier, né à Rome, pape de 772 à 795; — ADRIEN II, né à Rome (792-872), pape de 867 à 872; — ADRIEN III (*saint*), pape de 884 à 885; — ADRIEN IV (Nicolas *Breakspear*), né à Langley (Hertfordshire) [v. 1100-1159], pape de 1154 à 1159; — ADRIEN V (Ottobono *de' Fieschi*), m. en 1276, pape en 1276; — ADRIEN VI (Adriaan *Floriszoon*), né à Utrecht (1459-1523), pape de 1522 à 1523.

ADRUMÈTE → HADRUMÈTE.

ADUATUCI, peuple qui était établi en Gaule, entre l'Escaut et la Meuse.

ADULA, massif des Alpes suisses, où naît le Rhin postérieur; 3898 m au Rheinwaldhorn.

ADWA → ADOUA.

ADY (Endre), poète hongrois, né à Érmindszent (1877-1919), auteur de *Sang et Or, Sur le char d'Élie, En tête des morts*. Il a inauguré l'ère du lyrisme moderne dans son pays.

ADYGUÉENS (*région autonome des*), territoire de l'U.R.S.S., dans la R.S.F.S. de Russie, au nord du Caucase; 386000 h. Cap. Maïkop.

A.-É.F. → AFRIQUE-ÉQUATORIALE FRANÇAISE.

ÆGATES → ÉGATES.

AEMILIUS LEPIDUS (*Marcus*), en franç. **Lépide**, m. en 13 ou 12 av. J.-C.; collègue de César au consulat (46 av. J.-C.), membre, avec Antoine et Octavien, du second triumvirat, dont il fut éliminé progressivement.

AEPINUS (Franz Ulrich HOCH, dit), physicien et médecin allemand, né à Rostock (1724-1802). On lui attribue la première idée du condensateur électrique.

Aéronautique (*médaille de l'*), la plus haute décoration française pour services aériens (créée en 1945).

AERTSEN (Pieter), peintre néerlandais né à Amsterdam (v. 1509-1575), actif à Anvers et Amsterdam, auteur de tableaux religieux ainsi que de compositions réalistes et monumentales sur des thèmes populaires (cuisinières, marchandes de légumes...).

manière d'**Aertsen**
Marthe préparant le dîner de Jésus

Lauros-Giraudon

AETIUS, général romain, né en Mésie vers la fin du IVe s. Il défendit la Gaule contre les Francs et les Burgondes, puis contribua à la défaite d'Attila dans les champs Catalauniques en 451. Il fut assassiné par Valentinien III (454).

AFARS, l'une des populations de la région de Djibouti. Pasteurs islamisés, les Afars (ou *Danakil*), sont également présents en Éthiopie.

AFARS ET DES ISSAS (*territoire français des*), nom, de 1967 à 1977, de l'anc. *Côte française des Somalis*, auj. *république de Djibouti**.

Affaires indigènes (abrév. **A. I.**), organisation militaire française qui, succédant aux bureaux arabes, administra jusqu'en 1956 certains territoires d'Algérie et du Maroc.

Affinités électives (*les*), roman de Goethe (1809), où l'auteur applique à un cas moral le principe chimique des affinités.

AFFRE (Denis Auguste), archevêque de Paris, né à Saint-Rome-de-Tarn (Aveyron) en 1793, blessé mortellement le 25 juin 1848 sur les barricades, où il apportait des paroles de paix.

AFGHÂNISTÂN, État de l'Asie occidentale, entre le Pākistān et l'Iran; 650000 km²; 19280000 h. (*Afghans*). Cap. *Kaboul* (ou *Kābul*). Langues : pachto et persan.

V. carte page suivante

GÉOGRAPHIE

C'est un pays en majeure partie montagneux (surtout au nord : Hindū Kūch, Paropamisus) et aride (moins de 250 mm de pluies), ouvert par quelques vallées (Amou-Daria au nord, Hilmand au sud). Au pied des reliefs, relativement arrosés, se sont développées des cultures céréalières et fruitières. Le reste du pays est le domaine de l'élevage nomade du mouton, principale ressource, qui a donné naissance à une industrie textile.

HISTOIRE

Des origines au IIe s. apr. J.-C., l'histoire de l'Afghânistân relève de celles de l'Iran et de l'Inde.
— IIe s. apr. J.-C. : brillant Empire indoafghan des Kuṣāna.
— 651 : conquête de Harāt par les Arabes.
— 962-1186 : dynastie turque des Rhaznévides.
— XIIIe-XIVe s. : invasions mongoles.
— XVe s. : brillante civilisation des Tīmūrides.
— XVIe-XVIIe s. : domination des Grands Moghols à l'est et des Séfévides à l'ouest.
— XVIIIe-XIXe s. : l'acheminement vers l'indépendance est gêné par les impérialismes britannique et russe.
— 1921 : indépendance sous Amân Allâh.
— 1973 : déchéance de Zāhir chāh et proclamation de la république.
— 1978 : coup d'État militaire, qui instaure un conseil révolutionnaire dirigé par Tarakī.
— 1979 : Tarakī meurt lors d'un putsch. Son successeur, Amin, est exécuté à son tour. Babrak Kārmal au pouvoir avec l'aide de l'armée soviétique. Des oppositions armées se développent dans diverses régions.

AFNOR, sigle de l'ASSOCIATION FRANÇAISE DE NORMALISATION, association française ayant pour objet de centraliser et de coordonner, sous l'autorité et le contrôle des pouvoirs publics, tous les travaux concernant la normalisation.

Afrikakorps, nom donné aux formations allemandes qui, de 1941 à 1943, soutinrent les Italiens contre les Anglais en Libye, en Égypte et en Tunisie.

AFRIQUE, une des cinq parties du monde; 30224000 km²; 430 millions d'h.

V. ill. pages suivantes

Continent massif, l'Afrique, en dehors de son extrémité nord-ouest occupée par les chaînes de l'Atlas, est constituée par un vieux « socle » ondulé, où de vastes cuvettes (Niger, Tchad, Zaïre, Kalahari) sont fermées par des hauteurs (Dorsale guinéenne, monts de Cristal, Drakensberg), qui dominent un littoral peu découpé. Le socle a été disloqué dans l'Est, où des fossés tectoniques occupés par des lacs (Tanganyika,

Malawi) sont bordés de hauts massifs (Kilimandjaro, Ruwenzori, Kenya) liés souvent au volcanisme, qui a d'ailleurs donné naissance aux principaux autres reliefs (Tibesti, Hoggar, mont Cameroun).

Traversée presque en son milieu par l'équateur, comprise en majeure partie entre les tropiques, l'Afrique est un continent chaud, où les climats et les types de végétation s'individualisent plus en fonction des variations pluviométriques que thermiques. En dehors des extrémités nord et sud, au climat méditerranéen, le trait dominant est la chaleur constante. L'apparition d'une saison sèche et son allongement, quand on s'éloigne de l'équateur, entraînent le passage du climat équatorial et de la forêt dense aux climats tropicaux, qui s'accompagnent de forêts claires, puis de savanes et de steppes. Le désert apparaît près des tropiques (Sahara, Kalahari). Plus de la moitié de l'Afrique est privée d'écoulement vers la mer, qu'atteignent souvent difficilement les grands fleuves (Nil, Zaïre, Niger, Zambèze).

La faiblesse du peuplement est liée aux conditions climatiques et pédologiques, souvent défavorables à l'homme, et à l'ampleur de la traite des esclaves. La colonisation européenne, combattant les épidémies et la forte mortalité infantile, est à la base d'un renouveau démographique amorcé à la fin du XIXᵉ s. Elle est aussi en grande partie responsable de la structure politique actuelle (émiettement en une multitude d'États) et de la nature de l'économie, par les formes qu'elle a revêtues (colonies d'exploitation ou de peuplement). Elle explique largement l'importance des plantations (cacao, café, palmier à huile, arachide), de l'extraction minière (pétrole, cuivre, manganèse, diamants, métaux rares et précieux) et, en contrepartie, la fréquente insuffisance des cultures vivrières et des industries de transformation. L'accession à l'indépendance des États africains n'a que partiellement et localement modifié ces données.

AFRIQUE BLANCHE, partie du continent africain habitée par des populations blanches.

AFRIQUE DU SUD (République d'), anc. **Union sud-africaine,** État fédéral occupant l'extrémité méridionale de l'Afrique et constitué par les anciennes colonies anglaises du Cap, du Natal, de l'Orange et Transvaal; 1 221 000 km²; 29,3 millions d'h. (dont 70 p. 100 de Bantous, 18 p. 100 de Blancs, 9 p. 100 de métis et 3 p. 100 d'Asiatiques). Cap. *Pretoria* et *Le Cap.* V. pr. : *Johannesburg, Durban.* Langues : *afrikaans* et *anglais.*

GÉOGRAPHIE

Le pays est formé par un vaste plateau relevé sur ses bordures (surtout à l'est, dans la chaîne du Drakensberg), qui retombent brutalement sur l'océan, isolant d'étroites plaines côtières. À l'intérieur, chaud et steppique (Veld), s'oppose le littoral, désertique à l'ouest, méditerranéen dans la région du Cap, abondamment arrosé par l'alizé austral, et forestier à l'est. Les mines : or surtout (la moitié de la production mondiale), diamants, houille, uranium, manganèse, antimoine, chrome, et l'élevage du mouton (laine) assurent l'essentiel des exportations expédiées par Le Cap, Durban, Port Elizabeth, East London. Mais les cultures vivrières (blé, maïs) et commerciales (vigne, agrumes, tabac), et surtout les industries de transformation (métallurgie notam-

Peinture corporelle. Tékés, Congo.

Case obus de la tribu des Mousgoums. Cameroun septentrional.

AFRIQUE

Masque en bois. Sénoufos, Côte-d'Ivoire.

ment), très diversifiées, se sont considérablement développées, contribuant à faire de l'Afrique du Sud la principale puissance économique du continent. Cette prospérité est menacée par de délicats problèmes raciaux, résultant de l'hétérogénéité de la population. La politique de ségrégation raciale *(apartheid)* vise à maintenir la domination de la minorité blanche, par la création de Bantoustans, États regroupant (par ethnies) les Noirs, permettant un accroissement de la part de la population blanche dans la république elle-même.

HISTOIRE

Les populations les plus anciennes sont refoulées par des Bochimans (XIᵉ s.), puis par des Bantous (XVᵉ s.).
— 1602 : installation de la Compagnie hollandaise des Indes orientales.
— 1652 : fondation du Cap par les Hollandais (Boers).
— 1685 : afflux de huguenots français.
— 1779-80 : guerre cafre entre les Boers et les Xhosas (ou Cafres).
— 1814 : le pays passe sous l'administration britannique.
— 1834 : mouvement de migration («Grand Trek») des Boers vers le Nord.
— 1844 : le Natal, possession britannique.
— 1852-1854 : le Transvaal et l'Orange, peuplés de Boers, sont reconnus républiques indépendantes.
— 1877-1881 : à la suite de l'annexion du Transvaal, les Boers se révoltent et obtiennent l'autonomie des républiques boers.

AFGHĀNISTĀN

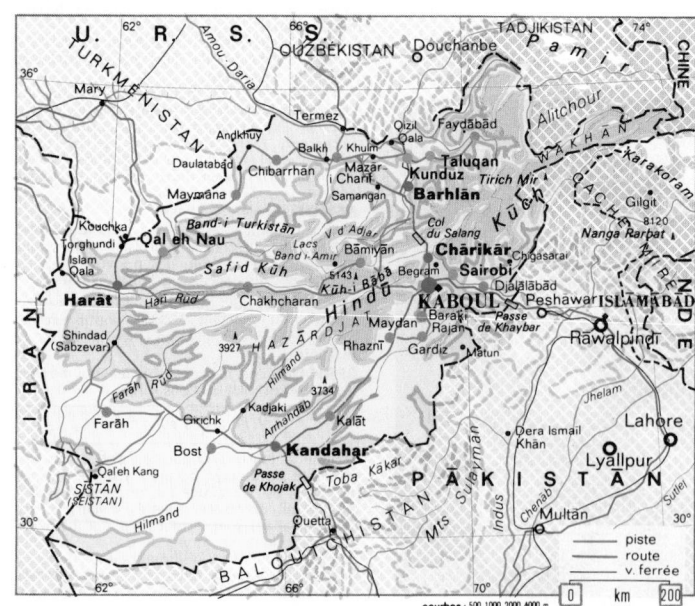

courbes : 500 1000 2000 4000 m

⬛ piste
⸺ route
╪ v. ferrée

0 km 200

V. carte page suivante

— 1884 : découverte des mines d'or. Les Anglais, avec Cecil Rhodes (gouverneur du Cap en 1890), veulent établir une liaison du « Cap au Caire », mais leurs intérêts se heurtent de plus en plus à ceux des Boers.

— 1899-1902 : guerre des Boers, terminée par la victoire britannique.

— 1910 : création de l'Union sud-africaine (États du Cap, du Natal, d'Orange et du Transvaal), membre du Commonwealth britannique.

— 1913 : premières lois d'apartheid (ségrégation), à l'égard des Noirs.

— 1948 : arrivée au pouvoir du parti nationaliste, qui multiplie les mesures d'apartheid.

— 1949 : annexion du Sud-Ouest africain.

— 1961 : proclamation de la république indépendante d'Afrique du Sud.

— 1966-1978 : R. J. Vorster Premier ministre : il poursuit la politique d'apartheid dans le cadre d'un État multinational associant à un État blanc des États bantous.

— 1978 : P. W. Botha Premier ministre.

AFRIQUE - ÉQUATORIALE FRANÇAISE (A.-É. F.), gouvernement général de l'anc. empire colonial français, qui, de 1910 à 1958, groupa en une fédération les quatre territoires du Gabon, du Moyen-Congo, de l'Oubangui-Chari et du Tchad ; 2 510 000 km².

AFRIQUE NOIRE, partie du continent africain habitée par des populations noires.

AFRIQUE - OCCIDENTALE FRANÇAISE (A.-O. F.), gouvernement général, qui, de 1895

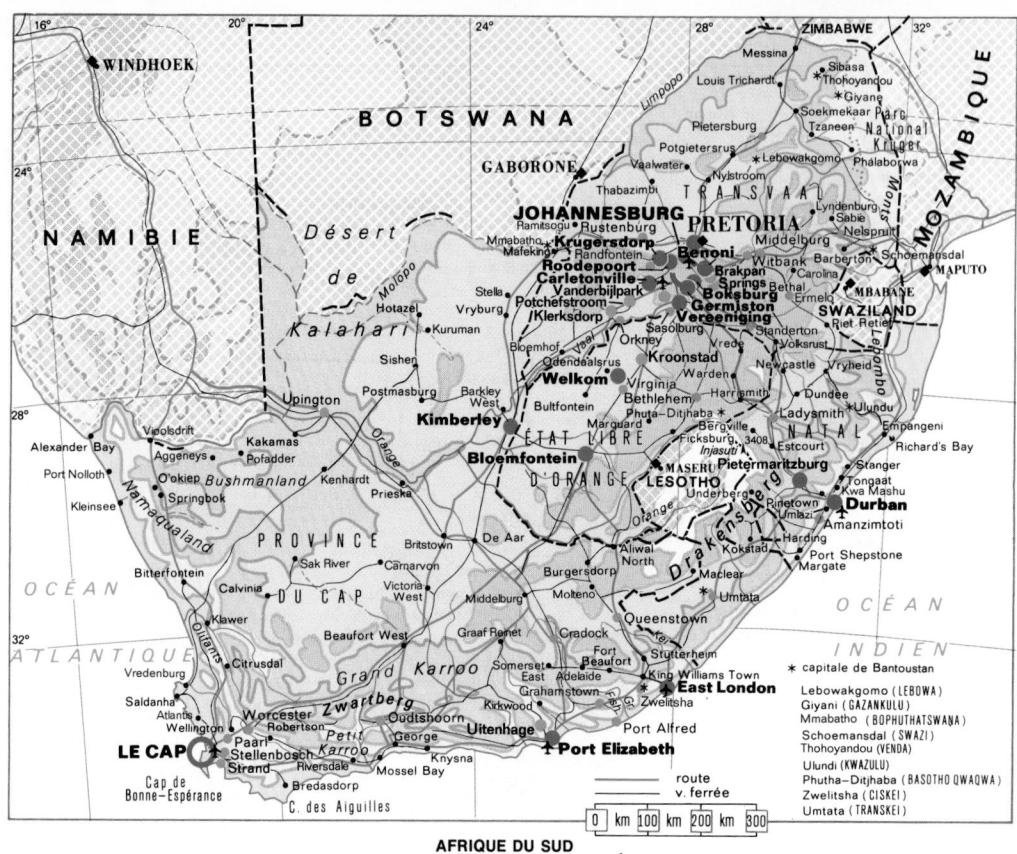

AFRIQUE DU SUD

Légende de la carte :
— route
v. ferrée

0 km 100 km 200 km 300

* capitale de Bantoustan

Lebowakgomo (LEBOWA)
Giyani (GAZANKULU)
Mmabatho (BOPHUTHATSWANA)
Schoemansdal (SWAZI)
Thohoyandou (VENDA)
Ulundi (KWAZULU)
Phutha–Ditjhaba (BASOTHO QWAQWA)
Zwelitsha (CISKEI)
Umtata (TRANSKEI)

à 1958, groupa en une fédération les territoires du Sénégal, de la Mauritanie, du Soudan, de la Haute-Volta, de la Guinée, du Niger, de la Côte-d'Ivoire et du Dahomey; 4 439 000 km².

AFRIQUE-ORIENTALE ALLEMANDE, territoires possédés par l'Allemagne en Afrique orientale de 1884 à 1919.

AFRIQUE-ORIENTALE ANGLAISE ou EST-AFRICAIN BRITANNIQUE, anc. possessions britanniques de l'Afrique orientale : Kenya, Ouganda, Zanzibar, Tanganyika.

AFTALION (Albert), économiste français, né à Ruse (Bulgarie) [1874-1956]. On lui doit des recherches sur l'équilibre des échanges et sur la monnaie. Il a mis en lumière le principe d'accélération.

AGADIR, port du Maroc méridional, sur l'Atlantique; 61 000 h. Station balnéaire. Pêche. En 1911, l'envoi d'une canonnière allemande (la *Panther*) dans ce port fut le point de départ d'un incident franco-allemand. En 1960, la ville fut détruite par un tremblement de terre.

AGAMEMNON, fils d'Atrée et frère de Ménélas, roi légendaire de Mycènes et d'Argos, chef des Grecs qui assiégèrent Troie. Pour apaiser le courroux d'Artémis et faire cesser les vents contraires, il sacrifia sa fille Iphigénie, sur les conseils du devin Calchas. À son retour de Troie, il fut assassiné par Clytemnestre, sa femme, et par Égisthe.

AGAPET (saint) [m. en 536), pape de 535 à 536; — AGAPET II (m. en 955), pape de 946 à 955.

AGAR, personnage biblique; esclave égyptienne d'Abraham et mère d'Ismaël, elle fut renvoyée avec son fils par Sara, quand celle-ci donna naissance à Isaac.

AGASSIZ (Louis), géologue et paléontologue suisse, né à Môtier (canton de Fribourg) [1807-

1873]. On lui doit des recherches sur les fossiles et des travaux sur l'action des glaciers.

AGATHE (sainte), vierge et martyre, née à Palerme, m. en 251.

AGATHOCLE, tyran, puis roi de Syracuse (v. 361-289 av. J.-C.). Il lutta contre la suprématie de Carthage.

AGATHON (saint), né à Palerme (m. en 681), pape de 678 à 681.

Agaune → SAINT-MAURICE (Suisse, Valais).

AGAY (83700 St Raphaël), station balnéaire du Var (comm. de Saint-Raphaël), au pied de l'Esterel.

AGDE (34300), ch.-l. de c. de l'Hérault, sur l'Hérault et le canal du Midi; 11 768 h. *(Agathois).* Port jadis important. Anc. cathédrale fortifiée (XIIe s.). Musée. Commerce de vins.

AGDE (cap d'), promontoire volcanique situé au S.-E. d'Agde. Station balnéaire.

AGEN [aʒɛ̃] (47000), ch.-l. du dép. de Lot-et-Garonne, à 609 km au sud-ouest de Paris, sur la Garonne; 35 839 h. *(Agenais).* Évêché. Cour d'appel. Cathédrale romane et gothique. Musée. Centre d'expédition de fruits (prunes, chasselas). Conserves. Produits pharmaceutiques.

AGENA, la 11e des étoiles les plus brillantes du ciel.

AGENAIS, pays de France, dans la Guyenne, réuni à la Couronne en 1472.

Agence nationale pour l'emploi (A. N. P. E.), établissement public créé en 1967 et qui a pour mission de maîtriser le marché de l'emploi.

AGÉSILAS II, roi de Sparte de 398 à 358 av. J.-C. Il lutta avec succès contre les Perses et triompha à Coronée (394) des forces thébaines et alliées.

AGGÉE, prophète juif du VIe s. av. J.-C.

AGHA KHÂN III, prince de l'Inde, né à Karāchi (1877-1957); chef religieux d'une partie des ismaéliens.

AGHEILA (EI-), localité de Libye, au fond de la Grande Syrte. Base de départ d'offensives de l'Afrikakorps en 1941 et 1942.

AGHLABIDES → ARHLABIDES.

AGIDES, dynastie royale de Sparte qui, conjointement avec les Eurypontides, exerça le pouvoir du VIe au IIIe s. av. J.-C.

AGIS, nom de plusieurs rois de Sparte. — AGIS IV régna de 244 à 241 av. J.-C. Sa réforme agraire lui coûta le trône et la vie.

AGLY, fl. côtier du Roussillon, né dans les Corbières, qui rejoint le golfe du Lion; 80 km.

AGNADEL, village d'Italie (Lombardie). Louis XII y battit les Vénitiens en 1509.

Agneau mystique (retable de l'), polyptyque de Jan (ou de Hubert et Jan) Van Eyck, inauguré en 1432, à l'église St-Bavon de Gand.

AGNÈS (sainte), vierge romaine, martyre (303) sous Dioclétien.

AGNÈS DE FRANCE, princesse capétienne (1171-1220); fille de Louis VII, roi de France, elle épousa Alexis II Comnène (1180), Andronic Ier Comnène (1183), empereurs d'Orient, puis Théodore Branas, noble byzantin.

AGNÈS DE MÉRAN, fille de Berthold, duc de Méran, en Tyrol, troisième épouse de Philippe Auguste (1196), qui répudia pour elle Isambour. L'Église protesta contre ce mariage; m. en 1201.

AGNI, feu du sacrifice et dieu du Feu dans la religion védique.

AGNIS, peuple habitant la Côte-d'Ivoire et le Ghâna.

AGNON (Samuel Joseph), écrivain israélien, né à Buczacz (Galicie) [1888-1970], auteur de romans consacrés à la vie des juifs de Pologne et aux pionniers de la colonisation de la Palestine (les Délaissées, la Dot de la fiancée, Contes de Jérusalem). [Prix Nobel, 1966.]

AGOSTINO DI DUCCIO, sculpteur et architecte italien, né à Florence (1418-1481). Il travailla notamment à Rimini et à Pérouse.

AGOULT (Marie DE FLAVIGNY, comtesse D'), écrivain français, née à Francfort-sur-le-Main (1805-1876). Elle publia, sous le nom de **Daniel Stern,** des ouvrages historiques et philosophiques. De sa liaison avec Liszt elle eut deux filles : l'une épousa E. Ollivier, l'autre R. Wagner.

AGOUT, affl. du Tarn (r. g.), né dans l'Espinouse et passant à Castres; 180 km. Gorges pittoresques.

ÀGRÀ, v. de l'Inde (Uttar Pradesh), sur la Jamna; 592 000 h. Foyer musulman au XVIe s. Mosquées; Tādj Mahall, mausolée du XVIIe s., typique de l'architecture moghole. Université.

AGRAM, nom allem. de Zagreb*.

ÁGREDA (María CORONEL, dite DE), religieuse cordelière espagnole, née à Ágreda (1602-1665), célèbre par ses extases et ses visions.

AGRICOLA (Cnaeus Julius), général romain, né

Agrigente : temple de la Concorde
(Ve s. av. J.-C.)

à Forum Julii (Fréjus) [40-93]. Il acheva la conquête de la Grande-Bretagne. Il fut le beau-père de Tacite, qui écrivit sa biographie.

AGRICOLA (Georg BAUER, dit), minéralogiste allemand, né à Glauchau (1494-1555), auteur d'un ouvrage sur la métallurgie.

AGRICOLA (Mikael), écrivain finnois et évêque de Turku, né à Pernaja (v. 1500-1557). Il introduisit la Réforme en Finlande et publia le premier livre imprimé en finnois.

AGRIGENTE, v. d'Italie (Sicile). Elle s'est appelée Girgenti jusqu'en 1927, date à laquelle elle a repris son nom ancien; 50 000 h. Temples grecs (VIe-Ve s. av. J.-C.).

AGRIPPA (Menenius), consul romain en 502 av. J.-C. Il fit appel à la concorde lors de la retraite de la plèbe sur le mont Sacré (493 av. J.-C.).

AGRIPPA (Marcus Vipsanius), général romain (63-12 av. J.-C.). Gendre et ministre préféré d'Auguste, qui organisa pour lui une sorte de corégence, il commanda à Actium (31 av. J.-C.). Il inaugura à Rome l'œuvre monumentale de l'époque impériale.

Samuel Joseph
Agnon

AGRIPPINE l'Aînée, princesse romaine (14 av. J.-C.-33 apr. J.-C.), petite-fille d'Auguste, fille d'Agrippa et de Julie; elle épousa Germanicus, dont elle eut Caligula et Agrippine.

AGRIPPINE la Jeune, princesse romaine (v. 15-59 apr. J.-C.), fille de la précédente et de Germanicus, mère de Néron. Ambitieuse, elle épousa en secondes noces l'empereur Claude, son oncle, lui fit adopter son fils, puis empoisonna Claude pour placer Néron sur le trône; mais celui-ci la fit assassiner.

AGUASCALIENTES, v. du Mexique, au nord-ouest de Mexico; 222 000 h. Métallurgie.

AGUESSEAU (Henri François D'), magistrat français, né à Limoges (1668-1751). Chancelier de 1717 à 1750, il fut en disgrâce de 1718 à 1727 pour son opposition à Law. Il rédigea des ordonnances importantes.

AHAGGAR ou HOGGAR.

AHASVÉRUS, personnage légendaire, plus connu sous le nom de Juif errant.

AHIDJO (Ahmadou), homme d'État camerounais, né à Garoua en 1924, président de la République du Cameroun depuis 1961.

AHLIN (Lars Gustav), écrivain suédois, né à Sundsvall, en 1915; poète populiste et rénovateur du roman prolétarien.

AHMADÂBÂD ou **AHMEDABAD,** v. de l'Inde, anc. cap. du Gujerat; 1 585 000 h. Monuments des XVe, XVIe et XVIIe s. Université. Centre textile.

AHMAD IBN TŪLŪN (835-884), chef de la dynastie des Tūlūnides, qui régna en Égypte.

AHMADNAGAR ou **AHMEDNAGAR,** v. de l'Inde à l'est de Bombay; 125 000 h. Marché du coton.

AHMADOU, souverain du Soudan occidental, m. en 1898. Il fut vaincu et dépossédé par les Français (1890-1893).

AHMED ou **AHMAD Ier,** sultan ottoman, né à Manisa (1590-1617). Il régna de 1603 à 1617; — AHMED II (1643-1695), sultan de 1691 à 1695. Il abandonna le pouvoir au grand vizir Köprülü; — AHMED III (1673-1736), sultan de 1703 à 1730. Il donna asile à Charles XII après la bataille de Poltava.

AHMOSIS ou **AHMÈS,** roi d'Égypte (1580-1558 av. J.-C.). Il acheva de chasser les Hyksos hors d'Égypte et fonda la XVIIIe dynastie; — AHMOSIS, roi d'Égypte de la XXVIe dynastie saïte (568-526 av. J.-C.).

AHO (Juhani BROFELDT, dit Juhani), écrivain finlandais, né à Lapinlahti (1861-1921), romancier d'inspiration naturaliste (la Femme du pasteur).

AHRIMAN, esprit du Mal, opposé à Ormuzd, principe du Bien, dans la religion de Zarathushtra.

AHUN (23150), ch.-l. de c. de la Creuse, au sud-est de Guéret; 1 500 h.

AHVÂZ, v. de l'Iran, capit. du Khūzistān, au nord d'Ābādān; 206 000 h. Sidérurgie.

AHVENANMAA, en suédois **Åland,** archipel finlandais de la Baltique; 1 505 km²; 22 000 h.

AICARD (Jean), écrivain français, né à Toulon (1848-1921), célèbre pour son roman Maurin des Maures (1908). [Acad. fr.]

'Ā'ICHA, née à La Mecque (v. 614-678), fille d'Abū Bakr et troisième femme de Mahomet.

Aïda, opéra italien en quatre actes, livret d'A. Ghislanzoni d'après A. Mariette, musique de Verdi (1871).

AIGLE, constellation de l'hémisphère boréal sur les confins de la Voie lactée.

AIGLE, v. de Suisse (Vaud), près du Rhône; 6 532 h. Vins. Raffinerie de pétrole.

AIGLE (L') [61300], anc. **Laigle,** ch.-l. de c. de l'Orne; 10 209 h. Église des XIIe-XVIe s. Constructions mécaniques.

Aigle, nom de plusieurs ordres de chevalerie, notamment polonais (Aigle blanc, XIVe s.) et prussien (Aigle noir, XVIIIe s.).

Aiglon (l'), drame en six actes, en vers, d'Edmond Rostand (1900). Il a pour héros le fils de Napoléon Ier.

AIGNAN (32290), ch.-l. de c. du Gers; 932 h. Anc. cap. de l'Armagnac.

Aigues-Mortes : l'enceinte fortifiée

AIGNAN (saint) ou **AGNAN,** évêque d'Orléans, né à Vienne (Dauphiné) [538-453]. Il défendit Orléans contre Attila (451).

AIGNAY-LE-DUC (21510), ch.-l. de c. de la Côte-d'Or; 534 h.

AIGOS-POTAMOS, petit fleuve de Thrace, près duquel le Spartiate Lysandre détruisit la flotte athénienne (405 av. J.-C.).

AIGOUAL (mont), massif largement boisé des Cévennes, entre le Gard et la Lozère; 1 565 m. Observatoire.

AIGRE (16140), ch.-l. de c. du nord-ouest de la Charente; 1 179 h.

AIGREFEUILLE-D'AUNIS (17290), ch.-l. de c. de la Charente-Maritime; 2 419 h.

AIGREFEUILLE-SUR-MAINE (44140 Montbert), ch.-l. de c. de la Loire-Atlantique; 1 520 h.

AIGUEBELETTE-LE-LAC (73160 Lépin le Lac), comm. de la Savoie, près du lac d'Aiguebelette; 138 h. Station estivale.

AIGUEBELLE (73220), ch.-l. de c. de la Savoie, sur l'Arc; 1 065 h. Station estivale. Électrométallurgie.

AIGUEPERSE (63260), ch.-l. de c. du Puy-de-Dôme, dans la Limagne; 2 698 h. Monuments anciens.

AIGUES-MORTES (30220), ch.-l. de c. du Gard, à l'ouest de la Camargue; 4 536 h. (Aigues-Mortais). Belle enceinte médiévale quadrangulaire. Salines. Jadis port de mer, où Saint Louis s'embarqua pour l'Égypte (1248) et Tunis (1270).

AIGUILLE (mont), pic escarpé de la bordure est du Vercors (Isère); 2 086 m.

AIGUILLES (05470), ch.-l. de c. des Hautes-Alpes, sur le Guil; 275 h. Station d'altitude (1 475 m) et de sports d'hiver.

AIGUILLES (cap des), extrémité méridionale de l'Afrique, à l'est du cap de Bonne-Espérance.

AIGUILLES-ROUGES (les), massif des Alpes françaises du Nord, au nord du massif du Mont-Blanc; 2 965 m.

AIGUILLON (47190), comm. de Lot-et-Garonne, près du confluent du Lot et de la Garonne; 4 066 h. (Aiguillonnais). Tabac. Tuilerie.

AIGUILLON (anse ou baie de l'), échancrure du littoral atlantique, en face de l'île de Ré, limitée vers le large par la pointe de l'Aiguillon. Ostréiculture et mytiliculture.

AIGUILLON (Marie-Madeleine DE VIGNEROT, duchesse D'), nièce de Richelieu, née au château de Glenay (Poitou) [v. 1604-1675]. Elle fut l'auxiliaire de saint Vincent de Paul et la bienfaitrice des missions du Canada.

AIGUILLON (Emmanuel Armand DE VIGNEROT DU PLESSIS DE RICHELIEU, duc D'), ministre de Louis XV (1720-1788). Commandant en chef en Bretagne, il eut de graves démêlés avec le parlement de Rennes. Dans le triumvirat formé avec Maupeou et Terray, il fut chargé des Affaires étrangères et de la Guerre (1773-1774).

AIGUILLON-SUR-MER (L') [85460], comm. de la Vendée, sur l'estuaire du Lay; 2 117 h. Plage aux environs. Mytiliculture.

AIGURANDE (36140), ch.-l. de c. de l'Indre, au sud-ouest de La Châtre; 2 288 h.

AIHOLE, site de l'Inde (Deccan), à l'emplacement de l'anc. cap. des Câlukya. Nombreux vestiges archéologiques.

AILETTE (l') ou **LETTE** (la), riv. de France, affl. de l'Oise (r. g.); 63 km.

AILEY (Alvin), danseur et chorégraphe américain, né à Rogers (Texas) en 1931, un des maîtres de la danse négro-américaine (*Revelations*, 1960; *Cry*, 1971).

AILLANT-SUR-THOLON (89110), ch.-l. de c. de l'Yonne; 1 352 h.

AILLAUD (Émile), architecte français, né à Barcelonnette en 1902. Ses grands ensembles de logements sociaux recourent à la préfabrication sans tomber dans la monotonie (façades sinueuses, décorations originales, etc.). — Son fils GILLES, peintre, né à Paris en 1928, pratique un art froid et réaliste (animaux prisonniers des zoos), caractéristique de la *nouvelle figuration*.

AILLY (Pierre D'), théologien et cardinal français, né à Compiègne (1350-1420). Légat d'Avignon, chancelier de l'Université de Paris, il joua un rôle important lors du concile de Constance.

AILLY-LE-HAUT-CLOCHER (80690), ch.-l. de c. de la Somme; 778 h.

AILLY-SUR-NOYE (80250), ch.-l. de c. de la Somme, au sud-est d'Amiens; 2 135 h.

AIME (73210), ch.-l. de c. de la Savoie, en Tarentaise, sur l'Isère; 2 472 h.

AIN, riv. de France qui sort du Jura et rejoint le Rhône en amont de Lyon (r. dr.); 200 km. Aménagements hydroélectriques (dont celui de Vouglans).

AIN (dép. de l') [01], dép. de la Région Rhône-Alpes; ch.-l. de dép. *Bourg-en-Bresse*; ch.-l. d'arr. *Belley, Gex, Nantua*; 4 arr., 38 cant., 419 comm.; 5 756 km²; 376 477 h. Le dép. est rattaché à l'académie, à la circonscription judiciaire, à la région militaire et à la province ecclésiastique de Lyon. Il juxtapose une partie montagneuse (le Bugey jurassien) et une partie plus basse, en bordure de la Saône (la Bresse, au nord, et la Dombes, au sud). Développée en partie sous l'influence de Lyon, l'industrie est représentée notamment par les constructions mécaniques (Bourg-en-Bresse) et les matières plastiques (Oyonnax), par le travail du bois dans le Jura et la taille des diamants dans le pays de Gex.

AINOUS, population autochtone d'Hokkaidō, de Sakhaline et des Kouriles. Leurs traits physiques, leur mode de vie et leur civilisation les distinguaient autrefois des Japonais, auxquels ils se sont aujourd'hui culturellement presque tous assimilés.

Ainsi parlait Zarathoustra (1883-1885), poème philosophique de F. Nietzsche, où l'auteur développe la doctrine du surhomme créateur de nouvelles valeurs de vie.

AÏN-TÉMOUCHENT, v. d'Algérie, au sud-ouest d'Oran; 34 000 h.

AÏR, massif montagneux du Sahara méridional (Niger). Centre pr. *Agadès*.

Air (*musée de l'*), créé en 1919 à Chalais-Meudon. Son transfert au Bourget a été décidé en 1973.

Air France, compagnie nationale de transports aériens, constituée en 1948 sous forme de société mixte et qui a pris la suite d'une société anonyme fondée en 1933.

AIRAINES (80270), comm. de la Somme; 2 303 h. Deux églises médiévales. Fermetures à glissière.

AIRE, riv. de France, affl. de l'Aisne (r. dr.); 131 km.

AIRE (62120), ch.-l. de c. du Pas-de-Calais, sur la Lys; 9 657 h. (*Airois*). Églises anciennes.

AIRE-SUR-L'ADOUR (40800), ch.-l. de c. des Landes, sur l'Adour; 6 917 h. (*Aturins*). Évêché

d'Aire et de Dax. Cathédrale du XIIe s. Constructions aéronautiques.

AIROLO, comm. de Suisse (Tessin), à l'entrée sud des tunnels, ferroviaire et routier, du Saint-Gothard; 2 140 h.

AIRVAULT (79600), ch.-l. de c. des Deux-Sèvres, sur le Thouet; 3 928 h. (*Airvaudais*). Église, anc. abbatiale romane de 1100 (voûtes du XIIIe s.). Cimenterie.

AIRY (sir George Biddell), astronome britannique, né à Alnwick (1801-1892). Il développa l'hypothèse de l'isostasie.

AISEAU-PRESLES, comm. de Belgique (Hainaut); 10 900 h.

AISNE [ɛn], riv. de France qui prend sa source dans l'Argonne, passe à Soissons et se jette dans l'Oise (r. g.) en amont de Compiègne; 280 km, dont 117 navigables, en partie grâce à un canal latéral.

AISNE (dép. de l') [02], dép. de la Région Picardie; ch.-l. de dép. *Laon*; ch.-l. d'arr. *Château-Thierry, Saint-Quentin, Soissons, Vervins*; 5 arr., 42 cant., 817 comm.; 7 378 km²; 533 862 h.

V. carte p. 1004

Le dép. est rattaché à l'académie et à la circonscription judiciaire d'Amiens, à la région militaire de Lille et à la province ecclésiastique de Reims. Il est formé de plateaux souvent limoneux (extrémité nord de la Brie, Valois, Vermandois, Soissonnais), où la grande culture (blé, betterave à sucre), dominante, est parfois associée à l'élevage bovin. Ces plateaux sont entaillés par des vallées (Marne, Aisne et Oise), domaines de cultures maraîchères et sites des principales villes (Saint-Quentin, Soissons), en dehors de Laon. La Thiérache, herbagère, constitue l'extrémité nord du dép. L'industrie est concentrée surtout dans la vallée de l'Oise (métallurgie, verreries et produits chimiques) et à Saint-Quentin.

AISTOLF ou **ASTOLPHE**, roi des Lombards de 749 à 756, battu par Pépin le Bref (756).

AIUN (El-), v. du Sahara occidental; 6 000 h.

AIX (île d') [17123], île française dépendant du dép. de la Charente-Maritime; 210 h. Belle et vaste rade; station balnéaire. Musée napoléonien.

AIX-D'ANGILLON (Les) [18220], ch.-l. de c. du Cher, au nord-est de Bourges; 1 953 h.

AIX-EN-OTHE (10160), ch.-l. de c. de l'Aube; 2 325 h. (*Aixois*). Église avec œuvres d'art de la Renaissance. Bonneterie.

AIX-EN-PROVENCE (13100), ch.-l. d'arr. des Bouches-du-Rhône; 114 014 h. (*Aixois*). Archevêché; université; école des Arts et Métiers. Musée « Granet ». Cathédrale Saint-Sauveur (XIe-XIIe s.; triptyque du *Buisson ardent*), avec baptistère du VIe s.; hôtels des XVIIe et XVIIIe s. Station thermale. Industries alimentaires. Aix (*Aquae Sextiae*) fut fondée par les Romains en 123 av. J.-C. Marius vainquit les Teutons, en 102 av. J.-C., non loin de là.

AIX-SUR-VIENNE (87700), ch.-l. de c. de la Haute-Vienne, au sud-ouest de Limoges; 4 959 h. (*Aixois*). Papeterie. Céramique.

AIX-LA-CHAPELLE, en allem. **Aachen**, ville de l'Allemagne fédérale (Rhénanie-du-Nord-Westphalie); 242 000 h. Eaux thermales. Belle cathédrale ayant pour noyau la chapelle Palatine de 805. Ce fut la résidence préférée de Charlemagne. Un traité y fut signé en 1668, qui mit fin à la guerre de Dévolution et donna la Flandre à la France; un autre, en 1748, termina la guerre de la Succession d'Autriche. En 1818 y eurent lieu les conférences, à la suite desquelles les Alliés évacuèrent la France.

AIX-LES-BAINS (73100), ch.-l. de c. de la Savoie, sur la rive est du lac du Bourget; 22 293 h. (*Aixois*). Station thermale. Vestiges romains. Constructions électriques.

AIZENAY (85190), comm. de la Vendée; 5 411 h.

AJACCIO (20000), ch.-l. de la Région Corse et du dép. de la Corse-du-Sud, sur la côte ouest de l'île; 51 770 h. (*Ajacciens*). Évêché. Située sur une rade magnifique, la ville est un centre touristique et commercial. Maison de Napoléon.

AJANTĀ (monts), montagnes de l'Inde, dans le nord du Deccan. Sanctuaires rupestres bouddhiques (IIe s. av. J.-C. - déb. VIIe s. apr. J.-C.) au décor peint et sculpté.

AJAX, nom de deux héros grecs de la guerre de Troie. — AJAX, fils de Télamon, roi de Salamine; devenu fou, il égorgea les troupeaux des Grecs, croyant tuer des adversaires; ayant reconnu son erreur, il se donna la mort; — AJAX, fils d'Oïlée, roi des Locriens; coupable de sacri-

AIN

Aix-en-Provence : l'hôtel d'Albertas (1725)

Hureau - Atlas-Photo

Ajaṇṭā : peinture murale (VIe s. apr. J.-C.)

Barnier-Lauros

Aix-la-Chapelle : intérieur de la chapelle Palatine

Akkad
stèle du roi Narâm-Sin
(IIIe millénaire)

Lauros-Giraudon

A. Munchow

AKJOUJT, localité de Mauritanie, au nord-est de Nouakchott; 2 500 h. Gisement de cuivre.

AKKAD, ville, État et dynastie de la basse Mésopotamie (v. 2325-2160 av. J.-C.). Sargon l'Ancien fonda l'empire d'Akkad, qui devait être détruit par des envahisseurs barbares venus du Zagros.

AKMOLINSK → TSELINOGRAD.

AKOLA, v. de l'Inde (Mahàràshtra); 168 000 h. Marché cotonnier.

Ajaccio : le port

Rilal - Atlas-Photo

lège envers Athéna, il fit naufrage au retour de Troie, au cours d'une tempête provoquée par la déesse.

AJJER, confédération touareg occupant la région du *Tassili des Ajjer*, massif montagneux au nord du Hoggar (Sahara algérien).

AJMER, v. de l'Inde (Ràjasthàn); 263 000 h.

AJOIE, en allem. **Elsgau,** pays d'Alsace et de Suisse, divisé entre les diocèses de Besançon et de Bâle.

AJOUPA-BOUILLON (L') [97216], ch.-l. de c. de la Martinique; 1 864 h.

AKABA → 'AQABA.

AKADEMGORODOK, v. de l'U.R.S.S., en Sibérie, près de Novossibirsk. Nombreux instituts de recherche scientifique.

AKAKIA (Martin SANS-MALICE, dit en grec), médecin de François Ier, m. vers 1551. — Nom donné par Voltaire, dans ses contes, à Maupertuis.

AKASHI, v. du Japon (Honshū); 207 000 h.

AKBAR, né à Umarkot (1542-1605), empereur moghol de l'Inde (1556-1605), descendant de Timūr. Il agrandit son empire et le dota d'une administration régulière et tolérante.

AKHENATON («Celui qui plaît à Aton »), nom que prit le roi réformateur Aménophis* IV.

AKHMATOVA (Anna Andreïevna), poétesse soviétique, née à Kiev (1889-1966). L'un des principaux représentants de l'acméisme, elle revint à un art classique inspiré des thèmes populaires (*le Rosaire, Requiem*).

AKHTAL (al-), poète arabe (v. 640 - v. 710). Chrétien nestorien, il vécut à la cour des Omeyyades de Damas et fut le rival de Djarîr.

AKINARI → UEDA AKINARI.

AKITA, v. du Japon (Honshū); 236 000 h.

AKOSOMBO, localité du Ghàna, sur la Volta. Importante centrale hydroélectrique.

AKOUTA, gisement d'uranium du Niger.

AKRON, v. des États-Unis (Ohio), près du lac Érié; 275 000 h. Grand centre de l'industrie des pneumatiques.

AKSAKOV (Sergueï Timoféïevitch), écrivain russe, né à Oufa (1791-1859), peintre de la vie patriarcale russe. — L'un de ses fils, IVAN (1823-1886), fonda le journal slavophile *Rous* (*la Russie*).

AKSOUM ou **AXOUM,** v. d'Éthiopie, jadis cap. du royaume de ce nom; 14 000 h. Ruines antiques. L'ancien royaume d'Aksoum (Ier-IXe s.) devait sa prospérité à son commerce. Berceau de la civilisation et de l'Église éthiopiennes, il fut détruit par l'occupation arabe.

AKTIOUBINSK, v. de l'U.R.S.S. (Kazakhstan); 184 000 h. Industrie chimique.

AKUTAGAWA RYŪNOSUKE, écrivain japonais, né à Tōkyō (1892-1927), auteur de nouvelles qui peignent des êtres en proie à l'angoisse ou à la folie (*Rashōmon, les Kappa*).

'ALĀ' AL-DĪN ou **ALADIN,** fils aîné d'Osman, m. vers 1333. On lui attribue l'origine de diverses institutions ottomanes.

ALABAMA, État du Sud historique des États-Unis; 133 667 km²; 3 444 000 h. Cap. *Montgomery*. Forte minorité noire.

ALADIN → 'ALĀ' AL-DĪN.

Aladin *ou la Lampe merveilleuse,* conte des *Mille et Une Nuits.*

ALAGNON, riv. du Massif central, affl. de l'Allier (r. g.); 80 km. Gorges.

AISNE

Légende de la carte :
◇ chef-lieu de département ○ chef-lieu d'arrondissement
◇ chef-lieu de canton
— limite d'arrondissement
— limite de canton
●●● localités classées selon leur population

courbes : 75.150 m

0 km 10 km 20

ALAGOAS, État du nord-est du Brésil; cap. *Maceió.*

ALAIGNE (11240 Belvèze), ch.-l. de c. de l'Aude; 367 h.

ALAIN (Émile CHARTIER, dit), essayiste français, né à Mortagne (1868-1951). Ses *Propos* révèlent un spiritualisme humaniste.

ALAIN (Jehan), compositeur et organiste français, né à Saint-Germain-en-Laye (1911-1940), auteur des *Litanies* pour orgue.

ALAIN-FOURNIER (Henri Alban FOURNIER, dit), romancier français, né à La Chapelle-d'Angillon (1886-1914), auteur du *Grand Meaulnes* (1913).

ALAINS, Barbares qui envahirent la Gaule en 406; anéantis en Espagne par les Wisigoths.

ALAMANS, confédération de tribus germaniques établies sur le Rhin au IIIe s. Les Alamans furent vaincus par Clovis (496).

ALAMEIN (El-), localité d'Égypte, à 100 km à l'ouest d'Alexandrie. Victoire décisive de Montgomery sur les forces germano-italiennes (oct. 1942).

ÅLAND → AHVENANMAA.

ALAOUITES → 'ALAWÎTES.

ALARCÓN (Pedro Antonio DE), écrivain espagnol, né à Guadix (1833-1891); auteur de la nouvelle historique le *Tricorne* (1874), qui inspira à Manuel de Falla un ballet célèbre.

ALARIC Ier, né à Perice (delta du Danube) [v. 370-410], roi des Wisigoths (396-410). Il ravagea l'Orient et pilla Rome. — ALARIC II, roi des Wisigoths en 484, battu et tué par Clovis à Vouillé, en 507. Il promulga le *Bréviaire d'Alaric* (506), recueil de lois.

ALASKA, région du nord-ouest de l'Amérique septentrionale, cédée en 1867 par la Russie aux États-Unis, dont elle forme un État depuis 1958; 1520000 km²; 352000 h. Cap. *Juneau.* La chaîne de Brooks sépare les plaines du nord de la dépression centrale, drainée par le Yukon. Au sud se dresse la *chaîne de l'Alaska* (6187 m au mont McKinley), en partie volcanique, qui se continue dans la *péninsule d'Alaska.* La population se concentre sur le littoral méridional, au climat relativement doux. La pêche, la sylviculture, le tourisme et surtout, aujourd'hui, l'extraction des hydrocarbures sont les principales ressources. — La *route de l'Alaska* unit la Colombie britannique à Fairbanks.

ALAUNG PHAYA ou **ALOMPRA,** fondateur de la dernière dynastie birmane et héros national de son pays, né à Shwebo, près d'Ava (1714-1760). Il a créé Rangoon.

ÁLAVA, l'une des prov. basques de l'Espagne; 241000 h. Ch.-l. *Vitoria.*

'ALAWÎTES ou **ALAOUITES,** membres d'une secte chî'ite fondée au IXe s.; ils voient en 'Alî l'incarnation de la divinité. Réfugiée en Syrie (Xe-XIe s.), leur communauté constitua, sous le mandat français, le «territoire des Alaouites» (1920-1941).

'ALAWÎTES ou **ALAOUITES** (dynastie des), dynastie régnant au Maroc depuis 1659.

ALAYRAC (Nicolas D'), compositeur français, né à Muret (1753-1809), auteur d'opéras-comiques.

ALBACETE, v. d'Espagne (Murcie), ch.-l. de prov., au sud-est de Madrid; 103000 h.

ALBAIN (mont), l'une des collines formant les *monts Albains,* dans le Latium, dominant le site d'Albe la Longue.

ALBA-IULIA, v. de Roumanie (Transylvanie); 30000 h. Cathédrale romane.

ALBAN (81250), ch.-l. de c. du Tarn; 1110 h.

ALBAN ou **ALBANS** (saint), le premier martyr de l'Angleterre, qui périt vers 303.

ALBANE (Francesco ALBANI, dit en fr. l'), peintre italien, né à Bologne (1578-1660). Élève des Carrache, il a peint des compositions religieuses ainsi que des tableaux mythologiques aux paysages sereins et délicats.

ALBANIE, en albanais **Shqipnija** ou **Shqipëria,** État de la péninsule des Balkans, au sud de la Yougoslavie; 29000 km²; 2610000 h. *(Albanais).* Cap. *Tirana.* Langue : albanais.

GÉOGRAPHIE
Les chaînes Dinariques, souvent forestières, occupent l'ensemble du pays, à l'exception de la partie centrale, où, en bordure de l'Adriatique, s'étendent des plaines et des collines qui regroupent la majeure partie d'une population anciennement islamisée et rapidement croissante. Le climat est méditerranéen sur une étroite frange littorale; ailleurs, il est de type continental. L'agriculture (maïs, blé, arbres fruitiers, tabac), l'extraction minière (pétrole, chrome) et surtout l'élevage demeurent les fondements de l'économie, qui a été sensiblement transformée par le nouveau régime, malgré l'isolement politique et économique.

HISTOIRE
— L'Illyricum est une des provinces romaines les plus prospères.
— 1271 : Charles d'Anjou occupe une partie de l'Illyrie, qu'il nomme *Albanum.*
— 1443-1468 : Skanderbeg résiste aux Turcs à la tête des clans albanais.
— 1468-1912 : l'Albanie ottomane fournit de nombreux soldats et administrateurs au Sultan.
— 1912-1913 : indépendance de l'Albanie.
— 1914 : règne éphémère de Guillaume de Wied.
— 1914-1919 : occupation italienne.
— 1925 : proclamation de la république; Ahmed Zog, président.
— 1928 : Zog se proclame roi (Zog Ier).
— 1939 : invasion italienne.
— 1944 : libération du pays.
— 1946 : proclamation de la république populaire avec comme chef Enver Hoxha, qui rompt avec l'U.R.S.S. (1961) et pratique une politique prochinoise.
— 1976 : l'Albanie prend ses distances avec la Chine.
— 1978 : rupture avec la Chine.

ALBANO (lac d'), lac de cratère d'Italie, dans les monts Albains. Sur ses bords s'élève *Castel Gandolfo,* résidence d'été du pape.

ALBANY, v. des États-Unis, cap. de l'État de New York, sur l'Hudson; 115000 h.

ALBANY (Louise DE STOLBERG, comtesse D'), née à Mons (1752-1824), femme de Charles Édouard Stuart, duc d'Albany, puis du poète Alfieri.

ALBARRACÍN, v. d'Espagne (Aragon), au pied de la *sierra d'Albarracín;* 1400 h. Ce fut la capitale d'un royaume arabe.

ALBE (Fernando ÁLVAREZ DE TOLÈDE, duc D'), né à Piedrahita (prov. d'Ávila) [1508-1582], général de Charles Quint et de Philippe II. Gouverneur des Flandres (1567-1573), il institua le sanglant Conseil des troubles. Il soumit ensuite le Portugal révolté contre l'autorité espagnole.

ALBE la Longue, la plus ancienne ville du Latium, fondée, selon la légende, par Ascagne, fils d'Énée. Rivale de Rome, elle fut vaincue et détruite sous Tullus Hostilius. C'est pendant cette guerre qu'aurait eu lieu le combat des Horaces et des Curiaces.

ALBEE (Edward), auteur dramatique américain, né à Washington en 1928. Ses pièces traitent le thème de l'incommunicabilité des êtres et font une peinture satirique de la vie américaine (*Zoo Story, Qui a peur de Virginia Woolf?, Délicate Balance*).

ALBÉNIZ (Isaac), compositeur et pianiste espagnol, né à Camprodón (1860-1909), auteur d'*Iberia* (1906-1909).

ALBENS [-bē] (73410), ch.-l. de c. de la Savoie; 1661 h. (*Albanais*).

ALBÈRES (*monts*), chaîne des Pyrénées (Pyrénées-Orientales), entre le col du Perthus et la mer; 1256 m au pic Neulos.

ALBERONI (Julio ou Giulio), prélat italien et ministre du roi d'Espagne, né à Fiorenzuola d'Arda (1664-1752). Fils d'un jardinier, devenu cardinal et Premier ministre de Philippe V (1716), favori d'Élisabeth Farnèse, il chercha, au lendemain du traité d'Utrecht, à relever l'Espagne de sa décadence, noua des intelligences dans toute l'Europe et chercha, par l'intermédiaire de son ambassadeur en France, Cellamare, à faire donner à son souverain la régence de Louis XV; mais il échoua et fut écarté (1719).

ALBERT (80300), ch.-l. de c. de la Somme, sur l'Ancre; 12061 h. (*Albertins*). Machines-outils.

Albert (*canal*), canal de Belgique, faisant communiquer l'Escaut et la Meuse entre Anvers et Liège; 129 km.

ALBERT (*lac*) → MOBUTU (*lac*).

ALBERT (*saint*), évêque de Liège, assassiné en 1192 par des émissaires de l'empereur Henri VI.

ALBERT le Grand (*saint*), dominicain, théologien et philosophe, né à Lauingen (Souabe) [v. 1193-1280]. Profondément influencé par la pensée d'Aristote, il fut le maître de saint Thomas d'Aquin.

Isaac **Albéniz**

Albert Ier et Armand Fallières à Paris en 1910

Rouart-Lerolle et Cie

ALBERT, archiduc d'Autriche, né à Wiener Neustadt (1559-1621). Vice-roi de Portugal, puis gouverneur des Pays-Bas (1596), il épousa en 1599 une fille de Philippe II.

ALBERT, archiduc et général autrichien, né à Vienne (1817-1895). Oncle de François-Joseph, il vainquit les Italiens à Custoza (1866).

ALBERT Ier, né à Bruxelles (1875-1934), roi des Belges (1909-1934). Il lutta vaillamment à la tête des troupes belges aux côtés des armées alliées, de 1914 à 1918, attitude qui lui valut le surnom de ROI-CHEVALIER. Après la guerre, il dressa un vaste plan de réformes. Il mourut lors d'une escalade de rochers à Marche-les-Dames.

ALBERT Ier, né à Paris (1848-1922), prince de Monaco (1889-1922). Fondateur de l'Institut océanographique de Paris et du Musée océanographique de Monaco, il a encouragé de nombreux travaux scientifiques.

ALBERT, prince de Saxe-Cobourg-Gotha, né à Rosenau (Thuringe) [1819-1861]. Il épousa en 1840 la reine Victoria, sa cousine.

ALBERT Ier DE BALLENSTÄDT, l'Ours (v. 1100-1170), premier margrave de Brandebourg (1134-1170).

ALBERT DE BRANDEBOURG, né à Ansbach (1490-1568), premier duc héréditaire de Prusse (1525-1568).

ALBERT Ier DE HABSBOURG (1250-1308), duc d'Autriche et empereur germanique de 1298 à 1308; — ALBERT V (1397-1439), duc d'Autriche (1404-1439), roi de Bohême et de Hongrie, empereur germanique sous le nom d'ALBERT II, de 1438 à 1439. Il ramena l'ordre dans l'empire et mourut lors d'une expédition contre les Turcs.

ALBERTA, prov. du Canada, entre la Colombie britannique et la Saskatchewan; 661185 km²; 1838037 h. Cap. *Edmonton.* Importants gisements de pétrole et de gaz naturel. Culture du blé.

ALBERTI (Leon Battista), humaniste et architecte florentin, né à Gênes (1404-1472). Ses traités de peinture et d'architecture font de lui le premier grand théoricien des arts de la Renaissance. Il donna plans ou maquettes pour des édifices de Rimini (temple Malatesta), Florence (palais Rucellai), Mantoue (église S. Andrea).

ALBERTI (Rafael), poète espagnol, né à Puerto de Santa María en 1902. Il unit l'inspiration populaire à une forme raffinée (*Marin à terre*, 1925), qu'il met au service de ses convictions esthétiques (*l'Homme inhabité*) ou politiques (*Radio-Séville, Mépris et merveille*).

Albertina, importante collection publique de dessins et d'estampes, à Vienne (Autriche).

ALBERTVILLE (73200), ch.-l. d'arr. de la Savoie, au confluent de l'Isère et de l'Arly; 17534 h. (*Albertvillois*). Anc. ville forte de *Conflans*, avec Musée savoyard. Centre commercial. Confection.

ALBESTROFF (57670), ch.-l. de c. de la Moselle; 1747 h.

ALBI (81000), ch.-l. du dép. du Tarn, sur le Tarn, à 667 km au sud de Paris; 49456 h. (*Albigeois*). Archevêché. Cathédrale fortifiée (XIIIe-XVe s.); anc. palais épiscopal abritant le musée Toulouse-Lautrec. Métallurgie. Textiles artificiels. Verrerie. Centrale thermique.

ALBIGEOIS, région de plateaux dominant le Tarn en aval d'Albi.

Rol

ALBIGEOIS ou **CATHARES,** secte apparentée à la doctrine manichéenne, répandue au XIIe s. dans le Languedoc, la région de Toulouse, l'Albigeois, et contre laquelle le pape Innocent III ordonna une croisade (1209). Les croisés, commandés par Simon IV, sire de Montfort, saccagèrent Béziers, Carcassonne, et, malgré la protection du comte de Toulouse Raimond VI, vainquirent les albigeois à Muret (1213) et à Toulouse (1218). Cette guerre désastreuse pour le Midi, à laquelle Louis VIII de France prit part, se termina, sous la régence de Blanche de Castille, par le traité de Paris (1229), et la secte cathare disparut progressivement après la destruction de Montségur (1244).

ALBINONI (Tomaso), compositeur italien, né à Venise (1671-1750), auteur de sonates et de concertos.

ALBION, nom donné par les Anciens à la Grande-Bretagne, à cause de ses falaises blanches (lat. *albus*, blanc), et par lequel on a désigné poétiquement l'Angleterre.

ALBION (*plateau d'*), plateau calcaire du sud-est de la France, à l'ouest du Ventoux. Base, depuis 1971, des missiles sol-sol balistiques stratégiques de la force nucléaire française.

ALBOÏN (m. en 572), roi des Lombards de 561 à 572.

ALBONI (Marietta), cantatrice italienne, née à Cesena (1823-1894), contralto célèbre.

ÅLBORG ou **AALBORG,** port du Danemark, dans le nord du Jylland; 154000 h.

ALBORNOZ (Gil ÁLVAREZ CARRILLO DE), prélat et homme d'État espagnol, né à Cuenca (1310-1367). Archevêque de Tolède et cardinal, légat du pape d'Avignon en Italie, il reconquit l'État pontifical (1353-1360).

ALBRET, seigneurie gasconne, réunie à la Couronne par Henri IV en 1607.

ALBRET (*maison d'*), famille gasconne à laquelle appartenait Jeanne d'Albret, mère d'Henri IV.

ALBUFERA, lagune d'Espagne, près de Valence. Victoire de Suchet sur les Anglais (1812).

ALBUQUERQUE, v. des États-Unis (Nouveau-Mexique), sur le rio Grande; 244000 h.

ALBUQUERQUE (Alfonso DE), navigateur portugais, né à Alhandra, près de Lisbonne (1453-1515). Il prit Goa et Malacca, fondant la puissance portugaise des Indes.

ALBANIE

YOUGOSLAVIE
Nikšić
Titograd
Lac de Shkodra
Ulcinj
MER ADRIATIQUE
Golfe du Drini
Draçi
Durrësi
Kavaja
Rrogozhina
I. Sazani
Vlora
Memaliaj
MER IONIENNE
Corfou
Kërkyra
GRÈCE

Prokletije
Jezerce 2692
Drini Bardhë
Peć
Priština
Thethi
Bajram Curri
Prizren
Drini
Kukësi
Tetovo
Fusha e Lurësi
Korabi 2764
Lezha
Mati
Laçi
Burreli
Peshkopia
Kruja
Mt Dajti
TIRANA
Erzen
Librazhd
Elbasani
Peqin
Çerriku
Ohrid
Lac d'Ohrid
Lushnja
Gramshi
Qyteti Stalin
Pogradeci
Lac de Presa
Fieri
Berati
Devolli
Ballishti
Patosi
Selenica
Çorovoda
Osumi
Kastoriá
Vjosa
Përmeti
Leskoviku
Tepelena
Gjirokastra
Delvina
Saranda
Ioannina

— route
—— v. ferrée

0 km 50

courbes : 200, 500, 2000 m

Charbonnier-Rapho

Lauros-Giraudon

d'Alembert
par C. Lusurier

Albi : la cathédrale
Sainte-Cécile

Alechinsky : *l'Absent entouré* (1973)

A. Morain

Scala

né à Ouro Prêto (1730-1814). Il a orné les églises du Minas Gerais d'œuvres d'un baroque très expressif (Bom Jesus de Comgonhas do Campo).

ALEIXANDRE (Vicente), poète espagnol, né à Séville en 1900. Il est passé d'une inspiration surréaliste *(la Destruction ou l'amour)* à des préoccupations sociales. (Prix Nobel, 1977.)

ALEMÁN (Mateo), écrivain espagnol, né à Séville (1547-1614), auteur du roman picaresque *Guzmán de Alfarache*, librement imité par Lesage.

ALEMBERT (Jean LE ROND D'), écrivain, philo-

Alexandre le Grand
détail d'une mosaïque de Pompéi.

ALBY-SUR-CHÉRAN (74540), ch.-l. de c. de la Haute-Savoie; 802 h.

ALCALÁ DE HENARES, v. d'Espagne, en Nouvelle-Castille; 57 000 h. Université fondée en 1498 par le cardinal Cisneros; monuments des XVIᵉ-XVIIIᵉ s.

ALCALÁ LA REAL, v. d'Espagne, en Andalousie; 23 000 h. Victoire de Sébastiani sur les Espagnols (1810).

ALCALÁ ZAMORA (Niceto), homme d'État espagnol, né à Priego (1877-1949), président de la République de 1931 à 1936.

ALCAMÈNE, sculpteur grec du Vᵉ s. av. J.-C., élève et rival de Phidias.

ALCÁNTARA, v. d'Espagne, dans l'Estrémadure; 3 600 h. Pont romain. La ville fut le centre d'un ordre militaire et religieux fondé en 1156.

ALCAZARQUIVIR → KSAR EL-KÉBIR.

ALCÉE, poète lyrique grec (VIIᵉ s. av. J.-C.), né à Mytilène, inventeur de la strophe *alcaïque*.

ALCESTE, fille de Pélias et femme d'Admète. Elle accepta de mourir à la place de son mari, mais fut arrachée des Enfers par Héraclès. La légende d'Alceste a inspiré à Euripide une tragédie (438 av. J.-C.); elle forme aussi le sujet d'*Alceste*, tragédie lyrique en 5 actes, paroles de Quinault, musique de Lully (1674), et d'*Alceste*, opéra en 3 actes, paroles de Calzabigi, musique de Gluck (1767; adaptation française par Du Roullet, 1776).

Alceste, principal personnage du *Misanthrope*, de Molière, ennemi des compromis qu'impose la vie de société.

ALCIAT (André), en ital. **Alciati** (Andrea), jurisconsulte italien, né à Alzate (Milanais) [1492-1550]. Il approfondit l'étude du droit romain. Il est l'auteur d'un recueil d'*Emblèmes* (1531).

ALCIBIADE, général athénien (v. 450 - 404 av. J.-C.). Il fut l'élève de Socrate. Chef du parti démocratique, il entraîna sa patrie dans l'aventureuse expédition contre la Sicile (415). Accusé de sacrilège (mutilation des statues d'Hermès), il s'enfuit et vécut quelque temps à Sparte; il se réfugia ensuite auprès du satrape Tissapherne, puis se réconcilia avec Athènes; il mourut assassiné en exil.

ALCINOOS, roi des Phéaciens, père de Nausicaa; il accueillit Ulysse naufragé.

ALCMAN, poète grec du VIIᵉ s. av. J.-C., né à Sardes, un des fondateurs de la poésie chorale.

ALCMÈNE, épouse d'Amphitryon. Séduite par Zeus, elle fut mère d'Héraclès.

ALCMÉONIDES, puissante famille de l'Athènes antique, qui se distingua par son attachement à la démocratie. Elle compta parmi ses membres Clisthène, Périclès et Alcibiade.

ALCOBAÇA, localité du Portugal (Leiria). Grandiose abbaye cistercienne (XIIᵉ-XVIIIᵉ s.).

Alcools, recueil poétique de Guillaume Apollinaire (1913).

ALCOY, v. d'Espagne (prov. d'Alicante); 61 000 h.

ALCUIN, en lat. **Albinus Flaccus,** savant né à Eboracum (York) [v. 735-804], un des maîtres de l'école palatine fondée par Charlemagne. Il joua un rôle capital dans la renaissance carolingienne.

ALDABRA, îles de l'océan Indien, dépendance des Seychelles.

ALDE, prénom du chef de la famille des Manuce, imprimeurs italiens du XVIᵉ s.; leurs éditions sont appelées *aldines*.

ALDEADÁVILA DE LA RIBERA, localité d'Espagne (prov. de Salamanque). Important aménagement hydroélectrique sur le Douro.

ALDÉBARAN, la 14ᵉ des étoiles les plus brillantes du ciel, dans la constellation du Taureau.

ALDEGREVER (Heinrich), graveur et orfèvre allemand, né à Paderborn (1502-1558).

ALDER (Kurt), chimiste allemand, né à Königshütte (1902-1958) → DIELS.

ALDOBRANDINI (Pietro), prélat italien, né à Rome (1572-1621), neveu du pape Clément VIII. Cardinal, il fit construire à Rome une villa où il réunit des chefs-d'œuvre de l'Antiquité, dont les fameuses fresques antiques appelées *Noces Aldobrandines*.

ALDRIN (Edwin), astronaute et officier américain, né à Montclair (New Jersey) en 1930, le second homme à poser le pied sur la Lune (1969).

ALDROVANDI (Ulisse), botaniste italien, né à Bologne (1522-1605). Il a créé le premier jardin botanique.

ALECHINSKY (Pierre), peintre et graveur belge, né à Bruxelles en 1927. Issu du mouvement Cobra, installé en France, il se signale par ses dons de calligraphe et de coloriste, ainsi que par un humour truculent.

ALECSANDRI (Vasile), poète et homme politique roumain, né à Bacău (1821-1890); auteur de recueils lyriques et épiques.

ALEGRÍA (Ciro), écrivain péruvien, né à Sartimbamba (1909-1967), défenseur des Indiens (le *Serpent d'or, Symphonie péruvienne*).

ALEIJADINHO (Antônio Francisco LISBOA, dit l'), sculpteur, décorateur et architecte brésilien,

sophe et mathématicien français, né à Paris (1717-1783). Sceptique en religion et en métaphysique, défenseur de la tolérance, il exposa, dans son *Discours préliminaire de l'Encyclopédie*, la philosophie naturelle et l'esprit scientifique qui présidaient à l'œuvre entreprise. Membre de l'Académie des sciences, secrétaire perpétuel de l'Académie française, il a laissé des *Éloges académiques* et des travaux mathématiques sur les équations différentielles et la mécanique. Son œuvre capitale est un *Traité de dynamique* (1743), où se trouve le théorème connu sous le nom de *Principe de d'Alembert*.

ALENCAR (José MARTINIANO DE), écrivain et homme politique brésilien, né à Mecejana (Ceará) [1829-1877]; initiateur du roman historique *(le Guarani)* et du mouvement indianiste *(Iracema)*.

ALENÇON (61000), ch.-l. du dép. de l'Orne, sur la Sarthe, dans la *campagne d'Alençon*, à 195 km à l'ouest de Paris; 34 666 h. *(Alençonnais).* Église Notre-Dame : porche et vitraux du XVIᵉ s. Dentelles, dites *point d'Alençon*. Appareils ménagers.

ALENTEJO, région du Portugal, au sud du Tage.

ALÉOUTIENNES *(îles),* chapelet d'îles volcaniques, sur la côte nord-ouest de l'Amérique du Nord, appartenant aux États-Unis; 15 000 h. *(Aléoutes).* Bases aériennes. Pêche.

ALEP, v. du nord-ouest de la Syrie; 639 000 h. Grande mosquée (715). Citadelle. Musée. — Le *territoire d'Alep* a formé un État autonome de 1920 à 1924.

ALÉRIA (20270), comm. de la Haute-Corse, dans la *plaine d'Aléria;* 2 726 h. Site d'une ville importante jusqu'au IXᵉ s.

ALÉRIA *(plaine d'),* plaine orientale de la Corse (Haute-Corse). Vignes et cultures fruitières (agrumes).

ALÈS (30100), ch.-l. d'arr. du Gard, en bordure des Cévennes, sur le *Gardon d'Alès;* 45 787 h. *(Alésiens).* Constructions mécaniques. Anc. bassin houiller. En 1629, Richelieu y conclut avec les protestants un traité, ou *Édit de grâce*, qui leur laissait la liberté de conscience, mais supprimait leurs privilèges politiques, notamment les places de sûreté.

ALÉSIA, place forte gauloise, où César assié-

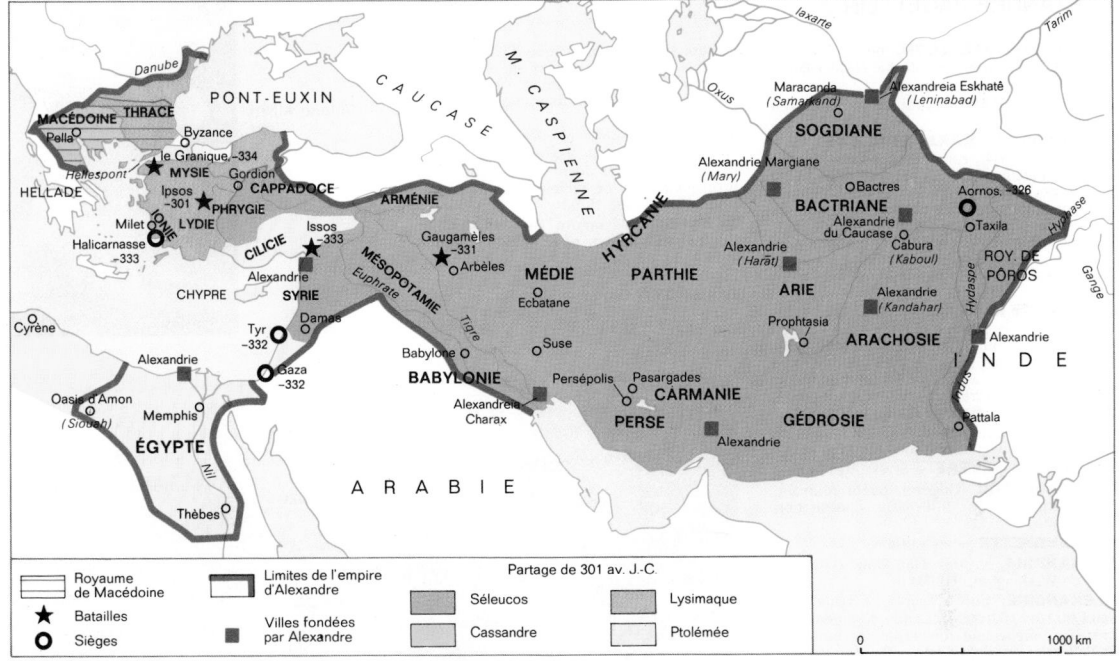

L'EMPIRE D'ALEXANDRE ET SON PARTAGE

Map labels:
Danube — PONT-EUXIN — CAUCASE — M. CASPIENNE — Iaxarte — Tarim — Oxus
MACÉDOINE — THRACE — Byzance — Maracanda (Samarkand) — Alexandreia Eskhaté (Leninabad)
Pella — SOGDIANE
Hellespont — le Granique, −334 — MYSIE — Gordion — CAPPADOCE — Alexandrie Margiane (Mary) — Bactres
HELLADE — Ipsos −301 — PHRYGIE — ARMÉNIE — BACTRIANE — Aornos, −326
IONIE — LYDIE — Alexandrie du Caucase — Taxila
Milet — Issos −333 — HYRCANE — Cabura (Kaboul) — ROY. DE PÔROS — Hydaspe
Halicarnasse −333 — CILICIE — Gaugamèles −331 — MÉDIE — PARTHIE — ARIE — Alexandrie (Harât) — Gange
CHYPRE — SYRIE — Arbèles — Alexandrie (Kandahar) — INDE
Cyrène — Alexandrie — Euphrate — Ecbatane — Prophtasia — ARACHOSIE — Alexandrie
Tyr −332 — Damas — Tigre — Suse
Oasis d'Amon (Siouah) — Gaza −332 — Babylone — Persépolis — Pasargades — CARMANIE — GÉDROSIE — Pattala
Memphis — BABYLONIE — Alexandreia Charax — PERSE — Alexandrie
ÉGYPTE — Nil — ARABIE
Thèbes

Legend:
Royaume de Macédoine
Limites de l'empire d'Alexandre
Batailles
Sièges
Villes fondées par Alexandre
Partage de 301 av. J.-C.
Séleucos — Lysimaque
Cassandre — Ptolémée
0 — 1000 km

gea et prit Vercingétorix (52 av. J.-C.), et dont le site domine Alise-Sainte-Reine.

ALESSI (Galeazzo), architecte italien, né à Pérouse (1512-1572). Ami et imitateur de Michel-Ange, il travailla surtout à Gênes.

ALET-LES-BAINS (11300 Limoux), comm. de l'Aude, sur l'Aude; 554 h. Ruines de la cathédrale du XIIe s. Siège épiscopal supprimé en 1790. Eaux thermales.

ALETSCH, grand glacier des Alpes (Suisse), dans le Valais, long de 18 km.

ALEXANDER (Harold George), 1er comte **Alexander of Tunis,** maréchal anglais, né à Londres (1891-1969); commandant les forces alliées en Italie (1943-1944), puis en Méditerranée (1944-1945); il fut gouverneur du Canada (1946-1952), puis ministre de la Défense (1952-1954).

ALEXANDER (Franz), psychanalyste américain d'origine allemande, né à Budapest (1891-1964), l'un des pionniers de la médecine psychosomatique.

ALEXANDRA, princesse danoise, née à Copenhague (1844-1925). Fille du roi de Danemark Christian IX, épouse d'Édouard VII.

ALEXANDRA FEDOROVNA, née à Darmstadt (1872-1918). Fille du duc de Hesse Louis IV, épouse du tsar Nicolas II, massacrée avec lui et leurs enfants en 1918.

ALEXANDRE (saint), patriarche d'Alexandrie de 313 à 326; il fit condamner Arius au concile de Nicée (325).

ALEXANDRE Ier (saint) [m. en 115], pape de 105 à 115; — ALEXANDRE II (Anselmo da Baggio), né près de Milan (m. en 1073), pape de 1061 à 1073; — ALEXANDRE III (Rolando Bandinelli), né à Sienne (m. en 1181), pape de 1159 à 1181; il lutta contre Frédéric Barberousse, à qui il opposa la ligue Lombarde et convoqua le 3e concile du Latran (1179); — ALEXANDRE IV (Rinaldo di Segni) [m. en 1261], pape de 1254 à 1261; — ALEXANDRE V (Petros Filargès ou Pierre de Candie), né dans l'île de Candie (1340-1410), pape de 1409 à 1410; — ALEXANDRE VI (Rodrigo Borgia), né à Játiva (Espagne) [1431-1503], pape de 1492 à 1503. Par sa vie privée, son goût de l'intrigue, son népotisme, il fut un prince de la Renaissance beaucoup plus qu'un pape; — ALEXANDRE VII (Fabio Chigi), né à Sienne (1599-1667), pape de 1655 à 1667; il dut s'humilier devant Louis XIV; —

ALEXANDRE VIII (Pietro Ottoboni), né à Venise (1610-1691), pape de 1689 à 1691.

ALEXANDRE le Grand (356-323 av. J.-C.), roi de Macédoine (336-323), fils de Philippe II et d'Olympias. Élève d'Aristote, il soumit la Grèce révoltée, se fit décerner le titre de chef des Grecs contre les Perses, et franchit l'Hellespont. Il vainquit les troupes de Darios III au Granique (334) et à Issos (333), prit Tyr et l'Égypte. Il fonda Alexandrie, puis, passant l'Euphrate et le Tigre, battit les Perses entre Gaugamèles et Arbèles (331). Il s'empara de Babylone et de Suse, brûla Parsa (Persépolis) et atteignit l'Indus. Mais, son armée étant épuisée, il revint à Babylone, tandis que Néarque ramenait la flotte par le golfe Persique. Établi à Babylone, Alexandre travailla à organiser sa conquête, en fondant en un seul peuple vainqueurs et vaincus; mais l'Empire qu'il avait créé ne lui survécut pas et fut, aussitôt après sa mort, partagé entre ses généraux.

ALEXANDRE Ier Balas, roi séleucide de 150 à 145 av. J.-C.; — ALEXANDRE II Zabinas, roi de Syrie de 126 à 122 av. J.-C.

ALEXANDRE Ier Pavlovitch, né à Saint-Pétersbourg (1777-1825), empereur de Russie (1801-1825), fils de Paul Ier. Il lutta contre Napoléon Ier, qui le battit à Austerlitz, à Eylau, à Friedland.

Réconcilié avec son vainqueur à l'entrevue de Tilsit, il se déclara de nouveau contre lui en 1812 et, à la suite de la campagne de Russie, appela l'Europe aux armes contre la France (1813); en 1815, il inspira le traité mystico-politique de la Sainte-Alliance; — ALEXANDRE II, né à Moscou (1818-1881), empereur de Russie (1855-1881), fils de Nicolas Ier. Il signa la paix avec la France après la guerre de Crimée, abolit le servage (1861), entreprit contre la Turquie la guerre de 1877-78, qui aboutit au congrès de Berlin; il mourut assassiné par les nihilistes; — son fils ALEXANDRE III, né à Saint-Pétersbourg (1845-1894), empereur de Russie (1881-1894), poursuivit l'opposition révolutionnaire et signa une alliance avec la France (1891-1894).

ALEXANDRE Ier, né à Tatoï (1893-1920), roi de Grèce (1917-1920), fils de Constantin Ier. Appuyé sur Venizélos, il entra dans la guerre aux côtés des Alliés.

ALEXANDRE Ier de Battenberg, né à Vérone (1857-1893), premier prince de Bulgarie (1879-1886). L'hostilité de la Russie le força à abdiquer.

ALEXANDRE FARNÈSE, né à Rome (1545-1592), duc de Parme (1586-1592), gouverneur des Pays-Bas (1578); envoyé par Philippe II d'Espagne au secours des catholiques français, il fut l'adversaire d'Henri IV.

Alexandre Ier de Russie
par Gérard

Lauros-Giraudon

Alexandre II de Russie
par A. Mouillard

Lauros-Giraudon

Alexandre III de Russie

Lauros-Giraudon

ALEXANDRE JAGELLON, né à Cracovie (1461-1506), grand-duc de Lituanie (1492-1506) et roi de Pologne (1501-1506).

ALEXANDRE JANNÉE, roi des Juifs de 103 à 76 av. J.-C.

ALEXANDRE Iᵉʳ KARADJORDJEVIĆ, né à Cetinje (1888-1934), roi de Yougoslavie, fils de Pierre Iᵉʳ Karadjordjević. Il prit une large part à la lutte des Serbes contre les Austro-Allemands pendant la Première Guerre mondiale; roi des Serbes, des Croates et des Slovènes en 1921, puis de Yougoslavie en 1929, il pratiqua une politique centralisatrice et autoritaire au profit des Serbes, et fut assassiné à Marseille par un Croate.

ALEXANDRE NEVSKI, né à Vladimir (v. 1220-1263), prince de Novgorod (1236-1252), grand-prince de Vladimir (1252-1263). Il battit les suédois (1240), puis les chevaliers Porte-Glaive (1242). — Son nom a été donné à un ordre russe (1722), puis à un ordre militaire soviétique (1942).

ALEXANDRE Iᵉʳ OBRENOVIĆ, né à Belgrade (1876-1903), roi de Serbie (1889-1903), fils de Milan Iᵉʳ, assassiné par une conjuration militaire.

ALEXANDRE SÉVÈRE → SÉVÈRE ALEXANDRE.

ALEXANDRESCU (Grigore), poète roumain, né à Tîrgoviște (v. 1810-1885), d'inspiration romantique.

ALEXANDRETTE → ISKENDERUN.

ALEXANDRIA, v. des États-Unis (Virginie), près de Washington; 110 000 h.

ALEXANDRIE, port d'Égypte, à l'ouest du delta du Nil; 1 801 000 h. Centre commercial et financier, intellectuel (université) et industriel (métallurgie, textile). Cette ville, fondée par Alexandre le Grand (331 av. J.-C.), célèbre par le phare haut de 400 pieds qui éclairait sa rade, fut, au temps des Ptolémées, le centre artistique et littéraire de l'Orient, et l'un des principaux foyers de la civilisation hellénistique (musée, bibliothèque). L'Église d'Alexandrie joua, dans le développement du christianisme, un rôle majeur. Les Français s'emparèrent d'Alexandrie en 1798, les Anglais en 1801. La ville fut bombardée en 1882 par la flotte britannique. Une escadre française y fut immobilisée par les Anglais de 1940 à 1943.

ALEXANDRIE, v. d'Italie (Piémont), ch.-l. de prov., sur le Tanaro; 103 000 h.

ALEXIS (saint), prélat russe, né à Moscou (1293-1378); métropolite de Moscou, régent de 1359 à 1362.

ALEXIS, nom de plusieurs empereurs d'Orient. — ALEXIS Iᵉʳ COMNÈNE, né à Constantinople (1048 ou 1056-1118), contemporain de la première croisade, empereur de 1081 à 1118; — ALEXIS II COMNÈNE, né à Constantinople (1167-1183), empereur de 1180 à 1183; — ALEXIS III ANGE, m. en 1210, empereur de 1195 à 1203. — ALEXIS IV ANGE (v. 1182-1204), neveu du précédent, empereur de 1203 à 1204; — ALEXIS V DOUKAS, dit *Murzuphle*, empereur en 1204, fut tué par les croisés la même année.

ALEXIS MIKHAÏLOVITCH, né à Moscou (1629-1676), tsar de Russie (1645-1676). Il fut père de Pierre le Grand.

ALEXIS PETROVITCH, né à Moscou (1690-1718), fils du tsar Pierre le Grand. il conspira contre son père et mourut en prison.

ALFIERI (Vittorio), écrivain italien, né à Asti (1749-1803), auteur de tragédies qui proposent un idéal de volonté et d'héroïsme (*Saül*, 1782; *Antigone*, 1783; *Mirra*, 1789).

ALFÖLD, vaste plaine de la Hongrie, entre le Danube et la Roumanie.

ALFORTVILLE (94140), ch.-l. de c. du Val-de-Marne, au sud-est de Paris; 38 063 h. (*Alfortvillais*). Traitement des eaux naturel.

ALFOURS ou **ALIFOURS,** ensemble de populations habitant les Moluques, les Célèbes et la Nouvelle-Guinée.

ALFRED le Grand (saint), né à Wantage (Berkshire) [v. 849-899], roi des Anglo-Saxons (878-899). Après avoir conquis l'Angleterre sur les Danois, il favorisa une véritable renaissance de la civilisation anglo-saxonne.

ALFRINK (Bernard), prélat néerlandais, né à

Nijkerk en 1900. Archevêque d'Utrecht en 1955, cardinal en 1960, il a ouvert en 1965 le premier concile pastoral de l'histoire, orientant l'Église de Hollande vers un renouveau doctrinal et liturgique.

ALFVÉN (Hannes), physicien suédois, né à Norrköping en 1908. Il étudia le plasma de la magnétosphère et découvrit les ondes qui se propagent dans ce milieu et qui portent son nom. (Prix Nobel, 1970.)

ALGARDE (Alessandro ALGARDI, dit en fr. l'), sculpteur italien, né à Bologne (1595-1654), auteur du bas-relief *le Pape Léon Iᵉʳ et Attila* (Saint-Pierre de Rome).

ALGAROTTI (Francesco), écrivain italien, né à Venise (1712-1764). Ami de Voltaire, il fut l'une des figures caractéristiques de l'*illuminisme*.

Vittorio **Alfieri** par Fr.-X. Fabre

Alger le port et la Casbah

ALGARVE, région constituant l'extrémité méridionale du Portugal.

ALGER, en ar. al-Djazâ'ir, cap. de l'Algérie, ch.-l. de wilaya; 950 000 h. (*Algérois*). La position d'Alger à mi-distance entre les extrémités de l'Afrique du Nord et au débouché d'un riche arrière-pays a favorisé le développement continu de la ville et du port. La ville fut prise par les Français en 1830. Le Gouvernement provisoire de la République française s'y constitua en 1944. C'est à Alger que se sont produits les événements responsables de la chute de la IVᵉ République (13 mai 1958).

ALGÉRIE, république du nord-ouest de l'Afrique, sur la Méditerranée, entre le Maroc à l'ouest et la Tunisie à l'est; 2 376 391 km²; 19 130 000 h. (*Algériens*). Cap. *Alger*. Langues : *arabe* et *français*.

GÉOGRAPHIE

Au nord du *Sahara* * (dont l'Algérie possède une grande partie, englobant les Grands Ergs, le Tademaït et le Hoggar), deux chaînes montagneuses, l'*Atlas saharien* au sud, l'*Atlas tellien* au nord, enserrent les *Hautes Plaines* parsemées de chotts, qui disparaissent progressivement vers l'est, cédant la place à une topographie retouvée et élevée (2 328 m dans l'*Aurès*). Seul le littoral, bordé de plaines côtières discontinues, a un climat typiquement méditerranéen; les hauteurs sont relativement arrosées, ce qui explique leur couverture forestière (très dégradée cependant aujourd'hui); les Hautes Plaines, sèches, sont le domaine de la steppe (alfa).

La population, groupée dans l'Algérie septentrionale, est musulmane et fortement arabisée (les Berbères se maintiennent dans les parties montagneuses, Kabylie et Aurès); les Européens sont moins de 100 000 aujourd'hui. La colonisation française avait considérablement transformé la vie du pays en introduisant ou en développant, à côté des cultures vivrières (blé, orge) et de l'élevage ovin (souvent transhumant), des cultures commerciales (vigne principalement, arbres fruitiers, primeurs), en prospectant et en exploitant le sous-sol (fer de l'Ouenza, et surtout pétrole et gaz naturel saharien d'Hassi-Messaoud, Edjelé, Hassi-R'Mel), en mettant en place une infrastructure urbaine (centres administratifs) et économique (transports, ports).

Après l'indépendance, la socialisation de l'économie a placé sous le contrôle de l'État une part croissante du potentiel industriel et la quasi-totalité de l'agriculture moderne. Les revenus assurés par le pétrole ont favorisé le développement partiel de l'industrie. Celle-ci ne peut cependant assurer le plein emploi, d'autant que la population s'accroît rapidement et afflue vers les villes. Une importante émigration s'est produite vers la France.

HISTOIRE

— Avant les Arabes, l'Algérie connaît les civilisations des Phéniciens, des Romains, des Vandales et des Byzantins.
— 647 : premiers raids arabes dans le Maghreb.
— 681-682 : grand raid de 'Uqba ibn Nâfi' à partir de Kairouan et début de l'islamisation.
— VIIIᵉ s. : résistance aux Arabes des Berbères qui adhèrent au khâridjisme. Constitution dans le Maghreb central de principautés khâridjites.
— Xᵉ s. : installation des Fâṭimides; résistance des khâridjites. Les Fâṭimides d'Égypte laissent le Maghreb aux vassaux, les Zîrides, qui reconnaissent l'autorité du calife 'abbâsside. Raids des Fâṭimides contre les Berbères refoulés dans les montagnes.
— XIᵉ-XIIᵉ s. : domination successive des dynasties berbères des Almoravides et des Almohades.
— 1235-1550 : royaume des 'Abdalwâdides; morcellement du pays.
— 1505-1511 : les Espagnols occupent Mers el-Kébir, Oran et Bougie.
— 1518 : le corsaire turc Barberousse place Alger sous la protection du sultan ottoman.
— 1587 : organisation de la régence d'Alger qui vit de la course (piraterie).
— XVIIᵉ-XVIIIᵉ s. : les pachas turcs perdent toute autorité au profit des deys, en fait autonomes.
— 1830 : débarquement des Français, prise d'Alger.
— 1830-1840 : occupation française restreinte; résistance d'Abd el-Kader.
— 1840-1848 : conquête du pays par Bugeaud; reddition d'Abd el-Kader (1847).
— 1848-1870 : occupation de la Kabylie (1857) et des confins sahariens. Création de trois départements (Alger, Oran, Constantine). Du régime civil, l'Algérie passe au régime militaire (1863), puis de nouveau au régime civil (1870).
— 1870-1930 : colonisation de l'Algérie; essais

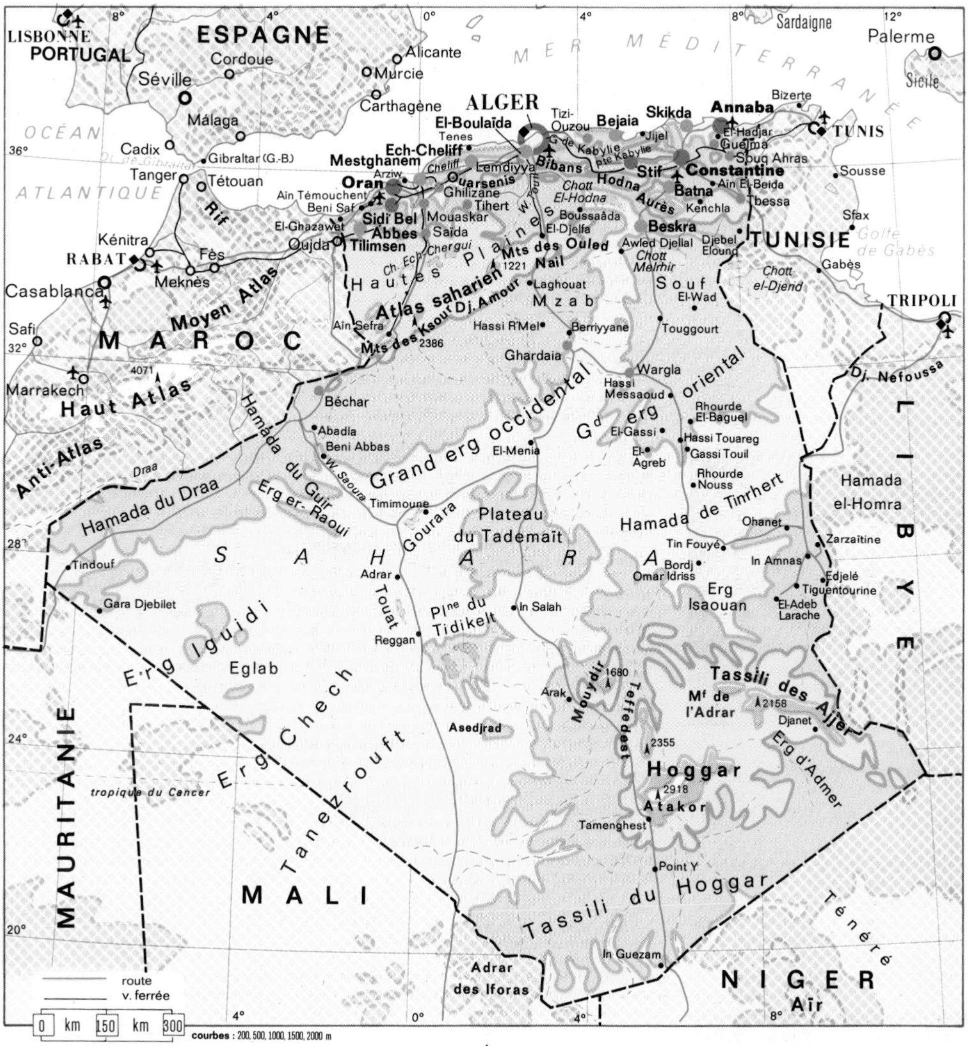

Alhambra : la salle des Abencérages

ALGÉRIE

d'assimilation; le régime de l'indigénat, qui établit la ségrégation entre colons et autochtones, disparaît progressivement après 1914.
— 1930-1946 : formation des organisations nationalistes en faveur de l'indépendance. Soulèvement du Constantinois (1945).
— 1954 : insurrection dans les Aurès et en Grande Kabylie; création du Front de libération nationale (F.L.N.), qui se dote d'une organisation militaire, l'Armée de libération nationale (A.L.N.).
— 1954-1962 : guerre d'Algérie.
— 1962 : indépendance de l'Algérie. Ben Bella forme le premier gouvernement de la République algérienne.
— 1963 : Ben Bella, président de la République.
— 1965 : Boumediene renverse Ben Bella; il nationalise les sociétés françaises (1966-1971), planifie l'économie et pratique une politique étrangère anti-impérialiste.
— 1979 : après la mort de Boumediene (déc. 1978), le colonel Chadli est élu président.

ALGÉROIS, région centrale de l'Algérie, correspondant au premier département d'Alger.

ALGÉSIRAS, port d'Espagne (Andalousie), sur le détroit de Gibraltar; 82 000 h. Tête de ligne pour le Maroc. Conférence internationale (1906) au sujet du Maroc.

ALGONKINS ou **ALGONQUINS,** vaste ensemble de tribus indiennes de l'Amérique du Nord, apparentées par la langue et aujourd'hui disparues.

ALGRANGE (57440), comm. de la Moselle; 7 658 h.

Alhambra, résidence des rois maures à Grenade (XIIIe-XIVe s.), pourvue de riches décors et augmentée par Charles Quint d'un palais à l'italienne. Magnifiques jardins.

AL-HAZEN → IBN AL-HAYTHAM.

'ALÎ, époux de Fāṭima et gendre de Mahomet; quatrième calife (de 656 à 661), assassiné à Kūfa, sa capitale. Le chi'isme le vénère comme détenteur de connaissances secrètes reçues de Mahomet et transmises aux imâms.

Ali Baba, un des héros des *Mille et Une Nuits.*

'ALĪ KHĀN (Liaqat), homme d'État pakistanais, né dans le Pendjab (1895-1951). Premier ministre de son pays de 1947 à 1951, il mourut assassiné.

'ALĪ PACHA, homme d'État turc, né à Istanbul (1815-1871). Il a attaché son nom à la politique de réformes du *Tanzimat.*

'ALĪ PACHA DE TEBELEN, pacha de Ioannina, né à Tebelen (v. 1344-1822). Il s'empara de l'Albanie et se gendit célèbre par ses cruautés.

ALICANTE, port d'Espagne, ch.-l. de prov., sur la Méditerranée; 223 000 h. Vins.

Alice au pays des merveilles, récit de Lewis Carroll (1865), qui reproduit le rythme des comptines et les fantaisies de la logique enfantine.

'ALIDES, descendants de 'Alī et de Fāṭima, fille de Mahomet. Ils sont considérés par une fraction importante de l'islam comme les seuls authentiques héritiers spirituels du Prophète.

ALIÉNOR D'AQUITAINE (1122-1204), duchesse d'Aquitaine et comtesse de Poitou (1137-1204). Elle épousa (1137) Louis VII, roi de France, qui la répudia (1152), et elle se remaria à Henri Plantagenêt, qui devint roi d'Angleterre.

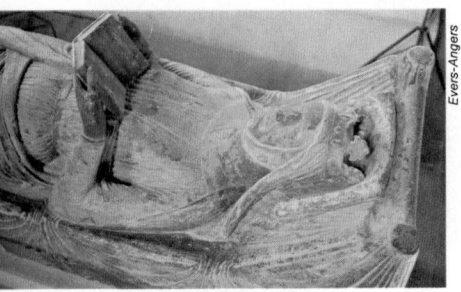

Evers-Angers

Aliénor d'Aquitaine
gisant de l'abbaye de Fontevrault

ALIGARH, v. de l'Inde (Uttar Pradesh); 252 000 h. Université.

ALIGRE (Étienne d'), chancelier de France, né à Chartres (1550-1635), disgracié par Richelieu.

Aliscamps (les) → ALYSCAMPS.

ALISE-SAINTE-REINE (21150 Les Laumes), comm. de la Côte-d'Or, au pied de l'emplacement probable d'*Alésia;* 708 h. Musée.

ALIX → ADÉLAÏDE et ADÈLE.

ALIZAY (27460), comm. de l'Eure; 865 h. Cellulose.

ALJUBARROTA, localité du Portugal (Estrémadure). Le roi Jean Iᵉʳ de Portugal y battit Jean Iᵉʳ, roi de Castille, en 1385.

ALKMAAR, v. des Pays-Bas, au nord-ouest d'Amsterdam; 68 000 h. Monuments gothiques. Marché aux fromages.

ALLĀH, dieu unique, de l'islam.

ALLĀHĀBĀD, v. de l'Inde, sur le Gange; 491 000 h. Centre de pèlerinage. Colonne d'Aśoka. Fort d'Akbar. Musée.

ALLAIRE (56350), ch.-l. de c. du Morbihan; 2 394 h. Mégalithes.

ALLAIS (Alphonse), écrivain humoristique français, né à Honfleur (1855-1905).

ALLAIS (Émile), skieur français, né à Megève en 1912.

ALLANCHE (15160), ch.-l. de c. du Cantal; 1551 h. Station d'altitude (985 m).

ALLARD (lac), lac du Canada (Québec). Minerai de fer.

ALLAUCH [alo] (13190), ch.-l. de c. des Bouches-du-Rhône, au nord-est de Marseille; 11 149 h. (*Allaudiens*).

ALLEGHENY ou **ALLEGHANY,** nom donné autref. aux massifs de l'est des États-Unis; il désigne aujourd'hui le rebord du plateau appalachien, de la Pennsylvanie à la Virginie-Occidentale.

ALLÈGRE (43270), ch.-l. de c. de la Haute-Loire; 1641 h. (*Allégras*). Ruines médiévales.

ALLEMAGNE, en allem. **Deutschland,** région de l'Europe centrale, partagée depuis 1949 entre la *République fédérale d'Allemagne* et la *République démocratique allemande.*

HISTOIRE

— À partir de l'an 1000 av. J.-C., les Germains s'installent entre le Rhin et la Vistule (Germanie).

— À l'abri du *limes,* s'organise la Germanie romaine.

— IVᵉ-Vᵉ s. apr. J.-C. : nouvelle vague de Barbares.

— IXᵉ s. : la Germanie est incorporée à l'Empire carolingien.

— 842-843 : le serment de Strasbourg et le traité de Verdun consacrent la naissance de la nationalité allemande avec le royaume de Germanie.

— 919-1024 : dynastie saxonne qui, avec Otton Iᵉʳ, crée le Saint Empire romain germanique (962).

— 1024-1138 : dynastie franconienne; développement du césaropapisme; querelle des Investitures avec la papauté (1059-1122); anarchie féodale.

— 1138-1250 : les Hohenstaufen, notamment Frédéric Iᵉʳ Barberousse (de 1152 à 1190) et Frédéric II (de 1220 à 1250), se heurtent à la papauté. La lutte du Sacerdoce et de l'Empire (1154-1250) se termine par la victoire de la papauté.

— 1250-1273 : le Grand Interrègne. Anarchie. Montée de la puissance hanséatique.

— 1273-1437 : restauration du pouvoir impérial au profit de la maison de Habsbourg; la *Bulle d'or* (1356) règle la procédure des élections impériales.

— 1437-1618 : les Habsbourg maîtres de l'Empire germanique, qui atteint son apogée avec Maximilien Iᵉʳ (de 1493 à 1519) et surtout avec Charles Quint (de 1519 à 1556). Mais la Réforme protestante brise l'unité de l'Empire.

— 1618-1648 : la guerre de Trente Ans ravage l'Allemagne; les traités de Westphalie (1648) confirment la division religieuse et politique (350 États) du pays.

— 1648-1789 : formation d'une brillante civilisation allemande; montée des Hohenzollern, qui obtiennent le titre de rois de Prusse (1701), dominent l'Allemagne sous Frédéric II (de 1740 à 1786) et s'opposent souvent aux empereurs de la maison des Habsbourg.

— 1789-1801 : l'Allemagne devient un des champs de bataille des guerres révolutionnaires.

— 1803-1806 : disparition du Saint Empire romain germanique; création, par Napoléon Iᵉʳ, de la Confédération du Rhin.

— 1806-1814 : Napoléon Iᵉʳ bat la Prusse et soumet l'Allemagne au Blocus continental. Éveil du nationalisme allemand, soutenu par la Prusse et dirigé contre la France.

— 1815 : le congrès de Vienne crée la Confédération germanique (39 États autonomes), sous la présidence honorifique de l'empereur d'Autriche.

— 1815-1861 : l'Allemagne est traversée par des mouvements libéraux et nationaux (1848). Mais le problème de l'unité allemande oppose l'Autriche à la Prusse.

— 1861-1870 : la Prusse, grâce à Bismarck, réalise à son profit l'unité allemande, en éliminant l'Autriche (1866) et en vainquant la France (1870).

— 18 janvier 1871 : l'Empire allemand (25 États) est proclamé, à Versailles, au profit de Guillaume Iᵉʳ, roi de Prusse.

— 10 mai 1871 : le traité de Francfort cède à l'Empire allemand l'Alsace-Lorraine.

— 1871-1890 : Bismarck donne une grande impulsion à l'économie allemande, mais ne peut empêcher la formation d'un fort parti socialiste; il est l'arbitre de la paix en Europe.

— 1890-1914 : Guillaume II pratique une politique pangermaniste et colonialiste tandis que l'Allemagne devient la première puissance économique du continent.

— 1914-1918 : la Première Guerre mondiale, qui se termine par la défaite de l'Allemagne (traité de Versailles, 28 juin 1919). Tous les souverains de l'Empire abdiquent (1918).

— 1919-1933 : république de Weimar (17 États), qui doit faire face au mouvement spartakiste, finalement écrasé (1919). L'humiliation provoquée par le « diktat de Versailles » et l'occupation de la Ruhr par les troupes françaises (1923-1925), ainsi que la misère qui accompagne une inflation monstre favorisent la montée du communisme et du national-socialisme (Hitler).

— 1933-1934 : Adolf Hitler, chancelier. Le Reichstag donne à Hitler les pleins pouvoirs (mars 1933); la mort d'Hindenburg fait en outre de lui le chef de l'État (août 1934).

— 1934-1939 : Hitler, tout-puissant, pratique à l'intérieur, avec l'aide des organisations nazies, une politique dictatoriale d'autarcie et de racisme et, à l'extérieur, un pangermanisme brutal et efficace : réoccupation de la Rhénanie (1936), annexion de l'Autriche [Anschluss] et des Sudètes (1938), de la Bohême-Moravie (1939). L'agression allemande contre la Pologne provoque la Seconde Guerre mondiale.

— 1939-1945 : la Seconde Guerre mondiale. Maître, après la défaite de la France (1940), de la plus grande partie de l'Europe occidentale, Hitler ne peut venir à bout de la Grande-Bretagne et de l'U.R.S.S. devant deux puissants États-Unis. Hitler se suicide (30 avril 1945) sur les ruines de Berlin et du IIIᵉ Reich (2 mai 1945). L'Allemagne sort de la guerre ravagée et épuisée. D'abord ramenée à ses frontières de 1937, avant de perdre de vastes territoires à l'est, elle est divisée, par les Alliés, en quatre zones d'occupation.

ALLEMAGNE (*République fédérale d'*), en allem. **Bundesrepublik Deutschland,** État d'Europe, formé en 1949 par la division de l'Allemagne de 1945, dont elle constitue les parties occidentale et méridionale; 248 000 km²; 61,4 millions d'h. Cap. *Bonn;* langue : *allemand;* monnaie : *deutsche Mark.* La partie occidentale de *Berlin** est une dépendance de fait de l'Allemagne fédérale; cette dernière, appelée aussi *Allemagne occidentale,* est formée de dix *Länder* (États) : Bade-Wurtemberg, Bavière, Brême, Hambourg, Hesse, Rhénanie-du-Nord-Westphalie, Rhénanie-Palatinat, Sarre, Saxe (Basse-) et Schleswig-Holstein.

GÉOGRAPHIE

Le pays appartient à l'Europe alpine au sud (extrémité septentrionale des Préalpes et plateau bavarois), à l'Europe hercynienne au centre (Massif schisteux rhénan et bassin de Souabe-Franconie). Le Nord occupe une partie de la grande plaine de l'Europe du Nord, affectée par les glaciations quaternaires, et s'ouvre sur la mer du Nord et la Baltique. La latitude et l'éloignement de l'Océan expliquent la semi-continentalité d'un climat de plus en plus rude vers l'intérieur.

Malgré les énormes pertes humaines et matérielles de la Seconde Guerre mondiale et l'afflux de plus de 10 millions de réfugiés ou d'expulsés après 1945, l'Allemagne fédérale est devenue la première puissance économique de l'Europe continentale (U. R. S. S. exceptée). Le « miracle allemand » a été facilité par l'abondance de la houille, la remise en état de l'infrastructure des transports (routes, voies ferrées et fluviales), le rétablissement des puissantes sociétés financières et industrielles, l'importance d'une main-d'œuvre disciplinée, et aussi par l'aide américaine. Une puissante sidérurgie, établie sur les bassins houillers (Sarre et surtout Ruhr), alimente une métallurgie de transformation très diversifiée (automobiles notamment), implantée principalement dans la Ruhr et dans les voies de communication (le long du Rhin en particulier), sur les estuaires de l'Elbe et de la Weser (où sont localisés les ports de Hambourg et de Brême) et dans les capitales régionales (Munich, Stuttgart, Hanovre). La puissante industrie chimique s'est aussi développée en bordure du Rhin (Cologne, Leverkusen, Mannheim, Ludwigshafen) et près des gisements (et raffineries) de pétrole et de gaz naturel, de potasse et de sel gemme. L'agriculture, malgré son caractère intensif, ne peut satisfaire les besoins d'une population dense (250 h. en moyenne au km², plus de 1 000 dans la Ruhr), urbanisée à 80 p. 100 environ. Le pays produit du blé et de la betterave à sucre, du seigle, du houblon (pour la

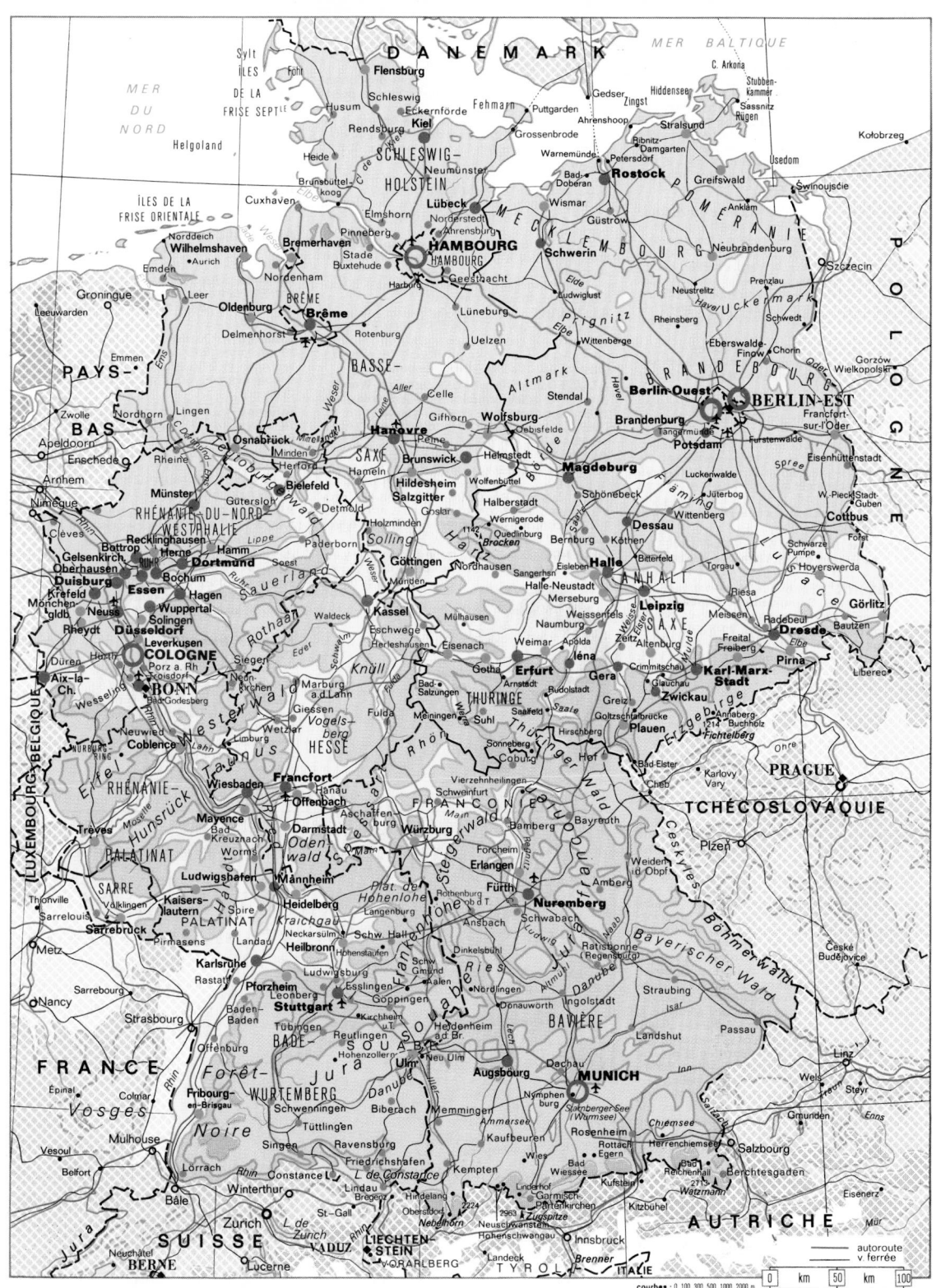

RÉPUBLIQUE FÉDÉRALE D'ALLEMAGNE ET RÉPUBLIQUE DÉMOCRATIQUE ALLEMANDE

bière) et surtout des pommes de terre. Les cultures sont surtout développées dans la partie centrale, l'élevage (bovins et porcins) domine aux extrémités septentrionale et méridionale. Son expansion économique a fait de l'Allemagne fédérale un pays à la balance commerciale excédentaire, grâce à une industrie orientée vers l'exportation, et malgré de fortes importations d'hydrocarbures. La prospérité est traduite, notamment, par un taux réduit d'inflation.

HISTOIRE

— 1945-1949 : l'Allemagne soumise au contrôle des Alliés. La crise de Berlin (1948) précipite la coupure de l'Allemagne en deux États séparés.
— 1949 : création de la République fédérale d'Allemagne (R.F.A.); le parti chrétien-démocrate (CDU), dominant, fournit le premier chancelier, Konrad Adenauer, qui travaille à rendre à son pays une place en Europe (Conseil de l'Europe, 1951; O.T.A.N., 1955; Marché commun, 1957).
— 1957 : la Sarre redevient allemande.
— 1963-1966 : le chancelier Ludwig Erhard parfait le «miracle économique» allemand amorcé avec Adenauer.
— 1966-1969 : Kurt Kiesinger est chancelier, grâce à la coalition de la CDU avec les sociaux-démocrates.
— 1969-1974 : le social-démocrate Willy Brandt est chancelier, à la tête d'un gouvernement de coalition sociale-libéral. Il pratique l'*Ostpolitik*, le rapprochement avec l'U.R.S.S. et les pays de l'Est.
— 1974 : le social-démocrate Helmut Schmidt devient chancelier.

Allemagne (*De l'*), par Mme de Staël (1810). Ce livre créa l'image d'une Allemagne mystique et prépara la voie au romantisme.

ALLEMANDE (*République démocratique*), en allem. **Deutsche Demokratische Republik**, État de l'Europe centrale, formé en 1949 par la division de l'Allemagne de 1945, dont elle constitue la partie est (d'où son appellation courante d'*Allemagne orientale*); 108 000 km²; 16 767 000 h. (*Allemands*); cap. *Berlin-Est*. Langue : *allemand*.

GÉOGRAPHIE

L'Allemagne démocratique appartient en majeure partie à la grande plaine glaciaire de l'Europe du Nord; seule sa partie méridionale s'étend sur la zone hercynienne de l'Europe centrale (sud de la Thuringe et de la Saxe). L'éloignement de l'Océan entraîne l'extension du climat continental aux hivers rigoureux. L'avènement du régime communiste a provoqué la socialisation de l'économie. La réforme agraire a disloqué les grandes propriétés et favorisé la constitution de coopératives de production regroupant la quasi-totalité des paysans. Elle n'a pas, toutefois, modifié l'orientation de la production (blé, seigle et surtout betterave à sucre et pomme de terre; élevage porcin principalement et bovin). Mais, aujourd'hui, l'économie est de plus en plus fondée sur l'industrie, placée entièrement sous le contrôle de l'État. L'abondance du lignite pallie partiellement l'absence presque totale de charbon, de pétrole et d'hydroélectricité et a permis l'édification d'une sidérurgie relativement puissante, qui alimente la métallurgie de transformation, localisée essentiellement, ainsi que les textiles et l'industrie chimique (favorisée par l'abondance de la potasse et du sel gemme), dans les grandes villes : Berlin-Est, Leipzig, Dresde, Karl-Marx-Stadt, Halle, Magdeburg, Rostock (principal port). La socialisation ne s'est pas réalisée sans difficulté, et le passage à l'Ouest de plusieurs millions de personnes en a été une rançon d'autant plus lourde que la population, vieillie, au faible taux de natalité, tend à diminuer.

HISTOIRE

— 1949 : naissance de la R.D.A., dirigée par le parti socialiste unifié (SED), sur le modèle soviétique, avec un programme d'économie planifiée. Otto Grotewohl, chef du gouvernement.
— 1950 : la R.D.A. s'intègre au Comecon. Walter Ulbricht, premier secrétaire du SED.
— 1953 : crise économique et politique. L'exode vers la R.F.A. s'accentue.

— 1955 : la R.D.A. signe le pacte de Varsovie.
— 1956 : crise liée à la déstalinisation.
— 1960 : Walter Ulbricht, président du Conseil d'État, organe collectif qui tient lieu de présidence de la République.
— 1961 : construction du mur de Berlin.
— 1964 : Willi Stoph, chef du gouvernement.
— 1968 : nouvelle Constitution. La R.F.A. reconnaît *de facto* la R.D.A.
— 1971 : Erich Honecker, premier secrétaire du SED. Politique d'ouverture diplomatique.
— 1973 : Willi Stoph, président du Conseil d'État. Horst Sindermann, chef du gouvernement.
— 1974 : nouvelle Constitution, qui supprime toute référence à la réunification de la «nation allemande».
— 1976 : Honecker, président du Conseil d'État. Stoph, chef du gouvernement.

ALLEMANE (Jean), socialiste français, né à Sauveterre (1843-1935). Chef des socialistes possibilistes, il constitua en 1890 un groupe, dit «allemaniste», qui privilégiait le rôle des ouvriers dans l'action révolutionnaire.

ALLEN (Allen Stewart KONIGSBERG, dit **Woody**), cinéaste et acteur américain, né à Brooklyn en 1935. Il est l'auteur de *Prends l'oseille et tire-toi* (1969), d'*Annie Hall* (1977), d'*Intérieurs* (1978), de *Manhattan* (1979).

ALLENBY (Edmund), maréchal anglais, né à Londres (1861-1936). Commandant les forces britanniques en Palestine (1917-18), il prit Jérusalem, Damas et Alep, puis contraignit les Turcs à capituler. Haut-commissaire au Caire (1919-1925), il contribua à élaborer le traité d'indépendance de l'Égypte (1922).

ALLENDE (Salvador), homme d'État chilien, né à Valparaíso (1908-1973). Socialiste, il fut élu en

Deperdon-Gamma

Salvador **Allende**

1970 président de la République avec l'appui de l'ensemble de la gauche, mais un putsch militaire provoqua sa chute et sa mort.

ALLENTOWN, v. des États-Unis (Pennsylvanie); 110 000 h. Centre industriel.

ALLEPPEY, port de l'Inde (Kerala), sur la côte de Malabar; 160 000 h.

ALLER, riv. du nord de l'Allemagne fédérale, affl. de la Weser (r. dr.); 256 km.

ALLEVARD (38580), ch.-l. de c. de l'Isère, sur le Bréda, affl. de l'Isère; 2 577 h. (*Allevardais*). Station hydrominérale. Électrométallurgie.

ALLIA, affl. du Tibre (r. g.); les Romains y furent battus par les Gaulois de Brennus (390 av. J.-C.).

Alliance (*Quadruple-*), pacte formé en 1718 entre la France, l'Angleterre, les Provinces-Unies et le Saint Empire, pour le maintien du traité d'Utrecht.

Alliance (*Quadruple-*), pacte signé le 20 novembre 1815 entre l'Angleterre, l'Autriche, la Prusse et la Russie, vainqueurs de la France napoléonienne, pour préserver l'équilibre de l'Europe.

Alliance (*Sainte-*), pacte mystique formé le 26 septembre 1815 par la Russie, l'Autriche et la Prusse, pour le maintien des traités de 1815, et en vue de réprimer les aspirations libérales et nationalistes en Europe. À ce pacte dépourvu d'efficacité, Castlereagh substitua la Quadruple-Alliance de novembre 1815.

Alliance (*Triple-*), pacte formé à La Haye par l'Angleterre, les Provinces-Unies et la Suède contre Louis XIV, en 1668.

Alliance (*Triple-*), accord encore connu sous le nom de *Triplice*, constitué par l'adhésion de l'Italie, en 1882, à une alliance austro-germanique de 1879. Il fut renouvelé en 1887 et cessa en 1915, lors du passage de l'Italie dans le camp allié.

Alliance française, association fondée en 1883 pour étendre l'influence de la France à l'étranger par la propagation de la langue et de la culture françaises.

ALLIER, riv. du Massif central; 410 km. Né dans l'est de la Lozère, l'Allier coule du sud vers le nord, draine les Limagnes, puis le Bourbonnais, passant à Vichy et à Moulins, avant de rejoindre la Loire (r. g.), près de Nevers, au *bec d'Allier*.

ALLIER

chef-lieu de département ◇ chef-lieu d'arrondissement — chef-lieu de canton
— limite d'arrondissement
— limite de canton
●●●○○ localités classées selon leur population
— v. ferrée
— route
courbes : 300 600 900 m
0 km 10 km 20

ALLIER (dép. de l') [**03**], dép. de la Région Auvergne, formé par le Bourbonnais; ch.-l. de dép. *Moulins;* ch.-l. d'arr. *Montluçon, Vichy;* 3 arr., 33 cant., 320 comm.; 7 327 km²; 378 406 h. Il est rattaché à l'académie de Clermont-Ferrand, à la circonscription judiciaire de Riom, à la région militaire de Lyon et à la province ecclésiastique de Sens. À l'ouest de l'Allier affleure le socle cristallin (Combraille, Bocage bourbonnais) et l'élevage bovin y domine. Dans l'est, la Sologne bourbonnaise, amendée, et la Limagne bourbonnaise (vallée de l'Allier) portent des cultures céréalières et fourragères. L'industrialisation est surtout développée à Montluçon (agglomération la plus peuplée) et à Moulins (mais demeure insuffisante, et le département tend à se dépeupler). La troisième grande ville, Vichy, demeure d'abord une station thermale.

ALLOBROGES, peuple de la Gaule, qui habitait le Dauphiné et la Savoie.

ALLONNES (49650), ch.-l. de c. de Maine-et-Loire; 2 348 h.

ALLONNES (72700), comm. de la Sarthe, faubourg du Mans; 15 852 h.

ALLOS (04260), ch.-l. de c. des Alpes-de-Haute-Provence, dans la haute vallée du Verdon, au pied du col homonyme (2 240 m); 564 h. Station de sports d'hiver (1 425-2 600 m).

ALLSCHWIL, comm. de Suisse, banlieue sud-ouest de Bâle; 17 638 h.

ALMA, petit fl. de Crimée; 86 km. Victoire des Franco-Anglais sur les Russes pendant la guerre de Crimée (1854).

ALMA, anc. **Saint-Joseph d'Alma,** v. du Canada (Québec), dans la région du lac Saint-Jean; 25 638 h.

ALMA-ATA, v. de l'U. R. S. S., cap. du Kazakhstan, au sud du lac Balkhach; 871 000 h. Université. Centre industriel.

ALMADÉN, v. d'Espagne, en Nouvelle-Castille; 15 000 h. Mercure.

Almageste (l'), traité d'astronomie, composé par Claude Ptolémée, sous le règne d'Antonin le Pieux.

ALMAGRO (Diego DE), conquistador espagnol, né à Almagro (prov. de Tolède) [1475-1538], compagnon de Pizarro dans la conquête du Pérou; entré en lutte avec lui, il fut étranglé sur son ordre. — Son fils DIEGO, né à Panamá (1518-1542), le vengea, en tuant Pizarro, mais, vaincu par Vaca de Castro, il fut lui-même décapité.

ALMANSA, v. d'Espagne (prov. d'Albacete); 16 000 h. Victoire de Berwick sur les Anglais (1707), qui assura à Philippe V le trône d'Espagne.

ALMEIDA GARRETT (João Baptista DA SILVA LEITÃO DE), écrivain et homme politique portugais, né à Porto (1799-1854), rénovateur du *romanceiro* et d'un théâtre nationaliste et romantique (*Un auto de Gil Vicente,* 1838; *Frei Luis de Sousa,* 1844).

ALMELO, v. de l'est des Pays-Bas (Overijssel); 62 000 h.

ALMERÍA, port d'Espagne, en Andalousie, ch.-l. de prov., sur la Méditerranée; 122 000 h. Anc. forteresse mauresque. Cathédrale du XVIᵉ s.

ALMOHADES, dynastie berbère qui détrôna les Almoravides et régna sur le nord de l'Afrique et sur l'Andalousie de 1147 à 1269. Elle fut fondée par Muḥammad ibn Tūmart.

ALMONACID DE ZORITA, localité d'Espagne (Nouvelle-Castille). Centrale nucléaire.

ALMORAVIDES, confrérie de moines guerriers et dynastie berbère qui régna sur le Maroc, le Maghreb occidental et l'Andalousie de 1061 à 1147. Elle fut fondée par un réformateur rigoureux, 'Abd Allāh ibn Yāsīn, mais le premier souverain effectif en fut Yūsuf ibn Tāchfīn.

ALMQUIST (Carl Jonas Love), écrivain suédois, né à Stockholm (1793-1866). Son œuvre poétique et romanesque est l'une des plus originales du romantisme suédois (*le Livre de l'églantier,* 1832-1840).

ALOMPRA → ALAUNG PHAYA.

ALONG (baie d'), baie de la côte du Viêt-nam, au nord-est du delta du Tonkin, semée de pittoresques rochers calcaires.

HAUTES-ALPES

Alicia
Alonso

ALONSO (Alicia), danseuse cubaine, née à La Havane v. 1920. Grande interprète de *Giselle,* elle est la fondatrice du Ballet national et de l'École nationale de danse de Cuba.

ALOST, en néerl. **Aalst,** v. de Belgique (Flandre-Orientale); 81 400 h. Collégiale du XVᵉ s. Industrie textile. Chaussures. Machines.

ALOXE-CORTON (21420 Savigny lès Beaune), comm. de la Côte-d'Or, au nord de Beaune; 218 h. Vins rouges (*corton*).

ALPE-DE-MONT-DE-LANS (l') → DEUX-ALPES (les).

ALPE-DE-VENOSC (l') → DEUX-ALPES (les).

ALPE-D'HUEZ (l') [38750], station de sports d'hiver de l'Isère (comm. d'Huez), dans l'Oisans (1 860-3 350 m).

ALPES, le plus grand massif montagneux de l'Europe, s'étendant sur plus de 1 000 km, de la Méditerranée jusqu'à Vienne (Autriche), partagé entre l'Allemagne fédérale, l'Autriche, la France, l'Italie, la Suisse et la Yougoslavie; 4 807 m au mont Blanc. Leur massif élevé, les Alpes sont pénétrables grâce à de profondes vallées (Rhône et Rhin, Isère, Inn, Enns, Drave, Adige), creusées et élargies par les glaciers quaternaires. La chaîne est franchie, souvent en tunnel, par de nombreuses routes et voies ferrées (Mont-Blanc, Grand-Saint-Bernard, Simplon, Saint-Gothard, Brenner).
Les conditions naturelles (relief accidenté, climat rude) n'apparaissent guère favorables à l'homme; pourtant, le peuplement est ancien et relativement dense. L'économie — initialement fondée sur une polyculture vivrière, l'élevage transhumant, l'exploitation de la forêt et parfois du sous-sol — a été rénovée, au moins localement, par l'hydroélectricité (favorisée par les dénivellations et l'abondance des précipitations) et le tourisme. L'accroissement des échanges, permis par l'amélioration des communications, a orienté l'économie vers une spécialisation en fonction des aptitudes régionales : élevage bovin intensif dans les vallées (sites des villes, dont les plus grandes sont Grenoble et Innsbruck), près des centrales (une grande partie de l'électricité alpestre est cependant exportée), stations d'été ou de sports d'hiver en altitude ou en bordure des lacs subalpins (Léman, lac Majeur, lac de Constance).

ALPES (dép. des Hautes-) [**05**], dép. de la Région Provence-Alpes-Côte d'Azur; ch.-l. de dép. *Gap;* ch.-l. d'arr. *Briançon;* 2 arr., 28 cant., 175 comm.; 5 520 km²; 97 358 h. Il est rattaché à l'académie d'Aix-en-Provence-Marseille, à la circonscription judiciaire de Grenoble, à la région militaire de Lyon et à la province ecclésiastique d'Aix-en-Provence. Formé de parties du haut Dauphiné et de la Provence, ce dép. est peu peuplé, en raison surtout des conditions naturelles (altitude élevée) et voué surtout à l'élevage et à une polyculture vivrière, animé localement par le tourisme (Briançon, Serre-Chevalier). Les villes (Gap, Embrun) sont situées dans les vallées. Leur progression explique l'accroissement démographique récent. Cependant, l'industrie (malgré l'hydroélectricité et quelques usines l'utilisant) est peu importante et l'exode rural persiste.

ALPES AUSTRALIENNES, partie méridionale de la Cordillère australienne.

ALPES-DE-HAUTE-PROVENCE (dép. des) [**04**], dép. de la Région Provence-Alpes-Côte d'Azur; ch.-l. de dép. *Digne;* ch.-l. d'arr. *Barcelonnette, Castellane, Forcalquier;* 4 arr., 32 cant., 199 comm.; 6 944 km²; 112 178 h. Il est rattaché à l'académie d'Aix-en-Provence-Marseille, à la circonscription judiciaire et à la province ecclésiastique d'Aix-en-Provence, à la région militaire de Lyon. Montagneux, surtout dans l'est et le nord, il est aéré par les vallées de la Durance et de ses affluents, sites de la vie urbaine. Les conditions naturelles expliquent la faiblesse du peuplement, malgré une croissance récente, sensible dans le sud-ouest et profitant généra-

ALPES-DE-HAUTE-PROVENCE

En revanche, les Alpes du Sud, plus sèches, mal aérées, vouées surtout à l'élevage ovin, aux cultures céréalières et localement à l'arboriculture fruitière (vallée de la Durance), se sont longtemps dépeuplées, avant que l'essor du tourisme et les aménagements hydrauliques ne contribuent à enrayer ce déclin.

ALPES-MARITIMES (*dép. des*) [06], dép. de la Région Provence-Alpes-Côte d'Azur; ch.-l. de dép. *Nice*; ch.-l. d'arr. *Grasse*; 2 arr., 41 cant., 163 comm.; 4 294 km²; 816 681 h. Il est rattaché à l'académie de Nice, à la circonscription judiciaire et à la province ecclésiastique d'Aix-en-Provence, à la région militaire de Lyon. Formé du comté de Nice et de l'extrémité orientale de la Provence, il s'étend en majeure partie sur les Préalpes du Sud (Préalpes de Grasse et de Nice), entaillées par les vallées du Var, de la Tinée et de la Vésubie. Mais le littoral (Côte d'Azur) est la région vitale; l'essor extraordinaire du tourisme explique le rapide accroissement démographique et, par les activités qui y sont liées (commerce, hôtellerie), la part exceptionnelle du secteur tertiaire (plus des trois cinquièmes de la population active). L'agglomération niçoise groupe plus de la moitié de la population totale du département.

ALPES NÉO-ZÉLANDAISES, chaîne de montagnes de Nouvelle-Zélande, dans l'île du Sud.

ALPES SCANDINAVES, nom parfois donné aux montagnes des confins de la Suède et de la Norvège.

ALPHÉE, fl. du Péloponnèse. Il passe près d'Olympie et se jette dans la mer Ionienne. Il fut divinisé par les anciens Grecs.

ALPHONSE Ier le Batailleur, roi d'Aragon et de Navarre de 1104 à 1134. Il devint roi de Castille en 1109, par son mariage avec Urraque, fille

lement aux villes, qui regroupent plus de la moitié de la population. L'élevage ovin domine, en dehors de la vallée de la Durance (cultures fruitières), où l'irrigation est liée à l'aménagement hydroélectrique. L'industrie occupe moins du tiers de la population active, qui est employée en majeure partie par le secteur tertiaire, dont l'essor résulte partiellement de celui du tourisme estival et hivernal.

ALPES (ou **CHAÎNES**) **DINARIQUES,** massifs de Yougoslavie, entre les Alpes de Slovénie et le Rhodope, comprenant les blocs calcaires du Karst et les montagnes cristallines de Bosnie.

ALPES FRANÇAISES, partie la plus développée des Alpes occidentales, divisée en deux ensembles. Les *Alpes du Nord* possèdent un relief ordonné, où se succèdent d'ouest en est : les Préalpes (Chablais, Bornes, Bauges, Chartreuse, Vercors), calcaires, aux plis généralement simples; le Sillon alpin, longue dépression drainée par l'Arly et l'Isère (Combe de Savoie, Grésivaudan); les massifs centraux (Mont-Blanc, Beaufortin, Belledonne, Oisans, Pelvoux), cristallins, partie la plus élevée; la zone intra-alpine aérée par les vallées de l'Isère supérieure (Tarentaise), de l'Arc (Maurienne) et de la Romanche. Les *Alpes du Sud* ne présentent pas une disposition aussi simple : il n'existe pas de dépression analogue au Sillon alpin; les roches cristallines n'affleurent que dans le Mercantour; les charriages s'avancent vers l'ouest (Briançonnais, Embrunais, Queyras) et surtout les Préalpes s'étendent démesurément, dessinant un vaste arc de cercle (du Diois et des Baronnies aux Préalpes de Nice), ouvert par la Durance. Les Alpes du Nord ont un climat humide qui a favorisé l'extension de la forêt et de la prairie. L'élevage bovin (pour les produits laitiers) constitue la principale ressource de la montagne, avec le tourisme estival et hivernal. Les cultures se réfugient dans les vallées où, grâce à l'hydroélectricité, s'est développée la vie industrielle (électrométallurgie et électrochimie) et urbaine (Grenoble), dont l'activité explique l'essor économique et démographique de la région.

ALPES-MARITIMES

1 La Turbie
2 La Colle-sur-Loup
3 Roquefort-les-Pins
4 Sophia-Antipolis
5 Mougins
6 Mouans-Sartoux

d'Alphonse VI; — ALPHONSE II **Raimond** *le Chaste* (1152-1196), roi d'Aragon (1164-1196); — ALPHONSE III *le Bienfaisant*, né à Valence (1265-1291), roi d'Aragon (1285-1291); — ALPHONSE IV *le Débonnaire* (1299-1336), roi d'Aragon (1327-1336); — ALPHONSE V *le Grand* ou *le Magnanime* (1396-1458), roi d'Aragon et de Sicile (1416-1458), roi d'Aragon et de Sicile (1416-1458). Il conquit le royaume péninsulaire de Sicile (1435-1442) et prit le nom d'ALPHONSE Ier, roi des Deux-Siciles.

ALPHONSE Ier Henriques, né à Guimarães (v. 1110-1185), comte de Lusitanie, premier roi de Portugal (1139-1185); — ALPHONSE II *le Gros*, né à Cimbra (1185-1223), roi de Portugal de 1211 à 1223; — ALPHONSE III *le Boulonnais*, né à Coimbra (1210-1279), roi de Portugal de 1248 à 1279. Il conquit l'Algarve sur les Maures; — ALPHONSE IV *le Brave*, né à Lisbonne (1290-1357), roi de Portugal de 1325 à 1357, combattit à Tarifa (1340); — ALPHONSE V *l'Africain*, né à Sintra (1432-1481), roi de Portugal de 1438 à 1481. Il guerroya en Afrique et en Castille. Sous son règne, les Portugais découvrirent la Guinée. Il fonda la bibliothèque de Coimbra; — ALPHONSE VI, né à Lisbonne (1643-1683), roi de Portugal de 1656 à 1668. Il fut déchu par sa femme, Marie de Savoie, qui épousa son frère Pierre (II).

ALPHONSE Ier le Catholique (693-757), rois des Asturies (739-757); — ALPHONSE II *le Chaste*, né à Oviedo (759-842), rois des Asturies (791-842); — ALPHONSE III *le Grand* (838-910 ou 912), roi de León (866-910); — ALPHONSE IV *le Moine*, roi de León (925-931), m. en 932; — ALPHONSE V *le Noble* (994-1027), roi de León (999-1027); — ALPHONSE VI (1040-1109), roi de León (1065-1109), de Castille (1072-1109) et de Galice (1073-1109); sous son règne vécut le Cid; — ALPHONSE VII *le Bon* (1105-1157), roi de Castille et de León (1126-1157), empereur d'Espagne (1126-1157); sous son règne fut fondé l'ordre d'Alcántara; — ALPHONSE VIII *le Noble*, né à Soria (1155-1214), roi de Castille (1158-1214); il vainquit les Almohades à Las Navas de Tolosa (1212); — ALPHONSE IX, né à Zamora (1171-1230), roi de León (1188-1230), cousin et gendre d'Alphonse VIII de Castille; — ALPHONSE X *le Sage*, né à Tolède (1221-1284), roi de Castille et de León (1252-1284) et empereur germanique (1267-1272); il rétablit l'université de Salamanque et fit dresser des tables astronomiques, appelées *Tables alphonsines*; — ALPHONSE XI *le Vengeur*, né à Salamanque (1311-1350), roi de Castille de 1312 à 1350; il vainquit les Maures à Tarifa (1340); — ALPHONSE XII, fils de François d'Assise de Bourbon, duc de Cadix, et de la reine Isabelle II, né à Madrid (1857-1885), roi d'Espagne de 1874 à 1885; — ALPHONSE XIII, fils posthume du précédent, né à Madrid (1886-1941), roi d'Espagne (1886-1931); il laissa le pouvoir réel, de 1923 à 1930, au général Miguel Primo de Rivera et quitta son pays après que la république eut été proclamée.

ALPHONSE DE FRANCE, prince capétien (1220-1271), comte de Poitiers et de Toulouse (1249-1271), fils de Louis VIII et époux de Jeanne, comtesse de Toulouse.

ALPHONSE-MARIE de **Liguori** (*saint*), évêque napolitain, né à Marianella (1696-1787). Il fonda, en 1732, les Rédemptoristes.

ALPILLES (les), anc. **Alpines** (les), chaînon calcaire s'élevant au nord de la Crau.

ALSACE, Région de l'est de la France, sur le Rhin, correspondant administrativement aux départ. du Bas-Rhin et du Haut-Rhin (8 310 km²; 1 517 330 h. [*Alsaciens*]; ch.-l. *Strasbourg*). L'Alsace s'étend, à l'ouest, sur le versant oriental des *Vosges*, massif boisé, entaillé par les vallées où se concentrent la population et les activités (cultures céréalières et fruitières, textiles). À l'est, séparée de la montagne par les *collines sous-vosgiennes*, coteaux calcaires couverts de vignobles, la *plaine d'Alsace* est formée de terrasses parfois couvertes de lœss (blé, maïs, houblon, tabac, cultures fruitières et maraîchères), parfois sableuses (forêts de la Hardt, de Haguenau). Les « *rieds* », dépressions inondables bordant l'Ill et le Rhin, ont été partiellement assainis et aménagés (prairies). Carrefour de la circulation européenne, l'Alsace a une grande activité commerciale et industrielle, aujourd'hui valorisée par l'aménagement du Rhin, le potentiel énergétique (raffineries de pétrole, électricité du grand canal) et minéral (potasse). Densément peuplée, l'Alsace possède trois grandes villes : Mulhouse, Colmar et surtout Strasbourg.

HISTOIRE

— 870 : le traité de Meerssen donne l'Alsace au roi de Germanie.
— XIIe-XIIIe s. : âge d'or des villes alsaciennes, villes impériales, enrichies par l'artisanat et le négoce.
— 1354 : ces villes forment une ligue, la Décapole. Strasbourg, ville libre.
— 1434 : à Strasbourg, Gutenberg met au point l'imprimerie.
— 1538 : Calvin, pasteur à Strasbourg, foyer de l'humanisme.
— 1618-1648 : la guerre de Trente Ans ravage l'Alsace. Les traités de Westphalie transfèrent au roi de France les droits des Habsbourg en Alsace, qui reste terre impériale.
— 1675 : victoire décisive de Turenne à Turckheim, sur les Impériaux.
— 1678 : le traité de Nimègue assure la possession de l'Alsace à la France, qui y poursuit une politique de « réunions ».
— 1681 : Strasbourg française.
— 1746 : installation de l'industrie textile à Mulhouse.
— 1815-1818 : l'Alsace occupée par les Alliés.
— 1870 (28 sept.) : les Prussiens s'emparent de Strasbourg.
— 1871 : l'Alsace — sauf le Territoire de Belfort — devient allemande et forme, avec la Lorraine annexée, une Terre d'Empire (*Reichsland*). Fort courant protestataire.
— 1879 : Constitution, avec un *Statthalter* et deux instances législatives.
— 1911 : nouvelle Constitution, qui accorde à l'Alsace une fausse autonomie, laquelle renforce l'opposition alsacienne.
— 1918 : l'Alsace redevient française.
— 1940 : elle est, *de facto*, annexée à l'Allemagne nazie.
— 1944-45 : délivrance de Strasbourg (nov. 1944) et de l'Alsace.

ALSACE (*ballon d'*), montagne des Vosges méridionales; 1247 m. Sports d'hiver.

Alsace (*grand canal d'*), canal latéral au Rhin à l'amont et formé, à partir de Vogelgrun, de biefs séparés. Il est jalonné notamment par les centrales de Kembs, Ottmarsheim, Fessenheim, Vogelgrun, Marckolsheim, Rhinau, Gerstheim, Strasbourg, et est bordé de zones industrielles et portuaires.

ALSACE (*porte d'*), seuil faisant communiquer les plaines du Rhin et de la Saône, connu autrefois sous le nom de *porte de Bourgogne* et de *trouée de Belfort*.

ALSACE-LORRAINE, traduction française de l'expression allemande *Elsass-Lothringen*, partie des anc. prov. françaises d'Alsace et de Lorraine enlevée à la France en 1871 et récupérée par elle en 1918. On l'appelait *Reichsland*, c'est-à-dire « Terre d'Empire », et elle comprenait les départements actuels de la *Moselle*, du *Bas-Rhin* et du *Haut-Rhin*.

ALTAÏ, massif montagneux de l'Asie centrale soviétique et mongole; 4 506 m.

ALTAÏR, la 11e des étoiles les plus brillantes du ciel, dans la constellation de l'Aigle.

ALTAMIRA, station préhistorique d'Espagne, proche de Santillana del Mar (prov. de Santander), au sud-ouest de *León*. Grottes ornées de peintures polychromes datées du magdalénien moyen (XIIIe-XIIe millénaire).

ALTAR DE SACRIFICIOS, site maya des basses terres du Guatemala, dans le sud-ouest du Petén. Centre cérémoniel dont la longue occupation (1000 av. J.-C. - 900 apr. J.-C.) a laissé de nombreux vestiges archéologiques.

ALTDORF, v. de Suisse, ch.-l. du cant. d'Uri, près du Reuss; 8 647 h. Métallurgie. (V. GUILLAUME TELL.)

ALTDORFER (Albrecht), peintre et graveur allemand, né à Ratisbonne (v. 1480-1538), au style lyrique et minutieux (*Naissance de la Vierge* et la *Bataille d'Alexandre*, Munich).

ALTHEN (Jean), agronome arménien (1711-1774). Il introduisit en France la culture de la *garance*.

ALTHUSSER (Louis), philosophe français, né à Birmandreis (Algérie) en 1918. À partir de l'étude des œuvres de jeunesse de Marx et de leur rapport avec *le Capital*, qu'il considère comme une « coupure », il a énoncé la théorie des appareils idéologiques d'État.

ALTKIRCH (68130), ch.-l. d'arr. du Haut-Rhin, sur l'Ill; 6 283 h. Textiles.

ALTMAN (Robert), cinéaste américain, né à Kansas City en 1925. Auteur de *M. A. S. H.* (1970), *John Mac Cabe* (1971), *le Privé* (1973), *Nashville* (1975), *Trois Femmes* (1977), *Un Mariage* (1978), *Quintet* (1979), *Un couple parfait* (1979).

ALTMÜHL, riv. de l'Allemagne fédérale, affl. du Danube (r. g.); 195 km.

ALTO-DI-CASACONI (*canton d'*), canton de la Haute-Corse; ch.-l. *Campitello*.

ALTYNTAGH, massif séparant le Tibet et le Sin-kiang; il dépasse localement 5 000 m.

ALVARADO (Pedro DE), conquistador espagnol, né à Badajoz (1485-1541), lieutenant de Cortés.

ALVEAR (Carlos María DE), un des chefs de l'indépendance argentine, né à Santo Angel (1788-1852). On doit à Bourdelle une statue équestre d'Alvear (Buenos Aires).

Alyscamps ou **Aliscamps** (les), voie bordée de tombeaux gallo-romains à Arles.

ALZETTE, riv. du Luxembourg, passant à Esch-sur-Alzette et à Luxembourg, affl. de la Sûre (r. dr.); 65 km.

ALZON (30770), ch.-l. de c. du Gard; 237 h.

ALZON (Emmanuel DAUDÉ D'), ecclésiastique français, né au Vigan (1810-1880), fondateur des Augustins de l'Assomption.

ALZONNE (11170), ch.-l. de c. de l'Aude; 1 206 h.

Lauros-Giraudon

Altdorfer : *la Bataille d'Alexandre* (1529)

AMADE (Albert D'), général français, né à Toulouse (1856-1941). Il participa à la pacification du Maroc (1908-1913), puis commanda les troupes françaises aux Dardanelles (1915).

Amadis de Gaule, roman de chevalerie espagnol, publié par Garci Rodríguez (ou Ordóñez) de Montalvo (1508), peut-être dérivé d'un original portugais du XIIIᵉ s., traduit en français par N. d'Herberay des Essarts. Le héros de ce livre, Amadis, surnommé *le Beau *Ténébreux*, est resté le type des amants fidèles et de la chevalerie errante.

AMADO (Jorge), écrivain brésilien, né à Pirangi en 1912, auteur de romans qui unissent la critique sociale et l'inspiration folklorique (*Terre violente*, 1942; *Tereza Batista*, 1973; *la Boutique aux miracles*, 1976).

AMAGASAKI, v. du Japon (Honshū), sur la baie d'Ōsaka; 554 000 h. Centre industriel.

AMAGER, île danoise, partiellement banlieue de Copenhague.

AMALARIC, roi des Wisigoths (507-531); il épousa une fille de Clovis.

AMALASONTE, fille de Théodoric le Grand, roi des Ostrogoths. Elle gouverna pendant la minorité de son fils Athalaric (526-535) et fut étranglée par ordre de son mari, Théodat.

AMALÉCITES, tribus nomades du sud du Néguev, adversaires des Hébreux et définitivement vaincus par David.

AMALFI, port d'Italie (Campanie), au sud de Naples, sur le golfe de Salerne; 7 000 h. La ville connut une période de splendeur du Xᵉ au XIIᵉ s. Cathédrale reconstruite postérieurement.

AMALTHÉE. *Myth. gr.* Chèvre qui nourrit Zeus; une de ses cornes devint la corne d'abondance.

AMAN, favori et ministre du roi des Perses dans le livre d'Esther. Il voulut perdre les Juifs, mais la reine Esther le sauva. Aman, disgracié, fut pendu.

AMĀN ALLĀH KHĀN, souverain d'Afghānistān (1919-1929), m. en 1960. Il obtint de l'Angleterre l'indépendance de l'Afghānistān (1919/1921) et prit le titre de roi (1923).

AMANCE (70160 Faverney), ch.-l. de c. de la Haute-Saône; 728 h.

AMANCEY (25330), ch.-l. de c. du Doubs; 1 022 h.

AMAND (saint) [m. v. 679], apôtre des Flandres, évêque de Tongres-Maastricht v. 649.

AMAPÁ, territoire du Brésil septentrional; 115 000 h. Ch.-l. *Macapá*. Manganèse.

'AMĀRA, v. de l'Iraq, sur le Tigre; 104 000 h.

AMARĀVATĪ, capitale des Andhra, dans le Deccan. Site archéologique bouddhique (IIᵉ s. av. J.-C. - IVᵉ s.). Siège d'une célèbre école de sculpture.

AMARILLO, v. des États-Unis, dans le nord-ouest du Texas; 127 000 h.

AMARNA (Tell al-), site de haute Égypte, nom actuel d'**Akhetaton**, éphémère capitale fondée au XIVᵉ s. av. J.-C. par Aménophis IV. Ses vestiges (unique exemple d'urbanisme) ont livré des archives diplomatiques et nombre d'œuvres d'art : bustes de Néfertiti (Berlin, Le Caire).

AMASIS, potier grec actif v. 550-525 av. J.-C., brillant représentant de la céramique attique à figures noires.

AMATERASU, déesse du Soleil, la plus vénérée du panthéon shintô.

AMATI, nom d'une célèbre famille de luthiers de Crémone, dont un des membres, NICOLA (1596-1684), fut le maître de Guarnerius et de Stradivarius.

AMAURY ou **AMAURI Iᵉʳ**, né en 1135, roi de Jérusalem de 1163 à 1174. — AMAURY II, seigneur de Chypre en 1194, puis roi de Chypre et de Jérusalem (1197-1205).

AMAY, comm. de Belgique (Liège); 13 000 h.

AMAZONE, fl. de l'Amérique du Sud. Il prend sa source dans les Andes, arrose le Pérou et le Brésil, traverse d'immenses forêts et se jette dans l'Atlantique; 7 025 km (depuis les sources de l'Apurímac). Par son débit, c'est le premier fleuve du monde.

AMAZONES (les). *Myth. gr.* Peuplade de femmes guerrières établie dans la région bordant la mer Noire. Une de leurs reines, Hippolyte, fut vaincue par Héraclès; une autre, Penthésilée, qui avait secouru les Troyens, fut tuée par Achille.

Goloubew-Van Oest

Amarāvatī : médaillon (IIᵉ s. av. J.-C.) représentant un épisode de la vie du Bouddha

Lauros-Giraudon

▷
Tell al-**Amarna**
Princesse mangeant
un canard
Esquisse
sur ostracon
XIVᵉ s. av. J.-C.

Aménophis IV

AMAZONIE, vaste région de l'Amérique du Sud, correspondant au bassin moyen et inférieur de l'Amazone. C'est une zone basse, presque déserte, au climat équatorial, où domine la grande forêt toujours verte, entaillée, au Brésil, par les *routes transamazoniennes*.

AMBARÈS-ET-LAGRAVE (33440), comm. de la Gironde, dans l'Entre-Deux-Mers; 7 744 h. Produits pharmaceutiques.

AMBARTSOUMIAN (Viktor Amazaspovitch), astrophysicien soviétique, né à Tiflis en 1908. Auteur de recherches sur la formation des étoiles et la dynamique des galaxies, il fut le premier à mettre en évidence l'importance des amas.

AMBAZAC (87240), ch.-l. de c. de la Haute-Vienne, près des *monts d'Ambazac*; 3 929 h. Dans l'église, châsse émaillée (fin du XIIᵉ s.) provenant de l'anc. abbaye de Grandmont. Porcelaine industrielle.

AMBERG, v. de l'Allemagne fédérale (Bavière); 41 000 h. Monuments médiévaux. Métallurgie lourde. Victoire de l'archiduc Charles sur Jourdan (24 août 1796).

AMBÉRIEU-EN-BUGEY (01500), ch.-l. de c. de l'Ain, sur l'Albarine; 10 026 h. (*Ambarrois*). Nœud ferroviaire.

AMBERT (63600), ch.-l. d'arr. du Puy-de-Dôme, dans le *bassin d'Ambert*, sur la Dore; 8 059 h. (*Ambertois*). Église gothique (fin du XVᵉ s.). Chapelets.

AMBÈS (33810), comm. de la Gironde; 2 545 h. — Le *bec d'Ambès* est une pointe de terre au confluent de la Dordogne et de la Garonne. Raffinage du pétrole et centrale thermique.

AMBILLY (74100 Annemasse), comm. de la Haute-Savoie; 5 582 h.

AMBLETEUSE (62164), comm. du Pas-de-Calais; 1 449 h. Station balnéaire.

AMBOINE, v. des îles Moluques (Indonésie).

AMBOINE, capitale des Moluques, qui fut, au XVIIᵉ s., le principal centre colonial hollandais en Indonésie.

AMBOISE (37400), ch.-l. de c. d'Indre-et-Loire, sur la Loire; 11 116 h. (*Amboisiens*). Château gothique et Renaissance, où naquit et mourut

Lauros-Giraudon

Charles VIII. Constructions mécaniques. En 1563 y fut proclamé un édit permettant aux protestants le libre exercice de leur culte.

Amboise (conjuration d'), formée par Condé et les huguenots, dirigée par La Renaudie en 1560, pour soustraire François II à l'influence des Guises. Elle échoua et fut cruellement réprimée.

AMBOISE (Georges D'), prélat français, né à Chaumont-sur-Loire (1460-1510). Archevêque de Narbonne (1492) et de Rouen (1494), cardinal (1498), il fut ministre tout-puissant de Louis XII. — Son neveu GEORGES (1488-1550) fut archevêque de Rouen (1510) et cardinal (1545). Leur tombeau est à la cathédrale de Rouen.

AMBRACIE → ÁRTA.

AMBRIÈRES-LES-VALLÉES (53300), ch.-l. de c. de la Mayenne; 2 867 h.

AMBROISE (saint), Père de l'Église latine, archevêque de Milan, né à Trèves (v. 340-397). Il lutta contre les cultes païens et l'arianisme et s'attacha à christianiser les institutions. Il fut le principal artisan de la conversion de saint Augustin. Avec ses *Hymnes*, il créa une poésie liturgique populaire reprise par le Moyen Âge.

Ambrosienne (bibliothèque), bibliothèque de Milan, fondée par le cardinal Frédéric Borromée, ouverte en 1609, et qui possède de nombreux manuscrits précieux. Une galerie de peintures et d'œuvres d'art lui est annexée.

AMDEN, comm. de Suisse (Saint-Gall); 1 215 h. Sports d'hiver.

AMÉDÉE, nom de plusieurs comtes et ducs de Savoie, dont le plus célèbre est AMÉDÉE VIII, né à Chambéry (1383-1451), antipape (1439-1449) qui porta le nom de Félix V.

AMÉDÉE DE SAVOIE, né à Turin (1845-1890), duc d'Aoste, roi d'Espagne (1870-1873), second fils de Victor-Emmanuel II d'Italie.

AMÉLIE - LES - BAINS - PALALDA (66110), comm. des Pyrénées-Orientales; 4 037 h. (*Améliens* ou *Palaldéens*). Station thermale (rhumatismes, maladies des voies respiratoires).

AMENEMHAT ou **AMMÉNÉMÈS**, nom porté par quatre pharaons (XXᵉ-XVIIIᵉ s. av. J.-C.).

AMÉNOPHIS, nom de quatre rois d'Égypte de la XVIIIᵉ dynastie (1580-1320). — AMÉNOPHIS IV ou AKHENATON, roi d'Égypte (1372-1354). D'un tempérament mystique, il instaura, avec l'appui de la reine Néfertiti, le culte d'Aton, dieu suprême et unique. Il transporta sa capitale de Thèbes à Akhetaton (Amarna), mais sa réforme ne lui survécut pas.

AMÉRIC VESPUCE → VESPUCCI.

AMÉRIQUE, une des cinq parties du monde; 42 millions de km²; 565 millions d'h. (*Américains*).

L'Amérique est le continent le plus étiré entre les deux pôles; elle s'étend sur 18 000 km, depuis les régions arctiques jusqu'aux abords du cercle polaire antarctique. La superficie de l'Amérique n'est que la moitié de celle de l'Ancien Monde, mais elle est quatre fois celle de l'Europe.

L'Amérique est formée de deux vastes masses triangulaires (*Amérique du Nord* et *Amérique du Sud*), reliées par un isthme étroit (*Amérique centrale*). Des reliefs, récents et élevés à l'ouest (Rocheuses et Andes), anciens et érodés à l'est (Appalaches, massif des Guyanes, plateau brésilien), encadrent de vastes bassins alluviaux drainés par les principaux fleuves (Mississippi, Amazone, Paraná et Paraguay). L'extension en latitude explique la variété des climats (à tendance dominante tempérée et froide en Amérique du Nord, équatoriale et tropicale en Amérique centrale et en Amérique du Sud) et de la végétation (toundra du Nord canadien, à laquelle succède, vers le sud, la forêt de conifères; steppe désertique des plateaux du Mexique septentrional et d'une partie de la façade maritime du Chili et du Pérou; forêt dense de l'Amazonie, etc.). L'Amérique a été totalement transformée par la colonisation européenne, plus précoce au sud. Les peuples précolombiens, numériquement peu importants, ont été assimilés par métissage (fréquent en Amérique du Sud), refoulés dans des réserves (Indiens de l'Amérique du Nord) ou exterminés (Fuégiens). Les Noirs, introduits jadis comme esclaves, forment un élément resté isolé aux États-Unis (où il pose de graves problèmes) et plus ou moins mélangé aux autres races dans le reste du continent. L'origine des immigrants permet de distinguer une *Amérique anglo-saxonne*, où l'élément d'origine britannique est prédominant (États-Unis; et, dans une moindre mesure, Canada, où subsiste une forte minorité d'origine française) et une *Amérique latine* (Amérique du Sud et Amérique centrale, Mexique), peuplée surtout par des Espagnols, secondairement par des Portugais (Brésil) et des Italiens (Argentine).

V. cartes pages suivantes

AMÉRIQUE ANGLO-SAXONNE, nom donné souvent, par opposition à Amérique latine, à l'ensemble formé par le Canada et les États-Unis, peuplés surtout d'éléments d'origine britannique.

AMÉRIQUE CENTRALE, partie la plus étroite de l'Amérique, comprise entre les isthmes de Tehuantepec (Mexique) et de Panamá, à laquelle on rattache généralement les Antilles.

AMÉRIQUE LATINE, ensemble des pays de l'Amérique du Sud et de l'Amérique centrale (plus le Mexique) qui ont été des colonies espagnoles ou portugaises (Brésil).

AMÉRIQUE DU NORD, partie septentrionale du continent américain, comprenant le Canada, les États-Unis et la plus grande partie du Mexique (au nord de l'isthme de Tehuantepec).

AMÉRIQUE DU SUD, partie méridionale du continent américain, au sud de l'isthme de Panamá.

AMERSFOORT, v. des Pays-Bas (Utrecht), sur l'Eem; 88 000 h. Restes de fortifications. Centre industriel.

AMESHA-SPENTA, nom des six esprits divinisés du Bien, dans le mazdéisme.

Âmes mortes (*les*), roman de N. Gogol (1842; 2e partie, inachevée et posthume, 1852). Un aventurier obtient des prêts d'État sur les serfs (les « âmes ») décédés depuis le dernier recensement mais toujours vivants sur les listes du fisc.

ÁMFISSA ou **AMPHISSA,** v. de Grèce, en Phocide, près du Parnasse; 6 100 h. La ville fut détruite par les Macédoniens en 338 av. J.-C.

AMFREVILLE-LA-CAMPAGNE (27370), ch.-l. de c. de l'Eure; 636 h.

AMFREVILLE-LA-MI-VOIE (76920), comm. de la Seine-Maritime; 2 093 h. Tréfilerie.

AMHARA, région d'Éthiopie, au nord du lac Tana.

AMHARAS, ethnie du centre de l'Éthiopie parlant l'amharique et christianisée. Les Amharas furent un facteur décisif d'unification de l'Éthiopie au XIXe s.

AMHERST, v. du Canada (Nouvelle-Écosse); 10 263 h.

AMHERST (Jeffrey, *baron*), maréchal anglais, né à Riverhead (Kent) [1717-1797]. Il commanda l'armée qui acheva la conquête du Canada (1758-1760).

Ami du peuple (*l'*), feuille révolutionnaire rédigée par Marat, qui parut du 12 septembre 1789 au 14 juillet 1793.

AMIATA (*monte*), massif d'Italie, dans l'Apennin toscan. Mercure.

AMICI (Giovanni Battista), astronome et opticien italien, né à Modène (1786-1863). Il inventa l'objectif de microscopes à immersion.

AMIEL (Henri Frédéric), écrivain suisse, né à Genève (1821-1881). Son *Journal intime* analyse avec minutie son inquiétude et sa timidité fondamentales devant la vie.

AMIENS (80000), ch.-l. de la Picardie et du dép. de la Somme, sur la Somme, à 132 km au nord de Paris; 135 992 h. (*Amiénois*). Évêché. Académie. Musée de Picardie. Cathédrale gothique du

Amiens

Phot'R

XIIIe s. (célèbres sculptures des portails : *Beau Dieu*). Industries diverses. Amiens fut pris par les Espagnols et repris par Henri IV (1597). En 1802 y fut conclu avec l'Angleterre le traité qui mettait fin à la deuxième coalition.

AMILCAR → HAMILCAR.

AMILLY (45200 Montargis), ch.-l. de c. du Loiret; 8 878 h. Centre de télécommunications.

AMIN (Samir), économiste égyptien, né au Caire en 1931. Marxiste, il est spécialiste des rapports entre le sous-développement et l'impérialisme. On lui doit notamment *le Développement inégal* (1972).

AMIN DADA (Idi), homme d'État ougandais, né à Koboko (près d'Arua) en 1925. Président de la République et Premier ministre en 1971, il établit un régime dictatorial et est renversé en 1979.

Aminta, pastorale dramatique par le Tasse (1573), restée le modèle du genre.

AMIRANTES (*îles*), archipel de l'océan Indien, dépendance des Seychelles.

AMIRAUTÉ (*îles*), dépendance de la Papouasie-Nouvelle-Guinée; 28000 h.

AMIS (*îles des*) → TONGA.

AMITĀBHA, le plus populaire des bouddhas du bouddhisme du Grand Véhicule.

Amitié (*pipeline de l'*), oléoduc desservant, à partir de l'U.R.S.S., des raffineries polonaises, est-allemandes, tchécoslovaques et hongroises.

'AMMÂN, cap. de la Jordanie; 634000 h. Centre commercial.

AMMÉNÉMÈS → AMENEMHAT.

AMMIEN MARCELLIN, historien latin, né à Antioche (v. 330 - v. 400), continuateur de Tacite.

AMMON, fils de Loth, frère de Moab, ancêtre éponyme des Ammonites.

AMMONIOS SACCAS, philosophe d'Alexandrie (IIIe s. apr. J.-C.), qui est à l'origine du néoplatonisme.

AMMONITES, peuplade d'origine amorrite qui s'établit au XIVe s. av. J.-C. à l'est du Jourdain. Rivaux des Hébreux, ils furent soumis par David.

Amnesty International, organisation huma-

nitaire, privée et internationale, fondée en 1961. (Prix Nobel de la paix, 1977.)

AMNÉVILLE (57360), comm. de la Moselle; 8 997 h. Cimenterie.

AMON, dieu égyptien de Thèbes. Durant le Nouvel Empire, ses prêtres constituèrent une caste influente. Il fut assimilé plus tard à Rê.

AMON, roi de Juda (642-640 av. J.-C.).

AMONTONS (Guillaume), physicien français, né à Paris (1663-1705). Il utilisa comme points fixes dans les thermomètres les températures des changements d'état de l'eau.

AMORION (*dynastie d'*), dynastie byzantine qui régna de 820 à 867 et compta trois souverains : Michel II, Théophile et Michel III.

AMORRITES, peuple sémitique d'origine nomade, installé en Syrie v. 2000 av. J.-C., puis v. 1900 av. J.-C. en Mésopotamie. Une dynastie amorrite (1894-1595) assura à Babylone, avec le règne d'Hammourabi, la prédominance politique. Les Amorrites disparurent au XIIe s. av. J.-C. avec l'invasion des Araméens.

AMOS, v. du Canada (Québec), ch.-l. de l'Abitibi; 9213 h. Amiante.

AMOS, prophète biblique (VIIIe s. av J.-C.). Le recueil de ses prophéties constitue le Livre d'Amos.

AMOU (40330), ch.-l. de c. des Landes; 1455 h.

AMOU-DARIA (l'anc. *Oxus*), fl. de l'Asie soviétique, qui prend sa source dans le Pamir et se jette dans la mer d'Aral; 2 620 km. Il est utilisé pour l'irrigation (culture du coton).

AMOUR, fl. du nord-est de l'Asie, formé par la réunion de l'Argoun et de la Chilka. Il sépare la Sibérie de la Chine du Nord-Est et se jette dans la mer d'Okhotsk; 2845 km.

AMOUR (*djebel*), massif de l'Atlas saharien, en Algérie; 1 977 m.

amour (*De l'*), par Stendhal (1822), étude de l'influence des différents types de sociétés sur le développement de la passion.

Amour et la vie d'une femme (*l'*), cycle de mélodies de Schumann, sur des poèmes de Chamisso (1840).

Amour médecin (*l'*), comédie-ballet en prose de Molière (1665), musique de Lully.

Amour sorcier (*l'*), ballet de Manuel de Falla, créé à Madrid par Pastora Imperio (1915).

Amours (*les*), nom donné à trois recueils lyriques de Ronsard, publiés en 1552, 1555 et 1578.

Amours jaunes (*les*), recueil poétique de Tristan Corbière (1873).

Amours du poète (*les*), cycle de mélodies de Schumann, sur des poèmes de Heine (1840).

AMOY ou **HIA-MEN** ou **XIAMEN,** port de Chine (Fou-kien), dans une île en face de T'ai-wan; 260 000 h.

AMPÈRE (André Marie), physicien français, né

PACIFIQUE

110°

100°

0°

équateur

Iles Galapagos

I. du Coco

San Salvador
I. de Nicaragua
COSTA RICA
San José
PANAMÁ
Managua
Isthme de Panamá
Panama

I. de Malpelo

Maracaibo
Barranquilla
VENEZUELA
Caracas
Massif des Guyanes
Medellín
Magdalena
COLOMBIE
Bogotá
Cali
Cordillère Occidentale

Trinité et Tobago
Port of Spain
Georgetown
Paramaribo
Cayenne
GUYANA
SURI-
NAM
GUYANE (Fr.)
Bolívar
Orénoque

Quito
ÉQUATEUR
Chimborazo 6310
Guayaquil
Pta. Negra
Huascarán 6768

O r i e n t a l e
Belém
Amazone
Manaus
R. Negro
Japurá
Putumayo
Iça
Marañón
Ucayali
Huallaga
Trujillo

Callao
Lima
PÉROU
Cuzco
Arequipa
Arica

Santarém
Madeira
Purus
Juruá
B R É S I L
S a   d o s   P a r e c i s
Xingu
Tapajós
Tocantins
Araguaia
S a   d o   R o n c a d o r
Espinhaço

Fortaleza
C. de São Roque
Natal
Recife
Fernando do Noronha
Iles Martin Vaz

Salvador
S a   G e r a l
Brasília
Goiânia
S a   d e   G o i á s
Belo Horizonte

BOLIVIE
La Paz
L. Titicaca
Altiplano
Sucre
Désert Atacama
Antofagasta
Ojos del Salado 6900
San Félix
I. San Ambrosio

Mato Grosso
Paraguay
Parana
PARAGUAY
Asunción
Aconcagua
S. Miguel de Tucumán
Alagama
Puna
Córdoba
Rosario
Pampa
Mendoza

São Paulo
C. Frio
Rio de Janeiro
Curitiba
Pôrto Alegre
L. dos Patos
Uruguay
URUGUAY
Montevideo
Mar del Plata
Buenos Aires
Bahía Blanca
G o l f e   d e   S a n   M a t í a s

tropique du Capricorne
20°
30°
40°
50°

Iles Juan Fernández
Valparaíso
Santiago
Concepción
CHILI
El Tronador 3554
Chiloé
San Valentín

Cord.   des   Andes
ARGENTINE
Patagonie
C. Tres Puntas

Iles Falkland
Dét. de Magellan
Punta Arenas
Terre de Feu
I. des États
C. Horn

équateur

0°
10°
20°
30°
40°
50°

courbes : 200, 500, 1000, 2000, 3000 m

km   km
0   500   1000

km
1000

à Lyon (1775-1836). Il édifia la théorie de l'électro-magnétisme, imagina le galvanomètre, inventa le premier télégraphe électrique et, avec Arago, l'électroaimant. Il contribua aussi largement au développement des mathématiques, de la chimie et de la philosophie. — Son fils JEAN-JACQUES, né à Lyon (1800-1864), historien français. (Acad. fr.)

AMPHION. *Myth. gr.* Fils de Zeus et d'Antiope, poète et musicien, qui aurait bâti les murs de Thèbes : les pierres venaient se placer d'elles-mêmes au son de sa lyre.

AMPHIPOLIS, v. de Macédoine, colonie d'Athènes, sur le Strymon; Thucydide fut exilé pour ne pas avoir su la défendre contre le Lacédémonien Brasidas (424 av. J.-C.). Philippe de Macédoine s'en empara (357 av. J.-C.).

AMPHISSA → ÁMFISSA.

AMPHITRITE. *Myth. gr.* Déesse de la Mer, épouse de Poséidon.

AMPHITRYON. *Myth. gr.* Roi de Tirynthe, fils d'Alcée et époux d'Alcmène. Zeus prit ses traits pour abuser d'Alcmène, qui fut mère d'Héra-clès. La légende d'Amphitryon a inspiré à Plaute une comédie, imitée, notamment, par Rotrou, Molière, J. Giraudoux.

Amphitryon, comédie de Molière, en trois actes et en vers libres (1668), imitée de Plaute. Zeus prend les traits d'Amphitryon pour séduire sa femme, Alcmène, tandis que Mercure revêt l'apparence de l'esclave Sosie.

AMPLEPUIS, ch.-l. de c. de l'ouest du Rhône; 5 391 h. Textile.

AMPURDÁN, région d'Espagne, dans le nord-est de la Catalogne.

AMPURIAS, bourgade espagnole (Catalogne). Vestiges de l'ancienne *Emporium,* colonie pho-céenne fondée au VIᵉ s. av. J.-C., et de la ville romaine florissante jusqu'au IIIᵉ s. Musée.

'AMR (m. v. 663), compagnon de Mahomet et conquérant de l'Égypte.

AMRAVATI, v. de l'Inde (Mahārāshtra); 194 000 h. Centre commercial (coton).

AMRITSAR, v. de l'Inde (Pendjab); 408 000 h. C'est la ville sainte des sikhs. Temple d'or (XVIᵉ s.).

AMSHASPENDS. V. AMESHA-SPENTA.

AMSTERDAM, cap. du royaume des Pays-Bas (Hollande-Septentrionale), mais non résidence des pouvoirs publics, à 500 km au nord-nord-est de Paris; 738 000 h. (987 000 avec l'agglomération). Rijksmuseum (chefs-d'œuvre de la peinture hollandaise), maison de Rembrandt, Stedelijk Museum (art moderne), musée Van Gogh, etc. Ville industrielle (taille des diamants, constructions mécaniques, industries chimiques et alimentaires) et port actif sur le golfe de l'IJ, relié à la mer du Nord et au Rhin par deux canaux. La ville est construite sur de nombreux canaux secondaires; elle garde de beaux monuments. Amsterdam a pu, en temps de guerre, inonder la région avoisinante au moyen de ses écluses, ce qui la sauva des armées de Louis XIV. Cependant, les hussards français de Pichegru y entrèrent en 1795, le gel ayant pris les eaux. — Siège des jeux Olympiques de 1928.

AMUNDSEN (Roald), explorateur norvégien, né à Hvitsten, près d'Oslo (1872-1928). Il franchit le premier le passage du Nord-Ouest (1906) et atteignit le pôle Sud en 1911. Mort dans l'Arctique en recherchant Nobile.

AMY (Gilbert), compositeur et chef d'orchestre français, né à Paris en 1936, représentant du mouvement sériel et postsériel *(Une saison en enfer, D'un espace déployé).*

AMYNTAS, nom de quatre rois de Macédoine. — AMYNTAS III (389-369 av. J.-C.) fut le père de Philippe II.

AMYOT (Jacques), humaniste français, né à Melun (1513-1593) ; précepteur, puis grand aumônier de Charles IX et d'Henri III, et évêque d'Auxerre. Par ses traductions de Plutarque *(Vies* parallèles, 1559), de Longus et d'Hélio-dore, il fut un des créateurs de la prose classique.

ANABAR, plateau de la Sibérie orientale (U. R. S. S.), partie la plus ancienne du socle

Amsterdam
un aspect de la ville

Everts-Rapho

Roald
Amundsen

Keystone

André Marie
Ampère

Larousse

sibérien, où naît l'*Anabar,* tributaire de la mer des Laptev; 700 km.

Anabase *(l'),* récit, par Xénophon, de l'expédition de Cyrus le Jeune contre Artaxerxès II et de la retraite des mercenaires grecs (les Dix Mille), que l'auteur avait lui-même conduite (IVᵉ s. av. J.-C.).

ANACLET ou **CLET** *(saint),* pape de 76 à 88.

ANACONDA, v. des États-Unis (Montana); 10 000 h. Fonderie de cuivre.

ANACRÉON, poète lyrique grec, né à Téos, en Ionie (seconde moitié du VIᵉ s. av. J.-C.). Les *Odes* qui lui ont été attribuées célèbrent l'amour, la bonne chère, et inspirèrent la poésie dite *anacréontique* de la Renaissance.

ANADYR, fl. de Sibérie; il rejoint, par le *golfe d'Anadyr,* la mer de Béring; 1 145 km. Il a donné son nom à un massif granitique.

ANAGNI, v. d'Italie (Latium); 15 000 h. Le pape Boniface VIII y fut arrêté par Nogaret, envoyé de Philippe le Bel, et par Sciarra Colonna en 1303.

ANAHEIM, v. des États-Unis (Californie); 167 000 h.

ANÁHUAC, l'un des noms du Mexique avant la conquête espagnole. Il est appliqué aujourd'hui au plateau des environs de Mexico.

ANASAZI, site du sud-ouest des États-Unis. Principal foyer d'une culture préhistorique dite des « Vanniers », qui a précédé celle des Pueblos.

ANASTASE Iᵉʳ *(saint),* pape de 399 à 401. — ANASTASE II, pape de 496 à 498. — ANASTASE III, pape de 911 à 913. — ANASTASE IV, pape de 1153 à 1154.

ANASTASE Iᵉʳ, né à Durazzo (v. 430-518), empereur d'Orient (491-518). Il soutint le mono-physisme. — ANASTASE II, empereur d'Orient (713-715).

ANASTASIE *(sainte),* martyre sous Dioclétien.

Anastasie, nom plaisant donné à la censure sur les écrits, les spectacles.

ANATOLIE (du gr. *anatolê,* lever du soleil), nom souvent donné à l'*Asie Mineure,* désignant parfois l'ensemble de la Turquie d'Asie.

ANAXAGORE, philosophe grec, né à Clazo-mènes (v. 500-v. 428 av. J.-C.). L'esprit est, dans sa cosmogonie, le principe de vie de la nature.

ANAXIMANDRE, philosophe ionien, né à Milet (v. 610-547 av. J.-C.). Il fait de l'indéterminé infini le principe de toute chose.

ANAXIMÈNE de Milet, philosophe de l'école ionienne (VIᵉ s. av. J.-C.). Il pense que tout provient de l'air et y retourne.

ANCELLE (05260 Chabottes), comm. des Hautes-Alpes; 650 h. Sports d'hiver (alt. 1 340-1 709 m).

ANCENIS (44150), ch.-l. d'arr. de la Loire-Atlantique, sur la Loire; 7 304 h. *(Anceniens).* Constructions mécaniques et électriques. Louis XI y conclut en 1468 un traité de paix avec François II, duc de Bretagne, traité qui prépara la réunion de la Bretagne à la France.

ANCERVILLE (55170), ch.-l. de c. de la Meuse, à l'est de Saint-Dizier; 2 716 h.

ANCHISE, chef troyen, aimé d'Aphrodite, dont il eut Énée.

ANCHORAGE, v. de l'Alaska; 48 000 h.

Ancien Empire, période historique de l'ancienne Égypte. v. 3200-v. 2280. C'est l'ère des grandes pyramides. Les rois les plus célèbres sont Djoser, Kheops, Khephren et Mykerinus.

Anciens *(Conseil des),* l'une des deux assemblées créées par la Constitution de l'an III (1795); elle comptait 250 membres, chargés de se prononcer sur les lois élaborées par le Conseil des Cinq-Cents. Supprimée les 18-19 brumaire an VIII (1799) avec le Directoire.

Anciens et des Modernes *(querelle des),* polémique littéraire et artistique sur les mérites comparés des écrivains et artistes de l'Antiquité et de ceux du siècle de Louis XIV. Discussion ancienne qui prit une forme aiguë avec Charles Perrault *(Parallèles des Anciens et des Modernes* [1688-1697]) et qui annonce le débat entre classiques et romantiques.

ANCIZES-COMPS (Les) [63770], comm. du Puy-de-Dôme; 1 983 h. Métallurgie.

ANCÔNE, port d'Italie, cap. des Marches, sur l'Adriatique; 107 000 h. Arc de Trajan. Cathédrale romano-byzantine (XIᵉ-XIIIᵉ s.). Musées. Constructions navales. En 1860, la flotte italienne prit Ancône, défendue par les troupes du pape, commandées par Lamoricière.

ANCRE *(maréchal* D') → CONCINI.

ANCUS MARTIUS, petit-fils de Numa, 4ᵉ roi

courbes: 1000, 1500, 2000, 2500 m

ANDORRE

Andersen
par C. A. Jensen

Musée Andersen, Odense

légendaire de Rome (640-616 av. J.-C.); il aurait fondé Ostie.

ANCY-LE-FRANC (89160), ch.-l. de c. de l'Yonne; 1236 h. Château bâti sur plans de Serlio. Cimenterie.

ANCYRE, nom antique d'*Ankara**.

ANDALOUSIE, en esp. **Andalucía,** région du sud de l'Espagne, divisée en 8 prov. : Almería, Cadix, Cordoue, Grenade, Huelva, Jaén, Málaga, Séville; 87 268 km²; 6 148 000 h. *(Andalous).* L'Andalousie comprend, du nord au sud : le rebord méridional de la sierra Morena; la dépression drainée par le Guadalquivir, où se concentrent les cultures et les villes (Cordoue, Séville, Jerez, Cadix); la sierra Nevada, ouverte par des bassins fertiles (Grenade) et dominant le littoral aux petites plaines alluviales (Málaga, Almería). — Les Arabes occupèrent l'Andalousie — l'antique Bétique — de 711 à 1492 et y créèrent une brillante civilisation. En 1981, un statut d'autonomie y est approuvé par référendum.

ANDAMAN *(îles),* archipel du golfe du Bengale, au sud de la Birmanie, formant, avec les îles Nicobar, un territoire de l'Inde; 115 000 h. Ch.-l. *Port Blair.* Elles sont peuplées par les *Andamans.*

ANDELLE, riv. de Normandie, affl. (r. dr.) de la Seine; 54 km.

ANDELOT-BLANCHEVILLE (52700), ch.-l. de c. de la Haute-Marne, sur le Rognon; 916 h. Église des XIIᵉ s. En 587, Gontran et Brunehaut y signèrent un important traité.

ANDELYS (Les) (27700), ch.-l. d'arr. de l'Eure, sur la Seine; 8 293 h. *(Andelysiens).* Ruines du Château-Gaillard. Deux églises du XIIᵉ au XVIᵉ s. Constructions électriques.

ANDENNE, v. de Belgique (Namur), sur la Meuse; 21 800 h.

ANDERLECHT, comm. de la banlieue sud-ouest de Bruxelles, sur la Senne; 99 900 h. Église des XIᵉ-XVIᵉ s. Maison d'Érasme.

ANDERLUES, comm. de Belgique (Hainaut); 11 900 h. Métallurgie.

ANDERMATT, station de sports d'hiver de Suisse (Uri) [1500-2 300 m]; 1 583 h.

ANDERNOS-LES-BAINS (33510), comm. de la Gironde, sur le bassin d'Arcachon; 5 189 h. Station balnéaire. Ostréiculture.

ANDERS (Władisław), général polonais, né à Błonie (1892-1970). Il commanda les forces polonaises reconstituées en U.R.S.S., qui s'illustrèrent en Italie (1943-1945) et qu'il ramena à Londres en 1946.

ANDERSCH (Alfred), écrivain allemand, né à Munich (1914-1980). Ses récits sont dominés par le thème de la solitude (*Un amateur de demi-teintes,* 1967).

ANDERSEN (Hans Christian), écrivain danois, né à Odense (1805-1875), auteur de *Contes* (1835-1872), remarquables par l'ironie ou la mélancolie du récit.

ANDERSON (Sherwood), romancier américain, né à Camden (Ohio) [1876-1941]; un des créateurs de la nouvelle américaine moderne (*Winesburg-en-Ohio,* 1919).

ANDERSON (Carl David), physicien américain, né à New York en 1905; il a découvert l'électron positif. (Prix Nobel, 1936.)

ANDES *(cordillère des),* grande chaîne de montagnes dominant la côte occidentale de l'Amérique du Sud, s'étirant sur 7 500 km du Venezuela à la Terre de Feu; 6 959 m à l'*Aconcagua.* D'aspect massif, les Andes associent plissements, mouvements verticaux et phénomènes éruptifs (intrusions granitiques et volcanisme intense). La vie humaine s'est réfugiée sur les immenses plateaux intérieurs et dans les bassins intramontagnards, domaines d'une agriculture souvent vivrière, parfois commerciale (café), et d'un élevage fréquemment extensif. L'intérêt économique des Andes réside essentiellement dans leurs richesses minières (cuivre et fer de la montagne, pétrole de l'avant-pays).

V. ill. frontispice

ANDHRA, dynastie qui régna en Inde du IIᵉ s. av. J.-C. au IIIᵉ s. apr. J.-C., dans le Deccan. (Elle est dite aussi *Sātavāhana.*)

ANDHRA PRADESH, État de l'Inde, dans le Deccan, sur le golfe du Bengale; 276 574 km²; 43 503 000 h. Cap. *Hyderābād.* Il occupe une partie du territoire de l'ancien royaume des *Andhra.*

ANDIJAN, v. de l'U.R.S.S. (Ouzbékistan), dans la Fergana; 224 000 h.

ANDLAU (67140 Barr), comm. du Bas-Rhin; 1919 h. Église en partie romane (sculptures).

ANDOCIDE, orateur et homme d'État athénien, né vers 440 av. J.-C.

ANDOLSHEIM (68600 Neuf Brisach), ch.-l. de c. du Haut-Rhin; 1088 h.

ANDONG → NGAN-TONG.

ANDORRE *(principauté d'),* petit pays des Pyrénées, placé depuis 1607 sous la souveraineté conjointe du roi (ou du chef d'État) de France et de l'évêque d'Urgel (Espagne); 465 km²; 28 000 h. *(Andorrans),* de langue catalane. Union postale avec l'Espagne et la France. Cap. *Andorre-la-Vieille (Andorra la Vella)* [5 500 h.]. Tourisme.

ANDRADE (Olegario), poète argentin, né à Concepción del Uruguay (Argentine) [1841-1882]. Disciple de Hugo, il donna une forme épique au sentiment national (*Prométhée,* 1877).

ANDRADE (Oswald DE), écrivain brésilien, né à São Paulo (1890-1954), l'un des initiateurs à la fois du mouvement « moderniste » (*Pau-Brasil,* 1924) et du retour aux sources indigènes.

ANDRADE (Mário DE), poète brésilien, né à São Paulo (1893-1945), l'un des fondateurs du « modernisme » (*Paulicéia Desvairada,* 1928).

ANDRAL (Gabriel), médecin et anatomiste français, né à Paris (1797-1876).

ANDRÁSSY (Gyula, *comte),* homme d'État hongrois, né à Kassa (1823-1890), président du Conseil hongrois (1867), ministre des Affaires étrangères de la double monarchie (1871-1879), un des artisans du « dualisme » austro-hongrois.

ANDRÉ *(saint),* apôtre, frère de saint Pierre, selon la tradition, crucifié à Patras.

ANDRÉ, nom de trois souverains de Hongrie, dont le deuxième (1175-1235), roi de 1205 à 1235, prit part à la 5ᵉ croisade et concéda à la noblesse la « Bulle d'or », charte fondamentale de la Constitution hongroise.

ANDRÉ (Louis), général français, né à Nuits-Saint-Georges (1838-1913), ministre de la Guerre lors de l'affaire des Fiches (1901-1904).

ANDREA del Castagno, peintre italien, né dans le Mugello (autour de 1420 - 1457). Il est l'auteur des fresques les plus monumentales de l'école florentine (personnages illustres et *Cène* du réfectoire de Sant'Apollonia, à Florence).

ANDREA del Sarto, peintre italien, né à Florence (1486-1530). Son art, qui associe à l'eurythmie et à la monumentalité une sensibilité anxieuse, est à la jonction de la Renaissance classique et du maniérisme toscan.

Andrea del Castagno
une des fresques de l'ancien monastère
de Sant'Apollonia à Florence

Scala

Andrea del Sarto
le *Sacrifice d'Abraham*

Giraudon

ANDREA Pisano, sculpteur et architecte italien, né à Pontedera (?), près de Pise (v. 1295-v. 1348). Son œuvre principale est une des portes en bronze du baptistère de Florence. — Son fils NINO (v. 1315-1368) fut son chef d'atelier et lui succéda, notamment sur le chantier de la cathédrale d'Orvieto.

ANDRÉE (Salomon August), explorateur suédois, né à Gränna (Småland), m. au cours d'une expédition en ballon au pôle Nord (1854-1897).

ANDREÏEV (Leonid Nikolaïevitch), écrivain russe, né à Orel (1871-1919). Ses nouvelles (*le Gouffre*, 1902) et son théâtre (*la Vie humaine*, 1906) en font l'un des meilleurs représentants du symbolisme russe.

ANDREOTTI (Giulio), homme politique italien, né à Rome en 1919. Député démocrate-chrétien dès 1945, il occupe différents postes ministériels avant d'être Premier ministre (1972-73 et de 1976 à 1979).

ANDRÉSY (78570), comm. des Yvelines, sur la Seine; 8 959 h. Église des XIIIᵉ-XIVᵉ s.

ANDREWS (Thomas), physicien irlandais, né à Belfast (1813-1885). Il a découvert la *température critique*.

ANDRÉZIEUX-BOUTHÉON (42160), comm. de la Loire, dans le sud du Forez; 7 640 h. Aéroport de Saint-Étienne. Métallurgie.

ANDRIA, v. d'Italie (Pouille); 78 000 h. Cathédrale remontant au XIIᵉ s.

ANDRIĆ (Ivo), romancier yougoslave, né à Dolac, près de Travnik (1892-1975); peintre de la Bosnie et des luttes politiques de son pays (*la Chronique de Travnik, le Pont sur la Drina*). [Prix Nobel, 1961.]

ANDRIEU (Jean-François D'), compositeur et organiste français, né à Paris (1682-1738). Il a composé des pièces pour clavecin, pour orgue, et des sonates.

ANDRINOPLE, anc. nom de la ville turque d'*Edirne**. Le sultan Murad Iᵉʳ s'en empara en 1360. Le tsar y signa avec les Turcs un traité reconnaissant l'indépendance de la Grèce (1829). Disputée aux Turcs par les pays balkaniques, grecque en 1918, Andrinople fut restituée à la Turquie en 1923.

ANDROCLÈS, esclave romain. Livré aux bêtes dans le cirque, il fut épargné par un lion, de la patte duquel il avait retiré naguère une épine. L'empereur le gracia.

ANDROMAQUE, femme d'Hector et mère d'Astyanax. Après la prise de Troie, elle fut emmenée captive en Grèce. Elle est dans la tradition grecque le type de l'épouse noble et de la mère courageuse.

Andromaque, tragédie d'Euripide (v. 426 av. J.-C.).

Andromaque, tragédie de Racine (1667), qui fonda la réputation du poète.

ANDROMÈDE, fille de Céphée, roi d'Éthiopie, et de Cassiopée. Elle fut délivrée d'un monstre par Persée, qu'elle épousa. — Constellation de l'hémisphère boréal contenant la *Grande Nébuleuse d'Andromède*, prototype des nébulosités extragalactiques et la plus proche de la Terre dont elle est située à $2 \cdot 10^6$ al.

Andromède, tragédie-opéra de P. Corneille (1650), pièce à machines, musique de D'Assouci.

ANDRONIC Iᵉʳ COMNÈNE (1122-1185), empereur d'Orient de 1183 à 1185. Il fit étrangler Alexis II pour s'emparer du trône et fut renversé par Isaac II Ange. — ANDRONIC II PALÉOLOGUE, né à Nicée (1258-1332), empereur de 1282 à 1328. Il lutta sans succès contre les Turcs et contre son petit-fils, et abdiqua. — ANDRONIC III PALÉOLOGUE, né à Constantinople (1295-1341), son petit-fils, empereur à partir de 1328. Il détrôna son grand-père et combattit vaillamment les Turcs. — ANDRONIC IV PALÉOLOGUE (1348-1385). Il détrôna son père Jean V, mais ne conserva le pouvoir que de 1376 à 1379, les Vénitiens ayant rétabli Jean V.

ANDROS, une des Cyclades* (Grèce).

ANDROUET DU CERCEAU → DU CERCEAU.

ANDRZEJWSKI (Jerzy), écrivain polonais, né à Varsovie en 1909, l'un des initiateurs du mouvement de révolte des intellectuels en 1956 (*Cendres et diamant,* 1948).

ANDÚJAR, v. d'Espagne (Andalousie); 32 000 h. Traitement de l'uranium.

ANDUZE (30140), ch.-l. de c. du Gard, sur le *Gardon d'Anduze;* 2 725 h. Vieux bourg pittoresque.

Âne d'or (l') ou les *Métamorphoses,* roman d'Apulée (IIᵉ s. apr. J.-C.).

ANET (28260), ch.-l. de c. d'Eure-et-Loir, près de l'Eure; 1 781 h. (*Anétais*). Henri II y fit élever par Philibert Delorme, pour Diane de Poitiers, un château dont il reste une aile et la chapelle.

ANETO (pic d'), point culminant des Pyrénées, en Espagne, dans la Maladeta; 3 404 m.

ANGARA, riv. de Sibérie, qui sort du lac Baïkal, affl. de l'Ienissei (r. dr.); 1 826 km. Aménagements hydroélectriques (dont Bratsk).

ANGARSK, v. de l'U.R.S.S. (R.S.F.S. de Russie), sur l'*Angara;* 233 000 h.

ANGÈLE MERICI (sainte), fondatrice (1535) de l'ordre des Ursulines, née à Desenzano (1474-1540).

ANGELICO (Guidolini DI PIETRO, en religion Fra Giovanni da Fiesole, dit **il Beato** et, le plus souvent, **Fra**), peintre et dominicain italien, né dans le Mugello (v. 1400-1455). C'est un des maîtres de l'école florentine et l'un des plus suaves interprètes de l'iconographie chrétienne (fresques et retables du couvent florentin San Marco, où il était moine; chapelle de Nicolas V au Vatican).

Angélique, nom de deux héroïnes de la poésie épique italienne : celle du *Roland amoureux* de Boiardo, et celle du *Roland furieux* de l'Arioste.

ANGÉLIQUE (la Mère) → ARNAULD.

ANGERS (49000), ch.-l. du dép. de Maine-et-Loire, anc. cap. de l'Anjou, sur la Maine, à 296 km au sud-ouest de Paris; 142 966 h. (*Angevins*). Évêché, cour d'appel. Université. École d'application du génie, école d'arts et métiers. Cathédrale (XIIᵉ-XIIIᵉ s.; vitraux) et autres églises gothiques. Le château des comtes d'Anjou, reconstruit sous Saint Louis, forme une grande enceinte flanquée de dix-sept tours; il abrite un musée de tapisseries et, dans une salle spéciale, la tenture de l'*Apocalypse*. Centre commercial et industriel (constructions mécaniques et électriques, principalement) d'une agglomération d'environ 200 000 h. Les vendéens y furent battus les 3 et 4 décembre 1793.

ANGES (dynastie des), dynastie byzantine qui régna de 1185 à 1204, et sous laquelle s'effondra la puissance de l'Empire byzantin.

ANGILBERT ou **ENGILBERT** (saint), abbé laïc de Saint-Riquier et duc de Ponthieu, m. en 814. Il eut de Berthe, fille de Charlemagne, deux fils, dont l'annaliste Nithard.

ANGIOLINI (Gaspare), danseur et chorégraphe italien, né à Florence (1731-1803), l'un des créateurs du ballet-pantomime.

ANGKOR, ensemble archéologique du Cambodge occidental, à l'emplacement d'une anc. cap. des rois khmers fondée en 889 par Yaśovarman. D'innombrables monuments (VIIᵉ- fin du XIIIᵉ s.), au symbolisme architectural très poussé, sont ornés d'un riche décor sculpté. Les temples-montagnes du Phnom Bakheng et du Bayon dans la cité d'Angkor Thom et, en dehors de l'enceinte, le complexe funéraire de Sūryavarman II, Angkor Vat, apogée de l'art khmer, sont parmi les plus prestigieux.

ANGLEBERT (Jean-Henri D'), compositeur français, né à Paris (1628-1691), auteur de pièces d'orgue et de clavecin.

ANGLES, anc. peuple de Germanie (Slesvig), qui envahit la Grande-Bretagne au Vᵉ s. et qui donna son nom à l'Angleterre.

ANGLÈS (81240 St Amans Soult), ch.-l. de c. du Tarn; 668 h.

ANGLES (Les) [66210 Mont Louis], comm. des Pyrénées-Orientales; 351 h. Sports d'hiver (alt. 1 600-2 400 m).

ANGLESEY, île de Grande-Bretagne (Galles), dans la mer d'Irlande; 60 000 h.

ANGLES-SUR-L'ANGLIN, comm. de la Vienne, à 16 km au nord de Saint-Savin; 581 h. Site préhistorique du Roc-aux-Sorciers (bas-reliefs du magdalénien moyen).

ANGLET (64600), ch.-l. de c. des Pyrénées-Atlantiques; 26 049 h. (*Angloys*). Station balnéaire. Constructions aéronautiques.

ANGLETERRE, partie sud de la Grande-Bretagne, limitée par l'Écosse au nord et le pays de Galles à l'ouest; 130 000 km²; 46,3 millions d'h. (*Anglais*). Cap. *Londres.* (V. GRANDE-BRETAGNE.)

HISTOIRE

— IIIᵉ millénaire : occupation par l'homme.
— VIIIᵉ s. av. J.-C. : début des invasions celtes.
— v. 75 av. J.-C. : installation des Belges dans le bassin de la Tamise.
— 43-83 apr. J.-C. : conquête romaine.
— 407 : départ des Romains.
— 450 : premières invasions germaniques : Saxons, Angles, Jutes.
— VIᵉ-VIIIᵉ s. : formation et essor de la civilisa-

Angkor : tour du Bàyon d'Angkor Thom

Angers
le château

tion anglo-saxonne dans les sept royaumes. Développement du christianisme.

— 793 : apparition des Danois.

— 871-899 : règne d'Alfred le Grand, roi de Wessex, puis (878) des Anglo-Saxons.

— Xe-XIe s. : lutte entre les Anglo-Saxons et les Danois (installés dans le Danelaw).

— 1042-1066 : restauration de la dynastie anglo-saxonne; règne d'Édouard le Confesseur.

— 1066 (14 oct.) : la victoire d'Hastings assure à Guillaume de Normandie (le Conquérant) la couronne anglaise.

— 1154-1189 : règne Henri II Plantagenêt, qui dispose d'un Empire sur le continent. Essor de l'aristocratie anglaise; opposition illustrée par Thomas Becket.

— 1189-1199 : Richard Cœur de Lion, roi.

— 1199-1216 : Jean sans Terre, roi; il perd toutes ses possessions françaises et doit octroyer la Grande Charte (1215).

— 1216-1272 : Henri III, roi, ne peut résister à la poussée de l'aristocratie.

— 1272-1307 : Édouard Ier, roi; il conquiert le pays de Galles.

— 1307-1327 : Édouard II, roi. Révolte des barons.

— 1327-1377 : Édouard III, roi; ses prétentions au trône de France déclenchent la guerre de Cent Ans.

— 1377-1399 : Richard II, roi; révoltes paysannes; action de Wycliffe; conquête de l'Irlande.

— 1399-1413 : règne du premier Lancastre, Henri IV.

— 1413-1422 : Henri V, roi d'Angleterre. Après Azincourt (1415), il conquiert plus de la moitié de la France.

— 1422-1461 : Henri VI perd la partie en France et est affronté à la guerre des Deux-Roses (1450).

— 1450-1485 : guerre des Deux-Roses, qui oppose les Lancastre aux York.

— 1475 : accord de Picquigny, qui met fin à la guerre de Cent Ans.

— 1485 : avènement d'Henri VII Tudor, qui rend à l'Angleterre la prospérité et l'équilibre.

— 1509-1547 : Henri VIII, roi et (1534) chef de l'Église d'Angleterre. Schisme religieux.

— 1547-1553 : Édouard VI, roi. Triomphe du protestantisme.

— 1553-1558 : Marie Ire Tudor essaie de rétablir le catholicisme.

— 1558-1603 : Élisabeth Ire; instauration de l'Église établie, anglicane. Naissance de l'Angleterre moderne, capitaliste et maritime.

— 1603 : avènement des Stuarts d'Écosse sur le trône d'Angleterre. (V. GRANDE-BRETAGNE.)

Angleterre (bataille d'), opérations aériennes menées d'août 1940 à mai 1941 par la Luftwaffe contre l'Angleterre pour préparer une invasion de ce pays. La résistance de la R.A.F. contraignit Hitler à y renoncer.

ANGLO-NORMANDES (îles), en angl. **Channel Islands,** groupe d'îles britanniques de la Manche, près de la côte normande : *Jersey, Guernesey, Aurigny (Alderney), Sercq (Sark);* 195 km²; 123 000 h. Centres touristiques importants. Cultures maraîchères (pommes de terre) et fruitières (tomates). Élevage. Les Allemands les occupèrent de 1940 à 1945.

ANGLO-SAXONS, peuples germaniques (Angles, Jutes, Saxons) qui envahirent la Grande-Bretagne aux Ve et VIe s.

ANGLURE (51260), ch.-l. de c. de la Marne, sur l'Aube; 785 h.

ANGO ou **ANGOT** (Jean), armateur français, né à Dieppe (1480-1551). Il envoya des navires en Amérique, en Afrique, aux Indes orientales. Il aida François Ier à s'armer contre l'Angleterre.

ANGOLA, État de l'Afrique australe, sur l'Atlantique; 1 246 700 km²; 7 millions d'h. Cap. *Luanda.* L'Angola est constitué par un haut plateau au-dessus d'une plaine côtière désertique. C'est un notable producteur de café, de pétrole, de fer et de diamants.

HISTOIRE

— XVe s. : installation des Portugais.

— 1580-1625 : guerre entre les Portugais et les royaumes indigènes. La traite des Noirs est la principale activité économique du pays et le restera jusqu'au milieu du XIXe s.

— 1877-1879 : explorations de Serpa Pinto.

— 1888-1901 : accords avec diverses puissances fixant les limites du pays.

— 1899 et 1911 : codes institutionnalisant le travail forcé.

— 1955 : l'Angola, province du Portugal.

— 1961-1975 : insurrection nationaliste. Rivalités entre les mouvements d'indépendance.

— 1975 : l'Angola devient indépendant. Guerre civile dont sortira vainqueur le Mouvement populaire de libération de l'Angola (M.P.L.A.) d'Agostinho Neto.

— 1979 : mort de Neto, qui est remplacé à la tête de l'État par José Eduardo Dos Santos.

ANGORA → ANKARA.

ANGOULÊME (16000), anc. cap. de l'Angoumois, ch.-l. du dép. de la Charente, sur la Charente, à 439 km au sud-ouest de Paris; 50 500 h. (Angoumoisins). Cathédrale romane à coupoles. Centre d'une agglomération comptant plus de 100 000 h., industrialisée (constructions mécaniques et électriques, papeterie, orfèvrerie, etc.).

ANGOULÊME (Louis DE BOURBON, duc D') dernier dauphin de France, né à Versailles (1775-1844); fils aîné de Charles X. Il commanda l'expédition d'Espagne (1823) et mourut en exil.

ANGOULÊME (Marie-Thérèse DE BOURBON, duchesse D'), princesse française, née à Versailles (1778-1851), appelée MADAME ROYALE, fille de Louis XVI et femme du précédent. Elle eut une grande influence sur Louis XVIII et sur Charles X.

ANGOUMOIS ou **COMTÉ D'ANGOULÊME,** pays de France, réuni à la Couronne en 1308. Il fut donné en apanage à divers princes capétiens, avant d'être définitivement réuni à la Couronne en 1515. Cap. *Angoulême.* Il correspond à la majeure partie du dép. de la Charente

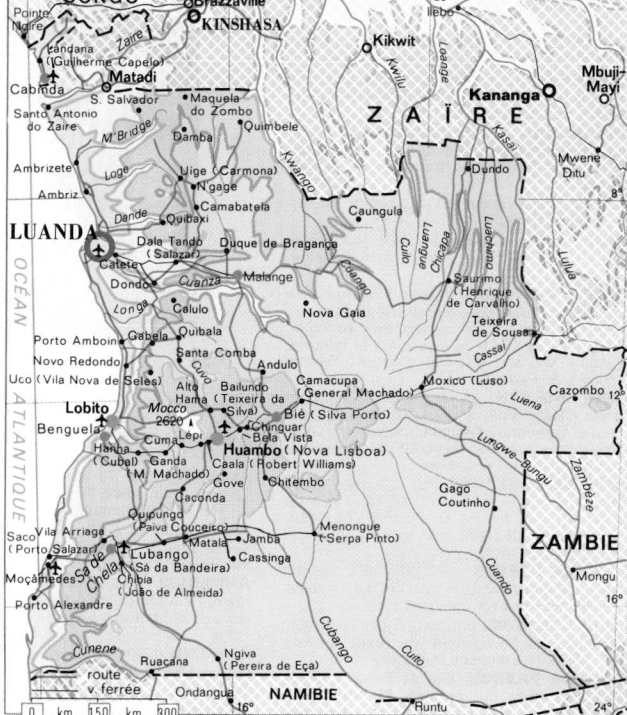

ANGOLA

René-Jacques

Angoulême : la cathédrale saint-Pierre

(cultures céréalières et vignobles). [Hab. Angoumoisins.]

ANGRA DO HEROÍSMO, port des Açores (île de Terceira); 14 000 h.

ÅNGSTRÖM (Anders Jonas), physicien suédois, né à Lödgö (1814-1874), connu par ses travaux sur l'analyse spectrale.

ANGUIER, nom de deux frères (FRANÇOIS [1604-1669] et MICHEL [1614-1686]), sculpteurs français, nés à Eu. Ils ont souvent travaillé ensemble, par exemple au mausolée d'Henri de Montmorency (Moulins) et à certains décors du Louvre.

ANGUILLA, île des Antilles, au nord-ouest de la Guadeloupe; 6 000 h.

ANHALT, région de la République démocratique allemande. Duché en 1863, l'Anhalt fut État souverain de 1918 à 1933.

ANHUI → NGAN-HOUEI.

ANI, anc. v. d'Arménie (auj. en Turquie), cap. de la dynastie des Bagratides (Xᵉ-XIᵉ s.). Importants vestiges.

ANIANE (34150 Gignac), ch.-l. de c. de l'Hérault; 1684 h. *(Anianais).* Anc. abbaye, très importante à l'époque carolingienne (bâtiments des XVIIᵉ-XVIIIᵉ s.).

ANICET *(saint),* pape de 155 à 166.

ANICHE (59580), comm. du Nord, à l'est de Douai; 9690 h. Verrerie.

ANIENE, riv. d'Italie, affl. du Tibre (r. g.); 99 km. Cascade à Tivoli.

ANIZY-LE-CHÂTEAU (02320), ch.-l. de c. de l'Aisne; 1788 h.

ANJERO-SOUDJENSK, v. de l'U.R.S.S.

où l'auteur oppose le bonheur d'un ménage honnête aux drames de la passion adultère.

ANNABA, anc. **Bône,** port de l'Algérie orientale, ch.-l. de wilaya; 152000 h. Métallurgie. Site de l'anc. *Hippone.* Vestiges antiques.

Annales, récit de Tacite (IIᵉ s.) sur l'histoire romaine de la mort d'Auguste à celle de Néron, et dont il ne nous est parvenu que quelques livres.

Annales d'histoire économique et sociale (depuis 1946 : *Annales. Économies. Sociétés. Civilisations),* revue créée en 1929 par Lucien Febvre et Marc Bloch, et qui a contribué à orienter l'histoire vers des voies nouvelles.

ANNAM, région centrale du Viêt-nam, entre le Tonkin et la Cochinchine. V. pr. *Huê, Da Nang* (Tourane). L'Annam est formé de petites plaines rizicoles sur la mer de Chine, dominées à l'ouest par les montagnes, peu peuplées, de la *Cordillère annamitique.*

verna comme régente, conjointement avec son mari, Pierre de Beaujeu.

ANNE DE GONZAGUE, dite la **Princesse Palatine,** née à Paris (1616-1684), fille de Charles Iᵉʳ, duc de Mantoue, et femme d'Édouard de Bavière, comte palatin. Elle joua pendant la Fronde un rôle modérateur.

ANNE STUART, née à Londres (1665-1714), reine d'Angleterre et d'Irlande (1702-1714), fille de Jacques II. Elle lutta contre Louis XIV et réunit l'Écosse et l'Angleterre sous le nom de Grande-Bretagne (1707).

ANNECY (74000), ch.-l. du dép. de la Haute-Savoie, sur le *lac d'Annecy,* à 520 km au sud-est de Paris; 54954 h. *(Anneciens).* Évêché. Château et palais de l'Isle (XIIᵉ-XVIᵉ s.); cathédrale (XVIᵉ s.). Centre d'une agglomération industrialisée (constructions mécaniques et électriques) de plus de 100000 h. Le *lac d'Annecy,* site touristique, couvre 27 km² et occupe une partie

Ankara : boulevard Atatürk

Anne d'Autriche

Anne de Bretagne

Annecy
la vieille ville

(R.S.F.S. de Russie), en Sibérie; 105000 h. Houille. Industries chimiques.

ANJOU, prov. de France, correspondant au pays gaulois des Andécaves. Elle eut d'abord des comtes particuliers (Plantagenêts) puis fut réunie à la Couronne par Philippe Auguste en 1205, donnée en apanage à plusieurs princes capétiens, érigée en duché par Louis Iᵉʳ de France en 1360, et rattachée au domaine royal sous Louis XI (1481). Cap. *Angers.* Elle a formé le dép. de Maine-et-Loire et une partie des dép. d'Indre-et-Loire, de la Mayenne et de la Sarthe. (Hab. *Angevins.)*
Partagé entre le Bassin parisien *(Anjou blanc)* et le Massif armoricain *(Anjou noir),* l'Anjou est un carrefour de rivières : le Loir, la Sarthe et la Mayenne y forment la Maine, affl. de la Loire. Les vallées, favorisées par la douceur du climat, constituent des secteurs agricoles très riches (vignobles sur les versants, cultures fruitières et maraîchères, pépinières et élevage dans les parties alluviales). Le sous-sol fournit un peu de fer et des schistes ardoisiers.

ANJOU, nom de trois maisons capétiennes : la première, issue des comtes d'Angers (Xᵉ s.), et qui régna à Jérusalem en Angleterre (Plantagenêts); la deuxième, issue de Charles Iᵉʳ, roi de Sicile, frère de Louis IX (1246); la troisième, issue de Charles de Valois, frère de Philippe IV le Bel, et qui régna sur le royaume des Deux-Siciles et Parme.

ANJOU, v. du Canada (Québec), près de Montréal; 36596 h.

ANJOUAN → NDZOUANI.

ANKARA, anc. *Ancyre,* puis *Angora,* cap. de la Turquie, dans l'Anatolie centrale, à 900 m d'altitude; 1700000 h. Musées.

ANNA IVANOVNA, née à Moscou (1693-1740), impératrice de Russie de 1730 à 1740; nièce de Pierre le Grand, elle laissa gouverner ses favoris allemands.

Anna Karénine, roman de L. Tolstoï (1876-77).

ANNAPOLIS, v. du Canada (Nouvelle-Écosse); 19610 h.

ANNAPOLIS, v. des États-Unis, cap. du Maryland; 30000 h. École navale créée en 1845.

ANNAPPES, anc. comm. du Nord, intégrée en 1970 à la nouvelle comm. de *Villeneuve-d'Ascq.* Instituts de l'université de Lille.

ANNAPŪRNA ou **ANAPŪRNA,** un des sommets de l'Himālaya (8078 h). Il a été conquis en 1950 par l'expédition française de Maurice Herzog.

ANNAY (62880 Vendin le Vieil), comm. du Pas-de-Calais; 5139 h.

ANNE *(sainte),* épouse de saint Joachim et mère de la Sainte Vierge, particulièrement vénérée en Bretagne.

ANNE D'AUTRICHE, infante d'Espagne, née à Valladolid (1601-1666), fille du roi Philippe III, reine de France par son mariage avec Louis XIII (1615), régente (1643-1661) pendant la minorité de Louis XIV, son fils. Elle gouverna avec le concours de Mazarin.

ANNE BOLEYN (v. 1507-1536), deuxième femme d'Henri VIII, roi d'Angleterre (1533), qui répudia Catherine d'Aragon, dont Anne était demoiselle d'honneur. Accusée de trahison et d'adultère, elle fut décapitée.

ANNE DE BRETAGNE, née à Nantes (1477-1514), duchesse de Bretagne (1488-1514). Fille du duc François II, femme de Charles VIII (1491), puis de Louis XII (1499), elle apporta en dot la Bretagne à la France.

ANNE DE CLÈVES (1515-1557), fille du duc Jean, quatrième femme d'Henri VIII, qui l'épousa en 1540, mais divorça quelques mois après.

ANNE COMNÈNE, princesse byzantine (1083-1148). Elle fut l'historienne du règne de son père, Alexis Iᵉʳ Comnène *(Alexiade).*

ANNE DE FRANCE, dite de Beaujeu (1460-1522), fille aînée du roi Louis XI. Pendant la minorité de Charles VIII (1483-1491), elle gou-

de la *cluse d'Annecy,* dépression ouverte en partie par le Fier, entre les Bornes et les Bauges.

ANNECY-LE-VIEUX (74000 Annecy), ch.-l. de c. de la Haute-Savoie; 13835 h.

Année terrible *(l'),* par Victor Hugo (1872), poèmes écrits sous l'impression du siège de Paris et de la Commune.

ANNEMASSE (74100), ch.-l. de c. de la Haute-Savoie, près de l'Arve; 23655 h. *(Annemassiens).* Métallurgie. Horlogerie.

ANNENSKI (Innokenti Fedorovitch), poète russe, né à Omsk (1856-1909), l'un des inspirateurs du symbolisme russe *(le Coffret de cyprès,* 1910).

ANNEZIN (62400 Béthune), comm. du Pas-de-Calais; 5466 h.

ANNIBAL → HANNIBAL.

ANNOBÓN → PAGALU.

ANNŒULLIN (59112), comm. du Nord; 6127 h.

ANNONAY (07100), ch.-l. de c. de l'Ardèche, dans le Vivarais; 21530 h. (*Annonéens*). Carrosseries. Papeterie. Ganterie.

Annonciade (*ordre de l'*), ancien ordre de chevalerie italien fondé en 1363 par le duc Amédée VI de Savoie.

ANNOT (04240), ch.-l. de c. des Alpes-de-Haute-Provence; 885 h. Église en partie romane, vieilles maisons. Station d'altitude (680 m).

ANNUNZIO (Gabriele D') → D'ANNUNZIO.

ANOR (59186), comm. du Nord; 3373 h. Aciers spéciaux.

ANOU, dieu suprême du panthéon sumérien.

ANOUILH (Jean), auteur dramatique français, né à Bordeaux en 1910. Son théâtre va de la fantaisie des pièces « roses » (*le Bal des voleurs*) et de l'humour des pièces « brillantes » ou « costumées » (*la Répétition ou l'Amour puni*) à la satire des pièces « grinçantes » (*Pauvre Bitos ou le Dîner de têtes*) ou autoparodiques (*Cher Antoine*) et au pessimisme des pièces « noires » (*Antigone*).

A. N. P. E., sigle de *Agence nationale pour l'emploi*.

ANS, comm. de Belgique (Liège); 25800 h.

ANSCHAIRE (saint), **l'Apôtre du Nord**, né près de Corbie (801-865). Il évangélisa la Scandinavie.

Anschluss, rattachement de l'Autriche à l'Allemagne imposé par Hitler en 1938.

ANSE (69480), ch.-l. de c. du Rhône, sur l'Azergues; 3116 h. Vins.

ANSE-BERTRAND (97121), ch.-l. de c. de la Guadeloupe; 4653 h.

ANSELME (saint), archevêque de Canterbury, né à Aoste (1033-1109). Il enseigna à l'abbaye du Bec et développa l'argument de la preuve ontologique, selon laquelle la perfection, incluse dans l'idée de Dieu, contient tous les attributs, y compris celui de l'existence.

ANSELME (Pierre GUIBOURS, dit **le Père**), historien français, né à Paris (1625-1694), augustin déchaussé. Il a laissé une *Histoire généalogique et chronologique de la Maison de France*.

ANSERMET (Ernest), chef d'orchestre suisse, né à Vevey (1883-1969).

ANSES-D'ARLET (Les) (97217), ch.-l. de c. de la Martinique; 3067 h.

ANSHAN → NGAN-CHAN.

ANTAKYA → ANTIOCHE.

ANTALKIDAS, général lacédémonien. Il conclut avec la Perse un traité par lequel Sparte abandonnait les villes grecques de l'Asie Mineure (386 av. J.-C.).

ANTALYA, anc. **Adalia**, port de Turquie, sur la Méditerranée; 131000 h.

ANTANANARIVO, anc. **Tananarive**, cap. de Madagascar, sur le plateau de l'Imérina, entre 1200 et 1500 m d'altitude; 366000 h.

ANTAR ou **'ANTARA**, guerrier et poète arabe du VIe s., héros de l'épopée le *Roman d'Antar*.

ANTARCTIDE, nom donné aussi aux terres antarctiques.

ANTARCTIQUE ou, parfois, **ANTARCTIDE**, continent compris presque entièrement à l'intérieur du cercle polaire austral; 13 millions de km² env. Recouverte presque totalement par une énorme masse de glace dont l'épaisseur dépasse souvent 2000 m, cette zone, très froide (la température ne s'élève que rarement au-dessus de − 10°C), dépourvue de flore et de faune terrestres, est inhabitée hors des stations scientifiques. (V. POLAIRES [*régions*].) — Parfois, le terme *Antarctique* désigne globalement le continent et la masse océanique qui l'entoure.

ANTARCTIQUE ou **AUSTRAL** (océan), nom donné à la partie des océans Atlantique, Pacifique et Indien comprise entre le cercle polaire antarctique et le continent polaire.

ANTARCTIQUE BRITANNIQUE (territoire de l'), colonie britannique regroupant le secteur britannique de l'Antarctique, les Shetland du Sud et les Orcades du Sud.

ANTARÈS, la 17e des étoiles les plus brillantes du ciel, dans la constellation du Scorpion.

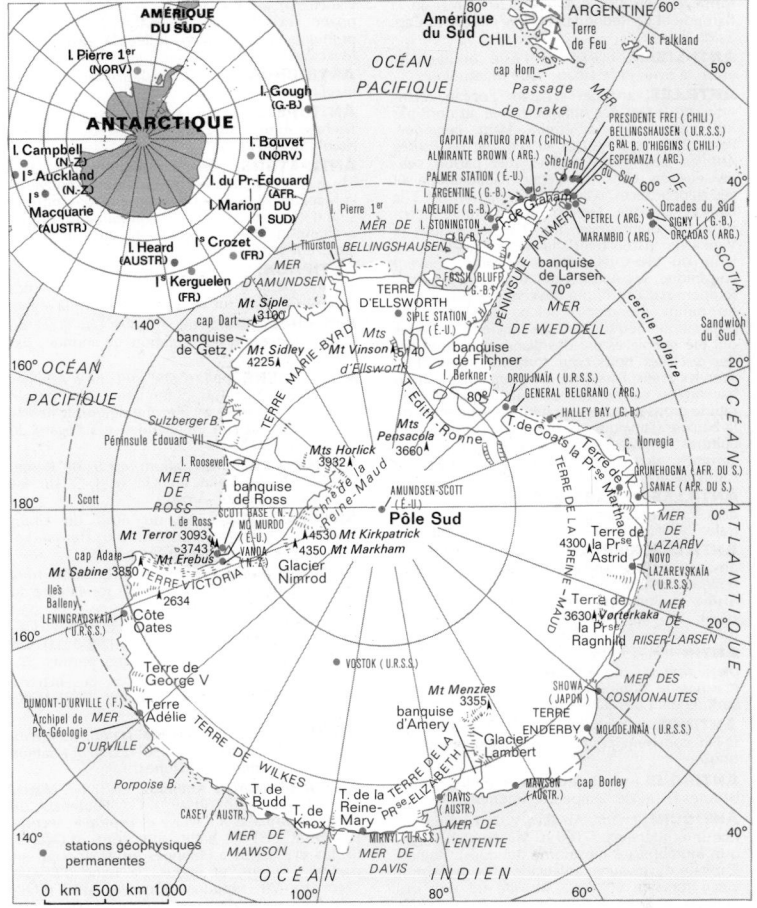

ANTARCTIQUE

ANTÉE. *Myth.* Géant, fils de Poséidon et de Gaia. Il reprenait force chaque fois qu'il touchait la terre, dont il était issu. Héraclès l'étouffa en le maintenant en l'air.

ANTÉNOR, sculpteur grec de la fin du VIe s. av. J.-C., qui a signé une majestueuse koré (nº 681) de l'Acropole d'Athènes.

ANTEQUERA, v. d'Espagne (Andalousie); 42000 h. Églises des XVIe-XVIIIe s.

ANTES, nom sous lequel sont désignés les Slaves de l'Est, du IVe s. au IXe s. apr. J.-C., dans les sources grecques et latines.

ANTHÉMIOS de Tralles, architecte et mathématicien lydien du VIe s., né à Tralles. Il établit les plans de Sainte-Sophie de Constantinople, dont il commença la construction (532) et qui fut achevée en 537 par Isidore de Milet.

ANTHÉOR, station balnéaire du Var (comm. de Saint-Raphaël), sur la côte de l'Esterel, dominée par le massif du Cap-Roux (452 m).

Anthologie grecque, recueil de poésies, réunies du IIe s. av. J.-C. au XIVe apr. J.-C., et qui servit de modèle aux écrivains classiques.

ANTI-ATLAS, massif cristallin du Maroc méridional réuni aux oueds Draa et Sous; 2531 m.

ANTIBES (06600), ch.-l. de c. des Alpes-Maritimes; 56309 h. (*Antibois*). Musée archéologique au bastion Saint-André, musée Picasso au château Grimaldi. Station balnéaire et hivernale sur la Méditerranée. Cultures florales. Parfumerie.

ANTICOSTI (île d'), île du Canada (Québec), à l'entrée du Saint-Laurent; 8160 km²; 293 h.

ANTIFER (cap d'), promontoire de la Seine-Maritime, au nord du Havre. Terminal pétrolier.

ANTIGONE, fille d'Œdipe, sœur d'Étéocle et de Polynice. Elle fut condamnée à mort pour avoir, malgré la défense du roi Créon, enseveli son frère Polynice.

Antigone, tragédie de Sophocle (442 av. J.-C.). L'héroïne défend les lois « non écrites » du devoir moral contre la fausse justice de la raison d'État. — Tragédie d'Alfieri (XVIIIe s.). — Drame de J. Anouilh (1944).

ANTIGONIDES, dynastie qui régna sur la Macédoine de 276 à 168 av. J.-C. Ses représentants les plus marquants ont été Antigonos Gonatas, fondateur de la dynastie, Antigonos II Dôson et Philippe V.

ANTIGONOS Monophthalmos (c'est-à-dire *le Borgne*) [381-301 av. J.-C.], lieutenant d'Alexandre le Grand. Après la mort de ce dernier, il essaya de fonder un Empire en Asie, mais fut vaincu et tué à Ipsos en 301. — ANTIGONOS Ier Gonatas, né à Gonnoi (Thessalie) [320-240 ou 239 av. J.-C.], roi de Macédoine de 276 à 239, fils de Démétrios Poliorcète. — ANTIGONOS II Dôson, né en 263 av. J.-C., roi de Macédoine de 229 à 221.

ANTIGONOS, roi des Juifs de 40 à 37 av. J.-C., le dernier des Asmonéens.

ANTIGUA, État des Antilles, indépendant depuis 1981 dans le cadre du Commonwealth, formé par les îles d'*Antigua* (280 km²), de la Barbude et de Redonda; 442 km²; 80 000 h. Cap. *Saint John's.*

ANTI-LIBAN, massif de l'Asie occidentale, entre la Syrie et le Liban; 2 629 m, en Syrie.

ANTILLES, archipel séparant l'océan Atlantique de la *mer des Antilles,* formé au nord par les *Grandes Antilles* (Cuba, Haïti, Jamaïque, Porto Rico) et, à l'est et au sud, par les *Petites Antilles.* Les Petites Antilles sont parfois subdivisées en «îles du Vent» (Guadeloupe et ses dépendances, Martinique, appartenant à la France; Barbade, Dominique et Trinité, territoires du Commonwealth) et en «îles sous le Vent» (en partie néerlandaises : Curaçao), au large du Venezuela. De relief varié, souvent volcanique, les Antilles ont un climat tropical, tempéré par l'alizé, qui déverse des pluies plus ou moins abondantes selon l'exposition. La population, hétérogène (les anciens Caraïbes ont été remplacés par des Blancs et surtout par des esclaves noirs, qui forment aujourd'hui, avec les métis, l'essentiel du peuplement), a un bas niveau de vie, affaibli encore par la trop rapide croissance démographique. En dehors de la bauxite (Jamaïque) et du pétrole (Trinité), les cultures tropicales (canne à sucre, banane, café, agrumes, etc.) constituent avec, localement, le tourisme, les principales ressources des îles.

ANTILLES ou **CARAÏBES** *(mer des),* dépendance de l'Atlantique, entre l'Amérique centrale, l'Amérique du Sud et l'arc des Antilles.

ANTILLES NÉERLANDAISES, ensemble des possessions néerlandaises des Antilles, correspondant essentiellement aux trois îles (Curaçao, Aruba et Bonaire) situées au large du Venezuela; 993 km²; 231 000 h. Ch.-l. *Willemstad* (Curaçao).

ANTIN (Louis Antoine DE PARDAILLAN DE GONDRIN, *duc* D'), né à Paris (1665-1736), fils du marquis de Montespan; directeur général, puis surintendant des Bâtiments du roi.

ANTINOÉ, v. de l'anc. Égypte (Thébaïde), sur le Nil, construite par Hadrien, en souvenir d'Antinoüs.

ANTINOÜS [-nɔys], jeune Grec d'une grande beauté, favori de l'empereur Hadrien.

ANTIOCHE, en turc *Antakya,* v. de Turquie, sur l'Oronte inférieur; 77 000 h. Musée archéologique (nombreuses mosaïques antiques). Ruines. Capitale du royaume séleucide puis de la province romaine de Syrie, la ville fut une des grandes métropoles de l'Orient et joua un rôle primordial dans les débuts du christianisme. Elle déclina après l'invasion perse (540) et la conquête arabe (636). Les croisés en firent la capitale d'un État latin (1098), conquis par les Mamelouks en 1268.

ANTIOCHE *(pertuis d'),* détroit entre l'île d'Oléron et l'île de Ré.

ANTIOCHOS, nom porté par treize rois séleucides, dont les plus marquants sont : — ANTIOCHOS III *Mégas,* roi séleucide (223-187 av. J.-C.), qui vainquit les Parthes et les Lagides, mais fut

vaincu par les Romains; — ANTIOCHOS IV *Épiphane,* roi séleucide (175-164 av. J.-C.), dont la politique provoqua en Judée la révolte des Maccabées (167).

ANTIOCHOS, nom de plusieurs rois de Commagène.

ANTIOPE. *Myth. gr.* Fille de Nyctée, roi de Thèbes. Aimée de Zeus, elle en eut deux fils, Amphion et Zéthos.

ANTIPATROS, général macédonien (v. 397-319 av. J.-C.), lieutenant d'Alexandre. Il gouverna la Macédoine pendant l'absence d'Alexandre le Grand et, après la mort du conquérant, vainquit à Crannon (322) les cités grecques révoltées *(guerre lamiaque).*

ANTIPHON, orateur athénien (v. 479-411 av. J.-C.). Il prit part à la conjuration des Quatre-Cents et fut condamné à boire la ciguë.

Antiquités judaïques, histoire (en grec) du peuple juif depuis la création du monde, par Flavius Josèphe.

ANTISTHÈNE, philosophe grec, né à Athènes (v. 444-365 av. J.-C.), fondateur de l'école cynique. La sagesse qu'il prône défend la liberté de l'individu et son indépendance à l'égard de toutes choses.

ANTIUM, anc. v. du Latium, au S. de Rome. Victoire romaine en 338 av. J.-C. sur les peuples latins. (Auj. *Anzio.*)

ANTOFAGASTA, port du nord du Chili; 125 000 h. Aéroport. Terminus du Transandin. Métallurgie et exportation du cuivre.

ANTOINE *(saint),* ermite de la Thébaïde, né à Qeman (Égypte) [251-356], un des fondateurs du monachisme chrétien.

ANTOINE de Padoue *(saint),* franciscain, docteur de l'Église, né à Lisbonne (v. 1195-1231). On l'invoque pour retrouver les objets perdus.

ANTOINE DANIEL *(saint),* l'un des martyrs jésuites canadiens, né à Dieppe (1601-1648), massacré par les Iroquois.

ANTOINE MARIE Zaccaria *(saint),* religieux italien né à Crémone (v. 1502-1539), fondateur des clercs réguliers barnabites.

ANTOINE (Marcus Antonius, en franç. **Marc),** général romain (83-30 av. J.-C.), lieutenant de César. Il forma avec Octave et Lépide le second triumvirat (43) et battit, aux côtés d'Octave, Brutus et Cassius à Philippes en 42. Il reçut en partage l'Orient, et épousa la reine d'Égypte Cléopâtre VII, répudiant Octavie, sœur d'Octave. Il s'opposa dès lors à celui-ci, mais, vaincu à Actium en 31, il se donna la mort.

Antoine et Cléopâtre, drame de Shakespeare (1606).

ANTOINE (André), acteur et directeur de théâtre français, né à Limoges (1858-1943), fondateur du *Théâtre-Libre* en 1887 et propagateur de l'esthétique naturaliste.

ANTOINE DE BOURBON (1518-1562), duc de Vendôme (1537-1562), roi de Navarre (1555-1562) par son mariage avec Jeanne III d'Albret, dont il eut un fils, le futur Henri IV. Il prit part aux

guerres de Religion, abandonna le parti protestant pour le parti catholique et fut tué au siège de Rouen.

ANTONELLI (Giacomo), cardinal italien, né à Sonnino (1806-1876), secrétaire d'État (1848) sous Pie IX.

ANTONELLO da Messina, peintre italien, né à Messine (v. 1430-1479). Formé à Naples, il unit le sens méditerranéen du volume et de l'ampleur à l'observation méticuleuse des primitifs flamands. Il séjourna à Venise en 1475-76.

ANTONESCU (Ion), maréchal roumain, né à Pitești (1882-1946). Dictateur *(conducător)* de la Roumanie en 1940, il engagea son pays en 1941, aux côtés de Hitler, contre l'U.R.S.S. Arrêté en 1944, il fut exécuté.

ANTONIN *(saint),* archevêque de Florence, né à Florence (1389-1459), un des grands moralistes du XVᵉ s.

ANTONIN le Pieux, né à Lanuvium (86-161), empereur romain (138-161), successeur d'Hadrien. Son règne marque l'apogée ee l'Empire.

ANTONINS (les), nom donné à sept empereurs romains *(Nerva, Trajan, Hadrien, Antonin, Marc Aurèle, Verus, Commode),* qui régnèrent de 96 à 192.

ANTONIONI (Michelangelo), cinéaste italien, né à Ferrare en 1912, réalisateur de *Femmes entre elles* (1955), *le Cri* (1956), *l'Avventura* (1959), *la Nuit* (1961), *le Désert rouge* (1964), *Blow up* (1966), *Zabriskie Point* (1969), *la Chine* (1972), *Profession : reporter* (1974).

ANTONY (92160), ch.-l. d'arr. des Hauts-de-Seine, au sud de Paris; 57 652 h. *(Antoniens).* Résidence universitaire.

Antony, drame d'Alexandre Dumas père (1831) : un résumé du théâtre romantique.

ANTRAIGUES (07530), ch.-l. de c. de l'Ardèche; 503 h. Eaux minérales.

ANTRAIN (35560 Bazouges la Pérouse), ch.-l. de c. d'Ille-et-Vilaine; 1 626 h.

ANTRIM, comté de l'Irlande du Nord (Ulster); 353 000 h. Ch.-l. *Belfast.*

ANTSERANANA → DIÉGO-SUAREZ.

ANTSIRABÉ, v. de Madagascar; 33 000 h.

ANTWERPEN, nom néerl. d'*Anvers**.

ANUBIS, dieu funéraire de l'Égypte ancienne, il introduit les morts dans l'autre monde. Il était représenté avec une tête de chacal.

ANURÂDHAPURA, anc. capitale (IVᵉ s. av. J.-C. - VIIIᵉ s.) du nord de l'île de Sri Lanka. Importants vestiges bouddhiques, préservés dans un vaste parc archéologique.

ANVERS, en néerl. **Antwerpen,** v. de Belgique, ch.-l. de la prov. homonyme; 207 000 h. *(Anversois).* Université. Cathédrale (1350-1530; peintures de Rubens). Hôtel de ville du XVIᵉ s. Très

Anvers
vue générale

Anurâdhapura
stèle sculptée
VIIIᵉ-IXᵉ s.

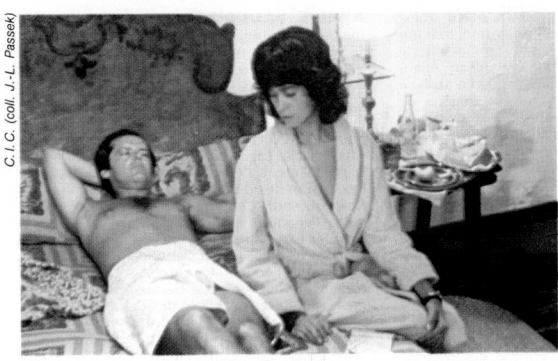

Antonioni : *Profession : reporter* (1974)

Aphrodite

Apollon
de Piombino

riche musée des Beaux-Arts (école flamande de peinture, du XVe au XXe s.). Établie au fond de l'estuaire de l'Escaut (r. dr.), unie à Liège par le canal Albert, la ville est l'un des grands ports européens et l'un des principaux centres industriels belges (métallurgie, construction automobile, raffinage du pétrole et pétrochimie, taille des diamants, etc.). Capitale économique de l'Occident au XVe s., Anvers connut un nouvel essor après qu'elle fut devenue le principal port du jeune royaume de Belgique (1833). Les Français s'en emparèrent en 1792. Bernadotte y repoussa les Anglais en 1809. Défendue par Carnot en 1814, prise de nouveau par les Français en 1832, par les Allemands en 1914 et en 1940, libérée par les Anglais en 1944, la ville fut bombardée par les V1 et V2 allemandes en 1944 et 1945.

ANVERS *(province d')*, province de la Belgique septentrionale; 2 861 km²; 1 567 000 h.; ch.-l. *Anvers*; 3 arr. *(Anvers, Malines, Turnhout).* Elle s'étend de la Campine, région au relief monotone, sableuse, agricole et herbagère à l'ouest, industrielle à l'est. L'agglomération anversoise regroupe près de la moitié de la population totale de la province.

ANZEGEM, comm. de Belgique (Flandre-Occidentale); 12 700 h.

ANZÈRE, station de sports d'hiver (1 500-2 420 m) de Suisse (Valais), au-dessus de la vallée du Rhône.

ANZIN (59410), comm. du Nord, banlieue de Valenciennes; 14 874 h. *(Anzinois).* Métallurgie.

ANZIO, port d'Italie, au sud-est de Rome; 16 000 h. Les Alliés y débarquèrent derrière le front allemand en 1944. (C'est l'antique *Antium.*)

A.-O. F. → AFRIQUE-OCCIDENTALE FRANÇAISE.

AOMORI, port du Japon, dans le nord de Honshū; 240 000 h.

AOSTE, v. d'Italie, ch.-l. du Val d'Aoste, sur la Doire Baltée; 39 000 h. Monuments romains. — Le *Val d'Aoste* (hab. *Valdotains*) est une région autonome entre la Suisse (Valais) et la France (Savoie), atteinte par les tunnels du Grand-Saint-Bernard et du Mont-Blanc. Une partie de la population parle encore le français; 114 000 h. L'appartenance de la région aux royaumes burgondes et son ethnie expliquent la permanence d'un dialecte gallo-roman. De 1032 à 1945, le Val d'Aoste — sauf entre 1800 et 1814 (Empire français) — appartient à la maison de Savoie. En 1945, il reçoit un régime d'autonomie provisoire et, en 1948, le statut de région autonome.

AOUDH ou **OUDH**, anc. royaume de l'Inde, berceau des Aryens, auj. dans l'Uttar Pradesh.

août 1789 *(nuit du 4),* nuit pendant laquelle l'Assemblée constituante abolit les privilèges féodaux.

août 1792 *(journée du 10),* insurrection parisienne, qui eut pour résultats la constitution de la Commune et la chute de la royauté.

APACHES, ensemble de tribus indiennes, vivant dans des réserves du sud-ouest des États-Unis. Sous la direction du chef Géronimo, les Apaches opposèrent une vive résistance à la conquête de leur territoire.

APAMÉE, nom de plusieurs villes de l'Asie Mineure, dont la plus célèbre est *Apamée-sur-l'Oronte,* en Syrie, où fut signée, par Antiochos III de Syrie, la *paix d'Apamée* (188 av. J.-C.), qui assurait aux Romains la mainmise sur l'Asie Mineure.

APCHÉRON, péninsule s'avançant dans la mer Caspienne, à l'est du Caucase. Pétrole.

APELDOORN, v. des Pays-Bas (Gueldre);

133 000 h. Résidence d'été de la famille royale. Électronique.

APELLE, peintre grec (IVe s.-début du IIIe s. av. J.-C.), portraitiste d'Alexandre le Grand dont seule la réputation nous est parvenue.

APENNIN (l') ou **APENNINS** (les), massif montagneux qui forme la dorsale de la péninsule italienne et qui culmine dans les Abruzzes au Grand Sasso (2 914 m).

APERGHIS (Georges), compositeur grec, né à Athènes en 1945. Il est à l'origine du genre du « théâtre musical » *(Pandaemonium,* 1973; *Je vous dis que je suis mort,* d'après Edgar Poe, 1979).

APHRODITE, déesse grecque de la Beauté et de l'Amour; les Romains l'assimilèrent à *Vénus.*

APIA, cap. des Samoa occidentales; 25 000 h.

APIS [apis], dieu de l'ancienne Égypte, adoré à Memphis sous la forme d'un taureau sacré.

Apocalypse, dernier livre du Nouveau Testament, symbolique et mystérieux, attribué à l'apôtre saint Jean. (V. APOCALYPSE, *Part. langue.*)

Apocalypse *(tenture de l'),* au château d'Angers. Un des premiers ensembles de tapisseries historiées du Moyen Âge, et le plus vaste qui subsiste, bien qu'incomplet (107 m de long en sept pièces regroupant 68 scènes); il fut exécuté v. 1373-1379 par le tapissier parisien Nicolas Bataille, pour Louis Ier d'Anjou, sur cartons de Hennequin de Bruges, peintre de Charles V.

APOLLINAIRE (Wilhelm Apollinaris DE KOSTROWITZKY, dit **Guillaume**), écrivain français, né à Rome (1880-1918). Il fut le chantre de toutes les avant-gardes artistiques *(les Peintres cubistes,* 1913) et, poète *(Alcools,* 1913; *Calligrammes,* 1918) ou théoricien *(l'Esprit nouveau et les poètes,* 1917), un précurseur du surréalisme *(les Mamelles de Tirésias,* 1917).

APOLLODORE de **Damas** ou le **Damascène**, architecte et ingénieur grec, actif au Ier s. Auteur des constructions monumentales du règne de Trajan, dont on connaît les machines de guerre grâce aux reliefs de la colonne Trajane.

APOLLON, dieu grec de la Beauté, la Lumière, des Arts et de la Divination. Il avait à Delphes un sanctuaire célèbre où sa prophétesse, la *pythie,* rendait les oracles du dieu.

Guillaume **Apollinaire**
et Serge de Diaghilev
par Larionov

tenture de l'**Apocalypse**
*les Dragons vomissant
des grenouilles*

APOLLONIA, v. anc. de l'Illyrie (Albanie), centre intellectuel à l'époque gréco-romaine.

APOLLONIOS de Perga, astronome et mathématicien grec, né à Perga (v. 262 - v. 180 av. J.-C.).

APOLLONIOS de Rhodes, poète et grammairien d'Alexandrie (v. 295 - v. 230 av. J.-C.), auteur de l'épopée *les Argonautiques.*

APOLLONIOS de Tyane, philosophe néo-pythagoricien d'Asie Mineure, moraliste et mage, né à Tyane (Cappadoce), m. en 97 apr. J.-C.

APPALACHES, massif montagneux de l'est de l'Amérique du Nord, entre l'Alabama et l'estuaire du Saint-Laurent, précédé à l'ouest par le *plateau appalachien* et à l'est par le *Piedmont,* qui domine la plaine côtière; 2037 m au *mont Mitchell.* Importants gisements houillers. Les Appalaches ont donné leur nom à une forme de relief classique. (V. APPALACHIEN, *Part. langue.*)

APPELL (Paul), mathématicien français, né à Strasbourg (1855-1930). L'essentiel de son œuvre se situe en analyse.

APPENZELL, canton de Suisse, enclavé dans celui de Saint-Gall et divisé, depuis 1597, pour des raisons religieuses, en deux demi-cantons : *Rhodes-Extérieures,* à majorité protestante (48 500 h.; ch.-l. *Herisau*), et *Rhodes-Intérieures,* entièrement catholique (13 700 h.; ch.-l. *Appenzell* [5 200 h.]).

APPERT (Nicolas), industriel français, né à Châlons-sur-Marne (1749 ou 1752-1841). On lui doit le procédé de la conservation des aliments par chauffage en vase clos.

APPIEN, historien grec, né à Alexandrie (v. 95 apr. J.-C.), auteur d'une *Histoire romaine* des origines à Trajan, dont une partie seulement a été conservée.

Appienne *(voie),* en lat. *via Appia,* voie romaine qui allait de Rome à Brindisi, commencée par Appius Claudius (312 av. J.-C.). Elle était bordée de tombeaux, dont plusieurs subsistent encore.

APPLETON (sir Edward Victor), physicien anglais, né à Bradford (1892-1965). Il a mesuré l'altitude de l'ionosphère. (Prix Nobel, 1947.)

APPOMATTOX, village de Virginie (États-Unis), à l'est de Lynchburg. En 1865, la reddition des confédérés de Lee au général Grant y mit fin à la guerre de Sécession.

APPONYI (Antal, *comte*), diplomate autrichien, né à Apponyi (1782-1852). — GYÖRGY, homme d'État hongrois, neveu du précédent, chancelier du royaume de Hongrie (1846-1861), né à Pozsony (auj. Bratislava) [1808-1891]. — ALBERT, fils de György, né à Vienne (1846-1933). Partisan de la restauration des Habsbourg, il représenta la Hongrie à la Conférence de la paix (1919-20), puis à la S. D. N.

Apprenti sorcier *(l'),* poème symphonique de Paul Dukas (1897), d'après une ballade de Goethe.

Après-midi d'un faune *(l'),* ballet de V. Nijinski, inspiré du poème de Mallarmé, créé à Paris en 1912 par les Ballets russes de Diaghilev et l'auteur, sur la musique du *Prélude à l'après-midi d'un faune* de Debussy (1894).

APT (84400), ch.-l. d'arr. de Vaucluse, dans le *bassin d'Apt,* au pied du Luberon; 11 612 h. (*Aptésiens* ou *Aptois*). Anc. cathédrale en partie romane. Confiserie. Ocre.

APULÉE, écrivain latin, né à Madaura (Numidie) [125-v. 180], auteur de *l'Âne d'or.*

APULIE, contrée de l'anc. Italie, formant auj. la Pouille.

APURÍMAC, riv. du Pérou, l'une des branches mères de l'Amazone.

'AQABA ou **AKABA** *(golfe d'),* golfe de l'extrémité nord-est de la mer Rouge, au fond duquel est situé le port jordanien d'*Aqaba.*

AQUILA (L'), v. d'Italie (Abruzzes), ch.-l. de prov.; 65 000 h.

AQUILÉE, v. d'Italie, sur l'Adriatique, qui fut détruite par Attila (452). Ses habitants fondèrent Venise. Vestiges romains et médiévaux.

AQUIN (Claude D'), organiste et compositeur français, né à Paris (1694-1772), auteur de pièces de clavecin et de noëls pour orgue.

AQUITAIN *(Bassin)* ou **AQUITAINE** *(bassin d'),* bassin sédimentaire de forme triangulaire, compris entre le Massif armoricain, le Massif central, les Pyrénées et l'océan Atlantique. Correspondant en majeure partie au bassin de la Garonne, l'Aquitaine est un pays de plateaux et de collines. Les calcaires affleurent dans l'est (Périgord, Quercy) et le nord (Charentes); ils sont recouverts de débris détritiques dans le sud et l'ouest (molasse de Gascogne et de la rive droite de la Garonne, sables des Landes, cailloutis fluvio-glaciaires du plateau de Lannemezan). Le climat est caractérisé par la chaleur de l'été et une grande instabilité résultant de l'interférence d'influences océaniques, continentales et méditerranéennes. L'irrégularité des précipitations, la variété des sols et des expositions, la prédominance de la petite exploitation et l'extension du métayage se sont combinées pour créer et maintenir souvent une polyculture (blé, maïs, vigne, tabac, fruits, légumes) fréquemment associée à l'élevage du petit bétail. La présence ou la proximité de ressources énergétiques (pétrole et surtout gaz naturel, hydro-électricité) n'ont guère profité à l'industrie, représentée surtout dans les deux plus grandes villes, Bordeaux et Toulouse.

AQUITAINE, région historique de la France. Divisée par les Romains en trois provinces (IIIe s. apr. J.-C.), intégrée au royaume de Clovis en 507, l'Aquitaine, devenue duché franc, est constituée en royaume par Charlemagne (781). En 877, ce royaume disparaît: la dynastie poitevine, illustrée notamment par GUILLAUME III *Tête d'Étoupe* (de 951 à 963), GUILLAUME IV *Fierebrace* (de 963 à 994), GUILLAUME IX, le « Prince des troubadours » (1086-1127), et GUILLAUME X (1127-1137), règne sur le duché d'Aquitaine jusqu'en 1137 : Louis VII, par son mariage avec Aliénor d'Aquitaine, s'empare alors du duché, qui (du fait du second mariage d'Aliénor d'Aquitaine avec Henri II Plantagenêt), est rattaché à l'Empire anglo-angevin en 1152, puis progressivement démembré par la conquête capétienne (XIIe-XIIIe s.). L'Aquitaine renaît partiellement sous les apparences de la Guyenne (déformation du mot *Aquitaine*), duché qui tombe entre les mains de Charles VII en 1453.

AQUITAINE, Région administrative, correspondant à la partie la plus basse du *Bassin aquitain* et regroupant cinq départements : Dordogne, Gironde, Landes, Lot-et-Garonne et Pyrénées-Atlantiques. 41 407 km²; 2 550 340 h. Ch.-l. *Bordeaux.*

Aquitaine (l'), autoroute partiellement en service, devant relier Paris à Bordeaux.

ARABE *(Ligue),* organisme constitué en 1945, à la suite du développement du panarabisme, entre l'Égypte, l'Iraq, la Transjordanie, la Syrie, le Liban, l'Arabie Saoudite, le Yémen. La Libye y a adhéré en 1953, le Soudan en 1956, le Maroc, la Tunisie en 1958, le Koweït en 1961 et l'Algérie en 1962.

ARABE UNIE *(République)* [R.A.U.], État formé en 1958 par la fédération de l'Égypte, de la Syrie et du Yémen. En 1961, la Syrie et le Yémen se retirèrent de la fédération. L'Égypte garda jusqu'en 1971 le nom de République arabe unie.

ARABES UNIS *(Émirats),* fédération constituée en 1971 correspondant à l'ancienne Côte des Pirates, ou Trucial States, sur le golfe Persique; 83 600 km²; 750 000 h. Une ville nouvelle, Karāma, doit constituer la capitale de la fédération, qui regroupe les principautés d'Abū Ẓabī, 'Adjmān, Chārdja, Dubayy, Fudjayra, Umm al-Qaywayn et, depuis 1972, Ra's al-Khayma. La fédération est gouvernée par un Conseil suprême, composé des souverains de chaque émirat, et un gouvernement fédéral, installé à Abū Ẓabī.

'ARABI PACHA, officier égyptien, né à Hārya-Ruzna (1839-1911). Chef du parti national égyptien, ministre de la guerre, il tenta un soulèvement contre la Grande-Bretagne (1881-82).

ARABIE, vaste péninsule constituant l'extrémité sud-ouest de l'Asie, entre la mer Rouge et le golfe Persique; 3 millions de km². Elle couvre l'Arabie Saoudite, les deux Yémens, l'Oman, la fédération des Émirats arabes unis, le Qatar et le Koweït.

ARABIE SAOUDITE, royaume occupant la majeure partie de la péninsule d'Arabie; 1 750 000 km²; 8 millions d'hab. Cap. *Riyāḍ.*

GÉOGRAPHIE

L'Arabie Saoudite correspond à un socle ancien, basculé, faillé à l'ouest, où il retombe brutalement sur la mer Rouge, mais qui s'abaisse plus doucement vers le golfe Persique en formant un vaste glacis. La latitude, jointe à la position de la péninsule, à l'écart du golfe Persique, explique l'extension des déserts (Nufūd au nord, Rub 'al-Khālī au sud). L'exploitation du pétrole (sur le golfe Persique), dont l'Arabie Saoudite est le premier exportateur mondial (et le pays possédant les réserves les plus abondantes), a modifié localement l'économie, autrefois exclusivement rurale (élevage nomade des ovins et des chameaux, culture du blé et des dattes au pied de reliefs plus arrosés). Elle lui a donné un poids politique hors de rapport avec sa faible population, sans transformer toutefois la structure sociale, quasi féodale, du pays, berceau de l'islam, dont il possède les villes saintes, La Mecque et Médine.

HISTOIRE

— 1932 : l'Arabie Saoudite naît de la réunion en un seul royaume des régions conquises par 'Abd al-'Azīz III ibn Sa'ūd entre 1902 et 1930 (Nadjd, Ḥasā, Ḥā'il, Hedjaz, 'Asīr).

— 1932-1953 : règne d'Ibn Sa'ūd; découverte du pétrole (à partir de 1930), dont les Américains obtiennent le monopole de l'exploitation (1945).

— 1953-1964 : règne de Sa'ūd ibn 'Abd al-'Azīz; en 1958, il cède la réalité du pouvoir à son frère Fayṣal ibn 'Abd al-'Azīz, qui rompt avec Le Caire.

— 1964-1975 : règne de Fayṣal, qui obtient les pleins pouvoirs et se fait le champion du panislamisme et le protecteur des régimes conservateurs arabes.

— 1975 : après l'assassinat de Fayṣal, son frère Khālid ibn 'Abd al-'Azīz lui succède.

ARABIE DU SUD, territoire qui correspondait à l'ancien protectorat britannique d'Aden, et qui forme auj. la République démocratique et populaire du Yémen.

ARABIQUE *(golfe),* anc. nom de la *mer Rouge*.

ARABIQUE *(mer),* nom parfois donné à la *mer d'Oman.*

ARACAJU, port du Brésil, cap. de l'État de Sergipe; 184 000 h.

ARACHNÉ. *Myth. gr.* Jeune Lydienne qui excellait dans l'art de tisser et de broder. Pour avoir osé défier Athéna, elle fut métamorphosée en araignée.

ARAD, v. de Roumanie, près de la Hongrie; 146 000 h. Métallurgie.

'ARAFĀT (Yāsir ou Yasser), homme politique palestinien, né à Jérusalem en 1929. Président, depuis 1969, de l'Organisation de libération de la Palestine, il est le principal chef de la résistance palestinienne.

ARAGNOUET (65630), comm. des Hautes-Pyrénées, sur la Neste d'Aure; 160 h. Tunnel routier vers l'Espagne.

ARAGO (François), physicien et astronome français, né à Estagel (Roussillon) [1786-1853]. Il découvrit les polarisations rotatoire et chromatique, mesura la densité de divers gaz et la tension de la vapeur d'eau et découvrit l'aimantation du fer par le courant électrique. Esprit libéral, très populaire, il fut nommé membre du gouvernement provisoire en 1848. — ÉTIENNE, frère du précédent, écrivain et homme politique français, né à Estagel (1802-1892), maire de Paris en sept. 1870. — EMMANUEL, fils de François, homme politique français, né à Paris (1812-1896), membre du gouvernement de la Défense nationale comme ministre de la Justice (1870-71).

ARAGON, en esp. **Aragón,** région du nord-est de l'Espagne, comprenant les prov. de Huesca, Saragosse et Teruel; 1 170 000 h. (*Aragonais*). Au XIIe s., le royaume d'Aragon s'unit à la Catalogne. Il s'agrandit plus tard par la conquête de Valence, des Baléares, de la Corse, de la Sardaigne et de la Sicile. Le mariage de Ferdinand, roi d'Aragon, avec Isabelle de Castille (Rois Catholiques) [1469] unit ce royaume à la Castille en 1479.

François **Arago**

Lauros-Giraudon

Keystone

Yāsir **'Arafāt**

Paul **Appell**

Manuel

IRAN

GOLFE PERSIQUE

QATAR

Linga

I. QICHM

Détroit d'Ormuz

Khasab

Presqu'île
de Musandam

Îles de Tumb

OMAN

Cha'am

Rams

Rūs al-Djibal

Limā

26°

Abū Mūsā

RA'S AL-KHAYMA

al-Djazīra

MUBĀREK

al-Hamrā

GOLFE

ABŪ AL-BUKHŪSH

UMM AL-QAYWAYN

Hamriyya

Diqdāqah

Dabā al-Hiṣn

Masāfi

al-DAWHA

FATEH

'ADJMĀN

al-Manāma

Khatt

Khōr Fakkān

I. Dās

CHĀRDJA

al-Dhayd

D'OMAN

al-BUNDŪQ

UMM CHAIF

DUBAYY

Djimeirah

Djebel Ali
(Port Rashid)

25°

Umm Sa'īd

I. Dayyina

ZAKUM

FUDJAYRA

Kalba

MUBARRAZ

ZONE NEUTRE
DE HAZF

Masāfi

Rā's
Ghemeis

I. Sīr Banī Yās

I. Mubarraz

I. Sa'diyyāt

Umm al-Nār

al-'Ayn

al-Buraymī

Ṣuhār

Djebel
Dhanna

ABŪ ZABĪ

Al-Mafraq

pont
al-Maqta

al-Khabūra

24°

Ruweis

al-Mirfa

Tarīf

HABCHĀN

MIRBĀN

Bid'al-Matāwa

BŪ-HASA

Madīnat Zāyid

*Sebkha
al-Matti*

Plateau d'al-Zafra

ASAB

OMAN

23°

*Oasis
al-Djiwā*

Ramlat
Zarāra

52°

pétrole
route

53°

0   km   100   km   200

courbes : 150, 300, 500, 1000 m

54°   55°   56°

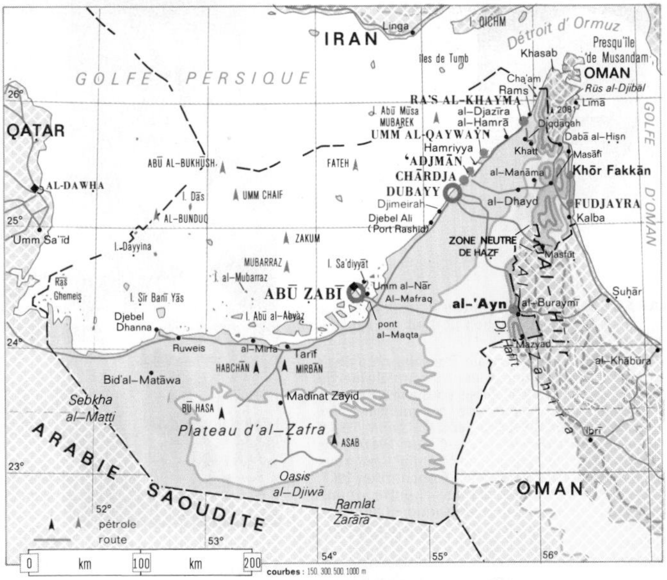

ÉMIRATS ARABES UNIS

ARABIE SAOUDITE

Nadjaf

Yezd

JÉRUSALEM

AMMAN

Turā'if

Plateau
d'Hamād

IRAQ

Tigre

Port-
Saïd

ISRAËL

Euphrate

IRAN

Suez

JORDANIE

Sakākah

d'al-Hadjara

Bassora

Ābādān

Sinaï

al-Djawf

ZONE
NEUTRE

Chirāz

Tabūk

*Grand
Nufūd*

Plateau d'al-Dibdiba

KOWEÏT

KOWEÏT

28°

Taymā'

Ha'il

Artawiya

Safaniya

al-Wadjh

Burayda

al-Madjma

A   HASĀ

Bandar 'Abbās

Khaybar

al-'Anayza

Ra's Tannūra

Dammām
Zahrān

al-Khubar

Umm Ladjdj

Hulayfa

W. al-Rima

Chuqra

Abqayq

Abqaya

al-Mubarraz

BAHREÏN
QATAR

GOLFE

RIYĀD

al-DAWHA

Dubayy

D'OMAN

Médine

al-Hufūf

Nibāk

Abū Zabī

24°

Yanbu'

'Atīf

OASIS
D'AL-KHARDJ

Harad

al-Buraymī

MASCATE

tropique du Cancer

Mastūra

Hilla

**ÉMIRATS ARABES
UNIS**

Djibal Hadjar

Rābirh

OASIS
D'AL-HAWTA

Layla

OASIS DE
YABRÎN

OASIS
AL-DJIWA

Sūr

Djedda

La Mecque

OASIS
D'AL-AFLĀDJ

Rub' al-Khālī

Tā'if

W. Dawāsir

Maṣīra

al-Lith

Bicha

Sulayyil

al-Khamāsīn

OMAN

20°

Port-Soudan

Qunfudha

Tatbīth

SOUDAN

Khamīs Muchayt

Abha

OASIS DE
NADJRÂN

Salala

iles
Khūriyā Mūriyā

Şabiyā

Abū 'Arīch

Sa'da

Sayūn

Tarīm

Hawf

Marbāt

16°

Djīzān

al-Qatn

Huraydā

Hadramaout

al-Maşīla

Rhayda

*MER
D'OMAN*

Massaoua

al-Hudayda

Amrān

SAN'Ā

Bayhān

Qichn

al-Mukalla

Qușay'ir

Sayhūt

Asmara

YÉMEN

Dhamār

Chibām

Chihr

Bir 'Alī

56°

Ta'izz

Ibb

R.D.P. DU YÉMEN

Hawta

Socotora
(R.D.P. du Yémen)

ÉTHIOPIE

ADEN

*GOLFE
D'ADEN*

route

v ferrée

Gondar

L. TANA

Mandab

DJIBOUTI

0   km   100   km   200

36°   40°   48°   courbes : 200, 500, 1000, 2000 m

Louis **Aragon**

Archipenko
Medrano (1914)
relief-assemblage

Arcimboldi
l'Amiral

ARAGON (Jeanne D'), princesse sicilienne, née à Naples (v. 1500-1577). Son portrait par Raphaël est au Louvre.

ARAGON (Louis), écrivain français, né à Paris en 1897. Un des fondateurs du surréalisme (*le Paysan de Paris*, 1926), il se consacre ensuite à l'illustration des thèmes du communisme (*les Beaux Quartiers*, 1936; *la Semaine sainte*, 1958) et de la Résistance (*le Crève-Cœur*, 1941), sans rompre avec le lyrisme traditionnel (*les Yeux d'Elsa*, 1942). Élu à l'académie Goncourt en 1967, il démissionna l'année suivante et entreprit une réflexion sur la création artistique et littéraire (*Henri Matisse, roman*, 1971; *Théâtre/Roman*, 1974).

ARAL (*lac* ou *mer d'*), grand lac salé de l'U.R.S.S. (Kazakhstan et Ouzbékistan); 67 000 km². Il reçoit le Syr-Daria et l'Amou-Daria, dont l'apport ne peut empêcher la diminution de sa superficie, liée à l'intensité de l'évaporation.

ARAM, d'après la Bible, un des fils de Sem, ancêtre des Araméens.

ARAMÉENS,, populations sémitiques qui, d'abord nomades, fondèrent divers États en Syrie. Leur langue fut celle de l'Orient, à partir du VIIIe s. av. J.-C., et ne disparut qu'avec la conquête arabe (VIIe s. av. J.-C.).

ARAMITS (64570), ch.-l. de c. des Pyrénées-Atlantiques; 621 h.

ARAMON (30390), ch.-l. de c. du Gard; 1953 h. Centrale thermique sur le Rhône.

ARAN (*val d'*), vallée des Pyrénées espagnoles (Catalogne), où naît la Garonne.

ARANDA (Pedro, *comte* D'), diplomate et ministre espagnol, né à Huesca (1719-1798). Président du Conseil de Castille sous Charles III, il expulsa les jésuites d'Espagne.

ARANJUEZ, v. d'Espagne (prov. de Madrid), sur le Tage; 27 000 h. Palais royal bâti par Philippe II; jardins à la française. C'est là que, dans la nuit du 17 au 18 mars 1808, éclata l'insurrection qui provoqua l'intervention de Napoléon Ier en Espagne.

ARANY (János), poète hongrois, né à Nagyszalonta (auj. Salonta), Roumanie [1817-1882], auteur de l'épopée nationale de *Toldi* (1847-1879).

ARAPAHOS, ethnie nord-américaine qui vivait autref. à l'ouest des Grands Lacs. (Ils sont auj. regroupés dans les réserves du Wyoming et de l'Oklahoma.)

ARARAT (*mont*), massif volcanique de la Turquie orientale (Arménie), où, suivant la Bible, s'arrêta l'arche de Noé (5 165 m).

ARATOS de Sicyone (v. 271-213 av. J.-C.), chef de la ligue Achéenne, assassiné à l'instigation de Philippe V de Macédoine. Ses *Mémoires* ont été utilisés par Polybe et Plutarque.

ARATU, centre industriel du Brésil, près de Salvador.

Araucana (*l'*), poème épique d'Alonso de Ercilla y Zúñiga (1569-1590), dont le sujet est la conquête du Chili par les Espagnols.

ARAUCANIE, nom donné autref. à la partie méridionale du Chili, entre les Andes et le Pacifique, habitée par les Indiens Araucans, qui luttèrent longtemps contre les conquérants espagnols, puis contre le Chili.

ARAVALLI (*monts*), massif cristallin du nord-ouest de l'Inde (Rājasthān).

ARAVIS (*chaînes des*), chaîne calcaire du massif préalpin des Bornes, franchie à 1498 m par le *col des Aravis*; 2752 m.

ARAWAKS, ensemble d'ethnies d'Amérique, qui étaient dispersées entre le sud de la Floride, le nord du Paraguay, la côte péruvienne et, en dernier lieu, les Antilles, et dont le lien était culturel et linguistique. (L'arawak continue d'être auj. une langue des Caraïbes.)

ARAXE ou **ARAKS**, riv. d'Asie, née en Turquie, qui sert de frontière entre la Turquie et l'U.R.S.S., puis entre l'Iran et l'U.R.S.S., et qui rejoint le Koura (r. dr.) dans l'Azerbaïdjan soviétique; 994 km.

ARBÈLES, v. d'Assyrie, près de laquelle Alexandre vainquit définitivement Darios III en 331 av. J.-C. (Auj. *Arbil*.)

ARBIL, v. d'Iraq, au pied du Zagros; 90000 h. C'est l'antique *Arbèles*.

ARBOGAST, général (d'origine franque) de Valentinien II, qu'il fit tuer pour proclamer empereur d'Occident (392) le rhéteur Eugène. Vaincu par Théodose (394).

ARBOIS (39600), ch.-l. de c. du Jura, dans le vignoble jurassien; 4232 h. (*Arboisiens*). Église romane. Maison de Pasteur. Vins.

ARBON, comm. de Suisse (Thurgovie), sur le lac de Constance; 13122 h. Véhicules lourds.

ARBRESLE (L') (69210), ch.-l. de c. du Rhône, dans les monts du Lyonnais; 4247 h. (*Breslois*). Constructions mécaniques.

ARC, riv. des Alpes françaises (Savoie), qui draine la Maurienne et rejoint l'Isère (r. g.); 150 km. Installations hydroélectriques.

ARC, fl. côtier de Provence; 72 km.

Arc (*pont d'*), pont naturel formé par le recoupement d'un méandre encaissé de l'Ardèche près de *Vallon-Pont-d'Arc*.

arc de triomphe de l'Étoile, monument de Paris construit en haut des Champs-Élysées, au milieu d'une place circulaire (auj. place Charles-de-Gaulle) d'où rayonnent douze avenues. Son érection fut décrétée en 1806. Construit d'après les plans de Chalgrin, il fut inauguré en 1836. Il est décoré de sculptures par Rude, Pradier, J.-P. Cortot, A. Étex, et porte inscrits les noms de 386 généraux de la République et de l'Empire. Sous la grande arcade se trouve, depuis 1920, la pierre tombale du Soldat inconnu.

arc de triomphe du Carrousel, monument de Paris, au Louvre, élevé d'après les plans de Percier et Fontaine (1806). Il rappelle, en moins grand, l'arc de Constantin de Rome. Le quadrige qui le surmonte est de Bosio.

ARCACHON (33120), ch.-l. de c. de la Gironde, sur le bassin d'Arcachon; 14341 h. (*Arcachonnais*). Station balnéaire et climatique (voies respiratoires). Ostréiculture. Le *bassin* (ou *baie*) *d'Arcachon*, ouvert sur l'Atlantique, est le plus vaste des étangs landais (15000 ha) et une importante région ostréicole.

ARCADIE, région de la Grèce ancienne, dans la partie centrale du Péloponnèse, dont la tradition poétique a fait un pays idyllique. — Nome de la Grèce moderne. Ch.-l. *Tripolis*.

ARCADIUS (v. 377-408), empereur d'Orient (395-408), fils aîné de Théodose Ier.

ARC-EN-BARROIS (52210), ch.-l. de c. de la Haute-Marne; 1033 h.

ARCÉSILAS, philosophe grec, né à Pitane (Éolide) [316 - v. 241 av. J.-C.], rival de Zénon, fondateur de la Nouvelle Académie.

ARC-ET-SENANS (25610), comm. du Doubs; 1231 h. Bâtiments d'une saline royale construits par Ledoux de 1775 à 1779 (auj. fondation culturelle).

ARCHÉLAOS, roi de Macédoine (413-399 av. J.-C.). Il accueillit Euripide exilé.

ARCHÉLAOS, ethnarque de Judée et de Samarie (4 av. J.-C. - 6 apr. J.-C.), fils d'Hérode, banni par Auguste pour sa mauvaise administration.

ARCHÉLAOS de Milet, philosophe grec du Ve s. av. J.-C., disciple d'Anaxagore.

ARCHES (88380), comm. des Vosges, sur la Moselle; 1523 h. Papeterie.

ARCHIAC (17520), ch.-l. de c. de la Charente-Maritime; 890 h.

ARCHIAS, tyran de Thèbes, en 378 av. J.-C. Il est connu pour avoir prononcé les paroles célèbres : « À demain les affaires sérieuses ».

ARCHIDAMOS, nom commun à plusieurs rois de Sparte.

ARCHILOQUE, poète grec, né à Paros (712- v. 664 av. J.-C.). Il passe pour avoir inventé le vers ïambique.

ARCHIMÈDE, savant de l'Antiquité, né à Syracuse (287-212 av. J.-C.). Son œuvre scientifique est considérable : calcul de π par la mesure des polygones inscrits et exinscrits; étude des solides engendrés par la rotation des coniques autour de leurs axes, etc. On lui attribue certaines inventions : vis sans fin, poulie mobile, moufles, roues dentées, leviers. Il fut le créateur de la statique des solides et de l'hydrostatique. On lui doit la découverte du principe qui porte son nom et qu'il aurait trouvé en prenant un bain : *Tout corps plongé dans un fluide subit une poussée verticale, dirigée de bas en haut, égale au poids du fluide déplacé*. Dans l'enthousiasme de cette découverte, il se serait écrié : *Eurêka!* (« J'ai trouvé ! »). Pendant trois ans, il tint en échec les Romains, qui assiégeaient Syracuse; on prétend qu'il enflammait les vaisseaux romains à l'aide de miroirs ardents. Il fut tué lors de la prise de la ville.

ARCHINARD (Louis), général français, né au Havre (1850-1932). Vainqueur d'Ahmadou (1890) et de Samory Touré (1891), il permit la pénétration française au Soudan.

ARCHIPEL, anc. nom de la *mer Égée**.

Archipel du Goulag (*l'*), par A. Soljenitsyne, dossier d'accusation sur la répression politique et culturelle en U.R.S.S.

ARCHIPENKO (Alexander), sculpteur américain d'origine russe, né à Kiev (1887-1964). Il a joué à Paris, v. 1910-1914, un rôle de novateur (figures géométrisées et à formes évidées, « sculpto-peintures », assemblages).

Archives nationales, service organisé par la loi du 7 messidor an II (25 juin 1794) pour centraliser les titres, chartes et documents relatifs à l'histoire de France. Le service a son siège, depuis 1810, à Paris, à l'hôtel de Soubise. Des Archives nationales relèvent tous les dépôts d'archives départementales, créés par la loi du 5 brumaire an V (26 oct. 1796).

ARCHYTAS de Tarente, philosophe et savant pythagoricien, né à Tarente (v. 430-v. 360). Ami de Platon, il fut le principal représentant de l'école de Tarente, qui fixa la première terminologie de la géométrie.

ARCIMBOLDI (Giuseppe), peintre italien, né à Milan et mort à Prague (v. 1527-1593). Il est l'auteur de figures composées de fleurs et de fruits, de coquillages, de poissons.

ARCIS-SUR-AUBE (10700), ch.-l. de c. de l'Aube; 3 439 h. (*Arcisiens*). Victoire des Alliés sur Napoléon Ier (20 mars 1814.

ARC-LÈS-GRAY (70100 Gray), comm. de la Haute-Saône; 3 153 h. Constructions mécaniques.

ARCOAT ou **ARGOAT,** en Bretagne, l'intérieur des terres, par opposition à l'Armor, ou Arvor, le pays côtier.

ARCOLE, comm. d'Italie (prov. de Vérone). Victoire de Bonaparte sur les Autrichiens (15-17 nov. 1796).

ARCOUEST (*pointe de l'*), promontoire breton en face de l'île de Bréhat (Côtes-du-Nord).

ARCS (Les) [83460], comm. du Var; 3 431 h. Restes de fortifications.

ARCS (les) [73700 Bourg St Maurice], station de sports d'hiver de la Savoie (alt. 1 600-3 000 m) au-dessus de Bourg-Saint-Maurice.

ARCTIQUE, vaste région continentale et insulaire, située à l'intérieur du cercle polaire boréal, englobant le nord de l'Amérique, de l'Europe et de la Sibérie, le Groenland et le Svalbard (Spitzberg). De climat très froid, l'Arctique, au moins sur ses franges méridionales, possède, en dehors d'une végétation très pauvre (toundra), une faune terrestre (renne) et marine. Les groupes humains sont très dispersés : Esquimaux, Lapons, Samoyèdes.

ARCTIQUE (*océan*) ou **OCÉAN GLACIAL ARCTIQUE,** ensemble des mers situées dans la partie boréale du globe, limité par les côtes septentrionales de l'Asie, de l'Amérique et de l'Europe, et par le cercle polaire arctique.

ARCTURUS, la septième des étoiles les plus brillantes du ciel dans la constellation du Bouvier.

ARCUEIL (94110), comm. du Val-de-Marne, banlieue sud de Paris; 20 509 h.

ARCY-SUR-CURE (89650), comm. de l'Yonne; 509 h. Grottes. Vestiges paléolithiques.

ARDACHÊR, premier roi de la dynastie des Sassanides (v. 226-v. 241).

ARDANT DU PICQ (Charles), écrivain militaire français, né à Périgueux (1821-1870). Ses écrits sur le moral de la troupe eurent une grande influence sur les cadres de l'armée de 1914.

ARDÈCHE, riv. de France, née dans les Cévennes. Elle traverse en cañons pittoresques le bas Vivarais calcaire, passe sous le pont d'Arc et se jette dans le Rhône (r. dr.); 120 km.

ARDÈCHE (*dép. de l'*) [07], dép. de la Région Rhône-Alpes; ch.-l. de dép. *Privas;* ch.-l. d'arr. *Largentière, Tournon;* 3 arr., 33 cant., 341 comm.; 5 523 km²; 257 065 h. (*Ardéchois*). Le dép. appartient à l'académie de Grenoble, à la circonscription judiciaire de Nîmes, à la région militaire de Lyon et à la province ecclésiastique d'Avignon. Constituant la bordure sud-est du Massif central, le dép. est formé au nord-ouest (haut Vivarais ou monts du Vivarais) de plateaux granitiques ou volcaniques (Mézenc, Gerbier-de-Jonc), domaines de la forêt et de l'élevage, et au sud-est (bas Vivarais) de collines surtout calcaires, arides. La population se concentre dans les vallées des affluents du Rhône (Eyrieux, Ouvèze, Ardèche), sites de villes (Annonay, Aubenas, Privas) jalonnant aussi le cours du fleuve.

V. carte page suivante

ARDEN (John), auteur dramatique britannique, né à Barnsley en 1930, influencé par la conception théâtrale de Brecht (*la Danse du sergent Musgrave, l'Âne de l'hospice*).

4 arr., 36 cant., 460 comm.; 5 219 km²; 309 306 h. (*Ardennais*). Il est rattaché à l'académie, à la circonscription judiciaire et à la province ecclésiastique de Reims, à la région militaire de Metz. Près de la moitié de la population active du dép. est employée dans l'industrie, représentée surtout par la métallurgie et localisée dans la vallée de la Meuse, site des principales villes (Charleville-Mézières, Sedan). L'élevage et l'exploitation forestière sont les principales ressources des plateaux du nord et de l'est (Ardenne et Argonne), les cultures apparaissent sur les terres calcaires de l'ouest (Champagne crayeuse, Porcien).

V. carte p. 1034

ARDENTES (36120), ch.-l. de c. de l'Indre; 2 794 h. (*Ardentais*).

ARCTIQUE

ARDENNE (l') ou **ARDENNES** (les), massif de grès et de schistes primaires, pénéplané, entaillé par des vallées profondes (Meuse), dont la plus grande partie est située en Belgique, mais qui déborde sur la France et le Luxembourg. C'est une région au climat rude, peu peuplée, couverte de bois et de tourbières (fagnes). — Théâtre en mai 1940 de la percée de la Meuse par la Wehrmacht et en décembre 1944 de l'ultime contre-offensive des blindés allemands (encerclement de Bastogne).

ARDENNES (*dép. des*) [08], dép. de la Région Champagne-Ardenne; ch.-l. de dép. *Charleville-Mézières;* ch.-l. d'arr. *Rethel, Sedan, Vouziers;*

ARDES (63420), ch.-l. de c. du Puy-de-Dôme; 747 h. (*Ardoisiens*).

ARDOISE (l'), écart de la comm. de Laudun (Gard), sur le Rhône. Métallurgie.

ARDRES (62610), ch.-l. de c. du Pas-de-Calais; 3 165 h. (*Ardrésiens*). L'entrevue du *Camp du Drap d'or* eut lieu entre Ardres et Guînes (1520).

ARÊCHES (73270 Beaufort sur Doron), centre de sports d'hiver de la Savoie (alt. 1 080-1 950 m).

AREF (Abdul Salam), maréchal et homme politique irakien, né à Bagdad (1921-1966), président de la République (1963-1966). — Son frère ABDUL RAHMAN, né à Bagdad en 1916, lui succéda, mais fut renversé en 1968 par un coup d'État.

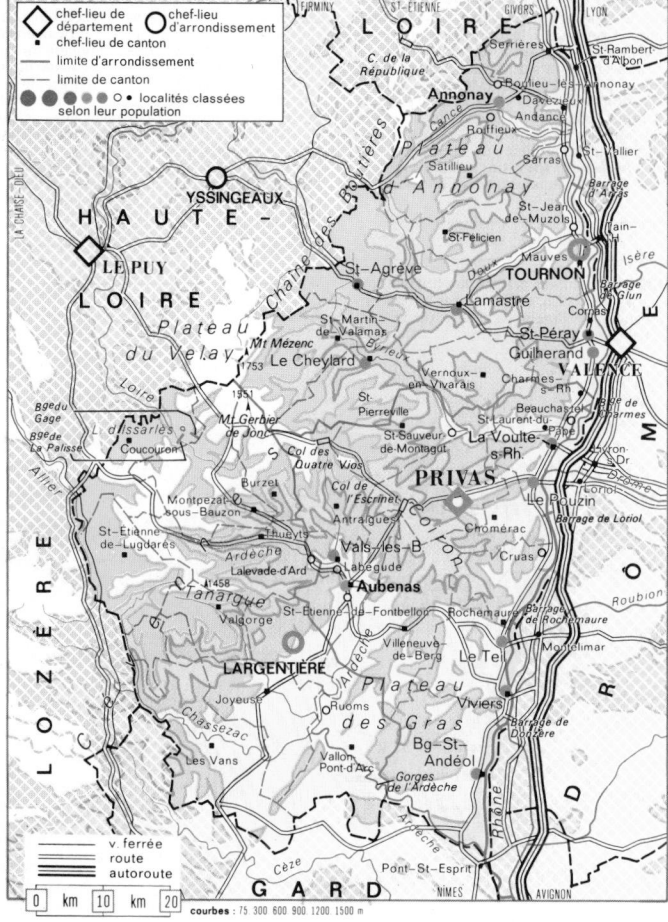

legend on map:
◇ chef-lieu de département ○ chef-lieu d'arrondissement
■ chef-lieu de canton
limite d'arrondissement
limite de canton
●●●●● ○ localités classées selon leur population

ARDÈCHE

ARENDONK, comm. de Belgique (Anvers); 10 300 h. Industries chimiques.

ARENDT (Hannah), philosophe et politologue américaine d'origine allemande, née à Hanovre (1906-1975), auteur d'ouvrages sur le totalitarisme (*le Système totalitaire,* 1972) et le problème juif (*Sur l'antisémitisme,* 1973).

ARENENBERG, château de Suisse (canton de Thurgovie), qui fut la résidence de la reine Hortense et de ses fils.

Aréopage, tribunal suprême de l'Athènes antique, composé, depuis Solon, d'anciens archontes, et qui eut jusqu'au Vᵉ s. av. J.-C. un grand pouvoir politique. La réforme d'Éphialtès, en 462, réduisit ses attributions aux fonctions judiciaires. Il reprit de l'importance sous l'Empire romain.

AREQUIPA, v. du Pérou méridional, fondée par Pizarro en 1540; 321 000 h. Églises de la période coloniale. Centre commercial (laines) et industriel (textiles, cuir).

ARES (*col d'*), col des Pyrénées-Orientales, à la frontière espagnole; 1610 m.

ARÈS (33740), comm. de la Gironde, sur le bassin d'Arcachon; 2656 h. Station balnéaire. Ostréiculture.

ARÈS, dieu grec de la Guerre, qui fut identifié avec le dieu italique *Mars.*

ARÉTIN (Pietro ARETINO, dit l'), écrivain italien, né à Arezzo (1492-1556), auteur satirique et licencieux, peintre de la vie politique et culturelle fondée sur la courtisanerie (*Lettres,* 1537-1557).

AREZZO, v. d'Italie (Toscane); 91 000 h. Célèbres fresques de Piero della Francesca à l'église S. Francesco. Orfèvrerie.

ARGAND (Jean Robert), mathématicien suisse né à Genève (1768-1822).

ARGELANDER (Friedrich), astronome allemand, né à Memel (1799-1875). On lui doit un catalogue d'étoiles, le *Bonner Durchmusterung.*

ARGELÈS-GAZOST (65400), ch.-l. d'arr. des Hautes-Pyrénées, sur le gave d'Azun, au sud de Tarbes; 3678 h. (*Argelésiens*). Station thermale. Aux environs, anc. abbatiale de Saint-Savin, des XIIᵉ et XIVᵉ s. (œuvres d'art).

ARGELÈS-SUR-MER (66700), ch.-l. de c. des Pyrénées-Orientales; 5100 h. (*Argelésiens*). Station balnéaire (*Argelès-Plage*).

ARGENLIEU (Georges THIERRY d'), en religion **T. R. P. Louis de la Trinité,** amiral français, né à Brest (1889-1964). Ancien officier de marine devenu carme, il rejoignit de Gaulle à Londres (1940). Il fut haut-commissaire en Indochine (1945-1947) et grand chancelier de l'ordre de la Libération (1940-1958).

ARGENS, fl. de Provence, qui se jette dans la Méditerranée près de Fréjus; 115 km.

ARGENS (Jean-Baptiste, *marquis* d'), écrivain français, né à Aix-en-Provence (1701-1771).

Auteur de pamphlets (*Lettres juives*), il fut chambellan de Frédéric II.

ARGENSON (DE VOYER D') → VOYER (de).

ARGENTAN (61200), ch.-l. d'arr. de l'Orne, dans la *plaine d'Argentan,* sur l'Orne; 17 411 h. (*Argentanais*). Monuments des XIIᵉ-XVIIᵉ s. Constructions mécaniques.

ARGENTAT (19400), ch.-l. de c. de la Corrèze, sur la Dordogne; 3735 h. (*Argentacois*). Centrale hydroélectrique.

ARGENTEUIL (95100), ch.-l. d'arr. du Val-d'Oise, sur la Seine; 103 141 h. (*Argenteuillais*). Centre résidentiel et industriel.

ARGENTIÈRE, centre d'alpinisme et station de sports d'hiver de la Haute-Savoie (alt. 1252-3271 m), près de Chamonix-Mont-Blanc.

ARGENTIÈRE-LA-BESSÉE (L') [05120], ch.-l. de c. des Hautes-Alpes, sur un plateau dominant la Durance; 2462 h. (*Argentiérois*). Usine d'aluminium.

ARGENTINA (Antonia MERCÉ Y LUQUE, dite **la**), danseuse espagnole, née à Buenos Aires (1888-1936), célèbre par ses interprétations originales (*l'Amour sorcier,* 1928) et par la virtuosité de son jeu de castagnettes.

ARGENTINE (*république*), en esp. **República Argentina,** État fédéral de l'Amérique du Sud, entre les Andes et l'Atlantique; 2 780 000 km²; 27 millions d'h. (*Argentins*). Cap. *Buenos Aires.* Langue : *espagnol.*

GÉOGRAPHIE

En dehors de sa bordure occidentale, montagneuse, appartenant à la cordillère des Andes, l'Argentine est formée de plateaux au sud (Patagonie), de plaines à l'est (Pampa) et au nord (Chaco). Le climat, subtropical au nord, devient tempéré vers le Río de la Plata, froid en Patagonie et dans la Terre de Feu. Les produits de l'agriculture et de l'élevage (céréales, viande, peaux, laine) demeurent les fondements de l'économie. Le sous-sol recèle surtout du pétrole; l'industrie est présente principalement vers Buenos Aires, qui concentre plus du tiers de la population de ce vaste pays.

HISTOIRE

— 1516 : l'Espagnol Díaz de Solís aborde dans le Río de la Plata.
— 1776 : création de la vice-royauté espagnole de La Plata.
— 1810 : le vice-roi de La Plata est déposé par une junte révolutionnaire.
— 1816 : le congrès de Tucumán proclame l'indépendance de l'Argentine.
— 1817-1821 : l'Argentin José de San Martín libère le Chili, puis le Pérou.
— 1820-1829 : lutte entre fédéralistes et centralistes.
— 1829-1852 : dictature du « restaurateur » fédéraliste Juan Manuel de Rosas.
— 1853 : Constitution fédéraliste.
— 1853-1880 : « l'ère du mouton », décollage économique de l'Argentine.
— 1865-1870 : guerre de la Triple-Alliance (Argentine, Brésil, Uruguay); génocide contre le Paraguay indien.
— 1876-1879 : conquête de la Patagonie.
— 1880-1914 : essor d'une économie (viande, voies ferrées) vulnérable qui dépend largement de l'étranger; montée de l'opposition populaire (radicalisme).
— 1916-1922 et 1928-1930 : le président Hipólito Yrigoyen, radical, maintient les structures oligarchiques.
— 1929 : crise mondiale; début d'une période dominée par des conservateurs militaires.
— 1943 : une junte militaire (dont Perón) dépose le président Ramón Castillo.
— 1946-1955 : Juan Domingo Perón, président de la République, applique une doctrine sociale, dite « justicialiste », mêlant nationalisme, neutralisme et réformisme social.
— 1955-1973 : Perón ayant été renversé par une junte militaire, l'Argentine est dans un état de crise permanente, mais le péronisme reste enraciné dans les masses populaires.
— 1973-74 : seconde présidence de Perón.
— La troisième épouse de Perón, Isabel Martínez, lui succède à la présidence de la République.

la **Argentina**

ARGENTINE

— 1976 : une junte militaire, présidée par le général Videla, prend le pouvoir et impose un régime d'exception.
— 1981 : la junte est dirigée par le général Viola, puis par le général Galtieri.

ARGENTON-CHÂTEAU (79150), ch.-l. de c. des Deux-Sèvres, sur l'Argenton; 1172 h. Église avec portail roman.

ARGENTON-SUR-CREUSE (36200), ch.-l. de c. de l'Indre, sur la Creuse; 6763 h. *(Argentonnais).* Confection.

ARGENTRÉ (53210), ch.-l. de c. de la Mayenne; 1246 h. *(Argentréens).*

ARGENTRÉ-DU-PLESSIS (35370), ch.-l. de c. d'Ille-et-Vilaine; 2765 h.

ARGENT-SUR-SAULDRE (18410), ch.-l. de c. du Cher, en Sologne; 2737 h. *(Argentais).*

ARGHEZI (Ion N. THEODORESCU, dit **Tudor**), poète roumain, né à Bucarest (1880-1967), qui unit la double expérience de la vie monastique et des luttes politiques *(Cantique à l'homme).*

ARGINUSES, groupe d'îles de la mer Égée. Victoire navale des Athéniens sur les Lacédémoniens (406 av. J.-C.).

ARGOAT → ARCOAT.

ARGOLIDE, contrée montagneuse de l'anc. Grèce, dans le nord-est du Péloponnèse; cap. *Argos;* v. pr. *Mycènes, Épidaure.*

ARGONAUTES, héros qui, montés sur le navire *Argo* et commandés par Jason, allèrent conquérir la Toison d'or en Colchide.

ARGONAY (74370 Pringy), anc. **Argonnex,** comm. de la Haute-Savoie, près d'Annecy; 980 h. Constructions aéronautiques.

ARGONNE, région de collines boisées et humides, dans l'est du Bassin parisien, entre l'Aisne et l'Aire. Difficile à franchir hors de ses défilés (le Chêne, la Croix-aux-Bois, les Islettes, Grand-Pré, la Chalade), l'Argonne reste célèbre par la victoire de Dumouriez à Valmy (1792) ainsi que par ses combats de 1914-15 (Vauquois, la Gruerie, etc.) et de 1918 (Montfaucon). [Hab. *Argonnais.*]

ARGOS, v. de Grèce (Péloponnèse), près du golfe de Nauplie; 20000 h. Anc. cap. de l'Argolide, aux XIVᵉ et XIIIᵉ s. av. J.-C., un des principaux centres de la civilisation mycénienne.

ARGOVIE, en allem. **Aargau,** un des cantons de la Suisse, créé en 1803; 1404 km²; 451000 h. *(Argoviens).* Ch.-l. *Aarau.*

ÁRGUEDAS (Alcides), écrivain bolivien, né à La Paz (1879-1946), initiateur de la littérature « indigéniste » *(Race de bronze,* 1919).

ÁRGUEDAS (José María), écrivain et ethnologue péruvien, né à Andahuaylas (1911-1969), peintre de la désagrégation de la culture indienne *(Fleuves profonds, Tous sangs mêlés).*

ARGUEIL-FRY (76780), ch.-l. de c. de la Seine-Maritime; 524 h.

ARGUS ou **ARGOS,** prince argien qui, d'après la légende, avait cent yeux, dont cinquante restaient ouverts durant son sommeil.

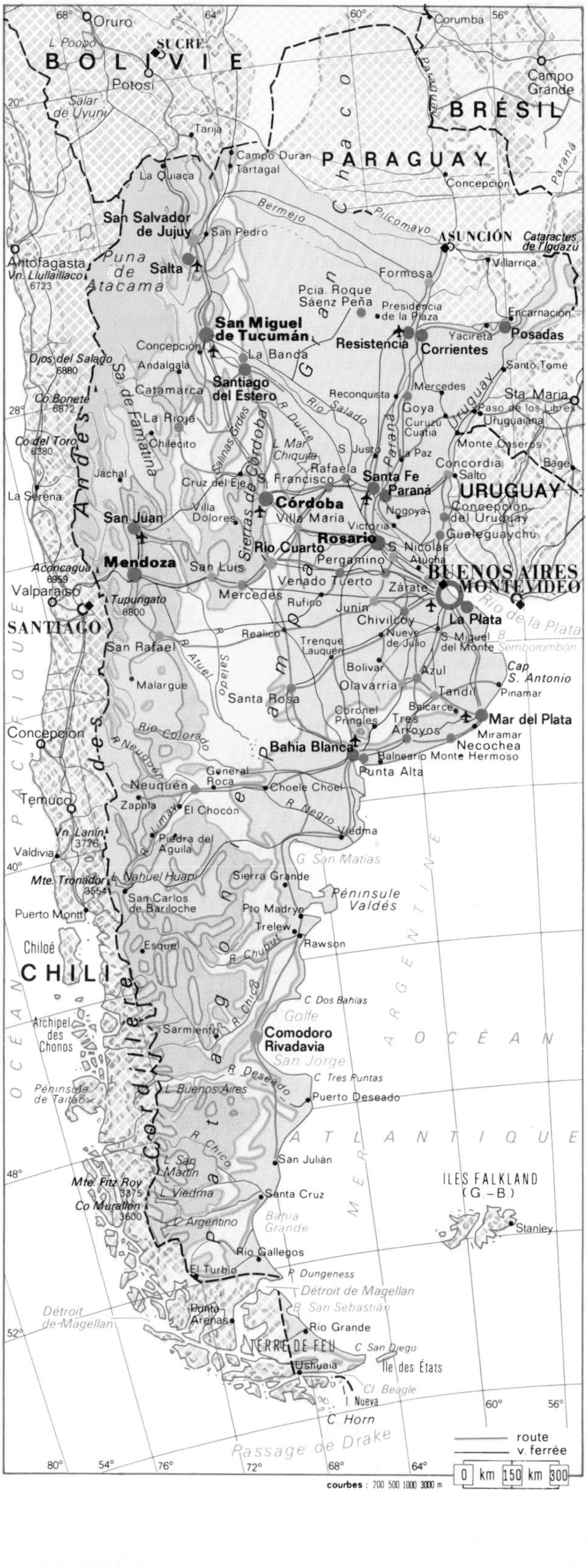

ARGYLL (Archibald CAMPBELL, *comte* D'), seigneur écossais (v. 1607-1661). Il laissa exécuter Charles Ier. Ami de Cromwell, il souleva cependant ensuite l'Écosse contre lui, mais fut décapité à la Restauration.

ARHLABIDES ou **AGHLABIDES,** dynastie arabe qui régna sur la partie orientale de l'Afrique du Nord (800-909).

ÅRHUS ou **AARHUS,** port du Danemark, sur la côte est du Jylland; 246 000 h. Cathédrale romane et gothique.

ARIANE, en gr. **Ariadnê.** *Myth. gr.* Fille de Minos et de Pasiphaé. Elle donna à Thésée, venu en Crète pour combattre le Minotaure, le fil à l'aide duquel il put sortir du Labyrinthe après avoir tué le monstre. Thésée l'enleva, mais l'abandonna ensuite dans l'île de Naxos.

Ariane et Barbe-Bleue, opéra sur un poème de Maeterlinck, musique de Paul Dukas (1907).

ARICA, port du Chili septentrional; 88 000 h.

ARICH (El-), localité d'Égypte, sur la Méditerranée, à l'est de Port-Saïd; 4 000 h. Les Français y signèrent en 1800 le traité par lequel ils évacuaient l'Égypte.

ARIÈGE, riv. de France, née dans les Pyrénées près du Carlitte, affl. de la Garonne (r. dr.); 170 km. Elle passe à Foix et à Pamiers. Aménagements hydroélectriques.

ARIÈGE *(dép. de l')* [**09**], dép. de la Région Midi-Pyrénées; ch.-l. de dép. *Foix*; ch.-l. d'arr. *Pamiers, Saint-Girons*; 3 arr., 20 cant., 331 comm.; 4 890 km²; 137 857 h. *(Ariégeois).* Le dép. est rattaché à l'académie, à la circonscription judiciaire et à la province ecclésiastique de Toulouse, à la région militaire de Bordeaux. Une partie des hautes Pyrénées (Pyrénées ariégeoises), pays d'élevage ovin, est séparée par les chaînons du Plantaurel de collines vouées à la polyculture. L'industrie est représentée tradi-

ARIÈGE

ARDENNES

tionnellement par la métallurgie, le textile et l'extraction du talc; elle a été diversifiée par les aménagements hydroélectriques, qui ont introduit l'électrométallurgie. Le tourisme anime localement la montagne. Ces diverses activités ne suffisent pas à arrêter l'émigration.

ARINTHOD [-to] (39240), ch.-l. de c. du Jura; 1 119 h.

ARION, poète et musicien grec (VIIe s. av. J.-C.?). Selon Hérodote, il fut jeté à la mer par des pirates et sauvé par des dauphins, que les sons de sa lyre avaient charmés.

ARIOSTE (Ludovico ARIOSTO, dit l'), poète italien, né à Reggio nell'Emilia (1474-1533), auteur

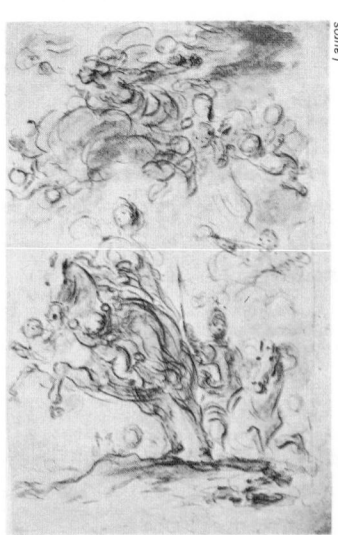

de comédies (*La Lena*) et du poème épique *Roland* furieux*.

ARIOVISTE, chef des Suèves. Il fut vaincu par César en 58 av. J.-C.

ARISTAGORAS, tyran de Milet, m. en 497 av. J.-C. Il souleva Milet contre Darios (499 av. J.-C.); cette révolte est à l'origine de la première guerre médique.

ARISTARQUE, grammairien et critique alexandrin (v. 215 - v. 143 av. J.-C.), type du critique sévère.

ARISTARQUE de Samos, astronome grec, du IIe s. av. J.-C., né à Samos. Il fut le premier à émettre l'hypothèse de la rotation de la Terre sur elle-même et autour du Soleil et à tenter une mesure des distances de la Terre à la Lune et au Soleil.

ARISTÉE. *Myth. gr.* Fils d'Apollon, il apprit aux hommes à élever les abeilles.

ARISTIDE, général et homme d'État athénien, que son intégrité fit surnommer **le Juste** (v. 540 - v. 468 av. J.-C.). Il se couvrit de gloire à Marathon, mais fut, à l'instigation de Thémistocle, son rival, frappé d'ostracisme (484 av. J.-C.). Rappelé lors de la seconde invasion perse, il combattit à Salamine et à Platées, puis participa à la formation de la Confédération de Délos.

ARISTIPPE, philosophe grec, né à Cyrène (Ve s. av. J.-C.). Élève de Socrate, il fonda l'école cyrénaïque.

ARISTOBULE Ier, roi de Judée. Il régna un an (v. 104 av. J.-C.). — ARISTOBULE II, roi de Judée de 67 à 63. Il fut vaincu par Pompée.

ARISTOMÈNE, chef des Messéniens, héros de la résistance contre Sparte (VIIe s. av. J.-C.).

ARISTOPHANE, poète comique grec, né à Athènes (v. 445 - v. 386 av. J.-C.). Les onze pièces qui nous sont parvenues de lui constituent des variations satiriques sur des thèmes d'actualité et défendent les traditions contre les idées nouvelles. *Les Cavaliers, les Acharniens, la Paix, Lysistrata* dénoncent les démocrates, qui poursuivent la guerre contre Sparte; *les Thesmophories* et *les Grenouilles* visent Euripide; Socrate est attaqué dans *les Nuées; l'Assemblée des femmes* et *les Oiseaux* raillent les utopies politiques; *Plutus* marque le passage du théâtre « engagé » à l'allégorie moralisatrice.

ARISTOTE, philosophe grec, né à Stagire (Macédoine) [384-322 av. J.-C.]. Il fut le précepteur d'Alexandre le Grand et le fondateur de l'école péripatéticienne. Son système repose sur une conception de l'Univers, où la diversité de ce qui le constitue exprime une unité, que le philosophe, au savoir encyclopédique, doit montrer dans un discours rigoureux. Aristote est l'auteur d'un grand nombre de traités de logique, de politique, d'histoire naturelle, de physique et de métaphysique. Il est le fondateur de la logique formelle. Son œuvre a marqué la philosophie et la théologie du Moyen Âge en Occident et a influencé plusieurs philosophies de l'islam.

ARIUS, prêtre d'Alexandrie (v. 256-336). Son enseignement est à l'origine de l'hérésie arienne. (V. ARIANISME, *Part. langue.*)

ARIZONA, État du sud-ouest des États-Unis; 295 022 km²; 1 772 000 h. Cap. *Phoenix.* Cuivre. Tourisme.

ARJUZANX (40110 Morcenx), comm. des Landes; 238 h. Lignite. Centrale thermique.

ARKANSAS, État du sud historique des États-Unis, à l'ouest du Mississippi, drainé par la rivière *Arkansas* (2 333 km), affl. du Mississippi (r. dr.); 137 539 km²; 1 923 000 h. Cap. *Little Rock.* Bauxite.

ARKHANGELSK, port de l'U. R. S. S., sur la mer Blanche; 391 000 h. Industries du bois. Pêcheries.

ARKWRIGHT (sir Richard), mécanicien britannique, né à Preston (1732-1792). Il contribua beaucoup à diffuser l'emploi de la *mule-jenny*, machine de filature semi-mécanique.

ARLANC [arlã] (63220), ch.-l. de c. du Puy-de-Dôme; 2 503 h. *(Arlancois).*

ARLAND (Marcel), écrivain français, né à Varennes-sur-Amance en 1899, auteur de romans *(l'Ordre),* de nouvelles *(le Grand Pardon)* et d'essais critiques. (Acad. fr.)

ARLANDES (François, *marquis* D'), aéronaute français, né à Anneyron (Dauphiné) [1742-1809]. Il fit avec Pilâtre de Rozier la première ascension en ballon libre (21 nov. 1783).

ARLBERG, col d'Autriche (alt. 1 802 m), entre le Tyrol et le Vorarlberg. Tunnel ferroviaire (ouvert en 1884) et tunnel routier (ouvert en 1978).

Arlequin, personnage de la comédie italienne. Il porte un habit composé de petits morceaux de drap triangulaires de diverses couleurs, un masque noir et un sabre de bois nommé *latte* ou *batte.*

ARLES (13200), ch.-l. d'arr. des Bouches-du-Rhône, sur le Rhône; 50 345 h. *(Arlésiens).* Importante cité romaine, la ville conserve de magnifiques arènes et un théâtre antique. Nécropole des Alyscamps. Anc. cathédrale romane St-Trophime (portail historié, cloître). Musées. Englobant la Camargue, c'est la plus grande commune de France (75 810 ha). Industries chimiques et métallurgiques. Siège de plusieurs conciles, dont le plus important (314) condamna le donatisme. Au Xe s., Arles fut unie à la Bourgogne, dont elle devint la capitale, d'où le nom de « royaume d'Arles » donné parfois au royaume de Bourgogne. La ville fut réunie à la Couronne en 1535.

Arlésienne (l'), conte d'Alphonse Daudet (1866). L'auteur en a tiré le mélodrame dont Georges Bizet a écrit la musique de scène (1872).

ARLES-SUR-TECH (66150), ch.-l. de c. des Pyrénées-Orientales; 2 945 h. Église et cloître d'une anc. abbaye (XIe-XIVe s.).

ARLEUX (59151), ch.-l. de c. du Nord, sur la Sensée; 2 225 h.

ARLINGTON (Henri BENNET, *comte* D'), homme politique anglais, né à Arlington (Middlesex) [1618-1685]. Ministre sous Charles Ier et Charles II, il fit partie du ministère célèbre de la *Cabal.*

Arlington (cimetière d'), nécropole nationale des États-Unis, sur les bords du Potomac (Virginie), en face de Washington; de hautes personnalités américaines y sont enterrées.

ARLIT, gisement d'uranium du Niger.

ARLON, v. de Belgique, ch.-l. de la prov. de Luxembourg, sur la Semois; 23 300 h. Musée archéologique. Jourdan y vainquit les Autrichiens (1794).

ARLY, torrent alpestre, affl. de l'Isère (r. dr.), à Albertville; 32 km.

Armada (l'Invincible), flotte géante envoyée par Philippe II, roi d'Espagne, contre l'Angleterre, en 1588, pour détrôner Élisabeth Ire et rétablir le catholicisme. Elle fut détruite par la tempête.

ARMAGH, v. de l'Irlande du Nord (Ulster); 12 000 h. Anc. cap. du royaume d'Irlande. — Le *comté d'Armagh* a 134 000 h.

ARMAGNAC, comté érigé v. 960, réuni au domaine royal en 1607. C'est une région de collines occupant la majeure partie du dép. du Gers; ces collines sont vouées à la polyculture (céréales, élevage et vigne [à la base de la production d'*eau-de-vie d'armagnac*]).

Armagnacs (faction des), durant la guerre de Cent Ans, parti du duc d'Orléans, dont un des chefs était le comte Bernard VII d'Armagnac, beau-père du duc Charles Ier d'Orléans. Il déchira la France sous Charles VI et sous Charles VII par ses luttes avec la faction des Bourguignons. Le conflit prit fin avec le traité d'Arras (1435).

ARMAN (Armand FERNANDEZ, dit), artiste plasticien français, né à Nice en 1928, l'un des créateurs du *nouveau réalisme* (« accumulations », « colères », « combustions », etc.).

ARMANÇON, affl. de l'Yonne (r. dr.); 174 km.

ARMAND (aven), gouffre du causse Méjean (Lozère), exploré en 1897 par Martel.

ARMAND (Louis), ingénieur et humaniste français, né à Cruseilles (Haute-Savoie) [1905-1971]. Il s'occupa de la mise en valeur du Sahara et du développement de l'énergie nucléaire européenne. (Acad. fr.)

ARMAVIR, v. de l'U. R. S. S., au pied nord du Caucase; 158 000 h.

Armée (musée de l'), musée constitué en 1905 à l'hôtel des Invalides, à Paris. Il contient de très riches collections d'armes, d'uniformes et de souvenirs militaires.

ARMENIA, v. de Colombie; 137 000 h.

ARMÉNIE, région montagneuse de l'Asie occidentale, partagée entre la Turquie, l'Iran et l'U. R. S. S. (constituant ici l'une des quinze

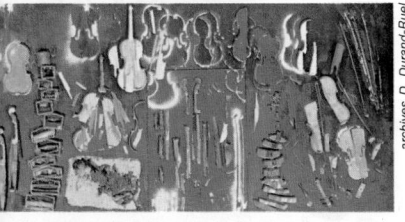

Arman, *Traité du violon* (1963)

◁ à gauche
dessin de Fragonard
inspiré du *Roland furieux*
de l'**Arioste**

Arles
les arènes
et le théâtre

républiques socialistes soviétiques; 29 800 km²; 2 790 000 h.; cap. *Erevan*).

HISTOIRE

— v. 190 av. J.-C. : les Arméniens conquièrent leur indépendance contre les Séleucides.
— 95-55 av. J.-C. : Tigrane fonde un vaste empire, puis l'Arménie entre dans le monde gréco-romain.
— v. 387 apr. J.-C. : dislocation du pays, la Grande Arménie passant aux Sassanides.
— 642 : début des incursions arabes.
— 885-1045 : dynastie bagratide indépendante.
— 1045-1071 : l'Arménie sous le joug byzantin.
— 1071 : victoire des Turcs; exode massif des Arméniens vers les territoires byzantins. Constitution d'un royaume d'Arménie-Cilicie indépendant (Petite Arménie).
— 1375 : chute du royaume d'Arménie-Cilicie, dévasté par les Mamelouks d'Égypte.
— XIVᵉ s.-XVIᵉ s. : conquête ottomane. Constitution d'une nation *(millet)* arménienne florissante au sein de l'Empire ottoman.
— 1828 : les Russes annexent l'Arménie transcaucasienne.
— 1890-1918 : plusieurs massacres massifs d'Arméniens, en Arménie turque.
— 1918-1920 : les Arméniens transcaucasiens forment un État arménien indépendant, qui devient une république soviétique.

ARMENTIÈRES (59280), ch.-l. de c. du Nord, sur la Lys; 27 473 h. *(Armentiérois)*. Textile. Brasserie. Robinetterie. Imprimerie.

Armería, musée d'armes anciennes de Madrid, fondé par Philippe II (1564).

Armide, tragédie lyrique en cinq actes, paroles de Quinault, musique de Lully (1686), puis de Gluck (1777).

ARMINIUS, chef des Chérusques, demeuré populaire en Allemagne sous le nom de *Hermann*. Il détruisit les légions de Varus en 9 apr. J.-C. dans la forêt du Teutoburg, où un monument lui a été élevé.

ARMINIUS (Jacobus), nom latinisé de **Hermann,** théologien calviniste hollandais, né à Oudewater (v. 1560-1609), fondateur de la secte des *arminiens.* L'arminianisme adoucissait la doctrine de Calvin sur la prédestination et fut énergiquement combattu par les rigoristes *gomaristes,* ou sectateurs de *Gomar.*

ARMOR ou **ARVOR** (le « pays de la mer »), nom celtique de la Bretagne, qui désigne auj. la frange littorale de cette région, par oppos. à l'*Arcoat* ou *Argoat,* le « pays des bois ».

ARMORICAIN *(Massif),* région géologique de l'ouest de la France, occupant la totalité de la Bretagne, la Normandie occidentale et la Vendée. C'est un massif hercynien pénéplané, où les ensembles de plateaux et de hauteurs de la *Bretagne* (384 m dans les monts d'Arrée) se prolongent, au sud-est, dans le *Bocage vendéen* (285 m au mont Mercure), et à l'est, en *Normandie* (417 m au signal des Avaloirs et dans la forêt d'Écouves).

ARMORIQUE, partie de la Gaule formant auj. la Bretagne.

ARMORIQUE *(parc naturel régional d'),* parc naturel de la Bretagne occidentale englobant notamment les monts d'Arrée.

Arm's Park, stade de rugby de Cardiff (pays de Galles).

ARMSTRONG (Louis), trompettiste, chanteur et chef d'orchestre noir américain, né à La Nouvelle-Orléans (1900-1971). Il fut le véritable initiateur du jazz classique.

ARMSTRONG (Neil), astronaute américain, né à Wapakoneta (Ohio) en 1930. Il fut le premier homme à fouler le sol lunaire (1969).

ARNAGE (72230), comm. de la Sarthe; 5 153 h.

ARNAUD de Brescia, réformateur italien, né à Brescia (fin du XIᵉ s. - 1155). Disciple d'Abélard, il lutta contre la corruption du clergé et souleva Rome contre les papes. Il fut livré par l'empereur Frédéric Barberousse à ses ennemis, qui le tuèrent.

ARNAUD de Villeneuve, alchimiste et médecin espagnol, né à Villeneuve, près de Montpellier (v. 1235-1313). Il étudia l'alcool.

ARNAULD (Antoine), nommé **le Grand Arnauld,** théologien français, né à Paris (1612-1694), défenseur des jansénistes contre les jésuites et auteur, notamment, d'un traité, *De la fréquente communion* (1643), où il vulgarisa l'*Augustinus.* — Robert **Arnauld d'Andilly,** son frère aîné, traducteur d'ouvrages religieux, né à Paris (1589-1674). — ANGÉLIQUE, leur sœur, abbesse et réformatrice de Port-Royal, née à Paris (1591-1661). — AGNÈS, leur sœur, également abbesse de Port-Royal (1593-1671), qui refusa de signer le *Formulaire* (1661).

ARNAY-LE-DUC (21230), ch.-l. de c. de la Côte-d'Or, sur l'Arroux; 2 473 h. *(Arnétois).* Monuments des XVᵉ-XVIᵉ s.

ARNDT (Ernst Moritz), poète allemand, né à Schoritz (île de Rügen) [1769-1860]. Ses *Chants de guerre* contribuèrent, en 1812, à soulever l'Allemagne contre Napoléon Iᵉʳ.

ARNHEM, v. des Pays-Bas, cap. de la Gueldre, sur le Rhin; 126 000 h. Objectif, en 1944, d'une opération aéroportée alliée.

ARNIM (Ludwig Joachim, dit **Achim von**), écrivain allemand, né à Berlin (1781-1831). Auteur de contes fantastiques, il recueillit, avec Clemens Brentano, les chansons populaires allemandes (le *Cor merveilleux).* — Sa femme, Elisabeth BRENTANO, dite **Bettina,** née à Francfort-sur-le-Main (1785-1859), fut la correspondante de Goethe et consacra la fin de sa vie à des études sociales.

ARNO, fl. d'Italie qui passe à Florence, à Pise, et se jette dans la Méditerranée; 241 km. La crue de 1966 a ravagé Florence.

ARNOBE, écrivain latin (seconde moitié du IIIᵉ s. - début du IVᵉ s. apr. J.-C.), apologiste de la religion chrétienne.

ARNOLD (Benedict), général américain, né à Norwich (Connecticut) [1741-1801]. Il trahit sa patrie en tentant de livrer l'arsenal de West Point aux Anglais.

ARNOLD (Matthew), poète et critique anglais, né à Laleham (1822-1888), défenseur d'un moralisme panthéiste.

ARNOLD de Winkelried, héros suisse, paysan du canton d'Unterwald. Son dévouement aurait déterminé la victoire de Sempach (1386).

ARNOLFO di Cambio, sculpteur et architecte italien, né près de Florence (v. 1245-1302). Formé auprès de Nicola Pisano, il travailla à Rome, transforma le genre funéraire, puis suscita un renouveau architectural à Florence.

ARNOUL (saint), évêque de Metz, m. v. 640. Ancêtre des Carolingiens par son petit-fils, Pépin de Herstal.

ARNOUL ou **ARNULF,** roi de Germanie (887-899), empereur d'Occident (896-899), petit-fils de Louis le Germanique.

ARNOULD (Sophie), cantatrice française, née à Paris (1744-1802), interprète de Rameau et de Gluck.

ARNOUVILLE - LÈS - GONESSE (95400), comm. du Val-d'Oise, au nord de Paris; 11 195 h.

ARON (Raymond), écrivain politique français, né à Paris en 1905. Son œuvre couvre des disciplines d'ordre varié : philosophie, sociologie, économie politique. Principaux ouvrages : *Introduction à la philosophie de l'Histoire* (1938), *l'Opium des intellectuels* (1955), *Paix et guerre entre les nations* (1962), *les Étapes de la pensée sociologique* (1967), *Penser la guerre, Clausewitz* (1976).

AROSA, station de sports d'hiver (alt. 1750-2 639 m) de Suisse (Grisons); 2 717 h.

AROUET, nom de famille de *Voltaire**.

Raymond **Aron**

Antoine **Arnauld**
gravure d'après
Jean-Baptiste
de Champaigne

Arp
Danseuse
(1925)

Louis **Armstrong**

Angélique **Arnauld**
par Philippe
de Champaigne

ARP (Hans ou Jean), peintre, sculpteur et poète français, né à Strasbourg (1887-1966). Cofondateur de dada à Zurich et à Cologne, il épousa en 1921 le peintre abstrait suisse Sophie Taeuber (1889-1943), s'installa en 1926 à Meudon et conjugua désormais surréalisme et abstraction.

ÁRPÁD, conquérant hongrois, chef du peuple magyar, m. en 907; il fonda la dynastie des *Árpáds,* ou *Árpádiens,* qui s'éteignit en 1301.

ARPAJON (91290), ch.-l. de c. de l'Essonne, sur l'Orge; 8 127 h. *(Arpajonnais).* Halle du XVIIᵉ s. Cultures maraîchères. Foire aux haricots.

ARPAJON-SUR-CÈRE (15130), comm. du Cantal; 4 260 h. Mobilier.

ARQUES, fl. côtier de Normandie, qui forme le port de Dieppe; 6 km.

ARQUES (62510), comm. du Pas-de-Calais; 10 046 h. Verrerie. Cimenterie.

ARQUES-LA-BATAILLE (76880), comm. de la Seine-Maritime, sur l'Arques; 2 676 h. Ruines d'un château des XIIᵉ-XVIᵉ s. Église des XVIᵉ-XVIIᵉ s. Textiles synthétiques. Papeterie. Henri IV y vainquit le duc de Mayenne en 1589.

ARRABAL (Fernando), écrivain et cinéaste espagnol d'expression espagnole et française, né à Melilla en 1932. Son théâtre « panique » met en œuvre un cérémonial sado-masochiste *(le Cimetière des voitures).*

ARRACHART (Ludovic), aviateur français, né à Besançon (1897-1933), pionnier des raids intercontinentaux (Bassora, 1926; Madagascar, 1931).

ARRACOURT (54370 Einville), ch.-l. de c. de Meurthe-et-Moselle; 259 h.

ARRAS (62000), anc. cap. de l'Artois, ch.-l. du dép. du Pas-de-Calais, à 178 km au nord de Paris, sur la Scarpe; 50 386 h. Évêché. Industries mécaniques, textiles et alimentaires. Trois traités y furent signés : le premier (1414), entre Charles VI et Jean sans Peur; le deuxième (1435), entre Charles VII et Philippe le Bon; le troisième (1482), entre Louis XI et Maximilien d'Autriche. Louis XI s'empara de la ville en 1477. Louis XIII la prit sur les Espagnols en 1640. En 1654, Turenne y repoussa Condé et les Espagnols. Vauban fortifia la ville. Très proche du front de 1914 à 1918, elle fut dévastée par les bombardements. Les principaux monuments ont été restaurés : Grand-Place et Petite-Place (XVIIᵉ s.); hôtel de ville (XVIᵉ s.); cathédrale et palais St-Vaast (XVIIIᵉ s.). Arras a été aux XIVᵉ et XVᵉ s. la capitale européenne de la tapisserie.

ARREAU (65240), ch.-l. de c. des Hautes-Pyrénées; 913 h.

ARRÉE *(monts d')*, hauteurs de Bretagne (Finistère), portant le point culminant de la Bretagne (384 m). Centrale nucléaire à Brennilis*.

ARRHENIUS (Svante), physicien suédois, né à Wijk, près d'Uppsala (1859-1927), auteur de la *théorie des ions* et de *l'hypothèse de la panspermie.* (Prix Nobel, 1903.)

ARRIEN (Flavius), historien et philosophe grec (v. 105 - v. 180). Disciple d'Épictète, dont il rap-

porta les enseignements, il fut aussi historien et écrivit, entre autres, *l'Inde* et une *Anabase* ou *Expédition d'Alexandre.*

ARROMANCHES - LES - BAINS (14117), comm. du Calvados, sur la Manche; 355 h. Station balnéaire. Les Alliés y débarquèrent le 6 juin 1944 et y établirent un port artificiel. Musée du Débarquement.

ARROUX, riv. de France, qui passe à Autun et se jette dans la Loire (r. dr.); 120 km.

ARROW (Kenneth J.), économiste américain, né à New York en 1921. On lui doit des travaux sur le bien-être collectif. (Prix Nobel de sciences économiques, 1972.)

ARSACIDES, dynastie parthe, fondée par Arsace (m. v. 248 av. J.-C.), qui régna en Iran de 250 av. J.-C. à 224 apr. J.-C. et compta trente-huit rois. Elle fut renversée par les Sassanides.

Arsenal *(bibliothèque de l')*, à Paris. Installée dans l'ancien hôtel du grand maître de l'Artillerie, elle comporte plus d'un million de volumes.

Arsène Lupin, type de gentleman cambrioleur créé par le romancier Maurice Leblanc.

ARS-EN-RÉ (17590), ch.-l. de c. de la Charente-Maritime, dans l'île de Ré; 1 020 h. *(Arsais).*

ARSINOÉ, nom de quatre princesses égyptiennes de la dynastie des Lagides, dont la plus célèbre fut Arsinoé II Philadelphe (v. 316 - v. 270).

ARSONVAL (Arsène D'), physicien français, né à La Porcherie (Haute-Vienne) [1851-1940]. Il perfectionna le téléphone et le galvanomètre, et préconisa l'emploi thérapeutique des courants de haute fréquence *(d'arsonvalisation).*

ARS-SUR-FORMANS (01480 Jassans Riottier), comm. de l'Ain; 504 h. Pèlerinage à la résidence du curé d'Ars. (V. JEAN-BAPTISTE-MARIE VIANNEY [saint].)

ARS-SUR-MOSELLE (57130), ch.-l. de c. de la Moselle; 5 486 h. Métallurgie.

Art d'aimer *(l')*, poème didactique d'Ovide (début du Iᵉʳ s. apr. J.-C.).

Art de la fugue *(l')*, dernier recueil de J.-S. Bach, œuvre didactique qui réunit fugues et canons.

Art d'être grand-père *(l')*, recueil de poésies inspirées à Victor Hugo par ses petits-enfants (1877).

Art moderne *(musée national d')*, à Paris. Depuis 1937 au palais de Tokyo (qui avait lui-même succédé au musée du Luxembourg), il a été transféré pour l'essentiel, en 1977, au Centre national d'art et de culture G.-Pompidou. Il présente les arts plastiques et graphiques du XXᵉ s., depuis le fauvisme.

Art poétique, titre donné à l'*Épître aux Pisons,* d'Horace (entre 20 et 8 av. J.-C.), dans laquelle il cherche à dégager les règles conjointes de la morale et de la création esthétique.

Art poétique *(l')*, poème didactique de Boileau, imité d'Horace, en quatre chants (1674), et qui définit l'art classique.

Arts et des Lettres *(ordre des)*, ordre français créé en 1957 pour récompenser les mérites littéraires et artistiques.

arts et métiers *(Conservatoire national des)* → CONSERVATOIRE.

Arts et Traditions populaires *(musée national des)*, au bois de Boulogne, à Paris. Ouvert

Dupaquier - Atlas-Photo

Arras

Keystone

Kenneth J.
Arrow

Larousse

Antonin **Artaud**
par lui-même

en 1972, il est consacré à l'ethnologie, aux métiers et aux arts populaires français, surtout dans leurs dernières phases, contemporaines des débuts de la révolution industrielle.

ÁRTA, v. de Grèce, près du *golfe d'Árta,* formé par la mer Ionienne; 21 000 h. C'est l'anc. *Ambracie.*

ARTABAN, nom de cinq rois parthes arsacides.

Artaban, héros d'un roman de La Calprenède *(Cléopâtre),* dont le caractère plein de fierté est passé en proverbe : *Fier comme Artaban.*

ARTAGNAN (Charles DE BATZ, *comte* D'), gentilhomme gascon (v. 1611-1673), capitaine chez les mousquetaires du roi (Louis XIV), puis maréchal de camp, tué au siège de Maastricht et rendu célèbre par les romans d'A. Dumas *(les Trois Mousquetaires).*

ARTAGNAN (Pierre DE MONTESQUIOU, *comte* D') → MONTESQUIOU *(de).*

ARTAUD (Antonin), écrivain français, né à Marseille (1896-1948). Poète *(Tric-Trac du ciel, le Pèse-Nerfs),* il a influencé profondément la littérature moderne, à la fois par son aventure intérieure, qui le conduisit à la folie, et par sa conception du « théâtre de la cruauté » *(le Théâtre et son double,* 1938).

ARTAXERXÈS Iᵉʳ Longue-Main, roi perse achéménide (465-424 av. J.-C.), fils de Xerxès Iᵉʳ. Il dut signer avec les Athéniens le compromis de Callias (449). — ARTAXERXÈS II *Mnémon,* roi perse achéménide (404-358 av. J.-C.). Il vainquit et tua à Counaxa (401) son frère Cyrus le Jeune, révolté contre lui. — ARTAXERXÈS III *Okhos,* roi perse achéménide (358-338 av. J.-C.), fils du précédent. Il reconquit l'Égypte (343).

ARTÉMIS, divinité grecque de la nature sauvage et de la chasse, identifiée avec la *Diane* des Romains.

ARTÉMISE Iʳᵉ, reine d'Halicarnasse (Carie). Elle prit part à l'expédition de Xerxès contre les Grecs et combattit à Salamine (480 av. J.-C.). — ARTÉMISE II, reine d'Halicarnasse. Elle éleva à son époux, Mausole, un tombeau considéré

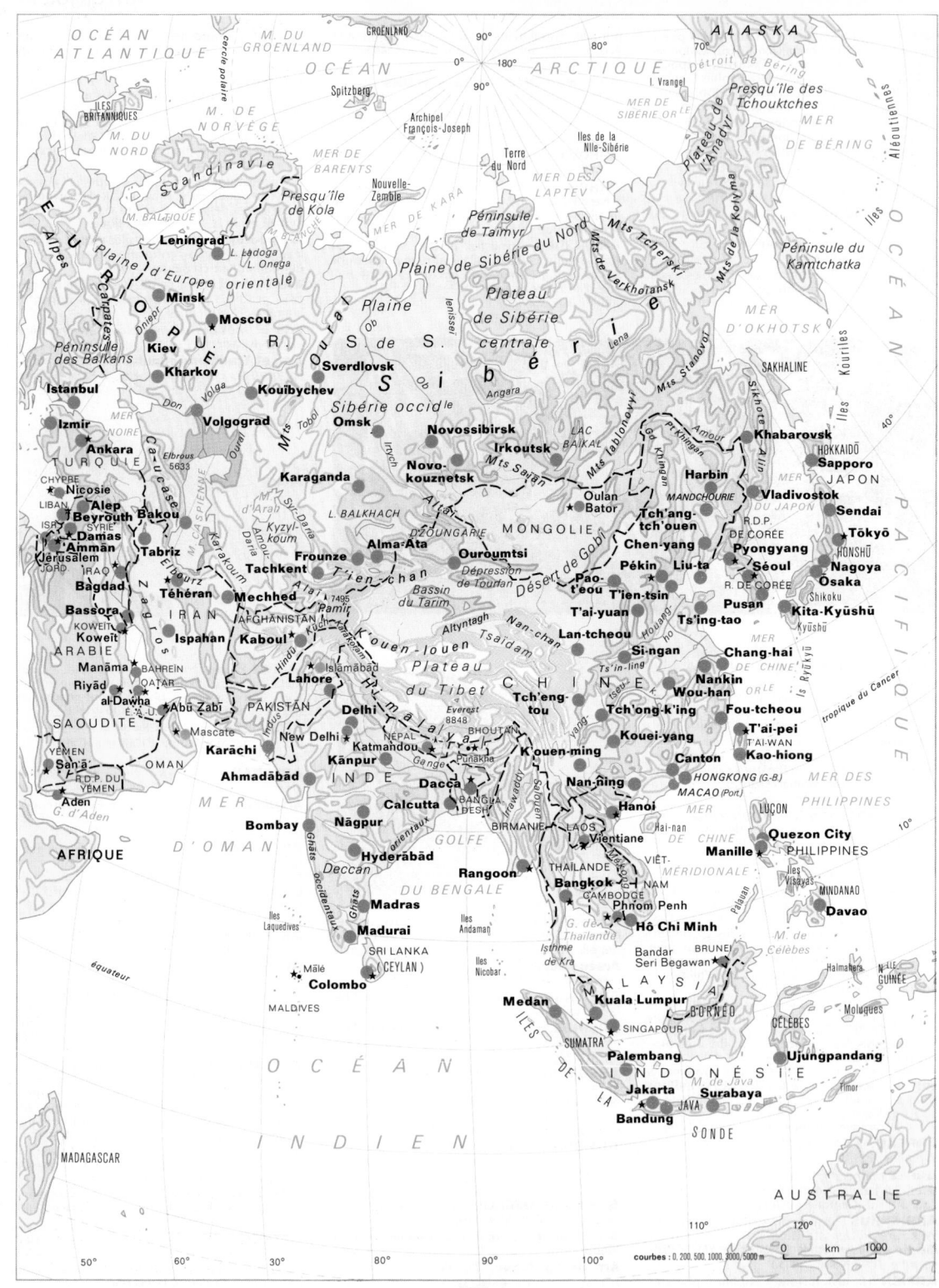

ASIE

comme l'une des Sept Merveilles du monde (353 av. J.-C.).

ARTÉMISION *(cap)*, promontoire au N. de l'Eubée, près duquel eut lieu un combat indécis entre la flotte des Grecs et celle de Xerxès en 480 av. J.-C. (seconde guerre médique).

ARTENAY (45410), ch.-l. de c. du Loiret; 1632 h. Sucrerie. Combats en 1870.

ARTEVELDE (VAN) → VAN ARTEVELDE.

ARTHEZ-DE-BÉARN (64370), ch.-l. de c. des Pyrénées-Atlantiques; 1534 h.

ARTHON (36330 Le Poinçonnet), comm. de l'Indre; 587 h. Textile.

ARTHUR ou **ARTUS**, roi légendaire du pays de Galles (fin Vᵉ-début VIᵉ s. apr. J.-C.), qui passe pour avoir animé la résistance des Celtes à la conquête anglo-saxonne et dont les aventures ont donné naissance aux romans courtois du *cycle d'Arthur*, appelé aussi *cycle breton* ou *cycle de la Table ronde*.

ARTHUR Iᵉʳ, né à Nantes (1187-1203), comte de Bretagne de 1196 à 1203, fils posthume du comte Geoffroi II (fils du roi Henri II Plantagenêt) et de la comtesse Constance. Prétendant au trône d'Angleterre à la mort de son oncle Richard Cœur de Lion, il fut tué par Jean sans Terre, frère de Richard. — ARTHUR II (1262-1312), duc de Bretagne (1305-1312). — ARTHUR III (1393-1458), comte de Richemont, connétable de France, duc de Bretagne de 1457 à 1458. Il fut l'un des meilleurs généraux de Charles VII.

ARTHUR (Chester Alan), homme politique américain, né près de Fairfield (1830-1886), président républicain des États-Unis (1881-1885).

ARTIGAS (José), général uruguayen, né à Montevideo (1764-1850). Il fut, en 1815, le chef du premier gouvernement national. Battu par les Argentins et les Brésiliens (1820), il dut s'exiler.

ARTIN (Emil), mathématicien allemand, né à Vienne (1898-1962), l'un des fondateurs de l'algèbre abstraite.

ARTIX (64170), comm. des Pyrénées-Atlantiques; 3161 h. Centrale thermique.

ARTOIS, comté français, formé au XIIᵉ s. d'une région enlevée à la Flandre. Incorporé à la Couronne en 1223, il passa au duc de Bourgogne en 1384, puis à la maison d'Autriche en 1493. Les traités des Pyrénées (1659) et de Nimègue (1678) le rendirent définitivement à la France. Cap. *Arras*. Théâtre, entre Arras et Lens, de violents combats en 1914 (course à la mer), en 1915 (Notre-Dame-de-Lorette, Souchez, etc.) et en 1917 (Vimy). C'est une région de plateaux et de collines, souvent limoneux (blé, betterave à sucre), classique limite entre le Bassin parisien et la plaine de Flandre. (Hab. *Artésiens.*)

ARUA, v. du nord-ouest de l'Ouganda; 11000 h. Aéroport.

ARUBA, île néerlandaise de la mer des Antilles; 61000 h. Raffinage du pétrole.

ARUDY (64260), ch.-l. de c. des Pyrénées-Atlantiques; 2957 h. Métallurgie.

ARUNACHAL PRADESH, territoire du nord-ouest de l'Inde.

ARVE, riv. des Alpes (Haute-Savoie), qui conduit au Rhône (r. g.) les eaux du massif du Mont-Blanc; 100 km. Installations hydroélectriques (Passy).

ARVERNES, peuple de la Gaule qui occupait l'Auvergne actuelle. Sous la conduite de leur chef Vercingétorix, ils prirent, en 52 av. J.-C., la direction de la révolte gauloise contre Rome. La défaite d'Alésia (51) mit fin à leur indépendance.

ARVERS [-vɛr] (Alexis Félix), poète français, né à Paris (1806-1850). Sa réputation tient à un sonnet commençant par ce vers : *Mon âme a son secret, ma vie a son mystère.*

ARVIDA, localité du Canada (Québec). Industrie de l'aluminium.

ARVIEUX (05510), comm. des Hautes-Alpes; 324 h. Sports d'hiver (alt. 1550-2250 m).

ARYENS, nom que se donnaient (sanskrit *ārya*, « les nobles ») un ensemble de tribus d'origine indo-européenne qui, à partir du XVIIIᵉ s. av. J.-C., se répandirent, d'une part en Iran, d'autre part dans le nord de l'Inde. Leur langue est l'ancêtre commun des langues indiennes (sanskrit, pāli) et iraniennes (avestique, vieux perse).

ARZACQ-ARRAZIGUET (64410), ch.-l. de c. des Pyrénées-Atlantiques; 865 h.

ARZAL (56190 Muzillac), comm. du Morbihan; 901 h. Barrage sur la Vilaine.

ARZANO (29130 Quimperlé), ch.-l. de c. du Finistère; 1103 h.

ARZEW, v. d'Algérie sur le golfe d'Arzew au nord-est d'Oran; 12000 h. Port au débouché du gaz saharien d'Hassi-R'Mel et du pétrole de Hassi-Messaoud. Usine de liquéfaction du gaz. Raffinage du pétrole.

ASA, roi de Juda de 911 à 870 av. J.-C.

ASAD (Ḥāfiẓ al-), général et homme politique syrien, né à Lattaquié en 1928. Après le coup d'État de 1970, il est devenu président de la République syrienne et secrétaire général du Baath.

ASAHIGAWA, v. du Japon (Hokkaidō); 288000 h.

ASAM (les frères), COSMAS DAMIAN, peintre et architecte, né à Benediktbeuern (1686-1739), et EGID QUIRIN, sculpteur et stucateur, né à Tegernsee (1692-1750), représentants majeurs du baroque de l'Allemagne du Sud (diverses abbayes; *Asamkirche* à Munich, v. 1733).

ASANSOL, v. de l'Inde (Bengale-Occidental); 201000 h. Centre d'une région houillère.

ASARHADDON ou **ASSARHADDON**, roi d'Assyrie de 680 à 669 av. J.-C. Il étendit sa puissance de Babylone au delta d'Égypte.

ASBESTOS, v. du Canada (Québec); 9075 h. Importante mine d'amiante.

ASCAGNE → IULE.

ASCALON, port de l'anc. Palestine.

ASCANIENS, dynastie de l'Allemagne qui a régné sur le Brandebourg jusqu'au XIVᵉ s., sur le Lauenburg jusqu'au XVIIᵉ s., sur l'Anhalt jusqu'en 1918.

ASCENSION (île de l'), petite île britannique de l'Atlantique austral, découverte le jour de l'*Ascension* 1501 par Juan de Nova; 300 h.

ASCHAFFENBURG, v. de l'Allemagne fédérale (Bavière), sur le Main; 55000 h.

ASCLÉPIADE, médecin grec, né à Pruse (Bithynie) [124-40 av. J.-C.]. Il exerça en Grèce et à Rome, où il combattit les doctrines d'Hippocrate. Il est à l'origine de l'*école méthodique*, fondée par ses élèves.

ASCLÉPIOS. *Myth. gr.* Dieu vénéré à Épidaure. C'est l'*Esculape* des Latins.

ASCOLI PICENO, v. d'Italie (Marches), ch.-l. de prov., sur le Tronto; 56000 h. Monuments de l'époque romaine et de la Renaissance.

ASCOLI SATRIANO, v. d'Italie (Pouille); 12000 h. Victoire de Pyrrhos sur les Romains (279 av. J.-C.).

ASCOT, localité de Grande-Bretagne, près de Windsor. Champ de courses.

ASCQ, anc. comm. du Nord, intégrée à la nouvelle comm. de *Villeneuve-d'Ascq* en 1970. Massacre de 86 habitants par les Allemands (avr. 1944).

ASDRUBAL → HASDRUBAL.

ASER, tribu israélite établie en haute Galilée, sur la côte méditerranéenne. Son ancêtre éponyme était un fils de Jacob.

ASES, dieux guerriers de la mythologie germanique.

ASFELD (08190), ch.-l. de c. des Ardennes; 926 h. Originale église de 1683.

ASHBURNHAM (Bertram), bibliophile anglais (1797-1878). Il réunit une collection de manuscrits et de livres rares.

ASHDOD, v. de l'État d'Israël, au sud de Tel-Aviv; 50000 h. Site de l'antique *Asdod*.

ASHIKAGA, v. du Japon (Honshū); 156000 h.

ASHIKAGA, famille de shōguns japonais, fondée par Ashikaga Takauji en 1338 et qui exerça le pouvoir à Kyōto jusqu'en 1573, sans réussir à étendre leur autorité à tout le pays.

ASHTART ou **ASTARTÉ** → ISHTAR.

ASHTON (Frederick), danseur et chorégraphe anglais, né à Guayaquil (Équateur) en 1906. Codirecteur, puis directeur du Royal Ballet de Grande-Bretagne, auteur de ballets (*Symphonic Variations*, *Enigma Variations*) et de pas de deux (*les Méditations de Thaïs*), il a imposé son style raffiné au ballet anglais contemporain.

ASIE, une des cinq parties du monde, située presque entièrement dans l'hémisphère Nord, la plus vaste (44 millions de km²) et la plus peuplée (2,3 milliards d'h.; plus de la moitié de la population mondiale).
Massive en dehors de sa partie orientale, au relief accidenté et morcelé en péninsules (Kamtchatka, Corée, Malaisie) et en archipels (Japon, Insulinde), l'Asie est formée de régions basses au nord-ouest (Sibérie occidentale, dépression aralo-caspienne), de vastes plateaux et roches anciennes au sud (Arabie, Deccan), séparés par des montagnes (Caucase, Zagros, Himālaya, T'ien-chan, Altaï) qui enserrent elles-mêmes des hautes terres (Anatolie, plateau iranien, Tibet).
Mis à part la Sibérie, la Mongolie et le Tibet, au climat continental marqué (hivers très rudes), et une étroite frange méditerranéenne, il existe deux grands domaines climatiques : une *Asie occidentale* (à l'ouest du Pākistān), sèche, et, sur le reste du continent, une *Asie humide*, l'*Asie des moussons*, aux pluies essentiellement estivales. Plus que le relief, le climat détermine la localisation de la population.
Celle-ci se concentre pour près des neuf dixièmes dans l'Asie des moussons (30 p. 100 de la superficie du continent), particulièrement dans les plaines et les deltas construits par les fleuves (Indus, Gange et Brahmapoutre, Mékong, fleuve Rouge, Yang-tseu-kiang, Houang-ho). Ici, la population se consacre principalement à la culture du riz, base d'une alimentation surtout végétarienne. La sécheresse de l'Asie occidentale explique la faiblesse de son peuplement, le maintien de l'élevage nomade en dehors des points d'eau, où se réfugient les cultures et où se concentre, cependant, une part croissante de la population.

ASIE MINEURE, nom que donnaient les Anciens à la partie occidentale de l'Asie au sud de la mer Noire.

ASIMOV (Isaac), biochimiste et écrivain américain d'origine russe, né à Petrovitchi en 1920, auteur d'un des classiques de la science-fiction : *Fondation* (1942-1949).

'ASĪR, anc. émirat de l'Arabie, au sud du Hedjaz. — Prov. de l'Arabie Saoudite.

ASMARA, v. d'Éthiopie, ch.-l. de l'Érythrée, près de la mer Rouge; 296000 h. Textile.

ASMODÉE, démon des plaisirs impurs dans le livre de Tobie. Lesage en a fait le héros de son *Diable boiteux*.

ASMONÉENS ou **HASMONÉENS**, dynastie issue des Maccabées et qui régna sur la Palestine de 134 à 37 av. J.-C.

ASNAM (El-) → CHELIFF (Ech-).

ASNIÈRES-SUR-SEINE [anjɛr] (92600), ch.-l. de c. des Hauts-de-Seine, sur la Seine; 75679 h.

ASO, volcan actif du Japon (Kyūshū). Le diamètre de son cratère atteint 20 km.

ASÓKA ou **AÇOKA** (292-236 av. J.-C.), souverain de l'Inde (273-236). Converti au bouddhisme, il domina un vaste empire, s'attachant à faire triompher le droit sur la force.

ASPASIE, née à Milet, célèbre par sa beauté et son esprit, amie et conseillère de Périclès (seconde moitié du Vᵉ s. av. J.-C.).

ASPE (vallée d'), vallée des Pyrénées-Atlantiques, drainée par le *gave d'Aspe*.

ASPET (31160), ch.-l. de c. de la Haute-Garonne, sur le Ger; 1229 h.

ASPRES-SUR-BUËCH (05140), ch.-l. de c. des Hautes-Alpes, sur le Buëch; 696 h.

ASPROMONTE, massif granitique d'Italie (Calabre); 1956 m. Victoire des troupes de Victor-Emmanuel II sur Garibaldi (1862).

ASQUITH (Herbert Henry), comte **d'Oxford et Asquith**, homme politique britannique, né à Morley (Yorkshire) [1852-1928]. Chef du parti libéral, Premier ministre de 1908 à 1916, il fit adopter le Home Rule et entrer la Grande-Bretagne dans la guerre en 1914.

ASSAB, principal port d'Éthiopie, sur la mer Rouge; 11 000 h. Raffinage du pétrole.

ASSAM, État de l'Inde compris entre le Bangladesh et la Birmanie; 78 523 km²; 14 625 000 h. Cap. *Dispur.* Drainée par le Brahmapoutre, cette région est très humide. Plantations de théiers.

ASSARHADDON → ASARHADDON.

ASSAS (Louis, *chevalier* D'), né au Vigan (1733-1760), capitaine au régiment d'Auvergne. Dans une embuscade, il sacrifia sa vie au salut de l'armée en donnant l'alarme.

ASSASSINS (déformation de **hachichiyyin**, «enivrés de hachisch»), secte musulmane chî'ite de l'Asie occidentale, fondée au XIᵉ s., et qui joua, en Iran et en Syrie, durant deux siècles, un rôle important.

ASSE, comm. de Belgique (Brabant); 25 700 h. Industries chimiques.

A.S.S.E.D.I.C. (*Association pour l'emploi dans l'industrie et le commerce*), association créée par une convention collective nationale de 1958 dans le but d'assurer aux chômeurs une indemnisation complémentaire de l'aide publique.

Assemblée constituante, assemblée élue au suffrage universel après la révolution de février 1848 pour préparer une constitution. Elle siégea du 4 mai 1848 au 27 mai 1849.

Assemblées constituantes, assemblées élues au suffrage universel après la Libération. Elles siégèrent respectivement du 6 novembre 1945 au 26 avril 1946 et du 11 juin au 5 octobre 1946. Le premier projet constitutionnel fut repoussé par le référendum du 5 mai 1946, et le second accepté le 13 octobre 1946.

Assemblée des femmes (*l'*), comédie d'Aristophane, satire des théories qui préconisaient la communauté des biens et des femmes (392 av. J.-C.).

Assemblée législative, assemblée qui succéda à la Constituante le 1ᵉʳ octobre 1791 et fut remplacée par la Convention le 21 septembre 1792. (V. RÉVOLUTION FRANÇAISE.)

Assemblée législative, assemblée qui succéda à la Constituante le 28 mai 1849 et qui fut dissoute par le coup d'État du 2 décembre 1851.

Assemblée nationale, assemblée élue le 8 février 1871, pendant la guerre franco-allemande, et qui siégea jusqu'au 31 décembre 1875.

Assemblée nationale, dénomination donnée par les Constitutions de 1946 et de 1958 à l'ancienne Chambre des députés.

Assemblée nationale constituante → CONSTITUANTE.

ASSEN, v. des Pays-Bas, ch.-l. de la Drenthe; 43 000 h.

ASSENEDE, comm. de Belgique (Flandre-Orientale); 13 200 h.

ASSINIBOINE, riv. du Canada, affl. de la rivière Rouge (r. g.), à Winnipeg; 960 km.

ASSINIBOINS, Indiens de la famille des Sioux, qui vivaient dans la région du lac Supérieur et le sud des prov. du Manitoba et de la Saskatchewan. Ils habitent auj. des réserves dans l'Alberta et le Montana.

ASSIOUT ou **ASYÛT,** v. de l'Égypte centrale; 154 000 h. Barrage sur le Nil.

ASSISE, v. d'Italie, en Ombrie (prov. de Pérouse); 24 000 h. Patrie de saint François d'Assise (qui y institua l'ordre des Frères mineurs), de sainte Claire. Basilique S. Francesco, formée de deux églises superposées (XIIIᵉ s.); fresques de Cimabue, Giotto, P. Lorenzetti, S. Martini.

Assises de Jérusalem, recueil des lois et règlements des royaumes de Jérusalem et de Chypre (XIIᵉ-XIIIᵉ s.).

ASSOLLANT (Jean), aviateur français, né à Versailles (1905-1942), pionnier de la traversée aérienne de l'Atlantique Nord (1929).

Assommoir (*l'*), roman d'Émile Zola (1877) sur les ravages de l'alcoolisme dans les milieux ouvriers.

ASSOMPTION → ASUNCIÓN.

Assise : la basilique
San Francesco

Astrid
de Belgique

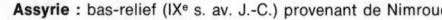

Assyrie : bas-relief (IXᵉ s. av. J.-C.) provenant de Nimroud

British Museum - Larousse

Assomptionnistes ou **Pères augustins de l'Assomption,** congrégation religieuse fondée à Nîmes en 1850 par le P. Emmanuel d'Alzon et consacrée à l'apostolat du monde moderne, notamment par les œuvres de pèlerinage, d'enseignement et de presse.

ASSOUAN, v. de l'Égypte méridionale, sur le Nil, près de la première cataracte; 128 000 h. Aciérie. Barrage-réservoir. Un autre barrage, dit «de Sadd al-'Âlî», l'un des plus grands du monde, a été édifié en amont. (V. SYÈNE.)

ASSOUCI (Charles COUPPEAU D'), écrivain et musicien français, né à Paris (1605-1677), auteur de poèmes burlesques (*Ovide en belle humeur*).

ASSOUR, première capitale et ville sainte de l'Assyrie, sur la rive droite du Tigre. Elle fut mise au jour entre 1903 et 1914.

ASSOUR, dieu principal de la ville du même nom, puis de l'Assyrie.

ASSOURBANIPAL, roi d'Assyrie de 669 à 627 env. av. J.-C. Par la conquête de l'Égypte, la soumission de Babylone et la destruction de l'Empire élamite, il porta à son apogée la puissance assyrienne. Sa bibliothèque, à Ninive, a été en partie retrouvée.

ASSUÉRUS, nom biblique du roi perse Xerxès Iᵉʳ, cité dans le *livre d'Esther* et mis en scène dans l'*Esther* de Racine.

ASSY, localité de la Haute-Savoie (comm. de Passy), au-dessus de l'Arve. Église moderne, décorée par des artistes contemporains (1950). Station climatique.

ASSYRIE, Empire mésopotamien qui, du IXᵉ au VIIᵉ s. av. J.-C., domina l'Orient ancien.
— Du IIIᵉ à la seconde moitié du IIᵉ millénaire, la cité-État d'Assour fonde un empire en butte à la rivalité des Akkadiens, de Babylone et du Mitanni.
— Du XIVᵉ au XIᵉ s. av. J.-C., avec le *premier Empire assyrien,* l'Assyrie devient un État puissant de l'Asie occidentale (Salmanasar Iᵉʳ, 1276-1246), qui sera submergé par les invasions araméennes.
— Du XIᵉ au IXᵉ s., période de troubles et d'anarchie.
— Du IXᵉ au VIIᵉ s., avec le *second Empire assyrien,* l'Assyrie retrouve sa puissance, dont l'apogée se situe sous le règne d'Assourbanipal (669-627 env.).
— En 612 av. J.-C., la chute de Ninive succombant aux coups portés par les Mèdes (Cyaxare) alliés aux Babyloniens, met définitivement fin à la puissance assyrienne.
— Une architecture de proportions colossales et un décor (briques émaillées ou dalles en léger relief) inspiré par les récits mythologiques et les exploits du souverain sont les traits distinctifs de l'art assyrien qui s'épanouit entre le XIIIᵉ et le VIIᵉ s. av. J.-C.

ASTAFFORT (47220), ch.-l. de c. de Lot-et-Garonne; 1 968 h.

ASTAIRE (Frederick E. AUSTERLITZ, dit **Fred**), danseur à claquettes, chanteur et acteur américain, né à Omaha (Nebraska) en 1899. À l'écran, il apparut dans de nombreuses comédies musicales.

ASTARTÉ → ISHTAR.

ASTI, v. d'Italie (Piémont); 80 000 h. Vins blancs. Monuments anciens.

ASTON (Francis William), physicien anglais, né à Harbone (1877-1945), célèbre par sa découverte des isotopes. (Prix Nobel, 1922.)

ASTORGA, v. d'Espagne (León), une des plus anciennes cités de la Péninsule; 10 000 h.

ASTRAKHAN ou **ASTRAKAN,** port de l'U.R.S.S. (R.S.F.S. de Russie), dans une île de la mer Caspienne, à l'embouchure de la Volga; 466 000 h. Conserves de poissons.

ASTRÉE. *Myth. gr.* Divinité de la Justice et de la Vertu devenue la constellation de la Vierge.

Astrée (*l'*), roman pastoral d'Honoré d'Urfé (1607-1628), dont l'influence fut considérable sur la préciosité au XVIIᵉ s.

ASTRID Bernadotte, princesse de Suède, née à Stockholm (1905-1935). Elle épousa en 1926 le futur Léopold III, roi des Belges en 1934. Elle mourut accidentellement, laissant un souvenir ineffaçable.

ASTURIAS (Miguel Ángel), écrivain guatémaltèque, né à Guatemala (1899-1974). Il est l'auteur de poèmes et de romans consacrés à l'histoire et aux problèmes sociaux de son pays (*Légendes du Guatemala, Monsieur le Président*). [Prix Nobel, 1967.]

ASTURIES, anc. prov. du nord de l'Espagne (auj. prov. d'Oviedo). Importantes mines de houille. Sidérurgie. Après l'écroulement, en 711, de la monarchie wisigothique sous les coups des Arabes, les derniers partisans du roi Rodrigue se réfugièrent dans les Asturies, où se constitua un royaume dont la capitale fut transférée à Oviedo (758), puis v. 920 à León. De là partit la *Reconquista*. À partir de 1388, l'héritier présomptif de la couronne de Castille a porté le titre de *prince des Asturies*.

ASTYAGE, le dernier des rois mèdes (v. 585-550 av. J.-C.). Il fut détrôné par Cyrus II le Grand.

ASTYANAX, fils d'Hector et d'Andromaque.

ASUNCIÓN, cap. du Paraguay, sur le fl. Paraguay; 420 000 h.

ASVIN, dieux védiques jumeaux, correspondant aux Dioscures. Ils guérissent les maladies.

ATACAMA, région désertique du nord du Chili. Gisements et raffineries de cuivre. Fer. Le Transandin y aboutit.

ATAHUALPA (1500-1533), souverain inca à partir de 1525. Il fut étranglé par ordre de Pizarro, qui l'avait fait prisonnier.

Atala, roman de Chateaubriand (1801). Conçu d'abord comme un épisode des *Natchez*, puis comme un chapitre du *Génie du christianisme*, il parut sous sa forme autonome en 1805. C'est le récit d'une passion religieuse et romantique qui a pour cadre les paysages exotiques d'Amérique.

ATALANTE, héroïne de la mythologie grecque, célèbre pour son agilité et sa rapidité.

ATATÜRK → KEMAL *(Mustafa).*

basca, constituant ainsi la section supérieure du Mackenzie*; 1 200 km. Importants gisements de sables bitumineux.

ATHALARIC, né v. 516, roi des Ostrogoths d'Italie (526-534).

ATHALIE, reine de Juda (841-835 av. J.-C.), fille d'Achab, roi d'Israël, et de Jézabel. Elle épousa Joram, fils de Josaphat, roi de Juda. À la mort d'Ochozias, son fils, elle monta sur le trône, après avoir fait périr les fils de ce roi, excepté Joas, que le grand prêtre Joad recueillit et rétablit sur le trône. Elle fut massacrée par le peuple.

Athalie, tragédie en 5 actes et en vers, avec chœurs, de Racine (1691), composée pour les demoiselles de Saint-Cyr. Inspirée du texte biblique et des événements de la révolution de 1688 en Angleterre, elle est la démonstration que le succès de la légitimité est avant tout le triomphe de Dieu.

Miguel
Ángel
Asturias

ATHÈNES, cap. de l'Attique et la ville la plus importante de la Grèce ancienne. Établie, à l'origine, sur le rocher de l'*Acropole*, la ville s'étendit peu à peu au pied de l'ancienne forteresse, réunissant, autour de la tribu des *Cécropides*, toutes les petites tribus des environs. Dirigée à l'origine par les *Eupatrides*, elle fut ensuite réorganisée par Solon (594 av. J.-C.), brilla avec Pisistrate (560-527), et reçut de Clisthène ses institutions démocratiques. Au début du Ve s. av. J.-C., elle est, avec Sparte, l'une des premières villes grecques; elle a déjà son double caractère de ville commerçante avec ses ports du Pirée, de Phalère et de Mounychia, et de cité démocratique, alors que Sparte est une cité militaire et aristocratique. La victoire sur les Perses (v. MÉDIQUES [*guerres*]), au Ve s. av. J.-C., fait d'Athènes la première ville de la Grèce. La période qui suit ces guerres est la plus brillante de l'histoire d'Athènes : maîtresse des mers grecques, elle dirige la Confédération de Délos et brille, au temps de Périclès (461-429), d'un éclat incomparable. Le « siècle de Périclès » voit l'Acropole se couvrir de splendides monuments (Parthénon); les œuvres de Phidias, les tragédies d'Eschyle et de Sophocle lui donnent une renommée universelle. Mais la rivalité de Sparte amène la guerre du Péloponnèse (431-404) : Athènes perd sa puissance politique au profit de Sparte, tout en gardant sa suprématie intellectuelle et artistique. Tyrannisée alors par les Trente, elle retrouve liberté et grandeur quand Thèbes écrase Sparte (371). Puis elle apparaît, avec Démosthène, comme le champion de la cité libre, contre le conquérant Philippe de Macédoine. Elle est vaincue à Chéronée en 338 av. J.-C. Tentant en vain d'organiser la

Loirat-C. D. Tétrel

Athènes
vue générale
avec l'Acropole

mont **Athos**
le couvent
de Stavronikíta

résistance contre les successeurs d'Alexandre, elle tombe, avec toute la Grèce, sous la domination romaine (146). Mais elle reste l'un des grands centres de la culture hellénistique, et Rome, victorieuse, se met à son école.
Capitale de la Grèce moderne, Athènes compte aujourd'hui 867 000 h. (2 540 000 dans l'agglomération englobant, notamment, le port du Pirée) et rassemble la moitié du potentiel industriel de la Grèce. Elle est l'un des grands centres touristiques du monde, grâce à la beauté de ses monuments antiques (Parthénon, Érechthéion, Propylées, etc.) [v. ACROPOLE] et à la richesse de ses musées. Siège des premiers jeux Olympiques modernes (1896).

ATHIS-DE-L'ORNE (61430), ch.-l. de c. de l'Orne; 2 202 h.

ATHIS-MONS [atismɔ̃s] (91200), ch.-l. de c. de l'Essonne, au sud d'Orly; 31 335 h. *(Athégiens).*

ATHOS, montagne de la Grèce (Macédoine), située dans le sud de la péninsule la plus orientale de la Chalcidique. Le mont Athos constitue une république confédérale de 1 300 moines sous la juridiction canonique du patriarcat de Constantinople et le protectorat de la Grèce. Ses couvents (XIIIe-XXe s.), avec des vestiges du IXe s.) renferment d'importants manuscrits et des œuvres d'art.

ATBARA, riv. du Soudan, affl. du Nil (r. dr.); 1 100 km.

ATCHINSK, v. de l'U.R.S.S. (R.S.F.S. de Russie), en Sibérie orientale. Grande cimenterie. Importante usine d'alumine.

Ateliers nationaux, chantiers établis à Paris par le Gouvernement provisoire, le 27 février 1848, pour les ouvriers sans travail. Leur dissolution, dès le 21 juin, provoqua une violente insurrection ouvrière.

ATELLA, v. de la Campanie anc., où fut créé le genre littéraire des *atellanes* (v. Part. langue).

ATGET (Eugène), photographe français, né à Libourne (1856-1927). En utilisant un appareil de grand format et une technique très simple, il a capté l'atmosphère magique d'un Paris souvent désert, presque irréel.

ATH, v. de Belgique (Hainaut), sur la Dendre; 24 200 h.

ATHABASCA ou **ATHABASKA,** riv. du Canada occidental, qui finit dans le *lac d'Atha-*

ATHANAGILD, roi des Wisigoths d'Espagne (v. 554-567).

ATHANASE *(saint),* patriarche d'Alexandrie, Père de l'Église grecque (v. 295-373) ; un des principaux adversaires de l'arianisme.

ATHAULF, roi des Wisigoths (410-415). Il conquit le sud de la Gaule, et fut assassiné à Barcelone.

ATHÉNA, déesse grecque de la Pensée, des Arts, des Sciences et de l'Industrie, fille de Zeus, divinité éponyme d'Athènes, assimilée à *Minerve* par les Romains.

ATHÉNAGORAS, prélat orthodoxe, né à Tsaraplana (auj. Vassilikón) [1886-1972], patriarche œcuménique de Constantinople (1948). Sa rencontre avec Paul VI, à Jérusalem, le 5 janvier 1964, fut une grande date de l'œcuménisme chrétien.

ATHÉNÉE, écrivain grec, né à Naukratis en Égypte (IIIe s. apr. J.-C.), auteur du *Banquet des sophistes,* recueil de curiosités relevées au cours de ses lectures et qui conserve des citations de 1 500 ouvrages perdus.

ATLAN (Jean Michel), peintre français, né à Constantine (1913-1960). L'un des précurseurs à Paris, vers 1944, des courants informel et gestuel, épris d'ésotérisme et de primitivisme, il parvient vers 1953 à des formes semi-abstraites puissamment scandées de cernes noirs qui exaltent la couleur.

ATLANTA, v. des États-Unis, cap. de l'État de Géorgie; 497 000 h. Aéroport. Université. Industries alimentaires et mécaniques.

ATLANTIC CITY, v. des États-Unis (New Jersey); 48 000 h. Station balnéaire.

ATLANTIDE, île hypothétique de l'Atlantique, jadis engloutie, et qui a inspiré depuis Platon de nombreux récits légendaires.

ATLANTIQUE (océan), océan qui sépare l'Europe et l'Afrique de l'Amérique; 106 200 000 km² (avec ses dépendances). L'océan Atlantique est constitué par une série de grandes cuvettes en contrebas de la plate-forme continentale, développée surtout dans l'hémisphère Nord, où se localisent les mers bordières (dont la Méditerranée, la mer du Nord et la Baltique, la mer des Antilles). Ces cuvettes, ou bassins océaniques, sont séparées, dans la partie médiane de l'Océan, par une longue dorsale sous-marine méridienne, dont les sommets constituent des îles (Açores, Ascension, Sainte-Hélène, Tristan da Cunha).

Atlantique (mur de l'), ligne fortifiée construite par les Allemands de 1941 à 1944 sur les côtes de la mer du Nord, de la Manche et de l'Atlantique.

Atlantique Nord (pacte de l'), traité d'alliance signé à Washington le 4 avril 1949 par la Belgique, le Canada, le Danemark, les États-Unis, la France, la Grande-Bretagne, l'Islande, l'Italie, le Luxembourg, la Norvège, les Pays-Bas et le Portugal, rejoints en 1952 par la Grèce et la Turquie et, en 1955, par l'Allemagne fédérale. Destinée à assurer la sécurité dans la région de l'Atlantique Nord, l'*Organisation du traité de l'Atlantique Nord,* ou O.T.A.N., comprend de grands commandements militaires intégrés, notamment en Europe. (V. SHAPE.) Tout en restant membres de l'alliance, la France, en 1966, et la Grèce, en 1974, se sont retirées de l'O.T.A.N. La Grèce a réintégré l'alliance en 1980.

ATLAS, ensemble montagneux de l'Afrique du Nord, formé de plusieurs chaînes. Au Maroc, le *Haut Atlas* ou *Grand Atlas,* partie la plus élevée du système (4 165 m au djebel Toubkal), est séparé du *Moyen Atlas,* au nord, de la Moulouya et de l'*Anti-Atlas,* au sud, par l'oued Sous. En Algérie, l'*Atlas tellien* et l'*Atlas saharien* ou *présaharien* enserrent les Hautes Plaines.

ATLAS, un des Titans de la mythologie grecque. Ayant pris part à la révolte contre les dieux, il fut condamné par Zeus à soutenir sur ses épaules la voûte du ciel.

ATRÉBATES, peuple de la Gaule Belgique, qui a donné son nom à *Arras.*

ATRÉE, ancêtre des Atrides, fameux par sa haine contre son frère Thyeste.

ATRIDES, famille de la mythologie grecque célèbre pour son destin tragique. Ses membres les plus fameux sont Agamemnon et Ménélas.

ATROPOS. *Myth. gr.* Celle des trois Parques qui coupait le fil de la vie.

ATTALIDES, dynastie hellénistique des souverains de Pergame.

ATTALOS ou **ATTALE,** nom de trois rois de Pergame. Le premier, roi de 241 à 197 av. J.-C., lutta avec les Romains contre Philippe V de Macédoine et embellit Pergame. Le deuxième, qui régna de 159 à 138 av. J.-C., eut des démêlés avec Prousias II, roi de Bithynie, et participa aux côtés des Romains à l'écrasement de la ligue Achéenne (146). Le troisième, roi de 138 à 133 av. J.-C., légua son royaume aux Romains qui en firent la province d'Asie.

'ATTÄR (Farid al-Dīn), poète persan, né à Nichâpur (v. 1150 - v. 1220), auteur d'épopées romanesques (*le Livre de Khosrö*) et mystiques (*le Colloque des oiseaux*).

ATTICAMÈGUES ou **POISSONS-BLANCS,** Indiens de la région du haut Saint-Maurice (Québec), auj. disparus.

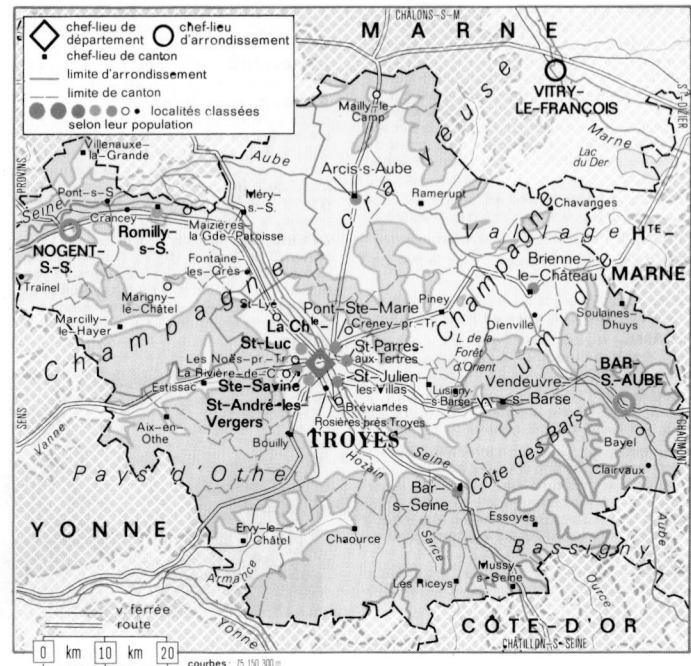

Légende de la carte :

◇ chef-lieu de département ○ chef-lieu d'arrondissement
● chef-lieu de canton
—— limite d'arrondissement
—— limite de canton
● ● ● localités classées selon leur population

AUBE

courbes · 75 150 300 m

ATTICHY (60350 Cuise la Motte), ch.-l. de c. de l'Oise, sur l'Aisne; 1545 h. Produits chimiques.

ATTIGNY (08130), ch.-l. de c. des Ardennes, sur l'Aisne; 1445 h. Sucrerie. Ancienne résidence des rois francs. Combats en 1940.

ATTILA (v. 395-453), roi des Huns (434-453). Vainqueur des empereurs d'Orient et d'Occident, il ravagea les cités de la Gaule, épargna Lutèce et fut défait aux champs Catalauniques, non loin de Troyes (451), par les armées coalisées du Romain Aetius et du Wisigoth Thorismond, fils de Théodoric Ier. En 452, il pilla l'Italie. Son empire s'effondra après lui.

ATTIQUE, péninsule de la Grèce où se trouve Athènes. L'Attique est composée de petits massifs montagneux arides et de plaines quelquefois fertiles (vignes, oliviers).

ATTIS ou **ATYS,** dieu phrygien de la Végétation, aimé de Cybèle. Il était l'objet d'un culte initiatique.

ATTLEE (Clement, *comte*), homme politique britannique, né à Londres (1883-1967). Leader travailliste, Premier ministre de 1945 à 1951.

ATWOOD (George), physicien anglais, né à Londres (1746-1807), inventeur d'un appareil pour l'étude des principes de la dynamique et de la chute des corps.

AUBAGNE (13400), ch.-l. de c. des Bouches-du-Rhône, sur l'Huveaune; 33 601 h. (*Aubains* ou *Aubaniens*). Poteries. Siège depuis 1962 du commandement de la Légion étrangère. Musée de la Légion.

AUBANEL (Théodore), poète provençal, né à Avignon (1829-1886). Ami de F. Mistral, il participa à la fondation du félibrige.

AUBANGE, comm. de Belgique (prov. du Luxembourg); 15 400 h.

AUBE, riv. de France, qui prend sa source au plateau de Langres, traverse la Champagne et rejoint la Seine (r. dr.); 248 km.

AUBE (*dép. de l'*) [10], dép. de la Région Champagne-Ardenne; ch.-l. de dép. *Troyes;* ch.-l. d'arr. *Bar-sur-Aube, Nogent-sur-Seine;* 3 arr., 32 cant., 430 comm.; 6 002 km²; 284 823 h.

(*Aubois*). Le dép. appartient à l'académie et à la circonscription judiciaire de Reims, à la région militaire de Metz, à la province ecclésiastique de Sens. Le nord-ouest (Champagne crayeuse), pays céréalier, s'oppose au sud-est, surtout argileux, où dominent la forêt et la prairie (Champagne humide, pays d'Othe). L'industrie occupe une place importante, employant près de la moitié de la population active du dép. Elle est représentée essentiellement par le textile (bonneterie) et les constructions mécaniques, surtout dans l'agglomération troyenne, qui rassemble presque la moitié de la population totale de l'Aube.

AUBENAS [-nɑ] (07200), ch.-l. de c. de l'Ardèche, au-dessus de l'Ardèche; 13 707 h. (*Albenassiens*). Château des XIIe-XVIIIe s. Industries textile et alimentaire.

AUBENTON (02500 Hirson), ch.-l. de c. de l'Aisne; 1 006 h.

AUBER (Esprit), compositeur français, né à Caen (1782-1871), directeur du Conservatoire de Paris en 1842, auteur de nombreux opéras et opéras-comiques (*la Muette de Portici, le Domino noir, Fra Diavolo,* etc.).

AUBERCHICOURT (59165), comm. du Nord; 5 292 h.

AUBERGENVILLE (78410), ch.-l. de c. des Yvelines; 10 242 h.

Auberges de la Jeunesse (A. J.), centres d'accueil et de vacances organisés pour les jeunes. La première auberge s'ouvrit en 1909.

AUBERIVE (52160), ch.-l. de c. de la Haute-Marne, sur l'Aube; 270 h. Anc. abbaye cistercienne.

AUBERT (Jean), architecte français, m. en 1741. Il construisit notamment les Grandes Écuries de Chantilly (1719-1735).

AUBERT (Jacques), compositeur français (1689-1753). Il est le premier Français à avoir écrit des concertos pour violon.

AUBERT (Marcel), archéologue français, né à Paris (1884-1962). Il a publié de nombreux ouvrages sur l'art au Moyen Âge.

AUBERVILLIERS (93300), ch.-l. de c. de la Seine-Saint-Denis, banlieue nord de Paris; 72 997 h. *(Albertivilliariens).* Industries chimiques.

AUBETERRE-SUR-DRONNE (16390 St Séverin), ch.-l. de c. de la Charente; 419 h. Monuments, de l'époque romane au XVIIe s.

AUBIÈRE (63170), comm. du Puy-de-Dôme, près de Clermont-Ferrand; 9 203 h.

AUBIGNAC *(abbé* François D'), critique dramatique français, né à Paris (1604-1676). Dans sa *Pratique du théâtre* (1657), il fixa la règle classique des *trois unités.*

AUBIGNÉ (Agrippa D'), écrivain français, né près de Pons (Saintonge) [1552-1630]. Calviniste ardent, compagnon d'armes d'Henri IV, il mit son talent au service de ses convictions en écrivant une épopée mystique *(les Tragiques,* 1616), une *Histoire universelle,* un roman satirique *(Aventures du baron de Fœneste).* Ses poèmes d'amour *(le Printemps)* sont une des premières manifestations du baroque littéraire. Il fut le grand-père de Mme de Maintenon.

AUBIGNY-EN-ARTOIS (62690), ch.-l. de c. du Pas-de-Calais; 1 161 h.

AUBIGNY-SUR-NÈRE (18700), ch.-l. de c. du Cher; 5 545 h. Église des XIIe-XVe s., château des XVe-XVIe s. Constructions mécaniques.

AUBIN (12110), ch.-l. de c. de l'Aveyron; 6 504 h. Gisement houiller.

AUBISQUE *(col d'),* passage pyrénéen entre Laruns et Argelès-Gazost; alt. 1 709 m.

AUBOUÉ (54580), comm. de Meurthe-et-Moselle; 4 321 h.

AUBRAC, haut plateau de l'Auvergne méridionale, entre les vallées du Lot et de la Truyère; 1 469 m au Mailhebiau. Pâturages.

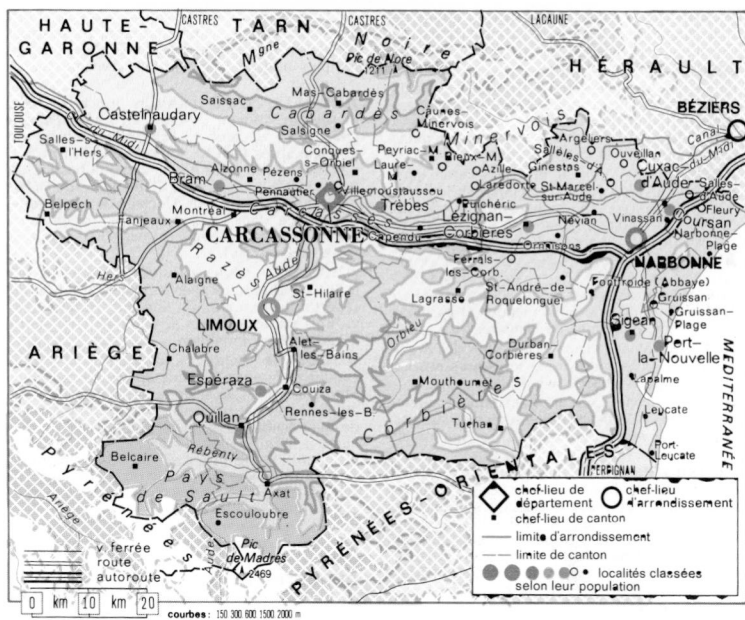

AUDE

Agrippa d'**Aubigné,** par B. Sarburgh

Hinz

AUBRAIS (les), écart de la comm. de Fleury-les-Aubrais, à 3 km au nord d'Orléans. Triage ferroviaire.

AUBUSSON (23200), ch.-l. d'arr. de la Creuse, sur la Creuse; 6 824 h. *(Aubussonnais).* École nationale des arts décoratifs. Ateliers de tapisserie, surtout depuis le XVIe s. Constructions électriques.

AUBUSSON (Pierre D'), grand maître de l'ordre de Saint-Jean-de-Jérusalem, né à Monteil-au-Vicomte (1423-1503). En 1480, il soutint victorieusement dans Rhodes un siège contre les Turcs.

AUBY (59950), comm. du Nord; 8 837 h. Métallurgie du zinc.

Aucassin et Nicolette, «chantefable», roman en prose mêlée de vers (XIIIe s.), racontant les amours du fils du comte de Beaucaire et d'une esclave sarrasine.

AUCH [oʃ] (32000), ch.-l. du dép. du Gers, sur le Gers, à 680 km au sud-ouest de Paris; 25 070 h. *(Auscitains).* Archevêché. Cathédrale de style gothique flamboyant, à la façade classique (vitraux et stalles du premier tiers du XVIe s.). Marché. Tuilerie.

AUCHEL (62260), comm. du Pas-de-Calais; 13 329 h. *(Auchellois).* Textile.

AUCKLAND, principale ville, port et centre industriel de la Nouvelle-Zélande, dans l'île du Nord; 650 000 h.

AUCKLAND *(îles),* petit archipel du sud-ouest de la Nouvelle-Zélande.

AUCUN (65400 Argelès Gazost), ch.-l. de c. des Hautes-Pyrénées; 150 h.

AUDE, fl. de France, né sur le flanc oriental du massif du Carlitte, qui passe à Quillan, Limoux et Carcassonne, avant de rejoindre la Méditerranée; 220 km. Son régime est très capricieux.

AUDE *(dép. de l')* [**11**], dép. de la Région Languedoc-Roussillon; ch.-l. de dép. *Carcassonne;* ch.-l. d'arr. *Limoux, Narbonne;* 3 arr., 34 cant., 437 comm.; 6 232 km²; 272 366 h. *(Audois).* Le dép. appartient à l'académie et à la circonscription judiciaire de Montpellier, à la région militaire de Lyon et à la province ecclésiastique de Toulouse. En dehors de la plaine littorale, il est surtout montagneux. Il s'étend sur l'extrémité méridionale du Massif central (Montagne Noire) et l'avant-pays pyrénéen (Corbières, Razès, pays de Sault), séparés par le seuil du Lauragais et la vallée de l'Aude, dépressions jalonnées de villes (Castelnaudary, Carcassonne et Narbonne). La viticulture demeure la ressource essentielle, développée surtout en bordure de la Méditerranée, dans les Corbières et dans la région de Limoux. Le tourisme balnéaire s'est récemment développé sur le littoral, mais la faiblesse de l'industrialisation explique la persistance de l'émigration.

AUDEN (Wystan Hugh), écrivain américain d'origine anglaise, né à York (1907-1973). Son œuvre poétique témoigne de son évolution de l'engagement social et politique à l'acceptation de l'attitude chrétienne *(l'Âge de l'angoisse).*

AUDENARDE, en néerl. **Oudenaarde,** v. de Belgique (Flandre-Orientale), sur l'Escaut; 27 300 h. Hôtel de ville (1527). Textile. Défaite de Vendôme devant le Prince Eugène et Marlborough (1708).

AUDENGE (33980), ch.-l. de c. de la Gironde, sur le bassin d'Arcachon; 2 529 h. *(Audengeois).* Station balnéaire. Ostréiculture.

AUDERGHEM, en néerl. **Oudergem,** comm. de Belgique (Brabant); 32 500 h.

AUDEUX (25170 Recologne), ch.-l. de c. du Doubs; 198 h.

AUDIBERTI (Jacques), écrivain français, né à Antibes (1899-1965), auteur de poèmes, de romans et de pièces de théâtre *(Le mal court, l'Effet Glapion, la Fourmi dans le corps).*

AUDIERNE *(baie d'),* baie très ouverte du Finistère, entre la pointe du Raz et la pointe de Penmarch. Le petit port de pêche d'**Audierne** (29113) est établi près de la baie, sur le Goyen; 3 679 h. *(Audiernais).* Conserves. Station balnéaire.

AUDINCOURT (25400), ch.-l. de c. du Doubs, sur le Doubs; 18 725 h. *(Audincourtois).* Église moderne (vitraux de Léger, Bazaine et Jean Le Moal). Métallurgie.

AUDRAN, famille d'artistes français originaires de Lyon, dont les plus célèbres sont GÉRARD II (1640-1703), rénovateur de l'estampe de reproduction (d'après Raphaël, Le Brun, Mignard, Poussin, etc.), et CLAUDE III (1657-1734), décorateur qui fit usage d'arabesques et de grotesques d'un style allégé.

AUDRUICQ (62370), ch.-l. de c. du Pas-de-Calais; 3 620 h.

AUDUN-LE-ROMAN (54560), ch.-l. de c. de Meurthe-et-Moselle; 2 102 h. *(Audunois).*

AUDUN-LE-TICHE (57390), comm. de la Moselle; 6 831 h. Métallurgie

AUE → HARTMANN VON AUE.

AUER (Karl), *baron* VON WELSBACH, chimiste autrichien, né à Vienne (1858-1929). Il inventa le manchon de la lampe à gaz dit *bec Auer* et découvrit les propriétés pyrophoriques du ferrocérium.

AUERBACH (Erich), critique américain d'origine allemande, né à Berlin (1892-1957), auteur d'études sur la figuration et la représentation dans la littérature occidentale *(Mimesis,* 1946).

AUERSPERG *(comte* VON*)* → GRÜN *(Anastasius).*

AUERSTEDT ou **AUERSTAEDT**, bourg de l'Allemagne démocratique (Saxe). Victoire de Davout sur les Prussiens (14 oct. 1806).

AUGE (*pays d'*), région bocagère de Normandie, entre les vallées de la Touques et de la Dives (le nom de la *vallée d'Auge* s'applique à cette dernière). V. pr. *Lisieux.* C'est un grand pays d'élevage produisant des fromages réputés (camembert, livarot, pont-l'évêque).

AUGÉ (Claude), éditeur et lexicographe français, né à L'Isle-Jourdain (Gers) [1854-1924], auteur d'ouvrages d'enseignement, créateur du *Dictionnaire complet illustré* (1889), qui devint, en 1906, le *Petit Larousse illustré.*

AUGEREAU (Pierre), duc de CASTIGLIONE, maréchal et pair de France, né à Paris (1757-1816). Il se distingua en Italie (1796), exécuta en 1797 le coup d'État du 18-Fructidor et participa à toutes les campagnes de l'Empire.

AUGIAS, roi légendaire d'Élide, l'un des Argonautes. Héraclès nettoya ses immenses écuries en y faisant passer le fleuve Alphée.

AUGIER (Émile), auteur dramatique français, né à Valence (1820-1889). Ses comédies sociales illustrent la morale bourgeoise (*le Gendre de M. Poirier,* 1854). [Acad. fr.]

AUGSBOURG, en allem. *Augsburg*, v. de l'Allemagne fédérale (Bavière), sur le Lech; 212 200 h. Monuments médiévaux et classiques. Industries mécaniques et textiles. De 1686 à 1697, la ligue d'Augsbourg réunit l'Empire, certains princes allemands, la Hollande, l'Angleterre et l'Espagne contre la France. La guerre fut marquée par les victoires françaises de Steinkerque (1692) aux Pays-Bas, de La Marsaille (1693) en Italie, et par la défaite navale de La Hougue (1692); elle se termina par la paix de Ryswick.

Augsbourg (*Confession d'*), formulaire rédigé par Melanchthon et présenté à la diète impériale d'Augsbourg en 1530. Il constitue, en 28 articles, la profession de foi luthérienne.

AUGUSTA, port d'Italie (Sicile); 28 000 h. Raffinage du pétrole et pétrochimie. Duquesne y battit Ruyter en 1676.

AUGUSTE, en lat. **Caius Julius Caesar Octavianus Augustus**, empereur romain, appelé d'abord *Octave*, puis *Octavien*, petit-neveu de Jules César et son héritier, né à Rome en 63 av. J.-C., m. à Nola en 14 apr. J.-C. D'abord triumvir avec Antoine et Lépide, il garda pour sa part l'Italie et l'Occident; il resta seul maître du pouvoir

Auguste

saint **Augustin**
manuscrit du XIIe s.

Lauros-Giraudon

Lauros-Giraudon

après sa victoire d'Actium sur Antoine (31) et reçut, avec le nom d'*Auguste* (27), les pouvoirs répartis jusqu'alors entre les diverses magistratures. Il créa des organismes gouvernementaux (conseil impérial, préfets) et un corps de fonctionnaires nommés et recrutés par lui dans les classes supérieures (ordre sénatorial et ordre équestre), divisa Rome en 14 régions pour faciliter le cens et la perception de l'impôt, et réorganisa l'administration des provinces, partagées en *provinces sénatoriales* et *provinces impériales;* ces mesures eurent pour effet d'augmenter la centralisation. Il ordonna des expéditions, généralement heureuses, en Espagne, en Rhétie, en Pannonie, en Germanie (où, pourtant, son lieutenant Varus subit un désastre), en Arabie, en Arménie et en Afrique; mais il employa autant la diplomatie que l'action militaire. Il adopta Tibère, qui lui succéda, et fut, à sa mort, honoré comme un dieu. Le principat d'Auguste apparaît comme l'une des époques les plus brillantes de l'histoire romaine (*siècle d'Auguste*).

AUGUSTE, nom de plusieurs princes de Saxe et rois de Pologne : AUGUSTE II, né à Dresde (1670-1733), Électeur de Saxe; il fut élu roi de Pologne après Jean III Sobieski (1697). Détrôné par Charles XII, il fut rétabli après la bataille de Poltava (1709). — AUGUSTE III, né à Dresde (1696-1763), fils du précédent. Électeur de Saxe, compétiteur de Stanislas Leszczyński et roi de Pologne (1733-1763). Sa fille, MARIE-JOSÈPHE, fut la mère de Louis XVI.

AUGUSTE, orfèvres parisiens : ROBERT JOSEPH (1725-v. 1795) rompit avec la rocaille au profit du répertoire classique. — Son fils HENRI (1759-v. 1816), un des orfèvres de l'Empire, commença à industrialiser le métier.

AUGUSTIN (saint), né à Tagaste (354-430), évêque d'Hippone (près de Bône), fils de sainte Monique. Après une jeunesse orageuse, il fut attiré vers la vie religieuse par les prédications de saint Ambroise et devint le plus célèbre des Pères de l'Église latine. « Docteur de la grâce », il s'opposa au manichéisme, au donatisme et au pélagianisme. Ses principaux ouvrages sont : la *Cité de Dieu,* les *Confessions,* le traité *De la grâce.* Théologien, philosophe, moraliste, il a exercé une influence capitale sur la théologie occidentale. Écrivain, il a donné au latin chrétien ses lettres de noblesse.

AUGUSTIN (saint), apôtre de l'Angleterre, m. v. 605. Il fonda le siège épiscopal de Canterbury.

Augustinus (*l'*), titre de l'ouvrage posthume de Jansénius, évêque d'Ypres (1640). Condamné par le pape en 1643, l'ouvrage est à l'origine de toutes les polémiques qui alimentèrent la querelle janséniste en France.

AULIS, port de Béotie, où, selon l'*Iliade,* se réunit la flotte des Grecs avant son départ pour Troie et où Iphigénie fut sacrifiée. C'est l'*Aulide* de Racine.

AULNAT (63510), comm. du Puy-de-Dôme; 4 937 h. Aérodrome civil et militaire.

AULNAY [onɛ ou olnɛ] (17470), ch.-l. de c. de la Charente-Maritime; 1 556 h. Église exemplaire de l'art roman de Saintonge (début du XIIe s.).

AULNAY-SOUS-BOIS (93600), ch.-l. de c. de la Seine-Saint-Denis, banlieue nord-est de Paris; 78 271 h. (*Aulnaisiens*). Industries diverses.

AULNE [on], fl. de Bretagne, qui rejoint la rade de Brest; 140 km.

AULNOY [onwa] (Marie Catherine, *comtesse* D'), femme de lettres française, née à Barneville, près d'Honfleur (v. 1650-1705), auteur de *Contes de fées.*

AULNOYE - AYMERIES [onwa-] (59620), comm. du Nord; 10 010 h. Gare de triage. Métallurgie.

AULNOY - LEZ - VALENCIENNES [onwa-] (59300 Valenciennes), comm. du Nord; 7 465 h.

AULT [olt] (80460), ch.-l. de c. de la Somme; 2 192 h. (*Aultois*). Station balnéaire.

AULU-GELLE, grammairien et critique latin (IIe s. apr. J.-C.), auteur des *Nuits attiques,* source de renseignements sur la littérature et la civilisation antiques.

Aululuria (« *la Marmite* »), comédie de Plaute (IIe s. av. J.-C.), dont Molière s'inspira dans *l'Avare.*

AULUS-LES-BAINS [olys-] (09140 Seix), comm. de l'Ariège; 182 h. Eaux de table.

AUMALE (76390), ch.-l. de c. de la Seine-Maritime, sur la Bresle; 3 023 h.

AUMALE, v. d'Algérie → SOUR EL-GHOZLANE.

AUMALE (Charles DE LORRAINE, *duc* D'), un des chefs de la Ligue (1555-1631). Il défendit Paris assiégé par Henri IV.

AUMALE (Henri D'ORLÉANS, *duc* D'), général et historien français, né à Paris (1822-1897), quatrième fils de Louis-Philippe. Il se distingua en Algérie, où il prit, en 1843, la smala d'Abd el-Kader.
Député à l'Assemblée nationale en 1871, auteur d'une *Histoire des princes de Condé,* il a légué à l'Institut ses collections et le château de Chantilly.

AUMANCE, riv. du dép. de l'Allier, affl. du Cher (r. dr.); 58 km. Elle traverse un petit bassin houiller.

AUMONT-AUBRAC (48130), ch.-l. de c. de la Lozère; 1 034 h.

AUNAY-SUR-ODON (14260), ch.-l. de c. du Calvados; 2 922 h.

AUNEAU (28700), ch.-l. de c. d'Eure-et-Loir; 2 761 h. Constructions mécaniques. Le duc de Guise y vainquit les protestants (1587).

AUNEUIL (60390), ch.-l. de c. de l'Oise; 2 106 h.

AUNIS [onis], anc. prov. de France, qui appartint successivement aux ducs d'Aquitaine, aux Plantagenêts, fut réunie à la Couronne en 1271 et redevint anglaise de 1360 à 1373. Fief du parti protestant au XVIe s., elle fut dévastée par les guerres de Religion. Cap. *La Rochelle.* Elle forme une partie des dép. de la Charente-Maritime et des Deux-Sèvres. (Hab. *Aunisiens.*)

AUPS [ops] (83630), ch.-l. de c. du Var; 1 504 h. Miel.

AURANGÀBÀD, v. de l'Inde (Mahārāshtra); 151 000 h. Fondations bouddhiques rupestres (caitya et vihāra, IIe-VIIe s.), ornées de reliefs sculptés. Édifices moghols.

AURANGZEB ou **AWRANGZÌB**, né à Dhod (1618-1707), empereur moghol de l'Inde (1658-1707), descendant de Tìmür Lang. Il porta l'Empire moghol à son apogée par ses conquêtes et son administration judicieuse.

AURAY (56400), ch.-l. de c. du Morbihan, à l'amont de la *rivière d'Auray* (estuaire du Loch); 10 398 h. (*Alréens*).

AURE (*vallée d'*), vallée des Pyrénées centrales (Hautes-Pyrénées), drainée par la Neste d'Aure. Usines hydroélectriques.

AUREC-SUR-LOIRE (43110), ch.-l. de c. de la Haute-Loire; 4 295 h.

AUREILHAN (65800), ch.-l. de c. des Hautes-Pyrénées; 8 158 h.

AURÉLIEN, en lat. **Lucius Domitius Aurelianus** (v. 214-275), empereur romain de 270 à 275. Il vainquit Zénobie, reine de Palmyre (273), et rétablit l'unité de l'Empire en Occident. Il fut un réformateur hardi, restaura l'unité romaine et fit entourer Rome de murs qui existent encore. Se considérant comme l'incarnation du dieu Soleil, *Sol invictus,* il fut le premier empereur qui se soit fait diviniser de son vivant.

AURELLE DE PALADINES (Louis D'), général français, né au Malzieu (Lozère) [1804-1877]. Commandant la Ire armée de la Loire, il fut vainqueur à Coulmiers (1870).

AURÈS, massif de l'Algérie orientale (2 328 m).

AURIC (Georges), compositeur français, né à Lodève en 1899, auteur du ballet *les Fâcheux* et de la tragédie chorégraphique *Phèdre*. Administrateur de la Réunion des théâtres lyriques nationaux (1962-1968).

AURIGNAC (31420), ch.-l. de c. de la Haute-Garonne; 1130 h. (*Aurignaciens*). Station préhistorique (paléolithique supérieur).

AURIGNY, en angl. **Alderney**, une des îles Anglo-Normandes, à la pointe du Cotentin; 1850 h. Ch.-l. *Sainte-Anne*. Tourisme.

AURILLAC (15000), ch.-l. du dép. du Cantal, sur la Jordanne, à 631 m d'alt., à 547 km au sud de Paris; 33355 h. (*Aurillacois*). Vieilles maisons. Centre commercial. Parapluies. Mobilier. Produits pharmaceutiques.

AURIOL (Vincent), homme d'État français, né à Revel (1884-1966). Socialiste, ministre des Finances du gouvernement du Front populaire (1936-37), il fut le premier président de la IVᵉ République (1947-1954).

AUROBINDO (Sri), philosophe indien, né à Calcutta (1872-1950). Il conçoit le yoga comme la discipline permettant de reconnaître en soi la vérité de Dieu.

AURON, riv. du Berry, affl. de l'Yèvre (r. g.); 84 km.

AURON (06660 St Étienne de Tinée), station de sports d'hiver (alt. 1600-2415 m) des Alpes-Maritimes.

AUROS (33124), ch.-l. de c. de la Gironde; 609 h.

AUSCHWITZ, en polon. **Oświęcim**, v. de Pologne, près de Katowice; 28000 h. Camps de concentration allemands en 1940-1945, où périrent env. 4 millions de détenus, juifs et Polonais surtout. Musée de la Déportation.

AUSONE, poète latin, né à Burdigala (Bordeaux) [v. 310-v. 395]. Il a célébré les paysages de la Moselle et de la Gaule méridionale.

AUSSILLON (81200 Mazamet), comm. du Tarn; 8383 h.

AUSTEN (Jane), romancière anglaise, née à Steventon (Hampshire) [1775-1817], auteur de romans qui peignent la petite bourgeoisie provinciale anglaise (*Orgueil et préjugé*).

AUSTERLITZ, en tchèque **Slavkov**, v. de Tchécoslovaquie (Moravie) où, le 2 décembre 1805, Napoléon battit les empereurs d'Autriche et de Russie (bataille dite « des Trois Empereurs »).

AUSTIN, v. des États-Unis, cap. du Texas, sur le Colorado; 252000 h. Université.

AUSTIN (John Langshaw), logicien britannique, né à Lancaster (1911-1960). Ses travaux ont eu une importance décisive dans l'histoire des théories du langage (*Quand dire, c'est faire*, 1962).

AUSTRAL (océan), nom parfois donné à l'*océan Antarctique*.

AUSTRALASIE, ensemble géographique formé par l'Australie et la Nouvelle-Zélande.

AUSTRALES (*îles*), archipel de la Polynésie française, au sud de Tahiti; 164 km²; 5208 h.

AUSTRALES ET ANTARCTIQUES FRANÇAISES (*terres*), territoire français d'outre-mer, groupant l'archipel des Kerguelen, la terre Adélie, les îles Saint-Paul et Nouvelle-Amsterdam, l'archipel Crozet.

AUSTRALIE, en angl. **Commonwealth of Australia,** État de l'Océanie formé de six États (Australie-Méridionale, Australie-Occidentale, Nouvelle-Galles du Sud, Queensland, Tasmanie, Victoria) et de deux territoires (Territoire du Nord et Territoire de la Capitale australienne); 7700000 km²; 14260000 h. (*Australiens*). Cap. *Canberra*. V. pr. *Sydney* et *Melbourne*. Langue : *anglais*.

V. carte page suivante

GÉOGRAPHIE

L'Australie forme un bloc massif, montagneux à l'est (*Cordillère australienne*), formé de plaines au centre, de plateaux à l'ouest. La latitude et l'exposition expliquent l'aridité du climat de l'ensemble et l'extension des déserts et des steppes, en dehors du Nord, tropical, et des bordures orientale et méridionale, tempérée et méditerranéenne, où se concentre la population, presque totalement d'origine européenne. L'agriculture et l'élevage, au caractère extensif prédominant, se sont développés dans l'Est, en bordure des reliefs arrosés. L'importance des surfaces explique celle des productions de blé, surtout, et de maïs, et celle des troupeaux de bovins et principalement d'ovins (premier rang mondial pour ce dernier). Les produits agricoles (céréales et laine surtout) demeurent un poste essentiel des exportations, à côté des ventes

croissantes des produits minéraux, permises par la richesse du sous-sol — notamment en charbon, bauxite, fer —, alors que se développe la production de pétrole. Le charbon a favorisé le développement d'une sidérurgie alimentant une métallurgie de transformation complète (biens d'équipement et de consommation); il est aussi à la base de l'industrie chimique, liée également au pétrole. L'essor des branches textiles et alimentaires est en rapport avec l'importance de l'élevage et de l'agriculture. La balance commerciale est excédentaire et le niveau de vie moyen est l'un des plus élevés du monde.

HISTOIRE

— 1642 : expédition de Tasman.
— 1688 : l'Anglais William Dampier fait connaître l'Australie.
— 1768-1771 : expédition de James Cook, qui, en 1770, prend possession, au nom du roi d'Angleterre, de la pointe S.-E. de l'Australie.
— 1788 : débarquement des premiers convicts à Port Jackson (Sydney). Constitution de la colonie anglaise de la Nouvelle-Galles du Sud.
— 1808-1821 : le gouverneur Lachlan Macquarie introduit en Australie le mouton mérinos. Afflux de colons.
— 1825 : la Tasmanie reçoit un gouverneur.
— 1829 : fondation de l'Australie-Occidentale.
— 1836 : fondation de l'Australie-Méridionale et de la colonie du Victoria.
— 1851 : début de la ruée vers l'or australien.
— 1859 : fondation du Queensland.
— 1860 : le chemin de fer se développe.
— 1880-1900 : brillant essor économique; développement des trade-unions.
— 1901 : proclamation du *Commonwealth of Australia*.
— 1914-1918 : les Australiens prennent part à la Première Guerre mondiale (60000 morts).
— 1929-1939 : crise économique.
— 1939-1945 : Seconde Guerre mondiale; l'Australie sauvée des Japonais par MacArthur.
— après 1949 : l'Australie devient un partenaire politique et économique privilégié des États-Unis dans l'Asie du Sud-Est.

AUSTRALIE-MÉRIDIONALE, État de l'Australie; 984000 km²; 1239000 h. Cap. *Adélaïde*.

AUSTRALIENS, habitants de l'Australie. La population indigène appartenait au rameau des races noires. Les Australiens traditionnels vivent de la cueillette et de la chasse et revendiquent le droit de conserver leur culture propre.

AUSTRALIE-OCCIDENTALE, État de l'Australie; 2525000 km²; 1116000 h. Cap. *Perth*.

AUSTRASIE, royaume oriental de la Gaule française (511-771); cap. *Metz*. Rivale heureuse de la Neustrie, elle fut le berceau de la dynastie carolingienne. (Hab. *Austrasiens*.)

austro-prussienne (*guerre*), conflit qui opposa en 1866 la Prusse, soutenue par l'Italie, à l'Autriche, appuyée par les principaux États allemands. La victoire décisive de la Prusse à Sadowa évinça de son rôle de puissance dominante en Allemagne l'Autriche, qui dut, en outre, céder la Vénétie à l'Italie.

AUTERIVE (31190), ch.-l. de c. de la Haute-Garonne, sur l'Ariège; 5187 h.

AUTEUIL, anc. comm. du dép. de la Seine, réunie à Paris (XVIᵉ arr.) en 1860. Ce fut le séjour favori d'écrivains : Boileau, Molière, La Fontaine, plus tard Condorcet, etc. Hippodrome.

AUTHIE, fl. du nord de la France, qui naît au pied des collines de l'Artois, arrose Doullens et se jette dans la Manche; 100 km.

AUTHION, riv. d'Anjou, affl. de la Loire (r. dr.); 100 km.

AUTHON-DU-PERCHE (28330), ch.-l. de c. d'Eure-et-Loir; 1421 h. (*Authonniers*).

AUTRANS (38880), comm. de l'Isère, dans le Vercors; 1558 hab. Station de sports d'hiver (alt. 1050-1610 m).

AUTREY-LÈS-GRAY (70100 Gray), ch.-l. de c. de la Haute-Saône; 500 h.

AUTRICHE, en allem. **Österreich,** État de l'Europe centrale, formé de neuf provinces (Basse-Autriche, Haute-Autriche, Burgenland, Carinthie, Salzbourg, Styrie, Tyrol, Vienne

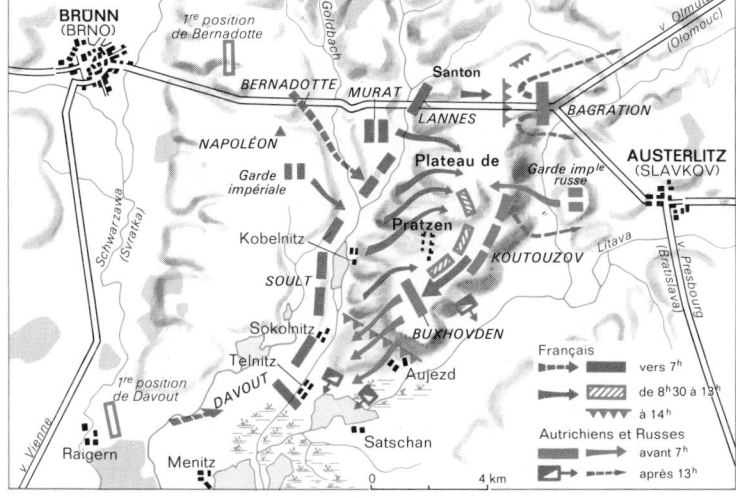

BATAILLE D'AUSTERLITZ.
(2 déc. 1805)

À l'aile droite, Davout attire l'ennemi vers la route de Vienne.
À l'aile gauche, Lannes et Murat refoulent Bagration.
Au centre, Soult prend de flanc les régiments en marche vers Telnitz.
Dans les glaces de ce marais rompues par la canonnade française, l'artillerie russe s'engloutira.

AUSTRALIE

AUTRICHE

et Vorarlberg); 84 000 km²; 7 530 000 h. *(Autrichiens).* Cap. *Vienne.* Langue : *allemand.*

GÉOGRAPHIE

La majeure partie du pays s'étend sur les Alpes orientales, culminant dans les Hohe Tauern (3 796 m au Grossglockner), souvent englacées et découpées par de profondes vallées (Inn, Salzach, Enns, Mur, Drave), qui ouvrent des bassins où se concentre la vie humaine (Klagenfurt). Les plaines et les collines ne se développent qu'au nord (vallée du Danube) et à l'est (Burgenland); l'extrémité septentrionale appartient au massif ancien de Bohême. Le climat, continental, est influencé par l'altitude et l'exposition. L'élevage (bovins) domine sur les versants des vallées alpines, dont les fonds sont occupés par une polyculture vivrière. La grande culture (blé et betterave à sucre) intéresse surtout les plaines. L'industrie, de tradition ancienne, a été favorisée par l'étendue de la forêt, la présence d'un peu de lignite, de pétrole et de gaz naturel, de fer, et surtout par les aménagements hydroélectriques. Assez diversifiée (sidérurgie, métallurgie de transformation, textile, chimie), elle se localise près des gisements miniers, des centrales électriques et dans les grandes villes : Linz, Graz et surtout Vienne. Le tourisme, très actif, ranime les régions montagneuses autrefois isolées (Vorarlberg et Tyrol), contribuant à combler le déficit de la balance commerciale.

HISTOIRE

— Les camps des légions romaines sont à l'origine des principales villes : Vienne, Salzbourg, Linz, Klagenfurt.
— IIIᵉ-VIᵉ s. : invasions barbares.
— 803 : Charlemagne constitue la marche de l'Est *(Ostmark).*
— 1156 : la marche devient duché héréditaire au profit des Babenberg, qui hériteront de la Styrie et de la Carniole.
— 1278 : début de la domination des Habsbourg.
— XIVᵉ s. : annexion de la Carinthie et du Tyrol.
— XVᵉ s. : extinction de la branche albertine des Habsbourg; la branche léopoldine s'assure désormais la couronne impériale.
— 1493-1519 : règne de Maximilien Iᵉʳ, qui jette les bases d'un immense empire.
— 1519 : Charles Quint empereur.
— 1521 : Charles Quint abandonne à son frère Ferdinand les domaines autrichiens, auxquels s'ajoutent, en 1516, la Bohême et la Hongrie.
— 1529 : siège de Vienne par les Turcs.
— 1648 : les traités de Westphalie marquent l'échec de la politique autrichienne d'unification religieuse en Allemagne.
— 1683 : seconde attaque de Vienne par les Turcs.
— 1699 : les Turcs doivent céder à l'Autriche la Transylvanie (traité de Karlowitz).
— 1714 : l'État autrichien s'accroît des Pays-Bas et d'une partie de l'Italie.
— 1740-1748 : guerre de la Succession d'Autriche; perte de la Silésie.
— 1740-1780 : règne de Marie-Thérèse, guerre de Sept Ans (1756-1763) : acquisition de la Galicie (1ᵉʳ partage de la Pologne, 1772).
— 1780-1790 : Joseph II pratique une politique de centralisation et de germanisation.
— 1792 : début de vingt années de guerre avec la France. L'Autriche perd de nombreux territoires (Pays-Bas, Istrie, Lombardie, etc.) au profit de la France et de ses alliés.
— 1806 : fin du Saint Empire romain germanique; François II d'Allemagne devient François Iᵉʳ d'Autriche († 1835).
— 1814-15 : le Congrès de Vienne (où domine le chancelier Metternich) fait de l'Autriche — qui récupère presque tous les territoires perdus — l'arbitre de l'Europe. L'empereur d'Autriche devient président de la Confédération germanique.
— 1818-1832 : système des congrès, qui permet à l'Autriche d'étouffer en Europe tous les mouvements libéraux.
— 1848 : révolution, puis contre-révolution à Vienne. François-Joseph Iᵉʳ, empereur de 1848 à 1916, poursuit d'abord une politique de germanisation et de centralisation.

— 1859 : défaite en Italie devant les armées franco-piémontaises; perte de la Lombardie.
— 1866 : défaite devant les Prussiens à Sadowa; fin de la Confédération germanique. L'Autriche perd la Vénétie.
— 1867 : compromis austro-hongrois. Début de la monarchie austro-hongroise. Tension nationaliste dans les minorités.
— 1879-1882 : Triple-Alliance avec l'Allemagne et l'Italie.
— 1908 : annexion de la Bosnie-Herzégovine.
— 1914 : assassinat de l'archiduc François-Ferdinand, héritier du trône, à Sarajevo (28 juin); entrée de l'Autriche-Hongrie dans le conflit mondial.
— 1916 : mort de François-Joseph. Avènement de Charles Iᵉʳ.
— 1918 : défaite autrichienne. Éclatement de la monarchie austro-hongroise. Proclamation de la république à Vienne.
— 1919-20 : les traités de Saint-Germain-en-Laye et de Trianon sanctionnent la reconnaissance de l'existence des États nationaux issus de la double monarchie.
— 1920 : constitution de la république fédérale d'Autriche (neuf « Länder »), dont l'existence s'avère fragile.
— 1938 : l'*Anschluss* : Hitler annexe l'Autriche *(Ostmark)* au IIIᵉ Reich.
— 1945-1955 : l'Autriche, redevenue république fédérale, divisée en quatre zones d'occupation.
— 1945 : Leopold Figl (populiste), chancelier; Karl Renner (socialiste), président de la République.
— 1946 : malgré l'accord Gruber-De Gasperi, la question du Haut-Adige n'est pas entièrement réglée.
— 1970 : Bruno Kreisky, président du parti socialiste, chancelier.

AUTRICHE (Basse-), prov. d'Autriche; 19 170 km²; 1 414 000 h. Cap. *Vienne.*

AUTRICHE (Haute-), prov. d'Autriche; 11 979 km²; 1 223 000 h. Cap. *Linz.*

AUTRICHE-HONGRIE, nom donné, de 1867 à 1918, à la monarchie double comprenant : l'empire d'Autriche, ou Cisleithanie (cap. *Vienne*), et le royaume de Hongrie, ou Transleithanie (cap. *Budapest*), mais gardant une dynastie commune, celle des Habsbourg. L'Autriche-Hongrie était en 1914 un territoire de 676 615 km², peuplé d'Autrichiens, de Hongrois, de Tchèques, de Serbo-Croates, de Slovènes, de Polonais, de Ruthènes, etc.
Après la défaite des Empires centraux (1918), le traité de Saint-Germain-en-Laye (10 sept. 1919) fit disparaître l'empire d'Autriche-Hongrie. À sa place se constituèrent des États indépendants.

AUTUN (71400), ch.-l. d'arr. de Saône-et-Loire,

musée Rolin à **Autun** : l'*Ève*
de Gislebertus

sur l'Arroux; 22 949 h. *(Autunois).* Évêché. Monuments romains (théâtre, portes, « temple de Janus »). Cathédrale St-Lazare, romane, avec le célèbre portail du Jugement dernier. Musée. Métallurgie. Textile. Parapluies.

AUTUNOIS, petite région boisée du nord-est du Massif central, entre le Morvan et le Charolais.

AUVERGNE, région du centre du Massif central. De hautes terres cristallines (plateaux dominant la vallée de la Sioule et la rive gauche de la Dordogne supérieure à l'ouest, Livradois et parties du Forez et de la Margeride à l'est) encadrent les massifs volcaniques (du nord au sud : chaîne des Puys, monts Dore, Cantal) et

des fossés d'effondrement tertiaires (Limagnes) drainés par l'Allier. L'élevage est la ressource essentielle des régions cristallines et volcaniques, avec, localement, le thermalisme. Les cultures (céréales) sont développées dans les Limagnes, sites de la vie urbaine (Clermont-Ferrand).

AUVERGNE, prov. de France, divisée au XIVᵉ s. en comté, dauphiné et terre (devenue duché en 1360) d'Auvergne. Le duché fut réuni à la Couronne en 1527, le comté en 1606 et le dauphiné légué en 1693. Cap. *Clermont-Ferrand.*

AUVERGNE, Région administrative formée des quatre dép. de l'Allier, du Cantal, de la Haute-Loire et du Puy-de-Dôme; 25 988 km²; 1 330 479 h. *(Auvergnats).* Ch.-l. *Clermont-Ferrand.*

AUVERGNE (Antoine D'), compositeur et violoniste français, né à Moulins (1713-1797). Directeur du Concert spirituel et de l'Opéra, il a écrit le premier opéra-comique français, *les Troqueurs* (1753).

AUVERS-SUR-OISE [-vεr] (95430), ch.-l. de c. du Val-d'Oise; 5 808 h. Église des XIIᵉ-XIIIᵉ s. Van Gogh et d'autres artistes ont rendu célèbre la localité.

AUVILLAR (82340), ch.-l. de c. de Tarn-et-Garonne; 994 h.

Auvours, camp militaire situé en majeure partie sur la commune de Champagné (Sarthe), à l'est du Mans.

l'*Église d'Auvers-sur-Oise*
(1890), par Van Gogh

AUXERRE [osεr] (89000), ch.-l. du dép. de l'Yonne, sur l'Yonne, à 162 km au sud-est de Paris; 39 955 h. *(Auxerrois).* Église abbatiale St-Germain (crypte avec peintures carolingiennes). Cathédrale gothique avec vitraux du XIIIᵉ s. Constructions mécaniques et électriques.

AUXERROIS, anc. pays de France; ch.-l. *Auxerre.*

AUXI-LE-CHÂTEAU [oksi-] (62390), ch.-l. de c. du Pas-de-Calais; 3 237 h. *(Auxilois).* Église du XVIᵉ s.

AUXOIS [oswa], pays de la Bourgogne; ch.-l. *Semur-en-Auxois.* (Hab. *Auxois.*)

AUXOIS (mont), au-dessus d'Alise-Sainte-Reine. Site d'*Alésia**.

AUXONNE [osɔn] (21130), ch.-l. de c. de la Côte-d'Or, sur la Saône; 6 943 h. *(Auxonnois).* Anc. ville forte. Église construite au XIVᵉ s., spécimen de l'art gothique bourguignon. Industries alimentaire et mécanique.

AUZANCES (23700), ch.-l. de c. de la Creuse; 1 715 h. Industrie alimentaire.

AUZAT (09220 Vicdessos), comm. de l'Ariège, sur le Vicdessos; 798 h. Aluminium.

AUZON (43390), ch.-l. de c. de la Haute-Loire, dans la Limagne; 1071 h. Église romane.

AUZOUT (Adrien), astronome et mathématicien français, né à Rouen (1622-1691). Il fut, avec Hooke et Huygens, l'un des premiers constructeurs des grandes lunettes astronomiques sans tube. Il imagina le micromètre à fils mobiles.

AVAILLES-LIMOUZINE (86460 Mauprévoir), ch.-l. de c. de la Vienne, sur la Vienne; 1403 h.

AVALLON (89200), ch.-l. d'arr. de l'Yonne, sur le Cousin; 9255 h. (Avallonnais). Église romane St-Lazare, des XIe-XIIe s. Anc. fortifications. Constructions mécaniques.

AVALOIRS (mont ou signal des), sommet du bas Maine, point culminant du Massif armoricain (avec la forêt d'Écouves); 417 m.

AVALOKITEŚVARA, un des principaux bodhisattvas du bouddhisme du Grand Véhicule. Son culte est surtout répandu au Japon et au Tibet.

AVALON, presqu'île située au sud-est de Terre-Neuve et qui s'y rattache par l'isthme du même nom. Ville et port principal : Saint John's.

AVANTS-SONLOUP (Les), station d'été et de sports d'hiver de Suisse (Vaud).

Avare (l'), comédie en 5 actes et en prose, de Molière (1668). Inspirée de l'Aulularia de Plaute, c'est une peinture de l'avarice qui atteint la folie obsessionnelle.

AVARICUM, v. de Gaule. (Auj. Bourges.)

AVARS, peuple originaire de l'Asie centrale, et qui envahit l'Europe. Charlemagne les arrêta (796) et les intégra à l'Empire.

AVEIRO, v. du Portugal, au sud de Porto; 20000 h. Ostréiculture.

AVELLANEDA, agglomération industrielle de la banlieue sud-est de Buenos Aires; 338000 h.

AVELLINO, v. d'Italie (Campanie); 58000 h.

AVEMPACE de Saragosse → IBN BĀDJDJA.

AVENARIUS (Richard), philosophe allemand, né à Paris (1843-1896), créateur de l'empiriocriticisme.

Avenir (l'), journal rédigé par La Mennais, Montalembert, Lacordaire. Il tendait à concilier le libéralisme politique avec le catholicisme (oct. 1830 - nov. 1831).

Avenir de la science (l'), ouvrage d'E. Renan (écrit en 1848, publié en 1890), qui propose un programme de rénovation politique et morale de l'Europe, fondé non plus sur la religion mais sur la science.

AVENTIN (mont), l'une des sept collines de Rome, sur laquelle la plèbe romaine révoltée contre le patriciat se retira jusqu'à ce qu'elle obtint reconnaissance de ses droits (494 av. J.-C.).

AVENZOAR (Abū Marwān ibn ZUHR, connu sous le nom d'), médecin arabe, né à Peñaflor, près de Séville (1073-1162). Il fut le maître d'Averroès.

AVERNE, lac d'Italie, près de Naples, d'où s'échappent des émanations sulfureuses. Dans l'Antiquité, on le considérait comme l'entrée des Enfers. Sur ses bords se trouvait l'antre de la sibylle de Cumes.

AVERROÈS (Abū al-Walīd ibn RUCHD, connu sous le nom d'), médecin et philosophe arabe, né à Cordoue (1126-1198). Son interprétation de la métaphysique d'Aristote à la lumière du Coran a exercé une profonde influence sur la pensée du Moyen Âge.

AVESNES-LE-COMTE [avɛn-] (62810), ch.-l. de c. du Pas-de-Calais; 1500 h. (Avesnois). Église gothique.

AVESNES-SUR-HELPE [avɛn-] (59440), ch.-l. d'arr. du Nord, sur l'Helpe Majeure; 6792 h. (Avesnois). Église gothique fortifiée. Textile.

Avesta, ensemble des livres sacrés du mazdéisme.

AVEYRON [avɛrɔ̃], riv. de France, qui prend sa source près de Sévérac-le-Château, passe à Rodez, Villefranche-de-Rouergue, et rejoint le Tarn (r. dr.), au nord-ouest de Montauban; 250 km.

AVEYRON (dép. de l') [12], dép. de la

AVEYRON

Région Midi-Pyrénées; ch.-l. de dép. Rodez; ch.-l. d'arr. Millau, Villefranche-de-Rouergue; 3 arr., 45 cant., 303 comm.; 8735 km²; 278306 h. (Aveyronnais). Le dép. appartient à l'académie de Toulouse, à la circonscription judiciaire de Montpellier, à la région militaire de Bordeaux et à la province ecclésiastique d'Albi. Dans le sud du Massif central, il est formé de plateaux cristallins (Viadène, Ségala) ou calcaires (partie des Grands Causses), découpés par les profondes vallées de la Truyère, du Lot, de l'Aveyron et du Tarn, où se localisent les principales villes (Rodez, Millau). L'agriculture juxtapose céréales, dans le Ségala, et élevage des brebis — pour la fabrication du roquefort — dans les Causses. L'industrie est représentée par la métallurgie, le travail du cuir et les aménagements hydroélectriques (sur la Truyère surtout).

AVICÉBRON (Salomon ibn GABIROL, connu sous le nom d'), philosophe juif espagnol, né à Málaga (v. 1020 - v. 1058). Il exposa son panthéisme dans la Source de vie.

AVICENNE (Ibn SĪNĀ, connu sous le nom d'), médecin et philosophe iranien, né à Afchana, près de Boukhara (980-1037). Il fut l'un des savants les plus remarquables de l'Orient. Son Canon de la médecine et son interprétation d'Aristote jouèrent un rôle considérable jusqu'au XVIIe s.

AVIGNON (84000), ch.-l. du dép. de Vaucluse, sur le Rhône, à 683 km au sud-ouest de Paris; 93024 h. (Avignonnais). Archevêché. Cathédrale romane, palais des Papes (XIVe s.) et autres monuments. Musées. Siège de la papauté de 1309 à 1376. En 1348, Clément VI l'acheta à Jeanne Ire, reine de Sicile, comtesse de Provence. Résidence des papes dits « d'Avignon » lors du Grand Schisme d'Occident (1378-1417), la ville resta à l'Église jusqu'en 1791, date à laquelle elle fut, avec le comtat Venaissin, réunie à la France. L'agglomération compte plus de 165000 h. et est industrialisée (produits réfractaires, poudrerie, papeterie, alimentation).

ÁVILA, v. d'Espagne (Vieille-Castille); 31000 h. Remparts (XIIe s.); églises. Patrie de sainte Thérèse.

AVILÉS, port d'Espagne (Asturies); 82000 h. Centre sidérurgique et métallurgique.

AVION (62210), ch.-l. de c. du Pas-de-Calais; 22900 h.

AVIOTH (55600 Montmédy), comm. de la Meuse; 108 h. Belle église de pèlerinage des XIVe-XVe s.

AVIRONS (Les) [97425], ch.-l. de c. de la Réunion; 4863 h.

AVITUS ou **AVIT** (saint), prélat gallo-romain, né à Vienne (Dauphiné) [450-518], évêque de Vienne v. 490, auteur de poèmes latins.

AVITUS, empereur romain d'Occident (455-456).

AVIZ (dynastie d'), dynastie qui régna sur le Portugal de 1385 à 1580.

AVIZE (51190), ch.-l. de c. de la Marne; 1852 h. Vignobles.

AVOGADRO (Amedeo DI QUAREGNA, comte), chimiste italien, né à Turin (1776-1856), auteur d'une célèbre hypothèse sur les molécules gazeuses. — Le *nombre d'Avogadro* (6,023 × 10²³) est le nombre de molécules contenues dans une mole.

AVOINE (37420), comm. d'Indre-et-Loire, au nord-ouest de Chinon; 1331 h. Centrale nucléaire, dite aussi « de Chinon », sur la Loire.

AVON (77210), comm. de Seine-et-Marne, près de Fontainebleau; 15 609 h. *(Avonnais)*. Église des XII⁰-XVI⁰ s.

AVORD (18800 Baugy), comm. du Cher; 3 401 h. Base aérienne.

AVORIAZ, station de sports d'hiver (alt. 1 800-2 275 m) de Haute-Savoie (comm. de Morzine).

Muraille) et romans où la fantaisie et la satire se mêlent au fantastique *(la Jument verte)*, de pièces de théâtre *(Clérambard)* et de contes *(Contes du chat perché)*.

Aymeri de Narbonne, chanson épique (v. 1210-1220) du cycle de *Garin de Monglane.*

Aymon *(les Quatre Fils)* → QUATRE FILS AYMON *(les).*

AYTRÉ (17440), comm. de la Charente-Maritime; 6 900 h. Matériel ferroviaire.

AYUTHIA, v. de la Thaïlande, anc. cap., au nord de Bangkok. Nombreux monuments (XIV⁰-XVII⁰ s.).

AYYŪBIDES, dynastie musulmane fondée par

Saladin, qui régna aux XII⁰-XIII⁰ s. sur l'Égypte, la Syrie et une grande partie de la Mésopotamie et du Yémen.

AYYŪB KHĀN (Muhammad), maréchal et homme d'État pakistanais, né dans la province du Nord-Ouest (1907-1974). Il fut chef du gouvernement et président de la République pakistanaise de 1958 à 1969.

AZAÑA Y DÍAZ (Manuel), homme politique espagnol, né à Alcalá de Henares (1880-1940). Président du Conseil de 1931 à 1933 et de 1934 à 1936, il fut président de la République espagnole de 1936 à 1939.

AZARIAS ou **OZIAS,** roi de Juda (781-740 av. J.-C.).

Chr. Sappa

Avignon

Ayuthia
stūpa Pra Chedi
Chai Mongkon
(1593)

M. Hede

AVRANCHES (50300), ch.-l. d'arr. de la Manche, près de l'embouchure de la Sée; 11 319 h. *(Avranchins)*. Confection. Percée décisive du front allemand par les blindés américains (31 juill. 1944).

AVRE, affl. de l'Eure (r. g.); 72 km. — Riv. de Picardie, qui se jette dans la Somme (r. g.), en amont d'Amiens; 59 km. Combats en 1918.

AVRIEUX (73500 Modane), comm. de la Savoie, en Maurienne; 267 h. Soufflerie.

AVRILLÉ (49240), comm. de Maine-et-Loire; 9 491 h.

AVVAKOUM, archiprêtre et écrivain russe, né à Grigorovo (v. 1620-1682). Il a écrit le récit de sa vie, une des premières œuvres de la littérature russe en langue populaire. Son refus des réformes liturgiques du patriarche Nikon provoqua le schisme des vieux-croyants, ou *raskol.*

AXAT (11140), ch.-l. de c. de l'Aude; 915 h.

Axe (l'), alliance formée en 1936 par l'Allemagne et l'Italie. Pendant la Seconde Guerre mondiale, on donna le nom de « puissances de l'Axe » à l'ensemble constitué par l'Allemagne, l'Italie et leurs alliés.

AX-LES-THERMES (09110), ch.-l. de c. de l'Ariège, sur l'Ariège; 1 592 h. *(Axéens)*. Station thermale. Sports d'hiver sur le *plateau du Saquet* (alt. 2 000 m).

AY [ai] (51160), ch.-l. de c. de la Marne; 4 883 h. Vignobles.

AYACUCHO, v. du Pérou; 26 700 h. Aux environs, victoire de Sucre sur les Espagnols (déc. 1824), qui consacra l'indépendance sud-américaine.

AYDAT (63970), comm. du Puy-de-Dôme, sur le *lac d'Aydat*; 789 h. Centre touristique.

AYEN (19310), ch.-l. de c. de la Corrèze; 654 h.

AYLMER (*lord* Matthew WHITWORTH), administrateur anglais (1775-1850). Gouverneur général du Canada de 1831 à 1835, il fut jugé trop conciliant et fut rappelé.

AYMARAS, Indiens de Bolivie et du haut Pérou (région du lac Titicaca), soumis par les Incas, puis par les Espagnols. Ils connurent une remarquable civilisation.

AYMÉ (Marcel), écrivain français, né à Joigny (1902-1967), auteur de nouvelles *(le Passe-*

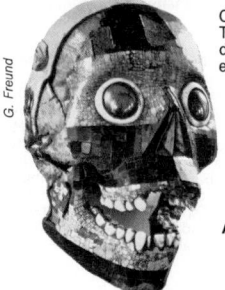

G. Freund

Crâne représentant Tezcatlipoca, dieu de la Guerre et de la Nuit.

AZTÈQUES

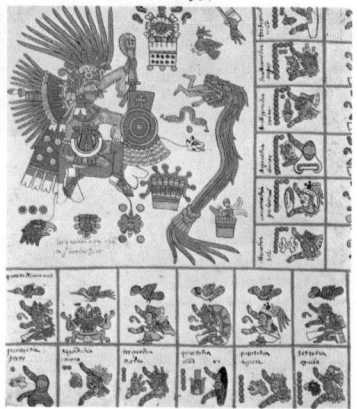

Feuillet du calendrier **aztèque** dit *Codex borbonicus* (XIV⁰-XVI⁰ s.).

B. Maronteau-Giraudon

AZAY-LE-RIDEAU [azɛ-] (37190), ch.-l. de c. d'Indre-et-Loire, sur l'Indre; 2 749 h. Château de la première Renaissance (1518-1529).

AZEGLIO (Massimo, *marquis* D'), écrivain et homme d'État italien, né à Turin (1798-1866), un des chefs modérés du *Risorgimento.*

AZERBAÏDJAN, république fédérée de l'U.R.S.S., sur la mer Caspienne; 86 600 km²; 5 606 000 h. Cap. *Bakou.* L'Azerbaïdjan est constitué par la vaste plaine de la Koura, bordée au nord par le Caucase, et, au sud, par les montagnes de l'Arménie. Pétrole (péninsule d'Apchéron). Culture irriguée du coton. C'est entre 1813 et 1828 que la Russie acquit l'Azerbaïdjan septentrional, le reste du pays demeurant iranien.

AZEVEDO (Aluízio), écrivain brésilien, né à São Luís (1857-1913), auteur du premier roman naturaliste de son pays, *le Mulâtre.*

Azhar (al-), mosquée fondée au Caire par les Fāṭimides en 970 et devenue, par les nombreuses adjonctions faites au bâtiment initial, un véritable répertoire de l'architecture islamique en Égypte. Elle abrite l'une des grandes universités du monde musulman.

AZINCOURT (62310 Fruges), comm. du Pas-de-Calais; 210 h. Les Français y furent battus par les Anglais (25 oct. 1415).

AZORÍN (José MARTÍNEZ RUIZ, dit), écrivain espagnol, né à Monóvar (1874-1967). Son œuvre est une analyse de l'âme espagnole *(le Licencié de verre).*

Azov (mer d'), golfe formé par la mer Noire. Il s'enfonce entre l'Ukraine et la Russie méridionale, et reçoit le Don.

AZTÈQUES [astɛk], anc. peuple du Mexique, arrivé dans l'Anáhuac (plateau des environs de Mexico) en 1325, et qui domina le pays jusqu'à la conquête espagnole, dirigée par Cortés (1521). Militaires et conquérants, organisés politiquement et socialement, assimilant l'apport culturel (écriture idéographique, etc.) de leurs vaincus, ils possédaient un art d'un réalisme cruel, empreint de syncrétisme religieux.

AZUELA (Mariano), écrivain mexicain, né à Lagos de Moreno (1873-1952), premier représentant des « romanciers de la révolution » *(Ceux d'en bas,* 1916).

B

B. Régent

Bruxelles : la Grand-Place.

BAADE (Walter), astronome américain d'origine allemande, né à Schröttinghausen (1893-1960). Il a découvert l'existence de deux types de populations stellaires et a révisé l'échelle de mesure des distances des galaxies.

BAAL, terme sémitique signifiant « Seigneur », appliqué à un grand nombre de divinités et en particulier au dieu cananéen Hadad.

BAALBEK ou **BALBEK,** v. du Liban; 18 000 h. Anc. cité phénicienne, puis grecque (*Héliopolis*), prospère à l'époque des Antonins. Vestiges des temples de Jupiter et de Bacchus.

Baath ou **Ba'th,** parti socialiste fondé en 1953 par le Syrien Michel Aflak afin de regrouper en une seule nation tous les États arabes du Proche-Orient. Il domine la vie politique en Syrie depuis 1963 et, en Iraq, depuis 1968.

BÁB ('Alī Muḥammad, dit **le**), chef religieux persan, né à Chirāz (1819 ou 1820-1850). Les insurrections fomentées par ses adeptes (1848-1850) furent durement réprimées. (V. BABISME, *Part. langue.*)

BAB AL-MANDAB ou **BAB EL-MANDEB** (« porte des pleurs »), détroit entre l'Arabie et l'Afrique, qui réunit la mer Rouge à l'océan Indien (golfe d'Aden).

BABBAGE (Charles), mathématicien anglais, né à Teignmouth (1792-1871). On lui doit l'une des premières machines à calculer.

BABEL (Issaak Emmanouilovitch), écrivain soviétique, né à Odessa (1894-1941). Auteur de nouvelles (*Cavalerie rouge*, 1926) et de drames qui mettent en scène les épisodes de la révolution russe et de la guerre civile.

Babel (*tour de*), grande tour que, d'après la Bible, les fils de Noé voulurent élever à Babel (nom hébreu de Babylone) pour atteindre le ciel. Dieu aurait anéanti par la confusion des langues ces efforts insensés. Ce mythe est inspiré par la *ziggourat* babylonienne.

BABENBERG, famille franconienne, dont les membres les plus connus furent ducs d'Autriche au XIIe et au XIIIe s.

BÁBER ou **BÁBUR** (1483-1530), descendant de Timūr Lang. Après avoir soumis le Turkestan et une grande partie de l'Inde, il fonda l'empire des Grands Moghols en vainquant le sultan de Delhi à Pānīpat (1526). Il établit sa capitale à Āgrā.

BABEUF (François Noël, dit **Gracchus**), révolutionnaire français, né à Saint-Quentin (1760-1797). Partisan et théoricien d'un régime communiste, il conspira contre le Directoire (« conjuration des Égaux »). Dénoncé, il fut exécuté. Sa doctrine, appelée *babouvisme*, est proche du communisme par la collectivisation des terres qu'elle préconise.

BABINET (Jacques), physicien et astronome français, né à Lusignan (1794-1872). On lui doit un goniomètre et un polariscope.

BABINSKI (Joseph), médecin et neurologue français, né à Paris (1857-1932). Il a décrit plusieurs signes caractéristiques de maladies précises.

BABITS (Mihály), écrivain hongrois, né à Szekszárd (1883-1941). Directeur de la revue *Nyugat (Occident)*, il est l'auteur de poèmes (*le Livre de Jonas*) et de romans psychologiques (*le Calife Cigogne*).

BÁBUR → BÁBER.

BABYLONE, v. de l'Antiquité, dont les ruines, imposantes, au bord de l'Euphrate, sont à 160 km au sud-est de Bagdad. Sa fondation doit être attribuée aux Akkadiens (2350-2150 av. J.-C.). La Ire dynastie amorrite s'y établit (v. 1894-1881 av. J.-C.). Hammourabi, 6e roi de cette dynastie, en fit sa capitale. Détruite par les Hittites, soumise aux Kassites (fin du IIe millénaire), Babylone devint assyrienne (VIIIe-VIIe s.). Lors de la disparition d'Assourbanipal, une dynastie indépendante, dite « néobabylonienne », s'établit à Babylone. Son fondateur,

Nabopolassar, prit part avec les Mèdes à la ruine de l'Assyrie. Le fils de ce roi, Nabuchodonosor II, prit Jérusalem (587 av. J.-C.) et emmena en captivité un grand nombre d'habitants. De son règne datent les principaux monuments de Babylone. La ville fut prise plus tard par Cyrus II (539), qui fit de la Babylonie une province de l'Empire perse. Xerxès démantela Babylone. Alexandre la choisit comme capitale de l'Asie et y mourut en 323 av. J.-C. La décadence de Babylone commença quand les Séleucides l'abandonnèrent.

BABYLONIE, partie inférieure de la Mésopotamie, appelée très tardivement *Chaldée**. V. pr. *Babylone, Our, Béhistoun.*

BACĂU, v. de Roumanie; 100 000 h.

BACCARAT (54120), ch.-l. de c. de Meurthe-et-Moselle, sur la Meurthe; 5 606 h. (*Bacchamois*). Église de 1957. Cristallerie.

Bacchantes (*les*), tragédie d'Euripide (405 av. J.-C.), sur la mort de Penthée, roi de Thèbes, déchiré par les Bacchantes pour s'être opposé à l'introduction du culte de Dionysos.

BACCHUS [bakys], nom donné à *Dionysos** par les Romains.

Morath-Magnum

ruines de **Babylone**

Lauros-Giraudon

Gracchus **Babeuf**

BACCHYLIDE, poète lyrique grec du Ve s. av. J.-C., né dans l'île de Kéos (auj. Kéa). Il fut le rival de Pindare.

BACH, nom d'une famille de musiciens allemands. Le plus illustre est JEAN-SÉBASTIEN, né à Eisenach (1685-1750), organiste, qui dirigea l'orchestre du prince Léopold d'Anhalt à Köthen (1717) et devint, en 1723, cantor à la Thomasschule de Leipzig. Ses œuvres de musique religieuse, vocale ou instrumentale, valent par la science de l'architecture, la richesse de l'inspiration, l'audace du langage harmonique, la haute spiritualité *(Cantates, Passions, Messe en « si »,* Œuvres d'orgue [préludes, fugues, chorals], le *Clavecin* bien tempéré* et *Partitas, Concertos brandebourgeois, Suites pour orchestre, Concertos pour clavecin et orchestre, Concertos pour violon et orchestre, Suites pour violoncelle seul, Sonates pour flûte et clavier, pour violon et clavier; l'Offrande musicale; l'Art de la fugue).* — Trois de ses fils furent des compositeurs réputés : WILHELM FRIEDEMANN, né à Weimar (1710-1784); CARL PHILIPP EMANUEL, né à Weimar (1714-1788), musicien de Frédéric II, et qui, un des premiers, écrivit des sonates à deux thèmes; JOHANN CHRISTIAN, né à Leipzig (1735-1782), qui séjourna à Milan et à Londres, partisan d'une esthétique galante dans ses œuvres instrumentales qui annoncent l'école viennoise.

BACH (Alexander, *baron* VON), homme d'État autrichien, né à Loosdorf (1813-1893). Ministre de l'Intérieur (1849-1859), il se montra partisan de l'absolutisme et de la bureaucratie impériale.

BACHELARD (Gaston), philosophe français, né à Bar-sur-Aube (1884-1962), auteur d'ou-

J.-S. **Bach**
par E.-G.
Haussmann

Gaston
Bachelard

vrages d'épistémologie et de psychanalyse de la connaissance scientifique (*la Formation de l'esprit scientifique*, 1938). On lui doit également des analyses de l'imaginaire poétique.

BACHELIER (Nicolas), architecte et sculpteur français (v. 1487-1556/57), principal représentant de l'art de la Renaissance dans la région de Toulouse.

BACHKIRIE, république autonome de l'U.R.S.S. (R.S.F.S. de Russie), dans l'Oural méridional; 3 818 000 h. (*Bachkirs*). Cap. *Oufa.* Pétrole. Les Bachkirs, musulmans d'origine mongole, furent soumis par Ivan IV le Terrible.

BACILLY (Bénigne DE), compositeur et théoricien français, né en Normandie (v. 1625-1690). Il s'est intéressé à l'art du chant en France.

BACKHUYSEN (Ludolf), peintre néerlandais, né à Emden (1631-1708), auteur de marines.

BACOLOD, port des Philippines; 187 000 h.

BACON (Roger), philosophe et savant britannique, surnommé **le Docteur admirable,** né à Ilchester (Somerset) ou Bisley (Gloucester) [v. 1220-1292], un des plus grands savants du Moyen Âge. Le premier, il s'aperçut que le calendrier julien était erroné. Il signala les points vulnérables du système de Ptolémée et préconisa la science expérimentale.

BACON (Francis), baron **Verulam,** chancelier d'Angleterre sous Jacques Ier et philosophe, né à Londres (1561-1626). Son *Instauratio magna* développe une théorie empiriste de la connaissance, et son *Novum Organum* propose une classification des sciences.

BACON (Francis), peintre britannique, né à Dublin en 1909. Exprimant l'inadaptation des êtres par des déformations violentes et par l'acidité de la couleur, il a influencé la nouvelle figuration internationale.

BACQUEVILLE-EN-CAUX (76730), ch.-l. de c. de la Seine-Maritime; 1 698 h.

BACTRIANE, pays de l'Asie anc., au nord de l'Afghānistān actuel, satrapie de l'Empire perse. Cap. *Bactres* (auj. *Balkh*). [Hab. *Bactriens.*]

BADAJOZ, v. d'Espagne (Estrémadure), sur le Guadiana; 102 000 h. Vestiges arabes; cathédrale des XIIIe-XVIe s. Elle fut prise en 1811 par le maréchal Soult.

BADALONA, v. d'Espagne, banlieue industrielle de Barcelone; 163 000 h.

Bagdad

BĀDĀMI, site archéologique de l'Inde (Karnātaka), à l'emplacement de l'une des anc. cap. des Cālukya. Sanctuaires rupestres brahmaniques (VIe-VIIe s.).

BADE, en allem. **Baden,** région de l'Allemagne fédérale, s'étendant le long du Rhin, du lac de Constance au confluent du Neckar, occupant le versant occidental de la Forêt-Noire et une petite partie du bassin de Souabe et de Franconie. V. pr. *Mannheim, Karlsruhe.* Margraviat en 1112, grand-duché en 1806, république en 1919, le pays de Bade, regroupé avec le Wurtemberg (1949-1951), forme un État de la République fédérale d'Allemagne, le *Bade-Wurtemberg* (35 751 km²; 9 226 000 h.; cap. *Stuttgart*). [V. aussi WURTEMBERG.]

BADE (Maximilien DE) → MAXIMILIEN DE BADE.

BAD EMS → EMS.

BADEN, comm. de Suisse (Argovie), sur la Limmat; 14 115 h. Eaux minérales radioactives. Constructions électriques.

BADEN-BADEN, v. de l'Allemagne fédérale, près du Rhin; 39 000 h. Station thermale.

BADEN-POWELL (Robert, *baron*), général anglais, né à Londres (1857-1941), fondateur du scoutisme (1908).

BADGASTEIN, v. d'Autriche, près de

Francis **Bacon**
diptyque *Étude de George Dyer et images d'après Muybridge* (1971), détail

Salzbourg; 6 500 h. Station thermale et de sports d'hiver (alt. 1 083-2 246 m).

BADINGUET, surnom donné à *Napoléon III.*

BAD NAUHEIM ou **NAUHEIM,** v. de l'Allemagne fédérale (Hesse); 15 000 h. Station thermale.

BADOGLIO (Pietro), maréchal italien, né à Grazzano Monferrato (1871-1956), gouverneur de Libye (1928), vice-roi d'Éthiopie (1938). Président du Conseil après la chute de Mussolini, il négocia l'armistice avec les Alliés (1943).

BADONVILLER [-vile] (54540), ch.-l. de c. de Meurthe-et-Moselle; 1920 h. Faïence.

BADR, localité d'Arabie, au sud-ouest de Médine. Victoire remportée par Mahomet sur les Quraychites (624).

BAD RAGAZ, en franç. **Ragaz-les-Bains,** comm. de Suisse (Saint-Gall); 3 713 h. Station thermale.

BAEDEKER (Karl), libraire allemand, né à Essen (1801-1859), éditeur de guides touristiques.

BAEKELAND (Leo Hendrik), chimiste belge, naturalisé américain, né à Gand (1863-1944), inventeur de la *Bakélite.*

BAEYER (Adolf VON), chimiste allemand, né à Berlin (1835-1917), qui réalisa la synthèse de l'indigo. (Prix Nobel, 1905.)

BAFFIN (William), navigateur anglais, né à Londres (1584-1622). En 1616, il pénétra pour la première fois, par le détroit de Davis, dans la mer qui porte aujourd'hui son nom.

BAFFIN (*terre de*), grande île de l'archipel Arctique canadien, séparée du Groenland par la *mer de Baffin.*

BAGANDAS → GANDAS.

BAGAUDES, bandes de paysans gaulois réduits par la misère au brigandage. Ils se révoltèrent plusieurs fois, d'abord dans la Lyonnaise, puis dans l'ensemble de la Gaule; ils furent chaque fois écrasés par les Romains (IIIe-Ve s.).

BAGDAD, cap. de l'Iraq, sur le Tigre; 2 400 000 h. Monuments des XIIIe-XIVe s. Musées. La ville connut sa plus grande prospérité comme

Francis **Bacon**

Roger **Bacon**

capitale des 'Abbāssides (VIIIe-XIIIe s.) et fut détruite par les Mongols en 1258.

Bagdad (pacte de) → CENTO.

BAGEHOT (Walter), économiste anglais, né à Langport (Somerset) [1826-1877].

BÂGÉ-LE-CHÂTEL (01380), ch.-l. de c. de l'Ain; 601 h.

BAGNEAUX-SUR-LOING (77167), comm. de Seine-et-Marne; 1664 h. Verrerie.

BAGNÈRES-DE-BIGORRE (65200), ch.-l. d'arr. des Hautes-Pyrénées, sur l'Adour; 10 573 h. (Bagnérais). Station thermale (affections rénales, anémies).

BAGNÈRES-DE-LUCHON ou **LUCHON** (31110), ch.-l. de c. de la Haute-Garonne; 3 627 h. Station thermale sulfureuse (voies respiratoires, rhumatismes). Sports d'hiver à Superbagnères.

BAGNEUX (92220), ch.-l. de c. des Hauts-de-Seine, au sud de Paris; 40 674 h. Cimetière parisien. Combats en 1870.

BAGNOLES-DE-L'ORNE (61140), comm. de l'Orne; 651 h. Station thermale radioactive (varices, troubles circulatoires).

BAGNOLET (93170), ch.-l. de c. de la Seine-Saint-Denis; 35 907 h.

BAGNOLS-LES-BAINS [-nɔl] (48190), comm. de la Lozère, sur le Lot; 216 h. Eaux sulfureuses.

BAGNOLS-SUR-CÈZE (30200), ch.-l. de c. du Gard; 17 772 h. (Bagnolais). Musée d'Art moderne.

BAGOT (sir Charles), homme d'État britannique, né à Rugeley (Staffordshire) [1781-1843], gouverneur général du Canada de 1841 à 1843.

BAGRATION (Petr Ivanovitch, prince), général russe, né à Kizliar (Géorgie) [1765-1812], il se battit contre Napoléon et fut tué à la bataille de la Moskova.

BAGRJANA (Elisaveta BELCEVA, dite), poétesse bulgare, née à Sofia en 1893, qui tente de concilier l'image traditionnelle de la femme orientale avec l'émancipation de la femme moderne (Contrepoints).

BAGUIO, v. des Philippines; 58 000 h.

BAHAMAS, anc. Lucayes, État insulaire de l'Atlantique, au sud-est de la côte de Floride; 11 405 km²; 195 000 h. Cap. Nassau. Tourisme.

BAHĀWALPUR, v. du Pākistān; 134 000 h.

BAHIA, État du Brésil oriental; 561 026 km²; 7 509 000 h. Cap. Salvador.

BAHÍA BLANCA, port de l'Argentine, près de la baie de Bahía Blanca; 182 000 h.

BAHREIN ou **BAHRAYN** (îles), archipel du golfe Persique, près de la côte d'Arabie; 662 km²; 360 000 h. Cap. Manāma. Important centre de pêche perlière, sur lequel les Britanniques établirent leur protectorat en 1914, il est devenu indépendant en 1971. Gisements de pétrole.

BAHR EL-ABIAD, autre nom du Nil Blanc.

BAHR EL-AZRAK, autre nom du Nil Bleu.

BAHR EL-GHAZAL, cours d'eau du Soudan, exutoire d'une cuvette marécageuse très étendue.

BAIE (La), v. du Canada (Québec); 20 116 h.

BAIE-COMEAU, v. du Canada (Québec), sur la rive nord de l'estuaire du Saint-Laurent; 11 911 h. Métallurgie.

BAIE-MAHAULT (97122), ch.-l. de cant. de la Guadeloupe; 8 665 h.

BAIES, en lat. Baiae, v. de l'Italie anc., près de Naples. Lieu de plaisance sous l'Empire romain.

BAÏF (Lazare DE), diplomate et humaniste français, né près de La Flèche (1496-1547). — Son fils JEAN ANTOINE, poète français, né à Venise (1532-1589), membre de la Pléiade, tenta d'acclimater en France le vers de la poésie antique et de réformer l'orthographe.

BAIGNES-SAINTE-RADEGONDE (16360), ch.-l. de c. de la Charente; 1 452 h.

BAIGNEUX-LES-JUIFS (21450), ch.-l. de c. de la Côte-d'Or; 300 h.

BAÏKAL, profond lac de la Sibérie méridionale, qui se déverse dans l'Ienisseï par l'Angara; 31 500 km²; longueur 640 km. Principal foyer paléolithique et mésolithique de Sibérie.

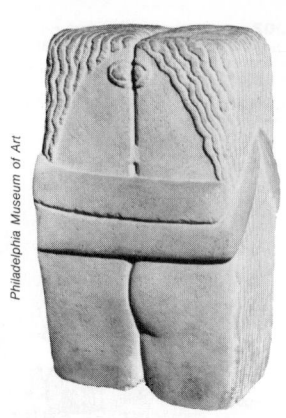

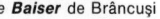
le **Baiser** de Brâncuşi

le **Baiser**, de Rodin

BAÏKONOUR, v. de l'U.R.S.S. (Kazakhstan). Base de lancement d'engins spatiaux.

BAILÉN, v. d'Espagne (Andalousie). En 1808, les troupes françaises du général Dupont y capitulèrent.

BAILLAIRGÉ ou **BAILLARGÉ**, famille de sculpteurs et d'architectes canadiens-français des XVIIIe et XIXe s.

BAILLAUD (Benjamin), astronome français, né à Chalon-sur-Saône (1848-1934), spécialiste de mécanique céleste.

BAILLEUL (59270), ch.-l. de c. du Nord; 13 483 h. (Bailleulois). Textile.

BAILLEUL-SUR-THÉRAIN (60930), comm. de l'Oise; 1 222 h. Métallurgie.

BAILLIF (97123), comm. de la Guadeloupe; 5 847 h.

BAILLON (Henri), botaniste français, né à Calais (1827-1895), auteur d'un Dictionnaire de botanique (1876-1885).

BAILLOT (Pierre), violoniste français, né à Passy (1771-1842).

BAILLY (Jean Sylvain), astronome et homme politique français, né à Paris (1736-1793). Président de la Constituante lors de la célèbre séance du Jeu de paume, puis maire de Paris (1789-1791), il perdit sa popularité lorsqu'il eut fait tirer sur les manifestants assemblés au Champ-de-Mars qui demandaient la déchéance de Louis XVI. Arrêté en 1793, il fut exécuté. (Acad. fr.)

Bain (ordre du), ordre de chevalerie britannique institué en 1725 par le roi George Ier.

BAIN-DE-BRETAGNE (35470), ch.-l. de c. d'Ille-et-Vilaine; 5 063 h. (Bainais).

BAINS-LES-BAINS (88240), ch.-l. de c. des Vosges; 1 757 h. (Balnéens). Station thermale (artérites, infarctus du myocarde, hypertension).

BAINVILLE (Jacques), historien français, né à Vincennes (1879-1936). Son œuvre (Histoire de deux peuples, 1916-1933; Napoléon, 1931) se situe dans la ligne de l'Action française.

BAIRD (John Logie), ingénieur écossais, né à Helensburgh (1888-1946), l'un des pionniers de la télévision.

BAIRE (René), mathématicien français, né à Paris (1874-1932), l'un des chefs de file de l'école mathématique française.

BAIS (53160), ch.-l. de c. de la Mayenne; 1 251 h.

BAÏSE (la), riv. de la Gascogne, née sur le plateau de Lannemezan, affl. de la Garonne (r. g.); 190 km.

Baiser (le), nom, entre autres, de deux sculptures célèbres et antithétiques de Rodin (1886-1898, musée Rodin) et de Brâncuşi (diverses versions 1908-1910, dont celle du cimetière du Montparnasse à Paris).

BAJAZET → BĀYEZĪD.

Bajazet, tragédie de Racine (1672), tiré d'un drame de sérail de l'histoire ottomane.

BA JIN → PA KIN.

BAKER (sir Samuel), voyageur anglais, né à Londres (1821-1893). Il explora l'Afrique centrale et découvrit le lac Albert en 1864.

BAKER (Joséphine), artiste de music-hall américaine, née à Saint Louis (1906-1975). Découverte en 1925 à Paris, elle connut la renommée comme chanteuse, danseuse, actrice de cinéma et animatrice de revues.

BAKI (Abdulbaki Mahmud, dit), poète lyrique turc, né à Istanbul (1526-1600), auteur d'un Divan.

BAKONY (monts), hauteurs boisées de Hongrie, au nord du lac Balaton; 704 m. Bauxite.

BAKOU, v. de l'U.R.S.S., cap. de la république d'Azerbaïdjan, sur la Caspienne, dans la péninsule d'Apchéron; 1 435 000 h. Centre pétrolier.

BAKOU (Second-), région pétrolifère de l'U.R.S.S., entre l'Oural et la Volga.

BAKOUBAS → KOUBAS.

BAKOUMA, gisement d'uranium de la République centrafricaine.

BAKOUNINE (Mikhaïl Aleksandrovitch), révolutionnaire russe, né à Priamoukhino (1814-1876), l'un des chefs de la Ire Internationale, dont il fut exclu en 1872, et théoricien, à l'encontre de K. Marx, de l'anarchisme.

BAKR (Ahmad Hasan al-), général irakien, né à Tikrit en 1914, chef de l'État de 1968 à 1979.

BALAGNE (la), région du nord-ouest de la Corse (Haute-Corse).

BALAGNY-SUR-THÉRAIN (60250 Mouy), comm. de l'Oise; 1 393 h. Papiers peints.

BALAGUER (Víctor), homme politique et écrivain catalan, né à Barcelone (1824-1901).

BALAGUER (Joaquín), homme d'État dominicain, né à Santiago de los Caballeros en 1906, président de la République de 1960 à 1962 et de 1966 à 1978.

BALAÏTOUS (mont), sommet des Pyrénées (Hautes-Pyrénées), à la frontière espagnole; 3 144 m.

BALAKIREV (Mili Alekseïevitch), compositeur russe, né à Nijni-Novgorod (1837-1910), fondateur du « groupe des Cinq » et auteur d'Islamey, pour piano.

BALAKLAVA, port de l'U.R.S.S. (Ukraine), en Crimée, sur la mer Noire. Victoire de la cavalerie anglaise (charge de la brigade légère) sur les Russes (1854).

BALAN (01120 Montluel), comm. de l'Ain; 2 522 h. Industrie chimique.

BALANCE (la), constellation zodiacale. — Septième signe du zodiaque, dans lequel le Soleil entre à l'équinoxe d'automne.

BALANCHINE (Gueorgui Melitonovitch

BALANCHIVADZE, dit **George**), chorégraphe russe naturalisé américain, né à Saint-Pétersbourg en 1904. Collaborateur de Diaghilev, créateur de l'American School of Ballet, animateur du New York City Ballet, il est le maître du ballet abstrait *(Concerto barocco, Liebeslieder Walzer, Agon, The Four Temperaments)* tout en restant fidèle à la tradition classique *(le Fils prodigue; reconstitution du Lac des cygnes).*

BALARD (Antoine Jérôme), chimiste français, né à Montpellier (1802-1876). Il découvrit le brome (1826) et tira le sulfate de sodium de l'eau de mer.

BALARUC-LES-BAINS (34540), comm. de l'Hérault, sur l'étang de Thau; 2 957 h. Industrie chimique. Station thermale.

BALASSA ou **BALASSI** (Bálint), poète et capitaine hongrois, né à Zólyom (1554-1594), le premier en date des grands lyriques hongrois.

BALATON, lac de Hongrie, au pied des monts Bakony, à l'ouest du Danube; 596 km². Nombreuses stations estivales sur ses rives.

BALBEK → BAALBEK.

BALBIN, en lat. **Decimus Caelius Calvinus Balbinus** (178-238), empereur romain en 238 avec Pupien. Il fut massacré par les prétoriens.

BALBO (Cesare), comte DE VINADIO, homme d'État italien, né à Turin (1789-1853), un des chefs du *Risorgimento.*

BALBO (Italo), maréchal italien, né à Ferrare (1896-1940). Un des promoteurs du fascisme, ministre de l'Air (1926-1935), il dirigea de nombreux raids aériens, puis fut gouverneur de la Libye (1939).

BALBOA (Vasco NÚÑEZ DE), conquistador espagnol, né à Jerez (1475-1517). Il découvrit l'océan Pacifique en 1513, après avoir traversé l'isthme de Darién.

BALDUNG (Hans), dit **Grien,** peintre et graveur allemand, né à Gmünd (1484 ou 1485-1545), fixé à Strasbourg en 1509. Il associe souvent fantastique macabre et sensualité.

BALDWIN (James Mark), psychologue et sociologue américain, né à Columbia (Caroline du Sud) [1861-1934]. Ses travaux ont notamment porté sur la psychologie de l'enfant et la psychologie sociale.

BALDWIN (Stanley), homme politique anglais, né à Bewdley (Worcestershire) [1867-1947]. Conservateur, il fut Premier ministre en 1923, de 1924 à 1929, puis de 1935 à 1937.

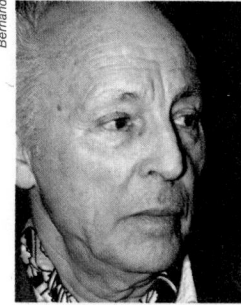

George **Balanchine**

Bâle
fontaine (XVᵉ s.) du marché aux Poissons

BALDWIN (James), écrivain américain, né à New York en 1924. Fils d'un pasteur de race noire, il cherche la solution des conflits raciaux dans une révolution morale *(les Élus du Seigneur).*

BÂLE, en allem. **Basel,** v. de Suisse, ch.-l. d'un demi-canton urbain (37 km²; 215 000 h.), sur le Rhin; 193 000 h. *(Bâlois).* Important port fluvial. Industries mécaniques et chimiques. Cathédrale romane et gothique. Riches musées. Concile où fut proclamée la supériorité du concile sur le pape (1431-1449). En 1795, deux traités y furent signés par la France : l'un avec la Prusse, l'autre

Baléares
baie de Palma de Majorque

Baldung Grien
les Trois Âges et la Mort

avec l'Espagne. En 1833, à l'issue d'une guerre civile, le canton a été divisé en deux demi-cantons : *Bâle-Ville* et *Bâle-Campagne.* — Le demi-canton de *Bâle-Campagne* (428 km²; 220 500 h.) a pour ch.-l. *Liestal.* Les deux demi-cantons constituent le *canton de Bâle.*

BALÉARES, archipel et province espagnols de la Méditerranée occidentale, formés de quatre îles notables : Majorque, Minorque, Ibiza et Formentera; 558 000 h. *(Baléares).* Ch.-l. *Palma de Majorque.* Les Baléares, au relief accidenté et au littoral découpé, vivent principalement du tourisme. Elles furent conquises par Jacques Iᵉʳ le Conquérant, roi d'Aragon. Constituées en royaume de Majorque (1276), elles furent, en 1343, réunies à la couronne d'Aragon.

BALEN, comm. de Belgique (Anvers); 17 900 h. Métallurgie.

BALFOUR (Arthur James, *comte*), homme d'État britannique, né à Whittingehame (Écosse) [1848-1930]. Premier ministre conservateur à la tête d'un gouvernement unioniste (1902-1906), secrétaire d'État aux Affaires étrangères (1916-1922), il préconisa, en 1917, la constitution d'un « foyer national juif » en Palestine *(déclaration Balfour).*

BALI, île d'Indonésie, séparée de Java par le *détroit de Bali*; 5 561 km²; 2 120 000 h. *(Balinais).*

BALIKESIR, v. de Turquie; 99 000 h.

BALIKPAPAN, v. d'Indonésie (Bornéo); 137 000 h.

BALINAIS, peuple malais de Bali. Les Balinais ont mis au point une remarquable technique de culture du riz en terrasses irriguées et pratiquent un art de la danse très raffiné, lié, à l'origine, à des fonctions religieuses et magiques.

BALINT (Michael), psychiatre et psychanalyste britannique d'origine hongroise, né à Budapest (1896-1970), auteur d'une méthode qui consiste à réunir régulièrement des médecins pour qu'ils analysent en commun leur comportement vis-à-vis des malades *(groupe Balint).*

BALIOL, BALLIOL ou **BAILLEUL** (de), famille normande qui accéda au trône d'Écosse en 1292.

BALKAN (mont), longue chaîne montagneuse de Bulgarie; 2 376 m au pic Botev.

BALKANS (péninsule des) ou **PÉNINSULE BALKANIQUE,** la plus orientale des péninsules de l'Europe méridionale, limitée approximativement au nord par la Save et le Danube, s'étendant sur la Bulgarie, la Yougoslavie, l'Albanie, la Grèce et la Turquie d'Europe. C'est une région essentiellement montagneuse (chaînes dinariques, mont Balkan, Rhodope, Pinde),

au climat continental à l'intérieur, méditerranéen sur le littoral. Les vallées (Morava, Vardar, Marica) concentrent, avec les bassins intérieurs (Sofia), la majeure partie de la population.
Creuset où se mêlèrent divers peuples, la péninsule balkanique fut soumise aux Turcs à partir de la fin du XIVᵉ s. L'Europe chrétienne (et particulièrement la maison d'Autriche et la Russie) amorça la reconquête au XVIIIᵉ s. De 1875 à 1945, la lutte des peuples balkaniques contre la domination turque, les dissensions qui les opposèrent entre eux et la rivalité des grandes puissances donnèrent lieu à de nombreux conflits dans les Balkans : guerres serbo-turque (1876), russo-turque (1877) et gréco-turques (1897, 1921), guerres balkaniques (1912-13), campagnes balkaniques des guerres mondiales (Serbie et Macédoine [1915-1918] ; Albanie, Yougoslavie et Grèce [1940-1944]).

BALKHACH, lac de l'U.R.S.S. (Kazakhstan) ; 17 300 km². Gisements de cuivre sur la rive nord. — V. de l'U.R.S.S. (Kazakhstan), sur la rive nord du lac ; 64 000 h. Fonderie de cuivre.

BALLA (Giacomo), peintre italien, né à Turin (1871-1958). Il fut, de 1910 à 1930 env., l'un des grands animateurs du futurisme par ses études de décomposition de la lumière et du mouvement.

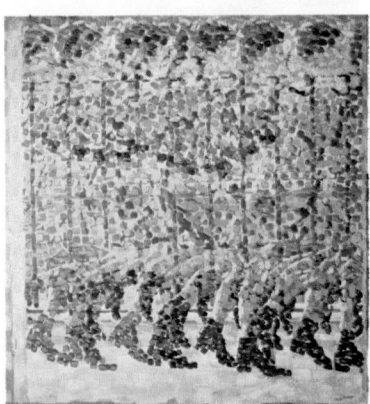

Giacomo **Balla**
Petite Fille courant sur un balcon (1912)

BALLANCHE (Pierre Simon), écrivain français, né à Lyon (1776-1847), dont la philosophie de l'histoire, héritée de Vico, s'allie à une sentimentalité mystique. (Acad. fr.)

BALLANCOURT-SUR-ESSONNE (91610), comm. de l'Essonne ; 5 025 h.

BALLARD, famille d'imprimeurs de musique parisiens qui, à partir de 1551, eut le monopole de l'Imprimerie musicale pendant plus de deux siècles.

BALLEROY (14490), ch.-l. de c. du Calvados ; 712 h. Château du XVIIᵉ s., peut-être sur plans de F. Mansart.

Ballets russes, compagnie de ballets, dirigée par Diaghilev. À Paris, en 1909, elle révéla une forme nouvelle du spectacle chorégraphique, qui est à l'origine du ballet moderne.

BALLIN, CLAUDE Iᵉʳ (1615-1678), et son neveu CLAUDE II (1661-1754), orfèvres parisiens au service de la Cour.

BALLON (72290), ch.-l. de c. de la Sarthe ; 1 246 h.

BALLY (Charles), linguiste suisse, né à Genève (1865-1947), auteur d'un *Traité de stylistique française.*

BALMA (31130), comm. de la Haute-Garonne ; 7 809 h.

BALMAT (Jacques), guide de la vallée de Chamonix, né à Chamonix (1762-1834). En 1786, il atteignit le premier le sommet du mont Blanc, accompagné du docteur M. G. Paccard, et y retourna en 1787 avec H. B. de Saussure.

BALME (*col de*), dans les Alpes, à la frontière franco-suisse, entre la vallée de l'Arve et celle du Rhône, à 2 205 m d'alt.

BALMER (Johann Jakob), physicien suisse, né à Lausen (1825-1898), auteur de travaux sur le spectre d'hydrogène.

BALMONT (Konstantine Dmitrievitch), poète russe, né à Goumnichtchi (1867-1942), l'un des principaux représentants du symbolisme (*Soyons comme le soleil,* 1903 ; *Aurore boréale,* 1931).

Balmoral, château du XIXᵉ s. dans les Grampians, en Écosse, résidence royale britannique.

BALOUBAS ou **BALUBAS** → LOUBAS.

BALOUTCHISTAN ou **BALŪCHISTĀN** ou **BÉLOUTCHISTAN,** région montagneuse partagée entre l'Iran et le Pākistān. Soumis par les Arabes au XVIIᵉ s., puis vassal de la Perse, le pays acquit son indépendance au XVIIIᵉ s. En 1887, il fut annexé à l'Empire indo-britannique.

BALTARD (Victor), architecte français, né à Paris (1805-1874). Utilisateur du fer, il a construit à Paris les anciennes Halles centrales (1854) et l'église Saint-Augustin.

BALTES (*pays*), nom donné aux trois actuelles républiques de l'U.R.S.S. sur la Baltique (Estonie, Lettonie et Lituanie).

BALTHAZAR, régent de Babylone, fils du roi Nabonide. Il fut vaincu et tué en 539 av. J.-C. lors de la prise de Babylone par Cyrus.

BALTHAZAR, nom populaire traditionnel de l'un des Rois mages.

BALTHILDE (*sainte*) → BATHILDE.

BALTHUS (Balthasar KLOSSOWSKI, dit), peintre français, né à Paris en 1908. La subtilité troublante de ses paysages ainsi que de ses intérieurs aux figures de jeunes filles, nimbés d'une lumière pâle ou sourde, lui ont valu des admirateurs distingués.

BALTIMORE, v. des États-Unis (Maryland) ; 906 000 h. (plus de 2 millions dans l'agglomération). Université Johns Hopkins. Musées. Port sur la baie de Chesapeake.

BALTIQUE (*mer*), dépendance de l'Atlantique, qui baigne la Finlande, l'U.R.S.S., la Pologne, les deux Allemagnes, le Danemark et la Suède. Généralement peu profonde, peu salée, sans marées mais sujette à geler, elle communique avec la mer du Nord par les détroits danois et forme entre la Suède et la Finlande le golfe de Botnie.

BALUE (*cardinal* Jean), né à Angles-sur-l'Anglin (v. 1421-1491), secrétaire d'État de Louis XI, qui l'emprisonna de 1469 à 1480.

BALZAC (Jean-Louis GUEZ [ge], dit DE), écrivain français, né à Angoulême (1597-1654), auteur de *Lettres,* d'essais politiques et critiques (*le Socrate chrétien*) qui contribuèrent à la formation de la prose classique. (Acad. fr.)

BALZAC (Honoré DE), écrivain français, né à Tours (1799-1850), auteur de *la Comédie humaine,* qui, à partir de 1842, rassembla plusieurs séries et romans formant une véritable fresque de la société française de la Révolution à la fin de la monarchie de Juillet. Plus de 2 000 personnages composent une société hantée par le pouvoir de l'argent, livrée à des passions dévorantes, et que décrivent 90 romans achevés et classés en *Études de mœurs, Études philosophiques* et *Études analytiques.* Les principaux de ces romans sont : *Gobseck* (1830), *la Peau de chagrin* (1831), *le Colonel Chabert* (1832), *le Médecin de campagne, Eugénie Grandet* (1833), *le Père Goriot* (1834-35), *la Recherche de l'absolu* (1834), *le Lys dans la vallée* (1835), *César Birotteau* (1837), *Illusions perdues* (1837-1843), *Splendeurs et misères des courtisanes* (1838-1847), *la Rabouilleuse* (1841), *les Paysans* (1844), *la Cousine Bette* (1846), *le Cousin Pons* (1847). On doit également à Balzac des contes (*Contes drolatiques,* 1832-1837) et des pièces de théâtre (*le Faiseur,* 1853).

BAMAKO, cap. de la république du Mali, sur le Niger ; 237 000 h.

BAMBARAS, ethnie de l'Afrique occidentale,

présent en particulier au Sénégal, au Mali, en Haute-Volta et en Côte-d'Ivoire. Les Bambaras appartiennent au groupe mandingue.

BAMBERG, v. de l'Allemagne fédérale (Bavière) ; 76 000 h. Cathédrale du XIIIᵉ s. (sculptures). Port fluvial (sur le canal Rhin-Main-Danube).

BAMBOCHE → VAN LAER (*Pieter*).

BAMBYCE, anc. v. de Syrie, à une trentaine de kilomètres à l'ouest de l'Euphrate. (Auj. *Manbidj*.)

BAMILÉKÉS, population des hauts plateaux occidentaux du Cameroun.

BĀMIYĀN, v. d'Afghānistān, entre l'Hindū Kūch et le Kūh-i Bābā ; 8 000 h. Monastères rupestres bouddhiques (IIᵉ-Vᵉ s.), ornés de peintures et de stucs et flanqués de deux statues colossales de Bouddha.

BĀNA, écrivain de langue sanskrite du VIIᵉ s., auteur d'ouvrages historiques et d'un roman d'amour et d'aventures (*Kādambari*).

BANACH (Stefan), mathématicien polonais, né à Cracovie (1892-1945), spécialiste des problèmes de topologie et des espaces métriques.

BANAT, partie du sud-est du Bassin pannonien. En 1919, il fut partagé entre la Roumanie, la Hongrie et la Yougoslavie.

BANCROFT (George), historien et homme politique américain, né à Worcester (Massachusetts) [1800-1891]. On lui doit les *traités Bancroft* réglementant les conditions d'immigration aux États-Unis et une *Histoire des États-Unis* (1834-1874).

BANDARANAIKE (Solomon), homme politique cinghalais, né à Colombo (1899-1959). Fondateur du parti de la liberté, Premier ministre (1956-1959), il obtint l'évacuation des bases britanniques de Ceylan. — Sa veuve, SIRIMAVO **Bandaranaike,** née à Balangoda en 1916, poursuivit la « grande révolution sociale » comme Premier ministre, de 1960 à 1965 et de 1970 à 1977.

BANDAR SERI BEGAWAN, cap. du sultanat de Brunei ; 37 000 h.

BANDEIRA (Manuel), poète brésilien, né à Recife (1886-1968), qui joint la virtuosité formelle à la simplicité des thèmes quotidiens (*Carnaval, Libertinage*).

Balzac, par Rodin

BANDELLO (Matteo), écrivain italien, né à Castelnuovo Scrivia (v. 1485-1561), auteur de *Nouvelles,* à la manière de Boccace.

BANDIAGARA, v. du Mali, sur le *plateau de Bandiagara,* limité par de hautes falaises, au pied desquelles habitent les Dogons.

BANDINELLI (Baccio), sculpteur italien, né à Florence (1488-1560), auteur d'*Hercule et Cacus* (place de la Seigneurie, Florence).

Bangkok
détail du
temple royal
Wat Pra keo
(1785)

Prechez-Pitch

BANDJERMASSIN → BANJERMASSIN.

BANDOL (83150), comm. du Var, à 19 km à l'O. de Toulon; 6 204 h. Station balnéaire.

BANDUNG ou **BANDOENG**, v. d'Indonésie (Java); 1 202 000 h. Conférence afro-asiatique en 1955.

BANÉR (Johan Gustafsson), général suédois, né à Djursholm (1596-1641). Il se distingua pendant la guerre de Trente Ans : la victoire de Chemnitz sur les Impériaux (1639) lui permit d'envahir la Bohême.

BANEUIL (24150 Lalinde), comm. de la Dordogne; 259 h. Panneaux.

Banff, parc national du Canada, dans les Rocheuses.

BANGALORE, v. de l'Inde, cap. du Karnātaka; 1 541 000 h.

BANGE (Charles RAGON DE), officier français, né à Balignicourt (1833-1914). Il mit au point un système d'artillerie employé en 1914-1918.

BANGKA, île d'Indonésie, à l'est de Sumatra; 519 000 h. Étain.

BANGKOK, en thaï **Krung Thép,** cap. de la Thaïlande, près de l'embouchure du Ménam 2 228 000 h. Monuments du XVIII⁰ s. Musée national. Port actif.

BANGLADESH (république du), État d'Asie correspondant à l'ancien Pākistān oriental; 142 776 km²; 88 700 000 h. Cap. *Dacca.*

BANGLADESH

GÉOGRAPHIE

Le Bangladesh s'étend sur la plus grande partie du delta du Gange et du Brahmapoutre. C'est une région très humide (avec de fréquentes inondations), grande productrice de riz et de jute (principal produit d'exportation). Le pays, très pauvre en ressources minérales, à l'industrialisation inexistante, souffre du surpeuplement. La balance commerciale est lourdement déficitaire. Le Bangladesh apparaît comme l'un des États les plus déshérités.

HISTOIRE

— 1971 : le Bengale oriental se soulève contre le Pākistān; appuyé par l'Inde, il devient l'État indépendant du Bangladesh, le premier chef du gouvernement étant le cheikh Mujibur Rahman, leader de la ligue Awami.
— 1975 : Mujibur Rahman, devenu président de la République, est renversé et tué lors d'un putsch militaire, dirigé par Ziaur Rahman.
— 1978 : Ziaur Rahman est élu chef de l'État.
— 1981 : assassinat de Z. Raḥman. Abdus Sattar est élu à la tête de l'État.

BANGUI, cap. de la République centrafricaine, sur l'Oubangui; 302 000 h.

BANGWEULU ou **BANGOUÉLO,** lac marécageux de la Zambie; 5 000 km².

BANI SADR (Abol Hassan), homme d'État iranien, né à Hamadhān en 1933, président de la République islamique d'Iran de février 1980 à juin 1981.

BĀNIYĀS, port pétrolier de Syrie.

BANJA LUKA, v. de Yougoslavie (Bosnie-Herzégovine); 90 000 h.

BANJERMASSIN ou **BANDJERMASSIN,** v. d'Indonésie, dans le sud de Bornéo; 282 000 h.

BANJUL, anc. **Bathurst,** cap. de la Gambie, sur l'estuaire du fleuve Gambie; 44 000 h.

BANKS (île de), île de l'archipel Arctique.

BANKS (sir Joseph), naturaliste anglais, né à Londres (1743-1820), compagnon de Cook.

BANNALEC (29114), ch.-l. de c. du Finistère; 5 172 h.

BANON (04150), ch.-l. de c. des Alpes-de-Haute-Provence; 850 h.

Banque de France, organisme, créé en 1800, qui détient depuis 1803 le privilège de l'émission des billets de banque et qui fut nationalisée en 1945. Administrée par un conseil général et un gouverneur, la Banque assume pratiquement la direction du crédit.

Banquet (le), dialogue de Platon, sur l'amour. De la beauté corporelle, la théorie s'élève à celle des âmes, puis à l'idée de la Beauté parfaite et éternelle.

BANQUO, gouverneur sous Duncan, roi d'Écosse (XIᵉ s.), l'un des personnages de *Macbeth,* de Shakespeare.

BANSKÁ BYSTRICA, v. de Tchécoslovaquie (Slovaquie); 53 000 h.

BANTING (sir Frederick GRANT), médecin canadien, né à Alliston (Ontario) [1891-1941]. Il participa à la découverte de l'insuline. (Prix Nobel, 1923.)

BANTOUS, ensemble de populations de l'Afrique, au sud de l'équateur, parlant des langues de la même famille.

BANTOUSTAN, nom donné à chacun des « foyers bantous » de l'Afrique du Sud. (Le principal *Bantoustan* est le Transkei*.)

BANVILLE (Théodore DE), poète français, né à Moulins (1823-1891), auteur des *Odes funambulesques* (1857), membre de l'école du Parnasse*.

BANYULS-SUR-MER [banyls] (66650), comm. des Pyrénées-Orientales; 4 294 h. Station balnéaire. Vins doux. Laboratoire de zoologie marine.

BANZER SUÁRES (Hugo), homme politique bolivien, né à Santa Cruz en 1921, président de la République de 1971 à 1978.

BAO DAI, né à Hué en 1913, empereur d'Annam (1925-1945), fils de l'empereur Khaï Dinh. Il abdiqua lors de la formation de l'État dirigé par le Viêt-minh (1945), et fut de 1949 à 1955 chef d'État vietnamien.

BAODING → PAO-TING.

BAOJI → PAO-KI.

BAOTOU → PAO-T'EOU.

BAOULÉS, population du centre de la Côte-d'Ivoire apparentée aux Achantis.

BAOUSSÉ-ROUSSÉ, site préhistorique de la comm. de Grimaldi (Italie). [V. GRIMALDI.]

BAPAUME (62450), ch.-l. de c. du Pas-de-Calais; 4 207 h. Faidherbe y battit les Prussiens (1871). La ville fut détruite en 1914-1918.

BAR (comté de) → BARROIS.

BAR, v. de l'U. R. S. S. (Ukraine), en Podolie. Les patriotes polonais y formèrent en 1768 une *confédération* pour lutter contre la Russie.

BAR, port de Yougoslavie, sur l'Adriatique.

BARA (Joseph), enfant célèbre par son héroïsme, né à Palaiseau (1779-1793). Hussard dans l'armée républicaine, pris près de Cholet et sommé de crier : « Vive le roi! », il s'écria : « Vive la république! » et fut massacré.

temple de **Bārābudur** (IXᵉ s.)

Frédéric-Rapho

BARABBAS ou **BARRABAS,** agitateur dont les juifs réclamèrent la libération à la place de Jésus.

BĀRĀBUDUR ou **BOROBUDUR,** grand temple bouddhique du centre de Java (v. 850), décoré de nombreux bas-reliefs.

BARACALDO, v. d'Espagne (Biscaye); 109 000 h. Métallurgie lourde.

BARAGUEY-D'HILLIERS (Achille), maréchal de France, né à Paris (1795-1878). Il se distingua contre les Russes (1854), puis en Italie (1859).

BARANTE (Guillaume, baron DE), historien français, né à Riom (1782-1866), auteur d'une *Histoire des ducs de Bourgogne.* (Acad. fr.)

BÁRÁNY (Robert), médecin autrichien, né à Vienne (1876-1936). Il obtint en 1914 le prix Nobel pour ses travaux relatifs aux oreilles.

BARAQUEVILLE (12160), ch.-l. du c. de *Baraqueville-Sauveterre* (Aveyron); 1 955 h.

BARATIER (Augustin), général français, né à Belfort (1864-1917), membre de la mission Marchand au Congo (1896).

BARATIERI (Oreste), général italien, né à Condino (1841-1901). Gouverneur de l'Érythrée, il fut vaincu par Ménélik à Adoua (1896).

BARBADE (la), une des Petites Antilles, formant un État indépendant depuis 1966; 431 km²; 253 000 h. Cap. *Bridgetown.*

BARBANÈGRE (Joseph, baron), général français, né à Pontacq (1772-1830), célèbre par sa défense de Huningue (1815).

BARBARES, nom donné par les Grecs à tous les peuples, y compris les Romains, restés en dehors de leur civilisation. Plus tard, les Romains

V. carte page suivante

s'assimilèrent d'eux-mêmes aux Grecs. L'histoire a appelé « Barbares » les peuples germains

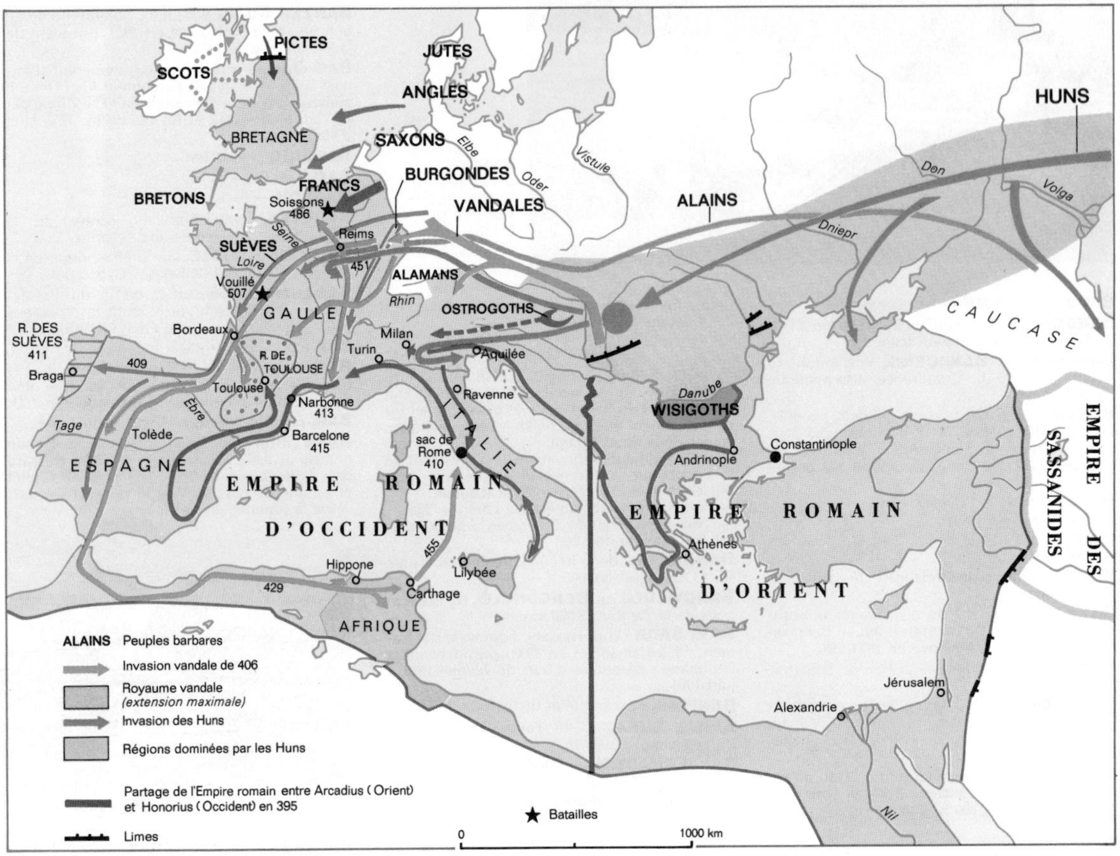

LES INVASIONS BARBARES AU Ve S.

Map labels:
SCOTS · PICTES · JUTES · ANGLES · HUNS · BRETAGNE · SAXONS · BURGONDES · VANDALES · ALAINS · BRETONS · FRANCS · Soissons 486 · Reims · SUÈVES · Loire · 451 · ALAMANS · Vouillé 507 · GAULE · Rhin · OSTROGOTHS · CAUCASE · R. DES SUÈVES 411 · Bordeaux · R. DE TOULOUSE · Milan · Turin · Aquilée · 409 · Braga · Toulouse · Narbonne 413 · Ravenne · Danube · WISIGOTHS · Tage · Ebre · Barcelone 415 · sac de Rome 410 · Andrinople · Constantinople · EMPIRE DES SASSANIDES · Tolède · ESPAGNE · ITALIE · EMPIRE ROMAIN D'OCCIDENT · EMPIRE ROMAIN D'ORIENT · Athènes · Hippone · Lilybée · 455 · 429 · Carthage · AFRIQUE · D'ORIENT · Jérusalem · Alexandrie · Nil · Den · Volga · Dniepr · Vistule · Oder · Elbe · Seine

Legend:
ALAINS Peuples barbares
Invasion vandale de 406
Royaume vandale (extension maximale)
Invasion des Huns
Régions dominées par les Huns
Partage de l'Empire romain entre Arcadius (Orient) et Honorius (Occident) en 395
Limes
★ Batailles
0 — 1000 km

(Goths, Vandales, Burgondes, Suèves, Avars, Huns, Alains, Francs, etc.) qui, du IIIe au VIe s. de notre ère, envahirent l'Empire romain et fondèrent des États plus ou moins durables.

BARBARIE ou **ÉTATS BARBARESQUES,** nom donné jadis aux régions de l'Afrique du Nord situées à l'ouest de l'Égypte : Maroc, Algérie, Tunisie, régence de Tripoli.

BARBAROUX (Charles Jean Marie), Conventionnel girondin, né à Marseille, décapité à Bordeaux (1767-1794).

BARBAZAN (31510), ch.-l. de c. de la Haute-Garonne; 406 h. Station thermale.

BARBE (sainte), vierge et martyre dont l'histoire relève de la légende. Patronne des artilleurs, des sapeurs et des pompiers.

Barbe-Bleue, conte de Perrault.

BARBERINI, famille romaine d'origine florentine, dont un des membres, le cardinal Maffeo Barberini, fut élu pape sous le nom d'Urbain VIII.

BARBEROUSSE, nom donné à deux corsaires turcs, 'Arüdj et Khayr al-Dïn, qui fondèrent l'État d'Alger au XVIe s.

BARBEROUSSE → FRÉDÉRIC Ier, empereur germanique.

BARBÈS (Armand), homme politique français, né à Pointe-à-Pitre (Guadeloupe) [1809-1870]. Représentant du peuple, il tenta de constituer un gouvernement insurrectionnel (mai 1848). Emprisonné, puis libéré (1854), il s'exila.

BARBEY D'AUREVILLY (Jules), écrivain français, né à Saint-Sauveur-le-Vicomte (1808-1889). Auteur de nouvelles (les Diaboliques) et de

romans (le Chevalier Des Touches), il se composa, par son allure de dandy et ses articles féroces, un personnage de « connétable des lettres ».

BARBEZIEUX (Louis LE TELLIER, marquis DE), ministre français, né à Paris (1668-1701), fils de Louvois. Il devint secrétaire d'État à la Guerre en 1691.

BARBEZIEUX - SAINT - HILAIRE (16300), ch.-l. de c. de la Charente ; 5516 h. (Barbeziliens). Restes du château du XVe s.

Barbier de Séville (le), comédie en quatre actes, en prose, de Beaumarchais (1775). Grâce à Figaro, le comte Almaviva enlève la jeune Rosine à son vieux tuteur jaloux, Bartholo. — Sur les données de cette pièce a été écrit un opéra, musique de Rossini (1816).

BARBIZON (77630), comm. de Seine-et-Marne ; 1 189 h. Dans ce village vinrent travailler ou s'établir T. Rousseau, Corot, Diaz de la Peña, J. Dupré, Millet, Troyon, P. Huet, C. F. Daubigny (école de Barbizon).

BARBOTAN-LES-THERMES (32150 Cazaubon), localité du Gers (comm. de Cazaubon). Station hydrominérale (maladies de la circulation).

BARBUSSE (Henri), écrivain français, né à Asnières (1873-1935), auteur du Feu (1916), première peinture non conventionnelle de la vie des combattants.

BARCA, surnom d'Hamilcar.

BARCARÈS (Le) [66420], comm. des Pyrénées-Orientales; 1347 h. Station balnéaire.

BARCELONE, en esp. **Barcelona,** port d'Espagne, cap. de la Catalogne, près de l'embouchure du Llobregat; 1 828 000 h. [plus de 2,5 millions dans l'agglomération, principal foyer industriel du pays] (Barcelonais). Nombreux édifices gothiques, surtout du XIVe s., dont la cathédrale. Église de la Sagrada Familia par Gaudí. Musées, dont celui de Montjuich, riche en art roman catalan. — Très prospère sous la domination aragonaise (XIIe-XVe s.), Barcelone ne retrouva son rang qu'au milieu du XIXe s. Centre de la résistance des républicains pendant la guerre civile (1936-1939).

BARCELONNETTE (04400), ch.-l. d'arr. des Alpes-de-Haute-Provence, sur l'Ubaye; 3213 h.

Barcelone

P. Tétrel

Anc. centre d'émigration vers le Mexique. Station d'altitude (1 132 m) et de sports d'hiver à proximité.

BARCILLONNETTE (05110 La Saulce des Alpes), ch.-l. de c. des Hautes-Alpes; 88 h.

BARCLAY DE TOLLY (Mikhaïl Bogdanovitch, *prince*), maréchal russe, d'origine écossaise, né à Luhde Grosshoff (Livonie) [1761-1818], habile adversaire de Napoléon Ier.

BARDEEN (John), physicien américain, né à Madison (Wisconsin) en 1908. Il a partagé deux fois le prix Nobel de physique : en 1956, pour la mise au point du transistor à germanium; en 1972, pour une théorie de la supraconductibilité.

BARDO (Le), banlieue de Tunis. Anc. palais du bey, où fut signé en 1881 le traité établissant le protectorat français. Musée (antiques et mosaïques).

BARDONNÈCHE, v. d'Italie (Piémont), à la sortie du tunnel du Mont-Cenis; 2 700 h. Station d'altitude et de sports d'hiver (alt. 1 312-2 700 m).

BARÈGES (65120 Luz St Sauveur), comm. des Hautes-Pyrénées; 324 h. Station thermale et de sports d'hiver (alt. 1 250-2 350 m).

BAREILLY, v. de l'Inde (Uttar Pradesh); 326 000 h.

BARENTIN (76360), comm. de la Seine-Maritime; 11 420 h. *(Barentinois)*. Textile. Constructions électriques.

BARENTON (50720), ch.-l. de c. de la Manche; 1 565 h.

BARENTS ou **BARENTSZ** (Willem), navigateur néerlandais, né dans l'île de Terschelling (v. 1550-1597). Il découvrit la Nouvelle-Zemble (1594) et le Spitzberg (1596).

BARENTS *(mer de)*, partie de l'océan Arctique, entre la Nouvelle-Zemble et le Svalbard.

BARÈRE DE VIEUZAC (Bertrand), homme politique français, né à Tarbes (1755-1841). Député aux États généraux (1789) et à la Convention (1792), membre du Comité de salut public, il se montra partisan de la Terreur.

BARFLEUR (50760), comm. de la Manche, près de la *pointe de Barfleur*, extrémité nord-est de la presqu'île du Cotentin; 722 h. Station balnéaire. Pêche.

Bargello (le), palais du podestat, puis du chef de la police *(bargello)* de Florence. Riche musée national de sculpture.

BAR-HILLEL (Yehoshua), logicien israélien d'origine polonaise, né à Vienne en 1915. Il a étudié les rapports du langage et de la logique.

BARI, port d'Italie, cap. de la Pouille, sur l'Adriatique; 387 000 h. Archevêché. Université. Basilique S. Nicola et cathédrale, romanes.

BARJAC (30430), ch.-l. de c. du Gard; 1 108 h.

BARJOLS [-ʒɔl] (83670), ch.-l. de c. du Var; 2 092 h.

BARKLA (Charles Glover), physicien anglais, né à Widnes (Lancashire) [1877-1944]. Prix Nobel (1917) pour ses recherches sur les rayons X et les ondes radioélectriques.

BAR-KOKHEBA, nom sans signification messianique (« Fils de l'étoile ») donné à Simon Bar Koziba, chef de la deuxième révolte juive (132-135). Des documents le concernant ont été trouvés en 1951 dans les grottes des bords de la mer Morte*.

BARLACH (Ernst), sculpteur allemand, né à Wedel (1870-1938), au style sobrement expressionniste.

BAR-LE-DUC (55000), ch.-l. du dép. de la Meuse, dans le sud du Barrois, sur l'Ornain, à 231 km à l'est de Paris; 20 516 h. *(Barisiens)*. Église du XVe s. (sculpture de Ligier Richier). Métallurgie. Textile.

BARLETTA, port d'Italie (Pouille), sur l'Adriatique; 77 000 h. Statue colossale d'un empereur romain (IVe ou Ve s.).

BARLIN (62620), comm. du Pas-de-Calais; 8 009 h. Cimenterie.

BARLOW (Joel), diplomate et poète américain, né à Redding (1754-1812). Il passa de nombreuses années en Europe, notamment en France, où la Convention lui accorda le titre de *citoyen français*.

BARLOW (Peter), mathématicien et physicien britannique, né à Norwich (1776-1862). Il imagina la *roue de Barlow*, prototype du moteur électrique (1828).

BARNABÉ *(saint)*, apôtre, compagnon d'apostolat de saint Paul.

Barnabites, congrégation de clercs réguliers fondée en Italie par saint Antoine Marie Zaccaria (1530).

BARNAOUL, v. de l'U.R.S.S. (R.S.F.S. de Russie), en Sibérie, sur l'Ob; 522 000 h. Industries chimiques et métallurgiques.

BARNARD (Christian), chirurgien sud-africain, né à Beaufort West (prov. du Cap) en 1922. Il réalisa la première transplantation cardiaque en 1967.

BARNAVE (Antoine), homme politique français, né à Grenoble (1761-1793). Député du Dauphiné (1789), il exerça une influence prépondérante aux États généraux. Partisan d'une monarchie constitutionnelle, il fut décapité sous la Terreur.

BARNES (Ralph M.), ingénieur-conseil américain, né à Clifton Mills (Virginie-Occidentale) en 1900, spécialiste de l'étude des mouvements et des temps.

BARNET (Boris), cinéaste soviétique, né à Moscou (1902-1965). Il a réalisé *la Jeune Fille au carton à chapeaux* (1927), *la Maison de la rue Troubnaïa* (1928), *Okraïna* (1933), *Au bord de la mer bleue* (1936).

BARNEVILLE-CARTERET (50270), ch.-l. de c. de la Manche; 2012 h. Station balnéaire.

BARNUM (Phineas Taylor), impresario et entrepreneur de spectacles américain, né à Bethel (Connecticut) [1810-1891]. Il dirigea à partir de 1871 un grand cirque itinérant.

BAROCCIO ou **BAROCCI** (Federico FIORI, dit il), peintre et graveur italien, né à Urbino (1535-1612). Auteur de compositions religieuses, il emprunte au Corrège et aux maniéristes, et annonce le baroque.

BAROCHE (Pierre Jules), homme politique français, né à La Rochelle (1802-1870), ministre des Cultes et de la Justice de Napoléon III.

BARODA, v. de l'Inde (Gujerat); 467 000 h. Musée. Industries mécaniques et chimiques.

BAROJA (Pío), écrivain espagnol, né à Saint-Sébastien (1872-1956), auteur de contes et de romans réalistes *(Mémoires d'un homme d'action,* 1913-1935).

BARON (Michel BOYRON, dit), acteur et auteur dramatique français, né à Paris (1653-1729), membre de la troupe de Molière, puis de celle de l'Hôtel de Bourgogne, auteur de *l'Homme à bonnes fortunes*.

BARONNIES (les), massif calcaire des Préalpes françaises (Drôme); 1 532 m.

BARP (Le) (33830 Belin), comm. de la Gironde; 1 303 h. Centre d'études nucléaires.

BARQUISIMETO, v. du Venezuela; 334 000 h.

BARR (67140), ch.-l. de c. du Bas-Rhin; 4 367 h.

BARRANQUILLA, principal port de Colombie, sur l'Atlantique, à l'embouchure du Magdalena; 521 000 h. Industries chimiques.

BARRAQUÉ (Jean), compositeur français, né à Paris (1928-1973), l'un des principaux représentants de la tradition sérielle *(Sonate pour piano, Chant après chant)*.

BARRAS (Paul, *vicomte* DE), homme politique français, né à Fox-Amphoux (Provence) [1755-1829]. Conventionnel (1793), il contribua à la chute de Robespierre (1794) et fut membre du Directoire (1795-1799).

BARRAUD (Henry), compositeur français, né à Bordeaux en 1900, auteur de *Numance* (1955) et de *Tête d'or* (1979), tragédies lyriques.

BARRAULT [-ro] (Jean-Louis), acteur et metteur en scène français, né au Vésinet en 1910. À la Comédie-Française, dans la Compagnie qu'il créa avec Madeleine Renaud, puis au Théâtre de France (1959-1968) et au Théâtre d'Orsay, il a monté et interprété des œuvres modernes (Claudel, Beckett, Genet) et classiques (Molière, Tchekhov), recherchant un langage dramatique « corporel », dans la lignée d'Artaud.

BARRE (Raymond), homme politique français, né à Saint-Denis-de-la-Réunion en 1924. Premier ministre et ministre de l'Économie et des Finances de 1976 à 1978, il est reconduit à la tête du gouvernement de 1978 à 1981.

BARRE-DES-CÉVENNES (48400 Florac), ch.-l. de c. de la Lozère; 152 h.

BARREIRO, v. industrielle du Portugal, sur le Tage, en face de Lisbonne; 54 000 h.

BARRÊME (04330), ch.-l. de c. des Alpes-de-Haute-Provence; 435 h.

BARRÈS (Maurice), écrivain français, né à Charmes (Vosges) [1862-1923]. Guide intellectuel du mouvement nationaliste, il chercha à concilier l'élan romantique avec les déterminations provinciales et héréditaires *(Du sang, de la volupté et de la mort,* 1893-1909; *les Déracinés,* 1897; *la Colline inspirée,* 1913), passant du culte du moi au besoin de tradition et de discipline pour aboutir à un constat de désenchantement *(Un jardin sur l'Oronte, Mes cahiers)*. [Acad. fr.]

Barricades *(journées parisiennes)*. La première, le 12 mai 1588, fut une manifestation des Ligueurs contre Henri III; la seconde, le 26 août 1648, commença les troubles de la Fronde.

BARRIE, v. du Canada (Ontario); 34 389 h.

Maurice **Barrès**
par la comtesse
de Courville

Larousse

BARRIE (James Matthew), romancier et auteur dramatique écossais, né à Kirriemuir (1860-1937), créateur de *Peter Pan*.

BARRIÈRE (Grande), édifice corallien bordant la côte nord-est de l'Australie.

BARROIS ou **BAR**, région française entre la Lorraine et la Champagne. Cap. *Bar-le-Duc*. Le

Jean-Louis **Barrault**
dans *Ainsi parlait Zarathoustra*

Bernard

comté (puis duché) de Bar fut uni à la Lorraine en 1480 et annexé avec elle à la France en 1766.

BARROIS (Charles), géologue français, né à Lille (1851-1939). Il a étudié le carbonifère du bassin houiller franco-belge.

BARROT (Odilon), homme politique français, né à Villefort (Lozère) [1791-1873]. Chef de la gauche dynastique sous Louis-Philippe, promoteur de la *Campagne des banquets* en 1847, il fut Premier ministre du 20 décembre 1848 au 31 octobre 1849.

BARROW (Isaac), philologue, mathématicien et théologien anglais, né à Londres (1630-1677). Il a été le maître de Newton et l'un des précurseurs du calcul différentiel.

BARROW IN FURNESS, port d'Angleterre, sur la mer d'Irlande; 65 000 h. Métallurgie.

BARRY (Jeanne BÉCU, *comtesse* DU), maîtresse de Louis XV à partir de 1769, née à Vaucouleurs (1743-1793), guillotinée sous la Terreur.

BARSAC (33720 Podensac), comm. de la Gironde; 2 019 h. Vins blancs.

BAR-SUR-AUBE (10200), ch.-l. d'arr. de l'Aube; 7 422 h. (*Baralbins* ou *Barsuraubois*). Deux églises en partie du XIIe s. Constructions mécaniques.

BAR-SUR-LOUP (Le) (06620), ch.-l. de c. des Alpes-Maritimes; 1 691 h. Dans l'église, peintures du XVe s.

BAR-SUR-SEINE (10110), ch.-l. de c. de l'Aube; 3 430 h. Papeterie.

BART [bar] (Jean), marin français, né à Dunkerque (1650-1702). Il servit d'abord sous Ruyter, en Hollande, puis, devenu corsaire dans la marine royale française, il obtint de nombreux succès sur les Hollandais et les Anglais (1692-93). Louis XIV l'anoblit (1694) et le nomma chef d'escadre (1697).

BARTAS [-ɑs] (Guillaume DE SALLUSTE, *seigneur* DU), poète français, né à Montfort, près d'Auch (1544-1590). Protestant et disciple de Ronsard, il est l'auteur de *la Semaine*, poème d'inspiration biblique et encyclopédique.

BARTH (Heinrich), explorateur allemand de l'Afrique centrale, né à Hambourg (1821-1865).

BARTH (Karl), théologien calviniste suisse, né à Bâle (1886-1968). Il a insisté sur la nécessité d'un retour à l'Écriture et de l'adaptation de l'Évangile au temps présent.

BARTHE-DE-NESTE (La) [65250], ch.-l. de c. des Hautes-Pyrénées; 1 378 h.

BARTHÉLEMY (saint), un des douze apôtres du Christ, appelé aussi *Nathanaël*.

BARTHÉLEMY (abbé Jean-Jacques), érudit français, né à Cassis (1716-1795), auteur du *Voyage du jeune Anacharsis en Grèce.* (Acad. fr.)

BARTHÉLEMY (François, *marquis* DE), homme politique français, né à Aubagne (1747-1830). Il négocia la paix de Bâle en 1795 et fut membre du Directoire (1797).

BARTHÉLEMY (René), physicien français, né à Nangis (1889-1954). Ses travaux ont perfectionné la télévision.

BARTHÉLEMY - SAINT - HILAIRE (Jules), homme politique et érudit français, né à Paris (1805-1895), traducteur des œuvres d'Aristote.

BARTHES (Roland), écrivain français, né à Cherbourg (1915-1980). Son œuvre critique s'inspire des travaux de la linguistique, de la psychanalyse et de l'anthropologie modernes (*le Degré zéro de l'écriture,* 1953; *Système de la mode,* 1967; *l'Empire des signes,* 1970; *le Plaisir du te te,* 1973).

BARTHEZ [-tɛs] (Paul Joseph), médecin français, né à Montpellier (1734-1806), théoricien du *principe vital,* médecin de Louis XVI et de Napoléon Ier.

BARTHOLDI (Frédéric Auguste), statuaire français, né à Colmar (1834-1904), auteur du *Lion de Belfort* (1880) et de *la Liberté éclairant le monde* (1886), à l'entrée du port de New York.

BARTHOU (Louis), homme politique français, né à Oloron-Sainte-Marie (1862-1934). Très souvent ministre, notamment à la Justice (1922-1929) et aux Affaires étrangères (1934), président du Conseil en 1913, il fut assassiné à Marseille en même temps que le roi Alexandre Ier de Yougoslavie. (Acad. fr.)

BARTÓK (Béla), compositeur hongrois, né à Nagyszentmiklós (1881-1945). Son langage savant s'est enrichi au contact d'une musique populaire authentique (*Mikrokosmos* et 3 concertos, pour piano; 6 quatuors à cordes; *le Château de Barbe-Bleue,* 1918; *le Mandarin merveilleux,* 1926).

BARTOLO, jurisconsulte italien, né à Sassoferrato (duché d'Urbino) [1314-1357].

Roland **Barthes**

Jean **Bart**
par Tito Marzocchi de Belluci

Karl **Barth**

Béla **Bartók**

BARTOLOMEO (Fra), peintre italien de l'ordre des Dominicains, né à Florence (1472-1517), dont le style tend à un classicisme monumental.

BARUCH [-ryk], disciple et secrétaire de Jérémie.

BARYE (Antoine Louis), sculpteur et aquarelliste français, né à Paris (1795-1875). Il excella dans l'art du bronze animalier.

BÂRZĀNI (Mullā Muṣṭafā al-), chef kurde, né à Bārzān (1903-1979). Il a dirigé les révoltes de son peuple en Iraq (1961-1975).

BASDEVANT (Jules), juriste français, né à Anost (Saône-et-Loire) [1877-1968]. Spécialiste du droit international, il a été de 1949 à 1952 président de la Cour internationale de justice.

BAS-EMPIRE, période de l'histoire romaine (284-395), marquée non pas par la décadence mais par le rétablissement de la grandeur romaine sur une nouvelle base, le christianisme.

BAS-EN-BASSET (43210), ch.-l. de c. de la Haute-Loire; 2 315 h.

BASHŌ (MATSUO MUNEFUSA, dit), poète japonais, né à Ueno (1644-1694), l'un des grands classiques de la littérature japonaise (*la Sente étroite du Bout-du-Monde*).

BASIE (William Bill, dit **Count**), pianiste, organiste, compositeur et chef d'orchestre de jazz américain, né à Red Bank (New Jersey) en 1904.

Bashō, statue en bois de Ran-koo, XVIIe s.

BASILDON, v. de Grande-Bretagne, au nord-est de Londres; 135 000 h. C'est une « ville nouvelle ». Industries légères.

BASILE (saint), Père de l'Église grecque, né à Césarée (329-379), évêque de Césarée. Adversaire de l'arianisme, il contribua au rétablissement de la doctrine orthodoxe en Orient. Il eut aussi une grande influence dans le développement du monachisme.

BASILE Ier le Macédonien, né à Andrinople (v. 812-886), empereur d'Orient de 867 à 886. — BASILE II (957-1025), empereur d'Orient de 963 à 1025. Il soumit la Bulgarie, battit les Arabes, soumit l'aristocratie et porta au plus haut degré la prospérité de l'Empire.

BASILE VALENTIN, alchimiste du XVe s. Il a préparé l'acide chlorhydrique et distillé l'eau-de-vie.

BASILICATE, région montagneuse de l'Italie méridionale (prov. de Matera et de Potenza); 9 992 km²; 619 000 h. Cap. *Potenza.*

BASILIDE, gnostique alexandrin (IIe s. apr. J.-C.). La secte qu'il fonda (*basilidiens*) se maintint en Égypte jusqu'au IVe s.

BASIN (Thomas), chroniqueur et prélat français, né à Caudebec (1412-1491), l'un des conseillers les plus écoutés de Charles VII, dont il a écrit l'histoire, ainsi que celle de Louis XI.

BASQUE (Pays), pays groupant en France la Soule, le Labourd (réunis à la France en 1451) et la basse Navarre (réunie en 1620 par Louis XIII). Il s'étend sur la partie occidentale des Pyrénées atlantiques et sur la basse vallée de l'Adour. L'intérieur, voué à l'élevage et à la polyculture, est moins peuplé que la côte, animée par l'industrie et le commerce (Bayonne), par la pêche (Saint-Jean-de-Luz) et par le tourisme (Biarritz).

BASQUES, habitants des deux versants des Pyrénées occidentales, du côté de la France et de l'Espagne. Ils parlent une langue spéciale, agglutinante, sans rapport avec les langues voisines. Le peuple basque, dont les origines sont difficiles à déterminer, a une culture originale qui lui a permis de sauvegarder sa personnalité.

BASQUES (Provinces). **Provincias Vascongadas,** les provinces espagnoles de Biscaye, Guipúzcoa et Alava (7 261 km²; 2 092 000 h.; cap. *Bilbao*). Rattachées à la Castille aux XIIIe-XIVe s., ces provinces gardèrent leurs privilèges (*fueros*) jusqu'au XIXe s. Par la suite, elles furent affrontées au centralisme des Bourbons, de Primo de Rivera, puis du franquisme. En 1980, après l'élection du Parlement régional, les Provinces basques accèdent à l'autonomie. La capitale régionale est fixée à Vitoria.

BAŞRA → BASSORA.

BASS *(détroit de)*, détroit séparant l'Australie continentale et la Tasmanie.

BASSÆ, site archéologique grec (Arcadie). Temple dorique très bien conservé, élevé par Ictinos et consacré à Apollon.

BASSANI (Giovanni Battista), compositeur ita-

Meauxsonne

Bastia
le port
de plaisance

lien, né à Padoue (v. 1657-1716), auteur de sonates, de concertos et de cantates.

BASSANO ou **LE BASSAN** (Jacopo DA PONTE, dit **Jacopo**), peintre italien, né à Bassano (v. 1510/1518-1592). Naturaliste et maniériste, il donne une grande importance, dans ses tableaux bibliques et religieux, au paysage rural et aux effets luministes. — Ses fils, surtout FRANCESCO et LEANDRO, continuèrent son œuvre.

BASSANO *(duc* DE*)* → MARET.

BASSANO DEL GRAPPA, v. d'Italie (Vénétie), sur la Brenta; 30 500 h. Musée municipal. Victoire de Bonaparte sur les Autrichiens (7 septembre 1796).

BASSÉE (La) [59480], ch.-l. de c. du Nord; 6 131 h. Constructions mécaniques. Textile.

Basse Époque, dernière période historique de l'ancienne Égypte (1085-332), qui consacra le déclin du royaume des pharaons. Soumise à l'Empire perse (525 av. J.-C.), l'Égypte, par la conquête d'Alexandre (332 av. J.-C.), passa dans le monde grec.

BASSE-INDRE → INDRE.

BASSENS [-sès] (33530), comm. de la Gironde; 6 133 h. Industries chimiques.

BASSE-POINTE (97218), ch.-l. de c. de la Martinique; 4 359 h.

BASSE-SAMBRE → SAMBREVILLE.

BASSE-TERRE (97100), ch.-l. de la Guadeloupe, sur la côte sud-ouest de l'*île de Basse-Terre,* partie occidentale de la Guadeloupe; 15 778 h. *(Basse-Terriens).* Évêché.

BASSIGNY, pays du sud-est du Bassin parisien (dép. de la Haute-Marne), au nord-est du plateau de Langres.

BASSIN ROUGE, région déprimée de la Chine (Sseu-tch'ouan), traversée par le Yang-tseu-kiang, intensément mise en culture et densément peuplée.

BASSORA ou **BAŞRA,** principal port de l'Iraq, sur le Chatt al-'Arab; 423 000 h. Grande palmeraie. Industries chimiques et alimentaires.

BASSOV (Nikolaï Guennadievitch), physicien soviétique, né à Ousman en 1922. Il a réalisé en 1956 un oscillateur moléculaire à ammoniac, puis travaillé sur les lasers à gaz et les lasers semi-conducteurs. (Prix Nobel, 1964.)

BASTELICA (20119), ch.-l. de c. de la Corse-du-Sud; 1780 h.

BASTIA (20200), ch.-l. du dép. de la Haute-

Corse; 52 000 h. *(Bastiais).* Cour d'appel. Port. Citadelle. Églises et chapelles du XVIIe s. Centre commercial et étape touristique. Manufacture de tabac. Apéritifs.

BASTIAT (Frédéric), économiste français, né à Bayonne (1801-1850), défenseur de la liberté du travail et du libre-échange, auteur des *Harmonies économiques.*

BASTIDE (Roger), anthropologue français, né à Nîmes (1898-1974), dont les travaux ont porté sur l'acculturation et les systèmes religieux.

BASTIDE-DE-SÉROU (La) [09240], ch.-l. de c. de l'Ariège; 941 h.

BASTIÉ (Maryse), aviatrice française, née à Limoges (1898-1952), détentrice de dix records internationaux; elle traversa seule l'Atlantique Sud en 1936.

Bastille (la), forteresse construite à Paris, à la porte Saint-Antoine (1370-1382). D'abord citadelle militaire, elle devint bientôt une prison d'État. Symbole de l'arbitraire royal, la Bastille fut prise par le peuple de Paris le 14 juillet 1789 et détruite peu après. (Le 14 juillet a été choisi comme fête nationale de la France en 1880.)

BASTOGNE, v. de Belgique (Luxembourg); 10 900 h. Station estivale. Centre américain de résistance à l'offensive allemande des Ardennes (1944).

BASUTOLAND, protectorat britannique de l'Afrique australe de 1868 à 1966. (V. LESOTHO.)

BATA, port d'Afrique, en Guinée équatoriale, ch.-l. du Mbini; 27 000 h. Aérodrome.

BAT'A (Tomáš), industriel tchèque, né à Zlín (auj. Gottwaldov) [1876-1932]. Il fut l'un des premiers industriels à faire participer son personnel aux bénéfices, en imaginant l'autonomie comptable des ateliers.

BATAILLE (Henry), auteur dramatique français, né à Nîmes (1872-1922), peintre des « instincts » d'une société décadente *(Maman Colibri).*

BATAILLE (Georges), écrivain français, né à Billom (1897-1962). Son œuvre est centrée sur l'érotisme et l'obsession de la mort *(l'Expérience intérieure, la Part maudite, les Larmes d'Éros).*

BATAKS, peuple indonésien de Sumatra (région du lac Toba).

BATALHA, v. du Portugal (Estrémadure); 7 000 h. Remarquable couvent royal des XIVe-XVIe s.

BATAVE *(République),* nom que prirent les Pays-Bas de 1795 à 1806.

BATAVES, peuple germanique qui habitait la Hollande méridionale actuelle.

BATAVIA → JAKARTA.

Bateau-Lavoir (le), nom donné à une anc. maison de la place Émile-Goudeau, à Paris, dont Picasso devint un des locataires en 1904; les peintres et les poètes initiateurs du cubisme s'y réunirent.

BATÉKÉS → TÉKÉS.

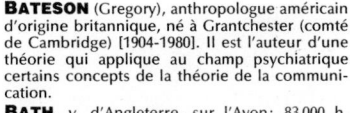

BATESON (Gregory), anthropologue américain d'origine britannique, né à Grantchester (comté de Cambridge) [1904-1980]. Il est l'auteur d'une théorie qui applique au champ psychiatrique certains concepts de la théorie de la communication.

BATH, v. d'Angleterre, sur l'Avon; 83 000 h. Station thermale. Bel urbanisme du XVIIIe s.

Ba'th → BAATH.

BÂTHIE (La) [73540], comm. de la Savoie; 1759 h. Grande centrale hydroélectrique alimentée par le barrage de Roselend.

BATHILDE ou **BALTHILDE** *(sainte),* princesse franque (m. en 680). Elle épousa Clovis II et gouverna pendant la minorité de son fils Clotaire III.

BÁTHORY ou **BÁTHORI,** famille hongroise à laquelle appartenait Étienne Ier, roi de Pologne, et qui fournit deux princes de Transylvanie.

BATHURST, v. du Canada (Nouveau-Brunswick), sur la baie des Chaleurs; 16 301 h.

BATHURST → BANJUL.

BÂTIE-NEUVE (La) [05230 Chorges], ch.-l. de c. des Hautes-Alpes; 627 h.

BATISTA Y ZALDÍVAR (Fulgencio), officier et homme d'État cubain, né à Banes (1901-1973). Président de la République de 1940 à 1944, puis de 1952 à 1959, il fut renversé par Fidel Castro.

BATNA, v. d'Algérie, ch.-l. de wilaya, au nord de l'Aurès; 55 000 h. Centre commercial.

BATON ROUGE, v. des États-Unis, cap. de la

Larousse

prise de la Bastille, le 14 juillet 1789

Louisiane, sur le Mississippi; 166 000 h. Raffinage du pétrole et industries chimiques.

BATOUMI ou **BATOUM,** port de l'U.R.S.S., sur la mer Noire (Géorgie), cap. de l'Adjarie; 118 000 h.

BATOUTA → IBN BATTÛTA.

BATTÂNI (al-), astronome et mathématicien arabe du IXe s., né en Mésopotamie. Ses tables de positions planétaires furent utilisées jusqu'à la Renaissance.

BATTHYÁNY, famille hongroise dont deux membres ont été promoteurs de l'indépendance magyare : LOUIS, né à Presbourg (1806-1849), qui fut président du premier ministère constitutionnel hongrois en 1848, et CASIMIR (1807-1854).

BATY (Gaston), metteur en scène français, né à Pélussin (1885-1952), l'un des animateurs du « Cartel ».

BATZ [ba] *(île de)* [29253], île et comm. du Finistère, dans la Manche, en face de Roscoff; 807 h. *(Batziens).* Pêche. Station balnéaire.

BATZ-SUR-MER (44740), comm. de la Loire-Atlantique, dans la presqu'île du Croisic; 2 236 h. Station balnéaire.

Charles
Baudelaire

Baudouin Ier

Les **Baux-de-Provence**

BAUCHANT (André), peintre français, né à Château-Renault (1873-1958). Autodidacte, il fut un « naïf » de grand talent.

BAUCIS → PHILÉMON.

BAUD (56150), ch.-l. de c. du Morbihan; 5 137 h. (Baudais).

BAUDEAU (abbé Nicolas), économiste français, né à Amboise (1730-1792), propagandiste physiocrate et défenseur de Turgot.

BAUDELAIRE (Charles), écrivain français, né à Paris (1821-1867). Héritier du romantisme et fidèle à la prosodie traditionnelle, il exprime à la fois le tragique de la destinée humaine et une vision mystique de l'univers, où il découvre de mystérieuses « correspondances ». Ses poèmes (les Fleurs du mal, 1857; Petits Poèmes en prose, 1869) et son œuvre critique (l'Art romantique, 1868) sont à la source de la sensibilité moderne.

BAUDELOCQUE (Jean-Louis), médecin accoucheur français, né à Heilly (Picardie) [1746-1810].

BAUDIN (Alphonse), médecin et homme politique, né à Nantua en 1811, représentant du peuple à l'Assemblée de 1849, tué à Paris sur une barricade le 3 décembre 1851.

BAUDOT (Anatole DE), architecte français, né à Sarrebourg (1834-1915). Continuateur de Viollet-le-Duc, il a restauré la cathédrale du Puy et utilisé le ciment armé pour la construction de l'église St-Jean-l'Évangéliste de Montmartre (1897).

BAUDOT (Émile), ingénieur français, né à Magneux (Haute-Marne) [1845-1903], inventeur du télégraphe multiple imprimeur (1874) et d'un retransmetteur automatique (1894).

BAUDOUIN, nom de neuf comtes de Flandre, de six comtes de Hainaut, de cinq rois de Jérusalem et de deux empereurs latins d'Orient : BAUDOUIN Ier, né à Valenciennes (1171-1207); comte BAUDOUIN VI de Hainaut, comte BAUDOUIN IX de Flandre, un des chefs de la 4e croisade, empereur latin d'Orient de 1204 à 1205, et BAUDOUIN II, né à Constantinople (1217-1273), empereur de 1240 à 1261.

BAUDOUIN Ier, né à Bruxelles en 1930, roi des Belges depuis 1951. Il a épousé Fabiola de Mora y Aragón en 1960.

BAUDOUIN DE COURTENAY (Jan Ignacy), linguiste polonais, né à Radzymin (1845-1929). Il est considéré comme le précurseur de la phonologie.

BAUDRICOURT (Robert DE), capitaine de Vaucouleurs. Il fit conduire Jeanne d'Arc auprès de Charles VII à Chinon (1429).

BAUDRIMONT (Alexandre Édouard), chimiste français, né à Compiègne (1806-1880). Il étudia le premier les colloïdes.

BAUER (Bruno), critique et philosophe allemand, né à Eisenberg (1809-1882). Influencé par l'hégélianisme, il critique le christianisme. Ses écrits politiques et historiques seront violemment combattus par Marx et Engels.

BAUER (Eddy), historien suisse, né à Neuchâtel (1902-1972). Il participa à la Seconde Guerre mondiale, dont il écrivit l'histoire (1966-67).

BAUGÉ (49150), ch.-l. de c. de Maine-et-Loire; 3 994 h. (Baugeois). Château de René d'Anjou (XVe s.).

BAUGES (massif des), l'un des massifs des Préalpes françaises du Nord, en Savoie; 2 217 m.

BAUGY (18800), ch.-l. de c. du Cher; 1 106 h.

Bauhaus, école d'architecture et d'art appliqué, fondée en 1919 à Weimar par Walter Gropius et transférée, de 1925 à 1932, à Dessau. Elle a joué un grand rôle dans l'évolution des idées et des techniques modernes. Y furent maîtres le peintre suisse Johannes Itten (1888-1967), les peintres Feininger, Klee, Oskar Schlemmer (1888-1943), Kandinsky, Moholy-Nagy, l'architecte suisse Hannes Meyer (1887-1954), Mies van der Rohe; « apprentis », puis maîtres : Breuer, le peintre Josef Albers (1888-1976), le graphiste autrichien Herbert Bayer (né en 1900).

BAULE-ESCOUBLAC (La) [44500], comm. de la Loire-Atlantique; 15 193 h. (Baulois). Grande station balnéaire.

BAUMÉ (Antoine), pharmacien et chimiste français, né à Senlis (1728-1804). Il imagina l'aréomètre qui porte son nom.

BAUME-LES-DAMES (25110), ch.-l. de c. du Doubs, sur le Doubs; 6 071 h. (Baumois). Ruines d'une anc. abbaye de dames nobles. Église (XVIe-XVIIe s.). Pipes. Industries mécaniques.

BAUME-LES-MESSIEURS, comm. du Jura; 202 h. Grottes. Église en partie romane, anc. abbatiale.

BAUMGARTEN (Alexander), philosophe allemand, né à Berlin (1714-1762). Disciple de Leibniz et de Wolf, il a, le premier, défini l'« esthétique » comme la science du beau.

BAUTZEN, v. de l'Allemagne démocratique, à l'est de Dresde; 44 000 h. Victoire de Napoléon Ier (1813).

BAUWENS (Liévin), industriel belge, né à Gand (1769-1822). Il introduisit en France le procédé de filature mécanique du coton au moyen de la mule-jenny (1799).

BAUX-DE-PROVENCE [bo-] **(Les)** [13520 Maussane les Alpilles], comm. des Bouches-du-Rhône, sur un éperon des Alpilles; 367 h. Ruines d'une importante cité du Moyen Âge. Elle a donné son nom à la bauxite.

BAVAY (59570), ch.-l. de c. du Nord; 4 088 h. Importants vestiges gallo-romains.

BAVIÈRE, en allem. **Bayern**, pays de l'Allemagne fédérale, constituant un État (Land) de la République fédérale, qui comprend la Bavière proprement dite (avant-pays alpin au sud du Danube) et la partie septentrionale du bassin de Souabe et de Franconie; 70 550 km²;

10 779 000 h. (Bavarois). Cap. Munich. V. pr. Augsbourg, Nuremberg, Ratisbonne, Bayreuth.

HISTOIRE

— Début du Xe s. : la Bavière est l'un des plus importants duchés de l'Empire germanique.
— 1070-1180 : dynastie des Guelfes.
— 1180 : les Guelfes perdent le duché au profit des Wittelsbach.
— 1467-1508 : le duc Albert IV le Sage unifie ses États, qui deviennent un bastion de la Réforme catholique.
— 1623 : Maximilien Ier obtient le titre d'Électeur.
— 1805 : allié de Napoléon Ier, Maximilien Ier Joseph obtient le titre de roi.
— Règnes romantiques de Louis Ier (1825-1848) et de Louis II (1864-1886), grands bâtisseurs.
— 1866 : alliée de l'Autriche, la Bavière est battue par la Prusse.
— 1871 : la Bavière est incorporée dans l'Empire allemand.
— 1918-19 : abdication de Louis III. Éphémère république. La Bavière est réduite à un simple Land dans la république de Weimar.
— 1923 : putsch manqué de Hitler à Munich.
— 1949 : la Bavière (Franconie et Bavière), Land de la R. F. A.

BÁVILLE (Nicolas DE LAMOIGNON DE), administrateur français, né à Paris (1648-1724). Intendant du Languedoc, il a exercé de sévères représailles contre les protestants après 1685.

BAVON (saint), moine de la ville de Gand, dont il est le patron (m. au milieu du VIIe s.).

BAYARD (col), passage des Hautes-Alpes, entre les vallées du Drac et de la Durance; 1 248 m.

BAYARD (Pierre TERRAIL, seigneur DE), capitaine français, né près de Grenoble (1476-1524). Il se couvrit de gloire pendant les guerres de Charles VIII, Louis XII et François Ier. Il combattit, entre autres, au siège de Canosa (défense du pont du Garigliano, 1502), à Agnadel (1509), devant Brescia (1512), à Ravenne et à Mézières (1521). Sa bravoure lui valut le surnom de Chevalier sans peur et sans reproche.

BAYARD (Hippolyte), photographe et inventeur français, né à Breteuil-sur-Noye (1801-1887). En améliorant le procédé de W. H. F. Talbot*, il obtint les premiers positifs directs sur papier.

BAYEUX (14400), ch.-l. d'arr. du Calvados, dans le Bessin, sur l'Aure; 14 528 h. (Bayeusains ou Bajocasses). Remarquable cathédrale des XIIe-XVe s. Un hôtel du XVIIIe s. abrite la « tapisserie de la reine Mathilde », broderie sur toile (70,34 m de long) qui représente en 58 scènes la conquête de l'Angleterre par les Normands (œuvre de l'époque). Centre bancaire. Première ville française libérée par les Alliés, le 8 juin 1944.

BAYEZID Ier, en fr. **Bajazet** (1354-1403), sultan turc ottoman (1389-1402). Il conquit l'Asie Mineure, vainquit les Occidentaux à Nicopolis (1396), mais fut vaincu et pris par Tīmūr Lang à Ancyre (1402). — BAYEZID II (v. 1447-1512), sultan ottoman (1481-1512).

BAYLE [bɛl] (Pierre), écrivain français, né au

1060

Carla (1647-1706). Son analyse des superstitions populaires *(Pensées sur la comète)* et son *Dictionnaire historique et critique* (1696-97) annoncent l'esprit philosophique du XVIIIᵉ s.

BAYON (54290), ch.-l. de c. de Meurthe-et-Moselle ; 1515 h.

Bayon, temple khmer (XIIᵉ s.), au centre de l'enceinte d'Angkor Thom.

BAYONNE (64100), ch.-l. d'arr. des Pyrénées-Atlantiques, sur l'Adour ; 44706 h. *(Bayonnais).* Restes de fortifications romaines, médiévales et classiques. Cathédrale des XIIIᵉ-XVIᵉ s. Musée « Bonnat » et Musée basque. Port de commerce (exportation de soufre) et centre industriel (métallurgie, produits chimiques). — Au cours de l'*entrevue de Bayonne,* les souverains espagnols abdiquèrent en faveur de Napoléon Iᵉʳ (1808).

BAYREUTH, v. de l'Allemagne fédérale (Bavière), sur le Main ; 61000 h. Théâtre construit par le roi de Bavière, Louis II, pour la

BEA (Augustin), exégète allemand, né à Riedböhringen (1881-1968). Jésuite, cardinal (1959), il joua un rôle primordial dans l'œcuménisme comme responsable du Secrétariat pour l'unité des chrétiens, à partir de 1960.

BEACHY HEAD, en fr. *Béveziers,* promontoire de la côte sud de l'Angleterre, entre Hastings et Brighton. Près de là, Tourville écrasa une flotte anglo-hollandaise en 1690.

BEACONSFIELD, v. du Canada (Québec), banlieue de Montréal ; 20417 h.

BEACONSFIELD (*comte* DE) → DISRAELI.

BEARDSLEY (Aubrey), dessinateur anglais, né à Brighton (1872-1898). Esthète enfiévré, il s'est acquis une grande célébrité par ses illustrations, notamment en noir et blanc, proches de l'Art nouveau (*Salomé,* de Wilde, 1893).

BÉARN [bearn], vicomté française qui passa dans les maisons de Foix, d'Albret et de Bourbon, puis fut réunie à la France quand Henri IV devint roi (1589). Cap. *Pau.* Le Béarn constitue

(1636-1719), maître à danser de Louis XIV, collaborateur de Lully et de Molière.

BEAUCHASTEL (07800 La Voulte sur Rhône), comm. de l'Ardèche ; 1545 h. Usine hydroélectrique sur une dérivation du Rhône.

Beaucoup de bruit pour rien, comédie en cinq actes de Shakespeare (1598).

BEAUCOURT (90500), ch.-l. de c. du Territoire de Belfort ; 5521 h. Constructions mécaniques et électriques.

BEAUCROISSANT (38140 Rives sur Fure), comm. de l'Isère ; 1003 h. Foire annuelle.

les **Beatles**

Mc Cullin-Magnum

Beardsley : Isolde (v. 1895)

Thames and Hudson

Bayeux : détail de la *tapisserie de la reine Mathilde*

Lauros

représentation des œuvres de Richard Wagner (1876).

BAZAINE (Achille), maréchal de France, né à Versailles (1811-1888). Il commanda au Mexique (1863), puis en Lorraine (1870). Bloqué dans Metz, il y capitula (oct.). Sa condamnation à mort (1873) ayant été commuée en détention, il s'évada et gagna Madrid.

BAZAINE (Jean), peintre français, né à Paris en 1904, non-figuratif à partir de 1945, auteur de vitraux et de mosaïques.

BAZARD (Saint-Amand), socialiste français, né à Paris (1791-1832), fondateur de la *Charbonnerie* en France et l'un des propagateurs, avec Enfantin, du saint-simonisme.

BAZAS (33430), ch.-l. de c. de la Gironde ; 5235 h. *(Bazadais).* Anc. cathédrale, reconstruite à partir du XIIIᵉ s.

BAZEILLES (08140 Douzy), comm. des Ardennes, près de la Meuse ; 1411 h. Célèbre par la résistance de l'infanterie de marine française aux Bavarois le 1ᵉʳ septembre 1870.

BAZET (65460), comm. des Hautes-Pyrénées ; 1180 h. Céramique industrielle.

BAZILLE (Frédéric), peintre français, né à Montpellier (1841-1870), un des initiateurs de l'impressionnisme.

BAZIN (René), écrivain français, né à Angers (1853-1932). Ses récits célèbrent l'attachement à la terre et les vertus ancestrales : *La terre qui meurt, les Oberlé.* (Acad. fr.)

BAZIN (Jean-Pierre HERVÉ-BAZIN, dit **Hervé**), écrivain français, né à Angers en 1911. Ses romans forment une satire violente des oppressions familiales et sociales : *Vipère au poing, la Mort du petit cheval, Madame Ex.*

BAZOCHES-SUR-HOËNE (61400 Mortagne au Perche), ch.-l. de c. de l'Orne ; 615 h.

BAZOIS, pays situé en bordure ouest du Morvan.

BAZY (Pierre), chirurgien français, né à Sainte-Croix-de-Volvestre (1853-1934), spécialiste des voies urinaires.

la partie orientale du dép. des Pyrénées-Atlantiques. (Hab. *Béarnais.*)

Béatitudes *(les),* oratorio pour soli, chœurs et orchestre, de César Franck (1869-1879).

Beatles *(The),* quartette vocal et instrumental britannique composé de Ringo Starr, John Lennon, Paul McCartney et George Harrison, et qui fut de 1962 à 1970 à l'origine du succès de la musique pop dans le monde entier.

BÉATRICE ou **BEATRIX,** née à Soestdijk en 1938. Sa mère Juliana l'a désignée pour lui succéder en 1980 au trône des Pays-Bas.

BÉATRICE PORTINARI, Florentine célèbre (vers 1265-1290), immortalisée par Dante dans la *Vita nuova* et la *Divine Comédie.*

BEATTIE (James), écrivain écossais, né à Laurencekirk (1735-1803), auteur d'une méditation romantique sur le génie poétique *(le Ménestrel).*

BEATTY (David), amiral britannique, né à Dublin (1871-1936). Après s'être distingué à la bataille du Jutland (1916), il commanda la flotte anglaise (1916-1918).

Beau Ténébreux (le), nom que prit Amadis de Gaule lorsqu'il devint ermite après avoir offensé la dame de ses pensées, et qui est devenu synonyme d'amoureux taciturne et mélancolique.

BEAUCAIRE (30300), ch.-l. de c. du Gard, sur le Rhône ; 12997 h. *(Beaucairois).* Château des XIIIᵉ-XIVᵉ s. et monuments d'époque classique. Foires jadis célèbres. Installation hydroélectrique sur le Rhône.

BEAUCE, plaine limoneuse du Bassin parisien, entre Chartres et la forêt d'Orléans, domaine de la grande culture mécanisée (blé surtout). — On appelle *Petite Beauce* la partie située au sud-ouest, entre la Loire et le Loir.

BEAUCE, région du Québec (Canada), au sud du Saint-Laurent.

BEAUCHAMP (95250), ch.-l. de c. du Val-d'Oise ; 7801 h. Métallurgie. Chimie.

BEAUCHAMP (Charles Louis ou Pierre), danseur et chorégraphe français, né à Versailles

H. Roger-Viollet - coll. Viollet

Beau de Rochas

BEAU DE ROCHAS (Alphonse), ingénieur français, né à Digne (1815-1893). Il imagina le cycle du moteur à quatre temps.

BEAUDIN (André), peintre français, né à Mennecy (1895-1979), issu du cubisme.

BEAUDOUIN (Eugène), architecte français, né à Paris en 1898. Il a notamment travaillé en collaboration avec Marcel Lods.

BEAUFORT (39190), ch.-l. de c. du Jura ; 779 h.

BEAUFORT (73270), ch.-l. de c. de la Savoie, sur le Doron, dans le *massif de Beaufort* ou *Beaufortin* (entre l'Arly et la Tarentaise) ; 1913 h. *(Beaufortains).* Bourg ancien et pittoresque.

BEAUFORT (François DE BOURBON, *duc* DE), né à Paris (1616-1669), petit-fils d'Henri IV. Il fut l'un des chefs de la Fronde des princes et fut surnommé *le Roi des Halles.*

BEAUFORT-EN-VALLÉE (49250), ch.-l. de c. de Maine-et-Loire ; 4103 h. *(Beaufortais).* Château ruiné (XIVᵉ-XVᵉ s.). Conserverie de champignons.

BEAUFRE (André), général français, né à Neuilly-sur-Seine (1902-1975), auteur de nombreux ouvrages sur la stratégie moderne.

BEAUGENCY [-ʒã-] (45190), ch.-l. de c. du Loiret, sur la Loire ; 6814 h. *(Balgenciens).* Monuments des XIᵉ-XVIᵉ s. Musée de l'Orléanais. Literie. Sièges d'automobiles.

BEAUHARNAIS (Alexandre, *vicomte* DE), général français, né à Fort-Royal de la Martinique (1760-1794). Il épousa Joséphine Tascher de La Pagerie, future impératrice des Français. Général dans l'armée du Rhin en 1793, condamné comme complice de la reddition de Mayence, il mourut sur l'échafaud.

BEAUHARNAIS (Eugène DE), né à Paris (1781-1824), fils du précédent et de Joséphine, beau-fils de Napoléon Ier et vice-roi d'Italie (1805-1814).

BEAUHARNAIS (Hortense DE) → HORTENSE.

BEAUHARNAIS (Joséphine DE) → JOSÉPHINE.

Beauharnois, centrale hydroélectrique du Canada (Québec), sur le Saint-Laurent.

BEAUHARNOIS ou **BEAUHARNAIS** (Charles, *marquis* DE), administrateur français, né à Orléans (1670-1749), gouverneur de la Nouvelle-France de 1726 à 1746.

BEAUJEU (69430), ch.-l. de c. du Rhône; 2 301 h. Anc. cap. du *Beaujolais.*

BEAUJOLAIS, région de la bordure orientale du Massif central, entre la Loire et la Saône. — Les *monts du Beaujolais,* pays de polyculture, d'élevage bovin et d'industries textiles, dominent la *côte beaujolaise,* grand secteur viticole.

BEAUJON (Nicolas), financier français, né à Bordeaux (1718-1786). Il fonda un hospice à Paris.

Beaulieu, anc. abbaye cistercienne de Tarn-et-Garonne (comm. de Ginals). Église du XIIIe s.; centre culturel.

BEAULIEU-LÈS-LOCHES (37600 Loches), comm. d'Indre-et-Loire; 1769 h. Anc. abbaye bénédictine (beau clocher roman). — La *paix de Beaulieu* ou *de Monsieur* y fut signée en 1576.

BEAULIEU-SUR-DORDOGNE (19120), ch.-l. de c. de la Corrèze; 1700 h. Anc. abbatiale des XIIe-XIVe s. (tympan sculpté roman, riche trésor). Centre commercial.

BEAULIEU-SUR-MER (06310), comm. des Alpes-Maritimes; 4273 h. *(Berlugans).* Station balnéaire.

BEAUMANOIR (Philippe DE REMI, *sire* DE), légiste français (v. 1250-1296). Il a rédigé les *Coutumes du Beauvaisis.*

BEAUMANOIR (Jean DE), un des héros du *combat des Trente,* livré en 1351 entre Josselin et Ploërmel (m. en 1366 ou 1367).

BEAUMARCHAIS (Pierre Augustin CARON DE), écrivain français, né à Paris (1732-1799). Aventurier et libertin, célèbre par ses spéculations et ses procès, il fit dans *le Barbier de Séville* (1775) et *le Mariage de Figaro* (1784) une critique hardie et spirituelle de la société française. Mais la Révolution, qu'il avait contribué à préparer,

BEAUMETZ-LÈS-LOGES [-mɛ-] (62123), ch.-l. de c. du Pas-de-Calais; 805 h.

BEAUMONT (24440), ch.-l. de c. de la Dordogne; 1317 h. *(Beaumontois).* Bastide du XIIIe s. (église fortifiée).

BEAUMONT (50440 Beaumont Hague), ch.-l. de c. de la Manche; 1005 h.

BEAUMONT (63110), comm. du Puy-de-Dôme; 7583 h. Anc. abbatiale (XIIe-XIIIe s.).

BEAUMONT, v. des États-Unis (Texas); 116000 h. Port pétrolier. Industries chimiques.

BEAUMONT (Francis), poète dramatique anglais, né à Grace-Dieu (Leicestershire) [1584-1616], auteur, avec Fletcher, de tragédies et de comédies d'intrigue (le *Chevalier du Pilon-Ardent).*

BEAUMONT (Christophe DE), archevêque de Paris de 1746 à 1754, né à La Roque (Périgord) [1703-1781]. Il lutta contre les jansénistes et les philosophes.

BEAUMONT (Léonce ÉLIE DE) → ÉLIE DE BEAUMONT.

BEAUMONT-DE-LOMAGNE (82500), ch.-l. de c. de Tarn-et-Garonne; 4077 h. *(Beaumontois).* Église fortifiée (XIVe s.).

BEAUMONT-LE-ROGER (27170), ch.-l. de c. de l'Eure; 2894 h. Église des XIVe-XVIe s.

BEAUMONT-SUR-OISE (95260), ch.-l. de c. du Val-d'Oise; 8271 h. Église des XIIe-XVIe s. Cimenterie.

BEAUMONT-SUR-SARTHE (72170), ch.-l. de c. de la Sarthe; 2224 h. Anc. duché. Église avec porte romane.

BEAUNE (21200), ch.-l. d'arr. de la Côte-d'Or; 19972 h. *(Beaunois).* Vins renommés de la *côte de Beaune.* Nœud autoroutier. Hôtel-Dieu, fondé par le chancelier Rolin en 1443 (*Jugement dernier* de Van der Weyden); églises romanes Notre-Dame et St-Nicolas; hôtel des ducs de Bourgogne (XIVe-XVIe s.); musée du Vin.

BEAUNE-LA-ROLANDE (45340), ch.-l. de c. du Loiret; 2035 h. Victoire des Prussiens sur les Français (28 nov. 1870).

Beaumarchais
par Nattier

Guiley-Lagache

BEAUPRÉ (*côte de*), littoral nord du Saint-Laurent (Canada), entre la rivière Montmorency et le cap Tourmente.

BEAUPRÉAU (49600), ch.-l. de c. de Maine-et-Loire; 5729 h. Château (XVe-XIXe s.).

BEAUREPAIRE (38270), ch.-l. de c. de l'Isère; 3713 h.

BEAUREPAIRE-EN-BRESSE (71580 Sagy), ch.-l. de c. de Saône-et-Loire; 522 h.

BEAUSOLEIL (06240), ch.-l. de c. des Alpes-Maritimes; 12208 h. *(Beausoleillais).* Centre touristique.

BEAUSSET (Le) (83330), ch.-l. de c. du Var; 2992 h. *(Beaussetans).*

BEAUTEMPS-BEAUPRÉ (Charles François), ingénieur hydrographe français, né à La Neuville-au-Pont (1766-1854). Il fut chargé, sous l'Empire et la Restauration, de tous les grands travaux hydrographiques.

BEAUTOR (02800 La Fère), comm. de l'Aisne, dans la vallée de l'Oise; 3600 h. Centrale thermique. Métallurgie.

BEAUVAIS (60000), ch.-l. du dép. de l'Oise, sur le Thérain, à 76 km au nord de Paris; 56725 h. *(Beauvaisiens).* Évêché. Église St-Étienne et audacieuse cathédrale inachevée (XIIIe-XVIe s.), aux beaux vitraux. Galerie nationale de la tapisserie (1976). Industries mécaniques, alimentaires, textiles et chimiques. Patrie de Jeanne Hachette, qui, en 1472, prit part à la défense de la ville contre Charles le Téméraire.

BEAUVAISIS [-zi], petit pays de l'ancienne France; cap. *Beauvais.*

BEAUVALLON, station balnéaire du Var (comm. de Cogolin), sur la côte des Maures, en face de Saint-Tropez.

BEAUVILLE (47470), ch.-l. de c. de Lot-et-Garonne; 462 h.

Beauvais
la cathédrale
Saint-Pierre

Beaujard

BEAUVILLIER (François DE), duc de **Saint-Aignan,** gentilhomme français, né à Saint-Aignan (1610-1687), un des protecteurs des gens de lettres sous Louis XIV. — Son fils PAUL, né à Saint-Aignan (1648-1714), fut chargé par Louis XIV de l'éducation du duc de Bourgogne, des ducs d'Anjou et de Berry. Il fut l'ami de Fénelon et de Saint-Simon.

BEAUVOIR (Simone DE), femme de lettres française, née à Paris en 1908. Disciple et compagne de Sartre, ardente féministe, elle est l'auteur d'essais (*le Deuxième Sexe,* 1949), de romans (*les Mandarins,* 1954), de pièces de théâtre et de Mémoires.

BEAUVOIR-SUR-MER (85230), ch.-l. de c. de la Vendée; 3041 h.

BEAUVOIR-SUR-NIORT (79360), ch.-l. de c. des Deux-Sèvres; 1046 h.

beaux-arts (ÉCOLE NATIONALE SUPÉRIEURE DES), établissement d'enseignement supérieur, situé à Paris, rue Bonaparte.

BEBEL (August), un des chefs du socialisme allemand, né à Deutz (auj. dans Cologne) [1840-1913].

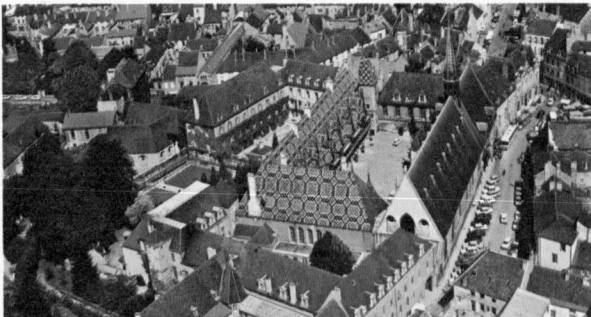

Beaujard

Beaune
l'Hôtel-Dieu
(XVe s.)

ne lui inspira qu'un drame larmoyant, *la Mère coupable* (1792).

BEAUMES-DE-VENISE (84190), ch.-l. de c. de Vaucluse; 1631 h. *(Balméens).* Vins.

BEAUMESNIL [-mɛ-] (27410), ch.-l. de c. de l'Eure; 565 h. Château (v. 1630-1640).

BEAUNEVEU (André), sculpteur et miniaturiste français, né à Valenciennes, mentionné de 1360 à 1400. Il travailla pour Charles V, puis pour le duc Jean de Berry.

BEAUPORT, v. du Canada, banlieue de Québec, sur le Saint-Laurent; 55339 h.

Bécassine, type humoristique de servante bretonne, héroïne d'une des premières bandes dessinées (1905), créée par Pinchon et Caumery.

BECCARIA (Cesare BONESANA, *marquis* DE), économiste et criminaliste italien, né à Milan (1738-1794), auteur d'un ouvrage, *Des délits et des peines,* dont les principes ont renouvelé et adouci le droit pénal.

BÉCHAR, anc. **Colomb-Béchar,** v. du Sahara algérien, ch.-l. de wilaya ; 42 000 h.

BEC-HELLOUIN (Le) [27800 Brionne], comm. de l'Eure ; 454 h. Abbaye bénédictine fondée au XIᵉ s., florissante école au Moyen Âge.

BECHER (Johann Joachim), chimiste allemand, né à Spire (1635-1682), qui découvrit l'éthylène (1669).

BÉCHEREL (35190 Tinténiac), ch.-l. de c. d'Ille-et-Vilaine ; 543 h. Produits laitiers.

BECHET (Sidney), clarinettiste, saxophoniste, compositeur et chef d'orchestre de jazz noir américain, né à La Nouvelle-Orléans (v. 1891 ou 1897-1959). Il fut l'un des plus grands représentants du style « Nouvelle-Orléans ».

BECHTEREV (Vladimir Mikhaïlovitch), psychophysiologiste russe, né près de Viatka (1857-1927). Il étudia avec Pavlov le réflexe conditionné.

BECHUANALAND → BOTSWANA.

BECKER (Jacques), cinéaste français, né à Paris (1906-1960), auteur de *Goupi-Mains rouges* (1943), *Casque d'or* (1952), *le Trou* (1959).

BECKET (*saint* Thomas) → THOMAS BECKET (*saint*).

BECKETT (Samuel), écrivain irlandais, né à Dublin en 1906, auteur, en anglais puis en français, de romans *(Molloy, Watt)* et de pièces de théâtre qui expriment l'absurdité de la condition humaine *(En attendant Godot,* 1953 ; *Fin de partie,* 1957 ; *Oh les beaux jours,* 1963). [Prix Nobel, 1969.]

BECKMANN (Max), peintre allemand, né à Leipzig (1884-1950), un des principaux représentants de l'expressionnisme.

BÉCLARD (Pierre Augustin), anatomiste et chirurgien français, né à Angers (1785-1825). — Son fils JULES, physiologiste français, né à Paris (1817-1887).

BÉCLÈRE (Antoine), médecin français, né à Paris (1856-1939), créateur de l'enseignement de la radiologie médicale en France.

BECQUE (Henry), auteur dramatique français, né à Paris (1837-1899), auteur de « comédies rosses » *(la Parisienne)* et de drames réalistes *(les Corbeaux).*

BÉCQUER (Gustavo Adolfo), poète romantique espagnol, né à Séville (1836-1870).

BECQUEREL (Antoine), physicien français, né à Châtillon-Coligny (1788-1878), qui découvrit la piézoélectricité (1819) et inventa la pile photovoltaïque (1839). — Son fils EDMOND, né à Paris (1820-1891), imagina la spectrographie. — Son petit-fils HENRI, né à Paris (1852-1908), découvrit la radioactivité en 1896. (Prix Nobel, 1903.)

BÉDARIEUX (34600), ch.-l. de c. de l'Hérault ; 6 864 h. *(Bédariciens).* Bonneterie. Bauxite.

BÉDARRIDES (84370), ch.-l. de c. de Vaucluse, dans le Comtat ; 3 818 h. *(Bédarridais).*

BEDAUX (Charles), ingénieur français, né à Paris (1888-1944), auteur d'un système de mesure du travail qui fait intervenir l'allure de l'opérateur.

BEDDOES (Thomas Lovell), écrivain anglais, né à Clifton (1803-1849). Son œuvre poétique et dramatique reflète toutes les tendances du romantisme *(les Facéties de la mort).*

BÈDE le **Vénérable** (saint), moine et historien anglais, né à Wearmouth (v. 672-735). Célèbre pour son savoir encyclopédique, il est l'auteur d'une *Histoire ecclésiastique de la nation anglaise.* Docteur de l'Église.

BEDFORD, v. d'Angleterre, ch.-l. de c. du *comté de Bedford* ; 129 000 h.

BEDFORD (Jean de LANCASTRE, *duc* DE) → LANCASTRE.

BÉDIER (Joseph), médiéviste français, né à Paris (1864-1938). Il vit dans les chansons de

geste des récits composés par les clercs des sanctuaires placés sur les grandes routes de pèlerinage.

BÉDOS DE CELLES (*dom* François DE), bénédictin français, né à Caux (1709-1779). Facteur d'orgues, il est l'auteur d'un traité sur son art.

BÉDOUINS, nomades arabes des déserts, en Afrique du Nord et au Moyen-Orient.

BEEBE (William), naturaliste et océanographe américain, né à New York (1877-1962). Il descend en 1934 jusqu'à 923 m de fond dans une *bathysphère,* boule d'acier creuse suspendue à un câble, et a ainsi découvert de nombreuses espèces abyssales.

BEECHAM (sir Thomas), chef d'orchestre anglais, né à Saint Helens (1879-1961), fondateur du Royal Philharmonic Orchestra.

BEECHER-STOWE (Harriet BEECHER, *Mrs.* STOWE, dite **Mrs.**), femme de lettres américaine, née à Litchfield (Connecticut) [1811-1896], auteur de *la Case de l'oncle Tom* (1852), qui popularisa le mouvement antiesclavagiste.

BEERNAERT (Auguste), homme politique belge, né à Ostende (1829-1912), un des chefs

Henri **Becquerel**

Samuel **Beckett**

Menahem **Begin**

Ludwig van **Beethoven** par J. K. Stieler

du parti catholique, président du Conseil de 1884 à 1894. (Prix Nobel de la paix, 1909.)

BEERNEM, comm. de Belgique (Flandre-Occidentale) ; 12 900 h.

BEERSE, comm. de Belgique (Anvers) ; 11 900 h.

BEERSHEBA ou **BEER-SHEV'A,** v. d'Israël, en bordure du Néguev ; 99 000 h.

BEETHOVEN (Ludwig VAN), compositeur allemand, né à Bonn (1770-1827), auteur de trente-deux sonates pour piano, de dix-sept quatuors, de neuf symphonies, de cinq concertos pour piano et un pour violon, d'ouvertures, de l'opéra *Fidelio,* de la *Missa solemnis* (messe en ré), œuvres d'une profondeur de sentiments et d'une puissance d'expression incomparables. Il eut une existence souvent difficile et fut, de bonne heure, frappé de surdité.

BEFFES (18320 Jouet sur l'Aubois), comm. du Cher ; 689 h. Cimenterie.

BÉGARD (22140), ch.-l. de c. des Côtes-du-Nord ; 5 411 h.

BÉGIN (Louis), chirurgien militaire français, né à Liège (1793-1859). Son nom a été donné à

l'*hôpital militaire* de Vincennes, rénové en 1970.

BEGIN (Menahem), homme politique israélien, né à Brest (Pologne) en 1913. Chef de l'Irgoun (1942). Fondateur du Hérout (1948) puis leader du Likoud, bloc nationaliste israélien, il participe au gouvernement de coalition nationale (1967) et devient Premier ministre en mai 1977. En 1979, il signe un traité de paix avec l'Égypte. (Prix Nobel de la paix, 1978.)

BÈGLES (33130), ch.-l. de c. de la Gironde, banlieue sud de Bordeaux ; 25 680 h. *(Béglais).* Papeterie. Alimentation.

BEG-MEIL, station balnéaire du sud du Finistère (comm. de Fouesnant).

BEGO (mont), sommet des Alpes-Maritimes, près de Tende ; 2 873 m. Ensemble de gravures préhistoriques datant de l'âge du bronze.

BEHAIM (Martin), cosmographe et navigateur allemand, né à Nuremberg (1459-1507). Il introduisit l'usage de l'astrolabe sur les navires.

BEHAN (Brendan), écrivain irlandais, né à Dublin (1923-1964), auteur de récits autobiographiques *(Un peuple partisan)* et de pièces de théâtre *(le Client du matin).*

BÉHANZIN, dernier roi du Dahomey (1844-1906). Fils de Glé-Glé, il devint roi en 1889, mais fut pris par les Français en 1893.

BÉHISTOUN ou **BEHISTUN,** village du Kurdistan. Rochers couverts de bas-reliefs et d'inscriptions qui ont servi de base au déchiffrement de l'écriture cunéiforme par l'Anglais H. Rawlinson (1810-1895).

BÉHOBIE, hameau de la commune d'Urrugne (Pyrénées-Atlantiques). Poste frontière sur la Bidassoa.

BEHREN-LÈS-FORBACH (57460), comm. de la Moselle ; 12 015 h.

BEHRENS (Peter), architecte et designer allemand, né à Hambourg (1868-1940), dans l'atelier duquel passèrent Gropius, Mies van der Rohe, Le Corbusier.

BEHRING → BÉRING.

BEHRING (Emil VON), médecin et bactériologiste allemand, né à Hansdorf (1854-1917), un des créateurs de la sérothérapie. (Prix Nobel, 1901.)

BEHZÂD ou **BIHZÂD** (Kamâl al-Dîn), miniaturiste persan (v. 1450-v. 1535), qui rénova les principes de composition ; il est à l'origine de l'école séfévide de Tabriz.

BEIDA (El-), v. de Libye ; 35 000 h.

BEIJING → PÉKIN.

BEINE-NAUROY (51110 Bazancourt), ch.-l. de c. de la Marne ; 433 h.

BEIRA, port du Mozambique, sur l'océan Indien ; 114 000 hab.

BEIRA, anc. prov. du Portugal central.

BEJAIA, anc. **Bougie,** v. d'Algérie, ch.-l. de wilaya, sur le *golfe de Bejaia* ; 63 000 h.

BÉJART [-ʒar], famille de comédiens à laquelle appartenaient MADELEINE **Béjart,** née à Paris (1618-

1672), et ARMANDE (v. 1642-1700), qui épousa Molière en 1662.

BÉJART (Maurice), danseur et chorégraphe français, né à Marseille en 1927, animateur du Ballet du XXᵉ siècle et du centre chorégraphique « Mudra ». Son esthétique et ses conceptions scéniques sont à l'origine d'une nouvelle vision de la danse, dont il a fait un art de masse (*Symphonie pour un homme seul, Neuvième Symphonie, le Sacre du printemps, Messe pour le temps présent, Golestan,* etc.).

BEKAA, plaine entre le Liban et l'Anti-Liban.

BÉL, à Babylone et dans la Bible, autre nom du dieu *Mardouk*.

BÉLA, nom de plusieurs rois de Hongrie (dynastie des Árpáds). Sous BÉLA IV (1235-1270), la Hongrie fut dévastée par les Mongols (1241).

BÉLÂBRE (36370), ch.-l. de c. de l'Indre; 1260 h.

Bel-Ami, roman de Maupassant (1885) : l'ascension d'un arriviste.

BÉLANGER (François), architecte français, né à Paris (1744-1818), auteur du château de Bagatelle.

BELATE *(col de),* col des Pyrénées espagnoles emprunté par la route de Bayonne à Pampelune; 847 m.

BELCAIRE (11340 Espezel), ch.-l. de c. de l'Aude; 463 h.

BELÉM, anc. **Pará,** cap. de l'État de Pará (Brésil), port sur l'Amazone; 634000 h.

BELÉM, v. du Portugal, faubourg de Lisbonne. Tour fortifiée sur le Tage et monastère des Hiéronymites, de style manuélin.

BELFAST, cap. et port de l'Irlande du Nord; 362000 h. Centre commercial et industriel.

BELFORT (90000), ch.-l. du Territoire de Belfort, sur la Savoureuse; à 423 km à l'est de Paris; 57317 h. *(Belfortains).* Place forte illustrée par la belle défense de Denfert-Rochereau (1870-71). *Lion de Belfort,* monument par Bartholdi. Hôtel de ville et église du XVIIIᵉ s. Constructions mécaniques et électriques.

BELFORT *(Territoire de)* [**90**], division administrative (avec statut de département), constituée par la partie du Haut-Rhin demeurée française en 1871, couvrant 610 km² et comptant 128125 h. (répartis en 1 arr. [*Belfort,* le ch.-l.], 13 cant. et 99 comm.). Le Territoire de Belfort est rattaché à la Région Franche-Comté, à l'académie, à la circonscription judiciaire et à la province ecclésiastique de Besançon, à la région militaire de Metz. Il s'étend sur l'extrémité méridionale des Vosges, sur la région déprimée de la porte d'Alsace (ou *trouée de Belfort*). L'industrie, très développée, est représentée essentiellement dans l'agglomération de Belfort, qui regroupe près des deux tiers de la population totale du Territoire.

BELGAUM, v. de l'Inde (Karnātaka); 192000 h.

BELGIOJOSO (Cristina TRIVULZIO, *princesse* DE), patriote italienne, née à Milan (1808-1871), longtemps exilée en France, où son salon fut un rendez-vous d'hommes en vue.

BELGIQUE, en néerl. **Belgïe,** royaume de l'Europe occidentale, sur la mer du Nord, limité par les Pays-Bas au nord, l'Allemagne fédérale et le Luxembourg à l'est, la France au sud; 30507 km²; 9840000 h. *(Belges).* Cap. *Bruxelles.* V. pr. *Anvers, Gand, Liège.* La Belgique compte neuf provinces : *Anvers, Brabant, Flandre-Occidentale, Flandre-Orientale, Hainaut, Liège, Limbourg, Luxembourg* et *Namur.* Langues : français, néerlandais.

GÉOGRAPHIE

La Belgique est un pays au relief monotone, dont l'altitude s'élève progressivement vers le sud-est. Aux plaines de la Campine et de la Flandre (bordée par un littoral sableux et rectiligne) succèdent les plateaux du Hainaut, du Brabant et de la Hesbaye, dont le sous-sol, sableux et crayeux, est souvent recouvert de limon. Au-delà du sillon Sambre-Meuse, le plateau, plus élevé, du Condroz est séparé par les dépressions de la Famenne et de la Fagne, du massif ancien de l'Ardenne (694 m au signal de Botrange), recouvert de forêts et de landes, et

parsemé de tourbières. Le climat, franchement océanique à l'ouest, se dégrade vers l'intérieur, devenant rude dans l'Ardenne.

Le bilinguisme divise la Belgique en deux grands domaines (Flamands [les plus nombreux] au nord, Wallons au sud) et constitue le trait le plus original d'une population caractérisée encore par sa très grande densité (stagnante aujourd'hui) et sa forte urbanisation (à plus de 80 p. 100 environ). L'agriculture possède un caractère intensif, imposé par l'exiguïté du territoire, mais ne peut satisfaire entièrement les besoins du pays. Les cultures (blé, betterave à sucre, pomme de terre, lin) sont surtout répandues sur les plateaux limoneux et dans les plaines; l'élevage (bovins) domine au sud-est. L'industrie, développée anciennement à partir de l'exploitation des bassins houillers, est le fondement de l'économie. La sidérurgie, le travail des métaux non ferreux (étain, plomb et surtout cuivre), la métallurgie de transformation, disséminée géographiquement, le textile et l'industrie chimique sont les activités dominantes. La structure de l'économie explique l'importance du commerce extérieur, en même temps qu'elle constitue un danger par la trop grande dépendance à l'égard du marché international, qui n'est que partiellement pallié par l'intégration au Marché commun. L'ampleur des importations de matières premières (industrielles surtout, et énergétiques en premier lieu) explique le déficit de la balance commerciale.

HISTOIRE

— 51 av. J.-C. : début de la domination romaine sur les territoires formant l'actuelle Belgique.

— IIIᵉ-Vᵉ s. apr. J.-C. : invasions germaniques et installation des Francs dans le nord du pays.

— 843 : au traité de Verdun, le pays est divisé entre la France et la Lotharingie (rattachée à la Germanie en 925), l'Escaut servant de frontière.

— IXᵉ-XIVᵉ s. : formation des principautés et développement des villes.

— XIVᵉ-XVᵉ s. : les « Pays-Bas » sont, pour leur plus grande part, dans la mouvance des États bourguignons, puis de la maison d'Autriche. À la suite du mariage (1496) de Philippe le Beau avec Jeanne, héritière des souverains d'Aragon et de Castille, le sort des Pays-Bas est lié à celui de l'Espagne.

— 1572 : révolte contre le duc d'Albe.

— 1579 : les États du nord des Pays-Bas (actuels Pays-Bas) font sécession pour former bientôt les Provinces-Unies; ceux du sud (actuelle Belgique) restent sous la domination espagnole.

— 1599-1633 : période de prospérité sous les archiducs Albert et Isabelle.

— 1713 : le traité d'Utrecht remet le territoire belge à la maison d'Autriche.

— 1789 : révolte contre l'empereur Joseph II.

— 1790 : Acte d'union des provinces belgiques. Les Autrichiens redeviennent maîtres du pays.

— 1795 : la France annexe les Pays-Bas autrichiens.

— 1815 : la Belgique fait partie, avec les anciennes Provinces-Unies, du royaume des Pays-Bas, dirigé par la maison d'Orange.

— 1830 : révolution belge.

— 1831 : la conférence de Londres reconnaît l'indépendance de la Belgique. Constitution d'une monarchie constitutionnelle et héréditaire. Léopold Iᵉʳ de Saxe-Cobourg, premier roi des Belges.

— 1832 : les Français reprennent Anvers aux Hollandais.

— 1839 : la Hollande reconnaît l'indépendance de la Belgique.

— 1865 : avènement de Léopold II, fondateur du futur Congo belge.

— 1885 : création du parti ouvrier belge.

— 1908 : le roi lègue le Congo à la Belgique.

— 1909 : avènement d'Albert Iᵉʳ.

— 1914 : la Belgique, neutre, est envahie par les Allemands. Albert Iᵉʳ résiste sur l'Yser.

— 1922 : création de l'union belgo-luxembourgeoise.

courbes : 300, 400, 600, 900 m

Maurice **Béjart**

TERRITOIRE DE BELFORT

◇ chef-lieu de département
○ chef-lieu d'arrondissement
◯ chef-lieu de canton
--- limite de canton
●●●● localités classées selon leur population

Belfort

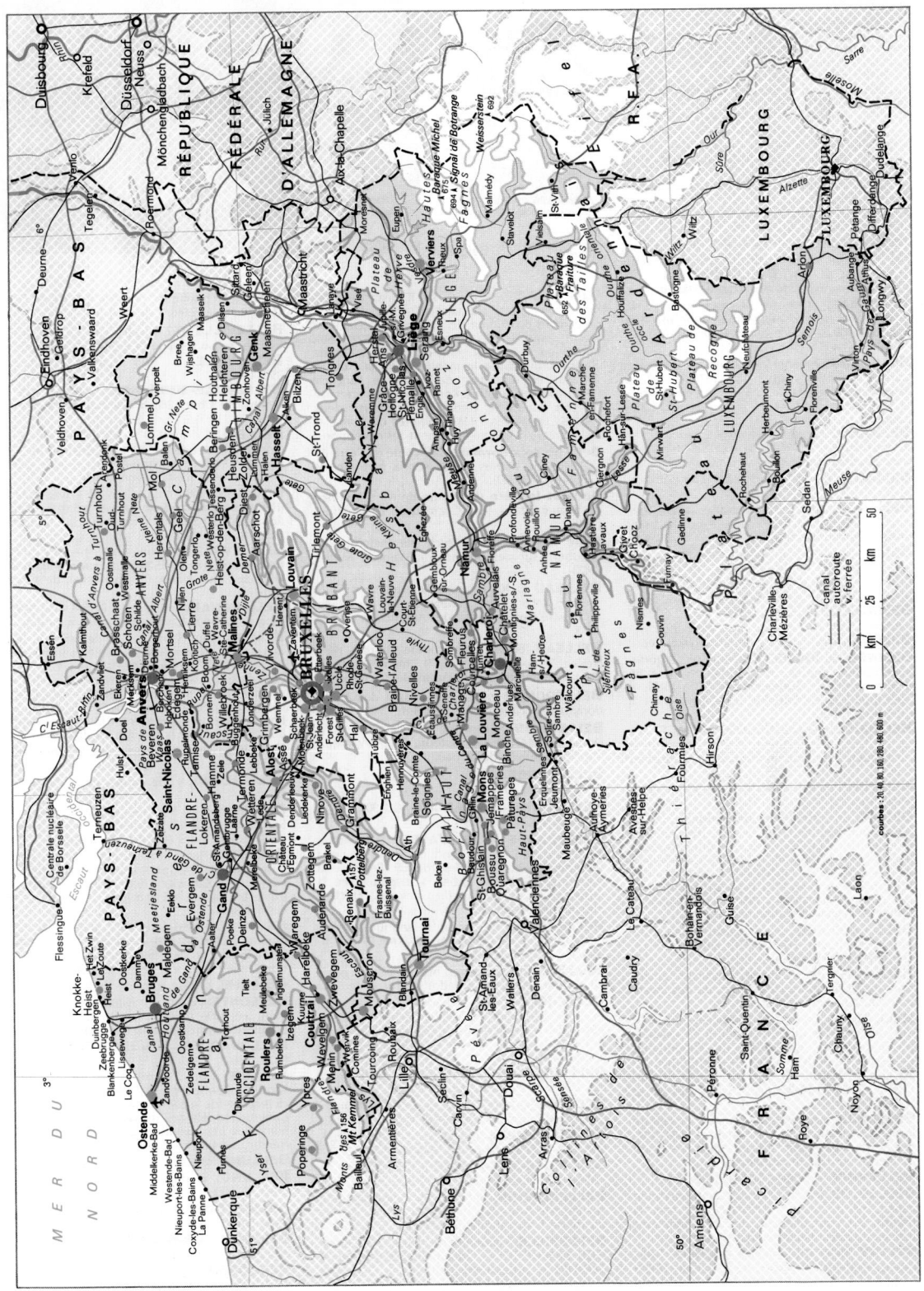

BELGIQUE

— 1934 : avènement de Léopold III.
— 1940 : la Belgique, neutre, est de nouveau envahie par les Allemands.
— 1944 : régence du prince Charles.
— 1948 : création du Benelux.
— 1951 : Léopold III abdique en faveur de son fils, Baudouin Ier.
— 1958 : pacte qui résout la question scolaire.
— 1960 : début de l'agitation liée au problème linguistique. Indépendance du Congo.
— 1967 : Bruxelles, siège du Conseil permanent de l'O.T.A.N.
— 1970 : formation de trois régions : Flandre, Wallonie, Bruxelles.
— 1980 : la loi sur la régionalisation est adoptée pour la Flandre et la Wallonie.

Joachim du **Bellay**

Belgrade

Loirat-C. D. Tétre.

BELGODÈRE (20226), ch.-l. de c. de la Haute-Corse, dans la Balagne ; 536 h.

BELGOROD ou **BIELGOROD**, v. de l'U. R. S. S., au nord de Kharkov ; 227 000 h.

BELGRADE, en serbe Beograd, cap. de la Yougoslavie, au confluent du Danube et de la Save ; 770 000 h. Centre commercial et industriel. Musées.

BELGRAND (Eugène), ingénieur et géologue français, né à Ervy (Aube) [1810-1878]. Il installa le système d'égouts de la Ville de Paris, dériva la Vanne et construisit les réservoirs de Montsouris.

BELGRANO (Manuel), général argentin, né à Buenos Aires (1770-1820), artisan de l'indépendance sud-américaine.

BÉLIAL, nom donné dans la Bible à l'esprit du mal.

BÉLIER (le), constellation zodiacale. — Premier signe du zodiaque, dans lequel le Soleil entre à l'équinoxe de printemps.

BELIN (Édouard), inventeur français, né à Vesoul (1876-1963). On lui doit les procédés de phototélégraphie *(bélinogramme)* et de télautographie (1907).

BELIN-BÉLIET (33830), ch.-l. de c. de la Gironde ; 2 229 h.

BELINGA, massif du Gabon. Minerai de fer.

BELINSKI ou **BIELINSKI** (Vissarion Grigorievitch), philosophe et critique littéraire russe, né à Sveaborg (auj. Suomenlinna) [1811-1848]. Il contribua à faire triompher le réalisme dans la littérature russe.

BÉLISAIRE, général byzantin, né en Thrace (v. 494-565). Sous Justinien, il fut l'artisan de la reconquête byzantine en Afrique, en Sicile et en Italie.

BELITUNG ou **BILLITON**, île de l'Indonésie, entre Sumatra et Bornéo. Étain.

BELIZE, anc. **Honduras britannique**, État de l'Amérique centrale, sur la mer des Antilles, indépendant dans le cadre du Commonwealth depuis 1981 ; 23 000 km² ; 136 000 h. Cap. *Belmopan.* V. pr. *Belize* (40 000 h.). Canne à sucre. Britannique jusqu'en 1973, le pays fut colonie de la Couronne de 1862 à 1964 ; à cette date, il obtint un régime d'autonomie interne.

BELL (sir Charles), physiologiste britannique, né à Édimbourg (1774-1842), auteur de recherches sur le système nerveux.

BELL (Alexander Graham), physicien américain, né à Édimbourg (1847-1922), un des inventeurs du téléphone (1876).

BELL (Daniel), sociologue américain, né à New York en 1919. On lui doit la notion de « société postindustrielle », qui insiste sur l'importance croissante du pouvoir technico-scientifique.

BELLAC (87300), ch.-l. d'arr. de la Haute-Vienne ; 5 826 h. *(Bellacquais).* Église des XIIe et XIVe s. Tannerie.

BELLANGE (Jacques [DE?]), graveur et peintre lorrain, actif à la cour de Nancy v. 1600-1616, maniériste également brillant dans l'effusion religieuse ou dans le populisme.

BELLARMIN → ROBERT BELLARMIN *(saint).*

BELLAVITIS *(comte* Giusto), mathématicien italien, né à Bassano (1803-1880). Il créa la théorie des équipollences, une des premières formes de calcul vectoriel dans le plan.

BELLAY [bɛlɛ] (DU), famille angevine. GUILLAUME, seigneur de LANGEY, né à Glatigny (1491-

1543), général de François Ier. Il laissa des *Mémoires.* — JEAN, cardinal (1492-1560), frère du précédent, protecteur de Rabelais. — JOACHIM, poète français, né près de Liré (1522-1560), cousin du précédent. Ami et collaborateur de Ronsard, il rédigea le manifeste de la Pléiade, *Défense et illustration de la langue française* (1549). De son séjour à Rome comme secrétaire de son cousin le cardinal, il rapporta deux recueils poétiques : *les Antiquités de Rome* et *les Regrets* (1558), qui expriment ses déceptions.

Belle au bois dormant *(la),* conte de Perrault.
— Ballet de Marius Petipa sur la partition de Tchaïkovski (1890).

Belle et la Bête *(la),* conte de Mme Leprince de Beaumont. — Jean Cocteau en tira un film (1946).

Belle Meunière *(la),* cycle de mélodies de Schubert, sur des poèmes de Wilhelm Müller (1823).

BELLEAU (02400 Château Thierry), comm. de l'Aisne ; 109 h. Le *bois Belleau,* au sud du village, fut illustré par le combat des Américains en juin 1918.

BELLEAU [belo] (Rémy), poète français, né à Nogent-le-Rotrou (1528-1577), membre de la Pléiade, auteur de poésies pastorales *(la Bergerie).*

BELLEDONNE *(massif de),* massif des Alpes, dominant le Grésivaudan ; 2 978 m.

BELLEGAMBE (Jean), peintre flamand, né à Douai (v. 1470-1534), auteur du *Polyptyque d'Anchin* (musée de Douai).

BELLEGARDE (45270), ch.-l. de c. du Loiret ; 1 479 h. Église romane.

BELLEGARDE-EN-MARCHE (23190), ch.-l. de c. de la Creuse ; 425 h.

BELLEGARDE - SUR - VALSERINE (01200), ch.-l. de c. de l'Ain, au confl. du Rhône et de la Valserine ; 12 383 h. *(Bellegardiens).* Perte de la Valserine. (Celle du Rhône a disparu avec la mise en eau du barrage de Génissiat.) Électrométallurgie. Papeterie.

BELLE-ÎLE, île de l'océan Atlantique (Morbihan), en face de Quiberon ; 90 km² ; 4 328 h. *(Bellilois).* Ch.-l. *Le Palais.*

BELLE-ISLE *(détroit de),* bras de mer large de 20 km qui sépare le Labrador de Terre-Neuve.

BELLE-ISLE [belil] (Charles FOUQUET DE), maréchal de France, né à Villefranche-de-Rouergue (1684-1761), petit-fils de Fouquet. Il combattit l'Autriche et fut ministre de la Guerre de 1758 à 1761. (Acad. fr.)

BELLE-ISLE-EN-TERRE (22810), ch.-l. de c. des Côtes-du-Nord ; 1 269 h.

BELLÊME (61130), ch.-l. de c. de l'Orne ; 1 841 h. Monuments des XVe et XVIIe s. Forêt.

BELLENCOMBRE (76680 Saint Saëns), ch.-l. de c. de la Seine-Maritime ; 648 h.

BELLERIVE-SUR-ALLIER (03700), comm. de l'Allier, en face de Vichy ; 7 619 h.

BELLÉROPHON, héros mythologique. Monté sur Pégase, il tua la Chimère. Il épousa la fille du roi de Lycie, auquel il succéda.

BELLEVILLE, quartier de Paris (XXe arr.). [Hab. *Bellevillois.*] — On appelle *programme de Belleville* le programme républicain, charte de

la future république, proposé par Léon Gambetta à ses électeurs en 1869.

BELLEVILLE (69220), ch.-l. de c. du Rhône ; 6 609 h. Église romane et gothique. Métallurgie.

BELLEVILLE, v. du Canada (Ontario) ; 35 331 h.

BELLEVILLE-SUR-LOIRE (18240 Léré), comm. du Cher ; 288 h. Centrale nucléaire en projet.

BELLEVUE, localité des Hauts-de-Seine (comm. de Meudon). Château construit en 1748 pour Mme de Pompadour, en grande partie détruit sous la Restauration (1823).

BELLEY (01300), ch.-l. d'arr. de l'Ain ; 8 224 h. *(Belleysans).* Cathédrale des XVe et XIXe s. Palais épiscopal, par Soufflot. Travail du cuir. Imprimerie. Anc. cap. du Bugey.

BELLIÈVRE (Pompone DE), homme d'État français, né à Lyon (1529-1607), surintendant des Finances sous Henri III, chancelier de France sous Henri IV.

BELLINGHAM, v. des États-Unis (Washington) ; 40 000 h. Industrie de l'aluminium.

BELLINI, nom d'une famille de peintres vénitiens dont les plus remarquables sont IACOPO (v. 1400 - v. 1470) et ses fils GENTILE (1429? - 1507) et GIOVANNI, dit *Giambellino* (v. 1429-1516). Ce dernier donna une orientation décisive à l'école vénitienne par un sens nouveau de l'organisation spatiale (en partie empruntée à l'exemple de Mantegna), de la lumière, de la couleur.

BELLINI (Vincenzo), compositeur italien, né à Catane (1801-1835), auteur de *La Norma* (1831).

BELLINZONA, v. de Suisse, ch.-l. du Tessin ; 16 979 h.

BELLMAN (Carl Michael), poète suédois, né à Stockholm (1740-1795), auteur de poèmes populaires et idylliques *(Chants de Fredman).*

BELLMER (Hans), dessinateur, graveur, sculpteur-assemblagiste, photographe et peintre allemand, né à Katowice (1902-1975). Son érotisme exacerbé l'a fait reconnaître, à Paris, par les surréalistes.

BELLO (Andrés), poète, grammairien et homme politique sud-américain, né à Caracas (1781-1865), l'un des guides spirituels de l'Amérique latine dans son émancipation.

BELLONE, déesse romaine de la Guerre.

BELLONTE (Maurice), aviateur français, né à Méru en 1896, coéquipier de Costes dans la première liaison aérienne Paris-New York.

BELLOVAQUES, tribu de la Gaule, dans le Beauvaisis.

BELLOW (Saul), écrivain américain, né à Lachine (Québec) en 1915. Ses romans font des vicissitudes de la communauté juive nord-américaine un modèle des angoisses et de la destinée humaines *(les Aventures d'Augie March,* 1953 ; *Herzog,* 1964). [Prix Nobel, 1976.]

BELLUNE *(duc* DE) → VICTOR.

BELLUNO, v. d'Italie, en Vénétie, ch.-l. de prov. ; 37 000 h.

BELMONT-DE-LA-LOIRE (42670), ch.-l. de c. de la Loire ; 1 653 h.

BELMONT-SUR-RANCE (12370), ch.-l. de c. de l'Aveyron ; 913 h.

BELMOPAN, cap. du Belize ; 4 000 h.

BELŒIL, comm. de Belgique (Hainaut); 13 700 h. Château des princes de Ligne (musée, jardins).

BELŒIL, v. du Canada (Québec); 12 274 h.

BELO HORIZONTE, v. du Brésil, cap. de l'État de Minas Gerais; 1 333 000 h. Métallurgie.

BELON ou **BÉLON** (le), petit fleuve côtier de Bretagne, près de Pont-Aven; 25 km. Huîtres (*belons*).

BÉLOUTCHISTAN → BALOUTCHISTAN.

BELOVO ou **BIELOVO,** v. de l'U.R.S.S., dans le Kouzbass; 112 000 h.

BELPECH (11420), ch.-l. de c. de l'Aude; 1 089 h.

BELPHÉGOR, forme grecque du nom d'une idole des Moabites.

BELSUNCE DE CASTELMORON (Henri François-Xavier DE), évêque de Marseille, né à Laforce (Périgord) [1670-1755]. Il montra une charité héroïque pendant la peste de 1720-21.

BELT (**Grand-** et **Petit-**), nom de deux détroits : le premier entre les îles de Fionie et de Sjælland; le second entre l'île de Fionie et de Jylland. Ils réunissent la mer Baltique à la mer du Nord par le Cattégat et le Skagerrak.

BELTRAMI (Eugenio), mathématicien italien, né à Crémone (1835-1900). On lui doit une étude des surfaces à courbure constante (1868) qui s'apparente à la géométrie non euclidienne de Lobatchevski.

BELTSY, v. de l'U.R.S.S. (Moldavie); 123 000 h.

Belvédère (le), pavillon du Vatican construit sous Innocent VIII et Jules II. Il abrite une collection de sculptures antiques (*Apollon du Belvédère, Torse du Belvédère*).

BELVÈS (24170), ch.-l. de c. de la Dordogne; 1 747 h. (*Belvésois*).

BELYÏ ou **BIELYÏ** (Boris Nikolaïevitch BOUGAÏEV, dit **Andreï**), écrivain russe, né à Moscou (1880-1934). Il s'efforça de formuler la théorie du symbolisme et interpréta la révolution d'Octobre comme la résurgence d'une civilisation spécifique à mi-chemin entre l'Orient et l'Occident (*Symphonies, le Pigeon d'argent, Pétersbourg, Moscou*).

espagnol, né à Madrid (1866-1954). Son théâtre de mœurs dut son succès à ses sujets à scandale et à l'habileté de ses intrigues. (Prix Nobel, 1922.)

BEN BELLA (Ahmed), homme d'État algérien, né à Marnia en 1916. L'un des dirigeants de l'insurrection de 1954, interné en France de 1956 à 1962, il fut le premier président de la République algérienne (1963-1965). Il fut renversé et interné par Boumediene. Il a été libéré en 1980.

BENDA (Julien), écrivain français, né à Paris (1867-1956). Il combattit les tendances de la littérature à l'« engagement » (*la Trahison des clercs*, 1927).

BENDERY, v. de l'U.R.S.S. (Moldavie), sur le Dniestr; 100 000 h. Naguère roumaine (*Tighina*). Charles XII y fut assiégé par les Turcs (1713).

BENDOR, îlot situé en face de Bandol (Var). Centre de tourisme.

BENEDEK (Ludwig VON), général autrichien, né à Ödenburg (auj. Sopron) [1804-1881], vaincu en 1866 à Sadowa.

BENEDETTO da Maiano → GIULIANO DA MAIANO.

BENELUX, convention d'union douanière signée à Londres en 1943 et 1944, entre la Belgique, les Pays-Bas et le Luxembourg, et élargie en 1958 en union économique.

BENEŠ (Edvard), homme d'État tchécoslovaque, né à Kozlany (1884-1948), ministre des Affaires étrangères, puis président de la République (1935-1938 et 1945-1948).

BÉNÉVENT, en ital. Benevento, v. d'Italie (Campanie); 61 000 h. Pyrrhos II y fut vaincu par

que indienne (*Bengale-Occidental*; 87 853 km²; 44 312 000 h.; cap. *Calcutta*) et le Bangladesh. Ces territoires, surpeuplés, produisent du riz et du jute. Indépendant de fait au sein de l'Inde musulmane du XIIe au XVIIIe s., le Bengale devint britannique après 1757. Il joua un rôle important dans le réveil national indien. En 1947, le Bengale-Occidental (Calcutta) fut rattaché à l'Union indienne, et le Bengale-Oriental (Dacca) devint le Pākistān oriental, auj. Bangladesh.

BENGALE (*golfe du*), golfe de l'océan Indien compris entre l'Inde, le Bangladesh et la Birmanie.

BENGBU → PENG-POU.

BENGHAZI, v. de Libye, en Cyrénaïque; 137 000 h. La ville changea quatre fois de mains pendant la campagne de Libye (1940-1942).

BEN GOURION (David), homme politique israélien, né à Płońsk (Pologne) [1886-1973], un des fondateurs de l'État d'Israël, chef du gouvernement de 1948 à 1953 et de 1955 à 1963.

BENGUELA, port de l'Angola, sur l'Atlantique. — Le *courant de Benguela* est un courant marin froid qui remonte vers l'équateur le long des côtes occidentales d'Afrique.

BENI-MERED, village d'Algérie (Alger), dans la Mitidja. Combat du sergent Blandan (1842).

BÉNIN, royaume fondé par les Edos au XIIe s., dans le sud-ouest de l'actuel Nigeria. Il devint protectorat britannique en 1892. Son apogée (XVIIe s.) est attestée notamment par des bronzes influencés par l'art d'Ife* et des ivoires sculptés.

BÉNIN, anc. Dahomey, État de l'Afrique occidentale, sur le *golfe de Bénin*; 115 800 km²;

Andreï **Belyï**

Bénarès
les bords du Gange

Giovanni **Bellini** : *Madone à l'Enfant* (1510)

Saul **Bellow**

Edvard **Beneš**

Ben Gourion

BELZ [bɛls] (56550), ch.-l. de c. du Morbihan; 3 401 h. Port sur la rivière d'Étel. Chapelle de Saint-Cado, en partie romane.

BELZÉBUTH ou **BELZÉBUL,** divinité cananéenne, devenue chez les juifs et les chrétiens le prince des démons.

BEMBO (Pietro), cardinal et humaniste italien, né à Venise (1470-1547). Secrétaire de Léon X, il codifia les règles grammaticales et esthétiques de la langue « vulgaire », le toscan.

BÉNARÈS ou **VĀRĀNASI,** v. de l'Inde (Uttar Pradesh), sur le Gange; 584 000 h. Ville sainte et centre intellectuel de l'hindouisme.

BENAVENTE (Jacinto), auteur dramatique

les Romains (275 av. J.-C.). Monuments antiques et médiévaux.

BÉNÉVENT (*prince* DE) → TALLEYRAND.

BÉNÉVENT-L'ABBAYE (23210), ch.-l. de c. de la Creuse; 1 106 h. (*Bénévents*). Église du XIIe s.

BÉNÉZET (saint), berger de Provence (XIIe s.), qui aurait reçu de Dieu la mission de construire, à Avignon, le pont qui porte son nom.

BENFELD (67230), ch.-l. de c. du Bas-Rhin; 3 894 h. Hôtel de ville de 1531. Constructions électriques.

BENGALE, région de l'est de la péninsule indienne, partagée auj. entre la Républi-

3 380 000 h. Cap. *Porto-Novo*. Langue officielle : *français.*

GÉOGRAPHIE

Au Sud, équatorial et forestier, s'oppose le Nord, tropical et recouvert de savanes. Le manioc est la base de l'alimentation; l'huile de palme, le coton, l'arachide, le café sont les principaux produits d'exportation passant par le port de Cotonou, principale ville.

HISTOIRE

— Avant la période coloniale, l'actuel Bénin est divisé en trois royaumes : Allada, Porto-Novo et Abomey.
— 1883 : le roi de Porto-Novo signe avec la France un traité de protectorat.

— 1894 : après les campagnes contre Béhanzin (1890-1893), le royaume d'Abomey est l'une des colonies de la fédération de l'Afrique-Occidentale française.

— 1960 : le pays devient une république indépendante. Il est dirigé par Hubert Maga (de 1960 à 1964), puis par Sourou Migan Apithy (de 1964 à 1965).

— 1972 : Kerekou prend le pouvoir.

— 1975 : le Dahomey devient le Bénin.

BÉNIN, v. du sud du Nigeria ; 122 000 h.

BÉNIN (golfe de), partie du golfe de Guinée, à l'ouest du delta du Niger.

BENJAMIN, douzième et dernier fils de Jacob et de Rachel.

BENJAMIN (tribu de), tribu israélite du sud de la Palestine. Son ancêtre éponyme est Benjamin, dernier fils de Jacob.

BEN JONSON → JONSON (Benjamin).

BENN (Gottfried), écrivain allemand, né à Mansfeld (1886-1956). Influencé d'abord par Nietzsche et par le national-socialisme, il cherche dans le

BÉNIN

lyrisme la solution à ses problèmes d'homme et d'écrivain (Double Vie, Poèmes statiques).

BENNETT (James Gordon), journaliste et éditeur américain, né à New Mill (Écosse) [1795-1872], fondateur du New York Herald.

BENNETT (Enoch Arnold), écrivain anglais, né près de Hanley. (Staffordshire) [1867-1931], auteur de romans régionalistes.

BENNETT (Richard Bedford), homme politique canadien, né à Hopwell (Nouveau-Brunswick) [1870-1947], Premier ministre (1930-1935), leader du parti conservateur (1927-1938).

BEN NEVIS, point culminant de la Grande-

Bretagne, en Écosse, dans les Grampians ; 1 343 m.

BENNIGSEN (Levin Leontievitch), général russe, né à Brunswick (1745-1826). Battu par Napoléon à Eylau, il s'illustra à Leipzig (1813).

BÉNODET (29118), comm. du sud du Finistère ; 2 087 h. Station balnéaire.

BENOÎT d'Aniane (saint), réformateur de la règle bénédictine (v. 750-821).

BENOÎT de Nursie (saint), né à Nursie [v. 480-v. 547], fondateur, v. 529, du monastère du Mont-Cassin, berceau de l'ordre monastique des Bénédictins.

anc. royaume du Bénin tête en bronze XVIIIe s.

Lauros-Giraudon

Vierge à l'Enfant avec saint **Benoît**, par le « Maître de Vivoin » (XVe s.)

Gottfried **Benn**

G. Ebert - Foto-Grafik

Pierre Jean de **Béranger** lithographie de Metzmacher

Larousse

Giraudon

BENOÎT Ier, pape de 575 à 579. — BENOÎT II (saint), pape de 684 à 685. — BENOÎT III, pape de 855 à 858. — BENOÎT IV, pape de 900 à 903. — BENOÎT V, pape de 964 à 966. — BENOÎT VI, pape de 973 à 974. — BENOÎT VII, pape de 974 à 983. — BENOÎT VIII, pape de 1012 à 1024. — BENOÎT IX, m. en 1055, pape de 1032 à 1045. — BENOÎT X, antipape de 1058 à 1060. — BENOÎT XI (1240-1304), pape de 1303 à 1304. — BENOÎT XII, né à Saverdun, m. en 1342, pape de 1334 à 1342. Il siégeait à Avignon. — BENOÎT XIII, né à Illueca (v. 1324-1423), antipape de 1394 à 1423. Il refusa d'abdiquer en 1417. — BENOÎT XIII (Pietro Francesco Orsini), né à Gravina (1649-1730), pape de 1724 à 1730. — BENOÎT XIV (Prospero Lambertini), né à Bologne (1675-1758), pape de 1740 à 1758. Il mit en ordre le droit canon. — BENOÎT XV (Giacomo Della Chiesa), né à Gênes (1854-1922), pape de 1914 à 1922. Il se distingua par son action pacificatrice.

BENOÎT de Sainte-Maure, trouvère français du XIIe s., auteur d'une Chronique des ducs de Normandie et d'un des prototypes du roman courtois, le Roman de Troie.

BENOÎT-JOSEPH LABRE (saint), né à Amettes (1748-1783). Il vécut dans la plus grande pauvreté et parcourut l'Europe occidentale comme pèlerin mendiant.

BENONI, v. de l'Afrique du Sud (Transvaal) ; 149 000 h. Métallurgie. Pneumatiques.

BÉNOUÉ (la), riv. du Nigeria et du Cameroun, affl. du Niger (r. g.) ; 1 400 km.

BENQI → PEN-K'I.

BENSERADE [bɛsrad] (Isaac DE), poète français, né à Paris (1613?-1691), poète de salon et de cour, l'un des rivaux de Voiture. (Acad. fr.)

BENTHAM (Jeremy), philosophe et jurisconsulte anglais, né à Londres (1748-1832). Sa morale utilitaire repose sur le calcul des plaisirs. Il est l'auteur d'un important projet pour l'architecture des prisons.

BENVENISTE (Émile), linguiste français, né à Alep (1902-1976). Il est l'auteur d'importants travaux sur les langues indo-européennes.

BENXI → PEN-HI.

BÉNY-BOCAGE (Le) [14350], ch.-l. de c. du Calvados ; 635 h.

BENZ (Carl), ingénieur allemand, né à Karlsruhe (1844-1929). Il mit au point un moteur à gaz à deux temps (1878) et fit breveter un tricycle mû par un moteur à quatre temps (1886) prévoyant l'utilisation de l'essence.

BEN ZVI (Isaac), homme politique israélien, né à Poltava (1884-1963), président de l'État d'Israël de 1952 à sa mort.

BEOGRAD → BELGRADE.

BÉOTIE, contrée de l'anc. Grèce ; cap. Thèbes. (Hab. Béotiens.) Alliée des Perses contre les cités grecques au Ve s. av. J.-C., la Béotie, avec Épaminondas, imposa son hégémonie sur la Grèce de 371 à 362 av. J.-C.

Beowulf, héros légendaire d'un poème épique anglo-saxon rédigé entre le VIIIe et le Xe s.

BEPPU, port du Japon (Kyūshū) ; 124 000 h.

BERAIN (Jean), ornemaniste français, né à Saint-Mihiel (1639-1711), ordonnateur des fêtes de la Cour, « dessinateur de la chambre et du cabinet » de Louis XIV.

BÉRANGER (Pierre Jean DE), chansonnier français, né à Paris (1780-1857). Ses chansons, d'inspiration patriotique et politique, lui valurent une immense popularité (le Roi d'Yvetot, le Dieu des bonnes gens, la Grand-Mère).

BÉRARDE (la), localité de l'Isère (comm. de Saint-Christophe-en-Oisans). Station touristique à 1740 m d'altitude.

BERBERA, port de la Somalie ; 30 000 h.

BERBÈRES, ensemble d'ethnies de langue berbère habitant l'Afrique du Nord. Les Berbères des montagnes (Rif, Kabylie, Aurès) ont résisté jusqu'à ce jour à l'arabisation.

BERCHEM, comm. de Belgique (Anvers), faubourg d'Anvers ; 47 800 h.

BERCHEM ou **BERGHEM** (Nicolaes), peintre hollandais, né à Haarlem (1620-1683), surtout célèbre pour ses paysages italianisants, animés de contrastes de lumière.

BERCHEM-SAINTE-AGATHE, en néerl. Sint-Agatha-Berchem, comm. de Belgique (Brabant) ; 18 600 h.

BERCHET (Giovanni), poète italien, né à Milan (1783-1851), l'un des animateurs du mouvement romantique et patriotique.

BERCHTESGADEN, v. de l'Allemagne fédérale (Bavière), dans les Alpes bavaroises ; 6 000 h. Aux environs, résidence de Hitler, conquise par la division Leclerc en 1945.

BERCK (62600), comm. du Pas-de-Calais ; 16 494 h. (Berckois). Station balnéaire et climatique à Berck-Plage.

BERCY, quartier de Paris, sur la rive droite de la Seine. Anciens entrepôts pour les vins.

BÉNIN map text: NIGER, HAUTE-VOLTA, Parc national de la Pendjari, Parc national du W, Matanzué, Guéné, Banikoara, Kandi, Segbana, Pórga, Tanguiéta, Natitingou, Béroubouay, Bambéréké, Nikki, Boukombé, Guessou-Sud, Djougou, Parakou, Bétérou, Bassila, Koda, Pira, Kilibo, Agoua, NIGERIA, Savalou, Savé, Dassa-Zoumé, Djidja, Banamè, Kétou, Abomey, Cové, Zagnanado, Bohicon, Pobé, Abeokuta, Aplahoué, Lokossa, Allada, Sakété, Adjohon, Athiémé, Ganvié, Abomey-Calavi, LAGOS, Ouidah, PORTO-NOVO, COTONOU, Grand-Popo, LOMÉ, Grand-Popo, GHANA, GOLFE DE GUINÉE, TOGO, route, v. ferrée, km, courbes : 200. 500 m

BÉRENGER Iᵉʳ, m. en 924, roi d'Italie (888-924), empereur d'Occident (915-924), petit-fils de Louis Iᵉʳ le Pieux par sa mère Gisèle. Il fut battu à Plaisance par son compétiteur, Rodolphe de Bourgogne. — BÉRENGER II, m. en 966, couronné roi d'Italie en 950, petit-fils du précédent. Il fut détrôné par Otton Iᵉʳ le Grand en 961.

BÉRENGÈRE (1181-1244), reine de Castille en 1217, épouse d'Alphonse IX, roi de León. Elle abdiqua en faveur de son fils Ferdinand III.

BÉRÉNICE, nom de plusieurs reines lagides d'Égypte.

BÉRÉNICE, princesse juive. Titus l'emmena à Rome (70), mais renonça à l'épouser pour ne pas déplaire au peuple romain.

Bérénice, tragédie de Racine (1670), sur un sujet traité aussi par Corneille (Tite et Bérénice).

BERENSON (Bernard), écrivain d'art de langue anglaise, né près de Vilnius (1865-1959), spécialiste de la peinture italienne de la Renaissance.

BEREZINA (la), riv. de Biélorussie, affl. du Dniepr (r. dr.); 613 km. Célèbre par le passage (nov. 1812) de la Grande Armée en retraite assuré par les pontonniers du général Éblé.

BEREZNIKI, v. de l'U.R.S.S. (R.S.F.S. de Russie), dans l'Oural; 176 000 h. Traitement de la potasse.

BERG (duché de), anc. fief germanique, sur la rive droite du Rhin. Cap. Düsseldorf. De 1806 à 1815, le grand-duché de Berg, créé par Napoléon Iᵉʳ, fit partie de la Confédération du Rhin.

BERG (Alban), compositeur autrichien, né à Vienne (1885-1935), élève de Schönberg, un des pionniers du dodécaphonisme sériel, auteur des opéras Wozzeck* et Lulu (1928-1935).

BERGAME, v. d'Italie (Lombardie), en bordure des Alpes; 128 000 h. (Bergamasques). Monuments, dont l'église S. Maria Maggiore (XIIᵉ-XVIᵉ s.). Pinacothèque de l'académie Carrara.

BERGEN, port de Norvège, sur l'Atlantique; 214 000 h. Monuments anciens, musées. Constructions navales.

BERGEN, v. des Pays-Bas (Hollande-Septentrionale); 10 000 h. Une armée anglo-russe y fut battue par Brune (1799).

Bergen-Belsen, camp de concentration créé par les Allemands en 1943, à 65 km de Hanovre.

BERGEN OP ZOOM, v. des Pays-Bas (Brabant-Septentrional); 40 000 h. Ville prise par les Français en 1747 et en 1795.

Berger (gouffre), gouffre du Vercors, où l'on a atteint la profondeur de − 1 141 m.

Bergers d'Arcadie (les), titre de deux toiles de Poussin (v. 1630, coll. priv. anglaise, et v. 1650/55, Louvre). Le même thème symbolique, relatif à la fragilité du bonheur, y est figuré sous deux esthétiques dissemblables.

BERGERAC (24100), ch.-l. d'arr. de la Dordogne, sur la Dordogne; 28 617 h. (Bergeracois). Centre commercial. Poudrerie. Musée du tabac.

BERGERON (André), syndicaliste français, né à Suarce (Territoire de Belfort) en 1922, secrétaire général de la C.G.T.-F.O. depuis 1963.

BERGÈS (Aristide), ingénieur français, né à Lorp (Ariège) [1833-1904]. Le premier (1869), il utilisa les hautes chutes de montagne pour la production d'énergie électrique (houille blanche).

BERGIUS (Friedrich), chimiste allemand, né à Goldschmieden (1884-1949). Il réalisa la synthèse industrielle des carburants par hydrogénation catalytique (1921). [Prix Nobel, 1931.]

BERGMAN (Torbern), chimiste suédois, né à Katrineberg (1735-1784), auteur d'une classification des minéraux.

BERGMAN (Ingmar), cinéaste suédois, né à Uppsala en 1918. Réalisateur de : la Nuit des forains (1953), Sourires d'une nuit d'été (1955), le Septième Sceau (1956), les Fraises sauvages (1957), le Silence (1963), la Honte (1968), Cris et chuchotements (1972), Scènes de la vie conjugale (1974), la Flûte enchantée (1974), l'Œuf du serpent (1977), Sonate d'automne (1978).

BERGSLAG (le), région minière (fer) et industrielle (métallurgie) de la Suède centrale.

BERGSON [bɛrksɔn] (Henri), philosophe français, né à Paris (1859-1941). Il fait de l'intuition le seul moyen de connaissance de la durée et de la vie (Essai sur les données immédiates de la conscience; Matière et mémoire; l'Évolution créatrice [1907]; les Deux Sources de la morale et de la religion). [Prix Nobel, 1927.]

BERGUES (59380), ch.-l. de c. du Nord; 4 824 h. (Berguois). Fortifications et monuments anciens ou reconstruits.

Luciano **Berio**

Ingmar **Bergman**
Face à face
(1975)

Alban **Berg**
par B. F. Dolbin

BERIA (Lavrenti Pavlovitch), homme politique soviétique, né à Merkheouli (Géorgie) [1899-1953]. Chef du N.K.V.D. à partir de 1938, il fut exécuté en 1953, après la mort de Staline.

BÉRING ou **BEHRING** (détroit de), détroit entre l'Asie et l'Amérique, réunissant l'océan Pacifique à l'océan Arctique. Il doit son nom au navigateur danois Vitus Bering (1681-1741).

BÉRING ou **BEHRING** (mer de), partie nord du Pacifique, entre l'Asie et l'Amérique, au nord des Aléoutiennes.

BERINGEN, comm. de Belgique (Limbourg); 32 400 h.

BERIO (Luciano), compositeur italien, né à Oneglia en 1925. Ses recherches musicales réunissent les techniques traditionnelles, sérielles et électroniques (Sinfonia, Sequenzas).

BERKELEY, v. des États-Unis (Californie), près de San Francisco; 117 000 h. Université.

BERKELEY (George), évêque et philosophe irlandais, né à Kilkenny (1685-1753). Il est le principal théoricien de l'immatérialisme.

BERKSHIRE, comté du centre de l'Angleterre; 659 000 h.

BERLAGE (Hendrik), architecte néerlandais, né à Amsterdam (1856-1934), un des premiers adeptes du fonctionnalisme (Bourse d'Amsterdam, 1892).

BERLAIMONT (59145), ch.-l. de c. du Nord; 3 797 h.

BERLARE, comm. de Belgique (Flandre-Orientale); 11 800 h.

BERLICHINGEN (Götz ou Gottfried VON), chevalier allemand, né à Jagsthausen (Wurtemberg) [v. 1480-1562], héros d'un drame de Goethe et d'une pièce de Sartre.

BERLIER (Jean-Baptiste), ingénieur français, né à Rive-de-Gier (1843-1911). Il inventa la transmission pneumatique des cartes-télégrammes, qu'il installa à Paris.

BERLIET (Marius), industriel français, né à Lyon (1864-1949). Il créa à Lyon un important complexe industriel pour la production de poids lourds.

BERLIN, v. d'Allemagne, sur la Sprée; 3 083 000 h. (Berlinois). La fortune de Berlin date de son choix comme capitale du Brandebourg (1415), puis du royaume de Prusse. En 1871, Berlin devint la capitale de l'Empire allemand. Les puissances européennes y tinrent un congrès relatif à la question d'Orient (1878) et une conférence qui régla le partage de l'Afrique entre les grandes puissances (1884-85). La ville fut conquise par les troupes soviétiques en 1945 et occupée conjointement par les Alliés. Au blocus de Berlin par l'U.R.S.S. en 1948-49, les Alliés répondirent par un pont aérien. La ville est divisée en Berlin-Ouest, agglomération correspondant aux anciens secteurs d'occupation des États-Unis, de la Grande-Bretagne et de la France (480 km² et 1 985 000 h.), dépendance de fait de l'Allemagne fédérale, et en Berlin-Est (403 km² et 1 098 000 h.), cap. de la République démocratique allemande. Depuis 1961, un mur sépare Berlin-Est de Berlin-Ouest. Berlin reste un grand centre industriel et commercial. Monuments des XVIIIᵉ-XXᵉ s. Importants musées. Siège des jeux Olympiques de 1936.

BERLINGUER (Enrico), homme politique italien, né à Sassari en 1922. Secrétaire général du parti communiste italien depuis 1972, il a préconisé le «compromis historique» avec la démocratie chrétienne.

Berlin-Est : salle des Congrès

Berlin-Ouest : église du Souvenir

BERLIOZ [-oz] (Hector), compositeur français, né à La Côte-Saint-André (Isère) [1803-1869], auteur de *la Damnation de Faust*, de *Benvenuto Cellini*, de la *Symphonie fantastique*, de la *Grande Messe des morts*, de *Roméo et Juliette*, de *l'Enfance du Christ*, des *Troyens*, *Harold en Italie*, œuvres remarquables par la puissance du sentiment dramatique et par la somptuosité de l'écriture orchestrale. Il est l'un des créateurs de la musique à programme. Il a laissé de nombreux écrits sur la musique.

BERMEJO (le), riv. de l'Amérique du Sud, affl. du Paraná (r. dr.); 1800 km.

BERMEJO (Bartolomé), peintre espagnol, actif durant le troisième tiers du XVe s., surtout en Aragon (*Pietà*, Barcelone, 1490).

BERMUDES, en angl. **Bermudas**, archipel britannique de l'Atlantique, au nord-est des Antilles; 53,5 km²; 53 000 h. Ch.-l. *Hamilton*. Tourisme. Découvert en 1519 par les Espagnols, britannique en 1612, cet archipel bénéficie depuis 1968 d'un régime d'autonomie interne.

BERNÁCER (Germán), économiste espagnol, né à Alicante (1883-1965). On lui doit d'importantes contributions à la science économique, qui annoncent les travaux de Keynes.

BERNADETTE SOUBIROUS [-us] (*sainte*), née à Lourdes (1844-1879). Ses visions (1858) sont à l'origine du pèlerinage de Lourdes.

BERNADOTTE (Jean) → CHARLES XIV, roi de Suède.

BERNANOS (Georges), écrivain français, né à Paris (1888-1948). Catholique déchiré entre le mysticisme et la révolte, il combat dans ses romans et ses pamphlets les deux péchés majeurs, la médiocrité et l'indifférence (*le Journal d'un curé de campagne*, 1936; *les Grands Cimetières sous la lune*, 1938; *Dialogues des carmélites*, 1949).

BERNARD de Clairvaux (*saint*), né au château de Fontaine, près de Dijon (1090-1153), l'une des plus grandes figures du christianisme, dont le mysticisme était hostile au rationalisme d'Abélard. Moine de Cîteaux, il fonda l'abbaye de Clairvaux, berceau des Bénédictins réformés, ou Cisterciens (1115), et prêcha la 2e croisade. Il fut le conseiller des rois et des papes. On lui doit des lettres, des traités de théologie et de mystique. Docteur de l'Église (1830).

BERNARD de Menthon (*saint*), né à Menthon (v. 923-v. 1009), fondateur des hospices du Grand- et du Petit-Saint-Bernard, dans les Alpes.

BERNARD de Saxe-Weimar → SAXE-WEIMAR.

BERNARD de Ventadour, troubadour limousin du XIIe s. de la cour d'Aliénor d'Aquitaine.

BERNARD (Samuel), financier français, né à Sancerre (1651-1739). Louis XIV et Louis XV eurent souvent recours à lui.

BERNARD (Claude), physiologiste français, né à Saint-Julien (Rhône) [1813-1878]. Il démontra le rôle du pancréas dans la digestion des corps gras, la fonction glycogénique du foie, l'existence de centres nerveux indépendants du grand

Hector **Berlioz**
par P. Sieffert

Georges **Bernanos**

saint **Bernard** vénérant
la Vierge et l'Enfant
d'après Joos Van Cleve

centre cérébro-spinal. Son *Introduction à l'étude de la médecine expérimentale* (1865) définit les principes fondamentaux de la recherche scientifique. (Acad. fr.)

BERNARD (Paul, dit **Tristan**), écrivain français, né à Besançon (1866-1947), incarnation de l'esprit parisien et boulevardier par ses romans et ses pièces humoristiques.

BERNARD (Émile), peintre et écrivain français, né à Lille (1868-1941). Il influença, avec Gauguin, les peintres de l'école de Pont-Aven.

BERNARD (Jean), médecin hématologiste français, né à Paris en 1907, auteur de recherches sur les leucémies. (Acad. fr.)

BERNARDIN de Sienne (*saint*), prédicateur franciscain, né à Massa Marittima (1380-1444). Il travailla à la réforme des mœurs.

BERNARDIN de Sienne ou **OCHINO** (Bernardino), religieux capucin, né à Sienne (v. 1487-1564). Il passa à la Réforme.

BERNARDIN DE SAINT-PIERRE (Henri), écrivain français, né au Havre (1737-1814). Son idylle exotique de *Paul et Virginie* (1788), ses *Études de la nature*, puis ses *Harmonies* sont à la source des thèmes poétiques et des émotions religieuses du romantisme. (Acad. fr.)

BERNAVILLE (80370), ch.-l. de c. de la Somme; 882 h.

BERNAY (27300), ch.-l. d'arr. de l'Eure; 11 263 h. (*Bernayens*). Églises anciennes, dont une abbatiale désaffectée du XIe s. Produits de beauté. Fermetures à glissière. — Le *trésor de Bernay*, découvert en 1830 à Berthouville, près de Bernay, est un ensemble d'objets d'argent antérieurs à la domination romaine; il est conservé à la Bibliothèque nationale.

BERNE, en allem. **Bern**, cap. fédérale de la Suisse, ch.-l. du *canton de Berne*, sur l'Aar; 162 405 h. (*Bernois*). Monuments anciens et musées. Université. Centre administratif et commercial. Siège de bureaux internationaux (notamment l'Union postale universelle). — Le canton couvre 6 044 km² et compte 917 400 h.

Ville impériale en 1218, canton de la Confédération suisse en 1353, Berne est le siège du gouvernement fédéral depuis 1848.

BERNERIE-EN-RETZ (La) [44760], comm. de la Loire-Atlantique; 1735 h. Station balnéaire sur la baie de Bourgneuf.

BERNHARD (Thomas), écrivain autrichien, né à Heerlen en 1931, poète et romancier de l'autodestruction (*la Plâtrière*).

BERNHARDI (Friedrich VON), général allemand, né à Saint-Pétersbourg (1849-1930), théoricien du pangermanisme.

BERNHARDT [-nar] (Rosine BERNARD, dite **Sarah**), actrice française, née à Paris (1844-1923).

BERNI (Francesco), poète italien, né à Lamporecchio (v. 1497-1535), auteur de poésies satiriques et parodiques.

le **Bernin**
Apollon et Daphné (1622-1624)

Abbe

Berne
la vieille ville

Jacques **Bernoulli** (1654-1705)
gravure de P. Dupin

Claude **Bernard**
par A. Laemelin

BERNIER (François), voyageur français, né à Joué-Étiau (Anjou) [1620-1688], médecin d'Aurangzeb. Il publia la relation d'un séjour en Orient.

BERNIER (Nicolas), musicien français, né à Mantes (1664-1734), auteur de motets et de cantates.

BERNIER (Étienne), prélat français, né à Daon (Anjou) [1762-1806], un des négociateurs du Concordat, évêque d'Orléans en 1802.

BERNIN (Gian Lorenzo BERNINI, dit, en France, **le Cavalier**), peintre, sculpteur et architecte italien, né à Naples (1598-1680). Maître du baroque monumental et décoratif, il donna, à Rome, de nombreux travaux pour les églises (baldaquin de Saint-Pierre, 1624; *l'Extase de sainte Thérèse*, à S. Maria della Vittoria, 1645-1652), des fontaines (du Triton, des Quatre-Fleuves, etc.), ainsi que la double colonnade devant la basilique Saint-Pierre. On lui doit aussi des bustes. Louis XIV l'appela en France en 1665, mais ses projets pour la façade du Louvre ne furent pas retenus.

BERNINA (la), massif des Alpes entre l'Inn et l'Adda; 4052 m. Le col de la Bernina (2330 m) relie l'Engadine (Suisse) à la Valteline (Italie).

BERNIS [-nis] (François Joachim DE PIERRE DE), prélat français, né à Saint-Marcel (Vivarais) [1715-1794]. Poète de salon, il sut gagner la protection de Mme de Pompadour. Ambassadeur, ministre des Affaires étrangères sous Louis XV, cardinal (1758), il fut archevêque d'Albi, puis ambassadeur à Rome (1768-1791).

BERNISSART, comm. de Belgique (Hainaut); 11900 h.

BERNOULLI, famille de mathématiciens originaires d'Anvers, réfugiée à Bâle vers la fin du XVIe s. — JACQUES, né à Bâle (1654-1705), perfectionna le calcul différentiel et le calcul intégral et développa les principes ainsi que les applications du calcul des probabilités. — Son frère JEAN, né à Bâle (1667-1748), publia d'importants travaux sur le calcul exponentiel. — DANIEL, le second fils de Jean, né à Groningue (1700-1782), est l'un des fondateurs de l'hydrodynamique.

BERNOUVILLE (27660 Bézu St Éloi), comm. de l'Eure; 203 h. Matières plastiques.

BERNSTEIN (Eduard), théoricien socialiste allemand, né à Berlin (1850-1932). Il introduisit un courant réformiste au sein de la social-démocratie allemande.

BERNSTEIN (Leonard), compositeur et chef d'orchestre américain, né à Lawrence (Massachusetts) en 1918, auteur de la musique de *West Side Story*.

BERNSTORFF (Johan VON), ministre et philanthrope danois, né à Hanovre (1712-1772).

BÉROUL, trouvère normand du XIIe s., auteur d'un roman de *Tristan.*

BERQUIN (Arnaud), écrivain français, né à Bordeaux (1747-1791), auteur de poèmes et de récits moralisateurs pour la jeunesse.

BERRE (étang de), étang des Bouches-du-Rhône, communiquant avec la Méditerranée par le chenal de Caronte. Sur les bords de l'étang de Berre s'est créé un important complexe de raffinage du pétrole et de pétrochimie.

BERRE-L'ÉTANG (13130), ch.-l. de c. des Bouches-du-Rhône, sur l'*étang de Berre*; 12069 h. *(Berratins).* Raffinage du pétrole. Pétrochimie.

BERRUGUETE (Pedro), peintre espagnol, né à Paredes de Nava (Vieille-Castille) [v. 1450-1503/04], auteur de portraits d'hommes célèbres (palais d'Urbino et Louvre), de fresques et de retables (Ávila; Prado, etc.). — Son fils ALONSO, né à Paredes de Nava (v. 1488-1561), sculpteur et peintre, exprima sa spiritualité dans les pathétiques figures de bois polychrome de ses retables.

BERRY, ou anc. **BERRI**, région du sud du Bassin parisien (dép. du Cher et de l'Indre), entre la Sologne et le Massif central, formée par la Champagne berrichonne, le Boischaut, la Brenne et le Sancerrois. (Hab. *Berrichons.*)

Berry *(canal du),* canal, auj. désaffecté, qui unissait la Loire au Cher.

BERRY (comté, puis duché de), fief français rendu à la Couronne au XIIIe s., puis apanage capétien. Cap. *Bourges.*

Jean de **Berry**
d'après une miniature
des frères de Limbourg

Marcelin **Berthelot**

Berthollet, par David d'Angers

BERRY (Jean DE FRANCE, *duc* DE), prince capétien, né à Vincennes (1340-1416), troisième fils de Jean II le Bon. Il fut l'un des régents de son neveu Charles VI en 1380. La célèbre « librairie » de ce prince fastueux contenait quelques-uns des plus beaux manuscrits du siècle, notamment les *Très Riches Heures du duc de Berry*, commandées aux frères de Limbourg. — CHARLES,

second fils de Charles X, héritier du trône, né à Versailles (1778-1820), fut assassiné par Louvel.
— La femme de ce dernier, Marie-Caroline de BOURBON-SICILE, duchesse **de Berry**, fille de François Ier, roi des Deux-Siciles, née à Palerme (1798-1870), énergique et romanesque, essaya en vain, en 1832, de soulever la Vendée contre Louis-Philippe. Elle fut la mère du comte de Chambord.

BERRY-AU-BAC (02190 Guignicourt), comm. de l'Aisne; 338 h. Premier emploi des chars français en 1917.

BERRYER [-rje] (Pierre Antoine), avocat français, né à Paris (1790-1868). Orateur légitimiste, il mit cependant son éloquence au service des causes libérales. (Acad. fr.)

BERT (Paul), physiologiste et homme politique français, né à Auxerre (1833-1886). Défenseur de la république radicale et laïque, il fut ministre de l'Instruction publique (1881-82), puis gouverneur général en Annam et au Tonkin.

BERTAUT (Jean), poète français, né à Donnay (Normandie) [1552-1611]. Disciple de Ronsard, auteur de poésies d'amour, il fut évêque de Séez (auj. Sées).

Bertha (de *Bertha Krupp,* fille de l'industriel allemand d'Essen), surnom des canons lourds allemands qui, à plus de 100 km, tirèrent sur Paris en 1918.

BERTHE ou **BERTRADE**, dite **Berthe au grand pied,** femme de Pépin le Bref, mère de Charlemagne; m. en 783.

BERTHE, princesse de Bourgogne (v. 964-v. 1024), fille du roi Conrad. Elle épousa Robert II, roi de France, qui fut contraint par l'Église de la répudier pour parenté.

BERTHELOT (Marcelin), chimiste français, né à Paris (1827-1907); il étudia l'estérification, réalisa de nombreuses synthèses organiques et créa la thermochimie. (Acad. fr.)

BERTHIER (Louis Alexandre), prince DE NEUCHÂTEL et DE WAGRAM, maréchal de France, né à Versailles (1753-1815). Major général de la Grande Armée de 1805 à 1814, il fut le collaborateur direct de Napoléon.

BERTHOLLET (Claude, *comte*), chimiste français, né à Talloires (1748-1822). On lui doit la découverte des hypochlorites et leur application au blanchiment des toiles, la mise au point des explosifs chloratés, l'énoncé des lois de la double décomposition des sels, etc. Il suivit Bonaparte en Égypte.

BERTHOUD → BURGDORF.

BERTILLON (Alphonse), savant français, né à Paris (1853-1914), auteur d'une méthode d'identification des criminels connue sous le nom d'*anthropométrie.*

BERTIN *(saint),* né à Coutances, m. entre 697 et 704. Il fonda le monastère de Sithiu, berceau de la ville de Saint-Omer.

BERTIN (Jean), ingénieur français, né à Druyes (Yonne) [1917-1975]. Il fut le pionnier de la technique des coussins d'air utilisée pour des véhicules aquatiques ou terrestres (Aérotrain).

BERTIN l'Aîné, publiciste français, né à Paris (1766-1841). Il fit du *Journal des débats* le porte-parole du royalisme constitutionnel, puis de la monarchie de Juillet.

BERTINCOURT (62124), ch.-l. de c. du Pas-de-Calais; 841 h.

BERTRAN de Born, troubadour périgourdin (v. 1140-1215), auteur de *sirventès,* pièces d'inspiration politique et morale.

BERTRAND *(saint),* né à L'Isle-Jourdain (v. 1050-1123), évêque de Comminges, dont il fit bâtir la cathédrale.

BERTRAND (Henri, *comte*), général français, né à Châteauroux (1773-1844). Fidèle à Napoléon Ier, il le suivit à l'île d'Elbe et à Sainte-Hélène, puis, en 1840, organisa le retour de ses cendres.

BERTRAND (Louis, dit **Aloysius**), poète français, né à Ceva (Piémont) [1807-1841], auteur de poèmes en prose d'inspiration romantique (*Gaspard de la nuit,* 1842).

BERTRAND (Joseph), mathématicien français,

né à Paris (1822-1900). Il s'est surtout intéressé au calcul des probabilités. (Acad. fr.)

BERTRAND (Marcel), géologue français, né à Paris (1847-1907), fils du précédent. Fondateur de la tectonique moderne, il a étudié les charriages.

BERTRAND (Gabriel), chimiste et biologiste français, né à Paris (1867-1962), auteur de travaux sur les ferments oxydants et les oligoéléments.

BERTRAND (Jean-Jacques), homme d'État canadien, né à Sainte-Agathe-des-Monts (1916-1973). Premier ministre du Québec de 1968 à 1970.

BÉRULLE (Pierre DE), cardinal français, né au château de Sérilly (Champagne) [1575-1629]. Il aida activement à l'installation en France de l'ordre des Carmélites et y introduisit la congrégation de l'Oratoire (1611-1613). Il fut un des principaux artisans de la Réforme catholique en France au XVIIᵉ s.

BERWICK (Jacques STUART, duc DE), né à Moulins (1670-1734), fils naturel de Jacques II, roi d'Angleterre. Il se fit naturaliser Français. Maréchal de France (1706), il remporta en Espagne la victoire d'Almansa (1707).

BERZÉ-LA-VILLE (71960 Pierreclos), comm. de Saône-et-Loire; 371 h. Chapelle d'un prieuré clunisien (fresques romanes).

Pierre de **Bérulle** d'après Philippe de Champaigne

Acad. roy. des sciences, Stockholm

Berzelius par Johan Way

Lauros-Giraudon

Besançon

Beaujard

BERZELIUS (Jöns Jacob, *baron*), chimiste suédois, né à Väversunda (1779-1848), un des créateurs de la chimie moderne. Il institua la notation chimique par symboles, détermina les équivalents d'un grand nombre d'éléments, isola le sélénium et étudia la catalyse et l'isomérie.

BESANÇON (25000), ch.-l. de la Région Franche-Comté et du dép. du Doubs, sur le Doubs, en bordure du Jura, à 393 km au sud-est de Paris; 126 187 h. (*Bisontins*). Archevêché, université, école d'horlogerie. Cathédrale romane et gothique. Édifices de la Renaissance (palais Granvelle : musée franc-comtois) et des XVIIᵉ-XVIIIᵉ s. Citadelle de Vauban. Musée des beaux-arts. Centre de l'industrie horlogère. Textile.

BESKIDES, chaîne du nord-ouest des Carpates (Tchécoslovaquie et Pologne).

BESNARD [bɛnar] (Albert), peintre français, né à Paris (1849-1934). Il est l'auteur de grandes compositions (plafond du Théâtre-Français) et de portraits. (Acad. fr.)

BESSANCOURT (95550), comm. du Val-d'Oise; 6719 h.

BESSARABIE, région de l'U.R.S.S. (Moldavie), entre le Prout et le Dniestr, roumaine de 1918 à 1940.

BESSARION (*cardinal* Jean), humaniste byzantin, né à Trébizonde (1402-1472), partisan de l'union des Églises et l'un des promoteurs de la renaissance des lettres.

BESSE-ET-SAINT-ANASTAISE (63610), ch.-l. de c. du Puy-de-Dôme, dans les monts Dore; 1926 h. (*Bessois*). Église à nef romane. Sports d'hiver (1350-1850 m) à *Superbesse*.

BESSÈGES (30160), ch.-l. de c. du Gard, sur la Cèze; 5260 h. Métallurgie.

BESSEL (Friedrich), astronome allemand, né à Minden (1784-1846). Il effectua en 1838 la première mesure sérieuse d'une distance stellaire et donna un essor considérable à l'astrométrie.

BESSEMER (*sir* Henry), industriel et métallurgiste britannique, né à Charlton (Hertfordshire) [1813-1898], inventeur d'un procédé de transformation de la fonte en acier (1855) par insufflation d'air sous pression dans un appareil à revêtement intérieur spécial.

BESSE-SUR-ISSOLE (83890), ch.-l. de c. du Var; 756 h.

BESSIÈRES (Jean-Baptiste), duc d'ISTRIE, maréchal de France, né à Prayssac, près de Cahors (1768-1813). Commandant la cavalerie de la Garde (1809-1812), il fut tué la veille de la bataille de Lützen.

BESSIN, région herbagère de la Normandie dans le dép. du Calvados. (Hab. *Bessins.*)

BESSINES-SUR-GARTEMPE (87250), ch.-l. de c. de la Haute-Vienne; 2982 h. Traitement du minerai d'uranium.

BETANCOURT (Rómulo), homme d'État vénézuélien, né à Guatire (Miranda) [1908-1981], président de la République de 1959 à 1964.

BÉTELGEUSE, la quatrième des étoiles les plus brillantes du ciel, dans la constellation d'Orion.

BÉTHANIE, bourg de Judée, près de Jérusalem. (Auj. *El-Azariyeh.*)

BÉTHARRAM [-ram], lieu de pèlerinage des Pyrénées-Atlantiques, sur le gave de Pau. Rivière souterraine aux environs.

BETHE (Hans Albrecht), physicien américain d'origine allemande, né à Strasbourg en 1906. Il a découvert, en 1938, le cycle de transformations thermonucléaires pouvant expliquer l'origine de l'énergie du Soleil et des étoiles. (Prix Nobel, 1967.)

BÉTHENCOURT (Jean DE), navigateur normand, né à Grainville-la-Teinturière (v. 1360-1425). Il colonisa les Canaries.

BETHENOD (Joseph), électrotechnicien français, né à Lyon (1883-1944), auteur de travaux sur les alternateurs et la radiotélégraphie.

BETHLÉEM, en arabe **Bayt Lahm,** v. de Jordanie (Cisjordanie), en Palestine, au sud de Jérusalem, lieu de naissance traditionnel de Jésus; 24000 h.

BETHLEHEM, v. des États-Unis (Pennsylvanie); 73000 h. Centre sidérurgique.

BETHLEN (Gabriel ou Gábor) [1580-1629], prince de Transylvanie, puis roi de Hongrie en 1620. La guerre de Trente Ans lui permit d'accroître la puissance hongroise.

BETHMANN-HOLLWEG (Theobald VON), homme politique allemand, né à Hohenfinow (Brandebourg) [1856-1921], chancelier de l'Empire allemand (1909-1917).

BÉTHONCOURT (25200 Montbéliard), comm. du Doubs; 10592 h.

BETHSABÉE, femme que David épousa après avoir fait périr Urie, son premier mari. Elle fut la mère de Salomon.

BÉTHUNE (62400), ch.-l. d'arr. du Pas-de-Calais; 28279 h. (*Béthunois*). Beffroi (XIVᵉ s.). Constructions mécaniques. Pneumatiques.

BÉTHUNE, famille française d'où est issu Sully, ministre d'Henri IV.

BÉTIQUE, anc. prov. romaine d'Espagne, correspondant approximativement à l'*Andalousie.*

BÉTIQUE (*chaîne* ou *cordillère*), montagnes d'Espagne, du détroit de Gibraltar au cap de la Nao; 3478 m au Mulhacén, dans la sierra Nevada.

BETSILÉO, partie du plateau central de Madagascar, au sud d'Antsirabé.

BETSILÉOS, peuple de Madagascar, vivant sur le plateau central (région de Fianarantsoa).

BETTELHEIM (Bruno), psychanalyste américain d'origine autrichienne, né à Vienne en 1903. Il s'est consacré au traitement des psychoses infantiles (*l'Amour ne suffit pas,* 1950; *les Blessures symboliques,* 1955; *la Forteresse vide,* 1967; *Évadés de la vie,* 1970).

BETTEMBOURG, v. du Luxembourg au sud de Luxembourg; 6600 h. Métallurgie.

BETTIGNIES (Louise DE), héroïne française, née près de Saint-Amand-les-Eaux (1880-1918). Elle créa dans le Nord un service de renseignements, fut arrêtée par les Allemands en 1915 et mourut en captivité, à Cologne.

BETZ [bɛ] (60620), ch.-l. de c. de l'Oise; 531 h.

BEUVRAGES (59192), comm. du Nord; 8485 h.

BEUVRON (le), riv. de Sologne, affl. de la Loire (r. g.); 125 km.

BEUVRY (62660), comm. du Pas-de-Calais; 8150 h. Métallurgie.

BEUYS (Joseph), artiste allemand, né à Clèves en 1921. Protagoniste majeur de l'avant-garde, il fait appel à des matériaux (feutre, graisse, etc.) et à des modes d'expression (interventions, environnements-actions) non traditionnels.

BEUZEVILLE (27210), ch.-l. de c. de l'Eure, dans le Lieuvin; 2415 h.

BEVAN (Aneurin), homme politique britannique, né à Tredegar (Monmouthshire) [1897-1960], l'un des chefs les plus actifs du parti travailliste.

BEVELAND (*îles*), anc. îles des Pays-Bas (Zélande), auj. reliées au continent.

BEVEREN, comm. de Belgique (Flandre-Orientale); 39800 h. Église du XIIᵉ s.

BEVERIDGE (*lord* William Henry), économiste et administrateur anglais, né à Rangpur (Bengale) [1879-1963], auteur d'un plan de sécurité sociale (1942) et d'un plan sur le « plein emploi » de la main-d'œuvre (1944).

BEVIN (Ernest), homme politique britannique, né à Winsford (Somerset) [1881-1951]. Syndicaliste, travailliste, ministre du Travail (1940-1945), il a été secrétaire d'État aux Affaires étrangères (1945-1951).

BEX [bɛ], comm. de Suisse (Vaud); 5 069 h. Eaux minérales.

BEYLE (Henri) → STENDHAL.

BEYNAT (19190), ch.-l. de c. de la Corrèze; 1 179 h.

BEYNE-HEUSAY, comm. de Belgique (prov. de Liège); 11 400 h.

BEYNES (78650), comm. des Yvelines; 6 602 h. Réservoir naturel souterrain de gaz.

BEYROUTH [bɛrut] ou **BAYRŪT**, cap. du Liban, sur la Méditerranée; 700 000 h. (musulmans et chrétiens). Archevêchés chrétiens (rites maronite, grec, arménien, syriaque). Universités. Important musée. Centre financier et commercial, la ville a été ravagée par la guerre civile (à partir de 1975).

BÈZE (Théodore DE), écrivain et théologien protestant, né à Vézelay (1519-1605). Principal collaborateur de Calvin, il dirigea une *Histoire ecclésiastique des Églises réformées du royaume de France* (1580) et fut un des initiateurs de la tragédie humaniste avec *Abraham sacrifiant* (1550).

BÉZIERS [-zje] (34500), ch.-l. d'arr. de l'Hérault, sur l'Orb et le canal du Midi; 85 677 h. (*Biterrois*). Anc. cathédrale fortifiée (XIIIe-XIVe s.). Grand marché de vins du bas Languedoc. En 1209, pendant la guerre des albigeois, la ville fut saccagée par les croisés.

Beznau, centrale nucléaire de Suisse (Argovie), sur l'Aar.

BEZONS (95870), ch.-l. de c. du Val-d'Oise; 25 309 h. Métallurgie. Industries chimiques.

BÉZOUT (Étienne), mathématicien français, né à Nemours (1730-1783), auteur d'une théorie générale des équations algébriques.

BEZWADA → VIJAYAVADA.

BHADRĀVATI, v. de l'Inde (Karnātaka); 101 000 h. Métallurgie.

BHĀGALPUR, v. de l'Inde (Bihār), sur le Gange; 173 000 h.

BHĀJĀ, site archéologique de l'Inde (Bengale-Occidental). Vihāra et caitya rupestres (IIe s. av. J.-C.), traduisant en pierre la première architecture bouddhique, en bois.

BHĀRAT, nom hindī de l'*Inde*.

BHĀRHUT, site archéologique de l'Inde (Madhya Pradesh). Vestiges d'un stūpa dont l'archaïque décor sculpté (musée de Calcutta) annonce le style de Sāñcī.

BHARTRIHARI, poète indien du VIIe s.

BHASHANI (*maulana* Abdul Hamid khān), homme politique bengali, né à Tangari (1883 ou 1889-1976), un des fondateurs du Pākistān oriental indépendant.

BHATGAON, v. du Népal; 84 000 h. Monuments du XVe au XVIIe s.

BHATPARA, v. de l'Inde; 159 000 h.

BHAVABHŪTI, auteur dramatique sanskrit du début du VIIIe s.

BHAVNAGAR, port de l'Inde (Gujerat), dans la presqu'île de Kāthiāwār; 226 000 h.

BHILAI, localité de l'Inde (Madhya Pradesh); 174 000 h. Centre sidérurgique.

BHOPĀL, v. de l'Inde, cap. du Madhya Pradesh; 392 000 h. Constructions électriques.

BHOUTAN ou **BHUTĀN**, royaume d'Asie, en bordure de l'Himālaya; 50 000 km²; 1 240 000 hab. Cap. *Thimbu* (ou *Timphu*). Ce royaume, en majeure partie couvert par la forêt, vassal de l'Inde en 1865, soumis d'abord à un semi-protectorat britannique (1910) puis indien (1949), est indépendant depuis 1971.

BHUBANESWAR, v. de l'Inde, cap. de l'Orissa; 105 000 h. Centre śivaïte depuis le VIIIe s. Nombreux temples de type śikhara*, à la riche décoration sculptée, dont le plus parfait est le Lingarāja (XIe s.).

BHUMIBOL ADULYADEJ, roi de Thaïlande depuis 1946, né à Cambridge (Massachusetts) en 1927.

F. Brunel

Bhubaneswar
le temple
Mukteśwara
(Xe s.)

Lauros

Xavier
Bichat

Beyrouth

Koch-Rapho

BHUTTO (Zulfikar Ali), homme d'État pakistanais, né à Larkana (Sind) [1928-1979]. Président de la République de 1971 à 1973, puis Premier ministre jusqu'en 1977. Il a été exécuté.

BIACHE-SAINT-VAAST (62118), comm. du Pas-de-Calais; 4 227 h. Gisement préhistorique. Cimenterie.

BIAFRA (*république du*), nom pris par la région sud-est du Nigeria, en état de sécession armée de 1967 à 1970.

BIALIK (Hayim Nahman), poète hébraïque, né à Rady (Ukraine) [1873-1934]. Il exerça une influence profonde sur le mouvement sioniste (*le Rouleau de feu*).

BIAŁYSTOK, v. de Pologne, au nord-est de Varsovie; 196 000 h.

BIARRITZ [-rits] (64200), ch.-l. de c. des Pyrénées-Atlantiques, sur le golfe de Gascogne; 27 653 h. (*Biarrots*). Station balnéaire et hydrominérale.

BIBANS (chaîne des), montagnes d'Algérie, au sud de la Grande Kabylie, percées par le défilé des *Portes de fer*; 1 735 m.

BIBER ou **VON BIBERN** (Heinrich), violoniste et compositeur autrichien, né à Wartenberg (1644-1704), auteur de sonates pour violon.

BIBESCU ou **BIBESCO** (Gheorghe), né à Craiova (1804-1873), hospodar de Valachie de 1842 à 1848.

BIBIENA, surnom des **Galli**, famille d'architectes-scénographes et de graveurs bolonais (fin du XVIIe et XVIIIe s.), tous virtuoses du décor monumental imaginaire.

Bibliothèque nationale (B. N.), établissement public créé en 1926 pour réunir un certain nombre de bibliothèques françaises. La Bibliothèque nationale proprement dite, située à Paris, et dont l'origine remonte à Charles V, conserve l'ensemble des livres, périodiques, estampes, cartes, médailles, etc., parus en France.

Biblis, centrale nucléaire de l'Allemagne fédérale, sur le Rhin.

BIBRACTE, v. de Gaule, cap. et oppidum des Éduens. Temple, habitations, etc., ont livré de nombreux objets (musée d'Autun).

BICÊTRE, localité du Val-de-Marne (comm. du Kremlin-Bicêtre). Hospice pour les vieillards et les malades mentaux (en partie du XVIIe et du XVIIIe s.).

BICHAT (Xavier), anatomiste et physiologiste français, né à Thoirette (Jura) [1771-1802]. Il fonda l'« anatomie générale » et contribua au développement de l'histologie.

BICKFORD (William), ingénieur britannique, né à Bickington (1774-1834), inventeur de la mèche de sûreté pour mineurs (1831).

BICOQUE (La), localité d'Italie, près de Milan. Les Français y furent battus par les Impériaux en 1522 et perdirent ainsi le Milanais.

BIDACHE (64520), ch.-l. de c. des Pyrénées-Atlantiques; 1 033 h. Anc. principauté appartenant aux Gramont (ruines de leur château, XVe-XVIe s.).

BIDART (64210), comm. des Pyrénées-Atlantiques; 2 977 h. Station balnéaire.

BIDASSOA (la), fl. qui sépare pendant 12 km la France de l'Espagne. Elle forme l'île des Faisans, où fut signé le traité des Pyrénées (1659), et se jette dans le golfe de Gascogne; 70 km.

BIDAULT (Georges), homme politique français, né à Moulins en 1899. Président du Conseil national de la Résistance et l'un des fondateurs du M. R. P., il fut plusieurs fois président du Conseil et ministre des Affaires étrangères sous la IVe République. Il s'opposa ensuite à la politique algérienne du général de Gaulle et s'exila jusqu'en 1968.

BIDOS (64400 Oloron Ste Marie), comm. des Pyrénées-Atlantiques; 1 215 h. Industrie aéronautique.

BIDPAY ou **PILPAY**, brahmane (IIIe s.?) qui aurait rédigé en sanskrit un recueil d'apologues dont s'inspira La Fontaine.

Biedermann et les incendiaires, pièce de Max Frisch (version radiophonique, 1953; version scénique, 1958) sur la nécessité de l'engagement.

BIELEFELD, v. de l'Allemagne fédérale (Rhénanie-du-Nord-Westphalie); 168 000 h. Métallurgie.

BIELGOROD → BELGOROD.

BIELINSKI (Vissarion Grigorievitch) → BELINSKI.

BIELLA, v. d'Italie (Piémont); 55 000 h. Premier centre lainier italien.

BIÉLORUSSIE, anc. **Russie Blanche**, république fédérée de l'U.R.S.S., en bordure de la

1073

Pologne; 208 000 km²; 9 340 000 h. Cap. *Minsk.*
C'est une région marécageuse et forestière,
encore agricole.

BIELOVO → BELOVO.

BIELSKO-BIALA, v. de Pologne, en Silésie, au
sud de Katowice; 121 000 h. Métallurgie.

BIELYÏ (Andreï) → BELYÏ.

Bien public *(ligue du),* ligue formée par les
grands seigneurs contre Louis XI. Elle fut dissoute, après la bataille de Montlhéry, par les
traités de Conflans et de Saint-Maur (1465).

BIENAYMÉ (Jules), statisticien français, né à
Paris (1796-1878).

BIÊN HOA, v. du Viêt-nam; 38 000 h.

BIENNE (la), riv. du Jura français, qui passe à
Saint-Claude, affl. de l'Ain (r. g.); 55 km.

BIENNE, en allem. **Biel,** v. de Suisse (Berne),
sur les bords du *lac de Bienne,* qui communique avec le lac de Neuchâtel par la Thièle;
64 333 h. Horlogerie.

BIENVENÜE [-ny] (Fulgence), ingénieur français, né à Uzel (1852-1936). Il conçut et réalisa le
chemin de fer métropolitain de Paris.

BIENVILLE (LE MOYNE DE) → LE MOYNE DE
BIENVILLE.

BIERNÉ (53290 Grez en Bouère), ch.-l. de c. de
la Mayenne; 664 h.

BIÈVRE (la), petite rivière qui naît près de
Saint-Cyr-l'École (Yvelines) et rejoint les égouts
de Paris; 40 km.

BIÈVRES (91570), ch.-l. de c. de l'Essonne;
4 235 h. Musée français de la photographie.

BIGANOS (33380), comm. de la Gironde, près
du bassin d'Arcachon; 4 416 h. (V. FACTURE.)

BIGORRE (la), comté français passé à la maison de Foix en 1425, réuni à la Couronne en
1607. Cap. *Tarbes.* (Hab. *Bigourdans.*)

BIGOT DE PRÉAMENEU (Félix), jurescon-
sulte français, né à Rennes (1747-1825), un des
rédacteurs du Code civil. (Acad. fr.)

BIHÂR, État de l'Inde, dans le nord-est du
Deccan et dans l'est de la plaine du Gange;
174 000 km²; 56 353 000 h. Cap. *Patnâ.*

BIHOR ou **BIHAR,** massif montagneux de la
Roumanie; 1 848 m.

BIHOREL (76420), comm. de la Seine-Maritime; 9 500 h.

BIISK, v. de l'U.R.S.S. (R.S.F.S. de Russie), en
Sibérie; 212 000 h. Centre industriel.

BIJÂPUR, v. de l'Inde (Karnâtaka); 103 000 h.
Monuments des XVIe et XVIIe s.

BIKANER, v. de l'Inde (Râjasthân), dans le
désert de Thar; 189 000 h. Forteresse du XVIe s.
Musée. Centre textile.

BIKINI, îlot du Pacifique (îles Marshall).
Théâtre, à partir de 1946, d'expérimentations
nucléaires américaines.

BILBAO, v. d'Espagne, principale ville du Pays
basque, ch.-l. de la Biscaye, port sur le Ner-
vión canalisé; 433 000 h. Centre industriel. Enjeu
d'une longue bataille pendant la guerre civile
en 1937.

BILL (Max), architecte, designer, peintre, sculpteur et théoricien suisse, né à Winterthur
en 1908, pionnier d'une abstraction rationnelle
(art *concret*) et de la synthèse des arts.

BILLAUD-VARENNE (Jean Nicolas), Conventionnel, né à La Rochelle (1756-1819). Montagnard, député de Paris à la Convention (1792),
membre du Comité de salut public (1793), il
soutint d'abord Robespierre, puis contribua à sa
chute. Il fut déporté à Cayenne comme terroriste (1795).

BILLÈRE (64140), comm. des Pyrénées-Atlantiques; 14 871 h. Constructions électriques.

BILLITON → BELITUNG.

BILLOM [bijɔ̃] (63160), ch.-l. de c. du Puy-de-
Dôme; 4 155 h. Siège d'une université au Moyen
Âge. Église avec chœur roman.

BILLY (03260 St Germain des Fossés), comm.
de l'Allier; 912 h. Cimenterie.

BILLY-MONTIGNY (62420), comm. du Pas-
de-Calais; 8 834 h.

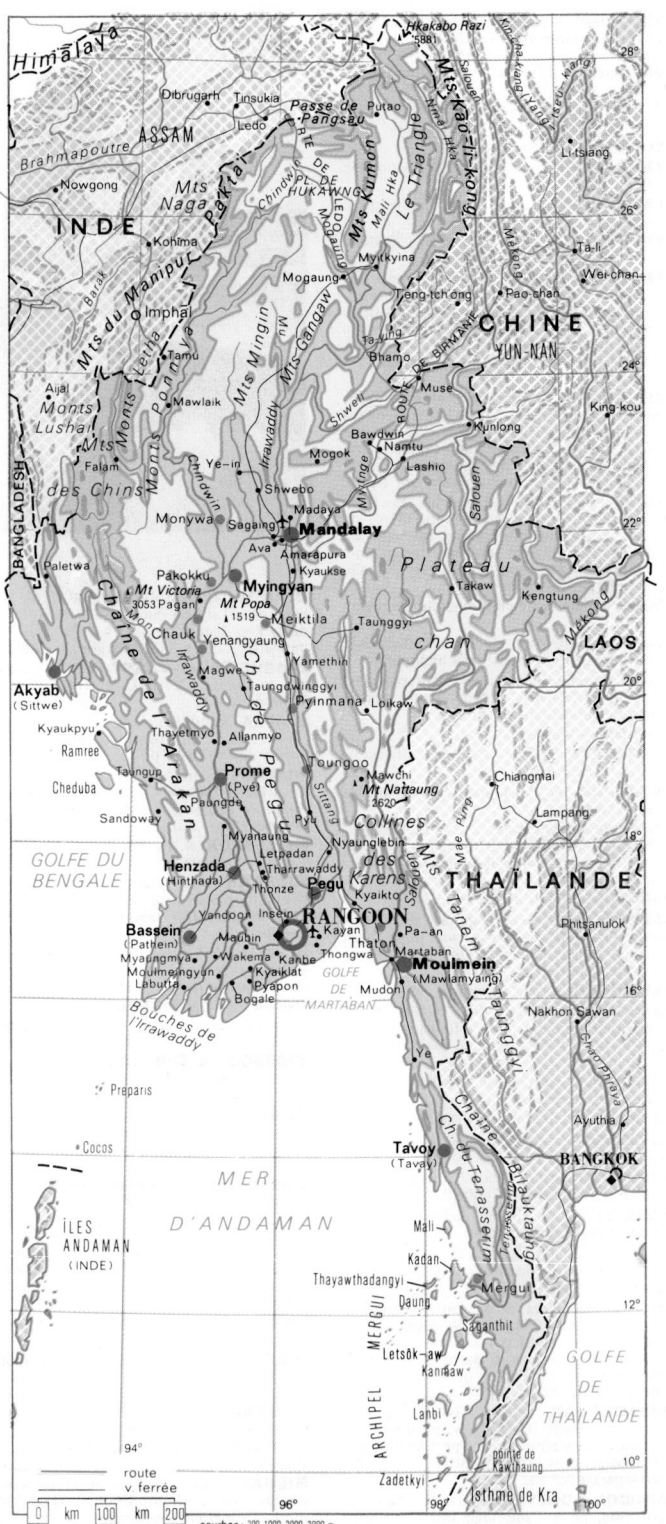

BIRMANIE

BILZEN, comm. de Belgique (Limbourg); 24 600 h.

BINCHE, v. de Belgique (Hainaut); 34 200 h. Carnaval.

BINCHOIS (Gilles), compositeur franco-flamand, né à Mons (v. 1400-1460), auteur de chansons et de motets polyphoniques.

BIN EL-OUIDANE, v. du Maroc, sur l'oued el-Abid; 6 600 h. Barrage sur l'oued.

BINET (Alfred), psychologue français, né à Nice (1857-1911), dont les travaux sont à l'origine de la méthode des tests mentaux (*échelle de Binet-Simon*).

BINET (Léon), médecin et physiologiste français, né à Saint-Martin (Seine-et-Marne) [1891-1971]. Il a étudié différents procédés de réanimation (sérums, transfusions).

BINGER (Louis Gustave), officier français, né à Strasbourg (1856-1936). Il explora la boucle du Niger (1887-1889) et la Côte-d'Ivoire, dont il fut gouverneur (1893-1897).

BINGHAM, localité des États-Unis (Utah); 2 600 h. Mine de cuivre (à ciel ouvert).

BINIC (22520), comm. des Côtes-du-Nord; 2 361 h. Station balnéaire.

BINNINGEN, comm. de Suisse, banlieue de Bâle; 15 344 h.

BIOCO ou **BIOKO** → FERNANDO POO.

BIOT (Jean-Baptiste), physicien français, né à Paris (1774-1862), auteur de recherches sur l'électromagnétisme, la polarisation de la lumière, etc. (Acad. fr.)

BIOT (Le) [74430 St Jean d Aulps], ch.-l. de c. de la Haute-Savoie; 215 h. (*Véros*).

BIRAGUE (René DE), homme d'État et cardinal, né à Milan (v. 1507-1583). Garde des Sceaux, puis chancelier, il fut l'un des instigateurs de la Saint-Barthélemy.

BIR HAKEIM, localité de Libye. Les Français de Kœnig y résistèrent en 1942 aux Allemands et aux Italiens, puis réussirent à rejoindre les lignes anglaises.

BIRKENAU, en polon. **Brzezinka,** localité de Pologne, près d'Auschwitz. Camp de concentration allemand (1941-1945).

BIRKENFELD, anc. principauté allemande d'Oldenburg, auj. dans la Rhénanie-Palatinat.

BIRKENHEAD, v. d'Angleterre, près de la Mersey, en face de Liverpool; 138 000 h.

BIRKHOFF (George David), mathématicien américain, né à Overisel (Michigan) [1884-1944]. Il s'est particulièrement intéressé à l'analyse et au problème des trois corps.

BIRMANIE, en angl. **Burma,** république de l'Indochine occidentale, groupant en une fédération l'anc. colonie anglaise de Birmanie, divers États (des Chans, des Kachins, des Karens, des Kayahs) et le territoire autonome des Chins; 678 000 km²; 35 millions d'h. (*Birmans*). Cap. Rangoon. V. pr. *Mandalay* et *Moulmein*. Langue : birman.

GÉOGRAPHIE

Située dans le domaine de la mousson, la Birmanie est un pays presque exclusivement agricole, notable producteur de riz; la culture en est répandue surtout dans le delta de l'Irrawaddy, au débouché de la grande dépression centrale, qui est le cœur du pays. Les autres cultures, vivrières ou commerciales (coton, arachide, thé, hévéa), sont secondaires. L'exploitation de la forêt (teck, bambou) est la principale ressource des régions du pourtour, montagneuses, entaillées par les vallées de la Chindwin, de l'Irrawaddy et de la Salouen.

HISTOIRE

La civilisation des Pyus, attestée dès la fin du Ier s. par les chroniques chinoises, disparaît au IXe s. sous les coups des Thaïs du Nan-tchao.
Dans la basse Birmanie, domination des Môns :
— 825 : fondation de Pegu, capitale du royaume des Môns.
En Birmanie centrale, constitution d'un royaume birman :
— 849 : fondation du royaume de Pagan.

— 1287-1299 : écroulement du royaume birman de Pagan sous les coups des Sino-Mongols puis des Chans.
— rapide relèvement du royaume birman avec Toungoo pour capitale.
— 1347-1599 : 1re dynastie birmane de Toungoo.
— milieu du XVIe s. : la suzeraineté birmane s'étend sur les États chans et môns. Pegu devient la capitale des Birmans (jusqu'en 1635). Guerres avec le Siam.
— 1599-1752 : 2e dynastie de Toungoo (avec Pegu [1628] puis Ava [1635] pour capitale).
— 1752-1885 : dynastie Konbaung fondée par Alaung Phaya.
— 1767 : prise d'Ayuthia par les Birmans.
— 1785 : campagne contre le Siam et conquête de l'Arakan.
— 1817 : conquête de l'Assam.
— 1824 : 1re guerre anglo-birmane. Les Britanniques envahissent la basse Birmanie et prennent Rangoon.
— 1852 : 2e guerre anglo-birmane. Conquête de Pegu par les Britanniques.
— 1885 : 3e guerre anglo-birmane. Prise de Mandalay, capitale depuis 1859, et annexion de la Birmanie à l'empire des Indes (1886).
— 1930 : rébellion menée par Saya San.
— 1937 : une vague de nationalisme provoque la séparation effective d'avec l'Inde.
— 1942-1945 : occupation japonaise lors de la Seconde Guerre mondiale.
— 1948 : proclamation de l'indépendance de la Birmanie; U Nu, Premier ministre de l'Union birmane.
— 1962 : coup d'État du général Ne Win, qui pratique une politique autoritaire. Les minorités nationales karens, môns, chans en état d'insurrection (seuls les Karens signeront un accord avec Ne Win, en 1964).
— déc. 1973 : nouvelle Constitution, instituant un régime à parti unique.
— 1981 : le général San Yu remplace Ne Win à la tête de l'État.

Birmanie (*route de*), route reliant Rangoon à Tch'ong-k'ing, terminée en 1939. Elle permit aux Alliés de ravitailler la Chine.

BIRMINGHAM, v. d'Angleterre, dans les Midlands; 1 088 000 h. (le double dans l'agglomération). Située au cœur du *Black Country*, la ville fut, aux XVIIIe et XIXe s., l'un des principaux centres autour desquels se développa l'industrie britannique. Centre de la métallurgie de transformation. Musées.

BIRMINGHAM, v. des États-Unis (Alabama); 301 000 h. Métallurgie.

BIROBIDJAN, v. de l'U.R.S.S. (R.S.F.S. de Russie), ch.-l. de l'arr. autonome des Juifs (l'anc. *Birobidjan*), à l'ouest de Khabarovsk; 67 000 h.

BIRON (Armand DE GONTAUT, *baron* DE), maréchal de France (1524-1592). Il servit vaillamment Henri IV et fut tué au siège d'Épernay. — Son fils **Charles, duc de Biron** (1562-1602), maréchal de France, servit avec intrépidité la cause d'Henri IV. Se croyant mal récompensé de ses services, il conspira avec le duc de Savoie et l'Espagne contre la France; il fut condamné à mort et décapité.

BIRSFELDEN, comm. de Suisse, banlieue de Bâle; 14 226 h.

BIRSHEBA → BEERSHEBA.

BIRSMATTEN, site préhistorique de Suisse, proche de Nenzlingen (canton de Berne). Abri-sous-roche constituant un important gisement épipaléolithique.

BĪRŪNĪ (al-), écrivain et savant irano-arabe, né à Kāth (Khārezm) [973-1048]. Historien, mathématicien, médecin et astronome, il écrivit une œuvre très riche, notamment une *Histoire de l'Inde* et une *Chronologie des peuples anciens*.

BIR ZELTEN → ZELTEN.

BISAYAS → VISAYAS.

BISCARROSSE (40600), comm. des Landes, près de l'*étang de Biscarrosse et de Parentis*; 8 759 h. Station balnéaire à *Biscarrosse-Plage*. Base du centre d'essais des Landes.

BISCAYE [-kaj], en esp. **Vizcaya,** l'une des prov. basques d'Espagne; 1 163 000 h. Cap. *Bilbao*. Fer. Sidérurgie.

BISCHHEIM (67800), comm. du Bas-Rhin; 15 047 h.

BISCHWILLER (67240), ch.-l. de c. du Bas-Rhin; 10 011 h. Textile.

BISKRA, v. d'Algérie, ch.-l. de wilaya, en bordure de l'Aurès; 53 000 h. Oasis.

BISMARCK, anc. **Nouvelle-Bretagne,** archipel de la Mélanésie, au nord-est de la Nouvelle-Guinée; 166 000 h. Anc. colonie allemande, auj. partie de la Papouasie-Nouvelle-Guinée.

BISMARCK (Otto, *prince* VON), homme d'État prussien, né à Schönhausen (Magdeburg) [1815-1898]. Député au Landtag de Prusse (1847) puis à la diète de Francfort (1851), Premier ministre du roi de Prusse Guillaume Ier en 1862, il fut l'un des fondateurs de l'unité allemande. Il conquit le Danemark le Slesvig et le Holstein (1864) et donna à la Prusse, par la victoire de Sadowa (1866), la place prépondérante que l'Autriche

Roger-Viollet

Bismarck

avait jusque-là occupée dans la Confédération germanique. La guerre de 1870-71 contre la France fut pour lui un nouveau succès. Chancelier de l'Empire proclamé à Versailles en janvier 1871, il chercha ensuite à accroître le pouvoir impérial; il soutint contre le parti catholique la guerre religieuse du *Kulturkampf*, et n'hésita pas, pour s'attacher la classe ouvrière, à entrer dans la voie du socialisme d'État. À l'extérieur, pour isoler la France en Europe, il constitua avec l'Autriche et l'Italie la *Triple-Alliance*. Il réussit également à faire de l'Allemagne une puissance coloniale. Il dut quitter le pouvoir peu après l'avènement de Guillaume II (1890).

BISSAGOS (*îles*), archipel dépendant de la Guinée-Bissau; 16 000 h.

BISSAU, cap. de la Guinée-Bissau; 71 000 h. Aéroport.

BISSIÈRE (Roger), peintre français, né à Villeréal (1886-1964). Il a évolué d'un cubisme modéré à une non-figuration sensible et intime.

BISSING (Moritz VON), général allemand, né à Bellmannsdorf (1844-1917), gouverneur de la Belgique occupée, de 1914 à 1917.

B.I.T., sigle de *Bureau international du travail* (v. ORGANISATION INTERNATIONALE DU TRAVAIL).

BITCHE (57230), ch.-l. de c. de la Moselle; 6 369 h. Camp militaire.

BITHYNIE, région et royaume du nord-ouest de l'Asie Mineure, en bordure du Pont-Euxin et de la Propontide. Conquise par Perse puis par Alexandre, elle fut, du IIIe s. à l'an 75 av. J.-C., un petit royaume indépendant, que Rome absorba.

BITOLA ou **BITOLJ,** anc. en turc **Monastir,** v. de Yougoslavie (Macédoine); 66 000 h. Victoire franco-serbe en 1916.

BITONTO, v. de l'Italie (Pouille); 47 000 h. Cathédrale romane. Victoire des Espagnols, alliés des Français, sur les Autrichiens en 1734.

BITURIGES, peuple celtique de l'anc. Gaule, dont les deux principaux groupes avaient pour centres, l'un, *Burdigala* (Bordeaux), l'autre, *Avaricum* (Bourges).

BIXIO (Jacques Alexandre), médecin, agronome et homme politique français, né à Chiavari (1808-1865).

massif du Mont-**Blanc**

BIZERTE, v. de Tunisie; 52 000 h. Base navale sur la Méditerranée au débouché du *lac de Bizerte*, utilisée par la France de 1882 à 1963. Raffinage du pétrole.

BIZET (Georges), compositeur français, né à Paris (1838-1875). Il écrivit pour le théâtre lyrique *les Pêcheurs de perles, la Jolie Fille de Perth, l'Arlésienne, Carmen*, chefs-d'œuvre de vie et de pittoresque.

BJØRNSON (Bjørnstjerne), écrivain norvégien, né à Kvikne (1832-1910). L'un des plus grands auteurs dramatiques de son pays (*Une faillite,* 1875; *Au-dessus des forces humaines,* 1883-1895), il joua aussi un rôle important dans le mouvement politique qui aboutit au divorce de la Norvège et de la Suède. (Prix Nobel, 1903.)

BLACK (Joseph), physicien et chimiste écossais, né à Bordeaux (1728-1799). Il étudia le gaz carbonique et découvrit la magnésie.

BLACKBURN, v. d'Angleterre (Lancashire); 102 000 h.

BLACKETT (Patrick), physicien anglais, né à Londres (1897-1974), spécialiste des rayons cosmiques. (Prix Nobel, 1948.)

BLACKFEET (sing. angl. *Blackfoot*), en fr. **Pieds-noirs,** ethnie indienne, auj. dans le Montana.

Black Muslims (« Musulmans noirs »), mouvement séparatiste noir nord-américain, fondé en 1913, et qui, en 1963, se dota d'une organisation d'unité afro-américaine.

Black Panthers (« Panthères noires »), organisation paramilitaire formée, aux États-Unis, de militants noirs révolutionnaires.

BLACKPOOL, v. d'Angleterre (Lancashire), sur la mer d'Irlande; 151 000 h.

Black Power! (« Pouvoir noir ! »), slogan lancé en 1966 aux États-Unis et qui inspira un programme de libération et d'autonomie effective des Noirs américains.

BLAGNAC (31700), comm. de la Haute-

William **Blake**
la Vierge et l'Enfant en Égypte (1810)

Garonne; 11 865 h. (*Blagnacais*). Aéroport de Toulouse. Constructions aéronautiques.

BLAGNY (08110 Carignan), comm. des Ardennes; 1 803 h. Métallurgie.

BLAGOVECHTCHENSK, v. de l'U.R.S.S., à la frontière chinoise; 177 000 h.

BLAIN (44130), ch.-l. de c. de la Loire-Atlantique; 7 208 h. (*Blinois*). Château fort (XIIIᵉ-XVᵉ s.).

BLAINVILLE (Henri DUCROTAY DE), naturaliste français, né à Arques (1777-1850), élève de Cuvier, dont il combattit les idées.

BLAINVILLE-SUR-L'EAU (54360), comm. de Meurthe-et-Moselle; 4 495 h. (*Blainvillais*). Gare de triage.

BLAINVILLE-SUR-ORNE (14550), comm. du Calvados; 2 534 h. Véhicules utilitaires.

BLAIS (Marie-Claire), femme de lettres canadienne d'expression française (Québec 1939), critique désabusée des conformismes sociaux et culturels (*Une saison dans la vie d'Emmanuel*).

BLAISERIVES (52110), ch.-l. de c. de la Haute-Marne; 461 h.

BLAISOIS → BLÉSOIS.

BLAKE (Robert), amiral anglais, né à Bridgwater (1599-1657). Il commanda la flotte de l'Angleterre sous Cromwell, assurant aux Anglais la maîtrise de la Manche.

BLAKE (William), poète et peintre anglais, né à Londres (1757-1827). Auteur de poèmes lyriques et épiques, qu'il illustra lui-même (*Chants d'innocence,* 1789; *Chants d'expérience,* 1794), il fut l'un des meilleurs représentants de la première génération romantique.

BLÂMONT (54450), ch.-l. de c. de Meurthe-et-Moselle; 1 387 h. (*Blâmontais*).

BLANC (cap), cap d'Afrique, en Mauritanie.

BLANC (mont), sommet le plus élevé des Alpes, en France (Haute-Savoie), près de la frontière italienne, dans le *massif du Mont-Blanc*, au-dessus de la vallée de Chamonix; 4 807 m. Il fut gravi pour la première fois en 1786

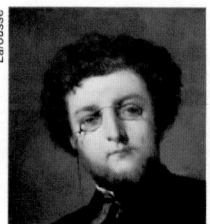

Georges **Bizet**
par Guglienetti

Bjørnson
par
E. Werenskiøld

par le Dʳ Paccard et le guide Balmat. Tunnel routier entre Chamonix et Courmayeur (long. 11,6 km).

BLANC (Le) (36300), ch.-l. d'arr. de l'Indre, sur la Creuse; 8 435 h. (*Blancois*). Confection.

BLANC (Louis), historien et homme politique français, né à Madrid (1811-1882). Gagné aux idées socialistes, il contribua par ses écrits (*l'Organisation du travail,* 1839) à la chute de la monarchie de Juillet. Membre du gouvernement provisoire en février 1848, il vit son projet d'ateliers sociaux échouer et dut s'exiler après les journées de Juin. Rentré en France en 1870, il fut député d'extrême gauche à l'Assemblée nationale. — Son frère CHARLES, né à Castres (1813-1882), a publié une *Histoire des peintres de toutes les écoles*. (Acad. fr.)

BLANCHARD (Jacques), peintre français, né à Paris (1600-1638), coloriste influencé par Titien (*Vénus et les Grâces surprises par un mortel,* Louvre).

BLANCHARD (Jean-Pierre), aéronaute français, né aux Andelys (1753-1809), inventeur du parachute. Il traversa la Manche en ballon en 1785; il construisit aussi un aérostat. — Sa femme, Sophie **Armant,** née près de La Rochelle (1778-1819), prit part à ses ascensions.

BLANCHARD (Raoul), géographe français, né à Orléans (1877-1965), auteur de travaux sur les Alpes et sur le Canada.

BLANCHARD ou **BLANCHART** (raz), passage entre le cap de la Hague et l'île d'Aurigny.

Blanche (autoroute), autoroute menant de Genève vers Chamonix et le tunnel du Mont-Blanc.

BLANCHE (mer), mer formée par l'océan Arctique, au nord de l'U.R.S.S.

BLANCHE (vallée), haute vallée du massif du Mont-Blanc, occupée par un glacier.

BLANCHE DE CASTILLE, princesse castillane, née à Palencia (1188-1252), femme de Louis VIII (qui mourut en 1226), mère de Saint Louis. Elle fut deux fois régente du royaume (1226 et 1248-1252).

BLANCHOT (Maurice), écrivain français, né à Quain (Saône-et-Loire) en 1907. Son œuvre critique établit les rapports entre l'activité créatrice et l'expérience de l'absence et du vide (*l'Espace littéraire, le Livre à venir*).

BLANC-MESNIL [-me-] (Le) (93150), ch.-l. de c. de la Seine-Saint-Denis; 49 166 h. (*Blancmesnilois*). Métallurgie. Chimie.

BLANC-NEZ (cap), promontoire calcaire du Boulonnais, sur le pas de Calais.

BLANDAN (Jean-Pierre), sergent français, né à Lyon (1819-1842), qui s'illustra par sa défense de Beni-Mered pendant la campagne d'Algérie.

BLANDINE (sainte), martyre à Lyon. Elle fut livrée aux bêtes (177).

BLANGY-LE-CHÂTEAU (14130 Pont l'Evêque), ch.-l. de c. du Calvados; 585 h. (*Castelblangeois*).

BLANGY-SUR-BRESLE (76340), ch.-l. de c. de la Seine-Maritime; 3 406 h. Verrerie.

BLANKENBERGE, comm. de Belgique (Flandre-Occidentale); 14 400 h. Station balnéaire.

BLANQUEFORT (33290), ch.-l. de c. de la Gironde; 8 015 h. Vins. Industrie automobile.

BLANQUI (Adolphe), économiste français, né à Nice (1798-1854). Il prône le libéralisme.

BLANQUI (Louis Auguste), socialiste français, frère du précédent, né à Puget-Théniers (1805-1881). Il fut l'un des chefs de la révolution de 1848 et passa plus de 36 années en prison. Ses idées (« blanquisme ») inspirèrent le syndicalisme révolutionnaire de la fin du siècle.

BLANTYRE, pr. v. du Malawi; 160 000 h.

BLANZAC-PORCHERESSE (16250), ch.-l. de c. de la Charente; 1 012 h. Église des XIIᵉ et XIIIᵉ s. Donjon.

BLANZY (71450), comm. de Saône-et-Loire, sur la Bourbince; 4 975 h. (*Blanzynois*). Houille. Métallurgie.

BLASCO IBÁÑEZ (Vicente), écrivain espagnol, né à Valence (1867-1928), auteur de romans d'action et de mœurs (*Arènes sanglantes, les Quatre Cavaliers de l'Apocalypse*).

BLASIS (Carlo), danseur, chorégraphe et théoricien de la danse italien, né à Naples (1795-1878). Il fixa les règles de la danse et écrivit un *Manuel complet de la danse* (1828 et 1830).

Blaue Reiter (Der) [en fr. *le Cavalier bleu*], mouvement artistique constitué à Munich (1911-1914) par Kandinsky, les peintres allemands Franz Marc (1880-1916) et August Macke (1887-1914), le peintre russe Alexei von Jawlensky (1864-1941), etc. Son registre esthétique se situait au confluent du fauvisme, de l'abstraction, d'une spontanéité lyrique et «primitiviste» et de l'expressionnisme. Robert Delaunay et Paul Klee, entre autres, participèrent aux expositions du mouvement (Munich, Berlin).

BLAVET (le), fl. de la Bretagne méridionale, dont l'estuaire forme, avec celui du Scorff, la rade de Lorient; 140 km.

BLAVET (Michel), flûtiste et compositeur français, né à Besançon (1700-1768), auteur de sonates et de concertos pour flûte.

BLAYAIS, région viticole du Bordelais (Gironde), à l'est de Blaye. Sur l'estuaire de la Gironde, centrale nucléaire.

BLAYE [blaj] (33390), ch.-l. d'arr. de la Gironde, sur la Gironde; 4 295 h. *(Blayais).* Citadelle de Vauban. Vins. Confiserie.

BLAYE-LES-MINES (81400 Carmaux), comm. du Tarn; 4 563 h. Houille.

BLÉGNY, comm. de Belgique (prov. de Liège); 10 100 h.

BLENDECQUES (62570 Wizernes), comm. du Pas-de-Calais; ch.-l. de c.; 5 016 h.

BLÉNEAU (89220), ch.-l. de c. de l'Yonne, sur le Loing; 1 673 h. Église du XIIᵉ s. En 1652, au cours de la Fronde, Condé y battit d'Hocquincourt, puis fut vaincu par Turenne.

BLENHEIM → HÖCHSTÄDT.

BLÉNOD - LÈS - PONT - À - MOUSSON (54700 Pont à Mousson), comm. de Meurthe-et-Moselle; 4 074 h. Centrale thermique.

BLÉONE (la), affl. de la Durance (r. g.); 70 km.

BLÉRÉ (37150), ch.-l. de c. d'Indre-et-Loire, sur le Cher; 4 113 h.

BLÉRIOT (Louis), aviateur et constructeur français, né à Cambrai (1872-1936). Il traversa, le premier, la Manche en avion le 25 juillet 1909.

BLESLE [blɛl] (43450), ch.-l. de c. de la Haute-Loire; 853 h. Église romane. Donjon du XIIIᵉ s.

BLÉSOIS, anc. **Blaisois,** pays de France, autour de Blois.

BLETTERANS (39140), ch.-l. de c. du Jura; 1 203 h.

BLEU (fleuve) → YANG-TSEU-KIANG.

BLEUES (montagnes) → BLUE MOUNTAINS.

BLEULER (Eugen), psychiatre suisse, né à Zollikon, près de Zurich (1857-1939), dont les travaux sur la schizophrénie sont célèbres.

BLEYMARD (Le) [48190 Bagnols les Bains], ch.-l. de c. de la Lozère, sur le Lot; 408 h.

BLIDA, v. d'Algérie, ch.-l. de wilaya, au pied de l'*Atlas de Blida*; 86 000 h.

BLIGNY-SUR-OUCHE (21360), ch.-l. de c. de la Côte-d'Or; 719 h.

BLIND RIVER, v. du Canada (Ontario), près du lac Huron; 3 142 h. Grands gisements d'uranium.

BLIXEN (Karen), femme de lettres danoise, née à Rungsted (1885-1962), auteur de contes et de romans *(Ma ferme africaine).*

BLOCH (Ernst), philosophe allemand, né à Ludwigshafen (1885-1977). Formé au marxisme, il fut un important théoricien de l'utopie.

BLOCH (Marc), historien français, né à Lyon (1886-1944). Médiéviste, professeur à la Sorbonne, auteur des *Caractères originaux de l'histoire rurale française* (1931), il fut le promoteur des études d'histoire totale et le fondateur, avec Lucien Febvre, des *Annales d'histoire économique et sociale* (1929). Il fut fusillé par les Allemands.

Blocus continental, ensemble des mesures prises entre 1806 et 1808 par Napoléon Iᵉʳ pour fermer au commerce de l'Angleterre tous les ports du continent et ruiner sa marine. Leur application fut une des causes qui, par la suite, liguèrent l'Europe contre Napoléon.

BLOEMAERT (Abraham), peintre hollandais, né près de Dordrecht (1564-1651). Installé à Utrecht, auteur de scènes de genre et de compositions maniéristes, il eut surtout de l'influence par ses dessins de paysages (gravés et publiés par un de ses fils).

BLOEMFONTEIN, v. de l'Afrique du Sud, cap. de l'État d'Orange; 148 000 h.

BLOIS (41000), ch.-l. du dép. de Loir-et-Cher, sur la Loire, à 177 km au sud-ouest de Paris; 51 950 h. *(Blésois).* Évêché. Château construit ou remanié du XIIIᵉ au XVIIᵉ s., restauré au XIXᵉ. Anc. abbatiale Saint-Laumer (XIIᵉ-XIIIᵉ s.), cathédrale (Xᵉ-XVIIᵉ s.), hôtels de la Renaissance. Constructions mécaniques. Industries alimentaires (chocolaterie). Imprimerie. En 1504-05, Louis XII y signa un traité qui fut annulé par les états généraux de Tours. Les états généraux s'y tinrent en 1576 et en 1588; ces derniers sont célèbres par le meurtre du duc de Guise.

BLOK (Aleksandr Aleksandrovitch), poète russe, né à Saint-Pétersbourg (1880-1921), principal représentant du symbolisme russe (*la Ville,* 1904-1911; *les Douze,* 1918).

BLONDEL (François), architecte français, né à Ribemont (1618-1686). Il a élevé la porte Saint-Denis, à Paris, et publié un *Cours d'architecture* (1675), qui exprime la rigueur de la doctrine classique.

BLONDEL (Jacques François), architecte français, né à Rouen (1705-1774). Il travailla pour Metz et pour Strasbourg, et exerça une grande influence par ses traités, *l'Architecture française* (1752) et le *Cours d'architecture civile* (1771-1777).

BLONDEL (Maurice), philosophe français, né à

Desjardins-Top

Louis **Blanc**

Auguste **Blanqui** par Mᵐᵉ Blanqui

Louis **Blériot**

Coll. Sirot

Larousse

Lauros-Giraudon

Giraudon

Blois : cour intérieur du château

Léon **Bloy** par lui-même
Promesses d'un beau visage

der **Blaue Reiter** *le Petit Cheval bleu* (1912), de Franz Marc

W. W.

Léon **Blum**

Dijon (1861-1949), auteur de *l'Action* (1893), où il construit une philosophie de l'immanence.

BLONDEL (André), physicien français, né à Chaumont (1863-1938), inventeur de l'oscillographe et des radiophares.

BLOOMFIELD (Leonard), linguiste américain, né à Chicago (1887-1949). Son livre *Language* est à la base de l'école structuraliste américaine.

BLOTZHEIM (68730), comm. du Haut-Rhin; 2 440 h. Aéroport (pour Bâle et Mulhouse).

BLOW (John), compositeur anglais, né à North Collingham (1649-1708). Il a écrit un grand nombre d'œuvres religieuses et l'opéra *Vénus et Adonis.*

BLOY (Léon), écrivain français, né à Périgueux (1846-1917), d'inspiration chrétienne, auteur de pamphlets, de romans (*le Désespéré,* 1886; *la Femme pauvre,* 1897) et d'un journal (1892-1917).

BLÜCHER (Gebhard Leberecht), prince **Blücher von Wahlstatt,** maréchal prussien, né à Rostock (1742-1819). Commandant une armée (1813-14), il fut battu par Napoléon à Ligny, mais intervint de façon décisive à Waterloo (1815).

BLUE MOUNTAINS, en fr. **montagnes Bleues,** nom donné à plusieurs chaînes de montagnes, notamment en Australie et aux États-Unis (dans les Appalaches).

BLUM (Léon), homme politique et écrivain

français, né à Paris (1872-1950). En 1920, au congrès de Tours, il fut un des leaders de la minorité hostile à l'adhésion à la IIIe Internationale. Chef du parti socialiste S. F. I. O., il constitua un gouvernement dit de « Front populaire » (1936-37 et 1938). Il fut déporté en Allemagne (1943), puis fut chef du gouvernement de décembre 1946 à janvier 1947.

BLUMENBACH (Friedrich), médecin et naturaliste allemand, né à Gotha (1752-1840), un des créateurs de l'anthropologie.

BLUNT (sir Anthony Frederick), historien d'art britannique, né à Bornemouth (Huntingdonshire) en 1907, spécialiste, notamment, de l'art classique français.

BLUNTSCHLI (Johann Caspar), jurisconsulte suisse, né à Zurich (1808-1881).

B. N., abrév. de Bibliothèque nationale.

BOABDIL, nom déformé de **Abū 'Abd Allāh,** roi maure de Grenade sous le nom de **Muhammad XI** (1482-83 et 1486-1492), vaincu par les Rois Catholiques.

BOADICÉE → BOUDICCA.

BOAS (Franz), anthropologue américain, né à Minden (Allemagne) [1858-1942]. Il entreprit de nombreuses études sur le terrain chez les Indiens d'Amérique du Nord. Principal représentant du diffusionnisme, il s'éleva contre les

à Lucques (1743-1805), auteur d'un Stabat, de sonates, symphonies, trios, quatuors et quintettes.

BOCCHORIS ou **BOKÉNRANEF,** pharaon d'Égypte (VIIIe s. av. J.-C.). La tradition en fait un sage législateur.

BOCCHUS (IIe s. av. J.-C.), roi des Gétules, en Mauritanie. Il fut vaincu deux fois par Marius.

BOCCIONI (Umberto), peintre, sculpteur et théoricien italien, né à Reggio di Calabria (1882-1916). Figure majeure du futurisme, il a emprunté au divisionnisme, à l'arabesque de l'Art nouveau et au cubisme les moyens d'exprimer le mouvement.

BOCHIMANS ou **BOSCHIMANS,** en angl. Bushmen, ethnie nomade vivant de chasse et de cueillette dans le désert de Kalahari.

BOCHUM, v. de l'Allemagne fédérale, dans la Ruhr; 342000 h. Université. Houille. Sidérurgie. Automobiles. Industries chimiques.

BOCK (Fedor VON), maréchal allemand, né à Küstrin (1880-1945). Il commanda un groupe d'armées en Pologne, en France et en Russie (1939-1942), puis fut disgracié par Hitler.

BÖCKLIN (Arnold), peintre suisse, né à Bâle (1827-1901). Auteur de compositions mythologiques et symboliques, il vécut beaucoup en Italie.

BOÈCE, philosophe, poète latin, musicographe, né à Rome (v. 480-524), ministre de Théodoric le Grand, auteur de la Consolation philosophique et du De institutione musicae.

BOECHOUT, comm. de Belgique (prov. d'Anvers); 10300 h.

BOËGE (74420), ch.-l. de c. de la Haute-Savoie; 750 h.

BŒGNER (Marc), pasteur français, né à Épinal (1881-1970), président du Conseil œcuménique des Églises (1949-1961). [Acad. fr.]

BOËLY (Alexandre Pierre François), compositeur français, né à Versailles (1785-1858). Ses œuvres de clavier renouent avec l'esthétique de Bach, tout en annonçant Franck et Saint-Saëns.

BOËN [bɔɛ̃] (42130), ch.-l. de c. de la Loire, sur le Lignon; 3817 h. Métallurgie.

BOERHAAVE (Hermannus), médecin et botaniste hollandais, né à Voorhout (1668-1738).

BOERS [buːr] (mot néerl. signif. paysans), colons de l'Afrique australe, d'origine néerlandaise, habitant le Transvaal et l'Orange. Ils furent vaincus en 1902 par les Anglais, après deux ans et demi de luttes opiniâtres.

BOESSET ou **BOYSSET** (Antoine), compositeur français, né à Blois (1586-1643), auteur d'airs de cour.

BOÉTIE (Étienne DE LA) → LA BOÉTIE.

A. Courtois

Bogotá

Scala

Boccace par Andrea del Castagno

théories de l'évolutionnisme. Il a écrit The Mind of Primitive Man (1911) et General Anthropology (1938).

BOBBIO, ville d'Italie (Émilie), sur la Trébie; 6000 h. Abbaye fondée par saint Colomban vers 612.

BOBÈCHE (MARDELARD ou MANDELARD, dit), pitre français, né à Paris (1791-apr. 1840), célèbre sous l'Empire et la Restauration.

BOBIGNY (93000), ch.-l. de la Seine-Saint-Denis, au nord-est de Paris; 43189 h. (Balbyniens).

BOBILLOT (Jules), sergent français, né à Paris (1860-1885), qui s'illustra en 1884-85 par la défense de Tuyên Quang (Tonkin).

BOBO-DIOULASSO, v. de la Haute-Volta; 113000 h. Centre commercial.

BOBOS, population africaine vivant de part et d'autre de la frontière du Mali et de la Haute-Volta, à la hauteur de Bobo-Dioulasso.

BOBROUÏSK, v. de l'U.R.S.S. (Biélorussie), sur la Berezina; 192000 h. Pneumatiques.

BOCAGE (le), nom de plusieurs régions de France, où le paysage caractéristique est formé de champs et de prairies enclos par des haies épaisses : le Bocage vendéen; le Bocage normand dans la partie occidentale de la Normandie, etc.

BOCCACE (Giovanni BOCCACCIO, dit), écrivain italien, né à Florence ou à Certaldo (1313-1375). Auteur d'idylles mythologiques et allégoriques (le Nymphée de Fiesole) et du Décaméron*, il fut le premier grand prosateur italien.

BOCCHERINI (Luigi), compositeur italien, né

BOCOGNANO (20136), ch.-l. du canton de Celavo-Mezzana (Corse-du-Sud); 616 h.

BOCSKAI (Étienne ou István), prince de Transylvanie, né à Kolozsvár (1557-1606). Chef de l'insurrection hongroise en 1604, il imposa à l'empereur ses revendications au traité de Vienne (1606).

BODE (Johann Elert), astronome allemand, né à Hambourg (1747-1826). Il indiqua le moyen (loi de Bode) de calculer approximativement les distances relatives des planètes au Soleil.

BODEL (Jean) → JEAN BODEL.

BODENSEE → CONSTANCE (lac de).

BODH-GAYĀ, v. de l'Inde (Bihār). Le plus important lieu de pèlerinage du bouddhisme. (Śākyamuni y parvint à l'état de Bouddha.) Temples (Xe-XIXe s.).

BODIN (Jean), économiste et écrivain politique français, né à Angers (1530-1596). Dans son traité, la République (1576), il développe les principes d'une monarchie tempérée par les états généraux.

BODLEY (Thomas), diplomate anglais, né à Exeter (1545-1613), fondateur de la fameuse bibliothèque d'Oxford (dite Bodléienne).

BODMER (Johann Jakob), écrivain suisse d'expression allemande, né à Greifensee (Zurich) [1698-1783], défenseur des poètes populaires allemands contre l'influence de la littérature française.

BODONI (Giambattista), imprimeur italien, né à Saluces (1740-1813). La qualité de ses éditions des classiques grecs fit donner son nom à leurs caractères typographiques.

BOFFRAND (Germain), architecte français, né à Nantes (1667-1754). Il a beaucoup travaillé en Lorraine (château de Lunéville) et à Paris (décors rocaille de l'hôtel de Soubise).

BOGART (Humphrey), acteur de cinéma américain, né à New York (1899-1957). Il s'imposa dans de nombreux films (le Faucon maltais [1941], le Grand Sommeil [1946], African Queen [1952]) comme l'un des plus grands acteurs d'Hollywood.

BOĞAZKALE ou **BOĞAZKÖY** → HATTOUSA.

BOGNY-SUR-MEUSE (08120), comm. des Ardennes; 6855 h. Métallurgie.

BOGOMILES, secte manichéenne d'origine bulgare dont la doctrine influença celle des cathares.

BOGOR, anc. **Buitenzorg,** v. d'Indonésie (Java); 196000 h. Jardin botanique.

BOGOTÁ, anc. **Santa Fe de Bogotá,** cap. de la Colombie, dans la Cordillère orientale, à 2600 m d'altitude; 2855000 h. Fondée en 1538, elle fut pendant plus de deux siècles la capitale du vice-royauté espagnole de Nouvelle-Grenade, puis celle de la Grande-Colombie. Auj., c'est un grand centre intellectuel et industriel. Musée de l'Or (bijoux précolombiens).

Bogoutchany, centrale hydroélectrique de l'U.R.S.S., en Russie, sur l'Angara.

BOHAI → PO-HAI.

BOHAIN-EN-VERMANDOIS (02110), ch.-l. de c. de l'Aisne; 7543 h. Textile. Métallurgie.

BOHÊME, partie occidentale de la Tchécoslovaquie, formée de massifs hercyniens encadrant un plateau et la plaine (Polabí) drainée par l'Elbe. Cap. *Prague.* C'est la région la plus développée du pays, surtout au point de vue industriel. La Bohême constitue, avec la Moravie, l'une des deux républiques fédérées de la Tchécoslovaquie (78 863 km² et 10 158 000 h.).

HISTOIRE

— fin du VIIIe s.-IXe s. : la Bohême constitue la marche occidentale de la Grande-Moravie.
— début du Xe s. : avec le prince Bořivoj, la dynastie des Přemyslides impose son autorité aux autres tribus slaves de Bohême.
— 921-929 : Václav Ier (saint Venceslas) doit payer tribut à l'empereur.
— 973 : création d'un évêché indépendant à Prague.
— 1085 : Vratislav II, roi à titre viager.
— 1197 : la royauté devient héréditaire.
— 1197-1306 : la dynastie des Přemyslides porte le royaume à son apogée.
— 1310 : début de la dynastie de Luxembourg.
— 1346-1378 : sous Charles IV de Luxembourg, empereur en 1355, la Bohême connaît son âge d'or. (1348 : fondation de l'université de Prague.)
— 1415 : la mort de Jan Hus provoque la révolte des hussites, qui tourne à la guerre civile (1419-1434).
— 1458-1471 : Georges de Poděbrady, dernier roi « national » hussite, se heurte à la résistance des nobles catholiques.
— 1471-1526 : les Jagellons règnent sur le trône conjoint de Bohême et de Hongrie.
— 1526 : mort de Louis II à Mohács ; Ferdinand Ier de Habsbourg est élu roi de Bohême.
— 1618 : l'intolérance de l'empereur Mathias provoque un soulèvement contre les Habsbourg (défenestration de Prague).
— 1620 : le désastre de la Montagne-Blanche fait des Habsbourg les maîtres de la Bohême. Le protestantisme est écrasé.
— 1848 : réveil national (le parti Jeune-Tchèque contre la monarchie austro-hongroise).
— 1867 : la Bohême dans la Cisleithanie autrichienne.
— 1918 : naissance de la Tchécoslovaquie, dont la Bohême fait partie.

BOHÉMOND, nom de plusieurs princes d'Antioche et comtes de Tripoli : BOHÉMOND Ier, né v. 1050, m. en 1111, fils de Robert Guiscard, et qui fut un des chefs de la 1re croisade, prince d'Antioche de 1098 à 1104 ; — BOHÉMOND II (1109-1130), qui régna à Antioche de 1126 à 1130 ; — BOHÉMOND VII, dernier prince de cette lignée, né v. 1255, m. en 1287.

BÖHM-BAWERK (Eugen VON), économiste autrichien, né à Brünn (auj. Brno) [1851-1914], l'un des chefs de l'école marginaliste.

BÖHME (Jakob), théosophe et mystique allemand, né à Altseidenberg (1575-1624).

BOHR (Niels), physicien danois, né à Copenhague (1885-1962). Prix Nobel (1922) pour sa théorie sur la structure de l'atome ; auteur du principe de complémentarité.

BOIARDO (Matteo Maria), poète italien, né à Scandiano (1441-1494), auteur du *Roland* amoureux.*

BOIELDIEU [bɔjɛldjø] (François Adrien), compositeur français, né à Rouen (1775-1834), auteur du *Calife de Bagdad* et de la *Dame blanche.*

BOIGNY-SUR-BIONNE (45800 St Jean de Braye), comm. du Loiret ; 1 596 h. Électronique.

BOILEAU ou **BOILLESVE** (Étienne), prévôt de Paris sous Saint Louis, m. en 1270, auteur du *Livre des métiers,* recueil des règlements des corporations.

BOILEAU (Nicolas), dit **Boileau-Despréaux,** écrivain français, né à Paris (1636-1711). Imitateur d'Horace dans les poèmes satiriques (*Satires,* 1666-1668) ou moraux (*Épîtres,* 1669-1695), chef de parti dans la querelle des Anciens* et des Modernes, il contribua à fixer l'idéal littéraire du « classicisme » (*Art poétique,* 1674 ; le *Lutrin,* 1674-1683).

BOILLY (Louis Léopold), peintre et lithographe français, né à La Bassée (1761-1845). Il excella dans les scènes de genre (*l'Arrivée d'une diligence,* 1803, Louvre).

BOISCHAUT, région du Berry, en bordure du Massif central. Élevage bovin.

BOIS-COLOMBES (92270), ch.-l. de c. des Hauts-de-Seine, dans la banlieue nord-ouest de Paris ; 26 707 h.

BOIS-D'ARCY (78390), comm. des Yvelines ; 10 500 h.

BOIS-DE-COULONGE, résidence du lieutenant-gouverneur du Québec, à Sillery.

BOIS-DE-LA-CHAIZE (ou **CHAISE**), station balnéaire de l'île de Noirmoutier (Vendée).

BOIS-D'OINGT (Le) [69620], ch.-l. de c. du Rhône ; 1 353 h.

BOISE, v. des États-Unis, cap. de l'Idaho ; 75 000 h.

BOISGUILBERT ou **BOISGUILLEBERT** (Pierre LE PESANT, *seigneur* DE), économiste français, né à Rouen (1646-1714), cousin de Corneille. Il recherche les causes de la misère.

BOIS-GUILLAUME (76230), comm. de la Seine-Maritime ; 9 594 h.

BOIS-LE-DUC, en néerl. 's Hertogenbosch, v. des Pays-Bas, ch.-l. du Brabant-Septentrional ; 87 000 h. Cathédrale reconstruite au XVe s. Métallurgie. Pneumatiques.

BOISMORTIER (Joseph BODIN DE), compositeur français, né à Thionville (1689-1755), auteur de concerts, de sonates et de cantates.

BOIS-NOIRS (les), hauts plateaux du nord du Massif central. Uranium.

BOISROBERT [bwaʀɔbɛʀ] (François LE MÉTEL, *seigneur* DE), poète français, né à Caen (1592-1662). Il joua un rôle important dans la querelle du *Cid* et dans la création de l'Académie française.

BOISSY D'ANGLAS [-ɑs] (François Antoine, *comte* DE), homme politique français, né à Saint-Jean-Chambre (Vivarais) [1756-1826], président de la Convention après Thermidor.

BOISSY-SAINT-LÉGER (94470), ch.-l. de c. du Val-de-Marne, au sud-est de Paris ; 9 373 h.

Nicolas **Boileau** d'après Rigaud

Niels **Bohr**

BOITO (Arrigo), compositeur et écrivain italien, né à Padoue (1842-1918). Il a écrit des opéras (*Mefistofele*) et rédigé les livrets de *Falstaff* et d'*Otello* pour Verdi.

BOJADOR (cap), cap du Sahara occidental.

BOJER (Johan), écrivain norvégien, né à Orkanger, près de Trondheim (1872-1959), auteur de drames et de romans réalistes.

BOKARO, district houiller de l'Inde. Aciérie.

BOKASSA (Jean BEDEL), homme d'État centrafricain, né à Bobangui en 1921, président de la République centrafricaine à partir de 1966, puis empereur de 1976 à 1979. Il fut renversé par les opposants soutenus par la France.

BOKÉ, v. de Guinée ; 10 000 h. Bauxite.

BOKÉNRANEF → BOCCHORIS.

BOL (Ferdinand), peintre et graveur hollandais, né à Dordrecht (1616-1680), élève de Rembrandt.

BOLBEC (76210), ch.-l. de c. de la Seine-Maritime, dans le pays de Caux ; 12 772 h. (*Bolbécais*). Textile.

BOLDINI (Giovanni), peintre italien, né à Ferrare (1842-1931), un des portraitistes préférés de la société parisienne à partir de 1868.

BOLDREWOOD (Thomas Alexander BROWNE, dit **Rolf**), romancier australien, né à Londres (1826-1915).

BOLÉRO, poème chorégraphique, pour orchestre, de Maurice Ravel, créé par la danseuse Ida Rubinstein en 1928. Autre version de Maurice Béjart (1961).

BOLESLAS, en polon. **Bolesław,** nom de plusieurs ducs ou rois de Pologne (Xe-XIIIe s.).

BOLESLAV, nom de trois ducs de Bohême (Xe-XIe s.).

BOLINGBROKE (Henri SAINT JOHN, *vicomte*), homme d'État britannique, né à Battersea (1678-1751). Premier ministre en 1714-15, il combattit, à partir de 1723, la politique de Walpole. Philosophe déiste, il est l'auteur de *Lettres* politiques et littéraires remarquables.

BOLÍVAR (Simón), général et homme d'État sud-américain, né à Caracas (1783-1830). Il affranchit de la domination espagnole le Venezuela et la Nouvelle-Grenade, qu'il érigea avec l'Équateur en république, sous le nom de « Grande Colombie ». Il tenta d'unir en une confédération les États latins de l'Amérique du Sud. Accusé d'aspirer à la dictature, il se retira (1830).

BOLIVIE, en esp. **Bolivia,** république de l'Amérique du Sud, qui doit son nom à *Bolívar* ; Cap. constitutionnelle *Sucre* ; siège du gouvernement : *La Paz.* Langue : *espagnol.*

V. carte page suivante

Lauros-Giraudon

GÉOGRAPHIE

L'Est appartient à la plaine de l'Amazone, forestière. L'Ouest, andin, est une région de hauts plateaux (3 000 et 4 000 m), concentrant la majeure partie de la population et les principales villes (dont La Paz). Les gisements du sous-sol (pétrole, zinc et surtout étain) constituent, avec l'élevage, la base de l'économie qui souffre de l'isolement, lié à l'absence de façade maritime.

HISTOIRE

— 1545 : découverte des mines d'argent ; la Bolivie rattachée au vice-royaume du Pérou, puis, au XVIIIe s., au vice-royaume de La Plata.
— 1824 : victoire d'Ayacucho par Sucre, lieutenant de Bolívar, sur le vice-roi du Pérou.
— 1825 : indépendance de la Bolivie, nom inspiré de Bolívar.
— 1836-1839 : éphémère union avec le Pérou. Par la suite, le pays connaît de nombreux pronunciamientos, surtout militaires.
— 1879-1883 : guerre du Pacifique ; le Chili enlève à la Bolivie toute façade sur le Pacifique.
— 1932-1935 : guerre du Chaco ; la Bolivie vaincue par le Paraguay, qui prend le Chaco.
— 1936-1952 : oligarchie minière (compagnie Patiño).
— 1952-1964 : présidence de Víctor Paz Estenssoro, qui nationalise les mines et applique un programme de réformes sociales.
— 1964 : retour au gouvernement militaire, notamment avec René Barrientos (1964-1969), qui doit faire face à la guérilla de « Che » Guevara († 1967).
— 1971 : un nouveau coup d'État amène au pouvoir le colonel Hugo Banzer Suárez.
— 1979 : le régime se libéralise.
— 1980 : nouveau coup d'État militaire établissant un régime autoritaire.

BÖLL (Heinrich), écrivain allemand, né à Cologne en 1917. Marqué par ses convictions catholiques, il a peint l'Allemagne de l'après-guerre, dans l'effondrement de la défaite (*Le train était à l'heure*) et dans sa renaissance fondée sur les jouissances matérielles *(Portrait de groupe avec dame).* [Prix Nobel, 1972.]

BOLLAND (Jean), dit **Bollandus,** jésuite, né à Julémont (1596-1665). Il commença le vaste recueil des *Acta sanctorum.* Ses continuateurs prirent le nom de *bollandistes.*

BOLLÉE, famille de constructeurs automobiles français. — AMÉDÉE, né au Mans (1844-1917), réalisa une voiture à vapeur (1873). — Ses fils LÉON (1870-1913) et AMÉDÉE (1872-1926), nés au Mans, perfectionnèrent la technique automobile (graissage, carburateur, etc.).

BOLLÈNE (84500), ch.-l. de c. de Vaucluse, dans le Comtat; 11 520 h. *(Bollénois).* Usine hydroélectrique sur une dérivation du Rhône.

BOLLIGEN, v. de Suisse (Berne), près de Berne; 26 121 h.

BOLOGNE, v. d'Italie, cap. de l'Émilie; 481 000 h. Monuments du Moyen Âge et de la Renaissance. Importante école de droit aux XIIᵉ et XIIIᵉ s. et école de peinture à la fin du XVIᵉ s. (les Carrache). Musées.

BOLOGNE (Jean) → GIAMBOLOGNA.

BOLSENA, lac d'Italie, au nord de Viterbe.

BOLTON, v. d'Angleterre; 154 000 h. Centre textile, satellite de Manchester.

BOLTZMANN (Ludwig), physicien autrichien, né à Vienne (1844-1906), l'un des auteurs de la théorie cinétique des gaz.

BOLYAI (János), mathématicien hongrois, né à Kolozsvár (1802-1860), auteur de travaux sur la géométrie non euclidienne.

BOLZANO, en allem. **Bozen,** v. d'Italie (Haut-Adige); 106 000 h. Monuments médiévaux. Centre touristique. Métallurgie.

BOLZANO (Bernhard), mathématicien tchèque d'origine italienne, né à Prague (1781-1848). On le considère comme un précurseur pour l'étude de la théorie des ensembles.

BOMBAY, port de l'Inde, cap. de l'État de Mahārāshtra, sur une île de la mer d'Oman; 5 971 000 h. Musée. Industries textiles, mécaniques et chimiques. Ce fut le quartier général de la Compagnie des Indes orientales à partir de 1668.

BOMBELLI (Raffaele), ingénieur et mathématicien italien, né à Borgo Panigale, près de Bologne (1526-1572). Il introduisit en algèbre les nombres complexes.

BON (*cap*), cap du nord-est de la Tunisie.

BONALD [-ald] (Louis, vicomte DE), écrivain politique français, né près de Millau (1754-1840), défenseur des principes monarchiques et catholiques, notamment dans *Théorie du pouvoir politique et religieux* (1796).

BONAMPAK, site maya du Mexique (État de Chiapas). Centre cérémoniel célèbre par ses peintures murales polychromes (VIIᵉ-IXᵉ s.).

BONAPARTE, famille française originaire de Toscane et établie en Corse au XVIᵉ s. Ses principaux membres sont : CHARLES MARIE, né à Ajaccio (1746-1785). Il épousa en 1764 MARIA LETIZIA **Ramolino,** née à Ajaccio (1750-1836). De cette union naquirent douze enfants, dont huit vécurent : JOSEPH, né à Corte (1768-1844), qui devint roi de Naples en 1806, fut roi d'Espagne de 1808 à 1813, et se retira aux États-Unis après Waterloo; — NAPOLÉON Iᵉʳ*, père de NAPOLÉON FRANÇOIS CHARLES JOSEPH, né à Paris (1811-1832), dit NAPOLÉON II ou le *roi de Rome;* — LUCIEN, né à Ajaccio (1775-1840), qui joua un rôle de premier plan le jour du coup d'État de Brumaire comme président du Conseil des Cinq-Cents, et fut prince de Canino; — MARIA-ANNA, dite ÉLISA, née à Ajaccio (1777-1820), épouse de Félix Baciocchi, qui devint prince de Lucques et de Piombino (1805), puis grande-duchesse de Toscane (1809-1814); — LOUIS, né à Ajaccio (1778-1846), époux d'Hortense de Beauharnais, père de NAPOLÉON III*, et qui fut roi de Hollande de 1806 à 1810; — MARIE PAULETTE, dite PAULINE, née à Ajaccio (1780-1825), qui épousa le géné-

courbes : 200. 500. 1000. 1500. 2000 m

route
v. ferrée

0 km 150 km 300

BOLIVIE

Simón
Bolívar

les Bonaparte ▷

Joseph
par Fr.-J. Kinson

Lucien
par Fr.-X. Fabre

Caroline
par Mᵐᵉ Vigée-Lebrun

Jérôme
par Fr.-J. Kinson

ral Leclerc en 1797; veuve, elle se remaria (1803) avec le prince Camille Borghèse et devint duchesse de Guastalla (1806); — MARIE-ANNONCIADE, dite CAROLINE, née à Ajaccio (1782-1839), qui, mariée à Joachim Murat en 1800, devint grande-duchesse de Berg et de Clèves, puis reine de Naples (1808-1814); — JÉRÔME, né à Ajaccio (1784-1860), qui fut roi de Westphalie (1807-1813), gouverneur des Invalides en 1848 et maréchal de France en 1850, et qui épousa en secondes noces la princesse Catherine de Wur-

de gauche à droite,
Élisa
Louis
Pauline
par R. Le Fèvre

Bombay
avenue longeant la baie
sur l'océan Indien

Bonn : quartier au bord du Rhin

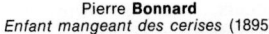
Pierre **Bonnard**
Enfant mangeant des cerises (1895)

Bonampak : peinture murale

temberg (1807). — La fille de Jérôme, la princesse MATHILDE, née à Trieste (1820-1904), tient un salon très brillant. — Le fils de Jérôme, le prince NAPOLÉON, dit JÉRÔME, né à Trieste (1822-1891), épousa la princesse Clotilde, fille de Victor-Emmanuel II. Il eut trois enfants, dont NAPOLÉON VICTOR, né à Meudon (1862-1926), et NAPOLÉON LOUIS, né à Meudon (1864-1932). Du mariage de Napoléon Victor avec Clémentine de Belgique est issu le prince NAPOLÉON, né à Bruxelles en 1914. — EUGÈNE LOUIS NAPOLÉON, prince impérial, fils unique de Napoléon III et d'Eugénie de Montijo, né à Paris, mourut en Afrique australe tué par les Zoulous (1856-1879).

BONAVENTURE *(saint)*, théologien, né à Bagnorea, auj. Bagnoregio (Toscane) [1221-1274]. Il devint général de l'ordre de Saint-François (1257), cardinal-évêque d'Albano (1273) et légat du pape au concile de Lyon. On lui doit de nombreux ouvrages de théologie et de philosophie, inspirés par la doctrine de saint Augustin, qui lui ont valu le nom de « Docteur séraphique ».

BONCHAMPS (Charles, *marquis* DE), chef vendéen, né à Juvardeil (Anjou) [1760-1793]. Blessé au combat de Cholet (1793), il mourut le lendemain, après avoir gracié 4 000 prisonniers.

BONCOURT, comm. de Suisse (Jura); 1 528 h. Manufacture de tabac.

BONDUES (59910), comm. du Nord; 6 813 h.

BONDY (93140), ch.-l. de c. de la Seine-Saint-Denis; 48 385 h. Son ancienne forêt était un repaire de brigands.

BÔNE, v. d'Algérie → ANNABA.

BONGO (Omar), homme d'État gabonais, né à Lewai (région de Franceville) en 1935, président de la République gabonaise depuis 1967.

BONG RANGE, montagnes du Liberia. Minerai de fer.

BONHEIDEN, comm. de Belgique (prov. d'Anvers); 12 000 h.

BONHOEFFER (Dietrich), théologien protestant allemand, né à Breslau (1906-1945), exécuté par les nazis. Sa pensée tend vers un christianisme dégagé des formules dogmatiques ou apologétiques et pleinement engagé dans la vie.

BONHOMME *(col du)*, col de la Haute-Savoie, faisant communiquer les vallées de l'Arve et de l'Isère; 2 329 m. — Col des Vosges, entre Saint-Dié et Colmar; 949 m.

BONIFACE (WYNFRITH, *saint*), né dans le Wessex (v. 680-754), apôtre de la Germanie, archevêque de Mayence. À la demande de Pépin le Bref, il entreprit la réforme du clergé de l'Église franque; il fut massacré au cours d'un voyage missionnaire.

BONIFACE Ier *(saint)*, pape de 418 à 422. — BONIFACE II, pape de 530 à 532. — BONIFACE III, pape en 607. — BONIFACE IV *(saint)*, pape de 608 à 615. — BONIFACE V, pape de 619 à 625. — BONIFACE VI, pape durant quelques jours en 896. — BONIFACE VII, pape non reconnu en 974 et 984-85. — BONIFACE VIII (Benedetto *Caetani*), né à Anagni (v. 1235-1303), pape de 1294 à 1303,

Giraudon

saint **Bonaventure**
par l'atelier
des Della Robbia

Heinrich **Böll**

célèbre par ses démêlés avec Philippe le Bel, qui, en 1303, le fit maltraiter à Anagni par Nogaret et Colonna. — BONIFACE IX (Pietro *Tomacelli*), pape de 1389 à 1404.

BONIFACIO (20169), ch.-l. de c. de la Corse-du-Sud; 3 015 h. *(Bonifaciens)*. Ville haute pittoresque (églises médiévales, citadelle). — Le *détroit* (ou les *bouches*) *de Bonifacio* sépare la Corse de la Sardaigne.

BONIN, archipel japonais du Pacifique, au sud-est du Japon. À l'est, profonde fosse marine.

BONINGTON (Richard Parkes), peintre anglais, né à Arnold, près de Nottingham (1802-1828), remarquable notamment pour ses aquarelles d'une frémissante qualité atmosphérique. Il fut l'ami de Delacroix.

BONIVARD (François DE), patriote genevois, né à Seyssel (1493-1570), immortalisé par Byron dans son poème du *Prisonnier de Chillon*.

BONN, cap. de la République fédérale d'Allemagne (Rhénanie-du-Nord-Westphalie), sur le Rhin; 300 000 h. Université.

BONNARD (Pierre), peintre et lithographe français, né à Fontenay-aux-Roses (1867-1947). Il fit partie du groupe des nabis, fut influencé par l'estampe japonaise et devint le coloriste post-impressionniste le plus subtil et le plus lyrique (*la Place Clichy*, musée de Besançon; *le Bateau de Signac*, Zurich; *Intérieur blanc*, Grenoble; *Nu dans le bain*, Petit Palais, Paris).

BONNAT (23220), ch.-l. de c. de la Creuse; 1 340 h. *(Bonnachons)*.

BONNAT (Léon), peintre et collectionneur français, né à Bayonne (1833-1922). Il fit une carrière officielle surtout comme portraitiste.

BONNE-ESPÉRANCE *(cap de)*, autref. **cap des Tempêtes**, cap du sud de l'Afrique, découvert par Bartolomeu Dias en 1487 et doublé par Vasco de Gama en 1497.

BONNEFOY (Yves), poète français, né à Tours en 1923, critique d'art, traducteur de Shakespeare (*Du mouvement et de l'immobilité de Douve*, *Dans le leurre du seuil*).

BONNET (Charles), philosophe et naturaliste suisse, né à Genève (1720-1793). Il a découvert la parthénogenèse naturelle.

BONNÉTABLE (72110), ch.-l. de c. de la Sarthe; 3 922 h. Château du XVe s.

BONNEUIL-SUR-MARNE (94380), ch.-l. de c. du Val-de-Marne; 16 308 h. Port fluvial.

BONNEVAL (28800), ch.-l. de c. d'Eure-et-Loir, sur le Loir; 4 892 h. Église du XIIIe s. Vestiges d'une abbaye bénédictine.

BONNEVAL-SUR-ARC (73480 Lanslebourg Mont Cenis), comm. de la Savoie; 149 h. Centre d'alpinisme. Sports d'hiver.

BONNEVILLE (74130), ch.-l. d'arr. de la Haute-Savoie, à l'extrémité de la cluse de l'Arve; 8 087 h.

BONNIER (Gaston), botaniste français, né à Paris (1853-1922), auteur de flores.

BONNIÈRES-SUR-SEINE (78270), ch.-l. de c. des Yvelines; 3 345 h. Machines à coudre.

BONNIEUX (84480), ch.-l. de c. de Vaucluse; 1 360 h. Remparts. Église des XIIe et XVe s.

BONO (56400 Auray), comm. du Morbihan, sur le Bono; 1 561 h. Ostréiculture.

1081

BONONCINI (Giovanni Battista), compositeur italien, né à Modène (1670-1747), musicien international qui a écrit un grand nombre d'opéras et d'œuvres instrumentales.

BONPLAND (Aimé GOUJAUD, dit), médecin et naturaliste français, né à La Rochelle (1773-1858). Compagnon de A. von Humboldt, il explora l'Amérique du Sud.

BONSECOURS (76240 Le Mesnil Esnard), comm. de la Seine-Maritime; 5 435 h.

BONSTETTEN (Charles Victor DE), écrivain suisse, né à Berne (1745-1832). Il a laissé en allemand puis en français des études sur la psychologie des peuples européens.

BONTEMPS (Pierre), sculpteur français, né à Paris (v. 1506 - v. 1570). Il décora le tombeau de François Ier à Saint-Denis.

BONVALOT (Gabriel), explorateur français, né à Épagne (Aube) [1853-1933]. Il explora le Turkestan et le Tibet.

BOOLE (George), mathématicien britannique, né à Lincoln (1815-1864), un des promoteurs de la logique mathématique contemporaine.

BOOM, comm. de Belgique (prov. d'Anvers), sur le Rupel; 15 500 h.

BOOS [bo] (76520), ch.-l. de c. de la Seine-Maritime; 1 012 h. Aéroport de Rouen.

BOOTH (William), prédicateur évangélique anglais, fondateur et premier général de l'Armée du salut (1878), né à Nottingham (1829-1912).

BOOTHIA, péninsule du nord du Canada, séparée de la terre de Baffin par le *golfe de Boothia.*

BOOZ, personnage biblique, époux de Ruth.

BOPHUTHATSWANA, État bantou du nord de l'Afrique du Sud; 38 300 km²; 887 000 h. Cap. *Mmabatho.*

BOPP (Franz), linguiste allemand, né à Mayence (1791-1867). Sa *Grammaire comparée des langues indo-européennes* est aux origines de la linguistique comparatiste.

BOR, v. de Yougoslavie (Serbie); 15 000 h. Mines de cuivre aux environs.

BORA (Katharina VON), religieuse allemande, née à Lippendorf (Saxe) [1499-1552]. Elle épousa Luther.

BORA BORA, île de la Polynésie française; 2 572 h. Tombeau d'Alain Gerbault.

BORÁS, v. de Suède; 104 000 h. Textile.

BORDA (Charles DE), mathématicien et marin français, né à Dax (1733-1799). Il participa à la mesure de la longueur d'un arc de méridien pour l'établissement du système métrique. Son nom fut donné de 1840 à 1913 au navire qui portait l'École navale.

BORDEAUX, anc. cap. de la Guyenne, auj.

ch.-l. de la Région Aquitaine et du dép. de la Gironde, sur la Garonne, à 557 km au sud-ouest de Paris; 226 281 h. *(Bordelais).* [Plus de 600 000 h. dans l'agglomération.] Archevêché. Cour d'appel. Université. Monuments médiévaux, dont l'église Saint-Seurin (XIe-XIIIe s.) et la cathédrale (XIIe-XIVe s.). Beaux ensembles classiques, surtout du XVIIIe s. (place de la Bourse par les Gabriel, Grand-Théâtre par V. Louis, hôtels, etc.). Musées. Port actif (importations de pétrole et de produits tropicaux). Commerce des vins du Bordelais. Industries mécaniques, alimentaires et chimiques. Bordeaux connut une grande prospérité sous la domination anglaise (1154-1453), puis au XVIIIe s. (traite des Noirs). Le gouvernement s'y transporta en 1870, 1914 et 1940.

BORDEAUX (duc DE) → CHAMBORD.

BORDELAIS, grande région viticole du bassin d'Aquitaine, autour de Bordeaux.

BORDÈRES-LOURON (65590), ch.-l. de c. des Hautes-Pyrénées; 132 h.

BORDES (64320 Bizanos), comm. des Pyrénées-Atlantiques; 1 563 h. Construction aéronautique.

BORDES (Charles), compositeur français, né à Rochecorbon, près de Vouvray (1863-1909), un des fondateurs de la *Schola cantorum* et l'un des restaurateurs de la polyphonie du XVIe s.

BORDET (Jules), médecin et microbiologiste

Beaujard

Bordeaux
au centre
la place
de la Bourse
(XVIIIe s.)

William **Booth**

Albin

belge, né à Soignies (1870-1961). Il découvrit le microbe de la diphtérie aviaire et celui de la coqueluche. (Prix Nobel, 1919.)

BORDEU (Théophile DE), médecin français, né à Izeste (Béarn) [1722-1776], auteur de recherches sur les eaux thermales.

BORDIGA (Amadeo), homme politique italien, né à Resina (1889-1970), un des fondateurs du parti communiste italien.

BORDIGHERA, v. d'Italie (Ligurie), sur la Riviera; 11 000 h. Station touristique.

BORDONE (Paris), peintre italien, né à Trévise (1500-1571). Élève de Titien, il est l'auteur de scènes mythologiques ou religieuses et de portraits.

BORDUAS (Paul Émile), peintre canadien, né à Saint-Hilaire (Québec) [1905-1960]. Chef de file des « automatistes » de Montréal (1948), il fut un maître de l'abstraction lyrique.

BORÉE, dieu des Vents du nord, fils d'un Titan et de l'Aurore.

BOREL (Émile), mathématicien français, né à Saint-Affrique (1871-1956), auteur de travaux sur le calcul des probabilités et de la théorie des jeux stratégiques.

BORGERHOUT, comm. de Belgique (prov. d'Anvers), dans la banlieue d'Anvers; 46 100 h. Taille du diamant.

BORGES (Jorge Luis), écrivain argentin, né à Buenos Aires en 1899, auteur de poèmes *(Cahiers de san Martín),* de nouvelles *(Fictions, le Livre de sable)* et d'essais *(Histoire de l'infamie, Histoire de l'éternité).*

BORGHÈSE, famille italienne originaire de Sienne. Un de ses membres fut élu pape sous le nom de PAUL V (1605). — Un autre, Camillo **Borghèse,** né à Rome (1775-1832), épousa Pauline Bonaparte.

Borghèse (villa), à Rome, maison de plaisance bâtie en 1615, auj. musée de peinture et de sculpture.

BORGIA, famille italienne d'origine espagnole, qui compte parmi ses membres : le pape ALEXANDRE VI*; — son fils CÉSAR, duc de Valentinois et gonfalonier de l'Église, né à Rome (v. 1475-1507), politique habile, mais fourbe et cruel (Machiavel l'a pris comme modèle dans son livre *le Prince)* ; — LUCRÈCE, née à Rome (1480-1519), sœur du précédent, célèbre par sa beauté, protectrice des lettres, des sciences et des arts; elle fut l'instrument de la politique de son père et de son frère; — FRANÇOIS → FRANÇOIS BORGIA *(saint).*

BORGNIS-DESBORDES (Gustave), général français, né à Paris (1839-1900). Créateur du chemin de fer Niger-Océan, il pacifia le haut Sénégal, puis combattit au Tonkin.

BORGO (20290), ch.-l. de c. de la Haute-Corse; 2 650 h.

BORINAGE (le), pays de la Belgique (Hainaut), à l'ouest de Mons, autref. producteur de charbon.

BORIS Ier (m. en 907), khân des Bulgares de 852 à 889. Il entraîna son peuple dans son adhésion au christianisme (863).

BORIS III, né à Sofia (1894-1943), roi de Bulgarie de 1918 à 1943, fils de Ferdinand Ier. Il s'efforça de préserver l'indépendance bulgare durant la Seconde Guerre mondiale.

BORIS GODOUNOV (1551-1605), tsar de Moscovie de 1598 à 1605. Son règne fut marqué par des troubles liés à la famine de 1601-1603.

Boris Godounov, de Moussorgski, chef-d'œuvre de l'opéra russe par la couleur et le réalisme du récitatif et des chœurs (1869-1872).

BORMES-LES-MIMOSAS (83230), comm. du Var, dans le massif des Maures; 3 093 h. Centre touristique.

BORN (Bertran DE) → BERTRAN DE BORN.

BORN (Max), physicien britannique d'origine allemande, né à Breslau (1882-1970). Il est l'auteur d'une théorie électronique de l'affinité chimique. (Prix Nobel, 1954.)

BORNEL (60540), comm. de l'Oise; 2 150 h. Métallurgie.

BORNEM, comm. de Belgique (prov. d'Anvers); 17 300 h.

BORNÉO, la troisième île du monde, la plus grande et la plus massive de l'Insulinde; 730 000 km². La majeure partie (539 000 km²), au sud (Kalimantan), appartient à la république d'Indonésie (5 152 000 h.); le nord de l'île forme deux territoires membres de la Malaysia (Sabah [anc. *Bornéo-septentrional*] et Sarawak) et un protectorat britannique *(Brunei).* C'est un pays de plateaux, dominés au nord par des chaînes montagneuses et limités au sud par de vastes plaines marécageuses. Traversé par l'équateur, Bornéo est recouvert par la forêt dense. Gisements de pétrole.

BORNES (massif des), massif des Préalpes françaises, entre l'Arve et le lac d'Annecy; 2 437 m.

BORNHOLM, île du Danemark, dans la Baltique; 47 000 h.

BORNOU, anc. empire de la zone soudanaise, au sud-ouest du lac Tchad. Il fut gouverné, depuis le Xe s. jusqu'à sa ruine, en 1900, par la dynastie des Sayfiya.

BORNY, anc. comm. de la Moselle, auj. rattachée à Metz. Industrie automobile. Bataille franco-prussienne le 14 août 1870.

BORODINE (Aleksandr), compositeur russe, né à Saint-Pétersbourg (1833-1887), auteur du *Prince*

Igor, de quatuors, de symphonies et de *Dans les steppes de l'Asie centrale.*

BORODINO, village de Russie, entre Moscou et Smolensk, où fut livrée, le 7 septembre 1812, la bataille dite « de la Moskova ».

BOROROS, Indiens du Brésil, vivant dans le sud du Mato Grosso.

BORRASSA (Lluís), peintre catalan, né à Gérone (v. 1360 - v. 1425), premier et brillant représentant du « gothique international » à Barcelone, où il installa un important atelier.

BORROMÉE (*saint* Charles) → CHARLES BORROMÉE (*saint*).

BORROMÉES (*îles*), groupe de quatre îles pittoresques, situées dans le lac Majeur (Italie).

BORROMINI (Francesco), architecte tessinois, né à Bissone (1599-1667). L'un des maîtres du baroque italien, à l'art complexe et rayonnant, il a construit, à Rome, les églises St-Charles-aux-Quatre-Fontaines et St-Yves.

Borssele, centrale nucléaire des Pays-Bas.

BORT-LES-ORGUES (19110), ch. l. de c. de la Corrèze ; 5612 h. Barrage sur la Dordogne et centrale hydroélectrique. Colonnades de phonolite, dites *orgues de Bort*. Tannerie.

BORTOLUZZI (Paolo), danseur italien, né à Gênes en 1938, un des plus grands danseurs contemporains, interprète « béjartien » (*Bhakti, Nomos Alpha*) et classique (*la Sylphide*).

BORYSTHÈNE, anc. nom du *Dniepr**.

BOSANQUET (Bernard), philosophe anglais, né à Rock Hall (1848-1923). Son idéalisme fut influencé par Hegel.

BOSCH (Jheronimus VAN AKEN, dit **Jérôme**), peintre néerlandais, né à Bois-le-Duc (v. 1450/1460-1516). Il a traité des sujets religieux ou populaires avec un symbolisme étrange et une imagination hors de pair, que sert une haute qualité picturale (*le Jardin des délices terrestres*, triptyque, Prado).

BOSCH (Carl), chimiste et industriel allemand, né à Cologne (1874-1940). Il mit au point avec Haber, en 1909, la synthèse industrielle de l'ammoniac. (Prix Nobel, 1931.)

BOSCH (Juan), homme d'État dominicain, né à La Vega en 1909. Fondateur du parti révolutionnaire dominicain (1939), il fut président de la République de 1962 à 1966.

BOSCHIMANS → BOCHIMANS.

BOSCO (Henri), écrivain français, né à Avignon (1888-1976), auteur de romans de terroir (*l'Âne Culotte, le Mas Théotime*).

BOSE (Satyendranath), physicien indien, né à Calcutta (1894-1974). Il est le créateur d'une mécanique statistique applicable aux photons.

BOSIO (François Joseph), sculpteur français, né à Monaco (1768-1845), artiste officiel sous l'Empire et la Restauration.

BOSNIE-HERZÉGOVINE, l'une des républiques fédérées de Yougoslavie, entre l'Adriatique et la Save ; 51 129 km² ; 4 075 000 h. Cap. *Sarajevo.* De population serbe et croate, elle assura son indépendance en 1322 ; elle fut soumise à la Turquie de 1463 jusqu'au congrès de Berlin (1878), occupée alors par l'Autriche-Hongrie, puis annexée par elle en 1908. En 1918, elle décida de s'unir à la Serbie pour former le royaume des Serbes, Croates et Slovènes. (V. YOUGOSLAVIE.)

BOSON, m. en 887, roi de Bourgogne et de Provence, beau-frère de Charles le Chauve.

BOSPHORE (« Passage du Bœuf »), anc. **détroit de Constantinople,** détroit entre l'Europe et l'Asie, faisant communiquer la mer de Marmara avec la mer Noire. Depuis 1973, il est franchi par un pont routier. Sur la rive ouest est établi Istanbul.

BOSPHORE (*royaume du*), royaume grec établi sur les rives du Bosphore Cimmérien et sur la Crimée (cap. *Panticapée*). Fondé au Vᵉ s. av. J.-C., il passa sous protectorat romain en 63 av. J.-C.

BOSQUET (Pierre), maréchal de France, né à Mont-de-Marsan (1810-1861). Il se distingua en Algérie et surtout en Crimée.

BOSSE (Abraham), graveur et théoricien d'art

français, né à Tours (1602-1676). Son œuvre d'aquafortiste (1 500 planches) constitue un tableau complet de la société française dans la première moitié du XVIIᵉ s.

BOSSOUTROT (Lucien), aviateur français, né à Tulle (1890-1958). Il pilota le premier Paris-Londres ouvert au public (1919) et battit, avec Rossi, deux records du monde en circuit fermé (1931 et 1932).

Bossu (*le*) ou *le Petit Parisien*, roman de cape et d'épée (1857), puis drame (1862) de Paul Féval.

BOSSUET (Jacques Bénigne), prélat, prédicateur et écrivain français, né à Dijon (1627-1704). Célèbre dès 1659 pour ses prédications, évêque de Condom (1669), il fut choisi comme précepteur du Dauphin, pour qui il écrivit le *Discours sur l'histoire universelle.* Évêque de Meaux en 1681, il soutint la politique religieuse de Louis XIV en combattant les protestants (*Histoire des variations des Églises protestantes*, 1688), en inspirant en 1682 la déclaration sur les libertés gallicanes et en faisant condamner le quiétisme de Fénelon. Son œuvre oratoire, qui comprend des *Sermons* (*Sur la mort, Sur l'éminente dignité des pauvres*) et des *Oraisons funèbres*, fait de lui un des grands écrivains classiques. (Acad. fr.)

BOSTON, v. des États-Unis, cap. du Massachusetts ; 641 000 h. (près de 3 millions dans l'agglomération). Centre industriel, commercial et financier. Port actif. Important musée d'art.

BOSWORTH, localité d'Angleterre (Leicestershire). À proximité eut lieu la bataille qui mit fin à la guerre des Deux-Roses (1485).

BOTEV (*pic*), anc. **Jumruk-čal,** point culminant du Balkan, en Bulgarie ; 2 376 m.

BOTEV (Hristo), écrivain et patriote bulgare, né à Kalofer (1848-1876), auteur de poésies d'inspiration révolutionnaire et nationale.

BOTHA (Louis), général et homme d'État sud-africain, né à Greytown (Natal) [1862-1919]. Réorganisateur de l'armée boer, il lutta d'abord contre les Anglais. Il fut Premier ministre du Transvaal (1907), puis de l'Union sud-africaine (1910).

BOTHE (Walther Wilhelm), physicien allemand, né à Oranienburg (1891-1957). Avec H. Becker, il a obtenu en 1930, par action des rayons alpha sur le béryllium, un rayonnement pénétrant que l'on montra plus tard comme formé de neutrons. (Prix Nobel, 1954.)

BOTHWELL (James HEPBURN, *comte* DE), seigneur écossais (1536-1578). Il fit périr Henry Stuart, comte de Darnley, second époux de Marie Stuart, qu'il épousa en 1567, mais il dut s'exiler peu après.

BOTNIE (*golfe de*), extrémité septentrionale de la Baltique, entre la Suède et la Finlande.

BOTOCUDOS, Indiens du Brésil (Minas Gerais).

BOTRANGE (*signal de*), point culminant de la Belgique, dans l'Ardenne ; 694 m.

BOTSWANA, anc. **Bechuanaland,** État de l'Afrique australe ; 570 000 km² ; 820 000 h. Cap. *Gaborone.* Langue : *anglais.* S'étendant en majeure

Bossuet
par Rigaud

Aleksandr
Borodine

Jorge Luis
Borges

Borromini
l'église
Saint-Charles-
aux-Quatre-
Fontaines
à Rome

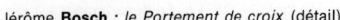

Jérôme **Bosch** : *le Portement de croix* (détail)

partie sur le Kalahari*, c'est un pays désertique, domaine de l'élevage nomade. Protectorat britannique de 1885 à 1966.

BOTTICELLI (Sandro FILIPEPI, dit), peintre italien, né à Florence (1444/45-1510). Il est l'auteur d'un grand nombre de madones, de tableaux d'inspiration religieuse ou mythologique (*le Printemps, la Naissance de Vénus,* musée des Offices [Florence]), qu'idéalisent leurs arabesques gracieuses et leur coloris limpide.

BOTTIN (Sébastien), administrateur et statisticien français, né à Grimonviller (1764-1853). Il a donné son nom à un annuaire du commerce et de l'industrie.

BOTTROP, v. de l'Allemagne fédérale, dans la Ruhr; 105 000 h.

BOTZARIS ou **BÓTSARIS** (Márkos), héros de la guerre de l'Indépendance grecque, né à Souli (1788-1823), défenseur de Missolonghi.

BOUAKÉ, v. de la Côte-d'Ivoire; 111 000 h.

BOUAYE (44830), ch.-l. de c. de la Loire-Atlantique; 2 211 h.

BOUCAU (64340), comm. des Pyrénées-Atlantiques; 6 196 h. Constructions mécaniques.

BOUCHAIN (59111), ch.-l. de c. du Nord; 4 837 h. Centrale thermique.

BOUCHARDON (Edme), sculpteur français, né à Chaumont-en-Bassigny (1698-1762). Artiste officiel de goût classique et réaliste, il s'oppose à la rocaille (*l'Amour se faisant un arc dans la massue d'Hercule,* marbre, Louvre).

BOUCHER (Pierre), gouverneur français, né à Mortagne (1622-1717), lieutenant général de la Nouvelle-France et auteur d'un ouvrage sur le Canada.

BOUCHER (François), peintre, dessinateur, graveur et décorateur français, né à Paris (1703-1770). Protégé par Mme de Pompadour, il a notamment peint des scènes pastorales ou mythologiques d'une gracieuse virtuosité (au Louvre : *le Nid, Diane sortant du bain, les Forges de Vulcain,* etc.). Il a donné de nombreux cartons et modèles pour les manufactures royales de tapisserie et de porcelaine.

BOUCHER (Hélène), aviatrice française, née à Paris (1908-1934). Elle fut détentrice de sept records mondiaux.

BOUCHER DE CRÈVECŒUR DE PERTHES (Jacques), préhistorien français, né à Rethel (1788-1868). Auteur des *Antiquités celtiques et antédiluviennes,* ouvrage où il démontra la très haute antiquité de l'homme, il est l'un des précurseurs des sciences préhistoriques.

BOUCHEROT (Paul), ingénieur français, né à Paris (1869-1943). Il imagina la distribution du courant électrique à intensité constante.

BOUCHERVILLE, v. du Canada (Québec); 25 530 h.

BOUCHES-DU-RHÔNE (*dép. des*) [**13**], dép. de la Région Provence-Alpes-Côte d'Azur; ch.-l. de dép. *Marseille;* ch.-l. d'arr. *Aix-en-Provence, Arles, Istres;* 4 arr., 44 cant., 119 comm.; 5 112 km²; 1 632 974 h. Le département est rattaché à l'académie d'Aix-en-Provence-Marseille, à la circonscription judiciaire et à la province ecclésiastique d'Aix-en-Provence, et à la région militaire de Lyon. À l'ouest, constitué surtout de plaines (Comtat, Crau, Camargue), s'oppose l'est, formé de chaînons calcaires (Trévaresse, Sainte-Victoire, Estaque, Sainte-Baume) ouverts par des bassins (Aix-en-Provence, Huveaune). L'agriculture, malgré sa variété (fruits et légumes, riz, vigne, élevage bovin), ne tient qu'une place secondaire. Industries et services sont concentrés dans l'agglomération de Marseille (et ses annexes : pourtour du golfe de Fos et l'étang de Berre), qui groupe plus des deux tiers de la population totale du département.

BOUCHOUX (Les) (39370), ch.-l. de c. du Jura; 283 h.

BOUCICAUT (Jean LE MEINGRE, dit), maréchal de France (v. 1366-1421). Il défendit Constantinople contre les Turcs. Prisonnier à Azincourt, il mourut en Angleterre.

BOUCICAUT (Aristide), négociant et philanthrope français, né à Bellême (1810-1877). Avec sa femme, MARGUERITE GUÉRIN, née à Ver-

Boucher
Aminte revient à la vie dans les bras de Sylvie (1755-1756)

jux (1816-1887), il fonda l'établissement commercial « Au Bon Marché » (1852).

BOUCOURECHLIEV (André), compositeur français, né à Sofia en 1925. Il utilise tour à tour une instrumentation traditionnelle et les procédés électroacoustiques, ou la combinaison des deux, faisant parfois appel à la musique aléatoire (*Archipels I à V, Thrène*).

BOU CRAA, site du Sahara occidental, dans la partie du territoire annexée par le Maroc. Exploitation de phosphates.

BOUDDHA (« le Sage ») ou **ŚÂKYAMUNI** (« le Sage des Śâkya »), noms sous lesquels on désigne habituellement le fondateur du bouddhisme, *Gautama,* personnage historique, fils du chef de la tribu des Śâkya, qui créa la religion nouvelle contre le brahmanisme (VIᵉ s. av. J.-C.). Considérant que vivre c'est souffrir et que la souffrance résulte du désir, Gautama posa en principe que le renoncement à soi-même était le seul moyen de s'affranchir de ce dernier. L'idéal bouddhiste est de conduire le fidèle au nirvâna.

BOUDICCA ou **BOADICÉE,** femme de Prasutag et mère des Icéniens, dans la Grande-Bretagne. Elle lutta contre les Romains et, vaincue, s'empoisonna en 61 apr. J.-C.

BOUDIN (Eugène), peintre français, né à Honfleur (1824-1898). Il est l'auteur de marines et de paysages qui le font considérer comme un des précurseurs de l'impressionnisme (musées du Havre et de Honfleur).

BOUÉ (02450), comm. de l'Aisne; 1 493 h. Laiterie.

BOUÉ DE LAPEYRÈRE (Augustin), amiral français, né à Castéra-Lectourois (1852-1924), commandant des flottes alliées en Méditerranée (1914-15).

BOUFARIK, v. d'Algérie; 33 000 h.

BOUFFLERS [buflɛr] (Louis François, *duc* DE), maréchal de France, né à Cagny (auj. Crillon), dans le Beauvaisis (1644-1711). Il s'illustra par la défense de Lille (1708) et par la retraite de Malplaquet (1709).

BOUG ou **BUG** (le), fl. de l'Ukraine, tributaire de la mer Noire; 856 km.

BOUGAINVILLE (*île*), île de Mélanésie (archipel des Salomon); 10 000 km²; 78 000 h. Cuivre. Découverte par Bougainville en 1768.

BOUGAINVILLE (Louis Antoine DE), navigateur français, né à Paris (1729-1811). Il a écrit le récit du célèbre *Voyage autour du monde* qu'il fit de 1766 à 1769 à bord de la *Boudeuse.*

BOUGIE → BEJAIA.

BOUGIVAL (78380), comm. des Yvelines, sur la Seine; 8 744 h. *(Bougivalais).*

BOUGLON (47250), ch.-l. de c. de Lot-et-Garonne; 516 h.

BOUGUENAIS (44340), comm. de la Loire-Atlantique; 11 757 h. *(Bouguenaisiens).* Constructions aéronautiques.

BOUGUER (Pierre), astronome, mathématicien et hydrographe français, né au Croisic (1698-1758), créateur de la photométrie.

Botticelli : *le Printemps* (v. 1478, détail)

Bouddha

BOUHOURS (le P. Dominique), jésuite et grammairien français, né à Paris (1628-1702), défenseur de la doctrine classique et de la pureté de la langue.

BOUILLANTE, ch.-l. de c. de la Guadeloupe; 6 497 h.

BOUILLAUD (Jean), médecin français, né à Garat (1796-1881). Il a décrit le rhumatisme articulaire aigu *(maladie de Bouillaud).*

BOUILLÉ (François Claude, *marquis* DE), général français, né à Cluzel-Saint-Eble (Auvergne) [1739-1800]. Il prépara en 1791 la fuite de Louis XVI.

BOUILLON, v. de Belgique (Luxembourg), sur la Semois; 5 800 h. Ch.-l., au Moyen Âge, du *duché de Bouillon.* Château fort. Tourisme.

BOUILLON (Godefroi DE) → GODEFROI IV.

BOUILLON (Henri DE LA TOUR D'AUVERGNE, *vicomte* DE TURENNE, *duc* DE), prince de Sedan, maréchal de France, né au château de Joze (1555-1623), un des chefs du parti protestant et partisan dévoué d'Henri IV. — Son fils FRÉDÉRIC MAURICE, né à Sedan (1605-1652), ennemi de Richelieu, s'allia aux Espagnols et vainquit les Français à la Marfée.

BOUILLOUSES (*lac des*), lac (réservoir hydroélectrique) des Pyrénées-Orientales, alimenté par la Têt.

BOUILLY (10320), ch.-l. de c. de l'Aube; 1 059 h.

BOUIN (Jean), athlète français, né à Marseille (1888-1914), un des plus célèbres champions de course à pied (fond). Mort au champ d'honneur.

BOUKHARA, v. de l'U. R. S. S. (Ouzbékistan), en Asie centrale; 147 000 h. Monuments des IXᵉ-XVIᵉ s. Textile.

BOUKHARINE (Nikolaï Ivanovitch), homme politique russe et théoricien marxiste, né à Moscou (1888-1938). Auteur de l'*A. B. C. du com-*

Georges **Boulanger**, par E. Debat-Ponsan

Pierre
Boulez

munisme (1920), il fut exécuté au cours des grands procès staliniens.

BOULAINVILLIERS (Henri DE), comte **de Saint-Saire**, historien et philosophe français, né à Saint-Saire (Normandie) [1658-1722], auteur d'un *Essai sur la noblesse*, paru en 1732.

BOULANGER (Georges), général français, né à

Rennes (1837-1891). Ministre de la Guerre (1886-87) très populaire, il regroupa ensuite les mécontents, mais, élu triomphalement à Paris, hésita devant le coup d'État (1889); menacé d'arrestation, il s'enfuit en Belgique, où il se suicida sur la tombe de sa maîtresse.

BOULANGER (Nadia), pédagogue et compositeur français, née à Paris (1887-1979). Directrice du Conservatoire américain de Fontainebleau. — LILI, sœur de la précédente, née à Paris (1893-1918), a laissé des *Psaumes*.

BOULAY DE LA MEURTHE (Antoine), homme politique français, né à Chaumousey (Lorraine) [1761-1840]. Il fut l'un des rédacteurs du Code civil.

BOULAY-MOSELLE (57220), ch.-l. d'arr. de la Moselle; 3 875 h. (*Boulageois*). Constructions mécaniques.

Boulder Dam → HOOVER DAM.

BOULE (Marcellin), géologue et paléontologue français, né à Montsalvy (1861-1942). Directeur de l'Institut de paléontologie humaine de Paris (1920), il est l'auteur d'un grand traité sur les *Hommes fossiles* (1921). Il est le fondateur de l'école française de paléontologie humaine.

BOULEZ (Pierre), compositeur et chef d'orchestre français, né à Montbrison en 1925. Élève de Messiaen et de Leibowitz, héritier des mondes de Debussy et de Webern, il poursuit la tradition viennoise schönbergienne (sonates, *Structures, le Marteau sans maître, Pli selon pli*). Il est directeur de l'IRCAM au Centre national d'art et de culture G.-Pompidou et professeur au Collège de France.

BOULGAKOV (Mikhaïl Afanassievitch), écrivain soviétique, né à Kiev (1891-1940). Auteur de romans sur la guerre civile (*la Garde blanche*, 1925) et de comédies satiriques (*l'Île pourpre*, 1929), il a traité, après sa disgrâce, le thème de l'artiste condamné au compromis avec le pouvoir politique (*le Maître et Marguerite*, 1928-1940, publié en 1966).

BOULGANINE (Nikolaï Aleksandrovitch), maréchal soviétique, né à Nijni-Novgorod (1895-1975), président du Conseil de 1955 à 1958.

BOULLE (André Charles), ébéniste français, né à Paris (1642-1732). Il créa un type de meubles recouverts de marqueterie d'écaille et de cuivre, enrichis de bronzes ciselés.

BOULLÉE (Étienne Louis), architecte français, né à Paris (1728-1799), auteur de projets visionnaires (cénotaphe pour Newton, 1784).

BOULLONGNE ou **BOULOGNE** (Valentin de) → VALENTIN.

BOULLONGNE ou **BOULOGNE**, famille de peintres parisiens, artistes officiels dont les principaux sont LOUIS LE VIEUX (1609-1674) et ses deux fils BON (1649-1717) et LOUIS LE JEUNE (1654-1733).

Boulogne (bois de), promenade de l'ouest de Paris, aménagée par Jean Charles Alphand (1817-1891).

Boulogne (camp de), établi de 1803 à 1805 par Napoléon Ier à Boulogne-sur-Mer, pour préparer l'invasion de l'Angleterre.

BOULOGNE (Jean) → GIAMBOLOGNA.

BOULOGNE-BILLANCOURT (92100), ch.-l. d'arr. des Hauts-de-Seine, au sud-ouest de Paris; 103 948 h. (*Boulonnais*). Quartiers résidentiels en bordure du *bois de Boulogne*. Grande usine d'automobiles sur la Seine. Constructions aéronautiques.

BOULOGNE-SUR-GESSE (31350), ch.-l. de c. de la Haute-Garonne; 1895 h.

BOULOGNE-SUR-MER (62200), ch.-l. d'arr. du Pas-de-Calais, sur la Manche, à l'embouchure de la Liane; 49 284 h. (*Boulonnais*); plus de 100 000 h. dans l'agglomération. Enceinte du XIIIe s. autour de la ville haute. Musée. Principal port de pêche français. Industries métallurgiques et alimentaires.

BOULOIRE (72440), ch.-l. de c. de la Sarthe; 1 501 h.

BOULONNAIS, région du dép. du Pas-de-Calais, plateau de craie ouvert par une dépression argileuse et humide, la «fosse du Boulonnais». Élevage. V. pr. Boulogne-sur-Mer.

BOULOU (Le) (66160), comm. des Pyrénées-Orientales; 3 709 h. Station thermale (foie, troubles digestifs, diabète).

BOUCHES-DU-RHÔNE

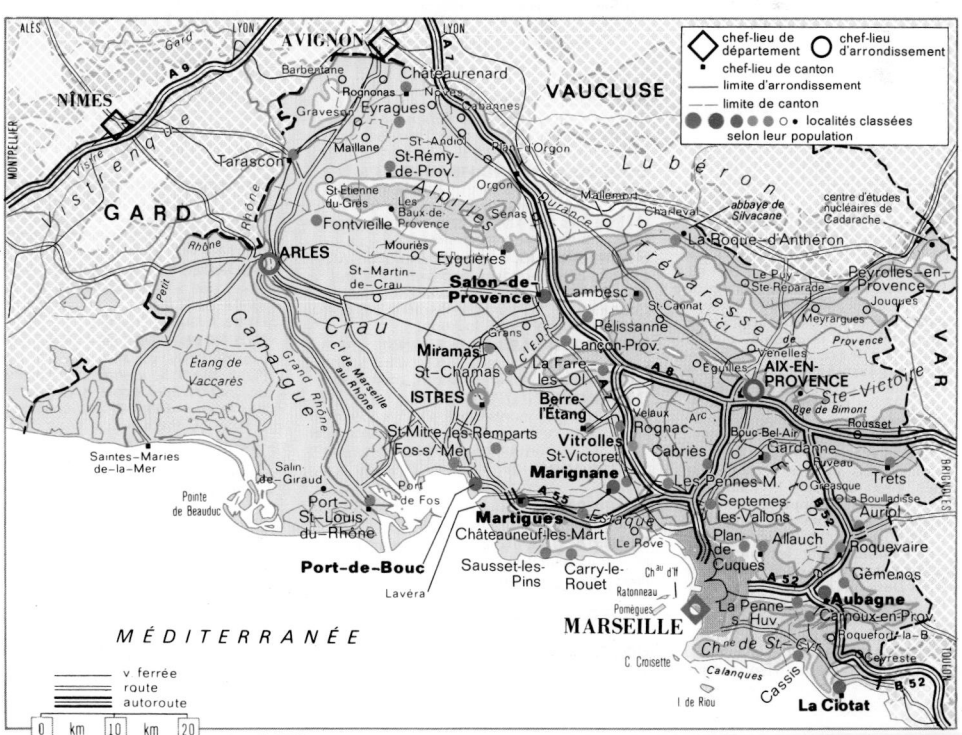

BOULOURIS, station balnéaire du Var (comm. de Saint-Raphaël), sur le littoral de l'Esterel.

BOUMEDIENE (Muḥammad BŪKHARRŪBA, dit Houari), militaire et homme politique algérien, né à Héliopolis, près de Guelma (1932-1978). Chef d'état-major de l'Armée de libération nationale (1960), il fut président de la République algérienne de 1965 à sa mort.

Bourdelle
Héraklès archer

Giraudon

BOUNINE (Ivan Alekseïevitch), écrivain russe, né à Voronej (1870-1953). Fidèle au réalisme classique dans ses romans et ses nouvelles (*le Village*, 1909), il émigra en France en 1920. (Prix Nobel, 1933.)

BOURASSA (Henri), journaliste canadien, né à Montréal (1868-1952). Il fonda le quotidien *le Devoir* (1910).

BOURASSA (Robert), homme politique canadien, né à Montréal en 1933. Président du parti libéral, il fut Premier ministre du Québec de 1970 à 1976.

BOURBAKI (Charles), général français, né à Pau (1816-1897). Il commanda l'armée de l'Est en 1871.

Bourbaki (Nicolas), pseudonyme collectif sous lequel des jeunes mathématiciens, pour la plupart français, ont entrepris, depuis 1939, l'exposition des mathématiques en les prenant à leur point de départ logique et en proposant leur systématisation.

BOURBINCE (la), riv. de Saône-et-Loire, affl. de l'Arroux (r. g.) ; 72 km. Sa vallée, industrialisée, est empruntée par le canal du Centre.

BOURBON (île) → RÉUNION.

BOURBON (maisons de). La première maison de Bourbon (Bourbon-l'Archambault) remonte au Xᵉ s. La seigneurie de Bourbon passa par mariage dans la maison de Dampierre (XIIᵉ s.), puis dans la première maison capétienne de Bourgogne (XIIIᵉ s.), enfin à Robert de Clermont, 6ᵉ fils de Saint Louis et époux de Béatrice de Bourgogne-Bourbon. Le fils de Robert, Louis le Grand, fut créé duc de Bourbon en 1327 ; huit ducs de Bourbon se succédèrent de Louis Iᵉʳ à Charles III, le connétable, dont les biens furent confisqués en 1527. La branche cadette de la Marche hérita alors du titre de Vendôme et parvint au trône de Navarre avec Antoine (1555), et au trône de France avec Henri IV (1589). Le fils de ce dernier, Louis XIII, eut deux fils. De la lignée aînée, issue de Louis XIV, fils aîné de Louis XIII, viennent : la branche française, éteinte en la personne du comte de Chambord (Henri V) en 1883 ; la branche espagnole, divisée en divers rameaux, dont les principaux sont aujourd'hui le rameau royal d'Espagne, le rameau royal des Deux-Siciles et le rameau ducal de Parme. De la lignée cadette, issue de Philippe, duc d'Orléans, second fils de Louis XIII, et parvenue au trône de France avec Louis-Philippe Iᵉʳ (1830-1848), viennent : la branche d'Orléans, dont le chef actuel est Henri, comte

de Paris ; la branche d'Orléans-Bragance, ou maison impériale du Brésil ; la branche de Montpensier, dont les membres sont infants d'Espagne.

BOURBON (Charles III, *duc* DE), né en 1490, duc de Bourbon et d'Auvergne (1503-1527). Il se distingua à Agnadel (1509) et à Marignan (1515), et devint connétable. Louise de Savoie, mère de François Iᵉʳ, lui ayant réclamé l'héritage bourbonnais, il passa au service de Charles Quint et fut tué au siège de Rome en 1527. — Charles **de** Bourbon, né à La Ferté-sous-Jouarre (1523-1590), cardinal, puis archevêque de Rouen. Il se laissa proclamer par la Ligue roi de France sous le nom de Charles X (1589).

Bourbon (*palais*), édifice situé à Paris, sur la rive gauche de la Seine, en face de la place de la Concorde. Construit en 1722 pour la duchesse de Bourbon, très agrandi et modifié aux XVIIIᵉ et XIXᵉ s., il est occupé par l'Assemblée nationale (*Palais-Bourbon*).

Lauros-Giraudon

Bourges : l'hôtel Jacques-Cœur

BOURBON-LANCY (71140), ch.-l. de c. de Saône-et-Loire ; 6 652 h. (*Bourbonnais*). Vestiges médiévaux. Matériel agricole. Eaux thermales et radioactives (rhumatismes).

BOURBON-L'ARCHAMBAULT (03160), ch.-l. de c. de l'Allier ; 2 598 h. (*Bourbonnais*). Anc. cap. de la seigneurie de Bourbon (ruines du château, des XIIIᵉ-XIVᵉ s.). Eaux thermales (arthritisme, rhumatismes, paralysies).

BOURBONNAIS, région du nord du Massif central, correspondant approximativement au dép. de l'Allier. Le Bourbonnais fut réuni à la Couronne en 1527 par la confiscation des domaines du connétable de Bourbon.

BOURBONNE-LES-BAINS (52400), ch.-l. de c. de la Haute-Marne ; 3 310 h. (*Bourbonnais*). Eaux thermales (os, articulations, rhumatismes).

BOURBOULE (La) (63150), comm. du Puy-de-Dôme, dans les monts Dore ; 2 432 h. (*Bourbouliens*). Eaux thermales (voies respiratoires, allergies) ; station surtout fréquentée par les enfants.

BOURBOURG (59630), ch.-l. de c. du Nord ; 7 317 h.

BOURBRIAC (22390), ch.-l. de c. des Côtes-du-Nord ; 2 903 h. Église des XIᵉ-XVIᵉ s.

BOURDALOUE (Louis), prédicateur français, né à Bourges (1632-1704), de la Compagnie de Jésus, auteur de dix séries de *Sermons*, prononcés de 1670 à 1693.

BOURDEAUX (26460), ch.-l. de c. de la Drôme ; 536 h.

BOURDELLE (Antoine), sculpteur français, né à Montauban (1861-1929), auteur de bronzes

(*Héraklès archer*, 1909 ; l'*Alvear* de Buenos Aires, 1915-1923), ainsi que de bas-reliefs pour le Théâtre des Champs-Élysées, à Paris. Son atelier, dans la capitale, est auj. musée.

BOURDICHON (Jean), peintre et miniaturiste français, né à Tours (v. 1457-1521), auteur des *Heures d'Anne de Bretagne* (B. N., Paris).

BOURDIEU (Pierre), sociologue français, né à Denguin (Pyrénées-Atlantiques) en 1930, auteur de travaux sur la sociologie de l'éducation (*la Reproduction. Éléments pour une théorie du système d'enseignement*, 1970 ; *la Distinction. Critique sociale du jugement*, 1979).

BOURDON (Sébastien), peintre français, né à Montpellier (1616-1671). Auteur de scènes de genre, de tableaux religieux et de portraits, il travailla à Rome, à Stockholm et surtout à Paris.

BOURDON (Eugène), ingénieur et industriel français, né à Paris (1808-1884), inventeur du manomètre métallique (1849).

BOUREÏA (la), riv. de l'U.R.S.S., affl. de l'Amour (r. g.) ; 716 km. Gisements miniers (fer, houille, or) dans sa vallée.

BOURG (33710), ch.-l. de c. de la Gironde ; 2 318 h. Vignobles.

BOURGANEUF (23400), ch.-l. de c. de la Creuse ; 3 940 h. (*Bourgouniauds*). Marché. Mobilier. Restes d'un prieuré de l'ordre de Malte.

BOURG-ARGENTAL [burkarȝɑ̃tal] (42220), ch.-l. de c. de la Loire ; 3 335 h. (*Bourguisans*).

BOURGAS → BURGAS.

BOURG-DE-PÉAGE (26300), ch.-l. de c. de la Drôme, sur l'Isère ; 9 006 h. (*Péageois*). Travail du cuir. Constructions mécaniques.

BOURG-DE-VISA (82190), ch.-l. de c. de Tarn-et-Garonne ; 431 h.

BOURG-D'OISANS (Le) (38520), ch.-l. de c. de l'Isère ; 2 474 h. (*Bourcats*). Centre d'excursions.

BOURGELAT (Claude), vétérinaire français, né à Lyon (1712-1779), fondateur de la première école vétérinaire, à Lyon en 1761, et directeur-fondateur de l'École d'Alfort en 1765.

BOURG-EN-BRESSE [burkɑ̃brɛs] (01000), ch.-l. du dép. de l'Ain, sur la Reyssouze, affl. de la Saône, à 414 km au sud-est de Paris ; 44 967 h. (*Burgiens* ou *Bressans*). Église de Brou*. Centre commercial. Constructions mécaniques.

BOURGEOIS (Léon), homme politique français, né à Paris (1851-1925). Douze fois ministre (1888-1917), président du Conseil en 1895-96, il fut l'un des promoteurs de la Société des Nations. (Prix Nobel de la paix, 1920.)

BOURGEOIS (Robert), général et savant français, né à Sainte-Marie-aux-Mines (1857-1945), auteur de travaux géodésiques et topographiques. Chef du Service géographique de l'armée (1911).

Bourgeois gentilhomme (le), comédie-ballet en 5 actes et en prose, de Molière, musique de Lully, intermède dansé réglé par Beauchamp (1670) : satire d'un drapier parvenu, M. Jourdain, qui veut jouer au gentilhomme.

BOURGEOYS (Marguerite), religieuse française, née à Troyes (1620-1700). En 1653, elle fonda au Canada la congrégation de Notre-Dame. Béatifiée en 1950.

BOURGES (18000), ch.-l. du dép. du Cher, anc. cap. du Berry, sur l'Yèvre, à 226 km au sud de Paris ; 80 379 h. (*Berruyers*). Archevêché. École de pyrotechnie. École supérieure du service du matériel. Fabrication d'armement. Polygone d'essais. Cathédrale gothique (1195-1255 pour l'essentiel ; portails sculptés, vitraux). Hôtel Jacques-Cœur (XVᵉ s.). Musées. Pneumatiques. Réunie au domaine royal au XIIᵉ s., elle devint la résidence du « roi de Bourges » (Charles VII) et le centre de la résistance aux Anglais à la fin de la guerre de Cent Ans.

BOURGES (Élémir), écrivain français, né à Manosque (1852-1925), auteur de romans et d'un drame, *la Nef* (1904-1922).

BOURGET (*lac du*), lac de Savoie, à 9 km de Chambéry ; 45 km² (long. 18 km). Lamartine l'a chanté en des strophes célèbres.

BOURGET (Le) [93350], ch.-l. de c. de la Seine-Saint-Denis, dans la banlieue nord-est de Paris ;

10 534 h. Aéroport. Gare de triage. Constructions mécaniques et électriques. Combats contre les Prussiens les 28-30 octobre et 21 décembre 1870.

BOURGET (Ignace), prélat canadien, né à La Pointe-Lévis (1799-1885), deuxième évêque de Montréal.

Habīb **Bourguiba**

BOURGET (Paul), écrivain français, né à Amiens (1852-1935). Adversaire du culte de la science et de l'esthétique naturaliste, il célébra les valeurs traditionnelles dans ses romans psychologiques (*le Disciple*, 1889). [Acad. fr.]

BOURGET-DU-LAC (Le) [73370], comm. de la Savoie, près du *lac du Bourget*; 2270 h. Station estivale. Église (XIᵉ-XVᵉ s.) d'un anc. prieuré. Base aérienne.

BOURG-LA-REINE (92340), ch.-l. de c. des Hauts-de-Seine, dans la banlieue sud de Paris; 18 480 h. *(Réginaborgiens).*

BOURG-LASTIC (63760), ch.-l. de c. du Puy-de-Dôme; 1276 h.

BOURG-LÉOPOLD, en néerl. **Leopoldsburg**, comm. de Belgique (Limbourg); 13 100 h.

BOURG-LÈS-VALENCE (26500), ch.-l. de c. de la Drôme; 16 065 h. *(Bourcains).* Centrale hydroélectrique sur une dérivation du Rhône. Métallurgie.

BOURG-MADAME (66800 Saillagouse), comm. des Pyrénées-Orientales; 1184 h. *(Guinguettois).* Station d'altitude (1130 m) à la frontière espagnole.

BOURGNEUF-EN-RETZ [burnœfãrɛ] (44580), ch.-l. de c. de la Loire-Atlantique, près de la *baie de Bourgneuf* (ostréiculture); 2161 h. Anc. port.

BOURGOGNE, région de l'est de la France, qui est plus une unité historique qu'une unité géographique. Elle se rattache à la Champagne par les pays de l'Yonne, au Massif central par le Morvan, enfin aux plaines de la Saône, dominées par le talus du vignoble bourguignon. *Dijon,* cap. historique, reste auj. la ville la plus importante. (Hab. *Bourguignons.*)

BOURGOGNE, nom porté par plusieurs États dans l'histoire. Le premier royaume, fondé par les *Burgondes,* passa en 534 dans les possessions mérovingiennes. En 561, un second royaume bourguignon atteignit le littoral méditerranéen; il fut annexé en 771 par Charlemagne. En 879, Boson, époux d'une Carolingienne, se fit proclamer roi en Bourgogne méridionale et en Provence. En 890, Rodolphe Iᵉʳ se fit reconnaître roi dans la Bourgogne septentrionale, ou Bourgogne jurane. En 934, Rodolphe II unit les deux royaumes de Bourgogne provençale et de Bourgogne jurane en un seul. Après la mort de Rodolphe III (1032), l'empereur d'Occident Conrad II, son cousin, se fit couronner roi de Bourgogne (1033). La Bourgogne se trouva unie pour longtemps à la Germanie, et les rois de France l'entamèrent peu à peu au cours des siècles. Tandis que le comté de Bourgogne, sur la rive gauche de la Saône, restait impérial (Franche-Comté), le duché de Bourgogne (rive droite) se constituait (IXᵉ s.) avec, comme premier titulaire, Richard le Justicier († 921), frère de Boson. Le duché passa ensuite au roi Robert II le Pieux (1002), dont le 3ᵉ fils, Robert, fut la tige de la première maison capétienne de Bourgogne. À la mort du dernier représentant mâle de cette

maison, Jean II le Bon, roi de France, fils de Jeanne de Bourgogne, hérita du duché (1361), et le transmit en 1363 à son quatrième fils, Philippe II le Hardi, tige de la seconde maison capétienne de Bourgogne. Les quatre ducs de Valois, Philippe II le Hardi, Jean sans Peur, Philippe III le Bon, Charles le Téméraire ajoutèrent au duché primitif de nombreux territoires (Flandre, Brabant, Luxembourg, Hainaut, etc.), qui constituèrent les puissants États bourguignons (1364-1477). Le duché de Bourgogne fut conquis par Louis XI à la mort de Charles le Téméraire (1477) et devint une province française.

BOURGOGNE, Région administrative regroupant les dép. de la Côte-d'Or, de la Nièvre, de Saône-et-Loire et de l'Yonne; 31 592 km²; 1 570 943 h. Ch.-l. *Dijon.*

BOURGOGNE (51220 Hermonville), ch.-l. de c. de la Marne; 698 h.

Bourgogne (canal de), canal qui unit le bassin de la Seine à celui du Rhône par les vallées de l'Armançon et de l'Ouche; 242 km.

Bourgogne (hôtel de), résidence parisienne des ducs de Bourgogne; il n'en reste aujourd'hui qu'une tour, dite *donjon de Jean sans Peur* (rue Étienne-Marcel). Transformé en 1548 par les *Confrères de la Passion* en salle de spectacle, il fut, à partir de 1599, le premier théâtre régulier de Paris.

BOURGOGNE (porte de) → ALSACE (porte d').

BOURGOGNE (Louis, *duc* DE) → LOUIS DE FRANCE.

BOURGOING (François), théologien français, né à Paris (1585-1662). Il aida le cardinal de Bérulle à introduire en France la congrégation de l'Oratoire, dont il fut général en 1641.

BOURGOIN-JALLIEU (38300), ch.-l. de c. de l'Isère, dans le bas Dauphiné, sur la Bourbre; 22 335 h. *(Berjalliens).* Industries mécaniques, textiles et chimiques.

BOURG-SAINT-ANDÉOL (07700), ch.-l. de c. de l'Ardèche, sur le Rhône; 7083 h. *(Bourguesans).* Église romane. Vins.

BOURG-SAINT-MAURICE (73700), ch.-l. de c. de la Savoie, en Tarentaise, sur l'Isère; 5729 h. *(Borains).* Station d'altitude (840 m).

BOURGTHEROULDE-INFREVILLE (27520), ch.-l. de c. de l'Eure; 1317 h.

BOURGUÉBUS [-bys] (14540), ch.-l. de c. du Calvados; 620 h.

BOURGUEIL [burgœj] (37140), ch.-l. de c. d'Indre-et-Loire; 3620 h. Vins rouges.

BOURGUIBA (Habīb ibn 'Alī), homme politique tunisien, né à Monastir en 1903. Secrétaire général du Néo-Destour (1934), principal artisan de l'indépendance de son pays, président du Conseil depuis 1956, il est devenu le premier président de la République tunisienne en 1959 et a été élu président à vie en 1975.

Bourguignons (faction des), parti du duc de Bourgogne, opposé aux Armagnacs durant la guerre de Cent Ans.

BOURIATES (république autonome des), république de l'U.R.S.S. (R.S.F.S. de Russie), au sud du lac Baïkal; 812 000 h. Ch.-l. *Oulan-Oude.*

BOURMONT (52150), ch.-l. de c. de la Haute-Marne; 794 h.

BOURMONT (Louis, *comte* DE GHAISNES DE), maréchal de France, né au château de Bourmont (Anjou) [1773-1846]. Après avoir servi Napoléon, il l'abandonna en 1815, rejoignit Louis XVIII à Gand et fut un des accusateurs de Ney. Ministre de la Guerre (1829), il commanda l'armée qui, en 1830, prit Alger.

BOURNAZEL (Henri DE), officier français, né à Limoges (1898-1933). Il s'illustra dans la lutte contre Abd el-Krim, puis dans la pacification du Tafilalet, où il fut tué.

BOURNEMOUTH, v. d'Angleterre, sur la Manche; 153 000 h. Station balnéaire.

BOURNONVILLE (August), danseur et chorégraphe danois, né à Copenhague (1805-1879). Formé à l'école française, il rénova le ballet danois.

BOUROGNE (90140), comm. du Territoire de Belfort; 906 h. Port fluvial et zone industrielle sur le canal du Rhône au Rhin.

BOURRIENNE (Louis FAUVELET DE), officier français, né à Sens (1769-1834). Camarade de Bonaparte à Brienne, il le suivit en Italie. Conseiller d'État, puis diplomate, il se rallia à Louis XVIII en 1814. Il est l'auteur de *Mémoires* (1829-1831).

BOURSAULT (Edme), écrivain français, né à Mussy-l'Évêque (1638-1701). Il attaqua violemment Molière et écrivit des romans et des comédies (*le Mercure galant*, 1683).

BOU-SAADA, v. d'Algérie; 22 000 h. Oasis la plus proche d'Alger.

BOUSCAT (Le) [33110], ch.-l. de c. de la Gironde, au nord-ouest de Bordeaux; 21 308 h. *(Bouscatais).* Constructions mécaniques.

BOUSSAC (23600), ch.-l. de c. de la Creuse; 1954 h. Château du XVᵉ s. Église avec fresques romanes.

BOUSSENS [-sɛs] (31360 St Martory), comm. de la Haute-Garonne, sur la Garonne; 698 h. Usine de dégazolinage. Cimenterie.

BOUSSIÈRES (25320 Montferrand le Château), ch.-l. de c. du Doubs; 697 h.

BOUSSINESQ (Joseph), mathématicien français, né à Saint-André-de-Sangonis (Hérault) [1842-1929], spécialiste de la mécanique générale et de la mécanique physique.

BOUSSINGAULT (Jean-Baptiste), chimiste français, né à Paris (1802-1887), auteur de travaux de chimie agricole. — Son petit-fils JEAN-LOUIS, peintre et graveur, né à Paris (1883-1943), est l'auteur de portraits, de natures mortes et d'illustrations.

BOUSSOIS (59168), comm. du Nord; 3531 h. Verrerie.

BOUSSU, comm. de Belgique (Hainaut); 22 000 h. Métallurgie.

BOUSSY-SAINT-ANTOINE (91800 Brunoy), comm. de l'Essonne; 5986 h.

BOUTAN → BHOUTAN.

BOUTEVILLE → MONTMORENCY.

BOUTHOUL (Gaston), sociologue français, né à Monastir (1899-1980). Créateur en 1945 de la polémologie, il a renouvelé l'étude de la guerre et publié de nombreux ouvrages.

BOUTMY (Émile), écrivain politique français, né à Paris (1835-1906). Il fut le fondateur de l'École libre des sciences politiques.

BOUTONNE (la), affl. de la Charente (r. dr.); 94 km.

BOUTS (Dieric ou Thierry), peintre des anciens Pays-Bas, originaire de Haarlem, installé à Louvain de 1457 à sa mort, en 1475 (triptyque de la *Cène,* Louvain).

BOUTX (31440 St Béat), comm. de la Haute-Garonne; 304 h. Sports d'hiver (alt. 1460-1850 m) à l'écart du Mourtis.

lac du **Bourget**

Vioujard-Gamma

Serrailler-Rapho

Bouvard et Pécuchet, roman de G. Flaubert, inachevé, publié en 1881. C'est l'histoire de deux esprits médiocres qui s'essaient sans méthode aux sciences et aux techniques, et qui, ne pouvant assimiler que les « idées reçues », y échouent misérablement.

BOUVIER (le), constellation boréale, dont la principale étoile est Arcturus, de magnitude 0,2, et qui contient plusieurs étoiles doubles.

BOUVINES (59830 Cysoing), comm. du Nord, sur la Marcq; 611 h. Philippe Auguste, soutenu par des contingents des milices communales, y vainquit le 27 juillet 1214 l'empereur Otton IV et ses alliés, les comtes de Flandre et de Boulogne et le roi d'Angleterre.

BOUXWILLER [buksvilɛr] (67330), ch.-l. de c. du Bas-Rhin; 3 706 h.

BOUZIGUES (34140 Mèze), comm. de l'Hérault, sur l'étang de Thau; 904 h. Mytiliculture.

BOUZONVILLE (57320), ch.-l. de c. de la Moselle; 4 677 h. Métallurgie. Freins.

Bovary *(Madame)* → MADAME BOVARY.

BOVES (80440), ch.-l. de c. de la Somme; 2 266 h.

BOVET (Daniel), pharmacologiste italien, né à Neuchâtel en 1907. Ses travaux sur les antihistaminiques et les curarisants de synthèse lui ont valu en 1957 le prix Nobel de physiologie et de médecine.

BOXERS ou **BOXEURS,** membres d'une société secrète chinoise qui fut à l'origine d'un mouvement xénophobe à la suite des humiliations essuyées par la Chine (1895-1898). En 1900, ils mirent en danger les légations européennes, ce qui provoqua l'intervention des puissances étrangères.

BOYACÁ, village de la Colombie, au sud de Tunja. Victoire de Bolívar sur les Espagnols, le 7 août 1819, qui décida de l'indépendance colombienne.

BOYER (Augustin), éditeur français, né à Villers-Saint-Benoît (1821-1896). Auteur d'ouvrages classiques, il fut l'associé de Pierre Larousse.

BOYLE (Robert), physicien et chimiste irlandais, né à Lismore Castle (1627-1691). Il énonça la loi de compressibilité des gaz, définit l'élément chimique et découvrit le rôle de l'oxygène dans les combustions.

BOYNE (la), fl. d'Irlande, près duquel Guillaume III vainquit Jacques II en 1690.

BOYSSET (Antoine) → BOESSET.

BOZEL (73350), ch.-l. de c. de la Savoie; 1 344 h. Centrale hydroélectrique.

BOZEN → BOLZANO.

BOZOULS (12340), ch.-l. de c. de l'Aveyron; 1817 h. Cañon du Dourdou, dit *trou de Bozouls.* Église romane.

Brabançonne *(la),* hymne national belge, musique de Van Campenhout (1830).

BRABANT, duché formé au XIᵉ s. par les comtes de Louvain. Passé en 1406 à un cadet de la seconde maison capétienne de Bourgogne, il échut en 1430 à Philippe III le Bon, duc de Bourgogne, puis en 1477 à la maison d'Autriche. La trève de 1609 entre le roi d'Espagne et les Provinces-Unies abandonna à celles-ci la partie septentrionale.

BRABANT, prov. du centre de la Belgique; 2 218 000 h. *(Brabançons;)* ch.-l. *Bruxelles;* 4 arr. *(Bruxelles-Capitale, Hal-Vilvorde, Louvain, Nivelles).* C'est un ensemble de plaines et de bas plateaux, souvent limoneux (blé, betterave à sucre, cultures fruitières et maraîchères), parfois argileux et sableux (élevage). La majeure partie des activités industrielles se concentre dans l'agglomération bruxelloise, qui regroupe la moitié de la population du Brabant. La province est traversée par la frontière linguistique.

BRABANT-SEPTENTRIONAL, prov. des Pays-Bas; 1 991 000 h. Ch.-l. *Bois-le-Duc.*

BRACIEUX (41250), ch.-l. de c. de Loir-et-Cher; 1 019 h.

BRACQUEMOND (Félix), graveur, décorateur et théoricien français, né à Paris (1833-1914). Féru de recherches techniques, il joua un rôle d'animateur, amenant Manet à l'eau-forte.

Johannes **Brahms**

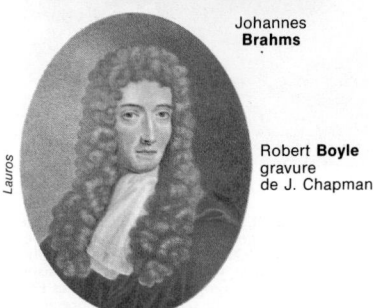

Robert **Boyle**
gravure
de J. Chapman

BRADBURY (Ray Douglas), écrivain américain, né à Waukegan (Illinois) en 1920, auteur de récits de science-fiction *(Chroniques martiennes, Farenheit 451).*

BRADFORD, v. d'Angleterre (Yorkshire); 294 000 h. Textile. Électronique.

BRADLEY (James), astronome britannique, né à Sherborne (1693-1762). Il a découvert l'aberration des étoiles fixes (1727) et la nutation de l'axe de rotation de la Terre (1748).

BRADLEY (Francis Herbert), philosophe idéaliste anglais, né à Glasbury (1846-1924).

BRADLEY (Omar), général américain, né à Clark (Missouri) [1893-1981]. Il se distingua en Tunisie et en Sicile et commanda le 12ᵉ groupe d'armées de la Normandie à l'Allemagne (1944-45).

BRAGA, v. du Portugal septentrional; 48 000 h. Cathédrale des XIIᵉ-XVIIIᵉ s. Sanctuaire du Bom Jesus do Monte (XVIIIᵉ s.).

BRAGA (Teófilo), homme politique et écrivain portugais, né à Ponta Delgada (Açores) [1843-1924], président du gouvernement provisoire en 1910, président de la République en 1915.

BRAGANCE, v. du Portugal septentrional; 8 000 h. Vieille ville fortifiée.

BRAGANCE *(maison capétienne de),* branche de la ligne de Bourgogne-Portugal, issue d'Alphonse Iᵉʳ, duc de Bragance, fils naturel de Jean Iᵉʳ. Cette dynastie régna au Portugal de 1640 à 1910 et au Brésil de 1822 à 1889.

BRAGG (sir William Henry), physicien britannique, né à Wigton (1862-1942). Il reçut en 1915 le prix Nobel avec son fils sir WILLIAM LAWRENCE (1890-1971) pour leurs travaux sur la diffraction des rayons X par les cristaux.

BRAHE (Tycho), astronome danois, né à Knudstrup (1546-1601). Ses observations permirent à Kepler, qui fut son élève, d'énoncer ses lois sur le mouvement des planètes.

BRAHMÂ, personnification de l'essence de toute chose. Il est l'ordre cosmique absolu, d'où sa représentation fréquente avec quatre bras et quatre têtes qui symbolisent son omniscience et son omniprésence.

BRAHMAPOUTRE (le), fl. de l'Asie, né au Tibet et mêlant ses eaux à celles du Gange dans un grand delta débouchant dans le golfe du Bengale; 2 900 km.

BRAHMS (Johannes), compositeur allemand, né à Hambourg (1833-1897), célèbre par ses *lieder* et sa musique de chambre, ses œuvres

pour piano, ses quatre symphonies d'un émouvant lyrisme, ses ouvertures, ses concertos (concerto pour violon, 1878), son *Requiem allemand* (1868).

BRÁILA, v. de Roumanie, sur le Danube; 195 000 h. Port fluvial. Cellulose et papier.

BRAILLE (Louis), professeur français, né à Coupvray (Seine-et-Marne) [1809-1852]. Aveugle, il créa un système d'écriture en points saillants à l'usage des aveugles qui porte son nom.

BRAILOWSKI (Alexander), pianiste américain d'origine russe, né à Kiev (1896-1976), spécialiste de l'œuvre de Chopin.

Édouard **Branly**

BRAINE (02220), ch.-l. de c. de l'Aisne; 2 009 h. Anc. abbatiale (autour de 1200).

BRAINE-L'ALLEUD, comm. de Belgique (Brabant); 26 600 h.

BRAINE-LE-COMTE, v. de Belgique (Hainaut); 16 600 h. Église gothique.

BRAKEL, comm. de Belgique (Flandre-Orientale); 14 100 h.

BRAKPAN, v. d'Afrique du Sud (Transvaal); 113 000 h.

BRAMABIAU, grotte du causse Noir (Gard), parcourue par le ruisseau du Bonheur.

BRAMAH (Joseph), mécanicien britannique, né à Stainborough (1749-1814), qui, grâce à sa découverte du cuir embouti, put réaliser la presse hydraulique.

BRAMANTE (Donato D'ANGELO, dit), peintre et architecte italien, né près d'Urbino (1444-1514). Il travailla à Milan (abside de S. Maria delle Grazie), puis à Rome *(Tempietto de S. Pietro in Montorio);* à partir de 1505, pour Jules II, cour du Belvédère au Vatican et premiers travaux de la basilique Saint-Pierre.

BRAMPTON, v. du Canada (Ontario); 103 459 h.

BRÂNCUSI (Constantin), sculpteur roumain de l'école de Paris né à Pestişani Gorj (1876-1957). Il a recherché une essence symbolique de la forme *(la Muse endormie, l'Oiseau dans l'espace),* mais aussi renoué avec une veine fruste, archaïque, magique *(le Baiser, l'Esprit du Bouddha).* Son atelier parisien est reconstitué devant le Centre G.-Pompidou.

BRAND ou **BRANDT** (Hennig), alchimiste hambourgeois (m. en 1692), qui découvrit le phosphore (1669).

BRANDEBOURG, en allem. **Brandenburg,** région historique de l'Allemagne démocratique. (Hab. *Brandebourgeois.)* V. pr. *Berlin.* La marche de Brandebourg passa, au XIIᵉ s., à la dynastie ascanienne, puis aux Wittelsbach et aux Luxembourg. En 1361, le margraviat fut érigé en électorat, qui échut aux Hohenzollern (1415), dont l'héritage s'accrut de la Prusse en 1618. En 1701, l'Électeur Frédéric III prit le titre de roi de Prusse sous le nom de Frédéric Iᵉʳ.

BRANDEBOURG, en allem. **Brandenburg,** v. de l'Allemagne démocratique, sur la Havel, à l'ouest de Berlin; 94 000 h.

BRANDES (Georg), critique danois, né à Copenhague (1842-1927). Il initia les pays scandinaves aux littératures européennes modernes et fit triompher l'esthétique réaliste.

BRANDO (20222 Erbalunga), ch.-l. du c. de Sagro-di-Santa-Giulia (Haute-Corse); 1157 h.

BRANDON, v. du Canada (Manitoba), sur l'Assiniboine; 34 901 h.

BRANDT (Herbert Karl FRAHM, dit **Willy**), homme d'État allemand, né à Lübeck en 1913. Social-démocrate, chancelier de la République fédérale de 1969 à 1974, il orienta la diplomatie allemande vers l'*Ostpolitik,* l'ouverture à l'Est. (Prix Nobel de la paix, 1971.)

BRANLY (Édouard), physicien français, né à

avec Picasso, il est célèbre pour ses « papiers collés » sévèrement rythmés, et pour ses natures mortes d'une préciosité retenue.

BRASÍLIA, cap. du Brésil, ch.-l. d'un district fédéral, sur les plateaux de l'intérieur, édifiée par l'urbaniste L. Costa et l'architecte O. Niemeyer; 545 000 h. Université.

BRAȘOV ou **BRASHOV,** v. de Roumanie (Transylvanie); 257 000 h. Constructions mécaniques.

main, né à Pitești (1821-1891). Il fit reconnaître l'indépendance de la Roumanie au congrès de Berlin (1878). — Son fils ION, né à Florica (1864-1927), fut Premier ministre, notamment en 1913-1918 et 1922-1926; il resserra les liens de la Roumanie avec la Petite-Entente.

BRATISLAVA, ancienn. en allem. **Pressburg,** v. de Tchécoslovaquie, cap. de la Slovaquie, sur le Danube; 350 000 h. Monuments anciens et musées.

Brasília
cathédrale
et ministères
Serrailler-Rapho

Lauros-Giraudon
Brantôme, portrait
de l'école de Clouet

Georges **Brassens**
Leloir

Nadar
Pierre Savorgnan
de **Brazza**
par Nadar

Lauros-Giraudon

Georges **Braque**
Atelier V (1949)

Amiens (1844-1940). C'est grâce à son cohéreur (1890) que la télégraphie sans fil est entrée dans le domaine de la pratique.

BRANNE (33420), ch.-l. de c. de la Gironde; 764 h.

BRANNER (Hans Christian), écrivain danois, né à Ordrup (1903-1966). Ses romans et son théâtre s'inspirent de la psychanalyse *(Frères et sœurs).*

BRANT ou **BRANDT** (Sebastian), humaniste alsacien, né à Strasbourg (1458-1521), auteur du poème satirique *la Nef des fous.*

BRANTFORD, v. du Canada (Ontario); 66 950 h.

BRANTING (Hjalmar), homme politique suédois, né à Stockholm (1860-1925). À la tête de trois gouvernements socialistes entre 1920 et 1925, il pratiqua une politique sociale avancée.

BRANTÔME (24310), ch.-l. de c. de la Dordogne, sur la Dronne; 2 086 h. Anc. abbaye fondée par Charlemagne : constructions du XIe au XVIIIe s.

BRANTÔME (Pierre DE BOURDEILLE, *seigneur* DE), mémorialiste français, né à Bourdeille (Dordogne) [1540-1614], auteur des *Vies des hommes illustres et des grands capitaines,* et des *Vies des dames galantes.*

BRAQUE (Georges), peintre français, né à Argenteuil (1882-1963). Créateur du cubisme

BRAS-PANON (97412), ch.-l. de c. de la Réunion; 5 946 h.

BRASSAC (81260), ch.-l. de c. du Tarn, sur l'Agout; 1 629 h.

BRASSAC-LES-MINES (63570), comm. du Puy-de-Dôme; 4 158 h. Constructions électriques.

BRASSAÏ (Gyula HALASZ, dit), photographe français d'origine hongroise, né à Brașov en 1899. Un climat fantomatique amplifie dans son œuvre l'étrange et l'insolite, qui rappellent ses liens avec les surréalistes.

BRASSCHAAT, comm. de Belgique (Anvers); 30 600 h. Polygone d'artillerie.

BRASSEMPOUY (40330 Amou), comm. des Landes; 309 h. Gisements paléolithiques : les niveaux gravettiens de la grotte du Pape ont livré des statuettes féminines dont une célèbre figurine en ivoire dite « à la capuche ».

BRASSENS (Georges), chanteur français, né à Sète (1921-1981), auteur de chansons poétiques, non-conformistes, pleines de verve.

BRASSEUR (abbé Charles), dit **Brasseur de Bourbourg,** historien français, né à Bourbourg (Nord) [1814-1874]. Pionnier de l'histoire précolombienne en France, il découvrit plusieurs manuscrits de l'Amérique ancienne.

BRÁTIANU (Ion [Jean]), homme politique rou-

BRATSK, v. de l'U.R.S.S., en Sibérie; 203 000 h. Grande centrale hydroélectrique sur l'Angara. Industries du bois. Aluminium.

BRAUCHITSCH (Walther VON), maréchal allemand, né à Berlin (1881-1948), commandant en chef de l'armée de terre (1938-1941).

BRAUDEL (Fernand), historien français, né à Luméville-en-Ornois en 1902, professeur au Collège de France. Dans ses travaux, il cherche à enrichir le champ de l'histoire par des contacts avec les sciences voisines. On lui doit notamment *la Méditerranée et le monde méditerranéen à l'époque de Philippe II* (1949).

BRAUN (Karl Ferdinand), physicien allemand, né à Fulda (1850-1918), inventeur de l'antenne dirigée et de l'oscillographe cathodique. (Prix Nobel, 1909.)

BRAUN (Wernher VON), ingénieur américain d'origine allemande, né à Wirsitz (1912-1977). Il mit au point les V2 (1944), puis, aux États-Unis, participa à la création des lanceurs spatiaux.

BRAUNER (Victor), peintre français d'origine roumaine, né à Piatra Neamț (1903-1966), apparenté au surréalisme.

BRAUWER (Adriaen) → BROUWER.

BRAVAIS (Auguste), physicien français, né à Annonay (1811-1863), qui imagina la structure réticulaire des cristaux.

BRAY (pays de), région de Normandie. C'est une dépression argileuse. Élevage bovin pour les produits laitiers.

BRAY-DUNES (59123), comm. du Nord; 4765 h. *(Braydunois).* Station balnéaire.

BRAY-ET-LÛ (95710), comm. du Val-d'Oise; 613 h. Métallurgie.

BRAY-SUR-SEINE (77480), ch.-l. de c. de Seine-et-Marne; 2 087 h.

BRAY-SUR-SOMME (80340), ch.-l. de c. de la Somme; 1 272 h.

BRAZZA (Pierre SAVORGNAN DE), explorateur français, né à Rome (1852-1905). Ses expéditions furent à l'origine du Congo français (1875-1897).

BRAZZAVILLE, cap. de la république du Congo, sur le Malebo Pool; 300 000 h. Archevêché. Un chemin de fer (Congo-Océan) relie la ville à l'Atlantique. En janvier 1944, de Gaulle y définit les nouvelles conceptions relatives aux territoires français extra-européens et jeta les bases de l'Union française.

BREA, famille de peintres niçois qui nous laisse de nombreux polyptyques (XVe-XVIe s.).

BRÉAL (Michel), linguiste français, né à Landau (1832-1915). Traducteur de Franz Bopp, il a introduit en France la linguistique historique.

BRÉBEUF (saint Jean DE) → JEAN DE BRÉBEUF.

BRÉCEY (50370), ch.-l. de c. de la Manche; 2 048 h.

BRECHT, comm. de Belgique (prov. d'Anvers); 15 200 h.

BRECHT (Bertolt), auteur dramatique allemand, né à Augsbourg (1898-1956). Poète (*Élégies de Buckow*) et conteur (*Histoires de calendrier*), il est célèbre pour avoir créé, par opposition au théâtre traditionnel, où le spectateur s'identifie au héros, le « théâtre épique », qui invite l'acteur à présenter son personnage sans se confondre avec lui (c'est l'« effet de distanciation ») et le spectateur à porter sur la pièce le regard critique et objectif qu'il accorde d'habitude à la réalité (*l'Opéra de quat'sous*, 1928; *Mère Courage et ses enfants*, 1941; *Maître Puntila et son valet Matti*, 1948; *le Cercle de craie caucasien*, 1948; *la Résistible Ascension d'Arturo Ui*, 1959.) Il a fondé en 1949 et dirigé la troupe du Berliner Ensemble.

BREDA, v. des Pays-Bas (Brabant-Septentrional); 121 000 h. Château; Grande Église du XVᵉ-XVIᵉ s. La ville fut prise par Spinola en 1625. En 1667, un traité y fut signé par lequel l'Angleterre accorda aux Provinces-Unies et à la France des avantages territoriaux et commerciaux.

BREDENE, comm. de Belgique (Flandre-Occidentale); 10 100 h. Station balnéaire.

BREE, comm. de Belgique (Limbourg); 13 000 h.

BREENDONK, anc. comm. de Belgique, à l'ouest de Malines. Camp de concentration allemand de 1940 à 1944.

BRÉGANÇON (cap de), cap de Provence (Var), au sud-ouest du Lavandou. Ancien fort devenu résidence d'été des présidents de la République en 1968.

BREGENZ, v. d'Autriche, cap. du Vorarlberg, sur le lac de Constance; 23 000 h. Centre touristique.

BREGUET, famille d'horlogers et d'inventeurs d'origine suisse. — ABRAHAM LOUIS, né à Neuchâtel (Suisse) [1747-1823], imagine de nombreux dispositifs d'horlogerie. — Son petit-fils LOUIS, né à Paris (1804-1883), imagina le télégraphe mobile et le télégraphe à cadran. — Le petit-fils du précédent, LOUIS, né à Paris (1880-1955), fut l'un des premiers pilotes et l'un des premiers avionneurs du monde.

BRÉHAL (50290), ch.-l. de c. de la Manche; 2 043 h.

BRÉHAT (22870), île de la côte bretonne (Côtes-du-Nord); 553 h. (*Bréhatins*). Station balnéaire.

BREHM (Ludwig), ornithologiste allemand, né à Schönau, près de Gotha (1787-1864). — Son fils, ALFRED EDMUND, né à Renthendorf (1829-1884), a publié *les Merveilles de la nature* (13 vol.).

BREIL-SUR-ROYA (06540), ch.-l. de c. des Alpes-Maritimes; 2 232 h.

BREJNEV (Leonid Ilitch), homme politique soviétique, né à Dnieprodzerjinsk en 1906, premier secrétaire du parti communiste (1964),

maréchal (1976), président du Praesidium du Soviet suprême (1977). Partisan de la coexistence pacifique, il applique néanmoins, à l'égard des autres pays socialistes, la doctrine de la « souveraineté limitée ».

BREL (Jacques), auteur-compositeur et chanteur belge, né à Bruxelles (1929-1978). La qualité de ses textes, poétiques (*le Plat Pays*) ou satiriques (*les Bourgeois*), lui a donné une place privilégiée dans le monde de la chanson.

BRÊME, en allem. Bremen, v. de l'Allemagne fédérale, ch.-l. de l'*État de Brême* (404 km²; 710 000 h.), sur la Weser; 568 000 h. Port de commerce, l'un des plus actifs de la Hanse (XIIIᵉ s.). Ville libre d'Empire en 1646. Monuments anciens et musées. Métallurgie. Chimie.

BREMERHAVEN, v. de l'Allemagne fédérale, à l'embouchure de la Weser, avant-port de Brême; 145 000 h. Pêche et conserveries.

BREMOND [bremɔ̃] (*abbé* Henri), critique et

Chr. Sappa

Brest : pont de Recouvrance sur la Penfeld

Leonid **Brejnev**

M. Riboud-Magnum

Bertolt **Brecht**

Pic

historien français, né à Aix-en-Provence (1865-1933), auteur d'une *Histoire littéraire du sentiment religieux en France* et d'essais (*la Poésie pure*). [Acad. fr.]

BRÉMONTIER (Nicolas), ingénieur français, né à Quevilly (Normandie) [1738-1809]. Il fixa, à l'aide de semis d'oyats et de pins, les dunes de la Gascogne, qui menaçaient d'ensevelir les villages landais.

BRENETS (Les), comm. de Suisse (Neuchâtel), sur les bords du Doubs, près de la cataracte appelée *saut du Doubs*; 1 327 h.

BRENN ou **BRENNUS,** terme celtique désignant un chef militaire. La légende romaine en a fait le nom d'un chef des Celtes Senones qui, v. 390 av. J.-C., s'emparèrent de Rome.

BRENNE (la), pays marécageux du Berry, entre la Creuse et la Claise. (Hab. *Brennous*.)

BRENNER (col du), col des Alpes orientales, à la frontière italo-autrichienne, entre Bolzano et Innsbruck; 1 370 m.

BRENNILIS (29218 Huelgoat), comm. du Finistère, dans les monts d'Arrée; 654 h. Centrale nucléaire.

BRENNUS → BRENN.

BRÉNOD (01740), ch.-l. de c. de l'Ain, dans le Bugey; 436 h.

BRENTA (la), fl. d'Italie, né dans les Dolomites, tributaire de l'Adriatique; 174 km.

BRENTANO (Clemens), écrivain allemand, né à Ehrenbreitstein (1778-1842), un des principaux représentants du romantisme, frère de Bettina von Arnim, l'amie de Goethe.

BRENTANO (Franz), philosophe allemand, né à Marienberg (1838-1917), neveu du précédent. Il s'efforça de distinguer ce qui appartient à la logique et à la psychologie, et influença Husserl.

Brera (*palais*), palais de Milan (1615); célèbre galerie de peintures, bibliothèque.

BRESCIA, v. d'Italie (Lombardie); 213 000 h. Monuments (depuis l'époque romaine) et importants musées. Bayard la défendit en 1520.

BRESDIN (Rodolphe), aquafortiste et lithographe français, né à Montrelais (1822-1885). Bohème, méconnu de son vivant, il a laissé des

œuvres foisonnantes et visionnaires (*la Sainte Famille au bord d'un torrent*, 1853).

BRÉSIL (*république fédérale du*), en portug. **Brasil,** république fédérale de l'Amérique du Sud, groupant 22 États, 4 territoires et un district fédéral; 8 512 000 km²; 123 millions d'h. (*Brésiliens*). Cap. *Brasília*. Langue : portugais.

GÉOGRAPHIE

La moitié méridionale est formée de plateaux qui, recouverts par la savane, s'inclinent doucement vers l'intérieur (gouttière du río Paraguay) et retombent brutalement à l'est sur l'Atlantique, en isolant d'étroites plaines littorales discontinues. Le nord du pays correspond à la majeure partie du bassin de l'Amazone, région basse, occupée par la forêt dense. La population, hétérogène (Blancs, métis, Noirs), se concentre surtout sur le littoral. Ce dernier, au climat tropical et subtropical, est jalonné du nord au sud par de grands ports, qui sont aussi les principales villes (en dehors de São Paulo, Brasília, Belo Horizonte) : Recife, Salvador, Rio de Janeiro, Pôrto Alegre. À côté des cultures vivrières (manioc, maïs, riz) se sont développées d'importantes plantations commerciales : cacao, coton, canne à sucre et surtout café (dont le Brésil est, de loin, le premier producteur mondial). L'élevage, celui des bovins essentiellement, est surtout pratiqué dans le Sud. Le sous-sol, incomplètement prospecté, recèle des gisements de fer, de manganèse, de bauxite, d'or, de diamants et de pétrole qui ont favorisé le développement de l'industrie, stimulé aussi par l'arrivée de capitaux étrangers. Les branches de consommation (industries textiles et alimentaires) dominent. La sidérurgie alimente la métallurgie de transformation, localisée surtout, ainsi que l'industrie chimique, dans le sud-est du pays, autour de São Paulo notamment, la métropole économique du pays.

L'expansion de l'économie, incontestable, est cependant freinée par divers facteurs : le manque de techniciens et de capitaux nationaux; le régime agraire, peu favorable à la modernisation et caractérisé par la grande propriété et la misère de la masse des paysans; le rapide essor démographique, résultant d'une très forte natalité. Surtout, elle ne résout pas les inégalités sociales et régionales, opposant les États du Sud, industrialisés, et ceux du Nord-Est (Nordeste), sous-développés, le littoral méridional urbanisé et l'Amazonie vide et inexploitée, en dehors des axes transamazoniens récemment ouverts. Les problèmes et les ressources sont à l'échelle d'un pays couvrant la moitié de la superficie et regroupant une part égale de la population de l'Amérique du Sud.

HISTOIRE

— 1500 : Pedro Álvares Cabral découvre le Brésil, qui devient possession portugaise.

— 1560 : les tentatives d'installation des Français sont repoussées.

— 1644 : les Hollandais, qui depuis 1624 avaient progressivement conquis les côtes brésiliennes et contrôlé la production sucrière, sont éliminés.

— 1720-1770 : la découverte de l'or provoque la création du Brésil intérieur.

— 1777 : le traité de San Ildefonso fixe les frontières avec les possessions espagnoles.

— 1800-1850 : début de la culture du café. Importation des Noirs.

— 1808 : arrivée à Rio de Janeiro de la cour portugaise.

— 1815 : le Brésil est élevé à la dignité de royaume par Jean VI de Bragance.

— 1822 : Pierre Iᵉʳ, fils de Jean VI, déclare l'indépendance du Brésil et se proclame empereur.

— 1831 : abdication de Pierre Iᵉʳ, avènement de Pierre II, prince-philosophe.

— 1865-1870 : guerre contre le Paraguay.

— 1888 : abolition de l'esclavage.

— 1889 : abdication de Pierre II. Proclamation de la république fédérale du Brésil.

— 1891-1894 : présidence du maréchal Peixoto.

— 1892-1895 : guerre de la sécession du Río Grande do Sul.

— 1898-1902 : les grands propriétaires reprennent le pouvoir avec Manuel Ferraz de Campos Sales, établissant le gouvernement des *coronels*.

— 1917 : déclaration de guerre à l'Allemagne.
— 1930 : crise économique mondiale. Getúlio Vargas accède au pouvoir.
— 1937 : proclamation par Vargas de l'État nouveau (« O estado novo »).
— 1942 : le Brésil déclare la guerre à l'Allemagne.
— 1945 : Vargas renversé.
— 1951-1954 : seconde présidence de Getúlio Vargas, qui se suicide. Fin du nationalisme économique.
— 1956-1961 : présidence de Juscelino Kubitschek. Agitation sociale, emprise des sociétés internationales.
— 1961-1964 : João Goulart tente des réformes sociales.
— 1964 : coup d'État militaire. Depuis cette date, les gouvernements présidés par des militaires se succèdent (Castelo Branco, Costa e Silva, Médici, Geisel, Figueiredo). Le régime se libéralise peu à peu.

BRESLAU → WROCŁAW.

BRESLE (la), fl. côtier séparant la Normandie de la Picardie ; 72 km.

BRESLES (60510), comm. de l'Oise ; 3 195 h. Sucrerie.

BRESSE (la), région argileuse de l'est de la France, entre la Saône et le Jura. (Hab. *Bressans*.) V. pr. *Bourg-en-Bresse*. Élevage (bovins, volailles).

BRESSE (La) [88250], comm. des Vosges, dans les hautes Vosges ; 5 395 h. Sports d'hiver.

BRESSON (Robert), cinéaste français, né à Bromont-Lamothe (Puy-de-Dôme) en 1907, auteur des *Anges du péché* (1943), des *Dames du bois de Boulogne* (1945), du *Journal d'un curé de campagne* (1950), de *Mouchette* (1966), des *Quatre Nuits d'un rêveur* (1971), de *Lancelot du lac* (1974).

BRESSUIRE (79300), ch.-l. d'arr. des Deux-Sèvres ; 18 090 h. (*Bressuirais*). Ruines d'un château fort. Église des XIIe-XVIe s.

BREST (29200), ch.-l. d'arr. du Finistère, sur la rive nord de la *rade de Brest*, à 580 km à l'ouest de Paris ; 172 176 h. (*Brestois*). Musée. Constructions électriques. Port militaire du Ponant. Siège, de 1830 à 1940, de l'École navale, reconstruite en 1961 à Lanvéoc-Poulmic, au sud de la rade, où est installée à l'île Longue, depuis 1968, la base des sous-marins stratégiques. Siège du Service hydrographique et océanographique de la marine. Base sous-marine allemande de 1940 à 1944, Brest avait été détruite par les bombardements alliés.

BREST, en polon. **Brześć nad Bugiem** et ancienn. en russe **Brest-Litovsk**, v. de l'U.R.S.S. (Biélorussie), naguère polonaise, près du Bug ; 167 000 h. L'Allemagne y signa en 1918 un traité

BRÉSIL

de paix avec l'Ukraine et un autre avec la Russie soviétique.

BRETAGNE, région de l'ouest de la France. Cap. *Rennes.* Elle a formé les dép. du *Finistère,* des *Côtes-du-Nord,* du *Morbihan,* d'*Ille-et-Vilaine* et de la *Loire-Atlantique.* (Hab. *Bretons.*) La prov. donne son nom à une Région administrative regroupant les dép. des Côtes-du-Nord, du Finistère, d'Ille-et-Vilaine et du Morbihan (27 184 km²; 2 595 431 h.; ch.-l. *Rennes*).

GÉOGRAPHIE

Constituant la majeure partie du Massif armoricain, région la plus occidentale de la France, la Bretagne, au climat océanique, est formée de deux lignes de hauteurs (monts d'Arrée et landes du Mené au nord, Montagne Noire et landes de Lanvaux au sud) séparées par des parties plus basses (bassins de Châteaulin et de Rennes) et dominant un littoral plus élevé et plus découpé au nord et à l'ouest qu'au sud. La pêche (développée surtout entre Douarnenez et Lorient) et les activités annexes (conserveries), le tourisme estival, les cultures spéciales (primeurs du Léon) font de la Bretagne maritime (*Armor* ou *Arvor*) la partie la plus vivante et la plus peuplée de la province. À part Rennes, toutes les grandes villes sont liées directement à la mer. La Bretagne intérieure (*Arcoat* ou *Argoat*) se consacre essentiellement aux cultures céréalières et à l'élevage (bovins, porcs, volailles), présents aussi sur le littoral. La faiblesse de l'industrialisation marque encore la Bretagne. C'est, avec la pression démographique accélérant l'exode rural, la cause d'une longue et intense émigration, ralentie cependant aujourd'hui.

HISTOIRE

— Vᵉ s. : les Bretons de l'île de Bretagne émigrent en masse en Armorique, devenue par la suite la Bretagne.
— 845 : en battant Charles le Chauve, Nominoë rend la Bretagne pratiquement indépendante.
— 938 : défaite des Normands. Naissance effective du duché de Bretagne.
— 1341-1364 : guerre de la Succession de Bretagne.
— 1365 : Jean de Montfort (Jean IV), duc de Bretagne.
— 1399-1442 : règne glorieux de Jean V. Apogée de la civilisation bretonne.
— 1487-1490 : François II puis sa fille Anne à qui les Valois infligent plusieurs défaites, s'allient à l'Angleterre puis à Maximilien d'Autriche.
— 1491 : la duchesse Anne doit épouser le roi de France, Charles VIII.
— 1499 : elle épouse Louis XII.
— 1514 : mort d'Anne de Bretagne.
— 1532 : publication de l'édit d'Union de la Bretagne à la France.
— 1675 : révolte du papier timbré.
— 1688 : nomination d'un intendant.
— 1760-1770 : l'opposition parlementaire à la monarchie est incarnée par la lutte entre le procureur général, La Chalotais, et le duc d'Aiguillon.
— 1793-1795 : la chouannerie.
— depuis 1960 env., développement du particularisme breton.

BRETAGNE (Nouvelle-) → BISMARCK (archipel).

BRETENOUX (46130), ch.-l. de c. du Lot, sur la Cère; 1115 h. Massacre de maquisards et de civils par les Allemands en 1944.

BRETEUIL (27160), ch.-l. de c. de l'Eure; 3 451 h. (*Bretoliens*). Forêt.

BRETEUIL (60120), ch.-l. de c. de l'Oise; 3 531 h. Métallurgie. Chimie.

BRETEUIL (Louis Auguste LE TONNELIER, baron DE), diplomate français, né à Azay-le-Ferron (Touraine) [1730-1807], ministre sous Louis XVI.

BRÉTIGNY, hameau de Beauce, près de Chartres, où fut conclu entre la France et l'Angleterre un traité qui délivrait Jean II le Bon, mais qui donnait le sud-ouest de la France à Édouard III (8 mai 1360).

BRÉTIGNY-SUR-ORGE (91220), ch.-l. de c. de l'Essonne; 20 003 h. (*Brétignolais*). Centre d'essais en vol de l'armée de l'air. Gare de triage.

André **Breton**,
par Man Ray

Aristide **Briand**

BRETON (*pertuis*), passage entre la côte du Marais poitevin et l'île de Ré.

BRETON (André), écrivain français, né à Tinchebray (Orne) [1896-1966]. L'un des fondateurs du surréalisme, il s'efforça de définir et de sauvegarder l'originalité du mouvement (*Manifeste du surréalisme*, 1924) qu'il illustra par son œuvre narrative et poétique (*Nadja*, 1928; *les Vases communicants*, 1932; *l'Amour fou*, 1937).

BRETONNEAU (Pierre), médecin français, né à Saint-Georges-sur-Cher (1778-1862). Il créa pour les maladies infectieuses la doctrine de la spécificité.

BRETTEVILLE-SUR-LAIZE (14680), ch.-l. de c. du Calvados; 1 299 h.

BREUER (Marcel), architecte et designer américain d'origine hongroise, né à Pécs (1902-1981). Ancien du Bauhaus, il a construit, avec Nervi et Zehrfuss, le palais de l'Unesco, à Paris.

BREUGHEL → BRUEGEL.

BREUIL (abbé Henri), préhistorien français, né à Mortain (1877-1961). Il s'est particulièrement consacré à l'étude de l'art paléolithique (*les Subdivisions du paléolithique supérieur et leur signification*, 1911; *Quatre Cents Siècles d'art pariétal*, 1952).

BREUIL-CERVINIA, station de sports d'hiver (alt. 2 050-3 500 m) d'Italie (Val-d'Aoste), au pied du Cervin.

BREUIL-LE-SEC (60600 Clermont), comm. de l'Oise; 2 329 h. Peintures.

BREUILLET (91650), comm. de l'Essonne; 6 575 h.

BRÉVENT (le), sommet des Alpes, au nordouest de Chamonix; 2 526 m.

BREWSTER (sir David), physicien écossais, né à Jedburgh (1781-1868). Il inventa le kaléidoscope et découvrit les lois de la polarisation par réflexion.

BRÉZÉ (maison de), famille angevine, dont l'un des membres, Louis II, sénéchal de Normandie (m. en 1531), épousa Diane de Poitiers.

BRÉZOLLES (28270), ch.-l. de c. d'Eure-et-Loir; 1 317 h.

BRIALMONT (Henri), général et écrivain militaire belge, né à Venloo (Limbourg) [1821-1903]. Il fortifia Anvers (1859) et Bucarest (1877).

BRIANÇON (05100), ch.-l. d'arr. des Hautes-Alpes, dans le Briançonnais, sur la Durance; 11 455 h. (*Briançonnais*). Fortifications et église dues à Vauban. Station climatique à 1 321 m d'alt.

BRIANÇONNAIS, région des Alpes françaises, dans le bassin supérieur de la Durance.

BRIAND (Aristide), homme politique français,

né à Nantes (1862-1932). Orateur remarquable, il fut vingt-cinq fois ministre (le plus souvent des Affaires étrangères) et onze fois président du Conseil. Partisan d'une politique de réconciliation avec l'Allemagne, il marqua la diplomatie de la France entre 1925 et 1932, multipliant les occasions de fonder la paix en Europe, notamment par un rapprochement franco-allemand. Il signa l'accord de Locarno (1925) et fut l'un des animateurs de la S. D. N. (Prix Nobel de la paix, 1926).

BRIANSK, v. de l'U. R. S. S. (R. S. F. S. de Russie), au sud-ouest de Moscou; 385 000 h.

BRIARE (45250), ch.-l. de c. du Loiret, sur la Loire; 5 682 h. (*Briarois*). Pont-canal par lequel le canal latéral franchit la Loire. Céramique.

Briare (canal de), canal unissant la Loire au Loing; 56 km.

BRIÇONNET (Guillaume), né à Paris (1472-1534), évêque de Meaux (1516-1534). Esprit ouvert et libéral, il favorisa la constitution, autour de Lefèvre d'Étaples, d'un groupe de biblistes et de théologiens humanistes (cénacle de Meaux). Il fut à tort suspecté de complaisance pour les idées de la Réforme.

BRICQUEBEC (50260), ch.-l. de c. de la Manche; 3 186 h. (*Bricquebétais*). Donjon du XIVᵉ s.

BRIDES-LES-BAINS (73600 Moûtiers Tarentaise), comm. de Savoie; 557 h. Station thermale (obésité, cellulite).

BRIDGEPORT, v. des États-Unis (Connecticut); 157 000 h.

BRIDGETOWN, cap. de la Barbade; 10 090 h.

BRIDGMAN (Percy Williams), physicien américain, né à Cambridge (Massachusetts) [1882-1961]. Prix Nobel, en 1946, pour ses recherches sur les propriétés des ultrapressions.

BRIE, région du Bassin parisien, entre la Marne et la Seine. (Hab. *Briards.*) C'est un plateau argileux, partiellement recouvert de limon, favorable aux cultures riches (blé, betteraves) et aux prairies (élevage). Les villes se concentrent surtout dans les vallées : *Château-Thierry, Meaux, Coulommiers; Melun* et *Corbeil-Essonnes* sont à la limite ouest de la Brie. — Le *comté de Brie,* appelé d'abord « comté de Meaux », fut un des fiefs principaux de la maison de Champagne.

BRIEC (29112), ch.-l. de c. du Finistère; 4 001 h.

BRIE-COMTE-ROBERT (77170), ch.-l. de c. de Seine-et-Marne; 8 828 h. (*Briards*). Verrerie. Église des XIIIᵉ-XVIᵉ s.

BRIENNE, famille champenoise dont un des membres, JEAN (1148-1237), fut roi de Jérusalem (1210-1225), puis empereur latin d'Orient (1231-1237), et deux autres, GAUTIER V et GAUTIER VI, furent au XIVᵉ s. ducs d'Athènes.

BRIENNE-LE-CHÂTEAU (10500), ch.-l. de c. de l'Aube; 4 145 h. (*Briennois*). Siège, de 1776 à 1790, d'une école militaire où Bonaparte fut élève. Église en partie des XIVᵉ-XVIᵉ s.; château du XVIIIᵉ. Victoire de Napoléon sur les Alliés (29 janv. 1814).

BRIENON-SUR-ARMANÇON (89210), ch.-l. de c. de l'Yonne; 3 180 h. Église St-Loup, à chœur gothique et Renaissance.

BRIENZ (lac de), lac de Suisse (Berne), formé par l'Aar (30 km²). — Il tire son nom du village de Brienz, sur ses bords; 2 796 h.

BRIÈRE ou **GRANDE BRIÈRE** (la), région marécageuse de la Loire-Atlantique, au nord de Saint-Nazaire. (Hab. *Briérons.*) Parc naturel régional.

BRIÈRE DE L'ISLE (Louis), général français, né à Saint-Michel-du-François (Martinique) [1827-1896]. Gouverneur du Sénégal (1877), il commanda ensuite au Tonkin (1884-85).

BRIÈRES-LES-SCELLÉS (91150 Étampes), comm. de l'Essonne; 662 h. Accessoires d'automobile.

BRIEY (54150), ch.-l. d'arr. de Meurthe-et-Moselle, dans le *bassin* ferrifère *de Briey;* 5 461 h. Métallurgie.

Brigades internationales, formations de volontaires étrangers, en majorité communistes, qui, de 1936 à 1939, combattirent avec les républicains pendant la guerre civile d'Espagne.

Brigands (les), drame de Schiller (1782).

BRIGHT (Richard), médecin anglais, né à Bristol (1789-1858), connu par ses recherches sur la néphrite.

BRIGHTON, v. d'Angleterre; 166 000 h. Station balnéaire sur la Manche.

BRIGIDE *(sainte),* abbesse du monastère de Kildare, en Irlande, m. v. 524. Elle forme, avec saint Patrick et saint Colomba, la « triade thaumaturge » de l'Irlande.

BRIGITTE *(sainte),* mystique suédoise, célèbre par ses *Révélations* (v. 1303-1373).

BRIGNAIS (69530), comm. du Rhône; 6 790 h.

BRIGNOLES (83170), ch.-l. d'arr. du Var; 10 482 h. *(Brignolais).* Anc. résidence des comtes de Provence. Bauxite.

BRIGUE, en allem. **Brig,** comm. de Suisse (Valais), à l'entrée du tunnel du Simplon; 5 191 h.

BRIGUE (La) [06430 Tende], comm. des Alpes-Maritimes; 493 h. Chapelle Notre-Dame-des-Fontaines (fresques du XVᵉ s.).

BRIL (Paulus), peintre et graveur flamand, né à Anvers (1554-1626). Paysagiste de la campagne romaine, il annonce notamment Claude Lorrain.

BRILLAT-SAVARIN (Anthelme), gastronome français, né à Belley (1755-1826), auteur de la *Physiologie du goût* (1826).

BRINDISI, v. d'Italie (Pouille), sur l'Adriatique; 86 000 h. Port de voyageurs. Pétrochimie.

BRINON-SUR-BEUVRON (58420), ch.-l. de c. de la Nièvre; 273 h.

BRINVILLIERS (Marie-Madeleine D'AUBRAY, *marquise* DE), née à Paris (1630-1676), décapitée et brûlée en place de Grève pour avoir empoisonné son père et ses frères.

BRIOCHÉ (Pierre DATELIN, dit), bateleur italien qui vivait vers 1650, célèbre par ses marionnettes et son singe Fagotin.

BRION (Marcel), écrivain français, né à Marseille en 1895, auteur de récits d'inspiration fantastique et d'essais sur l'art. (Acad. fr.)

BRIONNE (27800), ch.-l. de c. de l'Eure, sur la Risle; 4 877 h. Confection.

BRIOUDE (43100), ch.-l. d'arr. de la Haute-Loire, dans le *Limagne de Brioude;* 8 427 h. *(Brivadois).* Imposante église romane St-Julien. Textile. Fromages.

BRIOULLOV (Karl Pavlovitch), peintre russe, né à Saint-Pétersbourg (1799-1852). On cite surtout de lui *le Dernier Jour de Pompéi,* d'inspiration romantique.

BRIOUX-SUR-BOUTONNE (79170), ch.-l. de c. des Deux-Sèvres; 1 671 h.

BRIOUZE (61220), ch.-l. de c. de l'Orne; 1 832 h.

BRISBANE, v. d'Australie, cap. du Queensland; 958 000 h. Port actif et centre industriel.

BRISSAC (Charles Iᵉʳ DE COSSÉ, *comte* DE) [v. 1505-1563]. Il reprit Le Havre aux Anglais en 1563. — Charles II DE COSSÉ, *comte,* puis premier *duc* **de Brissac** (v. 1550-1621). Il négocia l'entrée d'Henri IV dans Paris.

BRISSON (Barnabé), magistrat français, né à Fontenay-le-Comte (vers 1530-1591). Il fut nommé premier président par les ligueurs, puis pendu par les Seize.

BRISSOT DE WARVILLE (Jacques Pierre BRISSOT, dit), journaliste et homme politique français, né à Chartres (1754-1793). Député à la Législative et à la Convention, un des chefs des Girondins *(brissotins),* il fut guillotiné.

BRISTOL, port d'Angleterre, sur l'Avon; 425 000 h. Cathédrale et église St. Mary Redcliffe, gothiques.

BRISTOL *(canal de),* bras de mer formé par l'Atlantique, entre le pays de Galles et la Cornouailles (Cornwall), à l'ouest de *Bristol.*

BRITANNICUS (Tiberius Claudius), fils de Claude et de Messaline (41?-55). Héritier du trône impérial, il fut écarté par Agrippine et empoisonné par Néron.

Britannicus, tragédie de Racine (1669) : l'affrontement de Néron, « monstre naissant », et d'Agrippine, mère abusive et jalouse du pouvoir.

BRITANNIQUES *(îles),* ensemble formé par la Grande-Bretagne (et ses dépendances) et l'Irlande.

British Broadcasting Corporation (B. B. C.), organisme britannique de radio et de télévision.

British Museum, musée de Londres, créé en 1753. Riches collections d'archéologie du Moyen-Orient, d'art grec et romain, etc.; importante bibliothèque.

Louis-Philippe et président du Conseil (1835-36) [Acad. fr.]; — ALBERT, *duc* **de Broglie,** fils du précédent, né à Paris (1821-1901); chef de l'opposition monarchique sous la IIIᵉ République, président du Conseil (1873-74 et 1877), il s'efforça, malgré les républicains, d'instaurer un régime d'ordre moral (Acad. fr.); — MAURICE, *duc* **de Broglie,** petit-fils du précédent, né à Paris (1875-1960), physicien français, auteur de travaux sur les rayons X (Acad. fr.); — LOUIS, *prince,* puis *duc* **de Broglie,** frère du précédent,

Paul **Broca**

Maurice de **Broglie**

Louis de **Broglie**

Anne, Emily et Charlotte **Brontë**
par Patrick Branwell Brontë

Hermann **Broch**

BRITTEN (Benjamin), compositeur anglais, né à Lowestoft (1913-1976), auteur d'opéras *(Peter Grimes, The Turn of the Screw),* de musique religieuse *(The War Requiem),* etc.

BRIVE-LA-GAILLARDE (19100), ch.-l. d'arr. de la Corrèze, sur la Corrèze; 54 766 h. *(Brivistes).* Église des XIIᵉ-XIVᵉ s.

BRIZEUX (Auguste), poète français, né à Lorient (1803-1858), auteur de poèmes qui célèbrent son pays natal *(les Bretons).*

BRNO, ancienn. en allem. **Brünn,** v. de Tchécoslovaquie, en Moravie; 363 000 h. Monuments anciens. Musées. Foire internationale.

Broadway, grande artère traversant New York.

BROCA (Paul), chirurgien et anthropologiste français, né à Sainte-Foy-la-Grande (1824-1880), fondateur de l'École d'anthropologie. Il a étudié le cerveau et les fonctions du langage.

BROCÉLIANDE, vaste forêt de la Bretagne, auj. **forêt de Paimpont,** où les romans de la Table ronde font vivre l'enchanteur Merlin.

BROCH (Hermann), écrivain autrichien naturalisé américain, né à Vienne (1886-1951). Son œuvre romanesque est une méditation sur l'évolution de la société allemande et sur le sens de l'œuvre d'art *(la Mort de Virgile,* 1945).

BROCKEN, point culminant du massif allemand du Harz (1 142 m). La légende y plaçait la réunion des sorcières pendant la nuit de Walpurgis.

BROEDERLAM (Melchior), peintre flamand, cité de 1381 à 1409 à Ypres, auteur des volets du retable de Champmol (v. 1394, musée de Dijon).

BROGLIE (27270), ch.-l. de c. de l'Eure; 1 136 h. Château médiéval et classique.

BROGLIE [brɔj], famille française d'origine piémontaise, dont : VICTOR FRANÇOIS (1718-1804), *duc* **de Broglie,** maréchal de France, qui commanda l'armée des émigrés en 1792. — ACHILLE LÉON VICTOR, *duc* **de Broglie,** petit-fils du précédent, né à Paris (1785-1870), ministre de

né à Dieppe en 1892, physicien français, créateur de la mécanique ondulatoire (Acad. fr.; prix Nobel, 1929).

BROKEN HILL, v. d'Australie (Nouvelle-Galles du Sud); 35 000 h. Centre minier (plomb et zinc).

BROMBERG → BYDGOSZCZ.

BROMFIELD (Louis), romancier américain, né à Mansfield (1896-1956), auteur de *la Mousson* (1937).

BROMMAT (12600 Mur de Barrez), comm. de l'Aveyron; 908 h. Centrale hydroélectrique alimentée par la Truyère.

BRON (69500), ch.-l. de c. du Rhône, banlieue de Lyon; 44 995 h. Aéroport.

BRØNDAL (Viggo), linguiste danois, né à Copenhague (1887-1942). Il a appliqué à l'étude du langage les méthodes de la logique.

BRONGNIART (Alexandre Théodore), architecte français, né à Paris (1739-1813). Il édifia à Paris le palais de la Bourse, le couvent des capucins de Saint-Louis-d'Antin (auj. lycée Condorcet) et fit les plans du cimetière du Père-Lachaise. — Son fils ALEXANDRE, minéralogiste et géologue, né à Paris (1770-1847), dirigea la manufacture de Sèvres. — ADOLPHE, fils du précédent, botaniste, né à Paris (1801-1876).

BRØNSTED (Johannes), chimiste danois, né à Varde (1879-1947), qui a modernisé la théorie des ions.

BRONTË (Charlotte), femme de lettres anglaise, né à Thornton (Yorkshire) [1816-1855], évocatrice des exigences sociales et passionnelles de la femme *(Jane Eyre).* — Sa sœur EMILY (1818-1848) est l'auteur du roman lyrique *les Hauts de Hurlevent.* — Leur sœur ANNE (1820-1849) publia des récits moraux *(Agnes Grey).*

BRONX, district de New York; 1 472 000 h.

BRONZINO (Agnolo TORI, dit **il**), peintre italien, né à Florence (1503-1572), auteur de portraits d'apparat maniéristes.

BROOK (Peter), metteur en scène anglais de théâtre et de cinéma, né à Londres en 1925. Il

1093

a réinterprété Shakespeare et orienté sa recherche vers les formes poétiques du théâtre ou d'expression collective.

BROOKLYN, district de New York, dans l'ouest de Long Island; 2 602 000 h.

BROOKS (Richard), cinéaste américain, né à Philadelphie en 1912. Il a réalisé *Bas les masques* (1952), *Elmer Gantry, le charlatan* (1960), *Doux Oiseau de jeunesse* (1962), *De sang-froid* (1967), *À la recherche de M. Goodbar* (1977).

BROONS [brõ] (22250), ch.-l. de c. des Côtes-du-Nord; 2 870 h.

BROSSAC (16480), ch.-l. de c. de la Charente; 679 h.

BROSSARD, v. du Canada (Québec); 37 641 h.

BROSSARD (Sébastien DE), compositeur et théoricien français, né à Dompierre (Normandie) [1655-1730], auteur du premier dictionnaire français de musique (1703).

BROSSE (Salomon DE), architecte français, né près de Verneuil-en-Halatte (1571?-1626). Il a construit le palais du Luxembourg à Paris et donné les plans du palais de justice de Rennes.

BROSSES (Charles DE) → DE BROSSES.

BROSSOLETTE (Pierre), homme politique français, né à Paris (1903-1944). Socialiste, résistant de la première heure, il fut arrêté, torturé, et se suicida pour ne pas parler.

BROTONNE *(forêt de),* forêt de la Seine-Maritime, dans un méandre de la Seine. Parc naturel régional.

BROU, quartier de Bourg-en-Bresse (Ain). Anc. monastère (auj. musée de l'Ain), reconstruit au début du XVIe s. à la suite d'un vœu de Marguerite d'Autriche (église de style gothique flamboyant : somptueux tombeaux, jubé, vitraux).

BROU (28160), ch.-l. de c. d'Eure-et-Loir; 3 638 h.

BROUAGE (17320 Marennes), village de la Charente-Maritime (comm. d'*Hiers-Brouage*), autref. important port, fortifié aux XVIe-XVIIe s.

Phedon Salou

Musées royaux des Beaux-Arts de Belgique

Brouwer : *Buveurs attablés*

Giraudon

Bruegel le Vieux
la Chute des anges rebelles (détail)

Giraudon

Bruegel de Velours :
Vase de fleurs

4 000 espèces nouvelles de plantes d'Australie et découvert le mouvement désordonné des particules très petites en suspension dans les liquides, appelé depuis *mouvement brownien.*

BROWN (John), abolitionniste américain, né à Torrington (1800-1859). Il fut pendu à Charlestown (Virginie) pour avoir appelé les esclaves aux armes.

BROWN (Earle), compositeur américain, né à Lunenburg (Massachusetts) en 1926, influencé par John Cage et les théories mathématiques *(Available Forms, I et II).* — Sa femme CAROLYN BROWN, née à Fitchburg (Massachusetts) en 1927, est une des plus grandes interprètes de la modern dance.

église de **Brou**

Brousse : le tombeau Vert de Mehmed Ier (XVe s.)

R. Michaud-Rapho

BROWNING (Elizabeth, née BARRETT), femme de lettres anglaise, née à Coxhoe Hall (Durham) [1806-1861], auteur des *Sonnets de la Portugaise* et du roman en vers *Aurora Leigh.* — Son mari, ROBERT BROWNING, né à Camberwell (Londres) [1812-1889], poète à l'inspiration romantique *(Sordello, l'Anneau et le livre).*

BROWN-SÉQUARD (Édouard), médecin et physiologiste français, né à Port-Louis (île Maurice) [1817-1894], créateur de l'opothérapie.

Browns Ferry, centrale nucléaire des États-Unis (Alabama).

BRUANT (Libéral), architecte français, né à Paris (1635-1697). Il a construit l'hôtel des Invalides (1670) et la chapelle de la Salpêtrière, à Paris.

BRUANT (Aristide), chansonnier français, né à Courtenay (1851-1925), créateur de chansons réalistes, dans une langue argotique.

BRUAT (Armand Joseph), amiral français, né à Colmar (1796-1855). Il établit le protectorat français sur Tahiti (1843) et commanda la flotte française en Crimée (1854).

BRUAY-EN-ARTOIS (62700), ch.-l. de c. du Pas-de-Calais; 25 951 h. *(Bruaysiens).* Constructions mécaniques. Textile.

BRUAY-SUR-L'ESCAUT (59860), comm. du Nord; 12 224 h.

BRUCE ou **DE BRUS,** famille normande passée en Écosse, où elle s'allia à la maison royale. Elle a donné les rois Robert Ier et David II.

BRUCHE (la), riv. d'Alsace, affl. de l'Ill (r. g.); 70 km.

Brücke *(Die)* [en franç. *le Pont*], groupe de peintres allemands réunis à Dresde puis à Berlin de 1905 à 1913, un des creusets de l'expressionnisme.

BRUCKNER (Anton), compositeur autrichien, né à Ansfelden (1824-1896), auteur de monumentales symphonies, de motets, de messes, d'une écriture souvent contrapuntique.

BRUCKNER (Theodor TAGGER, dit **Ferdinand**),

BROUCKÈRE (Henri DE), homme politique belge, né à Bruges (1801-1891). Membre du parti libéral, il fut Premier ministre et ministre des Affaires étrangères de 1852 à 1855.

BROUSSAIS (François), médecin français, né à Saint-Malo (1772-1838). Sa conception de « médecine physiologique » est fondée sur l'irritabilité des tissus.

BROUSSE, en turc **Bursa,** v. de Turquie, au sud-est de la mer de Marmara; 346 000 h. Centre industriel. Eaux thermales. Ce fut la capitale de l'Empire ottoman (1326-1402); beaux monuments richement décorés.

BROUSSE (Paul), socialiste français, né à Montpellier (1844-1912). Il créa le parti socialiste *possibiliste,* dit *broussiste* (1882), dont l'objectif était la transformation non violente de la société.

BROUSSEL (Pierre), conseiller au parlement de Paris (v. 1575-1654). Son arrestation par Mazarin, en 1648, déclencha la Fronde.

BROUSSILOV (Alekseï Alekseïevitch), général russe, né à Saint-Pétersbourg (1853-1926), célèbre par son offensive victorieuse en Galicie (1916). Généralissime en 1917, il se rallia au régime soviétique.

BROUSSONET (Auguste), naturaliste français, né à Montpellier (1761-1807). Il donna son nom au *broussonetia,* arbrisseau voisin du mûrier, d'origine japonaise, qu'il introduisit en France et dont une espèce sert à fabriquer le *papier de Chine.*

BROUVELIEURES (88600 Bruyères), ch.-l. de c. des Vosges; 638 h.

BROUWER ou **BRAUWER** (Adriaen), peintre flamand, né à Audenarde (1605 ou 1606-1638). Artiste à la vie tumultueuse, il est l'auteur de petites scènes de taverne et de tabagies d'une égale qualité plastique et psychologique.

BROWN (Robert), botaniste écossais, né à Montrose (Forfarshire) [1773-1858]. Il a décrit

auteur dramatique autrichien, né à Vienne (1891-1958), l'un des animateurs du théâtre d'avant-garde après la Première Guerre mondiale (*les Criminels*).

BRUEGEL, famille de peintres flamands. PIETER, dit **Bruegel le Vieux**, né soit près de Breda (Hollande), soit près de Brée (Campine belge) [v. 1525/1530 - 1569], fixé à Bruxelles en 1563, est l'auteur de scènes inspirées du folklore brabançon, non moins célèbres que ses paysages rustiques ou historiques. Il eut deux fils : PIETER II, dit **Bruegel d'Enfer**, né à Bruxelles (1564-1638), qui peignit des incendies et des scènes tragiques, et JAN, dit **Bruegel de Velours**, né à Bruxelles (1568-1625), auteur de tableaux de fleurs et de fins paysages bibliques ou allégoriques.

BRUEYS D'AIGAILLIERS (François Paul), vice-amiral français, né à Uzès (1753-1798). Il fut vaincu à Aboukir, où il fut tué.

BRUGES, en néerl. **Brugge** («Pont»), v. de Belgique, ch.-l. de la Flandre-Occidentale, à la jonction de divers canaux; 119 000 h. (*Brugeois*). Centre d'échanges internationaux dès le XIIIᵉ s., indépendante en fait sous les comtes de Flandre, Bruges connut sa plus grande prospérité au XIVᵉ s. Son déclin économique se précipita, au profit d'Anvers, à partir du XVᵉ s. Elle a gardé des monuments célèbres (halles, hôtel de ville, basilique du Saint-Sang, cathédrale, église Notre-Dame, béguinage, hôpital St-Jean, qui abrite plusieurs chefs-d'œuvre de Memling). Le musée municipal est riche en peintures des primitifs flamands. Port relié à Zeebrugge par un canal maritime. Industries mécaniques et textiles.

BRUGES (33520), comm. de la Gironde, banlieue nord-ouest de Bordeaux; 7 610 h.

BRUHN (Erik BELTON EVERS, dit **Erik**), danseur danois, né à Copenhague en 1928, le plus grand danseur noble danois de sa génération.

Bruit et la fureur (*le*), roman de W. Faulkner (1929).

BRUIX (Eustache), amiral français, né à Saint-Domingue (1759-1805). Organisateur du camp de Boulogne (1803).

BRÛLÉ (Étienne), explorateur français, né à Champigny-sur-Marne (v. 1591-1633). Il accompagna Champlain, explora le pays des Hurons et découvrit le lac Ontario.

BRÛLON (72350), ch.-l. de c. de la Sarthe; 1 150 h.

Brumaire (18-), jour où Bonaparte, revenu d'Égypte, obtint la démission des Directeurs et le transfert des Conseils à Saint-Cloud (9 nov. 1799, an VIII de la République). Le lendemain, les Conseils furent dispersés par la force. Ainsi prenait fin le Directoire et s'ouvrait le Consulat.

BRUMATH (67170), ch.-l. de c. du Bas-Rhin; 6 890 h. Constructions mécaniques.

BRUMMELL (George), dandy anglais, né à Londres (1778-1840), surnommé *le Roi de la mode*.

BRUNE (Guillaume), maréchal de France, né à Brive-la-Gaillarde (1763-1815). Il s'illustra en Hollande (1799) puis à Marengo (1800). Disgracié en 1807, il fut assassiné pendant la Terreur blanche.

BRUNEAU (Alfred), compositeur français, né à Paris (1857-1934), attaché à l'école naturaliste, auteur d'ouvrages lyriques (*le Rêve, Messidor*).

BRUNEHAUT, reine d'Austrasie, née en Espagne (v. 534-613). Épouse de Sigebert, roi d'Austrasie, intelligente et énergique, elle engagea avec Frédégonde, reine de Neustrie, une lutte qui ensanglanta l'Austrasie et la Neustrie. Elle fut prise par Clotaire II, fils de Frédégonde, qui la fit périr.

BRUNEI, sultanat du nord de Bornéo, protectorat britannique; 5 765 km²; 177 000 h. Cap. *Bandar Seri Begawan*. Pétrole et gaz naturel. En 1971, la Grande-Bretagne lui a accordé une autonomie interne complète.

BRUNEL, famille d'ingénieurs britanniques d'origine française. *Sir* MARC ISAMBARD, né à Hacqueville (Vexin) [1769-1849], exécuta le tunnel sous la Tamise (1824-1842). — Son fils

ISAMBARD KINGDOM, né à Portsmouth (1806-1859), construisit les steamers *Great Western, Great Britain* (1845) et *Great Eastern* (1858).

BRUNELLESCHI (Filippo), architecte italien, né à Florence (1377-1446). D'abord orfèvre, il a la révélation de l'antique à Rome et devient, à Florence, le grand initiateur de la Renaissance (portique de l'hôpital des Innocents [1419], coupole de S. Maria del Fiore, vieille sacristie de S. Lorenzo, église S. Lorenzo elle-même, etc.).

BRUNETIÈRE (Ferdinand), critique littéraire français, né à Toulon (1849-1906), adversaire du naturalisme. (Acad. fr.)

BRUNETTO LATINI → LATINI.

BRUNHES (Jean), géographe français, né à Toulouse (1869-1930), auteur de la *Géographie humaine* (1910).

BRÜNING (Heinrich), homme politique allemand, né à Münster (1885-1970), chef du Centre

Salmer-Scala

Bruges

Brunelleschi
chapelle
des Pazzi
(commencée
v. 1430)
à Florence

Actualit-Rapho

Held-Ziolo

saint **Bruno**, détail d'un tableau de Zurbarán

catholique, chancelier du Reich (1930-1932). Il s'exila ensuite jusqu'en 1952.

BRÜNN → BRNO.

BRUNNEN, station touristique de Suisse (Schwyz), sur le lac des Quatre-Cantons.

BRUNO (*saint*), fondateur de l'ordre des Chartreux, né à Cologne (v. 1030-1101). Il établit son ordre, près de Grenoble, à la Grande Chartreuse (1084).

BRUNO (Giordano), philosophe italien, né à Nola (1548-1600). Il est l'un des premiers à rompre avec la conception d'Aristote d'un monde clos pour lui substituer celle d'un monde infini. Il fut brûlé vif sur ordre du Saint-Office.

BRUNON (ou **BONIFACE**) **de Querfurt** (*saint*), évêque, né en Saxe (v. 974-1009). Il évangélisa la Prusse.

BRUNOT (Ferdinand), linguiste français, né à Saint-Dié (1860-1938), auteur d'une *Histoire de la langue française des origines à 1900*.

BRUNOY (91800), ch.-l. de c. de l'Essonne; 22 872 h. (*Brunoyens*).

BRUNSCHVICG (Léon), philosophe français, né à Paris (1869-1944). Il écrivit sur la philosophie des sciences.

BRUNSTATT (68200 Mulhouse), comm. du Haut-Rhin; 5 047 h.

BRUNSWICK, en allem. **Braunschweig**, région

d'Allemagne, duché de 1235 à 1918, puis république, incorporée au Reich en 1934. — L'anc. cap., *Brunswick*, v. de la République fédérale (Basse-Saxe), a 223 000 h. Cathédrale romane. Musées. Centre industriel.

BRUNSWICK (Charles, *duc* DE), né à Wolfenbüttel (1735-1806). Chef des armées coalisées en 1792, il lança de Cologne le 25 juillet le célèbre manifeste qui, menaçant Paris en cas d'atteinte à la famille de Louis XVI, provoqua la chute de la royauté. Vaincu à Valmy (1792), il fut tué à la bataille d'Auerstedt.

BRUTTIUM, nom antique de la *Calabre**.

BRUTUS (Lucius Junius), personnage d'une historicité douteuse qui, ayant chassé Tarquin le Superbe, dernier roi de Rome, serait devenu l'un des deux premiers consuls de la République (509 av. J.-C.).

BRUTUS (Marcus Junius), homme politique romain, né à Rome (v. 85-42 av. J.-C.). Avec Cassius, il entra dans la conspiration qui amena la mort de César. Poursuivis par Antoine et Octavien, Brutus et Cassius furent vaincus. Brutus se donna la mort.

BRUXELLES [brysɛl], en néerl. **Brussel**, cap. de la Belgique et ch.-l. du Brabant, sur la Senne, à 310 km au nord-est de Paris; 152 900 h. (*Bruxellois*). [L'agglomération compte 1 042 000 h.]

V. ill. frontispice

Archevêché (avec Malines). Université. Cathédrale (anc. collégiale St-Michel) [XIIIᵉ-XVIIᵉ s.]. Magnifique hôtel de ville et église N.-D.-du-Sablon (XVᵉ s.). Église baroque St-Jean-Baptiste-au-Béguinage (XVIIᵉ s.). Place Royale (XVIIIᵉ s.). Riches musées. Centre administratif, commercial, intellectuel et industriel (produits textiles, chimiques et alimentaires; constructions mécaniques et électriques). Bruxelles devint la principale ville des Pays-Bas après la réunion du Brabant aux États bourguignons (1430). S'étant révoltée contre les Orange, elle fut tout naturellement la capitale du royaume indépendant de Belgique en 1830. Bruxelles est une des capitales de la Communauté européenne et, depuis 1967, le siège du Conseil permanent de l'O.T.A.N.

Bruxelles (traité de), alliance conclue en 1948 par la France, l'Angleterre et les pays du Benelux. Étendue en 1954 à l'Allemagne fédérale et à l'Italie par les accords de Paris, elle servit de cadre à l'Union de l'Europe occidentale.

BRUYÈRES (88600), ch.-l. de c. des Vosges, sur la Vologne; 4 001 h. Centre de villégiature.

BRUYÈRES-LE-CHÂTEL (91680), comm. de l'Essonne; 2 925 h. Centre d'études nucléaires.

BRUZ (35170), comm. d'Ille-et-Vilaine; 7 358 h. Électronique.

BRYANT (William Cullen), écrivain américain, né à Cummington (Massachusetts) [1794-1878], poète influencé par les romantiques anglais (*Thanatopsis*).

BRY-SUR-MARNE (94360), ch.-l. de c. du Val-de-Marne, sur la Marne; 12 364 h. Hospice.

BRZEŚĆ → BREST (U. R. S. S.).

BUBER (Martin), philosophe israélien d'origine autrichienne, né à Vienne (1878-1965). Il a renouvelé l'étude de la tradition juive (*Je et Tu*, 1923; *Gog et Magog*, 1941).

BUC (78530), comm. des Yvelines, sur la Bièvre; 3 943 h.

BUCARAMANGA, v. de Colombie; 292 000 h.

Budapest
le Parlement
(fin du XIXe s.)

Koch-Rapho

Bucarest : le palais de la République

Titus-C.E.D.R.I.

Zeta-Hasenberg-Rapho

Buenos Aires
l'avenue du 9-Juillet

Photopress-Zurich

Georg **Büchner**

Giraudon

Buffon
par Carmontelle

BUCAREST, en roum. **Bucureşti,** cap. de la Roumanie, sur la Dîmbovița, sous-affl. du Danube; 1 934 000 h. Églises byzantines (XVIe-XVIIIe s.). Musées. Centre administratif et industriel. Plusieurs traités y ont été signés (1812, 1913, 1918).

Bucentaure, vaisseau sur lequel montait le doge de Venise le jour de l'Ascension, pour la célébration de son mariage symbolique avec la mer.

Bucéphale, nom du cheval d'Alexandre.

BUCER ou **BUTZER** (Martin), de son vrai nom **Kuhhorn,** réformateur alsacien, né à Sélestat (1491-1551), un des propagateurs de la Réforme en Alsace et en Angleterre.

BUCHANAN (George), humaniste écossais, né à Killearn (1506-1582), précepteur et garde des Sceaux de Jacques Ier d'Angleterre.

BUCHANAN (James), homme d'État américain, né près de Mercersburg (Pennsylvanie) [1791-1868]. Président de l'Union de 1856 à 1861, il favorisa les tendances esclavagistes.

BUCHENWALD, village de l'Allemagne démocratique, au nord-est de Weimar. Camp de concentration de 1937 à 1945.

BUCHEZ (Philippe), philosophe et homme politique français, né à Matagne-la-Petite (1796-1865), l'un des principaux inspirateurs du socialisme chrétien.

BUCHNER (Eduard), chimiste allemand, né à Munich (1860-1917). Prix Nobel, en 1907, pour ses travaux sur les fermentations.

BÜCHNER (Georg), poète allemand, né à Goddelau (1813-1837). Ses drames (*la Mort de Danton, Woyzeck*) ont marqué l'expressionnisme moderne. — Son frère LUDWIG, philosophe matérialiste, né à Darmstadt (1824-1899).

BUCHY (76750), ch.-l. de c. de la Seine-Maritime; 1 053 h.

BUCK (Pearl), romancière américaine, née à Hillsboro (Virginie) [1892-1973], auteur de romans qui ont la Chine pour cadre. (Prix Nobel, 1938.)

BUCKINGHAM (George VILLIERS, *duc* DE), ministre britannique, né à Brooksby (Leicestershire) [1592-1628], favori des rois Jacques Ier et Charles Ier. Il s'attira, par ses compromissions, la haine des parlementaires anglais. Il se préparait à secourir La Rochelle quand il fut assassiné par un officier puritain.

Buckingham Palace, palais des souverains de Grande-Bretagne, édifié à Londres en 1705, plusieurs fois remanié.

BUCKINGHAMSHIRE, comté d'Angleterre, au nord-ouest de Londres. Ch.-l. *Aylesbury.*

Bucoliques ou *Églogues* de Virgile (42-39 av. J.-C.), courts dialogues de bergers, imités de Théocrite, mais faisant allusion aux événements politiques contemporains et aux malheurs personnels du poète.

BUCOVINE, région d'Europe partagée entre l'U. R. S. S. (Ukraine) et la Roumanie. Elle fut libérée du régime autrichien, instauré en 1775, et rattachée à la Roumanie en 1918. La Bucovine du Nord fait partie de l'U. R. S. S. depuis 1947.

BUDAPEST, cap. de la Hongrie, sur le Danube; 2 082 000 h. Formée par la réunion (1872) de *Buda* (la Ville haute), sur la rive droite du fleuve, et de *Pest,* sur la rive gauche. Monuments baroques, néoclassiques et éclectiques. Musées. Centre administratif, intellectuel, commercial et industriel.

BUDÉ (Guillaume), humaniste français, né à Paris (1467-1540). Il propagea en France l'étude du grec et contribua à la création des « lecteurs royaux », le futur Collège de France.

BUECH, torrent des Alpes du Sud, affl. de la Durance (r. dr.); 90 km.

BUEIL (Jean V DE), capitaine français (1405-1478), surnommé *le Fléau des Anglais.* Un des meilleurs généraux de Charles VII, amiral de France, il a laissé une autobiographie romancée, *le Jouvencel.*

BUENAVENTURA, port de Colombie, sur le Pacifique; 116 000 h.

BUENOS AIRES, cap. de l'Argentine; 8 500 000 h. (avec les banlieues). Archevêché. Port (exportations de céréales et de viande). Centre commercial, industriel et culturel, regroupant le tiers de la population du pays. La ville a été fondée en 1580.

BUFFALO, v. des États-Unis (New York), sur le lac Érié, près du Niagara; 463 000 h. (1 350 000 avec les banlieues). Université. Musée d'art. Port fluvial. Centre industriel.

BUFFALO BILL (William Frederick CODY, dit), pionnier américain, né dans le comté de Scott (Iowa) [1846-1917]. Célèbre pour son adresse, il devint directeur de cirque.

BUFFET (Bernard), peintre et graveur français, né à Paris en 1928, créateur d'une imagerie percutante, au graphisme nerveux et acéré.

BUFFON (Georges Louis LECLERC, *comte* DE), naturaliste français, né à Montbard (1707-1788). Auteur de l'*Histoire naturelle* (44 volumes, de 1749 à 1804), organisateur du Jardin des Plantes de Paris, maître de Daubenton, il conquit le grand public par son style brillant. (Acad. fr.)

BUG (le), ou **BUG OCCIDENTAL,** riv. de l'Europe orientale servant de frontière entre la Pologne et l'U. R. S. S., affl. de la Vistule (r. dr.); 813 km.

BUG → BOUG.

BUGATTI (Ettore), industriel français d'origine italienne, né à Milan (1881-1947), un des pionniers de la construction automobile de sport, de course et de grand luxe en France.

BUGEAT (19170), ch.-l. de c. de la Corrèze; 1 108 h.

BUGEAUD (Thomas), marquis DE LA PICONNERIE, duc D'ISLY, maréchal de France, né à Limoges (1784-1849). Il organisa, comme gouverneur (1840-1847), la conquête de l'Algérie et vainquit les Marocains sur l'Isly (1844).

BUGEY (le), pays de France, rattaché en 1601, situé à l'extrémité méridionale de la chaîne du Jura et divisé en *haut Bugey,* au nord, et *bas Bugey,* au sud. Ch.-l. *Belley.* — Centrale nucléaire à Saint-Vulbas (Ain).

BUGGENHOUT, comm. de Belgique (Flandre-Orientale); 12 600 h.

BUGUE (Le) [24260], ch.-l. de c. de la Dordogne, sur la Vézère; 2 778 h. Grotte paléolithique de Bara-Bahau.

BUIS-LES-BARONNIES (26170), ch.-l. de c. de la Drôme; 1 831 h.

BUISSON (Ferdinand), pédagogue français, né à Paris (1841-1932). Collaborateur de Jules Ferry, il fut l'un des fondateurs de la Ligue des droits de l'homme. (Prix Nobel de la paix, 1927.)

BUISSON-DE-CADOUIN (Le) [24480], ch.-l. de c. de la Dordogne; 2 187 h. Église et cloître d'une anc. abbaye cistercienne.

BUITENZORG → BOGOR.

BUJUMBURA, anc. **Usumbura,** cap. du Burundi; 79 000 h.

BUKAVU, v. du Zaïre, près du lac Kivu; 181 000 h.

BULAWAYO, v. du sud-ouest du Zimbabwe; 318 000 h.

BULGARIE (*république populaire de*), en bulgare **Bălgarija,** république du sud-est de l'Eu-

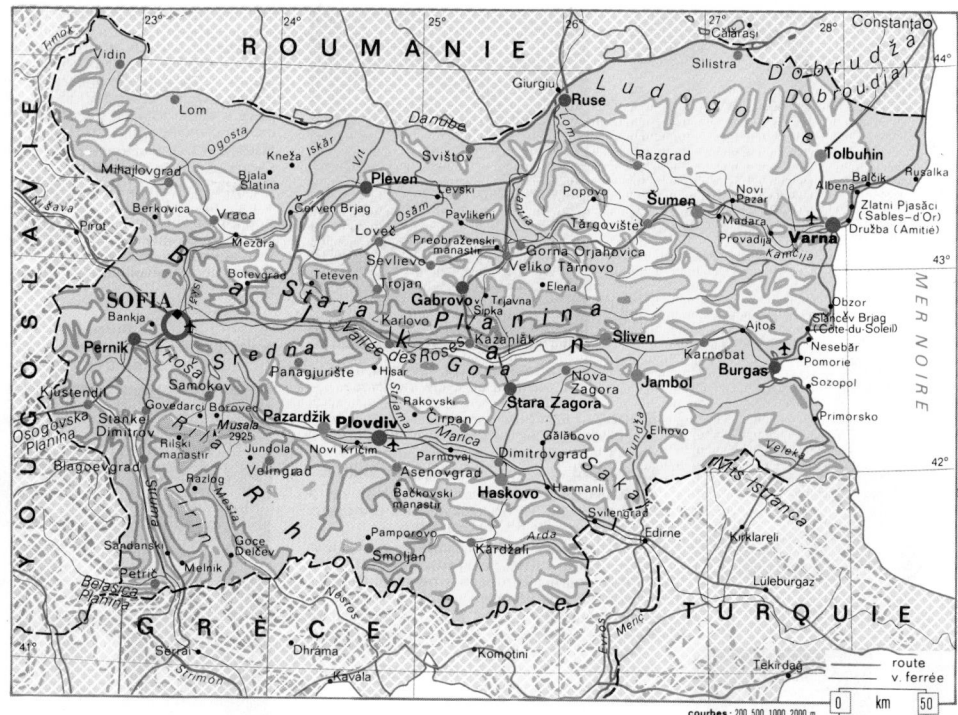

BULGARIE

courbes : 200, 500, 1000, 2000 m

route
v. ferrée

0 ___ km ___ 50

rope, sur la mer Noire; 110 927 km²; 8 810 000 h.
(Bulgares). Cap. Sofia. Langue : bulgare.

GÉOGRAPHIE

Des bassins intérieurs (Sofia) et des plaines
(partie méridionale de la vallée du Danube et
vallée de la Marica) séparées par le Balkan (qui
est précédé au nord par un glacis de plateaux)
concentrent la majorité de la population. Le
massif du Rhodope occupe le sud du pays. Le
climat est continental avec une tendance à
l'aridité. L'agriculture, collectivisée, fournit du
blé et du maïs, ainsi que du tabac, des fruits,
des roses et du tournesol, principaux produits
d'exportation. À côté des traditionnelles industries textiles et alimentaires, favorisées par l'exploitation du lignite, du plomb, du zinc et par
l'hydroélectricité, se sont développées la sidérurgie, la métallurgie et l'industrie chimique.

HISTOIRE

— Ier s. apr. J.-C. : soumission des Thraces à
Rome.
— IIIe-Ve s. : invasions des Huns, des Goths.
— VIe-VIIe s. : installation de Slaves qui, tout en
fusionnant avec Illyriens et Thraces, imposent
leur langue.
— VIIe s. : installation d'un peuple d'origine
turcomane, les Protobulgares, qui posent les
bases d'un État slavo-bulgare.
— 852-889 : règne de Boris Ier, qui agrandit ses
États et leur impose le christianisme.
— 893-1018 : premier Empire bulgare, dominé
par les règnes de Siméon (893-927) et de Boris II
(969-972).
— 1018-1185 : occupation byzantine.
— 1187 : insurrection nationale, conduite par
Pierre et Asen.
— 1197 : fondation du second Empire bulgare
par Kalojan, tsar jusqu'en 1207.
— 1218-1241 : sous Jean III Asen II, l'Empire
devient la principale puissance balkanique.
— 1235 : autocéphalie reconnue de l'Église
bulgare (Tărnovo).
— 1277 : la révolte paysanne d'Ivajlo.
— 1371-1396 : les Turcs annexent progressivement le pays. Résistance des haïdouks.

— XVIIIe s. : réveil du nationalisme bulgare.
— 1876 : insurrection antiturque, qui échoue.
— 1878 : le traité de San Stefano (mars) reconnaît une grande Bulgarie autonome; mais le
congrès de Berlin (juill.) divise la Bulgarie en
deux zones, l'une autonome (principauté de
Bulgarie et province autonome de la Roumélie
orientale), l'autre tributaire de la Porte.
— 1878-1886 : règne du prince Alexandre de
Battenberg.
— 1885 : la Roumélie orientale proclame son
union à la principauté de Bulgarie.
— 1887 : Ferdinand de Saxe-Cobourg, prince de
Bulgarie.
— 1908 : Ferdinand, tsar des Bulgares.
— 1912-13 : première guerre balkanique, dont
la Bulgarie sort vainqueur.
— 1913 : seconde guerre balkanique. La Bulgarie est vaincue.
— 1914-1918 : la Bulgarie, alliée des Empires
centraux, vaincue. Elle perd l'accès à la mer
Égée.
— 1918 : abdication de Ferdinand Ier en faveur
de son fils Boris III.
— 1919-1923 : dictature de Stambolijski.
— 1935 : Boris III instaure un régime personnel.
— 1941 : alliance bulgaro-allemande.
— 1943 : mort de Boris III; régence du prince
Cyrille.
— 1944 : insurrection populaire avec l'appui
des troupes soviétiques.
— 1946 : la Bulgarie démocratie populaire.
Georgi Dimitrov, président du Conseil.
— 1962 : Todor Živkov cumule la direction du
parti communiste et celle du gouvernement.
— 1971 : Živkov, chef de l'État et du parti.
Stanko Todorov, chef du gouvernement.
— 1981 : Gricha Filipov, chef du gouvernement.

BULGNÉVILLE (88140 Contrexéville), ch.-l. de
c. des Vosges; 1130 h.

BULL (John), compositeur anglais (v. 1563-
1628), organiste et virginaliste, auteur de pièces
pour clavier.

Bull (John) [mots angl. signif. Jean Taureau],

sobriquet donné au peuple anglais pour peindre
sa lourdeur et son obstination. Il provient d'un
pamphlet de John Arbuthnot (1712). John Bull a
un costume traditionnel.

BULL (Frederik), ingénieur norvégien, né à
Oslo (1882-1925). Il construisit l'une des premières machines à cartes perforées (1919).

BULL (Olaf), poète norvégien, né à Christiania
(auj. Oslo) [1883-1933], d'inspiration philosophique (les Étoiles).

BULLANT (Jean), architecte et théoricien français, né à Écouen (v. 1520-1578). Il travailla pour
les Montmorency (travaux à Écouen, petit château de Chantilly) et pour Catherine de Médicis
(continuation d'œuvres de Delorme, etc.).

Bulle d'or, acte administratif des empereurs
romains germaniques dont le sceau était d'or.
La plus célèbre bulle (25 déc. 1356), due à
Charles IV, confia l'élection impériale à sept
Électeurs, trois ecclésiastiques et quatre laïques.

BULLY-LES-MINES (62160), comm. du Pas-
de-Calais; 12 257 h. (Bullygeois).

BÜLOW (Friedrich Wilhelm), général prussien,
né à Falkenberg (1755-1816). Vainqueur de Ney
à Dennewitz (1813), il se distingua à Waterloo
(1815).

BÜLOW (Hans, baron VON), compositeur, pianiste et chef d'orchestre allemand, né à Dresde
(1830-1894), premier mari de Cosima Liszt.

BÜLOW (Karl VON), feld-maréchal allemand, né
à Berlin (1846-1921). Commandant de la IIe armée, il fut battu à la Marne (1914).

BÜLOW (Bernhard, prince VON), homme d'État
allemand, né à Klein-Flottbeck (1849-1929),
chancelier d'Empire de 1900 à 1909.

BULOZ (François), publiciste français, né à
Vulbens (Haute-Savoie) [1804-1877], rédacteur
en chef de la Revue des Deux Mondes.

BULTMANN (Rudolf), théologien protestant
allemand, né à Wiefelstede, près d'Oldenburg
(1884-1976). Il a été l'initiateur d'une école

Rudolf **Bultmann**

Robert **Bunsen**

Luis **Buñuel**
une scène de *Cet obscur objet du désir* (1977)

Michel **Butor**

lord **Byron**
par Thomas Phillips

Burne-Jones : *la Tête maléfique*
peinture du cycle de *Persée*

Burgos
voûte ajourée de la chapelle du Condestable
(XVIe s.) dans la cathédrale

d'exégèse qui a marqué les recherches bibliques et théologiques.

Bundesrat, une des chambres législatives de la Confédération de l'Allemagne du Nord (1866-1871), puis de l'Empire allemand (1871-1918) et, depuis 1949, de la République fédérale d'Allemagne. Le Bundesrat est composé de représentants des États.

Bundestag, Assemblée législative de la République fédérale d'Allemagne, élue pour quatre ans au suffrage universel direct.

Bundeswehr, nom donné en 1956 aux forces armées de l'Allemagne fédérale.

BUNSEN (Robert), chimiste et physicien allemand, né à Göttingen (1811-1899). Il a construit une pile électrique, imaginé un brûleur à gaz et un calorimètre à glace, et inventé, avec Kirchhoff, l'analyse spectrale.

BUÑUEL (Luis), metteur en scène espagnol, né à Calanda (Aragon) en 1900. Il a réalisé *Un chien andalou* (1928), *l'Âge d'or* (1930), *Los Olvidados* (1950), *Viridiana* (1961), *l'Ange exterminateur* (1962), *le Journal d'une femme de chambre* (1964), *Belle de jour* (1967), *la Voie lactée* (1968), *Tristana* (1970), *le Charme discret de la bourgeoisie* (1972), *Cet obscur objet du désir* (1976).

BUNYAN (John), écrivain anglais, né à Elstow (1628-1688), auteur d'une allégorie religieuse qui exerça une profonde influence sur le public populaire, *le Voyage du pèlerin* (1678-1684).

BUONARROTI → MICHEL-ANGE.

BUONARROTI (Philippe), révolutionnaire français d'origine italienne, né à Pise (1761-1837), disciple de Babeuf, dont il fit connaître la vie et l'œuvre par son *Histoire de la Conspiration de l'égalité* (1828).

BUONTALENTI (Bernardo), architecte, peintre et sculpteur italien, né à Florence (1536-1608). Il décora, en maniériste, de nombreuses villas.

BURAYDA, v. de l'Arabie Saoudite; 50 000 h.

BURBAGE (Richard), acteur anglais, né à Londres (v. 1567-1619), créateur des principaux rôles des drames de Shakespeare.

BURCKHARDT (Johann Ludwig), explorateur et orientaliste suisse, né à Lausanne (1784-1817). Il fut le premier Européen à pénétrer dans les villes saintes de l'Arabie.

BURCKHARDT (Jacob), historien suisse, né à Bâle (1818-1897), auteur notamment de *la Civilisation de la Renaissance en Italie* (1860).

BURDWĀN, v. de l'Inde (Bengale-Occidental), sur la Dāmodar; 145 000 h. Université.

BUREAU (Jean), seigneur DE MONTGLAS (m. en 1463), grand maître de l'artillerie sous Charles VII, avec son frère GASPARD (m. v. 1469).

Bureau des longitudes → LONGITUDES.

Bureaux arabes, organismes militaires français créés en 1833 en Algérie et organisés par Bugeaud (1844). Chargés de l'administration de certains territoires, ils furent les ancêtres du service des Affaires indigènes.

BURES-SUR-YVETTE (91440), comm. de l'Essonne; 7 096 h.

BURGAS, port de Bulgarie, sur la mer Noire; 144 000 h. Raffinage du pétrole.

BURGDORF, en franç. **Berthoud,** v. de Suisse (Berne); 15 888 h.

BURGENLAND, prov. d'Autriche, aux confins de la Hongrie; 272 000 h. Ch.-l. *Eisenstadt*.

BÜRGER (Gottfried August), poète allemand, né à Molmerswende (1747-1794), auteur de ballades (*Lénore*).

BURGESS (Anthony), écrivain anglais, né à Manchester en 1917, dénonciateur de la violence moderne (*l'Orange mécanique,* 1962) à travers un culte ambigu des héros (*la Symphonie Napoléon,* 1974).

BURGKMAIR (Hans), peintre et graveur allemand, né à Augsbourg (1473-1531), rallié aux conceptions de la Renaissance italienne.

BURGONDES, peuple germanique établi au Ve s. sur le Rhin. Battus par Aetius (436), ils furent installés dans le bassin du Rhône (443) et soumis par les Francs en 534. Les Burgondes ont donné leur nom à la Bourgogne.

BURGOS, v. d'Espagne (Vieille-Castille); 136 000 h. Archevêché. Capitale de l'art gothique en Castille : cathédrale, monastère de Las Huelgas, chartreuse de Miraflores. Anc. cap. de la Castille. Siège du gouvernement nationaliste de 1936 à 1939.

BURGOYNE (John), général anglais, né à Sutton (1722-1792). Il fut forcé de signer la capitulation de Saratoga (1777), qui assurait l'indépendance des États-Unis.

Burgraves (les), drame de Victor Hugo, en 3 actes et en vers (1843). L'échec de cette pièce écarta Hugo du théâtre.

BURIDAN (Jean), docteur scolastique, né à Béthune (v. 1300-apr. 1358), recteur de l'Université de Paris en 1327. On lui prête l'argument dit *de l'âne de Buridan,* illustrant la situation d'un homme sollicité de deux côtés et qui ne sait choisir : par quoi commencerait un âne également assoiffé et affamé, et qui se trouverait placé à égale distance d'un seau d'eau et d'un picotin d'avoine ?

BURIE (17770 Brizambourg), ch.-l. de c. de la Charente-Maritime; 1 165 h.

BURKE (Edmund), écrivain et orateur britannique, né à Dublin (v. 1729-1797). Whig, il s'opposa à Pitt, puis à Hastings au sujet de la politique colonialiste anglaise en Amérique. Son ouvrage *Réflexions sur la Révolution en France,* contre-révolutionnaire, connut un grand succès.

BURLINGTON, v. du Canada (Ontario), sur le lac Ontario; 104 314 h.

BURNABY, banlieue de Vancouver (Canada); 131 599 h.

BURNE-JONES (sir Edward), peintre anglais, né à Birmingham (1833-1898), l'un des préraphaélites.

BURNEY (Frances, dite **Fanny**), femme de lettres anglaise, née à King's Lynn (1752-1840), auteur du roman épistolaire *Evelina*.

BURNS (Robert), poète écossais, né à Alloway (1759-1796), auteur de poèmes en dialecte écossais.

BURROUGHS (William Steward), industriel américain, né à Rochester (1857-1898), inventeur de la machine comptable enregistreuse.

BURROUGHS (William), écrivain américain, né à Saint Louis (Missouri) en 1914, l'un des principaux représentants de la *beat generation* (*le Festin nu, Le ticket qui explosa*).

BURRUS, précepteur de Néron, puis préfet du prétoire (m. en 62). Il contribua à l'avènement de Néron, dont il tenta de contenir la cruauté.

BURSA = BROUSSE.

BURTON (Robert), écrivain anglais, né à Lindley (Leicestershire) [1577-1640], pasteur humaniste, auteur de l'*Anatomie de la mélancolie,* par *Démocrite junior*.

BURTON (sir Richard), voyageur anglais, né à Torquay (1821-1890). Il découvrit le lac Tanganyika avec Speke (1858).

BURUNDI, anc. **Urundi,** république de l'Afrique centrale; 28 000 km²; 4 380 000 h. Cap. *Bujumbura.* Partie méridionale de l'ancien territoire du Ruanda-Urundi, c'est un pays de hauts plateaux, exclusivement agricole. Royaume africain, le Burundi fit partie de l'Afrique-Orientale allemande à partir de la fin du XIXe s. De 1916 à 1962, il fut, avec le Ruanda-Urundi, sous mandat, puis sous tutelle belge. Il devint indépendant en 1962, et la royauté y fut abolie au profit de la république en 1966.

BURY SAINT EDMUNDS, v. d'Angleterre, ch.-l. du West Suffolk; 20 000 h. Ruines d'une abbaye remontant au XIe s.

BURZET (07450), ch.-l. de c. de l'Ardèche; 618 h.

BUS (César DE), né à Cavaillon (1544-1607). Après une vie dissolue, il entra dans les ordres et fonda en 1592 la congrégation des Pères de la doctrine chrétienne.

BUSHNELL (David), inventeur américain, né à Saybrook (Connecticut) [1742-1824]. Il fut un précurseur tant pour la réalisation du sous-marin (la *Tortue*, 1775) que pour l'emploi de l'hélice comme moyen de propulsion d'un navire.

BUSONI (Ferruccio), compositeur, pianiste et théoricien italien, né à Empoli (1866-1924), auteur de l'opéra *Doktor Faust* et de l'écrit *Essai d'une nouvelle esthétique musicale.*

BUSSANG (88540), comm. des Vosges, sur la Moselle, près du *col de Bussang* (731 m); 2 058 h. *(Bussenets).* Sports d'hiver (alt. 620-1 220 m). Station thermale.

BUSSIÈRE-BADIL (24360 Piégut Pluviers), ch.-l. de c. de la Dordogne; 595 h.

BUSSOTTI (Sylvano), compositeur italien, né à Florence en 1931 (*The Rara Requiem, Bergkristall, la Passion selon Sade*).

BUSSY (Roger DE RABUTIN, *comte* DE), connu sous le nom de **Bussy-Rabutin**, général et écrivain français, né à Épiry (près d'Autun) [1618-1693], cousin de Mme de Sévigné et auteur de *l'Histoire amoureuse des Gaules.* (Acad. fr.)

BUSTANICO (20250 Corte), comm. de la Haute-Corse; 149 h. Elle donne son nom au *canton de Bustanico*, dont le ch.-l. est fixé à *Sermano.*

BUTE, île d'Écosse, près de l'estuaire de la Clyde. V. pr. *Rothesay.*

BUTE (John STUART, *comte* DE), Premier ministre du roi d'Angleterre George III de 1761 à 1763, né dans le comté de Bute (1713-1792), chef des tories.

BUTENANDT (Adolf), chimiste allemand, né à Wesermünde en 1903, prix Nobel (1939) pour ses recherches sur les hormones sexuelles.

BUTLER (Samuel), poète anglais, né à Strensham (1612-1680), auteur du poème burlesque *Hudibras* (1663-1678), satire des puritains.

BUTLER (Samuel), écrivain et essayiste anglais, né à Langar (1835-1902), peintre satirique de la société victorienne (*Erewhon*, 1872).

BUTLER (Nicholas Murray), sociologue américain, né à Elizabeth (New Jersey) [1862-1947]. (Prix Nobel de la paix, 1931.)

BUTOR (Michel), écrivain français, né à Mons-en-Barœul en 1926. Son œuvre poétique, critique (*Essai sur «les Essais»*, 1968) et romanesque (*l'Emploi du temps*, 1956; *la Modification*, 1957; *Degrés*, 1960; *Mobile*, 1962; *Boomerang*, 1978) compose une exploration méthodique des différents réseaux qui forment toute l'épaisseur de la culture.

BUTT (Isaac), homme politique irlandais, né à Glenfin (1813-1879). En 1870, il inaugura le mouvement pour le *Home Rule.*

BUXEROLLES (86000 Poitiers), comm. de la Vienne; 5 159 h.

BUXTEHUDE (Dietrich), compositeur allemand, né à Oldesloe (1637-1707). Organiste de Lübeck, il fonda dans cette ville des concerts du soir (*Abendmusiken*). On lui doit des cantates, des pièces pour orgue et pour clavecin.

BUXY [bysi] (71390), ch.-l. de c. de Saône-et-Loire; 1 732 h.

BUYS BALLOT (Christophorus Henricus), météorologiste néerlandais, né à Kloetinge (1817-1890). Il a donné la règle déterminant la localisation du centre d'une dépression d'après l'observation de la direction des vents.

BUYSSE (Cyriel), écrivain belge d'expression néerlandaise, né à Nevele (1859-1932), auteur de romans réalistes (*le Bourriquet*).

BUZANÇAIS (36500), ch.-l. de c. de l'Indre, sur l'Indre; 5 227 h. *(Buzancéiens).* Confection.

BUZANCY (08240), ch.-l. de c. des Ardennes; 451 h. Combats en 1918.

BUZĂU, v. de Roumanie; 98 000 h.

BUZENVAL, écart de la comm. de Rueil-Malmaison. Combat du siège de Paris (19 janv. 1871).

BUZOT (François), homme politique français, né à Évreux (1760-1794), député girondin à la Convention, ami de Mme Roland. Son parti ayant été proscrit, il se suicida.

BUZZATI (Dino), écrivain italien, né à Belluno (1906-1972). Peintre, musicien, romancier, il témoigne de la même inspiration fantastique mêlée au réalisme le plus savoureux (*le Désert des Tartares*, 1940; *le K.*, 1966).

BYBLOS, v. de l'anc. Phénicie. Centre commercial actif du IVe au Ier millénaire, elle fut évincée par Tyr. On y a découvert le sarcophage d'Ahiram (XIIIe s. av. J.-C.), portant le plus ancien texte en écriture phénicienne. Vestiges antiques et médiévaux. (Auj. *Djebail*, Liban.)

BYDGOSZCZ, ancienn. en allem. **Bromberg,** v. de Pologne, au nord-est de Poznań; 330 000 h.

BYRD (William), compositeur et organiste anglais (v. 1543-1623). Organiste de la Chapelle royale, il a laissé des messes, des motets, des chansons, des pièces pour clavier et pour viole.

BYRD (Richard Evelyn), amiral, aviateur et explorateur américain, né à Winchester (Virginie) [1888-1957]. Il survola le pôle Nord (1926) puis le pôle Sud (1929) et explora le continent antarctique (1933-1935, 1939-1941, 1946-47).

BYRON (John), navigateur anglais, né à Newstead Abbey (1723-1786). Il découvrit plusieurs îles dans les mers australes.

BYRON (George GORDON, *lord*), poète anglais, né à Londres (1788-1824). Ses poèmes dénoncent le mal de vivre (*Pèlerinage de Childe Harold*, 1812) ou exaltent les héros rebelles (*Manfred*, 1817; *Don Juan*, 1824). Sa mort au milieu des insurgés grecs combattant pour leur indépendance a fait de lui le type même du héros et de l'écrivain romantiques.

Byrsa, citadelle de Carthage.

BYTOM, v. de Pologne (Silésie); 234 000 h. Houille. Sidérurgie.

BYZANCE, colonie grecque construite au VIIe s. av. J.-C., sur le Bosphore, et qui devint *Constantinople**, puis *Istanbul**.

BYZANTIN *(Empire)* ou **EMPIRE ROMAIN D'ORIENT,** Empire chrétien gréco-oriental, héritier de l'Empire romain (330-1453).

— 330 : fondation de Constantinople par Constantin, sur le site de Byzance.

— 395 : Théodose Ier partage l'Empire romain; l'Orient échoit à Arcadius.

— 527-565 : règne de Justinien Ier, qui essaie de rétablir l'Empire romain dans ses anciennes frontières.

— 610-717 : les Héraclides; l'Empire cesse d'être romain pour devenir gréco-oriental.

— 717-802 : les Isauriens; querelle des images (iconoclasme).

— 820-867 : dynastie d'Amorion.

— 867-1081 : dynastie macédonienne; apogée de l'Empire.

— 1054 : schisme d'Orient (Keroularios).

— 1081-1185 : les Comnènes.

— 1195-1204 : les Anges. Prise de Constantinople par les Latins. Formation de principautés grecques en Épire, à Trébizonde et à Nicée.

— 1204-1259 : les Lascaris de Nicée restaurent l'Empire.

— 1261 : reprise de Constantinople.

— 1261-1453 : les Paléologues.

— 1453 : prise de Constantinople par les Turcs.

ART BYZANTIN

L'église des Saints-Théodore à Mistra (Grèce), construite au XIIIe s. sur le plan (réduit) de la basilique de Dhafní.

M. Hétier

Ancienne basilique Sainte-Sophie à Istanbul construite sous le règne de l'empereur Justinien (527-565).

R. Michaud-Rapho

Held-Ziolo

L'Entrée du Christ à Jérusalem. Mosaïque de l'église du couvent de Dhafní (Grèce). XIe s.

Triptyque en ivoire représentant des scènes de la vie du Christ. Xe s. (Musée du Louvre, Paris.)

Musées nationaux

C

Chichén Itzá : statue de Chac-Mool (divinité toltéco-maya), dans le temple des Guerriers aux mille colonnes.

CABALLERO (Cecilia BÖHL VON FABER, dite **Fernán**), romancière espagnole, née à Morges (Suisse) [1796-1877], créatrice du roman de mœurs espagnol (La Gaviota).

CABANEL (Alexandre), peintre français, né à Montpellier (1823-1889), artiste officiel et professeur.

CABANIS (Georges), médecin et philosophe français, né à Cosnac (Limousin) [1757-1808]. Disciple de Condillac, il fut membre du groupe des idéologues. (Acad. fr.)

CABANNES (Les) [09310], ch.-l. de c. de l'Ariège, sur l'Ariège; 470 h.

CABET (Étienne), publiciste français, né à Dijon (1788-1856), auteur d'une célèbre utopie, exposée dans le Voyage en Icarie (1842).

Cabillauds (les), faction politique hollandaise qui soutenait le comte Guillaume V, opposée à celle des Hameçons, favorable à sa mère Marguerite de Bavière (XIVe-XVe s.).

CABIMAS, v. du Venezuela, sur le lac de Maracaibo; 155 000 h. Pétrole.

CABINDA, enclave à l'embouchure du fleuve Zaïre, entre la république populaire du Congo et le Zaïre, dépendance de l'Angola. Pétrole.

Cabochiens, faction populaire du parti bourguignon, sous Charles VI, ainsi nommée du nom de son chef, Caboche, boucher de Paris. On doit à cette faction l'ordonnance cabochienne (1413), qui essayait de donner satisfaction à la bourgeoisie parisienne.

Cabora Bassa, barrage et centrale de la vallée du Zambèze, au Mozambique.

CABOT (Jean) ou **CABOTO** (Giovanni), navigateur vénitien d'origine génoise (v. 1450-v. 1499). Il obtint d'Henri VII, roi d'Angleterre, de diriger une expédition vers le passage du Nord-Ouest et atteignit probablement l'île de Cap-Breton en 1497. — Son fils SÉBASTIEN, né à Venise (1476-1557), participa à ses voyages et, au service de Charles Quint, reconnut le Río de la Plata (1527).

CABOURG (14390), comm. du Calvados; 3 329 h. (Cabourgeais). Station balnéaire.

CABRAL (Pedro ÁLVARES), navigateur portugais, né à Belmonte (v. 1467-1520 ou 1526). Il prit possession du Brésil au nom du Portugal le 22 avril 1500, puis explora les côtes du Mozambique.

CABRAL (Amilcar), homme politique guinéen, né aux îles du Cap-Vert (1921-1973). Il créa

en 1956 le Parti africain pour l'indépendance de la Guinée portugaise et des îles du Cap-Vert (P.A.I.G.C.). Il fut assassiné. — Son demi-frère LUÍS DE ALMEIDA CABRAL, né à Bissau en 1931, président de la République de Guinée-Bissau en 1973, a été renversé par un coup d'État en 1980.

CABRERA, îlot des Baléares où furent cruellement traités les soldats français prisonniers après Bailén, de 1808 à 1813.

CABRERA INFANTE (Guillermo), écrivain cubain, né dans la prov. d'Oriente en 1929. Militant et membre du gouvernement castriste, puis exilé, il est marqué par l'influence de Faulkner (Trois Tristes Tigres).

CABRIÈRES-D'AIGUES (84730), comm. de Vaucluse; 400 h. En 1545, massacre des vaudois sur l'ordre du parlement d'Aix.

CACCINI (Giulio), chanteur et compositeur italien, né à Tivoli (v. 1550-1618), un des initiateurs de l'opéra florentin (L'Euridice).

CÁCERES, v. d'Espagne (Estrémadure); 59 000 h. Enceinte d'origine romaine, palais des XVe-XVIe s., églises.

CACHAN (94230), ch.-l. de c. du Val-de-Marne, au sud de Paris; 27 456 h. Hospices. Centre national de l'enseignement technique.

CACHEMIRE, anc. État de l'Inde, auj. partagé entre la République indienne (État de Jammu-et-Cachemire) et le Pakistan. C'est une région montagneuse, ouverte par le Jhelam qui draine le riche bassin de Srinagar. Annexé par les Britanniques en 1839, puis cédé en 1846 au souverain du Jammu, le Cachemire est, depuis 1947, disputé par l'Inde et le Pakistan.

CACHIN (Marcel), homme politique français, né à Paimpol (1869-1958). Il fut l'un des fondateurs du parti communiste français (1920) et directeur de l'Humanité.

CACUS. Myth. rom. Brigand qui vivait sur l'Aventin. Il déroba à Hercule les bœufs de Géryon en les faisant sortir à reculons. Hercule déjoua la ruse et le tua.

CADALEN (81600 Gaillac), ch.-l. de c. du Tarn; 1 050 h. Église des XIIe et XIIIe s.

CA'DA MÓSTO (Alvise), navigateur vénitien (1432-1488). Il explora les îles Canaries, les côtes du Sénégal et les îles du Cap-Vert pour le compte du Portugal.

CADARACHE, écart de la comm. de Saint-Paul-lez-Durance (Bouches-du-Rhône). Centre d'études nucléaires.

CADENET (84160), ch.-l. de c. de Vaucluse; 2 483 h. Église des XIIe et XIIIe s.

CADEROUSSE (84100 Orange), comm. de Vaucluse; 2 034 h. Centrale hydroélectrique sur une dérivation du Rhône.

Cadet Rousselle, chanson populaire dont le héros possède toutes choses par trois. Elle semble avoir pris naissance dans l'armée des volontaires de 1792.

CADILLAC (33410), ch.-l. de c. de la Gironde, sur la Garonne; 3 340 h. (Cadillacais). Vins. Bastide du XIVe s. Château du début du XVIIe s.

CADIX, en esp. **Cádiz**, v. d'Espagne (Andalousie); 144 000 h. Musée archéologique et pinacothèque. Port militaire sur l'Atlantique, dans l'île de León. Prise par les Français en 1823 (Trocadero).

Cadmée, citadelle de la Thèbes de Grèce.

CADMOS, Phénicien, fondateur légendaire de Thèbes, en Béotie.

Cadmus et Hermione, première tragédie lyrique de Lully, livret de Quinault (1673).

CADORNA (Luigi), maréchal italien, né à Pallanza (1850-1928), généralissime de l'armée italienne de 1915 à 1917.

CADOU (René Guy), poète français, né à Sainte-Reine-de-Bretagne (1920-1951). Poète de la vie quotidienne, d'inspiration chrétienne, il est le principal représentant de l'« école de Rochefort » (la Vie rêvée, 1944; Hélène ou le Règne végétal, 1945-1951).

CADOUDAL (Georges), chef vendéen, né à Kerléano, près d'Auray (1771-1804). Il fut un de ceux qui formèrent le complot de la machine infernale contre le Premier consul (1800). Il prit part au complot de 1804, fut pris et exécuté.

CADOURS (31480), ch.-l. de c. de la Garonne; 777 h.

CADURCI ou **CADURQUES**, anc. peuple de la Gaule qui occupait le Quercy.

CAECILIUS METELLUS, nom de plusieurs consuls romains qui, du IIIe s. au Ier s. av. J.-C., jouèrent un rôle important dans l'histoire de la République romaine.

CAELIUS, une des sept collines de Rome.

CAEN [kɑ̃] (14000), ch.-l. de la Région Basse-Normandie et du dép. du Calvados, sur l'Orne, dans la campagne de Caen, à 223 km à l'ouest de Paris; 122 794 h. (Caennais [kanɛ]). Plus de 180 000 h. dans l'agglomération. Académie et université; cour d'appel. Anc. abbayes aux Hommes et aux Dames, fondées par Guillaume le Conquérant et la reine Mathilde (imposantes abbatiales romanes et gothiques). Musée des beaux-arts dans l'enceinte du château. Constructions mécaniques. Port sur le canal de Caen à la mer. Enjeu en 1944 d'une violente bataille où la ville fut détruite.

CAERE → CERVETERI.

CAFFIERI, famille d'artistes français (sculpteurs, ciseleurs, etc.) de souche italienne, travaillant à Paris pour la cour et la haute société (fin du XVIIe et XVIIIe s.).

CAFRERIE, dénomination d'origine arabe appliquée autrefois par les géographes à la partie de l'Afrique au sud de l'équateur, et ne désignant plus que deux régions de la province du Cap.

CAGE (John), compositeur américain, né à Los Angeles en 1912. Élève de Schönberg, inventeur des « pianos préparés », il fut l'un des premiers à introduire en musique la notion d'indétermination et l'idée du hasard.

CAGLIARI, principale ville de la Sardaigne, sur la côte sud de l'île; 240 000 h. Riche musée archéologique.

CAGLIOSTRO [kaljɔstro] (Giuseppe BALSAMO, dit **Alexandre, comte de**), aventurier italien, né à Palerme (1743-1795). Médecin, adepte de l'occultisme, il fut compromis dans l'affaire du collier de la reine Marie-Antoinette.

CAGNES-SUR-MER (06800), ch.-l. de c. des Alpes-Maritimes; 29 538 h. Château surtout des XIVe et XVIIe s. (musée). Station balnéaire au *Cros-de-Cagnes* (06170).

CAGNIARD DE LA TOUR (Charles, *baron*), physicien français, né à Paris (1777-1859), inventeur de la sirène (1819).

Cagoulards, membres d'une organisation d'extrême droite responsable, entre 1932 et 1940, de plusieurs attentats terroristes.

CAHORS [kaɔr] (46000), ch.-l. du dép. du Lot, sur le Lot, à 569 km au sud de Paris; 21 903 h. (*Cadurciens*). Évêché. Cathédrale à coupoles remontant au début du XIIe s. Pont Valentré (XIVe s.).

Granham-Rapho / Duboutin-Explorer

Calcutta
le centre de la ville

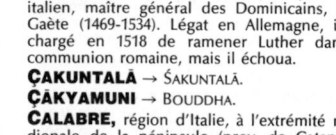

Hinous-Top

Caen
l'abbaye
aux Hommes

Le **Caire**
la mosquée
Sulṭān Ḥasan
(à gauche)

Combier

Calais : devant l'hôtel de ville
le groupe des *Bourgeois de Calais*
dû à Rodin

CAÏFFA, anc. nom de *Haïfa**.

CAILLAUX (Joseph), homme politique français, né au Mans (1863-1944). Ministre des Finances (1899-1902 et 1906-1909), il présenta un projet d'impôt sur le revenu. Président du Conseil (1911-12), il négocia la convention franco-allemande sur le Maroc. De nouveau ministre des Finances (1913), il démissionna en 1914 à la suite de l'assassinat, par sa femme, de Gaston Calmette, directeur du *Figaro*. Accusé, en 1917, de correspondance avec l'ennemi, il fut condamné, puis amnistié (1925); il revint à la vie politique comme ministre des Finances en 1925-26.

CAILLEBOTTE (Gustave), peintre français, né à Paris (1848-1894). Il pratiqua l'impressionnisme et légua à l'État une importante collection de tableaux des maîtres de cette école.

CAILLETET (Louis), physicien et industriel français, né à Châtillon-sur-Seine (1832-1913), auteur de travaux sur la liquéfaction des gaz.

CAILLIÉ (René), voyageur français, né à Mauzé (1799-1838). Il est le premier Français qui visita Tombouctou (1828).

CAILLOIS (Roger), écrivain et anthropologue français, né à Reims (1913-1978), auteur d'essais sur les mythes sociaux et intellectuels (*l'Homme et le sacré, la Pieuvre. Essai sur la logique de l'imaginaire*). [Acad. fr.]

CAÏMANS ou **CAYMAN** (*îles*), îles britanniques des Antilles; 10 000 h.

CAÏN, fils aîné d'Adam et d'Ève. Jaloux de son frère Abel, il le tua.

CAÏPHE, surnom de Joseph, grand prêtre juif de 18 à 36, en fonctions durant le procès de Jésus.

CAIRE (Le), en arabe **Al-Qāhira,** cap. de l'Égypte, sur le Nil; 6 824 000 h. (*Cairotes*). Centre commercial, administratif, intellectuel (université, musées). Mosquées anciennes (ibn Ṭūlūn [IXe s.], al-Azhar, etc.); remparts, portes imposantes et citadelle du Moyen Âge; palais et mausolées. Le ville, créée par les Fāṭimides en 969, devint une grande métropole économique et intellectuelle, dont Ismā'īl pacha entreprit la modernisation à la fin du XIXe s.

CAJAL (Santiago RAMÓN Y), médecin et biologiste espagnol, né à Petilla de Aragón (1852-

1934). Prix Nobel, en 1906, pour ses recherches sur le système nerveux.

CAJARC [-ʒar] (46160), ch.-l. de c. du Lot, sur le Lot; 1 184 h.

CAJETAN (Tommaso DE VIO, dit), cardinal italien, maître général des Dominicains, né à Gaète (1469-1534). Légat en Allemagne, il fut chargé en 1518 de ramener Luther dans la communion romaine, mais il échoua.

ÇAKUNTALĀ → ŚAKUNTALĀ.

ÇĀKYAMUNI → BOUDDHA.

CALABRE, région d'Italie, à l'extrémité méridionale de la péninsule (prov. de Catanzaro, Cosenza et Reggio di Calabria); 15 080 km²; 2 058 000 h. Cap. *Catanzaro*. C'est une région au relief accidenté. Les cultures arbustives (agrumes, vigne, olivier) se concentrent sur le littoral occidental, où s'est établie la principale ville, *Reggio di Calabria*. Le duché de Calabre, conquis au XIe s. par les Normands, fut l'un des noyaux du royaume de Sicile.

CALACUCCIA (20224), ch.-l. du canton de Niolu-Omessa (Haute-Corse); 1 100 h. Barrage sur le Golo.

CALAIS (62100), ch.-l. d'arr. du Pas-de-Calais, sur le *pas de Calais*; 79 369 h. (*Calaisiens*). Premier port français de voyageurs. Industries textiles (fibres synthétiques, ayant remplacé la dentelle), mécaniques et chimiques. Calais fut prise par les Anglais en 1347 après une héroïque résistance; le dévouement d'Eustache de Saint-Pierre et de cinq bourgeois, qui se livrèrent à Édouard III (sujet d'un groupe en bronze de Rodin), sauva la ville, qui fut définitivement restituée à la France en 1598. Le vieux Calais fut détruit pendant la Seconde Guerre mondiale.

CALAIS (*pas de*), détroit entre la France et l'Angleterre, large de 31 km et long de 185 km; il est peu profond et unit la Manche à la mer du Nord.

CALAME (Alexandre), peintre et graveur suisse, né à Vevey (1810-1864). Il a dépeint les beautés de la haute montagne en paysagiste influencé par le romantisme.

CALAS [-lɑs] (Jean), négociant de Toulouse, né à Lacabarède (1698-1762). Accusé faussement d'avoir tué son fils pour l'empêcher d'abjurer le protestantisme, il fut supplicié. Voltaire contribua à sa réhabilitation en 1765.

Calatrava (*ordre de*), ordre religieux et militaire espagnol fondé en 1158 à Calatrava (Nouvelle-Castille) pour la défense contre les Maures.

CALAURIE, île de la Grèce, sur la côte de l'Argolide.

CALCHAS, devin grec qui participa à la guerre de Troie. Il ordonna le sacrifice d'Iphigénie et conseilla de construire le cheval de Troie.

CALCUTTA, v. de l'Inde, cap. de l'État du Bengale-Occidental, sur l'Hoogly; 3 149 000 h. (plus de 7 millions dans l'agglomération). Important Indian Museum. Commerce du jute. Constructions mécaniques. La ville fut fondée en 1690 par les Britanniques; elle fut la capitale de l'Inde anglaise de 1772 à 1912.

CALDARA (Antonio), compositeur italien, né à Venise (?) [v. 1670-1736], auteur d'œuvres instrumentales, d'opéras, d'oratorios, de cantates, de messes, etc.

CALDER (Alexander), sculpteur américain, né à Philadelphie (1898-1976). Il a exécuté en fil de fer et en tôle peinte les poétiques *mobiles* qu'agite l'air (à partir de 1932/34, à Paris), accompagnés par la suite de puissants *stabiles*.

CALDERA RODRÍGUEZ (Rafael), homme politique vénézuélien, né à San Felipe en 1916, président de la République de 1969 à 1974.

CALDER HALL, localité du nord-ouest de l'Angleterre. Centrale nucléaire.

CALDERÓN DE LA BARCA (Pedro), poète dramatique espagnol, né à Madrid (1600-1681), auteur d'« autos sacramentales » (*le Grand Théâtre du monde*) et de comédies à thèmes historiques ou religieux (*la Dévotion à la Croix*, 1633; *La vie est un songe*, v. 1635; *le Médecin de son honneur*, 1635; *l'Alcade de Zalamea*, 1642).

CALDWELL (Erskine), écrivain américain, né à White Oak (Géorgie) en 1903, peintre réaliste des petits Blancs du sud des États-Unis (*la Route au tabac, le Petit Arpent du Bon Dieu*).

CALÉDONIE, anc. nom de l'*Écosse**.

CALENZANA (20214), ch.-l. de c. de la Haute-Corse; 1700 h.

CALEPINO (Ambrogio), lexicographe italien, né à Bergame (v. 1440-1510), auteur d'un *Dictionnaire de la langue latine* (1502).

CALGARY, v. du Canada (Alberta); 469 917 h. Centre ferroviaire, commercial et industriel.

CALI, v. de Colombie, dans la Cordillère occidentale; 1 077 000 h.

Caliban, personnage de *la Tempête* de Shakespeare. Gnome monstrueux, il personnifie la force brutale obligée d'obéir à une puissance supérieure (symbolisée par Ariel), mais toujours en révolte contre elle.

CALICUT, auj. **Kozhikode,** port de l'Inde (Kerala), sur le golfe d'Oman; 334 000 h. Aéroport. La ville a donné son nom aux étoffes de coton dites *calicots*. Le port fut la première escale de Vasco de Gama en 1498.

CALIFORNIE, en angl. **California,** État de l'ouest des États-Unis, sur le Pacifique; 411 000 km²; 20 468 000 h. (*Californiens*). Cap. *Sacramento*. De climat chaud et sec, la Californie est formée par une longue plaine (Grande Vallée) possédant de riches cultures fruitières, des vignobles, et encadrée par la sierra Nevada à l'est et par de moyennes montagnes à l'ouest (Coast Range), retombant sur le littoral où se localisent les principales villes (Los Angeles et San Francisco). La présence du pétrole a favorisé le développement industriel de l'État (chimie et métallurgie), le plus peuplé de l'Union. La Californie, alors aux mains des Mexicains, entra dans l'Union en 1848 et fut érigée en État en 1850. La découverte de l'or et la construction du premier chemin de fer transcontinental assurèrent sa prospérité.

CALIFORNIE (Basse-), longue péninsule montagneuse et aride du Mexique au sud de la *Californie* (américaine), entre le Pacifique et le golfe de Californie.

CALIFORNIE (*courant de*), courant marin froid du Pacifique, s'écoulant vers le sud, le long du littoral de Californie.

CALIGULA (Caius Caesar Augustus Germanicus), né à Antium (auj. Anzio) [12-41], empereur romain (37-41), fils de Germanicus. Atteint de déséquilibre mental, il gouverna en tyran et périt assassiné.

CÁLINESCU (George), écrivain roumain, né à Bucarest (1899-1965), principal interprète de la crise de conscience des lettres roumaines (*Vie d'Eminescu, le Bahut noir*).

CALIXTE ou **CALLISTE Ier** (*saint*) [v. 155-222], pape de 217-218 à 222. — CALIXTE II (v. 1060-1124), pape de 1119 à 1124; il régla la querelle des investitures par le concordat de Worms (1122). — CALIXTE III, né à Játiva (1378-1458), pape de 1455 à 1458.

CALLAC (22160), ch.-l. de c. des Côtes-du-Nord; 3 225 h. Foires.

CALLAGHAN (James), homme politique britannique, né à Portsmouth en 1912. Leader du parti travailliste (jusqu'en 1980), il a été Premier ministre de 1976 à 1979.

CALLAO, principal port (pêche et commerce) du Pérou, débouché de Lima; 312 000 h.

CALLAS (83830), ch.-l. de c. du Var; 708 h.

CALLAS (Maria KALOGEROPOULOS, dite **la**), cantatrice grecque, née à New York (1923-1977). Elle mit au service du bel canto son extraordinaire virtuosité vocale et ses penchants pour l'expression dramatique.

Callias (*paix de*), accord, dit aussi *paix de Cimon* (449 av. J.-C.), qui garantissait l'autonomie des cités grecques d'Asie et assurait l'hégémonie athénienne sur la mer Égée.

CALLICRATÈS, architecte d'Athènes, qui éleva le Parthénon avec Ictinos (ve s. av. J.-C.).

CALLIÈRES (Louis Hector DE), administra-teur français, né à Thorigny (Normandie) [1646-1703]; gouverneur général de la Nouvelle-France de 1699 à 1703.

Calligrammes, recueil poétique de G. Apollinaire (1918), dont les vers sont disposés de manière à représenter les objets qui forment le thème du poème.

CALLIMAQUE, sculpteur grec, actif à Athènes à la fin du ve s. av. J.-C., disciple de Phidias.

CALLIMAQUE, poète et grammairien alexandrin, né à Cyrène (v. 310-235 av. J.-C.).

CALLINOS d'Éphèse, le plus ancien des poètes lyriques grecs (viie s. av. J.-C.).

CALLIOPE. *Myth.* Muse de la Poésie épique et de l'Éloquence.

CALLISTO, nymphe d'Arcadie. Aimée de Zeus,

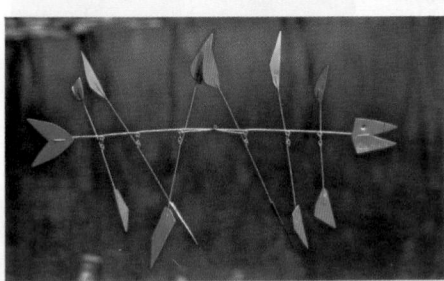

James **Callaghan**

Calder
le Poisson de huit heures
mobile de 1965

Calderón de la Barca
gravure de **Callot** : *Danse de comédiens italiens*

CALVADOS

CAMBODGE

Lauros-Giraudon

Jean
Calvin

elle fut changée en ourse par Héra et tuée à la chasse par Artémis. Zeus fit d'elle une constellation, la *Grande Ourse.*

CALLOT [kalo] (Jacques), graveur et peintre français, né à Nancy (1592-1635). Génie hardi, fécond et fantasque, il travailla en Italie et en Lorraine. Grand maître de l'eau-forte, il eut une influence considérable sur les graveurs du XVIIe s. Les suites des *Caprices,* des *Gueux,* des *Misères et malheurs de la guerre* sont particulièrement célèbres.

CALMAR → KALMAR.

CALMETTE (Albert), médecin et bactériologiste français, né à Nice (1863-1933). Il a découvert, avec Guérin, le vaccin antituberculeux dit *B. C. G.*

CALONNE (Charles Alexandre DE), ministre français, né à Douai (1734-1802). Contrôleur général des Finances en 1783, il s'efforça de rétablir l'équilibre budgétaire en réformant radicalement la gestion des fonds publics et le mode de répartition des impôts. L'Assemblée des notables ayant refusé d'entériner son plan, il fut disgracié (1787).

CALONNE-RICOUART (62470), comm. du Pas-de-Calais; 8 548 h.

CALOOCAN, banlieue de Manille (Philippines); 305 000 h.

CALPÉ, une des deux colonnes d'Hercule, anc. nom de *Gibraltar.*

CALPURNIUS PISON, nom d'une branche de la *gens Calpurnia,* dont les principaux membres furent : CAIUS CALPURNIUS, consul en 67 av. J.-C. et proconsul de la Gaule Narbonnaise; accusé de péculat par César, il fut défendu par Cicéron; — CNEIUS CALPURNIUS, consul sous Tibère, accusé du meurtre de Germanicus, il se donna la mort en 20 apr. J.-C.; — CAIUS CALPURNIUS, qui organisa une conspiration, dite *de Pison,* contre Néron. Il s'ouvrit les veines en 65 apr. J.-C.

CALPURNIUS PISON LICINIANUS (Lucius), homme politique romain (38-69). Galba le désigna pour son successeur, et ils furent massacrés ensemble par les partisans d'Othon.

CALTANISSETTA, v. d'Italie (Sicile); 60 000 h. Soufre.

CALUIRE-ET-CUIRE (69300), comm. du Rhône, banlieue nord de Lyon; 43 346 h.

CĀLUKYA ou **CHĀLUKYA,** dynasties de l'Inde : celle des Cālukya occidentaux a régné dans le Deccan du VIe au VIIIe s. et de la fin du Xe à la fin du XIIe s., et celle des Cālukya orientaux (VIIe - fin du XIe s.) sur la région de Vengī.

CALVADOS, chaîne d'écueils et de petites falaises, sur la Manche.

CALVADOS [-dos] *(dép. du)* **[14],** dép. de la Région Basse-Normandie; ch.-l. de dép. *Caen;* ch.-l. d'arr. *Bayeux, Lisieux, Vire;* 4 arr., 42 cant., 704 comm.; 5 536 km²; 560 967 h. *(Calvadosiens).* Il est rattaché à l'académie et à la circonscription judiciaire de Caen, à la région militaire de Rennes et à la province ecclésiastique de Rouen. S'étendant sur le Massif armoricain (Bocage normand) et le Bassin parisien (Bessin, campagne de Caen, pays d'Auge), le dép. est une riche région agricole où domine l'élevage bovin pour les produits laitiers. L'industrie (métallurgie, chimie, constructions électriques, etc.) est concentrée dans l'agglomération de Caen. Le tourisme estival anime le littoral (Deauville, Cabourg).

CALVAERT (Denijs), peintre flamand, né à Anvers (v. 1540/45-1619). Il fonda à Bologne une école qui servit de modèle à celle des Carrache.

CALVAIRE, en araméen **Golgotha,** butte, près de Jérusalem, où fut crucifié Jésus.

Calvaire *(Filles du)* ou **Calvairiennes,** congrégation de bénédictines réformées, établie à Poitiers par Antoinette d'Orléans et le Père Joseph (1617).

CALVI (20260), ch.-l. d'arr. de la Haute-Corse; 3 684 h. *(Calvais).* Citadelle. Port de voyageurs. Station balnéaire.

CALVIN (Jean), réformateur français, né à Noyon (1509-1564). Il passe à la Réforme en 1533-34. Obligé de quitter la France, il effectue divers séjours à Strasbourg, à Bâle et à Genève et se fixe définitivement en 1541 dans cette dernière ville, où il instaure un État dirigé selon les principes de l'Évangile. Son œuvre principale, l'*Institution de la religion chrétienne* (1536), est l'exposé le plus important de la foi réformée. La pensée de Calvin est centrée sur deux points principaux : la transcendance et la souveraineté absolue de Dieu; la double prédestination de chaque homme au salut ou à la damnation.

CALVIN (Melvin), biochimiste américain, né à Saint Paul (Minnesota) en 1911. On lui doit la description du «cycle de Calvin», qui assure la photosynthèse des plantes chlorophylliennes. (Prix Nobel de chimie, 1961.)

CALVINO (Italo), écrivain italien, né à Santiago de Las Vegas (Cuba, prov. de La Havane) en 1923. Ses contes introduisent l'humour et la fantaisie dans l'esthétique néoréaliste (le *Baron perché, les Villes invisibles).*

CALVO SOTELO (José), homme politique espagnol, né à La Corogne (1893-1936), chef du parti monarchiste. Son assassinat fut le signal de la guerre civile. — Son neveu LEOPOLDO, né à Madrid en 1926, devient Premier ministre en 1981.

CALYPSO, nymphe, reine de l'île d'Ogygie (près de Gibraltar?). Elle accueillit Ulysse naufragé et le retint dix années.

CAM ou **CÃO** (Diogo), navigateur portugais du XVe s. Il établit des liens solides entre le Portugal et les souverains du Congo.

CAMAGÜEY, v. de Cuba, ch.-l. de prov. dans l'intérieur de l'île; 198 000 h.

CÂMARA (Hélder PESSÔA) → PESSÔA CÂMARA.

CAMARAT *(cap),* promontoire situé au sud-est de Saint-Tropez (Var).

CAMARÈS (12360), ch.-l. de c. de l'Aveyron; 1212 h. À 8 km., anc. abbatiale cistercienne de Sylvanès (XIIe s.).

CAMARET-SUR-AIGUES (84150 Jonquières), comm. de Vaucluse; 2 255 h. Conserverie.

CAMARET-SUR-MER (29190), comm. du Finistère, dans la presqu'île de Crozon; 3 272 h.

CAMARGO (Marie Anne DE CUPIS DE), danseuse française, née à Bruxelles (1710-1770). Elle renouvela les rôles féminins.

CAMARGUE (la), région comprise entre les deux principaux bras du delta du Rhône; 60 000 ha (dont 26 000 environ en marais et en étangs). Au sud s'étend la région marécageuse, domaine de l'élevage des taureaux et des chevaux, et des marais salants, et où a été créée une réserve botanique et zoologique. Au nord, on cultive le riz, la vigne et les plantes fourragères. (Hab. *Camarguais.*) — La Camargue constitue aujourd'hui un parc naturel régional.

CA MAU *(cap),* pointe sud de la Cochinchine.

CAMBACÉRÈS (Jean-Jacques DE), **duc de Parme,** jurisconsulte et homme d'État français, né à Montpellier (1753-1824), deuxième consul, archichancelier de l'Empire (1804). Il prit part à la rédaction du Code civil. (Acad. fr.)

Cambambe, centrale hydroélectrique de l'Angola, sur le Cuanza.

CAMBAY *(golfe de),* échancrure de la côte occidentale de l'Inde (Gujerat).

CAMBERT (Robert), compositeur français, né à Paris (v. 1628-1677), un des fondateurs de l'opéra français (Pomone, 1671).

CAMBODGE ou **KAMPUCHÉA,** État de l'Indochine, sur le golfe de Siam; 180 000 km²; 7 880 000 h. *(Cambodgiens).* Cap. *Phnom Penh.* Langue : *cambodgien.*

GÉOGRAPHIE

Le pays, au climat chaud et humide, est formé de plateaux gréseux et basaltiques, recouverts de forêts ou de savanes, entourant un bassin sédimentaire. La population se concentre dans cette dépression centrale, où se loge le Tonlé Sap et qui est drainée par le Mékong. Le riz est la base de l'alimentation, et le caoutchouc, la principale culture commerciale.

HISTOIRE

— Ier s. apr. J.-C. : fondation du Fou-nan, royaume prékhmer.
— Ier-Ve s. : le Fou-nan, véritable « empire des Mers du Sud », prospère.
— v. 550 : absorption du Fou-nan par un vassal du Nord, Bhavavarnam Ier, chef des Kambujas.
— VIIe s. : le Tchen-la, territoire des Kambujas, et de la région du delta du Mékong.
— début du IXe s. : fondation de la dynastie d'Angkor par Jayavarman II.
— 1130-1150 : apogée de la dynastie et de la civilisation khmères sous Sûryavarman II, bâtisseur du temple d'Angkor Vat.
— 1431 : la dynastie siamoise d'Ayuthia prend et ravage Angkor. La capitale du Cambodge est transférée à Phnom Penh.
— 1516-1566 : Ang Chan renoue avec la tradition des rois bâtisseurs.
— 1594 : le pays est ruiné par une invasion siamoise.
— XVIIIe s. : le Cambodge perd le delta du Mékong. Tutelle vietnamienne grandissante. Pressions siamoises.
— 1847-1859 : le roi Ang Duong fait appel à la France.
— 1863 : le Cambodge devient protectorat français.
— 1904-1941 : règnes réparateurs de Sisovath (1904-1927) et Monivong (1927-1941).
— 1949-1954 : sous Norodom Sihanouk, roi en 1941, le Cambodge acquiert son indépendance.
— 1955 : Norodom Sihanouk abdique en faveur de son père Norodom Suramarit († 1960), mais assume le gouvernement.
— 1960 : Norodom Sihanouk, chef de l'État.
— 1967 : le Cambodge reconnaît le Viêt-nam du Nord.
— 1968 : Norodom Sihanouk obtient les pleins pouvoirs.
— 1970 : coup d'État par le maréchal Lon Nol, proaméricain. Sihanouk s'exile.
— 1975 : les Khmers révolutionnaires, dits

« Khmers rouges », prennent Phnom Penh et contrôlent le pays. Retour de Norodom Sihanouk, qui démissionnera en avril 1976. Khieu Samphan, chef de l'État, dirige une politique collectiviste accompagnée d'une répression sanglante.
— 1979 : le régime des Khmers rouges est renversé par une opposition soutenue par l'armée du Viêt-nam. Le nouveau régime n'est reconnu que par une minorité d'États.

CAMBO-LES-BAINS (64250), comm. des Pyrénées-Atlantiques ; 5 126 h. (*Camboards*). Église basque typique. Station thermale et climatique.

CAMBON (Joseph), Conventionnel français, né à Montpellier (1756-1820). Président du Comité des Finances (1793-1795), il fut le créateur du *grand livre de la Dette publique.*

CAMBON (Paul), diplomate français, né à Paris (1843-1924). Il fut ambassadeur à Londres de 1898 à 1920. — Son frère JULES, né à Paris (1845-1935), fut ambassadeur à Berlin de 1907 à 1914. (Acad. fr.)

CAMBRAI (59400), ch.-l. d'arr. du Nord, sur l'Escaut ; 41 109 h. (*Cambrésiens*). Archevêché érigé en 1559. Monuments des XVIIe et XVIIIe s. Industries textiles, mécaniques et alimentaires (confiserie : *bêtises de Cambrai*). Base aérienne.
— En 1529 y fut conclu le traité de Cambrai, ou *paix des Dames*, négocié par Louise de Savoie, au nom de François Ier, et par Marguerite d'Autriche, au nom de Charles Quint, son neveu. Cambrai fut réunie à la France en 1678.

Cambrai (ligue de), alliance conclue en 1508 entre le pape Jules II, l'empereur Maximilien, Louis XII et Ferdinand d'Aragon contre les Vénitiens. Louis XII fut l'exécuteur des décisions de la ligue, par sa victoire d'Agnadel.

CAMBREMER (14340), ch.-l. de c. du Calvados ; 936 h. Tour du XIIe s.

CAMBRÉSIS [-zi], pays de France, réuni au royaume après le traité de Nimègue (1678) ; ch.-l. *Cambrai.* (Hab. *Cambrésiens.*) C'est un bas plateau recouvert de limon (blé, betterave à sucre), voie de passage entre le Bassin parisien et la Flandre (*seuil du Cambrésis*).

CAMBRIDGE, v. d'Angleterre, ch.-l. de comté ; 99 000 h. Université comptant des collèges célèbres (le premier fut fondé en 1284). Chapelle du

King's College, de style perpendiculaire (voûtes « en éventail »). Musée Fitzwilliam.

CAMBRIDGE, v. des États-Unis (Massachusetts) ; 100 000 h. Université Harvard.

CAMBRIN (62149), ch.-l. de c. du Pas-de-Calais ; 814 h.

CAMBRONNE (Pierre), général français, né à Nantes (1770-1842). Il fut blessé à Waterloo où il commandait le 1er chasseurs à pied de la Garde. On lui attribue, à tort semble-t-il, d'avoir répondu à une sommation de se rendre par le mot célèbre auquel reste attaché son nom.

CAMBYSE II, roi de Perse, fils et successeur de Cyrus II le Grand. Il régna de 530 à 522 av. J.-C. et conquit l'Égypte (525).

CAMERARIUS (Joachim), humaniste allemand, né à Bamberg (1500-1574). Il rédigea, avec Melanchthon, la *Confession d'Augsbourg.*

CAMERON (Verney Lovett), voyageur anglais, né à Radipole (1844-1894). Il a accompli la traversée de l'Afrique de 1873 à 1875.

Camerone, combat de la guerre du Mexique, le 30 avril 1863, dont l'anniversaire est devenu la fête de la Légion étrangère française.

CAMEROUN (*République unie du*), État de l'Afrique, au fond du golfe de Guinée ; 474 000 km²; 8 500 000 h. (*Camerounais*). Cap. *Yaoundé;* v. pr. *Douala.* Langues offic. : *français* et *anglais.*

GÉOGRAPHIE

Le Cameroun est formé de plaines (sur le littoral), de hauteurs volcaniques isolées (*mont Cameroun,* au nord de Douala, qui est le débouché maritime du pays), de chaînes massives au centre (Adamaoua), de collines et de plateaux aux extrémités méridionale et septentrionale. L'extension en latitude explique la dégradation progressive vers le nord du climat équatorial, et le passage du sud au nord de la forêt dense (fournissant du bois précieux et trouée par des cultures de cacao, de café, de bananes, d'arachide) à la savane (domaine de l'élevage bovin et des cultures vivrières [mil, sorgho, manioc]). En dehors des branches alimentaires, l'industrie est essentiellement représentée par la production d'aluminium (Édéa).

HISTOIRE

— XVe s. : les Portugais atteignent les côtes.
— XVIe s. : suzeraineté du Bornou.
— XVIIe-XVIIIe s. : suzeraineté du Baguirmi.
— XIXe s. : conquête foulbé.
— 1860 : intervention des Européens (Britanniques, Allemands) : apparition de missionnaires; installation des premières factoreries.
— 1884 : G. Nachtigal obtient le premier traité de protectorat sur le Cameroun, qui devient une colonie allemande.
— 1911 : un traité franco-allemand étend les possessions allemandes.
— 1916 : les Alliés expulsent les Allemands.
— 1919 : la France et la Grande-Bretagne obtiennent le mandat sur les territoires camerounais qui leur sont impartis.
— 1945 : le mandat est transformé en tutelle.
— 1948 : création par Ruben Um Nyobé de l'Union des populations du Cameroun (U. P. C.), qui développe les revendications nationales.
— 1960 (1er janv.) : proclamation de l'indépendance de l'ex-Cameroun français. Ahmadou Ahidjo, président de la République.
— 1961 : rattachement, à cette république, du sud de l'ex-Cameroun britannique (le nord est réuni au Nigeria).
— 1972 : après référendum, le Cameroun adopte une structure unitaire et devient la République unie du Cameroun.

CAMICHEL (Charles), mathématicien français, né à Montagnac (1871-1966). Il fut, avec Léopold Escande, le promoteur de la technique des modèles réduits.

CAMILLE, reine légendaire des Volsques.

CAMILLE → FURIUS CAMILLUS.

CAMÕES ou **CAMOENS** (Luís DE), poète portugais, né à Lisbonne (1524 ou 1525-1580), auteur de poèmes dans la tradition médiévale (*redondilhas*) ou pastorale, de sonnets inspirés de la Renaissance italienne, et de l'épopée nationale des *Lusiades.*

courbes : 200, 500, 1000, 2000 m

CAMEROUN

Luís de **Camões**

chapelle (XVe s.) du King's College à **Cambridge**

Secrét. Interm. Lisbonne

Kersting-Ziolo

Camp du Drap d'or, nom donné à la plaine située entre Guînes et Ardres (Pas-de-Calais), où François Ier rencontra Henri VIII, roi d'Angleterre, en 1520, afin de négocier avec lui une alliance contre Charles Quint, alliance qui échoua.

CAMPAGNAC (12560), ch.-l. de c. de l'Aveyron; 458 h.

CAMPAGNE → CHAMPAGNE.

CAMPAGNE-LÈS-HESDIN (62870), ch.-l. de c. du Pas-de-Calais; 1468 h.

CAMPAGNE ROMAINE, en ital. **Agro Romano,** région de l'Italie (Latium), autour de Rome.

CAMPAN (65200 Bagnères de Bigorre), ch.-l. de c. des Hautes-Pyrénées; 1587 h. Marbre.

CAMPAN (Jeanne Louise GENET, **M**me), née à Paris (1752-1822), secrétaire de Marie-Antoinette, puis directrice de la maison de la Légion d'honneur d'Écouen. Elle a laissé des *Mémoires.*

CAMPANA (Dino), poète italien, né à Marradi (1885-1932), qui mena jusqu'à la folie une expérience visionnaire *(Canti Orfici).*

CAMPANELLA (Tommaso), philosophe et dominicain italien, né à Stilo, en Calabre (1568-1639). Il combattit la scolastique et critiqua l'autoritarisme de l'Église. Il passa vingt-sept ans en prison. Sa *Cité du soleil* est une remarquable construction utopique.

CAMPANIE, région d'Italie, sur le versant occidental de l'Apennin, formée des prov. d'Avellino, Bénévent, Caserte, Naples et Salerne; 13595 km²; 5380000 h. Cap. *Naples.* La zone côtière est composée de riches plaines séparées

André **Campra**

Albert **Camus**

par de petits massifs calcaires (péninsule de Sorrente) ou volcaniques (Vésuve, champs Phlégréens, etc.). Les sols riches portent de belles cultures (arbres fruitiers, primeurs, vigne).

CAMPBELL, clan d'Écosse, qui a joué un rôle important dans l'histoire de l'Angleterre.

CAMPBELL-BANNERMAN (sir Henry), homme politique britannique, né à Glasgow (1836-1908). Leader des libéraux à la Chambre des communes (1898), il fut Premier ministre de 1905 à sa mort.

Camp David, résidence privée du président des États-Unis (Maryland) où eurent lieu les négociations entre les États-Unis, l'Égypte et Israël (5-17 sept. 1978) qui aboutirent à la signature d'un traité de paix israélo-égyptien.

CAMPECHE (golfe de), partie nord-ouest du golfe du Mexique, sur le littoral mexicain.

CAMPIDANO, plaine du sud de la Sardaigne.

CAMPIN (Robert), peintre hainuyer (av. 1380-1444). Maître à Tournai en 1406, il est sans doute l'auteur des peintures très novatrices longtemps

groupées sous le nom d'un hypothétique « Maître de Flémalle » (musées de Dijon, New York, Francfort, Londres, Madrid, etc.).

CAMPINA GRANDE, v. du nord-est du Brésil; 196000 h.

CAMPINAS, v. du Brésil (São Paulo); 376000 h.

CAMPINE, région du nord de la Belgique, qui se prolonge aux Pays-Bas. Elle comporte des landes assez pauvres, parfois mises en valeur (élevage, cultures maraîchères), et possède un bassin houiller.

CAMPISTRON (Jean GALBERT DE), poète dramatique français, né à Toulouse (1656-1723), successeur éphémère de Racine. (Acad. fr.)

CAMPITELLO (20252), ch.-l. de c. de la Haute-Corse; 202 h.

CAMPOBASSO, v. d'Italie, cap. de la Molise; 45000 h.

Campo dell'Oro, aéroport d'Ajaccio.

Campoformio *(traité de),* conclu le 18 oct. 1797 entre Bonaparte et l'Autriche, daté du bourg de Campoformio (auj. Campoformido) en Vénétie. Ce traité donnait à la France la Belgique et les îles Ioniennes, assurait sa mainmise sur l'Italie et sur la rive gauche du Rhin.

CAMPOLORO-DI-MORIANI *(canton de),* canton de la Haute-Corse; ch.-l. *Cervione.*

CAMPOS, v. du Brésil (Rio de Janeiro); 319000 h. Aluminium.

CAMPRA (André), compositeur français, né à Aix-en-Provence (1660-1744), un des créateurs de l'opéra-ballet *(l'Europe galante,* 1697).

CAMUS (Jean-Pierre), évêque de Belley, né à Paris (1582-1652). Ami de saint François de Sales, il polémiqua avec les protestants.

CAMUS (Armand), jurisconsulte français, né à Paris (1740-1804), premier conservateur des Archives nationales.

CAMUS (Albert), écrivain français, né à Mondovi (Algérie) [1913-1960]. Il a traduit dans ses essais *(le Mythe de Sisyphe,* 1942), ses romans *(l'Étranger,* 1942; *la Peste,* 1947; *la Chute,* 1956) et son théâtre *(Caligula,* 1945; *les Justes,* 1949) le sentiment de l'absurdité de la destin humain né du choc de la Seconde Guerre mondiale. (Prix Nobel, 1957.)

CANA, v. de Galilée, où Jésus opéra son premier miracle en changeant l'eau en vin.

CANAAN, fils de Cham et petit-fils de Noé, ancêtre éponyme des Cananéens, selon la Bible.

CANAAN *(terre* ou *pays de),* nom biblique de la Palestine, occupée par les Cananéens avant l'arrivée des Hébreux.

CANADA, État de l'Amérique du Nord, membre du Commonwealth, divisé en dix provinces : *Nouvelle-Écosse, Nouveau-Brunswick, Québec, Ontario, Manitoba, Colombie britannique, île du Prince-Édouard, Alberta, Saskatchewan, Terre-Neuve,* plus les *territoires du Nord-Ouest* et du *Yukon;* 9960000 km²; 23690000 h. *(Canadiens),* dont environ 6 millions de Canadiens français au recensement de 1976. Cap. fédérale : *Ottawa.* Les agglomérations les plus peuplées sont celles de *Toronto, Montréal, Vancouver, Ottawa, Winnipeg, Hamilton, Edmonton* et *Québec.* Langues : *anglais* et *français.*

GÉOGRAPHIE

Le bouclier canadien, vieux socle aplani, déprimé en son milieu (baie d'Hudson), occupe le centre et l'est du pays, disparaissant au sud-ouest sous une couverture sédimentaire, secondaire et tertiaire, dans la Prairie. L'extrémité sud-est du Canada, en partie insulaire, appartient à la région appalachienne de l'Amérique du Nord, tandis qu'à l'ouest se développe le puissant système des Rocheuses, où diverses chaînes (Rocheuses proprement dites, Selkirks, chaînes côtières) enserrent de hauts plateaux (Fraser) découpés par de profondes vallées (rivières Fraser et Columbia). Le pays a subi l'emprise glaciaire, dont la trace est partout visible (lacs, dépôts morainiques, glaciers de montagne). La latitude et la barrière montagneuse occidentale, qui interdit la pénétration des influences maritimes du Pacifique, se combinent pour entraîner l'extension d'un climat continental, aux hivers rudes et longs, dans l'ensemble du pays, en

dehors du Nord, polaire, et de l'Ouest côtier, plus tempéré et très arrosé. Ce climat a un double effet, sur la végétation et sur la répartition de la population. La toundra s'étend au-delà du 60e parallèle, la forêt de conifères sur le reste du bouclier et dans les montagnes de l'Ouest; les feuillus couvrent les plaines laurentiennes, aux températures relativement clémentes.

Pour la population, les facteurs historiques se mêlent au climat dans l'explication de sa répartition en même temps qu'ils déterminent ses traits originaux. Elle se concentre dans l'Est (région initiale du peuplement) et, plus secondairement, sur la façade du Pacifique et sur une bande large de 0 à 500 km en bordure de la frontière américaine. Elle est formée de deux groupes d'importance inégale : les francophones (surtout dans le Québec), qui représentent le quart de la population, et les anglophones, majoritaires partout, sauf au Québec.

L'« empire des bois et des blés » est resté une grande puissance forestière et agricole. Second producteur mondial de pâte de bois, le Canada occupe le premier rang pour la fourniture de papier journal. Quatrième producteur de blé (Prairie et plaines laurentiennes, où est aussi développé l'élevage bovin), le Canada en est le principal exportateur. Mais l'économie s'est considérablement diversifiée avec l'exploitation des richesses minérales et énergétiques du sous-sol, qui fournit un peu de charbon, d'abondantes quantités de fer (Labrador), de pétrole et de gaz naturel (Alberta), de potasse (Saskatchewan), de nickel et de cuivre (Sudbury dans l'Ontario), de zinc et de plomb (Colombie britannique), d'uranium (Ontario et Saskatchewan), d'or (Ontario), d'amiante (Québec), etc. Le Canada a mis en valeur une partie de son énorme potentiel hydroélectrique (fournissant plus des deux tiers de l'électricité totale) et importe les rares minerais qui lui manquent (bauxite du bassin des Caraïbes). Toutes ces ressources énergétiques et minérales ont favorisé une industrialisation très complète, caractérisée par la prépondérance du travail des minerais non ferreux (industrie de l'aluminium notamment) et de la métallurgie de transformation, par le développement de la sidérurgie et de l'industrie chimique, activités localisées près des lieux d'extraction et d'importation des minerais (Saint-Laurent).

Aujourd'hui, le Canada est une très grande puissance agricole et surtout industrielle, à la balance commerciale équilibrée, et le niveau de vie moyen est l'un des plus élevés du monde. Mais cette prospérité ne doit pas dissimuler certains problèmes, celui de l'importance excessive des capitaux américains dans l'industrie, celui d'une opposition entre les Canadiens français et le groupe britannique, qui détient l'essentiel des pouvoirs économiques et politiques, celui, enfin, d'une grande dépendance de l'économie vis-à-vis du marché mondial (tant en raison de l'importance de la production que de l'étroitesse du marché intérieur).

HISTOIRE

— 1534, 1535-36 : premier et deuxième voyage de découverte de Jacques Cartier.

— 1541 : troisième voyage de Jacques Cartier, qui amène avec lui cultivateurs et bétail.

— 1604-05 : fondation de Port-Royal, en Acadie.

— 1608 : fondation de Québec par Samuel Champlain.

— 1627 : Richelieu crée la Compagnie des Cent-Associés, chargée de coloniser le pays.

— 1635 : mort de Champlain. Les Français restent peu nombreux (environ 200 personnes) en Nouvelle-France.

— 1634-1636 : première vague de colons français.

— 1642 : fondation de Ville-Marie (Montréal). La colonisation est freinée par les incursions des Iroquois.

— 1663 : Louis XIV intègre le Canada (la Nouvelle-France) au domaine royal et confie le monopole du commerce canadien à la Compagnie des Indes occidentales (1664).

— 1665 : arrivée de l'intendant Jean Talon.

— 1673 : les Français sont près de 7000 au Canada.

— 1672-1682 : l'exploration intérieure s'étend jusqu'à l'embouchure du Mississippi.

CANADA

ISLANDE

OCÉAN ATLANTIQUE

GROENLAND

c. Farvel

MER DU LABRADOR

Détroit de Davis

Détroit de Belle-Isle

TERRE-NEUVE

St. John's
c. Race
Gander
Grand Falls
Corner Brook
Stephenville
'ST-PIERRE-ET-MIQUELON

Penny Highland

Île de Baffin

Frobisher Bay

Détroit d'Hudson

Port Chimo

NOUVEAU-QUÉBEC

LABRADOR

Goose Bay

Schefferville
Labrador City
Sept-Îles

Baie du Cap-Breton
Sydney
NOUVELLE-ÉCOSSE
Halifax
Truro
Charlottetown
I. DU PRINCE-ÉDOUARD
Bathurst
Moncton
Fredericton
N.-B.
Saint-Jean
Baie de Fundy
c. Cod

Ethmirère
Axel-Heiberg
Îles Svendrup
Île du Prince-Patrick
Banks
Melville
Bathurst
Devon
Somerset
Prince-de-Galles
Péninsule de Melville
Southampton
Île de Boothia

Détroit de Lancaster
Pass. Lancaster
G. de Boothia
Péninsule de Boothia

Canal Kennedy

Baie de Baffin

Bassin de Foxe

Baie d'Hudson

TERRITOIRES DU NORD-OUEST

Coppermine
Prudhoe Bay
Inuvik
Grand lac de l'Ours
Fort Radium
Yellowknife
Grand lac de l'Esclave
Fort Smith
Fort Simpson
Hay River
Mts du Mackenzie
Mts Selwyn
Mts Ogilvie
Mts Saint-Élie

MER DE BEAUFORT

OCÉAN ARCTIQUE

U.R.S.S.
Détroit de Béring

ALASKA
Mt. McKinley
Anchorage
Fairbanks
Valdez
Juneau
Ketchikan
Chaîne de Brooks
Chaîne de l'Alaska
Mt. Logan
Mt. Fairweather
Golfe d'Alaska

YUKON
Whitehorse
Dawson
Klondike
Watson Lake

COLOMBIE-BRITANNIQUE
Prince George
Prince Rupert
Îles de la Reine-Charlotte
Ocean Falls
Mt. Waddington
Mt. Robson
Dawson Creek
Grande Prairie

ALBERTA
Edmonton
Red Deer
Calgary
Medicine Hat
Lethbridge

SASKATCHEWAN
Prince Albert
Saskatoon
Regina
Moose Jaw
Swift Current

MANITOBA
Winnipeg
Brandon
Portage-la-Prairie
Churchill
Flin Flon
Thompson
L. Caribou
L. Wollaston
L. Athabasca
Lac Winnipeg
Lac Winnipegosis
Lac Manitoba

Rocheuses
Montagnes Rocheuses
Côtière

Fraser
Kelowna
Kamloops
Penticton
Trail

VANCOUVER
Victoria
Nanaimo
Port Alberni
Île Vancouver
Passage Juan de Fuca
Seattle
Portland

OCÉAN PACIFIQUE

ÉTATS-UNIS
Duluth
Minneapolis
St Paul
Sioux Falls
Fargo
Billings
Boise
Missouri
Mississippi

ONTARIO
Sudbury
Thunder Bay
Sault-Sainte-Marie
Timmins
Kapuskasing
L. Supérieur
L. Michigan
L. Huron
L. Ontario
L. Érié
TORONTO
OTTAWA
Windsor
Detroit
Sarnia
London
Kitchener
Guelph
Hamilton
Brantford
St. Catharines
Oshawa
Kingston
Cornwall

QUÉBEC
Québec
Montréal
Trois-Rivières
Shawinigan
Sherbrooke
Chicoutimi
Jonquière
Chibougamau
Matagami
Baie-Comeau
Gagnon
Mt. J. Cartier
Mt. Tip-Top

Boston
New York
Long Island

NOUVEAU-QUÉBEC
Poste-de-la-Baleine
Inoucdjouac
Povungnituk
Saglouc
c. Chidley
Baie d'Ungava
Baie de James
L. Bienville

courbes : 200 500 1000 2000 m

autoroute
route
v. ferrée

km
0   500   1000
0   100   km

— 1689 : massacre de 320 Canadiens à Lachine par les Iroquois.
— 1690 : les Anglais s'emparent de l'Acadie et de Terre-Neuve.
— 1697 : le traité de Ryswick reconnaît à la France ses conquêtes de la baie d'Hudson, les Français récupèrent Terre-Neuve mais ne gardent qu'une partie de l'Acadie.
— 1713 : au traité d'Utrecht, la France perd la baie d'Hudson, l'Acadie et l'essentiel de Terre-Neuve. S'ouvre un demi-siècle de paix et de prospérité en Nouvelle-France.
— 1741-1743 : les Rocheuses sont atteintes par Pierre de La Vérendrye et ses fils.
— 1749 : les Anglais édifient Halifax en Nouvelle-Écosse (l'ancienne Acadie).
— 1756 : début de la guerre de Sept Ans.
— 1759 : Montcalm est tué aux plaines d'Abraham, au cours du siège de Québec, qui tombe aux mains des Anglais.
— 1763 : au traité de Paris (10 févr.), la France cède tout le Canada à la Grande-Bretagne. Création de la province de Québec (oct.).
— 1774 : Acte de Québec, laissant leurs institutions aux Canadiens français.
— 1783 : le traité de Versailles met fin au conflit avec les nouveaux États-Unis ; le Québec est réduit aux régions s'étendant aux bords du Saint-Laurent et au nord des Grands Lacs. Arrivée massive des loyalistes, colons américains restés fidèles à l'Angleterre.
— 1784 : création de la province du Nouveau-Brunswick.
— 1791 : l'Acte constitutionnel sépare, territorialement et constitutionnellement, anglophones (Haut-Canada) et francophones (Bas-Canada) de la région laurentienne.
— 1812-1814 : le Bas-Canada reste loyal à l'égard des Anglais en guerre contre les États-Unis.
— 1834 : les leaders des deux communautés (Louis Joseph Papineau et William Lyon Mackenzie) exigent un régime parlementaire.
— 1837 : le refus de Londres provoque la révolte, libérale dans le Haut-Canada, nationaliste dans le Bas-Canada.
— 1840 : la Grande-Bretagne impose l'Acte d'union, qui crée un Canada-Uni (Bas- et Haut-Canada), doté d'un gouvernement, d'un Conseil législatif nommé par la couronne britannique et d'une Assemblée élue.
— 1854 : suppression de la tenure seigneuriale au Bas-Canada.
— 1867 : l'Acte de l'Amérique du Nord britannique crée le dominion du Canada (Confédération canadienne : Haut-Canada [Ontario], Bas-Canada [Québec], Nouvelle-Écosse, Nouveau-Brunswick).
— 1870 : révolte des métis (Louis Riel) ; création de la province du Manitoba.
— 1871 : adhésion de la Colombie britannique à la Confédération.
— 1873 : adhésion de l'île du Prince-Édouard à la Confédération.
— 1867-1873, 1878-1891 : John A. Macdonald, conservateur, protectionniste, Premier ministre.
— 1885 : achèvement du Canadian Pacific Railway.
— 1896 : achèvement du Canadian Northern Railway.
— 1896-1911 : Wilfrid Laurier, Premier ministre, renforce l'autonomie du Canada.
— 1905 : création des provinces confédérées d'Alberta et de Saskatchewan.
— 1914-1918 : le Canada aux côtés des Alliés.
— 1921-1948 : Premier ministre, William Lyon Mackenzie King fait du Canada — État du Commonwealth — une puissance à part entière. Le Canada dans la Seconde Guerre mondiale.
— 1949 : création de la province de Terre-Neuve.
— 1948-1957 : Louis Stephen Saint-Laurent, libéral, Premier ministre.
— 1957-1963 : John G. Diefenbaker, conservateur, Premier ministre.
— 1963-1968 : Lester Pearson, libéral, Premier ministre.
— 1968 : Pierre Elliot Trudeau forme un nouveau ministère libéral. Il est affronté aux partisans de l'indépendance du Québec.
— 1976 : accession au pouvoir, au Québec, du parti québécois (dirigé par René Lévesque),

partisan de l'indépendance (« souveraineté-association »).
— 1979 : Joe Clark, conservateur, Premier ministre.
— 1980 : retour des libéraux au pouvoir avec P. E. Trudeau.
— 1982 : rapatriement de la Constitution.

CANADEL (Le) [83240 Cavalaire sur Mer], station balnéaire des Maures, dans le Var.

CANALA, comm. de la Nouvelle-Calédonie ; 3 884 h. Nickel.

CANALETTO (Antonio CANAL, dit **il**), peintre et graveur italien, né à Venise (1697-1768). Il a magnifié le genre de la « vue » urbaine en peignant sa ville natale.

CANANÉENS, envahisseurs sémitiques installés en Palestine au IIIe millénaire av. J.-C. Les États cananéens disparurent sous la poussée des Hébreux (XIIIe-XIIe s.). Ils se maintinrent sur le littoral sous le nom de « Phéniciens ».

CANAQUES, nom donné autref. aux Mélanésiens de la Nouvelle-Calédonie.

Canard sauvage (le), drame en 5 actes, en prose, de H. Ibsen (1884).

CANARIES (îles), archipel espagnol de l'Atlantique, au nord-ouest du Sahara ; 7 273 km²; 1 419 000 h. (Canariens). Il comprend les îles de la Grande Canarie, Fuerteventura, Lanzarote, Tenerife, Gomera, Palma et Hierro (île du Fer). L'archipel bénéficie d'une activité touristique croissante. V. pr. Las Palmas (Grande Canarie) et Santa Cruz de Tenerife. Ces îles, où s'installe dès 1402 Jean de Béthencourt, sont espagnoles depuis le traité d'Alcáçovas (1479).

CANARIS (Constantin) → KANÁRIS.

CANARIS (Wilhelm), amiral allemand, né à Aplerbeck (1887-1945). Chef des services de renseignements de l'armée allemande (1935-1944), il fut exécuté sur ordre de Hitler.

CANAVERAL (cap), de 1964 à 1972 cap Kennedy, flèche sableuse de la côte de Floride.

CANBERRA, cap. fédérale de l'Australie, à 250 km au sud-ouest de Sydney ; 198 000 h. (sur les 2 432 km² du Territoire fédéral de la capitale).

CANCALE (35260), ch.-l. de c. d'Ille-et-Vilaine, sur la Manche ; 4 846 h. (Cancalais). Station balnéaire. Ostréiculture.

CANCER (le), constellation zodiacale. — Quatrième signe du zodiaque, dans lequel le Soleil entre au solstice d'été. — Tropique du Cancer, v. TROPIQUE (Part. langue).

CANCHE (la), fl. né en Artois, qui passe à Montreuil et rejoint la Manche ; 96 km.

CANCON (47290), ch.-l. de c. de Lot-et-Garonne ; 1 602 h.

CANDACE, nom porté dans l'Antiquité par les reines d'Éthiopie.

CANDAULE, roi de Lydie, tué par Gygès, v. 687 av. J.-C.

CANDÉ (49440), ch.-l. de c. de Maine-et-Loire ; 2 673 h.

Candide ou l'Optimisme, conte de Voltaire (1759) ; contre Leibniz une démonstration picaresque et polémique que tout n'est pas pour le mieux dans le meilleur des mondes possibles.

CANDIE, anc. nom de la Crète*.

CANDIE, v. de Crète → HÉRAKLION.

CANDILIS (Georges), architecte et urbaniste français, né à Bakou en 1913, élève de Le Corbusier. On lui doit le nouveau Bagnols-sur-Cèze et le quartier du Mirail à Toulouse.

CANDISH (Thomas) → CAVENDISH.

CANDOLLE (Augustin PYRAME DE), botaniste suisse, né à Genève (1778-1841), auteur de la Théorie élémentaire de la botanique (1813), grand descripteur du monde végétal.

CANDRAGUPTA ou **CHANDRAGUPTA,** nom de trois souverains de l'Inde. CANDRAGUPTA, fondateur de la dynastie maurya (v. 320-289 av. J.-C.). — CANDRAGUPTA Ier, fondateur de la dynastie gupta (v. 320-v. 335 apr. J.-C.). — CANDRAGUPTA II (v. 375-414).

Canebière (la), avenue de Marseille, débouchant sur le Vieux-Port.

CANÉE (La), principal port de l'île de Crète ; 41 000 h.

CANET - EN - ROUSSILLON - SAINT - NAZAIRE (66140), comm. des Pyrénées-Orientales ; 5 130 h. (Canétois). Station balnéaire à Canet-Plage.

CANETTI (Elias), écrivain autrichien, né à Ruse (Bulgarie) en 1905, auteur de romans allégoriques (Auto-da-fé, 1936) et d'essais (Masse et puissance, 1960) qui analysent les mobiles profonds des actions humaines. (Prix Nobel, 1981.)

CANGE (Charles DU FRESNE, seigneur DU), érudit français, né à Amiens (1610-1688), auteur d'ouvrages sur Byzance et l'Orient latin, et de deux glossaires.

CANGUILHEM (Georges), philosophe français, né à Castelnaudary en 1904. Sa réflexion sur l'histoire des sciences constitue un apport décisif à l'épistémologie (Études d'histoire et de philosophie des sciences, 1968).

Cannes : la Croisette

Canaletto
la Cour du tailleur de pierre

Lovat-Atlas-Photo

National Gallery

CANIGOU (le), massif des Pyrénées (Pyrénées-Orientales) ; 2 784 m.

CANISIUS (Pierre) → PIERRE CANISIUS (saint).

CANISY (50750), ch.-l. de c. de la Manche ; 705 h.

CANJUERS (plan de), haute plaine de Provence (dép. du Var), au sud des gorges du Verdon, près de Draguignan. Camp militaire.

CANNES, anc. v. d'Apulie, près de l'Aufidus (auj. l'Ofanto). Hannibal y vainquit les Romains en 216 av. J.-C.

CANNES (06400), ch.-l. de c. des Alpes-Maritimes ; 71 080 h. (Cannois). Station balnéaire et hivernale. Festival annuel de cinéma.

CANNET (Le) [06110], ch.-l. de c. des Alpes-Maritimes ; 33 915 h. (Cannettans).

CANNING (George), homme d'État britannique, né à Londres (1770-1827). Tory, secrétaire d'État aux Affaires étrangères (1807-1809) puis titulaire du Foreign Office (1822-1827) et Premier ministre (1827), il favorisa le libre-échange et pratiqua en Europe une politique de non-intervention.

CANNIZZARO (Stanislao), chimiste italien, né à Palerme (1826-1910), qui introduisit la notion de nombre d'Avogadro (1858).

CANO

CANO (Juan Sebastián de EL), navigateur espagnol, né à Guetaria (m. en 1526). Il participa au voyage de Magellan et ramena en Europe le dernier navire de l'expédition (la *Victoire*) en 1522. Il est le premier marin à avoir fait le tour du monde.

CANO (Alonso), peintre et sculpteur espagnol, né à Grenade (1601-1667), où il travailla, ainsi qu'à Séville (peintures et statues polychromes pour les églises).

CANOPE, anc. v. de la Basse-Égypte, dans le delta du Nil. Célèbre dans l'Antiquité pour ses temples (celui de Sérapis a inspiré certaines parties de la villa Hadriana, et ses vases caractéristiques de celui d'Osiris sont à l'origine de la dénomination de *vase canope*).

CANOPUS, étoile de l'hémisphère céleste austral (constellation de la Carène), la deuxième des étoiles les plus brillantes du ciel. Sa luminosité intrinsèque est 20 000 fois supérieure à celle du Soleil.

CANOSSA, village d'Italie (Émilie). L'empereur Henri IV y fit amende honorable au pape Grégoire VII durant la querelle des Investitures (28 janv. 1077).

CANOURGUE (La) [48500], ch.-l. de c. de la Lozère; 1921 h.

CANOVA (Antonio), sculpteur italien, né à Possagno (1757-1822). Principal représentant du néoclassicisme, il est l'auteur de marbres comme *l'Amour et Psyché* (Louvre), *Pauline Borghèse* (Rome).

CANROBERT (François Certain), maréchal de France, né à Saint-Céré (1809-1895). Il commanda le corps expéditionnaire en Crimée (1855) et se distingua à Saint-Privat (1870).

CANSADO, port de Mauritanie, près de Nouadhibou. Exportation de minerai de fer.

CANTABRES, peuple de l'anc. Espagne, au sud du golfe de Gascogne, soumis par les Romains en 25-19 av. J.-C.

CANTABRIQUES (monts), prolongement montagneux des Pyrénées, dans le nord de la péninsule Ibérique, le long du golfe de Biscaye; 2 665 m.

CANTACUZÈNE, famille de l'aristocratie byzantine qui a donné des empereurs à Byzance, des despotes à Mistra et des hospodars aux principautés roumaines.

CANTAL, massif volcanique d'Auvergne, très démantelé par l'érosion, bordé de planèzes basaltiques et culminant au *plomb du Cantal* (1 855 m).

CANTAL (dép. du) [**15**], dép. de la Région Auvergne; ch.-l. de dép. *Aurillac*; ch.-l. d'arr. *Mauriac* et *Saint-Flour*; 3 arr., 25 cant., 258 comm.; 5 741 km²; 166 549 h. *(Cantaliens* ou *Cantalous).* Le dép. est rattaché à l'académie de Clermont-Ferrand, à la circonscription judiciaire de Riom, à la région militaire de Lyon et à la province ecclésiastique de Bourges. Il est formé de terrains volcaniques (*massif du Cantal*, et partie de l'*Aubrac*) et cristallins (Margeride, Châtaigneraie). C'est un dép. encore rural, où l'élevage bovin pour les produits laitiers (fromages) constitue la ressource essentielle. La faiblesse de l'industrialisation et de l'urbanisation (seule Aurillac dépasse 10 000 h.) s'accompagne d'un constant dépeuplement, que ne ralentit guère une certaine activité touristique.

CANTELEU, comm. de la Seine-Maritime, banlieue de Rouen; 14 542 h. *(Cantiliens).*

CANTEMIR (Constantin), prince de Moldavie de 1685 à 1693. — Son fils DIMITRIE, né à Iaşi (1673-1723), historien et savant, fut prince de Moldavie de 1710 à 1711. Ses œuvres affirment les origines latines du peuple moldo-valaque.

CANTERBURY, en franç. Cantorbéry, v. d'Angleterre (Kent), siège de l'archevêque primat du royaume; 33 000 h. Importante cathédrale des XIᵉ-XVᵉ s. et autres vestiges médiévaux.

CANTHO, v. du Viêt-nam méridional; 154 000 h.

CANTILLON (Richard), banquier et économiste irlandais (1680-1734). Il a posé le problème de l'optimum de population.

Cantique des Cantiques (le), livre biblique

CANTAL

Kersting-Ziol

Canova
*Psyché
ranimée
par le baiser
de l'Amour*
(1793)

Lauros-Giraudon

▷ cathédrale
de **Canterbury**

Georg
Cantor

Deutsches-Museum

(v. 450 av. J.-C.), recueil de chants d'amour symbolisant l'union de Dieu et de son peuple.

CANTON, en chin. **Kouang-tcheou** ou **Guangzhou**, port de Chine, cap. du Kouang-tong, à l'embouchure du Si-kiang; 1 840 000 h. *(Cantonais).* Industries diverses.

CANTON, v. des États-Unis (Ohio); 110 000 h.

CANTONS DE L'EST ou **ESTRIE**, région du Québec (Canada), à l'est de Montréal, limitrophe des États-Unis. V. pr. *Sherbrooke.*

CANTOR (Georg), mathématicien allemand d'origine russe, né à Saint-Pétersbourg (1845-1918), créateur avec Dedekind de la théorie des ensembles. On lui doit également les notions de puissance du dénombrable et de puissance du continu.

CANTORBÉRY → CANTERBURY.

CANY-BARVILLE (76450), ch.-l. de c. de la Seine-Maritime; 2213 h. Château de Cany (1640).

CÃO (Diogo) → CAM.

CAO BANG, v. du nord du Viêt-nam; 9 000 h. Victoire du Viêt-minh sur les Français (1950).

CAP (Le), en angl. Cape Town, en afrikaans Kaapstad, cap. législative de l'Afrique du Sud, ch.-l. de la *prov. du Cap*, port actif à l'extrémité sud du continent africain, sur la baie de la Table, à 50 km du cap de Bonne-Espérance; 1 097 000 h. Le Cap fut fondé par les Hollandais en 1652; la

Le **Cap** : la ville au pied de la montagne de la Table

Gerster-Rapho

H. Cartier-Bresson-Magnum

Truman **Capote**

s'en empara (215 av. J.-C.) et y prit ses quartiers d'hiver. Les Romains la reprirent en 211 av. J.-C.

CAPPADOCE, région d'Anatolie (Turquie), anc. pays d'Asie Mineure, qui fut le centre de l'Empire hittite. Elle devint à la fin du IVe s. un brillant foyer du christianisme. Nombreuses églises rupestres ornées de peintures (VIe-XIIIe s.).

CAPPELLE-LA-GRANDE (59210 Coudekerque Branche), comm. du Nord; 7 962 h.

CAPPIELLO (Leonetto), peintre, caricaturiste et affichiste français, né à Livourne (1875-1942). Il a su, l'un des premiers, condenser le motif pour augmenter le pouvoir du message publicitaire.

ville devint anglaise, avec toute la province, en 1814, après avoir été occupée par les Britanniques dès 1795.

CAP (province du), une des provinces de la république d'Afrique du Sud, dont elle occupe la partie méridionale; 721 000 km² (plus de la moitié du pays); 6 722 000 h. Ch.-l. *Le Cap;* v. pr. *Port Elizabeth, East London, Kimberley.*

CAPA (Andrei FRIEDMANN, dit **Robert**), photographe américain d'origine hongroise, né à Budapest (1913-1954). Il fut l'un des fondateurs de l'agence Magnum, qui, de la guerre d'Espagne à celle du Viêt-nam, où il mourut, témoigna non de l'exploit mais de la détresse humaine.

CAPAZZA (Louis), aéronaute français, né à Bastia (1862-1928). Il réalisa la première traversée entre Marseille et la Corse en ballon (1886), puis celle de la Manche en dirigeable (1910).

CAPBRETON [kap-] (40130), comm. des Landes; 4 595 h. *(Capbretonnais).* Station balnéaire. — Le *gouf de Capbreton* est une fosse marine profonde.

CAP-BRETON (île du), île du Canada (Nouvelle-Écosse), sur le golfe du Saint-Laurent. V. pr. *Sydney.* Parc national.

CAPCIR, petit pays des Pyrénées-Orientales, au pied du Carlitte, dans la vallée supérieure de l'Aude. Élevage. (Hab. *Capcirais.*)

CAP-D'AIL (06320), comm. des Alpes-Maritimes; 4 922 h. Station balnéaire.

CAP-DE-LA-MADELEINE, v. du Canada (Québec), sur le Saint-Laurent; 32 126 h. Pèlerinage.

CAPDENAC (46100 Figeac), comm. du Lot en face de *Capdenac-Gare;* 1 076 h. Bourg fortifié.

CAPDENAC-GARE (12700), ch.-l. de c. de l'Aveyron, sur le Lot; 5 989 h. Triage ferroviaire. Machines-outils.

ČAPEK (Karel), écrivain tchèque, né à Malé-Svatoňovice (1890-1938), auteur de romans *(la Fabrique d'absolu)* et de pièces de théâtre *(R. U. R.,* 1920) qui dénoncent la soumission de l'homme à ses propres créations scientifiques et techniques.

CAPELLA ou **CHÈVRE** (la), étoile de la constellation du Cocher, la 5e des plus brillantes étoiles du ciel.

CAPELLE (La) [02260], ch.-l. de c. de l'Aisne; 2 312 h.

CAPELLEN, écart de la comm. de Mamer, constituant un ch.-l. de cant. du Luxembourg.

CAPENDU (11700), ch.-l. de c. de l'Aude; 1 229 h.

CAPESTANG (34310), ch.-l. de c. de l'Hérault, sur le canal du Midi, près de l'anc. *étang de Capestang;* 2 550 h. Église du XIVe s. Vins.

CAPESTERRE-BELLE-EAU (97130), ch.-l. de c. de la Guadeloupe; 18 172 h.

CAPESTERRE - DE - MARIE - GALANTE (97140), ch.-l. de c. du dép. de la Guadeloupe, dans l'île de *Marie-Galante;* 5 146 h.

CAPET («Vêtu d'une cape»), surnom d'Hugues Ier, roi de France, et nom donné à Louis XVI sous la Révolution.

CAPÉTIENS, dynastie de rois qui régnèrent sur la France de 987 à 1328. Elle est issue d'Hugues Capet. Les Valois succédèrent aux Capétiens directs.

CAPE TOWN → CAP (Le).

Larousse

Albert **Caquot**

CAP-FERRAT → SAINT-JEAN-CAP-FERRAT.

CAP-FERRET (33970), station balnéaire de la Gironde, près d'Arcachon.

CAP-HAÏTIEN, port d'Haïti, sur la côte nord de l'île; 36 000 h. Ce fut la cap. de Saint-Domingue jusqu'en 1770.

CAPHARNAÜM [kafarnaɔm], v. de Palestine (Galilée), au bord du lac de Tibériade. Jésus y enseigna.

CAPISTRANO → JEAN DE CAPISTRAN (saint).

Capitaine Fracasse (le), roman de cape et d'épée, par Th. Gautier (1863), inspiré du *Roman comique* de Scarron.

Capital (le), ouvrage de Karl Marx (livre I, 1867), où il analyse le système capitaliste, et, à partir de la critique qu'il en fait, jette les bases du socialisme scientifique. Les livres II, III et IV parurent après la mort de Marx, respectivement en 1885, 1894 et 1905.

CAPITANT (Henri), juriste français, né à Grenoble (1865-1937), auteur d'ouvrages de droit civil.

CAPITOLE ou **CAPITOLIN** (mont), une des sept collines de Rome, et, dans un sens plus restreint, un des deux sommets de cette colline portant le temple de Jupiter *Capitolin.* L'actuelle place du Capitole a été tracée par Michel-Ange. On fait parfois allusion aux *oies du Capitole.* (V. OIE, *Part. langue.*) — Le nom de Capitole a été donné à différents monuments publics : Capitole de Washington, Capitole de Toulouse, etc.

CAPLET (André), compositeur français, né au Havre (1878-1925), auteur de musique religieuse *(le Miroir de Jésus).*

CAP-MARTIN → ROQUEBRUNE-CAP-MARTIN.

CAPOBIANCO (canton de), canton de la Haute-Corse; ch.-l. *Rogliano.*

CAPO D'ISTRIA (Jean, comte DE), en gr. **Kapodhístrias** *(Ioánnis),* homme d'État grec, né à Corfou (1776-1831). Au service du tsar, il joua un grand rôle dans l'insurrection des Grecs contre la Turquie. Il fut président de la République grecque en 1827, mais périt assassiné.

CAPORETTO, auj. **Kobarid**, localité de Yougoslavie (Slovénie), sur l'Isonzo. Victoire des Austro-Allemands sur les Italiens (oct. 1917).

CAPOTE (Truman), écrivain américain, né à La Nouvelle-Orléans en 1924. Il fut l'un des représentants de l'école néoromantique du Sud *(la Harpe d'herbe,* 1951), avant d'évoluer vers le « roman-reportage » *(De sang-froid,* 1965).

CAPOUE, en ital. **Capua**, v. d'Italie (Campanie), sur le Volturno; 20 000 h. *(Capouans).* Hannibal

Cappadoce
chapelle troglodytique dans la vallée de Göreme, XIe s.

Marchal

CAPRA (Frank), cinéaste américain d'origine italienne, né à Palerme en 1897, auteur de brillantes comédies *(New York-Miami* [1934], *Vous ne l'emporterez pas avec vous* [1938], *M. Smith au Sénat* [1939], *Arsenic et vieilles dentelles* [1944]).

CAPRARA (Giovanni Battista), cardinal italien, né à Bologne (1733-1810). Légat de Pie VII en France, il conclut le Concordat de 1801. Archevêque de Milan, il sacra Napoléon Ier roi d'Italie.

CAPRERA, petite île sur la côte nord-est de la Sardaigne, célèbre par la résidence de Garibaldi, qui y mourut. Centre touristique.

CAPRI, île du golfe de Naples, où Tibère passa ses dernières années (ruines de sa villa). Rivages escarpés et creusés de grottes. Grand centre touristique.

Caprices de Marianne (les), comédie en deux actes d'A. de Musset, publiée en 1833 et jouée en 1851.

CAPRICORNE (le), constellation zodiacale. — Dixième signe du zodiaque, dans lequel le Soleil entre au solstice d'hiver. — *Tropique du Capricorne,* v. TROPIQUE *(Part. langue).*

CAPRIVI di Caprara di Montecuccoli (Leo, comte VON), général et homme d'État prussien, né à Charlottenburg (1831-1899), chef de l'amirauté, puis président du Conseil de Prusse (1890-1892) et chancelier de l'Empire allemand (1890-1894).

CAPTIEUX [kapsjø] (33840), ch.-l. de c. de la Gironde; 1 669 h. *(Captylvains).*

Captivité de Babylone, période (587-538 av. J.-C.) pendant laquelle les Juifs déportés par Nabuchodonosor II demeurèrent exilés à Babylone, jusqu'à l'édit de libération de Cyrus II.

CAPULETS (les), famille gibeline de Vérone, implacable ennemie des Montaigus.

CAPVERN (65130), comm. des Hautes-Pyrénées; 1 055 h. Eaux thermales.

CAP-VERT (îles du), État insulaire, constitué par un archipel d'origine volcanique, dans l'Atlantique, à l'ouest du Sénégal; 4 033 km²; 303 000 h. Cap. *Praia,* dans l'île São Tiago. Anc. possession portugaise, indépendante depuis 1975.

CAQUOT (Albert), ingénieur français, né à Vouziers (1881-1976). Après avoir conçu le ballon captif à stabilisateur arrière ou *saucisse* (1914), il a étudié l'élasticité et la résistance des matériaux, notamment celle du béton armé.

CARABOBO, village du Venezuela, au sud-ouest de Valencia. Victoire de Bolívar (1821), qui rendit indépendant le pays.

CARACALLA (Marcus Aurelius Antoninus BAS-SIANUS, surnommé), empereur romain, fils de Septime Sévère, né à Lyon (188-217). Son règne (211-217) fut marqué par la *Constitution antonine* ou *édit de Caracalla* (212), qui étendit à tout l'Empire le droit de cité romain. Il fit construire à Rome, notamment, les thermes qui portent son nom. Il mourut assassiné.

CARACAS, cap. du Venezuela, à environ 1 000 m d'alt., à 12 km de La Guaira, qui lui sert de port sur la mer des Antilles ; 2 313 000 h. (avec les banlieues).

Caracas

CARACCIOLO, une des plus anciennes famil-les napolitaines, dont les principaux mem-bres sont : GIOVANNI ou JEAN ((1487-1550), qui embrassa la cause des Français sous le règne de François Ier ; — DOMENICO, né à Malpartida de la Serena (Espagne) [1715-1789], ministre des Affaires étrangères de Ferdinand IV ; — FRAN-CESCO, né à Naples (1752-1799), amiral de la flotte parthénopéenne, pendu sur l'ordre de Nelson.

Caractères (les), ouvrage de La Bruyère (1668), suite de maximes entremêlées de por-traits, qui analysent les principaux types humains, tels qu'ils se manifestent dans la société française en évolution à la fin du XVIIe s.

CARAGIALE (Ion Luca), écrivain roumain, né à Haimanale (1852-1912), initiateur de la nou-velle moderne dans son pays (le Cierge pascal).

CARAÏBE (la), région géographique regrou-pant l'ensemble des Antilles et les terres bor-dant la mer des Antilles.

CARAÏBES, populations, auj. à peu près com-plètement disparues, qui habitaient, lors de leur découverte par les Européens, les Petites Antilles et les côtes voisines.

CARAÏBES (mer des) ou **CARAÏBE** (mer), autres noms de la mer des Antilles.

CARAMAN (31460), ch.-l. de c. de la Haute-Garonne ; 1 621 h.

CARAMANLIS (Constantin) ou **KARA-MANLIS** (Konstandínos), homme politique grec, né à Proti (Serrai) en 1907. Conservateur, trois fois Premier ministre de 1955 à 1963, il fut rappelé au pouvoir après l'effondrement de la dictature militaire (juill. 1974) et triompha aux élections de novembre 1974. En 1980, il a été élu à la présidence de la République.

CARAN D'ACHE (Emmanuel POIRÉ, dit), dessi-nateur humoristique français, né à Moscou (1859-1909).

CARANTEC (29226), comm. du Finistère ; 2 588 h. Station balnéaire sur la Manche.

CARAVAGE (Polidoro CALDARA, dit **le**) → POLY-DORE DE CARAVAGE.

CARAVAGE (Michelangelo AMERIGHI, ou MERISI, dit en fr. **le**), peintre italien, né à Cara-vaggio (1573-1610). Il a dramatisé le réalisme de sa vision en recourant à de puissants contrastes d'ombre et de lumière (trois scènes de la vie de saint Matthieu, église Saint-Louis-des-Français, Rome). De nombreux peintres *caravagesques* attestent sa postérité européenne.

CARBET (Le) [97221], ch.-l. de c. de la Marti-nique ; 3 244 h.

CARBON-BLANC (33560), ch.-l. de c. de la Gironde ; 4 567 h. *(Carbonblannais).* Vins de l'Entre-deux-Mers.

CARBONNE (31390), ch.-l. de c. de la Haute-Garonne ; 3 218 h. Centrale hydroélectrique sur la Garonne.

CARCASSONNE (11000), ch.-l. du dép. de l'Aude, sur l'Aude et le canal du Midi, à 770 km au sud de Paris ; 44 623 h. *(Carcassonnais).* Évê-ché. Les murailles qui entourent la *Cité de Car-cassonne* forment l'ensemble le plus complet

le **Caravage**
le Repos pendant la fuite en Égypte

que l'on possède de fortifications du Moyen Âge, très restauré par Viollet-le-Duc ; église St-Nazaire, des XIIe-XIIIe s. Caoutchouc.

CARCHÉMISH ou **CARCHÉMICH** → KARKEMISH.

CARCO (François CARCOPINO-TUSOLI, dit **Francis**), écrivain français, né à Nouméa (1886-1958), évocateur des mauvais garçons et de la bohème artiste *(Jésus la Caille).*

CARCOPINO (Jérôme), historien français, né à Verneuil-sur-Avre (1881-1970). Romaniste, il est l'auteur de *César* (1936) et de *la Vie quotidienne à Rome à l'apogée de l'Empire* (1939).

CARDAN (Gerolamo CARDANO, en fr. **Jérôme**), mathématicien, médecin et philosophe italien, né à Pavie (1501-1576). Il généralisa la résolution des équations du 3e degré et imagina le mode d'articulation qui porte son nom.

CÁRDENAS (Lázaro), homme politique mexi-cain, né à Jiquilpán (Michoacán) [1895-1970]. Président du Mexique de 1934 à 1940, il prolon-gea l'œuvre révolutionnaire de ses prédéces-seurs, nationalisant les entreprises pétrolières (1938) et poursuivant la réforme agraire.

CARDIFF, port de Grande-Bretagne, sur la côte sud du pays de Galles ; 278 000 h. Château avec vestiges du XIIe s. Stade de rugby *(Arm's Park).*

CARDIJN (Joseph), prélat belge, né à Schaer-beek (1882-1967). Vicaire d'une paroisse popu-laire, il jeta les bases de la Jeunesse ouvrière chrétienne (J. O. C.), reconnue officiellement en 1925. Il mourut cardinal.

CARDIN (Pierre), couturier français, né à Sant'Andrea di Barbarana (Italie) en 1922. Il a

libéré la mode masculine de la rigueur britan-nique et s'est imposé à la couture par des recherches de lignes et de volumes. Il créa en 1970 l'*Espace Cardin*.

CARDUCCI (Giosuè), écrivain italien, né à Val di Castello (1835-1907). Poète officiel de l'Italie unifiée, il chercha une forme poétique réalisant la fusion de la ballade romantique et de la prosodie gréco-latine. (Prix Nobel, 1906.)

CARÉLIE (république de), république auto-nome de l'U. R. S. S. (R. S. F. S. de Russie), formée par l'anc. république de Carélie, accrue en 1940 de la Carélie finnoise ; 172 000 km² ; 713 000 h. *(Caréliens).* Cap. Petrozavodsk.

CARÊME (Marie Antoine), cuisinier français, né à Paris (1784-1833). Il écrivit sur l'art culinaire.

CARÈNE (la), constellation de l'hémisphère austral.

CARENTAN (50500), ch.-l. de c. de la Manche ; 6 578 h. Église des XIVe et XVe s.

CAREY (Henry Charles), économiste améri-cain, né à Philadelphie (1793-1879). Il considéra le libre-échange comme l'instrument de l'hégé-monie britannique et conclut à la nécessité du protectionnisme américain.

CARHAIX-PLOUGUER ou **CARHAIX** (29270), ch.-l. de c. du Finistère ; 8 949 h. *(Carhai-siens).* Foires. Industrie alimentaire.

CARIBERT ou **CHARIBERT,** roi franc de Paris et de l'ouest de la Gaule de 561 à 567.

Carcassonne

Constantin **Caramanlis**

CARIBERT ou **CHARIBERT,** roi d'Aquitaine de 629 à 632, frère de Dagobert.

CARIE, anc. pays d'Asie Mineure, sur la mer Égée. Son souverain le plus célèbre fut Mausole (IVe av. J.-C.). V. pr. *Milet, Halicarnasse.* (Hab. *Cariens.)*

CARIGNAN (08110), ch.-l. de c. des Ardennes, sur les Chiers ; 3 724 h. Filature de la laine. Métallurgie.

CARIGNANO, en fr. **Carignan,** v. d'Italie (Pié-mont), sur le Pô ; 8 000 h. Berceau d'une branche de la maison de Savoie.

Carillon (fort), fort de la Nouvelle-France, auj. dans l'État de New York, au sud du lac Cham-plain. Victoire de Montcalm sur les Anglais (8 juill. 1758).

CARIN, en lat. **Marcus Aurelius Carinus,** empe-reur romain de 283 à 285, fils de l'empereur Carus. Il fut assassiné par ses soldats.

CARINTHIE, prov. de l'Autriche méridionale, drainée par la Drave ; 9 533 km² ; 526 000 h. Cap. *Klagenfurt.*

CARISSIMI (Giacomo), compositeur italien, né à Marino (1605-1674). Il a contribué à fixer la forme de l'oratorio en Italie *(Jephté).*

CARLETON (Guy), baron DORCHESTER, général britannique, né à Strabane (Irlande) [1724-1808]. Gouverneur du Canada (1768-1778 et 1786-1796), il fit adopter l'Acte de Québec (1774).

CARLING [-lẽ] (57490 L'Hôpital), comm. de la Moselle ; 2 593 h. Complexe industriel (centrale thermique, cokerie, raffinerie de pétrole, usines chimiques) débordant sur les comm. de Saint-Avold et de L'Hôpital.

CARLISLE, v. du nord-ouest de l'Angleterre; 71 000 h. Cathédrale des XIIe-XIVe s.

CARLISLE (*sir* Anthony), physiologiste anglais, né à Stillington (1768-1840). Il découvrit avec Nicholson l'électrolyse de l'eau en 1800.

CARLITTE (*mont*), pic des Pyrénées (Pyrénées-Orientales); 2 921 m.

CARLOMAN (715-754), fils aîné de Charles Martel. Il administra l'Austrasie de 741 à 747.

CARLOMAN (751-771), roi d'Austrasie (768-771), deuxième fils de Pépin le Bref. Après sa mort, son frère Charlemagne fit cloîtrer ses fils.

CARLOMAN, roi de France (879-884),

Thomas **Carlyle**
par sir J. E. Carlyle

Lazare **Carnot**
par Fr. Bouchot

Carpaccio
détail de la
*Légende
de sainte Ursule*

Le jour se lève (1939)
de Marcel **Carné**

deuxième fils de Louis II le Bègue. Il régna conjointement avec son frère Louis III jusqu'en 882.

CARLOS → CHARLES.

CARLOVTSI → KARLOWITZ.

CARLSBAD, v. des États-Unis (Nouveau-Mexique); 26 000 h. Immenses grottes aux environs. Potasse.

CARLU (Jacques), architecte français, né à Bonnières-sur-Seine (1890-1976), l'un des auteurs du palais de Chaillot à Paris. — Son frère JEAN, né à Bonnières-sur-Seine en 1900, a fait une carrière d'affichiste.

CARLUX (24370), ch.-l. de c. de la Dordogne; 514 h.

CARLYLE (Thomas), historien et critique britannique, né à Ecclefechan (Écosse) [1795-1881]. Adversaire du matérialisme et du rationalisme, il vit dans les individualités exceptionnelles les moteurs de l'histoire politique et intellectuelle (*les Héros et le culte des héros*, 1841).

CARMAGNOLA (Francesco BUSSONE, dit), condottiere italien, né à Carmagnola entre 1380 et 1385, décapité à Venise en 1432. Il fut au service de Philippe-Marie Visconti, puis de la république de Venise.

CARMAUX (81400), ch.-l. de c. du Tarn; 13 368 h. (*Carmausins*). Houille. Industrie chimique.

CARMEL (*mont*), montagne de l'État d'Israël, au-dessus de Haïfa; 546 m. Il est considéré comme le berceau de l'ordre des Carmes, un croisé calabrais, Berthold, s'y étant retiré v. 1156 et de nombreux disciples l'y ayant rejoint.

Carmen, opéra de P. Mérimée (1845), dont a été tiré un opéra-comique (1875), livret de H. Meilhac et L. Halévy, musique de G. Bizet, qui est un chef-d'œuvre du drame lyrique réaliste. — Ballet de R. Petit (1949).

CARMONA (António Óscar de FRAGOSO), maréchal et homme d'État portugais, né à Lisbonne (1869-1951), président de la République de 1928 à 1951.

CARMONTELLE (Louis CARROGIS, dit), dessinateur et écrivain français, né à Paris (1717-1806). Auteur de comédies légères (*Proverbes dramatiques*), il aménagea le parc Monceau à Paris et inventa les «transparents».

CARNAC (56340), comm. du Morbihan, sur la baie de Quiberon; 3 735 h. Alignement mégalithique (néolithique final). Station balnéaire (*Carnac-Plage*); thalassothérapie.

CARNAC → KARNAK.

CARNAP (Rudolf), logicien américain d'origine allemande, né à Wuppertal (1891-1970). Il est

l'un des promoteurs du cercle de Vienne. Il a notamment cherché à établir les règles permettant de formaliser le langage, et à fonder une méthodologie rigoureuse des sciences (*la Syntaxe logique de la langue*, 1934).

CARNATIC, région historique de l'Inde, au pied des Ghâts orientaux.

Carnavalet (*musée*), musée historique de la Ville de Paris, au Marais. Il occupe l'ancien hôtel Carnavalet des XVIe et XVIIe s. (sculptures de l'école de J. Goujon) et d'autres bâtiments qui lui ont été adjoints. Les collections comprennent des reconstitutions d'intérieurs parisiens, des peintures, documents graphiques et objets. Important fonds de l'époque révolutionnaire; souvenirs de Mme de Sévigné, qui y habita.

CARNÉ (Marcel), cinéaste français, né à Paris en 1906. Réalisateur de *Drôle de drame* (1937), *Quai des Brumes*, *Hôtel du Nord* (1938), *Le jour se lève* (1939), *les Visiteurs du soir* (1942), *les Enfants du paradis* (1944), *Thérèse Raquin* (1953), *les Tricheurs* (1958), *les Assassins de l'ordre* (1970), *la Merveilleuse Visite* (1974).

CARNÉADE, philosophe grec, né à Cyrène (v. 215-v. 129 av. J.-C.), orateur célèbre, chef de la Nouvelle Académie, représentant d'une philosophie sceptique (le probabilisme).

CARNEGIE (Andrew), industriel et philanthrope américain, né à Dunfermline (Écosse) [1835-1919]. Créateur du trust de l'acier qui porte son nom, il subventionna des fondations charitables et des instituts scientifiques et culturels.

CARNIÈRES (59217), ch.-l. de c. du Nord; 1 055 h.

CARNIOLE, anc. prov. d'Autriche, de population slovène, partagée en 1919 entre la Yougoslavie et l'Italie.

CARNIQUES (*Alpes*), anc. nom d'une partie des Alpes orientales.

CARNON-PLAGE (34280 La Grande Motte), écart de la comm. de Mauguio (Hérault). Station balnéaire.

CARNOT (Lazare), Conventionnel et mathématicien français, né à Nolay (1753-1823). Ingénieur militaire, député à la Législative (1791) et à la Convention (1792), membre du Comité de salut public (1793), il organisa les armées de la République et conçut tous les plans de campagne; il fut surnommé l'*Organisateur de la victoire*. Membre du Directoire (1795), ministre de la Guerre (1800), il s'opposa au pouvoir personnel de Napoléon, mais accepta le portefeuille de l'Intérieur durant les Cent-Jours (1815); il fut exilé par la Restauration comme régicide. — Son fils aîné, SADI, physicien, né à Paris (1796-1832), créa la thermodynamique en énonçant, le premier, ses deux principes. — HIPPOLYTE, né à Saint-Omer (1801-1888), homme politique français, second fils de Lazare, fut ministre de l'Instruction publique en 1848. — MARIE FRANÇOIS SADI, dit **Sadi-Carnot**, ingénieur et homme politique, né à Limoges en 1837, fils d'Hippolyte, élu président de la République en 1887, fut assassiné à Lyon par l'anarchiste Caserio, en 1894.

CARNUTES, anc. peuple de la Gaule, au temps de César. Il occupait le pays de Chartres.

CARO (Antony), sculpteur britannique, né à Londres en 1924, auteur de structures métalliques polychromes à la fois «minimales» et baroquisantes.

CAROBERT → CHARLES Ier ROBERT.

CAROL → CHARLES Ier DE ROUMANIE.

CAROLINE, nom de deux États des États-Unis d'Amérique : la *Caroline du Nord* (136 197 km²; 5 214 000 h.; cap. *Raleigh*) et la *Caroline du Sud* (80 432 km²; 2 665 000 h.; cap. *Columbia*).

CAROLINE de Brunswick-Wolfenbüttel, née à Brunswick (1768-1821), femme de George IV, roi d'Angleterre, qui lui intenta un procès en adultère et la répudia.

CAROLINE BONAPARTE → BONAPARTE.

CAROLINES (*îles*), archipel de l'Océanie. D'abord espagnol, puis allemand (1899), enfin japonais (1919), il est auj. administré au nom de l'O. N. U. par les États-Unis; 70 000 h.

CAROLINGIENS, famille franque qui succéda aux Mérovingiens (751) avec Pépin le Bref et ressuscita l'empire d'Occident de 800 à 887 (sous Charlemagne notamment). Ses derniers représentants régnèrent en Germanie jusqu'en 911 et en France jusqu'en 987. Une durable renaissance culturelle marqua toute la période.

V. carte page suivante

CAROLLES (50740), section de la comm. de Jullouville (Manche). Station balnéaire.

CAROLUS-DURAN (Charles DURAND, dit), peintre français, né à Lille (1837-1917), auteur de portraits mondains.

CARON (Antoine), peintre et décorateur français, né à Beauvais (1521-1599). Artiste de cour, il acquit sur le chantier de Fontainebleau son style italianisant.

CARONÍ (*río*), riv. du Venezuela, affl. de l'Orénoque (r. dr.); 690 km.

CARONTE (*étang de*), petit étang des Bouches-du-Rhône, entre le golfe de Fos et l'étang de Berre reliés par le canal de Caronte.

CAROTHERS (Wallace Hume), chimiste américain, né à Burlington (Iowa) [1896-1937], qui a créé le Néoprène (1931) et le Nylon (1937).

CAROUGE, v. de Suisse, banlieue de Genève; 14 055 h.

CARPACCIO (Vittore), peintre vénitien, né à Venise (v. 1455/1465-v. 1525). Narrateur inventif et artiste vigoureux, il a peint de ces séries célèbres la vie de sainte Ursule et les histoires de saint Georges, saint Jérôme et saint Triphon.

CARPATES, chaîne de montagnes de l'Europe centrale, qui s'étend en arc de cercle sur la Tchécoslovaquie, la Pologne, l'U. R. S. S. (Ukraine) et la Roumanie. Moins élevées que les Alpes, très boisées, les Carpates sont formées de chaînes plissées, gréseuses et schisteuses, flanquant des noyaux cristallins (Tatras, Alpes de Transylvanie) qui constituent les parties les plus élevées de la chaîne (2 655 m dans les Tatras).

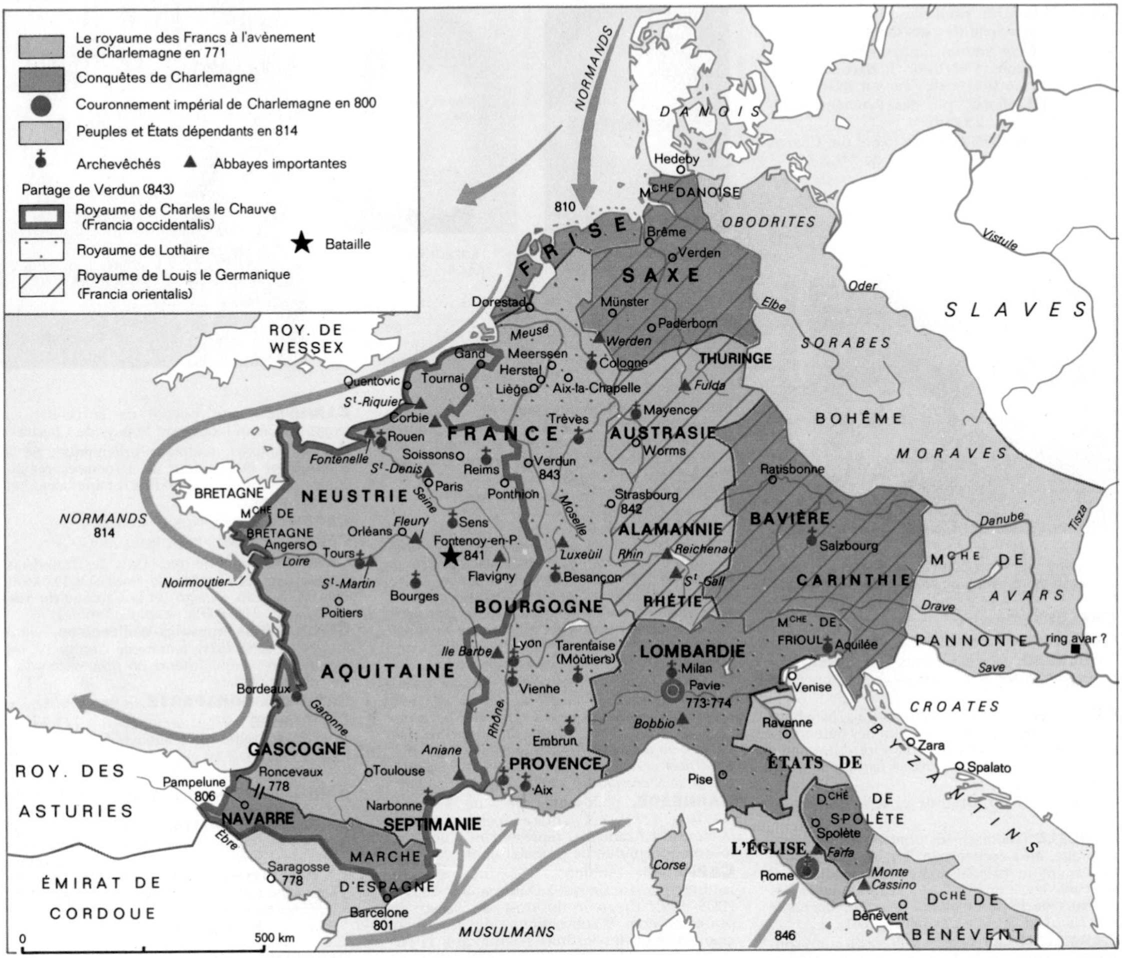

L'EMPIRE CAROLINGIEN

Légende de la carte:

- Le royaume des Francs à l'avènement de Charlemagne en 771
- Conquêtes de Charlemagne
- ● Couronnement impérial de Charlemagne en 800
- Peuples et États dépendants en 814
- ♠ Archevêchés ▲ Abbayes importantes

Partage de Verdun (843)
- Royaume de Charles le Chauve (Francia occidentalis)
- Royaume de Lothaire
- Royaume de Louis le Germanique (Francia orientalis)
- ★ Bataille

Noms géographiques sur la carte: NORMANDS, DANOIS, Hedeby, M^CHE DANOISE, OBODRITES, FRISE, Brême, Verden, SAXE, Vistule, SLAVES, ROY. DE WESSEX, Dorestad, Münster, Paderborn, SORABES, Oder, Elbe, Meuse, Werden, Cologne, THURINGE, BOHÊME, Quentovic, Gand, Meerssen, Herstal, Liège, Aix-la-Chapelle, Fulda, MORAVES, St-Riquier, Tournai, Trèves, Mayence, Corbie, Rouen, Fontenelle, Soissons, St-Denis, Paris, Reims, Verdun 843, AUSTRASIE, Worms, FRANCE, NEUSTRIE, Seine, Sens, Ponthion, Moselle, Strasbourg 842, Ratisbonne, BRETAGNE, M^CHE DE BRETAGNE, Orléans, Fleury, Tours, St-Martin, Bourges, Fontenoy-en-P. 841, Flavigny, Luxeuil, Besançon, Rhin, Reichenau, St-Gall, ALAMANNIE, BAVIÈRE, Salzbourg, CARINTHIE, M^CHE DE AVARS, Danube, Tisza, NORMANDS 814, Angers, Loire, Noirmoutier, Poitiers, BOURGOGNE, RHÉTIE, Drave, PANNONIE, ring avar?, Ile Barbe, Lyon, Tarentaise (Moûtiers), M^CHE DE FRIOUL, Aquilée, Save, AQUITAINE, Bordeaux, Garonne, Vienne, Rhône, LOMBARDIE, Milan, Pavie 773-774, Venise, CROATES, Zara, Spalato, BYZANTINS, GASCOGNE, Pampelune 806, Roncevaux 778, Toulouse, Aniane, Embrun, PROVENCE, Aix, Pise, ÉTATS DE L'ÉGLISE, Ravenne, Bobbio, ROY. DES ASTURIES, Ebre, NAVARRE, SEPTIMANIE, Narbonne, MARCHE D'ESPAGNE, Saragosse 778, Barcelone 801, Corse, Rome, Farfa, Monte Cassino, D^CHÉ DE SPOLÈTE, Spolète, ÉMIRAT DE CORDOUE, MUSULMANS 846, Bénévent, D^CHÉ DE BÉNÉVENT

0 — 500 km

CARPEAUX (Jean-Baptiste), sculpteur français, né à Valenciennes (1827-1875). Interprète du mouvement et de la grâce (*la Danse*, pour l'Opéra de Paris), il est aussi l'auteur de nombreux bustes. Peintre, son style s'apparente à celui de Daumier.

CARPENTARIE (*golfe de*), golfe de la côte septentrionale de l'Australie.

CARPENTIER (Georges), boxeur français, né à Liévin (1894-1975), champion du monde des poids mi-lourds (1920).

CARPENTIER (Alejo), écrivain cubain, né à La Havane (1904-1980). Ses romans cherchent à définir les composantes de la civilisation antillaise (*le Royaume de ce monde*, *le Siècle des lumières*, *Concert baroque*).

CARPENTRAS [-prɑs] (84200), ch.-l. d'arr. de Vaucluse, sur l'Auzon; 25463 h. (*Carpentrassiens*). Monuments de l'époque romaine au XVIIIe s. Conserves. Anc. cap. du comtat Venaissin.

Carpiagne (*camp de*), camp militaire situé à 10 km à l'est de Marseille.

CARQUEFOU (44470), ch.-l. de c. de la Loire-Atlantique; 6255 h. (*Carquefolliens*). Électronique. Tabac.

CARQUEIRANNE (83320), comm. du Var; 5236 h.

CARRÀ (Carlo), peintre et théoricien italien, né à Quargnento (prov. d'Alexandrie) [1881-1966]. Il

Alejo **Carpentier**

Larousse

participe tour à tour au futurisme, à la tendance «métaphysique», puis au retour au classicisme des années 20.

CARRACHE ou **CARRACCI** (les), peintres italiens nés à Bologne : LUDOVICO (1555-1619), et ses deux cousins AGOSTINO (1557-1602) et ANNIBALE (1560-1609), ce dernier décorateur de la galerie du palais Farnèse à Rome. En 1585, ils fondèrent dans leur ville natale une académie où vinrent se former plusieurs grands artistes du XVIIe s. Leur doctrine associait *éclectisme* et observation de la nature, recherche de la vérité expressive.

CARRARE, en ital. **Carrara**, v. d'Italie (Toscane), près de la Méditerranée; 70000 h. Grandes carrières de marbre.

CARREL (Armand), publiciste français, né à Rouen (1800-1836). Il fonda, avec Thiers et Mignet, *le National* (1830) et combattit la monarchie de Juillet; il fut tué au cours d'un duel par Émile de Girardin.

Annibale **Carrache**
l'Adoration des bergers

Larousse-Giraudon

CARREL (Alexis), chirurgien et physiologiste français, né à Sainte-Foy-lès-Lyon (1873-1944), auteur d'importantes découvertes sur la culture des tissus et leur survie en dehors du corps. On lui doit *l'Homme, cet inconnu*. (Prix Nobel, 1912.)

CARREÑO DE MIRANDA (Juan), peintre espagnol, né à Avilés (1614-1685), auteur de tableaux d'autel (*Fondation de l'ordre trinitaire*, Louvre) et de portraits.

CARRERA (Rafael), homme d'État guatémaltèque, né à Guatemala (1814-1865). S'étant emparé du pouvoir, il fit sortir le Guatemala de la fédération de l'Amérique centrale (1839). Il devint président à vie (1844).

CARRERA ANDRADE (Jorge), diplomate et écrivain équatorien, né à Quito (1903-1978). Il cherche une résonance poétique universelle aux thèmes traditionnels de l'Amérique latine (*Registre du monde, Chronique des Indes*).

CARRIER (Jean-Baptiste), Conventionnel français, né à Yolet (Cantal) [1756-1794]. Responsable des *noyades de Nantes*, il fut guillotiné.

CARRIÈRE (Eugène), peintre et lithographe français, né à Gournay-sur-Marne (1849-1906). Il a surtout peint des maternités et des portraits, réduisant les couleurs à un camaïeu gris-brun d'où les formes essentielles se dégagent en clair.

CARRIÈRES-SOUS-POISSY (78300 Poissy), comm. des Yvelines; 10324 h.

CARRIÈRES-SUR-SEINE (78420), comm. des Yvelines; 11733 h. (*Carriérois*). Matériel médical.

CARRILLO (Santiago), homme politique espagnol, né à Gijón en 1915. Ancien secrétaire général des Jeunesses socialistes espagnoles, il est, depuis 1960, secrétaire général du parti communiste espagnol.

CARROLL (Lewis), pseudonyme de Charles DODGSON, mathématicien et écrivain britannique, né à Daresbury (1832-1898). Auteur d'une *Logique symbolique* (1896), il rassemble divers paradoxes dans *Curiosa Mathematica* (1888-1893). Ses récits réunissent sa passion de la logique formelle et sa fascination pour l'imagination enfantine (*Alice au pays des merveilles, la Chasse au Snark*).

CARROUGES (61320), ch.-l. de c. de l'Orne; 753 h. Château des XIVe-XVIIe s.

CARROZ-D'ARÂCHES (74300 Cluses), écart de la comm. d'Arâches (Haute-Savoie), entre les vallées de l'Arve et du Giffre. Sports d'hiver (alt. 1140-1850 m).

CARRY-LE-ROUET (13620), comm. des Bouches-du-Rhône; 3304 h. Station balnéaire.

CARTAGENA, port de Colombie, sur la mer des Antilles; 242000 h.

CARTAN, famille de mathématiciens français. — ÉLIE, né à Dolomieu (1869-1951), a approfondi la théorie des groupes. — Son fils HENRI, né à Nancy en 1904, étudia les fonctions de variables complexes, l'analyse et la topologie. Il est l'un des fondateurs du groupe Bourbaki.

Cartel (*théâtres du*), groupe d'intérêt professionnel et moral, formé de 1927 à 1940 par les théâtres dirigés par G. Baty, Ch. Dullin, L. Jouvet et G. Pitoëff.

CARTELLIER (Pierre), sculpteur français, né à Paris (1757-1831). Néoclassique au talent robuste, il est l'auteur du relief de *la Gloire* à la colonnade du Louvre (1807), d'effigies funéraires et de statues officielles.

CARTER (Elliott), compositeur américain, né à New York en 1908, célèbre notamment par ses recherches rythmiques (*Symphonie de trois orchestres, quatuors à cordes*).

CARTER (James CARTER, dit **Jimmy**), homme d'État américain, né à Plains (Géorgie) en 1924. Démocrate, il est président des États-Unis de 1977 à 1981.

CARTERET, anc. comm. de la Manche, réunie à Barneville. Station balnéaire.

CARTERET (Philip), navigateur anglais, m. en 1796. Il effectua le tour du monde (1766-1769), explorant particulièrement les parties équatoriales du Pacifique.

CARTHAGE, v. d'Afrique, fondée v. 825 av. J.-C. par des colons tyriens dans une presqu'île près de laquelle se trouve auj. Tunis. (Hab. *Carthaginois*.) Carthage devint en peu de temps la capitale d'une république maritime très puissante, se substitua à Tyr en Occident, créa des colonies en Sicile, en Espagne, envoya des navigateurs dans l'Atlantique Nord et sur les côtes occidentales d'Afrique et soutint contre Rome, sa rivale, de longues luttes connues sous le nom de *guerres puniques* (264-146 av. J.-C.). Malgré les efforts d'Hannibal, elle dut demander la paix aux Romains, commandés par Scipion l'Africain, à la fin de la deuxième guerre punique. Elle fut détruite à la fin de la troisième guerre punique par Scipion Émilien (146 av. J.-C.). Colonie romaine (Ier s. av. J.-C.), elle devint la véritable capitale de l'Afrique romaine et de l'Afrique chrétienne. Prise en 439 par les Vandales, elle fut anéantie par les Arabes (v. 698). Immense chantier de fouilles.

CARTHAGÈNE, en esp. *Cartagena*, port d'Espagne (prov. de Murcie), sur la Méditerranée, fondé par les Carthaginois v. 226 av. J.-C.; 143000 h. Raffinerie de pétrole (*Escombreras*). Industries chimiques.

CARTHAGÈNE, v. de Colombie → CARTAGENA.

CARTIER (Jacques), navigateur français, né à Saint-Malo (1491?-1557). Il prit possession du Canada, à Gaspé, au nom de François Ier (24 juill. 1534) et remonta le Saint-Laurent au cours d'un deuxième voyage (1535); il revint au Canada en 1541.

CARTIER (sir Georges Étienne), homme politique canadien, né à Saint-Antoine-sur-Richelieu (Québec) [1814-1873]. Il joua un rôle important dans l'établissement de la Confédération canadienne (1867).

CARTIER-BRESSON (Henri), photographe français, né à Chanteloup en 1908, auteur de reportages d'une remarquable spontanéité.

CARTOUCHE (Louis Dominique), chef d'une bande de voleurs, né à Paris (1693-1721). Il fut roué vif en place de Grève.

CARTWRIGHT (Edmund), inventeur britannique, né à Marnham (1743-1823). Il transforma l'industrie du tissage en y introduisant la machine à vapeur (1785).

CARUSO (Enrico), ténor italien, né à Naples (1873-1921).

Jimmy
Carter

Francolon-Gamma

N.F.B. Photo

Georges Étienne
Cartier

CARVALHO (Léon CARVAILLE, dit **Léon**), directeur de théâtre français, né à l'île Maurice (1825-1897).

CARVIN (62220), ch.-l. de c. du Pas-de-Calais; 15601 h. (*Carvinois*). Constructions mécaniques.

CASABLANCA ou **Dar el-Beida,** principal port et plus grande ville du Maroc, sur l'Atlantique; 1506000 h. Théâtre de combats lors du débarquement allié de 1942. Une conférence s'y tint (1943) entre Churchill et Roosevelt.

Casa de Contratación, chambre de commerce créée par les Rois Catholiques afin de stimuler et de protéger le commerce entre la Castille et l'Amérique (1503-1790).

CASADESUS (Robert), pianiste français, né à Paris (1899-1972). Il a fait connaître dans le monde entier le répertoire français.

CASALS [kazals] (Pablo), violoncelliste espagnol, né à Vendrell (Catalogne) [1876-1973].

CASAMANCE (la), fl. côtier du Sénégal méridional; 320 km.

CASANOVA de Seingalt (Giovanni Giacomo), aventurier, né à Venise (1725-1798), célèbre par ses exploits romanesques (notamment son évasion des Plombs de Venise) et galants, qu'il a contés dans ses *Mémoires*.

CASAUBON (Isaac), helléniste et théologien calviniste, né à Genève (1559-1614).

CASCADES (*chaîne des*), montagnes de l'ouest des États-Unis et du Canada, en bordure de l'océan Pacifique (mont Rainier, 4392 m).

Case de l'oncle Tom (la), roman contre l'esclavage par Mrs. H. Beecher-Stowe (1852).

le port
de **Casablanca**

Lauros-Candelier

CASE-PILOTE (97222), ch.-l. de c. de la Martinique; 1775 h.

CASERTE, v. d'Italie (Campanie), au nord de Naples; 66000 h. Vaste château royal dû à l'architecte Luigi Vanvitelli (1700-1773). Les forces allemandes d'Italie y capitulèrent en 1945.

CASIMIR (saint), prince jagellon, né à Cracovie (1458-1484), fils du roi Casimir IV. Patron de la Pologne.

CASIMIR, nom de cinq ducs et rois de Pologne, dont: CASIMIR III *le Grand* (1310-1370), roi de 1333 à 1370; — CASIMIR IV JAGELLON (1427-1492), grand-duc de Lituanie de 1440 à 1492 et roi de Pologne de 1445 à 1492; — CASIMIR V, ou JEAN II, ou JEAN-CASIMIR (1609-1672), dernier roi Vasa de Pologne, de 1648 à 1668.

CASIMIR-PERIER (Auguste PERIER, dit, à partir de 1873), homme politique français, né à Paris (1811-1876), fils de Casimir Perier*. Il soutint la politique de Thiers.

CASIMIR-PERIER (Jean), homme politique français, né à Paris (1847-1907). Élu président de la République le 27 juin 1894, il dut démissionner, devant l'opposition de gauche, dès le 15 janvier 1895.

CASPIENNE (*mer*), mer intérieure, aux confins de l'Europe et de l'Asie. De forme allongée, elle baigne l'U.R.S.S. et l'Iran. Son niveau est à 28 m au-dessous du zéro marin, et, malgré l'apport de la Volga, elle est en voie de régression constante; 430000 km².

CASSAGNAC (Bernard GRANIER DE), publiciste et homme politique français, né à Avéron-Bergelle (Gers) [1806-1880], journaliste et député (1852-1870, 1876, 1877-1880), défenseur ardent des idées bonapartistes. — Son fils PAUL, né à la Guadeloupe (1843-1904), journaliste et député (1876-1893, 1898-1902), fut un des chefs du parti impérialiste et du mouvement boulangiste.

CASSAGNES-BÉGONHÈS (12120), ch.-l. de c. de l'Aveyron; 1 136 h.

CASSANDRE. *Myth. gr.* Fille de Priam et d'Hécube. Elle reçut d'Apollon le don de prédire l'avenir, mais elle se refusa à lui et le dieu décréta que personne ne croirait ses prédictions.

CASSANDRE (v. 354-297 av. J.-C.), roi de Macédoine, fils d'Antipatros. Il soumit la Grèce (319-317) et épousa Thessalonice, sœur d'Alexandre le Grand.

CASSANDRE (Adolphe MOURON, dit), peintre français, né à Kharkov (1901-1968), auteur d'affiches d'un style hardiment synthétique.

CASSANO D'ADDA, v. d'Italie (prov. de Milan), sur l'Adda; 11 000 h. En 1705, Vendôme y battit le Prince Eugène.

CASSARD (Jacques), marin français, né à Nantes (1679-1740), qui lutta contre les Anglais et les Portugais. Le cardinal Fleury le fit enfermer au château de Ham, où il mourut.

CASSATT (Mary), peintre et graveur américain, née à Pittsburgh (1845-1926). Fixée à Paris, elle reçut les conseils de Degas et s'illustra au sein du groupe impressionniste.

CASSEL (59670), ch.-l. de c. du Nord, sur le *mont Cassel* (alt. 176 m); 2 492 h. Philippe VI y vainquit les Flamands en 1328. Le duc d'Orléans, frère de Louis XIV, y battit le prince d'Orange en 1677. Foch y eut son quartier général à la fin de 1914.

Mary **Cassatt**
*Portrait
de Mademoiselle C.*

Giraudon

CASSEL, v. d'Allemagne → KASSEL.

CASSIN (mont), montagne de l'Italie méridionale, près de Cassino; 519 m. Saint Benoît y fonda en 529 un monastère bénédictin qui rayonna sur toute la chrétienté au Moyen Âge. Complètement détruit au cours de violents combats en 1944, il a été reconstruit. Il est le centre de la Congrégation cassinaise de la primitive observance.

CASSIN (René), juriste français, né à Bayonne (1887-1976), président de la Cour européenne des droits de l'homme (1965). [Prix Nobel de la paix, 1968.]

CASSINI, famille d'astronomes et de géodésiens français, d'origine italienne. — JEAN DOMINIQUE, né à Perinaldo (prov. d'Imperia) [1625-1712], organisa l'Observatoire de Paris et fit progresser par ses observations la connaissance du système solaire. — Son fils JACQUES, né à Paris (1677-1756), est surtout connu pour ses travaux de géodésie. — CÉSAR FRANÇOIS **Cassini de Thury**, né à Thury (1714-1784), fils du précédent, entreprit la grande carte de France,

appelée *carte de Cassini*, à l'échelle de 1/86 400. — JACQUES DOMINIQUE, né à Paris (1748-1845), fils du précédent, termina la carte de France et prit une part active à sa division en départements.

CASSINO, v. d'Italie (Latium); 17 000 h. (V. CASSIN [*mont*].) Violente bataille en 1944.

CASSIODORE, en lat. **Flavius Magnus Aurelius Cassiodorus Senator**, homme politique et écrivain latin, né à Scylacium (Squillace) [v. 480-v. 575], préfet du prétoire sous Théodoric. Son encyclopédie, *Institutions des lettres divines et séculières*, est un précis des sept arts libéraux qui seront à la base de l'enseignement au Moyen Âge.

CASSIOPÉE, constellation voisine du pôle Nord, située à l'opposé de la Grande Ourse par rapport à l'étoile Polaire.

CASSIRER (Ernst), philosophe allemand, né à Breslau (1874-1945). Il développe la méthode de Kant dans une critique de la raison scientifique et une étude des mythes, des religions, des symboles et des langues (*la Philosophie des formes symboliques*, 1923-1929).

CASSIS [-si] (13260), comm. des Bouches-du-Rhône; 5 831 h. (*Cassidens*). Station balnéaire. Cimenterie. Vins blancs. Criques pittoresques calanques.

CASSITÉRIDES (*îles*), nom antique d'un archipel formé peut-être par les actuelles îles Scilly. Elles produisaient de l'étain.

CASSIUS LONGINUS (Caius), l'un des meurtriers de César, mort à Philippes en 42 av. J.-C.

CASTAGNO (Andrea DEL) → ANDREA DEL CASTAGNO.

Castalia, fontaine de Delphes, consacrée aux Muses.

CASTANET-TOLOSAN (31320), ch.-l. de c. de la Haute-Garonne; 2 998 h.

CASTEAU, anc. comm. de Belgique (Hainaut), près de Mons, siège, depuis 1967, du commandement des forces du Pacte atlantique en Europe.

CASTELAR Y RIPOLL (Emilio), homme politique espagnol, né à Cadix (1832-1899). Sous la République, il fut chef de l'exécutif avec les pleins pouvoirs (1873-74).

CASTELFIDARDO, v. d'Italie (Marches);

Jean Dominique **Cassini**
marbre de
J. G. Moitte

Lauros-Giraudon

10 000 h. Défaite des troupes pontificales de Lamoricière (1860).

CASTEL GANDOLFO, comm. d'Italie (Latium), sur le lac d'Albano; 4 400 h. Résidence d'été du pape, qui fait partie de la Cité du Vatican.

CASTELJALOUX (47700), ch.-l. de c. de Lot-et-Garonne; 5 440 h. (*Casteljalousains*). Maisons anciennes. Industries du bois.

CASTELLAMMARE DI STABIA, port d'Italie, sur le golfe de Naples; 73 000 h.

CASTELLANE (04120), ch.-l. d'arr. des Alpes-de-Haute-Provence, sur le Verdon, au pied des *Préalpes de Castellane*; 1 261 h. (*Castellanais*). Église romane.

CASTELLANE (Boniface, *comte* DE), maréchal de France, né à Paris (1788-1862). Il fit les campagnes du premier Empire et participa au coup d'État de 1851.

CASTELLET (Le) [83330 Le Beausset], comm. du Var; 2 048 h. Circuit automobile. Aérodrome.

CASTELLION ou **CHATEILLON** (Sébastien),

théologien et humaniste français, né à Saint-Martin-du-Fresne (Bugey) [v. 1515-1563]. Il fit deux traductions de la Bible, l'une en français, l'autre en latin.

CASTELLÓN DE LA PLANA, v. d'Espagne (Valence), près de la Méditerranée; 112 000 h.

CASTELMORON-SUR-LOT (47260), ch.-l. de c. de Lot-et-Garonne; 1 444 h.

CASTELNAU (Pierre DE), cistercien, m. en 1208. Légat du pape Innocent III, il fut chargé de combattre l'hérésie albigeoise. Son assassinat fut le signal de la croisade des albigeois.

CASTELNAU (Édouard DE CURIÈRES DE), général français, né à Saint-Affrique (1851-1944). Il commanda la IIe armée en Lorraine (1914), fut l'adjoint de Joffre (1915-16), puis il prit la tête du groupe d'armées de l'Est (1917-18). Député de l'Aveyron (1919-1924), il fonda la Fédération nationale catholique.

CASTELNAUDARY (11400), ch.-l. de c. de l'Aude, sur le canal du Midi; 10 847 h. (*Chauriens*). Industries alimentaires et mécaniques. En 1632, le duc de Montmorency y fut battu et pris par les troupes de Louis XIII.

CASTELNAU-DE-MÉDOC (33480), ch.-l. de c. de la Gironde; 2 169 h. Vins.

CASTELNAU-DE-MONTMIRAL (81140), ch.-l. de c. du Tarn; 1 037 h.

CASTELNAU-LE-LEZ (34170), comm. de l'Hérault; 9 491 h.

CASTELNAU-MAGNOAC (65230), ch.-l. de c. des Hautes-Pyrénées; 964 h.

CASTELNAU-MONTRATIER (46170), ch.-l. de c. du Lot; 2 013 h.

CASTELNAU-RIVIÈRE-BASSE (65700 Maubourguet), ch.-l. de c. des Hautes-Pyrénées; 740 h.

CASTELO BRANCO (Camilo), écrivain portugais, né à Lisbonne (1825-1890), un des maîtres du récit réaliste dans son pays (*Nouvelles du Minho*).

CASTELSARRASIN (82100), ch.-l. d'arr. de Tarn-et-Garonne, sur le canal latéral à la Garonne; 12 204 h. (*Castelsarrasinois*). Église du XIIe s. Métallurgie.

CASTERET (Norbert), spéléologue français, né à Saint-Martory en 1897.

CASTETS (40260), ch.-l. de c. des Landes; 1 517 h.

CASTEX (Raoul), amiral et théoricien militaire français, né à Saint-Omer (1878-1968), auteur d'ouvrages historiques et stratégiques.

CASTIFAO-MOROSAGLIA (canton de), cant. de la Haute-Corse. Ch.-l. *Morosaglia*.

CASTIGLIONE (Baldassare), diplomate et écrivain italien, né à Casatico (prov. de Mantoue) [1478-1529], auteur du *Courtisan*, guide du parfait homme de cour sous la Renaissance. Portrait par Raphaël (Louvre).

CASTIGLIONE (Giovanni Benedetto), peintre et graveur italien, né à Gênes (v. 1611?-1663 ou 1665), actif à Rome, Naples, Gênes, Mantoue. Influencé par le naturalisme flamand et hollandais, il fut un baroque plein de virtuosité et d'imagination.

CASTIGLIONE DELLE STIVIERE, v. d'Italie (Lombardie); 7 000 h. Victoire d'Augereau sur les Autrichiens (1796).

CASTILLE, en esp. *Castilla*, région du centre de la péninsule Ibérique. Les sierras de Gredos et de Guadarrama séparent la *Vieille-Castille* (66 000 km²; 2 162 000 h.) [prov. d'Ávila, Burgos, Logroño, Palencia, Santander, Ségovie, Soria et Valladolid] au nord, drainée par le Douro, de la *Nouvelle-Castille* (72 000 km²; 5 647 000 h.) [prov. de Ciudad Real, Cuenca, Guadalajara, Madrid et Tolède] au sud, traversée par le Tage et le Guadiana, où se trouve Madrid. Ce sont des régions au climat rude, semi-aride, domaine d'une culture céréalière et d'un élevage ovin extensifs, en dehors de secteurs plus favorisés (vignes) ou irrigués (cultures fruitières et maraîchères).

— La Castille forma au IXe s. un comté, dont la capitale était *Burgos*. Annexée au royaume navarrais, agrandi du León, des Asturies et de la

Galice, la Castille fut définitivement réunie au royaume de León en 1230. La Reconquista accrut son territoire sa puissance économique. Le mariage d'Isabelle de Castille avec Ferdinand II, roi d'Aragon, en 1469, permit l'union des trois royaumes de Castille, León et Aragon en 1479.

CASTILLEJO (Cristóbal DE), poète espagnol, né à Ciudad Real (v. 1490-1556), défenseur de la poésie nationale contre l'italianisme.

CASTILLON, localité des Alpes-de-Haute-Provence, sur le Verdon. Barrage (lac de retenue) et centrale hydroélectrique.

CASTILLON-EN-COUSERANS (09800), ch.-l. de c. de l'Ariège; 429 h.

CASTILLON-LA-BATAILLE (33350), ch.-l. de c. de la Gironde, sur la Dordogne; 3 177 h. *(Castillonnais).* Vins. Victoire de Charles VII, qui mit fin à la guerre de Cent Ans (1453).

CASTILLONNÈS (47330), ch.-l. de c. de Lot-et-Garonne; 1 444 h.

CASTLEREAGH (Robert STEWART, *vicomte*), homme d'État britannique, né à Dublin (1769-1822). Secrétaire à la Guerre (1805-1810) puis aux Affaires étrangères (1812), il fut l'âme des coalitions contre Napoléon Ier et joua un rôle primordial au congrès de Vienne (1814-15).

CASTOR et **POLLUX,** dits **les Dioscures,** héros mythologiques, fils jumeaux de Zeus et de Léda, et frères d'Hélène et de Clytemnestre. Ils furent identifiés à la constellation des Gémeaux. — Leur légende a fait l'objet d'une tragédie lyrique de Rameau, sur un livret de Gentil-Bernard (1737).

CASTRES (81100), ch.-l. d'arr. du Tarn, sur l'Agout; 47 527 h. *(Castrais).* Produits pharmaceutiques. Textile. Musée Goya et musée Jean-Jaurès dans l'ancien évêché (jardin à la française).

CASTRIES (34160), ch.-l. de c. de l'Hérault; 2 462 h. Château des XVIe et XVIIe s.

CASTRIES [kastr] (Charles DE LA CROIX, *marquis* DE), maréchal de France (1727-1801), ministre de la Marine de 1780 à 1787.

CASTRO (João DE), explorateur et administrateur portugais, né à Lisbonne (1500-1548), viceroi des Indes portugaises.

CASTRO (Inés DE) → INÉS DE CASTRO.

CASTRO (Josue DE), économiste brésilien, né à Recife (1908-1973). Ses études ont porté principalement sur les problèmes de la faim dans le monde : *Géographie de la faim* (1949-50), *Géopolitique de la faim* (1952), *Une zone explosive, le Nordeste du Brésil* (1965), *Des hommes et des crabes* (1966).

CASTRO (Fidel), homme politique cubain, né à Mayarí (prov. d'Oriente) en 1927. Dès 1947, il lutta contre la dictature de Batista. Exilé en 1953, il débarqua à Cuba en 1956, organisant une guérilla qui aboutit, en 1959, au renversement du régime de Batista. Devenu Premier ministre (1959), Fidel Castro incarne depuis lors la révolution cubaine, de type socialiste et anti-impérialiste.

CASTRO Y BELLVÍS (Guilhem ou Guillén DE), auteur dramatique espagnol, né à Valence (1569-1631), dont *les Enfances du Cid* inspirèrent Corneille.

ÇATAL HÖYÜK, site de Turquie, au sud-est de Konya. Grand gisement néolithique.

CATALAUNI, peuple gaulois dont la ville princ. était *Catalaunum* (auj. Châlons-sur-Marne).

CATALAUNIQUES *(champs),* plaines de la Champagne entre Châlons-sur-Marne et Troyes. Les Huns d'Attila y furent vaincus par les Romains d'Aetius, alliés aux Wisigoths de Théodoric (451).

CATALOGNE, en catalan **Catalunya,** région du nord-est de l'Espagne, formée des prov. de Barcelone, Gérone, Lérida et Tarragone; 32 000 km²; 5 719 000 h. La région s'étend sur l'extrémité orientale des Pyrénées, peu peuplée, et sur la partie aval du bassin de l'Èbre, séparée par de moyennes montagnes du littoral, qui est animé par le tourisme estival (Costa Brava). Barcelone concentre la majeure partie de l'activité industrielle.

— Marche vassale de la France, la Catalogne confondit son sort, aux XIe et XIIe s., avec le puissant comté de Barcelone, qui étendit sa domination dans le midi de la France. En 1150, la Catalogne fut unie à l'Aragon tout en gardant ses institutions. Devenue espagnole en 1469, elle se maintint comme État autonome, ce qui suscita l'opposition du pouvoir central. En 1659 (traité des Pyrénées), la Catalogne perdit le Roussillon et une partie de la Cerdagne, mais garda les privilèges : ceux-ci furent abolis par les Bourbons; dès lors le mouvement nationaliste catalan n'a cessé de s'opposer au centralisme castillan. République (1931), généralité (1932), la Catalogne perdit son autonomie en 1939. Après un référendum, elle l'a retrouvée pleinement en 1979.

CATANE, en ital. **Catania,** port d'Italie sur la côte est de la Sicile, souvent dévasté par l'Etna; 400 000 h. Monuments de l'époque grecque au XVIIIe s.

CATANZARO, v. d'Italie, cap. de la Calabre; 93 000 h. Château construit par Robert Guiscard.

CATEAU-CAMBRÉSIS (Le) [59360], ch.-l. de c. du Nord, sur la Selle, affl. de l'Escaut; 8 897 h. *(Catésiens).* Textile. Musée H.-Matisse. Traités de paix de 1559, l'un, entre la France et l'Angleterre, où Henri II de France conservait Calais, l'autre, entre la France et l'Espagne, qui mettait fin aux guerres d'Italie et reconnaissait à la France les Trois-Évêchés (Metz, Toul, Verdun).

CATELET (Le) [02420 Bellicourt], ch.-l. de c. de l'Aisne; 272 h.

CATHAY ou **CATAY** (le), nom donné à la Chine au Moyen Âge.

CATHELINEAU (Jacques), chef vendéen, né au Pin-en-Mauges (1759-1793). Il mourut à l'attaque de Nantes. Surnommé *le Saint de l'Anjou.*

CATHERINE d'Alexandrie *(sainte),* martyre à Alexandrie. L'histoire de cette sainte très populaire ne relève que de la légende.

CATHERINE de Sienne *(sainte),* religieuse italienne, célèbre par ses extases et ses révélations, née à Sienne (1347-1380). Elle décida Grégoire XI à quitter Avignon pour Rome, puis lutta pour mettre fin au Grand Schisme d'Occident.

qués par ce divorce furent une des causes du schisme anglais. Elle est la mère de Marie Tudor.

CATHERINE HOWARD (v. 1522-1542), cinquième femme d'Henri VIII. Elle fut décapitée.

CATHERINE DE MÉDICIS, née à Florence (1519-1589), fille de Laurent II de Médicis, femme d'Henri II, mère de François II, de Charles IX et d'Henri III, régente à l'avènement de Charles IX (1560). Politique habile, mais sans scrupule, elle essaya de régner en tenant la balance égale entre protestants et catholiques pendant les guerres de Religion. Elle fut l'instigatrice du massacre de la Saint-Barthélemy.

CATHERINE PARR (1512-1548), sixième et dernière femme d'Henri VIII.

CATILINA (Lucius Sergius), patricien romain (v. 109-62 av. J.-C.). Sa conjuration contre le sénat fut dénoncée par Cicéron en 63.

Catilinaires, nom donné à quatre harangues prononcées par Cicéron, alors consul, contre Catilina en 63 av. J.-C.

CATINAT [-na] (Nicolas), maréchal de France, né à Paris (1637-1712). Il vainquit le duc de Savoie à Staffarde (1690) et à La Marsaille (1693), et se montra habile négociateur.

CATON, dit **l'Ancien** ou **le Censeur,** homme d'État romain, né à Tusculum (234-149 av. J.-C.). Censeur en 184 av. J.-C., il s'efforça d'enrayer le luxe et de lutter contre les mœurs grecques à Rome. Consul en 195, il incarna la politique à la fois conservatrice et nationaliste de l'oligarchie sénatoriale, s'attachant à briser le pouvoir des Scipions et la puissance de Carthage. Caton fut aussi un des premiers grands écrivains de langue latine *(De re rustica,* les *Origines).*

CATON d'Utique, homme d'État romain (95-46 av. J.-C.), arrière-petit-fils de Caton l'Ancien. Tribun, puis sénateur, il s'opposa à Pompée puis à César. Il se perça de son épée à Utique après la défaite de Thapsus. Sa vie et sa mort furent celles d'un stoïcien.

CATROUX (Georges), général français, né à Limoges (1877-1969). Gouverneur général de l'Indochine en 1940, rallié à de Gaulle, il fut ministre du Comité d'Alger (1944), ambassadeur à Moscou (1945-1948), puis grand chancelier de la Légion d'honneur (1954-1969).

E. Erwitt-Magnum

Lauros-Giraudon

Lauros-Giraudon

Fidel **Castro**

Catherine de Médicis par François Clouet

Catherine II de Russie par Pietro Rotari

CATHERINE LABOURÉ *(sainte),* fille de la Charité, née à Fain-lès-Moutiers (1806-1876). À Paris, rue du Bac, elle fut favorisée d'apparitions dites « de la Médaille miraculeuse ».

CATHERINE Ire, née à Jakobstadt (Courlande) [1684-1727], impératrice de Russie (1725-1727), femme de Pierre le Grand, à qui elle succéda.

CATHERINE II la Grande, née à Stettin (1729-1796), impératrice de Russie (1762-1796), fille du duc d'Anhalt-Zerbst, femme de Pierre III. Autocrate convaincue, elle se montra cependant protectrice des « philosophes » et des artistes français. Elle brisa la révolte de Pougatchev (1773-1775), réforma l'administration (1775) et encouragea la mise en valeur des régions de l'Ukraine et de la Volga. Sous son règne, la Russie s'accrut aux dépens de l'Empire ottoman (traité de Iași, 1792) et de la Pologne (1793 et 1795).

CATHERINE D'ARAGON, infante d'Aragon, née à Alcalá de Henares (1485-1536), première femme d'Henri VIII, roi d'Angleterre, répudiée après dix-huit ans d'union. Les conflits provo-

CATTARO → KOTOR.

CATTÉGAT ou **KATTEGAT,** bras de mer entre la Suède et le Danemark (Jylland).

CATTELL (James McKeen), psychologue américain, né à Easton (Pennsylvanie) [1860-1944], auteur de travaux de psychologie différentielle.

CATTENOM (57570), ch.-l. de c. de la Moselle; 2 402 h. Centrale nucléaire en projet.

CATTERJI ou **CHATTERJI** (Bankim Chandra), écrivain indien d'expression bengali, né à Kāntalpādā (1838-1894), auteur de romans sociaux et psychologiques *(Rajani).*

CATULLE, poète latin, né à Vérone (v. 87-v. 54 av. J.-C.). Imitateur des alexandrins, il est l'auteur de poèmes érudits *(les Noces de Thétis et de Pélée)* et lyriques.

CATUS (46150), ch.-l. de c. du Lot; 674 h.

CAUCA (le), riv. de Colombie, affl. du Magdalena (g.); 1 250 km.

CAUCASE, chaîne de montagnes de l'U.R.S.S. qui s'étend sur 1 200 km entre la mer Noire et la Caspienne. C'est une haute barrière où l'alti-

Cavour
par Francesco Hayez

Augustin **Cauchy**

Caucase
haute vallée de l'Aragvi
(Géorgie)

tude descend rarement au-dessous de 2 000 m, dominée par de puissants volcans (Elbrous, 5 633 m; Kazbek). Difficilement pénétrable, le Caucase a été un refuge de populations et constitue encore une véritable mosaïque ethnique. On étend parfois le nom de Caucase aux massifs situés au sud de Tbilissi (appelés encore *Petit Caucase*).
— On nomme fréquemment *pays du Caucase* les républiques fédérées d'Arménie, d'Azerbaïdjan et de Géorgie, parties de l'U.R.S.S.

CAUCASIE, région de l'U.R.S.S. comprenant, du nord au sud, l'extrémité méridionale de la Russie des steppes (Ciscaucasie), le Caucase, la Transcaucasie (correspondant aux pays du *Caucase* [v. art. préc.]).

CAUCHON (Pierre), évêque de Beauvais, puis de Lisieux, né près de Reims (v. 1371-1442). Il embrassa le parti bourguignon et présida au procès de Jeanne d'Arc.

CAUCHY (*baron* Augustin), mathématicien français, né à Paris (1789-1857). On lui doit une rénovation de l'analyse mathématique par l'emploi de méthodes rigoureuses.

CAUDAN (56600 Lanester), comm. du Morbihan; 4 803 h. Fonderie.

CAUDEBEC-EN-CAUX (76490), ch.-l. de c. de la Seine-Maritime; 2 729 h. (*Caudebecquais*). Église de style gothique flamboyant.

CAUDEBEC-LÈS-ELBEUF (76320), comm. de la Seine-Maritime; 9 475 h. (*Caudebecquais*). Chimie.

CAUDIUM, anc. ville d'Italie (Samnium), auj. *Montesarchio* (Campanie). Aux environs, défilé des *Fourches Caudines.*

CAUDRON (les frères), ingénieurs et aviateurs français, nés à Favières (Somme) : GASTON (1882-1915) et RENÉ (1884-1959). Ils construisirent de nombreux avions, employés notamment pendant la Première Guerre mondiale.

CAUDRY (59540), comm. du Nord; 13 633 h. (*Caudrésiens*). Textile. Chimie.

CAULAINCOURT (Armand, *marquis* DE), *duc* **de Vicence**, général français, né à Caulaincourt (1772-1827). Ambassadeur en Russie (1807-1811), ministre des Relations extérieures (1813-14 et 1815), il représenta Napoléon au congrès de Châtillon.

CAULNES [kon] (22350), ch.-l. de c. des Côtes-du-Nord; 2 156 h.

CAUMARTIN (LE FÈVRE DE), famille de magistrats et de fonctionnaires français (XVIe-XVIIIe s.) : JEAN FRANÇOIS PAUL, né à Châlons-sur-Marne (1668-1733), fut capitaine de Vannes puis de Blois ; — ANTOINE LOUIS FRANÇOIS, né à Paris (1725-1803), prévôt des marchands de Paris (1778-1784), embellit la capitale.

CAUMONT (Arcisse DE), archéologue français, né à Bayeux (1802-1873), fondateur de la Société française d'archéologie (1834).

CAUMONT-L'ÉVENTÉ (14240), ch.-l. de c. du Calvados; 1 178 h.

Caures (*bois des*), un des hauts lieux de

Verdun, illustré par la défense de Driant en 1916.

CAUS [ko] (Salomon DE), ingénieur français, né dans le pays de Caux (v. 1576-1626). On doit le considérer comme le véritable inventeur de la machine à vapeur (1615).

Causeries du lundi, de Sainte-Beuve (1851-1862), séries d'études critiques publiées le lundi d'abord dans *le Constitutionnel,* puis dans *le Moniteur* et dans *le Temps,* et consacrées aux auteurs et aux œuvres de la littérature française. Ces *Causeries* furent suivies des *Nouveaux Lundis* (1863-1870).

CAUSSADE (82300), ch.-l. de c. de Tarn-et-Garonne; 5 891 h. Chapellerie.

CAUSSES (les), plateaux calcaires et secs du sud (*Grands Causses*) et sud-ouest (*Causses du Quercy*) du Massif central, consacrés surtout à l'élevage ovin. Les *Grands Causses* sont entaillés par les gorges du Tarn, de la Jonte et de la Dourbie et comprennent le *causse de Sauveterre,* le *causse de Sévérac,* le *causse Comtal,* le *causse Méjean,* le *causse Noir* et le *causse du Larzac;* les *Causses du Quercy* englobent le *causse de Martel,* le *causse de Gramat* et le *causse de Limogne.*

CAUTERETS [kotrɛ] (65110), comm. des Hautes-Pyrénées sur le *gave de Cauterets;* 1 065 h. (*Cauterésiens*). Station thermale; eaux sulfurées (voies respiratoires, oto-rhino-laryngologie, dermatologie). Sports d'hiver (alt. 932-2 350 m).

CAUVERY → KĀVIRI.

CAUX [ko] (*pays de*), région de Normandie, au nord de la Seine, formée d'un plateau crayeux recouvert de limon (blé, betterave à sucre, élevage bovin), retombant en de hautes falaises sur le littoral de la Manche, jalonné de ports et de stations balnéaires (Dieppe, Fécamp, Étretat). [Hab. *Cauchois.*]

CAVAIGNAC (Jean-Baptiste), Conventionnel français, né à Gourdon (Guyenne) [1763-1829], commissaire aux armées de la République. — Son fils aîné, GODEFROY, né à Paris (1801-1845), fut un des chefs du parti démocratique sous Charles X et Louis-Philippe. — LOUIS EUGÈNE, frère du précédent, général français, né à Paris (1802-1857), fut gouverneur de l'Algérie. Investi le 24 juin 1848, au plus fort de l'insurrection ouvrière, de pouvoirs dictatoriaux, Cavaignac, ministre de la Guerre, écrasa l'insurrection avant d'être nommé chef du pouvoir exécutif (28 juin). Candidat à la présidence de la République, il fut battu par Louis-Napoléon (10 déc.).

CAVAILLÉ-COLL (Aristide), facteur d'orgues français, né à Montpellier (1811-1899), un des propagateurs de l'orgue symphonique.

CAVAILLÈS (Jean), mathématicien et philosophe français, né à Saint-Maixent (1903-1944). Ses *Remarques sur la formation de la théorie abstraite des ensembles* sont une étape décisive dans l'épistémologie des mathématiques.

CAVAILLON [kavajɔ̃] (84300), ch.-l. de c. de Vaucluse; 21 530 h. (*Cavaillonnais*). Église en

partie romane. Synagogue du XVIIIe s. Musée archéologique. Grand marché de fruits (melons) et primeurs.

CAVALAIRE-SUR-MER (83240), comm. du Var, sur la côte des Maures; 2 710 h. Station balnéaire.

CAVALCANTI (Guido), poète italien, né à Florence (v. 1225-1300), ami de Dante, l'un des meilleurs représentants du *dolce stil nuovo.*

CAVALIER (Jean), chef camisard, né à Ribaute-les-Tavernes (1680-1740). Il tint longtemps tête à Montrevel et à Villars, avant de se soumettre et de servir à l'étranger.

Cavalier bleu (le) → BLAUE REITER (Der).

CAVALIERI (Emilio DE'), compositeur italien, né à Rome (v. 1550-1602), l'un des créateurs du récitatif accompagné et de l'*oratorio.*

Cavaliers, partisans royalistes sous Charles Ier pendant la révolution d'Angleterre, par oppos. aux parlementaires appelés *Têtes rondes.*

Cavaliers (les), comédie d'Aristophane (424 av. J.-C.), satire contre le démagogue Cléon.

CAVALLA → KAVÁLA.

CAVALLI (Pietro Francesco), compositeur italien, né à Crema (1602-1676), maître de chapelle de Venise, l'un des continuateurs de Monteverdi (*L'Erismena*).

CAVALLINI (Pietro), peintre et mosaïste italien, qui domine l'école romaine dans les années 1270-1330.

CAVÉ (François), industriel français, né au Mesnil-Conteville (Oise) [1794-1875]. Il fut l'un de ceux qui fondèrent en France la grande industrie moderne de la construction mécanique.

Caveau (*Société du*), société de chansonniers fondée en 1729 par Crébillon père, Piron, Collé. Dispersée en 1739, elle se reconstitua vingt ans plus tard avec Marmontel, Suard, Crébillon fils, Helvétius. En 1805, Gouffé et Cappelle créèrent *le Caveau moderne,* où brillèrent Désaugiers et Béranger.

CAVELIER DE LA SALLE → LA SALLE.

CAVELL (Edith), héroïne anglaise, née à Swardeston (1865-1915), fusillée par les Allemands en raison de son activité au service des Alliés en Belgique occupée.

CAVENDISH ou **CANDISH** (Thomas), navigateur anglais né à Trimley Saint Martin (v. 1555-1592). Au service d'Élisabeth Ire, il dévasta les possessions espagnoles en Amérique et en Insulinde.

CAVENDISH (Henry), physicien et chimiste anglais, né à Nice (1731-1810). Il détermina la densité moyenne du globe, fut l'un des créateurs de l'électrostatique, isola l'hydrogène et réalisa la synthèse de l'eau.

CAVENTOU (Joseph Bienaimé), pharmacien français, né à Saint-Omer (1795-1877). Avec Pelletier, il découvrit la quinine en 1820.

Caves du Vatican (les), récit d'A. Gide (1914) : une illustration ironique de l'« acte gratuit ».

CAVITE, port des Philippines (Luçon), sur la baie de Manille, où fut détruite par les Américains, en 1898, la flotte espagnole.

CAVOUR (Camillo BENSO, *comte* DE), homme d'État italien, né à Turin (1810-1861). Fondateur du journal *Il Risorgimento* (1847), défenseur des idées libérales, député au Parlement de Turin à partir de 1848, ministre piémontais de l'Agriculture (1850), puis des Finances (1851), il devint président du Conseil en 1852. Il développa un programme en trois points : rénovation de l'État sarde dans une optique libérale; diffusion de l'idéal unitaire en Italie; mise en place d'un dispositif permettant d'expulser les Habsbourg de l'Italie. Ayant décidé Napoléon III à intervenir en Italie (1859), il fut ulcéré par l'armistice de Villafranca, prématuré, selon lui. Démissionnaire, il revint au pouvoir en 1860; peu après était proclamé le « royaume d'Italie ».

CAWNPORE → KĀNPUR.

CAXIAS (Luís ALVES DE LIMA, *duc* DE), maréchal brésilien, né à Rio de Janeiro (1803-1880), commandant en chef dans la guerre contre le Paraguay (1865-1870).

CAXTON (William), typographe anglais, né dans le Kent (1422-1491). Il imprima en 1477 le premier livre paru en Angleterre.

CAYENNE (97300), ch.-l. de la Guyane française; 30 489 h.

CAYEUX (Lucien), géologue français, né à Semousies (Nord) [1864-1944], initiateur de l'étude pétrographique des sédiments.

CAYEUX-SUR-MER (80410), comm. de la Somme; 2 928 h.

CAYLAR (Le) [34520], ch.-l. de c. de l'Hérault; 259 h.

CAYLEY (sir George), inventeur britannique, né à Brompton Hall (1773-1857). Le premier, il détermina toutes les composantes de l'avion moderne.

CAYLEY (Arthur), mathématicien britannique, né à Richmond (1821-1895), créateur du calcul matriciel (1858).

CAYLUS (82160), ch.-l. de c. de Tarn-et-Garonne; 1460 h. Ruines d'un château et église du XIVe s. Camp militaire.

CAYLUS [kelys] (Marthe, comtesse DE), née en Poitou (1673-1729), nièce de Mme de Maintenon; auteur de Souvenirs sur la cour de Louis XIV et la maison de Saint-Cyr.

CAYLUS (Anne Claude DE TUBIÈRES, comte DE), graveur et archéologue français, né à Paris (1692-1765), fils de la précédente. Il est l'auteur d'un Recueil d'antiquités et d'écrits sur Watteau, dont il fut l'ami.

CAYMAN (îles) → CAÏMANS.

CAYOLLE (col de la), col des Alpes entre l'Ubaye et le haut Var; 2 327 m.

CAYRES (43510), ch.-l. de c. de la Haute-Loire; 702 h.

CAZALS (46250), ch.-l. de c. du Lot; 458 h.

CAZAUBON (32150), ch.-l. de c. du Gers; 1638 h. Eaux-de-vie (armagnac).

CAZAUX, écart de la comm. de La Teste (Gironde), sur l'étang de Cazaux et de Sanguinet (partagé entre la Gironde et les Landes et couvrant environ 5 600 ha). Extraction du pétrole. Base aérienne.

CAZÈRES (31220), ch.-l. de c. de la Haute-Garonne; 3 487 h.

CAZOTTE (Jacques), écrivain français, né à Dijon (1719-1792), auteur du récit fantastique le Diable amoureux (1772).

CEARÁ, État du Brésil septentrional; 4 361 000 h. Cap. Fortaleza.

CEAUSESCU (Nicolae), homme d'État roumain, né à Scorniceşti (région de Piteşti) en 1918. Premier secrétaire du comité central du parti communiste (1965), président du Conseil d'État en 1967, président de la République depuis 1974, il se réclame des principes de non-ingérence et du droit de chaque pays à l'indépendance politique et économique.

CÉBAZAT (63100 Clermont Ferrand), comm. du Puy-de-Dôme; 5 635 h.

CEBU, île des Philippines; 1 634 000 h. V. pr. Cebu (347 000 h.), port actif.

C.E.C.A., sigle de Communauté* européenne du charbon et de l'acier.

CECCHETTI (Enrico), maître de ballet italien, né à Rome (1850-1928). Il réforma l'enseignement de la danse en Russie.

CECIL (William), baron Burghley ou Burleigh, homme d'État anglais, né à Bourne (Lincolnshire) [1520-1598]. Il fut secrétaire d'État d'Édouard VI (1550-1553) et de la reine Élisabeth Ire (1558-1572), puis grand trésorier.

CÉCILE (sainte), vierge et martyre romaine. Ses Actes sont d'authenticité douteuse. Patronne des musiciens.

CÉCROPS, héros mythique, premier roi de l'Attique.

CEDAR RAPIDS, v. des États-Unis (Iowa); 111 000 h. Électronique.

CÉDRON (le), torrent de Judée, qui sépare Jérusalem du mont des Oliviers.

C.E.E., sigle de Communauté* économique européenne.

CEFALÙ, port d'Italie, en Sicile; 12 000 h. Tourisme. Cathédrale commencée en 1131, à belles mosaïques byzantines.

CELA (Camilo José), écrivain espagnol, né à Padrón en 1916, évocateur de la violence des caractères et des paysages espagnols (la Famille de Pascal Duarte, la Ruche).

CELANO (Tommaso DE) → TOMMASO de Celano.

CELAVO-MEZZANA (canton de), canton de la Corse-du-Sud; ch.-l. Bocognano.

CÉLÉ (le), riv. du Quercy, affl. du Lot (r. dr.); 102 km.

CÉLÈBES ou **SULAWESI**, île de l'Indonésie formée de quatre longues péninsules; 189 000 km[2]; 8 535 000 h. Découverte en 1512 par les Portugais, hollandaise en 1667, l'île est entrée dans la république d'Indonésie en 1950. — La mer de Célèbes est comprise entre Célèbes, Bornéo et Mindanao.

CÉLESTIN Ier (saint), pape de 422 à 432. — CÉLESTIN II (Guido di Città di Castello), pape de 1143 à 1144. — CÉLESTIN III (Giacinto di Pietro di Bobone), pape de 1191 à 1198. — CÉLESTIN IV (Goffredo Castiglioni), pape en 1241. — CÉLESTIN V (saint) [Pietro Angeleri, dit aussi Pietro del Morrone], né à Isernia (v. 1215-1296), pape en 1294. Ermite en Pouille, porté, malgré lui, au pontificat, au moment où l'Église traversait une crise grave, il abdiqua après cinq mois de pontificat, sous la pression du futur Boniface VIII. Canonisé en 1313 sous le nom de Pierre Célestin.

Célestine (la) ou Tragi-comédie de Calixte et Mélibée (1499), pièce attribuée à Fernando de Rojas, et qui est à la fois à la source du roman et de la tragi-comédie.

Célimène, personnage du Misanthrope de Molière; jeune coquette, spirituelle et médisante.

CÉLINE (Louis Ferdinand DESTOUCHES, dit **Louis-Ferdinand**), écrivain français, né à Courbevoie (1894-1961). Son œuvre, marquée par la dénonciation d'une société bien-pensante et son engagement ambigu dans la collaboration du régime de Vichy, recompose les tics du parler quotidien et populaire dans un flux quasi épique qui transcrit la coulée de la vie dans sa discontinuité et sa trivialité (Voyage au bout de la nuit, 1932; Mort à crédit, 1936; D'un château l'autre, 1957).

CELLAMARE (Antonio DE), diplomate espagnol, né à Naples (1657-1733). Ambassadeur d'Espagne à la cour de France, il conspira avec le duc et la duchesse du Maine pour mettre Philippe V à la place du Régent (1718), mais il échoua.

CELLE, v. de l'Allemagne fédérale (Basse-Saxe); 56 000 h.

CELLE-SAINT-CLOUD (La) [78170], ch.-l. de c. des Yvelines; 25 696 h. (Cellois). Château des XVIIe et XVIIIe s.

CELLES-SUR-BELLE (79370), ch.-l. de c. des Deux-Sèvres; 2 905 h. Église des XVe et XVIIe s.

CELLINI (Benvenuto), orfèvre, médailleur et sculpteur italien, né à Florence (1500-1571). François Ier l'attira à sa cour. Ses chefs-d'œuvre sont la Nymphe de Fontainebleau (bas-relief, Louvre), la célèbre salière de François Ier (musée de Vienne, Autriche) et surtout le Persée de la loggia dei Lanzi (Florence). Il a laissé des Mémoires pleins de faconde.

CELSE, en lat. **Aulus Cornelius Celsus**, médecin du siècle d'Auguste, né à Rome, auteur du De arte medica.

CELSE, philosophe platonicien (IIe s. apr. J.-C.), célèbre par sa critique du christianisme (le Discours véritable).

CELSIUS (Anders), astronome et physicien suédois, né à Uppsala (1701-1744). Il créa l'échelle thermométrique centésimale (1742).

CELTES, groupe de peuples parlant une langue indo-européenne, individualisés vers le IIe millénaire. Leur habitat primitif est sans doute le sud-ouest de l'Allemagne. Ils envahirent au cours du Ier millénaire la Gaule et l'Espagne (Celtibères), les îles Britanniques, l'Italie, les royaumes hellénistiques et l'Asie Mineure (Galatie). Les Germains et les Romains (IIIe-Ier s. av. J.-C.) détruisirent la puissance celtique; seuls subsistèrent les royaumes d'Irlande. Dynamisme, schématisation, triomphe de la courbe et de l'entrelacs transfigurant étrangement le réel sont les traits majeurs de leur art, surtout connu par l'ornementation des armes et de la parure et par la statuaire religieuse. C'est en Bretagne, dans le pays de Galles et en Irlande que le type et la langue celtiques se sont le mieux conservés.

CELTIBÈRES, peuple de l'anc. Espagne, soumis par Carthage (IIIe s. av. J.-C.), puis par les Romains (IIe s. av. J.-C.).

CELTIQUE, partie de la Gaule ancienne comprise entre la Seine et la Garonne.

CEMAL PAŞA → DJAMÂL PACHA.

Cénacle, groupe littéraire que formèrent les jeunes romantiques de 1823 à 1828 chez Ch. Nodier ou chez V. Hugo.

CENCI, famille romaine, célèbre par ses crimes et ses malheurs (XVIe s.).

CENDRARS [sɑ̃drar] (Frédéric SAUSER, dit **Blaise**), écrivain français d'origine suisse, né à La Chaux-de-Fonds (1887-1961). Grand voyageur, il a célébré la passion de l'aventure dans ses poèmes (la Prose du Transsibérien et de la petite Jehanne de France, 1913) et ses romans (l'Or, 1925; Moravagine, 1926; l'Homme foudroyé, 1945).

Nicolae **Ceauşescu**

Enrico **Cecchetti**

Celtes bouclier en bronze provenant de Battersea (Surrey Angleterre)

Office anglais du tourisme

Camilo José **Cela**

Blaise **Cendrars**

Vioujard-Gamma

Badodi, Milan

Alvaro Pelayo

Doisneau-Rapho

Cendrillon, conte en prose de Perrault.

CENIS [səni] **(Mont-),** massif des Alpes (3 610 m), dominant le *col du Mont-Cenis* (2 083 m), emprunté par la route de Lyon à Turin, et le lac de barrage du Mont-Cenis. — Le *tunnel ferroviaire* dit *du Mont-Cenis*, long de 13 668 m et unissant Modane (France) et Bardonnèche (Italie), passe en fait sous le col de Fréjus, au sud-ouest.

CÉNOMANS, peuple celtique, dont une branche était établie en Italie sur le Pô, au VIᵉ s. av. J.-C., et l'autre en Gaule transalpine.

CENON (33150), ch.-l. de c. de la Gironde; 25 076 h. (*Cénonnais*).

Cent Ans (*guerre de*), nom donné à la série de conflits qui, aux XIVᵉ et XVᵉ s., ont opposé la France à l'Angleterre. Deux causes principales les déterminèrent : la revendication du trône de France par Édouard III d'Angleterre, petit-fils, par sa mère, de Philippe IV le Bel, et la volonté du roi d'Angleterre de s'attacher les riches cités flamandes liées au commerce britannique des laines. — En 1337, Édouard III rompt avec Philippe VI. Sous le règne de ce dernier, les Français sont battus à Crécy (1346) et perdent Calais (1347). — Sous Jean le Bon, le Prince Noir triomphe près de Poitiers (1356); la France, affaiblie par les discordes parisiennes (Étienne Marcel) et dévastée par la jacquerie, est obligée de signer le désastreux traité de Brétigny (1360) : elle perd un quart du royaume de Philippe le Bel. — Charles V et du Guesclin redressent la situation, et, en 1380, les Anglais n'occupent plus que Calais et la Guyenne. — Sous Charles VI, la guerre civile (lutte entre Armagnacs, partisans de la famille d'Orléans, et Bourguignons, partisans des ducs de Bourgogne) et la folie du roi favorisent de nouveau les progrès des Anglais, qui gagnent la bataille d'Azincourt (1415) et imposent, avec la complicité d'Isabeau de Bavière, le traité de Troyes, qui consacre la déchéance du roi de France et la régence du roi d'Angleterre (1420). — Sous Charles VII, Jeanne d'Arc réveille le patriotisme français; elle délivre Orléans, fait sacrer le roi à Reims, mais elle est prise à Compiègne et brûlée à Rouen (1431). — Cependant, l'impulsion est donnée : les Anglais sont battus à Formigny (1450), à Castillon (1453), et chassés du royaume, sauf de Calais, qu'ils conservent jusqu'en 1558.

Cent-Associés (*Compagnie des*), ou **Compagnie de la Nouvelle-France,** compagnie fondée en 1627 pour développer la colonisation de la Nouvelle-France.

CENTAURE (le), constellation australe, qui renferme l'étoile la plus proche du système solaire.

CENTAURES. *Myth. gr.* Peuplades primitives des montagnes de Thessalie, figurés plus tard comme des monstres fabuleux, moitié hommes, moitié chevaux. Ils furent exterminés par les Lapithes.

Cent-Jours (les), temps qui s'écoula entre le 20 mars 1815, jour du retour de Napoléon à Paris, et le 22 juin, date de sa seconde abdication, quatre jours après la défaite de Waterloo.

Cento, ou **Central Treaty Organization,** nom du pacte de Bagdad depuis que l'Iraq l'a quitté en 1959. Ce traité de défense et de coopération fut conclu en 1955 entre la Grande-Bretagne, l'Iran, l'Iraq, le Pākistān et la Turquie, soutenus par les États-Unis.

CENTRAFRICAINE (République), État de l'Afrique; 617 000 km²; 2 610 000 h. (*Centrafricains*). Cap. *Bangui*. Langue officielle : *français*. C'est un pays de savanes, où, à côté des cultures vivrières (mil, maïs, manioc), quelques plantations (coton, café) et les diamants fournissent l'essentiel des exportations. Gisements d'uranium.

HISTOIRE

— 1885 : les Français, maîtres du bas Congo, s'ouvrent les routes du Tchad et du Nil.
— 1896-1898 : la mission Marchand accélère le processus de colonisation.
— 1905 : création de la colonie d'Oubangui-Chari.
— 1910 : l'Oubangui-Chari est intégré à l'A.-É. F.
— 1946 : Barthélemy Boganda fonde le Mou-

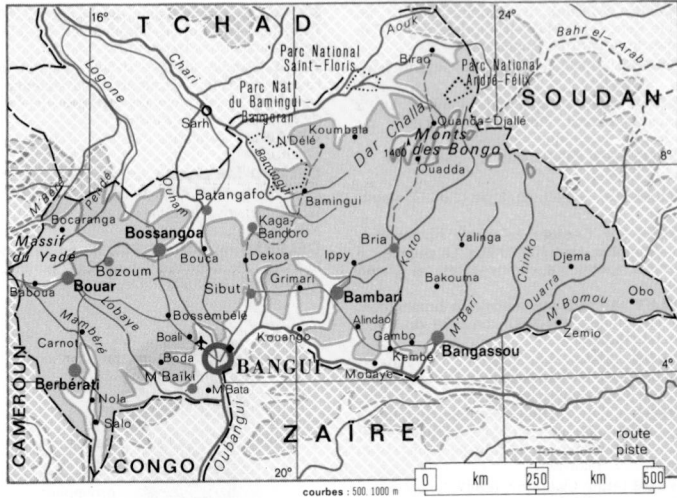

△ RÉPUBLIQUE CENTRAFRICAINE

vement d'évolution sociale de l'Afrique noire (M. E. S. A. N.).
— 1958 : l'Oubangui-Chari devient la République centrafricaine.
— 1959 : David Dacko, président.
— 1960 : indépendance du pays.
— 1965 : coup d'État du général Bokassa, qui s'appuie sur un parti unique, le M. E. S. A. N.
— 1972 : Bokassa, président à vie.
— 1976 : Bokassa Iᵉʳ, souverain de l'Empire centrafricain.
— 1979 : renversement de Bokassa. D. Dacko prend le pouvoir avec l'aide des Français et rétablit la république.
— 1981 : coup d'État militaire. Le général André Kolingba au pouvoir.

Centre (*canal du*), canal qui unit la Saône à la Loire et dessert les régions industrielles du Creusot et de Montceau-les-Mines; 114 km.

CENTRE (*Région du*), région administrative groupant les dép. du Cher, d'Eure-et-Loir, de l'Indre, d'Indre-et-Loire, de Loir-et-Cher et du Loiret; 39 061 km²; 2 152 500 h. Ch.-l. *Orléans*.

Centre national d'art et de culture Georges-Pompidou, à Paris, institution groupant, dans un édifice inauguré en 1977, sur le «plateau Beaubourg», une vaste bibliothèque, le nouveau musée national d'Art moderne, le Centre de création industrielle, l'Institut de recherche et de coordination acoustique-musique. (Architectes R. Piano et R. Rogers.)

Centre national de la recherche scientifique (C. N. R. S.), établissement public français chargé de développer et de coordonner les recherches scientifiques de tous ordres.

CÉPHALONIE, la plus grande des îles Ioniennes (Grèce).

CÉRAM, une des Moluques (Indonésie).

CÉRAMIQUE (le), nécropole de l'Athènes antique, mitoyenne du quartier des potiers.

CERBÈRE (66290), comm. des Pyrénées-Orientales à la frontière espagnole, près du cap du même nom; 1940 h. Station balnéaire.

CERBÈRE. *Myth. gr.* Chien monstrueux, gardien des Enfers.

CERCEAU (DU) → DU CERCEAU.

Cercle de craie caucasien (le), pièce de B. Brecht (1948), un des modèles du «théâtre épique*».

CERCY-LA-TOUR (58340), comm. de la Nièvre; 2 322 h. Constructions mécaniques.

CERDAGNE, pays des Pyrénées, en Espagne (Catalogne) et en France (Pyrénées-Orientales). [Hab. *Cerdans* ou *Cerdagnols*.] C'est un haut bassin intérieur drainé vers l'Espagne par le (ou la) Sègre. Cette région fut partagée entre la

Centre national d'art et de culture Georges-Pompidou

de Sazo-Rapho

France et l'Espagne en 1659 (paix des Pyrénées).

CERDAN (Marcel), boxeur français, né à Sidi-bel-Abbès (1916-1949), champion du monde des poids moyens (1948).

CÈRE (la), riv. d'Auvergne, née dans le Cantal, affl. de la Dordogne (r. g.); 110 km. Gorges pittoresques. Aménagements hydroélectriques.

CÉRÈS. *Myth.* Déesse romaine des Moissons, identifiée à *Déméter.*

CÉRET (66400), ch.-l. d'arr. des Pyrénées-Orientales, sur le Tech; 6 189 h. (*Céretans*).

CERGY (95000), ch.-l. de c. du Val-d'Oise, sur la rive droite de l'Oise; 7748 h. (*Cergynois*). Sur le territoire de la commune est établie la préfecture du dép. du Val-d'Oise, noyau de la ville nouvelle de *Cergy-Pontoise.*

CERIGNOLA (95000), comm. d'Italie (Pouille), près de laquelle Gonzalve de Cordoue défit les Français en 1503; 51 000 h.

CÉRIGO → CYTHÈRE.

CÉRILLY (03350), ch.-l. de c. de l'Allier; 1 981 h.

CERISIERS (89320), ch.-l. de c. de l'Yonne; 823 h.

CÉRISOLES, en ital. **Ceresole Alba,** village d'Italie (Piémont). En 1544, les Français y défirent les Espagnols et les Impériaux.

CÉRISY-LA-SALLE (50210), ch.-l. de c. de la Manche; 967 h.

CERIZAY (79140), ch.-l. de c. des Deux-Sèvres; 4 688 h. Industrie automobile.

Cern, sigle d'*Organisation européenne pour la recherche nucléaire*, appelée lors de sa création (1954) *Conseil européen pour la recherche nucléaire.*

Cervantès, par Juan de Jáuregui y Aguilar   **Jules César**

CERNAY (68700), ch.-l. de c. du Haut-Rhin, sur la Thur; 9631 h. *(Cernéens)*. Textile. Chimie.

CERNAY-LA-VILLE (78720 Dampierre), comm. des Yvelines; 969 h. Ruines de l'abbaye des Vaux-de-Cernay (XII° s.).

CERNUSCHI (Enrico), homme politique et économiste italien, né à Milan (1821-1896). Il légua à la Ville de Paris une collection d'objets d'art japonais et chinois, réunis dans son hôtel *(musée Cernuschi)*.

CERRO BOLÍVAR, gisement de fer du Venezuela.

CERRO DE PASCO, centre minier du Pérou.

CÉRULAIRE (Michel) → KEROULARIOS.

CERVANTÈS, en esp. **Cervantes Saavedra** (Miguel DE), écrivain espagnol, né à Alcalá de Henares (1547-1616). Sa vie mouvementée (il combattit à Lépante où il perdit un bras, fut cinq ans prisonnier des pirates barbaresques, puis commissaire aux vivres de l'Invincible Armada, excommunié, emprisonné, avant de devenir familier de la cour de Philippe III) lui inspira l'humour et la satire de ses romans *(Don Quichotte de la Manche; les Travaux de Persilès et Sigismonde)*, des *Nouvelles exemplaires* et de ses comédies ou imbroglios *(Numance)*.

CERVETERI, comm. d'Italie (Latium); 14 000 h. Nécropole étrusque sur le site de l'anc. *Chisra* (en lat. *Caere*), qui fut l'une des plus puissantes villes de la Confédération étrusque et tomba sous la domination de Rome en 351 av. J.-C.

CERVIN (mont), en allem. **Matterhorn**, sommet des Alpes entre le Valais et le Piémont, dominant la vallée de Zermatt; 4478 m. Il fut escaladé par Whymper en 1865.

CERVIONE (20230 San Nicolao), ch.-l. du cant. de Campoloro-di-Moriani (Haute-Corse); 1450 h.

CÉSAIRE (saint), évêque d'Arles, né à Chalonsur-Saône (v. 470-543). Il eut une grande influence dans l'Église franque.

CÉSAIRE (Aimé), écrivain et homme politique français, né à Basse-Pointe (Martinique) en 1913. Influencé par le surréalisme *(Soleil cou coupé)*, il cherche à se dégager de la culture occidentale pour retrouver les sources de la «négritude» *(Cahier d'un retour au pays natal, la Tragédie du roi Christophe)*.

CÉSALPIN (Andrea), en ital. **Cesalpino**, naturaliste et médecin italien, né à Arezzo (1519-1603). Il reconnut le sexe chez les fleurs.

CÉSAR (Jules), en lat. **Caius Julius Caesar**, homme d'État romain, né à Rome (101-44 av. J.-C.). Habile et énergique, ce patricien choisit de servir la cause plébéienne contre la dictature de Sulla. Questeur (68), édile (65), grand pontife (63), il entre au triumvirat avec Pompée et Licinius Crassus (60). Il est élu consul en 59 et en 56, et nommé proconsul de la Gaule Cisalpine, de l'Illyrie et de la Narbonnaise en 58. La conquête des Gaules (58-51) lui donne la gloire militaire et aussi une armée, avec laquelle il franchit le Rubicon et marche sur Rome, ce qui déclenche la guerre civile (49-45). Rival déclaré de Pompée, il se débarrasse de son adversaire par la victoire de Pharsale (48), et des lieutenants de Pompée à Thapsus (46) et à Munda (45), après avoir installé Cléopâtre sur le trône d'Égypte. De retour à Rome, il gouverne en souverain, étant consul et dictateur à vie (févr. 44), grand pontife et *imperator*. Il rétablit l'ordre en Italie sans cesser de favoriser le

peuple. Il réforme profondément les institutions de l'État romain et adopte son petit-neveu Octave. Mais une conspiration fomentée par les aristocrates se forme contre lui et il est assassiné au milieu du sénat aux ides de mars (le 15). Historien, César a laissé des mémoires ou *Commentaires de la guerre des Gaules (De bello gallico)* et *de la guerre civile (De bello civili)*.

César *(Jules)*, drame de Shakespeare (1599).

CÉSAR (César BALDACCINI, dit), sculpteur français, né à Marseille en 1921. Apparenté au *nouveau réalisme*, il a surtout travaillé les métaux et les matières plastiques.

César Birotteau *(Grandeur et décadence de)*, roman d'H. de Balzac (1837) : l'affrontement de l'entreprise individuelle et des combinaisons du grand capitalisme naissant.

CÉSARÉE, anc. v. de Cappadoce, important centre chrétien au IV° s. (Auj. *Kayseri*.)

Emmanuel Chabrier par Édouard Detaille

CÉSARÉE, anc. v. du nord de la Palestine, sur la Méditerranée. Bâtie par Hérode le Grand, elle possédait au III° s. une des plus riches bibliothèques de l'époque.

CESENA, v. d'Italie (Émilie); 90 000 h. Bibliothèque *Malatestiana*. Centre commercial.

ČESKÉ BUDĚJOVICE, v. de Tchécoslovaquie (Bohême), sur la Vltava; 81 000 h. Centre industriel.

CESSON-SÉVIGNÉ (35510), comm. d'Ille-et-Vilaine; 6879 h. Électronique.

CESTAS (33610), comm. de la Gironde; 6452 h.

CETTE, anc. nom de *Sète**.

CÉÜSE, centre de ski des Hautes-Alpes, sur le flanc de la *montagne de Céüse* (2016 m).

CEUTA, v. espagnole de la côte d'Afrique, en face de Gibraltar; 67 000 h. Port franc.

CÉVENNES (les), partie de la bordure orientale du Massif central, entre l'Hérault et l'Ardèche; 1699 m au *mont Lozère*. Retombée abrupte sur les plaines rhodaniennes, les Cévennes sont formées des hauts plateaux granitiques, qui cèdent la place, à l'est, à de longues crêtes schisteuses (les serres), allongées entre de profondes vallées. Pays rude, dépeuplé, les Cévennes ont pour ressources essentielles l'élevage, les cultures fruitières et le tourisme (parc national). [Hab. *Cévenols*.]

CEYLAN → SRI LANKA.

CEYRAC (François), administrateur de sociétés français, né à Meyssac en 1912, président du Conseil national du patronat français de 1972 à 1981.

CEYZÉRIAT (01250), ch.-l. de c. de l'Ain; 1765 h.

CÉZALLIER, plateau basaltique d'Auvergne, au nord-est du massif du Cantal.

CÉZANNE (Paul), peintre français, né à Aix-en-Provence (1839-1906). Comme ses amis impressionnistes, il pratiqua la peinture en plein air, mais s'évertua à transposer la sensation visuelle dans une construction purement plastique. Portraits, natures mortes, paysages (dont ceux de la Sainte-Victoire), baigneurs ou baigneuses sont ses thèmes principaux. Son exemple a été capital pour certains des courants les plus importants de l'art du XX° s. (fauvisme, cubisme, abstraction, etc.).

CÈZE (la), riv. née dans la Lozère, affl. du Rhône (r. dr.); 100 km.

C.F.D.T., sigle de *Confédération* française démocratique du travail.

C.F.T.C., sigle de *Confédération* française des travailleurs chrétiens.

C.G.A., sigle de *Confédération* générale de l'agriculture.

C.G.C., sigle de *Confédération* générale des cadres.

C.G.T., sigle de *Confédération* générale du travail. — Sigle de *Compagnie générale transatlantique.*

C.G.T.-F.O., sigle de *Confédération* générale du travail-Force ouvrière.

Cézanne *les Joueurs de cartes* (v. 1890 ?)

CHA'AB (al-), anc. *al-Ittihad*, v. du Yémen démocratique, près d'Aden; 10 000 h.

Chaalis, ruines d'une anc. abbaye cistercienne (XII° s.), au sud-est de Senlis.
Château (par Jean Aubert, 1736) légué à l'Institut de France avec les collections qu'il contenait et devenu une annexe du musée Jacquemart-André (Paris).

CHABANAIS (16150), ch.-l. de c. de la Charente; 2443 h.

CHABAN-DELMAS (Jacques), homme politique français, né à Paris en 1915, maire de Bordeaux depuis 1947, président de l'Assemblée nationale de 1958 à 1969, Premier ministre de 1969 à 1972, et, de nouveau, président de l'Assemblée nationale de 1978 à 1981.

CHABANEL (Noël) → NOËL CHABANEL *(saint)*.

CHABANNES, famille du Limousin, dont sont issus aux XV° et XVI° s. des capitaines célèbres : ANTOINE **de Chabannes**, né à Saint-Exupéry (Limousin) [1408-1488], qui lutta contre les Anglais; — JACQUES **de Chabannes**, dit LA PALICE.

CHABAUD (Auguste), peintre français, né à Nîmes (1882-1955). Après avoir pratiqué le fauvisme, il s'exprima dans un style plus austère.

CHABEUIL (26120), ch.-l. de c. de la Drôme; 3916 h.

CHABLAIS, région des Préalpes du Nord (Haute-Savoie), au sud du lac Léman; 2464 m. Élevage.

CHABLIS [-bli] (89800), ch.-l. de c. de l'Yonne; 2408 h. Vins blancs.

CHABOT (Philippe DE), seigneur DE BRION, amiral de France (1480-1543). Sa capture à Pavie et ses négociations pour la délivrance de François Ier lui valurent de nombreuses faveurs. Il conquit le Piémont en 1535-36. Son tombeau (Louvre) est attribué à Bontemps.

CHABRIER (Emmanuel), compositeur français, né à Ambert (1841-1894), auteur de *l'Étoile* (1877), *España* (1882), *Gwendoline* (1885), *le Roi malgré lui* (1887), *la Bourrée fantasque* (1891), œuvres pleines de verve.

CHACO ou **GRAN CHACO**, région de steppes, peu peuplée, de l'Amérique du Sud, partagée entre l'Argentine et le Paraguay.

Chacun sa vérité, parabole en trois actes de L. Pirandello (1917) : l'impossibilité de dégager la vérité des opinions et des apparences.

CHADLI (Chàdli **Ben Djedid**, dit). Officier et

homme d'État algérien, né à Bouteldja (près d'Annaba) en 1929, élu président de la République en février 1979.

CHADWICK (sir James), physicien anglais, né à Manchester (1891-1974). En 1932, il découvrit le neutron. (Prix Nobel, 1935.)

CHAGALL (Marc), peintre et graveur français d'origine russe, né à Vitebsk en 1887. Il s'est principalement inspiré du folklore juif, de Paris et de la Provence. À Nice, un musée national est consacré à son *Message biblique*.

CHAGNY (71150), ch.-l. de c. de Saône-et-Loire, sur la Dheune; 5926 h. (*Chagnotins*). Métallurgie. Textile. Tuilerie.

CHAGOS (*îles*), archipel britannique de l'océan Indien.

Joseph **Chamberlain**

Press Picture Agency Ltd.

Chagall
David
(1962-63)

château
de **Chambord**

Lauros-Giraudon

Lauros-Beaujard

Châh-nâmè (le Livre des rois), épopée persane de Firdūsī, en 60000 distiques.

CHÂHPUHR Ier ou **SHÂHPUR**, en lat. Sapor (m. en 272 apr. J.-C.), roi sassanide de Perse (241-272). Battu par l'empereur Gordien III, il vainquit et fit prisonnier l'empereur Valérien (260), mais il dut renoncer à la conquête de la Syrie et de l'Asie Mineure. — CHÂHPUHR II (m. en 379), roi de Perse (310-379), fut le protecteur du mazdéisme et persécuta le christianisme. Il lutta longuement contre les Romains (apr. 338), à qui il arracha la suzeraineté de l'Arménie. — CHÂHPUHR III (m. en 388), roi de Perse (383-388). Il signa la paix avec Théodose Ier et reconnut l'indépendance de l'Arménie.

CHAILLAND (53420), ch.-l. de c. de la Mayenne; 1158 h.

CHAILLÉ-LES-MARAIS (85450), ch.-l. de c. de la Vendée; 1292 h.

Chaillot (palais de), édifice construit en 1937 à l'emplacement de l'ancien Trocadéro, par les architectes Carlu, L. H. Boileau et Azéma. Il abrite le musée des Monuments français, le musée de la Marine, le musée de l'Homme, un grand théâtre, une cinémathèque.

CHAIN (Ernst Boris), biochimiste anglais, né à Berlin (1906-1979), collaborateur de Fleming et de Florey dans la découverte de la pénicilline. (Prix Nobel, 1945.)

CHAISE-DIEU (La) [43160], ch.-l. de c. de la Haute-Loire; 1049 h. Anc. abbatiale, beau monument reconstruit au milieu du XIVe s. (tombeau de Clément VI; tapisseries; célèbre fresque de la Danse macabre).

Chaises (les), pièce d'E. Ionesco (1952). Un couple de vieillards perdu au milieu des chaises vides d'une soirée manquée : une matérialisation du vide métaphysique.

CHAKHTY, v. de l'U.R.S.S. (R.S.F.S. de Russie), dans le Donbass; 223000 h. Houille.

CHALABRE (11230), ch.-l. de c. de l'Aude; 1583 h. Caoutchouc.

CHALAIS (16210), ch.-l. de c. de la Charente; 2545 h. Église à portail roman. Château des XIVe-XVIIIe s.

CHALAIS (Henri DE TALLEYRAND, comte DE), favori du roi Louis XIII (1599-1626). Accusé de conspiration contre Richelieu, il fut décapité.

CHALAMONT (01320), ch.-l. de c. de l'Ain, dans la Dombes; 1307 h.

CHALAMPÉ (68490 Ottmarsheim), comm. du Haut-Rhin; 873 h. Industrie chimique.

CHALCÉDOINE [kal-], anc. v. d'Asie Mineure (Bithynie), sur le Bosphore. Siège du IVe concile œcuménique (451) qui condamna le monophysisme.

CHALCIDIQUE [kal-], presqu'île grecque formant trois péninsules, dont celle de l'Athos.

CHALCOCONDYLE [kal-] (Démétrios), grammairien grec, né à Athènes (1424-1511). Réfugié en Italie après 1444, il contribua à la renaissance des études grecques.

CHALDÉE [kal-], nom donné v. 1000 av. J.-C. à une partie de la région de Sumer, puis, au VIIIe av. J.-C., à la Babylonie.

CHALETTE-SUR-LOING (45120), ch.-l. de c. du Loiret, banlieue de Montargis; 13910 h.

CHALEURS (baie des), baie du Canada formée par le golfe du Saint-Laurent, entre la Gaspésie (Québec) et le Nouveau-Brunswick. Découverte en 1534 par Jacques Cartier.

CHALGRIN (Jean), architecte français, né à Paris (1739-1811). Élève de Servandoni et de Boullée, il est notamment l'auteur, à Paris, de l'église St-Philippe-du-Roule et des plans de l'arc de triomphe de l'Étoile.

CHALIAPINE (Fedor), chanteur russe, né à Kazan (1873-1938). Célèbre basse, il joua les rôles de Boris Godounov, de Méphisto, de Basile, etc.

CHALINDREY (52600), comm. de la Haute-Marne; 3377 h. Carrefour ferroviaire.

CHALK RIVER, localité du Canada (Ontario), près d'Ottawa; 1095 h. Centre de recherches nucléaires.

CHALLANS [-lā] (85300), ch.-l. de c. de la Vendée; 12214 h. (*Challandais*).

CHALLE (Maurice), général français d'aviation, né au Pontet (1905-1979). Commandant en chef en Algérie (1959-60), puis du secteur Centre-Europe de l'O.T.A.N. (1960), il dirigea le putsch du 22 avril 1961 à Alger, se rendit, fut condamné, puis gracié (1966).

CHALLES-LES-EAUX (73190), comm. de la Savoie; 2556 h. Station hydrominérale et climatique (O.R.L., gynécologie).

CHALONNAIS, anc. pays de Bourgogne; ch.-l. *Chalon-sur-Saône*. Vins de la *côte chalonnaise*.

CHALONNES-SUR-LOIRE (49290), ch.-l. de c. de Maine-et-Loire, au confluent de la Loire et du Layon; 4708 h. Matériel agricole.

CHÂLONS-SUR-MARNE [-lō-] (51000), ch.-l. de la Région Champagne-Ardenne et du dép. de la Marne, sur la Marne, à 167 km à l'est de Paris; 55709 h. (*Châlonnais*). Évêché. Monuments, dont l'église Notre-Dame-en-Vaux (XIIe s., romane et gothique) et la cathédrale (reconstruite apr. 1230). Constructions mécaniques et électriques. École d'arts et métiers. Camp militaire; siège de l'École d'artillerie (1953-1976).

CHALON-SUR-SAÔNE (71100), ch.-l. d'arr. de Saône-et-Loire, sur la Saône et le canal du Centre; 60451 h. (*Chalonnais*). Anc. cathédrale (XIIe-XVe s.). Musée « Denon ». Marché vinicole et centre industriel (constructions mécaniques et électriques; centrale thermique; chimie).

CHALOSSE, région de collines du sud de l'Aquitaine, entre le gave de Pau et l'Adour; pays de polyculture et d'élevage.

CHÂLUS [-ly] (87230), ch.-l. de c. de la Haute-Vienne; 2456 h. Richard Cœur de Lion fut blessé mortellement sous ses murs en 1199.

CHAM [kam], deuxième fils de Noé. Il fut maudit, lui et sa descendance (Cananéens), pour son irrévérence envers son père.

CHAM [kam] (Amédée DE NOÉ, dit), caricaturiste français, né à Paris (1819-1879). Il collabora au *Charivari*.

CHAMALIÈRES (63400), comm. du Puy-de-Dôme, banlieue de Clermont-Ferrand; 18193 h. (*Chamaliérois*). Église en partie romane. Imprimerie de la Banque de France.

CHAMARANDE (91730), comm. de l'Essonne; 668 h. Église des XIIe-XIIIe s., château du XVIIe s.

CHAMBERLAIN (Joseph), homme d'État anglais, né à Londres (1836-1914). Ministre du Commerce (1880-1886), puis des Colonies (1895-1903), il fut l'un des promoteurs du mouvement impérialiste et provoqua la scission du parti libéral, en regroupant les adversaires du Home Rule en Irlande (parti libéral unioniste). — Son fils sir AUSTEN, né à Birmingham (1863-1937), chancelier de l'Échiquier (1903-1906, 1919-1921), chef du parti unioniste, ministre des Affaires étrangères (1924-1929), pratiqua une politique de détente dans le cadre de la Société des Nations. — Sir ARTHUR NEVILLE, demi-frère du précédent, né à Edgbaston (Birmingham) [1869-1940], député conservateur, fut chancelier de l'Échiquier (1931-1937), puis Premier ministre (1937-1940). Il essaya en vain de régler pacifiquement les problèmes posés par la guerre d'Espagne, l'agression italienne contre l'Éthiopie et les revendications allemandes (accords de Munich, 1938), mais dut déclarer la guerre à l'Allemagne en 1939.

CHAMBERS (Ephraïm), publiciste anglais, né à Kendal (v. 1680-1740), auteur d'une encyclopédie qui inspira celle de Diderot.

CHAMBERS (sir William), architecte anglais, né à Göteborg (1723-1796). Il combina tradition, néoclassicisme et exotisme (il voyagea jusqu'en Chine). Ses écrits sur les jardins et son *Traité d'architecture civile* assurèrent son influence, en Angleterre, au XIXe s.

Chambertin, vignoble de Bourgogne (Côte-d'Or), dans la commune de Gevrey-Chambertin.

CHAMBÉRY (73000), anc. cap. de la Savoie, ch.-l. du dép. de la Savoie, sur la Leysse, entre les Bauges et la Chartreuse, à 524 km au sud-est de Paris; 56788 h. (*Chambériens*). Archevêché, cour d'appel. Château restauré. Cathédrale du XVIe s. Musées. Métallurgie. Produits chimiques.

CHAMBIGES, famille d'architectes français,

dont les plus connus sont MARTIN (m. à Beauvais en 1532), qui donna d'harmonieux compléments aux cathédrales de Sens, Troyes, Beauvais, et son fils PIERRE Ier (m. à Paris en 1544), qui assura le passage à un premier style de la Renaissance (château Vieux de Saint-Germain-en-Laye, etc.).

CHAMBLEY-BUSSIÈRES (54124), ch.-l. de c. de Meurthe-et-Moselle; 477 h.

CHAMBLY (60230), comm. de l'Oise; 6 218 h. Produits chimiques.

CHAMBLY, v. du Canada (Québec); 11 815 h.

CHAMBOLLE-MUSIGNY (21220 Gevrey Chambertin), comm. de la Côte-d'Or; 403 h. Vignoble réputé.

CHAMBON (lac), lac d'Auvergne (Puy-de-Dôme); 60 ha. Station touristique.

CHAMBON-FEUGEROLLES (Le) [42500], ch.-l. de c. de la Loire; 20 129 h.

CHAMBONNIÈRES (Jacques CHAMPION DE), claveciniste et compositeur français (apr. 1601-1672), fondateur de l'école de clavecin en France.

CHAMBON-SUR-LIGNON (43400), comm. de la Haute-Loire; 3 092 h. Centre touristique.

CHAMBON-SUR-VOUEIZE (23170), ch.-l. de c. de la Creuse; 1 206 h. Église romane. Constructions mécaniques.

CHAMBORD (41250 Bracieux), comm. de Loir-et-Cher, sur le Cosson, affl. de la Loire; 230 h. Château bâti par François Ier (1519), chef-d'œuvre de la première Renaissance.

CHAMBORD (Henri DE BOURBON, **duc** DE BORDEAUX, **comte** DE), prince français, né à Paris (1820-1883). Il fut, sous le nom d'« Henri V », le prétendant légitime au trône de France après la mort de Charles X, son grand-père (1836). La restauration, possible en 1871 et en 1873, échoua devant l'intransigeance du comte de Chambord. Celui-ci mourut sans héritier.

CHAMBRAY-LÈS-TOURS (37170), comm. d'Indre-et-Loire; 5 719 h.

CHAMBRE (La) [73130], ch.-l. de c. de la Savoie, sur l'Arc; 874 h. Chimie.

Chambre des communes, chambre basse du Parlement anglais, recrutée au suffrage universel et exerçant l'essentiel du pouvoir législatif. (On dit, par abrév., *les Communes*.)

Chambre des députés, une des assemblées du Parlement français sous la Restauration (1814-1830), la monarchie de Juillet (1830-1848) et la IIIe République (1875-1940). Depuis 1946, on dit « Assemblée nationale ».

Chambre des lords, chambre haute du Parlement anglais, composée des pairs héréditaires, grands seigneurs et hauts fonctionnaires du Royaume-Uni. Elle joue le rôle de tribunal supérieur d'appel. Ses pouvoirs législatifs ont été singulièrement réduits par la loi de 1911.

Chambre introuvable (la), nom donné à la Chambre des députés, dominée par les ultra-royalistes, réunie en octobre 1815 et dissoute par Louis XVIII en septembre 1816.

CHAMFORT (Sébastien Roch NICOLAS, dit DE), écrivain français, né près de Clermont-Ferrand (1740-1794). Il improvisa dans les salons les éléments de son recueil posthume *Pensées, maximes et anecdotes*. Poursuivi sous la Terreur, il se suicida. (Acad. fr.)

CHÂMIL, héros de l'indépendance du Caucase, né à Bouïnaksk (entre 1795 et 1799-1871). Imâm du Daguestan de 1834 à 1859, il combattit les Russes.

CHAMILLART (Michel DE), homme d'État français, né à Paris (1652-1721), contrôleur des Finances et secrétaire d'État à la Guerre sous Louis XIV. (Acad. fr.)

CHAMISSO [ʃa-] **DE BONCOURT** (Louis Charles Adélaïde, dit **Adelbert von**), écrivain allemand d'origine française, né au château de Boncourt (Champagne) [1781-1838]. Auteur de *la Merveilleuse Histoire de Peter Schlemihl* (1814), il fut directeur du Jardin botanique de Berlin.

CHA-MO (désert de) → GOBI.

CHAMONIX-MONT-BLANC [-ni-] (74400), ch.-l. de c. de la Haute-Savoie, au pied du mont Blanc; 9 002 h. *(Chamoniards).* Superbe vallée de l'Arve, célèbre par ses glaciers. Important

centre d'alpinisme et de sports d'hiver (alt. 1 037-3 842 m). — Au hameau des *Pèlerins* (1 274 m), entrée du tunnel du Mont-Blanc.

CHAMOUN (Camille), homme politique libanais, né à Deir el-Kamar en 1900, président de la République libanaise de 1952 à 1958.

CHAMOUSSET (Claude PIARRON DE), philanthrope français, né à Paris (1717-1773). Il imagina les associations de secours mutuels.

CHAMOUX-SUR-GELON (73390), ch.-l. de c. de la Savoie; 518 h.

Champ-de-Mars, à Paris, vaste terrain situé entre la façade septentrionale de l'École militaire et la Seine. Autref. affecté aux manœuvres et revues militaires, cet emplacement accueillit les grandes Expositions de 1867, 1878, 1889 (construction de la tour Eiffel), 1900, 1937. C'est là aussi que fut célébrée la *fête de la Fédération*, le 14 juillet 1790.

CHAMPA ou **TCHAMPA,** royaume hindouisé de l'Indochine centrale (IIIe-XVIIe s.), qui couvrait le Moyen- et le Sud-Annam et la partie nord de la Cochinchine. Il fut anéanti par les Vietnamiens.

CHAMPAGNAC-DE-BELAIR (24530), ch.-l. de c. de la Dordogne; 557 h.

CHAMPAGNE ou **CAMPAGNE,** nom de diverses régions françaises, plaines calcaires, le plus souvent dénudées : *Champagne berrichonne, Campagne de Caen.* (V. aussi ci-dessous et, *Part. langue,* CAMPAGNE.)

CHAMPAGNE, anc. province de France. Le comté de Champagne (Troyes) fut possédé par la maison de Vermandois et, à partir du XIe s., par la maison de Blois, qui, en 1234, recueillit le royaume de Navarre; le pays connut alors une grande prospérité économique, liée à ses foires internationales. La Champagne fut unie à la France en 1284 par Philippe le Bel. Elle connut un nouvel essor au XVIIIe s., grâce au vin mousseux dit de « champagne », et au XIXe s. grâce à l'industrie textile et métallurgique. Batailles importantes en 1915, 1917, 1918.

CHAMPAGNE, région géographique, correspondant en partie à l'anc. province. On y distingue plusieurs secteurs. La *Champagne crayeuse* (dite autref. *pouilleuse*), longtemps désolée et vouée à l'élevage ovin, est aujourd'hui reboisée en pins ou amendée (cultures céréalières et betteravière). Une falaise sépare le *vignoble champenois*, établi sur le front de la côte de l'Île-de-France, à l'ouest, de la *Champagne humide*, à l'est, terre argileuse parsemée d'étangs, où l'élevage laitier s'est développé. Les villes se sont établies dans la vallée de la Seine (Troyes), de la Marne (Châlons-sur-Marne et Épernay), de la Vesle (Reims).

CHAMPAGNE (Adonaï DESPAROIS, dit **Claude**), compositeur canadien, né à Montréal (1891-1965). Influencé par le folklore québécois et par la musique française, il est à la source de l'école canadienne contemporaine (*Symphonie gaspésienne, Altitude*).

CHAMPAGNÉ (72470), comm. de la Sarthe; 3 702 h. Constructions électriques.

CHAMPAGNE-ARDENNE, Région formée des dép. des Ardennes, de l'Aube, de la Marne et de la Haute-Marne; 25 600 km²; 1 336 832 h. Ch.-l. *Châlons-sur-Marne.* V. pr. *Reims.*

CHAMPAGNE-EN-VALROMEY (01260), ch.-l. de c. de l'Ain; 687 h.

CHAMPAGNE-MOUTON (16350), ch.-l. de c. de la Charente; 998 h.

CHAMPAGNE-SUR-OISE (95660), comm. du Val-d'Oise; 2 666 h. Centrale thermique.

CHAMPAGNE-SUR-SEINE (77430), comm. de Seine-et-Marne; 5 961 h.

CHAMPAGNEY (70290), ch.-l. de c. de la Haute-Saône; 3 080 h.

CHAMPAGNOLE (39300), ch.-l. de c. du Jura, sur l'Ain; 10 714 h. Horlogerie. Jouets.

CHAMPAIGNE [-pɑ̃] ou **CHAMPAGNE** (Philippe DE), peintre français d'origine brabançonne, né à Bruxelles (1602-1674). L'un des grands représentants du classicisme pictural, il est l'auteur de célèbres portraits (Richelieu; jansénistes et religieuses de Port-Royal).

CHAMPAUBERT (51270 Montmort Lucy), comm. de la Marne, dans la Brie; 114 h. Victoire de Napoléon (10 févr. 1814).

CHAMPDENIERS-SAINT-DENIS (79220), ch.-l. de c. des Deux-Sèvres; 1 580 h.

CHAMPDIVERS [ʃɑ̃divɛr] (Odinette DE) [m. apr. 1425], favorite de Charles VI.

CHAMPEAUX (Guillaume DE) → GUILLAUME DE CHAMPEAUX.

CHAMPEIX [-pɛ] (63320), ch.-l. de c. du Puy-de-Dôme; 1 106 h.

CHAMPFLEURY (Jules HUSSON, dit **Fleury**,

Larousse

Lauros-Giraudon

Samuel de **Champlain**   Jean-François **Champollion** par L. Cogniet

puis), écrivain et critique d'art français, né à Laon (1821-1889), défenseur de l'esthétique réaliste (Le Nain, Daumier, Courbet) qu'il illustra par ses romans (*Chien-Caillou*, 1847).

CHAMPIGNEULLES (54250), comm. de Meurthe-et-Moselle; 5 997 h. Brasserie.

CHAMPIGNY-SUR-MARNE (94500), ch.-l. de c. du Val-de-Marne; 80 482 h. Industries chimiques. Bataille pendant le siège de Paris (1870).

CHAMPIONNET (Jean Étienne), général français, né à Valence (1762-1800). Il tenta, en 1799, d'organiser à Naples la république Parthénopéenne.

CHAMPLAIN (lac), lac des confins du Canada et des États-Unis, découvert par *Champlain.*

CHAMPLAIN (Samuel DE), colonisateur français, né à Brouage (v. 1567-1635). Il visita la Nouvelle-France (1603), l'Acadie et les côtes de la Nouvelle-Angleterre (1604-1607) et fonda Québec en 1608. En 1615-16, il explora une partie des grands lacs. Il convainquit Louis XIII de fonder une colonie en Nouvelle-France et se consacra à sa mise en valeur à partir de 1620.

CHAMPLITTE (70600), ch.-l. de c. de la Haute-Saône; 2 165 h. Château des XVIe et XVIIIe s.

CHAMPMESLÉ [ʃɑ̃mɛle] (Marie DESMARES, dame), tragédienne française, née à Rouen (1642-1698). Elle triompha dans le théâtre de Racine, qui l'aima.

Champmol [ʃɑ̃mɔl] (chartreuse de), monastère fondé près de Dijon par Philippe le Hardi (1383) pour servir de nécropole à sa lignée. Rares vestiges sur place (auj. dans un faubourg), dont le *Puits de Moïse* de Sluter.

CHAMPOLLION (Jean-François), égyptologue français, né à Figeac (1790-1832). Il déchiffra le premier les hiéroglyphes égyptiens (*Précis du système hiéroglyphique*, 1824).

CHAMPSAUR, région du dép. des Hautes-Alpes, dans la haute vallée du Drac.

champs Élysées. *Myth.* Séjour des âmes des héros et des hommes vertueux.

Champs-Élysées, avenue de Paris, de la place de la Concorde à la place Charles-de-Gaulle (anc. place de l'Étoile). Bordée de jardins en son commencement, cette avenue remonte vers l'Arc de triomphe.

Champs-Élysées (Théâtre des), avenue Montaigne à Paris, édifice construit en béton par A. Perret (1913), décoré par Bourdelle, Vuillard, M. Denis.

CHAMPS-SUR-MARNE (77420), comm. de Seine-et-Marne; 5 345 h. Château construit par Jean-Baptiste Bullet (1665-1726), appartenant à l'État.

CHAMPS-SUR-TARENTAINE-MARCHAL (15270), ch.-l. de c. du Cantal, sur la Tarentaine, s.-affl. de la Dordogne; 1 331 h.

CHAMPTOCEAUX [ʃɑ̃tɔso] (49270 St Laurent des Autels), ch.-l. de c. de Maine-et-Loire, sur la Loire; 1 252 h.

CHAMROUSSE [ʃɑ̃rus] (38410 Uriage), station de sports d'hiver de l'Isère, au-dessus de Grenoble (alt. 1 650-2 250 m). École nationale de ski.

CHAMS, TCHAMS ou **TIAMS,** population du Cambodge et du Viêt-nam. (V. CHAMPA.)

CHAMSON (André), écrivain français, né à Nîmes en 1900, peintre de la nature et des paysans des Cévennes (*Roux le Bandit, la Superbe*). [Acad. fr.]

CHANAC (48230), ch.-l. de c. de la Lozère; 1 017 h.

CHANCELADE (24000 Périgueux), comm. de la Dordogne; 2 421 h. Pierres de taille. Station préhistorique (paléolithique supérieur).

Chang-hai

René **Char**

Jean Martin **Charcot**

Jean **Charcot**

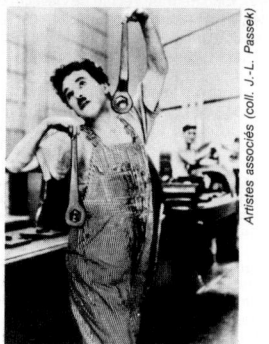

Charlie **Chaplin** dans *les Temps modernes* (1935)

CHANCELLOR (Richard), navigateur écossais (m. en 1556). Il reconnut la mer Blanche.

CHANCHÁN, site archéologique du Pérou, près de l'actuelle Trujillo (départ. de La Libertad). Vestiges (plus de 20 km²) de la capitale de l'Empire chimú; multiples enceintes de briques crues ou moulées enserrant palais, centres cérémoniels, maisons, jardins, installations hydrauliques, etc.

CHANDERNAGOR, v. de l'Inde (Bengale-Occidental), sur l'Hooghly; 67 000 h. Territoire de l'Inde française jusqu'en 1951.

CHANDIGARH, v. de l'Inde, cap. des États du Pendjab et de l'Haryana formant un territoire de l'Union indienne; 257 000 h. Elle a été construite sous la direction de Le Corbusier à partir de 1951.

CHANDOS (John), capitaine anglais du XIVe s. Connétable de Guyenne et sénéchal de Poitou, il fut mortellement blessé à Lussac-les-Châteaux en 1370.

CHANDRAGUPTA → CANDRAGUPTA.

CHANDRASEKHAR (Subrahmanyan), astronome américain d'origine indienne, né à Lahore en 1910, auteur d'importants travaux d'astrophysique stellaire.

CHANEL (Gabrielle BONHEUR, dite *Coco*), couturière française, née à Saumur (1883-1971). Elle imprima à la mode, dès 1916, un tournant décisif et durable en prenant pour règle de l'élégance une extrême simplicité.

CHANG ou **SHANG,** dynastie chinoise (1766-1122 av. J.-C.). L'art du bronze atteignit son apogée pendant cette période.

CHANGARNIER (Nicolas), général et homme politique français, né à Autun (1793-1877). Il fut gouverneur de l'Algérie en 1848.

CHANGCHUN → TCH'ANG-TCH'OUEN.

CHANG-HAI ou **SHANGHAI,** v. de Chine, près de l'embouchure du Yang-tseu-kiang, relevant directement de l'administration centrale de Pékin; 10 820 000 h. Grand port et centre industriel (métallurgie, chimie et textiles) qui dut son essor à son ouverture au commerce européen en 1842.

CHANGSHA → TCH'ANG-CHA.

CHANGZHOU → TCH'ANG-TCHEOU.

CHANNEL (the), nom angl. de la *Manche*.

CHANS (*État des*) ou **ÉTAT CHAN,** État de l'est de la Birmanie; 3 178 000 h. Les Chans sont apparentés aux Thaïs.

CHAN-SI ou **SHANXI,** prov. de la Chine du Nord; 150 000 km²; 18 millions d'h. Cap. *T'aiyuan*. Houille.

Chanson de Roland (la), la plus ancienne des chansons de geste françaises, composée au début du XIIe s., en vers de dix syllabes groupés en laisses assonancées. Amplification et métamorphose d'un événement historique de l'époque carolingienne, elle exprime l'enthousiasme religieux face à l'islam, l'amour du sol natal, la fidélité au suzerain.

Chant du départ (le), chant patriotique français créé en 1794. Paroles de M.-J. Chénier, musique de Méhul.

CHANTAL (Jeanne Françoise FRÉMYOT DE) → JEANNE DE CHANTAL (*sainte*).

CHANTELLE (03140), ch.-l. de c. de l'Allier; 1 069 h.

CHANTEMERLE, écart de la comm. de Saint-Chaffrey (Hautes-Alpes). Centre touristique.

CHANTEMESSE (André), médecin bactériologiste français, né au Puy (1851-1919), inventeur, avec F. Widal, du vaccin contre la typhoïde.

CHAN-T'EOU ou **SHANTOU,** port de la Chine du Sud (Kouang-tong); 300 000 h.

CHANTILLY (60500), ch.-l. de c. de l'Oise, sur la Nonette, affl. de l'Oise; 10 684 h. (*Cantiliens*). Forêt. Château des Montmorency et des Condé, reconstruit au XIXe s., sauf le *petit château* (par J. Bullant) et les écuries (par J. Aubert); il a été légué (1886) par le duc d'Aumale à l'Institut de France, avec ses riches collections d'art (*musée Condé*). Hippodrome. Siège du quartier général de Joffre de novembre 1914 à janvier 1917.

CHAN-TONG ou **SHANDONG,** prov. de la Chine, sur la mer Jaune; 150 000 km²; 55 520 000 h. Cap. *Tsi-nan*.

CHANTONNAY (85110), ch.-l. de c. de la Vendée; 7 430 h. (*Chantonnaisiens*). Industrie alimentaire.

CHANUTE (Octave), ingénieur américain d'origine française, né à Paris (1832-1910). Il contribua largement au développement de l'aviation.

CHANZY (Alfred), général français, né à Nouart (Ardennes) [1823-1883]. Il commanda la IIe armée de la Loire en 1871, puis il fut gouverneur de l'Algérie (1873) et ambassadeur en Russie (1879).

CHAO PHRAYA → MÉNAM.

CHAOUÏA (la), plaine du Maroc atlantique, arrière-pays de Casablanca.

CHAOUIAS, population berbère de l'Est algérien.

CHAOURCE (10210), ch.-l. de c. de l'Aube; 965 h. Dans l'église, *Mise au tombeau* de 1515. Fromages.

CHAOZHOU → TCH'AO-TCHEOU.

CHAPAIS (sir Thomas), homme politique et historien canadien, né à Kamouraska (1858-1946), auteur d'un *Cours d'histoire du Canada* (1919-1934).

CHAPALA, lac du Mexique central; 1 530 km².

Chapeaux (faction des), parti suédois au XVIIIe s., qui, opposé aux *Bonnets* (partisans d'une politique prudente envers la Russie), réclamait l'alliance avec la France et la guerre contre la Russie. Les deux factions furent éliminées par Gustave III (1772).

CHAPELAIN (Jean), écrivain français, né à Paris (1595-1674). Poète médiocre, raillé par Boileau, il joua un rôle important dans la création de l'Académie française et la formation de la doctrine classique.

CHAPELLE-AUX-SAINTS (La) [19120 Beaulieu sur Dordogne], comm. de la Corrèze; 217 h. Station préhistorique (squelette du type de Neandertal).

CHAPELLE-D'ABONDANCE (La) [74360 Abondance], comm. de la Haute-Savoie; 538 h. Sports d'hiver (alt. 1 020-1 750 m).

CHAPELLE-D'ANGILLON (La) [18380], ch.-l. de c. du Cher; 744 h. Château avec donjon du XIe s.

CHAPELLE-D'ARMENTIÈRES (La) [59930], comm. du Nord; 6 080 h.

CHAPELLE-DE-GUINCHAY (La) [71570], ch.-l. de c. de Saône-et-Loire; 2 147 h. Vins.

CHAPELLE-EN-VERCORS (La) [26420], ch.-l. de c. de la Drôme; 817 h.

CHAPELLE-LA-REINE (La) [77760], ch.-l. de c. de Seine-et-Marne; 1 113 h.

CHAPELLE-LEZ-HERLAIMONT, comm. de Belgique (Hainaut); 14 400 h.

CHAPELLE-SAINT-LUC (La) [10600], comm. de l'Aube, banlieue de Troyes; 15 146 h. Pneumatiques. Constructions mécaniques.

CHAPELLE-SAINT-MESMIN (La) [45380], comm. du Loiret, banlieue d'Orléans; 6 484 h. Pneumatiques. Verrerie.

CHAPELLE-SUR-ERDRE (La) [44240], ch.-l. de c. de la Loire-Atlantique; 5 916 h.

CHAPLIN (sir Charles), acteur et metteur en scène anglais de cinéma, né à Londres (1889-1977). Longtemps fixé en Amérique, « Charlie » Chaplin a créé le personnage douloureusement comique de *Charlot.* Il est l'auteur de *la Ruée vers l'or* (1925), *les Lumières de la ville* (1931), *les Temps modernes* (1935), *le Dictateur* (1940), *Monsieur Verdoux* (1947), *Limelight* (1952), *la Comtesse de Hong Kong* (1965).

CHAPMAN (George), poète dramatique anglais, né à Hitchin (1559-1634).

CHAPOCHNIKOV (Boris Mikhaïlovitch), maréchal soviétique, né à Zlatooust (1882-1945). Chef d'état-major de l'armée rouge de 1937 à 1942, il fut conseiller militaire de Staline.

CHAPPE (Claude), ingénieur français, né à Brûlon (1763-1805). Avec son frère IGNACE, né à Laval (1762-1829), il réalisa le premier système de télégraphie aérienne.

CHAPTAL (Jean), comte DE CHANTELOUP, chimiste et homme d'État français, né à Nojaret, près de Vialas (Lozère) [1756-1832]. Il développa l'industrie chimique en France, notamment la fabrication de l'alun et la teinture du coton; il fut ministre sous Napoléon Ier.

CHAR (René), poète français, né à L'Isle-sur-la-Sorgue en 1907. Son œuvre, marquée par le surréalisme (*le Marteau sans maître*) puis par son engagement dans la Résistance (*Feuillets d'Hypnos*), cherche l'accord profond entre forces naturelles et aspirations humaines (*Fureur et mystère, la Parole en archipel, la Nuit talismanique, Chants de la Balandrane*).

CHARBONNEAU (Robert), écrivain canadien d'expression française, né à Montréal (1911-1967). Poète et critique, il est le véritable créateur du roman d'analyse au Canada (*Fontile,* 1945).

CHARBONNIÈRES-LES-BAINS (69260), comm. du Rhône; 3 086 h. Station thermale. Casino. Hippodrome.

CHARCOT (Jean Martin), médecin français, né à Paris (1825-1893), connu par ses travaux sur les maladies nerveuses. — Son fils JEAN, né à Neuilly-sur-Seine (1867-1936), est l'auteur de campagnes et de travaux océanographiques dans les régions polaires. Il mourut en mer sur le *Pourquoi-Pas?*

CHARDIN (Jean), voyageur français, né à Paris (1643-1713), auteur d'un *Voyage en Perse et aux Indes orientales* (1711).

CHARDIN (Jean-Baptiste), peintre français, né à Paris (1699-1779). Auteur de natures mortes et de scènes de genre (*le Bénédicité*, diverses versions), il traduisit excellemment l'intimité, la « vie silencieuse » du sujet choisi.

CHÂRDJA, l'un des Émirats arabes unis. Pétrole.

CHARDONNET (comte Hilaire BERNIGAUD DE), chimiste et industriel français, né à Besançon (1839-1924), créateur de l'industrie des textiles artificiels (1891), par l'emploi de la nitrocellulose.

CHAREAU (Pierre), architecte et décorateur français, né au Havre (1883-1950). Il a construit la première maison française en acier apparent et verre (rue Saint-Guillaume, Paris, 1931).

CHARENTE (la), fl. né dans le Limousin (Haute-Vienne), qui passe à Angoulême, Cognac, Saintes, Rochefort, et rejoint l'Atlantique par un estuaire large, mais envasé; 360 km.

CHARENTE (dép. de la) [16], dép. de la Région Poitou-Charentes; ch.-l. de dép. *Angoulême;* ch.-l. d'arr. *Cognac, Confolens;* 3 arr., 33 cant., 405 comm.; 5 952 km²; 337 064 h. (*Charentais*).

Giraudon

Chardin : *la Pourvoyeuse* (1739)

Le dép. est rattaché à l'académie de Poitiers, à la cour d'appel, à la région militaire et à la province ecclésiastique de Bordeaux. En dehors du Confolentais (extrémité nord-ouest du Limousin), il s'étend sur l'Angoumois, pays calcaire assez plat. L'élevage bovin (pour le beurre surtout) et la culture du blé y tiennent une place importante. Le vignoble est localisé essentiellement autour de Cognac (Champagne) et fournit une eau-de-vie réputée (cognac). L'industrie, en dehors des activités dispersées liées au vignoble et surtout à l'élevage, est principalement représentée à Angoulême.

CHARENTE-MARITIME (dép. de la) [17], dép. de la Région Poitou-Charentes; ch.-l. de dép. *La Rochelle;* ch.-l. d'arr. *Jonzac, Rochefort, Saintes, Saint-Jean-d'Angély;* 5 arr., 43 cant., 472 comm.; 6 848 km²; 497 859 h. Le dép. est

rattaché à l'académie et à la cour d'appel de Poitiers, à la région militaire et à la province ecclésiastique de Bordeaux. Il est formé de plaines et de bas plateaux, surtout calcaires, où l'élevage bovin pour les produits laitiers (beurre) a progressé aux dépens des cultures (blé); la production de cognac se maintient à l'est de Saintes. Le littoral, en partie marécageux (Marais poitevin, marais de Rochefort et de Brouage), est animé par l'ostréiculture (Marennes), la mytiliculture, le tourisme estival (Royan, îles de Ré et d'Oléron) et la pêche (La Rochelle). La Rochelle (avec son avant-port, La Pallice) et Rochefort concentrent l'essentiel de l'industrie, dominée par la métallurgie de transformation, en dehors des branches valorisant la production agricole.

V. carte page suivante

CHARENTON-DU-CHER (18210), ch.-l. de c. du Cher; 1 371 h.

CHARENTON-LE-PONT (94220), ch.-l. de c. du Val-de-Marne, au confl. de la Seine et de la Marne; 20 618 h. (*Charentonnais*). L'hôpital psychiatrique dit « de Charenton » est situé sur le territoire de la comm. de Saint-Maurice, détachée de Charenton.

CHARÈS [karɛs], général athénien (v. 400-330 av. J.-C.), vaincu à Chéronée (338) par Philippe de Macédoine.

CHARETTE DE LA CONTRIE (François DE), chef vendéen, né à Couffé (Bretagne) [1763-1796], capturé par Hoche et fusillé à Nantes.

CHARI (le), fl. de l'Afrique équatoriale, tributaire du lac Tchad; 1 200 km.

CHARIBERT → CARIBERT.

CHARITES [ka-] (les), nom grec des *Grâces**.

CHARITÉ-SUR-LOIRE (La) [58400], ch.-l. de c. de la Nièvre, sur la Loire; 6 468 h. (*Charitois*). Église romane.

Charivari (le), journal satirique fondé à Paris (1832-1893), et auquel ont collaboré Daumier, Grandville, Gavarni.

CHARENTE

CHARLEMAGNE ou **CHARLES Ier le Grand** (742-814), roi des Francs (768-814), empereur d'Occident (800-814), fils aîné de Pépin le Bref. En 771, à la mort de son frère Carloman, il règne seul. Vainqueur des Lombards, il devient le maître du nord de l'Italie (774). Il crée le royaume d'Aquitaine, vassalise la Bavière, rattache la Saxe à l'État franc (799), soumet les Frisons (785), les Avars de Pannonie (796) et les Saxons (804), qu'il combat plus de trente ans; partout il introduit le christianisme. Ayant échoué dans la conquête de l'Espagne musulmane, il crée une marche d'Espagne; de même, il établit une marche de Bretagne (789-90). Le jour de Noël 800, il est couronné empereur des Romains par le pape. D'Aix-la-Chapelle, où il réside habituellement, il organise son empire, contrôlant l'administration des comtes et des évêques par l'intermédiaire des *missi dominici* et de l'assemblée annuelle des notables. Ses ordres s'expriment en des *capitulaires*. Animateur d'une véritable renaissance culturelle, il fait appel à des lettrés (Alcuin) et crée une école du palais. Il multiplie les ateliers d'art dans les monastères. En même temps qu'il veille au développement du christianisme, il reprend des contacts commerciaux avec l'Orient. En 813, il fait couronner son fils Louis le Pieux.

CHARLEROI, v. de Belgique (Hainaut), sur la Sambre; 229 000 h. Centre industriel. Victoire des Allemands en août 1914.

CHARLES BORROMÉE (saint), archevêque de Milan, cardinal, né à Arona (1538-1584). Il contribua puissamment à la Réforme catholique, en restaurant la discipline ecclésiastique par les visites pastorales régulières, la tenue de synodes, l'organisation de séminaires et l'enseignement du catéchisme.

CHARLES GARNIER (saint), jésuite français, né à Paris (1606-1649), massacré par les Iroquois au pays des Hurons, au Canada.

EMPEREURS

CHARLES Ier → CHARLEMAGNE.

CHARLES II, empereur d'Occident → CHARLES II le Chauve, roi de France.

CHARLES III le Gros, né à Neidingen (839-888), empereur d'Occident (881-887), roi de Germanie (882-887), roi de France (884-887), fils cadet de Louis le Germanique. Il reconstitua en théorie l'empire de Charlemagne, mais, à cause de sa faiblesse devant les féodaux et les Normands, il fut déposé à la diète de Tribur en 887.

CHARLES IV de Luxembourg, né à Prague (1316-1378), roi de Germanie (1346-1378), roi de Bohême (CHARLES Ier) [1346-1378], empereur germanique (1355-1378), fils de Jean de Luxembourg, roi de Bohême. Il promulgua la *Bulle d'or* (1356), charte de l'Empire germanique, en vue d'affranchir le Saint Empire de la tutelle pontificale. Il fut le fondateur de l'université de Prague (1347).

CHARLES V, dit **CHARLES QUINT,** né à Gand (1500-1558), roi d'Espagne (CHARLES Ier) [1516-1556], roi de Sicile (CHARLES IV) [1516-1556], empereur germanique (1519-1556), fils de Philippe le Beau, archiduc d'Autriche, et de Jeanne la Folle, reine de Castille. Ses domaines gigantesques, Espagne et ses colonies, Flandres, Autriche, Allemagne, en firent un ennemi naturel des rois de France. Prétendant à la monarchie universelle, il soutint avec François Ier une lutte de plus de trente ans, marquée par les faits suivants : il gagne sur les Français les batailles de La Bicoque (1522) et de Pavie (1525), imposant au roi, qu'il vient de faire prisonnier, le traité de Madrid (1526); nouvelles hostilités, marquées par la prise de Rome (1527), la paix de Cambrai (1529), un infructueux essai d'invasion en Provence, la trêve de Nice (1538-1540), la défaite de Cérisoles (1544). Après la mort de François Ier, Charles Quint met le siège devant Metz (1552) et signe la trêve de Vaucelles (1556). D'autre part, l'empereur avait eu à lutter contre les Turcs (Vienne, 1529), à mener une expédition contre Tunis (1535) et Alger (1541), où il échoua, et à reconnaître la liberté de conscience pour les luthériens d'Allemagne (accord d'Augsbourg, 1555). Il abdiqua en 1555 et en 1556, et se retira au monastère de Yuste.

CHARLES VI, né à Vienne (1685-1740), empereur germanique (1711-1740), roi de Hongrie (CHARLES III) [1711-1740] et de Sicile (CHARLES VI) [1711-1738], deuxième fils de Léopold Ier de Habsbourg. Il s'employa à faire accepter par l'Europe la *pragmatique sanction* de 1713, par laquelle il garantissait à sa fille Marie-Thérèse la succession d'Autriche. À l'issue de la guerre de la Succession de Pologne, il perdit Naples et la Sicile (1738). Il combattit sans succès les Turcs.

CHARLES VII ALBERT, né à Bruxelles (1697-1745), Électeur de Bavière (1726-1745), empereur germanique (1742-1745), gendre de Joseph Ier. Il fut le compétiteur de Marie-Thérèse à la succession d'Autriche. Son fils dut y renoncer.

FRANCE

CHARLES MARTEL (v. 685-741), maire du palais d'Austrasie et de Neustrie, fils de Pépin d'Herstal. En 732, à Poitiers, il écrasa les Arabes, commandés par 'Abd al-Raḥmān. Il s'assura la subordination de l'Aquitaine, de la Provence et de la Bourgogne et régla sa succession entre ses fils Carloman et Pépin le Bref.

CHARLES Ier → CHARLEMAGNE.

CHARLES II le Chauve, né à Francfort-sur-le-Main (823-877), roi de France (840-877) et empereur d'Occident (875-877), fils de Louis Ier le Pieux et de Judith de Bavière. Après avoir vaincu, à Fontenoy-en-Puisaye (841), son frère Lothaire, avec l'appui de son autre frère Louis le Germanique (serments de Strasbourg, 842), il signa avec eux le traité de Verdun (843), qui lui fit roi de la *Francia occidentalis*. Son règne fut marqué par les invasions normandes, par les guerres franco-germaniques suscitées par Louis le Germanique et par le progrès de la féodalité. À la mort de l'empereur Louis II (875), il reçut la couronne impériale et acquit la Provence.

CHARLES III le Simple (879-929), roi de France (898-923), fils posthume de Louis II le Bègue. Il partagea le trône avec le comte de Paris, Eudes, en 893, devenant seul roi de France à la mort de ce dernier (898). Il donna la Normandie à Rollon au traité de Saint-Clair-sur-Epte (911). Il fut vaincu par Hugues le Grand à Soissons, et détrôné en 923. Il mourut prisonnier.

CHARLES IV le Bel, né à Clermont (1294-

Charlemagne
statuette en bronze

Charles Quint, par Titien

Lauros-Giraudon

J. Blauel

CHARENTE-MARITIME

1328), roi de France et de Navarre (CHARLES Ier) [1322-1328], troisième fils de Philippe IV le Bel et de Jeanne Ire de Navarre. Il fut le dernier des Capétiens directs.

CHARLES V le Sage, né à Vincennes (1338-1380), roi de France (1364-1380), fils de Jean II le Bon. Régent du royaume pendant la captivité de Jean II (1356-1360), il dut faire face aux intrigues de Charles II le Mauvais, roi de Navarre, et assista impuissant aux troubles qui se produisirent à Paris sous la direction d'Étienne Marcel, et à la jacquerie qui ravagea le nord du royaume. Avec les Anglais, il négocia le traité de Brétigny (1360). Devenu roi en 1364, il imposa la paix à Charles le Mauvais, débarrassa le royaume des Grandes Compagnies et reprit aux Anglais presque toutes les provinces conquises. Ces succès furent dus à sa prudente politique ainsi qu'à l'action militaire de Du Guesclin. On doit à Charles V d'heureuses réformes financières, l'extension des privilèges de l'Université, la construction ou l'embellissement de plusieurs palais (hôtel Saint-Pol, Louvre, etc.), ainsi que la réunion d'une importante collection de manuscrits.

CHARLES VI le Bien-Aimé, né à Paris (1368-1422), roi de France (1380-1422), fils de Charles V. Il gouverna d'abord sous la tutelle de ses oncles, qui dilapidèrent le Trésor et provoquèrent des révoltes (*Maillotins*) par de nouveaux impôts. Devenu roi, il défit les Flamands à Rozebeke (1382) et, peu après, renvoya ses oncles pour les remplacer par les *Marmousets*, anciens conseillers de son père. Mais, en 1392, Charles VI fut frappé de folie. Son royaume, déchiré par la rivalité des *Bourguignons* et des *Armagnacs*, livré à l'anarchie, gouverné par la reine Isabeau de Bavière, tomba presque tout entier entre les mains des Anglais par le traité de Troyes (1420).

CHARLES VII, né à Paris (1403-1461), roi de France (1422-1461), fils de Charles VI et d'Isabeau de Bavière. À son avènement, les Anglais occupaient presque toute la France. Le jeune roi de Bourges ne tenta d'abord rien pour repousser les envahisseurs, lorsque le patriotisme français se réveilla à la voix de Jeanne d'Arc, qui rendit au roi confiance en lui-même. Les victoires de la Pucelle, qui le fit sacrer à Reims (1429), ébranlèrent la domination anglaise et, même après le martyre de Jeanne, l'impulsion qu'elle avait donnée ne se ralentit point. Au bout de vingt ans de luttes, les Anglais, battus à Formigny (1450) et à Castillon (1453), étaient chassés de France, où ils ne conservaient que Calais. Charles VII essaya d'assurer à la France un bon gouvernement, des finances saines et une armée permanente (institution des francs archers et des compagnies d'ordonnance); il donna à l'Église de France une charte, la *pragmatique sanction de Bourges* (1438), qui l'assujettissait à la royauté, et triompha de la *Praguerie*, révolte des seigneurs, que son propre fils, le futur Louis XI, soutenait.

CHARLES VIII, né à Amboise (1470-1498), roi de France (1483-1498), fils de Louis XI et de Charlotte de Savoie. Sa sœur, Anne de Beaujeu, demeura régente jusqu'en 1494. Les états généraux se réunirent à Tours en 1484. À l'appel de Louis d'Orléans, les grands seigneurs se soulevèrent contre la régente, mais furent vaincus en 1488. Par son mariage avec Anne de Bretagne (1491), le roi prépara l'annexion de ce pays à la France. Pour agir librement au royaume de Naples, qu'il convoitait, Charles VIII donna le Roussillon et la Cerdagne à l'Espagne, l'Artois et la Franche-Comté à l'Autriche, mais son expédition en Italie échoua totalement (1497).

CHARLES IX, né à Saint-Germain-en-Laye (1550-1574), roi de France (1560-1574), fils d'Henri II et de Catherine de Médicis. Pendant son règne, le pouvoir réel fut exercé par sa mère, puis, après la paix de Saint-Germain (1570), par le protestant Coligny, dont il se débarrassa lors du massacre de la Saint-Barthélemy (1572).

CHARLES X, né à Versailles (1757-1836), roi de France (1824-1830), dernier fils du Dauphin et de Marie-Josèphe de Saxe, petit-fils de Louis XV, frère de Louis XVI et de Louis XVIII. Il était comte d'Artois quand il émigra, en 1789. Chef

nominal de l'armée des émigrés, lieutenant général du «royaume» (1793), il échoua dans ses opérations de débarquement sur le continent. En 1814, il prépara la Restauration; chef du parti ultraroyaliste durant le règne de son frère Louis XVIII (1814-1824), il devint roi à la mort de ce dernier. Le ministère autoritaire et réactionnaire de Villèle (1824-1828) lui valut une impopularité que ne diminuèrent ni la victoire de Navarin ni l'avènement du ministère Martignac (1828), plus libéral. La Chambre, ayant refusé la confiance au cabinet Polignac, formé en 1829, fut dissoute, mais les élections furent favorables à l'opposition. Malgré le succès de l'expédition d'Alger (4 juill.), les ordonnances du 25 juillet 1830, dissolvant la Chambre, non encore réunie, modifiant la Charte et supprimant la liberté de la presse, provoquèrent la révolution de juillet 1830 et l'abdication de Charles X (2 août), qui mourut en exil.

AUTRICHE

CHARLES DE HABSBOURG, archiduc d'Autriche, duc de Teschen, né à Florence (1771-1847), troisième fils de Léopold II. Général de l'armée autrichienne, il s'avéra l'un des plus redoutables adversaires de Napoléon Ier, notamment à Eckmühl, Essling et Wagram.

CHARLES Ier, né à Persenbeug (1887-1922), empereur d'Autriche et roi de Hongrie (Charles IV) [1916-1918], petit-neveu et successeur de François-Joseph Ier. À l'issue de la victoire des Alliés (1918), il ne put empêcher la chute de la monarchie austro-hongroise.

Charles V
miniature du XIVe s.

Charles VII
par Jean Fouquet

Charles X
par Ingres

Charles le Téméraire

Charles Ier d'Angleterre
par Van Dyck

Charles II d'Angleterre
d'après S. Cooper

BELGIQUE

CHARLES DE BELGIQUE, né à Bruxelles en 1903, comte de Flandre, second fils d'Albert Ier. Il fut régent de Belgique de 1944 à 1950.

BOURGOGNE

CHARLES LE TÉMÉRAIRE, né à Dijon (1433-1477), duc de Bourgogne (1467-1477), fils de Philippe le Bon. Il essaya de se constituer une principauté puissante aux dépens de la monarchie capétienne. Chef de la *ligue du Bien public,* il fit signer à Louis XI les traités de Conflans et de Saint-Maur après la bataille indécise de Montlhéry (1465). Vainqueur de l'insurrection

liégeoise (1467-68), il forma une seconde ligue contre le roi de France et le retint prisonnier à Péronne. Il soumit la Lorraine, mais fut vaincu par les Suisses à Granson et à Morat (1476). En 1477, il fut tué devant Nancy. Avec lui s'écroula le vaste édifice des ducs de Bourgogne de la maison de Valois.

ESPAGNE

CHARLES Ier → CHARLES V *(Charles Quint),* empereur germanique.

CHARLES II, né à Madrid (1661-1700), roi d'Espagne et de Sicile (CHARLES V) [1665-1700], fils de Philippe IV. Il perdit la Flandre française et la Franche-Comté. Il désigna pour lui succéder Philippe d'Anjou, deuxième petit-fils de Louis XIV, acte qui provoquera la guerre de la Succession d'Espagne.

CHARLES III, né à Madrid (1716-1788), duc de Parme (1731-1735), roi de Naples et de Sicile (CHARLES VII) [1734-1759], roi d'Espagne (1759-1788), fils de Philippe V. Il conclut avec la France le pacte de Famille (1761). Tenant du despotisme éclairé, il s'efforça de rénover le pays avec l'aide de Pedro d'Aranda, qui expulsa les jésuites (1767), et de Floridablanca.

Charles III *(ordre de),* ordre fondé en Espagne par Charles III en 1771.

CHARLES IV, né près de Naples (1748-1819), roi d'Espagne (1788-1808), fils de Charles III. Entraîné, depuis le traité de Bâle (1795), par la France dans sa lutte contre l'Empire britannique, il abdiqua en 1808 en faveur de son fils Ferdinand VII puis en faveur de Napoléon Ier, qui

donna la couronne d'Espagne à son frère Joseph.

CHARLES DE BOURBON, prince espagnol (1818-1861), comte de Montemolín, prétendant au trône d'Espagne. (V. CARLISME, *Part. langue.*)

GRANDE-BRETAGNE

CHARLES Ier, né à Dunfermline (1600-1649), roi d'Angleterre, d'Écosse et d'Irlande (1625-1649), fils de Jacques Ier Stuart. Poussé dans la voie du despotisme par ses ministres Buckingham, Strafford, l'évêque Laud, ainsi que par sa femme, Henriette de France, il souleva une violente opposition parlementaire; la pétition du droit (1628) l'amena à renvoyer le Parlement (1629) et à gouverner seul. La menace écossaise l'obligea à convoquer en 1640 le Parlement (*Court,* puis *Long* Parlement). Le *Long Parlement* (1640-1653) envoya Strafford, puis Laud au supplice. Ces exécutions, auxquelles le roi n'eut pas le courage de s'opposer, et les complaisances du souverain avec les catholiques provoquèrent la rupture entre le roi et le Parlement (1642). Éclata alors la guerre civile entre les partisans du roi et l'armée du Parlement, qui s'allia aux Écossais. L'armée royale fut vaincue à Naseby (1645). Charles Ier se rendit aux Écossais, qui le livrèrent au Parlement. Son évasion (1647) provoqua une seconde guerre civile et la victoire des partisans de Cromwell, qui le firent condamner à mort. Il fut décapité à Whitehall (1649).

CHARLES II, né à Londres (1630-1685), roi d'Angleterre, d'Écosse et d'Irlande (1660-1685), fils du précédent et d'Henriette de France. Il fut rappelé sur le trône par le général Monk en 1660. Il blessa le sentiment national anglais en s'alliant avec la France contre la Hollande pour s'assurer des subsides de Louis XIV (1664-1667) et en pratiquant la tolérance à l'égard des catholiques. Aussi dut-il affronter l'opposition du Parlement, hostile aux catholiques et à son frère, le futur Jacques II, contre lequel le Parlement essaya d'imposer le Bill d'exclusion (1681), ce qui entraîna la dissolution de l'Assemblée.

V. ill. page précédente

HONGRIE

CHARLES Ier ROBERT, dit **CAROBERT** (1291-1342), roi de Hongrie (1301-1342), fils de Charles Martel d'Anjou-Sicile. Il réorganisa la Hongrie.

CHARLES II → CHARLES III de Sicile.

CHARLES III → CHARLES VI, empereur.

CHARLES IV → CHARLES Ier d'Autriche.

NAVARRE

CHARLES Ier, roi de Navarre → CHARLES IV le Bel, roi de France.

CHARLES II le Mauvais (1332-1387), roi de Navarre (1349-1387), petit-fils de Louis X, roi de France. Il soutint Étienne Marcel (1358) puis s'allia avec les Anglais. Il fut battu à Cocherel par du Guesclin (1364).

CHARLES III le Noble, né à Mantes (1361-1425), roi de Navarre (1387-1425), fils du précédent. Il favorisa la culture française.

ROUMANIE

CHARLES Ier ou **CAROL Ier,** de la maison des Hohenzollern, né à Sigmaringen (1839-1914), prince (1866-1881), puis roi de Roumanie (1881-1914); il se déclara, en 1877, complètement indépendant des Ottomans.

CHARLES II ou **CAROL II,** né à Sinaia (1893-1953), roi de Roumanie (1930-1940), fils de Ferdinand Ier. Ayant dû renoncer à ses droits à cause de sa conduite privée, il rentra en Roumanie en 1930, écartant du trône son fils Michel, roi depuis 1927. En 1938, il instaura un régime autoritaire et se rapprocha de l'Allemagne hitlérienne; il dut abdiquer en septembre 1940.

SAVOIE ET SARDAIGNE

CHARLES-EMMANUEL Ier le Grand (1562-1630), duc de Savoie de 1580 à 1630.

CHARLES-EMMANUEL II (1634-1675), duc de Savoie de 1638 à 1675.

CHARLES-EMMANUEL III, né à Turin (1701-1773), duc de Savoie et roi de Sardaigne de 1730 à 1773.

CHARLES-EMMANUEL IV, né à Turin (1751-1819), roi de Sardaigne (1796-1802). Chassé par les États continentaux, il abdiqua en faveur de son frère Victor-Emmanuel Ier.

CHARLES-FÉLIX, né à Turin (1765-1831), roi de Sardaigne de 1821 à 1831.

CHARLES-ALBERT, né à Turin (1798-1849), roi de Sardaigne (1831-1849). Il promulgua le *Statut fondamental* (1848), qui établissait une monarchie constitutionnelle. Il voulut libérer la Lombardie, mais fut vaincu par les Autrichiens à

Charles XII de Suède
par D. von Krafft

Charlotte
de Nassau

SICILE ET NAPLES

Custoza en 1848, à Novare en 1849, et dut abdiquer en faveur de son fils Victor-Emmanuel II.

CHARLES Ier DE FRANCE (1226-1285), comte d'Anjou, du Maine et de Provence (1246-1285), roi de Sicile (1266-1285), dixième fils du roi Louis VIII et frère de Saint Louis. La révolte des Vêpres siciliennes (1282) le priva de l'île de Sicile et provoqua la formation de deux royaumes de Sicile, l'un insulaire, l'autre péninsulaire. Poursuivant ses rêves orientaux, Charles d'Anjou fut un moment roi d'Albanie (1272) et roi de Jérusalem (1277).

CHARLES II le Boiteux (1248-1309), roi de Sicile péninsulaire (1285-1309), fils du précédent. Il maintint l'influence de sa famille en Orient.

CHARLES III (1345-1386), roi de Naples (1381-1386) et, sous le nom de *Charles II,* roi de Hongrie (1385-86).

CHARLES IV → CHARLES V (*Charles Quint*), empereur germanique.

CHARLES V → CHARLES II d'Espagne.

CHARLES VI → CHARLES VI, empereur germanique.

CHARLES VII → CHARLES III d'Espagne.

SUÈDE

CHARLES IX, né à Stockholm (1550-1611), régent (1595) puis roi de Suède (1607-1611), troisième fils de Gustave Vasa et père de Gustave II Adolphe.

CHARLES X GUSTAVE, né à Nyköping (1622-1660), fils de Jean-Casimir, successeur de Christine comme roi de Suède (1654-1660).

CHARLES XI, né à Stockholm (1655-1697), roi de Suède (1660-1697), fils du précédent. Il signa la paix d'Oliva, fut l'allié de la France en 1675 contre la Hollande et instaura la monarchie absolue.

CHARLES XII, né à Stockholm (1682-1718), roi de Suède (1697-1718), fils de Charles XI. Il vainquit le roi de Danemark à Copenhague (1700), les Russes à Narva, et Auguste II de Pologne à Kissow (1703). Tournant de nouveau ses armes contre Pierre le Grand, il ne put, malgré la valeur de ses troupes, triompher de son rival à Poltava (1709) et dut se réfugier en Turquie. Il tenta en vain d'obtenir l'appui du Sultan contre la Russie et regagna la Suède en 1715. Alors qu'il attaquait la Norvège, il fut tué au siège de Fredrikshald. — Voltaire a écrit une *Histoire de Charles XII* (1731), où le roi apparaît comme un héros d'épopée et de tragédie.

CHARLES XIII, né à Stockholm (1748-1818), roi de Suède (1809-1818) et de Norvège (1814-1818). Il adopta Bernadotte, qui devait lui succéder. En 1814, il reçut la couronne de Norvège, dont l'union avec la Suède fut entérinée en 1815.

CHARLES XIV ou **CHARLES-JEAN** (Charles Jean-Baptiste BERNADOTTE), né à Pau (1763-1844), maréchal de France, roi de Suède et de Norvège (1818-1844). Il se distingua dans les guerres de la Révolution et de l'Empire, fut créé maréchal d'Empire en 1804 et prince de Pontecorvo en 1806. Prince héritier de Suède (1810), il combattit Napoléon lors de la campagne de Russie et à Leipzig; en 1818, il succéda à Charles XIII, fondant ainsi la dynastie actuelle de Suède.

CHARLES XV, né à Stockholm (1826-1872), roi de Suède et de Norvège (1859-1872), fils aîné d'Oscar Ier. Sous son règne, la démocratisation de la Suède s'accéléra.

CHARLES XVI GUSTAVE, né au château de Haga, près de Stockholm, en 1946, petit-fils de Gustave VI Adolphe. Roi de Suède en 1973.

CHARLES (Jacques), physicien français, né à Beaugency (1746-1823). Le premier, il appliqua l'hydrogène au gonflement des aérostats. Sa jeune femme fut l'*Elvire* de Lamartine.

CHARLESBOURG, v. du Canada (Québec); 63 147 h.

Charles-de-Gaulle (aéroport), aéroport de la région parisienne, près de Roissy-en-France.

Charles-de-Gaulle (place), jusqu'en 1970 *place de l'Étoile,* grande place de l'ouest de Paris, occupée en son centre par l'Arc de triomphe et d'où divergent douze grandes avenues.

CHARLESTON, port des États-Unis (Caroline du Sud), sur l'Atlantique; 67 000 h. Centre de la résistance des sudistes pendant la guerre de Sécession. — V. des États-Unis, cap. de la Virginie-Occidentale; 72 000 h.

CHARLEVILLE-MÉZIÈRES (08000), ch.-l. du dép. des Ardennes, sur la Meuse, à 239 km au nord-est de Paris; 63 347 h. *(Carolomacériens).* Place Ducale (1611). Métallurgie.

CHARLEVOIX (le P. François Xavier DE), jésuite français, né à Saint-Quentin (1682-1761). Il explora le Mississippi, et écrivit une *Histoire et description générale de la Nouvelle-France.*

CHARLIEU (42190), ch.-l. de c. de la Loire; 5 063 h. *(Charliandins).* Restes d'une abbatiale (XIe-XIIe s.) aux célèbres portails. Confection.

CHARLOT → CHAPLIN (*sir Charles*).

CHARLOTTE, v. des État-Unis (Caroline du Nord); 241 000 h.

CHARLOTTE, princesse de Saxe-Cobourg-Gotha et de Belgique, née à Laeken (1840-1927), fille de Léopold Ier, roi des Belges. Elle épousa (1857) l'archiduc Maximilien, devenu en 1864 empereur du Mexique, et perdit la raison après l'exécution de son mari.

CHARLOTTE DE NASSAU, née au château de Berg en 1896, grande-duchesse de Luxembourg (1919-1964), épouse de Félix de Bourbon-Parme. Elle a abdiqué en faveur de son fils aîné le prince Jean.

CHARLOTTE-ÉLISABETH de Bavière, princesse Palatine, née à Heidelberg (1652-1722), seconde femme du duc d'Orléans, frère de Louis XIV, et mère du Régent. Sa correspondance est un document sur les mœurs du règne de Louis XIV.

CHARLOTTETOWN, v. du Canada, cap. de la prov. de l'île-du-Prince-Édouard; 17 063 h. Université.

CHARLY (02310), ch.-l. de c. de l'Aisne, sur la Marne; 2 116 h.

CHARMES (88130), ch.-l. de c. des Vosges, sur la Moselle; 5 959 h.

CHARMETTES (les), hameau de Savoie, près de Chambéry, où J.-J. Rousseau fit le séjour qu'il J.-J. Rousseau, chez Mme de Warens. Musée.

CHARNAY-LÈS-MÂCON (71000 Mâcon), comm. de Saône-et-Loire; 5 234 h.

Chateaubriand
par Girodet-Trioson

Chasseriau
Esther se parant
(1841)

cathédrale
de **Chartres**
statues-colonnes
du portail Royal

CHARNY (89120), ch.-l. de c. de l'Yonne; 1626 h.

CHARNY-SUR-MEUSE (55100 Verdun), ch.-l. de c. de la Meuse; 412 h.

CHAROLAIS ou **CHAROLLAIS**, région de plateaux cristallins situés sur la bordure nord-est du Massif central. Prairies d'embouche pour l'élevage des bovins *(race charolaise)*. — Le *comté de Charolais*, créé en 1316, fut rattaché à la France en 1761.

CHAROLLES (71120), ch.-l. d'arr. de Saône-et-Loire; 4349 h. *(Charollais).*

CHARON [ka-], nocher des Enfers, qui faisait passer les morts les fleuves infernaux, moyennant une obole.

CHARONDAS [karɔ̃das] (Loys LE CARON, dit), jurisconsulte français, né à Paris (1536-1617), auteur du *Grand Coutumier de France.*

CHARONNE, anc. comm. réunie à Paris en 1860.

CHARONTON ou **CHARRETON** (Enguerrand) → QUARTON.

CHÂROST [-ro] (18290), ch.-l. de c. du Cher; 1166 h.

CHARPENTIÉ (Yvan), syndicaliste français, né à Bordeaux en 1927. Président de la Confédération générale des cadres (C.G.C.) de 1975 à 1979.

CHARPENTIER (Marc Antoine), compositeur français, né à Paris (v. 1634-1704). Élève de Carissimi, il devint maître de chapelle de Mlle de Guise, du collège des Jésuites et de la Sainte-Chapelle. Il a écrit des motets, des messes, des oratorios *(Histoires sacrées)*, un opéra *(Médée)*, etc.

CHARPENTIER (Gustave), compositeur français, né à Dieuze (1860-1956), auteur de *Louise*, roman musical (1900).

CHARPENTIER (Jacques), avocat français, né à Rueil-Malmaison (1881-1974). Il a marqué de son talent les grands procès financiers de l'entre-deux-guerres.

CHARPENTIER (Jacques), compositeur français, né à Paris en 1933. Influencé par la musique de l'Inde *(Études karnatiques)*, il a composé également un *Livre d'orgue.*

CHARPY (Georges), ingénieur français, né à Oullins (1865-1945), l'un des fondateurs de la métallographie en France.

CHARRAT (Janine), danseuse et chorégraphe française, née à Grenoble en 1924. Directrice du Ballet de France, animatrice du Groupe des Sept, elle a composé des œuvres néoclassiques *(Jeu de cartes*, 1945; *Concerto*, 1951; *le Massacre des amazones*, 1951; *les Algues*, 1953; *les Liens*, 1957; *Électre*, 1960).

CHARRIER, écart de la comm. de Laprugne (Allier). Eaux minérales.

CHARRON (Pierre), moraliste français, né à Paris (1541-1603). Dans son ouvrage *la Sagesse*, il a transposé les *Essais* de Montaigne sous une forme méthodique et dogmatique.

CHARROUX (86250), ch.-l. de c. de la Vienne; 1644 h. Confection. Vestiges d'une grande abbaye médiévale.

charte d'Athènes, manifeste d'urbanisme élaboré durant la session de 1933 des Congrès internationaux d'architecture moderne (C.I.A.M.), sous la direction de Le Corbusier, adapté et publié par ce dernier en 1942.

CHARTIER (Alain), écrivain français, né à Bayeux (v. 1385-1433). Secrétaire de Charles VI et de Charles VII, il a laissé des écrits politiques *(le Quadrilogue invectif)* et des poésies.

CHARTRES (28000), ch.-l. du dép. d'Eure-et-Loir, sur l'Eure, à 96 km au sud-ouest de Paris; 41251 h. *(Chartrains)*. Évêché. Cathédrale reconstruite pour l'essentiel de 1194 à 1260, chef-d'œuvre de l'art gothique dans sa première maturité; crypte (XIe s.); portails sculptés (façade ouest : 1134-1150; transept : v. 1200-1250); verrières (XIIe-XIIIe s.). Constructions mécaniques. Électronique. Aux XIe-XIIe s., Chartres fut le centre d'une école philosophique, fondée par l'évêque Fulbert, où l'on s'efforça de préciser les rapports entre religion et philosophie.

CHARTRES-DE-BRETAGNE (35131), comm. d'Ille-et-Vilaine; 3114 h. Usine d'automobiles.

CHARTRE-SUR-LE-LOIR (La) (72340), ch.-l. de c. de la Sarthe; 1901 h.

CHARTREUSE ou **GRANDE-CHARTREUSE** *(massif de la)*, massif des Préalpes françaises dominant le Grésivaudan; 2082 m.

Chartreuse (la Grande-), monastère fondé par saint Bruno en 1084, au cœur du massif de la *Chartreuse.* Bâtiments des XIVe-XVIIIe s.

Chartreuse de Parme *(la)*, roman de Stendhal (1839) : à travers les aventures d'un héros enthousiaste et sensible, Fabrice del Dongo, une illustration de la conception stendhalienne de la «chasse au bonheur».

CHARVIEU-CHAVAGNEUX (38230 Pont de Chéruy), comm. de l'Isère; 6478 h.

CHARYBDE [ka-], tourbillon redouté du détroit de Messine. Si on l'évitait, on touchait souvent le récif de Scylla, tout proche. De là le proverbe : *Tomber de Charybde en Scylla*, c'est-à-dire d'un mal en un autre, pire encore.

CHASE (James Hadley), écrivain britannique, né à Londres en 1906, auteur de romans policiers où dominent la violence et la sexualité *(Pas d'orchidées pour miss Blandish).*

CHASLES [ʃɑl] (Michel), mathématicien français, né à Épernon (1793-1880). Ses travaux de géométrie supérieure marquent un retour à la géométrie pure.

CHASSAGNE-MONTRACHET (21190 Meursault), comm. de la Côte-d'Or; 446 h. Vins renommés.

CHASSELOUP-LAUBAT (François, *marquis* DE), général et ingénieur français, né à Saint-

Sornin, près de Marennes (1754-1833). Il dirigea en 1807 le siège de Dantzig. — Son fils JUSTIN (1805-1873), ministre de la Marine (1851 et 1860-1867), fit approuver par Napoléon III l'installation de la France en Cochinchine et au Cambodge.

CHASSÉRIAU (Théodore), peintre français, né à Santa Barbara de Samaná (Saint-Domingue) [1819-1856]. Élève d'Ingres, génie précoce, il a laissé une œuvre d'une haute nostalgie poétique (au Louvre : *Lacordaire, Esther se parant*; restes des peintures monumentales de l'ancienne Cour des comptes).

CHASSE-SUR-RHÔNE (38670), comm. de l'Isère; 3956 h. Triage ferroviaire.

CHASSEY-LE-CAMP (71150 Chagny), comm. de Saône-et-Loire; 221 h. Important habitat néolithique, éponyme du faciès chasséen.

Chastang (le), aménagement hydroélectrique sur la Dordogne.

CHASTEL (André), historien d'art et professeur français, né à Paris en 1912, spécialiste de la Renaissance.

CHASTELLAIN [ʃatlɛ̃] (Georges), écrivain bourguignon, né dans le comté d'Alost (1415-1475), auteur de poèmes et d'une *Chronique.*

Chat botté *(le)*, conte de Perrault.

CHÂTAIGNERAIE (La) [85120], ch.-l. de c. de la Vendée; 2929 h.

CHÂTEAU-ARNOUX (04160), comm. des Alpes-de-Haute-Provence, sur la Durance; 6240 h. — À l'écart de *Saint-Auban* (04600), industrie chimique.

Château-Bougon, aéroport de Nantes.

CHÂTEAUBOURG (35220), ch.-l. de c. d'Ille-et-Vilaine; 2980 h.

CHATEAUBRIAND (François *René, vicomte* DE), écrivain français, né à Saint-Malo (1768-1848). Dernier né d'un hobereau breton, sous-lieutenant attiré par les hommes de lettres, il assiste aux débuts de la Révolution avant de chercher en Amérique la gloire de l'explorateur et la fortune du pionnier *(Voyage** *en Amérique)*. Blessé dans l'armée des émigrés, exilé en Angleterre où il connaît la misère, il juge son époque et sa propre vie *(Essai sur les révolutions*, 1797) et rentre en France pour contribuer à la fois à la restauration de l'ordre moral *(Génie** *du christianisme)* et à l'annonce du «mal du siècle» *(Atala**, *René)*. Il rompt avec Bonaparte après l'assassinat du duc d'Enghien et illustre sa conception de l'épopée chrétienne *(les Martyrs**). Déçu par la Restauration (qui le fit ambassadeur à Londres et ministre des Affaires étrangères), mais légitimiste par fidélité, il groupe autour de lui la jeunesse romantique *(les Natchez**) et libérale (par opposition à Louis-Philippe) avant de se consacrer au poème nostalgique de sa vie et de son temps *(Mémoires** *d'outre-tombe).* [Acad. fr.]

CHÂTEAUBRIANT (44110), ch.-l. d'arr. de la Loire-Atlantique; 13826 h. *(Castelbriantais).* Restes du Vieux-Château (XIe-XVe s.) et Château-Neuf (v. 1535). Église du XVe s. Machines agricoles. Les Allemands y fusillèrent 27 otages le 22 octobre 1941.

CHÂTEAU-CHINON (58120), ch.-l. d'arr. de la Nièvre, dans le Morvan; 2905 h. *(Château-Chinonais).* Bonneterie. Caoutchouc.

CHÂTEAU-D'OLÉRON (Le) [17480], ch.-l. de c. de la Charente-Maritime, dans l'*île d'Oléron;* 3324 h. Port.

CHÂTEAU-D'OLONNE (85100 Les Sables d'Olonne), comm. de Vendée; 7701 h.

CHÂTEAU-DU-LOIR (72500), ch.-l. de c. de la Sarthe, près du Loir; 6155 h. *(Castéloriens).*

CHÂTEAUDUN (28200), ch.-l. d'arr. d'Eure-et-Loir, sur le Loir; 16113 h. *(Dunois).* Château des XVe et XVIe s., avec donjon du XIIe (sculptures, tapisseries). Églises médiévales. La ville fut dévastée par les Allemands en 1870.

Château-Gaillard, forteresse en ruine, dominant la Seine aux Andelys. Construite v. 1196 par Richard Cœur de Lion, prise par Philippe Auguste en 1204, elle fut démantelée par Henri IV.

CHÂTEAUGIRON (35410), ch.-l. de c. d'Ille-et-Vilaine; 2343 h.

CHÂTEAU-GONTIER (53200), ch.-l. d'arr. de la Mayenne, sur la Mayenne; 8645 h. *(Castrogontériens).* Marché. Église St-Jean, avec restes de fresques romanes et gothiques.

CHÂTEAUGUAY, riv. des États-Unis (New York) et du Canada, affl. du Saint-Laurent (r. dr.); 81 km. Victoire des Canadiens sur les Américains (1813). — La *ville de Châteauguay* (Canada; Québec), banlieue de Montréal, compte 36329 h.

Château-Lafite, vignoble du Médoc.

CHÂTEAU-LANDON (77570), ch.-l. de c. de Seine-et-Marne; 3106 h. Monuments médiévaux.

Château-Latour, vignoble du Médoc.

CHÂTEAU-LA-VALLIÈRE (37330), ch.-l. de c. d'Indre-et-Loire; 1592 h.

CHÂTEAULIN (29150), ch.-l. d'arr. du Finistère (Sud), dans le *bassin de Châteaulin,* sur l'Aulne; 5668 h. *(Châteaulinois).* Chapelle Notre-Dame des XVe-XVIe s.

Château-Margaux → MARGAUX.

CHÂTEAUMEILLANT (18370), ch.-l. de c. du Cher; 2431 h. Église romane. Château du début du XVIe s. Vignobles.

CHÂTEAUNEUF-DE-RANDON (48170), ch.-l. de c. de la Lozère; 551 h. Du Guesclin y mourut en l'assiégeant, en 1380.

CHÂTEAUNEUF - D'ILLE - ET - VILAINE (35430), ch.-l. de c. d'Ille-et-Vilaine; 685 h.

CHÂTEAUNEUF-DU-FAOU (29119), ch.-l. de c. du Finistère; 3924 h.

CHÂTEAUNEUF-DU-PAPE (84230), comm. de Vaucluse, dans le Comtat; 2113 h. Vins.

CHÂTEAUNEUF-DU-RHÔNE (26200 Montélimar), comm. de la Drôme; 1654 h. Usine hydroélectrique sur une dérivation du Rhône.

CHÂTEAUNEUF-EN-THYMERAIS (28170), ch.-l. de c. d'Eure-et-Loir; 2248 h.

CHÂTEAUNEUF-LA-FORÊT (87130), ch.-l. de c. de la Haute-Vienne; 2172 h. Papeterie.

CHÂTEAUNEUF-LES-BAINS (63390 St Gervais d'Auvergne), comm. du Puy-de-Dôme; 453 h. Station thermale.

CHÂTEAUNEUF-LÈS-MARTIGUES (13220), comm. des Bouches-du-Rhône; 8600 h.

CHÂTEAUNEUF-SUR-CHARENTE (16120), ch.-l. de c. de la Charente; 3503 h. Église en partie romane.

CHÂTEAUNEUF-SUR-CHER (18190), ch.-l. de c. du Cher; 1736 h. Château des XVe-XVIIIe s.

CHÂTEAUNEUF-SUR-LOIRE (45110), ch.-l. de c. du Loiret; 5658 h. *(Castelneuviens).* Vestiges et parc d'un château du XVIIIe s.

CHÂTEAUNEUF-SUR-SARTHE (49330), ch.-l. de c. de Maine-et-Loire, sur la Sarthe; 2061 h.

CHÂTEAUPONSAC (87290), ch.-l. de c. de la Haute-Vienne; 2923 h. Machines agricoles. Porcelaines.

CHÂTEAU-PORCIEN (08300 Rethel), ch.-l. de c. des Ardennes, sur l'Aisne; 1156 h. *(Porcéannais).*

CHÂTEAURENARD (13160), ch.-l. de c. des Bouches-du-Rhône; 11027 h. Grand marché de fruits et légumes.

CHÂTEAURENARD (45220), ch.-l. de c. du Loiret; 2179 h. Pétrole.

CHÂTEAU-RENAULT (37110), ch.-l. de c. d'Indre-et-Loire, sur la Brenne; 6048 h. *(Renaudins).* Ruines d'un château fort.

CHÂTEAUROUX (36000), ch.-l. du dép. de l'Indre, sur l'Indre, à 251 km au sud de Paris; 55629 h. *(Castelroussins).* Musée Bertrand. Grande forêt. Centre ferroviaire et industriel (tabac, constructions mécaniques, confection).

CHÂTEAUROUX (Marie Anne DE MAILLY-NESLE, *duchesse* DE), une des favorites de Louis XV, née à Paris (1717-1744).

CHÂTEAU-SALINS (57170), ch.-l. d'arr. de la Moselle, sur la Petite Seille; 2715 h. *(Castelsalinois).*

CHÂTEAU-THIERRY (02400), ch.-l. d'arr. de l'Aisne, sur la Marne; 13856 h. *(Castrothéodoriciens).* Église des XVe-XVIe s. Maison natale de La Fontaine. Biscuiterie. — Objectif atteint par l'attaque allemande du Chemin des Dames en mai 1918.

CHÂTEAUVILLAIN (52120), ch.-l. de c. de la Haute-Marne; 1604 h. *(Castelvillanois).*

Château-Yquem [-kɛm], vignoble bordelais du pays de Sauternes. Vins blancs célèbres.

CHATEILLON (Sébastien) → CASTELLION.

CHÂTEL (74390), comm. de la Haute-Savoie; 848 h. Sports d'hiver (alt. 1200-2100 m).

CHÂTEL (DU) → DUCHÂTEL.

CHÂTEL (Jean) [1575-1594], fanatique qui tenta d'assassiner Henri IV peu après son entrée à Paris. Il fut écartelé.

CHÂTELAILLON-PLAGE (17340), comm. de la Charente-Maritime; 5374 h. Station balnéaire. Ostréiculture.

CHÂTELARD (Le) (73630), ch.-l. de c. de la Savoie; 569 h. Château en ruine. Station d'altitude (757 m).

CHÂTELAUDREN [ʃatəlodrɛ̃] (22170), ch.-l. de c. des Côtes-du-Nord; 1047 h.

CHÂTELDON (63290 Puy Guillaume), ch.-l. de c. du Puy-de-Dôme; 953 h. Monuments médiévaux.

CHÂTELET, v. de Belgique (Hainaut), sur la Sambre; 39300 h. Métallurgie.

CHÂTELET (Le) (18170), ch.-l. de c. du Cher; 1349 h.

CHÂTELET (Émilie LE TONNELIER DE BRETEUIL, *marquise* DU), née à Paris (1706-1749), amie et inspiratrice de Voltaire, qu'elle accueillit dans son château de Cirey.

Châtelet, nom donné à deux forteresses de Paris, le *Grand* et le *Petit Châtelet.* Le premier, démoli en 1802, était situé sur la rive droite de la Seine, en face du Pont-au-Change. C'était le siège de la juridiction criminelle de la vicomté et prévôté de Paris. Le second, sur la rive gauche, en face du Petit-Pont, servait de prison; il fut démoli en 1782.

CHÂTELET-EN-BRIE (Le) (77820), ch.-l. de c. de Seine-et-Marne; 2195 h.

CHÂTELGUYON [-gɥijɔ̃] (63140), comm. du Puy-de-Dôme; 3697 h. Station thermale.

CHÂTELLERAULT (86100), ch.-l. d'arr. de la Vienne, sur la Vienne; 38282 h. *(Châtelleraudais).* Monuments divers et maison de Descartes (musée). Constructions mécaniques et électriques. Caoutchouc.

CHÂTELPERRON (03220 Jaligny sur Besbre), comm. de l'Allier; 250 h. Grotte préhistorique, éponyme d'un faciès culturel du paléolithique supérieur.

CHÂTEL-SUR-MOSELLE (88330), ch.-l. de c. des Vosges; 1621 h.

CHÂTELUS-MALVALEIX (23270), ch.-l. de c. de la Creuse; 641 h.

CHÂTENAY-MALABRY (92290), comm. des Hauts-de-Seine, dans la banlieue sud de Paris; 30507 h. Cité résidentielle. Siège de l'École centrale.

CHÂTENOIS (88170), ch.-l. de c. des Vosges; 2112 h. Mobilier.

CHÂTENOIS-LES-FORGES (90700), ch.-l. de c. du Territoire de Belfort; 2706 h.

CHATHAM, v. du Canada (Ontario); 38685 h.

CHATHAM (îles), archipel néo-zélandais d'Océanie, à l'est de la Nouvelle-Zélande.

CHATHAM (comtes DE) → PITT.

CHÂTILLON (92320) ou **CHÂTILLON-SOUS-BAGNEUX,** ch.-l. de c. des Hauts-de-Seine, au sud de Paris; 26619 h. *(Châtillonnais).* Construction aéronautique.

CHÂTILLON-COLIGNY (45230), ch.-l. de c. du Loiret, sur le Loing; 1766 h. Restes du château (XIIe-XVIe s.).

CHÂTILLON-EN-BAZOIS (58110), ch.-l. de c. de la Nièvre; 1151 h.

CHÂTILLON-EN-DIOIS (26410), ch.-l. de c. de la Drôme; 505 h.

CHÂTILLON-SUR-CHALARONNE (01400),

ch.-l. de c. de l'Ain; 3432 h. Saint Vincent de Paul en a été curé. Produits pharmaceutiques.

CHÂTILLON-SUR-INDRE (36700), ch.-l. de c. de l'Indre; 3650 h. Église des XIe-XIIe s.

CHÂTILLON-SUR-LOIRE (45360), ch.-l. de c. du Loiret; 2431 h.

CHÂTILLON-SUR-MARNE (51700 Dormans), ch.-l. de c. de la Marne; 918 h.

CHÂTILLON-SUR-SEINE (21400), ch.-l. de c. de la Côte-d'Or; 7931 h. *(Châtillonnais).* Belles églises et maisons anciennes. Musée (trésor de Vix). Siège, pendant la campagne de France de 1814, d'une vaine tentative de négociations entre Napoléon et ses adversaires. Près de la ville, à Nod, en septembre 1944, s'effectua la jonction entre les forces alliées débarquées de Provence et celles qui venaient de Normandie.

Châtiments (les), recueil de poésies composées après le 2 décembre 1851 par Victor Hugo, proscrit, et publiées en 1853. C'est une satire violente de Napoléon III.

CHATOU (78400), ch.-l. de c. des Yvelines, sur la Seine; 25576 h. *(Catoviens).* Produits pharmaceutiques. Laboratoire national d'hydraulique.

CHÂTRE (La) (36400), ch.-l. d'arr. de l'Indre, sur l'Indre; 5218 h. *(Castrais).* Marché. Industrie textile.

CHATRIAN → ERCKMANN-CHATRIAN.

CHATT AL-'ARAB, fl. d'Iraq, formé par la réunion du Tigre et de l'Euphrate; 200 km. Il passe à Bassora et jette dans le golfe Persique. Grande palmeraie sur ses rives.

CHATTANOOGA, v. des États-Unis (Tennessee), dans les Appalaches; 119000 h. Victoire des fédéraux sur les sudistes (1863).

CHATTERJI → CATTERJI.

CHATTERTON (Thomas), poète anglais, né à Bristol (1752-1770). Il publia en 1768 des poèmes imités du Moyen Âge, mais, tombé dans la misère, il s'empoisonna. Ses malheurs ont inspiré à Vigny une des trois parties de *Stello,* ainsi que le drame de *Chatterton* (1835).

CHAUCER (Geoffrey), poète anglais, né à Londres (v. 1340-1400). Il traduisit le *Roman de la rose* et imita les poètes italiens. Ses *Contes* de Cantorbéry* ont contribué à fixer la grammaire et la langue anglaises.

CHAUDES-AIGUES (15110), ch.-l. de c. du Cantal; 1383 h. *(Caldaguès).* Eaux thermales, de 57 à 81 ºC (les plus chaudes d'Europe). Église en partie du XVe s.

CHAUDET (Denis Antoine), sculpteur français, né à Paris (1763-1810). l'un des principaux représentants du néoclassicisme.

CHAUDIÈRE (la), riv. du Canada (Québec), affl. du Saint-Laurent (r. dr.); 192 km.

CHAUFFAILLES (71170), ch.-l. de c. de Saône-et-Loire; 5002 h. Industries mécaniques et textiles.

CHAULNES (80320), ch.-l. de c. de la Somme; 1565 h.

CHAUMERGY (39230 Sellières), ch.-l. de c. du Jura; 377 h.

CHAUMETTE (Pierre Gaspard), révolutionnaire français, né à Nevers (1763-1794). Procureur-syndic de la commune de Paris en 1792, il fut l'un des instigateurs du *culte de la Raison.* Arrêté avec Hébert, il fut guillotiné.

CHAUMONT (52000), ch.-l. de la Haute-Marne, sur la Marne, à 252 km au sud-est de Paris; 29329 h. *(Chaumontais).* Anc. place forte. Église des XIIIe-XVIe s. Constructions mécaniques. Ganterie. Un traité y fut conclu en 1814 entre les Alliés, préfigurant la Quadruple-Alliance de 1815.

Chaumont (Buttes-), parc de Paris aménagé en 1867 sur les hauteurs qui avaient servi en 1814 à la défense de Paris. Sites pittoresques.

CHAUMONT-EN-VEXIN (60240), ch.-l. de c. de l'Oise; 2027 h.

CHAUMONT-PORCIEN (08220), ch.-l. de c. des Ardennes; 569 h.

CHAUMONT-SUR-LOIRE (41150 Onzain), comm. de Loir-et-Cher; 793 h. Château reconstruit de 1465 à 1510.

CHAUNY (02300), ch.-l. de c. de l'Aisne, sur l'Oise et le canal de Saint-Quentin; 14 937 h. (*Chaunois*). Métallurgie. Produits chimiques.

CHAUSEY (*îles*), groupe d'îlots situés au large du Cotentin, dépendant de la comm. de Granville (Manche).

Chaussée des Géants, site du nord de l'Irlande, formé de colonnes basaltiques érodées par la mer.

CHAUSSIN (39120), ch.-l. de c. du Jura; 1 274 h.

CHAUSSON (Ernest), compositeur français, né à Paris (1855-1899), auteur du *Roi Arthus*, du *Concert*, de mélodies (*Chanson perpétuelle*), d'un *Poème* pour violon et orchestre.

CHAUTEMPS (Camille), homme politique français, né à Paris (1885-1963). Député radical-socialiste, il fut plusieurs fois président du Conseil (1930, 1933-34, 1937-38).

CHAUVEAU (Pierre Joseph Olivier), écrivain et homme politique canadien, né à Québec (1820-1890), Premier ministre du Québec (1867-1873).

CHAUVEAU-LAGARDE (Claude), avocat français, né à Chartres (1756-1841), défenseur de Marie-Antoinette, de Madame Élisabeth, de Charlotte Corday.

CHAUVELIN (Germain Louis DE), homme d'État français, né à Paris (1685-1762). Il engagea la France dans la guerre de la Succession de Pologne et fut exilé par le cardinal Fleury en 1737.

CHAUVIGNY (86300), ch.-l. de c. de la Vienne, sur la Vienne; 6 845 h. Anc. place forte. Églises romanes. Porcelaine.

CHAUVIRÉ (Yvette), danseuse française, née à Paris en 1917, brillante interprète de *Giselle*, *le Cygne*, *Roméo et Juliette*. Ayant quitté la scène (1972), elle se consacre à l'enseignement.

CHAUX (*forêt de la*), massif forestier du Jura, entre le Doubs et la Loue.

CHAUX-DE-FONDS (La), v. de Suisse (Neuchâtel); 42 347 h. Centre de l'industrie horlogère.

CHAVAL (Yvan LE LOUARN, dit), dessinateur d'humour français, né à Bordeaux (1915-1968). Usant d'un graphisme incisif et de gags percutants, il a dressé, en misanthrope tendre, un constat de la bêtise, de l'absurde et de l'aliénation.

CHAVANGES (10330), ch.-l. de c. de l'Aube; 721 h.

CHAVILLE (92370), ch.-l. de c. des Hauts-de-Seine, au sud-ouest de Paris; 19 145 h. (*Chavillois*).

CHAVÍN DE HUANTAR, site archéologique dans le nord du Pérou, éponyme de la première des hautes cultures andines (IXᵉ-IIIᵉ s. av. J.-C.), au large rayonnement économique et artistique (thème du félin). Ruines en granite d'un vaste complexe sacrificiel.

CHAZELLES-SUR-LYON (42140), ch.-l. de c. de la Loire; 5 387 h. Anc. centre de la chapellerie.

CHEDDE, localité de Haute-Savoie (comm. de Passy). Électrométallurgie.

CHEF-BOUTONNE (79110), ch.-l. de c. des Deux-Sèvres; 2 704 h.

CHEHAB (Fouad), homme politique libanais, né à Ghazir (1903-1973), président de la République libanaise de 1958 à 1964.

Che-ki ou **Shiji,** grande compilation historique chinoise du IIᵉ s. av. J.-C., qui a servi de modèle aux *Histoires dynastiques* de la Chine.

CHE-KIA-TCHOUANG ou **SHI-JIAZHU-ANG,** v. de Chine (Ho-pei), au sud-ouest de Pékin; 598 000 h. Textile.

Che-king ou **Shijing,** un des cinq «classiques» chinois : anthologie de l'ancienne poésie chinoise, rassemblant des chansons d'amour et des hymnes religieux.

CHÉLIF (le), le plus long fl. d'Algérie, tributaire de la Méditerranée; 700 km.

CHELIFF (Ech-) ou **CHLEF,** anc. Orléansville et El-Asnam, v. d'Algérie, ch.-l. de wilaya;

70 000 h. La ville a été très endommagée par les séismes de 1954 et de 1980.

CHELLES, (41700 Contres), comm. de Seine-et-Marne, sur la Marne; 36 576 h. (*Chellois*). Souvenirs d'une anc. abbaye. Station préhistorique du paléolithique (industrie abbevillienne).

CHELSEA, quartier de l'ouest de Londres, sur la Tamise. Au XVIIIᵉ s., manufacture de porcelaine.

CHELTENHAM, v. d'Angleterre; 75 000 h. Station thermale.

CHÉMERY (41700 Contres), comm. de Loir-et-Cher; 1 021 h. Réservoir souterrain de gaz naturel.

CHEMILLÉ (49120), ch.-l. de c. de Maine-et-Loire; 5 128 h. Anc. église romane.

CHEMIN (39120 Chaussin), ch.-l. de c. du Jura; 294 h.

Chemin des Dames (le), route courant sur les crêtes entre l'Aisne et l'Ailette. Théâtre de violentes batailles en 1917 (offensive Nivelle) et 1918 (percée allemande sur Château-Thierry).

CHEMNITZ → KARL-MARX-STADT.

CHEMULPO → INCHON.

CHENAB (la), l'une des cinq grandes rivières du Pendjab; 1 210 km.

CHENARD (Ernest), industriel français, né à Nanterre (1861-1922). Pionnier de l'industrie automobile, il fut le premier à réaliser des carrosseries profilées.

CHÊNEDOLLÉ (Charles LIOULT DE), poète français, né à Vire (1769-1833), auteur d'un poème philosophique (*le Génie de l'homme*).

CHÉNÉRAILLES (23130), ch.-l. de c. de la Creuse; 687 h.

CHENGDU → TCH'ENG-TOU.

CHÉNIER (André DE), poète français, né à Constantinople (1762-1794). Mêlé d'abord au mouvement révolutionnaire, il protesta ensuite contre les excès de la Terreur et mourut sur l'échafaud. Admirateur de la poésie grecque mais également de la philosophie moderne, il voulut concilier dans son œuvre cette double inspiration. Lyrique élégiaque (*la Jeune Captive*), il a donné avec les *Iambes* un des chefs-d'œuvre de la poésie politique. — Son frère MARIE-JOSEPH, né à Constantinople (1764-1811), est l'auteur de la tragédie *Charles IX ou l'École des rois* et des paroles du *Chant du départ*. Il fut membre de la Convention. (Acad. fr.)

CHENNEVIÈRES-SUR-MARNE (94430), ch.-l. de c. du Val-de-Marne, au sud-est de Paris; 17 571 h.

CHENONCEAUX (37150 Bléré), comm. d'Indre-et-Loire, sur le Cher; 316 h. Élégant château dont une aile formant pont sur le Cher (v. 1515 - v. 1580).

CHENÔVE (21300), ch.-l. de c. de la Côte-d'Or, banlieue de Dijon; 21 548 h.

CHEN-SI ou **SHĀNXI,** prov. de la Chine du Nord, dans la boucle du Houang-ho; 190 000 km². Cap. *Si-ngan.* Houille.

CHEN TCHEOU ou **SHEN ZHOU,** peintre chinois (1427-1509), le plus important de l'école Wou, celle des amateurs lettrés de Sou-tcheou. Contrairement à l'éclectisme conventionnel ultérieur, son œuvre est une interprétation féconde des maîtres du passé.

CHENU (Marie Dominique), dominicain et théologien français, né à Soisy-sur-Seine en 1895. Ses travaux les plus importants portent sur la théologie médiévale et le thomisme.

CHEN-YANG ou **SHENYANG,** anc. Moukden, v. de la Chine du Nord-Est, cap. du Leaoning; 3 200 000 h. Centre industriel. Victoire des Japonais sur les Russes (1905).

CHÉOPS → KHÉOPS.

CHÉPHREN → KHÉPHREN.

CHER (le), riv. née dans la Combraille. Il passe à Montluçon, Vierzon, Tours et rejoint la Loire (r. g.); 320 km.

CHER (*dép. du*) [18], dép. de la Région Centre; ch.-l. de dép. *Bourges*; ch.-l. d'arr. *Saint-Amand-Montrond*; 2 arr., 33 cant., 290 comm.; 7 228 km²; 316 350 h. Le dép. est rattaché à

Cherbourg

l'académie d'Orléans-Tours, à la circonscription judiciaire et à la province ecclésiastique de Bourges, à la région militaire de Paris. S'étendant sur la majeure partie du Berry et sur une partie de la Sologne, le dép. se consacre aux cultures du blé (Champagne berrichonne) et de la vigne (Sancerrois), ainsi qu'à l'élevage bovin (Boischaut, vallée de Germigny). L'industrie (métallurgie surtout) est de tradition ancienne à Bourges et à Vierzon.

V. carte page suivante

CHERBOURG (50100), ch.-l. d'arr. de la Manche, port militaire sur la Manche, fermé par une longue digue; 34 637 h. (*Cherbourgeois*). Musée de peinture. Constructions électriques et mécaniques. Siège d'un arsenal (construction de sous-marins) et de l'École d'application militaire de l'énergie nucléaire. Enjeu de violents combats lors de sa libération en 1944.

CHERBULIEZ [-lje] (Victor), romancier et critique français d'origine suisse, né à Genève (1829-1899), auteur de romans et d'essais politiques. (Acad. fr.)

CHERCHELL, v. d'Algérie, sur la Méditerranée, à l'emplacement de l'antique *Césarée de Mauritanie*; 18 000 h. Ruines; musée d'antiques.

CHÉREAU (Patrice), metteur en scène français, né à Lézigné (Maine-et-Loire) en 1944, directeur depuis 1972, avec Roger Planchon et Robert Gilbert, du Théâtre national populaire.

CHÉRET (Jules), dessinateur et peintre français, né à Paris (1836-1932). Grâce à la chromolithographie, il a, durant le dernier tiers du XIXᵉ s., lancé la production des affiches en couleurs de grand format, leur donnant un style enlevé et pétillant. Il est bien représenté au musée Jules-Chéret, à Nice.

CHEROKEES, Indiens des États-Unis (Oklahoma).

CHÉRONÉE [-ke-], v. de Béotie, où Philippe de Macédoine vainquit les Athéniens et les Thébains en 338 av. J.-C., et où Sulla battit les troupes de Mithridate VI en 86 av. J.-C.

CHÉROY (89690), ch.-l. de c. de l'Yonne; 763 h.

CHERRAPUNJI ou **TCHERRAPOUNDJI,** localité de l'Inde (Assam), l'une des stations les plus arrosées du globe (plus de 12 m de précipitations par an).

CHERSONÈSE [ker-] (du gr. *khersos*, continent, et *nêsos*, île), nom que les Grecs donnaient à plusieurs péninsules, dont les deux plus célèbres sont : la *Chersonèse de Thrace* (auj. presqu'île de Gallipoli) et la *Chersonèse Taurique* (auj. la Crimée).

Chérubin, personnage du *Mariage de Figaro*, de Beaumarchais; type de l'adolescent qui s'éveille à l'amour.

CHERUBINI (Luigi), compositeur italien, né à Florence (1760-1842). Il se fit naturaliser français et dirigea le Conservatoire de Paris. On lui doit des œuvres religieuses (messes), des opéras (*Médée*), des sonates et des quatuors.

CHÉRUSQUES, anc. peuple de Germanie, dont le chef Arminius battit les Romains (9 apr. J.-C.) avant d'être vaincu par Germanicus (16).

CHESAPEAKE, baie des États-Unis (Maryland et Virginie), sur l'Atlantique, franchie par un système de ponts et de tunnels, et sur laquelle est établie Baltimore.

CHESELDEN (William), chirurgien anglais, né à Somerby (1688-1752), resté célèbre pour son intervention sur un aveugle-né.

CHESHIRE, comté du nord-ouest de l'Angleterre. Ch.-l. *Chester.*

CHESNAY [[ʃɛnɛ] **(Le)** [78150], ch.-l. de c. des Yvelines, banlieue de Versailles; 24 825 h.

CHESNE (Le) [08390], anc. **Le Chêne-Populeux,** ch.-l. de c. des Ardennes; 1 047 h. Près de là se trouve le défilé que Dumouriez occupa en 1792.

CHESTER, v. d'Angleterre, ch.-l. du *Cheshire;* 61 000 h. Murailles d'origine romaine et quartiers médiévaux. Dans la région, fromages renommés.

CHESTERFIELD (Philip STANHOPE, *comte* DE), homme d'État et écrivain anglais, né à Londres (1694-1773), ami de Montesquieu et auteur des *Letters to His Son* (1774).

CHESTERTON (Gilbert Keith), écrivain anglais, né à Londres (1874-1936), romancier satirique et humoriste, et auteur de nouvelles policières *(Histoires du Père Brown).*

CHE T'AO ou **SHI TAO,** peintre, calligraphe, poète et théoricien chinois (actif dans la seconde moitié du XVIIe s. et au début du XVIIIe s.). Le plus inventif des « individualistes » du début de l'époque Ts'ing.

CHEURFAS → CHORFAS.

CHEVAGNES (03230), ch.-l. de c. de l'Allier; 711 h.

CHEVAL (Ferdinand) → PALAIS IDÉAL *(le).*

CHEVALIER (Michel), économiste français, né à Limoges (1806-1879), saint-simonien, libre-échangiste.

CHEVALIER (Maurice), chanteur de variétés et artiste de cinéma français, né à Paris (1888-1972).

Chevalier au lion *(le)* → YVAIN.

Cheverny *(château de),* château de Loir-et-Cher, au sud-est de Blois, édifice homogène de la première moitié du XVIIe s., avec peintures de Jean Mosnier, de Blois, et tapisseries de Vouet.

CHEVERT (François DE), général français, né à Verdun (1695-1769). Il se distingua pendant la

Maurice **Chevalier,** dans *Aimez-moi ce soir* (1932), de R. Mamoulian

Paramount (coll. J.-L. Passek)

guerre de la Succession d'Autriche. En 1757, il décida de la victoire de Hastenbeck.

CHEVIGNY-SAINT-SAUVEUR (21800 Quetigny), comm. de la Côte-d'Or; 5 647 h.

CHEVILLON (52170), ch.-l. de c. de la Haute-Marne; 1 532 h.

CHEVILLY-LARUE (94150 Rungis), comm. du Val-de-Marne, au sud de Paris; 17 867 h. Parfums.

CHEVIOT, hautes collines de Grande-Bretagne, aux confins de l'Angleterre et de l'Écosse; 810 m au *mont Cheviot.* Élevage de moutons.

CHEVIRÉ *(île),* anc. île de la Loire, faubourg de Nantes. Centrale thermique.

CHEVOTET (Jean Michel), architecte français, né à Paris (1698-1772), auteur, notamment, du château de Champlâtreux (Val-d'Oise) et de ses jardins.

CHÈVRE (la), la cinquième des étoiles les plus brillantes du ciel.

CHEVREUL (Eugène), chimiste français, né à Angers (1786-1889). On lui doit l'analyse des corps gras et la découverte des bougies stéariques, ainsi qu'une théorie des couleurs.

CHEVREUSE (78460), ch.-l. de c. des Yvelines, sur l'Yvette; 4 198 h. *(Chevrotins).* Ruines d'un château des XIIe-XVe s. — Dans la *vallée de Chevreuse,* sites très pittoresques.

CHEVREUSE (Marie DE ROHAN-MONTBAZON, *duchesse* DE) [1600-1679]. Veuve d'Albert de Luynes, elle épousa Claude de Lorraine, duc de Chevreuse. Elle joua un rôle important pendant la Fronde et dans les complots contre Mazarin.

CHEVREUSE (Charles Honoré D'ALBERT, *duc* DE LUYNES, DE CHAULNES et DE), gouverneur de Guyenne, l'un des esprits les plus distingués de son temps (1646-1712). Il était gendre de Colbert et ami de Fénelon.

CHEVTCHENKO, localité de l'U.R.S.S. (Kazakhstan), sur la Caspienne. Centrale nucléaire surrégénératrice.

CHEVTCHENKO (Tarass), poète ukrainien, né à Morintsy (1814-1861), animateur des idées démocratiques dans son pays et créateur de la littérature nationale ukrainienne.

CHEYENNE, v. des États-Unis, cap. du Wyoming; 41 000 h.

CHEYENNES, Indiens de l'Amérique du Nord (Montana, Oklahoma).

CHEYLARD (Le) [07160], ch.-l. de c. de l'Ardèche; 4 559 h.

CHEYLAS (Le) [38570 Goncelin], comm. de l'Isère; 1 178 h. Centrale hydroélectrique.

CHEYNEY (Peter SOUTHOUSE-CHEYNEY, dit **Peter**), écrivain anglais, né à Londres (1896-1951). Ses romans policiers remplacèrent le détective traditionnel par un type d'aventurier séducteur et brutal.

CHÈZE (La) [22210 Plémet], ch.-l. de c. des Côtes-du-Nord; 606 h.

CHIANGMAI ou **CHIENGMAI,** v. de Thaïlande; 82 000 h. Monuments anciens. Musée.

Chicago

Vautier-De Nanxe

CHER

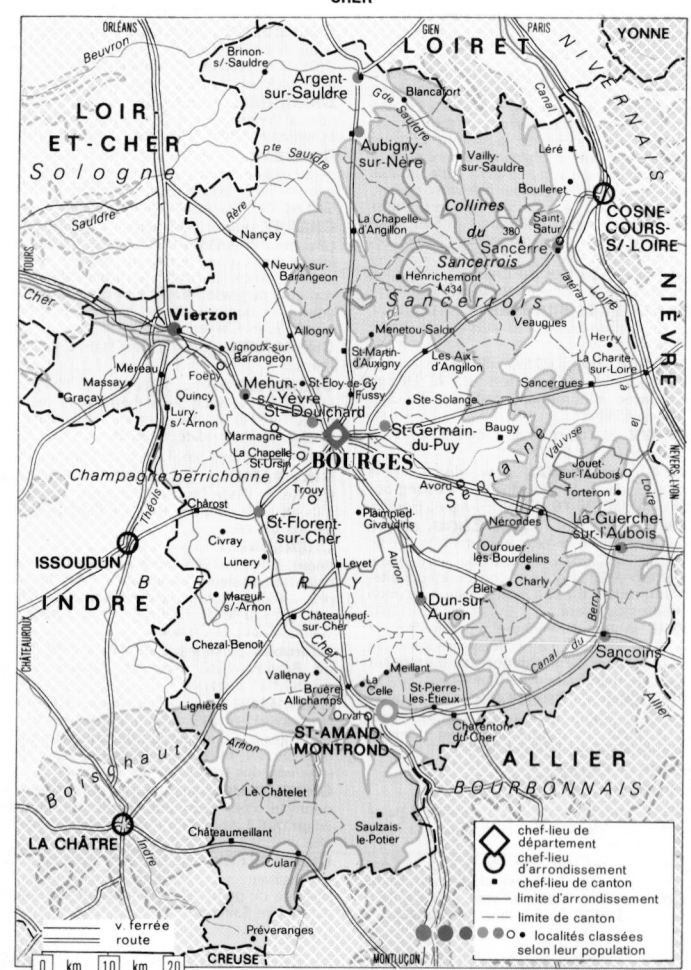

CHIANTI [kjā-], région de collines d'Italie (Toscane, prov. de Sienne). Vins réputés.

CHIAPAS, État du Mexique, sur le Pacifique.

CHIASSO [kjaso], comm. de Suisse (Tessin); 8 868 h. Gare, à la frontière italienne, sur la ligne du Saint-Gothard.

CHIBA, port du Japon (Honshū); 482 000 h.

CHIBCHAS, anc. peuple de l'Amérique du Sud, localisé principalement dans l'actuelle Colombie, dont la civilisation fut détruite au XVIe s. par les Espagnols.

CHIBOUGAMAU, v. du Canada (Québec), près du *lac Chibougamau*; 10 536 h. Cuivre.

CHICAGO, v. des États-Unis (Illinois), dans la région des Grands Lacs, sur le lac Michigan; 3 367 000 h. (7 millions pour l'agglomération). Chicago devint au XIXe s. le plus important centre de communications et le plus vaste marché de l'Union (céréales, bétail). C'est un port actif et un grand centre industriel (sidérurgie, constructions mécaniques, industries alimentaires). Foyer de l'architecture moderne v. 1880-1900 et à l'époque contemporaine. Grands musées (art, science).

CHICHÉN ITZÁ, cité maya (Mexique, nord du Yucatán), abandonnée dans la première moitié du XIIIe s., où traditions architecturales mayas et toltèques sont associées.

V. ill. frontispice

CHICHESTER, v. d'Angleterre, près de la Manche; 21 000 h. Grande cathédrale (chœur gothique de la fin du XIIe s.).

CHICLAYO, v. du Pérou, près du Pacifique; 299 000 h.

CHICOUTIMI, v. du Canada (Québec), au confluent de la rivière *Chicoutimi* et du Saguenay; 57 737 h.

CHIEN (Grand), constellation de l'hémisphère austral, qui possède l'étoile la plus brillante du ciel, *Sirius.* — **Petit Chien,** constellation de l'hémisphère boréal.

CHIERS [ʃjɛr] (la), riv. de Lorraine, affl. de la Meuse (r. dr.). Née au Luxembourg, elle passe, en France, à Longwy et à Montmédy.

CHIÉTI, v. d'Italie (Abruzzes); 53 000 h. Musée d'archéologie.

CHIGI, famille italienne, dont les plus illustres représentants furent : AGOSTINO, banquier et mécène, né à Sienne (1465-1520), qui fit construire la « villa Farnésine* »; — FABIO, pape sous le nom d'Alexandre VII, auquel appartint le célèbre *palais Chigi* à Rome (construit au XVIe s.).

CHIHUAHUA, v. du Mexique septentrional; 346 000 h. Centre minier.

CHIKAMATSU MONZAEMON (NOBUMORI SUGIMORI, dit), auteur dramatique japonais, né à Kyōto (1653-1724). Il écrivit pour le théâtre de marionnettes *(bunraku)* près de 170 pièces, qui se divisent en drames historiques *(les Batailles de Coxinga)* et bourgeois *(Double Suicide par amour à Sonezaki).*

CHILDE (Vere Gordon), préhistorien britannique, né à Sydney (Australie) [1892-1957], connu pour ses travaux sur l'économie et sur les courants culturels du IIIe et du IIe millénaire.

CHILDEBERT Ier, fils de Clovis et de Clotilde (m. en 558), roi franc de Paris (511-558). — CHILDEBERT II (570-595), roi d'Austrasie (575-596), de Bourgogne et d'Orléans (593-595), fils de Sigebert Ier et de Brunehaut. Sous son règne fut signé le traité d'Andelot. — CHILDEBERT III (683-711), fils de Thierry III. Il régna sur le royaume franc de 695 à 711, sous la tutelle de Pépin de Herstal.

Childe Harold (le *Pèlerinage de*), poème en quatre chants, de Byron : impressions d'un voyageur romantique mêlées à l'expression de l'insatisfaction d'une âme inquiète (1812-1818). Lamartine lui donna une suite avec le *Dernier Chant de Childe Harold* (1825).

CHILDÉRIC Ier (v. 436-481), roi des Francs Saliens (457-481), fils de Mérovée et père de Clovis. — CHILDÉRIC II (650-675), roi d'Austrasie

(662-675), fils de Clovis II et de Bathilde. — CHILDÉRIC III (m. en 754), dernier roi mérovingien (743-751), fils de Chilpéric II. Pépin le Bref le déposa.

CHILI, république de l'Amérique du Sud; 750 000 km²; 11 100 000 h. *(Chiliens).* Cap. *Santiago.* Langue : *espagnol.*

GÉOGRAPHIE

Étiré sur plus de 4 000 km du nord au sud, large seulement de 100 à 200 km en moyenne, le Chili est formé d'une dépression centrale discontinue, entre les Andes proprement dites, à l'est, et une chaîne côtière, à l'ouest. L'extension en latitude explique en partie la succession des climats et des paysages végétaux : désert de l'Atacama au nord; climat méditerranéen de la région de Santiago, océanique vers Osorno, froid et humide plus au sud, où la forêt disparaît progressivement. La variété du climat permet la diversité des cultures et de l'élevage : blé et vigne dans le Centre; pomme de terre et élevage, bovin principalement, dans le Sud. Mais l'économie repose toujours sur l'exploitation du sous-sol : fer et surtout cuivre du Nord et du Centre. Toutefois, malgré le percement du canal de Panamá, et la construction du chemin de fer transandin, qui a sorti le pays de son isolement, l'industrialisation n'a guère dépassé le stade de la métallurgie primaire. La structure du commerce (importation d'articles manufacturés, exportation de produits miniers) marque le sous-développement d'un pays, dont la population se groupe dans la vallée centrale (en particulier dans l'agglomération de Santiago).

HISTOIRE

— 1541 : fondation de Santiago par Pedro de Valdivia. Les Araucans luttèrent pendant trois siècles contre la présence espagnole.

— 1811 : formation d'une junte patriotique à Santiago. Lutte contre les Espagnols.

— 1814 : victoire espagnole de Rancagua, malgré la résistance héroïque de Bernardo O'Higgins.

— 1817 : victoire sur les Espagnols de San Martín et d'O'Higgins à Chacabuco; O'Higgins « directeur suprême » du Chili.

— 1818 : victoire décisive de Maipú.

— 1823 : fin de la dictature d'O'Higgins. Début d'une décennie d'anarchie.

— 1833 : Constitution républicaine, qui ramène la paix intérieure.

— 1830-1871 : les conservateurs au pouvoir.

— 1839 : victoire de Yungay, qui met fin aux visées boliviennes sur le Chili.

— 1871-1891 : une coalition de libéraux et de radicaux au pouvoir.

— 1880-1883 : guerre du Pacifique contre la Bolivie et le Pérou; vainqueur, le Chili enlève toute façade maritime à la Bolivie et devient la première puissance du Pacifique sud.

— 1891 : guerre civile qui met fin au régime dictatorial et ouvre une longue période de régime parlementaire.

— 1920-1924 : présidence d'Arturo Alessandri favorable aux réformes sociales.

— 1925 : révolution qui amène au pouvoir une junte militaire.

— 1927-1931 : présidence de Carlos Ibáñez, premier chef d'État populaire du continent.

— 1938-1948 : gouvernement de Front populaire.

— 1958-1963 : présidence de Jorge Alessandri, représentant de l'oligarchie.

— 1964-1970 : présidence du démocrate-chrétien Eduardo Frei, qui introduit d'importantes réformes économiques et sociales.

— 1970-1973 : présidence de Salvador Allende, chef d'un nouveau Front populaire. Politique de nationalisations.

— 1973 : une junte militaire élimine S. Allende, fait du général Augusto Pinochet le « chef suprême de la nation » et instaure un régime d'exception.

— 1974 : Pinochet, président de la République.

— 1980 : nouvelle Constitution.

Chillon, château fort de Suisse (XIIIe s.) sur le lac Léman, près de Montreux. Le patriote genevois Bonivard y fut enfermé.

courbes : 200 500 1000 3000 m

L'ART DE
LA CHINE ANCIENNE

Aiguière tripode de type « kouei ».
Poterie rouge provenant du Chang-tong.
Culture néolithique de Long-chan
(2400-1850 av. J.-C.).
[Rép. pop. de Chine.]

Terre cuite funéraire.
Époque des Han orientaux (23-220 apr. J.-C.).
[Musée Cernuschi, Paris.]

Conversation mystique des Bouddhas
Sâkyamuni et Prabhûtaratna.
Bronze doré daté de 518,
dynastie des Wei du Nord.
(Musée Guimet, Paris.)

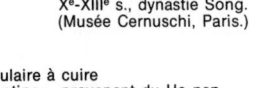

Verseuse en porcelaine blanc bleuté.
Xe-XIIIe s., dynastie Song.
(Musée Cernuschi, Paris.)

Vase rectangulaire à cuire
de type « Fangting », provenant du Ho-nan.
Bronze, v. XIe s.,
dynastie Chang.

Peinture sur soie de Ma Yuan.
Début du XIIIe s.
(Museum of Fine Arts, Boston.)

CHILLY-MAZARIN (91380), ch.-l. de c. de l'Essonne; 16 237 h. *(Chiroquois).*

CHILOÉ, île du Chili méridional.

CHILON, homme d'État de Sparte, un des Sept Sages de la Grèce (VIe s. av. J.-C.).

CHILPÉRIC Ier (539-584), roi de Soissons (561-584), fils de Clotaire Ier et époux de Frédégonde, assassiné à Chelles. — CHILPÉRIC II (670-721), roi de Neustrie (715-721).

CHIMAY, v. de Belgique (Hainaut); 9 200 h. Berceau d'une famille princière.

CHIMBORAZO, volcan éteint des Andes (Équateur); 6 272 m.

CHIMBOTE, port du Pérou septentrional; 103 000 h. Aciérie. Pêche.

Chimène, héroïne du *Cid,* de Corneille. Elle ne cesse d'aimer Rodrigue, meurtrier de son père, tout en réclamant sa tête pour satisfaire aux règles de l'honneur.

CHIMÈRE (la). *Myth. gr.* Monstre fabuleux tenant de la chèvre et du lion, souvent représenté dans l'art grec.

CHIMÚS, peuple ancien du Pérou, qui, sur la côte nord, prit, v. 1200, la succession des Mochicas*. Florissant au XIVe s., avec Chanchán* pour centre, leur empire fut soumis par les Incas (v. 1470). Artisans habiles, les Chimús ont produit nombre d'objets utilitaires, et maîtrisé les techniques de l'orfèvrerie.

CHINARD (Joseph), sculpteur français, né à Lyon (1756-1813), portraitiste de la famille Bonaparte et auteur du buste de Mme Récamier du musée de Lyon (marbre, v. 1802).

CHINDWIN (le), riv. de Birmanie, principal affl. de l'Irrawaddy (r. dr.); 800 km.

CHINE *(république populaire de),* État de l'Asie orientale; 9 550 000 km²; 950 millions d'h. *(Chinois).* Cap. *Pékin.* V. pr. *Chang-hai, T'ien-tsin, Chen-yang (Moukden).* Langue principale : *chinois.*

GÉOGRAPHIE

Une ligne joignant le Grand Khingan au Yunnan sépare une Chine occidentale, formée de puissantes chaînes montagneuses (Tibet), de vastes cuvettes arides (Sin-kiang), de plateaux désertiques (Mongolie-Intérieure), et une Chine orientale, pays de plaines (plaine mandchoue, plaine du Houang-ho) et de plateaux (Chan-si, Chen-si), au nord du Yang-tseu, de collines et moyennes montagnes surtout, au sud. Aux climats continentaux marqués, avec une nette tendance à l'aridité, de la Chine occidentale s'opposent ceux de la Chine orientale, dans le domaine de la mousson (sauf la Mandchourie, également continentale). Le volume des précipitations, surtout estivales, diminue ici du sud au nord, ainsi que les températures moyennes; la flore tropicale cède progressivement la place aux essences tempérées. Les conditions naturelles expliquent la répartition d'une population composée des Chinois proprement dits, les Han, groupés dans la Chine orientale, et de minorités variées, localisées dans la Chine occidentale et ne représentant au total que 5 p. 100 de la population. Celle-ci se concentre surtout dans la vaste plaine construite par le Houang-ho, dans la moyenne et la basse vallée du Yang-

tseu-kiang, et, en général, sur l'ensemble du littoral. La Chine possède près du quart de la population mondiale, mais le rythme d'accroissement est aujourd'hui inférieur à celui du tiers monde.

L'agriculture reste un secteur essentiel de l'économie. Le cadre de l'exploitation a changé avec la collectivisation des terres et le groupement des paysans dans les coopératives, puis dans les communes populaires, divisées en « brigades et équipes de production », mais l'agriculture souffre encore d'une dépendance, atténuée, à l'égard d'irrégularités climatiques qui entraînent de grandes variations des productions d'une année à l'autre. La culture du riz est presque exclusive au sud du Yang-tseu-kiang; celle du blé domine au nord. Le maïs, l'orge et le sorgho sont les autres principales céréales et la Chine est toujours un grand producteur d'oléagineux, de thé, de coton et de sucre (canne et betterave). L'élevage est développé surtout pour le petit bétail. Le déficit alimentaire a pratiquement disparu. En dehors de la Mandchourie, mise en valeur par les Japonais, et des ports (anciennes « concessions européennes »), la Chine était avant 1949 un pays presque exclusivement agricole. Le nouveau régime a permis un développement spectaculaire de l'industrie, de l'industrie lourde en particulier, alimentée par d'abondants gisements de charbon, accessoirement par le pétrole et une production d'énergie d'origine hydroélectrique encore faible, eu égard à l'énorme potentiel existant. La sidérurgie a favorisé l'essor d'une métallurgie de transformation orientée vers la fourniture des biens d'équipement. Chang-hai est le prin-

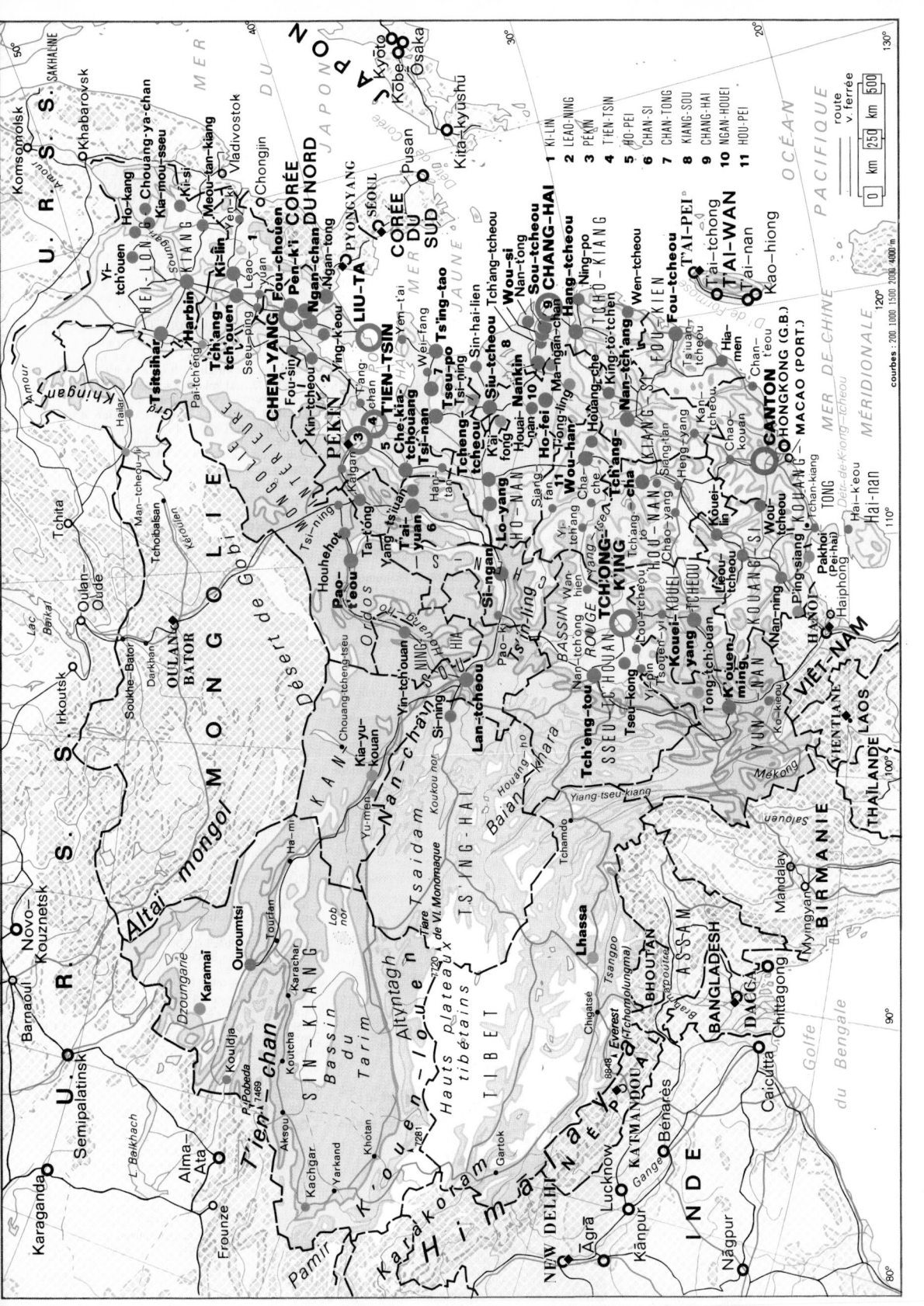

CHINE

cipal centre de l'industrie textile et de l'industrie chimique, en même temps que le grand débouché maritime du pays (avec T'ien-tsin et Canton). Le commerce extérieur (exportations de produits agricoles et miniers, importation de biens d'équipement et manufacturés) s'est effectué d'abord avec l'U.R.S.S. et les pays socialistes. Il s'est diversifié ensuite, mais on a longtemps intéressé qu'une part de la production, dont la modestie tenait à la fois à l'énormité du marché intérieur et à l'orientation idéologique du régime. Aujourd'hui, l'ouverture politique s'accompagne d'une ouverture économique vers les pays développés, fournissant davantage, toutefois, de technologie que de capitaux.

HISTOIRE

— Le territoire chinois est occupé dès le paléolithique.
— IIe millénaire : « révolution technique » liée à l'emploi du bronze.
— 1766-1112 av. J.-C. : dynastie des Chang.
— 1111-770 av. J.-C. : dynastie des Tcheou.
— 770-481 av. J.-C. : période dite « des Printemps et Automnes ».
— 453-221 av. J.-C. : période dite « des Royaumes combattants »; début de l'âge du fer. Les fiefs nobles cèdent le pas à des circonscriptions administratives aux mains de fonctionnaires révocables. Élaboration du confucianisme.
— 221-206 av. J.-C. : première unification par la dynastie des Ts'in; fondation de l'Empire; Che Houang-ti, premier empereur (221-210); construction de la Grande Muraille. Forte centralisation.
— 206 av. J.-C. - 8 apr. J.-C. : dynastie des Han de l'Ouest, ou antérieurs. Progrès de l'agriculture et de l'artisanat. Règne de Wou-ti (140-87 av. J.-C.), qui poursuit l'expansion territoriale de la Chine (52 millions d'h.).
— Ier s. apr. J.-C. : introduction du bouddhisme.
— 9-23 : usurpation de Wang Mang.
— 23-220 : dynastie des Han de l'Est (postérieurs). Les lettrés détiennent le pouvoir.
— 220-280 : période dite « des Trois Royaumes » (le moyen fleuve Jaune, le bas Yang-tseu, le bassin du Sseu-tch'ouan).
— 280-316 : réunification, éphémère, de la Chine sous la dynastie des Tsin occidentaux.
— 316-580 : période dite « des dynasties du Nord et du Sud ». La Chine est divisée.
— 581-618 : dynastie des Souei; réunification de l'Empire et creusement du Grand Canal.
— 618-907 : dynastie des T'ang, qui atteint son apogée sous le règne de Ts'ong ou Li Che-min (627-649). Essor de l'économie monétaire, premier « âge d'or » de la culture chinoise.
— 907-960 : période dite « des Cinq Dynasties »; l'espace chinois de nouveau partagé.
— 960-1127 : dynastie des Song du Nord.
— 1127-1279 : dynastie des Song du Sud. Second « âge d'or » de la culture chinoise (imprimerie, boussole, poudre); néoconfucianisme. Invasion mongole.
— 1279-1368 : dynastie des Yuan (Mongols), qui fixe la capitale à Khânbalik (Pékin). Essor commercial urbain. La culture chinoise profite de l'espace élargi et des apports étrangers. Révoltes nationales (« Turbans rouges »).
— 1368-1644 : dynastie des Ming. La Chine connaît son plus grand essor : travaux d'irrigation, commerce maritime; mais le renforcement du pouvoir central et le développement de la grande propriété au détriment des paysans libres provoquent des révoltes.
— 1644 : les Mandchous s'emparent de Pékin et fondent la dernière dynastie chinoise.
— 1661-1722 : règne glorieux de K'ang-hi.
— 1681 : conquête du Yun-nan.
— 1683 : conquête de Formose (T'ai-wan).
— 1696 : protectorat chinois sur la Mongolie et le Tibet.
— 1736-1796 : règne de K'ien-long. Troisième « âge d'or » de la culture chinoise; influence des jésuites français. Mais la Chine devient l'objet des convoitises européennes.
— 1839-1842 : guerre de l'Opium; défaite chinoise; traité de Nankin, qui ouvre aux Anglais cinq ports chinois et l'îlot de Hong-kong. Essor des missions catholiques, françaises surtout.
— 1851 : révolte des T'ai-p'ing.
— 1860 : expédition franco-anglaise.

— 1864 : les Européens contribuent à l'élimination des T'ai-p'ing et obtiennent l'ouverture de onze nouveaux ports.
— 1894-95 : guerre sino-japonaise. Défaite chinoise. Le traité de Shimonoseki (avr. 1895) permet au Japon de participer au « dépeçage » de la Chine. Montée du mouvement nationaliste.
— 1881-1908 : règne de l'impératrice Ts'eu-hi, qui favorise la xénophobie et entreprend tardivement un programme réformiste.
— 1900 : révolte avortée des Boxeurs.
— 1911 : Sun Yat-sen, fondateur du Kouo-min-tang, mouvement de libération et de modernisation, provoque la chute de la dynastie mandchoue et devient président de la République.
— 1912 : Sun Yat-sen doit s'effacer devant Yuan Che-k'ai, dont la dictature ne peut juguler l'anarchie.
— 1916 : mort de Yuan Che-k'ai. Sun Yat-sen réorganise le Kouo-min-tang.
— 1921 : naissance du parti communiste chinois.
— 1925 : mort de Sun Yat-sen. Tchang Kaï-chek instaure un régime autoritaire.
— 1928-1933 : Tchang Kaï-chek étend son pouvoir vers le nord et à Pékin.
— 1931 : Mao Tsö-tong crée dans le Kiang-si une république soviétique chinoise.
— 1931-1935 : les Japonais s'emparent de la Mandchourie et s'infiltrent dans la Chine du Nord.
— 1934-35 : « Longue Marche » des communistes vers le Chen-si.
— 1937 : les Japonais à Pékin et à Nankin, où ils instituent un gouvernement à leur solde. Communistes et nationalistes s'allient pour les combattre.
— 1945 : défaite japonaise : communistes et nationalistes face à face.
— 1949 : victoire finale de Mao Tsö-tong, qui crée la république populaire de Chine (1er oct.). Tchang Kaï-chek se réfugie à T'ai-wan, où il fonde un État (Chine nationaliste). — Développement de la révolution en Chine, dont les structures économiques, sociales, mentales sont bouleversées par le maoïsme.
— 1966-1969 : grande révolution culturelle prolétarienne.
— 1971 : la Chine populaire est admise à l'O.N.U.
— 1976 : mort de Mao Tsö-tong, remplacé par Houa Kouo-fong. Les nouveaux dirigeants remettent en question certains aspects fondamentaux de la période antérieure.
— 1980 : Houa Kouo-fong est remplacé à la tête du gouvernement par Tchao Tseu-yang.

CHINE (mer de), mer bordière de l'océan Pacifique, s'étendant le long des côtes de la Chine et de l'Indochine, comprenant la mer de Chine orientale (entre la Corée, les Ryûkyû et T'ai-wan) et la mer de Chine méridionale (limitée à l'est par les Philippines et Bornéo).

CHINJU, v. de la Corée du Sud, à l'ouest de Pusan; 122 000 h.

CHINNAMPO, v. de la Corée du Nord; 82 000 h. Port de Pyongyang.

CHINON (37500), ch.-l. d'arr. d'Indre-et-Loire, sur la Vienne; 8 303 h. (Chinonais). Forteresse en partie ruinée, comprenant trois châteaux (X^e-XVe s.), et notamment celui où Jeanne d'Arc rencontra Charles VII en 1429.

Giraudon

Fauteuil genre **Chippendale** début du XIXe s.

CHIO [kjo], île grecque de la mer Égée; 54 000 h. (Chiotes). Ch.-l. Chio, port (24 000 h.). Vins célèbres.

CHIOGGIA, v. d'Italie (Vénétie); 51 000 h. Port à l'embouchure de la Brenta. La ville fut disputée au XIVe s. entre Venise et Gênes.

CHIPPENDALE (Thomas), ébéniste anglais, né à Otley (Yorkshire) [v. 1718-1779]. Il publia en 1754 un recueil de modèles qui combine avec fantaisie les styles rocaille, « gothique », « chinois », etc.

CHIQUITOS, Indiens de Bolivie et du Brésil.

CHIRAC (Jacques), homme politique français, né à Paris en 1932. Premier ministre de 1974 à 1976, président du R.P.R. et maire de Paris depuis 1977.

CHIRÂZ, v. de l'Iran, dans le Zagros; 336 000 h. Monuments du XVIIIe s. Tapis.

CHIRICO (Giorgio DE) → DE CHIRICO.

CHIRON, centaure éducateur d'Achille.

CHITTAGONG, principal port du Bangladesh; 469 000 h. Exportation de jute. Aciérie.

CHIUSI, v. d'Italie (Toscane); 9 000 h. Nécropole étrusque. Musée. (Anc. Clusium.)

CHIVU STOICA, homme politique roumain, né à Smeeni (1908-1975). Président du Conseil de 1955 à 1961, il a été président de la république de Roumanie de 1965 à 1967.

CHLEF → CHELIFF (Ech-).

CHLEUHS, groupe de tribus berbères qui peuplent le Haut Atlas marocain, l'Anti-Atlas et le Sous.

CHLODION ou **CLODION,** dit le Chevelu, chef de la tribu des Francs Saliens (m. v. 460). Il serait l'ancêtre des Mérovingiens.

CHOA, région d'Éthiopie; v. pr. Addis-Abeba.

CHOCANO (José Santos), poète péruvien, né à Lima (1875-1934), évocateur de la nature sud-américaine (Alma América).

CHOCIM → KHOTINE.

CHOCQUES (62920), comm. du Pas-de-Calais; 3 450 h. Industrie chimique.

CHODERLOS DE LACLOS → LACLOS.

Choéphores (les), tragédie d'Eschyle (458 av. J.-C.), qui forme la partie centrale de l'Orestie, entre Agamemnon et les Euménides. Elle a pour sujet le meurtre de Clytemnestre et d'Égisthe par Oreste et Électre.

CHOISEUL (César, duc DE), comte du Plessis-Praslin, maréchal de France, né à Paris (1598-1675). Il se distingua au siège de La Rochelle. Maréchal en 1645, il commanda l'armée du roi devant Paris pendant la Fronde.

CHOISEUL (Étienne François, duc DE), homme d'État français (1719-1785). La protection de Mme de Pompadour lui valut d'être ambassadeur à Rome (1754), puis à Vienne (1757). Secrétaire d'État des Affaires étrangères (1758-1761 et 1766-1770), puis de la Guerre (1761-1770) et de la Marine (1761-1766), il répara les malheurs de la guerre de Sept Ans en renforçant l'alliance avec l'Autriche. La France lui doit la conclusion du pacte de Famille (1761) et l'acquisition de la Lorraine (1766) et de la Corse (1768). Ami des encyclopédistes, il obtint la suppression de l'ordre des Jésuites (1764).

CHOISY (François Timoléon, abbé DE), écrivain français, né à Paris (1644-1724), connu par la manie qu'il avait de s'habiller en femme et par ses Mémoires. (Acad. fr.)

CHOISY-LE-ROI (94600), ch.-l. de c. du Val-de-Marne, au sud de Paris, sur la Seine; 38 880 h. (Choisyens). Restes d'un château bâti par les Gabriel et où Louis XV recevait ses favorites. Constructions mécaniques. Verrerie.

CHOLEM ALEICHEM (Cholom RABINOVITCH, dit), écrivain d'expression yiddish, né à Pereïaslav (Ukraine) [1859-1916], auteur de récits sur la vie des ghettos de l'Europe centrale (Tévié le laitier).

CHOLET (49300), ch.-l. d'arr. de Maine-et-Loire, sur la Moine, affl. de la Sèvre Nantaise; 54 017 h. (Choletais). Marché agricole. Caoutchouc. Chaussures. Constructions mécaniques. Luttes sanglantes pendant les guerres de Vendée.

CHOLOKHOV (Mikhaïl Aleksandrovitch), écrivain soviétique, né à Kroujiline en 1905, auteur du *Don paisible* (1928-1940) et de *Terres défrichées.* (V. Prix Nobel, 1965.)

CHO LON, banlieue de Hô Chi Minh-Ville.

CHOLTITZ (Dietrich VON), général allemand, né à Schloss Wiese (Silésie) [1894-1966]. Commandant la garnison allemande de Paris en 1944, il éluda l'ordre de Hitler de détruire la capitale et se rendit à Leclerc.

CHOMÉRAC (07210), ch.-l. de c. de l'Ardèche ; 1824 h.

CHOMSKY (Noam), linguiste américain, né à Philadelphie en 1928. Dans ses principaux ouvrages (*Structures syntaxiques* [1957] et *Aspects de la théorie syntaxique* [1965]), il a proposé un nouveau modèle de description du langage et créé la grammaire générative.

CHONGJIN, port de la Corée du Nord, sur la mer du Japon ; 210 000 h.

CHONGQING → TCH'ONG-K'ING.

Chevalier à la charrette, Yvain ou le Chevalier au lion, Perceval ou le Conte du Graal.

CHRIST (du gr. *khristos*, oint), équivalent grec du mot hébreu et araméen *Messie.* (V. JÉSUS.)

Christ (*ordre du*), ordre militaire et religieux portugais, fondé par le roi Denis Ier et approuvé par le pape Jean XXII (1319).

CHRISTALLER (Walter), géographe allemand, né à Berneck (Bavière) [1893-1969], initiateur des recherches sur la théorie des lieux centraux (villes, marchés).

CHRISTCHURCH, v. de la Nouvelle-Zélande (île du Sud) ; 326 000 h. Université.

CHRISTIAN Ier (1426-1481), roi de Danemark en 1448, de Norvège en 1450, de Suède en 1457. En 1460, il devint duc de Slesvig et comte de Holstein ; mais, en 1464, la Suède rompit l'Union. — CHRISTIAN II, né à Nyborg (1481-1559), roi de Danemark et de Norvège en 1513 ; roi de Suède en 1520, il fut détrôné par Gustave Vasa en 1523. — CHRISTIAN III, né à Gottorp (1503-1559), roi de

des faits et bonnes mœurs du roi Charles V), ainsi qu'un poème, *Ditié de Jeanne d'Arc*, témoignage sur l'état des esprits lors de la guerre de Cent Ans.

CHRISTMAS (*île*), île de l'océan Indien, dépendance de l'Australie ; 135 km² ; 2 700 h. Phosphates.

CHRISTMAS (*île*), île britannique d'Océanie, le plus grand atoll du Pacifique (575 km²).

CHRISTOFLE (Charles), industriel français, né à Paris (1805-1863), créateur de l'orfèvrerie qui porte son nom.

CHRISTOPHE (*saint*). Selon la légende, il aurait porté l'Enfant Jésus sur son épaule pour passer une rivière. Patron des voyageurs et des automobilistes, il a été écarté du calendrier romain en 1970.

CHRISTOPHE Ier (1219-1259), roi de Danemark (1252-1259). — CHRISTOPHE II (1276-1332), roi de Danemark (1320-1326 et 1330-1332). — CHRISTOPHE III (1418-1448), roi de Danemark

Choiseul,
par L. M. Van Loo

Chopin
par Thomas Couture

Chostakovitch
par Rémusat

Christine de Suède
par Sébastien Bourdon

Christine de Pisan
miniature du XVe s.

CHONJU, v. de la Corée du Sud, au sud de Séoul ; 144 000 h.

CHOOZ [ʃo] (08600 Givet), comm. des Ardennes ; 809 h. Centrale nucléaire sur la Meuse, construite par l'Euratom.

CHOPIN (Frédéric), pianiste et compositeur polonais de père français, né à Zelazowa Wola (1810-1849). Ses compositions pour piano (mazurkas, valses, nocturnes, polonaises, préludes, sonates, ballades, impromptus, barcarolle, études et scherzos), d'un caractère romantique tendre ou passionné, souvent mélancolique, ont rénové le style du piano dans le domaine de l'harmonie et de l'ornementation.

CHORFAS, tribu arabe des confins du Sud-Oranais et du Maroc.

CHORGES (05230), ch.-l. de c. des Hautes-Alpes ; 1242 h.

CHORZÓW, anc. **Królewska Huta,** en allem. **Königshütte,** v. de Pologne (haute Silésie) ; 153 000 h. Houille. Sidérurgie.

CHOSROÈS → KHOSRÔ.

CHOSTAKOVITCH (Dmitri), compositeur russe, né à Saint-Pétersbourg (1906-1975). Il a écrit des œuvres de circonstance et d'inspiration nationale, quinze symphonies et de la musique de piano et de chambre.

CHOU EN-LAI → TCHEOU NGEN-LAI.

CHOUÏSKI (Vassili), tsar de Russie de 1606 à 1610, au *temps des troubles.*

Chou-king ou **Shujing** (*Livre des documents*), recueil des plus anciens documents écrits de la Chine.

CHOU-TEH → TCHOU TÖ.

CHOUVALOV (Ivan Ivanovitch), mécène russe (1737-1797). Il collabora à la fondation de l'université de Moscou et à celle de l'académie des Beaux-Arts de Saint-Pétersbourg.

CHRÉTIEN (Henri), physicien français, né à Paris (1879-1956), inventeur d'un objectif employé dans le procédé Cinémascope (1925).

CHRÉTIEN DE TROYES, poète français (v. 1135-v. 1183). Auteur de romans de chevalerie, il est, en France, l'initiateur de la littérature courtoise : *Érec et Énide, Cligès, Lancelot ou le*

Danemark et de Norvège (1534-1559). — CHRISTIAN IV, né à Frederiksborg (1577-1648), roi de Danemark et de Norvège (1588-1648), il prit part à la guerre de Trente Ans ; battu par Tilly, il dut traiter (1629). — CHRISTIAN V, né à Flensborg (1646-1699), roi de Danemark et de Norvège (1670-1699). Il s'allia à la Hollande contre la Suède et Louis XIV, mais le traité de Fontainebleau (1679) l'obligea à restituer ses conquêtes. — CHRISTIAN VI, né à Copenhague (1699-1746), roi de Danemark et de Norvège (1730-1746). — CHRISTIAN VII, né à Copenhague (1749-1808), roi de Danemark et de Norvège (1766-1808). Il laissa gouverner ses favoris, notamment Struensee. — CHRISTIAN VIII, né à Copenhague (1786-1848), roi de Danemark (1839-1848). D'abord élu roi de Norvège en 1814, il ne fut pas reconnu par les grandes puissances. — CHRISTIAN IX, né à Gottorp (1818-1906), roi de Danemark (1863-1906), fils du duc Guillaume de Slesvig-Holstein-Sonderborg-Glücksburg. Il perdit en 1864 le Slesvig et le Holstein, que lui enlevèrent la Prusse et l'Autriche. — CHRISTIAN X, né à Charlottenlund (1870-1947), roi de Danemark (1912-1947) et d'Islande (1918-1944). En 1919, il obtint la restitution du Slesvig septentrional.

CHRISTIANIA, nom porté par Oslo de 1624 à 1924.

CHRISTIE (Agatha), femme de lettres anglaise, née à Torquay (1891-1976), auteur de romans policiers (*le Meurtre de Roger Ackroyd, Dix Petits Nègres*).

CHRISTINE, née à Stockholm (1626-1689), reine de Suède (1632-1654), fille de Gustave-Adolphe. Elle hâta les négociations des traités de Westphalie (1648). Ayant fait de sa cour un foyer d'humanisme, elle y reçut Descartes. Elle abdiqua en 1654 en faveur de son cousin Charles-Gustave et se convertit au catholicisme, visitant ensuite l'Europe, notamment la France, et fondant à Rome l'académie des Arcades.

CHRISTINE DE FRANCE, née à Paris (1605-1663), fille d'Henri IV et de Marie de Médicis. Elle épousa Victor-Amédée Ier, duc de Savoie.

CHRISTINE DE PISAN, femme de lettres française, née à Venise (v. 1364-v. 1430). Elle a laissé des ballades, des écrits historiques (*Livre*

(1440), puis de Suède (1441) et de Norvège (1442).

CHRISTOPHE (Henri), roi d'Haïti, né à la Grenade (1767-1820). Esclave affranchi, président de la république d'Haïti (1807), il fut proclamé roi en 1811.

CHRISTUS (Petrus), peintre flamand (m. en 1472/73), maître à Bruges en 1444, épigone, surtout, de J. Van Eyck.

CHRODEGANG ou **ROTGANG** (*saint*), évêque de Metz (712-766), un des organisateurs de l'Église franque.

Chronique des Pasquier, roman en dix volumes de G. Duhamel (1933-1945). C'est l'histoire d'une famille bourgeoise parisienne au début du XXe s.

Chroniques (*livres des*), ouvrage biblique divisé en deux parties. Écrits entre 350 et 300, ils retracent dans l'esprit du judaïsme d'après l'Exil l'histoire du peuple d'Israël jusqu'à la prise de Jérusalem, en 587 av. J.-C.

Chroniques de Saint-Denis ou **Grandes Chroniques de France,** rédigées à Saint-Denis, d'abord en latin, puis en français à partir du XIVe s. Elles furent imprimées à la fin du XVe s. Il en existe un superbe manuscrit enluminé par Jean Fouquet (B. N.).

CHRYSIPPE, philosophe stoïcien grec, né à Soli (Cilicie) [281-205 av. J.-C.].

CHRYSOSTOME → JEAN CHRYSOSTOME.

CHTCHEDRINE → SALTYKOV-CHTCHEDRINE.

CHUJOY (Anatole), écrivain et critique de danse américain d'origine lituanienne, né à Riga (1894-1969).

CHUQUET (Nicolas), mathématicien français, né à Paris (v. 1445-v. 1500), auteur du plus ancien traité d'algèbre écrit par un Français (1484).

CHUQUICAMATA, v. du Chili septentrional ; 25 000 h. Extraction et traitement du cuivre.

CHUQUISACA → SUCRE.

CHUR, nom allem. de Coire.

CHURCH (Alonzo), logicien américain, né à Washington en 1903. Il a démontré l'indécidabilité du calcul des prédicats.

CHURCHILL (le), fl. du Canada, aboutissant dans la baie d'Hudson; 1 600 km. À son embouchure, le port *Churchill* (1699 h.) est le terminus du chemin de fer de la baie d'Hudson.

CHURCHILL (le), fl. de l'est du Canada, dans la péninsule du Labrador, tributaire de l'Atlantique. Important aménagement hydroélectrique (*Churchill Falls*).

CHURCHILL (*sir* Winston Leonard SPENCER), homme politique britannique, né à Blenheim Palace (Oxfordshire) [1874-1965]. Député conservateur en 1900, plusieurs fois ministre, puis Premier lord de l'Amirauté (1911-1915), enfin Premier ministre (1940-1945 et 1951-1955), leader du parti conservateur, il fut l'animateur de l'effort de guerre britannique et l'un des protagonistes de la victoire alliée sur l'Axe. (Prix Nobel de littér., 1953.)

CHURRIGUERA (JOSÉ DE), sculpteur et architecte espagnol, né à Madrid (1665-1725), créateur de la ville de Nuevo Baztán, près de Madrid. — Son frère JOAQUÍN, né à Madrid (1674-1724), est l'auteur du collège de Calatrava à Salamanque. — ALBERTO, né à Madrid (1676-1740), frère des précédents, donna les plans de l'harmonieuse Plaza Mayor de Salamanque. Dans leur œuvre, c'est surtout à quelques retables sculptés exubérants que s'applique le qualificatif de *churrigueresque*.

Chute d'un ange (la) → JOCELYN.

CHYPRE, État insulaire de la Méditerranée orientale; 9 251 km²; 630 000 h. (*Chypriotes* ou *Cypriotes*). Cap. *Nicosie*.

GÉOGRAPHIE

Deux chaînes de montagnes, domaine de l'élevage ovin, séparent une dépression centrale, qui produit du blé, du vin, des patates, des agrumes. Le sous-sol fournit des pyrites de cuivre et de fer. Le tourisme a constitué une ressource notable avant le conflit opposant populations grecque (env. 80 p. 100 du total) et turque.

HISTOIRE

— VI⁰ millénaire : Kypros (l'« île du cuivre ») est déjà exploitée.
— II⁰ millénaire : hellénisation de l'île.
— 58 av. J.-C. : domaine des Lagides, l'île est annexée par les Romains et maintenue dans l'Empire d'Orient jusqu'en 1191.
— 1191 : conquête par Richard Cœur de Lion lors de la 3⁰ croisade.
— 1192 : l'île passe aux Lusignan, qui en font (1197) un royaume latin. Après la perte de Saint-Jean-d'Acre (1291), Chypre sera le principal centre latin d'Orient.
— 1489 : l'île devient vénitienne.
— 1571 : Chypre, province ottomane.
— 1878 : administration britannique, sous souveraineté ottomane.
— 1925 : Chypre, colonie de la Couronne.
— 1955 : début d'une guerre civile entre Chypriotes partisans de l'*Énosis* (union avec la Grèce) et Chypriotes turcs.
— 1960 : indépendance de l'île, qui devient république avec Makários III comme président, assisté d'un vice-président turc.
— 1974 : conflit gréco-turc.
— 1975 : le Nord est proclamé unilatéralement, par les Turcs, État autonome.
— 1977 : mort de Makários III. Il est remplacé par Spyros Kyprianou.

CHYPRE

ligne de cessez-le-feu
route
MER
C. Kormakitis
Kerýnia (Girne)
Akanthoú
Cap Ághios Andhréas
Rizokárpasson
Kárpas
Aghios Theódhoros
Baie de Mórfou (Omorfo)
Trikomon
NICOSIE
LEFKOSSÍA
Lefkoníkon
Salamine
Famagouste (Magosa)
Pólis
Platrés
1953
Massif du Tróodhos
Dháli
C. Ghréko
Lárnaka
Baie de Lárnaca
BASE BRIT. DE DHEKÉLIA
Páfos
Paphos BASE BRIT. D'AKROTÍRI
Kouklia
Limassol
Ktíma
MÉDITERRANÉE
B. de Akrotíri
Cap Gháta
0   km   50
courbes : 200, 500, 1000 m

CIA, sigle de *Central Intelligence Agency*, nom donné depuis 1947 au service américain de renseignements. La CIA dispose d'unités militaires spéciales, les *bérets verts*.

CIANO (Galeazzo), *comte* **de Cortellazzo**, homme politique italien, né à Livourne (1903-1944). Gendre de Mussolini, ministre des Affaires étrangères (1936), puis ambassadeur auprès du Saint-Siège (1943); hostile à la poursuite de la guerre, il fut exécuté à Vérone sur l'ordre du parti fasciste.

CIANS (le), torrent alpestre, affl. du Var (r. g.), dans les Alpes-Maritimes; 25 km. Gorges pittoresques.

CIBOURE (64500 St Jean de Luz), comm. des Pyrénées-Atlantiques; 6 373 h. Station balnéaire. Pêche.

CICÉRON, en lat. **Marcus Tullius Cicero**, homme politique et orateur latin, né à Arpinum (106-43 av. J.-C.). Issu d'une famille plébéienne entrée dans l'ordre équestre, avocat, il débuta dans la carrière politique en attaquant Sulla à travers un de ses affranchis (*Pro Roscio Amerino*), puis en défendant les Siciliens contre les exactions de leur gouverneur Verrès (*les Verrines*). Consul (63), il déjoua la conjuration de Catilina et fit exécuter ses complices (*Catilinaires*). Il embrassa le parti de Pompée, mais, après Pharsale, se rallia à César. Ce dernier mort, il attaqua vivement Antoine et lui opposa Octavien. Proscrit par le second triumvirat, il fut assassiné. S'il fut un politique médiocre, Cicéron a porté l'éloquence latine à son apogée : ses plaidoyers et ses discours ont servi de modèle à toute la rhétorique latine (*De oratore*). Ses traités philosophiques (*De finibus, De officiis*) ont acclimaté dans la littérature latine la métaphysique et la morale grecques. Sa correspondance est du plus haut intérêt.

CID CAMPEADOR (Rodrigo DÍAZ DE VIVAR, dit **le**), chevalier espagnol, né à Vivar, près de Burgos (v. 1043-1099). Il s'illustra en combattant les Maures. Le Cid est le héros d'un grand nombre d'œuvres littéraires : du *Romancero espagnol*, d'un drame de Guilhem de Castro et d'une tragédie de Corneille.

Cid (le), tragi-comédie de P. Corneille (1636/37). Le sujet est tiré des *Enfances du Cid* de Guilhem de Castro. Rodrigue est obligé, pour venger l'honneur de son propre père, de tuer le père de Chimène, sa fiancée. Celle-ci poursuit la mort du meurtrier, sans cesser pour cela de l'aimer; l'accomplissement du devoir ne peut, en effet, qu'accroître l'amour que ces deux âmes généreuses éprouvent l'une pour l'autre. Accueilli avec enthousiasme par le public, *le Cid* fut

---

critiqué par l'Académie sous prétexte que les règles de la tragédie n'y étaient pas observées.

CIDAMBARAM, v. de l'Inde (Tamil Nadu); 80 000 h. Centre de pèlerinage. Cap. de la dynastie Cola de 907 à 1310. Nombreux temples (X⁰-XVI⁰ s.).

CIENFUEGOS, v. de Cuba, sur la côte méridionale; 108 000 h. Exportation de sucre.

CILAOS (97413), comm. de la Réunion, dans le *cirque de Cilaos*; 5 719 h.

CILICIE, région située au sud de la Turquie d'Asie. Ses villes les plus connues sont Adana et Tarse, patrie de saint Paul.

CIMA (Giovanni Battista), peintre italien, né à Conegliano (v. 1459-1517/18). Fixé à Venise, il y subit l'influence de Giovanni Bellini et donna d'harmonieuses compositions religieuses ayant souvent pour toile de fond des paysages de la Vénétie.

CIMABUE (Cenni DI PEPO?, dit), peintre italien mentionné à Rome en 1272, à Pise en 1301. Il est réputé avoir été le maître de Giotto et avoir, le premier, affranchi son art des conventions byzantines. On lui attribue notamment le *Crucifix* de S. Croce et la *Maestà* (Vierge en majesté) de S. Trinita à Florence (Offices), d'importantes fresques à Assise.

CIMAROSA (Domenico), compositeur italien, né à Aversa (1749-1801), auteur d'opéras (*le Mariage secret*, 1791), de sonates et symphonies.

CIMBRES, un des peuples germaniques qui, avec les Teutons, envahirent la Gaule au II⁰ s. av. J.-C. Les Cimbres furent vaincus par Marius à Verceil (101 av. J.-C.).

Cimetière marin (le), poème de P. Valéry (1920), méditation qui unit les thèmes de la mort et de la mer.

CIMMÉRIENS, anc. peuple nomade d'origine thrace, qui, au VII⁰ s. av. J.-C., envahit l'Asie Mineure.

CIMON, stratège athénien (v. 510-449 av. J.-C.). Il combattit avec succès contre les Perses (victoire de l'Eurymédon) et lutta pour la suprématie maritime d'Athènes.

CINCINNATI, v. des États-Unis (Ohio), sur l'Ohio; 451 000 h. Centre industriel.

CINCINNATUS → QUINCTIUS CINCINNATUS.

CINEY, v. de Belgique (Namur); 12 900 h. Anc. cap. du Condroz.

CINNA (Lucius Cornelius), général romain, (m. en 84 av. J.-C.). Chef du parti populaire après la mort de Marius, il régna tyranniquement sur l'Italie de 86 à sa mort. Il fut assassiné.

CINNA (Cneius Cornelius), arrière-petit-fils de Pompée. Il fut traité avec clémence par Auguste,

Winston
Churchill

Cicéron

Cimabue
Maestà

contre lequel il avait conspiré et qui le nomma consul en 5 apr. J.-C.

Cinna *ou la Clémence d'Auguste,* tragédie de P. Corneille (1640-41). En pardonnant à Cinna et à Émilie, qui complotaient sa mort, Auguste découvre que la volupté du pouvoir absolu est dans le refus de son exercice.

CINO da Pistoia, jurisconsulte et poète italien, né à Pistoia (1270-1337), ami de Dante et l'un des représentants du *dolce stil nuovo.*

Cinq *(groupe des),* réunion de musiciens russes autodidactes du XIXe s., associant autour de son fondateur, Balakirev, les noms de Cui, Moussorgski, Borodine et Rimski-Korsakov. Ils furent à la base du renouveau de l'école russe.

CINQ-CANTONS (les), ou *Confédération des Iroquois,* fédération indienne incluant les *Agniers,* les *Onnontagués,* les *Onneyouts,* les *Goyogouins* et les *Tsonontouans,* tous ennemis des Hurons. Ils étaient établis dans l'actuel État de New York.

Cinq-Cents *(Conseil des),* assemblée politique créée par la Constitution de l'an III (1795), qui formait, avec le Conseil des Anciens, le corps législatif, sous le Directoire; elle était composée de cinq cents députés élus au suffrage universel à deux degrés et fut dissoute lors du coup d'État du 18-Brumaire (1799).

CINQ-MARS [sɛ̃mar] (Henri COIFFIER DE RUZÉ, *marquis* DE) [1620-1642], favori de Louis XIII. Il mourut sur l'échafaud, avec de Thou, pour avoir conspiré contre Richelieu.

Cinq-Mars, roman historique d'Alfred de Vigny (1826).

CINTEGABELLE (31550), ch.-l. de c. de la Haute-Garonne, sur l'Ariège; 1921 h.

CINTO *(monte),* point culminant de la Corse (dép. de la Haute-Corse); 2710 m.

CINTRA → SINTRA.

C.I.O., sigle de *Comité* international olympique.*

CIOTAT (La) [13600], ch.-l. de c. des Bouches-du-Rhône; 32033 h. *(Ciotadens).* Constructions navales. Station balnéaire. Thalassothérapie.

CIPRIANI (Amilcare), homme politique italien, né à Anzio (1844-1918). Lieutenant de Garibaldi, il prit part à la fondation de l'Internationale (1864) et fut l'un des chefs de la Commune de 1871.

CIRCASSIE, anc. nom de la région s'étendant au nord du Caucase.

CIRCÉ. Magicienne qui, dans *l'Odyssée* d'Homère, métamorphosa les compagnons d'Ulysse en pourceaux.

CIREBON ou **TJIREBON,** port d'Indonésie, sur la côte nord de Java; 179000 h.

CIREY-SUR-BLAISE (52110 Blaiserives), comm. de la Haute-Marne; 181 h. Château de Mme du Châtelet, où résida Voltaire.

CIREY-SUR-VEZOUZE (54480), ch.-l. de c. de Meurthe-et-Moselle; 2279 h. Verrerie.

CIRTA, anc. cap. de la Numidie, auj. *Constantine.*

CISALPINE *(Gaule),* nom que les Romains donnaient à la partie septentrionale de l'Italie, et qui, pour eux, était située en deçà des Alpes.

CISALPINE *(république),* État formé en Italie du Nord par Bonaparte en 1797 et qui devint la République italienne (1802), puis le royaume d'Italie (1804).

CISJORDANIE, partie de la Jordanie située à l'ouest du Jourdain. Incorporée en 1950 au royaume hachémite, la Cisjordanie (la plus grande partie de la Samarie et de la Judée) est occupée par les Israéliens depuis 1967.

CISKEI, État bantou de l'Afrique du Sud, enclavé dans la province du Cap; 12075 km²; 530000 hab. Cap. *Alice.* En 1981, le Ciskei est proclamé indépendant par l'Afrique du Sud.

CISLEITHANIE, nom sous lequel on désigna, de 1867 à 1918, la partie autrichienne de l'Empire austro-hongrois, par oppos. à la partie hongroise, appelée *Transleithanie,* la *Leitha* formant la frontière entre les deux.

CISNEROS (Francisco JIMÉNEZ DE), cardinal, né à Torrelaguna (Castille) [1436-1517]. Franciscain, confesseur de la reine Isabelle (1492), archevêque de Tolède (1495), administrateur de la Castille à la mort de la reine (1504), grand inquisiteur de Castille (1507-1516), il se montra impitoyable dans la répression religieuse. Il fonda l'université d'Alcalá de Henares et fit entreprendre la Bible polyglotte.

CISPADANE *(Gaule),* nom romain de la partie de la Gaule Cisalpine située au sud du Pô.

CISPADANE *(république),* république organisée par Bonaparte en 1796 au sud du Pô et unie dès 1797 à la république Cisalpine.

CITÉ *(île de la),* île de la Seine, qui fut le berceau de Paris. C'est dans la Cité que se trouvent la cathédrale Notre-Dame, le Palais de Justice (développement moderne du siège médiéval de la royauté) et la Sainte-Chapelle.

Cité antique *(la),* par Fustel de Coulanges (1864), étude de l'évolution politique et sociale de la Grèce et de Rome.

Cité de Dieu *(la),* ouvrage de saint Augustin (413-427), peinture de la lutte du christianisme contre le paganisme, figurée par la lutte entre la cité terrestre et la cité de Dieu.

CÎTEAUX, hameau de la comm. de Saint-Nicolas-lès-Cîteaux (Côte-d'Or) [hab. *Cisterciens*]. Robert de Molesmes y fonda en 1098 une communauté religieuse émanée de l'ordre de Saint-Benoît. Saint Bernard y fit profession en 1113 : la réforme qu'il introduisit dans l'ordre prit le nom de Cîteaux (cisterciens).

CITLALTÉPETL ou **VOLCAN D'ORIZABA,** point culminant du Mexique; 5700 m.

CITROËN (André), ingénieur et industriel français, né à Paris (1878-1935). Fondateur d'une des plus importantes entreprises de construction automobile, il introduisit en Europe la fabrication en grande série.

CIUDAD BOLÍVAR, v. du Venezuela, sur l'Orénoque; 104000 h. Métallurgie.

CIUDAD GUAYANA, centre sidérurgique du Venezuela, au confluent de l'Orénoque et du Caroni; 100000 h.

CIUDAD JUÁREZ, v. du Mexique, près de la frontière américaine, dans la vallée du río Grande; 521000 h.

CIUDAD OBREGÓN, v. du nord-ouest du Mexique; 153000 h.

CIUDAD REAL, v. d'Espagne (Nouvelle-Castille), près du Guadiana; 46000 h.

CIUDAD TRUJILLO → SAINT-DOMINGUE.

ÇIVA → ŚIVA.

CIVILIS (Claudius Julius), chef batave. Il se révolta en 69 contre les Romains; vaincu, il dut accepter le statut d'allié de Rome (70).

CIVITAVECCHIA, v. d'Italie (Latium), sur la mer Tyrrhénienne; 48000 h. C'est le port de Rome.

CIVRAY (86400), ch.-l. de c. de la Vienne, sur la Charente; 3508 h. Église romane.

CLADEL (Léon), écrivain français, né à Montauban (1835-1892), peintre des paysages et des paysans du Quercy *(le Bouscassié).*

CLAESZ (Pieter), peintre néerlandais, né à Burgsteinfurt (Westphalie) [1597-1661], maître, à côté de Willem Claesz. Heda, de l'école de la nature morte de Haarlem.

CLAIN (le), riv. du Poitou, affl. de la Vienne (r. g.); 125 km. Il passe à Poitiers.

CLAIR (René CHOMETTE, dit **René**), cinéaste français, né à Paris (1898-1981). Il a réalisé *Entracte* (1924), *le Million* (1931), *À nous la liberté* (1931), *Quatorze-Juillet* (1932), *Fantôme à vendre* (1935), *Le silence est d'or* (1947), *les Belles de nuit* (1952), *les Grandes Manœuvres* (1955), *Porte des Lilas* (1957), *Tout l'or du monde* (1961), *les Fêtes galantes* (1965). [Acad. fr.]

CLAIRAMBAULT [-bo] (Pierre DE), érudit français, né à Asnières-en-Montagne (1651-1740). Généalogiste du roi, il a réuni de nombreux manuscrits, auj. à la Bibliothèque nationale.

CLAIRAUT (Alexis), mathématicien et astronome français, né à Paris (1713-1765). À dix-huit ans, il fut reçu à l'Académie des sciences. En 1736, il fut envoyé avec Maupertuis en Laponie pour y déterminer l'aplatissement de la Terre.

Francisco Jiménez de **Cisneros**

André **Citroën**

Claesz
Nature morte

Alexis **Clairaut**

René **Clair**
les Grandes Manœuvres
(1955)

CLAIRE (*rivière*), riv. du Viêt-nam, affl. du fleuve Rouge (r. g.); 400 km. Voie d'accès vers le Yun-nan.

CLAIRE (*sainte*), née à Assise (1194-1253), fondatrice de l'ordre des religieuses de Saint-François, dites *clarisses*.

CLAIRFAYT → CLERFAYT.

CLAIROIX (60200 Compiègne), comm. de l'Oise; 1842 h. Pneumatiques.

CLAIRON (Claire Josèphe LERIS DE LA TUDE, dite **Mlle**), actrice française, née à Condé-sur-l'Escaut (1723-1803), interprète de Voltaire.

CLAIRVAUX, écart de la comm. de Ville-sous-la-Ferté (Aube). L'abbé de Cîteaux y fonda en 1115 une abbaye, dont saint Bernard fut le premier abbé et qui est devenue une prison depuis 1808.

CLAIRVAUX-LES-LACS (39130), ch.-l. de c. du Jura; 1379 h.

CLAMART (92140), ch.-l. de c. des Hauts-de-Seine, au sud-ouest de Paris; 53 361 h. (*Clamartois* ou *Clamariots*). Produits pharmaceutiques.

CLAMECY (58500), ch.-l. d'arr. de la Nièvre, au confl. du Beuvron et de l'Yonne et sur le canal du Nivernais; 6 145 h. (*Clamecycois*). Église des XIIIe-XVe s. Industrie chimique. Matériel électrique.

CLAPEYRON (Émile), physicien français, né à Paris (1799-1864), un des fondateurs de la thermodynamique.

CLAPPERTON (Hugh), voyageur écossais, né à Annan (Dumfriesshire) [1788-1827], explorateur du Soudan et du Tchad.

CLARENCE (George, *duc* DE), né à Dublin (1449-1478), frère d'Édouard IV, contre qui il complota. Il fut exécuté.

CLARENDON (Edward HYDE, *comte* DE), homme d'État et historien anglais, né à Dinton (1609-1674). Partisan de Charles Ier lors de la guerre civile (1642-1649), il devint Premier ministre à la Restauration (1660-1667).

CLARENDON PARK, village d'Angleterre (Wiltshire), à l'est de Salisbury. Henri II y proclama en 1164 les *Constitutions de Clarendon* contre les usurpations du clergé.

CLARENS [klarɑ̃], hameau de Suisse (comm. de Montreux), sur le lac Léman, célèbre par le séjour qu'y fit J.-J. Rousseau.

CLARET (34270 St Mathieu de Tréviers), ch.-l. de c. de l'Hérault; 476 h.

Clarisse Harlowe (*Histoire de*), roman épistolaire de Richardson (1747-48). C'est l'histoire d'une jeune fille vertueuse qui se confie à un homme corrompu, mais séduisant, Lovelace, qui la fait mourir de chagrin.

CLARK (Eliot R.), anatomiste américain, né à Shelburne (1881-1963). On lui doit l'observation *in vivo* de la circulation du sang dans les capillaires et des travaux importants sur la croissance des tissus et la cicatrisation des plaies.

CLARK (Mark Wayne), général américain, né à Madison Barracks en 1896. Il se distingua en Tunisie et en Italie (1943-1945), puis en Corée (1952).

CLARKE (Samuel), philosophe anglais, né à Norwich (1675-1729), auteur d'une *Démonstration de l'existence et des attributs de Dieu*, œuvre destinée à réfuter les théories de Hobbes et de Spinoza. Sa correspondance avec Leibniz est restée célèbre.

CLARKE (Henri), *comte* **d'Hunebourg**, *duc* de **Feltre**, maréchal de France (1816), né à Landrecies (1765-1818). Ministre de la Guerre de Napoléon Ier (1807-1814), il se rallia à Louis XVIII.

CLAROS, v. de Lydie, un des plus anciens sanctuaires d'Apollon; ruines importantes.

CLARY (59225), ch.-l. de c. du Nord; 1 221 h.

CLAUDE (*saint*), évêque de Besançon au VIe s.

CLAUDE Ier, en lat. Tiberius Claudius Caesar Augustus Germanicus, né à Lyon (10 av. J.-C.-54 apr. J.-C.), empereur romain (41-54). Il eut pour femmes Messaline, puis Agrippine. Il développa l'administration centrale et s'illustra notamment dans la conquête de la Bretagne (l'actuelle Grande-Bretagne) [43]. Cultivé, mais

H. Roger-Viollet-Coll. Viollet

Clausewitz

Lauros-Giraudon

Georges **Clemenceau**
par Manet

Lauros-Giraudon

Paul **Claudel**
par Maurice Denis

faible, il se laissa dominer par Agrippine, qui, finalement, l'empoisonna. — CLAUDE II *le Gothique* (v. 214-270), empereur romain (268-270); il combattit les Alamans et les Goths.

CLAUDE DE FRANCE, née à Romorantin (1499-1524), fille de Louis XII et d'Anne de Bretagne, et première femme de François Ier.

CLAUDE (Jean), ministre protestant, né à La Sauvetat-du-Dropt (1619-1687). Il eut de vives polémiques avec Bossuet et émigra lors de la révocation de l'édit de Nantes.

CLAUDE (Georges), physicien et industriel français, né à Paris (1870-1960). Il préconisa de transporter l'acétylène dissous dans l'acétone (1897), mit au point un procédé de liquéfaction de l'air (1902), imagina les tubes lumineux au néon (1910), réalisa les explosifs à l'air liquide (1913) et fit des recherches sur l'énergie thermique des mers (1926).

CLAUDEL (Paul), diplomate et écrivain français, né à Villeneuve-sur-Fère (1868-1955). Son inspiration mystique nourrit sa poésie (*Cinq Grandes Odes*) et ses drames (*Tête d'or*, 1890; *l'Annonce faite à Marie*, 1912; *le Soulier de satin*, 1943). [Acad. fr.]

CLAUDIEN, poète latin, né à Alexandrie (v. 370-v. 404). Poète officiel d'Honorius et de Stilicon, il fut l'un des derniers représentants de la poésie latine.

CLAUDIUS (Appius), homme politique romain (IVe-IIIe s. av. J.-C.). Deux fois consul (307 et 296), dictateur et censeur, il prit des mesures favorables à la plèbe urbaine et aux affranchis; il fit construire la *via Appia* et le premier aqueduc pour Rome.

CLAUDIUS MARCELLUS (Marcus), général romain (v. 268-208 av. J.-C.). Pendant la deuxième guerre punique, il prit Syracuse (212 av. J.-C.), où fut tué Archimède.

CLAUDIUS PULCHER, consul romain en 249 av. J.-C. Il fut battu sur mer par les Carthaginois à Drepanum, la même année.

CLAUS (Hugo), écrivain belge d'expression néerlandaise, né à Bruges en 1929. Une double tradition réaliste et expressionniste s'unit dans ses poèmes (*Monsieur Sanglier*), ses romans (*l'Année du cancer*) et ses drames (*Dent pour dent*).

CLAUSEL ou **CLAUZEL** (Bertrand, *comte*), maréchal de France, né à Mirepoix (1772-1842), gouverneur de l'Algérie en 1830, puis commandant de l'armée d'Afrique (1835-36).

CLAUSEWITZ (Carl VON), général et théoricien militaire prussien, né à Burg (1780-1831). Après avoir lutté contre Napoléon, il fut en 1818 directeur de l'École générale de guerre de Berlin. Son traité *Vom Kriege* (*De la guerre* *) eut une grande influence sur la doctrine de l'état-major allemand, puis sur la conception marxiste de la guerre (Engels, Lénine).

CLAUSIUS (Rudolf), physicien allemand, né à Köslin (Poméranie) [1822-1888]. Il introduisit le concept d'entropie en thermodynamique (1850).

Clavecin bien tempéré (le) ou, mieux, **le Clavier bien tempéré**, œuvre de J.-S. Bach, qui comprend deux recueils (1722, 1742), composés chacun de 24 préludes et fugues, classés dans l'ordre chromatique des notes de la gamme et illustrant la théorie du tempérament égal.

CLAY (Henri), homme d'État américain, né dans le Hanover County (Virginie) [1777-1852]. Il

fut président du Congrès et l'un des partisans du protectionnisme.

CLAYE-SOUILLY (77410), ch.-l. de c. de Seine-et-Marne; 5 947 h.

CLAYES-SOUS-BOIS (Les) [78340], comm. des Yvelines; 14 695 h.

CLAYETTE [klɛt] **(La)** [71800], ch.-l. de c. de Saône-et-Loire; 2 965 h. Constructions mécaniques.

Clear, base américaine de défense aérienne dans l'île Montague (Alaska).

CLÉARQUE, général spartiate (m. en 401 av. J.-C.). Il commanda les mercenaires grecs à la bataille de Counaxa, mais fut mis à mort par Tissapherne.

CLEFMONT [kle-] (52240), ch.-l. de c. de la Haute-Marne; 235 h.

CLÉGUÉREC (56480), ch.-l. de c. du Morbihan; 2 679 h.

Clélie, roman de Mlle de Scudéry (1654-1660); on y trouve la « carte du Tendre ».

CLELLES (38930), ch.-l. de c. de l'Isère; 285 h.

clémence (*De la*), traité philosophique de Sénèque (Ier s. apr. J.-C.). Corneille y a puisé le sujet de sa tragédie de *Cinna*.

CLEMENCEAU [klemɑ̃so] (Georges), homme politique français, né à Mouilleron-en-Pareds (1841-1929). Député à partir de 1875, chef de la gauche radicale, d'une éloquence passionnée, il combattit la politique coloniale de Jules Ferry. Compromis un moment dans le scandale de Panamá, il prit fait et cause pour Dreyfus. Président du Conseil et ministre de l'Intérieur (1906-1909), il entreprit des réformes sociales, mais réprima les troubles sociaux et rompit avec les socialistes. De nouveau au pouvoir en 1917, il se consacra totalement à la poursuite de la guerre et se rendit très populaire (*le Tigre*). Il négocia le traité de Versailles (1919), mais il fut écarté de la présidence de la République en 1920. (Acad. fr.)

CLÉMENT Ier (*saint*) [m. en 97], pape de 88 à 97. — CLÉMENT II (*Suidger de Morsleben et Hornburg*) [m. en 1047], pape de 1046 à 1047. — CLÉMENT III (Paolo *Scolari*) [m. en 1191], pape de 1187 à 1191, promoteur de la 3e croisade. — CLÉMENT IV (Gui *Foulques*), né à Saint-Gilles (fin du XIIe s.-1268), pape de 1265 à 1268. — CLÉMENT V (Bertrand *de Got*), né à Villandraut (m. en 1314), pape de 1305 à 1314. Archevêque de Bordeaux, devenu pape, il transporta le Saint-Siège à Avignon et abolit l'ordre des Templiers pour complaire à son protecteur Philippe le Bel. — CLÉMENT VI (Pierre *Roger*), né à Maumont (1291-1352), pape de 1342 à 1352. Il résida à Avignon. — CLÉMENT VII (Robert *de Genève*) [1342-1394], pape d'Avignon (1378-1394). En se réinstallant à Avignon, il ouvrit le Grand Schisme. — CLÉMENT VII (Jules *de Médicis*), né à Florence (1478-1534), pape de 1523 à 1534, célèbre par ses démêlés avec Charles Quint et avec Henri VIII, roi d'Angleterre. Il fut fait prisonnier dans Rome par les troupes impériales et refusa d'autoriser le divorce d'Henri VIII, ce qui amena le schisme anglican. — CLÉMENT VIII (Ippolito *Aldobrandini*), né à Fano (1536-1605), pape de 1592 à 1605. — CLÉMENT IX (Giulio *Rospigliosi*), né à Pistoia (1600-1669), pape de 1667 à 1669. — CLÉMENT X (Emilio *Altieri*), né à Rome (1590-1676), pape de 1670 à 1676. — CLÉMENT XI (Gianfrancesco *Albani*), né à Urbino (1649-1721), pape de 1700

Clermont-Ferrand
église Notre-Dame-du-Port

CROIX, *comte* VON), maréchal autrichien, né au château de Bruille (Hainaut) [1733-1798]. Il combattit à Jemmapes, puis fut battu par Jourdan à Wattignies (1793).

CLERGET (Pierre), ingénieur français, né à Dijon (1875-1943). Il fut l'un des premiers constructeurs de moteurs légers pour l'aviation (1895). Il réalisa le premier moteur français à huile lourde.

CLERMONT (60600), ch.-l. d'arr. de l'Oise, près de la Brèche, affl. de l'Oise; 8 679 h. (*Clermontois*). Église remontant au XIVe s.

CLERMONT (Robert, *comte* DE) [1256-1317], sixième fils de Saint Louis, tige de la quatrième maison de Bourbon.

CLERMONT-EN-ARGONNE (55120), ch.-l. de c. de la Meuse; 1 763 h. Église et chapelle du XVIe s.

CLERMONT-FERRAND, ch.-l. de la Région Auvergne et du dép. du Puy-de-Dôme, à 388 km au sud de Paris; 161 203 h. (*Clermontois*) [plus de 250 000 h. dans l'agglomération]. Université.

à 1721. Il publia la bulle *Unigenitus* contre les jansénistes (1713). — CLÉMENT XII (Lorenzo *Corsini*), né à Florence (1652-1740), pape de 1730 à 1740. — CLÉMENT XIII (Carlo *Rezzonico*), né à Venise (1693-1769), pape de 1758 à 1769. — CLÉMENT XIV (Giovanni Vincenzo *Ganganelli*), né à Sant'Arcangelo di Romagna (1705-1774), pape de 1769 à 1774. Il supprima l'ordre des Jésuites.

CLÉMENT d'Alexandrie, Père de l'Église grecque et philosophe chrétien (v. 150 - entre 211 et 216). Dans son œuvre, il montre comment la philosophie hellénique a préparé la voie au christianisme.

CLÉMENT (Jacques), moine dominicain, né à Serbonnes (Champagne) [1567-1589]. Assassin d'Henri III en 1589, il fut tué par les gardes du roi.

CLÉMENT (Adolphe), industriel français, né à Pierrefonds (1855-1928), l'un des premiers constructeurs d'automobiles.

CLÉMENT (René), cinéaste français, né à Bordeaux (1913), réalisateur de *la Bataille du rail* (1945), *Jeux interdits* (1952), *Monsieur Ripois* (1954), *Paris brûle-t-il?* (1966), *le Passager de la pluie* (1969).

CLEMENTI (Muzio), compositeur italien, né à Rome (1752-1832). Un des chefs de l'école moderne du piano, il vécut à Londres et écrivit des sonates et des symphonies.

CLÉOBIS et **BITON**. *Myth. gr.* Frères argiens, fils de Cydippe, prêtresse d'Héra, célèbres pour leur amour filial.

CLÉOBULE, personnage semi-légendaire, l'un des Sept Sages de la Grèce.

CLÉOMÈNE, nom de trois rois de Sparte, dont le plus connu fut CLÉOMÈNE III, roi de 237 à 219 env. av. J.-C.; il essaya de restaurer la puissance spartiate, mais il fut vaincu par la coalition de la ligue Achéenne et de la Macédoine.

CLÉON (76410), comm. de la Seine-Maritime; 3 163 h. Pièces d'automobiles.

CLÉOPÂTRE, nom de sept reines d'Égypte. La plus célèbre fut CLÉOPÂTRE VII, née à Alexandrie (69-30 av. J.-C.), reine de 51 à 30. Sa culture et son charme lui attirèrent la faveur de César, puis d'Antoine. La défaite d'Actium (31) mit fin à sa puissance; faute d'avoir pu faire la conquête d'Octave, elle se donna la mort. Avec elle finit la dynastie des Lagides et l'indépendance de l'Égypte hellénistique.

Cléopâtre captive, tragédie de Jodelle (1553), première tragédie française imitée de l'Antiquité.

CLÉRAMBAULT (Louis Nicolas), compositeur et organiste français, né à Paris (1676-1749). Auteur de pièces d'orgue et de clavecin, il est l'un des maîtres de la cantate.

CLÈRES (76690), ch.-l. de c. de la Seine-Maritime; 1 091 h. Parc zoologique.

CLERFAYT ou **CLAIRFAYT** (Charles DE

Cléopâtre

Cathédrale gothique achevée par Viollet-le-Duc. Église romane N.-D.-du-Port (XIIe s.); hôtels gothiques et Renaissance. Musées. Grand centre français de l'industrie des pneumatiques. Constructions mécaniques. En 1095, le pape Urbain II présida à Clermont le concile où fut décidée la 1re croisade. La ville passa au domaine royal en 1551, et fut réunie en 1630 à Montferrand.

CLERMONT-L'HÉRAULT (34800), ch.-l. de c. de l'Hérault; 5 551 h. (*Clermontais*). Église gothique fortifiée.

CLERMONT-TONNERRE, nom d'une famille du Dauphiné, qui a fourni plusieurs hommes de guerre et prélats : ANNE ANTOINE JULES, né à Paris (1749-1830), député aux États généraux, archevêque de Toulouse (1820), cardinal (1822); — STANISLAS MARIE ADÉLAÏDE, *comte* de Clermont-Tonnerre, né à Pont-à-Mousson (1757-1792). Député de la noblesse aux États généraux, il vota l'abolition des privilèges.

CLERVAL (25340), ch.-l. de c. du Doubs; 1 187 h.

CLERVAUX, ch.-l. de c. du Luxembourg; 1 500 h.

CLÉRY-SAINT-ANDRÉ (45370), ch.-l. de c. du Loiret, près de la Loire; 2 027 h. Basilique Notre-Dame, reconstruite par Louis XI, qui s'y est fait enterrer.

CLET (*saint*) → ANACLET.

CLEVELAND, v. des États-Unis (Ohio), sur le lac Érié; 751 000 h. Centre industriel. Musée d'art.

CLEVELAND (Stephen Grover), homme d'État américain, né à Caldwell (New Jersey) [1837-1908]. Président démocrate des États-Unis de 1885 à 1889 et de 1893 à 1897, il s'opposa au protectionnisme et aux grandes « machines » politiques.

CLÈVES, en allem. **Kleve**, v. d'Allemagne fédérale (Rhénanie-du-Nord-Westphalie); 44 000 h. Ch.-l. d'un ancien duché.

CLICHY (92110), ch.-l. de c. des Hauts-de-Seine, au nord-ouest de Paris; 47 956 h. (*Clichois*). Hôpital Beaujon. Métallurgie.

Clichy (*prison de*), autref. prison pour dettes, située à Paris dans la rue de ce nom.

CLICHY-SOUS-BOIS (93390), comm. de la Seine-Saint-Denis, au nord-est de Paris; 22 423 h. (*Clichois*).

CLICQUOT, famille française de facteurs d'orgues, d'origine rémoise (XVIIe-XVIIIe s.).

CLIGNANCOURT, anc. hameau de la banlieue nord de Paris, auj. dans le XVIIIe arr.

Clodion
Bacchante portant sur son épaule un petit faune qui mange du raisin

CLIMAX, localité des États-Unis (Colorado). Grande mine de molybdène.

CLIO. *Myth.* Muse de la Poésie épique et de l'Histoire.

CLIPPERTON (*île*), îlot du Pacifique, disputé entre le Mexique et la France, attribué à celle-ci par arbitrage du roi d'Italie (1931). Clipperton doit son nom à un navigateur anglais (XVIIIe s.).

CLISSON (44190), ch.-l. de c. de la Loire-Atlantique; 4 663 h. Ruines d'un château fort (XIIIe-XVIe s.).

CLISSON (Olivier DE), connétable de France, né au château de Clisson (1336-1407). Il lutta contre les Anglais auprès de Du Guesclin et devint connétable en 1380.

CLISTHÈNE, homme d'État athénien (VIe s. av. J.-C.). Il établit de nouvelles divisions territoriales, qui, par un brassage des citoyens, orientèrent les institutions athéniennes vers une véritable démocratie. On lui attribue l'introduction à Athènes de l'ostracisme.

CLIVE DE PLASSEY (Robert, *baron*), général anglais, né à Styche (Shropshire) [1725-1774]. Gouverneur du Bengale (1764), il fonda la puissance anglaise dans l'Inde. Accusé de concussion, il se tua.

Cloaca maxima, le plus grand égout de Rome, qui allait de l'extrémité méridionale du Forum au Tibre. Bâti par Tarquin l'Ancien, il existe encore.

CLODION le Chevelu → CHLODION.

CLODION (Claude MICHEL, dit), sculpteur français, né à Nancy (1738-1814). Élève de son oncle L. S. Adam, il modela de gracieuses statuettes (souvent reproduites en céramique) et exécuta des portraits.

CLODIUS (Publius Appius), démagogue romain (93-52 av. J.-C.). Tribun de la plèbe (58), célèbre par ses violences, il fit bannir Cicéron et fut tué par le tribun Milon.

CLODOALD → CLOUD (saint).

CLODOMIR (495-524), roi d'Orléans (511-524), fils de Clovis et de Clotilde. Il fut tué en combattant les Burgondes.

CLOHARS-CARNOËT (29121), comm. du Finistère; 3327 h. Station balnéaire au Pouldu.

CLOOTS [klots] (Jean-Baptiste DU VAL DE GRÂCE, *baron* DE), surnommé **Anacharsis Cloots**, conventionnel français, d'origine prussienne, né au château de Gnadenthal (1755-1794). Fanatique de l'anticléricalisme, il périt avec les hébertistes.

CLOSTERCAMP, en allem. **Klosterkamp**, village de Westphalie, où l'armée française se battit contre les Hanovriens (1760).

CLOSTERMANN (Pierre), aviateur français, né à Curitiba (Brésil) en 1921. Premier as français de la Seconde Guerre mondiale (33 victoires), plusieurs fois député de 1946 à 1973, il est l'auteur du *Grand Cirque* (1948).

Clos-Vougeot, vignoble de la Bourgogne, dans la *côte de Nuits* (Côte-d'Or). Vin renommé.

CLOTAIRE Ier (497-561), roi franc (511-561), fils de Clovis. Avec Childebert, il fit périr les fils de leur frère Clodomir. — CLOTAIRE II (584-629), roi de Neustrie (584-629), seul roi des Francs en 613, fils de Chilpéric Ier et de Frédégonde. Il fit périr Brunehaut. — CLOTAIRE III (m. en 673), roi de Neustrie (657-673), fils de Clovis II. — CLOTAIRE IV (m. en 719), roi de Neustrie (718-19), imposé par Charles Martel, qui l'opposa à Chilpéric II.

CLOTILDE (sainte), reine des Francs (v. 475-545), fille de Chilpéric, roi des Burgondes, et femme de Clovis Ier. Elle contribua à la conversion de son mari au catholicisme.

CLOUD [klu] (saint) ou **CLODOALD** (v. 522-v. 560), troisième fils de Clodomir. Il échappa au massacre de sa famille et se retira dans un village situé près de Paris, où il fonda un monastère qui prit son nom.

CLOUET, peintres français d'origine flamande : JEAN (m. en 1540 ou 1541), au service de François Ier en 1516, et son fils FRANÇOIS, sans doute né à Tours (autour de 1510 - 1572), peintre de François Ier et de ses successeurs. On leur doit notamment des portraits, dessinés ou peints, d'un réalisme élégant et précis.

CLOUZOT (Henri Georges), cinéaste français, né à Niort (1907-1977). Réalisateur de *L'assassin habite au 21* (1942), *le Corbeau* (1943), *Quai des Orfèvres* (1947), *le Salaire de la peur* (1953), *la Vérité* (1960), *la Prisonnière* (1968).

CLOVIS Ier (465-511), roi des Francs (481-511). Il devint roi des Francs Saliens de Tournai à la mort de son père Childéric Ier (481), vainquit Syagrius (Soissons, 486), les Alamans (495 et/ou 505-06), les Burgondes (500) et les Wisigoths (Vouillé, 507). Fondateur de la monarchie franque et seul roi de toute la Gaule, il reçut de l'empereur d'Orient le titre de *patrice*, protégea le catholicisme et réunit un concile à Orléans en 511. Il avait reçu le baptême des mains de saint Remi à Reims (v. 496), devenant ainsi le premier roi barbare catholique. Après sa mort, son royaume fut partagé entre ses quatre fils. — CLOVIS II (635-657), roi de Neustrie et de Bourgogne (639-657), fils de Dagobert Ier et époux de sainte Bathilde. — CLOVIS III, roi de Neustrie en 675. — CLOVIS IV (682-695), roi de Neustrie (691-695). Sous son règne, le vrai maître du royaume fut Pépin de Herstal.

CLOYES-SUR-LE-LOIR (28220), ch.-l. de c. d'Eure-et-Loir; 2552 h.

CLUJ, auj. **Cluj-Napoca,** en hongr. **Kolozsvár,** v. de Roumanie, en Transylvanie; 262000 h. Cathédrale du XIVe s. Université.

CLUNY (71250), ch.-l. de c. de Saône-et-Loire, sur la Grosne, affl. de la Saône; 4680 h. *(Clunysois)*. École d'arts et métiers. Là fut fondée en 910, par Guillaume le Pieux, duc d'Aquitaine, une abbaye de Bénédictins, d'où partit un mouvement de réforme, d'humanisme, de spiritualité et d'art, qui s'étendit à toute la chrétienté (XIe-XIIe s.). En 1109, l'ordre clunisien groupait 1184 maisons. L'abbatiale consacrée en 1095 (« Cluny III »), le plus vaste monument de l'Oc-

Richard **Cobden**

ruines du palais de **Cnossos**

Fr. **Clouet** portrait d'Élisabeth d'Autriche

cident médiéval, chef-d'œuvre de l'art roman, fut en grande partie détruite au début du XIXe s.

Cluny *(hôtel et musée de),* hôtel du XVe s., situé à Paris, rue Du-Sommerard (près de la Sorbonne) et communiquant avec les importants restes de thermes gallo-romains. Il abrite un riche musée national du Moyen Âge, prolongement du Louvre.

CLUSAZ [-za] **(La)** [74220], comm. de la Haute-Savoie; 1695 h. Station de sports d'hiver (alt. 1100-2600 m).

CLUSES (74300), ch.-l. de c. de la Haute-Savoie, sur l'Arve; 15268 h. *(Clusiens).* École d'horlogerie. Décolletage.

CLUSIUM, nom antique de *Chiusi.*

CLYDE (la), fl. d'Écosse, qui arrose Glasgow et se jette dans la mer d'Irlande; 170 km.

CLYTEMNESTRE, fille de Tyndare et de Léda, épouse d'Agamemnon, mère d'Oreste, d'Iphigénie, d'Électre. Ne pouvant pardonner le sacrifice d'Iphigénie, de concert avec Égisthe, son amant, elle tua son mari à son retour de Troie et fut tuée par son fils Oreste.

CNIDE, anc. v. de Carie, colonie lacédémonienne, célèbre pour son *Aphrodite,* chef-d'œuvre de Praxitèle, auj. connu par des copies.

CNOSSOS ou **KNOSSÓS,** principale cité de la Crète antique (résidence du légendaire roi Minos), occupée par les Achéens au XVe s. av. J.-C. Des fouilles, commencées par Evans, ont mis au jour un vaste complexe palatial, plusieurs fois reconstruit entre le IIe millénaire et 1600 av. J.-C., date à laquelle apparaissent les premières peintures murales.

C.N.P.F., sigle de *Conseil* national du patronat français.*

C.N.R., sigle de *Conseil* national de la Résistance.*

C.N.R.S., sigle de *Centre* national de la recherche scientifique.*

CNUT → KNUD.

COAST RANGE (« Chaîne côtière »), chaîne montagneuse bordant le Pacifique, de la Colombie britannique à la Californie.

COBBETT (William), homme politique et publiciste britannique, né à Farnham (1762-1835), chef de file du radicalisme anglais.

COBDEN (Richard), économiste et homme politique britannique, né à Dunford Farm (Sussex) [1804-1865]. Il fut l'un des principaux propagateurs des idées libre-échangistes. Élu au Parlement en 1841, il obtint la suppression des lois sur les blés en 1846 et négocia le traité de commerce franco-britannique de 1860.

COBENZL (Ludwig), diplomate autrichien, né à Bruxelles (1753-1809). Il négocia les traités de Campoformio et de Lunéville.

COBLENCE, en allem. **Koblenz,** v. d'Allemagne fédérale (Rhénanie-Palatinat), au confl. du Rhin et de la Moselle; 120000 h. Ce fut, en 1792, le lieu de ralliement des émigrés français. La ville devint prussienne à partir de 1816.

COBOURG, en allem. **Coburg,** v. d'Allemagne fédérale (Bavière), cap. de l'anc. duché de Saxe-Cobourg-Gotha; 43000 h.

Cobra (de *Co*penhague, *Bru*xelles, *Amster*dam), mouvement artistique qui eut une grande influence, par-delà sa brève existence organisée (1948-1951), en exaltant, face à l'art officiel, toutes les formes de création spontanée (arts primitifs et populaires, art brut, dessins d'enfants). Le poète Christian Dotremont, les peintres Jorn et Alechinsky, notamment, en firent partie.

COCANÁDA → KĀKINĀDĀ.

COCHABAMBA, v. de Bolivie, au sud-est de La Paz; 204000 h.

Coche (la), aménagement hydroélectrique du bassin de l'Isère, au sud-est d'Albertville.

COCHER (le), constellation de l'hémisphère boréal.

COCHEREL, hameau de l'Eure (comm. d'Houlbec-Cocherel). Victoire de Bertrand du Guesclin sur les troupes de Charles le Mauvais, roi de Navarre (1364).

COCHIN, port de l'Inde (Kerala), sur la côte de Malabár; 439000 h. Monuments portugais et hollandais (XVIe-XVIIIe s.) dans un site pittoresque.

COCHIN, graveurs français des XVIIe et XVIIIe s. Le plus connu est Charles Nicolas **Cochin** *le Fils,* né à Paris (1715-1790), dessinateur et graveur des fêtes de la Cour. Il contribua, par son action et ses écrits, à détourner l'art français du goût rocaille.

COCHIN (Jacques Denis), né à Paris (1726-1783). Curé de Paris, il fonda l'hôpital qui porte son nom.

COCHINCHINE, anc. région du Viêt-nam méridional, qui s'étend surtout sur le cours inférieur et sur le delta du Mékong. Conquise par les Français de 1858 à 1867, la Cochinchine devint une colonie française, comprise dans l'Union indochinoise, en 1887. Elle fut incorporée au Viêt-nam en 1949.

COCKCROFT (sir John Douglas), physicien britannique, né à Todmorden (1897-1967), auteur, avec E. T. S. Walton, de la première transmutation du noyau par emploi de particules artificiellement accélérées. (Prix Nobel, 1951.)

Jacques **Cœur**

Jean-Baptiste **Colbert**

Colette

COCOS (*îles*) ou **KEELING**, archipel australien de l'océan Indien, au sud-ouest de Java.

COCTEAU (Jean), écrivain français, né à Maisons-Laffitte (1889-1963). Son talent s'est exprimé dans des poèmes, des romans (*les Enfants terribles*, 1929), des drames (*les Parents terribles*, 1938), des films (*le Sang d'un poète*, 1930; *Orphée*, 1950; *le Testament d'Orphée*, 1959), ainsi que dans de nombreux dessins. (Acad. fr.)

COCYTE (le). *Myth.* Un des fleuves des Enfers.

Code of Terpsichore, ouvrage didactique de Carlo Blasis (1828), source des bases techniques de la danse classique.

COECKE (Pieter), dit **Van Aelst**, peintre, architecte et décorateur flamand, né à Alost (1502-1550). Ses œuvres, peintures religieuses, dessins, cartons de tapisseries, évoluent du maniérisme gothique anversois à l'italianisme (contacts avec Van Orley, séjour en Italie). Son influence fut grande comme traducteur de Vitruve (1539) puis de Serlio.

COEHOORN → **VAN COEHOORN.**

COËTLOGON [kɔɛt-] (Alain Emmanuel, *marquis* DE), vice-amiral et maréchal de France (1646-1730). Il servit en Hollande sous Duquesne et Tourville, et défendit Saint-Malo en 1693.

Coëtquidan [kɔɛtkidɑ̃], camp militaire (Morbihan, comm. de Guer). École spéciale militaire (Saint-Cyr) et École militaire interarmes.

CŒUR (Jacques), riche commerçant de Bourges, né à Bourges (v. 1395-1456). Fournisseur de la Cour, puis, en 1440, argentier de Charles VII, il rétablit la confiance dans la monnaie; chargé de missions diplomatiques, il développa le commerce dans le Levant. Accusé d'extorsions, arrêté en 1451, il réussit à s'enfuir en 1454. Sa mémoire fut réhabilitée par Louis XI. — Son hôtel, à Bourges, reste le monument caractéristique de l'architecture civile au XVe s.

Cœur d'amour épris (le), manuscrit à peintures de la bibliothèque nationale de Vienne (v. 1465). Le texte, allégorique, écrit par le roi René le Bon, est illustré de miniatures remarquables par leur usage de la lumière et de la couleur et par leur monumentalité. Le peintre, non identifié avec certitude, serait un Flamand au service du roi en Anjou et en Provence, auquel on tend à attribuer également la célèbre *Annonciation* de l'église de la Madeleine, à Aix (v. 1445).

COÈVRONS (les), collines gréseuses de l'extrémité orientale du Massif armoricain; 357 m.

COGNAC (16100), ch.-l. d'arr. de la Charente, sur la Charente; 22612 h. (*Cognaçais*). Centre de la commercialisation du cognac. Verrerie. École militaire de pilotage aérien.

COGNIN (73160), comm. de la Savoie, banlieue de Chambéry; 5753 h.

COGOLIN (83310), comm. du Var; 4606 h. Station balnéaire sur le golfe de Saint-Tropez.

COHEN (Albert), écrivain suisse, né à Corfou (1895-1981). Il joua un rôle important dans les organisations sionistes, à la S.D.N., puis à l'O.N.U. Il est l'auteur de romans (*Mangeclous*, *Belle du seigneur*).

COHL (Émile COURTET, dit **Émile**), cinéaste français, né à Paris (1857-1938). Il réalisa les premiers dessins animés.

COIMBATORE, v. de l'Inde (Tamil Nadu); 356 000 h.

COIMBRA, v. du Portugal, sur le Mondego; 56 000 h. Université. Cathédrale (XIIe s.). Musées.

Cointrin, aéroport de Genève.

COIRE, en allem. **Chur,** v. de Suisse, ch.-l. du c. des Grisons, sur le Rhin; 31 193 h.

COIRON (le), plateau basaltique du Vivarais (Ardèche).

COLA, dynastie de l'Inde (Deccan), dont l'hégémonie se situe entre le IXe et le XIIIe s.

COLA DI RIENZO, homme politique italien, né à Rome (1313 ou 1314-1354). Durant le séjour des papes à Avignon, il se fit élire tribun et libérateur de l'État romain (1347); il fut massacré au cours d'une révolte.

COLBERT (Jean-Baptiste), homme d'État français, né à Reims (1619-1683). Recommandé à Louis XIV par Mazarin, dont il était l'homme de confiance, il contribua à la chute de Fouquet. Il devint surintendant des Bâtiments (1664), contrôleur des Finances (1665), puis secrétaire d'État à la maison du roi et à la marine (1668). Travailleur infatigable, il exerça peu à peu son activité dans tous les domaines de l'administration publique. Par des mesures protectionnistes et s'appuyant sur les théories mercantilistes, il favorisa l'industrie et le commerce, fit venir en France des artisans de l'étranger, multiplia les manufactures d'État, réorganisa les finances, la justice, la marine, créa le régime de l'inscription maritime et la caisse des invalides, fonda plusieurs compagnies royales de colonisation (des Indes orientales et occidentales, 1664; du Levant, 1670; du Sénégal, 1673) et favorisa la « peuplade » du Canada. Membre de l'Académie française, il constitua en 1663 un « conseil » qui deviendra l'Académie des inscriptions, fonda en 1666 l'Académie des sciences, créa l'Observatoire en 1667, patronna Le Brun. Il publia une série d'ordonnances destinées à uniformiser et rationaliser la législation selon les principes de la centralisation monarchique. À partir de 1671, il tenta de lutter contre les dépenses royales, mais son influence diminua au profit de celle de Louvois.

COLCHESTER, v. d'Angleterre; 77 000 h. Université. Vestiges antiques.

COLCHIDE, anc. pays de l'Asie Mineure, sur la côte orientale du Pont-Euxin, où les Argonautes, suivant la tradition, allèrent conquérir la Toison d'or.

COLEMAN (Ornette), saxophoniste et compositeur de jazz noir américain, né à Fort Worth (Texas) en 1930. Il devint l'un des chefs de file du free jazz en bouleversant, au début des années 60, les principes d'improvisation traditionnels.

COLERIDGE (Samuel Taylor), poète anglais, né à Ottery Saint Mary (Devon [1772-1834], auteur, avec Wordsworth, des *Ballades lyriques* (1798), qui marquent l'avènement du romantisme.

COLET (Louise), femme de lettres française, née à Aix-en-Provence (1810-1876), auteur de poèmes et de romans, amie de Flaubert.

COLETTE (*sainte*), religieuse, née à Corbie (1381-1447), réformatrice de l'ordre des Clarisses.

COLETTE (Sidonie Gabrielle), femme de lettres française, né à Saint-Sauveur-en-Puisaye (1873-1954), peintre de l'âme féminine (*la Vagabonde*, *le Blé en herbe*) et de la nature familière (*Claudine*, *Sido*).

COLFONTAINE, comm. de Belgique (Hainaut); 23 400 h.

COLI (François), aviateur français, né à Marseille (1881-1927). Il disparut en tentant la traversée de l'Atlantique avec Nungesser.

COLIGNY (01270), ch.-l. de c. de l'Ain; 1 077 h.

COLIGNY (Odet DE), dit **le cardinal de Châtillon,** frère de l'amiral, né à Châtillon-sur-Loing (auj. Châtillon-Coligny) [1517-1571]. Cardinal archevêque de Toulouse, puis évêque de Beauvais, il se convertit au calvinisme.

COLIGNY (Gaspard DE), dit **l'amiral de Coligny,** né à Châtillon-sur-Loing (1519-1572). Il défendit

Jean **Cocteau**
par Jean Marais

Gaspard de **Coligny**

statue de **Colleoni** par Verrocchio

Saint-Quentin contre les Espagnols (1557), se convertit à la Réforme et devint un des chefs du parti protestant. Il prit un tel ascendant sur Charles IX que Catherine de Médicis s'en débarrassa lors du massacre de la Saint-Barthélemy.

COLIGNY (François DE), *seigneur* **d'Andelot,** frère des précédents, né à Châtillon-sur-Loing (1521-1569). Le premier de la famille, il embrassa la religion calviniste.

COLIN (Paul), peintre et décorateur français, né à Nancy en 1892. Il est célèbre pour les affiches au style ramassé, très plastique, qu'il a produites en grand nombre depuis celle de la *Revue nègre* (1925).

Colisée, amphithéâtre de Rome, construit à la fin du Ier s. sous les Flaviens. Ses proportions grandioses (50 000 spectateurs y tiennent à l'aise) et l'ordonnance de la façade ont profondément influencé les architectes de la Renaissance.

Collège de France, établissement d'enseignement fondé à Paris en 1529 par François Ier, en dehors de l'Université, à l'instigation de Guillaume Budé.

COLLEONI (Bartolomeo), condottiere italien, né à Solza (1400-1475), qui fut indifféremment au service de Venise et de Milan. Sa statue équestre, à Venise, est un chef-d'œuvre de Verrocchio.

COLLE-SUR-LOUP (La) [06480], comm. des Alpes-Maritimes; 3 700 h. Studios de télévision et de cinéma.

COLLIN D'HARLEVILLE

COLLIN D'HARLEVILLE (Jean-François), écrivain français né à Maintenon (1755-1806), auteur de comédies moralisatrices *(le Vieux Célibataire).* [Acad. fr.]

COLLINÉE (22330), ch.-l. de c. des Côtes-du-Nord; 722 h. Abattoir.

COLLINS (William), poète anglais, né à Chichester (1721-1759), auteur d'*Odes* où il se révèle un précurseur du romantisme.

COLLINS (Wilkie), romancier anglais, né à Londres (1824-1889), auteur de romans de mœurs et de romans policiers *(la Pierre de lune).*

Cologne
la cathédrale
et le Rhin

Lauros-Atlas-Photo

Colmar : la vieille ville

Chr. Sappa

Christophe
Colomb

Lauros-Giraudon

fédérale (Rhénanie-du-Nord-Westphalie), sur le Rhin; 1 014 000 h. Centre administratif, intellectuel, financier, commercial et industriel. Églises des époques ottonienne et romane. Cathédrale gothique grandiose (1248-XIXᵉ s.). Importants musées. Camp romain (Iᵉʳ s. apr. J.-C.), capitale franque (Vᵉ s.), archevêché (785), Cologne devint une ville libre impériale au XIIIᵉ s. L'électorat fut sécularisé en 1803. En 1815, Cologne fut attribuée à la Prusse. La ville fut très endommagée par les bombardements alliés pendant la Seconde Guerre mondiale.

COLOGNE (32430), ch.-l. de c. du Gers; 591 h. Anc. bastide (XIIᵉ s.).

COLLINS (Michael), homme politique irlandais, né à Clonakilty (1890-1922). Un des chefs du mouvement nationaliste Sinn Féin, il fut président du gouvernement provisoire de l'État libre d'Irlande (1921), mais il ne put empêcher la guerre civile, au cours de laquelle il fut tué.

COLLINS (Michael), astronaute et officier américain, né à Rome en 1930. Il participa à la mission « Apollo XI », au cours de laquelle Armstrong et Aldrin débarquèrent sur la Lune.

COLLIOURE (66190), comm. des Pyrénées-Orientales; 2 691 h. Anc. ville forte. Retables baroques dans l'église. Station balnéaire.

COLLO, port d'Algérie, au pied est de la *Kabylie de Collo;* 12 000 h.

COLLOBRIÈRES (83610), ch.-l. de c. du Var, dans les Maures; 1 135 h.

COLLONGES (01550), ch.-l. de c. de l'Ain; 969 h.

Colloques d'Érasme, série de dialogues (en latin) dirigés contre les impostures et les superstitions du temps (1518).

COLLOT D'HERBOIS (Jean-Marie), homme politique français, né à Paris (1750-1796). Conventionnel, il réprima avec violence l'insurrection royaliste de Lyon en 1793, et s'opposa à Robespierre au 9-Thermidor; il n'en fut pas moins déporté en Guyane (1795).

COLMAN (George), poète dramatique anglais, né à Londres (1762-1836), auteur de comédies *(John Bull).*

COLMAR (68000), ch.-l. du dép. du Haut-Rhin, à 444 km à l'est de Paris, sur la Lauch, affl. de l'Ill; 67 410 h. *(Colmariens).* Cour d'appel. Églises et maisons médiévales. Musée d'Unterlinden (célèbre *retable d'Issenheim,* par Grünewald). Industries mécaniques et textiles. Anc. ville de la Décapole, Colmar devint la capitale judiciaire de l'Alsace en 1698. Victoire de l'armée du général de Lattre, en 1945.

COLMARS (04370), ch.-l. de c. des Alpes-de-Haute-Provence, sur le Verdon; 311 h. Enceinte du XVIIᵉ s.

COLMIANE (la), station de sports d'hiver (alt. 1 500-1 795 m) des Alpes-Maritimes.

COLOCOTRONIS (Théodore) → KOLOKO-TRÓNIS *(Theódhoros).*

COLOGNE, en allem. **Köln,** v. d'Allemagne

COLOMBIE

COLOMB (Christophe), navigateur, né à Gênes (v. 1451-1506). Fils d'un tisserand, il voyagea pour le compte de négociants et se fixa au Portugal en 1476. Il ne put obtenir l'appui du roi du Portugal pour son projet de navigation vers le Japon et la Chine par l'ouest. Il proposa ensuite ses services aux souverains d'Espagne et obtint d'Isabelle trois caravelles. Ayant quitté Palos le 3 août 1492, Colomb aperçut enfin la terre le 12 octobre suivant : c'était Guanahani (San Salvador), une des Lucayes (auj. Bahamas); il aborda ensuite à Cuba et à Haïti, qu'il appela *Hispaniola*, puis il revint en Espagne (mars 1493). Dans un deuxième voyage (sept. 1493-juin 1496), il reconnut la Dominique, la Guadeloupe, Porto Rico, la Jamaïque, la côte sud-ouest de Cuba. Dans un troisième voyage (1498), après avoir découvert la Trinité, il atteignit le continent et longea la côte de l'Amérique méridionale à l'est de l'Orénoque. Mais il ne put maîtriser une rébellion des premiers colons d'Hispaniola. Dans un quatrième voyage (1502-1504), il explora la côte de l'Amérique centrale, du Honduras au golfe de Darién. Au retour de ce dernier voyage, il ne trouva plus son crédit auprès du roi Ferdinand.

COLOMBA (saint), moine irlandais, né dans le comté de Donegal (v. 521-597). Abbé d'Iona, il évangélisa l'Écosse.

Colomba, nouvelle de P. Mérimée (1840), récit dramatique d'une vendetta corse.

COLOMBAN (saint), moine irlandais, né dans la province de Leinster (v. 540-615). Il fonda de nombreux monastères (Luxeuil, v. 590; Bobbio, 614) sur le continent.

COLOMB-BÉCHAR → BÉCHAR.

COLOMBE (Michel), sculpteur français (v. 1430-v. 1514), le plus illustre de son temps, maître du style angulaire de la fin du gothique dans les pays de la Loire (tombeau de François II de Bretagne, à la cathédrale de Nantes).

COLOMBELLES (14460), comm. du Calvados; 5 568 h. Cimenterie.

COLOMBES (92700), ch.-l. de c. des Hauts-de-Seine, sur la Seine; 83 518 h. Stade. Pneumatiques.

COLOMBEY - LES - BELLES (54170), ch.-l. de c. de Meurthe-et-Moselle; 816 h.

COLOMBEY-LES-DEUX-ÉGLISES (52330), comm. de la Haute-Marne; 713 h. Le général de Gaulle y est enterré. Mémorial (croix de Lorraine).

COLOMBIE, en esp. Colombia, république du nord-ouest de l'Amérique du Sud, bordée de l'Atlantique et le Pacifique; 1 139 000 km²; 27 millions d'h. (*Colombiens*). Cap. *Bogotá*. Langue : *espagnol*.

GÉOGRAPHIE

L'extrémité septentrionale de la cordillère des Andes, entaillée par le Cauca et le Magdalena, qui délimitent de hauts plateaux, sépare le littoral, marécageux et insalubre, de l'Est, région amazonienne couverte de forêts et de savanes. La population, aux métis dominent, se concentre dans la région andine, partie vitale du pays : l'agriculture s'étage ici en fonction de l'altitude (coton et surtout café, principal article d'exportation, au-dessous de 2 000 m; céréales et élevage bovin jusqu'à plus de 3 000 m). Le sous-sol fournit de l'or, du platine, du charbon et surtout du pétrole. Une part notable du commerce extérieur se fait avec les États-Unis, par les ports de Buenaventura et Barranquilla (quatrième ville du pays, après Bogotá, Cali et Medellín).

HISTOIRE

— 1536-1539 : conquête du pays (Nouvelle-Grenade) par Gonzalo Jiménez de Quesada. Rattachement à la vice-royauté de Lima.
— 1717 : création du vice-royaume de la Nouvelle-Grenade, qui exporte vers la métropole des métaux précieux.
— 1809 : le vice-roi accepte d'être flanqué d'une junte consultative.
— 1810-1815 : révoltes armées, qui échouent.
— 1819 : Bolívar (victoire de Boyacá) s'empare de la Nouvelle-Grenade. Congrès d'Angostura : la Colombie entre dans une fédération des États du nord de l'Amérique.

— 1821 : congrès de Cúcuta; formation de la Grande-Colombie (Colombie, Venezuela, Équateur).
— 1830 : la Grande-Colombie éclate; la Colombie trouve son autonomie.
— 1832-1837 : présidence autoritaire de Francisco de Paula Santander.
— 1837-1861 : conservateurs puis libéraux au pouvoir se heurtent aux divisions internes.
— 1861-1864 : présidence de Tomás Cipriano de Mosquera, qui confisque les biens de l'Église. Constitution fédérale.
— 1880-1930 : les conservateurs et les oligarchies au pouvoir.
— 1883 : un concordat ramène la paix religieuse.
— 1886 : Constitution unitaire.
— 1903 : la Colombie perd Panamá.
— 1930-1948 : les libéraux au pouvoir; échec du réformisme.
— 1948 : insurrection populaire à la suite de l'assassinat du leader libéral marxisant Jorge Eliecer Gaitán. Dix ans d'anarchie.
— 1958 : arrivée au pouvoir du Front national, qui portera à la présidence, alternativement, un libéral et un conservateur. Guérilla d'inspiration castriste.
— 1970 : montée de l'Alliance nationale populaire, d'inspiration populiste.
— 1974 : l'élection d'Alfonso López Michelsen, candidat libéral, à la présidence de la République, marque la fin de l'accord du Front national et du principe de l'alternance au pouvoir.
— 1978 : Julio Cesar Turbay, président.

COLOMBIE BRITANNIQUE, prov. de l'ouest du Canada, en bordure du Pacifique; 948 596 km²; 2 466 608 h. Cap. *Victoria*. L'exploitation de la forêt et du sous-sol (charbon, cuivre, zinc, plomb), les aménagements hydroélectriques, favorisés par le relief montagneux, alimentent une industrie développée (papeterie, électrométallurgie et électrochimie, etc.), surtout à Vancouver, dont l'agglomération regroupe la moitié de la population provinciale.

Colombine, personnage de la comédie italienne, soubrette à l'esprit vif.

COLOMBO ou **KOLAMBA**, cap. de Sri Lanka, sur la côte ouest de l'île; 618 000 h. Port.

COLOMIERS [-mje] (31770), comm. de la Haute-Garonne, banlieue de Toulouse; 20 275 h. Constructions aéronautiques.

COLÓN, anc. **Aspinwall**, v. de la république de Panamá, dans une enclave de la zone du Canal; 68 000 h. Port sur l'Atlantique.

COLONE, bourg de l'Attique, patrie de Sophocle, où il a situé son *Œdipe à Colone*.

Colonel Chabert (le), roman de Balzac (1832).

COLONNA, famille romaine qui a fourni un pape (Martin V), des cardinaux, des condottieri, du XIIIe au XVIIe s.

COLONNE (Édouard), chef d'orchestre français, né à Bordeaux (1838-1910), fondateur du Concert national (1873), qui portera plus tard son nom.

Colonnes d'Hercule, nom donné par les Romains dans l'Antiquité aux monts Calpé (Europe) et Abyla (Afrique), situés de chaque côté du détroit de Gibraltar.

COLOPHON, cité ionienne de l'Asie Mineure ancienne.

COLORADO (rio), fl. des États-Unis, qui prend sa source dans les Rocheuses et traverse l'aride *plateau du Colorado*, tributaire du golfe de Californie; 2 250 km. Une partie de son cours est encaissée dans de profonds cañons. — Fl. de l'Argentine, né dans les Andes, qui rejoint l'Atlantique; 1 300 km. — Fl. des États-Unis (Texas), aboutissant au golfe du Mexique; 1 400 km.

COLORADO, un des États unis d'Amérique, dans les Rocheuses; 270 000 km²; 2 357 000 h. Cap. *Denver*.

COLORADO SPRINGS, v. des États-Unis (Colorado); 135 000 h. Centre touristique. École et base de l'armée de l'air américaine.

COLOT, nom d'une famille de chirurgiens français illustres au XVIe s. et au XVIIe s.

COLTRANE (William John), saxophoniste de

jazz noir américain, né à Hamlet (Caroline du Nord) [1926-1967]. Son style véhément et incantatoire influença les meilleurs représentants du free jazz.

COLUMBIA, anc. **Oregon**, fl. de l'Amérique du Nord, né dans les Rocheuses canadiennes, qui rejoint le Pacifique, en aval de Portland; 1 953 km. Aménagements hydroélectriques.

COLUMBIA, v. des États-Unis, cap. de la Caroline du Sud; 114 000 h.

COLUMBIA (district de), district fédéral des États-Unis; 174 km²; 748 000 h. Cap. *Washington*.

Columbia (université), université située à New York et fondée en 1912.

COLUMBUS, v. des États-Unis, cap. de l'Ohio; 540 000 h. Université. — V. des États-Unis (Géorgie); 154 000 h.

COLUMELLE, écrivain latin du Ier s., auteur d'un traité d'agronomie.

COMANCHES, Indiens de l'Amérique du Nord (Oklahoma).

COMBARELLES (les), grotte de la comm. des Eyzies-de-Tayac-Sireuil (Dordogne). Important ensemble de gravures pariétales du magdalénien.

COMBEAUFONTAINE (70120), ch.-l. de c. de la Haute-Saône; 366 h.

COMBE DE SAVOIE, partie nord du Sillon alpin, au pied des Bauges.

COMBES (Émile), homme politique français, né à Roquecourbe (1835-1921). Président du Conseil de 1902 à 1905, il pratiqua une politique résolument anticléricale (expulsion des congrégations religieuses) et proposa la loi de séparation des Églises et de l'État.

le **Colorado** en Utah

Everts-Rapho

COMBLES (80360), ch.-l. de c. de la Somme; 669 h.

COMBLOUX (74700 Sallanches), comm. de la Haute-Savoie; 1219 h. Station de sports d'hiver (alt. 1 000-1 760 m).

COMBOURG (35270), ch.-l. de c. d'Ille-et-Vilaine; 4719 h. Château (XIe-XVe s.) où Chateaubriand passa une partie de sa jeunesse.

COMBRAILLE ou **COMBRAILLES** (la), plateau du nord du Massif central. Forêts. Élevage.

COMBRONDE (63460), ch.-l. de c. du Puy-de-Dôme; 1949 h.

COMBS-LA-VILLE [kõb-] (77380), comm. de Seine-et-Marne, sur l'Yerres; 11 100 h.

CÔME, en ital. **Como**, v. d'Italie (Lombardie), sur le lac du même nom; 100 000 h. Cathédrale (XIVe-XVIIIe s.). — Le *lac de Côme* (146 km²) est traversé par l'Adda.

CÔME (ou **COSME**) et **DAMIEN** (saints), martyrs (date indéterminée). Patrons des médecins et des chirurgiens.

Comecon, sigle de *Council for Mutual Economic Assistance*, qui désigne le CONSEIL DE L'AIDE ÉCONOMIQUE MUTUELLE, organisme créé en 1949, regroupant l'U. R. S. S., la plupart des États européens de type socialiste, ainsi que la Mongolie, Cuba et le Viêt-nam.

Comédie humaine *(la),* titre général sous lequel Balzac a réuni ses romans à partir de l'édition de 1842.

Comédie-Française, théâtre national situé, depuis 1804, rue de Richelieu, à Paris, dans une dépendance du Palais-Royal, et où l'on joue le répertoire classique. La Comédie-Française a été fondée en 1680 par Louis XIV, qui ordonna la fusion de la troupe de Molière avec les acteurs du Marais et de l'Hôtel de Bourgogne.

Comédie-Italienne, troupes d'acteurs italiens qui jouèrent à Paris du XVIᵉ au XVIIIᵉ s., et qui finirent par fusionner en 1762 avec l'Opéra-Comique.

Comédies et proverbes, titre général sous lequel sont réunies les pièces d'Alfred de Musset, dont les principales sont *les Caprices de Marianne, Fantasio, On ne badine pas avec l'amour, Lorenzaccio.*

COMENIUS, nom latin de Jan Amos **Komenský,** humaniste tchèque, né près d'Uherský Brod (Moravie) [1592-1670]. Défenseur des idées de la Réforme, il est considéré comme un des précurseurs de la pédagogie active.

entrée du château de **Compiègne**

Auguste **Comte**
par Antoine Étex
Philippe
de **Commynes**

COMINES (59560), comm. du Nord, sur la Lys; 10 485 h. *(Cominois).* Centrale thermique.

COMINES, en néerl. **Komen,** comm. de Belgique (Hainaut), sur la Lys, qui la sépare de la commune française de ce nom; 18 500 h.

COMINES (Philippe DE) → COMMYNES.

Comité international olympique (C.I.O.), organisme chargé notamment du choix du siège des jeux Olympiques et des sports pratiqués.

Comité de salut public, organisme créé par la Convention, le 6 avril 1793, afin de surveiller et d'accélérer l'action des ministres et de prendre dans les circonstances urgentes des mesures de défense générale intérieure et extérieure. Il disparut en octobre 1795.

Comité de sûreté générale, organisme créé par la Convention en 1792 pour diriger la police révolutionnaire. Il fut supprimé lors de l'installation du Directoire (1795).

COMMAGÈNE, anc. pays du nord-est de la Syrie érigé en royaume indépendant au IIᵉ s. av.

J.-C. Les Romains y imposèrent leur protectorat (64 av. J.-C.).

COMMANDEUR *(îles du),* archipel soviétique à l'est du Kamtchatka.

Comme il vous plaira, comédie en 5 actes de Shakespeare (v. 1599).

Commentaires, de César. Mémoires historiques du dictateur sur la guerre des Gaules et sur la guerre civile (Iᵉʳ s. av. J.-C.).

COMMENTRY (03600), ch.-l. de c. de l'Allier; 10 203 h. *(Commentryens).* Métallurgie. Chimie. Aliments du bétail.

COMMERCY (55200), ch.-l. d'arr. de la Meuse, sur la Meuse; 8 180 h. *(Commerciens).* Château du XVIIIᵉ s. Métallurgie. Spécialité de madeleines.

COMMINES (Philippe DE) → COMMYNES.

COMMINGES (le), anc. pays de France, entre l'Armagnac et les Pyrénées.

Commissariat à l'énergie atomique (C.E.A.), établissement public créé en 1945 et ayant pour but de poursuivre toute recherche scientifique et technique en vue de l'utilisation de l'énergie nucléaire dans les divers domaines de la science, de l'industrie et de la défense nationale.

COMMODE, en lat. **Marcus Aurelius Commodus,** né à Lanuvium (161-192), empereur romain (180-192), fils de Marc Aurèle. Son incapacité et ses excès furent tels qu'il fut assassiné.

Commonwealth, ensemble des territoires unis par une commune allégeance à la couronne britannique ou par la reconnaissance du souverain de Grande-Bretagne comme chef du Commonwealth.
Outre le Royaume-uni, les États indépendants suivants appartiennent au Commonwealth : l'Australie, les Bahamas, le Bangladesh, la Barbade, le Botswana, le Canada, Chypre, la Dominique, les Fidji, la Gambie, le Ghana, Grenade, la Guyana, l'Inde, la Jamaïque, le Kenya, Kiribati, le Lesotho, le Malawi, la Malaysia, Malte, l'île Maurice, Nauru, le Nigeria, la Nouvelle-Zélande, l'Ouganda, la Papouasie-Nouvelle-Guinée, Sainte-Lucie, Saint-Vincent, les Salomon, les Samoa occidentales, les Seychelles, la Sierra Leone, Singapour, Sri Lanka, le Swaziland, la Tanzanie, les Tonga, Trinité et Tobago, Tuvalu, Vanuatu, la Zambie, le Zimbabwe.

Communauté, association remplaçant l'Union française, formée en 1958 par la France, les départements et les territoires d'outre-mer, et divers États d'Afrique, anc. dépendances françaises.

Communauté économique européenne (C.E.E.), association conclue en 1957 entre l'Allemagne (République fédérale), la Belgique, la France, l'Italie, le Luxembourg et les Pays-Bas, en vue de l'établissement progressif d'une union douanière et d'un marché commun. En 1973, la Grande-Bretagne, l'Irlande et le Danemark ont été intégrés à la C.E.E. En 1981, la Grèce, à son tour, adhère à la C.E.E.

Communauté européenne du charbon et de l'acier (C.E.C.A.), association conclue en 1951 entre l'Allemagne fédérale, la Belgique, la France, l'Italie, le Luxembourg et les Pays-Bas, en vue de l'établissement d'un marché commun du charbon et de l'acier.

Communauté européenne de l'énergie atomique (Euratom), association conclue en 1957 entre l'Allemagne (République fédérale), la Belgique, la France, l'Italie, le Luxembourg et les Pays-Bas, en vue de développer les industries nucléaires d'une façon coordonnée et harmonieuse.

Commune de Paris, gouvernement municipal de Paris de 1789 à 1794. À la commune légale se substitua, le 10 août 1792, une commune insurrectionnelle sur laquelle s'appuyèrent les Jacobins.

Commune de Paris (la), tentative révolutionnaire (18 mars - 27 mai 1871), faite par les milieux ouvriers, pour assurer, dans un cadre municipal et sans recours à l'État, la gestion des affaires publiques. Installée à Paris après la levée du siège de la ville par les Prussiens, la Commune

fut renversée à la suite d'un nouveau siège de la capitale par l'armée régulière du gouvernement de Thiers, fixé provisoirement à Versailles. La répression fut très brutale.

communes *(Chambre des)* → CHAMBRE DES COMMUNES.

COMMUNISME *(pic),* anc. **pic Staline,** point culminant de l'U.R.S.S. (Tadjikistan), dans le Pamir; 7 495 m.

COMMYNES, COMMINES ou **COMINES** (Philippe DE), chroniqueur français, né à Renescure, près d'Hazebrouck (v. 1447-1511), auteur de *Mémoires* sur les règnes de Louis XI et de Charles VIII (1464-1498).

COMNÈNE, famille byzantine qui a donné de nombreux dignitaires byzantins et six empereurs d'Orient : ISAAC Iᵉʳ, de 1057 à 1059; — ALEXIS Iᵉʳ, de 1081 à 1118; — JEAN II, de 1118 à 1143; — MANUEL Iᵉʳ, de 1143 à 1180; — ALEXIS II, de 1180 à 1183; — ANDRONIC Iᵉʳ, de 1183 à 1185.

COMODORO RIVADAVIA, v. de l'Argentine, en Patagonie; 73 000 h. Pétrole et gaz naturel.

COMORES *(République fédérale et islamique des),* État de l'océan Indien, au nord-ouest de Madagascar. Il comprend les îles de Ngazidja (anc. Grande Comore), Moili (anc. Mohéli) et de Ndzouani (anc. Anjouan) [la quatrième île de l'archipel des Comores, Mayotte, a choisi, en 1976, le maintien dans le cadre français]; 1 797 km²; 330 000 h. *(Comoriens).* Cap. *Moroni.* La population, composée d'éléments variés, est musulmane. Production de vanille, de coprah, d'huiles essentielles. Devenues protectorat français en 1886, les Comores acquièrent leur autonomie administrative en 1946, confirmée le référendum de 1958. Enfin, en décembre 1974, la majorité de la population se prononça pour l'indépendance de l'archipel, qui fut proclamée unilatéralement en 1975.

COMORIN *(cap),* cap du sud de l'Inde.

COMOTINI → KOMOTINÍ.

Compagnie de Jésus → JÉSUS *(Compagnie de).*

Compagnie du Saint-Sacrement → SAINT-SACREMENT *(Compagnie du).*

Compagnies *(Grandes),* bandes de soldats mercenaires, souvent étrangers, qui, dans les intervalles plus ou moins longs séparant les épisodes principaux de la guerre de Cent Ans, ravagèrent la France. Du Guesclin en débarrassa le royaume.

COMPANYS (Lluís), homme politique catalan, né à Tarrós (prov. de Lérida) [1883-1940]. Il proclama en 1934 la souveraineté de la Catalogne au sein de la République fédérale espagnole.

COMPIÈGNE (60200), ch.-l. d'arr. de l'Oise, sur l'Oise; 40 720 h. *(Compiégnois).* Verrerie. Industrie chimique. Le château, reconstruit pour Louis XV sur les plans de Gabriel, fut la résidence préférée de Napoléon III. Il abrite de beaux appartements, un musée du second Empire et un musée de la Voiture et du Tourisme. Autres musées dans la ville. — Une résidence royale apparut ici dès le VIᵉ s. Charles V, encore dauphin, tint à Compiègne des états généraux en 1358. Jeanne d'Arc y fut faite prisonnière par les Bourguignons en 1430. Pendant l'Occupation (1940-1944), les Allemands avaient installé près de Compiègne un camp de transit de détenus politiques. Les armistices de 1918 et de 1940 furent signés sur le territoire de Compiègne, à proximité de Rethondes. — La *forêt domaniale de Compiègne,* entre les vallées de l'Aisne, de l'Oise et de l'Automne, s'étend sur 14 450 ha.

COMPOSTELLE (Saint-Jacques-de-) → SAINT-JACQUES-DE-COMPOSTELLE.

COMPS-SUR-ARTUBY (83840), ch.-l. de c. du Var; 206 h.

COMPTON (Arthur Holly), physicien américain, né à Wooster (Ohio) [1892-1962]. Il a découvert en 1923 l'accroissement de longueur d'onde des rayons X diffusés par des atomes légers *(effet Compton).* [Prix Nobel, 1927.]

COMPTON-BURNETT (Ivy), femme de lettres anglaise, née à Londres (1892-1969), peintre des passions cachées de la haute société du début du siècle *(la Chute des puissants).*

place de la **Concorde**, à Paris

Condillac

Condorcet

Condé, né à Paris (1621-1686), petit-fils du précédent. Encore duc d'Enghien, il s'illustra contre les Espagnols, par les victoires de Rocroi (1643), de Fribourg (1644), de Nördlingen (1645) et de Lens (1648). Après avoir pris part aux troubles de la Fronde et s'être un moment allié aux Espagnols, il fut remis en possession de son commandement lors du traité des Pyrénées

portrait allégorique du Grand **Condé** par Nicolas Eude

(1659) et se distingua durant les guerres de Dévolution et de Hollande. Bossuet prononça son oraison funèbre.
CONDÉ (Louis Joseph, *prince* DE), né à Paris (1736-1818). L'un des premiers à avoir émigré (dès 1789), il organisa en 1792 l'armée contre-révolutionnaire, dite «armée de Condé».
CONDÉ (Louis Antoine Henri DE), **duc d'Enghien**, né à Chantilly (1772-1804), petit-fils du précédent. Il émigra en 1789. Bonaparte le fit enlever en territoire allemand et transférer à Vincennes, où il fut fusillé.
CONDÉ-EN-BRIE (02330), ch.-l. de c. de l'Aisne; 653 h. Château des XVIe et XVIIIe s.
CONDÉ-SUR-L'ESCAUT (59163), ch.-l. de c. du Nord; 13 994 h. Anc. place forte.
CONDÉ-SUR-NOIREAU (14110), ch.-l. de c. du Calvados; 7 514 h. Constructions mécaniques.
CONDÉ-SUR-VIRE (50890), comm. de la Manche; 3 117 h. Laiterie.
CONDILLAC (Étienne BONNOT DE), philosophe français, né à Grenoble (1714-1780). Maître de l'école sensualiste, il est l'auteur du *Traité des sensations* (1754) et de la *Logique*, ouvrages influencés par le système de Locke. (Acad. fr.)
Condition humaine (la), roman d'A. Malraux (1933), où l'auteur décrit la défaite des révolutionnaires communistes à Chang-hai en 1927.
CONDOM [kɔ̃dɔ̃] (32100), ch.-l. d'arr. du Gers, sur la Baïse; 8 076 h. (*Condomois*). Anc. cathédrale du XVIe s. Eaux-de-vie. Bossuet fut évêque de Condom.
CONDORCET (Marie Jean Antoine CARITAT, *marquis* DE), mathématicien, philosophe, économiste et homme politique français, né à Ribemont (1743-1794). Président de l'Assemblée

COMTAT VENAISSIN, pays de l'anc. France, dans le Vaucluse. Il appartint aux papes, avec Avignon, de 1274 à 1791.
COMTE (Auguste), philosophe français, né à Montpellier (1798-1857), fondateur du positivisme. Son *Cours de philosophie positive* (1830-1842) est à l'origine d'un courant de pensée marquant du XIXe s. Il est considéré comme l'un des fondateurs de la sociologie.
Comte de Monte-Cristo (le), roman d'Alexandre Dumas père (1846).
CONAKRY, cap. de la Guinée, sur l'Atlantique; 197 000 h.
CONAN, nom d'un comte et de trois ducs de Bretagne au Moyen Âge (Xe-XIIe s.).
CONAN (Marie Louise Félicité ANGERS, dite **Laure**), femme de lettres canadienne d'expression française, née à La Malbaie (1845-1924).
CONCA-D'ORO (*canton de* **La**), canton de la Haute-Corse; ch.-l. *Oletta*.
CONCARNEAU (29110), ch.-l. de c. du Finistère; 19 040 h. (*Concarnois*). Remparts de la Ville-close (XVe-XVIIe s.). Port de pêche (thon). Conserveries. Station balnéaire.
CONCEPCIÓN, v. du Chili central; 178 000 h.
CONCHES-EN-OUCHE (27190), ch.-l. de c. de l'Eure; 3 785 h. Église Ste-Foy, des XVe et XVIe s. (vitraux).
Conciergerie, partie médiévale du Palais de Justice de Paris. Prison à partir de 1392, elle fut le lieu de nombreuses incarcérations en 1793-94.
CONCINI (Concino), aventurier italien, né à Florence (m. en 1617). Avec sa femme, Leonora Galigaï, il exerça une grande influence sur Marie de Médicis, qui le fit marquis d'Ancre et maréchal de France. Il se signala par son avidité et son incapacité, qui motivèrent plusieurs révoltes des Grands (traité de Loudun, 1616). Louis XIII, conseillé par de Luynes, le fit arrêter. Comme il résistait, il fut tué; son épouse, accusée de sorcellerie, fut décapitée, puis brûlée.
Concorde (*place de la*), à Paris, anc. *place Louis-XV*, à l'entrée des Champs-Élysées. Les bâtiments qui la bordent au nord sont l'œuvre de J.-A. Gabriel. L'obélisque de Louqsor y a été érigé en 1836.
CONDAMINE (la), quartier commerçant et port de la principauté de Monaco.
CONDAT (15190), ch.-l. de c. du Cantal; 1 626 h.
Condé (*maison de*), branche collatérale de la maison de Bourbon.
CONDÉ (Louis Ier DE BOURBON, *prince* DE), né à Vendôme (1530-1569), premier prince de Condé, oncle d'Henri IV, chef des calvinistes, assassiné à la bataille de Jarnac.
CONDÉ (Henri Ier DE BOURBON, *prince* DE), né à La Ferté-sous-Jouarre (1552-1588), fils du précédent. Chef du parti protestant, il fut éclipsé par Henri de Navarre (Henri IV).
CONDÉ (Louis II, *prince* DE), dit **le Grand**

législative (1791), puis député à la Convention (1792), il présenta un plan grandiose d'instruction publique. Arrêté comme Girondin, il s'empoisonna. Il avait composé dans sa prison une *Esquisse d'un tableau historique des progrès de l'esprit humain*. (Acad. fr.)
CONDRIEU (69420), ch.-l. de c. du Rhône, près du Rhône; 3 190 h. (*Condriots*). Vins.
CONDROZ [-dro] (le), région de Belgique entre la Meuse, l'Ourthe et la Lesse. (Hab. *Condrusiens*.)
CONDYLIS → KONDÝLIS.
Confédération de l'Allemagne du Nord, union voulue par Bismarck après Sadowa et qui succéda à la Confédération germanique (1866-1871).
Confédération athénienne, organisation groupant des cités grecques sous la direction d'Athènes, une première fois (ligue de Délos) de 476 à 404 av. J.-C., une seconde fois de 378 à 338 av. J.-C.
Confédération française démocratique du travail ou **C.F.D.T.,** organisation syndicale française issue, en 1964, de la majorité de la C.F.T.C., désireuse de déconfessionnaliser les statuts de cette centrale.
Confédération française des travailleurs chrétiens ou **C.F.T.C.,** organisation syndicale française, créée en 1919, se réclamant de la doctrine sociale chrétienne.
Confédération générale de l'agriculture ou **C.G.A.,** association française créée en 1945 et groupant des organisations agricoles.
Confédération générale des cadres ou **C.G.C.,** organisation syndicale française créée en 1944.
Confédération générale du travail ou **C.G.T.,** organisation syndicale française créée en 1895. Après la scission de 1921 (création de la *Confédération générale du travail unitaire* ou *C.G.T.U.*), elle ne retrouva son unité qu'en 1936. Mais, en 1947-48, une nouvelle scission provoqua la création de la C.G.T.-F.O.
Confédération générale du travail-Force ouvrière ou **C.G.T.-F.O.,** organisation syndicale française issue, en 1948, d'une scission de la C.G.T.
Confédération germanique, union des États allemands instaurée par le congrès de Vienne (1815), sous la présidence honorifique de l'empereur d'Autriche. Son but était d'empêcher la réalisation de l'unité allemande au profit de la Prusse. La victoire prussienne de Sadowa (1866) marqua son échec et sa fin.
Confédération internationale des syndicats libres ou **C.I.S.L.,** organisation constituée en 1949 par les syndicats qui avaient quitté la Fédération syndicale mondiale.
Confédération du Rhin, union politique de princes et de rois allemands — seize à l'origine —, que Napoléon plaça sous sa protection en 1806. Leur diète siégeait à Francfort. Elle ne survécut pas à la défaite française de Leipzig (1813).
Confession d'Augsbourg → AUGSBOURG.
Confessions, de saint Augustin. L'auteur y décrit son évolution religieuse jusqu'à sa conversion (387).
Confessions, de J.-J. Rousseau, autobiographie, publiée après sa mort, en 1782 et 1789.
CONFLANS [-flɑ̃] ou **CONFLANS L'ARCHEVÊQUE,** section de la commune de Charenton-le-Pont (Val-de-Marne). À partir du confluent de la Seine et de la Marne. En 1465, Louis XI y conclut un traité qui mit fin à la *Ligue du bien public*.
CONFLANS-EN-JARNISY (54800 Jarny), ch.-l. de c. de Meurthe-et-Moselle, sur l'Orne; 2 601 h.
CONFLANS-SAINTE-HONORINE (78700), ch.-l. de c. des Yvelines, au confluent de l'Oise et de la Seine; 31 069 h. (*Conflanais*). Port fluvial. Musée de la Batellerie. Câbles électriques.
CONFLENT (le), région des Pyrénées-Orientales (moyenne vallée de la Têt, entre Mont-Louis et Prades).

CONFOLENS [-lã] (16500), ch.-l. d'arr. de la Charente, au confluent du Goire et de la Vienne; 3 200 h. (Confolentais). Monuments des XIe-XVe s. Marché.

Confrérie de la Passion, au Moyen Âge, la plus célèbre des associations consacrées à la représentation des mystères.

CONFUCIUS, en chinois **K'ong-tseu** ou **Kongzi** ou **K'ong-fou-tseu** ou **Kongfuzi,** lettré et philosophe de la Chine (v. 551-479 av. J.-C.). Sa philosophie est surtout morale et politique. Sa préoccupation majeure est de faire régner l'ordre dans l'État en formant des hommes qui vivent en conformité avec la vertu dont il fait la valeur suprême de son éthique.
Son œuvre est à l'origine d'un des principaux courants de pensée chinois : le confucianisme. Ce système a servi de référence à des lettrés et à des hommes politiques chinois jusqu'à nos jours.

CONGAR (Yves), dominicain et théologien français, né à Sedan en 1904. Il est l'auteur de travaux sur l'ecclésiologie et l'œcuménisme.

CONGO, fleuve d'Afrique → ZAÏRE.

CONGO (république démocratique du), dite **Congo-Kinshasa,** anc. **Congo belge,** anc. État de l'Afrique équatoriale, englobant la majeure partie du bassin du Congo et portant depuis 1971 le nom de Zaïre*.

CONGO (république populaire du), État de l'Afrique équatoriale, indépendant depuis 1960; 342 000 km²; 1 460 000 h. (Congolais). Cap. Brazzaville. Langue officielle : français.

GÉOGRAPHIE
Chevauchant l'équateur, le pays est partiellement recouvert par la forêt dense, qui lui fournit ses principales ressources (bois précieux et bois d'œuvre). Les cultures, variées, n'ont qu'une importance secondaire. Les principales ressources du sous-sol sont les diamants et

surtout le pétrole. Les échanges commerciaux passent en majeure partie par le port de Pointe-Noire.

HISTOIRE
— 1891 : la colonie du Moyen-Congo est créée dans le cadre du Congo français. Début d'un système d'exploitation concessionnaire.
— 1910 : intégration dans l'A.-É.-F.
— 1928-1935 : révolte du pays baya contre l'oppression coloniale.
— 1940 : le gouverneur Félix Éboué rallie la France libre.
— 1956 : l'abbé Fulbert Youlou fonde l'Union démocratique de défense des intérêts africains (U.D.D.I.A.).
— 1958 : création de la république du Congo.
— 1959 : Fulbert Youlou, président.
— 1960 : indépendance du pays.
— 1963 : Alphonse Massemba-Débat écarte F. Youlou et choisit l'option socialiste.
— 1969 : Marien Ngouabi, président.
— 1970 : le Congo devient une république populaire de tendance marxiste.
— 1977 : assassinat de M. Ngouabi.
— 1979 : le colonel Nguesso, chef de l'État.

CONGO (royaume du), anc. royaume africain aux confins du bas Congo et de l'Angola septentrional; fondé au XIVe s., il disparut en 1665 après l'arrivée des Portugais.

Congo-Océan, ligne de chemin de fer reliant Brazzaville à Pointe-Noire; 511 km.

CONGREVE (William), écrivain anglais, né à Bardsey, près de Leeds (1670-1729), auteur de drames héroïques et de comédies (Ainsi va le monde) qui réagissent contre l'austérité puritaine.

CONGREVE (sir William), officier britannique, né à Woolwich (1772-1828). Il inventa en 1804 des fusées qui portent son nom et fut l'initiateur de l'éclairage des villes par le gaz.

CONI → CUNEO.

CONLIE (72240), ch.-l. de c. de la Sarthe; 1 485 h.

CONLIÈGE (39000 Lons le Saunier), ch.-l. de c. du Jura; 847 h.

CONNACHT ou **CONNAUGHT,** prov. d'Irlande.

CONNANTRE (51230 Fère Champenoise), comm. de la Marne; 1 427 h. Sucrerie.

CONNECTICUT (le), fl. de l'est des États-Unis, qui rejoint la baie de Long Island; 553 km.

Joseph
Conrad

Confucius

Almasy

CONNECTICUT, un des États unis d'Amérique (Nouvelle-Angleterre); 12 973 km²; 3 082 000 h. Cap. Hartford.

CONON, général athénien (v. 444-390 av. J.-C.). Responsable de la défaite de l'Aigos-Potamos (405), il battit la flotte lacédémonienne près de Cnide (394 av. J.-C.).

CONON de Béthune, trouvère artésien (v. 1150-1219). Il joua un rôle important dans la quatrième croisade et fut régent de l'Empire latin d'Orient. Il est l'auteur de chansons courtoises.

CONQUES (12320 St Cyprien sur Dourdou), ch.-l. de c. de l'Aveyron, près du Dourdou, affl. du Lot; 432 h. Église abbatiale Ste-Foy, reconstruite au XIe s., dont le trésor renferme de rares orfèvreries du Moyen Âge.

CONQUES-SUR-ORBIEL (11600), ch.-l. de c. de l'Aude; 1 692 h.

CONQUET (Le) [29217], comm. du Finistère; 1 881 h. Pêche. Station balnéaire.

CONRAD Ier (m. en 918), roi de Germanie de 911 à 918. — CONRAD II le Salique (v. 990-1039), roi de Germanie en 1024, roi d'Italie en 1026, empereur de 1027 à 1039, fondateur de la dynastie franconienne. — CONRAD III DE HOHENSTAUFEN (v. 1093-1152), empereur germanique de 1138 à 1152. — CONRAD IV DE HOHENSTAUFEN, né à Andria (1228-1254), empereur germanique en 1250. Il régna aussi sur la Sicile (1250-1254) et fut roi titulaire de Jérusalem (1228-1254). — CONRAD V ou CONRADIN, né à Wolfstein (1252-1268), fils du précédent, roi de Sicile (1254-1268) et roi titulaire de Jérusalem (1254-1268). C'est le dernier des Hohenstaufen.

CONRAD Ier (v. 1145-1192), marquis de Montferrat (1188-1192), seigneur de Tyr et roi de Jérusalem (1192). Il délivra Tyr, assiégée par Saladin, et fut tué par les ismaéliens.

CONRAD (Józef Konrad KORZENIOWSKI, dit **Joseph**), romancier anglais, d'origine polonaise, né à Berditchev (1857-1924), auteur de romans d'aventures (Lord Jim, 1900; Typhon, 1903).

CONRAD VON HÖTZENDORF (Franz,

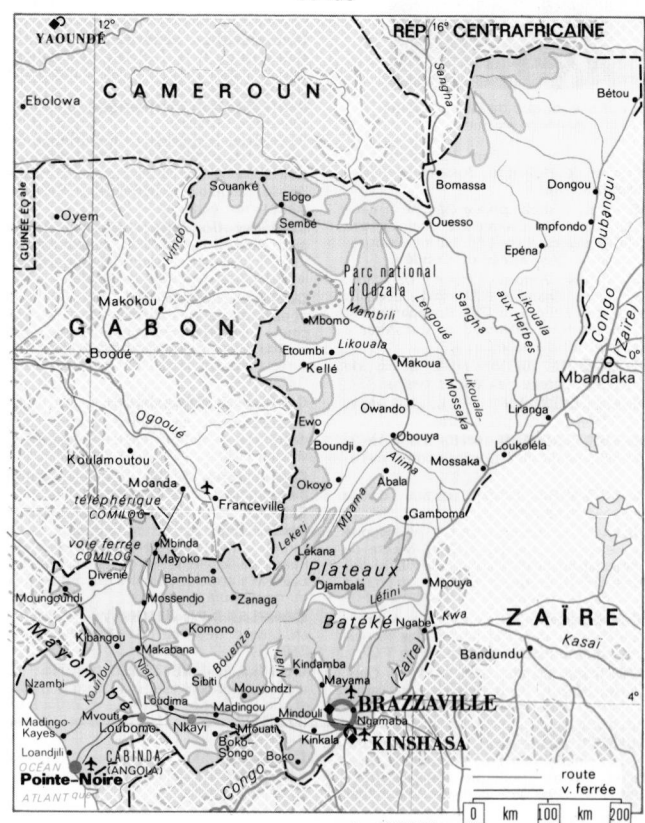

CONGO

route
v. ferrée

courbes : 200 500 1000 m

comte), feld-maréchal autrichien, né à Penszing (1852-1925), chef de l'état-major austro-hongrois de 1906 à 1911, puis de 1912 à 1917.

CONRART (Valentin), écrivain français, né à Paris (1603-1675). Il fut le premier secrétaire perpétuel de l'Académie française.

CONSALVI (Ercole), cardinal italien, né à Rome (1757-1824). Secrétaire d'État de Pie VII (1800), il négocia le Concordat avec Bonaparte (1801).

CONSCIENCE (Hendrik), écrivain belge d'expression néerlandaise, né à Anvers (1812-1883),

Constable
*la Barque en construction
dans les environs
du moulin de Flatford (1815)*

Victoria and Albert Museum

auteur de romans de mœurs et de récits historiques (*le Lion de Flandre*, 1838).

Conseil des Anciens → ANCIENS (*Conseil des*).

Conseil des Cinq-Cents → CINQ-CENTS (*Conseil des*).

Conseil constitutionnel, organisme créé en 1958 pour veiller à la régularité des élections et des opérations de référendum, à la conformité à la Constitution des lois, des lois organiques et et du règlement intérieur du Parlement, ainsi qu'au respect du caractère législatif ou réglementaire des textes qui lui sont soumis. Il est composé de neuf membres, nommés pour neuf ans, et des anciens présidents de la République.

Conseil économique et social, organisme consultatif créé en 1958, qui est saisi, pour avis, des projets de lois ou de plans à caractère économique ou social.

Conseil d'État, juridiction suprême de l'ordre administratif, comme juge d'appel ou de cassation des décisions de certaines juridictions, connaissant aussi des recours pour excès de pouvoir dirigés contre les actes administratifs. Ses attributions consistent également à donner un avis préalable sur certains décrets du gouvernement, ainsi que sur le texte des projets de lois.

Conseil de l'Europe, organisme de coopération intereuropéenne institué en 1949 et dont le siège est à Strasbourg.

Conseil européen, assemblée des chefs de gouvernement (ou d'État) des neuf pays membres de la Communauté économique européenne. Il a été institué en 1974.

Conseil national du patronat français ou **C.N.P.F.,** association groupant la plupart des organisations professionnelles patronales.

Conseil national de la Résistance ou **C.N.R.,** organisme fédérateur des mouvements de résistance*, réuni en 1943 sous la présidence de J. Moulin.

Conseil œcuménique des Églises, orga-

nisme créé en 1948 en vue de coordonner l'action de la plupart des confessions protestantes et des orthodoxes orientaux; son siège est à Genève. Des observateurs catholiques participent aux réunions périodiques de ce Conseil.

Conseil de la République, seconde chambre du Parlement français, dans la Constitution de 1946, qui fonda la IVe République.

Conseil de sécurité, organisme de l'Organisation des Nations unies chargé de la responsabilité du maintien de la paix.

Conseil supérieur de la magistrature, organisme présidé par le président de la République et ayant, notamment, des attributions consultatives en matière de recours concernant certaines peines.

Conservatoire national d'art dramatique, établissement d'enseignement situé à Paris. Il a été séparé en 1946 du Conservatoire national supérieur de musique.

Conservatoire national des arts et métiers, établissement d'enseignement supérieur technique, public, pour l'application des sciences à l'industrie, ainsi que laboratoire spécialisé pour les essais, les mesures et les étalonnages. Il est installé sous la Révolution dans l'ancien prieuré de St-Martin-des-Champs, à Paris. Un Musée national des techniques lui est annexé.

Conservatoire national supérieur de musique, établissement d'enseignement créé à Paris en 1795.

CONSIDÉRANT (Victor), philosophe et économiste français, né à Salins (Jura) [1808-1893]. Disciple de Fourier, il précisa la notion de droit au travail, qui devint l'une des revendications principales des socialistes français de 1848.

Considérations sur les causes de la grandeur des Romains et de leur décadence, par Montesquieu (1734). Essai historique qui explique, par des causes politiques et morales, l'évolution de la puissance romaine.

CONSIDÈRE (Armand), ingénieur français, né à Port-sur-Saône (1841-1914). Il fut l'un des pionniers de l'emploi des métaux dans la construction.

Conspiration des poudres, complot fomenté en Angleterre par certains catholiques pour faire échec à Jacques Ier et au Parlement (1605). Il échoua.

CONSTABLE (John), peintre anglais, né à East Bergholt (1776-1837). Romantique et réaliste, il est un des grands initiateurs du paysage moderne (*la Charrette à foin,* 1821, National Gallery).

CONSTANCE, en allem. **Konstanz,** v. d'Allemagne fédérale (Bade-Wurtemberg), sur le lac de Constance; 65 000 h. Concile œcuménique (1414-1418) qui mit fin au grand schisme d'Occident; Jan Hus y fut condamné.

CONSTANCE (*lac de*), en allem. **Bodensee,** lac formé par le Rhin, entre la Suisse, l'Autriche et l'Allemagne fédérale; 540 km².

CONSTANCE Ier CHLORE (v. 225-306), empereur romain d'Occident de 305 à 306, père de Constantin Ier. Il reconquit l'Angleterre.

CONSTANCE II, fils de Constantin Ier (317-361), empereur romain d'Orient de 337 à 361. Il régna seul à partir de 351. Comme son père, il favorisa le christianisme dans l'Empire; comme lui, il choisit Constantinople comme résidence. Il mourut en se portant contre Julien l'Apostat qui avait pris la pourpre.

CONSTANCE III, né à Naissus (auj. Niš) [m. en 421], empereur romain d'Occident en 421, associé à Honorius.

CONSTANT Ier (320-350), empereur romain d'Occident de 337 à 350. — CONSTANT II (630-668), empereur romain d'Orient de 641 à 668.

CONSTANT (Marius), compositeur et chef d'orchestre français, né à Bucarest en 1925, auteur de ballets (*Éloge de la folie, Nana*), de *24 Préludes pour orchestre*, de *Chants de Maldoror*, de *14 Stations*, de *Stress.*

CONSTANT DE REBECQUE (Benjamin), homme politique et écrivain français, né à Lausanne (1767-1830). Influent dans le parti libéral sous la Restauration, ami de Mme de Staël, il est célèbre pour son roman psychologique *Adolphe* (1816). Hostile au despotisme impérial, il rédigea l'Acte additionnel lors des Cent-Jours (1815); il accepta la monarchie restaurée, mais, leader des libéraux, il contribua à la révolution de 1830.

CONSTANȚA ou **CONSTANTZA,** principal port de Roumanie, sur la mer Noire; 257 000 h. Chantiers navals.

CONSTANTIN, né à Tyr (m. en 715), pape de 708 à 715.

CONSTANTIN Ier le Grand, en lat. **Caius Flavius Valerius Aurelius Constantinus,** né à Naissus (auj. Niš) [v. 280-337], empereur romain (306-337), fils de Constance Chlore. Proclamé empereur à la mort de son père, il lui fallut quinze années de lutte pour se débarrasser de ses compétiteurs (six en 310). Sa victoire contre Maxence sous les murs de Rome, en 312, décida du triomphe du christianisme; en 313, l'édit de Milan établit la liberté religieuse. En 325, Constantin se débarrassa de Licinius, rétablissant ainsi l'unité impériale. La même année, il convoqua un concile œcuménique à Nicée: considérant l'Église comme un des principaux soutiens de l'État, il intervint directement dans les questions religieuses. En 324-330, pour mieux surveiller la frontière du Danube et les Perses, il fonda une nouvelle Rome, Constantinople. Sous son règne, l'Empire prit la forme d'une monarchie de droit divin, centralisée, s'appuyant sur une société très hiérarchisée. — CONSTANTIN II *le Jeune,* né à Arles (316-340), empereur d'Occident (337-340), fils du précédent. — CONSTANTIN III (612-641), empereur d'Orient (641), fils d'Héraclius. — CONSTANTIN IV (654-685), empereur byzantin (668-685). — CONSTANTIN V *Copronyme* (718-775), empereur byzantin (740-775). Il combattit le culte des images. — CONSTANTIN VI *l'Isaurien* (771-805), empereur byzantin (780-797), fils de Léon IV et d'Irène. Il poursuivit la politique iconoclaste. — CONSTANTIN VII *Porphyrogénète* (905-959), empereur byzantin (912-959). Il subit d'abord l'autorité de son beau-père Romain Ier Lécapène et des fils de celui-ci, puis il régna seul après 945. Il est l'auteur, entre autres, du *Traité des cérémonies.* — CONSTANTIN VIII (v. 960-1028), empereur associé à Basile II de 961 à 1025, puis seul empereur de 1025 à 1028. — CONSTANTIN IX *Monomaque* (m. en 1055), empereur byzantin de 1042 à 1055. Il eut à combattre les Turcs Seldjoukides. — CONSTANTIN X *Doukas* (m. en 1067), empereur byzantin de 1059 à 1067. — CONSTANTIN XI *Paléologue,* dit *Dragasès* (v. 1405-1453), empereur byzantin (1449-1453). Il succomba en défendant Constantinople contre Mehmed II.

Constantin Ier
le Grand

Lauros-Giraudon

Benjamin **Constant**
par H. de Roches

Lauros-Giraudon

CONSTANTIN Ier, roi de Grèce, né à Athènes (1868-1923). Il succéda à son père Georges Ier en 1913. Son attitude hostile à l'Entente l'obligea à abdiquer dès 1917; à la mort de son fils Alexandre (1920), il remonta sur le trône, mais dut abdiquer de nouveau en 1922.

CONSTANTIN II, roi de Grèce, né à Psychikó, près d'Athènes, en 1940, fils et successeur (1964) de Paul Ier. Il s'exila en 1967 et fut déchu de son titre en 1974.

CONSTANTIN Pavlovitch, grand-duc de Russie, fils de Paul Ier, né à Tsarskoïe Selo (1779-1831). Commandant en chef de l'armée du royaume de Pologne et vice-roi, il céda ses droits au trône de Russie à son frère Nicolas Ier (1822). Cette renonciation, tenue secrète jusqu'en 1825, fut mise à profit par les décabristes.

CONSTANTINE, v. d'Algérie, ch.-l. de wilaya, au-dessus des gorges du Rummel ; 244 000 h. (*Constantinois*). C'est la *Cirta* antique. Musée archéologique. Université.

CONSTANTINOIS, région orientale de l'Algérie.

CONSTANTINOPLE, nom donné par Constantin à l'ancienne *Byzance*, appelée plus tard par les Turcs *Istanbul**. Fondée par Constantin en 324-330, résidence de l'empereur, siège du patriarcat œcuménique depuis 451, Constantinople devint rapidement la capitale politique, religieuse, intellectuelle de l'Empire byzantin. Port actif, elle attira de nombreuses colonies étrangères, surtout italiennes. Capitale de l'Empire latin de 1204 à 1261, elle résista aux Barbares, aux Arabes, aux Russes, mais tomba, le 29 mai 1453, aux mains des Turcs Ottomans, qui en firent leur capitale. Quatre conciles œcuméniques se tinrent à Constantinople (381, 553, 680-81, 869-70).

CONSTANTINOPLE (*détroit de*), anc. nom du *Bosphore**.

CONSTANTZA → CONSTANȚA.

constituante (*Assemblée nationale*) ou **Constituante**, nom que prirent les États généraux le 9 juillet 1789. Elle se sépara le 30 septembre 1791.

Constitution civile du clergé, nom donné au décret, voté par l'Assemblée constituante le 12 juillet 1790 et sanctionné par Louis XVI le 24 août, qui organisait le clergé séculier selon les normes de l'organisation administrative et dans une optique essentiellement gallicane. Ayant été condamnée par Pie VI le 10 mars 1791, elle provoqua un schisme de fait (prêtres constitutionnels; prêtres réfractaires).

CONSULAT, régime issu du coup d'État des 18 et 19 brumaire an VIII (9-10 nov. 1799) et qui prit fin le 18 mai 1804, lorsque le premier Consul, Napoléon Bonaparte, se fit proclamer empereur.

CONTAMINES-MONTJOIE (Les) [74190 Le Fayet], comm. de la Haute-Savoie, dans le massif du Mont-Blanc ; 853 h. Station de sports d'hiver (alt. 1 164-2 500 m).

CONTANT D'IVRY (Pierre CONTENT ou CONSTANT, dit), architecte français, né à Ivry (1698-1777). Dans le goût classique, il remania le Palais-Royal, à Paris, et donna les plans de l'abbatiale St-Vaast, à Arras.

CONTARINI, famille de Venise, qui a fourni huit doges à la République (XIe-XVIIe s.).

CONTÉ (Nicolas Jacques), chimiste et mécanicien français, né près de Sées (1755-1805), un des fondateurs du Conservatoire des arts et métiers. Il découvrit la plombagine artificielle pour la fabrication des crayons.

Contemplations (*les*), recueil de poésies de V. Hugo (1856), histoire de l'âme du poète. « C'est une âme qui se raconte dans ces deux volumes : *Autrefois*, *Aujourd'hui*. Un abîme les sépare », la mort de sa fille Léopoldine.

CONTES (06390), ch.-l. de c. des Alpes-Maritimes; 4 215 h. Cimenterie.

Contes, de La Fontaine (1665-1682), recueil de contes en vers, dans la tradition licencieuse de Boccace et des conteurs italiens.

Contes, de Ch. Perrault, publiés en 1697 sous le nom du fils de l'auteur, Perrault d'Armancour. L'ouvrage, connu aussi sous le titre de *Contes de ma mère l'Oye*, rassemble des récits en vers

James **Cook**
par A. Maurin

Copenhague
la place de l'Hôtel-de-Ville

et en prose, dont la plupart appartiennent à la tradition populaire (*Peau d'Âne, la Belle au bois dormant, le Petit Chaperon rouge, Barbe-Bleue, le Chat botté, Cendrillon, le Petit Poucet*).

Contes, de H. C. Andersen, publiés de 1835 à 1872. L'auteur reprend des thèmes folkloriques, des légendes locales ou des souvenirs personnels (*le Vilain Petit Canard, la Petite Sirène, la Petite Fille aux allumettes, le Vaillant Soldat de plomb, les Nouveaux Vêtements de l'empereur*).

Contes (*Trois*), de Flaubert → TROIS CONTES.

Contes de Cantorbéry, recueil de contes en vers de Chaucer (v. 1390), le premier chef-d'œuvre de la littérature anglaise.

Contes du chat perché, recueil de nouvelles de M. Aymé (1934).

Contes drolatiques, de H. de Balzac (1832-1837), écrits dans le style du XVIe s. et illustrés par G. Doré.

Contes des frères Sérapion, de E. T. A. Hoffmann (1819-1821), récits où l'imagination la plus fantastique se mêle au réalisme le plus minutieux (*Casse-Noisette et le roi des rats, les Mines de Falun*).

Contes d'Hoffmann (*les*), opéra fantastique en 3 actes, paroles de Michel Carré et Jules Barbier, musique de J. Offenbach (1881).

Contes du lundi, de A. Daudet (1873), récits inspirés, pour la plupart, par la guerre de 1870.

Contes de Noël, de Ch. Dickens (1843-1846), récits populaires par leur humour (*le Chant de Noël*) ou leur émotion (*le Grillon du foyer*).

Contes et nouvelles, de G. de Maupassant, publiés de 1880 à 1890. Ils mettent en scène des paysans normands, des petits bourgeois et relatent des épisodes de la guerre de 1870 (*la Maison Tellier, la Petite Roque, le Horla*).

CONTI ou **CONTY** (*maison de*), branche cadette de la maison de BOURBON-CONDÉ. Elle fut principalement représentée par ARMAND DE BOURBON, *prince de Conti*, né à Paris (1629-1666), frère du Grand Condé, qui prit part aux troubles de la Fronde et épousa une nièce de Mazarin.

contrat social (*Du*) ou *Principes du droit politique*, traité de J.-J. Rousseau (1762). L'auteur y résume sa théorie de la vie sociale et son idéal républicain : l'individu renonce à ses droits naturels au profit de l'État, qui assure le bien-être général et, par l'intermédiaire d'un législateur, concilie égalité et liberté. L'ouvrage inspira les Déclarations des droits de l'homme et du citoyen, principalement celle de 1793.

CONTRECŒUR, localité du Canada (Québec); 4 668 h. Sidérurgie.

Contre-Réforme, réforme catholique qui suivit, au XVIe s., la réforme protestante. Elle s'efforça de remédier aux abus dont souffrait alors l'Église.

CONTRES (41700), ch.-l. de c. de Loir-et-Cher; 2 811 h.

CONTREXÉVILLE (88140), comm. des Vosges, près de Vittel ; 4 598 h. Eaux minérales sulfatées calciques (lithiases et infections urinaires et biliaires, goutte). Base aérienne.

CONTY (80160), ch.-l. de c. de la Somme; 1 569 h. Église des XVe-XVIe s.

Convention nationale, assemblée révolutionnaire qui succéda à l'Assemblée législative le 21 septembre 1792, fonda la Ire République et gouverna la France jusqu'au 26 octobre 1795.

COOK (James), navigateur anglais, né à Marton 1728-1779). Au cours d'un premier voyage, il découvrit les îles de la Société et la Nouvelle-Zélande (1768-1771). Un deuxième voyage le mena jusque dans l'océan Antarctique. Un troisième (1776-1778) lui fit découvrir les îles Sandwich (Hawaii), où il fut tué au cours d'une rixe avec les indigènes.

COOK (*îles*), archipel d'Océanie, entre les îles Tonga et Tahiti, à 1 600 km au nord-est de la Nouvelle-Zélande, dont il constitue un territoire associé ; 241 km²; 21 000 h. Ch.-l. *Avarua*, dans l'île de Rarotonga.

COOK (*mont*), point culminant de la Nouvelle-Zélande, dans l'île du Sud; 3 764 m.

COOLIDGE (Calvin), homme d'État américain, né à Plymouth (Vermont) [1872-1933], président républicain des États-Unis de 1923 à 1929.

COOLIDGE (William David), physicien américain, né à Hudson (1873-1975). Il inventa le tube à rayons X à cathode incandescente.

COOPER (James Fenimore), romancier américain, né à Burlington (1789-1851), auteur de récits d'aventures, reconstitutions pittoresques des mœurs indiennes (*le Dernier des Mohicans*, 1826; *Tueur de daims*, 1841).

COPACABANA, quartier de Rio de Janeiro. Station balnéaire.

COPAÏS (*lac*), en gr. *Kôpais*, lac de l'anc. Béotie, auj. desséché.

COPÁN, site maya du Honduras, près de la frontière du Guatemala, abandonné vers le IXe s.

COPEAU (Jacques), acteur, directeur de théâtre et écrivain français, né à Paris (1879-1949). L'un des fondateurs de la *Nouvelle Revue française*, il créa le théâtre du Vieux-Colombier, où il renouvela la technique dramatique avant de se retirer en Bourgogne pour tenter de retrouver les sources d'un théâtre populaire, avec un groupe de disciples, les *Copiaux*.

COPENHAGUE, en danois **København**, cap. du Danemark, sur la côte est de l'île de Sjaelland, sur le Sund; 576 000 h. (1 383 000 avec les banlieues). Principal port danois, Copenhague, qui concentre plus du quart de la population du pays, est un important centre politique, intellectuel et industriel. Monuments des XVIIe-XIXe s. Musées. Copenhague devint la capitale du Danemark en 1443. Maîtresse du commerce balte, elle connut une grande prospérité au XVIIIe s. En 1801 et 1807, la ville fut bombardée par les Anglais, le Danemark ayant adhéré à la ligue des Neutres, puis étant devenu l'allié de Napoléon Ier.

COPERNIC (Nicolas), astronome polonais, né à Toruń (1473-1543). Il émit l'hypothèse du double mouvement des planètes, sur elles-mêmes et autour du Soleil, et publia quelques mois avant sa mort son traité *De revolutionibus orbium coelestium libri VI* (1543).

COPLAND (Aaron), compositeur américain, né à Brooklyn en 1900. De formation internationale, il s'exprime dans un langage néoclassique (*El Salón México*, pour orchestre, 1936; *Appalachian Spring*, ballet, 1944).

COPPÉE (François), poète français, né à Paris (1842-1908), peintre prosaïque de la vie du petit peuple *(les Humbles)*. [Acad. fr.]

Coppélia, ballet-pantomime en 2 actes et 3 tableaux, de Ch. Nuitter et A. Saint-Léon (d'après Hoffmann), musique de L. Delibes, chorégraphie de A. Saint-Léon (1870).

COPPER CLIFF, localité du Canada (Ontario). Métallurgie du nickel.

COPPET, village de Suisse (Vaud), sur la rive droite du lac Léman, non loin de Genève. Le château de Coppet a appartenu à Necker, puis à sa fille, Mme de Staël, qui y ont leurs tombeaux.

COPPI (Fausto), coureur cycliste italien, né à Castellania (1919-1960).

Coq d'or (le), dernier opéra de Rimski-Korsakov (1906-07), partition d'une somptueuse orchestration. — Ballet de Michel Fokine (1914), créé à Paris par les Ballets russes.

COQUILHATVILLE → MBANDAKA.

COQUILLE (Guy), jurisconsulte français, né à Decize (1523-1603), adversaire des Ligueurs.

COQUIMBO, port du Chili septentrional; 53 000 h.

CORAÏ ou **KORAÏS** (Adhamándios), écrivain et patriote grec, né à Smyrne (1748-1833). Il préconisa l'usage d'une langue nationale mi-populaire, mi-savante.

CORAIL *(mer de),* mer située entre l'Australie et la Mélanésie. Victoire aéronavale américaine sur les Japonais (1942).

CORALLI PERACINI (Jean), danseur et chorégraphe français, né à Paris (1779-1854), auteur, en collaboration avec Jules Perrot, de *Giselle ou les Wilis* (1841).

Coran (de l'arabe *qur'ān,* récitation), livre sacré des musulmans, parole d'Allâh transmise à Mahomet par l'archange Gabriel. Il est écrit en arabe et se compose de 114 chapitres, ou *surates.* C'est un recueil de dogmes et de préceptes rituels moraux. Il est le fondement de la civilisation musulmane, la source du dogme et de la loi de l'islâm.

CORAZZINI (Sergio), poète italien, né à Rome (1886-1907), auteur de poésies intimistes.

CORBEHEM (62112), comm. du Pas-de-Calais; 2 611 h. Papeterie et cartonnerie. Sucrerie.

CORBEIL-ESSONNES (91100), ch.-l. de c. de l'Essonne, au confluent de l'*Essonne* et de la Seine; 39 223 h. *(Corbeilessonnois).* Évêché. Centre industriel (électronique, aéronautique, imprimerie, minoterie, papeterie).

CORBIE (80800), ch.-l. de c. de la Somme, sur la Somme; 5 566 h. Bonneterie. Siège d'une importante abbaye au Moyen Âge. En 1636, la ville fut prise par les Espagnols.

CORBIER (le) [73300 St Jean de Maurienne], station de sports d'hiver de Savoie (alt. 1550-2 260 m).

CORBIÈRE (Édouard Joachim, dit **Tristan**), poète français, né près de Morlaix (1845-1875). « Poète maudit », révélé par Verlaine, il est l'auteur des *Amours jaunes* (1873).

CORBIÈRES (les), bordure des Pyrénées françaises (sud de l'Aude essentiellement); 1 230 m. Vignobles sur les lisières nord et est.

CORBIGNY (58800), ch.-l. de c. de la Nièvre; 2 529 h.

CORBULON → DOMITIUS CORBULO.

CORCIEUX (88430), ch.-l. de c. des Vosges; 1 790 h.

CORCYRE, île de la mer Ionienne, colonisée par les Corinthiens, dès la fin du VIIIe s. av. J.-C. (Auj. *Corfou.)*

CORDAY D'ARMONT (Charlotte DE), dite **Charlotte Corday,** née à Saint-Saturnin-des-Ligneries, près de Vimoutiers (1768-1793). Pour venger les Girondins, qu'elle admirait, elle poignarda Marat dans son bain. Elle fut guillotinée.

Cordeliers *(club des),* club révolutionnaire, de recrutement populaire, fondé à Paris en 1790 par Danton, Marat, Desmoulins, Hébert, etc. Il disparut en mars 1794, lors de l'élimination des hébertistes.

CORDEMAIS (44360 St Étienne de Montluc), comm. de la Loire-Atlantique; 1 817 h. Centrale thermique sur l'estuaire de la Loire.

CORDES (81170), ch.-l. de c. du Tarn; 1 067 h. Anc. bastide, la ville a gardé son aspect médiéval (portes fortifiées, halle, église, demeures du XIVe s.).

CÓRDOBA, v. de l'Argentine, au pied de la *sierra de Córdoba;* 782 000 h. Industrie automobile.

CORDOUAN, rocher au large de l'estuaire de la Gironde. Phare des XVIe et XVIIIe s.

CORDOUE, en esp. *Córdoba,* v. d'Espagne (Andalousie), sur le Guadalquivir; 257 000 h. *(Cordouans).* Grande Mosquée omeyyade, commencée en 785, convertie en cathédrale sous Charles Quint. Églises mudéjares, gothiques et baroques. Musées. La ville fut jadis célèbre pour ses cuirs *(cordouanneries).* Colonie romaine, conquise par les Arabes en 711, Cordoue fut, de 756 à 1236, le siège d'un émirat (califat de 929 à 1031) à la fois prospère et centre international de culture.

CORDOUE (Gonzalve DE) → GONZALVE.

Cordoue : ancienne Grande Mosquée omeyyade

CORÉ → PERSÉPHONE.

CORÉE, péninsule comprise entre la mer du Japon et la mer Jaune, partagée en deux unités politiques : la *Corée du Nord (république démocratique populaire de Corée)* et la *Corée du Sud (république de Corée).*

HISTOIRE

Des commanderies chinoises sont établies en Corée au IIe s. av. J.-C.
— Ier-VIIe s. apr. J.-C. : constitution d'États autonomes.
— 668 : l'État de Silla unifie la Corée; pénétration de la civilisation chinoise et du bouddhisme.
— 935-1392 : dynastie Koryo.
— 1392 : avènement de la dynastie Li.
— 1592-1598 : les Coréens rejettent les invasions japonaises.
— XVIIe s. : protectorat chinois sur la Corée, qui

Nicolas
Copernic

Tristan **Corbière** par lui-même

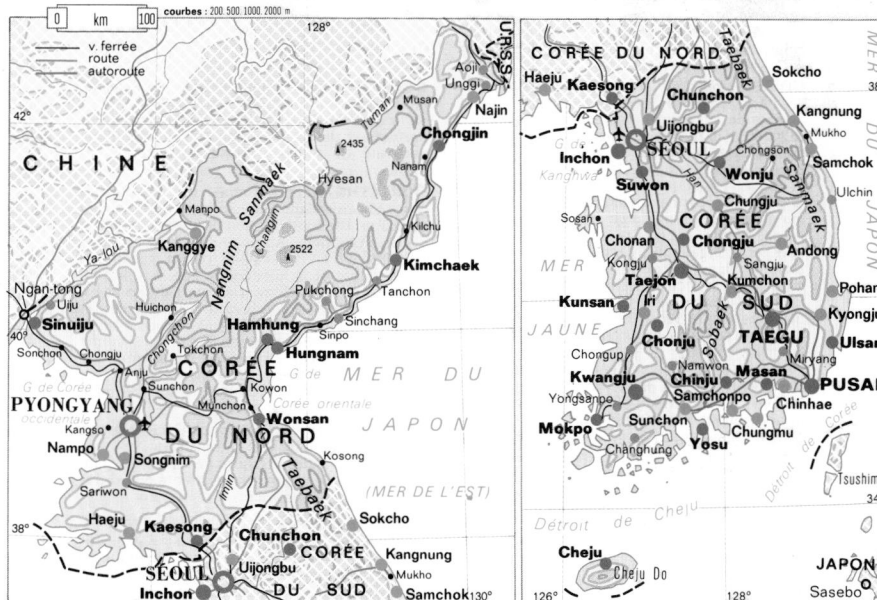

CORÉE
DU NORD
ET CORÉE
DU SUD

CORÉE

s'ouvre à la science occidentale et au catholicisme.
— 1876 : début de l'infiltration japonaise.
— 1895 : la Chine éliminée de la Corée (traité de Shimonoseki).
— 1905-06 : protectorat japonais.
— 1910 : annexion japonaise, fin de la dynastie Li. « Japonisation » du pays. Soulèvements.
— 1919 : Syngman Rhee constitue à Chang-haï un gouvernement libre provisoire.
— 1945 : soutenu par les Américains, Syngman Rhee rentre dans une Corée divisée.

Corot
le Pont de Narni
Étude de 1826

— 1948 : en août, création à Séoul de la république de Corée du Sud; en septembre, à Pyongyang, formation d'une république populaire en Corée du Nord.
— 1950-1953 : guerre de Corée; elle ne modifie pas la division du pays.
— 1972 : Corée du Nord et Corée du Sud signent un accord marquant la naissance d'un processus de détente.

CORÉE *(république démocratique populaire de)*, ou **Corée du Nord,** État de l'Asie orientale occupant la partie septentrionale de la péninsule coréenne; 120 500 km²; 17 070 000 h. Cap. *Pyongyang.* Langue : *coréen.* C'est un pays montagneux, au climat rude, où le riz et le blé constituent, avec les produits de la pêche, les bases de l'alimentation. La présence de charbon et de fer, les aménagements hydroélectriques (sur le Ya-lou) ont favorisé le développement de l'industrie de base (sidérurgie, chimie). État de type socialiste, la Corée du Nord est dirigée par Kim Il-sŏng depuis 1948.

CORÉE *(république de)* ou **Corée du Sud,** État de l'Asie orientale, occupant la partie méridionale de la péninsule coréenne; 98 400 km²; 38 200 000 h. Cap. *Séoul.* Langue : *coréen.* Moins étendu que la Corée du Nord, cet État est beaucoup plus peuplé. L'extension des plaines et des collines et un climat plus doux expliquent la prédominance de la culture du riz, qui vient loin devant celles de l'orge, du blé, du soja, du coton. Le pays est pauvre en ressources minérales et énergétiques; l'industrie s'est cependant développée (textile, constructions mécaniques et électriques), représentée notamment dans les grandes villes de Pusan (débouché maritime) et de Séoul. Le commerce extérieur s'effectue surtout avec le Japon et les États-Unis. De 1948 à 1960, le pays est gouverné par Syngman Rhee. Park Chung-hee instaure un régime autoritaire à partir de 1963. Il est assassiné en 1979. Le général Chon Too-hwan devient le nouveau chef de l'État (1980).

Corée *(guerre de),* conflit qui, de 1950 à 1953, opposa la Corée du Sud, soutenue par les forces de l'O. N. U. (fournies surtout par les États-Unis, puis par la France, la Grande-Bretagne, le Benelux et la Turquie), aux armées communistes de la Corée du Nord, appuyées à partir de 1951 par les troupes de la Chine populaire. Il aboutit à la reconnaissance des deux États coréens par les États-Unis et l'U. R. S. S.

CORELLI (Arcangelo), violoniste et composi-

teur italien, né à Fusignano (1653-1713), auteur de sonates d'église et de chambre et de concertos pour violon. Il fut l'un des maîtres du classicisme italien.

CORFOU, en gr. **Kérkyra,** anc. **Corcyre,** une des îles Ioniennes (Grèce); 93 000 h. Ch.-l. *Corfou* (29 000 h.). Musée. Port. Vins. Agrumes. Tourisme. Corfou fut un port important de l'Empire byzantin, dont la détachèrent les Normands en 1081. Elle suivit le sort des îles Ioniennes et redevint grecque en 1864.

CORI (Carl Ferdinand), biologiste américain, né à Prague en 1896. Avec sa femme, GERTY THERESA, née à Prague (1896-1957), il obtint en 1947 le prix Nobel de médecine pour leurs travaux sur le métabolisme et les enzymes.

CORINNE, poétesse grecque, qui vécut à Thèbes ou à Tanagra (fin du VIᵉ s. av. J.-C.), rivale de Pindare.

Corinne ou l'Italie, roman de Mᵐᵉ de Staël (1807).

CORINTH (Lovis), peintre et graveur allemand, né à Tapiau (Prusse-Orientale) [1858-1925]. À partir de 1900-1910, il a donné des paysages, des portraits et des compositions religieuses d'une nervosité de touche proche de l'expressionnisme.

CORINTHE, en gr. **Korinthos,** une des cités les plus riches de l'anc. Grèce, rivale d'Athènes et de Sparte. Elle fonda de nombreuses colonies en Grèce d'Occident. Après une brillante période (657-582 av. J.-C.), affaiblie par la guerre du Péloponnèse et sa lutte contre Sparte, Corinthe fut détruite en 146 av. J.-C. par les Romains. Sous l'Empire, elle retrouva sa prospérité et fut capitale de l'Achaïe. — C'est auj. un port sur le *golfe de Corinthe,* près du *canal de Corinthe* (6,3 km), traversant l'isthme du même nom, qui relie le Péloponnèse au reste de la Grèce; 21 000 h. *(Corinthiens).* Musée. Vaste ensemble de ruines grecques et romaines.

CORIOLAN, en lat. **Gnaeus** (ou **Gaius**) **Marcius Coriolanus,** homme d'État romain du Vᵉ s. av. J.-C. Vainqueur des Volsques (493 av. J.-C.), il fut condamné à l'exil pour avoir attenté aux droits de la plèbe et se tourna contre sa patrie.

Coriolan, drame de Shakespeare (v. 1607).

CORIOLIS (Gaspard), ingénieur et mathématicien français, né à Paris (1792-1843), auteur de travaux de cinématique, notamment du théorème, qui porte son nom, sur la composition

Arcangelo
Corelli
d'après H. Howard

Pierre **Corneille**
par Le Brun

des accélérations d'un mobile à un instant donné.

CORK, en gaélique **Corcaigh,** port et centre industriel d'Irlande, sur la côte sud de l'île; 129 000 h.

CORLAY (22320), ch.-l. de c. des Côtes-du-Nord; 1215 h.

CORLISS (George Henry), ingénieur américain, né à Easton (1817-1888), inventeur de la machine à vapeur (1849) et du système de distribution de vapeur qui portent son nom.

CORMEILLES (27260), ch.-l. de c. de l'Eure; 1163 h.

CORMEILLES-EN-PARISIS (95240), ch.-l. de c. du Val-d'Oise; 14 309 h. *(Cormeillais).* Cimenterie.

CORMERY (37320 Esvres), comm. d'Indre-et-Loire, sur l'Indre; 1106 h. Restes d'une abbaye fondée au VIIIᵉ s.

CORMONTAIGNE (Louis DE), ingénieur militaire français, né à Strasbourg (1697-1752). Élève de Vauban, il fortifia Metz et Thionville.

CORNARO ou **CORNER,** famille patricienne de Venise, d'où sont issus quatre doges et Catherine Cornaro (1454-1510), femme de Jacques II de Lusignan, roi de Chypre, souveraine de l'île (1473), elle abdiqua en 1489 en faveur de Venise.

CORNE D'OR (la), baie du Bosphore, à Istanbul.

CORNEILLE *(saint),* pape de 251 à 253.

CORNEILLE (Pierre), poète dramatique français, né à Rouen (1606-1684). Avocat, il débute au théâtre par des comédies *(Mélite,* 1629; *la Galerie du Palais, la Place Royale,* 1633-34; *l'Illusion comique,* 1635-36) et atteint la célébrité avec une tragi-comédie, *le Cid** (1636-37), qui provoque une querelle littéraire. Sensible aux critiques, il se consacre alors à la tragédie « régulière » *(Horace,* 1640; *Cinna,* 1640-41; *Polyeucte,* 1641-42), sans abandonner la comédie à la mode espagnole *(le Menteur,* 1643) et les divertissements de cour *(Andromède,* 1650). Évoluant vers une utilisation systématique du pathétique et des intrigues plus complexes *(Rodogune,* 1644-45; *Nicomède,* 1651), il connaît avec *Pertharite* (1652) un échec qui l'éloigne du théâtre pendant sept ans. Il se consacre à la traduction en vers de l'*Imitation de Jésus-Christ* (1651-1656) et à l'édition de son théâtre, dont il définit les principes dans les *Examens* de ses pièces et trois *Discours* (1660). Revenu à la scène *(Œdipe,* 1659; *Sertorius,* 1662; *Attila,* 1667), il voit le public lui préférer Racine *(Tite et Bérénice,* 1670).

Corneille peint des héros « généreux », lucides et volontaires, pour qui l'honneur et la gloire méritent tous les sacrifices. Le drame cornélien atteint le « sublime », mais refuse à proprement parler le « tragique », puisqu'il est le fait d'êtres libres qui décident toujours de leur destin. (Acad. fr.)

CORNEILLE (Thomas), frère du précédent, poète dramatique français, né à Rouen (1625-1709), auteur de tragédies *(Timocrate,* 1656), de comédies et de travaux lexicographiques. (Acad. fr.)

CORNEILLE, famille de peintres et de graveurs français du XVIIᵉ s.

CORNEILLE de Lyon, peintre français d'origine hollandaise, établi v. 1533 à Lyon, où il mourut v. 1575.
Il est l'auteur de petits portraits aristocratiques d'une facture fine, où le visage se détache en clair sur un fond bleu ou vert.

CORNELIA, fille de Scipion l'Africain et mère des Gracques (v. 189- v. 110 av. J.-C.). On la présente comme le type idéal de la mère romaine.

CORNELIUS (Peter VON), peintre allemand du groupe des nazaréens, né à Düsseldorf (1783-1867).

CORNELIUS NEPOS, historien latin, né à Pavie (v. 99- v. 24 av. J.-C.). Il a laissé notamment *De excellentibus ducibus* (Vie des grands capitaines); les personnages de ce vulgarisateur sont des symboles édifiants.

CORNER BROOK, v. du Canada, près de la côte de Terre-Neuve; 25 198 h. Papier.

CORNIMONT (88310), comm. des Vosges; 5 225 h. Textile.

CORNOUAILLE, région de la Bretagne (Finistère) [hab. *Cornouaillais*]. V. pr. *Quimper*.

CORNOUAILLES → CORNWALL.

CORNUS [kɔrnys] (12540), ch.-l. de c. de l'Aveyron; 510 h.

CORNWALL, en fr. **Cornouailles,** extrémité sud-ouest de l'Angleterre. Longue péninsule aux côtes découpées.

CORNWALL, v. du Canada (Ontario), sur le Saint-Laurent; 46 121 h. Centrale hydroélectrique. Électrochimie.

CORNWALLIS (Charles), général britannique, né à Londres (1738-1805). Il dut capituler devant les Américains à Yorktown (1781). Commandant aux Indes, il soumit Tipū Sāhib (1792), puis réprima la rébellion d'Irlande (1798).

COROGNE (La), en esp. **La Coruña,** port d'Espagne (Galice), sur l'Atlantique; 209 000 h.

COROMANDEL (*côte de*), côte orientale de l'Inde, sur le golfe du Bengale. Centre d'exportation vers l'Europe, aux XVIIe et XVIIIe s., de laques importés de Chine.

CORONÉE, ville de Béotie, célèbre pour deux victoires : celle, en 447 av. J.-C., des Béotiens sur les Athéniens, et celle, en 394 av. J.-C., d'Agésilas de Sparte sur les Thébains.

COROT (Jean-Baptiste, Camille), peintre français, né à Paris (1796-1875). Traducteur subtil des valeurs lumineuses et atmosphériques dans ses paysages d'après nature d'Italie et de France, auteur également de paysages « historiques » ou « composés », ainsi que de figures féminines fermes et sensibles, il continue la tradition classique et prépare l'impressionnisme.

CORPS [kɔr] (38970), ch.-l. de c. de l'Isère; 465 h. Pèlerinage de *la Salette*. Station d'altitude.

CORPUS CHRISTI, v. des États-Unis (Texas); 205 000 h. Raffinage du pétrole.

CORRÈGE (Antonio ALLEGRI, dit **il Correggio,** en fr. **le**), peintre italien, né à Correggio, près de Parme (v. 1489-1534). Il a laissé à Parme des décorations aux effets illusionnistes d'une virtuosité toute nouvelle (église St-Jean-l'Évangéliste et cathédrale). Le luminisme, l'instabilité, la grâce sensuelle de ses tableaux d'autel et de ses compositions mythologiques eurent également un grand écho dans l'art européen.

CORREGIDOR, îlot des Philippines commandant la baie de Manille. Les Américains y résistèrent aux Japonais jusqu'en mai 1942 et reconquirent l'île en février 1945.

le **Corrège**
la Madone de saint Jérôme (1527)

Scala

Correspondance littéraire, chronique adressée de Paris par l'abbé Raynal, puis par Grimm, Diderot et Meister à des souverains étrangers, de 1754 à 1790.

CORRÈZE (la), riv. du Massif central, qui traverse le *dép. de la Corrèze,* passe à Tulle, à Brive-la-Gaillarde, et rejoint la Vézère (r. g.); 85 km.

CORRÈZE (*dép. de la*) [19], dép. de la Région Limousin; ch.-l. de dép. *Tulle;* ch.-l. d'arr. *Brive-la-Gaillarde, Ussel;* 3 arr., 30 cant., 285 comm.; 5 860 km²; 240 363 h. (*Corréziens*). Il est rattaché à l'académie et à la circonscription judiciaire de Limoges, à la région militaire de Bordeaux et à la province ecclésiastique de Bourges. S'étendant sur la partie méridionale du Limousin*, le dép. se consacre surtout à l'élevage. Les cultures sont concentrées dans les vallées (Vézère, Corrèze, Dordogne), qui sont aussi les sites d'aménagements hydroélectriques (Dordogne surtout) et où se situent les principales villes (Brive-la-Gaillarde et Tulle). L'industrie est représentée par les constructions mécaniques et électriques, les produits alimentaires, l'armement.

CORRÈZE (19800), ch.-l. de c. de la Corrèze, sur la *Corrèze;* 1 678 h. Restes de remparts.

CORRIENTES, v. de l'Argentine, sur le haut Paraná; 137 000 h. Archevêché.

CORSE (la), île et Région française de la Méditerranée; 8 680 km²; 289 842 h. (*Corses*). Depuis 1975, elle est divisée en deux départements : la *Corse-du-Sud* (2 A) [ch.-l. de dép. *Ajaccio,* qui est aussi le ch.-l. de Région; ch.-l. d'arr *Sartène;* 2 arr., 20 cant., 124 comm.; 4 014 km²; 128 634 h.] et la *Haute-Corse* (2 B) [ch.-l. de dép. *Bastia;* ch.-l. d'arr. *Calvi* et *Corte;* 3 arr., 29 cant., 236 comm.; 4 666 km²; 161 208 h.]. Ajaccio est siège d'académie, Bastia siège d'une cour d'appel. La Corse est rattachée à la région militaire de Lyon et à la province ecclésiastique d'Aix-en-Provence.

V. carte page suivante

GÉOGRAPHIE
En dehors de la plus grande partie de sa façade orientale, la Corse est une île montagneuse, granitique à l'ouest, schisteuse à l'est, ouverte

par quelques bassins (Corte). Le climat méditerranéen est influencé par l'insularité et l'altitude (augmentation des précipitations, étagement d'une végétation où domine le maquis). Le tourisme, particulièrement développé sur les côtes, l'élevage ovin (pour la production des fromages, souvent affinés à Roquefort), la vigne et les cultures fruitières et maraîchères (plaine orientale) constituent les ressources essentielles de l'île. Plus de la moitié de la population active appartient au secteur tertiaire, représenté surtout dans les deux principales villes, Ajaccio et Bastia. La faiblesse du secteur industriel tient à des causes naturelles et humaines difficiles à combattre (pauvreté énergétique et minérale, problèmes dus à l'insularité, faiblesse du peuplement, encore plus réduit que ne l'indiquent des chiffres officiels imprécis). Elle explique largement la persistance d'une émigration corse vers la France continentale alors même que l'île a accueilli des colons rapatriés d'Afrique du Nord.

HISTOIRE
— IIe millénaire av. J.-C. : invasion des Torréens.
— v. 565 av. J.-C. : fondation d'Alalia, par les Phocéens, que remplacent Étrusques puis Carthaginois.
— 238-162 av. J.-C. : conquête romaine.
— VIe-VIIe s. apr. J.-C. : domination byzantine.
— IXe s. : protection du Saint-Siège.
— 1077 : le pape confie l'administration de l'île aux Pisans.
— XIIe s. : les Génois se substituent peu à peu aux Pisans.
— 1284 : défaite navale des Pisans près de la Meloria.
— 1347 : les Génois, maîtres de l'île, l'exploitent systématiquement.
— 1358 : révolte populaire.
— 1553-1559 : la Corse momentanément française.
— 1755 : début de la révolte pour l'indépendance, dirigée par Pascal Paoli.
— 1768 : Gênes transfère ses droits à la France.
— 1769 : Paoli, vaincu, doit quitter l'île.
— 1789 : l'île est proclamée partie intégrante de la France.
— 1793-1796 : Paoli, appuyé par les Anglais, poursuit la résistance; il est battu par Bonaparte.

CORRÈZE

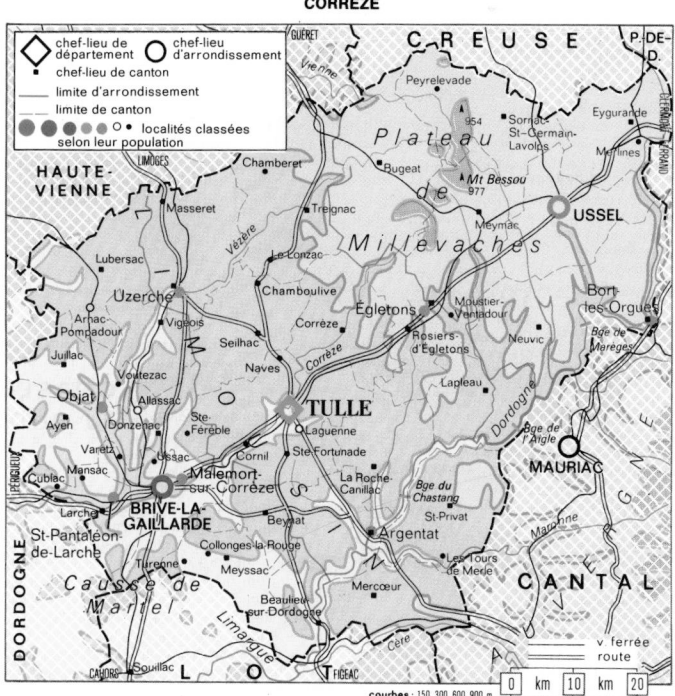

courbes : 150, 300, 600, 900 m

CORSE

— 1943 : libération de la Corse.
— 1975 : des violences à Aléria sont suivies par le développement de tendances autonomistes et indépendantistes.
— 1981-1982 : élaboration d'un nouveau statut pour l'ensemble de l'île.

CORSE *(cap),* péninsule formant la partie nord de l'île de Corse.

CORTÁZAR (Julio), écrivain argentin, né à Bruxelles en 1914. Il mêle, dans ses romans, le réalisme social et politique à l'inspiration fantastique *(Marelle, Livre de Manuel).*

CORTE [-te] (20250), ch.-l. d'arr. de la Haute-

Julio **Cortázar**

Hernán **Cortés**
au Mexique
école espagnole
XVIIIe s.

CORSE

[MAP]

chef-lieu de département / chef-lieu d'arrondissement
chef-lieu de canton
limite d'arrondissement
limite de canton
localités classées selon leur population

Map labels:
Cap Corse / C. Bianco / Centuri-Port / Rogliano / Macinaggio / Pino / CAPO / BIANCO / Canari / Luri / SAGRO DI / SANTA-GIULIA / Monte Stello / Erbalunga / Nonza / Brando / Miomo / Sta-Maria / di Lota / S! Martino-di-Lota / Pietranera / **BASTIA** / Patrimonio / LA CONCA / St-Florent / D'ORO / Oletta / Biguglia / Bastia-Plage / HAUTE-NEBBIO / Murato / Ét de Biguglia / Mariana-Plage / Borgo / Lucciana / Mariana / ALTO DI / Campitello / CASTIFAO / Vescovato / Venzolasca / Scarbo / Ocagnano / di Casinca / FIUMALTO / D'AMPUGNANI / Morani-Plage / San Nicolao / CAMPOLORO / Cervione / DI / MORIANI / Panelli / Moita / Linguizzetta / MOITA-VERDE / Ghisoni / Antisanti / Aléria / Étang de Diane / Étang d'Urbino / Ghisonaccia / Prunelli-di-Fiumorbo / Ventiseri / Aérodrome et base de Solenzara / Solenzara / Sari-di-Porto-Vecchio / A PORTO VECCHIO / Zonza / S. Gavino di Carbini / Pinarello / Lecci / Pte de la Chiappa / Porto-Vecchio / Iles Cerbicale / G. de Sta Manza / Pta de Capicciola / I. de Cavallo / Bonifacio / Capo Pertusato / Détroit de Bonifacio / Iles de Lavezzi
CALVI / **CORTE** / **AJACCIO** / **SARTÈNE** / **HAUTE-CORSE** / **CORSE-DU-SUD**

courbes : 100. 300. 600. 900. 1200. m

Corse, dans le centre de l'île; 6062 h. *(Cortenais).* Citadelle. Université. Musée historique.

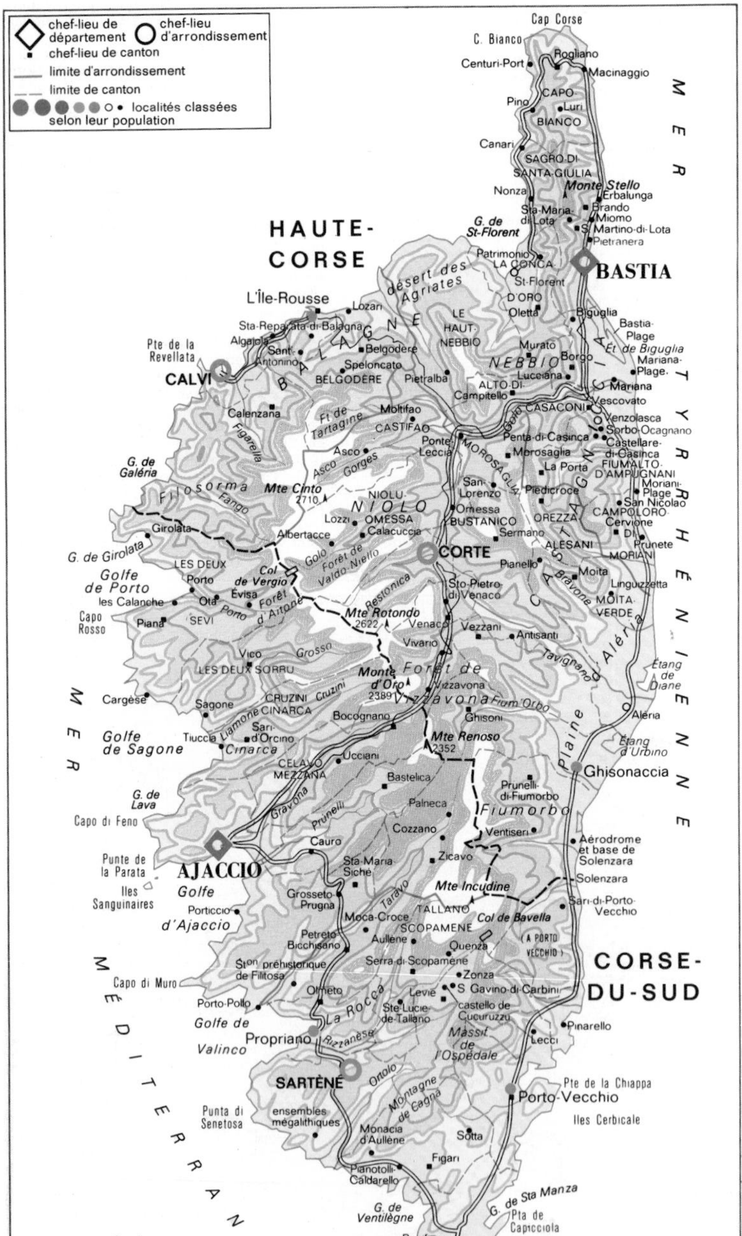

CORTEMAGGIORE, v. d'Italie (Émilie); 5000 h. Gaz naturel.

CORTÉS (Hernán), conquérant espagnol, né à Medellín (Estrémadure) [1485-1547]. En 1518, il partit à la conquête du Mexique, détruisit l'Empire aztèque (1521) et devint gouverneur général de la Nouvelle-Espagne (1522). Rentré en Espagne en 1541, il tomba en disgrâce.

CORTINA D'AMPEZZO, v. d'Italie (Vénétie); 8000 h. Station de sports d'hiver des Dolomites (alt. 1224-3243 m).

CORTONE (Pierre DE) → PIERRE DE CORTONE.

CORTOT (Alfred), pianiste français, né à Nyon (Suisse) [1877-1962], l'un des fondateurs de l'École normale de musique.

CORVIN (Mathias) → MATHIAS Ier.

CORVISART *(baron* Jean), médecin français, né à Dricourt (Ardennes) [1755-1821]. Premier médecin de Napoléon Ier, il vulgarisa la méthode de percussion dans le diagnostic des affections pulmonaires.

COS, en gr. *Kôs,* ou *Kó,* île du Dodécanèse, dans la mer Égée. Ch.-l. *Cos.* Ruines antiques.

COSAQUES, population des confins méridionaux de la Russie, formée de paysans libres et de soldats qui défendaient les frontières russes et polonaises contre les Turcs et les Tatars. Soumis à la Russie depuis 1654, ils perdent leur indépendance au XVIIIe s., et leurs régiments sont incorporés à l'armée impériale.

COSENZA, v. d'Italie (Calabre); 102000 h. Alaric mourut sous ses murs en 410.

COSGRAVE (William Thomas), homme politique irlandais, né à Dublin (1880-1965). Chef de la fraction modérée du Sinn Féin, président du Conseil exécutif (1922-1932), il conserva jusqu'en 1944 la direction de son parti, devenu le Fine Gael.

COSIMO (Piero DI) → PIERO DI COSIMO.

COSME *(saint)* → CÔME.

COSNE-COURS-SUR-LOIRE [kon-] (58200), ch.-l. d'arr. de la Nièvre, sur la Loire; 12312 h. *(Cosnois).* Églises St-Aignan, en partie romane, et St-Jacques, du XVe s. Imprimerie. Constructions mécaniques.

COSSA (Francesco DEL), peintre italien, né à Ferrare (v. 1436-v. 1478), actif dans cette ville (fresque des *Mois* au palais Schifanoia, avec E. de' Roberti), puis à Bologne. Les leçons de Tura et de Piero Della Francesca ont contribué à la formation de son style.

COSSÉ (Artus DE), *seigneur* de Gonnor, *comte* de Secondigny, maréchal de France (1512-1582). Il se signala à Saint-Denis, à Moncontour, et fut emprisonné pour conspiration en 1574 par Catherine de Médicis.

COSSÉ-BRISSAC → BRISSAC.

COSSÉ-LE-VIVIEN (53230), ch.-l. de c. de la Mayenne; 2626 h.

COSTA (Lúcio), architecte brésilien, né à Toulon en 1902. Il a établi le plan de Brasília.

COSTA BRAVA, littoral de l'Espagne (Catalogne), sur la Méditerranée, au nord de l'embouchure du río Tordera. Tourisme.

COSTA DEL SOL, littoral de l'Espagne, sur la Méditerranée, de part et d'autre de Málaga. Tourisme.

COSTA GOMES (Francisco DA), homme d'État

CÔTE-D'IVOIRE

et général portugais, né à Chaves en 1914. Président de la République de 1974 à 1976.

COSTA RICA, république de l'Amérique centrale, entre le Panamá et le Nicaragua; 51 000 km²; 2 190 000 h. *(Costariciens).* Cap. *San José.* Langue : *espagnol.*

GÉOGRAPHIE
C'est un pays en grande partie forestier, montagneux à l'ouest, formé de plaines en bordure de l'Atlantique (mer des Antilles), dont le café et la banane sont les principales exportations.

HISTOIRE
Le pays fait partie de l'« audience » du Guatemala.
— 1821 : le Costa Rica se proclame indépendant.
— 1824 : il devient une des cinq républiques des États-Unis de l'Amérique centrale.
— 1839 : il devient État souverain. La culture du café profite à de nombreux petits propriétaires. Le Costa Rica, « démocratie exemplaire ».
— 1857 : échec de l'intervention armée de l'aventurier yankee William Walker.
— 1871 : installation de l'United Fruit Company. Le pays passe dans la dépendance économique des États-Unis.
— 1949 : le parti de libération nationale (centre gauche), dont le leader est José Figueres Ferrer, domine la vie politique après une longue période d'alternance de gouvernements libéraux et conservateurs.
— 1978 : la droite arrive au pouvoir avec l'élection de Rodrigo Carazo à la présidence de la République.

COSTELEY (Guillaume), compositeur et organiste français, né à Pont-Audemer? (v. 1531-1606), auteur de chansons polyphoniques.

COSTER (Laurens JANSZOON, **dit),** imprimeur hollandais (v. 1405-v. 1484). Il aurait pratiqué avant Gutenberg, dès 1423, la composition en caractères mobiles.

COSTES (Dieudonné), aviateur français, né à Septfonds (1892-1973). Il effectua en 1927 la première traversée aérienne de l'Atlantique Sud avec Le Brix et en 1930 la première liaison aérienne Paris-New York avec Bellonte.

COTEAU (Le) [42120], comm. de la Loire, sur la Loire; 8 494 h.

CÔTE D'AMOUR, nom donné au littoral atlantique de la région de La Baule-Escoublac.

CÔTE D'ARGENT, partie du littoral français, sur l'Atlantique, entre l'embouchure de la Gironde et celle de la Bidassoa.

CÔTE D'AZUR, partie orientale du littoral français, baignée par la mer Méditerranée, de Cassis à Menton. Stations estivales et hivernales bénéficiant d'un climat très doux.

CÔTE-DE-L'OR, en angl. *Gold Coast,* anc. nom du *Ghāna**.

CÔTE D'ÉMERAUDE, littoral de la Manche, aux alentours de Dinard et de Saint-Malo.

CÔTE-D'IVOIRE, république de l'Afrique occidentale, sur la côte nord du golfe de Guinée; 322 500 km²; 8 millions d'h. *(Ivoiriens).* Cap. *Abidjan.* Langue officielle : *français.* En arrière de la région littorale, bordée par des lagunes et occupée par la forêt dense, des plateaux recouverts par la savane apparaissent au nord. La Côte-d'Ivoire, encore surtout rurale, associe des cultures commerciales (café, cacao, fruits tropicaux) et vivrières (manioc) à l'exploitation forestière (acajou) et a connu une notable expansion économique.

HISTOIRE
— 1842 : installation de comptoirs français.
— 1851-1870 : la domination française s'étend.
— 1893 : création de la colonie française de Côte-d'Ivoire, dont la capitale est d'abord Grand-Bassam puis Bingerville (à partir de 1900).
— 1895 : création de l'A.-O.F., à laquelle elle sera intégrée.
— 1934 : Abidjan, capitale.
— 1932-1947 : une partie de la Haute-Volta est rattachée à la Côte-d'Ivoire, rattachement favorisé par la création de la liaison ferroviaire Abidjan-Bobo-Dioulasso.
— 1945 : Félix Houphouët-Boigny à la tête du Rassemblement démocratique africain.
— 1958 : la Côte-d'Ivoire, république autonome dans le cadre de la Communauté.
— 1960 : indépendance du pays. Houphouët-Boigny, président, sera constamment réélu.

CÔTE D'OPALE, nom donné au littoral de la Manche et de la mer du Nord, de la baie de Somme à la frontière belge.

CÔTE D'OR, ligne de hauteurs de Bourgogne, dominant à l'ouest la plaine de la Saône et couvertes de vignobles réputés.

CÔTE-D'OR (dép. de la) [**21**], dép. de la Région Bourgogne; ch.-l. de dép. *Dijon;* ch.-l. d'arr. *Beaune, Montbard;* 3 arr., 43 cant., 705 comm.; 8 765 km²; 456 070 h. Le dép. est rattaché à l'académie et à la circonscription judiciaire de Dijon, à la région militaire de Metz et à la province ecclésiastique de Lyon. La *Côte d'Or* constitue la partie vitale du dép., formé de régions naturelles variées (Châtillonnais, plateau de Langres, Auxois, partie du Morvan, plaine de la Saône). Elle est couverte de vignobles aux vins réputés (Aloxe-Corton, Clos-Vougeot, Gevrey-Chambertin, Meursault, Nuits-Saint-Georges, Pommard, etc.). Au pied ou près de la Côte se sont établies les villes : Beaune, marché des vins, et Dijon. Cette dernière ville concentre dans son agglomération près de la moitié de la population totale du dép. et possède la majeure partie du secteur industriel (produits alimentaires, constructions mécaniques et électriques).

V. carte page suivante

COTENTIN (le), presqu'île de la Normandie occidentale, qui s'avance dans la Manche (dép. de la Manche). Élevage bovin.

CÔTE-RÔTIE, nom d'un petit vignoble réputé des côtes du Rhône.

CÔTE-SAINT-ANDRÉ (La) [38260], ch.-l. de c. de l'Isère; 4 448 h. Maison natale de Berlioz.

CÔTE-SAINT-LUC, v. du Canada (Québec), près de Montréal; 25 721 h.

CÔTES-DU-NORD (dép. des) [**22**], dép. de la Région Bretagne; ch.-l. de dép. *Saint-Brieuc;* ch.-l. d'arr. *Dinan, Guingamp, Lannion;* 4 arr., 48 cant., 369 comm.; 6 878 km²; 525 556 h. Il est rattaché à l'académie, à la circonscription judiciaire, à la région militaire et à la province ecclésiastique de Rennes. Appartenant au Massif armoricain, c'est un pays de collines, plus élevées dans le sud (extrémité orientale des monts d'Arrée, landes du Mené), limitées au nord par une côte à rias, surtout rocheuse, où alternent saillants (Trégorrois) et rentrants (baie de Saint-Brieuc). L'agriculture demeure importante. Les cultures céréalières et fourragères, parfois légumières (Trégorrois), sont juxtaposées à l'élevage (bovin, volailles). La pêche, bien qu'en recul, anime le littoral, qui bénéficie encore du tourisme estival. La faiblesse de l'industrialisation, malgré des réalisations spectaculaires (à Lannion), explique la persistance d'une émigration cependant ralentie.

V. carte page suivante

CÔTE VERMEILLE, littoral français de la Méditerranée, de Collioure à Cerbère. — Le *canton de la Côte-Vermeille* a pour ch.-l. Port-Vendres.

CÔTIÈRE (la), bordure occidentale et méridionale de la Dombes.

COTIGNAC [83570 Carcès], ch.-l. de c. du Var; 1 636 h. Vieux bourg pittoresque.

COTON (le P. Pierre), jésuite français, né à Néronde (1564-1626). Confesseur d'Henri IV à partir de 1608 et de Louis XIII jusqu'en 1617, il fut disgracié après la mort de Concini.

COTONOU, principal port et la plus grande ville du Bénin; 178 000 h.

COTOPAXI, volcan de la cordillère des Andes (Équateur); 5 897 m.

COTTBUS, v. d'Allemagne démocratique, sur la Sprée; 88 000 h. Textile.

COTTE (Robert DE), architecte français, né à Paris (1656-1735). Disciple de J. H.-Mansart, il fut l'une des figures les plus importantes de l'architecture civile et religieuse à la fin du XVIIe s. et au début du XVIIIe (hôtels à Paris; palais Rohan à Strasbourg; nombreux projets pour l'étranger).

COTTEREAU (les quatre frères), ou frères **Chouan,** promoteurs en 1793 dans le bas Maine de l'insurrection dite *chouannerie.*

COTTON (Aimé), physicien français, né à

CÔTE-D'OR

COUHÉ (86700), ch.-l. de c. de la Vienne; 2 129 h. Anc. château médiéval et classique.

COUIZA (11190), ch.-l. de c. de l'Aude; 1314 h. Château du XVIe s.

COULAINES (72190), comm. de la Sarthe, banlieue du Mans; 7 425 h.

COULANGES (Philippe Emmanuel, *marquis* DE), gentilhomme et chansonnier français, né à Paris (1633-1716), cousin de Mme de Sévigné. Il est l'auteur de chansons à succès et de *Mémoires*.

COULANGES-LA-VINEUSE (89580), ch.-l. de c. de l'Yonne; 1 125 h. Vins.

COULANGES-SUR-YONNE (89480), ch.-l. de c. de l'Yonne; 609 h.

COULMIERS (45130 Meung sur Loire), comm. du Loiret; 301 h. Victoire française sur les Bavarois (nov. 1870).

COULOGNE (62100 Calais), comm. du Pas-de-Calais; 5 228 h.

COULOMB (Charles DE), physicien français, né à Angoulême (1736-1806). Il découvrit en électrostatique et en magnétisme la loi de l'inverse carré.

COULOMMIERS (77120), ch.-l. de c. de Seine-et-Marne, sur le Grand Morin; 11 989 h. (*Columériens*). Musée du papier dans une anc. commanderie des Templiers. Fromages. Industries alimentaires et mécaniques.

COULONGES-SUR-L'AUTIZE (79160), ch.-l. de c. des Deux-Sèvres; 2 030 h.

Charles de **Coulomb**

Bourg-en-Bresse (1869-1951). Il a découvert le dichroïsme circulaire et la biréfringence magnétique.

COTY (René), homme d'État français, né au Havre (1882-1962), président de la République (1954-1959).

COUBERTIN (Pierre DE), né à Paris (1863-1937), rénovateur des jeux Olympiques.

COUBRE (*pointe de la*), pointe située à l'extrémité septentrionale de l'embouchure de la Gironde.

COUCHES (71490), ch.-l. de c. de Saône-et-Loire; 1 599 h.

COUCOURON (07470), ch.-l. de c. de l'Ardèche; 710 h.

COUCY - LE - CHÂTEAU - AUFFRIQUE (02380), ch.-l. de c. de l'Aisne; 1 207 h. Château féodal, chef-d'œuvre de l'architecture militaire, détruit par les Allemands en 1917.

COUDEKERQUE-BRANCHE (59210), comm. du Nord, banlieue de Dunkerque; 25 100 h. (*Coudekerquois*). Métallurgie.

COUDENHOVE-KALERGI (*comte* Richard), diplomate autrichien, né à Tôkyô (1894-1972). Fondateur du mouvement paneuropéen, il fut à l'origine du Conseil de l'Europe (1949).

COUDRAY - SAINT - GERMER (Le) [60850 St Germer de Fly], ch.-l. de c. de l'Oise; 415 h.

COUÉ (Émile), pharmacien français, né à Troyes (1857-1926), auteur d'une méthode de guérison par autosuggestion.

COUÉRON (44200), comm. de la Loire-Atlantique; 13 396 h. Métallurgie.

COUESNON [kwɛnɔ̃] (le), fl. qui rejoint la baie du Mont-Saint-Michel, où il sépare la Normandie de la Bretagne; 90 km.

CÔTES-DU-NORD

1154

COULOUNIEIX-CHAMIERS [kulunje-] (24000 Périgueux), comm. de la Dordogne; 8 495 h.

COUNAXA ou **CUNAXA**, v. de l'Empire perse, près de Babylone. Victoire d'Artaxerxès II sur son frère Cyrus le Jeune (401 av. J.-C.). [V. DIX MILLE *(retraite des)*.]

COUPERIN, nom d'une dynastie de compositeurs et organistes français, dont : LOUIS, né à Chaumes-en-Brie (v. 1626-1661), violiste, organiste de Saint-Gervais, auteur de pièces de clavier; — FRANÇOIS *le Grand*, né à Paris (1668-1733), qui fut le plus grand maître français du clavecin (quatre livres d'*Ordres*) et composa motets, sonates, concerts royaux, leçons de ténèbres et pièces de violes.

COUPTRAIN [kutrɛ̃] (53140 Pré en Pail), ch.-l. de c. de la Mayenne; 219 h.

Cour de cassation, tribunal suprême de l'ordre judiciaire, qui a pour mission de casser,

François Couperin

Lauros-Giraudon

jour Monsieur Courbet (1854, musée Fabre, Montpellier); l'*Atelier du peintre, allégorie réelle* (1855, Louvre); *les Demoiselles des bords de la Seine* (1856, Petit Palais, Paris); *le Rut du printemps, combat de cerfs* (1861, Louvre); *le Sommeil* (1866, Petit Palais); *la Falaise d'Étretat après l'orage* (1869, Louvre).

COURBET (Amédée Anatole), amiral français, né à Abbeville (1827-1885). Il établit le protectorat français sur l'Annam (1883) et combattit les Pavillons-Noirs et les Chinois.

COURBEVOIE (92400), ch.-l. de c. des Hauts-de-Seine, sur la Seine, au nord-ouest de Paris; 54 578 h. *(Courbevoisiens).*

COURCELLES, comm. de Belgique (Hainaut); 30 700 h. Verrerie.

COURCELLES-LÈS-LENS (62970), comm. du Pas-de-Calais; 5 874 h.

COURCHEVEL (73120), station de sports d'hi-

Courbet
*les Demoiselles
des bords de la Seine*
(1856)

Lauros-Giraudon

Couronne de chêne *(ordre de la)*, ordre luxembourgeois, créé en 1841.

COURPIÈRE (63120), ch.-l. de c. du Puy-de-Dôme, sur la Dore; 4 602 h. Église romane.

COURRÈGES (André), couturier français, né à Pau en 1923. Il a lancé la minijupe en France en 1967 et s'est imposé par un style très architecturé.

COURRIÈRES (62710), comm. du Pas-de-Calais; 12 493 h. Centrale thermique. En 1906, une terrible catastrophe fit 1 200 victimes dans une mine de houille.

Cours de linguistique générale, livre posthume rédigé d'après les notes de cours de F. de Saussure (1916). Cet ouvrage, dans lequel sont définis les concepts fondamentaux de la linguistique structurale, a influencé l'ensemble des sciences humaines.

COURSAN (11110), ch.-l. de c. de l'Aude, sur l'Aude; 3 335 h. Vins.

COURSEGOULES (06140 Vence), ch.-l. de c. des Alpes-Maritimes; 155 h.

COURSEULLES-SUR-MER (14470), comm. du Calvados; 2 553 h. Station balnéaire. Ostréiculture. Débarquement canadien, le 6 juin 1944.

COURS-LA-VILLE (69470), comm. du Rhône; 5 556 h. Couvertures.

COURSON-LES-CARRIÈRES (89560), ch.-l. de c. de l'Yonne; 701 h.

COURTELINE (Georges MOINAUX, dit **Georges**), écrivain français, né à Tours (1858-1929). Ses récits (*le Train de 8 h 47*, 1888) et ses comédies (*Boubouroche*, 1893; *la Paix chez soi*, 1903) tournent en ironie l'absurdité de la vie bourgeoise et administrative.

COURTENAY (45320), ch.-l. de c. du Loiret; 2 576 h.

COURTENAY *(maison de)*, maison issue du frère cadet de Louis VII, qui a fourni des comtes à Édesse lors des croisades et trois empereurs latins d'Orient (XIIᵉ-XIIIᵉ s.), dont PIERRE II **de Courtenay** (v. 1167-1217), empereur en 1217.

COURTEYS [-tɛ], famille de peintres émailleurs limousins, dont le plus connu est PIERRE Iᵉʳ, interprète de thèmes de l'école de Fontainebleau (œuvres datées de 1544 à 1581).

COURTINE (La) [23100], ch.-l. de c. de la Creuse; 1 364 h. Camp militaire.

COURTOIS (Jacques), dit **il Borgognone**, peintre français, né à Saint-Hippolyte (1621-1676). Fixé à Rome vers 1640, il s'y fit une brillante réputation de peintre de batailles.

COURTOIS (Bernard), chimiste et pharmacien français, né à Dijon (1777-1838). Il isola la morphine de l'opium et, en 1811, il découvrit l'iode.

COURTOMER (61390), ch.-l. de c. de l'Orne; 699 h.

COURTRAI, en néerl. **Kortrijk**, v. de Belgique (Flandre-Occidentale), sur la Lys; 77 300 h. Monuments des XIIIᵉ-XVIᵉ s. Textile. Défaite des chevaliers français en 1302 devant les milices flamandes.

COURVILLE-SUR-EURE (28190), ch.-l. de c. d'Eure-et-Loir; 2 055 h.

COUSERANS [kuzrã] (le), région des Pyrénées centrales (Ariège), dans le bassin du Salat.

COUSIN (le), riv. du Morvan, affl. de la Cure (r. dr.); 64 km. Vallée pittoresque.

COUSIN (Jean), peintre français, né près de Sens (v. 1490-v. 1561). Célèbre en son temps, aujourd'hui mal connu, il a donné des cartons de vitraux et de tapisseries (cathédrale de Langres : deux pièces de la *Vie de saint Mammès*), des dessins, gravures, peintures (*Eva Prima Pandora*, Louvre) et des traités théoriques (*Livre de perspective*, 1560). Son style, élégant et monumental, se retrouve avec plus de maniérisme dans l'œuvre de son fils JEAN (v. 1522-v. 1594).

COUSIN (Victor), philosophe et homme politique français, né à Paris (1792-1867), chef de l'école spiritualiste éclectique. (Acad. fr.)

Cousin Pons (le), roman de Balzac (1847). C'est l'histoire d'un amateur d'art que sa famille méprise tant qu'elle le croit pauvre, mais qu'elle dépouille sans pitié quand se révèle la valeur de sa collection.

lorsqu'elles violent le droit, les décisions en dernier ressort qui lui sont déférées. L'affaire dont le jugement est cassé est renvoyée devant une juridiction de même ordre et de même rang, qui la juge de nouveau.

Cour des comptes, juridiction qui a pour mission de juger et d'apurer les comptes des comptables publics et de contrôler la gestion financière des administrations.

Cour de discipline budgétaire, juridiction qui sanctionne la gestion financière des ordonnateurs de fonds publics.

Cour internationale de justice, tribunal siégeant à La Haye, composé de quinze membres élus pour neuf ans, et qui juge les différends entre États.

Cour de justice *(Haute),* tribunal composé de députés et de sénateurs, qui statue sans recours possible sur les accusations portées par le Parlement contre le président de la République pour haute trahison, ou contre les ministres en cas de complot contre la sûreté de l'État.

Cour de justice des communautés européennes, juridiction internationale dont le rôle est d'assurer le respect des traités instituant les communautés européennes.

Cour des Miracles, quartier de l'anc. Paris, entre les rues Réaumur et du Caire, qui, au Moyen Âge, servait de retraite aux mendiants et aux vagabonds. Victor Hugo l'a décrite dans *Notre-Dame de Paris.*

COURBET (Gustave), peintre français, né à Ornans (1819-1877). Ami de Proudhon, maître d'une manière picturale d'une riche sensualité, il devint le chef de l'école réaliste. Citons, parmi ses toiles les plus marquantes : *Un enterrement à Ornans* (1849, Louvre); *la Rencontre* ou *Bon-*

ver (alt. 1 850-2 735 m) de la Savoie (comm. de Saint-Bon-Tarentaise).

COURÇON (17170), ch.-l. de c. de la Charente-Maritime; 965 h.

COURÇON (Robert DE) → ROBERT DE COURÇON.

COURIER (Paul-Louis), écrivain français, né à Paris (1772-1825), auteur de pamphlets contre la Restauration et de *Lettres écrites de France et d'Italie.*

COURLANDE, en letton **Kurzeme,** région de la Lettonie, à l'ouest du golfe de Riga.

COURMAYEUR [-majœr], comm. d'Italie (Val d'Aoste), sur la Doire Baltée, au pied du mont Blanc; 2 500 h. Station de sports d'hiver (alt. 1 224-3 456 m) et centre d'alpinisme, près du débouché du tunnel du Mont-Blanc.

COURNAND (André), médecin américain, d'origine française, né à Paris en 1895, prix Nobel de médecine en 1956 pour ses travaux sur l'insuffisance cardiaque.

COURNEUVE (La) (93120), ch.-l. de c. de la Seine-Saint-Denis, au nord-est de Paris; 37 958 h. Parc départemental.

COURNON-D'AUVERGNE (63800), comm. du Puy-de-Dôme; 12 652 h. Église romane.

COURNOT (Antoine Augustin), économiste, mathématicien et philosophe français, né à Gray (1801-1877). Ses travaux sont à la base de la théorie mathématique de l'économie et en font un précurseur de l'épistémologie.

COURONNE, nom donné à deux constellations, l'une dans l'hémisphère boréal, l'autre dans l'hémisphère austral.

COURONNE (La) [16400], ch.-l. de c. de la Charente; 6 568 h. Restes (XIIᵉ-XVIIIᵉ s.) d'une abbaye. Cimenterie.

Cousine Bette *(la)*, roman de Balzac (1846). Parente pauvre, Bette, aigrie et envieuse, met une perversité démoniaque à se venger du baron Hulot et de sa femme en les entraînant vers la dégradation et la ruine.

COUSIN-MONTAUBAN (Charles), *comte de* **Palikao**, général français, né à Paris (1796-1878). Vainqueur en Chine à Palikao (1860), il présida en 1870 le dernier ministère de Napoléon III.

COUSSER ou **KUSSER** (Johann), compositeur allemand, né à Presbourg (1660-1727). Élève de Lully, directeur de l'opéra de Hambourg, il est l'un des fondateurs de l'opéra allemand.

COUSSEY (88300 Neufchâteau), ch.-l. de c. des Vosges ; 619 h.

COUSTEAU (Jacques-Yves), officier de marine, océanographe et cinéaste français, né à Saint-André-de-Cubzac en 1910. Il a réalisé, avec E. Gagnan, un scaphandre autonome et conduit plusieurs campagnes océanographiques à bord de la *Calypso*, effectuant des expériences de vie sous-marine. Il a tourné *le Monde du silence* (1955), *le Monde sans soleil* (1964).

COUSTOU, nom de trois sculpteurs français : NICOLAS, né à Lyon (1658-1733), auteur notamment d'une Pietà à Notre-Dame de Paris ; — Son frère GUILLAUME *père*, né à Lyon (1677-1746), à qui l'on doit les fougueux *Chevaux de Marly* (auj. place de la Concorde à Paris) ; — GUILLAUME II (1716-1777), fils du précédent, auteur du mausolée du Dauphin, à Sens.

COUTANCES (50200), ch.-l. d'arr. de la Manche, au sud-ouest de Saint-Lô ; 11 920 h. *(Coutançais)*. Évêché. Cathédrale de style gothique normand avec tour-lanterne (XIIIe s.). Marché.

COUTAUD (Lucien), peintre et graveur français, né à Meynes (Gard) (1904-1977), auteur de compositions où la stylisation plastique est au service de l'imaginaire.

COUTHON (Georges), homme politique français, né à Orcet (Auvergne) [1755-1794]. Député à la Législative (1791), puis à la Convention (1792), il forma avec Robespierre et Saint-Just une sorte de triumvirat et réprima l'insurrection de Lyon (1793). Il fut décapité au 10-Thermidor.

COUTRAS [-trɑ] (33230), ch.-l. de c. de la Gironde, sur la Dronne ; 6 145 h. *(Coutrasiens* ou *Coutrillons)*. Victoire d'Henri de Navarre sur le duc de Joyeuse (1587).

COUTURE (Thomas), peintre français, né à Senlis (1815-1879). Académiste éclectique (*les Romains de la décadence*, 1847, Louvre), il forma dans son atelier de nombreux élèves français et étrangers.

COUTURE-BOUSSEY (La) [27750], comm. de l'Eure ; 967 h. Instruments de musique.

COUVE DE MURVILLE (Maurice), homme politique français, né à Reims en 1907. Ministre des Affaires étrangères (1958-1968), il a été Premier ministre en 1968-69.

COUVIN, comm. de Belgique (Namur) ; 12 900 h.

COUZA (Alexandre-Jean Ier) → CUZA.

COVENTRY, v. d'Angleterre ; 335 000 h. Université. Cathédrale reconstruite après la Seconde Guerre mondiale. Automobiles. La ville fut dévastée par la Luftwaffe en 1940.

COVILHÃ (Pêro DA), voyageur portugais, né à Covilhã (Beira) [m. v. 1545]. Il reçut de Jean II de Portugal la mission d'explorer les régions du Levant et l'Éthiopie.

COWES, port d'Angleterre (île de Wight) ; 17 000 h. Régates internationales.

COWLEY (Abraham), poète anglais, né à Londres (1618-1667), auteur d'essais et de poésies dans la manière d'Anacréon et de Pindare.

COWPER (William), poète anglais, né à Great Berkhamsted (1731-1800), peintre des charmes de la campagne et du foyer *(la Tâche)*.

COXCIE ou **COXIE** (Michiel), peintre flamand, né à Malines (1499-1592). Italianisant, il travailla à Rome, Malines, Bruxelles, et fut au service du roi Philippe II.

COYPEL [kwapɛl] (les), famille de peintres français, nés à Paris. NOËL (1628-1707) exécuta des décorations au Louvre et à Versailles. — ANTOINE, son fils (1661-1722), fut peintre d'his-

Coysevox
buste de Robert de Cotte

Bulloz

Lauros-Anderson

Cracovie : la halle aux draps sur la grand-place du Marché

Noël Nicolas **Coypel**
Alliance de Bacchus et Vénus (1726)

Held-Ziolo

un des deux *Chevaux de Marly* (1740-1745)
de Guillaume **Coustou**

Larousse

toire et grand décorateur, au service des ducs d'Orléans et du roi. — NOËL NICOLAS (1690-1734), frère d'Antoine, est considéré comme un précurseur de F. Boucher. — CHARLES ANTOINE, fils d'Antoine (1694-1752), fut peintre de genre et fit des cartons de tapisserie pour les Gobelins (*Histoire de Don Quichotte).*

COYZEVOX ou **COYSEVOX** (Antoine), sculpteur français, né à Lyon (1640-1720). Il travailla pour Versailles, pour Marly (*Chevaux ailés*, auj. aux Tuileries), donna des tombeaux et des bustes et fut le portraitiste de Louis XIV.

COZES (17120), ch.-l. de c. de la Charente-Maritime ; 1711 h.

CRABBE (George), poète anglais, né à Aldeburgh (1754-1832), peintre réaliste de la vie des paysans et des pêcheurs (*le Village*, 1783).

Crac (baron de), type du hâbleur créé par Collin d'Harleville, à l'imitation du baron von Münchhausen* : il ne recule jamais devant l'invraisemblance des aventures qu'il s'attribue.

CRACOVIE, en polon. **Kraków**, v. de Pologne, sur la Vistule ; 701 000 h. Université. Archevêché. Importants monuments : cathédrale (XIIIe-XIVe s.) ; halles et beffroi (XIVe-XVIIe s.) ; forteresse de la Barbacane (XVe s.) ; château royal du Wawel (commencé au XIVe s., transformé au XVIe s.) ; nombreuses églises. Centre administratif. Constructions mécaniques. Cracovie, siège d'un évêché à partir du XIe s. et d'une université en 1364, fut la capitale de la Pologne du XIVe au XVIe s.

CRAIOVA, v. de Roumanie méridionale ; 222 000 h. Métallurgie. Chimie.

CRAMER (Gabriel), mathématicien suisse, né à Genève (1704-1752), auteur d'un des premiers traités de géométrie analytique (1750).

CRAMER (Johann Baptist), pianiste et compositeur allemand, né à Mannheim (1771-1858), auteur d'*Études* pour piano.

CRAMPTON (Thomas Russell), ingénieur britannique, né à Broadstairs (1816-1888). Il imagina un type de locomotive de vitesse à grandes roues.

CRANACH (Lucas), dit **l'Ancien**, peintre et graveur allemand, né à Kronach, près de Bamberg (1472-1553). Il a pratiqué tous les genres : compositions religieuses ou mythologiques, portraits, nus féminins d'un charme subtil. — Son fils LUCAS, dit **le Jeune**, né à Wittenberg (1515-1586), dirigea après lui l'atelier familial.

CRANE (Stephen), écrivain américain, né à Newark (New Jersey) [1871-1900], auteur de romans et l'un des créateurs de la nouvelle américaine contemporaine (*la Conquête du courage*, 1895).

CRANE (Hart), poète américain, né à Garettsville (Ohio) [1899-1932]. Il tenta de réconcilier la poésie et la civilisation industrielle américaine (*le Pont*, 1930).

CRAN-GEVRIER (74000 Annecy), comm. de la Haute-Savoie, banlieue d'Annecy ; 12 662 h. *(Gévriens).* Métallurgie.

CRANKO (John), danseur et chorégraphe sud-africain, né à Rustenburg (Transvaal) [1927-1973]. Créateur fécond, il s'illustra aussi bien dans des œuvres burlesques (*Pineapple Poll*) que dans des compositions dramatiques à grande mise en scène (*Roméo et Juliette*, *Eugène Onéguine).*

CRANMER (Thomas), théologien anglican et archevêque de Canterbury, né à Aslacton (Nottinghamshire) [1489-1556]. Il joua un rôle important dans l'établissement de la Réforme en Angleterre et fut mis à mort sous le règne de la catholique Marie Ire Tudor.

CRANS-SUR-SIERRE, localité de la Suisse (Valais). Station de sports d'hiver (alt. 1 500-3 000 m).

CRAON [krɑ̃] (53400), ch.-l. de c. de la

armoire
par Charles **Cressent**

Crète : *l'Oiseau bleu parmi les fleurs*
fresque (v. 1500 av. J.-C.) provenant de Cnossos

GÉOGRAPHIE

C'est une île allongée, formée de chaînes calcaires ouvertes par des plaines où se développent les cultures du blé, de la vigne, des agrumes et de l'olivier. Tourisme.

HISTOIRE

— VIIe millénaire : des immigrants anatoliens s'installent à l'est.
— IIIe millénaire : la Crète inaugure la période la plus brillante de son histoire (civilisation minoenne); naissance de villes prestigieuses : Cnossos, Mália, Phaistos.
— XVe s. av. J.-C. : début du déclin avec l'arrivée des Achéens.
— fin du IIe millénaire : l'invasion dorienne accélère la décadence.
— VIe s. av. J.-C. : à l'époque hellénistique, puis (Ier s. av. J.-C.), sous les Romains, la Crète redevient une escale marchande.
— 395 apr. J.-C. : la Crète, avant-poste byzantin.
— 825-960 : intermède arabe.
— 1204 (4e croisade) : la Crète, base vénitienne.
— 1645-1715 : conquête turque.
— 1832-1840 : intermède égyptien.
— 1868 : statut qui aboutit à une certaine autonomie.
— 1897-98 : insurrection générale; les Turcs quittent l'île, dont l'administration est confiée à Georges de Grèce.
— 1905 : révolte dirigée par E. Venizélos, en faveur du rattachement à la Grèce.
— 1913 : la Crète revient à la Grèce.

CRÉTEIL (94000), ch.-l. du Val-de-Marne, sur la Marne, au sud-est de Paris; 59248 h. *(Cristoliens).* Université. Évêché.

CREULLY (14480), ch.-l. de c. du Calvados; 692 h. Centre commercial. Château des XIIe-XVIe s.

CREUS *(cap),* cap du nord-est de l'Espagne.

CREUSE (la), riv. du Limousin et du Berry, affl. de la Vienne (r. dr.); 255 km.

CREUSE *(dép. de la)* **[23],** dép. de la Région Limousin; ch.-l. de dép. *Guéret;* ch.-l. d'arr. *Aubusson;* 2 arr., 27 cant., 260 comm.; 5559 km²;

V. carte page suivante

146214 h. *(Creusois).* Le dép. est rattaché à l'académie et à la circonscription judiciaire de Limoges, à la région militaire de Bordeaux et à la province ecclésiastique de Bourges. S'étend sur les terres cristallines de la Marche et de la Combrailles, de part et d'autre de la vallée encaissée de la Creuse, le dép. est surtout rural (orienté principalement vers l'élevage bovin). La faiblesse de l'industrialisation et celle de l'urbanisation (Guéret est la seule ville dépassant 10000 h.) expliquent dans une large mesure l'importance du dépeuplement. Depuis le début du siècle, la Creuse a perdu près de la moitié de sa population.

CREUSOT (Le) [71200], ch.-l. de c. de Saône-et-Loire; 33480 h *(Creusotins).* Musée de l'homme et de l'industrie, dit «Écomusée». Centre métallurgique.

CREUTZWALD (57150), comm. de la Moselle; 15689 h. Houille.

CREVAUX (Jules), explorateur français, né à Lorquin (Moselle) [1847-1882]. Il étudia les bassins de l'Amazone et de l'Orénoque. Il fut tué par les Indiens dans le Gran Chaco.

CRÈVECŒUR (Philippe DE), maréchal de France (m. en 1494), conseiller de Charles le Téméraire, puis de Louis XI. Charles VIII le nomma maréchal de France en 1483, puis grand chambellan.

CRÈVECŒUR-LE-GRAND (60360), ch.-l. de c. de l'Oise; 2981 h.

CREVEL (René), poète français, né à Paris (1900-1935). L'un des plus systématiques représentants du surréalisme *(Détours, les Pieds dans le plat),* il se suicida.

Creys-Malville, centrale nucléaire surrégénératrice du dép. de l'Isère, sur le Rhône.

CRÉZANCY (02650), comm. de l'Aisne; 1159 h. Constructions mécaniques.

C. R. F., sigle de *Croix-Rouge française.*

Mayenne; 4763 h. *(Craonnais).* Château des XVIIIe et XIXe s. Bijouterie. Forêt. Race de porcs renommée, dite *craonnaise.*

CRAONNE [kran] (02160 Beaurieux), ch.-l. de c. de l'Aisne; 96 h. Victoire de Napoléon en 1814. Combats en 1917 et 1918.

CRAPONNE (Adam DE), ingénieur français, né à Salon (1527-1576), constructeur du canal qui porte son nom et qui irrigue une partie de la Crau à partir de la Durance (1558).

CRAPONNE-SUR-ARZON (43500), ch.-l. de c. de la Haute-Loire; 3298 h.

CRASHAW (Richard), poète anglais, né à Londres (v. 1613-1649), auteur de poèmes d'inspiration métaphysique.

CRASSUS → LICINIUS CRASSUS.

CRATINOS, poète athénien (Ve s. av. J.-C.), un des créateurs de la comédie ancienne.

CRAU (la), plaine du bas Rhône, à l'est de la Camargue. Anc. delta de la Durance, naguère désert de pierres, la Crau est auj. en partie fertilisée par l'irrigation. Foin; légumes.

CRAU (La) [83260], ch.-l. de c. du Var; 6156 h.

CRAWLEY, v. d'Angleterre, au sud de Londres; 60000 h. Ville nouvelle.

CRAYER → DE CRAYER.

Création, oratorio de Haydn (sur un poème de Lidley), tiré du *Paradis perdu* de Milton (1798).

CRÉBILLON (Prosper JOLYOT, *sieur* DE CRAISBILLON, dit), poète dramatique français, né à Dijon (1674-1762), dont les tragédies multiplient les effets pathétiques et les coups de théâtre *(Rhadamiste et Zénobie).* [Acad. fr.] — Son fils CLAUDE, né à Paris (1707-1777), est l'auteur de romans de mœurs *(les Égarements du cœur et de l'esprit)* et de contes licencieux *(le Sopha).*

CRÉCY-EN-PONTHIEU (80150), ch.-l. de c. de la Somme; 1595 h. Forêt. Philippe VI et la chevalerie française y furent vaincus par les archers anglais le 26 août 1346, au début de la guerre de Cent Ans.

CRÉCY-LA-CHAPELLE (77580), ch.-l. de c. de Seine-et-Marne, sur le Grand Morin; 2193 h.

CRÉCY-SUR-SERRE (02270), ch.-l. de c. de l'Aisne; 1594 h.

CREIL (60100), ch.-l. de c. de l'Oise, sur l'Oise; 34236 h. *(Creillois).* Centre ferroviaire et industriel. Centrale thermique. — Le *canton* de Creil-Nogent-sur-Oise a pour ch.-l. *Nogent-sur-Oise.*

CRÉMAZIE (Octave), écrivain canadien d'expression française, né à Québec (1827-1879), auteur de poèmes d'inspiration patriotique *(le Drapeau de Carillon,* 1858) et religieuse.

CRÉMIEU (38460), ch.-l. de c. de l'Isère en bordure de l'*île* ou *plateau Crémieu;* 2488 h. Restes d'enceinte et monuments des XIVe-XVIIe s.

CRÉMIEUX (Adolphe), avocat et homme politique français, né à Nîmes (1796-1880). Il fut membre du gouvernement de la Défense nationale; les décrets qui portent son nom (24 oct. 1870) conférèrent la qualité de citoyens français et le droit de vote aux juifs d'Algérie.

CREMONA (Luigi), mathématicien italien, né à Pavie (1830-1903), créateur du calcul graphique.

CRÉMONE, en ital. **Cremona,** v. d'Italie (Lombardie), près du Pô; 82000 h. Jadis renommée pour la fabrication des violons, elle fut la patrie de plusieurs familles de luthiers (Amati, Guarnerius, Stradivarius). Cathédrale médiévale, avec campanile haut de 115 m. En 1702, Villeroi, chef de la garnison française assiégée, y fut fait prisonnier par le Prince Eugène.

CRÉON (33670), ch.-l. de c. de la Gironde; 1842 h. Vins.

CRÉON, roi de Thèbes dans le mythe d'Œdipe. Frère de Jocaste, il gouverna Thèbes à la mort de Laïos; mais il dut laisser à Œdipe son trône, qu'il retrouva après l'exil de celui-ci.

CRÉPIN et **CRÉPINIEN** *(saints),* frères martyrisés en Gaule v. 287, patrons des cordonniers.

Crépuscule des dieux (le) → TÉTRALOGIE.

CRÉPY (02000 Laon) ou **CRÉPY-EN-LAONNOIS,** comm. de l'Aisne; 1499 h. Traité, en 1544, entre François Ier et Charles Quint.

CRÉPY-EN-VALOIS (60800), ch.-l. de c. de l'Oise; 10920 h. *(Crépynois).* Ville ancienne et pittoresque. Métallurgie. Matériel de bureau.

CRÉQUI ou **CRÉQUY,** famille noble originaire de l'Artois, à laquelle appartiennent, entre autres personnages : CHARLES (v. 1578-1638), maréchal de France sous Louis XIII, qui prit part avec gloire aux campagnes d'Italie et fut chargé des ambassades de Rome, puis de Venise; — FRANÇOIS, son petit-fils (v. 1624-1687), qui fut maréchal de France.

CRESPIN (59154), comm. du Nord; 5328 h. Métallurgie.

CRESSENT (Charles), ébéniste français, né à Amiens (1685-1768). Il exécuta pour le Régent et la famille d'Orléans de précieux meubles marquetés, ornés de bronzes.

CRESSIER, comm. de Suisse (Neuchâtel); 1530 h. Raffinerie de pétrole.

CREST [krɛ] (26400), ch.-l. de c. de la Drôme, sur la Drôme; 7992 h. *(Crestois).* Donjon du XIIe s.

CREST-VOLAND (73590 Flumet), comm. de la Savoie; 282 h. Sports d'hiver (alt. 1230-1950 m).

CRÉSUS, dernier roi de Lydie (v. 560-546 av. J.-C.). Il devait sa légendaire richesse au trafic commercial et aux mines d'or de son royaume. Après avoir soumis l'Asie Mineure, Crésus fut vaincu par Cyrus en 547 ou en 546 av. J.-C. et son royaume passa sous la domination perse.

CRÈTE, anc. **Candie,** île grecque de la Méditerranée; 8336 km²; 457000 h. *(Crétois).* V. pr. *Héraklion* et *La Canée.*

CRICK (Francis Harry COMPTON), biologiste britannique, né à Northampton en 1916. Avec James D. Watson et M.H.F. Wilkins, il a découvert la structure en double hélice de l'acide désoxyribonucléique. (Prix Nobel, 1962.)

CRIEL-SUR-MER (76910), comm. de la Seine-Maritime; 2 108 h. Station balnéaire.

CRILLON (Louis BALBIS DE BERTON DE), homme de guerre français, né à Murs (Provence) [1543-1615]. Il prit part aux guerres de Religion, se distingua à Calais (1558), Lépante (1571) et Ivry (1590), et fut l'ami et le compagnon d'armes d'Henri IV.

Crime et châtiment, roman de Dostoïevski (1866). Le héros, Raskolnikov, trouve dans l'aveu le seul moyen de libérer sa conscience d'un crime qu'il avait cru avoir le droit de commettre.

CRIMÉE, presqu'île de l'U.R.S.S. (Ukraine), s'avançant dans la mer Noire et limitant la mer d'Azov. Les montagnes de sa partie méridionale (1 545 m) dominent une côte pittoresque bordée de stations balnéaires (Yalta*).

HISTOIRE

— VIIe s. av. J.-C. : fondation, en Chersonèse Taurique (alors peuplée de Cimmériens), des premières colonies grecques.
— Ve s. av. J.-C. : constitution du royaume du Bosphore cimmérien.
— IIe s. av. J.-C. : protectorat du Pont.
— Ier s. av. J.-C. : protectorat romain.
— IIIe-IVe s. apr. J.-C. : invasion des Goths, puis des Huns.
— XIIIe-XVe s. : domination mongole.
— v. 1430 : indépendance du khanat de Crimée.
— 1475-1774 : domination ottomane jusqu'au traité de Kutchuk-Kaïnardji.
— 1783-84 : annexion de la Crimée par la Russie.
— 1854-1856 : guerre de Crimée.
— 1921 : constitution de la république autonome socialiste soviétique de Crimée.
— 1945 : elle est intégrée à la R.S.F.S.R.
— 1954 : la Crimée est rattachée à l'Ukraine.

Crimée (guerre de), conflit qui, en 1854-55, opposa la France, la Grande-Bretagne, la Turquie et le Piémont à la Russie. Illustré par les batailles de l'Alma et de Sébastopol, il se termina par la défaite de la Russie, consacrée par le traité de Paris de 1856.

CRIPPS (sir Stafford), homme politique et économiste britannique, né à Londres (1889-1952). Travailliste, ministre des Affaires économiques et chancelier de l'Échiquier (1947-1950), il mit en place un efficace programme d'austérité.

CRIQUETOT-L'ESNEVAL (76280), ch.-l. de c. de la Seine-Maritime; 1 394 h. Monuments anciens.

CRIS ou **CREES,** Indiens de la famille algonquine, de la région des Grands Lacs à la baie d'Hudson.

CRIŞ, en hongr. **Körös,** nom de trois rivières nées en Transylvanie, affl. de la Tisza (r. g.).

CRISPI (Francesco), homme d'État italien, né à Ribera (Sicile) [1818-1901]. Compagnon de Garibaldi, chef du radicalisme constitutionnel, il fut président du Conseil de 1887 à 1891 et de 1893 à 1896. Hostile à la France, il renouvela avec l'Allemagne et l'Autriche l'accord de la Triple-Alliance (1887) et, après l'échec italien en Tunisie, engagea l'Italie dans la voie de l'expansion coloniale; mais, s'il put créer la colonie d'Érythrée (1890), il échoua en Éthiopie et il dut démissionner après le désastre d'Adoua (1896).

CRISTAL (monts de), massif montagneux de l'Afrique équatoriale, traversé par le bas Zaïre.

CRISTOFORI (Bartolomeo), facteur italien d'instruments à clavier, né à Padoue (1665-1732), l'un des inventeurs du pianoforte.

CRITIAS, homme politique athénien, le plus connu des Trente Tyrans (450-404 av. J.-C.). Il fut tué en essayant de s'opposer au retour de Thrasybule.

Critias (le) ou **l'Atlantide,** dialogue de Platon (IVe s. av. J.-C.), dans lequel est raconté le mythe de l'Atlantide.

Critique du jugement, le dernier des trois principaux ouvrages philosophiques de Kant (1790), qui traite du jugement esthétique et du jugement téléologique.

Critique de la raison pratique, œuvre de Kant (1788), dans laquelle il se demande comment la moralité comme impératif catégorique, c'est-à-dire comme loi a priori, peut constituer le principe déterminant de l'action entreprise par un sujet volontaire.

Critique de la raison pure, œuvre de Kant (1781, 2e éd. en 1787), dans laquelle il analyse le pouvoir de la raison en général en déterminant son étendue et ses limites à partir de principes a priori afin de répondre à la question « que puis-je savoir? ».

Criton (le), dialogue de Platon (IVe s. av. J.-C.). À Criton, qui est venu dans sa prison lui offrir de le rendre à la liberté, Socrate répond par la prosopopée des lois, où il démontre que la loi, même injuste, doit être respectée.

CRIVELLI (Carlo), peintre italien, né à Venise (v. 1430/35 - av. 1501). Il a exécuté, dans les Marches, des polyptiques d'autel d'un graphisme nerveux, d'un coloris vif et précieux.

CRNA GORA, nom slave du Monténégro*.

CROATIE, l'une des républiques fédérées de la Yougoslavie; 56 538 km²; 4 532 000 h. (Croates). Cap. Zagreb.

HISTOIRE

— 925 : Tomislav crée un État croate.
— 1058-1074 : règne glorieux de Pierre Krešimir IV. Querelle des rites (latin et slave).
— 1102 : la noblesse reconnaît la suzeraineté hongroise.
— 1527 : la noblesse élit pour roi Ferdinand Ier de Habsbourg; les confins militaires de la Croatie sont rattachés à l'Autriche; la Croatie civile garde un statut particulier.
— 1815 : début d'une forte et impopulaire politique de magyarisation. La Croatie, centre de l'illyrisme, mouvement de renaissance yougoslave.
— 1849-1867 : politique absolutiste de l'Autriche et germanisation, que combat Josip Štrosmajer (ou Strossmayer), chef du parti national de 1860 à 1873.
— 1867 : compromis austro-hongrois, qui donne la Croatie-Slavonie à la Hongrie.
— 1868 : autonomie factice accordée par la Hongrie.
— 1903 : montée du yougoslavisme.
— 1918 : formation du royaume des Serbes, Croates, Slovènes.
— 1931 : création de la Yougoslavie. Opposition des Croates (et notamment de la société secrète oustacha) au centralisme serbe.
— 1934 : des oustachis assassinent Alexandre Ier Karadjordjević.
— 1941-1945 : existence d'un État croate autonome fasciste, satellite du IIIe Reich.
— 1945 : la Croatie, république fédérée de la Yougoslavie. L'antagonisme serbo-croate n'est pas éteint.

CROCE (Benedetto), historien et homme politique italien, né à Pescasseroli (1866-1952). L'un des chefs du parti libéral, il a exercé une grande

CREUSE

◇ chef-lieu de département
○ chef-lieu d'arrondissement
● chef-lieu de canton
—— limite d'arrondissement
— limite de canton
●●●●● ○ localités classées selon leur population

courbes : 200. 400. 600. 800 m

0 km 10 km 20

Benedetto **Croce**

Francesco **Crispi**

influence sur la pensée littéraire et artistique italienne (*Bréviaire d'esthétique*, 1913; *Histoire du baroque en Italie*, 1929).

CROCQ (23260), ch.-l. de c. de la Creuse; 844 h.

croisades, nom donné aux expéditions militaires entreprises du XIe au XIIIe s. par l'Europe chrétienne, sous l'impulsion de la papauté pour reprendre le Saint-Sépulcre aux musulmans, puis pour défendre le Royaume latin de Jérusalem. On distingue traditionnellement huit croisades; en réalité, la croisade fut un mouvement quasi permanent. La papauté, en la personne d'Urbain II, conçut en 1095, au concile de Clermont, l'idée d'un pèlerinage puissant destiné à délivrer Jérusalem. Ce fut la *1re croisade* (1095-1099), qui donna lieu à deux expéditions distinctes : la première, populaire, dirigée par Pierre l'Ermite, arriva décimée en Asie Mineure, où les Turcs l'exterminèrent; la seconde, puissamment organisée, comprenait plusieurs armées féodales, qui s'emparèrent notamment d'Édesse, de Nicée, d'Antioche et enfin de Jérusalem (1099). À côté du royaume de Jérusalem (avec Baudouin de Boulogne [Baudouin Ier] pour roi dès 1100) furent créés une principauté d'Antioche et les comtés d'Édesse et de Tripoli. La *2e croisade* (1147-1149) fut prêchée par saint Bernard à la suite de la prise d'Édesse par les Turcs (1144). Conrad III et Louis VII le Jeune, qui la conduisaient, échouèrent devant Damas. La *3e croisade* (1189-1192) fut prêchée après la prise de Jérusalem par Saladin (1187). Elle eut pour chefs Frédéric Barberousse d'une part, Philippe Auguste et Richard Cœur de Lion de l'autre. Le premier se noya en Cilicie; Philippe Auguste revint en France; Richard conquit Chypre, qui devint avec Amaury de Lusignan un royaume latin en 1197. La *4e croisade* (1202-1204) fut entreprise par Boniface de Montferrat et par Baudouin IX de Flandre, qui furent détournés de leur route par les Vénitiens; ils conquirent Zadar, puis Constantinople, après un sac monstrueux (1204). Ils fondèrent l'Empire latin de Constantinople, qui dura jusqu'en 1261. La *5e croisade* (1217-1221) fut accomplie par Jean de Brienne, roi de Jérusalem, et par André II, roi de Hongrie, qui firent en Égypte une incursion sans résultat contre les Sarrasins. La *6e croisade* (1228-29) fut conduite par l'empereur Frédéric II, qui traita avec les musulmans; ceux-ci récupérèrent les lieux saints dès 1244. La *7e croisade* (1248-1254) fut dirigée par Louis IX en exécution d'un vœu. Le roi de France, après la défaite de Mansourah (1250), en Égypte, dut abandonner Damiette pour recouvrer sa liberté. La *8e croisade* (1270) était conduite aussi par Louis IX, qui mourut devant Tunis. Si, au point de vue militaire, les croisades se terminèrent par un échec, elles jouèrent un rôle considérable dans l'évolution du monde contemporain : émancipation des villes, meilleure connaissance du monde asiatique, développement des échanges en Méditerranée.

CROISETTE (cap), cap des Bouches-du-Rhône, au sud de Marseille.

CROISIC (Le) [44490], ch.-l. de c. de la Loire-Atlantique; 4305 h. (*Croisicais*). Port de pêche et centre touristique.

CROISIC (pointe du), promontoire au nord de l'embouchure de la Loire.

CROISILLES (62128), ch.-l. de c. du Pas-de-Calais; 825 h.

Croissant-Rouge (le), dans les pays musulmans, organisation ayant les mêmes fonctions que la Croix-Rouge.

CROISSY (Charles COLBERT, *marquis* DE), né à Paris (v. 1626-1696), frère de Colbert. Il devint secrétaire d'État aux Affaires étrangères en 1679.

CROISSY-SUR-SEINE (78290), comm. des Yvelines; 6845 h. (*Croissillons*).

CROIX (59170), comm. du Nord; 20196 h. (*Croisiens*). Métallurgie.

CROIX-DE-FER (col de la), col des Alpes, entre les vallées de l'Eau-d'Olle et de l'Arvan; 2068 m.

Croix-de-Feu (les), organisation française d'anciens combattants fondée en 1927, présidée par le lieutenant-colonel de La Rocque et dissoute en 1936. Antiparlementaire et nationaliste, elle prit part aux manifestations du 6 février 1934.

CROIX DU SUD, constellation de l'hémisphère austral, dont les étoiles les plus brillantes forment une croix dont la grande branche est orientée vers le pôle Sud.

Croix-Rouge (la), société fondée à l'instigation d'Henri Dunant, à Genève en 1863, pour venir en aide aux blessés et aux victimes de la guerre.

CROIX-ROUSSE (la), quartier de Lyon.

CRO-MAGNON, site de la Dordogne (comm. des Eyzies-de-Tayac-Sireuil). Station qui a donné son nom à une race néanthropienne.

CROMMELYNCK (Fernand), écrivain belge d'expression française, né à Paris (1886-1970), auteur de comédies (*le Cocu magnifique*, 1921).

CROMWELL (Thomas), *comte* d'**Essex** (v. 1485-1540). Chancelier de l'Échiquier (1533) et secrétaire du roi Henri VIII (1534), artisan de la Réforme en Angleterre, il fut décapité.

CROMWELL (Oliver), lord-protecteur d'Angleterre, d'Écosse et d'Irlande, né à Huntingdon (1599-1658). Gentilhomme puritain, député au Court puis au Long Parlement (1640), il devint chef de l'opposition à l'arbitraire royal. À la tête des « Côtes de fer », il battit les troupes royales à Marston Moor (1644), puis à Naseby (1645). En fait modéré, adversaire des Niveleurs, il ne devint un adversaire décidé de Charles Ier que lorsque celui-ci, par sa duplicité, déchaîna la seconde guerre civile (1648). Lieutenant général, il épura le Parlement (Parlement croupion), qui condamna à mort le roi Charles Ier (1649). Véritable maître du pays, il instaura une dictature militaire, le Commonwealth, qu'il imposa par la force à l'Irlande puis à l'Écosse (1650-51). En faisant voter l'Acte de navigation (1651), il se trouva entraîné dans une guerre contre les Provinces-Unies (1652-1654), qui contribua à faire de l'Angleterre une grande puissance navale. Devenu lord-protecteur (1653), il partagea d'abord les pouvoirs avec un Conseil d'État, puis, en 1655, agit en véritable souverain. — Son fils RICHARD, né à Huntingdon (1626-1712), lui succéda, mais démissionna dès 1659.

Cromwell, drame historique de V. Hugo (1827), dont la préface expose les principes du drame romantique.

CRONOS. Myth. gr. Titan, père de Zeus. Identifié par les Romains avec *Saturne*.

CRONSTADT → KRONCHTADT.

CROOKES (sir William), physicien et chimiste anglais, né à Londres (1832-1919). Il isola le thallium (1861) et élucida la nature des rayons cathodiques (1878).

CROS (Charles), poète et savant français, né à Fabrezan (1842-1888). Il découvrit le procédé indirect de la photographie des couleurs (1869) en même temps que Ducos du Hauron et eut l'idée du phonographe dès 1877.

CROSNE (91560), comm. de l'Essonne; 6069 h.

CROSS (Henri Edmond DELACROIX, dit **Henri**), peintre français, né à Douai (1856-1910), adepte du divisionnisme.

CROTONE, v. d'Italie (Calabre); 56000 h. Elle est proche de l'anc. Crotone, qui fut la résidence de Pythagore et la patrie de Milon.

CROTOY (Le) [80550], comm. de la Somme; 2429 h. (*Crotellois*). Station balnéaire.

CROUZILLE (la), hameau de la comm. de Saint-Sylvestre (Haute-Vienne). Pechblende.

CROWS, Indiens des plaines de l'Amérique du Nord.

CROZAT (Antoine), financier français, né à Toulouse (1655-1738). — Son frère PIERRE, également financier, né à Toulouse (1665-1740), fut un protecteur de Watteau.

CROZET (îles), archipel français de l'océan Indien méridional, au sud de Madagascar.

CROZON (29160), ch.-l. de c. du Finistère, dans la *presqu'île de Crozon*; 7812 h. (*Crozonnais*).

CRUAS (07350), comm. de l'Ardèche; 1638 h. Église romane à crypte du XIe s. Chaux et ciment. Centrale nucléaire en projet.

CRUIKSHANK (George), caricaturiste anglais, né à Londres (1792-1878), illustrateur de Dickens.

CRUMB (Robert), dessinateur américain, né à Philadelphie en 1943. Créateur de bandes dessinées d'une truculence drolatique, il a exprimé la vision de l'underground contestataire.

CRUSEILLES (74350), ch.-l. de c. de la Haute-Savoie; 1954 h.

CRUVEILHIER (Jean), médecin et anatomiste français, né à Limoges (1791-1874), spécialisé dans l'anatomie pathologique.

CRUZ (Ramón DE LA), auteur dramatique espagnol, né à Madrid (1731-1795). Ses comédies peignent le peuple des bas quartiers de Madrid.

CRUZINI-CINARCA (canton de), canton de la Corse-du-Sud; ch.-l. *Sari-d'Orcino*.

CRUZY-LE-CHÂTEL (89740), ch.-l. de c. de l'Yonne; 351 h. Château pentagonal de Maulne (v. 1570).

CSEPEL, île du Danube, au sud de Budapest.

CSIKY (Gergely), auteur dramatique hongrois, né à Pankota (1842-1891). Il a écrit des drames sociaux (*les Prolétaires*).

CSOKONAI VITÉZ (Mihály), poète hongrois, né à Debrecen (1773-1805), d'inspiration tour à tour philosophique ou populaire.

CSOKOR (Franz Theodor), écrivain autrichien, né à Vienne (1885-1969), auteur de drames expressionnistes (*le Général de Dieu*).

CTÉSIAS, historien grec, né à Cnide (Ve s. av. J.-C.), auteur d'ouvrages sur la Perse et sur l'Inde.

CTÉSIPHON, anc. ville parthe au sud-est de Bagdad, résidence des Arsacides et des Sassanides. Ruines du palais de Châhpuhr Ier.

CUAUHTÉMOC, souverain aztèque, né à Mexico (v. 1497-v. 1525), pendu par ordre de Cortés.

CUBA, république de l'Amérique centrale, constituée par la plus grande des Antilles, située au sud de la Floride; 114524 km²; 9730000 h. (*Cubains*). Cap. *La Havane*. Langue : *espagnol*.

GÉOGRAPHIE

Le pays, au climat tropical, est formé de plaines et de plateaux calcaires, en dehors du Sud-Est,

dessin de Robert **Crumb**

Tweedy-R. Laffont

Charles **Cros** par Nadar

Nadar

Oliver **Cromwell** par Christian Richter

qui est montagneux. Cuba est un important producteur de sucre et ses plantations fournissent aussi du tabac et des fruits tropicaux. Le sous-sol recèle surtout du nickel. Les sucreries et les manufactures de tabac (cigares) sont encore les seuls établissements industriels notables, groupés surtout dans la capitale, qui constitue le débouché maritime du pays, dont le commerce extérieur, déficitaire, s'effectue principalement avec l'U.R.S.S.

HISTOIRE

— 1492 : découverte de l'île par Christophe Colomb.
— 1511 : début de l'occupation espagnole. Les autochtones amérindiens sont rapidement décimés et remplacés par des esclaves noirs et des maîtres blancs immigrés.
— XVIIIe s. : développement de la culture de la canne à sucre, qui supplante l'élevage et la culture du tabac.
— 1818 : l'île obtient la liberté de commerce.
— 1868 : insurrection générale.
— 1878 : l'Espagne accorde une certaine autonomie.
— 1880 : abolition de l'esclavage.
— 1895 : soulèvement dirigé par José Martí et Máximo Gómez. Répression impitoyable.
— 1896 : grande famine, 50 000 morts à La Havane.
— 1898 : explosion du cuirassé américain *Maine* (15 févr.), en rade de La Havane. Guerre hispano-américaine; défaite de l'Espagne : traité de Paris (22 déc.), par lequel l'Espagne abandonne Cuba.
— 1899 (1er janv.) : installation d'un gouverneur américain.
— 1901 : Constitution républicaine, qui reconnaît aux États-Unis le droit d'intervenir dans l'île. Cession de la base de Guantánamo. Contrôle de l'économie cubaine par les États-Unis.
— 1907, 1912, 1917 : interventions armées américaines.
— 1925-1933 : dictature de Gerardo Machado; la crise mondiale frappe l'économie cubaine (sucre).
— 1934 : Fulgencio Batista, soutenu par les États-Unis, s'empare du pouvoir. Début de l'« ère Batista ».
— 1944-1952 : après le départ de Batista, les gouvernements restent sous le contrôle américain et se discréditent par leurs complicités avec la spéculation et le gangstérisme.
— 1952-1959 : retour au pouvoir de F. Batista. Dépendance accrue à l'égard des États-Unis. Période d'arbitraire et de corruption.
— 1953 : Fidel Castro prend la tête de l'opposition. Il échoue (26 juill.) et s'exile.
— 1956 : Fidel Castro débarque à Cuba.
— 1959 : la révolution triomphe; F. Castro, Premier ministre; Manuel Urrutia, président de la République.

— 1960 : accord commercial avec l'U.R.S.S.; nationalisations. Embargo américain.
— 1961 : rupture des relations avec les États-Unis. Échec de la tentative de débarquement d'émigrés cubains (baie des Cochons).
— 1962 : crise internationale provoquée par l'installation de fusées soviétiques à Cuba.
— 1965 : le parti de la révolution devient le parti communiste cubain.
— 1969-1971 : mise en œuvre des mesures autoritaires pour le rétablissement de la production sucrière.
— 1976 : Constitution qui assouplit le régime. Politique extérieure plus engagée. Levée partielle de l'embargo américain.

CÚCUTA ou **SAN JOSÉ DE CÚCUTA,** v. de la Colombie septentrionale; 175 000 h.

CUENCA, v. d'Espagne (Nouvelle-Castille); 37 000 h. Cathédrale du XIIIe s. Musée d'Art abstrait.

CUÉNOT (Lucien), biologiste français, né à Paris (1866-1951). Il a étudié l'hérédité, l'adaptation et l'écologie.

CUERS [kɥɛr] (83390), ch.-l. de c. du Var; 5 576 h.

CUEVAS (George DE PIEDRABLANCA DE GUANA, *marquis* DE), mécène espagnol, né à Santiago du Chili (1885-1961). Il se consacra à partir de 1944 à la danse et à la compagnie de ballet qui porta son nom.

CUFFIES (02200 Soissons), comm. de l'Aisne; 1 770 h. Verrerie.

CUGNAUX (31270), comm. de la Haute-Garonne; 9 789 h. Base aérienne de Francazal.

CUGNOT (Joseph), ingénieur français, né à Void (Lorraine) [1725-1804]. Il réalisa en 1770 la première voiture automobile à vapeur et, en 1771, un second modèle, appelé *fardier,* pour le transport des lourdes charges (canons).

CUI (César), compositeur russe, né à Vilna (1835-1918), auteur d'opéras (*le Prisonnier du Caucase*). Il fit partie du « groupe des Cinq ».

CUIABÁ, v. du Brésil, cap. de l'État de Mato Grosso; 101 000 h.

CUINCY (59500 Douai), comm. du Nord; 6 192 h.

CUISEAUX (71480), ch.-l. de c. de Saône-et-Loire; 1 816 h.

CUISERY (71290), ch.-l. de c. de Saône-et-Loire; 1 583 h. Église des XIIIe-XVIe s.

CUJAS [kɥʒɑs] (Jacques), jurisconsulte français, né à Toulouse (1522-1590). Au lieu d'interpréter le droit romain dans un dessein pratique, il restitua les caractères et le sens qui étaient propres à ce droit dans la société même où il se développa.

CULIACÁN, v. du Mexique, au pied de la sierra Madre occidentale; 245 000 h.

CULLBERG (Birgit Ragnhild), chorégraphe sué-

doise, née à Nyköping en 1908, auteur d'œuvres originales : *Mademoiselle Julie* (d'après Strindberg), *Lady from the Sea* (d'après Ibsen), *Eurydice est morte, Adam et Ève.*

CULLMANN (Oscar), théologien protestant français, né à Strasbourg en 1902. Il est l'auteur de travaux sur l'exégèse du Nouveau Testament et le christianisme primitif.

CULLODEN, localité d'Écosse (Inverness), où le prétendant Charles Édouard fut vaincu par le duc de Cumberland (1746).

CULMANN (Karl), ingénieur allemand, né à Bergzabern (1821-1881), fondateur de la statique graphique.

CULOZ [-loz] (01350), comm. de l'Ain; 2 523 h. Nœud ferroviaire.

CUMANÁ, v. du Venezuela, cap. de l'État de Sucre; 120 000 h.

CUMBERLAND (William Augustus, *duc* DE), prince et général britannique, né à Londres (1721-1765), troisième fils de George II. Vaincu à Fontenoy (1745) et à Lawfeld (1747) par les Français, il battit le prétendant Charles Édouard à Culloden (1746).

CUMBRIA, anc. **Cumberland,** comté du nord-ouest de l'Angleterre, comprenant le *massif du Cumberland* (1 070 m); 473 000 h. Ch.-l. *Carlisle.* Tourisme (*Lake District*).

CUMES, en lat. *Cumae,* v. de Campanie, anc. colonie grecque, près de laquelle se trouvait l'antre de la sibylle découvert en 1932. Ruines.

CUNAULT → TRÈVES-CUNAULT.

CUNAXA → COUNAXA.

CUNEO, en fr. **Coni,** v. d'Italie (Piémont), sur la Stura, affl. du Pô; 55 000 h.

CUNHA (Tristão ou Tristan DA), navigateur portugais, né à Lisbonne (1460-1540). Il découvrit plusieurs îles de l'Atlantique austral, dont Tristan da Cunha, et reconnut Madagascar.

CUNHAL (Alvaro), homme politique portugais, né à Coimbra en 1913. Il est secrétaire général du parti communiste portugais depuis 1961.

CUNLHAT (63590), ch.-l. de c. du Puy-de-Dôme; 1 507 h.

CUNNINGHAM (Merce), danseur et chorégraphe moderne américain, né à Centralia (Washington) v. 1915. Les recherches qu'il mène parallèlement aux expériences musicales de John Cage lui font considérer la danse non plus comme une expression mais comme une libération du mouvement dans le temps et dans l'espace.

CUPIDON. *Myth. rom.* Dieu de l'Amour chez les Romains, assimilé à l'*Éros* grec.

CUQ-TOULZA (81470), ch.-l. de c. du Tarn; 515 h.

CURAÇAO, île des Antilles néerlandaises, près de la côte du Venezuela; 472 km²; 155 000 h.

CUBA

Ch.-l. Willemstad. Oranges (liqueur). Raffinage du pétrole.

CURBANS (05110 La Saulce des Alpes), comm. des Alpes-de-Haute-Provence; 119 h. Centrale hydroélectrique sur la Durance.

CURE (la), riv. de Bourgogne, affl. de l'Yonne (r. dr.); 112 km.

CUREL (François DE), auteur dramatique français, né à Metz (1854-1928). Il a écrit des drames inspirés par les conflits d'idées et les problèmes sociaux (le Repas du lion). [Acad. fr.]

CURIACES → HORACES.

CURIE (Pierre), physicien français, né à Paris (1859-1906). Il découvrit la piézo-électricité (1880) et énonça le principe de symétrie (1894). Avec sa femme, Marie SKŁODOWSKA, née à Varsovie (1867-1934), il découvrit le radium. (Prix Nobel, 1903 et 1911.)

CURITIBA, v. du Brésil, cap. de l'État de Paraná; 608 000 h. Archevêché.

CURTIUS (Ernst), historien allemand, né à Lübeck (1814-1896), auteur d'une Histoire de la Grèce (1857-1861).

CURZOLA → KORČULA.

Curzon (ligne), ligne proposée en 1919 par lord George Curzon of Kedleston (1859-1925), ministre britannique des Affaires étrangères, comme frontière orientale de la Pologne. Passant par Suwałki, Brest-Litovsk et le cours moyen du Bug, elle correspond à peu près à la frontière russo-polonaise de 1945.

CUSA (Nicolas DE) → NICOLAS DE CUSA.

CUSHING (Franz Hamilton), ethnologue américain, né à North East (Pennsylvanie) [1857-1900]. Il étudia les Indiens Zuñis, notamment du point de vue des mythes.

CUSHING (Harvey), chirurgien américain, né à Cleveland (1869-1939), créateur de la neurochirurgie.

CUSSET (03300), ch.-l. de c. de l'Allier, banlieue de Vichy; 14 507 h.

CUSTINE (Adam Philippe, comte DE), général français, né à Metz (1740-1793). Il prit Spire et Mayence en 1792. Commandant l'armée du Nord en 1793, il fut guillotiné pour avoir perdu Condé et Mayence.

CUSTOZA ou **CUSTOZZA**, bourg d'Italie, près de Vérone. Victoires autrichiennes sur les Piémontais (1848 et 1866).

CUTTACK, v. de l'Inde (Orissa), dans le delta de la Mahānadī; 194 000 h.

CUVIER (Georges, baron), zoologiste et paléontologiste français, né à Montbéliard (1769-1832), créateur de l'anatomie comparée et de la paléontologie. Il énonça les lois de subordination des organes et de corrélation des formes, put reconstituer entièrement le squelette de mammifères fossiles au seul vu de quelques os, mais s'opposa aux doctrines évolutionnistes. Tous les régimes le comblèrent de charges et d'honneurs. (Acad. fr.) — FRÉDÉRIC, son frère, né à Montbéliard (1773-1838), entreprit avec Geoffroy Saint-Hilaire une Histoire des mammifères après avoir écrit une Histoire des cétacés.

CUVILLIÉS (François DE), architecte et ornemaniste allemand originaire du Hainaut, né à Soignies (1695-1768), maître de l'art rococo à la cour de Munich.

CUXHAVEN, v. de l'Allemagne fédérale, à l'embouchure de l'Elbe; 50 000 h. Pêche. Avant-port de Hambourg.

CUYP (Albert), peintre hollandais, né à Dordrecht (1620-1691). Il a rendu avec poésie les effets de la lumière sur la campagne des bords de la Meuse.

CUZA ou **COUZA** (Alexandre-Jean Ier), né à Galați (1820-1873). En 1859, il fut élu prince par les assemblées de Moldavie et de Valachie; son programme de réformes suscita une coalition qui l'obligea à abdiquer en 1866.

CUZCO, v. du Pérou, dans les Andes, à 3 650 m d'alt.; 131 000 h. Anc. cap. des Incas et grand centre de l'Amérique espagnole. Nombreux édifices coloniaux, parfois sur soubassements de maçonnerie mégalithique inca. Cathédrale (XVIe-XVIIe s.); forteresse de Sacsahuamán (XVe s.).

CYAXARE, roi des Mèdes (625-585 av. J.-C.). Il mit fin à l'empire d'Assyrie en détruisant Ninive (612).

CYBÈLE. Myth. Déesse phrygienne de la Fertilité. Son culte, lié à celui d'Attis, se répandit (IIIe s. av. J.-C.) dans le monde gréco-romain et comprenait des cérémonies initiatiques.

CYCLADES, en gr. Kyklades, îles grecques de la mer Égée, ainsi nommées parce qu'elles forment un cercle (gr. kyklos) autour de Délos; 86 000 h. V. pr. Hermoupolis. Les principales autres îles sont : Ándhros, Náxos, Páros, Santorin, Sýros, Milo, Mýkonos. Foyer, dès le IIIe millénaire, d'une brillante civilisation dont témoignent, entre autres, des idoles de marbre au schématisme géométrique.

Cyclope (le), drame satyrique d'Euripide (seconde moitié du Ve s. av. J.-C.), le seul exemple restant de ce genre littéraire. Le sujet est tiré de l'épisode d'Ulysse chez le cyclope Polyphème.

CYCLOPES. Myth. gr. Géants forgerons et bâtisseurs n'ayant qu'un œil au milieu du front. (On parle d'un travail de cyclope pour désigner une œuvre colossale.)

CYDNOS ou **CYDNUS**, fl. de l'anc. Cilicie. L'empereur Barberousse s'y noya en 1190.

CYGNE (le), constellation de l'hémisphère boréal, dans la Voie lactée.

Cygne (le), andante du Carnaval des animaux de Saint-Saëns, dont s'inspira Michel Fokine pour régler le solo chorégraphique souvent appelé la Mort du cygne, que dansèrent A. Pavlova, G. Oulanova, Y. Chauviré, M. Plissetskaïa.

CYNEWULF, poète anglo-saxon du VIIIe s., auteur de poèmes religieux.

CYNOSCÉPHALES, collines de Thessalie. Le consul Flaminius y défit Philippe V de Macédoine, en 197 av. J.-C.

CYPRIEN (saint), Père de l'Église latine, né à Carthage (v. 200-258). Évêque de Carthage (248-258), il mourut martyr. Il fut le théologien de l'unité de l'Église conçue dans un sens non monarchique mais collégial.

CYPSÉLOS, tyran de Corinthe (VIIe s. av. J.-C.), père de Périandre. Il fonda la dynastie des Cypsélides, qui régna sur Corinthe de 657 à 582 environ.

CYRANO DE BERGERAC (Savinien DE), écrivain français, né à Paris (1619-1655). Auteur de comédies (le Pédant joué), d'une tragédie, la Mort d'Agrippine, il a exprimé sa philosophie matérialiste dans des récits de voyages imaginaires (Histoire comique des États et Empires de la Lune, Histoire comique des États et Empires du Soleil).

Cyrano de Bergerac, comédie en 5 actes, en vers, d'Edmond Rostand (1897). — Ballet de R. Petit (1959).

CYRÉNAÏQUE, partie nord-est de la Libye. V. pr. Benghasi. Pétrole.

CYRÈNE, v. principale de l'anc. Cyrénaïque (Libye). Importantes ruines (agora, temple d'Apollon, thermes).

CYRILLE (saint), évêque de Jérusalem et Père de l'Église, né à Jérusalem (v. 315-386), un des grands adversaires de l'arianisme.

CYRILLE (saint), patriarche d'Alexandrie et Père de l'Église, né à Alexandrie (v. 380-444). Il combattit le nestorianisme, qu'il fit condamner au concile d'Éphèse (431).

CYRILLE et **MÉTHODE** (saints), apôtres des Slaves. Nés à Thessalonique, CYRILLE (v. 827-869) et son frère MÉTHODE (v. 825-885) traduisirent pour les besoins de leur apostolat la Bible et les livres liturgiques en langue slave. Cyrille créa, selon la tradition, un alphabet approprié dit glagolitique qui, simplifié, devint l'alphabet cyrillique.

CYRUS II le Grand (m. v. 530 av. J.-C.), roi de Perse (v. 556-530 av. J.-C.), fils de Cambyse Ier. Il renversa le roi des Mèdes Astyage (v. 550), vainquit Crésus, roi de Lydie (v. 546), prit Babylone (539) et se trouva maître de toute l'Asie occidentale. Il périt en combattant les Massagètes.

CYRUS le Jeune (424-401 av. J.-C.), tué à la bataille de Counaxa à la tête des mercenaires grecs et asiatiques qu'il avait réunis pour marcher contre son frère Artaxerxès II.

CYSOING (59830), ch.-l. de c. du Nord; 3 531 h. (Cysoniens).

CYTHÈRE ou **CÈRIGO**, île grecque de la mer Égée, entre le Péloponnèse et la Crète; 10 000 h. Célèbre sanctuaire d'Aphrodite.

CYZIQUE. Géogr. anc. V. de Phrygie, sur la Propontide.

CZARTORYSKI, famille polonaise issue des Jagellons. L'un de ses membres, le prince ADAM JERSY, né à Varsovie (1770-1861), essaya, en 1815, d'obtenir la reconstitution du royaume de Pologne, et fut, en 1831, président du gouvernement national, issu de la révolution de 1830. Il mourut exilé en France.

CZERNY (Karl), pianiste, né à Vienne (Autriche) [1791-1857], auteur d'exercices et d'études.

CZĘSTOCHOWA, v. de la Pologne méridionale, en Silésie, sur la Warta; 203 000 h. Pèlerinage marial très fréquenté. Métallurgie. Textile.

Pierre et Marie **Curie**

Georges **Cuvier**
par Ponce-Camus

Cuzco
ruines des remparts
de la forteresse inca
de Sacsahuamán (XVe s.)

Harlingue-Roger-Viollet

Vautier-Decool

Larousse

D

Delphes : vestiges de la *tholos* du sanctuaire d'Athéna Pronaia. IVe s. av. J.-C.

DABIT (Eugène), écrivain et peintre français, né à Paris (1898-1936), auteur du roman populiste *Hôtel du Nord* (1929).

DABROWSKA ou **DOMBROWSKA** (Maria), femme de lettres polonaise, née à Rusow (1889-1965), auteur de romans qui peignent la vie paysanne et la société polonaise traditionnelle (*Gens de là-bas*).

DABROWSKI ou **DOMBROWSKI** (Jan Henryk), général polonais, né à Pierszowice (Cracovie) [1755-1818]. Il commanda les légions polonaises au service de la France (1797-1814).

DACCA, cap. du Bangladesh, sur le delta du Gange; 1 680 000 h. Édifices de L. I. Kahn.

DACHAU, v. de l'Allemagne fédérale (Bavière); 34 000 h. Camp de concentration allemand (1933-1945).

DACIE, anc. pays de l'Europe, correspondant approximativement à l'actuelle Roumanie et à la partie méridionale de la Hongrie. Les habitants (*Daces*) furent soumis par Trajan (101-107 apr. J.-C.). La Dacie fut abandonnée aux Goths par Aurélien (275).

DACIER (André), philologue français, né à Castres (1651-1722), secrétaire perpétuel de l'Académie française. — Sa femme, Anne LEFEBVRE, née à Saumur (1647-1720), traduisit Homère et fut, dans la querelle des Anciens et des Modernes, une adversaire passionnée des Modernes.

DADDAH (Moktar Ould Mohamedoun), homme d'État mauritanien, né à Boutilimit en 1924, président de la république islamique de Mauritanie de 1961 à 1978.

DAGENHAM, v. de Grande-Bretagne, dans la banlieue est de Londres; 108 000 h. Automobiles. Industries chimiques.

DAGERMAN (Stig), écrivain suédois, né à Älvkarleby (1923-1954), romancier influencé par Kafka et par l'épreuve de la Seconde Guerre mondiale (*le Serpent, l'Enfant brûlé*).

DAGHESTAN → DAGUESTAN.

DAGO → KHIOUMA.

DAGOBERT Ier (début du VIIe s.-v. 638), roi des Francs (629-638), fils de Clotaire II et de Bertrude. Il fut secondé par son ministre saint Éloi dans la réorganisation et la réunification du royaume mérovingien. Il accorda d'importants privilèges à l'abbaye de Saint-Denis. Il eut à lutter contre les Slaves, les Thuringiens, les Gascons et les Bretons. — DAGOBERT II, roi d'Austrasie en 676, assassiné en 679, fils de Sigebert III; — DAGOBERT III (m. en 715), roi de Neustrie et de Bourgogne en 711 sous la tutelle de Pépin de Herstal. Il était le fils de Childebert III.

DAGRON (René), chimiste français, né à Beauvoir (1819-1900). Inventeur de la photographie microscopique, il organisa à Tours et à Bor-

Dagobert Ier
miniature
du XIe s.

deaux, pendant le siège de Paris (1870-71), la poste par pigeons voyageurs.

DAGUERRE (Jacques), inventeur français, né à Cormeilles-en-Parisis (1787-1851). Il imagina en 1822 le diorama, puis perfectionna avec Nicéphore Niepce l'invention de la photographie. Il obtint en 1838 les premiers «daguerréotypes».

DAGUESTAN ou **DAGHESTAN,** république autonome de l'U.R.S.S. (R.S.F.S. de Russie), au bord de la Caspienne; 1 429 000 h. Cap. *Makhatchkala.*

DAHOMEY → BÉNIN.

DAIMLER (Gottlieb), ingénieur allemand, né à Schorndorf (Wurtemberg) [1834-1900], inventeur d'un moteur léger au gaz de pétrole, breveté en France en 1887.

DAIREN → TA-LIEN.

DAISNE (Herman Thiery, dit **Johan**), écrivain belge d'expression néerlandaise, né à Gand (1912-1978). Il a poursuivi l'exploration d'un monde magique derrière la réalité quotidienne (*l'Homme au crâne rasé*).

DAKAR, cap. du Sénégal, sur l'Atlantique; 650 000 h. Archevêché. Université. Port et escale aérienne. Centre industriel. La France y conserva une base jusqu'en 1974.

DAKOTA, deux des États unis d'Amérique, dans les Grandes Plaines. Ils tirent leur nom d'un groupe d'Indiens. Le *Dakota du Nord* (cap. *Bismarck*) couvre 183 022 km² et compte 618 000 h. et le *Dakota du Sud* (cap. *Pierre*) couvre 199 511 km² et a 666 000 h.

DALADIER (Édouard), homme politique français, né à Carpentras (1884-1970). Député (1919), président du parti radical-socialiste (1927), il fut plusieurs fois ministre à partir de 1924. Président du Conseil en 1933 puis en 1934, il dut démissionner après la journée du 6 février. Ministre de la Défense nationale du Front populaire (1936-37), il revint à la présidence du Conseil en 1938 : il signa alors l'accord de Munich (1938), mais n'en dut pas moins déclarer la guerre à l'Allemagne (1939). Démissionnaire en mars 1940, il fit partie du cabinet Paul Reynaud. Déporté de 1943 à 1945, il présida le parti radical en 1957-58.

DALAT, v. du Viêt-nam, dans la région des plateaux moïs; 90 000 h. Station climatique. Trois conférences franco-vietnamiennes y eurent lieu (mai 1946; août 1946; 1953).

DALAYRAC (Nicolas) → ALAYRAC (d').

DALBERG (Karl Theodor, *baron* VON), prélat et homme politique allemand, né à Herrnsheim (1744-1817). Dernier archevêque électeur de Mayence, il fut fait par Napoléon Ier archichancelier de la Confédération du Rhin (1806-1813).

Dakar
vue partielle

Jacques Daguerre

DALE (*sir* Henry HALLETT), médecin anglais, né à Londres (1875-1968), prix Nobel (1936) pour ses travaux de pharmacologie sur le mécanisme des échanges chimiques dans le système nerveux.

DALÉCARLIE, région de la Suède centrale.

DALHOUSIE, port du Canada (Nouveau-Brunswick); 5 640 h. Papier.

DALHOUSIE (James RAMSAY, *marquis* DE), homme politique britannique, né à Dalhousie Castle (Écosse) [1812-1860]. Gouverneur de l'Inde (1848-1856), il annexa le Pendjab, réforma l'administration, mais sa politique, contraire aux traditions du pays, prépara la révolte des cipayes.

DALÍ (Salvador), peintre, graveur et écrivain espagnol, né à Figueras (prov. de Gérone) en 1904. Il fut à Paris, à partir de 1929, le plus étonnant créateur d'images oniriques du surréalisme.

DALIAN → TA-LIEN.

DALILA, femme qui, d'après la Bible, livra Samson aux Philistins après lui avoir coupé les cheveux, dans lesquels résidait sa force.

DALLAPICCOLA (Luigi), compositeur italien, né à Pisino d'Istria (1904-1975), auteur de musique dodécaphonique (*le Prisonnier, Job, Ulysse*).

DALLAS, v. des États-Unis (Texas); 844 000 h. Raffinage du pétrole et pétrochimie. Électronique. Kennedy y fut assassiné en 1963.

DALLOZ [-loz] (Désiré), jurisconsulte français, né à Septmoncel (Jura) [1795-1869]. Avec son frère ARMAND (1797-1867), il créa une maison d'édition spécialisée en publications juridiques.

DALMATIE, région de la Yougoslavie (Croatie), sur la côte de l'Adriatique, bordée par de nombreuses îles (*archipel Dalmate*). Tourisme. Occupée par Venise de 1420 à 1797, puis partie des Provinces Illyriennes (1809-1814), elle fut ensuite attribuée à l'Autriche. En 1918, elle fut intégrée à l'État yougoslave.

DALMATIE (*duc* DE) → SOULT.

DALOU (Jules), sculpteur français, né à Paris (1838-1902). Il est l'auteur du *Triomphe de la République* (bronze), place de la Nation à Paris.

DALTON (John), physicien et chimiste anglais, né à Eaglesfield (Cumberland) [1766-1844], que l'on peut considérer comme le créateur de la théorie atomique. On lui doit la loi des proportions multiples en chimie, celle du mélange des gaz en physique. Il a étudié sur lui-même l'anomalie de la perception des couleurs, appelée, depuis, *daltonisme*.

DALUIS (06470 Guillaumes), comm. des Alpes-Maritimes; 185 h. Gorges du Var.

DAM (Henrik), biochimiste danois, né à Copenhague (1895-1976), prix Nobel (1943) pour ses travaux sur la biochimie et les vitamines.

DAMÁN ou **DAMÃO**, port de l'Inde, au nord de Bombay; 17 000 h. Portugais jusqu'à la fin du XVIe s., il fut réoccupé par les Indiens en 1961.

DAMANHOUR ou **DAMANHÛR**, v. d'Égypte, près d'Alexandrie; 146 000 h.

DAMAS [damɑs], cap. de la Syrie, dans une oasis irriguée par le Barada; 837 000 h. (*Damascènes*). Musée. Capitale d'un important royaume araméen (XIe-VIIIe s. av. J.-C.), conquise par les Romains en 64 av. J.-C., patrie de saint Paul, Damas fut un important centre chrétien. Prise par les Arabes en 635, elle devint la résidence des califes omeyyades (660-750), qui firent construire au VIIIe s. la Grande Mosquée des Omeyyades, première réussite architecturale de l'islām. Pillée par les Mongols de Tîmûr Lang (1400), elle fut occupée par les Ottomans (1516-1918). Prise par les Français en 1920, elle fut évacuée en 1946.

DAMASE Ier (*saint*) [m. en 384], pape de 366 à 384. D'origine espagnole, il chargea saint Jérôme de la traduction de la Bible connue sous le nom de « Vulgate ». — DAMASE II (m. en 1048), pape en 1048.

DAMASKINOS ou **DHAMASKINÓS** (Dhimítrios Papandhréou), prélat et homme politique grec, né à Dorvitsa (1889-1949). Archevêque d'Athènes, il s'opposa à l'occupation allemande et fut régent de 1944 à 1946.

DAMAZAN (47160), ch.-l. de c. de Lot-et-Garonne; 1 313 h. Anc. bastide du XIIIe s.

DAMBACH-LA-VILLE (67650), comm. du Bas-Rhin; 2 039 h. Bourg pittoresque. Bonneterie.

Dame aux camélias (*la*), roman (1848) et drame en 5 actes (1852) d'A. Dumas fils.

Dame à la licorne (*la*), célèbre tenture de tapisserie de la fin du XVe s. (musée de Cluny).

Dames (*paix des*) → CAMBRAI.

DAMIEN (*saint*) → CÔME ET DAMIEN.

DAMIEN (*saint* Pierre) → PIERRE DAMIEN.

DAMIEN (Joseph DE VEUSTER, *le P.*), missionnaire belge, né à Tremelo (1840-1889). Aux Hawaii, il se consacra aux malades atteints de la lèpre, et mourut de cette maladie.

DAMIENS [-mjɛ̃] (Robert François), né à La Tieuloy (auj. La Thieuloye, Pas-de-Calais) [1715-1757]. Ayant frappé Louis XV d'un coup de canif, il fut écartelé.

DAMIETTE, v. d'Égypte, près de la Méditerranée; 86 000 h. Saint Louis la prit en 1249 et la rendit contre le paiement de rançon.

DAMMARIE-LES-LYS (77190), comm. de Seine-et-Marne, banlieue de Melun; 19 844 h.

DAMMARTIN-EN-GOËLE (77230), ch.-l. de c. de Seine-et-Marne; 3 476 h. Église Notre-Dame, des XIIIe et XVe s.

Damnation de Faust (*la*), légende dramatique de Berlioz, commencée en 1828, reprise en 1846. C'est une partition remarquable par sa poésie, son pittoresque et sa puissance.

DAMOCLÈS, familier de Denys l'Ancien (IVe s. av. J.-C.). Pour lui faire comprendre combien le bonheur des tyrans est fragile, Denys, au cours d'un banquet, fit suspendre au-dessus de la tête de Damoclès une lourde épée, attachée à un crin de cheval.

DÂMODAR (*la*), riv. de l'Inde, qui rejoint l'Hooghly; 545 km. Sa moyenne vallée constitue la principale région indienne d'industrie lourde.

DAMPIER (William), navigateur anglais, né à East Coker (Somerset) [1652-1715]. L'un des plus célèbres corsaires de son temps, il ravagea les établissements espagnols d'Amérique (1678-1691) et explora le Pacifique.

DAMPIERRE (39700 Orchamps), ch.-l. de c. du Jura; 676 h.

DAMPIERRE (Gui DE) → GUI DE DAMPIERRE.

DAMPIERRE (Auguste PICOT, *marquis* DE), général français, né à Paris (1756-1793). Commandant l'armée de Belgique en 1793, il fut tué sous les murs de Valenciennes.

DAMPIERRE-EN-BURLY (45570 Ouzouer sur Loire), comm. du Loiret; 536 h. Centrale nucléaire sur la Loire.

DAMPIERRE-EN-YVELINES (78220), comm. des Yvelines; 740 h. Château reconstruit v. 1680 par J. H.-Mansart (œuvres d'art; parc dessiné par Le Nôtre).

DAMPIERRE-SUR-SALON (70100 Gray), ch.-l. de c. de la Haute-Saône; 1 205 h.

DAMREMONT ou **DANRÉMONT** (Charles, *comte* DE), général français, né à Chaumont (1783-1837). Successeur de Clausel à la tête de l'armée française d'Algérie, il fut tué à l'assaut de Constantine.

DAMVILLE (27240), ch.-l. de c. de l'Eure, sur l'Iton; 1 478 h. Église des XVe-XVIe s.

DAMVILLERS [-lɛr] (55150), ch.-l. de c. de la Meuse; 697 h.

DAN, fils de Jacob. Ancêtre éponyme de l'une des tribus d'Israël.

DANAÉ. *Myth. gr.* Princesse d'Argos et mère de Persée, qu'elle eut de Zeus.

DANAÏDES. *Myth. gr.* Nom des cinquante filles de Danaos, qui, la nuit de leurs noces, tuèrent toutes leurs époux, à l'exception de l'une d'entre elles, Hypermnestre. Elles furent condamnées, dans les Enfers, à remplir d'eau un tonneau sans fond.

DANAKIL → AFARS.

DA NANG, anc. **Tourane**, port du Viêt-nam; 438 000 h.

DANAOS. *Myth. gr.* Roi d'Égypte, puis d'Argos, père des Danaïdes.

DANBY (Thomas OSBORNE, *lord*), homme d'État anglais, né à Kiveton (Yorkshire) [1631-1712]. Partisan de Guillaume d'Orange, organisateur principal de la révolution de 1688, il fut chef du gouvernement de 1690 à 1699.

DANCOURT (Florent CARTON, *sieur* D'ANCOURT), acteur et écrivain français, né à Fontainebleau (1661-1725), auteur de comédies de mœurs (*le Chevalier à la mode*, 1687).

DANDOLO, famille de Venise qui a fourni plusieurs doges à la République, dont ENRICO (v. 1107-1205), doge en 1192, qui contribua au

John **Dalton**

Dalí
Persistance de la mémoire (1931)

Damas
cour de la Grande Mosquée des Omeyyades

détournement vers Constantinople de la 4ᵉ croisade; il obtint pour Venise, dans le démembrement de l'Empire d'Orient, Candie, les îles loniennes et les ports de la Morée; — ANDREA (v. 1307-1354), qui reprit Zara après un siège célèbre.

DANDRIEU (Jean François) → ANDRIEU (d').

DANDURAND (Raoul), homme politique canadien, né à Montréal (1861-1942), président de la Société des Nations en 1925.

DANEMARK, en dan. **Danmark,** État de l'Europe septentrionale; 43 000 km²; 5 100 000 h. *(Danois).* Cap. *Copenhague.* Langue : *danois.*

GÉOGRAPHIE

Pays plat, culminant à 173 m, le Danemark est un État continental (presqu'île du Jylland ou Jutland) et insulaire (Sjaelland ou Seeland, Fionie, Lolland, etc.) au climat océanique. L'extension des plaines a favorisé l'essor des cultures céréalières (orge, avoine, blé, seigle) et fourragères, qui alimentent, partiellement, un important élevage bovin et porcin, dont les produits (lait, beurre, viande) constituent l'une des bases des exportations. La pêche est aussi très développée. Malgré l'absence de ressources minérales et énergétiques, le Danemark est devenu une puissance industrielle grâce à l'importance des branches de transformation (constructions mécaniques et navales, industries chimiques, textiles et alimentaires), localisées dans les principales villes (Copenhague, Århus, Odense, Ålborg, Esbjerg). Cet équilibre de l'économie assure à la population un niveau de vie élevé.

HISTOIRE

— IXᵉ s. : les Vikings (Danois et Norvégiens) ravagent les côtes de l'Europe occidentale.
— Xᵉ s. : unification du Danemark et introduction du christianisme.
— 1013 : Svend Iᵉʳ (v. 986-1014) s'empare de l'Angleterre.
— 1018-1035 : Knud Iᵉʳ le Grand règne sur l'Empire anglo-danois.
— 1042 : l'Angleterre se sépare du Danemark.
— XIᵉ-XIIᵉ s. : implantation du régime féodal; essor de la vie monastique.
— 1157-1241 : ère des Valdemar; apogée de la civilisation médiévale.
— 1167 : fondation de Copenhague.
— XIIIᵉ s. : concurrence des villes hanséatiques, affaiblissement de la royauté danoise.
— 1340-1375 : règne réparateur de Valdemar IV.
— 1397 : union, dite « de Kalmar », des trois royaumes scandinaves, sous le sceptre de Marguerite Valdemarsdotter.
— 1523 : la Suède fait sécession.
— XVIᵉ s. : hégémonie intellectuelle allemande. Affermissement de la bourgeoisie marchande.
— 1536 : le luthéranisme, religion d'État.
— 1534-1559 : règne glorieux de Christian III.
— 1563-1570 : guerre dano-suédoise pour la possession des « détroits ». Fin de la domination hanséatique. Le Danemark maintenu gardien de la Baltique.
— XVIIᵉ s. : concurrence hollandaise. Alliance suédo-hollandaise contre le Danemark.
— 1625-1629 : le Danemark participe à la guerre de Trente Ans.
— 1658 : la paix de Roskilde fait perdre au Danemark la prééminence en Baltique au profit de la Suède.
— 1670-1699 : Christian V s'efforce de créer une royauté à la française.
— 1699-1730 : sous Frédéric IV, le Danemark s'affronte de nouveau à la Suède. Il acquiert le Slesvig (1720).
— 1746-1766 : règne de Frédéric V. Acquisition du Holstein (1746).
— 1766-1808 : règne du roi fou Christian VII; despotisme éclairé appliqué par le tout-puissant ministre Friedrich Struensee. Réforme agraire, qui profite aux petits paysans.
— 1797 : traité dano-suédois de neutralité armée.
— 1801, 1807 : intervention anglaise contre le Danemark, qui devient l'allié de Napoléon Iᵉʳ.
— 1813 : le Blocus continental provoque la banqueroute de l'État.
— 1814 : le Danemark perd la Norvège, qui est donnée à la Suède, mais reçoit le Lauenburg et garde l'Islande, le Groenland et les Féroë.
— 1849 : Constitution démocratique.
— 1848-1863 : règne de Frédéric VII; nouvelle Constitution (1855).
— 1864 : guerre des Duchés (Slesvig, Holstein, Lauenburg), que le Danemark perd au profit de la Prusse et de l'Autriche.
— 1865-1901 : les conservateurs au pouvoir.
— 1866 : nouvelle Constitution, création de deux chambres.
— 1871 : l'industrialisation entraîne la formation d'un parti social-démocrate.
— 1901 : arrivée au pouvoir de l'opposition radicale.
— 1913 : gouvernement radical et socialiste.
— 1918 : autonomie de l'Islande.
— 1919 : restitution du Slesvig du Nord.
— 1924-1940 : gouvernements sociaux-démocrates. Développement de la législation sociale.
— 1940-1944 : le roi Christian X (1912-1947) se considère comme prisonnier de l'occupant allemand.
— 1944 : l'Islande se détache complètement du Danemark.
— 1958 : fondation du parti social populaire, qui gagne du terrain au détriment du parti social-démocrate, dirigé par J. O. Krag.
— 1962-1968 : J. O. Krag Premier ministre.
— 1972 : avènement de Marguerite II, fille de Frédéric IX; référendum favorable à l'entrée du Danemark dans le Marché commun; démission de J. O. Krag, remplacé par Anker Joergensen.

DANGEAU (Philippe DE COURCILLON, *marquis* DE), mémorialiste français, né à Chartres (1638-1720), auteur d'un *Journal* que Saint-Simon utilisa pour ses *Mémoires.* — Son frère LOUIS DE COURCILLON, abbé de Dangeau, né à Paris (1643-1723), fut un grammairien. (Acad. fr.)

DANGÉ-SAINT-ROMAIN (86220), ch.-l. de c. de la Vienne; 2 574 h.

DANGLEBERT (Jean Henri) → ANGLEBERT (d').

DANICAN-PHILIDOR → PHILIDOR.

DANIEL, héros légendaire du livre biblique qui porte son nom. Juif déporté à Babylone, il acquiert à la cour une grande influence. Jeté, sur les calomnies des prêtres babyloniens, dans une fosse aux lions, il en ressort miraculeusement vivant.

Daniel (livre de), écrit biblique composé v. 165 av. J.-C., au temps de la révolte des Maccabées; c'est un message d'espoir à l'adresse des Juifs persécutés.

DANIELE DA VOLTERRA → RICCIARELLI.

DANIELL (John Frederic), physicien anglais, né à Londres (1790-1845). On lui doit l'invention de la pile électrique à deux liquides.

DANIÉLOU (Jean), prélat français, né à Neuilly-sur-Seine (1905-1974). Jésuite, professeur à l'Institut catholique de Paris, cardinal (1969), il s'est attaché au renouvellement de la théologie patristique et à l'étude du judéo-christianisme. (Acad. fr.)

DANJON (André), astronome français, né à Caen (1890-1967). On lui doit divers instruments d'astrométrie, dont un astrolabe.

DANJOUTIN (90400), ch.-l. de c. du Territoire de Belfort; 3 703 h.

DANNEMARIE (68210), ch.-l. de c. du Haut-Rhin; 1 965 h.

D'ANNUNZIO (Gabriele), écrivain italien, né à Pescara (Abruzzes) [1863-1938], auteur de poésies, de pièces de théâtre et de romans (*l'Enfant de volupté,* 1889; *le Feu,* 1900) où se mêlent le culte de la beauté, hérité de Carducci, et le raffinement symboliste appliqué aussi bien à la vie (D'Annunzio se composa un personnage de dandy et de héros pendant la Première Guerre mondiale) qu'à l'œuvre d'art.

DANTE ALIGHIERI, poète italien, né à Florence (1265-1321). Il joua un rôle politique dans sa ville natale, qui le chargea de diverses missions diplomatiques et dont il fut un des six *prieurs;* mais, appartenant au parti des guelfes « blancs » (modérés), il fut exilé par les « noirs » en 1302 et alla mourir à Ravenne. Dès sa jeunesse, il avait composé des sonnets amoureux et des canzones qui illustrent le *dolce stil nuovo* et où il célébrait sa passion idéale pour Béatrice Portinari. C'est cette aventure amoureuse qu'il transforma en expérience littéraire et philosophique dans la *Vita* nuova. Pendant son exil, il composa un traité de philosophie, le *Banquet,* des essais portant sur des problèmes scientifiques, linguistiques (*De vulgari eloquentia*) et politiques (*De monarchia*). Mais il est surtout l'auteur de *la Divine* Comédie, qui fait de lui le père de la poésie italienne.

DANTON (Georges Jacques), homme politique français, né à Arcis-sur-Aube (1759-1794). Avocat, il fonda, en 1790, le club des Cordeliers. Membre de la Commune et du directoire du département de Paris (1791), ministre de la Justice et membre du Conseil exécutif provisoire après le 10 août 1792, il fut, en fait, le chef du gouvernement insurrectionnel, avant de devenir

DANEMARK

Dante Alighieri
sanguine d'A. Baldovinetti

Gabriele **D'Annunzio**
par Mᵐᵉ Brooks

député de Paris à la Convention. Orateur puissant et impétueux, il siégea à la Montagne et fut le principal organisateur de la défense nationale. Membre du Comité de salut public, il en fut éliminé en 1793. Il réclama la fin du régime de la Terreur et entreprit des négociations secrètes avec l'ennemi. Accusé de tiédeur et de concussion par Robespierre, il fut guillotiné avec ses amis le 5 avril 1794.

DANTZIG ou **DANZIG,** nom allem. de Gdańsk*.

DANUBE (le), en allem. **Donau,** fl. de l'Europe centrale, le deuxième d'Europe (après la Volga) pour sa longueur (2 850 km) et la superficie de son bassin (800 000 km²). De direction générale ouest-est, il traverse ou longe d'amont en aval : l'Allemagne fédérale, l'Autriche, la Tchécoslovaquie, la Hongrie, la Yougoslavie, la Roumanie, la Bulgarie et l'U.R.S.S. Il reçoit notamment à Vienne, Budapest et Belgrade, franchit le défilé des Portes de Fer (entre les Carpates et le Balkan) et se termine par un vaste delta sur la mer Noire. De régime complexe, il est utilisé pour la navigation, la production d'hydroélectricité et l'irrigation.

DAO (NGUYEN THIEN Dao, dit), compositeur vietnamien, né à Hanoi en 1940. Il est influencé à la fois par Messiaen, la musique électroacoustique et la tradition orientale (Écouter-mourir, 1980).

DAOUGAVPILS ou **DAUGAVPILS,** v. de l'U.R.S.S. (Lettonie); 114 000 h.

DAOULAS (29224), anc. ch.-l. de c. du Finistère, sur la rade de Brest; 1 083 h. Église romane.

DAPHNÉ. Myth. gr. Nymphe aimée d'Apollon et métamorphosée en laurier.

Daphnis et Chloé, roman pastoral grec attribué à Longus (IIIᵉ-IVᵉ s. apr. J.-C.).

Daphnis et Chloé, symphonie chorégraphique de M. Ravel et M. Fokine, créée en 1912 par les Ballets russes.

DAQING → TA-K'ING.

DAQUIN ou **D'AQUIN** (Claude) → AQUIN (d').

DARBHANGA, v. de l'Inde (Bihār); 132 000 h.

DARBOUX (Gaston), mathématicien français, né à Nîmes (1842-1917). Son œuvre est consacrée à la géométrie infinitésimale.

DARBOY (Georges), archevêque de Paris, né à Fayl-Billot (1813-1871). Otage de la Commune de Paris, il fut fusillé.

DARCET ou **D'ARCET** (Jean), médecin et chimiste français, né à Audignon (Gascogne)

DAR ES-SALAAM ou **DAR ES-SALAM,** cap., principale ville et port de la Tanzanie, sur l'océan Indien; 517 000 h. Centre administratif et commercial.

DARFOUR, région montagneuse de l'ouest du Soudan.

DARGILAN, grotte du causse Noir (Lozère).

DARGOMYJSKI (Aleksandr Sergueïevitch), compositeur russe, né à Dargomyj (1813-1869), l'un des fondateurs de l'école russe moderne (le Convive de pierre).

DARIÉN (golfe de), golfe de la mer des Antilles (Panamá et Colombie).

DARÍO (Félix Rubén GARCÍA-SARMIENTO, dit **Rubén**), poète nicaraguayen, né à Metapa (1867-1916). Il est à l'origine du mouvement « moderniste » en Amérique latine (Azur, Chants de vie et d'espérance).

DARIOS ou **DARIUS Iᵉʳ** (m. en 486 av. J.-C.), fils d'Hystaspe, roi des Perses de 522 à 486 av. J.-C. Il reconstitua l'unité perse en reconquérant la Babylonie, la Susiane, la Médie. Il soumit la Thrace et la Macédoine, mais fut vaincu par les Grecs à Marathon (490). Il divisa l'Empire en satrapies et fit construire Persépolis. — DARIOS II Okhos (m. en 404 av. J.-C.), roi des Perses de 423 à 404 av. J.-C., fils d'Artaxerxès Iᵉʳ Longue-Main. — DARIOS III Codoman (m. en 330 av. J.-C.), roi des Perses de 336 à 330 av. J.-C., vaincu par Alexandre à Issos et près d'Arbèles. Il fut tué par un de ses satrapes.

DARJEELING ou **DARJILING,** station climatique de l'Inde (Bengale-Occidental), sur les flancs de l'Himâlaya, à 2 185 m d'alt.

DARKHAN, centre industriel de Mongolie.

DARLAN (François), amiral français, né à Nérac (1881-1942). Commandant de la flotte (1936-1940), collaborateur immédiat et successeur désigné de Pétain (1940-1942), il prit le pouvoir en Afrique du Nord lors du débarquement allié de 1942, mais fut assassiné à Alger.

DARLING (le), riv. d'Australie, principal affl. du Murray (r. dr.); 2 450 km.

DARLINGTON, v. d'Angleterre; 84 000 h.

DARMSTADT, v. d'Allemagne fédérale (Hesse); 142 000 h. Chimie. Édition. Musées.

DARNÉTAL (76160), ch.-l. de c. de la Seine-Maritime; 11 801 h. Textile. Métallurgie.

DARNEY (88260), ch.-l. de c. des Vosges; 2 029 h.

directrice de l'école de danse de l'Opéra de 1957 à 1959.

DARTMOUTH, port du Canada (Nouvelle-Écosse), sur la baie de Halifax; 65 341 h.

DARU (Pierre Bruno, comte), administrateur et historien français, né à Montpellier (1767-1829). Intendant général de la Grande Armée, il assura le ravitaillement de l'armée pendant la campagne de Russie. (Acad. fr.)

DARWIN, v. d'Australie, cap. du Territoire du Nord; 41 000 h.

DARWIN (Charles), naturaliste et biologiste anglais, né à Shrewsbury (1809-1882). Les vues originales qu'il a développées dans son ouvrage De l'origine des espèces par voie de sélection naturelle (1859) et dans plusieurs autres sur la variabilité des espèces, d'après ses innombrables observations réalisées en particulier à l'occasion d'une croisière autour du monde sur le Beagle (1831-1836), forment un corps de doctrine évolutionniste appelé darwinisme.

DASSAULT (Marcel), constructeur d'avions français, né à Paris en 1892. Il a fondé un puissant ensemble industriel et financier dans lequel l'État est majoritaire depuis 1981.

DATONG → TA-T'ONG.

DAUBENTON (Louis), naturaliste français, né à Montbard (1716-1800), collaborateur de Buffon pour son Histoire naturelle et créateur du troupeau français de moutons mérinos (1776).

DAUBERVAL (Jean BERCHER, dit **Jean**), danseur et chorégraphe français, né à Montpellier (1742-1806), auteur de la première version de la Fille mal gardée (1789).

DAUBIGNY (Charles François), peintre et graveur français, né à Paris (1817-1878). Paysagiste, ami de Corot, il fait la liaison entre l'école de Barbizon et l'impressionnisme. — Son fils KARL, né à Paris (1846-1886), fut son élève.

DAUBRÉE (Auguste), géologue et minéralogiste français, né à Metz (1814-1896).

DAUDET (Alphonse), écrivain français, né à Nîmes (1840-1897). Bien qu'il se soit rattaché à l'école naturaliste, son œuvre mêle la fantaisie à la peinture réaliste de la vie quotidienne. Il est l'auteur de romans (le Petit Chose, 1868; Tartarin* de Tarascon, 1872; Sapho, 1884), mais surtout de contes et de nouvelles (Lettres* de mon moulin, 1866; Contes* du lundi, 1873). — Son fils LÉON, né à Paris (1867-1942), journaliste et écrivain, fonda l'Action française avec Maurras.

Danton
par C. M. Charpentier

Charles **Darwin**

Alphonse **Daudet**

le **Danube**
à Dürnstein
(Basse-Autriche)

[1725-1801]. Il découvrit un alliage fusible dans l'eau bouillante.

DARDANELLES (détroit des) [Hellespont des Anciens], détroit de Turquie entre l'Europe (péninsule des Balkans) et l'Asie (Anatolie). Il unit la mer Égée à la mer de Marmara. En 1915, les Franco-Anglais tentèrent en vain de forcer, puis de conquérir les Détroits. (En décembre, ils se replièrent sur Salonique.)

DARDANOS, fondateur mythique de Troie.

DAR EL BEÏDA, anc. **Maison-Blanche,** v. d'Algérie. Aéroport d'Alger.

DAR EL-BEIDA, nom arabe de Casablanca*.

DAREMBERG (Charles), médecin et érudit français, né à Dijon (1817-1872), auteur, avec l'archéologue Edmond Saglio (1828-1911), d'un Dictionnaire des antiquités grecques et romaines.

DARNLEY (Henry STUART, baron), comte de Ross et duc d'Albany, prince écossais, né à Temple Newsam (1545-1567), petit-neveu d'Henri VIII. Deuxième époux de Marie Stuart, il fut assassiné après avoir fait tuer Rizzio, secrétaire de sa femme.

DARRACQ (Alexandre), industriel français, né à Bordeaux (1855-1931). Un des pionniers de l'industrie automobile, il eut le premier l'idée de la construction en série.

DARSONVAL (Alice PERRON, dite **Lycette**), danseuse et chorégraphe française, née à Coutances en 1917, dont les plus grands rôles furent Giselle, Phèdre, la Tragédie de Salomé. Elle a été

DAUGAVPILS → DAOUGAVPILS.

DAUMAL (René), écrivain français, né à Boulzicourt (Ardennes) [1908-1944]. L'un des fondateurs de la revue le Grand Jeu, il évolua du surréalisme à l'ascèse mystique (la Grande Beuverie, 1938; Poésie noire, poésie blanche, 1952).

DAUMESNIL (Pierre), général français, né à Périgueux (1777-1832). Il défendit Vincennes contre les Alliés en 1814.

DAUMIER (Honoré), peintre, lithographe et sculpteur français, né à Marseille (1808-1879). Célèbre par ses caricatures politiques et sociales, il est aussi l'auteur de peintures et de quelques sculptures, les unes et les autres établies largement par masses pathétiques.

DAUNOU (Pierre Claude François), homme politique et historien français, né à Boulogne-sur-Mer (1761-1840). Ancien prêtre, député à la Convention (1792), il joua un rôle important dans l'organisation de l'instruction publique, puis de l'Institut de France. Il fut archiviste de l'Empire (1804-1815).

Lauros-Giraudon

Louis **David**
*les Sabines arrêtant
le combat entre
les Romains et les Sabins*
(1799)

Lauros-Giraudon

Honoré **Daumier**
la Blanchisseuse (v. 1863)

DAUPHIN (le), constellation de l'hémisphère boréal.

DAUPHINÉ, anc. prov. de France, cédée au roi de France Philippe VI en 1349. Elle devint l'apanage traditionnel du fils aîné du roi, avant d'être unie définitivement à la Couronne en 1560. Les réformes réclamées par les États du Dauphiné en 1788 furent à l'origine de la réunion des États généraux de 1789. Cap. *Grenoble.* Le Dauphiné (*haut Dauphiné* pour la partie alpestre, *bas Dauphiné* pour les plaines entre Isère et Rhône) a formé les dép. de l'Isère, des Hautes-Alpes, de la Drôme. (Hab. *Dauphinois.*)

DAURAT (Didier), aviateur français, né à Montreuil-sous-Bois (1891-1969). Pilote de chasse en 1914-1918, il fut, chez Latécoère, puis à l'Aéropostale, l'un des pionniers de l'aviation de ligne.

DAUSSET (Jean), médecin hématologiste français, né à Toulouse en 1916, auteur de travaux sur les groupes tissulaires et leucocytaires. (Prix Nobel, 1980.)

DAUTRY (Raoul), ingénieur et administrateur français, né à Montluçon (1880-1951). Ministre de l'Armement (1939-1940), ministre de la Reconstruction et de l'Urbanisme (1944-1945), il devint administrateur général du Commissariat à l'énergie atomique en 1946.

DAUVERGNE (Antoine) → AUVERGNE (d').

DAVAO, port des Philippines (île de Mindanao), au fond du *golfe de Davao;* 439 000 h.

DAVID, deuxième roi hébreu (v. 1015?-975? av. J.-C.). Il succéda à Saül, vainquit les Philistins et prit Jérusalem, dont il fit sa capitale. Il fut considéré comme un grand poète, et on lui attribua la composition de chants religieux et de psaumes. De sa vie, on rappelle souvent son combat avec le géant philistin Goliath.

DAVID Ier (1084-1153), roi d'Écosse de 1124 à 1153; il consolida l'unité de son royaume. — DAVID II ou DAVID BRUCE, né à Dunfermline (1324-1371), roi d'Écosse (1329-1371). Il ne put empêcher l'Angleterre d'établir sa tutelle sur l'Écosse.

DAVID (Gerard), peintre des anciens Pays-Bas, né à Oudewater (v. 1460-1523). Installé à Bruges, il a été le dernier des grands primitifs de cette ville.

DAVID (Louis), peintre français, né à Paris (1748-1825). Il fut membre de la Convention et, sous l'Empire, peintre de Napoléon. Ayant travaillé à Rome, chef de l'école néoclassique, il

domina la peinture française de 1785 à sa mort, survenue en exil, à Bruxelles (*le Serment des Horaces,* 1784, Louvre; *la Mort de Marat,* Bruxelles; *l'Amour et Psyché,* Cleveland...).

DAVID d'Angers (Pierre Jean), sculpteur français, né à Angers (1788-1856). Il est l'auteur du fronton du Panthéon (Paris), de bustes, ainsi que de nombreux portraits en médaillon.

DAVID (Félicien), compositeur français, né à Cadenet (1810-1876), auteur du *Désert* et l'un des représentants de l'exotisme musical.

David Copperfield, roman de Charles Dickens (1849), histoire d'un jeune orphelin.

DAVID-WEILL (David), collectionneur français, né à San Francisco (1871-1952). Il fit des donations considérables aux musées français.

DAVILER ou **D'AVILER** (Augustin Charles), architecte français, né à Paris (1653-1700), auteur de l'arc de triomphe du Peyrou (Montpellier), ainsi que d'un *Cours d'architecture.*

DAVIS (John), navigateur anglais, né à Sandridge (v. 1550-1605). Il découvrit en 1585 le détroit qui unit la mer de Baffin à l'Atlantique.

DAVIS (Jefferson), officier et homme politique américain, né à Fairview (Kentucky) [1808-1889], président des États confédérés du Sud pendant la guerre de Sécession (1861-1865).

DAVIS (William Morris), géographe américain, né à Philadelphie (1850-1934), l'un des pionniers de la géographie physique.

DAVIS (Stuart), peintre américain, né à Philadelphie (1894-1964), l'un des ancêtres du pop art.

DAVIS (Miles), trompettiste de jazz noir américain, né à Alton (Illinois) en 1926, un des plus grands solistes lyriques que le jazz ait connus.

DAVISSON (Clinton Joseph), physicien américain, né à Bloomington (Illinois) [1881-1958], prix Nobel (1937) pour sa découverte de la diffraction des électrons.

DAVOS [-vɔs], comm. de Suisse (Grisons); 10 238 h. Sports d'hiver (alt. 1 560-2 844 m).

DAVOUT (Louis Nicolas), *duc* **d'Auerstedt,** *prince* **d'Eckmühl,** maréchal de France, né à Annoux (Bourgogne) [1770-1823]. Vainqueur des Prussiens en 1806 et des Autrichiens en 1809, il défendit Hambourg en 1814.

DAVY (*sir* Humphry), chimiste et physicien anglais, né à Penzance (1778-1829). Il découvrit l'arc électrique, isola les métaux alcalins grâce à l'électrolyse et inventa la lampe de sûreté pour les mineurs.

DAWES (Charles Gates), homme politique et financier américain, né à Marietta (Ohio) [1865-1951]. Il présida à l'élaboration d'un plan destiné à résoudre le problème des réparations dues par l'Allemagne, et qui préservait l'équilibre économique de ce pays (1923). Il fut vice-président des États-Unis de 1925 à 1929. [Prix Nobel de la paix, 1925.]

DAWHA (al-) ou **DOHA (al-),** cap. du Qatar, sur le golfe Persique; 50 000 h.

DAWSON, anc. **Dawson City,** v. du Canada (Yukon), créée en 1898 au moment de la ruée vers les mines d'or du Klondike; elle est tombée de 35 000 à 838 h.

DAWSON CREEK, v. du Canada (Colombie britannique); 10 528 h. Terminus méridional de la route de l'Alaska.

DAX (40100), ch.-l. d'arr. des Landes, sur l'Adour; 20 294 h. (*Dacquois).* Station thermale : sources d'eau chaude sulfatée calcique magnésienne radioactive, et boues végéto-minérales employées contre les rhumatismes, les arthroses, les sciatiques et les séquelles de traumatismes.

DAYAKS, ethnie de Bornéo, dont le système social repose sur le matriarcat.

DAYAN (Moshé), général israélien, né à Degania (1915-1981). Il a dirigé les forces israéliennes contre l'Égypte en 1956. Ministre de la Guerre de 1967 à 1974, il fut ministre des Affaires étrangères de 1977 à 1979.

DAYTON, v. des États-Unis (Ohio); 243 000 h.

DEÁK (Ferenc), homme d'État hongrois, né à Söjtör (1803-1876), l'un des principaux artisans de la Constitution dualiste de 1867.

DE AMICIS (Edmondo), écrivain italien, né à Oneglia (1846-1908), auteur de romans sentimentaux et moralisateurs (*Cuore,* 1884).

DEAN (James), acteur de cinéma américain, né à Marion (Indiana) [1931-1955], dont la brève carrière (*À l'est d'Eden,* 1954; *la Fureur de vivre,* 1955; *Géant,* 1956) donna néanmoins naissance à un mythe profond à la fois sociologique et cinématographique.

DEARBORN, v. des États-Unis (Michigan); 112 000 h. Automobiles.

DEATH VALLEY → MORT (*Vallée de la).*

DEAUVILLE (14800), comm. du Calvados; 5 743 h. Station balnéaire.

DEBENEY (Marie Eugène), général français, né à Bourg-en-Bresse (1864-1943). Il commanda en 1918 la Ire armée en Picardie et fut chef d'état-major général de 1924 à 1930.

DÉBORAH, prophétesse et juge d'Israël. Elle célébra la victoire des Israélites sur les Cananéens dans un cantique conservé dans la Bible.

DEBRAY (Henri), chimiste. français, né à Amiens (1827-1888). Collaborateur de Sainte-Claire Deville, il étudia les dissociations.

DEBRÉ (Robert), médecin français, né à Sedan (1882-1978). Il a contribué à l'essor de la pédiatrie et à la protection de l'enfance.

DEBRÉ (Michel), homme politique français, né à Paris en 1912, fils du précédent, Premier ministre de 1959 à 1962, ministre des Affaires étrangères (1968-1969) et ministre de la Défense nationale de 1969 à 1973.

DEBRECEN, v. de l'est de la Hongrie; 192 000 h.

DE BROSSES (Charles), magistrat et écrivain français, né à Dijon (1709-1777). Ethnologue, linguiste, il est l'auteur de *Lettres familières* qui racontent un voyage qu'il fit en Italie.

DEBUCOURT (Philibert Louis), peintre et graveur français, né à Paris (1755-1832). Ses aquatintes en couleurs sur la société de son temps sont particulièrement estimées.

DEBURAU, nom de deux mimes célèbres : JEAN-GASPARD, dit **Jean-Baptiste,** né à Kolín (Bohême) [1796-1846], et JEAN CHARLES, son fils, né à Paris (1829-1873), qui créèrent aux Funambules le type de *Pierrot.*

DEBUSSY (Claude), compositeur français, né à Saint-Germain-en-Laye (1862-1918). Auteur de *Prélude à l'après-midi d'un faune* (1894), *Pelléas et Mélisande* (1902), *la Mer* (1905), *le Martyre de saint Sébastien* (1911). Ses recherches harmo-

De Chirico
les Muses inquiétantes
(version de 1917)

Claude **Debussy**
par P. Robier

Élie **Decazes**
lithographie
de Bourdet

Edgar **Degas**
les Repasseuses
(v. 1884)

Lee **De Forest**

Daniel **Defoe**

Charles **De Coster**
par A. Rassenfosse

niques, son récitatif, son art évocateur, ses *Préludes*, ses *Études* pour piano, son ballet *Jeux* (1912) ont renouvelé le langage musical.

DEBYE (Petrus), physicien néerlandais, né à Maastricht (1884-1966). Il étudia l'état solide aux basses températures et détermina les dimensions des molécules gazeuses. (Prix Nobel, 1936.)

Décaméron, recueil de contes composés par Boccace entre 1349 et 1353. Ce sont des peintures des mœurs au XIVe s., dont le style a contribué à fixer la prose italienne.

DECAMPS (Alexandre Gabriel), peintre français, né à Paris (1803-1860). Il fut le plus estimé des orientalistes romantiques.

DÉCAPOLE, confédération de dix villes palestiniennes situées à l'est du Jourdain (Ier s. av. J.-C.-IIe s. apr. J.-C.). — Ligue de dix villes d'Alsace fondée au XIVe s. et dont la puissance se maintint jusqu'à la Révolution.

DECAUVILLE (Paul), industriel français, né à Petit-Bourg (comm. d'Évry), créateur du matériel de chemin de fer à voie étroite (de 0,40 à 0,60 m de large).

DECAZES ET DE GLÜCKSBERG (Élie, *duc*), homme d'État français, né à Saint-Martin-en-Laye (Guyenne) [1780-1860]. Ministre de la Police (1815), puis président du Conseil (1819) sous Louis XVIII, il se signala par son libéralisme; violemment attaqué par les ultraroyalistes, il dut démissionner après l'assassinat du duc de Berry (1820). Il consacra le reste de sa vie à l'exploitation des mines et des forges de Decazeville. — Son fils LOUIS, *duc* **de Glücksberg**, né à Paris (1819-1886), fut ministre des Affaires étrangères de 1873 à 1877; il pratiqua à l'égard de l'Allemagne de Bismarck une politique de «recueillement».

DECAZEVILLE (12300), ch.-l. de c. de l'Aveyron; 10547 h. *(Decazevillois).* Houille. Métallurgie.

DECCAN ou **DEKKAN,** partie péninsulaire de l'Inde. Le Deccan est un massif ancien dont les bordures relevées forment les Ghâts. Il a

été le lieu d'une école d'art dite «dravidienne» (immenses édifices abondamment décorés).

décembre 1851 *(coup d'État du 2),* coup d'État exécuté par Louis-Napoléon Bonaparte, alors président de la République, et qui prépara le rétablissement de l'Empire.

DÉCHELETTE (Joseph), archéologue français, né à Roanne (1862-1914), auteur d'un *Manuel d'archéologie préhistorique, celtique et gallo-romaine.*

DE CHIRICO (Giorgio), peintre italien, né à Volo (Grèce) [1888-1978]. Inventeur à Paris, v. 1911-1914, d'une peinture qu'on appellera «métaphysique» v. 1917, précurseur du surréalisme, il en vient ensuite à une sorte de pastiche de l'art classique.

DECHY (59187), comm. du Nord, banlieue de Douai; 6693 h.

DÉCINES-CHARPIEU (69150), comm. du Rhône, banlieue de Lyon; 20031 h. Chimie. Constructions électriques.

DECIUS (Caius Messius Trajanus), en fr. **Dèce,** né à Bubalia (Pannonie) [201-251], empereur romain de 248 à 251. Pour affermir l'unité romaine autour de la religion, il persécuta les chrétiens (250).

DECIZE (58300), ch.-l. de c. de la Nièvre, sur la Loire; 7713 h. *(Decizois).* Céramique.

Déclaration du clergé de France, déclaration dite des «Quatre Articles», qui, rédigée par Bossuet et acceptée, le 19 mars 1682, par l'assemblée du clergé de France, constitua la charte de l'Église gallicane.

décoratifs *(musée des Arts),* musée de Paris, créé en 1882 et transféré en 1905 dans le pavillon de Marsan, au Louvre.

DE COSTER (Charles), écrivain belge d'expression française, né à Munich (1827-1879), auteur de *la Légende et les aventures d'Ulenspiegel et de Lamme Goedzak* (1867).

Découverte *(palais de la),* établissement de vulgarisation scientifique de l'Université de Paris,

créé en 1937 dans une partie du Grand Palais.

DECOUX (Jean), amiral français, né à Bordeaux (1884-1963). Gouverneur de l'Indochine en 1940, il dut négocier avec les Japonais, mais parvint à maintenir la souveraineté de la France jusqu'en 1945.

DE CRAYER (Gaspar), peintre flamand, né à Anvers (1582-1669). Auteur de nombreux tableaux d'autel, il est un continuateur de Rubens.

DECROLY (Ovide), médecin et pédagogue belge, né à Renaix (1871-1932), promoteur d'une pédagogie fondée sur la notion de «centre d'intérêt».

DÉCUMATES *(champs),* territoires entre Rhin et Danube, annexés par Domitien et protégés par un *limes* que les Alamans forcèrent en 260.

DÉDALE. *Myth.* Architecte et sculpteur grec, constructeur du labyrinthe de Crète, dans lequel fut enfermé le Minotaure. Il y fut emprisonné lui-même par ordre de Minos, mais il s'échappa avec son fils Icare en se faisant des ailes de plumes et de cire.

DEDEKIND (Richard), mathématicien allemand, né à Brunswick (1831-1916). Ses travaux ont permis à Georg Cantor de préciser la notion d'ensemble.

DEERLIJK, comm. de Belgique (Flandre-Occidentale); 10700 h.

Défense *(rond-point de la),* anc. carrefour de la banlieue parisienne, entre Nanterre, Puteaux et Courbevoie. Ses abords ont fait l'objet d'importants travaux d'architecture et d'urbanisme.

Défense et illustration de la langue française, ouvrage de Joachim du Bellay (1549), manifeste de l'école de Ronsard pour le renouvellement de la langue et des genres poétiques.

Défense nationale *(gouvernement de la),* gouvernement qui succéda au second Empire et proclama la république le 4 septembre 1870. Il remit ses pouvoirs à l'Assemblée nationale le 12 février 1871.

DEFFAND (Marie, *marquise* DU), née au château de Chamrond (Bourgogne) [1697-1780]. Son salon fut fréquenté par les écrivains et les philosophes.

DEFFERRE (Gaston), homme politique français, né à Marsillargues (Hérault) en 1910. Maire de Marseille et député des Bouches-du-Rhône, il joue un rôle important au sein du parti socialiste. Devenu ministre de l'Intérieur et de la Décentralisation en 1981, il entreprend une vaste réforme administrative.

DEFOE ou **DE FOE** (Daniel), écrivain anglais, né à Londres (v. 1660-1731). Aventurier, commerçant, agent politique, il connut la célébrité par un roman d'aventures (*Robinson* Crusoé,* 1719) et une série de récits réalistes (*Moll Flanders,* 1722).

DE FOREST (Lee), ingénieur américain, né à Council Bluffs (Iowa) [1873-1961], créateur de la lampe triode (1906) appelée alors *audion.*

DEGAS (Edgar), peintre, graveur et sculpteur français, né à Paris (1834-1917). L'un des

Lauros-Giraudon

d'origine néerlandaise, né à Rotterdam en 1904. Parti pour New York en 1926, il s'affirme à la fin des années 40 comme un des maîtres de l'expressionnisme, figuratif (thème de la femme, disséquée et recomposée) ou abstrait.

DELACROIX (Eugène), peintre, lithographe et écrivain français, né à Saint-Maurice (Val-de-Marne) [1798-1863]. Puissant coloriste, novateur hardi, mais mesuré, il fut le chef de l'école romantique. Il est l'auteur de grandes peintures murales à Paris (bibliothèques de la Chambre des députés et du Sénat; plafond de la gale-

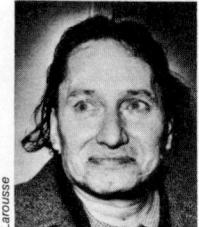
Larousse

à gauche
Eugène **Delacroix**
*Scènes des massacres
de Scio* (Chio) [1824]

F. G. Mayer

De Kooning
Woman II
(1950-1952)

Michel
De Ghelderode

impressionnistes, il est parvenu à une manière très nouvelle de synthétiser espace, lumière, formes, mouvement (thèmes des courses de chevaux, des danseuses classiques, de la femme à sa toilette, etc.).

DE GASPERI (Alcide), homme politique italien, né à Pieve Tesino (Trentin) [1881-1954]. Chef de la démocratie chrétienne italienne, président du Conseil de 1945 à 1953, il rendit à son pays sa place en Europe et amorça son redressement économique.

DE GHELDERODE (Michel), auteur dramatique belge d'expression française, né à Ixelles (1898-1962). Son théâtre expressionniste unit la farce de carnaval au mysticisme des autos sacramentales (*Barrabas*, 1929; *Fastes d'enfer*, 1949; *Mademoiselle Jaïre*, 1949).

DE GRAAF (Reinier), médecin et physiologiste hollandais, né à Schoonhoven, près d'Utrecht (1641-1673). Il a découvert les follicules ovariens.

DEGRELLE (Léon), homme politique belge, né à Bouillon en 1906. Fondateur du rexisme, mouvement antiparlementaire et fasciste, il prôna la collaboration avec l'Allemagne après la défaite de 1940; il s'exila en 1944.

DE GROUX (Charles DEGROUX, dit **Charles**), peintre belge, né à Comines (1825-1870), créateur du réalisme social dans son pays. — Son fils HENRY, né à Bruxelles (1867-1930), également peintre, fut lié au mouvement symboliste.

DE HAVILLAND (sir Geoffrey), industriel britannique, né à Haslemere (Surrey) [1882-1965]. De 1909 à 1954 il réalisa cent douze prototypes d'avions civils et militaires, notamment le premier avion commercial à réaction (*Comet*, 1952).

DEHMEL (Richard), poète allemand, né à Wendisch-Hermsdorf (1863-1920), auteur de recueils d'inspiration sociale.

DEHRA DŪN, v. de l'Inde (Uttar Pradesh); 166 000 h.

DEINZE, v. de Belgique (Flandre-Orientale), sur la Lys; 23 900 h. Textile.

DEIR EL-BAHARI, site d'Égypte, près de Thèbes. Remarquables ensembles funéraires de Mentouhotep Ier, de Thoutmosis III, et surtout de la reine Hatshepsout.

DEIR EZ-ZOR, v. de Syrie, sur l'Euphrate; 72 000 h.

DÉJANIRE. *Myth.* Épouse d'Héraclès, dont elle causa la mort en lui donnant la tunique empoisonnée que lui avait remise Nessos.

DEKKAN → DECCAN.

DEKKER (Thomas), écrivain anglais, né à Londres (v. 1572 - v. 1632). Ses drames et ses romans font vivre le peuple des bas-fonds et des boutiques (*les Sept Péchés capitaux de Londres*).

DE KOONING (Willem), peintre américain

Larousse

Delalande
par Tournières

Robert **Delaunay**
Formes circulaires
(1912-13)

Stedelijk Museum, Amsterdam

rie d'Apollon au Louvre, 1850-51; chapelle des Saints-Anges à l'église Saint-Sulpice, 1850-1861). Citons parmi ses autres peintures, au Louvre : *Dante et Virgile aux Enfers* (1822), qui fit date, *Scènes des massacres de Scio* (1824), *Mort de Sardanapale* (1827), *La Liberté guidant le peuple* (1830), *Femmes d'Alger dans leur appartement* (1834), *Entrée des croisés à Constantinople* (1840).

DELAGE (Yves), zoologiste français, né à Avignon (1854-1920), auteur de travaux de biologie, en particulier sur la parthénogenèse expérimentale.

DELAGE (Louis), ingénieur et industriel français, né à Cognac (1874-1947), un des pionniers de l'industrie automobile.

DELAGOA *(baie)*, baie de l'océan Indien, au Mozambique.

DELALANDE (Michel Richard), compositeur français, né à Paris (1657-1726). Surintendant et compositeur de la Chambre, sous-maître et compositeur de la Chapelle, il a laissé soixante-dix grands motets, chefs-d'œuvre du genre, et des *Symphonies pour les soupers du roi*.

DELAMARE-DEBOUTTEVILLE (Édouard), industriel et inventeur français, né à Rouen (1856-1901). Avec l'aide du chef mécanicien de sa filature, Léon Malandin, il réalisa la première voiture qui, actionnée par un moteur à explosion, ait roulé sur une route (1883).

DELAMBRE (chevalier Jean-Baptiste), astronome et géodésien français, né à Amiens (1749-1822). Avec Méchain, il mesura l'arc de méridien compris entre Dunkerque et Barcelone (1792-1799), pour l'établissement du système métrique.

DELAROCHE (Hippolyte, dit **Paul**), peintre français, né à Paris (1797-1856). Éclectique, il

tenta de concilier classicisme et romantisme dans des sujets d'histoire au caractère théâtral, qui lui valurent des succès officiels.

DELAUNAY (Louis), ingénieur et industriel français, né à Corbeil (1843-1912), un des pionniers de l'industrie automobile.

DELAUNAY (Robert), peintre français, né à Paris (1885-1941). Sous la dénomination d'*orphisme*, due à Apollinaire, il a apporté au cubisme un jeu de contrastes chromatiques et lumineux brisant et recomposant les formes (série des *Tours Eiffel*, 1909-10), pour aboutir dans certaines de ses œuvres à l'abstraction (*Formes circulaires, Rythmes*, etc.). — Sa femme, SONIA, née près d'Odessa (1885-1979), a mené les mêmes recherches sur la couleur pure et les a appliquées aux arts graphiques et décoratifs, aux tissus, à la mode.

DELAUNE (Étienne), graveur, orfèvre, dessinateur ornemaniste français, né à Orléans (v. 1518-1583). Il a joué un grand rôle dans la diffusion du style de l'école de Fontainebleau.

DE LAVAL (Gustaf), ingénieur suédois, né à Orsa (Dalécarlie) [1845-1913], inventeur de la turbine à vapeur qui porte son nom (1883).

DELAVIGNE (Casimir), poète français, né au Havre (1793-1843), auteur de tragédies (*les Enfants d'Édouard*) et d'élégies patriotiques. (Acad. fr.)

DELAWARE (la), fl. des États-Unis, qui arrose Philadelphie et rejoint la baie de la Delaware sur l'Atlantique; 406 km.

DELAWARE, un des États unis d'Amérique, sur la côte est; 5 328 km²; 548 000 h. Cap. *Dover*.

DELAY (Jean), psychiatre français, né à Bayonne en 1907. Il a étudié la mémoire, les émotions et les effets des psychotropes. (Acad. fr.)

R. et S. Michaud

Piron

Théophile **Delcassé**

Delhi : mausolée (XVIᵉ s.) de l'empereur moghol Humāyūn

DELCASSÉ (Théophile), homme politique français, né à Pamiers (1852-1923). Ministre des Affaires étrangères (1898-1905), il resserra l'alliance franco-russe (1900) et fut l'artisan de l'Entente cordiale avec la Grande-Bretagne (1904) et du rapprochement franco-italien.

DELEDDA (Grazia), romancière italienne, née à Nuoro (Sardaigne) [1871-1936], peintre des mœurs sardes. (Prix Nobel, 1926.)

DELÉMONT, v. de Suisse, ch.-l. du cant. du Jura; 11797 h. Horlogerie.

DELESCLUZE (Charles), journaliste et homme politique français, né à Dreux (1809-1871). Membre de la Commune en 1871, animateur du Comité de salut public, il se fit tuer sur les barricades.

DELESSERT (*baron* Benjamin), industriel, financier et philanthrope français, né à Lyon (1773-1847), fondateur des caisses d'épargne et créateur d'une usine pour la fabrication du sucre de betterave.

DELESTRAINT (Charles), général français, né à Biache-Saint-Waast (1879-1945). Chef de l'armée secrète en France (1942), déporté en 1943 au Struthof, puis à Dachau, il fut abattu.

DELEUZE (Gilles), philosophe français, né à Paris en 1925. Avec F. Guattari, il montre l'importance du désir et son aspect révolutionnaire face à toute institution, même psychanalytique (*l'Anti-Œdipe*, 1972).

DELFT, v. des Pays-Bas (Hollande-Méridionale); 85000 h. Monuments anciens. Centre de faïenceries, dont l'apogée se situe aux XVIIᵉ et XVIIIᵉ s.

DELGADO (*cap*), cap situé sur l'océan Indien, dans le Mozambique.

DELHI, v. de l'Inde, cap. du *territoire de Delhi*, sur la Jamna; 3288000 h. Capitale d'un grand royaume musulman de 1211 à 1556, Delhi devint ensuite la principale résidence des Grands Moghols (1533-1858). Englobant *New Delhi*, capitale de l'Inde depuis 1911, elle est la troisième ville du pays. Nombreux monuments : colonne de fer (IVᵉ s.), remarquables édifices de style « indo-musulman » des XIIIᵉ-XVIᵉ s., dont la Qutb mīnār (v. 1229); haut lieu de l'architecture moghole (mausolée d'Humāyūn, 1564; Fort-Rouge, 1639-1647; Grande Mosquée, 1644-1658; etc.).

DELIBES (Léo), compositeur français, né à Saint-Germain-du-Val (Sarthe) [1836-1891], auteur d'opéras-comiques (*Lakmé*) et de ballets (*Sylvia, Coppélia*, etc.).

DELILLE (*abbé* Jacques), poète français, né à Aigueperse (1738-1813), traducteur de Virgile, auteur de poèmes didactiques et descriptifs (*les Jardins*). [Acad. fr.]

DELL'ABATE (Nicolo), peintre italien, né à Modène (v. 1509 ? - 1571 ?). Il fut, à Fontainebleau, un brillant collaborateur du Primatice.

DELLA ROBBIA (Luca), sculpteur et céramiste italien, né à Florence (1400-1482). Il participa à la décoration de la cathédrale de Florence et fut le promoteur de la sculpture en terre cuite émaillée. Il eut pour continuateurs son neveu ANDREA, né à Florence (1435-1525), et les fils de celui-ci.

DELLA SCALA ou **SCALIGERI**, famille italienne dont un certain nombre de membres, appartenant au parti gibelin, furent seigneurs ou podestats de Vérone. Le plus fameux, CANGRANDE Iᵉʳ, né à Vérone (1291-1329), chef des gibelins de Lombardie, offrit un asile à Dante exilé.

DELLE (90100), ch.-l. de c. du Territoire de Belfort; 7981 h. Constructions mécaniques.

DELLUC (Louis), journaliste et cinéaste français, né à Cadouin (Dordogne) [1890-1924], auteur de *la Femme de nulle part* (1922), *l'Inondation* (1924). Il eut un rôle essentiel dans la création des premiers ciné-clubs et peut être considéré comme l'initiateur de la critique cinématographique.

DELME (57590), ch.-l. de c. de la Moselle; 620 h.

DELORME ou **DE L'ORME** (Philibert), architecte français, né à Lyon (v. 1510-1570), le plus important de la seconde Renaissance, à la fois constructeur et théoricien (château d'Anet, v. 1544-1555; nombreux travaux officiels sous Henri II; château des Tuileries, 1564).

DÉLOS, la plus petite des Cyclades, où se trouvait le grand sanctuaire d'Apollon. C'est là qu'étaient, à l'origine, le trésor et le siège de la Confédération formée par Athènes et un certain nombre de cités grecques (Vᵉ s. av. J.-C.). Elle fut ruinée par Mithridate (88 av. J.-C.). Ensemble archéologique parmi les plus complets (sanctuaires, théâtre, quartiers d'habitations aux belles mosaïques, ports, etc.).

DELPHES, v. de l'anc. Grèce, en Phocide, sur le versant sud-ouest du Parnasse, dans un site grandiose où Apollon avait un temple et rendait

V. ill. frontispice

des oracles par la bouche de la pythie. Important centre religieux, siège des jeux Pythiques, Delphes rayonna sur tout le monde antique du VIIᵉ au IIIᵉ s. av. J.-C. Son prestige commença à décliner à la fin de l'ère hellénistique. Des fouilles entreprises par l'école française d'Athènes depuis 1860 sur l'emplacement du village de Kastri ont fait découvrir les temples d'Apollon et d'Athéna, les trésors (dont celui de la cité d'Athènes, Vᵉ s. av. J.-C.), le théâtre, le stade. Très riche musée.

Delphine, roman de Mme de Staël (1802).

DELSARTE (François), pédagogue français, né à Solesmes (Nord) [1811-1870]. Ses recherches ouvrirent la voie aux thèses de E. Jaques-Dalcroze sur l'eurythmie et influencèrent les théories expressionnistes de R. von Laban.

Delta (*plan*), nom donné aux travaux reliant par des digues les îles de la Hollande-Méridionale et de la Zélande. Facilitant surtout la lutte contre les inondations, ils doivent aussi permettre l'assèchement de 15000 ha.

DELVAUX (Paul), peintre belge, né à Antheit en 1897. Il se rattache au surréalisme onirique (*Squelettes*, 1939; *l'Aube sur la ville*, 1940; *Vénus endormie*, 1944; *la Gare forestière*, 1960; etc.).

DELVAUX (André), cinéaste belge, né à Louvain en 1926, auteur de *Un soir, un train* (1968), *Rendez-vous à Bray* (1971).

DÉMADE, orateur athénien (v. 384 - v. 380 av. J.-C.). Chef du parti macédonien, adversaire de Démosthène, il fut néanmoins mis à mort par les Macédoniens.

DEMANGEON (Albert), géographe français, né à Gaillon (1872-1940), l'un des maîtres de la géographie humaine.

DEMAVEND, point culminant de l'Elbourz (et de l'Iran), au nord-est de Téhéran; 5604 m.

DÉMÉTER. *Myth. gr.* Déesse de la Fertilité, divinisation de la terre nourricière, identifiée avec la *Cérès* romaine. C'est la mère de Perséphone* (Coré).

DÉMÉTRIOS de Phalère, orateur, homme d'État et historien grec (v. 350 - v. 283 av. J.-C.). Il gouverna Athènes au nom du Macédonien Cassandre.

DÉMÉTRIOS Iᵉʳ Poliorcète (« Preneur de villes ») [336-282 av. J.-C.], roi en Macédoine de 294 à 287 av. J.-C., fils d'Antigonos. Il vainquit Cassandre aux Thermopyles, mais fut défait par Séleucos Iᵉʳ (286).

Delos : une des sculptures de la terrasse des Lions (VIIᵉ s. av. J.-C. [?])

Lauros-Giraudon

DÉMÉTRIOS Iᵉʳ Sôter (« Sauveur ») [m. en 150 av. J.-C.], roi séleucide de Syrie de 162 à 150 av. J.-C. — DÉMÉTRIOS II *Nikatôr* (« Vainqueur ») [m. en 125 av. J.-C.], roi séleucide de Syrie (145-138 et 129-125 av. J.-C.), fils du précédent. — DÉMÉTRIOS III (m. en 87 av. J.-C.), roi séleucide de Syrie de 95 à 88 av. J.-C.

DEMIDOV ou **DEMIDOF**, famille russe. NIKOLAÏ NIKITITCH, né à Saint-Pétersbourg (1773-1828), se distingua dans la guerre contre les Turcs. — ANATOLE, *prince* **de San Donato,** fils du précédent, né à Moscou (1812-1870), épousa la princesse Mathilde Bonaparte.

DE MILLE (Cecil Blount), cinéaste américain, né à Ashfield (1881-1959). Il se spécialisa notamment dans les films bibliques et les films d'aventures à grande mise en scène : *Forfaiture* (1915), *les Dix Commandements* (1923, deuxième version en 1956), *Cléopâtre* (1934), *Sous le plus grand chapiteau du monde* (1952).

DE MILLE (Agnes), danseuse, chorégraphe et écrivain de la danse américaine, née à New York en 1909, nièce du précédent. Elle contribua à donner un style propre au ballet américain et à faire découvrir les sources du folklore des États-Unis.

DEMIREL (Süleyman), homme politique turc, né à Islâmköy en 1924. Président du parti de la Justice, il fut trois fois Premier ministre (1965-1971, 1975-1978 et 1979-1980).

démocratie en Amérique (De la), ouvrage d'Alexis de Tocqueville (1835-1840), analysant la société américaine et l'évolution des nations démocratiques. Il eut un grand retentissement.

DÉMOCRITE, philosophe grec, né à Abdère (v. 460-v. 370 av. J.-C.). Il faisait consister l'Être en une infinité d'atomes et prêchait la recherche du bonheur par la modération dans les désirs.

DEMOISELLES *(grotte des)*, grotte du Languedoc, au-dessus des gorges de l'Hérault.

Demoiselles d'Avignon *(les)*, surnom d'une grande toile de Picasso qui, exécutée à Paris en 1906-07, a préludé au cubisme (musée d'Art moderne de New York).

DEMOLDER (Eugène), écrivain belge d'expression française, né à Bruxelles (1862-1919). Ses récits s'inspirent de la vie et de l'œuvre des peintres anciens *(la Route d'émeraude).*

DE MOMPER (Joos), peintre paysagiste flamand, né à Anvers (1564-1635).

DE MORGAN (Augustus), mathématicien et logicien britannique, né à Madura (prov. de Madras) [1806-1871], fondateur avec Boole de la logique des classes et des relations. Il a formulé certaines lois du calcul des propositions.

DÉMOSTHÈNE, homme politique et orateur athénien (384-322 av. J.-C.). À force d'étude et de ténacité, il réussit à surmonter ses déficiences physiques et à acquérir un remarquable talent oratoire qu'il emploie d'abord comme avocat, puis, en politique, contre Philippe de Macédoine, qui veut dominer la Grèce *(Philippiques, Olynthiennes).* À cause de lui, Philippe échoue dans sa tentative de prendre Byzance, puis, devant la poursuite de sa politique d'envahissement, Démosthène assume la direction des affaires et obtient l'alliance de Thèbes, mais les confédérés athéniens et thébains sont écrasés par Philippe à Chéronée (338). Un moment exilé, Démosthène n'admet pas la soumission de la Grèce par Alexandre, à la mort duquel il encourage les Grecs révoltés. Devant l'échec de l'insurrection, il s'empoisonne.

DEMPSEY (William HARRISON, dit **Jack**), boxeur américain, né à Manassa (Colorado) en 1895, champion du monde des poids lourds (1919-1926).

DENAIN (59220), ch.-l. de c. du Nord, sur l'Escaut; 26 254 h. *(Denaisiens).* Sidérurgie. Verrerie. Constructions mécaniques. Villars y remporta sur le Prince Eugène, le 24 juillet 1712, une victoire qui amena la fin de la guerre de la Succession d'Espagne et sauva le royaume.

DENDÉRAH, village de la Haute-Égypte. Temple ptolémaïque consacré à Hathor.

DENDERLEEUW, comm. de Belgique (Flandre-Orientale); 16 300 h.

DENDERMONDE → TERMONDE.

DENDRE (la), en flam. **Dender**, riv. de Belgique, affl. de l'Escaut (r. dr.); 65 km.

DENEB, la dix-neuvième des étoiles les plus brillantes du ciel, dans le Cygne.

DENFERT-ROCHEREAU (Pierre Philippe), colonel français, né à Saint-Maixent (1823-1878). Il défendit Belfort en 1870-71.

DENG XIAOPING → TENG SIAO-P'ING.

DENGYÔ DAISHI, nom posthume d'un religieux japonais (767-822) qui fonda une des plus importantes sectes du bouddhisme japonais.

DEN HAAG → HAYE *(La).*

DENIKINE (Anton Ivanovitch), général russe (1872-1947). L'un des chefs des Russes blancs, il lutta contre les bolcheviks.

DENIS ou **DENYS** *(saint)*, premier évêque de Paris, au IIIe s., longtemps confondu avec Denys l'Aréopagite. Dagobert lui dédia une abbaye.

DENIS le Libéral, né à Lisbonne (1261-1325), roi de Portugal de 1279 à 1325. Il fonda l'université de Coimbra et l'ordre du Christ.

DENIS (Maurice), peintre et écrivain français, né à Granville (1870-1943). Il participa au mouvement nabi, dont il fut le théoricien, et fonda en 1919 les Ateliers d'art sacré.

DENJOY (Arnaud), mathématicien français, né à Auch (1884-1974). Son œuvre se rapporte à la théorie des fonctions et à celles des figures formées par des ensembles quelconques de points.

DENNERY, puis **D'ENNERY** (Adolphe PHILIPPE, dit), auteur dramatique français, né à Paris (1811-1899). Auteur d'innombrables mélodrames *(les Deux Orphelines)* et de livrets d'opéras, il a légué à l'État une collection d'objets d'art d'Extrême-Orient *(musée d'Ennery, à Paris).*

Démosthène

Thomas De Quincey

Tibor Déry

DENON (Dominique Vivant, *baron*), graveur, diplomate et administrateur français, né à Givry (1747-1825), directeur général des musées français sous Napoléon Ier.

DENVER, v. des États-Unis, cap. du Colorado, au pied des Rocheuses; 515 000 h. Constructions mécaniques et aéronautiques.

DENYS *(saint)* → DENIS *(saint).*

DENYS *(saint)*, pape de 259 à 268.

DENYS l'Aréopagite *(saint)*, membre de l'Aréopage, converti par saint Paul. Il serait mort martyr (Ier s.).

DENYS d'Halicarnasse, historien grec contemporain d'Auguste, m. v. 8 av. J.-C., auteur de précieuses *Antiquités romaines.*

DENYS l'Ancien, né à Syracuse (v. 430-367 av. J.-C.), tyran de Syracuse de 405 à 367 av J.-C. Il chassa les Carthaginois de Sicile et fonda des comptoirs en Italie. Il protégea les lettres (Platon) et fit de Syracuse un important centre économique.

DENYS le Jeune (v. 397-344 av. J.-C.), fils et successeur, en 367 av. J.-C., du précédent. Chassé de Syracuse en 356, puis, de nouveau, en 344, il dut s'exiler à Corinthe.

DENYS le Petit, écrivain ecclésiastique, né en Scythie ou en Arménie (fin du Ve s. - v. 540). Ses travaux pour tenter de fixer la date de naissance de Jésus sont à la base de notre calendrier.

DÉOLS [deɔl] (36130), comm. de l'Indre, banlieue de Châteauroux; 10 693 h. Clocher roman d'une anc. abbaye.

Dépit amoureux *(le)*, comédie en vers, de Molière (1658).

DEPORT (Albert), officier et ingénieur français, né à Saint-Loup (Haute-Saône) [1846-1926], l'un des inventeurs du canon français de 75 mm (Mle 1897).

DEPRETIS (Agostino), homme politique italien, né à Mezzana Corti, près de Pavie (1813-1887). Président du Conseil (1876-1878; 1878-79; 1881-1887), il engagea l'Italie dans la voie de la Triple-Alliance.

DEPREZ (Marcel), électricien et physicien français, né à Aillant-sur-Milleron (Loiret) [1843-1918]. Il créa, avec d'Arsonval, le galvanomètre à cadre mobile et réalisa en 1883 le premier transport industriel d'énergie électrique.

DE QUINCEY (Thomas), écrivain anglais, né à Greenheys (Manchester) [1785-1859], auteur des *Confessions d'un mangeur d'opium* (1821) et d'essais *(De l'assassinat considéré comme un des beaux-arts*, 1827).

DERAIN (André), peintre français, né à Chatou (1880-1954). Un des créateurs du fauvisme, il y renonce au profit d'un style archaïsant (période « gothique », v. 1910-1918) et pratique ensuite un classicisme très personnel.

DERBY, v. d'Angleterre; 218 000 h. Constructions aéronautiques.

DERBY (Edward STANLEY, 14e *comte* DE), homme d'État anglais, né à Knowsley (Lancashire) [1799-1869], chef du parti conservateur, Premier ministre (1852; 1858; 1866-1868), protectionniste acharné. — Son fils EDWARD STANLEY, 15e *comte* de Derby, né à Knowsley (1826-1893), ministre des Affaires étrangères (1866-1868, 1874-1878), s'opposa à la politique impérialiste de Disraeli.

DER CHANTECOQ *(lac du)* ou **RÉSERVOIR MARNE**, lac artificiel de Champagne, créé par une retenue sur la Marne, au sud-ouest de Saint-Dizier.

DERJAVINE (Gavriil Romanovitch), poète russe, né à Kazan (1743-1816). Ses odes *(Felitsa)* illustrent l'esthétique classique.

Dernier des Mohicans *(le)*, roman de Fenimore Cooper (1826).

DÉROULÈDE (Paul), écrivain et homme politique français, né à Paris (1846-1914). Fondateur (1882) et président de la ligue des Patriotes, auteur des *Chants du soldat*, il fut l'un des plus ardents partisans de Boulanger. Député, il tenta, en 1899, d'entraîner l'armée contre l'Élysée. Il fut banni de 1900 à 1905.

DÉROUTE *(passage de la)*, bras de mer entre Jersey et le Cotentin. Retraite des navires français après le combat naval de la Hougue en 1692.

DERRIDA (Jacques), philosophe français, né à El-Biar (Algérie) en 1930. Il s'est intéressé à la place du langage dans la production poétique *(De la grammatologie*, 1967).

DERVAL (44590), ch.-l. de c. de la Loire-Atlantique; 2 880 h.

DÉRY (Tibor), écrivain hongrois, né à Budapest (1894-1977), auteur de romans qui passent d'une peinture réaliste de la société *(la Phase inachevée*, 1947) à une évocation ironique des illusions humaines *(Cher Beau-Père*, 1973).

DESAI (Morarji), homme politique indien, né dans le Gujerat en 1896. Membre du parti du Congrès, vice-président du Conseil de 1967 à 1969, il fonde ensuite le Congrès de l'opposition (de droite), ou Vieux Congrès. Emprisonné par Indira Gāndhī (1975), il lui succède comme Premier ministre (1977-1979).

DESAIX [dɛsɛ] (Louis Charles Antoine DES AIX, dit), général français, né au château d'Ayat près de Riom (1768-1800). Il se distingua à l'armée du Rhin (1796). Commandant l'avant-garde de l'armée d'Orient, il conquit et administra la Haute-Égypte. Son intervention décida de la victoire de Marengo, où il fut tué.

DESANTI (Jean-Toussaint), philosophe français, né à Ajaccio en 1914. Il a apporté une contribution décisive à l'épistémologie des mathématiques *(les Idéalités mathématiques*, 1968).

DESARGUES (Gérard ou Gaspard), mathématicien et ingénieur français, né à Lyon (1593-1662), l'un des fondateurs de la géométrie projective.

DÉSAUGIERS (Antoine), chansonnier et vaudevilliste français, né à Fréjus (1772-1827).

DES AUTELS (Guillaume), poète français, né au manoir de Vernoble (Bourgogne) [1529-1581]. Il se rattache à la Pléiade par son imitation de Pétrarque et de Ronsard.

DESBORDES-VALMORE (Marceline), femme de lettres française, née à Douai (1786-1859), auteur de poésies élégiaques.

DESCAMPS (Eugène), syndicaliste français, né à Lomme en 1922. Secrétaire général de la C.F.T.C. (1961), il contribua à déconfessionnaliser cette confédération. Jusqu'en 1971, il assura le secrétariat général de la C.F.D.T.

DESCARTES (37160), ch.-l. de c. d'Indre-et-Loire; 4 481 h. Constructions mécaniques. Papeterie. Patrie de Descartes.

DESCARTES (René), philosophe, mathématicien et physicien français, né à La Haye (auj. *Descartes*) [Touraine] (1596-1650). Militaire, il

Josquin **Des Prés**

Giraudon

Descartes, par Bourdon

Martinie

Robert **Desnos**

parcourut l'Europe. En 1629, il se rendit en Hollande, où il vécut vingt ans, son séjour étant coupé par un voyage au Danemark et trois voyages en France. Il mourut à Stockholm, où il s'était rendu sur la demande de la reine Christine. En mathématiques, il créa l'algèbre des polynômes et, avec Fermat, la géométrie analytique. Il énonça les propriétés fondamentales des équations algébriques et simplifia les notations algébriques. Il découvrit les principes de l'optique géométrique. Sa physique mécaniste et sa théorie des animaux-machines ont posé les bases de la science moderne (*Dioptrique,* 1637; *Géométrie,* 1637). Son apport scientifique est fondé sur l'emploi d'une *méthode* et sur une *métaphysique* qui marquent un tournant décisif (*Principes de la philosophie,* 1644; *les Passions de l'âme,* 1649). Sa méthode lui permet de se dégager définitivement des confusions de la scolastique, en définissant une logique de l'idée claire et distincte, fondée sur la déduction allant du simple au complexe (*Règles pour la direction de l'esprit,* 1628; *Discours de la méthode,* 1637). Il construit sa métaphysique suivant la même méthode, en partant d'un doute méthodique, l'amenant à faire « table rase » de toute connaissance non fondée; seule subsiste la certitude de la pensée qui doute. Il en déduit l'existence même de celui qui pense (« Je pense, donc je suis »), puis celle de Dieu (« preuve ontologique »); de là, il redescend dans la déduction à l'existence du monde extérieur (*Méditations métaphysiques,* 1641).

DESCHAMPS (Eustache), poète français, né à Vertus (v. 1346 - v. 1406), auteur de poèmes (lais, ballades, rondeaux) et du premier art poétique français (*Art de dictier*).

DESCHAMPS (Émile DESCHAMPS DE SAINT-AMAND, dit **Émile**), poète français, né à Bourges (1791-1871), l'un des premiers représentants du romantisme. Son frère **ANTOINE,** dit *Antony,* né à Paris (1800-1869), publia des *Études sur l'Italie.*

DESCHANEL (Paul), homme d'État français, né à Schaerbeeck-lès-Bruxelles (1856-1922), président de la République (18 févr. - 21 sept. 1920). [Acad. fr.]

DESEZE ou **DE SÈZE** (Romain, *comte*), avocat et magistrat français, né à Bordeaux (1748-1828), l'un des défenseurs de Louis XVI devant la Convention.

DESFONTAINES (René LOUICHE), botaniste français, né à Tremblay (Bretagne) [1750-1833].

DESHOULIÈRES [dezu-] (Antoinette DU LIGIER DE LA GARDE, Mme), femme de lettres française, née à Paris (1637-1694), auteur de poésies pastorales.

DE SICA (Vittorio), acteur et cinéaste italien, né à Sora (1901-1974), naturalisé français. Son réalisme et sa sensibilité sont mis en évidence dans *Sciuscia* (1946), *le Voleur de bicyclette* (1948), *Miracle à Milan* (1950), *Umberto D* (1952), *l'Or de Naples* (1954), *Mariage à l'italienne* (1964), *le Jardin des Finzi Contini* (1971), *le Voyage* (1973).

DÉSIRADE (la) [97127], une des Antilles françaises, dépendant de la Guadeloupe; 1682 h. Ch.-l. Grande-Anse.

DESJARDINS (Martin VAN DEN BOGAERT, dit), sculpteur français d'origine hollandaise, né à Breda (1640-1694). Il travailla pour Paris et pour Versailles et, devenu académicien, fut chargé

d'ériger sur la place des Victoires, à Paris, une statue équestre de Louis XIV (détruite).

DESLANDRES (Henri), astronome français, né à Paris (1853-1948), inventeur du spectro-héliographe (1892).

DESMARETS ou **DES MARETS** (Nicolas), *seigneur* **de Maillebois,** financier français, né à Paris (1648-1721), contrôleur général des Finances de 1708 à 1715, neveu de Colbert.

DESMARETS DE SAINT-SORLIN (Jean), écrivain français, né à Paris (1595-1676). Auteur de la comédie des *Visionnaires* (1637), il fut l'adversaire acharné des jansénistes. (Acad. fr.)

DESMICHELS (Louis, *baron*), général français, né à Digne (1779-1845). Il se distingua sous l'Empire. Vainqueur d'Abd el-Kader en Oranie, il traita avec lui en 1834.

DES MOINES, v. des États-Unis, cap. de l'Iowa, sur la *rivière Des Moines* (658 km), affl. du Mississippi (r. dr.); 201 000 h.

DESMOULINS (Camille), journaliste et homme politique français, né à Guise (1760-1794). Le 12 juillet 1789, il appela aux armes la foule réunie dans les jardins du Palais-Royal. Membre du club des Cordeliers, il participa au mouvement révolutionnaire, notamment au 10-Août; son journal, *les Révolutions de France et de Brabant* (1789-1791), eut un immense succès. Conventionnel, il siégea avec la Montagne. Adversaire des hébertistes, qu'il attaque dans son nouveau journal, *le Vieux Cordelier* (1793), il périt avec les dantonistes le 5 avril 1794. — Sa femme, **LUCILE** (1771-1794), fut exécutée peu après.

DESNOS [dɛsnos] (Robert), poète français, né à Paris, mort en déportation (1900-1945). Il évolua du surréalisme vers un lyrisme plus quotidien (*Corps et biens, Domaine public*).

DESNOYER (François), peintre français, né à Montauban (1894-1972). Son art, figuratif, se distingue par l'énergie des formes et de la couleur.

DES PÉRIERS (Bonaventure), écrivain français, né à Arnay-le-Duc (v. 1510 - v. 1544). Il a laissé les dialogues du *Cymbalum mundi* (1537), satire des croyances humaines, et les *Nouvelles Récréations et joyeux devis,* recueil de contes où l'on trouve une peinture réaliste des mœurs du temps.

DESPIAU [dɛs-] (Charles), sculpteur français, né à Mont-de-Marsan (1874-1946). Il est l'auteur de bas-reliefs et de statues, mais principalement de nombreux bustes d'un modelé délicat et d'une vérité psychologique intense.

DESPORTES (Philippe), poète français, né à Chartres (1546-1606). Rival heureux de Ronsard comme poète de cour, il fut critiqué par Malherbe.

DESPORTES (Alexandre François), peintre français né à Champigneul? (Champagne) [1661-1743]. Peintre des chasses et des chenils royaux, il a aussi donné de riches natures mortes et une série d'esquisses de paysages d'Île-de-France (Louvre, musées de Gien et de Senlis, château de Compiègne...).

DES PRÉS (Josquin), l'un des plus célèbres polyphonistes français du XVe s. à Condé (Picardie) [v. 1440 - v. 1521/1524]. Attaché à la chapelle pontificale, il resta plus de vingt ans en Italie, avant de devenir musicien de Louis XII. Auteur de messes et de motets, il est un des créateurs de la chanson polyphonique.

DESROCHERS (Alfred), écrivain canadien d'expression française, né à Saint-Élie-d'Orford (1901-1978), poète du terroir (*À l'ombre de l'Orford*).

DESROSIERS (Léo Paul), écrivain canadien d'expression française, né à Berthierville (1896-1967), auteur de contes et de romans historiques (*les Engagés du Grand Portage*).

DESSALINES (Jean-Jacques), empereur d'Haïti, né en Guinée (av. 1758-1806). Esclave noir, il se révolta et chassa Rochambeau de l'île, puis se fit proclamer empereur (1804), après avoir ordonné un massacre des Blancs. Il fut assassiné par des rivaux.

DESSAU, v. de l'Allemagne démocratique, au sud-ouest de Berlin; 100 000 h. Métallurgie.

Des souris et des hommes, roman de Steinbeck (1937).

DESTELBERGEN, comm. de Belgique (Flandre-Orientale) ; 14 900 h.

DESTOUCHES (André CARDINAL), compositeur français, né à Paris (1672-1749), auteur de ballets, de divertissements et d'opéras (*Issé, les Éléments*).

DESTOUCHES (Philippe NÉRICAULT, dit), auteur dramatique français, né à Tours (1680-1754). Il a écrit des comédies moralisatrices (*le Glorieux,* 1732). [Acad. fr.]

Destour, parti nationaliste tunisien, fondé en 1920. Une scission en 1934 provoqua la constitution de deux partis : le Vieux Destour, panarabe et musulman, et le Néo-Destour, partisan du nationalisme tunisien et de la laïcité. Sous la direction de Bourguiba, ce dernier a contribué à créer la République tunisienne (1957). Il est devenu le parti socialiste destourien (1964).

DESTRÉE (Jules), homme politique belge, né à Marcinelle (1863-1936). Député socialiste (1894), il fut l'un des principaux promoteurs du mouvement wallon, fondant l'Académie de langue et de littérature françaises (1920).

DESTUTT DE TRACY (Antoine), philosophe français, de l'école de Condillac, né à Paris (1754-1836). On le considère comme le chef des idéologues. (Acad. fr.)

DESVALLIÈRES (Georges), peintre français, né à Paris (1861-1950). Élève de G. Moreau, il fonda avec M. Denis les Ateliers d'art sacré.

DESVRES (62240), ch.-l. de c. du Pas-de-Calais; 5860 h. Céramique.

DETROIT, v. des États-Unis (Michigan), sur la *rivière de Detroit,* unissant les lacs Érié et Saint-Clair; 1493 000 h. (plus de 4 millions avec les banlieues). Grand centre mondial de la construction automobile.

DÉTROITS (les), ensemble formé par le Bosphore* et les Dardanelles*.

DÉTROITS (*gouvernement des*) ou **Straits Settlements,** anc. colonie britannique de la péninsule malaise (1867-1946), qui comprenait notamment Penang, Singapour et Malacca.

DE TROY [-trwa], peintres français, dont les principaux sont : FRANÇOIS, né à Toulouse (1645-1730), portraitiste de l'aristocratie parisienne et des artistes de son temps; — JEAN-FRANÇOIS, né à Paris (1679-1752), peintre d'histoire et de genre à la carrière officielle, au style facile et brillant.

DEUCALION. *Myth. gr.* Fils de Prométhée et mari de Pyrrha. Seuls survivants d'un déluge déclenché par Zeus, Deucalion et Pyrrha repeuplèrent le monde en jetant des pierres qui se transformèrent en hommes et en femmes.

DEUIL-LA-BARRE (95170), comm. du Val-d'Oise; 15 715 h. (*Deuillois*).

DEÛLE (la), riv. du nord de la France, partiellement canalisée, qui passe à Lille et rejoint la Lys (r. dr.); 68 km.

DEURNE, comm. de Belgique (Anvers); 80 400 h.

Deutéronome, cinquième livre du Pentateuque, code de lois civiles et religieuses.

DEUTSCH DE LA MEURTHE (Henry), industriel et philanthrope français, né à Paris (1846-1919), l'un des fondateurs de l'Aéro-Club de France et créateur de l'Institut aéronautique de Saint-Cyr (1909).

Deutschlandlied, hymne national de la République fédérale d'Allemagne, d'après une strophe du chant populaire nationaliste allemand *Deutschland über alles,* écrit en 1841.

DEUX-ALPES (les) [38860], station de sports d'hiver (alt. 1 660-3 270 m) de l'Isère, en bordure de l'Oisans, formée des stations de l'Alpe-de-Venosc et de l'Alpe-de-Mont-de-Lans.

Deux-Mers *(canal des),* canal projeté à plusieurs reprises entre l'Atlantique et la Méditerranée à travers le sud-ouest de la France; les éléments actuels ne sont accessibles qu'à la petite batellerie.

DEUX-PONTS, en allem. **Zweibrücken,** v. d'Allemagne fédérale (Rhénanie-Palatinat); 38 000 h. Ancien chef-lieu d'un duché qui fut cédé à la France en 1801, puis partagé en 1815 entre la Bavière et la Prusse.

Deux-Roses *(guerre des),* conflit qui opposa de 1455 à 1485 les maisons d'York (rose blanche) et de Lancastre (rose rouge) pour la possession de la couronne d'Angleterre. Il se termina par le triomphe d'Henri Tudor, dernier représentant des Lancastre, qui, devenu roi sous le nom d'Henri VII, épousa Élisabeth d'York.

DEUX-SEVI *(canton des),* canton de la Corse-du-Sud; ch.-l. *Piana.*

DEUX-SÈVRES → SÈVRES *(Deux-).*

DEUX-SICILES *(royaume des),* nom donné, à certaines époques (1442-1458; 1816-1861), à l'ensemble politique formé par la Sicile et le sud de la péninsule italienne.

DEUX-SORRU *(canton des),* canton de la Corse-du-Sud; ch.-l. *Vico.*

DE VALERA (Eamon), homme d'État irlandais, né à New York (1882-1975). Leader du mouvement nationaliste Sinn Féin, il devint chef du gouvernement révolutionnaire irlandais (1918). Il refusa d'accepter le traité de Londres (1921), mais, rompant avec les extrémistes, il fonda le Fianna Fáil, qui obtint la majorité aux élections de 1932. Il fut président du Conseil exécutif de l'État libre (1932-1937), ministre des Affaires étrangères (1932-1948), puis Premier ministre (1937-1948). De nouveau au pouvoir de 1951 à 1954, puis en 1957, il fut président de la république d'Irlande de 1959 à 1973.

DE VALOIS ou **DEVALOIS** (Edris STANNUS, dite **dame** Ninette), danseuse et chorégraphe anglaise, née à Blessington (Irlande) en 1898. Créatrice du Sadler's Wells Ballet (1931), devenu le Royal Ballet (1956), elle est l'auteur de *The Rake's Progress, Job.*

DEVENTER, v. des Pays-Bas (Overijssel), sur l'IJssel; 65 000 h.

DEVEREUX (Georges), psychanalyste américain d'origine hongroise, né à Lugos (auj. Lugoj) en 1908. Son expérience d'anthropologue fait de lui l'un des fondateurs de l'ethnopsychiatrie.

DEVÉRIA (Achille), peintre et graveur français, né à Paris (1800-1857). Il est l'auteur, grâce à la lithographie, de portraits de célébrités romantiques ainsi que de scènes de la vie élégante du temps. — Son frère EUGÈNE, né à Paris (1805-1865), fut peintre d'histoire.

DEVÈS, massif volcanique du Velay (Haute-Loire); 1 423 m.

DÉVILLE-LÈS-ROUEN (76250), comm. de la Seine-Maritime; 13 155 h. Métallurgie. Textile.

De viris illustribus urbis Romae, par Lhomond (v. 1775), ouvrage d'enseignement, en latin, qui contient un abrégé de l'histoire romaine.

Dévolution *(guerre de),* guerre entreprise après la mort de Philippe IV d'Espagne par Louis XIV, qui réclamait les Pays-Bas au nom de sa femme Marie-Thérèse, du premier mariage de Philippe IV. La campagne, menée rapidement par le roi et Turenne en Flandre (1667) et en Franche-Comté (1668), valut à la France, lors de la signature du traité d'Aix-la-Chapelle (1668), onze places flamandes, dont Lille et Douai.

DÉVOLUY, massif des Alpes, au sud de la haute vallée du Drac; 2 790 m à l'Obiou.

DEVON ou **DEVONSHIRE,** comté d'Angleterre; 937 000 h. Ch.-l. *Exeter.* V. pr. *Plymouth.*

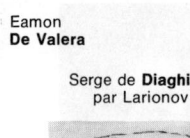

Eamon
De Valera

Serge de **Diaghilev**
par Larionov

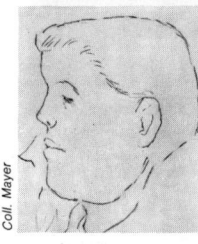

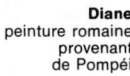

Ninette
De Valois

Diane
peinture romaine
provenant
de Pompéi

DEVONPORT, port militaire d'Angleterre, près de Plymouth. Métallurgie.

Devotio moderna, mouvement spirituel né au XIVe s. qui a eu par son œuvre la plus significative, l'*Imitation de Jésus-Christ,* une grande influence sur la spiritualité de l'Occident.

Dévotion à la Croix *(la),* drame de Calderón (1634).

DE VRIES (Hugo), botaniste néerlandais, né à Haarlem (1848-1935). On lui doit la découverte des *mutations,* clé de voûte de la doctrine de l'évolution.

DEWAR *(sir* James), physicien britannique, né à Kincardine-on-Forth (Écosse) [1842-1923]. Le premier, il liquéfia l'hydrogène.

DEWEY (Melvil), bibliographe américain, né à Adams Center (New York) [1851-1931], inventeur de la classification décimale utilisée dans les bibliothèques.

DEWEY (John), philosophe et pédagogue américain, né à Burlington (Vermont) [1859-1952], promoteur d'une pédagogie fondée sur le pragmatisme.

DHAHRAN → ZAHRĀN.

DHAMASKINÓS → DAMASKINOS.

DHAULĀGIRI, un des plus hauts sommets de l'Himālaya, au Népal; 8 172 m.

DHEUNE (la), riv. de Bourgogne, affl. de la Saône (r. dr.), suivie par le canal du Centre; 65 km.

DHORME (Édouard), orientaliste français, né à Armentières (1881-1966). Il est l'auteur de travaux d'assyriologie et d'exégèse biblique *(les Religions d'Assyrie et de Babylonie,* 1945).

DHUIS ou **DHUYS** [dɥis] (la), riv. du Bassin parisien, affl. de la Marne (r. g.); 15 km. Ses eaux, captées, alimentent Paris par l'*aqueduc de la Dhuys* (131 km).

DHŪLIA, v. de l'Inde (Mahārāshtra) au N.-E. de Bombay; 137 000 h.

Diable boiteux *(le),* roman satirique de Lesage (1707), tiré d'une nouvelle de l'Espagnol Guevara; le héros en est le démon Asmodée.

DIABLERETS (les), massif de Suisse, dominant la vallée du Rhône; 3 222 m. Sports d'hiver.

DIACRE (Paul) → PAUL DIACRE.

DIAGHILEV (Serge DE), mécène et directeur de troupe russe, né à la caserne Selistchev (prov. de Novgorod) [1872-1929], créateur des Ballets russes, réalisateur de *Petrouchka, le Sacre du printemps, l'Oiseau de feu.*

Dialogues, de Platon, entretiens philosophiques où l'on voit Socrate discuter avec ses amis et ses contemporains; les principaux sont l'*Ion,* le *Phédon,* le *Criton,* le *Sophiste,* le *Gorgias,* les *Lois,* la *République,* le *Phèdre,* le *Théétète,* le *Protagoras,* le *Politique.*

Dialogues des morts, ouvrage de Lucien (IIe s. apr. J.-C.). Des dieux, des héros, des personnages illustres se retrouvent aux Enfers et constatent la vanité des grandeurs terrestres anéanties par la mort. Ces *Dialogues* ont été imités par Fontenelle et par Fénelon.

DIAMANT (Le) [97223], ch.-l. de cant. de la Martinique; 2 007 h.

DIANE. *Myth. rom.* Déesse de la Chasse et de la Nature sauvage, identifiée par les Romains avec l'*Artémis* hellénique. Le plus célèbre sanctuaire de Diane était dans les monts Albains.

DIANE DE POITIERS (1499-1566), fille du comte de Saint-Vallier. Veuve de Louis de Brézé, elle devint la favorite d'Henri II, qui fit construire pour elle le château d'Anet et lui donna le duché de Valentinois.

DIANE DE VALOIS ou **DIANE DE FRANCE,** née en Piémont (1538-1619), fille naturelle d'Henri II. D'abord mariée au duc de Castro, elle épousa en secondes noces le maréchal François de Montmorency. Veuve de nouveau, elle joua un grand rôle politique pendant les guerres de Religion.

DIAS (Bartolomeu), navigateur portugais, né en Algarve (v. 1450-1500). Le premier, il contourna l'Afrique (1487) et doubla le cap de Bonne-Espérance.

Diaspora, ensemble des communautés juives établies hors de Palestine, pour des raisons politiques (déportations) ou économiques (émigrations).

DÍAZ (Porfirio), général et homme d'État mexicain, né à Oaxaca (1830-1915). Président de la République (1876-1880 et 1884-1911), il établit un régime autoritaire (le *porfiriat)* et posa les bases d'une économie moderne. En 1911, il dut s'exiler.

DIAZ (Armando), maréchal italien, né à Naples (1861-1928), généralissime en 1917-18, vainqueur à Vittorio Veneto (1918).

DIAZ de la Peña (Narcisse Virgile), peintre français, né à Bordeaux de parents espagnols (1807-1876). Il travailla sous l'influence de T. Rousseau (paysages de la forêt de Fontainebleau), puis sous celle de Delacroix (compositions), dans un style précieusement menu.

DIB (Mohammed), écrivain algérien, né à Tlemcen en 1920. Ses romans *(l'Incendie, le Maître de chasse),* son théâtre et ses poèmes évoquent les problèmes posés par la nouvelle personnalité politique et culturelle de son pays.

DIBAY → DUBAYY.

DICKENS (Charles), écrivain anglais, né à

Dijon
la vieille
ville

Porfirio **Díaz**

Diderot
par J. S. Berthélémy

Charles **Dickens**

Landport (1812-1870). De sa jeunesse malheureuse, il tira la matière de romans sensibles et humoristiques qui firent rire et pleurer toute une génération (*les Aventures de M. Pickwick*, 1837; *Olivier Twist*, 1838; *Nicolas Nickleby*, 1839; *Contes de Noël*, 1843; *David* Copperfield*, 1849; *les Grandes Espérances*, 1861).

DICKINSON (Emily), femme de lettres américaine, née à Amherst (1830-1886). Son œuvre, composée de petits poèmes introspectifs, fut publiée après sa mort et exerça une grande influence sur la poésie américaine.

DIDELOT (Charles), danseur et chorégraphe français, né à Stockholm (1767-1837). Maître de ballet au Théâtre-Impérial de Saint-Pétersbourg, il est l'auteur de *Flore et Zéphyre* (1796), du *Prisonnier du Caucase* (1823).

DIDEROT (Denis), écrivain et philosophe français, né à Langres (1713-1784). Considéré par son époque comme « le philosophe » par excellence, il manifesta un génie multiple, créant la critique d'art (*Salons*, 1759-1781), une nouvelle forme romanesque (*Jacques* le Fataliste*), clarifiant le rapport entre science et métaphysique (*Lettre sur les aveugles*), définissant (le *Paradoxe sur le comédien*) et illustrant une nouvelle esthétique dramatique (*le Fils naturel*), brossant le portrait tumultueux de sa vie et de son art (*le Neveu de Rameau*). Mais il doit sa gloire à l'entreprise qu'il anima pendant vingt ans, l'*Encyclopédie**.

DIDIER (m. apr. 774), dernier roi des Lombards. Couronné par le pape Étienne II en 757, il fut pris dans Pavie et détrôné par Charlemagne en 774.

DIDON ou **ÉLISSA**, princesse tyrienne, fondatrice légendaire de Carthage (fin du IXe s. av. J.-C.). C'est à Carthage, selon l'*Énéide*, de Virgile, qu'Énée, fugitif, fut aimé d'elle, mais il dut l'abandonner sur l'ordre de Jupiter. Didon se donna la mort.

Didon et Énée, opéra de chambre de Purcell (1689), dans lequel l'auteur fond les styles français et italien, le madrigal, le récit, l'air, les chœurs et la danse.

DIDOT, famille d'imprimeurs-libraires français, dont les membres les plus célèbres sont FRANÇOIS AMBROISE (1730-1804), créateur de caractères et d'un code typographique, FIRMIN (1764-1836), inventeur de la stéréotypie, et AMBROISE FIRMIN, helléniste (1790-1876).

DIE (26150), ch.-l. d'arr. de la Drôme, sur la Drôme; 4191 h. (*Diois*). Vestiges gallo-romains; anc. cathédrale romane. Vins blancs (*clairette*).

DIEFENBAKER (John George), homme politique canadien, né à Newstadt (Ontario) [1895-1979], président du parti conservateur, Premier ministre de 1957 à 1963.

DIEGO GARCIA, île de l'archipel britannique des Chagos (océan Indien). Bases militaires britannique et américaine.

DIÉGO-SUAREZ, auj. **Antseranana**, port de Madagascar, sur la baie du même nom; 43 000 h. Base navale évacuée par la France en 1975.

DIEHL (Charles), historien français, né à Strasbourg (1859-1944), spécialiste de l'histoire de Byzance.

DIEKIRCH, ch.-l. de cant. du Luxembourg; 5100 h.

DIÊM (Ngô Dinh) → NGÔ DINH DIÊM.

DIEMEN (Anthony VAN) → VAN DIEMEN.

DIÊN BIÊN PHU (cuvette de), petite plaine du Viêt-nam, dans le haut Tonkin. Après une bataille de quatre mois, les forces françaises investies par le Viêt-minh (mai 1954) y furent défaites. Ce revers devait être suivi par les accords de Genève et la fin des hostilités.

DIEPENBEEK, comm. de Belgique (Limbourg); 14 300 h.

DIEPPE (76200), ch.-l. d'arr. de la Seine-Maritime, sur la Manche; 26 111 h. (*Dieppois*). Forteresse du XVe s. (musée). Station balnéaire. Port de voyageurs, de pêche et de commerce (fruits). Constructions électriques et mécaniques.

DIERX (Léon), poète français de l'école parnassienne, né à la Réunion (1838-1912).

DIESEL (Rudolf), ingénieur allemand, né à Paris (1858-1913). On lui doit la conception et la réalisation du moteur à combustion interne (1893-1897).

DIEST, v. de Belgique (Brabant); 20 000 h. Béguinage (église du XIVe s.), maisons anciennes et monuments divers.

DIETIKON, comm. de Suisse (Zurich), dans la vallée de la Limmat; 22 705 h.

DIETRICH (Philippe Frédéric, *baron* DE), minéralogiste français, né à Strasbourg (1748-1793). Il fut maire de cette ville, et c'est chez lui que Rouget de Lisle chanta pour la première fois *la Marseillaise*.

DIETRICH (Maria Magdalena VON LOSCH, dite **Marlène**), actrice et chanteuse américaine d'origine allemande, née à Berlin en 1902. Révélée par le film de Josef von Sternberg l'*Ange bleu* (1930), elle joua notamment dans *Cœurs brûlés* (1931), *Blonde Vénus* (1932), *Shanghai Express* (1932), l'*Impératrice rouge* (1934).

DIEUDONNÉ Ier (saint) [m. en 618], pape de 615 à 618. — DIEUDONNÉ II (m. en 676), pape de 672 à 676.

DIEULEFIT (26220), ch.-l. de c. de la Drôme; 2919 h. Poteries.

DIEULOUARD (54380), comm. de Meurthe-et-Moselle; 5372 h. (*Déicustodiens*). Métallurgie.

DIEUZE (57260), ch.-l. de c. de la Moselle, sur la Seille; 5197 h. Salines. Industrie chimique.

DIEZ (Friedrich), linguiste allemand, né à Giessen (1794-1876). Spécialiste des langues romanes, il leur appliqua les principes de la grammaire comparée.

DIFFERDANGE, v. du Luxembourg; 18 000 h. Sidérurgie.

DIGNE (04000), ch.-l. des Alpes-de-Haute-Provence; au pied des *Préalpes de Digne*, à 745 km au sud-est de Paris; 16 576 h. (*Dignois*). Évêché. Anc. et nouvelle cathédrales (v. 1200 et fin du XVe s.). Centre commercial (lavande).

DIGOIN (71160), ch.-l. de c. de Saône-et-Loire, sur la Loire; 11 402 h. (*Digoinais*). Céramique.

DIJON (21000), ch.-l. de la Région Bourgogne et du dép. de la Côte-d'Or, sur l'Ouche et le canal de Bourgogne, à 310 km au sud-est de Paris; 156 787 h. (*Dijonnais*). Cour d'appel; université. Cathédrale St-Bénigne (XIIIe-XIVe s., crypte du XIe s.). Église Notre-Dame (XIIIe s.). Restes de l'anc. palais ducal, devenu palais des États au XVIIe s. (auj. hôtel de ville et riche musée des Beaux-Arts). Palais de justice, anc. parlement (XVIe s.). Restes de la chartreuse de Champmol. Musées divers. Centre ferroviaire et industriel; constructions mécaniques et électriques; produits alimentaires (moutarde, pain d'épice, etc.).

DIKTONIUS (Elmer), poète finlandais d'expression suédoise, né à Helsinki (1896-1961), un des représentants de l'esthétique « moderniste » (*Chansons dures, Herbe et granit*).

DILBEEK, comm. de Belgique (Brabant); 33 800 h.

DILI, v. de l'est de Timor; 7 000 h.

DILLINGEN, v. de l'Allemagne fédérale (Sarre); 22 000 h. Sidérurgie.

DILLON (John), homme politique irlandais, né à Blackrock, près de Dublin (1851-1927). Il devint chef du parti national irlandais en 1918.

DILSEN, comm. de Belgique (Limbourg); 15 000 h.

DILTHEY (Wilhelm), philosophe allemand, né à Biebrich (1833-1911). Historien de la philosophie, il est l'un des premiers auteurs qui aient élaboré la notion de « sciences humaines » et dégagé son autonomie.

dimanche d'été à la Grande Jatte (Un), chef-d'œuvre de Seurat (1884-1886, Art Institute, Chicago).

DIMITROV (Georgi), homme politique bulgare, né à Radomir (1882-1949). Ancien secrétaire général du Komintern, il fut président du Conseil de la république populaire de Bulgarie de 1946 à 1949.

DIMITROVGRAD, v. de Bulgarie; 42 000 h. Centre industriel.

DIMITROVO → PERNIK.

DINAN (22100), ch.-l. d'arr. des Côtes-du-Nord, sur la Rance; 16 367 h. (*Dinannais*). Ensemble homogène de constructions médiévales, dont le château de la duchesse Anne (musée).

DINANT, v. de Belgique (Namur), sur la Meuse; 12 300 h. Chaudronneries dites « dinanderies ». Combats en 1914 et 1940.

DINARD (35800), ch.-l. de c. d'Ille-et-Vilaine; 9 588 h. (*Dinardais*). Station balnéaire.

DINARIQUES → ALPES DINARIQUES.

DINARQUE, orateur grec du parti macédonien, né à Corinthe (v. 360 av. J.-C.- apr. 292 av. J.-C.).

DIOCLÉTIEN, en lat. **Caius Aurelius Valerius Diocletianus**, né près de Salone (Dalmatie)

B. N.

Dioclétien

Keystone

Albert
de **Dion**

[v. 245-313], empereur romain (284-305). Proclamé empereur en 284, il s'associa Maximien (286) et lui confia l'Occident, tandis qu'il gardait l'Orient. En 293, pour mieux défendre l'Empire, il établit la *tétrarchie :* deux césars (Constance Chlore et Galère) furent adjoints aux empereurs, avec droit de succession. Dioclétien entreprit alors une vaste réforme administrative (regroupement des provinces en *diocèses),* militaire, judiciaire et monétaire. Il persécuta les chrétiens (303-304). Il abdiqua en 305 et se retira à Salone (auj. Split).

DIODORE de Sicile, historien grec, né à Agyrion (Ier s. av. J.-C.). Il est l'auteur d'une utile compilation, la *Bibliothèque historique,* histoire universelle des origines à 58 av. J.-C.

DIOGÈNE le Cynique, philosophe grec, né à Sinope (413-327 av. J.-C.). Il méprisait les richesses et les conventions sociales, qu'il considérait comme des entraves à la liberté.

DIOGÈNE LAËRCE ou **de Laërte,** écrivain grec du IIIe s. apr. J.-C., né à Laërte (Cilicie). Son panorama biographique des sectes philosophiques contient des citations de nombreux ouvrages antiques perdus.

DIOIS, massif des Préalpes du Sud, drainé par la Drôme; 2041 m.

DIOMÈDE. *Myth. gr.* Roi fabuleux de la Thrace. Héraclès le fit dévorer par ses propres chevaux, qu'il nourrissait de chair humaine.

DIOMÈDE, prince d'Argos, un des héros de la guerre de Troie renommé pour son courage.

DION de Syracuse, homme politique syracusain, né à Syracuse (409-354 av. J.-C.). Appuyé par Carthage, il fut tyran de Syracuse de 357 à 354; il mourut assassiné par le chef du parti démocratique.

DION (Albert, *marquis* DE), industriel français, né à Carquefou (1856-1946). Associé en 1881 avec Bouton et Trépardoux, il fut l'un des pionniers de l'automobile.

DION CASSIUS, historien, né à Nicée (v. 155-v. 235). Il écrivit en grec une importante *Histoire romaine.*

DION CHRYSOSTOME (« Bouche d'or »), rhéteur grec (v. 30-117). Il popularisa les enseignements des philosophes stoïciens.

DIONÉ. *Myth. gr.* Déesse aimée de Zeus, dont elle eut Aphrodite.

DIONYSOS. *Myth. gr.* Dieu de la Végétation et en particulier de la Vigne et du Vin, fils de Zeus et de Sémélé, appelé aussi *Bakkhos,* dont les Romains firent *Bacchus.* Le culte de Dionysos a contribué au développement de la tragédie et de l'art lyrique.

DIOPHANTE, mathématicien grec, né à Alexandrie (v. 325-v. 410). On peut le considérer comme l'un des précurseurs des algébristes du XVIe et du XVIIe s.

DIOR (Christian), couturier français, né à Granville (1905-1957). En 1947, il connut un succès immédiat avec le style « new look » en réaction contre les restrictions imposées par la guerre.

DIORI (Hamani), homme d'État nigérien, né à Soudouré en 1916. Président de la république du Niger en 1960, il fut renversé en 1974.

DIOSCORE (m. en 530), pape pendant quelques semaines en 530.

DIOSCURES (« Enfants de Zeus »). *Myth. gr.* Surnom de Castor et Pollux.

DIOUF (Abdou), homme d'État sénégalais, né à Louga en 1935. Premier ministre, il succède à Senghor, démissionnaire, à la présidence du Sénégal, le 1er janvier 1981.

DIPPEL (Johann Konrad), alchimiste allemand, né au château de Frankenstein, près de Darmstadt (1673-1734). Il découvrit le bleu de Prusse et *l'huile animale de Dippel.*

DIRAC (Paul), physicien anglais, né à Bristol en 1902. L'un des créateurs de la mécanique quantique, il avait prévu l'existence de l'électron positif. (Prix Nobel, 1933.)

Directoire, régime qui gouverna la France du 4 brumaire an IV (26 oct. 1795) au 18 brumaire an VIII (9 nov. 1799) et fit place au Consulat.

DIRICHLET (Gustav LEJEUNE-), mathématicien

W. Disney (coll. J.-L. Passek)

Peter Pan
(1952)
de Walt **Disney**

Fleming

Benjamin **Disraeli**
par sir J. E. Millais

allemand, né à Düren (1805-1859). Il est l'auteur de recherches sur les séries trigonométriques et la théorie des nombres.

Discours *(les),* poèmes de Ronsard (1562-63), œuvre de polémique contre les réformés.

Discours de la méthode pour bien conduire sa raison et chercher la vérité dans les sciences, par Descartes (1637). Le philosophe, rejetant l'autorité de la scolastique, résume en quatre préceptes sa méthode, propose une morale par provision et expose ses idées sur Dieu, l'âme, la physique et la médecine.

Discours sur l'origine et les fondements de l'inégalité parmi les hommes, par J.-J. Rousseau (1755), sur un sujet proposé par l'académie de Dijon. Rousseau montre comment la vie sociale, en créant des inégalités entre les hommes, a corrompu leur nature, qu'il suppose bonne à l'origine.

Discours sur les sciences et les arts, première œuvre publiée par J.-J. Rousseau, sur un sujet proposé par l'académie de Dijon (1750). C'est un réquisitoire contre la civilisation, dont les progrès favorisent l'immoralité.

Discours sur l'universalité de la langue française, ouvrage de Rivarol (1784); apologie de la langue française et du génie national.

DISNEY (Walt), cinéaste américain, né à Chicago (1901-1966), réalisateur de nombreux dessins animés, parmi lesquels la série des *Mickey, Blanche-Neige et les sept nains* (1937), *Fantasia* (1940), *Bambi* (1942), *Alice au pays des merveilles* (1951), *Merlin l'enchanteur* (1964), et producteur de films sur les animaux.

DISON, comm. de Belgique (Liège); 14 800 h.

DISRAELI (Benjamin), *comte* de Beaconsfield, homme d'État britannique, né à Londres (1804-1881). Romancier brillant (*Coningsby,* 1844), député conservateur en 1837, défenseur du protectionnisme, il s'imposa comme le chef du parti tory (conservateur). Chancelier de l'Échiquier (1852, 1858, 1866-1868), il fut Premier ministre en 1868, puis de 1874 à 1880. Tout en réalisant d'importantes réformes sociales, il mena à l'extérieur une politique de prestige et d'expansion impérialiste; en 1876, il fit proclamer la reine Victoria impératrice des Indes. En 1878, au congrès de Berlin, il mit en échec l'expansion russe dans les Balkans. Il se retira en 1880, lors de la victoire électorale des libéraux (Gladstone).

DI STEFANO (Alfredo), footballeur argentin naturalisé espagnol, né à Buenos Aires en 1926.

Distinguished Service Order (abrév. **D.S.O.)** [en fr. *ordre du Service distingué*], ordre militaire anglais créé en 1886. Une classe.

DIU, port de l'Inde, dans une île en face de la côte de Kāthiāwār; 20 000 h. Il fut occupé par les Portugais de 1535 à 1961.

DIVES (la), fl. de Normandie, né dans le Perche, qui se jette dans la Manche; 100 km.

DIVES-SUR-MER (14160), comm. du Calvados, à l'embouchure de la *Dives;* 6175 h. Église des XIVe-XVe s. Métallurgie.

Divine Comédie *(la),* poème de Dante (v. 1307-1321), divisé en trois parties (*l'Enfer, le Purgatoire et le Paradis),* de trente-trois chants chacune, et un prologue. Dante y raconte une vision qu'il eut en 1300, durant la semaine sainte. Guidé par Virgile, il traverse les neuf cercles de l'Enfer et, au sommet de la montagne du Purgatoire, rencontre Béatrice, qui le conduit au Paradis. Cette œuvre est l'expression parfaite de l'humanisme chrétien médiéval.

DIVION (62460), comm. du Pas-de-Calais; 8588 h. *(Divionnais).*

DIVISIA (François), économiste français, né à Tizi-Ouzou (1889-1964), un des fondateurs de l'économétrie.

DIVONNE-LES-BAINS (01220), comm. de l'Ain, dans le pays de Gex; 4240 h. *(Divonnais).* Station thermale. Casino.

Dix *(Conseil des),* conseil secret créé à Venise en 1310. Il étendit progressivement ses attributions et fut, du XVIe s. à 1797, le véritable pouvoir exécutif de la République.

DIX (Otto), peintre et graveur allemand, né près de Gera (1891-1969), un des représentants, en 1920, de l'école de la « nouvelle objectivité ».

S. Lido

Anton
Dolin

Breicha

Heimito
von **Doderer**

DIXENCE (la), riv. de Suisse (Valais), affl. de la Borgne (r. g.); 17 km. Aménagement hydroélectrique.

Dix Mille (*retraite des*), retraite effectuée à travers la haute Asie par les mercenaires grecs de Cyrus le Jeune après la mort de leur chef (401 av. J.-C.). Xénophon, qui conduisit cette retraite, l'a décrite dans *l'Anabase*.

DIXMUDE, en néerl. **Diksmuide**, v. de Belgique (Flandre-Occidentale), sur l'Yser; 15 500 h. Combats en 1914 et en 1918.

DIYĀLĀ (la), riv. d'Iraq, affl. du Tigre (r. g.); 442 km.

DIYARBAKIR, v. de Turquie, sur le Tigre; 170 000 h. Grande Mosquée en partie du XIe s.

DJABIR → GEBER.

DJABRĀN KHALIL DJABRĀN, écrivain libanais, né à Bcharrā (ou Becharré [1883-1931], un des principaux représentants de la renaissance des lettres arabes (*les Ailes brisées*).

DJĀHIZ (Abū 'Uthmān 'Amr ibn Bahr al-), écrivain et théologien arabe, né à Bassora (v. 776-868 ou 869), un des créateurs de la prose littéraire arabe (*Livre du langage*).

DJAJAPURA → JAYAPURA.

DJAKARTA → JAKARTA.

DJALĀL AL-DĪN RŪMĪ, poète persan, né à Balkh (Khurāsān) [1207-1273], fondateur des derviches tourneurs et principal interprète du soufisme.

DJAMĀL PACHA (Ahmad) ou **CEMAL PAŞA** (Ahmed), général et homme politique ottoman, né à Mytilène (1872-1922), un des chefs des Jeunes-Turcs qui s'emparèrent du pouvoir en 1913; de 1915 à 1917, il commanda l'armée ottomane en Syrie. Il mourut assassiné.

DJAMBOUL, v. de l'U.R.S.S. (Kazakhstan); 252 000 h.

DJĀMĪ, écrivain persan, né à Khardjird, près de Djām (1414-1492), auteur d'un recueil d'anecdotes (*Bahāristān*) et de l'épopée courtoise de *Yūsuf et Zulaykhā*.

DJARĪR, poète arabe, m. v. 728, auteur de poèmes satiriques et de panégyriques des califes omeyyades.

DJEBILET (*gara*), montagne du Sahara algérien occidental. Minerai de fer.

DJEDDA, v. de l'Arabie Saoudite, sur la mer Rouge; 561 000 h. Aéroport et port des villes saintes de La Mecque et de Médine. Siège de missions diplomatiques étrangères.

DJEM (El-), comm. de Tunisie, entre Sousse et Sfax; 7 000 h. Vestiges de la ville romaine de *Thysdrus* (amphithéâtre).

DJEMILA, localité d'Algérie, au nord-est de Sétif. Ruines de l'anc. ville antique de *Cuicul*.

DJENNÉ, v. du Mali; 7 000 h. Anc. cap. de l'Empire songhaï.

DJERACH → GERASA.

DJERBA, île de Tunisie, à l'entrée du golfe de Gabès. Pêche. Tourisme.

DJÉRID (*chott* **el-**), dépression de la Tunisie

méridionale, en bordure du Sahara, occupée par d'immenses lagunes plus ou moins desséchées.

DJÉZIREH, région du Proche-Orient, comprenant le nord et le centre de l'anc. Mésopotamie (Iraq et Syrie).

DJIBOUTI, cap. de la république de Djibouti; 62 000 h. Tête de ligne du chemin de fer de Djibouti à Addis-Abeba.

DJIBOUTI (*république de*), anc. **Côte française des Somalis**, puis **Territoire français des Afars et des Issas**, État du nord-est de l'Afrique, sur l'océan Indien; 21 700 km²; 125 000 h. Cap. *Djibouti*. Territoire aride, la région offre surtout un intérêt stratégique par sa situation à l'entrée de la mer Rouge. La population, juxtaposant deux ethnies dominantes qui ont, un moment, donné leur nom au territoire, vit surtout de l'élevage ovin dans l'intérieur. Mais la moitié des habitants se concentrent à Djibouti, tête de ligne d'une voie ferrée vers l'Éthiopie (Addis-Abeba). La Côte française des Somalis, créée en 1896, devint territoire d'outre-mer en 1946, acquit une certaine autonomie à partir de 1957 et devint pleinement indépendante, sous son nom actuel, en 1977.

DJIDJELLI, port d'Algérie, ch.-l. de wilaya, sur la côte de la Kabylie des Babors; 34 000 h.

DJOKJAKARTA → JOGJAKARTA.

DJOUBA (le), fl. d'Éthiopie et de Somalie, tributaire de l'océan Indien.

DJOUNGARIE → DZOUNGARIE.

DJURDJURA ou **DJURJURA**, chaîne de montagnes calcaires d'Algérie, sur la bordure méridionale de la Grande Kabylie; 2 308 m.

DNIEPR (le), fl. de l'U.R.S.S. (R.S.F.S. de Russie, Biélorussie et Ukraine), issu du Valdaï et tributaire de la mer Noire; 1950 km. Il arrose Kiev. Aménagements hydroélectriques.

DNIEPRODZERJINSK, autref. **Kamenskoie**, v. de l'U.R.S.S. (Ukraine), sur le Dniepr; 251 000 h. Centrale hydroélectrique. Métallurgie.

DNIEPROPETROVSK, anc. **Iekaterinoslav**, v. de l'U.R.S.S. (Ukraine), dans la boucle du Dniepr; 995 000 h. Port fluvial et centre industriel.

DNIESTR (le), fl. de l'U.R.S.S., né dans les Carpates, séparant partiellement l'Ukraine de la Moldavie, tributaire de la mer Noire; 1411 km.

DÖBLIN (Alfred), écrivain allemand, né à Stettin (1878-1957), auteur de romans qui réalisent la synthèse entre les recherches expressionnistes et futuristes (*Berlin, Alexanderplatz*, 1929).

DOBRO POLJE, sommet de Yougoslavie (Serbie), à l'est de Bitola. Objectif principal de l'offensive générale conduite par Franchet d'Esperey en septembre 1918.

DOBROUDJA, en roum. **Dobrogea**, en bulgare **Dobrudža**, région de Roumanie (qui en possède la plus grande partie) et de Bulgarie, comprise entre la mer Noire et le Danube. Turque jusqu'en 1878, roumaine ensuite, la Dobroudja du Sud est bulgare depuis 1947.

Docteur Jekyll et M. Hyde, roman de R. L. Stevenson (1886).

Docteur Jivago (le), roman de B. Pasternak (1957) : l'odyssée professionnelle et sentimentale d'un médecin pendant la Première Guerre mondiale et les premières années de la révolution russe.

DODDS (Alfred), général français, né à Saint-Louis (Sénégal) [1842-1922]. Il conquit le Dahomey (1892-93) sur le roi Béhanzin.

DODÉCANÈSE, archipel grec de la mer Égée, au large de la Turquie et dont Rhodes est l'île principale. Les Italiens s'installèrent en 1912 dans le Dodécanèse, dont la possession leur fut assurée par le traité de Lausanne (1923). Ces îles furent rattachées à la Grèce en 1947-48.

DODERER (Heimito VON), écrivain autrichien, né à Weidlingen (1896-1966), auteur de romans qui peignent la fin de la société austro-hongroise (*le Secret de l'Empire, les Démons*).

DODGSON → CARROLL (Lewis).

DODOMA, future cap. de la Tanzanie.

DODONE, anc. v. d'Épire où se trouvait un très ancien sanctuaire de Zeus. Le dieu y rendait ses oracles par le bruissement du feuillage des chênes du bois sacré. Ruines.

Doel, centrale nucléaire de Belgique, sur l'Escaut, en aval d'Anvers.

DOGONS, ethnie du Mali, vivant sur les hauteurs de Bandiagara. Leur art est austère et dépouillé.

DOHA → DAWHA.

DOIRE, en ital. **Dora**, nom de deux riv. piémontaises des Alpes, affl. du Pô. La *Doire Baltée* (160 km) passe à Aoste; la *Doire Ripaire* (125 km) rejoint le Pô à Turin.

DOISY (Edward), biochimiste américain, né à Hume (Illinois) en 1893, auteur de travaux sur la vitamine K, l'insuline et les hormones. (Prix Nobel, 1943.)

DOL-DE-BRETAGNE (35120), ch.-l. de c. d'Ille-et-Vilaine; 5 042 h. (*Dolois*). Anc. cathédrale des XIIIe-XIVe s. Confection.

DOLE (39100), ch.-l. d'arr. du Jura, sur le Doubs et le canal du Rhône au Rhin; 30 498 h. (*Dolois*). Monuments des XVIe et XVIIe s. Nœud routier et ferroviaire. Métallurgie. Électronique. Industries alimentaires.

DOLET (Étienne), imprimeur et humaniste français, né à Orléans (1509-1546). Il fut brûlé pour ses opinions hérétiques.

DOLIN (Patrick HEALEY-KAY, dit **Anton**), danseur et chorégraphe britannique, né à Slinford (Sussex) en 1904. Il s'imposa comme le plus grand danseur anglais de la première moitié du XXe s., et fonda avec A. Markova la compagnie Markova-Dolin, qui devint le London's Festival Ballet.

DOLLARD-DES-ORMEAUX, v. du Canada (Québec); 36 837 h.

DOLLARD DES ORMEAUX (Adam), officier français, né aux Ormeaux (Ile-de-France) [1635-1660]. Il fut tué au Canada avec seize compagnons au cours de la lutte contre les Iroquois.

DOLLER, riv. d'Alsace, affl. de l'Ill (r. g.); 42 km.

DOLLFUSS (Engelbert), homme d'État autrichien, né à Texing (1892-1934). Chancelier chrétien-social (1932), il réorganisa l'État sur la base de principes autoritaires et corporatifs; il fut assassiné par les nazis.

DÖLLINGER (Johann Ignaz VON), professeur d'histoire ecclésiastique bavarois, né à Bamberg (1799-1890). Prêtre, il s'opposa au dogme de l'infaillibilité du pape; excommunié en 1871, il devint le chef des « vieux-catholiques ».

DOLOMIEU (Dieudonné ou Déodat DE GRATET DE), minéralogiste français, né à Dolomieu (Dauphiné) [1750-1801]. Il a donné son nom à la *dolomie*.

DOLOMITES ou **ALPES DOLOMITIQUES**, partie des Alpes orientales, en Italie, quadrilatère délimité par les vallées de l'Adige à l'ouest, de la Rienza au nord, du Piave à l'est et au sud-est, et de la Brenta au sud-ouest; 3 342 m à la *Marmolada*. L'originalité de la région vient d'un paysage ruiniforme pittoresque, dû à la nature de la roche calcaire, la *dolomie*, attirant touristes et sportifs (alpinistes en été, skieurs en hiver), notamment à Cortina d'Ampezzo.

DOMAGK (Gerhard), médecin allemand, né à Lagow (Brandebourg) [1895-1964], auteur de travaux sur le cancer expérimental et les sulfamides. (Prix Nobel, 1939.)

DOMART-EN-PONTHIEU (80620), ch.-l. de c. de la Somme; 1 244 h.

DOMAT (Jean), jurisconsulte français, né à Clermont-Ferrand (1625-1696). Son œuvre devait avoir une influence sur le Code civil.

DOMBASLE (Christophe Joseph MATHIEU DE), agronome français, né à Nancy (1777-1843). Il inventa un modèle de charrue, perfectionna les méthodes de culture (chaulage) et développa l'enseignement agricole.

DOMBASLE-SUR-MEURTHE (54110), comm. de Meurthe-et-Moselle; 10 218 h. *(Dombaslois)*. Mine de sel. Soude.

DOMBES *(principauté de)*, petit pays de Bourgogne (auj. inclus dans le dép. de l'Ain), réuni à la Couronne en 1762. Cap. *Trévoux.* C'est une région argileuse parsemée d'étangs (pisciculture), également terre d'élevage et de chasse.

DOMBROWSKI (Jan Henryk) → DĄBROWSKI.

DÔME *(monts)* ou **CHAÎNE DES PUYS,** groupe de volcans éteints d'Auvergne, au-dessus de la Limagne, culminant au *puy de Dôme* (1 465 m), site d'un observatoire météorologique.

DOMÈNE (38420), ch.-l. de c. de l'Isère; 5 297 h. Papeterie. Électrométallurgie.

Donatello : un des reliefs en bronze ornant l'autel de la basilique Sant'Antonio à Padoue (v. 1446-1450)

saint **Dominique**
détail d'une fresque
de Fra Angelico

sommet
du puy de **Dôme**

DOMENICO da Ferrara ou **da Piacenza,** en fr. Dominique *de Ferrare* ou *de Plaisance*, théoricien italien de la danse (m. v. 1462), auteur du premier traité chorégraphique.

DOMENICO VENEZIANO, peintre italien, m. à Florence en 1461. Poète de la couleur, il eut Piero della Francesca pour élève.

DOMÉRAT (03410), comm. de l'Allier, banlieue de Montluçon; 7 144 h.

DOMÈVRE-EN-HAYE (54380 Dieulouard), ch.-l. de c. de Meurthe-et-Moselle; 178 h.

DOMFRONT [dɔ̃frɔ̃] (61700), ch.-l. de c. de l'Orne; 4 518 h. *(Domfrontais).* Ruines féodales. Église Notre-Dame-sur-l'Eau (XIᵉ s.).

DOMINÉ (Marc), officier, né à Vitry-le-François (1848-1921). Il s'illustra avec le sergent Bobillot dans la défense de Tuyên Quang contre les Chinois (1885).

DOMINICAINE *(république)*, État d'Amérique, occupant la partie orientale de l'île d'Haïti; 48 400 km²; 5 430 000 h. *(Dominicains)*. Cap. *Saint-Domingue.* Langue : *espagnol.*

GÉOGRAPHIE

À l'Ouest, montagneux (3 175 m dans la Cordillère centrale), ouvert par des fossés d'effondrement, s'oppose l'Est, formé surtout de plaines et de collines, domaines de la canne à sucre (fondement de l'économie), du riz, du café, du tabac. La bauxite et le nickel sont les principales ressources minérales. La population, qui s'accroît rapidement, est surtout composée de métis.

HISTOIRE

— 1492 : Christophe Colomb atteint l'île d'Hispaniola.
— 1697 : au traité de Ryswick, l'île est partagée entre la France (partie occidentale) et l'Espagne (partie orientale).
— 1795 : au traité de Bâle, l'île entière est française.
— 1808-09 : les Français sont chassés par les Dominicains.
— 1814-1821 : l'Espagne restaure son autorité sur son ancienne colonie.
— 1821-22 : éphémère république Dominicaine.
— 1822-1844 : les Haïtiens réunifient l'île.
— 1844-1861 : nouveau régime républicain.
— 1861-1869 : éphémère retour des Espagnols.
— 1870-1916 : la république Dominicaine, en pleine anarchie, tombe peu à peu sous le contrôle américain.
— 1916-1924 : domination américaine.
— 1930-1952 : présidence de Rafael Trujillo, tyran absolu.
— 1952-1961 : Trujillo, par présidents interposés, maître du pays; il est assassiné.
— 1962-63 : éphémère présidence de Juan Bosch, président du parti révolutionnaire dominicain.
— 1965 : explosion révolutionnaire. Les États-Unis s'opposent par la force au retour au pouvoir des partisans de J. Bosch.
— 1966 : Joaquín Balaguer, président.
— 1978 : Antonio Guzmán, leader du parti révolutionnaire dominicain, élu président.

DOMINIQUE (la), île et État des Petites Antilles; 751 km²; 74 000 h. Cap. *Roseau.* État indépendant, dans le cadre du Commonwealth, depuis 1978.

DOMINIQUE *(saint)*, religieux castillan, né à Caleruega (v. 1170-1221). Fondateur de l'ordre des Dominicains, il vit son ordre confirmé par Honorius III en 1217. Il s'opposa aux hérétiques albigeois en Languedoc.

Dominique, roman d'E. Fromentin (1863), qui mêle l'autobiographie à l'analyse psychologique, sur le thème de l'impossible amour.

DOMINIQUIN (Domenico ZAMPIERI, dit en fr. le), peintre italien, né à Bologne (1581-1641), disciple des Carrache. Il a notamment exécuté, à Rome, des fresques dans les églises St-Louis-des-Français *(Vie de sainte Cécile)* et S. Andrea della Valle.

DOMITIEN, en lat. *Titus Flavius Domitianus* (51-96), empereur romain (81-96), frère et successeur de Titus. Il réforma l'administration romaine, releva Rome des ruines provoquées par les incendies de 64 et 80 et couvrit la frontière danubienne d'un *limes* fortifié. Ayant orienté le régime vers l'absolutisme et accusé de faire régner une véritable terreur, il fut assassiné avec la complicité de sa femme.

DOMITIUS AHENOBARBUS (Cneius), consul en 32 apr. J.-C., premier mari d'Agrippine et père de Néron.

DOMITIUS CORBULO (Cneius), général romain (m. en 67 apr. J.-C.). Vainqueur des Chauques et des Parthes, il fut acculé au suicide par Néron.

DOMME (24250), ch.-l. de c. de la Dordogne; 891 h. Anc. bastide fortifiée dominant la Dordogne.

Domodedovo, l'un des aéroports de Moscou.

DOMODOSSOLA, v. d'Italie (Piémont), au débouché du tunnel du Simplon; 17 000 h. Gare frontière.

DOMONT (95330), ch.-l. de c. du Val-d'Oise; 10 898 h.

DOMPAIRE (88270), ch.-l. de c. des Vosges; 906 h.

DOMPIERRE-SUR-BESBRE (03290), ch.-l. de c. de l'Allier; 4 121 h. Constructions mécaniques.

DOMRÉMY-LA-PUCELLE (88300 Neufchâteau), comm. des Vosges, en Lorraine, sur la Meuse; 267 h. Patrie de Jeanne d'Arc.

DON (le), fl. de l'U.R.S.S., né au sud de Moscou, relié à la Volga par un grand canal, et qui rejoint la mer d'Azov en aval de Rostov; 1 967 km.

DONAT, évêque de Casae Nigrae (Numidie), puis de Carthage (m. v. 355). Il prit la tête du schisme donatiste. Destitué en 347, Donat fut envoyé en exil où il mourut. Mais les donatistes se maintinrent jusqu'au VIᵉ s.

DONAT, en lat. *Aelius Donatus,* grammairien latin du IVᵉ s.

DONATELLO (Donato DI BETTO BARDI, dit), sculpteur italien, né à Florence (1386-1466). Formé par l'étude de l'art antique, il mêla à la simplicité monumentale des Anciens le réalisme et l'esprit religieux du Moyen Âge. Citons, outre de puissants bas-reliefs : à Florence, le *Saint Georges* d'Orsammichele, les statues de prophètes du Campanile, le *David* de bronze du Bargello; à Padoue, la célèbre statue équestre du *Gattamelata.*

DONAU, nom allem. du *Danube**.

DONBASS, bassin houiller de l'U.R.S.S. (Ukraine et R.S.F.S. de Russie), de part et d'autre du *Donets.* Grande région industrielle.

Don Carlos, drame historique de Schiller (1787).

DONCASTER, v. d'Angleterre; 86 000 h.

DONETS (le) ou **DONETZ,** riv. de l'U.R.S.S. (Ukraine et R.S.F.S. de Russie), affl. du Don (r. dr.); 1 016 km. Il traverse le bassin houiller du Donbass (anc. *bassin du Donets*).

DONETSK, jusqu'en 1961 **Stalino,** v. de l'U.R.S.S. (Ukraine), dans le Donbass; 984 000 h. Métallurgie.

DONGES (44480), comm. de la Loire-Atlantique, sur l'estuaire de la Loire; 6 285 h. Raffinerie de pétrole. Pétrochimie.

Don Giovanni → DON JUAN.

ĐÔNG SON, village du Viêt-nam, au nord-est de Thanh Hoa, site éponyme de la phase finale (500-250 av. J.-C.) et la plus brillante de l'âge du bronze.

DONIAMBO (*pointe*), cap de la Nouvelle-Calédonie. Fonderie de nickel.

DÖNITZ (Karl), amiral allemand, né à Grünau (1891-1980). Commandant les sous-marins (1935-1942) puis la marine allemande (1943-1945), il succéda à Hitler en mai 1945 et endossa la capitulation du Reich. Incarcéré, il fut libéré par les Alliés en 1956.

DONIZETTI (Gaetano), compositeur italien, né à Bergame (1797-1848), auteur d'œuvres lyriques (*la Favorite, Lucie de Lammermoor, Don Pasquale*, etc.).

DONJON (Le) [03130], ch.-l. de c. de l'Allier; 1447 h.

Don Juan, personnage légendaire, d'origine espagnole. Séducteur impie et cruel, il apparaît dans le *Trompeur de Séville* (v. 1625), de Tirso de Molina; il a inspiré ensuite d'innombrables œuvres littéraires et artistiques dans toute l'Europe.

Don (ou **Dom**) **Juan** ou *le Festin de pierre*, comédie de Molière, en 5 actes et en prose (1665). Le personnage de Don Juan y devient un « grand seigneur méchant homme », libre penseur.

Don Juan (*Don Giovanni*), opéra (« dramma giocoso »), en 2 actes, paroles de Lorenzo Da Ponte, musique de Mozart (1787), chef-d'œuvre du théâtre lyrique classique.

DONNE (John), poète et théologien anglais, né à Londres (1572-1631), principal représentant de la poésie métaphysique (*Sonnets sacrés*).

DONNEAU DE VISÉ (Jean), écrivain français, né à Paris (1638-1710). Il critiqua l'*École des femmes* de Molière et fonda *le Mercure galant*.

DONNEMARIE-DONTILLY (77520), ch.-l. de c. de Seine-et-Marne; 1823 h. Église des XIIe-XIIIe s.

insigne des **Donneurs de sang**

Donneurs de sang (*insigne des*), distinction française créée en 1949 pour les titulaires du diplôme de donneur de sang.

DONON (le), un des sommets des Vosges, dominant le *col du Donon* (727 m); 1009 m.

DONOSO CORTÉS (Juan), publiciste et diplomate espagnol, né à Valle de la Serena (1809-1853). Il est attaché à l'idéologie traditionnelle espagnole.

Don Quichotte de la Manche (*l'Ingénieux Hidalgo*), roman en deux parties, par Cervantès (1605-1616). Dans cette parodie des romans de chevalerie, monté sur Rossinante, se heurte au bon sens de Sancho Pança, son fidèle écuyer, monté sur son âne. La critique contemporaine date de cette œuvre l'apparition du roman moderne. — *Don Quichotte*, ballet de L. Minkus et M. Petipa, créé au théâtre Bolchoï de Moscou en 1869.

Don Sanche d'Aragon, comédie héroïque de P. Corneille (1649-50).

DONSKOÏ (Mark), cinéaste soviétique, né à Odessa (1901-1981), auteur notamment d'une trilogie sur Gorki (1938-1940), de l'*Arc-en-ciel* (1944) et de *Au prix de sa vie* (ou *Le cheval qui pleure*, 1957).

DONY (*abbé* Daniel), chimiste belge, né à Liège (1759-1819), créateur de la métallurgie du zinc.

DONZENAC (19270), ch.-l. de c. de la Corrèze; 1796 h.

DONZÈRE (26290), comm. de la Drôme, près du Rhône; 3369 h. — Le canal de dérivation du Rhône dit de *Donzère-Mondragon* alimente l'importante centrale hydroélectrique A.-Blondel, à Bollène.

DONZY (58220), ch.-l. de c. de la Nièvre; 1939 h. Vestiges féodaux; église St-Martin-du-Pré, du XIIe s.

Doon de Mayence (*geste de*), un des trois grands cycles épiques du Moyen Âge : les principales chansons (*Raoul de Cambrai, Renaud de Montauban, Girart de Roussillon*) peignent des féodaux révoltés contre leur suzerain.

DOPPLER (Christian), physicien autrichien, né à Salzbourg (1803-1853). Il étudia la variation de hauteur du son perçu lorsque la source sonore se déplace par rapport à l'observateur (*effet Doppler*).

DORAT (Le) [87210], ch.-l. de c. de la Haute-Vienne; 2581 h. (*Dorachons*). Belle église du XIIe s. et vestiges d'une enceinte du XVe s.

DORAT (Jean DINEMANDI, dit), poète et humaniste français, né à Limoges (1508-1588). Maître de Ronsard et de Du Bellay, il fit partie de la Pléiade.

D'ORBAY (François), architecte français, né à Paris (1634-1697). Il construisit la cathédrale de Montauban et semble avoir remplacé à Versailles, en 1670, Le Vau, son maître. Il se peut qu'il ait participé aux grandes entreprises parisiennes de l'époque, du collège des Quatre-Nations (auj. palais de l'Institut) à la Colonnade du Louvre.

DORCHESTER, v. d'Angleterre, ch.-l. du Dorset; 14000 h. Site d'une importante cité romaine (*Durnovaria*).

DORCHESTER (Guy CARLETON, *baron*) → CARLETON.

DORDOGNE (la), riv. du sud-ouest de la France; 472 km. Née au pied du Sancy, elle s'écoule vers l'ouest, reçoit successivement la Cère, la Vézère et l'Isle, passe à Bergerac et Libourne, avant de rejoindre la Garonne au bec d'Ambès. Importants aménagements hydroélectriques sur son cours supérieur (Bort-les-Orgues, Marèges, l'Aigle, le Chastang).

DORDOGNE (*dép. de la*) [24], dép. de la Région Aquitaine; ch.-l. de dép. *Périgueux*; ch.-l. d'arr. *Bergerac, Nontron, Sarlat-la-Canéda*; 4 arr., 50 cant., 555 comm.; 9184 km²; 373 179 h. Le dép. est rattaché à l'académie, à la circonscription judiciaire, à la région militaire et à la province ecclésiastique de Bordeaux. En dehors de la Double, argileuse et forestière, et des collines bocagères au nord-est, vouées à l'élevage, le dép. s'étend sur le Périgord*, où les cultures (céréales, fruits, primeurs, vigne, tabac) et l'élevage bovin se concentrent dans les vallées (Isle, Vézère, Dordogne), jalonnées par les principales villes (Périgueux et Bergerac). La faiblesse de l'industrie, qui dépend de l'agriculture (produits alimentaires), et celle du secteur tertiaire (due à la proximité de Bordeaux) sont des causes de la persistance de l'exode rural.

DORDRECHT, port des Pays-Bas (Hollande-Méridionale), à l'embouchure de la Meuse; 103000 h. Ville ancienne et pittoresque (église des XIVe-XVe s.). Importante place commerciale au XIVe s. En 1618-19 y fut tenu le grand synode, dont les décisions régissent encore l'Église réformée de Hollande.

DORE (la), riv. d'Auvergne, affl. de l'Allier (r. dr.); 140 km.

DORE (*monts*) → MONT-DORE (*massif du*).

DORDOGNE

courbes : 75, 150, 300 m

DORÉ (Gustave), dessinateur, graveur et peintre français, né à Strasbourg (1832-1883). Il a illustré avec fougue Rabelais, Ch. Perrault, Balzac, Dante, Cervantès, etc.

DORGELÈS (Roland), écrivain français, né à Amiens (1885-1973), auteur des *Croix de bois* (1919).

DORIA, famille noble de Gênes, à la tête de la faction gibeline de la ville, qui a fourni d'illustres amiraux ; entre autres, le condottiere ANDREA **Doria,** né à Oneglia (1466-1560), qui commanda tour à tour les flottes de François Ier et de Charles Quint avant d'instaurer à Gênes (1528) une « république aristocratique ».

DORIDE, contrée de la Grèce ancienne.

John
Dos
Passos

Centre culturel

Dostoïevski
par V. G. Perov

B.S.L.

Gustave **Doré**
Lac en Écosse (peinture)

Lauros

DORIENS, peuple indo-européen, qui envahit la Grèce à la fin du IIe millénaire av. J.-C. Apparentés aux Achéens, qu'ils refoulèrent, les Doriens envahirent la Thessalie, le Péloponnèse, la Crète, les Cyclades, et colonisèrent le sud-ouest de l'Asie Mineure. L'organisation sociale des Doriens était un type de société guerrière, dont la Sparte de l'âge classique donne une idée approchante.

DORIOT (Jacques), homme politique français, né à Bresles (Oise) [1898-1945]. Exclu du parti communiste (1934), il fonda en 1936 le parti populaire français (P.P.F.), d'orientation fasciste. Pendant l'Occupation, il collabora avec l'Allemagne et dirigea la Légion des volontaires français sur le front de l'Est.

DORIS. *Myth. gr.* Fille d'Océanos et de Téthys. Elle épousa Nérée, dont elle eut cinquante filles, les Néréides.

DORMANS (51700), ch.-l. de c. de la Marne, sur la Marne ; 2 975 h. Chapelle commémorant les deux victoires de la Marne (1914 et 1918).

DORNES (58390), ch.-l. de c. de la Nièvre ; 1 295 h.

DORNIER (Claudius), industriel allemand, né à Kempten (1884-1969). Il réalisa de nombreux prototypes d'avions et d'hydravions.

DOROTHÉE (sainte), vierge et martyre à la fin du IIIe s., à Césarée de Cappadoce.

DORPAT → TARTOU.

DORSALE GUINÉENNE, hauteurs de l'Afrique occidentale prolongeant vers le sud-est le Fouta-Djalon. Importants gisements de fer, de bauxite et de diamants.

DORSALE TUNISIENNE, montagnes de la Tunisie, orientées du sud-ouest au nord-est.

DORSET, comté d'Angleterre, sur la Manche. Ch.-l. *Dorchester*.

DORTMUND, v. d'Allemagne fédérale (Rhénanie-du-Nord-Westphalie) ; 642 000 h. Port fluvial. Centre industriel. — Le *canal Dortmund-Ems* (280 km) relie la Ruhr à la mer du Nord.

DORVAL, v. du Canada (Québec), au sud-ouest de Montréal ; 19 131 h. Aéroport.

DORVAL (Marie), actrice française, née à

Lorient (1798-1849). Elle interpréta les héroïnes romantiques et fut aimée d'A. de Vigny.

DORYLÉE, v. d'Asie Mineure, en Phrygie. Victoire de Godefroi de Bouillon (1097).

DOS PASSOS (John), écrivain américain, né à Chicago (1896-1970), auteur de récits qui, par la juxtaposition d'écritures diverses (reportage, poésie, chansons à la mode, etc.), cherchent à donner une peinture totale et critique de la société américaine (*Manhattan Transfer, la Grosse Galette*).

DOSSO DOSSI (Giovanni LUTERI, dit), peintre italien de l'école de Ferrare (v. 1490-1542), auteur de compositions religieuses ou mythologiques d'un maniérisme imaginatif.

DOSTOÏEVSKI (Fedor Mikhaïlovitch), écrivain russe, né à Moscou (1821-1881). Fils d'un père tyrannique qui sera assassiné par ses paysans, il est encouragé dans la voie de la littérature (*les Pauvres Gens*) par Nekrassov et Belinski, mais ses premiers échecs (*le Double, la Logeuse, Netotchka Nezvanov*) le poussent vers les cercles politiques libéraux. Condamné à mort et gracié sur l'échafaud, il est déporté en Sibérie. Cette épreuve (*Souvenirs de la maison des morts*), jointe à l'instabilité de sa vie après son retour du bagne (ses mariages, ses crises d'épilepsie, la mort de sa fille, sa passion du jeu), lui fait voir dans la souffrance et l'humiliation la raison même de l'existence (*Mémoires écrits dans un souterrain, Humiliés et offensés, Crime* et châtiment, l'Idiot*, les Démons, l'Adolescent*), qui ne peut trouver son équilibre, sur le plan individuel, que dans la charité (*les Frères* Karamazov*) et, sur le plan collectif, dans la synthèse des cultures orientale et occidentale réalisée par le peuple russe (*Journal d'un écrivain*).

DOU (Gérard), peintre hollandais, né à Leyde (1613-1675). Élève de Rembrandt, il pratiqua la peinture de genre d'une facture lisse et froide, d'une minutie extrême.

DOUAI (59500), ch.-l. d'arr. du Nord, sur la Scarpe ; 47 570 h. (*Douaisiens*). Cour d'appel. École technique des mines. Beffroi des XIVe-XVe s. Musée dans l'anc. chartreuse. Métallurgie. Chimie. Imprimerie.

DOUALA, port et principale ville du Cameroun, sur l'estuaire du Wouri ; 250 000 h.

DOUARNENEZ (29100), ch.-l. de c. du Finistère, sur la *baie de Douarnenez* ; 19 311 h. (*Douarnenistes*). Pêche. Conserves.

DOUAUMONT (55100 Verdun), comm. de la

Meuse, sur les Hauts de Meuse ; 8 h. Le fort (388 m) fut, en 1916, un des hauts lieux de la bataille de Verdun. Ossuaire réalisé en 1932 et contenant les restes d'env. 300 000 soldats français tombés à Verdun.

DOUBLE (la), région boisée de la Dordogne, entre les vallées de l'Isle et de la Dronne.

Double Inconstance (la), comédie de Marivaux (1723).

DOUBS (le), riv. de France et de Suisse, affl. de la Saône (r. g.) ; 430 km. Né dans le Jura français, le Doubs traverse les lacs de Saint-Point et de Chaillexon (d'où il sort par le *saut du Doubs*) et passe en Suisse avant de traverser Besançon et Dole.

DOUBS (dép. du) [25], dép. de la Région Franche-Comté, à la frontière de la Suisse ; ch.-l. de dép. *Besançon* ; ch.-l. d'arr. *Montbéliard* et *Pontarlier* ; 3 arr., 31 cant., 587 comm. ; 5 228 km² ; 471 082 h. (*Doubistes*). Le dép. est rattaché à l'académie, à la circonscription judiciaire et à la province ecclésiastique de Besançon, à la région militaire de Metz. Il s'étend sur le Jura central et septentrional (plissé à l'est, tabulaire à l'ouest), voué à l'élevage bovin (fromages) et à l'exploitation forestière et qui domine les collines d'entre Doubs et Ognon, région de polyculture, et la porte d'Alsace. L'industrie est très développée, représentée surtout par la métallurgie de transformation (automobiles à Sochaux, dans l'agglomération de Montbéliard) et l'horlogerie (Besançon).

DOUCHANBE ou **DIOUCHAMBE,** de 1929 à 1961 **Stalinabad,** v. de l'U.R.S.S., cap. du Tadjikistan ; 460 000 h.

DOUCHY-LES-MINES (59282), comm. du Nord ; 11 121 h.

DOUDART DE LAGRÉE (Ernest), officier de marine français, né à Saint-Vincent-de-Mercuze (Isère) [1823-1868]. Il reconnut le cours du Mékong.

DOUDEVILLE (76560), ch.-l. de c. de la Seine-Maritime ; 2 173 h.

DOUÉ-LA-FONTAINE (49700), ch.-l. de c. de Maine-et-Loire ; 6 501 h. Vestiges d'une résidence carolingienne ; ruines d'une collégiale de la fin du XIIe s. ; arènes taillées dans la roche. Combats pendant la guerre de Vendée.

DOUGGA, village de Tunisie septentrionale, près de Téboursouk. Nombreux vestiges de l'antique cité de *Thugga*.

DOUGLAS, ch.-l. de l'île de Man ; 19 000 h.

DOUGLAS, famille d'Écosse qui a joué un rôle aux XIVe et XVe s. Elle est fameuse par sa résistance aux Anglais et sa rivalité avec les Stuarts.

DOUGLAS-HOME (sir Alexander Frederick), homme politique britannique, né à Londres en 1903. Premier ministre (1963-64), président du parti conservateur de 1963 à 1965, il fut ministre des Affaires étrangères en 1970.

DOUGLAS POINT, du Canada (Ontario), sur le lac Huron. Centrale nucléaire.

DOUGLASS (Frederick), abolitionniste américain, né à Tuckahoe (Maryland) [v. 1817-1895]. Ancien esclave noir, il mena une active campagne antiesclavagiste.

DOUKAS, famille byzantine qui a fourni à l'empire d'Orient les empereurs Constantin X (1059-1067), Michel VII (1071-1078) et Alexis V (1204).

DOULAINCOURT-SAUCOURT (52270), ch.-l. de c. de la Haute-Marne ; 1 271 h.

DOULLENS [dulᾶ] (80600), ch.-l. de c. de la Somme, sur l'Authie ; 8 520 h. (*Doullennais*). Monuments anciens. Papeterie-cartonnerie. Articles pour enfants. Siège le 26 mars 1918 de la conférence franco-anglaise où le commandement unique fut confié à Foch.

DOUMER (Paul), homme d'État et administrateur français, né à Aurillac (1857-1932). Gouverneur général de l'Indochine de 1897 à 1902, plusieurs fois (1895-96, 1921-22, 1925-26) ministre des Finances, président du Sénat en 1927 et président de la République en 1931, il fut assassiné à Paris.

DOUMERGUE (Gaston), homme d'État français,

né à Aigues-Vives (Gard) [1863-1937]. Député, puis sénateur radical-socialiste, il assuma divers ministères avant d'être président du Conseil (1913-14), du Sénat (1923) et président de la République (de 1924 à 1931). Rappelé au lendemain du 6 février 1934, il constitua un gouvernement d'« Union nationale », qui démissionna dès le 8 nov. 1934.

DOUR, comm. de Belgique (Hainaut); 18 100 h.

DOURA-EUROPOS, v. de Mésopotamie, sur l'Euphrate (Syrie), fondée au IIIe s. av. J.-C., fortifiée par les Séleucides. Vestiges antiques. Synagogue et maison chrétienne avec baptistère, ornées de fresques du IIIe s.

DOURBIE (la), riv. du Massif central, affl. du Tarn (r. g.); 80 km.

DOURDAN (91410), ch.-l. de c. de l'Essonne; 7 487 h. (Dourdannais). Anc. place forte. Donjon du XIIIe s. Forêt.

DOURGES (62119), comm. du Pas-de-Calais; 5 402 h.

DOURGNE (81110), ch.-l. de c. du Tarn; 1 284 h.

DOURO (le), en esp. **Duero,** fl. d'Espagne et du Portugal, né en Vieille-Castille, qui rejoint l'Atlantique près de Porto; 850 km. Gorges pittoresques. Installations hydroélectriques.

DOUR-SHARROUKÊN → KHURSABAD.

DOUVAINE (74140), ch.-l. de c. de la Haute-Savoie; 2 279 h.

D'où venons-nous? Que sommes-nous? Où allons-nous?, grande toile tahitienne de Gauguin, conçue par celui-ci comme son testament d'artiste (1897, musée de Boston).

DOUVRES, en angl. **Dover,** v. d'Angleterre (Kent), sur le pas de Calais, au pied de grandes falaises de craie; 35 000 h. Port de voyageurs.

DOUVRES-LA-DÉLIVRANDE (14440), ch.-l. de c. du Calvados; 2 665 h. Pèlerinage.

DOUVRIN (62138 Haisnes), comm. du Pas-de-Calais; 4 742 h. Industrie automobile.

DOUZE (la), riv. du bassin d'Aquitaine; 110 km.

À Mont-de-Marsan, elle s'unit au Midou et forme la Midouze.

Douze Tables (loi des), première législation écrite des Romains (v. 451 av. J.-C.), inscrite sur douze tables de bronze.

DOVJENKO (Aleksandr Petrovitch), cinéaste soviétique, né à Sosnitsa (Ukraine) [1894-1956], auteur de Zvenigora (1927), Arsenal (1929), la Terre (1930), Aerograd (1935), Chtchors (1939).

DOWDING (sir Hugh), maréchal de l'air britannique, né à Moffat (Écosse) [1882-1970]. Il commanda la chasse britannique durant la bataille d'Angleterre (1940).

DOWLAND (John), luthiste et compositeur anglais (v. 1563-1626).

Downing Street, rue de Londres où se trouve l'hôtel du Premier ministre.

DOWNS, lignes de coteaux calcaires de la partie méridionale du bassin de Londres, qui encadrent la dépression humide du Weald.

DOYLE (sir Arthur CONAN), écrivain britannique, né à Édimbourg (1859-1930). Ses romans policiers ont pour héros Sherlock Holmes, type du détective amateur.

DOZULÉ (14430), ch.-l. de c. du Calvados; 1 309 h.

DRAA ou **DRA** (oued), fl. de l'Afrique du Nord-Ouest, né dans le Haut Atlas; 1 000 km env. Il est jalonné de nombreuses oasis.

DRAC (le), torrent des Alpes, qui se jette dans l'Isère (r. g.); 150 km. Installations hydroélectriques.

DRACH (Jules), mathématicien français, né à Sainte-Marie-aux-Mines (1871-1949).

DRACHMANN (Holger), écrivain danois, né à Copenhague (1846-1908), d'inspiration tour à tour sociale et romantique (Pacte avec le diable).

DRACON, législateur d'Athènes (VIIe s. av. J.-C.). Le code qu'il rédigea v. 621 av. J.-C. est resté célèbre par sa sévérité.

DRAGUIGNAN (83300), ch.-l. d'arr. du Var, près

de la Nartuby, affl. de l'Argens; 22 406 h. (Dracenois). Restes de fortifications (porte Aiguière, XIIIe s.). La ville fut le ch.-l. du Var de 1797 à 1974. École d'application d'artillerie depuis 1976.

DRAIS (Karl Friedrich), baron **von Sauerbronn,** ingénieur badois, né à Karlsruhe (1785-1851). Il imagina la draisienne (1816), ancêtre de la bicyclette.

DRAKE (détroit de), détroit séparant la Terre de Feu de l'Antarctique et reliant l'Atlantique au Pacifique.

DRAKE (sir Francis), marin anglais, né près de Tavistock (v. 1540-1596). Il lutta avec succès contre les Espagnols, détruisant leur flotte à Cadix (1587), prit une part importante à la défaite de l'Invincible Armada (1588) et fut en faveur auprès d'Élisabeth Ire.

DRAKE (Edwin Laurentine, dit **le Colonel**), pionnier américain, né à Greenville (1819-1880). Il réalisa la première exploitation industrielle du pétrole (1859) à Titusville (Pennsylvanie).

DRAKENSBERG, grand escarpement de l'Afrique du Sud, au-dessus de l'océan Indien; 3 482 m.

Dramaturgie de Hambourg (la), recueil d'articles de critique dramatique, par Lessing (1768). L'auteur critique le théâtre classique français et recommande l'imitation de Shakespeare.

Harvard College Observatory

Henry **Draper**

DRANCY (93700), ch.-l. de c. de la Seine-Saint-Denis, au nord-est de Paris; 64 494 h. (Drancéens). Constructions mécaniques. Camp de prisonniers politiques de 1941 à 1944.

DRANEM (Armand MÉNARD, dit), artiste de café-concert français, né à Paris (1869-1935), fondateur de la maison de retraite des artistes lyriques.

Drapeau rouge (ordre du), ordre militaire soviétique créé en 1918.

DRAPER (Henry), astronome américain, né dans le Prince Edward County (Virginie) [1837-1882]. Il fut le premier à photographier des spectres d'étoiles. Son nom reste attaché au catalogue fondamental des spectres stellaires.

DRAVE (la), riv. née dans les Alpes italiennes, affl. du Danube (r. dr.); 707 km. Elle coule en Autriche et sépare la Hongrie de la Yougoslavie après y avoir reçu la Mur.

DRAVEIL (91210), ch.-l. de c. de l'Essonne; 28 900 h.

DRAVIDIENS, groupe de populations de l'Inde et du Sri Lanka.

DRAYTON (Michael), poète anglais, né à Hartshill (Warwickshire) [1563-1631], auteur de poèmes lyriques et historiques (« Ballade d'Azincourt ») et d'une géographie poétique de l'Angleterre (Poly-Olbion).

DRDA (Jan), écrivain tchèque, né à Príbram (1915-1970), auteur de comédies et de nouvelles d'inspiration patriotique et sociale.

DREES (Willem), homme politique néerlandais, né à Amsterdam en 1886. Chef du parti socialiste, il dirigea le gouvernement de 1948 à 1958.

DREISER (Theodore), écrivain américain, né à Terre Haute (Indiana) [1871-1945], initiateur du naturalisme américain (Sœur Carrie, Jennie Gerhardt, Une tragédie américaine).

DRENTHE, prov. du nord-est des Pays-Bas; 2 647 km²; 410 000 h. Ch.-l. Assen.

DOUBS

[Carte géographique du département du Doubs montrant Montbéliard, Besançon, Pontarlier, la Haute-Saône, le Jura et la frontière avec la Suisse]

chef-lieu de département ◇
chef-lieu d'arrondissement ○
chef-lieu de canton
limite d'arrondissement
limite de canton
●●● localités classées selon leur population

0 km 10 km 20

courbes : 300 600 900 1200 m

DREPANUM, v. et promontoire de Sicile, où le consul Claudius Pulcher fut vaincu par Adherbal en 249 av. J.-C. (Auj. *Trapani.*)

DRESDE, en allem. **Dresden,** v. de l'Allemagne démocratique, anc. cap. de la Saxe, sur l'Elbe; 505 000 h. Palais baroque du Zwinger (restauré). *Gemäldegalerie,* l'un des plus riches musées d'Europe. Centre industriel. Victoire de Napoléon en 1813. La ville, devenue une métropole culturelle et artistique au XVIIIᵉ s., grâce aux Électeurs de Saxe, fut détruite en février 1945 par les bombardements aériens alliés.

DREUX (28100), ch.-l. d'arr. d'Eure-et-Loir, sur

X (coll. J.-L. Passek)

scène de *la Passion de Jeanne d'Arc* (1928) de Carl **Dreyer**

Alfred **Dreyfus**

Harlingue-Roger-Viollet

J. Guillard-Scope

Dresde : le palais du Zwinger

l'Assemblée générale des Nations unies en vue de proclamer les droits fondamentaux de l'humanité.

droits de l'homme et du citoyen (*Déclaration des*), déclaration, en 17 articles précédés d'un préambule, votée par l'Assemblée constituante le 26 août 1789, et qui servit de préface à la Constitution de 1791. Les principes qu'elle affirme, appelés parfois «principes de 1789», sont : égalité politique et sociale de tous les citoyens; respect de la propriété; souveraineté de la nation; admissibilité de tous les citoyens aux emplois publics; obligation imposée à chaque homme d'obéir à la loi, expression de la volonté générale; respect des opinions et des croyances; liberté de la parole et de la presse;

la Blaise, affl. de l'Eure; 34 025 h. (*Drouais*). Église des XIIIᵉ-XVIᵉ s. Beffroi du XVIᵉ s. Chapelle royale St-Louis (1816), sépulture de la famille d'Orléans depuis Louis-Philippe. Constructions électriques et mécaniques. Chimie.

DREUX-BRÉZÉ (Henri Évrard, *marquis* DE), gentilhomme français, né à Paris (1762-1829). Il fut chargé de congédier le tiers état lors de la séance du 23 juin 1789.

DREYER (Johan), astronome danois, né à Copenhague (1852-1926). On lui doit un catalogue (1888) donnant la position de quelque 10 000 nébuleuses observées visuellement.

DREYER (Carl), metteur en scène danois, né à Copenhague (1889-1968). Il est l'auteur d'œuvres d'inspiration mystique, imprégnées de rigorisme protestant : *la Passion de Jeanne d'Arc* (1928), *Vampyr* (1931), *Dies irae* (1943), *Ordet* (1954), *Gertrud* (1964).

DREYFUS (Alfred), officier français, né à Mulhouse (1859-1935). De confession israélite, accusé et condamné à tort pour espionnage (1894), il fut gracié (1899) et réhabilité (1906) après une campagne de révision (1897-1899) qui déchaîna les passions politiques et religieuses et divisa la France en deux camps : les dreyfusards, antimilitaristes et anticléricaux, groupés autour de la Ligue des droits de l'homme; les antidreyfusards, antisémites, militaristes et cléricaux, groupés autour de la Ligue de la patrie française puis du comité de l'Action française. L'*Affaire Dreyfus* poussa au pouvoir le Bloc des gauches.

DRIANT (Émile), officier et écrivain français, né à Neufchâtel-sur-Aisne (1855-1916). Gendre du général Boulanger, il fut tué au bois des Caures au début de la bataille de Verdun.

DRIESCH (Hans), philosophe et biologiste allemand, né à Bad Kreuznach (1867-1941), auteur d'une théorie néovitaliste.

DRIEU LA ROCHELLE (Pierre), écrivain français, né à Paris (1893-1945). Romancier (*Gilles*), influencé par le fascisme, il fut directeur, sous l'occupation allemande, de la *Nouvelle Revue française*. Il se suicida.

DROCOURT (62320 Rouvroy), comm. du Pas-de-Calais; 3 035 h. Cokerie. Chimie.

DROGHEDA, en irland. **Droichead Átha,** port de la république d'Irlande; 17 000 h. Assiégé et mis à sac par Cromwell (1649).

droits (*Déclaration des*) [*Bill of Rights*], texte constitutionnel anglais de 1689, voté par le Parlement-Convention à l'encontre des visées absolutistes de Jacques II, roi catholique.

droits de l'homme (*Déclaration internationale des*), texte adopté le 10 décembre 1948 par

DRÔME

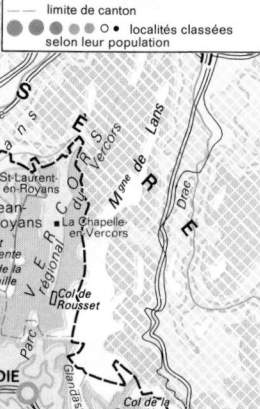

répartition équitable des impôts consentis librement par les représentants du pays.

DRÔME (la), riv. de France, affl. du Rhône (r. g.); 110 km. Elle naît dans les Alpes et passe à Die.

DRÔME (dép. de la) [26], dép. de la Région Rhône-Alpes; ch.-l. de dép. *Valence;* ch.-l. d'arr. *Die, Nyons;* 3 arr., 35 cant., 371 comm.; 6 525 km²; 361 847 h. *(Drômois).* Le dép. est rattaché à l'académie et à la circonscription judiciaire de Grenoble, à la région militaire de Lyon et à la province ecclésiastique d'Avignon. Il s'étend à l'est sur les massifs préalpins (Vercors, voué à l'élevage bovin; Diois, domaine de l'élevage ovin; Baronnies, où apparaissent des cultures fruitières) et à l'ouest sur les plaines du Rhône moyen, consacrées aux cultures maraîchères et fruitières et à la vigne. L'industrie est représentée par les constructions mécaniques et les textiles artificiels, le travail du cuir, les produits alimentaires, les centrales nucléaires de Pierrelatte et du Tricastin et les aménagements hydroélectriques sur le Rhône (Gervans, Bourg-lès-Valence, le Logis-Neuf, Châteauneuf-du-Rhône).

DRONNE (la), riv. du Périgord, affl. de l'Isle (r. dr.); 189 km.

DROPT [dro] (le), riv. d'Aquitaine, affl. de la Garonne (r. dr.); 125 km.

DROSTE-HÜLSHOFF (Annette, *baronne* VON), femme de lettres allemande, née à Hülshoff, près de Münster (1797-1848), auteur de poésies épiques ou d'inspiration religieuse.

DROUAIS, famille de peintres français. HUBERT, né à Saint-Samson-la-Roque (Eure) [1699-1767], fut portraitiste et miniaturiste. — Son fils FRANÇOIS HUBERT, né à Paris (1727-1775), transpose dans le portrait les grâces d'un Boucher. — GERMAIN JEAN, né à Paris (1763-1788), fils du précédent, fut le premier des élèves de David.

DROUÉ (41270), ch.-l. de c. de Loir-et-Cher; 1 291 h.

DROUET (Jean-Baptiste), homme politique français, né à Sainte-Menehould (1763-1824). Fils du maître de poste de Sainte-Menehould, il reconnut Louis XVI lors de sa fuite et le fit arrêter à Varennes. Il fut membre de la Convention, puis du Conseil des Cinq-Cents.

DROUET (Jean-Baptiste), **comte d'Erlon,** maréchal de France, né à Reims (1765-1844). Il commanda le 1er corps à Waterloo et fut gouverneur de l'Algérie en 1834-35.

DROUET (Julienne GAUVIN, dite **Juliette**), actrice française, née à Fougères (1806-1883), compagne de Victor Hugo à partir de 1833.

DROUOT (Antoine, *comte*), général français, né à Nancy (1774-1847). Figure légendaire, surnommé *le Sage de la Grande Armée,* il accompagna Napoléon à l'île d'Elbe.

DRU (aiguille du), sommet des Alpes, dans le massif du Mont-Blanc; 3 754 m.

DRULINGEN (67320), ch.-l. de c. du Bas-Rhin; 1 217 h.

DRUMEV (Vasil), prélat et écrivain bulgare, métropolite de Tărnovo sous le nom de **Clément,** né à Šumen (v. 1838-1901). Auteur d'un drame historique *(Ivanko),* il joua un rôle important dans le parti russophile.

DRUMMONDVILLE, v. du Canada (Québec), sur le Saint-François; 29 286 h.

DRUMONT (Édouard), homme politique et journaliste français, né à Paris (1844-1917). Antisémite, il se fit connaître par un violent pamphlet, *la France juive* (1886); dans le même esprit, il fonda *la Libre Parole* (1892-1910), journal qui joua un rôle prépondérant dans le lancement de l'Affaire Dreyfus.

DRUON (Maurice), écrivain français, né à Paris en 1918. Il a été ministre des Affaires culturelles de 1972 à 1974. (Acad. fr.)

DRUSES → DRUZES.

DRUSUS (Marcus Livius) → LIVIUS DRUSUS.

DRUSUS (Nero Claudius), frère cadet de Tibère (38-9 av. J.-C.), gendre de Marc Antoine et père de Germanicus. Il acheva la conquête des pays alpins et envahit la Germanie.

DRUZE (djebel), massif volcanique du sud de la Syrie, aux confins de la Jordanie; 1799 m.

DRUZES ou **DRUSES,** population du Proche-Orient (Liban, Syrie, Israël), qui pratique depuis le XIe s. une religion initiatique issue du chi'isme ismaélien des Fatimides. Responsables du massacre des maronites en 1840-1842 et 1860, les Druzes durent se replier sur le Hauran (1862). Les Français réduisirent leur révolte en 1925-26.

Alexander **Dubček**

Dublin

DRYDEN (John), écrivain anglais, né à Aldwinkle (1631-1700). Principal représentant de l'esprit classique, il est l'auteur de tragédies, de satires politiques *(Absalon et Achitophel),* de *Fables* et de poèmes.

D.S.T., sigle de *Direction de la surveillance du territoire.*

DUBAIL (Augustin), général français, né à Belfort (1851-1934). Il commanda le groupe des armées de l'Est (1915-16) et fut grand chancelier de la Légion d'honneur (1918-1934).

DUBAN (Jacques), architecte français, né à Paris (1797-1870). Il fit une carrière officielle tant de restaurateur que de constructeur (École des beaux-arts de Paris, intégrant des vestiges de divers monuments détruits).

DU BARRY → BARRY (du).

DUBAYY ou **DIBAY,** l'un des Émirats arabes unis, sur le golfe Persique; 207 000 h. Cap. *Dubayy* (ou *Dibay).* Pétrole.

DUBČEK (Alexander), homme politique tchécoslovaque, né à Uhrovec (Slovaquie) en 1921. Premier secrétaire du parti communiste tchécoslovaque (janv. 1968), il prit la tête d'un vaste mouvement de libéralisation du régime, appelé le «printemps de Prague»; mais il dut s'incliner devant l'intervention militaire soviétique (août), avant d'être éliminé de la scène politique.

DÜBENDORF, comm. de Suisse (canton de Zurich); 19 639 h. Aéroport militaire.

DUBLIN, en irland. **Baile Átha Cliath,** cap. de la république d'Irlande; 700 000 h. (dans l'agglomération, qui regroupe le quart de la population du pays). Port sur la mer d'Irlande. Musées.

DUBOIS (Guillaume), cardinal et homme politique français, né à Brive-la-Gaillarde (1656-1723). Ministre des Affaires étrangères (1718), archevêque de Cambrai (1720), cardinal et Premier ministre (1722), il assura la paix à la France en réalisant la Quadruple-Alliance (1717). [Acad. fr.]

DU BOIS (William Edward BURGHARDT), sociologue et homme politique américain, né à Great Barrington (Massachusetts) [1869-1963]. Il prit la défense des Noirs aux États-Unis et fut l'un des fondateurs du panafricanisme.

DUBOIS DE CRANCÉ ou **DUBOIS-CRANCÉ** (Edmond Louis Alexis), général et homme politique français, né à Charleville (1747-1814). Il réforma le régime militaire français en 1793, en appliquant le principe de l'amalgame.

DU BOIS-REYMOND (Emil), physiologiste allemand d'origine suisse, né à Berlin (1818-1896), précurseur de l'électrophysiologie.

DUBOS ou **DU BOS** (Jean-Baptiste, *abbé*), historien et diplomate français, né à Beauvais (1670-1742), auteur de *Réflexions critiques sur la poésie et la peinture.* (Acad. fr.)

DU BOS [-bɔs] (Charles), écrivain français, né à Paris (1882-1939). Auteur d'essais critiques *(Approximations)* et d'un *Journal,* il correspondit avec André Gide.

Dubuffet : *le Train de pendules* (détail) cycle de « l'Hourloupe », 1965

DU BOURG (Anne), magistrat français, né à Riom (1521-1559), conseiller au parlement de Paris, brûlé comme hérétique pour avoir recommandé la clémence envers les protestants.

DUBOUT (Albert), dessinateur humoriste français, né à Marseille (1905-1976). Ses scènes à nombreux personnages sont animées avec cocasserie. Il a illustré Rabelais et Villon.

DUBREUIL (Hyacinthe), économiste français, né à Bérou-la-Mulotière (Eure-et-Loir) [1883-1971]. Il étudia les problèmes du travail.

DUBROVNIK, anc. **Raguse,** port de Yougoslavie (Croatie); 26 000 h. Centre touristique sur la côte dalmate. Nombreux monuments, de l'époque préromane au baroque. La riche république de Raguse, soumise à la suzeraineté de Venise, hongroise en 1358, se plaça en 1526 sous la protection du Sultan; elle connut jusqu'au tremblement de terre de 1667 une intense activité commerciale et culturelle. De 1815 à 1919, Raguse fut autrichienne.

DUBUFFET (Jean), peintre, sculpteur et écrivain français, né au Havre en 1901. Théoricien de l'*art brut,* il s'est inspiré des graffiti et du dessin d'enfants, et a réalisé des textures matiéristes à l'aide de graviers, mastic, goudron, avant d'en venir à la veine plus froide du cycle de l'«Hourloupe» (1962-1974).

DUBY (Georges), historien français, né à Paris en 1919. Titulaire, depuis 1970, de la chaire d'histoire des sociétés médiévales au Collège de France, il a approfondi l'étude des civilisations.

Mayer

Duchamp
*Nu descendant
un escalier*
(1912)

Lauros-Giraudon

Duchamp-Villon
le Cheval (bronze, 1914)

Giraudon

Raoul **Dufy**
Régates
(1938)

DU CAMP (Maxime), écrivain français, né à Paris (1822-1894), auteur de récits de voyages, de romans, de recueils de souvenirs. Il fut l'ami de Flaubert. (Acad. fr.)

DU CANGE (Charles DU FRESNE, *seigneur*) → CANGE *(du).*

DU CAURROY (Eustache), compositeur français, né à Beaurevoir, près de Beauvais (1549-1609), sous-maître de la Chapelle du roi, auteur d'œuvres polyphoniques, de chansons mesurées, de fantaisies instrumentales.

DUCCIO → AGOSTINO DI DUCCIO.

DUCCIO di Buoninsegna, peintre italien, né à Sienne (autour de 1255-1318 ou 1319). Son chef-d'œuvre est le grand retable de la Vierge (*Maestà*) de la cathédrale de Sienne, où il s'affranchit de la tradition byzantine (1308-1311).

DU CERCEAU (Jacques Ier ANDROUET), architecte, théoricien et graveur français, sans doute né à Paris (v. 1510 - v. 1585). Représentant d'une seconde Renaissance encore pleine de fantaisie, baroquisante, il eut une grande influence par ses publications (dont les *Plus Excellents Bâtiments de France,* 1576-1579), par son œuvre bâtie (château neuf de Verneuil-en-Halatte, auj. détruit), ainsi qu'au travers des réalisations de ses nombreux descendants et de son petit-neveu par alliance Salomon de Brosse.

DUCEY (50220), ch.-l. de c. de la Manche; 2 079 h.

DUCHAMP (Marcel), peintre français, né à Blainville (1887-1968). Il côtoie le futurisme avec son *Nu descendant un escalier* (1912), puis s'écarte de la peinture, vers 1913-1915, avec les premiers « ready-mades », objets usuels ironiquement promus œuvres d'art. À New York, à partir de 1915, il est un des précurseurs du dada, courant auquel se rattache son œuvre la plus riche et étrange, à l'élaboration la plus complexe, *la Mariée mise à nu par ses célibataires, même,* réalisée sur panneau de verre (1915-1923, musée de Philadelphie). Le pop art, le happening, l'art conceptuel ont fait de fréquents emprunts aux pratiques et aux attitudes de Duchamp.

DUCHAMP-VILLON (Raymond), sculpteur français, né à Damville (1876-1918), frère de Marcel Duchamp et de Jacques Villon. Il côtoie le cubisme et le futurisme concourent à l'élaboration de son *Cheval* (1914).

DUCHARME (Réjean), écrivain canadien d'expression française, né à Saint-Félix-de-Valois (Québec) en 1941, auteur de romans dont les ruptures de style cherchent à mimer la diversité du réel (*l'Avalée des avalés, l'Océantume).*

DUCHÂTEL ou **DU CHASTEL** (Tanneguy), homme de guerre breton, né à Trémazan (v. 1368 - v. 1458), un des chefs des Armagnacs et peut-être le meurtrier de Jean sans Peur.

DUCHENNE de Boulogne (Guillaume), médecin français, né à Boulogne-sur-Mer (1806-1875), auteur de travaux sur les maladies neurologiques.

Duchés (*guerres des*), conflits qui, en 1848 puis en 1864, opposèrent le Danemark à la Confédération germanique pour la possession des duchés de Slesvig, de Holstein et de Lauenburg. Vaincu en 1864 par la Prusse et l'Autriche, le Danemark dut céder à ces puissances l'administration des duchés (1865).

Duchesne ou **Duchêne** (*le Père*), journal politique rédigé par Hébert durant la Révolution et caractérisé par la violence du ton et des idées. Deux journaux reprirent ce titre en 1848 et en 1871.

DUCHESNE (Louis), prélat et érudit français, né à Saint-Servan (1843-1922). Professeur à l'Institut catholique de Paris, puis (1895) directeur de l'École française de Rome, il est l'auteur d'études qui ont renouvelé l'hagiographie et l'histoire ancienne de l'Église. (Acad. fr.)

DUCIS (Jean-François), poète français, né à Versailles (1733-1816). Il traduisit les drames de Shakespeare en les soumettant aux règles de la tragédie classique.

DUCLAIR (76480), ch.-l. de c. de la Seine-Maritime; 2 977 h.

DUCLAUX (Émile), biochimiste français, né à Aurillac (1840-1904). Successeur de Pasteur, il étudia les fermentations et les maladies microbiennes.

DUCLOS (Charles PINOT), écrivain français, né à Dinan (1704-1772). Auteur de romans et d'essais (*Considérations sur les mœurs de ce siècle*), il fut secrétaire perpétuel de l'Académie française, favorable au parti philosophique.

DUCLOS (Jacques), homme politique français, né à Louey (Hautes-Pyrénées) [1896-1975]. Il fut, dès 1926, l'un des dirigeants du parti communiste français. En 1969, il fut candidat à la présidence de la République.

DUCOS (97224), ch.-l. de c. de la Martinique; 6 963 h.

DUCOS (Roger), Conventionnel montagnard, né à Dax (1747-1816), membre du Directoire et consul provisoire après le 18-Brumaire.

DUCOS DU HAURON (Louis), physicien français, né à Langon (1837-1920), premier réalisateur mondial de la photographie en couleurs.

DUCRAY-DUMINIL (François Guillaume), écrivain français, né à Paris (1761-1819), auteur de romans populaires qui fournirent la matière de nombreux mélodrames.

DUCRETET (Eugène), industriel et inventeur français, né à Paris (1844-1915). Il conçut et réalisa le premier dispositif français de télégraphie sans fil de réalisation pratique (1897).

DUCROT (Auguste), général français, né à Nevers (1817-1882). Il se distingua à Frœschwiller et pendant le siège de Paris (1870-71).

DUDELANGE, v. du sud du Luxembourg; 15 000 h. Sidérurgie.

DUDLEY (John), *comte* de Warwick, *duc* de Northumberland, grand maréchal d'Angleterre (v. 1502-1553). Beau-père de Jeanne Grey, il prit un grand ascendant sur Édouard VI, orientant l'Église anglaise vers le protestantisme; il fut exécuté à l'avènement de Marie Tudor.

DUDLEY (Robert) → LEICESTER.

DUFAURE (Jules Armand), homme politique français, né à Saujon (1798-1881), ministre de la Justice, président du Conseil (1876, 1877-1879). [Acad. fr.]

DUFAY (Guillaume), compositeur de l'école franco-flamande, né à Soignies? (v. 1398-1474). On lui doit des messes, des motets, des chansons.

DU FAY (Charles François de CISTERNAY), physicien français, né à Paris (1698-1739). Il reconnut deux types d'électricité.

DUFFEL, comm. de Belgique (prov. d'Anvers); 14 300 h.

DUFOUR (Guillaume Henri), général suisse, né à Constance (1787-1875). Il réduisit avec habileté la révolte des cantons catholiques du Sonderbund (1847).

DUFY (Raoul), peintre et décorateur français, né au Havre (1877-1953). Coloriste apparenté au fauvisme, il est remarquable surtout par le charme elliptique de son dessin. (Musées du Havre, de Nice, de la Ville de Paris.)

DUGAS (Marcel Henri), écrivain canadien d'expression française, né à Saint-Jacques-de-l'Achigan (Québec) [1883-1947], auteur d'essais et de poèmes d'inspiration symboliste.

DUGHET (Gaspard), dit **le Guaspre Poussin,** peintre français, né à Rome (1615-1675). Beau-frère de Poussin, qu'il avait accueilli à Rome, il travailla tantôt sous l'influence de celui-ci, tantôt sous celle de Claude Lorrain.

DUGNY (93440), comm. de la Seine-Saint-Denis; 8 787 h.

DUGOMMIER (Jacques François COQUILLE, dit), général français, né à Basse-Terre (Guadeloupe) [1738-1794]. Député à la Convention, il commanda l'armée assiégeant Toulon (1793), mais fut tué en Catalogne.

DUGUAY-TROUIN (René), corsaire français, né à Saint-Malo (1673-1736). Il s'illustra pendant les guerres de Louis XIV contre les Anglais et les Hollandais. Il devint chef d'escadre en 1715 et lieutenant général en 1728.

DU GUESCLIN (Bertrand) → GUESCLIN *(du).*

DUGUIT (Léon), juriste français, né à Libourne (1859-1928), auteur, notamment, d'un *Traité de droit constitutionnel.* Son influence sur le droit public a été considérable.

Duguay-Trouin
par Mme Champion de Cernel

Paul **Dukas**

Dumouriez
par S. Rouillard

Charles **Dullin**   Alexandre **Dumas**   Jean-Baptiste **Dumas**   **Dumont d'Urville**   Henri **Dunant**

DUHAMEL (Georges), écrivain français, né à Paris (1884-1966), auteur de cycles romanesques : *Vie et aventures de Salavin, Chronique* des Pasquier*. (Acad. fr.)

DÜHRING (Eugen), philosophe et économiste allemand, né à Berlin (1833-1921). Disciple de Feuerbach, il est l'auteur d'une théorie matérialiste statique, à laquelle Engels s'est attaqué dans l'*Anti-Dühring* (1878).

DUILIUS (Caius), consul romain en 260 av. J.-C. Il remporta sur les Carthaginois, au large de la Sicile, la première victoire navale des Romains.

DUISBURG, v. d'Allemagne fédérale (Rhénanie-du-Nord-Westphalie), sur le Rhin ; 592 000 h. Grand port fluvial, débouché du bassin de la Ruhr et centre industriel.

DUJARDIN (Karel), peintre et graveur hollandais, né à Amsterdam (v. 1622-1678). Influencé par l'Italie, il est l'auteur de paysages lumineux, agrémentés de personnages et d'animaux.

DUJARDIN (Félix), naturaliste français, né à Tours (1801-1860). Il a décrit le cytoplasme cellulaire.

DUJARDIN (Albert), ingénieur français, né à Lille (1847-1903). Il a introduit en France (1902) la distribution par pistons-valves équilibrés pour machines à vapeur.

DUKAS (Paul), compositeur français, né à Paris (1865-1935), auteur de *l'Apprenti sorcier* (1897), *la Péri, Ariane et Barbe-Bleue*. C'est un des maîtres de l'orchestration.

Dulcinée, personnage du *Don Quichotte* de Cervantes, paysanne dont le héros fait la « dame de ses pensées ».

DULLES (John Foster), homme politique américain, né à Washington (1888-1959). Secrétaire d'État aux Affaires étrangères (1952-1959), il lutta contre l'influence soviétique, contribuant ainsi au développement de la « guerre froide ».

DULLIN (Charles), acteur et directeur de théâtre français, né à Yenne (Savoie) [1885-1949]. Fondateur du théâtre de l'Atelier, il a renouvelé l'interprétation des répertoires classique et moderne.

DULONG (Pierre Louis), physicien français, né à Rouen (1785-1838), auteur de travaux sur les chaleurs spécifiques et les dilatations.

DULUTH, v. des États-Unis (Minnesota), à l'extrémité ouest du lac Supérieur ; 101 000 h. Port actif (fer). Métallurgie.

DUMAS (Alexandre DAVY DE LA PAILLETERIE, dit), général français, né à Jérémie (Saint-Domingue) [1762-1806]. — ALEXANDRE **Dumas**, son fils, écrivain, né à Villers-Cotterêts (1802-1870). Aidé de plusieurs collaborateurs, il signa près de trois cents ouvrages et fut le plus populaire des écrivains de l'époque romantique avec ses drames (*Henri III et sa Cour, Antony, la Tour de Nesle, Kean*) et ses romans (*les Trois Mousquetaires, Vingt Ans après, le Vicomte de Bragelonne, le Comte de Monte-Cristo, la Reine Margot, la Dame de Monsoreau, les Quarante-Cinq*). — ALEXANDRE dit **Dumas fils,** fils naturel du précédent, né à Paris (1824-1895), se fit l'apôtre d'un « théâtre utile » d'inspiration sociale (*la Dame aux camélias, le Demi-Monde, la Question d'argent, le Fils naturel*). [Acad. fr.]

DUMAS (Jean-Baptiste), chimiste français, né à Alès (1800-1884). On lui doit la détermination de la masse atomique d'un grand nombre d'éléments, l'étude de l'alcool amylique, qui a donné naissance à la notion des fonctions chimiques. (Acad. fr.)

DUMAS (Georges), médecin et psychologue français, né à Lédignan (1866-1946). Élève de Th. Ribot, il s'intéressa à la vie affective et dirigea un *Traité de psychologie* qui contribua largement à la diffusion de cette science.

DU MERSAN (Théophile MARION), auteur dramatique et numismate français, né au château de Castelnau, près d'Issoudun (1780-1849), auteur de vaudevilles (*les Saltimbanques*).

DUMÉZIL (Georges), historien des religions, né à Paris en 1898, spécialiste de l'étude comparée des mythologies et de l'organisation sociale des peuples indo-européens (*l'Idéologie tripartite des Indo-Européens*, 1958 ; *Mythe et épopée*, 1968-1973). [Acad. fr.]

DUMON(S)TIER ou **DUMOU(S)TIER**, famille de peintres, miniaturistes et surtout dessinateurs portraitistes français des XVIe-XVIIe s.

DU MONT (Henry DE THIER, dit), compositeur et organiste wallon, né à Villers-l'Évêque, près de Liège (1610-1684). Maître de musique de la Chapelle royale, il fut l'un des créateurs du grand motet concertant.

DUMONT (René), agronome français, né à Cambrai en 1904, spécialiste des problèmes du développement.

DUMONT D'URVILLE (Jules), navigateur français, né à Condé-sur-Noireau (1790-1842). Après avoir exploré les côtes de Nouvelle-Guinée et de Nouvelle-Zélande, il retrouve à Vanikoro, en 1829, les restes de l'expédition La Pérouse, puis découvre dans l'Antarctique les terres Louis-Philippe et Joinville (1839) et la terre Adélie (1840), dont la base scientifique porte son nom.

DUMOULIN (Charles), le plus grand jurisconsulte français qui ait traité du droit coutumier, né à Paris (1500-1566). Il a préparé l'unité du droit.

DUMOURIEZ (Charles François DU PÉRIER, dit), général français, né à Cambrai (1739-1823). Ministre girondin des Affaires étrangères en 1792, il décida Louis XVI à déclarer la guerre. Vainqueur à Valmy puis à Jemmapes, il conquit la Belgique. Battu à Neerwinden et rappelé à Paris, il passa dans les rangs autrichiens.

DUNA, nom hongrois du *Danube*.

DUNANT (Henri), philanthrope suisse, né à Genève (1828-1910). Il fit adopter la Convention de Genève (1864) et fut le principal fondateur de la Croix-Rouge. (Prix Nobel de la paix, 1901.)

DUNAÚJVÁROS, v. de Hongrie, au sud de Budapest ; 57 000 h. Centre sidérurgique.

DUNBAR, port d'Écosse, sur la mer du Nord ; 4 000 h. Cromwell y battit les Écossais (1650).

DUNBAR (William), poète écossais, né à Salton (v. 1460 - v. 1520), auteur de poèmes satiriques et allégoriques (*le Chardon et la Rose*).

DUNCAN Ier (m. en 1040), roi d'Écosse (1034-1040). Il fut assassiné par Macbeth.

DUNCAN (Isadora), danseuse américaine, née à San Francisco (1878-1927). Ses recherches et ses improvisations, en opposition avec les formes classiques du ballet, influencèrent la danse moderne.

DUNDAS, v. du Canada (Ontario) ; 19 179 h.

DUNDEE, port d'Écosse, sur l'estuaire du Tay ; 183 000 h.

DUNEDIN, port de Nouvelle-Zélande (île du Sud) ; 121 000 h. Université.

Dunes (bataille des), victoire de Turenne sur Condé et les Espagnols, près de Dunkerque (14 juin 1658).

DUNFERMLINE, v. d'Écosse ; 52 000 h. Anc. résidence des rois d'Écosse.

DUNGENESS (cap), pointe du sud-est de l'Angleterre (Kent), sur le pas de Calais. Centrale nucléaire.

DUNHUANG → TOUEN-HOUANG.

DUNKERQUE, ch.-l. d'arr. du Nord ; 83 759 h. (*Dunkerquois*). Port actif sur la mer du Nord, relié à l'agglomération de Valenciennes par un canal à grand gabarit. Centre sidérurgique. Raffinage du pétrole. Enjeu d'une violente bataille en 1940, qui permit le rembarquement pour l'Angleterre de 338 000 soldats alliés.

vue partielle du port de **Dunkerque**

DÚN LAOGHAIRE, anc. **Kingstown,** v. de la république d'Irlande; 53 000 h. Station balnéaire et avant-port de Dublin.

DUN-LE-PALESTEL (23800), ch.-l. de c. de la Creuse; 1330 h.

DUNLOP (John Boyd), vétérinaire et ingénieur écossais, né à Dreghorn (Ayrshire) [1840-1921]. On lui doit la réalisation du premier pneumatique pour cycles et automobiles (1887).

DUNOIS (Jean D'ORLÉANS, *comte* DE), prince capétien, dit **le Bâtard d'Orléans,** né à Paris (1403-1468), fils naturel de Louis Ier, duc d'Orléans. Grand capitaine des armées de Charles VII, il combattit les Anglais aux côtés de Jeanne d'Arc, puis contribua à la soumission de la Normandie et de la Guyenne (1449-1451).

DUNOYER DE SEGONZAC (André), peintre et graveur français, né à Boussy-Saint-Antoine (1884-1974). Il est l'auteur de paysages de l'Île-de-France et de Provence, ainsi que de figures et de natures mortes. Aquafortiste, il a illustré notamment *les Géorgiques.*

DUNS SCOT (John), théologien franciscain, né à Duns, Écosse (v. 1266-1308). Il défendit la foi en Dieu et, au nom de cette foi, le réalisme de la connaissance qui part du monde sensible pour atteindre Dieu.

DUNSTABLE (John), compositeur anglais (v. 1385-1453), auteur d'œuvres polyphoniques.

DUNSTAN (saint), prélat anglais, né près de Glastonbury (924-988), archevêque de Canterbury en 960.

DUN-SUR-AURON (18130), ch.-l. de c. du Cher; 4211 h. *(Dunois).* Église romane.

DUN-SUR-MEUSE (55110), ch.-l. de c. de la Meuse; 782 h.

DUPANLOUP (Félix), prélat français, né à Saint-Félix (Haute-Savoie) [1802-1878]. Évêque d'Orléans (1849), il défendit la liberté de l'enseignement et fut l'un des chefs du catholicisme libéral. (Acad. fr.)

DU PARC (René BERTHELOT, *sieur),* dit **Gros-René** (m. en 1664), acteur de la troupe de Molière. — Sa femme, THÉRÈSE, dite **la Du Parc** (1633-1668), fut enlevée par Racine à la troupe de Molière.

DUPIN (André), dit **Dupin aîné,** jurisconsulte, homme politique et magistrat français, né à Varzy (1783-1865). Député libéral, président de la Chambre de 1832 à 1837 puis de l'Assemblée législative (1849-1851), il se rallia au bonapartisme. — Son frère, le *baron* CHARLES **Dupin,** né à Varzy (1784-1873), économiste et mathématicien, étudia la courbure des surfaces et contribua à la création des services statistiques français.

DUPLEIX [-plɛks] (Joseph François), administrateur français, né à Landrecies (1696-1763). Nommé gouverneur général de la Compagnie des Indes en 1741, il donna une vive impulsion au commerce et s'efforça de miner l'activité britannique. Il obligea les Anglais à lever le siège de Pondichéry (1748) et acquit pour la France un vaste empire dans le Carnatic (auj. Karnātaka) et sur la côte de Circars (auj. Sarkārs). Combattu à Paris, abandonné par le roi, il revint en France (1754), où il ne put obtenir le remboursement des avances qu'il avait faites à la Compagnie.

DUPLESSIS (Jean), *sieur* **d'Ossonville,** voyageur français (m. en 1635), colonisateur de la Guadeloupe.

DUPLESSIS (Maurice LE NOBLET), homme politique canadien, né à Trois-Rivières (1890-1959). Leader des conservateurs québécois (1933), fondateur de l'Union nationale, il fut Premier ministre du Québec de 1936 à 1939 et de 1944 à sa mort.

DUPLESSIS-MORNAY → MORNAY *(Philippe de).*

DUPLOYÉ (abbé Émile), ecclésiastique français, né à Notre-Dame-de-Liesse (Aisne) [1833-1912]. On lui doit une méthode de sténographie.

DUPONT (Pierre), poète et chansonnier français, né à Lyon (1821-1870).

DUPONT de l'Étang (Pierre Antoine, *comte),* général français, né à Chabanais (1765-1840). Il capitula à Bailén (1808) et fut ministre de la Guerre de Louis XVIII en 1814.

DUPONT de l'Eure (Jacques Charles), homme politique français, né au Neubourg (1767-1855). Député libéral sous la Restauration, ministre de

nave et Lameth un triumvirat, qui se distingua dans la réorganisation de la justice; il fonda le club des Feuillants et s'exila après le 10 août 1792.

DUPRAT (Antoine), cardinal et homme politique français, né à Issoire (1463-1535), chancelier de France sous François Ier, principal auteur du concordat de Bologne (1516) entre François Ier et Léon X.

DUPRÉ (Guillaume), graveur en médailles et sculpteur français, né à Sissonne (v. 1574-1647). Il a gravé les monnaies du règne d'Henri IV et de la minorité de Louis XIII.

DUPRÉ (Louis), danseur français, né à Rouen (1697-1774), surnommé, avant G. Vestris, le « dieu de la danse ».

DUPRÉ (Jules), peintre français, né à Nantes (1811-1889), paysagiste apparenté à l'école de Barbizon, de tendance assez romantique.

DUPRÉ (Marcel), compositeur et organiste français, né à Rouen (1886-1971), auteur de pièces pour orgue.

DUPUY DE LÔME (Henri), ingénieur français, né à Ploëmeur (Morbihan) [1816-1885]. Il construisit en 1850 le *Napoléon,* premier vaisseau à hélices puis en 1858 le premier cuirassé, la *Gloire.*

DUPUYTREN [-trɛ̃] (Guillaume), chirurgien français, né à Pierre-Buffière (Limousin) [1777-1835]. Le musée d'anatomie installé dans l'ancien couvent des Cordeliers à Paris porte son nom.

DUQUE DE CAXIAS, banlieue de Rio de Janeiro; 431 000 h.

DUQUESNE [-kɛn] (Abraham, *marquis),* marin français, né à Dieppe (1610-1688). Parmi ses nombreuses campagnes, la plus remarquable est celle où il remporta sur Ruyter les victoires de Stromboli (1675), d'Augusta et de Syracuse (1676). Il bombarda Tripoli (1681), Alger (1682), Gênes (1684).

DUQUESNOY (François ou Frans), dit **Francesco Flammingo,** sculpteur né à Bruxelles (1597-1643), et qui vécut principalement à Rome. Son *Saint André* (Saint-Pierre de Rome) le rendit célèbre.

Henri **Duparc**

Dupleix, gravure de Mme Champion de Cernel

Pierre Samuel **Du Pont** de Nemours

Guillaume **Dupuytren** à l'Hôtel-Dieu détail d'une peinture du XIXe s.

DUPARC (Henri Fouques-), compositeur français, né à Paris (1848-1933), auteur d'un recueil de poèmes vocaux *(Phydilé, l'Invitation au voyage, la Vague et la cloche, la Vie antérieure).*

DUPERRÉ (Victor Guy, *baron),* amiral français, né à La Rochelle (1775-1846). Il commandait la flotte qui débarqua à Alger en 1830.

DU PERRON (Jacques DAVY), cardinal français, né à Val-de-Joux (Suisse) [1556-1618]. Confident de Charles IX, d'Henri III et d'Henri IV, il fit partie en 1610 du Conseil de régence.

Dupes *(journée des)* [10 nov. 1630], ainsi nommée parce que les ennemis de Richelieu — notamment Marie de Médicis et Anne d'Autriche — crurent en sa disgrâce auprès du roi, alors que le cardinal conservait sa faveur.

DUPETIT-THOUARS (Aristide AUBERT), marin français, né au château de Boumois, près de Saumur (1760-1798). Il périt à Aboukir, où il commandait le *Tonnant.* — Son neveu, ABEL **Aubert Dupetit-Thouars,** amiral français, né près de Saumur (1793-1864), établit en 1842 le protectorat français sur Tahiti.

la Justice sous la monarchie de Juillet, il fut président du gouvernement provisoire en 1848.

DUPONT des Loges (Paul), évêque de Metz, né à Rennes (1804-1886). Après l'annexion de l'Alsace et de la Lorraine, il fut député au Reichstag (1874-1877), où il défendit la cause française.

DUPONT de Nemours (Pierre Samuel), économiste français, né à Paris (1739-1817), auteur de la *Physiocratie.* — Son fils ÉLEUTHÈRE IRÉNÉE **Du Pont de Nemours,** chimiste français, né à Paris (1771-1834), collaborateur de Lavoisier, fonda aux États-Unis une poudrerie. — PIERRE SAMUEL, industriel américain, descendant du précédent, né à Wilmington (1870-1954), organisa le complexe *Du Pont de Nemours.*

DUPONT-SOMMER (André), orientaliste français, né à Marnes-la-Coquette en 1900. Ses travaux sur la civilisation araméenne, ainsi que sa traduction et ses commentaires des manuscrits de la mer Morte font autorité.

DU PORT ou **DUPORT** (Adrien), homme politique français, né à Paris (1759-1798). Député à l'Assemblée constituante, il forma avec Bar-

DURAN (Charles DURAND, dit **Carolus-**) → CAROLUS-DURAN.

DURANCE (la), riv. des Alpes françaises du Sud, affl. du Rhône (r. g.); 305 km. Née au Montgenèvre, la Durance passe à Briançon, Embrun, Sisteron. Son aménagement, en aval de Serre-Ponçon* (barrages avec centrales hydrauliques et canaux d'irrigation), a entraîné la dérivation de la plus grande partie de ses eaux, à partir de Mallemort, vers l'étang de Berre et la Méditerranée.

Durandal → DURENDAL.

DURANGO, v. du Mexique, au pied de la sierra Madre occidentale; 191 000 h.

DURANTE (Francesco), compositeur italien, né à Frattamaggiore, près de Naples (1684-1755), auteur de musique religieuse.

DURANTY (Louis Edmond), écrivain français, né à Paris (1833-1880). Critique d'art, il fut le premier à écrire sur les impressionnistes et publia des romans réalistes *(le Malheur d'Henriette Gérard).*

DURÃO (José DE SANTA RITA), poète brésilien, né à Cata Preta (1722-1784), auteur de la première épopée nationale (*Caramuru*, 1781).

DURAS [-ras] (47120), ch.-l. de c. de Lot-et-Garonne ; 1 245 h.

DURAS (Jacques Henri DE DURFORT, *duc DE*), maréchal de France, né à Duras (1625-1704), neveu de Turenne. Il contribua à la conquête de la Franche-Comté. — Son frère LOUIS, né à Duras (v. 1640-1709), passa en Angleterre et fut généralissime des armées de Jacques II.

DURAS (Marguerite), femme de lettres et cinéaste française, née à Gia Dinh (Viêt-nam) en 1914. Ses romans (*le Marin de Gibraltar, Moderato cantabile, l'Amante anglaise*), son théâtre (*les Viaducs de Seine-et-Oise*) et ses films (*India Song*) forment une dénonciation des aliénations culturelles et sociales.

DURAZZO → DURRÉSI.

Dürer : *la Nativité*, panneau central du retable *Paumgartner* (1502-1504)

Lauros-Giraudon

DURBAN, principal port de l'Afrique du Sud (Natal), sur l'océan Indien ; 843 000 h.

DURBAN-CORBIÈRES (11360), ch.-l. de c. de l'Aude ; 564 h.

DÜREN, v. d'Allemagne fédérale (Rhénanie-du-Nord-Westphalie) ; 90 000 h.

Durendal ou **Durandal,** nom que porte l'épée de Roland dans les chansons de geste.

DÜRER (Albrecht), peintre et graveur allemand, né à Nuremberg (1471-1538). Il fit un tour de compagnon par Colmar, Bâle, Strasbourg, séjourna deux fois à Venise, mais effectua l'essentiel de sa carrière à Nuremberg. Principal maître de l'école allemande, il manifesta son génie dans la peinture à l'huile (*la Fête du rosaire*, 1506, Prague ; portraits ; etc.), dans le dessin et l'aquarelle (coll. de l'Albertina, Vienne) et dans son œuvre gravé, d'emblée célèbre en Europe (xylographies, d'un graphisme bouillonnant, encore médiéval : *l'Apocalypse* [15 planches, 1498], la *Grande Passion*, etc. ; burins, plus italianisants et reflétant l'influence des

humanistes : *la Grande Fortune* [v. 1500], *Saint Jérôme* et *Melencolia* [1514], etc.). Il se passionna pour les théories de l'art (perspective, proportions) et publia plusieurs traités.

DURG, v. de l'Inde (Madhya Pradesh) ; 245 000 h.

DURHAM, v. d'Angleterre, ch.-l. du comté de ce nom ; 25 000 h. Cathédrale du xiie s. L'élevage de la région a produit une race bovine réputée.

DURHAM (John George LAMBTON, *lord*), homme d'État anglais, né à Durham (1792-1840). Gouverneur du Canada (1838), il publia un rapport qui inspira, en 1867, la création de la Confédération canadienne.

DURKHEIM (Émile), sociologue français, né à Épinal (1858-1917). Il ramène les faits moraux aux faits sociaux, qu'il regarde comme indépendants des consciences individuelles. Un des fondateurs de la sociologie, il a écrit notamment les *Règles de la méthode sociologique* (1894) et le *Suicide* (1897).

DUROC (Géraud Christophe Michel, *duc DE FRIOUL*), général français, né à Pont-à-Mousson (1772-1813), grand maréchal du palais sous l'Empire.

DURRELL (Lawrence), écrivain britannique, né à Darjeeling (Inde) en 1912. Il crée dans ses romans, marqués par l'influence d'Henry Miller et les paysages méditerranéens, un univers où les seules crises profondes sont celles de la sensibilité plastique et littéraire (*Justine, Balthazar, Mountolive, Clea*).

DÜRRENMATT (Friedrich), écrivain suisse d'expression allemande, né à Konolfingen (Berne) en 1921. Sa conscience de protestant et son humour baroque s'unissent dans son théâtre (*Un ange vient à Babylone, la Visite de la vieille dame*) en une incessante critique des illusions et oppressions humaines.

DURRÉSI, en ital. **Durazzo,** port d'Albanie, sur l'Adriatique ; 55 000 h.

DURTAL (49430), ch.-l. de c. de Maine-et-Loire ; 3 255 h. Château des xve-xviie s.

DURUFLÉ (Maurice), compositeur français, né à Louviers en 1902. Liturgiste, il a beaucoup utilisé les thèmes grégoriens (*Requiem*).

DÜSSELDORF, v. d'Allemagne fédérale, cap. de la Rhénanie-du-Nord-Westphalie, sur le Rhin ; 615 000 h. Musées. Centre commercial et financier de la Ruhr. Port actif. Métallurgie. Chimie.

DÛST MUHAMMAD (1793-1863), émir de Kaboul, fondateur de la dynastie afghane des Muhammadzays (1838-1973).

DUTERT (Ferdinand), architecte français, né à Douai (1845-1906). Pionnier de l'architecture du fer, il avait construit à Paris, avec l'ingénieur Victor Contamin, l'audacieuse Galerie des machines de l'Exposition de 1889. On lui doit les « nouvelles galeries » du Muséum d'histoire naturelle.

DUTILLEUX (Henri), compositeur français, né à Angers en 1916, auteur des *Métaboles*, de *Tout un monde lointain...*, de *Timbres, Espace, Mouvement*.

DUTRA (Eurico), homme d'État et général brésilien, né à Cuiabá (1885-1974). Organisateur du corps brésilien en Italie (1944), il fut président du Brésil (1946-1951).

DUTREUIL DE RHINS (Jules Léon), marin et explorateur français, né à Saint-Étienne (1846-1894). Il visita le Tibet et la Chine.

DUTROCHET (René), biologiste français, né au château de Néons (Poitou) [1776-1847]. L'un des fondateurs de la biologie, il est l'auteur de travaux capitaux sur l'osmose, la reviviscence, la diapédèse, l'embryologie des oiseaux, etc.

DUTUIT (Auguste), collectionneur français, né à Paris (1812-1902). Il légua à la Ville de Paris une collection de médailles, d'estampes, de faïences anciennes que son frère EUGÈNE, né à Marseille (1807-1886), et lui-même avaient constituée (musée du Petit Palais).

DUUN (Olav), écrivain norvégien, né à Fosnes (Nord-Tröndelag) [1876-1939], auteur de romans qui peignent la nature et les habitants des fjords (*Gens de Juvik*).

DU VAIR (Guillaume) → VAIR (Guillaume du).

DUVAL (Émile Victor, dit **le général**), né à Paris (1841-1871). L'un des chefs militaires de la Commune en 1871, il fut fusillé.

DUVALIER (François), homme d'État haïtien, né à Port-au-Prince (1907-1971). Président de la

H. Manuel
Émile **Durkheim**

Ringier-Gamma
Friedrich **Dürrenmatt**

Berry-Magnum
Lawrence **Durrell**

P. Petit
Victor **Duruy**

J. Mascolo-Cinéma g
Marguerite **Duras**

DURUY (Victor), historien et homme politique français, né à Paris (1811-1894). Ministre de l'Instruction publique de 1863 à 1869, il réalisa d'utiles réformes : rétablissement de l'enseignement de la philosophie, création d'un enseignement secondaire spécial (sans latin) et de l'École pratique des hautes études (1867), etc. Il est l'auteur notamment d'une *Histoire des Romains* (1879-1885).

DU RYER (Pierre), écrivain français, né à Paris (1605-1658). Il tenta de faire triompher sa conception de la tragi-comédie sur celle de la tragédie régulière. (Acad. fr.)

DUSE (Eleonora), actrice italienne, née à Vigevano (1858-1924), interprète d'Ibsen et de D'Annunzio.

DUSSAUD (Frantz), physicien suisse, né à Genève (1870-1953). Il réalisa le premier phonographe électrique à pick-up (1896).

DUSSEK (Johann Ladislas) ou **DUSÍK** (Jan Ladislav), pianiste et compositeur originaire de Bohême, né à Čáslav (1760-1812).

cathédrale de **Durham**

Henri **Dutilleux**

Dutilleux

Fleming

République à partir de 1957, il se fit nommer président à vie en 1964 et exerça un pouvoir dictatorial. — Son fils JEAN-CLAUDE, né à Port-au-Prince en 1951, lui succéda comme président à vie.

DU VERGIER DE HAURANNE (Jean), dit **Saint-Cyran,** théologien français, né à Bayonne (1581-1643). Abbé de Saint-Cyran, ami de Jansénius, et directeur spirituel du monastère de Port-Royal (1636), il y exerça une grande influence, dans le sens janséniste, ce qui lui valut l'hostilité de Richelieu.

DUVERNAY (Ludger Crevier), publiciste canadien, né à Verchères (Québec) [1799-1852]. Il fonda la Société Saint-Jean-Baptiste.

DUVERNOY (Georges), zoologiste et anatomiste français, né à Montbéliard (1777-1855).

DUVET (Jean), dit **le Maître à la Licorne,** graveur, médailleur et orfèvre français, né à Langres (v. 1485-v. 1570). Il est l'auteur, au burin, de planches d'une inspiration fantastique (*Apocalypse,* 1545-1556).

DUVEYRIER (Henri), voyageur français, né à Paris (1840-1892), célèbre par ses explorations au Sahara.

DVINA OCCIDENTALE (la), en letton **Daugava,** fl. de l'U.R.S.S., qui se jette dans le golfe de Riga; 1024 km.

DVINA SEPTENTRIONALE (la), fl. de l'U.R.S.S., qui se jette dans la mer Blanche à Arkhangelsk; 1293 km.

DVOŘÁK (Antonín), compositeur tchèque, né à Nelahozeves (Bohême) [1841-1904], directeur des conservatoires de New York, puis de Prague

Garanger-Giraudon

Antonín **Dvořák**
par Souček

(*Symphonie du Nouveau Monde,* concerto pour violoncelle).

DYCK (Antoon VAN) → VAN DYCK.

DYLE (la), riv. de Belgique, qui passe à Louvain, Malines, et se joint à la Nèthe pour former le Rupel; 86 km. — Dép. français de 1795 à 1814, qui avait pour chef-lieu *Bruxelles.*

DZERJINSK, v. de l'U.R.S.S. (R.S.F.S. de Russie), à l'ouest de Gorki; 248000 h.

DZERJINSKI (Feliks Edmoundovitch), homme politique soviétique, né à Vilnious (1877-1926). Il dirigea la Tchéka (1917-1922), puis la Guépéou, et devint en 1924 président du Conseil économique suprême.

DZOUNGARIE ou **DJOUNGARIE,** région de la Chine occidentale (Sin-kiang), entre l'Altaï mongol et le T'ien-chan. C'est une vaste dépression qui conduit, par la *porte de Dzoungarie,* au Kazakhstan soviétique. Les Européens ont donné le nom de Dzoungarie à un Empire mongol qui, fondé au XVIIe s., fut détruit par les Ts'ing de Chine en 1755-1759.

Égypte : peinture de la tombe du vizir Ramose à Thèbes. Nouvel Empire.

E

EALING, quartier résidentiel de Londres.

EAMES (Charles), architecte et designer américain, né à Saint Louis (1907-1978), pionnier du design moderne.

EANES (Antonio DOS SANTOS RAMALHO), général et homme d'État portugais, né à Alcains (district de Castelo Branco) en 1935, président de la République en 1976, réélu en 1980.

ÉAQUE. *Myth. gr.* L'un des trois juges des Enfers, avec Minos et Rhadamanthe.

EASTBOURNE, v. d'Angleterre (Sussex), sur la Manche ; 65 000 h. Station balnéaire.

EAST KILBRIDE, v. d'Écosse, près de Glasgow ; 64 000 h.

EAST LONDON, port de l'Afrique du Sud (prov. du Cap), sur l'océan Indien ; 118 000 h.

EASTMAN (George), industriel et philanthrope américain, né à Waterville (New York) [1854-1932]. Il fonda la maison Kodak (1880) et inventa le film photographique (1889).

EAUBONNE (95600), ch.-l. de c. du Val-d'Oise ; 23 670 h. *(Eaubonnais).*

EAUX-BONNES (64440 Laruns), comm. des Pyrénées-Atlantiques ; 421 h. Eaux thermales. Musée ornithologique.

EAUX-CHAUDES, station thermale de la comm. de Laruns (Pyrénées-Atlantiques).

EAUZE [eoz] (32800), ch.-l. de c. du Gers ; 4 479 h. *(Élusates).* Vestiges gallo-romains. Armagnac.

EBAN (Abba), homme politique israélien, né au Cap en 1915, ministre des Affaires étrangères de 1966 à 1974.

EBBINGHAUS (Hermann), psychologue allemand, né à Barmen (1850-1909). Ses travaux sur la mémoire en font un des fondateurs de la psychologie expérimentale.

EBBON, archevêque de Reims (775-851). Il joua un rôle majeur sous Louis le Pieux et Lothaire.

EBERHARD (Johann August), philosophe allemand, né à Halberstadt (1739-1809), adversaire de Kant et disciple de Wolff.

EBERT (Friedrich), homme d'État allemand, né à Heidelberg (1871-1925). Président du parti socialiste allemand (1913), il contribua à la chute de Guillaume II (1918). Chancelier, il réduisit le spartakisme ; il fut le premier président de la République allemande (1919).

EBERTH (Karl), bactériologiste allemand, né à Würzburg (1835-1926). Il étudia le bacille de la fièvre typhoïde.

ÉBLÉ (Jean-Baptiste, *comte*), général français, né à Saint-Jean-Rohrbach (Moselle) [1758-1812]. En 1812 il assura le passage de la Berezina à la Grande Armée en retraite.

ÉBOUÉ (Félix), administrateur français, né à Cayenne (1884-1944). Il fut le premier Noir gouverneur des colonies, à la Guadeloupe, puis au Tchad en 1938, premier territoire rallié à la France libre (1940) ; il fut nommé gouverneur de l'A.-É. F. en 1940.

ÈBRE, en esp. **Ebro,** fl. d'Espagne, né dans les monts Cantabriques, tributaire de la Méditerranée ; 930 km. Il passe à Saragosse. Aménagements pour la production d'électricité et surtout l'irrigation.

ÉBREUIL (03450), ch.-l. de c. de l'Allier ; 1 316 h. Église, anc. abbatiale des XIe-XIIe s., avec peintures murales.

ÉBROÏN [ebrɔɛ̃] (m. v. 680-683), maire du palais de Neustrie sous Clotaire III et Thierry III. Il fit mettre à mort son adversaire saint Léger et battit les Austrasiens à Latofao (680). Il périt assassiné.

ÉBURONS, peuple germanique de la Gaule Belgique, établi entre la Meuse et le Rhin. César les vainquit.

EÇA DE QUEIRÓS → QUEIRÓS.

ÉCARPIÈRE, écart de la comm. de Gétigné (Loire-Atlantique). Usine de concentration de l'uranium.

ECBATANE, cap. des Mèdes (VIIe-VIe s. av. J.-C.), par la suite résidence royale des diverses dynasties iraniennes. Vestiges antiques rares. (Auj. *Hamadhân* [Iran].)

Ecclésiaste *(livre de l'),* livre biblique (IIIe s. av. J.-C.) qui souligne le caractère précaire de la vie : « tout est vanité ».

Ecclésiastique *(livre de l'),* ou **le Siracide,** un des livres sapientiaux de l'Ancien Testament, composé v. 200 av. J.-C. Recueil de maximes et de sentences, considéré comme canonique par les catholiques seulement.

ECEVIT (Bülent), homme politique turc, né à Istanbul en 1925. Secrétaire général, puis président du parti républicain du peuple (jusqu'en 1980), il forma en 1974 puis en 1978 et 1979 un gouvernement de coalition.

ECHEGARAY Y EIZAGUIRRE (José), mathématicien, auteur dramatique et homme politique espagnol, né à Madrid (1832-1916), auteur du *Grand Galeoto* (1881). [Prix Nobel de littér., 1904.]

ÉCHELLES (Les) [73360], ch.-l. de c. de la Savoie ; 1 197 h.

ECHEVERRÍA ÁLVAREZ (Luis), homme d'État mexicain, né à Mexico en 1922, président de la République de 1970 à 1976.

ÉCHIROLLES (38130), ch.-l. de c. de l'Isère, banlieue sud de Grenoble ; 33 394 h. Constructions mécaniques.

ÉCHO. *Myth. gr.* et *rom.* Nymphe des sources et des forêts, personnification de l'écho.

ECHTERNACH, ch.-l. de c. du Luxembourg, sur la Sûre ; 3 400 h. Basilique (époques diverses) d'une anc. abbaye fondée en 698 ; pèlerinage dansant célèbre. Textiles synthétiques.

ÉCIJA, v. d'Espagne (prov. de Séville) ; 50 000 h. Ensemble urbain et monumental typiquement andalou.

ECKART ou **ECKHART** (Johann, dit **Maître**), dominicain allemand, né à Hochheim (v. 1260-v. 1327). Le pape condamna ses théories mystiques et panthéistes.

ECKMÜHL, village d'Allemagne fédérale (Bavière), au sud de Ratisbonne. Victoire française sur les Autrichiens (1809).

ÉCLARON - BRAUCOURT - SAINTE - LIVIÈRE (52290), ch.-l. de c. de la Haute-Marne ; 2 006 h.

ÉCLUSE (L'), en néerl. **Sluis,** petite ville des Pays-Bas (Zélande) ; 3 300 h. Victoire navale anglaise sur les Français en 1340.

ECO (Umberto), critique italien, né à Alexandrie en 1932. Il est l'auteur d'études sur les rapports de la création artistique et des moyens de communication de masse *(l'Œuvre ouverte).*

ÉCOCHARD (Michel), architecte et urbaniste français, né à Paris en 1905. Il a surtout travaillé au Moyen-Orient (Damas, Beyrouth, etc.), au Maroc (direction de l'urbanisme) et en Afrique noire.

École d'Athènes *(l'),* grande fresque de Raphaël, de forme cintrée, exécutée en 1509-10 dans la « chambre de la Signature » au Vatican. À cette œuvre, qui exalte la recherche rationnelle des philosophes, fait face le *Triomphe de l'eucharistie* (ou *Dispute du saint sacrement*), consacré à la vérité révélée.

École des femmes *(l'),* comédie en cinq actes et en vers, de Molière (1662), sur le thème du barbon trompé par la jeune fille innocente. — La *Critique de l'École des femmes,* comédie en un acte et en prose de Molière (1663), riposte aux accusations d'ignorance de la morale et des règles du spectacle classique que lui avait values le succès de l'*École des femmes.*

École des maris *(l'),* comédie en trois actes et en vers, de Molière (1661), où Sganarelle apparaît en tuteur jaloux et dupé.

École de la médisance *(l')* [The School for Scandal], comédie de Sheridan (1777). L'intrigue, fondée sur l'opposition de deux frères, l'un franc, l'autre hypocrite, présente un tableau pittoresque d'un petit monde intrigant et cancanier.

École militaire, édifice élevé à Paris sur le Champ-de-Mars par l'architecte Gabriel, pour y recevoir des élèves officiers. Ouverte en

V. ill. page suivante

l'**École militaire** vue du Champ-de-Mars

le château d'**Écouen**
aquarelle d'A. Lejeune
v. 1865

Édimbourg

Anthony **Eden**

Thomas
Edison

1760, elle servit de caserne après 1787 et abrite aujourd'hui plusieurs établissements d'enseignement militaire supérieur.

ÉCOMMOY (72220), ch.-l. de c. de la Sarthe; 4071 h.

ÉCOS (27630), ch.-l. de c. de l'Eure; 418 h.

ÉCOSSE, en angl. **Scotland,** partie septentrionale de la Grande-Bretagne, séparée de l'Angleterre par les monts Cheviot; 77 180 km²; 5 228 000 h. (*Écossais*). Cap. *Édimbourg;* v. pr. *Glasgow.*

GÉOGRAPHIE

Du nord au sud, on distingue : les Highlands (Hautes-Terres) du Nord, séparées des monts Grampians par la dépression du Glen More; les Lowlands (Basses-Terres); les Highlands du Sud. Les côtes (surtout à l'ouest) sont découpées par des fjords et précédées d'archipels (Hébrides, Orcades). [V. GRANDE-BRETAGNE.]

HISTOIRE

— Iᵉʳ s. apr. J.-C. : conquête romaine. Les Pictes résistent.
— VIᵉ s. : les Pictes sont refoulés par les Scots et les Anglo-Saxons. Introduction du christianisme.
— VIIIᵉ s. : raids scandinaves.
— 843 : le roi scot Kenneth MacAlpin unifie le pays des Scots et des Pictes (royaume de Scone).
— v. 1016 : les Scots s'imposent aux Lothians.
— 1034 : union des Scots, Angles, Bretons et Pictes.
— 1124-1153 : David Iᵉʳ enracine le régime féodal à l'anglaise.
— 1286 : mort sans héritiers d'Alexandre III.
— 1292 : parmi les prétendants au trône, Robert Bruce et John Baliol; ce dernier est nommé roi par Édouard Iᵉʳ d'Angleterre.
— 1296 : Édouard Iᵉʳ d'Angleterre annexe l'Écosse; réaction nationale.
— 1314 : défaite des Anglais à Bannockburn.
— 1328 : l'Écosse redevient indépendante.
— XIVᵉ-XVᵉ s. : l'Écosse, pour lutter contre l'Angleterre, s'engage, avec les Stuarts (Jacques Iᵉʳ, II, III et IV), dans l'alliance française. Période de convulsions internes.
— 1513 : désastre de Flodden.
— XVIᵉ s. : le peuple et la noblesse se rallient à la Réforme, prêchée par John Knox.
— 1568 : la reine catholique Marie Stuart doit se réfugier en Angleterre.
— 1603 : mort, sans postérité, d'Élisabeth Iʳᵉ d'Angleterre. Jacques VI d'Écosse devient Jacques Iᵉʳ d'Angleterre.
— 1651 : Cromwell contraint les Écossais à s'unir au Commonwealth.

— 1707 : Acte d'union des royaumes d'Écosse et d'Angleterre.

ÉCOUCHÉ (61150), ch.-l. de c. de l'Orne; 1 457 h. (*Écubéens*).

ÉCOUEN [ekwɑ̃] (95440), ch.-l. de c. du Val-d'Oise; 4 550 h. Château construit v. 1535, remanié par J. Bullant vingt ans plus tard. Il est devenu en 1977 musée national de la Renaissance.

ÉCOUVES (*forêt d'*), forêt de Normandie (Orne); 15 000 ha. Elle porte l'un des points culminants du Massif armoricain (417 m).

ÉCRINS (*barre des*), point culminant (4 102 m) du massif du Pelvoux, appelé parfois *massif des Écrins*, principal élément du *parc national des Écrins.*

ÉCROUVES (54 200 Toul), comm. de Meurthe-et-Moselle; 6 798 h.

ÉCUEILLÉ (36240), ch.-l. de c. de l'Indre; 1 760 h.

ÉCULLY (69130), comm. du Rhône, banlieue de Lyon; 18 421 h.

ÉCURY-SUR-COOLE (51240 La Chaussée sur Marne), ch.-l. de c. de la Marne; 370 h.

EDAM, v. des Pays-Bas, au nord d'Amsterdam; 18 000 h. Fromages.

Edda, nom donné à deux recueils des traditions mythologiques et légendaires des anciens peuples scandinaves. Le premier, ou *Edda prosaïque,* aurait pour auteur Snorri Sturluson*; le second, ou *Edda poétique,* attribué au XVIIᵉ s. à Saemund (v. 1056-1133), est un ensemble de poèmes anonymes, du VIIᵉ au XIIIᵉ s.

EDDINGTON (*sir* Arthur Stanley), astronome et physicien britannique, né à Kendal (1882-1944). Sa théorie de l'équilibre radiatif des étoiles (1916-1924) lui a permis de déterminer la masse, la température et la constitution interne de nombreuses étoiles.

EDDY (Mary BAKER), née à Bow (New Hampshire) [1821-1910], fondatrice en 1883 de la *Science chrétienne (Christian Science).*

EDE, v. des Pays-Bas (Gueldre); 80 000 h.

EDE, v. du sud-ouest du Nigeria; 163 000 h.

ÉDÉA, v. du Cameroun, sur la Sanaga; 23 000 h. Usine d'aluminium.

EDEGEM, comm. de Belgique, banlieue d'Anvers; 22 100 h.

ÉDEN (mot hébreu signif. *délices*), d'après la Genèse, lieu où se trouvait le Paradis terrestre.

EDEN (George), *duc* **d'Auckland,** homme d'État britannique, né à Beckenham (Kent) [1784-1849].

Premier lord de l'Amirauté en 1834, il fut gouverneur général des Indes (1835-1842). Il a donné son nom aux *îles Auckland.*

EDEN (Anthony), *comte* **d'Avon,** homme politique britannique, né à Windlestone Hall (Durham) [1897-1977]. Conservateur, il fut plusieurs fois ministre des Affaires étrangères à partir de 1935, puis Premier ministre de 1955 à 1957.

ÉDESSE, ville de la Mésopotamie septentrionale, qui fut au IVᵉ et au Vᵉ s. le siège d'une importante école théologique, qui passa au nestorianisme. Elle fut la capitale d'une principauté latine fondée par Baudouin Iᵉʳ de Boulogne, frère de Godefroi de Bouillon (1098), et conquise par les Turcs en 1144. (Auj. *Urfa.*)

E.D.F.-G.D.F., sigle de *Électricité de France-Gaz de France.*

EDFOU ou **IDFÛ,** v. de la Haute-Égypte, sur la rive gauche du Nil; 18 000 h. Temple ptolémaïque d'Horus, l'un des mieux conservés du pays.

EDGAR le Pacifique (944-975), roi des Anglo-Saxons (959-975).

EDGAR the Aetheling, prince anglo-saxon (v. 1050 - v. 1125); il s'opposa vainement à Harold II en 1066, puis à Guillaume le Conquérant pour la possession du trône d'Angleterre.

EDGEWORTH DE FIRMONT (Henry Essex), prêtre irlandais, né à Edgeworthstown (1745-1807), dernier confesseur de Louis XVI.

ÉDIMBOURG, en angl. **Edinburgh,** cap. de l'Écosse, près de l'estuaire du Forth; 453 000 h. Château, avec parties des XIIᵉ et XIVᵉ s., et autres monuments. Musées. Université célèbre. Festival annuel, essentiellement musical.

EDIRNE, v. de la Turquie d'Europe; 63 000 h. Mosquée Selimiye (XVIᵉ s.), chef-d'œuvre de Sinan*.

EDISON (Thomas), inventeur américain, né à Milan (Ohio) [1847-1931]. Il réalisa le télégraphe duplex (1864), le phonographe (1877), le microtéléphone (1877) et la lampe à incandescence (1879). Il découvrit l'émission d'électrons par les métaux incandescents (1883).

ÉDITH ou **ÉDITHE** (*sainte*) [v. 961-984], princesse anglaise, fille d'Edgar le Pacifique, roi d'Angleterre. Elle mourut moniale.

EDJELÉ, centre pétrolier du Sahara algérien. Pipeline vers La Skhirra (Tunisie).

EDMOND RICH (*saint*), archevêque de Canterbury, né à Abingdon (v. 1175-1240). Il s'opposa au roi Henri III à propos de la collation des bénéfices ecclésiastiques.

B. N.

Philippe de Valois recevant l'hommage du roi
Édouard III en 1329
miniature d'un manuscrit du XIVᵉ s.

Fleming

Édouard VII, par sir Luke Fildes

Mayer

Édouard VI
par Holbein
le Jeune

EDMOND Iᵉʳ (v. 922-946), roi des Anglo-Saxons (939-946). — EDMOND II *Côtes de fer* (v. 980-1017), roi des Anglo-Saxons (1016-1017).

EDMONTON, v. du Canada, cap. de l'Alberta; 461 361 h. Centre commercial et industriel (raffinage du pétrole; pétrochimie).

EDMUNDSTON, v. du Canada (Nouveau-Brunswick), sur la rivière Saint-Jean; 12 710 h. Évêché.

EDO ou **YEDO,** cap. de la dynastie shôgunale des Tokugawa, qui, en 1860, prit le nom de Tôkyô.

ÉDOM → IDUMÉE.

ÉDOMITES ou **IDUMÉENS,** tribus sémitiques établies au sud-est de la mer Morte et soumises par David. À l'époque gréco-romaine les Édomites sont appelés *Iduméens.*

ÉDOUARD (lac), lac de l'Afrique équatoriale, aux confins de l'Ouganda et du Zaïre; 2 150 km². **ÉDOUARD l'Ancien** (m. en 924), roi des Anglo-Saxons (899-924). Il plaça les Danois sous sa suzeraineté. — ÉDOUARD *le Confesseur (saint),* né à Islip (Oxfordshire) [av. 1000-1066], roi des Anglo-Saxons (1042-1066).

ÉDOUARD Iᵉʳ, né à Westminster (1239-1307), roi d'Angleterre de 1272 à 1307, fils et successeur d'Henri III. Il soumit les Gallois (1282-1284) et fit reconnaître sa suzeraineté par l'Écosse (1292-1296), avant d'en entreprendre la conquête. Il restaura l'autorité royale. — ÉDOUARD II, né à Caernarvon Castle (1284-1327), fils du précédent et mari d'Isabelle, fille du roi de France Philippe IV le Bel. Sous son règne, l'Écosse reprit son indépendance; après de longues luttes contre la grande aristocratie britannique, il fut déposé, puis assassiné. — ÉDOUARD III, né à Windsor (1312-1377), roi d'Angleterre (1327-1377), fils du précédent. Revendiquant, comme petit-fils de Philippe IV, le trône capétien, il entreprit contre la France la guerre de Cent Ans; vainqueur à Crécy (1346), puis à Poitiers (1356), il prit Calais et imposa à Jean le Bon la paix de Brétigny (1360). Il institua l'ordre de la Jarretière. — ÉDOUARD IV, né à Rouen (1442-1483), roi d'Angleterre (1461-1483). Fils du duc d'York Richard et chef du parti de la *Rose blanche* contre la maison de Lancastre, dont il triompha, il signa avec la France le traité de Picquigny, (1475), qui mit fin à la guerre de Cent Ans. — ÉDOUARD V, né à Westminster (1470-1483), fils du précédent, roi d'Angleterre en 1483. Il ne régna que quelques mois, son oncle Richard de Gloucester l'ayant fait assassiner en même temps que son frère Richard d'York. — ÉDOUARD VI, né à Hampton Court (1537-1553), roi d'Angleterre et d'Irlande de 1547 à 1553. Dominé par son oncle, Edward Seymour, duc de Somerset, puis par John Dudley, il favorisa la propagation du protestantisme dans son royaume. — ÉDOUARD VII, né à Londres (1841-1910), roi de Grande-Bretagne et d'Irlande (1901-1910), fils de la reine Victoria. Sous son règne prit fin la guerre du Transvaal (1902). Il fut l'initiateur de l'*Entente cordiale* avec la France (1904). — ÉDOUARD VIII, né à Richmond (Surrey) [1894-1972], roi de Grande-Bretagne en 1936, fils aîné de George V. Il abdiqua dès 1936 et prit le nom de duc de Windsor.

ÉDOUARD, prince de Galles, connu sous le nom de **Prince Noir,** né à Woodstock (1330-1376), fils d'Édouard III. Il gagna la bataille de Poitiers, où il fit prisonnier Jean le Bon (1356).

Prince d'Aquitaine (1362-1372), il combattit Henri de Trastamare (bataille de Nájera, 1367).

ÉDOUARD, né à Lisbonne (1391-1438), roi de Portugal (1433-1438), fils de Jean Iᵉʳ. Il codifia les lois portugaises.

EDRISI (el-) ou IDRÎSÎ *(al-).*

Éducation sentimentale *(l'),* roman de G. Flaubert (1869). Le héros, Frédéric Moreau, accepte l'échec d'une vie consacrée à un amour impossible.

ÉDUENS, peuple de la Gaule; *Bibracte* était leur ville principale. D'abord alliés des Romains, ils se rallièrent ensuite à Vercingétorix.

EDWARDS (George), naturaliste anglais, né à Stratford (Essex) [1693-1773].

EEKHOUD (Georges), écrivain belge d'expression française, né à Anvers (1854-1927), peintre réaliste des milieux campinois *(Kermesses).*

EEKLO, v. de Belgique (Flandre-Orientale); 19 500 h.

EFFEL (François LEJEUNE, dit **Jean**), dessinateur français, né à Paris en 1908, auteur de recueils d'un humour poétique *(la Création du monde).*

EFFIAT (Antoine COËFFIER DE RUZÉ, *marquis* D'), maréchal de France et surintendant des Finances, né à Effiat (1581-1632). Il conclut le mariage d'Henriette-Marie de France avec le futur Charles Iᵉʳ. Il fut le père de Cinq-Mars.

EGAS (Enrique), architecte espagnol, m. v. 1534. Il a construit dans le style plateresque l'hôpital de la Santa Cruz à Tolède (1504), et a travaillé à la cathédrale de Grenade.

ÉGATES ou **ÉGADES** *(îles),* groupe d'îles à l'extrémité occidentale de la Sicile. Victoire du consul Lutatius sur les Carthaginois (241 av. J.-C.), qui mit fin à la première guerre punique.

EGBERT le Grand (v. 775-839), roi de Wessex (802-839). Il réunit sous sa domination l'heptarchie anglo-saxonne et combattit les invasions scandinaves.

EGEDE (Hans), pasteur luthérien, né à Senjen (Norvège) [1686-1758]. Il évangélisa le Groenland.

ÉGÉE. *Myth. gr.* Roi légendaire d'Athènes. Croyant son fils Thésée dévoré par le Minotaure, il se noya dans la mer qui porte son nom.

ÉGÉE *(mer),* anc. **Archipel,** partie de la Méditerranée entre la Grèce et la Turquie.

ÉGÉENS, peuples préhelléniques, dont la civilisation s'est développée dans les îles et sur les côtes de la mer Égée aux IIIᵉ et IIᵉ millénaires av. J.-C.

EGER, nom allem. de l'*Ohře**.

EGER, v. de Hongrie, au pied des monts Mátra; 58 000 h. Archevêché. Monuments depuis l'époque gothique.

ÉGÉRIE. *Myth. rom.* Nymphe dont le roi Numa recevait en secret les conseils.

EGHEZÉE, comm. de Belgique (prov. de Namur); 10 300 h.

ÉGINE, île de la Grèce, dans le *golfe d'Égine,* entre le Péloponnèse et l'Attique; 10 000 h. *(Éginètes),* dont plus de 5 000 dans la ville homonyme. Puissante cité dans l'Antiquité, elle imposa son système monétaire au monde grec, puis tomba sous la domination athénienne au Vᵉ s. av. J.-C. Temple d'Athéna Aphaia (500-490) [à la glyptothèque de Munich, décoration sculptée, restaurée].

ÉGINHARD ou **EINHARD,** chroniqueur franc, né dans la région du Main (v. 770-840), secrétaire de Charlemagne, dont il a écrit la vie.

ÉGISTHE, roi légendaire des Mycènes, de la famille des Atrides. Amant de Clytemnestre et meurtrier d'Agamemnon, il fut tué par Oreste.

ÉGLETONS (19300), ch.-l. de c. de la Corrèze; 5 885 h. *(Égletonnais).* École du bâtiment.

Église catholique ou **romaine,** portion — la plus considérable — de l'Église chrétienne, qui reconnaît le magistère suprême du pape, évêque de Rome.

Église constitutionnelle, l'ensemble des évêques et des prêtres qui adhérèrent à la Constitution civile du clergé, décrétée en 1790 par l'Assemblée constituante. Elle ne survécut pas à la signature du concordat de 1801.

Églises orientales, Églises chrétiennes d'Orient séparées de Rome (nestoriens, monophysites, orthodoxes). Certaines fractions de ces Églises, dites *Églises uniates,* se sont ralliées à Rome, tout en conservant leurs rites et leurs institutions.

Églises protestantes, ensemble des Églises issues de la Réforme. Elles se sont organisées autour de trois courants principaux, le luthéranisme, le calvinisme et l'anglicanisme, qui ont donné naissance à de nombreuses Églises.

EGMONT (Lamoral, *comte* D'), *prince* **de Gavre,** gentilhomme du Hainaut, né à La Hamaide (1522-1568). Capitaine général des Flandres et conseiller d'État, il fut exécuté à la suite d'une révolte des Pays-Bas contre Philippe II. Il est le héros de la tragédie de Goethe, *Egmont* (1787), pour laquelle Beethoven composa une musique de scène (1810).

EGOROVA (Lioubov), *princesse* **Troubetskoï,** danseuse et pédagogue russe, née à Saint-Pétersbourg (1880-1972).

ÉGUZON-CHANTÔME (36270), ch.-l. de c. de l'Indre; 1527 h. Installation hydroélectrique sur la Creuse.

ÉGYPTE, en arabe **Miṣr,** officiellement **république arabe d'Égypte (R. A. E.),** État de l'Afrique du Nord-Est; 1 million de km²; 43 millions d'h. *(Égyptiens).* Cap. *Le Caire.* Langue : *arabe.*

GÉOGRAPHIE

La quasi-totalité de la population se concentre dans la vallée du Nil, qui représente le trentième de la superficie du pays, dont le reste est formé de déserts parsemés d'oasis. La crue du Nil (août-sept.) a longtemps rythmé la vie du pays. Aujourd'hui, la construction de barrages-réservoirs (dont le « haut barrage » d'Assouan) permet une irrigation pérenne qui a autorisé le développement des cultures commerciales (canne à sucre et surtout coton d'excellente qualité), à côté des traditionnelles cultures céréalières (blé, maïs, riz). L'industrie (textiles surtout) est peu développée, malgré la présence du pétrole. La population a un niveau de vie d'autant plus faible qu'elle s'accroît rapidement et le problème du surpeuplement est posé. Alexandrie est le principal port et Le Caire la plus grande ville d'Afrique.

HISTOIRE

— 3200 av. J.-C. : l'Égypte entre dans l'histoire.
— 3200-2280 : Ancien Empire. Ère des grandes pyramides.
— 2280-2052 : période confuse.
— 2052-1770 : Moyen Empire ou premier Empire

thébain. Promotion des classes moyennes. La puissance égyptienne s'étend en Nubie et jusqu'en Syrie.

— 1770-1580 : nouvelle période obscure; les envahisseurs Hyksos s'emparent du pouvoir.
— 1580-1085 : Nouvel Empire ou second Empire thébain, le plus prestigieux État de l'Orient. Règnes marquants de Thoutmosis III, d'Aménophis IV Akhenaton et de Ramsès II.
— 1085 : début de la Basse Époque.
— 525 : conquête de l'Égypte par les Perses.
— 332 : conquête de l'Égypte par Alexandre.
— 332-30 av. J.-C. : l'Égypte hellénistique; règne des Lagides.
— 30 av. J.-C. - 395 apr. J.-C. : l'Égypte romaine; pénétration du christianisme à la fin du Ier siècle.
— 395-639 : l'Égypte byzantine et chrétienne; l'Église copte.
— 639-642 : conquête arabe; islamisation du pays.
— 642-868 : l'Égypte sous la domination omeyyade, puis 'abbâside.
— 868-905 : règne des Tûlûnides, qui rompent avec les 'Abbâssides.
— 969-1171 : règne des Fâtimides; fondation du Caire, qui devient le centre du califat chi'ite ismaélien.
— 1171 : Saladin s'empare du pouvoir, rétablit le sunnisme et fonde la dynastie ayyûbide.
— 1171-1250 : domination des Ayyûbides sur l'Égypte et la Syrie; ils se posent en protecteurs de l'islam face aux croisés chrétiens.
— 1250-1517 : domination de la caste militaire des Mamelouks, qui fournit au pays ses sultans. Ils libèrent la Palestine et la Syrie de la présence chrétienne et développent le commerce avec les États occidentaux. Mais la découverte de la route des Indes (fin du XVe s.) provoque le déclin de l'économie.
— 1517 : l'Égypte, province de l'Empire ottoman; les pachas sont choisis parmi les Mamelouks.
— 1798-1801 : campagne d'Égypte par Bonaparte et ses successeurs, qui font bénéficier le pays des techniques occidentales. (V. art. suiv.)
— 1805-1848 : pacha d'Égypte, Méhémet-Ali agit en souverain, détruit la puissance des Mame-

louks, modernise le pays avec l'aide des Français, conquiert le Soudan (1820-1823) et menace même le Sultan en Syrie.
— 1854-1863 : Sa'îd pacha poursuit la modernisation de l'Égypte.
— 1867 : Ismâ'îl (m. en 1879) obtient le titre de khédive (vice-roi).
— 1869 : inauguration du canal de Suez.
— 1876 : Ismâ'îl, endetté, doit accepter le contrôle financier de la France et de l'Angleterre.
— 1879-1892 : le khédive Tawfîq doit accepter l'occupation militaire anglaise après l'échec du mouvement nationaliste d''Urâbî pacha.
— 1899 : condominium anglo-égyptien sur le Soudan.
— 1914 : protectorat britannique. Débuts du mouvement nationaliste égyptien.
— 1917 : Fu'âd, sultan d'Égypte.
— 1919 : le Wafd, organisé par Zarhlûl, devient le noyau d'un puissant parti nationaliste.
— 1922 : indépendance nominale du pays.
— 1922-1936 : Fu'âd Ier, roi d'Égypte, accorde une constitution de type parlementaire. Le Wafd, présidé depuis 1927 par Nahhâs pacha, lutte pour l'indépendance effective de l'Égypte.
— 1936 : accord anglo-égyptien confirmant l'indépendance de l'Égypte; cependant les troupes britanniques restent dans le pays.
— 1936-1952 : règne de Farouk Ier. Troubles sociaux, émeutes nationalistes; défaite égyptienne en Palestine (1948-49).
— 1952 : l'armée (général Néguib) s'empare du pouvoir et détrône Farouk.
— 1953 : proclamation de la république; Néguib, président.
— 1954 : le colonel Nasser écarte Néguib et devient le maître du pays. Signature avec la Grande-Bretagne du traité d'évacuation de la zone du canal de Suez.
— 1956 : nationalisation du canal de Suez, suivie de la nationalisation des biens des étrangers et des banques. Conflit avec Israël et échec de l'intervention franco-anglaise.
— 1958-1961 : Nasser président de la République arabe unie (Égypte, Syrie).
— 1967 : guerre catastrophique, dite « des six jours », avec Israël.

Scribe accroupi. Ancien Empire, Ve dynastie. (Musée du Caire.)

Bas-relief du mastaba de Ptahhotep à Saqqarah. Ancien Empire, Ve dynastie.

— 1970 : mort de Nasser. Anouar el-Sadate, président.
— 1973 : 4e conflit avec Israël (« guerre du Kippour »).
— 1975 : réouverture du canal de Suez.
— 1979 : signature du traité de paix israélo-égyptien (26 mars), qui est condamné par les États arabes.
— 1981 : assassinat de Sadate. Hosni Moubarak, président de la République.

ÉGYPTE

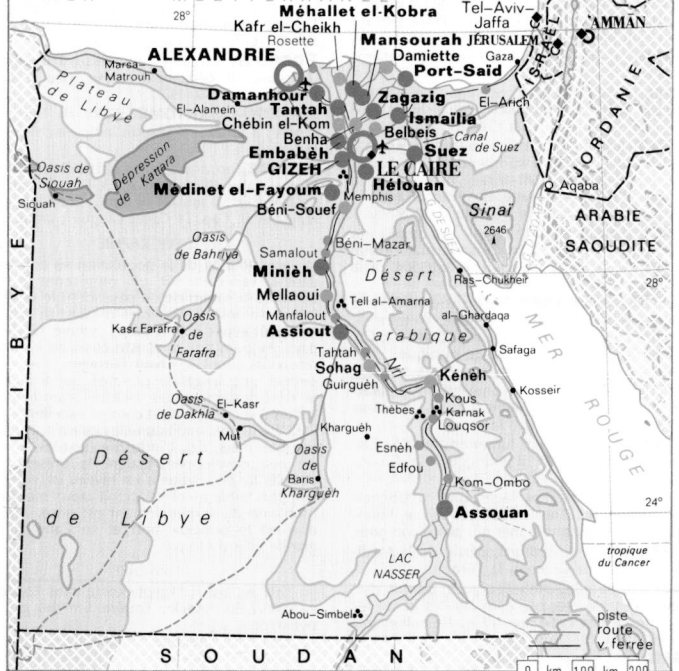

Albert **Einstein**

le président **Eisenhower** en 1960

Gustave **Eiffel**

Nécropole de Gizeh : les pyramides de Mykerinus, Khephren et Kheops,
précédées des trois petites pyramides des reines.
Ancien Empire, IVᵉ dynastie.

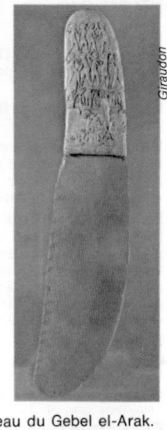

Couteau du Gebel el-Arak.
3400 av. J.-C.
(Musée du Louvre, Paris.)

Statue du roi Mentouhotep Iᵉʳ
provenant
de Deir el-Bahari.
Grès peint. Moyen Empire,
XIᵉ dynastie.
(Musée du Caire.)

**L'ART DE
L'ÉGYPTE ANCIENNE**

Égypte *(campagne d')* [1798-1801]. Elle fut
engagée par Bonaparte, qui se heurta aux Turcs
et aux Anglais, mais sut organiser la conquête et
fonda l'Institut d'Égypte avant de regagner la
France (1799). Bonaparte fut remplacé par Kléber, puis par Menou, qui évacua le pays avec
l'accord des Anglais.

EHRENBOURG (Ilia Grigorievitch), écrivain
soviétique, né à Kiev (1891-1967). Auteur de
récits sociaux et patriotiques, il donna le signal
de la déstalinisation littéraire (*le Dégel*, 1954.)

EHRENFELS (Christian, *baron* VON), psychologue autrichien, né à Rodaun, près de Vienne
(1859-1932). Ses travaux sur la perception en
font un des fondateurs de la Gestalttheorie.

EHRLICH (Paul), médecin allemand, né à
Strehlen (Silésie) [1854-1915]. Il découvrit l'ac-
tion des arsénobenzènes sur la syphilis. (Prix
Nobel, 1908.)

EIBL-EIBESFELDT (Irenäus), éthologue autrichien, né à Vienne en 1928. Élève de K. Lorenz, il a montré le rôle de l'inné dans le
comportement animal et humain.

EICHENDORFF (Joseph, *baron* VON), écrivain
allemand, né au château de Lubowitz (Haute-
Silésie) [1788-1857], auteur de nouvelles et de
poèmes qui mêlent romantisme et ironie.

EIFEL, massif boisé de l'Allemagne fédérale;
746 m.

EIFFEL (Gustave), ingénieur français, né à
Dijon (1832-1923). L'un des plus grands spécialistes mondiaux de la construction métallique, il
édifia une série de ponts et viaducs, notamment
le viaduc de Garabit (1882), et, à Paris, la tour
qui porte son nom (1887-1889; haut. 300 m à
l'origine, auj. 320 m).

EIGER, sommet des Alpes bernoises ; 3 975 m.

EIJKMAN (Christiaan), physiologiste hollandais, né à Nijkerk (1858-1930), spécialiste des
avitaminoses. (Prix Nobel, 1929.)

EILAT ou **ELATH,** port d'Israël, sur la mer
Rouge, au fond du golfe d'Aqaba; 17000 h.
Pipeline vers Haïfa.

EINAUDI (Luigi), économiste et homme politique italien, né à Carru (Piémont) [1874-1961],
président de la République de 1948 à 1955.

EINDHOVEN, v. du sud des Pays-Bas;
192500 h. Constructions mécaniques et électriques.

EINHARD → ÉGINHARD.

EINSIEDELN, v. de Suisse (Schwyz); 10020 h.
Abbaye reconstruite au début du XVIIIᵉ s. Pèlerinage.

EINSTEIN (Albert), physicien allemand, né à
Ulm (1879-1955), naturalisé américain en 1940.
Il établit la théorie du mouvement brownien.
Appliquant la théorie des quanta à l'énergie
rayonnante, il aboutit au concept de *photon*. Il

Colonnes de la salle hypostyle du grand
temple d'Amon à Karnak. Nouvel Empire,
XIXᵉ dynastie.

est surtout l'auteur de la théorie de la *relativité*,
qui a profondément marqué la science moderne.
Épris de justice, il intervint souvent en faveur
d'une paix durable. (Prix Nobel, 1921.)

EINTHOVEN (Willem), physiologiste hollandais, né à Semarang (Java) [1860-1927]; pionnier
de l'électrocardiographie. (Prix Nobel, 1924.)

ÉIRE, nom gaélique de l'*Irlande**.

EISENACH, v. d'Allemagne démocratique;
51000 h. Musée de la Thuringe. Maisons-musées
de Luther et de Bach. Industrie automobile. Aux
environs, château de la *Wartburg**.

EISENHOWER (Dwight David), général et
homme d'État américain, né à Denison (Texas)
[1890-1969]. Il dirigea les débarquements alliés
en Afrique du Nord (1942), en Italie (1943), puis
en Normandie (1944), et commanda en chef les
forces qui défirent la Wehrmacht en 1945. Mis
en 1950 à la tête des forces du Pacte atlantique
en Europe, il fut président républicain des États-
Unis de 1953 à 1960. Il mit fin à la guerre de
Corée (1953) et, recevant Khrouchtchev (1959),
rétablit un contact direct avec l'U.R.S.S.

EISENHÜTTENSTADT, anc. Stalinstadt,
v. d'Allemagne démocratique, sur l'Oder;
47000 h. Sidérurgie.

EISENSTADT, v. d'Autriche, cap. du Burgenland; 10000 h. Château du XVIIᵉ s.

Tombeau et momie de Toutankhamon à Thèbes.
Peinture murale représentant le roi accueilli
par Osiris. Nouvel Empire, XVIIIᵉ dynastie.

EISENSTEIN (Sergueï Mikhaïlovitch), cinéaste
russe, né à Riga (1898-1948), réalisateur de *la
Grève* (1924), *le Cuirassé « Potemkine »* (1925),
Alexandre Nevski (1938), *Ivan le Terrible* (1942-
1946). Il fut l'un des plus grands metteurs en
scène du cinéma.

scène d'*Ivan le Terrible* (1942-1946)
d'**Eisenstein**

EKELÖF (Gunnar), poète suédois, né à Stockholm (1907-1968), qui unit les recherches surréalistes aux thèmes lyriques traditionnels.

EKELUND (Vilhelm), poète suédois, né à

Stehag (1880-1949). Disciple des symbolistes français, il est le précurseur de la poésie moderne suédoise.

EKEREN, comm. de Belgique (prov. d'Anvers); 30 100 h.

EKOFISK, gisement d'hydrocarbures de la mer du Nord, dans le sud de la zone exploitée par la Norvège. Oléoduc vers la Grande-Bretagne et gazoduc vers l'Allemagne fédérale.

ÉLAGABAL (Marcus Aurelius Antoninus, dit) [204-222], empereur romain (218-222). Grand prêtre du Baal solaire d'Émèse, il introduisit à Rome le culte de son dieu *El Gebal,* dont il prit le nom; plus intéressé par sa religion que par les affaires de l'État, il multiplia les extravagances et fut assassiné par les prétoriens.

ÉLAM, anc. État, la *Susiane* des Grecs, situé dans le sud-ouest de l'Iran actuel (Khûzistân). L'Élam (cap. *Suse*) devint aux XIIIᵉ-XIIᵉ s. av. J.-C. un puissant empire, détruit au VIIᵉ s. par les Assyriens (sac de Suse, v. 646).

ÉLANCOURT (78310 Maurepas), comm. des Yvelines; 10 639 h.

ÉLATÉE, v. gr. de l'anc. Phocide, d'une grande importance stratégique.

ELATH → EILAT.

ELÂZIĞ, v. de la Turquie orientale; 131 000 h.

ELBASANI ou **ELBASAN,** v. de l'Albanie centrale; 45 000 h. Sidérurgie.

ELBE (l'), en tchèque **Labe,** fl. de Tchécoslovaquie et d'Allemagne. Il naît en Bohême et rejoint la mer du Nord par un estuaire, à la tête duquel est établi Hambourg; 1 100 km.

ELBE *(île d'),* île italienne de la Méditerranée, à l'est de la Corse, où Napoléon régna après sa première abdication (4 mai 1814-26 févr. 1815). Minerai de fer.

ELBÉE (Maurice GIGOST D'), général vendéen, né à Dresde, fusillé à Noirmoutier (1752-1794). Il succéda à Cathelineau.

ELBEUF (76500), ch.-l. de c. de la Seine-Maritime, sur la rive gauche de la Seine; 19 506 h. *(Elbeuviens).* Textile.

ELBLAG, v. de Pologne, près de la Baltique; 100 000 h.

ELBOURZ, massif de l'Iran, au sud de la Caspienne, culminant au Demâvend (5 604 m).

ELBROUS ou **ELBROUZ,** point culminant du Caucase (U.R.S.S.) formé par un volcan éteint; 5 633 m.

ELCHE, v. d'Espagne (prov. d'Alicante); 124 000 h. Palmeraie. Exhumé en 1897, le buste de la *Dame d'Elche* (Vᵉ-IIIᵉ s. av. J.-C.; musée du Prado) illustre l'influence grecque sur l'art ibérique.

ELCHINGEN, village d'Allemagne fédérale (Bavière). Victoire de Ney sur les Autrichiens (1805).

ELDORADO («le Doré»), pays fabuleux d'Amérique, que les conquistadores plaçaient entre l'Amazone et l'Orénoque, et qui, selon eux, regorgeait d'or.

ÉLECTRE, fille d'Agamemnon et de Clytemnestre; pour venger son père, elle poussa son frère Oreste à tuer Égisthe et Clytemnestre. — La vengeance d'Électre a inspiré Eschyle (les *Choéphores,* 458 av. J.-C.), Sophocle (v. 425 av. J.-C.), Euripide (v. 413 av. J.-C.) et J. Giraudoux (*Électre,* 1937).

ÉLÉE, anc. v. d'Italie (Lucanie), colonie des Phocéens. Patrie de Zénon et de Parménide, deux des philosophes de l'*école d'Élée* (Vᵉ s. av. J.-C.), qui font de l'Être un absolu éternel.

ELEKTROSTAL, v. de l'U.R.S.S. (R.S.F.S. de Russie), à l'est de Moscou; 135 000 h.

ÉLÉONORE D'AQUITAINE → ALIÉNOR D'AQUITAINE.

ÉLÉONORE DE HABSBOURG, archiduchesse d'Autriche, née à Louvain (1498-1558), fille de l'archiduc Philippe le Beau, roi de Castille. Elle épousa en 1519 Manuel Iᵉʳ de Portugal, puis en 1530 François Iᵉʳ, roi de France.

Éléphant *(ordre de l'),* ordre danois, créé en 1462 et réorganisé en 1808.

Éleusis : la mission de Triptolème

Élisabeth Iʳᵉ

Thomas Stearns **Eliot**

Élisabeth II

Élisabeth de Belgique

ELEPHANTA, île indienne au centre du golfe de Bombay. L'un des hauts lieux du çivaïsme, célèbre pour son ensemble de grottes ornées du VIIᵉ s. (relief de la *Descente du Gange sur la terre,* buste colossal de Śiva tricéphal, etc.).

ÉLÉPHANTINE *(île),* île du Nil, en face d'Assouan. Importante base militaire au temps des pharaons. Ruines.

ÉLEUSIS, v. de Grèce (Attique), au nord-ouest d'Athènes; 13 000 h. Sidérurgie. Cimenterie. — Dans l'Antiquité, on y célébrait des mystères liés au culte de Déméter. Ruines importantes (du VIIᵉ s. av. J.-C. à l'époque romaine), qui ont livré, entre autres, la *mission de Triptolème,* relief originaire de l'atelier de Phidias (Athènes, Musée national).

ÉLEUTHÈRE *(saint)* [m. en 189], pape de 175 à 189.

ELGAR *(sir* Edward), compositeur anglais, né à Broadheat (1857-1934), directeur de la musique du roi, auteur d'oratorios (*The Dream of Gerontius),* de symphonies, etc.

ELGIN (Thomas BRUCE, *comte* D'), diplomate anglais et collectionneur, né à Londres (1766-1841). Ambassadeur en Turquie (1799-1802), il fit transporter au British Museum une partie des sculptures du Parthénon. — Son fils JAMES, né à Londres (1811-1863), fut gouverneur du Canada de 1846 à 1854, et le premier vice-roi des Indes (1858).

ELIACIN → JOACHIM.

ELIADE (Mircea), écrivain et historien roumain, né à Bucarest en 1907, spécialiste de l'histoire des religions et de l'étude des mythes.

ÉLIDE, pays de la Grèce ancienne, sur la côte ouest du Péloponnèse. Dans sa principale ville, Olympie, on célébrait les *jeux Olympiques.*

ÉLIE, prophète hébreu (IXᵉ s. av. J.-C.). Il exerça son ministère dans le royaume d'Israël et lutta contre les cultes idolâtriques cananéens.

ÉLIE d'Assise ou **FRÈRE ÉLIE,** franciscain italien, né à Castel Britti (1171-1243). Ministre général des Frères mineurs après saint François (1232), il fut excommunié pour s'être allié au parti gibelin.

ÉLIE DE BEAUMONT (Léonce), géologue français, né à Canon (Calvados) [1798-1874]. Avec Dufrénoy, il établit la carte géologique de la France au 1/500 000.

ELIOT (John), missionnaire protestant anglais, né à Widford (Hertfordshire) [1604-1690]. Il évangélisa la Nouvelle-Angleterre.

ELIOT (Mary Ann EVANS, dite **George),** femme de lettres anglaise, née à Chilvers Coton (Warwickshire) [1819-1880], auteur de romans réalistes qui peignent la vie rurale et provinciale anglaise (*Adam Bede,* 1859; *le Moulin sur la Floss,* 1860; *Silas Marner,* 1861).

ELIOT (Thomas Stearns), écrivain anglais d'origine américaine, né à Saint Louis (1888-1965). Critique de la société moderne à travers les mythes antiques (*la Terre* gaste), il évolua vers un catholicisme mystique (*Meurtre dans la cathédrale).* [Prix Nobel, 1948.]

ÉLISABETH *(sainte),* mère de saint Jean-Baptiste, femme du prêtre Zacharie.

ÉLISABETH *(sainte),* princesse de Hongrie (1207-1231), fille d'André II, roi de Hongrie.

ÉLISABETH Iʳᵉ, née à Greenwich (1533-1603), reine d'Angleterre (1558-1603), fille d'Henri VIII et d'Anne Boleyn. Souveraine énergique et autoritaire, elle dota l'Angleterre d'une religion d'État, l'anglicanisme, par l'Acte de suprématie (1559) et le bill des Trente-Neuf Articles (1563), mais elle se heurta à l'opposition des puritains, qu'elle pourchassa, et des catholiques, qu'elle frappa dans la personne de leur protectrice, sa cousine Marie Stuart, qu'elle fit décapiter (1587). Cette exécution déclencha les hostilités entre l'Angleterre et l'Espagne catholique, dont l'Invincible Armada fut dispersée par la tempête (1588) : cette lutte eut pour effet de consacrer la suprématie maritime de l'Angleterre et d'encourager son expansionnisme (Compagnie des Indes orientales). La période élisabéthaine fut marquée aussi par un grand essor culturel et artistique. Avec Élisabeth, célibataire par volonté d'indépendance, finit la branche des Tudors.

ÉLISABETH II, née à Londres en 1926, reine de Grande-Bretagne et du Commonwealth depuis 1952, fille de George VI, épouse depuis 1947 de Philippe, duc d'Édimbourg.

ÉLISABETH, née à Kolomenskoïe, près de Moscou (1709-1762), impératrice de Russie (1741-1762), fille de Pierre le Grand et de Catherine Iʳᵉ. Elle favorisa dans ses États l'influence française, et renforça l'autorité de l'État et les privilèges nobiliaires.

ÉLISABETH, reine des Belges, née à Possenhofen (Bavière) [1876-1965], fille du duc de Bavière Charles Théodore, femme d'Albert Ier, roi des Belges.

ÉLISABETH D'AUTRICHE, née à Vienne (1554-1592), reine de France. Fille de l'empereur Maximilien II, elle épousa en 1570 Charles IX.

ÉLISABETH FARNÈSE, née à Parme (1692-1766), reine d'Espagne. Seconde épouse de Philippe V (1714), elle domina son mari, l'obligeant à remonter sur le trône après la mort de son fils Louis Ier (1724).

ÉLISABETH DE FRANCE, née à Fontainebleau (1545-1568), reine d'Espagne, fille d'Henri II et de Catherine de Médicis, épouse de Philippe II.

ÉLISABETH DE FRANCE, née à Fontainebleau (1602-1644), reine d'Espagne, fille d'Henri IV et de Marie de Médicis. Elle épousa Philippe IV d'Espagne et fut la mère de Marie-Thérèse, femme de Louis XIV.

ÉLISABETH DE FRANCE (*Madame*), née à Versailles (1764-1794), sœur de Louis XVI. Elle mourut sur l'échafaud.

ÉLISABETH DE WITTELSBACH, impératrice d'Autriche, née à Possenhofen (Bavière) [1837-1898], femme de François-Joseph Ier; elle fut assassinée par un anarchiste.

ÉLISABETHVILLE → LUBUMBASHI.

ÉLISÉE, prophète juif, successeur d'Élie (IXe s. av. J.-C.).

ELIZABETH, port des États-Unis (New Jersey); 113 000 h.

ELKINGTON (George Richards), inventeur britannique, né à Birmingham (1801-1865). On lui doit l'utilisation commerciale des procédés d'argenture et de dorure par l'électrolyse (1840).

ELLE, famille de peintres français d'origine flamande (XVIIe s. - début du XVIIIe).

ELLESMERE (*terre d'*), île de l'archipel arctique canadien (Territoires du Nord-Ouest), recouverte en grande partie par des calottes glaciaires.

ELLICE → TUVALU (*îles*).

ELLINGTON (Edward KENNEDY, dit **Duke**), pianiste, compositeur et chef d'orchestre de jazz noir américain, né à Washington (1899-1974). Il fut, avec Armstrong, l'un des grands créateurs du jazz.

ELLIOT LAKE, région minière du Canada (Ontario), près du lac Huron. Minerai d'uranium.

ELLORÂ, site archéologique de l'Inde, au nord-ouest d'Aurangâbâd. Plus d'une trentaine de temples rupestres ou excavés (Kailâsa, VIIIe s.) relèvent du bouddhisme, du brahmanisme et du jinisme; décoration sculptée en haut relief.

ELLORE → ELURU.

ELME (*saint*) → ÉRASME.

ELNE (66200), comm. des Pyrénées-Orientales, près du Tech; 6019 h. (*Illibériens*). Anc. cathédrale en partie romane; cloître des XIIe-XIVe s. (chapiteaux).

Éloge de la Folie (*l'*), ouvrage latin d'Érasme (1511), satire du clergé et de la société.

ÉLOI (*saint*), évêque de Noyon, né à Chaptelat? (Limousin) [v. 588-660], orfèvre et trésorier de Clotaire II, puis de Dagobert Ier. Il succéda à saint Médard sur le siège de Noyon-Tournai (641). Patron des orfèvres et des ouvriers métallurgistes.

ELORN ou **ÉLORN,** fl. côtier de Bretagne, qui se jette dans la rade de Brest; 51 km.

EL PASO, v. des États-Unis (Texas), sur le Rio Grande; 322 000 h. Métallurgie (cuivre).

ELSENEUR, en danois Helsingør, port du Danemark, sur le Sund; 56 000 h. Château de Kronborg (XVIe s.), où Shakespeare situe l'action d'*Hamlet*.

ELSHEIMER (Adam), peintre et graveur allemand, né à Francfort-sur-le-Main (1578-1610). Ami, à Rome, de Paul Bril et de Rubens, il pratiqua les premiers, en petit format, le genre du paysage historique.

ELSKAMP (Max), poète belge d'expression française, né à Anvers (1862-1931), qui s'ins-

pira des traditions populaires et de la pensée extrême-orientale.

ELSSLER (Franziska, dite **Fanny**), danseuse autrichienne, née à Vienne (1810-1884), une des plus grandes interprètes romantiques.

ELSTER, nom de deux rivières de l'Allemagne démocratique (Saxe) : l'*Elster Blanche*, qui se jette dans la Saale (r. dr.) et passe à Leipzig (195 km), et l'*Elster Noire*, affl. de l'Elbe (r. dr.) [188 km].

ÉLUARD (Eugène GRINDEL, dit **Paul**), poète français, né à Saint-Denis (1895-1952). Il évolua du groupe surréaliste (*Capitale de la douleur,* 1926) à l'engagement dans la Résistance (*Poésie et Vérité,* 1942) puis au parti communiste (*Une leçon de morale,* 1949), sans jamais abandonner une conception plastique de l'existence (*les Yeux fertiles, Donner à voir, le Dur Désir de durer*).

Paul **Eluard**

ELURU ou **ELLORE,** v. de l'Inde (Andhra Pradesh); 127 000 h.

ELVEN (56250), ch.-l. de c. du Morbihan; 2929 h. Vestiges, dits « tours d'Elven », de la forteresse de Largoët (XIIIe-XVe s.).

ELY, v. d'Angleterre, au nord-est de Cambridge; 10 000 h. Cathédrale dont les styles s'échelonnent du roman normand au gothique « décoré » du XIVe s.

ÉLYSÉE. *Myth. gr.* Séjour de félicité dans l'autre monde. (V. CHAMPS ÉLYSÉES.)

Élysée (*palais de l'*), résidence parisienne, située à l'angle de la rue du Faubourg-Saint-Honoré et de l'avenue de Marigny. Construit en 1718 par l'architecte Claude Mollet, il servit de résidence à Mme de Pompadour, puis à son frère le marquis de Marigny, aux ambassadeurs extraordinaires, au financier Beaujon (1773), à la duchesse de Bourbon (1788), à l'impératrice Caroline Murat, à l'Empereur, puis fut affecté, en 1848 et à partir de 1873, à la présidence de la République.

ELYTIS (Odysseus), poète grec, né à Hêraklion (Crète) en 1911, inspiration à la fois esthétique et sociale (*Soleil, le premier; Six et un remords pour le ciel*). [Prix Nobel, 1979.]

ELZÉVIR, ELZEVIER ou **ELSEVIER,** famille d'imprimeurs et de libraires hollandais établis à Leyde, à La Haye, à Utrecht et à Amsterdam au XVIe et au XVIIe s. Le plus ancien est LOUIS, né à Louvain (v. 1540-1617).

Émaux et camées, recueil poétique de Théophile Gautier (1852).

EMBA, fl. de l'U.R.S.S., qui rejoint la Caspienne; 600 km. Il donne son nom à une région pétrolifère entre l'Oural méridional et la Caspienne.

EMBABÊH ou **IMBABA,** v. d'Égypte, près du Caire; 341 000 h.

Embarquement pour Cythère (*l'*) ou, mieux, **Pèlerinage à l'île de Cythère,** toile de Watteau (1717, Louvre) qui constitua, en tant que « fête galante », son morceau de réception à l'Académie royale. (Réplique à Berlin.)

EMBIEZ (*îles des*), petit archipel de la côte varoise. Tourisme.

EMBRUN (05200), ch.-l. de c. des Hautes-Alpes, sur la Durance; 4 985 h. (*Embrunais*). Anc. cathédrale du XIIe s. Station touristique.

EMBRUNAIS, région des Alpes françaises, autour d'Embrun.

EMDEN, port d'Allemagne fédérale, à l'embouchure de l'Ems; 49 000 h. Raffinage du pétrole. Automobiles.

EMERSON (Ralph Waldo), philosophe américain, né à Boston (1803-1882), fondateur du *transcendantalisme* et auteur des *Traits du caractère anglais* (1856).

EMERY (Michel PARTICELLI, *sieur* D'), financier français d'origine italienne, né à Lyon (v. 1595-1650), contrôleur général puis surintendant des Finances de 1643 à 1650.

ÉMERY (Jacques André), théologien français, né à Gex (1732-1811). Supérieur de la Compagnie de Saint-Sulpice (1782), il joua un rôle essentiel dans la direction du clergé de France pendant la Révolution et l'Empire.

ÉMÈSE, v. de Syrie, sur l'Oronte, célèbre par son temple dédié au Baal solaire El Gebal. (Auj. Homs.)

Émile ou *De l'éducation,* roman pédagogique de J.-J. Rousseau (1762). L'auteur part du principe que « l'homme est naturellement bon » et que, l'éducation donnée par la société étant mauvaise, il convient d'établir une « éducation négative comme la meilleure ou plutôt comme la seule bonne ». Les idées de Rousseau devaient avoir leur répercussion sur les méthodes éducatives : pour l'élève, pratique des expériences personnelles et, de la part de l'éducateur, respect de la personnalité de l'enfant.

ÉMILIE, région d'Italie, au sud du Pô, sur l'Adriatique. Elle forme avec la *Romagne* une région administrative (22 123 km²; 3 956 000 h.; cap. *Bologne*), comprenant les prov. de Bologne, Ferrare, Forlì, Modène, Parme, Plaisance, Ravenne, Reggio nell'Emilia.

EMINESCU (Mihai), écrivain roumain, né à Ipoteşti (1850-1889). Auteur de nouvelles et de contes populaires, il est, par son génie romantique, le grand poète national de la Roumanie.

ÉMIRATS ARABES UNIS → ARABES UNIS (*Émirats*).

EMMANUEL (Maurice), musicologue et compositeur français, né à Bar-sur-Aube (1862-1938), auteur de musique de théâtre (*Prométhée enchaîné, Salamine*), de sonatines. Il fut partisan de la musique modale.

EMMANUEL (Noël MATHIEU, dit **Pierre**), écrivain français, né à Gan (Pyrénées-Atlantiques) en 1916, auteur d'essais et de recueils poétiques (*l'Évangéliaire, Sophia*), où il confronte sa foi chrétienne aux problèmes du monde et de la culture modernes.

EMMANUEL-PHILIBERT Tête de Fer, né à Chambéry (1528-1580), duc de Savoie (1553-1580). Il s'attacha à Charles Quint et s'efforça, avec l'aide de saint François de Sales, de restaurer le catholicisme dans ses États.

EMMAÜS, bourg de Palestine, près de Jérusalem. Jésus y apparut à deux disciples après sa résurrection.

EMMEN, v. des Pays-Bas (Drenthe); 87 000 h. Textile.

EMMEN, comm. de Suisse (Lucerne); 22 040 h.

EMMENTAL ou **EMMENTHAL,** vallée suisse (canton de Berne). Fromages renommés.

ÉMOSSON, barrage-réservoir de Suisse (Valais), à la frontière française, alimentant une centrale française et une centrale suisse.

EMPÉDOCLE, philosophe et législateur grec, né à Agrigente (ve s. av. J.-C.). Du parti démocratique, il a élaboré une cosmogonie fondée sur les quatre éléments, dont les rapports sont régis par l'Amour (*Éros*) et la Haine (*Polemos*). Il mourut en se jetant dans l'Etna.

Empire (PREMIER), gouvernement établi en France, en mai 1804, par Napoléon Ier, jusque-là Premier consul. Il prit fin en avril 1814, lorsque l'Empereur fut contraint d'abdiquer, et fut momentanément restauré, sous une forme plus libérale, durant les Cent-Jours (mars-juin 1815).

Empire (SECOND), gouvernement de la France de novembre 1852 à septembre 1870, établi par Napoléon III, jusque-là président de la

République. Après une période autoritaire, le second Empire devint plus libéral (1860-1870). La défaite de la France provoqua son effondrement.

EMS, fl. d'Allemagne fédérale, longeant la frontière des Pays-Bas, tributaire de la mer du Nord; 320 km.

EMS ou **BAD EMS,** v. d'Allemagne fédérale, près de Coblence; 10 000 h. Station thermale. C'est à Ems que, le 13 juillet 1870, fut rédigée une dépêche adressée à Bismarck au sujet de la candidature Hohenzollern au trône d'Espagne, dépêche qui, communiquée aux journaux, décida de la guerre.

EMS, comm. de Suisse (Grisons); 5 701 h. Industries chimiques.

E.N.A., sigle d'*École nationale d'administration.*

En attendant Godot, pièce en deux actes de Samuel Beckett (1953), l'une des manifestations les plus significatives du théâtre de l'absurde.

ENCINA (Juan DEL), poète et musicien espagnol, né à La Encina, près de Salamanque (1468-v. 1529), auteur de poèmes dramatiques (*Eglogas*) considérés comme les œuvres les plus anciennes du théâtre profane espagnol.

Encyclopédie ou Dictionnaire raisonné des sciences, des arts et des métiers, publication inspirée par un ouvrage similaire de l'Anglais Chambers (1729), et dirigée par Diderot (1751-1772). Elle avait pour but de faire connaître les progrès de la science et de la pensée dans tous les domaines. On désigne sous le nom d'*encyclopédistes* les savants, les philosophes et les spécialistes de toutes les disciplines qui collaborèrent à sa rédaction (Voltaire, Montesquieu, Rousseau, Jaucourt, etc.). Le *Discours préliminaire*, rédigé par d'Alembert, est un tableau synthétique des connaissances à cette époque.

ENDYMION. *Myth. gr.* Berger qui fut aimé de Séléné. Celle-ci obtint de Zeus qu'Endymion conserverait sa beauté dans un sommeil éternel.

ÉNÉE, prince troyen, dont Virgile a fait le héros de son *Énéide.* Fuyant Troie en flammes, Énée aborda en Italie et fonda la ville de Lavinium. La légende romaine fit de Romulus un descendant d'Énée.

Énéide (*l'*), poème épique de Virgile, en 12 chants (29-19 av. J.-C.) : épopée nationale qui raconte l'établissement des Troyens en Italie et annonce la fondation de Rome.

ENESCO ou **ENESCU** (George), violoniste et compositeur roumain, né à Liveni (1881-1955), auteur d'*Œdipe,* opéra, et de *Rhapsodies roumaines.*

Enfant prodigue (*l'*), parabole de l'Évangile, illustration de la mansuétude divine. Un fils ayant quitté son père pour courir l'aventure est reçu à bras ouverts lorsqu'il revient chez lui dans la misère. (Luc, XV.)

ENFANTIN (Barthélemy Prosper), dit **le Père Enfantin,** ingénieur et économiste français, né à Paris (1796-1864). Avec Armand Bazard, il transforma le mouvement saint-simonien en Église (1828-1832).

ENFIELD, v. de Grande-Bretagne, au nord de Londres; 265 000 h.

ENGADINE, partie suisse (Grisons) de la vallée de l'Inn. Tourisme.

ENGELBERG, comm. de Suisse (canton d'Unterwald), au pied du Titlis; 2 841 h. Station de sports d'hiver (alt. 1 050-3 020 m).

ENGELBREKT ENGELBREKTSSON, patriote suédois, né en Dalécarlie (v. 1390-1436). Il souleva la Suède contre la domination danoise en 1434.

ENGELS, v. de l'U.R.S.S., sur la Volga; 163 000 h.

ENGELS (Friedrich), théoricien socialiste allemand, né à Barmen (1820-1895), ami de K. Marx. Il écrit *la Situation de la classe laborieuse en Angleterre* (1845), où s'élaborent quelques idées-forces du marxisme. Avec Marx, il rédige *la Sainte Famille* (1845), *l'Idéologie allemande* (1845-46), où ils jettent les bases du matérialisme historique, et *le Manifeste du parti communiste* (1848). Il attaque les thèses de l'économiste E. Dühring dans l'*Anti-Dühring* (1878), et analyse

Barthélemy Prosper
Enfantin

James **Ensor**
les Masques et la mort
(1897)

Marx et **Engels** (à droite)
détail d'une peinture d'E. Chapiro

en philosophe le matérialisme dialectique (*la Dialectique de la nature,* 1873-1883; publiée en 1926). Il assure la publication du *Capital* après la mort de son auteur. Il poursuit la réflexion historique du marxisme dans *l'Origine de la famille, de la propriété privée et de l'État* (1884).

ENGHIEN, en néerl. **Edingen,** v. de Belgique (Hainaut); 9 500 h.

ENGHIEN (Louis Antoine Henri DE BOURBON-CONDÉ, duc D') → CONDÉ (Louis Antoine Henri de).

ENGHIEN-LES-BAINS [ãgɛ̃] (95880), ch.-l. de c. du Val-d'Oise, sur le *lac d'Enghien;* 10 713 h. Eaux sulfureuses (voies respiratoires). Casino. Au nord-ouest, hippodrome.

ENGILBERT (saint) → ANGILBERT.

ENKOMI, site archéologique de Chypre, à l'emplacement de l'anc. Alasia, l'un des principaux centres urbains de l'île au bronze récent (XIVe-XIIIe s. av. J.-C.).

Enlèvement au sérail (*l'*), singspiel en 3 actes, musique de Mozart (1782).

ENNA, v. d'Italie (Sicile); 29 000 h. Restes du château médiéval, avec un magnifique panorama. Gaz naturel et soufre.

Ennéades (*les*), de Plotin, recueil réuni par Porphyre (IIIe s. apr. J.-C.), dans lequel l'auteur traite de la morale, du monde, de l'âme, de l'intelligence et de l'Un (= Dieu).

ENNEZAT (63720), ch.-l. de c. du Puy-de-Dôme; 1 344 h. Anc. abbatiale des XIe-XIIIe s. (peintures murales du XVe).

ENNIUS (Quintus), poète latin d'origine grecque, né à Rudiae (Calabre) [239-169 av. J.-C.], auteur de poésies philosophiques et morales (*Saturae*) et d'*Annales* en vers qui racontaient l'histoire de Rome.

ENNODIUS (saint), écrivain ecclésiastique, né à Arles (v. 473 ou 474-521), évêque de Pavie, défenseur de la primauté du pape.

ENNS, riv. des Alpes autrichiennes, affl. du Danube (r. dr.); 225 km.

ÉNOCH → HÉNOCH.

Enoch Arden, poème d'A. Tennyson (1864).

ENRIQUES (Federigo), mathématicien italien, né à Livourne (1871-1946). Ses travaux se sont étendus aux problèmes généraux de la science et de la connaissance scientifique.

ENSCHEDE, v. des Pays-Bas (Overijssel); 143 000 h. Pneumatiques.

enseignement (*Ligue française de l'*), association fondée en 1866, par Jean Macé, pour favoriser la diffusion de l'instruction dans les classes populaires.

ENSÉRUNE (montagne d'), plateau du bas Languedoc, entre l'Orb et l'Aube. Site archéologique préroman (VIe-IIIe s. av. J.-C.). Musée.

ENSISHEIM (68190), ch.-l. de c. du Haut-Rhin; 5 685 h. Chaussures.

ENSOR (James), peintre et graveur belge, né à Ostende (1860-1949). Tout à la fois impressionniste, réaliste et visionnaire, il est considéré comme un des maîtres de l'art moderne (*l'Entrée du Christ à Bruxelles,* 1888, en dépôt au musée d'Anvers).

ENTEBBE, v. de l'Ouganda, sur le lac Victoria; 11 000 h. Anc. capitale. Aéroport.

Entente (*Conseil de l'*), groupement constitué en 1959 par la Côte-d'Ivoire, le Dahomey (auj. Bénin), le Niger et la Haute-Volta, et rallié par le Togo en 1966.

Entente (*Petite-*), alliance élaborée en 1920-21 entre la Yougoslavie, la Tchécoslovaquie et la Roumanie, pour le maintien des frontières fixées en 1920. Elle s'effondra en 1939.

Entente (*Triple-*), nom donné au système fondé sur les accords bilatéraux conclus, de 1892 à 1905, entre la France, la Grande-Bretagne et la Russie et définitivement constitué en 1907, en vue de contrebalancer la Triple-Alliance.

Entente cordiale, nom donné aux bons rapports qui existèrent sous Louis-Philippe et à partir de 1904 entre la France et la Grande-Bretagne.

enterrement à Ornans (*Un*), grande toile de Courbet (1849, Louvre) qui scandalisa par son réalisme et fit du peintre un chef d'école.

Enterrement du comte d'Orgaz (*l'*), grande toile du Greco (1586, église S. Tomé, Tolède) sur un thème légendaire médiéval.

ENTRAGUES (Henriette DE BALZAC D'), marquise de Verneuil, née à Orléans (1579-1633), favorite d'Henri IV de 1599 à 1608.

ENTRAYGUES - SUR - TRUYÈRE (12140), ch.-l. de c. de l'Aveyron, au confluent du Lot et de la Truyère; 1 590 h. (*Entrigots*). Ruines d'un château fort.

ENTRECASTEAUX (Antoine BRUNI D'), *chevalier*, navigateur français, né au château d'Entrecasteaux (Provence) [1737-1793], mort en recherchant La Pérouse.

ENTRE-DEUX (97414), ch.-l. de c. de la Réunion; 3 802 h.

ENTRE-DEUX-MERS, région viticole du Bordelais, entre la Garonne et la Dordogne.

ENTREMONT, vallée de la Suisse (Valais), au pied du Grand-Saint-Bernard.

ENTREMONT (plateau d'), site archéologique de Provence, au nord d'Aix-en-Provence, où s'éleva la capitale d'une peuplade ligure. La tradition celtique s'y allie avec l'art méditerranéen (IIIe s. av. - Ier s. apr. J.-C.).

théâtre
d'**Épidaure**
(IVe av. J.-C.)

ENTREVAUX (04320), ch.-l. de c. des Alpes-de-Haute-Provence; 686 h. Fortifications de Vauban. Église du XVIe s.

ENTZHEIM (67960), comm. du Bas-Rhin; 2027 h. Aéroport de Strasbourg.

ENUGU, v. du Nigeria oriental; 167000 h.

ENVALIRA (col ou port d'), col des Pyrénées orientales, en Andorre; 2407 m.

ENVERMEU (76630), ch.-l. de c. de la Seine-Maritime; 1488 h.

ENVER PAŞA, général turc, né à Istanbul (1881-1922). Il fut commandant de l'armée turque du Caucase (1914), puis défendit les Dardanelles (1915-16). Il tenta de soulever le Turkestan contre les Soviétiques et fut tué.

ENZO, ENZIO ou **HEINZ** (v. 1220-1272), fils naturel de l'empereur Frédéric II, qui lui donna le titre de roi de Sardaigne. Il fut le meilleur lieutenant de son père et l'un des représentants de l'école littéraire sicilienne.

ÉOLE. *Myth. gr. et rom.* Dieu des Vents.

ÉOLIE ou **ÉOLIDE**, anc. contrée du sud-ouest de l'Asie Mineure. Elle fut, grâce à Alcée et Sappho, la patrie de la poésie lyrique.

ÉOLIENNES ou **LIPARI** (îles), archipel italien de la mer Tyrrhénienne au nord de la Sicile, et comprenant les îles Lipari, Vulcano, Salina, Alicudi, Filicudi, Panarea et Stromboli.

ÉON (Charles DE BEAUMONT, *chevalier* d'), officier et agent secret de Louis XV, né à Tonnerre (1728-1810). Vraisemblablement un homme, malgré le costume féminin qu'il a souvent porté, il fut chargé de mission à la cour de Russie, puis à Londres.

ÉOUÉS → **ÉWÉS.**

ÉPAMINONDAS, général et homme d'État béotien, né à Thèbes (v. 418-362 av. J.-C.). Un des chefs du parti démocratique à Thèbes, il assura l'hégémonie thébaine en écrasant les Lacédémoniens à Leuctres (371). Sa mort à la bataille de Mantinée (362) mit fin à la grandeur de Thèbes.

ÉPARGES (Les) [55160 Fresnes en Woëvre], comm. de la Meuse; 43 h. Violents combats en 1914-15.

ÉPÉE (Charles Michel, *abbé* DE L'), né à Versailles (1712-1789). Il fonda une école pour les sourds-muets, auxquels il apprit à se faire comprendre au moyen d'un langage par signes.

ÉPERNAY (51200), ch.-l. de la Marne, sur la Marne; 31108 h. (*Sparnaciens*). Vins de Champagne. Musée viticole.

ÉPERNON (28230), comm. d'Eure-et-Loir; 4200 h. Les « pressoirs », anc. cellier du XIIIe s.

ÉPERNON (Jean Louis DE NOGARET DE LA VALETTE, *duc* D'), gentilhomme français, né au château de Caumont (1554-1642). Un des favoris d'Henri III, il devint colonel général de l'infanterie française (1587); il incita le parlement à donner la régence à Marie de Médicis en 1610.

Éperons (*journée des*) → **GUINEGATTE.**

ÉPHÈSE, anc. v. d'Ionie, sur la côte de la mer Égée. Grand centre commercial dès le VIIIe s. av. J.-C., son importance religieuse fut considé-

entablement du temple d'Hadrien à **Éphèse**

rable du fait de son temple d'Artémis et de l'ancienneté de sa communauté chrétienne évangélisée par saint Paul. Le concile d'Éphèse, en 431, condamna le nestorianisme. Vestiges hellénistiques, romains et byzantins.

ÉPHIALTÈS, homme d'État athénien (v. 495-457 av. J.-C.). Il promut d'importantes réformes limitant le pouvoir de l'aristocratie.

ÉPHRAÏM, second fils de Joseph, ancêtre éponyme d'une tribu d'Israël.

ÉPHREM (*saint*), docteur de l'Église, né à Nisibis (v. 306-373). Il est le grand docteur de l'Église syriaque.

ÉPI (l'), la seizième des étoiles les plus brillantes du ciel, dans la constellation de la Vierge.

ÉPICTÈTE, philosophe stoïcien du Ier s., né à Hiérapolis (Phrygie). Ses *Entretiens* et son *Manuel* réduisent le stoïcisme à une morale fondée sur la différence entre ce qui dépend de l'individu et ce qui n'en dépend pas.

ÉPICURE, philosophe grec, né à Samos ou à Athènes (341-270 av. J.-C.). Il vécut surtout à Athènes où il fonda une école, le « jardin ». Connue par Diogène Laërce et Lucrèce, sa pensée fait des sensations le critère des connaissances et de la morale, et des plaisirs qu'elles procurent le principe du bonheur.

ÉPIDAURE, v. d'Argolide, sur la mer Égée, célèbre par son temple d'Asclépios, dieu de la Médecine, et les guérisons qui s'y opéraient. Il y subsiste d'importantes ruines, notamment le mieux conservé des théâtres grecs (fin du IVe s. av. J.-C.).

ÉPIGONES, nom donné aux fils des Sept Chefs qui périrent devant Thèbes.

ÉPIMÉTHÉE. *Myth. gr.* Titan, frère de Prométhée, époux de Pandore.

ÉPINAC (71360), ch.-l. de c. de Saône-et-Loire; 2893 h.

ÉPINAL (88000), ch.-l. du dép. des Vosges, à

372 km à l'est de Paris, sur la Moselle; 42810 h. (*Spinaliens*). Basilique romane et gothique. Textile. Caoutchouc. Constructions mécaniques. Centre d'imagerie populaire à partir de la fin du XVIIIe s.

ÉPINAY (Louise DE LA LIVE D') [née TARDIEU D'ESCLAVELLES], femme de lettres française, née à Valenciennes (1726-1783). Un moment protectrice de J.-J. Rousseau, elle a laissé des Mémoires, des essais de morale, des ouvrages d'éducation.

ÉPINAY-SOUS-SÉNART (91800 Brunoy), comm. de l'Essonne; 14867 h.

ÉPINAY-SUR-ORGE (91360), comm. de l'Essonne; 9459 h.

ÉPINAY-SUR-SEINE (93800), ch.-l. de c. de la Seine-Saint-Denis; 46578 h.

ÉPINE (L') [51000 Châlons sur Marne] (anc. **Lépine**), comm. de la Marne; 371 h. Église Notre-Dame-de-l'Épine (XVe-XVIe s.); pèlerinage.

Épinicies, nom générique des *Odes triomphales* de Pindare (Ve s. av. J.-C.), poésies lyriques dédiées aux athlètes vainqueurs.

ÉPIPHANE (*saint*), écrivain grec chrétien, né près d'Éleuthéropolis (v. 315-403). Il est surtout connu par ses attaques maladroites contre l'origénisme.

ÉPIRE, contrée de la Grèce, au sud-ouest de la Macédoine. Le royaume d'Épire, constitué à la fin du Ve s. av. J.-C., prit de l'importance avec Pyrrhos II (295-272); il fut soumis par les Romains en 168 av. J.-C. En 1205, Michel Ier Ange constitua un *despotat d'Épire*, qui fut, au XIVe s., reconquis par l'empereur byzantin Andronic III Paléologue.

Épîtres, d'Horace (30-8 av. J.-C.), poésies où l'auteur, sur un ton familier, traite de la morale et du goût. La dernière, l'*Épître aux Pisons*, constitue un art poétique.

Épîtres, de Boileau, publiées (au nombre de douze) de 1669 à 1695. Tantôt elles prennent le ton de l'épopée (IVe épître, *Au roi*, sur le passage du Rhin), tantôt elles traitent de morale ou de critique littéraire.

Épîtres du Nouveau Testament ou **Épîtres des Apôtres**, lettres des Apôtres insérées dans le canon du Nouveau Testament. Elles se répartissent en 14 épîtres dont saint Paul et 7 épîtres dites « catholiques » : celles de Jacques, de Pierre (2), de Jean (3) et de Jude. L'authenticité de certaines est mise en question.

ÉPÔNE (78680), comm. des Yvelines; 5015 h.

Époques de la nature (*les*), ouvrage de Buffon (1749-1778). Il y décrit les révolutions du globe terrestre et contribue à fonder les théories qui seront à la base de l'évolutionnisme.

EPPEVILLE (80400 Ham), comm. de la Somme; 2261 h. Sucrerie. Tréfilerie.

EPSOM, v. d'Angleterre, au sud de Londres; 71000 h. Station thermale. Depuis 1779 y a lieu une célèbre course de chevaux (le *Derby*).

EPSTEIN (sir Jacob), sculpteur britannique, né à New York (1880-1959). Il côtoya l'avant-garde, puis adopta un style d'un réalisme énergique (tombeau d'Oscar Wilde au Père-Lachaise, à Paris).

EPSTEIN (Jean), cinéaste français, né à Varsovie (1897-1953), l'un des principaux théoriciens de l'avant-garde, auteur de *Cœur fidèle* (1923), *la Chute de la maison Usher* (1928), *Finis Terrae* (1929).

EPTE, affl. de la Seine (r. dr.); 100 km. Elle passe à Gisors et à Saint-Clair-sur-Epte.

ÉQUATEUR, en esp. **Ecuador**, république de l'Amérique du Sud, sur le Pacifique; 270670 km²; 8350000 h. (*Équatoriens*). Cap. Quito. V. pr. Guayaquil. Langue : espagnol.

GÉOGRAPHIE

Les Andes forment de hauts plateaux dominés par des volcans et séparent la plaine côtière, plus large et plus humide au nord, de la région orientale, amazonienne, recouverte par la forêt dense. La population, essentiellement rurale, est composée pour 80 p. 100 de métis et d'Amérindiens. Le manioc et le maïs sont les principales cultures vivrières; le cacao, le café et, surtout, la banane, les plus importantes productions agricoles commerciales. L'extraction du pétrole s'est récemment développée.

HISTOIRE

— 1563 : création de l'*audiencia* de Quito, qui fait partie de la vice-royauté de Lima.
— 1717 : elle est rattachée à la vice-royauté de la Nouvelle-Grenade.
— 1822 : Sucre libère l'ancienne *audiencia* de Quito de la domination espagnole.
— 1839 : la région fait sécession de la Grande-Colombie et forme la république de l'Équateur.
— 1830-1845 : domination des militaires (notamment Juan José Flores [1830-1834 et 1839-1845]).
— 1845-1859 : des libéraux au pouvoir.
— 1861-1875 : dictature progressiste et théocratique de G. García Moreno.
— 1875-1895 : l'oligarchie de la sierra au pouvoir.
— 1895-1930 : des libéraux au pouvoir.

— 1934 : première élection de José María Velasco Ibarra, qui sera cinq fois au pouvoir (jusqu'en 1972).
— 1941-1942 : conflit avec le Pérou; l'Équateur perd 200 000 km².
— 1972 : Guillermo Rodríguez Lara, chef de l'État; il instaure un régime «nationaliste, militaire et révolutionnaire».
— 1976 : les militaires au pouvoir.
— 1978 : une nouvelle Constitution est adoptée.
— 1979 : le populiste Jaime Roldos est élu président de la République.
— 1981 : le démocrate-chrétien O. Hurtado, chef de l'État après la mort de Roldos.

ÉQUEURDREVILLE-HAINNEVILLE (50120), ch.-l. de c. de la Manche, banlieue de Cherbourg; 12 955 h.

ÉRARD (Sébastien), facteur d'instruments de musique français, né à Strasbourg (1752-1831). Il

Érechthéion :
le portique des Caryatides

Érasme
par Holbein le Jeune

a perfectionné la mécanique du piano et celle de la harpe.

ÉRASME ou **ELME** (*saint*), évêque, martyrisé sous Dioclétien (IVᵉ s.), honoré à Formia, près de Gaète (Italie).

ÉRASME, en lat. **Desiderius Erasmus Roterodamus** humaniste hollandais d'expression latine, né à Rotterdam (v. 1469-1536). Esprit socratique et satirique (*Colloques, Éloge* de la Folie*), il chercha à définir un humanisme chrétien (*Institution du prince chrétien*) à la lumière de ses travaux sur le Nouveau Testament.

ÉRATO. *Myth. gr.* Muse de l'Élégie.

ÉRATOSTHÈNE, mathématicien, astronome et philosophe grec de l'école d'Alexandrie, né à Cyrène (v. 284 ou v. 275-v. 195). Grâce à la mesure ingénieuse d'un arc de méridien, il fut le premier à évaluer correctement la longueur de la circonférence de la Terre.

ERCILLA Y ZÚÑIGA (Alonso DE), écrivain espagnol, né à Madrid (1533-1594). Il prit part à une expédition au Chili, qui inspira son épopée l'*Araucana**.

ERCKMANN-CHATRIAN, nom sous lequel ont publié leurs œuvres deux écrivains français : ÉMILE **Erckmann,** né à Phalsbourg (1822-1899), et ALEXANDRE **Chatrian,** né près d'Abreschviller (Moselle) [1826-1890]. Ils ont écrit ensemble un grand nombre de contes, de romans et d'œuvres dramatiques (*l'Ami Fritz, Histoire d'un conscrit de 1813, les Rantzau*), qui forment une sorte d'épopée populaire de l'ancienne Alsace.

ERDRE, affl. de la Loire (r. dr.) à Nantes; 105 km.

EREBUS, volcan de l'Antarctique, dans l'île de Ross; 3 794 m.

Érechthéion, temple d'Athéna et de Poséidon, associé aux héros mythiques Érechthée et Cecrops, élevé sur l'Acropole d'Athènes entre 421 et 406 av. J.-C. Ce chef-d'œuvre du style ionique comprend trois portiques, dont celui des Caryatides au sud.

EREVAN ou **ERIVAN,** v. de l'U.R.S.S., cap. de la république d'Arménie; 956 000 h. La ville est située au centre d'une région de riches cultures (coton, vignobles et vergers). Constructions mécaniques.

ERFURT, v. de l'Allemagne démocratique, sur la Gera; 201 000 h. Centre industriel. En 1808, Napoléon y eut avec le tsar Alexandre Iᵉʳ une entrevue à laquelle assistèrent un grand nombre de souverains de l'Europe, mais qui n'empêcha pas la formation, contre la France, de la 5ᵉ coalition.

ERHARD (Ludwig), homme d'État allemand, né à Fürth (1897-1977). Démocrate-chrétien, il fut ministre de l'Économie de la République fédérale en 1949 et chancelier de 1963 à 1966. On lui attribue le spectaculaire redressement économique de l'Allemagne fédérale après la guerre.

ERICE, v. d'Italie (Sicile); 18 000 h. Anc. **Eryx,** célèbre dans l'Antiquité pour son culte d'Aphrodite. Restes du château médiéval.

ERICSSON (Johan), ingénieur suédois, né à Långbanshyttan (1803-1889), inventeur d'un propulseur hélicoïdal pour navire (1836) et de l'éprouvette hydrostatique (1851) pour mesurer le volume des fluides sous pression.

ÉRIDAN, anc. nom du *Pô*.

ERIDOU, site archéologique d'Iraq, situé à une vingtaine de kilomètres d'Our. L'un des plus importants centres religieux sumériens de la fin du VIᵉ à la fin du IIIᵉ millénaire.

ÉRIÉ (*lac*), l'un des cinq grands lacs américains (25 800 km²), entre les lacs Huron et Ontario. — Port des États-Unis (Pennsylvanie) sur ce lac; 129 000 h. — Le *canal de l'Érié* relie le lac Érié (Buffalo) à l'Hudson (Albany); 590 km.

ÉRIGÈNE (Jean SCOT) → SCOT ÉRIGÈNE.

ERIK le Rouge, v. norvégien, né à Jaeren (v. 940-v. 1010). Il découvrit le Groenland vers 982.

ERIK ou **ERIC,** nom de quatorze rois de Suède et de neuf rois de Danemark. Les plus importants furent : ERIK JEDVARDSSON, dit *le Saint* (m. en 1160), roi de Suède (1156-1160); le

ÉQUATEUR

courbes : 500, 1000, 1500, 2000, 4000 m

■ gisement de pétrole — pipeline
route
voie ferrée

el **Escorial**

jour de sa mort (18 mai) est fête nationale en Suède; — ERIK DE POMÉRANIE (1382-1459), roi de Norvège (1389-1442) et de Danemark et de Suède (1396-1439); — ERIK XIV, fils de Gustave Vasa, né à Stockholm (1533-1577), roi de Suède (1560-1568), qui soutint contre le Danemark une guerre de sept années.

ERIKSON (Erik), psychanalyste américain, né à Francfort-sur-le-Main en 1902. Il s'est surtout intéressé aux problèmes de l'adolescence.

ÉRIN, nom poétique de l'*Irlande**.

ÉRINYES (les). *Myth. gr.* Déesses de la Vengeance; les Romains les ont identifiées avec les *Furies.*

ERLANGEN, v. de l'Allemagne fédérale (Bavière); 85 000 h. Université.

ERLANGER (Joseph), physiologiste américain, né à San Francisco (1874-1965), auteur d'études sur la différenciation fonctionnelle des fibres nerveuses. (Prix Nobel, 1944.)

ERLANGER (Théodore D'), juriste et musicologue russe, né à Moscou (1890-1971), un des fondateurs, à Paris, de l'École supérieure d'études chorégraphiques (1955).

ERMENONVILLE (60440 Nanteuil le Haudouin), comm. de l'Oise; 604 h. J.-J. Rousseau y mourut dans le domaine du marquis de Girardin (beau parc paysager). Curieux site du *désert d'Ermenonville.*

ERMITAGE → HERMITAGE (L').

Ermitage (l'), chalet de la vallée de Montmorency, propriété de Mme d'Épinay, où J.-J. Rousseau résida en 1756-57.

Ermitage (l'), à Leningrad, ensemble de palais construits pour abriter les collections de Catherine II, amplifié au XIXe s. et auj. vaste musée (archéologie, arts décoratifs, riche galerie de peinture occidentale).

ERMONT (95120), ch.-l. de c. du Val-d'Oise; 25 560 h.

ERNE, fl. d'Irlande, tributaire de l'Atlantique; 115 km. Il traverse les deux *lacs d'Erne.*

ERNÉE (53500), ch.-l. de c. de la Mayenne, sur l'*Ernée;* 5 998 h. Chaussures.

ERNEST-AUGUSTE de Brunswick-Lunebourg, premier Électeur de Hanovre, né à Herzberg (1629-1698). Il participa aux guerres contre Louis XIV. — Son fils GEORGES devint roi d'Angleterre (George Ier).

ERNEST-AUGUSTE Ier, né à Londres (1771-1851), roi de Hanovre (1837-1851), cinquième fils de George III d'Angleterre. Il combattit les armées françaises au temps de la Révolution et de l'Empire.

ERNST (Max), peintre allemand naturalisé français en 1958, né à Brühl (1891-1976). Les inventifs collages de son époque dadaïste (1919) le firent remarquer par les surréalistes, auxquels, en 1922, il se joignit à Paris. Également sculpteur, graveur, écrivain, il apporta au surréalisme une contribution poétique et technique de première importance.

ÉROS. *Myth. gr.* Divinité de l'Amour, représentée sous les traits d'un enfant.

ÉROSTRATE, Éphésien obscur du IVe s. av. J.-C., qui, voulant se rendre immortel par un exploit mémorable, incendia le temple d'Artémis à Éphèse.

ERPE-MÈRE, comm. de Belgique (Flandre-Orientale); 18 000 h.

ERQUELINNES, comm. de Belgique (Hainaut); 10 500 h.

ERQUY (22430), comm. des Côtes-du-Nord; 3 347 h. (*Réginéens*). Pêche. Station balnéaire.

ERSTEIN (67150), ch.-l. de c. du Bas-Rhin, sur l'Ill; 7 496 h. Sucrerie.

ERVY-LE-CHÂTEL (10130), ch.-l. de c. de l'Aube; 1 198 h.

ERWIN, dit **de Steinbach,** architecte alsacien, m. en 1318. Il participa à la construction de la cathédrale de Strasbourg.

ÉRYMANTHE, montagne d'Arcadie, repaire d'un sanglier redoutable, capturé par Héraclès.

ÉRYTHRÉE, région de l'Afrique orientale, sur la mer Rouge. Ch.-l. *Asmara.* Colonie italienne à partir de 1890, l'Érythrée fut administrée provisoirement par la Grande-Bretagne à l'issue de la Seconde Guerre mondiale, puis fédérée avec l'Éthiopie (1952), et devint province éthiopienne (120 000 km² et 2 070 000 h.) en 1962. Depuis, elle est le théâtre de luttes pour l'indépendance, qui se sont amplifiées depuis la chute du négus en 1974.

ÉRYTHRÉE (mer), nom donné par les Anciens à la mer Rouge, au golfe Persique et à la partie nord-ouest de l'océan Indien.

ERYX → ERICE.

ERZBERG, montagne d'Autriche (Styrie); 1 534 m. Fer.

ERZBERGER (Matthias), homme politique allemand, né à Buttenhausen (Wurtemberg) [1875-1921]. Un des chefs du centre catholique au Reichstag et le principal négociateur de l'armistice du 11 novembre 1918, il fut assassiné par les nationalistes.

ERZGEBIRGE, en fr. **monts Métallifères,** en tchèque **Krušné Hory,** massif montagneux des confins de l'Allemagne démocratique et de la Tchécoslovaquie (Bohême), qui fut le siège d'importantes exploitations minières (plomb, zinc, cuivre, argent); 1 244 m.

ERZURUM ou **ERZEROUM,** v. de la Turquie orientale; 163 000 h. Monuments divers, dont la grande medersa de Çifteminare, de style seldjoukide, auj. musée. Constructions mécaniques. Confection. Le premier Congrès national turc s'y tint en 1919.

ÉSAÜ, fils d'Isaac et de Rébecca, et frère aîné de Jacob, auquel il vendit son droit d'aînesse pour un plat de lentilles.

ESBJERG, port du Danemark (Jylland); 79 000 h. Pêche. Conserveries.

ESBO → ESPOO.

ESCANDORGUE (l'), plateau basaltique de l'extrémité sud du Massif central.

ESCARÈNE (l') [06440], ch.-l. de c. des Alpes-Maritimes; 1 553 h.

ESCAUDAIN (59124), comm. du Nord; 10 673 h.

ESCAUT, en néerl. **Schelde,** fl. de France, de Belgique et des Pays-Bas, né dans le dép. de l'Aisne. Il passe à Cambrai, Valenciennes, Tournai, Gand, et rejoint la mer du Nord par un estuaire (*bouches de l'Escaut*), à la tête duquel est établi Anvers; 430 km. C'est, en aval, une importante voie navigable.

ESCAUTPONT (59278), comm. du Nord; 5 252 h.

ESCHENBACH (Wolfram VON) → WOLFRAM.

ESCHINE, orateur athénien (v. 390-314 av. J.-C.). Il essaya d'abord de réunir un congrès panhellénique contre Philippe de Macédoine, mais, ayant échoué, devint partisan de la paix. Il dut s'exiler à la suite du procès *Sur la couronne,* qui l'opposa à Démosthène. Ses discours (*Sur l'ambassade, Contre Ctésiphon*) sont des exemples d'élégance attique.

ESCH-SUR-ALZETTE ou **ESCH-ALZETTE,** ch.-l. de c. du Luxembourg; 28 000 h. Sidérurgie.

ESCHYLE, poète tragique grec, né à Éleusis (v. 525-456 av. J.-C.). Ses œuvres, qui exploitent les légendes thébaines et anciennes (*les Suppliantes, les Sept contre Thèbes, l'Orestie**), les mythes traditionnels (*Prométhée enchaîné*) ou les exploits des guerres médiques (*les Perses*), font de lui le véritable créateur de la tragédie antique.

ESCLANGON (Ernest), astronome français, né à Mison (Alpes-de-Haute-Provence) [1876-1954]. On lui doit la mise au point de l'horloge parlante (1932).

ESCLAVE (*Grand Lac de l'*), lac du Canada, alimenté par la *rivière de l'Esclave,* section du fleuve Mackenzie; 27 800 km².

ESCLAVES (côte des), anc. dénomination du littoral du Bénin et du Nigeria occidental.

ESCOBAR Y MENDOZA (Antonio), jésuite espagnol, né à Valladolid (1589-1669), casuiste

Max **Ernst** : *l'Éléphant Célèbes* (1921)

Eschyle

que Pascal attaqua avec vivacité dans *les Provinciales.*

Escorial (el) ou l'**Escurial,** palais et monastère d'Espagne, au pied de la sierra de Guadarrama, au nord-ouest de Madrid. Accomplissement du vœu de Philippe II après la victoire de Saint-Quentin, conçu comme nécropole royale et centre d'études au service de la Contre-Réforme, il fut élevé de 1563 à 1584 par Juan Bautista de Toledo, l'Italien Giambattista Castello et Juan de Herrera dans un style classique sévère, inhabituel en Espagne. On y voit de nombreuses œuvres d'art : bronzes des Leoni père et fils (Leone et Pompeo), peintures de primitifs flamands, de Titien, du Greco, de Ribera, Velázquez, Claudio Coello, fresques de Luca Giordano, tapisseries de Goya, etc.

ESCRIVÁ DE BALAGUER (José María), prélat espagnol, né à Barbastro (1902-1975), fondateur, en 1928, de l'*Opus Dei.*

ESCUDERO (Vicente), danseur et professeur espagnol, né à Valladolid en 1892, partenaire de la Argentina, avec laquelle il créa l'*Amour sorcier* (1925).

ESCULAPE, dieu romain de la Médecine, identifié à l'*Asclépios* grec.

Escurial (l') → ESCORIAL (el).

ESCUROLLES (03110), ch.-l. de c. de l'Allier; 705 h.

ESDRAS ou **EZRA,** prêtre juif (Vᵉ s. av. J.-C.). Il restaura la religion juive et le Temple après l'exil de Babylone. Le livre biblique, dit *livre d'Esdras* (fin du IVᵉ s. av. J.-C.), relate les événements de la restauration juive après l'Exil.

ESHKOL (Levi), homme politique israélien, né à Oratov (Ukraine) [1895-1969]. Secrétaire du Mapaï (parti socialiste), il a été Premier ministre de 1963 à sa mort.

ESKILSTUNA, v. de Suède, près du lac Mälaren; 93 000 h. Métallurgie.

ESKIMOS → ESQUIMAUX.

ESKIŞEHIR, v. de Turquie, à l'ouest d'Ankara; 215 000 h. Sources thermales.

ESMEIN (Adhémar), juriste français, né à Touvérac (1848-1913). Il fut un remarquable historien du droit.

Esméralda (la), personnage de jeune bohémienne dans *Notre-Dame de Paris*, roman de Victor Hugo. — Ballet de J. Perrot, musique de C. Pugni, créé à Londres en 1844.

ESNAULT-PELTERIE (Robert), ingénieur français, né à Paris (1881-1957). On lui doit le premier moteur d'avion en étoile à nombre

Robert Esnault-Pelterie

Courrière

impair de cylindres et le dispositif de commande d'avion appelé *manche à balai*. Il établit la théorie de la navigation interplanétaire au moyen de la fusée à réaction.

ESNEUX, comm. de Belgique (prov. de Liège); 11 900 h.

ÉSOPE, fabuliste grec (VIIᵉ-VIᵉ s. av. J.-C.), personnage à demi légendaire, auquel on attribue un recueil de *Fables*, réunies au IVᵉ s. av. J.-C.

ESPAGNE, en esp. *España*, État du sud-ouest de l'Europe, occupant la majeure partie de la péninsule Ibérique, séparé de la France par les Pyrénées, de l'Afrique par le détroit de Gibraltar, bordé par l'Atlantique et la Méditerranée; 505 000 km² (y compris les Baléares et les Canaries; 497 500 en les excluant); 37 110 000 h. *(Espagnols).* Cap. *Madrid.* Langue : *espagnol.*

GÉOGRAPHIE

De forme massive, l'Espagne est constituée, au centre, par un vaste plateau (la Meseta), formant deux régions (Vieille-Castille au nord, Nouvelle-Castille au sud), séparées par les sierras de Gredos et de Guadarrama. Des chaînes plissées occupent la périphérie : monts Cantabriques et Ibériques, Pyrénées au nord, chaînes Bétiques au sud. Plateaux et montagnes délimitent des bassins : bassin de l'Èbre au nord, bassin du Guadalquivir au sud; de petites plaines se développent sur le littoral, surtout sur celui de la Méditerranée (Murcie et Valence). Avec la latitude, la disposition des reliefs explique les divers types climatiques. À la fois continental (par les amplitudes thermiques) et méditerranéen (par le rythme des précipitations), le climat devient franchement méditerranéen sur le littoral oriental, et océanique au nord-ouest. À la végétation steppique de la Meseta s'oppose la forêt de chênes et de hêtres de la Galice. La population est composée de divers groupes caractérisés par leur particularisme (Castillans, Catalans, Andalous, Basques). Si la densité avoisine seulement 70 habitants au km² en moyenne, elle est beaucoup plus élevée à la périphérie du pays en général, dans le

Nord, la Catalogne et la région de Valence en particulier. Une quarantaine de villes dépassent 100 000 h.; parmi celles-ci, Madrid, Barcelone, Valence et Séville sont les plus grandes.

En dehors du Nord-Ouest, dont l'économie rurale rappelle celle de l'Aquitaine (arbres fruitiers, maïs, élevage bovin et porcin) et dont le littoral est jalonné par les principaux ports de pêche, deux grands types de culture s'opposent en raison des conditions climatiques : la culture sèche *(secano)* et la culture irriguée *(regadío)*. Le secano intéresse la Meseta, région d'élevage (moutons) et domaine de cultures souvent extensives, du blé principalement, de la vigne et de l'olivier. Le regadío, qui s'étend surtout sur les plaines du Levant (huertas de Valence et de Murcie) et en Andalousie, est orienté vers la production de riz, d'agrumes et de fruits (agrumes en particulier). L'industrie souffre d'une insuffisance énergétique, malgré le développement des aménagements hydrauliques et le charbon des Asturies et du León. L'extraction du plomb, du zinc, de l'uranium, du cuivre et du mercure de la sierra Morena, notamment, a donné seulement naissance à une métallurgie primaire. La présence de fer (Pays basque et Asturies) a permis le développement de la sidérurgie, dont la production satisfait à peu près les besoins de la métallurgie de transformation (constructions mécaniques). L'industrie textile, implantée essentiellement autour de Barcelone, la métropole économique du pays, est toujours l'une des activités dominantes. Le déficit considérable de la balance commerciale est partiellement comblé par le tourisme, très développé, notamment sur la Méditerranée. Malgré une expansion économique notable après 1960, l'Espagne n'a pas comblé son retard de développement sur les États du Marché commun, auquel elle doit prochainement adhérer.

HISTOIRE

— Époque néolithique : installation des Ibères, suivis par les Celtes.

— à partir de v. 1100 av. J.-C. : fondation des premières colonies phéniciennes (Cadix), puis de colonies grecques (Alicante).

— VIIᵉ s. : fondation d'Ibiza par les Carthaginois.

— VIᵉ s. : les Carthaginois occupent toute la côte méridionale.

— IIIᵉ s. : Hasdrubal fonde Carthagène.

— IIᵉ-Iᵉʳ s. : résistance aux Romains (Sertorius).

— 19 av. J.-C. : fin de la conquête romaine.

— IIIᵉ s. apr. J.-C. : christianisation du pays.

— 395-409 : invasions vandales (Andalousie) et suèves (Andalousie).

— 410 : le pays tombe sous la domination des Wisigoths, qui y fondent un puissant et brillant royaume (Tolède, Séville).

— 711-714 : toute l'Espagne — sauf les montagnes du Nord — devient arabe.

— 756 : fondation de l'émirat omeyyade indépendant de Cordoue.

— VIIIᵉ-XIᵉ s. : constitution de petits royaumes chrétiens (León, puis Castille, Navarre, Catalogne, Aragon).

— 929 : Cordoue califat. Développement d'une brillante civilisation mozarabe.

— 1002 : mort d'al-Mansūr; formation des royaumes de *taifas*, qui doivent faire face aux offensives des princes chrétiens (Reconquista).

— 1085 : prise de Tolède par Alphonse VI.

— 1212 : victoire des rois chrétiens sur les Almohades à Las Navas de Tolosa.

— 1229 : reconquête de Majorque, suivie en 1235, de celle d'Ibiza, par Jacques Iᵉʳ d'Aragon.

— 1287 : reconquête de Minorque par Alphonse III.

— 1492 : prise de Grenade par les Rois Catholiques; fin de la Reconquista. Christophe Colomb prend pied en Amérique, où les Espagnols vont se tailler un immense et riche empire.

— 1517 : avènement de Charles Iᵉʳ (Charles Quint), qui fonde la puissance espagnole.

— 1519 : Charles Quint, empereur.

— 1520-21 : révolte des *comuneros*.

— 1556 : Charles Quint abdique en faveur de son fils Philippe II (m. en 1598), dont le règne correspond tout à la fois à l'apogée du Siècle d'or espagnol et aux prémices de la décadence.

— 1580 : conquête du Portugal.

— 1588 : désastre de l'Invincible Armada.

— 1598-1700 : la décadence s'intensifie, face à la montée de la France, sous les règnes de Philippe III (1598-1621), Philippe IV (1621-1665) et Charles II (1665-1700).

— 1640 : perte du Portugal.

— 1700-1746 : règne du Bourbon Philippe V, petit-fils de Louis XIV.

— 1701-1716 : guerre de la succession d'Espagne, qui affaiblit encore le pays, mais assure le pouvoir aux Bourbons.

— 1746-1759 : règne de Ferdinand VI.

— 1759-1788 : règne « éclairé » de Charles III, qui renforce la centralisation à la française et amorce un programme réformiste.

— 1788-1808 : règne de Charles IV, qui livre le pays à Napoléon Iᵉʳ et à son frère Joseph, proclamé roi d'Espagne.

— 1808-1814 : guerre nationale contre les Français.

— 1814-1833 : Ferdinand VII instaure un régime autoritaire et réactionnaire; perte de la plus grande partie de l'empire espagnol.

— 1823 : expédition française en Espagne pour y rétablir la monarchie absolue.

— 1833-1868 : règne d'Isabelle II; guerres carlistes qui appauvrissent encore le pays.

— 1868 : destitution d'Isabelle. Gouvernement provisoire de Juan Prim.

— 1868-1870 : le maréchal Serrano nommé régent.

— 1870-1873 : règne d'Amédée de Savoie.

— 1873 : Iʳᵉ République.

— 1874-1885 : règne d'Alphonse XII.

— 1885 : régence de Marie-Christine. Développement de l'anarchie et des mouvements nationalistes (Basques, Catalogne).

— 1898 : guerre hispano-américaine; perte de Cuba, des Philippines et de Porto Rico.

— 1902-1931 : règne personnel d'Alphonse XIII.

— 1923-1930 : dictature de Primo de Rivera, qui pacifie le Maroc. Insurrections catalanes.

— 1931-1936 : IIᵉ République. Front populaire (févr. 1936).

— 1936-1939 : guerre civile espagnole, qui se termine par la victoire des nationalistes (Franco) sur les républicains. (V. art. suiv.)

— 1939-1975 : dictature franquiste. Résistances basque et catalane.

— 1947 : la loi de succession réaffirme le principe de la monarchie.

— 1969 : Juan Carlos de Bourbon désigné comme le successeur de Franco.

— 1975 : avènement de Juan Carlos Iᵉʳ, qui s'attache à rétablir la démocratie.

— 1976 : Adolfo Suárez, Premier ministre.

— 1977 : premières élections démocratiques; le centre et les socialistes, principaux vainqueurs.

— 1978 : nouvelle Constitution démocratique.

— 1979 : le Pays basque et la Catalogne accèdent à l'autonomie.

— 1980 : la Galice devient autonome.

— 1981 : Leopoldo Calvo Sotelo, Premier ministre. Autonomie de l'Andalousie.

Espagne *(guerre civile d')*, conflit qui opposa, de 1936 à 1939, le gouvernement républicain de *Frente Popular* espagnol à une insurrection militaire nationaliste, dirigée par Franco. La guerre, qui fit plus de 600 000 morts, connut 32 mois de véritables opérations. Après la chute de Barcelone, les troupes franquistes victorieuses rejetèrent les forces républicaines en France et entrèrent à Madrid (mars 1939).

ESPALION (12500), ch.-l. de c. de l'Aveyron, sur le Lot; 4 807 h. Église romane.

ESPARTERO (Baldomero), *duc* **de la Victoire,** général et homme politique espagnol, né à Granátula (1793-1879), régent de 1841 à 1843.

ESPELETTE (64250 Cambo les Bains), ch.-l. de c. des Pyrénées-Atlantiques; 1188 h. Église et maisons basques typiques.

ESPÉRAZA (11260), comm. de l'Aude, sur l'Aude; 2 529 h. Chapellerie. Matières plastiques.

ESPÉROU (l'), massif des Cévennes (Gard); 1417 m. Centre touristique à Lespérou ou L'Espérou (1 230 m).

ESPINEL (Vicente), écrivain espagnol, né à Ronda (1550-1624), auteur de *Marcos de Obregón* (1618), prototype de *Gil Blas*.

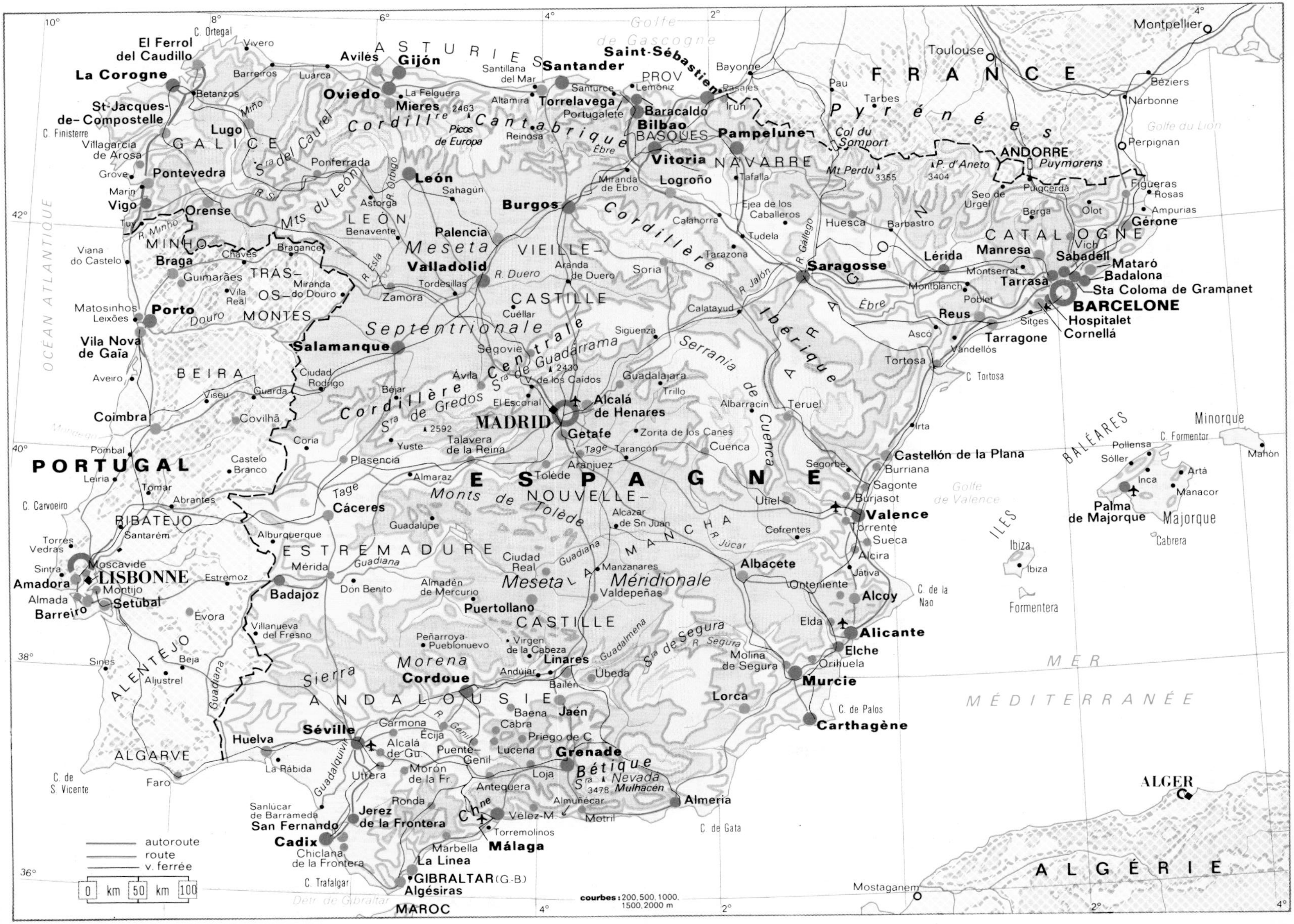
FRANCE
Pyrénées
ESPAGNE
PORTUGAL
ALGÉRIE
MAROC
ASTURIES
GALICE
LEÓN
VIEILLE-CASTILLE
NOUVELLE-CASTILLE
NAVARRE
ARAGON
CATALOGNE
ESTRÉMADURE
LA MANCHA
ANDALOUSIE
BASQUES
PROV
MINHO
TRÁS-OS-MONTES
BEIRA
RIBATEJO
ALENTEJO
ALGARVE
BALÉARES
ILES
Golfe de Gascogne
Golfe du Lion
Golfe de Valence
OCÉAN ATLANTIQUE
MER MÉDITERRANÉE
Detr. de Gibraltar
Cordillère Cantabrique
Cordillère Ibérique
Cordillère Centrale
Meseta Septentrionale
Meseta Méridionale
Monts de Tolède
Sierra Morena
Cordillère Bétique
Sra Nevada
Mulhacén 3478
Sra de Guadarrama
Sra de Gredos
Serranía de Cuenca
Sra de Segura
Mts du León
Sra del Caurel
Picos de Europa
Col du Somport
Mt Perdu 3355
P. d'Aneto 3404
Puymorens
Montpellier
Toulouse
Béziers
Narbonne
Perpignan
Bayonne
Pau
Tarbes
ANDORRE
La Corogne
El Ferrol del Caudillo
St-Jacques-de-Compostelle
Lugo
Pontevedra
Vigo
Orense
Oviedo
Gijón
Avilés
Mieres
Santander
Torrelavega
Saint-Sébastien
Bilbao
Baracaldo
Vitoria
Pampelune
Logroño
Burgos
León
Palencia
Valladolid
Salamanque
Zamora
Saragosse
Lérida
Manresa
Tarrasa
Sabadell
Mataró
Badalona
Sta Coloma de Gramanet
BARCELONE
Hospitalet
Cornellá
Tarragone
Reus
Gérone
MADRID
Alcalá de Henares
Getafe
Tolède
Aranjuez
Cáceres
Badajoz
Mérida
Puertollano
Ciudad Real
Albacete
Valence
Castellón de la Plana
Alcoy
Alicante
Elche
Murcie
Carthagène
Lorca
Almería
Cordoue
Jaén
Linares
Grenade
Málaga
Séville
Huelva
Jerez de la Frontera
Cadix
San Fernando
Algésiras
La Línea
GIBRALTAR (G-B)
Palma de Majorque
Majorque
Minorque
Ibiza
Formentera
Cabrera
LISBONNE
Amadora
Barreiro
Setúbal
Porto
Vila Nova de Gaia
Braga
Coimbra
Évora
Faro
ALGER
Mostaganem
autoroute
route
v. ferrée
0 km 50 km 100
courbes : 200, 500, 1000, 1500, 2000 m

ESPAGNE

ESPINOUSE *(monts de l')*, hauts plateaux du sud du Massif central; 1124 m.

ESPÍRITO SANTO, État du Brésil, sur l'Atlantique; 45 600 km²; 1 599 000 h. Cap. *Vitória.*

ESPOO ou **ESBO,** v. de la Finlande méridionale; 122 000 h.

esprit *(De l')*, traité d'Helvétius (1758) qui montre que nos idées proviennent de l'expérience sensible, et l'inégalité de l'éducation.

esprit des lois *(De l')*, œuvre principale de Montesquieu (1748), dans laquelle il montre les rapports qu'entretiennent les lois politiques avec la constitution des États, les mœurs, la religion, le commerce, le climat et la nature des sols et pays.

ESPRIU (Salvador), écrivain espagnol d'expression catalane, né à Santa Coloma de Farnés, en 1913, auteur de poèmes et de récits qui évoquent le difficile destin de son pays *(la Peau de taureau).*

ESPRONCEDA Y DELGADO (José DE), écrivain espagnol, né à Almendralejo (1808-1842), poète romantique, auteur du *Diable-Monde* (1840).

ESQUILIN *(mont)*, une des sept collines de Rome, à l'est.

ESQUIMAUX ou **ESKIMOS,** populations des terres arctiques de l'Amérique et du Groenland, vivant initialement des produits de la chasse et de la pêche, fréquemment employées aujourd'hui dans les mines ou les centres administratifs.

ESQUIROL (Jean Étienne Dominique), médecin français, né à Toulouse (1772-1840), considéré comme l'un des fondateurs de la clinique et de la nosographie psychiatriques.

Essais, de Montaigne (1580-1588-1595). L'auteur y consigne toutes les réflexions que ses lectures et son expérience de la vie lui ont inspirées, proposant ainsi une méditation sur la condition humaine et un art de vivre selon la nature.

Essai sur les mœurs et l'esprit des nations, œuvre historique de Voltaire (1756). Ce rapide panorama de l'évolution des civilisations depuis Charlemagne jusqu'au XVIIe s. montre les progrès de l'humanité, qui se libère de la superstition et de l'erreur.

ESSAOUIRA, anc. **Mogador,** v. du Maroc, sur l'Atlantique; 30 000 h. Pêche. Conserveries.

ESSARTS (Les) [85140], ch.-l. de c. de la Vendée; 3 385 h.

Sergueï A. **Essenine** par Kravtchenko

ESSEN, v. de l'Allemagne fédérale (Rhénanie-du-Nord-Westphalie), sur la Ruhr; 678 000 h. Cathédrale remontant au XIe s. Musées. Grand centre métallurgique. Siège des usines Krupp, fondées en 1811.

ESSEN, comm. de Belgique (Anvers); 11 800 h.

esséniens, secte juive (IIe s. av. J.-C. - Ier s. apr. J.-C.) dont les membres menaient une vie ascétique en communauté. Leur histoire a été renouvelée par la découverte à Qumrân des manuscrits de la mer Morte.

ESSENINE (Sergueï Aleksandrovitch), poète russe, né à Konstantinovo (1895-1925). L'un des chefs de l'école «imaginiste» *(les Juments-Navires)*, il célébra d'abord la révolution d'Octobre *(le Pays d'ailleurs)*, puis se suicida *(Poèmes de l'homme à scandales).*

ESSEQUIBO, fl. de la Guyana; 750 km. Bauxite dans son bassin.

ESSEX, comté d'Angleterre, sur l'estuaire de la Tamise; 1 411 000 h.; ch.-l. *Chelmsford.* Anc. royaume saxon fondé au VIe s. et annexé par la Mercie au VIIe s.; cap. *Lunden (Londres).*

ESSEX (Robert DEVEREUX, *comte* D'), né à Netherwood (1566-1601), grand écuyer d'Angleterre, favori d'Élisabeth Ire. Disgracié (1600), il conspira contre la reine et fut exécuté. — Son fils, ROBERT, né à Londres (1591-1646), soutint la cause des parlementaires lors de la Révolution.

ESSEY-LÈS-NANCY (54270), comm. de Meurthe-et-Moselle; 8 655 h. Aéroport de Nancy.

ESSLING, village d'Autriche, près de Vienne. Victoire des Français sur les Autrichiens (mai 1809).

ESSLINGEN, v. de l'Allemagne fédérale (Bade-Wurtemberg), sur le Neckar; 88 000 h. Constructions mécaniques.

ESSONNE (l'), affl. de la Seine (r. g.), à Corbeil-Essonnes; 90 km.

ESSONNE *(dép. de l')* **[91]**, dép. de la Région Île-de-France, créé en 1964; ch.-l. de dép. *Évry;* ch.-l. d'arr. *Étampes, Palaiseau;* 3 arr., 35 cant., 196 comm.; 1802 km²; 923 063 h. Le dép. est rattaché à l'académie de Versailles, à la circonscription judiciaire, à la région militaire et à la province ecclésiastique de Paris. Le nord a un caractère urbain et comprend de grands ensembles résidentiels (Massy, Palaiseau); il est industrialisé à l'est, sur la rive gauche de la Seine (Juvisy, Corbeil-Essonnes). Malgré la poussée de l'urbanisation, qui provoque une sensible croissance démographique, le sud, plus éloigné de Paris, est encore surtout rural. Les cultures fruitières et maraîchères s'étendent dans les vallées du Hurepoix, dont les plateaux sont souvent le domaine de la grande culture céréalière, que l'on retrouve, au-delà d'Étampes, dans l'extrémité septentrionale de la Beauce.

ESSOYES (10360), ch.-l. de c. de l'Aube; 720 h.

Est *(autoroute de l')*, autoroute reliant Paris à Strasbourg, par Reims et Metz.

Est *(canal de l')*, canal qui réunit la Meuse et le Rhône par la Moselle et la Saône.

ESTAIMPUIS, comm. de Belgique (Hainaut); 10 000 h.

ESTAING [estε̃] (12190), ch.-l. de c. de l'Aveyron; 677 h. Château des XVe-XVIe s.

ESTAING (Charles Henri, *comte* D'), amiral français, né à Ravel (Puy-de-Dôme) [1729-1794]. Il se distingua aux Indes et en Amérique contre les Anglais et commanda la garde nationale à Versailles (1789). Il fut guillotiné.

ESTAIRES (59940), comm. du Nord; 5 663 h.

EST-ANGLIE, un des royaumes germaniques fondés en Grande-Bretagne par les Angles au VIe s. Il fut annexé par le roi de Mercie au VIIIe s.

ESTAQUE (l'), chaînon calcaire au nord-ouest de Marseille, fermant au sud l'étang de Berre; 279 m.

ESTE, v. d'Italie (Vénétie); 16 000 h. Ce fut un centre important des Vénètes.

ESTE *(maison d')*, famille princière d'Italie, qui gouverna longtemps Ferrare, Modène et Reggio, et qui protégea les artistes, comme l'Arioste et le Tasse.

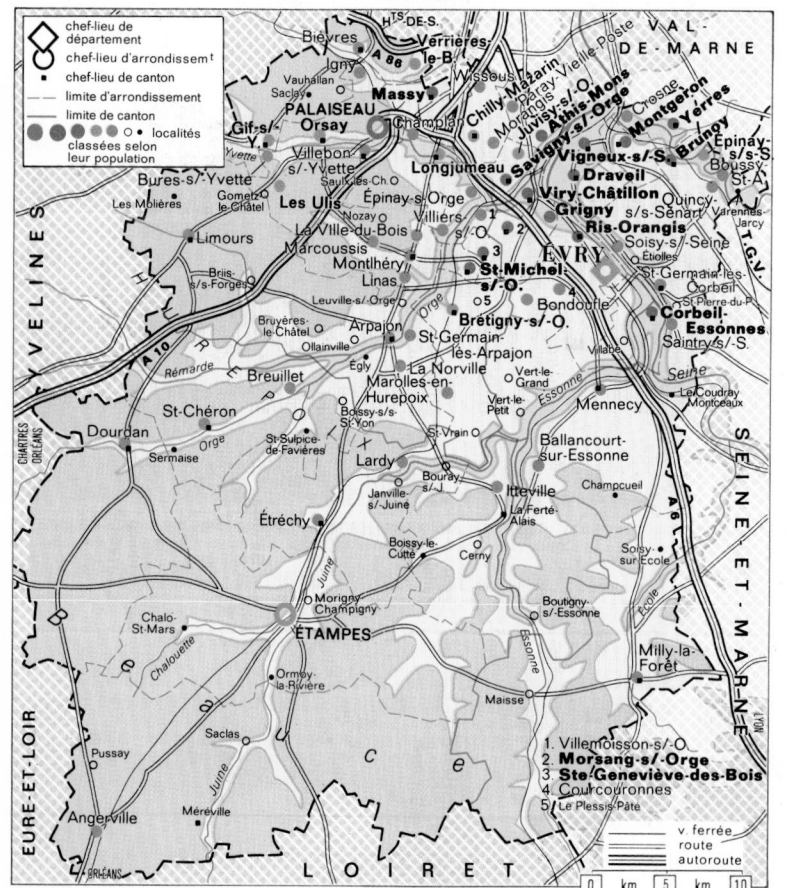

ESSONNE

chef-lieu de département
chef-lieu d'arrondissemᵗ
chef-lieu de canton
limite d'arrondissement
limite de canton
localités classées selon leur population

1. Villemoisson-s/-O.
2. **Morsang-s/-Orge**
3. **Ste-Geneviève-des-Bois**
4. Courcouronnes
5. Le Plessis-Pâté

courbes : 60 100 m

v. ferrée
route
autoroute

0 km 5 km 10

Este *(villa d')*, villa construite à Tivoli, en 1550, par Pirro Ligorio, célèbre pour ses jardins étagés animés de jeux d'eau.

ESTEREL [ɛstərɛl] ou **ESTÉREL** [-terɛl], massif cristallin de Provence, culminant au mont Vinaigre (618 m). Largement boisé dans l'intérieur, il domine un littoral animé par le tourisme balnéaire.

ESTERHAZY, v. du Canada (Saskatchewan); 2 894 h. Gisement de potasse.

ESTERNAY (51310), ch.-l. de c. de la Marne; 1 528 h.

ESTÈVE (Maurice), peintre français, né à Culan en 1904. La vivacité expressive du coloris s'allie dans ses toiles à la souplesse et à la complexité de structures non figuratives.

ESTHER, d'après la Bible, jeune juive déportée à Babylone. Elle devint reine des Perses et sauva ses frères de race du massacre.

Esther *(le Livre d')*, livre biblique (IIe s. av. J.-C.). C'est un récit édifiant qui garde le souvenir d'un pogrom auquel les Juifs ont miraculeusement échappé.

Esther, tragédie en 3 actes et en vers, avec chœurs, de Jean Racine, représentée pour la première fois, en 1689, par les demoiselles de Saint-Cyr.

ESTIENNE, famille d'humanistes français, imprimeurs et éditeurs. — ROBERT, né à Paris (1503-1559), auteur d'un *Dictionnaire latin-français* (1539), est le père de la lexicographie française. — HENRI ROBERT, son fils, né à Paris (v. 1531-1598), helléniste, auteur d'un *Thesaurus graecae linguae* (1572), défendit l'emploi de la langue nationale dans *la Précellence du langage français* (1579).

ESTIENNE (Jean-Baptiste), général français, né à Condé-en-Barrois (1860-1936). Il fut, en 1916-17, le créateur des chars d'assaut français.

ESTIENNE D'ORVES (Honoré D'), officier de marine français, né à Verrières-le-Buisson (1901-1941). Pionnier de la Résistance, il fut fusillé par les Allemands au mont Valérien.

ESTISSAC (10190), ch.-l. de c. de l'Aube; 1761 h. Bonneterie.

ESTONIE, en estonien **Eesti,** république de l'U.R.S.S., sur la mer Baltique; 45 100 km²; 1 356 000 h. *(Estoniens).* Cap. *Tallin.* L'Estonie est un pays plat, souvent marécageux, encore largement rural. Le sous-sol recèle des schistes bitumineux. Peuplée de Finno-Ougriens, soumise aux Teutoniques au XIVe s., par les Suédois et les Polonais au XVIe s., puis annexée en 1721 (paix de Nystad) par les Russes, l'Estonie était demeurée aux mains d'une féodalité allemande. Après la révolution russe d'octobre 1917, elle fut occupée en partie par les bolcheviks, en partie par les Allemands; ces derniers durent se retirer après l'armistice du 11 novembre 1918, et, en 1920, l'Estonie devint indépendante. En 1940, le pouvoir soviétique fut rétabli, mais, en 1941, le pays fut occupé par les Allemands. En 1944, l'Estonie est redevenue république socialiste soviétique.

ESTRADES (Godefroi, *comte* D'), diplomate et maréchal de France, né à Agen (1607-1686), un des négociateurs du traité de Nimègue.

ESTRÉES [etre] *(famille* D'), famille française, qui compte parmi ses membres plusieurs maréchaux ainsi que GABRIELLE, née au château de Cœuvres (Picardie) [1573-1599]; favorite d'Henri IV, elle lui laisse trois enfants légitimés, César et Alexandre de Vendôme et Catherine Henriette d'Elbeuf.

ESTRÉES-SAINT-DENIS [ɛstre-] (60190), ch.-l. de c. de l'Oise; 2543 h. *(Dionysiens).*

ESTRELA *(serra da),* chaîne de montagnes du Portugal central; 1981 m (point culminant du pays).

ESTRÉMADURE, en esp. **Extremadura,** en portug. **Estramadura,** région de la péninsule Ibérique. L'Estrémadure espagnole comprend les actuelles prov. de Badajoz et de Cáceres (41 602 km²; 1 059 000 h.). L'Estrémadure portugaise correspond partiellement aux districts de Leiria, Santarém et Lisbonne.

ESTRIE → CANTONS DE L'EST.

ESZTERGOM, v. de Hongrie, sur le Danube; 25 000 h. Archevêché, siège du primat de Hongrie. Monuments et musées.

ÉTABLES-SUR-MER (22680), ch.-l. de c. des Côtes-du-Nord; 2041 h. *(Tagarins).*

établissement *(Acte d'),* loi *(Act of Settlement)* de 1701 qui assurait une succession protestante au trône d'Angleterre.

Établissements français dans l'Inde, nom officiel des anc. possessions françaises de l'Inde, dont les principales étaient Pondichéry, Chandernagor, Kārikāl, Yanaon et Mahé.

Établissements de Saint Louis, recueil d'ordonnances et de règlements, arbitrairement placé sous l'autorité de Louis IX. Cette compilation, rédigée vers 1270, exerça une grande influence sur les légistes.

ÉTAIN (55400), ch.-l. de c. de la Meuse; 3 773 h.

ÉTAMPES (91150), ch.-l. d'arr. de l'Essonne, à l'extrémité nord-est de la Beauce; 19 755 h. *(Étampois).* Églises (XIe-XVIe s.); donjon royal, quadrilobé, du XIIe s.

ÉTAMPES (Anne DE PISSELEU, *duchesse* D'), née à Fontaine-Lavaganne (1508-1580), favorite de François Ier.

ÉTANG-SALÉ (L') [97427], ch.-l. de c. de la Réunion; 6 610 h.

ÉTAPLES (62630), ch.-l. de c. du Pas-de-Calais, sur la Canche; 10 588 h. Port de pêche. Industrie automobile. Traité entre Charles VIII et Henri VII d'Angleterre en 1492.

État et la révolution *(l'),* œuvre de Lénine (1917), où il expose la théorie de l'État prolétarien, qu'il oppose à l'État bourgeois, et qu'il décrit comme instrument de la dictature du prolétariat, et à ce titre, destiné à disparaître avec l'avènement du communisme.

ÉTAT FRANÇAIS, régime politique institué en France par le maréchal Pétain le 10 juillet 1940 et qui prit fin à la Libération (août 1944).

ÉTATS DE L'ÉGLISE ou **ÉTATS PONTIFICAUX,** noms donnés à la partie centrale de l'Italie tant qu'elle fut sous la domination des papes (756-1870). Le noyau primitif de ces États fut le «Patrimoine de Saint-Pierre». Agrandis constamment grâce aux Francs (VIIIe s.), puis au cours des XVe, XVIe et XVIIe s., les États pontificaux furent entamés à partir de 1860 au profit du Piémont; en 1870, ils furent annexés au royaume d'Italie. Les accords du Latran (1929) ont créé le petit État du Vatican.

ÉTATS-UNIS D'AMÉRIQUE, en angl. **United States of America** (en abrégé **USA**), république fédérale de l'Amérique du Nord, limitée par le Canada et le Mexique, l'Atlantique et le Pacifique. Elle groupe 50 États avec l'Alaska et les îles Hawaii, auxquels il faut joindre le district fédéral de Columbia et les territoires extérieurs: Commonwealth de Porto Rico, îles Vierges américaines, les Samoa américaines, Guam et la zone du canal de Panamá; 9 364 000 km² (sans les territoires extérieurs); 227 millions d'h. *(Américains).* Cap. *Washington.* V. pr. *New York, Los Angeles* et *Chicago.* Langue: *anglais.*

GÉOGRAPHIE

Les Grandes Plaines, drainées par le Mississippi vers le golfe du Mexique, sont encadrées par deux systèmes montagneux d'inégale importance: à l'est les Appalaches, massif ancien «rajeuni» par l'érosion, et à l'ouest les Rocheuses, formées de plusieurs chaînes secondaires et tertiaires (Rocheuses proprement dites et chaînes côtières) enserrant des plateaux (Oregon, Grand Bassin, Colorado). La latitude et la disposition des reliefs expliquent le caractère continental du climat, avec des tendances locales à l'aridité, en dehors du Sud, subtropical (humide à l'est, sec à l'ouest), et à la façade du Pacifique, océanique au nord, méditerranéenne au sud. L'émigration européenne (britannique initialement, scandinave et germanique ensuite, méditerranéenne et slave enfin), provoquée par les événements politiques et par la révolution économique et démographique du XIXe s., a été la source d'un peuplement rapide (5 millions d'h. seulement en 1800, mais amenant 40 millions d'hommes en un peu plus d'un siècle). Toutes ces vagues d'immigrants se sont assez rapi-

dement fondues pour former une nation nouvelle et originale. Il n'en a pas été de même des Noirs, amenés comme esclaves dans le Sud aux XVIIe et XVIIIe s., qui représentent 11 p. 100 de la population; ils jouissent théoriquement des mêmes droits que les Blancs, mais ne conquièrent que lentement l'égalité civile et politique. Les Asiatiques (sur la côte ouest) et les Indiens forment des contingents numériquement très faibles. Aujourd'hui, la population continue à s'accroître, mais lentement et essentiellement par un excédent, modeste, des naissances sur les décès. Les conditions naturelles et historiques expliquent la forte densité du Nord-Est, le vide relatif, hormis le littoral, d'une grande partie de l'Ouest.

Le développement des voies de communication a joué un rôle capital dans la mise en valeur du pays (notamment la voie ferrée pour l'Ouest américain), et les États-Unis possèdent une énorme capacité de transport, tant ferroviaire (le quart du réseau mondial) que routière (en rapport avec l'importance du parc automobile, qui représente plus du tiers du parc mondial), fluviale (le Mississippi et surtout les Grands Lacs, appuyés par le Saint-Laurent aménagé et aérienne (l'aviation transporte à l'intérieur des États-Unis plus de voyageurs que la voie ferrée). L'étendue des superficies cultivables, la mécanisation et l'usage massif des engrais expliquent l'importance de la production agricole (provenant surtout des Grandes Plaines). Les cultures céréalières (blé et maïs) et commerciales (coton, canne à sucre, fruits) dominent à l'est du 100e méridien; vers l'ouest, la sécheresse croissante impose l'élevage souvent extensif des bovins et des ovins. Dans le Nord-Est, proche des grands centres de consommation, l'économie rurale revêt un caractère diversifié et intensif, s'apparentant à celle de l'Europe occidentale, tandis que le Nord-Ouest est le domaine de l'exploitation forestière. Mais c'est surtout à l'industrie que le pays doit d'être la première puissance économique du monde. D'abondantes ressources énergétiques (charbon des Appalaches, pétrole et gaz naturel du Centre, du golfe du Mexique et de la Californie, de l'Alaska, hydroélectricité des Appalaches, des Rocheuses, notable production d'électricité d'origine nucléaire) et minérales (fer du Minnesota, cuivre du Montana, de l'Arizona et de l'Utah, zinc, plomb, soufre, bauxite, phosphates) ont favorisé le développement d'une industrie très complète. La sidérurgie (autour des Grands Lacs) alimente une métallurgie de transformation (automobiles notamment) sans égale, localisée surtout dans le Nord-Est. Les industries chimiques surtout (Nord-Est, golfe du Mexique) et textiles (Nouvelle-Angleterre, États cotonniers du Sud) occupent aussi le premier rang mondial. L'énormité de la production globale s'accompagne, pour l'Américain moyen, du niveau de vie le plus élevé du monde. Toutefois, liées à la saturation du marché intérieur et à la concurrence étrangère, sévissent périodiquement des crises de surproduction, qui retentissent sur le pays lui-même (chômage) et sur de nombreux États, en raison de l'emprise économique directe ou indirecte des États-Unis sur une grande partie du monde. Aujourd'hui s'ajoute, malgré les ressources locales, une pénurie de matières premières (hydrocarbures notamment), pesant sur une balance commerciale auparavant largement excédentaire et entraînant une certaine dépendance (énergétique principalement) qui apparaît difficile à combattre.

HISTOIRE

— XVIe s.: la côte des futurs États-Unis d'Amérique est explorée par des Français et des Espagnols.
— XVIIe s.: série d'expéditions françaises qui sont à l'origine de la Louisiane.
— 1607: les Anglais fondent Jamestown (Virginie).
— 1607-1733: fondation, par les émigrants britanniques et non britanniques, de treize colonies anglaises, exploitées par une riche aristocratie de propriétaires fonciers qui font travailler plusieurs centaines de milliers de Noirs amenés d'Afrique.

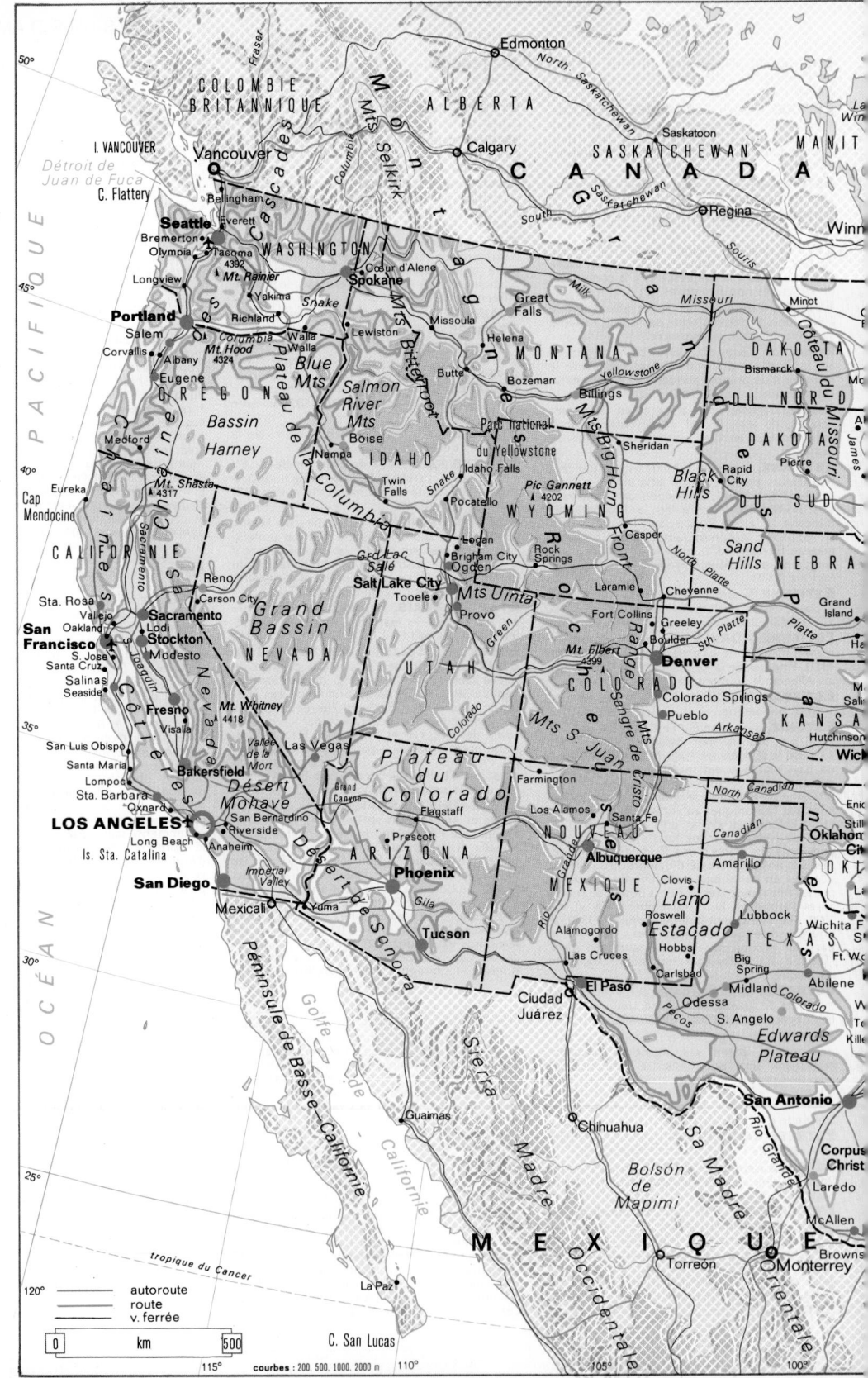

ÉTATS-UNIS

50°

COLOMBIE
BRITANNIQUE

I. VANCOUVER
Vancouver
Détroit de
Juan de Fuca
C. Flattery
Bellingham
Everett
Seattle
Bremerton
Olympia Tacoma
Longview Yakima
Portland
Salem Richland
Corvallis Albany Mt. Hood
Eugene 4324
Medford

Cap
Mendocino

Eureka

P A C I F I Q U E

O C É A N

45°

40°

35°

30°

25°

Sta. Rosa
Vallejo
Oakland
San
Francisco
S. Jose
Santa Cruz
Salinas
Seaside
San Luis Obispo
Santa Maria
Lompoc
Sta. Barbara
Oxnard
LOS ANGELES
Long Beach
Is. Sta. Catalina
San Diego

CANADA

Edmonton
Calgary
Saskatoon
SASKATCHEWAN
Regina

ALBERTA

MANIT

Win

WASHINGTON
Coeur d'Alene
Spokane
Mt. Rainier
4392
Walla
Walla
Lewiston
Blue
Mts
Salmon
River
Mts
Boise
Nampa
IDAHO
Twin
Falls
Mt. Shasta
4317
OREGON
Bassin
Harney
Plateau de la Columbia
CALIFORNIE
Reno
Carson City
Grand
Bassin
NEVADA
Sacramento
Lodi
Stockton
Modesto
Fresno
Visalia
Mt. Whitney
4418
Las Vegas
Bakersfield
Désert
Mohave
Vallée
de la
Mort
San Bernardino
Riverside
Anaheim
Imperial
Valley
Yuma
Mexicali

Missoula
Helena
Butte
Bozeman
MONTANA
Great
Falls
Billings
Sheridan
Park national
du Yellowstone
Idaho Falls
Pocatello
Pic Gannett
4202
WYOMING
Logan
Brigham City
Ogden
Salt Lake City
Tooele
Mts Uinta
Provo
UTAH
Colorado
Plateau
du
Colorado
Grand
Canyon
Flagstaff
Prescott
ARIZONA
Phoenix
Tucson
Gila

Bismarck
DAKOTA
DU NORD
Pierre
DAKOTA
DU SUD
Rapid
City
Black
Hills
Sand
Hills
NEBRA
Grand
Island
Casper
Rock
Springs
Laramie
Cheyenne
Fort Collins
Greeley
Boulder
Mt. Elbert
4399
Denver
Colorado Springs
Pueblo
COLORADO
Mts S. Juan
Santa Fe
Los Alamos
Albuquerque
NOUVEAU-
MEXIQUE
Farmington
Clovis
Amarillo
Roswell
Alamogordo
Hobbs
Las Cruces
El Paso
Ciudad
Juárez
Chihuahua

KANSA
Wich
Hutchinson
Llano
Estacado
Lubbock
Wichita F
Big
Spring
Abilene
TEXAS
Ft. Wo
Odessa
Midland
S. Angelo
Edwards
Plateau
San Antonio
Laredo
McAllen
Browns
Corpus
Christ

Péninsule de Basse-Californie
Golfe de Californie
Guaimas
Sierra Madre Occidentale
Sierra Madre Orientale
Bolsón
de
Mapimi
Torreón
Monterrey

MEXIQUE

tropique du Cancer

La Paz

C. San Lucas

120°

115°

110°

105°

100°

autoroute
route
v. ferrée

0   km   500

courbes : 200, 500, 1000, 2000 m

1202

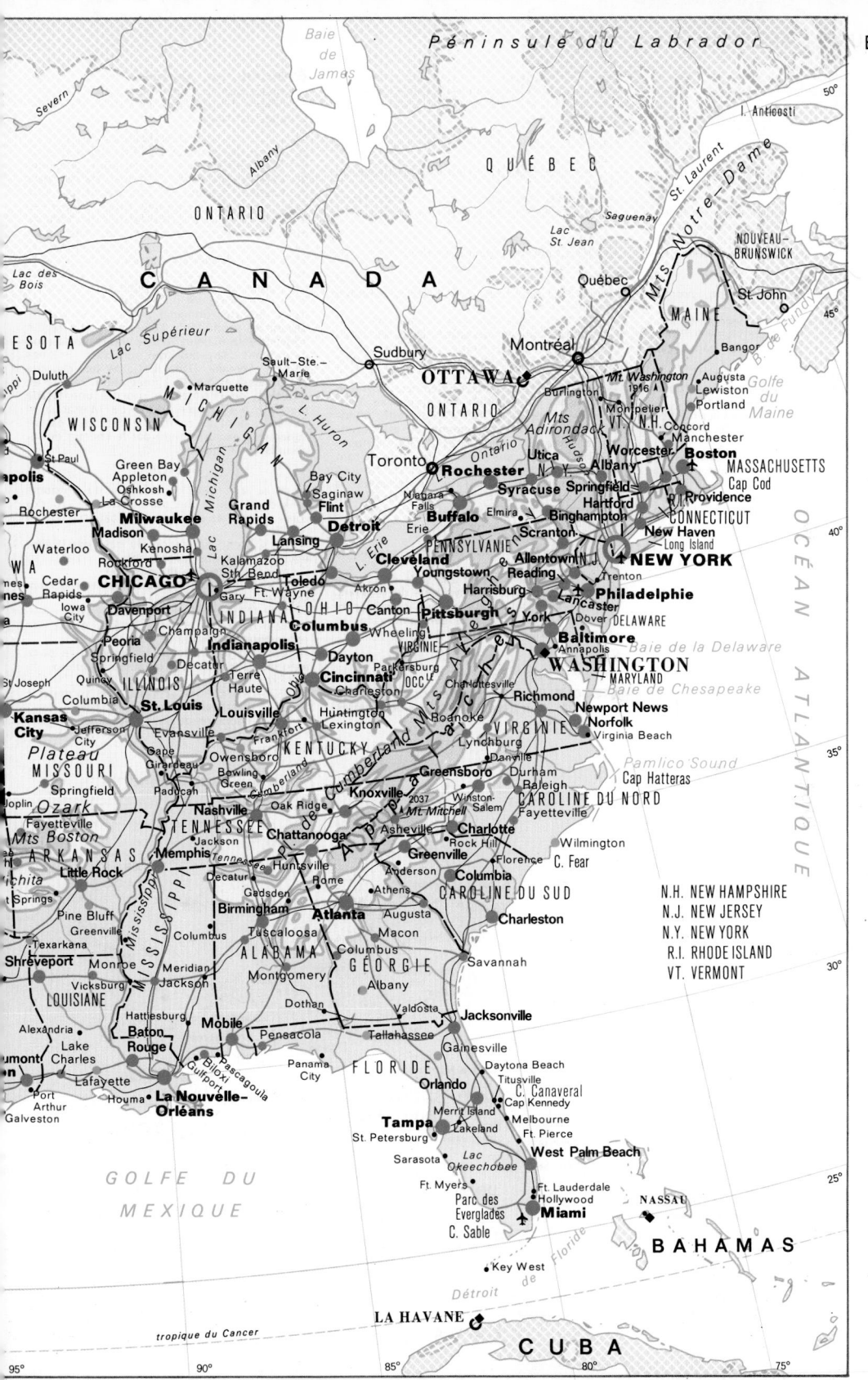

Péninsule du Labrador

Baie de James

I. Anticosti

50°

Severn

QUÉBEC

ONTARIO

Lac des Bois

C A N A D A

Lac Supérieur

Québec

St. Laurent

Mts Notre-Dame

Saguenay

Lac St. Jean

NOUVEAU-BRUNSWICK

45°

St John

MAINE

B. de Fundy

SOTA

Duluth

Sudbury

Montréal

OTTAWA

Bangor

ESOTA

Albany

Sault-Ste.-Marie

MICHIGAN

Marquette

ONTARIO

Burlington

Mt. Washington 1916

Augusta

Lewiston

Portland

Golfe du Maine

polis

WISCONSIN

L. Huron

Montpelier

VT. N.H. Concord

Manchester

Rochester

St Paul

Green Bay

Appleton

Oshkosh

La Crosse

Bay City

Saginaw

Flint

Toronto

Mts Adirondack

Worcester

Boston

MASSACHUSETTS

Madison

Milwaukee

Grand Rapids

Lansing

L. Ontario

Rochester

N.Y.

Utica

Syracuse

Springfield

Hartford

R.I.

Providence

Cap Cod

Waterloo

Kenosha

Rockford

Sth. Bend

Kalamazoo

Niagara Falls

Buffalo

Elmira

Binghampton

CONNECTICUT

New Haven

Long Island

Cedar Rapids

Iowa City

CHICAGO

Gary

Ft. Wayne

L. Érié

Erie

Cleveland

Youngstown

Scranton

PENNSYLVANIE

Allentown

N.J.

NEW YORK

nes

Davenport

INDIANA

OHIO

Toledo

Akron

Reading

Trenton

ames

Peoria

Champaign

Columbus

Canton

Pittsburgh

Harrisburg

Lancaster

York

Philadelphie

Springfield

Decatur

Terre Haute

Dayton

Wheeling

VIRGINIE

OCC.

Dover

DELAWARE

St Joseph

ILLINOIS

Indianapolis

Cincinnati

Charleston

Parkersburg

Baltimore

Annapolis

Baie de la Delaware

Quincy

Columbia

St. Louis

Louisville

Frankfort

Lexington

Huntington

Charlottesville

WASHINGTON

MARYLAND

Baie de Chesapeake

35°

Kansas City

Jefferson City

Evansville

Cape Girardeau

Owensboro

KENTUCKY

Richmond

Newport News

Norfolk

Virginia Beach

Plateau

MISSOURI

Springfield

Paducah

Bowling Green

Cumberland

Roanoke

Lynchburg

VIRGINIE

Pamlico Sound

Cap Hatteras

Joplin

Ozark

Mts Boston

Fayetteville

Nashville

Oak Ridge

Mt. Mitchell 2037

Knoxville

Greensboro

Durham

Winston Salem

Danville

Raleigh

CAROLINE DU NORD

Fayetteville

Wichita

ARKANSAS

TENNESSEE

Jackson

Memphis

Chattanooga

Huntsville

Asheville

Greenville

Rock Hill

Charlotte

Wilmington

C. Fear

Springs

Little Rock

Decatur

Rome

Anderson

Columbia

Florence

Pine Bluff

Greenville

Gadsden

Athens

CAROLINE DU SUD

Texarkana

Birmingham

Atlanta

Augusta

Charleston

Shreveport

Monroe

Tuscaloosa

Macon

ALABAMA

Columbus

GÉORGIE

Savannah

30°

Vicksburg

Meridian

Montgomery

Albany

LOUISIANE

Jackson

Dothan

Alexandria

Hattiesburg

Mobile

Pensacola

Valdosta

Jacksonville

Lake Charles

Baton Rouge

Biloxi

Gulfport

Pascagoula

Panama City

Tallahassee

Gainesville

umont

Lafayette

Houma

La Nouvelle-Orléans

FLORIDE

Orlando

Daytona Beach

Titusville

C. Canaveral

Cap Kennedy

Port Arthur

Galveston

Merritt Island

Tampa

St. Petersburg

Lakeland

Melbourne

Ft. Pierce

GOLFE DU MEXIQUE

Sarasota

Lac Okeechobee

West Palm Beach

25°

Ft. Myers

Parc des Everglades

C. Sable

Ft. Lauderdale

Hollywood

Miami

NASSAU

B A H A M A S

Key West

Détroit de Floride

tropique du Cancer

LA HAVANE

C U B A

N.H. NEW HAMPSHIRE
N.J. NEW JERSEY
N.Y. NEW YORK
R.I. RHODE ISLAND
VT. VERMONT

OCÉAN ATLANTIQUE

95° 90° 85° 80° 75°

— 1756-1763 : durant la guerre de Sept Ans, les colons américains aident les Anglais à chasser les Français du Canada.

— 1763-1794 : résistance des colons à la politique d'exclusif colonial de Londres.

— 1774 : premier congrès continental à Philadelphie.

— 1775 : début de la guerre de l'Indépendance, dirigée par G. Washington, qui reçoit l'appui militaire de la France.

— 1776 (4 juill.) : proclamation de l'indépendance des États-Unis par le congrès américain.

— 1783 : la paix de Paris (3 sept.) reconnaît l'indépendance de la république fédérée des États-Unis.

— 1787 : Constitution fédérale.

— 1789-1797 : George Washington, premier président de l'Union.

— 1797-1801 : présidence du fédéraliste John Adams.

— 1801-1809 : présidence du républicain Thomas Jefferson.

— 1803 : acquisition de la Louisiane.

— 1810-1815 : seconde guerre de l'Indépendance menée contre les Anglo-Canadiens.

— 1809-1817 : présidence du républicain jeffersonien James Madison. Débuts de l'« ère des bons sentiments ».

— 1817-1825 : présidence du républicain jeffersonien James Monroe, qui définit une politique extérieure neutraliste (1823).

— 1819 : acquisition de la Floride.

— 1829-1837 : présidence d'Andrew Jackson. Apogée de la « jeune Amérique ».

— 1846 : cession par l'Angleterre de l'Oregon.

— 1846-1848 : guerre avec le Mexique, qui se solde par l'annexion du Texas, du Nouveau-Mexique et de la Californie.

— 1853-1861 : présidence de deux démocrates sudistes, Franklin Pierce et James Buchanan. Tension entre le Nord, puritain et industriel, et le Sud, agricole, esclavagiste et colonial.

— 1861 : présidence du républicain antiesclavagiste Abraham Lincoln. Sécession de onze États du Sud, qui constituent les États confédérés d'Amérique.

— 1861-1865 : guerre de Sécession, qui se termine par la victoire des nordistes, l'abolition de l'esclavage et l'assassinat de Lincoln.

— 1865-1869 : politique de coercition des radicaux du Nord à l'égard du Sud, où le racisme antinoir se développe.

— 1861-1896 : douze États sont créés.

— 1867 : achat de l'Alaska aux Russes.

— 1869-1877 : présidence apaisante d'Ulysses Grant.

— 1870-1910 : la population passe de 40 à 90 millions d'habitants.

— 1870-1906 : le produit national brut quadruple.

— 1890 : débuts de l'agitation sociale et du syndicalisme.

— 1898 : annexion des Hawaii. Guerre hispano-américaine, qui fait passer Cuba, Porto Rico et les Philippines sous le protectorat américain.

— 1901-1909 : présidence du républicain progressiste Theodore Roosevelt. Législation antitrust.

— 1903 : la république de Panamá, nouvellement créée, passe sous contrôle américain.

— 1913-1921 : présidence du démocrate progressiste T. W. Wilson.

— 1914 : achèvement du canal de Panamá, œuvre des États-Unis; intervention au Mexique.

— 1916 : occupation d'Haïti.

— 1917 : les États-Unis entrent dans la guerre contre l'Allemagne.

— 1919 : Wilson ne peut entraîner les États-Unis dans une politique européenne; le Congrès refuse de reconnaître le traité de Versailles et de faire partie de la Société des Nations. Prohibition de l'alcool.

— 1921-1929 : présidence des républicains Warren Harding et Calvin Coolidge. Prospérité, mais aussi développement du racisme, de la xénophobie et du gangstérisme.

— 1929 : krach de Wall Street. Débuts d'une crise économique et sociale sans précédent.

— 1929-1933 : présidence inefficace du républicain Herbert C. Hoover.

— 1933-1945 : présidence du démocrate Franklin D. Roosevelt, qui applique un programme *(New Deal)* dirigiste et efficace qui remet lentement sur pied l'économie des États-Unis. Il fait évacuer Haïti et Cuba et donne l'indépendance aux Philippines.

— 1941-1945 : les États-Unis dans la Seconde Guerre mondiale. Ils en sortent grands vainqueurs.

— 1945 : les États-Unis ratifient la Charte de l'O. N. U.

— 1945-1953 : présidence du démocrate Harry S. Truman. Début de la « guerre froide » avec l'U. R. S. S.

— 1948 : plan Marshall d'aide à l'Europe.

— 1949 : traité de l'Atlantique Nord.

— 1950-1953 : guerre de Corée.

— 1953-1961 : présidence du républicain Dwight D. Eisenhower. Débuts de la politique de « coexistence pacifique ».

— 1961-1963 : présidence du démocrate John F. Kennedy, qui est assassiné. Crise de Cuba (1962). Intégration des Noirs. Accord américano-soviétique sur l'arrêt des expériences nucléaires (1963).

— 1963-1969 : présidence du démocrate Lyndon B. Johnson. Intervention américaine au Viêtnam. Développement de la prospérité américaine, mais larges mouvements de mécontentement chez les marginaux et la minorité noire.

— 1969-1974 : présidence du républicain Richard Nixon, qui finit par retirer ses troupes du Viêt-nam (1973), mais se rapproche de la Chine (visite à Pékin, 1972). Le scandale du « Watergate » oblige Nixon à démissionner.

— 1974-1977 : présidence du républicain Gerald Ford.

— 1976 (nov.) : élection du démocrate Jimmy Carter.

— 1979 : crise avec l'Iran à la suite de la prise d'otages à l'ambassade américaine de Téhéran.

— 1980 (nov.) : élection du républicain Reagan, qui durcit la politique étrangère américaine et cherche à réduire l'inflation.

ÉTEL (56410), comm. du Morbihan, sur la *rivière d'Étel;* 3 087 h.

ÉTÉOCLE, fils d'Œdipe et de Jocaste. Il disputa le pouvoir à son frère Polynice; les deux frères s'entre-tuèrent.

ÉTHIOPIE, anc. **Abyssinie,** État de l'Afrique orientale, sur la mer Rouge; 1 237 000 km²; 31 millions d'h. *(Éthiopiens).* Cap. *Addis-Abeba.* Langue : *amharique.*

GÉOGRAPHIE

En dehors des plateaux de l'Est (Ogaden) et de la dépression Danakil, plus au nord, domaines de l'élevage nomade, l'Éthiopie est un pays montagneux (ce qui lui vaut de ne pas être désertique), où l'économie rurale s'étage en fonction de l'altitude. Au-dessous de 1 800 m, quelques cultures de coton, de maïs et de tabac trouvent la forêt tropicale; au-dessus de 2 500 m, les conditions climatiques n'autorisent que l'orge et l'élevage. Entre 1 800 et 2 500 m se développe la zone la plus riche, où l'on cultive le dourah (sorte de millet), des légumes, des fruits, le café (principal article d'exportation, devant les produits de l'élevage). Cette région concentre la majeure partie d'une population hétérogène (Abyssins [qui sont des chrétiens coptes], Somalis, Danakil, Gallas [en majorité musulmans] et Noirs). L'intégration, remise en question, de l'Érythrée a procuré une façade maritime à l'Éthiopie (ports de Massaoua et d'Assab), dont le commerce extérieur passait auparavant exclusivement par le chemin de fer aboutissant à Djibouti.

HISTOIRE

— Ier s. apr. J.-C. : création du royaume d'Aksoum, dont le chef porte le titre de « roi des rois » *(négus)* et étend sa domination jusqu'au Nil Bleu.

— IVe s. : christianisation du pays par l'Église égyptienne monophysite (copte).

— IVe-VIe s. : apogée du royaume.

— Xe s. : effondrement du royaume d'Aksoum sous les coups de l'islâm.

— 1149-1270 : dynastie Zagoué au Lasta.

— 1270-1285 : Yekouno Amlak essaie de reconstituer le royaume.

— XVIe s. : les Portugais découvrent le pays, identifié par eux au royaume fabuleux du « Prêtre Jean ».

— 1527-1543 : lutte contre une formidable poussée musulmane qui ravage le pays.

— 1543 : libération du pays grâce aux Portugais;

ÉTHIOPIE

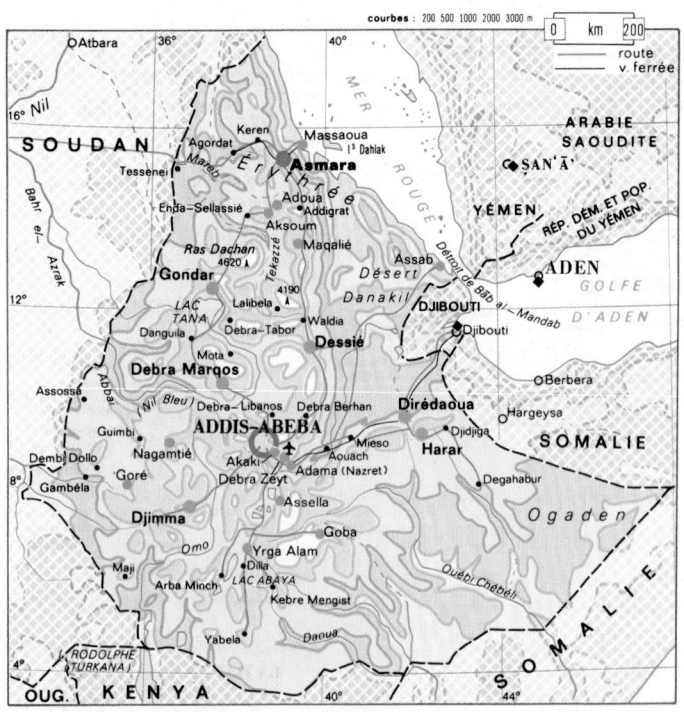

l'**Etna**
en éruption

H. Tazieff

1801 à 1808, il y eut un royaume d'Étrurie, créé par Bonaparte au profit du duc de Parme et qui, réuni ensuite à l'Empire français, fut transformé en grand-duché de Toscane au profit d'Élisa Bonaparte (1809-1814).

ÉTRUSQUES, peuple qui apparut à la fin du VIIIe s. av. J.-C. en Toscane, et dont l'origine est discutée. Les Étrusques fondèrent de puissantes et riches cités, groupées en confédérations,

V. ill. page suivante

gouvernées par des rois (*lucumons*), puis vers la fin du VIe s. av. J.-C. par des magistrats annuels et collégiaux. Maîtres de Rome du VIIe

saint **Étienne Ier** miniature du XIVe s.

B. N. Budapest

au VIe s. av. J.-C., ils étendirent leur domination jusqu'à la Campanie et à la plaine du Pô, et connurent une remarquable civilisation; mais le particularisme de chaque cité les rendit vulnérables face aux Grecs, aux Samnites, aux Gaulois et surtout aux Romains, qui, à partir du IVe s. av. J.-C., s'emparèrent de la totalité de la Toscane. La civilisation étrusque, qui survécut à ces défaites, influença profondément la religion et les institutions romaines.

ETTELBRÜCK, v. du Luxembourg, sur l'Alzette; 6 000 h. Métallurgie.

ETTERBEEK, comm. de Belgique (Brabant), dans la banlieue sud de Bruxelles; 47 700 h.

Études de la nature, par Bernardin de Saint-Pierre (1784), qui veut démontrer le principe de finalité dans la nature. L'ouvrage fut complété en 1796 par *les Harmonies de la nature.*

ÉTUPES (25460), comm. du Doubs; 5 250 h.

EU (76260), ch.-l. de c. de la Seine-Maritime, sur la Bresle; 8 899 h. (*Eudois*). Église gothique. Château des princes de Guise puis d'Orléans (XVIe-XVIIe s.); collège de la même époque. Forêt.

EUBÉE, île de la mer Égée (Grèce), appelée *Nègrepont* au Moyen Âge; 165 000 h. (*Eubéens*). Les Eubéens prirent une grande part au mouvement de colonisation hellénique. En 506, l'Eubée passa sous la domination d'Athènes; elle devint romaine en 196 av. J.-C.

EUCKEN (Rudolf), philosophe allemand, né à Aurich (1846-1926), promoteur de la réaction idéaliste contre la pensée naturaliste. (Prix Nobel, 1908.)

EUCLIDE le Socratique, philosophe grec (v. 450 - v. 380 av. J.-C.), fondateur de l'école de Mégare.

EUCLIDE, mathématicien grec du IIIe s. av. J.-C. Ses *Éléments,* considérés comme le livre de géométrie par excellence, résument presque tous les apports grecs antérieurs à Archimède.

EUDES ou **EUDE** (v. 860-898), comte de Paris, puis roi de France (888-898), fils de Robert le Fort. Il défendit Paris contre les Normands. Roi en 888, après la déposition de Charles le Gros, il vainquit les Normands à Montfaucon (Meuse) et, à partir de 893, combattit Charles le Simple.

puis il se ferme aux Occidentaux. Les « ras » provinciaux établissent un régime féodal.
— 1855-1868 : Théodoros II conquiert le pouvoir et se fait proclamer «roi des rois».
— 1885 : installation des Italiens à Massaoua.
— 1889-1909 : Ménélik II, ras du Choa, « roi des rois». Il bat les Italiens à Adoua (1896) et transfère sa capitale à Addis-Abeba.
— 1917 : les Européens, maîtres des côtes, imposent Tafari comme régent.
— 1930 : Tafari, négus depuis 1928, devient empereur sous le nom d'Haïlé Sélassié Ier.
— 1931 : Constitution de type occidental.
— 1935-36 : conquête italienne. L'Éthiopie constitue, avec l'Érythrée et la Somalie, l'Afrique orientale italienne.
— 1941 : libération de l'Éthiopie par les troupes franco-anglaises. Haïlé Sélassié reprend le pouvoir.
— 1952 : l'Érythrée, colonie italienne depuis 1890, est fédérée à l'Éthiopie.
— 1960 : échec d'un coup d'État.
— 1962 : annexion de l'Érythrée.
— 1963 : Addis-Abeba, siège de l'O. U. A.
— 1974 : révolution dirigée par des militaires progressistes; déposition d'Haïlé Sélassié. L'Éthiopie s'est engagée dans la voie d'un socialisme autoritaire qui se durcit après 1977 avec la radicalisation du conflit érythréen et la lutte contre la Somalie à propos de l'Ogaden.

Éthique, nom de trois ouvrages contenus dans le *Corpus,* d'Aristote, et dans lesquels le philosophe expose ses idées morales et une doctrine du bonheur : *l'Éthique à Eudème, l'Éthique à Nicomaque, la Grande Éthique.*

Éthique (*l'*), ouvrage en latin publié en 1677 et dans lequel Spinoza expose son système, sous forme d'un ensemble de définitions, d'axiomes et de démonstrations. Selon lui, la connaissance que le sage peut acquérir de Dieu doit le conduire à la béatitude.

ÉTIENNE (saint), diacre, premier martyr du christianisme, lapidé à Jérusalem v. 31.

ÉTIENNE Ier (saint), né à Rome (m. en 257), pape de 254 à 257. — ÉTIENNE II, né à Rome (m. en 757), pape de 752 à 757. Il reçut du Bref l'exarchat de Ravenne, origine du pouvoir temporel des papes. — ÉTIENNE III, né à Sicile (v. 720-772), pape de 768 à 772. — ÉTIENNE IV, né à Rome (m. en 817), pape de 816 à 817. — ÉTIENNE V, né à Rome (m. en 891), pape de 885 à 891. — ÉTIENNE VI, né à Rome (m. étranglé en 897), pape de 896 à 897. — ÉTIENNE VII, né à Rome, pape de 928 à 931. — ÉTIENNE VIII, né à Rome, pape de 939 à 942. — ÉTIENNE IX, né en Lorraine (m. en 1058), pape de 1057 à 1058.

ÉTIENNE Ier (saint), né à Esztergom (v. 970-1038), duc (997-1000), puis roi de Hongrie de 1000 à 1038. Il établit solidement l'autorité royale et favorisa la propagation du christianisme. — ÉTIENNE II (v. 1101-1131), roi de Hongrie de 1116 à 1131. — ÉTIENNE III (1147-1172), roi de Hongrie de 1162 à 1172. — ÉTIENNE IV (v. 1132-1165), roi de Hongrie (1163-1165), rival du précédent, couronné par l'empereur d'Orient. — ÉTIENNE V (1239-1272), roi de Hongrie de 1270 à 1272.

ÉTIENNE de Blois, né à Blois (v. 1097-1154), roi d'Angleterre (1135-1154), petit-fils de Guillaume le Conquérant.

ÉTIENNE III le Grand (1433-1504), prince de Moldavie (1457-1504). Il battit les Turcs à Vaslui (1475).

ÉTIENNE Ier BÁTHORY (1533-1586), prince de Transylvanie (1571-1576), roi de Pologne (1576-1586). Il battit Ivan le Terrible et introduisit dans ses États la réforme catholique.

ÉTIENNE NEMANJA, né à Ribnica (auj. Titograd) [m. en 1200], prince serbe, fondateur de la dynastie des Nemanjić. Il régna de 1170 env. à 1196.

ÉTIENNE Ier NEMANJIĆ (m. en 1228), prince (1195-1217) puis roi de Serbie (1217-1227), second fils du précédent. Il proclama, en 1219, l'autocéphalie de l'Église serbe.

ÉTIENNE IX UROŠ IV DUŠAN, dit le Grand (1308-1355), roi des Serbes à partir de 1331, empereur à partir de 1346. Il est le héros national de la Serbie, qu'il dota d'un code fondé sur le droit grec.

ÉTIENNE-MARTIN (Étienne MARTIN, dit), sculpteur français, né à Loriol-sur-Drôme en 1913. Ses *Demeures,* en bronze ou en bois, à la fois massives et découpées, évoquent un fond primitif de l'être et de la civilisation.

ETNA, volcan actif du nord-est de la Sicile; 3 263 m.

Étoile (*ordres de l'*), nom donné à un grand nombre d'ordres de chevalerie ayant pris l'étoile pour insigne. L'un des plus anciens fut créé en France par Jean le Bon en 1351.

Étoile (*place de l'*) → CHARLES-DE-GAULLE (place).

ÉTOLIE, contrée de la Grèce, au nord du golfe de Corinthe. Elle constitua, avec l'organisation de la *Ligue étolienne* (IVe s. av. J.-C.), une puissance politique. Adversaire de la Macédoine, elle fut réduite en province romaine en 167 av. J.-C.

ETON, v. d'Angleterre, sur la Tamise; 4 000 h. Collège fondé en 1440.

Étourdi (*l'*) ou *les Contretemps,* comédie de Molière, en cinq actes et en vers (1655).

Étranger (*l'*), roman d'A. Camus (1942), court récit destiné à illustrer la pensée de l'auteur, exposée dans son essai *le Mythe de Sisyphe,* sur l'absurdité et l'inhumanité du monde moderne.

Être et le Néant (*l'*), ouvrage de J.-P. Sartre (1943), dans lequel il décrit l'être humain dans ses rapports avec le monde (temporalité et surtout liberté), fondant ainsi la philosophie existentielle.

Être et le Temps (*l'*) [*Sein und Zeit*], ouvrage de Heidegger (1927), dans lequel il critique la métaphysique pour lui substituer une authentique réflexion ontologique sur l'être.

ÉTRÉCHY (91580), ch.-l. de c. de l'Essonne; 5 244 h.

ÉTRÉPAGNY (27150), ch.-l. de c. de l'Eure; 3 138 h. (*Sterpiniaciens*).

ÉTRETAT (76790), comm. de la Seine-Maritime, sur la Manche; 1 525 h. Église romane et gothique. Station balnéaire. Belles falaises.

ÉTRURIE, anc. région de l'Italie, correspondant approximativement à l'actuelle Toscane. De

EUDES (*saint* Jean) → JEAN EUDES (*saint*).

EUDOXE de Cnide, astronome et mathématicien grec, né à Cnide (v. 405 - v. 350). On lui attribue l'invention du cadran solaire horizontal.

EUDOXIE, impératrice d'Orient (m. en 404), femme d'Arcadius. Ambitieuse, énergique, elle trouva un redoutable adversaire dans le patriarche de Constantinople saint Jean Chrysostome.

EUDOXIE, impératrice d'Orient, née à Athènes (m. en 460), femme de Théodose II. Elle contribua au progrès de l'hellénisme dans tout l'empire d'Orient.

EUGÈNE Iᵉʳ (*saint*), né à Rome (m. en 657), pape de 654 à 657. — EUGÈNE II, né à Rome (m. en 827), pape de 824 à 827. Il s'allia avec Louis le Pieux. — EUGÈNE III (Bernardo *Paganelli di Montemagno*), né à Pise (m. en 1153), pape de 1145 à 1153. Grâce à l'appui de saint Bernard, ce cistercien poursuivit l'œuvre réformatrice de Grégoire VII. — EUGÈNE IV (Gabriele *Condulmer*), né à Venise (1383-1447), pape de 1431 à 1447. Au concile de Florence (1439), il réalisa l'union (toute formelle) de Rome et des Églises d'Orient.

Scala

Détail d'une des fresques de la tombe des Lionnes à Tarquinia (Latium). VIᵉ s. av. J.-C.

Boucles d'oreilles en or provenant de la nécropole de Populonia (Toscane). [Musée archéologique, Florence.]

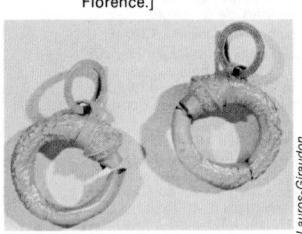

EUGÈNE DE BEAUHARNAIS → BEAUHARNAIS.

EUGÈNE DE SAVOIE-CARIGNAN, dit **le Prince Eugène,** général des armées impériales, né à Paris (1663-1736), fils d'Eugène Maurice de Savoie, comte de Soissons, et d'Olympe Mancini. Il combattit Louis XIV, fut vainqueur à Malplaquet (1709), mais fut défait à Denain par Villars (1712). En 1717, il enleva Belgrade aux Turcs.

EUGÉNIE (Eugenia María DE MONTIJO DE GUZMÀN, *impératrice*), née à Grenade (1826-1920), femme de Napoléon III, impératrice des Français de 1853 à 1870. Elle eut une grande

---

influence sur l'empereur, qu'elle poussa à défendre les intérêts catholiques dans le monde.

Eugénie Grandet, roman de Balzac (1833). Le père Grandet, bourgeois de Saumur, asservit sa famille aux exigences de son avarice; il y sacrifie même le bonheur de sa fille Eugénie.

EULALIE (*sainte*), vierge martyrisée en Espagne v. 304. Son martyre a fait l'objet de *la Cantilène* ou *Séquence de sainte Eulalie* (v. 880), le plus ancien poème en langue d'oïl conservé.

EULER (Leonhard), mathématicien suisse, né à Bâle (1707-1783). Son œuvre, d'une ampleur considérable, concerne toute la science mathématique de l'époque. Dans son *Traité complet de mécanique* (1736), il appliqua l'analyse à la science du mouvement.

EUMENÈS ou **EUMÈNE,** un des lieutenants d'Alexandre (v. 360-316 av. J.-C.), vaincu et mis à mort par Antigonos.

EUMÈNÈS Iᵉʳ ou **EUMÈNE,** roi de Pergame de 263 à 241 av. J.-C. — EUMÈNÈS II, roi de Pergame (v. 197-159 av. J.-C.). Allié des Romains, il reçut à la paix d'Apamée (188 av. J.-C.) une partie de l'Asie Mineure.

Guerrier combattant. Statuette en bronze, milieu du Vᵉ av.-J.-C. (Musée archéologique, Florence.)

Étrusques

Sarcophage provenant de Cerveteri (Latium). Terre cuite, fin du VIᵉ s. av. J.-C. (Musée du Louvre, Paris.)

Euménides (*les*), tragédie d'Eschyle (458 av. J.-C.), qui forme avec *Agamemnon* et les *Choéphores* la trilogie de l'*Orestie*. Poursuivi par les déesses de la Vengeance, les Érinyes, Oreste arrive à Athènes; Athéna détourne de lui la colère des Érinyes en leur offrant un culte: elles deviennent alors les Euménides (les Bienveillantes).

EUPATORIA → IEVPATORIA.

EUPATRIDES, membres de la classe noble en Attique. Aux VIIIᵉ et VIIᵉ s. av. J.-C., ils détinrent le pouvoir; ils furent dépossédés de leurs privilèges par Solon.

EUPEN, comm. de Belgique (Liège), sur la

l'impératrice **Eugénie**
par Édouard Dubufe

Vesdre; 17 300 h. Église St-Nicolas, du XVIIIᵉ s. Réunie, avec Malmédy, à la Belgique en 1920; à l'Allemagne de 1940 à 1944; à cette date, rattachée de nouveau à la Belgique.

EUPHRATE, fl. d'Asie, qui naît en Arménie turque, traverse la Syrie et se réunit au Tigre, en Iraq, pour former le Chaṭṭ al-'Arab; 2 780 km.

EUPHRONIOS, peintre de vases et céramiste athénien (actif fin du VIᵉ s. - début du Vᵉ s. av. J.-C.), le meilleur représentant du « style sévère » à figures rouges.

EUPHROSYNE. *Myth. gr.* Une des trois Grâces.

EURAFRIQUE, nom donné quelquefois à l'ensemble de l'Europe et de l'Afrique.

EURASIE, nom donné quelquefois à l'ensemble de l'Europe et de l'Asie.

Euratom → COMMUNAUTÉ* EUROPÉENNE DE L'ÉNERGIE ATOMIQUE.

EURE, riv. née dans le Perche, affl. de la Seine (r. g.); 225 km. Elle passe à Chartres.

EURE (*dép. de l'*) [**27**], dép. de la Région Haute-Normandie; ch.-l. de dép. *Évreux;* ch.-l. d'arr. *Les Andelys, Bernay;* 3 arr., 36 cant., 676 comm.; 6 004 km²; 422 952 h. Il est rattaché à l'académie, à la circonscription judiciaire et à la province ecclésiastique de Rouen, à la région militaire de Lille. Le dép. est formé surtout de plaines et de plateaux calcaires, souvent crayeux, où des placages limoneux ont favorisé l'essor des cultures du blé, de la betterave à sucre et des plantes fourragères (Vexin normand, plaines du Neubourg et de Saint-André). L'élevage domine dans l'ouest, en partie bocager (Lieuvin et Roumois), et se développe dans le pays d'Ouche, argileux, moins riche. L'industrie, en dehors des produits laitiers, est surtout représentée par le textile (vallée de l'Andelle et Louviers) ainsi que par les constructions mécaniques et électriques. La proximité de Paris a favorisé son essor (décentralisations) et explique le récent accroissement démographique.

EURE-ET-LOIR (*dép. d'*) [**28**], dép. de la Région Centre; ch.-l. de dép. *Chartres;* ch.-l. d'arr. *Châteaudun, Dreux, Nogent-le-Rotrou;* 4 arr., 27 cant., 401 comm.; 5 876 km²; 335 151 h. Il est rattaché à l'académie d'Orléans-Tours, à la circonscription judiciaire de Versailles, à la région militaire de Paris et à la province ecclésiastique de Bourges. L'ouest (Thymerais, collines du Perche), humide et souvent bocager, consacré surtout à l'élevage bovin, s'oppose à l'est, constitué par la plaine dénudée de la Beauce, riche région agricole productrice de blé surtout, de betterave à sucre et de maïs. L'industrialisation, essentiellement les constructions mécaniques et électriques, stimulée par la proximité de Paris (décentralisations), s'est développée, surtout dans les villes de l'est (Chartres et Dreux). Elle explique partiellement le notable accroissement démographique récent.

EURIPE, petite passe entre l'île d'Eubée et la Béotie, aux courants violents.

EURIPIDE, poète tragique grec, né à Salamine (480-406 av. J.-C.). Son théâtre, marqué par les troubles de la guerre du Péloponnèse, déconcerta ses contemporains (*Alceste,* 438; *Médée,* 431; *Hippolyte,* 428; *Andromaque,* v. 426;

Hécube, v. 424; *Iphigénie en Tauride*, v. 414; *Électre*, v. 413; *Hélène*, 412; *les Bacchantes*, 405), mais ses innovations dramatiques (importance de l'analyse psychologique, rajeunissement des mythes, indépendance des chœurs par rapport à l'action) devaient influencer profondément les écrivains classiques français.

EUROPE, une des cinq parties du monde, la plus petite, mais la plus densément peuplée, comprise entre l'océan Arctique au nord, l'océan Atlantique à l'ouest, la Méditerranée et ses annexes, ainsi que, traditionnellement, la chaîne du Caucase au sud, la mer Caspienne, l'Oural à l'est. L'Europe a une superficie de 10 millions de km² et une population de 660 millions d'h. *(Européens).*

V. cartes pp. 1208 à 1210

Une ligne partant, en France, de l'Aquitaine, longeant le sillon Rhône-Saône, le front nord des Alpes et des Carpates, sépare une *Europe*

Anderson-Giraudon

Euripide

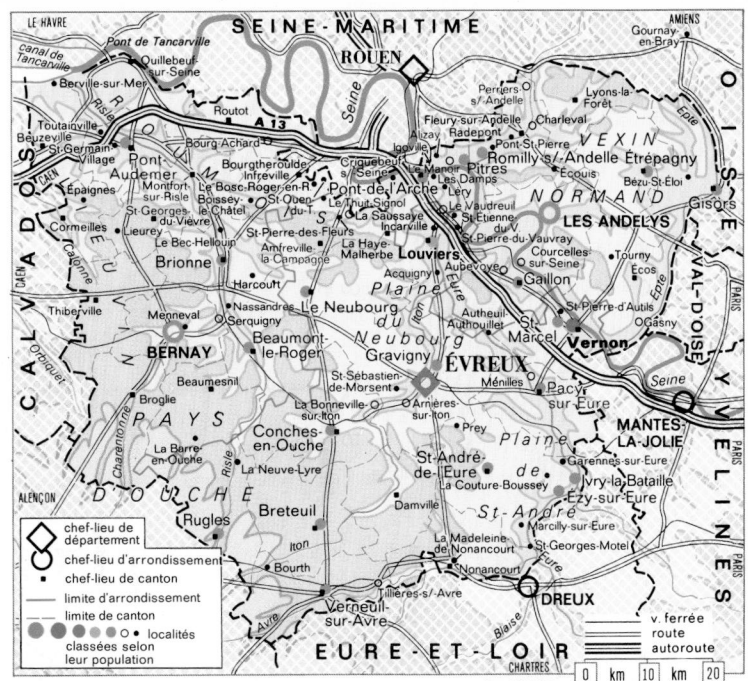

EURE

EURE-ET-LOIR

septentrionale, formée de vastes plaines (plaine nord-européenne) et de vieux socles (massifs calédoniens et hercyniens), souvent rajeunis (Scandinavie), d'une *Europe méridionale*, occupée par des chaînes tertiaires (Pyrénées, Alpes, Carpates), enserrant des régions basses, peu étendues (mis à part le Bassin pannonien). La situation en latitude explique l'extension généralisée du climat tempéré. Le plus ou moins grand éloignement de l'Océan surtout, la disposition des reliefs introduisent des nuances thermiques et pluviométriques permettant de distinguer une *Europe océanique* à l'ouest, une *Europe continentale* à l'est, une *Europe méditerranéenne* au sud. À chacune d'entre elles correspond une formation végétale (feuillus à l'ouest, conifères à l'est et dans l'extrémité nord, maquis et garrigues provenant de la dégradation de la forêt méditerranéenne au sud).

La position de l'Europe dans la zone tempérée, au centre des terres émergées de l'hémisphère boréal, sa profonde pénétration par les mers ont facilité son peuplement, expliquant son ancienneté, sa densité et sa variété. L'Europe, peuplée dès le paléolithique, groupe, sur moins de 10 p. 100 des terres émergées, environ 15 p. 100 de la population mondiale, mais ne possède aucune unité ethnique ou linguistique (le christianisme et les langues indo-européennes dominent toutefois largement). Elle ne possède pas non plus d'unité politique ou économique, étant divisée en deux blocs idéologiquement opposés (une Europe occidentale d'économie de type libéral; une Europe orientale socialiste), à l'intérieur desquels coexistent des États fortement industrialisés et urbanisés (Grande-Bretagne, Belgique, France, Allemagne fédérale, Tchécoslovaquie, U. R. S. S.) et des États demeurés plus ruraux (Portugal, Grèce, Albanie, Bulgarie, Yougoslavie). Toutefois, des essais de regroupement économique se sont opérés à l'Ouest (Marché commun), à l'Est (Conseil d'aide économique mutuelle [C.A.E.M.] ou Comecon). Ils correspondent à la recherche d'une organisation interne en vue d'une meilleure distribution géographique et sociale de la richesse, en même temps qu'à une nécessaire adaptation aux données nouvelles de l'histoire mondiale (prépondérance des États-Unis et de l'U. R. S. S., montée des pays du tiers monde [notamment des producteurs de matières premières], consécutive à la décolonisation).

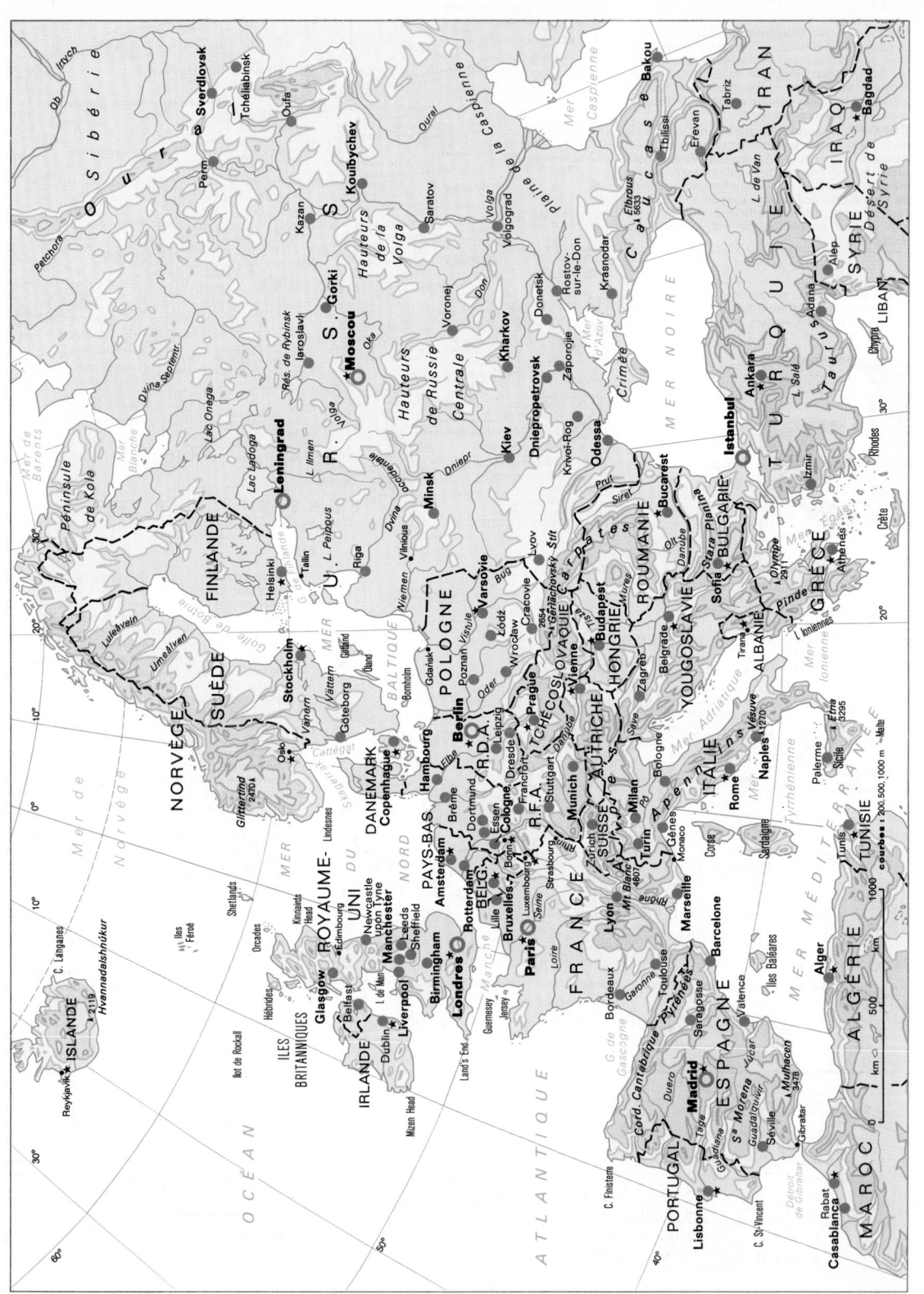

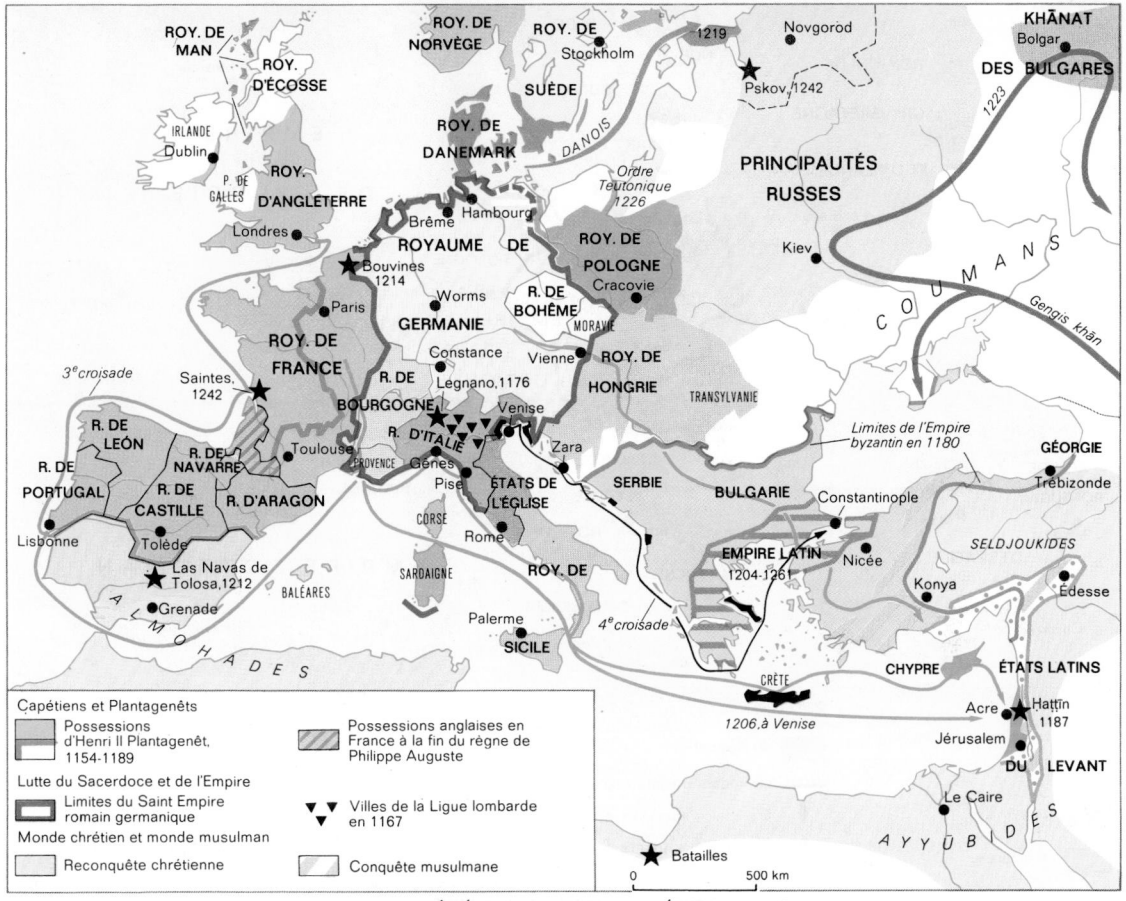

L'EUROPE MÉDIÉVALE, FIN DU XIIᵉ S. - DÉBUT DU XIIIᵉ S.

On the map:

ROY. DE MAN
ROY. DE NORVÈGE
ROY. DE SUÈDE — Stockholm
ROY. DE DANEMARK
Novgorod
Bolgar
KHĀNAT DES BULGARES
1219
Pskov 1242
ROY. D'ÉCOSSE
IRLANDE — Dublin
P. DE GALLES
ROY. D'ANGLETERRE
Londres
PRINCIPAUTÉS RUSSES
Kiev
COUMANS
Gengis khân
1223
Brême — Hambourg
Ordre Teutonique 1226
ROYAUME DE
ROY. DE POLOGNE — Cracovie
Bouvines 1214
Paris
Worms
R. DE BOHÊME
GERMANIE
MORAVIE
Constance
Vienne
ROY. DE HONGRIE
TRANSYLVANIE
3ᵉ croisade
Saintes 1242
ROY. DE FRANCE
R. DE BOURGOGNE
Legnano, 1176
R. D'ITALIE
Venise
Zara
Limites de l'Empire byzantin en 1180
GÉORGIE
Trébizonde
R. DE LÉON
R. DE NAVARRE
Toulouse
PROVENCE
Gênes
Pise
ÉTATS DE L'ÉGLISE
SERBIE
BULGARIE
Constantinople
SELDJOUKIDES
R. DE PORTUGAL
R. DE CASTILLE
R. D'ARAGON
Lisbonne
Tolède
Las Navas de Tolosa, 1212
Grenade
ALMOHADES
CORSE
BALÉARES
SARDAIGNE
Rome
ROY. DE SICILE
Palerme
4ᵉ croisade
EMPIRE LATIN 1204-1261
Nicée
Konya
Édesse
1206, à Venise
CRÈTE
CHYPRE
ÉTATS LATINS
Acre
Hattîn 1187
Jérusalem
Le Caire
DU LEVANT
AYYÛBIDES

Capétiens et Plantagenêts
Possessions d'Henri II Plantagenêt, 1154-1189
Possessions anglaises en France à la fin du règne de Philippe Auguste

Lutte du Sacerdoce et de l'Empire
Limites du Saint Empire romain germanique
▼ ▼ Villes de la Ligue lombarde en 1167

Monde chrétien et monde musulman
Reconquête chrétienne
Conquête musulmane
★ Batailles

0   500 km

Europe verte, nom donné aux pays du Marché commun lorsque l'on considère ceux-ci par rapport aux problèmes agricoles.

EUROPE. *Myth. gr.* Mortelle aimée de Zeus. Celui-ci, métamorphosé en taureau blanc, l'enleva et la conduisit en Crète, où elle devint mère de Minos.

EUROPOORT, avant-port de Rotterdam (Pays-Bas). Raffinage du pétrole et pétrochimie.

EUROTAS, riv. de Laconie, qui arrosait Sparte ; 80 km.

Eurovision, système d'échange international d'émission de télévision entre les pays de l'Europe occidentale et du bassin méditerranéen, coordonné par l'Union européenne de radiodiffusion (U. E. R.), dont le siège est à Genève et le centre technique à Bruxelles.

EURYDICE. *Myth. gr.* Femme d'Orphée.

EURYMÉDON, riv. de Pamphylie, à l'embouchure de laquelle Cimon vainquit les Perses en 468 av. J.-C. (Auj. *Köprü.*)

EURYPONTIDES ou **PROCLIDES,** dynastie royale de Sparte qui, conjointement avec les Agides, exerça le pouvoir du VIᵉ au IIIᵉ s. av. J.-C. (dyarchie).

EURYSTHÉE. *Myth. gr.* Roi de Mycènes. Il imposa à Héraclès les *douze travaux* afin de se défaire de lui.

EUSÈBE de Césarée (v. 265-340), évêque de Césarée, auteur d'une *Histoire ecclésiastique.*

EUSTACHE (saint), soldat dans les armées de Trajan, martyrisé à Rome en 118.

EUSTACHE DE SAINT-PIERRE, né à Saint-Pierre-lès-Calais (v. 1287-1371), bourgeois de Calais, célèbre par le dévouement qu'il témoigna à ses concitoyens lors de la reddition de cette ville au roi d'Angleterre Édouard III (1347).

EUTERPE. *Myth. gr.* Muse de la Musique.

EUTYCHÈS, moine byzantin (v. 378 - v. 454). Adversaire du nestorianisme, il fut accusé de verser dans le monophysisme. Condamné au concile de Chalcédoine (451), il mourut en exil.

Évadés *(médaille des),* décoration française, créée en 1926 et modifiée en 1946, pour les prisonniers de guerre évadés.

Évangiles, écrits du Nouveau Testament où sont consignés la vie et le message de Jésus. Ils sont au nombre de quatre et sont attribués à saint Matthieu, saint Marc, saint Luc et saint Jean. La rédaction des Évangiles se situe entre 70 et 80 env. pour les trois premiers et v. l'an 100 pour le quatrième.

EVANS (Oliver), ingénieur américain, né à Newport (1755-1819). On lui doit le cardage mécanique de la laine et du coton (1777).

EVANS (sir Arthur John), archéologue anglais, né à Nash Mills (1851-1941). Ses découvertes faites à Cnossos, à partir de 1900, ont révélé la civilisation minoenne.

EVANS (Walker), photographe américain, né à Saint Louis (Missouri) [1903-1975]. Sa vision statique et brutale de la réalité (reportages [1935-1940] sur la misère rurale aux États-Unis), son écriture précise et dépouillée, exemplaire du style documentaire, ont influencé fortement la photographie d'aujourd'hui.

EVANS-PRITCHARD (Edward), anthropologue britannique, né à Crowborough (Sussex) [1902-1973]. Ses études africaines constituent une importante contribution à l'étude de l'organisation sociale et de la religion des peuples africains, notamment des Nuers.

EVANSVILLE, v. des États-Unis (Indiana), sur l'Ohio ; 139 000 h.

ÉVARISTE *(saint),* pape de 97 à 105, peut-être martyr sous Trajan.

ÉVAUX-LES-BAINS (23110), ch.-l. de c. de la Creuse ; 1790 h. Station thermale.

ÈVE, nom donné par la Bible à la première femme, épouse d'Adam et mère du genre humain.

ÉVÊCHÉS (les **Trois-**) → TROIS-ÉVÊCHÉS *(les).*

EVERE, comm. de Belgique (Brabant), dans la banlieue nord de Bruxelles ; 29 600 h.

EVEREST *(mont),* point culminant du globe (8 848 m), dans le massif de l'Himālaya. Son sommet a été atteint en 1953 par le Néo-Zélandais E. Hillary et le sherpa N. Tensing.

EVERGEM, comm. de Belgique (Flandre-Orientale) ; 27 800 h.

EVERGLADES (les), région marécageuse de la Floride méridionale. Parc national.

ÉVHÉMÈRE, écrivain grec (m. à la fin du IIIᵉ s. av. J.-C.). Selon lui, les dieux de la mythologie sont des rois d'une époque reculée divinisés par la crainte ou l'admiration des peuples. Cette explication rationaliste a donné naissance à l'*évhémérisme.*

ÉVIAN-LES-BAINS (74500), ch.-l. de c. de la Haute-Savoie, sur le lac Léman ; 6 178 h. *(Évianais).* Eaux minérales. Les accords signés en 1962 à Évian entre la France et le F. L. N. mirent fin à la guerre d'Algérie.

ÉVORA, v. du Portugal (Alentejo) ; 24 000 h. Temple romain du IIᵉ s., cathédrale des XIIᵉ-XVIᵉ s. et nombreux autres monuments.

ÉVRAN (22630), ch.-l. de c. des Côtes-du-Nord ; 1 524 h.

ÉVRECY (14210), ch.-l. de c. du Calvados ; 874 h.

ÉVREUX (27000), ch.-l. du dép. de l'Eure, sur

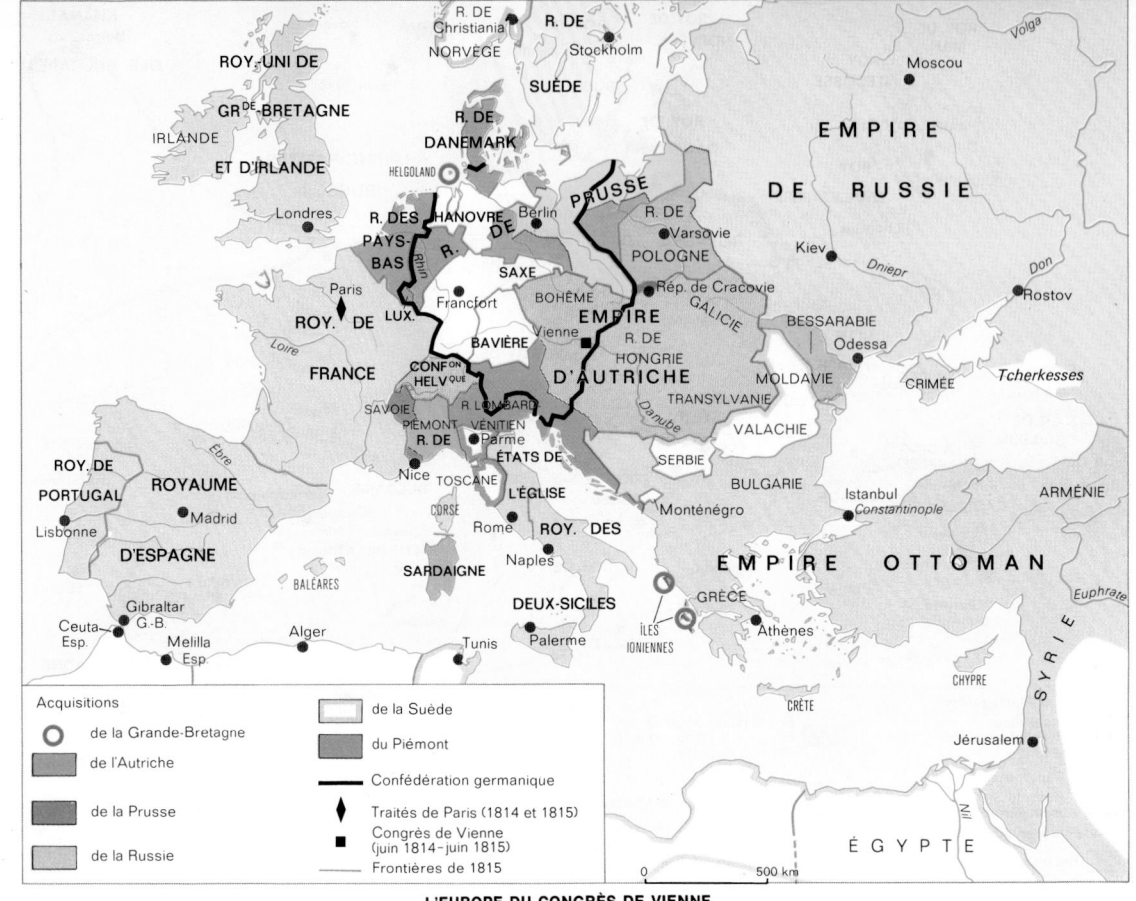

L'EUROPE DU CONGRÈS DE VIENNE

Légende de la carte :

Acquisitions

○ de la Grande-Bretagne
de l'Autriche
de la Prusse
de la Russie
de la Suède
du Piémont
— Confédération germanique
♦ Traités de Paris (1814 et 1815)
■ Congrès de Vienne (juin 1814–juin 1815)
— Frontières de 1815

0   500 km

l'Iton, à 102 km à l'ouest de Paris; 50 358 h. *(Ébroïciens).* Cathédrale des XIIᵉ-XVIIᵉ s., ornée de beaux vitraux. Base aérienne. Constructions électriques. Disques. Imprimerie.

ÉVRON (53600), ch.-l. de c. de la Mayenne; 5 867 h. Église romane et gothique, anc. abbatiale.

ÉVRY (91000), anc. **Évry-Petit-Bourg,** ch.-l. du dép. de l'Essonne, sur la Seine, à 27 km au sud de Paris; 15 585 h. *(Évryens).* Noyau d'une ville nouvelle. Industries électriques et mécaniques. Alimentation. Hippodrome.

EVTOUCHENKO (Ievgueni Aleksandrovitch), poète soviétique, né à Zima (Sibérie) en 1933, interprète du désir de liberté de la jeunesse après la période stalinienne *(la Troisième Neige, Babi Iar).*

ÉWÉS ou **ÉOUÉS,** peuple noir du Ghāna, du Togo et du Bénin (anc. Dahomey).

EWING (*sir* James), physicien écossais, né à Dundee (1855-1935). Il découvrit l'hystérésis magnétique (1882).

EXCIDEUIL (24160), ch.-l. de c. de la Dordogne; 1 849 h. Ruines d'un château des Talleyrand-Périgord.

EXÉKIAS, peintre de vases et céramiste athénien, actif à la fin du VIᵉ s. av. J.-C., l'un des créateurs les plus inventifs du style attique à figures noires.

EXELMANS [-mâs] (Remi Isidore, *comte*), maréchal de France, né à Bar-le-Duc (1775-1852). Héros de la cavalerie de l'Empire, il livra son dernier combat à Rocquencourt en 1815.

EXETER, port d'Angleterre, ch.-l. du comté de Devon; 96 000 h. Cathédrale des XIIᵉ-XIVᵉ s.

EXMES [ɛm] (61310), ch.-l. de c. de l'Orne; 399 h.

Exode (l'), sortie d'Égypte des Hébreux sous la conduite de Moïse. Ces événements, que les historiens situent v. 1250 av. J.-C., sont rapportés dans la Bible au livre de l'Exode.

EXTRÊME-ORIENT, ensemble des pays de l'Asie orientale (Chine, Japon, Corée, États de l'Indochine et de l'Insulinde, extrémité de l'U.R.S.S.).

EY (Henri), psychiatre et philosophe français, né à Banyuls-dels-Aspres (1900-1977). Auteur d'études de psychopathologie, il vise à rendre à la conscience une signification centrale dans la vie psychique.

EYADEMA (Étienne, dit **Ghansimgbe**), homme d'État togolais, né à Pya en 1935, président de la République et chef du gouvernement depuis 1967.

EYBENS (38320), comm. de l'Isère; 5 437 h.

EYGUIÈRES (13430), ch.-l. de c. des Bouches-du-Rhône; 3 284 h.

EYGURANDE (19340), ch.-l. de c. de la Corrèze; 801 h.

EYLAU, auj. **Bagrationovsk,** v. de l'U.R.S.S. (R.S.F.S. de Russie), près de Königsberg (auj. Kaliningrad). Bataille indécise de Napoléon Iᵉʳ contre les Russes (févr. 1807).

EYMET (24500), ch.-l. de c. de la Dordogne, sur le Dropt; 3 051 h.

EYMOUTIERS (87120), ch.-l. de c. de la Haute-Vienne, sur la Vienne; 2 933 h. Église des XIᵉ-XVᵉ s.

EYRE (Edward John), explorateur britannique, né à Hornsea (1815-1901). Il découvrit, en Australie, la lagune qui, depuis, porte son nom (de 8 000 à 10 000 km²).

EYRE, fl. côtier des Landes, formé de la *Grande*

Leyre et de la *Petite Leyre,* qui rejoint le bassin d'Arcachon. Son bassin correspond approximativement au parc national régional des Landes de Gascogne.

EYSENCK (Hans Jürgen), psychologue britannique d'origine allemande, né à Berlin en 1916. Il a appliqué l'analyse factorielle au domaine de la personnalité et des motivations.

EYSINES (33320), comm. de la Gironde; 13 034 h. *(Eysinais).* Vins.

EYSKENS (Gaston), homme politique belge, né à Lierre en 1905. Trois fois Premier ministre entre 1949 et 1972, il accorda l'indépendance au Congo (1960) et s'efforça de réformer la Constitution de manière à régler les problèmes communautaires entre Wallons et Flamands.

EYZIES-DE-TAYAC-SIREUIL (Les) [24620], comm. de la Dordogne, sur la Vézère; 886 h. Nombreuses stations préhistoriques dans la région. Musée national de la Préhistoire.

ÉZANVILLE (95460), comm. du Val-d'Oise; 6 981 h.

ÈZE (06360), comm. des Alpes-Maritimes; 1 860 h. *(Ézasques).* Village médiéval dans un site remarquable. Station balnéaire à *Èze-sur-Mer.*

ÉZÉCHIAS, roi de Juda, fils d'Achaz (716-687 av. J.-C.). Il entreprit une grande réforme religieuse mais échoua dans sa lutte contre l'Assyrie.

ÉZÉCHIEL, prophète biblique qui exerça son ministère entre 593 et 571 av. J.-C. parmi les déportés juifs à Babylone. Il soutint l'espérance des exilés en la restauration du peuple élu. Ses oracles, consignés dans le livre d'Ézéchiel, révèlent un poète et un visionnaire d'une extraordinaire puissance.

EZRA → ESDRAS.

Le **Fuji-Yama,** dans l'île de Honshū (Japon).

F

FAAA, comm. de la Polynésie française (Tahiti); 16950 h. Aéroport de Papeete.

FABERT (Abraham DE), maréchal de France, né à Metz (1599-1662). Il dirigea le siège de Stenay (1654).

Fabian Society, association socialiste anglaise, fondée à Londres en 1883, qui joua un rôle notable dans la naissance du parti travailliste.

FABIEN (saint) [m. en 250], pape de 236 à 250. Il divisa la Rome chrétienne en sept régions.

FABIOLA DE MORA Y ARAGÓN, reine des Belges, née à Madrid en 1928. Elle a épousé Baudouin Ier en 1960.

FABIUS MAXIMUS RULLIANUS (Quintus), homme d'État romain. Cinq fois consul, il fut dictateur en 315 av. J.-C. et vainquit en 295 av. J.-C. les Samnites, les Étrusques et les Gaulois coalisés à Sentinum.

FABIUS MAXIMUS VERRUCOSUS (Quintus), dit **Cunctator** («le Temporisateur»), homme d'État romain (v. 275-203 av. J.-C.). Cinq fois consul, il fut nommé dictateur après la défaite de Trasimène (217 av. J.-C.). Par sa tactique prudente, il sut arrêter les progrès d'Hannibal, mais il ne put empêcher le désastre de Cannes (216).

FABIUS PICTOR (Quintus), le plus ancien annaliste romain (né v. 254 av. J.-C.). On ne possède que des fragments de son œuvre.

Fables, de La Fontaine (douze livres : I à VI, 1668; VII et VIII, 1678; IX à XI, 1679; XII, 1694). Créées à partir d'un matériel connu de tous (les Fables d'Ésope) qui servait de thème aux écoliers et de recueil d'anecdotes morales aux orateurs, les Fables constituent une forme poétique originale : d'abord brefs apologues proches de la tradition (les six premiers livres avec : la Cigale et la Fourmi, le Corbeau et le Renard, le Loup et l'Agneau, le Chêne et le Roseau, I; le Lion et le Moucheron, II; le Renard et le Bouc, le Meunier, son Fils et l'Âne, III; l'Alouette et ses Petits, IV; le Laboureur et ses Enfants, la Poule aux œufs d'or, V; le Lièvre et la Tortue, VI), le genre s'assouplit et prend de l'ampleur pour accueillir toutes les inspirations — satirique (Un animal dans la lune, VII, 17), pastorale (Tircis et Amarante, VIII, 13), élégiaque (les Deux Pigeons, IX, 2), politique (le Paysan du Danube, XI, 7) — et tous les rythmes. Le travestissement animal y joue un double rôle : moyen de mettre à distance des comportements humains et sociaux et de faire ainsi prendre mieux conscience de leurs mécanismes; moyen d'attirer l'attention sur la sensibilité et l'intelligence des bêtes contre la thèse cartésienne des animaux-machines (Discours à Monsieur le duc de La Rochefoucault, X, 14; les Souris et le Chat-Huant, XI, 9).

Fables, de Florian (1792). Elles témoignent de l'influence moralisatrice de Rousseau (le Grillon; la Carpe et les Carpillons).

FABRE (François-Xavier, baron), peintre français, né à Montpellier (1766-1837). Il légua son importante collection de peintures et de dessins à sa ville natale.

FABRE (Jean Henri), entomologiste français, né à Saint-Léons (Aveyron) [1823-1915], auteur de remarquables Souvenirs entomologiques.

FABRE (Ferdinand), romancier français, né à Bédarieux (1827-1898), peintre de la vie cévenole (l'Abbé Tigrane, 1873).

FABRE (Henri), ingénieur français, né à Marseille en 1882. Il réalisa (1909) le premier hydravion qui volât réellement (1910).

FABRE D'ÉGLANTINE (Philippe FABRE, dit), poète et homme politique français, né à Carcassonne (1750-1794). Auteur de chansons sentimentales (Il pleut, il pleut, bergère), il donna leurs noms aux mois du calendrier républicain et fut guillotiné avec les dantonistes.

FABRE d'Olivet (Antoine), poète et érudit français, né à Ganges (1768-1825). Ses poèmes en langue d'oc font de lui le précurseur du félibrige.

FABRICIUS LUSCINUS (Caius), consul romain (282 et 278 av. J.-C.), symbole de la simplicité et du désintéressement des vieux Romains.

FABRICIUS (Johann Christian), entomologiste danois, né à Tønder (1745-1808), disciple de Linné.

FABRY (Charles), physicien français, né à Marseille (1867-1945). Il utilisa les interférences à ondes multiples et découvrit l'ozone de la haute atmosphère.

FACHES-THUMESNIL (59155), comm. du Nord; 18645 h. Textile. Alimentation.

Fâcheux (les), comédie-ballet en trois actes et en vers, de Molière (1661).

FACHODA, auj. **Kodok,** v. du Soudan, sur le Nil, près du Bahr el-Ghazal. Occupée en 1898 par la mission française Congo-Nil de Marchand, elle dut être remise peu après aux Anglais de Kitchener. Durement ressentie par l'opinion française, l'humiliation de Fachoda altéra les rapports franco-britanniques.

FACTURE, écart de la comm. de Biganos (Gironde), dans les Landes. Papeterie.

FADEÏEV (Aleksandr Aleksandrovitch), écrivain russe, né à Kimry (1901-1956). Ses romans célè-

brent la révolution soviétique (la Défaite, 1927).

Fades (viaduc des), le plus haut viaduc de France, construit sur la Sioule, qu'il domine de 132 m (Puy-de-Dôme).

FAENZA, v. d'Italie (Émilie); 55000 h. Dès le XIIe s., la ville fut un centre important de céramique (elle a donné son nom à la faïence). Musée international de la céramique. Enceinte et cathédrale du XVe s.

FAEROE → FÉROÉ.

FAGE (Louis), zoologiste français, né à Limoges (1883-1964), auteur de travaux sur le développement des poissons côtiers.

FAGNES (Hautes), plateau de l'Ardenne belge, portant le point culminant du massif et de la Belgique (694 m au signal de Botrange).

FAHRENHEIT (Daniel Gabriel), physicien allemand, né à Dantzig (1686-1736), inventeur d'un aréomètre et d'une graduation du thermomètre qui portent son nom.

FAIÇAL → FAYSAL.

FAIDHERBE (Louis), général français, né à Lille (1818-1889). Gouverneur du Sénégal (1854-1861 et 1863-1865), il créa le port de Dakar (1857). Sa résistance à la tête de l'armée du Nord en 1870 épargna l'occupation allemande aux départements du Nord et du Pas-de-Calais.

FAIL [faj] (Noël DU), seigneur de La Hérissaye, jurisconsulte et écrivain français, né au manoir de Château-Letard, près de Rennes (v. 1520-1591), auteur de contes (Treize Propos rustiques).

FAIRBANKS, v. de l'Alaska; 15000 h. Université. Base aérienne. Terminus de la route de l'Alaska.

FAIRFAX (Thomas), général anglais, né à Denton (1612-1671). Chef des troupes parlementaires pendant la guerre civile, il battit Charles Ier à Naseby (1645). Il favorisa ensuite la restauration de Charles II.

FAISANS (île des), île située au milieu de la Bidassoa, où fut conclu le traité des Pyrénées (1659).

FAIVRE (Abel), dessinateur humoriste et peintre français, né à Lyon (1867-1945), caricaturiste de la bourgeoisie dans de nombreux journaux. Une de ses affiches de guerre, On les aura!, est célèbre.

FAKHR AL-DĪN II (v. 1572-1635), émir druze (1593-1613 et 1618-1633), ennemi des Turcs, allié du grand-duc de Toscane. Il favorisa l'Église maronite.

FALAISE (14700), ch.-l. de c. du Calvados; 8607 h. (Falaisiens). Restes (XIIe-XVe s.) d'un château féodal. Appareils ménagers. Violents combats en 1944.

FALCON (Marie Cornélie), cantatrice française, née à Paris (1814-1897).

FALCONET (Étienne), sculpteur et théoricien français, né à Paris (1716-1791). Il travailla pour Mᵐᵉ de Pompadour et fournit à la manufacture de Sèvres de nombreux petits groupes. Son œuvre capitale est la statue équestre de Pierre le Grand, qu'il alla ériger à Saint-Pétersbourg.

FALLA (Manuel DE), compositeur espagnol, né à Cadix (1876-1946), auteur de l'opéra *la Vie brève* (1905), des ballets *l'Amour sorcier* (1915) et *le Tricorne* (1917-1919), de mélodies et de pages de musique de chambre (*Concerto* pour clavecin et ensemble instrumental).

FALLADA (Rudolf DITZEN, dit **Hans**), écrivain allemand, né à Greifswald (1893-1947), auteur de romans qui décrivent la vie des petites gens (*Paysans, bonzes et bombes*).

Manuel de **Falla**
par I. Zuloaga

Armand **Fallières**

Michael **Faraday**

Fan K'ouan
*Voyageurs
dans les gorges
d'un torrent*

PETRO PRIMO
CATHARINA SECUNDA

Falconet
statue de Pierre le Grand
à Leningrad, 1782

FALÉMÉ (la), affl. du Sénégal, séparant le Sénégal et le Mali; 650 km env.

FALÉRIES, anc. v. d'Étrurie, à 40 km de Rome. (Auj. *Civita Castellana.*) Nécropoles et ruines antiques.

FALERNE, territoire de Campanie, célèbre par son vin dans l'anc. Rome.

FALIER ou **FALIERO,** famille de Venise, qui fournit à la ville trois doges : VITALE, m. en 1096, doge de 1084 env. à 1096, vainqueur de Robert Guiscard; — ORDELAFO, doge de 1102 à 1118 (m. en 1118); — MARINO (1274-1355), doge de 1354 à 1355, que les patriciens firent décapiter pour avoir conspiré contre eux; l'histoire de celui-ci a inspiré à Byron son drame *Marino Faliero* (1821).

FALK (Adalbert), homme politique prussien, né à Metschkau (1827-1900), ministre des Affaires ecclésiastiques, auxiliaire de Bismarck dans sa politique anticatholique.

FALKENHAYN (Erich VON), général allemand, né à Burg Belchau (1861-1922). Chef de la direction suprême de l'armée de 1914 à 1916, il commanda ensuite en Roumanie (1916) puis en Palestine (1917-18).

FALKLAND (*îles*), anc. **Malouines,** en esp. **Malvinas,** îles de l'Atlantique, au sud de l'Argentine, occupées par l'Angleterre depuis 1832, et revendiquées par l'Argentine; 2 000 h. Victoire navale anglaise (1914).

FALLIÈRES (Armand), homme d'État français, né à Mézin (1841-1931). Membre de la gauche républicaine, député (1876) puis sénateur (1890) de Lot-et-Garonne, plusieurs fois ministre à partir de 1882, il fut président du Conseil en janv.-févr. 1883, président du Sénat de 1899 à 1906, président de la République de 1906 à 1913.

FALLOPE, FALLOPPIA ou **FALLOPPIO** (Gabriele), chirurgien et anatomiste italien, né à Modène (1523-1562).

FALLOUX (Frédéric, *comte* DE), homme politique français, né à Angers (1811-1886). Ministre de l'Instruction publique (1848-49), il élabora la loi scolaire, très favorable à l'Église, qui, votée le 15 mars 1850, consacra la liberté de l'enseignement secondaire. Falloux fut l'un des principaux représentants du catholicisme libéral. (Acad. fr.)

FALMOUTH, port d'Angleterre (Cornouailles), sur la Manche; 18 000 h. Station balnéaire.

FALSTAFF, déformation de *Fastolf**.

Falstaff, comédie lyrique, livret de Boito, musique de Verdi (1893).

FALSTER, île danoise de la Baltique, au sud de Sjaelland. Ch.-l. *Nyköbing.*

FAMAGOUSTE, port de la côte orientale de Chypre, anc. cap. de l'île; 44 000 h. Monuments gothiques.

FAMECK (57290), comm. de la Moselle; 17 755 h.

FAMENNE (la), petite région de Belgique, entre l'Ardenne et le Condroz.

Famille (*pacte de*), traité conclu par Choiseul en 1761, entre les Bourbons de France, d'Espagne, de Parme et de Naples, pour résister à la puissance navale anglaise.

Famine (*pacte de*), contrat que le peuple accusait Louis XV d'avoir conclu avec des négociants pour accaparer les grains et provoquer leur hausse et les disettes factices (1765-1774).

FANFANI (Amintore), homme politique italien, né à Pieve Santo Stefano (prov. d'Arezzo) en 1908. Secrétaire général (1954-1959, 1973-1975) puis président (1976) de la Démocratie chrétienne, il fut plusieurs fois ministre de 1947 à 1953 et de 1965 à 1968, et président du Conseil en 1954 puis pratiquement sans interruption de 1958 à 1963. Il s'opposa au «compromis historique» avec le parti communiste.

Fanfan la Tulipe, héros d'une chanson populaire, type du soldat français qui aime le vin et les femmes autant que la gloire, et qui est toujours prêt à défendre les causes justes.

FANGATAUFA, atoll des Tuamotu (Polynésie française), au sud-est de Mururoa. Site de la première explosion thermonucléaire française (1968) et, jusqu'en 1976, d'explosions nucléaires souterraines.

FANGIO (Juan Manuel), coureur automobile argentin, né à Balcarce (Argentine) en 1911.

FANGS, FANS ou **PAHOUINS,** peuple noir du Gabon.

FANJEAUX (11270), ch.-l. de c. de l'Aude; 752 h.

FAN K'OUAN ou **FAN KUAN,** peintre chinois (milieu du Xᵉ-début du XIᵉ s.), ascète taoïste, l'un des grands paysagistes au style sévère et puissant de l'école des Song du Nord.

FANON (Frantz), psychiatre et sociologue français, né à Fort-de-France (1925-1961). Ses écrits constituent un vibrant plaidoyer contre le colonialisme et les pièges de la colonisation.

Fantasio, comédie en prose d'Alfred de Musset (composée en 1834, représentée en 1866).

FANTIN-LATOUR (Henri), peintre et lithographe français, né à Grenoble (1836-1904). Il est l'auteur de portraits individuels ou collectifs (*l'Atelier des Batignolles,* hommage à Manet, Louvre), de natures mortes, de tableaux de fleurs ou inspirés par la musique.

FAO, sigle de *Food and Agriculture Organization,* en fr. ORGANISATION* POUR L'ALIMENTATION ET L'AGRICULTURE.

FAOU [fu] (**Le**) [29142], ch.-l. de c. du Finistère, au fond de la rade de Brest; 1 611 h.

FAOUËT (**Le**) [56320], ch.-l. de c. du Morbihan; 3 245 h. Aux environs, chapelles St-Fiacre (jubé) et Ste-Barbe, de la fin du XVᵉ s.

FĀRĀBĪ (ABŪ **al-**), philosophe et savant iranien, né à Wasīdj (Turkestan) [v. 870-950]. Commentateur d'Aristote et de Platon, il eut Avicenne pour disciple.

FARADAY (Michael), physicien anglais, né à Newington (Surrey) [1791-1867]. On lui doit la théorie de l'influence électrostatique, l'énoncé des lois de l'électrolyse, la découverte de l'induction électromagnétique... Il a réussi à liquéfier presque tous les gaz et il a découvert le benzène.

FARAZDAQ (**al-**), poète arabe (v. 640-v. 730). Représentant de la poésie des nomades d'Arabie orientale, il fut le rival de Djarir.

FARCIENNES, comm. de Belgique (Hainaut); 12 000 h.

FARCOT (Joseph), ingénieur français, né à Paris (1823-1906). Il contribua aux progrès des machines à vapeur et imagina le servomoteur (1868).

FARÉBERSVILLER (57450), comm. de la Moselle; 7 783 h.

FAREL (Guillaume), réformateur français, né aux Fareaux, près de Gap (1489-1565), ami de Calvin, qu'il appela à Genève en 1536; à partir de 1538, il dirigea l'Église de Neuchâtel.

FAREMOUTIERS (77120 Coulommiers), comm. de Seine-et-Marne; 1 248 h. Métallurgie (aluminium). L'abbaye de Bénédictines, fondée v. 627 par sainte Fare, supprimée par la Révolution, fut restaurée en 1931.

FARET (Nicolas), écrivain français, né à Bourg-en-Bresse (1596 ou 1600-1646). Il contribua à fixer les règles de la politesse mondaine.

FAREWELL, cap au sud du Groenland.

FARGUE (Léon-Paul), poète français, né à Paris (1876-1947), auteur du *Piéton de Paris* (1939).

FARINA (Giovanni Maria), chimiste italien, né à Santa Maria Maggiore (prov. de Novare) [1685-1766]. Il s'établit à Cologne, où il fabriqua la célèbre *eau de Cologne*.

FARINELLI (Carlo BROSCHI, dit), chanteur italien, né à Andria (Apulie) [1705-1782].

Farines (guerre des), troubles qui éclatèrent en 1775, peu après la promulgation, par Turgot, d'un édit sur la liberté de commerce des grains.

FARMAN (Henri), aviateur français, né à Paris (1874-1958). Il réussit, en 1908, le premier vol de ville à ville (Bouy-Reims) et créa, en 1919, une des premières compagnies aériennes ouvertes au public. — Son frère et associé, MAURICE, né à Paris (1877-1964), créa avec lui la société de construction qui produisit de nombreux modèles d'avions militaires et commerciaux.

FARNBOROUGH, v. de Grande-Bretagne, au sud-ouest de Londres; 41 000 h. Exposition aéronautique bisannuelle. Dans l'église, tombeaux de Napoléon III, de l'impératrice Eugénie et du prince impérial.

FARNÈSE, famille romaine originaire des environs d'Orvieto, qui a fourni des soldats, un pape

Henri **Farman**

William **Faulkner**

Fastes (les), poème mythologique d'Ovide (entre 3 et 8 apr. J.-C.).

FASTNET, îlot de la côte sud-ouest de l'Irlande. Il a donné son nom à une grande compétition de yachting qui part de Cowes et rejoint Plymouth.

FASTOLF (sir John), capitaine anglais (v. 1378-1459). Gouverneur du Maine et de l'Anjou (1423-1426), il fut victorieux à Verneuil (1424) et à Orléans (1429). Il servit de modèle au Falstaff de Shakespeare.

FATHPŪR-SIKRĪ, ville morte de l'Inde à 38 km d'Āgrā. Construite par Akbar (1570-1574), elle est l'une des plus parfaites réussites de l'art des Grands Moghols.

FÁTIMA, v. du Portugal, au nord-est de Lisbonne. Lieu de pèlerinage, trois jeunes bergers ayant déclaré, en 1917, y avoir été les témoins de six apparitions de la Vierge.

FĀTIMA, fille de Mahomet et de Khadīdja, née à La Mecque (m. en 633). Elle épousa son cousin 'Alī.

FĀTIMIDES, dynastie musulmane qui régna au Afrique du Nord au Xᵉ s., puis en Égypte de 973 à 1171, et qui fut fondée par 'Ubayd Allāh, descendant d''Alī et de Fātima, qui prit le titre de *mahdī* en 910, instaurant le chī'isme ismaélien en Ifrīqiya. Leur nom reste attaché à une période de l'art musulman en Égypte, marquée par le souvenir de l'Ifrīqiya allié aux traditions tūlūnides; remarquables décors sculptés, épigraphiques, floraux et géométriques (arabesque).

FAUCHER (César et Constantin), connus sous le nom de **Jumeaux de La Réole,** nés à La Réole (1760-1815). Généraux pendant les guerres de Vendée, accusés sous la Restauration d'avoir constitué un dépôt d'armes, ils furent fusillés.

le palais **Farnèse,** à Rome

cialiste de gynécologie chirurgicale et initiateur de techniques nouvelles.

FAURE (Élie), historien d'art et essayiste français, né à Sainte-Foy-la-Grande (1873-1937), frère du précédent, auteur d'une *Histoire de l'art* (1909-1921) et de *l'Esprit des formes* (1927).

FAURE (Edgar), homme politique, historien et juriste français, né à Béziers en 1908, président du Conseil (1952 et 1955-56), président de l'Assemblée nationale de 1973 à 1978. (Acad. fr.)

FAURÉ (Gabriel), compositeur français, né à Pamiers (1845-1924). Maître de la mélodie (*la Bonne Chanson,* 1891-92) et de la musique de chambre, auteur de pièces pour piano, d'un *Requiem* (1888), de *Prométhée* (1900), de l'opéra *Pénélope* (1913), son langage vaut par la subtilité de l'harmonie et l'élégance des lignes. Il fut directeur du Conservatoire (1905-1920).

Fausses Confidences (les), comédie en trois actes en prose, de Marivaux (1737).

Faust, héros de nombreuses œuvres littéraires, qui ont, à leur tour, inspiré des musiciens et des

Gabriel **Fauré** par J. Sargent

(Paul III) et des ducs de Parme et de Plaisance de 1545 à 1731.

FARNÈSE (Alexandre) → ALEXANDRE FARNÈSE.

FARNÈSE (Élisabeth) → ÉLISABETH FARNÈSE.

Farnèse (palais), à Rome, palais du XVIᵉ s., construit par Sangallo le Jeune, Michel-Ange et Giacomo Della Porta (décors des Carrache). Il est le siège de l'ambassade de France.

Farnésine (villa *Chigi,* dite **la**), à Rome, villa construite par Peruzzi v. 1506, décorée par Raphaël et ses élèves. Elle appartint aux Farnèse.

FARON (mont), sommet dominant Toulon; 542 m. Mémorial du débarquement de 1944.

FAROUK ou **FĀRŪQ,** roi d'Égypte, né au Caire (1920-1965). Il succéda à son père Fu'ād Iᵉʳ en 1936 et fut déchu en 1952 par la junte militaire qui s'empara du pouvoir.

FARQUHAR (George), auteur dramatique britannique, né à Londonderry (Irlande) [1678-1707], auteur de comédies (*le Stratagème des petits-maîtres,* 1707).

FARRAGUT (David), amiral américain, né près de Knoxville (1801-1870). Il commanda l'escadre nordiste pendant la guerre de Sécession.

FAR WEST (« Ouest lointain »), nom donné par les Américains, pendant le XIXᵉ s., aux territoires de l'ouest des États-Unis situés au-delà du Mississippi.

FAUCIGNY, région des Préalpes drainée par l'Arve et le Giffre.

FAUCILLE (col de la), col du Jura, au nord de Gex; 1 320 m. Sports d'hiver.

FAUCOGNEY-ET-LA-MER (70310), ch.-l. de c. de la Haute-Saône; 786 h.

FAUGA (Le) [31410 Noé], comm. de la Haute-Garonne; 546 h. Soufflerie pour les constructions aéronautiques.

FAULKNER (William Harrison FALKNER, dit **William**), écrivain américain, né à New Albany (Mississippi) [1897-1962], auteur de romans psychologiques et symboliques qui ont pour cadre le sud des États-Unis (*le Bruit et la fureur,* 1929; *Sanctuaire,* 1931; *Lumière d'août,* 1932; *Requiem pour une nonne,* 1951). [Prix Nobel, 1949.]

FAULQUEMONT [fo-] (57380), ch.-l. de c. de la Moselle; 5 555 h. Métallurgie.

FAUNE. *Myth. rom.* Dieu champêtre protecteur des troupeaux.

FAUQUEMBERGUES (62560), ch.-l. de c. du Pas-de-Calais; 901 h.

FAURE (Félix), homme d'État français, né à Paris (1841-1899). Président de la République (1895-1899), il contribua fortement au renforcement de l'alliance franco-russe.

FAURE (Jean-Louis), chirurgien français, né à Sainte-Foy-la-Grande (Gironde) [1863-1944], spé-

peintres. Il y aurait, à l'origine de la légende, un Faust, né à Knittlingen (Wurtemberg) [v. 1480-v. 1540]. La première version du thème parut en 1587 à Francfort-sur-le-Main, *Historia von D. Johann Fausten* : le magicien Faust vend son âme au démon Méphistophélès en échange des biens terrestres. Marlowe le prit comme héros dans une pièce composée entre 1588 et 1593, puis Goethe dans la plus importante de ses œuvres.

Faust, drame de Goethe, en deux parties (1808-1832). De cette œuvre ont été tirés plusieurs opéras, notamment *la Damnation* de Faust, de Berlioz, et *Faust,* opéra en cinq actes, livret de Michel Carré et Jules Barbier, musique de Gounod (1859).

FAUSTIN Iᵉʳ → SOULOUQUE.

FAUTE-SUR-MER (La) [85460 L'Aiguillon sur Mer], comm. de la Vendée; 698 h. Station balnéaire.

FAUTRIER (Jean), peintre français, né à Paris (1898-1964). Artiste raffiné, il est passé d'un réalisme sombre à l'informel et au matiérisme.

FAUVILLE-EN-CAUX (76640), ch.-l. de c. de la Seine-Maritime; 1 645 h.

Faux-Monnayeurs (les), roman d'A. Gide (1926), œuvre où l'on assiste, en marge du récit lui-même, au travail du romancier élaborant son ouvrage.

FAVART (Charles Simon), auteur dramatique

français, né à Paris (1710-1792). Auteur de comédies *(la Chercheuse d'esprit)*, il fut directeur de l'Opéra-Comique. — Sa femme, Justine Duron-Ceray, née à Avignon (1727-1772), fut une actrice et une cantatrice réputée.

FAVERGES (74210), ch.-l. de c. de la Haute-Savoie; 5 366 h. Mécanique de précision.

Favorite (la), palais voisin de Mantoue, près duquel Bonaparte vainquit les Autrichiens du général Provera le 16 janvier 1797.

FAVRE (Jules), avocat et homme politique français, né à Lyon (1809-1880). Républicain, adversaire de l'Empire, il proposa, en septembre 1870, la déchéance de l'empereur et fut membre du gouvernement de la Défense nationale : en qualité de ministre des Affaires étrangères (4 sept. 1870 - 2 août 1871), il eut surtout à mener de difficiles négociations avec Bismarck. Il signa l'armistice du 28 janvier 1871 et le traité de Francfort (10 mai).

Casanova (1976) de **Fellini**

FAWLEY, localité de Grande-Bretagne, près de Southampton. Raffinage du pétrole. Pétrochimie.

FAYDHERBE ou **FAYD'HERBE** (Lucas), sculpteur et architecte flamand, né à Malines (1617-1697). Ses principales sculptures ornent, dans un goût apparenté au style de Rubens, les églises de Malines, où il construisit notamment Notre-Dame de Hanswijk.

FAYENCE (83440), ch.-l. de c. du Var; 2 146 h.

FAYET (le) [74190], station thermale de Haute-Savoie (comm. de Saint-Gervais). Usine hydroélectrique.

FAYL-LA-FORÊT [fei-] (52500), ch.-l. de c. de la Haute-Marne; 1 844 h. Vannerie.

FAYOL (Henri), ingénieur français, né à Constantinople (1841-1925). Il élabora une doctrine administrative, le *fayolisme*, qui a pour objet le gouvernement de l'entreprise dans son ensemble.

FAYOLLE (Émile), maréchal de France, né au Puy (1852-1928). Il se distingua sur la Somme et en Italie (1916-17), et commanda un groupe d'armées dans les offensives finales de 1918.

FAYOUM, prov. d'Égypte au sud-ouest du Caire. Célèbre pour ses vestiges archéologiques : système d'irrigation, temples, etc., de la XIIᵉ dynastie, villes ptolémaïques, et surtout nécropoles ont livré de nombreux portraits funéraires (Iᵉʳ-IVᵉ s.), remplaçant l'ancien masque des momies.

FAYSAL Iᵉʳ, roi d'Iraq, né à Tâ'if (Arabie Saoudite) [1883-1933]. Roi de Syrie en 1920, détrôné par les Français, il fut nommé roi d'Iraq (1921) avec l'appui de la Grande-Bretagne. — Son petit-fils FAYSAL II, né à Bagdad (1935-1958), roi d'Iraq (1939-1958), fut assassiné lors de la révolution qui établit la république.

FAYSAL IBN 'ABD AL-'AZIZ, né à Riyâd (1905-1975). Véritable maître du pouvoir durant le règne de son frère Sa'ûd (1953-1964), avant de devenir roi d'Arabie Saoudite (1964), il se fit le

champion du panislamisme et de la modernisation du pays. Il mourut assassiné.

FAY-SUR-LIGNON (43430), ch.-l. de c. de la Haute-Loire; 527 h.

FBI, sigle de *Federal Bureau of Investigation*, service chargé, aux États-Unis, de la police fédérale.

Fayoum
Portrait féminin

Fénelon

F'DERICK, anc. Fort-Gouraud, v. de Mauritanie, dans la région de la Kedia d'Idjil; 4 700 h. Exploitation de minerai de fer. Voie ferrée vers Nouadhibou.

FEBVRE [fɛːvr] (Lucien), historien français, né à Nancy (1878-1956), auteur du *Problème de l'incroyance au XVIᵉ siècle*, de la *Religion de Rabelais*, et créateur, avec Marc Bloch, des *Annales d'histoire économique et sociale*.

FÉCAMP (76400), ch.-l. de c. de la Seine-Maritime; 22 228 h. *(Fécampois)*. Port de pêche (morue). Industries alimentaires. Station balnéaire sur la Manche. Église de la Trinité, anc. abbatiale remontant à la fin du XIIᵉ s.

FECHNER (Gustav Theodor), philosophe allemand, né à Gross Särchen (1801-1887). Un des fondateurs de la psychophysique, il formula la loi dite *loi de Weber-Fechner*, selon laquelle « la sensation varie comme le logarithme de l'excitation ».

FÉDALA → MOHAMMEDIA.

Fédération de l'éducation nationale (F.E.N.), organisation groupant plusieurs syndicats des personnels de l'enseignement (Syndicat national des instituteurs [S.N.I.], Syndicat national de l'enseignement du second degré [S.N.E.S.], Syndicat national de l'enseignement supérieur [S.N.E.Sup.], etc.).

Fédération syndicale mondiale (F.S.M.), fédération de syndicats constituée en 1945, dont le siège est à Prague. Divers syndicats s'en retirèrent en 1948 et 1949 pour constituer la Confédération internationale des syndicats libres.

Fédérés (mur des), mur du cimetière du Père-Lachaise, à Paris, devant lequel furent exécutés de nombreux défenseurs de la Commune ou fédérés (mai 1871).

FEDINE (Konstantine Aleksandrovitch), écrivain soviétique, né à Saratov (1892-1977), auteur de romans sociaux et psychologiques *(les Villes et les années, le Bûcher)*.

FÉDOR ou **FIODOR,** nom de trois tsars de

Russie. Le plus célèbre est FÉDOR ou FIODOR Iᵉʳ, né à Moscou (1557-1598), tsar de 1584 à 1598, fils d'Ivan IV le Terrible; faible d'esprit, il dut laisser le pouvoir à son beau-frère, Boris Godounov.

FEHLING (Hermann), chimiste allemand, né à Lübeck (1811-1885), connu pour sa découverte du réactif des aldéhydes *(liqueur de Fehling)*.

FEHRBELLIN, bourg d'Allemagne démocratique, au nord-ouest de Berlin. Victoire des Brandebourgeois sur les Suédois (1675).

FEIGNIES (59750), comm. du Nord; 7 152 h. Métallurgie.

FEININGER (Lyonel), peintre américain d'origine allemande, né à New York (1871-1956). Il dirigea l'atelier de gravure du Bauhaus (1919-1925).

FEIRA DE SANTANA, v. du Brésil (Bahia); 187 000 h.

FÉLIBIEN (André), architecte et historiographe français, né à Chartres (1619-1695), auteur d'*Entretiens sur les vies et sur les ouvrages des plus excellents peintres anciens et modernes*.

FÉLICITÉ *(sainte)*, martyre africaine, mise à mort à Carthage en 203, sous le règne de Septime Sévère.

FÉLIX Iᵉʳ *(saint)* [m. en 274], pape de 269 à 274. — FÉLIX II (m. en 365), antipape de 355 à 365. — FÉLIX III *(saint)*, né à Rome (m. en 492), pape de 483 à 492. — FÉLIX IV *(saint)*, né à Bénévent (m. en 530), pape de 526 à 530. — FÉLIX V, antipape de 1439 à 1449. V. AMÉDÉE* VIII de Savoie.

FELLETIN (23500), ch.-l. de c. de la Creuse; 3 361 h. Centre de tapisserie, actif dès le début du XVᵉ s.

FELLINI (Federico), cinéaste italien, né à Rimini en 1920. Il a réalisé : *I Vitelloni* (1953), *La Strada* (1954), *La Dolce Vita* (1960), *Huit et demi* (1963), *Juliette des esprits* (1965), *le Satyricon* (1969), *Roma* (1971), *Amarcord* (1973), *Casanova* (1976), *la Cité des femmes* (1980).

FELTRE, v. d'Italie (Vénétie); 22 000 h. Prise par les Français en 1797.

FELUY, section de la comm. belge de Seneffe (Hainaut). Raffinage du pétrole et pétrochimie.

Fémina *(prix)*, prix littéraire, fondé en 1904 et décerné en fin d'année, par un groupe de femmes de lettres, à une œuvre d'imagination.

Femmes savantes *(les)*, comédie en cinq actes et en vers, de Molière (1672). Satire des salons mondains, où les maîtresses de maison s'enrichent de littérature, de sciences et de philosophie.

F.E.N., sigle de *Fédération de l'éducation nationale*.

FENAIN (59179), comm. du Nord; 6 270 h.

FÉNELON (François DE SALIGNAC DE **La Mothe-**), prélat et écrivain français, né au château de Fénelon (Périgord) [1651-1715]. Connu pour son action apostolique et son *Traité de l'éducation des filles*, il fut nommé précepteur du duc de Bourgogne (1689), pour qui il écrivit des *Fables* en prose, les *Dialogues des morts* (publiés en 1712) et les *Aventures de Télémaque* (1699). Cet ouvrage, plein de critiques indirectes contre la politique de Louis XIV, lui valut la disgrâce. En même temps, ses *Maximes des saints* (1697), favorables à la doctrine quiétiste, étaient condamnées par l'Église. Fénelon acheva sa vie dans son évêché de Cambrai, sans interrompre sa réflexion politique *(l'Examen de conscience d'un roi)* et esthétique *(Lettre sur les occupations de l'Académie française*, 1716), qui annonce l'esprit du XVIIIᵉ s. (Acad. fr.)

FÉNÉON (Félix), journaliste et écrivain français, né à Turin (1861-1944). Il soutint les poètes symbolistes et les peintres néo-impressionnistes.

FÉNÉTRANGE (57930), ch.-l. de c. de la Moselle; 1 205 h. Anc. place forte.

FEN-HO ou **FENHE,** riv. de la Chine du Nord, affl. du Houang-ho (r. g.); 800 km.

Fenians, société secrète irlandaise, formée aux États-Unis en 1858 pour arracher l'Irlande à la domination anglaise.

FENNOSCANDIE, nom donné à l'ensemble formé par la Finlande, la Norvège et la Suède.

FENS, plaines de l'Angleterre, sur la mer du Nord. Cultures maraîchères et florales.

FENSCH (la), riv. de Lorraine, affl. de la Moselle (r. g.); 42 km. Importante artère industrielle (métallurgie).

FER *(île de),* en esp. **Hierro,** la plus occidentale des îles Canaries; 6 000 h. C'est par cette île que

Röger-Viollet

Ferdinand II de Habsbourg
par J. Suttermans

la plupart des cartographes faisaient passer, aux XVIIe et XVIIIe s., le méridien origine.

fer *(Croix de),* ordre militaire allemand, fondé par Frédéric-Guillaume III de Prusse en 1813.

FERDINAND Ier, empereur d'Autriche, né à Vienne (1793-1875). Roi de Bohême et de Hongrie (1830-1848), empereur en 1835, il dut abdiquer lors de la révolution de 1848.

FERDINAND Ier DE HABSBOURG, né à Alcalá de Henares (1503-1564), roi de Bohême et de Hongrie (1526), roi des Romains (1531), empereur germanique de 1558 à 1564, frère cadet de Charles Quint. Il négocia la paix d'Augsbourg, fut le chef de la branche cadette des Habsbourg et le fondateur de la monarchie autrichienne. — FERDINAND II DE HABSBOURG, né à Graz (1578-1637), roi de Bohême (1617) et de Hongrie (1618), empereur germanique de 1619 à 1637, petit-fils du précédent. Son autoritarisme et sa haine du protestantisme causèrent la révolte des Tchèques (1619) — révolte durement réprimée — et le développement de la guerre de Trente Ans. — FERDINAND III DE HABSBOURG, né à Graz (1608-1657), roi de Hongrie (1625) et de Bohême (1627), roi des Romains (1636), empereur germanique de 1637 à 1657, fils de Ferdinand II, dont il poursuivit la politique. Il dut signer en 1648 la paix de Westphalie.

FERDINAND Ier le Grand (v. 1017-1065), roi de Castille (1035-1065), de León en 1037, de Navarre en 1054. — FERDINAND III (*saint*) [1199-1252], roi de Castille en 1217, de León en 1230. — FERDINAND IV, né à Séville (1285-1312), roi de Castille et de León en 1295. — FERDINAND V, v. FERDINAND II D'ARAGON. — FERDINAND VI, né à Madrid (1713-1759), roi d'Espagne en 1746, fils de Philippe V. — FERDINAND VII, né à San Ildefonso (1784-1833), fils de Charles IV. L'année de son avènement (1808), il fut relégué par Napoléon au château de Valençay, non rétabli en 1814. Son absolutisme rétrograde provoqua une révolution. En 1823, Louis XVIII l'aida à restaurer son pouvoir, mais les colonies d'Amérique s'émancipèrent.

FERDINAND Ier le Juste (v. 1380-1416), roi d'Aragon et de Sicile de 1412 à 1416. — FERDINAND II le *Catholique,* né à Sos (Aragon) [1452-1516], roi de Sicile (1468-1516), roi d'Aragon (1479-1516), roi de Castille (1474-1504), puis de Naples (1504-1516). Par son mariage avec Isabelle de Castille, il prépara l'unité de la Péninsule. Il expulsa les Maures de Castille, appuya l'Inquisition et combattit Louis XII dans le Milanais.

FERDINAND Ier ou FERRANTE (v. 1431-1494), roi de Sicile péninsulaire de 1458 à 1494. — Son petit-fils, FERDINAND II, dit *Ferrandino,* né à Naples (1467-1496), roi de Sicile péninsulaire

de 1495 à 1496. — FERDINAND III, roi de Sicile péninsulaire. V. FERDINAND II *le Catholique.* — FERDINAND IV, roi de Sicile péninsulaire. V. FERDINAND Ier DE BOURBON.

FERDINAND Ier DE BOURBON, né à Naples (1751-1825), roi de Sicile en 1759 sous le nom de FERDINAND III, roi de Sicile péninsulaire en 1759,

Larousse

Pierre de **Fermat**
par Poilly

I. P. S.

$$\alpha = \frac{h}{ec}$$

Enrico **Fermi**

Lauros-Giraudon

Jules **Ferry,** détail d'une peinture
de Frédéric Régamey

sous le nom de FERDINAND IV. Dépouillé du royaume de Naples en 1806, il n'y fut rétabli qu'en 1815. Il réunit ses deux États en un «royaume des Deux-Siciles» et prit le nom de Ferdinand Ier (1816). — FERDINAND II DE BOURBON, né à Palerme (1810-1859), roi des Deux-Siciles de 1830 à sa mort.

FERDINAND Ier, né à Coimbra (1345-1383), roi de Portugal de 1367 à 1383.

FERDINAND Ier et FERDINAND II, grands-ducs de Toscane. V. MÉDICIS. — FERDINAND III, né à Florence (1769-1824), grand-duc de Toscane en 1790, chassé par les Français en 1799 et en 1801, rétabli en 1814.

FERDINAND DE PORTUGAL, dit **Ferrand** (v. 1186-1233), comte de Flandre et de Hainaut (1211-1233), fils de Sanche Ier de Portugal, époux de Jeanne de Flandre. Il prêta hommage au roi d'Angleterre et s'allia à Otton IV pour résister à Philippe Auguste. Fait prisonnier à Bouvines (1214), il ne fut relâché qu'au prix de concessions.

FERDINAND Ier, roi de Roumanie, né à Sigmaringen (1865-1927). Roi en 1914, il s'allia en 1916 avec les puissances de la Triple-Entente.

FERDINAND, prince de Saxe-Cobourg, né à Vienne (1861-1948), prince (1887-1908), puis roi ou tsar de Bulgarie (1908-1918), fils du prince Auguste et de Marie-Clémentine d'Orléans. Il s'engagea dans les deux guerres balkaniques (1912-13) puis s'allia aux Empires centraux et dut abdiquer en 1918.

FERDOWSI' → FIRDŪSĪ.

FÈRE (La) [02800], ch.-l. de c. de l'Aisne, au confl. de la Serre et de l'Oise; 4 400 h. *(Laférois).* Anc. place forte. Musée.

FÈRE-CHAMPENOISE (51230), ch.-l. de c. de la Marne; 2 609 h. Combats en 1814 et 1914. Bonneterie.

FERENCZI (Sándor), médecin et psychanalyste hongrois, né à Miskolc (1873-1933). Après s'être séparé de Freud, il a étendu, en rapport avec les thèses évolutionnistes, la théorie psychanalytique au domaine de la biologie.

FÈRE-EN-TARDENOIS (02130), ch.-l. de c. de l'Aisne, sur l'Ourcq; 3 066 h.

FERGANA ou **FERGHANA** (la), région de l'Asie centrale soviétique, dans le bassin du Syr-Daria, encadrée de hautes montagnes. Pétrole, coton, vergers. V. pr. *Fergana* (135 000 h.).

FERLAND (Albert), écrivain canadien d'expression française, né à Montréal (1872-1943), poète, un des représentants de l'«école du terroir» *(le Canada chanté).*

FERMAT (Pierre DE), mathématicien français, né à Beaumont-de-Lomagne (1601-1665). Il fut un précurseur dans divers domaines : calcul différentiel, géométrie analytique, théorie des nombres et calcul des probabilités.

FERMI (Enrico), physicien italien, né à Rome (1901-1954). Il préconisa l'emploi des neutrons pour la désintégration des atomes et construisit, en 1942, la première pile à uranium, à Chicago. (Prix Nobel, 1938.)

FERNANDEL (Fernand CONTANDIN, dit), acteur français, né à Marseille (1903-1971). Après le music-hall, il s'est consacré au cinéma, le plus souvent dans des rôles comiques.

FERNÁNDEZ (Juan), navigateur espagnol, né à Carthagène (v. 1536-v. 1599). Il reconnut, le premier, les côtes méridionales de l'Amérique du Sud.

FERNANDO POO ou **FERNANDO PÓ,** île de la Guinée équatoriale; 2 017 km²; 61 200 h.

FERNEY-VOLTAIRE (01210), ch.-l. de c. de l'Ain; 5 684 h. Voltaire résida à Ferney de 1758 à 1778.

FÉROÉ ou **FAEROE,** archipel danois, au nord de l'Écosse; 40 000 h. Ch.-l. *Thorshavn.* Pêche. Autonome depuis 1948.

FERRANTE, roi de Sicile → FERDINAND Ier.

FERRARE, v. d'Italie (Émilie), sur le Pô; 155 000 h. Archevêché. Cathédrale des XIIe-XVIe s. (musée de l'Œuvre); château d'Este, des XIVe-XVIe s.; palais Schifanoia (fresques de F. del Cossa; musée), de Ludovic le More (musée gréco-étrusque), des Diamants (pinacothèque). Concile en 1438, qui sera transféré à Florence en 1439. Ville très brillante aux XVe et XVIe s. sous les princes d'Este, érigée en duché en 1471, Ferrare fut rattachée aux États de l'Église de 1598 à 1796.

FERRARI (Luc), compositeur français, né à Paris en 1929. Il utilise la musique comme moyen de communication en abolissant les frontières entre artiste et public *(Société V).*

FERRÉ, dit **le Grand Ferré,** paysan de Rivecourt (Picardie) [m. en 1358]. Il se distingua contre les Anglais.

FERRÉ (Léo), chanteur français, né à Monte-Carlo en 1916, auteur de chansons amères, grinçantes, parfois anarchistes et pamphlétaires.

FERRERO (Guglielmo), historien italien, né à Portici (1871-1943), auteur de *Grandeur et décadence de Rome* (1902-1907).

FERRET, nom de deux vallées de Suisse et d'Italie, au pied du massif du Mont-Blanc.

FERRETTE (68480), ch.-l. de c. du Haut-Rhin; 783 h. Jadis ch.-l. d'un comté fondé au XIIe s.

FERRI (Enrico), criminaliste et homme politique italien, né à San Benedetto Po (1856-1929), fondateur de la criminologie moderne.

FERRIÉ (Gustave), général et savant français, né à Saint-Michel-de-Maurienne (1868-1932). De 1903 à 1908, il réalisa un puissant réseau militaire de télégraphie sans fil, dont il fut l'un des plus grands spécialistes.

FERRIÈRE (Adolphe), pédagogue suisse, né à Genève (1879-1960), pionnier de l'éducation nouvelle et des méthodes actives.

FERRIÈRE-LA-GRANDE (59680), comm. du Nord; 5 706 h. Métallurgie.

FERRIÈRES (45210), ch.-l. de c. du Loiret; 1 850 h. Église des XIIe-XVe s.

FERRIÈRES (77164), comm. de Seine-et-Marne; 1 031 h. Entrevue de J. Favre et de Bismarck en 1870.

FERROL (Le), en esp. **El Ferrol del Caudillo,** port d'Espagne (Galice), sur l'Atlantique; 88 000 h. Chantiers navals.

Christian Sappa

Fès

Larousse

Ludwig **Feuerbach**

Johann Gottlieb **Fichte**

FERRY (Jules), avocat et homme d'État français, né à Saint-Dié (1832-1893). Député républicain à la fin de l'Empire (1869), membre du gouvernement de la Défense nationale et maire de Paris (1870), il participa au pouvoir presque sans discontinuité de 1879 à 1885, soit comme ministre de l'Instruction publique (1879-1883), soit comme président du Conseil (1880-81, 1883-1885) avec le portefeuille de l'Instruction publique ou celui des Affaires étrangères. Il attacha son nom à une législation scolaire importante et à une politique coloniale, dont les revers provoquèrent sa chute.

FERRYVILLE → MENZEL-BOURGUIBA.

FERSEN (Hans Axel, *comte* DE), maréchal suédois, né à Stockholm (1755-1810). Il séjourna longtemps à la cour de France. Très attaché à Marie-Antoinette, il aida à la fuite de la famille royale en 1791.

FERTÉ-ALAIS (La) [91590], ch.-l. de c. de l'Essonne; 1952 h. (*Fertois*). Église des XIᵉ et XIIᵉ s.

FERTÉ-BERNARD (La) [72400], ch.-l. de c. de la Sarthe; 9797 h. (*Fertois*). Église des XVᵉ-XVIᵉ s.

FERTÉ-FRÉNEL (La) [61550], ch.-l. de c. de l'Orne; 439 h.

FERTÉ-GAUCHER (La) [77320], ch.-l. de c. de Seine-et-Marne; 3821 h. (*Fertois*). Céramique industrielle.

FERTÉ-MACÉ (La) [61600], ch.-l. de c. de l'Orne; 7700 h. (*Fertois*).

FERTÉ-MILON (La) [02460], comm. de l'Aisne; 1867 h. (*Fertois*). Restes d'un puissant château de Louis d'Orléans (XIVᵉ s.). Deux églises, des XIIᵉ-XVIᵉ s. et XVᵉ-XVIᵉ s.

FERTÉ-SAINT-AUBIN (La) [45240], ch.-l. de c. du Loiret; 4284 h.

FERTÉ-SOUS-JOUARRE (La) [77260], ch.-l. de c. de Seine-et-Marne; 6872 h. (*Fertois*).

FERTÉ-VIDAME (La) [28340], ch.-l. de c. d'Eure-et-Loir; 790 h. Forêt.

FERTÖ (*lac*) → NEUSIEDL.

FÈS ou **FEZ**, v. du Maroc, anc. cap. du pays, sur l'*oued Fès*, affl. du Sebou; 325000 h. Centre religieux et universitaire. Important artisanat dans le pittoresque médina. Nombreux monuments, dont la mosquée Qarawiyyin (IXᵉ-XIIᵉ s.), et, à l'intérieur de l'enceinte percée de portes monumentales, quelques-uns des plus beaux exemples d'art hispano-moresque (madrasa Bū 'Ināniyya, 1350-1357).

FESCH (Joseph), prélat français, né à Ajaccio (1763-1839), oncle de Napoléon Iᵉʳ, archevêque de Lyon (1802), cardinal (1803), grand aumônier de l'Empire.

FESSENHEIM (68740), comm. du Haut-Rhin; 1653 h. Centrale hydraulique et centrale nucléaire sur le grand canal d'Alsace.

FESTINGER (Leon), psychologue américain, né à New York en 1919. Il est l'initiateur de la théorie de la dissonance cognitive.

Fêtes galantes, recueil poétique de Verlaine (1869).

FÉTIS (François Joseph), musicologue belge, né à Mons (1784-1871), auteur d'une *Biographie universelle des musiciens*.

Feu (*le*), *journal d'une escouade*, roman d'H. Barbusse (1916); peinture sans concessions

de la vie quotidienne des soldats pendant la Première Guerre mondiale.

FEUARDENT (François), prédicateur et controversiste de l'ordre des Cordeliers, né à Coutances (1539-1610). Chef de la Ligue, il est connu pour ses violences oratoires.

FEUERBACH (Paul Johann Anselm VON), juriste allemand, né à Hainichen, près d'Iéna (1775-1833), auteur de la théorie de la contrainte psychologique.

FEUERBACH (Ludwig), philosophe allemand, fils du précédent, né à Landshut (1804-1872). Il se détacha de l'idéalisme hégélien et développa le matérialisme à partir d'une critique de l'idée de Dieu et de la religion (*l'Essence du christianisme*, 1841).

FEUERBACH (Anselm VON), peintre allemand, petit-fils de Paul Johann Anselm, né à Spire (1829-1880). Il a donné des scènes antiques et de bons portraits.

FEUILLADE (Louis), cinéaste français, né à Lunel (1873-1925), auteur de films à épisodes : *Fantomas* (1913-14), *Judex* (1916), etc.

Feuilles d'automne (*les*), recueil de poèmes de Victor Hugo (1831).

Feuilles d'herbe, recueil poétique de Walt Whitman (1855-1892).

FEUILLET (Raoul Auger), danseur et chorégraphe français (v. 1660/1675 - v. 1730), inventeur d'un système de notation des pas de danse (1700).

FEUQUIÈRES-EN-VIMEU (80210), comm. de la Somme; 2617 h. Métallurgie.

FEURS [fœr] (42110), ch.-l. de c. de la Loire, sur la Loire; 8096 h. (*Foréziens*). Anc. cap. du Forez. Métallurgie.

FÉVAL (Paul), écrivain français, né à Rennes (1817-1887), auteur de mélodrames et de romans d'aventures (*le Bossu*).

février 1848 (*journées des 22, 23 et 24*), journées qui amenèrent la chute de Louis-Philippe. (V. JUILLET [*monarchie de*].)

février 1934 (*le 6*), journée d'émeute qui, à la suite du scandale Stavisky et de la mutation du préfet de police Chiappe, opposa les ligues de la droite à la police et à la garde républicaine. Le 9 février eut lieu une contre-manifestation de la gauche.

FEYDEAU (Georges), écrivain français, né à Paris (1862-1921), auteur de vaudevilles fondés sur le comique de situation (*Un fil à la patte, le*

Dindon, la Dame de chez Maxim, Occupe-toi d'Amélie !).

FEYDER (Jacques FRÉDÉRIX, dit **Jacques**), metteur en scène de cinéma d'origine belge, né à Ixelles (1888-1948), naturalisé français. Il est le réalisateur du *Grand Jeu* (1934) et de *la Kermesse héroïque* (1935).

FEYNMAN (Richard P.), physicien américain, né à New York en 1918. Prix Nobel en 1965 pour sa théorie des interactions entre le champ électromagnétique et le photon.

FEYZIN (69320), comm. du Rhône; 7346 h. Raffinage du pétrole. Pétrochimie.

FEZ → FÈS.

FEZZAN, région désertique du sud-ouest de la Libye, parsemée d'oasis (palmeraies). V. pr. *Sebha*. Conquis par les Français de Leclerc en 1941-42 et évacué par la France en 1955.

FIACRE (*saint*), moine celte, patron des jardiniers (v. 610 - v. 670).

FIANARANTSOA, v. de Madagascar, au sud-est de l'île; 55000 h.

Fiancés (*les*), roman historique de Manzoni (1825-1827).

Fianna Fáil, parti politique irlandais, fondé en 1927 par De Valera, au pouvoir de 1932 à 1948, de 1951 à 1973 et depuis 1977.

Fiches (*affaire des*), scandale provoqué par un système d'avancement abusif établi dans l'armée, de 1901 à 1904, par le général André, ministre de la Guerre, et fondé sur des *fiches* relatives aux opinions religieuses et politiques des officiers.

FICHET (Guillaume), érudit théologien français, né au Petit-Bornand (1433 - v. 1480). Il installa, à la Sorbonne, le premier atelier typographique français (v. 1470).

FICHTE (Johann Gottlieb), philosophe allemand, né à Rammenau (Saxe) (1762-1814), disciple de Kant et maître de Schelling. Son système est un idéalisme absolu où le moi est le principe fondamental qui justifie l'existence du monde et son sens.

FICHTELGEBIRGE, massif montagneux de l'Allemagne fédérale (Bavière); 1051 m.

FICIN (Marsile), en ital. **Ficino** (Marsilio), humaniste italien, né à Figline Valdarno (Toscane) [1433-1499], traducteur de Platon, dont il propagea la philosophie.

Fidelio, opéra de Beethoven, primitivement appelé *Léonore ou l'Amour conjugal* (1805-1814), d'après un mélodrame français de Bouilly.

FIDÈNES, anc. ville d'Italie, une des plus anciennes colonies de Rome dans le Latium.

FIDJI ou **FIJI** (*îles*), État (indépendant depuis 1970) de l'Océanie, formé par un archipel, annexé par les Britanniques en 1874, et dont les îles principales sont Viti Levu et Vanua Levu; 18272 km²; 588000 h. (*Fidjiens*). Cap. *Suva* (sur Viti Levu). Canne à sucre. Mines d'or. Escale aérienne.

FIELD (John), compositeur irlandais, né à Dublin (1782-1837), auteur de nocturnes pour piano.

FIELD (Cyrus), industriel américain, né à Stockbridge (1819-1892). Il établit le premier câble sous-marin reliant l'Amérique à l'Europe (1858-1866).

FIELDING (Henry), écrivain anglais, né à Sharpham Park (Somerset) [1707-1754], auteur de comédies (*l'Amour sous plusieurs masques, Tom Pouce*) et de romans réalistes (*Histoire de Tom Jones, enfant trouvé*, 1749).

FIELDS (John Charles), mathématicien canadien, né à Hamilton (1863-1932). Auteur de travaux sur les fonctions de la variable complexe, il a laissé son nom à la médaille Fields.

Fields (*médaille*), la plus haute récompense internationale dans le domaine des mathématiques, destinée à couronner des travaux de qualité exceptionnelle. Aussi prestigieuse que le prix Nobel, qui n'existe pas en mathématiques, mais bien moins richement dotée, elle est décernée tous les quatre ans depuis 1936.

FIER (*le*), torrent de Haute-Savoie, affl. du Rhône (r. g.); 66 km.

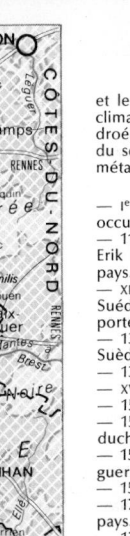

Map labels (FINISTÈRE):
MANCHE · LANNION · I. de Batz · Roscoff · Primel-Trégastel-Plougasnou · Santec · St-Pol-de-Léon · Carantec · Plouescat · Cléder · St-Martin-des-Champs · Brignogan-Plage · Kerlouan · MORLAIX · Guissény · Plouvorn · Lesneven · Lannilis · RENNES · Plabennec · Landivisiau · Ploudiry · Landerneau · Commana · BREST · Le Relecq · Kerhuon · Sizun · Huelgoat · centrale nucléaire de Brennilis · Carhaix-Plouguer · Le Conquet · Crozon · CHÂTEAULIN · Châteauneuf-du-Faou · MORBIHAN · MER D'IROISE · Douarnenez · QUIMPER · Rosporden · Bannalec · Audierne · CORNOUAILLE · Concarneau · Pont-Aven · Quimperlé · Riec-sur-Belon · ATLANTIQUE · Îles de Glénan

Légende :
◇ chef-lieu de département
◉ chef-lieu d'arrondissement
○ chef-lieu de canton
─ limite d'arrondissement
limite de canton
● localités classées selon leur population
v. ferrée — route
courbes : 50, 100, 200 m
0 km 10 km 20

FINISTÈRE

Fierabras, chanson de geste de la fin du XIIe s.

FIESCHI (Giuseppe), conspirateur corse, né à Murato (1790-1836). Ayant attenté à la vie de Louis-Philippe au moyen d'une machine infernale (1835), il fut exécuté.

FIESOLE, v. d'Italie (Toscane); 13 000 h. Vestiges étrusques et romains. Monuments médiévaux.

FIESQUE, en ital. **Fieschi,** famille guelfe de Gênes, qui fournit entre autres deux papes, INNOCENT IV et ADRIEN V. — Un de ses membres, JEAN-LOUIS (v. 1522-1547), conspira contre Andrea Doria (1547). Cette conjuration, racontée par le cardinal de Retz, inspira un drame à Schiller (1783).

FIGARI (20114), ch.-l. de c. de la Corse-du-Sud; 1502 h.

Figaro, personnage du *Barbier de Séville,* du *Mariage de Figaro* et de *la Mère coupable,* de Beaumarchais. Barbier passé au service du comte Almaviva, il est spirituel et intrigant, grand frondeur des abus de l'Ancien Régime. Il symbolisa le tiers état luttant contre les privilèges de la noblesse.

Figaro (le), journal satirique hebdomadaire, fondé en 1854 par H. de Villemessant, devenu en 1866 quotidien politique et littéraire.

FIGEAC (46100), ch.-l. d'arr. du Lot, sur le Célé; 10 859 h. *(Figeacois).* Hôtel de la Monnaie, du XIIIe s. Constructions aéronautiques.

FIGL (Leopold), homme politique autrichien, né à Rust (1902-1965). Il fut chancelier de la République autrichienne de 1945 à 1953.

FIGUIG, oasis du Sahara marocain.

FILARETE (Antonio AVERLINO, dit il), en fr. le **Filarète,** architecte, fondeur et sculpteur italien, né à Florence (1400 - v. 1469). Auteur d'une porte de bronze pour Saint-Pierre de Rome et des plans de l'hôpital Majeur de Milan, il a composé un traité d'architecture comprenant les projets d'une cité idéale (la «Sforzinda»).

FILITOSA, site archéologique de la Corse, dans la vallée du Taravo. Ensemble de menhirs, témoignage d'une culture mégalithique qui s'y est développée à partir du IIIe millénaire.

FILLASTRE (Guillaume), prélat et humaniste français, né à La Suze-sur-Sarthe (v. 1348-1428).

Cardinal et archevêque, il siégea aux conciles de Pise et de Constance; érudit, il s'est consacré à la cartographie et à la cosmogonie.

Fils naturel (le), drame de Diderot, publié en 1757, représenté en 1771, prototype du «drame bourgeois».

Findel, aéroport de la ville de Luxembourg.

FINGAL (grotte de), grotte marine de l'Écosse, dans l'île de Staffa (Hébrides). La mer clapote jusqu'au fond de cette «caverne musicale», qui inspira à Mendelssohn une célèbre ouverture.

FINIGUERRA (Maso), orfèvre, nielleur et dessinateur italien, né à Florence (1426-1464). Il fut peut-être l'initiateur de la gravure en taille-douce (au burin) en Italie.

FINISTÈRE (dép. du) [29], dép. de la Région Bretagne; ch.-l. de dép. *Quimper;* ch.-l. d'arr. *Brest, Châteaulin, Morlaix;* 4 arr., 48 cant., 283 comm.; 6 785 km²; 804 088 h. *(Finistériens).* Il est rattaché à l'académie, à la circonscription judiciaire, à la province ecclésiastique et à la région militaire de Rennes. Deux lignes de hauteurs (monts d'Arrée et Montagne Noire) encadrent le bassin de Châteaulin (polyculture, élevage des bovins, porcs, volailles) et dominent le promontoire du Léon, qui porte de riches cultures de primeurs, et la Cornouaille, où l'élevage (bovins et porcs) est associé aux cultures et aux vergers (pommiers). La pêche est active d'Audierne à Concarneau et le tourisme important sur l'ensemble de la côte. L'industrie est surtout représentée à Brest et à Quimper.

FINISTERRE (cap), promontoire situé à l'extrémité nord-occidentale de l'Espagne.

FINLANDE, en finnois **Suomi,** république de l'Europe du Nord, sur la Baltique; 337 000 km²; 4 750 000 h. *(Finlandais* ou, plus rarement, *Finnois).* Cap. *Helsinki.* Langues : *finnois* et *suédois.*

GÉOGRAPHIE

La Finlande est formée par un vaste plateau de roches anciennes, parsemé de dépôts morainiques et troué de milliers de lacs. En dehors du Nord, domaine de la toundra, le pays est couvert de la forêt de conifères, dont l'exploitation (scieries, pâte à papier, papier) constitue sa principale ressource. Les cultures (orge, blé, pomme de terre) et l'élevage (bovins pour le lait

---

FINLANDE

et le beurre) sont développés dans le Sud, au climat plus clément que le reste du pays. L'hydroélectricité, palliant partiellement la pauvreté du sous-sol, fournit de l'énergie aux industries métallurgiques, textiles et chimiques.

HISTOIRE

— Ier s. av. J.-C. : le territoire commence à être occupé par les Finnois.
— 1157 : début de la croisade du roi de Suède Erik IX contre les Finnois. Christianisation du pays.
— XIIe-XIIIe s. : la Finlande, enjeu de luttes entre Suédois, Danois et Russes. Les Suédois l'emportent.
— 1323 : un traité reconnaît la Finlande à la Suède.
— 1353 : la Finlande suédoise devient duché.
— XVIe s. : la Finlande est luthérienne.
— 1550 : Gustave Vasa fonde Helsinki.
— 1581 : Jean III fait de la Finlande un grand-duché.
— 1595 : la paix de Täyssinä, à la suite d'une guerre russo-suédoise, fixe les frontières.
— 1599 : le grand-duché est supprimé.
— 1710-1721 : les armées russes ravagent le pays.
— 1721 : la paix de Nystad ampute la Finlande de la Carélie et de l'Ingrie.
— 1809 : la Finlande, grand-duché de l'Empire russe, doté d'une large autonomie.
— 1898-1904 : gouvernement dictatorial du général Nikolaï Ivanovitch Bobrikov, assassiné en 1904.
— 1917 : proclamation de l'indépendance.
— 1918 : guerre civile qui oppose les prosoviétiques à la garde civile de Carl Gustaf Manner-

FINLANDE

Map labels (FINLANDE): NORVÈGE · Tromsö · Mt Haltia 1324 · Alta · Lakselv · Kirkenes · Utsjoki · Patchenga · Kautokeino · Inari · Mourmansk · Narvik · Enontekiö · Ivalo · U.R.S.S. · Kittilä · Monicegorsk · Kiruna · Mt Pallas 821 · Sodankylä · Kandalakcha · Malmberget · Kolari · Mt Pyhä 539 · Kemijärvi · SUÈDE · Pello · cercle polaire arctique · L. Kouol · Rovaniemi · Boden · Tornio · Kemi · Kuusamo · Luleå · Oulu · Suomussalmi · Haukipudas · Vartius · Skellefteå · Raahe · L. Top · Kajaani · Umeå · Kokkola · Otanmäki · Nurmes · Pietarsaari · Iisalmi · Östra Kvarken · Vaasa · Kuopio · Joensuu · Outokumpu · Seinäjoki · Äänekoski · Varkaus · Jyväskylä · Savonlinna · Pori · Tampere · Mikkeli · Rauma · Valkeakoski · Lahti · Kuusankoski · Imatra · Lappeenranta · Hämeenlinna · Kouvola · Riihimäki · Kotka · L. de Ladoga · U.R.S.S. · ÅLAND (AHVENANMAA) · Turku · Hyvinkää · Hanko · HELSINKI · Porvoo · Porkkala · GOLFE DE FINLANDE · Mariehamn (Maarianhamina)
— route — v. ferrée
courbes : 100, 200, 750, 1000 m
0 km 100

heim. Celui-ci l'emporte; il est élu régent de Finlande.

— 1920 : les Soviétiques reconnaissent la république indépendante de Finlande (traité de Dorpat [Tartou]).

— 1939-40 : guerre finno-soviétique. La Carélie annexée par l'U. R. S. S.

— 1941-1944 : la Finlande entraînée par l'Allemagne dans la guerre contre l'U. R. S. S.

— 1944-1946 : présidence de C. G. Mannerheim.

— 1946-1956 : présidence de J. K. Paasikivi.

— 1947 : traité de paix avec les Alliés.

— 1948 : accords d'assistance mutuelle conclus entre la Finlande et l'U. R. S. S.

— 1956 : début de la longue présidence de U. K. Kekkonen, qui poursuit une politique de coopération avec les pays nordiques et d'amitié avec l'U. R. S. S.

— 1970 : renouvellement du traité d'assistance mutuelle de 1948.

— 1981 : démission de Kekkonen.

— 1982 : élection du social-démocrate Mauno Koïvisto à la présidence.

FINLANDE (*golfe de*), golfe formé par la Baltique, entre la Finlande et l'U. R. S. S., sur lequel sont établies Helsinki et Leningrad.

FINLAY (Carlos Juan), médecin cubain, né à Puerto Príncipe (auj. Camagüey) [1833-1915], qui découvrit le mode de transmission de la fièvre jaune par les moustiques.

Finnegans Wake, roman de J. Joyce (1939).

FINNMARK (le), région de la Norvège septentrionale.

FINSEN (Niels), médecin et biologiste danois, né à Thorshavn (îles Féroé) [1860-1904], prix Nobel en 1903 pour ses recherches sur les possibilités curatives de la lumière.

FIODOR Iᵉʳ → FÉDOR.

FIONIE, en danois Fyn, île du Danemark, séparée du Jylland par le Petit-Belt, de Sjaelland par le Grand-Belt. V. pr. *Odense.*

FIRDŪSI ou **FERDOWSI**, poète épique persan, né près de Tūs (Khurāsān) [v. 930-1020], auteur de l'épopée héroïque du *Chāh-nāmè* (*Livre des rois*).

FIRMINY (42700), ch.-l. de c. de la Loire; 25 432 h. Métallurgie. Maison de la culture par Le Corbusier.

FIROZĀBĀD, v. de l'Inde (Uttar Pradesh); 134 000 h.

FIRTH (Raymond William), anthropologue britannique, né à Auckland en 1901. Ses études ont porté sur l'organisation sociale et économique des sociétés non industrielles.

FISCHART (Johann), érudit et polygraphe de langue allemande, né à Strasbourg (1546-1590), auteur de pamphlets anticatholiques.

FISCHER (Kuno), philosophe allemand, né à Sandewalde (1824-1907), hégélien, historien de la philosophie.

FISCHER (Emil), chimiste allemand, né à Euskirchen (1852-1919), prix Nobel en 1902 pour sa synthèse de plusieurs sucres.

FISCHER (Franz), chimiste allemand, né à Fribourg-en-Brisgau (1877-1948), inventeur, avec Tropsch, d'un procédé de synthèse des carburants légers.

FISCHER von Erlach (Johann Bernhard), architecte autrichien, né à Graz (1656-1723). Dans un style à la fois baroque et classique, il a beaucoup construit à Vienne (église St-Charles-Borromée [1716], Bibliothèque nationale...).

FISCHER-DIESKAU (Dietrich), chanteur allemand, né à Berlin en 1925.

FISHER (Irving), mathématicien et économiste américain, né à Saugerties (1867-1947).

FISHER OF KILVERSTONE (John Arbuthnot FISHER, 1ᵉʳ baron), amiral anglais, né à Ramboda (Ceylan) [1841-1920]. Créateur du dreadnought, il fut à la tête de la flotte anglaise de 1903 à 1909 et en 1914-15.

FISMES [fim] (51170), ch.-l. de c. de la Marne; 4 395 h. Métallurgie.

FITZGERALD (Francis Scott), écrivain américain, né à Saint Paul (Minnesota) [1896-1940]. Ses

Scott **Fitzgerald**

Gustave **Flaubert**

romans expriment le désenchantement de la « génération perdue » (*Gatsby le Magnifique,* 1925; *Tendre est la nuit,* 1934; *le Dernier Nabab,* 1941).

FITZGERALD (Ella), chanteuse de jazz noire américaine, née à Newport News (Virginie) en 1918. Elle interpréta et enregistra des ballades et des romances, mais aussi des pièces de swing et des dialogues en scat avec les meilleurs solistes instrumentaux ou vocaux.

FITZ-JAMES, famille française d'origine anglaise. Le premier membre, fils naturel de Jacques II, se fit naturaliser Français et devint le maréchal de Berwick*.

FIUMALTO-D'AMPUGNANI (*canton de*), canton de la Haute-Corse; ch.-l. *La Porta.*

FIUME → RIJEKA.

Fiumicino, aéroport de Rome.

FIZEAU (Hippolyte), physicien français, né à Paris (1819-1896). Il effectua la première mesure directe de la vitesse de la lumière (1849) et étendit à l'optique le principe de Doppler.

FLACHAT (Eugène), ingénieur français, né à Nîmes (1802-1873). Il construisit avec Clapeyron le premier chemin de fer français à vapeur, de Paris à Saint-Germain (1835-1837).

FLACOURT (Étienne DE), colonisateur français, né à Orléans (1607-1660). Envoyé à Madagascar en 1648, il y écrit une *Histoire de la grande isle de Madagascar* (1653).

FLAGSTAD (Kirsten), cantatrice norvégienne, née à Hamar (1895-1962), interprète de Wagner.

FLAHAUT DE LA BILLARDERIE (Auguste, comte DE), général et diplomate français, né à Paris (1785-1870), fils naturel de Talleyrand. Il fut aide de camp de Napoléon et eut de la reine Hortense un fils, le duc de Morny.

FLAHERTY (Robert), metteur en scène américain, né à Iron Mountain (Michigan) [1884-1951]. Documentariste de grand talent, il réalisa *Nanouk l'Esquimau* (1922), *Moana* (1923-1926), *l'Homme d'Aran* (1934), *Louisiana Story* (1948), et, avec F. W. Murnau, *Tabou* (1931).

FLAINE (74300 Cluses), station de sports d'hiver (alt. 1620-2480 m) de la Haute-Savoie.

FLAMAN (Eugène), ingénieur français, né à Moulins-sur-Céphons (Indre) [1842-1935]. Il perfectionna le matériel ferroviaire et créa un indicateur enregistreur de vitesse.

FLAMANVILLE (50340 Les Pieux), comm. de la Manche; 1 194 h. Centrale nucléaire sur le littoral du Cotentin.

FLAMEL (Nicolas), écrivain juré de l'Université de Paris, né à Pontoise (1330-1418). La légende

l'a fait passer pour alchimiste à cause de ses largesses.

FLAMININUS → QUINCTIUS FLAMININUS.

FLAMINIUS NEPOS (Caius), général et homme d'État romain. Deux fois consul (223, 217), il fut vaincu par Hannibal à la bataille de Trasimène (217 av. J.-C.), où il périt.

FLAMMARION (Camille), astronome français, né à Montigny-le-Roi (1842-1925), auteur de nombreux ouvrages de vulgarisation, fondateur de la Société astronomique de France (1887).

FLAMSTEED (John), astronome britannique, né à Denby (1646-1719). Premier directeur de l'observatoire de Greenwich, il perfectionna les instruments et les méthodes d'observation des positions stellaires et publia un catalogue d'étoiles (1712).

FLANDRE (la) ou **FLANDRES** (les), région de France et de Belgique, sur la mer du Nord, entre les hauteurs de l'Artois et les bouches de l'Escaut.

GÉOGRAPHIE

C'est une plaine qui s'élève insensiblement vers l'intérieur et qui est accidentée de buttes sableuses (monts de ou des Flandres). Elle a été mise en valeur par l'aménagement de polders à l'ouest (Flandre maritime) et l'amélioration de sols ingrats à l'est (Flandre intérieure). La Flandre porte des cultures céréalières, fourragères, maraîchères et industrielles (betterave, lin, houblon), mais est aussi une importante région industrielle (textile, métallurgie), fortement peuplée et urbanisée (Bruges et Gand, agglomération de Lille). Le littoral, bordé de dunes, est jalonné par quelques ports et stations balnéaires (Dunkerque, Ostende).

HISTOIRE

— Vᵉ s. : les Francs Saliens germanisent cette région de la province romaine de Belgique.

— VIᵉ-Xᵉ s. : essor de l'industrie drapière.

— 843 : la Flandre est attribuée à Charles le Chauve.

— 862 : Baudouin Iᵉʳ, gendre de Charles le Chauve, marquis.

— 879-918 : Baudouin II constitue le grand comté de Flandre (jusqu'à l'Escaut et avec le Boulonnais et l'Artois).

— XIᵉ s. : nouvel essor de l'industrie drapière; grand mouvement communal.

— 1127-1207 : désordres sociaux, ingérence française; l'Artois à la couronne française (1191).

— 1297 : annexion de la Flandre par Philippe le Bel.

— 1302 : soulèvement antifrançais; début d'une période d'anarchie.

— 1384 : le comté de Flandre est intégré aux domaines du duc de Bourgogne.

— 1477 : les Habsbourg maîtres du pays à la mort de Charles le Téméraire.

— 1659-1678 : perte de villes au profit de Louis XIV.

— 1713 : l'anc. Flandre espagnole passe à l'Autriche.

— 1790 : la Flandre française est intégrée au département du Nord.

— 1794 : la Flandre belge divisée en deux départements français.

— 1815 : elle fait partie du royaume des Pays-Bas.

— 1830 : elle forme deux provinces du royaume de Belgique.

FLANDRE-OCCIDENTALE, prov. de Belgique, correspondant à la partie nord-ouest de la Flandre*; 3 134 km²; 1 073 000 h. Ch.-l. *Bruges.* 8 arr. : Bruges, Courtrai, Dixmude, Furnes, Ostende, Roulers, Tielt, Ypres.

FLANDRE-ORIENTALE, prov. de Belgique, correspondant à la partie nord-est de la Flandre*; 2 982 km²; 1 325 000 h. Ch.-l. *Gand.* 6 arr. : Alost, Audenarde, Eeklo, Gand, Saint-Nicolas, Termonde.

FLANDRIN, famille de peintres français des XIXᵉ-XXᵉ s., dont le plus connu est HIPPOLYTE, né à Lyon (1809-1864), élève d'Ingres, auteur de peintures murales religieuses et de portraits.

FLATTERS (Paul), lieutenant-colonel français, né à Paris (1832-1881). Chef de deux missions transsahariennes, il fut massacré par les Touaregs lors de la seconde.

FLAUBERT (Gustave), écrivain français, né à Rouen (1821-1880). Son œuvre, qui s'imposa par un succès de scandale (*Madame* *Bovary*, 1857), compose, dans son double parti pris de réalisme et de rigueur stylistique, une tentative pour dominer à la fois l'incompréhension d'une époque bourgeoise et la tentation romantique qui ne cessa de l'obséder (*Salammbô**, 1862; *l'Éducation sentimentale**, 1869; *la Tentation** de saint Antoine*, 1874; *Trois** Contes*, 1877; *Bouvard** et Pécuchet*, 1881).

FLAVIEN (*saint*) [v. 390-v. 449], patriarche de Constantinople (446-449). Il eut à souffrir d'Eutychès et de ses partisans.

FLAVIENS, dynastie qui gouverna l'Empire romain de 69 à 96, avec Vespasien, Titus et Domitien.

FLAVIUS JOSÈPHE, général et historien juif, né à Jérusalem (37-apr. 100), auteur de *la Guerre des Juifs* et des *Antiquités judaïques*.

FLAXMAN (John), sculpteur anglais, né à York (1755-1826). Néoclassique (tombeaux et statues à St Paul de Londres), il a fourni des modèles à la manufacture de Wedgwood.

FLÈCHE (La) [72200], ch.-l. d'arr. de la Sarthe, sur le Loir; 16352 h. (*Fléchois*). Prytanée militaire (1808) installé dans l'anc. collège des jésuites fondé par Henri IV (remarquable chapelle de 1607-1622). Constructions mécaniques.

chands de Paris, né dans cette ville en 1721, massacré par le peuple le 14 juillet 1789.

FLESSINGUE, en néerl. **Vlissingen**, port des Pays-Bas (Zélande); 43000 h. Aluminium.

FLETCHER (John), auteur dramatique anglais, né à Rye (Sussex) [1579-1625]. Avec Francis Beaumont, puis avec d'autres collaborateurs, notamment P. Massinger, il a écrit de nombreuses pièces qui firent de lui un rival, souvent heureux, de Shakespeare (*le Chevalier du Pilon-Ardent*).

FLEURANCE (32500), ch.-l. de c. du Gers; 5817 h. Église fortifiée des XIVe-XVe s. Constructions mécaniques. Produits d'hygiène et de beauté.

FLEURIE (69820), comm. du Rhône; 1256 h. Vins du Beaujolais.

FLEURIEU (Pierre CLARET, *comte* DE), marin et homme politique français, né à Lyon (1738-1810), inventeur d'une montre marine à secondes, ministre de la Marine en 1790.

Fleurs du mal (les), recueil de poésies de Baudelaire (1857). Les 136 pièces de cet ouvrage sont groupées selon un plan fondé sur la constatation de la misère de l'homme et de ses efforts pour sortir de cet état. Ces poèmes, qui valurent un procès à leur auteur, créèrent, selon le mot de Hugo, un «frisson nouveau» et orientèrent la poésie dans la voie du symbolisme.

FLIMS, en romanche **Flem**, localité de Suisse (Grisons), au pied du *Flimserstein*; 1936 h. Station de sports d'hiver (alt. 1150-2800 m).

FLINES-LEZ-RACHES (59148), comm. du Nord; 5067 h. Confection.

FLIN FLON, v. du Canada, partagée entre le Manitoba et la Saskatchewan; 8560 h. Extraction et métallurgie du cuivre.

FLINS-SUR-SEINE (78410 Aubergenville), comm. des Yvelines; 1805 h. Usine d'automobiles sur la Seine.

FLINT, v. des États-Unis (Michigan), près de Detroit; 194000 h. Industrie automobile.

FLIXECOURT (80420), comm. de la Somme; 3577 h. Travail du jute.

FLIZE (08160), ch.-l. de c. des Ardennes; 1004 h. Métallurgie.

FLODOARD, chroniqueur et hagiographe français, né à Épernay (894-966), auteur d'une *Histoire de l'Église de Reims* et de remarquables *Annales*.

FLOGNY-LA-CHAPELLE (89360), ch.-l. de c. de l'Yonne; 1137 h.

FLOIRAC (33270), comm. de la Gironde; 12115 h. Vignobles.

FLOQUET (Charles), homme politique français, né à Saint-Jean-Pied-de-Port (1828-1896), président du Conseil en 1888, adversaire du boulangisme.

J. Bottin

Lauros-Giraudon

cardinal de **Fleury** par H. Rigaud

Service britannique d'information

sir Alexander **Fleming**

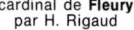

Florence : le Duomo (à gauche) et le Palazzo Vecchio (à droite)

FLÉCHIER (Esprit), prélat français, né à Pernes (comtat Venaissin) [1632-1710], auteur de sermons et d'oraisons funèbres. (Acad. fr.)

FLÉMALLE, comm. de Belgique (prov. de Liège); 28600 h. Métallurgie.

FLÉMALLE (*Maître de*) → CAMPIN (Robert).

FLEMING (*sir* John Ambrose), ingénieur britannique, né à Lancaster (1849-1945). L'un des pionniers de la radiotélégraphie, il imagina la diode ou *valve de Fleming* (1904).

FLEMING (*sir* Alexander), médecin britannique, né à Darvel (Ayrshire) [1881-1955], qui découvrit la pénicilline en 1928. Il partagea le prix Nobel de médecine en 1945 avec Chain et Florey.

FLEMMING (Jakob Heinrich VON), homme de guerre et diplomate saxon, né à Hoff (Poméranie) [1667-1728]. Il fit couronner l'Électeur de Saxe roi de Pologne et combattit Charles XII de Suède.

FLENSBURG, port de l'Allemagne fédérale, sur la Baltique; 95000 h. Pêche. Constructions navales et mécaniques.

FLÉRON, comm. de Belgique (prov. de Liège); 14700 h.

FLERS [flɛr] (61100), ch.-l. de c. de l'Orne; 21204 h. (*Flériens*). Château des XVIe-XVIIIe s. (musée). Textiles. Constructions électriques.

FLERS-EN-ESCREBIEUX (59128), comm. du Nord; 6431 h.

FLESSELLES (Jacques DE), prévôt des mar-

FLEURUS, comm. de Belgique (Hainaut), près de la Sambre; 23200 h. Victoires françaises sur les Austro-Hollandais (1690), et sur les Autrichiens (1794).

FLEURY (Claude), prêtre français, né à Paris (1640-1723), confesseur de Louis XV et auteur d'une *Histoire ecclésiastique*. (Acad. fr.)

FLEURY (André Hercule, *cardinal* DE), prélat et homme politique français, né à Lodève (1653-1743). Aumônier de la reine (1679) puis du roi (1683), évêque de Fréjus (1698), précepteur de Louis XV (1715), ministre d'État (1726) et cardinal la même année, il gouverna avec autorité, restaura les finances et apaisa la querelle janséniste. Il fut, contre son gré, entraîné dans la guerre de la Succession de Pologne et dans celle de la Succession d'Autriche. (Acad. fr.)

FLEURY-LES-AUBRAIS (45400), ch.-l. de c. du Loiret, banlieue nord d'Orléans; 16842 h. Nœud ferroviaire. Matériel agricole.

FLEURY-MÉROGIS (91700 Ste Geneviève des Bois), comm. de l'Essonne; 6757 h. Prison.

FLEURY-SUR-ANDELLE (27380), ch.-l. de c. de l'Eure; 1817 h. Textiles.

FLEVOLAND, nom de deux polders du Zuiderzee (*Flevoland-Est* et *Flevoland-Sud*).

FLIESS (Wilhelm), médecin allemand, né à Arnswalde (1858-1928). Lié à S. Freud, avec qui il échangea une correspondance passionnée, il est à l'origine du développement de la notion de bisexualité dans la théorie freudienne.

FLORAC (48400), ch.-l. d'arr. du sud de la Lozère; 2077 h. (*Floracois*).

FLORANGE (57190), ch.-l. de c. de la Moselle; 12446 h. (*Florangeois*). Métallurgie.

FLORE. *Myth.* Déesse italique des Fleurs et des Jardins. On célébrait en son honneur les *floralies*.

FLORENCE, en ital. **Firenze**, v. d'Italie, cap. de la Toscane, sur l'Arno; 465000 h. (*Florentins*). Grand centre touristique. Maroquinerie. Dès le XIIIe s., Florence fut une des villes les plus actives de l'Italie; en 1406, elle conquit Pise et devint une puissance maritime; la compagnie florentine la plus riche, celle des Médicis, domina la ville du XIVe au XVIIe s. Le concile de Florence (1439-1443) continua les travaux des conciles de Bâle et de Ferrare sur l'union avec les Grecs. En 1569, Florence devint la capitale du grand-duché de Toscane. De 1865 à 1870, elle fut la capitale du royaume d'Italie. La ville est célèbre par son école de peinture et de sculpture, particulièrement novatrice du XIVe au XVIe s. (de Giotto à Michel-Ange), ses palais (Palazzo Vecchio, palais Medici-Riccardi*, Pitti, etc.), ses églises (cathédrale S. M. del Fiore, S. Croce, S. M. Novella, Orsammichele, S. Lorenzo...), ses anciens couvents (S. Marco), ses bibliothèques, ses très riches musées (Offices*, Bargello*, Pitti*, galerie de l'Académie, musée archéologique...).

FLORENNES, comm. de Belgique (prov. de Namur); 10400 h.

FLORENSAC (34510), ch.-l. de c. de l'Hérault; 3009 h. Vins.

FLORES, une des Açores. Installations militaires françaises depuis 1964.

FLORES, île de l'Indonésie, séparée de Célèbes par la *mer de Flores.*

FLOREY (*sir* Howard), médecin australien, né à Adélaïde (1898-1968). Il partagea le prix Nobel de médecine, en 1945, avec Chain et Fleming pour leurs travaux sur la pénicilline.

FLORIAN (Jean-Pierre CLARIS DE), écrivain français, né au château de Florian (Sauve, Languedoc) [1755-1794], auteur de *Fables**, de pastorales *(Estelle et Némorin)* et comédies pour le Théâtre-Italien. (Acad. fr.)

FLORIANÓPOLIS, v. du Brésil, cap. de l'État de Santa Catarina; 137 000 h.

FLORIANUS (M. Antonius) ou **FLORIEN,** empereur romain en 276.

FLORIDABLANCA (José Moñino, *comte* DE), homme d'État espagnol, né à Murcie (1728-1808). Premier ministre de Charles III (1777), il se montra partisan du despotisme éclairé.

FLORIDE, État du sud-est des États-Unis (151 670 km²; 6 789 000 h.; cap. *Tallahassee*), formé par une péninsule basse et marécageuse, séparée de Cuba par le *canal* ou *détroit de Floride.* Découverte en 1513 par les Espagnols, auxquels elle appartint jusqu'en 1819, elle fut, à cette date, achetée par les États-Unis et devint État de l'Union en 1845. Agrumes. Phosphates. Tourisme (Miami, Palm Beach, parc des Everglades).

FLORIS DE VRIENDT (Cornelis), architecte et sculpteur flamand, né à Anvers (1514-1575). Averti de l'art italien, il est notamment l'auteur de l'hôtel de ville d'Anvers. — Son frère FRANS, né à Anvers (v. 1516/1520-1570), peintre romaniste convaincu, forma de nombreux élèves.

FLORUS, historien latin de la fin du Ier s. apr. J.-C., auteur d'un *Abrégé de l'histoire romaine,* qui est un panégyrique de Rome.

FLOTE ou **FLOTTE** (Pierre), légiste français, né en Languedoc (m. en 1302). Chancelier de Philippe le Bel, il fut un redoutable adversaire du pape Boniface VIII.

FLOURENS (Pierre), physiologiste français, né à Maureilhan (1794-1867). [Acad. fr.] — Son fils GUSTAVE (1838-1871), un des chefs de la Commune, périt au cours de celle-ci.

FLUMET (73590), comm. de la Savoie; 769 h. Station de sports d'hiver (alt. 1 000-1 800 m), dite *Flumet-Val d'Arly.*

FLUSHING MEADOW PARK, site des championnats internationaux de tennis des États-Unis, à New York (Queens).

Flûte enchantée (la), opéra en deux actes, livret de Schikaneder, musique de Mozart (1791), féerie d'inspiration franc-maçonne.

FÔ, nom du Bouddha, en Chine.

FOCH (Ferdinand), maréchal de France, de Grande-Bretagne et de Pologne, né à Tarbes (1851-1929). Il commanda l'École de guerre (1908), se distingua à la Marne et dans les Flandres (1914), dirigea la bataille de la Somme (1916), puis commanda en chef les troupes alliées (1918), qu'il conduisit à la victoire.

FOCILLON (Henri), historien d'art français, né à Dijon (1881-1943). Son enseignement et ses écrits ont exercé une grande influence.

FOCK (Jenö), homme politique hongrois, né à Budapest en 1916. Membre du parti communiste dès 1932, vice-président (1961-1967), puis président du Conseil (1967-1975), il développa une nouvelle méthode économique, d'inspiration assez libérale.

FOGAZZARO (Antonio), écrivain italien, né à Vicence (1842-1911), auteur de romans et de poèmes qui tentent de concilier la foi religieuse et la croyance avec le progrès scientifique.

FOGGIA, v. d'Italie (Pouille); 155 000 h. Cathédrale (XIIe-XVIIIe s.).

FOIX (09000), ch.-l. du dép. de l'Ariège, sur l'Ariège, à 761 km au sud de Paris; 10 235 h. *(Fuxéens).* Château fort des comtes de Foix.

FOIX *(comté de),* fief français, qui a formé le dép. de l'Ariège; cap. *Foix.* Autonome au début du XIe s., acquis par la maison d'Albret en 1484, le comté de Foix fut annexé à la Couronne par Henri IV en 1607.

Ferdinand **Foch**

château de **Fontainebleau** : cour du Cheval Blanc

école de **Fontainebleau**, *les Funérailles de l'Amour*
(entourage d'Antoine Caron)

Michel **Fokine**

FOIX *(maison de)* → GASTON et GERMAINE DE FOIX.

FOKINE (Michel), danseur et chorégraphe russe, né à Saint-Pétersbourg (1880-1942), l'un des créateurs et théoriciens du ballet moderne. Collaborateur de Diaghilev, il est l'auteur des « Danses polovtsiennes » du *Prince Igor,* de *l'Oiseau de feu,* de *Petrouchka,* du *Spectre de la rose.*

FOKKER (Anthony), aviateur et industriel néerlandais, né à Kediri (Java) [1890-1939]. Il créa l'une des firmes les plus importantes de l'industrie aéronautique allemande.

FOLENGO (Girolamo, dit *Teofilo*), connu sous le nom de **Merlin Cocai,** poète burlesque italien, né à Mantoue (1491-1544), créateur du genre « macaronique ».

FOLGOËT (Le) [29260 Lesneven], comm. du Finistère; 2 253 h. Église du XVe s. Pardon.

FOLKESTONE, v. d'Angleterre; 44 000 h. Port de voyageurs sur le pas de Calais. Station balnéaire.

FOLON (Jean-Michel), artiste belge, né à Bruxelles en 1934. Son univers graphique (aquarelle, film, affiche...) prend pour ressorts principaux l'absurde et la menace d'un monde déshumanisé.

FOLSCHVILLER (57730), comm. de la Moselle; 4 712 h. Houille.

FOMALHAUT, la dix-huitième des étoiles les plus brillantes du ciel.

FONCK (René), aviateur français, né à Saulcy-sur-Meurthe (1894-1953), premier as français de la Première Guerre mondiale (75 victoires).

Fondement de la métaphysique des mœurs, traité d'E. Kant (1785), où l'auteur explique la règle de l'*impératif catégorique.*

Fonds monétaire international (F.M.I.), organisme international créé en 1944 et qui a pour but d'assurer la stabilité des changes et de développer, sur le plan monétaire, la coopération internationale.

FONDS-SAINT-DENIS (97250 St Pierre), ch.-l. de c. de la Martinique; 1 191 h.

FONS, peuple noir du sud du Bénin.

FONSECA (Pedro DA), jésuite et philosophe portugais, né à Corticada (1528-1599), auteur de *Commentaires* d'Aristote.

FONTAINE (90150), ch.-l. de c. du Territoire de Belfort; 373 h.

FONTAINE (38600), comm. de l'Isère; 25 037 h. Métallurgie.

FONTAINE (Pierre François Léonard), architecte français, né à Pontoise (1762-1853). Avec Percier, il fut en faveur à la cour de Napoléon Ier et le demeura sous la Restauration et sous le règne de Louis-Philippe. On lui doit à Paris le percement de la rue de Rivoli, l'arc de triomphe du Carrousel et la Chapelle expiatoire.

FONTAINE (Hippolyte), ingénieur français, né à Dijon (1833-1917). Il découvrit la réversibilité de la machine Gramme et réalisa le premier transport d'énergie électrique (1873).

FONTAINEBLEAU (77300), ch.-l. de c. de Seine-et-Marne; 19 595 h. *(Bellifontains).* Château royal d'origine médiévale reconstruit pour François Ier, qui en fit le centre de son mécénat, et encore augmenté du règne de Henri II à celui de Napoléon III. Napoléon Ier y signa son abdication en 1814. Grande forêt de chênes, de hêtres et de résineux (17 000 ha). Le raisin dit *chasselas de Fontainebleau* est cultivé dans la commune voisine de Thomery.

— On nomme *école de Fontainebleau* à une école artistique animée par les Italiens que François Ier fit venir pour décorer le château de Fontainebleau (Rosso, Primatice, Nicolo Dell'Abate...), et qui influença de nombreux Français, tels J. Goujon, les Cousin, A. Caron.

Une seconde école se situe sous le règne de Henri IV, avec les peintres Ambroise Bosschaert, dit A. Dubois (d'Anvers), Toussaint Du Breuil et Martin Fréminet.

FONTAINE-FRANÇAISE (21610), ch.-l. de c. de la Côte-d'Or; 823 h. Château reconstruit au XVIII⁰ s. Henri IV y vainquit les Ligueurs en 1595.

FONTAINE-LE-DUN (76740), ch.-l. de c. de la Seine-Maritime; 650 h.

FONTAINE-LÈS-DIJON (21121), ch.-l. de c. de la Côte-d'Or; 5019 h.

FONTAINE-L'ÉVÊQUE, v. de Belgique (Hainaut); 19000 h. Église des XIII⁰-XVI⁰ s.

FONTAINES-SUR-SAÔNE (69270), comm. du Rhône; 6330 h.

FONTANA (Domenico), architecte originaire du Tessin, né à Melide, sur le lac de Lugano (1543-1607). Appelé à Rome, il construisit notamment le palais du Latran et suscita un renouveau urbaniste.

FONTENAY-SOUS-BOIS (94120), ch.-l. de c. du Val-de-Marne, à l'est de Paris; 46858 h.

FONTENELLE (Bernard LE BOVIER DE), écrivain français, né à Rouen (1657-1757). Neveu de Corneille, il se fit une réputation de bel esprit et dut sa célébrité à ses traités de vulgarisation scientifique (*Entretiens sur la pluralité des mondes*, 1686). [Acad. fr.]

FONTENOY, anc. comm. de Belgique (Hainaut). Le maréchal de Saxe, en présence de Louis XV, y battit les Anglais et les Hollandais en 1745.

FONTEVRAULT-L'ABBAYE (49590) [ou **FONTEVRAUD**], comm. de Maine-et-Loire; 1868 h. Une abbaye double (hommes, femmes) y fut fondée en 1101 par Robert d'Arbrissel. L'ensemble monastique (qui fut maison de détention de 1804 à 1963) est en grande partie conservé : église romane à quatre coupoles (gisants des Plantagenêts), cloître gothique et Renaissance,

danne (1656-1733). Il participa aux campagnes de Messine (1675), des Antilles (1680) et d'Alger (1682).

FORBIN-JANSON (Charles DE), évêque de Nancy, né à Paris (1785-1844), organisateur des missions qui parcoururent la France sous la Restauration, fondateur de l'œuvre de la Sainte-Enfance (1843).

FORCALQUIER (04300), ch.-l. d'arr. des Alpes-de-Haute-Provence; 3436 h. (*Forcalquiérens*).

FORCE (La) (24130), anc. **Laforce,** ch.-l. de c. de la Dordogne; 1922 h.

Force (la), anc. prison de Paris, dans le Marais. Elle servit pendant la Révolution et fut supprimée en 1850.

Forces françaises combattantes (abrév. **F. F. C.**), nom donné par de Gaulle, en 1942, aux agents de la France libre engagés en France.

Forces françaises de l'intérieur (abrév.

Margot **Fonteyn**

S. Lido

Foppa : *Vierge à l'Enfant avec des anges musiciens*

Giraudon

Giraudon

Fontevrault-l'Abbaye : tour d'Evrault (cuisines du XII⁰ s.) et réfectoire de l'abbaye

FONTANA (Carlo), architecte originaire du Tessin, né à Brusata (1634-1714). Assistant du Bernin, à Rome, pendant dix ans, il prolongea l'art de celui-ci en l'infléchissant dans un sens plus classique. Ses œuvres construites et ses écrits firent de lui un maître influent.

FONTANA (Lucio), peintre, sculpteur et théoricien italien, né à Rosario (Argentine) [1899-1968]. Non-figuratif, il a influencé l'avant-garde européenne par ses œuvres des années 50 et 60, toutes intitulées *Concept spatial* (monochromes ponctués de perforations, lacérés, évidés...).

FONTANE (Theodor), écrivain allemand, né à Neuruppin (1819-1898), peintre humoriste des problèmes sociaux (*Madame Jenny Treibel*).

FONTANES (Louis DE), grand maître de l'Université sous l'Empire, né à Niort (1757-1821), ami de Chateaubriand. (Acad. fr.)

FONTANGES (Marie-Angélique, *duchesse* DE), favorite de Louis XIV, née au château de Cropières (Auvergne) [1661-1681].

FONTARABIE, en esp. **Fuenterrabía,** v. d'Espagne, sur la Bidassoa; 9000 h.

FONT-DE-GAUME, site de la commune des Eyzies-de-Tayac-Sireuil (Dordogne). Grotte à peintures et gravures préhistoriques.

FONTENAY, hameau de la Côte-d'Or (comm. de Marmagne), près de Montbard. Anc. abbaye cistercienne, fondée par saint Bernard en 1119, bien conservée.

FONTENAY-AUX-ROSES (92260), comm. des Hauts-de-Seine; 25871 h. (*Fontenaisiens*). École normale supérieure de jeunes filles. Centre de recherches nucléaires.

FONTENAY-LE-COMTE (85200), ch.-l. d'arr. de la Vendée, sur la Vendée; 16678 h. (*Fontenaisiens*). Anc. place forte. Église surtout des XV⁰-XVI⁰ s. et autres témoignages du passé.

FONTENAY-LE-FLEURY (78330), comm. des Yvelines; 14279 h.

cuisines monumentales de la seconde moitié du XII⁰ s., etc.

FONTEYN (Margaret HOOKHAM, dite **Margot**), danseuse anglaise, née à Reigate (Surrey) en 1919, créatrice des œuvres de F. Ashton (*Ondine, Symphonic Variations*) et interprète d'exception du répertoire classique (*Giselle, la Belle au bois dormant, le Lac des cygnes*).

Fontfroide, anc. abbaye fondée en 1093 sur le versant nord des Corbières (Aude), au sud-ouest de Narbonne. Église romane, cloître gothique et autres bâtiments, restaurés.

FONTOY (57650), ch.-l. de c. de la Moselle; 3623 h.

FONT - ROMEU - ODEILLO - VIA (66120), comm. des Pyrénées-Orientales, en Cerdagne, à 1800 m d'altitude; 3026 h. Centre touristique; sports d'hiver (1800-2250 m). Centre d'entraînement sportif en altitude. Four et centrale solaires (à l'écart d'Odeillo).

FONTVIEILLE (13990), comm. des Bouches-du-Rhône; 3007 h. Moulin dit « d'Alphonse Daudet ». Carrières de pierre de taille.

FONVIZINE (Denis Ivanovitch), auteur dramatique russe, né à Moscou (1745-1792), créateur de la comédie moderne russe (*le Mineur*, 1782).

FOPPA (Vincenzo), peintre italien, né à Brescia (v. 1427-v. 1515). Premier représentant de la Renaissance lombarde, il fait preuve d'un sentiment naturaliste et d'une poésie très personnels (fresques de S. Eustorgio, Milan, 1467-68).

FORAIN (Jean-Louis), dessinateur, graveur et peintre français, né à Reims (1852-1931), célèbre par ses dessins satiriques au trait précis et mordant.

FORBACH [-bak] (57600), ch.-l. d'arr. de la Moselle; 25385 h. (*Forbachois*). Centre houiller. Constructions mécaniques. Défaite française le 6 août 1870.

FORBIN (Claude), marin français, né à Gar-

Henry **Ford**

Roger-Viollet

F. F. I.), nom donné en 1944 à l'ensemble des formations militaires de la Résistance engagées dans les combats de la Libération.

Forces françaises libres (abrév. **F. F. L.**), ensemble des formations militaires qui, après l'armistice de 1940, continuèrent, aux ordres de De Gaulle, à combattre l'Allemagne et l'Italie.

FORCLAZ [-kla] (la), col des Alpes suisses (Valais), entre Chamonix et Martigny; 1523 m.

FORD (John), auteur dramatique anglais, né à Ilsington (Devon) [1586- apr. 1639], l'un des plus originaux représentants du théâtre élisabéthain (*Dommage qu'elle soit une putain, le Cœur brisé*).

FORD (Henry), industriel américain, né près de Dearborn (1863-1947). Pionnier de l'industrie automobile américaine, il lança la construction en série et imagina la standardisation des principales pièces composant un ensemble.

FORD (Sean Aloysius O'FEARNA, dit **John**), metteur en scène américain, né à Cape Elizabeth (Maine) [1895-1973]. Son œuvre, où domine le western, est puissante. On lui doit : *la Chevauchée fantastique* (1939), *les Raisins de la colère* (1940), *la Poursuite infernale* (1946), *l'Homme tranquille* (1952), *les Cheyennes* (1964).

Charles de **Foucauld**

Léon **Foucault**

Michel **Foucault**

les Cheyennes (1964), de John **Ford**

Fernand **Forest**

Joseph **Fouché**
par Cl.-M. Dubufe

FORD (Gerald), homme politique américain, né à Omaha en 1913. Républicain, nommé vice-président en 1973, il devint, après la démission de Nixon en 1974, président des États-Unis, mais il ne fut pas réélu en 1976.

Foreign Office, ministère britannique des Affaires étrangères.

FOREL (François), médecin et naturaliste suisse, né à Morges (1841-1912), fondateur de l'étude scientifique des lacs (limnologie).

FOREL (Auguste), médecin et naturaliste suisse, né à Morges (1848-1931), cousin du précédent, auteur de travaux sur les fourmis.

FOREST, en néerl. **Vorst,** comm. de Belgique (Brabant), banlieue sud de Bruxelles; 52 600 h.

FOREST (Fernand), inventeur français, né à Clermont-Ferrand (1851-1914). Il imagina en 1880 le moteur à essence avec allumage électrique et fonctionnant suivant le cycle à quatre temps, qu'il fit breveter en 1881.

FOREST HILLS, quartier de New York (district de Queens), où se déroulait un grand tournoi annuel de tennis.

FORÊT-FOUESNANT (La) (29133), comm. du Finistère; 2 060 h. Station balnéaire.

FORÊT-NOIRE, en allem. **Schwarzwald,** massif montagneux de l'Allemagne fédérale, en face des Vosges, dont il fut séparé par le fossé d'effondrement rhénan; 1493 m au *Feldberg*.

FOREY (Élie), maréchal de France, né à Paris (1804-1872). Il commanda le corps français au Mexique en 1863.

FOREZ [-rɛ], région du Massif central, qui comprend les *monts du Forez*, hauteurs cristallines à l'est de la Dore, et la *plaine* ou *bassin du Forez*, traversée par la Loire. Cap. *Feurs*, puis *Montbrison*.

FORGES-LES-EAUX (76440), ch.-l. de c. de la Seine-Maritime; 3 366 h. *(Forgions).* Eaux ferrugineuses employées dans le traitement des anémies.

FORLI, v. d'Italie (Émilie); 110 000 h. Monuments anciens et musées.

FORMENTERA, île des Baléares.

FORMENTOR (cap), extrémité nord de l'île de Majorque (Baléares). Falaises grandioses.

FORMERIE (60220), ch.-l. de c. de l'Oise; 2 075 h.

FORMIGNY (14170 Trévières), comm. du Calvados; 256 h. Victoire du connétable de Richemont sur les Anglais (1450).

FORMOSE → T'AI-WAN.

FORMOSE (v. 816-896), pape de 891 à 896. Avec la complicité d'Étienne VI, ses ennemis jetèrent son cadavre dans le Tibre.

FORNOUE, bourg d'Italie (Émilie), près du Taro, affl. du Pô; 6 000 h. Charles VIII, à son retour de Naples, y battit la coalition de 1495.

FORT (Paul), poète français, né à Reims (1872-1960), auteur des *Ballades françaises.*

FORTALEZA, port du Brésil, cap. de l'État de Ceará; 859 000 h.

FORT-ARCHAMBAULT → SARH.

FORT-DE-FRANCE (97200), autref. **Fort-Royal,** ch.-l. de la Martinique; 100 576 h.

FORT ERIE, v. du Canada (Ontario); 24 031 h.

FORT-GOURAUD → F'DERICK.

FORTH (le), fl. d'Écosse, qui se jette dans le *Firth of Forth* (mer du Nord); 106 km.

FORT-LAMY → N'DJAMENA.

FORT-MAHON-PLAGE (80790), comm. de la Somme; 978 h. Station balnéaire.

FORTUNAT (*saint* Venance) → VENANCE FORTUNAT (*saint*).

FORTUNE. *Myth. rom.* Divinité du Destin.

FORTUNÉES (*îles*), anc. nom des *îles Canaries*.*

FORT WAYNE, v. des États-Unis (Indiana); 178 000 h.

FORT WORTH, v. des États-Unis (Texas); 393 000 h.

FOS [fɔs] (*golfe de*), golfe des Bouches-du-Rhône, près de Marseille. Ses rives constituent une grande zone industrielle (ports pétroliers et sidérurgie, notamment).

FOSCARI (Francesco), né à Venise (1373-1457), doge de Venise à partir de 1423, adversaire du duc de Milan. Sous son règne, son fils JACOPO, accusé de trahison, fut banni.

FOSCOLO (Ugo), écrivain italien, né à Zante (1778-1827), auteur des *Dernières Lettres de Jacopo Ortis* (1802), roman qui eut une grande influence sur les patriotes du XIXᵉ s.

FOSSAT (Le) [09130], ch.-l. de c. de l'Ariège; 687 h.

FOSSES (95470 Survilliers), comm. du Val-d'Oise; 6 453 h.

FOS-SUR-MER (13270), comm. des Bouches-du-Rhône, sur le *golfe de Fos;* 6 709 h. Port pétrolier. Raffinage du pétrole. Sidérurgie.

FOUAD → FU'ÅD.

FOUCAULD (Charles, *vicomte,* puis *Père* DE), explorateur missionnaire français, né à Strasbourg (1858-1916). Officier converti et devenu prêtre (1901), il s'installa dans le Sud algérien, puis (1905) au cœur du Sahara, à Tamanrasset. Il fut assassiné par des pillards senousis. Plusieurs congrégations religieuses s'inspirent des règles qu'il a écrites et de son esprit d'abnégation.

FOUCAULT (Léon), physicien français, né à Paris (1819-1868). Il inventa le gyroscope, démontra, grâce au pendule, le mouvement de rotation de la Terre, et découvrit les courants induits dans les masses métalliques. Il détermina la vitesse de la lumière dans différents milieux.

FOUCAULT (Michel), philosophe français, né à Poitiers en 1926. Son œuvre traite principalement des méthodes des historiens, plus particulièrement de celles des historiens des idées (*Histoire de la folie à l'âge classique*, 1961; *les Mots et les choses*, 1966; *Surveiller et punir. Naissance de la prison*, 1975; *Histoire de la sexualité*, t. 1, *la Volonté de savoir*, 1976).

FOUCHÉ (Joseph), *duc* **d'Otrante,** homme politique français, né au Pellerin, près de Nantes (1759-1820). Conventionnel montagnard, chargé de mission dans les départements du Centre, il réprima brutalement l'insurrection de Lyon en 1793 et mena une politique active de déchristianisation et d'action révolutionnaire. Ministre de la Police du Directoire, du Consulat jusqu'en 1802, puis de l'Empire jusqu'en 1810, et durant les Cent-Jours; il se rendit indispensable après Waterloo (1815), mais dut s'exiler en 1816 comme régicide.

FOU-CHOUEN ou **FUSHUN,** v. de Chine (Leao-ning); 1 019 000 h. Centre houiller et métallurgique.

FOUCQUET → FOUQUET (*Nicolas*).

FOUESNANT [fwenã] (29170), ch.-l. de c. du Finistère; 4 899 h. *(Fouesnantais).* Station balnéaire à Beg-Meil.

FOUG (54570), comm. de Meurthe-et-Moselle; 3 373 h. Métallurgie.

FOUGÈRES (35300), ch.-l. d'arr. d'Ille-et-Vilaine; 27 653 h. *(Fougerais).* Enceinte aux treize

Joseph **Fourier**

Charles **Fourier**
par J.-Fr. Gigoux

Jean **Fouquet** : portrait (v. 1460)
de G. Juvénal des Ursins (détail)

tours (XIIe-XVe s.) du château. Deux églises gothiques. Chaussures. Confection. Constructions électriques.

FOUGEROLLES (70220), comm. de la Haute-Saône ; 4 151 h. Eaux-de-vie.

FOUILLÉE (Alfred), philosophe français, né à La Pouëze (Maine-et-Loire) [1838-1912]. Il créa la philosophie des idées-forces.

FOUJITA (FOUJITA TSUGUHARU, baptisé **Léonard**), peintre français d'origine japonaise, né à Tôkyô (1886-1968). Ses peintures s'apparentent quant au dessin aux traditions de l'Extrême-Orient, quant à la perspective et aux couleurs à l'art occidental.

FOUJI-YAMA ou **FOUJI-SAN** → FUJI-YAMA.

FOU-KIEN ou **FUJIAN**, prov. de Chine, en face de T'ai-wan ; 123 000 km² ; 17 millions d'h. Cap. *Fou-tcheou.*

FOULBÉS → PEULS.

FOULD (Achille), homme politique et banquier français, né à Paris (1800-1867). Adepte du saint-simonisme, ministre des Finances de 1849 à 1852, puis de 1861 à 1867, il se montra partisan du libre-échange et fonda, avec les frères Pereire, le Crédit mobilier (1852).

FOULLON (Joseph François), contrôleur général des Finances, né à Saumur (1717-1789). Il fut pendu par le peuple après la prise de la Bastille.

FOULQUES ou **FOULQUE,** prélat franc (v. 840-900), archevêque de Reims (883), chancelier de Charles le Simple après 893. Il mourut assassiné sur l'ordre de Baudouin de Flandre.

FOULQUES V le Jeune (1095-1143), comte d'Anjou (1109-1131), roi de Jérusalem (1131-1143).

FOULQUES de Neuilly, m. en 1202, curé de Neuilly-sur-Marne, prédicateur de la 4e croisade, sous Innocent III, en 1198.

FOUQUET (Jean), peintre et miniaturiste français, né à Tours (v. 1415/1420 - entre 1477 et 1481). Auteur déjà, sans doute, du portrait de *Charles VII* du Louvre, il s'initie aux nouveautés de la Renaissance italienne lors d'un séjour prolongé à Rome (autour de 1445). La maturité de son style, monumental et sensible, apparaît dans le diptyque, auj. démembré, comprenant la *Vierge* (sous les traits d'A. Sorel [?], musée d'Anvers) et *Étienne Chevalier avec saint Étienne* (Berlin), ainsi que dans de nombreuses miniatures, comme celles des *Heures d'E. Chevalier* (Chantilly) ou des *Antiquités judaïques* (v. 1470, B. N.).

FOUQUET ou **FOUCQUET** (Nicolas), homme d'État français, né à Paris (1615-1680). Procureur général au parlement de Paris (1650), puis surintendant général des Finances (1653), il donna une vive impulsion au commerce français. De l'immense fortune amassée grâce à ses fonctions, il fit un usage généreux, protégeant les hommes de lettres (Molière, La Fontaine, Pellisson) et construisant le château de Vaux. Colbert dénonça ses malversations au roi, qui, blessé par son faste, le fit arrêter (1661). Condamné comme dilapidateur au bannissement perpétuel (1664), il mourut dans la citadelle de Pignerol.

Fragonard : portrait présumé
de l'Abbé de Saint-Non (v. 1769)

FOUQUIÈRES-LÈS-LENS (62740), comm. du Pas-de-Calais ; 7 758 h.

FOUQUIER-TINVILLE (Antoine Quentin), né à Hérouël (Picardie) [1746-1795]. Accusateur public du Tribunal révolutionnaire, il se montra impitoyable sous la Terreur ; il fut exécuté lors de la réaction thermidorienne.

FOURAS (17450), comm. de la Charente-Mari time ; 3 617 h. Station balnéaire.

FOURASTIÉ (Jean), économiste français, né à Saint-Bénin en 1907. Il analyse avec pénétration la société industrielle contemporaine.

Fourberies de Scapin *(les),* farce en trois actes et en prose, de Molière (1671).

FOURCHAMBAULT (58600), comm. de la Nièvre, sur la Loire ; 6 633 h. *(Fourchambaultais).* Constructions mécaniques et électriques.

FOURCHES CAUDINES → CAUDIUM.

FOURCROY (Antoine François, *comte* DE), chimiste français, né à Paris (1755-1809). Il fut l'un des auteurs de la nomenclature chimique rationnelle (1787) et participa à l'organisation de l'enseignement public.

FOUREAU (Fernand), explorateur, né à Saint-Barbant (1850-1914). Il explora le Sahara (1888-1896) et prit part à l'expédition Lamy, d'Ouargla à Zinder (1898-1900).

FOURIER (saint Pierre) → PIERRE FOURIER (saint).

FOURIER (baron Joseph), mathématicien français, né à Auxerre (1768-1830). Il découvrit les séries trigonométriques dites *séries de Fourier*, instrument mathématique d'une importance considérable (1812). [Acad. fr.]

FOURIER (Charles), philosophe et économiste français, né à Besançon (1772-1837). Le système de Fourier, ou *fouriérisme*, prévoit la formation de phalanstères, groupes humains harmonieusement composés en vue de procurer à chacun de leurs membres le bien-être par le travail attrayant et librement consenti. Cette utopie sociale fut principalement théorisée dans le *Nouveau Monde industriel et sociétaire* (1829) et, de 1832 à 1849, dans la revue *la Réforme industrielle ou le Phalanstère,* devenue *la Pha-*

lange, organe de l'école sociétaire dont le principal représentant fut Victor Considérant.

FOURMIES (59610), comm. du Nord, sur l'Helpe Mineure ; 16 096 h. *(Fourmisiens).* Industries mécaniques et textiles. Le 1er mai 1891, la troupe y réprima dans le sang une grève ouvrière.

FOURNEAU (Ernest), pharmacologue français, né à Biarritz (1872-1949), pionnier de la chimiothérapie.

FOURNELS (48200 St Chély d Apcher), ch.-l. de c. de la Lozère ; 311 h.

FOURNEYRON (Benoît), ingénieur français, né à Saint-Étienne (1802-1867), inventeur de la turbine hydraulique (1827).

FOURNIER (Henri) → ALAIN-FOURNIER.

FOURQUES (30300 Beaucaire), comm. du Gard ; 1 617 h. Départ (sur le Rhône) du canal d'irrigation du bas Languedoc.

FOURS (58250), ch.-l. de c. de la Nièvre ; 779 h.

FOURVIÈRE, colline de Lyon, dominant la Saône. Vestiges de Lugdunum (vaste théâtre, odéon) et musée, souterrain, de la Civilisation gallo-romaine (ouvert en 1976). Basilique de pèlerinage N.-D. de Fourvière, élevée après 1870 à l'emplacement de sanctuaires antérieurs.

FOU-SIN ou **FUXIN**, v. de la Chine du Nord-Est ; 188 000 h.

FOUSSERET (Le) [31430], ch.-l. de c. de la Haute-Garonne ; 1 414 h.

FOUTA-DJALON, massif cristallin et gréseux de Guinée ; 1 515 m.

FOU-TCHEOU ou **FUZHOU,** port de Chine, en face de T'ai-wan, au Fou-kien ; 616 000 h. Arsenal bombardé par Courbet en 1884.

FOVEAUX *(détroit de),* détroit de Nouvelle-Zélande, séparant l'île du Nord et l'île du Sud.

FOX (George), fondateur de la secte des quakers en Angleterre, né à Drayton (1624-1691).

FOX (Charles), homme politique anglais, né à Westminster (1749-1806). Chef du parti whig et éloquent adversaire de Pitt, il demeura toute sa vie partisan de l'alliance de son pays avec la France et les États-Unis.

FOY (sainte), jeune fille martyre (IIIe s.?). Son culte fut très populaire au Moyen Âge et sa légende a inspiré la célèbre *Chanson de sainte Foy,* en langue d'oc (XIe s.).

FOY (Maximilien), général français, né à Ham (1775-1825). Il couvrit la retraite de l'armée d'Espagne en 1814 et devint député libéral en 1819. Ses obsèques furent l'occasion d'une manifestation contre le régime de Charles X.

FRACCI (Carla), danseuse italienne, née à Milan en 1936, une des meilleures interprètes contemporaines des rôles-titres de *Giselle* et de *la Sylphide.*

FRACHON (Benoît), syndicaliste français, né au Chambon-Feugerolles (Loire) [1893-1975], membre du Comité central du parti communiste à partir de 1926, secrétaire général (1936-1939, 1944-1967), puis président de la C. G. T. jusqu'à sa mort.

FRAGONARD (Jean Honoré), peintre et graveur français, né à Grasse (1732-1806). Il est l'auteur de scènes galantes et de portraits où la fougue s'allie à la grâce. Un de ses chefs-d'œuvre est la *Fête à Saint-Cloud* (Banque de France, à Paris). — Son fils, ÉVARISTE, né à Grasse (1780-1850), fut un artiste néoclassique de talent.

FRAIZE (88230), ch.-l. de c. des Vosges ; 3 367 h.

FRAMERIES, comm. de Belgique (Hainaut) ; 21 800 h.

Franc Archer de Bagnolet *(le),* monologue comique (1458), le meilleur spécimen du genre.

FRANCASTEL (Pierre), historien d'art français, né à Paris (1900-1970). Il a étudié la peinture comme système figuratif exprimant de façon autonome, à chaque époque, un certain état de civilisation.

FRANCE, État de l'Europe occidentale, limité au nord-ouest par la Manche, le pas de Calais et la mer du Nord, au nord-est par la Belgique, le Luxembourg et l'Allemagne fédérale, à l'est par la Suisse, au sud-est par l'Italie, au sud par la

FRANCE PHYSIQUE

COURS D'EAU	Longueur
Rhin	1 298 km
(190 km sur la frontière française)	
Loire	1 020
Rhône	812
(522 km en France)	
Meuse	950
Seine	776
Garonne	650
Moselle	550
Marne	525
Lot	480
Saône	480
Dordogne	472
Doubs	430
Escaut	430
Allier	410
Tarn	375
Charente	360
Vienne	350
Cher	350
Adour	335
Loir	311
Durance	305
Oise	302
Yonne	293
Isère	290
Sarthe	285
Aisne	280
Indre	265
Creuse	255
Aveyron	250
Somme	245
Vilaine	225
Eure	225

LACS	Superficie
Lac Léman	582 km²
Marne (réservoir)	48
Lac du Bourget	45
L. de Serre-Ponçon	30
Lac d'Annecy	27
Lac d'Aiguebelette	5,4
Lac de Saint-Point	4

C. Gris Nez — Boulon — Pas-de-Cal
C. de la Hague — Aurigny — Pte de Barfleur — C. Antifer — Pays de Caux
Guernesey — ILES ANGLO-NORMANDES — Jersey
Le Havre — Rouen
Cotentin — NORMANDIE
Collines de Normandie — Perche — 417
Mts d'Arrée — 384 — Mgne Noire — C. Fréhel — Mt St Michel — Le Menez — Rance — Couesnon — Orne — Vire — Sel
BRETAGNE — Rennes — MAINE — Mayenne — Sarthe
Landes de Lanvaux — Vilaine — ANJOU — Lot — Loire
Belle-Ile — Nantes — TOURAINE — Tours — Indre — Creuse
Noirmoutier — Hauteurs de Gâtine — VENDÉE — 298 — POITOU — Mar
Yeu — Aunis — Ré — Mar
Oléron — Saintonge — Angoumois — Vienne — Limousin
Charente
Gironde — Périgord
Bordeaux — Dordogne — Lot — Quercy
GUYENNE — Garonne
Landes — Albret — Baïse — Gers — Tarn
Adour — Armagnac — GASCOGNE — Toulo
Gave de Pau — Béarn — Plateau de Lannemezan — Comminges
Pays Basque — Pic d'Anie — Vignemale — Rhône
PYRÉNÉES

CORSE
G. de St-Florent — C. Corse — Golo — Mte Cinto — Mte Rotondo — Mte Incudine — Ajaccio — Bches de Bonifacio

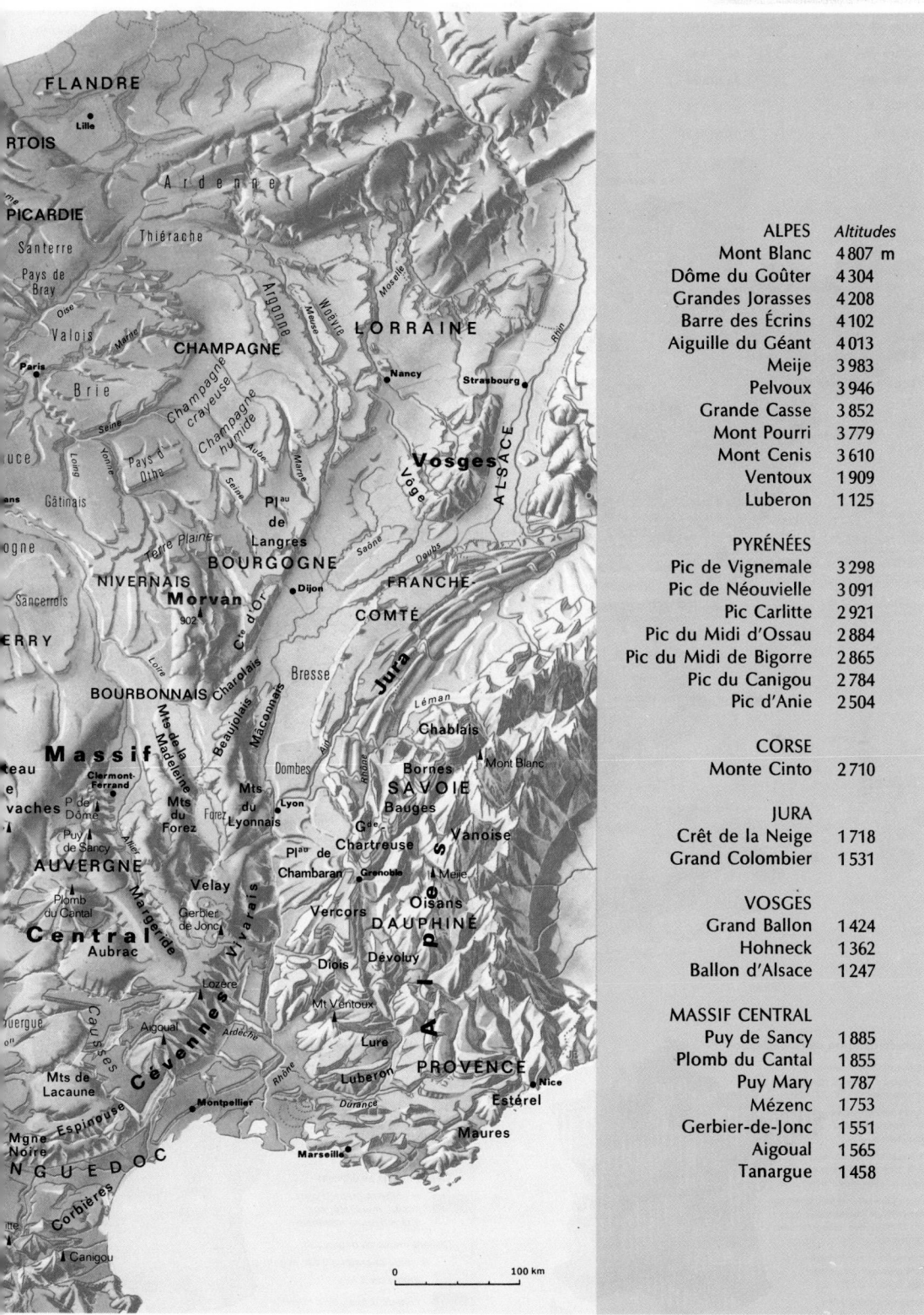

ALPES	Altitudes
Mont Blanc	4 807 m
Dôme du Goûter	4 304
Grandes Jorasses	4 208
Barre des Écrins	4 102
Aiguille du Géant	4 013
Meije	3 983
Pelvoux	3 946
Grande Casse	3 852
Mont Pourri	3 779
Mont Cenis	3 610
Ventoux	1 909
Luberon	1 125

PYRÉNÉES	
Pic de Vignemale	3 298
Pic de Néouvielle	3 091
Pic Carlitte	2 921
Pic du Midi d'Ossau	2 884
Pic du Midi de Bigorre	2 865
Pic du Canigou	2 784
Pic d'Anie	2 504

CORSE	
Monte Cinto	2 710

JURA	
Crêt de la Neige	1 718
Grand Colombier	1 531

VOSGES	
Grand Ballon	1 424
Hohneck	1 362
Ballon d'Alsace	1 247

MASSIF CENTRAL	
Puy de Sancy	1 885
Plomb du Cantal	1 855
Puy Mary	1 787
Mézenc	1 753
Gerbier-de-Jonc	1 551
Aigoual	1 565
Tanargue	1 458

0   100 km

1225

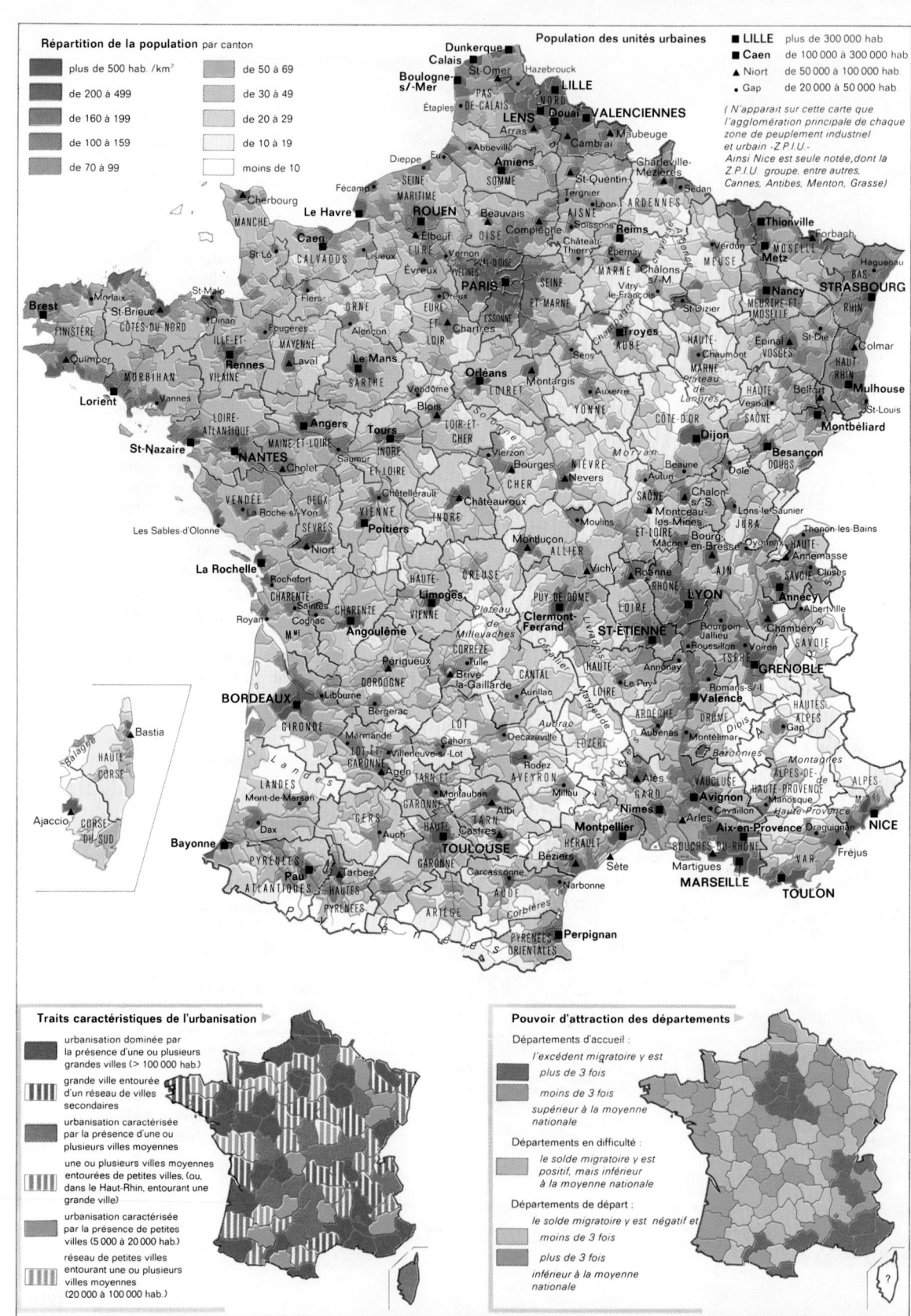

Répartition de la population par canton

- plus de 500 hab./km²
- de 200 à 499
- de 160 à 199
- de 100 à 159
- de 70 à 99
- de 50 à 69
- de 30 à 49
- de 20 à 29
- de 10 à 19
- moins de 10

Population des unités urbaines

- LILLE — plus de 300 000 hab.
- Caen — de 100 000 à 300 000 hab.
- Niort — de 50 000 à 100 000 hab.
- Gap — de 20 000 à 50 000 hab.

(N'apparaît sur cette carte que l'agglomération principale de chaque zone de peuplement industriel et urbain -Z.P.I.U.- Ainsi Nice est seule notée, dont la Z.P.I.U. groupe, entre autres, Cannes, Antibes, Menton, Grasse)

Traits caractéristiques de l'urbanisation ▶

- urbanisation dominée par la présence d'une ou plusieurs grandes villes (> 100 000 hab.)
- grande ville entourée d'un réseau de villes secondaires
- urbanisation caractérisée par la présence d'une ou plusieurs villes moyennes
- une ou plusieurs villes moyennes entourées de petites villes, (ou, dans le Haut-Rhin, entourant une grande ville)
- urbanisation caractérisée par la présence de petites villes (5 000 à 20 000 hab.)
- réseau de petites villes entourant une ou plusieurs villes moyennes (20 000 à 100 000 hab.)

Pouvoir d'attraction des départements ▶

Départements d'accueil :
l'excédent migratoire y est
- plus de 3 fois
- moins de 3 fois
supérieur à la moyenne nationale

Départements en difficulté :
- le solde migratoire y est positif, mais inférieur à la moyenne nationale

Départements de départ :
le solde migratoire y est négatif et
- moins de 3 fois
- plus de 3 fois
inférieur à la moyenne nationale

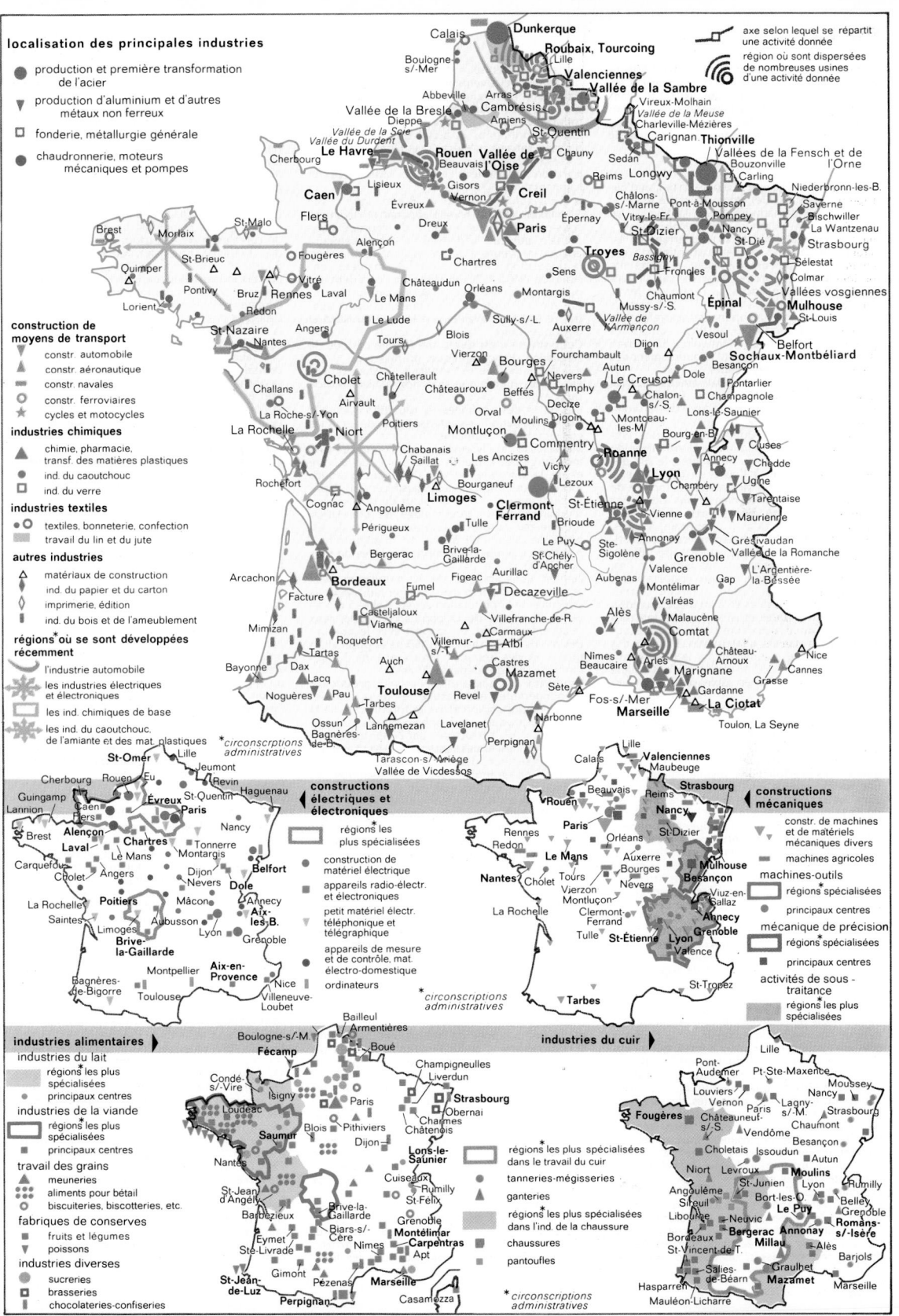

Méditerranée et l'Espagne, à l'ouest par l'Atlantique; 549 000 km²; 53 280 000 h. *(Français)*. Cap. *Paris*. Autres villes de plus de 200 000 h. (dans l'ordre décroissant de la population de la commune seule) : *Marseille, Lyon, Toulouse, Nice, Nantes, Strasbourg, Bordeaux, Saint-Étienne, Le Havre* et *Rennes*.

GÉOGRAPHIE

• *Géographie physique.* Le plus vaste État d'Europe (U. R. S. S. exclue), comprise entre le 42e et le 51e degré de latitude Nord, la France, en dehors de son extrémité méridionale appartenant au monde subtropical méditerranéen, est située dans la zone tempérée atlantique, à mi-chemin de l'équateur et du pôle. À l'extrémité occidentale de l'Europe, baignée par l'Atlantique et ses dépendances, au centre des terres émergées de l'hémisphère boréal, c'est un pays à la fois maritime et continental, carrefour de peuplement et d'échanges, qui fut au contact des grandes civilisations de l'Antiquité, du Moyen Âge et de la Renaissance, et l'aboutissement des migrations successives venues de l'est.
De forme régulière et relativement massive (image classique de l'hexagone), la France est un bas pays : près des deux tiers du territoire sont au-dessous de 250 m. Le relief s'ordonne de part et d'autre d'une ligne directrice longeant la bordure méridionale et orientale du Massif central, le plateau de Langres, le sud des Vosges. Au nord et à l'ouest se développe la France des plaines et des plateaux, formée de massifs primaires (hercyniens) plus ou moins réduits à l'état de pénéplaines, puis rajeunis (Massif central, Massif armoricain, Vosges, Ardennes), et de bassins sédimentaires, constitués aux ères secondaire et tertiaire (Bassin parisien, Bassin aquitain). Au sud et à l'est s'étend la France alpine, tertiaire et quaternaire, à la topographie contrastée, opposant chaînes élevées (Alpes, Pyrénées et, à un degré moindre, Jura), plaines étroites et allongées (couloir rhodanien), et dont la majeure partie a été recouverte par les glaciers quaternaires. L'aspect des côtes est surtout commandé par le relief continental (côte rocheuse et élevée de la Bretagne septentrionale, basse et sableuse du Languedoc, etc.).
La latitude, en premier lieu, et la disposition du relief expliquent l'extension du climat tempéré, de type océanique, caractérisé par l'instabilité des types de temps, la faiblesse des écarts de température, la relative abondance et la fréquence des précipitations, régulièrement réparties sur l'ensemble de l'année. Réalisé surtout dans les régions côtières (climat breton), il se dégrade progressivement vers l'intérieur (climat parisien, climat lorrain), où l'influence continentale entraîne une augmentation de l'amplitude thermique annuelle (résultant essentiellement de la plus grande rigueur des hivers), la moins grande fréquence des précipitations (tombant surtout en été). Le climat méditerranéen, caractérisé par la chaleur et la sécheresse de l'été, la concentration des précipitations en un petit nombre de jours, intéresse le littoral de la Méditerranée, bien délimité par le cadre montagneux qui le circonscrit. En montagne, et plus généralement dans les régions de topographie contrastée (diversité des expositions), l'influence du relief devient prépondérante dans la détermination du climat. En raison de l'ancienneté et de la densité du peuplement, de l'extension des cultures, la végétation naturelle de la France a presque totalement disparu; la forêt, qui recouvrait la majeure partie du territoire, partiellement et artificiellement reconstituée, en occupe cependant plus du quart aujourd'hui. Le climat détermine les grandes catégories de sols : on distingue les sols bruns, les plus répandus, podzolisés dans l'Ouest et le Nord, régions humides, aux étés relativement frais, et les sols méditerranéens, de couleur rouge; la disposition zonale est perturbée par le relief et la nature des roches mères.
Résultante du climat et de la structure géologique, l'hydrographie se caractérise par l'abondance et la modération de l'écoulement des eaux, traits non contradictoires, conséquence de la régularité des précipitations et de l'étendue des régions basses. Les cours d'eau, d'importance moyenne, ont des débits modestes et qui varient relativement peu, davantage cependant dans les régions méditerranéennes (maigres estivaux marqués, crues automnales) et montagnardes (régime nival et glaciaire à hautes eaux de printemps et d'été) que dans le reste du pays (étiages d'été, souvent peu apparents, correspondant plus à un accroissement de l'évaporation qu'à une déficience saisonnière de l'alimentation).

• *Géographie humaine et économique.* Avec 53 millions d'h., la France apparaît relativement sous-peuplée, dans le cadre de l'Europe occidentale, puisque la densité moyenne demeure encore inférieure à 100 h. au km². Cependant, la population s'est accrue d'une manière sensible, de 1946 à 1970, en raison de l'excédent des naissances sur les décès et aussi, dans une moindre mesure toutefois, de l'immigration : rapatriés d'Algérie, travailleurs d'Afrique du Nord et d'Afrique noire, Italiens, Espagnols, Portugais. Cette situation est due à une longue période de stagnation démographique, du milieu du XIXe s. à la Seconde Guerre mondiale. La stagnation a été d'ordre numérique, mais non spatial. L'exode rural explique, avec le développement de l'industrie et des échanges, la répartition actuelle de la population, caractérisée par de grandes concentrations humaines (régions parisienne, marseillaise et lyonnaise; Nord et Lorraine métallurgique; estuaires de la Seine, de la Loire et de la Garonne) et par des vides marqués (bordure méridionale du Massif central, Alpes du Sud) ainsi que par l'ampleur du phénomène d'urbanisation (le pourcentage de population urbaine par rapport à la population totale est passé de 25 en 1851 à plus de 70 aujourd'hui; pendant ce temps, le nombre des villes de plus de 100 000 h. est passé de 5 à 39). Ce déplacement géographique de la population s'est accompagné d'une transformation radicale de la structure de la population active. Celle-ci représente 40 p. 100 de la population totale, taux relativement faible, en rapport avec le nombre des moins de 20 ans (30 p. 100 de la population totale) et des retraités (croissance de l'espérance de vie, qui dépasse 70 ans).
L'industrie est aujourd'hui l'activité productive prépondérante; elle occupe les deux cinquièmes de la population active et fournit près de la moitié du produit intérieur brut. Elle est caractérisée, sur le plan structurel, par l'importance des petites et moyennes entreprises (trait variant selon les secteurs d'activité), malgré le développement de grandes firmes. Le maintien du libéralisme a été atténué par l'importance de l'intervention étatique (concrétisée initialement par les nationalisations, ultérieurement par les plans). Géographiquement, l'industrie est encore concentrée dans un petit nombre de régions, celles où les groupements humains de forte densité résultent souvent de l'ancienneté et de l'importance de l'activité industrielle et commerciale. Sur le plan de la production, l'industrie se caractérise par sa diversité. Le charbon (Lorraine surtout), longtemps principale source d'énergie, a été supplanté par le pétrole (importé en quasi-totalité). L'hydroélectricité (Alpes du Nord, vallées du Rhône, du Rhin et de la Durance, Pyrénées), le gaz naturel (Lacq) jouent un rôle d'appoint dans ce secteur de l'énergie, où la dépendance du pays est grande (peut-être partiellement atténuée, à terme, avec le développement de l'énergie nucléaire, qui pose de redoutables problèmes d'environnement et de sécurité). La sidérurgie s'est implantée d'abord sur le grand gisement de fer lorrain, accessoirement sur le charbon (Nord, Massif central) et, récemment dans les ports (Dunkerque, golfe de Fos). Elle alimente une métallurgie de transformation complète, où se détache la construction automobile (région parisienne surtout). L'industrie de l'aluminium (Alpes du Nord, région pyrénéenne) est née de l'abondance de la bauxite (Var). L'industrie chimique est localisée surtout autour de Paris et de Lyon, près des raffineries de pétrole, sur les gisements houillers, mais est peu développée autour du grand gisement de potasse alsacien. L'industrie textile est implantée dans le Nord, l'Est, la basse Seine et la région lyonnaise. L'essor du tourisme estival (sur tous les littoraux) et hivernal (Alpes surtout) et du thermalisme a été lié à l'élévation du niveau de vie et à l'augmentation de la durée des vacances.
Le secteur tertiaire, qui s'est développé rapidement, occupe environ la moitié de la population active et fournit une part légèrement inférieure du produit intérieur brut.
Dans l'agriculture domine le faire-valoir direct. Malgré la diminution de ses effectifs (le dixième de la population active) et sa relative faible contribution à la formation du produit national (guère plus de 5 p. 100), elle conserve une place importante. La France est un grand producteur de céréales, maïs et surtout blé (Beauce, Picardie, Bretagne orientale), de vin (Languedoc, Bourgogne, Bordelais, Champagne, etc.), de plantes industrielles (betterave à sucre, souvent associée au blé; houblon, lin), de fruits et de légumes (vallées et banlieues des grandes villes). L'élevage des bovins, pour les produits laitiers et la viande, s'est développé (Normandie, Alpes du Nord) avec l'extension des prairies aux dépens des labours; celui des ovins (sud du Massif central, Alpes du Sud, Corse) est plus stagnant. La pêche est surtout importante à Boulogne-sur-Mer et sur le littoral breton, entre Douarnenez et Lorient.
Le réseau de transport a été considérablement modernisé, avec l'électrification des grandes lignes ferroviaires, l'extension des autoroutes, la création d'un réseau intérieur aérien, l'aménagement des grands ports (Marseille, Le Havre, Dunkerque); seule la voie d'eau intérieure n'a pas connu un essor semblable.
L'expansion économique, pratiquement continue depuis 1945 et particulièrement rapide dans les années 60, marque le pas aujourd'hui. Tributaire du tiers monde pour beaucoup de matières premières, surtout industrielles (pétrole notamment), la France peine pour équilibrer un commerce extérieur, effectué cependant, dans une large mesure, avec les autres États du Marché commun, l'Allemagne fédérale en premier lieu. Les exportations sont rendues difficiles par une concurrence parfois sauvage, pénalisées par une inflation presque permanente qui a imposé plusieurs dévaluations. L'arrêt ou le ralentissement de la croissance a provoqué une grave augmentation du chômage, lié aussi aux mutations de l'industrie (branches en difficulté), peut-être partiellement à une insuffisante mobilité géographique. Mais il a été nécessaire, pour certains travaux pénibles (bâtiment, métallurgie lourde), d'avoir recours à des travailleurs immigrés.

INSTITUTIONS ET ADMINISTRATION

Avant 1789, seul un ensemble de traditions et d'institutions limitait l'action royale. En 1789, l'Assemblée nationale se déclara Constituante et limita la puissance royale par la Constitution de 1791, qui établissait la monarchie constitutionnelle et une Assemblée législative. Par la suite, les Constitutions se suivirent, très rapidement au début : Constitution de 1793, jamais appliquée; Constitution de l'an III (1795), instituant le Directoire, le Conseil des Anciens et le Conseil des Cinq-Cents; Constitution de l'an VIII (1799), établissant le Consulat, et que complétèrent les sénatus-consultes de l'an X et de l'an XII; Charte de 1814, puis l'Acte additionnel de Napoléon Ier en 1815 et, en 1830, après la révolution de Juillet, la Charte révisée; la Constitution de 1848, instituant la République, le suffrage universel et une Assemblée législative; la Constitution de 1852, plusieurs fois modifiée pendant le second Empire; les « lois constitutionnelles » de 1875. Aux termes de ces dernières, la France était une république unitaire; le pouvoir gouvernemental était exercé par le président de la République, irresponsable, et par les ministres, responsables devant le Parlement; le pouvoir législatif, par le Sénat et la Chambre des députés (Parlement). L'État français, né à Vichy en juillet 1940, fut organisé par des actes constitutionnels, puis par le maréchal Pétain, qui détint, en principe, l'ensemble des pouvoirs constitutionnel, gouvernemental et législatif.
Une Assemblée constituante élue après la Libération vota en 1946 une Constitution, ratifiée par référendum, qui régit le pays jusqu'en 1958. À cette date, un référendum a approuvé une

nouvelle Constitution, préparée par le gouvernement du général de Gaulle et modifiée par un nouveau référendum en 1962. Le président de la République, élu pour sept ans au suffrage universel direct, nomme le Premier ministre et, sur la proposition de celui-ci, les membres du gouvernement; il promulgue les lois et peut soumettre au référendum tout projet de loi portant sur l'organisation des pouvoirs publics, ou tendant à autoriser la ratification d'un traité qui, sans être contraire à la Constitution, aurait des incidences sur le fonctionnement des institutions; il peut, après consultation du Premier ministre et des présidents des Assemblées, prononcer la dissolution de l'Assemblée nationale; dans certains cas graves (art. 16), il prend les mesures exigées par les circonstances, après consultation du Premier ministre, des présidents des Assemblées et du Conseil constitutionnel. Le gouvernement est responsable devant l'Assemblée nationale; les fonctions de membre du gouvernement sont incompatibles avec l'exercice de tout mandat parlementaire, de toute fonction de représentation professionnelle à caractère national et de tout emploi public ou de toute activité professionnelle. Le Parlement, qui comprend l'Assemblée nationale (élue pour cinq ans au suffrage direct) et le Sénat (élu pour neuf ans — avec renouvellement triennal — au suffrage indirect), possède le pouvoir législatif. L'Assemblée nationale met en cause la responsabilité du gouvernement par le vote d'une motion de censure : celle-ci, adoptée à la majorité de ses membres, oblige le gouvernement à démissionner; en cas de rejet, ses signataires ne peuvent en proposer une nouvelle au cours de la même session. La Constitution définit en outre la composition et les pouvoirs du Conseil constitutionnel, du Conseil supérieur de la magistrature, de la Haute Cour de justice et du Conseil économique et social. Le territoire est divisé en 22 Régions, entre lesquelles sont répartis les 96 départements métropolitains. La République compte également 5 départements d'outre-mer (Guadeloupe, Martinique, Réunion, Guyane, Saint-Pierre-et-Miquelon) et divers territoires d'outre-mer (île de Mayotte, Polynésie française, Nouvelle-Calédonie, îles Wallis-et-Futuna, terres australes et antarctiques [terre Adélie, îles Kerguelen, Crozet, Saint-Paul]). Dans la France métropolitaine, chaque département est divisé en arrondissements, subdivisés en cantons et communes. Avant la réforme élaborée en 1981, le préfet, placé à la tête du département, était assisté d'un conseil général, élu au suffrage universel à raison d'un conseiller par canton. Le préfet du département dont le chef-lieu était également celui de la Région jouait un important rôle de coordination en matière économique. L'administration de chaque commune est confiée à un maire, assisté d'un conseil municipal. Il existe en France 324 arrondissements, 3 509 cantons, 36 394 communes. En France métropolitaine, la justice est rendue par 458 tribunaux d'instance et 175 tribunaux de grande instance (au moins un par département). Certains litiges sont portés devant des tribunaux d'exception : tribunal de commerce, conseil de prud'hommes, etc. Les affaires d'une certaine importance peuvent être jugées une seconde fois sur l'une des 30 cours d'appel (en métropole). La Cour de cassation, qui siège à Paris, juge en droit et non en fait, c'est-à-dire qu'elle juge les jugements, et les casse, s'il y a lieu, pour non-conformité à la loi. Sous le rapport de l'éducation, la France est divisée en 25 académies, administrées par des recteurs. Chaque académie a dans son ressort plusieurs départements, où le recteur est représenté par un inspecteur d'académie. Du point de vue ecclésiastique, on compte 18 archevêchés et 75 évêchés catholiques, auxquels il faut ajouter 4 évêchés d'outre-mer (Réunion, Martinique, Guadeloupe et Guyane).

HISTOIRE

— Paléolithique inférieur et moyen. De l'humanité pithécanthropienne (500000 av. J.-C.), on passe à l'homme de Néanderthal.
— Paléolithique supérieur : 20 millénaires, marqués par l'apparition de l'*Homo sapiens*. Grande expansion humaine au magdalénien supérieur. Art de la pierre taillée.
— Mésolithique (9000-5500 av. J.-C. environ). Climat tempéré. Miniaturisation de l'outillage.
— Néolithique (Ve-IIIe millénaire). Techniques nouvelles : pointes de flèche, polissage des haches, premiers défrichements. Apparition du mégalithisme.
— Chalcolithique (seconde moitié du IIIe millénaire) : apparition du cuivre; villages sédentaires.
— Âge du bronze (IIe millénaire) : une des plus

les Régions

1	Alsace	13	Lorraine
2	Aquitaine	14	Midi-Pyrénées
3	Auvergne	15	Nord-Pas-de-Calais
4	Bourgogne	16	Normandie (Basse-)
5	Bretagne	17	Normandie (Haute-)
6	Centre	18	Pays de la Loire
7	Champagne-Ardenne	19	Picardie
8	Corse	20	Poitou-Charentes
9	Franche-Comté	21	Provence-Alpes-
10	Île-de-France		Côte d'Azur
11	Languedoc-Roussillon	22	Rhône-Alpes
12	Limousin		

les départements

Nom	Code	Région	Nom	Code	Région
Ain	01	22	Maine-et-Loire	49	18
Aisne	02	19	Manche	50	16
Allier	03	3	Marne	51	7
Alpes-de-Haute-Provence	04	21	Marne (Haute-)	52	7
Alpes (Hautes-)	05	21	Mayenne	53	18
Alpes-Maritimes	06	21	Meurthe-et-Moselle	54	13
Ardèche	07	22	Meuse	55	13
Ardennes	08	7	Morbihan	56	5
Ariège	09	14	Moselle	57	13
Aube	10	7	Nièvre	58	4
Aude	11	11	Nord	59	15
Aveyron	12	14	Oise	60	19
Belfort (Territoire de)	90	9	Orne	61	16
Bouches-du-Rhône	13	21	Paris (Ville de)	75	10
Calvados	14	16	Pas-de-Calais	62	15
Cantal	15	3	Puy-de-Dôme	63	3
Charente	16	20	Pyrénées-Atlantiques	64	2
Charente-Maritime	17	20	Pyrénées (Hautes-)	65	14
Cher	18	6	Pyrénées-Orientales	66	11
Corrèze	19	12	Rhin (Bas-)	67	1
Corse-du-Sud	2 A	8	Rhin (Haut-)	68	1
Corse (Haute-)	2 B	8	Rhône	69	22
Côte-d'Or	21	4	Saône (Haute-)	70	9
Côtes-du-Nord	22	5	Saône-et-Loire	71	4
Creuse	23	12	Sarthe	72	18
Dordogne	24	2	Savoie	73	22
Doubs	25	9	Savoie (Haute-)	74	22
Drôme	26	22	Seine-Maritime	76	17
Essonne	91	10	Seine-et-Marne	77	10
Eure	27	17	Seine-Saint-Denis	93	10
Eure-et-Loir	28	6	Sèvres (Deux-)	79	20
Finistère	29	5	Somme	80	19
Gard	30	11	Tarn	81	14
Garonne (Haute-)	31	14	Tarn-et-Garonne	82	14
Gers	32	14	Val-de-Marne	94	10
Gironde	33	2	Val-d'Oise	95	10
Hauts-de-Seine	92	10	Var	83	21
Hérault	34	11	Vaucluse	84	21
Ille-et-Vilaine	35	5	Vendée	85	18
Indre	36	6	Vienne	86	20
Indre-et-Loire	37	6	Vienne (Haute-)	87	12
Isère	38	22	Vosges	88	13
Jura	39	9	Yonne	89	4
Landes	40	2	Yvelines	78	10
Loir-et-Cher	41	6	Guadeloupe	971	
Loire	42	22	Martinique	972	
Loire (Haute-)	43	3	Guyane française	973	
Loire-Atlantique	44	18	Réunion	974	
Loiret	45	6	Saint-Pierre-et-Miquelon	975	
Lot	46	14			
Lot-et-Garonne	47	2			
Lozère	48	11			

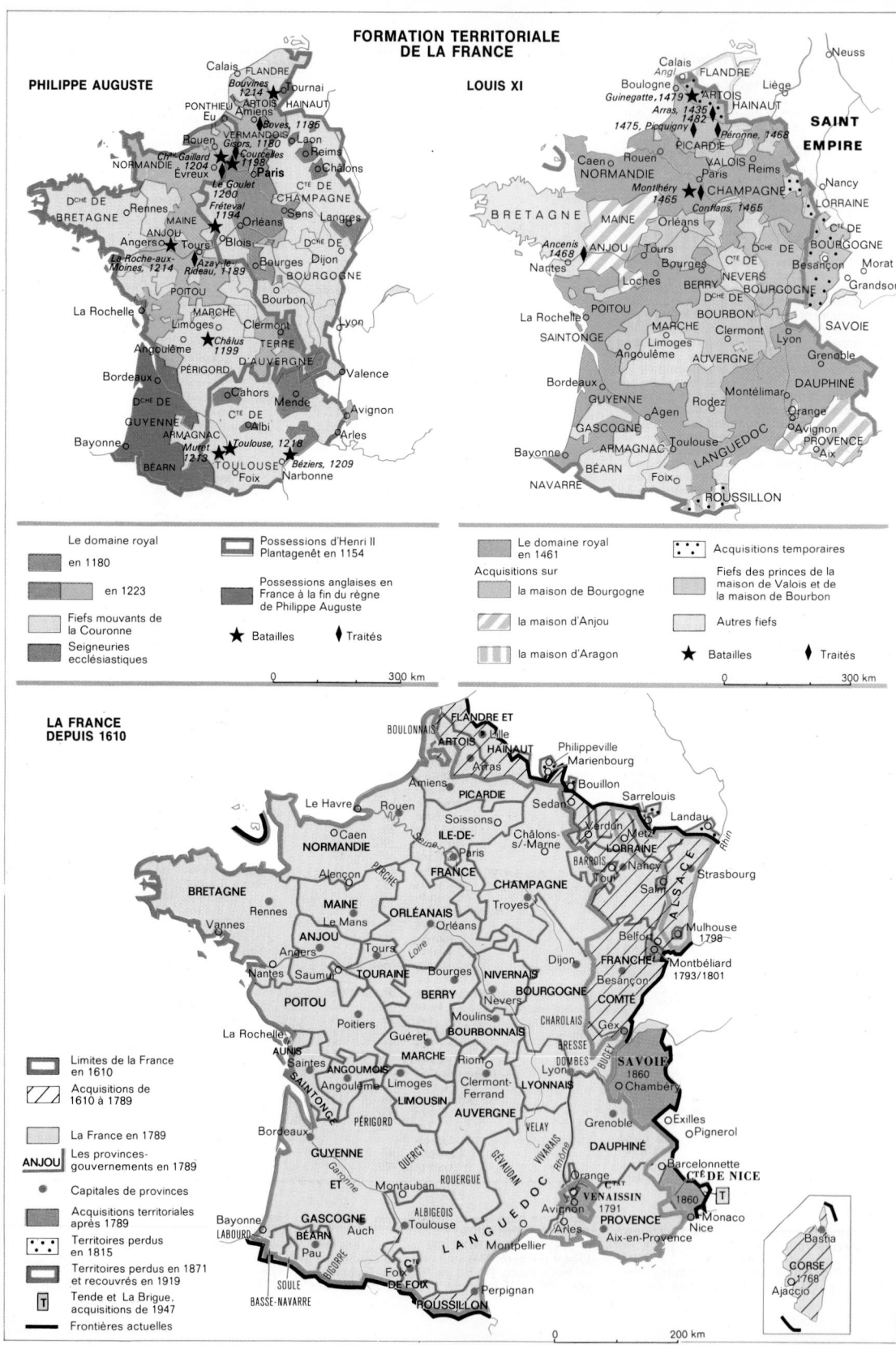

FORMATION TERRITORIALE DE LA FRANCE

PHILIPPE AUGUSTE

Calais, FLANDRE, Tournai
Bouvines 1214
PONTHIEU, ARTOIS, HAINAUT
Eu, Boves, Amiens, *Boves, 1185*
Rouen, VERMANDOIS, Laon, Reims
Ch.-Gaillard, Gisors, 1180, Courcelles, Châlons
NORMANDIE, 1204, 1198, Paris
Evreux, *Le Goulet 1200*, Cᵀᴱ DE CHAMPAGNE
Dᶜʰᵉ DE, Rennes, MAINE, *Fréteval 1194*, Sens, Langres
BRETAGNE, ANJOU, Orléans
Angers, Tours, Blois, Dᶜʰᵉ DE
Azay-le-Rideau, 1189, Bourges, Dijon
La Roche-aux-Moines, 1214, BOURGOGNE
POITOU, Bourbon
La Rochelle, MARCHE, Clermont, Lyon
Limoges, *Châlus 1199*, TERRE D'AUVERGNE
Angoulême, PÉRIGORD, Valence
Bordeaux, Cahors, Mende, Avignon
Dᶜʰᵉ DE, Cᵀᴱ DE, Albi, Arles
GUYENNE, ARMAGNAC, *Muret 1213*, *Toulouse, 1218*
Bayonne, BÉARN, TOULOUSE, *Béziers, 1209*
Foix, Narbonne

Légende
Le domaine royal
- en 1180
- en 1223
- Fiefs mouvants de la Couronne
- Seigneuries ecclésiastiques

- Possessions d'Henri II Plantagenêt en 1154
- Possessions anglaises en France à la fin du règne de Philippe Auguste
- ★ Batailles ◆ Traités

0 — 300 km

LOUIS XI

Calais *Angl.*, FLANDRE, Liège, Neuss
Boulogne, *Guinegatte, 1479*, ARTOIS, HAINAUT
Arras, 1435, 1482, 1475, Picquigny, PICARDIE, *Péronne, 1468*
Caen, Rouen, VALOIS, Reims, Nancy
NORMANDIE, *Montlhéry 1465*, CHAMPAGNE, LORRAINE
MAINE, Orléans, *Conflans, 1465*, Cᵀᴱ DE BOURGOGNE
BRETAGNE, ANJOU, Tours, Dᶜʰᵉ DE, Besançon, Morat
Ancenis 1468, Loches, BERRY, NEVERS, Grandson
Nantes, POITOU, Dᶜʰᵉ DE BOURBON
La Rochelle, SAINTONGE, MARCHE, Clermont, Lyon, SAVOIE
Limoges, AUVERGNE, Grenoble
Angoulême, Agen, Rodez, Montélimar, DAUPHINÉ
Bordeaux, GUYENNE, Orange, Avignon
GASCOGNE, ARMAGNAC, Toulouse, LANGUEDOC, PROVENCE, Aix
Bayonne, BÉARN, Foix, ROUSSILLON
NAVARRE

SAINT EMPIRE

Légende
Le domaine royal
Acquisitions sur
- la maison de Bourgogne
- la maison d'Anjou
- la maison d'Aragon

- ⋰ Acquisitions temporaires
- Fiefs des princes de la maison de Valois et de la maison de Bourbon
- Autres fiefs
- ★ Batailles ◆ Traités

0 — 300 km

LA FRANCE DEPUIS 1610

BOULONNAIS, FLANDRE ET Lille, HAINAUT, Philippeville, Marienbourg
ARTOIS, Arras, Bouillon, Sarrelouis
Amiens, PICARDIE, Sedan, Verdun, Landau
Le Havre, Rouen, Soissons, Metz, Strasbourg
NORMANDIE, ILE-DE-, Châlons-s/-Marne, LORRAINE, Nancy
Caen, Alençon, FRANCE, Paris, BARROIS, Toul, Rhin
BRETAGNE, MAINE, CHAMPAGNE, Troyes, Saln, ALSACE
Rennes, Le Mans, ORLÉANAIS, Strasbourg
Vannes, ANJOU, Orléans, Mulhouse 1798
Angers, TOURAINE, Tours, Dijon, Belfort, FRANCHE-, Montbéliard 1793/1801
Nantes, Saumur, Bourges, NIVERNAIS, BOURGOGNE, COMTÉ, Besançon
POITOU, BERRY, Nevers, CHAROLAIS, Gex
Poitiers, Moulins, BRESSE, DOMBES, SAVOIE 1860
La Rochelle, AUNIS, Guéret, BOURBONNAIS, Lyon, Chambéry
Saintes, ANGOUMOIS, MARCHE, Riom, LYONNAIS, Exilles, Pignerol
SAINTONGE, Angoulême, Limoges, Clermont-Ferrand, VELAY, DAUPHINÉ
PÉRIGORD, LIMOUSIN, AUVERGNE, VIVARAIS, Grenoble, Barcelonnette
Bordeaux, QUERCY, ROUERGUE, GÉVAUDAN, Orange, Cᵀᴬᵀ DE NICE 1860
GUYENNE ET, Montauban, VENAISSIN 1791, Monaco, Nice, T
Bayonne, LABOURD, ALBIGEOIS, Avignon, PROVENCE
GASCOGNE, BÉARN, Auch, Toulouse, LANGUEDOC, Montpellier, Arles, Aix-en-Provence
SOULE, Cᵀᴱ DE FOIX, Perpignan
BASSE-NAVARRE, ROUSSILLON

CORSE 1768, Bastia, Ajaccio

Légende
- Limites de la France en 1610
- ⫽ Acquisitions de 1610 à 1789
- La France en 1789
- ANJOU Les provinces-gouvernements en 1789
- • Capitales de provinces
- Acquisitions territoriales après 1789
- ⋰ Territoires perdus en 1815
- Territoires perdus en 1871 et recouvrés en 1919
- T Tende et La Brigue, acquisitions de 1947
- ▬ Frontières actuelles

0 — 200 km

brillantes civilisations de l'Europe. Développement de l'agriculture.
— 1200-800 av. J.-C. : invasions celtes.
— Ier millénaire : apparition du fer.
— VIe s.-Ier s. av. J.-C. : développement de la civilisation celtique en Gaule*.
— 154-121 av. J.-C. : conquête de la Narbonnaise par les Romains.
— 58-51 av. J.-C. : conquête de la Gaule par Jules César. Résistance sous la conduite de Vercingétorix (52). La Gaule devient entièrement romaine.
— Ier s. av. J.-C.-Ve s. apr. J.-C. : développement de la civilisation gallo-romaine. La Gaule chevelue (cap. Lyon), divisée par Auguste en trois provinces : Aquitaine, Celtique, Belgique. Apparition du christianisme (IIe s.); son développement au IVe s. Premières invasions; tentatives de constitution d'un Empire gaulois et reconquête romaine (IIIe s.). Dioclétien crée deux diocèses (des Gaules et de Viennoise). Insécurité, qui favorise la fortification des villes et l'extension de la grande propriété terrienne.
— Ve s. : grandes invasions : Vandales, Huns, Francs. Ces derniers (Clovis) se rendent maîtres de la plus grande partie de la Gaule; baptême de Clovis (496?).
— 511 : mort de Clovis; formation de trois royaumes mérovingiens : Austrasie, Neustrie, Bourgogne, qui luttent entre eux.
— VIIe s. : affaiblissement de la royauté mérovingienne (rois fainéants) et montée des maires du palais; Clotaire II (613-629) et Dagobert Ier (629-639) réalisent un semblant d'unité.
— 687 : Pépin de Herstal, chef réel des trois royaumes.
— 715-741 : Charles Martel, maître du pays; il arrête l'avance arabe (Poitiers, 732).
— 741-768 : Pépin le Bref, maire du palais, puis roi (751), fonde la dynastie des Carolingiens.
— 768-814 : Charlemagne, roi des Francs et empereur d'Occident (800), véritable chef temporel de la chrétienté.
— 814-840 : Louis le Pieux ne peut maintenir l'unité de l'Empire d'Occident.
— 843 : partage de l'Empire (traité de Verdun).
— 840-877 : Charles II le Chauve, premier roi de France (Francia occidentalis). Invasions normandes. Affaiblissement de la royauté carolingienne; développement de la féodalité.
— 877-987 : anarchie, montée des Robertiens de Paris. Installation des Normands en Normandie (911).
— 987 : mort du dernier souverain carolingien; Hugues Capet, fondateur des Capétiens.
— 987-1108 : les quatre premiers Capétiens — Hugues Capet (987-996), Robert II (996-1031), Henri Ier (1031-1060), Philippe Ier (1060-1108) — aux prises avec les « grands »; ils sont les maîtres réels d'un petit domaine autour de Paris.
— 1108-1180 : Louis VI le Gros (1108-1137) et Louis VII le Jeune (1137-1180) agrandissent leur domaine et affermissent leur autorité face aux féodaux. Rénovation religieuse (Cluny, chevalerie, croisades), réveil économique et urbain (communes), constitution d'une bourgeoisie, développement culturel et artistique (art roman, puis gothique). Principale menace : l'« Empire angevin » des rois d'Angleterre (Plantagenêts).
— 1180-1223 : Philippe II Auguste donne à la monarchie capétienne son caractère national (victoire de Bouvines, 1214).
— 1226-1270 : règne de Louis IX ou Saint Louis, dont la réputation d'intégrité et de vertu fait l'arbitre de la chrétienté.
— 1285-1314 : Philippe IV le Bel s'appuie sur le droit romain pour séculariser et affermir la royauté capétienne.
— 1328 : mort du dernier Capétien direct, Charles IV le Bel. Crise dynastique, qui rallume l'antagonisme franco-anglais et provoque la guerre de Cent Ans.
— 1328-1364 : période noire sous Philippe VI de Valois (1328-1350) et Jean II le Bon (1350-1364). Défaites (Crécy, 1346; Poitiers, 1356). Large implantation anglaise dans la France du Sud-Ouest.
— 1364-1380 : règne réparateur de Charles V le Sage (avec du Guesclin).
— 1380-1422 : règne de Charles VI. Le duc de Bourgogne, adversaire de la royauté et allié des Anglais. Le royaume submergé : défaite d'Azincourt (1415); traité de Troyes (1420), qui fait des Anglais les maîtres du pays.
— 1422-1461 : Charles VII, d'abord aidé par Jeanne d'Arc († 1431), débarrasse le territoire national de la présence anglaise et reconstitue finances (Jacques Cœur), armée et autorité royale, laquelle s'étend même à l'Église nationale (pragmatique sanction de Bourges, 1438).
— 1461-1483 : Louis XI triomphe des féodaux, recueille l'héritage de la maison d'Anjou et, triomphant de Charles le Téméraire († 1477), acquiert le duché de Bourgogne; mais il voit se constituer la formidable puissance des Habsbourg.
— 1483-1515 : Charles VIII (1483-1498) prépare l'annexion de la Bretagne, mais se lance dans une aventureuse expédition en Italie, expédition que poursuit sans succès son successeur Louis XII (1498-1515).
— 1515-1559 : luttes quasi ininterrompues contre les Habsbourg (Charles Quint), sous les règnes de François Ier (1515-1547) et d'Henri II (1547-1559). Accélération économique (afflux des métaux précieux américains), essor culturel et artistique (Renaissance), centralisation accentuée (création des secrétaires d'État), début des guerres de Religion, à la suite de l'introduction et du développement du calvinisme en France.
— 1559-1589 : les derniers Valois (François II, 1559-60; Charles IX, 1560-1574; Henri III, 1574-1589) aux prises avec les luttes religieuses qui divisent et ruinent le pays et affaiblissent l'autorité royale.
— 1589-1610 : règne réparateur du premier Bourbon, Henri IV. Pacification et reconstitution de la France. Liberté de culte aux protestants (édit de Nantes, 1598). Restauration financière et économique (Sully).
— 1610-1624 : crise de l'autorité monarchique pendant la minorité de Louis XIII et la régence de Marie de Médicis.
— 1624-1643 : Louis XIII, appuyé sur Richelieu († 1642), élimine le danger politique protestant, abaisse les oligarchies féodales, développe l'absolutisme et la centralisation monarchique (intendants), crée le premier empire colonial (Canada), mais appauvrit le pays en le lançant dans la guerre de Trente Ans.
— 1643-1661 : minorité de Louis XIV. Ministériat de Mazarin, qui, d'abord aux prises avec la Fronde (1648-1652), impose son autorité. Développement de la Réforme catholique. Triomphe de la France sur l'Espagne (traité des Pyrénées, 1659). Gain de l'Artois et du Roussillon.
— 1661-1715 : Louis XIV, le Roi-Soleil (Versailles), incarne l'absolutisme royal, l'imposant même à l'Église (Port-Royal, gallicanisme, quiétisme) et aux protestants (révocation de l'édit de Nantes, 1685). La France connaît alors son âge d'or. À l'extérieur, aux victoires et aux conquêtes (Flandre, Franche-Comté, Alsace) des débuts (guerres de Dévolution, 1667-68, et de Hollande, 1672-1678) succèdent des revers (ligue d'Augsbourg, 1686-1697, et guerre de la Succession d'Espagne, 1701-1714), qui s'accompagnent de misère.
— 1715-1723 : régence de Philippe d'Orléans. Endettement. Affaiblissement des mœurs publiques et de l'autorité royale. Débuts de l'ère des lumières.
— 1723-1754 : Louis XV confie l'État au cardinal Fleury (1726-1743) avant de gouverner par lui-même (1743-1754). Essor démographique et commercial, puis difficultés financières grandissantes. Triomphe de l'esprit philosophique, qui taraude l'autorité du roi et celle de l'Église. Aux victoires de la guerre de la Succession d'Autriche (Fontenoy, 1745) succèdent les désastres de la guerre de Sept Ans et la perte de la plus grande partie de l'empire colonial au profit de l'Angleterre (traité de Paris, 1763).
— 1774-1789 : Louis XVI est impuissant à régler le problème financier et la crise économique des années 80, les réformateurs (Turgot, Necker) se heurtent aux privilèges nobiliaires. Compensations à l'extérieur avec la victoire franco-américaine contre les Anglais (traité de Versailles, 1783).
— 1789 : convocation des États généraux (mai), qui, très vite (juin), se déclarent Assemblée nationale constituante. Abolition des privilèges et droits féodaux, et déclaration des Droits de l'homme (août); vente des biens du clergé déclarés biens nationaux (nov.).
— 1790 : Constitution civile du clergé, origine d'un schisme; création des départements.
— 1791 : la Constitution de septembre instaure une monarchie constitutionnelle et censitaire avec assemblée unique.
— 1791-92 : l'Assemblée législative. Montée du républicanisme. Début de l'intervention étrangère (avr.). Les premiers désastres provoquent la chute de la royauté (10 août).
— 1792-1795 : la Convention nationale. Victoires (Valmy, Jemmapes), annexion de la Savoie et de la Belgique. Proclamation de la Ire République (22 sept. 1792). Exécution du roi (21 janv. 1793). Première coalition : nouveaux revers. Opposition Jacobins-Girondins. Chute de la Gironde (juin 1793). Gouvernement révolutionnaire, la Terreur (juin 1793-juill. 1794), la coalition repoussée. Chute de Robespierre (juill. 1794). Réaction thermidorienne, ou bourgeoise (juill. 1794-oct. 1795). Annexion de la rive gauche du Rhin. Constitution réactionnaire de l'an III.
— 1795-1799 : le Directoire. Régime corrompu, sans autorité; dépassé à l'intérieur (coups d'État, anarchie, misère) et à l'extérieur, après la brillante campagne de Bonaparte en Italie (1796-97). Retour d'Égypte, Bonaparte se débarrasse du Directoire (brumaire an VIII).
— 1799-1804 : le Consulat. Premier Consul, Bonaparte entérine les victoires révolutionnaires, fait passer l'Italie sous l'influence française, pacifie le pays (Concordat, 1801; paix d'Amiens, 1802) et jette les bases d'un État bourgeois, fort et centralisé (préfets, cours d'appel, Banque de France, lycées, Code civil, etc.).
— 1804-1814 : le premier Empire. Devenu l'empereur Napoléon Ier, Bonaparte instaure un régime de plus en plus autoritaire. Les victoires de 1805 (Austerlitz), 1806 (Iéna), 1807 (Eylau), 1809 (Wagram) lui permettent sans doute de constituer un vaste empire. Mais la puissance maritime anglaise, intacte après Trafalgar (1805), la coûteuse guerre d'Espagne, le réveil allemand après Tilsit (1807), une opposition religieuse impopulaire (captivité de Pie VII), la lourdeur des impôts et de la conscription ont raison de lui en Russie (1812) et en Allemagne (1813) finalement raison de lui.
— 1814 : première abdication de Napoléon. Restauration des Bourbons (Louis XVIII). La France est réduite à ses frontières de 1792.
— 1815 : retour de l'Empereur. Les Cent-Jours (mars-juin). Le désastre de Waterloo (18 juin). La seconde abdication de Napoléon (22 juin), puis sa captivité. Invasion et occupation du pays.
— 1815-1830 : seconde Restauration. Louis XVIII († 1824) s'efforce de concilier les acquisitions révolutionnaires et le retour à l'Ancien Régime. Charles X (1824-1830), en favorisant l'ultra-royalisme, provoque la révolution de juillet 1830 et sa chute. Prise d'Alger (juin 1830).
— 1830-1848 : la monarchie de Juillet avec, comme roi des Français, Louis-Philippe Ier. Libéralisation de façade : maintien d'un pouvoir fort (Guizot), qui favorise l'essor de la bourgeoisie possédante, tandis que « la révolution industrielle » provoque la paupérisation du prolétariat. Politique extérieure prudente devant la prépondérance anglaise. La crise économique et morale des années 1846-1848 favorise le républicanisme et aboutit à la chute du régime (1848).
— 1848-1851 : la IIe République. D'abord fraternelle et démocratique (suffrage universel, liberté de presse et de réunion), elle évolue, après l'insurrection ouvrière de juin 1848, vers la réaction, qui favorise l'ambition de Louis-Napoléon Bonaparte, triomphalement élu président le 10 décembre 1848.
— 1851 (2 déc.) : par un coup d'État, entériné par un plébiscite, Louis-Napoléon instaure un régime présidentiel autoritaire. Les affaires reprennent dans un climat de confiance, tandis que les républicains sont persécutés.
— 1852-1870 : le second Empire. Devenu l'empereur Napoléon III (2 déc. 1852), Louis-Napoléon consolide un pouvoir autoritaire; son prestige international est assuré par la victoire

franco-anglaise en Crimée (1856). Une large politique économique et de grands travaux, d'inspiration saint-simonienne (chemins de fer, ports, défrichements), transforme le visage du pays, de la capitale (Haussmann) notamment. Mais les ambiguïtés de la politique italienne (campagne de 1858-59) et l'opposition à sa politique libre-échangiste (1860) obligent Napoléon III à des concessions politiques qui fournissent des armes à ses adversaires, d'autant que l'essor de l'industrialisation favorise la montée du socialisme révolutionnaire. Les effets de la malheureuse expédition du Mexique (1862-1867) ne sont pas compensés par les succès en Syrie et en Indochine. En 1870, le régime s'engage dans une voie parlementaire qui semble devoir l'affermir, quand la guerre franco-allemande, déclarée à la légère, provoque sa chute (Sedan, 2 sept.).

— 1870 (4 sept.) : proclamation de la république; formation d'un gouvernement provisoire, qui devient rapidement gouvernement de la Défense nationale.

— Sept. 1870 - janv. 1871 : guerre de la Défense nationale (siège de Paris), qui se solde par la défaite française et aboutit à l'armistice avec l'Allemagne.

— 1871 : élection de l'Assemblée nationale, monarchique et pacifiste; préliminaires de paix (1er mars), qui enlèvent à la France l'Alsace-Lorraine; la Commune de Paris (18 mars-28 mai), réprimée dans le sang; traité de Francfort (mai), qui ratifie les préliminaires de paix.

— 1871-1873 : Thiers, chef du pouvoir exécutif, puis président de la République, travaille au redressement de la France et à sa libération anticipée. Après sa chute, élection de Mac-Mahon (24 mai).

— 1873-1875 : échec de la restauration monarchique; montée du républicanisme; vote de la Constitution de la IIIe République; fin de l'Assemblée nationale (31 déc. 1875).

— 1875-1879 : fin de la période d'ordre moral; démission de Mac-Mahon (janv. 1879); la République aux républicains.

— 1879-1885 : organisation de la république, aux mains des opportunistes (Gambetta, Ferry), qui font voter les lois fondamentales établissant les libertés publiques. Création d'un second empire colonial en Afrique et en Asie. Crise économique (dépression).

— 1885-1899 : le temps des crises, qui menacent la république : boulangisme (1885-1889); Panamá (1888-1891); attentats anarchistes (1894); Affaire Dreyfus (1894-1899), qui soude le bloc des gauches autour des radicaux. Montée du nationalisme de droite (revanche) et du socialisme guesdiste; affermissement du catholicisme social et du syndicalisme révolutionnaire.

— 1899-1905 : le bloc des gauches pratique, notamment avec É. Combes (1902-1905), une politique résolument anticléricale : lois contre les congrégations, 1901-1904; séparation des Églises et de l'État, 1905.

— 1906-1914 : rupture du bloc, opposition socialiste. Difficultés économiques, que renforcent la faiblesse démographique et une agitation sociale endémique. Menace allemande de plus en plus précise, révélée par les deux crises marocaines (1905 et 1911). Développement du nationalisme (Poincaré, président de la République, 1913).

— 1914-1918 : Première Guerre mondiale, dont la France — champ de bataille — sort grand vainqueur, mais très affaiblie (perte de 10 p. 100 de la population active et d'un sixième du revenu national).

— 1919 : traité de Versailles (28 juin), la France retrouve l'Alsace et la Lorraine. À la S. D. N., elle occupe la première place.

— 1919-1929 : politique extérieure de prestige contrecarrée par les alliés de la France face à l'Allemagne endettée. Politique intérieure marquée par l'inflation (stabilisation du franc en 1928) et l'accroissement de la dette publique. Montée du socialisme (création du parti communiste français, 1920) et constitution d'un cartel des gauches (1924-1926) auquel s'opposent des essais d'union nationale (Poincaré, Doumergue).

— 1929-1936 : la France touchée par la crise économique mondiale. Instabilité ministérielle. Scandales publics et émeutes (1933-34). Grandes grèves. Coalition de gauche — socialistes, radicaux, communistes —, opposée aux ligues de droite, qui conduit à la victoire du Front populaire.

— 1936-1938 : gouvernement de Front populaire (L. Blum); importante législation sociale. Menaces extérieures : fascisme, nazisme.

— 1938-39 : gouvernements Daladier et Reynaud.

— 1939-40 : « la drôle de guerre ».

— 1940 : l'armistice (juin) et la constitution du régime de Vichy (Pétain) dans la France non occupée (juill.).

— 1940-1944 : la France sous le joug allemand. Appel de Londres du général de Gaulle (18 juin 1940), qui rassemble peu à peu autour de lui la « France libre », devient le coordinateur de la résistance à l'occupant et rallie l'Empire français.

— 1944 : la France libérée mais ruinée.

— 1945-1958 : la IVe République, que quitte très vite Charles de Gaulle, revient aux institutions de la IIIe République. Redressement économique, importante législation sociale, fondation de la Communauté européenne. Mais les problèmes de la décolonisation (Indochine, Algérie) et l'instabilité ministérielle minent le régime.

— 1958 : Charles de Gaulle rappelé au pouvoir. Mise en place de la Ve République, régime de type présidentiel.

— 1958-1968 : président de la République, de Gaulle redonne confiance au pays, qui amorce décidément sa grande mutation économique; mais le contentieux algérien (1959-1962) liquidé, une forte opposition de gauche se reconstitue (1963-1967). La crise de 1968 menace non seulement le régime mais les bases même d'une société bouleversée et sûre de sa jeunesse.

— 1969 : démission (27 avr.) du général de Gaulle († 1970), à la suite de l'échec du référendum sur les Régions et le Sénat.

— 1969-1974 : Georges Pompidou, deuxième président de la Ve République, poursuit la politique de De Gaulle. Montée d'une opposition réunifiée (P. S., P. C., radicaux de gauche) autour de François Mitterrand.

— depuis 1974 : élu de justesse devant F. Mitterrand, Valéry Giscard d'Estaing, dont la politique est plus franchement européenne que celle de ses prédécesseurs, s'efforce de redonner confiance et unité à un pays politiquement coupé en deux; il doit compter avec les réticences des gaullistes de stricte obédience (R. P. R.) et avec une opposition de gauche, qui disposait depuis 1972 d'un « Programme commun de gouvernement », mais, divisée sur l'actualisation de ce dernier, échoue lors des élections législatives de mars 1978.

— 1981 : l'élection de F. Mitterrand à la présidence de la République est un tournant dans l'histoire de la Ve République : d'importantes réformes sont entreprises aussitôt (décentralisation, fiscalité, nationalisations de banques et de grands groupes industriels, etc.).

France (campagnes de), opérations menées dans le nord et l'est de la France en 1814 par Napoléon contre les Alliés, et en 1940 par les forces franco-anglaises contre les Allemands.

France (Histoire de), œuvre de Michelet (1833-1867), « résurrection » de l'histoire nationale.

France (Histoire de), publiée sous la direction d'Ernest Lavisse. Elle comprend une Histoire de France depuis les origines jusqu'à la Révolution (1903-1911) et une Histoire de France contemporaine depuis la Révolution jusqu'à la paix de 1919 (1920-1922).

FRANCE (île de), anc. nom de l'île Maurice*.

FRANCE (Anatole François THIBAULT, dit **Anatole**), écrivain français, né à Paris (1844-1924), auteur de romans historiques ou de mœurs, empreints d'ironie et de scepticisme : le Crime de Sylvestre Bonnard, la Rôtisserie de la reine Pédauque, le Lys rouge, Les dieux ont soif. (Prix Nobel, 1921.) [Acad. fr.]

FRANCESCA (Piero DELLA) → PIERO DELLA FRANCESCA.

FRANCESCAS (47600 Nérac), ch.-l. de c. de Lot-et-Garonne; 601 h.

FRANCESCO DI GIORGIO MARTINI, architecte, peintre, sculpteur et théoricien italien, né à Sienne (1439-1501). Il mit sa riche personnalité au service, notamment, de la cour d'Urbino.

FRANCEVILLE → MOANDA.

Francfort (école de), école philosophique allemande qui, à partir de 1923, tenta avec Horkheimer, Adorno et Marcuse, puis avec Habermas de repenser un marxisme indépendant des partis, à partir de la « recherche sociale » et des concepts issus de la psychanalyse.

FRANCFORT-SUR-LE-MAIN, en allem. **Frankfurt am Main**, v. d'Allemagne fédérale (Hesse), sur le Main; 636 000 h. Centre bancaire et industriel. Université. Important aéroport. Exposition annuelle internationale du livre. Collégiale des XIIIe-XIVe s. et maisons gothiques, très restaurées. Institut Städel (musée des beaux-arts). Maison de Goethe (reconstruite). La ville fut le lieu de l'élection (1356) puis du couronnement de l'Empereur (1562) jusqu'à la fin du Saint Empire (1806). Siège de la Diète impériale, de la Confédération du Rhin et de la Confédération germanique, elle fut annexée par la Prusse en 1866. Le 10 mai 1871, le traité qui mettait fin à la guerre franco-allemande y fut signé.

FRANCFORT-SUR-L'ODER, en allem. **Frankfurt an der Oder**, v. d'Allemagne démocratique, sur la rive gauche de l'Oder, à la frontière polonaise; 65 000 h.

FRANCHE-COMTÉ, anc. prov. de l'est de la France. (Hab. Francs-Comtois.) — Elle donne son nom à une Région qui comprend les trois dép. qu'elle a formés (Doubs, Jura, Haute-Saône) et le Territoire de Belfort; 16 819 km²; 1 060 317 h. Ch.-l. Besançon. — Au traité de Verdun, la « comté » de Bourgogne fit partie de la Lotharingie (843), annexée au royaume de Bourgogne (879), puis au Saint Empire (v. 1032). De 1382 à 1678, les Bourgognes comtale et ducale se trouvèrent réunies dans le domaine de la maison capétienne de Valois-Bourgogne, puis des Habsbourg avec Marguerite d'Autriche. La Franche-Comté fut réunie à la Couronne sous Louis XIV par la paix de Nimègue (1678).

FRANCHET D'ESPEREY (Louis), maréchal de France, né à Mostaganem (1856-1942). Après s'être distingué sur la Marne (1914), il commanda en chef les troupes alliées en Macédoine (1918), où, par une victoire décisive, il contraignit la Bulgarie à cesser le combat.

FRANCHEVILLE (69340), comm. du Rhône; 8 190 h.

Franciade (la), poème épique inachevé, de Ronsard, sur le modèle de l'Énéide (1572).

FRANCIS (James), ingénieur britannique, né à

Franchet d'Esperey
Manuel

général Franco
Algar

César Franck
Sirot

Southleigh (1815-1892). On lui doit la turbine hydraulique à réaction (1849).

FRANCIS (Sam), peintre américain, né à San Mateo (Californie) en 1923. Tachiste, maître de la couleur et de la modulation spatiale, il a travaillé à Paris dans les années 50.

FRANCK (César), compositeur et organiste français d'origine belge, né à Liège (1822-1890), auteur des *Béatitudes*, de *Rédemption* (oratorio), de *Prélude, choral et fugue* (piano), de trois chorals pour orgue, d'une *Symphonie*, des *Variations symphoniques*, et de pages de musique de chambre (*Sonate* pour violon et piano). Par l'emploi de la forme cyclique, du chromatisme, d'une ample mélodie, il a rénové le style français dans le contexte d'une esthétique germanique.

FRANCK (James), physicien américain d'origine allemande, né à Hambourg (1882-1964), prix Nobel (1925) pour sa théorie sur la luminescence.

franco-allemande (*guerre*) [1870-71]. Recherchée par Bismarck pour réaliser l'unité allemande après la guerre des Duchés (1864) et le conflit austro-prussien (1866), cette guerre eut pour occasion la candidature d'un Hohenzollern au trône d'Espagne. Celle-ci amena la France, le 19 juillet 1870, à déclarer la guerre à la Prusse, qui reçut aussitôt l'appui de tous les États allemands. La chute du second Empire français survint après les défaites d'Alsace (Wissembourg), de Lorraine (batailles sous Metz et de Sedan (2 sept. 1870). Les efforts, parfois victorieux (Coulmiers), du gouvernement de la Défense nationale (Gambetta) ne purent empêcher les capitulations de Strasbourg, Metz et Paris (28 janv. 1871). Le traité de Francfort (10 mai 1871) consacra la victoire de l'Empire allemand, proclamé à Versailles le 18 janvier 1871, et la défaite de la France, qui perdait l'Alsace (moins Belfort) et une partie de la Lorraine.

FRANCO BAHAMONDE (Francisco), général et homme d'État espagnol, né à El Ferrol (1892-1975). Il se distingua de 1921 à 1927 au Maroc, et, en 1936, se mit à la tête du mouvement nationaliste, qui, après la guerre civile (1936-1939), instaura en Espagne un gouvernement totalitaire. Chef suprême de l'Espagne, sous le nom de « Caudillo », il exerça une longue dictature et désigna (1969) pour lui succéder, avec le titre de roi, don Juan Carlos de Bourbon.

FRANÇOIS (Le) [97240], ch.-l. de c. de la Martinique; 15 135 h.

FRANÇOIS D'ASSISE (saint), fondateur de l'ordre des Franciscains, né à Assise (Ombrie) [v. 1182-1226]. Fils d'un riche marchand, il rompit avec le monde (1206) et s'entoura de disciples, voués comme lui à la pauvreté évangélique : les Frères mineurs (1209), ordre religieux auquel s'ajouta, en 1212, un ordre de femmes, les Pauvres Dames ou Clarisses, dont la cofondatrice fut Claire d'Assise. En 1224, François reçut les stigmates de la Passion. Son âme de troubadour s'est exprimée dans le *Cantique du soleil* ou *des créatures*, qui est un des premiers

textes des lettres italiennes; sa légende revit dans les *Fioretti* et dans les fresques de Giotto à Assise.

FRANÇOIS BORGIA (saint), troisième général des Jésuites, né à Gandía (Espagne) [1510-1572], anc. vice-roi de Catalogne.

FRANÇOIS DE PAULE (saint), fondateur de l'ordre des Minimes, né à Paola (Calabre) [v. 1416-1507]. Louis XI l'appela à Plessis-lez-Tours, dans l'espoir qu'il lui prolongerait la vie (1482).

FRANÇOIS RÉGIS (saint) → JEAN-FRANÇOIS RÉGIS (saint).

FRANÇOIS DE SALES (saint), évêque de Genève-Annecy et docteur de l'Église, né au château de Sales (Savoie) [1567-1622]. Il est l'auteur de l'*Introduction à la vie dévote* (1608), où il développe une spiritualité exigeante en un style aimable et fleuri, et du *Traité de l'amour de Dieu* (1616). Avec sainte Jeanne de Chantal, il fonda l'ordre de la Visitation.

FRANÇOIS XAVIER (François DE JASSU, dit) [saint], né au château de Xavier (Navarre) [1506-1552]. Un des premiers membres de la Compagnie de Jésus, il évangélisa l'Inde portugaise et le Japon.

FRANÇOIS Ier, roi de France de 1515 à 1547, né à Cognac (1494-1547), fils de Charles d'Orléans, comte d'Angoulême, et de Louise de Savoie. D'abord comte d'Angoulême et duc de Valois, il succéda en 1515 à son cousin Louis XII, dont il avait épousé la fille, Claude de France.

saint **François Xavier**, par Van Dyck

Dès son avènement, il reprit la politique italienne de ses prédécesseurs, passa les Alpes et remporta sur les Suisses la victoire de Marignan (1515), qui lui livra le Milanais. Il poursuivit alors le rêve impérial et tenta, sans succès, de se faire élire empereur contre Charles Ier d'Espagne (Charles Quint). Pour vaincre cet ambitieux rival, il essaya en vain d'obtenir l'alliance anglaise (entrevue du camp du Drap d'or avec Henri VIII, 1520). La lutte contre la maison d'Autriche occupa dès lors son règne; elle fut marquée au début par la trahison du connétable de Bourbon, la défaite de Pavie (1525) et le traité de Madrid (1526). Puis, allié à Clément VII, François Ier reprit la guerre contre Charles Quint, mais dut renoncer à ses prétentions italiennes au traité de Cambrai (1529). Veuf, il épousa Éléonore, fille de Philippe Ier d'Espagne (1530). Il se tourna ensuite vers les pays du Saint Empire et rassembla contre les Habsbourg d'Autriche les princes protestants d'Allemagne et les Turcs de Soliman le Magnifique. La guerre reprit, marquée par l'invasion de la Provence par les Impériaux et par la victoire française de Cérisoles (1544). Elle aboutit à la paix de Crépy (1544). François Ier abandonnait la Savoie et le Piémont, renonçait à ses prétentions sur la Flandre, l'Artois et Naples. De son côté, Charles Quint cédait la Bourgogne. Ainsi prenaient fin les « guerres d'Italie ». L'œuvre intérieure de François Ier n'est pas moins importante. Par l'*ordonnance de Villers-Cotterêts* (1539), il substitua le français au latin dans les jugements, actes notariés et registres d'état civil. Il encouragea les lettres et les arts, secondant le mouvement de la Renaissance française, attirant à la cour poètes et peintres, fondant le Collège de France et l'Imprimerie nationale, promenant une cour brillante dans les châteaux royaux de l'Ile-de-France ou de la vallée de la Loire. Ce roi de la Renaissance posa les premiers fondements de la monarchie absolue de l'Ancien Régime.

FRANÇOIS II, né à Fontainebleau (1544-1560), roi de France de 1559 à 1560, fils aîné d'Henri II et de Catherine de Médicis. Époux de Marie Ire Stuart, reine d'Écosse et nièce des Guise, il subit l'influence de ces derniers, qui persécutèrent les protestants et réprimèrent avec cruauté la conjuration d'Amboise (mars 1560).

FRANÇOIS Ier, né à Vannes (1414-1450), duc de Bretagne de 1442 à 1450. — FRANÇOIS II (1435-1488) participa à la ligue du Bien public contre Louis XI, puis à la Guerre folle contre la régente.

FRANÇOIS Ier DE HABSBOURG LORRAINE, né à Nancy (1708-1765), empereur germanique (1745-1765), duc de Lorraine (FRANÇOIS III) [1729-1736], grand-duc de Toscane (1737-1765), duc de Parme et de Plaisance (1738-1748). Il épousa Marie-Thérèse d'Autriche en 1736. — FRANÇOIS II, né à Florence (1768-1835), empereur germanique (1792-1806), puis empereur héréditaire d'Autriche (FRANÇOIS Ier) [1804-1835]. Il lutta sans succès contre la Révolution française et contre Napoléon Ier, qui, en supprimant le Saint Empire, le réduisit au rang d'empereur d'Autriche (1806) et auquel il dut accorder la main de sa fille Marie-Louise (1810). Conseillé par Metternich, il n'en rejoignit pas moins, en 1813, la coalition antifrançaise. Président de la Confédération germanique (1815), il maintint le système autocratique dans toute sa rigidité.

FRANÇOIS Ier, né à Naples (1777-1830), roi des Deux-Siciles (1825-1830). — FRANÇOIS II, né à Naples (1836-1894), roi des Deux-Siciles (1859-60).

FRANÇOIS (André FARKAS, dit **André**), peintre et dessinateur français d'origine roumaine, né à Timişoara en 1915. Ses dessins d'humour, ses illustrations, ses affiches créent un monde d'absurdité goguenarde, où l'imaginaire se mêle au quotidien.

FRANÇOIS DE NEUFCHÂTEAU (Nicolas, *comte* FRANÇOIS, dit), né à Saffais (1750-1828). Directeur (1797) et ministre de l'Intérieur (1797-1799) sous le Directoire, il prit d'importantes initiatives en matière d'instruction et d'assistance publiques; il inaugura le musée du Louvre. Il fut président du Sénat de 1804 à 1806.

François Ier
par Jean Clouet

le Mariage
mystique
de saint **François,
d'Assise**
par Sassetta

François le Champi, roman de George Sand (1847-48).

FRANÇOISE ROMAINE (sainte), fondatrice de la congrégation des Oblates bénédictines, née à Rome (1384-1440).

FRANÇOIS - FERDINAND DE HABSBOURG, archiduc d'Autriche, né à Graz (1863-1914), fils de l'archiduc Charles-Louis, héritier du trône impérial en 1896. Son assassinat, à Sarajevo, le 28 juin 1914, préluda à la Première Guerre mondiale.

FRANÇOIS-JOSEPH (archipel), archipel soviétique de l'Arctique, à l'est du Svalbard, découvert par l'expédition austro-hongroise de 1872-1874; 20 000 km².

FRANÇOIS JOSEPH Ier, né à Schönbrunn (1830-1916), empereur d'Autriche (1848-1916) et roi de Hongrie (1867-1916), neveu et successeur de l'empereur Ferdinand Ier. Avec l'appui de l'armée, il établit d'abord un régime autoritaire. Mais la perte de la Lombardie (1859) l'orienta vers une politique plus libérale. En guerre contre la Prusse (1866), et battu à Sadowa, il se rapprocha des Hongrois et reconnut le régime dualiste qui faisait de l'Autriche et de la Hongrie deux États égaux, l'empereur-roi faisant le lien (1867);

Roger-Viollet

François-Joseph Ier

en Autriche, François-Joseph se heurta surtout à l'hostilité des Tchèques. Il s'allia à l'Allemagne et à l'Italie (1882), annexa la Bosnie-Herzégovine (1908) et déclara la guerre à la Serbie (1914), déclenchant ainsi la Première Guerre mondiale.

FRANCONIE, en allem. **Franken,** région d'Allemagne fédérale formant le nord-ouest de la Bavière. La Franconie fut l'un des premiers duchés du Saint Empire romain germanique.

FRANCONVILLE (95130), ch.-l. de c. du Val-d'Oise; 24 267 h. *(Franconvillois).*

FRANCS, peuple germanique, localisé sur le Rhin inférieur, et qui donna son nom à la Gaule romaine après l'avoir conquise aux Ve et VIe s. Les principales tribus étaient celles des Saliens et des Ripuaires.

Francs-tireurs et partisans, pendant la guerre de 1870-71, unités françaises de partisans levées notamment dans les Vosges. — En 1943-44, formations de combat issues du parti communiste français et qui, au sein des Forces françaises de l'intérieur, jouèrent un rôle important dans la Résistance (abrév. *F. T. P.).*

FRANGY (74270), ch.-l. de c. de la Haute-Savoie; 1 108 h. Vins blancs.

Frankenstein ou le Prométhée moderne, roman de Mary Shelley (1818), l'un des classiques du fantastique et du roman d'épouvante.

FRANKLIN (Benjamin), homme d'État, physicien et publiciste américain, né à Boston (1706-1790). Partisan des lumières, dignitaire de la franc-maçonnerie, député au premier Congrès américain (1775), il vint à Versailles négocier l'alliance française, effective en 1778. Il est l'inventeur du paratonnerre.

FRANKLIN (sir John), navigateur anglais, né à Spilsby (1786-1847). Il explora les côtes arctiques du Canada, fut gouverneur de la Tasmanie (1836-1843) et périt dans une expédition destinée à découvrir le passage du Nord-Ouest.

FRASCATI, l'anc. **Tusculum,** v. d'Italie, près de Rome; 16 000 h. Vin renommé. Centre de recherches nucléaires. Villas du XVIe s.

FRASER (le), fl. du Canada, né dans les Rocheuses, qui coule dans des gorges profondes et se jette dans le Pacifique; 1 200 km.

FRASNES-LEZ-ANVAING, comm. de Belgique (Hainaut); 10 700 h.

FRAUENFELD, v. de Suisse, ch.-l. du cant. de Thurgovie, sur la Murg; 17 576 h.

FRAUNHOFER (Joseph VON), physicien allemand, né à Straubing (Bavière) [1787-1826]. Il inventa le spectroscope et étudia les raies du spectre solaire.

FRAYSSINOUS (Denis, *comte* DE), prélat français, né à Curières (Aveyron) [1765-1841], grand maître de l'Université (1822-1824), puis ministre de l'Instruction publique et des Cultes (1824-1828). [Acad. fr.]

FRAZER (*sir* James George), anthropologue britannique, né à Glasgow (1854-1941). Dans *le Rameau d'or* (1890-1915), il distingue trois stades successifs de l'histoire de la pensée : magique, religieux et scientifique.

FRÉCHET (Maurice), mathématicien français, né à Maligny (1878-1973). On lui doit la création des espaces abstraits.

FRÉCHETTE (Louis), écrivain canadien d'ex-

Bevilacqua-C.E.D.R.I.

Benjamin **Franklin**

Frédéric Ier Barberousse et l'archevêque de Cologne devant Rome en 1165, miniature allemande

Éd. Laffont

pression française, né à Lévis (Québec) [1839-1908], auteur de l'épopée nationale *la Légende d'un peuple* (1887).

FRÉDÉGAIRE, auteur présumé de diverses chroniques de l'époque mérovingienne (VIIe s.).

FRÉDÉGONDE (545-597), femme de Chilpéric Ier. Ayant fait étrangler Galswinthe, deuxième femme de Chilpéric Ier, roi de Neustrie, elle la remplaça. D'autres crimes marquèrent la rivalité de Frédégonde et de Brunehaut, sœur de Galswinthe.

FRÉDÉRIC Ier Barberousse, né à Waiblingen (1122-1190), empereur romain germanique (1152-1190). Il fit de nombreuses expéditions en Italie, où il se heurta à la Ligue lombarde et à Alexandre III, inquiet de ses succès; il détruisit Milan (1162), mais, après sa défaite à Legnano (1176), dut reconnaître les prétentions des villes lombardes. Il se noya en Cilicie pendant la 3e croisade.

FRÉDÉRIC II DE HOHENSTAUFEN, né à Iesi (marche d'Ancône) [1194-1250], roi de Sicile (1197-1250) et empereur germanique (1220-1250). Il fut en lutte presque constante avec la papauté et, bien qu'excommunié, prit part à une croisade (1229), qu'il mena en diplomate et non en guerrier. Innocent IV le déposa au concile de Lyon (1245).

FRÉDÉRIC III DE STYRIE, né à Innsbruck (1415-1493), roi de Germanie à partir de 1440, empereur germanique de 1452 à 1493.

FRÉDÉRIC Ier, Électeur de Brandebourg, né à Königsberg (1657-1713), premier roi de Prusse (1701-1713), fils de Frédéric-Guillaume.

FRÉDÉRIC II le Grand, né à Berlin (1712-1786), roi de Prusse (1740-1786). Il s'empara de la Silésie après la bataille de Mollwitz (1741), et, allié avec la Grande-Bretagne, il résista avec succès pendant la guerre de Sept Ans aux efforts combinés de la France, de l'Autriche et de la Russie, puis réorganisa ses États, colonisa des terres, promulgant un Code de justice, forgeant une armée qui deviendra la meilleure d'Europe. Au premier partage de la Pologne (1772), il reçut la Prusse polonaise. Ami des lettres, grand collectionneur d'art français, écrivain se piquant de philosophie, il attira en Prusse, autour de sa résidence de Sans-Souci, Voltaire et de nombreux savants français. Fondateur de la grandeur de la Prusse, il représenta le type parfait du despote éclairé du XVIIIe s.

FRÉDÉRIC III, né à Potsdam (1831-1888), roi de Prusse et empereur allemand (1888), fils de Guillaume Ier. Il se distingua pendant les guerres austro-prussienne et franco-allemande. Il ne régna que quelques mois.

FRÉDÉRIC V, né à Amberg (1596-1632). Électeur palatin (1610-1623) et roi de Bohême (1619-20), chef de l'Union évangélique. Il fut vaincu à la Montagne Blanche (1620) par le duc de Bavière Maximilien Ier.

FRÉDÉRIC Ier, né à Copenhague (1471-1533), roi de Danemark et de Norvège de 1523 à 1533. — FRÉDÉRIC II, né à Haderslev (1534-1588), roi de Danemark et de Norvège de 1559 à 1588. — FRÉDÉRIC III, né à Haderslev (1609-1670), roi de Danemark et de Norvège de 1648 à 1670. — FRÉDÉRIC IV, né à Copenhague (1671-1730), roi de Danemark et de Norvège de 1699 à 1730, ennemi de Charles XII. — FRÉDÉRIC V, né à Copenhague (1723-1766), roi de Danemark et de Norvège de 1746 à 1766. — FRÉDÉRIC VI, né à Copenhague (1768-1839), roi de Danemark et de Norvège de 1808 à 1814, et du Danemark seul de 1814 à 1839. — FRÉDÉRIC VII, né à Copenhague (1808-1863), roi de Danemark de 1848 à 1863. — FRÉDÉRIC VIII, né à Copenhague (1843-1912), roi de Danemark de 1906 à 1912. — FRÉDÉRIC IX, né au château de Sorgenfri (1899-1972), roi de Danemark en 1947, fils de Christian X, auquel il succéda.

FRÉDÉRIC Ier, né à Kassel (1676-1751), roi de Suède (1720-1751), beau-frère et successeur de Charles XII.

FRÉDÉRIC Ier ROGER, roi de Sicile → FRÉDÉRIC II, empereur germanique.

FRÉDÉRIC II (1272-1337), roi de Sicile insulaire de 1296 à 1337. — FRÉDÉRIC III, dit *le Simple,* né à Catane (1342-1377), roi de Sicile insulaire et duc d'Athènes de 1355 à 1377.

FRÉDÉRIC Ier, né à Naples (1452-1504), roi de Sicile péninsulaire (1496-1501).

FRÉDÉRIC-AUGUSTE Ier le Juste, né à Dresde (1750-1827), roi de Saxe (1806-1827), allié fidèle de Napoléon, qui, au traité de Tilsit, lui donna le grand-duché de Varsovie (1807).

FRÉDÉRIC-CHARLES, général et prince prussien, né à Berlin (1828-1885). Neveu de Guillaume Ier, il combattit à Sadowa (1866) et commanda la IIe armée pendant la guerre franco-allemande de 1870-71.

FRÉDÉRIC-GUILLAUME, Électeur de Brandebourg, dit **le Grand Électeur,** né à Berlin (1620-1688). Il monta sur le trône en 1640 et organisa l'armée prussienne; adversaire de la France et de la Suède, il vainquit celle-ci à Fehrbellin (1675); il accueillit, en 1685, les protestants français.

FRÉDÉRIC-GUILLAUME Ier, surnommé le

Roi-Sergent, né à Berlin (1688-1740), fils de Frédéric Ier, roi de Prusse de 1713 à 1740. Il dota la Prusse des ressources militaires dont devait profiter Frédéric II, et poursuivit l'œuvre de centralisation de ses prédécesseurs.

FRÉDÉRIC-GUILLAUME II, né à Berlin (1744-1797), roi de Prusse (1786-1797), neveu et successeur de Frédéric II. Il participa aux coalitions contre la France révolutionnaire, mais, à la paix de Bâle (1795), dut lui céder la rive gauche du Rhin. Il contribua aux derniers partages de la Pologne et prit part à la répression de l'insurrection de Kościuszko.

FRÉDÉRIC-GUILLAUME III, né à Potsdam (1770-1840), roi de Prusse (1797-1840). Adversaire de Napoléon en 1806, il fut battu à Iéna et vit ses domaines démembrés à la paix de Tilsit (1807); il ne les recouvra, accrus de la Rhénanie, qu'aux traités de Vienne (1815).

FRÉDÉRIC-GUILLAUME IV, né à Berlin (1795-1861), roi de Prusse (1840-1861). Il ne put s'accommoder du régime parlementaire qui lui fut arraché en 1848 et, atteint de troubles mentaux, abandonna la régence à son frère Guillaume Ier en 1857.

FRÉDÉRIC-HENRI, prince d'Orange-Nassau, né à Delft (1584-1647). Stathouder des Provinces-Unies, il lutta contre les Espagnols pendant la guerre de Trente Ans.

FREDERICTON, v. du Canada, cap. du Nouveau-Brunswick; 45 248 h. Université.

FREDERIKSBERG, faubourg de Copenhague; 94 000 h.

Frederiksborg, château royal du Danemark, près d'Hillerød (Sjaelland).

FREDERIKSHAAB, établissement danois, sur la côte est du Groenland. Pêche.

FREDET (Alfred), ingénieur français, né à Cébozat (1829-1904). Il fut le premier à utiliser la pâte de bois pour la fabrication du papier.

FREDHOLM (Erik Ivar), mathématicien suédois, né à Stockholm (1866-1927), l'un des fondateurs de la théorie des équations intégrales.

FREETOWN, cap. de la Sierra Leone; 214 000 h. Port sur l'Atlantique.

FREGE (Gottlob), logicien et mathématicien allemand, né à Wismar (1848-1925). Ses travaux sur la différence entre le sens d'une fonction propositionnelle et ce qu'elle désigne et son élaboration d'un calcul des propositions formalisé sont à l'origine de la logique mathématique.

FRÉHEL (cap), cap de la Bretagne septentrionale, fermant au nord-est la baie de Saint-Brieuc.

FREI MONTALVA (Eduardo), homme politique chilien, né à Santiago en 1911, chef de la démocratie chrétienne, président de la République de 1964 à 1970.

FREIAMT, partie de l'Argovie (Suisse).

FREIBERG, v. d'Allemagne démocratique, au sud-ouest de Dresde; 51 000 h. Métallurgie. Cathédrale des XIIe-XVIe s.

FREILIGRATH (Ferdinand), poète allemand, né à Detmold (1810-1876), auteur de ballades romantiques et de poèmes politiques.

FREINET (Célestin), pédagogue français, né à Gars (Alpes-Maritimes) [1896-1966]. Il a développé une pédagogie fondée sur les groupes coopératifs et sur l'imprimerie au service de l'expression libre des enfants.

FREIRE (Paulo), pédagogue brésilien, né à Recife en 1921. Il est l'auteur d'une méthode d'alphabétisation qui repose sur la prise de conscience de sa condition sociale par celui qui apprend (*Pédagogie des opprimés*, 1969).

Freischütz (Der) [le *Franc-Tireur*], opéra en trois actes, musique de Weber (1821).

Fréjorgues, aéroport de Montpellier.

FRÉJUS (83600), ch.-l. de c. du Var; 30 607 h. (*Fréjusiens*). Vestiges romains. Cathédrale et cloître romans et gothiques, avec baptistère du Ve s. Station balnéaire.

FRÉJUS (*col du* ou *de*), col des Alpes, à la frontière franco-italienne; 2 542 m. À proximité, tunnels ferroviaire (dit parfois « du Mont-Cenis ») et routier.

FRÉMIET (Emmanuel), sculpteur français (1824-1910). Son œuvre la plus connue est la *Jeanne d'Arc* équestre de la place des Pyramides à Paris.

FRÉMINVILLE (Charles DE LA POIX DE), ingénieur français, né à Lorient (1856-1936), l'un des

Célestin **Freinet**

Augustin **Fresnel**

Sigmund **Freud**

Girolamo **Frescobaldi**

promoteurs de l'organisation scientifique du travail.

FRENCH (John), feld-maréchal britannique, né à Ripple (Kent) [1852-1925]. Il commanda les troupes britanniques en France en 1914 et en 1915.

FRENCH SHORE → TERRE-NEUVE.

FREPPEL (Charles), prélat et homme politique français, né à Obernai (1827-1891), évêque d'Angers, où il fonda les facultés catholiques, et député conservateur de Brest.

FRÈRE (Aubert), général français, né à Grévillers (Pas-de-Calais) [1881-1944]. Commandant la VIIe armée en 1940, il devint en 1942 chef de l'Organisation de résistance de l'armée, fut arrêté en 1943 par la Gestapo et mourut au camp du Struthof.

FRÈRE-ORBAN (Hubert Joseph Walther), homme politique belge, né à Liège (1812-1896). Chef du parti libéral, président du Conseil (1878-1884), il déchaîna, par sa politique neutraliste et laïque, la « guerre scolaire ».

Frères Karamazov (les), roman de Dostoïevski (1880), première partie d'une trilogie, inachevée, destinée à montrer le triomphe définitif

de la charité et de la solidarité humaine à travers l'épreuve de la souffrance et de l'humiliation.

FRÉRON (Élie), publiciste et critique français, né à Quimper (1718-1776). Adversaire de Voltaire et des philosophes, il fonda l'*Année littéraire*. — Son fils LOUIS, Conventionnel, né à Paris (1754-1802), réprima les insurrections girondines et royalistes à Marseille et à Toulon, avant de se jeter dans la réaction thermidorienne.

Frescaty, aéroport de Metz.

FRESCOBALDI (Girolamo), compositeur italien, né à Ferrare (1583-1643), organiste de Saint-Pierre de Rome, novateur dans la musique d'orgue et de clavecin (*Fiori musicali*).

FRESNAY (Pierre LAUDENBACH, dit Pierre), acteur français, né à Paris (1897-1975). Sa nature exceptionnelle de comédien s'affirma aussi bien au cinéma qu'au théâtre.

FRESNAYE-SUR-CHÉDOUET (La) [72670], ch.-l. de c. de la Sarthe; 783 h.

FRESNAY-SUR-SARTHE (72130), ch.-l. de c. de la Sarthe; 2770 h. Église romane. Restes d'un château médiéval.

FRESNEAU (François), ingénieur français, né à Marennes (1703-1770). Il découvrit en Guyane l'hévéa et ses propriétés, ainsi que l'utilisation de la térébenthine comme dissolvant du caoutchouc (1763).

FRESNEL (Augustin), physicien français, né à Chambrais (auj. Broglie) [1788-1827]. Il développa l'optique ondulatoire, créa l'optique cristalline et inventa les lentilles à échelons.

FRESNES (94260), ch.-l. de c. du Val-de-Marne, au sud de Paris; 28 539 h. (*Fresnais*). Prison, que les Allemands transformèrent en camp de détenus politiques pendant la Seconde Guerre mondiale.

FRESNE-SAINT-MAMÈS (70130), ch.-l. de c. de la Haute-Saône; 457 h.

FRESNES-EN-WOËVRE (55160), ch.-l. de c. de la Meuse; 636 h.

FRESNES-SUR-ESCAUT (59970), comm. du Nord; 8 377 h.

FRESNO, v. des États-Unis (Californie); 166 000 h.

FRESNOY-LE-GRAND (02230), comm. de l'Aisne; 3 729 h. Bonneterie. Articles ménagers.

FRÉTEVAL (41160 Morée), comm. de Loir-et-Cher; 909 h. Donjon (XIe s.). Victoire de Richard Cœur de Lion sur Philippe Auguste (1194).

FREUD (Sigmund), médecin autrichien, né à Freiberg (auj. Příbor, Moravie) [1856-1939]. Fondateur de la psychanalyse, Freud pense qu'à l'origine des troubles névrotiques se trouvent des désirs oubliés en rapport avec le complexe d'Œdipe et inconciliables avec les autres désirs de l'individu ou avec la morale. Ces désirs refoulés continuent à exister dans l'inconscient, mais ne peuvent faire irruption dans le champ de la conscience qu'à condition d'être défigurés. C'est ainsi que, outre les symptômes névrotiques, se forment les rêves et les actes manqués. A partir de 1920 avec la publication de *Au-delà du principe de plaisir*, Freud oppose pulsion de vie et pulsion de mort et propose un nouveau modèle de l'appareil psychique, qui fait intervenir le Moi, le Ça et le Surmoi. Il se consacre davantage à partir de cette époque aux grands problèmes de la civilisation, auxquels il applique la technique analytique. Sa conception du monde se trouve le plus explicitement exposée dans *Malaise dans la civilisation* (1930). Il a écrit aussi l'*Interprétation des rêves* (1900), *Trois Essais sur la théorie de la sexualité* (1905), *Totem et tabou* (1912), *Psychologie collective et analyse du « Moi »* (1921).

FREUD (Anna), psychanalyste britannique d'origine autrichienne, née à Vienne en 1895, fille du précédent. Elle s'est intéressée à la psychanalyse des enfants.

FREYCINET (Louis Claude DE SAULSES DE), navigateur français, né à Montélimar (1779-1842). Il dirigea une expédition scientifique avec Duperrey et Arago (1817-1820).

FREYCINET (Charles DE SAULSES DE), ingénieur et homme politique français, neveu du précédent, né à Foix (1828-1923). Ministre des

Travaux publics de 1877 à 1879, quatre fois président du Conseil entre 1879 et 1892, il attacha son nom à la réalisation d'un programme de grands travaux (ports, canaux, chemins de fer). [Acad. fr.]

FREYMING-MERLEBACH (57800), ch.-l. de c. de la Moselle; 15 605 h. Houille.

FREYSSINET (Eugène), ingénieur français, né à Objat (1879-1962). Il eut le premier l'idée d'augmenter la compacité du béton en le soumettant à des vibrations (1917); il fut surtout le véritable novateur de la précontrainte de ce matériau.

FRIA, localité de Guinée, près du Konkouré. Usine d'alumine.

FRIANT (Louis, *comte*), général français, né à Morlancourt (Picardie) [1758-1829]. Il fut, de 1805 à 1814, un des meilleurs commandants de division de la Grande Armée.

Milton **Friedman**

Friedrich
l'Arbre aux corbeaux
(1822)

Max **Frisch**

Ragnar **Frisch**

FRIBOURG, v. de Suisse, ch.-l. du cant. de ce nom, sur la Sarine; 39 695 h. *(Fribourgeois).* Cathédrale des XIIIᵉ-XVIᵉ s. Musée d'Art et d'Histoire. Université catholique. Constructions mécaniques. Industries alimentaires. — *Le canton de Fribourg* couvre 1 670 km² et compte 182 000 h.

FRIBOURG-EN-BRISGAU, en allem. **Freiburg im Breisgau,** v. d'Allemagne fédérale (Bade-Wurtemberg), anc. cap. du pays de Bade; 175 000 h. Université. Cathédrale des XIIᵉ-XVIIᵉ s. (retable de H. Baldung).

FRIEDEL (Charles), chimiste et minéralogiste français, né à Strasbourg (1832-1899), auteur d'une méthode de synthèse organique.

FRIEDLAND, auj. **Pravdinsk*,** v. de l'U.R.S.S., autref. allemande (Prusse-Orientale). Victoire de Napoléon Iᵉʳ sur les Russes le 14 juin 1807.

FRIEDLÄNDER (Max Jacob), historien d'art allemand, né à Berlin (1867-1958), « connaisseur » par excellence de la peinture flamande.

FRIEDLÄNDER (Walter), historien d'art américain d'origine allemande, né à Glogau (1873-1966), spécialiste du maniérisme.

Friedlingen *(bataille de),* bataille remportée par Villars sur les Impériaux, en face de Huningue (1702).

FRIEDMAN (Milton), économiste américain, né à New York en 1912. On lui doit d'importantes contributions sur les problèmes monétaires. (Prix Nobel d'économie, 1976.)

FRIEDRICH (Caspar David), peintre allemand, né à Greifswald (1774-1840). Il a notamment traité le grand thème romantique de l'homme solitaire dans de vastes espaces naturels.

FRIEDRICHSHAFEN, v. d'Allemagne fédérale (Bade-Wurtemberg), sur le lac de Constance; 53 000 h.

FRIESZ [frijɛz] (Othon), peintre français, né au Havre (1879-1949). Un des initiateurs du fauvisme, il pratiqua ensuite un art caractérisé par la sobriété du coloris et la richesse de la matière.

FRIGG, gisement de gaz naturel de la mer du Nord, aux confins des zones norvégienne et britannique. Gazoducs vers l'Écosse.

Frileuse, camp militaire de France (Yvelines), à 20 km env. à l'ouest-nord-ouest de Versailles.

Eugène **Fromentin**
Arabe chassant au faucon

Nicolas **Froment**
la Vierge à l'Enfant
détail du panneau central
du triptyque du *Buisson ardent*
(1476)

FRIOUL, pays de l'anc. Vénétie, soumis en grande partie à l'Autriche de 1814 à 1919, puis devenu italien. V. pr. *Udine.* Avec la Vénétie Julienne, il forme depuis 1963 une région autonome comprenant les prov. de Gorizia, Trieste, Udine et Pordenone, couvrant 7 845 km² et comptant 1 245 000 h.; cap. *Trieste.*

FRISCH (Karl VON), zoologiste et éthologiste autrichien, né à Vienne en 1886. Il a découvert le «langage» des abeilles, qui s'exprime par l'orientation de leur vol. Il s'est également consacré à des travaux sur les organes des sens et l'univers sensoriel des invertébrés. (Prix Nobel de physiologie et de médecine avec K. Lorenz et N. Tinbergen, 1973.)

FRISCH (Ragnar), économiste norvégien, né à Oslo (1895-1973), un des fondateurs de l'économétrie. (Prix Nobel d'économie avec Jan Tinbergen, 1969.)

FRISCH (Max), écrivain suisse d'expression allemande, né à Zurich en 1911, auteur de romans et de pièces de théâtre *(Biedermann* et les incendiaires; Andorra)* qui témoignent de la double influence de Brecht et de l'existentialisme.

FRISE, en néerl. et en allem. **Friesland,** région de plaines bordant la mer du Nord, partagée entre les Pays-Bas (3 339 km² et 566 000 h.; ch.-l. *Leeuwarden*) et l'Allemagne fédérale (anc. *Frise-Orientale*).

FRIVILLE-ESCARBOTIN (80130), comm. de la Somme; 4 760 h. Fonderie.

FRÖBEL (Friedrich), pédagogue allemand, né à Oberweissbach (1782-1852). Il s'intéressa surtout à l'éducation préscolaire et fonda, en 1837, le premier jardin d'enfants.

FROBENIUS (Leo), anthropologue allemand, né à Berlin (1873-1938). Il a été l'un des premiers

à attribuer une origine commune aux cultures de l'Océanie et de l'Afrique de l'Ouest.

FROBERGER (Johann Jakob), organiste et compositeur allemand, né à Stuttgart (1616-1667), auteur de pièces pour clavier.

FROBISHER (*sir* Martin), navigateur anglais, né à Altofts (Yorkshire) [v. 1535-1594]. Il a exploré le Groenland et la terre de Baffin.

FROBISHER BAY, port de l'Arctique canadien, dans la terre de Baffin; 2 320 h.

FRŒSCHWILLER (67360 Woerth), comm. du Bas-Rhin; 484 h. Défaite française le 6 août 1870. (V. REICHSHOFFEN.)

FROGES (38190 Brignoud), comm. de l'Isère; 2 303 h. Électrométallurgie.

FROISSART (Jean), chroniqueur français, né à Valenciennes (1333 ou 1337 - apr. 1400). Ses *Chroniques* forment une peinture vivante du monde féodal entre 1325 et 1400.

FROISSY (60480), ch.-l. de c. de l'Oise; 700 h.

FROMENT (Nicolas), peintre français, né à Uzès (v. 1435-1484). À Avignon, où il était au service du roi René, il exécuta le triptyque du *Buisson ardent* (1476, cathédrale d'Aix).

FROMENTIN (Eugène), peintre et écrivain français, né à La Rochelle (1820-1876). Il a peint les pays de l'Afrique du Nord, publié des études sur la peinture flamande *(les Maîtres d'autrefois)* et donné avec *Dominique* (1863) un des chefs-d'œuvre du roman psychologique.

FROMENTINE *(goulet de),* détroit séparant l'île de Noirmoutier du continent et enjambé par un pont routier.

FROMM (Erich), psychanalyste américain d'origine allemande, né à Francfort-sur-le-Main (1900-1980). Il prône l'adaptation de la psychanalyse à la dynamique sociale à partir d'une

Front populaire
L. Blum, V. Auriol, J. Zay, M. Thorez, A. Marty, J. Moch

lecture humaniste de Marx (*la Peur de la liberté*, 1941; *Société aliénée, société saine*, 1955).

Fronde (la), soulèvement contre Mazarin pendant la minorité de Louis XIV (1648-1652). Provoquée par l'impopularité du cardinal et ses exigences financières, la Fronde eut deux phases. La première, dite *Fronde parlementaire* (1648-49), fut déclenchée par la résistance des cours souveraines et marquée par l'arrestation du conseiller Broussel, l'édification de barricades par le peuple de Paris et la retraite de la Cour à Saint-Germain; elle s'acheva par la paix de Rueil. Dans la seconde, dite *Fronde des princes*, Condé, Beaufort et Mme de Longueville, avec l'appui secret de l'Espagne, engagèrent une véritable campagne contre les troupes royales, que Turenne commandait (combats de Bléneau, bataille de la porte Saint-Antoine). La révolte fut finalement un échec. La royauté et Mazarin sortirent affermis de cette période troublée.

FRONSAC (33126), ch.-l. de c. de la Gironde, sur la Dordogne; 1 129 h. (*Fronsadais*). Vins.

Front de libération nationale (F. L. N.), mouvement nationaliste algérien formé lors de l'insurrection du 1er novembre 1954 et devenu parti unique après l'indépendance (1963).

Front national, mouvement de résistance français pendant l'occupation allemande de la Seconde Guerre mondiale.

Front populaire, coalition des partis français de gauche qui arriva au pouvoir en 1936 avec Léon Blum. Il réalisa d'importantes réformes sociales (semaine de quarante heures, relèvement des salaires, congés payés, conventions collectives, délégués ouvriers), dans le cadre des accords Matignon (7 juin) conclus entre les représentants du patronat et la C. G. T. Le Front populaire se disloqua rapidement (1937-38).

FRONTENAC (33119), comm. de la Gironde; 669 h. Vins blancs de l'Entre-deux-Mers.

FRONTENAC (Louis DE BUADE, *comte* DE), gouverneur français, né à Saint-Germain-en-Laye (1620-1698), gouverneur de la Nouvelle-France de 1672 à 1682 et de 1689 à 1698.

FRONTENAY-ROHAN-ROHAN (79270), ch.-l. de c. des Deux-Sèvres; 2 097 h.

FRONTIGNAN (34110), ch.-l. de c. de l'Hérault; 12 238 h. (*Frontignanais*). Vins muscats. Raffinage du pétrole.

FRONTON (31620), ch.-l. de c. de la Haute-Garonne; 2 357 h. Vins.

FROSINONE, v. d'Italie (Latium); 45 000 h.

FROST (Robert Lee), poète américain, né à San Francisco (1874-1963). Son œuvre s'inspire de la nature et de l'esprit de la Nouvelle-Angleterre.

FROUARD (54390), comm. de Meurthe-et-Moselle, au confluent de la Moselle et de la Meurthe; 7 061 h. Métallurgie.

FROUDE (William), ingénieur britannique, né à Dartington (1810-1879). Il fut le premier à utiliser expérimentalement la loi de similitude en mécanique des fluides et imagina un type de frein hydraulique pour la mesure des couples moteurs au banc d'essai (1858).

FROUNZE, v. de l'U. R. S. S., cap. du Kirghizistan; 511 000 h. Constructions mécaniques.

FROUNZE (Mikhaïl), homme politique soviétique, né à Pichpek (1885-1925). Il fut l'un des organisateurs de l'armée rouge, qu'il commanda en 1919-20 et dont il devint chef d'état-major général (1924).

fructidor an V (*coup d'État du 18*) [4 sept. 1797], coup d'État antiroyaliste exécuté par le Directoire contre le Conseil des Anciens et celui des Cinq-Cents, après les élections de l'an V, favorables à la contre-révolution.

FRUGES (62310), ch.-l. de c. du Pas-de-Calais; 2 897 h.

FRY (Christopher), écrivain anglais, né à Bristol en 1907, auteur de drames poétiques (*le Songe des prisonniers, La dame ne brûlera pas*).

FU'ĀD Ier ou **FOUAD Ier**, né au Caire (1868-1936), sultan (1917-1922), puis roi d'Égypte (1922-1936). — FU'ĀD II ou FOUAD II, né au Caire en 1952, fils et successeur (1952) de Farouk. Il fut écarté du trône en 1953.

FUALDÈS (Antoine), magistrat français, né à Mur-de-Barrez (1761-1817). Son assassinat, à Rodez, donna lieu à un procès retentissant.

FUCHS (Lazarus), mathématicien allemand, né à Moschin (Posnanie) [1833-1902]. L'étude de certaines fonctions transcendantes, dites *fonctions fuchsiennes*, lui permit de généraliser la théorie des fonctions elliptiques.

FUCHŪ, v. du Japon (Honshū); 163 000 h.

FUÉGIENS, ensemble des ethnies habitant la Terre de Feu, en voie de disparition.

FUENTES (Carlos), écrivain mexicain, né à Mexico en 1928. Ses romans, qui sont une satire de toutes les conventions du monde latino-américain, témoignent d'un grand souci de recherches formelles (*la Mort d'Artemio Cruz*, 1962).

FUERTEVENTURA, l'une des îles Canaries.

FUGGER (les), famille de banquiers d'Augsbourg, qui accorda son appui aux Habsbourg (XVe et XVIe s.).

FUJI, v. du Japon (Honshū); 181 000 h. Dans les environs, parc national du *Fuji Hakone Izu*.

FUJIAN → FOU-KIEN.

FUJISAWA, v. du Japon (Honshū); 229 000 h.

FUJIWARA, famille japonaise qui joua un rôle politique essentiel du VIIe au XIIe s.

FUJI-YAMA ou **FOUJI-SAN**, point culminant du Japon (Honshū), constitué par un volcan éteint; 3 778 m.

FUKUI, v. du Japon (Honshū); 201 000 h.

FUKUOKA, port du Japon (Kyūshū), sur le détroit de Corée; 583 000 h.

FUKUSHIMA, v. du Japon, dans le nord de Honshū; 277 000 h.

FUKUYAMA, port du Japon (Honshū); 255 000 h. Sidérurgie.

FULBERT, philosophe et théologien, évêque de Chartres, né en Italie (v. 960-1028). Il tint à Chartres une école célèbre.

FULDA, v. d'Allemagne fédérale (Hesse), sur la *Fulda*; 61 000 h. Anc. abbaye fondée en 744, foyer religieux et culturel au Moyen Âge. Cathédrale du XVIIIe s.

FULGENCE (*saint*), évêque de Ruspe (près de Sfax) en Afrique, né à Telepte (auj. en Tunisie) [v. 467-533], théologien de l'école de saint Augustin.

FULLER (Marie-Louise FULLER, dite Loïe), danseuse américaine, née à Fullersburg, près de Chicago (1862-1928). Elle employa dans ses spectacles les jeux de lumière et les voiles ondoyants.

FULLER (Richard Buckminster), ingénieur américain, né à Milton (Massachusetts) en 1895. Il est surtout connu pour ses «dômes géodé-

siques», constructions hémisphériques faites d'un réseau tridimensionnel de tiges d'acier (apr. 1945).

FULTON (Robert), mécanicien américain, né à Little Britain (Pennsylvanie) [1765-1815]. Il construisit le premier sous-marin à hélice (1798) et réalisa industriellement la propulsion des navires par la vapeur (1807).

FUMAY (08170), ch.-l. de c. des Ardennes, sur la Meuse; 6 147 h. (*Fumaciens*). Ardoisières. Appareils ménagers.

FUMEL (47500), ch.-l. de c. de Lot-et-Garonne; 7 070 h. Métallurgie.

FUNABASHI, v. du Japon (Honshū); 325 000 h.

FUNCHAL, port et ch.-l. de l'île portugaise de Madère; 38 000 h.

FUNDY (baie de), anc. **baie Française**, baie de l'Atlantique (Canada). Marées d'une grande amplitude.

FURAN (le), riv. du Massif central, affl. de la Loire (r. dr.); 40 km. Il passe à Saint-Étienne.

FURETIÈRE (Antoine), écrivain français, né à Paris (1619-1688), auteur du *Roman bourgeois* (1666). Son *Essai d'un dictionnaire universel* (1684) le fit exclure de l'Académie française.

FURIES → ÉRINYES.

FURIUS CAMILLUS (Marcus), homme d'État romain (fin du Ve s.-v. 365 av. J.-C.). Il s'empara de Véies (396) et libéra Rome des Gaulois (390).

FURKA (la), col des Alpes suisses, près duquel le Rhône prend sa source; 2 431 m.

FURNES, en néerl. **Veurne**, v. de Belgique (Flandre-Occidentale); 11 200 h. Anc. capitale d'une châtellenie des comtes de Flandre. Deux églises médiévales, hôtel de ville Renaissance.

FÜRST (Walter), patriote suisse qui, selon la légende, contribua, ainsi que Guillaume Tell, à établir la liberté de son pays, en prêtant le serment du Rütli, en 1291, avec Arnold de Melchtal et Werner Stauffacher.

FÜRSTENBERG, famille allemande originaire de Souabe, dont le plus célèbre représentant fut WILHELM EGON (1629-1704), évêque de Strasbourg (1682) et cardinal (1686), qui favorisa la politique de Louis XIV en Alsace.

FÜRTH, v. d'Allemagne fédérale (Bavière); 102 000 h. Constructions électriques.

FURTWÄNGLER (Wilhelm), chef d'orchestre allemand, né à Berlin (1886-1954), grand interprète du répertoire classique et romantique.

FUSHUN → FOU-CHOUEN.

FÜSSLI (Johann Heinrich), peintre suisse, né à Zurich (1741-1825), installé en Angleterre en 1779. Son goût du fantastique, joint à des sujets et à des effets théâtraux, fait déjà de lui un romantique.

FUST (Johann), imprimeur de Mayence (v. 1400-v. 1466). Associé à Gutenberg, il imprima avec lui la Bible dite «à quarante-deux lignes» (v. 1455).

FUSTEL DE COULANGES (Numa Denis), historien français, né à Paris (1830-1889). Auteur de *la Cité antique* (1864) et de l'*Histoire des institutions de l'ancienne France* (1875-1892), il explique l'étude du passé comme un enchaînement logique de faits.

FUTUNA, île française de la Mélanésie; 2 725 h. Avec Wallis, elle forme un territoire d'outremer.

FUX (Johann Joseph), compositeur autrichien, né à Hirtenfeld (1660-1741), maître de chapelle à la cour de Vienne, auteur d'un *Gradus ad Parnassum* (1725), important ouvrage théorique.

FUXIN → FOU-SIN.

FUZHOU → FOU-TCHEOU.

FUZULI (Mehmed bin Süleyman), en ar. **Muhammad ibn Sulaymān Fudūli**, poète turc d'origine kurde, né à Karbalā'? (v. 1480-1556 ou 1562), un des plus célèbres poètes classiques, auteur de *Divans*, en turc, en arabe et en persan.

FYT ou **FIJT** (Johannes ou Jan), peintre flamand, né à Anvers (1611-1661). Ses natures mortes, ses animaux et ses fleurs sont remarquables par leur qualité proprement plastique et leur lyrisme intime.

Le **Gange**.

G

GABARRET (40310), ch.-l. de c. des Landes; 1 565 h.

GABÈS, port de Tunisie, sur le *golfe de Gabès*; 32 000 h. Palmeraie. Engrais.

GABIN (Jean Alexis MONCORGÉ, dit **Jean**), acteur de cinéma français, né à Paris (1904-1976). Il fut la vedette de nombreux films (*la Bandera*, 1935; *la Grande Illusion*, 1937; *Quai des brumes*, 1938; *Le jour se lève*, 1939; *Remorques*, 1940; *Touchez pas au grisbi*, 1954; *le Chat*, 1970).

GABLE (Clark), acteur de cinéma américain, né à Cadiz (Ohio) [1901-1960]. Il fut l'une des grandes stars d'Hollywood (*New York-Miami*, 1934; *les Mutinés du Bounty*, 1935; *Autant en emporte le vent*, 1939; *les Misfits*, 1960).

GABO (Naum) → PEVSNER (*les frères*).

GABON (le), estuaire qui a donné son nom à la *république du Gabon*.

GABON (*république du*), État de l'Afrique équatoriale; 267 000 km²; 1 202 000 h. (*Gabonais*). Cap. *Libreville*. Langue officielle : *français*. Correspondant au bassin de l'Ogooué, le Gabon est un pays au climat équatorial, recouvert par la forêt dense, dont l'exploitation (surtout celle de l'okoumé, pour le contre-plaqué) constitue une ressource importante, à côté des industries extractives (uranium, fer, manganèse et, surtout, pétrole).

HISTOIRE

— XVIIᵉ-XVIIIᵉ s. : traite des Noirs.
— 1839 : premier établissement français.
— 1849 : naissance de Libreville, peuplée d'esclaves libérés.
— 1880 : début de l'action de P. Savorgnan de Brazza.
— 1886 : constitution de la colonie française du Gabon.
— 1888-1904 : le Gabon et le Congo fusionnés.
— 1904 : la colonie du Gabon, territoire de l'A.-E. F.
— 1956 : autonomie de la colonie.
— 1958 : proclamation de la République gabonaise.
— 1960 : indépendance du pays.
— 1961 : Léon M'Ba, président de la République.
— 1967 : Albert Bongo, président de la République.

GABOR (Dennis), physicien britannique d'origine hongroise, né à Budapest (1900-1979), inventeur de l'holographie. (Prix Nobel, 1971.)

GABORIAU (Émile), romancier français, né à Saujon (1832-1873), l'un des créateurs du roman policier (*l'Affaire Lerouge, Monsieur Lecoq*).

GABORONE, cap. du Botswana; 33 000 h.

GABRIEL, ange de la tradition juive et chrétienne. Dans l'Évangile, Gabriel annonce la naissance de Jean-Baptiste et de Jésus. La littérature postérieure en fera un archange.

GABRIEL, famille d'architectes français officiels. Les principaux sont : JACQUES V, né à Paris (1667-1742), qui travailla pour Paris, Orléans, Blois, Dijon, Rennes (hôtel de ville), Bordeaux (place Royale, auj. de la Bourse), etc.; JACQUES-ANGE, son fils, né à Paris (1698-1782), dont les chefs-d'œuvre sont, à Versailles, l'Opéra et le Petit Trianon, à Paris, la place Louis-XV (auj. place de la Concorde) et l'École militaire.

GABRIELI (Andrea), né à Venise (v. 1510-1586), et son neveu GIOVANNI, né à Venise (1557-1612), organistes et compositeurs vénitiens de musique instrumentale (*Canzoni, Sonate*) et vocale (motets à double chœur).

GABRIEL LALEMANT (*saint*), jésuite français, né à Paris (1610-1649), missionnaire au Canada, martyrisé par les Iroquois.

GABROVO, v. de Bulgarie, au pied du Balkan; 90 000 h.

GACÉ (61230), ch.-l. de c. de l'Orne; 2 678 h.

GACILLY (La) [56200], ch.-l. de c. du Morbihan; 1 720 h. Produits d'hygiène et de beauté.

GAD, fils de Jacob, ancêtre éponyme d'une tribu d'Israël établie en Transjordanie.

GADDA (Carlo Emilio), écrivain italien, né à Milan (1893-1973). Ses romans le montrent curieux de recherches verbales et stylistiques (*le Château d'Udine*, 1934; *l'Affreux Pastis de la rue des Merles*, 1957; *la Connaissance de la douleur*, 1963).

GADDI, peintres florentins dont les principaux sont TADDEO (v. 1300-1366), élève de Giotto, et son fils AGNOLO (v. 1333-1396), tous deux auteurs, à soixante ans de distance, de fresques dans l'église S. Croce de Florence, celles du second d'un style plus pittoresque.

GADES ou **GADÈS,** v. de l'anc. Hispanie. (Auj. *Cadix*.)

GAËLS, peuple celtique établi en Irlande et en Écosse vers la fin du Iᵉʳ millénaire av. J.-C.

GAÉTAN de Thiene (*saint*), né à Vicence (v. 1480-1547), fondateur de l'ordre des Clercs réguliers dits « Théatins ».

GAÈTE, en ital. **Gaeta,** port d'Italie, sur la mer Tyrrhénienne; 21 000 h. Pie IX s'y réfugia en 1848. La capitulation de Gaète (1861) mit fin au royaume des Deux-Siciles.

GAFSA, v. et oasis de la Tunisie méridionale; 32 000 h. Phosphates. Sources thermales.

GAGARINE (Iouri), cosmonaute soviétique, né près de Smolensk (1934-1968). Le premier, il effectua un vol spatial (1961).

GAGNOA, v. de la Côte-d'Ivoire; 76 000 h.

GAGNON, v. du Canada (Québec), dans le Nouveau-Québec; 3 423 h. Gisements de fer.

GAGNY (93220), ch.-l. de c. de la Seine-Saint-Denis; 36 803 h. Plâtre.

GAIA ou **GÊ,** *Myth. gr.* Divinité personnifiant la Terre mère et nourricière universelle.

GAIGNIÈRES (Roger DE), collectionneur français, né à Entrains-sur-Nohain (Nièvre) [1642-

GABON

Carlo Emilio
Gadda

1715]. Il légua à la bibliothèque du roi sa collection de dessins d'iconographie, de topographie et d'archéologie.

GAILLAC (81600), ch.-l. de c. du Tarn, sur le Tarn; 10912 h. *(Gaillacois).* Deux églises remontant au XIIe s. Vins.

GAILLARD (74240), comm. de la Haute-Savoie, près de l'Arve; 9030 h. Produits pharmaceutiques.

GAILLON (27600), ch.-l. de c. de l'Eure, sur la Seine; 4345 h. Vestiges d'un prestigieux château reconstruit à partir de 1501 pour le cardinal G. d'Amboise.

GAINSBOROUGH (Thomas), peintre anglais, né à Sudbury (Suffolk) [1727-1788]. Il est l'auteur d'amples paysages qu'admirèrent les impressionnistes, ainsi que de portraits aristocratiques d'un charme frémissant.

GAIUS, jurisconsulte romain (IIe s. apr. J.-C.), auteur d'*Institutiones,* qui ont servi de base aux *Institutes* de Justinien.

GALAN (65330), ch.-l. de c. des Hautes-Pyrénées; 931 h.

GALÁPAGOS *(îles),* archipel du Pacifique, à l'ouest de l'Équateur, dont il dépend depuis 1832; 7800 km²; 4100 h. Réserve de faune.

GALATA, quartier d'Istanbul.

GALATÉE. *Myth. gr.* Divinité marine. Elle changea en fleuve son amant, le berger Acis, victime de la jalousie du cyclope Polyphème.

Giraudon

Gainsborough
Conversation dans un parc
(v. 1746)

GALAŢI, port de Roumanie, sur le Danube; 239000 h. Sidérurgie.

GALATIE [-sî], anc. région du centre de l'Asie Mineure. Des populations d'origine celtique (en grec *Galatai,* Gaulois) s'y installèrent au IIIe s. av. J.-C. État autonome au IIe s., puis province romaine en 25 av. J.-C., la Galatie fut évangélisée par saint Paul (Épître aux Galates).

GALBA (Servius Sulpicius), empereur romain, né à Terracina (v. 5 av. J.-C.-69 apr. J.-C.). Successeur de Néron, sept mois empereur (68-69), il fut assassiné par les partisans d'Othon.

GALBRAITH (John Kenneth), économiste américain, né à Iona Station (Ontario) en 1908. Il a vulgarisé avec talent les problèmes économiques.

GALDÓS (Benito PÉREZ) → PÉREZ GALDÓS.

GALEOTTI (Vincenzo), danseur et chorégraphe italien, né à Florence (1733-1816). Maître de ballet à l'Opéra de Copenhague, il introduisit le ballet romantique en Scandinavie.

GALÈRE, en lat. **Caius Galerius Valerius Maximianus,** né en Illyrie (m. en 311), empereur romain (293-311), gendre de Dioclétien. César dès 293, il devint auguste après l'abdication de Dioclétien (305). Il fut l'instigateur et l'exécuteur le plus acharné de la persécution dite « de Dioclétien », mais, reconnaissant l'échec de sa politique religieuse, il promulgua en 311 l'édit de tolérance de Nicomédie.

GALIBIER, col des Hautes-Alpes (2645 m), unissant Briançon à la Maurienne. La route passe en tunnel, à 2556 m.

GALIBIS, Indiens de la Guyane.

GALICE, région du nord-ouest de l'Espagne, formée des prov. de La Corogne, Lugo, Orense et Pontevedra; 29434 km²; 2695000 h. En 1980, la Galice accède à l'autonomie.

GALICIE, région de l'Europe centrale, au nord des Carpates, partagée depuis 1945 entre la Pologne (v. pr. *Cracovie*) et l'U.R.S.S. (Ukraine) [v. pr. *Lvov*]. La Galicie fut démembrée au profit de la Russie et de la Pologne, puis de l'Autriche (1772) et de la Pologne (1919). Combats au cours des deux guerres mondiales.

GALIEN (Claude), médecin grec, né à Pergame (v. 131-v. 201). Il fit d'importantes découvertes en anatomie. Son œuvre a joui jusqu'à la Renaissance d'un grand prestige.

GALIGAÏ (Eleonora DORI, dite), née à Florence (v. 1576-1617), femme de Concini, favorite de Marie de Médicis. Elle partagea la disgrâce de son mari et fut décapitée comme sorcière.

GALILÉE, province du nord de la Palestine. Jésus y passa son enfance et sa jeunesse et y exerça une partie de son ministère. V. pr. *Tibériade, Nazareth, Cana, Capharnaüm.* (Hab. *Galiléens.*)

GALILÉE *(principauté de),* principauté du royaume de Jérusalem (XIe-XIIe s.).

GALILÉE (Galileo GALILEI, dit), physicien et astronome italien, né à Pise (1564-1642). Il découvrit la loi de l'isochronisme des petites oscillations du pendule, les lois de la chute des corps

Scala

Galilée, par
J. Suttermans

Ambassade du Venezuela

Larousse

Rómulo **Gallegos**   Joseph **Gallieni**

(1602), énonça le principe d'inertie et la loi de la composition des vitesses. Il construisit l'un des premiers microscopes et réalisa en 1609 la lunette qui porte son nom, grâce à laquelle il découvrit les taches du Soleil, le relief de la Lune, les satellites de Jupiter et les phases de Vénus. Rallié au système du monde proposé par Copernic, mais que la cour de Rome dénonçait comme hérétique, Galilée, sommé de ne plus professer, s'inclina; mais, revenu à Florence, il publia (1632) toutes les preuves de l'exactitude du système. Il dut alors abjurer devant l'Inquisition (1633).

GALITZINE ou **GOLITSYN,** famille russe qui descend des grands-princes de Lituanie. Elle a fourni des généraux, des hommes d'État et des écrivains. — ALEKSANDR (1718-1783) se distingua durant la guerre de Sept Ans.

GALL (Franz Josef), médecin allemand, né à Tiefenbronn (Bade) [1758-1828], créateur de la phrénologie.

GALLAND (Antoine), orientaliste français, né à Rollot (Somme) [1646-1715], traducteur des *Mille et Une Nuits* (1704-1717).

GALLA PLACIDIA, princesse romaine (v. 390-450), fille de Théodose Ier, femme d'Athaulf

(414), puis (417) de Constance III. Elle gouverna l'empire d'Occident pendant la minorité de son fils Valentinien III. Son mausolée, à Ravenne, est célèbre pour ses mosaïques.

GALLAS, ethnie du sud de l'Éthiopie. Islamisés en majeure partie, les Gallas forment l'ethnie la plus nombreuse du pays.

GALLE, v. de Sri Lanka; 72000 h.

GALLE (André), inventeur français, né à Saint-Étienne (1761-1844). Il imagina la chaîne sans fin à maillons articulés (1829).

GALLE (Johann), astronome allemand, né à Pabsthaus (1812-1910). En 1846, il découvrit la planète Neptune, dont l'existence lui avait été révélée par les calculs de Le Verrier.

GALLÉ (Émile), verrier et ébéniste français, né à Nancy (1846-1904), animateur de l'école de Nancy (« art nouveau »).

GALLEGOS (Rómulo), écrivain et homme politique vénézuélien, né à Caracas (1884-1969), auteur de romans qui peignent la vie de la savane ou de la forêt vénézuéliennes *(Doña Bárbara, Canaima).* Il fut président de la République en 1948.

GALLES *(pays de),* en angl. **Wales,** région de l'ouest de la Grande-Bretagne; 20800 km²; 2725000 h. *(Gallois).*

GÉOGRAPHIE

Dans cette région de plateaux, au climat océanique, l'agriculture (élevage surtout) tient une place secondaire. Les activités industrielles (sidérurgie et métallurgie, nées de la houille) sont concentrées dans les villes qui jalonnent le canal de Bristol (Swansea, Port Talbot, Cardiff, Newport).

HISTOIRE

— Ve s. av. J.-C. : les Gallois adoptent la langue celtique et la religion druidique.
— 51 apr. J.-C. : le pays tombe aux mains des Romains, mais est peu romanisé.
— VIe s. : les Gallois résistent aux Anglo-Saxons.
— 655 : isolement du pays, divisé en quatre royaumes gardant une organisation tribale.
— IXe-XIe s. : résistance aux Scandinaves et aux Anglo-Saxons grâce aux rois unificateurs, notamment Howell († 950), qui codifie le droit gallois, et Gruffydd ap Llewelyn († 1063).
— XIIe s. : les rois normands s'allient aux Gallois.
— 1281-1283 : conquête du pays par Édouard Ier.
— XIVe s. : le fils aîné du roi d'Angleterre prend le titre de prince de Galles.
— 1536-1542 : le pays de Galles est définitivement intégré à l'Angleterre.

GALLES *(prince de),* titre que prend, en Angleterre, le fils aîné du roi, depuis 1301.

Gallia christiana, histoire des évêchés, des abbayes et autres établissements religieux de France. Commencée en 1626, l'édition essentielle fut publiée de 1715 à 1865 (16 tomes). Une nouvelle édition (1899-1920, 7 tomes) a été sévèrement jugée par la critique.

GALLIEN, en lat. **Publius Licinius Egnatius Gallienus** (v. 218-268), empereur romain (253-268). Associé à son père Valérien pour l'Occident, il resta seul empereur en 260. Lettré et philosophe, il consacra ses efforts à la défense de l'Italie, laissant plusieurs provinces (Gaule, Palmyre) se donner des souverains particuliers.

GALLIENI (Joseph), maréchal de France, né à Saint-Béat (1849-1916). Après avoir servi au Soudan et au Tonkin, il pacifia et organisa Madagascar (1896-1905). Gouverneur de Paris en 1914, il participa activement à la victoire de la Marne. Ministre de la Guerre en 1915-16, il fut promu maréchal à titre posthume en 1921.

Galliera *(palais),* édifice parisien de 1888, qui abrite depuis 1977 le musée du Costume de la Ville de Paris.

GALLIFFET (Gaston DE), général français, né à Paris (1830-1909). Il se distingua à Sedan en 1870, puis réprima durement la Commune. Il fut ministre de la Guerre de 1899 à 1900.

GALLIPOLI, en turc **Gelibolu,** v. de Turquie, en Europe, sur la rive est de la **péninsule de Gallipoli,** dominant les Dardanelles; 15000 h. Objectif de l'expédition alliée de 1915.

1239

GÄLLIVARE, v. de Suède (Norrbotten), en Laponie; 26 000 h. Fer.

GALLUP (George Horace), statisticien américain, né à Jefferson (Iowa) en 1901. Son Institut, créé en 1935, se livre à des sondages d'opinion.

GALLUS (Caius Vibius Trebonianus), empereur romain de 251 à 253. Abandonné par ses soldats, il fut assassiné.

GALOIS (Évariste), mathématicien français, né à Bourg-la-Reine (1811-1832). Ses recherches sur le rôle des groupes dans la résolution des équations algébriques ont été les plus fécondes qui aient jamais été faites en algèbre.

Évariste **Galois**

John **Galsworthy**

Luigi **Galvani**

Léon **Gambetta**
par L. Bonnat

Everts-Rapho

Mahātmā **Gāndhī**

Indira **Gāndhī**

Gāndhāra
tête sculptée
schiste, IIe s. (?)
apr. J.-C.

Gand
le quai aux Herbes
le long de la Lys

GALSWINTHE (v. 540-568), sœur aînée de Brunehaut et deuxième femme de Chilpéric Ier, roi de Neustrie. Elle fut étranglée à l'instigation de Frédégonde.

GALSWORTHY (John), écrivain anglais, né à Coombe (1867-1933), peintre critique de la haute bourgeoisie et des conventions sociales (la Saga des Forsyte, 1906-1921). [Prix Nobel, 1932.]

GALTON (sir Francis), voyageur et physiologiste britannique, né à Birmingham (1822-1911), cousin de Ch. Darwin, l'un des fondateurs de l'eugénique et de la méthode statistique.

GALUPPI (Baldassarre), compositeur italien, né à Burano (1706-1785). Il fut maître de chapelle de Saint-Marc à Venise et l'un des maîtres de l'opéra bouffe.

GALVANI (Luigi), physicien et médecin italien, né à Bologne (1737-1798). Ayant observé, en 1786, les contractions du muscle d'une grenouille écorchée, dont on avait approché des nerfs la pointe d'un scalpel, il attribua ce phénomène à une forme d'électricité animale, interprétation combattue victorieusement par Volta, qui mit en cause le contact de deux métaux différents.

GALVESTON, port des États-Unis (Texas), sur la baie de Galveston (golfe du Mexique); 62 000 h.

GAMA (Vasco DE), navigateur portugais, né à Sines, dans l'Alentejo (v. 1469-1524). Il découvrit en 1497 la route des Indes par le cap de Bonne-Espérance, fonda les établissements de Mozambique et fut vice-roi des Indes portugaises.

GAMACHES (80220), ch.-l. de c. de la Somme; 3 555 h. Église des XIIe-XVe s.

GAMALIEL, docteur pharisien du Ier s. Il fut le maître de saint Paul. — Son petit-fils GAMALIEL II a joué au IIe s. un grand rôle dans l'unification doctrinale et disciplinaire du judaïsme.

GAMBETTA (Léon), avocat et homme politique français, né à Cahors (1838-1882). Avocat libéral, adversaire de l'Empire, député républicain de Belleville en 1869, il proclame la république le 4 septembre 1870; il fait partie du gouvernement provisoire et, de Tours, organise la défense nationale; il refuse d'entériner la défaite. Député de Belleville à l'Assemblée natio-

nale (1871-1875), il siège à l'extrême gauche, à la tête de l'Union républicaine. Véritable « commis voyageur » de la République contre l'« Ordre moral », il voit ses efforts couronnés de succès aux élections législatives de 1876 et de 1877. Président de la Chambre après la démission de Mac-Mahon (1879), il doit affronter l'hostilité de Jules Grévy et des radicaux; aussi le « grand ministère » qu'il préside ne durera-t-il que quelques semaines (nov. 1881-janv. 1882).

GAMBIE (la), fl. d'Afrique, en Sénégambie, qui se jette dans l'Atlantique par un large estuaire; 1 130 km.

GAMBIE, État de l'Afrique occidentale, s'étendant de part et d'autre du cours inférieur de la Gambie; 10 347 km²; 510 000 h. Cap. Banjul. Langue : anglais. Arachides.

HISTOIRE
— 1816 : les Anglais fondent le poste de Bathurst.
— 1888 : ils créent à la fois une colonie (zone côtière) et un protectorat (intérieur).
— 1963 : autonomie de la Gambie.
— 1965 : la Gambie, monarchie indépendante.
— 1970 : régime républicain dans le cadre du Commonwealth. Sir Daouda Jawara, président.
— 1982 : union confédérale avec le Sénégal.

GAMBIER (îles), archipel de la Polynésie française; 556 h. Découvert en 1797 par les Anglais, il devint français de fait en 1844, en droit en 1881.

GAMBSHEIM (67760), comm. du Bas-Rhin; 3 813 h. Centrale hydroélectrique sur une dérivation du Rhin.

GAMELIN (Maurice), général français, né à Paris (1872-1958). Collaborateur de Joffre (1913-1915), il commanda les forces franco-britanniques de septembre 1939 au 19 mai 1940.

GAMOW (George Anthony), physicien américain d'origine russe, né à Odessa (1904-1968). Il a donné son nom à la barrière de potentiel défendant l'accès du noyau d'un atome. En cosmologie, il développa l'hypothèse selon laquelle l'Univers, actuellement en expansion, aurait connu une explosion primordiale (1948).

GANCE (Abel), metteur en scène de cinéma français, né à Paris (1889-1981), réalisateur de la

Roue (1921), Napoléon (1926), etc. C'est l'un des pionniers du cinéma moderne.

GAND, en néerl. Gent, v. de Belgique, ch.-l. de la Flandre-Orientale, au confl. de l'Escaut et de la Lys; 248 700 h. (Gantois). Centre textile, métallurgique et chimique. Port relié à la mer du Nord par le canal de Terneuzen. Université. Château des comtes (XIe-XIIe s., restauré), cathédrale Saint-Bavon (XIe-XVIe s.; retable de l'Agneau mystique de Van Eyck), nombreux autres monuments et maisons anciennes. Musées. — Au IXe s., la ville se constitue autour des abbayes de Saint-Bavon et de Saint-Pierre, et au XIIe s. elle devient une métropole drapière. La charte de 1277 marque la prépondérance du patriciat gantois. En 1302, le patriciat, allié aux rois de France, perd le gouvernement de la ville au profit des gens de métier. Le XIVe s. est caractérisé par des révoltes populaires; J. Van Artevelde s'allie aux Anglais. Au XVe s., Gand, ville bourguignonne, tente en vain de reconquérir son autonomie; l'industrie drapière entre en décadence. Chef-lieu du département français de l'Escaut en 1795, Gand redevient un grand centre textile.

GANDAS ou **BAGANDAS,** peuple bantou de l'Ouganda.

GANDER, v. du Canada, dans l'île de Terre-Neuve; 9 301 h. Base aérienne.

GĀNDHĀRA, prov. de l'Inde ancienne (actuel district de Peshawar), centre d'une école artistique (appelée autref. gréco-bouddhique), florissante entre le Ier et le IVe s.

GĀNDHĪ (Mohandas Karamchand), surnommé le Mahātmā (« la Grande Âme »), patriote et philosophe de l'Inde, né à Porbandar (1869-1948). En Afrique du Sud (1893-1914), il prend la défense de la communauté indienne et écrit Hind Svarāj (l'Autonomie de l'Inde, 1909), véritable réquisitoire contre les Occidentaux. De retour en Inde (1915), il reste d'abord loyal envers les Britanniques, mais le massacre d'Amritsar (1919) fait de lui le champion du nationalisme indien, dont il fait un phénomène de masse. Plusieurs fois emprisonné par les Britanniques, il leur oppose la non-violence. Gāndhī participe en vain aux négociations qui aboutissent en 1947 à l'indépendance du sous-continent indien et, contre son vœu, à sa partition entre une

Union indienne hindoue et un Pākistān musulman, qu'il cherche à concilier. Il est assassiné par un hindou fanatique.

GĀNDHĪ (Indira), femme politique indienne, fille de Nehru, née à Allāhābād en 1917. Présidente du parti du Congrès (1959), elle fut Premier ministre de l'Inde de 1966 à 1977 et à partir de 1980.

GANDRANGE (57120 Rombas), comm. de la Moselle; 2 579 h. Aciérie.

GANEŚA, dieu indien des Lettres, représenté avec une tête d'éléphant.

GANGE (le), fl. de l'Inde; 3 090 km. Il descend de l'Himālaya, arrose Bénarès et Patna, et se jette dans le golfe du Bengale par un vaste delta couvert de rizières. Dans ce fleuve sacré se baignent les pèlerins.

V. ill. frontispice

GANGES (34190), ch.-l. de c. de l'Hérault, sur l'Hérault; 3 858 h. *(Gangeois).* Bonneterie.

GANGTOK, cap. du Sikkim; 12 000 h.

GANIVET (Ángel), écrivain espagnol, né à Grenade (1865-1898), auteur de romans réalistes qui préparèrent le renouveau de la « génération de 1898 ».

GANNAT (03800), ch.-l. de c. de l'Allier; 6 602 h. *(Gannatois).* Église Ste-Croix, romane et gothique (œuvres d'art). Métallurgie.

GANSHOREN, comm. de Belgique (Brabant), 22 400 h.

GANSU → KAN-SOU.

GANTEAUME (Honoré, *comte*), amiral français, né à La Ciotat (1755-1818). Il commanda les forces navales de l'expédition d'Égypte (1798), puis l'escadre de Brest (1804), enfin celle de la Méditerranée (1809).

GANTT (Henry), ingénieur américain, né près de Calvert (Maryland) [1861-1919]. Il prolongea l'action de Taylor en développant l'aspect social de l'organisation du travail.

GANYMÈDE. *Myth. gr.* Prince troyen. Zeus, ayant pris la forme d'un aigle, l'enleva et en fit l'échanson des dieux.

GANZHOU → KAN-TCHEOU.

GAO, v. du Mali, sur le Niger; 14 000 h. Cap. de l'Empire songhaï au XIᵉ s.

GAOXIONG → KAO-HIONG.

GAP (05000), ch.-l. du dép. des Hautes-Alpes, à 668 km au sud-est de Paris, sur la Luye, affl. de la Durance; 29 724 h. *(Gapençais).* Évêché. Musée. Travail du bois. Produits alimentaires.

GAPENÇAIS (le), pays du Dauphiné, autour de Gap.

Garabit *(viaduc de),* pont métallique ferroviaire, au-dessus de la Truyère (Cantal), construit de 1882 à 1884 par Eiffel; 564 m de long, environ 100 m au-dessus de l'eau.

GARBO (Greta GUSTAFSSON, dite **Greta**), actrice de cinéma suédoise, naturalisée américaine, née à Stockholm en 1905. Surnommée *La Divine*, elle fut l'une des plus grandes stars des années 1930 (*La Reine Christine*, 1933; *Anna Karenine*, 1935; *Ninotchka*, 1939).

GARBORG (Arne), écrivain norvégien, né à Time (1851-1924), propagandiste du parler populaire, le *landsmaal*.

GARCHES (92380), ch.-l. de c. des Hauts-de-Seine; 18 389 h. *(Garchois).*

GARCÍA CALDERÓN (Ventura), diplomate et écrivain péruvien, né à Paris (1886-1959), auteur de contes et de nouvelles (*la Vengeance du condor*, 1925).

GARCÍA GUTIÉRREZ (Antonio), auteur dramatique espagnol, né à Chiclana (prov. de Cadix) [1813-1884]. On lui doit des drames et des comédies romantiques (*le Trouvère*).

GARCÍA LORCA (Federico), écrivain espagnol, né à Fuente Vaqueros (1898-1936), auteur de poèmes (*Romancero gitan*, 1928) et de pièces de théâtre (*Noces de sang*, 1933; *Yerma*, 1934; *la Maison de Bernarda*, 1936). Il fut fusillé par les franquistes pendant la guerre civile.

GARCÍA MARQUEZ (Gabriel), écrivain colombien, né à Aracataca en 1928. Son œuvre compose une chronique à la fois réaliste et allégorique de l'Amérique latine (*Cent Ans de solitude*, 1967).

GARCILASO ou **GARCÍA LASO DE LA VEGA,** homme de guerre et poète espagnol, né à Tolède (1501 ou 1503-1536), auteur de poèmes lyriques et pastoraux.

GARCILASO DE LA VEGA Y VARGAS (Sebastián), un des conquistadors du Pérou, né à Badajoz (1495-1559). Il se fit remarquer par son humanité à l'égard des indigènes.

GARD ou **GARDON** (le), affl. du Rhône (r. dr.); 71 km. Il est formé de la réunion du *Gardon d'Alès* et du *Gardon d'Anduze.* Un aqueduc romain *(pont du Gard),* haut de 49 m, le franchit.

GARD (dép. du) [**30**], dép. de la Région Languedoc-Roussillon; ch.-l. de dép. *Nîmes;* ch.-l. d'arr. *Alès, Le Vigan;* 3 arr., 43 cant., 353 comm.; 5 848 km²; 494 575 h. *(Gardois).* Il est rattaché à l'académie de Montpellier, à la circonscription judiciaire de Nîmes, à la région militaire de Lyon et à la province ecclésiastique d'Avignon. Les arides plateaux calcaires des Garrigues séparent l'extrémité méridionale des Cévennes de la partie orientale de la plaine languedocienne, qui porte des vignobles, mais aussi, grâce à l'irriga-

tion, des cultures fruitières et légumières. Au sud, la Petite Camargue est une région marécageuse. L'industrie est représentée surtout, en dehors d'Alès et de Nîmes, à Salindres, Bagnols-sur-Cèze, Bessèges, l'Ardoise et à Marcoule (le plus ancien centre atomique français).

GARDAFUI (cap) → GUARDAFUI.

GARDANNE (13120), ch.-l. de c. des Bouches-du-Rhône; 14 421 h. *(Gardannais).* Lignite. Centrale thermique. Alumine.

GARDE (La) [83130], comm. du Var; 15 516 h.

GARDE *(lac de),* le plus oriental des grands lacs italiens du Nord, traversé par le Mincio; 370 km². Tourisme.

GARDEL (Maximilien), dit **Gardel l'Aîné,** danseur et chorégraphe français, né à Mannheim (1741-1787).

Gardien (le), pièce en trois actes de Harold Pinter (1960) : une des œuvres les plus représentatives du théâtre de l'absurde.

GARDINER (Stephen), prélat et homme d'État anglais, né à Bury Saint Edmunds (entre 1483 et 1493-1555). Il soutint Henri VIII contre le pape en 1533. Devenu lord-chancelier sous Marie Tudor, il persécuta les protestants.

GARENNE-COLOMBES (La) [92250], ch.-l. de c. des Hauts-de-Seine, au nord-ouest de Paris; 24 082 h.

GARGALLO (Pablo), sculpteur espagnol, né à Maella (1881-1934). On lui doit des sculptures en fer, en cuivre, en bronze, etc., d'inspiration cubiste.

GARGANO, promontoire calcaire de l'Italie péninsulaire, sur l'Adriatique. Bauxite.

Gargantua (Vie inestimable du grand), roman de Rabelais (1534). Écrit postérieurement à *Pantagruel,* l'ouvrage sera placé en tête des œuvres complètes, Gargantua étant le père de Pantagruel. Les principaux épisodes du livre sont ceux de la guerre contre Picrochole et de la fondation de l'abbaye de Thélème pour le frère Jean des Entommeures.

Federico **García Lorca** par G. Prieto

GARD

courbes : 75, 150, 300, 900, 1500 m

GARGENVILLE (78440), comm. des Yvelines; 4 666 h. Raffinerie de pétrole.

GARGES-LÈS-GONESSE (95140), ch.-l. de c. du Val-d'Oise; 37 927 h. *(Gargeois).*

GARGILESSE-DAMPIERRE (36190 Orsennes), comm. de l'Indre; 363 h. Église romane (peintures murales gothiques). Vallée célébrée par George Sand.

GARIBALDI (Giuseppe), patriote italien, né à Nice (1807-1882). Il lutta pour l'unification de l'Italie, d'abord contre l'Autriche, puis contre le royaume des Deux-Siciles (expédition des Mille, en 1860) et contre la papauté; il combattit pour la France en 1870-71.

GARIBALDI (Ricciotti), général italien, fils du précédent, né à Montevideo (1847-1924). Il forma en 1914, au service de la France, une légion italienne où combattirent ses fils.

GARIGLIANO (le), fl. d'Italie, entre le Latium et la Campanie; 38 km. Sur ses bords, Gonzalve de Cordoue battit les Français (1503), et Bayard en défendit seul un pont contre une avant-garde espagnole. Victoire du corps expéditionnaire français, commandé par Juin (mai 1944).

Garin de Monglane, héros de chansons de geste de la fin du XIIIe et du début du XIVe s. Son nom a été donné à un cycle d'épopées qui raconte la lutte de Girart de Vienne et de sa famille contre les Sarrasins.

GARIZIM *(mont),* montagne de Palestine, au sud de Sichem, haut lieu des Samaritains.

GARLIN (64330), ch.-l. de c. des Pyrénées-Atlantiques; 1 083 h.

GARMISCH-PARTENKIRCHEN, station d'altitude et de sports d'hiver (alt. 708-2 963 m) de l'Allemagne fédérale (Bavière); 27 000 h.

GARNEAU (François-Xavier), historien canadien, né à Québec (1809-1866), auteur d'une *Histoire du Canada.*

GARNEAU (Saint-Denys), écrivain canadien d'expression française, né à Montréal (1912-1943), auteur de recueils lyriques (*Regards et jeux dans l'espace*, 1937).

GARNERIN (André), aéronaute français, né à Paris (1769-1823). Il réussit, à partir d'un ballon, la première descente en parachute (Paris, 1797). — Son épouse, JEANNE Labrosse (1775-1847), fut la première femme aéronaute et parachutiste.

GARNIER (Robert), poète dramatique français, né à La Ferté-Bernard (1544-1590), auteur de tragédies et de tragicomédies qui imitent le pathétique de Sénèque (*les Juives*, 1583).

GARNIER (Charles), architecte français, né à Paris (1825-1898). On lui doit l'Opéra de Paris.

GARNIER (Marie Joseph François, dit **Francis**), marin français, né à Saint-Étienne (1839-1873). Explorateur du Mékong (1869), il conquit le delta du fleuve Rouge (1873), mais fut tué par les Pavillons-Noirs.

GARNIER (Tony), architecte français, né à Lyon (1869-1948). A construit à Lyon de nombreux édifices d'une architecture rationnelle.

GARNIER-PAGÈS (Étienne), homme politique français, né à Marseille (1801-1841), l'un des chefs du parti républicain sous Louis-Philippe. — Son frère, LOUIS ANTOINE, né à Marseille (1803-1878), membre du gouvernement provisoire et maire de Paris en 1848, membre du gouvernement de la Défense nationale en 1870, est l'auteur d'une *Histoire de la Révolution de 1848.*

GARONNE (la), fl. du sud-ouest de la France, qui naît en Espagne, dans la Maladeta, et se jette dans l'Atlantique; 650 km (575 en excluant l'estuaire de la Gironde). Au sortir de la montagne, après avoir reçu la Pique (r. g.), la Neste (r. g.) et le Salat (r. dr.), la Garonne coule dans une large plaine alluviale, se grossissant de son dernier affluent pyrénéen, l'Ariège (r. dr.). En aval de Toulouse, le fleuve se dirige vers le nord-ouest, passe à Agen, recevant à gauche des rivières venues du Lannemezan (Save, Gers, Baïse) et à droite ses principaux tributaires issus du Massif central (Tarn, grossi de l'Aveyron, Lot). Peu après Bordeaux, au bec d'Ambès, commence la Gironde, véritable bras de mer, estuaire commun de la Garonne et de la Dor-

dogne. La Garonne a un régime irrégulier, aux crues pouvant survenir en toutes saisons, sauf en juillet et en août, et dont la brutalité est liée à la pente rapide et à l'origine montagnarde du fleuve et de ses grands affluents. Délaissée par la navigation en amont de Bordeaux, elle est alors utilisée surtout pour l'irrigation et la production d'hydroélectricité.

Garonne *(canal latéral à la),* canal longeant la Garonne, de Toulouse à Castets-en-Dorthe (près de Langon); 193 km.

GARONNE *(dép. de la* **Haute-**) [**31**], dép. de la Région Midi-Pyrénées; ch.-l. de dép. *Toulouse;* ch.-l. d'arr. *Muret, Saint-Gaudens;* 3 arr., 50 cant., 587 comm.; 6 301 km²; 777 431 h. Il est rattaché à l'académie, à la circonscription judiciaire et à la province ecclésiastique de Toulouse, à la région militaire de Bordeaux. L'extrémité méridionale du dép. appartient aux Pyrénées (bassin de la Pique), où l'élevage ovin, le

tourisme (Bagnères-de-Luchon) et l'électrochimie, liée à l'hydroélectricité, constituent les principales activités. Le reste du dép., formé par une partie des plaines alluviales de la Garonne, est consacré à une polyculture variée (céréales, vigne, fruits et légumes), souvent associée à l'élevage (bovins, petit bétail). L'industrie et surtout le secteur tertiaire doivent leur importance à celle de l'agglomération de Toulouse.

GARRICK (David), acteur et écrivain anglais, né à Hereford (1717-1779), interprète de Shakespeare et auteur de comédies.

GARRIGUES (les), plateaux arides du Languedoc, au pied des Cévennes. Camp militaire (près de Nîmes). Élevage des moutons.

GARROS (Roland), aviateur français, né à Saint-Denis (île de la Réunion) [1888-1918]. Il traversa le premier la Méditerranée en 1913 et inventa le procédé de tir à travers l'hélice; il fut tué en combat aérien.

Giuseppe **Garibaldi** par Malinski

François-Xavier **Garneau**

Francis **Garnier**

HAUTE-GARONNE

chef-lieu de département — chef-lieu d'arrondissement — chef-lieu de canton — limite d'arrondissement — limite de canton — localités classées selon leur population

v. ferrée — route — autoroute

0 km 10 km 20

courbes : 150 300 600 900 1500 m

GARTEMPE (la), affl. de la Creuse (r. g.); 190 km.

GARY, v. des États-Unis (Indiana), au bord du lac Michigan; 175 000 h. Sidérurgie.

GARY (Romain KACEW, dit **Romain**), écrivain français, né à Wilno (1914-1980), romancier de l'angoisse et des mensonges du monde moderne (*les Racines du ciel*, 1956), et que l'impossible quête de son identité conduisit au suicide après s'être inventé un double littéraire (Émile Ajar).

GASCOGNE, duché français qui s'étendait entre les Pyrénées, l'Atlantique et la Garonne (en aval de Toulouse); cap. *Auch*. Elle fut unie à l'Aquitaine en 1036.

GASCOGNE (golfe de), golfe de l'Atlantique, entre la France et l'Espagne.

GASCOIGNE (George), écrivain anglais, né à Cardington (Bedfordshire) [v. 1535-1577], auteur de la première comédie anglaise en prose, *les Supposés* (1566).

GASKELL (Elizabeth), née STEVENSON, romancière anglaise, née à Chelsea (1810-1865), auteur de romans qui peignent le petit peuple du Yorkshire.

GASKELL (Sonia), maîtresse de ballet et pédagogue d'origine russe, née à Kiev (1904-1974), fondatrice du Nederlands Ballet, origine du Het Nationale Ballet (1959).

GASPARIN (Adrien, *comte* DE), agronome et homme politique français, né à Orange (1783-1862), partisan de l'application des sciences physiques et chimiques à l'agronomie.

GASPARRI (Pietro), cardinal italien, né à Capovalloza de Ussita (1852-1934). Secrétaire d'État sous Benoît XV et Pie XI (1914-1930), il signa les accords du Latran (1929) entre le Vatican et l'Italie.

GASPÉ, port du Canada (Québec), au fond de la *baie de Gaspé*, à l'extrémité de la *Gaspésie*; 16 842 h. Jacques Cartier y débarqua en 1534.

GASPÉ (Philippe AUBERT DE), écrivain canadien d'expression française, né à Saint-Jean-Port-Joli (1786-1871), peintre des mœurs ancestrales (*les Anciens Canadiens*, 1862).

GASPERI (Alcide DE) → DE GASPERI.

GASPÉSIE, péninsule du Canada (Québec), entre le golfe du Saint-Laurent et la baie des Chaleurs. Tourisme. Pêche. Parc provincial.

GASSENDI (abbé Pierre GASSEND, dit), savant et philosophe français, né à Champtercier (1592-1655). Ses travaux en mathématiques, en acoustique et en astronomie le conduisirent à critiquer Descartes, puis à concilier l'atomisme antique et la morale épicurienne.

GASSER (Herbert), physiologiste américain, né à Platteville (Wisconsin) [1888-1963], auteur de recherches sur les fibres nerveuses. (Prix Nobel, 1944.)

GASSI (El-), gisement de pétrole du Sahara algérien.

GASSION (Jean DE), maréchal de France, né à Pau (1609-1647). Il combattit en Saxe sous les ordres de Gustave-Adolphe, se distingua à Rocroi, mais fut blessé mortellement devant Lens.

GASTAUT (Henri), médecin français, né à Monaco en 1915. Il est connu pour ses travaux sur l'épilepsie et la neurophysiologie.

GASTON III DE FOIX, dit **Phébus** (1331-1391), comte de Foix et vicomte de Béarn (1343-1391). Il lutta contre l'Armagnac. Fin lettré, il entretint à Orthez une cour fastueuse. Il légua ses biens au roi de France.

GASTON DE FOIX (m. en 1470), vicomte de Castelbon et prince de Viane, fils aîné de Gaston IV de Foix et trisaïeul d'Henri IV.

GATESHEAD, v. d'Angleterre, sur la Tyne; 94 000 h.

GATIEN (saint) [IIIᵉ s.]. Il serait le premier évêque de Tours.

GÂTINAIS, région du Bassin parisien, de part et d'autre du Loing (*Gâtinais orléanais* à l'ouest, *Gâtinais français* à l'est).

GATINEAU, v. du Canada (Québec), sur la *Gatineau* (440 km), affl. de g. de l'Ottawa; 73 479 h. Papier journal.

Gaudí y Cornet
entrée du parc Güell
(1900-1914) à Barcelone

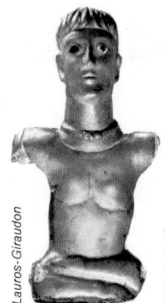

Gaule
l'idole
de Bouray
art gaulois
Iᵉʳ s. av. J.-C.

Gatsby le magnifique, roman de Scott Fitzgerald (1925).

GATTAMELATA (le), condottiere italien, m. en 1443 à Padoue, où sa statue équestre, premier chef-d'œuvre monumental de la Renaissance, fut érigée en 1453 par Donatello.

GATTCHINA, de 1929 à 1944 **Krasnogvardeisk**, v. de l'U.R.S.S. (R.S.F.S. de Russie), au sud de Leningrad; 74 000 h. Château du XVIIIᵉ s., anc. résidence impériale transformée en musée.

GAUBE (lac de), petit lac des Hautes-Pyrénées, au sud de Cauterets; alt. 1 789 m.

GAUBERT (Philippe), flûtiste et compositeur français, né à Cahors (1879-1941), chef d'orchestre de la Société des concerts du Conservatoire, auteur du ballet *le Chevalier et la Damoiselle*.

GAUCHY (02430), comm. de l'Aisne, banlieue de Saint-Quentin; 5 663 h. Textile.

GAUDE (La) [06610], comm. des Alpes-Maritimes; 2 309 h. Électronique.

GAUDÍ Y CORNET (Antoni ou Antonio), architecte espagnol, né à Reus (1852-1926). Il s'inspira du style gothique pour pratiquer une architecture audacieuse et singulière. Son œuvre la plus célèbre, inachevée, est l'église de la Sagrada Familia, à Barcelone.

Charles de Gaulle

GAUDIN (Martin Charles), *duc* de **Gaète,** financier français, né à Saint-Denis (1756-1841). Ministre des Finances de 1799 à 1814, il réorganisa l'administration financière et créa le cadastre. Il fut gouverneur de la Banque de France de 1820 à 1834.

GAUDRY (Albert), paléontologiste français, né à Saint-Germain-en-Laye (1827-1908). On lui doit une importante contribution à la théorie de l'évolution.

GAUGUIN (Paul), peintre français, né à Paris (1848-1903). Issu de l'impressionnisme, il réagit contre celui-ci en procédant par larges aplats de couleurs sur un dessin également résumé. Ami des symbolistes, il voulut conférer à ses tableaux un sens d'ordre spirituel. Anxieux de remonter aux sources de la création, il séjourna en Bretagne, à partir de 1886, avec Émile Bernard et quelques autres (école de Pont-Aven), rejoignit un moment à Arles son ami Van Gogh, puis, en

Gauguin
Vairumati (1897)

1891, s'installa définitivement en Océanie. Il a fortement influencé les nabis et les fauves, et il est considéré comme un des initiateurs de la peinture moderne. (*La Vision après le sermon*, 1888, Édimbourg; *Cavaliers sur la plage*, 1902, Essen.)

GAUHATI, v. de l'Inde (Assam), sur le Brahmapoutre; 123 000 h. Université.

GAULE, nom donné dans l'Antiquité aux régions comprises entre le Rhin, les Alpes, la Méditerranée, les Pyrénées et l'Atlantique.

— 1200-150 av. J.-C. : migrations celtes.
— Xᵉ-VIIᵉ s. : les Celtes colonisent l'est du pays.
— VIᵉ-IIᵉ s. : occupation du reste du pays et de l'Italie du Nord (Gaule Cisalpine). Développement d'une civilisation gauloise. Division du monde gaulois en quatre-vingt-dix peuples ou *civitates*.
— 154 av. J.-C. : les Romains interviennent à l'appel de Marseille (*Massalia*) contre les Ligures.
— 125-121 av. J.-C. : les Romains se taillent une province (la *Provincia* = Provence) avec Narbonne comme capitale.
— 58-51 av. J.-C. : conquête de la Gaule divisée par César, malgré la résistance, en particulier celle de Vercingétorix, vaincu à Alésia (52).
— 27 av. J.-C. : la Gaule romaine, outre la Narbonnaise, est divisée en trois provinces : Aquitaine, Lyonnaise, Belgique, soumises à un préfet résidant à *Lugdunum* (Lyon).
— 69 apr. J.-C. : dernier sursaut national avec Civilis.
— Iᵉʳ s. av. J.-C.-IIIᵉ s. apr. J.-C. : développement d'une brillante civilisation gallo-romaine surtout urbaine; implantation du christianisme.
— IIIᵉ s. : premières invasions germaniques.
— Vᵉ s. : grave altération de la civilisation gallo-romaine.
— VIᵉ s. : la Gaule reconnaît la domination des Francs.

GAULLE (Charles DE), général et homme d'État français, né à Lille (1890-1970). Officier durant la

GAULLE

Gênes

Première Guerre mondiale, il écrit plusieurs ouvrages de réflexion politique et de stratégie militaire (*le Fil de l'épée*, 1932; *Vers l'armée de métier*, 1934; *la France et son armée*, 1938), dans lesquels il préconise, notamment, l'utilisation des blindés. Général de brigade au cours de la bataille de France (mai 1940), sous-secrétaire d'État à la Défense nationale dans le cabinet Reynaud (juin), il refuse l'armistice et lance, de Londres, le 18 juin, un appel à la résistance. S'imposant peu à peu, et non sans difficultés, comme le chef de la France libre, il crée à Alger, en 1943, le Comité français de libération nationale, futur Gouvernement provisoire de la République française qui s'installe en France, en août 1944, sous sa présidence. Mais, hostile aux « jeux des partis » et partisan d'un régime présidentiel, il démissionne dès janvier 1946. Fondateur et chef du Rassemblement du peuple français (R. P. F.) [1947-1953], il se retire ensuite de la vie politique et se consacre à la rédaction de ses *Mémoires de guerre* (1954-1959). Rappelé au pouvoir à la faveur de la crise algérienne (mai 1958), il fait approuver une nouvelle Constitution, de type présidentiel, qui fonde la Ve République. Président de la République (1959), il liquide le contentieux algérien (1959-1962), et renforce l'autorité présidentielle par l'élection du président au suffrage universel. Réélu, après ballottage, en 1965, il développe une politique étrangère de prestige et d'indépendance nationale. Après l'échec d'un référendum sur la régionalisation et la réforme du Sénat, il démissionne le 28 avril 1969.

GAUMÂTA, mage perse qui, à la mort de Cambyse II (522 av. J.-C.), aurait pris le pouvoir en se faisant passer pour Bardiya, frère du roi défunt.

GAUME *(la),* région la plus méridionale de la Belgique (prov. du Luxembourg), autour de Virton.

GAUMONT (Léon), industriel français, né à Paris (1863-1946), l'un des promoteurs de l'industrie cinématographique. On lui doit les premiers procédés de cinéma parlant (1902) et de cinéma en couleurs (1912).

GAUSS (Carl Friedrich), astronome, mathématicien et physicien allemand, né à Brunswick (1777-1855), auteur de travaux sur la mécanique céleste, la théorie des erreurs, le magnétisme, l'électromagnétisme et l'optique. Il fut le premier à découvrir la géométrie non euclidienne hyperbolique.

GAUTIER Sans Avoir, né à Boissy-Sans-Avoir (m. en 1096 ou 1097), chef de bande qui dirigea l'avant-garde de la 1re croisade et périt près de Nicée.

GAUTIER de Coincy, poète français, né à Coincy, près de Soissons (1177 ou 1178-1236), auteur d'un recueil de *Miracles de Notre-Dame.*

GAUTIER (Théophile), écrivain français, né à Tarbes (1811-1872). Partisan du romantisme, au premier rang de la bataille d'Hernani, populaire par ses romans historiques (*le Capitaine* Fracasse,* 1863), il devint l'un des théoriciens de « l'art pour l'art » (*Émaux* et Camées,* 1852) et l'un des maîtres de l'école parnassienne.

GAVARNI (Sulpice Guillaume CHEVALIER, dit **Paul**), dessinateur et lithographe français, né à Paris (1804-1866). Collaborateur au *Charivari,* il a décrit avec esprit les mœurs de la bourgeoisie et des lorettes.

GAVARNIE (65120 Luz St Sauveur), comm. des Hautes-Pyrénées; 162 h. Station d'altitude (1 357 m). Cirque de rochers aux parois verticales, d'où le gave de Pau se précipite.

GÂVLE, port de Suède, sur le golfe de Botnie; 87 000 h.

GAVRAY (50450), ch.-l. de c. de la Manche; 1 387 h.

GAVR'INIS, île du golfe du Morbihan. Allée couverte préhistorique, aux parois gravées.

Gavroche, personnage des *Misérables* de Victor Hugo : gamin de Paris railleur, il meurt sur les barricades de l'insurrection de 1832.

GAXOTTE (Pierre), écrivain français, né à Revigny (Meuse) en 1895, auteur d'études historiques (*Histoire de France,* 1960; *Histoire d'Allemagne,* 1963). [Acad. fr.]

Théophile **Gautier**
par A. de Châtillon

Louis-Joseph
Gay-Lussac

Carl Friedrich
Gauss

GAY (John), écrivain anglais, né à Barnstaple (1685-1732), auteur de *l'Opéra du gueux* (1728).

GAY (Francisque), homme politique français, né à Roanne (1885-1963). Éditeur et journaliste démocrate-chrétien (*la Vie catholique,* 1924; *l'Aube,* 1932), un des fondateurs du M. R. P., il participa aux premiers gouvernements de l'après-guerre (1945-46).

GAYA, v. de l'Inde (Bihār); 180 000 h. Grand centre de pèlerinage.

GAY-LUSSAC (Louis Joseph), physicien et chimiste français, né à Saint-Léonard-de-Noblat (1778-1850). Il découvrit, en 1804, la loi de la dilatation des gaz. En 1802, il fit deux ascensions en ballon, dépassant 7 000 m, pour étudier les variations du magnétisme terrestre. Il énonça les lois de la combinaison des gaz en volume. Avec Thenard, il montra que le chlore est un corps simple, et découvrit le bore. Il étudia aussi l'iode et isola le cyanogène.

GAZA, territoire et v. de la Palestine occupés par Israël depuis 1967; 378 km²; 400 000 h.

GAZANKULU, État bantou d'Afrique du Sud.

Gazette *(la),* journal fondé par Théophraste Renaudot en 1631 sous le patronage de Richelieu; devenue en 1762 la *Gazette de France,* elle cessa de paraître en 1914.

GAZIANTEP, autref. **Ayıntab,** v. de Turquie, au nord d'Alep; 301 000 h.

GAZLI, gisement de gaz naturel de l'U. R. S. S. (Ouzbékistan).

GDAŃSK, en allem. **Dantzig** ou **Danzig,** port de la Pologne, sur la *baie de Gdańsk,* près de l'embouchure de la Vistule; 434 000 h. Nombreux monuments, restaurés. Constructions navales. — Anc. ville de la Hanse, la ville jouit, sous les rois de Pologne, d'une quasi-autonomie (XIVe-XVIIIe s.); elle devint prussienne en 1793. Les Français s'en emparèrent en 1807. Ville libre (1807-1814), puis annexée à l'État prussien (1815-1919), elle fut de nouveau ville libre en 1919. Son incorporation au Reich le 1er septembre 1939 servit de prétexte au déclenchement de la Seconde Guerre mondiale. Dantzig fut rattaché à la Pologne en 1945.

GDYNIA, port polonais sur la Baltique, au nord-ouest de Gdańsk, à l'extrémité de l'ancien « couloir » polonais aménagé par le traité de Versailles; 225 000 h.

GÊ → GAIA.

GÉANTS *(monts des)* → KARKONOSZE.

GEAUNE (40320), ch.-l. de c. des Landes; 655 h. *(Geaunois).* Restes d'enceinte.

GEBER ou **DJÂBIR** (ABŪ MŪSA DJÂBIR AL-ṢŪFĪ, dit), alchimiste arabe de la fin du VIIIe s. et du début du IXe, né à Kūfa.

GÉBIDES → GÉPIDES.

GÉDÉON, juge d'Israël, vainqueur des Madianites (XIIe s. av. J.-C.).

GEEL, comm. de Belgique (Anvers); 30 500 h. Constructions électriques.

GEELONG, port d'Australie (Victoria); 132 000 h. Raffinage du pétrole. Aluminium.

GEFFROY (Gustave), écrivain français, né à Paris (1855-1926). Il soutint l'esthétique naturaliste ainsi que les peintres impressionnistes. Il fut directeur des Gobelins et l'un des dix premiers membres de l'Académie Goncourt.

GEIGER (Hans), physicien allemand, né à Neustadt (1882-1945), inventeur du compteur de particules qui porte son nom (1913).

GEISÉRIC ou **GENSÉRIC,** m. en 477, premier roi vandale d'Afrique (428-477). Il fonda en Afrique et dans les îles de la Méditerranée occidentale un État puissant.

GEISPOLSHEIM (67400 Illkirch Graffenstaden), ch.-l. de c. du Bas-Rhin; 4 625 h.

GEISSLER (Heinrich), mécanicien allemand, né à Igelshieb (1815-1879), auteur de travaux sur les décharges électriques dans les gaz raréfiés *(tubes de Geissler).*

GEJIU → KO-KIEOU.

GELA, port d'Italie (Sicile); 74 000 h. Pétrochimie. Fondée au VIIe s. par les Grecs, la ville antique fut définitivement détruite au IIIe s. av. J.-C. Une ville neuve, *Terranova,* fondée en 1230, a repris son nom en 1927. Musée archéologique.

GÉLASE Ier *(saint)* [m. en 496], pape de 492 à 496, adversaire du monophysisme et du pélagianisme. — GÉLASE II *(Jean de Gaète)* [v. 1058-1119], pape de 1118 à 1119.

GÉLIMER, dernier roi des Vandales d'Afrique (530-534), vaincu par Bélisaire.

GÉLINIER (Octave), économiste français, né à Corbigny en 1916. Ses travaux portent sur l'administration des entreprises.

GELLÉE (Claude) → LORRAIN *(le).*

GELL-MANN (Murray), physicien américain, né à New York en 1929. Il a défini l'« étrangeté » des particules élémentaires et fait l'hypothèse du quark. (Prix Nobel, 1969.)

GÉLON, né à Gela (540-478 av. J.-C.), tyran de Gela (491-485) et de Syracuse de 485 à 478 av. J.-C., vainqueur des Carthaginois à Himère (480).

GELOS (64110 Jurançon), comm. des Pyrénées-Atlantiques ; 3 557 h. Vins (jurançon).

GELSENKIRCHEN, v. d'Allemagne fédérale, dans la Ruhr ; 323 000 h. Houille. Métallurgie. Chimie.

GEMAYEL (Pierre), homme politique libanais, né à Bikfaya en 1905. Fondateur du parti phalangiste (1936), il lutta contre les nationalistes arabes en 1958 et contre les Palestiniens durant la guerre civile de 1975-76.

GEMBLOUX-SUR-ORNEAU, comm. de Belgique (prov. de Namur) ; 17 200 h. Institut royal d'agriculture.

GÉMEAUX (les), constellation zodiacale caractérisée par ses deux principales étoiles, *Castor* et *Pollux,* dont l'alignement est parallèle à la Voie lactée. — Troisième signe du zodiaque, que le Soleil quitte au solstice d'été.

GÉMIER (Firmin), acteur français, né à Aubervilliers (1869-1933), directeur de l'Odéon (1922-1930) et premier directeur du Théâtre national populaire (1920-1933).

GEMINIANI (Francesco), violoniste et compositeur italien, né à Lucques (1687-1762). Il fit école en Angleterre et composa des sonates et des concertos.

GÉMISTE PLÉTHON (Georges), philosophe byzantin, né à Constantinople (v. 1355 - v. 1450). Il contribua au renouvellement du platonisme.

GEMMI (la), col des Alpes suisses, dans l'Oberland bernois ; 2 329 m.

GÉMOZAC (17260), ch.-l. de c. de la Charente-Maritime ; 2 391 h. Église en partie romane.

GENAPPE, comm. de Belgique (Brabant) ; 11 000 h.

GENÇAY (86160), ch.-l. de c. de la Vienne ; 1 392 h. Ruines féodales.

GENDREY (39350), ch.-l. de c. du Jura ; 216 h. Vins.

Généalogie de la morale (la), œuvre de F. Nietzsche (1887), dans laquelle l'auteur se demande ce que valent en elles-mêmes les valeurs morales.

GENERAL SAN MARTÍN, faubourg de Buenos Aires ; 316 000 h.

Génération perdue, nom donné à l'ensemble des écrivains américains qui, au lendemain de la Première Guerre mondiale, ont vécu la faillite de leur tradition intellectuelle et ont cherché un remède à leur désarroi dans l'Europe des années folles, l'alcool, le voyage ou le socialisme.

GÊNES, en ital. Genova, v. d'Italie, cap. de la Ligurie, sur le *golfe de Gênes,* que forme la Méditerranée ; 795 000 h. (*Génois*). Cathédrale et nombreuses églises, construites et décorées du Moyen Âge à l'époque baroque. Riches palais, dont les palais Rosso, Bianco et Spinola, auj. galeries d'art. Campo santo monumental. Principal port italien. Centre industriel (métallurgie, chimie). Gênes devient indépendante au XIIe s. Au XIIIe s., malgré la concurrence de Pise puis la rivalité de Venise, elle se créa un puissant empire maritime en Méditerranée orientale. En 1339, elle se donna un doge ; aux XIVe et XVe s., son empire fut détruit par Venise et par les Turcs. En 1768, elle céda la Corse à la France. Capitale de la république Ligurienne en 1797, elle fut annexée à l'Empire français (1805), puis au royaume de Sardaigne en 1815.

GENÈS ou **GENEST** (saint), martyr sous Dioclétien (début du IVe s.). Il est le héros de la tragédie de Rotrou *Saint Genest* (1646).

GÉNÉSARETH (lac de), nom donné par les Évangiles au lac de Tibériade.

Genèse, le premier livre du Pentateuque et de la Bible, consacré aux origines de l'humanité et à l'histoire des patriarches.

GENET (Jean), écrivain français, né à Paris en 1910. Ses romans (*Notre-Dame-des-Fleurs,* 1948), ses poèmes et son théâtre (*les Bonnes,* 1947 ; *le Balcon,* 1956 ; *les Paravents,* 1963) évoquent sa jeunesse abandonnée et délinquante et fustigent les hypocrisies du monde contemporain.

GENÈVE, v. de Suisse, ch.-l. du cant. de ce nom, à l'extrémité sud-ouest du lac Léman, à 526 km au sud-est de Paris ; 156 000 h. (*Genevois*). Université fondée par Calvin. Musées,

dont celui d'Art et d'Histoire. Horlogerie et mécanique de précision. Produits chimiques. — Genève passa en 1401 dans la mouvance de la maison de Savoie, qui fut évincée en 1530 ; la ville, indépendante, devint peu après (1536) le principal foyer du calvinisme. Elle entra dans la

Genève quartiers en bordure du Rhône, à sa sortie du lac Léman

Confédération suisse en 1814 et fut, de 1919 à 1939, le siège de la Société des Nations ; elle est encore celui de la Croix-Rouge et de différentes organisations internationales (Organisation mondiale de la santé). Les *conventions de Genève* sur les blessés et prisonniers de guerre y furent signées (1864, 1906, 1929 et 1949). La *conférence de Genève* (1954) aboutit à un cessez-le-feu au Viêt-nam et au partage de ce pays. — Le canton a 282 km² et 340 000 h.

GENÈVE (lac de), nom parfois donné à l'extrémité sud-ouest du lac Léman.

GENEVIÈVE (sainte), patronne de Paris, née à Nanterre (v. 422 - v. 502). Elle donna aux habitants de Lutèce l'assurance qu'ils n'auraient rien à souffrir de la part d'Attila, et sa parole se réalisa (451, 1906, 1929 et 1949). Son culte fut très populaire à Paris jusqu'à la Révolution.

Geneviève de Brabant, héroïne d'une légende populaire du Moyen Âge, dont la première version se trouve dans la *Légende dorée.*

GENEVOIS (massif du), nom parfois donné à la partie du massif des Bornes proche de *Genève.*

GENEVOIX (Maurice), écrivain français, né à Decize (1890-1980), auteur de souvenirs de guerre et de récits sur le monde rural (*Raboliot,* 1925) et animal (*Tendre Bestiaire*). [Acad. fr.]

GENGIS KHÂN ou **TCHINGIZ KHÂN,** titre de Temüdjin, fondateur du premier Empire mongol (v. 1160-1227). Reconnu comme khân suprême par les Mongols (1206), il s'empara de la Chine du Nord (1211-1216), puis pénétra jusqu'en Russie et en Afghānistān.

Génie du christianisme, par Chateaubriand (1802). L'auteur se propose de démontrer que la religion chrétienne est la plus favorable à la création intellectuelle et artistique.

GENIL (le), riv. d'Espagne, affl. du Guadalquivir (r. g.) ; 211 km. Il passe à Grenade.

GÉNISSIAT, localité de l'Ain (comm. d'Injoux-Génissiat). Barrage et centrale hydroélectrique sur le Rhône.

Genji-monogatari, roman de Murasaki Shikibu (début du XIe s.) : un des classiques de la littérature japonaise, qui peint la vie de la cour de Kyôto aux environs de l'an 1000.

GENK, comm. de Belgique (Limbourg) ; 61 200 h. Métallurgie. Automobiles.

GENLIS (21110), ch.-l. de c. de la Côte-d'Or ; 4 136 h.

GENLIS (Stéphanie Félicité DU CREST DE SAINT-AUBIN, *comtesse* DE), femme de lettres française, née à Champcéri, paroisse d'Issy-l'Évêque (Bour-

gogne) [1746-1830], gouvernante des enfants du duc d'Orléans Philippe Égalité, et auteur d'ouvrages sur l'éducation.

GENNES (49350), ch.-l. de c. de Maine-et-Loire ; 1 668 h. Dolmens. Églises avec éléments préromans.

GENNEVILLIERS (92230), ch.-l. de c. des Hauts-de-Seine ; 50 326 h. Grand port sur la Seine. Centre industriel (métallurgie de transformation).

GÉNOLHAC (30450), ch.-l. de c. du Gard ; 936 h.

gens de lettres (*Société des*), association fondée en 1838 pour défendre les intérêts des écrivains.

GENSÉRIC → GEISÉRIC.

GENSONNÉ (Armand), homme politique français, né à Bordeaux (1758-1793). Député à l'Assemblée législative, puis à la Convention, Girondin, il mourut sur l'échafaud.

GENTIL (Émile), explorateur français, né à Volmunster (1866-1914). Sa mission, venue de l'Oubangui, accula Rabah à la capitulation et rejoignit celle de Foureau et Lamy, qui avait traversé le Sahara (1900).

GENTILE da Fabriano, peintre italien, né à Fabriano, prov. d'Ancône (v. 1370-1427). Maître du « style gothique international », héritier des miniaturistes, il travailla notamment à Venise (d'où son influence sur Pisanello et Iacopo Bellini), à Brescia, à Florence (*Adoration des mages,* Offices) et à Rome.

GENTILESCHI (Orazio LOMI, dit), peintre italien, né à Pise (v. 1562 - v. 1647). Il se constitua à Rome, à partir de l'exemple du Caravage, une manière personnelle, élégante et nuancée, travailla dans les Marches (v. 1610), à Gênes, à Paris (1624), puis à Londres. — Sa fille ARTEMISIA, née à Rome (1597 - apr. 1651), prolongea son style au sein de l'école napolitaine.

GENTILLY (94250), comm. du Val-de-Marne ; 17 026 h. Produits pharmaceutiques.

GENTILLY, localité du Canada (Québec), sur le Saint-Laurent. Centrale nucléaire.

GENTIOUX-PIGEROLLES (23340 Faux la Montagne), ch.-l. de c. de la Creuse ; 419 h.

GÉNY (François), juriste français, né à Baccarat (1861-1959). Il a analysé les éléments non purement « juridiques » du droit.

GEOFFRIN (Marie-Thérèse RODET, Mme), née à Paris (1699-1777), célèbre pour son salon ouvert aux artistes, aux philosophes et aux grands seigneurs, et pour sa collection de tableaux.

GEOFFROI, nom porté par six comtes d'Anjou. Le plus célèbre est GEOFFROI V le Bel, surnommé **Plantagenêt** (1113-1151), comte d'Anjou de 1131 à 1151 et duc de Normandie de 1135 à 1150, gendre d'Henri Ier et père d'Henri II, rois d'Angleterre.

GEOFFROI Ier DE VILLEHARDOUIN, prince d'Achaïe (v. 1209-1228/1230), neveu du chroniqueur. Il succéda à Guillaume Ier de Champlitte et affermit la principauté. — GEOFFROI II, prince d'Achaïe (1228/1230-1246), fils aîné du précédent. Il vint au secours de Constantinople assiégée par les Byzantins.

GEOFFROY SAINT-HILAIRE (Étienne), naturaliste français, né à Étampes (1772-1844). Professeur de zoologie au Muséum, il créa la ménagerie du Jardin des Plantes. Ses travaux tendent à démontrer l'unité de composition organique des animaux. — Son fils ISIDORE, né à Paris (1805-1861), fut également naturaliste et enseignant.

Géographie universelle, ouvrage publié sous la direction de Vidal de La Blache et Gallois (1927-1948, 23 vol.).

GEORGE Ier, né à Hanovre (1660-1727), Électeur de Hanovre (1698-1727), roi de Grande-Bretagne et d'Irlande (1714-1727). Il succéda à Anne Stuart en vertu de l'Acte de succession en ligne protestante. — GEORGE II, né à Herrenhausen (1683-1760), roi de Grande-Bretagne et d'Irlande, et Électeur de Hanovre (1727-1760), fils du précédent. Sous son règne, Walpole jeta les fondements de l'Empire britannique. — GEORGE III, né à Londres (1738-1820), roi de Grande-Bretagne et d'Irlande (1760-1820), Électeur (1760-1815) puis roi (1815-1820) de Hanovre, petit-fils du précédent. Il perdit les colonies anglaises de l'Amérique et lutta contre la Révolution française. — GEORGE IV, né à Londres (1762-1830), régent (1811-1820) puis roi de Grande-Bretagne et d'Irlande, et roi de Hanovre (1820-1830), fils aîné du précédent. Son règne vit l'émancipation des catholiques d'Irlande. — GEORGE V, né à Londres (1865-1936), roi de Grande-Bretagne et empereur des Indes (1910-1936), fils d'Édouard VII. Son règne a été marqué par la participation victorieuse de l'Empire à la Première Guerre mondiale. Il a changé (1917) le nom de la dynastie de Saxe-Cobourg en celui de *dynastie de Windsor.* — GEORGE VI, né à Sandringham (1895-1952), roi de Grande-Bretagne (1936-1952) et empereur des Indes (1936-1947), deuxième fils de George V, frère et successeur d'Édouard VIII. Sous son règne, la Grande-Bretagne participa à la Seconde Guerre mondiale.

GEORGE (Stefan), poète allemand, né à Büdesheim, près de Bingen (1868-1933). Influencé par les symbolistes français, il fut ensuite attiré par le mysticisme *(l'Étoile d'alliance, le Nouvel Empire).*

GEORGE (Lloyd) → LLOYD GEORGE.

George Cross, décoration anglaise créée en 1940 par le roi George VI.

George Dandin, comédie en prose, de Molière (1668).

GEORGES *(saint),* martyr (IVe s.). Ses actes sont apocryphes, mais son culte est très ancien, surtout en Grèce. Il est le patron de l'Angleterre.

GEORGES Ier, né à Copenhague (1845-1913), roi de Grèce (1863-1913), fils cadet de Christian IX de Danemark. Il fut assassiné. — GEORGES II, né à Tatoi (1890-1947), fils de Constantin Ier, roi de Grèce en 1922, détrôné en 1924, restauré en 1935, exilé en 1941 et restauré de nouveau en 1946.

GEORGES DE PODĔBRADY, né à Podĕbrady (1420-1471), roi de Bohême (1458-1471). Élu roi à la mort de Ladislas le Posthume, il imposa son autorité jusqu'en Silésie, mais ne put rétablir la paix religieuse.

GEORGES (Joseph), général français, né à Montluçon (1875-1951). Commandant du front nord-est en 1939-40, il rejoignit Giraud à Alger en 1943.

GEORGE TOWN, v. de Malaysia, cap. de l'État de Penang; 270 000 h.

GEORGETOWN, cap. de la Guyana; 182 000 h. Exportation de café, cacao, sucre.

GÉORGIE, en russe Grouzia, république fédérée de l'U.R.S.S., en bordure de la mer Noire; 69 700 km²; 4 688 000 h. *(Géorgiens).* Cap. *Tbilissi.* Riches cultures fruitières : agrumes, vignes, vergers. Manganèse. — Du XIe au XIIIe s., la Géorgie indépendante connut une grande prospérité. Par la suite, elle eut à souffrir des invasions mongoles, puis, au XVIe s., des persécutions et des annexions iraniennes et turques. Pour se

George III, gravure d'après sir Thomas Lawrence

Géricault : étude préliminaire pour *le Radeau de la « Méduse »* (1818)

saint **Germain** d'Auxerre statue du XVe s.

Thomas **Germain :** bassin et aiguière en argent (1720)

dégager de l'emprise des Turcs, la Géorgie reconnut la suzeraineté russe en 1783; mais, entre 1801 et 1878, les Russes éliminèrent les souverains géorgiens et annexèrent le pays. République indépendante de 1918 à 1921, membre de la Fédération transcaucasienne de 1922 à 1936, la Géorgie est, depuis 1936, république fédérée de l'U.R.S.S.

GÉORGIE, en angl. Georgia, un des États unis d'Amérique, sur l'Atlantique; 152 488 km²; 4 590 000 h. Cap. *Atlanta.* Culture du coton.

GÉORGIE *(détroit de),* bras de mer séparant l'île de Vancouver du littoral continental.

GÉORGIE DU SUD, île britannique de l'Atlantique Sud. Base de la chasse de la baleine.

GÉORGIENNE *(baie),* baie formée par le lac Huron sur le littoral canadien.

Géorgiques *(les),* poème didactique en quatre chants, par Virgile (39-29 av. J.-C.) : une épopée des rapports de l'homme et de la nature.

GÉPIDES ou **GÉBIDES,** peuple germain établi en Dacie, exterminé par les Lombards (VIe s.).

GER *(pic de),* pic des Pyrénées, au sud du col d'Aubisque; 2 613 m.

GERA, v. d'Allemagne démocratique, sur l'Elster blanche; 112 000 h. Textile.

GÉRARD (François, *baron),* peintre français, né à Rome (1770-1837), élève de Louis David. Auteur d'un *Ossian* pour Malmaison, il fut surtout, sous la Restauration comme sous l'Empire, un portraitiste couvert d'honneurs.

GÉRARD (Étienne, *comte),* maréchal de France, né à Damvillers (1773-1852). Il se distingua à Ligny (1815). Fait maréchal par Louis-Philippe, il dirigea le siège d'Anvers (1832).

GÉRARDMER [ʒerarme] (88400), ch.-l. de c. des Vosges; 9 984 h. *(Géromois).* Travail du bois. Fabrication de fromage dit *géromé.* À l'ouest se trouve le *lac de Gérardmer* (115 ha).

GERASA, anc. ville de Palestine, actuelle Djerach en Jordanie. Nombreux vestiges romains et surtout chrétiens des Ve-VIe s.

GERBAULT (Alain), navigateur français, né à Laval (1893-1941). Seul sur un petit cotre, il effectua en 1923 la traversée de l'Atlantique et, de 1924 à 1929, acheva le tour du monde.

GERBERT → SYLVESTRE II.

GERBÉVILLER (54830), ch.-l. de c. de Meurthe-et-Moselle; 970 h. Incendié par les Allemands en 1914.

GERBIER-DE-JONC, mont du Vivarais, sur le flanc duquel naît la Loire; 1 551 m.

GERDT (Pavel Andreievitch), danseur et pédagogue russe, né à Saint-Pétersbourg (1844-1917), une des plus grandes figures de l'école de ballet russe.

GERGOVIE, oppidum gaulois puis ville gallo-romaine, au sud de Clermont-Ferrand, dans le pays des Arvernes (Puy-de-Dôme). Vercingétorix la défendit avec succès contre César (52 av. J.-C.). Vestiges historiques.

GERHARDT (Charles), chimiste français, né à Strasbourg (1816-1856), l'un des créateurs de la notation atomique.

GÉRICAULT (Théodore), peintre et lithographe français, né à Rouen (1791-1824). Élève de Gros, artiste à la carrière fulgurante, il fut le premier des romantiques, mais aussi un précurseur du réalisme. (Au Louvre : *Cuirassier blessé, quittant le feu* [1814]; *le Radeau de la « Méduse »* [1819]; *le Derby d'Epsom* [1821]; divers portraits de fous et le *Four à plâtre* [1822-23].)

GERING (Ulrich), imprimeur allemand, né à Constance (v. 1440-1510). En 1470, il installa la première imprimerie en France dans les bâtiments de la Sorbonne.

GÉRIN-LAJOIE (Antoine), écrivain canadien d'expression française, né à Yamachiche (Québec) [1824-1882], auteur de romans du terroir *(Jean Rivard le Défricheur).*

GERLACHE DE GOMERY (Adrien DE), navigateur belge, né à Hasselt (1866-1934). Il dirigea l'expédition de la *Belgica* en Antarctique (1897-1899).

GERLACHOVKA, point culminant des Carpates, en Slovaquie; 2 655 m.

GERMAIN d'Auxerre *(saint),* évêque d'Auxerre, né à Auxerre (v. 378-448). Il fut envoyé en Grande-Bretagne contre les pélagiens.

GERMAIN *(saint),* évêque de Paris, né près d'Autun (v. 496-v. 576).

GERMAIN, famille d'orfèvres parisiens, dont

cathédrale (XIVe-XVIIIe s.) de **Gérone**

GERS

George
Gershwin

chef-lieu de
département
chef-lieu d'arrondissemt
chef-lieu de canton
limite d'arrondissement
limite de canton
localités
classées selon leur
population

courbes : 75, 150, 300 m

les plus célèbres sont PIERRE (1645-1684) et surtout THOMAS (1673-1748) et FRANÇOIS THOMAS (1726-1791).

GERMAIN (Pierre), orfèvre français, né à Avignon (1716-1783). Il a publié en 1748 cent planches d'*Éléments d'orfèvrerie.*

GERMAIN (Sophie), mathématicienne française, née à Paris (1776-1831).

GERMAINE *(sainte)* [Germaine COUSIN], née à Pibrac, près de Toulouse (v. 1579-1601).

GERMAINS, peuple indo-européen, issu de la Scandinavie méridionale et qui migra au Ier millénaire av. J.-C. vers la grande plaine européenne. Les Germains se stabilisèrent aux Ier et IIe s. apr. J.-C. au centre et au nord de l'Europe, établissant les rapports avec Rome. Cependant, l'équilibre entre monde romain et monde barbare s'avéra précaire : dès le milieu du IIe s., les Germains déferlèrent sur l'Italie ; ce fut le prélude à plusieurs siècles d'invasions en Occident, où les Germains finirent par former plusieurs royaumes (Ve s.).

GERMANICUS (Julius Caesar), général romain, né à Rome (15 av. J.-C. - 19 apr. J.-C.). Petit-neveu d'Auguste, adopté par Tibère, il fut vainqueur d'Arminius en Germanie (16 apr. J.-C.). Il mourut brusquement de façon suspecte.

GERMANIE, contrée de l'Europe centrale ancienne, entre le Rhin et la Vistule, peuplée au début du Ier millénaire av. J.-C. par les Germains.

GERMANIE *(royaume de),* État formé en 843 d'une partie de l'Empire carolingien et attribué à Louis le Germanique. L'expression cessa d'être employée à partir de 1024.

Germinal, roman d'É. Zola (1885), qui décrit une grève des mineurs du Nord.

germinal an III *(journée du 12),* soulèvement des faubourgs parisiens contre la Convention (1er avr. 1795).

GERMISTON, v. de l'Afrique du Sud (Transvaal) ; 132 000 h. Raffinage de l'or.

GERNSBACK (Hugo), ingénieur américain, né à Luxembourg (1884-1967). Il énonça le principe du radar (1911) et décrivit la *triode à cristal* (1943).

GEROLSTEIN, v. d'Allemagne fédérale, dans l'Eifel ; 6 000 h. Station thermale et touristique.

GÉRONE, en esp. **Gerona,** v. d'Espagne (Catalogne) ; 79 000 h. Cathédrale reconstruite à l'épo-

que gothique (trésor) et autres monuments. Musées.

GERPINNES, comm. de Belgique (Hainaut) ; 10 100 h.

GERS [ʒɛr] (le), riv. du Bassin aquitain, qui passe à Auch, affl. de la Garonne (r. g.) ; 178 km.

GERS *(dép. du)* [**32**], dép. de la Région Midi-Pyrénées ; ch.-l. de dép. *Auch* ; ch.-l. d'arr. *Condom, Mirande* ; 3 arr., 31 cant., 462 comm. ; 6 254 km² ; 175 366 h. *(Gersois).* Il est rattaché à l'académie de Toulouse, à la circonscription judiciaire d'Agen, à la région militaire de Bordeaux et à la province ecclésiastique d'Auch. Constitué par un plateau molassique découpé par les vallées divergentes des affluents de la Garonne (Baïse, Gers, Arrats, Gimone, Save), le dép. est surtout rural. L'agriculture (céréales ; vignoble, fournissant une eau-de-vie estimée, l'armagnac) est associée à l'élevage (porcs et volailles). La faiblesse de l'industrie et celle de l'urbanisation (seule Auch dépasse 10 000 h.) expliquent la persistance du dépeuplement.

GERSHWIN (George), compositeur américain, né à Brooklyn (1898-1937), auteur de *Rhapsody in Blue, An American in Paris, Porgy and Bess,* etc.

GERSON (Jean CHARLIER, dit **de**), théologien français, né à Gerson, près de Rethel (1363-1429). Chancelier de l'Université de Paris, un des grands mystiques de son temps, il travailla à mettre fin au Grand Schisme et anima le concile de Constance (1414-1418).

GERSTHEIM (67150 Erstein), comm. du Bas-Rhin ; 2 830 h. Centrale hydroélectrique sur le grand canal d'Alsace.

GERTRUDE la Grande *(sainte),* moniale allemande, née à Eisleben (1256 - v. 1302), célèbre pour ses *Révélations.*

GERVAIS et **PROTAIS** *(saints),* frères, martyrs à Milan sous Néron.

GERVANS (26600 Tain l Hermitage), comm. de la Drôme ; 276 h. Centrale hydroélectrique sur une dérivation du Rhône.

GÉRYON. Myth. gr. Géant qui avait trois têtes et trois troncs. Il fut tué par Héraclès.

GERZAT (63360), comm. du Puy-de-Dôme, banlieue de Clermont-Ferrand ; 7 689 h.

GÉS, groupe de populations indiennes du sud du Brésil et du nord du Paraguay.

GESELL (Arnold), psychologue américain, né à Alma (Wisconsin) [1880-1961]. Ses travaux ont porté sur la psychologie de l'enfant, notamment sur la maturation neuropsychologique.

GESSNER (Salomon), poète et peintre suisse, né à Zurich (1730-1788). Il est l'auteur de poèmes descriptifs et bucoliques *(Idylles)* qui annoncent le romantisme et qu'il illustra lui-même.

Gestapo (abrév. de *Geheime Staatspolizei,* police secrète d'État). Section de la police de sûreté du IIIe Reich, elle fut de 1936 à 1945 l'instrument le plus redoutable du régime policier nazi.

GESUALDO (Carlo), *prince de Venosa,* compositeur italien, né à Naples (v. 1560-1614?), auteur de madrigaux d'un art très recherché.

GETA (Publius Septimius) [189-212], empereur romain (211-12). Il partagea le pouvoir avec son frère Caracalla, qui le fit mettre à mort.

GÈTES, peuple thrace établi entre les Balkans et le Danube ; il se confondit avec les Daces.

Gethsémani, jardin près de Jérusalem, au pied du mont des Oliviers, où Jésus-Christ fut arrêté avant sa Passion.

GÉTIGNÉ (44190 Clisson), comm. de la Loire-Atlantique ; 2 274 h. Extraction et traitement du minerai d'uranium (l'Écarpière).

GETS [ʒɛ] (Les) [74260], comm. de Haute-Savoie, dans le Chablais ; 986 h. Station de sports d'hiver (alt. 1 172-1 850 m).

GETTYSBURG, v. des États-Unis (Pennsylvanie) ; 8 000 h. Victoire des nordistes pendant la guerre de Sécession (1863).

GÉTULES, peuple berbère de l'Afrique ancienne.

GEULINCX (Arnold), philosophe néerlandais, né à Anvers (1624-1669), un des propagateurs du cartésianisme en Hollande.

GEVAERT (François Auguste), musicographe et compositeur belge, né à Huise (Flandre-Orientale) [1828-1908].

GÉVAUDAN, anc. comté français, entre la Margeride et l'Aubrac (dép. de la Lozère) au nord de la haute vallée du Lot, haut plateau granitique, voué à l'élevage. (Hab. *Gabalitains.*) Dans ses forêts apparut, vers 1765, la fameuse *bête du Gévaudan* (probablement un loup de très grande taille).

GEVREY-CHAMBERTIN (21220), ch.-l. de c.

de la Côte-d'Or, au pied de la Côte d'Or; 3 001 h. Vins renommés *(chambertin)*. Gare de triage.

GEX [ʒɛks] (01170), ch.-l. d'arr. de l'Ain, au pied oriental du Jura; 4 370 h. *(Gessiens)*. Le pays de Gex, dépendance de la Bourgogne, fut rattaché à la France en 1601. Isolé du reste de la France, il constitue une «zone franche», dont l'économie est liée à celle de la Suisse.

GEZELLE (Guido), poète belge d'expression néerlandaise, né à Bruges (1830-1899). Il pratiqua un art impressionniste qui préfigure la poésie moderne *(Couronne du temps)*.

GÉZIREH (la), région agricole (coton) du Soudan, partie vitale du pays, entre le Nil Blanc et le Nil Bleu.

GHAB → RHÂB.

GHADAMÈS → RHADAMÈS.

GHÂLIB (Mirza ASADULLÂH KHÂN, dit), poète indien de langue persane et urdû, né à Âgrâ (1797-1869), auteur de recueils inspirés par les thèmes islamiques traditionnels.

GHÂNA, anc. État africain du Soudan occidental (IIIᵉ-XIIᵉ s.) qui, du IXᵉ au XIᵉ s., établit sa domination sur tout le Soudan occidental, avant de se dissoudre en petites chefferies locales.

GHÂNA (le), anc. **Côte-de-l'Or**, en angl. **Gold Coast**, État de l'Afrique occidentale; 240 000 km²; 11 320 000 h. *(Ghânéens)*. Cap. *Accra*. Langue officielle : *anglais*.

GÉOGRAPHIE

Au Sud, recouvert par la forêt dense, troué par des plantations de cacao (principale ressource du Ghâna, qui en fut le premier producteur mondial), s'oppose le Nord, pays de savane. Le sous-sol recèle des gisements d'or et de diamants, de manganèse et de bauxite.

HISTOIRE

— XVIIᵉ-XVIIIᵉ s. : compétition entre les puissances coloniales pour l'exploitation de la *Gold Coast* (Côte-de-l'Or).
— début du XIXᵉ s. : les Anglais, seuls maîtres du pays.
— 1807 : abolition de la traite.
— 1874 : la *Gold Coast* est détachée de la Sierra Leone.
— 1901 : les trois éléments de la *Gold Coast* sont : la «colonie», l'Achanti et les territoires du Nord, où les autorités traditionnelles sont maintenues.
— 1925 : le mouvement nationaliste oblige les Britanniques à octroyer une Constitution.
— 1946 : la Constitution est élargie sous la pression du Convention People's Party (CPP) de Kwame Nkrumah.

— 1954 : autonomie du gouvernement Nkrumah.
— 1957 : indépendance du Ghâna dans le cadre du Commonwealth.
— 1960 : le Ghâna devient république.
— 1966 : coup d'État militaire, qui écarte Nkrumah.
— 1969 : proclamation de la IIᵉ République.
— 1970 : E. A. Addo, président civil.
— 1972 : un coup d'État instaure le régime autoritaire du général I. Acheampong.
— 1978 : après une tentative de libéralisation, le général I. Acheampong donne sa démission. Il est remplacé par le général Akuffo.
— 1979 : coup d'État militaire dirigé par Jerry John Rawlings. Les militaires rendent le pouvoir à un gouvernement civil dirigé par Hilla Limann (sept.).
— 1981 (31 déc.) : nouveau coup d'État de J. J. Rawlings.

GHARB → RHÂRB.

GHARDAÏA, oasis du Sahara algérien; 32 000 h.

GHÂTS, escarpements montagneux du Deccan (Inde), dominant la côte de Malabâr et la côte de Coromandel.

GHAZAOUET, anc. **Nemours**, port de l'Algérie occidentale; 16 000 h.

GHAZNÉVIDES → RHAZNÉVIDES.

GHEORGHIU-DEJ (Gheorghe), homme d'État roumain, né à Bîrlad (1901-1965). Secrétaire général du parti communiste en 1945, président du Conseil (1952-1955), puis chef de l'État de 1961 à 1967.

GHERARDESCA (Ugolino DELLA), condottiere et homme politique pisan, m. en 1288. S'étant allié aux guelfes pour s'emparer du gouvernement de Pise, il fut accusé de trahison par les gibelins, et enfermé dans une tour avec ses enfants, pour y mourir de faim. Dante en tira un des épisodes de sa *Divine Comédie*.

GHIBERTI (Lorenzo), sculpteur, orfèvre, peintre et architecte italien, né à Florence (1378-1455). Informé de l'antique, mais demeuré fidèle à la culture médiévale, il donna ses chefs-d'œuvre avec les deuxième et troisième portes de bronze du baptistère de Florence (la troisième, achevée en 1452, fut qualifiée par Michel-Ange de *porte du Paradis*).

GHIKA ou **GHICA**, famille d'origine albanaise, qui a donné nombre de princes et d'hommes d'État aux pays moldo-valaques, du XVIIᵉ au XXᵉ s.

GHIRLANDAIO (Domenico BIGORDI, dit), peintre italien, né à Florence (1449-1494). Il participa à la décoration de la chapelle Sixtine, et, dans ses compositions religieuses pour les églises de Florence, donna aux personnages de

l'histoire sainte l'apparence des bourgeois de la ville, ses clients. — Ses frères, DAVID et BENEDETTO, le secondèrent. — Son fils RIDOLFO (1483-1561) fut un bon portraitiste.

GHISONACCIA (20240), comm. de la Haute-Corse, dans la plaine d'Aléria; 3 240 h.

GHISONI (20227), ch.-l. de c. de la Haute-Corse; 950 h.

GHÍTHIO → GYTHEION.

GHOR (le), dépression allongée de Palestine, occupée par la vallée du Jourdain, le lac de Tibériade et la mer Morte.

GIACOMETTI (Alberto), sculpteur et peintre suisse, né à Stampa (1901-1966). Une période surréaliste (1930-1935) montre ses dons de visionnaire. Plus tard, il est l'auteur, expressionniste, de figures caractérisées par un allongement extrême.

GIA DINH, v. du sud du Viêt-nam; 70 000 h.

GIA LONG (NGUYÊN ANH, dit), né à Huê (1762-1820), empereur d'Annam (1802-1820). Il fit la conquête de son État avec l'aide de la France et fonda la dynastie des Nguyên.

GIAMBOLOGNA (Jean BOULOGNE ou BOLOGNE, dit), sculpteur et architecte flamand, né à Douai (?) [1524-1608]. Après avoir séjourné à Rome, il fit à Florence l'essentiel de sa carrière de maniériste abondant et divers *(Mercure volant du Bargello, 1563)*.

GIARD (Alfred), biologiste français, né à Valenciennes (1846-1908). Il étudia les organes génitaux.

GIBBON (Edward), historien anglais, né à Putney (Londres) [1737-1794], auteur d'une *Histoire de la décadence et de la chute de l'Empire romain* (1776-1788).

GIBBONS (Orlando), compositeur anglais, né à Oxford (1583-1625), auteur de madrigaux, de motets et de pièces instrumentales.

GIBBS (James), architecte anglais, né à Aberdeen (1682-1754). Il s'inspira du baroquisme de Wren, qu'il agrémenta d'un maniérisme acquis dans l'atelier de Carlo Fontana, à Rome.

GIBBS (Willard), physicien américain, né à New Haven (Connecticut) [1839-1903], auteur de la *loi des phases*, base d'étude des équilibres physico-chimiques.

GIBRALTAR, v. forte, sur le détroit du même nom, à l'extrémité méridionale de l'Espagne; 26 000 h. Prise en 1704 par les Anglais, qui en ont fait une puissante base aéronavale, elle est toujours revendiquée par l'Espagne.

GIBRALTAR *(détroit de)*, entre l'Espagne et le Maroc, unissant la Méditerranée avec l'Atlantique (15 km de large; 350 m de profondeur).

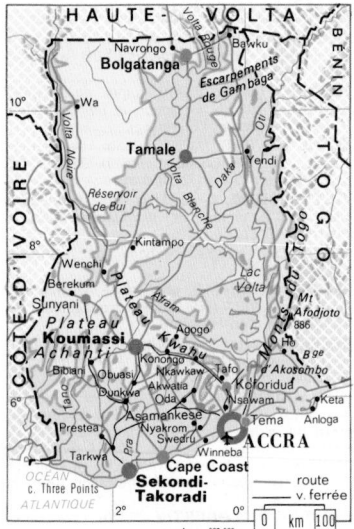

GHÂNA

Giambologna
Mercure volant
(1563)

Ghiberti
le Sacrifice d'Abraham
(1402, bronze)

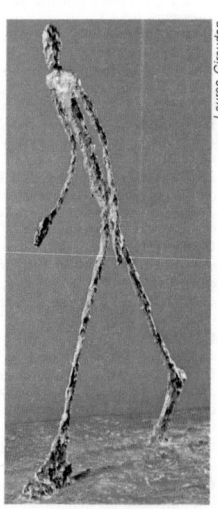

Giacometti
Homme traversant une place
(1949, bronze)

GIDE (Charles), économiste français, né à Uzès (1847-1932). Il a développé le principe du coopératisme.

GIDE (André), écrivain français, né à Paris (1869-1951). Son œuvre, dominée par la passion de la liberté (*les Nourritures* terrestres*, 1897) et de la sincérité (*l'Immoraliste*, 1902) et marquée par la tentation de l'engagement (*Voyage au Congo*, 1927; *Retour de l'U.R.S.S.*, 1936), cherche à définir un humanisme moderne capable de concilier la lucidité de l'intelligence et la vitalité des instincts (*les Caves* du Vatican*, 1914; *la Symphonie pastorale*, 1919; *les Faux*-Monnayeurs*, 1926; *Journal*, 1939-1950). [Prix Nobel, 1947.]

GIEN (45500), ch.-l. de c. du Loiret, sur la Loire; 15 348 h. *(Giennois)*. Dans le château d'Anne de Beaujeu (XVᵉ s.), musée international de la Chasse. Centre de faïencerie.

GIENS (*presqu'île de*), presqu'île du dép. du Var, entre le *golfe de Giens* et la rade d'Hyères.

GIER [ʒjɛr] (le), affl. du Rhône (r. dr.); 44 km.

GIEREK (Edward), homme d'État polonais, né à Porąbka en 1913. En 1970, il succède à Gomułka à la tête du parti ouvrier unifié; il mène une politique d'apaisement social. En 1980, il est démis de ses fonctions.

GIERS (Nikolaï Karlovitch DE), diplomate et homme politique russe, né à Radzivilov (1820-1895). Successeur de Gortchakov aux Affaires étrangères (1882), il négocia l'accord politique franco-russe (1891).

Giorgione : *la Tempête* ou *l'Orage*

GIFFARD (Henry), ingénieur français, né à Paris (1825-1882). On lui doit un dirigeable mû par une machine à vapeur (1852) et un injecteur de vapeur (1858).

GIFFRE (le), riv. de la Haute-Savoie, affl. de l'Arve (r. dr.); 50 km.

GIF-SUR-YVETTE (91190), ch.-l. de c. de l'Essonne; 10 869 h. Laboratoire pour l'étude du développement des végétaux (phytotron). École supérieure d'électricité.

GIFU, v. du Japon (Honshū); 386 000 h.

GIGNAC (34150), ch.-l. de c. de l'Hérault; 2 848 h.

GIGNOUX (Maurice), géologue français, né à Lyon (1881-1955). Il étudia les Alpes.

GIGONDAS (84190 Beaumes de Venise), comm. de Vaucluse; 703 h. Vins.

GIJÓN, port d'Espagne (Asturies), sur l'Atlantique; 188 000 h. Sidérurgie.

GILBERT (*îles*), anc. colonie britannique de Micronésie, englobant notamment l'*archipel des Gilbert*, et devenue indépendante en 1979 sous le nom de *Kiribati**.

GILBERT (William), médecin et physicien anglais, né à Colchester (1544-1603). Médecin de la reine Élisabeth Iʳᵉ, il expérimenta le premier l'électrostatique et le magnétisme.

GILBERT (Nicolas Joseph Florent), poète français, né à Fontenoy-le-Château (1750-1780), auteur de satires et de poèmes élégiaques. Vigny a romancé sa fin dans *Stello*.

Gil Blas de Santillane (*Histoire de*), roman de Lesage (1715-1735). Gil Blas, jeune homme instruit et spirituel, est réduit à vivre d'expédients et toujours lancé dans de nouvelles aventures qui lui apportent la sagesse.

GILBRETH (Frank Bunker), ingénieur américain, né à Fairfield (1868-1924), pionnier de l'organisation du travail et de l'étude des mouvements dont il établit les principes de la simplification.

GILDAS (*saint*), missionnaire britannique, né à Dumbarton (v. 510-570), réorganisateur de l'Église celte et fondateur du monastère de Saint-Gildas-de-Rhuys.

GILGAMESH, roi semi-légendaire d'Ourouk (XXVIIᵉ s. av. J.-C.), héros de cycles épiques suméro-akkadiens dont le thème est la quête illusoire de l'immortalité.

GILLES (*saint*), moine, fondateur de l'abbaye et de la ville de Saint-Gilles-du-Gard, popularisé au Moyen Âge par des légendes (VIIIᵉ s.?).

GILLES (Jean), compositeur français, né à Tarascon (1669-1705), auteur de motets et d'un célèbre *Requiem*.

Giotto : *Saint François prêchant aux oiseaux* (scène de prédelle, v. 1300)

GIESEKING (Walter), pianiste allemand, né à Lyon (1895-1956).

GIESSEN, v. d'Allemagne fédérale (Hesse); 79 000 h. Université.

GIETTAZ (La) [73590 Flumet], comm. de la Savoie; 511 h. Sports d'hiver (alt. 1 100-1 900 m).

GILLINGHAM, v. d'Angleterre, sur la mer du Nord; 87 000 h.

GILLOT (Claude), peintre et graveur français, né à Langres (1673-1722). À Paris v. 1691, fréquentant les milieux du théâtre, il fut le maître de Watteau et, à partir de 1712, dirigea les ateliers de décoration de l'Opéra.

GILOLO → HALMAHERA.

GILSON (Étienne), philosophe français, né à Paris (1884-1978). Il a renouvelé l'étude de la philosophie médiévale et particulièrement du thomisme. (Acad. fr.)

GIMOND (Marcel), sculpteur français, né à Tournon (1894-1961), auteur de bustes résumés quant au formes, mais expressifs.

GIMONE (la), affl. de la Garonne (r. g.); 122 km.

GIMONT (32200), ch.-l. de c. du Gers, sur la Gimone; 2 867 h. Conserverie.

GINESTAS (11120), ch.-l. de c. de l'Aude; 769 h.

GIOBERTI (Vincenzo), homme politique italien, né à Turin (1801-1852). Prêtre, l'un des chefs du *Risorgimento*, partisan avant 1848 d'une fédération italienne dont le pape serait le président (parti néoguelfe), il présida le gouvernement piémontais en 1848-49.

GIOLITTI (Giovanni), homme politique italien, né à Mondovi (1842-1928). Président du Conseil de 1892 à 1893, de 1903 à 1905, de 1906 à 1909, de 1911 à 1914, et en 1920-21, il pratiqua une large politique sociale, instaura le suffrage universel, mais ne put empêcher la montée du socialisme puis celle du fascisme.

GIONO (Jean), écrivain français, né à Manosque (1895-1970). Romancier de la haute Provence (*Colline*, 1929; *Regain*, 1930), apôtre d'un idéal de vie naturelle et rustique (*le Chant du monde*, 1934; *Que ma joie demeure*, 1935; *l'Eau vive*, 1943), il évolua vers une philosophie et un art plus classiques (*le Hussard sur le toit*, 1951; *le Bonheur fou*, 1957; *l'Iris de Suse*, 1970).

GIORDANO (Luca), peintre italien, né à Naples (1634-1705). Il est l'auteur de célèbres plafonds au palais Medici-Riccardi, à Florence, et à l'Escorial. Sa virtuosité dans le baroque et sa rapidité lui valurent d'être surnommé *Luca Fapresto*.

GIORGI (Giovanni), physicien italien, né à Lucques (1871-1950), créateur d'un système d'uni-

le rocher de **Gibraltar**

Jean **Giono**

André **Gide**

Vincenzo **Gioberti**

tés rationnelles dont dérive le système international SI.

GIORGIONE (Giorgo DA CASTELFRANCO, dit), peintre italien, né à Castelfranco Veneto (v. 1477-1510). Peut-être formé dans l'atelier de Giovanni Bellini, il est l'auteur de compositions où la lumière diffuse et la suavité du coloris créent une atmosphère de rêverie voluptueuse (*les Trois Philosophes*, Vienne). Son influence fut grande, notamment sur Titien, qui aurait terminé sa *Vénus endormie* (Dresde).

GIOTTO di Bondone, peintre et architecte italien, né à Colle di Vespignano (Mugello) [v. 1226-

1337]. Il est l'auteur probable des fresques de la *Vie de saint François* à Assise (basilique supérieure) et de certaines des *Scènes de la vie de la Vierge et du Christ*, à la chapelle Scrovegni de Padoue (1303), de fresques à S. Croce de Florence, etc. Par l'ampleur de sa vision du monde, par ses recherches de volume et d'espace, il peut être considéré comme l'un des créateurs de la peinture moderne. Il commença la construction du campanile de Florence.

GIOVANNETTI (Matteo), peintre italien, né à Viterbe, mentionné à Avignon de 1343 à 1367 (fresques de la chapelle St-Martial, de la Grande Audience) et à Rome en 1368.

GIOVANNI da Udine, peintre et stucateur italien, né à Udine (1487-1564). Collaborateur, à Rome, de Raphaël et de Jules Romain, il s'inspira des décors antiques découverts dans les « grottes » de l'Esquilin, créant ainsi les *grotesques.*

GIOVANNI Pisano → NICOLA PISANO.

GIRAL (Jean Antoine), architecte français, né à Montpellier (1720?-1787). Dans sa ville natale, il acheva l'aménagement de la promenade du Peyrou, commencée par son père, ÉTIENNE **Giral.**

GIRARD (Philippe DE), industriel français, né à Lourmarin (1775-1845). On lui doit une machine à filer le lin (1810).

GIRARDIN (Émile DE), journaliste français, né à Paris (1806-1881). Il transforma la presse en abaissant le prix des journaux et en faisant d'eux de grands organes de publicité. — Sa femme, DELPHINE **Gay,** née à Aix-la-Chapelle (1804-1855), écrivit des poèmes, des romans et une chronique de Paris sous Louis-Philippe (*Lettres parisiennes*).

GIRARDON (François), sculpteur français, né à Troyes (1628-1715). Représentant par excellence du classicisme fastueux de Versailles, il a notamment donné, pour le parc du château, le *Bain des Nymphes, Apollon servi par les Nymphes* et l'*Enlèvement de Proserpine.*

GIRAUD (Henri), général français, né à Paris (1879-1949). Commandant la VIIe armée en 1940, il fut fait prisonnier mais s'évada (1942). Coprésident du Comité français de libération nationale avec de Gaulle, il s'effaça devant ce dernier (1943).

GIRAUDOUX (Jean), écrivain français, né à Bellac (1882-1944). Ses romans (*Suzanne et le Pacifique,* 1921; *Siegfried et le Limousin,* 1922; *Bella,* 1926) et ses pièces de théâtre (*Amphitryon 38,* 1929; *Intermezzo,* 1933; *La guerre de Troie n'aura pas lieu,* 1935; *Ondine,* 1939; *la Folle de Chaillot,* 1945) fondent les grands thèmes classiques et les préoccupations modernes dans un univers précieux, fait d'humour et de fantaisie.

GIRGENTI → AGRIGENTE.

Giro (le), tour cycliste d'Italie.

GIROD (Paul), ingénieur français d'origine suisse, né à Fribourg (1878-1951). L'un des créateurs de l'électrométallurgie (1901), spécialiste de la fabrication des ferro-alliages.

GIRODET-TRIOSON (Anne Louis GIRODET DE ROUCY, dit), peintre français, né à Montargis (1767-1824), néoclassique de style, romantique d'inspiration (l'*Apothéose des héros français,* 1802, Malmaison).

GIROMAGNY (90200), ch.-l. de c. du Territoire de Belfort, sur la Savoureuse; 3 548 h. (*Giromagniens*). Constructions mécaniques.

GIRONDE (la), nom de l'estuaire (long de 75 km), sur l'Atlantique, formé en aval de la confluence de la Garonne et de la Dordogne.

GIRONDE (*département de la*) [**33**], dép. de la Région Aquitaine; ch.-l. de dép. *Bordeaux;* ch.-l. d'arr. *Blaye, Langon, Lesparre-Médoc, Libourne;* 5 arr., 57 cant., 543 comm.; 10 000 km²; 1 061 474 h. (*Girondins*). Il est rattaché à l'académie, à la circonscription judiciaire, à la région militaire et à la province ecclésiastique de Bordeaux. L'extrémité occidentale du dép. appartient à la plaine forestière des Landes*, bordée par un littoral rectiligne, ouvert seulement par le bassin d'Arcachon (centres balnéaires et ostréicoles). Le Bordelais, occupant le reste du dép., est une grande région viticole (Médoc, Graves, Sauternes, Entre-deux-Mers, Saint-Émilion,

Pomerol). L'industrie est concentrée dans l'agglomération de Bordeaux, qui rassemble près des deux tiers de la population totale de la Gironde.

Girondins, groupe politique, né de la Révolution française, formé en 1791 autour de Brissot (d'où son autre nom de *Brissotins*) et réunissant plusieurs députés de la Gironde à l'Assemblée législative puis à la Convention (Vergniaud, Guadet, Gensonné, etc.). Développant une idéologie bourgeoise, antijacobine et décentralisatrice, les Girondins se heurtèrent aux Jacobins et à la

Commune de Paris, qui finirent par les éliminer (mai-oct. 1793).

GIRTIN (Thomas), peintre paysagiste anglais, né à Londres (1775-1802), un des créateurs de la technique moderne de l'aquarelle.

GISCARD D'ESTAING (Valéry), homme d'État français, né à Coblence en 1926. Inspecteur des Finances, député indépendant à partir de 1956, secrétaire d'État (1959-1962), puis ministre des Finances et des Affaires économiques (1962-1966, 1969-1974), il fonde, en 1962, le groupe des

François **Girardon** : tombeau (1694)
du cardinal de Richelieu à la Sorbonne

Larousse

Jean **Giraudoux**
par J. E. Blanche

Lauros-Giraudon

GIRONDE

chef-lieu de département	chef-lieu d'arrondissement
chef-lieu de canton	
limite d'arrondissement	
limite de canton	
localités classées selon leur population	

courbes : 50 100 200 m

Républicains indépendants. Il est élu président de la République en mai 1974, mais il est battu par F. Mitterrand à l'élection présidentielle de mai 1981.

GISCON, général carthaginois, mis à mort v. 239 av. J.-C. par les mercenaires révoltés. (V. MERCENAIRES [*guerre des*].)

Giselle ou **les Wilis,** ballet fantastique en deux actes, inspiré d'une ballade d'Henri Heine, musique d'Adolphe Adam, chorégraphie de J. Coralli et J. Perrot, créé en 1841 à l'Opéra de Paris par C. Grisi.

Valéry
Giscard d'Estaing

Gladstone
par sir J. E. Millais

Gluck
par J. S. Duplessis

Glanum
vestiges
de la cité
gallo-romaine

GISLEBERTUS, sculpteur dont le nom est gravé sur le tympan de la façade occidentale de la cathédrale d'Autun; la presque totalité des sculptures de cet édifice serait son œuvre (1125-1135).

GISORS (27140), ch.-l. de c. de l'Eure, sur l'Epte; 8 255 h. (*Gisorsiens*). Restes d'un château fort des XIe-XIIIe s. Église St-Gervais-et-St-Protais (chœur de 1240). Constructions mécaniques.

GIULIANO da Maiano, architecte et sculpteur italien, né à Maiano, près de Fiesole (v. 1432-v. 1490). Il contribua à diffuser les principes de la nouvelle architecture florentine. — Son frère BENEDETTO, né à Maiano (1442-1497), collabora avec lui à l'église de Lorette et au palais Strozzi de Florence; comme sculpteur marbrier, proche d'A. Rossellino, il est l'auteur de bustes, de la chaire de S. Croce (Florence), etc.

GIUNTA ou **JUNTE,** famille d'imprimeurs du XVe s., d'origine vénitienne. Une branche s'établit à Florence, une autre à Lyon.

GIVET (08600), ch.-l. de c. des Ardennes, sur la Meuse; 8 152 h. (*Givetois*). Port fluvial. Textiles artificiels. Machines agricoles.

GIVORS (69700), ch.-l. de c. du Rhône, sur le Rhône; 21 979 h. (*Givordins*). Verrerie. Métallurgie.

GIVRY (71640), ch.-l. de c. de Saône-et-Loire; 2 665 h. Église du XVIIIe s. Vins.

GIVRY-EN-ARGONNE (51330), ch.-l. de c. de la Marne; 528 h.

GIZEH ou **GUIZÈH,** v. d'Égypte, ch.-l. de prov., sur la rive gauche du Nil; 571 000 h. Immense nécropole et complexes funéraires, dont les pyramides de Kheops, Khephren et Mykerinus.

GJELLERUP (Karl), écrivain danois, né à Roholte (1857-1919). Il évolua du naturalisme au spiritualisme dans son théâtre et ses romans (*le Pèlerin Kamanita,* 1906). [Prix Nobel, 1917, avec Pontoppidan.]

GLACE (*mer de*), glacier des Alpes françaises, dans le massif du Mont-Blanc, aboutissant au N.-E. de Chamonix.

GLACE BAY, v. du Canada (Nouvelle-Écosse), dans l'île du Cap-Breton; 21 836 h.

GLACERIE (La) [50470], comm. de la Manche; 5 252 h.

GLADBECK, v. d'Allemagne fédérale, dans la Ruhr; 82 000 h. Constructions électriques.

GLADSTONE (William Ewart), homme politique britannique, né à Liverpool (1809-1898). Chef du parti libéral à partir de 1868, trois fois Premier ministre (1868-1874, 1880-1885, 1892-1894), il accomplit de nombreuses réformes. Sa campagne en faveur du *Home Rule* (1886) en Irlande provoqua la sécession des unionistes du parti libéral.

GLÂMA (le) ou **GLOMMEN** (le), le plus long fleuve de Norvège, tributaire du Skagerrak; 570 km.

GLAMORGAN, anc. comté de Grande-Bretagne (Galles), sur le canal de Bristol, auj. partagé en trois comtés.

GLANUM, ville gallo-romaine, près de Saint-Rémy-de-Provence (Bouches-du-Rhône). Importants vestiges (temples, thermes, théâtre, aqueduc).

GLARIS, en allem. **Glarus,** comm. de Suisse, ch.-l. du canton de ce nom (684 km²; 37 400 h.), dans les *Alpes de Glaris,* sur la Linth; 6 189 h. Elle fut incendiée en 1861.

GLASER (Donald Arthur), physicien américain, né à Cleveland en 1926. Il a inventé la chambre à bulles. (Prix Nobel, 1960.)

GLASGOW, v. d'Écosse, sur la Clyde; 894 000 h. (plus de 1 million dans l'agglomération). Université. Aéroport. Métropole commerciale et industrielle de l'Écosse. Foyer artistique à l'époque de C. R. Mackintosh.

GLAUBER (Johann Rudolf), chimiste et pharmacien allemand, né à Karlstadt (1604-1668). Il découvrit les propriétés thérapeutiques du sulfate de sodium (*sel de Glauber*).

GLAZOUNOV (Aleksandr Konstantinovitch), compositeur russe, né à Saint-Pétersbourg (1865-1936), auteur de symphonies et de musique de chambre.

GLÉ-GLÉ (BADOU, dit), roi d'Abomey de 1858 à 1889, m. en 1889. Il dut céder Cotonou aux Français (1863-1868).

GLEIZES (Albert), peintre français, né à Paris (1881-1953). Il participa aux premières manifestations du cubisme, publia avec Jean Metzinger (1883-1956) le traité *Du cubisme* (1912) et, plus tard, se consacra à l'art sacré.

GLÉNAN (îles de), petit archipel de la côte sud du Finistère. Yachting.

GLENDALE, v. des États-Unis (Californie); 133 000 h.

GLEN MORE, étroite dépression du nord de l'Écosse, empruntée par le canal Calédonien.

GLIÈRES (*plateau des*), plateau situé dans le massif des Bornes; 1 400 à 2 000 m d'alt. Théâtre, en 1944, de la lutte héroïque d'un groupe de la Résistance contre les Allemands. Monument national de la Résistance par le sculpteur Émile Gilioli (1973).

GLINKA (Mikhaïl Ivanovitch), fondateur de l'école musicale russe moderne, né à Novospasskoïe (1804-1857). On lui doit l'opéra *la Vie pour le tsar.*

GLIWICE, v. de Pologne (Silésie); 200 000 h. Centre universitaire et industriel.

GLOMMEN → GLÂMA.

GLOUCESTER, v. d'Angleterre, ch.-l. du comté de ce nom (*Gloucestershire*); 90 000 h. Port sur la Severn. Cathédrale romane et gothique (berceau du style « perpendiculaire »). Constructions aéronautiques.

GLOZEL, hameau de la comm. de Ferrières-sur-Sichon (Allier). Découvertes préhistoriques (1924) dont l'authenticité est discutée.

GLUBB (*sir* John Bagot), dit **Glubb pacha,** général britannique, né à Preston en 1897. Il commanda la Légion arabe de 1939 à 1956.

GLUCK (Christoph Willibald, *chevalier* VON), compositeur allemand, né à Erasbach (Haut-Palatinat) [1714-1787], auteur des opéras *Orphée* (1762; version française 1774), *Alceste* (1767; version française 1776), *Iphigénie en Aulide* (1774), *Armide* (1777), *Iphigénie en Tauride* (1779), etc. Il réforma l'opéra dans le sens français et chercha, loin des conventions italiennes, le naturel, la simplicité, l'émotion juste. Il vécut plusieurs années à Paris, protégé par Marie-Antoinette.

GLUCKMAN (Max), anthropologue britannique, né à Johannesburg (1911-1975). Il a étudié des ethnies africaines et analysé le phénomène du contrôle social dans une perspective fonctionnaliste.

GNEISENAU (August, *comte* NEIDHARDT VON), feld-maréchal prussien, né à Schildau (1760-1831). Collaborateur de Scharnhorst dans la reconstitution de l'armée prussienne (1808), il fut chef d'état-major de Blücher (1813-14 et en 1815).

GNIEZNO, v. de Pologne, au nord-est de Poznań; 51 000 h. Siège des primats de Pologne.

GOA, port de l'Inde, sur la côte de Malabār. Le *territoire de Goa* a été portugais jusqu'en 1961. Il a été englobé aujourd'hui dans le *territoire de Goa, Damān et Diu* (3 813 km²; 858 000 h.).

GOAJIROS, Indiens de Colombie, habitant la *péninsule de Gouajira* ou *Goajira.*

Gobelins (les), anc. manufacture royale installée dans les ateliers des teinturiers Gobelins, au bord de la Bièvre, à Paris. Créée et dirigée par des tapissiers flamands, sous l'impulsion de Henri IV (début du XVIIe s.), elle connaît son grand essor sous Louis XIV : Colbert lui donne le titre de *manufacture royale des meubles de la Couronne* en 1667. Charles Le Brun dirige alors les ateliers de cartons de tapisseries, mais aussi des ateliers d'orfèvrerie, d'ébénisterie et de sculpture. Les Gobelins sont auj. manufacture nationale de tapisseries (travaillant exclusivement pour l'État); les mêmes locaux (XIIIe arr.) abritent un musée de la tapisserie ainsi que les manufactures de Beauvais (tapisseries) et de la Savonnerie (tapis).

GOBERT (Napoléon, *baron*), philanthrope français, né à Metz (1807-1833). Il fonda deux prix annuels, destinés aux auteurs des meilleurs ouvrages sur l'histoire de France.

GOBI ou **CHA-MO** ou **SHAMO**, désert de l'Asie centrale (Mongolie et Chine).

GOBINEAU (Joseph Arthur, *comte* DE), diplomate et écrivain français, né à Ville-d'Avray (1816-1882), auteur de l'*Essai sur l'inégalité des races humaines* (1853-1855), qui influa sur les théoriciens du racisme germanique ; il écrivit aussi des romans (*les Pléiades*, 1874) et des nouvelles qui témoignent de son admiration pour Stendhal.

Gobineau
par G. von Bohn

Nikolaï V. **Gogol**

Goethe
par H. Christoph

la Chinoise (1967), de Jean-Luc **Godard**

GODARD (Eugène), aéronaute français, né à Clichy (1827-1890), organisateur de la poste aérienne pendant le siège de Paris (1870-71).

GODARD (Jean-Luc), cinéaste français, né à Paris en 1930, auteur de : *À bout de souffle* (1959), *le Mépris* (1963), *Pierrot le fou* (1965), *la Chinoise* (1967), *Sauve qui peut (la vie)* [1979].

GODĀVARI ou **GODĀVÉRY** (la), un des fleuves sacrés de l'Inde, tributaire du golfe du Bengale ; 1 500 km.

GODBOUT (Adélard), agronome et homme politique canadien, né à Saint-Éloi (1892-1956). Libéral, il fut Premier ministre du Québec en 1936 et de 1939 à 1944.

GODBOUT (Jacques), écrivain et cinéaste canadien d'expression française, né à Montréal en 1933. Son œuvre compose une quête de son identité d'homme et d'écrivain (*l'Aquarium*, 1962 ; *D'amour, P. Q.*, 1972).

GODDARD (Robert Hutchings), ingénieur américain, né à Worcester (Massachusetts) [1882-1945]. Spécialiste de la propulsion par fusées, il est l'un des précurseurs de l'astronautique.

GODEFROI DE BOUILLON, duc de Basse-Lorraine (1089-1095), né à Baisy (v. 1061-1100). Chef de la 1re croisade, il fut élu roi de Jérusalem (1099), mais il prit le titre d'« avoué du Saint-Sépulcre ».

GODEHEU (Charles), administrateur français, né en Bretagne, gouverneur de l'Inde en 1754. Il signa avec les Anglais un traité désastreux.

GÖDEL (Kurt), logicien et mathématicien américain d'origine autrichienne, né à Brünn (auj. Brno) [1906-1978]. Il est l'auteur de deux théorèmes (1931) selon lesquels une arithmétique non contradictoire ne saurait former un système complet, car la non-contradiction constitue dans ce système un énoncé « indécidable ».

GODERVILLE (76110), ch.-l. de c. de la Seine-Maritime ; 1 632 h.

GODOUNOV (Boris) → BORIS GODOUNOV.

GODOY ÁLVAREZ DE FARIA (Manuel), homme d'État espagnol, né à Castuera (1767-1851), ministre de Charles IV d'Espagne et amant de la reine Marie-Louise. Premier ministre de 1792 à 1798 et de 1800 à 1808, il joua un grand rôle dans les affaires d'Espagne pendant la Révolution et l'Empire. Accusé de trahison, il dut suivre Charles IV en exil.

God save the King [ou **the Queen**] (« *Dieu protège le roi* [ou *la reine*] »), hymne national anglais.

GODTHÅB, auj. **Nuuk**, cap. du Groenland, sur le détroit de Davis ; 9 000 h.

GODWIN (William), écrivain anglais, né à Wisbech (1756-1836), auteur de romans d'inspiration sociale (*les Aventures de Caleb Williams*).

GOEBBELS (Joseph Paul), homme politique allemand, né à Rheydt (1897-1945). Journaliste national-socialiste, ministre de la Propagande et de l'Information (1933) et désigné par Hitler comme son successeur ; il se suicida avec toute sa famille à Berlin.

GOERG (Édouard), peintre et graveur français, né à Sydney (Australie) [1893-1969]. Il est l'auteur, expressionniste, mais en même temps précieux, de scènes de mœurs. Il a illustré notamment les *Fleurs du mal*.

GOERING (Hermann) → GÖRING.

GOETHE (Johann Wolfgang VON), écrivain, homme politique et savant allemand, né à Francfort-sur-le-Main (1749-1832). L'un des chefs du « Sturm* und Drang » avec son roman *les Souffrances du jeune Werther* (1774) et son drame *Götz von Berlichingen* (1774), il évolua à travers son expérience de l'Italie (*Torquato Tasso*, 1789), de la Révolution française et de la politique (il fut ministre du grand-duc de Weimar), de son amitié avec Schiller (*Xénies*, 1796), et de ses recherches scientifiques (*la Métamorphose des plantes*, 1790 ; *la Théorie des couleurs*, 1810), vers un art plus classique (*Wilhelm* Meister ; *Hermann* et Dorothée ; les *Affinités* électives*), qui prit une forme de plus en plus autobiographique (*Poésie et vérité*, 1811-1833) et symbolique (*Divan occidental et oriental*, 1819 ; *Faust**).

GOFFMAN (Erving), psychosociologue canadien, né à Manvine (Alberta) en 1922. Il s'intéresse aux interactions sociales et a développé une théorie de l'institution totalitaire (*Asiles*, 1961 ; *les Rites d'interaction*, 1967 ; *les Relations en public*, 1971).

GOG et **MAGOG**, dans les littératures juive et chrétienne, personnification des puissances du Mal.

GOGOL (Nikolaï Vassilievitch), écrivain russe, né à Sorotchintsy (1809-1852). Auteur de pièces de théâtre (*le Revizor*, 1836) et de nouvelles (*Taras Boulba*, 1835), il est le créateur du roman moderne russe (*les Âmes* mortes*, 1842-1852).

GOHELLE (la), plaine du nord de la France, au pied des collines de l'Artois.

GOIÂNIA, v. du Brésil central, cap. de l'État de Goiás ; 381 000 h.

GOIÁS, État du Brésil ; 642 000 km² ; 2 939 000 h. Cap. *Goiânia*.

Gois (*passage du*), route praticable à marée basse, entre Noirmoutier et le continent.

GOITO, v. d'Italie (Lombardie), sur le Mincio ; 9 000 h. Victoire des Piémontais sur les Autrichiens (1848).

GOLAN (*plateau du*), région du sud-ouest de la Syrie. Occupé par Israël en 1967, le Golan, théâtre de combats en 1973, est annexé par la Knesset en 1981.

GOLBEY (88190), comm. des Vosges ; 9 493 h. (*Golbéens*). Textile.

GOLCONDE, anc. ville de l'Inde, près de Hyderābād, ruinée par Aurangzeb en 1687. Les sultans y avaient accumulé de légendaires trésors. Vestiges des XVIe - début du XVIIe s.

GOLD COAST → GHĀNA (*république du*).

GOLDMANN (Nahum), leader sioniste, né à Wisznewo (Lituanie) en 1895, fondateur (1936) et président (1951-1977) du Congrès juif mondial, président de l'Organisation mondiale sioniste (1956-1968).

GOLDONI (Carlo), auteur comique italien, né à Venise (1707-1793). Aux bouffonneries de la *commedia dell'arte*, il substitua la peinture des mœurs et des caractères dans ses comédies écrites en italien (*La Locandiera*, 1753) et en français (*le Bourru bienfaisant*, 1771). Il a laissé des *Mémoires*.

GOLDSMITH (Oliver), écrivain anglais, né à Pallas (Irlande) [v. 1730-1774], auteur de romans (*le Vicaire de Wakefield*, 1766), de poèmes sentimentaux (*le Village abandonné*, 1770) et de pièces de théâtre (*Elle s'abaisse pour triompher*, 1773).

GOLDSTEIN (Kurt), neurologue allemand, né à Katowice (1878-1965). Il est l'instigateur d'une conception unitaire et globaliste de la neurologie, issue de la Gestalttheorie (*la Structure de l'organisme*, 1934).

GOLÉA (El), oasis du Sahara algérien ; 12 000 h.

GOLEIZOVSKI (Kassian Iaroslavitch), chorégraphe soviétique, né à Moscou (1892-1970). À l'origine de l'évolution du ballet classique en U.R.S.S., il influença, entre autres, le style de son émule George Balanchine.

GOLFECH (82400 Valence d'Agen), comm. de Tarn-et-Garonne, sur la Garonne ; 470 h. Centrale hydroélectrique ; centrale nucléaire en projet.

GOLFE-JUAN (06220 Vallauris), section de la comm. de Vallauris (Alpes-Maritimes). Station balnéaire sur la Méditerranée. Napoléon y débarqua en 1815, à son retour de l'île d'Elbe.

GOLGI (Camillo), médecin italien, né à Corteno, près de Brescia (1844-1926). Il a étudié le système nerveux et mis en évidence un système de granulation du cytoplasme (*appareil de Golgi*). [Prix Nobel, 1906.]

GOLGOTHA, nom araméen du *Calvaire*, où Jésus fut crucifié.

GOLIATH, guerrier philistin vaincu en combat singulier par David.

GOLITSYN → GALITZINE.

GOLO (le), fl. de la Corse ; 75 km. Il coule partiellement en gorges et se jette dans la mer au sud de Bastia.

GOLTZIUS (Hendrik), graveur et peintre néerlandais, né à Venlo (1558-1617). Maniériste brillant, il fut l'un des fondateurs de l'académie de Haarlem.

GOMAR ou **GOMARUS** (François), théologien protestant, né à Bruges (1563-1641), adversaire d'Arminius. Il donna à la doctrine de Calvin sur la prédestination l'interprétation la plus rigoriste. Ses partisans, les *gomaristes*, provoquèrent des troubles graves aux Pays-Bas.

GOMBAULD (Jean OGER), poète français, né à Saint-Just (Saintonge) [v. 1588-1666], disciple de Malherbe et l'un des initiateurs du goût classique. (Acad. fr.)

Witold **Gombrowicz**

Ed. Denoël

Edmond et Jules de **Goncourt**
par Gavarni

Algar

Luis de **Góngora**
y Argote

Arshile **Gorky**
Table-Paysage (1945)

Réunion des musées nationaux

Maksim **Gorki**
par L. N. Andreïev

A. P. N.

GOMBERVILLE (Marin LE ROY DE), écrivain français, né à Paris (1600-1674), auteur de romans précieux *(Polexandre)*. [Acad. fr.]

gombette *(loi)*, loi barbare rédigée en latin (500-501), sur l'ordre du roi Gondebaud, à l'intention des sujets burgondes.

GOMBROWICZ (Witold), écrivain polonais, né à Małoszyce, près d'Opatów (1904-1969). Ses romans *(Ferdydurke, Cosmos)*, son théâtre *(Yvonne, princesse de Bourgogne)* et son *Journal* cherchent à saisir la réalité intime des êtres à travers les stéréotypes sociaux et culturels.

GOMEL, v. de l'U.R.S.S. (Biélorussie); 360000 h. Constructions mécaniques.

GOMERA, l'une des Canaries.

GÓMEZ DE LA SERNA (Ramón), écrivain espagnol, né à Madrid (1888-1963), romancier *(El Rastro)* et créateur d'un genre, les *greguerías*, petits poèmes en prose aux observations piquantes.

Gommes *(les)*, roman d'A. Robbe-Grillet (1953) : la première manifestation systématique du nouveau roman.

GOMORRHE → SODOME.

GOMUŁKA (Władysław), homme politique polonais, né à Krosno en 1905. Secrétaire général du parti ouvrier en 1943, il est exclu par les staliniens en 1948-49. Réhabilité en 1956, il est élu premier secrétaire du Comité central du parti ouvrier unifié; il doit abandonner ses fonctions en 1970.

GONÇALVES (Nuno), peintre portugais, nommé peintre du roi Alphonse V en 1450. On lui attribue le monumental *Polyptyque de São Vicente* du musée de Lisbonne.

GONÇALVES DIAS (António), poète brésilien, né à Caxias (1823-1864), fondateur de l'école indianiste *(Os Timbiras,* 1857).

GONCELIN (38570), ch.-l. de c. de l'Isère; 1506 h.

GONCOURT (Edmond HUOT DE), né à Nancy (1822-1896), et son frère JULES, né à Paris (1830-1870), écrivains français. Peintres de la vie dans ses états de crise physiologique ou sentimentale, ils usèrent d'une écriture «artiste» qui évolua du naturalisme *(Renée Mauperin,* 1864; *Madame Gervaisais,* 1869; *la Fille Élisa,* 1877) vers un impressionnisme raffiné influencé par leur passion de l'art du XVIIIe s. français et de la civilisation japonaise *(Journal).* Edmond réunit dans son hôtel d'Auteuil un cercle d'amis qui est à l'origine de l'*Académie* Goncourt.*

GONDAR, anc. cap. de l'Éthiopie, au nord du lac Tana; 43000 h. Palais, églises, fortifications des XVIIe-XVIIIe s.

GONDEBAUD ou **GONDOBALD,** m. en 516, roi des Burgondes (v. 480-516). Il promulga la *loi gombette*.*

GONDI, famille originaire de Florence, à laquelle appartenait Paul de Gondi, cardinal de Retz*.

GOND-PONTOUVRE (Le) [16160], comm. de la Charente; 5313 h. Constructions électriques.

GONDRECOURT-LE-CHÂTEAU (55130), ch.-l. de c. de la Meuse; 1455 h.

GONDWANA, région de l'Inde, dans le Deccan, habitée par les *Gonds* (3 millions env.). Elle a donné son nom à un continent qui aurait réuni, à l'ère primaire, l'Amérique méridionale, l'Afrique, l'Arabie, l'Inde (Deccan), l'Australie et l'Antarctique.

GONESSE (95500), ch.-l. de c. du Val-d'Oise; 21470 h. *(Gonessiens).* Église des XIIe et XIIIe s.

GONFREVILLE-L'ORCHER (76700 Harfleur), comm. de la Seine-Maritime, sur le canal de Tancarville; 10175 h. Raffinage du pétrole. Pétrochimie.

GÓNGORA Y ARGOTE (Luis DE), poète espagnol, né à Cordoue (1561-1627). Son style a fait école sous le nom de *gongorisme* ou *cultisme.*

GONTCHAROV (Ivan Aleksandrovitch), écrivain russe, né à Simbirsk (1812-1891), peintre de la décadence intellectuelle et politique de la noblesse russe *(Oblomov,* 1859).

GONTCHAROVA (Natalia Sergueïevna), peintre russe, née à Toula (1881-1962), auteur, notamment, d'audacieux décors et costumes pour les Ballets russes de Diaghilev. (V. LARIONOV.)

GONTRAN *(saint)* [v. 545-592], roi de Bourgogne (561-592), fils de Clotaire Ier.

GONZAGUE, famille princière d'Italie, qui a régné sur Mantoue du XIVe au XVIIIe s. et sur le duché de Nevers.

GONZAGUE (Anne DE) → ANNE DE GONZAGUE.

GONZÁLEZ (Julio), sculpteur espagnol, né à Barcelone (1876-1942). Installé à Paris, il utilisa le fer soudé, avec une grande liberté, à partir de 1927.

GONZALVE DE CORDOUE, général espagnol, né à Montilla (1453-1515). Il vainquit les Français à Cerignola et au Garigliano (1503), et conquit le royaume de Naples.

GOODMAN (Benjamin David, dit **Benny**), clarinettiste et chef d'orchestre de jazz américain, né à Chicago en 1909. Surnommé le *Roi du swing,* il fut l'un des premiers chefs d'orchestre blancs à défier la ségrégation raciale en engageant des artistes de couleur, et fonda en 1934 une grande formation de renom.

GOODYEAR (Charles), inventeur américain, né à New Haven (1800-1860). Il a découvert la vulcanisation du caoutchouc (1839).

GOOSE BAY, localité du Canada, dans l'est du Labrador. Base aérienne.

GÖPPINGEN, v. d'Allemagne fédérale (Bade-Wurtemberg); 50000 h.

GORAKHPUR, v. de l'Inde (Uttar Pradesh), au nord de Bénarès; 235000 h. Université.

GORCHKOV (Sergueï Gueorguievitch), amiral soviétique, né à Kamenets-Podolski en 1910. Commandant en chef de la marine depuis 1956, il présida à son prodigieux essor.

GORDES (84220), ch.-l. de c. de Vaucluse; 1574 h. Château du XVIe s. (musée Vasarely). À 4 km, anc. abbaye cistercienne de Sénanque.

GORDIEN, nom de trois empereurs romains : GORDIEN Ier (v. 157-238), empereur pendant deux mois en 238; — son fils GORDIEN II (v. 192-238), associé à son père en 238, et qui périt avec lui; — GORDIEN III *le Pieux* (v. 224-244), empereur de 238 à 244, petit-fils de Gordien Ier.

GORDIMER (Nadine), femme de lettres sud-africaine d'expression anglaise, née à Johannesburg en 1923, auteur de romans sur les problèmes de l'apartheid.

GORDION, v. de l'Asie Mineure, anc. cap. des rois de Phrygie. C'est dans le temple de Zeus à Gordion qu'Alexandre trancha d'un coup d'épée le *nœud gordien,* dont un oracle disait que celui qui le dénouerait deviendrait le maître de l'Asie.

GORDON (Charles), appelé **Gordon pacha,** explorateur et officier anglais, né à Woolwich (1833-1885). Gouverneur du Soudan, il périt lors de la prise de Khartoum par le Mahdī.

GORÉE, île des côtes du Sénégal, en face de Dakar. Anc. comptoir français.

GORGIAS, rhéteur sophiste grec, né à Leontium (Sicile) [v. 487 - v. 380 av. J.-C.], mis en scène dans le dialogue de Platon le *Gorgias.*

GORGONES. *Myth. gr.* Monstres ailés au corps de femme et à la chevelure faite de serpents; elles étaient trois sœurs : *Méduse, Euryale* et *Sthéno.*

GORGONZOLA, v. d'Italie (Lombardie); 9000 h. Fromages.

GÖRING ou **GOERING** (Hermann), maréchal et homme politique allemand, né à Rosenheim (1893-1946). Aviateur de la Première Guerre mondiale, membre du parti nazi dès 1922, il commanda l'aviation militaire allemande de 1935 à 1945. Successeur désigné de Hitler (1939), il fut désavoué en 1945, condamné à mort à Nuremberg (1946), il se suicida.

GORIZIA, en serbe **Gorica,** en allem. **Görz,** v. d'Italie, sur l'Isonzo, à la frontière yougoslave; 43000 h. Victoire italienne en 1916.

GORKI, anc. Nijni-Novgorod, v. de l'U.R.S.S. (R.S.F.S. de Russie), au confluent de la Volga et de l'Oka; 1319000 h. Anc. foire annuelle très célèbre. Port fluvial et centre industriel.

GORKI (Alekseï Maksimovitch PECHKOV, dit **Maksim),** écrivain russe, né à Nijni-Novgorod (1868-1936). Peintre réaliste de son enfance difficile *(Ma vie d'enfant,* 1913-14; *En gagnant mon pain,* 1915-16; *Mes universités,* 1923), des vagabonds et des déracinés *(Foma Gordeïev,* 1899; *les Bas-Fonds,* 1902), il est le créateur de la littérature sociale soviétique *(la Mère,* 1907; *les Artamonov,* 1925; *la Vie de Klim Samguine,* 1927-1936).

GORKY (Vosdanig ADOIAN, dit **Arshile),** peintre américain d'origine arménienne, né à Hayotz Dzore (1905-1948). Il a tiré de l'automatisme

Jean **Goujon**
nymphe de la
fontaine des Innocents
(1549) à Paris

Charles **Gounod**
par A. Carolus-Duran

Lauros-Giraudon

Lauros-Giraudon

Goya y Lucientes
les Vieilles
(v. 1810)

Giraudon

surréaliste, dans les années 40, une brillante abstraction biomorphique.

GÖRLITZ, v. d'Allemagne démocratique, sur la Neisse; 86 000 h.

GORLOVKA, v. de l'U.R.S.S. (Ukraine), dans le Donbass; 342 000 h. Centre houiller et sidérurgique.

GÖRRES (Joseph VON), publiciste et historien allemand, né à Coblence (1776-1848), un des animateurs du mouvement romantique et nationaliste.

GORRON (53120), ch.-l. de c. de la Mayenne; 2 555 h.

GORSKI (Aleksandr), danseur, chorégraphe, maître de ballet et professeur russe, né à Saint-Pétersbourg (1871-1924). Il redonna vie au ballet russe et au répertoire classique, qu'il rajeunit.

GORT (John Vereker, *vicomte*), maréchal britannique, né à Londres (1886-1946). Commandant le corps expéditionnaire britannique en France (1939-40), puis gouverneur de Malte (1942-43), il fut haut-commissaire en Palestine (1944-45).

GORTCHAKOV (Aleksandr Mikhaïlovitch, *prince*), diplomate russe, né à Haspal (1798-1883). Ministre des Affaires étrangères de 1856 à 1882, il présida au relèvement de son pays après la guerre de Crimée.

GORTYNE, v. de l'anc. Crète centrale. Vestiges grecs et romains. Les *lois de Gortyne* [Ve s. av. J.-C.], inscription monumentale retrouvée en 1884, sont précieuses pour l'histoire du droit grec.

GORZÓW WIELKOPOLSKI, anc. en allem. Landsberg, v. de Pologne, sur la basse Warta; 91 000 h.

GOSIER (Le) [97190], ch.-l. de c. de la Guadeloupe; 13 906 h.

GOSLAR, v. d'Allemagne fédérale (Basse-Saxe), au pied du Harz; 56 000 h. Monuments anciens.

GOSPORT, port de Grande-Bretagne, sur la baie de Portsmouth; 76 000 h.

GOSSART ou **GOSSAERT** (Jan), dit **Mabuse**, peintre des anc. Pays-Bas, à Maubeuge (?) [v. 1478 ? - v. 1532/1536]. Sa production, complexe et variée, est l'une de celles qui introduisirent l'italianisme et les concepts de la Renaissance dans l'art du Nord.

GOSSAU, comm. de Suisse (Saint-Gall); 12 793 h.

GOSSEC (François Joseph), compositeur français, né à Vergnies (Hainaut) [1734-1829]. Un des créateurs de la symphonie et l'auteur d'hymnes révolutionnaires, il fut l'un des premiers maîtres du Conservatoire.

GOSSET (Antonin), chirurgien français, né à

Fécamp (1872-1944). On lui doit notamment la gastrotomie.

GÖTA ÄLV (le), fl. de Suède, émissaire du lac Vänern, et qui rejoint le Cattégat; 93 km.

GÖTALAND, partie méridionale de la Suède.

GÖTEBORG, port de Suède, sur le *Göta älv*; 442 000 h. Université. Musées. Chantiers navals. Automobiles. Raffinage du pétrole.

GOTHA, v. d'Allemagne démocratique, au pied du Thüringerwald; 57 000 h. Château reconstruit au XVIIe s. (musées). Édition. Métallurgie. Porcelaine. — Le *programme de Gotha,* établi lors de la fondation du parti social-démocrate allemand (mai 1875), fut vivement critiqué par Marx et Engels.

Gotha *(Almanach de),* annuaire généalogique, diplomatique et statistique, publié à Gotha, en français et en allemand, de 1763 à 1944.

GOTHS [go], peuple de la Germanie ancienne. Venus de Scandinavie et établis au Ier s. av. J.-C. sur la basse Vistule, ils s'installèrent au IIIe s. au nord-ouest de la mer Noire, où ils furent en lutte constante avec l'Empire romain. Au IVe s., l'évêque Ulfilas les convertit à l'arianisme et les dota d'une écriture et d'une langue littéraire. Sous la poussée des Huns (v. 375), leur empire se dissocia, et les deux rameaux, Wisigoths et Ostrogoths, eurent leur histoire propre.

GOTLAND, île de Suède, dans la mer Baltique; 54 000 h. Ch.-l. *Visby* (nombreux vestiges médiévaux).

GOTTFRIED de Strasbourg, poète courtois de langue allemande du début du XIIIe s., auteur d'un *Tristan.*

GÖTTINGEN, v. de l'Allemagne fédérale (Basse-Saxe), au sud-ouest du Harz; 120 000 h. Monuments anciens. Université. Métallurgie de l'aluminium. Instruments de précision.

GOTTSCHALK ou **GOTESCALC d'Orbais,** théologien allemand, né près de Mayence (v. 805 - v. 868), qui fut condamné en 848 pour ses idées sur la prédestination, et emprisonné.

GOTTSCHED (Johann Christoph), écrivain allemand, né à Juditten, près de Königsberg (1700-1766), partisan de l'imitation du classicisme français.

GOTTWALD (Klement), homme d'État tchécoslovaque, né à Dědice (1896-1953). Secrétaire général du parti communiste en 1929, il est président du Conseil en 1946 et président de la République après le « coup de Prague », qu'il a organisé (1948).

GOTTWALDOV, anc. **Zlín,** v. de Tchécoslovaquie (Moravie); 80 000 h. Chaussures.

GOUAREC (22570), ch.-l. de c. des Côtes-du-Nord; 1 055 h.

GOUDA, v. des Pays-Bas sur l'Ijssel; 48 000 h.

Hôtel de ville du XVe s.; église du XVIe s. (vitraux). Faïences. Fromages.

GOUDÉA, prince de Lagash (XXIIe s. av. J.-C.). Le Louvre conserve de lui douze statues.

GOUDIMEL (Claude), musicien français, né à Besançon (v. 1520-1572), massacré à Lyon lors de la Saint-Barthélemy. Auteur de messes, motets, chansons et psaumes, il fut un maître du contrepoint.

GOUFFÉ (Jules), cuisinier français, né à Paris (1807-1877), auteur d'ouvrages d'art culinaire.

GOUGES (Marie Olympe GOUZE, dite **Olympe de**), femme de lettres et révolutionnaire française, née à Montauban (1748-1793). Elle réclama l'émancipation des femmes dans une *Déclaration de la femme et de la citoyenne.* Elle fut guillotinée pour avoir pris la défense de Louis XVI.

GOUJON (Jean), sculpteur et architecte français, probablement né en Normandie (v. 1510-1564/1569). Il est à Rouen en 1541, à Paris en 1544, participe à l'illustration de la première traduction de Vitruve en 1547, aux décors de l'« entrée » d'Henri II en 1549 *(fontaine des Innocents),* puis collabore avec Lescot au nouveau Louvre (façade, tribune des Caryatides). C'est l'un des principaux créateurs de la Renaissance classique en France.

GOULETTE (La), v. de Tunisie; 32 000 h. Port sur le canal qui va de Tunis à la mer. Station balnéaire.

GOUNOD (Charles), compositeur français, né à Paris (1818-1893), auteur d'opéras (*Faust,* 1859; *Mireille,* 1864; *Roméo et Juliette,* 1867) et de compositions religieuses (*Mors et Vita,* 1884). Il a été l'un des créateurs de la mélodie française.

GOURARA, groupe d'oasis du Sahara algérien.

GOURAUD (Henri Eugène), général français, né à Paris (1867-1946). Il captura Samory au Soudan (1898) et fut adjoint de Lyautey au Maroc (1912). Commandant les forces françaises d'Orient (1915), puis la IVe armée en Champagne, il fut haut-commissaire en Syrie (1919-1923), puis gouverneur de Paris (1923-1937).

GOURBEYRE (97113), comm. de la Guadeloupe; 7 082 h.

GOURDON (46300), ch.-l. d'arr. du Lot; 5 106 h. (*Gourdonnais*). Église gothique fortifiée. Centre commercial.

GOURDON DE GENOUILLAC (Nicolas), héraldiste français, né à Paris (1826-1898).

GOURETTE (64440 Laruns), station de sports d'hiver (alt. 1 350-2 400 m) des Pyrénées-Atlantiques (comm. d'Eaux-Bonnes).

GOURGAUD (Gaspard, *baron*), général français, né à Versailles (1783-1852). Il accompagna à Sainte-Hélène Napoléon Ier, qui lui dicta ses Mémoires.

GOURIEV, port de l'U.R.S.S. (Kazakhstan), sur la mer Caspienne, à l'embouchure de l'Oural; 134 000 h.

GOURIN (56110), ch.-l. de c. du Morbihan; 5 526 h. Église des XVe-XVIe s.

GOURMONT (Remy DE), écrivain français, né à Bazoches-au-Houlme (Orne) [1858-1915], critique littéraire du groupe symboliste.

GOURNAY (Marie LE JARS DE), femme de lettres française, née à Paris (1566-1645), fille adoptive de Montaigne, dont elle fit rééditer l'œuvre.

GOURNAY (Vincent DE), économiste français, né à Saint-Malo (1712-1759). Il préconisa la liberté du commerce des grains et de l'industrie.

GOURNAY-EN-BRAY (76220), ch.-l. de c. de la Seine-Maritime, sur l'Epte; 6 606 h.

GOURNAY-SUR-MARNE (93460), comm. de la Seine-Saint-Denis, dans la banlieue est de Paris; 4 285 h. Plage.

GOUROS, ethnie du centre-ouest de la Côte-d'Ivoire.

GOURSAT (Édouard), mathématicien français, né à Lanzac (Lot) [1858-1936], auteur de travaux d'analyse infinitésimale.

GOUSSAINVILLE (95190), ch.-l. de c. du Val-d'Oise; 25 245 h. (*Goussainvillois*).

GOUTHIÈRE (Pierre), fondeur et ciseleur français, né à Bar-sur-Aube (1732-1813 ou 1814). L'un

Zénobe **Gramme**

Martha **Graham**
dans *Appalachian Spring*

Antonio **Gramsci**

GRAMONT (Antoine Agénor, *duc* DE), diplomate français, né à Paris (1819-1880). Ministre des Affaires étrangères en mai 1870, il joua un rôle prépondérant dans la déclaration de guerre à la Prusse (juill.).

GRAMPIANS *(monts)*, massif montagneux de l'Écosse, entre la dépression du Glen More et la mer du Nord (1343 m au *Ben Nevis*).

GRAMSCI (Antonio), homme politique italien, né à Ales (Sardaigne) [1891-1937]. Avec Togliatti, il fonde le journal *L'Ordine nuovo* (1919) et participe aux luttes de Turin (1920), où il met en pratique la notion — dont il fera plus tard la théorie — de l'hégémonie du prolétariat. Puis il participe au congrès de Livourne (1921), où est fondé le parti communiste italien, dont il devient le secrétaire en 1924. Arrêté en 1926, il est condamné, relégué, et meurt en prison. Il a écrit les *Lettres de prison*, un des chefs-d'œuvre de la littérature italienne, et les *Cahiers de prison*, un ensemble de textes, rédigés entre 1929 et 1935, qui constitue un apport important pour l'histoire et la pensée marxistes.

GRANADOS Y CAMPIÑA (Enrique), compositeur espagnol, né à Lérida (1867-1916), auteur de pièces pour piano (*Danses espagnoles, Goyescas*), d'opéras et de zarzuelas.

GRANBY, v. du Canada (Québec), dans les cantons de l'Est; 37 132 h. Jardin zoologique.

GRANCEY - LE - CHÂTEAU - NEUVELLE (21580), ch.-l. de c. de la Côte-d'Or; 317 h. Château reconstruit au début du XVIIIe s.

GRAN CHACO → CHACO.

GRAND BALLON ou **BALLON DE GUEBWILLER**, point culminant du massif des Vosges; 1424 m.

GRAND BASSIN, hautes plaines désertiques de l'ouest des États-Unis, entre la sierra Nevada et les monts Wasatch.

GRANDBOIS (Alain), écrivain canadien d'expression française, né à Saint-Casimir (1900-1975), auteur de nouvelles et de recueils lyriques (*les Îles de la nuit*, 1944).

GRAND-BORNAND (Le) [74450], comm. de la Haute-Savoie; 1619 h. Station de sports d'hiver (alt. 950-1850 m).

GRAND-BOURG (Le) [23240], ch.-l. de c. de la Creuse; 1608 h. Église du XIIe s.

GRAND-BOURG (97112), ch.-l. de c. de Marie-Galante (dépendance de la Guadeloupe); 6611 h.

GRANDCAMP-MAISY (14450), comm. du Calvados; 1809 h. Station balnéaire.

GRAND CANYON, nom des gorges du Colorado dans l'Arizona (États-Unis).

GRAND-CHAMP (56390), ch.-l. de c. du Morbihan; 3055 h.

GRAND-CHARMONT (25200 Montbéliard), comm. du Doubs; 7922 h.

GRAND-COMBE (La) [30110], ch.-l. de c. du Gard; 10 472 h.

GRAND COULEE, v. des États-Unis (Washington); 3000 h. Aménagement hydroélectrique sur la Columbia.

GRAND-COURONNE (76530), ch.-l. de c. de la Seine-Maritime; 7875 h. (*Couronnais*).

GRAND-COURONNÉ (le), hauteur du plateau lorrain à l'est de Nancy, où Castelnau résista victorieusement aux Allemands en 1914.

GRAND-CROIX (La) [42320], ch.-l. de c. de la Loire; 5088 h.

GRANDE (*rio*) ou **RÍO BRAVO**, fl. d'Amérique, né dans les Rocheuses, et qui rejoint le golfe du Mexique; 2900 km.

GRANDE (*rio*), riv. du Brésil, l'une des branches mères du Paraná; 1050 km.

GRANDE-BRETAGNE ET IRLANDE DU NORD (*Royaume-Uni de*), État insulaire de l'Europe occidentale. Cap. *Londres*. Langue : *anglais*. Le Royaume-Uni comprend quatre parties principales : l'*Angleterre* proprement dite et le *pays de Galles* (cap. Londres), l'*Écosse* (cap. Édimbourg) et l'*Irlande du Nord* (cap. Belfast) [avec l'Irlande du Sud, ou république d'Irlande, ces régions forment les îles Britanniques]. Le

des plus brillants artisans de son temps, maître du style Louis XVI, il fut sans doute l'inventeur de la dorure « au mat ».

Gouvernement provisoire de la République française, nom pris à Alger en 1944 par le Comité français de libération nationale. Il a fonctionné jusqu'en 1946.

GOUVIEUX (60270), comm. de l'Oise, en bordure de la forêt de Chantilly; 7353 h.

GOUVION-SAINT-CYR (Laurent), maréchal de France, né à Toul (1764-1830). Ministre de la Guerre en 1815 et 1817, il est l'auteur de la loi qui, en 1818, réorganisa le recrutement de l'armée.

GOVE (*péninsule de*), presqu'île du nord de l'Australie. Bauxite.

GOYA Y LUCIENTES (Francisco DE), peintre espagnol, né à Fuendetodos, prov. de Saragosse (1746-1828). Peintre de la vie populaire et portraitiste brillant, premier peintre — sans complaisance — du roi Charles IV (1789), il acquiert, après une maladie qui le rend sourd (1793), un style incisif et sensuel, parfois brutal ou visionnaire, d'une liberté et d'une efficacité rares. Graveur, ses eaux-fortes des *Caprices* satirisent l'éternelle misère humaine, celles des *Désastres de la guerre* dénoncent la guerre napoléonienne. En 1824, fuyant l'absolutisme de Ferdinand VII, Goya s'établit à Bordeaux. Le musée du Prado montre un incomparable panorama de son œuvre, dont l'influence fut grande sur l'art français du XIXe s., du romantisme à l'impressionnisme.

GOZO ou **GOZZO**, île de la Méditerranée, près de Malte, dont elle dépend.

GOZZI (Carlo), écrivain italien, né à Venise (1720-1806). Défenseur de la tradition théâtrale italienne contre Goldoni, il composa des féeries dramatiques (*l'Amour des trois oranges, le Roi cerf, Turandot*).

GOZZOLI (Benozzo DI LESE, dit **Benozzo**), peintre italien, né à Florence (v. 1420-1497). Son style est celui d'un coloriste clair et d'un décorateur brillant et pittoresque : le *Cortège des Rois Mages*, palais Médicis à Florence.

GRAAF (Reinier DE) → DE GRAAF.

Graal (Reinier DE) le) ou le **Saint-Graal**, vase qui aurait servi à Jésus-Christ pour la Cène, et dans lequel Joseph d'Arimathie aurait recueilli le sang qui coula de son flanc percé par le centurion. Aux XIIe et XIIIe s., de nombreux romans de chevalerie racontent la « quête » (recherche) du Graal par les chevaliers du roi Arthus. Les œuvres les plus connues sont dues à Chrétien de Troyes et à Wolfram von Eschenbach, qui inspira Wagner dans *Parsifal*.

GRAÇAY (18310), ch.-l. de c. du Cher; 2019 h.

GRACCHUS (Tiberius et Caius) → GRACQUES (les).

GRÂCE-HOLLOGNE, comm. de Belgique (prov. de Liège); 21 000 h.

GRÂCES (les), en gr. les **Charites**. *Myth*. Divinités gréco-romaines de la Beauté. Elles sont trois : *Aglaé, Thalie, Euphrosyne*.

GRACIÁN Y MORALES (Baltasar), jésuite et écrivain espagnol, né à Belmonte de Calatayud

(1601-1658), auteur d'un code de la vie littéraire et mondaine (*Finesse et art du bel esprit*).

GRACQ (Louis POIRIER, dit **Julien**), écrivain français, né à Saint-Florent-le-Vieil en 1910, auteur de romans marqués par le surréalisme (*Au château d'Argol*, 1938; *le Rivage des Syrtes*, 1951; *la Presqu'île*, 1970).

GRACQUES (les), nom donné à deux frères, tribuns romains, TIBERIUS SEMPRONIUS **Gracchus** (v. 162-133 av. J.-C.) et CAIUS SEMPRONIUS **Gracchus** (v. 154-121 av. J.-C.), qui tentèrent de réaliser à Rome une réforme agraire. Ils périrent tous deux de mort violente, victimes de l'opposition des grands propriétaires de l'aristocratie.

GRADIGNAN (33170), comm. de la Gironde; 19 154 h.

GRAF (Urs), orfèvre, graveur, peintre et lansquenet suisse, né à Soleure (v. 1485 - v. 1527). Son œuvre, notamment gravé, reflète avec énergie et liberté son expérience d'aventurier et de soldat.

GRAFFENSTADEN → ILLKIRCH-GRAFFENSTADEN.

GRAHAM (*terre de*), péninsule de l'Antarctique, au sud de l'Amérique du Sud. (Elle est appelée *péninsule de Palmer* par les Américains et, parfois, *péninsule Antarctique*.)

GRAHAM (Thomas), chimiste écossais, né à Glasgow (1805-1869). Il étudia la diffusion des gaz et les colloïdes.

GRAHAM (Martha), danseuse et chorégraphe américaine, née à Pittsburgh (Pennsylvanie) v. 1893, un des pionniers d'une *modern dance* aux États-Unis, créatrice d'une œuvre considérable (*Lamentation*, 1930; *Appalachian Spring*, 1944; *Cave of the Heart*, 1947; *Diversion of Angels*, 1948; *Seraphic Dialogue*, 1955; *Phaedra*, 1962; *A Time of Snow*, 1968; *Lucifer*, 1975).

GRAILLY (*maison De*), famille gasconne, dont le plus célèbre représentant est JEAN III (1343-1377), captal de Buch, lieutenant du Prince Noir contre du Guesclin.

GRAISIVAUDAN → GRÉSIVAUDAN.

GRAISSESSAC (34640), comm. de l'Hérault; 1134 h. Houille.

GRAMAT (46500), ch.-l. de c. du Lot, sur le *causse de Gramat*; 3529 h.

GRAMME (Zénobe), inventeur belge, né à Jehay-Bodegnée (1826-1901). Il mit au point le *collecteur* (1869), qui permet la réalisation de machines à courant continu, et construisit la première dynamo industrielle (1871).

GRAMMONT, en néerl. **Geraardsbergen**, v. de Belgique (Flandre-Orientale); 30 600 h.

GRAMMONT (Jacques DELMAS DE), général et homme politique français, né à La Sauvetat (1796-1862). Il fit voter la loi protectrice des animaux (1850).

GRAMONT (Antoine, *duc* DE), maréchal de France, né à Hagetmau (1604-1678). Il prit part à la guerre de Trente Ans, fut ministre d'État en 1653 et fit la campagne de Flandre en 1667. Il est l'auteur de *Mémoires*. — Son frère PHILIBERT, *comte* **de Gramont** (1621-1707), combattit à Turin, en Flandre, en Franche-Comté, en Hollande, puis se réfugia en Angleterre.

1255

GRANDE-BRETAGNE

Royaume-Uni a 244 000 km² (230 000 km² pour la Grande-Bretagne proprement dite : Angleterre, Écosse, Galles) et 55 930 000 h. *(Britanniques).*

GÉOGRAPHIE

Le nord et l'ouest de la Grande-Bretagne sont formés de massifs anciens (Highlands, Grampians, Pennines, monts du pays de Galles et de Cornouailles), séparés par des couloirs de basses terres (Glen More, Lowlands, dépression Eden-Tyne, Severn); ces régions s'opposent au Sud-Est, cuvette sédimentaire (bassin de Londres). Le littoral reflète la structure et le relief des pays qu'il borde : les falaises rocheuses (Écosse) ou calcaires (sud de l'Angleterre) alternent avec les côtes basses (Wash). L'ensemble possède un climat océanique; toutefois, les régions du Nord-Ouest, les plus élevées et frappées de plein fouet par les vents d'ouest, sont plus humides que le Sud-Est, abrité, plus ensoleillé. La population s'est accrue régulièrement et rapidement, quadruplant en un siècle et demi, grâce à un excédent des naissances sur les décès d'autant plus fort que ses effets furent longtemps tempérés au XIXe s. par une émigration massive. Aujourd'hui, la baisse de la natalité a arrêté la croissance d'une population guère affectée désormais par les mouvements migratoires. Cette population, très dense, se concentre dans le Sud et les régions industrielles du pays de Galles et de l'Angleterre septentrionale. Elle est fortement urbanisée (à 85 p. 100). Plus du tiers des Britanniques vivent dans sept conurbations, dépassant chacune un million d'habitants et dont les centres sont : Londres, Birmingham, Liverpool, Manchester, Leeds et Bradford, Newcastle, Glasgow. L'agriculture est caractérisée par le petit nombre de personnes qu'elle concerne (3 p. 100 de la population active), par le caractère intensif qu'elle revêt cependant (en rapport avec l'étroitesse des surfaces disponibles et l'importance de la population à nourrir) et par l'extension des herbages et du bocage, liée à celle de la grande propriété et du faire-valoir indirect. Le Sud-Est, la grande région agricole, fournit surtout du blé et de l'orge, dont les cultures sont souvent associées à l'élevage bovin; l'élevage ovin, assez développé, domine dans les secteurs montagneux. La pêche, active, anime des ports spécialisés (Hull, Grimsby, Aberdeen). L'industrie est depuis longtemps déjà le fondement de l'économie. Reposant initialement sur la richesse des bassins houillers (Yorkshire, Midlands, Durham, sud de Galles) bordant les massifs anciens, et sur les matières premières importées de l'Empire (coton), elle bénéficie aujourd'hui du pétrole et du gaz naturel découverts en mer du Nord, alors que les centrales nucléaires ne fournissent encore qu'un apport énergétique limité. La sidérurgie implantée sur les bassins houillers et, de plus en plus, dans les ports minéraliers (Port Talbot), traite surtout du minerai importé. La métallurgie de transformation est diversifiée et plus disséminée géographiquement; les constructions automobiles, navales et aéronautiques en sont les branches dominantes. Le Lancashire (Manchester) et le Yorkshire (Leeds, Bradford) demeurent les centres d'une industrie textile (coton et laine) qui a perdu sa primauté, mais qui renaît par la production de fibres artificielles et synthétiques (activité liée à la puissante industrie chimique alimentée surtout par le raffinage du pétrole). Malgré sa richesse nouvelle en hydrocarbures, le poids de certaines entreprises de dimension mondiale, l'intégration au Marché commun, la Grande-Bretagne, ayant perdu son empire colonial et minée par des conflits socioprofessionnels latents, a progressivement abandonné son rang de grande puissance économique. La balance commerciale et la balance des paiements sont déficitaires, le taux d'inflation est élevé, la livre sterling a beaucoup perdu de sa valeur et de son prestige.

HISTOIRE

Pour la période antérieure au XVIIe s., v. ANGLETERRE, ÉCOSSE, GALLES *[pays de]* et IRLANDE.
— 1603 : mort d'Élisabeth Ire, reine d'Angleterre; avènement de Jacques VI Stuart, roi d'Écosse, devenu Jacques Ier d'Angleterre († 1625), souverain de la Grande-Bretagne (Angleterre, Écosse, Galles, Irlande).

— 1620 : les puritains persécutés amorcent la colonisation de l'Amérique du Nord.
— 1625 : avènement de Charles Ier, qui gouverne d'abord avec le Parlement, mais penche très vite vers l'autoritarisme.
— 1629 : Pétition du droit. Dissolution du Parlement.
— 1629-1639 : le roi gouverne sans le Parlement et favorise, avec l'appui du prélat William Laud, l'anglicanisme, au détriment des presbytériens, particulièrement nombreux en Écosse.
— 1639 : révolte de l'Écosse.
— 1640 : Charles Ier doit convoquer le Long Parlement, qui lui est hostile.
— 1642-1649 : première révolution d'Angleterre. Battu par Cromwell à Naseby (1645), Charles Ier est fait prisonnier. Reprise de la guerre civile (1648-49). Exécution de Charles Ier (1649).
— 1649-1658 : période républicaine; Olivier Cromwell, maître du pays, soumet l'Irlande catholique (1649), puis l'Écosse, fidèle aux Stuarts (1651); il instaure le régime personnel du Protectorat ou Commonwealth, promulgue l'Acte de navigation (1651) et lutte victorieusement contre les Provinces-Unies (1652-1654) et l'Espagne (1657-58).
— 1658-59 : successeur de son père, Richard Cromwell démissionne bientôt.
— 1660 : la Restauration. Le retour de Charles II à Londres.
— 1685 : mort de Charles II, avènement de Jacques II, qui, catholique et s'appuyant sur la France, est vite impopulaire.
— 1688 : seconde révolution, fuite de Jacques II, avènement en 1689 de Marie II Stuart († 1694) et de son mari Guillaume III d'Orange († 1702).
— 1688-1702 : victoires sur la France; enracinement du régime parlementaire; *Bill of Rights.*
— 1701 : l'Acte d'établissement exclut les Stuarts de la succession au profit des Hanovre.
— 1702-1714 : règne d'Anne Stuart; guerre de la Succession d'Espagne, qui renforce la puissance maritime anglaise. L'Acte d'union (1707) regroupe définitivement Angleterre et Écosse.
— 1713 : le traité d'Utrecht donne à la Grande-Bretagne Terre-Neuve, l'Acadie, Gibraltar et Minorque.
— 1714-1727 : règne de George Ier, plus allemand qu'anglais. Les whigs bénéficient du discrédit des tories, liés aux Stuarts. Le parlementarisme se développe.
— 1721-1742 : le vrai maître du pays est Robert Walpole.
— 1727-1760 : règne de George II.
— 1756-1763 : la guerre de Sept Ans fait de la Grande-Bretagne, maîtresse de l'Inde et du Canada, la première puissance maritime mondiale.
— 1760-1820 : règne de George III, correspondant à la première révolution industrielle (charbon) : celle-ci fait de la Grande-Bretagne la première puissance économique mondiale.
— 1775-1783 : guerre de l'Indépendance des colonies américaines, qui aboutit à la fondation des États-Unis.
— 1789-1802 : la Grande-Bretagne leader de la lutte contre la France révolutionnaire. Paix d'Amiens (1802).
— 1803-1815 : la Grande-Bretagne au cœur de la coalition contre Napoléon Ier. Elle souffre du Blocus continental, mais la dernière bataille, Waterloo (18 juin 1815), est gagnée par elle. L'hégémonie britannique s'étend désormais à tous les domaines; l'Empire s'est enrichi des dépouilles françaises et hollandaises.
— 1820-1830 : règne de George IV. Émancipation des catholiques (1829).
— 1830-1837 : règne de Guillaume IV. Abolition de l'esclavage (1833). Essor du syndicalisme.
— 1837-1874 : première partie du règne de Victoria. L'hégémonie britannique ne faiblit pas, mais le paupérisme, né de l'industrialisation massive, profite au mouvement réformiste et syndicaliste (*Trade Union Act*, 1871). La question irlandaise reste entière.
— 1874-1894 : le conservateur Benjamin Disraeli († 1881) pratique une politique nationaliste et expansionniste (Victoria, impératrice des Indes, 1876); puis le libéral William Gladstone dirige une politique favorable aux trade-unions, à la

réforme électorale (suffrage universel) et au libre-échange. Mais, partisan du Home Rule en Irlande, il se heurte à l'hostilité des libéraux unionistes.
— 1894-1903 : conservateurs et unionistes au pouvoir (Salisbury, Joseph Chamberlain).
— 1901 : mort de la reine Victoria. Avènement d'Édouard VII.
— 1904 : l'Entente cordiale avec la France.
— 1905-1914 : retour des libéraux au pouvoir, montée des travaillistes (Llyod George); loi (*Parliament Bill*, 1910) qui consacre l'effacement politique des Lords. Triple-Entente, anglo-franco-russe (1907).
— 1910 : mort d'Édouard VII, avènement de George V.
— 1914-1918 : Première Guerre mondiale, d'où la Grande-Bretagne sort affaiblie, d'autant plus que l'Irlande est en pleine révolte.
— 1919-1923 : grave crise économique.
— 1921 : reconnaissance de l'État libre d'Irlande.
— 1924-25 : les travaillistes au pouvoir avec les libéraux (MacDonald).
— 1929-1935 : les travaillistes reviennent au pouvoir et sont affrontés à la crise mondiale qui fait, en Grande-Bretagne, 2 millions et demi de chômeurs.
— 1931 : création du *British Commonwealth of Nations.*
— 1935 : retour au pouvoir des conservateurs.
— 1936 : mort de George V. Avènement d'Édouard VIII, qui abdique presque aussitôt au profit de son frère George VI.
— 1939-1945 : Seconde Guerre mondiale; Winston Churchill, Premier ministre conservateur (depuis 1940), mène le pays à la victoire.
— 1945-1951 : les travaillistes au pouvoir.
— 1952 : mort de George VI, avènement d'Élisabeth II.
— 1951-1964 : les conservateurs sont affrontés aux structures vieillies de l'industrie.
— 1964-1970 : le travailliste Harold Wilson doit dévaluer la livre.
— 1970-1974 : le conservateur Edward Heath fait entrer la Grande-Bretagne dans le Marché commun (1973).
— 1974-1979 : les travaillistes au pouvoir avec H. Wilson puis (1976) James Callaghan.
— 1979 : les conservateurs au pouvoir avec Margaret Thatcher.

GRANDE-GRÈCE, nom donné à la *Grèce d'Occident.*

Grande Mademoiselle (la) → MONTPENSIER *(duchesse de).*

GRANDE-MOTTE (La) [34280], comm. de l'Hérault, sur la Méditerranée; 2 170 h. Station balnéaire et port de plaisance (immeubles-pyramides par Jean Balladur).

GRANDE-RIVIÈRE, riv. du Canada (Québec), tributaire de la baie de James. Importants aménagements hydroélectriques.

GRANDES ROUSSES → ROUSSES *(Grandes).*

GRANDE-SYNTHE (59760), comm. du Nord, banlieue de Dunkerque; 14 867 h.

GRANDE-TERRE, île basse formant la partie est de la Guadeloupe.

GRAND-FORT-PHILIPPE (59153), comm. du Nord, à l'embouchure de l'Aa; 5 880 h.

GRAND-FOUGERAY (35390), ch.-l. de c. d'Ille-et-Vilaine; 2 020 h.

GRANDIDIER (Alfred), voyageur français, né à Paris (1836-1921). Il a exploré Madagascar.

GRANDIER (Urbain), curé de Loudun, né à Bouère, près de Sablé (1590-1634). Accusé d'avoir jeté dans la possession démoniaque les religieuses de Loudun, il fut brûlé vif.

GRAND LAC SALÉ, en angl. **Great Salt Lake,** marécage salé des États-Unis (Utah), près de *Salt Lake City.*

GRAND-LEMPS (Le) [38690], ch.-l. de c. de l'Isère; 1 990 h.

GRAND-LIEU *(lac de),* lac situé au sud-ouest de Nantes.

GRAND-LUCÉ (Le) [72150], ch.-l. de c. de la Sarthe; 1 890 h.

Grand Meaulnes [-mon] *(le),* roman d'Alain-

Fournier (1913), évocation d'un état d'âme à partir du contraste et de l'union du rêve et de la réalité.

GRAND'MÈRE, v. du Canada (Québec), sur le Saint-Maurice; 15 999 h.

GRANDPRÉ (08250), ch.-l. de c. des Ardennes; 521 h. Église des XVe-XVIe s.

GRAND-PRESSIGNY (Le) [37350], ch.-l. de c. d'Indre-et-Loire; 1 256 h. Station préhistorique (musée dans l'anc. château).

GRANDPUITS-BAILLY-CARROIS (77720 Mormant), comm. de Seine-et-Marne; 728 h. Raffinerie de pétrole.

GRAND-QUEVILLY (Le) [76120], comm. de Seine-Maritime; 32 288 h. (*Grand-Quevillais*). Papeterie. Industries chimiques.

GRAND RAPIDS, v. des États-Unis (Michigan); 194 000 h.

GRANDRIEU [grãrjø] (48600), ch.-l. de c. de la Lozère; 967 h.

GRAND-RIVIÈRE (97218 Basse Pointe), ch.-l. de c. de la Martinique; 1 291 h.

GRAND-SERRE (Le) (26530), ch.-l. de c. de la Drôme; 770 h.

GRANDS LACS, nom des cinq grands lacs américains : *Supérieur, Michigan, Huron, Érié, Ontario.*

GRANDSON ou **GRANSON**, v. de Suisse (cant. de Vaud), sur le lac de Neuchâtel; 2 135 h. Charles le Téméraire y fut vaincu par les Suisses (1476).

Grandval, aménagement hydroélectrique (barrage et centrale), sur la Truyère (dép. du Cantal).

GRANDVILLARS (90600), ch.-l. de c. du Territoire de Belfort; 3 231 h.

GRANDVILLE (Jean Ignace Isidore GÉRARD, dit), dessinateur français, né à Nancy (1803-1847). La fantaisie de son style imaginatif a été célébrée par les surréalistes (*Fables de La Fontaine*, 1838; *Un autre monde*, 1844).

GRANDVILLIERS (60210), ch.-l. de c. de l'Oise; 2 675 h.

GRANET (François), peintre français, né à Aix (1775-1849). Élève de David et ami d'Ingres, il est l'auteur de vues intérieures de monastères et d'églises ainsi que d'admirables paysages à l'aquarelle. Il légua ses collections à sa ville natale.

GRANGEMOUTH, port d'Écosse, au fond du Firth of Forth; 25 000 h. Raffinage du pétrole.

GRANGES, en allem. **Grenchen**, comm. de Suisse (Soleure); 20 051 h. Horlogerie.

GRANIQUE (le), fl. d'Asie Mineure. Victoire d'Alexandre sur Darios III (334 av. J.-C.).

Granja (la), résidence des rois d'Espagne, palais d'un style pittoresque construit près de Ségovie par Philippe V (jardins).

GRAN SASSO, massif des Abruzzes, point culminant des Apennins; 2 914 m au *Corno Grande.*

GRANT (Ulysses), général américain, né à Point Pleasant (1822-1885). Commandant les forces fédérales à la fin de la guerre de Sécession (1864-65), il fut président des États-Unis de 1869 à 1877.

GRANVELLE (Nicolas PERRENOT DE), homme d'État, né à Ornans (1486-1550), garde des Sceaux du royaume de Naples et ministre de Charles Quint. — Son fils ANTOINE, né à Besançon (1517-1586), cardinal, fut ministre de Charles Quint et de Philippe II; il fut vice-roi de Naples (1571-1575) avant d'être nommé archevêque de Besançon.

GRANVILLE (50400), ch.-l. de c. de la Manche; 15 172 h. (*Granvillais*). Ville haute fortifiée. Station balnéaire.

GRANVILLE (George LEVESON-GOWER, *comte*), homme d'État anglais, né à Londres (1815-1891), député libéral et ministre des Affaires étrangères (1851-52, 1870-1874, 1880-1885).

GRAS (Félix), écrivain français d'expression provençale, né à Malemort (1844-1901), l'un des animateurs de la seconde génération du félibrige.

Ulysses **Grant**

« Un mariage suivant les lois »
extrait des *Métamorphoses du jour* de **Grandville**
lithographie de Langlumé, 1828.

GRASS (Günter), écrivain allemand, né à Dantzig en 1927, auteur de romans (*le Tambour*, *le Turbot*) et de pièces de théâtre qui mêlent réalisme et fantastique dans la peinture satirique du monde contemporain.

GRASSE (06130), ch.-l. d'arr. des Alpes-Maritimes; 35 330 h. (*Grassois*). Anc. cathédrale du XIIe s. Musée « Fragonard ». Culture de fleurs. Parfumerie. Station hivernale.

GRASSE (François Joseph Paul, *comte* DE), marin français, né au Bar (Provence) [1722-1788]. Il s'illustra pendant la guerre de l'Indépendance américaine.

GRASSMANN (Hermann), mathématicien allemand, né à Stettin (1809-1877), l'un des fondateurs des algèbres multilinéaires et des géométries à plusieurs dimensions.

GRATIEN, en lat. **Flavius Gratianus**, né à Sirmium (359-383), empereur romain d'Occident (375-383). Son règne (et celui de Théodose en Orient) marque la fin du paganisme comme religion d'État.

GRATIEN, moine italien du XIIe s., auteur d'une collection juridique connue sous le nom de *Décret* (v. 1140). Il a posé les fondements de la science du droit canonique.

GRATRY (Alphonse), prêtre et philosophe français, né à Lille (1805-1872), restaurateur de l'Oratoire de France (1852). [Acad. fr.]

GRAUBÜNDEN → GRISONS.

GRAU-DU-ROI (Le) [30240], comm. du Gard, sur la Méditerranée; 4 082 h. Pêche. Station balnéaire.

GRAUFESENQUE (la), site de la comm. de Millau (Aveyron). Vestiges d'ateliers de céramique sigillée gallo-romaine.

GRAULHET [grojɛ] (81300), ch.-l. de c. du Tarn, sur le Dadou; 14 110 h. (*Graulhetois*). Mégisserie. Maroquinerie.

GRAVE (La) [05320], ch.-l. de c. des Hautes-Alpes, sur la Romanche; 513 h. Tourisme.

GRAVE (*pointe de*), petit cap à l'embouchure de la Gironde.

GRAVELINES (59820), ch.-l. de c. du Nord, sur l'Aa; 9 119 h. (*Gravelinois*). Centrale nucléaire. Victoire espagnole sur les Français (1558).

GRAVELOT (Hubert François BOURGUIGNON, dit), dessinateur et graveur français, né à Paris (1699-1773). Il fit carrière à Londres (1732-1745), puis, de retour à Paris, illustra de vignettes Voltaire, Rousseau, Marmontel, Boccace, donnant son tour le plus élégant à la scène de genre d'époque Louis XV.

GRAVELOTTE (57130 Ars sur Moselle), comm. de la Moselle; 508 h. Bataille entre Français et Prussiens (16 et 18 août 1870). Musée militaire.

GRAVENHAGE ('s-) → HAYE (La).

Graves (les), vignobles du Bordelais, sur la rive gauche de la Garonne.

GRAVESEND, port d'Angleterre, sur l'estuaire de la Tamise; 54 000 h.

GRAVIER (Charles), zoologiste français, né à Orléans (1865-1937). Il étudia les mollusques.

GRAY (70100), ch.-l. de c. de la Haute-Saône, sur la Saône; 9 602 h. (*Graylois*). Hôtel de ville Renaissance. Musée dans le château. Électronique. Textile.

GRAY (Stephen), physicien anglais (v. 1670-1736). Il montra la possibilité d'électriser les conducteurs isolés et découvrit l'électrisation par influence.

GRAY (Thomas), poète anglais, né à Londres (1716-1771), annonciateur de la mélancolie romantique (*Élégie écrite dans un cimetière de campagne*, 1751).

GRAZ v. d'Autriche, cap. de la Styrie, sur le Mur; 249 000 h. Monuments anciens; musées. Métallurgie.

GRAZIANI (Rodolfo), maréchal italien, né à Filettino (1882-1955). Vice-roi d'Éthiopie (1936-37), il fut vaincu par Wavell en Libye en 1940.

GREATER WOLLONGONG → WOLLONGONG.

GREAT YARMOUTH → YARMOUTH.

GRÉBAN (Arnoul), poète dramatique français, né au Mans (v. 1420-1471), auteur d'un *Mystère de la Passion* (v. 1450).

GRÈCE, en gr. **Ellás** ou **Hellas**, État le plus méridional de la péninsule balkanique; 132 000 km²; 9 360 000 h. (*Grecs*). Cap. Athènes. Langue : grec.

GÉOGRAPHIE

À la fois continentale, péninsulaire (Péloponnèse) et insulaire (îles Ioniennes, Cyclades, Sporades, Crète), la Grèce est un pays montagneux (2 911 m à l'Olympe), au relief fragmenté. Le climat est typiquement méditerranéen dans le Sud, et dans l'ensemble du littoral; il se dégrade vers le Nord, où les hivers peuvent être rudes. Malgré l'exiguïté des surfaces cultivables, en rapport avec la faible étendue des bassins et des plaines (Thrace, Macédoine, Thessalie, Attique), l'agriculture demeure une ressource essentielle. Fondée sur la trilogie méditerranéenne blé-vigne-olivier, elle fournit aussi du tabac, des fruits (agrumes). L'élevage ovin est pratiqué surtout dans la montagne. Le secteur rural occupe une part importante d'une population dont l'accroissement explique, avec la pauvreté du pays, la persistance d'un courant d'émigration, dirigé surtout vers l'Allemagne fédérale. Athènes et son port, Le Pirée, regroupent plus du quart de la population totale. Avec, accessoirement, Thessalonique, ces villes concentrent l'essentiel des industries de transformation, partiellement fondées sur les activités extractives (lignite, fer et surtout bauxite), pourtant peu importantes. Le déficit considérable de la balance commerciale est plus ou moins comblé par les revenus de la flotte marchande et par le tourisme.

HISTOIRE

— VIIe millénaire : premiers établissements humains.
— début du IIe millénaire : envahisseurs indo-européens (premiers Hellènes, ou Achéens).
— v. 1600 av. J.-C. : développement de la civilisation mycénienne.
— v. 1200 av. J.-C. : invasions doriennes, début du « Moyen Âge grec ». Dans les cités, le régime oligarchique se substitue au régime monarchique.
— 776 av. J.-C. : fondation des jeux Olympiques.
— VIIIe-VIe s. : expansion grecque vers l'Orient et l'Occident.
— 740-668 : guerres de Messénie, qui forgent la puissance spartiate.

— v. 657 : Cypsélos, tyran à Corinthe.
— v. 594 : Solon, archonte à Athènes.
— 507 : Clisthène dote Athènes d'institutions démocratiques, qui placent cette ville à la tête de la civilisation hellénique.
— 490-479 : guerres médiques entre Grecs et Perses; retrait des Perses en Asie Mineure.
— 476 : création de la ligue de Délos, pour continuer la lutte contre les Perses en Asie Mineure.
— 449-448 : fin des hostilités avec les Perses (paix de Callias).
— 448-430 : hégémonie d'Athènes.
— 443-429 : apogée d'Athènes avec Périclès.
— 431-404 : guerre du Péloponnèse entre Sparte et Athènes, qui capitule en 404.
— 404-371 : hégémonie de Sparte.
— 371 : Sparte vaincue à Leuctres par les Thébains.
— 371-362 : hégémonie de Thèbes, à laquelle met fin la bataille de Mantinée (362).
— 359-336 : Philippe II de Macédoine; mainmise progressive sur la Grèce (victoire décisive à Chéronée en 338).
— 336-323 : Alexandre le Grand, auquel la Grèce reste soumise.
— 323-168 : après le partage de l'empire d'Alexandre, la Grèce revient aux rois Antigonides de Macédoine.
— 216-168 : la Macédoine en lutte contre Rome. Philippe V battu à Cynoscéphales (197).
— 196-146 : la Grèce retrouve une semi-indépendance sous contrôle romain.
— 168 : Pydna; fin de l'indépendance de la Macédoine.
— 146 : les cités grecques coalisées (ligue Achéenne) vaincues à Leucopetra; la Grèce devient province romaine.
— Ier s. av. J.-C.-IVe s. apr. J.-C. : rayonnement culturel de la Grèce dans l'Empire romain.

— 267-269 : premières invasions (Hérules, Goths).
— 330 : fondation de Constantinople, qui devient le nouveau centre culturel de l'Orient grec.
— 395 : mort de Théodose et partage définitif de l'Empire romain; la Grèce intégrée à l'Empire romain d'Orient.
— Ve-VIIe s. : nouvelles invasions dévastatrices (Goths, Huns). Installation de Slaves.
— VIIIe-XIe s. : la Grèce suit l'Orient dans le schisme avec Rome. Invasions arabes, bulgares et normandes. Ruine du pays.
— 1204 : prise de Constantinople par les croisés; la Grèce est partagée entre l'Empire latin, le royaume de Thessalonique, la principauté d'Achaïe (ou Morée) et divers duchés.
— 1311 : le duché d'Athènes aux mains des Catalans.
— 1430 : prise de Thessalonique par les Turcs.
— 1456 : Athènes et la Morée aux mains des Turcs.
— XVe-XVIe s. : nombreux soulèvements. La Grèce soumise au beylerbey de l'eyalet de Roumélie et divisée en six sandjaks. Les Grecs assurent la majeure partie du commerce ottoman. Constitution de nombreuses organisations locales autonomes.
— XVIIe s. : anarchie, despotisme. Montée du sentiment national.
— 1774 : le traité de Kutchuk-Kaïnardji établit le protectorat russe sur les orthodoxes de Moldavie-Valachie et permet aux bateaux grecs de naviguer sous pavillon russe.
— Fin du XVIIIe s.-début du XIXe s. : le philhellénisme des Occidentaux est entretenu par les Grecs émigrés (A. Koraís; Ríghas Feraíos, qui fonde la société patriotique de l'hétairie).
— 1814 : A. Ypsilanti réorganise l'hétairie à Odessa et tente de soulever les Roumains.

— 1821 : Papafléssas appelle les Grecs à l'insurrection. Prise de Tripolis.
— 1822 : le congrès d'Épidaure proclame l'indépendance de la Grèce. Réaction énergique des Turco-Égyptiens. Massacre de Chio.
— 1826-27 : Ibrāhīm pacha prend Missolonghi et Athènes.
— 1827 : intervention de la Grande-Bretagne, de la France et de la Russie, qui battent les Turco-Égyptiens à Navarin (20 oct.).
— 1828 : déclaration de guerre de la Russie à la Turquie; la France occupe la Morée.
— 1829 : traité d'Andrinople, qui fait de la Grèce un vassal de la Porte.
— 1830 : par le protocole de Londres (3 févr.), les puissances reconnaissent l'indépendance de fait de la Grèce.
— 1831 : assassinat du président provisoire Capo d'Istria.
— 1832 : la Grèce devient un royaume, donné à Otton (Ier) de Bavière.
— 1844 : Otton doit octroyer une Constitution, mais n'instaure pas un régime parlementaire.
— 1862 : déchéance d'Otton Ier. Lui succède (1863) Georges (Ier) de Danemark.
— 1864 : Constitution avec suffrage universel. Les îles Ioniennes sont rattachées à la Grèce.
— 1875 : Constitution parlementaire.
— 1881 : à l'issue de la guerre russo-turque, la Grèce obtient la Thessalie.
— 1896 : soulèvement de la Crète, soutenue par la Grèce.
— 1897 : défaite grecque devant les Turcs. La Crète autonome, dans le cadre de l'Empire turc.
— 1908 : la Crète se réunit à la Grèce.
— 1910 : Venizélos, «le Grand Crétois», Premier ministre.
— 1911 : Constitution plus libérale.
— 1912-13 : guerres balkaniques, qui assurent à la Grèce la plus grande partie de la Macédoine, Thessalonique, l'Épire méridionale, la Crète, la Chalcidique et plusieurs îles égéennes.
— 1913 : Constantin Ier succède à son père Georges Ier, assassiné.
— 1914 : Constantin Ier refuse d'entrer en guerre aux côtés des Alliés.
— 1915 : démission de Venizélos.
— 1916 : Venizélos organise à Thessalonique un gouvernement républicain.
— 1917 : abdication de Constantin Ier au profit de son fils Alexandre Ier. La Grèce en guerre contre les puissances centrales.
— 1919-20 : aux traités de Neuilly et de Sèvres, la Grèce obtient d'importants territoires au détriment de la Bulgarie et de la Turquie.
— 1920 : mort d'Alexandre Ier, retour de Constantin Ier, exil de Venizélos.
— 1922 : la guerre gréco-turque se solde par l'écrasement des Grecs. Constantin doit laisser la couronne à son fils Georges II.
— 1923 : par le traité de Lausanne, la Grèce doit renoncer à Smyrne et à une partie de la Thrace.
— 1924 : la république est proclamée.
— 1924-1928 : instabilité, coups d'État militaires.
— 1928-1932 : Venizélos au pouvoir; il ne peut réaliser le rapprochement avec la Turquie.
— 1935 : le général Kondhýlis (ou Condylis) prend le pouvoir et rétablit la royauté (Georges II).
— 1936-1941 : dictature du général Metaxás.
— 1940 : invasion de la Grèce par les Italiens.
— 1941 : invasion allemande. Résistance.
— 1944-1946 : guerre civile.
— 1946 : retour de Georges II.
— 1946-1950 : seconde guerre civile.
— 1947 : mort de Georges II. Avènement de Paul Ier. Le traité de Paris donne à la Grèce Rhodes et le Dodécanèse.
— 1952 : la Grèce admise à l'O.T.A.N. Nouvelle Constitution.
— 1955-1963 : gouvernement Caramanlis, appuyé sur l'Union nationale radicale (E.R.E.). Mainmise économique des Américains.
— 1963 : le chef du parti libéral démocratique, G. Papandhréou, Premier ministre. Crise de Chypre.
— 1964 : mort de Paul Ier, avènement de son fils Constantin II.
— 1965 : démission de G. Papandhréou.
— 1967 : putsch militaire; exil du roi; instauration du «régime des colonels», dominé par

GRÈCE

voie rapide
route
voie ferrée
car-ferry

0 km 100

courbes: 200, 500, 1000 m

Hermès portant
Dionysos enfant.
Sculpture de Praxitèle.
Marbre. IVe s. av. J.-C.
(Musée national,
Olympie.)

Scala

L'ART DE LA GRÈCE
ANCIENNE

Lawson-Rapho

Théâtre grec du IIIe s. av. J.-C., à Taormina (Sicile), agrandi par les Romains.

Masque d'or
provenant de Mycènes.
XVIe s. av. J.-C.
(Musée national,
Athènes.)

Roland-Ziolo

Kouros en marbre provenant
du cimetière d'Anavyssos
(Attique). V. 520 av. J.-C.
(Musée national, Athènes.)

Joueuse de double flûte.
Fragment du « triptyque Ludovisi »
(trône, autel ?). Marbre, art ionien
(Grèce d'Occident). V. 470-450 av. J.-C.
(Musée des Thermes, Rome.)

Le « Théséion », à Athènes. Temple dorique dédié à Héphaïstos. Ve s. av. J.-C.

Weiss-Rapho

Scala

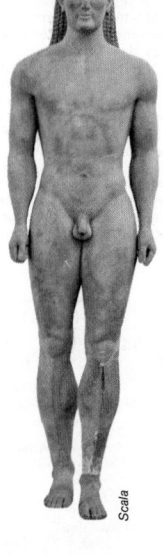

Scala

L'EXPANSION GRECQUE, VIIIe-VIe S. AV. J.-C.

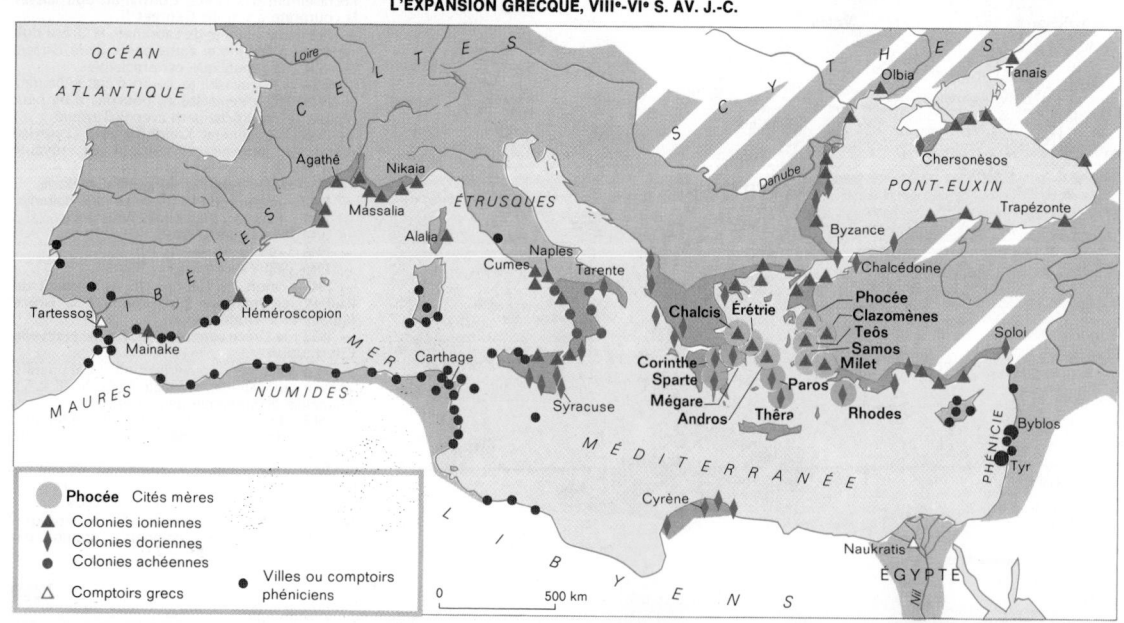

LA GRÈCE AU Vᵉ S. AV. J.-C.

Map labels:

THRACE — Byzance — Périnthe — Astakos — Kios — Cyzique — Apollonie — MACÉDOINE — Pella — Amphipolis — Marôneia — THASOS — Samothrace — Méthone — Pydna — Akanthos — IMBROS — Abydos — Potidée — Mendê — LEMNOS — Hellespont — Sigée — ÉPIRE — Dodone — Larissa — MER ÉGÉE — Pergame — EMPIRE — CORCYRE — THESSALIE — Phères — LESBOS — Ambracie — Pharsale — Mytilène — PERSE — Anactorion — Thermopyles — ÉTOLIE — Histiaia — Skyros — Magnésie du Sipyle — LEUCADE — EUBÉE — Sardes — Chéronée — Chalcis — CHIOS — Delphes — Érétrie — Colophon — CÉPHALONIE — Ithaque — ACHAÏE — Thèbes — Oropos — Éphèse — Elis — Marathon — Karystos — SAMOS — Magnésie — Corinthe — Salamine — ATHÈNES — Andros — Milet — ZAKYNTHOS — Argos — Égine — Tenos — Olympie — Épidaure — Mykonos — Halicarnasse — MER — Tégée — Trézène — Délos — Naxos — IONIENNE — PÉLOPONNÈSE — Paros — COS — Messène — SPARTE — Cnide — Pylos — Méthone — Mêlos (Milo) — Théra — RHODES — Cythère — KARPATHOS — Cydonia — Itanos — CRÈTE — Gortyne

Athènes et Le Pirée:
AIGALEÔS — ATHÈNES — Céphise — Long Mur du N. — L'Acropole — Long Mur du S. — Port du Pirée — P. de Mounychia — Le Pirée — Port de Zéa — Phalère

0 — 3 km

0 — 100 — 200 km

ATHÈNES
■ L'"empire" athénien au Vᵉ s. av. J.-C. avant la guerre du Péloponnèse
◆ Colonies (clérouquies)

SPARTE
● Sparte
● Ligue du Péloponnèse
• Cités de la ligue

G. Papadhópoulos, alors Premier ministre.
— 1973 : abolition de la monarchie et proclamation de la république.
— 1974 : fin du régime des colonels. Caramanlis, rappelé de l'exil, rétablit la Constitution de 1952. Triomphe de son parti (Démocratie nouvelle) aux élections.
— 1975 : Constitution républicaine. Konstandínos Tsatsos élu président de la République.
— 1977 : nouveau succès de la Démocratie nouvelle aux élections législatives (20 nov.).
— 1980 : Caramanlis élu président de la République.
— 1981 : admission de la Grèce dans la Communauté économique européenne. Victoire du parti socialiste aux élections. A. Papandhréou, Premier ministre (oct.).

GRÈCE D'ASIE, frange d'îles et de terres peuplées dans l'Antiquité de cités grecques sur la côte orientale de la mer Égée (Asie Mineure).

GRÈCE D'OCCIDENT, nom donné à l'ensemble des territoires de l'Italie du Sud et de la Sicile, colonisés par les Grecs à partir du VIIIᵉ s. av. J.-C. On dit aussi la *Grande-Grèce*.

GRECO (Dhomínikos THEOTOKÓPOULOS, dit **le**), peintre espagnol d'origine grecque, né en Crète, près de Candie (1541-1614). Il passa quelques années à Venise, voyagea en Italie, subit l'in-fluence de Bassano et du Tintoret, et travailla dans l'atelier de Titien avant de s'installer définitivement à Tolède. Son style, maniériste et expressionniste, est caractérisé par l'allongement des figures, l'étrangeté de l'éclairage, l'irréalité de la composition, qui traduisent une exaltation mystique. Avec Velázquez et Goya, il domine la peinture espagnole (*Martyre de saint Maurice*, Escorial; *l'Enterrement du comte d'Orgaz*, Tolède; *le Christ au jardin des Oliviers*, diverses versions; *Laocoon*, Washington; *l'Adoration des Bergers*, Prado; etc.).

GREEN [grin] (Julien), écrivain américain d'expression française, né à Paris en 1900, auteur de romans (*Adrienne Mesurat*, 1927; *Moïra*, 1950; *le Mauvais Lieu*, 1978) et de pièces de théâtre

J. da Cunha

Julien **Green**

le **Greco** : *Saint Pierre repentant*

Lauros-Giraudon

1261

l'Alhambra de **Grenade**

Graham **Greene**

(*Sud*, 1953) qui expriment une constante angoisse métaphysique. (Acad. fr.)

GREENE (Robert), écrivain anglais, né à Norwich (v. 1558-1592), l'un des initiateurs du théâtre élisabéthain (*Frère Bacon et frère Bungay*).

GREENE (Graham), écrivain anglais, né à Great Berkhamsted en 1904, auteur de romans d'inspiration chrétienne, mais où la foi se teinte d'ironie (*le Rocher de Brighton*, 1938; *la Puissance et la Gloire*, 1940; *Voyages avec ma tante*, 1969).

GREENFIELD PARK, v. du Canada (Québec); 18 430 h.

GREENOCK, port d'Écosse, sur l'estuaire de la Clyde; 63 000 h.

GREENSBORO, v. des États-Unis (Caroline du Nord); 144 000 h.

GREENWICH, faubourg de Londres, sur la Tamise. Anc. observatoire, dont le méridien a été pris pour méridien d'origine. École navale (*Royal Naval College*).

GRÉES (Alpes), nom donné jadis à la partie des Alpes s'étendant du Thabor au mont Blanc.

GRÉGOIRE de Nazianze (saint), Père de l'Église grecque, né à Arianze, près de Nazianze (v. 335-v. 390), évêque de Constantinople (379-381). Ami de saint Basile et de saint Grégoire de Nysse, il lutta avec force contre l'arianisme.

GRÉGOIRE de Nysse (saint), Père de l'Église grecque, né à Césarée de Cappadoce (v. 335-v. 394), frère de saint Basile et évêque de Nysse. Il lutta contre les ariens; ses œuvres de spiritualité en font un grand théologien mystique.

GRÉGOIRE de Tours (saint), évêque et historien, né à Clermont (Auvergne) [v. 538-v. 594]. Évêque de Tours (573-594), il joua un grand rôle dans la vie politique de la Gaule. Il est célèbre par son *Histoire des Francs*.

GRÉGOIRE Ier **le Grand** (saint), né à Rome (v. 540-604), pape de 590 à 604. «Serviteur des serviteurs de Dieu», il affirma la primauté de Rome face aux Byzantins et aux Lombards, et travailla à la réforme des clercs (réforme grégorienne). On lui a attribué la réorganisation du chant d'église, dit «chant grégorien». — GRÉGOIRE II (saint), né à Rome (669-731), pape de 715 à 731. — GRÉGOIRE III (saint) [m. en 741], pape de 731 à 741. — GRÉGOIRE IV (m. en 844), pape de 827 à 844. — GRÉGOIRE V (Brun von Kärnten) [973-999], pape de 996 à 999. — GRÉGOIRE VI (Jean *Gratien* ou *Giovanni Graziano*) [m. en 1048], pape en 1045. Il abdiqua en 1046. — GRÉGOIRE VII (saint) [Hildebrand], né à Soana (Toscane) [v. 1020-1085], pape de 1073 à 1085, célèbre par ses luttes contre l'empereur Henri IV, qu'il humilia à Canossa (1077) [querelle des Investitures], mais qui le contraignit finalement à l'exil, et par les nombreuses mesures de discipline ecclésiastique qu'il prit dans le cadre de la réforme dite «grégorienne». — GRÉGOIRE VIII (Alberto *di Morra* ou *Mora*) [m. en 1187], pape en 1187. — GRÉGOIRE IX (Ugolino, comte *de Segni*) [v. 1145-1241], pape de 1227 à 1241. Il a publié d'importantes *Décrétales*. — GRÉGOIRE X (Tebaldo *Visconti*), né à Plaisance (1210-1276), pape de 1271 à 1276. Il présida le deuxième concile de Lyon (1274). — GRÉGOIRE XI (Pierre *Roger de Beaufort*), né aux Rosiers-d'Égletons (1329-1378), pape de 1370 à 1378. — GRÉGOIRE XII (Angelo *Correr*), né à Venise (v. 1325-1417), pape de 1406 à 1415. —

Grégoire de Nysse et Jean Chrysostome miniature d'un manuscrit grec du XIIe s.

GRÉGOIRE XIII (Ugo *Boncompagni*), né à Bologne (1502-1585), pape de 1572 à 1585. Il réforma le calendrier. — GRÉGOIRE XIV (Niccolo *Sfondrati*), né à Somma (1535-1591), pape de 1590 à 1591. — GRÉGOIRE XV (Alessandro *Ludovisi*), né à Bologne (1554-1623), pape de 1621 à 1623. Il fonda la congrégation de la Propagande*. — GRÉGOIRE XVI (Fra Mauro *Cappellari*), né à Belluno (1765-1846), pape de 1831 à 1846. Il se montra très hostile au libéralisme et aux idées de La Mennais (encyclique *Mirari vos*, 1832).

GRÉGOIRE (Henri), prêtre français, né à Vého, près de Lunéville (1750-1831). Évêque constitutionnel de Blois (1790), député à la Convention (1792), il fit voter l'abolition de l'esclavage et contribua à la fondation de l'Institut et du Conservatoire des arts et métiers. Il fut le véritable chef de l'Église constitutionnelle. Après la proclamation de l'Empire (1804), il s'opposa au despotisme impérial.

GRÉGOIRE PALAMAS → PALAMAS (*Grégoire*).

GREGORY (James), mathématicien et astronome écossais, né à Aberdeen (1638-1675). Il imagina un type de télescope (1663).

GRÉMILLON (Jean), cinéaste français, né à Bayeux (1902-1959), auteur de *la Petite Lise* (1930), *Remorques* (1939-1941), *Lumière d'été* (1942), *Le ciel est à vous* (1943).

GRENADE, en esp. *Granada*, v. d'Espagne (Andalousie), au pied de la sierra Nevada; 217 000 h. Palais mauresque de l'*Alhambra* et jardins du *Generalife*, cathédrale par E. Egas et D. de Siloé, chartreuse (décors baroques) et nombreux autres monuments; musées. Le royaume arabe de Grenade fut fondé au XIe s.; sa capitale fut prise en 1492 par les Rois Catholiques.

GRENADE (31330), ch.-l. de c. de la Haute-Garonne; 4 540 h. Anc. bastide, avec église du XIVe s.

GRENADE (la), une des Antilles, indépendante depuis 1974; 311 km² (344 km² avec les dépendances); 94 000 h. Cap. *Saint George's*.

GRENADE (Nouvelle-), anc. nom de la *Colombie*.

GRENADE-SUR-L'ADOUR (40270), ch.-l. de c. des Landes; 2 006 h.

GRENADINES, îlots des Antilles, dépendances de la Grenade et de Saint Vincent.

GRENAY (62160 Bully les Mines), comm. du Pas-de-Calais; 6 905 h.

GRENELLE, anc. comm. de la Seine, annexée à Paris en 1860 (XVe arr.).

GRENOBLE, ch.-l. du dép. de l'Isère, sur l'Isère, à 569 km au sud-est de Paris; 169 740 h. (*Grenoblois*). Cour d'appel. Université. Évêché. Cathédrale remontant aux XIIe-XIIIe s.; église Saint-Laurent (crypte du VIIIe s.). Musée dauphinois, musée Stendhal, musée des Beaux-Arts (riches collections, des primitifs italiens à l'art actuel). Maison de la culture par André Wogenscky (1965). L'agglomération (qui compte environ 400 000 h.) est un grand centre industriel (constructions mécaniques et électriques notamment).

Grenouilles (les), comédie d'Aristophane (405 av. J.-C.), satire de l'art et des idées d'Euripide.

GRENVILLE (George), homme d'État britannique, né à Wotton Hall (1712-1770). Premier ministre de 1763 à 1765, il fit voter la loi sur le timbre, ce qui provoqua le soulèvement des colonies américaines. — Son fils WILLIAM, né à Londres (1759-1834), député tory, ministre des Affaires étrangères de 1791 à 1801, présida en 1806-07 le ministère dit «de tous les talents».

GRÉOLIÈRES-LES-NEIGES, station de sports d'hiver (alt. 1380-1800 m) des Alpes-Maritimes.

GRÉOUX-LES-BAINS (04800), comm. des Alpes-de-Haute-Provence; 1297 h. Station thermale (rhumatismes, voies respiratoires). Barrage sur le Verdon.

GRESHAM (sir Thomas), financier anglais, né à Londres (1519-1579), auteur d'une théorie célèbre, selon laquelle la mauvaise monnaie chasse la bonne, qui est retirée de la circulation monétaire.

GRÉSIVAUDAN, parfois **GRAISIVAUDAN,** nom donné à la large vallée de l'Isère, entre le confluent de l'Arc et Grenoble. Partie du Sillon alpin, le Grésivaudan sépare les Préalpes des massifs centraux. C'est un pays d'agriculture riche (vigne, arbres fruitiers) et d'élevage (prairies).

GRÉSY-SUR-AIX (73100 Aix les Bains), ch.-l. de c. de la Savoie; 1529 h.

GRÉSY-SUR-ISÈRE (73460 Frontenex), ch.-l. de c. de la Savoie; 626 h.

GRETCHKO (Andreï Antonovitch), maréchal soviétique, né à Golodaievsk (1903-1976). Commandant les forces du Pacte de Varsovie (1960), il fut ministre de la Défense de 1967 à sa mort.

GRÉTRY (André Modeste), compositeur liégeois (1741-1813). Il a excellé dans l'opéra-comique (*Zémire et Azor, Richard Cœur de Lion*) et écrit des *Mémoires*.

GRETZ-ARMAINVILLIERS [grε-] (77220 Tournan en Brie), comm. de Seine-et-Marne, au sud-est de la *forêt d'Armainvilliers*; 7 127 h.

GREUZE (Jean-Baptiste), peintre français, né à Tournus (1725-1805). Il est l'auteur de compositions sur des sujets moralisants (au Louvre : *l'Accordée de village, la Cruche cassée, la Malédiction paternelle*), ainsi que de portraits.

Grève (place de), place de Paris devenue en 1806 celle de l'Hôtel-de-Ville. Les ouvriers y venaient chercher de l'embauche. Du règne de Charles VI à la Restauration, elle fut le lieu des exécutions capitales.

GREVENMACHER, ch.-l. de cant. du Luxembourg, port sur la Moselle; 3 000 h. Vignobles.

Grévin (musée), galerie de figures de cire, créée à Paris en 1882 par le dessinateur Alfred Grévin (1827-1892).

GRÉVY (Jules), avocat et homme politique français, né à Mont-sous-Vaudrey (Jura) [1807-1891]. Avocat libéral et député, il s'opposa à l'Empire. Il remplaça à la présidence de la République Mac-Mahon, démissionnaire le 30 janvier 1879. Réélu en 1885, il dut démissionner dès 1887 à la suite du scandale des décorations, où était impliqué son gendre Wilson.

GREY (Charles, comte), homme d'État britannique, né à Fallodon (1764-1845). Premier ministre whig de 1830 à 1834, il fit voter en 1832, malgré les Lords, la loi sur la réforme électorale.

GREY (Edward, vicomte), homme politique britannique, né à Fallodon (1862-1933), ministre des Affaires étrangères de 1905 à 1916.

1262

C. Martin-Diatec

Reutlinger

Edvard Grieg

Grenoble

Lauros-Giraudon

**Grock
par Luc Albert
Moreau**

Larousse

**Jacob
et Wilhelm
Grimm**

GREZ-EN-BOUÈRE [gre-] (53290), ch.-l. de c. de la Mayenne; 1 078 h.

GRIAULE (Marcel), ethnologue français, né à Aisy-sur-Armançon (1898-1956), auteur de travaux sur les Dogons.

GRIBEAUVAL (Jean-Baptiste VAQUETTE DE), général et ingénieur militaire français, né à Amiens (1715-1789). Premier inspecteur de l'artillerie (1776), il créa de nouveaux canons, employés avec succès de 1792 à 1815.

GRIBOÏEDOV (Aleksandr Sergueïevitch), diplomate et auteur dramatique russe, né à Moscou (1795-1829), auteur de la comédie satirique *Le malheur d'avoir trop d'esprit.*

GRIEG (Edvard), compositeur norvégien, né à Bergen (1843-1907), auteur d'une musique de scène pour *Peer Gynt* et d'un concerto pour piano.

GRIFFITH (Arthur), homme politique irlandais, né à Dublin (1872-1922), fondateur du mouvement Sinn Féin (1902), vice-président de la république d'Irlande de 1919 à sa mort.

GRIFFITH (David Llewelyn Wark), cinéaste américain, né à La Grange (Kentucky) [1875-1948]. Il fut l'un des premiers grands créateurs du langage filmique et tourna notamment *Naissance d'une nation* (1915), *Intolérance* (1916), *le Lys brisé* (1919).

GRIFFUELHES (Victor), syndicaliste français, né à Nérac (1874-1923). Militant blanquiste, secrétaire général de la C.G.T. (1902-1909), il fut le principal inspirateur de la charte d'Amiens (1906), hostile à l'engagement politique du syndicalisme.

GRIGNAN (26230), ch.-l. de c. de la Drôme; 1 110 h. Château où mourut Mme de Sévigné.

GRIGNARD (Victor), chimiste français, né à Cherbourg (1871-1935), qui découvrit les composés organomagnésiens mixtes. (Prix Nobel, 1912.)

GRIGNION DE MONTFORT (saint Louis-Marie) → LOUIS-MARIE GRIGNION DE MONTFORT.

GRIGNOLS (33690), ch.-l. de c. de la Gironde; 1 247 h.

GRIGNON, hameau de la comm. de *Thiverval-Grignon* (Yvelines). École nationale supérieure agronomique.

GRIGNON (Claude Henri), écrivain canadien d'expression française, né à Sainte-Adèle (1894-1976), auteur de romans de mœurs (*Un homme et son péché,* 1933).

GRIGNY (91350), comm. de l'Essonne, sur la Seine; 25 660 h.

GRIGNY (69520), comm. du Rhône, sur le Rhône; 10 201 h. (*Grignerots*). Produits chimiques.

GRIGNY (Nicolas DE), compositeur français, né à Reims (1672-1703), auteur d'un *Livre d'orgue.*

GRIGORESCU (Nicolaie Ion), peintre roumain, né à Pitaru (1838-1907), auteur de paysages et de scènes de la vie populaire.

GRIGOROVITCH (Iouri Nikolaïevitch), danseur et chorégraphe soviétique, né à Leningrad en 1927, maître du ballet du Théâtre Bolchoï, auteur d'œuvres à grande mise en scène (*Spartacus,* 1968 [en collab.]; *Ivan le Terrible,* 1975).

GRILLPARZER (Franz), poète dramatique autrichien, né à Vienne (1791-1872), auteur de drames historiques et lyriques.

GRIMALDI, famille noble de Gênes, à laquelle appartinrent jusqu'en 1731 les princes de Monaco. À cette époque, la maison des Goyon-Matignon fut substituée par mariage aux Grimaldi, dont elle prit le nom et les armes. Une seconde substitution eut lieu en 1949, à l'avènement de Rainier III de Polignac.

GRIMALDI, nom donné aux hommes préhistoriques dont les restes furent découverts dans la grotte des Enfants, à Grimaldi (Italie), près de Menton.

Grimaldi (ordre de), ordre monégasque créé en 1954.

GRIMAUD (83310 Cogolin), ch.-l. de c. du Var; 2 408 h. Station balnéaire à *Port-Grimaud.*

GRIMBERGEN, comm. de Belgique (Brabant), dans la banlieue nord de Bruxelles; 30 300 h. Église baroque du XVIIe s.

GRIMM (Melchior, baron DE), écrivain allemand, né à Ratisbonne (1723-1807). Il succéda à l'abbé Raynal comme rédacteur d'une *Correspondance littéraire, philosophique et critique,* destinée à renseigner sur la vie parisienne plusieurs princes étrangers.

GRIMM (Jacob), linguiste et écrivain allemand, né à Hanau (1785-1863), fondateur de la philologie allemande. Il réunit avec son frère WILHELM, né à Hanau (1786-1859), de nombreux contes populaires germaniques (*Contes d'enfants et du foyer*).

GRIMMELSHAUSEN (Hans Jakob Christoph VON), écrivain allemand, né à Gelnhausen (v. 1621-1676), auteur du roman baroque *la Vie de*

l'aventurier *Simplicius Simplicissimus* (1669), sur l'époque de la guerre de Trente Ans.

GRIMSBY, port d'Angleterre, sur la mer du Nord; 96 000 h. Pêche. Conserveries.

GRIMSEL, col des Alpes bernoises, entre les vallées du Rhône et de l'Aar; 2 164 m.

GRINDELWALD, station d'été et d'hiver (alt. 1 050-3 454 m) de Suisse (Berne); 3 511 h.

GRINGORE (mieux que **Gringoire**) [Pierre], poète dramatique français, né à Thury-Harcourt (?) [Normandie] (v. 1475 - v. 1538), auteur de sotties (*le Jeu du prince des Sots,* 1512). Victor Hugo a fait de lui l'un des personnages de *Notre-Dame de Paris.*

GRIS (José Victoriano GONZÁLEZ, dit **Juan**), peintre espagnol, né à Madrid (1887-1927). Il s'installa à Paris en 1906. Son œuvre, cubiste à partir de 1911, montre une préoccupation délibérée de composition et de structure (collages et peintures synthétiques de 1914).

GRISI (Giuditta), cantatrice italienne, née à Milan (1805-1840). — Sa sœur GIULIA, née à Milan (1811-1869), fut également cantatrice. — Leur cousine CARLOTTA, danseuse, née à Visinada (1819-1899), l'une des plus grandes interprètes romantiques, créa le ballet *Giselle* (1841).

GRIS-NEZ (cap), promontoire sur le pas de Calais. Phare. Falaises.

GRISOLLES (82170), ch.-l. de c. de Tarn-et-Garonne; 2 364 h.

GRISONS, en allem. **Graubünden,** canton de Suisse; 7 109 km²; 167 000 h. Ch.-l. *Coire.* Grande région touristique (Saint-Moritz, Davos, etc.). Les Grisons, indépendants depuis 1471, sont entrés dans la Confédération suisse en 1803.

GROCK (Adrien WETTACH, dit), artiste suisse de cirque, né à Loveresse (1880-1959).

GRODDECK (Walter Georg), médecin allemand, né à Bad Kösen (1866-1934). L'un des fondateurs de la médecine psychosomatique, il reconnaît à toutes les affections même somatiques un déterminisme inconscient.

GRODNO, v. de l'U.R.S.S. (Biélorussie); 182 000 h. Chaussures. La Diète polonaise y signa avec la Russie le traité consacrant le second partage de la Pologne (1793).

GROENLAND, île danoise, au nord-est de l'Amérique, en grande partie recouverte de glace (*inlandsis*); 2 175 000 km²; 50 000 h. (*Groenlandais*). Ch.-l. *Nuuk.* Bases aéronautiques. Le Groenland fut découvert en 982 par Erik le Rouge et redécouvert au XVIe s. par Davis et Hudson. Les Danois le colonisèrent à partir de 1721. Province danoise depuis 1953, le Groenland dispose depuis 1979 d'un statut d'autonomie interne.

GROIX (île de) (56590), île de l'Atlantique, constituant une commune qui correspond à un canton du Morbihan; 15 km²; 2 727 h. (*Groisillons*).

GROMAIRE (Marcel), peintre, graveur et cartonnier de tapisserie français, né à Noyelles-sur-Sambre (1892-1971). Son art est tout à la fois expressionniste et classique (*la Guerre,* 1925, Petit Palais, Paris).

GROMYKO (Andrei Andreievitch), homme politique soviétique, né à Minsk en 1909, ministre des Affaires étrangères depuis 1957.

GRONCHI (Giovanni), homme politique italien, né à Pontedera (prov. de Pise) [1887-1978], président de la République de 1955 à 1962.

GRONINGUE, en néerl. *Groningen,* v. des Pays-Bas, ch.-l. de la province du même nom (2 326 km²; 544 000 h.), au nord-est de la Frise; 162 000 h. Importantes exploitations de gaz naturel dans la région.

GROOTE (Geert), dit **Gérard le Grand,** mystique néerlandais, né à Deventer (1340-1384). Il fut l'initiateur d'un grand renouveau spirituel, dit *Devotio moderna.*

GROPIUS (Walter), architecte allemand, né à Berlin (1883-1969). Fondateur du Bauhaus à Weimar en 1919, il joua un grand rôle dans la genèse de l'architecture moderne (locaux du Bauhaus à Dessau, 1925). Il s'installa aux États-Unis en 1937.

GROS (Antoine, *baron*), peintre français, né à Paris (1771-1835). Élève de David, il est l'auteur de grandes compositions qui préludent au romantisme : *les Pestiférés de Jaffa* (1804, Louvre), *le Champ de bataille d'Eylau* (1808, *ibid.*)

GROSBLIEDERSTROFF (57520), comm. de la Moselle ; 3 279 h. Centrale thermique.

GROSEILLIERS (Médard CHOUART DES), explorateur français, né à Charly-sur-Marne (1618 - v. 1690). Il parcourut le Canada depuis les Grands Lacs jusqu'à la baie d'Hudson.

GROSLAY (95410), comm. du Val-d'Oise ; 5 256 h.

GROS-MORNE (97213), ch.-l. de c. de la Martinique ; 10 090 h.

GROSS (Hans), criminaliste autrichien, né à Graz (1847-1915). Il imagina la coopération internationale des polices, dite « Interpol ».

GROSSETO, v. d'Italie (Toscane) ; 65 000 h. Cathédrale en partie du XIIIe s. Musée diocésain.

GROSSGLOCKNER, point culminant de l'Autriche, dans les Hohe Tauern ; 3 796 m.

GROSTENQUIN (57660), ch.-l. de c. de la Moselle ; 546 h.

GROSZ (George), dessinateur et peintre allemand, né à Berlin (1893-1959), naturalisé américaine en 1938. Il a donné une critique sociale aussi mordante par le style que par l'intention.

GROTEWOHL (Otto), homme politique allemand, né à Brunswick (1894-1964), fondateur (1946) du parti socialiste unifié (SED), chef du gouvernement de la République démocratique allemande de 1949 à sa mort.

GROTHENDIECK (Alexander), mathématicien français d'origine allemande, né à Berlin en 1928. Auteur de travaux concernant la topologie et la géométrie algébrique, il a obtenu la médaille Fields en 1966.

GROTIUS (Hugo DE GROOT, dit), jurisconsulte et diplomate hollandais, né à Delft (1583-1645), auteur de *De jure belli ac pacis* (1625). On l'a appelé le « Père du droit des gens ».

GROTOWSKI (Jerzy), metteur en scène et directeur de théâtre polonais, né à Rzeszów en 1933, animateur du théâtre-laboratoire de Wrocław.

GROUCHY (Emmanuel, *marquis* DE), maréchal de France, né au château de Villette (près de Meulan) [1766-1847]. Commandant la cavalerie de réserve, il ne sut pas empêcher la jonction entre Prussiens et Anglais à Waterloo (1815).

Groupe 47, cercle littéraire, créé en 1947, qui rassemble les écrivains de langue allemande d'Allemagne, de Suisse et d'Autriche. Il défend les libertés littéraire et politique.

Groupe de recherche d'art visuel (G. R. A. V.), groupe artistique parisien actif de 1960 à 1968 et qui comprenait Horacio García-Rossi (né en 1929), Julio Le Parc (1928), François Morellet (1926), Francisco Sobrino (1932), Joël Stein (1926) et Yvaral (1934 ; fils de Vasarely). Il s'est exprimé par des œuvres d'art cinétique et par des manifestations, environnements et jeux visant à stimuler les facultés sensorielles des spectateurs, dont la participation était requise.

GROUSSET (René), historien français, né à Aubais (Gard) [1885-1952], auteur de travaux sur l'Orient et sur les croisades. (Acad. fr.)

GROZNYÏ, v. de l'U.R.S.S., dans le Caucase ; 387 000 h. Raffinage du pétrole.

GRUBER (Francis), peintre français, né à Nancy (1912-1948). Fils du peintre-verrier Jacques Gruber, il a produit une œuvre d'une inspiration angoissée, d'un style expressionniste.

GRUDZIADZ, v. de Pologne, sur la Vistule ; 87 000 h. Métallurgie.

GRUISSAN (11430), comm. de l'Aude ; 1 269 h. Station balnéaire.

GRÜN (Anton Alexander VON AUERSPERG, dit **Anastasius**), poète et homme politique autrichien, né à Laibach (auj. Ljubljana) [1806-1876].

GRUNDTVIG (Nikolai), écrivain danois, né à Udby, près de Vordingborg (1783-1872). Pasteur, puis évêque luthérien, il fut le rénovateur de l'esprit national et religieux *(le Lys de Pâques)*. Ses conceptions religieuses ont donné naissance au *grundtvigianisme*.

GRÜNEWALD (Mathis GOTHARDT ou NITHARDT, dit **Matthias**), peintre allemand actif notamment à Aschaffenburg, m. à Halle en 1528. Son chef-d'œuvre est la partie peinte du grandiose polyptyque des Antonites d'Issenheim (musée de Colmar), d'un art expressionniste et visionnaire.

GRUNITZKY (Nicolas), homme d'État togolais, né à Atakpamé (1913-1969), président de la République de 1963 à 1967.

Grunwald (bataille de), dite aussi **de Tannenberg,** victoire du roi de Pologne Ladislas II sur les chevaliers Teutoniques (15 juill. 1410).

GRÜTLI → RÜTLI.

GRUYÈRES, comm. de Suisse (Fribourg), dans la *Gruyère,* pays renommé pour ses fromages ; 1 234 h. Château des XIIe-XVe s. ; église du XIIIe.

GSELL (Stéphane), archéologue et historien français (1864-1932), auteur de l'*Histoire ancienne de l'Afrique du Nord* (1913-1929).

GSTAAD, station de sports d'hiver (alt. 1 100-3 000 m) de Suisse (Berne).

GUADALAJARA, v. d'Espagne (Nouvelle-Castille). Palais gothico-mudéjar des ducs de l'Infantado (XVe et XVIe s.). Défaite en 1937 des milices italiennes engagées avec les troupes de Franco.

GUADALAJARA, v. du Mexique ; 1 561 000 h. Cathédrale des XVIe-XVIIe s. Métallurgie.

GUADALCANAL, île volcanique de l'archipel des Salomon. Occupée par les Japonais en juillet 1942, l'île fut reconquise par les Américains en février 1943, après six mois de durs combats.

Grünewald : *l'Incarnation*
détail du retable d'Issenheim (1511-1516)

Lauros-Giraudon

GUADELOUPE

ST-BARTHÉLEMY
Morne du Vitet 281
Gustavia
MER DES CARAÏBES
ST-MARTIN
Grand-Case
Marigot
Pic du Paradis 424
PARTIE HOLLANDAISE
Péninsule des Terres Basses
Grd Étang de Simsonbaai
Philipsburg
Pte de la Grde Vigie
Anse-Bertrand
Port-Louis
GRANDE-TERRE
Petit-Canal
Les Mangles
Vieux-Bourg
Fort Royal
Pte Allègre
Ste-Rose
Deshaies
Lamentin
Baie-Mahault
Pointe-Noire
BASSE-TERRE
Pigeon
Bouillante
Vieux-Habitants
Grand Cul-de-Sac Marin
Petit Cul-de-Sac Marin
Morne-à-l'Eau
Les Abymes
POINTE-À-PITRE
Goyave
Grand Sans Toucher 1354
Ste-Marie
St-Claude
Matouba
Soufrière 1467
Gourbeyre
Bananier
Capesterre Belle-Eau
Baillif
BASSE-TERRE
Trois-Rivières
Vieux-Fort
Le Moule
OCÉAN
La Désirade
Grande-Anse
Ste-Anne
St-François
Caravelle
Pte des Colibris
ATLANTIQUE
Îles de la Petite Terre
MARIE-GALANTE
St-Louis
Grand-Bourg
Capesterre-de-Marie-Galante
16°
Les Saintes
Terre-de-Haut
Terre-de-Bas
route
61°30′

◇ chef-lieu de département ○ chef-lieu d'arrondissement
● chef-lieu de canton
●●●● localités classées selon leur population

km 0 10
courbes : 200. 500. 1000 m

GUADALQUIVIR (le), fl. d'Espagne, qui passe à Cordoue, à Séville et rejoint l'Atlantique ; 680 km.

GUADALUPE (sierra de), chaîne de montagnes du centre de l'Espagne ; 1 740 m.

GUADARRAMA (sierra de), chaîne de montagnes d'Espagne, entre le Tage et le Douro, séparant la Vieille-Castille et la Nouvelle-Castille ; 2 405 m.

GUADELOUPE [gwa-] (la) [**971**], une des Petites Antilles françaises ; 1 709 km[2] ; 324 530 h. (avec les dépendances) [*Guadeloupéens*]. Ch.-l. de dép. *Basse-Terre.* Ch.-l. d'arr. *Pointe-à-Pitre* et *Marigot.* La Guadeloupe est formée de deux îles, Basse-Terre et Grande-Terre, séparées par un bras de mer, la rivière Salée. Malgré son nom, Basse-Terre est la plus élevée (volcan de la Soufrière, 1 467 m) ; Grande-Terre est un plateau qui dépasse à peine 100 m. Plusieurs îles (la Désirade, les Saintes, Marie-Galante, Saint-Barthélemy, partie de Saint-Martin) dépendent de la Guadeloupe. Les principales productions sont la canne à sucre, le rhum, les bananes. — Découverte par Christophe Colomb en 1493, l'île fut colonisée par les Français à partir de 1635. En 1674, elle fut rattachée à la métropole, sous la dépendance de la Martinique. Détachée administrativement de la Martinique en 1775, elle devint département français d'outre-mer en 1946.

GUADET (Marguerite Élie), homme politique français, né à Saint-Émilion (1758-1794). Député girondin à l'Assemblée législative (1791) puis à la Convention (1792), il fut décapité.

GUADET (Julien), architecte français, né à Paris (1834-1908). Professeur, opposé à Viollet-le-Duc, il a publié le traité *Éléments et théorie de l'architecture.*

GUADIANA (le), fl. d'Espagne et de Portugal, qui se jette dans l'Atlantique; 801 km.

GUAIRA (La), v. du Venezuela, port de Caracas; 25 000 h.

GUAM, île principale de l'archipel des Marianes; 104 000 h. Ch.-l. *Agaña.* Occupée par les Japonais de 1941 à 1944, Guam est devenue une puissante base américaine.

GUANCHES, anc. peuple des îles Canaries.

GUANGDONG → KOUANG-TONG.

GUANGXI → KOUANG-SI.

GUANGZHOU → CANTON.

GUANGZHOUWAN → KOUANG-TCHEOU-WAN.

GUANTÁNAMO, v. de Cuba, près de la *baie de Guantánamo;* 135 000 h. Sur la baie, base navale concédée aux États-Unis en 1903.

GUARANIS, Indiens de l'Amérique du Sud, faisant partie du groupe linguistique et culturel tupi-guarani.

GUARDAFUI ou **GARDAFUI,** cap à l'extrémité est de l'Afrique, à l'entrée du golfe d'Aden.

GUARDI (Francesco), peintre italien, né à Venise (1712-1793). Il a représenté Venise, ses

Lauros-Giraudon

Francesco **Guardi**
*le Départ
du « Bucentaure »*

monuments, ses fêtes, ses foules bigarrées ainsi que les jeux changeants de son ciel et de ses eaux. — Son frère aîné, GIOVANNI ANTONIO, né à Vienne (1699-1760), était également peintre.

GUARINI (Giambattista), poète italien, né à Ferrare (1538-1612), auteur d'*Il Pastor fido (le Berger fidèle)* [1590], tragi-comédie pastorale.

GUARINI (Guarino), architecte italien, né à Modène (1624-1683). Moine théatin, philosophe et mathématicien, influencé par Borromini, il exécuta à Turin ses œuvres conservées les plus célèbres, dont l'église à plan central S. Lorenzo (coupole à arcs entrecroisés).

GUARNERIUS ou **GUARNERI,** famille de luthiers de Crémone (XVIIe et XVIIIe s.).

GUARRAZAR, localité espagnole, près du village de Guadamur (prov. de Tolède). On y a mis au jour (1853) un riche trésor de couronnes wisigothiques.

GUARULHOS, v. du Brésil, près de São Paulo; 222 000 h.

GUATEMALA, république de l'Amérique centrale, au sud-est du Mexique; 108 889 km²; 7 millions d'h. *(Guatémaltèques).* Cap. *Guatemala Ciudad.* Langue : *espagnol.*

GÉOGRAPHIE

Pays de montagnes, en partie volcaniques, au sud, de bas plateaux au nord, le Guatemala vit de ses cultures tropicales (café [principal produit d'exportation], coton, banane, canne à sucre) et de l'exploitation de la forêt, très étendue.

HISTOIRE

— XVIe s. : conquête espagnole; ruine de l'empire des Mayas. Le Guatemala devient capitainerie dépendant du vice-roi de Mexico.

— 1822 : le pays reconnaît l'autorité d'Agustín de Iturbide, empereur du Mexique.

— 1824-1839 : le Guatemala fait partie des Provinces-Unies de l'Amérique centrale.

— 1839 : indépendance du pays, dislocation de la fédération.

— 1871 : triomphe des libéraux, influencés par le Mexique.

— 1898-1920 : réveil économique (café, bananes) sous la présidence de Manuel Estrada Cabrera.

— 1920 : début de l'emprise économique américaine, qui favorise les gouvernements forts.

— 1931-1944 : dictature du «libéral» Jorge Ubico.

— 1951-1954 : présidence du progressiste Jacobo Arbenz Guzmán, promoteur d'une réforme agraire (1952); les Américains l'obligent à démissionner.

— 1954-1960 : les conservateurs au pouvoir avec l'appui américain.

— 1960 : début d'une opposition insurrectionnelle, qui favorise l'arbitrage des militaires.

— 1970-1974 : gouvernement autoritaire de Carlos Araña Osorio.

— 1974 : maintien au pouvoir de la coalition de droite : Langerud García, président.

Snark International

Guarini : coupole
à arcs entrecroisés
de l'église San Lorenzo
(1668-1679)
à Turin

— 1978 : le général Romeo Lucas García, président.

— 1982 : le général Aníbal Guevara élu à la présidence.

GUATEMALA CIUDAD ou **GUATEMALA CITY,** cap. de la république de Guatemala; 836 000 h.

GUATTARI (Félix), psychanalyste français, né à Villeneuve-lès-Sablons (Oise) en 1930. Ses travaux marquent un tournant dans la critique de la psychanalyse. Il est l'auteur, avec G. Deleuze, de *l'Anti-Œdipe.*

GUAYAQUIL, principale ville et port de l'Équateur, sur le Pacifique; 814 000 h. Métropole économique du pays.

GUAYASAMIN (Oswaldo), peintre équatorien, né à Quito en 1919, à la plastique violente et simplifiée (grandes séries comme l'*Âge de la colère*, 1962-1971).

GUBBIO, v. d'Italie (Ombrie); 33 000 h. C'est l'anc. ville étrusque et romaine d'*Iguvium.* Monuments, surtout médiévaux. Centre de majolique (fin du XVe-XVIe s.).

GUDERIAN (Heinz), général allemand, né à Kulm (auj. Chelmno) [1888-1954]. Créateur de l'arme blindée allemande (1935-1939), commandant un corps blindé, puis un groupement cuirassé (1939-1941), il fut chef d'état-major de l'armée de terre (1944-45).

GUDULE (sainte), patronne de Bruxelles (m. v. 712).

GUEBWILLER [gɛbvilɛr] (68500), ch.-l. d'arr. du Haut-Rhin, sur la Lauch; 11 357 h. Églises St-Léger (XIIe-XIVe s.) et Notre-Dame (XVIIIe s.). Textile.

GUEBWILLER (ballon de) → GRAND BALLON.

GUÉHENNO (Jean), écrivain français, né à Fougères (1890-1978), auteur de *Caliban parle* (1929). [Acad. fr.]

GUELDRE, en néerl. **Gelderland,** prov. des Pays-Bas; 5 012 km²; 1 654 000 h. Ch.-l. *Arnhem.* — Seigneurie (1061), comté (1079), puis duché (1339), et duché bourguignon de 1472 à 1492, la Gueldre devint possession espagnole en 1543. En 1578, le nord du pays fut rattaché aux Provinces-Unies; le sud, partagé entre l'Autriche et la Prusse, ne fut incorporé aux Provinces-Unies qu'en 1814.

GUELMA, v. d'Algérie, ch.-l. de wilaya; 36 000 h. Vestiges romains.

GUELPH, v. du Canada (Ontario), au sud-ouest de Toronto; 67 538 h. Université.

GUÉMÉNÉ-PENFAO (44290), ch.-l. de c. de la Loire-Atlantique; 4 591 h.

GUÉMÉNÉ-SUR-SCORFF (56160), ch.-l. de c. du Morbihan; 2 061 h. Spécialité d'andouilles.

GUÉNANGE (57310), comm. de la Moselle, sur la Moselle; 9 399 h.

Guépéou (G. P. U.), appellation des services spéciaux et de la police politique de l'U. R. S. S. de 1922 à 1934.

Guêpes (les), comédie d'Aristophane, représentée à Athènes en 422 av. J.-C., imitée par Racine (les Plaideurs).

GUÉPRATTE (Émile), amiral français, né à Granville (1856-1939). Il se distingua en 1915 à la tête de la division navale française aux Dardanelles.

GUER (56380), ch.-l. de c. du Morbihan; 7 335 h.

GUÉRANDE (44350), ch.-l. de c. de la Loire-Atlantique; 8 001 h. (Guérandais). Remparts du XVe s.; collégiale des XIIe-XVIe s. Traité de paix entre Jean IV de Montfort et Charles IV, qui termina la guerre de la Succession de Bretagne (12 avr. 1365).

GUÉRANGER (Prosper), bénédictin français, né à Sablé (1805-1875), abbé de Solesmes, restaurateur de l'ordre de Saint-Benoît en France et propagateur de la liturgie romaine.

GUERCHE-DE-BRETAGNE (La) [35130], ch.-l. de c. d'Ille-et-Vilaine; 3 810 h. Église des XVe-XVIe s.

GUERCHE-SUR-L'AUBOIS (La) [18150], ch.-l. de c. du Cher; 3 682 h. Église des XIIe et XVe s. Mécanique de précision.

GUERCHIN (Giovanni Francesco BARBIERI, dit en fr. le), peintre italien, né à Cento, près de Ferrare (1591-1666), influencé par les Vénitiens, les Bolonais et le Caravage (plafond de l'*Aurore* au casino Ludovisi à Rome; *saint François et saint Benoît,* Louvre).

GUÉRET (23000), ch.-l. du dép. de la Creuse, à 327 km au sud de Paris; 16 147 h. (Guérétois). Marché agricole. Petite métallurgie.

GUERICKE (Otto VON), physicien allemand, né à Magdebourg (1602-1686), inventeur de la première machine électrostatique et de la machine

Guernica
(1937)
de Picasso

Salmer-C.E.D.R.I.

GUERNICA Y LUNO, v. d'Espagne (Biscaye); 15 000 h. Ferdinand et Isabelle de Castille y jurèrent de respecter les libertés basques. La ville fut détruite par l'aviation allemande au service des franquistes pendant la guerre civile (1937); cet événement a inspiré à Picasso une peinture monumentale célèbre (musée du Prado).

guerre *(croix de),* nom donné dans divers pays à des décorations commémorant les citations individuelles ou collectives. En France : croix de guerre 1914-1918; croix de guerre 1939-1945; croix de guerre des théâtres d'opérations extérieures (T. O. E.), créée en 1921.

guerre *(De la),* œuvre de C. von Clausewitz (1816-1830), dans laquelle il montre notamment les rapports qu'entretiennent la guerre et la politique.

Guerre folle, révolte des Grands (1485-1488) contre le gouvernement d'Anne de Beaujeu, fille de Louis XI et régente de France pendant la minorité de son frère Charles VIII.

Guerre de 1870-71 → FRANCO-ALLEMANDE *(guerre).*

Guerre et Paix, roman de L. Tolstoï, écrit entre 1865 et 1869, et publié en 1878. Sur le fond d'un tableau de la société russe à l'époque des guerres napoléoniennes, l'expression d'une conception non agressive de l'existence.

Guerre mondiale *(Première* et *Seconde)* → tableaux pp. 1266 à 1270.

pneumatique. Il réalisa notamment l'expérience des *hémisphères de Magdeburg.*

GUÉRIGNY (58130), ch.-l. de c. de la Nièvre; 2 481 h. Métallurgie.

GUÉRIN (Gilles), sculpteur français, né à Paris (1606-1678). Il travailla pour les plus grands chantiers civils du temps et pour les églises (priant du duc de La Vieuville, Louvre).

GUÉRIN (Pierre), peintre français, né à Paris (1774-1833), un des meilleurs artistes de la seconde génération néoclassique.

GUÉRIN (Eugénie DE), femme de lettres française, née au château du Cayla, près d'Albi

(1805-1848), auteur de *Lettres* et d'un *Journal.* — Son frère MAURICE, né au château du Cayla (1810-1839), influencé par La Mennais, est l'auteur du poème en prose *le Centaure* (1840).

GUÉRIN (Camille), vétérinaire français, né à Poitiers (1872-1961). Avec Calmette, il a mis au point le B. C. G.

Guerlédan, barrage et lac de la Bretagne centrale. Centrale hydroélectrique.

GUERNESEY, l'une des îles Anglo-Normandes; 63 km²; 51 000 h. *(Guernesiais).* Ch.-l. *Saint-Pierre.* Cultures florales. Tomates. Tourisme.

Première Guerre mondiale 1914-1918

1914. 28-VI. Attentat de Sarajevo. — *Déclaration de guerre de l'Autriche à la Serbie* (28-VII) *et à la Russie* (5-VIII), *de l'Allemagne à la Russie* (1-VIII) *et à la France* (3-VIII), *de la Grande-Bretagne* (4-VIII) *et du Japon* (23-VIII) *à l'Allemagne.* — Violation par l'Allemagne de la neutralité belge. — Neutralité italienne. — 3-XI. La Turquie en guerre contre les Alliés.

1915. L'Italie signe le traité de Londres avec les Alliés (26-IV), *dénonce la Triplice et entre en guerre contre l'Autriche* (23-V). *La Bulgarie entre en guerre aux côtés des Empires centraux* (5-X). — Maintien de la neutralité grecque. — Les Alliés mettent en place le blocus naval des Empires centraux. — Les Allemands répondent par la guerre sous-marine (18-II).

1916. Soulèvement de l'Arabie contre le Sultan : Husayn, roi du Hedjaz. — Accords franco-britanniques sur le Moyen-Orient. — 27-VIII. *La Roumanie déclare la guerre à l'Autriche et l'Italie déclare la guerre à l'Allemagne.* — 4-XI. Mort de François-Joseph et avènement de Charles Ier d'Autriche.

1917. 1-II. Guillaume II décide la guerre sous-marine à outrance (avr. : 875 000 tonnes de navires alliés coulées). — Mars-nov. **Révolution russe :** abdication du tsar (15-III), *gouvernements de Lvov* (mars), *de Kerenski* (août) *et de Lénine* (nov.). — 2-IV. **Les États-Unis en guerre aux côtés des Alliés.** — 16-XI. Clemenceau, chef du gouvernement français.

1918. 8-I. Les 14 points de Wilson. — 9-II et 3-III. *Traités de Brest-Litovsk entre l'Allemagne, l'Ukraine et la Russie.* — Foch, commandant en chef des armées alliées sur le front occidental (Doullens, 26-III; Beauvais, 3-IV). 7-V. Traité de Bucarest. — Oct. Indépendance des Hongrois, des Tchèques et des Yougoslaves. — 9-XI. Abdication de Guillaume II. — 11-XI. L'Autriche proclame la république et son rattachement à l'Allemagne.

Front Ouest. Août. Invasion de la Belgique et du nord de la France (retraite française). — 6-13-IX. **Manœuvre et victoire de Joffre à la Marne.** — Sept.-nov. Course à la mer et mêlée des Flandres : *stabilisation d'un front continu de 750 km d'Ypres à la frontière suisse.*

Front Est. Août-oct. Offensives russes en Prusse-Orientale (arrêtée à *Tannenberg,* 26-VIII) et en Galicie (prise de Lvov, sept.; retraite austro-allemande sur les Carpates et la Warta). *Front stabilisé du Niémen aux Carpates (Memel [auj. Klaïpeda], ouest de Varsovie, Gorlice).*

Autres fronts. Sept.-déc. Échecs autrichiens en Serbie. — Oct.-déc. Débarquement anglais sur le golfe Persique.

Front Ouest. Avr. Emploi des gaz par les Allemands. — Mai-sept. Vaines tentatives françaises de percée en Champagne et en Artois.

Front Est et Balkans. Févr.-sept. *Offensives allemandes en Prusse-Orientale et en Pologne : repli russe en Pologne jusqu'à la ligne Riga-Dvinsk-Pinsk-Czernowitz (Tchernovtsy).* — Févr.-avr. Échecs alliés aux *Dardanelles.* — 5-X. Débarquement allié à *Salonique.* — Oct.-nov. Conquête de la Serbie par les Allemands et les Bulgares.

Autres fronts. *Offensives italiennes dans le Trentin et le Karst* (juill.). — Occupation du Sud-Ouest africain allemand (juill.).

Front Ouest. 21 févr.-déc. **Bataille de Verdun.** — 1er juill.-oct. Offensive alliée sur la Somme (emploi des chars par les Britanniques). — 29-VIII. Hindenburg et Ludendorff chefs de la direction de guerre allemande.

Front Est et autres fronts. Offensives russes en Arménie (févr.), en Galicie et en Bucovine (Broussilov, juin-sept.). — 14-IX. Offensive alliée en Macédoine (Monastir [Bitola], 19-XI). — Les Allemands conquièrent la Roumanie (oct.-déc.). — Janv. Occupation du Cameroun par les Alliés. — 28-IV. Défaite britannique à Kût al-'Amâra. — 31-V. *Bataille navale du Jutland.*

Front Ouest. Échec de l'offensive Nivelle sur le Chemin des Dames (16-IV). Crise de l'armée française : Pétain généralissime (15-V). — Attaques françaises devant Verdun (août) et l'Ailette (oct.), anglaises dans les Flandres (juin-nov.) et, avec chars, sur Cambrai (20-XI).

Front russe. Les Allemands prennent Riga (3-IX) et occupent la Bucovine (juill.-sept.). — 15-XII. Armistice russo-allemand de Brest-Litovsk.

Autres fronts. *Défaite italienne de Caporetto* (24-X). Prises de Bagdad (11-III) et de Jérusalem (9-XII) par les Britanniques.

Front Ouest. *Offensives allemandes en Picardie* (21-III), *sur la Marne* (27-V), *en Champagne* (15-VII). — Juill.-nov. *Contre-offensives de Foch en Champagne* (18-VII), *en Picardie* (août), *de la Meuse à la mer* (sept.), retraite allemande sur Gand, Mons et Sedan. — 11-XI. **Armistice de Rethondes.**

Balkans et autres fronts. 15-IX. *Offensive générale de Franchet d'Esperey en Macédoine.* — 29-IX. *Armistice avec la Bulgarie.* — Sept.-oct. Prises de Beyrouth, Damas, Alep par les Anglais. — 24-X. **Victoire italienne de Vittorio Veneto.** — *Armistices de Moudros avec la Turquie* (30-X) *et de Padoue avec l'Autriche* (3-XI). — 14-XI. Reddition des Allemands en Afrique orientale.

Traités de paix. — 28-VI-1919. *Traité de Versailles avec l'Allemagne.* — 10-IX-1919. *Traité de Saint-Germain avec l'Autriche.* — 27-XI-1919. *Traité de Neuilly avec la Bulgarie.* — 4-VI-1920. *Traité de Trianon avec la Hongrie.* — 10-VIII-1920. *Traité de Sèvres avec la Turquie.* — 12-XI-1920. *Traité italo-yougoslave de Rapallo.* — 18-III-1921. *Traité de Riga entre la Pologne et la Russie soviétique.* — 24-VII-1923. *Traité de Lausanne avec la Turquie.*

◁ **FRONTS FRANÇAIS**

**FRONTS D'EUROPE
ET DU MOYEN-ORIENT**
▽

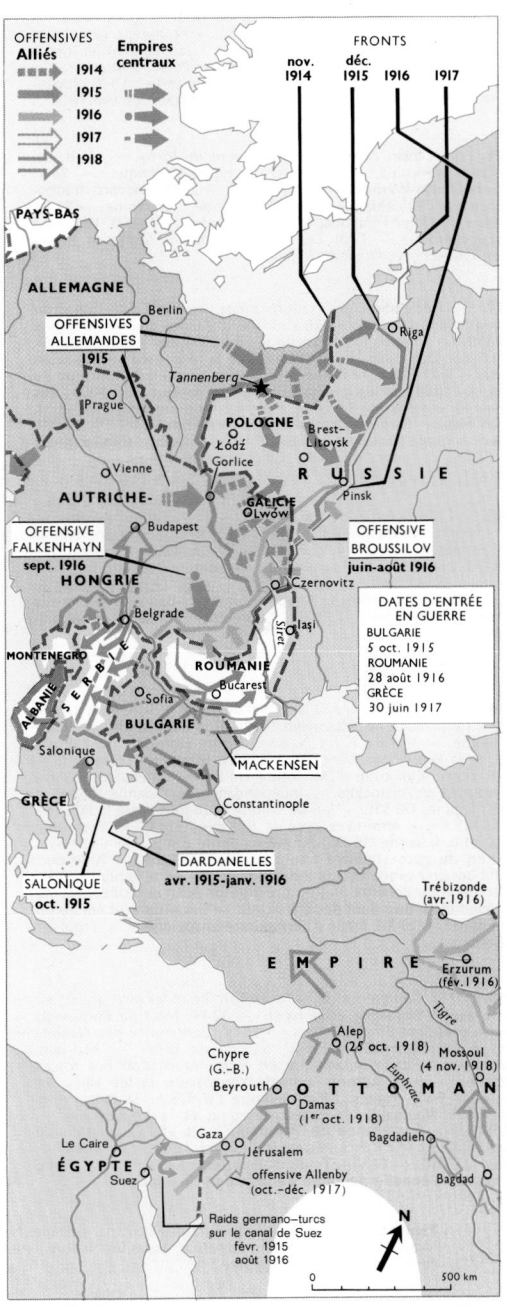

1939. 1-IX. L'Allemagne déclenche la guerre en envahissant la Pologne. — 3-IX. *Déclarations de guerre britannique et française à l'Allemagne.* (Non-belligérance italienne. Neutralité des États-Unis.) — 28-IX. Traité germano-soviétique de partage de la Pologne.

1940. 10-VI. *L'Italie déclare la guerre à la France et à la Grande-Bretagne.* — 17-VI. Pétain demande l'armistice. — 18-VI. Appel de De Gaulle à Londres. — 22-24-VI. *Armistice franco-allemand et franco-italien.* — 10-VII. Pétain investi du pouvoir constituant. — 27-IX. *Pacte à trois* (Allemagne-Italie-Japon). — Août-sept. La Roumanie démantelée au profit de la Hongrie (Transylvanie) et de la Bulgarie (Dobroudja). — 24-X. *Entrevue Hitler-Pétain à Montoire.* — Juin-août. Ultimatum japonais à l'Indochine française. — 4-XI. Roosevelt réélu président des États-Unis. — 13-XII. Pétain renvoie Laval.

1941. Févr. *Darlan chef du gouvernement de Vichy.* — 11-III. Loi prêt-bail américaine. — 13-IV. Traité nippo-soviétique. — 28-V. Accords Darlan-Warlimont sur l'Afrique. — 29-VII. Accord franco-japonais sur l'Indochine. — 14-VIII. *Charte de l'Atlantique.* — 24-X. Création du Comité national français à Londres. — 18-XI. Weygand rappelé d'Afrique. — 7-XII. *Les États-Unis, puis la Chine en guerre contre l'Allemagne, l'Italie et le Japon.*

1942. 1-I. Déclaration des Nations unies. — 18-IV. *Laval chef du gouvernement de Vichy.* — 26-V. Traité d'alliance anglo-soviétique. — 8-VIII. Le Congrès indien invite les Britanniques à quitter l'Inde. — Mai-juill. Début des déportations et de la résistance organisée en France. — 8-XI. Pétain ordonne la résistance aux Alliés en Afrique du Nord. — 10-XI. Armistice franco-allié en Afrique. — 11-XI. Les Allemands envahissent la zone française non occupée. — 13-XI. *Darlan engage l'Afrique française aux côtés des Alliés.* — 26-XII. Giraud remplace Darlan, assassiné le 24-XII. — Guerre sous-marine : 6,5 millions de tonnes de navires alliés coulées.

1943. 14-I. Conférence de Casablanca. — 12-V. Giraud à Tunis. — Mai. Constitution du Conseil national de la Résistance française. — 3-VI. *Formation à Alger du Comité français de libération nationale.* — 24-VII. Démission de Mussolini; gouvernement Badoglio. — 17-IX. — Extension du prêt-bail au C.F.L.N. — 8-XI. Le Liban abolit le mandat français; troubles à Beyrouth. — 13-X. Badoglio déclare la guerre à l'Allemagne. — 2-XII. Conférence Roosevelt-Churchill-Staline à Téhéran.

1944. 3-I. La France reconnaît la souveraineté de la Syrie et du Liban. — 30-I. *Conférence de Brazzaville.* — 19-III. Mainmise de Hitler sur la Hongrie. — 3-VI. *Le C.F.L.N. se proclame Gouvernement provisoire de la République française.* — 10-VI. Massacre d'Oradour. — 20-VII. Échec d'un coup d'État contre Hitler; extermination massive de déportés en Allemagne. — Indépendance de l'Islande (17-VI) et des Philippines (20-VII). — 5-6-IX. Guerre d'un jour entre la Bulgarie et l'U.R.S.S. — 3-VI. *Armistices avec la Bulgarie* (11-IX), la *Roumanie* (12-IX) et la *Finlande* (19-IX), qui rejoignent le camp allié. — 31-VIII. Transfert du gouvernement d'Alger à Paris. — Août-déc. Conflit des gouvernements polonais de Londres et de Lublin. — 5-IX. Constitution du Benelux. — 7-X. *Création de la Ligue arabe.* — 9-XI. Roosevelt réélu président des États-Unis. — Déc. Tito seul maître en Yougoslavie. — 10-XII. Traité d'alliance franco-soviétique. — Troubles en Grèce.

1945. 4-11-II. *Conférence de Yalta.* La Turquie et les pays arabes en guerre avec l'Allemagne et le Japon. — 12-IV. *Mort de Roosevelt;* Truman président des États-Unis. — 25-IV. *Conférence des Nations unies à San Francisco.* — 30-IV. Suicide de Hitler. — Mai-juin. Intervention militaire britannique en Syrie; évacuation des forces françaises. — 9-VII. Accords entre la Yougoslavie et les Alliés sur Trieste. — 9-VII. Traités d'alliance entre l'U.R.S.S., la Bulgarie, la Hongrie, la Roumanie, la Tchécoslovaquie et la Yougoslavie. — 17-VII-2-VIII. *Conférence de Potsdam.* — 26-VII. Gouvernement Attlee. — 8-VIII. *L'U.R.S.S. déclare la guerre au Japon* et occupe Port-Arthur (23-VIII). — 14-VIII. Traité d'alliance sino-soviétique. — 2-IX. **Signature solennelle de l'acte de reddition du Japon.**

1-27-IX. Campagne de *Pologne.* — 17-IX. Entrée des troupes soviétiques en Pologne orientale. — Sept.-oct. Opération française dans la Sarre. — 30-XI. Attaque soviétique de la *Finlande.* Le Japon, en guerre avec la Chine depuis 1937, contrôle en 1939 la façade maritime de ce pays.

Ouest. 9-IV-10-VI. Campagne de *Norvège.* — 10-V-25-VI. **Campagne de France.** — 15-28-V. Capitulations néerlandaise et belge. 28-V-4-VI. Bataille de Dunkerque. — 14-VI. *Les Allemands à Paris.* — Août-oct. Bataille aérienne d'Angleterre.
Est. 15-VI-2-VII. Occupation par l'U.R.S.S. des pays Baltes, de la Bessarabie et de la Bucovine. — 7-X. Entrée de la Wehrmacht en Roumanie. — 28-X. Rejet par la Grèce de l'ultimatum de Mussolini; offensive italienne.
Afrique. 3-VII. Mers el-Kébir. — Août-déc. Attaque italienne contre la Somalie et la Libye.

Europe-Est. Avr. Intervention allemande en Grèce. — 6-18-IV. Campagne de Yougoslavie. — Mai. Bataille de Crète. — 22-VI. **Offensive allemande contre l'U.R.S.S.;** bataille de Moscou (déc.). Fin de la guerre éclair.
Autres fronts. 8-VI-14-VII. Campagne de Syrie. 28-VI. Les Japonais en Cochinchine. — Août. L'Iran rompt avec l'Axe. — 7-XII. **Attaque japonaise sur Pearl Harbor.** Offensives allemande (mars), puis britannique (nov.), en Libye.

Afrique. Janv.-juill. Rommel attaque en Libye. — Mai-oct. Les Britanniques occupent Madagascar. — 23-X. El-Alamein. — 8-11-XI. **Débarquement allié au Maroc et en Algérie, allemand à Tunis.**
Front russe. Offensives allemandes en Crimée, sur le Don, dans le Caucase et à Stalingrad (mai-sept.).
Extrême-Orient. Les Japonais prennent les Philippines (janv.), Singapour (15-II), Rangoon (7-III), l'Indonésie, attaquent les Aléoutiennes (juin), la Nouvelle-Guinée et Guadalcanal (juill.), mais sont battus aux Midway (juin).
France. 27-XI. Sabordage de la flotte de Toulon. Dissolution de l'armée d'armistice.

Afrique. Les Britanniques prennent Tripoli (23-I), rejoignent les Franco-Américains en Tunisie (avr.). Libération de Tunis (7 mai) : la Wehrmacht chassée d'Afrique.
Italie. Les Alliés débarquent en Sicile (10-VII), puis en Calabre (3-IX). **Capitulation italienne** (3 et 8-IX).
Front russe. 2-II. **Victoire de Stalingrad.** Les Russes attaquent Rostov (févr.), Orel (juill.), Kharkov (août), le Dniepr (sept.-oct.), libèrent Koursk, Kiev (6-XI).
Extrême-Orient. Contre-offensive alliée aux îles Salomon et Gilbert, en Nouvelle-Guinée (juin-déc.).

Front Ouest. Italie. Févr.-mai. Bataille de Cassino. Victoire française du Garigliano (mai). Prise de Rome (4-VI).
France. Févr.-avr. Batailles des Glières et du Vercors. 6-VI. **Débarquement de Normandie :** création d'une tête de pont (9-18-VII), percée d'Avranches (1-VIII). — 15-VIII. *Débarquement de Provence.* — *Libération de Paris* (25-VIII). — 1-X. Les Alliés atteignent la frontière allemande de Belgique et de Hollande. — Échec de l'attaque Rundstedt dans les Ardennes et en Alsace (16-XII-16-I-1945).
Front Est. Offensives russes sur le Dniepr et le Dniestr (févr.-avr.); en *Russie Blanche* et dans les *pays Baltes* (juill.-oct.); en *Pologne* (juill.); en *Roumanie, Bulgarie* et *Hongrie* (août). — Débarquement britannique en Grèce (oct.). Libération de Belgrade (20-X).
Extrême-Orient. Batailles de Nouvelle-Guinée (janv.-juill.), des Carolines, des Mariannes, des Philippines (mai-déc.). — Offensive britannique en Birmanie (sept.-déc.).

Front Ouest. *Les Alliés franchissent le Rhin* (mars), occupent le Hanovre, la Saxe, la Bavière, pénètrent en Autriche et en Bohême (avr.).
Front Est. Les Russes prennent *Varsovie* (17-I), *Budapest* (févr.), Vienne (12-IV) et Berlin (2-V). — Jonction des forces alliées et soviétiques à Torgau (25-IV) et à Wismar (3-V). — **Capitulation de la Wehrmacht, à Reims** (7-V) **et à Berlin** (9-V).
Extrême-Orient. Bataille des Philippines (févr.-mars). — 9-III. Mainmise japonaise sur l'Indochine. — Les Alliés prennent Rangoon (3-V), bataille d'Okinawa (avr.-juin). — **Bombardements atomiques d'Hiroshima** (6-VIII) **et de Nagasaki** (9-VIII). — *Capitulation japonaise* (14-VIII).

Traités de paix. — 10-II-1947. *Traités de Paris,* entre les Nations unies, l'Italie, la Roumanie, la Bulgarie, la Hongrie, la Finlande. — 8-IX-1951. *Traité de San Francisco,* entre les Nations unies (sauf l'U.R.S.S.) et le Japon. — 15-V-1955. *Traité d'État* rétablissant l'indépendance de l'Autriche.

LA GUERRE EN EUROPE
1939-1942

LA GUERRE DANS LE PACIFIQUE ▷

LA GUERRE EN EUROPE
1942-1945

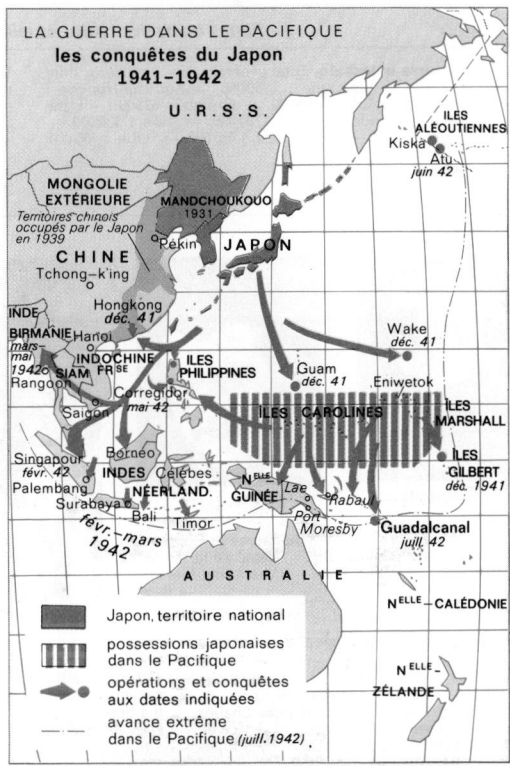

LA GUERRE DANS LE PACIFIQUE
les conquêtes du Japon
1941-1942

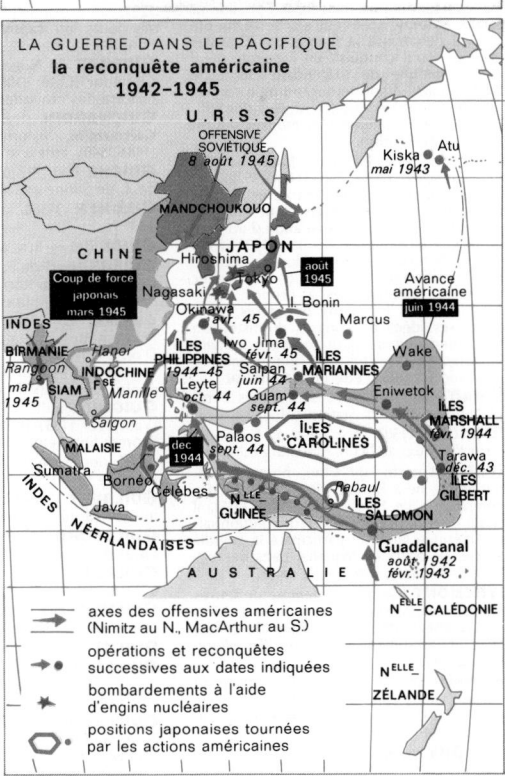

LA GUERRE DANS LE PACIFIQUE
la reconquête américaine
1942-1945

Pertes humaines civiles et militaires des deux guerres mondiales

Première Guerre mondiale. Total général : env. 9 millions, dont France : 1 390 000. — Allemagne : 1 950 000. — Autriche-Hongrie : env. 1 million. — Belgique : 100 000. — Canada : 62 000. — États-Unis : 114 000. — Grande-Bretagne : 780 000. — Italie : 530 000. — Roumanie : env. 700 000. — Russie : env. 1 700 000. — Serbie : 400 000. — Turquie : 400 000.

Seconde Guerre mondiale. Total général : env. 49 millions de morts, dont env. 10 millions de déportés en Allemagne. France : env. 605 000. — Allemagne : env. 5 millions. — Belgique : 88 000. — Canada : 41 000. — États-Unis : 300 000. — Grande-Bretagne : 388 000. — Grèce : env. 600 000. — Hongrie : env. 430 000. — Italie : 310 000. — Japon : env. 3 millions. — Pays-Bas : env. 210 000. — Pologne : env. 6 millions. — Roumanie : env. 460 000. — U.R.S.S. : env. 20 millions. — Yougoslavie : env. 1 500 000.

Jules **Guesde**

Che **Guevara**

Guillaume le Conquérant détail de la *tapisserie de la reine Mathilde* à Bayeux

GUERVILLE (78930), ch.-l. de c. des Yvelines; 1756 h. Cimenterie.

GUESCLIN [gɛklɛ̃] (Bertrand DU), connétable de France, né à La Motte-Broons, près de Dinan (v. 1320-1380). Il combattit pour Charles de Blois jusque vers 1350, s'attacha au service de Charles V, battit à Cocherel (1364) les troupes de Charles II le Mauvais, mais fut fait prisonnier à la bataille d'Auray. Après que sa liberté eut été rachetée, il débarrassa la France des Grandes Compagnies, qu'il conduisit en Espagne, où il assura le triomphe du prétendant Henri de Trastamare (1369). À son retour, nommé connétable (1370), il mena contre les Anglais une efficace guerre de harcèlement. Il mourut devant Châteauneuf-de-Randon.

GUESDE [gɛd] (Jules BASILE, dit **Jules**), homme politique français, né à Paris (1845-1922). En 1879, il introduisit les thèses marxistes au sein du mouvement ouvrier français et fit accepter par le congrès de Marseille la création d'un parti ouvrier (P. O. F.). Député de Roubaix (1893-1898), ville dont il fait « la ville sainte du socialisme », il représenta Lille à partir de 1906. En conflit avec Jaurès et les millerandistes à propos de la collaboration avec les partis bourgeois, il fit triompher ses idées au congrès d'Amsterdam (1904), la fondation du parti socialiste unitaire (1905) marquant la victoire du guesdisme. En 1914, Guesde accepta d'être ministre d'État.

GUÉTHARY (64210 Bidart), comm. des Pyrénées-Atlantiques; 968 h. Station balnéaire.

GUEUGNON (71130), ch.-l. de c. de Saône-et-Loire, sur l'Arroux; 10 743 h. Métallurgie lourde.

GUEVARA (Ernesto, dit **Che**), homme politique argentin, né à Rosario (1928-1967). Médecin, compagnon de Fidel Castro (1956-1959), il chercha à développer des foyers révolutionnaires en Amérique latine et participa à la guérilla bolivienne, au cours de laquelle, dans des circonstances obscures, il trouva la mort.

GUÈVREMONT (Germaine), femme de lettres canadienne d'expression française, née à Saint-Jérôme (Québec) [1893-1968], auteur de contes rustiques et de romans du terroir (*En pleine terre, Marie Didace*).

Guggenheim (*musée Solomon R.*), musée de New York, dans un édifice hélicoïdal de F. L. Wright (1943-1956). Il est consacré à l'art du xxᵉ s., depuis le cubisme.

GUI ou **GUY** (*saint*), martyr, m. en 303 en Lucanie. Son culte était très populaire au Moyen Âge; on l'invoquait contre la « danse de Saint-Gui ».

GUI ou **GUIDO** d'Arezzo, bénédictin et théoricien musical italien, né à Arezzo (v. 990 - v. 1050). Il a donné leur nom aux notes de la gamme.

GUI de Dampierre, comte de Flandre (v. 1226-1305). Vassal de Philippe le Bel, il se révolta en 1297; fait prisonnier en 1300, il passa le reste de ses jours en captivité à Compiègne puis à Pontoise.

GUIBERT de Nogent, bénédictin, né près de Clermont (Oise) [1053 - v. 1130]. Il a écrit une histoire des croisades, *Gesta Dei per Francos*.

GUICHARDIN (François), en ital. **Francesco** Guicciardini, historien italien, né à Florence (1483-1540), auteur d'une *Histoire de l'Italie*.

GUICHE (La) [71220 St Bonnet de Joux], ch.-l. de c. de Saône-et-Loire; 835 h.

GUICHEN (35580), ch.-l. de c. d'Ille-et-Vilaine; 4431 h.

GUIDE (le) → RENI (*Guido*).

GUIERS [gjɛr] (le), riv. des Préalpes du Nord, formée de deux torrents (*Guiers Vif* et *Guiers Mort*), affl. du Rhône (r. g.); 48 km.

Guignol, principal personnage français de marionnettes, qui date de la fin du xviiiᵉ s. D'origine lyonnaise, Guignol est son ami Gnafron symbolisent l'esprit populaire frondeur, en lutte contre les agents de l'autorité.

GUIGOU (Paul), peintre français, né à Villars (Vaucluse) [1833-1871]. Il a excellemment rendu l'âpreté lumineuse de la campagne provençale.

GUIL (le), torrent des Hautes-Alpes, affl. de la Durance (r. g.); 56 km.

GUILBERT (Yvette), chanteuse française de music-hall, née à Paris (1867-1944).

GUILDFORD, v. de Grande-Bretagne, au sud-ouest de Londres; 57 000 h.

GUILERS (29243), comm. du Finistère; 6221 hab.

GUILHERAND (07500 Granges lès Valence), comm. de l'Ardèche; 8966 h.

GUILIN → KOUEI-LIN.

GUILLAIN (Simon), statuaire français, né à Paris (1581-1658), auteur du *Monument du Pont-au-Change* (Louvre).

GUILLAUMAT (Louis), général français, né à Bourgneuf (Charente-Maritime) [1863-1940]. Il se distingua à la tête de la IIᵉ armée à Verdun (1917) et commanda les troupes alliées d'Orient

(1917-18) puis les forces d'occupation en Allemagne (1924-1930).

GUILLAUME le Grand (*saint*), comte de Narbonne et marquis de Gothie (v. 755-812). Après avoir arrêté les Arabes, il se retira dans l'abbaye de Gellone, qu'il avait fondée et qui devint Saint-Guilhem-le-Désert. Il est le héros (« Guillaume au Court Nez ») d'un cycle de chansons médiévales.

GUILLAUME Iᵉʳ DE CHAMPAGNE, sire de Champlitte (1205-1209), prince d'Achaïe (1205-1208). Ayant pris part à la 4ᵉ croisade, il fonda la principauté d'Achaïe.

GUILLAUME II DE VILLEHARDOUIN (m. en 1278), prince d'Achaïe (1246-1278), second fils du prince Geoffroi Iᵉʳ. Il porta à son apogée l'éclat de la principauté, mais dut accepter la suzeraineté byzantine.

GUILLAUME Iᵉʳ le Conquérant ou **le Bâtard**, né à Falaise (v. 1027-1087), duc de Normandie (1035-1087), roi d'Angleterre (1066-1087). En 1066, revendiquant la couronne anglaise que lui a promise Édouard le Confesseur, il conquit l'Angleterre sur le roi Harold II, défait et tué près de Hastings (1066), et sut organiser son nouveau royaume en constituant une noblesse militaire très fortement hiérarchisée. Il fit rédiger le « Domesday Book », inventaire des terres, fiefs et droits du roi. — GUILLAUME II *le Roux* (v. 1056-1100), fils du précédent, roi d'Angleterre de 1087 à 1100; il lutta avec succès contre les Gallois et les Écossais.

GUILLAUME III, né à La Haye (1650-1702), roi d'Angleterre (1689-1702), stathouder des Provinces-Unies (1672-1702), fils posthume de Guillaume II de Nassau et de Marie, fille de Charles Iᵉʳ Stuart. Stathouder (1672), il sauva sa patrie de l'invasion française en ouvrant les écluses afin d'inonder le pays, forma contre Louis XIV une coalition européenne et préserva l'intégrité de la Hollande au traité de Nimègue (1678). Champion du protestantisme, il renversa du trône d'Angleterre son beau-père, Jacques II, et fut proclamé roi en 1689, conjointement à son épouse, Marie II Stuart. Louis XIV reconnut son autorité au traité de Ryswick (1697).

GUILLAUME IV, né à Londres (1765-1837), roi de Grande-Bretagne, d'Irlande et de Hanovre (1830-1837), fils de George III.

GUILLAUME le Lion (1143-1214), roi d'Écosse de 1165 à 1214. Il dota son pays d'un ensemble de lois.

GUILLAUME Iᵉʳ D'ORANGE-NASSAU, le Taciturne, né au château de Dillenburg (1533-1584), stathouder des Provinces-Unies (1573-1584). Fils de Guillaume VIII de Nassau, comte de Dillenburg, il hérita des possessions d'Orange; il organisa le soulèvement des Provinces-Unies contre l'Espagne (1572), ce qui lui valut d'être reconnu stathouder des dix-sept Provinces-Unies, mais l'unité du pays fut compromise par l'intervention d'Alexandre Farnèse. Guillaume Iᵉʳ fut assassiné. — GUILLAUME II D'ORANGE-NASSAU, né à La Haye (1626-1650), stathouder de Hollande (1647-1650), fils et successeur de Frédéric-Henri. Il fit reconnaître l'indépendance des Provinces-Unies à la paix de Westphalie. Sa mort prématurée permit au parti républicain de reprendre le pouvoir. — GUILLAUME III DE NASSAU → GUILLAUME III, roi d'Angleterre.

GUILLAUME Iᵉʳ, né à La Haye (1772-1843), roi des Pays-Bas et grand-duc de Luxembourg (1815-1840). Désigné comme roi par le congrès de Vienne, il perdit la Belgique en 1830; il abdiqua en 1840. — GUILLAUME II, né à La Haye (1792-

Coll. Viollet

Staatsbibliothek, Berlin

Guillaume Tell
bravant
l'ordre
du bailli
Gessler

Guillaume II
par L. Noster

Fleming

Guillaume III

B. N.

miniature d'un
manuscrit du XIVe s.
*les Nouveaux Dits
amoureux* de
Guillaume
de Machaut

1849), roi des Pays-Bas et grand-duc de Luxembourg (1840-1849), fils du précédent. — GUIL-
LAUME III, né à Bruxelles (1817-1890), roi des
Pays-Bas et grand-duc de Luxembourg (1849-
1890), fils du précédent.

GUILLAUME Ier, né à Berlin (1797-1888), roi de
Prusse (1861-1888), empereur allemand (1871-
1888). Fils de Frédéric-Guillaume III, il gouverna
comme régent à la place de son frère Frédéric-
Guillaume IV, atteint de maladie mentale (1858),
puis lui succéda (1861). Il prit pour Premier
ministre Bismarck (1862), reconstitua l'armée
prussienne, se ligua avec l'Autriche dans la
guerre des Duchés pour écraser le Danemark
(1864), tourna ensuite ses armes contre son
alliée, qu'il battit à Sadowa (1866), et vainquit la
France (1871), à laquelle il enleva, au traité de
Francfort, l'Alsace et une partie de la Lorraine.
Ces trois guerres établirent l'unité allemande.
Guillaume fut proclamé empereur allemand au
château de Versailles, le 18 janvier 1871.

GUILLAUME II, né au château de Potsdam
(1859-1941), roi de Prusse et empereur d'Allemagne (1888-1918), petit-fils du précédent. Se
débarrassant de Bismarck dès 1890, il conduisit
lui-même les affaires. À l'intérieur, Guillaume II
se heurta aux socialistes. À l'extérieur, il se lança
le dos à la politique bismarckienne de contre-
assurance, il laissa se conclure l'alliance franco-
russe (1890-1894), puis le rapprochement de la
France avec l'Italie (1900-1902) et la Grande-
Bretagne (1904). Dès lors, il tenta contre la
France, au Maroc, une politique d'intimidation
(Tanger, 1905; Agadir, 1911), renforçant son
alliance avec l'Autriche et la Turquie. En août
1914, à la tête d'un Reich devenu la première
puissance continentale, il se jeta dans la Première Guerre mondiale. Vaincu (1918), il abdiqua et s'exila.

GUILLAUME de Champeaux, philosophe scolastique, né à Champeaux, près de Melun (1068-
1121), évêque de Châlons-sur-Marne (1113-1121).
Dans la querelle des universaux, il s'affronta
avec son disciple Abélard.

GUILLAUME de Lorris, poète français, né
à Lorris-en-Gâtinais (v. 1200/1210 - apr. 1240),
auteur de la première partie du *Roman* de la
Rose.*

GUILLAUME de Machaut ou **de Machault**,
poète et musicien français, chanoine de Reims
(v. 1300-1377), un des créateurs de l'école polyphonique française par ses motets, ses ballades
et sa *Messe Notre-Dame.* Il a fixé les règles

musicales et littéraires de l'art lyrique pour le
lai, le virelai, la ballade, le rondeau.

GUILLAUME de Nangis, chroniqueur français,
m. en 1300. Moine de Saint-Denis, il est l'auteur,
notamment, d'une *Chronique universelle* allant
du commencement du monde jusqu'à 1300.

GUILLAUME d'Occam ou **d'Ockham**, philosophe anglais, né à Ockham (Surrey) [v. 1300-
v. 1349]. Franciscain, excommunié, il fut l'un des
plus importants théoriciens du nominalisme; sa
pensée a influencé la logique médiévale et la
doctrine de Luther en ébranlant les bases de la
théologie médiévale.

GUILLAUME de Saint-Amour, théologien français, né à Saint-Amour (Franche-Comté) [1202-
1272]. Professeur à l'Université de Paris, il fut
l'adversaire des ordres mendiants.

GUILLAUME de Tyr, historien des croisades,
né en Syrie (v. 1130 - v. 1186), archevêque de Tyr.
Il a laissé une chronique de l'Orient latin au
XIIe s.

GUILLAUME (Charles Édouard), physicien
suisse, né à Fleurier (1861-1938). Il a découvert
l'Invar et l'Élinvar. (Prix Nobel, 1920.)

GUILLAUME (Gustave), linguiste français, né à
Paris (1883-1960), auteur de *Temps et verbe*
(1929) et de *Langage et science du langage*
(1964).

GUILLAUMES (06470), ch.-l. de c. des Alpes-
Maritimes; 558 h.

GUILLAUME TELL, héros légendaire de l'indépendance helvétique au XIVe s. Guillaume Tell
ayant refusé de saluer le chapeau de Gessler,
bailli des Habsbourg, celui-ci le fit arrêter et, le
sachant très habile arbalétrier, le condamna à
traverser d'une flèche une pomme placée sur la
tête de son jeune fils, épreuve dont Guillaume
Tell sortit victorieux. Plus tard, Guillaume Tell
tua Gessler.

Guillaume Tell, drame de Schiller (1804).

GUILLAUMIN (Armand), peintre français, né à
Paris (1841-1927). Il a produit le meilleur de son
œuvre, impressionniste, à Crozant et dans l'Esterel.

GUILLEMIN (Roger), médecin américain d'origine française, né à Dijon en 1924, prix Nobel
de médecine en 1977 pour l'isolement des
hormones de l'hypothalamus.

GUILLÉN ÁLVAREZ (Jorge), poète espagnol,
né à Valladolid en 1893, qui combine l'influence

de Góngora avec l'intellectualisme moderne
(*Cántico, Mare magnum*).

GUILLÉN BATISTA (Nicolás), poète cubain,
né à Camagüey en 1902, d'inspiration nationale
et sociale (*Songoro Cosongo, le Grand Zoo*).

GUILLESTRE (05600), ch.-l. de c. des Hautes-
Alpes; 1 580 h. Station d'altitude (1 000 m), sur le
Guil.

GUILLET (Léon), ingénieur métallurgiste français, né à Saint-Nazaire (1873-1946). Il a étudié
les alliages, notamment les aciers spéciaux, et
les traitements thermiques.

GUILLON (89420), ch.-l. de c. de l'Yonne;
446 h.

GUILLOTIN (Joseph Ignace), médecin français,
né à Saintes (1738-1814). Député, il fit adopter,
par l'Assemblée nationale (1789), l'instrument
appelé, de son nom, *guillotine.*

GUILLOUX (Louis), écrivain français, né à
Saint-Brieuc (1899-1980), d'inspiration populiste
et sociale (*le Sang noir*).

GUILVINEC (29115), comm. du Finistère;
4 612 h. (*Guilvinistes*). Port de pêche. Conserveries. Station balnéaire.

GUIMARÃES, v. du Portugal (Braga); 24 000 h.
Château fort remontant au Xe s., château des
ducs de Bragance (XVe s.). Musées.

GUIMARÃES ROSA (João), écrivain brésilien,
né à Cordisburgo (1908-1967), peintre du Nord-
Est brésilien (*les Nuits du Sertao*).

GUIMARD (Hector), architecte français, né à
Lyon (1867-1942). Rationaliste, mais également
décorateur maniant l'ornement pseudo-végétal
avec énergie et liberté, il est, jusqu'en 1914, un
des meilleurs représentants du modern style.

GUIMET (Émile), industriel, archéologue et
musicien français, né à Lyon (1836-1918). Après
avoir recueilli en Extrême-Orient de nombreux
objets d'art, il fonda à Lyon (1879) le musée qui
porte son nom, transféré à Paris en 1885 et
devenu en 1945 le département des arts asiatiques des Musées nationaux.

GUINÉE, nom donné autrefois à la partie de
l'Afrique comprise entre le Sénégal et le Congo,
et baignée par le *golfe de Guinée*, ouvert par
l'Atlantique (entre le Liberia et le Gabon).

GUINÉE, république de l'Afrique occidentale;
250 000 km²; 5 millions d'h. (*Guinéens*). Cap.
Conakry. Langue officielle : *français.*

V. carte page suivante

GÉOGRAPHIE
Le massif du Fouta-Djalon, domaine de l'élevage
bovin, sépare une plaine côtière, humide, densément peuplée, cultivée en riz et possédant
des plantations de palmiers à huile et de bananiers, de la partie orientale, pays plat, plus sec,
fournissant surtout du mil et du manioc. Les
oduits du sous-sol (diamants, fer et surtout
bauxite, transformée en partie sur place en
alumine, à Fria) assurent l'essentiel des exportations, effectuées à partir de Conakry.

HISTOIRE
— XIIIe s. : une partie de la haute Guinée
appartient à l'empire du Mali. Deux grandes
ethnies dominent l'histoire de la Guinée : les
Malinkés et les Peuls.
— XVe-XVIe s. : pénétration européenne (Portugais).
— XVIIIe s. : invasion des Bambaras de Ségou.
— XIXe s. : invasion des Dyoulas (colporteurs
musulmans), qui imposent l'islam aux Malinkés
animistes. Ère des grands conquérants musulmans : El-Hadj Omar et Samory Touré, qui, en
1881 (prise de Kankan), reste le seul maître.
— 1893 : création de la Guinée française.
— 1895 : elle est englobée dans le gouvernement général de l'A.-O. F.
— 1896 : les Français détruisent l'Empire peul.
— 1898 : les Français éliminent Samory. La
haute Guinée rattachée au Soudan français.
— 1900 : la Guinée est reconstituée.
— 1904 : cession de l'archipel de Los par les
Britanniques.
— 1958 : la Guinée devient indépendante, sans
liens avec la France. Sékou Touré, maître absolu,
mène une politique anti-impérialiste.

GUINÉE (Nouvelle-) → NOUVELLE-GUINÉE.

GUINÉE-BISSAU, État de l'Afrique équatoriale, au sud du Sénégal; 36 125 km²; 550 000 h. Cap. *Bissau.* Arachides et riz.

HISTOIRE

— 1580 : colonisation portugaise.
— 1879 : la Guinée détachée administrativement des îles du Cap-Vert.
— 1886 : fixation des frontières.
— 1956 : fondation du Parti africain de l'indépendance de la Guinée et du Cap-Vert (P.A.I.G.C.) par Amilcar Cabral.
— 1963 : début de la lutte armée contre les Portugais.
— 1973 : assassinat d'Amilcar Cabral; son frère, Luis Cabral, proclame la république de Guinée-Bissau.
— 1974 : le Portugal reconnaît le nouvel État.
— 1980 : coup d'État. Luis Cabral est remplacé par le commandant J. B. Vieira.

GUINÉE ÉQUATORIALE, anc. **Guinée espagnole,** État du golfe de Guinée; 28 100 km²; 316 000 h. Cap. *Malabo.* Il comprend deux parties : l'une, qui regroupe diverses îles, dont Fernando Poo et Pagalu; l'autre, qui correspond au territoire continental du Mbini (anc. Río Muni) entre le Cameroun et le Gabon.

HISTOIRE

— 1777 : le Portugal cède à l'Espagne les îles Annobón et Fernando Poo (traité de San Ildefonso).
— 1858 : la Guinée espagnole, colonie d'exploitation.
— 1900 : les frontières sont fixées.
— 1959 : le Río Muni et Fernando Poo, province espagnole.
— 1964 : accès à l'autonomie.
— 1968 : proclamation de la république de Guinée équatoriale. Francisco Macías Nguema, président de la République, établit un régime autoritaire.
— 1979 : Macías Nguema est renversé par un coup d'État militaire, dirigé par le colonel Teodoro Obiang Nguema.

GUINEGATTE, auj. **Enguinegatte** (62145 Estrée Blanche), comm. du Pas-de-Calais; 367 h. Bataille indécise, le 7 août 1479, entre les troupes de Louis XI et de Maximilien d'Autriche. Le 16 août 1513, les Français, commandés par le duc de Longueville et le maréchal de La Palice, y furent vaincus, sans combat, par les Anglo-Germaniques (journée des Éperons).

GUÎNES (62340), ch.-l. de c. du Pas-de-Calais; 5 054 h. *(Guînois).* Au S., *forêt de Guînes.*

GUINGAMP (22200), ch.-l. d'arr. des Côtes-du-Nord, sur le Trieux; 10 752 h. *(Guingampais).* Basilique des XIVe-XVIe s. Maisons anciennes. Industries alimentaires et électriques.

GUINIZELLI (Guido), poète italien, né à Bologne (entre 1230 et 1240-1276), un des précurseurs de Dante.

GUINNESS (sir Alec), acteur anglais, né à Londres en 1914. Il a joué le répertoire shakespearien à l'Old Vic Theatre et interprété de nombreux rôles au cinéma.

GUIPAVAS (29215), comm. du Finistère; 9 045 h. Aéroport de *Brest-Guipavas.*

GUIPÚZCOA, une des prov. basques d'Espagne. Ch.-l. *Saint-Sébastien.*

Guirlande de Julie (la), recueil de madrigaux que le duc de Montausier composa et qu'il fit illustrer en l'honneur de Julie d'Angennes, fille de la marquise de Rambouillet (1642).

GUISAN (Henri), général suisse, né à Mézières (Vaud) [1874-1960]. Il a commandé l'armée suisse de 1939 à 1945.

GUISCARD (60640), ch.-l. de c. de l'Oise; 1 518 h.

GUISCARD → ROBERT GUISCARD.

GUISE [giz] (02120), ch.-l. de c. de l'Aisne, sur l'Oise; 6 797 h. *(Guisards).* Citadelle des XIe et XVIe s. Fonderie. Constructions mécaniques. Victoire de Lanrezac en août 1914.

GUISE (ou guiz) (Claude Ier DE), né à Condé (1496-1550), premier duc et pair DE GUISE. Il servit François Ier contre Charles Quint. — FRANÇOIS Ier, *duc de Guise,* né au château de Bar (1519-1563), fils du précédent. Il défendit Metz contre Charles Quint et, lieutenant général du royaume, reprit Calais aux Anglais (1558). Au début des guerres de Religion, il prit la direction des troupes catholiques et fut assassiné par un protestant. — CHARLES **de Guise,** né à Joinville (1524-1574), cardinal de Lorraine, frère du précédent. — HENRI Ier, *duc de Guise,* dit *le Balafré* (1550-1588), fils aîné de François. Il combattit à Jarnac et à Moncontour, fut l'un des instigateurs de la Saint-Barthélemy et devint le chef de la Ligue catholique (1576); mettant à profit sa popularité et le discrédit où était tombé Henri III, il prétendit au trône. Après avoir vaincu les protestants à Auneau, où il fut reçu en triomphateur à Paris. Mais, après la journée des Barricades (12 mai 1588), Henri III l'attira à Blois, où il fut assassiné. — LOUIS II **de Guise,** cardinal de Lorraine, né à Dampierre (1555-1588), frère du précédent, fut également assassiné à Blois.

GUITON (Jean), armateur français, né à La Rochelle (1585-1654). Maire lors du siège de cette ville par Richelieu (1628), il se distingua par son énergie.

GUÎTRES (33230 Coutras), ch.-l. de c. de la Gironde; 1 357 h. *(Guitrauds).* Église des XIe-XIVe s.

GUITRY (Lucien), acteur français, né à Paris (1860-1925). — Son fils SACHA, né à Saint-Pétersbourg (1885-1957), acteur et auteur de comédies et de films, représentant typique du théâtre de Boulevard.

GUITTON (Jean), philosophe catholique français, né à Saint-Étienne en 1901. (Acad. fr.)

GUITTONE d'Arezzo, poète italien, né à Santa Firmina (Arezzo) [v. 1230-1294], auteur de poésies morales et religieuses.

GUIYANG → KOUEI-YANG.

GUIZÈH → GIZEH.

GUIZHOU → KOUEI-TCHÉOU.

GUIZOT (François), homme d'État et historien français, né à Nîmes (1787-1874). Protestant, professeur d'histoire moderne en Sorbonne (1812), secrétaire général au ministère de l'Intérieur (1814), il rejoint Louis XVIII à Gand (1815). Chef des constitutionnels « doctrinaires » sous la Restauration, il contribue à la chute de Charles X (1830). Champion du conservatisme et chef du parti de la Résistance puis du centre droit sous

François **Guizot** par Vibert

la monarchie de Juillet, ministre de l'Instruction publique (1832-1837), il fait voter en 1833 une loi qui organise l'enseignement primaire et admet le principe de la liberté. De 1840 à 1848, soit comme ministre des Affaires étrangères (1840-1847), soit comme président du Conseil (1847-48), Guizot est le vrai maître du pays. Hostile à toute réforme électorale et sociale, il pratique à l'extérieur une politique modératrice. Sa chute, le 23 février 1848, entraîne celle de la monarchie bourgeoise. On lui doit une *Histoire de la révolution d'Angleterre* (1826-27). [Acad. fr.]

GUJAN-MESTRAS (33470), comm. de la Gironde, sur le bassin d'Arcachon; 7 641 h. Ostréiculture.

GUJERAT, État du nord-ouest de l'Inde; 196 000 km²; 26 697 000 h. Cap. *Gāndhīnagar.*

GUJRANWALA, v. du Pākistān; 196 000 h.

GULDBERG (Cato), chimiste et mathématicien norvégien, né à Christiania (1836-1902). Avec Waage, il a donné une forme quantitative à la loi d'action de masse (1864).

GULF STREAM (« Courant du Golfe »), courant chaud de l'Atlantique. Résultant de la réunion du courant des Caraïbes et du courant de Floride, il franchit le canal de Floride et remonte jusqu'au sud de Terre-Neuve, en s'étalant et en déviant vers l'est. Devenu *courant nord-atlantique,* il se divise en branches multiples et se transforme en dérive diffuse. Il adoucit considérablement les climats de l'Europe du Nord-Ouest.

Gulistân (la *Roseraie*), recueil d'anecdotes morales de Sa'dī (1258), en prose persane mêlée de vers.

Gulliver (les *Voyages de*), roman de Swift (1726). Gulliver visite des contrées imaginaires : Lilliput, où les habitants ne dépassent pas six pouces; Brobdingnag, peuplé de géants de soixante pieds de haut; Laputa, île volante habitée par des savants; le pays des Houyhnhnms, chevaux qui dominent les *yahous,* anthropoïdes dégradés. Ces fictions veulent prouver que la nature humaine est infirme et que les institutions n'ont pas de valeur absolue.

Gundremmingen, centrale nucléaire d'Allemagne fédérale (Bavière), sur le Danube.

GUNDULIĆ (Ivan), en ital. **Gondola,** poète croate, né à Raguse (v. 1589-1638). Son œuvre marque l'apogée de la littérature dalmate (*Osman, Dubravka*).

GÜNTHER (Ignaz), sculpteur allemand, né à Altmannstein (Haut-Palatinat) [1725-1775], un des grands maîtres de la plastique rococo dans les églises d'Allemagne du Sud.

GUNTŪR, v. de l'Inde (Andhra Pradesh); 270 000 h.

GUO MORUO → KOUO MO-JO.

GUPTA, dynastie fondée par Candragupta Ier, et dont le règne (IVe-fin Ve s.), sur l'Inde du Nord, correspond à l'épanouissement de l'Inde classique.

Guri, aménagement hydroélectrique du Venezuela, sur le Caroní.

GUSTAVE IV ADOLPHE, né à Stockholm (1778-1837), roi de Suède (1792-1809). Il lutta contre la France et dut abandonner la Finlande aux Russes (1808); les États le déchurent alors au profit de Charles XIII.

GUSTAVE V, né au château de Drottningholm (1858-1950), fils d'Oscar II, roi de Suède (1907-1950). — GUSTAVE VI ADOLPHE, né à Stockholm (1882-1973), fils de Gustave V, roi de Suède (1950-1973).

GUSTAVIA, ch.-l. de l'île de Saint-Barthélemy (Antilles françaises). Port franc.

GUTENBERG (Johannes GENSFLEISCH, dit), imprimeur allemand, né à Mayence (entre 1394 et 1399-1468). Vers 1440, il mit au point à Strasbourg le procédé d'imprimerie en caractères mobiles, ou *typographie*, imaginé par les Chinois au XIe s. Établi à Mayence, en 1448, il s'associa en 1450 avec J. Fust et imprima la Bible dite « à quarante-deux lignes. »

GÜTERSLOH, v. de l'Allemagne fédérale; 81 000 h.

GUYANES

Gustave Ier Vasa
par W. Boy

National Portrait Coll., Gripsholm

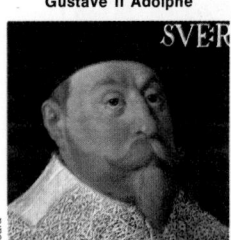

Gustave II Adolphe

Scala

Gutenberg

Larousse

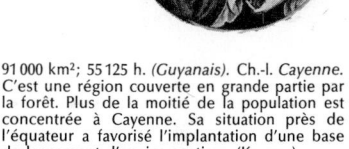

Mme **Guyon
du Chesnoy**

Flammarion

GURKHA, caste hindoue du Népal, qui fournit des soldats d'élite.

GÜRSEL (Cemal), général et homme politique turc, né à Erzurum (1895-1966). Chef d'état-major de l'armée à partir de 1958, il dirigea le coup d'État de 1960 qui renversa le démocrate Menderes; il fut président de la République de 1961 à sa mort.

GURVITCH (Georges), sociologue français, né à Novorossisk (1894-1965). Il est le promoteur d'une sociologie dite « de la connaissance », puis d'une sociologie soucieuse d'analyser les faits sociaux dans leur totalité.

GUSTAVE Ier VASA, né à Lindholm (1496-1560), roi de Suède (1523-1560), fondateur de la dynastie des Vasa. Après avoir rompu l'Union de Kalmar, il fut proclamé roi en 1523, favorisa la Réforme, mit la main sur les domaines du clergé, encouragea l'économie nationale et s'allia avec François Ier, roi de France.

GUSTAVE II ADOLPHE, né à Stockholm (1594-1632), roi de Suède (1611-1632). Il modernisa l'État et l'économie, favorisa l'essor de l'éducation; il reconstitua l'armée suédoise, avec laquelle il acheva la guerre contre les Danois (1613), puis enleva l'Estonie, l'Ingrie et la Carélie orientale à la Russie (1617). Devenu maître de la Baltique, il intervint en Allemagne avec l'aide de Richelieu, pour soutenir les protestants pendant la guerre de Trente Ans; il triompha des Impériaux à Breitenfeld (1631) et au Lech (1632), mais fut tué au cours de son combat victorieux à Lützen.

GUSTAVE III, né à Stockholm (1746-1792), roi de Suède (1771-1792). Despote éclairé, il fit la guerre à la Russie et prit d'abord l'initiative de mesures libérales; mais de graves troubles agraires consécutifs à la guerre menée contre les Danois et les Russes l'incitèrent à revenir, à partir de 1788, à l'autoritarisme. Il fut assassiné par un officier.

GUTLAND (le), partie méridionale du Luxembourg.

GUTZKOW (Karl), écrivain allemand, né à Berlin (1811-1878), animateur de la Jeune-Allemagne, auteur de romans et de pièces de théâtre (*Uriel Acosta*, 1847).

GUY → GUI (saint).

GUYANA, anc. **Guyane britannique,** État de l'Amérique du Sud; 215 000 km²; 860 000 h. Cap. *Georgetown.* Langue : *anglais.* Canne à sucre, riz et surtout bauxite.

HISTOIRE

— XVIIe-XVIIIe s. : la région est disputée par les Français, les Britanniques et les Hollandais.
— 1814 : les Britanniques sont reconnus possesseurs de la partie occidentale.
— 1879 : découverte de l'or. Début de l'immigration africaine et asiatique (Inde).
— 1928 : octroi d'une constitution par les Britanniques.
— 1953 : instauration du suffrage universel.
— 1961-1964 : Cheddi Jagan, leader de la population asiatique (50 p. 100 du total), Premier ministre; il se heurte à l'opposition noire (35 p. 100), menée par Forbes Burnham.
— 1964 : Forbes Burnham, Premier ministre.
— 1966 : proclamée indépendante, la Guyane britannique devient la république de Guyana, État souverain du Commonwealth.
— 1970 : la Guyana, « république coopérative », présidée par Arthur Chung.
— 1980 : Forbes Burnham, premier président élu de la Guyana.

GUYANE (la) ou **GUYANES** (les), région de l'Amérique du Sud, en bordure de l'Atlantique, entre l'Orénoque et l'Amazone. Elle est partagée entre le Venezuela, la Guyana, le Surinam, la France et le Brésil.

GUYANE, anc. **Guyane britannique →** GUYANA.

GUYANE FRANÇAISE (973), dép. français d'outre-mer, entre le Surinam et le Brésil;

91 000 km²; 55 125 h. (*Guyanais*). Ch.-l. *Cayenne.* C'est une région couverte en grande partie par la forêt. Plus de la moitié de la population est concentrée à Cayenne. Sa situation près de l'équateur a favorisé l'implantation d'une base de lancement d'engins spatiaux (Kourou).

HISTOIRE

— 1643 : fondation de Cayenne par les Français.
— 1663 : Colbert confie la colonisation à la Compagnie de la France équinoxiale.
— 1677 : la colonie devient française.
— 1762 : expulsion — catastrophique sur le plan économique — des Jésuites, fondateurs de centres agricoles pour les Indiens.
— 1794 : la Guyane française, lieu de relégation.
— 1809 : une flotte anglo-portugaise s'empare de la Guyane.
— 1817 : elle redevient française.
— 1848 : abolition de l'esclavage.
— 1852 : installation d'un bagne à Cayenne.
— v. 1855 : découverte de l'or, bien exploité à partir de 1870.
— 1946 : la Guyane, département français d'outre-mer.
— 1947 : fermeture du bagne.

GUYENNE, nom donné à la province d'Aquitaine quand elle fut possession anglaise, de 1259 à 1453. Devenu, en 1469, apanage de Charles, frère de Louis XI, le duché de Guyenne revint définitivement à la Couronne en 1472.

GUYNEMER (Georges), aviateur français, né à Paris (1894-1917). Commandant l'escadrille des « Cigognes », il était titulaire de 54 victoires lorsqu'il fut abattu. Son héroïsme en a fait une figure légendaire de l'aviation française.

GUYON (Félix), chirurgien français, né à Saint-Denis (La Réunion) [1831-1920]. Il a été le maître de l'école urologique française.

GUYON DU CHESNOY (Jeanne-Marie BOUVIER DE LA MOTTE, connue sous le nom de Mme), mystique française, née à Montargis (1648-1717).

Constantin **Guys**
Deux Femmes en robes à volants (aquarelle)

La publication, en 1685, de son *Moyen court et très facile pour l'oraison* la fit taxer de quiétisme. Un moment soutenue par Fénelon, elle fut emprisonnée (1698), puis exilée (1703), notamment à Blois, où elle entretint une abondante correspondance.

GUYS [gis] (Constantin), dessinateur et aquarelliste français, né à Flessingue (Pays-Bas) [1802-1892]. Surnommé par Baudelaire « le Peintre de la vie moderne », il fut le chroniqueur élégant du second Empire.

GUYTON DE MORVEAU (Louis Bernard, *baron*), chimiste français, né à Dijon (1737-1816), membre du Comité de salut public. Il réalisa la liquéfaction du gaz ammoniac par l'action d'un mélange réfrigérant.

GUZMÁN (Martín Luis), écrivain mexicain, né à Chihuahua (1887-1976). Son œuvre évoque la révolution mexicaine (*l'Aigle et le Serpent*, 1928).

Guzman d'Alfarache, roman picaresque de l'Espagnol Mateo Alemán (1599), dont Lesage publia en 1732 une adaptation française.

GWĀLIOR, v. de l'Inde (Madhya Pradesh); 385 000 h. Temples des IXᵉ et XIᵉ s.; reliefs rupestres jaïna du XVᵉ s.; palais et mausolées moghols.

GWELO, v. du Zimbabwe; 64 000 h.

GY (70700), ch.-l. de c. de la Haute-Saône; 1 061 h.

GYGÈS, roi de Lydie (v. 687-652 av. J.-C.). Il amena la Lydie à l'apogée de sa puissance. La légende lui attribue la possession d'un anneau qui le rendait invisible.

GYLLENSTEN (Lars), écrivain suédois, né à Stockholm en 1921, peintre satirique des conventions sociales et littéraires (*Camera obscura, Infantilia*).

GYŌR, en allem. **Raab,** v. de Hongrie, sur le Danube; 122 000 h. Monuments du XIIᵉ s. à l'époque baroque; musée d'archéologie romaine. Métallurgie.

GYTHEION ou **GHÍTHIO,** port de Grèce (Péloponnèse), sur le golfe de Laconie; 7 000 h. Il servait de port à Sparte.

Gwālior : palais du Man Mandir
(fin XVᵉ-début XVIᵉ s.)

H

Hongkong : vue de Victoria, la capitale, dans l'île de Hongkong.

HAACHT, comm. de Belgique (Brabant); 10 400 h.

HAAKON, nom de plusieurs rois de Norvège. HAAKON IV, né près de Skarpsborg (1204-1263), roi de Norvège (1217/1223-1263), vit la soumission de l'Islande et du Groenland. — HAAKON VII, né à Charlottenlund (1872-1957), roi de Norvège (1905-1957), fils cadet du roi Frédéric VIII de Danemark, fut élu roi de Norvège après la séparation de la Suède et de la Norvège.

HAALTERT, comm. de Belgique (Flandre-Orientale); 17 100 h.

HAARLEM, v. des Pays-Bas, ch.-l. de la Hollande-Septentrionale; 163 000 h. Musée Frans-Hals. Haarlem soutint un long siège contre le duc d'Albe, qui s'empara de la ville en 1573.

HAARLEMMERMEER, région de polders des Pays-Bas, asséchée artificiellement de 1837 à 1840.

HABACUC, prophète juif (v. 600 av. J.-C.). Son livre pose le problème du mal sur le plan de l'histoire du peuple d'Israël.

HABENECK (François), violoniste et chef d'orchestre français, né à Mézières (1781-1849), directeur de la Société des concerts du Conservatoire à sa fondation (1828).

HABER (Fritz), chimiste allemand, né à Breslau (1868-1934). Il a réalisé la synthèse industrielle de l'ammoniac. (Prix Nobel, 1918.)

HABERMAS (Jürgen), sociologue et philosophe allemand, né à Düsseldorf en 1929. Il se rattache à l'école de Francfort. Il s'efforce de reconstituer une méthodologie pour les sciences sociales à partir du marxisme.

HABSBOURG, dynastie qui régna sur l'Autriche de 1278 à 1918. Elle tire son nom du château suisse de Habichtsburg, dans le canton d'Argovie. Au XIIᵉ s., elle conquit des territoires considérables en Suisse et en Alsace, et parvint au trône de Germanie avec Rodolphe de Habsbourg (1273), qui, en 1278, acquit l'Autriche, la Styrie et la Carniole. Ses descendants ont possédé en outre la Bohême, la Hongrie, l'Espagne, les domaines autrichiens, les Pays-Bas, une partie de l'Italie, le Nouveau Monde. À partir de 1440 et jusqu'à la disparition du Saint Empire, c'est dans la famille des Habsbourg que les Électeurs allemands choisirent l'empereur germanique. Marie-Thérèse, fille de l'empereur Charles VI, porta ses domaines dans la maison de Lorraine par son mariage avec le duc François III, qui devint l'empereur François Iᵉʳ (1745-1765), fondateur de la maison de *Habsbourg-Lorraine.* De 1806 à 1867, les Habsbourg furent empereurs d'Autriche et rois de Hongrie; de

1867 à 1918, ils furent à la tête de l'État dualiste d'Autriche-Hongrie.

HABSHEIM (68440), ch.-l. de c. du Haut-Rhin; 2 560 h. Hôtel de ville du XVIᵉ s.

HÂCHÉMITES ou **HÂCHIMITES,** famille quraychite descendant de Hâchim, l'arrière-grand-père de Mahomet, illustrée par plusieurs lignées de chérifs hasanides, souverains de La Mecque du Xᵉ s. à 1924, et par les émirs ou rois qu'elle fournit au XXᵉ s. au Hedjaz (1908-1924), à l'Iraq (1921-1958) et à la Transjordanie (1921-1952), puis à la Jordanie (depuis 1952).

HACHETTE (Jeanne LAISNÉ, dite **Fourquet,** surnommée **Jeanne**), héroïne française, née à Beauvais v. 1456. Elle défendit Beauvais, assiégée par Charles le Téméraire en 1472.

HACHINOHE, port du Japon, dans le nord de Honshū; 209 000 h. Pêche.

HACHIÔJI, v. du Japon (Honshū); 254 000 h.

HADAMARD (Jacques), mathématicien fran-

villa **Hadriana** à Tivoli : le *Canope* architecture inspirée par la voie maritime qui conduisait au temple de Sérapis à Canope (Égypte)

Hadrien

çais, né à Versailles (1865-1963). Il étudia la théorie des fonctions et les équations aux dérivées partielles et joua un rôle fondamental dans la création de l'analyse fonctionnelle.

HADÈS. *Myth. gr.* Dieu des Enfers, souvent désigné sous le nom de *Ploutos,* dont les Romains firent *Pluton.*

HADJAR (al-), centre sidérurgique d'Algérie, près d'Annaba.

HADRAMAOUT, région de l'Arabie, sur le golfe d'Aden et la mer d'Oman.

Hadriana (*villa*), maison de plaisance élevée (118-138) pour Hadrien à Tibur (auj. Tivoli), près de Rome. Ses vestiges témoignent des recherches architecturales de l'époque et de l'éclectisme de l'empereur.

HADRIEN ou **ADRIEN,** en lat. **Publius Aelius Hadrianus,** né à Italica (Bétique) [76-138], empereur romain (117-138), successeur de Trajan, qui l'avait adopté. Il encouragea les lettres et les arts, réforma l'administration en faisant du Conseil du prince un organe de gouvernement, tendit à unifier la législation (Édit perpétuel, 131) et protégea l'Empire contre les Barbares au moyen de fortifications continues en Germanie et en Angleterre (« mur d'Hadrien »). En 132-135, il réprima brutalement la révolte juive de Bar-Kokheba. Son corps fut déposé dans un mausolée, devenu le château Saint-Ange, à Rome.

HADRUMÈTE ou **ADRUMÈTE,** colonie phénicienne d'Afrique. Ruines près de Sousse (Tunisie).

HAECKEL (Ernst), biologiste allemand, né à Potsdam (1834-1919). Il fut l'un des défenseurs du transformisme et un grand embryologiste.

HAENDEL → HÄNDEL.

HA'ERBIN → HARBIN.

HÂFIZ (Chams al-Dīn Muḥammad), poète lyrique persan, né à Chirāz (v. 1320-v. 1389).

HAFIZ (Mūlāy), né à Fez (1875-1937), sultan du Maroc de 1908 à 1912. La France lui imposa son protectorat.

ḤAFṢIDES, dynastie musulmane qui régna sur l'Afrique du Nord de 1229 à 1574.

Haganah (mot hébr. signif. *défense*), organisation paramilitaire juive, dont les unités engagées avec les Anglais pendant la Seconde Guerre mondiale constituèrent, en 1948, le noyau de l'armée du nouvel État d'Israël.

HAGEDORN (Friedrich VON), poète allemand, né à Hambourg (1708-1754), auteur de *Fables et Contes* (1738) inspirés de La Fontaine.

HAGEN, v. d'Allemagne fédérale, dans la Ruhr; 229 000 h. Industries métallurgiques et chimiques.

HAGETMAU [-ʒɛt-] (40700), ch.-l. de c. des Landes; 4 138 h. Crypte romane dans les locaux de l'hôpital.

HAGONDANGE (57300), comm. de la Moselle, dans la vallée de la Moselle; 10 048 h. Sidérurgie.

HAGUE (la), péninsule et cap formant l'extrémité nord-ouest de la presqu'île du Cotentin. Traitement des combustibles nucléaires irradiés (extraction de l'uranium et du plutonium).

HAGUENAU (67500), ch.-l. d'arr. du Bas-Rhin, sur la Moder, au sud de la *forêt de Haguenau*; 26 856 h. *(Haguenoviens).* Important foyer de civilisation à l'âge du bronze moyen et du fer; mobilier funéraire de près de 600 tumuli au musée. Monuments religieux et civils du XIIᵉ au XVIIIᵉ s. Constructions mécaniques et électriques.

HAHN (Reynaldo), compositeur français, né à Caracas (1875-1947), auteur de mélodies et d'œuvres lyriques *(Ciboulette),* 1923.

HAHN (Otto), chimiste allemand, né à Francfort-sur-le-Main (1879-1968), prix Nobel en 1944 pour sa théorie de la fission de l'uranium (1938).

HAHNEMANN (Christian Friedrich Samuel), médecin allemand, né à Meissen (1755-1843). Il créa l'homéopathie.

Hahnenkamm, célèbre piste de descente à skis de Kitzbühel (Autriche).

HAIDARĀBĀD → HYDERĀBĀD.

HAÏDER-ALI → ḤAYDAR 'ALĪ KHĀN BAHĀDUR.

HAÏFA, ou **HAIFA,** principal port d'Israël; 219 000 h. Raffinage du pétrole.

HAIG (Douglas HAIG, 1ᵉʳ *comte*), maréchal britannique, né à Édimbourg (1861-1928). De 1915 à 1918, il commanda les troupes britanniques engagées sur le front français.

HAIG (Alexander), général américain, né à Philadelphie en 1924. Collaborateur de Nixon et de Kissinger lors du cessez-le-feu au Viêt-nam (1972-73), il commanda les forces du Pacte atlantique en Europe de 1974 à 1979. En 1981, il devient secrétaire d'État.

HAI-HO ou **HAIHE** (le), fl. de Chine qui se jette dans le golfe de Po-hai, en passant près de Pékin et à T'ien-tsin; 450 km.

HAÏLÉ SÉLASSIÉ Iᵉʳ ou **HAÏLA SELLAS-SIÉ,** né à Harar (1892-1975), empereur d'Éthiopie (1930-1974). Régent et héritier de l'Empire (1917), il se fit attribuer le titre de roi (négus) en 1928 et devint empereur (roi des rois) en 1930. Tout en renforçant l'administration centrale d'un pays aux structures archaïques, il s'efforça de lui donner une place dans la diplomatie internationale. Vaincu par l'Italie — qui annexa l'Éthiopie — en 1935, il vécut en Angleterre jusqu'en 1941. De retour en Éthiopie, il inspira la création, en 1963, à Addis-Abeba, de l'Organisation de l'unité africaine. Mais l'immobilisme du régime provoqua l'éveil d'une opposition qui s'exprima dès 1960 et triompha lors de la révolution de 1974. Déchu, l'empereur mourut peu après.

HAILLICOURT (62940), comm. du Pas-de-Calais; 5 517 h.

HAI-NAN ou **HAINAN,** île du golfe du Tonkin, dépendant de la Chine (Kouang-tong).

HAINAUT, comté de l'Empire germanique, fondé au IXᵉ s.; aux mains de la maison de Flandre en 1055, de la maison d'Avesnes en 1246, il fut annexé en 1428 aux États bourguignons, dont il suivit le sort. La partie méridionale du Hainaut (Valenciennes) devint française en 1678.

HAINAUT, prov. de la Belgique méridionale; 1 317 000 h. *(Hennuyers).* Ch.-l. *Mons.* 7 arr. : *Ath, Charleroi, Mons, Mouscron, Soignies, Thuin, Tournai.* Le pays noir, région industrielle, dont les vallées de la Haine et de la Sambre constituent les axes, est la partie vitale de la province. L'industrie lourde s'est implantée sur les gisements houillers, dont l'arrêt de l'exploitation a posé un problème de partielle reconversion. La partie occidentale du Hainaut et l'extrémité sud-est sont à vocation surtout agricole.

HAIPHONG, port et centre industriel du nord du Viêt-nam ; 367 000 h.

HAÏTI (« Pays montagneux »), l'une des Grandes Antilles, à l'est de Cuba, divisée en deux États indépendants : la *république Dominicaine** et, à l'ouest, la *république d'Haïti*; 27 750 km²; 5 millions d'h. *(Haïtiens).* Cap. *Port-au-Prince.* Langue : *français.* État peuplé en majorité de Noirs, la république d'Haïti est un pays au climat tropical, formé de chaînons montagneux séparés par des terres plus basses, produisant du café, des bananes, du coton, de la canne à sucre, principales ressources commerciales avec la bauxite. Le pays, surpeuplé, sous-industrialisé, a une économie fortement dépendante des États-Unis.

HISTOIRE

— 1492 : Christophe Colomb découvre l'île et lui donne le nom d'*Hispaniola.* Elle est colonisée par les Espagnols.
— 1697 : le traité de Ryswick reconnaît les Français maîtres de la partie occidentale de l'île. L'immigration des esclaves africains va devenir massive (500 000).
— XVIIIᵉ s. : prospérité de la colonie française (sucre, café).
— 1791 : double soulèvement (esclaves et « petits blancs ») avec Toussaint Louverture; début d'une guerre qui ruine le pays.
— 1795 : l'Espagne cède à la France la partie orientale de l'île.
— 1804 : départ des Français; le Noir Jean-Jacques Dessalines se proclame empereur d'Haïti et instaure une dictature, qui provoque une scission : l'empire du Nord (Henri Christophe) et la république du Sud (Alexandre Pétion).

— 1818 : Jean-Pierre Boyer, président du Sud.
— 1820 : Boyer réunifie l'île, qu'il gouverne jusqu'en 1843.
— 1844 : la partie orientale (république Dominicaine) reprend sa liberté.
— 1847-1870 : dictatures de Faustin Soulouque (de 1847 à 1859), qui instaure le vaudou d'État, et de Sylvain Salnave (de 1867 à 1870).
— 1870-1910 : domination des mulâtres, anarchie, misère.
— 1910-1934 : Haïti, protectorat américain de fait.
— 1950-1956 : Paul Magloire poursuit la coopération avec les États-Unis.
— 1957-1971 : dictature de François Duvalier.
— 1971 : son fils Jean-Claude Duvalier lui succède.

HAKIM (Tawfīq al-), écrivain égyptien, né au Caire en 1898, auteur de romans, de pièces de théâtre et de contes populaires *(Journal d'un substitut de campagne,* 1937).

HAKLUYT (Richard), géographe anglais, né à Londres (v. 1553-1616). Auteur de *Voyages,* il introduisit l'usage des globes terrestres.

HAKODATE, port du Japon (Hokkaïdō); 242 000 h.

HAL, en néerl. **Halle,** v. de Belgique (Brabant); 32 100 h. Riche basilique Notre-Dame (ou St-Martin), du XIVᵉ s.

HALBWACHS (Maurice), sociologue français, né à Reims, m. à Buchenwald (1877-1945). Auteur d'une *Morphologie sociale* (1934), il a tenté de concilier certaines thèses marxistes avec l'acquis de Durkheim, dont il avait été l'élève. Il a également été l'un des premiers à utiliser les méthodes statistiques dans l'analyse des faits sociaux.

HALE (George), astronome américain, né à Chicago (1868-1938). L'un des fondateurs de l'astronomie solaire moderne, il imagina le spectrohéliographe (1891).

HALES (Stephen), chimiste et naturaliste anglais, né à Bekesbourne (Kent) [1677-1761]. Il a étudié de nombreux gaz et mesuré la pression sanguine.

HALÉVY (Ludovic), écrivain français, né à Paris (1834-1908), auteur de romans et, avec Meilhac, de livrets d'opérette et de comédies *(la Belle Hélène, la Vie parisienne).* [Acad. fr.]

HALFFTER (Cristóbal), compositeur espagnol, né à Madrid en 1930, un des chefs de file de la musique post-sérielle *(Requiem por la libertad imaginada).*

HALICARNASSE, anc. cité grecque d'Asie Mineure (Carie). Elle fut embellie par Mausole et Artémise II (IVᵉ s. av. J.-C.); fragments sculptés du « Mausolée » au British Museum. (Auj. *Bodrum.*)

HALIFAX, v. d'Angleterre ; 96 000 h.

HALIFAX, port du Canada, cap. de la Nouvelle-Écosse, sur l'Atlantique ; 117 882 h.

HALIFAX (Edward Frederick LINDLEY WOOD, *vicomte* DE), homme politique britannique, né à Powderham Castle (1881-1959), vice-roi des Indes (1926-1931), secrétaire aux Affaires étrangères (1938-1940), ambassadeur aux États-Unis (1941-1946).

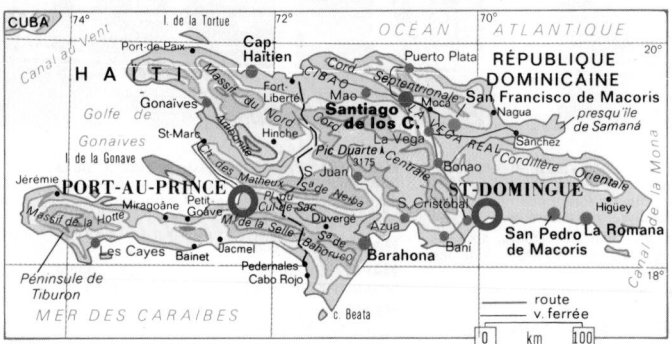

HAÏTI ET RÉPUBLIQUE DOMINICAINE

courbes : 200, 500, 1000 m

Haïlé Sélassié Iᵉʳ

Otto **Hahn**

Hambourg

Edmund **Halley**

Port autonome de Hambourg

National Portrait Gallery

HAMERLING (Rupert HAMMERLING, dit **Robert**), écrivain autrichien, né à Kirchberg am Walde (1830-1889), auteur de poèmes épiques (*Ahasvérus à Rome*) et de romans (*Aspasie*).

HAMILCAR ou **AMILCAR**, surnommé **Barca** (« la Foudre »), chef carthaginois (v. 290-229 av. J.-C.), père d'Hannibal. Après avoir combattu les Romains en Sicile, il réprima la révolte des mercenaires (240-237) et conquit l'Espagne méridionale (237-229).

HAMILTON, fl. du Canada oriental, dans le Labrador, tributaire de l'Atlantique; 1000 km.

HAMILTON, v. du Canada (Ontario), à l'extrémité du lac Ontario; 312003 h. Université. Sidérurgie. Constructions mécaniques (automobiles) et électriques.

HAMILTON, v. de Nouvelle-Zélande, dans l'île du Nord; 155000 h.

HALL (Granville Stanley), psychologue américain, né à Ashfield (Massachusetts) [1844-1924], un des promoteurs de la psychologie expérimentale aux États-Unis.

ḤALLĀDJ (Abū al-Murḥīth al-Ḥusayn ibn Manṣūr ibn Maḥammā al-Baydāwī **al-**), philosophe islamique, né à Ṭūr (858-922), l'un des grands maîtres du soufisme.

HALLE, v. d'Allemagne démocratique, sur la Saale; 251000 h. Université. Métallurgie.

HALLE, v. de Belgique → HAL.

HALLENCOURT (80490), ch.-l. de c. de la Somme; 1370 h.

HALLER (Albrecht **von**), physiologiste suisse, né à Berne (1708-1777), auteur de travaux sur les phénomènes de la génération et sur les propriétés des tissus.

HALLER (Józef), général polonais, né à Jurczyce (1873-1960). Commandant les forces polonaises engagées en France en 1918, puis un groupe d'armées contre les Soviétiques en 1920, il fut ministre de la Guerre du gouvernement polonais de Londres (1940-1945).

HALLES (les), quartier du Ier arr. de Paris, où se concentraient les commerces alimentaires de gros. Cette activité a été transférée à Rungis, au sud de Paris, à partir de 1969.

HALLEY (Edmund), astronome britannique, né à Haggerston, près de Londres (1656-1742). Auteur de travaux en astronomie stellaire et planétaire, il est surtout connu pour son étude du mouvement des comètes.

HALLSTATT ou **HALLSTADT**, bourg d'Autriche, dans le Salzkammergut. Salines. Station éponyme du premier âge du fer (750-450 av. J.-C.); musée archéologique.

HALLSTRÖM (Per), écrivain suédois, né à Stockholm (1866-1960), auteur de romans, de drames et de poèmes d'inspiration néo-romantique.

HALLUIN (59250), comm. du Nord; 15496 h.

HALMAHERA, GILOLO ou **JILOLO,** île des Moluques (Indonésie).

HALMSTAD, port de Suède, sur le Cattégat; 47000 h.

HALPERN (Bernard Nathalie), médecin français, né à Tarnov (Ukraine) [1904-1978], auteur de travaux sur l'allergie et les antihistaminiques de synthèse.

HALS (Frans), peintre néerlandais, né à Anvers (v. 1580/1585-1666), auteur de portraits et de sujets de genre. Il vécut à Haarlem, où sont conservés ses chefs-d'œuvre, du jovial *Banquet du corps des archers de Saint-Georges* (1616) aux *Régents* et *Régentes* [de l'hospice des vieillards], d'une causticité vengeresse (1664). Sa technique audacieuse devait influencer les artistes du XIXe s., tel Manet.

HÄLSINGBORG, port de Suède, sur le Sund; 101000 h.

HALTON HILLS, v. du Canada (Ontario); 34477 h.

HAM [am] (80400), ch.-l. de c. de la Somme, sur la Somme; 6250 h. (*Hamois*). Anc. abbatiale des XIIe-XIIIe s. Métallurgie. Sucrerie. — Louis-Napo-

Lauros-Giraudon

Frans **Hals**
Jeune Pêcheur de Haarlem

Hallstatt : ceinture en bronze
(fin VIIe - début VIe s. av. J.-C.)

Giraudon

léon, enfermé au fort de Ham en 1840, s'en échappa en 1846.

HAMĀ, v. du nord de la Syrie, sur l'Oronte, au pied du Liban; 216000 h.

HAMADHĀN, v. de l'Iran, au sud-ouest de Téhéran; 156000 h. Mausolée seldjoukide. C'est l'anc. Ecbatane.

HAMAMATSU, v. du Japon (Honshū); 432000 h.

HAMANN (Johann Georg), écrivain et philosophe allemand, né à Königsberg (1730-1788). Ses tendances mystiques ont influencé le mouvement du *Sturm und Drang*.

HAMBOURG, en allem. **Hamburg,** v. d'Allemagne fédérale, sur l'Elbe; 1699000 h. Le « Land » de Hambourg s'étend sur 753 km². Musées, dont la *Kunsthalle*. Hambourg constitue le principal débouché maritime de l'Allemagne fédérale et demeure l'un des plus grands ports européens (malgré le partage de l'Allemagne). Liée à l'activité portuaire, la fonction industrielle est très développée : métallurgie (constructions navales et aéronautiques), produits chimiques et alimentaires, etc. Ville franche dès 1189, ville libre impériale en 1510, Hambourg fut la base de la Ligue hanséatique avant d'être, au XVIIe s., grâce à l'effacement de Lübeck et d'Anvers, le principal port européen. Occupée (1806) puis annexée (1810) par Napoléon Ier, elle souffrit du Blocus continental. Après, comme ville libre et souveraine, dans la Confédération germanique (1815), incorporée à l'Empire allemand en 1871, Hambourg obtint, en 1881, le statut de port franc. Depuis 1945, elle a celui d'un Land urbain. Hambourg fut bombardée par les Alliés en 1943.

HAMBURGER (Jean), médecin néphrologue français, né à Paris en 1909, auteur de travaux sur l'hémodialyse et la greffe du rein.

HAMELIN (Ferdinand), amiral français, né à Pont-l'Évêque (1796-1864). Il commanda l'escadre de la mer Noire pendant la guerre de Crimée et fut ministre de la Marine (1855-1860).

HAMELIN (Octave), philosophe idéaliste français, né au Lion-d'Angers (1856-1907).

HAMILTON (Antoine, *comte* DE), écrivain irlandais d'expression française, né en Irlande (1646-1720). Il suivit les Stuarts en exil et consacra à son beau-frère les spirituels *Mémoires du comte de Gramont* (1713).

HAMILTON (Alexander), homme d'État américain, né dans l'île de Nevis (1757-1804). Aide de camp de Washington (1777), il fut l'un des rédacteurs de la Constitution américaine et le fondateur du parti fédéraliste. Secrétaire au Trésor (1789-1795), il organisa la Banque nationale.

HAMILTON (sir William), philosophe écossais, né à Glasgow (1788-1856). Sa philosophie procède de celles de Kant et de Thomas Reid.

HAMILTON (sir William Rowan), astronome et mathématicien irlandais, né à Dublin (1805-1865). Il a créé le calcul des quaternions.

HAMLET, prince de Jylland, connu d'après une légende racontée par Saxo Grammaticus. Il aurait vécu au Ve s. et aurait simulé la folie pour venger son père.

Hamlet, drame en 5 actes, de Shakespeare (v. 1601). Hamlet, rêveur, contemplatif, succombe sous le rôle que lui assigne la fatalité : pour venger son père, dont le spectre lui a appris l'assassinat, il doit tuer son oncle. Il simule la démence et délaisse sa fiancée, Ophélie, qui devient folle et se noie. Il finit par accomplir sa vengeance en y laissant sa propre vie.

HAMM, v. d'Allemagne fédérale, dans la Ruhr; 172000 h. Métallurgie.

HAMMĀD IBN BULUQQIN (m. en 1028), souverain du Maghreb central (1015-1028), fondateur des Ḥammādides.

HAMMĀDIDES, dynastie qui régna sur le Maghreb central de 1015 à 1152.

HAMMAGUIR, site du Sahara algérien, au sud-ouest de Béchar. Siège d'une base spatiale française de 1961 à 1967.

HAMMAMET, v. de Tunisie, sur le *golfe d'Hammamet*; 12000 h. Station balnéaire.

HAMMAM-MESKOUTINE, comm. d'Algérie (Annaba). Station thermale.

le château d'**Hampton Court**

Georg Friedrich **Händel**

Knut **Hamsun**

Peter **Handke**

buste d'**Hannibal** bronze provenant de Volubilis

HAMMARSKJÖLD (Dag), homme politique suédois, né à Jönköping (1905-1961), secrétaire général de l'O. N. U. de 1953 à 1961. (Prix Nobel de la paix, 1961.)

HAMME, comm. de Belgique (Flandre-Orientale); 22 700 h.

HAMMERFEST, port de Norvège, ville la plus septentrionale d'Europe; 7 000 h.

HAMMETT (Dashiell), écrivain américain, né à Saint Mary's County (1894-1961), créateur du roman policier « noir » (le Faucon maltais, 1930).

HAMMOND, v. des États-Unis (Indiana), sur l'Ohio; 108 000 h.

HAMMOURABI ou **HAMMOURAPI,** roi de Babylone (1792-1750 av. J.-C.), fondateur du premier Empire babylonien. Son code, gravé sur une stèle de basalte noir retrouvée en 1902, est conservé au Louvre.

HAMONT-ACHEL, comm. de Belgique (Limbourg); 11 800 h.

HAMPDEN (John), homme politique anglais, né à Londres (v. 1595-1643). Adversaire de l'arbitraire royal, lieutenant de Pym au Long Parlement de 1640, il fut l'un des chefs des républicains pendant la guerre civile.

HAMPI → VIJAYANAGAR.

HAMPSHIRE, comté du sud de l'Angleterre, sur la Manche. Ch.-l. Winchester. V. pr. Southampton.

HAMPTON (Lionel), vibraphoniste, batteur et chef d'orchestre de jazz noir américain, né à Louisville (Kentucky) en 1913. Premier improvisateur à utiliser le vibraphone, il est l'une des grandes figures du middle jazz.

Hampton Court, résidence royale d'Angleterre, dans la banlieue sud-ouest de Londres (XVIe-XVIIIe s.). Galerie de tableaux.

HAMPTON ROADS, rade des États-Unis (Virginie), à l'entrée de la baie Chesapeake, où sont situés les ports de Newport News, Norfolk, Portsmouth et Hampton (119 000 h.).

HAMSUN (Knut PEDERSEN, dit **Knut**), écrivain norvégien, né à Garmostraeet, près de Lom

(1859-1952), auteur de romans qui exaltent le sentiment de la nature et la libération de toutes les entraves sociales (la Faim, 1890; Pan, 1884; Benoni, 1908). [Prix Nobel, 1920.]

HAM-SUR-HEURE-NALINNES, comm. de Belgique (Hainaut); 11 000 h.

HAN (grottes de), grottes naturelles, dues à la perte de la Lesse dans le calcaire, près de l'anc. comm. de Han-sur-Lesse, en Belgique (prov. de Namur).

HAN, dynastie chinoise qui régna entre 206 av. J.-C. et 220 apr. J.-C. Son histoire est dominée par le règne de Wou-ti (140-87 av. J.-C.), qui correspond à l'un des sommets de la civilisation chinoise. Les Han dits « antérieurs » ayant été dépossédés en 8 apr. J.-C. par l'usurpateur Wang Mang, les Han dits « postérieurs » reprirent le pouvoir en l'an 23, libérant la « route de la soie », élément capital de la prospérité chinoise. Les révoltes populaires (Turbans jaunes) provoquèrent l'intervention de généraux et la chute des Han.

HANAU, v. d'Allemagne fédérale, sur le Main; 58 000 h. Caoutchouc. Napoléon y vainquit l'armée austro-bavaroise en 1813.

HÄNDEL ou **HAENDEL** (Georg Friedrich), compositeur allemand naturalisé anglais en 1726, né à Halle (Saxe) [1685-1759]. Il passa une grande partie de sa vie à Londres. Outre des sonates, des concerts et des suites (The Water Music), il a laissé des opéras et surtout des oratorios (Israël en Égypte, Judas Macchabée, le Messie), où les chœurs dominent. Assimilateur de génie, son langage, fait de grandeur et de lyrisme, offre une synthèse magistrale des styles italien, français, germanique et anglais.

HANDKE (Peter), écrivain autrichien, né à Griffen en 1942, dont l'œuvre romanesque (le Colporteur, le Malheur indifférent, la Femme gauchère) et dramatique (la Chevauchée sur le lac de Constance) traduit l'angoisse de la solitude et de l'incommunicabilité.

Haneda, l'un des aéroports de Tōkyō.

HANG-TCHEOU ou **HANGZHOU,** v. de Chine, cap. du Tchö-kiang; 784 000 h. Anc. capitale de la Chine du Sud, sous les Song. Pagode du XIIIe s.

HAN-K'EOU ou **HANKOU,** partie de la conurbation de Wou-han (Chine).

HAN-KIANG (le) ou **HANJIANG,** riv. de Chine, affl. du Yang-tseu (r. g.); 1 100 km.

HANKOU → HAN-K'EOU.

HANNIBAL ou **ANNIBAL,** général et homme d'État carthaginois (247-183 av. J.-C.), fils d'Hamilcar Barca. Chef de l'armée (221), il déclencha la deuxième guerre punique par l'attaque de Sagonte, alliée de Rome (219). D'Espagne, il gagna l'Italie par les Alpes, battit les Romains à Trasimène (217) et à Cannes (216), mais il ne put surprendre Rome. Rappelé à Carthage (203), il fut vaincu à Zama (202); il dut ensuite s'exiler en Orient, où il servit Antiochos III de Syrie, en conflit avec Rome. Réfugié en Bithynie après la paix d'Apamée (188), il s'empoisonna pour échapper aux Romains.

HANNON, navigateur carthaginois, qui, v. 500 av. J.-C., aurait longé les côtes atlantiques du continent africain, jusqu'à la Guinée.

HANNON le Grand, général carthaginois (IIIe s. av. J.-C.). Il aida Hamilcar à combattre les mercenaires, mais, partisan de l'entente avec Rome, empêcha les Carthaginois de renforcer l'armée d'Hannibal. Après Zama (202), il négocia avec les Romains.

HANNUT, comm. de Belgique (prov. de Liège); 11 200 h.

HANOI, cap. du Viêt-nam, à la tête du delta du Tonkin, sur le fleuve Rouge; 1 million d'h. Université. Nombreux monuments; riches musées. Centre commercial et industriel. La ville a été endommagée par les bombardements de l'aviation américaine de 1966 à 1973.

HANOTAUX (Gabriel), historien et homme politique français, né à Beaurevoir (Aisne) [1853-1944]. Il fut ministre des Affaires étrangères presque sans interruption de mai 1894 à juin 1898. Il dirigea une Histoire de la nation française (1920-1929). [Acad. fr.]

HANOVRE, en allem. Hannover, anc. État allemand. — Le duché de Hanovre devint électorat en 1692; en 1714, l'Électeur de Hanovre, George, arrière-petit-fils par sa mère de Jacques Ier Stuart, devint roi de Grande-Bretagne (George Ier). Rattaché au royaume de Westphalie (1807), puis à l'Empire français (1810), le Hanovre fut royaume en 1814; d'abord gouverné par le roi de Grande-Bretagne, il eut comme souverain, en 1837, le duc de Cumberland, cinquième fils de George III, Ernest-Auguste Ier; en 1866, vaincu par les Prussiens à Langensalza, le Hanovre fut annexé par la Prusse.

HANOVRE, en allem. Hannover, v. d'Allemagne fédérale, cap. de la Basse-Saxe, sur la Leine; 547 000 h. Centre commercial (foire internationale) et industriel. Musées de Basse-Saxe et de la ville. Ville hanséatique au XIVe s., Hanovre fut la capitale des ducs électeurs puis des rois de Hanovre de 1636 à 1714 et de 1837 à 1866.

HANOVRE (dynastie de), dynastie qui régna sur la Grande-Bretagne de 1714 à 1917, quand George V décida de lui donner le nom de dynastie de Windsor.

HANRIOT (François), révolutionnaire français, né à Nanterre (1761-1794). Il commandait la force armée et les sections de Paris pendant la Terreur. Il fut exécuté au 9-Thermidor.

HANSI (Jean-Jacques WALTZ, dit), caricaturiste alsacien, né à Colmar (1873-1951), auteur du Professeur Knatschke, de Mon village, etc.

HANTAÏ (Simon), peintre français d'origine hongroise, né près de Budapest en 1922. Surréaliste, puis abstrait gestuel, il a, parmi les premiers, envisagé l'œuvre sous l'angle de sa seule matérialité (peintures réalisées, à partir du début des années 60, par pliage/mise en couleurs/dépliage).

HAN YU, philosophe et poète chinois, né à T'eng-tchou (Ho-nan) [768-824], célèbre par ses pamphlets contre le bouddhisme.

HAOUSSAS, peuple de cultivateurs et de

Harât : cour de la Grande Mosquée

Thomas Hardy

Hans Hartung : Composition (1935)

une rue de Hanoi

1066), roi des Anglo-Saxons (1066), fut vaincu et tué à Hastings par les troupes de Guillaume le Conquérant (1066).

HAROUÉ (54740), ch.-l. de c. de Meurthe-et-Moselle; 437 h. Château par Boffrand (1729).

HAROUN AL-RACHID → HĀRŪN AL-RACHĪD.

Harpagon, principal personnage de l'Avare, de Molière.

HARPIES ou **HARPYES.** Myth. Divinités grecques, mi-femmes, mi-oiseaux, pourvoyeuses des Enfers.

HARPOCRATE, nom sous lequel le dieu égyptien Horus fut adoré dans le monde gréco-romain.

HARRIS (Zellig), linguiste américain, né à Balta (Ukraine) en 1909. Auteur de Methods in Structural Linguistics (1951), qui représente une

commerçants habitant de part et d'autre de la frontière Niger-Nigeria.

HAOUZ, plaine du Maroc méridional. V. pr. Marrakech.

HARALD, nom de plusieurs rois de Danemark, de Suède et de Norvège, du IXᵉ au XIIᵉ s. — HARALD Iᵉʳ, m. v. 863, roi de Danemark, introduisit le christianisme dans son royaume. — HARALD II Blåtand (v. 910 - v. 986), roi de Danemark (v. 936 - v. 986), implanta définitivement le christianisme dans son pays.

HARAR ou **HARRAR,** v. d'Éthiopie, cap. de la prov. du Harar, aux confins de la Somalie; 54000 h.

HARÂT ou **HÉRAT,** v. d'Afghānistān, sur le Harî Rūd; 150000 h. Monuments du XVᵉ s.

HARBIN ou **HA-EUL-PIN** ou **HA'ERBIN,** anc. Pin-kiang (ou Binjiang) et Kharbin, v. de la Chine du Nord-Est, cap. du Hei-long-kiang; 1595000 h.

HARDELOT-PLAGE (62152 Neufchâtel Hardelot), station balnéaire du Pas-de-Calais.

HARDENBERG (Karl August, prince VON), homme d'État prussien, né à Essenrode (1750-1822). Ministre des Affaires étrangères, il dut se retirer après Tilsit (1807). Chancelier de Prusse en 1810, il prépara avec Stein un plan de reconstruction de la monarchie prussienne, fut l'artisan de la «guerre de délivrance» (1813) et représenta son pays au congrès de Vienne (1814-15).

HARDING (Warren), homme d'État américain, né à Corsica (Ohio) [1865-1923], républicain, président des États-Unis (1921-1923), isolationniste et protectionniste.

HARDOUIN-MANSART (Jules) → MANSART.

HARDT (la), massif boisé de France et d'Allemagne fédérale, au nord des Vosges. — Région (appelée aussi Harth) en majeure partie forestière de la plaine d'Alsace dans le Haut-Rhin.

HARDY (Alexandre), poète dramatique français, né à Paris (v. 1570-1632). Son théâtre unit la violence baroque aux thèmes humanistes (Marianne).

HARDY (Thomas), écrivain anglais, né à Upper Bockhampton (Dorset) [1840-1928], auteur de

poèmes et de romans qui évoquent les mœurs provinciales à travers la peinture d'êtres soumis à un implacable destin (Tess d'Urberville, 1891; Jude l'Obscur, 1895).

HARELBEKE, comm. de Belgique (Flandre-Occidentale), sur la Lys; 24900 h.

HARFLEUR (76700), comm. de la Seine-Maritime; 10104 h. (Harfleurais). Église des XVᵉ-XVIᵉ s.

HARIRI (al-), écrivain arabe, né près de Bassora (1054-1121), auteur de tableaux de la vie arabe, célèbres pour leur style précieux (Maqâmât).

HARI RŪD (le) ou **HÉRI ROUD,** fl. d'Afghānistān et d'Iran, qui disparaît par épuisement dans le sud du Karakoum soviétique; 1000 km env.

HARLAY (Achille DE), comte de Beaumont, président du parlement de Paris, né à Paris (1536-1619). Il se signala pendant la Ligue par sa résistance au duc de Guise et par son dévouement à la royauté.

HARLAY DE CHAMPVALLON (François DE), prélat français, né à Paris (1625-1695). Archevêque de Paris, il eut une grande part dans la révocation de l'édit de Nantes et dans les persécutions contre Port-Royal. (Acad. fr.)

HARLEM → HAARLEM.

HARLEM, quartier de New York, habité par une importante communauté noire.

HARLOW, v. de Grande-Bretagne, au nord de Londres; 78000 h.

HARLY (02100 St Quentin), comm. de l'Aisne; 1425 h. Constructions électriques.

HARMEL (Léon), industriel français, né à La Neuville-lès-Wasigny (1829-1915). Patron d'une filature au Val-des-Bois, près de Reims, il y créa un système corporatif chrétien.

Harmonies poétiques et religieuses, recueil de poèmes de Lamartine (1830).

HARNACK (Adolf VON), historien allemand et théologien protestant, né à Dorpat (auj. Tartou) [1851-1930]. Ses travaux portent sur l'histoire des dogmes et les origines du christianisme.

HARNES (62440), ch.-l. de c. du Pas-de-Calais; 13846 h.

HAROLD Iᵉʳ, dit Harefoot (m. en 1040), roi d'Angleterre (1037-1040). — HAROLD II (v. 1022-

synthèse rigoureuse de la linguistique distributionnelle, il a également proposé une méthode d'analyse du discours.

HARRISBURG, v. des États-Unis, cap. de la Pennsylvanie; 68000 h.

HARRISON (John), horloger britannique, né à Foulby (Yorkshire) [1693-1776]. Il fut le premier à réaliser un chronomètre de marine pour la détermination de la longitude.

HARRISON (William), homme d'État américain, né à Berkeley (Virginie) [1773-1841]. Élu président des États-Unis en 1840, il mourut un mois après son installation.

HARRISON (Benjamin), né à North Bend (1833-1901), petit-fils du précédent, président républicain des États-Unis de 1889 à 1893.

HARROGATE, v. d'Angleterre; 62000 h. Station thermale.

HARROW, localité de la banlieue de Londres; 205000 h. Collège.

HARTFORD, v. des États-Unis, cap. du Connecticut, sur le fleuve homonyme; 162000 h. Centre financier.

HARTH → HARDT.

HARTLEPOOL, port d'Angleterre, sur la mer du Nord; 97000 h.

HARTMANN (Nicolaï), philosophe allemand, né à Riga (1882-1950). Ses écrits sur la métaphysique procèdent d'une réflexion issue du néokantisme et de la phénoménologie de Husserl.

HARTMANN VON AUE, poète allemand, né en Souabe (m. entre 1210 et 1220), premier poète courtois de langue allemande.

HARTMANNSWILLERKOPF, fam. Vieil-Armand, sommet des Vosges (956 m), dominant les vallées de la Thur et de la Lauch. Violents combats en 1915.

HARTUNG (Hans), peintre français d'origine allemande, né à Leipzig en 1904, pionnier de l'abstraction lyrique.

HARTZENBUSCH (Juan Eugenio), écrivain espagnol, né à Madrid (1806-1880), auteur de drames romantiques (les Amants de Teruel, 1837).

HĀRŪN AL-RACHĪD, né à Rey (Iran) [766-809], calife 'abbāsside de Bagdad (786-809). Il abandonna le pouvoir aux Barmakides, puis les fit massacrer. Il lutta contre l'Empire byzantin. Il est le héros de nombreux contes des *Mille et Une Nuits*.

HARUNOBU (Hozumi Jihei, dit **Suzuki**), graveur japonais, né à Tōkyō (1725-1770). Peintre de la femme, il serait le créateur de l'estampe polychrome.

Harvard (*université*), université américaine fondée en 1636 à Cambridge (Massachusetts) par John Harvard.

HARVEY (William), médecin anglais, né à Folkestone (1578-1657). Il découvrit la circulation du sang. On lui doit le principe : *omne vivum ex ovo* (tout être vivant provient d'un germe).

HARYANA, État du nord de l'Inde; 44 222 km²; 10 037 000 h. Cap. *Chandigarh*.

HARZ (le), massif cristallin aux confins des deux Allemagnes, culminant au Brocken (1 142 m). Dans les légendes allemandes, le Brocken était le rendez-vous des sorcières, qui y célébraient la *nuit de Walpurgis*.

HASÁ, prov. de l'Arabie Saoudite, sur le golfe Persique.

HASAN ou **HASSAN Ier** (v. 1830-1894), sultan 'alawite du Maroc de 1873 à 1894.

HASAN ou **HASSAN II**, né à Rabat en 1929, roi du Maroc depuis 1961, fils de Muhammad V.

HASAN IBN AL-SABBĀH ou **HASAN-I SABBĀH**, fondateur de la secte des Assassins (m. à Alamūt en 1124).

HASDRUBAL ou **ASDRUBAL,** nom porté par plusieurs généraux carthaginois (VIe-IIe s. av. J.-C.). Les deux principaux furent : HASDRU-BAL, dit **le Beau** (v. 270-221 av. J.-C.), gendre d'Hamilcar, fondateur de Carthagène, en Espagne; — HASDRUBAL BARCA (v. 245-207 av. J.-C.), frère d'Hannibal; vaincu en Espagne par les Romains

né à Nuremberg (1564-1612), auteur d'œuvres polyphoniques.

HASTINGS, v. d'Angleterre, sur la Manche; 72 000 h. Port et station balnéaire. Guillaume le Conquérant y vainquit Harold II le 14 octobre 1066.

HASTINGS (Warren), administrateur anglais, né à Churchill (1732-1818). Gouverneur du Bengale (1772), puis gouverneur général de l'Inde (1773-1785), il y accomplit une grande œuvre d'organisation.

HATHOR. *Myth.* Déesse égyptienne de la Joie et de l'Amour, identifiée par les Grecs à *Aphrodite.*

HATSHEPSOUT, reine de la XVIIIe dynastie d'Égypte (m. en 1484 av. J.-C.). Épouse de Thoutmosis II, elle fut régente du royaume pendant la minorité de son neveu Thoutmosis III.

HATTERAS (*cap*), cap des États-Unis (Caroline du Nord).

HATTI, région d'Anatolie centrale où s'installèrent les Hittites au début du IIe millénaire av. J.-C.

HATTOUSA, cap. de l'Empire hittite (env. 1600-1200 av. J.-C.), dont les vestiges ont été découverts près du village anatolien de Boğazkale (ou **Boğazköy**) [prov. de Yozgat]. Ruines de temples, de zones d'habitations et de la forteresse royale.

HATZFELD (Adolphe), linguiste français, né à Paris (1824-1900), auteur, avec Darmesteter, du *Dictionnaire général de la langue française du commencement du XVIIe siècle à nos jours.*

HAUBOURDIN (59320), ch.-l. de c. du Nord, sur la Deûle; 14 651 h. (*Haubourdinois*). Industries textiles. Céramique. Cimenterie.

HAUCONCOURT (57210 Maizières les Metz), comm. de la Moselle; 789 h. Raffinerie de pétrole.

HAUG (Émile), géologue français, né à Drusenheim (1861-1927), auteur d'un *Traité de géologie.*

HAUGWITZ (Christian, *comte* VON), homme d'État prussien, né à Peuke (1752-1832). Ministre des Affaires étrangères (1792-1806), il négocia le deuxième partage de la Pologne (1793) et signa avec la France le traité de Bâle (1795).

HAUPTMANN (Gerhart), écrivain allemand, né à Obersalzbrunn (1862-1946), auteur de drames réalistes (les *Tisserands,* 1892; le *Roulier Henschel,* 1898) et de poèmes épiques. (Prix Nobel, 1912.)

HAURAN, en ar. **Hawrān,** plateau désertique de Syrie et de Jordanie, au pied du djebel Druze.

HAURIOU (Maurice), juriste français, né à Ladiville (1856-1929). Ses travaux ont eu une grande influence sur le droit public français.

HAUSDORFF (Felix), mathématicien allemand, né à Breslau (1868-1942). Il introduisit la topologie générale en analyse.

HAUSSMANN (Georges, *baron*), administrateur français, né à Paris (1809-1891). Préfet de la Seine (1853-1870), il dirigea les grands travaux qui transformèrent Paris.

Haut-Brion (*château*), domaine de la comm. de Pessac. Grands vins rouges du Bordelais.

Hautecombe, abbaye bénédictine située sur le lac du Bourget. Tombeaux et cénotaphes des princes de la maison de Savoie.

HAUTEFORT (24390), ch.-l. de c. de la Dordogne; 1 142 h. Château des XVe-XVIIe s.

HAUTERIVE, v. du Canada (Québec); 14 724 h.

HAUTEVILLE-LOMPNES [-lon] (01110), ch.-l. de c. de l'Ain, dans le Bugey; 4 893 h. Station climatique.

HAUTE-VOLTA (*république de*), État de l'Afrique occidentale; 274 122 km²; 6 730 000 h. Cap. *Ouagadougou.* Langue officielle : *français.* S'étendant sur un vaste plateau cristallin, domaine de la savane et de la steppe, peuplé par les Mossis, la Haute-Volta est un pays presque exclusivement rural (mil et sorgho, coton, arachide; élevage bovin).

HISTOIRE

— XIIe s. : Mossis et Gourmantchés fondent des royaumes guerriers dans l'est du pays.
— 1715-1850 : dans l'ouest, unification réalisée par les Ouattaras, autour de Bobo-Dioulasso.
— 1886-1888 : exploration de Binger.
— 1890-91 : exploration de Monteil.
— 1898 : les Français, vainqueurs de Samory, occupent Bobo-Dioulasso. Le territoire est englobé dans le Haut-Sénégal-Niger.

Hasan II

Gerhart Hauptmann

Napoléon III remettant un décret au baron **Haussmann**
détail d'une peinture d'A. Yvon

Lauros-Giraudon

Artault-Gamma

Bundesbildstelle, Bonn

(209), il fut tué sur le Métaure sans avoir rejoint son frère à qui il amenait des renforts.

HAŠEK (Jaroslav), écrivain tchèque, né à Prague (1883-1923), auteur du roman satirique *Aventures du brave soldat Švejk au temps de la Grande Guerre* (1920-1923).

HASKIL (Clara), pianiste roumaine, née à Bucarest (1895-1960), spécialiste de l'interprétation des œuvres de Mozart.

HASKOVO, v. de Bulgarie, dans la vallée de la Marica; 75 000 h.

HASPARREN (64240), ch.-l. de c. des Pyrénées-Atlantiques; 5 441 h. (*Haspandars*). Chaussures.

HASSAN → HASAN.

HASSE (Johann Adolf), compositeur allemand, né à Bergedorf (1699-1783), un des maîtres de l'art lyrique de type italien.

HASSELT, v. de Belgique, ch.-l. du Limbourg; 62 800 h. Monuments du XIIIe au XVIIIe s. Industries électriques et chimiques.

HASSI-MESSAOUD, centre pétrolier du Sahara, au sud-est d'Ouargla.

HASSI-R'MEL, gisement de gaz naturel et de pétrole du Sahara algérien, au sud de Laghouat.

HASSLER (Hans Leo), compositeur allemand,

HAUTE-VOLTA

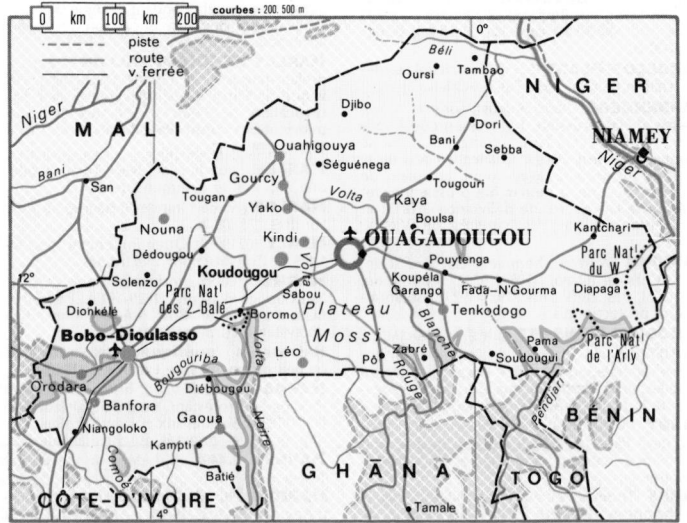

— 1919 : la Haute-Volta, colonie française, détachée du Haut-Sénégal-Niger.
— 1932-1947 : elle disparaît en tant que colonie séparée.
— 1947 : début du mouvement d'indépendance mené par Maurice Yameogo.
— 1958 : proclamation de la république. Yameogo, Premier ministre.
— 1960 : la Haute-Volta, république indépendante. Yameogo, président.
— 1966 : un coup d'État militaire, dirigé par Sangoule Lamizana, renverse Yameogo.
— 1977 : une nouvelle constitution est adoptée après le référendum du 27 novembre.
— 1978 : Sangoule Lamizana, élu président de la République.
— 1980 : coup d'État militaire. Le colonel Saye Zerbo s'empare du pouvoir.
HAUTMONT (59330), ch.-l. de c. du Nord, sur la Sambre; 19175 h. *(Hautmontois).* Métallurgie.

HAUT-NEBBIO *(canton du),* canton de la Haute-Corse; ch.-l. *Murato.*
HAUTS-DE-SEINE *(dép. des)* [92], dép. de la Région Île-de-France, limitrophe de Paris; ch.-l. de dép. *Nanterre;* ch.-l. d'arr. *Antony* et *Boulogne-Billancourt;* 3 arr., 40 cant., 36 comm.; 175 km²; 1 438 930 h. Le dép. appartient à l'académie et à la circonscription judiciaire de Versailles, à la région militaire et à la province ecclésiastique de Paris. En presque totalité urbanisé, le dép. juxtapose des banlieues industrielles et des banlieues à caractère surtout résidentiel. Les premières sont situées en bordure de Paris et plus généralement sur les rives de la Seine (Montrouge, Vanves, Boulogne-Billancourt, Levallois, Clichy, Gennevilliers [port fluvial], Colombes). Les secondes, souvent localisées en bordure des Yvelines et de l'Essonne, dominent dans l'ouest (Rueil-Malmaison) et le sud du dép. (Sèvres, Chaville, Meudon, Sceaux).

HAÜY [aɥi] *(abbé* René Just), cristallographe français, né à Saint-Just (Picardie) [1743-1822], l'un des créateurs de la cristallographie. — Son frère VALENTIN, né à Saint-Just (1745-1822), fonda un établissement qui devint l'Institution nationale des jeunes aveugles. Il imagina des caractères en relief pour permettre aux aveugles de lire.

HAVANE (La), en esp. **La Habana,** cap. de Cuba; 1861 000 h. *(Havanais).* Monuments du XVIIIe s.; musées. Principal port et métropole économique de Cuba, la plus grande ville des Antilles. La Havane fut fondée en 1519 par Diego Velázquez, fortifiée par Philippe II (1589); c'est dans son port, en 1898, qu'eut lieu l'explosion du croiseur américain *Maine,* qui déclencha la guerre hispano-américaine.

HAVEL (la), riv. de l'Allemagne démocratique, affl. de l'Elbe (r. dr.); 341 km.

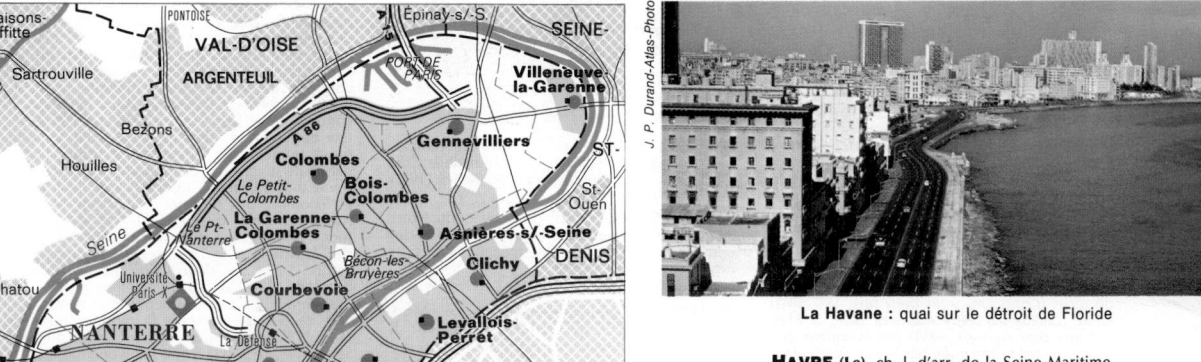

La Havane : quai sur le détroit de Floride

HAVRE (Le), ch.-l. d'arr. de la Seine-Maritime, à l'embouchure de la Seine; 219 583 h. *(Havrais).* Musées. Port de voyageurs et, surtout, de commerce (importation de pétrole), par où se fait notamment la plus grande partie du trafic entre la France et l'Amérique. La fonction industrielle est partiellement liée à l'activité portuaire : métallurgie (constructions navales, automobiles), industries chimiques. Fondée en 1517, très endommagée pendant la Seconde Guerre mondiale, la ville a été reconstruite sur les plans d'A. Perret.

HAWAII *(îles),* anc. **îles Sandwich,** archipel volcanique de la Polynésie (Océanie); 16 600 km²; 770 000 h. *(Hawaiiens).* Cap. *Honolulu,* dans l'île Oahu*. Production de canne à sucre surtout et d'ananas. Tourisme. — L'*île Hawaii,* la plus grande, a 10 400 km² et 63 000 h. V. pr. *Hilo.*

HISTOIRE

— 1778 : découverte de l'archipel par Cook, qui le baptise «îles Sandwich».
— 1820 : début de la colonisation par des missionnaires protestants.
— 1875 : début de la domination économique américaine.
— 1893 : renversement de la monarchie par des planteurs américains.
— 1898 : annexion par les États-Unis, qui font des îles Hawaii un territoire américain.
— 1959 : le territoire devient le 50e État des États-Unis.

le port du **Havre**

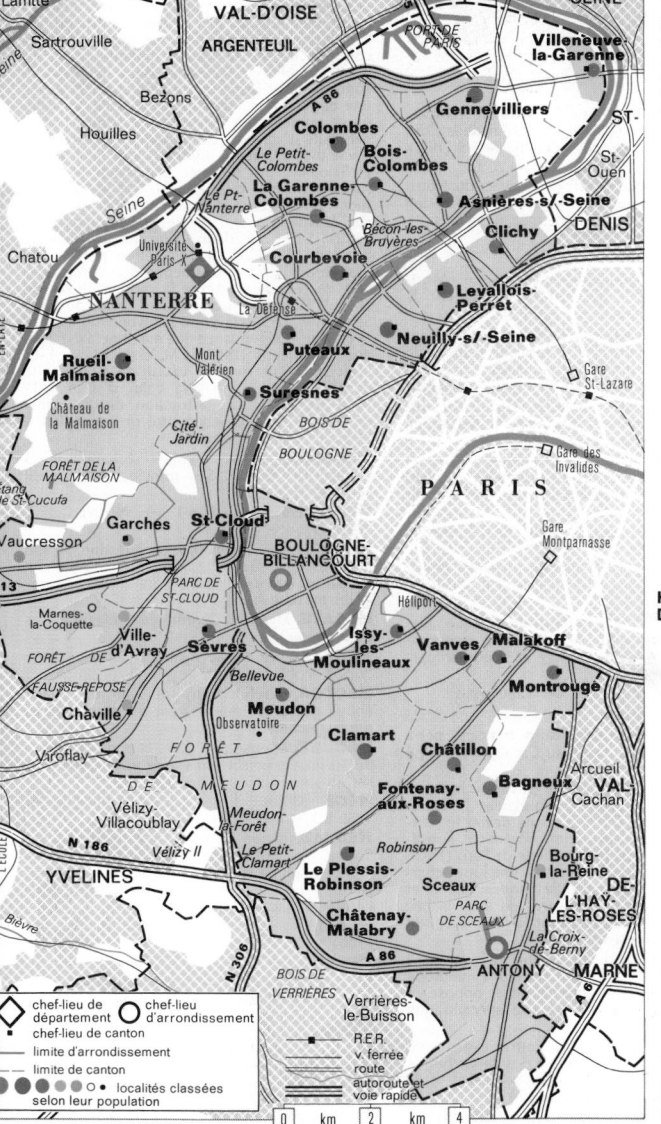

HAUTS-DE-SEINE

HAWKES (John), écrivain américain, né à New Haven en 1925, peintre de l'absurdité et de la cruauté du monde moderne (*le Gluau*, 1961; *les Oranges de sang*, 1972).

HAWKINS ou **HAWKYNS** (sir John), marin anglais, né à Plymouth (1532-1595). Il fut le premier Anglais à pratiquer la traite des Noirs d'Afrique.

HAWKINS (Coleman), saxophoniste de jazz noir américain, né à Saint Joseph (Missouri) [1904-1969]. Par ses improvisations inspirées, il fut le plus important des saxophonistes ténors du middle jazz (*Body and Soul*, 1939) et influença de nombreux jazzmen.

Friedrich August von **Hayek**

La Haye : le centre de la ville et le Binnenhof

Joseph **Haydn** par Th. Hardy

Jacques **Hébert**

HAWKS (Howard), cinéaste américain, né à Goshen (Indiana) [1896-1977], auteur de *Scarface* (1932), *l'Impossible M. Bébé* (1938), *le Grand Sommeil* (1946), *Rio Bravo* (1958).

HAWORTH (sir Walter Norman), chimiste anglais, né à Chorley (1883-1950), prix Nobel en 1937 pour sa synthèse de la vitamine C.

HAWTHORNE (Nathaniel), écrivain américain, né à Salem (Massachusetts) [1804-1864], auteur de récits (*Contes racontés deux fois*, 1837-1842) et de romans (*la Lettre écarlate*, 1850; *la Maison aux sept pignons*, 1851) qui évoquent une nature humaine marquée par le mal et la culpabilité.

HAXO (François Benoît), général et ingénieur militaire français, né à Lunéville (1774-1838). Il se signala au siège d'Anvers en 1832.

HAYANGE (57700), ch.-l. de c. de la Moselle, sur la Fensch; 20637 h. (*Hayangeois*). Sidérurgie.

HAYDAR 'ALĪ KHĀN BAHĀDUR, chef militaire indien, né à Dodballāpur (1721-1782). Commandant en chef et personnage le plus puissant du Mysore, il lutta contre les Marathes, le Carnatic et les Anglais.

HAYDN (Joseph), compositeur autrichien, né à Rohrau (Basse-Autriche) [1732-1809]. Auteur de symphonies, sonates, trios, quatuors à cordes, etc., et de messes, d'oratorios (*la Création*, 1798; *les Saisons*, 1801), Haydn a fixé les lois d'un certain classicisme européen, fait d'équilibre, tout en ouvrant la voie au romantisme.

HAYE (La), en néerl. **Den Haag** ou **'s-Gravenhage**, v. des Pays-Bas, près de la mer du Nord, résidence de la Cour, du corps diplomatique et des pouvoirs publics; 471000 h. Ville surtout résidentielle. Palais de la Paix et Cour de justice internationale. Nombreux monuments, du XIIIᵉ au XVIIIᵉ s.; musées, dont le musée royal de peinture du Mauritshuis (palais du XVIIᵉ s.).

HAYE-DU-PUITS (La) [50250], ch.-l. de c. de la Manche; 1798 h.

HAYE-PESNEL (La) [50320], ch.-l. de c. de la Manche; 1288 h. Marché.

HAYEK (Friedrich August VON), économiste britannique d'origine autrichienne, né à Vienne en 1899. Il a étudié les crises cycliques. (Prix Nobel de sciences économiques, 1974.)

HAYES (Rutherford Birchard), homme d'État américain, né à Delaware (1822-1893), président républicain des États-Unis de 1877 à 1881.

HAYKAL (Muḥammad Ḥusayn), écrivain égyptien, né à Tanṭah (1888-1956), auteur du premier roman arabe moderne, *Zaynab* (1914).

HAŸ-LES-ROSES (L') [laï-] (94240), ch.-l. d'arr. du Val-de-Marne, au sud de Paris; 31419 h. Célèbre roseraie.

HAZARD (Paul), critique et historien français, né à Noordpeene (1878-1944), auteur de *la Crise de la conscience européenne, 1680-1715* (1935). [Acad. fr.]

HAZEBROUCK (59190), ch.-l. de c. du Nord; 20488 h. (*Hazebrouckois*). Musée dans un ancien couvent. Industries textiles, mécaniques et alimentaires.

HAZIN (al-) → IBN AL-HAYTHAM.

HAZLITT (William), critique anglais, né à Maidstone (1778-1830), qui remit en honneur le théâtre élisabéthain.

HEAD (sir Henry), neurophysiologiste britannique, né à Londres (1861-1940). Il a étudié le mécanisme des sensations cutanées.

HEARST (William Randolph), homme d'affaires américain, né à San Francisco (1863-1951). Propriétaire de nombreux journaux, il développa les procédés de la presse à sensation.

HEATH (Edward), homme politique anglais, né à Broadstairs (Kent) en 1916. Leader du parti conservateur de 1965 à 1975, il a été Premier ministre de 1970 à 1974.

Heathrow, principal aéroport de Londres, à l'ouest de la ville.

HEAVISIDE (Oliver), mathématicien et physicien anglais, né à Londres (1850-1925). Il découvrit l'ionosphère.

HEBBEL (Friedrich), auteur dramatique allemand, né à Wesselburen (1813-1863), auteur de drames romantiques (*Judith*) et d'une trilogie des *Nibelungen*.

HÉBÉ. *Myth. gr.* Déesse de la Jeunesse.

Hebei → HO-PEI.

HÉBERT (Louis), apothicaire français, né à Paris (v. 1575-1627). Établi au Canada en 1617, il en devint le premier colon.

HÉBERT (Jacques), homme politique français, né à Alençon (1757-1794). Fondateur (1790) et directeur du *Père Duchesne*, qui devint le principal organe de la révolution extrémiste, substitut du procureur de la Commune de Paris (1792), il mena, à la tête des hébertistes, une lutte acharnée contre les Girondins et les modérés (1793) et inspira la plupart des mesures de salut public prises par la Convention. Il fut éliminé, avec son groupe, par Robespierre en mars 1794.

HÉBERT (Georges), éducateur français, né à Paris (1875-1957), protagoniste d'une méthode d'éducation physique dite *naturelle*, opposée à la gymnastique suédoise et à la spécialisation sportive.

HÉBERT (Anne), femme de lettres canadienne d'expression française, née à Sainte-Catherine en 1916, auteur de romans (*Kamouraska*) et de recueils lyriques (*le Tombeau des rois*).

HÉBREUX, peuple sémitique de l'Orient ancien, dont la Bible retrace l'histoire. Issus des tribus semi-nomades de la bordure orientale du désert syrien, les Hébreux s'installèrent dans le pays de Canaan, au XIXᵉ s. av. J.-C. C'est l'un des patriarches bibliques, Abraham, Isaac et Jacob. Immigrés au XVIIᵉ s. dans le delta du Nil, ils quittèrent l'Égypte, devenue hostile, sous la conduite de Moïse (Exode biblique, v. 1250), pour s'établir en Palestine, dont ils firent la conquête avec Josué (entre 1220 et 1200). Après une période dite « des Juges » (v. 1200 - v. 1030), où ils forment une fédération de tribus, l'unité nationale s'acheva. La période monarchique, siècle d'or d'Israël (v. 1030-931) avec Saül, David et Salomon, prit fin avec la scission en deux royaumes, celui d'Israël (931-721) et celui de Juda (931-587), qui disparurent sous les coups des Assyriens pour l'un, des Babyloniens pour l'autre. Suivit une déportation massive (exil de Babylone, 587-538). La domination perse (538-333) permit le retour des déportés et la restauration de Jérusalem. Après la mort d'Alexandre (323), la Palestine, soumise aux Lagides puis aux Séleucides, recouvra, après la révolte des Maccabées, une indépendance que maintint la dynastie des Asmonéens (134-37). Mais en 63 av. J.-C. l'État juif était devenu vassal de Rome : le dernier grand règne sera celui d'Hérode Iᵉʳ (40-4 av. J.-C.). La destruction de Jérusalem en 70, par Titus, devait mettre un point final à l'histoire ancienne d'Israël.

HÉBRIDES (îles), archipel britannique à l'ouest de l'Écosse. Ses principales îles sont *Lewis* et *Skye*.

HÉBRIDES (Nouvelles-) → NOUVELLES-HÉBRIDES.

HÉBRON, auj. Al-Khalil, v. de Palestine, au sud de Jérusalem; 43000 h. Le souvenir d'Abraham en fait un lieu saint pour les juifs, les chrétiens et les musulmans.

HÉCATE. *Myth. gr.* Divinité de la magie et des enchantements.

HÉCATÉE de Milet, historien et géographe (v. 560 - v. 480 av. J.-C.).

HECTOR, chef troyen, fils aîné de Priam, époux d'Andromaque et père d'Astyanax. Il fut tué par Achille.

HÉCUBE, épouse de Priam. Lors de la guerre de Troie, elle perdit son époux et presque tous ses enfants.

HÉDÉ (35630), ch.-l. de c. d'Ille-et-Vilaine; 1456 h.

HEDJAZ, région d'Arabie, le long de la mer Rouge. Cap. *La Mecque*; v. pr. *Djedda, Médine*. Indépendant de la Turquie depuis 1916, le Hedjaz fut, en 1932, un des éléments constitutifs de l'Arabie Saoudite.

HEERLEN, v. des Pays-Bas (Limbourg); 71000 h.

HEFEI → HO-FEI.

HEGEL (Friedrich), philosophe allemand, né à Stuttgart (1770-1831). Sa philosophie, ou *hégélianisme*, identifie l'*être* à la *pensée* dans un principe unique, le *concept*; de ce dernier, Hegel décrit le développement au moyen de la *dialectique*, dont il fait non seulement une méthode rationnelle de pensée, mais surtout la vie même du concept et de son histoire. On lui doit : la *Phénoménologie de l'esprit* (1807), la

Martin-Guillou-C. D. Tétrel

Helsinki : la cathédrale; au premier plan
statue d'Alexandre II de Russie

Kleinhempel

Henri **Heine**
par M. Oppenheim

Agence Intercontinentale

Werner **Heisenberg**

Hermann
von **Helmholtz**

Friedrich
Hegel

Martin
Heidegger

Science de la logique (1812-1816), *Principes de la philosophie du droit* (1821).

HEIBERG (Peter Andreas), écrivain danois, né à Vordingborg (1758-1841), auteur de romans et de comédies satiriques. Il fut le secrétaire de Talleyrand. — Son fils JOHAN LUDVIG, né à Copenhague (1791-1860), auteur de drames (*le Jour des Sept-Dormants*), influença pendant trente ans la vie intellectuelle de son pays.

HEIDEGGER (Martin), philosophe allemand, né à Messkirch (1889-1976). Ses recherches ont porté sur l'ontologie existentielle (*l'Être et le temps*, 1927; *Introduction à la métaphysique*, 1953).

HEIDELBERG, v. de l'Allemagne fédérale (Bade-Wurtemberg), sur le Neckar; 129 000 h. Université. Château des XVe-XVIIe s. Tourisme.

HEIDER (Fritz), psychosociologue américain, né à Vienne (Autriche) en 1896. Ses recherches constituent une application à la psychologie sociale des principes mis en évidence par la Gestalttheorie.

HEIFETZ (Jascha), violoniste américain d'origine russe, né à Vilnius en 1901.

HEILBRONN, v. de l'Allemagne fédérale, sur le Neckar; 113 000 h. Port fluvial.

HEILIGENBLUT, centre touristique d'Autriche, proche du Grossglockner.

HEI-LONG-KIANG ou **HEILONGJIANG,** prov. de la Chine du Nord-Est; 710 000 km²; 21 400 000 h. Cap. *Harbin.*

HEILTZ - LE - MAURUPT [ɛlts-lə-mory] (51250 Sermaize les Bains), ch.-l. de c. de la Marne; 376 h.

HEIM (Albert), géologue suisse, né à Zurich (1849-1937), auteur de travaux sur les Alpes.

HEINE (Heinrich, en fr. **Henri**), écrivain allemand, né à Düsseldorf (1797-1856). Auteur de poésies où l'inspiration romantique prend une tonalité politique ou ironique (*Intermezzo lyrique*, 1823; *le Livre des chants*, 1827-1844; *Romanzero*, 1851) et de récits de voyages (*Images de voyages*), il joua le rôle d'un intermédiaire culturel entre la France et l'Allemagne.

HEINEMANN (Gustav), homme d'État allemand, né à Schwelm (Westphalie) [1899-1976]. Social-démocrate, il a été président de la République fédérale de 1969 à 1974.

HEINKEL (Ernst), ingénieur allemand, né à Grunbach (1888-1958). Il fonda à Oranienburg l'une des plus importantes usines aéronautiques allemandes (1936).

HEINSIUS (Daniël), humaniste hollandais, né à Gand (1580-1655). — Son fils NICOLAS, né à Leyde (1620-1681), fut philologue et diplomate.

HEINSIUS (Anthonie), homme d'État hollandais, né à Delft (1641-1720). Grand pensionnaire de Hollande de 1689 à sa mort, il se montra l'ennemi implacable de Louis XIV et fut l'un des auteurs de l'alliance de La Haye (1701), qui préluda à la guerre de la Succession d'Espagne.

HEISENBERG (Werner), physicien allemand, né à Würzburg (1901-1976), auteur de travaux sur les atomes et sur la mécanique quantique. (Prix Nobel, 1932.)

HEIST-OP-DEN-BERG, comm. de Belgique (prov. d'Anvers); 34 000 h.

HEKELGEM, comm. de Belgique (Brabant); 10 600 h.

HEKLA, volcan actif de l'Islande; 1 491 m.

HEL (*presqu'île de*), langue de terre prolongeant la côte poméranienne dans le golfe de Gdańsk. Dernier point de résistance des Polonais à l'invasion allemande (1939).

HELDER (Le), port des Pays-Bas (Hollande-Septentrionale); 61 000 h.

HÉLÈNE (*sainte*) [v. 255 - v. 328], mère de l'empereur Constantin, probablement concubine de Constance Chlore, qui la répudia. Une tradition tardive lui attribue la découverte de la vraie croix.

HÉLÈNE, princesse grecque célèbre par sa beauté, une des héroïnes de *l'Iliade.* Elle était la fille de Léda et la sœur de Castor et Pollux. Épouse de Ménélas, elle fut enlevée par Pâris, ce qui provoqua la guerre de Troie.

HELGOLAND, anc. **Héligoland,** île de l'Allemagne fédérale, dans la mer du Nord, au large des estuaires de l'Elbe et de la Weser. Danoise en 1714, anglaise en 1814, elle fut cédée, contre Zanzibar, en 1890, aux Allemands, qui en firent une base navale, démantelée après 1945.

HÉLI, juge et grand prêtre des Juifs (XIe s. av. J.-C.).

HÉLICON, mont de la Grèce (Béotie), résidence des Muses; 1 748 m.

Héliée, tribunal populaire d'Athènes, dont les membres (*héliastes*) étaient tirés au sort chaque année; Aristophane, dans *les Guêpes,* a ridiculisé l'esprit de chicane des héliastes.

HÉLINAND de Froidmont, poète français, né à Pronleroy (v. 1170 - v. 1230), auteur des *Vers de la mort.*

HÉLIODORE, romancier grec, né à Émèse (IIIe s. apr. J.-C.), auteur du roman *Théagène* et *Chariclée.*

HÉLIOGABALE → ÉLAGABAL.

HÉLION (Jean), peintre français, né à Couterne (Orne) en 1904. Abstrait dans les années 1930-1938, il a, depuis, réintroduit la figure et la narration dans sa peinture.

HÉLIOPOLIS, nom antique de *Baalbek*.*

HÉLIOPOLIS, agglomération de la banlieue nord-est du Caire, à 4 km du site de la ville antique. Celle-ci eut dans l'Égypte ancienne un grand rayonnement religieux et politique, dû à la puissance du clergé desservant le temple du dieu Rê. Obélisque de Sésostris Ier. Kléber y battit les Mamelouks (1800).

HÉLIOS ou **HÉLIOS.** *Myth. gr.* Dieu du Soleil et de la Lumière.

HELLADE, en gr. **Hellas,** les provinces centrales de la Grèce ancienne, par oppos. au Péloponnèse. — Plus tard, la Grèce entière.

HELLEMMES-LILLE, comm. annexée par Lille en 1977.

HELLEN. *Myth. gr.* Fils de Deucalion et de Pyrrha, ancêtre et héros éponyme des *Hellènes,* ou *Grecs.*

Helléniques (*les*), ouvrage de Xénophon, qui continue l'histoire de Thucydide en racontant les événements de 411 à 362 av. J.-C.

HELLENS (Frédéric VAN ERMENGHEM, dit **Franz**), écrivain belge d'expression française, né à Bruxelles (1881-1972), auteur de récits fantastiques et de recueils lyriques.

HELLESPONT, anc. nom des *Dardanelles*.*

HELMHOLTZ (Hermann VON), physicien et physiologiste allemand, né à Potsdam (1821-1894). Il a découvert le rôle des harmoniques dans le timbre des sons et mesuré la vitesse de l'influx nerveux (1850).

HELMOND, v. des Pays-Bas (Brabant-Septentrional); 59 000 h.

HELMONT (Jan Baptist VAN) → VAN HELMONT.

HÉLOÏSE, nièce d'un chanoine de Paris, Fulbert, née à Paris (1101-1164). Élève d'Abélard, elle l'épousa secrètement, puis, séparée de lui, entra au couvent. Elle entretint avec Abélard une correspondance qui est un admirable mélange de piété et d'amour.

HÉLOUAN ou **HILWĀN,** banlieue du Caire. Eaux thermales. Sidérurgie.

HELPMANN (Robert), danseur et chorégraphe australien, né à Mount Gambier en 1909. Il a composé des chorégraphies pour le Sadler's Wells Ballet et pour le cinéma (*les Chaussons rouges, les Contes d'Hoffmann*).

HELSINGØR → ELSENEUR.

HELSINKI, en suédois **Helsingfors,** cap. de la Finlande, sur le golfe de Finlande; 493 000 h. Urbanisme moderne. Musées. Principal port et centre industriel du pays. Fondée en 1550 par les Suédois, Helsinki devint en 1812 la capitale du grand-duché de Finlande et en 1918 celle de la République finlandaise. Elle fut le siège des jeux Olympiques de 1952; en 1975 s'y tint la Conférence sur la sécurité et la coopération en Europe.

HELVÉTIE, partie orientale de la Gaule, comprenant à peu près le territoire occupé auj. par la Suisse. (Hab. *Helvètes.*)

HELVÉTIUS (Claude Adrien), fermier général et philosophe français, né à Paris (1715-1771), auteur du livre *De l'esprit* (1758), où il développe une philosophie sensualiste et matérialiste.

HEM [ɛm] (59510), comm. du Nord; 23 183 h. (*Hémois*). Chapelle moderne.

HEMEL HEMPSTEAD, v. de Grande-Bretagne, près de Londres; 71 000 h. Constructions électriques.

HEMIKSEM, comm. de Belgique (prov. d'Anvers), sur l'Escaut; 10 300 h. Métallurgie.

HEMINGWAY (Ernest Miller), écrivain américain, né à Oak Park (Illinois) [1899-1961]. Il est passé du désenchantement de la «génération* perdue» à une glorification de la force morale de l'homme, qui se mesure au monde et aux

1283

Ernest **Hemingway**

êtres en un corps à corps solitaire (*Le soleil se lève aussi*, 1926; *l'Adieu aux armes*, 1929; *Pour qui sonne le glas*, 1940; *le Vieil Homme et la mer*, 1952). [Prix Nobel, 1954.]

HÉMON (Louis), écrivain français, né à Brest (1880-1913), auteur de *Maria Chapdelaine* (1916).

HENAN → HO-NAN.

HENCH (Philip Showalter), médecin américain, né à Pittsburgh (1896-1965). Prix Nobel de médecine en 1950, avec Kendall et Reichstein, pour ses travaux sur la cortisone.

HENDAYE [ɑ̃daj] (64700), ch.-l. de c. des Pyrénées-Atlantiques, sur la Bidassoa; 10 135 h. *(Hendayais).* Station balnéaire.

HENGELO, v. des Pays-Bas (Overijsel); 72 000 h.

HENG-YANG ou **HENGYANG,** v. de Chine (Hou-nan); 300 000 h.

HÉNIN-BEAUMONT (62110), anc. **Hénin-Liétard,** ch.-l. de c. du Pas-de-Calais; 26 490 h. *(Héninois).* Bonneterie.

HENLEIN (Konrad), homme politique allemand, né à Maffersdorf (1898-1945). Agent de Hitler, il favorisa le rattachement au Reich des Sudètes de Bohême.

HENLEY-ON-THAMES, v. d'Angleterre, sur la Tamise; 11 000 h. Régates.

HENNEBIQUE (François), ingénieur français, né à Neuville-Saint-Vaast (1842-1921). Pionnier de la construction industrielle en béton armé, il résolut le problème de la répartition des contraintes entre les armatures métalliques tendues et le béton comprimé.

HENNEBONT (56700), ch.-l. de c. du Morbihan; 12 461 h. *(Hennebontais).* Ville-Close médiévale. Église gothique du XVIe s. Haras.

HENNE-MORTE (la), gouffre du massif de Paloumère (Haute-Garonne), profond de 446 m, exploré par N. Casteret.

HÉNOCH, patriarche biblique, père de Mathusalem. Le judaïsme des IIe-Ier s. av. J.-C. a mis sous son nom un ensemble d'écrits apocalyptiques qui furent très populaires.

l'empereur **Henri IV** agenouillé devant Mathilde de Toscane à Canossa en 1077, miniature d'un manuscrit latin

HENRI Ier l'Oiseleur (v. 876-936), roi de Germanie (919-936). — HENRI II *le Saint,* né à Abbach (Bavière) [973-1024], duc de Bavière en 995, empereur germanique de 1002 à 1024, canonisé en 1146. — HENRI III (1017-1056), roi de Germanie et d'Italie en 1039, empereur germanique de 1046 à 1056; il fit passer la papauté sous sa tutelle en déposant le pape Grégoire VI (1046). — HENRI IV (v. 1050-1106), fils du précédent, empereur germanique de 1056 à 1106. Il s'engagea contre Grégoire VII dans la *querelle des Investitures* et dut venir s'humilier à Canossa (1077); par la suite, il chassa le pape de Rome (1084), mais son fils le contraignit à abdiquer en 1106. — HENRI V (1081-1125), fils du précédent, empereur germanique de 1106 à 1125. Il fut contraint de signer avec Calixte II le concordat de Worms. — HENRI VI *le Cruel,* né à Nimègue (1165-1197), empereur germanique de 1190 à 1197, fils de Frédéric Ier Barberousse. Il fit reconnaître son autorité en Sicile. — HENRI VII DE LUXEMBOURG, né à Valenciennes (v. 1269-1313), empereur de 1308 à 1313.

HENRI Ier (1008-1060), roi de France (1031-1060), fils de Robert II. Il lutta contre les maisons de Blois et de Normandie, et dut céder à son frère Robert le duché de Bourgogne (1032). Il fut vaincu par Guillaume le Conquérant. Il épousa en secondes noces Anne, fille de Iaroslav, grand-duc de Kiev.

HENRI II, né à Saint-Germain-en-Laye (1519-1559), roi de France (1547-1559), fils de François Ier et de Claude de France. Il épousa Catherine de Médicis en 1533 et fut partagé entre l'influence de l'entourage italien de sa femme et les intrigues des Guises, des Coligny et de Diane de Poitiers, sa maîtresse. Il poursuivit la lutte contre Charles Quint; après s'être uni aux protestants allemands, il s'empara facilement des Trois-Évêchés, Metz, Toul et Verdun (1552), et en 1556 fut signée la trêve de Vaucelles. Après l'abdication de Charles Quint, Philippe II, allié aux Anglais, continua la guerre

(prise de Saint-Quentin, 1557); mais Henri rappela d'Italie le duc de Guise, qui reprit Calais aux Anglais (1558). Philippe consentit alors à signer la paix du Cateau-Cambrésis (1559). Henri II mourut des suites d'une blessure que lui avait infligée Montgomery lors d'un tournoi.

HENRI III, né à Fontainebleau (1551-1589), roi de France (1574-1589), fils du précédent. Il venait d'être élu roi de Pologne lorsque la mort de son frère Charles IX le rappela en France. Ce prince, courageux mais ami des plaisirs, oscilla longtemps entre les protestants, soutenus par Henri de Navarre, et la Ligue catholique, dirigée par les Guises. Humilié par ces derniers, qui cherchaient à imposer comme héritier le cardinal de Bourbon, obligé de s'enfuir de Paris, le roi convoqua les états généraux à Blois (1588), où il fit assassiner Henri de Guise et son frère, le cardinal de Lorraine. Paris forma une Commune insurrectionnelle. Henri III se réconcilia alors avec Henri de Navarre. Il s'apprêtait à reprendre Paris à la Ligue quand il fut blessé mortellement par le moine Jacques Clément.

HENRI IV, né à Pau (1553-1610), roi de Navarre (Henri III) [1562-1610] et de France (1589-1610), fils d'Antoine de Bourbon et de Jeanne d'Albret. Il épousa en 1572 Marguerite de Valois, fille d'Henri II. Il échappa à la Saint-Barthélemy en abjurant momentanément les doctrines réformées. Reconnu par Henri III, roi de France, comme son héritier légitime, il prit le nom d'Henri IV (1589). Mais il avait à conquérir son royaume. Ayant vaincu Mayenne et les ligueurs à Arques (1589) et à Ivry (1590), il abjura le protestantisme (1593). Il fit son entrée dans Paris (1594) et battit les Espagnols à Fontaine-Française. Par la paix de Vervins, il rétablit la paix extérieure et, par l'édit de Nantes, la paix religieuse intérieure (1598). Henri IV, roi très populaire, entreprit ensuite l'œuvre de restauration de l'autorité royale et de réorganisation de la France. Il fut aidé des catholiques (d'Ossat, Jeannin) comme des protestants (Sully, de Serres).

Henri IV

Henri II
d'après François Clouet

Henri V
d'Angleterre

Henri VIII
d'Angleterre
par Hans Holbein
le Jeune

Grâce à Sully, les finances furent rapidement assainies ; l'agriculture fut encouragée grâce à de Serres, et l'industrie rénovée (draperie, soieries et velours) grâce à Laffemas. Sully fit restaurer les routes, construire des ponts, creuser des canaux ; Samuel Champlain jeta les fondements de la Nouvelle-France en fondant Québec en 1608. Henri IV obligea le duc de Savoie à lui céder la Bresse, le Bugey, le Valromey et le pays de Gex (1601). Contre les prétentions des Habsbourg, il s'allia aux protestants allemands, ce qui réveilla le fanatisme de certains ligueurs ; il préparait une guerre impopulaire contre l'Empire et l'Espagne lorsqu'il fut assassiné par Ravaillac. D'un second mariage avec Marie de Médicis, Henri IV laissait un fils mineur, Louis XIII.

HENRI V → CHAMBORD (*comte de*).

HENRI Ier Beauclerc, né à Selby (Yorkshire) [1068-1135], roi d'Angleterre de 1100 à 1135 et duc de Normandie de 1106 à 1135, 4e fils de Guillaume le Conquérant ; il réussit à maintenir l'unité des États anglo-normands. — HENRI II PLANTAGENÊT, né au Mans (1133-1189), roi d'Angleterre de 1154 à 1189, duc de Normandie (1150-1189), comte d'Anjou (1151) et duc d'Aquitaine (1152-1189) par son mariage avec Aliénor. Sa politique religieuse l'opposa à Thomas Becket. — HENRI III, né à Winchester (1207-1272), roi d'Angleterre de 1216 à 1272. Son refus de signer les Provisions d'Oxford provoqua une longue guerre civile (1258-1265). Il perdit, au profit de la France, le Poitou, la Saintonge et l'Auvergne (1259). — HENRI IV, né à Bolingbroke (1367-1413), roi d'Angleterre de 1399 à 1413. — HENRI V, né à Monmouth (1387-1422), roi d'Angleterre de 1413 à 1422. Il vainquit les Français à Azincourt (1415) et se fit reconnaître comme régent et héritier de France par le traité de Troyes (1420). — HENRI VI, fils du précédent, né à Windsor (1421-1471), roi d'Angleterre de 1422 à 1461. Proclamé roi de France à la mort de Charles VI (1422), il perdit la totalité des possessions anglaises en France et, déconsidéré, vit ses droits à la couronne d'Angleterre contestés ; ainsi éclata la *guerre des Deux-Roses*. Il fut assassiné. — HENRI VII, né au château de Pembroke (1457-1509), roi d'Angleterre de 1485 à 1509, le premier de la dynastie des Tudors. Par la bataille de Bosworth (1485), où fut tué le dernier York, Richard III, il mit fin à la guerre des Deux-Roses et restaura l'autorité royale. — HENRI VIII, né à Greenwich (1491-1547), roi d'Angleterre de 1509 à 1547, fils du précédent. À l'égard des grandes puissances européennes (France, Espagne), il pratiqua une politique d'équilibre. À l'origine très attaché au catholicisme, au point de mériter le titre de *Defensor fidei*, il provoqua le schisme lorsque le pape lui refusa l'annulation de son mariage avec Catherine d'Aragon. Ayant répudié celle-ci (1532), avant d'épouser successivement cinq autres femmes, dont deux furent exécutées, Henri VIII se proclama chef suprême de l'Église d'Angleterre (1534), pourchassant aussi bien catholiques que protestants. Son règne centralisateur contribua à l'affermissement du pouvoir royal.

HENRI Ier (1204-1217), roi de Castille et de León (1214-1217). — HENRI II le Magnifique, comte de Trastamare, né à Séville (1333-1379), roi de Castille et de León de 1369 à 1379. Il se maintint sur le trône grâce à Charles V et à du Guesclin, qui l'aidèrent à triompher de son frère et rival Pierre le Cruel. — HENRI III, né à Burgos (1379-1406), roi de Castille et de León de 1390 à 1406. — HENRI IV, né à Valladolid (1425-1474), roi de Castille et de León de 1454 à 1474, époux de Jeanne de Portugal.

HENRI DE BOURGOGNE, prince capétien, né à Dijon (v. 1057-1114), comte de Portugal (1097-1114), petit-fils de Robert Ier, duc de Bourgogne. Il fut le fondateur de la monarchie portugaise, ayant proclamé l'indépendance du pays à la mort de son beau-père Alphonse VI de Castille (1109).

HENRI le Lion, duc de Saxe de 1142 à 1181 et de Bavière de 1155 à 1181, né à Ravensburg (1129-1195). Il lutta contre Frédéric Barberousse et contre Henri VI.

HENRI le Navigateur, prince portugais, né à Porto (1394-1460), fils de Jean Ier de Portugal. Il

fut l'instigateur de voyages d'exploration sur les côtes africaines.

HENRICHEMONT (18250), ch.-l. de c. du Cher ; 1894 h. Ville fondée en 1608 par Sully.

HENRIETTE-ANNE DE FRANCE, princesse française, née à Versailles (1727-1752), fille de Louis XV.

HENRIETTE-ANNE STUART, duchesse d'Orléans, dite **Henriette d'Angleterre,** princesse d'Angleterre et d'Écosse, née à Exeter (1644-1670), fille du roi Charles Ier et d'Henriette-Marie de France, et femme (1661) de Philippe d'Orléans, frère de Louis XIV. Elle négocia avec son frère Charles II le traité de Douvres. Son oraison funèbre fut prononcée par Bossuet.

HENRIETTE-MARIE DE FRANCE, princesse française, née à Paris (1609-1669), fille du roi Henri IV et de Marie de Médicis, et femme (1625) de Charles Ier d'Angleterre. Son oraison funèbre fut prononcée par Bossuet.

HENRY (Joseph), physicien américain, né à Albany (1797-1878). Il découvrit l'auto-induction (1832).

HENRY (Pierre), compositeur français, né à Paris en 1927, représentant de la musique concrète, puis électroacoustique (*Variations pour une porte et un soupir, Messe pour le temps présent, l'Apocalypse de Jean, les Noces chymiques*).

HENZE (Hans Werner), compositeur allemand, né à Gütersloh (Westphalie) en 1926. Après une période sérielle, il a composé des opéras, des ballets et des symphonies d'un lyrisme plus personnel.

HÉPHAÏSTOS. *Myth. gr.* Dieu du Feu et des Forges, le *Vulcain* des Latins.

Heptaméron (l'), *Contes ou Nouvelles de la reine de Navarre,* recueil de 72 nouvelles, imitées de Boccace (1559), par Marguerite d'Angoulême.

HEPTARCHIE, ensemble des sept royaumes anglo-saxons de Kent, Sussex, Wessex, Essex, Northumbrie, East-Anglie et Mercie (VIe-IXe s.).

HEPWORTH (Barbara), sculpteur britannique, née à Wakefield (1903-1975). Abstraites depuis 1934, ses œuvres sont d'un équilibre subtil et monumental.

HÉRA. *Myth. gr.* Déesse du Mariage, épouse de Zeus, identifiée par les Latins avec *Junon.*

HÉRACLÉE, v. anc. d'Asie Mineure (Bithynie). [Auj. *Ereğli.*]

HÉRACLÉE, v. anc. d'Italie (Lucanie), où Pyrrhos II vainquit les Romains en 280 av. J.-C.

HÉRACLÈS. *Myth. gr.* Célèbre héros, personnification de la Force, fils de Zeus et d'Alcmène, identifié avec l'*Hercule* latin. Pour expier le meurtre de son épouse Mégara et de ses enfants, il dut exécuter les douze travaux imposés par le roi de Tirynthe, Eurysthée (*travaux d'Hercule*). Ainsi : 1o il étouffa le lion de Némée ; 2o il tua l'hydre de Lerne ; 3o il prit vivant le sanglier d'Érymanthe ; 4o il atteignit à la course la biche aux pieds d'airain, de Cérynie ; 5o il tua à coups de flèches les oiseaux du lac

Héraclès capturant la biche de Cérynie
art grec (fin du VIe s. av. J.-C.)

Lauros-Giraudon

Stymphale ; 6o il dompta le taureau de l'île de Crète, envoyé par Poséidon contre Minos ; 7o il tua Diomède, roi de Thrace, qui nourrissait ses chevaux de chair humaine ; 8o il vainquit les Amazones ; 9o il nettoya les écuries d'Augias en y faisant passer le fleuve Alphée ; 10o il combattit et tua Géryon, auquel il enleva ses troupeaux ; 11o il cueillit les pommes d'or du jardin des Hespérides ; 12o enfin, il enchaîna Cerbère. Il accomplit une foule d'autres exploits. Dévoré par les souffrances provoquées par la tunique empoisonnée de Nessos*, Héraclès se jeta dans les flammes d'un bûcher sur le mont Œta.

HÉRACLIDES, descendants mythiques d'Héraclès.

HÉRACLIDES, famille d'origine arménienne qui donna, aux VIIe et VIIIe s., six empereurs à Byzance, dont les deux Héraclius.

HÉRACLITE, philosophe grec de l'école ionienne, né à Éphèse (v. 540 - v. 480 av. J.-C.). Le feu était pour lui l'élément premier à l'origine de la matière.

HÉRACLIUS Ier, né en Cappadoce (v. 575-641), empereur d'Orient de 610 à 641. Vainqueur des Perses, il ne put contenir la poussée arabe en Égypte et en Syrie. — HÉRACLIUS II (618-645), fils du précédent, empereur d'Orient (641).

HÉRAKLION ou **IRÁKLION,** anc. **Candie,** port sur la côte nord de la Crète, principale ville de l'île ; 78 000 h. Musée.

HÉRAT → HARÂT.

HÉRAULT, fl. du Languedoc, issu des Cévennes, qui rejoint la Méditerranée en aval d'Agde ; 160 km.

HÉRAULT (dép. de l') [**34**], dép. de la Région Languedoc-Roussillon ; ch.-l. de dép. *Montpellier* ; ch.-l. d'arr. *Béziers, Lodève* ; 3 arr., 45 cant., 343 comm. ; 6 113 km² ; 648 202 h.

V. carte page suivante

(*Héraultais*). Le dép. appartient à l'académie et à la circonscription judiciaire de Montpellier, à la région militaire de Lyon et à la province ecclésiastique d'Avignon. Il s'étend à l'ouest et au nord sur l'extrémité méridionale du Massif central (Minervois, Espinouse, Escandorgue, Séranne) et sur une partie de l'aride plateau des Garrigues, régions dépeuplées. Au sud, en retrait d'un littoral bas et sablonneux, bordé d'étangs (Thau, Vic, Mauguio), il occupe une majeure partie de la plaine du Languedoc, grande région productrice de vins courants. Grâce à l'irrigation, les cultures fruitières et légumières ont progressé rapidement. En dehors des activités liées aux traitements des produits du sol, l'industrie est représentée par l'extraction de la bauxite, par les usines chimiques établies autour de Sète, par l'électronique. L'importance du tertiaire est en rapport avec celle de l'urbanisation et s'accroît encore avec le développement de diverses stations balnéaires (dont La Grande-Motte).

HERBART (Johann Friedrich), philosophe et pédagogue allemand, né à Oldenburg (1776-1841). Promoteur d'une psychologie scientifique, il a tenté d'appliquer à l'éducation les théories de Kant.

HERBAULT (41190), ch.-l. de c. de Loir-et-Cher ; 976 h.

HERBERT (George), poète anglais, né au château de Montgomery (1593-1633), auteur de poésies religieuses (*le Temple*).

HERBIERS (Les) [85500], ch.-l. de c. de la Vendée ; 10 977 h. Mobilier.

HERBIGNAC (44410), ch.-l. de c. de la Loire-Atlantique ; 3 258 h.

HERBIN (Auguste), peintre français, né à Quiévy (Nord) [1882-1960]. Il a élaboré dans l'entre-deux-guerres un répertoire de formes géométriques rigoureuses, aux aplats de couleurs contrastées.

HERBLAY (95220), comm. du Val-d'Oise, sur la Seine ; 16 426 h. (*Herblaysiens*). Église des XIe-XVIe s.

HERCULANO (Alexandre), écrivain portugais, né à Lisbonne (1810-1877), auteur d'une *Histoire du Portugal* (1846-1853) et de poèmes.

HERCULANUM

HERCULANUM, v. de l'Italie ancienne (Campanie), ensevelie sous les cendres du Vésuve en 79. Le site, découvert en 1709, a été étudié scientifiquement à partir de 1927.

HERCULE. *Myth. rom.* Demi-dieu, identifié à l'*Héraclès** grec; divinité tutélaire de l'agriculture, du négoce et des armées.

HERDER (Johann Gottfried), écrivain allemand, né à Mohrungen (1744-1803), un des initiateurs de *Sturm* und Drang,* auteur des *Idées sur la philosophie de l'histoire de l'humanité* (1784-1791).

HÉRÉ (Emmanuel), architecte français, né à Nancy (1705-1763). Il a conçu et dirigé les travaux d'embellissement de Nancy (places Stanislas et de la Carrière).

HEREDIA (José Maria DE), poète français, né à La Fortuna (Cuba) [1842-1905], l'un des représentants de l'école du Parnasse (*les Trophées,* 1893). [Acad. fr.]

HERENT, comm. de Belgique (Brabant); 14 400 h.

HERENTALS, comm. de Belgique (prov. d'Anvers), sur le canal Albert; 23 300 h.

HEREROS, éleveurs nomades de la Namibie.

HERFORD, v. de l'Allemagne fédérale (Rhénanie-du-Nord-Westphalie); 65 000 h.

HÉRICOURT (70400), ch.-l. de c. de la Haute-Saône; 8 606 h. Industries mécaniques et textiles. Combats en 1871.

HÉRIMONCOURT (25310), ch.-l. de c. du Doubs; 3 180 h. Constructions mécaniques.

HÉRI ROUD → HARÏ RÜD.

HERISAU, v. de Suisse, ch.-l. du demi-canton des Rhodes-Extérieures (Appenzell); 14 597 h.

HÉRISSON (03190), ch.-l. de c. de l'Allier, sur l'Aumance; 979 h. Château médiéval en ruine.

HÉRISTAL → HERSTAL.

Hermandad (« Fraternité »), nom donné aux associations de paix créées à partir du XIIIe s., en Espagne, en vue d'assurer la sécurité des pèlerins.

HERMANN → ARMINIUS.

Hermann et Dorothée, poème en neuf chants, de Goethe (1797); idylle bourgeoise, sur le fond des guerres de la Révolution française.

détail du nymphée d'une villa d'**Herculanum**

Charles **Hermite**

Gregorio **Hernández** : *Pietà*

HERMANVILLE - SUR - MER (14880), comm. du Calvados; 1 312 h. Station balnéaire.

HERMAPHRODITE. *Myth. gr.* Personnage à la fois mâle et femelle, fils d'Hermès et d'Aphrodite.

HERMENAULT (L') [85570], ch.-l. de c. de la Vendée; 864 h.

HERMENT (63470), ch.-l. de c. du Puy-de-Dôme; 367 h.

HERMÈS. *Myth.* Dieu grec, identifié par les Latins avec *Mercure.* Il était le guide des voyageurs, patron des marchands et des voleurs, et le messager des dieux.

HERMÈS TRISMÉGISTE (« trois fois grand »), nom grec du dieu égyptien *Thot,* assimilé à Hermès.

HERMIONE, fille de Ménélas et d'Hélène, femme de Pyrrhos (fils d'Achille), puis d'Oreste.

HERMIONE, v. de la Grèce ancienne, dans le Péloponnèse. (Auj. *Kastri.*)

HERMITAGE ou **ERMITAGE** (l'), coteau de la Drôme, dominant le Rhône et portant un vignoble estimé.

HERMITE (Charles), mathématicien français, né à Dieuze (1822-1901). Un des plus grands analystes du XIXe s., il établit la transcendance du nombre e.

HERMON *(mont),* massif montagneux (2 814 m), aux confins du Liban, d'Israël et de la Syrie. Enjeu de violents combats lors de la guerre israélo-arabe de 1973.

HERMOPOLIS, nom grec de plusieurs villes de l'anc. Égypte, où le dieu Thot identifié à Hermès était révéré.

HERMOSILLO, v. du Mexique, cap. de l'État de Sonora; 248 000 h.

HERMOUPOLIS ou **ERMOÚPOLIS,** port de Grèce, dans l'île de Syra, ch.-l. des Cyclades; 14 000 h.

HERNÁNDEZ ou **FERNÁNDEZ** (Gregorio), sculpteur espagnol, né en Galice (v. 1576-1636). Il s'imposa à Valladolid comme un des maîtres de la sculpture religieuse polychrome.

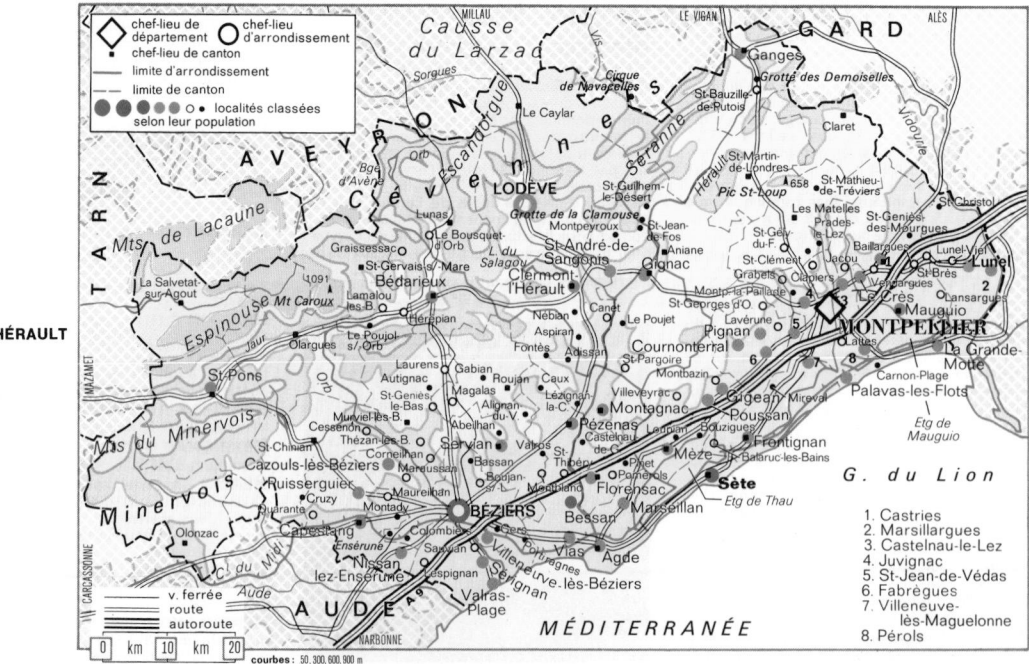

HERNÁNDEZ (José), poète argentin, né à San Martín (1834-1886), auteur de l'épopée de la pampa et des gauchos *Martín Fierro* (1872-1879).

Hernani, drame de Victor Hugo, dont la première représentation, au Théâtre-Français (25 févr. 1830), fut marquée par une véritable bataille entre classiques et romantiques.

HERNE, v. de l'Allemagne fédérale, dans la Ruhr; 191 000 h. Métallurgie.

HÉRODE Iᵉʳ le Grand, né à Ascalon (73-4 av. J.-C.), roi des Juifs (40-4 av. J.-C.). Il imposa son pouvoir, qu'il tenait des Romains, avec une brutale énergie. Grand constructeur, il embellit le Temple de Jérusalem. — HÉRODE ANTIPAS (v. 20 av. J.-C. - apr. 39 apr. J.-C.), tétrarque de Galilée et de Pérée (4 av. J.-C. - 39 apr. J.-C.), fils du précédent. Il construisit Tibériade et apparait dans les Évangiles au procès de Jésus; il fit décapiter Jean-Baptiste. — HÉRODE AGRIPPA Iᵉʳ (10 av. J.-C. - 44 apr. J.-C.), roi des Juifs (41-44), petit-fils d'Hérode le Grand, père de Bérénice. — HÉRODE AGRIPPA II (27 - v. 93 ou 100), roi juif (50 - v. 93 ou 100), fils du précédent. À sa mort, son royaume fut intégré à la province de Syrie.

HÉRODIADE ou **HÉRODIAS,** princesse juive (7 av. J.-C. - 39 apr. J.-C.). Elle épousa en secondes noces son oncle Hérode Antipas. Les Évangiles font d'elle l'instigatrice du meurtre de Jean-Baptiste.

HÉRODOTE, historien grec, né à Halicarnasse (v. 484 - v. 420 av. J.-C.). Grand voyageur, il

HERRERA (Francisco), dit **le Vieux,** peintre espagnol, né à Séville (v. 1585? - apr. 1657). Il s'affirma entre 1625 et 1640 environ, dans ses peintures religieuses, par un brio, une fougue de plus en plus baroques. — Son fils FRANCISCO, dit **le Jeune,** né à Séville (1622-1685), fut également peintre, et architecte renommé (plans primitifs de Nuestra Señora del Pilar, à Saragosse).

HERRICK (Robert), poète anglais, né à Cheapside (Londres) [1591-1674], auteur de poésies religieuses et rustiques *(les Hespérides).*

HERRIOT (Édouard), homme politique et écrivain français, né à Troyes (1872-1957). Maire de Lyon de 1905 à 1955, sénateur (1912) puis député (1919) du Rhône, président du parti radical (1919-1957), il constitua, contre Poincaré, le Cartel des gauches, qui triompha aux élections de 1924. Président du Conseil avec le portefeuille des Affaires étrangères (1924-25), il fit évacuer la Ruhr et reconnaître l'U. R. S. S. Mais sa politique financière échoua. Il présida la Chambre des députés de 1936 à 1940 puis l'Assemblée nationale de 1947 à 1955. (Acad. fr.)

HERRLISHEIM (67850), comm. du Bas-Rhin; 3 780 h. Raffinage du pétrole.

HERS [ɛrs], rivières de l'Aquitaine : l'*Hers Mort,* affl. de dr. de la Garonne (90 km), et l'*Hers Vif,* affl. de dr. de l'Ariège (120 km).

HERSCHEL, famille d'astronomes britanniques d'origine allemande. *Sir* WILLIAM, né à Hanovre

HERTZSPRUNG (Ejnar), astronome danois, né à Fredericksberg (1873-1967). Avec Russell, il élabora un diagramme qui porte leur nom et qui permet de déterminer le stade d'évolution d'une étoile par la connaissance de son spectre et de son éclat intrinsèque.

HÉRULES, anc. peuple germanique. C'est grâce à l'aide des Hérules qu'Odoacre s'empara de Rome en 476. Ils disparurent au VIᵉ s. du fait des Lombards.

HERVE, comm. de Belgique (Liège); 13 200 h.

HERVÉ (Florimond RONGER, dit), compositeur français, né à Houdain (1825-1892), auteur d'opérettes *(le Petit Faust, Mam'zelle Nitouche).*

HERZÉGOVINE, région de Yougoslavie, faisant partie de la république de Bosnie*-Herzégovine. Disputée longtemps entre les Serbes et

Francisco **Herrera** le Vieux
Les Juifs demandent à saint Jean-Baptiste
s'il est le Christ

Édouard **Herriot**

Harlingue-Roger-Viollet

sir William **Herschel**

National Portrait Gallery

Heinrich **Hertz**

Krenvaldt

Lauros-Giraudon

raconta dans ses *Histoires* tous les événements, légendaires ou historiques, qui mettent en lumière l'opposition du monde barbare (Égyptiens, Mèdes, Perses) et de la civilisation grecque. Son œuvre reste la source principale pour l'étude des guerres médiques.

HÉROLD (Louis Joseph Ferdinand), compositeur français, né à Paris (1791-1833), auteur d'opéras-comiques *(le Pré-aux-Clercs, Zampa).*

HÉRON l'Ancien ou **d'Alexandrie,** mathématicien et ingénieur grec, né à Alexandrie (Iᵉʳ s. apr. J.-C.). On lui attribue l'invention de nombreuses machines et de plusieurs instruments de mesure. Il établit la loi de la réflexion de la lumière.

Héros du travail socialiste, distinction civile soviétique créée en 1938.

Héros de l'Union soviétique, distinction civile et militaire soviétique créée en 1934. (Son attribution comporte celle de l'ordre de Lénine.)

HÉROULT (Paul), métallurgiste français, né à Thury-Harcourt (1863-1914). On lui doit l'électrométallurgie de l'aluminium (1886) et le four électrique (1900).

HÉROUVILLE - SAINT - CLAIR (14200), comm. du Calvados, banlieue de Caen; 24 075 h.

HERRADE DE LANDSBERG, religieuse et érudite allemande (v. 1125-1195). Elle composa une encyclopédie, *le Jardin des délices.*

HERRERA (Juan DE), architecte espagnol, né à Mobellán (1530-1597). Il travailla notamment, avec même style dépouillé, à l'Escorial, à l'alcázar de Tolède et à la cathédrale de Valladolid.

HERRERA (Fernando DE), poète espagnol, né à Séville (1534-1597), qui réagit contre l'influence italienne et le lyrisme conventionnel *(Chanson pour la victoire de Lépante).*

(1738-1822), découvrit la planète Uranus (1781) et deux de ses satellites (1787), puis deux satellites de Saturne (1789). Fondateur de l'astronomie stellaire, il fut le premier à étudier systématiquement les étoiles doubles. — Son fils *sir* JOHN, né à Slough (Buckinghamshire) [1792-1871], se consacra à l'étude des étoiles doubles et au recensement des nébuleuses.

HERSELT, comm. de Belgique (prov. d'Anvers); 11 100 h.

HERSERANGE (54440), ch.-l. de c. de Meurthe-et-Moselle; 6 626 h. Centrale thermique.

HERSIN-COUPIGNY (62530), comm. du Pas-de-Calais; 7 507 h.

HERSTAL, anc. **Héristal,** comm. de Belgique (prov. de Liège), sur la Meuse; 40 300 h. Armurerie. Musée d'archéologie industrielle. — À l'écart de *Chertal,* sidérurgie. Domaine de Pépin, bisaïeul de Charlemagne, Herstal fut une des résidences préférées des Carolingiens.

HERTEL (Rodolphe DUBÉ, dit **François),** écrivain canadien d'expression française, né à Rivière-Ouelle en 1905, auteur de romans et d'essais critiques qui analysent la crise spirituelle de sa génération.

HERTFORDSHIRE, comté d'Angleterre, au nord de Londres. Ch.-l. *Hertford.*

HERTWIG (Oskar), biologiste allemand, né à Friedberg (Hesse) [1849-1922]. Il a découvert la nature de la fécondation chez les animaux.

HERTZ (Heinrich), physicien allemand, né à Hambourg (1857-1894). Il a découvert les ondes dites *hertziennes,* ainsi que l'effet photoélectrique (1887).

HERTZ (Gustav), physicien allemand, né à Hambourg (1887-1975), prix Nobel pour sa théorie de l'émission lumineuse en 1925.

les Turcs, elle fut rattachée à la Bosnie en 1482.

HERZELE, comm. de Belgique (Flandre-Orientale); 15 900 h.

HERZEN (Aleksandr Ivanovitch), écrivain et révolutionnaire russe, né à Moscou (1812-1870). Il publia en exil la revue politique et littéraire *la Cloche.*

HERZL (Theodor), écrivain juif hongrois, né à Budapest (1860-1904), promoteur du sionisme, auteur de *l'État juif* (1896).

HESBAYE [ɛsbɛ] (la), plaine limoneuse de Belgique, au sud-est de la Campine.

HESDIN [edɛ̃] (62140), ch.-l. de c. du Pas-de-Calais; 3 335 h. Église du XVIᵉ s.

HÉSIODE, poète grec, né à Ascra (Béotie) vers le milieu du VIIIᵉ s. av. J.-C., auteur de poèmes didactiques : *les Travaux* et les jours, la Théogonie*.*

HESNARD (Angelo), psychiatre français, né à Pontivy (1886-1969). L'un des pionniers de la psychanalyse en France, il a consacré plusieurs ouvrages à la sexologie.

HESPÉRIDES. *Myth. gr.* Nymphes gardiennes du jardin des dieux, dont les arbres produisaient des pommes d'or qui donnaient l'immortalité.

HESPÉRIDES, îles fabuleuses de l'Atlantique, identifiées tantôt aux îles du Cap-Vert, tantôt aux Canaries.

HESPÉRIE, nom que les Grecs donnaient à l'Italie, et les Romains à l'Espagne.

HESS (Walter Rudolf), physiologiste suisse, né à Frauenfeld (1881-1973), spécialiste du système nerveux. (Prix Nobel, 1949.)

HESS (Victor), physicien autrichien naturalisé américain, né à Waldstein (Styrie) [1883-1964], prix Nobel en 1936 pour ses recherches sur les rayons cosmiques.

HESS (Rudolf), homme politique allemand, né à Alexandrie (Égypte) en 1894. L'un des principaux collaborateurs de Hitler, il s'enfuit en Écosse en 1941, et fut condamné à la prison à vie par le tribunal de Nuremberg.

HESSE, en allem. **Hessen,** nom de trois États de l'anc. Confédération germanique : l'électorat de Hesse-Cassel, le landgraviat de Hesse-Hombourg, annexés à la Prusse en 1866 (et qui formèrent en 1868, avec le duché de Nassau et la ville de Francfort-sur-le-Main, la province de Hesse-Nassau), et le grand-duché de Hesse-Darmstadt. Devenue une république membre du Reich en 1919, la Hesse constitue auj. un *Land* de l'Allemagne fédérale; 21 100 km²; 5 538 000 h. Cap. *Wiesbaden.* La Hesse, voie de passage entre la Rhénanie et l'Allemagne du Nord, est composée de plateaux gréseux, couverts de forêts, de massifs volcaniques (Vogelsberg, Rhön) et de petites plaines fertiles.

HESSE (Hermann), écrivain suisse d'origine allemande, né à Calw (1877-1962). Il entreprit de bâtir une nouvelle philosophie à la lumière de sa révolte personnelle (*Peter Camenzind,* 1904) et de sa rencontre avec les systèmes de pensée orientaux (*le Loup des steppes,* 1927; *le Jeu des perles de verre,* 1943). [Prix Nobel, 1946.]

HESTIA. *Myth. gr.* Divinité du Foyer, la *Vesta* des Latins.

HETTANGE-GRANDE (57330), comm. de la Moselle; 6 078 h. Minerai de fer.

HEUCHIN (62134 Anvin), ch.-l. de c. du Pas-de-Calais; 584 h.

HEUSDEN-ZOLDER, comm. de Belgique (Limbourg); 26 000 h.

HEUSS (Theodor), homme d'État allemand, né à Brackenheim (1884-1963), chef du parti libéral, président de la République fédérale de 1949 à 1959.

HEUYER (Georges), psychiatre français, né à Pacy-sur-Eure (1884-1977), l'un des promoteurs en France de la psychiatrie infantile.

HÈVE (*cap de la*), cap de la Seine-Maritime, fermant au nord l'embouchure de la Seine.

HEVERLEE, section de Louvain (Belgique). Anc. résidence des comtes de Louvain.

HEVESY (Joseph Georg), chimiste suédois, né à Budapest (1885-1966), prix Nobel en 1943, pour sa découverte des indicateurs radioactifs.

Hexaples, ouvrage d'Origène, juxtaposant sur six colonnes le texte hébreu de la Bible et celui des versions grecques. Cette œuvre est la première tentative faite pour établir un texte critique de la Bible.

HEYMANS (Cornelius), médecin belge, né à Gand (1892-1968), prix Nobel en 1938 pour ses travaux sur la respiration.

HEYRIEUX (38540), ch.-l. de c. de l'Isère; 2 473 h.

HEYTING (Arend), logicien néerlandais, né à Amsterdam en 1898. Il a élaboré une axiomatisation de la logique intuitionniste.

HEYWOOD (Thomas), auteur dramatique anglais, né dans le Lincolnshire (v. 1570 - 1641), un des maîtres du théâtre élisabéthain.

HIA KOUEI ou **XIA GUI,** peintre chinois (actif v. 1190-1225). L'un des principaux paysagistes des Song du Sud, qui a profondément influencé le paysage japonais.

HIA-MEN → AMOY.

HICKS (*sir* John Richard), économiste britannique, né à Warwicks en 1904. Il a formulé une théorie de l'équilibre de la production et de la consommation. (Prix Nobel, 1972.)

HIDALGO Y COSTILLA (Miguel), prêtre mexicain, né à Corralejos (1753-1811). Il proclama l'indépendance du Mexique (1810) et fut fusillé par les Espagnols.

HIDDEN PEAK, sommet de l'Himālaya, dans le Karakoram; 8 068 m.

HIDEYOSHI, général et homme d'État japonais, né à Nakamura (1536-1598). Toyotomi Hideyoshi, Premier ministre de 1582 à 1598, pacifia et unifia le Japon, mais échoua dans ses expéditions de conquête en Corée (1592-1597).

HIÉRAPOLIS, anc. ville de Phrygie, au nord de Laodicée, célèbre pour son sanctuaire de Cybèle. Ruines antiques.

HIÉRON Iᵉʳ, tyran de Syracuse (478-466 av. J.-C.). Il lutta contre la domination carthaginoise en Sicile. — HIÉRON II, né à Syracuse (v. 306-215 av. J.-C.), roi de Syracuse (265-215 av. J.-C.). Il se rallia aux Romains durant la première guerre punique.

HIERSAC (16290), ch.-l. de c. de la Charente; 800 h.

HIGASHIŌSAKA, v. du Japon (Honshū); 500 000 h.

HIGHLANDS («Hautes Terres»), partie montagneuse de l'Écosse. (Hab. *Highlanders.*)

HIGHTOWER (Rosella), danseuse américaine, née à Ardmore (Oklahoma) en 1920, interprète de *Piège de lumière,* *le Lac des cygnes* (célèbre variation du «Cygne noir»), *l'Aigrette.* Elle dirige, à Cannes, depuis 1961, une école de rayonnement international.

HIKMET (Nazim), écrivain turc, né à Salonique (1902-1963), d'inspiration révolutionnaire (*C'est un dur métier que l'exil*).

HILAIRE (*saint*), né à Poitiers (v. 315 - v. 367). Évêque de Poitiers v. 350, il fut le principal adversaire de l'arianisme en Occident. Père de l'Église.

HILAIRE (*saint*), né en Sardaigne (m. en 468), pape de 461 à 468.

HILĀL (Banū) ou **HILĀLIENS,** tribu d'Arabie centrale qui émigra en Égypte au VIIIᵉ s. et envahit au XIᵉ s. le Maghreb.

HILARION (*saint*), né près de Gaza (v. 291-v. 371), disciple de saint Antoine et fondateur de la vie monastique en Palestine.

HILBERT (David), mathématicien et logicien allemand, né à Königsberg (1862-1943), l'un des fondateurs de la méthode axiomatique et du formalisme. Il élabora une théorie de la démonstration par laquelle il entendait résoudre le problème du fondement des mathématiques.

HILDEBRAND → GRÉGOIRE VII (*saint*).

HILDEBRAND (Adolf VON), sculpteur et théoricien allemand, né à Marburg (1847-1921), auteur de la fontaine des Wittelsbach, à Munich.

HILDEBRANDT (Lukas VON), architecte autrichien, né à Gênes (1668-1745). Il est notamment l'auteur des deux palais du Belvédère, à Vienne.

HILDEGARDE (*sainte*), née à Bermersheim (1098-1179). Abbesse bénédictine de Disibodenberg, elle est célèbre pour ses visions et ses écrits mystiques.

HILDÉRIC (v. 463-533), roi vandale d'Afrique (523-530). Vaincu par les Maures, il fut déposé et tué sur l'ordre de Gélimer.

HILDESHEIM, v. de l'Allemagne fédérale (Basse-Saxe); 105 000 h. Ensemble d'églises romanes, dont S. Michael (XIᵉ et XIIᵉ s.).

HILFERDING ou **HILVERDING** (Franz VON WAVEN ou WEVEN), danseur et chorégraphe autrichien, né à Vienne (1710-1768). Un des créateurs du ballet d'action, il s'attacha à réformer les costumes et les décors.

HILFERDING (Rudolf), homme politique allemand d'origine autrichienne, né à Vienne (1877-1941). Théoricien du marxisme et député social-démocrate, il a écrit *le Capital financier* (1910).

HILLA, v. d'Iraq; 85 000 h.

HILLARY (*sir* Edmund), alpiniste néo-zélandais, né à Auckland en 1919. Avec le sherpa Tensing, il conquit le sommet de l'Everest en 1953.

HILLEL, docteur pharisien (m. au début du Iᵉʳ s. apr. J.-C.), chef d'une école rabbinique rivale de celle de Shammai*, dont il se distingue par une interprétation plus libérale de la Loi.

HILMAND ou **HILMEND,** fl. de l'Afghānistān, affl. du lac Hāmūn; 1 200 km.

HILSZ (Maryse), aviatrice française, née à Levallois-Perret (1903-1946), célèbre par ses raids à longue distance et ses records d'altitude.

HILVERDING (Franz) → HILFERDING.

HILVERSUM, v. des Pays-Bas; 97 000 h. Quartiers modernes construits à partir de 1928 par l'architecte Willem Marinus Dudok. Station de radiodiffusion. Constructions électriques.

HIMĀCHAL PRADESH, État du nord de l'Inde; 55 300 km²; 3 460 000 h. Cap. *Simla.*

HIMĀLAYA, la plus haute chaîne de montagnes du monde (8 848 m à l'Everest), en Asie, s'étendant sur 2 700 km, de l'Indus au Brahmapoutre, large de 250 à 500 km entre le Tibet et la plaine indo-gangétique. On y distingue, du sud au nord : une zone couverte d'une jungle épaisse, le *terai*; une zone de collines et de moyennes montagnes (le *Siwālik*); au-dessus de 5 000 m, la zone des glaciers et des neiges éternelles qui forme l'Himālaya proprement dit, limité par les hautes vallées de l'Indus et du Brahmapoutre; celle-ci est dominée au nord par le *Transhimālaya.* Chaîne plissée, d'âge alpin, l'Himālaya est une importante barrière climatique et humaine.

HIMEJI, v. du Japon, dansʼle sud de Honshū; 408 000 h. Sidérurgie. Textiles.

HIMÈRE, v. de la Sicile ancienne. En 480 av. J.-C., victoire de Gélon de Syracuse sur Carthage; en 409 av. J.-C., destruction de la ville par les Carthaginois.

HIMILCON, navigateur carthaginois (v. 450 av. J.-C.). Il explora les côtes de l'Europe occidentale et atteignit la Cornouailles et peut-être l'Irlande.

HIMMLER (Heinrich), homme politique allemand, né à Munich (1900-1945). Chef de la Gestapo (1934) et de la police du Reich (1936), puis ministre de l'Intérieur (1943), il dirigea la répression contre les adversaires du régime nazi et organisa l'extermination des juifs. Il se donna la mort.

HINCMAR (v. 806-882), archevêque de Reims (845), principal conseiller de Charles le Chauve. Il a laissé des *Annales.*

Hermann **Hesse**

sir John Richard **Hicks**

David **Hilbert**

Paul **Hindemith** dessin de Rémusat

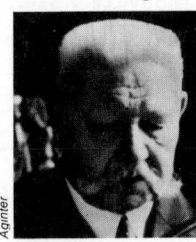
le maréchal **Hindenburg**

HINDEMITH (Paul), compositeur allemand, né à Hanau (1895-1963). Il fut un des chefs de l'école allemande entre les deux guerres, tout en restant attaché à un certain esprit classique (*Mathis le peintre; concerto pour violon, nombreuses sonates pour instruments solistes*).

HINDENBURG (Paul VON BENECKENDORFF UND VON), maréchal allemand, né à Posen (1847-1934). Vainqueur des Russes à Tannenberg (1914), il fut le chef de la direction de guerre allemande de 1916 à 1918. Président du Reich en 1925, réélu en 1932, il nomma Hitler chancelier du Reich (1933).

HINDOUSTAN, région humaine de l'Inde, correspondant à la plaine indo-gangétique.

HINDŪ KŪCH ou **HINDOU KOUCH**, massif de l'Asie centrale (Afghānistān et Pākistān), entre le Pamir et les K'ouen-louen.

HINKLEY POINT, localité de Grande-Bretagne (Somerset). Cer irale nucléaire.

HIPPARQUE, tyran d'Athènes (527-514 av. J.-C.), fils de Pisistrate. Il gouverna Athènes à partir de 527, conjointement avec son frère Hippias; il fut assassiné par Harmodios et Aristogiton.

HIPPARQUE, astronome grec du IIᵉ s. av. J.-C. Il découvrit la précession des équinoxes et réalisa le premier catalogue d'étoiles.

HIPPIAS (m. en 490), tyran d'Athènes (527-510 av. J.-C.). Fils de Pisistrate, il partagea le pouvoir avec son frère Hipparque. Renversé à cause de son manque d'énergie face à la domination perse, il mourut en exil.

HIPPOCRATE, médecin grec, né dans l'île de Cos (v. 460 - v. 377 av. J.-C.). Son système repose sur l'altération des humeurs. Son éthique est à l'origine du serment que prêtent les médecins (*serment d'Hippocrate*).

HIPPOCRÈNE («fontaine du Cheval»), fontaine qui jaillissait des flancs de l'Hélicon (Béotie); son eau favorisait l'inspiration poétique.

HIPPOLYTE. Myth. gr. Fils de Thésée. Aimé de Phèdre, épouse de son père, il en repoussa les avances. Celle-ci, pour se venger, l'accusa d'avoir voulu attenter à son honneur, et Thésée, irrité, souleva contre son fils le courroux de Poséidon, qui fit périr Hippolyte.

Hippolyte, tragédie d'Euripide (428 av. J.-C.).

Hippolyte et Aricie, tragédie lyrique de Rameau (1733), livret de Pellegrin, un des chefs-d'œuvre de l'opéra français.

HIPPOLYTE (saint), prêtre romain et martyr (v. 170-235). Son œuvre est utile pour la connaissance de la vie chrétienne au début du IIIᵉ s.

HIPPONE, anc. v. de Numidie, près d'Annaba; évêché dont saint Augustin fut titulaire. Ruines romaines.

HIRAKATA, v. du Japon (Honshū), 217 000 h.

HIRAM Iᵉʳ, roi de Tyr (969-935 av. J.-C.). Il fournit à Salomon des matériaux et des artistes pour la construction du Temple de Jérusalem, ainsi que des marins pour la flotte commerciale d'Israël.

HIRATSUKA, v. du Japon (Honshū); 164 000 h.

HIROHITO, empereur du Japon, né à Tōkyō en 1901, qui succéda à Taishō tennō en 1926. Il dut accepter, après la capitulation du Japon en 1945, l'établissement d'une monarchie constitutionnelle.

HIROSAKI, v. du Japon (Honshū); 158 000 h.

HIROSHIGE, dessinateur, graveur et peintre japonais, né à Edo (auj. Tōkyō) [1797-1858]. Les variations d'atmosphère de ses paysages émerveillèrent les impressionnistes, par l'intermédiaire desquels il a influencé l'art occidental.

HIROSHIMA, port du Japon (Honshū), sur la mer Intérieure; 542 000 h. Métallurgie. Industries textiles et chimiques. Les Américains y lancèrent, le 6 août 1945, la première bombe atomique, qui fit environ 150 000 victimes.

HIRSINGUE (68560), ch.-l. de c. du Haut-Rhin, sur l'Ill; 1 544 h.

HIRSON (02500), ch.-l. de c. de l'Aisne, sur l'Oise; 12 505 h. (*Hirsonnais*). Métallurgie.

HISPANIE, nom anc. de la *péninsule Ibérique*.

HISPANIOLA, nom donné par Christophe Colomb à l'île d'*Haïti**.

hispano-américaine (*guerre*), conflit qui opposa les États-Unis à l'Espagne, en lutte contre ses colonies révoltées (1898). L'Espagne perdit Cuba, Porto Rico, les Philippines et l'île de Guam.

Histoire naturelle, par Buffon et ses collaborateurs (1749-1789; 36 vol.).

Histoires, ouvrage de Tacite (100 apr. J.-C.), allant de la mort de Néron (68) à celle de Domitien (96), suite des *Annales*.

Histoires extraordinaires, récits d'Edgar Poe (1840-1845), popularisés par la traduction qu'en fit Baudelaire à partir de 1848.

Histoires naturelles, recueil de mélodies de Ravel (1906), sur des poèmes en prose de Jules Renard (1896).

HITACHI, v. du Japon (Honshū); 193 000 h. Sidérurgie. Constructions mécaniques.

HITCHCOCK (sir Alfred), cinéaste anglais, naturalisé américain, né à Londres (1899-1980). Il réalisa des films à suspense : *les 39 Marches* (1935), *Une femme disparaît* (1938), *Rebecca* (1940), *l'Ombre d'un doute* (1943), *la Corde* (1948), *l'Inconnu du Nord-Express* (1951), *Sueurs froides* (1958), *les Oiseaux* (1963), *Frenzy* (1971), *Complot de famille* (1976).

C. D. M. O.

Hittites : la porte des Sphinx à Alaca Höyük non loin d'Hattousa
Turquie (IIᵉ millénaire av. J.-C.)

HITLER (Adolf), homme d'État allemand, né à Braunau (Haute-Autriche) [1889-1945]. Issu d'une famille de la petite bourgeoisie autrichienne, combattant de la Première Guerre mondiale dans l'armée bavaroise, il adhéra en 1919 au parti ouvrier allemand, anticapitaliste et antisémite. Chef de ce parti, qu'il rebaptisa «parti national-socialiste» (nazi), créateur des sections d'assaut (SA) en 1921, il tenta, à Munich, en 1923, un putsch, qui échoua. Détenu, il rédigea *Mein Kampf*, où est exposée la doctrine ultra-nationaliste et raciste du nazisme. Renforçant son parti, à partir de 1925, en créant les SS et de nombreuses organisations d'encadrement, développant, dans une Allemagne humiliée et ruinée, une propagande démagogique efficace, il accéda en 1933 au poste de chancelier. Président, à la mort de Hindenburg (1934), il assuma tous les pouvoirs (Reichsführer), mettant en place une redoutable police d'État (Gestapo). Sa politique d'expansion en Rhénanie (1936), en Autriche (1938), en Tchécoslovaquie (1938) et en Pologne (1939) provoqua la Seconde Guerre mondiale (1939). Vaincu, Hitler se suicida à Berlin le 30 avril 1945.

HITTITES, peuple indo-européen qui, entre les XXᵉ et XIIᵉ s. av. J.-C., constitua un puissant empire en Anatolie centrale. Leur capitale était *Hattousa**. La puissance hittite, éclipsée au XVᵉ s. par le Mitanni, atteignit son plus haut point aux XIVᵉ-XIIIᵉ s. Affaibli par l'expansion assyrienne et les conflits avec l'Égypte, l'Empire hittite disparut au XIIᵉ s. avec l'invasion des Peuples de la mer.

HITTORF (Wilhelm), physicien allemand, né à Bonn (1824-1914). Il a découvert les rayons cathodiques (1869).

HITTORFF (Jacques), architecte français d'origine allemande, né à Cologne (1792-1867). Élève de Percier, rationaliste et éclectique, il construisit à Paris la gare du Nord (1861, hall métallique), travailla aux Champs-Élysées, aux places de la Concorde et de l'Étoile, au bois de Boulogne.

HJELMSLEV (Louis Trolle), linguiste danois, né à Copenhague (1899-1965). Dans la lignée de Saussure, sa théorie est une tentative de formalisation très rigoureuse des structures linguistiques. Il est l'auteur de *Prolégomènes à une théorie du langage* (1943).

HOBART, port d'Australie, cap. de la Tasmanie; 162 000 h. Métallurgie du zinc.

HOBBEMA (Meindert), peintre hollandais, né à Amsterdam (1638-1709). Élève de J. Van Ruysdael, il est l'auteur de paysages au coloris soutenu, baignés d'une lumière qui met en valeur chaque détail.

HOBBES (Thomas), philosophe anglais, né à Westport (Malmesbury) [1588-1679]. Sa philosophie est un matérialisme qui englobe une théorie de l'homme et une théorie politique, et tend d'expliquer toute réalité par l'action de corps en mouvement. En s'appuyant sur le modèle des sciences de la nature, sa théorie de l'État-Léviathan inaugure, avec celles de Machiavel et de Spinoza, l'ère des théories politiques modernes. Hobbes est l'auteur du *Léviathan* (1651).

HOBOKEN, comm. de Belgique (prov. d'Anvers), sur l'Escaut; 34 100 h. Métallurgie.

Hiroshige : *Clair de lune sur la rivière à Seba*
estampe de la série des *Soixante-Neuf Étapes de la route de Kiso* (1837-1842)

Hirohito

News Service-Gamma

Alfred **Hitchcock**

C. I. C.

Lauros-Giraudon

Adolf **Hitler**
en 1939, à Berlin

Life

HOCEIMA (Al-), en esp. **Alhucemas,** v. du Maroc, sur la Méditerranée ; 19 000 h.

HOCHE (Lazare), général français, né à Versailles (1768-1797). Engagé à 16 ans, commandant l'armée de Moselle en 1793, il débloqua Landau. Incarcéré comme suspect jusqu'au 9-Thermidor, il parvint en 1795 et en 1796 à pacifier la Vendée. Ministre de la Guerre en 1797, il mourut de maladie à 29 ans.

HOCHELAGA, anc. bourgade indienne du Canada, sur l'emplacement de Montréal.

HOCHFELDEN (67270), ch.-l. de c. du Bas-Rhin ; 2 942 h. Brasserie.

HÔ CHI MINH (dit aussi **Nguyên Ai Quôc** ou **Nguyên Tat Thanh**), homme d'État vietnamien, né à Kiêm Lan (prov. de Nghe An) [1890-1969]. Fondateur du parti communiste indochinois (1930), puis du Viêt-minh (1941), président de la république du Viêt-nam en 1946, il devint ensuite président de la république démocratique du Viêt-nam (Viêt-nam du Nord) et, en 1956, secrétaire général du parti communiste. Il dirigea la lutte contre le colonialisme français puis contre les Sud-Vietnamiens et les Américains.

HÔ CHI MINH-VILLE, jusqu'en 1975 **Saigon,** v. du sud du Viêt-nam ; 1 600 000 h.

HÖCHSTÄDT, localité d'Allemagne fédérale (Bavière), sur le Danube. Villars y battit les Autrichiens en 1703, le Prince Eugène et Marlborough y vainquirent les Français en 1704 (bataille de Blenheim, chez les Anglais), et Moreau y battit les Autrichiens en 1800.

HOCQUART (Gilles), né à Mortagne (1694-1783). Intendant de la Nouvelle-France de 1731 à 1748.

HODEIDA, port de la république arabe du Yémen, sur la mer Rouge ; 90 000 h.

HODJA (Enver) → HOXHA.

HODLER (Ferdinand), peintre suisse, né à Berne (1853-1918), auteur de compositions historiques ou symboliques et de paysages alpestres fermement construits.

HÓDMEZÖVÁSÁRHELY, v. du sud-est de la Hongrie ; 54 000 h.

HODNA (chott **el-**), dépression marécageuse des hautes plaines de l'Algérie orientale, dominée au nord par les *monts du Hodna* (1 890 m).

HŒNHEIM (67800 Bischheim), comm. du Bas-Rhin ; 8 589 h.

HOF, v. de l'Allemagne fédérale (Bavière) ; 54 000 h.

HO-FEI ou **HEFEI,** v. de Chine, cap. de la prov. de Ngan-houei ; 304 000 h.

HOFFMANN (Ernst Theodor Wilhelm, dit **Ernst Theodor Amadeus**), écrivain et compositeur allemand, né à Königsberg (1776-1822), auteur d'opéras et de récits fantastiques (*Contes* des *frères Sérapion, la Princesse Brambilla, le Chat Murr*).

HOFFMANN (Josef), architecte autrichien, né à Pirnitz (1870-1956), animateur des « Ateliers viennois » d'arts décoratifs, au style d'une élégante sobriété (palais Stoclet, Bruxelles, 1905).

HOFMANNSTHAL (Hugo VON), écrivain autrichien, né à Vienne (1874-1929), auteur de drames qui analysent les problèmes du monde moderne à la lumière des mythes antiques et médiévaux (*Jedermann,* 1911).

HOGARTH (William), peintre et graveur anglais, né à Londres (1697-1764). Il a pratiqué un art moralisateur et caricatural des mœurs de son époque. Ses portraits sont d'une vigueur et d'une spontanéité rares.

HOGGAR, massif volcanique du Sahara algérien, moins aride (en raison de son altitude) que le reste du désert ; 2 918 m. Il est habité par les Touaregs. V. pr. *Tamanrasset.*

HOHENLINDEN, village de Bavière, à l'est de Munich. Victoire de Moreau sur les Autrichiens (1800).

HOHENLOHE (Chlodwig, *prince* DE), né à Rotenburg (1819-1901), statthalter d'Alsace-Lorraine (1885-1894), puis chancelier de l'Empire allemand (1894-1900) ; ses idées libérales se heurtèrent à l'autoritarisme de Guillaume II.

Hokusai : *Éclair sur le mont Fuji*
estampe de la série des *Trente-Six Vues du mont Fuji* (v. 1823-1831)

Hogarth : *la Marchande de crevettes*

Hans **Holbein** le Jeune
Portrait du marchand Georg Gisze (1532)

Hô Chi Minh

E. T. A. **Hoffmann**
d'après un dessin de H. Dupont

Ludvig **Holberg**

HOHENSTAUFEN, dynastie germanique issue des ducs de Souabe, qui accédèrent à l'Empire en 1138. Elle fut représentée par Conrad III, Frédéric Ier Barberousse, Henri VI, Frédéric II, Conrad IV, et disparut en 1268 avec Conradin.

HOHENZOLLERN, anc. principauté allemande, sur le Danube, berceau de la dynastie du même nom, qui émergea à la fin du XIIe s., avec Frédéric III, comte de Zollern († 1201), et se divisa en deux branches. La *branche de Souabe,* qui resta catholique, ne joua pas de rôle majeur dans l'histoire allemande ; cependant, quatre Hohenzollern-Sigmaringen (Charles Ier, prince [1866], puis roi de 1881 à 1914 ; Ferdinand Ier, de 1914 à 1927 ; Charles II, de 1930 à 1940, Michel Ier, de 1940 à 1947) régnèrent en Roumanie entre 1866 et 1947. La *branche franconienne,* devenue luthérienne au XVIe s., connut la notoriété à partir de 1415, quand Frédéric VI († 1440) acquit le margraviat de Brandebourg, érigé en électorat d'Empire en 1417. Ducs (1525) puis rois (1701) de Prusse, les Hohenzollern acquirent la dignité impériale en 1871 avec Guillaume Ier, mais ils furent déchus (Guillaume II) en 1918.

HOHNECK (le), sommet des Vosges ; 1 362 m.

HOKKAIDO, anc. **Yeso,** île du nord du Japon ; 78 512 km² ; 5 232 000 h. V. pr. *Sapporo.*

HOKUSAI, dessinateur et graveur japonais, né à Tôkyô (1760-1849). En plus de trente mille pièces gravées, il a abordé tous les genres, dans un style plein de vie.

HOLAN (Vladimir), poète tchèque, né à Prague en 1905. Il mêle l'influence de Rilke à l'ouverture au monde actuel (*l'Éventail chimérique*).

HOLBACH [-bak] (Paul Henri DIETRICH, *baron* D'), philosophe français, né à Edesheim (Palatinat) [1723-1789], matérialiste et athée, auteur du *Système de la nature* (1770) et collaborateur de l'*Encyclopédie.*

HOLBEIN le Vieux ou **l'Ancien** (Hans), peintre et dessinateur allemand, né à Augsbourg (v. 1465-v. 1524). Encore gothique, influencé par l'art flamand, il est l'auteur de retables et de portraits.

HOLBEIN le Jeune (Hans), peintre et dessinateur allemand, né à Augsbourg (1497/98-1543), un des fils du précédent. Attiré par l'humanisme de la Renaissance, il affirme, notamment dans ses œuvres religieuses, un classicisme d'influence italienne. Un réalisme sobre et pénétrant marque ses portraits, exécutés à Bâle et surtout en Angleterre, où il s'installe complètement en 1532 et devient peintre de la cour londonienne.

HOLBERG (baron Ludvig), écrivain danois d'origine norvégienne, né à Bergen (1684-1754). Auteur de poèmes héroï-comiques et de récits de voyages imaginaires (*Voyage souterrain de Nils Klim*), il imita Molière dans ses comédies.

HÖLDERLIN (Friedrich), poète allemand, né à Lauffen (Wurtemberg) [1770-1843], auteur d'un roman (*Hyperion*, 1797-1799), d'odes et d'hymnes qui élèvent au mysticisme l'inspiration romantique.

HOLGUÍN, v. de Cuba, dans la partie orientale de l'île; 132 000 h.

HOLIDAY (Billie), dite **Lady Day**, chanteuse noire américaine, née à Baltimore (1915-1959). Elle fut, au cours des années 1930-1940, l'une des plus grandes chanteuses de jazz.

HOLLANDE, région la plus riche et la plus peuplée des actuels Pays-Bas. — Le *comté de Hollande*, érigé v. 1015, passa à la maison d'Avesnes (1299), puis à la maison de Bavière (1345), enfin au duché de Bourgogne (1428) et à la maison de Habsbourg (1477). La révolte de Hollande Guillaume d'Orange fit aboutir (Union d'Utrecht, 1579) la sécession et l'indépendance de la république des Provinces-Unies, au sein de laquelle la Hollande joua un rôle prépondérant.

HOLLANDE (guerre de), conflit qui, de 1672 à 1679, opposa Louis XIV aux Provinces-Unies et à ses alliés, l'Empereur et l'Espagne. Si le roi de France ne réussit pas à abattre sa riche rivale, du moins les traités de Nimègue (août-sept. 1678, févr. 1679) lui assurèrent-ils la Franche-Comté et de nombreuses places des Pays-Bas.

HOLLANDE (royaume de), royaume créé en 1806 par Napoléon Ier pour son frère Louis. Il fut supprimé en 1810 et annexé à l'Empire français.

HOLLANDE-MÉRIDIONALE, prov. des Pays-Bas; 2 867 km²; 3 050 000 h. Ch.-l. *La Haye*. V. pr. *Rotterdam*.

HOLLANDE-SEPTENTRIONALE, prov. des Pays-Bas; 2 657 km²; 2 299 000 h. Ch.-l. *Haarlem*. V. pr. *Amsterdam*.

HOLLANDIA → JAYAPURA.

HOLLERITH (Hermann), statisticien américain, né à Buffalo (1860-1929), inventeur des machines à cartes perforées (1880).

HOLLYWOOD, faubourg de Los Angeles, centre de l'industrie cinématographique américaine.

HOLMENKOLLEN, faubourg d'Oslo. Ski.

Holmes (Sherlock), personnage principal des romans de Conan Doyle; modèle du détective amateur.

HOLON, banlieue de Tel-Aviv-Jaffa; 107 000 h.

HOLOPHERNE, général assyrien décapité par Judith au siège de Béthulie.

HOLSTEIN, anc. État de la Confédération germanique, érigé en comté en 1110, annexé, avec le Schleswig, à titre personnel par le roi de Danemark (1460), attribué en 1864, à la suite de la guerre des Duchés, à l'Autriche et, après Sadowa (1866), à la Prusse. Auj., il forme avec le sud du Schleswig l'*État de Schleswig*-Holstein* (République fédérale d'Allemagne).

HOLWECK (Fernand), physicien français, né à Paris (1890-1941), créateur d'une pompe à vide moléculaire et d'un pendule à lame oscillante.

HOLZ (Arno), écrivain allemand, né à Rastenburg (1863-1929), auteur de drames et de poèmes naturalistes (*Phantasus*).

Homais (Monsieur), un des personnages de *Madame Bovary*, de Flaubert; il personnifie la sottise bourgeoise.

HOMBOURG-HAUT (57470), comm. de la Moselle; 10 401 h. Anc. forteresse des évêques de Metz.

HOME (sir Alexander Douglas) → DOUGLAS-HOME.

HOMÉCOURT (54310), ch.-l. de c. de Meurthe-et-Moselle; 10 058 h. Sidérurgie.

Home Fleet (mots angl. signif. *flotte de la maison*), flotte chargée de la protection immédiate du Royaume-Uni.

Home Guard (mots angl. signif. *garde de la maison*), garde territoriale créée en 1940 et chargée de la protection immédiate du Royaume-Uni.

HOMÈRE, poète épique grec, regardé comme l'auteur de l'*Iliade** et de l'*Odyssée**, et dont l'existence problématique fut entourée de légendes dès le VIe s. av. J.-C. Hérodote le considérait comme un Grec d'Asie Mineure vivant v. 850 av. J.-C. La tradition le représente vieux et aveugle, errant de ville en ville et déclamant ses vers. Les poèmes homériques, récités aux fêtes solennelles et enseignés aux enfants, ont exercé dans l'Antiquité une profonde influence sur les philosophes, les écrivains et l'éducation, et ont occupé, jusqu'au XXe s., une place importante dans la culture classique européenne.

Home Rule (de l'angl. *home*, chez soi, et *rule*, gouvernement), régime d'autonomie revendiqué par les Irlandais à partir de 1870, dont le principe fut acquis en 1912 et qui fut appliqué en 1914.

Homme (musée de l'), musée créé à Paris en 1937 au palais de Chaillot et consacré à l'anthropologie. C'est une dépendance du Muséum national d'histoire naturelle.

Homme sans qualités (l'), roman inachevé de Robert Musil (1930-1943).

Hommes de bonne volonté (les), cycle romanesque de J. Romains (1932-1947).

HOMS, v. de Syrie, près de l'Oronte; 216 000 h. Centre commercial. Raffinerie de pétrole.

HO-NAN ou **HENAN**, prov. de Chine, dans le bassin du Houang-ho; 160 000 km²; 56 millions d'h. Cap. *Tcheng-tcheou*.

HONDO → HONSHŪ.

HONDSCHOOTE [-skɔt] (59122), ch.-l. de c. du Nord; 3 079 h. Victoire de Houchard sur les forces alliées du duc d'York (8 sept. 1793).

HONDURAS, république de l'Amérique centrale, entre le Nicaragua, le Salvador et le Guatemala, bordée au nord par la mer des Antilles, qui forme le *golfe du Honduras* : 112 088 km²; 3 690 000 h. Cap. *Tegucigalpa*. Langue : espagnol. C'est un pays montagneux et forestier, au climat tropical. La banane et le café constituent les ressources commerciales essentielles.

HISTOIRE

— 1502 : découverte de la côte par Colomb.
— 1523 : conquête espagnole.
— 1821-1824 : le Honduras suit le destin de l'Amérique centrale, indépendante de Madrid puis de Mexico.
— 1838 : indépendance nominale du Honduras, en fait protectorat britannique.
— 1856 : début d'une longue période d'anarchie.
— début du XXe s. : l'emprise de l'*United Fruit Company* fait du Honduras le type de la *Banana Republic*.
— 1933-1949 : dictature de T. Carías Andino.
— 1949-1954 : Juan Manuel Gálvez pratique une politique relativement indépendante.
— 1969 : guerre désastreuse contre le Salvador.
— 1976 : accord militaire avec le Salvador.
— 1980 : traité de paix avec le Salvador.
— 1981 : le parti libéral remporte les élections.

HONDURAS (golfe du), échancrure du littoral centre-américain sur la mer des Antilles.

HONDURAS BRITANNIQUE, anc. nom du territoire de *Belize**.

HONEGGER (Arthur), compositeur suisse, né au Havre (1892-1955), l'un des maîtres de l'orchestre (*Pacific 231*; cinq symphonies) et de l'oratorio (le Roi David, Judith, Jeanne d'Arc au bûcher). Il a fait partie du groupe des Six.

HONFLEUR (14600), ch.-l. de c. du Calvados; 9 178 h. (Honfleurais). Port de commerce important aux XVIe et XVIIe s., à l'embouchure de la Seine. Monuments des XVe-XVIIe s. Musées.

HÔN GAI ou **HONGAY**, port du nord du Viêt-nam.

HONGKONG ou **HONG KONG**, île de la baie de Canton, en Chine, cédée aux Anglais en 1842.

V. ill. frontispice

— La *colonie britannique de Hongkong*, englobant en outre diverses autres îles et une péninsule continentale (Kowloon), couvre 1 034 km² et compte plus de 4 millions d'h. Cap. *Victoria*. Surpeuplée, c'est une importante place de commerce, aujourd'hui fortement industrialisée (textile, électronique).

HONGRIE, en hongr. Magyarország, État de l'Europe centrale, à l'est de l'Autriche; 93 300 km²; 10 650 000 h. (Hongrois). Cap. *Budapest*. Langue : hongrois.

GÉOGRAPHIE

Pays de plaines (surtout à l'est du Danube), si l'on excepte les moyennes montagnes de la Dorsale hongroise et les collines de la Transdanubie (entre le lac Balaton et le Danube), la Hongrie est un État encore largement agricole, aux hivers rigoureux, aux étés souvent chauds

HONGRIE

Friedrich Hölderlin

Arthur Honegger

et parfois humides. La réforme agraire et la collectivisation ont favorisé l'introduction de la culture des oléagineux, du coton, à côté des traditionnelles cultures du blé, du maïs, de la betterave à sucre et de la vigne. En rapport avec la disparition du paysage de puszta, l'élevage est relativement peu important (porcs en premier lieu, bovins). Au point de vue énergétique, le sous-sol recèle du lignite, mais peu de houille et d'hydrocarbures. En revanche, la Hongrie est un important producteur de bauxite, partiellement traitée dans le pays. La sidérurgie, qui nécessite l'importation de fer, alimente une métallurgie de transformation assez diversifiée. Le textile et la chimie constituent encore deux activités notables. Budapest, principal centre industriel, regroupe le cinquième d'une population assez dense.

HISTOIRE

— v. 500 av. J.-C. : implantation d'Illyriens et de Thraces, suivis de Scythes et de Celtes.
— Ier s. apr. J.-C. : les Romains occupent la partie orientale du Danube et la transforment en province (Pannonie).
— début du IIe s. : Trajan fait de la Transylvanie le centre de la Dacie.
— 271 : les Romains abandonnent la Transylvanie aux Ostrogoths.
— 409 : les Romains quittent la Pannonie. Invasions des Gépides, puis des Huns et des Avars.
— IXe s. : arrivée des Hongrois (finno-ougriens), ou Magyars, la famille d'Árpád († 907) assure le pouvoir central.
— 955 : la victoire d'Otton Ier à Lechfeld stoppe les raids hongrois à l'extérieur.
— 972 : avènement de Géza († 997), qui fait alliance avec l'Empereur.
— 975 : baptême de Géza et des siens.
— 977 : avènement d'Étienne Ier.
— 1000 : Étienne Ier se fait couronner roi avec une couronne envoyée par le pape. Il centralise, christianise et occidentalise son royaume.
— 1038 : mort d'Étienne Ier. Début d'une ère d'anarchie, marquée par des guerres de succession.
— 1047-1060 : règne d'André Ier, qui se libère de l'emprise impériale.
— 1077-1095 : règne de saint Ladislas Ier, qui conquiert Slavonie, Croatie et Dalmatie.
— 1095-1116 : Coloman poursuit cette politique d'expansion.
— 1172-1196 : apogée du royaume hongrois sous Béla III. La population atteint 2 millions d'âmes. Défrichements cisterciens. Essor de l'artisanat. Modernisation de l'administration.
— 1205-1235 : règne d'André II. Montée de la féodalité ; le roi doit concéder la Bulle d'or (1222), qui exonère d'impôts la petite noblesse.
— 1235-1270 : règne de Béla IV. Invasion mongole (1241-42). Accroissement du pouvoir des féodaux. Formation d'une bourgeoisie urbaine.
— 1301 : mort d'André III, dernier Árpádien.
— 1308-1342 : Charles-Robert, des Anjou de Naples, conquiert la Bosnie et enrichit le pays.
— 1342-1382 : Louis Ier d'Anjou, dit le Grand, échoue à Naples, mais réalise l'union de la Hongrie, de la Croatie et de la Dalmatie et obtient, en 1370, la couronne de Pologne.
— 1387-1437 : Sigismond de Luxembourg, gendre de Louis Ier, défait par les Turcs (Nicopolis, 1396), obtient la couronne impériale (1410) et celle de la Bohême (1419), mais perd la Dalmatie ; toute-puissance de l'oligarchie aristocratique.
— 1437-1440 : guerre de succession. Triomphe des Jagellons.
— 1440-1444 : Vladislas Ier Jagellon II, aidé par Jean Hunyadi, s'avance jusqu'à Sofia, mais périt à la bataille de Varna, gagnée par les Turcs.
— 1444-1456 : Jean Hunyadi, régent, stoppe les Turcs à Belgrade (1456), mais meurt peu après. Prospérité économique de la Hongrie.
— 1458-1490 : Mathias Hunyadi, dit Corvin, centralise le pays, favorise l'essor des villes, conquiert Bohême, Moravie et Silésie, et s'installe à Vienne (1485).
— 1490-1516 : Vladislas II Jagellon III. Anarchie ; guerres paysannes.
— 1516-1526 : règne de Louis II. Il est battu à Mohács par les Turcs (1526). Il meurt sans successeurs ; le pays se divise.

— 1526-1564 : Ferdinand de Habsbourg ne règne que sur les parties nord et ouest du royaume (Presbourg).
— 1526-1540 : chef du parti national, Jean Zápolya conserve le centre et l'est.
— 1566 : défaite de Soliman II à Eger.
— 1566-1629 : constituée en principauté élective, la Transylvanie, dirigée par des princes remarquables (Étienne Báthory, Étienne Bocskai), intervient dans l'évolution de la Hongrie royale.
— 1606 : la paix de Vienne garantit l'indépendance des Hongries.
— 1630-1648 : Georges Ier Rákóczi, prince de Transylvanie, confirme les libertés constitutionnelles et religieuses du pays.
— 1648-1660 : règne de Georges II Rákóczi, à la fin duquel la Transylvanie perd son indépendance.
— 1657-1705 : Léopold Ier de Habsbourg supprime les libertés de la Hongrie royale.
— 1699 : la paix de Karlowitz supprime presque complètement les possessions turques en Hongrie, où les Habsbourg prennent une influence grandissante.
— 1703-1711 : Férenc Rákóczi (François II depuis 1705) mène contre les Habsbourg une longue insurrection qui échoue. La Hongrie tombe sous la coupe des Habsbourg.
— 1711-1740 : Charles III (empereur Charles VI) confirme les privilèges de la noblesse hongroise, mais toute la vie du pays dépend de Vienne.
— 1740-1780 : Marie-Thérèse s'appuie sur les magnats et poursuit le repeuplement du pays.
— 1780-1790 : la politique centralisatrice et germanophone de Joseph II soulève l'opinion hongroise contre lui.
— 1792-1835 : si la peur de la Révolution française rassemble d'abord les nobles hongrois autour de François Ier (empereur François II), les idées libérales et nationales se répandent, avec Ferenc Deák et Lajos Kossuth.
— 1848-49 : révolution hongroise, qui, un moment triomphante avec Batthyány et Kossuth (Ire République hongroise), est écrasée à Világos (13 août 1849) par les Russes, appelés à l'aide par François-Joseph Ier.
— 1849-1859 : ère de répression, d'émigration massive, de germanisation officielle.
— 1860 : le « Diplôme d'octobre », consécutif à la défaite autrichienne en Italie (1859), ramène le système fédéral d'avant 1848.
— 1861 : une patente rétablit la centralisation.
— 1866 : nouvelle défaite militaire autrichienne ; l'empereur-roi doit composer de nouveau.
— 1867 : un compromis crée une double monarchie austro-hongroise, avec deux parlements et deux gouvernements. De la Hongrie dépendent les nationalités de la Transleithanie (Transylvanie, Slovaquie, Croatie).
— 1868 : compromis entre Hongrois et Croates, considéré comme insuffisant par ces derniers.
— 1875-1905 : le parti libéral de Kálmán Tisza au pouvoir. Formation d'un parti social-démocrate (1890).
— 1905 : arrivée au pouvoir des nationalistes et des bellicistes.
— 1914 : la Hongrie dans la guerre aux côtés des puissances centrales.
— 1918 : écroulement de la double monarchie ; proclamation de la république (16 nov.).
— 1919 : prise du pouvoir par la république communiste des Conseils, présidée par Béla Kun (21 mars). Elle est écrasée par l'intervention armée des voisins (3 août).
— 1920 : l'amiral Horthy élu régent du « royaume sans roi » de Hongrie (1er mars), indépendant de l'Autriche. Traité de Trianon (4 juin) qui prive la Hongrie de la Slovaquie, de la Ruthénie, de la Transylvanie, du Banat, de la Croatie.
— 1921-1931 : le gouvernement d'István Bethlen rétablit l'économie.
— 1930 : grande crise économique.
— 1932-1936 : Gyula Gömbös fait voter une nouvelle loi agraire et se rapproche de l'Axe. Montée du communisme et aussi du fascisme antisémite.
— 1938-39 : Béla Imrédy signe le pacte antiko-

mintern et obtient de Hitler la restitution d'une partie de la Slovaquie.
— 1939-1941 : Pál Teleki occupe la Ruthénie, obtient (1940) la restitution du nord de la Transylvanie et rejoint (20 nov.) le pacte tripartite germano-italo-japonais.
— 1941-42 : Lázló Bárdossy participe à l'action militaire allemande en Russie.
— 1942-1944 : Miklós Kállay s'efforce de retirer la Hongrie de la guerre.
— 1944 : Hitler impose ses hommes et oblige Horthy à démissionner (oct.). Mais la résistance hongroise et l'armée rouge occupent Budapest.
— 1946 : la Hongrie, république, passe dans le camp socialiste.
— 1949 : triomphe du Front d'indépendance populaire, qui porte au pouvoir Mátyás Rákosi : il applique une constitution sur le modèle soviétique (20 août) et présente le premier plan quinquennal.
— 1953-1955 : période de déstalinisation avec Imre Nagy.
— 1956 : insurrection hongroise, en vue de la libéralisation du régime (oct.) ; Nagy de nouveau au pouvoir. Écrasement de l'insurrection par les troupes soviétiques (nov.).
— 1956-1958 et 1961-1965 : János Kádár, premier secrétaire du parti communiste et chef du gouvernement, après avoir accéléré la collectivisation agraire, amorce une politique plus libérale à l'intérieur et d'ouverture à l'extérieur. Politique poursuivie par ses successeurs à la tête du gouvernement Jenő Fock (1968-1975) et György Lázár. János Kádár reste premier secrétaire du parti communiste.

HONOLULU, cap. des îles Hawaii, dans l'île d'Oahu ; 325000 h. Centre touristique.

HONORAT (saint), né en Gaule Belgique (v. 350-v. 430), évêque d'Arles. Il fonda l'abbaye de Lérins (v. 410).

HONORIUS (Flavius), né à Constantinople (384-423), premier empereur d'Occident (395-423). Il ne put défendre l'Italie des invasions barbares.

HONORIUS Ier (m. en 638), pape de 625 à 638. — HONORIUS II, né à Fagnano (m. en 1130), pape de 1124 à 1130. Il négocia le concordat de Worms (1122). — HONORIUS III, né à Rome (m. en 1227), pape de 1216 à 1227. — HONORIUS IV, né à Rome (1210-1287), pape de 1285 à 1287.

HONSHŪ, anc. Hondo, la plus grande et la plus peuplée des îles constituant le Japon ; 230841 km² ; 86 456 000 h. V. pr. Tōkyō, Osaka, Yokohama, Kyōto, Kōbe.

Honvéd (mot hongr. signif. défense de la patrie), appellation donnée depuis 1848 à l'armée hongroise.

HOOFT (Pieter Cornelisz.), écrivain hollandais, né à Amsterdam (1581-1647). Poète élégiaque et prosateur, il a contribué à former la langue classique de son pays.

HOOGH, HOOGHE ou **HOOCH** (Pieter DE), peintre hollandais, né à Rotterdam (1629-v. 1684), auteur de scènes d'intérieur (notamment celles de son temps de séjour à Delft : entre 1654 et 1662).

HOOGHLY ou **HUGLI,** bras occidental du delta du Gange ; 250 km.

HOOGSTRATEN, comm. de Belgique (prov. d'Anvers) ; 13 900 h.

HOOKE, (Robert), astronome et mathématicien britannique, né à Freshwater (île de Wight) [1635-1703]. Il énonça la loi de la proportionnalité entre les déformations élastiques d'un corps et les efforts auxquels il est soumis.

HOOKER (sir Joseph), botaniste et explorateur anglais, né à Halesworth (1817-1911), auteur d'une classification des plantes.

HOOVER (Herbert Clark), homme d'État américain, né à West Branch (Iowa) [1874-1964], président des États-Unis de 1929 à 1933.

Hoover Dam, anc. Boulder Dam, important barrage des États-Unis, sur le Colorado. Centrale hydroélectrique.

HOPE (Thomas Charles), chimiste écossais, né à Édimbourg (1766-1844). Il étudia le maximum de densité de l'eau.

HO-PEI ou **HEBEI,** prov. de la Chine du Nord; 190 000 km²; 47 millions d'h. Cap. *Che-kia-tchouang.*

HOPIS, ethnie indienne d'Amérique du Nord, auj. localisée en Arizona.

HÔPITAL (L') [57490], comm. de la Moselle; 6 395 h.

HOPKINS (Gerard Manley), écrivain anglais, né à Stratfort (Essex) [1844-1889], jésuite, l'un des initiateurs du lyrisme moderne par sa recherche de rythmes et son accent tragique.

HOPKINS (sir Frederick Gowland), physiologiste et chimiste anglais, né à Eastbourne (1861-1947), spécialiste des vitamines. (Prix Nobel, 1929.)

HORACE, en lat. **Quintus Horatius Flaccus,** poète latin, né à Venosa (65-8 av. J.-C.). Ami de Virgile et de Mécène, protégé d'Auguste, il a doté les lettres latines d'une poésie à la fois familière, nationale et religieuse (*Satires*, Odes*, Épîtres**). Il fut tenu par les humanistes puis par les classiques français comme le modèle des vertus classiques d'équilibre et de mesure.

Horace, tragédie de P. Corneille (1640) : au patriotisme du vieil Horace et de son fils, Corneille oppose le courage plus humain de Curiace et l'amour exclusif de Camille, sœur d'Horace.

HORACES (les trois), nom de trois frères romains qui, sous le règne de Tullus Hostilius et selon la tradition rapportée par Tite-Live, combattirent pour Rome contre les trois Curiaces, champions de la ville d'Albe, pour décider lequel des deux peuples commanderait à l'autre. Le dernier des Horaces, seul survivant, feignant de fuir, tua séparément les trois Curiaces blessés, et assura ainsi le triomphe de sa patrie.

HORATIUS Coclès («le Borgne»), héros romain légendaire qui défendit seul l'entrée du pont Sublicius, à Rome, contre l'armée de Porsenna.

HORDE D'OR, État mongol fondé au XIIIᵉ s. par Batû khân, petit-fils de Gengis khân, et qui s'étendait sur la Sibérie méridionale et le sud de la Russie. Il fut détruit en 1502 par les Tatars de Crimée.

HOREB, autre nom du *Sinaï* dans la Bible.

HORGEN, comm. de Suisse (Zurich); 15 691 h.

HORKHEIMER (Max), philosophe allemand né à Stuttgart (1895-1973). Membre de l'école de Francfort*, il est à l'origine d'une sociologie matérialiste et humaniste.

HORME (L') [42400 St Chamond], comm. de la Loire; 5 051 h. Métallurgie.

HORMISDAS (saint), né à Frosinone (m. en 523), pape de 514 à 523.

HORMUZ → ORMUZ.

HORN (cap), cap situé à l'extrémité sud de la Terre de Feu (Chili).

HORNAING (59171), comm. du Nord; 3 102 h. Centrale thermique.

HORNES ou **HOORNE** (Philippe DE MONTMORENCY, comte DE), gouverneur de la Gueldre sous Charles Quint, né à Nevele (v. 1524-1568), décapité à Bruxelles, avec le comte d'Egmont, par ordre du duc d'Albe, pour s'être opposé à l'autoritarisme espagnol.

HORNEY (Karen), psychanalyste américaine, née à Hambourg (1885-1952). Elle s'est attachée à montrer l'importance des facteurs culturels dans la genèse des névroses.

HORNOY-LE-BOURG (80640), ch.-l. de c. de la Somme; 1 514 h.

Actualit

Victor Horta : hall de la maison
Van Eetvelde (1897), à Bruxelles

Vautier-Decool

Hōryū-ji : le « yumedono » (salle des rêves)

Hortense
de Beauharnais
d'après Gérard

Lauros-Giraudon

HOROWITZ (Vladimir), pianiste américain d'origine russe, né à Berditchev (Ukraine) en 1904.

HORPS [ɔr] (Le) [53640], ch.-l. de c. de la Mayenne; 707 h.

HORSENS, v. du Danemark (Jylland), sur le Cattégat; 53 000 h.

HORST (Louis), pianiste accompagnateur et compositeur américain, né à Kansas City (Missouri) [1884-1964]. Directeur musical à la Denishawn School et chez Martha Graham, il influença toute une génération de danseurs américains novateurs du modern dance.

HORTA (Victor, baron), architecte belge, né à Gand (1861-1947). Pionnier du modern style, il a utilisé en précurseur le fer et le béton (à Bruxelles : maisons Tassel et Horta, hôtel Solvay [1895], palais des Beaux-Arts [1922]).

HORTENSE DE BEAUHARNAIS, née à Paris (1783-1837), reine de Hollande (1806-1810), fille du vicomte de Beauharnais et de Joséphine Tascher de La Pagerie. Elle épousa Louis Bonaparte, roi de Hollande, et fut mère de Napoléon III. Elle écrivit des *Mémoires.*

HORTENSIUS HORTALUS (Quintus), orateur romain (114-50 av. J.-C.), rival de Cicéron, puis son ami.

HORTHY DE NAGYBÁNYA (Miklós), amiral et homme d'État hongrois, né à Kenderes (1868-1957). Commandant en chef de la flotte austro-hongroise (1918), il lutta, en 1919, contre Béla Kun. Élu régent par l'Assemblée nationale hongroise (1920), il exerça les fonctions de chef de l'État au nom de Charles IV de Habsbourg. Après avoir légalisé l'occupation allemande, il tenta de négocier un armistice séparé avec les Russes, mais les Allemands l'obligèrent à démissionner (oct. 1944).

HORTON (Lester), chorégraphe, théoricien et pédagogue américain, né à Indianapolis (1906-1953). Créateur d'une technique et d'un style, son enseignement influença des danseurs tels que Alvin Ailey, Bella Lewitzky, Carmen De Lavallade.

HORUS. Myth. Dieu solaire de l'anc. Égypte, symbolisé par un faucon ou par un soleil ailé.

HORVÁTH (Mihály), historien et homme politique hongrois, né à Szentes (1809-1878). Il étudia la révolution hongroise de 1848-49.

Hōryū-ji, sanctuaire bouddhique construit au début du VIIᵉ s., près de Nara* (Japon), dont certains bâtiments sont les plus anciens exemples de l'architecture de bois d'Extrême-Orient.

HOSPITALET, v. d'Espagne, banlieue de Barcelone; 241 000 h.

HOSSEGOR (40150), station balnéaire des Landes (comm. de *Soorts-Hossegor*), sur l'Atlantique, près de l'*étang d'Hossegor.*

HOTIAN → KHOTAN.

HOTIN → KHOTINE.

HOTMAN, HOTMANUS ou **HOTEMANUS,** *sieur de Villiers Saint-Paul* (François), jurisconsulte français, né à Paris (1524-1590). Il réagit contre l'absolutisme.

HOTTENTOTS, peuple nomade, vivant principalement en Namibie, au nord du fleuve Orange.

HÖTZENDORF (Conrad VON) → CONRAD VON HÖTZENDORF.

HOUAI ou **HUAI** (la), riv. de la Chine entre le Houang-ho et le Yang-tseu-kiang. Importants aménagements.

HOUAI-NAN ou **HUAINAN,** v. de Chine (Ngan-houei), sur la *Houai;* 286 000 h.

HOUA KOUO-FONG ou **HUA GUOFENG,** homme d'État chinois, né dans le Chan-si en 1921. Élément modéré au sein du parti communiste chinois, il est successivement vice-Premier

Pieter de **Hooghe** : *la Buveuse* (1658)

Lauros-Giraudon

ministre (1975), Premier ministre et — après la mort de Mao Tsŏ-tong — président du parti (1976). En 1980, il est remplacé à la tête du gouvernement par Tchao Tseu-yang et, en 1981, il est écarté de la présidence du parti.

HOUANG-HO ou **HUANGHE** (le), ou **FLEUVE JAUNE,** fl. de la Chine du Nord, né au Tibet, tributaire de la mer Jaune (golfe du Po-hai); 4 845 km. De régime très irrégulier, aux crues redoutables, le Houang-ho charrie d'énormes quantités de limon jaunâtre. Son aménagement a été entrepris pour l'extension de l'irrigation et la production d'hydroélectricité.

Houa Kouo-fong

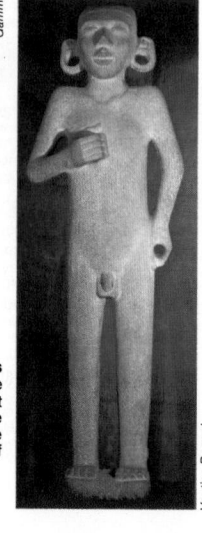

Huaxtèques
statue
d'adolescent
pierre
classique
tardif

HOUANG KONG-WANG ou **HUANG GONGWANG,** peintre chinois (1269-1354). Lettré, doyen des quatre grands maîtres yuan, il eut, par son extrême simplicité de moyens, une influence durable.

HOUAT [wat] (56170 Quiberon), île et comm. de Bretagne (Morbihan); 430 h.

HOUCHARD (Jean Nicolas), général français, né à Forbach (1738-1793). Vainqueur des Anglais à Hondschoote, mais, accusé peu après de ménagements envers l'ennemi, il fut guillotiné.

HOU CHE ou **HU SHI,** écrivain chinois, né à Chang-hai (1891-1962). En 1917, il prit la tête du mouvement de la «Révolution littéraire» et imposa l'emploi de la langue parlée.

HOUCHES (Les) [74310], comm. de la Haute-Savoie, dans la vallée de Chamonix; 1 447 h. Station de sports d'hiver (alt. 1 008-1 900 m).

HOUDAIN (62150), ch.-l. de c. du Pas-de-Calais; 8 483 h.

HOUDAN (78550), ch.-l. de c. des Yvelines; 2 873 h. Donjon du XIIᵉ s. Église des XVᵉ-XVIᵉ s.

HOUDON (Jean Antoine), sculpteur français, né à Versailles (1741-1828). Auteur de tombeaux et de figures mythologiques, il est admiré plus encore pour ses portraits d'enfants, ses bustes et statues des célébrités de son temps (J.-J. Rousseau, Voltaire, Diderot, B. Franklin), d'une vérité saisissante.

HOUDRY (Eugène), ingénieur français, né à Domont (1892-1962). Il inventa le craquage catalytique.

HOUEILLÈS [wɛjɛs] (47420), ch.-l. de c. de Lot-et-Garonne; 723 h.

HOUGUE (la), rade proche des côtes du Cotentin, au large de *Saint-Vaast-la-Hougue.* Tourville y lutta glorieusement contre les flottes de l'Angleterre et de la Hollande (1692).

HOUHEHOT ou **HOU-HO-HAO-T'Ò** ou **HUHEHAOTE,** v. de Chine, cap. de la Mongolie-Intérieure; 314 000 h.

Houdon : buste de la jeune Louise Brongniart
terre cuite (v. 1777)

HOUILLES (78800), ch.-l. de c. des Yvelines; 30 636 h.

HOULGATE (14510), comm. du Calvados, sur la Manche; 1 730 h. Station balnéaire.

HOU-NAN ou **HUNAN,** prov. de la Chine méridionale; 210 000 km²; 50 300 000 h. Cap. *Tch'ang-cha.*

HOU-PEI ou **HUBEI,** prov. de la Chine centrale; 180 000 km²; 33 700 000 h. Cap. *Wou-han.*

HOUPHOUËT-BOIGNY (Félix), homme d'État ivoirien, né à Yamoussoukro (Côte-d'Ivoire) en 1905. Fondateur du Rassemblement démocratique africain (1946), député de la Côte-d'Ivoire à l'Assemblée nationale française (1946-1959), ministre dans tous les gouvernements français à partir de 1956, chef du gouvernement ivoirien en 1959, il obtient pour son pays l'indépendance complète; il est président de la République depuis 1960.

HOUPLINES (59116), comm. du Nord; 7 475 h.

HOURRITES ou **HURRITES,** peuple asiatique installé en haute Mésopotamie dès le IIIᵉ millénaire. Au XVIᵉ s. av. J.-C., ils fondèrent le royaume du Mitanni, qui s'effondra au XIVᵉ-XIIIᵉ s. sous la pression des Hittites et des Assyriens.

HOURTIN (33990), comm. de la Gironde, à l'est de l'*étang d'Hourtin;* 4 764 h. Phare sur la côte. Centre d'instruction de la Marine nationale.

HOUSSAY (Bernardo), médecin argentin, né à Buenos Aires (1887-1971), prix Nobel en 1947 pour ses travaux sur les glandes à sécrétion interne.

HOUSTON, v. des États-Unis (Texas), sur la baie de Galveston; 1 233 000 h. Musées. Port important. Raffinage du pétrole.

HOUTHALEN-HELCHTEREN, comm. de Belgique (Limbourg); 22 800 h.

HOU YAO-PANG ou **HU YAOBANG,** homme d'État chinois, né à Lieou-yang (Hou-nan) en 1915. Secrétaire général du parti communiste chinois, il en devient président après la démission de Houa Kouo-fong.

HOVAS [uv], l'une des castes des Mérinas* et des Betsileos*, vivant à Madagascar.

HOVE, v. d'Angleterre, près de Brighton; 73 000 h. Station balnéaire.

HOWARD, nom d'une famille anglaise qui a fourni des généraux, des amiraux, etc., et à laquelle appartenait la cinquième femme d'Henri VIII, CATHERINE **Howard.**

HOWARD (Edward Charles), ingénieur britannique, né à Sheffield (1774-1816). Il découvrit le fulminate de mercure (1799).

HOWRAH, v. de l'Inde, sur le delta du Gange, banlieue de Calcutta; 738 000 h.

HOXHA ou **HODJA** (Enver), homme d'État albanais, né à Gjinokastër en 1908. Fondateur du parti des travailleurs albanais (1941) et président du Conseil de 1945 à 1954, il est depuis 1948 secrétaire général du parti communiste albanais.

HOYERSWERDA, v. de l'Allemagne démocratique; 63 000 h.

HOYLE (Fred), astronome et mathématicien britannique, né à Bingley en 1915. Défenseur d'un modèle d'univers stationnaire, il est également l'auteur d'une théorie de la gravitation.

HOZIER (Pierre D'), *seigneur* **de la Garde,** généalogiste français, né à Marseille (1592-1660). On lui doit une *Généalogie des principales familles de France* (150 vol. manuscrits).

HRADEC KRÁLOVÉ, v. de Tchécoslovaquie (Bohême); 89 000 h. Cathédrale du XIVᵉ s.

HUACHIPATO, centre sidérurgique du Chili, sur le Pacifique.

HUA GUOFENG → HOUA KOUO-FONG.

HUAI → HOUAI.

HUAINAN → HOUAI-NAN.

HUAMBO, anc. **Nova Lisboa,** v. de l'Angola central; 62 000 h.

HUANCAYO, v. du Pérou; 176 000 h.

HUANGHE → HOUANG-HO.

HUAXTÈQUES, peuple indien du nord de l'anc. Mexique (golfe du Mexique), dont la civilisation atteignit son apogée vers le Xᵉ s. (stèles très ornementées, nacre gravée, céramique aux formes originales).

HUBBLE (Edwin), astrophysicien américain, né à Marshfield (1889-1953). Après avoir établi l'existence, à l'extérieur de notre Galaxie, de systèmes stellaires analogues, les galaxies, en mouvement d'éloignement relatif, il mit en évidence, entre les vitesses apparentes de fuite et les distances de ces galaxies, une relation de proportionnalité, considérée comme une preuve de l'expansion de l'univers.

HUBEI → HOU-PEI.

HUBERT (saint), évêque de Tongres, Maastricht et Liège (m. en 727). Il évangélisa la Belgique orientale. Patron des chasseurs.

Hubertsbourg (traité d'), traité qui mit fin à la guerre de Sept Ans (1763), en ce qui concernait l'Autriche et la Prusse.

HUBLI, v. de l'Inde (Karnātaka); 379 000 h.

HUC (Évariste), missionnaire français, né à Caylus (1813-1860). Il visita la Chine, la Mongolie et le Tibet.

HUCQUELIERS (62650), ch.-l. de c. du Pas-de-Calais; 620 h.

HUDDERSFIELD, v. d'Angleterre; 131 000 h.

HUDSON (Henry), navigateur anglais qui découvrit, en 1610, le détroit et la baie qui portent son nom. Il périt en 1611, abandonné par son équipage.

HUDSON, fl. des États-Unis, qui se jette dans l'Atlantique à New York; 500 km.

HUDSON (baie d'), golfe du Canada pris par les glaces pendant sept mois et ouvrant sur l'Atlantique par le *détroit d'Hudson.* — La Compagnie anglaise de la baie d'Hudson, créée en 1670 par Charles II, joua un grand rôle dans la colonisation du nord du Canada.

HUÉ, v. du Viêt-nam; 200 000 h. Archevêché. Anc. cap. impériale (tombeaux des empereurs d'Annam, palais, temples), très atteinte par les bombardements de la guerre du Viêt-nam.

HUELGOAT [-gwat] (29218), ch.-l. de c. du Finistère; 2 334 h. Forêt avec chaos de rochers.

HUELVA, port d'Espagne (Andalousie); 113 000 h. Industries chimiques.

HUESCA, v. d'Espagne (Aragon); 38 000 h. Cathédrale des XIIIᵉ-XVIᵉ s.

HUET, patronyme de divers peintres français, dont le plus connu est PAUL, né à Paris (1803-1869), paysagiste ami de Delacroix.

HUGHES (David), ingénieur américain d'origine britannique, né à Londres (1831-1900), inventeur d'un appareil télégraphique imprimeur (1854) et du microphone (1877).

HUGLY → HOOGHLY.

HUGO (Victor), écrivain français, né à Besançon (1802-1885). Fils d'un général de l'Empire, il est d'abord un poète classique et monarchiste (*Odes,* 1822). Mais la publication de la Préface de *Cromwell** (1827) et des *Orientales* (1829), puis la représentation d'*Hernani** (1830) font de lui le meilleur incarnation du romantisme — en poésie (*les Feuilles d'automne,* 1831; *les Chants* du crépuscule, 1835; les Voix intérieures, 1837; les Rayons et les Ombres, 1840), au théâtre (Marion de Lorme, 1831; Ruy Blas, 1838) et par ses romans historiques (Notre-Dame* de Paris, 1831) —, tandis qu'il évolue vers les idées libérales et le culte napoléonien. Après l'échec des Burgraves* (1843) et la mort de sa fille Léopoldine, il se consacre à la politique (il est pair de France en 1845). Député en 1848, il s'exile à Jersey, puis à Guernesey, après le coup d'État du 2 décembre 1851. C'est alors qu'il donne les poèmes satiriques des Châtiments* (1853), le recueil lyrique des Contemplations* (1856), l'épopée de la Légende* des siècles (1859-1883), ainsi que deux romans (les Misérables*, 1862; les Travailleurs de la mer*, 1866). Rentré en France en 1870, partisan des idées républicaines, il devient un personnage honoré et officiel et, à sa mort, ses cendres sont transférées au Panthéon.

HUGUES de Cluny (saint), né à Semur-en-Brionnais (1024-1109), abbé de Cluny de 1049 à 1109. Il travailla beaucoup à l'extension de la règle clunisienne.

HUGUES le Grand (m. en 956), comte de Paris, duc des Francs, fils du roi Robert Ier. Sa puis-

Victor **Hugo**
par Bonnat

sance, sous les derniers rois carolingiens, facilita l'avènement de son fils Hugues Capet.
HUGUES CAPET (v. 941-996), duc des Francs (956-987), puis roi de France (987-996), fils du précédent. Il fut aux prises avec ses vassaux, notamment Eudes Ier de Blois. Il fit sacrer son fils Robert de son vivant (987) et assura ainsi l'hérédité de sa maison.

HUGUES de Payns, né au château de Payns, près de Troyes (v. 1070-1136), fondateur de l'ordre des Templiers en 1119.

HUGUES de Saint-Victor, théologien français, m. à Paris en 1141. Son influence fut considérable sur la scolastique du XIIe s.

HUHEHAOTE → HOUHEHOT.

Huis clos, pièce en un acte, de J.-P. Sartre (1944), qui a pour thème l'existence devant autrui.

HUISNE [ɥin], affl. de la Sarthe (r. g.), rejointe au Mans; 130 km.

HÜLÄGÜ (v. 1217-1265), premier souverain mongol de l'Iran (1251-1265), petit-fils de Gengis khân. Il mit fin au califat de Bagdad (1258).

HULL → KINGSTON-UPON-HULL.

HULL, v. du Canada (Québec), sur l'Ottawa; 61 039 h. Évêché.

HULL (Cordell), homme politique américain, né à Olympus (Tennessee) [1871-1955], démocrate, secrétaire d'État aux Affaires étrangères de 1933 à 1944. (Prix Nobel de la paix, 1945.)

HULL (Clark Leonard), psychologue américain, né à Akron (New York) [1884-1952]. Il a étudié les processus de l'apprentissage.

Humanité (l'), journal quotidien, fondé en 1904 et dirigé par J. Jaurès jusqu'en 1914, organe du parti communiste français à partir de 1920.

HUMBER (le), estuaire de l'Ouse et de la Trent, sur la côte est de l'Angleterre.

HUMBERT II (1313-1355), dernier dauphin de Viennois. Sans héritier direct, il vendit ses États au roi de France (1349), puis entra dans les ordres.

HUMBERT Ier, né à Turin (1844-1900), roi d'Italie (1878-1900), fils de Victor-Emmanuel II, assassiné par un anarchiste. Il favorisa la politique germanique de Crispi.

HUMBERT II, né à Racconigi en 1904. Fils de Victor-Emmanuel III, lieutenant général du royaume le 5 juin 1944, il régna du 9 mai au 13 juin 1946, puis abdiqua après un référendum favorable à la république.

HUMBERT (Henri), botaniste français, né à Paris (1887-1967), spécialiste et protecteur de la flore de Madagascar.

HUMBOLDT (Wilhelm, baron VON), linguiste allemand, né à Potsdam (1767-1835). Partant de l'étude de langues très diverses, il chercha à dépasser la grammaire comparée pour constituer une anthropologie générale, qui examinerait les rapports entre le langage et la pensée, les langues et les cultures. — ALEXANDER, son frère, né à Berlin (1769-1859), explora l'Amérique tropicale et l'Asie centrale. Ses travaux contribuèrent au développement de la climatologie, de la géologie, de la biogéographie et de l'océanographie.

HUMBOLDT (courant de), ou **COURANT DU PÉROU**, courant marin froid du Pacifique, qui

Alexander
von **Humboldt**

longe, du sud au nord, la côte de l'Amérique du Sud.
HUME (David), philosophe et historien écossais, né à Édimbourg (1711-1776). Son Traité de la nature humaine (1739-40) et ses Essais philosophiques sur l'entendement humain (1748) élaborent les principes d'une théorie empiriste de la connaissance qui sert de base à une théorie utilitariste de la vie sociale et politique.

HUMMEL (Johann Nepomuk), compositeur et pianiste autrichien, né à Presbourg (1778-1837), auteur de sonates et de concertos.

HUMPHREY (Doris), danseuse, chorégraphe et pédagogue américaine, née à Oak Park (Illinois) [1895-1958]. Un des pionniers de la modern dance, elle élabora une technique fondée sur le potentiel d'équilibre et de rythme du corps humain. Ses conceptions s'illustrèrent sur des thèmes nouveaux (New Dance Trilogy, The Shakers, Lament for Ignacio Sánchez Mejías, etc.).

HUNAN → HO-NAN.

HUNDERTWASSER (Friedrich STOWASSER, dit), peintre autrichien, né à Vienne en 1928. Sens du merveilleux, ingénuité un peu morbide, automatisme sont à l'origine de ses labyrinthes peuplés de figures, brillamment enluminés.

HUNEDOARA, v. de Roumanie, en Transylvanie; 80 000 h. Château du XIVe s. Sidérurgie.

HUNÉRIC (m. en 484), roi vandale d'Afrique (477-484). Arien, il persécuta les manichéens et les catholiques (482-484).

HUNGNAM ou **HEUNG-NAM**, v. de la Corée du Nord; 150 000 h.

HUNINGUE (68330), ch.-l. de c. du Haut-Rhin, près de Bâle; 6 576 h. Industries chimiques. Célèbre par la défense du général Barbanègre en 1815.

HUNS, anc. population nomade de haute Asie. Les Huns proprement dits, poussant devant eux divers peuples barbares, atteignirent le Danube v. 405 apr. J.-C., édifiant en Pannonie un puissant État. Sous Attila († 453), ils pillèrent l'Empire romain; après lui, l'empire des Huns disparut.

— D'autres Huns, horde turco-mongole, dits Blancs ou Hephthalites, conquirent le nord-ouest de l'Inde au VIe s. puis, vaincus et dispersés, furent absorbés par la masse indienne au milieu du VIIe s.

HUNSRÜCK, partie du Massif schisteux rhénan, sur la r. g. du Rhin.

HUNT (William Holman), peintre anglais, né à Londres (1827-1910), un des fondateurs de l'école préraphaélite.

HUNTSVILLE, v. des États-Unis (Alabama); 147 000 h. Centre d'études spatiales.

HUNTZIGER (Charles), général français, né à Lesneven (1880-1941). Commandant la IIe armée à Sedan en 1940, il signa les armistices, puis fut ministre de la Guerre de Pétain.

HUNYADI, famille hongroise. Un de ses membres les plus fameux, JÁNOS (Jean), né en Transylvanie (v. 1387-1456), voïévode de Transylvanie, régent de Hongrie pendant la minorité de Ladislas V, lutta contre les Turcs. — Son fils MATHIAS* CORVIN fut roi de Hongrie.

Huon de Bordeaux, chanson de geste française du début du XIIIe s.

HURAULT (Louis), général français, né à Attray (Loiret) [1886-1973]. Directeur du Service de géographie de l'armée en 1937, il présida, en 1940, à sa transformation en Institut géographique national, organisme qu'il dirigea jusqu'en 1956.

HUREPOIX, petit pays de l'Île-de-France, entre la Beauce et la Brie, ouvert par les profondes vallées de l'Orge et de l'Yvette.

HURIEL (03380), ch.-l. de c. de l'Allier; 2 147 h. Église et donjon du XIIe s.

HURON (lac), lac de l'Amérique du Nord, entre le Canada et les États-Unis; 60 000 km².

Jan **Hus**, dessin
de U. Richenthal

Husayn
de Jordanie

HURONS, ethnie indienne, qui était fixée entre les lacs Ontario et Huron et qui fut l'alliée des Français contre les Iroquois au XVIIe s.

HURTADO DE MENDOZA (Diego), diplomate et écrivain espagnol, né à Grenade (1503-1575), auteur présumé du Lazarillo de Tormes, le premier roman picaresque.

HUS (Jan), réformateur tchèque, né à Husinec (Bohême) [v. 1370-1415]. Recteur de l'université de Prague, il fut accusé de soutenir les thèses de Wycliffe, dont, en fait, il reprenait les grandes idées, mais en s'efforçant de les infléchir dans le sens de l'orthodoxie catholique. Condamné par le concile de Constance, il fut, au mépris du sauf-conduit accordé, arrêté et brûlé comme hérétique.

HUSÁK (Gustáv), homme d'État tchécoslovaque, né à Bratislava en 1913. Président du gouvernement autonome de Slovaquie (1946-1950), il est exclu du parti communiste par Novotný. Réhabilité en 1963, favorable à l'intervention soviétique en Tchécoslovaquie (1968), il devient premier secrétaire (1969) puis secrétaire général (1971) du parti communiste tchécoslovaque; il est président de la République depuis 1975.

HUSAYN, né à 'Ammân en 1935, roi de Jordanie depuis 1952. Il engagea la Jordanie dans la troisième guerre israélo-arabe (1967), qui entraîna l'occupation de la Cisjordanie par les Israéliens et, en 1970-71, fit anéantir les camps de résistants palestiniens installés dans son pays.

David **Hume**
par A. Ramsay

HUSAYN IBN AL-HUSAYN, dernier dey d'Alger, né à Smyrne (v. 1765-1838). Sous son règne prit naissance le conflit qui amena la conquête de l'Algérie (1830).

HUSAYN IBN 'ALĪ (v. 1856-1931), souverain du Hedjaz. Roi du Hedjaz en 1916, il fut renversé par Ibn Sa'ūd en 1924.

HUSSEIN ou **HUSAYN** (Tāhā), écrivain égyptien, né à Marhârha (Haute-Égypte) [1889-1973]. Aveugle, il devint cependant ministre de l'Instruction publique et publia des romans et des essais critiques.

HUSSEIN-DEY, faubourg d'Alger.

HUTUS, ethnie formant la majorité de la population du Burundi et du Ruanda.

HUVEAUNE, fl. côtier de Provence, rejoignant la Méditerranée à Marseille; 52 km.

HUXLEY (Thomas), naturaliste et voyageur anglais, né à Ealing (1825-1895), défenseur ardent du transformisme. — *Sir* JULIAN, biologiste, né à Londres (1887-1975), petit-fils de Thomas, effectua des recherches sur la génétique et l'évolution. Il fut directeur de l'Unesco (1946). — ALDOUS, écrivain, né à Godalming (Surrey) [1894-1963], frère du précédent, peintre satirique du monde moderne *(Contrepoint, le Meilleur* des mondes).*

HUYSMANS (Camille), homme politique belge, né à Bilzen (1871-1968). Député socialiste (1910), président de l'Internationale socialiste (1940), il dirigea un gouvernement de gauche en 1946-47.

HYACINTHE *(saint),* religieux polonais, né à Kamień (Silésie) [1185-1257]. Dominicain, il introduisit son ordre en Pologne (1221). Il eut une grande activité missionnaire et un grand renom de thaumaturge.

Hyde Park, parc de l'ouest de Londres.

HYDERĀBĀD ou **HAIDARĀBĀD,** v. de l'Inde, cap. de l'Andhra Pradesh, dans le Deccan; 1 607 000 h. Monuments des XVIᵉ-XVIIᵉ s. Musées.

HYDERĀBĀD, v. du Pākistān, dans le Sind; 435 000 h.

HYDRA ou **ĪDHRA,** île grecque de la mer Égée, en face de l'Argolide *(Hydriotes).* Ch.-l. *Hydra.*

HYÈRES (83400), ch.-l. de c. du Var; 39 593 h. *(Hyérois).* Anc. port médiéval, Salines. Base aéronavale du Palyvestre.

HYÈRES *(îles d'),* petit archipel français de la Méditerranée, comprenant *Porquerolles, Port-Cros, l'île du Levant* et deux îlots. Stations touristiques et centre naturiste (à l'île du Levant).

HYGIN *(saint),* pape de 136 à 140.

HYKSOS, envahisseurs sémites qui dominèrent l'Égypte de 1670 à 1560 av. J.-C. (XVᵉ et XVIᵉ dynasties). C'est au début de cette période que les Hébreux s'établirent en Égypte. Les Hyksos furent chassés par les princes de Thèbes.

HYMETTE *(mont),* montagne de l'Attique, au sud d'Athènes, renommée pour son miel et son marbre.

HYPATIE, philosophe et mathématicienne grecque, née à Alexandrie (v. 370-415), fille de Théon d'Alexandrie.

HYPÉRIDE, orateur et homme politique athénien, né à Athènes (v. 390-322 av. J.-C.), contemporain et émule de Démosthène. Il fut mis à mort sur ordre d'Antipatros.

HYRCAN Iᵉʳ ou **JEAN HYRCAN** (m. en 104 av. J.-C.), grand prêtre et prince des Juifs de 134 à 104 av. J.-C., fils de Simon Maccabée. — HYRCAN II (110-30 av. J.-C.), grand prêtre (76-67, 63-40 av. J.-C.) et ethnarque des Juifs (47-41 av. J.-C.); tué en l'an 30.

HYRCANIE, contrée de l'ancienne Perse, au sud-est de la mer Caspienne.

Huysmans par Forain

Edmund **Husserl**

Aldous **Huxley** par A. Wolmark

Christiaan **Huygens**

HUSSERL (Edmund), philosophe allemand, né à Prossnitz (1859-1938). Ses recherches logiques l'ont conduit à s'interroger sur les relations entre la vie, la perception et le langage. Il a fondé la phénoménologie, discipline qui se propose de décrire la vie de la conscience afin de saisir l'essence des choses et, ainsi, la vérité du monde et de l'homme *(Recherches logiques, 1900-01; Idées directrices pour une phénoménologie, 1913; Méditations cartésiennes, 1931).*

HUSTON (John), cinéaste américain, né à Nevada (Missouri) en 1906. Auteur de : *le Faucon maltais* (1941), *Quand la ville dort* (1950), *The African Queen* (1951), *les Misfits* (1961), *Juge et hors-la-loi* (1972), *Wise blood* (1979).

HUTTEN (Ulrich VON), chevalier et humaniste allemand, né près de Schlüchtern (Hesse) [1488-1523], célèbre par ses virulentes attaques, au début de la Réforme, contre les princes et les évêques.

HUY [ɥi], v. de Belgique (Liège), sur la Meuse; 18 300 h. Collégiale gothique.

HU YAOBANG → HOU YAO-PANG.

HUYGENS (Christiaan), physicien et astronome néerlandais, né à La Haye (1629-1695). Il découvrit l'anneau de Saturne et la nébuleuse d'Orion, fit l'hypothèse des ondulations lumineuses, établit la théorie du pendule, qu'il utilisa comme régulateur du mouvement des horloges.

HUYGHE (René), écrivain d'art français, né à Arras en 1906. Professeur au Collège de France (psychologie de l'art), il a dirigé un ouvrage de synthèse, *l'Art et l'Homme.* (Acad. fr.)

HUYSMANS [ɥismãs] (Georges Charles, dit **Joris-Karl**), écrivain français, né à Paris (1848-1907). Il a évolué du naturalisme *(les Sœurs Vatard,* 1879) à l'attrait pour les « décadents » *(À rebours,* 1884) puis au mysticisme chrétien *(Là-bas,* 1891; *l'Oblat,* 1903).

Iran : paysage d'Azerbaïdjan, dans la région de Tabriz.

I

IABLONOVYÏ *(monts),* massif montagneux du sud de la Sibérie (1 645 m).

IACOPO della Quercia, sculpteur italien, né à Sienne (v. 1374-1438). Il travailla à Sienne *(Fonte Gaia),* à Lucques, à Bologne.

IACOPONE da Todi (Iacopo DEI BENEDETTI, dit), poète italien, né à Todi (Ombrie) [1230-1306]. Ses « laudes » dialoguées forment la première ébauche du théâtre sacré italien.

IAKOUTIE ou **YAKOUTIE,** république autonome de l'U.R.S.S. (R.S.F.S. de Russie), en Sibérie orientale ; 3 103 200 km² ; 664 000 h. *(Iakoutes).* Cap. *Iakoutsk* ou *Yakoutsk* (149 000 h.). Base aérienne.

Iambes, poème satirique écrit par A. Chénier (1794) pendant son séjour à la prison Saint-Lazare.

IAPYGES, peuplades illyriennes qui, vers 1000 av. J.-C., passèrent en Italie et se fixèrent au Vᵉ s. en Apulie (anc. *Iapygie).*

IAROSLAV (978-1054), grand-prince de Kiev de 1019 à 1054. Il étendit son autorité jusqu'à la Baltique et consolida le christianisme en Russie.

IAROSLAVL, v. de l'U.R.S.S. (R.S.F.S. de Russie), sur la Volga supérieure ; 584 000 h. Églises à cinq coupoles du XVIIᵉ s. Industries textiles, mécaniques et chimiques.

IAŞI, v. de Roumanie, en Moldavie ; 247 000 h. Université. Deux églises d'un style byzantin original (XVIIᵉ s.). Centre industriel.

IAXARTE, fl. de Sogdiane, tributaire de la mer d'Aral. (Auj. le *Syr-Daria.)*

IBADAN, v. du sud-ouest du Nigeria ; 758 000 h. Université. Centre commercial.

IBAGUÉ, v. de Colombie; 164 000 h.

IBÈRES, peuple, peut-être originaire du Sahara, qui occupa dès le néolithique la plus grande partie de la péninsule Ibérique.

IBÉRIE, dans l'Antiquité, région constituant la péninsule Ibérique.

IBÉRIQUE *(péninsule),* partie sud-ouest de l'Europe, partagée entre l'Espagne et le Portugal.

IBÉRIQUES *(monts),* massif montagneux d'Espagne, séparant la Castille du bassin de l'Èbre.

IBERVILLE (Pierre LE MOYNE D') → LE MOYNE D'IBERVILLE.

IBIZA, une des îles Baléares, au sud-ouest de Majorque. Ch.-l. *Ibiza.* Tourisme.

IBN AL-HAYTHAM, AL-HAZIN ou **AL-HAZEN,** mathématicien et physicien arabe, né à Bassora (965-1039), auteur de nombreux ouvrages, de mathématiques, d'astronomie, de médecine et de physique.

IBN AL-MUQAFFA' ('Abd Allāh), écrivain irano-arabe, né à Djūr (auj. Firuzābād) [v. 720-v. 756], l'un des créateurs de la prose littéraire arabe *(Livre de Kalila et Dimna).*

IBN BADJDJA (Abū Bakr Muḥammad ibn Yaḥyā ibn al-Ṣā'irh) ou **AVEMPACE de Saragosse,** philosophe arabe, m. à Fès en 1138, auteur d'un *Traité de l'âme* et du *Régime du solitaire.*

IBN BATTŪTA, voyageur et géographe arabe, né à Tanger (1304-1377).

IBN KHALDŪN ('Abd al-Raḥmān), historien et sociologue arabe, né à Tunis (1332-1406). Il a laissé une immense *Chronique universelle,* précédée de *Prolégomènes* où il expose sa philosophie de l'histoire.

IBN SA'ŪD → 'ABD AL-'AZĪZ III IBN SA'ŪD.

IBOS, population d'agriculteurs des plateaux de l'est du Nigeria et de la région du Niger inférieur.

IBRĀHĪM Iᵉʳ, fondateur de la dynastie des Arhlabides (m. en 812). Il gouverna l'Afrique du Nord.

IBRAHIM, né à Constantinople (1616-1648), Sultan ottoman (1640-1648).

IBRĀHĪM BEY (1735-1816), chef des mamelouks d'Égypte (1795-1816). Il fut chassé par Méhémet-Ali en 1811.

IBRĀHĪM PACHA, né à Kavâla (1789-1848), vice-roi d'Égypte (1848), fils de Méhémet-Ali. À la tête de l'armée égyptienne, il soumit la Grèce (1827), puis conquit la Syrie (1833).

IBSEN (Henrik), écrivain norvégien, né à Skien (1828-1906), auteur de drames d'inspiration philosophique et sociale *(Brand,* 1866; *Peer* Gynt,* 1867; *Maison de poupée,* 1879; *les Revenants,* 1881; *le Canard* sauvage,* 1884; *Hedda Gabler,* 1890).

IBYCOS, poète et musicien grec, né à Rhegio au VIᵉ s. av. J.-C., auteur d'hymnes.

Henrik Ibsen

ICA, v. du Pérou; 109 000 h.

ICARE, fils de Dédale, avec lequel il s'enfuit du Labyrinthe de Crète au moyen d'ailes dont les plumes avaient été fixées à leurs épaules avec de la cire. Mais il s'éleva trop haut dans le ciel et, la chaleur du soleil ayant fait fondre la cire, il tomba dans la mer.

ICARIE ou **IKARIÁ,** île grecque de la mer Égée, à l'ouest de Samos.

ICAZA CORONEL (Jorge), écrivain équatorien, né à Quito (1906-1978), auteur de romans réalistes sur le monde rural *(la Fosse aux Indiens).*

ICHIKAWA, v. du Japon (Honshū); 261 000 h.

ICHINOMIYA, v. du Japon (Honshū); 219 000 h.

ICHTEGEM, comm. de Belgique (Flandre-Occidentale); 11 900 h.

ICONIUM, nom ancien de *Konya*.*

ICTINOS, architecte grec (milieu du Vᵉ s. av. J.-C.). Il seconda Phidias au Parthénon et travailla à Éleusis (grande salle des mystères).

IDA, nom grec de deux chaînes de montagnes, l'une en Asie Mineure, au sud-est de Troie, l'autre en Crète.

IDAHO, un des États unis d'Amérique, dans les Rocheuses; 216 412 km²; 713 000 h. Cap. *Boise.*

Idéologie allemande *(l'),* œuvre de K. Marx et F. Engels (1845-46), où sont jetées les bases du matérialisme historique.

IDFŪ → EDFOU.

ÍDHRA → HYDRA.

Idiot *(l'),* roman de Dostoïevski, dont le héros est le prince Mychkine (1868).

IDJIL *(Kedia d'),* massif de Mauritanie. Minerai de fer.

IDLEWILD, quartier de New York, dans le district de Queens. Aéroport international J. F. Kennedy.

IDOMÉNÉE, roi légendaire de Crète, petit-fils de Minos, héros de la guerre de Troie.

IDRIS Iᵉʳ (Muhammad Idrīs al-Mahdī al-Sanūsī), né à Djaraboub en 1890, premier roi de Libye (1951). Il fut renversé en 1969 par le coup d'État militaire dirigé par Kadhafi.

IDRÏSI ou **EDRISI** (Abū 'Abd Allāh Muḥammad al-), géographe arabe, né à Ceuta (v. 1099 - entre 1165 et 1186). Ses cartes servirent de base aux travaux ultérieurs.

IDRISIDES, dynastie 'alide fondée au Maroc par Idrīs Iᵉʳ (m. en 791). La décadence commença à la mort d'Idrīs II (793-828), qui s'était installé à Fès.

IDUMÉE, partie méridionale de la Palestine à l'époque gréco-romaine. C'est l'ancien pays des Édomites.

IDUMÉENS → ÉDOMITES.

Idylles (les), poèmes de Théocrite (IIIe s. av. J.-C.), qui comprennent des chansons amoureuses, des mimes dialogués, des poèmes rustiques.

Idylles du roi (les), de Tennyson (1859-1885), suite de dix poèmes inspirés par les légendes médiévales de la Table ronde.

IEKATERINBOURG, anc. nom de Sverd-lovsk*.

IEKATERINODAR, anc. nom de Krasnodar*.

IEKATERINOSLAV, anc. nom de Dniepropetrovsk*.

IELGAVA ou **JELGAVA,** anc. Mitau, v. de l'U.R.S.S. (Lettonie), anc. cap. de la Courlande russe; 59 000 h.

IELISAVETGRAD, anc. nom de Kirovograd*.

IELISAVETPOL, anc. nom de Kirovabad*.

IÉNA, en allem. **Jena,** v. d'Allemagne démocratique, sur la Saale; 94 000 h. Instruments de précision et d'optique. Université fondée en 1558. Victoire de Napoléon sur les Prussiens le 14 octobre 1806.

IENIKALE, anc. nom de Kertch*.

IENISSEÏ, fl. de Sibérie occidentale, qui se jette dans l'océan Arctique (mer de Kara); 3 800 km. Grandes centrales hydroélectriques.

IESSENINE → ESSENINE.

IEVPATORIA, anc. **Eupatoria,** port de l'U.R.S.S. (Ukraine), sur la côte ouest de la Crimée; 57 000 h. Les Français, les Anglais et les Turcs y débarquèrent en 1854.

IEVTOUCHENKO → EVTOUCHENKO.

IEYASU (1542-1616), fondateur, au Japon, de la dynastie shōgunale de Tokugawa.

IF, îlot de la Méditerranée, à 2 km de Marseille. Château fort bâti par François Ier, et qui servit de prison d'État.

IFE, v. du sud-ouest du Nigeria; 157 000 h. Anc. capitale spirituelle des Yoroubas et foyer d'une civilisation florissante au XIIIe s. Musée.

IFNI, anc. territoire espagnol. Occupé par les Espagnols en droit en 1860, en fait en 1934, l'Ifni fut constitué en province espagnole en 1958; il fut rétrocédé au Maroc en 1969.

IFRIQIYA, anc. nom arabe de la Tunisie et de l'Algérie orientale.

IGARKA, port de l'U.R.S.S. (R.S.F.S. de Russie), sur le bas Ienisseï, dans l'Arctique; 40 000 h.

IGLS, station de sports d'hiver d'Autriche (Tyrol), près d'Innsbruck (alt. 900-2 247 m).

IGNACE (saint), auteur chrétien, m. martyr à Rome (v. 107). Évêque d'Antioche, il a écrit sept Épîtres, témoignages importants sur l'organisation hiérarchique des Églises.

IGNACE de Loyola (saint), né à Azpeitia (Guipúzcoa) [v. 1491-1556). Gentilhomme converti, il fonda à Paris en 1534 la Compagnie de Jésus (Jésuites), dont les constitutions furent approuvées par le pape en 1540. Il a laissé un guide de méditations systématiques, les Exercices spirituels.

IGNY (91430), comm. de l'Essonne, sur la Bièvre; 9 630 h. École d'horticulture.

IGUAÇU, en esp. **Iguazú,** riv. du Brésil, affl. du Paraná (r. g.), limite entre le Brésil et l'Argentine; 1 320 km. Magnifiques chutes.

IHOLDY (64640), ch.-l. de c. des Pyrénées-Atlantiques; 525 h.

IJEVSK, v. de l'U.R.S.S (R.S.F.S. de Russie), cap. de la rép. autonome des Oudmourtes; 534 000 h. Métallurgie.

IJMUIDEN, port des Pays-Bas, sur la mer du Nord. Pêche. Sidérurgie. Aluminium.

IJSSEL ou **YSSEL,** bras nord du delta du Rhin (Pays-Bas), qui finit dans l'IJsselmeer.

IJSSELMEER, lac des Pays-Bas, formé par la partie du Zuiderzee qui n'a pas été asséchée.

IKEDA HAYATO, homme politique japonais (1899-1965), Premier ministre libéral-démocrate de 1960 à 1964.

IKE NO TAIGA, peintre japonais (1723-1776), interprète original de la peinture lettrée chinoise, dont les paysages reflètent une émotion lyrique proprement japonaise.

ILĀHĀBĀD → ALLĀHĀBĀD.

ILDEFONSE (saint), né à Tolède (v. 607-667), archevêque de Tolède.

île au trésor (l'), roman de R. L. Stevenson (1883), l'un des classiques du roman d'aventures.

ÎLE-AUX-MOINES (L') [56780], comm. du Morbihan, formée par la principale île du golfe du Morbihan; 588 h. Cromlech.

ÎLE-BOUCHARD (L') [37220], ch.-l. de c. d'Indre-et-Loire; 1 726 h. Églises médiévales.

ÎLE-DE-FRANCE, pays de l'anc. France (cap. Paris), constitué en province au XVe s. — Le nom désigne aujourd'hui une Région administrative, formée de huit départements (Essonne, Hauts-de-Seine, Paris, Seine-et-Marne, Seine-Saint-Denis, Val-de-Marne, Val-d'Oise et Yvelines; 12 008 km²; 9 878 565 h. Ch.-l. Paris) et correspondant approximativement à la province historique.

ÎLE-D'YEU (L') [85350], ch.-l. de c. de la Vendée, formé sur l'île d'Yeu; 4 766 h. Pétain y fut détenu de 1945 à sa mort (1951).

ÎLE-ROUSSE (L') [20220], ch.-l. de c. de la Haute-Corse; 2 650 h. (Isolani). Tourisme.

ÎLE-SAINT-DENIS (L') [93450], comm. de la Seine-Saint-Denis; 7 004 h.

ILESHA, v. du Nigeria; 200 000 h.

Il faut qu'une porte soit ouverte ou fermée, comédie-proverbe d'A. de Musset (1845).

ILI, rivière de l'Asie (Chine et U.R.S.S.), tributaire du lac Balkhach; 1 384 km.

Iliade (l'), poème épique en vingt-quatre chants, attribué à Homère. C'est le récit d'un épisode de la guerre de Troie : Achille, qui s'était retiré sous sa tente après une querelle

saint **Ignace** de Loyola
par Zurbarán

Ife : tête de roi
en bronze (Xe-XIIe s.)

Trecciani

British Museum

ILLE-ET-VILAINE

avec Agamemnon, revient au combat pour venger son ami Patrocle, tué par Hector. Après avoir vaincu Hector, Achille traine son cadavre autour du tombeau de Patrocle, puis le rend à Priam, venu réclamer le corps de son fils. Poème guerrier, l'*Iliade* contient aussi des scènes grandioses (funérailles de Patrocle) et émouvantes (adieux d'Hector et d'Andromaque).

ILION, un des noms de *Troie**.

ILIOUCHINE (Sergueï Vladimirovitch), ingénieur soviétique de l'aéronautique, né à Diljalevo, près de Vologda (1894-1977). Il donna son nom à de nombreux modèles d'avions militaires et commerciaux.

ILL, riv. d'Alsace; 208 km. Né dans le Jura septentrional, l'Ill passe à Mulhouse, Sélestat, Strasbourg, et se jette dans le Rhin (r. g.).

ILLAMPU, sommet des Andes boliviennes; 6 550 m.

ILLE, petite riv. de Bretagne, affl. de la Vilaine (r. dr.) à Rennes; 45 km.

ILLE-ET-VILAINE (dép. d') [**35**], dép. de la Région Bretagne; ch.-l. de dép. *Rennes*; ch.-l. d'arr. *Fougères, Redon, Saint-Malo*; 4 arr., 49 cant., 352 comm.; 6 758 km²; 702 199 h. Le dép. appartient à l'académie, à la circonscription judiciaire, à la région militaire et à la province ecclésiastique de Rennes. Occupant la partie orientale de la Bretagne, l'Ille-et-Vilaine s'étend sur le riche bassin de Rennes, bordé au nord par une zone de collines, qui dominent une région côtière, basse et sableuse à l'est de Cancale (partiellement aménagée en polders : marais de Dol), plus élevée et rocheuse à l'ouest. L'agriculture est fondée sur les cultures du blé, du pommier à cidre, des plantes fourragères (associées à un élevage bovin important) et, localement, des légumes. L'industrie est représentée surtout à Rennes, dont l'agglomération regroupe le tiers de la population départementale. Plus que la pêche et l'ostréiculture (Cancale), le tourisme estival anime les villes de la côte d'Émeraude : Dinard et Saint-Malo, de part et d'autre de l'estuaire de la Rance.

ILLE-SUR-TÊT (66130), comm. des Pyrénées-Orientales; 5 260 h. Vestiges médiévaux.

ILLICH (Ivan), essayiste d'origine autrichienne, né à Vienne en 1926. Ordonné prêtre, il fonda à Cuernavaca (Mexique) une université libre. Il critique âprement les systèmes d'éducation (*Une société sans école,* 1971) et société industrielle (*la Convivialité,* 1973; *Némésis médicale,* 1975).

ILLIERS-COMBRAY (28120), ch.-l. de c. d'Eure-et-Loir; 3 569 h.

ILLINOIS, un des États unis d'Amérique (centre-nord-est); 146 075 km²; 11 114 000 h. Cap. *Springfield.* V. pr. *Chicago.*

ILLKIRCH-GRAFFENSTADEN (67400), ch.-l. de c. du Bas-Rhin; 17 725 h. Constructions mécaniques.

ILLNAU, comm. de Suisse (Zurich); 13 693 h.

Illuminations, recueil de poèmes en prose de Rimbaud (1886).

Illusions perdues, roman de Balzac (1837-1843). Le génie et l'ambition d'un jeune poète provincial se brisent sur la cruauté et les compromissions des salons parisiens et du monde de l'édition et de la presse.

Illustre-Théâtre (l'), troupe de comédiens dans laquelle Molière débuta comme acteur.

ILLYÉS (Gyula), écrivain hongrois, né à Rácegres en 1902. Il unit l'influence surréaliste aux traditions du terroir (*Ceux des pusztas,* 1936).

ILLYRIE, région balkanique montagneuse, proche de l'Adriatique, comprenant l'Istrie, la Carinthie, la Carniole. L'État illyrien fut soumis par Rome en 33 av. J.-C. Sous le premier Empire (1809-1814), l'Illyrie forma les *Provinces Illyriennes* avec la Dalmatie, le Frioul, l'Istrie et la Carniole. De 1815 à 1849 subsista un royaume d'Illyrie, fiction de chancellerie qui regroupait les provinces autrichiennes de langue slovène. Auj., l'Illyrie est partagée entre l'Italie, la Yougoslavie et l'Autriche.

ILLZACH (68110), comm. du Haut-Rhin; 15 246 h.

ILMEN, lac de l'U.R.S.S., près de Novgorod; 1 100 km².

Il ne faut jurer de rien, comédie en trois actes, en prose, d'A. de Musset (1836).

ILOILO, port des Philippines (île de Panay); 210 000 h.

ILORIN, v. du Nigeria; 252 000 h.

IMABARI, v. du Japon (Shikoku); 111 000 h.

Images de voyages (*Reisebilder*), par Heine (1826-1831) : un itinéraire surtout sentimental.

Imago, « modern dance work » de Alwin Nikolais, forme exemplaire d'une réalisation de « théâtre de la danse » (New York, 1963).

IMBÂBA → EMBABĚH.

IMBROS → IMROZ.

IMÉRINA, partie du plateau central de Madagascar, habitée par les Mérinas. Au XVIIIe s., l'Imérina formait un royaume, qui réussit à unifier Madagascar au cours du siècle suivant.

IMHOTEP, lettré et architecte égyptien, actif v. 2778 av. J.-C. Il fut conseiller du pharaon Djoser, pour qui il édifia le complexe funéraire de Saqqarah; il est à l'origine des premières pyramides.

Imitation de Jésus-Christ, ouvrage anonyme du XVe s., attribué à Thomas a Kempis. C'est un guide spirituel qui eut une très grande influence dans l'Église latine.

IMMINGHAM, port pétrolier, charbonnier et minéralier d'Angleterre, sur la mer du Nord.

IMOLA, v. d'Italie (Émilie); 60 000 h.

IMPERIA, v. d'Italie (Ligurie), sur le golfe de Gênes; 41 000 h. Centre touristique.

IMPERIO (Pastora), danseuse et chanteuse espagnole, née à Séville ou à Grenade (v. 1890-1961), créatrice de l'*Amour sorcier* (1915).

IMPHÂL, v. de l'Inde, cap. de l'État de Manipur; 100 000 h.

IMPHY (58160), comm. de la Nièvre, sur la Loire; 4 690 h. Aciers spéciaux.

Imprimerie nationale, établissement de l'État imprimant les actes administratifs de la République française et divers ouvrages publiés pour le compte de l'État et de quelques particuliers autorisés. Sa fondation remonte à François Ier.

IMROZ, en gr. *Imbros,* île turque de la mer Égée, près des Dardanelles.

INARI, lac de la Laponie finlandaise; 1 085 km².

INCA (Empire), empire de l'Amérique précolombienne, constitué dans la région andine et dont le centre était Cuzco. L'autorité de l'Inca — Fils du Soleil — était absolue et s'appuyait sur la caste dirigeante des nobles et des prêtres. Héritier des traditions artistiques antérieures (céramique, orfèvrerie, tissage), l'Empire inca, qui connut son apogée au XVe s. et s'écroula en 1532 sous les coups de Francisco Pizarro, a laissé les vestiges d'une architecture remarquable.

INCARNATION (Marie GUYARD, dite **Marie de l'**) → MARIE DE L'INCARNATION.

INCARVILLE (27400 Louviers), comm. de l'Eure; 920 h. Produits pharmaceutiques.

INCE (Thomas Harper), cinéaste et producteur américain, né à Newport (1882-1924), auteur de nombreux films (*Civilisation,* 1916) et l'un des pionniers de la dramaturgie du film.

INCHON ou **CHEMULPO,** port de la Corée du Sud, sur la mer Jaune; 646 000 h.

INCHEVILLE (76117), comm. de la Seine-Maritime; 1 521 h. Cycles.

INDE, région de l'Asie méridionale, constituée par un vaste triangle bordé au nord par l'Himâlaya, qui la sépare du Tibet, et rattachée, à l'est, à la péninsule indochinoise. Elle comprend la *république de l'Inde,* la *république du Pâkistân,* le *Bangladesh,* le *Bhoutan,* le *Népal.*

HISTOIRE
— 3000-2000 av. J.-C. : civilisation de l'Indus.
— 2000-1500 av. J.-C. : invasion des Indo-Aryens.
— VIe-Ve s. av. J.-C. : implantation du bouddhisme et du jinisme.
— 518 av. J.-C. : Darios fonde la satrapie de l'Indus.
— v. 320 av. J.-C. : fondation de la dynastie des Maurya.
— v. 273-v. 236 av. J.-C. : règne d'Aśoka sur toute l'Inde.
— 185 av. J.-C. : fin des Maurya. Avènement des Śunga.
— IIe s. apr. J.-C. : règne de Kaniska, le plus grand souverain kusana.
— v. 320 : avènement des Gupta avec Candragupta Ier (Chandragupta Ier).
— v. 335-v. 467 : règne des grands Gupta. Lutte contre les Huns Hephthalites.
— 606-647 : règne d'Harsa. Âge d'or de la civilisation hindoue.
— 711 : invasion arabe dans le Sind.
— 735 : installation des Parsis en Inde.
— Xe s. : l'Inde divisée en un grand nombre d'États.
— 1001 : conquête musulmane de Mahmûd de Rhazna.
— 1192 : implantation musulmane durable.
— 1206-1526 : période du sultanat de Delhi.
— 1510 : les Portugais à Goa.
— 1526 : fondation de l'Empire moghol.
— 1556-1605 : règne d'Akbar.
— 1600 : fondation de l'East India Company, qui multiplie ses comptoirs.
— 1658-1707 : règne d'Aurangzeb.
— 1742 : Dupleix à Pondichéry.
— 1757 : victoire décisive des Anglais sur le nabâb du Bengale.
— 1763 : traité de Paris, qui exclut en fait les Français de l'Inde.
— 1799 : début de la véritable conquête anglaise par Wellesley.
— 1819 : chute de l'Empire marathe. Les Anglais contrôlent toute l'Inde.
— 1839-1842 : première guerre afghane.
— 1845-1849 : guerres sikhs; les Anglais maîtres du Pendjab et du Cachemire.
— 1856 : annexion de l'Aoudh.
— 1857-58 : révolte des cipayes, écrasée par les Anglais. L'Inde britannique passe à la Couronne; le gouverneur général devient vice-roi.
— 1876 : Victoria, impératrice des Indes.
— 1878-1880 : seconde guerre afghane.

Inca : ruines de Písac
(nord-est de Cuzco, Pérou)

De Kerleadec-Atlas-Photo

Gyula **Illyés**

Lauros-Giraudon

INDE

— 1885 : fondation du Congrès national indien.
— 1906 : fondation de la Ligue musulmane.
— 1919 : massacre d'Amritsar.
— 1920 : Gāndhī lance le mouvement de non-coopération.
— 1927 : le Congrès réclame l'indépendance.
— 1930 : Gāndhī lance le mouvement de désobéissance civile.
— 1931-32 : deuxième et troisième conférence de la Table ronde à Londres.

— 1935 : *Government of India Act* (confédération panindienne).
— 1939-40 : difficiles tractations avec la Grande-Bretagne.
— 1946 : création d'un gouvernement provisoire, présidé par J. Nehru, leader du parti du Congrès.
— 1947 (15 août) : indépendance du sous-continent indien. Partition entre un Pākistān musulman et une Union indienne.

INDE (*république de l'*), en hindī **Bhārat,** État de l'Asie méridionale; 3 268 000 km²; 663 millions d'h. (*Indiens*). Cap. *New Delhi;* v. pr. *Bombay, Calcutta.* La république est formée de 22 États (Andhra Pradesh, Assam, Bengale-Occidental, Bihār, Gujerat, Haryana, Himāchal Pradesh, Jammu-et-Cachemire, Karnātaka, Kerala, Madhya Pradesh, Mahārāshtra, Manipur, Meghalaya, Nagaland, Orissa, Pendjab, Rājasthān, Sikkim, Tamil Nadu, Tripura, Uttar Pradesh),

INDE

auxquels s'ajoutent 9 territoires. Langue officielle : *hindi*.

GÉOGRAPHIE

Une vaste plaine alluviale (plaine indo-gangétique) sépare de l'Himālaya* la péninsule du Deccan, vieux socle partiellement recouvert de dépôts sédimentaires ou basaltiques, et limité vers l'océan par des massifs faillés (Ghāts occidentaux au-dessus de la côte de Malabār, Ghāts orientaux au-dessus de la côte de Coromandel). La mousson entraîne l'alternance d'une saison sèche (hiver) et d'une saison humide (été). La disposition des reliefs explique la grande pluviosité de la côte de Malabār et du pied de l'Himālaya oriental, recouverts de la forêt dense, la relative sécheresse de l'intérieur du Deccan, domaine de la savane, l'aridité du Nord-Ouest (désert de Thar). La plaine du Gange constitue la partie vitale d'un pays dont les trois quarts de la population active sont employés dans l'agriculture. La culture du riz domine dans les secteurs les plus arrosés ou irrigables (ensemble du littoral, basse vallée et delta du Gange); elle est relayée par celle du blé sur les terres plus sèches (moyenne vallée du Gange). La colonisation explique l'importance des cultures commerciales : oléagineux (arachides, sésame, lin et surtout coton), jute du Bengale, thé de l'Assam, canne à sucre, tabac, etc. La présence de charbon (bassin de la Dāmodar) et de fer (Orissa) a permis le développement d'une sidérurgie, dont Jamshedpur, Rourkela et Asansol sont les grands

centres. Les autres grandes ressources du soussol (manganèse et bauxite) alimentent une métallurgie primaire. Malgré l'essor de l'industrie chimique, les branches de consommation, industries textiles (coton surtout) et alimentaires demeurent prédominantes et sont localisées notamment dans trois des plus grandes villes : Bombay, Calcutta, Madras, qui sont aussi les principaux ports. Les produits du sol (thé et coton notamment) assurent l'essentiel des exportations, bien inférieures aux importations. L'Inde, où le niveau de vie est l'un des plus bas du monde, se trouve aux prises avec une série de problèmes délicats : la religion hindouiste est responsable de la conservation partielle de clivages sociaux hérités de la division en castes et rend pratiquement inutilisable la possession du plus grand troupeau bovin du monde. La question linguistique soulève des difficultés, et la langue officielle, le hindī, est parlée par moins de la moitié de la population totale. La structure agraire, malgré la tentative de réformes, demeure caractérisée par la dépendance et l'endettement de la masse des paysans à l'égard des grands propriétaires. La population s'accroît plus vite que les ressources alimentaires. À peine le tiers de cette population est alphabétisé. La réalisation des plans quinquennaux cherchant à développer la production agricole et l'industrie lourde se heurte à une grande force d'inertie, difficile à combattre en régime libéral, à une pénurie de capitaux et de techniciens nationaux,

que ne pallie que partiellement l'aide étrangère.

HISTOIRE

— 1947 : création de l'Union indienne, Nehru, chef du parti du Congrès, Premier ministre.
— 1948 : assassinat de Gāndhī.
— 1950 : Constitution; l'Inde, république démocratique et laïque, à structures fédérales.
— 1952-1956 : annexion des territoires français.
— 1961 : annexion de l'Inde portugaise.
— 1962 : intervention chinoise dans le Ladākh.
— 1964 : mort de Nehru; il est remplacé par Lal Bahādur Shastri.
— 1965 : conflit indo-pakistanais à propos du Cachemire.
— 1966 : Indira Gāndhī au pouvoir.
— 1971 : nouveau conflit indo-pakistanais; création du Bangladesh.
— 1975 : établissement de l'état d'urgence. Opposition grandissante à I. Gāndhī.
— 1977 (mars) : le parti du Congrès étant battu, I. Gāndhī démissionne et est remplacée par Morarji Desai, chef du parti Janata.
— 1979 : démission de Desai; dissolution de l'Assemblée nationale.
— 1980 : victoire du parti du Congrès I. Mme Gāndhī retrouve le pouvoir.

INDE FRANÇAISE ou **ÉTABLISSEMENTS FRANÇAIS DANS L'INDE,** territoires français de l'Inde (Pondichéry, Chandernagor, Mahé,

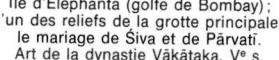
Madurai : enceintes et gopura (pavillons d'accès) du temple Mīnākṣī, dédié à Śiva Sundareśvara. Dynastie Nāyak. XVIIe s.

L'ART DE L'INDE ANCIENNE

Mahābalipuram : temple du Rivage, consacré à Śiva. Premier temple maçonné. Art des Pallava. VIIIe s.

Île d'Elephanta (golfe de Bombay); l'un des reliefs de la grotte principale, le mariage de Śiva et de Pārvatī. Art de la dynastie Vākāṭaka. Ve s.

Nou-Lauros-Giraudon

J.-L. Nou

R. Michaud-Rapho

Miniature extraite du *Bābur-nāmè* (« Livre de Bābur »). École moghole. XVIe s. (Musée national, Delhi.)

R. et S. Michaud-Rapho

Āgrā : le Tādj Mahall, mausolée en marbre blanc veiné, élevé par Chāh Djahān à la mémoire de son épouse. Art moghol. XVIIe s.

Michaud-Rapho

Sāñcī : fondation bouddhique de l'empereur Aśoka. Le stūpa I : dôme et vedikā, époque śuṅga, IIe s. av. J.-C.; torana nord, dynastie Andhra, Ier s. apr. J.-C.

J.-L. Nou

Kārikāl, Yanaon) qui, ayant échappé à l'emprise britannique lors du traité de Paris de 1763, furent déclarés autonomes en 1939 et intégrés à l'Inde entre 1952 et 1956.

Indépendance américaine *(guerre de l')*, conflit qui opposa les colonies anglaises de l'Amérique du Nord et l'Angleterre, et qui amena la fondation des États-Unis (1775-1782).

INDEPENDENCE, v. des États-Unis (Missouri); 102 000 h.

Indes *(Compagnie française des)*, compagnie fondée par la fusion, en 1719, de la *Compagnie d'Occident* de Law avec l'ancienne *Compagnie des Indes orientales*, organisée par Colbert. Elle lutta, sous Dupleix et La Bourdonnais, contre les Anglais dans l'Inde, mais, mal soutenue par le gouvernement français, elle disparut en 1794.

Indes *(Conseil des)*, organisme espagnol (1511-1834), dont la mission était d'administrer le Nouveau Monde.

INDES *(empire des)*, nom porté, de 1876 à 1947, par les possessions britanniques de l'Inde.

INDES *(mer des)* → INDIEN *(océan)*.

Indes galantes *(les)*, opéra-ballet de Rameau (1735).

INDES OCCIDENTALES, nom donné à l'Amérique par Christophe Colomb, qui croyait avoir atteint l'Asie.

INDES-OCCIDENTALES *(fédération des)*, fédération constituée, de 1958 à 1962, par les Antilles britanniques.

INDES ORIENTALES, nom donné aux colonies néerlandaises constituant auj. l'Indonésie.

Indes orientales *(Compagnie anglaise des)*, compagnie à charte fondée à Londres en 1600 pour le commerce avec les pays de l'océan Indien, puis avec l'Inde seule. Ses pouvoirs furent transférés à la Couronne en 1858.

Indes orientales *(Compagnie hollandaise des)*, compagnie fondée aux Provinces-Unies en 1602. Son privilège s'étendait sur tous les pays situés au-delà du cap de Bonne-Espérance. Elle disparut en 1798.

Index, catalogue des livres prohibés par l'autorité religieuse catholique. Cette censure, créée au XVIe s., a été abolie en 1966.

INDIANA, un des États unis d'Amérique; 94 000 km²; 5 194 000 h. Cap. *Indianapolis.*

INDIANAPOLIS, v. des États-Unis, cap. de l'État d'Indiana; 745 000 h. Université. Institut d'art. Circuit pour courses automobiles.

INDIEN *(océan)*, anc. mer des Indes, océan situé entre l'Afrique, l'Asie et l'Australie; 75 millions de km².

INDIENS, habitants de l'Inde. Le jour où Colomb crut avoir atteint les confins de l'Inde, on donna le nom général d'*Indiens* aux peuples indigènes des Amériques; dans ce sens, on dit aussi auj. *Amérindiens.*

INDIGUIRKA, fl. de Sibérie, tributaire de l'océan Arctique; 1 800 km.

INDOCHINE, péninsule de l'Asie, entre l'Inde et la Chine, limitée au sud par le golfe du Bengale, le détroit de Malacca et la mer de Chine méridionale. Elle comprend la Birmanie, la Thaïlande, la partie continentale de la Malaysia, le Cambodge, le Laos et le Viêt-nam.

Indochine *(guerres d')* [1946-1975]. La première, menée par le Viêt-minh contre les Français de 1946 à 1954 (Diên Biên Phu), aboutit à l'éviction de la France et à la séparation du Viêt-nam en deux États. Celui du Nord, soutenu par l'U. R. S. S. et la Chine populaire, et celui du Sud, appuyé par les États-Unis, s'affrontèrent de 1962 à 1973 en une seconde guerre, conclue en 1973 par un cessez-le-feu au Viêt-nam puis au Laos. Les forces américaines se retirèrent aussitôt du Viêt-nam; en 1975, les Khmers rouges l'emportèrent au Cambodge, et les forces du Viêt-nam du Nord entrèrent à Saigon, préludant à l'unification, en 1976, des deux États vietnamiens.

INDOCHINE FRANÇAISE, nom porté, avant l'indépendance du Viêt-nam, par les possessions françaises de la péninsule indochinoise : colonie de Cochinchine et protectorats d'Annam, du Tonkin et du Laos.

INDO-GANGÉTIQUE *(plaine)*, région formée par les plaines de l'Indus et du Gange.

INDONÉSIE, en indonésien **Republik Indonesia,** république de l'Asie du Sud-Est; 1 900 000 km²; 151 millions d'h. *(Indonésiens).* Cap. *Jakarta.* Langue : *indonésien.*

GÉOGRAPHIE

Correspondant à la majeure partie de l'Insulinde, l'Indonésie est un État insulaire, s'étendant sur 5 000 km d'ouest en est et sur 2 000 km du nord au sud. C'est un pays souvent montagneux et volcanique, où la proximité de l'équateur explique la permanence d'un climat chaud et humide sur la majeure partie des terres. La population, islamisée, se regroupe pour près des deux tiers dans l'île de Java, qui possède les trois plus grandes villes (Jakarta, Surabaya, Bandung), moins vaste pourtant que Sumatra ou la partie indonésienne de Bornéo (Kalimantan). Le riz, en premier lieu, et le manioc constituent les bases de l'alimentation. De la période coloniale résulte l'importance des plantations : caoutchouc (2e rang mondial), café, canne à sucre, oléagineux, tabac. L'industrie n'a guère

dépassé le stade extractif : bauxite, étain et surtout pétrole (dont les exportations expliquent l'excédent de la balance commerciale). Le développement de l'économie passe par un accroissement de la production alimentaire et par une industrialisation que favorisent les richesses d'un sous-sol n'ayant encore fait l'objet que de prospections partielles. Il est freiné par le manque de cadres et de capitaux, par la faiblesse de l'infrastructure (transports) et par l'accroissement excessif de la population, qui pose localement (à Java notamment) le problème du surpeuplement.

HISTOIRE

— Ve s. apr. J.-C. : apparition des premiers textes sanskrits, qui attestent une forte influence indienne.

— Ve-XIVe s. : essor d'États indianisés (Empire de Majapahit à Java).

— XIIIe-XVe s. : l'islâm s'étend à une bonne partie de l'Insulinde (Pajang, supplanté par Mataram).

— 1511 : les Portugais à Malacca.

— 1521 : les Espagnols aux Moluques (Magellan).

— 1602 : fondation de la Compagnie hollandaise des Indes orientales, principal instrument de colonisation et d'exploitation.

— 1619 : fondation de Batavia. Mais les sultanats prospèrent à Sumatra, à Java et en Malaisie.

— 1641 : les Hollandais prennent Malacca.

— 1663-1674 : ils s'installent à Sumatra, Macassar, Java; des guerres de succession affaiblissent les sultanats.

— 1799 : disparition de la Compagnie des Indes. Colonisation hollandaise directe.

— 1812-1830 : rébellions à Java et dans les Moluques.

— 1830-1833 : application, par le gouverneur J. Van den Bosch, d'un «système de cultures» forcées, qui enrichit la métropole mais saigne le pays à blanc.

— 1873-1908 : opérations militaires pour réduire les révoltes locales.

— 1911 : fondation du *Sarekat Islam Indonesia;* éveil de l'idée nationale.

— 1920 : création du parti communiste.

— 1927 : création du parti national de Sukarno.

— 1942-1945 : l'occupation japonaise favorise la naissance de l'idée nationale.

— 1945 (17 août) : Sukarno proclame l'indépendance de l'Indonésie. Les Pays-Bas s'y opposent.

— 1949 : les Pays-Bas transfèrent leur souveraineté aux États-Unis d'Indonésie.

— 1950-1957 : politique unitaire de Sukarno; développement du séparatisme; question de l'Irian Barat (Nouvelle-Guinée occidentale).

— 1957 : Sukarno prend les pleins pouvoirs.

INDONÉSIE

vallées du Cher, de l'Indre et de la Vienne constituent les secteurs vitaux du dép. Elles portent de riches cultures fruitières et légumières, des vignobles (Vouvray), et sont jalonnées de châteaux (à Amboise, Azay-le-Rideau, Chenonceaux, Chinon), hauts lieux touristiques. Les plateaux, crayeux ou siliceux, dominant ces vallées, sont le domaine d'une agriculture moins intensive. L'industrie est surtout représentée dans l'agglomération de Tours, qui groupe plus de la moitié de la population du département.

Indulgences (*querelle des*), conflit qui préluda à la révolte de Luther contre l'Église romaine. Un scandaleux trafic d'indulgences provoqua l'indignation de Luther, qui en vint à s'attaquer au principe même des indulgences. L'écrit (1517) où il synthétisait sa pensée en 95 thèses fut condamné par Rome en 1519.

INDUS, en sanskrit *Sindhu*, grand fl. de l'Inde et du Pākistān, qui se jette dans la mer d'Oman en formant un vaste delta; 3180 km. Ses eaux sont utilisées pour l'irrigation. Les bords de l'Indus connurent une civilisation non indo-européenne florissante au IIIe millénaire, qui s'éteint au milieu du IIe millénaire; elle est

F. Brunel

civilisation de l'**Indus**
tête sculptée provenant
de Mohenjo-Daro
(Pākistān)
[IIIe millénaire av. J.-C.]

INDRE

— 1963 : l'Irian Barat rétrocédée à l'Indonésie.
— 1965 : Sukarno est écarté au profit de Suharto, qui applique une politique pro-occidentale, anticommuniste et antichinoise.
— 1968 : Suharto prend les pleins pouvoirs.
— 1973 : Suharto réélu président de la République pour cinq ans.
— 1976 : annexion de l'est de Timor.
— 1978 : Suharto de nouveau réélu.

INDORE, v. de l'Inde (Madhya Pradesh); 544 000 h.

INDRA, le plus grand des dieux védiques, maître de la Foudre et dieu des Guerriers.

INDRE, affl. de la Loire (r. g.); 265 km. Elle passe à La Châtre, Châteauroux, Loches.

INDRE (*dép. de l'*) [**36**], dép. de la Région Centre; ch.-l. de dép. *Châteauroux*; ch.-l. d'arr. *Le Blanc, La Châtre, Issoudun*; 4 arr., 26 cant., 247 comm.; 6778 km²; 248523 h. Il appartient à l'académie d'Orléans-Tours, à la circonscription judiciaire et à la province ecclésiastique de Bourges, à la région militaire de Paris. Le dép. occupe la partie occidentale du Berry*, découpée par les vallées de la Creuse et de l'Indre. L'agriculture est fondée sur les cultures céréalières et l'élevage ovin (Champagne berrichonne), et sur l'élevage bovin (Boischaut). L'industrie joue un rôle peu important; elle est représentée surtout à Châteauroux, qui est la seule ville notable, et à Issoudun. Déjà peu peuplé, l'Indre subit une constante émigration.

INDRE (44610), comm. de la Loire-Atlantique, sur la Loire, formée de *Basse-Indre, Haute-Indre* et *Indret*; 3709 h. Métallurgie. Chimie.

INDRE-ET-LOIRE (*dép. d'*) [**37**], dép. de la Région Centre, constitué par la Touraine*; ch.-l. de dép. *Tours*; ch.-l. d'arr. *Chinon, Loches*; 3 arr., 30 cant., 277 comm.; 6124 km²; 478601 h. Il appartient à l'académie d'Orléans-Tours, à la circonscription judiciaire d'Orléans, à la région militaire de Paris et à la province ecclésiastique de Tours. La vallée de la Loire et les basses

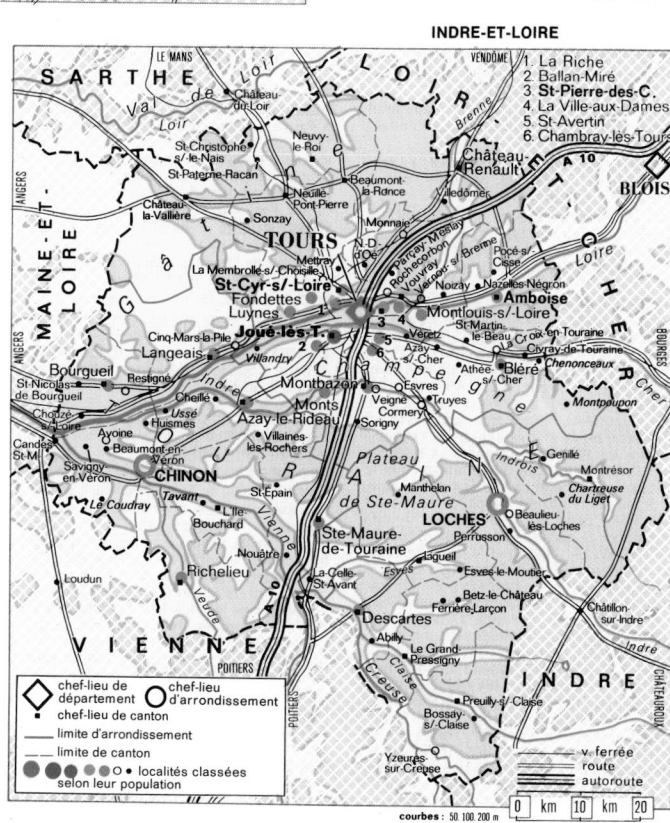

INDRE-ET-LOIRE

1. La Riche
2. Ballan-Miré
3. St-Pierre-des-C.
4. La Ville-aux-Dames
5. St-Avertin
6. Chambray-lès-Tours

notamment caractérisée par une architecture urbaine (Mohenjo-Daro [Sind], Harappā [Pendjab], etc.), et par une écriture pictographique indéchiffrée.

INDY (Vincent D'), compositeur français, né à Paris (1851-1931). Auteur d'opéras *(Fervaal)*, de pages symphoniques *(Wallenstein, Symphonie cévenole)* et de musique de chambre, il fut un des fondateurs de la *Schola cantorum.*

INÈS DE CASTRO, fille d'un noble castillan, née en Castille (v. 1320-1355). Elle avait épousé secrètement l'infant Pierre de Portugal et fut assassinée sur l'ordre d'Alphonse IV.

Inga, aménagement hydroélectrique de la république du Zaïre, dans les gorges du fleuve Zaïre.

INGEGNERI (Marcantonio), compositeur italien, né à Vérone (v. 1547-1592), auteur d'œuvres polyphoniques religieuses et de madrigaux.

INGELMUNSTER, comm. de Belgique (Flandre-Occidentale); 10 300 h.

INGEN-HOUSZ (Johannes), physicien néerlandais, né à Breda (1730-1799). Il étudia la conductibilité calorifique des métaux, ainsi que la nutrition des végétaux, et découvrit la photosynthèse.

Ingénu (l'), conte de Voltaire (1767).

INGOLSTADT, v. de l'Allemagne fédérale (Bavière), sur le Danube; 92 000 h. Château (XVᵉ-XVIᵉ s.) et églises (du gothique au rococo). Machines textiles. Automobiles. Raffinage du pétrole.

INGRES (Dominique), peintre français, né à Montauban (1780-1867). Élève de David, il se distingua par la pureté et le raffinement de son dessin. Professeur, devenu le chef de l'école classique en face du romantisme, il a transcendé les règles académiques par un génie souvent étrange *(Grande Odalisque,* 1814, Louvre; *Roger délivrant Angélique,* 1819, *ibid.;* le *Vœu de Louis XIII,* 1824, cathédrale de Montauban; *l'Apothéose d'Homère,* 1827, Louvre; *Stratonice,* 1840, Chantilly; *le Bain turc,* v. 1859-1863, Louvre; admirables portraits, peints ou dessinés).

INGRIE, anc. prov. de Finlande, cédée à la Russie en 1721 (paix de Nystad).

ININI, riv. de la Guyane française, qui avait donné son nom à un arrondissement s'étendant sur tout l'intérieur du pays.

INKERMAN, faubourg de Sébastopol, à l'embouchure de la Tchiornaïa. Victoire francoanglaise sur les Russes (1854).

INN, riv. alpestre de l'Europe centrale, affl. du Danube (r. dr.) rejoint à Passau; 525 km. Née en Suisse (Grisons), où sa haute vallée constitue l'Engadine, elle traverse le Tyrol, passant à *Innsbruck.*

INNOCENT Iᵉʳ (saint), né à Albano? (m. en 417), pape de 401 à 417. Il fit prévaloir en Occident la discipline romaine. — INNOCENT II (Gregorio *Papareschi*), né à Rome (m. en †143), pape de 1130 à 1143. — INNOCENT III (Giovanni *Lotario,* comte de *Segni*), né à Anagni (1160-1216), pape de 1198 à 1216. Il lutta contre Philippe Auguste et contre Jean sans Terre, et prit l'initiative de la 4ᵉ croisade et de l'expédition contre les albigeois. Il imposa sa tutelle à Frédéric II. Le IVᵉ concile du Latran marqua le sommet de son règne et la théocratie papale. — INNOCENT IV (Sinibaldo *Fieschi*), né à Gênes (v. 1195-1254), pape de 1243 à 1254. Il lutta contre Frédéric II, qu'il fit déposer au Iᵉʳ concile de Lyon (1245). — INNOCENT V *(bienheureux)* [Pierre *de Tarentaise*], né à Champagny (v. 1225-1276), pape en 1276. — INNOCENT VI (Étienne *Aubert*), né à Beyssac-en-Corrèze (m. en 1362), pape de 1352 à 1362. Il résida à Avignon. — INNOCENT VII (Cosimo *De'Migliorati*), né à Sulmona (1336-1406), pape de 1404 à 1406. — INNOCENT VIII (Giovanni Battista *Cybo*), né à Gênes (1432-1492), pape de 1484 à 1492. — INNOCENT IX (Giovanni Antonio *Facchinetti*), né à Bologne (1519-1591), pape en 1591. — INNOCENT X (Giambattista *Pamphili*), né à Rome (1574-1655), pape de 1644 à 1655. Il condamna les cinq propositions de l'*Augustinus* de Jansénius. — INNOCENT XI *(bienheureux)* [Benedetto *Odescalchi*], né à Côme (1611-1689), pape de

Vincent d'**Indy**

Innocent III détail d'une mosaïque romaine

Lauros-Giraudon

1676 à 1689. Il eut de vifs démêlés avec Louis XIV au sujet de la régale. — INNOCENT XII (Antonio *Pignatelli*), né à Spinazzola (1615-1700), pape de 1691 à 1700. Il termina la querelle de la régale. — INNOCENT XIII (Michelangiolo *Conti*), né à Rome (1655-1724), pape de 1721 à 1724.

Innocents *(cimetière, marché et fontaine des).* À Paris, l'ancien cimetière des Innocents (1186-1786) fut remplacé par un marché (1786-1855), lequel céda la place à un square. On y rétablit l'ancienne fontaine des Innocents par Jean Goujon et Pierre Lescot, en l'augmentant d'un quatrième côté, dû à Pajou.

INNSBRUCK, v. d'Autriche, cap. du Tyrol, sur l'Inn; 115 000 h. Hofburg, château de Maximilien Iᵉʳ et de l'impératrice Marie-Thérèse. Station touristique et de sports d'hiver.

INO. *Myth. gr.* Déesse marine, fille de Cadmos et d'Harmonia, et épouse d'Athamas. Elle servit de nourrice au jeune Dionysos.

INÖNÜ (ISMET PAŞA, dit **Ismet**), général et homme d'État turc, né à Izmir (1884-1973). Collaborateur de Mustafa Kemal, il fut victorieux des Grecs à Inönü (1921) et devint Premier ministre (1923-24 et 1925-1937), puis président de la République (1938-1950), et de nouveau Premier ministre (1961-1965).

INOWROCŁAW, v. de Pologne, au nord-est de Poznań; 61 000 h. Sel et soude.

Inquisition, nom donné, au Moyen Âge, aux tribunaux chargés de lutter contre l'hérésie au moyen de la procédure d'enquête *(inquisitio).* Introduite devant les tribunaux ecclésiastiques par Innocent III (1199), la pocédure inquisitoriale — interrogatoire, torture, châtiments — fut confiée, dans le midi de la France, face aux albigeois, aux dominicains (XIIIᵉ s.). Efficace contre le catharisme et le valdisme, l'Inquisition ne put pratiquement rien contre le protestantisme (sauf en Espagne et en Italie). Elle disparut au XVIIIᵉ s., se maintenant, un temps, sous une forme politique, en Espagne.

I.N.R.A., sigle de l'*Institut* national de la recherche agronomique.*

I.N.R.I., initiales des quatre mots latins : *Iesus Nazarenus Rex Iudaeorum* (Jésus, le Nazaréen, roi des Juifs). C'est le motif de la condamnation

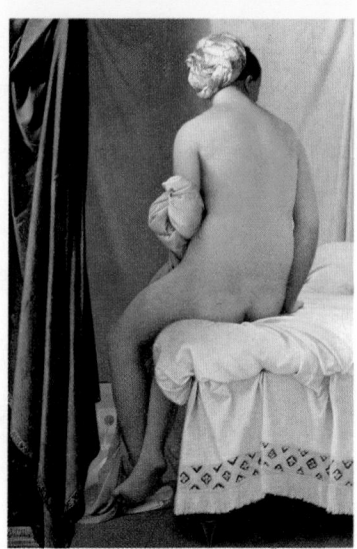

Ingres : *la Baigneuse* dite *de Valpinçon* (1808)

Lauros-Giraudon

qui, selon la coutume romaine, était inscrit sur une tablette fixée à la croix; l'iconographie a réduit cette mention à ses initiales.

IN-SALAH, oasis du Sahara algérien.

I. N. S. E. E., sigle de l'*Institut* national de la statistique et des études économiques.*

I. N. S. E. R. M., sigle de l'*Institut* national de la santé et de la recherche médicale.*

Inspiration du poète *(l'),* toile de Poussin (autour de 1627?; Louvre), allégorie qui figure Apollon couronnant un poète (Virgile?), assisté par Calliope.

Institut *(palais de l').* Situé à Paris sur la rive gauche de la Seine, en face du Louvre, c'est l'ancien Collège des Quatre-Nations, élevé sous la direction de Le Vau à partir de 1663. Affecté à l'Institut de France depuis 1806, il accueille dans sa chapelle à coupole les séances publiques des Académies.

Institut catholique de Paris, établissement libre d'enseignement supérieur, créé à la suite du vote de la loi instituant la liberté de l'enseignement supérieur (1875).

Institut de France, ensemble des cinq Académies : française; des inscriptions et belles-lettres; des sciences; des beaux-arts; des sciences morales et politiques. (V. à la fin du volume.)

Institut géographique national (I. G. N.), établissement civil chargé d'exécuter toutes les cartes officielles de la France, ainsi que tous les travaux qui s'y rapportent, les études et les publications qu'elles impliquent.

Institut national de la recherche agronomique (I. N. R. A.), établissement public français dépendant du ministère de l'Agriculture, chargé de développer les recherches relatives à l'agriculture et aux industries de transformation des produits agricoles.

Institut national de la statistique et des études économiques (I. N. S. E. E.), organisme public chargé de la publication des statistiques officielles françaises, de diverses enquêtes et études, notamment en matière de conjoncture économique.

Institut national de la santé et de la recherche médicale (I. N. S. E. R. M.), organisme créé en 1964 qui a pour fonctions l'étude des problèmes sanitaires du pays, l'orientation de la recherche médicale et le conseil du gouvernement en matière de santé.

Institut Pasteur → PASTEUR *(Institut).*

Institut de psychanalyse, organisme de formation et d'enseignement des futurs psychanalystes, fondé en 1933 au sein de la Société psychanalytique de Paris.

Institutes, manuel de droit romain rédigé sur l'ordre de Justinien, en 533.

Institution de la religion chrétienne, ouvrage de Calvin (publié en latin en 1536, en français en 1541), le premier et le plus important exposé de la doctrine réformée.

INSULINDE, partie insulaire de l'Asie du Sud-Est (Indonésie et Philippines).

Intelligence Service, ensemble des services spéciaux britanniques chargés de recueillir des renseignements de toutes sortes intéressant le gouvernement.

INTERLAKEN, comm. de Suisse (Berne), entre les lacs de Thoune et de Brienz; 4735 h. Centre touristique.

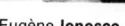

Eugène **Ionesco**

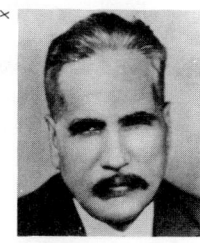

sir Muḥammad **Iqbāl**

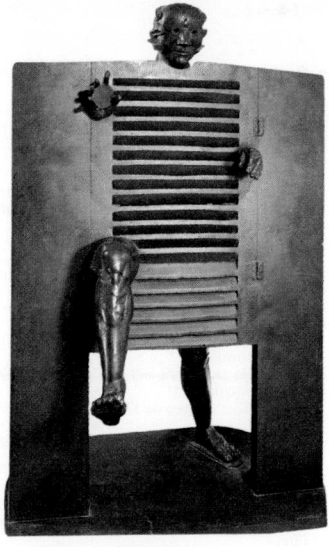

Ipousteguy
Homme poussant une porte (1966, bronze)

hôtel
des **Invalides**

Internationale *(l'),* chant révolutionnaire; poème de E. Pottier (1871), musique de P. Degeyter.

Interpol, dénomination de l'*Organisation internationale de police criminelle,* créée en 1923. Son siège est à Saint-Cloud.

Interrègne *(le Grand),* nom donné à la période de vingt-trois ans (1250-1273) durant laquelle le trône du Saint Empire fut vacant.

Introduction à la psychanalyse, ouvrage de S. Freud, écrit en 1916-17, où sont exposés les principaux concepts psychanalytiques.

Introduction à la vie dévote → VIE DÉVOTE *(Introduction à la).*

INUIT, nom que se donnent les *Esquimaux*.*

Invalides *(hôtel des),* monument édifié à Paris en 1670 sur les plans de Bruant, et achevé par Jules Hardouin-Mansart, pour abriter l'*Institution nationale des Invalides,* créée en 1670 par Louis XIV afin d'y loger des militaires invalides. Dans la chapelle Saint-Louis (Mansart, 1680), surmontée d'un célèbre dôme, ont été déposées en 1840 les cendres de Napoléon Ier. On y trouve aussi les tombes de son fils et de plusieurs maréchaux. L'hôtel abrite depuis 1896 le musée de l'Armée.

INVERCARGILL, v. de Nouvelle-Zélande; 54000 h.

INVERNESS, v. d'Écosse, sur la mer du Nord; 35000 h.

Investitures *(querelle des),* conflit entre la papauté et le Saint Empire (1075-1122) au sujet de la collation des titres ecclésiastiques. Elle fut vive surtout sous le pontificat de Grégoire VII et sous le règne de l'empereur Henri IV, et aboutit, après de longues luttes (Canossa, 1077), au concordat de Worms (1122), établissant le principe de la séparation des pouvoirs spirituel et temporel.

INZINZAC-LOCHRIST (56650), comm. du Morbihan; 5069 h.

IO. *Myth. gr.* Prêtresse d'Héra, aimée par Zeus, changée par lui en génisse pour la soustraire à la jalousie d'Héra.

IOÁNNINA ou **JANNINA,** v. de Grèce, en Épire, sur le *lac de Ioánnina;* 40000 h.

IOCHKAR-OLA, v. de l'U.R.S.S., au nord-ouest de Kazan; 216000 h.

IOLE. *Myth. gr.* Héroïne légendaire, enlevée et épousée par Héraclès. Elle éveilla la jalousie de Déjanire et causa la mort d'Héraclès.

IONESCO (Eugène), écrivain français d'origine roumaine, né à Slatina en 1912. Son théâtre dénonce l'absurdité de l'existence et des rapports sociaux, né d'un univers parodique et symbolique (*Rhinocéros,* 1960; *Le roi se meurt,* 1962; *le Piéton de l'air,* 1963; *la Soif et la faim,* 1966; *l'Homme aux valises,* 1975). [Acad. fr.]

IONIE. *Géogr. anc.* Partie centrale de la région côtière de l'Asie Mineure, peuplée de Grecs venus de Grèce d'Europe; v. princ. *Éphèse, Milet.* On pense que les *Ioniens* furent parmi les premiers envahisseurs du territoire grec (début du IIe millénaire) et que, chassés par les Doriens, ils s'installèrent en Asie Mineure. Leur civilisation a connu sa plus brillante période aux VIIe-VIe s. av. J.-C.

IONIENNE *(mer),* partie de la Méditerranée qui s'étend entre l'Italie du Sud et la Grèce.

IONIENNES *(îles),* groupe d'îles situées le long de la côte ouest de la Grèce; 2037 km²; 184000 h. Occupées successivement à partir du XIe s. par les Normands de Sicile, par les rois de Naples et par Venise, elles furent annexées à l'Empire français de 1807 à 1809, occupées par la Grande-Bretagne, elles passèrent sous protectorat britannique après 1815 et furent rendues à la Grèce en 1864. Les principales îles sont *Corfou, Zante, Céphalonie, Ithaque* et *Cythère.*

IORGA (Nicolae), homme d'État et historien roumain, né à Botoșani (1871-1940). Président du Conseil (1931-32), il fut assassiné par des membres de la Garde de fer. Son œuvre maîtresse reste *l'Histoire des Roumains* (10 vol., 1935-1939).

IOS ou **NIÓ,** une des Cyclades, entre Náxos et Santorin, où serait mort Homère.

IOUJNO-SAKHALINSK, v. de l'U.R.S.S., dans l'île de Sakhaline; 134000 h.

IOWA, État du centre des États-Unis; 145790 km²; 2825000 h. Cap. *Des Moines.*

IPHICRATE, stratège athénien, né à Rhamnonte (v. 415-354 av. J.-C.). Il fut vainqueur des Spartiates en 390.

IPHIGÉNIE. *Myth. gr.* Fille d'Agamemnon et de Clytemnestre. Son père la sacrifia à Artémis afin de fléchir les dieux, qui retenaient par des vents contraires la flotte grecque à Aulis. Suivant une autre tradition, la déesse substitua à Iphigénie une biche et fit de la jeune fille sa prêtresse en Tauride. — Cette légende a fourni à Euripide le thème de deux tragédies : *Iphigénie à Aulis, Iphigénie en Tauride;* c'est de la première que s'est inspiré Racine dans son *Iphigénie en Aulide* (1674). Au XVIIIe s., Gluck a écrit la musique d'une *Iphigénie en Aulide* (1774), tragédie lyrique sur des paroles de Du Roullet, et d'une *Iphigénie en Tauride* (1779), sur des paroles de Guillard. Goethe a donné une tragédie classique intitulée *Iphigénie en Tauride* (1779-1787).

IPOH, v. de Malaysia (Malaisie), cap. de l'État de Perak; 248000 h. À proximité, gisements d'étain.

IPOUSTEGUY (Jean Robert), sculpteur et dessinateur français, né à Dun-sur-Meuse en 1920. Il est le maître d'un expressionnisme angoissé, figuratif par des voies personnelles (*Alexandre devant Ecbatane,* 1965).

IPSOS ou **IPSUS,** bourg de l'anc. Phrygie, où fut livrée une grande bataille entre les généraux successeurs d'Alexandre (301 av. J.-C.).

IPSWICH, v. d'Angleterre, au nord-est de Londres; 123000 h.

IQBĀL (*sir Muhammad*), poète et philosophe musulman de l'Inde, né à Sialkot (1875-1938). Son œuvre, écrite en urdū, en persan et en anglais, a exercé une profonde influence sur les créateurs de l'État pakistanais.

IQUIQUE, port du Chili septentrional; 65000 h. Pêche. Engrais.

IQUITOS, v. du Pérou, sur le Marañón; 76000 h.

IRA *(Irish Republican Army),* armée républicaine irlandaise qui, en 1919, se substitua aux Volontaires irlandais, partisans de la réunification et de l'indépendance complète de l'île. Déclarée illégale en 1939, elle se reforma en 1969 en Ulster, où, à côté de l'IRA officielle, favorable à un règlement pacifique, l'IRA provisoire poursuit une action violente contre les protestants et l'armée britannique.

IRACOUBO (97350), ch.-l. de c. de la Guyane; 1239 h.

IRAK → IRAQ.

IRÁKLION → HÉRAKLION.

IRAN, État de l'Asie occidentale; 1648000 km²; 37450000 h. *(Iraniens).* Cap. Téhéran. Langue : persan.

GÉOGRAPHIE

L'Iran est un pays de hautes plaines steppiques et désertiques, au climat contrasté (chaud en été, froid en hiver), cernées par des montagnes (Elbourz, Zagros), où l'altitude provoque quelques pluies et dont le piémont est jalonné de villes (Ispahan, Chirāz), centres d'oasis où sont cultivés le blé, l'orge, le coton, les arbres fruitiers. L'important élevage nomade (ovins et caprins) est, avec une culture céréalière extensive, la seule forme d'exploitation du Centre. L'exploitation de grands gisements de pétrole (le sous-sol recèle aussi d'énormes quantités de gaz naturel), par les devises que sa vente procure, a permis de développer l'industrie (métallurgie, chimie) auparavant exclusivement artisanale (tapis), sans beaucoup réduire cependant les inégalités sociales et régionales. La balance commerciale, grâce au pétrole, a été longtemps excédentaire.

HISTOIRE

— Ier millénaire av. J.-C. : pénétration des nomades de langues indo-européennes.
— VIIe s. av. J.-C. : les Mèdes posent les bases de la puissance iranienne.
— v. 625-585 av. J.-C. : Cyaxare écrase l'Assyrie et fonde le vaste Empire mède (Ecbatane).
— 550 av. J.-C. : l'Achéménide Cyrus II détruit l'Empire mède et fonde l'Empire perse, qui s'étend à tout le Proche-Orient.
— 522-486 av. J.-C. : règne de Darios Ier, qui étend et organise l'Empire. Brillante civilisation. Première guerre médique contre les Grecs (défaite de Marathon, 490).
— 486-465 av. J.-C. : règne de Xerxès Ier. Seconde guerre médique (prise d'Athènes [480]; défaite de Salamine [480] et de Platées [479]).
— 330 av. J.-C. : après la défaite et la mort de Darios III, Alexandre est le maître de l'Empire perse.
— 312 av. J.-C. : début de la domination séleucide. Séleucos Ier se proclame roi en 305 av. J.-C.
— IIIe s. av. J.-C. : désagrégation de l'Empire séleucide en Iran.
— IIe s. av. J.-C. : l'Arsacide Mithridate Ier impose son autorité sur la majeure partie de l'Iran et fonde l'Empire parthe.
— v. 226-241 apr. J.-C. : Ardachêr Ier détruit l'Empire parthe arsacide et fonde l'État sassanide, fortement centralisé, qui résiste à Rome puis à Byzance.
— 241-272 : règne de Châhpuhr Ier. Fin de la tolérance religieuse. Domination du mazdéisme.

— 310-379 : règne de Châhpuhr II.
— 531-579 : règne de Khosrô Ier.
— 590-628 : règne de Khosrô II.
— 632-651 : Yazdgard III, dernier roi sassanide.
— 642 : victoire des Arabes à Nehavend; l'Iran tombe entre leurs mains.
— 661-749 : les Omeyyades (Damas).
— 749 : le dernier Omeyyade déposé au profit de l'oncle du prophète, Abu al-Abbâs, fondateur de la dynastie des califes 'abbâssides.
— VIIIe-XIe s. : révoltes internes. Ṭâhirides, Sâmânides, Buwayhides se taillent des empires.
— 786-809 : règne de Hârûn al-Rachîd, qui se débarrasse du Barmakides.
— 999-1040 : les Turcs Rhaznévides, maîtres du Khorâsân et de l'Afghânistân.
— 1038-1055 : les Seldjoukides à Bagdad. Ils se déclarent sunnites.
— 1071 : les Byzantins écrasés par les Seldjoukides à Mantzikert.
— 1073-1092 : apogée de l'Iran seldjoukide sous Malik Châh.
— 1086-1157 : Sandjar, dernier Grand Seldjoukide.
— 1220 : invasion mongole.
— 1256-1265 : conquête mongole de l'Iran par Hûlâgû.
— 1304-1316 : l'Ilkhân Uldjâytû se déclare chî'ite.
— 1335 : mort du dernier Ilkhân mongol.
— 1381-1404 : campagnes dévastatrices de Tîmûr Lang. Installation des Tîmûrides.
— 1502-1510 : le Séfévide Ismâ'il se fait proclamer roi et conquiert presque tout l'Iran. Le choix chî'ite isole l'Iran dans l'islâm.
— 1587-1629 : apogée de la civilisation iranienne sous 'Abbâs Ier le Grand (Ispahan).
— 1694-1722 : Châh Ḥusayn, dernier souverain séfévide.
— 1736-1747 : Nâdir Châh bat les Ottomans; il est assassiné.
— 1747-1750 : anarchie.

Luristân : plaque de mors.
Bronze. Ier millénaire av. J.-C.
(Musée Guimet, Paris.)

Ziwiyé (Kurdistân) :
rhyton en forme
de tête
de mouflon.
Or. Fin du VIIIe-
début du VIIe s.
av. J.-C.
(Coll. priv.,
New York.)

— 1750-1779 : règne de Karim Khân, fondateur de la dynastie des Zend.
— 1794 : fin de la dynastie des Zend.
— 1796 : fondation de la dynastie qâdjâr, qui réunifie l'Iran.
— 1797-1834 : avec Fatḥ 'Alî Châh, l'Iran (cap. Téhéran) accède au rang d'État.
— 1813-1828 : perte des provinces caspiennes au profit des Russes.
— 1834-1848 : règne de Muḥammad Châh. Russes et Anglais développent leur influence.
— 1848-1896 : règne de Nâṣir al-Dîn Châh : concessions aux Anglais et aux Russes. Révoltes fomentées par le clergé chî'ite.
— 1896-1907 : règne de Muẓaffar al-Dîn Châh. Constitution de 1906.
— 1907-1909 : règne de Muḥammad 'Alî Châh. Anarchie. Partage de l'Iran en deux zones d'influence, russe et anglaise.
— 1909-1925 : règne d'Aḥmad Châh. Poursuite du contrôle étranger.
— 1921 : coup d'État militaire.
— 1925-26 : avènement de Reẕâ Châh, qui modernise le pays et fonde la dynastie pahlavi, qui succède à celle des Qâdjârs.
— 1941 : occupation d'une partie du pays par les Soviétiques et les Britanniques; abdication de Reẕâ Châh en faveur de son fils Muḥammad Reẕâ Pahlavi.
— 1941-1949 : période de troubles.
— 1951 : nationalisation des pétroles; Mossadegh, Premier ministre.
— 1953 : Mossadegh, en conflit avec le châh, est finalement renversé.
— 1955 : l'Iran adhère au pacte de Bagdad.
— 1962 : réforme agraire.
— 1963 : début de la « révolution blanche » : boom industriel; intensification du régime policier.
— 1979 : devant la montée de l'opposition, le châh quitte le pays; installation d'un régime islamique intégriste, dirigé par l'imâm Khomeyni; nationalisation des grandes industries du pays; développement de l'agitation autonomiste dans l'Azerbaïdjan et au Kurdistân; crise avec les États-Unis à la suite de la prise d'otages à l'ambassade américaine de Téhéran.
— 1980 : élection de Bani Sadr à la présidence de la République; guerre avec l'Iraq.
— 1981 : libération des otages américains (janv.); destitution de Bani Sadr (juin).

IRAN

route transcontinentale
autres routes importantes
v. ferrée

0 — km — 200

courbes : 0, 500, 1000, 1500, 2000 m

Lauros-Giraudon

Mechhed : la mosquée élevée en 1418 par la princesse tīmūride Gohar Chādh.

Koch-Rapho

Naqsh-i Roustem : triomphe du roi sassanide Châhpuhr Ier sur l'empereur romain Valérien. Relief rupestre. Seconde moitié du IIIe s. apr. J.-C.

Loirat-C. D. Tétrel

Persépolis, métropole des Achéménides. La salle aux Cent Colonnes (au premier plan), Ve s. av. J.-C., et l'apadana de Darios Ier, fin du VIe s. av. J.-C.

IRAN

Giraudon

Suse : décor de briques émaillées du palais de Darios Ier. Vers 500 av. J.-C. (Musée du Louvre, Paris.)

— 1958-1963 : Kassem réalise l'indépendance effective du pays et tente une réforme agraire; il devient (1961) leader unique pour lutter contre les nationalistes dominés par les bassistes et les nassériens, mais ceux-ci finissent par l'éliminer.
— 1963-1966 : le maréchal Abdul Salam Aref écarte le Baath du pouvoir, institue un parti unique, l'Union socialiste arabe, et se lance dans une politique de nationalisations.
— 1964-65 : union de l'Iraq et de l'Égypte.
— 1966-1968 : Abdul Rahman Aref, successeur de son frère, Abdul Salam Aref, se heurte au problème kurde.
— 1968 : putsch militaire. Ahmad Ḥasan al-Bakr, président de la République. Il nationalise l'Iraq Petroleum Company (1972).
— 1975 : arrêt de la rébellion kurde.
— 1979 : Aḥmad Ḥasan al-Bakr démissionne; Ṣaddām Ḥusayn, président.
— 1980 : l'Iraq attaque l'Iran.

IRAPUATO, v. du Mexique; 117 000 h.

IRAQ ou **IRAK,** État de l'Asie occidentale; 434 000 km²; 13 millions d'h. *(Irakiens).* Cap. *Bagdad.* Langue : *arabe.*

GÉOGRAPHIE

S'étendant sur la majeure partie de la Mésopotamie, l'Iraq est un pays au relief monotone, semi-désertique, avec des étés torrides. Il n'est que partiellement mis en valeur par l'irrigation (blé, orge, riz, dattes, tabac, coton). L'élevage (ovins) est la seule ressource des steppes périphériques, non irriguées. Le pétrole constitue la principale richesse de l'État, dont il explique l'excédent du commerce extérieur. Mais l'industrialisation est à peine amorcée.

HISTOIRE

— Début du IIIe s. apr. J.-C. : la Mésopotamie* tombe sous la coupe des Sassanides.
— 637 : conquête par les Arabes.
— 661-750 : dynastie omeyyade.
— 750-1258 : dynastie 'abbāsside; Bagdad capitale.
— 1258 : début de la période mongole; déclin économique et politique.
— 1401 : Bagdad mise à sac par Tīmūr Lang.
— 1515-1546 : conquête ottomane.
— XVIIe-XVIIIe s. : les gouverneurs ottomans se taillent une large autonomie, notamment à Mossoul.
— 1831 : les Ottomans rétablissent leur autorité. Début des réformes de type occidental.
— 1914-1918 : conquête britannique.
— 1920 : la Grande-Bretagne obtient le mandat sur l'Iraq. Premières révoltes.
— 1921 : les Anglais établissent la royauté hāchémite de Fayṣal Ier, mais restent maîtres du pays.
— 1930 : traité anglo-irakien, qui accorde une indépendance nominale à l'Iraq.
— 1933 : mort de Fayṣal; avènement de son fils Rhāzi Ier; agitation antibritannique.
— 1936-1941 : l'Iraq connaît sept coups d'État.
— 1939 : mort de Rhāzi Ier; minorité de Faysal II, régence d'Abdallah favorable aux Anglais.
— 1941 : putsch militaire de Rachid 'Alī al-Gaylānī. Les Anglais occupent Bagdad.

— 1941-1958 : le régent Abdallah et Nūrī Sa'īd favorisent les intérêts des Hāchémites et des Anglais.
— 1958 : coup d'État dirigé par le général Kassem, qui se débarrasse des Hāchémites et proclame la république.

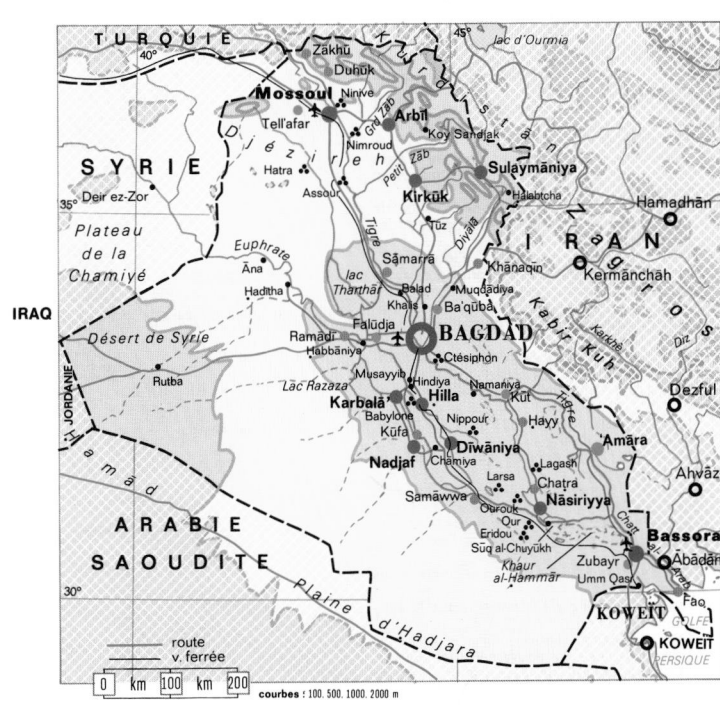

1307

IRBID, v. de la Jordanie; 116 000 h.

IRÈNE, née à Athènes (v. 752-803), impératrice d'Orient (797-802). Régente sous son fils Constantin VI, elle se débarrassa de celui-ci (797). Elle rétablit le culte des images. Canonisée par l'Église orthodoxe.

IRÉNÉE (saint), évêque de Lyon, Père de l'Église, né en Asie Mineure (v. 130 - v. 202). Il combattit les gnostiques.

IRIAN, partie indonésienne de la Nouvelle*-Guinée.

IRIARTE (Tomás DE), écrivain et compositeur espagnol, né à La Orotava (Tenerife) [1750-1791], auteur de Fables littéraires et de poèmes musicaux.

IRIGNY (69540), comm. du Rhône; 5 259 h. Décolletage.

IRIS. Myth. gr. Messagère ailée des dieux; l'arc-en-ciel était son écharpe.

IRKOUTSK, v. de l'U.R.S.S., en Sibérie orientale, sur l'Angara, près du lac Baïkal; 532 000 h. Centrale hydroélectrique. Aluminium. Chimie.

IRLANDE, la plus occidentale des îles Britanniques, divisée en Irlande du Nord, ou Ulster, partie du Royaume-Uni, et en république d'Irlande, ou Éire.

HISTOIRE

— IVe s. av. J.-C. : installation des Celtes (Gaëls). Partage de l'Irlande en petits royaumes (tuath) peu à peu regroupés en cinq royaumes : Ulster, Connacht, Leinster du Nord, Leinster du Sud, Munster.

— v. 200 apr. J.-C. : le royaume du Connacht passe au premier rang; son roi porte le titre d'Árd Rí (ou Áird Rígh), roi suprême de l'île.

— 380-405 : règne de Niall, qui fonde la dynastie des O'Neill.

— 432-444 : saint Patrick (461) évangélise l'Irlande.

— 565 : conversion de l'Árd Rí.

— 597 : mort de saint Colomba à Iona, centre chrétien des îles Britanniques.

— 615 : mort de saint Colomban.

— VIe-VIIe s. : rayonnement culturel et religieux de l'Irlande.

— IXe-Xe s. : les Scandinaves ravagent le pays.

— 1014 : Brian Boru arrête les Scandinaves à Clontarf.

— 1156 : mort du dernier Árd Rí.

— 1171 : début de la conquête anglo-normande.

— 1175 : le roi d'Angleterre, seigneur de l'île.

— XIIIe s. : progrès de la féodalité anglaise, qui sera peu à peu assimilée.

— 1468-1534 : domination des Fitzgerald de Kildare.

— 1537 : Henri VIII introduit en Irlande l'Acte de suprématie et devient donc chef de l'Église d'Irlande, mais les Irlandais restent attachés au catholicisme.

— 1541 : Henri VIII, roi d'Irlande. Révolte de l'île. Redistribution des terres irlandaises à des Anglais.

— 1598 : défaite des Anglais au Yellow Ford.

— 1607 : les chefs irlandais doivent s'enfuir. Fin politique de l'Irlande gaélique. Le pays n'est plus qu'une colonie, où le conquérant va imposer son pouvoir politique, économique et religieux.

— 1649 : sanglante répression contre les Irlandais qui ont soutenu les Stuarts (massacre de Drogheda par Cromwell); spoliation de leurs terres.

— 1690 : défaite de Jacques II à la Boyne. L'Irlande livrée aux Anglais.

— 1702-1705 : lois pénales qui mettent les Irlandais hors la loi.

— 1782-83 : concessions anglaises (l'Irlande acquiert son autonomie législative).

— 1796-1798 : révoltes avec l'appui de la France.

— 1800 : union de l'Irlande et de l'Angleterre (Royaume-Uni).

— 1829 : O'Connell obtient l'émancipation des catholiques.

— 1840 : campagne d'O'Connell pour la suppression de l'Union.

— 1845 : la Grande Famine.

— 1858 : naissance du mouvement des fenians.

— 1870 : fondation de l'association pour le

Home Rule (pour l'autonomie), dont Charles Parnell devient le membre le plus populaire.

— 1881 : Land Act accordé par Gladstone.

— 1891 : échec du Home Rule et de Parnell.

— 1902 : fondation du Sinn Féin, mouvement paramilitaire luttant pour l'indépendance.

— 1916 : soulèvement irlandais écrasé.

— 1921 : Lloyd George accorde à l'Irlande son indépendance, l'Irlande du Nord restant unie à la Grande-Bretagne.

IRLANDE, en gaélique **Éire,** État de l'Europe occidentale; 70 300 km²; 3 200 000 h. (Irlandais). Cap. Dublin. Langues : irlandais et anglais.

GÉOGRAPHIE

L'Irlande, au climat doux et humide, est formée à la périphérie de hautes collines et de moyennes montagnes, au centre d'une vaste plaine tourbeuse, parsemée de lacs, difficilement drainée par le Shannon. L'élevage (bovins, ovins, porcins) est une ressource essentielle du pays, qui produit aussi du blé, de l'avoine, de l'orge (pour la bière), des pommes de terre. L'industrialisation (constructions mécaniques, alimentation, textile) est réduite, les revenus du tourisme ne comblent pas le déficit de la balance commerciale, et la traditionnelle émigration n'a pas complètement cessé.

HISTOIRE

— 1921 : naissance de l'État libre irlandais, qui fait partie du Commonwealth.

— 1922 : vive opposition entre ceux qui acceptent (Michael Collins, Arthur Griffith) et ceux qui refusent (De Valera) la partition de l'Irlande.

— 1922-1932 : le gouvernement de W. T. Cosgrave rétablit le calme.

— 1932-1948 : le Fianna Fáil au pouvoir avec De Valera; guerre économique contre Londres.

— 1937 : l'Irlande devient l'Éire.

— 1948 : l'Éire devient la république d'Irlande, qui rompt avec le Commonwealth.

— 1951-1973 : le Fianna Fáil au pouvoir.

— 1973 : le Fine Gael au pouvoir.

— 1977 : le pouvoir revient au Fianna Fáil.

— 1981 : coalition Fine Gael - parti travailliste.

— 1982 : retour au pouvoir du Fianna Fáil avec Charles Haughey.

IRLANDE (mer d'), bras de mer entre l'Angleterre et l'Irlande.

IRLANDE DU NORD ou **ULSTER,** partie du Royaume-Uni occupant la partie nord-est de l'île d'Irlande; 13 600 km²; 1 531 000 h. Cap. Belfast.

HISTOIRE

— 1921 : naissance de l'Irlande du Nord (Ulster), où les catholiques sont en position d'infériorité par rapport aux protestants.

— 1969 : début de l'agitation endémique du pays. Intervention de l'armée britannique.

— 1972 : fin de l'autonomie de l'Ulster. L'IRA poursuit son action.

IROISE (mer d'), nom donné à la partie de l'Atlantique s'étendant au large de la Bretagne occidentale (Finistère).

IROQUOIS, Indiens établis jadis au sud-est des lacs Érié et Ontario, et formant alors une confédération, dite des Cinq-Nations, qui lutta contre les Français jusqu'en 1701.

IRLANDE

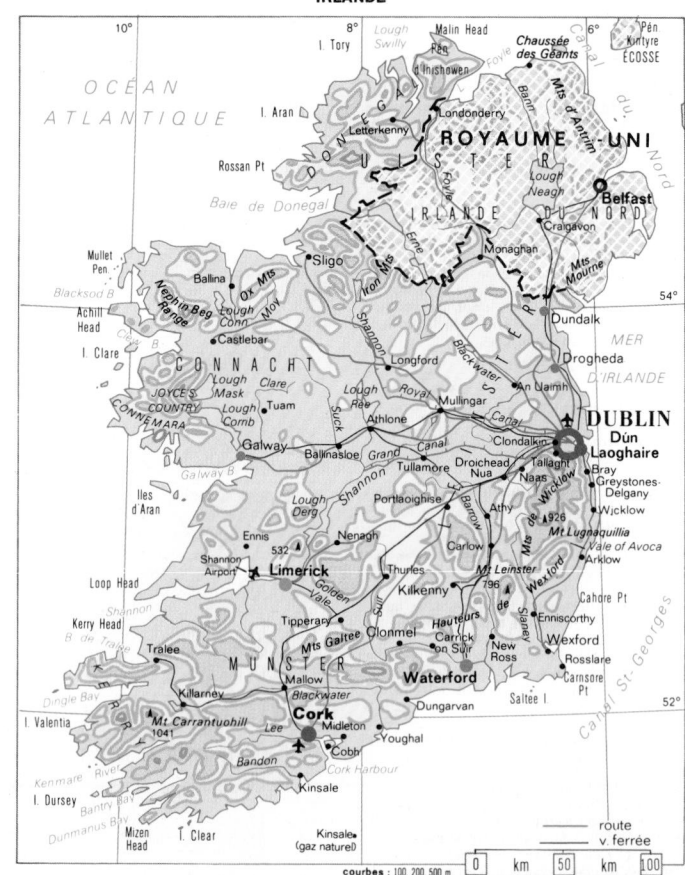

Après la régence de sa mère, Marie-Christine (1833-1841), puis d'Espartero (1841-1843), elle gouverna seule; sa politique cléricale et absolutiste provoqua sa chute en 1868.

ISABEY (Jean-Baptiste), peintre et lithographe français, né à Nancy (1767-1855). Ses miniatures sur ivoire eurent une grande vogue (portraits de Napoléon Iᵉʳ, etc.). — Son fils EUGÈNE, né à Paris (1804-1886), est l'auteur de marines romantiques.

ISAIE, prophète juif, qui exerça son ministère dans le royaume de Juda entre 740 et 687. Il est le prophète de l'espérance messianique. Le livre d'Isaïe est un écrit composite dont une partie seulement (chap. I à XXXIX) concerne l'œuvre du prophète. Les ajouts sont appelés par les critiques : Deutéro-Isaïe (XL à LV), écrit à la fin de l'Exil, et Trito-Isaïe (LVI à LXVI), à placer après le retour en Palestine (vɪᵉ-vᵉ s.).

ISAMBERT (François), juriste et homme politique français, né à Aunay-sous-Auneau (1792-1857), auteur d'un recueil des anciennes lois françaises de 420 à 1789.

ISAR, affl. du Danube (r. dr.); 352 km. Il passe à Munich.

Isabelle Iʳᵉ la Catholique
Ferdinand II d'Aragon
et Jeanne la Folle
(leur fille)
miniature du XVᵉ s.

Washington **Irving**

ISAURIE, anc. contrée d'Asie Mineure, sur la côte méridionale. Ses populations, qui vivaient surtout de piraterie, furent soumises par les Romains en 75 av. J.-C.

ISAURIENS, dynastie byzantine, qui régna à Constantinople de 717 à 802.

ISBERGUES (62330), comm. du Pas-de-Calais; 5990 h. Église du XVᵉ s. (châsse de sainte Isbergue); pèlerinage. Métallurgie.

ISCARIOTE, surnom de l'apôtre Judas*.

ISCHIA, île volcanique d'Italie, à l'entrée du golfe de Naples; 26 000 h. Tourisme.

ISCHL, station de sports d'hiver d'Autriche, dans le Tyrol (alt. 1377-2763 m).

ISE (baie d'), baie des côtes de Honshū (Japon), sur laquelle est située Nagoya. Sanctuaires shintoïstes, parmi les plus anciens, dont la reconstruction rituelle tous les vingt ans perpétue l'architecture prébouddhique.

ISEO (lac d'), lac d'Italie (Lombardie), traversé par l'Oglio.

ISERAN, col des Alpes (2762 m), qui fait communiquer les hautes vallées de l'Arc et de l'Isère.

ISÈRE, riv. des Alpes du Nord; 290 km. Née au pied de l'Iseran, près de la frontière italienne, l'Isère draine la Tarentaise et la majeure partie du Sillon* alpin (combe de Savoie et Grésivaudan), passe à Grenoble et à Romans avant de rejoindre le Rhône (r. g.). Sa vallée moyenne et supérieure est une importante artère industrielle.

ISÈRE (dép. de l') [38], dép. de la Région Rhône-Alpes; ch.-l. de dép. *Grenoble*; ch.-l. d'arr. *La Tour-du-Pin, Vienne*; 3 arr., 50 cant., 532 comm.; 7 474 km²; 860 378 h. Le dép. appar-

ISÈRE

1. La Tronche
2. Meylan
3. Biviers
4. St-Ismier
5. Gières
6. Eybens
7. Poisat
8. Uriage-les-Bains
9. Villard-Bonnot

v. ferrée
route
autoroute

0   km   10   km   20

courbes : 150, 300, 900, 1500, 2100 m

IRRAWADDY, principal fl. de Birmanie, qui rejoint l'océan Indien; 2 250 km.

IRTYCH, riv. de Sibérie, affl. de l'Ob (r. g.); 2 970 km.

IRÚN, v. d'Espagne, sur la Bidassoa, en face d'Hendaye; 45 000 h.

IRVING (Washington), écrivain américain, né à New York (1783-1859), un des créateurs de la littérature nord-américaine *(Histoire de New York par Diedrich Knickerbocker; Rip van Winkle; Contes de l'Alhambra).*

ISAAC, patriarche biblique, fils d'Abraham, père de Jacob et d'Ésaü.

ISAAC JOGUES (saint), missionnaire jésuite français, né à Orléans (1607-1646). Il fut massacré par les Iroquois.

ISAAC Iᵉʳ COMNÈNE (v. 1005-1061), empereur d'Orient de 1057 à 1059. Il abdiqua en faveur de Constantin X.

ISAAC II ANGE (v. 1155-1204), empereur d'Orient (1185-1195 et 1203-1204), détrôné par son frère Alexis III en 1195, rétabli en 1203 par les Vénitiens et renversé de nouveau avec son fils Alexis IV (1204). Alexis V les fit assassiner.

ISAAC (Jules), historien français, né à Rennes (1877-1963), auteur de manuels scolaires et d'études sur les origines chrétiennes de l'antisémitisme. Il joua un rôle primordial dans le rapprochement judéo-chrétien.

ISAAK (Heinrich), compositeur flamand (v. 1450-1517), auteur d'œuvres polyphoniques. Il a vécu à Florence et à Vienne.

ISABEAU ou **ISABELLE** de Bavière, née à Munich (1371-1435), reine de France. Elle épousa Charles VI en 1385 et fut plusieurs fois régente. Elle passa des Armagnacs aux Bourguignons avant de reconnaître le roi d'Angleterre, son gendre, comme héritier du trône de France, à l'exclusion du dauphin Charles (traité de Troyes, 1420).

ISABELLE D'ANGOULÊME (1186-1246), reine d'Angleterre, épouse (1200) de Jean sans Terre, roi d'Angleterre, puis (1217) d'Hugues X de Lusignan, comte de la Marche.

ISABELLE D'ANJOU (1169-1205), reine de Jérusalem et de Chypre (1192-1205).

ISABELLE DE FRANCE (bienheureuse), née à Paris (1225-1270), sœur de Saint Louis, fondatrice du monastère de Longchamp.

ISABELLE DE FRANCE, née à Paris (1292-1358), fille de Philippe IV le Bel. Elle épousa en 1308 Édouard II, roi d'Angleterre. Elle fut régente sous Édouard III.

ISABELLE DE HAINAUT, née à Lille (1170-1190). Elle épousa en 1180 Philippe Auguste, roi de France, et fut la mère de Louis VIII.

ISABELLE Iʳᵉ la Catholique, née à Madrigal de las Altas Torres (1451-1504), reine de Castille (1474-1504). Son mariage (1469) avec Ferdinand, héritier d'Aragon, permit la réunion sous le même sceptre des couronnes d'Aragon et de Castille (1479), et facilita l'unité de l'Espagne, qui fut complétée par la chute du royaume maure de Grenade en 1492. La reine favorisa l'Inquisition et soutint son ministre Jiménez de Cisneros ainsi que Christophe Colomb.

Isabelle-la-Catholique (ordre royal d'), ordre espagnol créé en 1815.

ISABELLE II (Marie-Louise, dite), née à Madrid (1830-1904), reine d'Espagne (1833-1868), fille de Ferdinand VII. Son accession au trône en 1833 fut à l'origine des guerres carlistes.

ISÈRE

tient à l'académie et à la circonscription judiciaire de Grenoble, à la région militaire et à la province ecclésiastique de Lyon. Le sud-est du dép., formé par une partie des Alpes du Nord, s'oppose au nord-ouest, constitué par les collines et les plateaux argileux et sableux du bas Dauphiné. L'élevage bovin et l'exploitation forestière dominent dans la Chartreuse et le Vercors, les cultures de la vigne et des arbres fruitiers dans la vallée du Rhône, en aval de Lyon et dans le Grésivaudan, où elles sont associées aux céréales, au tabac et à l'élevage bovin. L'industrie, très développée et partiellement liée à l'hydroélectricité dans les Alpes, est surtout représentée par l'électrochimie et l'électrométallurgie, par la papeterie, le textile. Elle est principalement implantée dans l'agglomération de Grenoble, qui concentre près de la moitié de la population départementale. Le tourisme, surtout hivernal, anime localement la montagne (l'Alpe-d'Huez, Chamrousse, Autrans, les Deux-Alpes).

ISERLOHN, v. de l'Allemagne fédérale, dans la Ruhr ; 59 000 h.

ISEUT, héroïne d'une légende médiévale qui se rattache au cycle breton. (V. TRISTAN ET ISEUT.)

ISHTAR ou **ASHTART.** *Myth.* Divinité assyro-babylonienne. Déesse de l'Amour et de la Fécondité, elle était l'objet de cultes licencieux.

ISIDORE DE SÉVILLE (saint), archevêque de Séville et dernier Père de l'Église, né à Carthagène (v. 560-636). Son traité, *Étymologies,* est une encyclopédie du savoir profane et religieux de son temps.

ISIGNY-LE-BUAT (50540), ch.-l. de c. de la Manche ; 3 150 h.

ISIGNY-SUR-MER (14230), ch.-l. de c. du Calvados ; 3 315 h. Beurre. Confiserie.

ISIS. *Myth. égypt.* Déesse, sœur et femme d'Osiris, et mère d'Horus, type de l'épouse et de la mère idéales. Son culte connut hors d'Égypte, dans le monde gréco-romain, une grande fortune (mystères *isiaques*).

ISKÂR, riv. de Bulgarie, affl. du Danube (r. dr.) ; 300 km.

ISKENDERUN, anc. **Alexandrette,** port du sud-est de la Turquie ; 103 000 h.

ISLÂMÂBÂD, cap. du Pakistan, près de Râwalpindi ; 78 000 h.

ISLANDE, en islandais **Island,** île et république de l'Atlantique Nord, au sud-est du Groenland ; 103 000 km² ; 220 000 h. *(Islandais).* Cap. *Reykjavík.* Langue : *islandais.*

GÉOGRAPHIE

Pays de glaciers et de volcans, l'Islande vit de l'élevage des moutons et surtout de la pêche (morue et hareng). Reykjavík regroupe près de la moitié de la population totale.

HISTOIRE

— IXe s. : début de la colonisation scandinave.
— 1056 : établissement d'un évêché autonome.
— 1262 : Haakon IV de Norvège soumet l'île.
— 1380 : l'Islande, de même que la Norvège, devient danoise.

ISLANDE

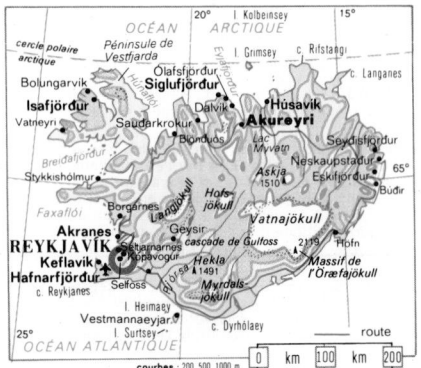

— 1551 : le luthéranisme, religion officielle.
— 1602 : le trafic islandais devient monopole danois.
— 1814 : le Danemark, qui perd la Norvège, garde l'Islande.
— 1843 : restauration du Parlement national.
— 1854 : liberté de commerce.
— 1903 : l'île devient autonome.
— 1918 : l'Islande, royaume indépendant sous la couronne danoise.
— 1944 : proclamation de la république islandaise. Sveinn Björnsson, premier président.
— 1952 : Ásgeir Ásgeirsson, président.
— 1958 : début du long conflit avec les Britanniques au sujet de la pêche.
— 1968 : Kristjan Eldjarn, président.
— 1980 : Mme Vigdis Finnbogadottir, présidente.

ISLE, affl. de la Dordogne (r. dr.), qui passe à Périgueux ; 235 km.

ISLE (87170), comm. de la Haute-Vienne ; 5 910 h. Textile.

ISLE-ADAM (L') (95290), ch.-l. de c. du Val-d'Oise ; 10 019 h. *(Adamois).* Église des XVe et XVIe s. Forêt.

ISLE-D'ABEAU (L') (38300 Bourgoin Jallieu], comm. de l'Isère ; 761 h. Cette commune doit être le centre d'une ville nouvelle entre Lyon, Grenoble et Chambéry.

ISLE-D'ESPAGNAC (L') (16340), comm. de la Charente ; 5 082 h.

ISLE-EN-DODON (L') (31230), ch.-l. de c. de la Haute-Garonne ; 2 023 h. Église des XIVe-XVIe s.

ISLE-JOURDAIN (L') (32600), ch.-l. de c. du Gers ; 4 200 h.

ISLE-JOURDAIN (L') (86150), ch.-l. de c. de la Vienne ; 1 223 h.

ISLE-SUR-LA-SORGUE (L') (84800), ch.-l. de c. de Vaucluse ; 11 932 h. Église des XIVe et XVIIe s. Chimie. Textile.

ISLE-SUR-LE-DOUBS (L') (25250), ch.-l. de c. du Doubs ; 3 496 h.

ISLE-SUR-SEREIN (L') (89440), ch.-l. de c. de l'Yonne ; 494 h.

ISLY, riv. du Maroc, à l'ouest d'Oujda. Victoire de Bugeaud sur les Marocains (1844).

la déesse **Isis**
bois peint
XIe dynastie

Ispahan
la Mosquée royale
(Masdjid-e Châh)
1612-1630

ISMAËL, fils d'Abraham et de sa servante Agar, considéré par la tradition biblique et coranique comme l'ancêtre des peuples arabes.

ISMÂ'ÎL, septième imâm des ismaéliens, m. à Médine en 762.

ISMÂ'ÎL Ier, né à Ardabil (1487-1524), châh de Perse (1502-1524), fondateur des Séfévides et propagateur du chî'isme. — ISMÂ'ÎL II (m. en 1578), châh de Perse de 1576 à 1578.

ISMÂ'ÎL PACHA, né au Caire (1830-1895), vice-roi (1863-1867), puis khédive d'Égypte (1867-1879). Il inaugura le canal de Suez (1869). Les difficultés financières et la mainmise franco-anglaise sur l'Égypte l'obligèrent à abdiquer.

ISMAÏLIA, v. d'Égypte, sur le lac Timsah et le canal de Suez ; 144 000 h.

ISMÈNE. *Myth. gr.* Fille d'Œdipe, sœur d'Antigone.

ISOCRATE, orateur athénien (436-338 av. J.-C.). Il prêcha l'union des Grecs contre la Perse, même au prix d'une alliance avec la Macédoine.

ISOLA 2000, station de sports d'hiver (alt. 2 000-2 603 m) des Alpes-Maritimes.

ISONZO, fl. de Yougoslavie et d'Italie, qui rejoint le golfe de Trieste ; 150 km. Combats de 1915 à 1917.

ISOU (Isidore), poète français d'origine roumaine, né à Botoşani en 1925, fondateur du lettrisme.

ISPAHAN, v. d'Iran, au sud de Téhéran, anc. cap. du pays ; 424 000 h. Monuments du XIe au XVIIIe s., dont la Grande Mosquée (XIe-XVIIIe s.) ; remarquables exemples d'architecture séfévide (pavillon d''Ali Qapû, mosquées royale et Lotfollâh, etc.).

ISRAËL, autre nom de *Jacob* dans la Bible. — *Par ext.,* nom donné au peuple juif, descendant d'Israël.

ISRAËL *(royaume d'),* royaume regroupant les tribus du Nord de la Palestine, après la scission du royaume de Salomon (931-722 ou 721 av. J.-C.). Cap. *Samarie.* Miné par son instabilité politique et ses rivalités fratricides avec le royaume de Juda, il succomba sous les coups des Assyriens, qui déportèrent sa population.

ISRAËL, État du Proche-Orient ; 21 000 km² ; 3 690 000 h. *(Israéliens).* Cap. *Jérusalem* (selon la Knesset). Langue : *hébreu.*

GÉOGRAPHIE

Pays aux frontières arbitraires, résultant du partage de l'ancienne Palestine, Israël s'étend sur des régions de climat méditerranéen au nord, désertique au sud (Néguev). Grâce à l'irrigation, l'agriculture, pratiquée dans le cadre d'exploitations plus ou moins collectivistes (dont les kibboutzim), fournit du blé, de l'orge, du vin, de l'huile d'olive et surtout des agrumes. La pauvreté du sous-sol (recelant un peu de potasse et de phosphates) explique l'absence d'industries lourdes. Mais des branches spécialisées se sont implantées à Tel-Aviv-Jaffa et à Haïfa ; elles sont favorisées par la présence de capitaux abondants et d'une main-d'œuvre habile (produits pharmaceutiques, verrerie, taille de diamants, etc.). La balance commerciale est toutefois très déficitaire, et le développement est freiné par le poids des dépenses militaires.

J. Bottin

Istanbul
la mosquée
de Sultan Ahmed
ou mosquée
Bleue
(1609-1616)

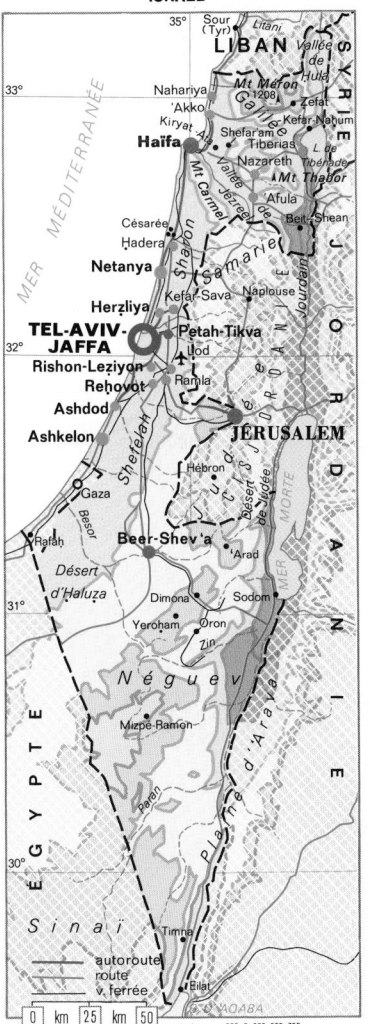

ISRAËL

courbes : –200, 0, 200, 500, 750 m

autoroute
route
v. ferrée

0 km 25 km 50

HISTOIRE

— 1947 (29 nov.) : résolution de l'assemblée générale de l'O. N. U. sur un « plan de partage » de la Palestine*, qui est rejeté par les nations arabes limitrophes.
— 1948 (14 mai) : fondation de l'État d'Israël; Ben Gourion, chef du gouvernement provisoire. Première guerre israélo-arabe (1948-49).
— 1949 : Israël admis à l'O. N. U. Élection de la première Assemblée (Knesset). Lois constitutionnelles. Chaïm Weizmann, premier président de la République (1949-1952).
— 1948-1969 : le Mapai (parti socialiste israélien) au pouvoir, avec Ben Gourion (de 1948 à 1953) et Levi Eshkol (de 1963 à 1969) notamment.
— 1954 : Isaac Ben Zvi, président de la République.
— 1956-57 : deuxième guerre israélo-arabe.
— 1963 : Zalman Shazar, président de la République.
— 1967 : troisième guerre israélo-arabe (guerre des six jours).
— 1969-1974 : gouvernement de Golda Meir (Front travailliste).
— 1973-74 : quatrième guerre israélo-arabe (guerre du Kippour).
— 1973 : Ephraïm Katzir, président de la République.
— 1974-1977 : gouvernement Itzhak Rabin.
— 1977 : victoire électorale des nationalistes. Menahem Begin, Premier ministre. Pourparlers de paix avec l'Égypte.
— 1978 : Itzhak Navon, président de la République.
— 1979 : traité de paix israélo-égyptien.
— 1980 : Jérusalem réunifiée est proclamée par la Knesset capitale de l'État d'Israël.
— 1981 : annexion du Golan occupé.

israélo-arabes (guerres) [1948-1975]. La création en 1948 de l'État d'Israël résultant du partage de la Palestine adopté par l'O. N. U. en 1947 ne fut pas acceptée par les États arabes. Il en résulta une tension permanente qui aboutit à plusieurs conflits armés. Le premier, en 1948-49, fut conclu par un armistice et la définition des frontières d'Israël dans le Néguev, en Galilée et à Jérusalem. Le deuxième, en 1956, occasionné par la nationalisation du canal de Suez par l'Égypte, vit une brève intervention militaire franco-anglaise (nov.) sur le canal, puis celle des Casques bleus de l'O. N. U. Le troisième, en juin 1967 (guerre des six jours), se déroule sur le canal de Suez, atteint par les forces d'Israël, et sur le front du Golan. Le quatrième (guerre du Kippour), mené sur ces deux fronts en octobre 1973, est compliqué par la décision des pays arabes de réduire leurs exportations de pétrole et se termine par des accords de désengagement militaire entre Israël, la Syrie et l'Égypte (1974-75).

ISSARLÈS (lac d'), lac volcanique du Massif central, dans l'Ardèche.

ISSAS, population semi-nomade, appartenant au groupe des Somalis.
ISSENHEIM (68500 Guebwiller), comm. du Haut-Rhin; 2 377 h. Couvent où Grünewald peignit son célèbre polyptyque (musée de Colmar).
ISSIGEAC (24560), ch.-l. de c. de la Dordogne; 669 h. Église gothique (XVIᵉ s.).
ISSOIRE (63500), ch.-l. d'arr. du Puy-de-Dôme, dans la Limagne d'Issoire; 15 668 h. (Issoiriens). Église du XIIᵉ s., chef-d'œuvre de l'art roman. École nationale technique des sous-officiers d'active. Industries métallurgiques, mécaniques et électriques.
ISSOS ou **ISSUS,** anc. v. d'Asie Mineure (Cilicie), où Darios III fut vaincu par Alexandre le Grand, en 333 av. J.-C.
ISSOUDUN (36100), ch.-l. d'arr. de l'Indre; 16 548 h. (Issoldunois). Ancien hôtel-Dieu (musée). Travail du cuir. Constructions électriques. Confection.
IS-SUR-TILLE (21120), ch.-l. de c. de la Côte-d'Or; 3 770 h. Constructions mécaniques.
ISSYK-KOUL, lac de l'U. R. S. S. (Kirghizistan); 6 200 km².
ISSY-LES-MOULINEAUX (92130), ch.-l. de c. des Hauts-de-Seine, au sud-ouest de Paris; 48 380 h. (Issisois). — L'héliport dit « d'Issy-les-Moulineaux » est sur le territoire de la Ville de Paris.
ISSY-L'ÉVÊQUE (71760), ch.-l. de c. de Saône-et-Loire; 1 158 h. Église des XIᵉ et XIIᵉ s.
ISTANBUL, anc. **Stamboul** et **Constantinople,** port de Turquie, sur le Bosphore et la mer de Marmara; 2 535 000 h. Université. Musées. La ville s'élève de part et d'autre de la Corne d'Or, petite baie profonde de la rive européenne. Au sud sont situés les principaux monuments (Sainte-Sophie*, mosquée de Sultan Ahmed et plusieurs chefs-d'œuvre de Sinan*, dont la mosquée Süleymaniye...). Au nord s'étend la ville commerçante et cosmopolite (Beyoğlu). Des faubourgs asiatiques (Üsküdar), reliés par un pont, longent le Bosphore. Sa position fait d'Istanbul un grand centre commercial. — Istanbul, l'ancienne Constantinople*, fut la capitale de l'Empire ottoman de 1453 à 1923.
Isthmiques (jeux), jeux de la Grèce ancienne, qui se célébraient à Corinthe tous les deux ans en l'honneur de Poséidon.
Istiqlâl, parti nationaliste marocain fondé en 1943; il joua un rôle primordial dans l'indépendance du Maroc.
ISTRES, ch.-l. d'arr. des Bouches-du-Rhône, sur l'étang de Berre; 19 702 h. (Istréens). Base aérienne militaire. Constructions aéronautiques.
ISTRIE, région de Yougoslavie, en face de Venise, baignée par l'Adriatique. Vénitienne du XIVᵉ s. à 1797, autrichienne de 1797 à 1805 puis en 1815, elle fut revendiquée comme « province irrédente » par l'Italie, qui l'annexa en 1920. En 1947, l'Istrie devint yougoslave, Trieste gardant un statut particulier.
ITABIRA, v. du Brésil (Minas Gerais). Minerai de fer dans la région.
Itaipu, centrale hydroélectrique construite sur le Paraná par le Brésil et le Paraguay.
ITALIE, en ital. **Italia,** république de l'Europe méridionale; 301 300 km²; 57 millions d'h. (Italiens). Cap. Rome. Langue : italien. L'Italie est formée de 20 régions (divisées en provinces) : Abruzzes, Aoste (val d'), Basilicate, Calabre, Campanie, Émilie-Romagne, Frioul-Vénétie Julienne, Latium, Ligurie, Lombardie, Marches, Molise, Ombrie, Piémont, Pouille, Sardaigne, Sicile, Toscane, Trentin-Haut-Adige, Vénétie.

GÉOGRAPHIE

L'Italie s'étend sur deux ensembles s'opposant tant du point de vue physique que du point de vue économique. L'Italie du Nord correspond au versant interne de l'arc alpin (Alpes piémontaises, lombardes, dolomitiques et vénètes) et à la vaste plaine du Pô ; la disposition des reliefs explique le caractère continental du climat. L'Italie péninsulaire et insulaire est axée sur les Apennins (ligure, toscan, abruzzais et calabrais) pour la partie continentale, la Sicile prolongeant

ITALIE

cette Italie méridionale, tandis que la Sardaigne est plus isolée. Le climat est de type méditerranéen (du moins sur le littoral), avec une tendance à l'aridité dans le Sud et les îles. La population s'est longtemps accrue à un rythme régulier et relativement rapide, plus vite dans le Sud que dans le Nord, bien qu'elle se répartisse assez également sur l'ensemble du territoire, les migrations intérieures imposées par la structure géographique de l'économie rétablissant l'équilibre). La pression démographique, aujourd'hui ralentie par la baisse du taux de natalité, a provoqué un courant d'émigration vers les pays anglosaxons et l'Europe occidentale. La majeure partie de la population vit dans les villes, dont quatre dépassent le million d'habitants (Rome, Milan, Naples et Turin). L'agriculture emploie près du sixième de la population active; mais elle fournit moins du dixième du produit intérieur. La vie rurale est caractérisée par le fréquent maintien de la grande propriété extensive (latifundia) dans le Sud, malgré les réformes foncières, par la prédominance des cultures céréalières (blé, maïs, accessoirement riz) et arbustives (vigne, olivier, agrumes), développées surtout dans la plaine du Pô, sur les collines de Toscane, des Marches, de la Campanie, sur les plateaux de la Pouille, et par la faiblesse relative de l'élevage (bovins au nord, ovins au sud) et de la pêche. Si les terres les plus riches et les cultures les plus intensives se localisent dans l'Italie du Nord, la prépondérance de cette dernière est encore plus nette dans le domaine industriel. L'Italie produit un peu de gaz naturel et d'hydroélectricité, mais elle doit importer du charbon et surtout la quasi-totalité de son pétrole. Les conditions d'existence expliquent la localisation de la sidérurgie : Lombardie et ports (Gênes [qui est le principal débouché maritime du pays], Livourne, Naples, Tarente, Trieste, etc.). La métallurgie de transformation (automobiles notamment, dont Turin est le grand centre), la chimie et le textile sont groupés dans l'Italie du Nord. Concentrée géographiquement, l'industrie l'est aussi financièrement, ce qui favorise encore le développement économique du Nord, accentué de plus par le Marché commun. Les efforts gouvernementaux pour l'industrialisation du Sud (ou Mezzogiorno) n'ont abouti que localement (dans les ports), et l'écart des niveaux de vie ne diminue pas entre le Nord et le Sud, qui s'apparente aux autres péninsules méditerranéennes. Le déficit, traditionnel, de la balance commerciale est comblé surtout par les revenus d'un tourisme très développé, mais l'expansion économique, autrefois rapide, a été freinée par l'instabilité politique et sociale.

HISTOIRE

— IIe millénaire : civilisation indo-européenne dite « des terramares », dans la plaine du Pô.
— Ier millénaire : civilisation des Villanoviens; installation des Italiques.
— VIIIe s. av. J.-C. : les Grecs fondent des colonies sur les côtes méridionales.
— VIe-Ve s. av. J.-C. : domination du centre par les Étrusques.
— Ve s. av. J.-C. : création de la Ligue latine (fédération de trente villes du Latium).
— IVe s. av. J.-C. : déferlement gaulois. Dissolution de la Ligue latine; Rome unifie le Latium et amorce la conquête de l'Italie.
— IIIe-IIe s. av. J.-C. : vainqueurs de Carthage, les Romains, maîtres de la Méditerranée occidentale.
— 91-89 av. J.-C. : la guerre italique, ou guerre sociale, accélère la formation d'un État romano-italique.
— 58-50 av. J.-C. : conquête de la Gaule par César.
— 27 av. J.-C.-14 apr. J.-C. : Auguste, unificateur de l'Italie. Au cœur de l'immense Empire romain, l'Italie perd peu à peu son rôle directionnel.
— Ier s. apr. J.-C. : introduction du christianisme.
— Ve s. : invasions barbares, fin de l'Empire romain d'Occident (476).
— 493-526 : les Ostrogoths, maîtres de l'Italie.
— 535-555 : l'Italie en grande partie byzantine.
— 568 : les Lombards, en Italie du Nord et du Centre; seule Ravenne reste byzantine.

— 751 : les Lombards s'emparent de Ravenne.
— 753 : la papauté recourt aux Francs contre les Lombards.
— 774 : Charlemagne, roi des Lombards.
— 800 : Charlemagne, sacré empereur à Rome; son fils, Pépin, roi d'Italie; mais les Byzantins s'accrochent dans le Sud, et Venise est en passe de devenir indépendante.
— IXe s. : « siècle noir » (anarchie, invasions sarrasines et normandes).
— Xe s. : les papes et l'Italie tombent sous la coupe de l'Empereur.
— 1073-1122 : querelle des Investitures; victoire de la papauté sur l'Empire. Les Normands s'installent dans le Sud.
— XIIe s. : renouveau économique, effervescence idéologique, essor des villes (Pise, Gênes, Milan, Florence, Venise).
— 1154-1250 : lutte du Sacerdoce et de l'Empire, opposant les guelfes (partisans du pape) aux gibelins (partisans de l'Empereur).
— 1266-1282 : emprise des Anjou sur Rome et l'Italie; ils devront céder la place à l'Aragon et se contenter du royaume de Naples.
— 1309-1376 : la papauté à Avignon.
— 1378-1417 : Grand Schisme d'Occident, qui favorise le féodalisme et l'anarchie dans les États de l'Église et les Deux-Siciles. Prospérité des républiques et des seigneuries.
— XVe s. : apogée de la Renaissance italienne; création du duché de Savoie (1416).
— XVIe s. : ambitions françaises sur l'Italie. Décadence florentine.
— XVIIe s. : l'Italie sous la prépondérance espagnole.
— XVIIIe s. : la vie sociale se fige, la démographie décline, le paupérisme s'étend. L'Italie en proie aux ambitions des impérialismes.
— 1713 : l'empereur Charles VI devient maître de Naples et du Milanais.
— 1734 : les Bourbons s'installent en Sicile et à Parme (1748).
— 1792-1799 : l'Italie passe progressivement sous l'influence française (annexion de la Savoie et de Nice; occupation de la république de Gênes); formation de « républiques sœurs ».
— 1802-1804 : la République italienne, d'obédience française.
— 1805-1814 : Napoléon, souverain du royaume d'Italie.
— 1814 : la péninsule (douze États) redevient une « expression géographique », en partie aux mains des étrangers; l'influence autrichienne s'exerce de nouveau en Italie du Nord et du Centre.
— 1820-21 : révoltes libérales et nationales. Carbonarisme.
— 1821-1831 : réaction antilibérale.
— 1831-1833 : nouvelles révoltes. La « Jeune-Italie » de Mazzini.
— 1846-1849 : le *Risorgimento*; la révolution (1848) et l'échec de la « guerre de libération nationale ». Le Piémont (Cavour) devient le centre du mouvement pour l'unité; alliance française.
— 1859 : campagne franco-piémontaise contre l'Autriche. La Savoie au Piémont.
— 1860 : la Savoie et Nice à la France.
— 1860-1870 : achèvement de l'unité italienne; proclamation du royaume d'Italie avec Victor-Emmanuel (1861); annexion de la Vénétie (1866) et de Rome (1870).
— 1870-1876 : la droite historique au pouvoir. Féodalisme et paupérisme dans le Mezzogiorno; misère; émigration.
— 1876-1900 : la gauche anticléricale et antifrançaise au pouvoir (Crispi). Échecs coloniaux (Éthiopie, 1896).
— 1878 : mort de Victor-Emmanuel II; avènement d'Humbert Ier.
— 1900 : assassinat d'Humbert Ier; avènement de Victor-Emmanuel III.
— 1903-1914 : ère Giolitti. Problèmes sociaux graves; remontée de l'irrédentisme.
— 1911-12 : guerre italo-turque. Annexion de la Tripolitaine et du Dodécanèse.
— 1915-1918 : l'Italie participe à la Première Guerre mondiale aux côtés des Alliés.
— 1919 : annexion du Trentin, du Haut-Adige et de Fiume. Crise économique et crise morale qui menacent la démocratie.

— 1922 : Mussolini, maître d'une Italie soumise, dès lors, au régime fasciste.
— 1940 : l'Italie en guerre aux côtés de l'Allemagne.
— 1943 : arrestation de Mussolini.
— 1944 : Humbert II, lieutenant général du royaume.
— 1945-1953 : la démocratie chrétienne au pouvoir avec De Gasperi. Redressement économique.
— 1946 : un référendum fait triompher la république.
— 1953-1958 : période d'instabilité.
— 1958-1963 : l'« ère Fanfani » (démocratie chrétienne).
— 1963-1968 : l'ouverture à gauche de la démocratie chrétienne.
— 1968-1972 : crise des partis et de la société; instabilité chronique; fragilité de la coalition des centres.
— 1976 : essai de « compromis historique » des communistes avec la démocratie chrétienne.
— 1978 : enlèvement et assassinat d'Aldo Moro, président de la démocratie chrétienne, par les Brigades rouges; participation des communistes à la majorité parlementaire.
— 1979 : les communistes se retirent de la majorité parlementaire.
— 1981 : pour la première fois depuis 1946, la présidence du gouvernement échappe à la démocratie chrétienne en revenant à Spadolini, secrétaire du parti républicain.

Italie (campagnes d'), opérations menées par Bonaparte contre l'Autriche en 1796-97 et en 1800, par Napoléon III contre l'Autriche en 1859, par les Alliés contre les forces germano-italiennes de 1943 à 1945.

Italie (guerres d'), série d'expéditions menées par les rois de France en Italie, de 1494 à 1559. Dans la première période (1494-1515), les rois de France guerroient en Italie pour la succession du royaume de Naples (Charles VIII), et du Milanais (Louis XII et François Ier). Ils ont pour adversaires le roi d'Aragon puis le pape; les villes italiennes changent de camp au gré de leurs intérêts. Dans la seconde période (1515-1559), l'Italie est encore le plus souvent le champ de bataille, mais la lutte est devenue générale (opposition entre la France et la maison d'Autriche). L'Angleterre même se mêle à la lutte. Le traité du Cateau-Cambrésis (1559) n'est qu'une trêve : la France abandonne l'Italie, mais conserve des forteresses alpines, qu'elle n'évacuera qu'au traité de Vervins (1598).

ITALIE (royaume d'), royaume créé par Napoléon Ier en 1805, pour remplacer la République italienne. Il eut comme souverain l'empereur des Français, celui-ci se faisant représenter par un vice-roi, Eugène de Beauharnais. Il disparut en 1814.

ITAMI, v. du Japon; 154 000 h. Aéroport d'Ōsaka.

Italien (Théâtre-) → COMÉDIE-ITALIENNE.

ITARD (Jean Marc Gaspard), médecin et pédagogue français, né à Oraison (1775-1838). Il fut l'un des premiers à s'intéresser à l'éducation des enfants déficients intellectuels.

ITHAQUE, une des Ioniennes; 5 000 h. On l'identifie à l'Ithaque d'Homère, patrie d'Ulysse.

ITON, affl. de l'Eure (r. g.), qui passe à Évreux; 118 km.

ITURBIDE (Agustín DE), général mexicain, né à Valladolid (auj. Morelia) [Mexique] (1783-1824). Général espagnol, il imposa à l'Espagne le traité de Córdoba, qui reconnut l'indépendance du Mexique (1821). Proclamé empereur en 1822, il dut abdiquer (1823) devant le soulèvement républicain de Santa Anna, et fut fusillé.

IULE ou **ASCAGNE,** fils d'Énée. Il lui succéda comme roi de Lavinium et fonda Albe la Longue (l'*Énéide*). César se glorifiait de descendre de lui.

IVAJLO (m. en 1280), roi de Bulgarie (1277-1279). Ayant mené la révolte contre les Byzantins, il se fit proclamer tsar, mais il dut bientôt se réfugier chez les Mongols, où il fut assassiné par Jean IV Asen III.

IVAN Ier Danilovitch Kalita (v. 1304-1341),

grand-prince de Moscou de 1328 à 1340. — Ivan II *le Doux*, son fils (1326-1359), grand-prince de Moscou de 1353 à 1359. — Ivan III *le Grand*, né à Moscou (1440-1505), grand-prince de Moscou et de toute la Russie (1462-1505). Il ruina la domination tatare et mit en place un appareil étatique centralisé. — Ivan IV *le Terrible*, né à Moscou (1530-1584), grand-prince de Moscou (1533-1547), puis tsar de Russie (1547-1584). Il prit le premier le titre de *tsar* et mérita le surnom de « Grand Rassembleur de la terre russe », amorçant la conquête de la Sibérie. La fin de son règne fut marquée par un régime de terreur et une réforme territoriale qui entraîna l'assujettissement des paysans. — Ivan V (1666-1696), tsar de Russie (1682-1689), associé à son demi-frère Pierre (le futur Pierre le Grand). — Ivan VI, né à Saint-Pétersbourg (1740-1764), tsar de Russie (1740-41), détrôné par Élisabeth, exilé, puis emprisonné et mis à mort sous Catherine II.

Ivanhoé, roman historique de Walter Scott (1820).

IVANOV (Aleksandr Andreïevitch), peintre russe, né à Saint-Pétersbourg (1806-1858). Il travailla en Italie, mais son œuvre est surtout conservée à la galerie Tretiakov, à Moscou : monumentale *Apparition du Christ au peuple*, esquisses bibliques, études d'après nature.

IVANOV (Lev Ivanovitch), maître de ballet, pédagogue et chorégraphe russe, né à Moscou (1834-1901), collaborateur de E. Cecchetti (*Cen-drillon*, 1893) et de M. Petipa (*le Lac des cygnes*, 1895); auteur seul de *Casse-Noisette* (1892).

IVANOVO, v. de l'U.R.S.S. (R.S.F.S. de Russie), au nord-est de Moscou; 461 000 h. Centre textile.

IVENS (Joris), cinéaste néerlandais, né à Nimègue en 1898. Attentif à rendre compte par le cinéma des grands bouleversements politiques et sociaux de son époque, il a tourné de nombreux documentaires : *le Pont* (1928), *Pluie* (1929), *Zuyderzee* (1930), *Borinage* (1933), *Terre d'Espagne* (1937), *le 17e Parallèle* (1967), *Comment Yu-Kong déplaça les montagnes* (1975).

IVES (Charles), compositeur américain, né à Danbury (Connecticut) [1874-1954]. Un des pionniers du langage musical actuel, il est l'auteur de la *Concord Sonata*.

IVRÉE, en ital. **Ivrea,** v. d'Italie (Piémont), sur la Doire Baltée; 29 000 h. Monuments anciens et modernes. Machines à écrire et à calculer.

IVRY-LA-BATAILLE (27540), comm. de l'Eure, sur l'Eure; 2 335 h. *(Ivryens).* Ruines médiévales. Le futur Henri IV y vainquit Mayenne et les ligueurs, le 14 mars 1590.

IVRY-SUR-SEINE (94200), ch.-l. de c. du Val-de-Marne, sur la Seine, au sud-est de Paris; 63 131 h. *(Ivryens).* Métallurgie. Hospice.

IWAKI, v. du Japon (Honshū); 327 000 h.

IWASZKIEWICZ (Jarosław), écrivain polonais, né à Kalnik (Ukraine) [1894-1980], auteur de nouvelles *(les Boucliers rouges, la Mère Marie des Anges),* de drames et d'essais critiques et autobiographiques.

IWO, v. du sud-ouest du Nigeria; 192 000 h.

IWO JIMA, île du Pacifique, au nord des Marriannes, conquise par les Américains sur les Japonais en février 1945.

IXELLES, en néerl. **Elsene,** comm. de Belgique (Brabant), dans l'agglomération bruxelloise; 80 200 h. Anc. abbaye de la Cambre. Musée.

IXION. *Myth. gr.* Roi des Lapithes, ancêtre des Centaures. Zeus, pour le punir de son attitude sacrilège à l'égard d'Héra, le précipita aux Enfers, lié à une roue enflammée tournant éternellement.

IZEGEM, comm. de Belgique (Flandre-Occidentale); 26 200 h.

IZERNORE (01580), ch.-l. de c. de l'Ain; 682 h. Vestiges gallo-romains.

IZMIR, anc. **Smyrne,** port de Turquie, sur la mer Égée; 636 000 h. Musée archéologique. Foire internationale.

IZMIT, v. de Turquie, sur la mer de Marmara; 165 000 h. Port militaire. Pétrochimie. C'est l'anc. *Nicomédie*.

IZOARD *(col de l'),* col des Alpes (Hautes-Alpes), entre le Queyras et le Briançonnais; 2 361 m.

Ivan IV le Terrible

Vue de **Jérusalem.** Au premier plan, la Coupole du Rocher (fin VIIᵉ s.).

J

JABALPUR ou **JUBBULPORE,** v. de l'Inde centrale (Madhya Pradesh); 426 000 h.

JACKSON, v. des États-Unis, cap. du Mississippi; 154 000 h.

JACKSON (Andrew), homme d'État américain, né à Waxhaw (Caroline du Sud) [1767-1845], démocrate, président des États-Unis de 1829 à 1837; il opposa le réalisme démocratique à l'idéalisme jeffersonien.

JACKSON (John Hughlings), neurologue britannique, né à Green Hammerton, Yorkshire (1835-1911). L'un des fondateurs de la neurologie moderne, il a introduit la notion de localisation lésionnelle et considéré qu'une lésion entraîne une dissolution, suivie d'une nouvelle intégration à un niveau inférieur du fonctionnement du système nerveux.

JACKSON (Mahalia), chanteuse noire américaine, née à La Nouvelle-Orléans (1911-1972), l'une des plus grandes interprètes de negro spirituals.

JACKSONVILLE, v. des États-Unis (Floride); 529 000 h. Tourisme.

JACOB, patriarche hébreu, fils d'Isaac, père de douze fils, ancêtres éponymes des douze tribus d'Israël.

JACOB (Georges), menuisier et ébéniste français, né à Cheny (1739-1814). Maître à Paris en 1765, créateur de sièges originaux, il est le grand représentant du style « à la grecque »; il utilisa l'acajou à l'imitation de l'Angleterre. — Son fils FRANÇOIS HONORÉ, né à Paris (1770-1841), fonda, sous le nom de JACOB DESMALTER, une fabrique dont l'œuvre fut immense au service de l'Empire.

JACOB (Max), écrivain et peintre français, né à Quimper, m. au camp de Drancy (1876-1944), précurseur du surréalisme (le Cornet à dés, 1917). Converti au catholicisme, il s'était retiré à Saint-Benoît-sur-Loire.

JACOB (François), médecin et biologiste français, né à Nancy en 1920, prix Nobel de physiologie et de médecine en 1965, avec Lwoff et Monod, pour ses travaux de biochimie et de génétique.

JACOBI (Carl), mathématicien allemand, né à Potsdam (1804-1851). Il étudia les fonctions elliptiques et s'intéressa aux équations différentielles et aux dérivées partielles.

JACOBSEN (Arne), architecte et designer danois, né à Copenhague (1902-1971), auteur notamment d'usines d'une grande qualité plastique.

JACQUARD (Joseph-Marie), mécanicien français, né à Lyon (1752-1834), inventeur du métier à tisser qui porte son nom.

JACQUELINE DE BAVIÈRE, née au Quesnoy (1401-1436), duchesse de Bavière, comtesse de Hainaut, de Hollande, de Frise et de Zélande. En 1426, elle reconnut le duc de Bourgogne, Philippe le Bon, comme héritier.

JACQUEMART de Hesdin, miniaturiste français, au service du duc de Berry, de 1384 à 1409, auteur des images en pleine page des Très Belles Heures (Bibliothèque royale de Bruxelles).

JACQUEMONT (Victor), voyageur et naturaliste français, né à Paris (1801-1832). Il voyagea dans l'Inde et au Tibet.

JACQUES (saint), dit le Majeur, apôtre de Jésus, fils de Zébédée, frère de saint Jean l'Évangéliste; il mourut martyr à Jérusalem en 44. Une légende en fait l'apôtre de l'Espagne. Ses reliques, vénérées à Compostelle, devinrent le but, à partir du Xᵉ s., d'un des plus célèbres pèlerinages de la chrétienté.

JACQUES (saint), dit le Juste ou le Mineur, membre de la famille de Jésus. Il joua un rôle capital dans l'organisation de l'Église de Jérusalem. Il mourut martyr en 62. La tradition le confond avec le second apôtre Jacques, fils d'Alphée, mentionné dans les Évangiles.

JACQUES Iᵉʳ le Conquérant, né à Montpellier (1208-1276), roi d'Aragon (1213-1276). Il conquit les Baléares, les royaumes de Valence et de Murcie. — JACQUES II le Juste (v. 1260-1327), roi d'Aragon (1291-1327) et de Sicile (1285-1295).

JACQUES Iᵉʳ STUART, né à Dunfermline (1394-1437), roi d'Écosse (1424-1437) — JACQUES II (1430-1460), roi d'Écosse (1437-1460). — JACQUES III (1452-1488), roi d'Écosse (1460-1488). — JACQUES IV (1473-1513), roi d'Écosse (1488-1513). — JACQUES V, né à Linlithgow (1512-1542), roi d'Écosse (1513-1542), père de Marie Iʳᵉ Stuart. Il se signala par la fidélité de son alliance avec la France. — JACQUES VI, roi d'Écosse (1567-1625) → JACQUES Iᵉʳ, roi d'Angleterre. — JACQUES VII, roi d'Écosse (1685-1688) → JACQUES II, roi d'Angleterre.

JACQUES Iᵉʳ, né à Édimbourg (1566-1625), roi d'Angleterre et d'Irlande (1603-1625), et, sous le nom de JACQUES VI, roi d'Écosse (1567-1625), fils de Marie Stuart. Il succéda, en 1603, à Élisabeth Iʳᵉ sur le trône d'Angleterre. Adversaire des catholiques, il échappa à la Conspiration des poudres (1605); persécuteur des puritains, il accéléra ainsi leur émigration vers l'Amérique. Donnant sa confiance à Buckingham, il s'attira l'hostilité des Anglais. — JACQUES II, né à Londres (1633-1701), roi d'Angleterre, d'Irlande et, sous le nom de JACQUES VII, d'Écosse (1685-1688). Frère de Charles II, il se convertit au catholicisme; malgré le Test Act, il succéda à son frère en 1685. Mais ses maladresses et la naissance d'un fils, héritier catholique, Jacques Édouard (1688), provoquèrent l'opposition whig, qui fit appel au gendre de Jacques II, Guillaume d'Orange. En débarquant en Angleterre, celui-ci obligea Jacques II à s'enfuir en France. Un essai de restauration échoua après la défaite de Jacques II à la Boyne (1690).

JACQUES BARADAÏ ou **BARADÉE** (v. 490-578), évêque monophysite d'Éphèse (543-578). Il réorganisa le monophysisme syrien. Son influence fut telle que les monophysites syriens prirent le nom de jacobites.

JACQUES ÉDOUARD STUART, connu sous le nom du Prétendant ou du Chevalier de Saint-George, né à Londres (1688-1766). Fils de Jacques II, il fut reconnu roi par Louis XIV à la mort de son père (1701), mais, malgré le soutien de ses partisans, les jacobites, il échoua dans ses tentatives pour recouvrer son trône.

JACQUES de Voragine (bienheureux), hagiographe italien, né à Varazze (Ligurie) [v. 1230-1298], auteur de la Légende dorée.

Jacques le Fataliste et son maître, roman de Diderot, écrit en 1773, publié en 1796.

Andrew **Jackson**
par Thomas Sully

Max **Jacob**
par Loir de Montés

Carl **Jacobi**

Jacques II
par G. Kneller

JADE, golfe de la côte de l'Allemagne fédérale, sur la mer du Nord.

JADIDA (EL-), anc. **Mazagan,** port du Maroc, sur l'Atlantique; 56 000 h. Monuments anciens. Occupé par les Portugais de 1502 à 1769.

JAÉN, v. d'Espagne (Andalousie); 85 000 h. Cathédrale reconstruite à partir de 1548 dans un style classique majestueux.

JAFFA ou **YAFO,** partie de *Tel-Aviv-Jaffa* (Israël). Commerce d'agrumes. La ville fut prise par Bonaparte en 1799, et très endommagée au cours des combats de 1948.

JAFFNA, port de Sri Lanka; 108 000 h.

JAGELLONS, famille d'origine lituano-russe, qui régna en Pologne (1386-1572) sur le grand-duché de Lituanie (1377-1392 et 1440-1572), en Hongrie (1440-1444, 1490-1526) et en Bohême (1471-1526).

JAHVÉ → YAHVÉ.

JAIPUR, v. de l'Inde, cap. du Rājasthān; 615 000 h. Université. Nombreux monuments (XVIe-XVIIIe s.).

Jaipur : observatoire (XVIIIe s.) du roi Jai Singh II

Hungarofilm (coll. J.-L. Passek)

◁ *Psaume rouge* (1971), de Miklós **Jancsó**

Henry **James** par J. S. Sargent

Francis **Jammes**

Jansénius par L. Dutielt

JAKARTA ou **DJAKARTA,** anc. **Batavia,** cap. de l'Indonésie, dans l'ouest de Java; 4 576 000 h. Plus grande ville de l'Asie du Sud-Est.

JAKOBSON (Roman), linguiste américain d'origine russe, né à Moscou en 1896. Après avoir participé aux travaux du Cercle linguistique de Prague, il s'est établi, depuis 1941, aux États-Unis. Ses recherches ont porté sur la phonologie, la psycholinguistique, la théorie de la communication, l'étude du langage poétique (*Essais de linguistique générale,* 1963-1973).

JALAPA ou **JALAPA ENRÍQUEZ,** v. du Mexique, cap. de l'État de Veracruz; 172 000 h. Musée archéologique.

JALGAON, v. de l'Inde (Mahārāshtra), 107 000 h.

JALIGNY-SUR-BESBRE (03220), ch.-l. de c. de l'Allier; 779 h. Église du XIIe s.; château du XVIe.

JALISCO, État du Mexique. Cap. *Guadalajara.*

JAMAÏQUE (la), en angl. *Jamaica,* État formé par l'une des Antilles, au sud de Cuba; 11 425 km²; 2 060 000 h. *(Jamaïquains).* Cap. *Kingston.* Langue : *anglais.* Cette île montagneuse au climat tropical, qui possède d'importantes plantations de bananiers et, surtout, de canne à sucre, est un grand producteur de bauxite et d'alumine, et reçoit de nombreux touristes.

HISTOIRE

— 1494 : découverte de l'île par les Espagnols.
— 1655-1658 : conquête anglaise.
— XVIIIe s. : afflux de la main-d'œuvre africaine.
— 1833 : abolition de l'esclavage. Déclin de la canne à sucre, qu'accroît la loi sur les tarifs douaniers de 1846.
— 1870 : début du développement du bananier.
— 1884 : Constitution semi-autonomiste.
— 1930 : Alexander Bustamante, fondateur du syndicalisme, premier chef populiste.
— 1953 : nouvelle Constitution; A. Bustamante, Premier ministre.

— 1958-1961 : la Jamaïque, membre de la Fédération des Indes occidentales.
— 1962 : la Jamaïque indépendante, dans le cadre du Commonwealth.
— 1972 : Michael N. Manley, Premier ministre.
— 1980 : Edward Seaga, Premier ministre.

JAMBLIQUE, romancier grec, né en Syrie (IIe s.), auteur des *Babyloniques.*

JAMBLIQUE, philosophe néoplatonicien, né à Chalcis (v. 250 - v. 330). Influencé par le pythagorisme, *Sur les mystères* transforme le néoplatonisme en religion rivale du christianisme.

JAMBOL, v. de Bulgarie; 76 000 h.

JAMES (baie), vaste baie dans le prolongement de la baie d'Hudson (Canada). Aménagement hydroélectrique de ses tributaires.

JAMES (William), philosophe américain, né à New York (1842-1910), un des fondateurs du pragmatisme. — Son frère HENRY, né à New York (1843-1916), se fit naturaliser anglais. Il est l'auteur de romans d'analyse (*le Tour d'écrou,* 1898; *les Ailes de la colombe,* 1902; *les Ambassadeurs,* 1903; *la Coupe d'or,* 1904).

JAMESTOWN, ch.-l. de l'île de Sainte-Hélène.

JAMMES (Francis), écrivain français, né à Tournay (Hautes-Pyrénées) [1868-1938], auteur de romans (*Clara d'Ellébeuse,* 1899) et de poésies (*les Géorgiques chrétiennes,* 1911-12) d'inspiration religieuse.

JAMMU, v. de l'Inde, cap. (avec *Srinagar*) de l'État de *Jammu-et-Cachemire* (222 000 km²; 4 617 000 h.); 155 000 h.

JAMNA, JUMNA ou **YAMUNĀ** (la), riv. de l'Inde, qui passe à Delhi et Āgrā et rejoint le Gange (r. dr.) à Allāhābād; 1 370 km.

JĀMNAGAR, v. de l'Inde (Gujerat); 200 000 h.

JAMSHEDPUR, v. de l'Inde (Bihār), à l'ouest de Calcutta; 342 000 h. Métallurgie.

JANÁČEK (Leoš), compositeur tchèque, né à Hukvaldy (1854-1928). Il s'est inspiré surtout du folklore et a laissé des opéras (*Jenufa*).

JANCSÓ (Miklós), cinéaste hongrois, né à Vác en 1921, auteur des *Sans-Espoir* (1965), *Rouges et Blancs* (1967), *Silence et cri* (1968), *Psaume rouge* (1971), *Pour Électre* (1974), *Rhapsodie hongroise* (1978-79).

JANEQUIN (Clément), compositeur français, né à Châtellerault (v. 1485-1558), un des maîtres de la chanson polyphonique parisienne (*la Guerre, le Chant des oiseaux, les Cris de Paris,* etc.).

JANET (Pierre), médecin et psychologue français, né à Paris (1859-1947). Fondateur de la psychologie clinique, il fait appel aux concepts de force et de tension psychologiques pour rendre compte des conduites pathologiques. On lui doit des études sur l'hystérie et la psychasthénie.

JANICULE, l'une des sept collines de Rome, sur la rive droite du Tibre.

JANIN (Jules), écrivain français, né à Saint-Étienne (1804-1874), romancier d'inspiration romantique et critique du *Journal des débats.* (Acad. fr.)

JAN MAYEN *(île),* île norvégienne volcanique de l'Arctique, au nord-est de l'Islande; 2 340 m.

JANNINA → IOÁNNINA.

JANSÉNIUS (Cornelius ou Corneille JANSEN, dit), théologien hollandais, né à Acquoy, près de Leerdam (1585-1638). À l'université de Louvain, il se lia avec Du Vergier de Hauranne (Saint-Cyran). Encouragé par celui-ci, Jansénius, devenu évêque d'Ypres (1635), travailla à l'*Augustinus,* paru après sa mort, dans lequel il exposait, à son point de vue, les doctrines de saint Augustin sur la grâce, le libre arbitre et la prédestination : cet ouvrage est à l'origine de la querelle janséniste.

JANSSEN (Jules), astronome français, né à Paris (1824-1907). Créateur de l'observatoire d'astrophysique de Meudon (1876), il étudia particulièrement le Soleil.

JANUS. *Myth. rom.* L'un des anciens dieux de Rome. Il est le gardien des portes, dont il surveille les entrées et les sorties; c'est pourquoi il est représenté avec deux visages. À Rome, le temple de Janus n'était fermé qu'en temps de paix.

JANVIER *(saint),* évêque de Bénévent, né à Naples (v. 250 - v. 305). Le «miracle de saint Janvier» (liquéfaction, à jours fixes, de son sang coagulé) est célèbre à Naples.

JANVILLE (28310), ch.-l. de c. d'Eure-et-Loir; 1 580 h.

JANZÉ (35150), ch.-l. de c. d'Ille-et-Vilaine; 4 453 h. Zoo.

JAPHET, troisième fils de Noé, ancêtre, selon la Bible, des Indo-Européens.

JAPON, en japon. **Nippon** («pays du Soleil-Levant»), empire insulaire de l'Asie orientale, composé de 1 042 îles, dont les plus importantes sont : *Honshū* (anc. Hondo), la principale, *Hokkaidō* (anc. Yeso), *Shikoku, Kyūshū*; 370 000 km²; 116 800 000 h. *(Japonais).* Cap. *Tōkyō.* Langue : *japonais.*

GÉOGRAPHIE

Les îles correspondent à des émersions d'arcs montagneux, qui voisinent avec des fosses

CHINE

U.R.S.S.

135°

Iman

Iman

Lesozavodsk

Lac
Khanka

45°

Mt Oblatchnaïa
1855

Spassk-
Dalni

S
i
k
h
o
t
é
-

A
l
i
n

D
a
o
b
i
h
é

O
r
i
é
n
t
a
l
e

Tetioukhé

Oussourisk

Spoutnian

Souifoun

Artem

Vladivostok

Golfe
Petra Velikogo

Nakhodka

R.D.P.
DE
CORÉE

CORÉE

M E R

D U

J A P O N

I. Rebun

I. Rishiri

140°

MER D'OKHOTSK

Péninsule
Shiretoko

Abashiri

Kitami

I. Kounachir

KOURILES

Petites Kouriles

Nemuro

Asahikawa

Teshio

Mts Kitami

Mts Yubari

Mts Daisetsu

Mts Tokachi

Plaine
de
Konsen

Kushiro

Otaru

Chitose

Ishikari

Sapporo

Yufutsu
Tomakomai

HOKKAIDŌ

Obihiro

Hidaka

Péninsule
d'Oshima

Hakodate

G. d'Uchiura

c. Erimo

I. Okushiri

Muroran

Détroit

de Tsugaru

40°

Péninsule
de Shimokita

Plaine de Sambongi

Hachinohe

Aomori

Plaine de Tsugaru

Mt Iwaki
1625

Hirosaki

Mts

Noshiro

Ōu

Moroka

Mts Kitakami

Kamaishi

Presqu'île d'Oga

Akita

Yokote

Mts
Dewa

T
Ō
H
O
K
U

O
m
o
n
o

Volcan Chokai 2230

Sakata

Ichinoseki

Ichinomaki

Shinjō

Matsushima
Shiogama

Tsuruoka

Yamagata

Sendai

Mts

Abukuma

I. Sado

Niigata

Yonezawa

Fukushima

Kōriyama

Iwaki

Agano

Lac
Inawashiro

Jōban

Hitachi

Nagaoka

Sanjō

Mts
Echigo

Maebashi

Plaine du
Kantō

Kashima

Utsunomiya

Péninsule de
Noto

Itoigawa

Takada

H
O
S
A
N

Ueda

Hachiōji

Ōmiya

Narita

Nanao

Itoigawa
B. de
Toyama

Nagano

Matsumoto

Kōfu

Chiba

TŌKYŌ

Takaoka

Toyama

Suwa

KAWASAKI

Yokohama

Kanazawa

Fukui

Mt Fujiyama
3776

Péninsule de Bōsō

Tsuruga

Gifu

Numazu

Péninsule d'Izu

Maizuru

Toyota

Shimizu

Itsu-Shichitō

Tottori

Yonago

NAGOYA

Okasaki

Shizuoka

Presqu'île de Shimane

Matsue

Biwa

Yokkaichi

c. Omae

Hamamatsu

Plaine de Shinji

S
a
n
i
n

K
i
n
k
i

KYŌTO

Nara

Tsu

Toyohashi

Himeji

Fukuyama

KŌBE

Kishiwada

B. d'Ise

Okayama

Tsuyama

Miyoshi

OSAKA

I. Awaji

Détroit de Kii

Hiroshima

Fukuyama

Iwakuni
Kure

Takamatsu

Wakayama

Péninsule
de Kii

Shimonoseki

Tokuyama

Imabari

Niihama

1981

Tokushima

I. Hachijō

Ube

Hōfu

Matsuyama

Kōchi

I. Aoga

Dét. de Shimonoseki

Kita-Kyūshū

Fukuoka

Karatsu

Collines
de
Tsukushi

Pén. de
Kunisaki

Baie de
Tosa

Kurume

Beppu

SHIKOKU

I. Sumisu

Saga

Ōmuta

Usuki

Ōita

N a m p o S h o t ō

Sasebo

Pén. de
Hizen

Aso
1592

Unzen

Kumamoto

Nobeoka

I. Tori

Nagasaki

îles
Amakasu

1739

Yatsushiro

Kuma

KYŪSHŪ

Miyazaki

I. Sōfu gan

Fukue

Kagoshima

Péninsule de
Satsuma

Péninsule d'Ōsumi

Baie de Kagoshima

Nishinoomote

îles Ōsumi

I. Tanega

I. Yaku

îles Satsuman

JAPON

H O N S H Ū

35°

O C É A N

P A C I F I Q U E

30°

autoroute
v. ferrée

0   km   100   km   200

courbes : 200, 500, 1500 m

L'ART DU JAPON ANCIEN

Figure de guerrier en terre cuite surmontant un « haniwa » (les haniwa sont des cylindres de terre cuite entourant les tumulus). Époque des grandes sépultures. IIIe-VIe s. (Musée national, Tōkyō.)

Vauter-Decool

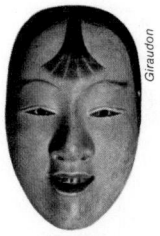

Giraudon

Masque de théâtre nō. (Musée Guimet, Paris.)

Shogakukan

Kanō Motonobu (1476-1559) : *Paysage, fleurs et oiseaux,* encre rehaussée de couleurs sur papier, exécutée (1548-49) pour le temple Myōshin-ji à Kyōto.

Vauter-Decool

Le Dainichi Nyorai (ou le Grand Bouddha solaire) par Unkei. Bois polychrome, daté 1176. Époque Heian. (Musée national, Nara.)

Neuf Femmes, paravent à huit feuilles, attribué à Hokusai. Uki-e (style d'Ukiyo-e utilisant une perspective à l'occidentale). Époque d'Edo, fin du XVIIIe s. (Musée Guimet, Paris.)

Vauter-Decool

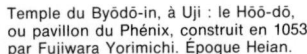

Musées nationaux

Temple du Tōdai-ji, à Nara : le « Daibutsuden » (salle du Grand Bouddha), élevé en 752, reconstruit à l'époque Kamakura, plusieurs fois restauré depuis.

Temple du Byōdō-in, à Uji : le Hōō-dō, ou pavillon du Phénix, construit en 1053 par Fujiwara Yorimichi. Époque Heian.

Dupaquier-Atlas-Photo

marines très profondes à l'est. La jeunesse du relief, fragmenté, est attestée par l'intensité du volcanisme et la fréquence des tremblements de terre, qui déclenchent parfois de violents raz de marée *(tsunamis)*. L'insularité modifie les caractères du climat, qui appartient au domaine de la mousson (l'hiver n'est cependant pas sec), et explique la température moyenne plus élevée que sur le continent asiatique à latitude égale. La population a triplé en moins d'un siècle, mais ne s'accroît que lentement aujourd'hui en raison d'une baisse de la natalité, liée à la politique de limitation des naissances. L'exiguïté des surfaces cultivables (le sixième de la superficie totale) et la très forte densité moyenne de population imposent le caractère intensif de l'agriculture, qui, fait encore exceptionnel en Asie, emploie (beaucoup) moins de personnes que l'industrie. Le riz constitue la base de l'alimentation; les autres cultures n'ont qu'une importance secondaire, à l'exception des plantations de théiers. Mais la production agricole est largement insuffisante pour satisfaire les besoins du pays, qui doit importer de gros compléments alimentaires. Le manque de surfaces disponibles est partiellement cause de la faiblesse de l'élevage. La longueur des côtes et la rencontre de courants marins ont favorisé l'essor de la pêche, pour laquelle le Japon occupe le premier ou le second rang mondial. L'industrie constitue aujourd'hui le fondement de l'économie. Mise en place autoritairement il y a un siècle (avènement de l'ère Meiji), elle est puissamment concentrée, financièrement et géographiquement, dans des régions qui sont autant de complexes portuaires : Kita-kyūshū;

Ōsaka-Kōbe; Nagoya; Tōkyō-Yokohama. Le Japon souffre d'une dépendance énergétique marquée (il·produit du charbon et de l'hydro-électricité, mais doit importer la quasi-totalité de son pétrole). Le sous-sol recèle peu de fer, mais renferme des minerais variés (mercure, plomb, zinc, etc.). Cependant, la sidérurgie japonaise occupe le troisième rang mondial. La métallurgie (constructions automobiles et navales), l'électronique, le textile, la chimie sont les branches de transformation dominantes, mais n'ont pas entraîné la disparition des activités artisanales (laque, jouets, porcelaines, soieries), liées aujourd'hui au développement du tourisme. Toutefois, l'économie est fragile. Sa structure la rend étroitement tributaire du monde extérieur, où la conquête de débouchés a été facilitée par la faiblesse des prix de revient, liée à une politique de bas salaires, bien atténuée aujourd'hui. L'agressivité commerciale est combattue par les pays industrialisés aux productions concurrentes. La crise du pétrole, la hausse d'autres matières premières ont révélé la dépendance de l'industrie, c'est-à-dire de l'économie japonaise. Elles favorisent l'inflation, liée aussi à l'augmentation de la demande intérieure.

HISTOIRE

— Antérieurement au VIIIe millénaire : peuplement du Japon à partir du continent nord-asiatique.
— v. 660 av. J.-C. : fondation d'un Empire japonais.
— v. 538 apr. J.-C. : introduction du bouddhisme et éveil culturel, grâce aux lettrés coréens ou chinois. Début d'une longue lutte entre le clan

des Soga, porteur de l'influence chinoise, et le clan des Mononobe, grands prêtres de la religion indigène (shintô), qui veulent maintenir le Japon dans l'isolement.

— 593-628 : règne de l'impératrice Suiko; triomphe du clan des Soga.

— 645 : le clan des Nakatomi s'empare du pouvoir; grands progrès du bouddhisme.

— 710 : enracinement d'un système militaire réglementé et hiérarchisé.

— 710-794 : période de Nara; le clan des Fujiwara au pouvoir.

— 794-1185 : période de Heian (Kyôto); affaiblissement du clan des Fujiwara; lutte entre les Taira et les Minamoto; victoire de ces derniers.

— 1192 : le chef des Minamoto, Yoritomo, se proclame généralissime (shôgun) et instaure le shôgunat, qui subsistera, durant près de sept siècles, parallèlement à l'institution impériale. Il prend comme capitale Kamakura, l'empereur (sans pouvoir réel) demeurant à Kyôto.

— 1192-1333 : période de Kamakura. Prédominance du clan usurpateur Hôjô, qui repousse les Mongols.

— 1333-1582 : période « de Muromachi »; les shôguns du clan Ashikaga, installés à Kyôto, sont aux prises avec l'anarchie et la montée d'une bourgeoisie urbaine; ils accueillent (1542) des marchands et des missionnaires européens.

— 1573-1582 : Oda Nobunaga écarte les Ashikaga.

— 1584 : Toyotomi Hideyoshi, shôgun et Premier ministre, s'installe à Ôsaka et unifie le Japon par la force.

— 1603-1616 : Tokugawa Ieyasu s'installe à Edo (Tôkyô) et devient shôgun héréditaire; il dote le Japon d'institutions solides, mais l'isole en expulsant ou en éliminant les étrangers.

— 1603-1867 : période « des Tokugawa ». Dictature; montée d'une classe de commerçants; diminution du pouvoir des daimyô (seigneurs féodaux); médiocrité de l'économie. Les États-Unis (1853, 1856) finissent par obtenir une série de conventions qui ouvrent le Japon au commerce occidental.

— 1867 (9 nov.) : le dernier shôgun, Yoshinobu, remet ses pouvoirs au jeune empereur Meiji (Mutsuhito), qui s'installe à Tôkyô. Ouverture de l'ère Meiji, marquée par une mutation rapide et fondamentale du Japon au contact de l'Occident.

— 1889 : Constitution parlementaire.

— 1894-95 : guerre sino-japonaise; victoire du Japon, qui acquiert Formose, les Pescadores et le Leao-tong.

— 1904-05 : guerre russo-japonaise; victoire du Japon, qui obtient la liberté d'action en Mandchourie et en Corée; celle-ci est annexée en 1910.

— 1912 : mort de Mutsuhito; avènement de Yoshihito.

— 1914-1918 : le Japon aux côtés des Alliés. Il obtient les possessions allemandes du Pacifique.

— 1919-1931 : libéralisation relative du pays.

— 1926 : mort de Yoshihito; avènement de Hirohito.

— 1931-1941 : l'extrême droite expansionniste au pouvoir; occupation de la Mandchourie (Mandchoukouo) et intervention en Chine.

— 1941-1945 : la Seconde Guerre mondiale; longtemps victorieux des Alliés, le Japon capitule après le bombardement atomique d'Hiroshima et de Nagasaki (août 1945). Le pays tombe sous l'influence américaine.

— 1947 : application d'une nouvelle Constitution, instaurant un régime démocratique sans abolir l'Empire.

— 1951 (8 sept.) : signature du traité de paix à San Francisco.

— 1948-1954 : Yoshida Shiregu, Premier ministre.

— 1952 : le Japon retrouve sa souveraineté. Début de sa résurrection économique.

— 1954-1974 : ministères libéraux démocrates, présidés successivement par Kishi Nobusuke, Ikeda Hayato, Satô Eisaku, Tanaka Kakuei.

— 1974-1976 : Miki Takeo, Premier ministre.

— 1976 : Fukuda Takeo, Premier ministre.

— 1978 : traité de paix et d'amitié avec la Chine (oct.). Ohira Masayoshi, Premier ministre (nov.).

— 1980 : Suzuki Zenko, Premier ministre.

JAPON (mer du), dépendance de l'océan Pacifique, entre l'Extrême-Orient soviétique, la Corée et le Japon.

JAPURÁ, riv. de Colombie et du Brésil, affl. de l'Amazone (r. g.); 2 800 km.

JAQUES-DALCROZE (Émile), compositeur et pédagogue suisse, né à Vienne (Autriche) [1865-1950], auteur de mélodies populaires et inventeur de la gymnastique rythmique.

Jardin des délices (triptyque dit du), l'œuvre la plus célèbre de J. Bosch, et l'une des plus énigmatiques (v. 1500-1505?, Prado).

JARGEAU (45150), ch.-l. de c. du Loiret, sur la Loire; 2 873 h. (Gergoliens). Église des Xe, XIIe et XVIe s. Victoire de Jeanne d'Arc sur les Anglais (1429).

JARNAC (16200), ch.-l. de c. de la Charente, sur la Charente; 5 091 h. Eaux-de-vie. Église romane et gothique. Victoire des catholiques, commandés par le duc d'Anjou (Henri III), sur les protestants, commandés par Condé (1569).

JARNAC (Guy CHABOT, baron DE), capitaine français (1509 - apr. 1572). En 1547, il vainquit en duel La Châtaigneraie par un coup imprévu au jarret. D'où l'expression coup de Jarnac, coup décisif et surtout inattendu.

JARNAGES (23140), ch.-l. de c. de la Creuse; 473 h.

JARNY (54800), comm. de Meurthe-et-Moselle; 9 520 h. Minerai de fer.

JARRES (plaine des), région du nord du Laos.

Jarretière (ordre de la), ordre de chevalerie anglais, institué par Édouard III en 1346. (Devise : « Honni soit qui mal y pense.»)

JARRIE (La) (17220), ch.-l. de c. de la Charente-Maritime; 1 606 h.

JARRY (Alfred), écrivain français, né à Laval (1873-1907), créateur du personnage d'Ubu (Ubu* roi, Ubu enchaîné, Ubu sur la butte) et de la « pataphysique » (Gestes et opinions du docteur Faustroll), l'un des ancêtres du surréalisme.

JARVILLE-LA-MALGRANGE (54140), comm. de Meurthe-et-Moselle; 13 121 h. Constructions mécaniques. Triage ferroviaire. Musée nancéien du Fer.

JASMIN (Jacques BOÉ, dit) ou **le Perruquier poète**, poète français d'expression occitane, né à Agen (1798-1864).

JASON. Myth. gr. Héros thessalien. Il organisa l'expédition des Argonautes pour conquérir la Toison d'or, en Colchide, et réussit grâce aux sortilèges de Médée.

JASPAR (Henri), homme d'État belge, né à Schaerbeek (1870-1939), ministre des Affaires étrangères (1920-1924) et Premier ministre de 1926 à 1931.

Jasper (parc national de), site touristique des Rocheuses canadiennes (Alberta).

JASPERS (Karl), philosophe allemand, né à Oldenburg (1883-1969), l'un des principaux représentants de l'existentialisme chrétien.

JAUCOURT (Louis, chevalier DE), érudit français, né à Paris (1704-1779), un des collaborateurs les plus actifs de l'Encyclopédie de Diderot.

JAUFRÉ RUDEL, prince de Blaye, troubadour du XIIe s. Sa chanson d'un « amor de lonh » (amour lointain) est à l'origine de la légende de la Princesse lointaine.

JAUNE (fleuve) → HOUANG-HO.

JAUNE (mer), dépendance de l'océan Pacifique, entre la Chine et la Corée.

JAURÉGUIBERRY (Jean Bernard), amiral français, né à Bayonne (1815-1887). Membre du gouvernement de Tours en 1870, il commanda une division à Coulmiers, puis le 16e corps sous Chanzy (1871). Ministre de la Marine en 1879 et 1882.

JAURÈS (Jean), homme politique français, né à Castres (1859-1914). Brillant universitaire, journaliste et député républicain (1885-1889), gagné à un socialisme ouvert et humaniste, il fut député socialiste de 1893 à 1898 puis de 1902 à sa mort. Orateur puissant et généreux, fondateur (1904) de l'Humanité, historien original (Histoire socialiste [1789-1900], 1901-1908), Jaurès fut, malgré son opposition aux thèses plus dogmatiques de Jules Guesde, le véritable leader du socialisme français, surtout après l'unification des familles socialistes en 1905 (S.F.I.O.). Partisan d'une armée vraiment nationale (l'Armée nouvelle, 1911) et pacifiste militant, il s'attira l'hostilité des milieux nationalistes. Il fut assassiné, le 31 juillet 1914, à la veille de la Première Guerre mondiale, qu'il avait tout fait pour empêcher.

JAVA, île d'Indonésie; 130 000 km²; 85 millions d'h. (Javanais). Cette île allongée, au climat équatorial, formée de plaines et de plateaux dominés par une longue chaîne montagneuse volcanique, est la plus peuplée d'Indonésie. Malgré l'intensité de l'exploitation du sol (riz, canne à sucre, tabac), la rapide croissance démographique pose un grave problème de surpeuplement. Indianisée du Ve au XVe s., Java fut ensuite pénétrée par l'islam et occupée par les Hollandais, qui fondèrent Batavia (auj. Jakarta) en 1619. Après 1944, l'île passa sous le contrôle de la République indonésienne.

JAVA (mer de), étendue marine entre Java, Sumatra et Bornéo.

JAVARI ou **YAVARÍ** (le), affl. de l'Amazone (r. dr.), frontière entre le Pérou et le Brésil; 1 050 km.

JAVIE (La) [04390], ch.-l. de c. des Alpes-de-Haute-Provence; 222 h.

JAY (John), homme d'État américain, né à New York (1745-1829). Après avoir joué un rôle capital dans l'indépendance des États-Unis, il présida la Cour suprême (1789-1795), négociant, en 1794, un traité de délimitations (traité Jay) avec la Grande-Bretagne.

JAYADEVA, poète indien du XIIe s., auteur du poème mystique Gîtâ-Govinda.

JAYAPURA ou **DJAJAPURA,** anc. Hollandia, v. d'Indonésie, ch.-l. de la Nouvelle-Guinée occidentale; 88 000 h.

JDANOV, anc. Marioupol, port de l'U.R.S.S. (Ukraine), sur la mer d'Azov; 474 000 h. Sidérurgie.

JDANOV (Andreï Aleksandrovitch), homme politique soviétique, né à Marioupol (auj. Jdanov) [1896-1948]. Membre du Politburo (1939), il fut un agent actif du stalinisme.

JEAN ou **JEAN-BAPTISTE** (saint) → JEAN-BAPTISTE.

JEAN ou **JEAN l'Évangéliste** (saint) [m. v. 100], l'un des douze apôtres, frère de Jacques le Majeur. Il évangélisa l'Asie Mineure et mourut à Éphèse. La tradition fait de lui l'auteur de l'Apocalypse, de trois épîtres et du quatrième Évangile.

JEAN BOSCO (saint), prêtre italien, né à Becchi (1815-1888), fondateur des Salésiens (1859) et des Salésiennes (1862), congrégations vouées à l'éducation des enfants pauvres.

Alfred **Jarry**
par F.-A. Cazals

Larousse

Jean **Jaurès**

Branger-Musée Jaurès, Castres

JEAN DE BRÉBEUF (saint), jésuite et missionnaire français au Canada, né à Condé-sur-Vire (1593-1649). Il fut martyrisé par les Iroquois.

JEAN de Capistran (saint), franciscain, né à Capestrano (Abruzzes) [1386-1456]. Il réorganisa l'ordre franciscain et évangélisa l'Europe centrale.

JEAN Chrysostome (saint), Père de l'Église grecque, né à Antioche (v. 344-407), évêque de Constantinople; son éloquence lui a valu le surnom de Chrysostome (Bouche-d'Or). Sa rigueur et son zèle réformateur le firent envoyer en exil, où il mourut.

JEAN de la Croix (saint), religieux espagnol, docteur de l'Église, né à Fontiveros (prov. d'Ávila) (1542-1591), réformateur de l'ordre des Carmes et auteur de traités qui le rangent parmi les grands mystiques catholiques.

JEAN Damascène (saint), Père de l'Église grecque, né à Damas (v. 650 - v. 750). Il défendit, contre les iconoclastes, le culte des images. Son œuvre a marqué la théologie et la liturgie byzantines.

JEAN de Dieu (saint), religieux portugais, né à Montemor-o-Novo (1495-1550). Il fonda l'ordre des Frères hospitaliers dits «de Saint-Jean-de-Dieu».

JEAN EUDES (saint), prêtre français, né à Ri (Normandie) [1601-1680], fondateur de la Société des prêtres de Jésus-et-Marie (Eudistes).

JEAN FISHER (saint), cardinal anglais, né à Beverley (v. 1469-1535), décapité sous le règne d'Henri VIII pour s'être opposé au divorce du roi.

JEAN DE LALANDE (saint), missionnaire français au Canada, né à Dieppe (1615-1646), massacré avec Isaac Jogues par les Iroquois.

JEAN DE MATHA (saint), né à Faucon (Provence) [1160-1213], fondateur de l'ordre des Trinitaires, voué au rachat des captifs.

JEAN Ier (saint), né en Toscane (v. 470-526), pape de 523 à 526. — JEAN II (Mercurius), né à Rome (v. 470-535), pape de 533 à 535. — JEAN III (Catelinus), né à Rome (m. en 574), pape de 561 à 574. — JEAN IV, né à Salone (v. 580-642), pape de 640 à 642. — JEAN V, né à Antioche? (m. en 686), pape de 685 à 686. — JEAN VI (m. en 705), pape de 701 à 705. — JEAN VII (m. en 707), pape de 705 à 707. — JEAN VIII, né à Rome (v. 820-882), pape de 872 à 882. Il sacra empereur Charles le Chauve (875), puis Charles le Gros (881). — JEAN IX, né à Tibur (840-900), pape de 898 à 900. — JEAN X, né à Tossignano (860-928), pape de 914 à 928. — JEAN XI, né à Rome (906-935), pape de 931 à 935. — JEAN XII (Ottaviano), né à Rome (937-964), pape de 955 à 964. Il couronna empereur Otton Ier (962). — JEAN XIII (m. en 972), pape de 965 à 972. — JEAN XIV (Pietro Canepanova) [m. en 984], pape de 983 à 984. — JEAN XV, né à Rome (m. en 996), pape de 985 à 996. — JEAN XVI (Giovanni Filagato) [m. v. 1013], antipape de 997 à 998. — JEAN XVII (Siccone), né à Rome (m. en 1003), pape en 1003. — JEAN XVIII (Fasano), né à Rome (m. en 1009), pape de 1004 à 1009. — JEAN XIX (Romanus) [m. en 1032], pape de 1024 à 1032. — JEAN XXI (Pietro di Giuliano), né à Lisbonne (v. 1220-1277), pape de 1276 à 1277. — JEAN XXII (Jacques Duèse ou d'Euze), né à Cahors (1245-1334), pape de 1316 à 1334. Il résida à Avignon et travailla à la centralisation de l'administration pontificale, s'attirant l'hostilité des Franciscains spirituels et celle de l'Empereur, qui lui opposa un antipape. — JEAN XXIII (Baldassare Cossa), né à Naples (v. 1370-1419), pape de Pise à l'époque du Grand Schisme (1410-1415). — JEAN XXIII (Angelo Giuseppe Roncalli), né à Sotto il Monte (1881-1963), pape de 1958 à 1963. Nonce à Paris puis (1953) patriarche de Venise et cardinal, il fut élu pape en remplacement de Pie XII en 1958. Son court pontificat, caractérisé par l'aggiornamento (mise à jour) de l'Église romaine, fut surtout marqué par la convocation du second concile du Vatican (1962). Son enseignement se prolongea en encycliques, la plus retentissante étant Pacem in terris (1963).

JEAN Ier TZIMISKÈS, né à Hiérapolis (Arménie) [925-976], empereur d'Orient de 969 à 976. — JEAN II COMNÈNE (1088-1143), empereur d'Orient de 1118 à 1143. — JEAN III DOUKAS VATATZÈS, né à Didymotique (Thrace) [1193-1254], empereur de Nicée de 1222 à 1254. — JEAN IV DOUKAS LASCARIS, empereur d'Orient en 1258. — JEAN V PALÉOLOGUE (1332-1391), empereur d'Orient de 1341 à 1354, de 1355 à 1376 et de 1379 à 1391. — JEAN VI CANTACUZÈNE, né à Constantinople (v. 1296-1383), empereur d'Orient de 1341/1347 à 1354. Tuteur de Jean V Paléologue, combattu par Anne de Savoie, il fut associé au jeune empereur; ayant abdiqué, il se retira dans un monastère, où il rédigea d'intéressants Mémoires. — JEAN VII PALÉOLOGUE (1366 - v. 1420), empereur d'Orient de 1399 à 1402. — JEAN VIII PALÉOLOGUE (1390-1448), empereur d'Orient de 1425 à 1448. Au concile de Florence (1439), il conclut avec le pape l'union des Églises, qui fut éphémère.

JEAN sans Terre, né à Oxford (1167-1216), roi d'Angleterre de 1199 à 1216, cinquième fils d'Henri II, frère et successeur de Richard Cœur de Lion. Cité par Philippe Auguste devant la Cour des pairs pour avoir enlevé Isabelle d'Angoulême, il fut déclaré déchu de ses fiefs français (Maine, Normandie, etc.), qu'il essaya vainement de reprendre (1202). Ses alliés, dont l'empereur germanique Otton IV, furent battus à Bouvines (1214), et il fut lui-même défait à La Roche-aux-Moines. L'année précédente, il avait été obligé d'inféoder son royaume au pape. À son retour en Angleterre (1215), il dut accorder la Grande Charte aux barons et à la bourgeoisie opposés à sa politique.

JEAN Ier, né à Perpignan (1350-1395), roi d'Aragon de 1387 à 1395. — JEAN II (1397-1479), roi de Navarre (1425-1479) et d'Aragon (1458-1479), fils cadet de Ferdinand Ier. Il assura la prééminence de la Couronne, vainquit les Catalans révoltés et prépara le règne brillant de son fils Ferdinand, à qui il fit épouser Isabelle de Castille.

JEAN Ier DE LUXEMBOURG l'Aveugle (1296-1346), roi de Bohême (1310-1346), fils de l'empereur Henri VII. Il fut tué dans les rangs français à la bataille de Crécy, où, malgré sa cécité, il avait vaillamment combattu.

JEAN sans Peur, né à Dijon (1371-1419), duc de Bourgogne (1404-1419), fils et successeur de Philippe le Hardi. Il entra en lutte contre Louis, duc d'Orléans, chef des Armagnacs, qu'il fit assassiner en 1407. Chef du parti des Bourguignons, gouverneur du Dauphin (1409), il s'empara de Paris après Azincourt (1418). Inquiet des succès anglais, il se rapprocha du Dauphin, mais il fut assassiné sur le pont de Montereau.

JEAN II KALOJAN ASEN (m. en 1207), roi de Bulgarie (1197-1207). Il reconnut la suzeraineté du Saint-Siège (1204) et échoua dans son expédition contre l'Empire latin de Constantinople.

JEAN Ier le Posthume, né à Paris (1316), roi de France et de Navarre, fils posthume de Louis X le Hutin. Il ne vécut que quelques jours.

JEAN II le Bon, né au château du Gué de Maulny, près du Mans (1319-1364), roi de France de 1350 à 1364, fils et successeur de Philippe VI de Valois. Les premiers temps de son règne furent signalés par ses démêlés avec Charles le Mauvais, roi de Navarre, et par des embarras financiers nécessitant plusieurs convocations d'états généraux. Vaincu à Poitiers par le Prince Noir (1356), il fut emmené à Londres. Après avoir signé les préliminaires de Brétigny et le traité de Calais (1360), il revint en France, laissant deux de ses fils en otage. Il donna en apanage à son fils Philippe le Hardi le duché de Bourgogne, fondant ainsi la seconde maison de Bourgogne. Il mourut à Londres, où il avait repris la place de son fils Louis d'Anjou, qui s'était évadé.

JEAN, né au château de Colmar-Berg en 1921, souverain du grand-duché de Luxembourg. Il succéda à sa mère, la grande-duchesse Charlotte, en 1964.

JEAN Ier ALBERT, né à Cracovie (1459-1501), roi de Pologne (1492-1501), fils de Casimir IV. — JEAN II ou JEAN-CASIMIR ▶ CASIMIR V.

JEAN III SOBIESKI, né à Olesko (Galicie) [1629-1696], roi de Pologne (1674-1696). Il vainquit les Ottomans à Chocim (auj. Khotine) en 1673, puis au Kahlenberg lors du siège de Vienne (1683).

JEAN Ier le Grand, né à Lisbonne (1357-1433), roi de Portugal (1385-1433), fils naturel de Pierre Ier le Justicier. — JEAN II, né à Lisbonne (1455-1495), roi de Portugal (1481-1495). —

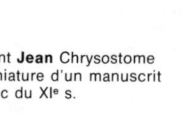

Jean III Sobieski
par J. Tretko

saint **Jean** Chrysostome
miniature d'un manuscrit
grec du XIe s.

Jean II le Bon

Jean XXIII

Jean sans Terre
miniature (fin XIIIe-début XIVe s.)

JEAN III, né à Lisbonne (1502-1557), roi de Portugal (1521-1557). — JEAN IV, né à Vila Viçosa (1604-1656), d'abord duc de Bragance, puis roi de Portugal (1640-1656). — JEAN V, né à Lisbonne (1689-1750), roi de Portugal (1706-1750). — JEAN VI, né à Lisbonne (1767-1826), roi de Portugal (1816-1826). Régent de 1792 à 1816, il s'enfuit au Brésil lors de l'invasion française (1807). De retour au Portugal (1821), il inaugura le régime constitutionnel.

JEAN (Prêtre-), personnage fabuleux du Moyen Âge, chef d'un État chrétien, et identifié soit au khân des Mongols, soit au négus.

JEAN HYRCAN → HYRCAN.

JEAN Italos, philosophe grec byzantin du XIᵉ s., dont les commentaires platoniciens et aristotéliciens exercèrent une influence importante sur Byzance au XIᵉ s.

JEAN de Leyde (Jan BEUKELSZ, dit), chef des anabaptistes de Münster, né à Leyde (1509-1536). Il fonda à Münster un royaume théocratique à constitution anabaptiste; après la prise de la ville par les catholiques, il mourut sous la torture.

JEAN de Meung [mœ] ou **de Meun** (Jean CLOPINEL ou CHOPINEL, dit), écrivain français (v. 1240 - v. 1305), auteur de la seconde partie du *Roman de la Rose.*

JEAN-BAPTISTE ou **JEAN** (saint), juif contemporain de Jésus, considéré par la tradition chrétienne comme le précurseur du Messie. Il fut décapité v. 28 sur l'ordre d'Hérode Antipas. Il prêchait sur les bords du Jourdain un message de pénitence et pratiquait un baptême de purification pour la venue du Royaume de Dieu.

JEAN-BAPTISTE DE LA SALLE (saint), prêtre français, né à Reims (1651-1719). Chanoine de Reims, il abandonna son canonicat pour fonder, en 1682, la congrégation des Frères des Écoles chrétiennes, vouée à l'éducation des enfants pauvres. Ses ouvrages font de lui l'un des précurseurs de la pédagogie moderne.

JEAN-BAPTISTE MARIE VIANNEY (saint), prêtre français, né à Dardilly (1786-1859). Curé d'Ars, dans la Dombes, durant quarante et un ans, il attira les foules par sa sainteté. Il est le patron des curés de paroisse.

JEAN BODEL, trouvère de la région d'Arras (m. v. 1210), auteur du *Jeu** *de saint Nicolas* et d'un poème épique, la *Chanson des Saisnes.*

JEAN BON SAINT-ANDRÉ (André JEANBON, baron), homme politique français, né à Montauban (1749-1813). Conventionnel, membre du Comité de salut public, il fut nommé en 1801 commissaire général des départements de la rive gauche du Rhin.

Jean-Christophe, roman de Romain Rolland (1904-1912). C'est l'histoire d'un musicien de génie dont les expériences et les rêves sont ceux de l'auteur.

JEAN FRANÇOIS RÉGIS (saint), jésuite français, né à Fontcouverte (Aude) [1597-1640]. Il évangélisa le Vivarais et le Velay.

JEAN DE MONTFORT (1293-1345), duc de Bretagne, frère du duc Jean III. Il prétendit au duché contre sa nièce Jeanne de Penthièvre.

JEANNE D'ARC (sainte), dite **la Pucelle d'Orléans**, héroïne française, née à Domrémy (1412-1431). Elle appartenait à une famille de paysans. Très pieuse, elle entendit des voix qui l'engageaient à délivrer la France, ravagée par l'invasion anglaise. Robert de Baudricourt, capitaine de Vaucouleurs, ne voulut pas d'abord déférer à son désir d'être conduite auprès de Charles VII; il n'y consentit qu'à l'époque du siège d'Orléans (1429). Jeanne vit le roi de France à Chinon, réussit à le convaincre de sa mission, fut mise à la tête d'une petite troupe armée, obliga les Anglais à lever le siège d'Orléans, les vainquit à Patay et fit sacrer Charles VII à Reims (17 juill.), mais elle échoua devant Paris. À Compiègne, elle tomba aux mains des Bourguignons (23 mai 1430). Jean de Luxembourg la vendit aux Anglais. Ceux-ci, l'ayant déclarée sorcière, la firent juger par un tribunal ecclésiastique présidé par l'évêque de Beauvais, Pierre Cauchon. Elle s'y défendit avec autant d'habileté que de simplicité et de courage. Déclarée hérétique et relapse, elle fut brûlée vive le 30 mai 1431 à Rouen. En 1450, un procès aboutit à une réhabilitation solennelle, qui fut proclamée en 1456. Jeanne a été béatifiée en 1909 et canonisée en 1920. — Jeanne d'Arc a inspiré de nombreuses œuvres littéraires, en particulier le poème de Christine de Pisan (*Ditié de Jeanne d'Arc*, 1429), la tragédie de Schiller (*la Pucelle d'Orléans*, 1801), la trilogie dramatique *Jeanne d'Arc* de Charles Péguy (1897), la *Sainte Jeanne* de G. B. Shaw (1923), l'*Alouette* de J. Anouilh (1953) et *Jeanne au bûcher*, oratorio de P. Claudel, musique d'A. Honegger (1935).

JEANNE DE FRANCE ou **DE VALOIS** (sainte) [1464-1505], fille de Louis XI, épouse de Louis XII, qui la répudia. Elle fonda les Annonciades de Bourges.

JEANNE Iʳᵉ DE NAVARRE, reine de France et de Navarre, née à Bar-sur-Seine (1273-1305), épouse de Philippe IV le Bel, roi de France.

JEANNE Iʳᵉ D'ANJOU, née à Naples (1326-1382), reine de Naples de 1343 à 1382. Elle se maria quatre fois et fut mise à mort en 1382 sur l'ordre de son cousin et héritier Charles d'Anjou. — JEANNE II, née à Naples (1371-1435), reine de Naples de 1414 à 1435. Elle désigna pour lui succéder René d'Anjou, qu'elle avait adopté.

JEANNE III D'ALBRET, née à Saint-Germain-en-Laye (1528-1572), reine de Navarre (1555-1572), femme d'Antoine de Bourbon et mère d'Henri IV, roi de France. Intelligente et énergique, elle assura bien souvent les positions des réformés, ses coreligionnaires.

JEANNE la Folle, née à Tolède (1479-1555), reine de Castille (1504-1555), épouse de l'archiduc d'Autriche Philippe le Beau et mère de Charles Quint. Elle perdit la raison à la mort de son mari (1506).

JEANNE GREY, lady Dudley, née à Bradgate (Leicestershire) [v. 1537-1554], reine d'Angleterre (1553). Portée contre son gré au trône par les protestants, en tant que petite-nièce d'Henri VIII, elle tomba aux mains de Marie Iʳᵉ Tudor, qui la fit décapiter.

JEANNE DE PENTHIÈVRE (1319-1384), duchesse de Bretagne (1337-1365). Elle fut en compétition avec Jean de Montfort puis avec le fils de celui-ci, Jean IV, à qui elle céda ses droits par le traité de Guérande (1365).

JEANNE SEYMOUR, née à Wolf Hall (Wiltshire) [1509-1537], troisième femme d'Henri VIII, roi d'Angleterre.

JEANNE-FRANÇOISE FRÉMYOT DE CHANTAL (sainte), née à Dijon (1572-1641), fondatrice, avec saint François de Sales, de l'ordre de la Visitation.

JEANNIN (Pierre), dit **le Président Jeannin**, magistrat français, né à Autun (1540-v. 1622). Conseiller d'État, il signa l'alliance entre la France et la Hollande (1608), et la trève de Douze Ans entre les Pays-Bas et l'Espagne (1609). Il fut surintendant des Finances de 1616 à 1619.

JEANNINE (lac), lac du Canada, dans le Nouveau-Québec. — À proximité, extraction du minerai de fer (traité à Gagnon).

Jeannot et Colin, conte de Voltaire (1764).

JEAN-PAUL Iᵉʳ (Albino LUCIANI), né à Forno di Canale (Vénétie) [1912-1978]. Patriarche de Venise depuis 1969, élu pape le 26 août 1978, il meurt le 28 septembre suivant.

JEAN-PAUL II (Karol WOJTYŁA), né à Wadowice (Pologne) en 1920. Archevêque de Cracovie depuis 1964, il a été élu pape en 1978.

JEAN-PAUL → RICHTER.

JEANS (sir James), astronome, mathématicien et physicien britannique, né à Londres (1877-1946). Il fut l'un des premiers à présenter au grand public les théories de la relativité et des quanta, la transmutation des éléments et la notion d'énergie nucléaire.

JÉBUSÉENS, peuple préisraélite de la région de Jérusalem, soumis par David.

JEFFERSON (Thomas), homme d'État américain, né à Shadwell (1743-1826). Auteur de la Déclaration d'indépendance des États-Unis (1776), fondateur du parti antifédéraliste (1797), vice-président (1797), puis président des États-Unis (1801-1809), il acheta la Louisiane à la France. En architecture, l'« ère jeffersonnienne » est marquée par le triomphe d'un style inspiré du néoclassicisme.

JEFFERSON CITY, v. des États-Unis, cap. du Missouri, sur le Missouri; 32 000 h.

JEFFREYS (George), magistrat anglais, né à Acton Park (1645-1689). Grand chancelier d'Angleterre sous Charles II et Jacques II, il se fit détester pour sa cruauté.

JEGUN (32360), ch.-l. de c. du Gers; 1 055 h.

Jehan de Paris, roman anonyme, en prose, de la fin du XVᵉ s.

Jehan de Saintré (Histoire et plaisante chronique du petit) **et de la dame des Belles-Cousines**, roman d'Antoine de La Sale (1451), glorification du chevalier modèle.

JEHOL → JO-HO.

JÉHOVAH, prononciation déformée du nom de Yahvé.

JÉHU, 10ᵉ roi du royaume d'Israël (841-814 av. J.-C.).

JELAČIĆ DE BUŽIM (Josip) ou bien **JELATCHITCH**, ban de Croatie, né à Petrovaradin (1801-1859), célèbre par sa répression de la révolution en Hongrie en 1848.

Jeanne d'Arc
miniature d'un manuscrit du XVIᵉ s.

Lauros-Giraudon

Thomas **Jefferson**
par Ch. W. Peale

Mayer

Jean-Paul Iᵉʳ

F. Lochon-Gamma

Jean-Paul II

F. Lochon-Gamma

JELENIA GÓRA, v. de Pologne, au sud-ouest de Wrocław; 82 000 h.

JELGAVA → IELGAVA.

JELLICOE (John), amiral britannique, né à Southampton (1859-1935). Commandant la « grande flotte » (1914-1916), il livra la bataille du Jutland, et fut chef de l'Amirauté (1916-17).

JÉLYOTTE (Pierre), ténor français, né à Lasseube (1713-1797).

JEMEPPE-SUR-SAMBRE, comm. de Belgique (prov. de Namur); 16 900 h.

JEMMAPES, auj. **Jemappes** [ʒemap], anc. comm. de Belgique, auj. intégrée à Mons. Victoire de Dumouriez sur les Autrichiens le 6 novembre 1792.

JENA → IÉNA.

JENNER (Edward), médecin anglais, né à Berkeley (1749-1823). Il découvrit la vaccine.

JENSEN (Johannes Vilhelm), écrivain danois, né à Farsø (1873-1950), auteur d'essais d'anthropologie et glorificateur des races « gothiques » et de la morale humaine (*le Long Voyage, Fêtes de l'année*). [Prix Nobel, 1944.]

JEPHTÉ, l'un des Juges d'Israël (XIIe s. av. J.-C.). Vainqueur des Ammonites, il fut contraint, à la suite d'un vœu imprudent, de sacrifier sa fille.

JÉRÉMIE, prophète biblique (v. 650-645-v. 580). Il fut le témoin de la fin du royaume de Juda et de la chute de Jérusalem (587). Sa prédication a préparé le peuple juif à traverser l'épreuve de l'Exil en conservant sa cohésion et son âme. Les Lamentations de Jérémie sont une suite de complaintes sur Jérusalem dévastée; leur attribution traditionnelle à Jérémie est sans fondement historique.

JEREZ DE LA FRONTERA, anc. **Xeres,** v. d'Espagne (Andalousie); 150 000 h. Monuments de l'époque mauresque au baroque. Vins.

JÉRICHO, en ar. **Arihâ,** v. de Palestine dans la vallée du Jourdain. Habitée dès le VIIIe millénaire, elle fut un des premiers sites dont s'emparèrent les Hébreux au XIIIe s. av. J.-C. Le site nouveau de Jéricho, à moins de 3 km, date d'Hérode.

JÉROBOAM Ier (m. en 910 av. J.-C.), fondateur et premier souverain du royaume d'Israël (931-910 av. J.-C.). — JÉROBOAM II en 743 av. J.-C.), roi d'Israël de 783 à 743 av. J.-C.

JÉRÔME (saint), Père de l'Église latine, né à Stridon en Dalmatie (v. 347-420). Son activité fut surtout consacrée aux études bibliques : commentaires exégétiques et révision du texte (Vulgate). Il fut aussi un propagateur de l'idéal monastique.

JÉRÔME de Prague, disciple de Jan Hus, né à Prague (v. 1380-1416), brûlé vif à Constance.

JERSEY, la plus grande (116 km²) et la plus peuplée (73 000 h.) des îles Anglo-Normandes. Ch.-l. *Saint-Hélier.* Grand centre touristique. Cultures maraîchères et florales.

JERSEY CITY, v. des États-Unis (New Jersey), sur l'Hudson, en face de New York; 261 000 h.

JÉRUSALEM, anc. cap. de la Judée, puis de la Palestine, auj. occupée par les Israéliens.

V. ill. frontispice

---

366 000 h. Célèbres monuments : « mur des Lamentations »; Coupole du Rocher, le plus ancien monument de l'islâm (VIIe s.); mosquée al-Aqsâ (XIe s.); etc. Vieille cité cananéenne, Jérusalem conserva son autonomie après l'arrivée des Hébreux (XIIIe s. av. J.-C.) jusque vers l'an 1000, où David la conquit et en fit sa capitale. Embellie par Salomon, elle devint, après 931, capitale du royaume de Juda. Détruite en 587 par Nabuchodonosor, la cité reprit vie à partir de 538 au retour de l'Exil. Capitale des rois asmonéens et d'Hérode, elle fut de nouveau détruite en 70 et en 135 de notre ère par les Romains. Les empereurs de Constantinople, dès Constantin, couvrent d'églises et de monastères la ville où mourut Jésus-Christ. Durant la période de domination arabe (638-1917), Jérusalem ne retrouva son rôle de métropole qu'avec le royaume des croisés (1099-1187 et 1229-1244). La

partie israélienne de la ville est déclarée en 1949 capitale de l'État d'Israël. En 1967, la partie arabe est occupée. En 1980, la Knesset proclame l'ensemble de la ville capitale d'Israël.

JÉRUSALEM (*royaume latin de*), fondé en 1099 par les croisés et détruit en 1291 par les Mamelouks.

Jérusalem délivrée (la), poème épique du Tasse, publié en 1581.

JESENÍKY, massif montagneux de Tchécoslovaquie, entre la Bohême et la Silésie; 1 490 m.

JESPERSEN (Otto), linguiste danois, né à Randers (1860-1943). Ses travaux ont porté sur la grammaire anglaise, la phonétique, la pédagogie des langues, la théorie linguistique (*Logique de la langue*, 1913; *Langage*, 1922; *Philosophie de la grammaire*, 1924).

JESSELTON → KOTA KINABALU.

JÉSUS ou **JÉSUS-CHRIST,** fondateur du christianisme. Pour les chrétiens, il est le Messie, fils de Dieu et rédempteur de l'humanité. En mettant en regard les données des Évangiles et celles de l'histoire du Ier s., on peut établir le schéma chronologique suivant : naissance de Jésus en 7 ou 6 avant notre ère; début de l'activité apostolique vers 28; passion et mort, sans doute en avril 30. La prédication de Jésus eut d'abord pour cadre la Galilée, d'où il était originaire. Au terme de cette période, Jésus se heurta définitivement à l'incompréhension de ses contemporains; les deux principaux partis juifs, pharisiens et sadducéens, voyaient dans son message d'instauration du Royaume de Dieu un ferment sacrilège de dangereuse agitation. Après la venue de Jésus à Jérusalem pour la Pâque, l'atmosphère se tendit; à l'instigation des éléments dirigeants juifs, Jésus fut arrêté, condamné à mort et crucifié sur l'ordre du procurateur romain Ponce Pilate. La première génération chrétienne a cru à la Résurrection du Christ et a fondé sa foi sur les Apôtres affirmant avoir vu le « Seigneur ressuscité ». La résurrection de Jésus, tenue par les chrétiens pour un fait historique et un dogme, transcende en fait le domaine de l'histoire pour atteindre à celui de la foi.

Jésus (*Compagnie* ou *Société de*), ordre fondé en 1539 par saint Ignace de Loyola pour la conversion des hérétiques et le service de l'Église.

JETTE, comm. de Belgique (Brabant), dans la banlieue nord de Bruxelles; 42 100 h.

Jeu d'Adam, drame semi-liturgique (seconde moitié du XIIe s.) : la première manifestation dramatique en langue vulgaire du Moyen Âge.

Jeu de l'amour et du hasard (le), comédie de Marivaux, en trois actes, en prose (1730). Dorante et Silvia, que leurs parents ont décidé de marier, ont pris, pour mieux s'observer, l'un le vêtement de son valet Arlequin, l'autre celui de sa suivante Lisette. Malgré ces déguisements et les quiproquos qui en résultent, l'amour rapproche les deux jeunes gens.

Jeu de la feuillée, œuvre dramatique d'Adam le Bossu ou de la Halle, représenté à Arras vers 1276 : la première des sotties* et l'ancêtre des revues satiriques modernes.

Jeu de paume (*musée du*), annexe du musée du Louvre consacrée à l'impressionnisme, installée dans l'ancien jeu de paume (second Empire) du palais des Tuileries.

Jeu de paume (*serment du*), serment que prêtèrent, le 20 juin 1789, les députés du tiers état « de ne pas se séparer avant d'avoir donné une constitution à la France ». Le roi leur ayant interdit l'accès de la salle des Menus-Plaisirs, ils s'étaient transportés dans une salle voisine, celle du Jeu de paume.

Jeu du prince des sots, trilogie dramatique de P. Gringore (1512), composée d'une farce, d'une sottie et d'une moralité, et qui soutient la politique de Louis XII à l'égard du pape.

Jeu de Robin et Marion, pastorale dramatique d'Adam le Bossu ou de la Halle (v. 1282).

Jeu de saint Nicolas, pièce de Jean Bodel, représentée à Arras dans les premières années du XIIIe s. : premier exemple d'un théâtre profane et bourgeois.

JEUMONT (59460), comm. du Nord, sur la Sambre; 10 159 h. Gare de triage. Métallurgie.

Jeune Captive (la), élégie d'A. Chénier, écrite pendant sa captivité et inspirée par Mlle de Coigny.

Jeunes Gens en colère (*Angry Young Men*), mouvement littéraire et artistique, qui se développa en Grande-Bretagne dans les années 1955-1965, et qui se fonde sur une critique des valeurs traditionnelles de la société britannique.

Jeunes-Turcs, groupe d'intellectuels et d'officiers ottomans, libéraux et réformateurs, rassemblés en diverses organisations qui contraignirent le sultan Abdülhamid II à abdiquer (1909) et modernisèrent la vie politique turque, nationaliste et expansionniste, durant le règne de Mehmed V (1909-1918).

Jeunesse ouvrière chrétienne (J. O. C.), mouvement d'action catholique du milieu ouvrier, lancé en 1925 par un vicaire de la banlieue de Bruxelles, l'abbé Joseph Cardijn, et introduit en France, en 1926, par l'abbé Guérin.

jeux Floraux, concours poétique annuel dont les prix sont des fleurs d'orfèvrerie. Il fut institué à Toulouse en 1323 par un groupe de poètes (Consistoire du Gai Savoir) désireux de maintenir les traditions du lyrisme courtois.

JEVONS (William Stanley), économiste anglais, né à Liverpool (1835-1882), un des fondateurs de l'école marginaliste.

JÉZABEL (IXe s. av. J.-C.), épouse d'Achab, roi d'Israël, et mère d'Athalie. Elle fut tuée par ordre de Jéhu.

JHÂNSI, v. de l'Inde (Uttar Pradesh); 173 000 h. Métallurgie.

JHELAM ou **JHELUM** (la), l'une des « cinq rivières » du Pendjab, affl. de la Chenâb (r. dr.); 715 km.

JIAMUSI → KIA-MOU-SSEU.

JIANG JIESHI → TCHANG KAÏ-CHEK.

JIANGSU → KIANG-SOU.

JIANGXI → KIANG-SI.

JIAOZHOU → KIAO-TCHEOU.

JIA YI → KIA YI.

JILIN → KI-LIN.

JILOLO → HALMAHERA.

JILONG → KI-LONG.

JIMÉNEZ (Juan Ramón), poète espagnol, né à Moguer (1881-1958), d'inspiration symboliste, et étranger à tout engagement philosophique ou social (*Âmes de violette*, 1901; *Éternités*, 1917). [Prix Nobel, 1956.]

JINA ou **MAHÂVÍRA** ou **VARDHÂMÂNA,** fondateur présumé du jinisme (VIe s. av. J.-C.).

JINAN → TSI-NAN.

Algar

Juan Ramón Jiménez par D. Vázquez Díaz

JINJA, v. de l'Ouganda; 53 000 h.

JINNAH (Muḥammad 'Alī), homme d'État pakistanais, né à Karâchi (1876-1948), véritable créateur du Pâkistân.

JINZHOU → KIN-TCHEOU.

JITOMIR, v. de l'U. R. S. S. (Ukraine), à l'ouest de Kiev; 236 000 h. Combats en 1941 et 1943.

JIVAROS, Indiens d'Amazonie. Ils constituent un des groupes ethniques les plus guerriers de l'Amérique du Sud; ils pratiquent à cette occasion la réduction des têtes des ennemis morts, dans un but de prestige et de magie.

JOACHAZ [-kaz], 11e roi d'Israël (814-798 av. J.-C.), fils de Jéhu.

JOACHAZ, 17e roi de Juda (609 av. J.-C.), détrôné au bout de trois mois par le pharaon Néchao II.

JOACHIM (saint), époux de sainte Anne et père de la Vierge Marie.

JOACHIM ou **ÉLIACIN**, 18e roi de Juda, frère aîné et successeur de Joachaz (609-597 av. J.-C.).

JOACHIM DE FLORE, mystique italien, né à Celico (Calabre) [v. 1130-1202]. Révolté par les abus ecclésiastiques, il élabora une doctrine mystique qui annonçait le règne de l'Esprit.

JOACHIN ou **JÉCHONIAS**, 19e roi de Juda (598-597 av. J.-C.). Il fut déporté à Babylone.

JOAD ou **JOÏADA**, chef des prêtres de Jérusalem (fin du IXe-VIIIe s. av. J.-C.). Il organisa un coup d'État contre Athalie, qui fut tuée, et il plaça sur le trône le jeune Joas, qu'il avait soustrait à la folie meurtrière d'Athalie.

JOANNE (Adolphe), géographe français, né à Dijon (1813-1881), auteur de Guides et d'un Dictionnaire géographique et administratif de la France.

JOÃO PESSOA, v. du Brésil, cap. de l'État de Paraíba, sur le Paraíba; 221 000 h.

JOAS, 8e roi de Juda (IXe s. av. J.-C.), fils d'Ochozias. Il succéda à Athalie.

JOAS, 12e roi d'Israël (798-783 av. J.-C.).

JOB, personnage du livre biblique qui porte son nom et qui fut rédigé au Ve s. av. J.-C. Cette œuvre, qui est un joyau de la poésie orientale, pose l'insoluble problème du mal.

JOBOURG (nez de), cap du dép. de la Manche, en face de l'île d'Aurigny.

J. O. C., sigle de Jeunesse* ouvrière chrétienne.

JOCASTE. Myth. gr. Femme de Laïos, roi de Thèbes, et mère d'Œdipe. Elle épousa ce dernier sans savoir qu'il était son fils; instruite de la vérité, elle se tua.

Jocelyn, poème de Lamartine (1836). Journal, en vers, d'un prêtre, ce poème devait être le dernier d'une vaste épopée philosophique dont le début est la Chute d'un ange.

JOCHÔ, sculpteur japonais, m. en 1057, créateur d'un style national dégagé de l'influence chinoise (bouddha Amida, bois laqué et doré dans le Pavillon du Phénix au Byōdō-in d'Uji).

Joconde (la), surnom d'un tableau de Léonard de Vinci, acheté par le peintre par François Ier (Louvre). Ce serait le portrait, exécuté vers 1503-1507, de la Florentine Monna Lisa, épouse d'un certain Francesco del Giocondo.

JODELLE (Étienne), poète français, né à Paris (1532-1573), membre de la Pléiade. Sa tragédie

JOERGENSEN ou **JØRGENSEN** (Anker), homme politique danois, né à Copenhague en 1922. Social-démocrate, il est chef du gouvernement d'octobre 1972 à décembre 1973, en 1975 et depuis février 1977.

JŒUF (54240), comm. de Meurthe-et-Moselle; 10 649 h. (Joviciens). Métallurgie.

JOFFRE (Joseph), maréchal de France, né à Rivesaltes (1852-1931). Après s'être distingué au Tonkin (1885), au Soudan (1892), puis, sous Gallieni, à Madagascar (1900), il devint en 1911 chef d'état-major général. Commandant en chef en 1914, il remporta la victoire décisive de la Marne et livra, malgré Verdun, la bataille de la Somme; il fut remplacé par Nivelle à la fin de 1916 et promu maréchal. [Acad. fr.]

JOFFREY (Abdullah Jaffa Anver Bey khān, dit **Robert**), danseur, chorégraphe et pédagogue américain d'origine italo-afghane, né à Seattle en 1930. Pédagogue réputé, il dirige depuis 1954, à New York, le City Center Joffrey Ballet.

JOGJAKARTA, v. d'Indonésie (Java); 342 000 h. Université.

JOHANNESBURG, la plus grande ville de l'Afrique du Sud (Transvaal), dans le Witwatersrand*; 1 408 000 h. Centre industriel, commercial et intellectuel. Zoo.

JOHANNOT (Tony), peintre et graveur français, né à Offenbach am Main (1803-1852), l'un des maîtres de l'illustration romantique.

John Bull → BULL (John).

JOHNS (Jasper), peintre américain, né à Augusta (Géorgie) en 1930, représentant majeur du courant « néo-dadaïste » à côté de Rauschenberg.

JOHNSON (Samuel), écrivain anglais, né à Lichfield (1709-1784), défenseur de l'esthétique classique (Dictionnaire de la langue anglaise, 1755).

JOHNSON (Andrew), homme d'État américain, né à Raleigh (1808-1875), président républicain des États-Unis (1865-1869), après l'assassinat de Lincoln. Pour s'être opposé en fait à l'égalité raciale, il fut traduit devant le Sénat pour trahison, et acquitté à une voix de majorité.

JOHNSON (Lyndon Baines), homme d'État américain, né près de Stonewall (Texas) [1908-1973]. Démocrate, vice-président des États-Unis (1961), il devint président à la suite de l'assassinat de J. F. Kennedy (1963), puis fut président élu (1964-1969). Il eut à faire face aux problèmes raciaux et à la guerre du Viêt-nam.

JOHNSON (Daniel), homme politique canadien, né à Danville (prov. de Québec) [1915-1968]. Chef de l'Union nationale (1961), il fut Premier ministre du Québec de 1966 à sa mort.

JOINVILLE (52300), ch.-l. de c. de la Haute-Marne; 5 122 h. Manoir du Grand-Jardin (1546). Métallurgie.

JOINVILLE (Jean, sire DE), chroniqueur français (v. 1224-1317). Sénéchal de Champagne, il participa, avec Saint Louis, à la septième croisade. Ses Mémoires, terminés en 1309, sont une source historique précieuse pour le règne de Saint Louis.

JOINVILLE (François D'ORLÉANS, prince DE), amiral français, né à Neuilly-sur-Seine (1818-1900), troisième fils de Louis-Philippe. Il ramena en France les restes de Napoléon (1840).

JOINVILLE-LE-PONT (94300), ch.-l. de c. du Val-de-Marne, sur la Marne; 18 042 h. (Joinvillais). École normale supérieure d'éducation physique. Studios cinématographiques.

JÓKAI (Mór), romancier et publiciste hongrois, né à Komárom (1825-1904), d'inspiration romantique (le Nabab hongrois).

JOLIET ou **JOLLIET** (Louis), explorateur français, né à Québec (1645-1700). Avec le P. Marquette, il reconnut le cours du Mississippi (1672).

JOLIETTE, v. du Canada (Québec), sur l'Assomption; 18 118 h. Évêché. Métallurgie.

JOLIOT-CURIE (Irène), fille de Pierre et de Marie Curie, née à Paris (1897-1956), et son mari, **FRÉDÉRIC Joliot-Curie**, né à Paris (1900-1958), physiciens français. Ils sont les auteurs de nombreuses recherches sur la physique nucléaire et la structure de l'atome. Ils démontrèrent l'existence du neutron et découvrirent la radioactivité artificielle (1934), ce qui leur valut le prix Nobel de chimie (1935). En 1936, Irène Joliot-Curie fut sous-secrétaire d'État à la Recherche scientifique. Frédéric Joliot-Curie fut le premier haut-commissaire à l'Énergie atomique (1946-1950), et il dirigea la construction de la première pile atomique française (1948).

André **Jolivet**

Johannesburg

le maréchal **Joffre**

H. Manuel

Lyndon Baines **Johnson**

Henriques-Magnum

Irène et Frédéric **Joliot-Curie**

I. P. A.

Ross-Rapho

Cléopâtre captive (1553) marque le point de départ d'une forme dramatique nouvelle, d'où sortira la tragédie classique.

JODHPUR, v. de l'Inde (Rājasthān); 318 000 h. Enceinte datant du XVIe s.

JODL (Alfred), général allemand, né à Würzburg (1890-1946). Chef du bureau des opérations de la Wehrmacht de 1938 à 1945, il signa la capitulation de Reims le 7 mai 1945. Condamné à mort comme criminel de guerre, il fut exécuté.

JOËL, prophète juif du IVe s. av. J.-C.

JOHNSON (Uwe), écrivain allemand, né à Cammin (Poméranie) en 1934. Son œuvre est dominée par le déchirement de l'Allemagne en deux États et deux modes de pensée (Une année dans la vie de Gesine Cresspahl).

JO-HO ou **JEHOL** ou **RE HE**, anc. prov. de Chine, partagée entre le Ho-pei et le Leao-ning.

JOHORE, État de la Malaysia (Malaisie); 1 274 000 h. Cap. Johore Bharu (136 000 h.).

JOIGNY (89300), ch.-l. de c. de l'Yonne, sur l'Yonne; 11 925 h. Églises des XVe-XVIIe s.

JOLIVET (André), compositeur français, né à Paris (1905-1974). On lui doit des œuvres pour piano (Mana, Cinq Danses rituelles), des concertos et des symphonies.

JOMINI (Henri, baron DE), général et écrivain militaire suisse, né à Payerne (1779-1869). Au service de la France (1804-1813), puis de la Russie (1813-1843), où il créa une Académie militaire (1837), il a laissé plusieurs ouvrages dont un Précis de l'art de la guerre (1836).

JONAS, personnage du livre biblique dit « de Jonas ». Cet écrit est une fiction littéraire du

IVᵉ s. av. J.-C., admis traditionnellement par une erreur d'interprétation parmi les livres prophétiques. Le prophète Jonas de l'histoire a vécu au VIIIᵉ s. av. J.-C.

JONAS (Franz), homme d'État autrichien, né à Vienne (1899-1974), socialiste, président de la République autrichienne de 1965 à sa mort.

JONATHAN (Joseph Leabua), homme d'État du Lesotho, né à Leribe en 1914. Chef du parti national du Basutoland, Premier ministre (1965), il assuma les pleins pouvoirs en 1970.

JONES (Inigo), architecte anglais, né à Londres (1573-1652). Intendant des bâtiments royaux, il introduisit le palladianisme en Angleterre.

JONES (Ernest), médecin et psychanalyste britannique, né à Gowerton (1879-1958). Biographe de S. Freud, il fut le principal artisan de la diffusion de la psychanalyse dans les pays anglo-saxons.

JONES (James), écrivain américain, né à Robinson (Illinois) [1921-1977]. Ses romans relatent son expérience de la Seconde Guerre mondiale (*Tant qu'il y aura des hommes*, 1951).

JONES (Le Roi), poète et auteur dramatique américain, né à Newark en 1934, qui revendique pour les Noirs l'autonomie culturelle et politique (*le Métro fantôme*).

JONGEN (Joseph), compositeur belge, né à Liège (1873-1953).

JONGKIND (Johan Barthold), peintre et graveur néerlandais, né à Lattrop (1819-1891). Paysagiste, installé en France, il est un des précurseurs de l'impressionnisme.

JÖNKÖPING, v. de Suède, sur le lac Vättern; 108 000 h. Allumettes.

JONQUIÈRE, v. du Canada (Québec), dans la région du Saguenay; 60 691 h.

JONSON (Benjamin) ou **BEN JONSON,** auteur dramatique anglais, né à Westminster (1572 ou 1573-1637), ami et rival de Shakespeare, auteur de tragédies et de comédies « de caractère » (*Volpone* ou le Renard,* 1606).

JONTE (la), riv. du Massif central, affl. du Tarn (r. g.); 40 km.

JONZAC (17500), ch.-l. d'arr. de la Charente-Maritime, sur la Seugne; 4 580 h. Château des XIVᵉ-XVIᵉ s. Vins mousseux. Eau-de-vie.

JOOSS (Kurt), danseur et chorégraphe allemand, né à Wasseralfingen (Wurtemberg) [1901-1979], auteur de *la Table verte* (1932).

JORAM, 5ᵉ roi de Juda (848-841 av. J.-C.), époux d'Athalie.

JORAM, 9ᵉ roi d'Israël (852-841 av. J.-C.). Il fut tué par Jéhu.

JORASSES (Grandes), sommets du massif du Mont-Blanc; 4 208 m à la pointe Walker.

JORAT, partie sud-occidentale du plateau suisse, dominant le lac Léman.

JORDAENS (Jacob), peintre flamand, né à Anvers (1593-1678). Influencé par Rubens et par

Jongkind : *Vieilles Maisons à Dieppe* (1851[?]) crayon et aquarelle

Lauros-Giraudon

Jacob **Jordaens** *les Quatre Évangélistes* (v. 1620-1625)

Lauros-Giraudon

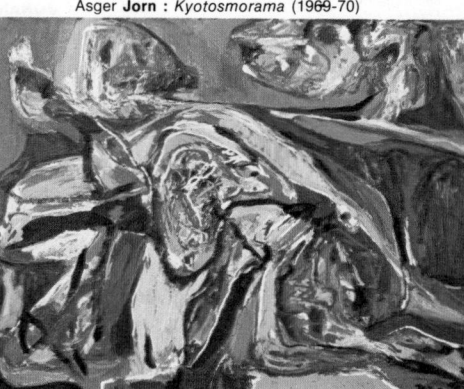

Asger **Jorn** : *Kyotosmorama* (1969-70)

Lauros-Giraudon

le caravagisme, il devint dans sa maturité le représentant le plus populaire du naturalisme flamand.

JORDAN (Camille), mathématicien français, né à Lyon (1838-1922), l'un des fondateurs de la théorie des groupes.

JORDANIE *(royaume hāchémite de)*, État de l'Asie occidentale, à l'est d'Israël; 97 700 km²; 3 millions d'h. *(Jordaniens).* Cap. *'Ammān.* Langue : *arabe.*

GÉOGRAPHIE

La dépression tectonique du Ghor et les hauteurs périphériques constituent les parties vitales du pays, fournissant du blé, de l'orge, des vins, de l'huile d'olive. L'élevage nomade (ovins et caprins) est la seule forme d'exploitation de la Jordanie orientale, plateau calcaire, aride. Le sous-sol recèle des phosphates. L'industrialisation est inexistante et la balance commerciale déficitaire.

HISTOIRE

— 1918 : libération de la Transjordanie ottomane par les Arabes, aidés des Alliés.
— 1922 : mandat britannique sur la Transjordanie, qui est attribuée dès 1921 à l'émir hāchémite Abdullah; organisation, par les Britanniques, de la Légion arabe.
— 1946 : fin du mandat britannique.
— 1948 : intervention d'Abdullah contre les Israéliens.
— 1949 : annexion de Jérusalem et de la rive droite du Jourdain. Le royaume devient la Jordanie.
— 1951 : assassinat d'Abdullah.
— 1952 : son petit-fils, Husayn, devient roi. Il se heurte aux Palestiniens réfugiés.
— 1967 : la Jordanie se trouve engagée dans la 3ᵉ guerre israélo-arabe. Israël occupe Jérusalem et la Cisjordanie.

JORDANIE

— 1970 (sept.) : lutte sanglante contre la résistance palestinienne.

— 1973 : guerre du Kippour, à laquelle participent les troupes jordaniennes, mais sans belligérance officielle.

JØRGENSEN (Anker) → JOERGENSEN.

JORN (Asger JØRGENSEN, dit **Asger**), peintre, graveur et écrivain danois, né à Vejrum (1914-1973). Cofondateur de Cobra, puis d'une des branches de l'« Internationale situationniste », esprit aigu, expérimentateur aux initiatives multiples, il a laissé une œuvre plastique d'une grande liberté.

JOSAPHAT, 4e roi de Juda (870-848 av. J.-C.), célèbre par sa piété.

JOSAPHAT (vallée de), nom symbolique de l'endroit où Dieu, dans la tradition biblique, jugera les ennemis du peuple de Dieu. On l'identifia plus tard avec la vallée du Cédron.

JOSEPH, personnage biblique, fils de Jacob. Vendu par ses frères et conduit en Égypte, il devint ministre du pharaon. Grâce à sa protection, les Hébreux purent s'établir en Égypte.

JOSEPH (saint), époux de la Sainte Vierge, père nourricier de Jésus-Christ. Il est honoré le 1er mai comme patron des travailleurs.

JOSEPH d'Arimathie (saint) [Ier s.], juif de Jérusalem, membre du Sanhédrin. Il prêta son propre tombeau pour ensevelir Jésus.

JOSQUIN DES PRÉS → DES PRÉS.

JOSSELIN (56120), ch.-l. de c. du Morbihan; 2 995 h. Château et église remaniés à la fin de l'époque gothique. C'est près du qu'eut lieu le combat des Trente (1351).

JOSUÉ, successeur de Moïse (fin du XIIIe s. av. J.-C.). Il conduisit les Hébreux dans la conquête de la Terre promise. Le livre biblique dit « de Josué » retrace, sur un mode épique, l'installation des Hébreux en Canaan.

JOTUNHEIM, massif de la Norvège méridionale, portant le point culminant de la Scandinavie; 2 470 m.

JOUAN-JOUAN ou **RUANRUAN**, bandes protomongoles qui menacèrent la Chine au Ve s. apr. J.-C.

JOUARRE (77640), comm. de Seine-et-Marne; 2 765 h. D'une abbatiale mérovingienne disparue subsistent deux chapelles annexes (sarcophages sculptés).

JOUBERT (Joseph), moraliste français, né à Montignac (Périgord) [1754-1824], auteur des Pensées, essais, maximes (1828 et 1842).

JOUBERT (Barthélemy), général français, né à Pont-de-Vaux (1769-1799). Il commanda en Hollande (1797), puis en Italie (1798), où il fut tué à la bataille de Novi.

JOUBERT (Petrus Jacobus), général boer, né

sovie à Berlin, où il reçut la capitulation de la Wehrmacht (1945). Il fut ministre de la Défense de 1955 à 1957.

JOUKOVSKI (Vassili Andreïevitch), poète russe, né près de Michenskoïe (1783-1852). Il fit connaître au public russe le romantisme anglais et allemand et fut le précepteur du tsar Alexandre II.

JOUKOVSKI (Nikolaï Iegorovitch), aérodynamicien russe, né à Orekhovo (1847-1921). Il créa à Koutchino le premier institut d'aérodynamique d'Europe (1905).

JOULE (James), physicien anglais, né à Salford, près de Manchester (1818-1889). Il étudia la chaleur dégagée par les courants électriques dans les conducteurs et détermina l'équivalent mécanique de la calorie.

JOUQUES (13490), comm. des Bouches-du-Rhône; 2 117 h. Centrale hydroélectrique sur la Durance.

JOURDAIN (le), fl. du Proche-Orient; 360 km. Né au Liban, il traverse le lac de Tibériade et se jette dans la mer Morte. Il sépare Israël de la Syrie, puis de la Jordanie.

JOURDAIN (Frantz), architecte français d'origine belge, né à Anvers (1847-1935). Il pratiqua l'architecture du fer et fut un des fondateurs du Salon d'automne, où il réserva une large place aux arts appliqués. — Son fils FRANCIS, artiste

Joseph II
E. Meyer

l'impératrice Joséphine par G. Lethière
Lauros-Giraudon

Jouffroy d'Abbans
D. Guilleminot

Marcel Jouhandeau
Viougard-Gamma

le maréchal Joukov
Keystone

Jouve par H. Le Fauconnier
B. Hatala-Beaubourg

JOSEPH Ier, né à Vienne (1678-1711), roi de Hongrie (1687), roi des Romains (1690), archiduc d'Autriche et empereur germanique (1705-1711), fils de Léopold Ier. — JOSEPH II, né à Vienne (1741-1790), empereur germanique (1765-1790) et corégent des États des Habsbourg (1765-1790), fils aîné de François Ier et de Marie-Thérèse. Devenu seul maître, à la mort de sa mère (1780), il fit de la bureaucratie, de la législation et de la centralisation les trois piliers de son pouvoir. Mercantiliste et physiocrate, il pratiqua à l'égard de l'Église une politique de surveillance et de contrôle (« joséphisme »).

JOSEPH, roi d'Espagne → BONAPARTE.

JOSEPH Ier, né à Lisbonne (1714-1777), roi de Portugal de 1750 à 1777. Il laissa en fait le pouvoir au marquis de Pombal.

JOSEPH (François Joseph LE CLERC DU TREMBLAY, dit **le Père**), surnommé **l'Éminence grise**, capucin français, né à Paris (1577-1638), confident et conseiller de Richelieu. Son influence fut prédominante de 1630 à 1635.

JOSÈPHE (Flavius) → FLAVIUS JOSÈPHE.

JOSÉPHINE (Marie-Josèphe TASCHER DE LA PAGERIE, impératrice), née à Trois-Îlets (Martinique) [1763-1814]. Elle épousa en 1779 le vicomte de Beauharnais († 1794), dont elle eut deux enfants (Eugène et Hortense). En 1796, elle devint la femme du général Bonaparte. L'Empereur, n'ayant pas d'héritiers d'elle, la répudia en 1809.

JOSEPHSON (Brian David), physicien britannique, né à Cardiff en 1940. Il a découvert en 1963 que le courant électrique pouvait franchir une mince barrière isolante dans les métaux supraconducteurs. (Prix Nobel, 1973.)

JOSIAS (m. en 609 av. J.-C.), 16e roi de Juda (640-609 av. J.-C.). Sous son règne eut lieu une importante réforme religieuse.

dans la colonie du Cap (1831?-1900), commandant en chef des forces boers contre les Anglais en 1881 et en 1899.

JOUÉ-LÈS-TOURS (37300), ch.-l. de c. d'Indre-et-Loire, banlieue de Tours; 27 454 h. (Jocondiens). Caoutchouc. Constructions électriques.

Joueur (le), comédie en cinq actes et en vers, de Regnard (1696).

Joueur (le), roman de Dostoïevski (1866).

JOUFFROY (Théodore), philosophe français, né aux Pontets (Doubs) [1796-1842]. Il fit connaître en France la philosophie écossaise de Dugald Stewart et de Reid.

JOUFFROY D'ABBANS (Claude François, marquis de), ingénieur français, né à Roches-sur-Rognon (Champagne) [1751-1832]. Il fut le premier à avoir pratiquement fait fonctionner un bateau à vapeur (1776).

JOUGNE (25370 Les Hôpitaux Neufs), comm. du Doubs; 858 h. Sports d'hiver près de la frontière suisse.

JOUGUET (Émile), mathématicien français, né à Bessèges (1871-1943). Il étudia les mouvements des fluides et la propagation des ondes.

JOUHANDEAU (Marcel), écrivain français, né à Guéret (1888-1979), auteur de romans (Monsieur Godeau intime), d'essais et de récits autobiographiques (Journaliers).

JOUHAUX (Léon), syndicaliste français, né à Paris (1879-1954). Secrétaire général de la C.G.T. de 1909 à 1940, il dirigea, à partir de 1948, la C.G.T.-F.O., issue de la scission de la C.G.T. [Prix Nobel de la paix, 1951.]

JOUKOV (Gueorgui Konstantinovitch), maréchal soviétique, né à Strelkovka (1896-1974). Vainqueur à Moscou (1941), puis à Leningrad (1943), il conduisit un groupe d'armées de Var-

décorateur, peintre et mémorialiste, né à Paris (1876-1958), s'attacha à la production de meubles et objets rationnels et de grande diffusion.

Jourdain (Monsieur), principal personnage du Bourgeois gentilhomme de Molière.

JOURDAN (Jean-Baptiste, comte), maréchal de France, né à Limoges (1762-1833). Vainqueur à Fleurus (1794), il fit voter la loi sur la conscription (1798) et commanda l'armée d'Espagne (1808-1814). Il fut gouverneur des Invalides en 1830.

Journal d'un curé de campagne, de G. Bernanos (1936). Le jeune curé d'Ambricourt note ses efforts dramatiques pour conduire des âmes révoltées vers la rédemption. Le roman a été porté à l'écran par Robert Bresson.

Journal des débats, quotidien français fondé en 1789. Vers 1800, il eut une grande influence grâce aux frères Bertin et parut jusqu'en 1944, en gardant sous tous les régimes une tendance modérée et libérale.

Journal officiel de la République française, publication officielle qui a succédé, en 1848, au Moniteur universel. Il publie chaque jour les lois, décrets, actes, documents administratifs émanant du gouvernement, des renseignements économiques, etc., ainsi que le compte rendu des débats des deux Assemblées.

Journal des savants, le plus ancien recueil littéraire français (1665). Rédigé par les membres de l'Académie des inscriptions et belles-lettres, il publie des travaux d'érudition.

journée d'Ivan Denissovitch (Une), récit de Soljenitsyne (1962) : la première évocation des camps de travail soviétiques.

JOUVE (Pierre Jean), écrivain français, né à Arras (1887-1976), auteur de romans et de recueils poétiques (Sueur de sang, 1934; Moires, 1962).

JOUVENEL → JUVÉNAL.

JOUVENET (Jean), peintre français, né à Rouen (1644-1717). Il exécuta des travaux décoratifs divers (notamment à Versailles) et fut le meilleur peintre religieux de son temps.

JOUVET (Louis), acteur et directeur de théâtre français, né à Crozon (1887-1951). Il s'est distingué comme metteur en scène, surtout dans le théâtre de Molière et de Giraudoux. Il joua également plusieurs rôles importants au cinéma.

JOUVET (Michel), médecin français, né à Lons-le-Saunier en 1925, auteur de recherches de neurobiologie sur les états de vigilance.

Joux (fort de), fort du Doubs, près de Pontarlier, à 1 050 m d'altitude, qui commandait les routes vers Neuchâtel et Lausanne.

JOUX (vallée de), partie suisse de la haute vallée de l'Orbe, qui y forme le *lac de Joux.*

JOUY-EN-JOSAS (78350), comm. des Yvelines, sur la Bièvre; 8 171 h. *(Jovaciens).* Institut national de recherches agronomiques (zootechnie). École des hautes études commerciales. Oberkampf y avait installé des ateliers d'impression sur toile *(toiles de Jouy).*

JOVIEN, en lat. *Flavius Claudius Iovianus,* né à Singidunum (Mésie) [v. 331-364], empereur romain de 363 à 364.

JOYCE (James), écrivain irlandais, né à Rathgar, faubourg de Dublin (1882-1941). Poète *(Musique de chambre),* nouvelliste *(Gens de Dublin,* 1907), il est l'auteur de deux récits dont d'un symbolisme multiple et dont le personnage principal est en définitive le langage : *Ulysse** (1922), *Finnegans Wake* (1939). Il est à l'origine de nombreuses recherches de la littérature moderne.

JOYEUSE (07260), ch.-l. de c. de l'Ardèche; 1 355 h. Château Renaissance.

JOYEUSE (Anne, *duc* DE), favori d'Henri III (1561-1587), amiral de France, tué à la bataille de Coutras. — Son frère FRANÇOIS (1562-1615), cardinal français, négocia la réconciliation d'Henri IV avec la cour de Rome et présida les états généraux de 1614. — HENRI, frère des précédents (1567-1608), chef ligueur, puis maréchal de France.

Joyeuses Commères de Windsor (les), comédie de Shakespeare (v. 1599).

JÓZSEF (Attila), poète hongrois, né à Budapest (1905-1937), un des grands lyriques de la Hongrie moderne, d'inspiration populaire *(le Mendiant de la beauté,* 1922).

JUAN (golfe), golfe des Alpes-Maritimes.

Juan (Don) → DON JUAN.

JUAN D'AUTRICHE (don), prince espagnol, né à Ratisbonne (1545-1578), fils naturel de Charles Quint. Vainqueur des Turcs à Lépante (1571), il fut gouverneur des Pays-Bas (1576-1578), où il se livra contre les calvinistes à des excès qui précipitèrent le retrait de l'Espagne.

JUAN D'AUTRICHE (don), prince espagnol, né à Madrid (1629-1679), fils naturel de Philippe IV. Vice-roi des Pays-Bas (1656), il fut vaincu par Turenne aux Dunes (1658). Ministre de Charles II (1677), il négocia la paix de Nimègue (1678).

JUAN CARLOS de Bourbon (don), roi d'Espagne, né à Rome en 1938, petit-fils d'Alphonse XIII. En 1969, il est désigné par Franco pour lui succéder, avec le titre de roi. Après la mort de ce dernier (1975), il entreprend la démocratisation du régime.

JUAN FERNÁNDEZ (îles), archipel chilien du Pacifique. Théâtre des aventures du matelot anglais A. Selkirk, qui y séjourna de 1704 à 1709 et qui a servi de type pour *Robinson Crusoé.*

JUAN DE FUCA, détroit qui sépare l'île de Vancouver (Canada) des États-Unis.

JUAN-LES-PINS (06160), station balnéaire des Alpes-Maritimes (comm. d'Antibes).

JUÁREZ GARCÍA (Benito), homme d'État mexicain, né à San Pablo Guelatao (1806-1872). Président de la République (1861), il lutta en 1863 contre l'intrusion française au Mexique et fit fusiller l'empereur Maximilien d'Autriche (1867).

JUBA Ier (m. en 46 av. J.-C.), roi de Numidie, du parti de Pompée. Battu par César à Thapsus (46), il se donna la mort. — Son fils JUBA II (v. 52 av. J.-C.-v. 23/24 apr. J.-C.), roi de Mauritanie (25 av. J.-C.-v. 23/24 apr. J.-C.), dota sa capitale, Caesarea (auj. Cherchell), de nombreux monuments.

JUBBULPORE → JABALPUR.

JUBY (cap), promontoire du sud-ouest du Maroc.

JÚCAR (le), fl. d'Espagne, qui se jette dans la Méditerranée; 506 km.

JUDA, fils de Jacob. C'est l'ancêtre éponyme de la *tribu de Juda,* qui eut un rôle prépondérant dans l'histoire des Hébreux.

JUDA (royaume de), royaume constitué par les tribus du sud de la Palestine après la mort de Salomon (931-587). Cap. *Jérusalem.* Rival du royaume d'Israël, contre lequel il s'épuisa en luttes fratricides, le royaume de Juda s'appuya sur l'Égypte pour parer au danger assyrien et plus tard babylonien. Mais il ne put résister à la puissance de Babylone, et prit fin avec la prise de Jérusalem par Nabuchodonosor (587); sa population fut déportée à Babylone.

JUDAS Iscariote, un des douze apôtres. Il livra Jésus à ses ennemis et, pris de remords, se pendit.

JUDAS MACCABÉE → MACCABÉE.

JUDE ou **THADDÉE** (saint), l'un des douze apôtres. L'épître de Jude, qui lui est attribuée, est une mise en garde contre les innovations qui mettent la foi en péril.

JUDÉE, province du sud de la Palestine à l'époque gréco-romaine.

JUDICAËL (saint) [m. v. 637], roi des Bretons. Il finit sa vie dans un cloître.

JUDITH, héroïne du livre biblique qui porte son nom. Ce livre est un écrit didactique et non historique, qui reflète l'affrontement entre le judaïsme et l'hellénisme au IIe s. av. J.-C.

JUDITH DE BAVIÈRE (v. 800-843), seconde femme de Louis le Pieux, empereur d'Occident. Elle exerça une grande influence sur son époux, au seul profit de son fils Charles le Chauve.

JUGES, chez les Hébreux, chefs temporaires de tribus réunies sous la pression d'un danger extérieur. La « période des Juges » va de la mort de Josué à l'institution de la monarchie (v. 1200-v. 1030). Le livre biblique dit « des Juges » rend compte de ces événements dans un ensemble où se mêlent l'histoire, la légende ou le folklore.

JUGLAR (Clément), médecin et économiste français, né à Paris (1819-1905). Il constata la périodicité des crises économiques.

JUGON-LES-LACS (22270), ch.-l. de c. des Côtes-du-Nord; 1292 h. Château fort.

JUGURTHA (v. 160 av. J.-C.-apr. 104), roi de Numidie (118-105 av. J.-C.). Il lutta contre les Romains, fut vaincu par Marius (107 av. J.-C.) et livré à Sulla (105). Il mourut en prison.

Juif errant (le), d'Eugène Sue (1844-45), un des premiers grands romans-feuilletons.

JUILLAC (19350), ch.-l. de c. de la Corrèze; 1 268 h.

juillet 1789 (journée du 14), première insurrection des Parisiens pendant la Révolution, qui entraîna la prise de la Bastille. Le 14 juillet fut choisi comme fête nationale de la France en 1880.

juillet 1830 (révolution ou journées de), insurrection des Parisiens contre Charles X (27-29 juill.). Elle entraîna l'abdication de Charles X et l'avènement de Louis-Philippe.

Juillet (monarchie de), régime de la France sous le roi Louis-Philippe (1830-1848), issu des journées de juillet 1830 et aboli par la révolution républicaine de février 1848.

JUILLY (77230 Dammartin en Goële), comm. de Seine-et-Marne; 1 272 h. Collège fondé par les Oratoriens (1638).

JUIN (Alphonse), maréchal de France, né à Bône (1888-1967). Commandant le corps expéditionnaire français en Italie (1943), vainqueur au Garigliano (1944), il fut résident général au Maroc (1947-1951). Il reçut la dignité de maréchal en 1952. De 1953 à 1956, il commanda les forces atlantiques du secteur Centre-Europe. (Acad. fr.)

juin 1792 (journée du 20), émeute parisienne causée par le renvoi des ministres girondins, au cours de laquelle furent envahies les Tuileries.

juin 1848 (journées de), insurrection parisienne (23-26 juin), provoquée par le licenciement des ouvriers des Ateliers nationaux. Elle fut réprimée par Cavaignac et suivie d'une réaction conservatrice et antisocialiste.

JUIZ DE FORA, v. du Brésil (Minas Gerais); 239 000 h.

JULES Ier (saint), né à Rome (v. 280-352), pape de 337 à 352. — JULES II (Giuliano *Della Rovere*), né à Albissola (1443-1513), pape de 1503 à 1513. Ce pape casqué restaura la puissance politique des papes en Italie et fut l'âme de la *ligue de Cambrai* contre les Vénitiens (1508), puis de la *Sainte Ligue* contre la France (1511-12). Il protégea les artistes : Bramante, Michel-Ange, Raphaël. Le Ve concile du Latran, qu'il réunit (1512), ne réussit guère à réformer l'Église. — JULES III (Giovan Maria *de' Ciocchi del Monte*), né à Rome (1487-1555), pape de 1550 à 1555. Il clôtura le concile de Trente.

JULIA (gens), illustre famille de Rome, à laquelle appartenait Jules César.

JULIA (Gaston), mathématicien français, né à Sidi-bel-Abbès (1893-1978), auteur de nombreux travaux d'analyse et de géométrie.

JULIANA (Louise Emma Marie Wilhelmine), née à La Haye en 1909, couronnée reine des Pays-Bas en 1948. Elle a épousé en 1937 le prince Bernard de Lippe-Biesterfeld. En 1980, elle abdique en faveur de sa fille Béatrice.

JULIE, née à Ottaviano (39 av. J.-C.-14 apr. J.-C.), fille d'Auguste, connue pour ses mœurs déréglées. Elle épousa successivement Marcellus, Agrippa et Tibère. Son inconduite la fit reléguer dans l'île de Pandataria (2 av. J.-C.).

Louis **Jouvet**

Bernard

James **Joyce**

G. Freund

Juan Carlos de Bourbon

Barbey-Magnum

le maréchal **Juin**

S. C. A.

Jules II

la reine **Juliana**

Scala

JULIE, en lat. **Julia Domna,** née à Émèse (v. 158-217), d'origine syrienne, seconde épouse de Septime Sévère. Elle joua un important rôle politique. — Sa sœur JULIE, en lat. *Julia Maesa* ou *Moesa,* née à Émèse (m. en 226), fut la grand-mère d'Élagabal.

Julie ou la Nouvelle Héloïse, ou *Lettres de deux amants d'une petite ville au pied des Alpes,* roman épistolaire de J.-J. Rousseau (1761).

JULIEN de Brioude (saint), soldat romain, né à Vienne (Dauphiné), martyrisé à Brioude en 304.

JULIEN l'Hospitalier (saint) [dates indéterminées], connu surtout par la *Légende dorée* et un conte de Flaubert; patron des bateliers, des voyageurs et des aubergistes.

JULIEN, dit **l'Apostat,** en lat. **Flavius Claudius Julianus,** né à Constantinople (331-363), empereur romain (361-363). Neveu de Constantin, successeur de Constance II, il abandonna la religion chrétienne et, sous l'influence des rhéteurs et du néoplatonisme, favorisa un paganisme très marqué par l'occultisme et la théurgie. Il fut tué lors d'une campagne contre les Perses.

JULIÉNAS [-nɑ] (69840), comm. du Rhône, dans le Beaujolais; 649 h. Vins rouges.

JULIERS, en allem. **Jülich,** v. de l'Allemagne fédérale (Rhénanie-du-Nord-Westphalie), anc. cap. d'un duché érigé en 1356, réuni au duché de Clèves en 1521, au duché de Neubourg en 1614, à la Prusse en 1815; 32000 h. Centre de recherches nucléaires.

JULIO-CLAUDIENS, membres de la première dynastie impériale romaine issue de César. Les empereurs en furent : Auguste, Tibère, Caligula, Claude et Néron.

JULLIAN (Camille), historien français, né à Marseille (1859-1933), auteur d'une *Histoire de la Gaule* (1907-1928). [Acad. fr.]

JULLUNDUR, v. de l'Inde (Pendjab); 296 000 h.

JUMEAUX (63570 Brassac les Mines), ch.-l. de c. du Puy-de-Dôme; 891 h.

JUMIÈGES (76480 Duclair), comm. de la Seine-Maritime, sur la Seine; 1 474 h. Ruines d'une ancienne abbaye (église abbatiale du XIe s.).

JUMILHAC-LE-GRAND (24630), ch.-l. de c. de la Dordogne; 1535 h. Château des XIIIe-XVIIe s.

JUMNA → JAMNA.

JUMRUK-ČAL, anc. nom du pic *Botev**.

JUNEAU, cap. de l'Alaska; 7 000 h.

JUNG (Carl Gustav), médecin et psychologue suisse, né à Kesswil (1875-1961). L'un des premiers à reconnaître l'importance de l'apport de S. Freud, il fut aussi le premier dissident du mouvement psychanalytique. Il se sépara de Freud en « désexualisant » la libido et en privilégiant la situation actuelle plutôt qu'un conflit névrotique. Il introduisit, au-delà de l'inconscient individuel étudié par S. Freud, un inconscient collectif, stratification des expériences millénaires de l'humanité et qui s'exprime à travers un petit nombre de thèmes privilégiés (*archétypes*), lesquels constituent la substance des rêves et la base des mythologies (*Métamorphoses et symboles de la libido,* 1912; *les Types psychologiques,* 1920; *Psychologie et religion,* 1939; *Psychologie et alchimie,* 1944).

JÜNGER (Ernst), écrivain allemand, né à Heidelberg en 1895. Il est passé d'une conception nietzschéenne de la vie (*Orages d'acier,* 1920) à un esthétisme éclectique (*Sur les falaises de marbre,* 1939; *Approches, drogues et ivresse,* 1970; *Eumeswil,* 1977).

JUNGFRAU (la), sommet des Alpes bernoises (4 166 m), en Suisse. Station d'altitude et de sports d'hiver sur le *plateau de la Jungfraujoch* (3 457 m). Laboratoires de recherches scientifiques en haute montagne.

JUNIVILLE (08310), ch.-l. de c. des Ardennes; 720 h.

JUNKERS (Hugo), ingénieur allemand, né à Rheydt (1859-1935). Il réalisa le premier avion entièrement métallique (1915) et construisit de nombreux appareils militaires.

JUNON. *Myth.* Divinité italique, épouse de Jupiter, protectrice des femmes, assimilée à l'*Héra* grecque.

JUNON, petite planète circulant entre Mars et Jupiter, découverte en 1804.

JUNOT (Jean Andoche), duc **d'Abrantès,** général français, né à Bussy-le-Grand (Bourgogne) [1771-1813]. Aide de camp de Bonaparte en Italie (1796), général en Égypte (1799), il commanda au Portugal (1807), mais dut capituler à Sintra (1808). Il se tua dans un accès de folie. — Sa femme, Laure PERMON, duchesse **d'Abrantès,** née à Montpellier (1784-1838), est l'auteur de *Mémoires* (1831-1835).

JUNTE → GIUNTA.

JUPITER. *Myth. lat.* Le père et le maître des dieux, assimilé au *Zeus* grec. Il était le dieu du Ciel, de la Lumière, de la Foudre et du Tonnerre, dispensateur des biens terrestres, protecteur de la cité et de l'État romains. À Rome, le Capitole lui était consacré.

JUPITER, la plus grosse des planètes du système solaire (diamètre équatorial : 142796 km) et la plus importante au point de vue de la masse. On lui connaît seize satellites. Elle émet environ deux fois plus d'énergie qu'elle n'en reçoit du Soleil.

JURA, chaîne de montagnes de France et de Suisse, qui se prolonge en Allemagne occidentale par des plateaux calcaires; 1718 m au *crêt de la Neige.* Le *Jura franco-suisse* juxtapose un secteur oriental plissé, plus élevé au sud qu'au nord, et un secteur occidental, tabulaire, au-dessus des plaines de la Saône. L'orientation et l'altitude expliquent l'abondance des précipitations, favorables à l'extension des forêts et des prairies. Aussi l'exploitation forestière et les produits laitiers (fromages) y constituent-ils les principales ressources, complétées par le tourisme et surtout par de nombreuses petites industries (horlogerie, lunetterie, travail du bois, matières plastiques, etc.). Le *Jura allemand,* non plissé, est formé d'un plateau calcaire, au climat rude, souvent recouvert par la lande, et dont l'altitude s'abaisse du sud (*Jura souabe*) vers le nord (*Jura franconien*).

JURA (canton du), canton de Suisse, créé en 1978, englobant trois districts francophones jurassiens appartenant auparavant au canton de Berne; 837 km²; 67 194 h. Ch.-l. *Delémont.*

JURA (dép. du) [**39**], dép. de la Région Franche-Comté; ch.-l. de dép. *Lons-le-Saunier;* ch.-l. d'arr. *Dole, Saint-Claude;* 3 arr., 34 cant.;

V. carte page suivante

542 comm.; 5 008 km²; 238 856 h. (*Jurassiens*). Il appartient à l'académie, à la circonscription judiciaire et à la province ecclésiastique de Besançon, à la région militaire de Metz. En dehors du Nord, occupant une partie des plateaux de la haute Saône, couverts de forêts ou de cultures de céréales, le dép. s'étend sur la *montagne jurassienne,* tabulaire à l'ouest, plissée à l'est; l'exploitation de la forêt, l'élevage bovin (fromages) et, localement, le vignoble (Arbois, Poligny) y constituent les ressources essentielles. L'industrie est surtout développée dans la montagne, autour de Saint-Claude et de Morez (travail du bois, horlogerie, lunetterie), ainsi que le tourisme (Les Rousses).

JURANÇON (64110), comm. des Pyrénées-Atlantiques, sur le gave de Pau; 8 647 h. Vins. — Le *canton de Jurançon* a pour ch.-l. Pau.

JURIEN DE LA GRAVIÈRE (Jean Edmond), amiral français, né à Brest (1812-1892). Il commanda les forces françaises au Mexique (1861), fut aide de camp de Napoléon III (1864) et devint directeur des Cartes et Plans de la marine (1871). [Acad. fr.]

JURIEU (Pierre), théologien protestant français, né à Mer (1637-1713). Réfugié en Hollande, il s'opposa à Bossuet en une longue polémique.

JURIN (James), médecin et physicien anglais, né à Londres (1684-1750), auteur de la loi relative à l'ascension des liquides dans les tubes capillaires.

JUSSEY (70500), ch.-l. de c. de la Haute-Saône; 2 365 h.

JUSSIEU (DE), famille de botanistes français, qui a compté parmi ses membres : ANTOINE, né à Lyon (1686-1758); — BERNARD, né à Lyon (1699-1777), frère du précédent; — JOSEPH, né à Lyon (1704-1779), frère des précédents; — ANTOINE LAURENT, né à Lyon (1748-1836), neveu des trois précédents, promoteur de la classification «naturelle» des plantes; — ADRIEN, né à Paris (1797-1853), fils du précédent.

JUSTE, surnom francisé d'une famille de sculpteurs italiens (les *Betti*), établie en France en 1504. Leur œuvre la plus importante, due surtout à Jean Ier (San Martino a Mensola, Florence, 1485 - Tours 1549), est le tombeau de Louis XII et d'Anne de Bretagne, à Saint-Denis, achevé en 1531.

JUSTIN (saint), philosophe chrétien et apologiste, né à Flavia Neapolis (Samarie) [v. 100-v. 165], auteur de deux *Apologies* et du *Dialogue avec Tryphon.*

JUSTIN, historien latin du IIe s., auteur d'une *Histoire universelle.*

JUSTIN Ier, né à Bederiana (Illyrie) [v. 450-527], empereur d'Orient (518-527), oncle de Justinien, dont il fit son conseiller. Il persécuta les monophysites. — JUSTIN II (m. en 578), empereur d'Orient (565-578), neveu et successeur de Justinien. Il ne put empêcher l'invasion de l'Italie par les Lombards.

ancienne abbatiale (XIe s.) de **Jumièges**

Carl Gustav **Jung**

Ernst **Jünger**

JUSTINIEN Ier

JUSTINIEN Ier, né à Tauresium (482-565), empereur byzantin (527-565). Il chassa les Vandales d'Afrique et reprit l'Italie aux Ostrogoths et une partie de l'Espagne aux Wisigoths; en Orient, il dut se contenter de maintenir les Perses à distance. Son œuvre législative est importante : le *Code justinien,* le *Digeste* ou *Pandectes,* les *Institutes* et les *Novelles.* Parmi les monuments qu'il fit élever, il faut citer San Vitale de Ravenne et Sainte-Sophie de Constantinople. La civilisation proprement byzantine commence avec Justinien. — JUSTINIEN II (669-711), empereur byzantin (685-695 et 705-711).

JUTES, peuple germanique qui s'établit dans le sud-est de l'Angleterre au ve s. apr. J.-C.

JÜTLAND, nom allem. du *Jylland*.* Bataille navale anglo-allemande en 1916.

JUVARA (Filippo), architecte et décorateur italien, né à Messine (1678-1736). Formé à Rome, il est appelé à Turin en 1714 et accomplit en vingt ans, surtout en Piémont, une œuvre baroquisante gigantesque, dont le palais de Stupinigi marque un sommet.

JUVÉNAL, en lat. **Decimus Junius Juvenalis,** poète latin, né à Aquinum (v. 60-v. 140), auteur de *Satires*,* où il attaque les vices de son époque.

JUVÉNAL ou **JOUVENEL DES URSINS** (Jean), magistrat français, né à Troyes (1360-1431), prévôt des marchands en 1389. En 1408, il fit donner la régence du royaume à Isabeau de Bavière. — Son fils JEAN II, magistrat, prélat et historien français, né à Paris (1388-1473), est l'auteur d'une *Chronique de Charles VI.* — GUILLAUME, né à Paris (1401-1472), frère du précédent, fut chancelier de Charles VII (1445) et de Louis XI (1466).

JUVIGNY-LE-TERTRE (50520), ch.-l. de c. de la Manche; 659 h.

JUVIGNY-SOUS-ANDAINE (61140 Bagnoles de l Orne), ch.-l. de c. de l'Orne; 1030 h.

JUVISY-SUR-ORGE (91260), comm. de l'Essonne; 13540 h. *(Juvisiens).* Centre ferroviaire et industriel.

JUZENNECOURT (52330 Colombey les Deux Églises), ch.-l. de c. de la Haute-Marne; 154 h.

JYLLAND, en allem. **Jütland,** région continentale du Danemark, plate et basse, couverte de cultures et de prairies au sud et à l'est, portant des landes et des forêts au nord et à l'ouest.

JYVÄSKYLÄ, v. de la Finlande centrale; 62000 h. Édifices publics par Aalto.

JURA

Justinien Ier et sa cour (mosaïque du VIe s.)

Scala

K

Le **Kremlin de Moscou**, sur la rive gauche de la Moskova.

K2, deuxième sommet du monde, dans l'Himālaya (Karakoram); 8611 m.

Ka'ba ou **Kaaba,** édifice cubique au centre de la grande mosquée de La Mecque. Il abrite la Pierre noire vénérée par les musulmans.

KABALEVSKI (Dimitri), compositeur soviétique, né à Saint-Pétersbourg en 1904. Il est influencé par la musique populaire de son pays (*Colas Breugnon,* opéra, 1938).

KABIR, mystique indien, né à Bénarès (v. 1435-1518). Il prêcha l'union de l'islām et de l'hindouisme et l'abolition des castes.

KABOUL ou **KĀBUL,** cap. de l'Afghānistān, sur la *rivière de Kaboul;* 588 000 h.

KABWE, anc. **Broken Hill,** v. de la Zambie; 95 000 h. Centre minier (plomb, zinc).

KABYLES, ethnie berbère sédentaire, habitant principalement la Grande Kabylie.

KABYLIE, terme qui désigne plusieurs massifs du Tell algérien. On distingue, de l'ouest à l'est : la *Grande Kabylie* ou *Kabylie du Djurdjura* (2 308 m), la *Kabylie des Babors* et la *Kabylie de Collo.* (Hab. *Kabyles.*)

KACHĀN, v. du centre de l'Iran; 61 000 h.

KACHGAR, v. de Chine (Sin-kiang), sur le *Kachgar-Daria;* 91 000 h.

KACHINS, ethnie habitant les régions frontalières de la Birmanie et de l'Assam, et parlant une langue tibéto-birmane.

KĀDĀR (János), homme d'État hongrois, né à Salgótarján en 1912. Ministre de l'Intérieur en 1948-1951 et 1956, premier secrétaire du parti communiste depuis 1956, chef du gouvernement après l'écrasement de l'insurrection hongroise (1956-1958), il l'a été de nouveau de 1961 à 1965.

KADESH → QADESH.

KADHAFI ou **QADHDHĀFI** (Mu'ammar al-), homme d'État libyen, né à Syrte en 1942. Principal instigateur de la chute du roi Idris Ier (1969), président du Conseil de la révolution, il veut édifier un socialisme arabe fondé sur l'islām.

KADIEVKA, v. de l'U.R.S.S. (Ukraine), dans le Donbass; 141 000 h. Métallurgie.

KADUNA, v. du Nigeria septentrional; 174 000 h. Automobiles.

KAESONG, v. de la Corée du Nord; 140 000 h.

KĀFIRISTĀN → NŪRISTĀN.

KAFKA (Franz), écrivain tchèque de langue allemande, né à Prague (1883-1924), auteur de romans (*la Métamorphose,* 1915; *le Procès,* 1925; *le Château,* 1926) et d'un *Journal intime,* qui expriment le désespoir de l'homme devant l'absurdité de l'existence.

KAGEL (Mauricio), compositeur argentin, né à Buenos Aires en 1931. Il s'est consacré au « théâtre instrumental » (*Anagrama, Mare nostrum*).

KAGERA (la), riv. d'Afrique, tributaire du lac Victoria, considérée comme la branche mère du Nil; 400 km.

KAGOSHIMA, port du Japon, dans l'île de Kyūshū; 403 000 h.

KAHN (Gustave), poète français, né à Metz (1859-1936). Membre du groupe symboliste, il a été un des théoriciens du vers libre.

R. Michaud-Rapho

Kairouan : cour de la Grande Mosquée de Sīdī 'Uqba (IXe s.)

Franz **Kafka**

Doc. Alpenland, Vienne

KAHN (Louis Isadore), architecte américain d'origine estonienne, né dans l'île de Sarema (1901-1974). L'audace et la rigueur des formes, la qualité des rapports spatiaux, jointes à des références historiques, caractérisent son œuvre.

K'AI-FONG ou **KAIFENG,** v. de Chine (Honan); 450 000 h.

KAINJI, site du Nigeria, sur le Niger. Aménagement hydroélectrique.

KAIROUAN, v. de la Tunisie centrale; 46 000 h. Mosquées des VIIIe-IXe s. Centre artisanal (tapis).

KAISER (Georg), auteur dramatique allemand, né à Magdeburg (1878-1945). Ses drames historiques et philosophiques sont une des meilleures illustrations de l'expressionnisme (*les Bourgeois de Calais,* 1914; *Gaz,* 1918).

KAISER (Henry), industriel américain, né à Sprout Brook (1882-1967). Il appliqua la préfabrication à la construction navale (1940).

KAISERAUGST, comm. de Suisse (Argovie), près du Rhin; 1311 h. Centrale nucléaire.

KAISERSLAUTERN, v. de l'Allemagne fédérale (Rhénanie-Palatinat); 102 000 h.

KĀKINĀDĀ ou **COCANĀDA,** port de l'Inde, sur le golfe du Bengale; 164 000 h.

KALAHARI, désert de l'Afrique méridionale, entre les bassins du Zambèze et de l'Orange.

KALAMĀTA, port de Grèce (Péloponnèse); 39 000 h.

Kalevala (le), épopée finnoise, composée de fragments recueillis par Elias Lönnrot de la bouche des bardes populaires (1835-1849).

Louis **Kahn :** détail du capitole de Dacca Bangladesh (1965-1972)

Azzi-Magnum

KALGAN, en chin. **Tchang-kia-k'eou** ou **Zhangjiakou,** v. de Chine (Ho-pei); 229 000 h.

KALGOORLIE, v. du sud-ouest de l'Australie; 20 000 h. Mines d'or.

KÂLÎ, épouse de Śiva, déesse de la Mort.

KÂLIDÂSA, poète indien, selon la tradition du Ier s. apr. J.-C., mais plutôt du IVe-Ve s., auteur du drame *Śakuntalā.*

KALIMANTAN, nom indonésien de *Bornéo.*

KALININE, anc. **Tver,** v. de l'U.R.S.S. (R.S.F.S. de Russie), sur la Volga; 401 000 h. Centrale nucléaire.

KALININE (Mikhaïl Ivanovitch), homme d'État soviétique, né à Verkhnaïa Troïtsa, près de Tver (1875-1946), président du praesidium du Conseil suprême de l'U.R.S.S. de 1937 à sa mort.

KALININGRAD, anc. **Königsberg,** port de l'U.R.S.S., près de la Baltique, autref. en Prusse-Orientale; 353 000 h. Cathédrale du XIVe s.

KALININGRAD, v. de l'U.R.S.S., banlieue de Moscou; 121 000 h.

KALISZ, v. de Pologne, au sud-est de Poznań; 93 000 h.

KALMAR, port de la Suède méridionale; 52 000 h. — L'*Union de Kalmar* réunit sous un même sceptre le Danemark, la Suède et la Norvège (1397). Cette union fut rompue en 1521-1523 lors de l'insurrection suédoise de Gustave Vasa.

KALMOUKS, peuple mongol de l'U.R.S.S., entre le Don et la Volga, et en Sibérie. Les Soviétiques ont créé une région (1920), puis (1935) une république autonome des Kalmouks; 75 900 km²; 269 000 h.; cap. *Elista.*

KALMTHOUT, comm. de Belgique (prov. d'Anvers); 14 400 h.

KALOUGA, v. de l'U.R.S.S. (R.S.F.S. de Russie), sur l'Oka; 262 000 h.

KAMA (la), riv. de l'U.R.S.S., affl. de la Volga (r. g.); 2 000 km.

KÂMA, dieu de l'Amour dans la mythologie hindoue. — Le *Kâma-sûtra,* traité de l'art d'aimer, fut écrit en sanskrit entre le IVe et le VIIe s.

KAMAKURA, v. du Japon (Honshū); 139 000 h. Statue colossale en bronze du bouddha Amida (XIIIe s.). Temples (XIIe-XIVe s.). Musée. La cité a donné son nom à une période (1185/1192-1333) marquée par le gouvernement militaire de la dynastie de Minamoto no Yoritomo, dont elle fut la capitale.

KAMARHATI, v. de l'Inde (Bengale-Occidental); 169 000 h.

KAMENEV (Lev Borissovitch ROSENFELD, dit), homme politique soviétique, né à Moscou (1883-1936). Vice-président du Conseil des commissaires du peuple, il forma, avec Staline et Zinoviev, la première troïka (1923-24). Beau-frère de Trotski, il se rapprocha de lui (1926). Accusé de trahison, il fut exécuté.

KAMENSK-OURALSKI, v. de l'U.R.S.S. (R.S.F.S. de Russie), au pied de l'Oural; 187 000 h. Métallurgie.

KAMERLINGH ONNES (Heike), physicien néerlandais, né à Groningue (1853-1926). Il a liquéfié l'hélium (1908) et découvert la supraconductibilité (1911). [Prix Nobel, 1913.]

KAMINALJUYÚ, site archéologique des hautes terres mayas, près de Guatemala. Occupé dès le préclassique moyen (1000-300 av. J.-C.), il a livré de vastes vestiges du préclassique récent (300 av. - 300 apr. J.-C.).

KAMLOOPS, v. du Canada (Colombie britannique); 58 311 h. Nœud ferroviaire.

KAMPALA, cap. de l'Ouganda; 330 000 h.

KAMPUCHÉA (*république populaire du*), nom officiel du *Cambodge.*

KAMTCHATKA, péninsule volcanique de la Sibérie, entre les mers de Béring et d'Okhotsk. Pêcheries.

KANANGA, anc. Luluabourg, v. du Zaïre, sur le Lulua, affl. du Kasaï; 597 000 h.

KANÁRIS ou **CANARIS** (Konstandinos), marin grec, né à Psará (v. 1790-1877). Il joua un grand rôle dans la guerre de l'indépendance grecque.

Emmanuel **Kant**
par H. Kurth

KANAZAWA, v. du Japon (Honshū); 361 000 h.

KÁNCHIPURAM, v. de l'Inde (Tamil Nadu); 111 000 h. Anc. cap. des Pallava jusqu'au IXe s. Temples brahmaniques, dont le Kailāsanātha (VIIIe s.).

KANDAHAR ou **QANDAHĀR,** v. de l'Afghānistān; 134 000 h.

KANDERSTEG, station de sports d'hiver de Suisse, dans l'Oberland bernois (alt. 1 200-2 000 m).

KANDINSKY (Vassili), peintre français d'origine russe, né à Moscou (1866-1944). L'un des fondateurs du Blaue* Reiter à Munich et l'un des grands initiateurs de l'art abstrait, théoricien, professeur au Bauhaus* en 1922, il s'installa à Paris en 1933, fuyant le nazisme.

KANDY, v. de Sri Lanka; 76 000 h. Anc. cap. (XVIe-XIXe s.). Remarquable jardin botanique. Centre religieux (pèlerinage bouddhique).

KANGCHENJUNGA ou **KANCHANJANGĀ,** troisième sommet du monde, dans l'Himālaya, entre le Sikkim et le Népal; 8 586 m.

KANGGYE, v. de la Corée du Nord; 130 000 h.

K'ANG-HI ou **KANGXI,** m. en 1722, empereur de Chine de la dynastie Ts'ing (1662-1722). Il ouvrit l'empire aux influences occidentales, aux Jésuites notamment.

KANISKA ou **KANISHKA,** roi indo-scythe qui aurait régné entre 144 et 152 apr. J.-C. et qui ouvrit l'Inde aux influences occidentales.

KANKAN, v. de Guinée; 31 000 h.

KANO, v. du Nigeria, anc. cap. d'un royaume haoussa; 357 000 h. Aéroport.

KANÔ, lignée de peintres japonais ayant travaillé entre le XVe et le XIXe s. et dont les principaux représentants sont : KANÔ MASANOBU (1434-1530), fondateur de l'école; KANÔ MOTONOBU, né à Kyôto (1476-1559), qui créa de vastes compositions murales aux lignes vigoureuses et au coloris brillant (Kyôto, temple du Daitoku-ji et du Myôshin-ji); KANÔ EITOKU (1543-1590), petit-fils du précédent, qui eut, par son style grandiose et décoratif, une influence considérable, notamment sur son fils adoptif Sanraku*.

KÁNPUR ou **CAWNPORE,** v. de l'Inde (Uttar Pradesh), sur le Gange; 1 155 000 h.

KANSAI ou **KINKI,** région du Japon (Honshū), dont Ôsaka, Kôbe et Kyôto sont les principales villes.

KANSAS (le), riv. des États-Unis, affl. du Missouri (r. dr.); 247 km.

KANSAS, un des États unis d'Amérique (centre-nord-ouest); 213 063 km²; 2 249 000 h. Cap. Topeka.

KANSAS CITY, nom donné à deux villes jumelles des États-Unis (Missouri et Kansas) [respectivement 507 000 h. et 170 000 h.], sur le Missouri. Aéroport. Grand marché agricole. Musées d'art.

KAN-SOU ou **GANSU,** prov. de la Chine du Nord-Ouest; 530 000 km²; 12 650 000 h. Cap. Lantcheou.

KANT (Emmanuel), philosophe allemand, né à Königsberg (1724-1804). Il compose en 1770 une *Dissertation sur [...] la forme du monde sensible et du monde intelligible,* et écrit ensuite la *Critique* de la raison pure, la *Critique* de la raison pratique, la *Critique* du jugement et les

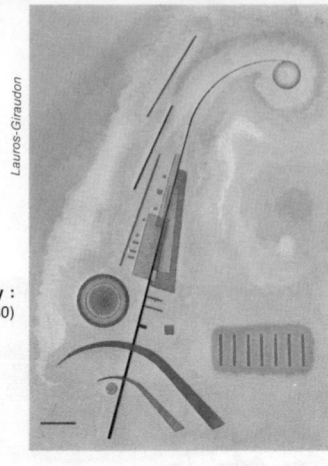

Kandinsky :
Léger (1930)

Fondements de la métaphysique des mœurs (1785). Sa philosophie tente de répondre aux questions : « Que puis-je savoir? »; « Que dois-je faire? »; « Que m'est-il permis d'espérer? ». De même que Copernic projetait le Soleil au centre des orbes célestes, Kant situe la raison au centre du monde. La « révolution copernicienne » à laquelle il procède s'opère dans les domaines théorique et pratique (= morale). L'homme peut élaborer une physique a priori, dans laquelle les objets de la connaissance se règlent sur la nature du sujet pensant et une loi morale à laquelle est soumise sa raison pratique.

KANTARA (El-), gorges d'Algérie, à l'ouest de l'Aurès, ouvrant sur l'oasis de Biskra.

KAN-TCHEOU ou **GANZHOU** v. de Chine (Kiang-si); 200 000 h.

KANTÔ, région du Japon (Honshū), qui englobe notamment l'agglomération de Tôkyô.

KANTOROVITCH (Leonid Vitalievitch), économiste soviétique, né à Saint-Pétersbourg en 1912. Il a restauré en U.R.S.S. une certaine conception du profit. (Prix Nobel, 1975.)

KAO-HIONG ou **GAOXIONG,** port de T'aiwan; 973 000 h.

KAOLACK, port du Sénégal, sur le Saloum; 80 000 h. Exportation d'arachides. Huileries.

KAPELLEN, comm. de Belgique (prov. d'Anvers); 14 100 h.

KAPILAVASTU, cap. du royaume des Śākya et ville natale du bouddha Śākyamuni.

KAPITSA (Petr Leonidovitch), physicien soviétique, né à Kronchtadt en 1894, pionnier de la physique des basses températures et principal créateur de l'explosif thermonucléaire soviétique. (Prix Nobel, 1978.)

KAPLAN (Viktor), ingénieur autrichien, né à Mürzzuschlag (1876-1934). Spécialiste des turbines hydrauliques, il a imaginé les hélices à pas variable auxquelles son nom est resté attaché.

KAPLAN (Jacob), né à Paris en 1895, grand rabbin de France de 1955 à 1981.

KAPNIST (Vassili Vassilievitch), poète russe, né à Oboukhovka (1757-1823), auteur de la *Chicane,* comédie satirique (1798).

KAPOSVÁR, v. de Hongrie; 65 000 h.

Kapoustine Iar, base soviétique de lancement d'engins spatiaux, au nord de la mer Caspienne.

KARA (mer), mer de l'océan Arctique, entre la Nouvelle-Zemble et le continent.

KARA-BOGAZ, golfe en voie de dessèchement sur la côte est de la Caspienne, dans le Turkménistan (U.R.S.S.). Salines.

KARABÜK, v. du nord de la Turquie; 69 000 h. Centre sidérurgique.

KARACHI, port et plus grande ville du Pākistān, sur la mer d'Oman; 3 650 000 h. Principal débouché et centre industriel du pays. Cap. du pays jusqu'en 1960.

KARADJORDJEVIĆ, nom d'une dynastie serbe fondée par Djordje PETROVIĆ, surnommé **Karadjordje** (Karageorges, « Georges le Noir »), né à Višecvac (v. 1768-1817), patriote serbe, chef suprême puis (1808) prince héréditaire des Serbes, éliminé par son rival Milôs Obrenović. — Son fils ALEXANDRE **Karadjordjević**, né à Topola (1806-1885), fut prince de Serbie de 1842 à 1858. — Le fils de ce dernier régna sous le nom de PIERRE Ier*.

KARADŽIĆ (Vuk), écrivain serbe, né à Tršić (1787-1864), réformateur de la langue serbe.

KARAFUTO, nom japonais de la partie méridionale de l'île de Sakhaline.

KARAGANDA, v. de l'U. R. S. S. (Kazakhstan), au cœur du *bassin houiller de Karaganda;* 576 000 h. Sidérurgie et métallurgie.

KARAGEORGES ou **KARADJORDJE** (Djordje PETROVIĆ), fondateur de la dynastie des *Karadjordjević*.

KARAJAN (Herbert VON), chef d'orchestre autrichien, né à Salzbourg en 1908, chef à vie de la Philharmonie de Berlin.

KARAKALPAKS, peuple de l'Asie soviétique, au sud de la mer d'Aral, habitant une république autonome qui dépend de l'Ouzbékistan.

KARAKORAM ou **KARAKORUM**, massif du Cachemire, portant des sommets très élevés (K2, Hidden Peak) et de grands glaciers.

KARAKOUM, partie la plus aride de la dépression aralo-caspienne (U. R. S. S.).

KARAMANLIS (Konstandínos) → CARAMANLIS.

KARAMÉ ou **KARAMI** (Rachid), homme politique libanais, né à Tripoli en 1921. Plusieurs fois Premier ministre de 1958 à 1976, il s'efforça de jouer un rôle de conciliateur durant la guerre civile de 1975-76.

KARAMZINE (Nikolaï Mikhaïlovitch), écrivain et publiciste russe, né à Mikhaïlovka (gouvern. de Simbirsk) [1766-1826], auteur du premier grand ouvrage historique publié en Russie, *Histoire de l'État russe* (1816-1829).

KARAVELOV (Ljuben), écrivain bulgare, né à Koprivštica (entre 1834 et 1837-1879). Journaliste, auteur de nouvelles, il joua un rôle déterminant dans le Comité central révolutionnaire bulgare de Bucarest.

KARAWANKEN, massif des Alpes orientales (Autriche et Yougoslavie).

KARBALÂ' ou **KERBELA**, v. de l'Iraq, au sud-ouest de Bagdad; 83 000 h. Cité sainte chi'ite (tombeau de Husayn).

KARDINER (Abram), psychologue américain, né à New York en 1891. Représentant de l'école culturaliste en psychanalyse, il a introduit le concept de personnalité de base.

KARIBA, site de la vallée du Zambèze, entre la Zambie et le Zimbabwe-Rhodésie. Important aménagement hydroélectrique.

KÂRIKÂL, port de l'Inde, sur le golfe du Bengale, anc. comptoir français.

KARKEMISH, v. de la Syrie ancienne, sur l'Euphrate. Le pharaon d'Égypte Néchao II y fut battu par Nabuchodonosor II, roi de Babylone, en 605 av. J.-C. Ruines.

KARKONOSZE, en allem. *Riesengebirge*, bordure nord-est de la Bohême; 1 603 m.

KARLFELDT (Erik Axel), poète suédois, né à Folkärna (Dalécarlie) [1864-1931], peintre de la vie paysanne et provinciale (*Chansons de Fridolin, Cor d'automne*). [Prix Nobel. 1931.]

KARL-MARX-STADT, anc. **Chemnitz**, v. de l'Allemagne démocratique (Saxe); 302 000 h. Industrie textile. Métallurgie.

KARLOVY VARY, en allem. **Carlsbad** ou **Karlsbad**, v. de Tchécoslovaquie (Bohême); 45 000 h. Eaux thermales. Cathédrale baroque du XVIIIe s. Cristallerie.

KARLOWITZ, auj. **Sremski Karlovci**, v. de Yougoslavie (Serbie), sur le Danube; 6 000 h. En 1699, traité entre la Turquie, la Pologne, la Russie et Venise, par lequel la Turquie abandonnait une grande partie de ses conquêtes en Europe.

KARLSKRONA, port militaire de la Suède, sur la Baltique; 60 000 h.

KARLSRUHE, v. de l'Allemagne fédérale (Bade-Wurtemberg), anc. cap. du pays de Bade, fondée en 1715, à l'imitation de Versailles;

un aspect de **Karáchi**

Tamara **Karsavina**
S. de Diaghilev (au centre) et Nijinski

272 000 h. Musée. Siège de la Cour suprême de la République fédérale. Raffinage du pétrole. Recherches nucléaires. Pneumatiques.

KARLSTAD, v. de Suède, sur le lac Vänern; 72 000 h. L'indépendance de la Norvège y fut reconnue (1905).

KÁRMÁN (Théodore DE), ingénieur américain d'origine hongroise, né à Budapest (1881-1963). Il s'est intéressé à la mécanique, à l'hydrodynamique et à l'aérodynamique.

KARNAK ou **CARNAC**, village élevé sur les ruines de Thèbes, en Égypte. Temple d'Amon au cœur du plus vaste ensemble d'édifices religieux du pays.

KARNÂTAKA, anc. **Mysore**, État du sud de l'Inde; 192 000 km²; 29 300 000 h. Cap. *Bangalore*.

KÁROLYI DE NAGYKÁROLY (Mihály), homme d'État hongrois, né à Budapest (1875-1955), président provisoire de la République (1919) avant le coup de force de Béla Kun.

KARR (Alphonse), écrivain français, né à Paris (1808-1890), pamphlétaire de la revue satirique *les Guêpes.*

KARRER (Paul), biochimiste suisse, né à Moscou (1889-1971). Il détermina la structure et réalisa la synthèse de plusieurs vitamines, B2 notamment. [Prix Nobel, 1937.]

KARROO ou **KAROO**, ensemble de plateaux étagés de l'Afrique du Sud.

KARS, v. de la Turquie orientale; 53 000 h. Place forte très ancienne.

KARSAVINA (Tamara), danseuse russe naturalisée anglaise, née à Saint-Pétersbourg (1885-1978). Étoile des Ballets russes, créatrice des œuvres de Fokine, elle fut une grande interprète du répertoire classique.

KARST, en ital. **Carso**, en slovène **Kras**, nom allemand d'une région de plateaux calcaires de Yougoslavie.

KARVINÁ, v. de Tchécoslovaquie, près d'Ostrava; 77 000 h.

KASAI ou **KASSAÏ** (le), riv. du Zaïre, affl. du Zaïre (r. g.); 1 940 km.

KASHIMA, port et centre industriel du Japon (Honshū), sur le Pacifique.

KASSEL, v. de l'Allemagne fédérale (Hesse), anc. cap. de la Hesse, sur la Fulda; 213 000 h.

Musées. Depuis 1955, expositions d'art d'avant-garde dites « Documenta ».

KASSEM ('Abd al-Karim), homme d'État irakien, né à Bagdad (1914-1963). Leader de la révolution de 1958, qui renversa les Hâchémites d'Iraq, il se heurta à de multiples oppositions et fut assassiné en 1963.

KASSERINE, localité de la Tunisie. Combats en 1943 entre Allemands et Alliés.

KASSITES, peuple du Zagros central, dont une partie s'établit en Mésopotamie vers le XVIIIe s. av. J.-C. Une dynastie kassite régna sur Babylone de 1595 env. à 1153.

KASTERLEE, comm. de Belgique (prov. d'Anvers); 13 600 h.

Karnak : allée des Sphinx à tête de bélier

KASTLER (Alfred), physicien français, né à Guebwiller en 1902, prix Nobel (1966) pour son invention du « pompage optique », utilisé dans les lasers et les masers.

KÄSTNER (Erich), écrivain allemand, né à Dresde (1899-1974), évocateur de la fantaisie de l'enfance (*Émile et les détectives*, 1929) et critique féroce de la société allemande, qui accepta le nazisme.

Kastrup, aéroport de Copenhague.

KASUGAI, v. du Japon (Honshū); 162 000 h.

KATAÏEV (Valentine Petrovitch), écrivain soviétique, né à Odessa en 1897, auteur de romans qui unissent le réalisme au mouvement poétique (*Au loin une voile*, 1936).

KATANGA → SHABA.

KATAR → QATAR.

KÂTHIÂWÂR, presqu'île de l'Inde, sur le golfe d'Oman.

KATMANDOU ou **KÂTMÂNDÛ**, cap. du Népal; 333 000 h. Monuments (XVIe-XVIIIe s.).

KATONA (József), écrivain hongrois, né à Kecskemét (1791-1830), créateur de la tragédie nationale magyare (*Bánk bán*, 1820).

KATOWICE, v. de Pologne (Silésie); 349 000 h. Centre industriel.

KATTEGAT → CATTÉGAT.

KATYN, village de l'U. R. S. S. (R. S. F. S. de Russie), à l'ouest de Smolensk. Les cadavres de 4 500 officiers polonais y furent découverts en 1943.

KATZ (Elihu), psychosociologue américain, né à Brooklyn en 1926. Il a développé la thèse selon laquelle l'action des médias s'exerce à travers les guides d'opinion.

KATZIR (Efraïm KATCHALSKI, dit **Ephraïm**), homme d'État israélien, né à Kiev en 1916, président de l'État d'Israël de 1973 à 1978.

KAÚNAS, en russe **Kaounas**, anc. **Kovno**, v. de l'U. R. S. S. (Lituanie), sur le Niémen; 359 000 h. Industries textiles et alimentaires.

KAUNDA (Kenneth David), homme d'État zambien, né à Chinsali en 1924. Premier ministre de la Rhodésie du Nord (1964), il est président de la république de Zambie depuis l'indépendance de ce pays (1964).

KAUNITZ-RIETBERG (Wenzel Anton, *comte,* puis *prince* VON), homme d'État autrichien, né à Vienne (1711-1794), chancelier d'État de 1753 à 1792, partisan de l'alliance française et de la politique centralisatrice de Marie-Thérèse et de Joseph II.

KAUTSKY (Karl), socialiste allemand, né à Prague (1854-1938). Secrétaire d'Engels, marxiste orthodoxe, adversaire de Bernstein, il fut sous-secrétaire d'État aux Affaires étrangères en 1918. En 1934, il dut se réfugier aux Pays-Bas.

KAVÁLA ou **CAVALLA,** port de Grèce (Macédoine); 47 000 h.

KÁVIRI (la), ou **KAVERI** ou **CAUVERY,** fl. de l'Inde, tributaire du golfe du Bengale; 760 km.

KAWABATA YASUNARI, écrivain japonais, né à Ōsaka (1899-1972). Son œuvre, qui mêle réalisme et fantastique, est une méditation sur la souffrance et la mort (*Pays de neige, Nuée d'oiseaux blancs, Kyōto*). [Prix Nobel, 1968.]

KAWAGOE, v. du Japon (Honshū); 171 000 h.

KAWAGUCHI, v. du Japon (Honshū); 306 000 h. Sidérurgie. Textiles.

KAWASAKI, port du Japon (Honshū); 973 000 h.

KAYES, v. du Mali, sur le fleuve Sénégal; 30 000 h.

KAYL, v. du Luxembourg, près d'Esch-sur-Alzette; 6 700 h. Métallurgie.

KAYSERI, v. de Turquie, au sud-est d'Ankara; 207 000 h. C'est l'ancienne *Césarée de Cappadoce.* Citadelle et monuments (XIIIᵉ s.). Musée.

KAYSERSBERG (68240), ch.-l. de c. du Haut-Rhin; 2 960 h. Restes de fortifications, église des XIIᵉ-XVᵉ s., vieilles maisons. Vignobles.

KAZAKHSTAN, république fédérée de l'U. R. S. S., entre la mer Caspienne et la Chine; 2 715 100 km²; 13 009 000 h. Cap. *Alma-Ata.*

KAZAKOV (Iouri Pavlovitch), écrivain soviétique, né à Moscou en 1927, auteur de nouvelles qui peignent les gens simples et les petites villes (*la Petite Gare, le Nord maudit*).

KAZAN, v. de l'U. R. S. S. (R. S. F. S. de Russie), cap. de la République autonome des Tatars, sur la Volga; 970 000 h. Université. Kremlin de 1555.

KAZAN (Elia KAZANJOGLOUS, dit **Elia**), cinéaste américain, né à Istanbul en 1909, auteur de : *Sur les quais* (1954), *À l'est d'Éden* (1955), *America America* (1963), *l'Arrangement* (1969), *les Visiteurs* (1971), *le Dernier Nabab* (1976).

KAZANTZÁKIS (Níkos), écrivain grec, né à Hêraklion (1883-1957), qui utilise des thèmes antiques et populaires pour définir une sagesse moderne (*Alexis Zorba,* 1946; *le Christ recrucifié,* 1954).

KAZBEK, un des points culminants du Caucase central; 5 047 m.

KAZVIN → QAZVIN.

KCHESSINSKAÏA (Mathilde), danseuse russe d'origine polonaise, née à Ligovo, près de Saint-Pétersbourg (1872-1971).

KEATON (Joseph Francis, dit **Buster**), acteur américain de cinéma, né à Piqua (Kansas) [1896-1966]. Il interpréta avec un humour insolite un personnage faussement impassible devant l'adversité, profondément poétique et subtilement comique (*la Croisière du «Navigator»,* 1924; *le Mécano de la «Générale»,* 1926; *Cadet d'eau*

douce, 1928; *l'Opérateur* [ou *le Cameraman*], 1928).

KEATS (John), poète anglais, né à Londres (1795-1821), un des grands romantiques anglais, qui se distingue par son sensualisme esthétique (*Endymion,* 1818; *Ode à un rossignol*).

Keban, barrage et aménagement hydroélectrique de Turquie, sur l'Euphrate.

KEBNEKAISE → KJØLEN.

KECSKEMÉT, v. de Hongrie, au sud-est de Budapest; 85 000 h.

KEDAH, un des États de la Malaysia (Malaisie). Cap. *Alor Setar.*

KEDIRI, v. d'Indonésie (Java); 179 000 h.

KEELING (*îles*) → COCOS.

KEESOM (Willem Hendrik), physicien néerlandais, né dans l'île de Texel (1876-1956). Il a signalé deux variétés d'hélium liquide et a réussi à solidifier ce corps.

KEEWATIN, région du Canada (Territoires du Nord-Ouest), au nord du Manitoba.

KEF (Le), v. de Tunisie; 23 000 h.

KEFLAVÍK, v. d'Islande. Base aérienne américaine depuis 1951.

KÉGRESSE (Adolphe), ingénieur français, né à Héricourt (1879-1943), inventeur de la propulsion par chenilles, employée par l'armée russe avant 1914.

KEHL, v. de l'Allemagne fédérale (Bade-Wurtemberg), sur le Rhin, en face de Strasbourg; 25 000 h.

KEIHIN (le), conurbation du Japon, regroupant Tōkyō, Yokohama et leurs banlieues.

KEISER (Reinhard), compositeur allemand, né à Teuchern (1674-1739). Il fut un des créateurs, à Hambourg, de l'opéra classique allemand.

KEITA (Modibo), homme d'État malien, né à Bamako (1915-1977), président de la république du Mali et chef du gouvernement de 1960 à 1968.

KEITEL (Wilhelm), maréchal allemand, né à Helmscherode (1882-1946). Chef du commandement suprême allemand de 1938 à 1945, il signa la capitulation de son pays à Berlin (1945). Condamné à mort comme criminel de guerre à Nuremberg, il fut exécuté.

KEKKONEN (Urho Kaleva), homme d'État finlandais, né à Pielavesi en 1900. Il fut Premier ministre de 1950 à 1956, puis président de la République jusqu'en 1981.

KEKULÉ VON STRADONITZ (August), chimiste allemand, né à Darmstadt (1829-1896). Il utilisa les formules développées en chimie organique, créa la théorie de la quadrivalence du carbone et établit la formule hexagonale du benzène.

KELANTAN, un des États de la Malaysia (Malaisie). Cap. *Kota Baharu.*

KELLER (Gottfried), écrivain suisse d'expression allemande, né à Zurich (1819-1890), auteur de poèmes, de nouvelles (*les Gens de Seldwyla*) et de romans qui marquent la liaison entre le romantisme et le réalisme (*Henri le Vert,* 1854-55; 2ᵉ édition, 1879-80).

KELLERMANN (François Christophe), *duc de Valmy,* maréchal de France, né à Strasbourg (1735-1820). Vainqueur à Valmy (1792), il commanda ensuite l'armée des Alpes et fut fait

maréchal en 1804. — Son fils FRANÇOIS ÉTIENNE, né à Metz (1770-1835), se distingua à Lützen et à Waterloo.

KELLOGG (Frank Billings), homme politique américain, né à Potsdam (New York) [1856-1937]. Secrétaire d'État du président Coolidge (1925-1929); il attacha son nom à la négociation du pacte international de renonciation à la guerre (*pacte Briand-Kellogg,* 1928). [Prix Nobel de la paix, 1929.]

KELOWNA, v. du Canada (Colombie britannique); 51 955 h.

KELSEN (Hans), juriste américain d'origine autrichienne, né à Prague (1881-1973). On lui doit d'importants travaux sur la théorie générale du droit.

KELVIN (lord) → THOMSON (sir William).

KEMAL (Mustafa), surnommé **Atatürk,** homme d'État turc, né à Thessalonique (1881-1938). Officier progressiste, il organisa, à Samsun, en 1919, la résistance nationale. Désigné par la grande Assemblée nationale d'Ankara comme président du Conseil (1920), il battit les Grecs (1921-22) et obtint pour la Turquie l'indépendance effective et le respect de ses frontières. Ayant aboli le sultanat (1922) et proclamé la république (1923), il devint le maître d'un pays qu'il renouvela fondamentalement, le dotant d'institutions occidentales et laïques. En 1934, il prit comme patronyme *Atatürk :* «père de tous les Turcs».

KEMAL (Yachar) → YAŞAR KEMAL.

KEMBS (68680), comm. du Haut-Rhin; 2 211 h. Centrale hydroélectrique sur le grand canal d'Alsace.

KEMEROVO, v. de l'U. R. S. S., en Sibérie occidentale; 454 000 h. Houille.

KEMMEL (*mont*), hauteur de Belgique, près d'Ypres (151 m). Violents combats en 1918.

KEMPFF (Wilhelm), pianiste allemand, né à Jüterborg en 1895, célèbre interprète de Beethoven.

KEMPIS (Thomas **a**) → THOMAS A KEMPIS.

KEMPTEN, v. de l'Allemagne fédérale (Bavière); 58 000 h.

KENDALL (Edward Calvin), biochimiste américain, né à South Norwalk (Connecticut) [1886-1972], prix Nobel (1950) pour ses recherches sur les hormones.

KENITRA, anc. **Port-Lyautey,** port du Maroc, au nord de Rabat; 139 000 h.

KENKO (YOSHIDA KANEYOSHI, dit), écrivain japonais (1283-1350), auteur de l'essai *Tsurezuregusa* (*les Heures oisives*), où il déplore la disparition de la civilisation courtoise.

KENNEDY (John Fitzgerald), homme d'État américain, né à Brookline, près de Boston (1917-1963). Député puis sénateur démocrate, il fut élu président des États-Unis en 1960. Le dynamisme et la fermeté de sa politique intérieure (problème noir) et de sa diplomatie (fin de la «guerre froide») lui ont valu un prestige universel. Il fut assassiné à Dallas.

Kennedy (*J. F.*), aéroport international de New York, à Idlewild.

Kennedy (*base*), base de lancement de missiles intercontinentaux et d'engins spatiaux située au cap Canaveral (États-Unis). [Celui-ci porta de 1964 à 1973 le nom de *cap Kennedy.*]

KENT, royaume jute fondé au Vᵉ s., le premier

Kawabata Yasunari

Níkos **Kazantzákis**

Buster **Keaton**

John **Keats**
par W. Hilton le Jeune

Mustafa **Kemal**

John **Kennedy**

grand foyer de la civilisation anglo-saxonne, cap. *Canterbury*. — Comté d'Angleterre, sur le pas de Calais; ch.-l. *Maidstone*.

KENT (William), architecte, dessinateur de jardins, décorateur et peintre anglais, né à Bridlington, Yorkshire (v. 1686-1748). Collaborateur d'un riche amateur, Richard Boyle, comte de Burlington, il fut l'un des champions du palladianisme et donna au jardin paysager son caractère préromantique.

KENTUCKY, un des États unis de l'Amérique du Nord; 104 623 km²; 3 183 000 h. Cap. *Frankfort*.

KENYA, État de l'Afrique orientale; 583 000 km²; 16 400 000 h. Cap. *Nairobi*. Langues : *swahili, anglais*.

GÉOGRAPHIE.
L'Ouest, montagneux et volcanique (5 194 m au *mont Kenya*), est le domaine des cultures du café (principal produit des exportations, qui s'effectuent par Mombasa), du thé, du coton et de l'arachide. Dans l'Est, formé de plaines, se localisent les plantations de canne à sucre, de bananiers et de sisal. L'élevage (bovins, ovins, caprins) est développé, mais revêt souvent une plus grande valeur sociale qu'économique. Le tourisme comble une partie du déficit de la balance commerciale.

HISTOIRE
— 1888 : implantation britannique.
— 1895 : protectorat britannique.
— 1920 : colonie de la Couronne.
— 1925 : Jomo Kenyatta fonde la Kikuyu Central Association, pour l'indépendance du pays.
— 1947 : J. Kenyatta préside la Kenya African Union, intertribale et nationaliste.
— 1952-1956 : révolte des Mau Mau et répression britannique; arrestation de Kenyatta (1953).

— 1961 : libération de Kenyatta.
— 1963 : indépendance du pays dans le cadre du Commonwealth.
— 1964 : J. Kenyatta, président de la République.
— 1978 : Daniel arap Moi, vice-président depuis 1966, succède à J. Kenyatta, décédé.

KENYATTA (Jomo), homme d'État du Kenya, né à Ichaweri (v. 1893-1978). Dès 1925, il lutta pour l'indépendance de son pays; il devint chef du premier gouvernement du Kenya (1963). Président de la République en 1964, il fut constamment réélu jusqu'à sa mort.

KEPLER (Johannes), astronome allemand, né près de Weil der Stadt (Wurtemberg) [1571-1630]. En étudiant la trajectoire de Mars, il découvrit que les orbites planétaires ne sont pas circulaires mais elliptiques, et énonça les lois, dites *lois de Kepler*, d'où Newton sut dégager le principe de l'attraction universelle : 1° les orbites des planètes sont des ellipses dont le Soleil occupe l'un des foyers (1609); 2° les aires balayées par le rayon vecteur joignant le centre du Soleil au centre d'une planète sont proportionnelles aux temps employés à les décrire (1609); 3° les carrés des temps des révolutions sidérales des planètes sont proportionnels aux cubes des grands axes de leurs orbites (1619).

KERALA, État de l'Inde, sur la côte sud-ouest du Deccan; 38 865 km²; 21 347 000 h. Cap. *Trivandrum*. — Constitué en 1956, le Kerala est passé en 1970 sous l'administration directe du pouvoir central.

KERBELA → KARBALĀʾ.

KERENSKI (Aleksandr Fedorovitch), homme politique russe, né à Simbirsk (1881-1970). Membre du parti social-révolutionnaire, il devint

ministre de la Justice puis de la Guerre et chef du gouvernement provisoire (août 1917). Il fut renversé par les bolcheviks (nov. 1917).

KERGOMARD (Pauline), pédagogue française, née à Bordeaux (1838-1925), une des fondatrices de l'école maternelle.

KERGUELEN *(îles),* archipel français du sud de l'océan Indien. Station de recherches scientifiques.

KERGUELEN DE TRÉMAREC (Yves DE), navigateur français, né à Quimper (1734-1797). Il découvrit en 1772 les îles *Kerguelen*.

KERKENNAH, petit archipel tunisien en face de Sfax.

KERLL (Johann Kaspar VON), compositeur allemand, né à Adorf (1627-1693). Élève de Carissimi, il a écrit des opéras et de la musique instrumentale.

KERMĀN ou **KIRMĀN,** v. d'Iran; 140 000 h. Mausolées et mosquées (XIIᵉ-XIVᵉ s.).

KERMĀNCHĀH ou **KIRMĀNCHĀH,** v. d'Iran (Kurdistān); 291 000 h.

KERNER (Justinus), écrivain allemand, né à Ludwigsburg (Wurtemberg) [1786-1862], poète de l'école souabe.

KEROUAC (Jack), écrivain américain, né à Lowell (Massachusetts) [1922-1969], l'un des chefs de file de la « beat generation » (*Sur la route,* 1957; *les Anges vagabonds,* 1965).

KEROULARIOS (Michel), en fr. **Cérulaire,** né à Constantinople (v. 1000-1059), patriarche de Constantinople de 1043 à 1059. En 1054, il provoqua le schisme qui sépare encore les Églises d'Orient et d'Occident.

KERR (John), physicien écossais, né à Ardrossan (1824-1907), qui découvrit, en 1875, la biréfringence des isolants électrisés.

KERSCHENSTEINER (Georg), pédagogue allemand, né à Munich (1854-1932). Partisan d'une école active qui suscite chez l'enfant l'intérêt de création, il lui assigne pour première tâche la préparation à la profession et l'éducation morale et civique par le biais du travail en commun.

KERTCH, v. de l'U.R.S.S. (Ukraine), en Crimée, sur le *détroit de Kertch* (qui relie la mer Noire et la mer d'Azov); 154 000 h. Combats acharnés en 1941 et 1942.

KESSEL (Joseph), écrivain et journaliste français, né à Clara (Argentine) [1898-1979], auteur de romans d'aventures et d'action (*l'Équipage, le Lion*). [Acad. fr.]

KESSELRING (Albert), maréchal allemand, né à Marktstedt (1885-1960). Chef d'état-major de

KENYA   Johannes **Kepler**

Jomo **Kenyatta**   Jack **Kerouac**

l'armée de l'air (1936), il commanda de 1941 à 1944 les forces allemandes de Méditerranée et d'Italie, puis le front de l'ouest en 1945.

KETTELER (Wilhelm Emmanuel, *baron* VON), prélat allemand, né à Harkotten (1811-1877).

KHAZARS, peuple d'origine turque, qui, du VIe au Xe s., domina la région de la mer Caspienne puis de la Crimée, et les steppes entre le Don et le Dniepr. Le prince de Kiev Sviatoslav anéantit leur puissance en 969.

John Maynard **Keynes**

Nikita **Khrouchtchev**

Søren **Kierkegaard**

Khajurãho : sculptures en haut relief ornant un des temples du site

Évêque de Mayence (1850), député au Reichstag (1871-72), il s'opposa au Kulturkampf et donna au catholicisme social allemand un grand dynamisme.

KEY (Ellen), féministe et pédagogue suédoise, née à Sundsholm (1849-1926). Se réclamant de J.-J. Rousseau, elle fut une des pionnières de l'éducation nouvelle. Elle milita aussi pour l'émancipation des femmes.

KEYNES (John Maynard, *lord*), économiste et financier britannique, né à Cambridge (1883-1946). Sa doctrine a eu une profonde influence sur les gouvernements des États occidentaux. Selon lui, les gouvernements doivent tout mettre en œuvre pour assurer le plein emploi de la main-d'œuvre grâce à une relance des investissements.

KEY WEST, v. des États-Unis (Floride); 29 000 h. Station balnéaire.

KGB (sigle de *Komitet Gossoudarstvennoï Bezopasnosti*, comité de sécurité de l'État), nom donné depuis 1954 aux services spéciaux soviétiques.

KHABAROVSK, v. de l'U.R.S.S. (R.S.F.S. de Russie), dans l'Extrême-Orient, sur l'Amour; 524 000 h.

KHADIDJA (m. en 619 à La Mecque), première femme de Mahomet.

KHAJURÃHO, site de l'Inde centrale (Madhya Pradesh). Anc. cap. de la dynastie Candella (IXe-XIIIe s.). Important ensemble de temples brahmaniques et jaïn.

KHAKASSES, population turque de l'U.R.S.S., habitant un territoire autonome de la R.S.F.S. de Russie, à l'est du Kazakhstan.

KHARAGPUR, v. de l'Inde (Bengale-Occidental); 162 000 h.

KHARBIN → HARBIN.

KHÃREZMÎ (Muḥammad ibn Mūsã al-), mathématicien arabe de la fin du VIIIe s. et du début du IXe s. Il indiqua les premières règles du calcul algébrique.

KHARG *(île)*, île iranienne du golfe Persique. Grand port pétrolier.

KHARKOV, v. de l'U.R.S.S., anc. cap. de l'Ukraine, sur un affl. du Donets; 1 405 000 h. Centre métallurgique. Textiles. Enjeu de plusieurs batailles (1941-1943).

KHARTOUM, cap. du Soudan, au confluent du Nil Blanc et du Nil Bleu; 600 000 h. Musée. La ville, assiégée et prise par les mahdistes en 1884, fut reprise par les Anglais en 1898.

KHATCHATOURIAN (Aram), compositeur soviétique, né à Tiflis (1903-1978). Son œuvre *(Gayaneh, Spartacus)* est d'inspiration patriotique et folklorique.

KHAYBAR ou **KHYBER** *(passe de)*, défilé entre le Pãkistan et l'Afghanistan.

KHAYYÃM ('Umar), poète et mathématicien persan, originaire de Nichãpur (m. v. 1122). Son angoisse lui fait célébrer dans ses *Quatrains* la jouissance immédiate de la vie.

KHEOPS, roi d'Égypte de la IVe dynastie, vers 2650 av. J.-C. Il fit élever la grande pyramide de Gizeh.

KHEPHREN, roi d'Égypte de la IVe dynastie vers 2620. Successeur de Kheops, il fit construire la deuxième pyramide de Gizeh.

KHERSON, port de l'U.R.S.S. (Ukraine), sur le Dniepr inférieur; 324 000 h.

KHIEU SAMPHAN, homme d'État cambodgien, né à Romduol en 1931, chef de l'État démocratique du Cambodge de 1976 à 1979.

KHINGAN (Grand), massif de Chine, entre le désert de Gobi et la plaine de la Chine du Nord-Est; 2 091 m. — Le **Petit Khingan** sépare cette plaine du bassin de l'Amour.

KHIOUMA ou **DAGO,** île de l'U.R.S.S. (Estonie), dans la Baltique.

KHMELNITSKI (Bogdan) [v. 1595-1657], hetman des Cosaques d'Ukraine, qu'il souleva contre la Pologne (1648).

KHMERS, peuple de la péninsule indochinoise. Dans le centre et le sud du Cambodge, les Khmers fondèrent un empire, dont l'apogée se situe du IXe au XIe s. apr. J.-C. (V. ANGKOR et CAMBODGE.)

KHOMEYNI (Ruhollãh), chef religieux iranien, né à Qom (?) en 1900. Exilé, il canalisa l'opposition au régime du chãh, qui triompha avec la révolution de février 1979, et instaura en Iran une République islamique.

KHORÃSÃN ou **KHURÃSÃN,** région du nord-est de l'Iran. V. pr. *Mechhed.*

KHOSRÒ Ier, roi perse sassanide d'Iran (531-579). Ses guerres contre Justinien se terminèrent en 562 par une paix sans vainqueur ni vaincu. Grand constructeur, il fut aussi un protecteur des lettres et des arts. — KHOSRÒ II, roi sassanide (590-628). Il continua la lutte contre les Byzantins (pillage de Jérusalem en 614), mais fut battu par Héraclius en 627; son goût du faste est resté célèbre.

KHOTAN, en chin. **Ho-t'ien** ou **Hotian,** v. de Chine (Sin-kiang); 134 000 h. Oasis.

KHOTINE, en polon. **Chocim,** en roum. **Hotin,** v. de l'U.R.S.S. (Ukraine), sur le Dniestr; 8 000 h. Victoire de Jean Sobieski sur les Turcs en 1673.

KHOURIBGA, v. du Maroc, sur les plateaux du Tadla; 74 000 h. Phosphates.

KHROUCHTCHEV (Nikita Sergueïevitch), homme d'État soviétique, né à Kalinovka (prov. de Koursk) [1894-1971]. Premier secrétaire du Comité central du parti communiste (1953-1964), président du Conseil des ministres de l'U.R.S.S. de 1958 à 1964, il entreprit une politique de « déstalinisation » et de coexistence pacifique.

KHULNÃ, v. du Bangladesh, au sud-ouest de Dacca; 452 000 h.

KHURÃSÃN → KHORÃSÃN.

KHURRAMCHÃHR ou **KHORRAMCHAR,** port d'Iran, près du Chaṭṭ al-'Arab; 147 000 h.

KHURSABÃD ou **KHORSABAD,** village d'Iraq où a été dégagée la ville de Dour-

Sharroukên, bâtie par Sargon II vers 717 av. J.-C. et abandonnée après sa mort.

KHÛZISTÃN ou **KHUZESTÃN,** région d'Iran, sur le golfe Persique. Pétrole.

KHYBER → KHAYBAR.

KIA-MOU-SSEU ou **JIAMUSI,** v. de Chine (Hei-long-kiang); 146 000 h.

KIANG-SI ou **JIANGXI,** prov. du sud-est de la Chine; 160 000 km²; 21 070 000 h. Cap. *Nantch'ang.*

KIANG-SOU ou **JIANGSU,** prov. de la Chine orientale; 102 200 km²; 60 millions d'h. Cap. *Nankin.* V. pr. *Chang-hai.*

KIAO-TCHEOU ou **JIAOZHOU,** v. de Chine (Chan-tong), qui donna son nom à un territoire comprenant le port de Ts'ing-tao, cédé à bail aux Allemands de 1898 à 1914.

KIA YI ou **JIA YI,** v. de T'ai-wan; 217 000 h.

KICHINEV, v. de l'U.R.S.S., cap. de la Moldavie; 489 000 h. Métallurgie.

KIEL, port de l'Allemagne fédérale, cap. du Schleswig-Holstein, sur la Baltique; 275 000 h. — Le *canal de Kiel,* de Kiel à l'embouchure de l'Elbe, unit la Baltique à la mer du Nord.

KIELCE, v. de Pologne, au sud de Varsovie; 157 000 h. Beaux monuments.

KIENHOLZ (Edward), artiste assemblagiste américain, né à Fairfield (Washington) en 1927. Les environnements, figures faites de matériaux divers avec meubles et accessoires, composent depuis 1960 une satire à la fois réaliste et mythique de la vie américaine.

KIERKEGAARD (Søren), philosophe et théologien danois, né à Copenhague (1813-1855), auteur du *Traité du désespoir.* Il ordonne les idées par rapport à Dieu et à l'existence humaine, et considère la religion comme une résignation infinie par laquelle l'existence atteint son état supérieur. Sa philosophie est considérée comme le premier existentialisme.

KIESINGER (Kurt Georg), homme d'État allemand, né à Ebingen (Bade-Wurtemberg) en 1904. Chrétien-démocrate, il a été chancelier de l'Allemagne fédérale de 1966 à 1969.

KIEV, v. de l'U.R.S.S., cap. de l'Ukraine, sur le Dniepr; 2 079 000 h. Université. Cathédrale Sainte-Sophie (XIe-XVIIIe s.), conservant des mosaïques et peintures byzantines. Grand centre industriel (constructions mécaniques). Capitale politique de la « Russie kiévienne » et centre commercial prospère au XIe s., Kiev commença à décliner au XIIe s. Prise par les Mongols en 1240, lituanienne (1362) puis polonaise (1471), elle redevint russe à partir de 1654. Centre intellectuel prestigieux, foyer du nationalisme ukrainien, Kiev devint, en 1917, la capitale de l'éphémère république d'Ukraine; elle ne reprit son rôle de capitale de l'Ukraine qu'en 1934.

Kievo-Petcherskaia Lavra, le plus ancien monastère de Kiev, fondé près de Kiev au XIe s., et dont les ateliers ont exercé une grande influence sur l'art de ce pays.

KIGALI, cap. du Ruanda; 54 000 h.

Aubert de la Rue-Rapho

Imperial War Museum

William Lyon
Mackenzie **King**

E. Haas-Magnum

Martin Luther **King**

H. Manuel

Rudyard **Kipling**

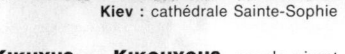

Kiev : cathédrale Sainte-Sophie

Gerster-Rapho

Kinshasa

KIKUYUS ou **KIKOUYOUS,** peuple vivant sur les hautes terres du Kenya.

KIKWIT, v. du Zaïre; 119 000 h.

KILIMANDJARO, auj. **pic Uhuru,** massif volcanique de l'Afrique (Tanzanie), portant le point culminant du continent; 5 963 m.

KI-LIN ou **KI-RIN** ou **JILIN,** prov. de la Chine du Nord-Est; 290 000 km²; 20 millions d'h. Cap. *Tch'ang-tch'ouen.* La ville de *Ki-lin* ou *Ki-rin* a 512 000 h.

KILLY (Jean-Claude), skieur français, né à Saint-Cloud en 1943. Il a été triple champion olympique en 1968.

KILMARNOCK, v. d'Écosse; 49 000 h.

KI-LONG ou **JILONG,** port de T'ai-wan; 329 000 h.

KILPATRICK (William H.), pédagogue américain, né à White Plains (1871-1965). Collaborateur de J. Dewey, il développa la méthode des projets, selon laquelle tout enseignement doit procéder de l'expérience et s'organiser autour du travail productif.

KIMBERLEY, v. de l'Afrique du Sud (prov. du Cap); 104 000 h. Diamants.

KIM IL-SŎNG, maréchal et homme d'État nord-coréen, né près de Pyongyang en 1912. Secrétaire général du parti communiste (1945), fondateur du parti du travail (1946), il devient Premier ministre de la Corée du Nord en 1948, puis chef de l'État en 1972.

KINABALU, point culminant de Bornéo (Sabah) et de l'Insulinde; 4 175 m.

KINECHMA, v. de l'U. R. S. S., sur la Volga; 101 000 h. Automobiles.

KING (William Lyon MACKENZIE), homme d'État canadien, né à Kitchener (auj. Kitchener) [Ontario] (1874-1950). Chef du parti libéral, il a été Premier ministre de 1921 à 1930 et de 1935 à 1948.

KING (Ernest), amiral américain, né à Lorain (Ohio) [1878-1956], chef de l'état-major naval pendant la Seconde Guerre mondiale (1942-1945).

KING (Martin Luther), pasteur noir américain, né à Atlanta (1929-1968). Son action a visé à l'intégration des Noirs. Il fut assassiné. (Prix Nobel de la paix, 1964.)

KINGERSHEIM (68260), comm. du Haut-Rhin; 7 928 h.

KINGSLEY (Charles), écrivain anglais, né à Holne (Devon) [1819-1875], un des promoteurs du mouvement socialiste chrétien.

KINGSTON, v. du Canada (Ontario), sur le Saint-Laurent; 56 032 h. École militaire. Archevêché. Université. Port fluvial. Textiles synthétiques. Aluminium.

KINGSTON, cap. et port de la Jamaïque, sur la côte sud de l'île; 476 000 h. Centre commercial, industriel et touristique.

KINGSTON-UPON-HULL, v. du nord de l'Angleterre, sur l'estuaire du Humber; 285 000 h. Port de pêche et de commerce.

KINGSTON-UPON-THAMES, agglomération de la banlieue sud-ouest de Londres.

KINGSTOWN → DÚN LAOGHAIRE.

Kinguélé, aménagement hydroélectrique du Gabon.

KINKI → KANSAI.

KINOSHITA JUNJI, auteur dramatique japonais, né à Tôkyô en 1914. Il joua un grand rôle dans le renouvellement du théâtre japonais contemporain (*Une grue un soir,* 1949).

KINSHASA, anc. **Léopoldville,** cap. du Zaïre, sur la rive sud du Zaïre; 3 500 000 h. Centre administratif, commercial et industriel. Agglomération la plus peuplée de l'Afrique noire.

KIN-TCHEOU ou **JINZHOU,** v. de Chine (Leao-ning); 350 000 h.

KIPLING (Rudyard), écrivain anglais, né à Bombay (1865-1936). Ses poésies et ses romans (*le Livre de la jungle,* 1894; *Kim,* 1901) célèbrent les qualités viriles et l'impérialisme anglo-saxon. (Prix Nobel, 1907.)

Kippour (*guerre du*) → ISRAÉLO-ARABES (*guerres*).

KIRCHBERG, station de sports d'hiver (alt. 860-1 934 m) d'Autriche, près de Kitzbühel.

KIRCHHOFF (Gustav), physicien allemand, né à Königsberg (1824-1887). Il découvrit l'analyse spectrale, en collaboration avec Bunsen, et énonça les lois des courants dérivés.

KIRCHNER (Ernst Ludwig), peintre allemand, né à Aschaffenburg (1880-1938). Un des maîtres de l'expressionnisme, inspirateur de Die Brücke, il s'exprime par la couleur pure et par un trait aigu, nerveux, agressif.

KIRGHIZISTAN ou **KIRGHIZIE,** république fédérée de l'U. R. S. S., à la frontière du Sinkiang; 198 500 km²; 2 933 000 h. (*Kirghiz*). Cap. *Frounze.* La domination russe commença en 1860. République autonome en 1926, le Kirghizistan est république fédérée depuis 1936.

KIRIBATI, anc. **îles Gilbert,** État de Micronésie, englobant notamment l'archipel des Gilbert (259 km², 48 000 h.) et couvrant 906 km²; 52 000 h. Ch.-l. Tarawa (17 000 h.). Ancienne colonie britannique devenue indépendante en 1979.

KI-RIN → KI-LIN.

KIRKBY, v. d'Angleterre; 60 000 h.

KIRKCALDY, port d'Écosse; 50 000 h.

KIRKÚK, v. du nord de l'Iraq; 167 000 h. Extraction du pétrole.

KIROV, anc. **Viatka,** v. de l'U. R. S. S. (R. S. F. S. de Russie), sur la *Viatka,* affl. de la Kama (r. dr.); 381 000 h. Métallurgie.

KIROVABAD, anc. **Ielisavetpol,** v. de l'U. R. S. S. (Azerbaïdjan); 216 000 h.

KIROVAKAN, v. de l'U. R. S. S. (Arménie); 133 000 h.

KIROVOGRAD, anc. **Ielisavetgrad,** v. de l'U. R. S. S. (Ukraine); 228 000 h.

KIROVSK, v. de l'U. R. S. S., dans la presqu'île de Kola; 52 000 h. Phosphates.

KIRSTEIN (Lincoln Edward), chorégraphe et écrivain de la danse, né à Rochester (New York) en 1907. Cofondateur de l'American School of Ballet, fondateur des Archives de la danse, il dirige le New York City Ballet.

KIRUNA, v. de Suède, en Laponie; 31 000 h.

KIRYŪ, v. du Japon (Honshū); 133 000 h.

KISANGANI, anc. **Stanleyville,** v. du Zaïre, sur le fleuve Zaïre; 298 000 h.

KISARAZU, v. du Japon (Honshū), près de Tôkyô; 38 000 h. Aciérie.

KISFALUDY (Sándor), poète hongrois, né à Sümeg (1772-1844). — Son frère KÁROLY, né à Tét (1788-1830), a été l'initiateur du théâtre et du romantisme en Hongrie.

KISH, anc. cap. sumérienne (près de Babylone, Iraq) florissante au IIIe millénaire et encore occupée à l'époque sassanide (vestiges).

KISHIWADA, port du Japon (Honshū); 162 000 h.

KISLING (Moïse), peintre français d'origine polonaise, né à Cracovie (1891-1953), un des représentants de l'école de Paris.

KISSELEVSK, v. de l'U. R. S. S., dans le Kouzbass; 124 000 h.

KISSINGER (Henry), homme politique américain, né à Fürth (Allemagne) en 1923, chef du département d'État de 1973 à 1977. (Prix Nobel de la paix, 1973.)

KISTNÁ (la), fl. de l'Inde péninsulaire, tributaire du golfe du Bengale; 1 280 km.

KITA-KYŪSHŪ, port du Japon, dans le nord de l'île de Kyūshū; 1 400 000 h. Centre industriel.

KITCHENER, v. du Canada (Ontario); 131 870 h.

1335

Paul **Klee** : *le Mont du chat sacré* (1923) aquarelle

signature du traité de paix entre les Boers et le général **Kitchener**, au Transvaal, en 1902

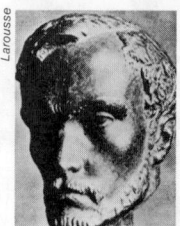

Aleksis **Kivi**

Melanie **Klein**

Jean-Baptiste **Kléber**

Heinrich von **Kleist**

Gustav **Klimt** *Judith*

KITCHENER (*lord* Herbert), maréchal britannique, né à Bally Longford, m. en mer (1850-1916). Il reconquit le Soudan, occupant Khartoum et Fachoda (1898) et mit fin à la guerre des Boers (1902). Ministre de la Guerre en 1914, il organisa l'armée de volontaires envoyée sur le front français.

KITIMAT, localité du Canada (Colombie britannique). Aluminium.

KITWE, centre minier (cuivre) de la Zambie.

KITZBÜHEL, v. d'Autriche (Tyrol) ; 8 000 h. Station de sports d'hiver (alt. 800-2 000 m).

K'IU YUAN ou **QU YUAN**, poète chinois (343-v. 278 av. J.-C.), auteur du *Li-sao*.

KIVI (Aleksis STENVALL, dit **Aleksis**), écrivain finlandais, né à Nurmijärvi (1834-1872). Créateur du théâtre finnois (*Kullervo*) et auteur d'un roman paysan (*les Sept Frères*, 1870), il est le grand classique de la littérature finlandaise.

KIVU (*lac*), lac du Zaïre oriental.

KIZIL IRMAK (le), fl. de Turquie, tributaire de la mer Noire ; 1 182 km.

KJÖLEN ou **KJÖLEN**, massif montagneux du nord de la Scandinavie ; 2 117 m au *Kebnekaise*.

KLADNO, v. de Tchécoslovaquie (Bohême) ; 57 000 h. Métallurgie.

KLAGENFURT, v. d'Autriche, cap. de la Carinthie ; 74 000 h.

KLAIPEDA, anc. en allem. **Memel**, port de l'U. R. S. S. (Lituanie), sur la Baltique ; 173 000 h.

KLAPROTH (Martin Heinrich), chimiste allemand, né à Wernigerode (1743-1817). Il découvrit l'uranium et le titane.

KLÉBER (Jean-Baptiste), général français, né à Strasbourg (1753-1800). Engagé volontaire en 1792, général en 1793, il commande en Vendée, se bat à Fleurus (1794), puis dirige l'armée du Rhin. Successeur de Bonaparte en Égypte (1799), il bat les Turcs à Héliopolis, mais périt assassiné au Caire.

KLEE (Paul), peintre et théoricien allemand, né à Münchenbuchsee, près de Berne (1879-1940). Il expose avec le groupe Der Blaue Reiter et professa au Bauhaus. Avec une invention formelle constante, il a créé un monde onirique et gracieux, qui participe de l'abstraction et du surréalisme.

KLEENE (Stephen Cole), logicien américain, né à Hartford (Connecticut) en 1909, auteur d'une importante théorie de métamathématique.

KLEIN (Felix), mathématicien allemand, né à Düsseldorf (1849-1925). Il fut le chef de l'école mathématique allemande à la fin du XIXe s. et au début du XXe s.

KLEIN (Melanie), psychanalyste d'origine autrichienne, née à Vienne (1882-1960). Pionnière de la psychanalyse des enfants, elle suppose dès la naissance un Moi beaucoup plus élaboré que ne le fait Freud, le complexe d'Œdipe se nouant plus tôt que ce dernier ne l'avait pensé. Elle souligne l'importance de la pulsion de mort intriquée dès le départ avec la pulsion libidinale, ainsi que celle des angoisses de persécution.

KLEIN (Lawrence Robert), économiste américain, né à Omaha (Nebraska) en 1920. On lui doit d'importantes contributions à l'économétrie et à la construction de modèles de prévision économique. (Prix Nobel, 1980.)

KLEIN (Yves), peintre français, né à Nice (1928-1962), pionnier de l'art contemporain par ses « monochromes », ses « peintures de feu », ses « anthropométries » (empreintes de corps nus enduits de peinture).

KLEIST (Ewald Christian VON), poète lyrique allemand, né à Zeblin (Poméranie) [1715-1759], correspondant de Lessing.

KLEIST (Heinrich VON), écrivain allemand, né à Francfort-sur-l'Oder (1777-1811), auteur de comédies (*la Cruche cassée*, 1808) et de drames (*le Prince de Hombourg*, 1810). Méconnu, il se suicida avec son amie, Henriette Vogel.

KLEIST (Paul VON), maréchal allemand, né à Braunfels (1881-1954). Un des créateurs de l'arme blindée allemande, il dirigea la percée des Ardennes (1940).

KLEMPERER (Otto), chef d'orchestre d'origine allemande, naturalisé israélien en 1971, né à Breslau (1885-1973).

KLENZE (Leo VON), architecte allemand, né à Bockenem, près de Hildesheim (1784-1864). Il a construit la glyptothèque de Munich.

KLIMT (Gustav), peintre autrichien, né à Vienne (1862-1918), personnalité majeure de l'Art nouveau et du symbolisme viennois.

KLINE (Franz), peintre américain, né à Wilkes Barre (1910-1962). D'abord figuratif, il devint l'un des principaux représentants de l'expressionnisme abstrait (*action painting*).

KLINGER (Friedrich Maximilian VON), poète allemand, né à Francfort-sur-le-Main (1752-1831). Son drame *Sturm und Drang* (1776) a donné son nom à la période de la littérature allemande qui inaugure la réaction contre le classicisme.

Klingsor, magicien qui apparaît dans le *Parzival* de Wolfram von Eschenbach et dans le *Parsifal* de Wagner.

KLONDIKE, riv. du Canada, affl. du Yukon (r. dr.) ; 180 km. Gisements d'or découverts en 1896, mais aujourd'hui épuisés.

KLOPSTOCK (Friedrich Gottlieb), poète allemand, né à Quedlinburg (1724-1803), auteur de *la Messiade*, épopée biblique, et artisan du retour aux sources nationales (*la Bataille d'Arminius*).

KLOSTERS, comm. de Suisse (Grisons) ; 3 534 h. Sports d'hiver (alt. 1 200-2 800 m).

Kloten, aéroport de Zurich.

KLUCK (Alexander VON), général allemand, né à Münster (1846-1934). Commandant la Ire armée allemande, il fut battu devant Paris puis sur la Marne en 1914.

KLUGE (Hans VON), maréchal allemand, né à Poznań (1882-1944). Il commanda une armée en France (1940), un groupe d'armées en Russie (1941-1944), puis en Normandie. Après son échec à Mortain (1944), il se suicida.

Knesset, Parlement de l'État d'Israël, à chambre unique, composée de 120 députés.

KNIASEFF (Boris), danseur, chorégraphe et pédagogue russe, né à Saint-Pétersbourg (1900 ou 1905-1975), fondateur d'une école de danse réputée (Paris, Lausanne, Genève), où il enseigna sa méthode de la « barre à terre ».

KNOB LAKE, localité du Canada (Québec), aux confins du Labrador. Minerai de fer.

Knock ou le Triomphe de la médecine, comédie en trois actes de Jules Romains (1923).

KNOKKE-HEIST, comm. de Belgique (Flandre-Occidentale) ; 28 800 h. Station balnéaire sur la mer du Nord.

KNOX (John), réformateur écossais, né près de Haddington (v. 1515-1572). Il établit en Écosse la Réforme dans l'optique calviniste, et fut l'un des fondateurs du presbytérianisme.

Robert **Koch**

Tjalling **Koopmans**

Tadeusz **Kościuszko**
gravure de C. Josi
d'après J. Grassi

Knox *(Fort),* camp militaire des États-Unis (Kentucky), au sud-ouest de Louisville. Abri contenant les réserves d'or des États-Unis.

KNOXVILLE, v. des États-Unis (Tennessee); 175 000 h. Université.

KNUD ou **KNUT,** nom de plusieurs souverains scandinaves; les plus célèbres sont : KNUD *le Grand* (995-1035), roi d'Angleterre (1016/1017-1035), de Danemark (1018-1035) et de Norvège (1028-1035), qui, respectueux des lois anglosaxonnes, favorisa la fusion entre Danois et Anglo-Saxons. — KNUD II *le Saint* (1040-1086), roi de Danemark (1080-1086), mort martyr, patron du Danemark.

KNUTANGE (57240), comm. de la Moselle; 4 104 h. Métallurgie.

KÔBE, port du Japon (Honshū); 1 289 000 h. Centre industriel (sidérurgie, chantiers navals).

KOCH (Robert), médecin et microbiologiste allemand, né à Clausthal (Hanovre) [1843-1910]. Il a découvert le bacille de la tuberculose (1882). [Prix Nobel, 1905.]

KOCHANOWSKI (Jan), poète polonais, né à Sycyna (1530-1584). Ses élégies *(Thrènes)* sur la mort de sa fille inaugurèrent la poésie lyrique en Pologne.

KOCHER (Theodor), chirurgien suisse, né à Berne (1841-1917). Il fut un précurseur dans l'étude de la physiologie de la glande thyroïde. (Prix Nobel, 1909.)

KÔCHI, v. du Japon (Shikoku); 240 000 h.

KODÁLY (Zoltán), compositeur, folkloriste et pédagogue hongrois, né à Kecskemét (1882-1967), auteur d'œuvres symphoniques et chorales *(Psalmus hungaricus).*

KODOK → FACHODA.

KŒCHLIN (Charles), compositeur et théoricien français, né à Paris (1867-1950), auteur d'un *Traité d'orchestration,* d'œuvres symphoniques et de musique de chambre.

KOEKELBERG, comm. de Belgique (Brabant); 16 400 h.

KŒNIG (Marie Pierre), général français, né à Caen (1898-1970). Vainqueur à Bir-Hakeim (1942), il commanda les Forces françaises de l'intérieur (1944). Député en 1951 et 1956, il fut ministre de la Défense en 1954.

KŒNIGS (Gabriel), mathématicien français, né à Toulouse (1858-1931). Ses travaux portent sur la cinématique et les mécanismes.

KOESTLER (Arthur), écrivain hongrois d'expression anglaise, naturalisé anglais, né à Budapest en 1905, auteur de romans qui peignent l'individu aux prises avec les systèmes politiques ou scientifiques modernes *(le Zéro et l'infini,* 1945).

KOFFKA (Kurt), psychologue américain d'origine allemande, né à Berlin (1886-1941), l'un des fondateurs de la Gestalttheorie avec Wertheimer et Köhler.

KÔFU, v. du Japon (Honshū); 183 000 h.

KOGĂLNICEANU (Mihail), homme politique roumain, né à Iaşi (1817-1891). Historien, il prit part au mouvement national de 1848. Premier ministre de Cuza de 1863-1865, puis ministre des Affaires étrangères (1877-1880), il défendit la cause roumaine devant les grandes puissances au congrès de Berlin (1878).

KÖHLER (Wolfgang), psychologue américain d'origine allemande, né à Reval (auj. Tallin) [1887-1967], fondateur de la Gestalttheorie avec Koffka et Wertheimer.

KOHLRAUSCH (Rudolf), physicien allemand, né à Göttingen (1809-1858). Il a défini la résistivité. — Son fils FRIEDRICH, né à Rinteln (1840-1910), étudia la mobilité des ions dans les électrolytes.

KOHOUT (Pavel), écrivain tchèque, né à Prague en 1928. Poète *(le Temps de l'amour et du combat,* 1954) et auteur dramatique *(Auguste, Auguste, Auguste,* 1967), il évoque les épreuves de son pays.

KOKAND, v. de l'U.R.S.S. (Ouzbékistan); 155 000 h.

KO-KIEOU ou **GEJIU,** v. de Chine (Yun-nan); 160 000 h.

KOKOSCHKA (Oskar), peintre et écrivain autrichien, né à Pöchlarn (1886-1980). Expressionniste dans ses figures et ses portraits, il exalte le lyrisme de la couleur dans ses paysages.

KOKSIJDE, comm. de Belgique (Flandre-Occidentale); 12 800 h.

KOLA *(presqu'île de),* péninsule de l'U.R.S.S., au nord de la Carélie. Fer. Nickel. Phosphates.

KOLAMBA → COLOMBO.

KOLÂR GOLD FIELDS, v. de l'Inde (Karnätaka); 76 000 h. Mines d'or.

KOLAROVGRAD → ŠUMEN.

KOLHÂPUR, v. de l'Inde (Mahārāshtra); 259 000 h.

KOLLÁR (Jan), poète slovaque, né à Mošovce (1793-1852). Il recueillit et publia les chants populaires slovaques et fit l'apologie du panslavisme *(la Fille de Slava,* 1824-1852).

KOLMOGOROV (Andreï Nikolaïevitch), mathématicien russe, né à Tambov en 1903. Il établit les bases axiomatiques du calcul des probabilités (1933).

KOLOKOTRÓNIS (Theódhoros) ou **COLOCOTRONIS** (Théodore), homme politique grec, né à Ramavoúni (Messénie) [1770-1843], qui s'illustra pendant la guerre de l'Indépendance.

KOLOMNA, v. de l'U.R.S.S., sur la Moskova; 145 000 h.

KOLTCHAK (Aleksandr Vassilievitch), amiral russe (1874-1920). Ayant pris à Omsk la tête des Russes blancs (fin de 1918), il fut attaqué en Sibérie par l'armée rouge et périt fusillé.

KOLWEZI, v. du Zaïre, dans le Shaba; 82 000 h. Centre minier (cuivre, cobalt).

KOLYMA (la), fl. sibérien de l'U.R.S.S., tributaire de l'océan Arctique; 2 600 km.

Komintern (abréviation de KOMMounistit-cheski INTERNacional, Internationale communiste), nom donné par les communistes russes à la IIIᵉ Internationale. Dissous en 1943, cet organisme fut remplacé en 1947 par le Kominform, dissous à son tour en 1956.

KOMIS → ZYRIANES.

KOMMOUNARSK, anc. **Vorochilovsk,** v. de l'U.R.S.S. (Ukraine), dans le Donbass; 129 000 h.

KOMOTINÍ ou **COMOTINI,** v. de Grèce (Thrace); 32 000 h.

KOMPONG CHAM, v. du Cambodge, sur le Mékong; 31 000 h.

KOMPONG SOM, anc. **Sihanoukville,** port du Cambodge; 14 000 h.

KOMSOMOLSK-NA-AMOURE ou **KOMSO-MOLSK-SUR-L'AMOUR,** v. de l'U.R.S.S. (R.S.F.S. de Russie), en Extrême-Orient, sur l'*Amour;* 252 000 h.

KONAKRY → CONAKRY.

KONDHÝLIS (Gheórghios), général et homme politique grec, né à Tríkala (1879-1936). En 1935, il favorisa la restauration monarchique et se fit nommer régent, mais Georges II l'écarta du gouvernement.

KONIEV (Ivan Stepanovitch), maréchal soviétique, né à Lodeïno (1897-1973). Il se distingua devant Moscou (1941), puis conquit la Silésie et libéra Prague (1945). Il fut commandant des forces du pacte de Varsovie (1955-1960).

KÖNIGSBERG → KALININGRAD.

KÖNIGSHÜTTE, nom allem. de *Chorzów.*

KÖNIGSMARCK (Hans Christoffer, *comte* VON), général suédois d'origine allemande, né à Kötzlin (1600-1663). — Sa petite nièce AURORA, née à Stade (1662-1728), fut la favorite d'Auguste II de Pologne, dont elle eut un fils, Maurice de Saxe.

KÔNIZ, v. de Suisse, banlieue de Berne; 32 505 h.

KONKOURÉ (le), riv. de la Guinée. Installation hydroélectrique projetée.

KONSTANTINOVKA, v. de l'U.R.S.S. (Ukraine); 111 000 h. Métallurgie.

KONTICH, comm. de Belgique (prov. d'Anvers); 17 600 h.

KONYA, v. de Turquie, au nord du Taurus; 246 000 h.

KOONING (Willem DE) → DE KOONING.

KOOPMANS (Tjalling), économiste américain, né à 's-Graveland (Hollande-Septentrionale) en 1910. (Prix Nobel, 1975.)

KOPEÏSK, v. de l'U.R.S.S. (R.S.F.S. de Russie), à l'est de l'Oural; 157 000 h.

KÖPRÜLÜ, famille d'origine albanaise, dont cinq membres furent, de 1656 à 1710, grands vizirs de l'Empire ottoman.

KORAÏCHITES → QURAYCHITES.

KORÇË, v. d'Albanie; 49 000 h.

KORČULA ou **KORTCHULA,** en ital. **Curzola,** île yougoslave de l'Adriatique.

KORDOFAN, région du Soudan, à l'ouest du Nil Blanc. V. pr. *El-Obeïd.*

KÔRIN, décorateur et peintre japonais, né à Kyôto (1658-1716). Ses laques représentent l'apogée du style décoratif de l'époque des Tokugawa.

KÔRIYAMA, v. du Japon (Honshū); 242 000 h.

KÖRNER (Theodor), poète allemand, né à Dresde (1791-1813), l'un des chantres du soulèvement national contre Napoléon *(Lyre et épée).*

KORNILOV (Lavr Gueorguievitch), général russe, né à Oust-Kamenogorsk (1870-1918). Nommé généralissime par Kerenski (1917), il rompit avec lui et fut tué en luttant contre les bolcheviks.

KOROLENKO (Vladimir Galaktionovitch), écrivain russe, né à Jitomir (1853-1921), auteur d'une autobiographie, *Histoire de mon contemporain* (1906-1922), qui décrit l'aventure de l'intelligentsia russe.

KORSCH (Karl), homme politique allemand, né à Tostedt (Basse-Saxe) [1886-1961], auteur de recherches sur le marxisme. Il a publié *Marxisme et philosophie* (1923).

KORTEMARK, comm. de Belgique (Flandre-Occidentale); 12 400 h.

KORTENBERG, comm. de Belgique (Brabant); 13 700 h.

KORTRIJK, nom néerl. de *Courtrai.*

KORUTÜRK (Fahri), homme d'État turc, né à Istanbul en 1903, président de la République de 1973 à 1980.

KOSCIUSKO *(mont),* point culminant de l'Australie; 2 228 m.

KOŚCIUSZKO (Tadeusz), patriote polonais, né à Mereczowszczyzna (1746-1817). Il souleva Cracovie et força les Prussiens à abandonner Varsovie (1794). Il fut prisonnier des Russes de 1794 à 1796.

KOŠICE, v. de Tchécoslovaquie (Slovaquie); 181 000 h. Cathédrale gothique. Sidérurgie.

KOSOVO POLJE, plaine de Yougoslavie où, en 1389, se déroula la bataille de Kosovo, qui mit fin à l'indépendance de la Serbie. —

KOSOVO POLJE

La région de *Kosovo*, territoire autonome de la Yougoslavie, couvre 10 887 km² et compte 1 366 000 h. Cap. *Priština*.

KOSSEL (Albrecht), biochimiste allemand, né à Rostock (1853-1927), auteur de travaux sur la formation de l'urée. (Prix Nobel, 1910.) — Son fils WALTHER, né à Berlin (1888-1956), créa la théorie de l'électrovalence.

Kossou, aménagement hydraulique de la Côte-d'Ivoire, sur la Bandama.

KOSSUTH (Lajos), homme politique hongrois, né à Monok (1802-1894). Chef de l'insurrection de 1848, il se rendit maître de la Hongrie et, président du Comité de défense, fit voter la déchéance des Habsbourg et l'indépendance de la Hongrie; vaincu par les Russes, il fut contraint à l'exil (1849).

KOSSYGUINE (Alekseï Nikolaïevitch), homme d'État soviétique, né à Saint-Pétersbourg (1904-1980), président du Conseil des ministres de 1964 à 1980.

KOSTROMA, v. de l'U.R.S.S. (R.S.F.S. de Russie), sur la Volga; 250 000 h. Cathédrale de l'Assomption, fondée au XIIIe s.

KOSZALIN, v. de Pologne (Poméranie); 80 000 h.

KOTAH, v. de l'Inde (Rājasthān); 213 000 h.

KOTA KINABALU, anc. **Jesselton,** v. de Malaysia, cap. du Sabah; 41 000 h.

KOTKA, port de Finlande, sur le golfe de Finlande; 33 000 h.

KOTOR, en ital. **Cattaro,** port de Yougoslavie (Monténégro), sur l'Adriatique, dans le golfe appelé *bouches de Kotor.*

KOTZEBUE (August VON), écrivain allemand, né à Weimar (1761-1819), auteur de drames et de comédies d'intrigues. — Son fils OTTO, né à Revel (auj. Tallin) [1787-1846], explora la Polynésie et l'Arctique.

KOUANG-SI ou **GUANGXI,** région autonome de la Chine méridionale; 220 000 km²; 22 300 000 h. Cap. *Nan-ning.*

KOUANG-TCHEOU ou **GUANGZHOU,** nom chin. de *Canton*.*

KOUANG-TCHEOU-WAN ou **GUANG-ZHOUWAN,** territoire de Chine (Kouang-tong), cédé à bail à la France et restitué à la Chine en 1943.

KOUANG-TONG ou **GUANGDONG,** prov. de la Chine méridionale; 220 000 km²; 40 millions d'h. Cap. *Canton.*

KOUBAN (le), fl. de l'U.R.S.S., tributaire de la mer d'Azov; 900 km. C'est l'*Hypanis* des Anciens. Combats en 1942-43.

KOUBAS ou **BAKOUBAS,** ethnie du Zaïre.

KOUEI-LIN ou **GUILIN,** v. de Chine (Kouang-si); 145 000 h. Grottes et falaises gravées et sculptées à l'époque Tang pour les plus anciennes.

KOUEI-TCHEOU ou **GUIZHOU,** prov. de la Chine méridionale; 174 000 km²; 20 millions d'h. Cap. *Kouei-yang.*

KOUEI-YANG ou **GUIYANG,** v. de Chine, cap. du Kouei-tcheou; 504 000 h.

K'OUEN-LOUEN ou **KUNLUN,** chaîne de montagnes de Chine, séparant le plateau tibétain et le Sin-kiang.

K'OUEN-MING ou **KUNMING,** v. de Chine, cap. du Yun-nan; 880 000 h. Musée. Point de départ de la route de Birmanie (Seconde Guerre mondiale).

KOUFRA, groupe d'oasis de Libye, s'étendant sur 20 000 km². Conquis par les Français de Leclerc en 1941.

KOUÏBYCHEV, anc. **Samara,** v. de l'U.R.S.S. (R.S.F.S. de Russie), sur la Volga; 1 204 000 h. Port fluvial. Centrale hydroélectrique. Raffinage du pétrole extrait à proximité.

KOU K'AI-TCHE ou **GU KAIZHI,** peintre chinois (v. 345-v. 406).

KOUKOU NOR → TS'ING-HAI.

KOULDJA, en chin. **Yi-ning** ou **Yining,** v. de Chine (Sin-kiang); 108 000 h.

KOULECHOV (Lev Vladimirovitch), cinéaste soviétique, né à Tambov (1899-1970). Il fonda en 1920 le *Laboratoire expérimental,* qui eut une

Lajos **Kossuth** détail d'une peinture de J. Tyroler

Mikhaïl I. **Koutouzov**

influence profonde sur les jeunes réalisateurs soviétiques, et réalisa lui-même plusieurs films (*Mr. West au pays des bolcheviks,* 1924; *le Rayon de la mort,* 1925; *Selon la loi* [ou *Dura Lex*], 1926).

KOULIKOV (Viktor), général soviétique, né dans la prov. d'Orel en 1921, commandant en chef des forces du pacte de Varsovie (1971).

KOUMASSI ou **KUMASI,** v. du Ghāna, anc. cap. des Achantis; 260 000 h.

Kouo-min-tang ou **Guomindang** («parti national du Peuple»), parti chinois fondé par Sun Yat-sen en 1900 (qui ne prend son nom qu'en 1911), dissous en 1913 par Yuan Che-k'ai, il fut reconstitué et réorganisé en 1923 sur le modèle soviétique. L'aile modérée passa sous la direction de Tchang Kaï-chek en 1925.

KOUO MO-JO ou **GUO MORUO,** écrivain et homme politique chinois, né dans le Sseu-tch'ouan (1892-1978), auteur de poèmes, de récits autobiographiques, de travaux historiques, président de l'Académie des sciences.

KOURA (la), fl. de l'U.R.S.S., tributaire de la Caspienne; 1 515 km.

KOURGAN, v. de l'U.R.S.S., en Sibérie occidentale; 304 000 h.

KOURILES (les), archipel soviétique d'Asie, du Kamtchatka à l'île d'Hokkaidō. Pêcheries.

KOUROPATKINE (Alekseï Nikolaïevitch), général russe (1848-1925). Commandant en chef en Mandchourie pendant la guerre russo-japonaise, il fut battu à Moukden (1905).

KOURO-SHIVO → KUROSHIO.

KOUROU (97310), ch.-l. de c. de la Guyane française; 4 758 h. Site d'une base de lancement de fusées spatiales (près de l'embouchure du petit fleuve *Kourou*).

KOURSK, v. de l'U.R.S.S. (R.S.F.S. de Russie), au nord de Kharkov; 373 000 h. Gisement de fer. Défaite décisive de la Wehrmacht en 1943.

KOUSSEVITSKI (Serge), contrebassiste et chef d'orchestre russe, né à Vichni Volotchek (1874-1951). Il dirigea l'orchestre de Boston (1924-1949).

KOUSTANAÏ, v. de l'U.R.S.S. (Kazakhstan); 154 000 h.

KOUTAÏSSI, v. de l'U.R.S.S. (Géorgie), sur le Rion; 182 000 h. Automobiles.

KOUTOUZOV ou **KOUTOUSOV** (Mikhaïl Illarionovitch), *prince* **de Smolensk,** feld-maréchal russe, né à Saint-Pétersbourg (1745-1813). Il se battit contre les Turcs (1788-1791 et 1809-1811), à Austerlitz (1805) et commanda victorieusement les forces opposées à Napoléon en Russie (1812).

KOUZBASS, anc. **Kouznetsk,** importante région houillère et métallurgique de l'U.R.S.S., en Sibérie occidentale.

KOVALEVSKAÏA (Sofia), mathématicienne russe, née à Moscou (1850-1891). Ses travaux se rapportent surtout à l'analyse.

KOVNO → KAUNAS.

KOVROV, v. de l'U.R.S.S. (R.S.F.S. de Russie), au nord-est de Moscou; 140 000 h.

KOWALSKI (Piotr), artiste plasticien français d'origine polonaise, né à Lvov en 1927. Il utilise la technologie pour visualiser et faire ressentir des concepts relatifs à l'espace, aux énergies, aux rayonnements.

KOWEÏT, en ar. **al-Kuwayt,** État d'Arabie, sur la côte nord-occidentale du golfe Persique; 16 000 km²; 930 000 h. Cap. *Koweït* (295 000 h.). Protectorat britannique en 1914, indépendant depuis 1961, l'État est un grand producteur de pétrole aux réserves immenses.

KOWLOON, v. et territoire situés en face de l'île de Hongkong, cédés aux Britanniques par la Chine en 1860.

KOYRÉ (Alexandre), philosophe français, né à Taganrog (Russie) [1882-1964]. Ses travaux en

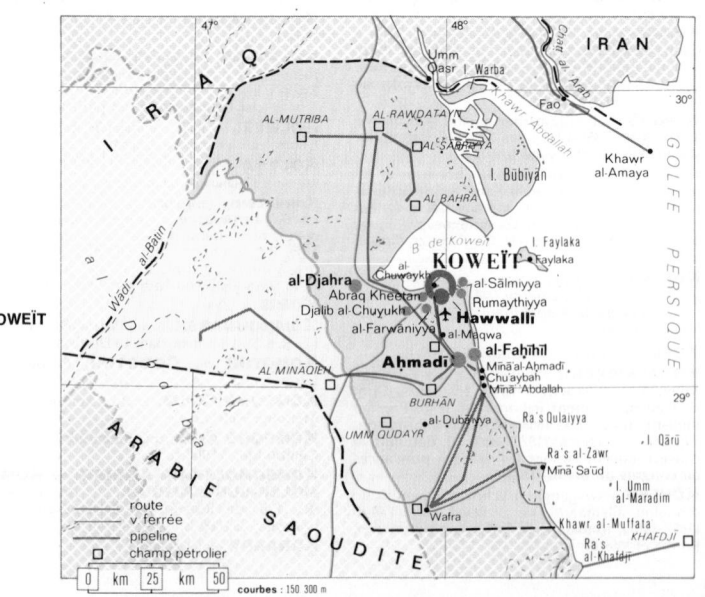

KOWEÏT

Miroslav **Krleža**

Kūbīlāy khān, illustration
d'un manuscrit chinois du XIIIᵉ s.

Paul **Kruger**

histoire des sciences et des techniques (astronomie notamment) ont exercé une influence importante sur l'épistémologie.

KOZHICODE ou **KOZHIKODE** → CALICUT.

KOZINTSEV (Grigori Mikhaïlovitch), cinéaste soviétique, né à Kiev (1905-1973). Il fonda en 1922 la F.E.K.S. (*École du comédien excentrique*) avec Leonid Traouberg et réalisa en collaboration avec ce dernier *le Manteau* (1926), *la Nouvelle Babylone* (1929), la trilogie des *Maxime* (1935-1939), puis, seul, *Hamlet* (1964), *le Roi Lear* (1970).

KRA, isthme qui unit la péninsule malaise au continent.

KRAAINEM, comm. de Belgique (Brabant); 11 800 h.

KRAEPELIN (Emil), psychiatre allemand, né à Neustrelitz (1865-1926), auteur de travaux sur la démence précoce et la psychose maniaco-dépressive.

KRAFFT ou **KRAFT** (Adam), sculpteur allemand, né à Nuremberg (v. 1460-1508 ou 1509) et actif dans cette ville, un des derniers maîtres de l'art gothique.

KRAFFT-EBING (Richard VON), psychiatre allemand, né à Mannheim (1840-1902). Il a publié d'importants travaux sur les perversions sexuelles et la criminologie (*Psychopathia sexualis,* 1886).

KRAGUJEVAC, v. de Yougoslavie (Serbie); 71 000 h. Automobiles.

KRAICHGAU (le), région de l'Allemagne fédérale, entre le Neckar et la Forêt-Noire.

KRAKATAU ou **KRAKATOA,** île de l'Indonésie, partiellement détruite en 1883 par l'explosion de son volcan, le Perbuatan.

KRAKÓW, nom polon. de Cracovie.

KRAMATORSK, v. de l'U.R.S.S. (Ukraine), dans le Donbass; 171 000 h.

KRASICKI (Ignacy), prélat et écrivain polonais, né à Dubiecko (1735-1801). Auteur de poèmes épiques (*Pan Podstoli*) et héroï-comiques, de romans (*la Campagne de Chocim*), de fables, il est le meilleur représentant du « siècle des lumières » en Pologne.

KRASIŃSKI (Zygmunt, *comte*), poète polonais, né à Paris (1812-1859), d'inspiration patriotique.

KRASNODAR, anc. **Iekaterinodar,** v. de l'U.R.S.S., au nord du Caucase; 552 000 h. Ch.-l. du *territoire de Krasnodar* (pétrole et surtout gaz naturel).

KRASNOÏARSK, v. de l'U.R.S.S. (R.S.F.S. de Russie), sur l'Ienissei; 769 000 h. Centrale hydroélectrique. Métallurgie. Aluminium. Raffinage du pétrole. Industries du bois.

KRASNOKAMSK, v. de l'U.R.S.S., à l'ouest de l'Oural; 56 000 h. Papeterie.

KREBS (Hans Adolf), biochimiste allemand, né à Hildesheim (1900-1981). Il a établi les mécanismes généraux d'oxydation des aliments dans l'organisme (*cycle de Krebs*). [Prix Nobel en 1953 avec Fritz Lipmann.]

KREFELD, v. de l'Allemagne fédérale (Rhénanie-du-Nord-Westphalie), sur le Rhin; 221 000 h. Textiles. Métallurgie.

KREISKY (Bruno), homme d'État autrichien, né à Vienne en 1911. Chef du parti socialiste, il

est chancelier de la République autrichienne depuis 1970.

KREISLER (Fritz), violoniste américain d'origine autrichienne, né à Vienne (1875-1962), auteur du *Tambourin chinois* et de célèbres pastiches.

KREMENTCHOUG, v. de l'U.R.S.S. (Ukraine), sur le Dniepr; 206 000 h. Port fluvial. Centrale hydroélectrique.

KREMIKOVCI, centre sidérurgique de Bulgarie, près de Sofia.

Kremlin de Moscou (le), anc. forteresse et quartier central de la capitale russe, dominant la rive gauche de la Moskova. Nombreux monuments.

V. ill. frontispice

KREMLIN-BICÊTRE (Le) [94270], ch.-l. de c. du Val-de-Marne; 20 507 h. Sur son territoire est situé l'hospice de Bicêtre.

KRETSCHMER (Ernst), psychiatre allemand, né à Wüstenrot (Wurtemberg) [1888-1964]. Frappé par les affinités électives de certains types morphologiques pour des troubles psychiques bien précis, il a élaboré un système complet de caractérologie.

KREUGER (Ivar), homme d'affaires suédois, né à Kalmar (1880-1932). Industriel et financier, il s'intéressa à de multiples affaires.

KREUTZBERG (Harald), danseur chorégraphe et mime allemand, né à Reichenberg [auj. Liberec] (Tchécoslovaquie) [1902-1968], un des meilleurs représentants de l'école expressionniste et de la danse moderne allemandes.

KREUTZER (Rodolphe), violoniste et compositeur français, né à Versailles (1766-1831), à qui Beethoven dédia une sonate célèbre.

KREUZLINGEN, comm. de Suisse (Thurgovie), sur le lac de Constance; 15 760 h.

KRIENS, comm. de Suisse, banlieue de Lucerne; 20 409 h.

KRISNA ou **KRISHNA,** divinité du panthéon hindouiste, une des principales manifestations de Visnu.

KRISTIANSAND, port de Norvège; 59 000 h.

KRIVOÏ-ROG, v. de l'U.R.S.S. (Ukraine), sur l'Ingoulets; 641 000 h. Importantes mines de fer. Sidérurgie et métallurgie. Les Allemands y soutinrent un siège de cinq mois en 1943-44.

KRK, île de Yougoslavie (Croatie).

KRLEŽA (Miroslav), écrivain yougoslave, né à Zagreb (1893-1981), rénovateur de la littérature croate (*les Glembajevi,* 1929; *le Retour de Filip Latinović,* 1932).

KROEBER (Alfred Louis), ethnologue américain, né à Hoboken (New Jersey) [1876-1960]. Auteur de travaux sur l'Amérique, il a développé une conception de l'ethnologie fondée sur les rapports interpersonnels.

KROGH (August), physiologiste danois, né à Grenå (1874-1949). Il étudia les échanges respiratoires et le rôle des capillaires dans la circulation. (Prix Nobel, 1920.)

KRÓLEWSKA HUTA → CHORZÓW.

KRONCHTADT ou **KRONSTADT,** île et base navale de l'U.R.S.S., dans le golfe de Finlande,

à l'ouest de Leningrad. Monuments du XVIIIᵉ s. Mutineries de marins en 1905, 1917 et 1921.

KRONECKER (Leopold), mathématicien allemand, né à Liegnitz en Silésie (1823-1891), un des principaux algébristes du XXᵉ s.

KRONOS → CRONOS.

KRONPRINZ (Friedrich-Wilhelm-Victor-August-Ernst VON HOHENZOLLERN, dit **le**), né à Potsdam (1882-1951), fils aîné de l'empereur Guillaume II. Il renonça le 1ᵉʳ décembre 1918 à ses droits à la couronne de Prusse et à la couronne impériale.

KROPOTKINE (Petr Alekseïevitch, *prince*), révolutionnaire russe, né à Moscou (1842-1921), théoricien de l'anarchisme (*Paroles d'un révolté,* 1885; *la Conquête du pain,* 1888). Il se réfugia en France, puis en Angleterre.

KROUMIRIE, région des confins algéro-tunisiens. (Hab. *Kroumirs*.)

KROUS, peuple du sud-ouest de la Côte-d'Ivoire.

KRÜDENER (Barbara Juliane VON VIETINGHOFF, *baronne* VON), mystique russe, née à Riga (1764-1824). Elle exerça sur le tsar Alexandre Iᵉʳ une forte influence (1815-1821) et inspira la Sainte-Alliance.

KRUGER (Paul), homme politique sud-africain, né à Vaalbank (Le Cap) [1825-1904]. Fondateur du Transvaal (1852), il organisa la résistance aux Britanniques après l'annexion du pays par ces derniers (1877). Quand fut proclamée la république du Transvaal (1881), il en fut quatre fois président (1883, 1888, 1893, 1898). Âme de la guerre des Boers contre les Britanniques (1899-1902), il ne put obtenir de l'Europe que des encouragements. Après la défaite, il se retira en Suisse.

KRÜGER (Johannes), géodésien allemand, né à Elze (Hanovre) [1857-1923]. Il est à l'origine de la projection U.T.M. (Universal Transverse Mercator)

KRUGERSDORP, v. de l'Afrique du Sud (Transvaal); 91 000 h.

KRUIBEKE, comm. de Belgique (Flandre-Orientale); 14 600 h.

KRUPP, famille d'industriels allemands. ALFRED, né à Essen (1812-1887), mit au point un nouveau type d'acier fondu et fut le premier à couler en une seule pièce un canon de canon lourd (1847). — Sa petite-fille BERTHA, née à Essen (1886-1957), épousa GUSTAV, *baron* von Bohlen und Halbach, né à La Haye (1870-1950), un des soutiens du nazisme.

KRUŠNÉ HORY → ERZGEBIRGE.

KRYLOV (Ivan Andreïevitch), fabuliste russe, né à Moscou (1769-1844).

KSAR EL-KÉBIR, en esp. **Alcazarquivir,** v. du Maroc septentrional; 48 000 h.

KSATRIYA ou **KSHATRIYA,** mot sanskrit désignant les membres de la caste noble et guerrière de l'Inde.

KSOUR (*mont des*), massif de l'Atlas saharien (Algérie).

KUALA LUMPUR, cap. de la Malaysia et de l'État de Selangor; 477 000 h.

KŪBĪLĀY KHĀN (1214-1294), empereur mongol (1260-1294), petit-fils de Gengis khān, fondateur de la dynastie des Yuan de Chine. Après avoir établi sa capitale à Pékin (1264), il acheva la conquête de la Chine (1279), qui connut sous son règne une grande prospérité. Il se montra tolérant à l'égard du bouddhisme et du christianisme.

KUBRICK (Stanley), cinéaste américain, né à New York en 1928. Auteur de : *les Sentiers de la gloire* (1958), *Docteur Folamour* (1964), *2001 : l'Odyssée de l'espace* (1968), *Orange mécanique* (1971), *Barry Lyndon* (1974-75).

KUCHING, v. de Malaysia, dans l'île de Bornéo, cap. du Sarawak; 63 000 h.

KUFSTEIN, v. d'Autriche (Tyrol); 12 500 h.

KUHLMANN (Frédéric), chimiste et industriel français, né à Colmar (1803-1881). On lui doit la préparation de l'acide sulfurique par le procédé de contact (1833) et celle de l'acide nitrique par oxydation catalytique de l'ammoniac (1838).

le *Château de l'araignée* (1957)
de **Kurosawa Akira**

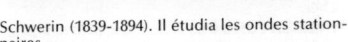

François **Kupka**
Architecture philosophique
(1915)

Béla **Kun**   Simon **Kuznets**

KUIPER (Gerard Pieter), astronome américain, né à Harenkarspel (Pays-Bas) [1905-1973], auteur de nombreuses découvertes relatives aux planètes du système solaire et à leurs satellites.

Ku Klux Klan, société secrète nord-américaine, créée v. 1865; d'une xénophobie violente, elle est essentiellement dirigée contre l'intégration des Noirs.

Kulturkampf (« combat pour la civilisation »), lutte menée, de 1871 à 1878, par Bismarck contre les catholiques allemands, afin d'affaiblir le parti du Centre, accusé de favoriser le particularisme des États. Elle s'exprima notamment par les « lois de mai », votées de 1873 à 1875, d'inspiration anticléricale et joséphiste. L'avènement de Léon XIII (1878) mit fin à ce conflit, qui fortifia le catholicisme allemand.

KUMAMOTO, v. du Japon, dans l'île de Kyūshū; 440 000 h.

KUMASI → KOUMASSI.

KUMMER (Ernst Eduard), mathématicien allemand, né à Sorau (1810-1893). On lui doit la généralisation des nombres complexes de la forme $a + bi$.

KUN (Béla), révolutionnaire hongrois, né à Szilágycseh (1886-1939). Commissaire aux Affaires étrangères lors de la révolution communiste de mars 1919, il instaura la république des Conseils. L'invasion roumaine (août) mit fin à cette expérience socialiste. Réfugié en U.R.S.S., Béla Kun fut exécuté pour déviationnisme. Il fut réhabilité en 1958.

KUNCKEL (Johann), chimiste allemand, né à Hütten (1638-1703). Il prépara le phosphore et découvrit l'ammoniac.

KUNDERA (Milan), écrivain tchèque, né à Brno en 1929. Ses romans et son théâtre démontent le mécanisme des aliénations et des exils du monde contemporain *(la Plaisanterie, La vie est ailleurs).*

KUNDT (August), physicien allemand, né à Schwerin (1839-1894). Il étudia les ondes stationnaires.

KUNERSDORF, auj. **Kunowice,** village de Pologne, à l'est de Francfort-sur-l'Oder. Frédéric II y fut vaincu par les Austro-Russes en 1759.

KUNHEIM (68320 Muntzenheim), comm. du Haut-Rhin; 1 035 h. Carton et cellulose.

KUNLUN → K'OUEN-LOUEN.

KUNMING → K'OUEN-MING.

KUNSAN, port de la Corée du Sud; 112 000 h.

KUOPIO, v. de Finlande; 64 000 h.

KUPKA (František ou François), peintre et dessinateur tchèque, né à Opočno (1871-1957), un des initiateurs, à Paris, de l'art abstrait.

KURASHIKI, v. du Japon (Honshū); 340 000 h.

KURDISTÁN, pays d'Asie, partagé entre la Turquie, l'Iran, l'Iraq et la Syrie, et habité par plus de 15 millions de *Kurdes.* Depuis 1945, les Kurdes s'efforcent d'obtenir de l'Iran et de l'Iraq, par la négociation ou la guerre, une autonomie qui avait été prévue par le traité de Sèvres de 1920.

KURE, port du Japon (Honshū); 235 000 h.

KURNOOL, v. de l'Inde (Andhra Pradesh); 137 000 h. Aux environs, à Alampur, temples du VIIe-VIIIe s.

KUROSAWA AKIRA, cinéaste japonais, né à Tōkyō en 1910, auteur de *Rashōmon* (1950), les *Sept Samouraïs* (1954), le *Château de l'araignée* (ou *Macbeth*) [1957], *Dodes'caden* (1970), *Dersou Ouzala* (1975), *Kagemusha* (1980).

KUROSHIO ou **KOURO-SHIVO,** courant chaud de l'océan Pacifique, qui baigne la côte orientale du Japon.

KURUME, v. du Japon (Kyūshū); 194 000 h.

KUSHIRO, v. du Japon (Hokkaidō); 192 000 h.

KÜSNACHT, comm. de Suisse (Zurich); 12 193 h.

KUSSER (Johann) → COUSSER.

KUTCHUK-KAÏNARDJI, auj. **Kaïnarža,** village de Bulgarie (Dobroudja), où fut signé en 1774 un traité russo-turc donnant à la Russie de grands avantages en mer Noire.

KUURNE, comm. de Belgique (Flandre-Occidentale); 12 400 h.

KUWAYT (al-) → KOWEÏT.

KUZNETS (Simon), économiste américain, né à Kharkov en 1901. Il a cherché à élucider les mécanismes de la croissance. (Prix Nobel, 1971.)

KVARNER, en ital. **Quarnaro,** golfe de l'Adriatique (Yougoslavie), baignant Rijeka.

KWAKIUTLS, ethnie indienne qui vivait dans l'actuelle Colombie britannique.

KWANGJU ou **KWANG-ĈU,** v. de la Corée du Sud; 503 000 h.

KWAZULU, territoire de l'Afrique du Sud, formant plusieurs enclaves dans le nord du Transvaal et habité par les Sothos; 27 000 km²; 2 106 000 h. Ch.-l. *Ulundi.*

KWINANA, centre industriel d'Australie, près de Perth.

KYD (Thomas), auteur dramatique anglais, né à Londres (1558-1594), un des initiateurs du théâtre élisabéthain.

KYOKUTEI BAKIN (TAKIZAWA KAI, dit), écrivain japonais, né à Tōkyō (1767-1848), auteur de romans à succès *(Histoire des huit chiens de Satomi,* 1814-1841).

KYŌTO, v. du Japon (Honshū), anc. capitale; 1 419 000 h. Ville-musée, aux nombreux monuments et jardins du VIIIe au XIXe s.

KYŪSHŪ, la plus méridionale des grandes îles du Japon; 42 000 km²; 12 160 000 h. V. pr. *Kitakyūshū* et *Fukuoka.*

KYZYLKOUM, désert de l'U.R.S.S. (Kazakhstan et Ouzbékistan).

KZYL-ORDA ou **KYZYL-ORDA,** v. de l'U.R.S.S. (Kazakhstan); 148 000 h.

vue partielle
de **Kyōto**

Londres, de nuit.

L

LAAKDAL, comm. de Belgique (prov. d'Anvers); 12 800 h.

LAALAND → LOLLAND.

LAARNE, comm. de Belgique (Flandre-Orientale); 10 900 h.

LABAN (Rudolf VON), chorégraphe et théoricien de la danse autrichien d'origine hongroise, né à Bratislava (1879-1958), initiateur de la danse expressionniste moderne. Il inventa un système de notation utilisé sous le nom de *labanotation*.

LA BARRE (Jean François LE FEBVRE, *chevalier* DE), gentilhomme français, né à Abbeville (1747-1766). Accusé d'avoir mutilé un crucifix, il fut décapité, et son corps fut livré aux flammes. Voltaire réclama sa réhabilitation, qui fut décrétée par la Convention.

LABASTIDE-CLAIRENCE (64240 Hasparren), ch.-l. de c. des Pyrénées-Atlantiques; 844 h.

LABASTIDE-MURAT (46240), ch.-l. de c. du Lot, sur le causse de Gramat; 700 h. Patrie du maréchal Murat, qui y fit construire le château.

LABAT (Jean-Baptiste), dominicain et voyageur français, né à Paris (1663-1738). Missionnaire aux Antilles, il a écrit la relation de ses voyages.

LABÉ (Louise), surnommée **la Belle Cordelière**, poétesse française, née à Lyon (1524-1566).

LA BÉDOYÈRE (Charles HUCHET, *comte* DE), général français, né à Paris (1786-1815). Rallié à Napoléon, qu'il devait arrêter à Grenoble au retour de l'île d'Elbe, il fut fusillé.

LABICHE (Eugène), auteur dramatique français, né à Paris (1815-1888), auteur de comédies de mœurs et de vaudevilles (*Un chapeau de paille d'Italie*, 1851; *le Voyage de M. Perrichon*, 1860; *la Cagnotte*, 1864). [Acad. fr.]

LABIENUS (Titus) [v. 98-45 av. J.-C.], principal lieutenant de César en Gaule. Il prit ensuite le parti de Pompée et mourut à Munda.

LA BOÉTIE [-bəesi] (Étienne DE), écrivain français, né à Sarlat (1530-1563), ami de Montaigne, auteur de sonnets et du *Discours sur la servitude volontaire* ou *Contr'un* (1574-1576).

LABORDE (Léon, *marquis* DE), homme politique et écrivain d'art français, né à Paris (1807-1869). Il fut conservateur des Antiques au Louvre (1848) et écrivit notamment, à l'occasion de l'Exposition universelle de Londres en 1851, un rapport plaidant pour le rationalisme des formes dans les arts appliqués.

LABOUR (*terre de*), en ital. **Terra di Lavoro**, région de l'Italie méridionale (Campanie), dans la région de Caserte.

LA BOURDONNAIS (Bertrand François MAHÉ DE), marin français, né à Saint-Malo (1699-1753). Gouverneur des îles de France et de Bourbon,

il contribua à l'implantation de comptoirs français dans l'Inde.

LABOUREUR (Jean-Émile), graveur français, né à Nantes (1877-1943). Il a gravé sur bois et sur cuivre, et donné des illustrations de nombreux livres.

Labour Party, nom anglais du parti travailliste.

LABRADOR, nom donné autref. à la péninsule du Canada entre l'Atlantique, la baie d'Hudson et le Saint-Laurent, longée par le *courant* froid *du Labrador*. — Aujourd'hui, ce nom désigne seulement la partie orientale de cette péninsule (appartenant à la province de Terre-Neuve).

LABRÈDE (33650), ch.-l. de c. de la Gironde; 2 341 h. Château où naquit Montesquieu. Vignobles.

LABRIT (40420), ch.-l. de c. des Landes; 682 h. Appelé jadis **Albret**, ce fut la capitale du duché de ce nom.

LA BROSSE (GUI DE), médecin de Louis XIII, né à Rouen? (m. en 1641). Botaniste, il conseilla la création du Jardin des Plantes, qu'il aménagea.

LABROUSSE (Ernest), historien économiste français, né à Barbezieux en 1895. Il a renouvelé profondément l'histoire économique et sociale en France.

LABROUSTE (Henri), architecte français, né à Paris (1801-1875). Il utilisa, en rationaliste, la fonte et le fer à la bibliothèque Sainte-Geneviève et à la Bibliothèque nationale, à Paris.

LABRUGUIÈRE (81290), ch.-l. de c. du Tarn, sur le Thoré; 5 477 h. Monuments médiévaux. Industries du bois.

LA BRUYÈRE (Jean DE), écrivain français, né à Paris (1645-1696), précepteur, puis secrétaire du petit-fils du Grand Condé. Ses *Caractères* (1688-1696), conçus à partir d'une traduction du Grec Théophraste, peignent la société de son temps en pleine transformation (décadence des traditions morales et religieuses; mœurs nouvelles des magistrats; puissance des affairistes), en un style elliptique, nerveux, qui contraste avec la phrase périodique classique. Reçu à l'Académie française en 1693, il prit parti dans la querelle des Anciens et des Modernes, en faisant l'éloge des partisans des Anciens.

Labyrinthe, demeure du Minotaure, en Crète, selon la légende; en réalité, palais de Minos à Cnossos. — Ruines du temple et de la pyramide funéraires d'Amenemhat III, dans le Fayoum.

Lac (*le*), une des *Méditations* de Lamartine (écrite en 1818), mise en musique par Niedermeyer.

Lac des cygnes (*le*), ballet de M. Petipa et L. Ivanov, musique de Tchaïkovski, créé à Saint-Pétersbourg en 1895.

LA CAILLE (*abbé* Nicolas Louis DE), astronome français, né à Rumigny (1713-1762). Il participa à la vérification de la méridienne de France, et se livra à une étude approfondie du ciel austral, au cap de Bonne-Espérance, relevant les positions de plus de 10 000 étoiles et créant 14 constellations nouvelles.

LA CALPRENÈDE (Gautier DE COSTES DE), écrivain français, né au château de Toulgou-en-Périgord, près de Sarlat (v. 1610-1663), auteur de tragédies et de romans précieux (*Cassandre*, 1642-1660; *Cléopâtre*, 1647-1658).

LACAN (Jacques), médecin et psychanalyste français, né à Paris (1901-1981). Fondateur de l'École freudienne de Paris (1964-1980), il a contribué, tout en prônant le retour à Freud, à ouvrir le champ de la psychanalyse, en se référant à la linguistique et à l'anthropologie structurale. Dès 1936, avec sa description du stade du miroir, il isole les registres de l'imaginaire, du symbolique et du réel. Il montre que l'inconscient doit être interprété comme un langage et institue une théorie du sujet.

LACANAU (33680), comm. de la Gironde, sur *l'étang de Lacanau*; 2 166 h. Station balnéaire et climatique à *Lacanau-Océan*.

LACANCHE (21230 Arnay le Duc), comm. de la Côte-d'Or; 972 h. Constructions mécaniques.

LACAPELLE-MARIVAL (46120), ch.-l. de c. du Lot; 1 356 h. Château des XIVe-XVIe s.

LACAUNE (*monts de*), hauts plateaux du sud du Massif central; 1 259 m.

LACAUNE (81230), ch.-l. de c. du Tarn; 3 532 h. Industrie alimentaire.

LACAZE (Marie Lucien), amiral français, né à Pierrefonds (1860-1955), ministre de la Marine de 1915 à 1917. (Acad. fr.)

LACAZE-DUTHIERS (Henri DE), zoologiste français, né à Montpezat (1821-1901), spécialiste des mollusques.

LACÉDÉMONE, autre nom de *Sparte**.

Jacques Lacan

Pierre Choderlos
de **Laclos**

Henri **Lacordaire**
par Th. Chasseriau

René **Laennec**

Mᵐᵉ de **La Fayette**
par E. J. Desrochers

La Fayette
par J. D. Court

Jean de **La Fontaine**
par l'atelier de H. Rigaud

sir Louis Hippo
Lafontaine

LACEPÈDE (Étienne DE LA VILLE, *comte* DE), naturaliste français, né à Agen (1756-1825). Il continua l'*Histoire naturelle* de Buffon, se spécialisant dans les reptiles et les poissons.

LA CHAISE ou **LA CHAIZE** (François D'AIX DE), dit **le P. La Chaise,** jésuite français, né au château d'Aix (Forez) [1624-1709], confesseur de Louis XIV (1675). Son nom est resté attaché au principal cimetière de Paris, créé sur l'emplacement de ses jardins.

LA CHALOTAIS (Louis René DE CARADEUC DE), magistrat français, né à Rennes (1701-1785), procureur général au parlement de Bretagne. Adversaire des Jésuites, chef de l'opposition parlementaire, il lutta contre le duc d'Aiguillon, gouverneur de Bretagne.

LACHAUD (Charles Alexandre), avocat français, né à Treignac (Corrèze) [1818-1882].

LA CHAUSSÉE (Pierre Claude NIVELLE DE), auteur dramatique français, né à Paris (1692-1754), créateur de la « comédie larmoyante » (*le Préjugé à la mode*, 1735; *Mélanide*, 1741). [Acad. fr.]

LACHINE, v. du Canada (Québec), près de Montréal; 41 503 h. Métallurgie.

LACHOUQUE (Henri), officier et historien français, né à Orléans (1883-1971). Il se consacra à l'histoire militaire napoléonienne.

LA CIERVA Y CODORNÍU (Juan DE), ingénieur espagnol, né à Murcie (1895-1936). Inventeur de l'autogire (1923), il réussit, en 1934, le décollage sur place à la verticale.

LACLOS (Pierre CHODERLOS DE), officier et écrivain français, né à Amiens (1741-1803), auteur du roman épistolaire *les Liaisons* dangereuses* (1782).

LACOMBE (Albert), prêtre oblat canadien, né à Saint-Sulpice (Québec) [1827-1916]. Il contribua au développement des contrées de la Prairie canadienne.

LA CONDAMINE (Charles Marie DE), géodésien et naturaliste français, né à Paris (1701-1774). Avec Bouguer, il dirigea l'expédition du Pérou (1735), qui détermina la longueur d'un arc de méridien. (Acad. fr.)

LACONIE, anc. contrée du sud-est du Péloponnèse.

LACORDAIRE (Henri), religieux français, né à Recey-sur-Ource (Côte-d'Or) [1802-1861]. Prêtre (1827), disciple de La Mennais et collaborateur de l'*Avenir*, il ne suivit pas son maître dans sa rupture avec Rome. Après avoir prêché à Notre-Dame de Paris, avec un succès inégalé, les carêmes de 1835 et de 1836, il prit l'habit des Dominicains et rétablit leur ordre en France. En 1848, élu député de Marseille, il fonda l'*Ère nouvelle*, organe démocrate chrétien, mais les troubles de mai-juin l'amenèrent à abandonner la politique et le journalisme. (Acad. fr.)

LACQ (64170 Artix), comm. des Pyrénées-Atlantiques, sur le gave de Pau; 748 h. Important gisement de gaz naturel. Production de soufre, sous-produit du gaz.

LACRETELLE (Pierre Louis DE), dit **l'Aîné,** jurisconsulte français, né à Metz (1751-1824). [Acad. fr.] — Son frère JEAN CHARLES DOMINIQUE, dit **le Jeune,** historien, né à Metz (1766-1855), est l'auteur d'une *Histoire de France pendant les guerres de Religion* (1814-1816). [Acad. fr.]

LACRETELLE (Jacques DE), écrivain français,

né au château de Cormatin (Saône-et-Loire) en 1888, auteur de *Silbermann* (1922). [Acad. fr.]

LACROIX (Alfred), minéralogiste français, né à Mâcon (1863-1948), auteur de travaux sur la vulcanologie et les roches éruptives.

LACTANCE, apologiste chrétien, né près de Cirta (250 - v. 325). Son œuvre principale, la *Mort des persécuteurs*, est précieuse pour l'histoire de Rome au IVᵉ s.

LADAKH (le), région du Cachemire.

LADISLAS, nom de plusieurs rois de Hongrie, de Bohême et de Pologne; les plus célèbres sont : LADISLAS Iᵉʳ ÁRPÁD *(saint)* [v. 1040-1095], roi de Hongrie (1077-1095), fondateur de l'évêché de Zagreb. — LADISLAS Iᵉʳ (ou IV) Łokietek (1260-1333), duc (1305-1320), puis roi (1320-1333) de Pologne, unificateur du pays; — LADISLAS II (ou V) JAGELLON Iᵉʳ (v. 1348-1434), grand-duc de Lituanie (1377-1392), roi de Pologne (1386-1434), vainqueur des Teutoniques à Grunwald (1410).

LADISLAS le Magnanime (v. 1376-1414), roi de Naples et de Hongrie (1390-1414), fils de Charles III. Il eut constamment à défendre ses États contre Louis II d'Anjou.

LADOGA *(lac),* grand lac du nord-ouest de l'U. R. S. S., que la Neva fait communiquer avec Leningrad et le golfe de Finlande; 18 000 km².

LAEKEN, anc. comm. de Belgique (Brabant), réunie à Bruxelles en 1921. Domaine royal (parc et château).

LAENNEC (René), médecin français, né à Quimper (1781-1826). Il a découvert et vulgarisé la méthode d'auscultation.

LAETHEM-SAINT-MARTIN, en néerl. **Sint-Martens-Latem,** comm. de Belgique (Flandre-Orientale); 7 300 h. — À la fin du XIXᵉ s. s'y constitua un groupe de tendance symboliste avec, notamment, l'écrivain Karel Van de Woestijne, son frère Gustave, peintre, et le sculpteur G. Minne. Un second groupe, après la Première Guerre mondiale, marque l'essor de l'expressionnisme pictural belge, avec Permeke, Gustave de Smet (1877-1943), aux sujets populaires et mélancoliques, Frits Van den Berghe (1883-1939), dont l'art coloré se teinte de fantastique, etc.

LAFARGUE (Paul), homme politique français, né à Santiago de Cuba (1842-1911), disciple et gendre de Karl Marx, fondateur, avec Guesde, du parti ouvrier français (1880).

LAFAYETTE, v. des États-Unis, dans le sud de la Louisiane; 69 000 h. Principal foyer francophone de la Louisiane.

LA FAYETTE (Louise MOTIER DE), née en Auvergne (v. 1615-1665), fille d'honneur de la reine Anne d'Autriche. Elle fut aimée de Louis XIII, et mourut au couvent.

LA FAYETTE ou **LAFAYETTE** (Marie-Madeleine PIOCHE DE LA VERGNE, *comtesse* DE), femme de lettres française, née à Paris (1634-1693), auteur de *la Princesse* de Clèves* (1678), de nouvelles *(Zaïde)* et *Mémoires de la cour de France pour les années 1688 et 1689* (1731).

LA FAYETTE (Marie Joseph Gilbert MOTIER, *marquis* DE), général et homme politique français, né au château de Chavaniac (Auvergne) [1757-1834]. Dès 1777, il prit une part active à la guerre de l'Indépendance en Amérique aux côtés des *insurgents*. Député aux États généraux (1789), chef de la garde nationale, il apparut

comme le leader de la noblesse libérale, désireuse de réconcilier la royauté avec la Révolution. Émigré de 1792 à 1800, député libéral sous la Restauration, commandant de la garde nationale en juillet 1830, il fut l'un des fondateurs de la monarchie de Juillet, dont il se détacha rapidement.

LAFERTÉ-SUR-AMANCE (52500 Fayl la Forêt), ch.-l. de c. de la Haute-Marne; 421 h.

LA FEUILLADE (Georges D'AUBUSSON DE), prélat et diplomate français (1612-1697), ambassadeur à Venise et à Madrid. — Son frère FRANÇOIS (1625-1691) fut maréchal de France sous Louis XIV.

LAFFEMAS (Barthélemy DE), *sieur de Beausemblant* (Dauphiné) [1545-v. 1612]. Contrôleur général du commerce (1602), il favorisa, sous le règne d'Henri IV, l'établissement de nombreuses manufactures (Gobelins); il inspira le colbertisme. — Son fils ISAAC, né à Beausemblant (v. 1587-1657), lieutenant civil de Paris sous Richelieu, jugea sans pitié les nobles rebelles.

LAFFITTE (Jacques), banquier et homme politique français, né à Bayonne (1767-1844). Gouverneur de la Banque de France (1814-1819), député libéral sous la Restauration, il joua un rôle actif dans la révolution de 1830 et forma le premier ministère de la monarchie de Juillet (nov. 1830-mars 1831). Chef du parti du Mouvement, il fut vite écarté par Louis-Philippe.

Lafite *(château),* domaine des comm. de Pauillac et de Saint-Estèphe (Gironde). Vins rouges renommés.

LA FONTAINE (Jean DE), poète français, né à Château-Thierry (1621-1695). Faute de la générosité de Louis XIV, qui ne l'aimait guère, il fut successivement le protégé de Fouquet, de la duchesse douairière d'Orléans, de Mᵐᵉ de La Sablière et de M. et Mᵐᵉ d'Hervart. Ses *Contes** en vers lui avaient déjà donné la célébrité lorsqu'il commença à publier ses *Fables**, qui parurent de 1668 à 1694. Sensuel et aimant les chastes bergeries, volage et célébrant la fidélité, courtisan mais ami sincère, sa vie est l'image même de son œuvre, qui unit en une harmonie parfaite l'art et le naturel. (Acad. fr.)

LA FONTAINE (Mᴵᴵᵉ FONTAINE, dite **de**), danseuse française (v. 1655/1665-1738). Elle fut la première femme autorisée à tenir un rôle en scène (*le Triomphe de l'Amour*, 1681).

LAFONTAINE (sir Louis Hippolyte), homme politique canadien, né à Boucherville (1807-1864), chef du premier ministère parlementaire du Canada (1848-1851).

LA FORCE (Jacques NOMPAR, *duc* DE), maréchal de France (1558-1652), protestant, compagnon d'Henri IV. Il se soumit à Louis XIII et obtint le maréchalat. — Son fils Henri NOMPAR DE CAUMONT, *duc* de La Force, né à La Force (1582-1678), se distingua dans le parti protestant au siège de Montauban (1621), puis fit sa soumission au roi.

LAFORGUE (Jules), poète français, né à Montevideo (1860-1887), auteur de poèmes (*les Complaintes*) et de contes en prose (*les Moralités légendaires*, 1887), de style précieux et impressionniste, l'un des créateurs du vers libre.

LA FOSSE (Charles DE), peintre français, né à Paris (1636-1716). Élève de Le Brun, au style souple et brillant, il a contribué à infléchir la doctrine de l'Académie en matière de peinture d'histoire (victoire de la couleur sur le dessin, à la fin du siècle).

LA FRANÇAISE (82130), ch.-l. de c. de Tarn-et-Garonne; 2 599 h.

LA FRESNAYE [-frεne] (Roger DE), peintre français, né au Mans (1885-1925). Après avoir pratiqué le cubisme, il tendit vers un style de plus en plus néoclassique.

LAGACHE (Daniel), médecin et psychanalyste français, né à Paris (1903-1972), auteur d'importants travaux de psychanalyse climatique (*la Jalousie amoureuse*, 1947; *l'Unité de la psychologie*, 1949; *la Psychanalyse et la structure de la personnalité*, 1958).

LA GALISSONNIÈRE (Roland Michel DE), marin français, né à Rochefort (1693-1756), gouverneur du Canada de 1747 à 1749. Il conduisit l'escadre à Minorque et vainquit l'amiral John Byng (1756).

LAGASH, anc. v. de Mésopotamie, près du confluent actuel du Tigre et de l'Euphrate (Iraq). Les fouilles, pratiquées à partir de 1877, y ont fait découvrir la civilisation sumérienne du IIIe millénaire av. J.-C.

LAGERKVIST (Pär), écrivain suédois, né à Växjö (1891-1974), auteur de poèmes, de drames et de romans (*le Nain*, 1944; *Barabbas*, 1959). [Prix Nobel, 1951.]

LAGERLÖF (Selma), femme de lettres suédoise, née à Mårbacka (1858-1940), auteur de romans d'inspiration romantique (*la Saga de Gösta Berling*, 1891; *le Charretier de la mort*, 1912). [Prix Nobel, 1909.]

LAGHOUAT, oasis du Sahara algérien.

LAGIDES, dynastie qui a régné sur l'Égypte hellénistique de 305 à 30 av. J.-C. Tous ses souverains ont porté le nom de *Ptolémée*.

LAGNIEU (01150), ch.-l. de c. de l'Ain; 5 212 h. Verrerie.

LAGNY-SUR-MARNE (77400), ch.-l. de c. de Seine-et-Marne; 16 874 h. (*Laniaques* ou *Latignaciens*) Église du XIIIe s. Imprimerie. Tannerie. Constructions mécaniques.

LAGOR (64150 Mourenx), ch.-l. de c. des Pyrénées-Atlantiques; 1 274 h.

LA GORCE (Pierre DE), historien français, né à Vannes (1846-1934), auteur d'une *Histoire de la seconde République* (1887), d'une *Histoire du second Empire* (1898-1906) et d'une *Histoire religieuse de la Révolution française* (1909-1923). [Acad. fr.]

LAGOS, cap. du Nigeria, sur le golfe du Bénin; 1 477 000 h. Principal port du pays.

Lagrange (*château*), domaine de la comm. de Saint-Julien (Gironde). Vins rouges renommés.

LA GRANGE (Charles VARLET, *sieur* DE), comédien français, né à Amiens (v. 1639-1692). Son registre sur le fonctionnement financier et matériel de la troupe de Molière est un document précieux pour l'histoire du Théâtre-Français.

LAGRANGE (*comte* Louis), mathématicien français, né à Turin (1736-1813). Il s'efforça de fonder l'analyse sur une notion plus générale de la fonction et, en particulier, sur l'emploi systématique des développements en série de Taylor. Il présida la commission chargée d'établir le système des poids et mesures demandé par l'Assemblée constituante (1790).

LAGRANGE (Albert), en relig. **frère Joseph-Marie,** dominicain français, né à Bourg-en-Bresse (1855-1938). Fondateur (1890) de l'École pratique d'études bibliques de Jérusalem et (1892) de la *Revue biblique*, il a exercé sur l'exégèse biblique catholique une influence considérable.

LAGRANGE (Léo), homme politique français, né à Bourg (Gironde) [1900-1940]. Député socialiste (1932-1940), sous-secrétaire d'État aux Sports et aux Loisirs (1936-37 et 1938), il favorisa le développement du sport populaire.

LAGRASSE (11220), ch.-l. de c. de l'Aude; 630 h. Anc. abbaye (Xe-XVIIIe s.). Église et pont du XIVe s.

La Guardia, l'un des aéroports de New York.

LAGUERRE (Edmond), mathématicien français, né à Bar-le-Duc (1834-1886), auteur de

Lahore : mausolée de l'empereur Djahāngīr (1646)

Jules **Laforgue**

Selma **Lagerlöf** par H. Pauli

Laurent de **La Hire** *les Mères des enfants de Béthel* (1653)

Louis **Lagrange** gravure de F. Delpech

travaux sur la géométrie, les équations algébriques et les fractions continues.

LAGUIOLE (12210), ch.-l. de c. de l'Aveyron; 1 320 h. Sports d'hiver. Fromages. Coutellerie.

LAHARPE ou **LA HARPE** (Jean François DELHARPE ou DELAHARPE, dit DE), critique français, né à Paris (1739-1803), auteur du *Lycée* ou *Cours de littérature ancienne et moderne* (1799), d'esprit classique. (Acad. fr.)

LAHARPE (Frédéric César DE), homme politique suisse, né à Rolle (Vaud) [1754-1838]. Il obtint l'émancipation du canton de Vaud.

LA HIRE (Étienne DE VIGNOLLES, dit), capitaine français, né à Vignolles (Gascogne) [v. 1390-1443]. Il fut l'un des compagnons de Jeanne d'Arc.

LA HIRE ou **LA HYRE** (Laurent DE), peintre français, né à Paris (1606-1656), un des fondateurs de l'Académie royale de peinture et de sculpture (*les Mères des enfants de Béthel*, musée d'Arras).

LA HIRE (Philippe DE), astronome et mathématicien français, né à Paris (1640-1718), fils du précédent. Son nom est resté attaché aux grands travaux géodésiques de l'époque.

LA HONTAN (Louis Armand DE LOM D'ARCE, *baron* DE), voyageur et écrivain français, né à Mont-de-Marsan (1666-v. 1715), auteur de récits relatant ses voyages au Canada.

LAHORE, v. du Pākistān, cap. du Pendjab; 2 148 000 h. Anc. résidence du Grand Moghol (palais, mosquées, mausolées et jardins).

LAHTI, v. de Finlande; 88 000 h. Industries du bois. Centre touristique.

LAIBACH, anc. nom allem. de *Ljubljana*. — Le *congrès de Laibach* fut réuni en 1821 sur l'initiative de Metternich. Le principe d'intervention extérieure contre la révolution napolitaine y fut admis.

LAIGNES (21330), ch.-l. de c. de la Côte-d'Or; 1 004 h.

LAING (Ronald), psychiatre britannique, né à Glasgow en 1927. Il est l'un des fondateurs, avec D. Cooper, de l'antipsychiatrie (*le Moi divisé*, 1960; *Raison et Violence*, en coll. avec D. Coo-

per, 1961; *l'Équilibre mental, la folie et la famille*, 1964).

LAÏS, nom de plusieurs courtisanes grecques, dont la plus connue fut l'amie d'Alcibiade.

LAISSAC (12310), ch.-l. de c. de l'Aveyron; 1 364 h.

LA JONQUIÈRE (Pierre Jacques DE TAFFANEL, *marquis* DE), marin français, né près de Graulhet (1685-1752). En 1747, il livra aux Anglais une bataille au cap Finisterre, et en 1749, fut nommé gouverneur du Canada.

LAJTHA (László), compositeur et folkloriste hongrois, né à Budapest (1892-1963), auteur d'une œuvre abondante de musique symphonique et de chambre.

LAKANAL (Joseph), homme politique français, né à Serres (comté de Foix) [1762-1845]. Conventionnel, il attacha son nom à des mesures relatives à l'instruction publique (1793-1795).

LAKE PLACID, station de sports d'hiver des États-Unis (État de New York).

LAKE SUCCESS, faubourg de New York. Siège de l'O. N. U. de 1946 à 1951.

LAKSHA DVIPA, territoire de l'Inde, regroupant les archipels des Laquedives, Minicoy et Amindives.

LA LANDE (Michel Richard DE) → DELALANDE.

LALANDE (Joseph Jérôme LEFRANÇOIS DE), astronome français, né à Bourg-en-Bresse (1732-1807). On lui doit l'une des premières mesures précises de la parallaxe de la Lune (1751) et des travaux de mécanique céleste.

LA LAURENCIE (Lionel DE), musicologue français, né à Nantes (1861-1933), auteur de *l'École française de violon de Lully à Viotti* (3 vol., 1922-1924).

LALBENQUE [-bĕk], ch.-l. de c. du Lot; 854 h.

LALINDE (24150), ch.-l. de c. de la Dordogne; 3 070 h. Anc. bastide. Papeterie. Plastiques.

LALIQUE (René), décorateur français, né à Aÿ (Marne) [1860-1945]. Il se consacra surtout au verre moulé.

LALLAING (59167), comm. du Nord; 8 382 h.

LALLEMAND (André), astronome français, né à

Cirey (1904-1978). Auteur de nombreuses recherches sur les applications de la photoélectricité à l'astronomie, il a inventé la caméra électronique (1936).

LALLY (Thomas, *baron* DE TOLLENDAL, *comte* DE), gouverneur général des Établissements français dans l'Inde, né à Romans (1702-1766). Vaincu par les Anglais, il capitula à Pondichéry. Accusé de trahison, il fut condamné à mort et exécuté; sa mémoire fut en partie réhabilitée grâce à Voltaire.

LALO (Édouard), compositeur français, né à Lille (1823-1892), auteur de *Namouna* (1882) et du *Roi d'Ys* (1888). Son œuvre, d'inspiration surtout romantique (*Concerto* pour violoncelle, 1877) ou folklorique (*Symphonie espagnole*, 1873), vaut par la richesse de l'orchestration.

LALOUVESC (07520), comm. de l'Ardèche; 470 h. Station d'altitude (1050 m). Pèlerinage au tombeau de saint François Régis.

LAM (Wifredo), peintre cubain, né à Sagua la Grande (Las Villas) en 1902. Influencé par le surréalisme, il a élaboré une œuvre faite de créatures hybrides, qui transpose en les universalisant l'exubérance, le mystère, la violence d'un monde primitif.

LAMALOU-LES-BAINS (34240), comm. de l'Hérault; 2787 h. Eaux bicarbonatées sodiques et calciques (maladies nerveuses, poliomyélites, névrites).

LAMARCHE (88320), ch.-l. de c. des Vosges; 1333 h. Église des XIIᵉ-XIIIᵉ s.

LA MARCHE (Olivier DE), poète français (v. 1426-1502). Ses chroniques et ses romans allégoriques célèbrent les ducs de Bourgogne.

LA MARCK (Guillaume DE), surnommé **le Sanglier des Ardennes** (v. 1446-1485). Il fut l'instrument de la politique de Louis XI lors de la révolte des Liégeois.

LAMARCK (Jean-Baptiste DE MONET, *chevalier* DE), naturaliste français, né à Bazentin (Picardie) [1744-1829]. Il se fit connaître par une *Flore française* (1778) et publia l'*Encyclopédie botanique* et l'*Illustration des genres* (1783-1817). Il créa le système de la division dichotomique et fut nommé au Muséum professeur du cours sur les animaux à sang blanc, qu'il a appelés « animaux sans vertèbres ». Par ses deux ouvrages, la *Philosophie zoologique* (1809) et l'*Histoire naturelle des animaux sans vertèbres* (1815-1822), il apparaît comme le fondateur de deux théories, la génération spontanée et le transformisme, dont l'ensemble a été appelé *lamarckisme*.

LA MARMORA (Alfonso FERRERO), général et homme politique italien, né à Turin (1804-1878). Commandant des forces sardes pendant les campagnes de Crimée (1855) et d'Italie (1859), président du Conseil (1864), il s'allia à la Prusse contre l'Autriche en 1866.

LAMARQUE (Maximilien, *comte*), général et homme politique français, né à Saint-Sever (1770-1832). Après avoir combattu de 1794 à 1815, il fut élu député en 1828 et milita dans l'opposition libérale. Ses obsèques furent l'occasion d'une émeute.

LAMARTINE (Alphonse DE), poète français, né à Mâcon (1790-1869). Son premier recueil lyrique, les *Méditations poétiques* (1820), lui assura une immense célébrité et, entre 1820 et 1830, la jeune génération des poètes romantiques le salua comme son maître. Il publia ensuite les *Harmonies poétiques et religieuses* (1830), *Jocelyn* (1836), *la Chute d'un ange* (1838), puis mit son talent au service des idées libérales (*Histoire des Girondins*, 1847). Membre du gouvernement provisoire et ministre des Affaires étrangères en février 1848, il fut en fait, durant quelques semaines, le véritable maître de la France, mais il perdit une part de son prestige lors des journées de juin 1848. Candidat malheureux aux élections présidentielles du 10 décembre, il n'écrivit plus alors que des récits autobiographiques (*les Confidences*, 1849; *Graziella*, 1852) et, pour payer ses dettes, un *Cours familier de littérature* (1856-1869). [Acad. fr.]

LAMASTRE (07270), ch.-l. de c. de l'Ardèche; 3058 h.

LAMB (Charles), écrivain anglais, né à Londres (1775-1834), auteur des *Essais d'Elia* (1820-1825), un des meilleurs exemples de l'« humour ».

LAMBALLE (22400), ch.-l. de c. des Côtes-du-Nord; 10169 h. (*Lamballais*). Anc. cap. du Penthièvre. Églises médiévales, dont Notre-Dame (XIIᵉ-XVᵉ s.). Haras.

LAMBALLE (Marie-Thérèse LOUISE DE SAVOIE-CARIGNAN, *princesse* DE), née à Turin (1749-1792), amie dévouée de Marie-Antoinette, victime des massacres de Septembre.

LAMBARÉNÉ, v. du Gabon, sur l'Ogooué; 24000 h. Centre hospitalier créé par le docteur A. Schweitzer.

LAMBERSART (59130), comm. du Nord, banlieue de Lille; 30052 h. (*Lambersartois*). Textile.

LAMBERT (John), général anglais, né près de Kirkby Malham (Yorkshire) [1619-1684]. Lieutenant de Cromwell, il fut exécuté lors de la restauration de Charles II.

LAMBERT (Anne Thérèse DE MARGUENAT DE COURCELLES, *marquise* DE), femme de lettres française, née à Paris (1647-1733). Elle tint un salon célèbre.

LAMBERT (Jean Henri), mathématicien français, né à Mulhouse (1728-1777). Il démontra que π est irrationnel (1768), édifia la trigonométrie sphérique (1770) et découvrit la série qui porte son nom (1772). Il fut l'un des créateurs de la photométrie.

LAMBESC (13410), ch.-l. de c. des Bouches-du-Rhône; 3588 h. Monuments des XIVᵉ-XVIIIᵉ s.

LAMBÈSE → TAZOULT.

Lambeth (*conférences de*), assemblées des évêques anglicans tenues depuis 1867 dans le palais archiépiscopal de Lambeth à Londres. Ces conférences ont joué un rôle important dans l'histoire de l'œcuménisme.

LAMBIN (Denis), humaniste français, né à Montreuil-sur-Mer (1516-1572).

LAMBRES-LEZ-DOUAI (59500 Douai), comm. du Nord; 5509 h. Industrie automobile.

LAMECH, patriarche biblique, père de Noé.

LA MEILLERAYE (Charles, *duc* DE), officier français, né à Paris (1602-1664). Maréchal de France (1637), il se distingua à de nombreux sièges pendant la guerre de Trente Ans.

LA MENNAIS ou **LAMENNAIS** (Félicité Robert DE), écrivain français, né à Saint-Malo (1782-1854). Prêtre en 1816, il se fit l'apologiste de l'ultramontanisme et de la liberté religieuse, face à l'Église gallicane; en 1830, il groupa autour du journal *l'Avenir* la jeunesse libérale catholique. Dénoncé par l'épiscopat gallican et la police contre-révolutionnaire, désavoué par Grégoire XVI (1832), il rompit avec l'Église (1834) et inclina vers un humanitarisme socialisant et mystique. Il fut représentant du peuple en 1848 et 1849. On lui doit notamment : *Essai sur l'indifférence en matière de religion* (1817-1823) et *Paroles d'un croyant* (1834). — Son frère aîné JEAN-MARIE, né à Saint-Malo (1780-1860), prêtre lui aussi, fonda la congrégation des Frères de l'Instruction chrétienne, dits « de Ploërmel » (1817).

Lament for Ignacio Sánchez Mejías, « modern dance work », de Doris Humphrey (musique de Norman Lloyd) [1947].

LAMENTIN (97129), ch.-l. de c. de la Guadeloupe; 9773 h.

LAMENTIN (Le) [97232], ch.-l. de c. de la Martinique; 23575 h. Aéroport.

LAMETH (Charles, *comte* DE), général et homme politique français, né à Paris (1757-1832). Député à la Constituante, il émigra et servit sous Napoléon, la Restauration et Louis-Philippe. — Son frère ALEXANDRE, général et homme politique, né à Paris (1760-1829), d'abord révolutionnaire, devint partisan d'une monarchie constitutionnelle.

LA METTRIE (Julien OFFROY DE), médecin et philosophe matérialiste français, né à Saint-Malo (1709-1751). Son *Histoire naturelle de l'âme* le contraignit à se réfugier auprès de son ami Frédéric II de Prusse.

LAMIA, v. de Grèce, en Phtiotide, près du golfe de Lamía; 38000 h. La *guerre lamiaque*, insurrection des cités grecques après la mort d'Alexandre (323-322 av. J.-C.), se termina par la défaite des Grecs, à Crannon.

LAMIZANA (Sangoulé), homme d'État de Haute-Volta, né à Touga v. 1915. Chef de l'état-major de l'armée, il prit le pouvoir en 1966. Il fut renversé en 1980.

LAMOIGNON (Guillaume DE), magistrat français, né à Paris (1617-1677). Premier président au parlement de Paris (1658-1664), il présida avec

Wifredo **Lam** : *Ogoun ferraille* (1944)

Édouard **Lalo**

Lamarck

Lamartine
par H. Decaisne

La Mennais
par A. Scheffer

LANDES

P. L. COULEURS. — 44

Français aux XVIIe et XVIIIe s., elle fut attribuée en 1815 au Palatinat bavarois.

LANDAU (Lev Davidovitch), physicien soviétique, né à Bakou (1908-1968), auteur d'une théorie de la superfluidité. (Prix Nobel, 1962.)

LANDÉ (Jean-Baptiste) → LANDET.

LANDEN, comm. de Belgique (Brabant); 14 000 h.

LANDER (Alfred Bernhardt STEVNSBORG, dit **Harald**), danseur, chorégraphe et maitre de ballet d'origine danoise, naturalisé français, né à Copenhague (1905-1971), rénovateur du ballet danois.

LANDERNEAU (29220), ch.-l. de c. du Finistère, sur l'estuaire de l'Élorn; 15 660 h. (Landernéens). Anc. cap. du Léon. Coopérative agricole. — Les expressions Il y aura du bruit dans Landerneau, On en parlera à Landerneau caractérisent une nouvelle de peu d'importance, mais de nature à piquer la curiosité publique.

LANDERSHEIM (67700 Saverne), comm. du Bas-Rhin; 104 h. Articles de sports.

LANDES, région du Bassin aquitain, sur l'Atlantique, entre le Bordelais et l'Adour. Le tourisme estival, la pêche, l'ostréiculture (Arcachon, Capbreton, Hossegor, Mimizan, Seignosse) animent localement le littoral, rectiligne, bordé de cordons de dunes qui enserrent des étangs. L'intérieur est une vaste plaine triangulaire, dont les sables s'agglutinent parfois en un grès dur, l'alios, qui retient l'eau en marécages insalubres. Cette plaine, autrefois déshéritée, a été transformée à la fin du XVIIIe s. (par Brémontier) et sous le second Empire (par Chambrelent) par des plantations de pins (fixant les dunes littorales avant de coloniser l'intérieur) et par drainages systématiques. La construction des chemins de fer a permis l'exploitation de la forêt. Mais celle-ci a été souvent dévastée par les incendies, et, surtout, certains produits d'exportation (poteaux de mines, gemme) ont subi de graves crises de mévente. La papeterie est la ressource essentielle. Une société d'économie mixte (Compagnie d'aménagement des Landes de Gascogne) a entrepris de développer les cultures et l'élevage, surtout par le rachat des terres en friche. Quelques gisements de pétrole sont exploités. Une partie de la forêt (bassin de l'Eyre) est englobée dans le parc naturel régional des Landes de Gascogne, créé en 1970.

LANDES (dép. des) [**40**], dép. de la Région Aquitaine, sur l'Atlantique; ch.-l. Mont-de-Marsan; ch.-l. d'arr. Dax; 2 arr., 30 cant., 331 comm.; 9 237 km²; 288 323 h. (Landais). Le dép. appartient à l'académie et à la région militaire de Bordeaux, à la circonscription judiciaire de Pau et à la province ecclésiastique d'Auch. Il s'étend, au nord de l'Adour, sur la région des Landes; au sud, la Chalosse est une région de collines où l'on pratique la polyculture (blé, maïs, vigne; porcs, chevaux, volailles).

Landes (Centre d'essais des), centre militaire d'expérimentation des missiles, créé en 1962, entre Biscarrosse et Mimizan.

LANDET ou **LANDÉ** (Jean-Baptiste), danseur et chorégraphe français (m. en 1746 ou 1748), fondateur de l'école russe de ballet.

LANDIVISIAU (29230), ch.-l. de c. du Finistère; 7 775 h. (Landivisiens). Base aéronavale.

LANDIVY (53190 Fougerolles du Plessis), ch.-l. de c. de la Mayenne; 1 473 h.

LANDOUZY (Louis), neurologue et phtisiologue français, né à Reims (1845-1917).

LANDOWSKA (Wanda), claveciniste polonaise, née à Varsovie (1877-1959).

LANDOWSKI (Paul), sculpteur français, né à Paris (1875-1961), auteur de nombreux bustes et monuments. — Son frère MARCEL, né à Pont-l'Abbé en 1915, compositeur, a été directeur de la musique (1966-1974). On lui doit un opéra (le Fou) et un ballet (le Fantôme de l'Opéra).

LANDRECIES (59550), ch.-l. de c. du Nord; 4 658 h. Ville forte. Hôtel de ville du XVIIIe s.

LANDRY (Adolphe), économiste et homme politique français, né à Ajaccio (1874-1956). Promoteur de la lutte contre la dénatalité, il a écrit un Traité de démographie (1945).

impartialité au procès de Fouquet; par la suite, il joua un rôle capital dans l'unification de la législation pénale. — Son petit-neveu GUILLAUME, né à Paris (1683-1772), chancelier de France sous Louis XV, fut le père de Malesherbes.

LAMORICIÈRE (Louis JUCHAULT DE), général français, né à Nantes (1806-1865). Il reçut la soumission d'Abd el-Kader (1847), puis fut exilé pour son opposition à l'Empire (1852) et commanda les troupes pontificales (1860).

LAMORLAYE (60260), comm. de l'Oise; 5 182 h.

LA MOTHE LE VAYER (François DE), écrivain français, né à Paris (1588-1672), opposé au purisme de Vaugelas. (Acad. fr.)

LA MOTTE (Jeanne DE SAINT-REMY, comtesse DE), née au château de Fontette (Champagne) [1756-1791]. Elle fut impliquée dans l'affaire du collier de Marie-Antoinette.

LAMOTTE-BEUVRON (41600), ch.-l. de c. de Loir-et-Cher; 4 534 h. Porcelaines.

LA MOTTE-FOUQUÉ (Friedrich, baron DE), écrivain allemand, né à Brandebourg (1777-1843), auteur de drames, de romans et de contes romantiques (Ondine).

LA MOTTE-PICQUET (Toussaint, comte PICQUET DE LA MOTTE, connu sous le nom de), marin français, né à Rennes (1720-1791). Il se signala à la prise de la Grenade, puis à la Martinique contre les Anglais, et fut nommé en 1781 lieutenant général des armées navales.

LAMOURETTE (Adrien), prélat et homme politique français, né à Frévent (Boulonnais) [1742-1794]. Membre de la Législative, il demanda, face au péril extérieur, l'union de tous les députés, qu'il amena à se donner l'accolade (7 juill. 1792); la scène est restée célèbre sous le nom de baiser Lamourette.

LAMOUREUX (Charles), violoniste et chef d'orchestre français, né à Bordeaux (1834-1899), fondateur des concerts qui portent son nom.

LAMPEDUSA, ile italienne de la Méditerranée, entre Malte et la Tunisie.

LAMPRECHT (Karl), historien allemand, né à Jessen (1856-1915), un des maîtres de l'histoire économique allemande.

LAMPSAQUE, anc. v. d'Asie Mineure (Mysie), sur l'Hellespont. (Auj. Lapseki.)

LAMURE-SUR-AZERGUES (69870), ch.-l. de c. du Rhône; 1 051 h.

LAMY (François), officier et explorateur français, né à Mougins (1858-1900). Il explora et pacifia la région du Tchad et fut tué à Kousseri. Il donna son nom à la ville de Fort-Lamy (auj. N'Djamena).

LANAKEN, comm. de Belgique (Limbourg); 20 000 h.

LANCASHIRE, comté d'Angleterre, sur la mer d'Irlande. Ch.-l. Preston.

LANCASTER, v. d'Angleterre (Lancashire); 50 000 h.

LANCASTRE, forme francisée de Lancaster.

LANCASTRE (maison de), maison anglaise dont les plus célèbres titulaires sont issus de Jean de Gand (m. en 1399), quatrième fils d'Édouard III. Elle fut la rivale de la maison d'York dans la guerre des Deux-Roses (elle portait dans ses armes la rose rouge). Elle a fourni à l'Angleterre les rois Henri IV, Henri V et Henri VI. Le dernier Lancastre, Édouard, fils unique d'Henri VI, fut exécuté en 1471, après la victoire des York à Tewkesbury.

LANCASTRE (Jean DE), duc de Bedford (1389-1435), frère d'Henri V. Il fut lieutenant en Angleterre (1415), puis régent de France pour son neveu Henri VI (1422). Le traité d'Arras (1435) ruina ses entreprises en France.

LANCELOT (dom Claude), l'un des Messieurs de Port-Royal, né à Paris (v. 1615-1695). Il contribua à la fondation des Petites Écoles de Port-Royal et écrivit une Grammaire générale et raisonnée, dite Grammaire de Port-Royal.

Lancelot du lac, un des chevaliers de la Table ronde. Élevé par la fée Viviane au fond d'un lac, il s'éprit de la reine Guenièvre, femme du roi Artus, et subit par amour pour elle toutes sortes d'épreuves, contées par Chrétien de Troyes dans Lancelot ou le Chevalier à la charrette (v. 1168).

LANCRET (Nicolas), peintre français, né à Paris (1690-1743). Il travailla avec brio dans le goût de Watteau (la Camargo dansant, v. 1730).

LANCY, comm. de Suisse, banlieue de Genève; 20 523 h.

LANDAU, v. de l'Allemagne fédérale (Rhénanie-Palatinat); 38 000 h. Ville libre impériale en 1291, souvent assiégée ou défendue par les

LAND'S END, cap de l'extrémité sud-ouest de l'Angleterre.

LANDSHUT, v. de l'Allemagne fédérale (Bavière), sur l'Isar; 56 000 h. Monuments gothiques et Renaissance.

LANDSTEINER (Karl), biologiste autrichien, né à Vienne (1868-1943). Il découvrit les groupes sanguins et le facteur Rhésus. (Prix Nobel, 1930.)

LANESTER (56600), comm. du Morbihan, banlieue de Lorient; 21 882 h.

LANEUVEVILLE - DEVANT - NANCY (54410), comm. de Meurthe-et-Moselle; 5 067 h. Anc. chartreuse de Bosserville (XVIIe s.). Chimie.

LANFRANC, archevêque de Canterbury, né à Pavie (v. 1005-1089). Prieur et écolâtre de l'abbaye normande du Bec, dont il fit un grand centre intellectuel, ami de Guillaume le Conquérant, il devint archevêque de Canterbury (1070) et primat d'Angleterre.

Paul **Langevin**

Metropolis (1926)
de Fritz **Lang**

LANFRANCO (Giovanni), peintre italien, né près de Parme (1582-1647). Élève des Carrache, il fut l'un des premiers créateurs de décors à effets baroques de perspective et de trompe-l'œil, à Rome (coupole de S. Andrea della Valle) et à Naples.

LANG (Fritz), metteur en scène de cinéma autrichien, naturalisé américain, né à Vienne (1890-1976). Auteur de : *les Trois Lumières* (1921), *le Docteur Mabuse* (1922), *les Nibelungen* (1923-24), *Metropolis* (1926), *M le Maudit* (1931), *Furie* (1936), *J'ai le droit de vivre* (1937), *l'Invraisemblable Vérité* (1956).

LANGE (Oskar), économiste et diplomate polonais, né à Tomaszów (1904-1965). Ses idées ont contribué à l'évolution de l'économie de la Pologne socialiste.

LANGEAC (43300), ch.-l. de c. de la Haute-Loire, sur l'Allier; 3 640 h. Matières plastiques.

LANGEAIS (37130), ch.-l. de c. d'Indre-et-Loire, sur la Loire; 3 902 h. Château du XVe s., propriété de l'Institut de France (tapisseries, mobilier).

LANGENTHAL, v. de Suisse (Berne); 13 007 h.

LANGEVIN (Paul), physicien français, né à Paris (1872-1946), auteur de travaux sur les ions, le magnétisme, la relativité et les ultra-sons.

LANGLADE, autre nom de la *Petite Miquelon**.

LANGLAIS (Jean), compositeur français, né à La Fontenelle (Ille-et-Vilaine) en 1907. Organiste de Sainte-Clotilde de Paris, il perpétue la tradition de Tournemire.

LANGLAND (William), poète anglais, né dans le Herefordshire (v. 1332-v. 1400), auteur du poème allégorique *la Vision de Pierre le Laboureur* (1362).

LANGLE DE CARY (Fernand DE), général français, né à Lorient (1849-1927). Il commanda la IVe armée (1914-15), puis le groupe d'armées du centre (1916).

LANGLOIS (Henri), journaliste, conservateur et directeur de la cinémathèque française, né à Smyrne (1914-1977). Il créa avec G. Franju et P. A. Harlé la cinémathèque (1936), dont il devint secrétaire général, puis directeur artistique et technique.

LANGMUIR (Irving), chimiste et physicien américain, né à Brooklyn (1881-1957). Il inventa les ampoules électriques à atmosphère gazeuse et créa la théorie de l'électrovalence. (Prix Nobel, 1932.)

LANGNAU, comm. de Suisse (Berne); 8 950 h.

LANGOGNE (48300), ch.-l. de c. de la Lozère, sur l'Allier; 4 337 h. Église du XIe s.

LANGON (33210), ch.-l. d'arr. de la Gironde, sur la Garonne; 6 124 h. Vignobles.

LANGREO, v. d'Espagne (Asturies); 59 000 h.

LANGRES (52200), ch.-l. d'arr. de la Haute-Marne, sur le *plateau de Langres*, qui sert de limite de partage des eaux entre les tributaires de la Manche et ceux de la Méditerranée; 12 457 h. *(Langrois)*. Évêché. Remparts d'origine romaine. Cathédrale romano-gothique. Musées. Constructions mécaniques.

LANGRUNE-SUR-MER (14830), comm. du Calvados; 1047 h. Station balnéaire.

LANG SON, v. du nord du Viêt-nam (Tonkin), près de la frontière chinoise; 7 400 h. La ville fut occupée en 1885 par les Français, qui l'évacuèrent bientôt sous la pression des Chinois (l'incident provoqua la chute du cabinet Jules Ferry). Les Français s'y battirent encore en 1940 et 1945 contre les Japonais, et en 1953 contre le Viêt-minh.

LANGTON (Étienne), prélat anglais (v. 1150-1228). Archevêque de Canterbury (1207), chef de file de l'opposition à l'arbitraire de Jean sans Terre, il participa à l'établissement de la *Grande Charte* (1215).

LANGUEDOC, pays du sud-ouest de l'ancienne France, qui correspondait aux territoires ayant fait partie du comté de Toulouse. Après l'écrasement du catharisme qui y trouva sa terre d'élection, le Languedoc passa sous l'autorité directe des rois de France (XIIIe s.), mais garda, jusqu'à la Révolution, ses institutions propres. Il a formé les départements de la Haute-Garonne, de l'Aude, du Tarn, de l'Hérault, du Gard, de l'Ardèche, de la Lozère et de la Haute-Loire. (Hab. *Languedociens.*)
— Sur le plan géographique, le terme s'applique seulement au *Languedoc méditerranéen*, ou *bas Languedoc*, qui s'étend entre les Corbières, le Massif central, la Camargue et la Méditerranée. Les Garrigues, plateaux calcaires presque déserts, au pied des Cévennes, dominent la plaine recouverte par la vigne (qui a favorisé l'essor des principales villes : Montpellier, Béziers, Narbonne). Les dangers de la monoculture ont amené la création de la *Compagnie nationale d'aménagement du bas Rhône et du Languedoc*, destinée à diversifier, par l'irrigation, la production agricole (extension des cultures fruitières et maraîchères). L'aménagement du littoral (dont Sète est le principal port) a développé le tourisme estival.

Languedoc *(canal du)* → MIDI *(canal du).*

Languedoc *(parc naturel régional du* HAUT-*)*, parc régional couvrant environ 140 000 ha sur les dép. du Tarn et de l'Hérault.

Languedocienne (la), autoroute partant d'Orange et dirigée vers l'Espagne (par Nîmes, Montpellier, Béziers, Narbonne et Perpignan). Elle traverse notamment la *plaine du Languedoc*.

LANGUEDOC-ROUSSILLON, Région administrative regroupant les dép. de l'Aude, du Gard, de l'Hérault, de la Lozère et des Pyrénées-Orientales; 27 448 km²; 1 789 474 h. Ch.-l. *Montpellier.*

LANGUIDIC (56440), comm. du Morbihan; 5 330 h. Industries alimentaires.

LANJUINAIS (Jean Denis, *comte*), homme politique français, né à Rennes (1735-1827). Avocat, député aux États généraux (1789), fondateur du Club breton (Jacobins), il prit une grande part à l'établissement de la Constitution civile du clergé (1790).

LANMEUR (29227), ch.-l. de c. du Finistère; 2 113 h. Chapelle des XIIe-XVIe s. Pardon.

Lann-Bihoué, aéroport de Lorient. Base aéronavale.

LANNEMEZAN (65300), ch.-l. de c. des Hautes-Pyrénées; 8 499 h. Hôpital psychiatrique. Usine d'aluminium. — Le *plateau de Lanneme-zan*, au pied des Pyrénées, est un immense cône de déjection fluvio-glaciaire, d'où divergent notamment la Baïse, le Gers, la Gimone et la Save.

LANNES (Jean), *duc de Montebello,* maréchal de France, né à Lectoure (1769-1809). Volontaire en 1792, général dans l'armée d'Italie (1796) et en Égypte, il commanda la garde consulaire (1800) et fut vainqueur à Montebello. Il se distingua à Austerlitz et à Iéna, assiégea Saragosse, mais mortellement blessé à Essling.

LANNILIS (29214), ch.-l. de c. du Finistère, dans le Léon; 3 686 h.

LANNION (22300), ch.-l. d'arr. des Côtes-du-Nord, port sur le Léguer; 17 936 h. *(Lannion-nais).* Église de Brélévenez, romane et gothique. Centre national d'études des télécommunications (C.N.E.T.).

LANNOY (59390 Lys lez Lannoy), ch.-l. de c. du Nord; 1 355 h.

LANNOY (Charles DE), général espagnol, né à Valenciennes (v. 1487-1527). Vice-roi de Naples et généralissime des troupes espagnoles, il vainquit François Ier à Pavie (1525) et négocia le traité de Madrid.

LANOUAILLE (24270), ch.-l. de c. de la Dordogne; 1 026 h.

LA NOUE (François DE), dit **Bras de Fer,** gentilhomme français calviniste, né à Nantes (1531-1591). Il combattit avec Henri IV à Ivry. Il est l'auteur de *Discours politiques et militaires* (1585).

LANREZAC (Charles), général français, né à Pointe-à-Pitre (1852-1925). Commandant la Ve armée, vainqueur à Guise (1914), il fut remplacé en raison de sa mésentente avec French.

LANS-EN-VERCORS (38250 Villard de Lans), comm. de l'Isère; 946 h. Station climatique et de sports d'hiver à 1 020 m d'altitude.

LANSING, v. des États-Unis, cap. du Michigan; 132 000 h. Université.

LANSLEBOURG-MONT-CENIS (73480), ch.-l. de c. de la Savoie; 526 h. (V. VAL-CENIS.)

LANSLEVILLARD (73480 Lanslebourg Mont Cenis), comm. de la Savoie (v. VAL-CENIS); 306 h. Chapelle Saint-Sébastien (peintures du XVe s.).

LANSON (Gustave), critique français, né à Orléans (1857-1934). Il appliqua la méthode historique et comparative à l'étude des œuvres littéraires.

LANTA (31570), ch.-l. de c. de la Haute-Garonne; 908 h.

LAN-TCHÉOU ou **LANZHOU,** v. de Chine, cap. du Kan-sou, sur le Houang-ho; 700 000 h. Raffinage du pétrole. Textile.

Lanterne (la), hebdomadaire politique dirigé contre le gouvernement de Napoléon III, par H. Rochefort (1868-69).

LANTOSQUE (06450), ch.-l. de c. des Alpes-Maritimes; 884 h.

LANTZ (Lazare), industriel et administrateur français, né à Mulhouse (1823-1909). Maire de Mulhouse, il incarna, à partir de 1871, la résistance mulhousienne aux Allemands.

LANÚS, banlieue de Buenos Aires; 450 000 h.

LANVÉOC (29160 Crozon), comm. du Finistère, sur la rade de Brest; 2 835 h. École navale.

LANVOLLON (22290), ch.-l. de c. des Côtes-du-Nord; 1 479 h.

LANZAROTE, l'une des îles Canaries; 42 000 h.

LANZHOU → LAN-TCHEOU.

LAO CHE ou **LAO SHE** (CHOU K'ING-TCH'OUEN ou SHU QINGCHUN, dit), écrivain chinois, né à Pékin (1898-1966). L'un des principaux romanciers modernes (*Journal de la cité des chats*, 1933), auteur dramatique (*Tch'ang-an dans l'Ouest*, 1956), il se suicida lors de la révolution culturelle.

LAOCOON. *Myth. gr.* Héros troyen étouffé avec ses fils par deux serpents monstrueux. Cet épisode est le sujet d'un célèbre groupe de sculpture antique (IIᵉ s. av. J.-C.), découvert à Rome en 1506 (Vatican).

LAODICE, nom de plusieurs princesses de l'époque hellénistique.

LAODICÉE, v. d'Asie Mineure (Phrygie), près de l'actuelle Denizli. — V. de la côte de Syrie. (Auj. *Lattaquié*.)

LAON [lã] (02000), anc. cap. du Laonnois, ch.-l. du dép. de l'Aisne, sur une butte allongée; 30 168 h. (*Laonnois*). Dans la ville haute, ceinte de remparts, monuments, dont la remarquable cathédrale, entreprise v. 1160, et musée.

LAOS (*république démocratique populaire du*), État de l'Asie du Sud-Est, à l'ouest du Viêt-nam; 236 800 km²; 3 380 000 h. (*Laotiens*). Cap. *Vientiane*. Langue : *laotien*.

GÉOGRAPHIE

Couvert par la forêt et la savane, le Laos est une région de plateaux et de montagnes portant des plantations de café sur des sols volcaniques. Ces régions sont traversées par le Mékong, qui a édifié quelques plaines alluviales, cultivées en riz (base de l'alimentation). Le sous-sol recèle un peu d'étain.

HISTOIRE

— 1353 : fondation du royaume indépendant (par rapport au Cambodge) de Lan Xang, par le prince lao, Fa Ngum, qui fixe sa capitale à Luang Prabang.
— 1373-1548 : les successeurs de Fa Ngum unifient le royaume et annexent le Lan Na. Incursions birmanes, qui obligent le roi à s'installer à Vientiane.
— 1574-1591 : suzeraineté birmane.

La Pérouse
gravure de Maurin

cathédrale de **Laon**

J. Bottin

Larousse

— XVIIᵉ s. : division du Lan Xang en trois royaumes rivaux : Luang Prabang, qui subit l'influence d'Ayuthia; Vientiane, vassal du Viêt-nam; Champassak, vassal du Cambodge.
— 1795 : Luang Prabang tombe sous la coupe du Siam.
— 1883-1885 : tensions entre la France et le Siam à propos des frontières communes avec le Viêt-nam.
— 1887 : Auguste Pavie, vice-consul français, à Luang Prabang; il réalise la liaison Mékong-Tonkin.
— 1893-1907 : des traités franco-siamois définissent les zones d'influence anglaise et française.
— 1914-1917 : fixation du statut du royaume de Luang Prabang, protégé par la France.
— 1903-1959 : règne de Sisavang Vong.
— 1940-41 : hostilités franco-thaïlandaises; cession à la Thaïlande des territoires de la rive droite du Mékong.
— 1945 : coup de force japonais; l'unité lao se réalise au sud du pays dans la résistance armée animée par Boun Oum.
— 1946 : *modus vivendi*, qui accorde au Laos l'autonomie interne.
— 1949 : indépendance du Laos dans le cadre de l'Union française.
— 1954 : le Laos, entraîné dans la guerre d'Indochine. Aux forces du Pathet Lao (communistes) du prince Souphanouvong s'opposent les neutralistes du prince Souvanna Phouma et les partisans de l'autorité royale regroupés autour du prince Boun Oum.
— 1961-62 : gouvernement d'union nationale, présidé par Souvanna Phouma.
— 1964 : le Laos est pratiquement coupé en deux : Vientiane, protégé par les Américains; le nord et les hauts plateaux, aux mains du Pathet Lao.

— 1973 : cessez-le-feu. Gouvernement d'union nationale, dominé par le Pathet Lao.
— 1975 : le Pathet Lao abolit la monarchie et proclame la république populaire (Souphanouvong, président).

LAO-TSEU ou **LAOZI**, lettré chinois du VIᵉ ou du Vᵉ s. av. J.-C., qui serait l'auteur du *Tao-tö king* et le fondateur du taoïsme.

LA PALICE (Jacques II DE CHABANNES, *seigneur* DE), maréchal de France (v. 1470-1525), tué à Pavie. Ses soldats composèrent en son honneur une chanson où se trouvaient ces vers :

Un quart d'heure avant sa mort,
Il était encore en vie...

Ce qui voulait dire que jusqu'à sa dernière heure La Palice s'était bien battu; mais, peu à peu, le sens de ces deux vers se perdit, et l'on n'en voulut retenir que la naïveté.

LAPALISSE (03120), ch.-l. de c. de l'Allier; 3 775 h. Château des XVᵉ-XVIᵉ s.

LAPAOURI (Aleksandr), danseur et chorégraphe soviétique, né à Moscou (1926-1975). Modèle du danseur de la tradition moscovite, il fut un excellent pédagogue.

LA PASTURE (Rogier DE) → VAN DER WEYDEN.

LA PATELLIÈRE (Amédée DUBOIS DE), peintre français, né à Nantes (1890-1932). Il a introduit dans la représentation de la vie rustique un sentiment grave et poétique.

LA PÉROUSE (Jean François DE GALAUP, *comte* DE), navigateur français, né au Guo, près d'Albi (1741-1788). Chargé par Louis XVI d'une expédition de découverte (1785), il aborda aux îles de Pâques et aux Hawaii (1786), d'où il gagna Macao, les Philippines, la Corée et le Kamtchatka (1787); il redescendit vers le Pacifique, mais il périt probablement à Vanikoro.

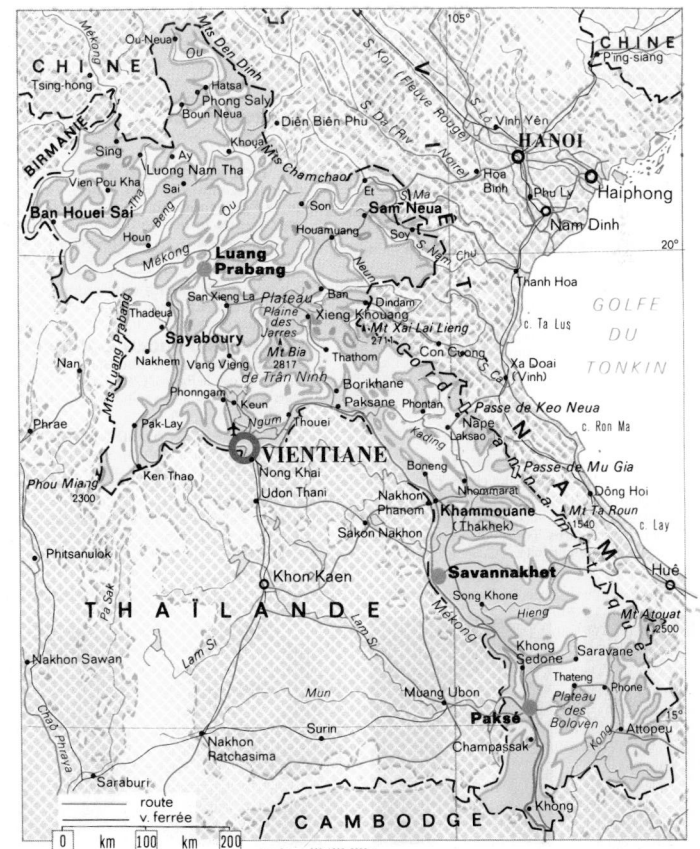

LAOS

LAPERRINE (Henry), général français, né à Castelnaudary (1860-1920). Ami du P. de Foucauld, il pacifia les territoires des Oasis, puis les territoires sahariens (1902-1919).

LAPICQUE (Louis), physiologiste français, né à Épinal (1866-1952). Ses travaux ont porté sur la physiologie du système nerveux. — Son fils CHARLES, peintre, né à Theizé (Rhône) en 1898, est parvenu à son expression lyrique et dynamique par une étude rationnelle de la couleur et du dessin.

LAPITHES, peuple légendaire de Thessalie, célèbre pour avoir vaincu les Centaures; il fut exterminé par Héraclès.

LAPLACE (Pierre Simon, *marquis* DE), astronome, mathématicien et physicien français, né à Beaumont-en-Auge (1749-1827). Auteur de travaux se rapportant à la mécanique céleste et au calcul des probabilités, il est surtout célèbre par son hypothèse cosmogonique (1796) selon laquelle le système solaire serait issu d'une nébuleuse en rotation. (Acad. fr.)

LAPLEAU (19550), ch.-l. de c. de la Corrèze; 542 h.

LAPLUME (47310), ch.-l. de c. de Lot-et-Garonne; 1 101 h.

LAPONIE, région la plus septentrionale de l'Europe, au nord du cercle polaire, partagée entre la Norvège, la Suède, la Finlande et l'U.R.S.S. Les *Lapons* (env. 35 000) tirent leurs ressources de l'élevage, de plus en plus sédentarisé, du renne.

LA POPELINIÈRE ou **LA POUPLINIÈRE** (Alexandre Joseph LE RICHE DE), financier français, né à Paris (1692-1762), fermier général, protecteur des lettres et des arts.

LAPOUTROIE (68650), ch.-l. de c. du Haut-Rhin; 1 806 h.

LAPPARENT (Albert COCHON DE), géologue et géographe français, né à Bourges (1839-1908), auteur d'un *Traité de géologie* (1882). — Son fils JACQUES, né à Paris (1883-1948), est l'auteur de *Leçons de pétrographie* (1923).

LAPPEENRANTA, v. de Finlande; 51 000 h.

Laquedem (Issac), nom donné en Flandre au Juif errant.

LAQUEDIVES (*îles*), archipel indien de la mer d'Oman.

LA QUINTINIE (Jean DE), agronome français, né à Chabanais (Charente) [1626-1688].

LARACHE, en ar. **al-'Ara'ich,** port du Maroc, sur l'Atlantique; 46 000 h.

LARAGNE-MONTÉGLIN (05300), ch.-l. de c. des Hautes-Alpes; 3 898 h.

LARBAUD (Valery), écrivain français, né à Vichy (1881-1957). Romancier (*Fermina Marquez,* 1911; *A. O. Barnabooth,* 1913) et essayiste, il révéla au public français les grands écrivains étrangers contemporains (Butler, Joyce).

LARCHANT (77132), comm. de Seine-et-Marne, dans le Gâtinais; 505 h. Pèlerinage. Église des XIIe-XIVe s.

LARCHE (19600), ch.-l. de c. de la Corrèze; 933 h.

LARCHE (*col de*), col des Alpes-de-Haute-Provence, à la frontière italienne, conduisant de Barcelonnette à Cuneo (Italie); 1 991 m.

LARDERELLO, village d'Italie (Toscane). Vapeurs naturelles (*soffioni*) utilisées pour la production d'électricité.

LARDIN-SAINT-LAZARE (Le) [24570 Condat le Lardin], comm. de la Dordogne, sur la Vézère; 2 048 h. Papeterie.

LAREDO, station balnéaire d'Espagne, sur le golfe de Gascogne.

LA RÉVELLIÈRE-LÉPEAUX (Louis Marie DE), homme politique français, né à Montaigu (Vendée) [1753-1824]. Conventionnel, puis membre du Directoire (1795-1799), il lutta contre la réaction royaliste, contribua au coup d'État du 18 fructidor et protégea le culte des théophilanthropes.

LA REYNIE (Gabriel Nicolas DE), premier lieutenant de police de Paris, né à Limoges (1625-1709). À partir de 1667, il contribua à l'organisation de la police et à l'assainissement de Paris.

LARGENTIÈRE (07110), ch.-l. d'arr. de l'Ardèche; 2 982 h. Église du XIIIe s., château du XVe. Plomb argentifère.

LARGILLIÈRE ou **LARGILLIERRE** (Nicolas DE), peintre français, né à Paris (1656-1746). Formé à Anvers, il collabora avec Peter Lely à Londres et, de retour en France (1682), devint le portraitiste favori de la bourgeoisie.

LARGO CABALLERO (Francisco), homme politique espagnol, né à Madrid (1869-1946). Socialiste, il fut chef du gouvernement républicain de septembre 1936 à mai 1937.

LARIBOISIÈRE (Jean Ambroise BASTON, *comte* DE), général français, né à Fougères (1759-1812). Il se distingua à Wagram (1809) et mourut d'épuisement durant la retraite de Russie. — Son fils CHARLES, né à Fougères (1788-1868), épousa ÉLISA Roy, qui devait fonder à Paris, rue Ambroise-Paré, l'*hôpital Lariboisière* (1846).

LARIONOV (Mikhaïl), peintre russe naturalisé français, né à Tiraspol (1881-1964). Avec sa femme, N. Gontcharova*, il créa en 1912 l'abstraction « rayonniste », puis collabora de 1918 à 1922, à Paris, aux Ballets russes.

LARISSA, v. de Grèce (Thessalie); 72 000 h. Archevêché. Musée archéologique. Sucrerie.

LARIVEY (Pierre DE), écrivain français, né à Troyes (v. 1540 - v. 1619); auteur de comédies inspirées du théâtre italien (*les Esprits,* 1579).

LARMOR-PLAGE (56260), comm. du Morbihan; 5 408 h. Station balnéaire. Église des XVe-XVIe s.

LA ROCHEFOUCAULD, famille poitevine, dont le membre le plus connu, FRANÇOIS, *duc de La Rochefoucauld,* né à Paris (1613-1680), fut aux côtés du prince de Condé, un des frondeurs les plus ardents; il fréquenta les salons de Mme de Sablé et de Mme de La Fayette. Ses *Réflexions ou Sentences et maximes* morales expriment son dégoût d'un monde où les meilleurs sentiments sont, malgré les apparences, dictés par l'intérêt.

LA ROCHEFOUCAULD-DOUDEAUVILLE (Ambroise Polycarpe, *duc* DE), homme politique français, né à Paris (1765-1841). Ministre de la maison du roi sous Charles X (1824), il créa l'École de Grignon.

LA ROCHEFOUCAULD-LIANCOURT (François, *duc* DE), philanthrope et homme politique français, né à La Roche-Guyon (1747-1827). Fondateur d'une ferme modèle, membre du Conseil des hospices (1816), il déploya une grande activité en faveur des enfants au travail, des vieillards, des esclaves des colonies et des prisonniers.

LA ROCHEJAQUELEIN (Henri DU VERGIER, *comte* DE), chef vendéen, né au château de la Durbellière (Poitou) [1772-1794]. Ayant soulevé les Mauges, il fut battu à Cholet (1793). Devenu général en chef des vendéens, il échoua à Savenay; dès lors, il se livra à la guérilla. Il fut tué à Nuaillé.

LAROCHE-SAINT-CYDROINE → MIGENNES.

LA ROCQUE (François, *comte* DE), homme politique français, né à Lorient (1885-1946). Président des Croix-de-Feu (1931), il créa, en 1936, le parti social français.

LAROQUEBROU (15150), ch.-l. de c. du Cantal; 1082 h.

LAROQUE-TIMBAUT (47340), ch.-l. de c. de Lot-et-Garonne; 1064 h. Chapelle du XVe s.

LAROUSSE (Pierre), lexicographe et éditeur français, né à Toucy (Yonne) [1817-1875]. Il composa de nombreux ouvrages pédagogiques qui renouvelaient les méthodes de l'enseignement primaire, puis il entreprit la publication du *Grand Dictionnaire universel du XIXe siècle,* en 15 volumes (1866-1876).

LARRA (Mariano José DE), écrivain espagnol, né à Madrid (1809-1837), pamphlétaire et auteur de drames romantiques.

LARREY (Dominique, *baron*), chirurgien militaire, né à Beaudéan (comté de Bigorre) [1766-1842]. Chirurgien en chef de la Grande Armée, il suivit Napoléon dans toutes ses campagnes.

LARTET (Édouard), géologue et préhistorien français, né à Saint-Guiraud (Gers) [1801-1871]. Il a jeté les bases de la paléontologie humaine.

LARUNS [-rœs] (64440), ch.-l. de c. des Pyrénées-Atlantiques; 1612 h.

LARZAC (*causse du*), haut plateau calcaire du sud du Massif central, dans la région des Grands Causses. Élevage des moutons. Camp militaire dont l'extension, décidée en 1971, est l'objet de nombreuses contestations.

LA SABLIÈRE (Marguerite DE), née HESSEIN, femme de lettres française, née à Paris (1636-1693), protectrice de La Fontaine.

LA SALE (Antoine DE), conteur français (v. 1388 - apr. 1461), auteur de l'*Histoire du Petit Jehan* de *Saintré*. On lui a attribué sans preuves *les Quinze Joyes de mariage* et les *Cent Nouvelles nouvelles*.

LASALLE, v. du Canada (Québec); 76 713 h.

LASALLE (30460), ch.-l. de c. du Gard; 1 018 h.

LA SALLE (Robert CAVELIER DE), voyageur français, né à Rouen (1643-1687). Il reconnut la Louisiane et le cours du Mississippi.

LASALLE (Antoine, *comte* DE), général français, né à Metz (1775-1809). L'un des plus prestigieux cavaliers de la Grande Armée, il fut tué à Wagram.

LASCARIS, famille byzantine qui régna sur l'empire de Nicée (1204-1261).

LASCARIS ou **LASKARIS** (Jean ou Janus), surnommé **Rhyndacenus,** érudit grec, né à Constantinople (v. 1445 - v. 1534), bibliothécaire de Laurent de Médicis et animateur des études grecques à Rome.

LAS CASAS (Bartolomé DE), prélat espagnol, né à Séville (1474-1566). Dominicain (1522), puis évêque de Chiapa au Mexique (1544), il défendit les Indiens contre l'oppression brutale des conquérants espagnols.

LAS CASES (Emmanuel, *comte* DE), historien français, né au château de Las Cases, près de Revel (1766-1842). Il accompagna Napoléon Ier dans l'exil et rédigea le *Mémorial de Sainte-Hélène* (1823).

LASCAUX (*grotte de*), grotte de la comm. de Montignac (Dordogne). On y a découvert en 1940 un important ensemble de gravures et de peintures pariétales datées entre la fin du solutréen et le début du magdalénien (v. 15000 av. J.-C.). Depuis 1963, la grotte est fermée au public en raison de l'envahissement des parois par les algues et la calcite.

LASHLEY (Karl Spencer), neuropsychologue américain, né à Davis (Virginie) [1890-1958]. Il a étudié chez l'animal les liaisons entre les organes des sens et leur projection corticale.

Pierre Simon
de **Laplace**

François, duc
de **La Rochefoucauld**

Pierre **Larousse**
gravure de Dubouchet

Cavelier de **La Salle**

Georges de **La Tour** : *le Tricheur à l'as de carreau* (v. 1640)

Roland de **Lassus**
gravure de J. Sadeler

Albert de Mun, aux cercles catholiques d'ouvriers et à l'élaboration d'une doctrine sociale chrétienne, d'inspiration corporative.

LATOUR MAUBOURG (Marie Victor Nicolas DE FAY, *vicomte*, puis *marquis* DE), né à La Motte-Galaure (Drôme) [1768-1850]. Aide de camp de Kléber en Égypte, il fit toutes les campagnes de l'Empire, puis fut ministre de la Guerre de Louis XVIII (1819-1821).

Latran *(accords du),* accords passés le 11 février 1929 entre le Saint-Siège et le gouver-

Latran : façade principale (par A. Galilei, 1735) de la basilique Saint-Jean; à droite, le palais; au premier plan l'enceinte d'Aurélien

LASKINE (Lily), harpiste française, née à Paris en 1893.

LASNE, comm. de Belgique (Brabant); 10 000 h.

LASSALLE (Ferdinand), philosophe et économiste allemand, né à Breslau (1825-1864). Il milita pour un socialisme autoritaire et antibourgeois, prônant l'association productive et dénonçant « la loi d'airain des salaires ».

LASSAY-LES-CHÂTEAUX (53110), ch.-l. de c. de la Mayenne; 2602 h. Château fort du XVe s.

LASSEUBE (64290 Gan), ch.-l. de c. des Pyrénées-Atlantiques; 1 311 h.

LASSIGNY (60310), ch.-l. de c. de l'Oise; 750 h. Produits de beauté. Violents combats en 1918.

LASSUS (Roland DE), musicien de l'école franco-flamande, né à Mons (v. 1532-1594), auteur de motets, messes, chansons polyphoniques, madrigaux, lieder, chefs-d'œuvre de polyphonie vocale. Il fut l'un des plus grands musiciens de son temps et vécut à la cour de Bavière.

LASSWELL (Harold Dwight), sociologue américain, né à Donnellson (Illinois) [1902-1978]. Il a étudié l'influence des organes d'information sur la formation de l'opinion publique et posé les questions : « Qui dit quoi, par quel canal, à qui, et avec quel effet? »

LA SUZE (Henriette DE COLIGNY, *comtesse* DE), femme de lettres française, née à Paris (1618-1673), auteur de *Poésies* (1666) qui tranchent, par la sincérité, sur la littérature précieuse.

LAS VEGAS, v. des États-Unis (Nevada); 126 000 h. Centre touristique (jeux de hasard).

LATAKIEH → LATTAQUIÉ.

LATÉCOÈRE (Pierre), industriel français, né à Bagnères-de-Bigorre (1883-1943). Constructeur d'avions, il créa la ligne aérienne reliant Toulouse à Barcelone (1918), puis à Dakar (1925) et à l'Amérique du Sud (1930).

LATHAM (Hubert), aviateur français, né à Paris (1883-1912). Pilote de l'*Antoinette*, il échoua dans la traversée de la Manche (1909) mais atteignit le premier l'altitude de 1 000 m (1910).

LATIMER (Hugh), évêque de Worcester, né à Thurcaston (v. 1490-1555). Chapelain d'Henri VIII, il passa à la Réforme; il fut brûlé sous Marie Tudor.

LATIN DE CONSTANTINOPLE *(Empire),* État fondé en 1204 par les chefs de la quatrième croisade, à la suite de la prise de Constantinople; rapidement réduit territorialement par les rivalités et les partages, l'Empire fut détruit dès 1261 par Michel VIII Paléologue, qui restaura l'Empire byzantin.

LATINA, v. d'Italie, ch.-l. de prov., dans les anc. marais Pontins; 92 000 h. À proximité, centrale nucléaire.

LATINI (Brunetto), érudit et homme politique florentin (v. 1220-1294), ami et maître de Dante, auteur d'un *Livre du Trésor*, encyclopédie des connaissances scientifiques de son temps.

LATINS, nom des habitants du *Latium*. Les anciens Latins font partie des peuples indo-européens qui, dans la moitié du IIe millénaire, envahirent l'Italie. Constitués en cités-États réunis en

de **Lattre**
de **Tassigny**

confédérations dont la principale est la *Ligue latine* (Ve-IVe s. av. J.-C.), ils subirent d'abord la domination étrusque, puis celle de Rome, qui établit définitivement son hégémonie sur le Latium en 338-335 av. J.-C.

LATINUS, roi du Latium et héros héponyme des Latins. Il figure dans l'*Énéide* comme roi de Lavinium.

LATIUM, région de l'Italie centrale, sur la mer Tyrrhénienne, formée des prov. de Frosinone, Latina, Rieti, Rome et Viterbe; 17 203 km²; 4 997 000 h. Cap. *Rome.*

LATONE. *Myth.* Nom latin de la déesse grecque Lêto, honorée par les Romains comme déesse de la Santé.

LATOUCHE (Hyacinthe THABAUD DE LATOUCHE, dit **Henri de**), écrivain français, né à La Châtre (1785-1851), précurseur du journalisme moderne (*Mémoires de Mme Manson*) et éditeur d'André Chénier.

Latour *(château),* domaine de la comm. de Pauillac (Gironde). Grands vins rouges du Médoc.

LA TOUR (Georges DE), peintre français, né à Vic-sur-Seille (v. 1593-1652). Maître d'un caravagisme dépouillé, intériorisé, il a laissé des œuvres tantôt diurnes, tantôt nocturnes, religieuses (*Saint Sébastien et sainte Irène,* versions de Broglie et de Berlin) ou de genre (*le Tricheur,* Louvre; *la Femme à la puce,* Nancy).

LA TOUR (Maurice QUENTIN DE), pastelliste français, né à Saint-Quentin (1704-1788), célèbre pour ses portraits pleins de vie.

LA TOUR D'AUVERGNE (Théophile Malo Corret DE), officier français, né à Carhaix (1743-1800). Illustre combattant des guerres de la Révolution, surnommé le « premier grenadier de France », il fut tué au combat à Oberhausen. Son cœur est aux Invalides, son corps au Panthéon.

LATOUR-DE-CAROL (66800 Saillagouse), comm. des Pyrénées-Orientales; 430 h. Gare internationale.

LATOUR-DE-FRANCE (66720), ch.-l. de c. des Pyrénées-Orientales; 1019 h.

LA TOUR DU PIN CHAMBLY (René, *marquis* DE), humaniste chrétien français, né à Arrancy-sur-Crusne (1834-1924). Officier, il se consacra, après la Commune de Paris (1871), avec

nement italien, reconstituant la souveraineté du pape sur l'État du Vatican.

Latran *(conciles du),* nom donné à cinq conciles œcuméniques qui se tinrent dans le palais contigu à la basilique du Latran (1123-1139, 1179, 1215, 1512, 1517).

Latran *(palais du),* palais de Rome qui fut pendant dix siècles la résidence des souverains pontifes; l'*église Saint-Jean-de-Latran* (cathédrale de Rome), qui se trouve près du palais, fut fondée par Constantin et plusieurs fois rebâtie (c'est une des quatre basiliques majeures de Rome).

LATREILLE (André), naturaliste français, né à Brive-la-Gaillarde (1762-1833), un des fondateurs de l'entomologie.

LA TRÉMOILLE (DE) [-tremuj], famille poitevine, dont les plus importants représentants sont : GEORGES (1382-1446), favori du roi Charles VII, qui le nomma grand chambellan. Il prit part à la Praguerie (1440); — LOUIS II, petit-fils du précédent, né à Thouars (1460-1525), qui fut tué à Pavie; — CLAUDE, né à Thouars (1566-1604), qui combattit aux côtés d'Henri de Condé, puis d'Henri IV.

LATRONQUIÈRE (46210), ch.-l. de c. du Lot; 729 h.

LATTAQUIÉ ou **LATAKIEH**, port de Syrie, sur la Méditerranée; 126 000 h. C'est l'ancienne *Laodicée.*

LATTES (34970), comm. de l'Hérault, près de Montpellier; 3 963 h. Vestiges de cités antiques.

LATTRE DE TASSIGNY (Jean-Marie DE), maréchal de France, né à Mouilleron-en-Pareds (1889-1952). Il commanda la 1re armée française, qu'il mena de la Provence au Rhin et au Danube (1944-45), puis devint haut-commissaire et commandant en chef en Indochine (1950-1952). Maréchal à titre posthume.

LATUDE (Jean Henry DE), aventurier, né à Montagnac (Hérault) [1725-1805]. À la suite de machinations contre Mme de Pompadour, il fut enfermé à la Bastille, à Vincennes, au Châtelet, à Charenton. Il s'évada plusieurs fois, mais resta prisonnier trente-cinq ans.

LAUBE (Heinrich), écrivain allemand, né à Sprottau (1806-1884), l'un des chefs de la « Jeune-Allemagne » libérale.

LAUBERHORN → WENGEN.

LAUBEUF (Maxime), ingénieur français, né du Poissy (1864-1939). Il réalisa le prototype du submersible, mis en service en 1904, ancêtre du sous-marin moderne.

LAUD (William), prélat anglican, né à Reading (1573-1645). Évêque de Londres (1628), archevêque de Canterbury (1633), favori de Charles Ier avec Strafford, il persécuta les puritains; en Écosse, il se heurta à une telle opposition que Charles Ier l'abandonna; il mourut sur l'échafaud.

LAUE (Max VON), physicien allemand, né à Pfaffendorf (1879-1960). Il découvrit en 1912 la diffraction des rayons X par les cristaux. (Prix Nobel, 1914.)

LAUENBURG, anc. État d'Allemagne, voisin du Schleswig-Holstein. Cédé en 1816 au Danemark par la Prusse en échange de la Poméranie, il lui fut enlevé en 1864 (guerre des Duchés) par la Prusse et l'Autriche, puis cédé à la Prusse en 1865 par la convention de Gastein.

LAUGERIE-HAUTE, gisement paléolithique situé près des Eyzies-de-Tayac (Dordogne). Sa séquence stratigraphique a servi de référence pour l'établissement de la chronologie préhistorique en Europe occidentale.

LAUNAY (Bernard JORDAN DE), gouverneur de la Bastille, né à Paris (1740-1789), massacré lors de la prise de la forteresse.

LAUNCESTON, port d'Australie (Tasmanie); 62 000 h.

LAURAGAIS, petit pays du Languedoc, entre le bas Languedoc et le bassin d'Aquitaine (reliés par le seuil du Lauragais).

LAURENCIN (Marie), peintre français, née à Paris (1885-1956). Amie de Guillaume Apollinaire et des cubistes, elle est l'auteur de compositions d'une stylisation élégante, d'un coloris frais.

LAURENS (Henri), sculpteur et dessinateur français, né à Paris (1885-1954). Il a soumis les formes du réel à sa conception de l'harmonie plastique (Sirènes, 1937-1945).

LAURENT (saint), martyr, né en Espagne (v. 210-258). Diacre à Rome, il fut supplicié sur un gril ardent.

LAURENT (Auguste), chimiste français, né à La Folie (près de Langres) [1807-1853], l'un des créateurs de la notation atomique.

LAURENTIDES, ligne de hauteurs du Canada oriental, limitant au sud-est le bouclier canadien. Tourisme. Parc national.

LAURIER (sir Wilfrid), homme d'État canadien, né à Saint-Lin (Québec) [1841-1919]. Chef du parti libéral, Premier ministre de 1896 à 1911, il renforça l'autonomie du Canada.

LAURIÈRE (87370 St Sulpice Laurière), ch.-l. de c. de la Haute-Vienne; 696 h.

LAURION, région montagneuse de l'Attique, célèbre dans l'Antiquité pour ses mines de plomb argentifère.

LAURISTON (Jacques LAW, marquis DE), maréchal de France, né à Pondichéry (1768-1828). Aide de camp de Napoléon en 1800 et 1805, il se battit à Wagram, fut fait prisonnier à Leipzig (1813). Rallié aux Bourbons, nommé maréchal par Louis XVIII, il participa à l'expédition d'Espagne (1823).

LAUSANNE, v. de Suisse, ch.-l. du cant. de Vaud, près du lac Léman; 138 000 h. (Lausannois). Université. Cathédrale du XIIIe s. Musées. — Le traité de Lausanne, conclu entre les Alliés et la Turquie, le 24 juillet 1923, concernait le régime des Détroits et celui des capitulations, ainsi que la révision, au profit des Turcs, du traité de Sèvres de 1920.

LAUSSEDAT (Aimé), officier et savant français, né à Moulins (1819-1907). On lui doit l'application de la photographie au lever des plans.

LAUTARET (col du), col des Alpes (2 058 m) qui relie l'Oisans au Briançonnais.

LAUTER (la), riv. sur la frontière franco-allemande, affl. du Rhin (r. g.); 82 km.

LAUTERBOURG (67630), ch.-l. de c. du Bas-Rhin, sur la Lauter; 2 442 h. Anc. place forte.

LAUTERBRUNNEN, comm. de Suisse (Berne); 3 431 h. Station climatique.

LAUTRÉAMONT (Isidore DUCASSE, dit **le comte** DE), écrivain français, né à Montevideo (1846-1870), considéré par les surréalistes et les critiques contemporains comme un précurseur pour sa violence parodique et pour avoir pris pour sujet de sa création les procédés mêmes de la littérature (les Chants* de Maldoror, 1869; Poésies, 1870).

LAUTREC (81440), ch.-l. de c. du Tarn; 1 393 h. Église des XVe-XVIIIe s.

LAUTREC (Odet DE FOIX, vicomte DE), maréchal de France (1485-1528). Gouverneur du Milanais, battu à La Bicoque, il reçut cependant le commandement de l'armée d'Italie en 1527 et mourut au siège de Naples.

LAUZERTE (82110), ch.-l. de c. de Tarn-et-Garonne; 1 766 h.

LAUZÈS (46360), ch.-l. de c. du Lot; 152 h.

LAUZET-UBAYE (Le) [04340], ch.-l. de c. des Alpes-de-Haute-Provence; 221 h.

LAUZON, v. du Canada (Québec); 12 663 h.

LAUZUN (47410), ch.-l. de c. de Lot-et-Garonne; 942 h.

LAUZUN (Antonin NOMPAR DE CAUMONT LA FORCE, duc DE), officier français, né à Lauzun (1633-1723). Courtisan ayant joué un rôle aventureux à la cour de Louis XIV, il épousa la Grande Mademoiselle, cousine germaine du roi.

Lauzun (hôtel), demeure parisienne construite dans l'île Saint-Louis par Le Vau (1656), achetée en 1682 par le duc de Lauzun et appartenant à la Ville de Paris depuis 1928.

LAVAL (53000), ch.-l. du dép. de la Mayenne, sur la Mayenne, à 274 km à l'ouest de Paris; 54 537 h. (Lavallois). Évêché. Vieux château, des XIIe-XVIe s. (musées, dont celui d'art naïf). Pont du XIIIe s. Églises romanes et gothiques. Matériel téléphonique. Électronique.

LAVAL, v. du Canada, banlieue nord-ouest de Montréal; 246 243 h.

LAVAL (François DE **Montmorency**), prélat français, né à Montigny-sur-Avre (1623-1708). Vicaire apostolique en Nouvelle-France (1658), il fut le premier évêque de Québec (1674-1688).

LAVAL (Pierre), homme d'État français, né à Châteldon (1883-1945). Deux fois président du Conseil (1931-32, 1935-36), il se rapprocha de l'Italie et pratiqua une politique financière de déflation. Ministre d'État et vice-président du Conseil dès l'établissement du régime de Vichy (juill. 1940), Premier ministre du maréchal Pétain en avril 1942, il développa avec les Allemands une politique de collaboration et fut fusillé après la Libération.

LA VALETTE (Jean PARISOT DE), grand maître de l'ordre de Malte (1494-1568), célèbre par sa défense de Malte contre les Turcs.

LA VALLIÈRE (Louise DE LA BAUME LE BLANC, duchesse DE), favorite de Louis XIV, née à Tours (1644-1710). Elle entra au Carmel en 1674.

LAVAN, île et port pétrolier iraniens du golfe Persique.

LAVANDOU (Le) [83980], comm. du Var; 3 800 h. Station balnéaire sur la côte des Maures.

LAVARDAC (47230), ch.-l. de c. de Lot-et-Garonne; 2 532 h.

LAVARDIN (41800 Montoire sur le Loir), comm. de Loir-et-Cher; 222 h. Ruines imposantes d'un château des XIe-XIVe s. Église romane avec peintures des XIIe-XVIe s.

LAVATER (Johann Kaspar), philosophe, poète et théologien suisse, né à Zurich (1741-1801), inventeur de la physiognomonie.

LA VAULX (comte Henry DE), aéronaute français, né à Bierville (1870-1930). Célèbre par ses ascensions et voyages en ballon, il fonda l'Aéro-Club de France (1898) et la Fédération aéronautique internationale (1906).

LAVAUR (81500), ch.-l. de c. du Tarn, sur l'Agout; 8 299 h. (Vauréens). Deux églises de style gothique méridional. Laine.

LAVEDAN (le), pays des Pyrénées (haute vallée du gave de Pau).

vue de **Lausanne**

sir Wilfrid
Laurier

François
de Montmorency **Laval**
par Cl. François
dit « frère Luc »

LAVELANET (09300), ch.-l. de c. de l'Ariège; 9 463 h. (Lavelanétiens). Textile.

LAVENTIE (62840), ch.-l. de c. du Pas-de-Calais; 2 877 h.

LAVÉRA (13117), écart de la comm. de Martigues (Bouches-du-Rhône), sur le golfe de Fos. Port pétrolier. Raffinage du pétrole; chimie.

LAVERAN (Alphonse), bactériologiste et médecin militaire français, né à Paris (1845-1922). Il a étudié le paludisme. (Prix Nobel, 1907.)

LA VÉRENDRYE (Pierre GAULTIER DE VARENNES DE), explorateur canadien, né à Trois-Rivières (1685-1749). Il reconnut l'intérieur du continent, et deux de ses fils atteignirent les Rocheuses.

LA VIEUVILLE (Charles, marquis, puis duc DE), né à Paris (1582-1653). Surintendant des Finances sous Louis XIII, il fut l'adversaire de Richelieu.

LAVIGERIE (Charles), prélat français, né à Bayonne (1825-1892). Évêque de Nancy (1863), archevêque d'Alger (1866) et de Carthage (1884), cardinal (1882), il fonda, en 1868, les Missionnaires d'Afrique, dits « Pères blancs ». Adversaire de l'esclavagisme, il fut, par le toast qu'il prononça à Alger en 1890, l'instrument du ralliement des catholiques français à la République, souhaité par Léon XIII.

LA VIGERIE (Emmanuel D'ASTIER DE), homme politique français, né à Paris (1900-1969). Un des chefs de la Résistance, il fonda le mouvement puis le journal Libération (1941-1964).

LAVINIUM, v. du Latium, dont Énée était regardé comme le fondateur.

LAVISSE (Ernest), historien français, né au Nouvion-en-Thiérache (1842-1922). Professeur en Sorbonne (1888), directeur de l'École normale supérieure (1904-1922), il dirigea une vaste Histoire de France (1900-1912). [Acad. fr.]

LAVIT (82120), ch.-l. de c. de Tarn-et-Garonne; 1 263 h.

LAVOISIER (Antoine Laurent DE), chimiste français, né à Paris (1743-1794), l'un des créa-

Lavoisier
par J. Boze

Thomas Edward **Lawrence**
d'après A. John

Ernest Orlando
Lawrence

John **Law**

Laxness

Charles **Le Brun**
Martyre de saint Jean l'Évangéliste
1642

teurs de la chimie moderne. On lui doit la nomenclature chimique, la connaissance de la composition de l'air et de l'eau, la découverte du rôle de l'oxygène dans les combustions et dans la respiration animale, l'énoncé des lois de conservation de la masse et de conservation des éléments. En physique, il effectua les premières mesures calorimétriques. Député suppléant, il fit partie de la commission chargée d'établir le système métrique. Lavoisier fut exécuté avec les fermiers généraux, dont il faisait partie.

LAVOÛTE-CHILHAC (43380), ch.-l. de c. de la Haute-Loire; 262 h. Importants restes d'une abbaye (XIIe, XVe et XVIIIe s.).

LA VRILLIÈRE (Louis PHELYPEAUX, *comte* DE SAINT-FLORENTIN et DE), homme d'État français, né à Paris (1672-1725), secrétaire du Conseil de régence (1715).

LAVROVSKI (Leonid Mikhaïlovitch Ivanov), danseur, chorégraphe et pédagogue soviétique, né à Saint-Pétersbourg (1905-1967). Il a joué un rôle essentiel dans la vie chorégraphique soviétique (théâtres Malyï et Kirov de Leningrad, Bolchoï de Moscou) et signé d'importants ballets (*Roméo et Juliette, le Pavot rouge, la Fleur de pierre*).

LAW (John), financier écossais, né à Édimbourg (1671-1729). Partisan du développement du crédit, contrôleur général des finances de France, il fut le créateur de la Compagnie française des Indes et organisa, sous la Régence, un système de banque de dépôt et d'escompte, devenue banque d'émission, qui, par la faute des spéculateurs, se termina par une banqueroute (1720).

LAWFELD, auj. Laaffelt, village de Belgique (Limbourg), près de Maastricht. Victoire du maréchal de Saxe sur Cumberland (2 juill. 1747).

LAWRENCE (sir Thomas), peintre anglais, né à Bristol (1769-1830). Élève de Reynolds, premier peintre du roi (1792), son brio de portraitiste, d'une intensité parfois romantique, lui valut un immense succès.

LAWRENCE (David Herbert), écrivain anglais, né à Eastwood (1885-1930). Il exalte, dans ses romans, les élans de la nature et l'épanouissement de toutes les facultés humaines, à commencer par la sexualité (*Amants et fils*, 1913; *l'Amant de lady Chatterley*, 1928).

LAWRENCE (Thomas Edward), orientaliste et agent politique anglais, né à Tremadoc (pays de Galles) [1888-1935]. Passionné par les pays arabes du Proche-Orient, devenu en 1914 membre de l'Intelligence Service, il anima leur révolte contre les Turcs (1915-1918). Auteur des *Sept Piliers de la sagesse* (1926).

LAWRENCE (Ernest Orlando), physicien américain, né à Canton (Dakota du Sud) [1901-1958], prix Nobel en 1939 pour son invention du cyclotron.

LAXNESS (Halldór Kiljan GUDJONSSON, dit), écrivain islandais, né à Laxness (près de Reykjavík) en 1902. Il est l'auteur de romans sociaux et historiques (*Salka Valka*, 1931-32; *la Cloche d'Islande*, 1943-1946). [Prix Nobel, 1955.]

LAXOU [laksu *ou* laʃu] (54520), comm. de Meurthe-et-Moselle, banlieue de Nancy; 17 468 h. *(Laxoviens).*

LAY (le), fl. côtier de la Vendée, qui se jette dans le pertuis Breton; 125 km.

LAYON (le), affl. de la Loire (r. g.); 90 km. Vignobles sur les coteaux de sa vallée.

LAZARE (saint), frère de Marthe et de Marie, ressuscité par Jésus. Une légende en a fait le premier évêque de Marseille.

LAZARSFELD (Paul Felix), sociologue américain d'origine autrichienne, né à Vienne (1901-1976). Il s'intéressa surtout aux problèmes méthodologiques de l'enquête.

LAZZINI (Joseph), danseur et chorégraphe français, né à Nice en 1926. Aux frontières de l'académisme et d'un modernisme visionnaire, il a donné des œuvres d'une grande originalité (*Suite transocéane, E = mc²*, *le Fils prodigue*, *Ecce homo*).

LEACH (Edmund Ronald), anthropologue britannique, né à Sidmouth (Devon) en 1910. Dans son œuvre, notamment dans sa *Critique de l'anthropologie*, il montre le constant déséquilibre des systèmes sociaux.

LEAHY (William Daniel), amiral américain, né à Hampton (Iowa) [1875-1959]. Ambassadeur à Vichy (1940-1942), il fut chef d'état-major particulier de Roosevelt (1942-1945).

LEAKEY (Louis Seymour Bazett), paléontologue britannique, né à Kabete (près de Nairobi) [1903-1972]. Ses travaux sur les premiers hominiens ont bouleversé les idées traditionnelles sur l'origine de l'homme.

LEAMINGTON, v. d'Angleterre (Warwickshire), sur la Leam; 43 000 h. Station thermale.

LÉANDRE (saint), prélat espagnol, né à Carthagène (m. v. 600). Évêque de Séville, il convertit les Wisigoths ariens au catholicisme.

LEANG K'AI ou **LIANG KAI**, peintre chinois (fin du XIIe - début du XIIIe s.).

LEAO-NING ou **LIAONING**, prov. de la Chine du Nord-Est; 230 000 km²; 30 millions d'h. Cap. *Chen-yang.*

LEAO-TONG ou **LIAODONG**, golfe chinois de la mer Jaune, fermé à l'est par la *péninsule de Leao-tong.*

LÉAUTAUD (Paul), écrivain français, né à Paris (1872-1956), auteur d'un *Journal littéraire.*

LÉAUTÉ (Henry), ingénieur français, né à Belize (Honduras britannique) [1847-1916]. Spécialiste de la mécanique appliquée, il a étudié les transmissions à distance et la régulation du mouvement des machines.

LEAVITT (Henrietta), astronome américaine, née à Lancaster (Massachusetts) [1868-1921]. Ses observations des Céphéides (1913) sont à la base d'une méthode d'évaluation des distances des amas stellaires et des galaxies.

LE BAS (Philippe), homme politique français, né à Frévent (1765-1794). Conventionnel, membre du Comité de sûreté générale, ami de Robespierre, il fit preuve d'une grande énergie auprès des armées du Rhin et de Sambre-et-Meuse. Arrêté au 9-Thermidor, il se suicida.

LEBAUDY (Paul), industriel français, né à Enghien (1858-1937). Il consacra une partie de sa fortune à la construction de dirigeables, dont l'un d'eux, le *Morning-Post*, effectua la première traversée de la Manche (1910).

LEBBEKE, comm. de Belgique (Flandre-Orientale); 17 700 h.

LEBEAU (Joseph), homme d'État belge, né à Huy (1794-1865). Un des promoteurs de la révolution de 1830, il fut président du Conseil en 1840-41.

LE BEL (Achille), chimiste français, né à Pechelbronn (1847-1930), créateur, avec Van't Hoff, de la stéréochimie.

LEBESGUE (Henri), mathématicien français, né à Beauvais (1875-1941). Ses travaux se rapportent à l'analyse, en particulier à la théorie des fonctions de variables réelles.

LEBLANC (Maurice), écrivain français, né à Rouen (1864-1941), créateur, dans ses romans policiers, du type du gentleman cambrioleur, Arsène Lupin.

LEBŒUF (Edmond), maréchal de France, né à Paris (1809-1888), ministre de la Guerre en 1870.

LEBON (Philippe), ingénieur français, né à Brachay (1767-1804). Le premier, il utilisa le gaz provenant de la distillation du bois pour l'éclairage et le chauffage (1799).

LE BON (Gustave), médecin et sociologue français, né à Nogent-le-Rotrou (1841-1931). Pionnier de la sociologie, il était partisan d'une interprétation des comportements collectifs par une juxtaposition de psychologies individuelles (*la Psychologie des foules*, 1895).

LEBOURG (Albert), peintre impressionniste français, né à Montfort-sur-Risle (1849-1928).

LEBOWA, territoire de l'Afrique du Sud, dans le nord du Transvaal, habité par les Sothos; 22 000 km²; 1 100 000 h.

LEBRET (Louis-Joseph), économiste français, né au Minihic-sur-Rance (1897-1966). Dominicain (1923), il fonda, à Lyon, en 1940, « Économie et humanisme ».

LE BRIX (Joseph), officier de marine et aviateur français, né à Baden (Morbihan) [1899-1931]. Avec Costes, il réussit le tour du monde aérien par Rio de Janeiro, San Francisco et Tōkyō (1927-28), et conquit huit records mondiaux en 1931.

LE BRUN ou **LEBRUN** (Charles), peintre français, né à Paris (1619-1690). Protégé par Colbert et Louis XIV, chancelier de l'Académie, directeur des Gobelins et des arts de son époque, il exerça une influence considérable et présida à la décoration du château de Versailles.

LEBRUN

LEBRUN (Ponce Denis ÉCOUCHARD), poète français, né à Paris (1729-1807), auteur d'odes qui lui valurent le surnom de *Pindare*.

LEBRUN (Charles François), *duc* **de Plaisance**, homme politique français, né à Saint-Sauveur-Lendelin (Normandie) [1739-1824]. Il fut troisième consul après le 18-Brumaire. Architrésorier d'Empire (1804), il créa la Cour des comptes.

LEBRUN (Élisabeth, née VIGÉE) → VIGÉE-LEBRUN.

LEBRUN (Albert), homme d'État français, né à Mercy-le-Haut (Meurthe-et-Moselle) [1871-1950]. Plusieurs fois ministre (1911-1920), président du Sénat (1931), puis de la République (1932-1940), il se retira en juillet 1940.

LECANUET (Jean), homme politique français, né à Rouen en 1920. Président du Mouvement républicain populaire (1963), du Centre démocrate (1966), du Centre des démocrates-sociaux (1976) et de l'Union pour la démocratie française (1978), il a été plusieurs fois ministre.

LECCE, v. d'Italie (Pouille); 89 000 h. Édifices d'époque baroque, au décor exubérant.

LECCO, v. d'Italie (Lombardie), sur le *lac de Lecco*, branche du lac de Côme; 54 000 h.

LECH, riv. d'Allemagne fédérale et d'Autriche, affl. du Danube (r. dr.); 265 km.

LE CHAPELIER (Isaac René Guy), homme politique français, né à Rennes (1754-1794). Député du tiers état (1789), il rapporta la loi (14 juin 1791) qui interdit toute association entre gens de même métier et toute coalition.

LE CHATELIER (Henry), chimiste et métallurgiste français, né à Paris (1850-1936). Il créa l'analyse thermique et la métallographie microscopique. Il étudia les équilibres physico-chimiques.

LÉCHÈRE (La) [73260 Aiguebelanche], comm. de la Savoie; 2 304 h. Station thermale.

LECH-OBERLECH, station de sports d'hiver (alt. 1 450-2 492 m) d'Autriche (Vorarlberg).

LECLAIR (Jean-Marie), violoniste et compositeur français, né à Lyon (1697-1764). Il est la figure prédominante de l'école française de violon au XVIIIᵉ s. français (sonates, concertos).

LECLANCHÉ (Georges), ingénieur français, né à Paris (1839-1882), inventeur de la pile électrique qui porte son nom (1867).

LECLERC (Charles), général français, né à Pontoise (1772-1802). Compagnon de Bonaparte, mari de sa sœur Pauline (1797), il commanda l'expédition de Saint-Domingue, où il mourut.

LECLERC (Philippe DE HAUTECLOCQUE, dit), maréchal de France, né à Belloy-Saint-Léonard (1902-1947). Il se distingua au Cameroun, au Fezzan et en Tunisie (1940-1943). Débarqué en Normandie (1944), il entra à Paris à la tête de la 2ᵉ division blindée, qu'il conduisit jusqu'à Berchtesgaden. Commandant les troupes d'Indochine (1945), inspecteur des troupes d'Afrique du Nord, il périt dans un accident d'avion. Maréchal à titre posthume (1952).

LECLERC (Félix), auteur, compositeur et chanteur canadien, né à La Touque en 1914, l'un des pionniers de la chanson québécoise.

LE CLÉZIO (Jean-Marie), écrivain français, né à Nice en 1940. Il cherche à traduire dans ses romans la diversité du vivant dans ses manifestations les plus quotidiennes ou les plus insolites, multipliant les recherches d'écriture (*le Procès-Verbal*, 1963; *la Fièvre*, 1965; *Mydriase*, 1973; *Mondo et autres histoires*, 1978).

LÉCLUSE (Charles DE), botaniste français, né à Arras (1526-1609). Il introduisit en Europe la pomme de terre.

LECOCQ (Charles), compositeur français, né à Paris (1832-1918), habile auteur d'opérettes (*la Fille de Mᵐᵉ Angot*, 1872; *le Petit Duc*, 1878).

LECOMTE DU NOÜY (Pierre), biologiste français, né à Paris (1883-1947).

LECONTE DE LISLE (Charles Marie LECONTE, dit), poète français, né à Saint-Paul (la Réunion) [1818-1894]. Adepte d'une poésie impersonnelle (*Poèmes* antiques, 1852; *Poèmes barbares*, 1862), il groupa autour de lui les écrivains qui formèrent l'école parnassienne. (Acad. fr.)

le maréchal **Leclerc**

Jean-Marie **Leclair** gravure de J. Ch. François

LECOQ DE BOISBAUDRAN (François), chimiste français, né à Cognac (1838-1912). Il isola le gallium.

LE CORBUSIER (Édouard JEANNERET-GRIS, dit), architecte, urbaniste, théoricien et peintre français d'origine suisse, né à La Chaux-de-Fonds (1887-1965). Formé par sa fréquentation des ateliers de T. Garnier, d'A. Perret et de Behrens, il eut le souci de renouveler l'architecture en fonction de la vie sociale et d'utiliser des volumes simples, articulés selon des plans d'une grande liberté, qui tendent à l'interpénétration des espaces. Il a exprimé ses conceptions, très discutées, dans des revues comme *l'Esprit nouveau* (1920-1925) et dans des ouvrages qui ont exercé une influence dans le monde entier (*Vers une architecture*, 1923; *la Ville radieuse*, 1935; *la Charte d'Athènes*, 1943; *le Modulor*, 1950). Il est passé de l'angle droit (villa Savoye à Poissy, 1929; «unité d'habitation» de Marseille, 1947) à une expression plus lyrique (chapelle de Ronchamp ou Capitole de Chandigarh).

LECOURBE (Claude, *comte*), général français, né à Besançon (1759-1815). Il se distingua en Suisse contre Souvorov (1799).

LECOUVREUR (Adrienne), tragédienne française, née à Damery, près d'Épernay (1692-1730).

LECQUES (les), station balnéaire du Var (comm. de Saint-Cyr-sur-Mer).

LECTOURE (32700), ch.-l. de c. du Gers; 4 403 h. Anc. cap. de l'Armagnac. Église remontant au XIIIᵉ s.

LÉDA. *Myth. gr.* Femme de Tyndare. Elle fut aimée de Zeus, qui prit la forme d'un cygne pour la séduire et dont elle eut Castor et Pollux, Hélène et Clytemnestre.

LE DAIN ou **LE DAIM** (Olivier NECKER, dit **Olivier**), barbier et confident de Louis XI. Il fut pendu en 1484 en raison des haines accumulées contre lui.

LE DANTEC (Félix), biologiste français, né à Plougastel-Daoulas (1869-1917), auteur de la notion d'assimilation fonctionnelle.

LEDE, comm. de Belgique (Flandre-Orientale); 17 000 h.

LÉDIGNAN (30350), ch.-l. de c. du Gard; 812 h.

LEDOUX (Claude Nicolas), architecte français, né à Dormans (1736-1806). Son œuvre, dont il reste peu, est dominée par les salines d'Arc-et-Senans (1775-1779, inachevées) et les plans de la ville qui devait les entourer. Son langage associe répertoire antique, symbolisme des formes géométriques simples et anticipations romantiques.

LEDRU-ROLLIN (Alexandre Auguste LEDRU, dit), homme politique français, né à Paris (1807-1874). Avocat démocrate, député à partir de 1841, il lança *la Réforme* (1843), organe du

Le Corbusier : chapelle Notre-Dame-du-Haut à Ronchamp (1950-55)

radicalisme. Ministre de l'Intérieur en février 1848, il réagit contre les extrémistes de gauche. Après juin 1848, il dut s'incliner devant Cavaignac. Député à l'Assemblée législative (mai 1849), il tenta vainement, dès le 13 juin, d'organiser une journée — dite «du Conservatoire des arts et métiers» — contre l'Assemblée réactionnaire. Il vécut en exil jusqu'en 1870.

LÊ DUAN, homme politique vietnamien, né dans la province de Quang Tri en 1908. Premier secrétaire du Lao Dong (parti communiste nord-vietnamien) depuis 1960, il a succédé à Hô Chi Minh.

LEDUC (René), ingénieur et constructeur d'avions français, né à Corbeil (1898-1968), spécialiste de la thermopropulsion.

LEE (Robert Edward), général américain, né à Stratford (Virginie) [1807-1870]. Chef des armées sudistes pendant la guerre de Sécession, vainqueur à Richmond (1862), il dut capituler à Appomatox en 1865.

LEE (Mary Ann), danseuse américaine, née à Philadelphie (1823-1899).

LEEDS, v. du nord de l'Angleterre; 495 000 h. Musées. Centre lainier. Métallurgie.

LEERS (59115), comm. du Nord; 7 788 h.

LEEUWARDEN, v. des Pays-Bas, ch.-l. de la Frise; 86 000 h. Monuments des XVIᵉ-XVIIIᵉ s.

LEEUWENHOEK (Antonie VAN) → VAN LEEU-WENHOEK.

LEEUW-SAINT-PIERRE, en néerl. **Sint Pieters Leeuw,** comm. de Belgique (Brabant); 27 500 h.

LEEWARD ISLANDS → SOUS-LE-VENT *(îles).*

LEFEBVRE (François Joseph), *duc* **de Dantzig,** maréchal de France, né à Rouffach (1755-1820). Il se distingua à Fleurus (1794), fit capituler Dantzig (1807) et commanda la vieille garde (1812-1814). — Sa femme, CATHERINE **Hubscher,** ancienne blanchisseuse, fut popularisée par Sardou sous le nom de *Madame Sans-Gêne*.

LEFEBVRE (Georges), historien français, né à Lille (1874-1959). Il renouvela fondamentalement les études consacrées à la Révolution française à partir de sa thèse sur *les Paysans du Nord pendant la Révolution* (1924).

LEFEBVRE (Henri), philosophe et sociologue français, né à Hagetmau (Landes) en 1901. Son œuvre (*Critique de la vie quotidienne*, 1947; *le Droit à la ville*, 1973) tente de promouvoir un marxisme humaniste.

LEFEBVRE (René), aviateur français, né à Vénizel (1903-1972), pionnier de la traversée de l'Atlantique Nord.

LEFÈVRE (Théo), homme politique belge, né à Gand (1914-1973). Social-chrétien, il fut Premier ministre de 1961 à 1965.

LEFÈVRE d'Étaples, humaniste et théologien français, né à Étaples (v. 1450-1537). Il fut cheville ouvrière, avec Briçonnet, du «cénacle de Meaux» (groupe de biblistes et de théologiens humanistes). Sa traduction et ses commentaires de la Bible le firent soupçonner de favoriser les idées de la Réforme.

LEFFRINCKOUCKE (59240 Dunkerque), comm. du Nord; 5 307 h. Métallurgie.

LEFOREST [-RƐ] (62790), ch.-l. de c. du Pas-de-Calais; 8 047 h.

Légataire universel *(le),* comédie de Regnard (1708).

Fernand **Léger** : *le Mécanicien* (1920)

National Gallery of Canada, Ottawa

LEGÉ (44650), ch.-l. de c. de la Loire-Atlantique; 3 489 h.

Légende des siècles *(la)*, recueil de poèmes de Victor Hugo, comportant trois séries (1859, 1877, 1883). C'est une épopée évoquant l'évolution de l'humanité à travers ses différentes civilisations.

Légende dorée *(la)*, nom donné au XVe s. au recueil de Vies de saints composé par Jacques de Voragine au XIIIe s.

LE GENDRE (Adrien Marie), mathématicien français, né à Paris (1752-1833), auteur de nombreux travaux en arithmétique et en analyse mathématique.

LEGENDRE (Louis), homme politique français, né à Versailles (1752-1797). Boucher à Paris, député montagnard à la Convention (1792), il fut l'un des chefs de la réaction thermidorienne.

LÉGER *(saint)*, évêque d'Autun, né en Neustrie (v. 616-v. 678). Il eut les yeux crevés par ordre d'Ébroïn.

LÉGER (Fernand), peintre français, né à Argentan (1881-1955). Après avoir pratiqué le cubisme, il s'orienta vers un art inspiré par les aspects techniques et populaires de la vie moderne. Il s'intéressa à la décoration monumentale (mosaïque, vitrail, céramique). Un musée national lui est consacré à Biot (Alpes-Maritimes).

Légion d'honneur *(ordre de la)*, ordre national français, institué en 1802 par Bonaparte en récompense de services militaires et civils. Cinq classes : grand-croix, grand officier, commandeur, officier, chevalier. Ruban rouge. La discipline de l'ordre est régie par une grande chancellerie, suivant un code révisé en 1962.

LEGNANO, v. d'Italie (Lombardie); 48 000 h. Victoire des Milanais sur Frédéric Barberousse (1176).

LEGNICA, v. de Pologne, en basse Silésie; 84 000 h. Monuments du Moyen Âge.

LEGRENZI (Giovanni), compositeur italien, né à Clusone (1626-1690), maître de chœur de Saint-Marc de Venise.

LEGROS (Pierre), sculpteur français, né à Chartres (1629-1714). Il a notamment travaillé pour le parc de Versailles. — Son fils PIERRE II, né à Paris (1666-1718), également sculpteur, se fixa à Rome.

LÉGUEVIN (31490), ch.-l. de c. de la Haute-Garonne; 2 186 h.

LEHÁR (Franz), compositeur d'opérettes austro-hongrois, né à Komárno (1870-1948), auteur de *la Veuve joyeuse* (1905) et du *Pays du sourire* (1929).

LEIBL (Wilhelm), peintre allemand, né à Cologne (1844-1900), un des chefs de l'école réaliste.

LEIBNIZ (Gottfried Wilhelm), philosophe et mathématicien allemand, né à Leipzig (1646-1716). Il publia dès vingt ans un essai d'analyse combinatoire (*De arte combinatoria*) et se lia avec les savants et penseurs de son temps (Pascal, Huygens, Spinoza, etc.). Il découvrit en même temps que Newton les principales règles du calcul infinitésimal. Dans son œuvre (*Nouveaux Essais sur l'entendement humain,* 1704;

Essais de théodicée, 1710; *Monadologie,* 1714), il développe une argumentation mathématique et philosophique et montre que Dieu, être infini, est le créateur du monde. Formé d'un nombre infini de monades entre lesquelles Dieu a préétabli une harmonie, le monde s'offre à l'homme à travers une infinité de points de vue possibles, que Leibniz tente d'articuler à l'aide d'une métamathématique où les vérités s'énoncent à partir de règles logiques définies.

LEIBOWITZ (René), compositeur français d'origine polonaise, né à Varsovie (1913-1972). Il a joué un grand rôle pour la connaissance, en

Gottfried Wilhelm **Leibniz**

Giraudon

Michel **Leiris**

M. L. de Decker-Gamma

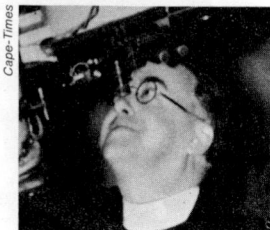

monseigneur **Lemaître**

Cape-Times

France, de la musique dodécaphonique (*Introduction à la musique de douze sons,* 1949).

LEICESTER, v. d'Angleterre, ch.-l. du comté du même nom; 284 000 h. Vestiges romains et monuments médiévaux. Industries diverses.

LEICESTER (Robert DUDLEY, *comte* DE), courtisan anglais (v. 1532-1588), favori d'Élisabeth Ire.

LEICESTER (*comte* DE) → MONTFORT (Simon DE).

LEIF ERIKSSON, Viking norvégien, né en Islande (v. 970-v. 1021). Il aurait atteint en l'an 1000 le continent américain.

LEIJONHUFVUD (Axel-Stig), économiste suédois, né à Stockholm en 1933. Il a renouvelé les analyses économiques keynésiennes.

LEINE (la), riv. de l'Allemagne fédérale, affl. de l'Aller (r. g.); 281 km. Elle passe à Hanovre.

LEINSTER, prov. orientale de la république d'Irlande; 1 497 000 h. V. pr. *Dublin.*

LEIPZIG, v. de l'Allemagne démocratique (Saxe), près de l'Elster; 574 000 h. Université. Musées. Important centre commercial (foire internationale) et industriel (métallurgie, optique, chimie, textile, édition). Victoire de Gustave II Adolphe sur les Impériaux en 1631. Bataille entre Français et Alliés en 1813, dite « bataille des Nations ».

LEIRIS (Michel), écrivain et ethnographe français, né à Paris en 1901. Il fut membre du groupe surréaliste. L'exploration ethnographique fut surtout pour lui un moyen de partir à la recherche de lui-même (*l'Afrique fantôme,* 1934; *l'Âge d'homme,* 1939; *Biffures,* 1948; *Fourbis,* 1955; *Frêle Bruit,* 1976).

LEITHA, riv. qui divisait l'Autriche-Hongrie en *Cisleithanie* et en *Transleithanie*. Elle se jette dans le Danube (r. dr.); 178 km.

LE JEUNE (Claude), compositeur français, né à Valenciennes (v. 1530-1600), auteur de motets, de psaumes et de chansons polyphoniques, dont certaines, écrites suivant les lois de la « musique mesurée » (*le Printemps*).

LEK (le), branche septentrionale du Rhin inférieur, aux Pays-Bas.

LEKAIN (Henri Louis CAIN, dit), tragédien français, né à Paris (1729-1778), interprète de Voltaire.

LEKEU (Guillaume), compositeur belge, né à Heusy (1870-1894), auteur de musique de chambre et symphonique.

LELY (Pieter VAN DER FAES, dit **sir Peter**), portraitiste anglais d'origine néerlandaise, né à Soest (Westphalie) [1618-1680]. Fixé à Londres en 1641, il succéda à Van Dyck en tant que portraitiste de la Cour.

LEMAIRE de Belges (Jean), poète et chroni-

queur d'expression française, né à Bavay (Hainaut) [1473-v. 1515]. Sa poésie (*la Couronne margaritique,* 1504; *Épîtres de l'amant vert,* 1505) marque la transition entre les grands rhétoriqueurs et la Pléiade.

LEMAISTRE (Antoine), avocat et écrivain janséniste, né à Paris (1608-1658). — Son frère ISAAC, dit **Lemaistre de Sacy,** né à Paris (1613-1684), fut le directeur spirituel des religieuses de Port-Royal. Son édition de la Bible, dite « édition de Mons », suscita de violentes polémiques.

LEMAÎTRE (Antoine Louis Prosper, dit **Frédérick**), acteur français, né au Havre (1800-1876). Il triompha dans le drame romantique et le mélodrame (*l'Auberge des Adrets*).

LEMAÎTRE (Mgr Georges), astrophysicien belge, né à Charleroi (1894-1966), auteur d'un modèle relativiste d'Univers en expansion (1927) et d'une théorie cosmologique selon laquelle l'Univers aurait connu une explosion primordiale (1931).

LÉMAN *(lac)*, lac d'Europe, au nord des Alpes de Savoie, traversé par le Rhône. Situé à 375 m d'altitude, long de 72 km, il a une superficie de 582 km². La rive sud appartient à la France; la rive nord est suisse. — On donne parfois le nom de *lac de Genève* à la partie du lac proche de cette ville.

LEMAN (Gérard), général belge, né à Liège (1851-1920). Il défendit Liège en 1914.

LE MAY (Pamphile), écrivain canadien d'expression française, né à Lotbinière (Québec) [1837-1918], auteur de poèmes rustiques (*les Gouttelettes,* 1904) et de contes.

LEMBERG, nom allemand de *Lvov*.

LEMBEYE [-bɛj] (64350), ch.-l. de c. des Pyrénées-Atlantiques; 744 h.

LEMELIN (Roger), écrivain canadien d'expression française, né à Québec en 1919, peintre satirique du Canada moderne (*les Plouffe*).

LEMERCIER (Jacques), architecte français, né à Pontoise (v. 1585-1654). Il a notamment construit le pavillon de l'Horloge au Louvre, la chapelle de la Sorbonne, la ville et l'ancien château de Richelieu.

LEMERCIER (Népomucène), écrivain français, né à Paris (1771-1840). Il orienta la tragédie vers les sujets nationaux. (Acad. fr.)

LÉMERY (Nicolas), apothicaire et chimiste français, né à Rouen (1645-1715). Il a étudié les sels extraits des végétaux et des poisons.

LEMIRE (Jules), ecclésiastique français, né à Vieux-Berquin (1853-1928). Prêtre (1878) gagné à la démocratie chrétienne, puis député d'Hazebrouck à partir de 1893; il s'attacha surtout à défendre les intérêts de la famille paysanne.

LEMNOS ou **LIMNOS,** île grecque de la mer Égée.

LEMOINE (Jean), cardinal français, né à Crécy-en-Ponthieu (v. 1250-1313). Il fonda à Paris un collège qui porta son nom.

LEMONNIER (Camille), écrivain belge d'expression française, né à Ixelles (1844-1913), auteur de romans naturalistes (*Happe-chair,* 1886).

LÉMOVICES, peuple gaulois, établi, à l'époque romaine, dans le *Limousin* actuel.

LEMOYNE, famille de sculpteurs français, dont

le plus connu est JEAN-BAPTISTE II, né à Paris (1704-1778). Artiste officiel, représentant du style rocaille, il est l'auteur de bustes d'une remarquable vivacité.

LEMOYNE ou **LEMOINE** (François), peintre français, né à Paris (1688-1737). Il donna à la grande décoration française un style plus lumineux, plus frémissant (plafond du salon d'Hercule, à Versailles) et fut le maître de Boucher et de Natoire.

LE MOYNE DE BIENVILLE (Jean-Baptiste), administrateur français, né à Ville-Marie (auj.

Le Nain : *la Forge*

Montréal) [1680-1768], qui joua un rôle important dans le développement de la Louisiane, dont il fut plusieurs fois gouverneur.

LE MOYNE D'IBERVILLE (Pierre), marin et explorateur français, né à Ville-Marie (auj. Montréal) [1661-1706]. Il combattit les Anglais au Canada et à Terre-Neuve (1686-1697), puis fonda la colonie de la Louisiane (1699).

LEMPDES (63370), comm. du Puy-de-Dôme; 6 562 h.

LENA (la), fl. de Sibérie, tributaire de l'océan Arctique; 4 270 km.

LE NAIN, nom de trois frères : ANTOINE (m. en 1648), LOUIS (m. en 1648) et MATHIEU (m. en 1677), peintres français, nés à Laon, installés à Paris en 1629. Malgré des différences évidentes de « mains », les historiens d'art ne sont pas parvenus à répartir entre chacun des trois frères les quelque soixante tableaux qui leur sont attribués aujourd'hui avec certitude. Il s'agit d'œuvres religieuses (*Nativité de la Vierge*, Notre-Dame de Paris), de petites scènes de genre (le *Vieux Joueur de flageolet*, Detroit) et surtout de scènes de la vie paysanne qui représentent un sommet du réalisme français (la *Famille de paysans*, Louvre).

LE NAIN DE TILLEMONT (Louis Sébastien), historien français, né à Paris (1637-1698). Élève des solitaires de Port-Royal, il est l'auteur de *Mémoires pour servir à l'histoire ecclésiastique des six premiers siècles*.

LENARD (Philipp), physicien allemand, né à Presbourg (1862-1947), prix Nobel en 1905 pour ses travaux sur les rayons cathodiques.

LENAU (Nikolaus), poète autrichien, né à Csátad (auj. Lenauheim, en Roumanie) [1802-1850], auteur de poésies élégiaques (*Chants des joncs*) et d'un poème dramatique où il fait de Faust un héros révolté.

LENCLOÎTRE (86140), ch.-l. de c. de la Vienne; 1871 h. Anc. abbatiale des XIIe et XVe s.

LENCLOS (Anne, dite **Ninon de**), femme de lettres française, née à Paris (1620-1705). Son salon fut fréquenté par les libres penseurs.

LENINABAD, v. de l'U. R. S. S. (Tadjikistan); 123 000 h.

LENINAKAN, v. de l'U. R. S. S. (Arménie); 192 000 h.

LÉNINE (pic), un des plus hauts sommets de l'U. R. S. S., dans le Pamir; 7 134 m.

Lénine
au deuxième congrès
du Komintern, en 1920
peinture de Belaissov

LÉNINE (Vladimir Ilitch OULIANOV, dit), homme d'État russe, né à Simbirsk (auj. Oulianovsk) [1870-1924]. Engagé très jeune dans le mouvement révolutionnaire, gagné au marxisme, il dut s'exiler une première fois en 1900. En Suisse, où il fonda un journal, l'*Iskra*, il imposa la conception bolchevik de l'organisation révolutionnaire, à propos de laquelle il rédigea *Que faire?* (1902). Après l'échec de la révolution de 1905, il dut s'exiler de nouveau (Paris, Genève), rédigeant, en 1908, *Matérialisme et empiriocriticisme*. Rentré en Russie (avr. 1917), il prit la tête de la révolution (octobre). La paix signée (1918), il organisa d'abord le « communisme de guerre », afin d'écraser la contre-révolution, puis établit la NEP. Ses dernières forces, Lénine les voua à la lutte contre le bureaucratisme, en faveur de la « ligne de masse ». Fondateur de l'U. R. S. S. (1922), Lénine reste l'un des grands théoriciens du marxisme (*l'Impérialisme, stade suprême du capitalisme*, 1917; *l'État et la Révolution*, 1918; le *Gauchisme, maladie infantile du communisme*, 1920).

Lénine (ordre de), le plus élevé des ordres civils et militaires soviétiques, créé en 1930.

Lénine (prix), prix fondés par le gouvernement soviétique (1956) pour remplacer les prix Staline, destinés à récompenser savants, artistes et écrivains de l'U. R. S. S. Trente prix peuvent être distribués tous les deux ans. Les prix Lénine de la paix sont décernés à des personnalités du monde entier.

LENINGRAD, jusqu'en 1924 **Petrograd**, autref. et jusqu'en 1914 **Saint-Pétersbourg**, port de l'U. R. S. S., anc. cap. de la Russie, à l'embouchure de la Neva; 4 425 000 h. Saint-Pétersbourg, fondée par Pierre le Grand en 1703, se développa surtout sous Anna Ivanovna (1730-1740) et sous Élisabeth (1741-1762). Les principales constructions du XVIIIe s. et du début du XIXe sont l'œuvre des Italiens Rastrelli (palais d'Hiver), Giacomo Quarenghi (théâtre de l'Ermitage, de style néoclassique) et Carlo Rossi, des Français Vallin de La Mothe (académie des Beaux-Arts, Petit Ermitage) et Thomas de Thomon (Bourse), du Russe Adrian Zakharov (Amirauté, de style Empire), etc. Musée de l'Ermitage*. La ville fut le théâtre principal des révolutions de 1905 et 1917. Elle soutint un dur siège contre les Allemands de 1941 à 1943. C'est aujourd'hui un grand centre industriel : constructions mécaniques, industries textiles et chimiques, etc.

LENINSK-KOUZNETSKI, v. de l'U. R. S. S. (R. S. F. S. de Russie), dans le Kouzbass; 131 000 h. Centre minier et métallurgique.

LENOIR (Alexandre), archéologue français, né à Paris (1761-1839). Il collecta et préserva nombre de sculptures et de monuments funéraires pendant la Révolution.

LENOIR (Étienne), ingénieur français d'origine wallonne, né à Mussy-la-Ville (1822-1900). Il prit le premier brevet de moteur à explosion (1860).

LENOIR-DUFRESNE (Joseph), industriel français, né à Alençon (1768-1806). Avec F. Richard* il introduisit en France la filature du coton au moyen de la *mule-jenny*, connue alors seulement en Angleterre.

LE NÔTRE (André), dessinateur de jardins et architecte français, né à Paris (1613-1700). Carac-

palais d'Hiver (1754-1762) à **Leningrad**

téristiques de ses travaux, le schéma géométrique, les vastes perspectives, l'usage des plans et jeux d'eau ainsi que des statues créèrent le cadre imposant du Grand Siècle et firent la célébrité du jardin « à la française » (Vaux-le-Vicomte, Versailles, etc.).

LENOTRE (Théodore GOSSELIN, dit **G.**), historien français, né près de Metz (1857-1935), auteur d'ouvrages anecdotiques sur la Révolution. (Acad. fr.)

LENS [lãs] (62300), ch.-l. d'arr. du Pas-de-Calais; 40 281 h. (*Lensois*); l'agglomération compte plus de 300 000 h. Houille. Métallurgie. Victoire de Condé, qui amena la paix de Westphalie (20 août 1648).

LENZ (Jakob Michael Reinhold), écrivain allemand, né à Sesswegen (1751-1792). Il fut par ses drames l'un des principaux représentants du Sturm* und Drang (le *Précepteur*, 1774; les *Soldats*, 1776).

LENZ (Heinrich), physicien balte, né à Dorpat (1804-1865), auteur, en 1833, de la loi qui donne le sens des courants induits.

LEOBEN, v. d'Autriche (Styrie), dans la haute vallée de la Mur; 35 000 h. Les préliminaires du traité de Campoformio y furent signés en 1797.

LÉOCHARÈS, sculpteur athénien (IVe s. av. J.-C.). Il a participé notamment, avec Scopas, à la décoration du mausolée d'Halicarnasse.

LÉOGNAN (33850), comm. de la Gironde; 5 141 h. Vignobles.

LÉON, région du nord-ouest de l'Espagne, conquise aux IXe-Xe s. par les rois des Asturies, qui prirent le titre de rois de León (914), et réunie définitivement à la Castille en 1230. Elle comprend aujourd'hui les provinces de León, Zamora et Salamanque; 38 363 km²; 1 101 000 h. — Cap. *León*, ch.-l. de la prov. du même nom; 116 000 h. Importants monuments du Moyen Âge et de la Renaissance.

LÉON (le), région de l'extrémité nord-ouest de la Bretagne (Finistère). Cultures maraîchères. (Hab. *Léonards*.)

LÉON, v. du Mexique central; 497 000 h. Métallurgie.

LÉON, v. du Nicaragua; 91 000 h.

LÉON Ier (saint), dit **le Grand**, né à Volterra? (m. en 461), pape de 440 à 461. En 452, il persuada Attila d'évacuer l'Italie, mais ne put, en 455, empêcher le sac de Rome par les Vandales de Geiséric. Son action fut décisive au concile de Chalcédoine (451). Il joua un rôle important dans l'organisation de la liturgie romaine. — LÉON II (saint), né en Sicile (m. en 683), pape de 682 à 683. — LÉON III (saint), né à Rome (750-816), pape de 795 à 816. Il proclama Charlemagne empereur d'Occident en 800. — LÉON IV (saint) [m. en 855], pape de 847 à 855. — LÉON V (m. en 903), pape en 903. — LÉON VI (m. en 928), pape en 928. — LÉON VII (m. en 939), pape de 936 à 939. — LÉON VIII, pape de 963 à 965. Sa légitimité est douteuse. — LÉON IX (saint) [Bruno d'Egisheim-Dagsbourg], né à Egisheim (Alsace) [1002-1054], pape de 1049 à 1054, sous lequel eut lieu la séparation définitive de l'Église grecque. Il se montra énergique dans la réforme de l'Église. — LÉON X (Jean de *Médicis*), né à Florence (1475-1521), pape de 1513 à 1521. Admi-

le pape **Léon XIII**

Wassily Leontief

Léonard de Vinci
Deux Têtes

Léopold Ier de Belgique
par Fr.-X. Winterhalter

Léopold II de Belgique
par P. Tossyn

Léopold III
par J. Damien
et A. Rutten Hasselt

rateur des chefs-d'œuvre de l'Antiquité, il protégea les arts, les lettres et les sciences. Il clôtura le Ve concile de Latran (1517), mais son pontificat vit naître le schisme de Luther; il condamna ce dernier par la bulle *Exsurge Domine* (1520). Il signa avec François Ier le concordat de 1516. — LÉON XI (Alexandre *de Médicis*), né à Florence (1535-1605), pape en 1605. — LÉON XII (Annibale *Sermattei Della Genga*), né à Genga (1760-1829), pape de 1823 à 1829. — LÉON XIII (Vincenzo Gioacchino *Pecci*), né à Carpineto Romano (1810-1903), pape de 1878 à 1903. Grand humaniste, il préconisa en France le « ralliement » (1892) et, dans une série d'encycliques retentissantes sur la société moderne, encouragea le catholicisme social et la pénétration religieuse du monde ouvrier (*Rerum novarum*, 15 mai 1891). On lui doit aussi le renouveau des études exégétiques, historiques et théologiques (néothomisme).

LÉON Ier le Grand, empereur d'Orient de 457 à 474. — LÉON II, empereur d'Orient en 474. — LÉON III *l'Isaurien*, né à Germanicea (Commagène) [v. 675-741], empereur d'Orient de 717 à 741. Il rétablit la situation de l'Empire en battant les Arabes. Il se montra résolument iconoclaste. — LÉON IV *le Khazar* (750-780), empereur d'Orient de 775 à 780. — LÉON V *l'Arménien* (m. en 820), empereur d'Orient de 813 à 820. — LÉON VI *le Philosophe* (866-912), empereur d'Orient de 886 à 912. Il promulga l'important recueil de lois appelé les *Basiliques*.

LÉON l'Africain, géographe arabe, né à Grenade (v. 1483 - apr. 1554), auteur d'une *Description de l'Afrique* (1550).

LÉONARD de Noblat (*saint*), ermite (m. v. 559). Il vécut à Noblat, en Limousin, où sa cellule devint le noyau d'un monastère, puis un lieu de pèlerinage.

LÉONARD (Nicolas Germain), écrivain français, né à Basse-Terre (Guadeloupe) [1744-1793], auteur d'élégies et de romans sentimentaux.

LÉONARD de Vinci, peintre, sculpteur, architecte, ingénieur et savant italien, né à Vinci, près de Florence, m. au château de Cloux (auj. Clos-Lucé), près d'Amboise, en 1516, à l'invitation de François Ier. Il vécut surtout à Florence et à Milan, avant de partir pour la France, en 1516. Il est d'abord célèbre comme peintre, auteur de *la Joconde**, de *la Vierge aux rochers* (Louvre et National Gallery), de *la Cène* (Milan), etc. Rival

de Michel-Ange, il s'intéressa à toutes les branches de l'art et de la science, ainsi qu'en témoignent ses écrits et ses étonnants carnets de dessins.

LEONCAVALLO (Ruggero), compositeur italien, né à Naples (1858-1919), auteur de *Paillasse* (1892).

LEONI (Leone), sculpteur, fondeur et médailleur italien, né à Menaggio, près de Côme (1509-1590). Il travailla pour Charles Quint et exécuta le mausolée de Jean-Jacques de Médicis à la cathédrale de Milan, inspiré de Michel-Ange. — Son fils POMPEO, né à Pavie (v. 1533-1608), est l'auteur des monuments funéraires de la chapelle de l'Escorial.

LÉONIDAS Ier (m. en 480 av. J.-C.), roi de Sparte de 490 à 480, héros des Thermopyles, qu'il défendit contre les Perses et où il périt avec 300 hoplites. — LÉONIDAS II (v. 315-236 av. J.-C.), roi de Sparte, adversaire d'Agis IV, de 247 à 236.

LEONOV (Leonid Maksimovitch), écrivain soviétique, né à Moscou en 1899, auteur de romans qui peignent la société issue de la révolution (*les Blaireaux*, 1924; *l'Invasion*, 1942).

LEONTIEF (Wassily), économiste américain, né à Saint-Pétersbourg en 1906. Ses travaux, consacrés en particulier aux relations interindustrielles, lui valurent, en 1973, le prix Nobel de sciences économiques.

LEOPARDI (Giacomo, *comte*), écrivain italien, né à Recanati (Marches) [1798-1837]. Il passa des rêves d'héroïsme (*À l'Italie*, 1818) à l'expression de la douleur et de l'angoisse (*Chant nocturne*, 1831; *le Genêt*, 1836).

LÉOPOLD Ier, né à Vienne (1640-1705), roi de Hongrie (1655-1705), archiduc d'Autriche et empereur (1658-1705), roi de Bohême (1656-1705). Il accepta la paix de Nimègue (1679), entra dans la ligue d'Augsbourg (1686), signa le traité de Ryswick (1697), obtint des Turcs l'abandon de la Hongrie (traité de Karlowitz, 1699) et engagea l'Allemagne dans la guerre de la Succession d'Espagne. — LÉOPOLD II, né à Vienne (1747-1792), empereur, archiduc d'Autriche, roi de Bohême et de Hongrie (1790-1792), frère de Marie-Antoinette. Il écrasa la révolte des Pays-Bas (1790), fit la paix avec les Turcs et s'allia à la Prusse contre la France (1792).

LÉOPOLD Ier, prince de Saxe-Cobourg, né à Cobourg (1790-1865), roi des Belges (1831-1865). Il fut appelé au trône de Belgique aussitôt après

l'indépendance reconnue de ce pays (1831). Tout en renforçant l'amitié des Belges avec la France — il épousa en 1832 Louise d'Orléans, fille de Louis Philippe —, il s'employa à maintenir le royaume dans la neutralité. À l'intérieur, il laissa la monarchie constitutionnelle évoluer vers la monarchie parlementaire. — LÉOPOLD II, fils du précédent, né à Bruxelles (1835-1909), roi des Belges (1865-1909). Il créa en 1885 l'État indépendant du Congo, qu'il céda en 1908 à la Belgique. — LÉOPOLD III, né à Bruxelles en 1901, roi des Belges (1934-1951), fils d'Albert Ier. En 1940, il capitula. Il dut, en 1950, déléguer ses pouvoirs royaux à son fils Baudouin et abdiquer en 1951.

Léopold (*ordre de*), ordre belge créé en 1832.

LÉOPOLDSBURG → BOURG-LÉOPOLD.

LÉOPOLDVILLE → KINSHASA.

LÉOVIGILD ou **LIUVIGILD** (m. en 586), dernier roi arien des Wisigoths d'Espagne (567 ou 568-586).

LÉPANTE, v. de Grèce, sur le *détroit de Lépante*, qui fait communiquer le golfe de Patras et le golfe de Corinthe; 5 000 h. Port autrefois important, près duquel don Juan d'Autriche gagna une grande bataille navale sur les Turcs (7 oct. 1571). [V. NAUPACTE.]

LEPAUTE (Jean André), horloger français, né à Mogues (principauté de Sedan) [1720-1787 ou 1789]. Il construisit pour de nombreux observatoires des pendules d'une précision jusque-là inconnue.

LEPAUTRE, artistes parisiens des XVIIe et XVIIIe s. ANTOINE (v. 1621-1691), architecte et graveur, construisit à Paris la chapelle du couvent (auj. hôpital) de Port-Royal et l'hôtel de Beauvais. — Son frère JEAN (1618-1682), graveur, publia des recueils de modèles d'ornements qui font de lui un des créateurs du style Louis XIV. — PIERRE (1660-1744), fils du précédent, sculpteur, est l'auteur de l'*Énée et Anchise* du jardin des Tuileries.

LE PELETIER DE SAINT-FARGEAU (Louis Michel), homme politique français, né à Paris (1760-1793). Président de l'Assemblée constituante en 1790, puis élu à la Convention (1792), il fut assassiné par un royaliste pour avoir voté la mort de Louis XVI.

LEPÈRE (Auguste), graveur français, né à Paris (1849-1918). Il rendit un caractère d'art original à la gravure sur bois.

LÉPIDE ou **LEPIDUS** → AEMILIUS LEPIDUS.

LÉPINE, comm. de la Marne → ÉPINE (L').

LÉPINE (Louis), administrateur français, né à Lyon (1846-1933). Préfet de police de 1893 à 1912, il se signala par la réglementation de la circulation, la création des brigades cyclistes et fluviales, ainsi que par l'organisation du *concours Lépine* (1902), destiné à récompenser les créations d'artisans ou d'inventeurs.

LÉPINE (Pierre), médecin français, né à Lyon en 1901. Il a mis au point le vaccin français contre la poliomyélite.

LE PLAY (Frédéric), économiste et ingénieur français, né à La Rivière-Saint-Sauveur, près d'Honfleur (1806-1882). Sa doctrine, fondée sur une méthode d'investigation sociale dite « enquête directe », influença, dans un sens paternaliste, le catholicisme social.

LE PRIEUR (Yves), officier de marine français, né à Lorient (1885-1963). On lui doit de multiples inventions, notamment le premier scaphandre entièrement autonome (1926).

LEPRINCE, peintres verriers français du XVIe s., dont l'atelier était à Beauvais (*Arbre de Jessé*, à Saint-Étienne de Beauvais, v. 1522-23).

LEPRINCE (Jean-Baptiste), peintre et graveur français, né à Metz (1734-1781). Il a représenté des scènes de la vie russe. — Sa sœur JEANNE MARIE **Leprince de Beaumont**, née à Rouen (1711-1780), composa des contes pour la jeunesse (*la Belle et la Bête*).

LEPRINCE-RINGUET (Louis), physicien français, né à Alès en 1901, spécialiste de l'étude des rayons cosmiques. (Acad. fr.)

LEPTIS MAGNA, colonie phénicienne, puis romaine de l'Afrique du Nord, ville natale de

Septime Sévère. Importantes ruines romaines. (Auj. *Lebda*, à l'est de Tripoli.)

LÉRÉ (18240), ch.-l. de c. du Cher; 880 h. Église romane et gothique.

LERICHE (René), chirurgien français, né à Roanne (1879-1955). Il étudia les troubles du système nerveux végétatif.

LE RICOLAIS (Robert), ingénieur et théoricien français, né à La Roche-sur-Yon (1894-1977). Il a préconisé de remplacer par des réseaux tridimensionnels et par des câbles d'acier les charpentes traditionnelles, constituant ainsi des « structures spatiales ».

LÉRIDA, v. d'Espagne (Catalogne); 104 000 h. Majestueuse cathédrale Ancienne, romanogothique.

LÉRINS *(îles de)*, îles de la Méditerranée (Alpes-Maritimes). Les deux principales sont Sainte-Marguerite et Saint-Honorat. Elles furent aux Ve et VIe s. un centre monastique et théologique important.

LERMA (Francisco DE SANDOVAL Y ROJAS, *duc* DE), homme d'État espagnol (1552-1623). Premier ministre du roi d'Espagne Philippe III (1598-1618), il expulsa les Morisques.

LERMONTOV (Mikhaïl Iourievitch), poète russe, né à Moscou (1814-1841). Ses poèmes unissent la tradition des « bylines » (épopées populaires) à l'inspiration romantique (le Boyard Orcha, le Démon). On lui doit aussi un roman d'aventures psychologique, *Un héros de notre temps* (1839-40).

LERNE, marais du Péloponnèse auquel se rattache la légende de l'*Hydre de Lerne*.

LEROI-GOURHAN (André), ethnologue et préhistorien français, né à Paris en 1911. Ses travaux portent sur l'art préhistorique et des peuples sans écriture ainsi que sur l'observation minutieuse des matériaux laissés en place au cours des fouilles archéologiques; il a défini ainsi une approche nouvelle des mentalités préhistoriques.

LEROUX (Pierre), socialiste français, né à Bercy (1797-1871). Fondateur du *Globe* (1824), organe du saint-simonisme, il rompit avec Enfantin avant de lancer l'*Encyclopédie nouvelle* (1836-1843) et la *Revue indépendante* (1841-1848), imprégnées de déisme et d'évangélisme. Représentant du peuple en 1848 et 1849, il fut proscrit au 2 décembre.

LEROUX (Gaston), journaliste et écrivain français, né à Paris (1868-1927), créateur, dans ses romans policiers, du reporter-détective Rouletabille (le Mystère de la chambre jaune, le Parfum de la dame en noir).

LE ROY (Pierre), horloger français, né à Paris (1717-1785). Il est à l'origine de la chronométrie moderne.

LE ROY (Édouard), philosophe et mathématicien français, né à Paris (1870-1954). [Acad. fr.]

LE ROY LADURIE (Emmanuel), historien français, né aux Moutiers-en-Cinglais (Calvados) en 1929. Utilisant des méthodes quantitatives (séries statistiques), il a enrichi « le territoire de l'historien ». Il est notamment l'auteur de l'*Histoire du climat depuis l'an mil* (1967) et de *Montaillou, village occitan de 1294 à 1324* (1975).

LESAGE (Alain René), écrivain français, né à Sarzeau (1668-1747), auteur de romans (le Diable boiteux, 1707; Gil Blas de Santillane, 1715-1735), où il peint avec réalisme les mœurs de son temps, et de comédies (Crispin rival de son maître, 1707; Turcaret* ou le Financier, 1709).

LESAGE (Jean), homme d'État canadien, né à Montréal (1912-1980). Premier ministre libéral du Québec de 1960 à 1966.

LESBOS ou **MYTILÈNE**, île grecque de la mer Égée, près du littoral turc; 115 000 h. (Lesbiens). Ch.-l. Mytilène (24 000 h.). Oliveraies. Aux VIIe-VIe s. av. J.-C., elle fut, avec Alcée et Sappho, la capitale de la poésie lyrique.

LESCAR (64230), ch.-l. de c. des Pyrénées-Atlantiques; 4 938 h. Anc. cathédrale du XIIe s. (remaniée).

LESCONIL (29138), port de pêche et station balnéaire du Finistère méridional.

LESCOT (Pierre), architecte français, né à Paris (v. 1510-1578). Il est l'auteur du premier état de l'hôtel Carnavalet, à Paris, et de l'aile sud-ouest de la cour Carrée du Louvre, chef-d'œuvre de la Renaissance classique. Il eut Jean Goujon pour collaborateur habituel.

LESDIGUIÈRES (François DE BONNE, *duc* DE), connétable de France, né à Saint-Bonnet-en-Champsaur (1543-1626). Chef des huguenots du Dauphiné, il combattit les catholiques, puis le duc de Savoie. Il fut créé maréchal de France (1609), duc (1611) puis connétable (1622).

LÉSIGNY (77330 Ozoir la Ferrière), comm. de Seine-et-Marne; 6 572 h.

LESNEVEN [lɛsnəvɛ̃] (29260), ch.-l. de c. du Finistère; 6 996 h.

LESOTHO, anc. Basutoland, État de l'Afrique australe, enclavé dans la république d'Afrique du Sud; 30 344 km²; 1 214 000 h. Cap. *Maseru*. Le Lesotho est le nom porté par le Basutoland depuis son indépendance, le 4 octobre 1966. Depuis 1970, les pleins pouvoirs sont entre les mains du Premier ministre Joseph Leabua Jonathan, le roi Moshoeshoe II ne conservant que des fonctions honorifiques.

LESPARRE-MÉDOC (33340), ch.-l. d'arr. de la Gironde; 3 879 h. (*Lesparrains*). Vins.

LESPÉROU → ESPÉROU (L').

LESPINASSE (Julie DE), née à Lyon (1732-1776). Demoiselle de compagnie de Mme du Deffand, elle ouvrit à son tour un salon, où se réunirent les encyclopédistes.

LESPUGUE (31350 Boulogne sur Gesse), comm. de la Haute-Garonne; 108 h. Station préhistorique : en 1922 on y découvrit une statuette féminine en ivoire de mammouth, connue sous le nom de « Vénus de Lespugue » (gravettien).

LESQUIN (59810), comm. du Nord, au sud-est de Lille; 5 364 h. Aéroport. Appareils ménagers.

LESSAY (50430), ch.-l. de c. de la Manche; 1 339 h. Anc. abbatiale des XIe-XIIe s., très restaurée.

LESSE (la), riv. de Belgique, affl. de la Meuse (r. dr.); 84 km.

LESSEPS [lesɛps] (Ferdinand, *vicomte* DE), diplomate français, né à Versailles (1805-1894). Il fit percer le canal de Suez (1869) et commença celui de Panamá, sans réussir à mener à bien son entreprise; il fut d'ailleurs éclaboussé, ainsi que son fils Charles (1840-1923), par le scandale de Panamá. (Acad. fr.)

LESSINES, en néerl. **Lessen**, v. de Belgique (Hainaut); 16 900 h.

LESSING (Gotthold Ephraim), écrivain allemand, né à Kamenz (Saxe) [1729-1781]. Dans ses essais critiques (la Dramaturgie* de Hambourg, Laokoon), il condamna l'imitation du classicisme français, auquel il opposait Shakespeare, et proposa une nouvelle esthétique dramatique, qu'il illustra par ses tragédies bourgeoises et philosophiques (Nathan le Sage, 1779).

LESSING (Doris), femme de lettres britannique, née à Kermânchâh (Iran) en 1919. Son théâtre et ses récits analysent les conflits humains et sociaux à travers l'expérience des minorités raciales (l'apartheid) ou de la condition féminine (le Carnet d'or).

L'ESTOILE (Pierre DE), chroniqueur français, né à Paris (1546-1611), auteur de Mémoires journaux, notes prises au jour le jour, de 1574 à 1610.

LE SUEUR (Eustache), peintre français, né à Paris (1616-1655). Il exécuta notamment une suite de la Vie de saint Bruno pour la chartreuse de Paris (Louvre) et la décoration de la chambre des Muses de l'hôtel Lambert, à Paris également (en partie au Louvre).

LE SUEUR (Jean-François), compositeur français, né à Drucat (près d'Abbeville) [1760-1837], auteur de l'opéra Ossian ou les Bardes et de musique religieuse.

LESZCZYŃSKI, famille polonaise originaire de Posnanie, illustrée notamment par le roi STANISLAS* et par sa fille MARIE* Leszczyńska.

LE TELLIER (Michel), *seigneur* de Chaville,

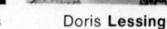
Ferdinand de **Lesseps**
par Nadar

Doris **Lessing**

homme d'État français, né à Paris (1603-1685). Secrétaire d'État à la Guerre à partir de 1643, il fut nommé chancelier en 1677; il signa la révocation de l'édit de Nantes (1685). Son œuvre militaire fut considérable : plus encore que son fils Louvois, il fut le créateur de l'armée monarchique.

LE TELLIER (Michel), jésuite français, né près de Vire (1643-1719). Dernier confesseur de Louis XIV, il obtint de celui-ci la destruction de Port-Royal-des-Champs.

LETHBRIDGE, v. du Canada (Alberta); 46 752 h.

LÉTHÉ. *Myth. gr.* Un des fleuves des Enfers, dont les eaux apportaient l'oubli aux âmes des morts.

LÉTO. *Myth. gr.* Mère d'Artémis et d'Apollon, appelée *Latone* par les Romains.

LETTONIE, en russe **Latviskaïa S. S. R.**, en letton **Latvija**, république fédérée de l'U. R. S. S., sur la Baltique; 63 700 km²; 2 364 000 h. (*Lettons*). Cap. *Riga*. C'est une région au climat humide, couverte de forêts et d'herbages.

HISTOIRE

— Début de l'ère chrétienne : installation de peuples du groupe finno-ougrien et du groupe balte.

— XIIe s. : introduction du christianisme.

— XIIIe s. : installation des chevaliers Porte-Glaive et Teutoniques. Formation de la féodalité des barons baltes.

— 1561-1621 : la Lettonie, divisée en deux (Livonie et Courlande), sous domination polonaise.

— 1621-1710 : la Lettonie suédoise et luthérienne.

— 1710-1795 : la Lettonie redevient progressivement russe (Livonie en 1710, Courlande en 1795).

— 1918 : la Lettonie, cédée à l'Allemagne par le traité de Brest-Litovsk (3 mars), proclame son indépendance (18 nov.).

— 1919 : gouvernement imposé par les Allemands.

— 1920 : l'U. R. S. S. reconnaît l'indépendance de la Lettonie.

— 1922 : Constitution parlementaire.

— 1934 : dictature de Karlis Ulmanis.

— 1940 : la Lettonie devient république soviétique, incorporée à l'U. R. S. S.

LETTOW-VORBECK (Paul VON), général allemand, né à Sarrelouis (1870-1964). Commandant les forces de l'Afrique-Orientale allemande en 1914, il résista aux Alliés jusqu'en 1918.

Lettre à d'Alembert sur les spectacles, de J.-J. Rousseau (1758), riposte à l'article « Genève » de l'*Encyclopédie*, dans lequel d'Alembert souhaitait que la cité de Calvin ouvrît un théâtre. Cette lettre, qui accusait tragédie et comédie de corrompre les mœurs, consacra la rupture de Rousseau avec les philosophes.

Lettre sur les aveugles à l'usage de ceux qui voient, opuscule de Diderot (1749). Partant d'une opération réussie sur l'œil par Réaumur, Diderot subordonne nos idées aux sensations et propose une explication matérialiste de l'origine du monde.

Lettres de mon moulin (les), recueil de contes par A. Daudet (1866). Ils ont presque tous pour décor la Provence : *la Chèvre de M. Seguin, l'Élixir du R. P. Gaucher, les Trois Messes basses...*

Nadar

Camera Press-Parimage

Lettres persanes, ouvrage de Montesquieu (1721). La correspondance imaginaire de deux Persans venus en Europe et à Paris sert de prétexte à une critique des mœurs parisiennes et de la société française.

Lettres philosophiques sur l'Angleterre, ou *Lettres anglaises,* par Voltaire (1734). Il y vante la liberté de conscience et la liberté politique qui règnent en Grande-Bretagne.

Lettres portugaises, nom donné à cinq lettres d'amour passionné, attribuées à Mariana Alcoforado, religieuse portugaise, et adressées au comte de Chamilly. Présentées comme une traduction (1669), elles sont généralement considérées aujourd'hui comme l'œuvre du comte de Guilleragues (1628-1685).

Lettres sur la danse et sur les ballets, ouvrage théorique et critique (1760), publié à

céleste, il fut, par ses calculs, à l'origine de la découverte (par l'Allemand Galle) de la planète Neptune (1846).

LEVERTIN (Oscar), écrivain suédois, né à Gryt (1862-1906). Poète et romancier, il s'opposa au naturalisme (*les Maîtres d'Œsteraas,* 1900).

LÉVESQUE (René), homme d'État canadien, né à New Carlisle (Québec) en 1922. Fondateur en 1968 du parti québécois, organisation favorable à l'indépendance du Québec, il est devenu Premier ministre de cette province à la suite des élections de 1976.

LEVET (18340), ch.-l. de c. du Cher; 1 113 h.

LÉVEZOU ou **LÉVÉZOU,** plateau du Massif central, entre les vallées du Tarn et de l'Aveyron.

LÉVI, troisième fils de Jacob, ancêtre éponyme d'une tribu d'Israël dont les membres (*lévites*) étaient consacrés aux fonctions du culte.

Lhassa : le palais du Potala (ancienne résidence du dalaï-lama) reconstruit au XVIIᵉ s.

Urbain **Le Verrier** par C. Daverdoing

René **Lévesque**

Claude **Lévi-Strauss**

Lyon et à Stuttgart par J. G. Noverre, qui eut un profond retentissement sur l'évolution des structures et de l'esthétique de la danse.

LEU (saint) → LOUP (saint).

LEUCADE ou **SALSES** (*étang de*), étang de la côte méditerranéenne (Aude et Pyrénées-Orientales). Stations balnéaires et ports de plaisance sur le cordon littoral.

LEUCIPPE, philosophe grec, fondateur de la théorie atomiste (Vᵉ s. av. J.-C.).

LEUCOPETRA, localité de Grèce, près de Corinthe. La victoire qu'y remportèrent les Romains sur la ligue Achéenne (146 av. J.-C.) marqua la fin de l'indépendance grecque.

LEUCTRES, v. de l'anc. Béotie. Victoire d'Épaminondas sur les Spartiates (371 av. J.-C.), qui assura à Thèbes l'hégémonie sur la Grèce.

LEUNA, centre chimique de l'Allemagne démocratique, près de Halle.

LEUTHEN, auj. **Lutynia,** village de Pologne (Silésie). Victoire de Frédéric II sur les Autrichiens (1757).

LEUZE-EN-HAINAUT, comm. de Belgique (Hainaut); 13 000 h.

LEVALLOIS-PERRET (92300), ch.-l. de c. des Hauts-de-Seine; 52 731 h. Automobiles.

LEVANT, nom donné aux pays de la côte orientale de la Méditerranée.

LEVANT (*île du*) [83400 Hyères], une des îles d'Hyères. Centre naturiste. Centre d'expérimentation des missiles de la marine.

LEVASSOR (Émile), ingénieur et industriel français, né à Marolles-en-Hurepoix (1843-1897). Associé avec René Panhard, il créa en France l'industrie des moteurs automobiles.

LE VAU (Louis), architecte français, né à Paris (1612-1670). Après avoir élevé divers hôtels à Paris, le château de Vaux-le-Vicomte, l'actuel Institut, etc., il établit pour le roi les grandes lignes du palais de Versailles.

LEVENS [levès] (06670 St Martin du Var), ch.-l. de c. des Alpes-Maritimes; 1 422 h.

LEVERKUSEN, v. de l'Allemagne fédérale, sur le Rhin; 109 000 h.

LE VERRIER (Urbain), astronome français, né à Saint-Lô (1811-1877). Spécialiste de mécanique

LÉVIATHAN, monstre marin du folklore de l'Ancien Orient, mentionné dans la Bible.

Léviathan (*le*), ouvrage de Hobbes (1651), dans lequel il élabore une conception matérialiste et absolutiste de l'État qu'il définit comme le pouvoir de créer et de casser toute loi.

LEVI BEN GERSON, savant français, né à Bagnols-sur-Cèze (1288-1344). Il écrivit le premier manuel de trigonométrie paru en Occident et fit connaître l'*arbalestrille* (1342), imaginé au siècle précédent pour mesurer la hauteur des astres.

LEVI-CIVITA (Tullio), mathématicien italien, né à Padoue (1873-1941), créateur avec Ricci-Curbastro de l'analyse tensorielle.

LEVIE (20170), ch.-l. de c. de la Corse-du-Sud; 2 100 h.

LEVIER (25270), ch.-l. de c. du Doubs; 1 855 h.

LÉVIS, v. du Canada (Québec), sur le Saint-Laurent, en face de Québec; 17 819 h.

LÉVIS (François Gaston, *duc* DE), maréchal de France, né au château d'Ajac (Languedoc) [1720-1787]. Il défendit le Canada après la mort de Montcalm.

LÉVIS-MIREPOIX (Antoine Pierre Marie, *duc* DE), historien français, né à Léran (Ariège) [1884-1981]. [Acad. fr.]

LÉVI-STRAUSS (Claude), ethnologue français, né à Bruxelles en 1908. Il est l'un des promoteurs du structuralisme dans l'explication ethnologique et dans l'analyse des mythes. On lui doit : *les Structures élémentaires de la parenté* (1949), *Tristes Tropiques* (1955), *la Pensée sauvage* (1962), *le Cru et le cuit* (1964), *Du miel aux cendres* (1967), *l'Homme nu* (1971) et des recueils d'articles importants parus sous le titre *Anthropologie structurale* (I, 1958; II, 1973). [Acad. fr.]

Lévitique (*le*), livre de l'Ancien Testament (Pentateuque). Il traite du culte israélite.

LEVROUX (36110), ch.-l. de c. de l'Indre; 3 133 h. Église du XIIIᵉ s. Mégisserie.

LÉVY (Maurice), ingénieur français, né à Ribeauvillé (1838-1910). On lui doit d'importantes recherches sur l'élasticité (1873) et la résistance des matériaux (1874).

LÉVY-BRUHL (Lucien), philosophe français, né à Paris (1857-1939). Auteur d'études sur la

morale sociologique, il a écrit *la Mentalité primitive* (1922).

LEWIN (Kurt), psychosociologue américain d'origine allemande, né à Mogilno (auj. en Pologne) [1890-1947]. Promoteur d'une psychologie sociale fondée sur la topologie mathématique, il s'est intéressé à la dynamique des groupes.

LEWIS (Matthew Gregory), écrivain anglais, né à Londres (1775-1818). Son roman fantastique *Ambrosio ou le Moine* (1795) lança la mode du « roman noir ».

LEWIS (Gilbert Newton), physicien et chimiste américain, né à Weymouth (1875-1946), auteur, en 1916, de la théorie de la covalence.

LEWIS (Clarence Irving), logicien américain, né à Stoneham (Massachusetts) [1883-1964]. Il a jeté les bases de la logique modale.

LEWIS (Sinclair), écrivain américain, né à Sauk Center (Minnesota) [1885-1951], auteur de romans qui donnent une peinture satirique de la bourgeoisie américaine et de ses préoccupations sociales et religieuses (*Babbitt,* 1922; *Elmer Gantry,* 1927). [Prix Nobel, 1930.]

LEWIS (*sir* William Arthur), économiste britannique, né à Castries (île Sainte-Lucie) en 1915. Il s'est particulièrement consacré aux problèmes du développement. (Prix Nobel, 1979.)

LEXINGTON, v. des États-Unis (Kentucky); 108 000 h.

LEXY (54720), comm. de Meurthe-et-Moselle; 3 013 h. Métallurgie.

LEYDE, en néerl. **Leiden,** v. des Pays-Bas (Hollande-Méridionale); 98 000 h. Université fondée en 1575. Musées scientifiques nationaux; riche musée national des Antiquités; musée municipal du Lakenhal.

LEYRE (la) → EYRE.

LEYSIN, comm. de Suisse (Vaud); 2 752 h. Station climatique. Centre de sports d'hiver (alt. 1 250-2 185 m).

LEYTE, île des Philippines; 1 111 000 h. Occupée par les Japonais de 1942 à 1944, elle vit la défaite décisive de la flotte japonaise (oct. 1944).

LÉZARDRIEUX (22740), ch.-l. de c. des Côtes-du-Nord; 1 834 h.

LEZAY (79120), ch.-l. de c. des Deux-Sèvres; 2 122 h.

LÉZIGNAN-CORBIÈRES (11200), ch.-l. de c. de l'Aude; 7 431 h. (*Lézignannais*). Vins.

LEZOUX (63190), ch.-l. de c. du Puy-de-Dôme; 4 730 h. Centre de fabrication de céramique à l'époque gallo-romaine.

LHASSA, cap. du Tibet (Chine), à 3 600 m d'alt.; 70 000 h. Nombreuses lamaseries. Ancienne résidence du dalaï-lama.

L'HERBIER (Marcel), auteur et metteur en scène français, né à Paris (1888-1979). Fondateur de l'Institut des hautes études cinématographiques (I. D. H. E. C.), il est notamment l'auteur de : *El Dorado* (1921), *l'Inhumaine* (1923), *l'Argent* (1928), *la Nuit fantastique* (1942).

L'HERMITE (Tristan), homme politique français au XVᵉ s., conseiller de Louis XI, qui le fit grand chambellan et l'employa comme agent diplomatique.

LHOMOND (abbé Charles François), grammairien français, né à Chaulnes (1727-1794), auteur de textes latins pour débutants (De viris illustribus urbis Romae).

L'HOSPITAL [lopital] (Michel DE), homme politique français, né à Aigueperse (Auvergne) [v. 1505-1573]. Conseiller au parlement de Paris, premier président de la Chambre des comptes (1553), puis chancelier de France (1560), il s'efforça de calmer les haines religieuses et simplifia le fonctionnement de la justice (ordonnances de 1561, 1563, 1566). Mais il se heurta à l'opposition des catholiques et quitta la Cour en 1568.

L'HOSPITAL (Guillaume DE), marquis **de** Sainte-Mesme, mathématicien français, né à Paris (1661-1704). Il publia le premier exposé complet du calcul infinitésimal.

LHOTE (André), peintre français, né à Bordeaux (1885-1962). Il se rattache au cubisme. Son enseignement et ses écrits exercèrent une grande influence.

LHOTSE, quatrième sommet du monde, dans l'Himālaya, proche de l'Everest; 8 545 m.

LHUIS [lɥi] (01680), ch.-l. de c. de l'Ain; 592 h.

LIA, première épouse de Jacob.

Liaisons dangereuses (les), roman épistolaire de Choderlos de Laclos (1782).

LIAKHOV (îles), archipel soviétique de l'océan Arctique.

LIANCOURT (60140), ch.-l. de c. de l'Oise; 5762 h. Constructions mécaniques.

LIAODONG → LEAO-TONG.

LIAONING → LEAO-NING.

LIBAN (djebel), montagne de la république du Liban, autrefois fameuse par ses cèdres magnifiques; 3 083 m.

Michel
de **L'Hospital**

LIBAN, république du Proche-Orient, sur la Méditerranée; 10 400 km²; 3 millions d'h. (Libanais). Cap. Beyrouth. Langue : arabe.

GEOGRAPHIE

La montagne calcaire du Liban domine une étroite plaine littorale, qui, intensément mise en valeur, concentre la majeure partie de la population, très dense. À l'est du djebel Liban, la Bekaa est une dépression aride, limitée vers l'est par l'Anti-Liban. La prospérité du pays, notamment de sa capitale, traditionnelle place financière, a souffert de la guerre civile.

HISTOIRE

— À partir du IIIe millénaire : occupation de la côte par les Cananéens, puis par les Phéniciens.
— Début du Ier millénaire : les Phéniciens dominent le commerce méditerranéen.
— À partir du VIIe s. av. J.-C. : domination successive de l'Assyrie, de l'Égypte, de Babylone, de la Perse, d'Alexandre et des Séleucides.
— 64/63 av. J.-C. : le Liban fait partie de la province romaine de Syrie.
— 395 apr. J.-C. : domination byzantine.
— 635/636 : conquête arabe. Début de l'établissement des maronites dans la montagne.
— XIe s. : développement de la secte druze.
— XIIe-XIIIe s. : période des croisades; occupation de la côte par les Latins du royaume de Jérusalem et du comté de Tripoli.
— Fin du XIIIe s. : reconquête par les Mamelouks d'Égypte.
— 1516 : les Ottomans, maîtres du pays.
— 1593-1635 : Fakhr al-Dīn II unifie le pays et fonde les petites féodalités en un véritable État.

— 1788-1840 : règne de Bachīr II Chihāb.
— 1831-1840 : occupation par l'Égypte de Méhémet-Ali; révolte nationale.
— 1860 : intervention de la France contre les Druzes qui massacrent les chrétiens maronites.
— 1861-1914 : autonomie du Mont-Liban, imposée aux Turcs par les puissances européennes.
— 1918 : libéré des Turcs, le pays forme le Grand Liban.
— 1920-1922 : le Grand Liban placé sous mandat français.
— 1943 : indépendance du pays; pacte national; régime confessionnel (partage des pouvoirs entre maronites, chi'ites et sunnites).
— 1948 : début de l'installation de réfugiés palestiniens.
— 1952 : Camille Chamoun au pouvoir; politique pro-occidentale.
— 1958 : guerre civile entre musulmans et chrétiens; intervention américaine.
— 1958-1964 : Fouad Chehab, président de la République. Afflux des réfugiés palestiniens.
— 1964-1970 : présidence de Charles Hélou.
— 1970-1976 : présidence de Soleiman Frangié.
— 1975 : début d'une longue et atroce guerre civile, qui oppose les milices chrétiennes aux Palestiniens ainsi qu'aux forces islamo-progressistes.
— 1976 : intervention de forces armées arabes, à majorité syriennes. Elias Sarkis, président de la République.

LIBBY (Willard Frank), chimiste américain, né à Grand Valley (1908-1980). Il a créé la méthode de datation des objets antiques par dosage du carbone 14. (Prix Nobel, 1960.)

Libération (campagnes de la), actions menées en 1944-45 par les forces alliées et les formations de la Résistance pour chasser les Allemands des territoires qu'ils occupaient en Europe.

Libération (ordre de la), ordre français créé en 1940 par le général de Gaulle pour les citoyens ayant coopéré à la délivrance de la France pendant la Seconde Guerre mondiale.

LIBERCOURT (62820), comm. du Pas-de-Calais; 9 837 h.

LIBÈRE (saint), né à Rome (m. en 366), pape de 352 à 366. Malgré une défaillance passagère, il contribua au recul définitif de l'arianisme.

LIBEREC, v. de Tchécoslovaquie (Bohême); 83 000 h.

LIBERIA (le), État de l'Afrique occidentale; 111 370 km²; 1 670 000 h. (Libériens). Cap. Monrovia. Langue : anglais.

GÉOGRAPHIE

En grande partie recouvert par la forêt dense, le pays possède des plantations de palmiers à huile, de caféiers et surtout d'hévéas. Le sous-sol recèle des diamants et surtout du fer devenu le principal produit d'exportation d'un pays dont l'économie est partiellement contrôlée par les États-Unis et qui tire d'importants revenus du prêt de son pavillon à de nombreux navires de commerce.

HISTOIRE

— 1822 : la Société américaine de colonisation (fondée en 1816) établit sur les côtes des esclaves noirs libérés.
— 1847 : indépendance de la république du Liberia.
— 1857 : fusion avec l'établissement de la Maryland Colonization Society; le pays tombe sous la coupe des grandes compagnies américaines.
— 1943-1971 : présidence de William Tubman.
— 1971 : William Richard Tolbert, président.
— 1980 : coup d'État militaire. Le sergent-chef Samuel K. Doe succède à Tolbert.

LIBAN

[Carte du Liban avec Tripoli, Beyrouth, Saïda, Sour, Damas, Zahlé, Baalbek, etc.]

courbes : 200 500 1000 1750 2500 m

0 km 25 km 50

autoroute
route
v. ferrée

Liberté guidant le peuple (la), grande toile de Delacroix, inspirée à celui-ci par les journées de juillet 1830 (1830, Louvre).

LIBOURNE (33500), ch.-l. d'arr. de la Gironde, au confl. de la Dordogne et de l'Isle; 22 988 h. (*Libournais*). Monuments des XIVe-XVIe s. Musée. Vignobles.

LIBREVILLE, cap. du Gabon, sur l'estuaire du Gabon; 186 000 h. Libreville fut fondée en 1849 par des esclaves libérés. Université.

LIBURNIE, région côtière de l'anc. Illyrie.

LIBYE, État de l'Afrique du Nord, en bordure de la Méditerranée; 1 759 500 km²; 2 860 000 h. (*Libyens*). Cap. *Tripoli*. Langue : *arabe*.

GÉOGRAPHIE

L'économie était autrefois fondée sur un élevage nomade (ovins, chameaux), imposé par l'étendue du désert, et sur une agriculture sédentaire (blé, orge palmier-dattier, fruits), réfugiée dans les oasis et sur la bordure littorale, moins aride. Elle a été, au moins localement, transformée par l'exploitation d'importants gisements de pétrole, dont les revenus expliquent le solde positif de la balance commerciale et le poids politique du pays, très peu peuplé.

HISTOIRE

— XIIIe-XIIe s. av. J.-C. : les Libyens participent aux invasions des Peuples de la mer en Égypte.
— IXe-VIIe s. av. J.-C. : formation de la Pentapole, constituée de colonies grecques (Cyrène).
— Ve s. av. J.-C. : domination de Carthage sur les comptoirs phéniciens (Leptis Magna).
— IVe s. av. J.-C. : la Cyrénaïque rattachée à l'Égypte lagide.
— 106-19 av. J.-C. : conquête romaine.
— IIIe s. apr. J.-C. : apogée de la romanisation.
— 642-643 : conquête arabe.
— VIIe-XVIe s. : les Berbères arabisés, plus ou moins dociles, soumis aux dynasties arabes ou maghrébines.
— 1510 : prise de Tripoli par les Espagnols.
— 1551 : reprise de Tripoli par le corsaire turc Dragut, qui se place sous l'autorité des Ottomans.
— 1714 : Ahmed Paşa Karamanlı se rend indépendant de la Porte et étend son autorité sur les régions de la Tripolitaine et de la Cyrénaïque.
— 1835 : restauration de l'autorité ottomane (sauf sur une partie de la Cyrénaïque, où s'établit la confrérie des Senoussis).
— 1911-12 : guerre italo-turque; la Libye devient italienne.
— 1940-1943 : le pays est le théâtre d'opérations entre les forces de l'Axe et les Britanniques.
— 1943 : la France administre le Fezzan; la Grande-Bretagne, la Tripolitaine et la Cyrénaïque.
— 1949 : indépendance de la Libye, État fédéral.
— 1950 : formation d'une Assemblée nationale représentant les trois territoires.
— 1951 : Idrīs Ier, roi de Libye.
— 1959 : découverte du pétrole.
— 1963 : fin de la structure fédérale.
— 1969 : coup d'État de Khadafi, qui proclame la république et se fait le champion de l'arabisme et de l'islamisme. Formation du Conseil de commandement de la révolution.
— 1974 : Kadhafi est déchargé d'une partie de ses fonctions; Abdel Salam Jalloud, Premier ministre.
— 1980-81 : intervention militaire au Tchad.

LI CHE-MIN ou **LI SHIMIN**, dit **T'ai-tsong** ou **Taizong** («le Grand») [m. en 649], empereur de

Lichtenstein : *Vicki* (1964)

Chine (627-649), fondateur de la dynastie des T'ang. Il réforma le Code chinois et le régime foncier.

LICHTENSTEIN (Roy), peintre américain, né à New York en 1923. Représentant du pop art, il utilise, pour les transposer, des images de bandes dessinées ou des œuvres d'art appartenant surtout à un passé récent.

LICINIUS CRASSUS DIVES (Marcus), homme politique romain (v. 115-53 av. J.-C.). Consul avec Pompée en 70, il fit partie, en 60, avec César et Pompée, du premier triumvirat. De nouveau consul avec Pompée en 55, il gouverna la Syrie et périt dans la guerre contre les Parthes.

LICINIUS LICINIANUS (Flavius Valerius), né en Illyrie (v. 250-325), empereur romain (308-324). Auguste en 308, il devint maître de tout l'Orient en 313, après sa victoire sur Maximin Daia. Persécuteur des chrétiens, il fut vaincu, puis éliminé par Constantin.

LICINIUS LUCULLUS (Lucius), général romain (v. 106-v. 57 av. J.-C.). Il dirigea avant Pompée la guerre contre Mithridate (74-66); il est resté célèbre par son luxe ostentatoire.

LICINIUS MURENA (Lucius), consul romain en 62 av. J.-C. Accusé de manœuvres électorales frauduleuses, il fut défendu par Cicéron (*Pro Murena*).

LICINIUS STOLON (Caius), tribun du peuple à Rome en 376 et en 367 av. J.-C., auteur des lois dites «liciniennes», qui atténuèrent le conflit entre patriciens et plébéiens.

LIDDELL HART (*sir* Basil), critique militaire anglais, né à Paris (1895-1970), auteur de nombreux ouvrages de stratégie et d'histoire.

LIDICE, village de Tchécoslovaquie (Bohême), à l'ouest de Prague. À la suite de l'assassinat à Prague de Heydrich «protecteur» de Bohême-Moravie, les Allemands y exercèrent de sanglantes représailles.

LIDO, île allongée près de Venise, qui abrite la *rade du Lido*. Station balnéaire. Palais du festival cinématographique de Venise.

LIE (Jonas), écrivain norvégien, né à Eker, près de Drammen (1833-1908). Son art impression-

LIBERIA

LIBYE

niste exerça une grande influence sur le roman scandinave (*le Pilote et sa femme*, 1874).

LIE (Sophus), mathématicien norvégien, né à Nordfjordeid (1842-1899). Il fit de la théorie des groupes un outil puissant de la géométrie et de l'analyse.

LIEBERMANN (Max), peintre allemand, né à Berlin (1847-1935). Il fut un adepte du réalisme, puis de l'impressionnisme.

LIÉBERT (Philippe), sculpteur canadien, né à Nemours (Gâtinais) [1732-1804]. Il décora maintes églises de la région de Montréal.

Liebeslieder Walzer, ballet en un tableau de George Balanchine, sur les valses opus 52 et 65 de Brahms, créé en 1960.

Karl **Liebknecht**

Lille : la porte de Paris (1682)

Liège
quartiers
bordant la Meuse

Serge **Lifar**

LIEBIG (Justus, *baron* VON), chimiste allemand, né à Darmstadt (1803-1873). Il isola le titane et découvrit le chloral, mais il est surtout connu pour sa méthode d'analyse organique.

LIEBKNECHT (Wilhelm), homme politique allemand, né à Giessen (1826-1900). En 1848, il proclama la république badoise. Réfugié à Londres (1850-1862), il jeta, avec Karl Marx, les bases de l'Internationale. Fondateur (1869) du parti ouvrier social-démocrate allemand, député au Reichstag à partir de 1874, il devint, en 1875, le chef du socialisme allemand unifié. — Son fils **KARL**, né à Leipzig (1871-1919), député socialiste, fonda, en 1916, le *Spartakusbund* (Ligue de Spartacus), noyau du parti communiste allemand. Il fut assassiné au cours de l'insurrection spartakiste.

LIECHTENSTEIN, principauté indépendante de l'Europe centrale, entre l'Autriche (Vorarlberg) et la Suisse (Saint-Gall) ; 160 km²; 23 000 h. Cap. Vaduz. Élevage. Tourisme. — La principauté de Liechtenstein, constituée en 1719 par la réunion des seigneuries de Vaduz et de Schellenberg, a été rattachée à la Confédération du Rhin de 1806 à 1814, puis à la Confédération germanique de 1815 à 1866. Elle s'est unie en 1921 à la Suisse dans les domaines monétaire, postal, douanier et diplomatique.

LIEDEKERKE, comm. de Belgique (Brabant) ; 11 300 h.

LIÈGE, v. de Belgique, ch.-l. de la prov. de ce nom, au confl. de la Meuse et de l'Ourthe; 230 800 h. (*Liégeois*). Évêché. Université. Observatoire. Nombreuses églises, dont certaines remontent à l'époque de l'évêque Notger (fin du Xe s.) [à St-Barthélemy, célèbres fonts baptismaux par Renier de Huy]. Anc. palais des princes-évêques (XVIe et XVIIIe s.). Nombreux musées, dont celui de la maison Curtius (archéologie). Port fluvial (relié à Anvers par le canal Albert). Industries dans la banlieue (métallurgie, chimie, pneumatiques, verrerie).
— *Portus* mérovingien, évêché dès le VIIIe s., Liège devint, à la fin du Xe s., la capitale d'une principauté ecclésiastique, entrée en 1477 dans l'orbite des Habsbourg. Au patriarcat de la

ville lainière et au prince-évêque s'opposèrent longtemps les gens de métiers, soutenus par la France. À partir du XVIIe s., Liège devint l'une des capitales industrielles de l'Europe. La principauté disparut en 1792. En 1914, la ville résista une dizaine de jours aux armées allemandes.

LIÈGE (*province de*), prov. de l'est de la Belgique; 3 876 km²; 1 010 000 h.; ch.-l. *Liège*; 4 arr. (Huy, Liège, Verviers, Waremme). La vallée encaissée de la Meuse, importante artère industrielle, où s'étire l'agglomération liégeoise, sépare la Hesbaye, surtout céréalière et betteravière, du pays de Herve, à prédominance herbagère, et de l'extrémité nord de l'Ardenne : ici, en dehors de la région de Verviers, l'exploitation forestière et l'élevage constituent les principales ressources.

LIÉNART (Achille), prélat français, né à Lille (1884-1973). Évêque de Lille de 1928 à 1968, cardinal dès 1930, il joua un rôle majeur dans l'orientation des débats du deuxième concile du Vatican.

LIEOU CHAO-K'I ou **LIU SHAOQI,** homme d'État chinois, né dans le Ho-nan (1898-1969). Secrétaire général du parti communiste chinois (1943), vice-président de la République populaire (1949), il remplaça Mao Tsö-tong à la présidence en 1959. Exclu du parti (1968), il mourut à la suite de mauvais traitements. Il a été réhabilité en 1979.

LIEOU-TCHEOU ou **LIUZHOU,** v. de Chine (Kouang-si); 159 000 h.

LIEPAÏA ou **LIEPAJA,** anc. **Libau,** port de l'U.R.S.S. (Lettonie), sur la Baltique; 104 000 h.

LIERNAIS (21430), ch.-l. de c. de la Côte-d'Or; 651 h.

LIERRE, en néerl. **Lier,** v. de Belgique (Anvers) ; 31 400 h. Église de style gothique flamboyant.

LIESSE (02350), anc. **Notre-Dame-de-Liesse,** comm. de l'Aisne ; 1 614 h. Pèlerinage ; église du XVe s.

LIESTAL, comm. de Suisse, ch.-l. du demi-canton de Bâle-Campagne ; 12 500 h. Métallurgie.

LIEUVIN (le), région herbagère et céréalière de Normandie, à l'ouest de la Risle.

LIÉVIN (62800), ch.-l. de c. du Pas-de-Calais; 33 178 h. (*Liévinois*). Houille. Engrais.

LIFAR (Serge), danseur et chorégraphe français d'origine russe, né à Kiev en 1905. Promoteur du ballet néoclassique, maître de ballet à l'Opéra de Paris (1930), auteur du *Manifeste du chorégraphe* (1935), il a composé : *Chota Roustaveli, Icare, les Mirages,* etc.

LIFFOL-LE-GRAND (88350), comm. des Vosges; 3 267 h. Mobilier (sièges).

LIFFRÉ (35340), ch.-l. de c. d'Ille-et-Vilaine; 4 106 h. Forêt.

Liget (*chartreuse du*), anc. chartreuse des XIIe et XVIIIe s., en ruine, située en Indre-et-Loire, près de Montrésor; à proximité, chapelle circulaire St-Jean, aux belles peintures romanes.

LIGETI (György), compositeur autrichien d'origine hongroise, né à Dicsöszentmárton (auj. Tirnãveni, Transylvanie) en 1923. Il est l'auteur d'œuvres orientées vers la primauté des timbres, le statisme et le continu (*Requiem, Lontano, Nouvelles Aventures, le Grand Macabre*).

LIGNE (Charles Joseph, *prince* DE), maréchal autrichien, né à Bruxelles (1735-1814). Ami de Joseph II, militaire, diplomate et écrivain, il a écrit de nombreux ouvrages en français (*Mémoires et mélanges historiques*).

LIGNÉ (44850), ch.-l. de c. de la Loire-Atlantique; 1 687 h.

LIGNIÈRES (18160), ch.-l. de c. du Cher; 1 949 h. Église des XIIe et XVIe s., château du XVIIe s.

LIGNON (le), riv. du Forez, affl. de la Loire (r. g.); 59 km. Il fut illustré par l'*Astrée*.

LIGNY, anc. comm. de Belgique, au nord-est de Charleroi. Napoléon Ier y battit les Prussiens de Blücher le 16 juin 1815.

LIGNY-EN-BARROIS (55500), ch.-l. de c. de la Meuse, sur l'Ornain; 6 454 h. (*Linéens*). Lunetterie optique.

LIGNY-LE-CHÂTEL (89230 Pontigny), ch.-l. de c. de l'Yonne; 1 038 h. Église romane et Renaissance.

LIGUEIL (37240), ch.-l. de c. d'Indre-et-Loire; 2 436 h.

LIGUGÉ (86240), comm. de la Vienne; 2 212 h. Le premier monastère français y fut fondé en 361 par saint Martin; auj. abbaye bénédictine.

LIGURES, peuple ancien établi sur la côte méditerranéenne entre Marseille et La Spezia, soumis par les Romains en 180 av. J.-C.

LIGURIE, région du nord de l'Italie, en bordure du golfe de Gênes; 5 413 km²; 1 859 000 h. Elle a formé les provinces de Gênes, Imperia, Savone et La Spezia. (Hab. *Liguriens.*)

LIGURIENNE (*république*), État substitué à la république de Gênes en 1797 et incorporé à l'Empire français en 1805.

LIKASI, v. du Zaïre, dans le Shaba; 146 000 h.

LILAS (Les) [93260], ch.-l. de c. de la Seine-Saint-Denis; 20 414 h. (*Lilasiens*).

LILIENCRON (Detlev, *baron* VON), écrivain allemand, né à Kiel (1844-1909), auteur d'une épopée humoristique, *Poggfred* (1896-1898).

LILIENTHAL (Otto), ingénieur allemand, né à Anklam (1848-1896), pionnier du vol à voile.

LILLE, ch.-l. de la Région Nord-Pas-de-Calais

Lincoln
par George P. A. Healy

Mayer

Lima : la cathédrale, sur la plaza de Armas

Serrailler-Rapho

entourant les hauteurs centrales, la « Montagne ». Ces plateaux bocagers, dont l'élevage bovin constitue la ressource essentielle, sont entaillés par de profondes vallées (Vienne, Creuse, Vézère, Corrèze), où se sont établies les villes (Limoges, Tulle, Uzerche, Guéret). Extraction de l'uranium. — Le nom désigne une Région administrative groupant les dép. de la Corrèze, de la Creuse et de la Haute-Vienne; 16 932 km²; 738 726 h. Ch.-l. *Limoges*. — Longtemps fief anglo-normand, le Limousin fut annexé définitivement au domaine de la Couronne par Henri IV (1607). Il bénéficia au XVIIIᵉ s. d'une politique royale constructive, appliquée par les intendants (Tourny, Turgot).

Charles **Lindbergh**

Keystone

et du dép. du Nord, en Flandre, sur la Deûle, à 218 km au nord de Paris; 194 916 h. *(Lillois)*. Université. Évêché. Riche musée des Beaux-Arts et musée de l'hospice Comtesse. Citadelle de Vauban. Port fluvial. Industries textiles et métallurgiques. — Grande cité drapière dès le XIIᵉ s., ville forte, l'une des capitales des ducs de Bourgogne, Lille fut incorporée à la France en 1668. En 1792, elle soutint victorieusement un siège contre les Autrichiens. Devenue le chef-lieu du département du Nord (1804), elle prit rang, au XIXᵉ s., parmi les grandes métropoles industrielles. Pendant les deux guerres mondiales, elle dut être évacuée par les Français et souffrit des destructions et de l'occupation.
LILLE, comm. de Belgique (Anvers); 11 100 h.
LILLEBONNE (76170), ch.-l. de c. de la Seine-Maritime; 10 305 h. *(Lillebonnais)*. Donjon (XIIIᵉ s.). Textile. Chimie. Vestiges de l'antique *Juliobona* (théâtre).
LILLEHAMMER, v. de Norvège; 21 000 h.
LILLERS [-lɛr] (62190), ch.-l. de c. du Pas-de-Calais; 9 498 h. Église romane (XIIᵉ s.). Métallurgie.
Lilliput [-pyt], pays imaginaire dans les *Voyages de Gulliver*, de Swift; les hommes n'y ont pas plus de six pouces de haut.
LILLO (George), auteur dramatique anglais, né à Londres (1693-1739), l'un des créateurs du drame moral et bourgeois, qui inspirera Diderot.
LILONGWE, v. du Malawi, cap. du pays depuis 1975; 103 000 h.
LILYBÉE, colonie carthaginoise de l'anc. Sicile. (Auj. *Marsala*.)
LIMA, cap. du Pérou, sur le Rimac; 3 303 000 h. Elle fut fondée par Pizarro en 1535. Cité historique. Université.
LIMAGNES (les), parfois **LIMAGNE** (la), plaines du Massif central, drainées par l'Allier et constituant le cœur de l'Auvergne*.
LIMASSOL, port de Chypre; 81 000 h.
LIMAY (78520), ch.-l. de c. des Yvelines, sur la Seine; 9 024 h. Église des XIIᵉ-XIIIᵉ s.
LIMBOURG, région historique de l'Europe du Nord-Ouest. Duché acquis en 1288 par le Brabant, le Limbourg fut partagé en 1648 entre les Provinces-Unies et les Pays-Bas espagnols. De 1839 à 1866, le Limbourg néerlandais resta dans la dépendance de la Confédération germanique.
LIMBOURG, en néerl. **Limburg,** prov. du nord-est de la Belgique; 2 421 km²; 692 000 h.; ch.-l. *Hasselt*; 3 arr. *(Hasselt, Tongres, Maaseik)*. Le Nord, industriel, s'oppose au Sud, prolongeant la Hesbaye, à vocation agricole.
LIMBOURG, prov. méridionale des Pays-Bas; 2 172 km²; 1 056 000 h. Ch.-l. *Maastricht*.
LIMBOURG (les frères DE) [POL, HENNEQUIN et HERMAN], peintres néerlandais du début du XVᵉ s., neveux de J. Malouel, enlumineurs, notamment, des *Très Riches Heures* de Jean de Berry (musée Condé, Chantilly).
LIMEIL-BRÉVANNES (94450), comm. du Val-de-Marne; 16 503 h. Centre hospitalier.
LIMERICK, en gaél. **Luimneach,** port de la république d'Irlande (Munster), au début de l'estuaire du Shannon; 57 000 h.
LIMOGES, ch.-l. de la Région Limousin et du dép. de la Haute-Vienne, sur la Vienne, à 374 km au sud de Paris; 147 406 h. *(Limougeauds)*. Évê-

miniature des frères de **Limbourg** extraite des *Très Riches Heures du duc de Berry* (v. 1413-1416)

Lauros-Giraudon

ché. Académie. Musées. Cathédrale surtout des XIIIᵉ-XVIᵉ s. Porcelaines et émaux de renommée mondiale. Chaussures. Constructions mécaniques et électriques. Mobilier. Imprimerie.
LIMOGNE-EN-QUERCY (46260), ch.-l. de c. du Lot, sur le *causse de Limogne*; 616 h.
LIMÓN (José), danseur, chorégraphe et pédagogue américain d'origine mexicaine, né à Culiacán (Sinaloa) [1908-1972]. Un des meilleurs représentants de la modern dance, tant interprète (*Lament for Ignacio Sánchez Mejías*, de D. Humphrey) que chorégraphe (*la Malinche, The Moor's Pavane, Psalm, Carlota*).
LIMONEST [-nɛ] (69760), ch.-l. de c. du Rhône; 2 057 h.
LIMOSIN, famille de peintres émailleurs français originaires de Limoges. Les plus connus sont : LÉONARD Iᵉʳ (v. 1505 - v. 1577), interprète, pour la Cour, des modèles de l'école de Fontainebleau (*Apôtres de la chapelle d'Anet*, v. 1547, musée de Chartres; portraits; etc.); JEAN Iᵉʳ (v. 1561 - v. 1610), qui pratiqua l'émaillerie polychrome à paillons et rehauts d'or; LÉONARD II (v. 1550 - v. 1625), qui emploie l'émail noir à résille d'or.
LIMOURS (91470), ch.-l. de c. de l'Essonne; 4 271 h. Église du XVIᵉ s. (vitraux).
LIMOUSIN, partie nord-ouest du Massif central, formée de plateaux granitiques étagés,

Limoges

J. C. Meauxsonne

LIMOUX (11300), ch.-l. d'arr. de l'Aude, sur l'Aude; 11 713 h. *(Limouxins)*. Église des XIIᵉ-XVIᵉ s. Vin blanc mousseux, la *blanquette de Limoux*.
LIMPOPO (le), fl. de l'Afrique australe, tributaire de l'océan Indien; 1 600 km.
LIN (saint) [m. en 76], pape de 67 à 76.
LINARES, v. d'Espagne (Andalousie); 51 000 h.
LINAS (91310 Montlhéry), comm. de l'Essonne, près de Montlhéry; 3 332 h. Église des XIIIᵉ-XVIᵉ s. Autodrome dit « de Montlhéry »; laboratoire d'essais routiers.
LIN BIAO → LIN PIAO.
LINCOLN, v. des États-Unis, cap. du Nebraska; 150 000 h. Université.
LINCOLN, v. d'Angleterre, ch.-l. du *Lincolnshire*; 74 000 h. Belle cathédrale du XIIIᵉ s.
LINCOLN (Abraham), homme d'État américain, né près de Hodgenville (Kentucky) [1809-1865]. L'élection à la présidence des États-Unis, en 1860, de ce député républicain, antiesclavagiste militant, fut le signal de la guerre de Sécession. Réélu en 1864, Lincoln fut assassiné par un fanatique peu après la victoire nordiste (14 avr. 1865).
LINDAU, v. de l'Allemagne fédérale (Bavière), dans une île du lac de Constance; 25 000 h. Centre touristique.
LINDBERGH (Charles), aviateur américain, né à Detroit (1902-1974). Il réussit le premier la liaison aérienne sans escale de New York à Paris (1927).
LINDBLAD (Bertil), astronome suédois, né à Örebro (1895-1965). Il étudia notamment la structure et la dynamique des galaxies.
LINDE (Carl VON), industriel allemand, né à Berndorf (1842-1934). Il construisit la première machine de réfrigération à compression (1873) et réussit la liquéfaction de l'air (1894).
LINDEMANN (Ferdinand VON), mathématicien allemand, né à Hanovre (1852-1939). Il démontra la transcendance du nombre π (1882).
LINDER (Gabriel LEUVIELLE, dit **Max**), acteur et cinéaste français, né à Saint-Loubès (1883-1925).

Après avoir créé de nombreux courts métrages (série des *Max*), il fut la vedette aux États-Unis de *Soyez ma femme* (1921), *Sept Ans de malheur* (1921) et *l'Étroit Mousquetaire* (1923). Le type comique de dandy ahuri qu'il inventa en fit le précurseur des grands burlesques américains, et notamment de Charlie Chaplin.

LINDSAY (*sir* David) → LYNDSAY.

LÍNEA (**La**), v. d'Espagne (Andalousie); 56 000 h. Centre commercial à la frontière du territoire de Gibraltar.

LINE ISLANDS («îles de la Ligne [l'équateur]») → SPORADES ÉQUATORIALES.

LING (Per Henrik), poète suédois, né à Ljunga (1776-1839). Auteur de poèmes épiques et de drames, il fut également le fondateur de la *gymnastique suédoise*.

LINGOLSHEIM (67380), comm. du Bas-Rhin; 10 482 h. Tannerie.

LINGONS, anc. peuple de la Gaule, dans le pays de Langres.

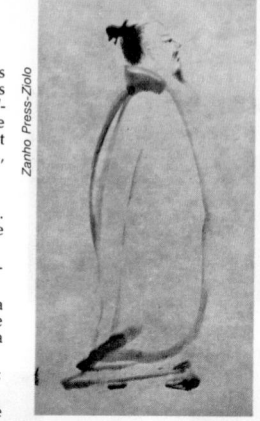

Li Po
par Leang K'ai

Carl von **Linné**
par A. Roslin

Franz **Liszt**
par Miklós Barabás

Émile **Littré**

Lisbonne : la place du Commerce et le Tage

LINKÖPING, v. de la Suède méridionale; 110 000 h. Cathédrale et château (XIIIe-XVe s.).

LINNÉ (Carl VON), naturaliste suédois, né à Råshult (1707-1778). Plus que sa classification des plantes, auj. abandonnée, c'est la description qu'il fit de milliers d'espèces et sa nomenclature dite « binominale », appliquée aux deux règnes, qui lui ont valu la célébrité.

LIN PIAO ou **LIN BIAO**, homme politique chinois, né à Houang-kang (Hou-pei) [1908-1971]. Il organisa les troupes chinoises en Mandchourie avant l'avènement de la République populaire. Maréchal (1955), ministre de la Défense (1959), il est élu vice-président du parti communiste chinois au IXe congrès (1969). Il joua un rôle important dans la révolution culturelle. Évincé, il périt dans un accident d'avion.

LINSELLES (59126), comm. du Nord; 6 555 h. Textile.

LINTH (la), riv. de Suisse, qui draine le *Linthal*, tributaire du lac de Zurich; 53 km.

LINWOOD, v. de Grande-Bretagne (Écosse). Construction automobile. Aluminium.

LINZ, v. d'Autriche, cap. de la Haute-Autriche, sur le Danube; 208 000 h. Églises anciennes (baroques). Musée du Château. Sidérurgie.

LION (le), constellation zodiacale. Cinquième signe du zodiaque, que le Soleil traverse du 22 juillet au 23 août.

LION (*golfe du*), golfe de la Méditerranée, à l'ouest du delta du Rhône.

Lion néerlandais (*ordre du*), ordre néerlandais fondé en 1815. Trois classes.

LION-D'ANGERS (**Le**) [49220], ch.-l. de c. de Maine-et-Loire; 2 328 h. Église en partie romane (peintures du XVIe s.).

LIONNE (Hugues DE), *marquis* **de Berny**, diplomate français, né à Grenoble (1611-1671). Ministre d'État (1659), puis secrétaire aux Affaires étrangères (1663), il engagea la France dans la guerre de Dévolution (1666) et prépara activement la guerre de Hollande.

LION-SUR-MER (14780), comm. du Calvados; 1 748 h. Station balnéaire.

LIORAN (15300 Murat), écart de la comm. de Laveissière (Cantal). Sports d'hiver à Super-Lioran (alt. 1 250-1 855 m). Tunnel routier et ferroviaire, entre Clermont-Ferrand et Aurillac, sous le *col du Lioran* (1 294 m).

LIORÉ (Fernand), ingénieur et industriel français, né à Paris (1874-1966). Spécialiste de la construction aéronautique, il s'intéressa avec Henri Olivier aux hydravions à coque.

LIOTARD (Jean Étienne), peintre suisse, né à Genève (1702-1789), auteur de turqueries et de portraits (pastels).

LIOUBERTSY, v. de l'U.R.S.S., banlieue de Moscou; 156 000 h.

LIOUVILLE (Joseph), mathématicien français, né à Saint-Omer (1809-1882). Il démontra l'existence des nombres transcendants (1851).

LIPARI (*île*), la principale des îles Éoliennes*, qui donne souvent son nom à l'archipel.

LIPATTI (Dinu), pianiste et compositeur roumain, né à Bucarest (1917-1950). Il s'est distingué par le raffinement, la sensibilité et la précision contenus dans ses interprétations du répertoire romantique et du répertoire classique.

LIPCHITZ (Jacques), sculpteur d'origine lituanienne, né à Druskieniki (1891-1973), établi en France (1909) puis aux États-Unis (1941). Il est passé de la synthèse cubiste à un lyrisme d'une expressivité puissante.

LIPETSK, v. de l'U.R.S.S., au sud de Moscou; 375 000 h. Métallurgie.

LI PO ou **LI BO** ou **LI T'AI-PO** ou **LI TAIBO**, poète chinois (v. 701-762), l'un des grands poètes classiques de la dynastie des T'ang.

LIPPE, anc. principauté de l'Allemagne septentrionale (1789-1918).

LIPPI, peintres italiens du quattrocento. FRA FILIPPO, né à Florence (v. 1406-1469), moine jusqu'en 1457, est l'héritier de Fra Angelico et de Masaccio (tableaux d'autel; fresques de la cathédrale de Prato, 1452-1464). — Son fils FILIPPINO, né à Prato (1457-1504), associe un chromatisme délicat à des rythmes décoratifs issus de Botticelli (fresques de la chapelle Strozzi à S. Maria Novella, Florence, terminées en 1503).

LIPPMANN (Gabriel), physicien français, né à Hollerich (Luxembourg) [1845-1921]. Il étudia les phénomènes électrocapillaires et inventa un procédé interférentiel de photographie des couleurs. (Prix Nobel, 1908.)

LIPSE (Juste), en néerl. **Joost Lips**, humaniste flamand, né à Overijse (1547-1606).

LIRÉ (49530), comm. de Maine-et-Loire, près de la Loire; 2 161 h. Vignobles. Musée J. du Bellay.

LISBONNE, en portug. **Lisboa**, cap. du Portugal, à l'embouchure du Tage; 829 000 h. (1 200 000 dans l'agglomération). Archevêché. Bibliothèques. Musées. Cathédrale en partie romane. Tour de Belém, sur le Tage, et monastère des Hiéronymites, typiques du style manuélin. Port et centre industriel. — Aux mains des Maures de 711 à 1147, capitale du Portugal depuis le XIIIe s., Lisbonne connut au XVe s. une fabuleuse prospérité liée à l'activité maritime et coloniale du Portugal. Elle fut ravagée par un tremblement de terre en 1755 et reconstruite par Pombal.

LISIEUX (14100), ch.-l. d'arr. du Calvados, sur la Touques; 26 674 h. (*Lexoviens*). Anc. cathédrale des XIIe-XIIIe s. Pèlerinage à sainte Thérèse de l'Enfant-Jésus (basilique de style romano-byzantin, 1929-1952). Industries mécaniques et alimentaires. Lisieux fut évêché du VIe s. à 1790.

LISLE-SUR-TARN [lil-] (81310), ch.-l. de c. du Tarn; 3 391 h. Vins.

LISSA → VIS.

LISSAJOUS (Jules), physicien français, né à Versailles (1822-1880). Il étudia la composition des mouvements vibratoires par un procédé optique.

LISSITCHANSK, v. de l'U.R.S.S. (Ukraine); 128 000 h. Houille.

LISSITSKI (Eliezer, dit El), peintre, graphiste, architecte et théoricien russe, né dans la région de Smolensk (1890-1941), un des adeptes du « suprématisme » de Malevitch.

LIST (Friedrich), économiste allemand, né à Reutlingen (1789-1846). Il eut le premier l'idée du Zollverein et défendit le protectionnisme.

LISTER (Joseph, *baron*), chirurgien anglais, né à Upton (Essex) [1827-1912], créateur de l'asepsie dans la chirurgie opératoire.

LISZT (Franz), compositeur et pianiste hongrois, né à Doborján (auj. Raiding) dans le Burgenland (1811-1886). Artiste puissant, virtuose incomparable, il fut l'auteur de poèmes symphoniques (*les Préludes*, v. 1854), de *Faust-Symphonie* (1854-1857), d'une grande sonate (1853) et d'*Études d'exécution transcendante* pour le piano, d'oratorios (*Christus*), de messes et de pages pour orgue. Il a renouvelé la technique pianistique et innové dans le domaine de l'harmonie.

LI T'ANG ou **LI TANG**, peintre chinois (v. 1049-1130). Son œuvre a profondément influencé les artistes qui lui ont succédé.

LITTAU, comm. de Suisse, banlieue de Lucerne; 13 495 h.

LITTLE ROCK, v. des États-Unis, cap. de l'Arkansas; 132 000 h. Bauxite.

LITTRÉ (Émile), lexicographe français, né à Paris (1801-1881). Positiviste, disciple indépendant d'A. Comte, il est l'auteur d'un monumental *Dictionnaire de la langue française* (1863-1873). [Acad. fr.]

LITUANIE, en russe **Litovskaïa S.S.R.**, en lituanien **Lietuva**, république fédérée de l'U.R.S.S., sur la Baltique; 65 200 km²; 3 129 000 h. (*Lituaniens*). Cap. *Vilnious*. C'est un pays bocager, boisé, encore largement agricole.
HISTOIRE
— 1236 : le grand-duc Mindaugas, vainqueur des Teutoniques.

David **Livingstone**
gravure de D. J. Pound

John **Locke**
par J. Greenhill

Nikolaï I.
Lobatchevski

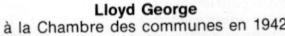

Lloyd George
à la Chambre des communes en 1942

la Tour de l'argent, spectacle réalisé en 1975
par Julian Beck et le **Living Theatre**

— 1253 : Mindaugas, roi de la Lituanie fédérée.
— 1316-1341 : règne de Gédymin, qui consolide ses positions en Ukraine. La Lituanie (cap. Vilnious) est alors l'une des grandes puissances européennes.
— 1386 : Ladislas II Jagellon, roi de Pologne et grand-duc de Lituanie; il introduit le christianisme.
— 1569 : Union de Lublin (qui décide de l'union définitive de la Lituanie et de la Pologne).
— 1795 : la Lituanie, partagée entre la Russie et la Prusse.
— 1815 : la Russie, maîtresse de la presque totalité du pays (Memel [Klaïpeda] reste prussienne).
— 1831 et 1863-64 : la Lituanie participe au soulèvement polonais, durement réprimé, contre le joug tsariste.
— 1915 : conquête allemande.
— 16 févr. 1918 : proclamation de l'indépendance de la république.
— 1918-1920 : la Lituanie, champ clos de la lutte germano-soviétique.
— 1920 : l'U.R.S.S. reconnaît l'indépendance de la Lituanie.
— 1922 : Constitution démocratique.
— 1926-1929 : dictature de Voldemaras.
— 1939 : Memel, rattaché au IIIe Reich.
— 1940 : la Lituanie, république soviétique rattachée à l'U.R.S.S.

LITVINOV (Maksim Maksimovitch), homme politique soviétique, né à Białystok (1876-1951), commissaire aux Affaires étrangères de 1930 à 1939, ambassadeur à Washington de 1941 à 1943.

LIU-CHOUEN ou **LÜSHUN**, nom chinois de *Port-Arthur*.

LIU SHAOQI → LIEOU CHAO-K'I.

LIU-TA ou **LÜDA**, conurbation de Chine, regroupant Talien (Dairen), Liu-chouen (Port-Arthur) et Kin. Le terme désigne souvent la seule agglomération de Ta-lien.

LIUTPRAND (m. en 744), roi des Lombards de 713 à 744.

LIUTPRAND, chroniqueur lombard (v. 920-972), évêque de Crémone (961-972). Son œuvre, souvent partisane, est un témoignage notable de l'histoire du Xe s.

LIUZHOU → LIEOU-TCHEOU.

LIVAROT (14140), ch.-l. de c. du Calvados, dans le pays d'Auge; 2874 h. Fromages.

LIVERDUN (54460), comm. de Meurthe-et-Moselle; 5067 h. Église du XIIe s. Métallurgie. Alimentation.

LIVERNON (46320 Assier), ch.-l. de c. du Lot; 342 h.

LIVERPOOL, v. d'Angleterre, sur l'estuaire de la Mersey; 606000 h. Deuxième port britannique et important centre industriel (métallurgie). Musées.

LIVET-ET-GAVET (38220 Vizille), comm. de l'Isère, sur la Romanche; 2123 h. Électrochimie.

LIVIE, en lat. Livia Drusilla (v. 55 av. J.-C.-29 apr. J.-C.), épouse d'Auguste. Elle avait eu d'un mariage précédent Tibère et Drusus. Elle fit adopter Tibère par Auguste.

LIVINGSTONE (David), explorateur écossais, né à Blantyre (1813-1873). Missionnaire protestant, il inaugura, en 1849, une série de voyages en Afrique centrale et australe. Puis, avec Stanley, il rechercha les sources du Nil. Il fut un adversaire décidé de l'esclavagisme.

Living Theatre, troupe théâtrale américaine, fondée en 1950 par Julian Beck et Judith Malina, et qui anima d'une forme d'expression corporelle proche du happening.

LIVIUS ANDRONICUS, poète latin (IIIe s. av. J.-C.). Il fit représenter la première tragédie de langue latine.

LIVIUS DRUSUS (Marcus), m. en 109 av. J.-C., tribun du peuple à Rome en 122 av. J.-C., adversaire de C. Gracchus. — Son fils MARCUS LIVIUS DRUSUS, tribun de la plèbe, fut assassiné en 91 av. J.-C.; sa mort fut le signal de la guerre sociale*.

LIVONIE, anc. prov. baltique de la Russie. Colonisée au XIIIe s. par les chevaliers livoniens, branche des Teutoniques, elle fut disputée au XVIIe s. entre la Russie et la Suède; Pierre le Grand s'en empara en 1710; elle forma un gouvernement russe en 1721. En 1920, elle constitua les républiques de Lettonie et d'Estonie.

LIVOURNE, en ital. Livorno, port d'Italie (Toscane), sur la Méditerranée; 178000 h. Métallurgie. Raffinage du pétrole et industries chimiques.

LIVRADOIS (le), région montagneuse de l'Auvergne, entre les vallées de l'Allier et de la Dore; 1218 m.

Livre de la jungle (le), titre de deux recueils de R. Kipling (1894-95), récits des aventures de Mowgli, le « petit d'homme », au milieu des animaux de la jungle.

LIVRON-SUR-DRÔME (26250), comm. de la Drôme; 5678 h. Industrie chimique.

LIVRY-GARGAN (93190), ch.-l. de c. de la Seine-Saint-Denis, au nord-est de Paris; 32944 h.

LIZARD (cap), cap constituant l'extrémité sud de la Grande-Bretagne.

LIZY-SUR-OURCQ (77440), ch.-l. de c. de Seine-et-Marne; 2695 h. Monuments des XVe-XVIIe s.

LJUBLJANA, en allem. Laibach, v. de Yougoslavie, cap. de la Slovénie; 182000 h. Château (XIIe-XVIe s.). Monuments des XVIe-XVIIIe s. Musées. Université. Métallurgie. En 1821, le congrès de Laibach, européen, décida une expédition contre les libéraux napolitains.

LLANO ESTACADO, haute plaine aride des États-Unis, dans l'ouest du Texas.

LLIVIA, village et enclave de territoire espagnol dans le dép. français des Pyrénées-Orientales; 12 km²; 800 h.

LLOBREGAT (le), fl. côtier d'Espagne (Catalogne), tributaire de la Méditerranée; 190 km.

LLOYD (Harold), acteur américain de cinéma, né à Burchard (Nebraska) [1893-1971]. Il fut l'une des grandes figures de l'école burlesque américaine à l'époque du cinéma muet (*Monte là-dessus*, 1923).

LLOYD GEORGE (David), 1er comte **Lloyd-George of Dwyfor**, homme politique britannique, né à Manchester (1863-1945). Chef de l'aile gauche du parti libéral, il préconisa des réformes sociales que sa nomination au poste de chancelier de l'Échiquier lui permit de réaliser (1908-1915); il fut l'auteur de la loi restreignant le pouvoir des Lords (1911). Pendant la Première Guerre mondiale, il fut ministre des Munitions, puis de la Guerre et enfin chef d'un cabinet de coalition (1916-1922). Il joua un rôle prépondérant dans les négociations du traité de Versailles (1919); en 1921, il reconnut l'État libre d'Irlande.

Lloyd's, la plus ancienne et la plus importante institution mondiale dans le domaine de l'assurance. Créée à Londres v. 1688, elle fut officialisée en 1871.

LOANGO, v. du Congo, au nord de Pointe-Noire, anc. cap. du royaume des Mani (*royaume de Loango*, XVIe-XVIIIe s.).

LOBATCHEVSKI (Nikolaï Ivanovitch), mathématicien russe, né à Makarev, près de Nijni-Novgorod (1792-1856), l'un des fondateurs des géométries non euclidiennes (1826).

LOBAU (île), île du Danube, près de Vienne.

LOBITO, port de l'Angola; 60000 h.

LOB-NOR, lac peu profond de Chine, dans le Sin-kiang, où aboutit le Tarim; 2000 km². Dans la région, base d'expériences nucléaires.

LOCARNO, station touristique de Suisse (Tessin), sur le lac Majeur, au pied des Alpes; 14143 h. Anc. château fort des Visconti; sanctuaire de la Madonna del Sasso. Accord signé en 1925 par la France, la Belgique, la Grande-Bretagne, l'Allemagne et l'Italie, en vue d'une paix durable en Europe. L'Allemagne fut alors admise à la S. D. N.

LOCATELLI (Pietro Antonio), violoniste italien, né à Bergame (1695-1764), novateur dans la technique du violon, compositeur de sonates et de concertos (*L'arte del violino*).

LOCHES (37600), ch.-l. d'arr. d'Indre-et-Loire, sur l'Indre; 6810 h. (*Lochois*). Anc. forteresse englobant donjon (XIe-XIIe s.), logis du roi (XIVe-XVe s.), collégiale St-Ours (XIIe s.), etc.

Loches (paix de) → MONSIEUR (paix de).

LOCHNER (Stefan), peintre allemand, probablement né à Meersburg (Haute-Souabe) [v. 1405/1415-1451]. Il fut un des premiers et le plus connu des maîtres de l'école de Cologne, réputé pour sa suavité majestueuse.

LOCHRISTI, comm. de Belgique (Flandre-Orientale); 15100 h.

LOCKE (John), philosophe anglais, né à Wrington (Somerset) [1632-1704]. Auteur de l'*Essai sur l'entendement humain* (1690), il rejette les idées innées, pour placer la source de nos connaissances dans l'expérience, c'est-à-dire la sensation aidée de la réflexion. Ses *Lettres sur la tolérance* et *Du gouvernement civil* en font l'un des fondateurs du libéralisme. Il a ainsi influencé la Constitution américaine et la Déclaration des droits de l'homme.

LOCKYER (*sir* Norman), astronome britannique, né à Ruby (1836-1920). Il fut l'un des premiers à avoir étudié l'évolution des étoiles.

LOCLE (Le), v. de Suisse (Neuchâtel); 14 452 h. Centre horloger.

LOCMARIAQUER [-kɛr] (56740), comm. du Morbihan, sur le golfe du Morbihan; 1289 h. Ensemble mégalithique, dont un menhir (auj. brisé) qui mesurait plus de 20 m.

LOCMINÉ (56500), ch.-l. de c. du Morbihan; 3574 h. Église, chapelle et ossuaire du XVIe s.

LOCQUIREC (29241), comm. du Finistère; 1035 h. Station balnéaire.

LOCRIDE, contrée de la Grèce continentale ancienne, séparée par la Phocide en deux parties : la *Locride orientale*, sur la mer Égée; la *Locride occidentale*, sur le golfe de Corinthe. (Hab. *Locriens.*)

LOCRONAN (29136 Plogonnec), comm. du Finistère; 686 h. Belle place avec église, chapelle et maisons des XVe-XVIIe s. Célèbre pardon.

LOCTUDY (29125), comm. du Finistère; 3544 h. Église en partie romane. Station balnéaire. Pêche.

LOCUSTE, empoisonneuse romaine (m. en 68 apr. J.-C.), instrument d'Agrippine contre Claude, et de Néron contre Britannicus. Galba la fit mettre à mort.

LODÈVE (34700), ch.-l. d'arr. de l'Hérault; 8 184 h. (*Lodévois*). Anc. cathédrale et ses dépendances (XIIIe-XVIIIe s.). À proximité, gisements d'uranium.

LODI, v. d'Italie (Milan), sur l'Adda; 38 000 h. Victoire de Bonaparte sur les Autrichiens en 1796.

LODS (Marcel), architecte et urbaniste français, né à Paris (1891-1978). De son association avec E. Beaudouin sont issues des réalisations exemplaires dans le domaine de la préfabrication (marché couvert - maison du peuple de Clichy, 1936 [collaborateurs J. Prouvé et l'ingénieur Vladimir Bodiansky]).

ŁÓDŹ, v. de Pologne, au sud-ouest de Varsovie; 810 000 h. Centre textile (coton, fibres synthétiques). Galerie d'art moderne.

LOÈCHE-LES-BAINS, comm. de Suisse (Valais); 1056 h. Centre touristique.

LOEWI (Otto), pharmacologue allemand, né à Francfort-sur-le-Main (1873-1961). Il étudia les substances actives sur le système nerveux autonome. (Prix Nobel, 1936.)

LOFOTEN (*îles*), archipel des côtes de Norvège; 25 000 h. Pêcheries.

LOGAN (*mont*), point culminant du Canada (Yukon), à la frontière de l'Alaska; 6 050 m.

Loges (*les*), pelouse au centre de la forêt de Saint-Germain. Camp militaire où a été transféré en 1969 le quartier général de la Ire région militaire.

Logique ou l'Art de penser (*la*), ouvrage composé par A. Arnauld et P. Nicole (1662), exposé complet de la syllogistique, qui situe la logique par rapport à la grammaire.

logique (*Science de la*), ouvrage de Hegel (1812-1816), dans lequel l'auteur expose une théorie de l'être, une théorie de l'essence et une théorie du concept.

Logique d'Aristote → ORGANON.

Logique formelle, œuvre d'A. De Morgan (1847), dans laquelle il élabore l'algèbre des relations.

LOGIS-NEUF (le), section de la comm. de La Coucourde (Drôme). Centrale hydroélectrique sur une dérivation du Rhône.

LOGONE (le), riv. de l'Afrique équatoriale, affl. du Chari (r. g.); 960 km.

LOGROÑO, v. d'Espagne (Vieille-Castille), sur l'Èbre; 98 000 h.

Lohengrin, héros d'une légende germanique

rattachée au cycle des romans courtois sur la quête du Graal. Cette légende a inspiré à R. Wagner l'opéra *Lohengrin*, dont il écrivit le livret et la musique (1845-1848).

LOIGNY-LA-BATAILLE (28140 Orgères en Beauce), comm. d'Eure-et-Loir; 238 h. Combat des zouaves pontificaux de Sonis (2 déc. 1870).

LOING [lwɛ̃], affl. de la Seine (r. g.), qui passe à Montargis, Nemours et Moret; 166 km. — Sa vallée, en aval de Montargis, est empruntée par le *canal du Loing.*

LOIR (le), affl. de la Sarthe (r. g.), qui passe à Châteaudun, Vendôme et La Flèche; 311 km.

LOIRE (la), le plus long fleuve de France; 1 020 km. Son bassin, couvrant 115 000 km² (environ le cinquième de la France), s'étend sur l'est du Massif central (*Loire supérieure*), le sud du Bassin parisien (*Loire moyenne*) et le sud-est du Massif armoricain (*Loire inférieure*). La Loire, née à 1 408 m d'alt. au mont Gerbier-de-Jonc, se dirige d'abord vers le nord, raccordant par des gorges étroites de petits bassins d'effondrement (bassins du Puy et du Forez, plaine de Roanne), avant de recevoir l'Allier (r. g.) en aval de Nevers. Le fleuve, sorti du Massif central, décrit alors une vaste boucle, dont Orléans constitue le sommet. Il coule dans une vallée élargie, encombrée de bancs de sable, et reçoit succes-

sivement, après Tours, le Cher, l'Indre, la Vienne (grossie de la Creuse), à gauche, issus du Massif central, et la Maine à droite (en pénétrant dans le Massif armoricain). En aval de Nantes commence le long estuaire qui se termine dans l'Atlantique. La Loire a un régime irrégulier (sauf en aval), aux crues surtout hivernales et aux basses eaux estivales très marquées. La navigation n'est active qu'en aval de Nantes, mais en amont les eaux du fleuve servent au refroidissement de centrales nucléaires (construites ou projetées : Belleville-sur-Loire, Dampierre-en-Burly, Saint-Laurent-des-Eaux, Avoine et Le Pellerin). [V. aussi VAL DE LOIRE.]

Loire (*armées de la*), forces organisées dans la région de la Loire à la fin de 1870 par le gouvernement de la Défense nationale pour tenter de débloquer Paris, assiégé par les Allemands.

Loire (*châteaux de la*), ensemble de demeures royales, seigneuriales ou bourgeoises édifiées dans l'Anjou, la Touraine, le Blésois et l'Orléanais aux XVe et XVIe s. Les principaux sont ceux d'Azay-le-Rideau, d'Amboise, de Chenonceaux, de Chaumont, de Blois, de Chambord et de Valençay.

LOIRE (*dép. de la*) [**42**], dép. de la Région Rhône-Alpes; ch.-l. de dép. *Saint-Étienne*; ch.-l. d'arr. *Montbrison*, *Roanne*; 3 arr., 39 cant.,

LOIRE

HAUTE-LOIRE

327 comm.; 4774 km²; 742 396 h. Le dép. appartient à l'académie, à la circonscription judiciaire, à la région militaire et à la province ecclésiastique de Lyon. Entre les hautes terres cristallines de la Madeleine et du Forez à l'ouest (en voie de dépeuplement), du Beaujolais et du Lyonnais à l'est (où se développe l'élevage bovin) s'allongent le bassin du Forez (en partie drainé) et la plaine du Roannais, où se concentre l'essentiel des cultures (blé, plantes fourragères) et des prairies d'élevage. L'industrie, implantée surtout dans les agglomérations de Saint-Étienne et de Roanne, est représentée principalement par la métallurgie et le textile.

LOIRE (dép. de la **Haute-**) [43], dép. de la Région Auvergne; ch.-l. de dép. Le Puy; ch.-l. d'arr. Brioude, Issingeaux; 3 arr., 33 cant., 260 comm.; 4 965 km²; 205 491 h. Le dép. appartient à l'académie de Clermont-Ferrand, à la circonscription judiciaire de Riom, à la région militaire de Lyon et à la province ecclésiastique de Bourges. En dehors de son extrémité occidentale (à l'ouest de l'Allier), constituée par le rebord granitique de la Margeride, le dép. s'étend sur les hautes terres volcaniques du Velay (élevage bovin), entaillées par la vallée de la Loire. Celle-ci ouvre le bassin du Puy, qui, avec la Limagne de Brioude, drainée par l'Allier, est le plus riche secteur agricole (céréales, arbres fruitiers, pomme de terre, lentille verte). L'industrie est représentée surtout par la petite métallurgie, assez dispersée, qui n'a pas été en mesure d'arrêter l'exode rural.

LOIRE (Pays de la), Région administrative, regroupant les dép. suivants : Loire-Atlantique, Maine-et-Loire, Mayenne, Sarthe et Vendée; 32 126 km²; 2 767 163 h. Ch.-l. Nantes.

LOIRE-ATLANTIQUE (dép. de la) [44], dép. de la Région Pays de la Loire; ch.-l. de dép. Nantes; ch.-l. d'arr. Ancenis, Châteaubriant, Saint-Nazaire; 4 arr., 53 cant., 221 comm.; 6 893 km²; 934 499 h. Le dép. appartient à l'académie de Nantes, à la circonscription judiciaire et à la région militaire de Rennes, à la province ecclésiastique de Tours. Appartenant au Massif armoricain, le dép. est essentiellement formé de collines et de bas plateaux, en dehors du littoral, parfois marécageux (Grande Brière). La polyculture (blé, plantes fourragères associées à l'élevage bovin) domine, cédant localement la place au vignoble (muscadet) et aux cultures maraîchères (près de Nantes). L'industrie tient une place importante grâce à l'activité de la basse Loire, entre Nantes et Saint-Nazaire, où sont implantées la métallurgie (constructions navales), des usines chimiques et alimentaires, le raffinage du pétrole, etc. Le tourisme estival anime le littoral (La Baule).

LOIRE-SUR-RHÔNE (69700 Givors), comm. du Rhône; 1 788 h. Centrale thermique.

LOIRET (le), affl. de la Loire (r. g.), au sud d'Orléans; 12 km. C'est une résurgence de la Loire.

LOIRET (dép. du) [45], dép. de la Région Centre; ch.-l. de dép. Orléans; ch.-l. d'arr. Montargis, Pithiviers; 3 arr., 37 cant., 334 comm.; 6 742 km²; 490 189 h. Le dép. appartient à l'académie d'Orléans-Tours, à la circonscription judiciaire d'Orléans, à la région militaire de Paris et

V. carte page suivante

à la province ecclésiastique de Bourges. Il est formé de régions naturelles variées, aux aptitudes agricoles inégales. À la Sologne, pays de landes et de marécages, partiellement mise en valeur, et à la vaste forêt d'Orléans s'opposent le Gâtinais, où domine l'élevage, l'extrémité de la Beauce, céréalière, et surtout le riche Val d'Orléans (pépinières, cultures fruitières et légumières). L'industrie tient aujourd'hui une place importante. Elle est surtout représentée dans l'agglomération d'Orléans, qui concentre près de la moitié de la population totale du dép., en accroissement constant.

LOIR-ET-CHER (dép. de) [41], dép. de la Région Centre; ch.-l. de dép. Blois; ch.-l. d'arr. Romorantin-Lanthenay, Vendôme; 3 arr., 26 cant., 291 comm.; 6 314 km²; 283 686 h. Le dép. appartient à l'académie d'Orléans-Tours, à la circonscription judiciaire d'Orléans, à la région militaire de Paris et à la province ecclésiastique

de Bourges. Le riche Val de Loire (pépinières, cultures fruitières et légumières) sépare la Sologne, marécageuse, pays de chasses et d'étangs, prolongée à l'ouest par des terres plus sèches (arbres fruitiers, vigne), du Blésois, céréalier (dépendance de la Beauce), et de l'extrémité méridionale des collines du Perche (polyculture associée à l'élevage). L'industrie est représentée par les constructions mécaniques et électriques, l'alimentation et les textiles. Une centrale nucléaire est implantée à Saint-Laurent-des-Eaux. La présence de châteaux (Blois, Chambord, Cheverny) stimule le tourisme.

LOIRON (53320), ch.-l. de c. de la Mayenne; 965 h.

Lois (les), dialogues de Platon. Platon y atténue l'étatisme utopique de la République.

LOISY (Alfred), exégète français, né à Ambrières (Marne) [1857-1940]. Prêtre (1879), professeur à l'Institut catholique de Paris, il fut excommunié pour ses idées modernistes (1908); il devint professeur d'histoire des religions au Collège de France (1909-1927). Ses ouvrages de

LOIRE-ATLANTIQUE

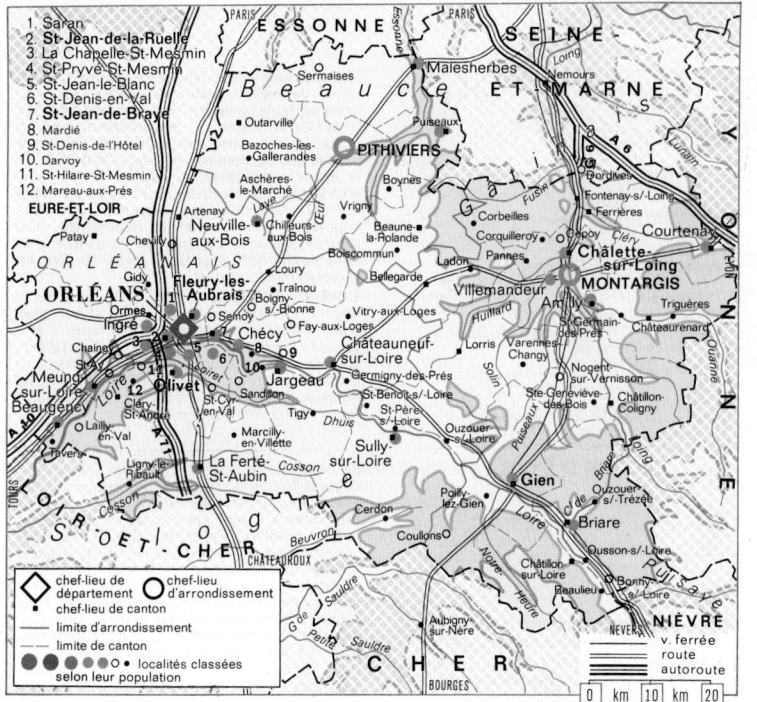

1. Saran
2. St-Jean-de-la-Ruelle
3. La Chapelle-St-Mesmin
4. St-Pryvé-St-Mesmin
5. St-Jean-le-Blanc
6. St-Denis-en-Val
7. St-Jean-de-Braye
8. Mardié
9. St-Denis-de-l'Hôtel
10. Darvoy
11. St-Hilaire-St-Mesmin
12. Mareau-aux-Prés

◇ chef-lieu de département ○ chef-lieu d'arrondissement
● chef-lieu de canton
— limite d'arrondissement
--- limite de canton
●●● ○ localités classées selon leur population

v. ferrée
route
autoroute

courbes : 100, 150, 200 m

LOIRET

critique biblique eurent un grand retentissement.

LOKEREN, v. de Belgique (Flandre-Orientale); 32 900 h. Église baroque St-Laurent.

LOKMAN → LUQMĀN.

LOLLAND ou **LAALAND,** île du Danemark, dans la Baltique, séparée de l'île de Falster par un canal étroit. V. pr. *Maribo.*

LOMAGNE (la), petite région du Sud-Ouest. V. pr. *Beaumont-de-Lomagne.*

LOMAS DE ZAMORA, banlieue de Buenos Aires; 411 000 h.

Jack **London**

LOIR-ET-CHER

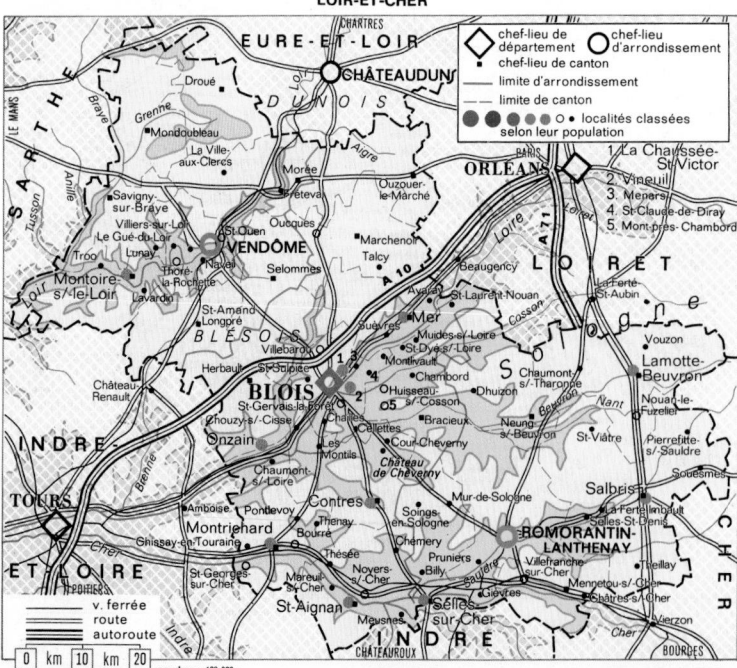

◇ chef-lieu de département ○ chef-lieu d'arrondissement
● chef-lieu de canton
— limite d'arrondissement
--- limite de canton
●●● ○ localités classées selon leur population

1. La Chaussée-St-Victor
2. Vineuil
3. Mepers
4. St-Claude-de-Diray
5. Mont-près-Chambord

v. ferrée
route
autoroute

courbes : 100, 200 m

lombarde *(Ligue),* ligue formée en 1167 par des villes guelfes, sous le patronage du pape Alexandre III, pour combattre Frédéric Ier Barberousse, à qui elle imposa la trêve de Venise-Grado (1177).

LOMBARDIE, région du nord de l'Italie, située au pied des Alpes, constituant les prov. de *Bergame, Brescia, Côme, Crémone, Mantoue, Milan, Pavie, Sondrio et Varèse;* 23 834 km²; 8 911 000 h. (*Lombards*). On y distingue : les *Alpes lombardes,* qui, vers le sud, au sud, sont bordées, au sud, par un chapelet de grands lacs (lacs Majeur, de Côme, de Garde, etc.); la *plaine lombarde,* qui associe de riches cultures à un élevage intensif et qui constitue un grand foyer industriel : métallurgie, constructions mécaniques, textiles.

LOMBARDO, sculpteurs italiens, dont les plus importants sont : PIETRO, né à Carona (Lugano) [v. 1435-1515], surtout actif à Venise (monuments funéraires; décors de marbres de l'église S. Maria dei Miracoli); son fils et aide TULLIO (v. 1455-1532), auteur du gisant de Guidarello Guidarelli à Ravenne.

LOMBARDS, peuple germanique établi entre l'Elbe et l'Oder, qui, venu de la basse Elbe, envahit l'Italie au VIe s. et y fonda un État puissant, dont la capitale était Pavie (572), des duchés lombards indépendants se constituant à Spolète (570) et à Bénévent (589). Battus par Charlemagne, qui prit le titre de roi des Lombards et reçut la soumission du duc de Spolète, les Lombards maintinrent une dynastie à Bénévent jusqu'en 1047.

lombard-vénitien *(Royaume),* nom porté de 1815 à 1859 par les possessions autrichiennes en Italie du Nord (Milanais, Vénétie); le royaume éclata en 1859, quand la Lombardie revint au Piémont, et disparut en 1866, quand la Vénétie fut annexée au royaume d'Italie.

LOMBEZ [-bès] (32220), ch.-l. de c. du Gers; 1 301 h. Anc. cathédrale de style gothique méridional (XIVe-XVIe s.).

LOMBOK, île d'Indonésie, séparée de Bali par le *détroit de Lombok.*

LOMBROSO (Cesare), médecin et criminologiste italien, né à Vérone (1835-1909). Il a décrit le type du «criminel-né», sujet destiné à devenir criminel par le déterminisme de l'hérédité et porteur de stigmates morphologiques.

LOMÉ, cap. et port du Togo, sur le golfe de Guinée; 200 000 h. Archevêché. Université.

LOMÉNIE DE BRIENNE (Étienne DE), prélat et homme d'État français, né à Paris (1727-1794). Archevêque de Toulouse (1763), ministre des Finances en 1787, il entra en conflit avec le parlement de Paris, qu'il exila (août-sept.), et avec les notables, dont il menaçait les privilèges; il dut se retirer dès 1788 et fut nommé archevêque de Sens et cardinal. Il prêta serment à la Constitution civile du clergé. (Acad. fr.)

LOMME (59160), comm. du Nord, banlieue de Lille; 29 341 h.

LOMMEL, comm. de Belgique (Limbourg); 24 400 h. Métallurgie.

LOMONOSSOV (Mikhaïl Vassilievitch), écrivain et savant russe, né à Michaninskaïa (gouvern. d'Arkhangelsk) [1711-1765]. Réformateur de la poésie russe et de la langue littéraire, il publia la première *Grammaire russe* (1757) et fit créer l'université de Moscou.

LOMONT (le), partie du Jura (Doubs); 840 m.

LONDERZEEL, comm. de Belgique (Brabant); 16 500 h.

LONDINIÈRES (76660), ch.-l. de c. de la Seine-Maritime; 1 171 h.

LONDON, v. du Canada (Ontario); 240 392 h. Centre financier. Constructions mécaniques et électriques.

LONDON (John Griffith LONDON, dit **Jack**), écrivain américain, né à San Francisco (1876-1916), auteur de nombreux romans d'aventures (*le Loup des mers,* 1904; *Croc-Blanc,* 1907). Célèbre et riche, mais révolté par la société moderne, il se suicida.

LONDONDERRY, port d'Irlande du Nord, sur le Foyle; 52 000 h. Textiles. Chimie.

LONDRES, en angl. **London,** cap. de la Grande-Bretagne, sur la Tamise; 2 145 000 h. *(Londoniens).* Le « Grand Londres » compte 7 112 000 h. Comme Paris, Londres doit sa naissance à un passage du fleuve, lieu d'échanges entre le Nord et le Sud. La Cité *(City),* au cœur de la ville, est devenue le grand centre des affaires. Aux quartiers résidentiels de l'ouest, parsemés de parcs, s'opposent les zones ouvrières de l'est, industriel, de part et d'autre de la Tamise. Principal port britannique, où le rôle d'entrepôt a reculé devant la fonction régionale, Londres est une importante métropole politique, financière et culturelle. Toutes les branches d'industries y sont pratiquement représentées. La croissance de l'agglomération a été freinée par la création de « villes nouvelles » dans un large rayon autour de Londres. Les principaux monuments anciens sont la Tour de Londres (XIe s.), l'abbatiale de Westminster* (XIIIe-XVIe s.) la cathédrale Saint Paul (fin du XVIIe s.). Célèbres musées (British* Museum, National* Gallery, Tate* Gallery, Victoria* and Albert Museum, etc.). — La ville fut le siège des jeux Olympiques en 1908 et en 1948.

V. ill. frontispice

— HISTOIRE. Centre stratégique et commercial de la Bretagne romaine, ruinée par les invasions anglo-saxonnes (VIe s.), Londres renaît aux VIe-VIIe s. comme capitale du royaume d'Essex et siège d'un évêché (604). Enjeu des luttes entre les rois anglo-saxons et danois (Xe-XIe s.), elle est, à partir du XIIe s., la capitale de fait du royaume anglo-normand. Dotée d'une charte communale (1191), siège du Parlement (1258), capitale officielle du royaume (1327), elle connaît une remarquable extension, due à l'activité de son port et à l'essor de l'industrie drapière. Elle est ravagée par la peste en 1665 et par l'incendie en 1666, mais, au XVIIIe et au XIXe s., le rythme de son développement s'accélère et Londres devient la capitale de la finance et du commerce internationaux. Pendant la Seconde Guerre mondiale, elle est durement atteinte par les bombardements.

LONDRINA, v. du Brésil (Paraná); 228 000 h.

LONG (Marguerite), pianiste française, née à Nîmes (1874-1966). Interprète de Debussy, Fauré, Ravel, elle a fondé une école d'enseignement et un concours international avec le violoniste Jacques Thibaud (1946).

LONG BEACH, port des États-Unis (Californie), banlieue de Los Angeles; 359 000 h.

Longchamp *(hippodrome de),* hippodrome créé en 1863 dans le bois de Boulogne.

LONGEMER [-mer], petit lac des Vosges.

LONGFELLOW (Henry Wadsworth), poète américain, né à Portland (Maine) [1807-1882], influencé par la culture et le romantisme européens *(Evangeline,* 1847).

LONGHI (Pietro FALCA, dit **Pietro**), peintre italien, né à Venise (1702-1785). Il est l'auteur de scènes familières de la société vénitienne.

LONG ISLAND, île sur laquelle est bâti Brooklyn, quartier de New York.

longitudes (Bureau des), organisme scientifique institué en 1795 en vue de perfectionner l'astronomie et les sciences qui lui sont liées. Il publie chaque année la *Connaissance des temps* et un *Annuaire.*

LONGJUMEAU (91160), ch.-l. de c. de l'Essonne, dans la vallée de l'Yvette; 18 183 h. Anc. relais de poste. Une paix y fut signée en 1568 entre les catholiques et les protestants.

LONG-MEN ou **LONGMEN,** grottes de Chine (Ho-nan), décorées de sculptures (Ve-VIIIe s.).

LONGNY-AU-PERCHE (61290), ch.-l. de c. de l'Orne; 1 557 h. Église et chapelle des XVe-XVIe s.

LONGO (Luigi), homme politique italien, né à Fubine Monferrato (1900-1980), secrétaire général (1964) puis président (1972) du parti communiste italien.

LONGUE *(île),* bande de terre de la partie nord de la presqu'île de Crozon (Finistère), sur la rade de Brest. Base, depuis 1970, des sous-marins lance-missiles stratégiques.

LONGUEAU (80330), comm. de la Somme, banlieue d'Amiens; 5 606 h. Gare de triage. Aérodrome.

LONGUÉ-JUMELLES (49160), ch.-l. de c. de Maine-et-Loire; 6 342 h.

Longue Marche (la), nom donné à la retraite amorcée le 15 octobre 1934 par Mao Tsö-tong et 100 000 soldats communistes, vers l'ouest de la Chine, pour échapper aux nationalistes, et à la marche de 12 000 kilomètres qui s'ensuivit et qui se termina dans le Chen-si en octobre 1935.

LONGUENESSE (62500 St Omer), comm. du Pas-de-Calais; 10 146 h. Matériel téléphonique.

LONGUEUIL, v. du Canada (Québec), sur le Saint-Laurent; 122 429 h.

LONGUEVILLE (Anne, *duchesse* DE), sœur du Grand Condé, née au château de Vincennes (1619-1679). Ennemie de Mazarin, elle joua un rôle important pendant la Fronde.

LONGUEVILLE-SUR-SCIE (76590), ch.-l. de c. de la Seine-Maritime; 764 h.

LONGUS, écrivain grec (Lesbos? IIIe ou IVe s. apr. J.-C.). On lui attribue le roman pastoral de *Daphnis et Chloé.*

LONGUYON (54260), ch.-l. de c. de Meurthe-et-Moselle; 7 452 h.

LONGVIC [lɔ̃vi] (21600), comm. de la Côte-d'Or; 7 456 h. Aéroport. Base aérienne militaire.

relief provenant des grottes de **Long-men** dynastie des Wei du Nord début du VIe s. apr. J.-C.

Konrad **Lorenz** recevant le prix Nobel de médecine en 1973

Reportagebild

Atkins Museum, Kansas City

Longwood, résidence de Napoléon Ier à Sainte-Hélène, de 1815 à sa mort (1821).

LONGWY [lɔ̃vi] (54400), ch.-l. de c. de Meurthe-et-Moselle; 20 240 h. *(Longoviciens).* Sidérurgie et métallurgie.

LON NOL, homme d'État cambodgien, né à Kompong-Leau en 1913. Commandant en chef des forces armées et ministre de la Défense (1959), puis Premier ministre (1966 et 1969), il destitua le prince Norodom Sihanouk (1970) et établit, comme président de la République, une dictature militaire (1972-1975).

LÖNNROT (Elias), écrivain finlandais, né à Karjalohja (1802-1884). Il recueillit les chants populaires de Carélie et les publia sous le titre de *Kalevala* (1836-1847).

LONS-LE-SAUNIER [lɔ̃-] (39000), ch.-l. du dép. du Jura, à 400 km au sud-est de Paris; 23 292 h. *(Lédoniens).* Église St-Désiré, en partie du XIe s. Industries alimentaires et mécaniques. Établissement hydrominéral.

LOON-PLAGE (59279), comm. du Nord; 5 606 h. Station balnéaire.

LOOS [los] (59120), comm. du Nord, sur la Deûle; 22 103 h. *(Loossois).* Prison. Textile. Chimie. Imprimerie.

LOOS *(îles de)* → LOS.

LOOS (Adolf), architecte autrichien, né à Brünn (auj. Brno) [1870-1933]. Sa conférence *Ornement et Crime,* prononcée en 1908 à Vienne, où il était établi, a été le manifeste du fonctionnalisme intégral.

LOOS-EN-GOHELLE (62750), comm. du Pas-de-Calais; 6 961 h.

LOPBURI, v. de Thaïlande, ch.-l. de prov.; 30 000 h. Temples (prang ou hautes tours-reliquaires) des XIIIe-XIVe s. Importantes fouilles archéologiques (mésolithique, âge du bronze, art de Dvâravati [VIIe-VIIIe s.]).

LOPE DE VEGA → VEGA CARPIO *(Felix* LOPE DE).

LÓPEZ (Pilar LÓPEZ JULVES, dite **Pilar**), danseuse et chorégraphe espagnole, née à Saint-Sébastien en 1912.

LÓPEZ ARELLANO (Osvaldo), homme d'État hondurien, né en 1921, chef du gouvernement (1963), puis président de la République (1965-1971, 1972-1975).

LORAIN, port des États-Unis (Ohio), sur le lac Érié; 78 000 h. Sidérurgie.

LORCA, v. d'Espagne (Murcie); 61 000 h.

LORENTZ (Hendrik Antoon), physicien néerlandais, né à Arnhem (1853-1928), prix Nobel (1902) pour sa théorie électronique de la matière.

LORENZ (Konrad), éthologiste et zoologiste autrichien, né à Vienne en 1903. Un des fondateurs de l'éthologie moderne, il a approfondi la notion d'empreinte et développé une théorie sur les aspects innés et acquis du comportement; il s'est aussi interrogé sur les fondements biologiques de notre ordre social. (*Il parlait avec les mammifères, les oiseaux et les poissons,* 1949; *l'Agression,* 1963; *Essais sur le comportement animal et humain,* 1965; *les Huit Péchés capitaux de notre civilisation,* 1973.) [Prix Nobel, 1973.]

Lorenzaccio, drame d'A. de Musset (1834). Le sujet en est emprunté à l'histoire florentine du XVIe s. : l'assassinat du duc Alexandre de Médicis par son cousin Lorenzo.

LORENZETTI (les frères), PIETRO, né à Sienne (v. 1280-1348?), et AMBROGIO (documenté à Sienne de 1319 à 1347), peintres italiens. Ils s'écartent de l'élégance gothique et ils innovent en pratiquant des emprunts à l'exemple de Giotto et de la sculpture toscane (retables; fresques de Pietro à Assise, d'Ambrogio au palais public de Sienne).

LORENZO VENEZIANO → PAOLO VENEZIANO.

LORETTE (42420), comm. de la Loire; 4 593 h. Métallurgie.

LORETTE, en ital. Loreto, v. d'Italie (Ancône); 9 000 h. *Santa Casa* (maison de la Vierge à Nazareth, selon la tradition) abritée dans une basilique des XVe-XVIe s.

LORETTEVILLE, v. du Canada (Québec); 14 767 h. Aéroport de Québec.

LORGUES (83510), ch.-l. de c. du Var; 4 453 h.

LORIENT (56100), ch.-l. d'arr. du Morbihan, sur la ria formée par les embouchures du Scorff et du Blavet; 71 923 h. *(Lorientais).* Important port de pêche. Port militaire et, à l'ouest, base aéronavale de Lann-Bihoué. Conserveries. Constructions mécaniques.

LORIOL-SUR-DRÔME (26270), ch.-l. de c. de

LORIOL-SUR-DRÔME

la Drôme; 3 523 h. Barrage alimentant une dérivation du Rhône.

LORJOU (Bernard), peintre français, né à Blois en 1908, auteur de grandes compositions expressionnistes.

LORME (Marion DE), née à Baye, en Champagne (1611-1650), femme célèbre par sa beauté et ses aventures galantes. (V. MARION DELORME.)

LORMES (58140), ch.-l. de c. de la Nièvre; 1 618 h.

LORMONT (33310), comm. de la Gironde; 18 740 h. Vins rouges.

LOROUX-BOTTEREAU (Le) [44430], ch.-l. de c. de la Loire-Atlantique; 3 504 h.

LORQUIN (57790), ch.-l. de c. de la Moselle; 1 726 h. Appareils ménagers.

LORRAIN ou **le LORRAIN** (Claude GELLÉE, dit **Claude**), peintre et dessinateur français, né à Chamagne, près de Mirecourt (1600-1682). L'essentiel de sa carrière se déroule à Rome. Empruntant aux écoles du Nord comme aux Italiens, maniant la lumière de façon féerique, il est un des grands maîtres du paysage « historique » (*l'Embarquement de sainte Ursule*, National Gallery, Londres).

LORRAIN (Le) [97214], ch.-l. de c. de la Martinique; 8 611 h.

LORRAINE, région de l'est de la France, qui s'étend sur le versant ouest des Vosges (vaste glacis, surtout gréseux, parsemé de forêts et d'étangs) et sur la partie orientale du Bassin parisien (les Côtes de Meuse et de Moselle y dominent des dépressions surtout marneuses : Woëvre, Vermois, Xaintois, Bassigny). Le paysage de campagne, l'habitat groupé, la petite exploitation et le faire-valoir direct sont des traits classiques de l'agriculture lorraine, peu favorisée par les conditions naturelles (sols lourds, climat déjà rude et humaines (ravages des guerres). Aujourd'hui, les céréales (blé surtout) reculent devant l'élevage bovin, stimulé par la proximité de marchés urbains. L'exploitation de la forêt (un tiers du sol) est importante. L'industrie lourde a été fondée sur la houille (prolongeant le bassin sarrois) et surtout sur le fer (sous la côte de Moselle, de Nancy à la frontière luxembourgeoise). Mais implantée dans les vallées de la Moselle, de l'Orne, de la Fensch et de la Chiers, la sidérurgie, comme les branches extractives, a connu un déclin sensible. L'industrie chimique est implantée sur les mines de sel (à l'est et au nord-est de Nancy), et l'industrie textile (coton) dans la partie vosgienne.
La Lorraine donne son nom à un parc naturel régional et surtout à une Région groupant les dép. suivants : Meurthe-et-Moselle, Meuse, Moselle et Vosges ; 23 540 km²; 2 330 822 h. Ch.-l. *Metz*.

HISTOIRE

— Ier millénaire av. J.-C. : installation des tribus celtes des Leuques (Toul) et des Médiomatrices.
— Ier s. av. J.-C. - IVe s. apr. J.-C. : prospérité de la Lorraine romaine.
— 511-771 : l'Austrasie (cap. Metz), première entité politique où s'exprime la Lorraine, qui sera le berceau de la dynastie carolingienne.
— 843 : le traité de Verdun donne la région à Lothaire Ier.
— 855 : la Lotharingie, royaume créé par Lothaire II (855-869).
— 870 : traité de Meerssen, partageant la Lotharingie entre Charles le Chauve et Louis le Germanique.
— 925 : disputée entre la France et la Germanie, la Lotharingie est finalement rattachée à la Germanie.
— v. 960 : partage en Basse-Lotharingie (le Lothier) et Haute-Lotharingie (la Lorraine). Dans ce dernier duché se détachent des principautés, dont les Trois-Évêchés (Metz, Toul et Verdun).
— 953-1301 : la Lorraine, marche germanique.
— 1301-1532 : le temps des duchés. La Lorraine est déchirée entre les influences rivales de la France, de la Bourgogne et de l'Empire. René II, duc de 1473 à 1508, s'oppose à l'annexion de la Lorraine par la Bourgogne (mort de Charles le Téméraire devant Nancy, 1477).
— 1532 : Charles Quint reconnaît l'indépendance du duché de Lorraine.

vue aérienne partielle de **Los Angeles**

— 1552 : la France s'empare des Trois-Évêchés.
— 1545-1608 : règne réparateur du duc Charles III.
— 1624-1738 : la Lorraine, enjeu entre l'Empire et la France.
— 1738-1766 : règne de Stanislas Leszczyński, beau-père de Louis XV.
— 1766 : Louis XV hérite de la Lorraine à la mort de Stanislas.
— 1815 : la Sarre, à la Confédération germanique.
— 1871-1914 : une partie de la Lorraine (Metz) est allemande.

LORREZ-LE-BOCAGE-PRÉAUX (77710), ch.-l. de c. de Seine-et-Marne; 988 h.

LORRIS (45260), ch.-l. de c. du Loiret ; 2 315 h. Église des XIIe-XVe s. Verrerie. Industrie alimentaire.

LORRIS (Guillaume DE) → GUILLAUME de Lorris.

LOS ou **LOOS** (*îles de*), archipel côtier de la Guinée. Bauxite.

LOS ALAMOS, localité des États-Unis (Nouveau-Mexique), centre de recherches nucléaires. La première bombe atomique y fut assemblée.

LOS ANGELES, port des États-Unis (Californie) ; 2 816 000 h. (plus de 7 millions dans l'agglomération, la deuxième des États-Unis). Universités. Musées. Industries mécaniques, chi-

Claude **Lorrain**
Jardins près de la porta Pia à Rome (dessin)

LOT

miques et alimentaires. Siège des jeux Olympiques de 1932. — Hollywood est l'un de ses quartiers.

LOSCHMIDT (Joseph), physicien autrichien, né à Putschirn (Bohème) [1821-1895]. Il a évalué en 1865 le nombre des atomes figurant dans un fragment de matière.

LOSEY (Joseph), cinéaste américain, né à La Crosse (Wisconsin) en 1909. On lui doit notamment : *The Servant* (1963), *Pour l'exemple* (1964), *Accident* (1966), *le Messager* (1971), *M. Klein* (1976), *Don Juan* (1978).

LOT (le), riv. du Massif central et du bassin d'Aquitaine, affluent de la Garonne (r. dr.) ; 480 km. Il passe à Mende, Cahors et Villeneuve-sur-Lot. Aménagements hydroélectriques.

LOT [lɔt] (*dép. du*) [**46**], dép. de la Région Midi-Pyrénées, formé par la majeure partie du Quercy ; ch.-l. de dép. *Cahors* ; ch.-l. d'arr. *Figeac, Gourdon* ; 3 arr., 30 cant., 340 comm. ; 5 228 km² ; 150 778 h. (*Lotois*). Le dép. appartient à l'académie de Toulouse, à la circonscription judiciaire d'Agen, à la région militaire de Bordeaux et à la province ecclésiastique d'Albi. En dehors des bassins de Saint-Céré et de Figeac (ou Terrefort) à l'est (portant des cultures céréalières et fruitières) et des collines molassiques du sud-ouest (où domine la traditionnelle polyculture aquitaine), le dép. s'étend sur les causses du Quercy, plateaux arides, entaillés par des vallées plus verdoyantes (Dordogne, Lot), où se concentrent les activités agricoles (céréales, tabac, fruits, élevage) et la population (Cahors). La faiblesse de l'urbanisation et de l'industrie explique la persistance de l'émigration, que ne peut freiner les activités touristiques (Rocamadour, Padirac).

LOT ou **LOTH**, personnage biblique, neveu d'Abraham. Établi à Sodome, il échappa à la destruction de la ville. L'histoire de la femme de Lot, changée en statue de sel pour avoir regardé en arrière, est une explication populaire de la forme étrange de quelque bloc salin des bords de la mer Morte.

LOT-ET-GARONNE (*dép. de*) [**47**], dép. de la Région Aquitaine ; ch.-l. de dép. *Agen* ; ch.-l. d'arr. *Marmande, Nérac, Villeneuve-sur-Lot* ; 4 arr., 39 cant., 311 comm. ; 5 358 km² ; 292 616 h. Le dép. appartient à l'académie, à la région militaire et à la province ecclésiastique de Bordeaux, à la circonscription judiciaire d'Agen. Il est formé de collines molassiques, domaines d'une polyculture à base fruitière (prune, chasselas). Les larges vallées du Lot et de la Garonne, riches secteurs agricoles (céréales, primeurs, fruits, tabac, élevage bovin), sont jalonnées de marchés régionaux (Agen, Marmande, Villeneuve-sur-Lot). L'industrie, peu importante, est surtout liée à la vie rurale (conserveries, préparation du tabac, engrais).

LOTHAIRE Ier (795-855), empereur d'Occident (840-855), fils de Louis Ier le Pieux. Ayant voulu garder l'intégralité de l'Empire pour lui-même, il se vit imposer un partage par ses frères (Verdun, 843). — LOTHAIRE II (v. 825-869), roi de Lotharingie de 855 à 869, fils du précédent.

LOTHAIRE III (v. 1060-1137), roi de Germanie et empereur d'Occident (1125-1137). Sous son règne commença la querelle des guelfes et des gibelins.

LOTHAIRE, né à Laon (941-986), roi de France (954-986), fils de Louis IV d'Outremer. Il subit l'influence de Hugues le Grand, avec qui se brouilla avec Hugues Capet, qu'il combattit vainement.

LOTHARINGIE, royaume créé par Lothaire Ier pour son fils Lothaire II. (V. LORRAINE.)

LOTHIANS (les), région de l'Écosse au sud du golfe de Forth.

LOTI (Julien VIAUD, dit **Pierre**), écrivain français, né à Rochefort (1850-1923), officier de marine et romancier impressionniste, attiré par les paysages et les civilisations exotiques (*le Mariage de Loti*, 1882 ; *Pêcheur d'Islande*, 1886 ; *Madame Chrysanthème*, 1887 ; *Ramuntcho*, 1897). [Acad. fr.]

Lötschberg (*chemin de fer du*), chemin de fer unissant les vallées du Rhin (par l'Aar) et du Rhône par un tunnel de 14 611 m.

Lorenzo **Lotto** : *le Mariage mystique de sainte Catherine* (1523)

LOTTI (Antonio), compositeur italien (1666-1740), maître de chapelle de Saint-Marc de Venise (*Crucifixus*).

LOTTO (Lorenzo), peintre italien, né à Venise (v. 1480-1556). Artiste tourmenté, à la vie vagabonde (Trévise, les Marches, Bergame, Venise...), il est l'auteur de retables et de portraits d'une grande originalité.

LOTZE (Rudolf Hermann), philosophe et physiologiste allemand, né à Bautzen (1817-1881), un des fondateurs de la psychophysiologie.

LOUANG PRABANG → LUANG PRABANG.

LOUBAS ou **BALOUBAS**, ethnie du centre du Zaïre. Les Loubas sont organisés en chefferies et vivent principalement de l'agriculture (sorgho, maïs, riz, mil, café).

LOUBET (Émile), homme d'État français, né à Marsanne (Drôme) [1838-1929], président du Conseil (1892), du Sénat (1896-1899), puis président de la République (1899-1906).

LOUCHEUR (Louis), homme politique français, né à Roubaix (1872-1931). Ministre du Travail et de la Prévoyance sociale (1926-1930), il fit voter, en 1928, une loi relative à l'aide de l'État en matière d'habitations populaires.

LOUDÉAC (22600), ch.-l. de c. des Côtes-du-Nord ; 10 135 h. Forêt. Industries alimentaires.

LOUDES (43320), ch.-l. de c. de la Haute-Loire ; 750 h.

LOUDUN (86200), ch.-l. de c. de la Vienne ; 8 448 h. Églises médiévales, donjon du XIIe s.

LOUE (la), affl. du Doubs (r. g.) ; 125 km. Formée sur les plateaux jurassiens par une résurgence.

LOUÉ (72540), ch.-l. de c. de la Sarthe ; 1 880 h.

LOUGANSK → VOROCHILOVGRAD.

LOUHANS [lwɑ̃] (71500), ch.-l. d'arr. de Saône-et-Loire, dans la Bresse, sur la Seille ; 11 016 h. (*Louhannais*). Maisons des XVIIe-XVIIIe s. Marché.

LOUIS (*Saint*) → LOUIS IX.

LOUIS DE GONZAGUE (saint), jésuite italien, né à Castiglione delle Stiviere (1568-1591), mort au service des pestiférés. Patron de la jeunesse.

LOUIS-MARIE GRIGNION DE MONTFORT (saint), missionnaire français, né à Montfort (Bretagne) [1673-1716]. Son action missionnaire dans l'ouest de la France a marqué ces provinces d'une empreinte durable. Il fonda la congrégation enseignante des Filles de la Sagesse et les Missionnaires de la Compagnie de Marie (Montfortains) ; il inspira la fondation des Frères de Saint-Gabriel.

EMPEREURS

LOUIS Ier le Pieux ou le **Débonnaire,** né à Chasseneuil (778-840), empereur d'Occident de 814 à 840, fils et successeur de Charlemagne. Par l'*Ordinatio Imperii* (817) il régla sa succession entre ses fils Lothaire — qu'il associa à l'Empereur —, Pépin et Louis. Mais son mariage avec Judith de Bavière (819) et la naissance de Charles le Chauve (823), en compromettant le règlement de 817, provoquèrent la révolte de Lothaire. — LOUIS II (825-875), roi d'Italie dès 844, empereur d'Occident de 855 à 875, fils de Lothaire Ier. — LOUIS III *l'Aveugle*, né à Autun (880-928), roi d'Italie (900) et empereur d'Occident de 901 à 905, petit-fils du précédent. — LOUIS IV

LOT-ET-GARONNE

(map)

Louis VII entrant à Constantinople miniature de Jean Fouquet

Louis IX

Louis XI d'après Jean Fouquet

Louis XII et la reine Anne de Bretagne miniature du XVIe s.

Louis XIII

Louis XIV

Louis XV par Maurice Quentin de La Tour

Louis XVI, par Antoine Callet

Louis XVIII, par Gérard

de Bavière, né à Munich (1287-1347), roi des Romains (1314-1346), empereur germanique (1328-1346). Il fut excommunié par Jean XXII, à qui il opposa un antipape, Nicolas V.

FRANCE

LOUIS Ier → LOUIS le *Pieux*, empereur.

LOUIS II le Bègue (846-879), roi des Francs de 877 à 879, fils de Charles le Chauve.

LOUIS III (v. 863-882), roi des Francs de 879 à 882, fils de Louis II. Il abandonna la Lotharingie à son compétiteur Louis le Jeune, roi de Germanie.

LOUIS IV d'Outremer (m. en 954), roi de France de 936 à 954, fils de Charles le Simple. Arrivé au trône grâce à l'appui d'Hugues le Grand, il lutta ensuite contre celui-ci, qu'il vainquit en 948, puis contre les Normands, qu'il rallia.

LOUIS V le Fainéant (v. 967-987), roi de France de 986 à 987, fils de Lothaire. Avec lui finit la branche française de la dynastie carolingienne.

LOUIS VI le Gros (v. 1081-1137), roi de France de 1108 à 1137, fils de Philippe Ier. Aidé par Suger, il rétablit l'ordre dans le domaine royal, combattit Henri Ier, roi d'Angleterre, et repoussa l'empereur germanique Henri V, qui menaçait d'envahir la France.

LOUIS VII le Jeune (v. 1120-1180), roi de France de 1137 à 1180, fils du précédent. Il participa à la croisade prêchée par saint Bernard (1147-1149) et soutint le pape Alexandre III contre Frédéric Barberousse. En 1152, il répudia Aliénor d'Aquitaine, qui, en épousant Henri II Plantagenêt, apporta en dot l'Aquitaine au futur roi d'Angleterre. Louis VII épousa ensuite Constance de Castille (1154) puis Adèle de Champagne (1160).

LOUIS VIII le Lion, né à Paris (1187-1226), roi de France de 1223 à 1226, fils et successeur de Philippe Auguste. Il vainquit Jean sans Terre (1214) et le poursuivit en Angleterre. Devenu roi, il enleva aux Anglais le Poitou, la Saintonge, l'Angoumois, le Limousin, le Périgord et une partie du Bordelais, participa à la croisade contre les albigeois et soumit tout le Languedoc, moins Toulouse.

LOUIS IX ou SAINT LOUIS, né à Poissy (1214-1270), roi de France de 1226 à 1270, fils de Louis VIII et de Blanche de Castille. Il régna d'abord sous la régence de sa mère (1226-1236), qui eut à réprimer une révolte des grands vassaux, termina la guerre contre les albigeois par le traité de Paris (1229) et lui fit épouser Marguerite de Provence (1234). Lors de sa majorité, le comte de la Marche, aidé des Anglais, dirigea contre lui une nouvelle ligue, qu'il écrasa à Taillebourg et à Saintes (1242); le conflit avec l'Angleterre devait prendre fin par le traité de Paris (1259), par lequel le roi obtint la Normandie, l'Anjou, le Maine et le Poitou. Pour libérer la Palestine du sultan d'Égypte, Louis IX prit la croix, débarqua à Damiette en 1249, mais fut battu et fait prisonnier à Mansourah (1250). Ayant racheté sa liberté, il resta en Palestine de 1250 à 1254. De retour en France, il réorganisa ses États, fortifia l'autorité royale et réforma profondément la justice en jetant les fonde-

ments de l'institution parlementaire. Il fit construire la Sainte-Chapelle, la Sorbonne et les Quinze-Vingts. Sa réputation d'intégrité et de vertu lui valut l'estime universelle et fit de lui l'arbitre désigné de nombreux conflits. En 1270, malgré l'opposition de son entourage, il entreprit la huitième croisade et fit voile vers Tunis dans l'espoir de convertir le roi de ce pays, mais il mourut à peine débarqué devant Carthage. Il fut canonisé dès 1297.

LOUIS X le Hutin, né à Paris (1289-1316), roi de Navarre (Louis Ier) de 1305 à 1316 et de France de 1314 à 1316, fils de Philippe IV le Bel. Il fit exécuter sa femme Marguerite de Bourgogne, entreprit contre les Flamands une expédition inutile et dut accorder aux nobles des chartes fixant leurs droits et immunités.

LOUIS XI, né à Bourges (1423-1483), roi de France de 1461 à 1483, fils de Charles VII et de Marie d'Anjou. Il prit part au mouvement féodal de la Praguerie contre son père (1440). Charles VII lui confia néanmoins le gouvernement du Dauphiné, mais la réconciliation dura peu. Devenu roi, Louis XI renvoya les conseillers de son père. Il ne parvint qu'à soulever contre lui la haute noblesse, rassemblée autour de Charles le Téméraire (*ligue du Bien public*, 1465). Il céda, mais reprit l'offensive dès 1468. Son principal adversaire était alors Charles le Téméraire, devenu duc de Bourgogne; celui-ci l'attira et le retint prisonnier à Péronne (1468). Libéré à de très dures conditions, qu'il s'empressa de ne pas respecter,

Louis XI parvint à dénouer l'alliance de l'Angleterre et de la Bourgogne (traité de Picquigny, 1475), et réalisa l'union des cantons suisses et de la Lorraine contre Charles, qui fut vaincu et tué (1477). Le roi hérita du comté d'Anjou en 1480 et de la Provence en 1481 et obtint le duché de Bourgogne par le traité d'Arras (1482). Il affermit le pouvoir royal aux dépens des grands corps politiques et du clergé, poursuivit l'œuvre de réorganisation militaire entreprise par Charles VII et favorisa le renouveau économique du royaume, notamment dans le Sud-Est (Lyon).

LOUIS XII, né à Blois (1462-1515), roi de France (1498-1515), fils de Charles d'Orléans et de Marie de Clèves. Révolté contre la régence d'Anne de Beaujeu (*Guerre folle*) et fait prisonnier à Saint-Aubin-du-Cormier (1488), puis libéré, il se rallia à Charles VIII et combattit en Italie (1494-95). Devenu roi de France à la mort (1498) de son cousin Charles VIII, qui n'avait pas d'héritiers, il fit casser son mariage avec Jeanne, fille de Louis XI, et épousa Anne de Bretagne, veuve de Charles VIII, afin d'empêcher que le duché de Bretagne n'échappât à la France. Comme petit-fils de Valentine Visconti, il revendiqua le duché de Milan et le conquit (1499-1500); mais les Français furent expulsés du royaume de Naples et durent capituler devant Gaète (1504). Louis XII, étant entré dans la ligue de Cambrai contre Venise (1508), remporta la victoire d'Agnadel (1509), abandonné par ses alliés, il put résister victorieusement à la *Sainte*

1370

Ligue, grâce à Gaston de Foix; mais, à la mort de celui-ci, tué à Ravenne (1512), et après la défaite de Novare (1513), les Français furent chassés d'Italie. À son tour, la France eut à soutenir l'invasion des Espagnols, des Suisses, d'Henri VIII et de Maximilien (les troupes anglo-germaniques vainquirent les Français à Guine-gatte). L'avènement du pape Léon X permit à Louis XII de faire la paix (1514). Veuf, le roi épousa Marie d'Angleterre.

LOUIS XIII **le Juste,** né à Fontainebleau (1601-1643), roi de France de 1610 à 1643. Fils d'Henri IV et de Marie de Médicis, il régna d'abord sous la régence de sa mère, qui laissa le pouvoir à Concini; celui-ci fut assassiné en 1617, à l'instigation du roi, et remplacé par de Luynes. Alors se produisirent de nouvelles révoltes des Grands, appuyés par la reine mère, et une nouvelle guerre de Religion, marquée par le siège de Montauban (1621). Luynes étant mort (1621), et après plusieurs années troubles (1621-1624), le roi donna le pouvoir à Richelieu, dont il suivit les conseils malgré les intrigues de sa mère et de Gaston d'Orléans (*journée des Dupes,* 1630). À l'intérieur, Louis XIII et son ministre travail-lèrent à rétablir l'autorité royale en créant le corps des intendants, développèrent le commerce et la marine et luttèrent contre les protestants et les féodaux. Mais, en engageant la France dans la guerre de Trente Ans (1635), ils déséquilibrèrent le budget : la multiplication des impôts et la misère provoquèrent des jac-queries sanglantes. Louis XIII avait épousé l'in-fante Anne d'Autriche, dont il eut deux fils, Louis (XIV) et Philippe d'Orléans.

LOUIS XIV **le Grand,** né à Saint-Germain-en-Laye (1638-1715), roi de France de 1643 à 1715, fils de Louis XIII et d'Anne d'Autriche. À la mort de son père, Louis XIV n'avait que cinq ans. Sa mère, Anne d'Autriche, devint régente et prit Mazarin pour gouverner. Le jeune roi souffrit des troubles et des humiliations de la Fronde. Majeur en 1651, il vécut sous la tutelle de Mazarin qui, en 1660, lui fit épouser Marie-Thérèse d'Autriche, dont il devait avoir un fils, le Grand Dauphin. Mazarin mort, le jeune souve-rain se révéla tout de suite un monarque absolu, se donnant passionnément à son « métier de roi » et, conséquemment, à la gloire et à l'étiquette, dont Versailles reste le témoin prestigieux, mais sachant s'entourer d'utiles auxiliaires et présider avec assiduité ses conseils. Colbert, appelé au contrôle général des Finances (1661), prit des mesures protectrices en faveur de l'agriculture, encouragea le commerce, l'industrie, les travaux publics, la marine, pendant qu'une commission de jurisconsultes élaborait d'utiles ordonnances, tandis que Louvois réorganisait l'armée et que Vauban fortifiait les frontières. Louis XIV voulut imposer à l'extérieur la prédominance française. De cette longue suite de guerres qui jalon-nèrent son règne : guerre aux Pays-Bas contre l'Espagne au nom du droit de dévolution, termi-née par le traité d'Aix-la-Chapelle, qui lui donna une partie notable de la Flandre (1668); guerre de Hollande, terminée par les traités de Nimè-gue, par lesquels Louis XIV acquit la Franche-Comté (1678 et 1679); guerre de la ligue d'Augs-bourg, terminée par les traités de Ryswick (1697); guerre de la Succession d'Espagne, terminée par les traités d'Utrecht (1713) et de Rastatt (1714) : la France perdait l'Acadie, la baie d'Hudson et Terre-Neuve, mais Philippe V, petit-fils de Louis XIV, gardait l'Espagne et ses colonies, ce qui était le but recherché par le roi de France. Après la mort de Marie-Thérèse (1683), Louis XIV, qui, de ses différentes maîtresses, avait eu plusieurs enfants bâtards ou légitimés, épousa secrètement Mᵐᵉ de Maintenon. Jusqu'à ses der-niers jours, qui furent attristés par des deuils familiaux, le roi se considéra comme un mo-narque de droit divin. La centralisation admi-nistrative, l'obéissance passive, le culte de la personne royale eurent pour conséquence l'abaissement de la noblesse. Le souci de l'unité religieuse le fit entrer en conflit avec la papauté (Affaire de la régale), le poussa à révoquer l'édit de Nantes (1685), à permettre les dragonnades, à persécuter les jansénistes. Ce long règne, bien que glorieux, épuisa le pays.

LOUIS DE FRANCE, né à Fontainebleau

(1661-1711), dit **le Grand Dauphin,** fils de Louis XIV et de Marie-Thérèse. Son père l'écarta des affaires. Il eut trois fils, dont Louis, duc de Bourgogne, héritier du trône, qui mourut en 1712, et Philippe, duc d'Anjou, devenu Phi-lippe V d'Espagne.

LOUIS XV **le Bien-Aimé,** né à Versailles (1710-1774), roi de France de 1715 à 1774, fils de Louis de Bourgogne et de Marie-Adélaïde de Savoie, et arrière-petit-fils de Louis XIV. Il régna d'abord sous la régence de Philippe d'Orléans, neveu de Louis XIV, puis, après sa majorité, sous l'in-fluence du duc de Bourbon (1723-1726), qui lui fit épouser Marie Leszczyńska (1725), Louis XV renvoya le duc, devenu impopulaire, et choisit, pour gouverner, le cardinal de Fleury (1726-1743). Celui-ci engagea la France dans la guerre de la Succession de Pologne (1733-1738), que termina le traité de Vienne (1738), puis dans la guerre de la Succession d'Autriche, à laquelle mit fin la paix d'Aix-la-Chapelle (1748). L'excel-lente gestion du contrôleur général Orry (1730-1745) favorisa l'expansion économique. À la mort de Fleury (1743), le roi gouverna person-nellement, encore que l'influence politique de Mᵐᵉ de Pompadour s'exerçât fortement (1745-1764). Entreprise à la suite du « renversement des alliances » pour faire échec aux desseins ambitieux de la Prusse et de l'Angleterre, la guerre de Sept Ans (1756-1763) aboutit, malgré le pacte de famille conclu par Choiseul en 1761 entre les quatre branches de la maison de Bourbon, à la perte des possessions de l'Inde et du Canada (traité de Paris, 1763). La politique religieuse du roi souleva l'opposition du parle-ment, qui obtint la dissolution de la Compagnie de Jésus (1764). Choiseul réorganisa la marine et l'armée, annexa la Lorraine et la Corse, mais, trop favorable au parlement, dut céder sa place au triumvirat Maupeou, Terray et d'Aiguillon (1770-1774). Le premier supprima les parlements et les remplaça par des conseils, le deuxième réorganisa les finances, le troisième ne put empêcher le partage de la Pologne. Les der-nières années du règne furent ainsi marquées par un redressement intérieur et par le renfor-cement de l'alliance autrichienne.

LOUIS, Dauphin de France, fils de Louis XV et de Marie Leszczyńska, né à Versailles (1729-1765), père de Louis XVI, de Louis XVIII et de Charles X.

LOUIS XVI, né à Versailles (1754-1793), roi de France (1774-1791), puis des Français (1791-92), fils du Dauphin Louis et de Marie-Josèphe de Saxe, et époux (1770) de Marie-Antoinette d'Autriche, qui lui donna quatre enfants, dont Madame Royale (1778) et le second Dauphin (1785), dit Louis XVII. Conseillé par Maure-pas, il choisit comme ministres des hommes de talent : Turgot, Saint-Germain, Malesherbes; mais, dominé par son épouse et influencé par les privilégiés, le roi, dès 1776, abandonna Tur-got, qu'il remplaça par Necker, renvoyé à son tour après la publication du *Compte rendu au roi* sur l'état des finances (1781). La politique extérieure pratiquée par Vergennes, notamment en apportant l'appui de la France aux colonies américaines devenues les États-Unis (1783), res-taura le prestige de la France. Mais, à l'intérieur, l'opposition des privilégiés s'accrut; Calonne (1783) puis Loménie de Brienne (1787) tentèrent en vain de résoudre la crise financière. Louis XVI dut rappeler Necker (1788) et promettre la con-vocation des états généraux, qui furent réunis à Versailles en 1789. Mais les députés du tiers pro-voquant la formation de l'Assemblée natio-nale, puis l'émeute parisienne (14 juill. 1789), ôtèrent toute influence à Louis XVI, qui, déconsidéré par sa tentative de fuite (Varennes, 20 juin 1791) et par ses négo-ciations avec l'étranger, perdit toute popularité. Réduit, par la Constitution de 1791, au rang de roi des Français, le souverain constitutionnel s'efforça bien, sous la Législative, en appliquant son *veto* suspensif, de freiner la Révolution, mais il ne fit qu'aggraver le mécontentement, d'autant plus que, en déclarant la guerre à son neveu François II (20 avr. 1792), il espérait une victoire de ce dernier. Aussi les premiers revers français se retournèrent-ils contre lui. Prison-nier de la Commune insurrectionnelle (10-Août),

enfermé au Temple et accusé de trahison, il fut jugé par la Convention, condamné à mort et exécuté le 21 janvier 1793.

LOUIS XVII, né à Versailles (1785-1795), fils de Louis XVI et de Marie-Antoinette, Dauphin en 1789, enfermé au Temple, où il succomba à de mauvais traitements. Des doutes émis sur sa mort suscitèrent des imposteurs. Le plus célèbre est Naundorff.

LOUIS XVIII, né à Versailles (1755-1824), roi de France (1814-15, 1815-1824), petit-fils de Louis XV et époux de Louise de Savoie. Comte de Pro-vence, il émigra dès juin 1791. Il résida successi-vement à Coblence, à Vérone, à Mitau, puis en Angleterre. La chute de l'Empire lui permit de rentrer à Paris, où Talleyrand lui avait préparé les voies. Impotent, sans prestige personnel, il avait suffisamment d'intelligence pour sentir qu'en rejetant tout l'héritage de la Révolution et de l'Empire il perdait à jamais sa dynastie. Il se résigna donc à octroyer la Charte de 1814; d'autre part, il négocia avec les Alliés le traité de Paris, qui conservait à la France ses frontières de 1792. Réfugié à Gand pendant les Cent-Jours, il dut accepter ensuite le second traité de Paris (nov. 1815). À l'intérieur, les mesures réaction-naires de la *Chambre introuvable* (1815) et la *Terreur blanche* qui sévit dans le Midi le déci-dèrent à dissoudre la Chambre (sept. 1816). Le ministère Richelieu, puis le ministère Decazes imprimèrent aux affaires un sens plus libéral, cependant que le baron Louis donnait à la France des finances prospères. Mais l'assassinat du duc de Berry (1820) fut exploité par les ultras, qui imposèrent au roi de nouvelles mesures réactionnaires (ministère Villèle, 1821), auxquel-les répondirent plusieurs conspirations, œuvre du *carbonarisme.* La guerre d'Espagne (1823) fut le dernier événement important du règne.

BAVIÈRE

LOUIS Iᵉʳ DE WITTELSBACH, né à Stras-bourg (1786-1868), roi de Bavière de 1825 à 1848. Il fit construire la glyptothèque de Munich. Sa liaison avec Lola Montès l'obligea à abdiquer en faveur de son fils Maximilien II. — LOUIS II DE WITTELSBACH, né à Nymphenburg (1845-1886), roi de Bavière de 1864 à 1886, fils de Maximi-lien II. Misanthrope et mégalomane, il consacra son temps à des entreprises artistiques fabu-leuses; interné comme fou, il se noya.

GERMANIE

LOUIS Iᵉʳ (ou II) le Germanique, né (804-876), roi des Francs orientaux (817-843), roi de Germanie de 843 à 876, fils de Louis le Pieux. — LOUIS II (ou III) *le Jeune* (822-882), roi de Germanie de 876 à 882, fils du précédent. — LOUIS III (ou IV) *l'Enfant,* né à Œttingen (893-911), roi de Germa-nie et de Lotharingie (900-911). Il fut le dernier Carolingien à régner sur la Germanie.

HONGRIE

LOUIS Iᵉʳ le Grand, né à Visegrád (1326-1382), roi de Hongrie (1342-1382) et de Pologne (1370-1382), fils de Charles-Robert d'Anjou. — LOUIS II, né à Buda (1506-1526), roi de Hongrie et de Bohême de 1516 à 1526. Il fut vaincu et tué à Mohács lors de la victoire de Soliman II.

PORTUGAL

LOUIS Iᵉʳ, né à Lisbonne (1838-1889), roi de Portugal (1861-1889). Il abolit l'esclavage dans les colonies portugaises.

SICILE

LOUIS Iᵉʳ, né à Vincennes (1339-1384), duc

**Louis II de Bavière
par G. Schachinger**

Staatsgemäldesammlung, Munich

temple d'Amon à **Louqsor** (Nouvel Empire)

Lou Siun

Louis-Philippe Ier

Louvain : l'ancienne halle aux Draps, occupée par l'université

Lourdes : la basilique supérieure

d'Anjou (1360-1384), roi de Sicile, comte de Provence et de Forcalquier (1383-84), fils de Jean II le Bon, roi de France, désigné par Jeanne Ire de Sicile pour lui succéder. — LOUIS II, né à Toulouse (1377-1417), roi de Naples, de Sicile et de Jérusalem, duc d'Anjou, comte de Maine et de Provence (1384-1417). — LOUIS III (1403-1434), roi titulaire d'Aragon, de Naples, de Sicile, de Jérusalem (1417-1434).

LOUIS (Nicolas, dit **Victor**), architecte français, né à Paris (1731-v. 1811). Il se perfectionna à Rome et donna, avec le Grand-Théâtre de Bordeaux (1775), un des prototypes de l'art néoclassique.

LOUIS (Joseph Dominique, *baron*), financier français, né à Toul (1755-1837). Ministre des Finances sous la Restauration et au début de la monarchie de Juillet, il rétablit le crédit public en reconnaissant les dettes de l'Empire et simplifia la comptabilité officielle.

Louise, roman musical, livret et musique de G. Charpentier (1900), rattaché au mouvement musical naturaliste.

LOUISE DE MARILLAC (*sainte*), née à Paris (1591-1660), fondatrice, avec saint Vincent de Paul, et première supérieure des Filles de la Charité.

LOUISE DE MECKLEMBOURG-STRELITZ, reine de Prusse, née à Hanovre (1776-1810), fille du duc Charles de Mecklembourg et épouse (1793) de Frédéric-Guillaume III, roi de Prusse en 1797, qu'elle poussa à la guerre contre la France.

LOUISE DE SAVOIE, régente de France, née à Pont-d'Ain (1476-1531), fille de Philippe, duc de Savoie, et de Marguerite de Bourbon. Elle épousa Charles de Valois et fut la mère de François Ier. Elle fut régente pendant que son fils guerroyait en Italie. En 1529, elle négocia avec Marguerite d'Autriche la paix de Cambrai, ou paix des Dames.

LOUISE-MARIE D'ORLÉANS, reine des Belges, fille de Louis-Philippe et de Marie-Amélie, né à Palerme (1812-1850). Elle épousa en 1832 Léopold Ier, roi des Belges.

LOUIS-GENTIL → YOUSSOUFIA.

LOUISIANE, un des États unis d'Amérique, sur le golfe du Mexique ; 125 674 km² ; 3 643 000 h. Cap. *Baton Rouge.* V. pr. *La Nouvelle-Orléans.*

Pétrole et gaz naturel. La Louisiane, occupée au nom de la France par Cavelier de La Salle en 1682, colonisée par les Français à partir de 1702, et baptisée de ce nom en l'honneur de Louis XIV, fut cédée par Bonaparte aux États-Unis en 1803.

LOUIS-PHILIPPE Ier, né à Paris (1773-1850), roi des Français de 1830 à 1848. Fils de Louis-Philippe d'Orléans, dit Philippe Égalité, le duc de Chartres grandit dans un milieu cosmopolite gagné aux idées libérales. Après avoir pris part aux combats de Valmy et de Jemmapes (1792), il mena à l'étranger une vie précaire, épousa (1809) Marie-Amélie de Bourbon des Deux-Siciles, rentra en France sous Louis XVIII, fut proclamé lieutenant général du royaume lors de la révolution de 1830, puis roi des Français (7 août) après révision de la Charte. D'abord secondé par des ministres libéraux (parti du Mouvement), il s'appuya de plus en plus sur le parti de la Résistance. Le gouvernement de Louis-Philippe triompha de l'insurrection démocratique des 5 et 6 juin 1832, de la tentative légitimiste de la duchesse de Berry en Vendée (1832), des insurrections de Lyon et de Paris (1834), de celle de Barbès et de Blanqui (1839), et des deux tentatives de Louis Napoléon Bonaparte à Strasbourg (1836) et à Boulogne (1840). Le roi lui-même échappa à plusieurs attentats (Fieschi, 1835). Mais sa politique extérieure, soumise à celle des Anglais, mécontenta le pays. À la suite des affaires d'Orient et du traité de Londres (1840), le roi, qui voulait maintenir la paix et l'entente avec la Grande-Bretagne, sacrifia Thiers et appela Guizot, qui fut le vrai maître du pays durant huit ans et signa la convention des Détroits (1841). Le ministre suivit une politique d'entente cordiale avec la Grande-Bretagne, qui, ébranlée par l'Affaire Pritchard, fut rompue en 1846. À l'intérieur, il développa une politique ultra-conservatrice, propice aux « affaires » ; aussi au moment de la grande crise financière, économique et morale de 1846-47 le prestige du roi fut-il très entamé. Lors de la révolution de février 1848, Louis-Philippe abdiqua en faveur de son petit-fils le comte de Paris et se réfugia en Angleterre.

LOUISVILLE, v. des États-Unis (Kentucky), sur l'Ohio ; 312 000 h. Centre commercial et industriel (caoutchouc).

LOULAY (17330), ch.-l. de c. de la Charente-Maritime ; 682 h.

LOUP (le), fl. côtier des Alpes-Maritimes ; 48 km.

Loup (le), ballet en trois tableaux de R. Petit (arg. J. Anouilh et G. Neveux ; mus. H. Dutilleux ; déc. et cost. Carzou), créé en 1953.

LOUP ou **LEU** (*saint*), né à Toul (v. 383-478). Évêque de Troyes en 426, il préserva sa ville des Huns d'Attila (451).

LOUPE (La) [28240], ch.-l. de c. d'Eure-et-Loir ; 3 760 h.

LOUPOT (Charles), affichiste français, né à Nice (1892-1962) [*St-Raphaël*, 1938-1960].

LOUQSOR ou **LOUXOR,** v. d'Égypte, sur la rive droite du Nil ; 40 000 h. La ville moderne recouvre un faubourg de l'antique Thèbes. Temple d'Amon, édifié par Aménophis III, l'une des réussites de la XVIIIe dynastie, qui fut agrandi et flanqué de deux obélisques par Ramsès II ; l'un de ceux-ci orne, depuis 1836, la place de la Concorde à Paris.

LOURCHES (59156), comm. du Nord ; 4 673 h. Cokerie.

LOURDES (65100), ch.-l. de c. des Hautes-Pyrénées ; au N. le gave du Pau ; 18 096 h. (*Lourdais*). Centre important de pèlerinage consacré à la Vierge depuis que, en 1858, une jeune Lourdaise, Bernadette Soubirous, se dit favorisée par des visions de Marie. Basilique (1876). Basilique souterraine (1958). Appareillage électrique.

LOURENÇO MARQUES → MAPUTO.

LOURISTAN → LURISTĀN.

LOUROUX-BÉCONNAIS (Le) [49370], ch.-l. de c. de Maine-et-Loire ; 1 789 h.

LOU SIUN ou **LU XUN** (TCHEOU CHOU-JEN ou ZHOU SHUREN, dit), romancier chinois, né à Chao-hing (1881-1936). Auteur de récits réalistes, il est le premier écrivain de la Chine moderne (*la Véritable Histoire de Ah Q*, 1921).

LOU-TCHEOU ou **LUZHOU,** v. de Chine (Sseu-tch'ouan) ; 289 000 h. Engrais.

LOUVAIN, en néerl. **Leuven,** v. de Belgique (Brabant), sur la Dyle ; 88 100 h. Importants monuments du Moyen Âge (hôtel de ville, XVe s.) et de l'époque baroque. La célébrité de Louvain est liée en grande partie à son université, créée en 1425, supprimée en 1797, reconstituée en 1835 comme université catholique. En 1968, la querelle linguistique provoqua la partition de l'université et l'installation de la section francophone près de Wavre (Louvain-la-Neuve).

LOUVECIENNES (78430), comm. des Yvelines ; 7 488 h. (*Louveciennois* ou *Luciennois*). Châteaux des XVIIe-XVIIIe s.

LOUVEL (Louis Pierre), ouvrier sellier, né à Versailles (1783-1820). Assassin du duc de Berry (1820), il mourut sur l'échafaud.

LOUVERTURE (Toussaint) → TOUSSAINT-LOUVERTURE.

LOUVET DE COUVRAY (Jean-Baptiste), homme politique et écrivain français, né à Paris

(1760-1797), auteur des *Amours du chevalier de Faublas* (1787-1790).

LOUVIÈRE (La), comm. de Belgique (Hainaut); 77 600 h. Métallurgie.

LOUVIERS (27400), ch.-l. de c. de l'Eure, sur l'Eure; 18 874 h. (*Lovériens*). Église des XIIIᵉ-XVIᵉ s. Textile. Constructions mécaniques et électriques.

LOUVIGNÉ-DU-DÉSERT (35420), ch.-l. de c. d'Ille-et-Vilaine; 4 331 h. Granite. Confection.

LOUVOIS (François Michel LE TELLIER, *seigneur* DE CHAVILLE, *marquis* DE), homme d'État français, né à Paris (1639-1691), fils du chancelier Michel Le Tellier. Associé à son père dès 1661 au Conseil des dépêches et dès 1662 au secrétariat d'État à la Guerre, il fut, avec lui, le réorganisateur de l'armée française; il améliora le recrutement et l'intendance, établit l'*ordre du tableau*, qui réglait le commandement, dota l'infanterie de la baïonnette, organisa un corps d'ingénieurs et des écoles de cadets. Il créa l'hôtel des Invalides. Véritable ministre des Affaires étrangères de 1672 à 1689, il dirigea une diplomatie brutale, qui conduisit à l'attaque des Provinces-Unies (1672), à la politique des « réunions » à partir de 1679 et à la dévastation du Palatinat (1689); il fut aussi l'instigateur des dragonnades à l'encontre des huguenots. Surintendant des bâtiments, arts et manufactures (1683), il se montra mécène fastueux.

Louvre (palais du), anc. résidence royale, à Paris

Louvois
par
P. Mignard

Musée des Beaux-Arts de Reims

(sur la rive droite de la Seine), commencée sous Philippe Auguste, continuée sous Charles V, François Iᵉʳ, Catherine de Médicis, Henri IV, Louis XIII, Louis XIV, Napoléon Iᵉʳ, achevée sous Napoléon III. Les principaux architectes du Louvre actuel ont été Lescot, Jacques II Androuet Du Cerceau, Lemercier, Le Vau, Claude Perrault, Percier, Fontaine, Visconti, Lefuel. Devenu musée en 1791-1793, le palais abrite une des plus riches collections publiques du monde (sept départements : antiquités orientales; antiquités égyptiennes; antiquités grecques et romaines; peintures; sculptures; objets d'art; cabinet des Dessins). Du Louvre dépendent notamment le musée de l'impressionnisme (Jeu de Paume des Tuileries) et le « musée d'Art et d'Essai », avenue Wilson, à Paris.

LOUVRES (95380), comm. du Val-d'Oise; 8 036 h.

LOUVROIL (59720), comm. du Nord; 8 007 h. Métallurgie.

LOUXOR → LOUQSOR.

LOUŸS [lwis] (Pierre LOUIS, dit **Pierre**), écrivain français, né à Gand (1870-1925), auteur de poèmes en prose (*les Chansons de Bilitis*), de contes (*les Aventures du roi Pausole*), de romans de mœurs antiques (*Aphrodite*).

LOVECRAFT (Howard Phillips), écrivain américain, né à Providence (Rhode Island) [1890-1937], l'un des maîtres du fantastique et l'un des précurseurs de la science-fiction (*la Couleur tombée du ciel*, *le Cauchemar d'Innsmouth*, *Démons et merveilles*).

Lovelace, personnage de *Clarisse Harlowe*, roman de Richardson; séducteur cynique.

Loviisa, centrale nucléaire de Finlande, sur le golfe de Finlande.

LOWE (*sir* Hudson), général britannique, né à Galway (1769-1844), geôlier de Napoléon à Sainte-Hélène.

LOWENDAL ou **LŒWENDAHL** (Ulrich, *comte* DE), maréchal de France, d'origine danoise, né à Hambourg (1700-1755). Il se distingua pendant la guerre de la Succession d'Autriche et prit Bergen op Zoom et Maastricht.

LOWIE (Robert), anthropologue américain, né à

Vienne (1883-1957). Ses travaux ont porté sur les ethnies nord-américaines et sur les méthodes de l'anthropologie culturelle.

LOWLANDS (*Basses Terres*), région déprimée du centre de l'Écosse (par oppos. à *Highlands*, « Hautes Terres »).

LOWRY (Malcolm), écrivain anglais, né à Birkenhead (Cheshire) [1909-1957], romancier désespéré de la solitude (*Au-dessous du volcan*, 1947; *Lunar Caustic*, 1963).

LO-YANG ou **LUOYANG,** v. de Chine (Honan); 171 000 h. Tombes d'époque han (parc Wang-tch'eng) et quartiers anciens et pittoresques. Important musée archéologique. Dans les environs, temple du Cheval blanc avec une pagode du XIIᵉ s. Tracteurs.

LOYAUTÉ (*îles*), archipel français de l'Océanie, dépendance de la Nouvelle-Calédonie; 2 095 km²; 14 518 h.

LOYSON (Charles), dit **le P. Hyacinthe**, prédicateur français, né à Orléans (1827-1912). Successivement sulpicien, novice dominicain, carme, il rompit avec l'Église et s'efforça d'organiser une Église catholique non romaine.

LOZÈRE (*mont*), point culminant des Cévennes, dans le dép. du même nom; 1 699 m.

LOZÈRE (*dép.* 48) [**48**], dép. de la Région Languedoc-Roussillon; ch.-l. de dép. *Mende*; ch.-l. d'arr. *Florac*; 2 arr., 24 cant., 185 comm.; 5 168 km²; 74 825 h. (*Lozériens*). Le dép. appartient à l'académie de Montpellier, à la circonscription judiciaire de Nîmes, à la région militaire de Lyon et à la province ecclésiastique d'Avi-

V. carte page suivante

gnon. S'étendant sur les terres cristallines de la Margeride, des Cévennes et du Gévaudan, sur le plateau balsastique de l'Aubrac et sur une partie des Grands Causses (Sauveterre, Méjean), le dép. est presque exclusivement rural, voué à l'élevage (bovins et surtout ovins). L'industrie est surtout liée à l'élevage (mégisseries, fromageries) et à l'exploitation forestière (travail du bois). L'activité touristique (gorges du Tarn, Cévennes) ne ralentit pas l'émigration dans ce

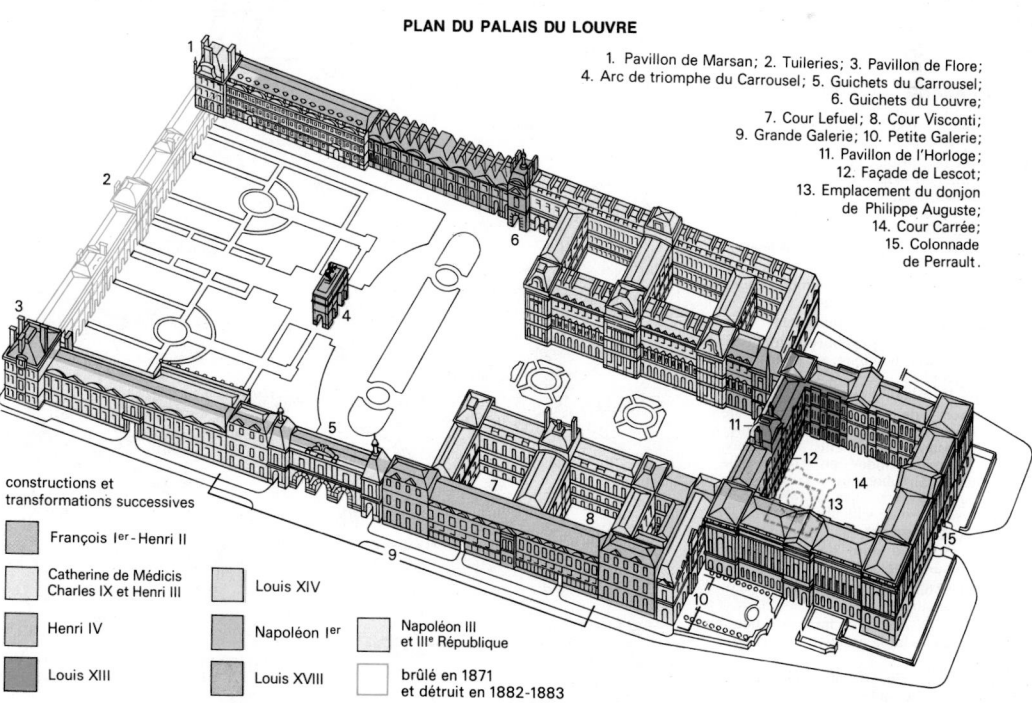

PLAN DU PALAIS DU LOUVRE

1. Pavillon de Marsan; 2. Tuileries; 3. Pavillon de Flore;
4. Arc de triomphe du Carrousel; 5. Guichets du Carrousel;
6. Guichets du Louvre;
7. Cour Lefuel; 8. Cour Visconti;
9. Grande Galerie; 10. Petite Galerie;
11. Pavillon de l'Horloge;
12. Façade de Lescot;
13. Emplacement du donjon
de Philippe Auguste;
14. Cour Carrée;
15. Colonnade
de Perrault.

constructions et
transformations successives

François Iᵉʳ - Henri II

Catherine de Médicis
Charles IX et Henri III

Henri IV

Louis XIII

Louis XIV

Napoléon Iᵉʳ

Louis XVIII

Napoléon III
et IIIᵉ République

brûlé en 1871
et détruit en 1882-1883

Lübeck : la *Holstentor*
porte fortifiée achevée en 1478

Lucas de Leyde : *Loth et ses filles*

plusieurs films dans son pays d'origine (*Madame du Barry*, 1919; *Anne Boleyn*, 1920), il s'imposa aux États-Unis comme un auteur de comédies ironiques, frivoles, pétillantes et parfois insolentes (*l'Éventail de lady Windermere*, 1925; *Parade d'amour*, 1930; *la Veuve joyeuse*, 1934; *Ninotchka*, 1939; *To be or not to be*, 1942).•

LÜBKE (Heinrich), homme d'État allemand, né à Enkhausen (1894-1972), président de la République fédérale d'Allemagne de 1959 à 1969.

LUBLIN, v. de Pologne, au sud-est de Varsovie; 282 000 h. Monuments des XIVᵉ-XVIᵉ s. Textile. Métallurgie. Siège du gouvernement provisoire polonais à la Libération (1944).

LUBUMBASHI, anc. **Élisabethville**, v. du Zaïre, ch.-l. du Shaba; 402 000 h. Centre de l'industrie du cuivre.

LUC (*saint*), l'un des quatre évangélistes. Compagnon de saint Paul, auteur du troisième Évangile et des Actes des Apôtres, il met l'accent sur l'universalisme du message évangélique. Patron des peintres et des médecins.

LUC (**Le**) [83340], ch.-l. de c. du Var; 5 636 h. École d'application de l'aviation légère de l'armée de terre.

LUCAIN, poète latin, né à Cordoue (39-65), neveu de Sénèque le Philosophe. Compromis dans la conspiration de Pison, il s'ouvrit les veines. Il est l'auteur d'une épopée, *la Pharsale**.

LUCANIE, région de l'Italie ancienne, qui s'étendait du golfe de Tarente à la Campanie. Elle correspondait approximativement à l'actuel *Basilicate*.

LUCAS de Leyde, peintre et graveur hollandais, né à Leyde (1494-1533). Élève à Leyde du maniériste gothique Cornelis Engebrechtsz., il a peint des panneaux de genre, bibliques et religieux, et a gravé, surtout sur cuivre, des planches qui,

à la fois capricieuses et très abouties, firent de lui un rival de Dürer.

LUCAYES (*îles*) → BAHAMAS.

LUCE (*sainte*) → LUCIE (*sainte*).

LUCÉ (28110), comm. d'Eure-et-Loir; 14 026 h. Métallurgie.

LUCENAY-L'ÉVÊQUE (71540), ch.-l. de c. de Saône-et-Loire; 479 h.

LUC-EN-DIOIS (26310), ch.-l. de c. de la Drôme; 467 h.

LUCERNE, en allem. **Luzern**, v. de Suisse, ch.-l. du canton du même nom, au bord du *lac des Quatre-Cantons*; 70 000 h. Collégiale des XIVᵉ-XVIIᵉ s. Station touristique. — Le canton couvre 1 494 km² et compte 290 000 h. En 1844 il s'engagea dans la guerre du Sonderbund.

LUCHON → BAGNÈRES-DE-LUCHON.

LUCIE ou **LUCE** (*sainte*), vierge et martyre de Syracuse (IIIᵉ s.?). Le récit de son martyre, écrit au Vᵉ s., est légendaire.

Lucie de Lammermoor, opéra de Donizetti (1835).

LUCIEN d'Antioche (*saint*), prêtre et martyr, né à Samosate (v. 235-312). Il fonda à Antioche une école chrétienne. L'orientation théologique de son enseignement ouvrit les voies à l'arianisme.

LUCIEN de Samosate, écrivain grec, né à Samosate (Syrie) [v. 125-v. 192], auteur de dialogues et de romans satiriques (*Histoire vraie*).

Lucien Leuwen, roman de Stendhal, inachevé, publié en 1894.

LUCIFER, un des noms du démon.

LUCILIUS (Caius), poète satirique, né à Suessa Aurunca (v. 180-v. 102 av. J.-C.), ami de Scipion Émilien.

LUCIUS Iᵉʳ (*saint*), né à Rome (m. en 254),

dép., le moins peuplé de France, où Mende est la seule ville dépassant 6 000 h.

LUALABA (le), nom du cours supérieur du Zaïre.

LUANDA, cap. de l'Angola, sur l'Atlantique; 475 000 h.

LUANG PRABANG ou **LOUANG PRABANG**, v. du Laos, sur le haut Mékong, anc. résidence royale; 44 000 h. Nombreux temples bouddhiques (XVIᵉ-XIXᵉ s.).

LUBAC (Henri DE), jésuite et théologien français, né à Cambrai en 1896. Il est un des artisans du renouveau théologique (*Catholicisme*, 1933; *le Drame de l'humanisme athée*, 1944; *Méditation sur l'Église*, 1953).

LUBBEEK, comm. de Belgique (Brabant); 10 200 h.

LÜBBENAU, v. de l'Allemagne démocratique; 22 000 h. Grande centrale thermique.

LUBBOCK, v. des États-Unis (Texas); 149 000 h.

LUBBOCK (sir John), *lord* **Avebury**, naturaliste, préhistorien, homme politique et philosophe anglais, né à Londres (1834-1913). Il a étudié notamment les insectes.

LÜBECK, port de l'Allemagne fédérale (Schleswig-Holstein), près de la Baltique; 232 000 h. Imposants monuments médiévaux. Métallurgie. Chimie. Fondée en 1143, « Ville impériale » dès 1226, Lübeck fut à la tête de la Hanse de 1230 à 1535. Française de 1810 à 1813, elle ne perdit son titre de ville libre qu'en 1937.

LUBERON ou **LUBÉRON** (le), chaîne calcaire des Alpes du Sud, au nord de la Durance; 1 125 m. Parc naturel régional.

LUBERSAC (19210), ch.-l. de c. de la Corrèze; 2 471 h. Église romane.

LUBIN (Germaine), cantatrice française, née à Paris (1890-1979). Elle fut la première Française à chanter à Bayreuth.

LUBITSCH (Ernst), cinéaste allemand naturalisé américain, né à Berlin (1892-1947). Auteur de

LOZÈRE

courbes : 300 600 900 1200 1500 m

1374

pape en 253 et 254. — **LUCIUS II** (Gerardo *Caccianemici*), né à Bologne (m. en 1145), pape en 1144 et 1145. — **LUCIUS III** (Ubaldo *Allucingoli*), né à Lucques (m. en 1185), pape de 1181 à 1185.

LUCKNER (Nicolas, *baron*), maréchal de France, né à Cham (Bavière) [1722-1794]. Il commanda successivement en 1792 les armées du Rhin, du Nord et du Centre. Nommé général en chef et devenu suspect, il fut arrêté et exécuté.

LUCKNOW, v. de l'Inde, cap. de l'Uttar Pradesh; 749 000 h. Métallurgie. Textiles.

LUÇON (85 400), ch.-l. de c. de la Vendée; 9 574 h. (*Luçonnais*). Cathédrale des XIIe, XIIIe-XIVe et XVIIIe s.

LUÇON ou **LUZON,** la plus grande île des Philippines; 108 172 km²; 18 001 000 h. V. pr. *Manille.* Occupée par les Japonais de 1942 à 1944.

LUCQUES, en ital. *Lucca,* v. d'Italie (Toscane); 91 000 h. Églises romanes et gothiques décorées d'arcatures pisanes. Huileries. Du XIe s. au XIVe s., la ville fut un grand centre de l'industrie de la soie.

LUCRÈCE (m. v. 509 av. J.-C.), dame romaine qui se tua après avoir été outragée par un fils de Tarquin le Superbe, événement qui servit de prétexte pour renverser la royauté à Rome.

LUCRÈCE, en lat. *Titus Lucretius Carus,* poète latin, né à Rome (v. 98-55 av. J.-C.). Il discerne dans la peur de la mort, qui n'engendre qu'angoisses et illusions politico-religieuses, l'entrave principale au bonheur de l'homme. Proche d'Épicure, son *De rerum natura* affirme la vie sur un mode poétique.

LUCRÈCE BORGIA → BORGIA.

LUC-SUR-MER (14530), comm. du Calvados; 2 392 h. Station balnéaire.

LUCULLUS → LICINIUS LUCULLUS.

LÜDA → LIU-TA.

LUDE (Le) [72800], ch.-l. de c. de la Sarthe; 4 120 h. Château des XVe-XVIIIe s. Marché.

LUDENDORFF (Erich), général allemand, né à Kruszewnia (Posnanie) [1865-1937]. Chef d'état-major de Hindenburg sur le front russe (1914), puis au commandement suprême (1916-1918), il dirigea la stratégie allemande en 1917-18.

LÜDENSCHEID, v. de l'Allemagne fédérale; 59 000 h. Métallurgie.

LÜDERITZ, anc. *Angra Pequeña,* port de la Namibie; 6 000 h. Pêcheries.

LUDHIĀNA, v. de l'Inde (Pendjab); 398 000 h.

LUDOVIC SFORZA le More, né à Vigevano (1452-1508), duc de Milan (1494-1500). Il obtint le Milanais avec l'aide de la France, mais l'avènement de Louis XII ruina son pouvoir. Capturé à Novare (1500), il fut interné à Loches.

LUDWIGSBURG, v. de l'Allemagne fédérale (Bade-Wurtemberg), sur le Neckar; 76 000 h.

LUDWIGSHAFEN AM RHEIN, v. de l'Allemagne fédérale (Rhénanie-Palatinat), en face de Mannheim; 175 000 h. Centre chimique.

Luftwaffe (mot allem. signif. *arme aérienne*), nom donné depuis 1935 à l'aviation militaire allemande.

LUGANO, v. de Suisse (Tessin), sur le *lac de Lugano;* 22 280 h. Cathédrale. Église S. Maria degli Angioli (XVIe s.). Station climatique.

LUGDUNUM, nom latin de *Lyon.*

LUGNÉ-POE [lynepo] (Aurélien Marie), acteur, directeur de théâtre et écrivain français, né à Paris (1869-1940). Fondateur du théâtre de l'Œuvre (1893), il fit connaître en France les grands dramaturges étrangers (Ibsen, Strinberg).

LUGNY (71260), ch.-l. de c. de Saône-et-Loire; 932 h. Vins blancs.

LUGO, v. d'Espagne (Galice); 69 000 h. Remparts romains. Cathédrale d'origine romane.

LUGONES (Leopoldo), homme politique et écrivain argentin, né à Santa María del Río Seco (1874-1938), représentant du « modernisme » (la *Guerra gaucha*).

LUINI (Bernardino), peintre italien, né à Milan (?) [v. 1485-1532]. Influencé par le milieu lom-

bard (Foppa, A. Solario, etc.) et par Léonard de Vinci, il excelle dans l'art de la fresque (Milan, Lugano, Saronno).

LUKÁCS (György), écrivain et philosophe hongrois, né à Budapest (1885-1971). Il développa l'idée de « conscience de classe » comme conscience des contradictions dont le prolétariat est victime (*Histoire et conscience de classe,* 1923) et renouvela l'esthétique dans une perspective marxiste (la *Théorie du roman,* 1920; *Balzac et le réalisme français,* 1952).

LUKASIEWICZ (Jan), logicien polonais, né à Lemberg (auj. Lvov) [1878-1956]. Il est l'un des premiers, avec Emil Post, à avoir construit une logique plurivalente.

LULEÅ, port de Suède, sur le golfe de Botnie, à l'embouchure du *Lule älv;* 60 000 h. Exportation du fer. Aciérie.

LULLE (*bienheureux* Raymond), théologien et écrivain espagnol, né à Palma (v. 1235-1315). D'un savoir encyclopédique, il a écrit, en latin, en catalan et en arabe, de nombreux ouvrages de philosophie, de théologie, de mystique et même d'alchimie. Il a élevé la prose catalane au rang de langue littéraire.

LULLY ou **LULLI** (Jean-Baptiste), violoniste et compositeur français, né à Florence (1632-1687). Il passa la plus grande partie de sa vie en France. Devenu surintendant de la Musique, il obtint une sorte de monopole de la production musicale. Son œuvre est surtout dramatique. Oubliant son origine italienne, il se fit le défenseur du style français. Il fut le créateur de l'opéra français et composa une douzaine de tragédies lyriques (*Alceste, Armide*), des ballets, des divertissements pour les comédies de Molière (*le Bourgeois gentilhomme*), et de grands motets (*Miserere*).

LULUABOURG → KANANGA.

LUMBRES (62380), ch.-l. de c. du Pas-de-Calais; 4 083 h. Cimenterie.

LUMIÈRE (les frères), industriels français. AUGUSTE, né à Besançon (1862-1954), et LOUIS, né à Besançon (1864-1948), inventeurs et réalisateurs du cinématographe (1895) et auteurs de travaux sur la photographie, notamment la photographie en couleurs (1903).

LUMMEN, comm. de Belgique (Limbourg); 11 200 h.

LUMUMBA (Patrice), homme politique congolais, né à Katako-Kombé (prov. du Kasaï) [1925-1961]. Fondateur du Mouvement nationaliste congolais, il milita pour l'indépendance du Congo belge (Zaïre). Premier ministre en 1960, il prôna l'unité du pays, qu'il aurait voulu orienter vers le socialisme; destitué par Kasavubu, il fut transféré au Katanga, où il fut assassiné.

LUNA (Álvaro DE), connétable de Castille, né à Cañete (1388-1453), ministre et favori du roi Jean II. La noblesse obtint sa disgrâce. Il fut décapité.

LUNAS (34650), ch.-l. de c. de l'Hérault; 609 h.

LUND, v. de la Suède méridionale; 59 000 h. Université. Musées. Cathédrale romane.

LUNDEGÅRDH (Henrik), botaniste danois, né à Stockholm (1888-1969), auteur de travaux sur la photosynthèse, le cycle du gaz carbonique, etc.

LUNDSTRÖM (Johan Edvard), industriel sué-

dois, né à Jönköping (1815-1888), inventeur de l'allumette de sûreté, dite « suédoise » (1852).

LÜNEBURG, v. de l'Allemagne fédérale (Basse-Saxe), dans les *landes de Lüneburg;* 61 000 h.

LUNEL (34400), ch.-l. de c. de l'Hérault; 13 559 h. (*Lunellois*). Vins. Confiturerie.

LÜNEN, v. de l'Allemagne fédérale, dans la Ruhr; 72 100 h. Aluminium.

LUNÉVILLE (54300), ch.-l. d'arr. de Meurthe-et-Moselle, sur la Meurthe; 24 700 h. (*Lunévillois*). Château par Boffrand (musée); église St-Jacques par Boffrand et Héré. Constructions mécaniques et électriques. Textile. Faïence. En 1801 y fut conclu, entre la France et l'Autriche, un traité confirmant celui de Campoformio et consacrant l'accroissement de la puissance française en Italie.

LUOYANG → LO-YANG.

LUPERCUS, dieu de l'Italie ancienne, en l'honneur de qui étaient célébrées les *lupercales.*

LUQMÂN ou **LOKMAN,** sage de la tradition arabe préislamique.

LURÇAT (Jean), peintre français, né à Bruyères (Vosges) [1892-1966]. Il a contribué à rénover l'art de la tapisserie (le *Chant du monde,* tenture en dix pièces, Angers).

LURCY-LÉVIS (03320), ch.-l. de c. de l'Allier; 2 347 h.

LURE (*montagne de*), chaîne des Alpes françaises du Sud, au sud-ouest de Sisteron; 1 826 m.

LURE (70200), ch.-l. d'arr. de la Haute-Saône; 10 054 h. (*Lurons*). Constructions mécaniques. Confection.

LURISTĀN ou **LOURISTAN,** région de l'Iran, qui fut le centre d'une civilisation apparue dès le IIIe millénaire et qui s'épanouit entre le XIVe et le VIIe s. av. J.-C., avec de remarquables pièces de bronze où triomphe la stylisation animalière.

LURY-SUR-ARNON (18120), ch.-l. de c. du Cher; 534 h. Fortifications médiévales.

LUSACE, en allem. *Lausitz,* contrée de l'Allemagne démocratique et de Tchécoslovaquie, culminant aux monts de Lusace (1 010 m).

LUSAKA, cap. de la Zambie; 415 000 h.

LÜSHUN → LIU-CHOUEN.

Lusiades (les), poème épique de Camões (1572); cette épopée nationale a pour sujet les découvertes des Portugais dans les Indes orientales et pour héros principal Vasco de Gama.

LUSIGNAN (86600), ch.-l. de c. de la Vienne; 2 841 h. Église romane et gothique.

LUSIGNAN, famille originaire du Poitou, qui fit souche dans l'Orient latin, notamment avec Gui de Lusignan (1129-1194), roi de Jérusalem en 1186, fondateur de la dynastie des Lusignan à Chypre en 1192.

LUSIGNY-SUR-BARSE (10270), ch.-l. de c. de l'Aube; 990 h.

Lusitania, paquebot britannique qui fut torpillé près des côtes d'Irlande le 7 mai 1915 par un sous-marin allemand. 1 200 personnes (dont 124 Américains) périrent.

LUSITANIE, province de l'Espagne romaine, couvrant, pour une part, l'actuel territoire du Portugal. (Hab. *Lusitains* ou *Lusitaniens.*)

György **Lukács**

Jean-Baptiste **Lully** par Collignon

Auguste et Louis **Lumière**

LUSSAC (33570), ch.-l. de c. de la Gironde; 1488 h. Vins.

LUSSAC-LES-CHÂTEAUX (86320), ch.-l. de c. de la Vienne; 2235 h.

LUSSAN (30580), ch.-l. de c. du Gard; 294 h.

LUTÈCE, ville de Gaule dont l'emplacement correspond au cœur de Paris (île de la Cité et pente de la montagne Sainte-Geneviève).

LUTHER (Martin), théologien et réformateur allemand, né à Eisleben (1483-1546). Moine augustin, docteur en théologie, il obtint, en 1513, la chaire d'Écriture sainte à l'université de Wittenberg, où, à partir de 1515, il enseigna les épîtres de saint Paul. En référence à la doctrine paulinienne de la justification par la foi, il s'éleva contre le trafic des indulgences (*querelle des indulgences*), puis contre le principe même des indulgences dans ses 95 thèses (1517), considérées comme le point de départ de la Réforme. Condamné par Rome en 1520, il poursuivit son œuvre; à cette date parurent les « trois grands écrits réformateurs » : *le Manifeste à la noblesse allemande* (sur la suprématie romaine), *la Captivité de Babylone* (sur les sacrements), *De la liberté du chrétien* (sur l'Église). Mis au ban de l'Empire (1521), caché au château de la Wartburg par son protecteur l'Électeur de Saxe, il put revenir à Wittenberg en 1522. Il consacra le reste de sa vie à structurer son œuvre et à la défendre; il lutta à la fois contre le catholicisme, que soutenait la puissance politique, contre les déviations des illuminés et des anabaptistes (*guerre des Paysans*) et contre ceux qui, tel Zwingli en Suisse, donnaient à sa réforme une orientation nouvelle. Luther fut aussi un grand écrivain : ses œuvres, et principalement sa traduction de la Bible (1521-1534), font de lui un des premiers grands prosateurs de l'allemand moderne.

LUTHULI ou **LUTULI** (Albert John), homme politique zoulou, de nationalité sud-africaine, né près de Bulawayo (Rhodésie) [1898-1967], adversaire de la ségrégation raciale. (Prix Nobel de la paix, 1960.)

LUTON, v. d'Angleterre, près de Londres; 161 000 h. Industrie automobile.

LUTOSLAWSKI (Witold), compositeur polonais, né à Varsovie en 1913, auteur du *Concerto*

pour orchestre et des *Trois Poèmes d'Henri Michaux.*

Luttes de classes en France (les), œuvre de K. Marx (1850).

LÜTZEN, v. de l'Allemagne démocratique, au sud-ouest de Leipzig; 5000 h. Théâtre de deux batailles : l'une en 1632, où fut tué Gustave-Adolphe, dont l'armée battit Wallenstein; l'autre en 1813, où Napoléon Ier battit les Russes et les Prussiens.

LUXEMBOURG (grand-duché de), État de l'Europe occidentale; 2586 km², 360 000 h. (*Luxembourgeois*). Cap. *Luxembourg.* Langues parlées : un dialecte *germanique*, l'*allemand* et le *français.*

GÉOGRAPHIE

La région septentrionale (*Oesling*) appartient au plateau ardennais, souvent forestier, entaillé par des vallées encaissées (*Sûre*), et dont la mise en valeur est limitée par les conditions naturelles défavorables. Elle s'oppose au Sud (*Gutland,* « Bon Pays »), prolongement de la Lorraine, où la fertilité des sols et un climat moins rude ont favorisé l'essor d'une agriculture variée (céréales, cultures fruitières et florales, vigne, tabac) et de l'élevage bovin. Mais l'industrie lourde demeure le fondement de l'économie. La présence de fer (dont l'extraction a décliné et qui est aujourd'hui presque totalement importé) a

Luxembourg : vue partielle de la vieille ville et des fortifications

portrait de **Luther** d'après Lucas Cranach l'Ancien

Lauros-Giraudon

Y. Travert - C.D. Tétrel

favorisé le développement de la sidérurgie et de la métallurgie, dont Esch-sur-Alzette, Rumelange, Differdange, Pétange, Rodange et Dudelange sont les principaux centres. L'économie est étroitement tributaire de cette industrie lourde, dont les exportations sont dirigées essentiellement vers les deux partenaires du Benelux et vers les autres pays du Marché commun.

HISTOIRE

— 963 : le comté de Luxembourg se constitue.
— 1308 : le comte de Luxembourg devient l'empereur Henri VII, qui fonde la dynastie impériale de Luxembourg (quatre empereurs : Henri VII, 1308-1313; Charles VII, 1355-1378; Venceslas II, 1308-1400; Sigismond, 1410-1437).
— 1354 : Venceslas Ier érige le Luxembourg en duché.
— 1437 : extinction de la branche impériale.
— 1443 : le duché, possession de Philippe le Bon, duc de Bourgogne; le Luxembourg partage le sort des Pays-Bas.
— 1506 : le Luxembourg espagnol.
— 1684 : le Luxembourg français.
— 1698 : deuxième domination espagnole.
— 1714 : le Luxembourg aux Habsbourg d'Autriche.
— 1795-1814 : le Luxembourg français (département des Forêts).
— 1815 : le Luxembourg, grand-duché, donné à titre personnel au roi des Pays-Bas, dans le cadre de la Confédération germanique.
— 1831 : le grand-duché actuel reste au roi des Pays-Bas; la moitié occidentale devient la province belge de Luxembourg.
— 1867 : neutralisation du pays, qui devient indépendant.
— 1890 : mort de Guillaume III d'Orange-

Nassau; la couronne grand-ducale passe à Adolphe de Nassau.
— 1912 : Adélaïde, grande-duchesse.
— 1914 : les Allemands envahissent le Luxembourg.
— 1919 : Charlotte, grande-duchesse.
— 1922 : union économique avec la Belgique.
— 1940 : seconde invasion allemande.
— 1948 : le Luxembourg dans le Benelux.
— 1949 : le Luxembourg adhère au traité de l'Atlantique Nord et entre dans les instances européennes à partir de 1950.
— 1964 : Charlotte abdique en faveur de son fils Jean.

LUXEMBOURG, cap. du grand-duché de Luxembourg, sur l'Alzette; 76 000 h. Cathédrale baroque du XVIIe s. Centre intellectuel, financier (Banque européenne d'investissement), administratif (Cour de justice des Communautés européennes) et industriel (métallurgie de transformation).

LUXEMBOURG, prov. du sud-est de la Belgique; 4418 km²; 220 300 h. Ch.-l. *Arlon;* 5 arr. (*Arlon, Bastogne, Marche-en-Famenne, Neufchâteau, Virton*). La prov. s'étend presque entièrement sur l'Ardenne*, ce qui explique la faiblesse relative de l'occupation humaine (densité voisine de 50 h./km²), de l'urbanisation et de l'activité économique (élevage, exploitation de la forêt, tourisme).

LUXEMBOURG (François Henri DE MONTMORENCY-BOUTEVILLE, duc DE), maréchal de France, né à Paris (1628-1695). Il décida de la victoire de Cassel (1677), fut victorieux à Saint-Denis (1678), Fleurus (1690), Steinkerque (1692) et Neerwinden (1693), où il prit tant de drapeaux que le prince de Conti l'appela *le Tapissier de Notre-Dame.*

Luxembourg (*palais du*), palais de Paris, construit de 1612 à 1620, par S. Brosse, pour Marie de Médicis; Rubens en décora la galerie (grandes toiles auj. au Louvre). Agrandi au XIXe s., bibliothèque décorée par Delacroix, il est affecté au Sénat. Grand jardin public.

LUXEMBURG (Rosa), socialiste allemande, née à Zamość (Ruthénie) [1871-1919]. Leader, avec Karl Liebknecht, de la social-démocratie allemande, adversaire de la guerre en 1914, incarcérée de 1915 à 1918, elle fut assassinée au cours de l'insurrection spartakiste, qu'elle avait préparée par ses *Lettres à Spartacus.* Elle a développé les concepts marxistes d'impérialisme et de grève générale et écrit l'*Accumulation du capital* (1913).

LUXEUIL-LES-BAINS (70300), ch.-l. de c. de la Haute-Saône; 10711 h. (*Luxoviens*). Un monastère y fut fondé par saint Colomban au VIe s. Monuments des XIVe-XVIe s. Station thermale (affections veineuses et gynécologiques). Métallurgie. Textile.

LUYNES (Charles, *marquis* D'ALBERT DE), homme d'État français, né à Pont-Saint-Esprit (1578-1621). Favori de Louis XIII, il poussa au meurtre de Concini (1617) avant d'accumuler

LUXEMBOURG

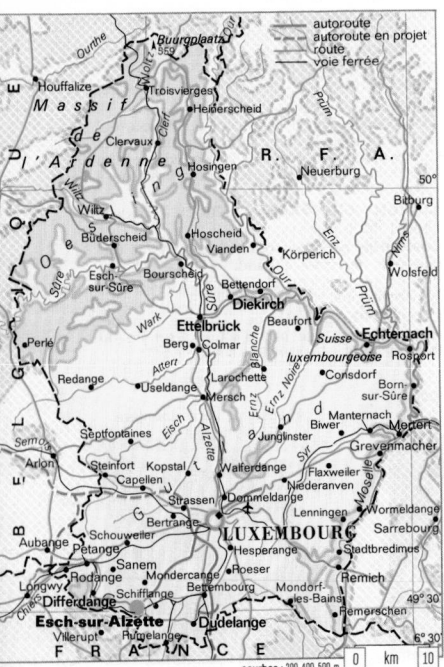

titres et fonctions. Connétable (1621), il échoua devant Montauban, place forte huguenote.

LUZARCHES (95270), ch.-l. de c. du Val-d'Oise; 2 484 h. Église du XIIᵉ-XVIᵉ s.

LUZECH [-zɛʃ] (46140), ch.-l. de c. du Lot, dans un méandre du Lot; 1783 h. Vestiges gallo-romains et médiévaux.

LUZENAC (09250), comm. de l'Ariège; 848 h. Carrière de talc.

LUZHOU → LOU-TCHÉOU.

LUZI (Mario), écrivain italien, né à Florence en 1914; poète (la Barca, 1935-1942; Nel magma, 1964) et critique littéraire.

LUZON → LUÇON.

LUZ-SAINT-SAUVEUR (65120), ch.-l. de c. des Hautes-Pyrénées; 1040 h. Église romane avec enceinte fortifiée. Installation hydroélectrique. Établissement thermal à Saint-Sauveur.

LUZY (58170), ch.-l. de c. de la Nièvre; 2735 h.

LVOV, en polon. **Lwów**, en allem. **Lemberg**, v. de l'U.R.S.S. (Ukraine), près de la Pologne; 642 000 h. Monuments religieux du XIIIᵉ au XVIIIᵉ s. Industries textiles et métallurgiques. Lvov, fondée vers 1256, appartint à la Pologne de 1349 à 1772 et de 1918 à 1939; elle fut autrichienne de 1772 à 1918.

LWOFF (André), médecin et biologiste français, né à Ainay-le-Château (Allier) en 1902, prix Nobel de physiologie et de médecine en 1965 pour ses travaux de biochimie et de génétique.

LYALLPUR, v. du Pākistān; 425 000 h.

LYAUTEY (Louis Hubert), maréchal de France,

Rosa
Luxemburg

Lyautey
par M. Baschet

né à Nancy (1854-1934). Collaborateur de Gallieni au Tonkin et à Madagascar (1894-1897), il créa de 1912 à 1925 le protectorat français du Maroc, qu'il maintint aux côtés de la France pendant la Première Guerre mondiale. Ministre de la Guerre en 1916-17, il organisa l'Exposition coloniale de Paris (1927-1931). [Acad. fr.]

LYCABETTE (le), colline de l'Attique, intégrée dans Athènes, au pied de laquelle était situé le quartier du Lycée.

LYCAON, roi d'Arcadie, foudroyé par Zeus pour avoir sacrifié un enfant.

LYCAONIE, anc. pays de l'Asie Mineure, dont la ville principale était Iconium (auj. Konya).

LYCIE, anc. région du sud-ouest de l'Asie Mineure.

LYCON, orateur grec (Vᵉ s. av. J.-C.), qui rédigea l'acte d'accusation contre Socrate.

LYCOPHRON de Chalcis, poète grec, né à Chalcis (v. 320 - v. 250 av. J.-C.), auteur du poème Alexandra dont l'obscurité était proverbiale.

LYCURGUE, législateur mythique de Sparte, à

qui fut attribuée l'antique législation spartiate (v. IXᵉ s. av. J.-C.).

LYCURGUE, orateur et homme politique athénien (v. 396-323 av. J.-C.), allié de Démosthène contre Philippe II de Macédoine.

LYDGATE (John), poète anglais, né à Lydgate (Suffolk) [v. 1370 - v. 1449], imitateur et adaptateur de poèmes historiques ou satiriques français et italiens.

LYDIE, royaume de l'Asie Mineure; dont la capitale était Sardes. Ses rois les plus célèbres furent Gygès et Crésus. La Lydie tomba au pouvoir des Perses en 547 av. J.-C.

LYELL (sir Charles), géologue écossais, né à Kinnordy (1797-1875).

LYLY (John), écrivain anglais, né dans le Kent (v. 1554-1606), peintre critique de la société londonienne influencée par la préciosité (Euphues ou l'Anatomie de l'esprit, 1579).

LYNCH (John, dit **Jack**), homme politique irlandais, né à Cork en 1917, leader du Fianna Fáil, Premier ministre de 1966 à 1973 et de 1977 à 1979.

LYNDSAY ou **LINDSAY** (sir David), poète écossais, né à Haddington (v. 1490-1555). Auteur de la Satire des trois états, il détermina un fort courant en faveur de la Réforme.

Lauros-Giraudon

Lysippe
Hermès
rattachant
sa sandale

Combier

vue aérienne partielle de **Lyon** au premier plan la basilique de Fourvière

LYNN, port des États-Unis (Massachusetts); 90 000 h.

LYON, ch.-l. de la Région Rhône-Alpes et du dép. du Rhône, au confluent du Rhône et de la Saône, à 460 km au sud-est de Paris; 462 841 h. (1 200 000 h. avec la banlieue) [Lyonnais]. Archevêché, cour d'appel, académie, université. Cathédrale gothique (XIIᵉ-XVᵉ s.). Hôtel de ville (XVIIᵉ s.). Place Bellecour (XVIIIᵉ s.). Musée de la Civilisation gallo-romaine; musée de la colline de Fourvière; important musée des Beaux-Arts; musée des Tissus; etc. Lyon est auj. un grand centre universitaire, commercial (foire internationale) et industriel (chimie, constructions mécaniques et électriques, textiles). — Capitale de la Lyonnaise (27 av. J.-C.) puis de la Gaule romaine, Lugdunum (Lyon) fut christianisée dès le IIᵉ s. Après avoir été l'une des capitales des Burgondes (Vᵉ s.), elle fut ruinée par les Sarrasins et les Hongrois. Commune indépendante en 1193, siège de deux conciles œcuméniques (1245, 1274), Lyon devint française en 1307. L'introduction de l'industrie de la soie (XVIᵉ s.)

lui donna un nouvel essor. Châtiée par la Convention pour son royalisme (1793), la ville fut le théâtre, en 1831 et 1834, d'une double révolte des canuts.

LYONNAIS (monts du), massif de l'est du Massif central.

LYONNAISE, une des divisions de la Gaule romaine; sa capitale était Lugdunum (Lyon).

LYONS-LA-FORÊT [-s] (27480), ch.-l. de c. de l'Eure; 772 h. Forêt.

LYOT (Bernard), astronome français, né à Paris (1897-1952), inventeur du coronographe (1931), qui permet l'étude de la couronne solaire en dehors des éclipses.

LYRE (la), petite constellation boréale, voisine de l'apex.

LYS (la), en néerl. **Leie**, riv. de France et de Belgique, affl. de l'Escaut (r. g.) à Gand; 214 km. Elle passe à Aire, Armentières, Courtrai. La Lys est canalisée à partir d'Aire.

Lys dans la vallée (le), roman d'H. de Balzac (1835).

ŁYSA GÓRA, l'un des points culminants (593 m) du Łysogóry (au sud de la Pologne).

LYSANDRE, général spartiate (m. en 395 av. J.-C.). Il défit les Athéniens à l'embou-chure de l'Aigos Potamos (405 av. J.-C.) et prit Athènes (404).

LYSIAS, orateur athénien (v. 440-v. 380 av. J.-C.). Il fut l'adversaire des Trente et l'un des modèles de l'atticisme.

LYSIMAQUE, lieutenant d'Alexandre, né à Pella (v. 360-281 av. J.-C.). Il se proclama en 306 roi de Thrace. Il fut tué par Séleucos Iᵉʳ Nikator.

LYSIPPE, sculpteur grec, né à Sicyone (v. 390 av. J.-C.). Attaché au rendu du mouvement et de la musculature athlétique, il a allongé le canon de Polyclète et a été, avec son Apoxyomène, à l'origine de la conception hellénistique du corps viril.

Lysistrata, comédie d'Aristophane en faveur de la paix (411 av. J.-C.).

LYS-LEZ-LANNOY (59390), comm. du Nord, sur la frontière belge; 11 089 h.

LYTTON (Edward George BULWER-LYTTON, baron), romancier et homme politique anglais, né à Londres (1803-1873), auteur des Derniers Jours de Pompéi (1834).

M

Le **Mont-Saint-Michel**.

MAASEIK, v. de Belgique (Limbourg), sur la Meuse; 19 000 h.

MAASMECHELEN, comm. de Belgique (Limbourg); 32 200 h.

MAASTRICHT ou **MAËSTRICHT,** v. des Pays-Bas, ch.-l. du Limbourg, sur la Meuse; 112 000 h. Églises St-Servais et Notre-Dame, remontant aux Xᵉ-XIᵉ s.

MABILLON (Jean), bénédictin français, né à Saint-Pierremont (1632-1707), moine de la congrégation de Saint-Maur, à Paris. On lui doit les *Acta sanctorum ordinis sancti Benedicti* et le *De re diplomatica,* qui fonda la diplomatique.

MABLY (42 300 Roanne), comm. de la Loire; 6 548 h.

MABLY (Gabriel BONNOT DE), philosophe et historien français, né à Grenoble (1709-1785), frère de Condillac. Auteur du *Droit public de l'Europe fondé sur les traités* et d'*Observations sur l'histoire de France,* opposé à la propriété privée, il préconisa une sorte de socialisme communautaire.

MABUSE → GOSSART (Jan).

McADAM (John Loudon), ingénieur écossais, né à Ayr (1756-1836). Il inventa un système d'empierrement des routes à l'aide de pierres cassées, dit *macadam.*

MACAIRE d'Égypte (saint) [m. v. 390], solitaire du désert d'Égypte.

MACAIRE, prélat russe (v. 1482-1563). métropolite de Moscou (1542), il fut le conseiller le plus écouté du tsar Ivan IV le Terrible. Organisateur de la vie ecclésiastique et de la liturgie en Russie, il scella l'union de l'Église et de l'État moscovites.

Macaire (Robert), personnage de l'*Auberge des Adrets.* Daumier l'a pris pour type de l'homme d'affaires escroc.

MACAO, territoire portugais sur la côte sud de la Chine; 15,5 km²; 320 000 h. Port. Possession du Portugal depuis 1557.

MACAPÁ, v. du Brésil, ch.-l. du territoire de l'Amapá; 86 000 h.

MacARTHUR (Douglas), général américain, né à Fort Little Rock (1880-1964). Général à trente-huit ans (1918), il fut défait aux Philippines par les Japonais (1942). Commandant en chef allié dans le Pacifique, il fut vainqueur du Japon (1944-45), puis mis à la tête des forces de l'O.N.U. en Corée (1950-51).

MACASSAR → UJUNGPANDANG.

MACAULAY (Thomas Babington), historien et homme politique britannique, né à Rothley Temple (1800-1859), auteur d'une *Histoire d'Angleterre* (1848-1861).

MACBETH (m. en 1057), roi d'Écosse de 1040 à 1057. Il parvint au trône par l'assassinat de Duncan Iᵉʳ, mais il fut tué par le fils de ce dernier, Malcolm III.

Macbeth, drame de Shakespeare (v. 1606).

MACCABÉE ou **MACABÉE** (Mattathias), prêtre juif (m. v. 166 av. J.-C.); il donna le signal de la révolte contre Antiochos IV Épiphane en 167 av. J.-C. — JUDAS (m. en 160 av. J.-C.), fils du précédent. Vainqueur d'Antiochos IV Épiphane, il obtint pour les Juifs la liberté religieuse, mais non l'indépendance. — Son frère JONATHAS, grand prêtre des Juifs, assassiné en 143 av. J.-C. — SIMON, frère des deux précédents, assassiné en 134 av. J.-C. Il avait obtenu en 142 l'indépendance de la Judée. Il est par son fils Jean Hyrcan le fondateur de la dynastie des Asmonéens.

Maccabées (livre des), nom des deux écrits bibliques retraçant l'histoire de la révolte des Maccabées. Ces deux livres ne sont reçus que dans le canon catholique.

McCLELLAN (George Brinton), général américain, né à Philadelphie (1826-1885). Il commanda l'armée fédérale du Potomac au début de la guerre de Sécession (1861-62).

McCLINTOCK (sir Francis Leopold), marin irlandais, né à Dundalk (1819-1907), explorateur des régions arctiques.

McCLURE (sir Robert John LE MESURIER), amiral britannique, né à Wexford (Irlande) [1807-1873]. Il découvrit le passage du Nord-Ouest, entre le Pacifique (détroit de Béring), l'île de Banks, la terre de Baffin et l'Atlantique (1850-1854).

McCORMICK (Cyrus Hall), industriel américain, né à Walnute Grove (Virginie) [1809-1884]. Il imagina de nombreuses machines agricoles.

McCULLERS (Carson Smith), femme de lettres américaine, née à Colombus (Géorgie) [1917-1967]. Ses romans, marqués par le freudisme, traitent de la solitude de l'être humain (*Le cœur est un chasseur solitaire,* 1940; *Reflets dans un œil d'or,* 1941; *la Ballade du café triste,* 1951).

MACDONALD (Alexandre), maréchal de France, *duc* **de Tarente,** né à Sedan (1765-1840). Il se distingua à Wagram et à Leipzig, mais, en 1814, poussa Napoléon à abdiquer et se rallia à Louis XVIII.

MACDONALD (sir John Alexander), homme politique canadien, né à Glasgow (1815-1891). Après la formation du dominion canadien, il en présida le premier cabinet (1867-1873). De nouveau au pouvoir (1878-1891), il assura la colonisation des territoires du Nord-Ouest.

MACDONALD (James Ramsay), homme politique britannique, né à Lossiemouth (1866-1937). Leader du parti travailliste (1911-1914, 1922-1937), il se montra partisan d'un socialisme « évolutionniste ». Chef du premier cabinet travailliste (1924), de nouveau au pouvoir de 1929 à 1931, il préconisa le désarmement et la coopération internationale. À la tête d'un gouvernement de coalition (1931-1935), il s'efforça de réduire la crise économique.

MACÉ (Jean), écrivain français, né à Paris (1815-1894), fondateur de la Ligue française de l'enseignement.

MACÉDOINE, région historique de la péninsule des Balkans. Région essentiellement montagneuse ouverte par des bassins, dont le plus vaste est celui du Vardar, la Macédoine est auj. partagée entre la Bulgarie, la Grèce (34 177 km²; 1 891 000 h.; v. pr. *Thessalonique*) et la Yougoslavie, dont elle constitue l'une des républiques fédérées (25 713 km²; 1 705 000 h.; cap. *Skopje*).

HISTOIRE

— VIIᵉ-VIᵉ s. av. J.-C. : unification de la Macédoine.

Douglas
MacArthur

Carson Smith
McCullers

sir John Alexander
Macdonald

James Ramsay
MacDonald

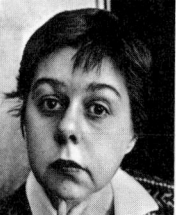

— 356-336 : règne de Philippe II, qui domine la Grèce.
— 336-323 : règne d'Alexandre, conquérant de l'Égypte et de l'Orient. Après lui les diadoques se disputent la Macédoine.
— 276-239 : règne d'Antigonos Gonatas, qui fonde la dynastie des Antigonides.
— 168 : victoire romaine à Pydna; fin de l'indépendance.
— 148 av. J.-C. : la Macédoine, province romaine.
— IVe s. apr. J.-C. : la Macédoine, rattachée à l'Empire romain d'Orient.
— VIe-VIIe s. : les tribus slaves s'implantent dans la région.
— IXe s. : les Bulgares, maîtres du pays. Le christianisme s'étend.
— XIe-XIVe s. : Bulgares, Serbes et Byzantins se disputent la Macédoine.
— 1371 : après la défaite de la Marica, la Macédoine devient vassale des Ottomans.
— 1912-13 : les deux guerres balkaniques libèrent des Turcs la Macédoine, que se partagent la Serbie, la Bulgarie et la Grèce.
— 1915-1918 : la Macédoine est le théâtre d'une campagne menée par les Alliés contre les forces austro-germano-bulgares, battues en 1918 par Franchet d'Esperey.

macédonienne (dynastie), famille byzantine qui, de 867 à 1057, donna à Byzance huit empereurs et deux impératrices.

MACEIÓ, port du Brésil, ch.-l. de l'État d'Alagoas, sur l'Atlantique; 264 000 h.

MACERATA, v. d'Italie (Marches); 44 000 h.

MACH (Ernst), physicien autrichien, né à Turas (1838-1916), qui mit en évidence le rôle de la vitesse du son en aérodynamique.

MÁCHA (Karel Hynek), écrivain tchèque, né à Prague (1810-1836). Son poème romantique *Mai* (1836) marque le début de la littérature tchèque moderne.

MACHADO (Antonio), poète espagnol, né à Séville (1875-1939), qui mêle les thèmes décadents à l'inspiration terrienne (*Solitudes, les Paysages de Castille*).

MACHADO DE ASSIS (Joaquim Maria), écrivain brésilien, né à Rio de Janeiro (1839-1908), poète parnassien et romancier réaliste (*Quincas Borba, Don Casmurro*).

MACHAULT (08310 Juniville), ch.-l. de c. des Ardennes; 553 h.

MACHAULT D'ARNOUVILLE (Jean-Baptiste DE), homme politique et financier français, né à Paris (1701-1794). Il fut contrôleur général des Finances (1745-1754), garde des Sceaux (1750) et ministre secrétaire d'État de la Marine (1754-1757). Il essaya, en créant un impôt du vingtième sur tous les revenus, nobles et roturiers, d'établir l'égalité devant l'impôt.

MACHAUT (Guillaume DE) → GUILLAUME DE MACHAUT.

MACHECOUL (44270), ch.-l. de c. de la Loire-Atlantique; 4 838 h. Constructions mécaniques. C'est de Machecoul que partit en mars 1793 le mouvement insurrectionnel royaliste dirigé par Charette.

MACHEL (Samora Moises), homme d'État mozambicain, né en 1933 à Madragoa, président de la république du Mozambique depuis son accession à l'indépendance (1975).

MACHELEN, comm. de Belgique (Brabant); 11 400 h.

MACHIAVEL, en ital. **Niccolo Machiavelli,** homme politique, écrivain et philosophe italien, né à Florence (1469-1527). Il fut secrétaire de la chancellerie de Florence et accomplit de nombreuses missions diplomatiques. La victoire des Médicis en 1512 le contraignit à abandonner ses fonctions. Il écrivit alors la majeure partie de son œuvre : *le Prince* (1513), *Discours sur la première décade de Tite-Live* (1513-1519), *l'Art de la guerre* (1519) et *la Mandragore* (1520). Machiavel est surtout un philosophe de la politique. La théorie réaliste qu'il élabore veut promouvoir un ordre nouveau — c'est-à-dire libre, laïque et moral — susceptible d'arracher l'homme à sa méchanceté naturelle.

MACHINE (La) [58260], ch.-l. de c. de la Nièvre; 5 006 h.

MACHU PICCHU, anc. cité inca du Pérou, située dans les Andes (alt. 2 000 m), à 130 km au nord de Cuzco. Vestiges importants.

MACIAS NGUEMA, nom porté de 1973 à 1979 par l'île Fernando Poo (Guinée équatoriale).

MACIAS NGUEMA (Francisco), homme d'État de Guinée équatoriale, né à Msegayong (Río Muni) (1922-1979). Premier président de la République lors de l'accession du pays à l'indépendance (1968), président à vie en 1972, il est renversé, jugé et exécuté en 1979.

MACINA, région du Mali, traversée par le Niger et mise en valeur (cultures du riz et du coton) par l'Office du Niger.

MACK (Karl), *baron* **von Leiberich,** général autrichien, né à Nennslingen (1752-1828). Cerné dans Ulm par Napoléon Ier, il dut capituler (1805).

MACKENSEN (August VON), maréchal allemand, né à Haus Leipnitz (1849-1945). Il conquit la Pologne (1915) puis la Roumanie (1916), mais fut battu par Franchet d'Esperey en Macédoine (1918).

MACKENZIE (le), fl. du Canada; 4 100 km. Il naît dans les montagnes Rocheuses sous le nom d'*Athabasca*, traverse le Grand Lac de l'Esclave et se jette dans l'océan Arctique.

MACKENZIE (William Lyon), homme politique canadien, né à Springfield, près de Dundee (Écosse) [1795-1861]. Il dirigea la rébellion de 1837 dans le Haut-Canada.

MACKENZIE KING (William Lyon) → KING.

McKINLEY (mont), point culminant de l'Amérique du Nord (Alaska); 6 194 m.

McKINLEY (William), homme d'État américain, né à Niles (Ohio) [1843-1901]. Élu président des États-Unis (1896), il développa une politique impérialiste (Cuba, Hawaii). Il venait d'être réélu (1900) lorsqu'il fut assassiné par un anarchiste.

MACKINTOSH (Charles Rennie), architecte et décorateur britannique, né à Glasgow (1868-1928), leader, à l'époque du *modern style*, d'une originale « école de Glasgow ».

MACLAURIN (Colin), mathématicien écossais, né à Kilmodan (1698-1746). Son nom est resté attaché à la série entière développant une fonction suivant les puissances croissantes et entières de la variable.

MACLEOD (John), médecin écossais, né près de Dunkeld (1876-1935), prix Nobel pour ses travaux sur le diabète et l'insuline en 1923.

MACLOU ou **MALO** (saint), né à Llancarvan (Galles) [m. v. 640], fondateur, dit-on, de l'évêché d'Alet après avoir été moine en Armorique.

McLUHAN (Herbert Marshall), essayiste canadien, né à Edmonton (1911-1980). Dans *The Gutenberg Galaxy* (1962), il remet en cause le rôle du livre face aux nouveaux mass media (radio, télévision, cassettes, etc.).

MAC-MAHON (Edme Patrice, *comte* DE), *duc* **de Magenta,** maréchal de France, né à Sully (Saône-et-Loire) [1808-1893]. Il se signala pendant les guerres de Crimée (prise de Malakoff) et d'Italie (victoire de Magenta), et fut gouverneur général de l'Algérie de 1864 à 1870. Lors de la guerre de 1870, il fut battu à Frœschwiller (août); à la tête de l'armée de secours, il est blessé sous Sedan (1er sept.). Prisonnier, il fut libéré pour former l'armée de Versailles, qui écrasa la Commune de Paris (mai 1871). Après la chute de Thiers (24 mai 1873), il fut élu président de la République; dès le 3 août, il vit ses pouvoirs prorogés pour sept ans. En conflit avec Jules Simon, chef du gouvernement, au sujet de la réalité du pouvoir exécutif, il l'obligea à démissionner (16 mai 1877), ce qui n'empêcha pas les républicains de remporter les élections législatives d'octobre. Leur succès aux élections sénatoriales de janvier 1879 détermina sa démission.

MACMILLAN (Harold), homme politique britannique, né à Londres en 1894. Député conservateur (1924), leader de son parti, chancelier de l'Échiquier (1955), il fut Premier ministre de 1957 à 1963.

McMILLAN (Edwin Mattison), physicien américain, né à Redondo Beach (Californie) en 1907. Il a découvert le neptunium et isolé le plutonium. (Prix Nobel, 1951.)

MacMILLAN (Kenneth), danseur et chorégraphe britannique, né à Dunfermline (Écosse) en 1929. Chorégraphe de tradition classique, il s'est imposé par son originalité et son sens musical. Attaché au Royal Ballet dès le début de sa carrière, il a signé d'importants ballets (*The Rite of Spring, The Song of the Earth, Anastasia, Manon*, etc.).

MACON, v. des États-Unis (Géorgie); 122 000 h.

MÂCON (71000), ch.-l. du dép. de Saône-et-Loire, sur la Saône, à 393 km au sud-est de Paris; 40 490 h. (*Mâconnais*). Anc. cap. du Mâconnais. Hôtel-Dieu et ses hôtels du XVIIIe s. Musées. Port fluvial. Centre commercial. Constructions mécaniques.

MÂCONNAIS, partie de la bordure orientale du Massif central; 758 m. Viticulture.

MAC ORLAN (Pierre DUMARCHEY, dit), écrivain français, né à Péronne (1882-1970), évocateur de la bohème et de l'aventure quotidienne ou exotique (*le Quai des brumes, la Bandera*).

MACOUBA (97218 Basse Pointe), ch.-l. de c. de la Martinique; 1 891 h.

MACOURIA (97300 Cayenne), ch.-l. de c. de la Guyane; 490 h.

vue partielle des ruines de **Machu Picchu**

Machiavel
par Santi di Tito

Scala

William Lyon
Mackenzie

Larousse

Mac-Mahon

P. Petit

Froissardey-Atlas-Photo

MACPHERSON (James), écrivain écossais, né à Ruthven (Inverness) [1736-1796]. Il publia des textes en langue gaélique, qu'il attribua à un barde nommé **Ossian** et dont il donna des traductions qui exercèrent une influence considérable sur la littérature romantique.

MACRIN, en lat. **Marcus Opellius Macrinus,** né à Césarée de Mauritanie (auj. Cherchell) [164-218], empereur romain en 217-218, successeur et meurtrier de Caracalla. Lui-même fut tué sur l'ordre d'Élagabal.

MACROBE, écrivain latin du Vᵉ s., auteur d'un commentaire sur *le Songe de Scipion,* de Cicé-

ron, et des *Saturnales,* dialogues littéraires.

MACTA (la), région marécageuse d'Algérie, formée par la réunion du Sig et de l'Habra. Combats entre Abd el-Kader et les Français (1835).

MADÁCH (Imre), écrivain hongrois, né à Alsósztregova (1823-1864), auteur du poème dramatique *la Tragédie de l'homme* (1861).

MADAGASCAR (*république démocratique de)*, État constitué par une grande île de l'océan Indien, séparée de l'Afrique par le canal de Mozambique; 587 000 km²; 8 510 000 h. (*Malgaches).* Cap. *Antananarivo.* Langues : *malgache et français.*

GÉOGRAPHIE

L'île est formée, au centre, de hauts plateaux granitiques, parfois surmontés de massifs volcaniques, souvent latéritiques, au climat tempéré par l'altitude, qui retombent brutalement à l'est sur une étroite plaine littorale, humide et forestière. L'ouest est occupé par des plateaux et des collines sédimentaires, calcaires et gréseux, au climat plus sec, domaine de la forêt claire, de la savane et de la brousse. Le manioc, le riz et le maïs, avec l'élevage bovin (zébus), constituent les bases de l'alimentation. Les plantations de caféiers surtout, de girofliers, de vanilliers, de canne à sucre, introduites ou développées par la colonisation, assurent l'essentiel des exportations, complétées par les produits du sous-sol (graphite, mica, chrome, pierres précieuses).

HISTOIRE

— XIIᵉ s. : installation des Arabes sur la côte occidentale de l'île, où vit le peuple malgache, issu d'un mélange de Négro-Africains et d'Indonésiens.
— 1500 : les Portugais visitent l'île.
— 1643-1674 : comptoir français à Fort-Dauphin.
— fin du XVIIᵉ-XVIIIᵉ s. : l'île divisée en royaumes à base tribale.
— 1787 : le royaume imérina tente d'unifier l'île, dont la capitale est Tananarive.
— 1817 : Radama Iᵉʳ (1810-1818) obtient des Britanniques le titre de roi de Madagascar.
— 1828-1861 : Ranavalona Iʳᵉ pratique une politique xénophobe et réactionnaire.
— 1861-1895 : renaissance malgache sous les règnes de Radama II (1861-1863), Rasoherina (1863-1868), Ranavalona II (1868-1883), qui se convertit au protestantisme, et Ranavalona III (1883-1895).
— 1883-1885 : l'île passe sous le protectorat français. Réaction défavorable de la reine Ranavalona III.
— 1895-96 : expédition Duchesne; déchéance de la reine; l'île est annexée par la France.
— 1896-1905 : Gallieni reconquiert l'île.
— 1946 : Madagascar, territoire d'outre-mer.
— 1947-48 : violente rébellion malgache, durement réprimée.
— 1956 : autonomie; P. Tsirana, chef de l'exécutif.
— 1959 : Tsirana, président de la République.
— 1960 : l'île indépendante.
— 1972 : Tsirana doit laisser le pouvoir au général Ramanantsoa.
— 1973 : Madagascar sort de la zone franc.
— 1975 : démission de Ramanantsoa; D. Ratsiraka, au pouvoir.

Madame Angot, type populaire créé sous le Directoire par l'auteur dramatique Maillot. Il a été porté à la scène dans l'opérette de Lecocq *la Fille de Mᵐᵉ Angot* (1873).

Madame Bovary, roman de G. Flaubert (1857). Le romantisme stéréotypé d'Emma Bovary vient se briser contre la médiocrité de la vie et des hommes; elle est entraînée vers la déchéance et le suicide.

Madame Butterfly, drame lyrique en trois actes, livret de Illica et Giacosa, musique de Puccini (1904).

Madame Sans-Gêne, pièce en quatre actes, de V. Sardou et E. Moreau (1893), dont l'héroïne est la maréchale Lefebvre.

MADARIAGA (Salvador DE), diplomate et écrivain espagnol, né à La Corogne (1886-1978).

MADEIRA (le), riv. de l'Amérique du Sud, qui se jette dans l'Amazone (r. dr.); 3 240 km.

MADELEINE (*abri de la),* abri-sous-roche de la Dordogne, situé sur la comm. de Tursac, éponyme du faciès magdalénien (paléolithique).

MADELEINE (*îles de la),* archipel du golfe du Saint-Laurent (Canada, prov. de Québec).

MADELEINE (*monts de la),* hauteurs du Massif central dominant la plaine de Roanne; 1 165 m.

MADELEINE (La) [59110], comm. du Nord, banlieue de Lille; 21 181 h. Industries textiles et chimiques.

MADELEINE-SOPHIE BARAT (*sainte),* religieuse française, née à Joigny (1779-1865), fondatrice de la congrégation enseignante du Sacré-Cœur de Jésus (1800).

MADAGASCAR

courbes : 200. 500. 1000. 1500 m

route
v. ferrée

0 km 100 km 200

grande avenue du centre de **Madrid**

MADELON *(la)*, chanson créée à Paris en 1914, popularisée par les soldats français et alliés de 1914-1918.

MADÈRE, en portug. **Madeira**, île portugaise de l'Atlantique, à l'ouest du Maroc, découverte en 1418 par les Portugais; 740 km²; 245 000 h. Cap. *Funchal*. Vigne. Canne à sucre. Tourisme.

MADERNA (Bruno), chef d'orchestre et compositeur italien, né à Venise (1920-1973), l'un des principaux représentants du mouvement sériel et postsériel.

MADERNO (Carlo), architecte italien originaire du Tessin, né à Capolago (1556-1629). Neveu de D. Fontana, il termina Saint-Pierre de Rome.

MADHYA PRADESH, État du centre de l'Inde; 443 000 km²; 41 654 000 h. Cap. *Bhopāl*.

MADINA DO BOÉ, village de la Guinée-Bissau.

MADISON, v. des États-Unis, cap. du Wisconsin; 173 000 h. Université.

MADISON (James), homme d'État américain, né à Port Conway (1751-1836), un des créateurs du parti républicain, président des États-Unis (1809-1817).

MADIUN, v. d'Indonésie (Java); 136 000 h.

MADONNA DI CAMPIGLIO, station de sports d'hiver (alt. 1 550-2 550 m) d'Italie, dans le Trentin.

MADRAS, v. de l'Inde, cap. du Tamil Nadu, sur la côte de Coromandel; 2 469 000 h. Port. Industries textiles (*madras*) et chimiques. Important musée.

MADRE *(sierra)*, nom des deux rebords montagneux qui limitent le plateau mexicain au-dessus du Pacifique et du golfe du Mexique.

MADRID, cap. de l'Espagne (Nouvelle-Castille), sur le Manzanares; 3 206 000 h. *(Madrilènes)*. Capitale de l'Espagne depuis 1561, Madrid est un centre administratif où la fonction industrielle s'est développée. Plaza Mayor (1617). Églises et couvents classiques ou baroques. Palais royal du XVIIIe s. Riches musées, dont celui du Prado*. Violents combats pendant la guerre civile (1936-1939).

MADURA, île d'Indonésie, au nord de Java.

MADURAI, anc. **Madurā**, v. de l'Inde (Tamil Nadu); 549 000 h. Université. Vaste ensemble brahmanique développé entre le Xe et le XVIIe s., dont le temple dédié à Mīnākṣī Sindareśvara (XVIIe s.) est l'un des plus remarquables exemples d'architecture dravidienne tardive.

MAEBASHI, v. du Japon (Honshū); 234 000 h. Industries textiles (soieries).

MAËL-CARHAIX [maɛlkarɛ] (22340), ch.-l. de c. des Côtes-du-Nord; 1 871 h.

MAELSTRÖM ou **MALSTRØM**, chenal de la mer de Norvège, où se produisent de rapides courants tourbillonnaires, près des îles Lofoten.

MAELWAEL (Johan) → MALOUEL (Jean).

MAELZEL ou **MÄLZEL** (Johann), mécanicien autrichien, né à Ratisbonne (1772-1838). Il construisit en 1816 le métronome, dont le principe était dû à Winkel.

MAËSTRICHT → MAASTRICHT.

MAETERLINCK [mɛtɛrlɛ̃k] (Maurice), écrivain belge d'expression française, né à Gand (1862-1949). Il unit le symbolisme au mysticisme dans ses drames (*la Princesse Maleine*, 1889; *Pelléas et Mélisande*, 1892; *l'Oiseau bleu*, 1908) et ses essais (*la Vie des abeilles*, 1901). [Prix Nobel, 1911.]

MAGADAN, v. de l'U.R.S.S., sur la mer d'Okhotsk, ch.-l. du *Territoire de Magadan*; 116 000 h.

MAGDALENA (le), fl. de Colombie, tributaire de la mer des Antilles; 1 700 km.

MAGDEBURG, v. de l'Allemagne démocratique, sur l'Elbe; 273 000 h. Anc. abbaye Notre-Dame, romane; cathédrale gothique du XIIIe s. Port fluvial. Métallurgie. Place forte saxonne, rebâtie par Otton le Grand, archevêché en 968, plusieurs fois détruite, Magdeburg fut une des principales villes hanséatiques et devint prussienne en 1648.

MAGDELAINE *(grotte de la)*, grotte située à Penne (Tarn). Sculptures paléolithiques en bas relief (magdalénien).

MAGELANG, v. d'Indonésie (Java); 110 000 h.

MAGELLAN (Fernand DE), en portug. **Fernão de Magalhães**, navigateur portugais, né à Sabrosa (1480-1521). Il découvrit en 1520 le détroit qui porte son nom. Il entreprit le premier voyage autour du monde, mais fut tué aux Philippines.

MAGELLAN *(détroit de)*, bras de mer entre l'extrémité sud de l'Amérique et la Terre de Feu.

MAGENDIE (François), physiologiste et neurologue français, né à Bordeaux (1783-1855). On lui doit la distinction entre nerfs sensitifs et nerfs moteurs.

MAGENTA, v. d'Italie (Lombardie); 22 000 h. Victoire française sur les Autrichiens (1859).

MAGHREB [le *Couchant*], nom que les Arabes donnent à l'extrémité nord de l'Afrique : Maroc, Algérie, Tunisie.

MAGINOT (André), homme politique français, né à Paris (1877-1932). Ministre de la Guerre (1922-1924 et 1929-1932), il a donné son nom à la ligne fortifiée construite sur la frontière française de l'Est de 1927 à 1936.

MAGNAC-LAVAL (87190), ch.-l. de c. de la Haute-Vienne; 2 726 h. Église du XIIe s.

MAGNAN (Bernard Pierre), maréchal de France, né à Paris (1791-1865). Il prit part au coup d'État du 2 décembre 1851.

MAGNAN (Valentin), psychiatre français, né à Perpignan (1835-1916). Il est l'auteur d'une conception d'ensemble de la psychiatrie fondée sur l'idée de dégénérescence.

MAGNARD (Albéric), compositeur français, né à Paris (1865-1914), auteur de symphonies, de poèmes symphoniques et de tragédies lyriques (*Guercœur*).

MAGNE ou **MAÏNA**, région de la Laconie (Péloponnèse). [Hab. *Maïnotes*.]

MAGNELLI (Alberto), peintre italien, né à Florence (1888-1971), maître de l'art abstrait, installé en France en 1931.

MAGNENCE, en lat. **Flavius Magnus Magnentius**, né à Amiens (v. 303-353), empereur romain de 350 à 353.

MAGNÉSIE du Méandre, colonie thessalienne d'Ionie, puissante à l'époque hellénistique. Vestiges à Berlin et au Louvre.

MAGNÉSIE du Sipyle, v. de Lydie où Antiochos III fut battu par les Romains en 189 av. J.-C. (Auj. *Manisa*, en Turquie).

MAGNITOGORSK, v. de l'U.R.S.S., au pied de l'Oural méridional; 398 000 h. Gisements de fer. Centre sidérurgique.

MAGNOL (Pierre), médecin et botaniste français, né à Montpellier (1638-1715). Il conçut l'idée du classement des plantes par familles. Linné a donné son nom (*magnolia*) à un genre d'arbres d'Amérique et d'Asie.

MAGNUS, nom de plusieurs rois de Suède, de Danemark et de Norvège. Le plus célèbre est MAGNUS III *Eriksson* (1316-1374), roi de Norvège (1319-1343) et de Suède (1319-1363), qui réalisa l'union de la péninsule.

MAGNY (Olivier DE), poète lyrique français, né à Cahors (v. 1529 - v. 1561).

MAGNY-EN-VEXIN (95420), ch.-l. de c. du Val-d'Oise; 4 112 h. Église des XVe-XVIe s.

MAGOG, v. du Canada (Québec), dans les cantons de l'Est; 13 290 h.

MAGOG → GOG.

MAGON, nom de plusieurs généraux carthaginois, dont le plus célèbre (m. en 203 av. J.-C.) fut le frère d'Hannibal.

MAGRITTE (René), peintre belge, né à Lessines (1898-1967). Exécutées avec une précision impersonnelle, les œuvres de ce surréaliste sont d'étranges «collages» visuels, des rébus poétiques qui scrutent les multiples rapports existant entre le visible, les images, la réalité, les concepts, le langage.

MAGUELONNE ou **MAGUELONE**, hameau de la côte du Languedoc (Hérault), au sud de Montpellier. Ville importante au Moyen Âge, détruite par Louis XIII en 1633. Anc. cathédrale (XIe-XIIe s.).

MAGYARS, peuple finno-ougrien qui s'est établi dans les plaines de Pannonie (Hongrie) au IXe s.

MAHĀBALIPURAM, site archéologique de l'Inde sur le golfe du Bengale, l'un des hauts lieux de l'architecture des Pallava avec ses temples brahmaniques, pour la plupart rupestres, associés à des sculptures monolithes et à des reliefs pariétaux. Temple du Rivage (VIIIe s.), premier temple indien maçonné.

Mahābhārata, épopée sanskrite de plus de 200 000 vers, qui retrace les guerres des Kaurava contre les Pāndava, les exploits de Kriṣṇa et d'Arjuna (*Bhagavad-Gītā*).

MAHAJANGA, anc. **Majunga**, port du nord-ouest de Madagascar (Mozambique).

MAHĀRĀSHTRA, État de l'Inde, dans l'ouest du Deccan; 307 500 km²; 50 412 000 h. (Marathes). Cap. *Bombay*.

MAHAUT → MATHILDE.

Maurice **Maeterlinck**   Fernand de **Magellan**

MAHDĪ (al-), titre sous lequel on désigne Muḥammad Aḥmad ibn 'Abd Allāh, né dans le Dongola (1844-1885). S'étant déclaré mahdī, il rallia à lui tous les mécontents (mahdistes) du Soudan britannique, pays dont il devint le maître après la prise de Khartoum (1885), mais il mourut peu après. Sa capitale fut Omdurman.

MAHÉ, v. du sud de l'Inde, sur la côte de Malabar; ch.-l. Établissement français en 1721, transféré à l'Inde en 1954.

MAHFŪZ (Nadjīb), romancier égyptien, né au Caire en 1912, évocateur de sa ville natale (Rue du Pilon, le Voleur et les chiens).

MAHLER (Gustav), compositeur et chef d'orchestre autrichien, né à Kalischt (Bohême) [1860-1911], auteur de lieder et de neuf amples symphonies.

MAHMŪD de Rhazni ou **de Rhazna** (969-1030), souverain afghan (999-1030). Fondateur de la dynastie des Rhaznévides, il envahit l'Inde, annexa le Pendjab et occupa le bassin de l'Indus; il obtint de nombreuses conversions à l'islam.

MAHMUD Ier (1696-1754), sultan ottoman de 1730 à 1754. — MAHMUD II, né à Istanbul (1784-1839), sultan ottoman de 1808 à 1839. Il massacra les janissaires et les remplaça par une armée moderne.

MAHOMET, en ar. **Muḥammad,** fondateur de la religion musulmane, né à La Mecque (v. 570 ou 580-632). Mahomet, au terme d'une évolution religieuse, se sentit appelé à être le prophète d'un renouveau spirituel et social. La tradition musulmane rapporte que, v. 610, il eut une vision de l'archange Gabriel l'investissant d'une mission divine; il se mit à prêcher la foi en un Dieu unique (Allāh), le renoncement à une vie égoïste et facile, l'imminence du jour terrible du jugement. Son message (recueilli dans le Coran) fit des adeptes mais déchaîna l'hostilité des dirigeants de La Mecque, ce qui força Mahomet et ses fidèles à chercher refuge à Médine. Cette fuite à Médine (ou hégire) en 622 marque le commencement de l'ère musulmane. En dix ans, Mahomet organisa un État et une société dans lesquels la loi de l'islām se substitua aux anciennes coutumes de l'Arabie; l'institution de la guerre sainte (djihād), devoir de combattre ceux qui n'adhéraient pas à la foi nouvelle, a donné à l'islām le fondement de son expansion future. La Mecque, après de durs affrontements (624, 625, 627), se rallia en 630. Quand Mahomet mourut, l'Arabie était acquise à l'islām.

MAHOMET, sultans ottomans → MEHMED.

MAHÓN, port des Baléares (Minorque); 17 000 h.

Mai (Premier-), fête du travail née en 1884 aux États-Unis, fête légale du travail et jour férié en France depuis 1947.

mai 1877 (crise du 16), crise née de la volonté du président de la République, Mac-Mahon, désireux de donner à sa charge une place prépondérante dans le pouvoir exécutif. Amorcée par la démission du chef du gouvernement, Jules Simon (16 mai), elle se termina par un nouveau succès des républicains aux élections d'octobre.

mai 1958 (crise du 13), insurrection déclenchée à Alger par les partisans de l'Algérie française; elle provoqua le retour au pouvoir du général de Gaulle.

mai 1968 (événements de), vaste mouvement de contestation politique, sociale et culturelle qui se développa en France en mai-juin 1968.

MAÏAKOVSKI (Vladimir Vladimirovitch), écrivain soviétique, né à Bagdadi (auj. Maïakovski) [Géorgie] (1893-1930). Après avoir participé au mouvement futuriste (le Nuage en pantalon), il célébra la révolution d'Octobre (150 000 000, Octobre), mais fit dans son théâtre (la Punaise, les Bains) un tableau satirique du nouveau régime. Il se suicida.

MAIANO (Giuliano et Benedetto DA) → GIULIANO DA MAIANO.

MAÏCHE (25120), ch.-l. de c. du Doubs; 4 651 h. Église du XVIIIe s. Mécanique de précision.

MAIDANEK, en polon. **Majdanek,** localité de la banlieue de Lublin (Pologne). Camp de concentration allemand (1941-1944).

MAIDSTONE, v. d'Angleterre, ch.-l. du comté de Kent; 71 000 h.

MAIDUGURI, v. du nord-est du Nigeria; 169 000 h.

MAIGNELAY-MONTIGNY (60420), ch.-l. de c. de l'Oise; 1 700 h.

MAÏKOP, v. de l'U.R.S.S. (R.S.F.S. de Russie), dans le Caucase septentrional; 128 000 h. Foyer, dès le IIIe millénaire, d'une brillante civilisation.

MAILER (Norman Kingsley), écrivain américain, né à Long Branch (New Jersey) en 1923. Ses romans analysent avec humour la «névrose sociale de l'Amérique» (les Nus et les morts, 1948; Un rêve américain, 1964; le Prisonnier du sexe, 1971).

MAILLANE (13910), comm. des Bouches-du-Rhône; 1 430 h. Église du XIIe s. Musée Mistral.

MAILLART (Robert), ingénieur suisse, né à Berne (1872-1940), novateur dans le domaine des ouvrages de génie civil en béton armé (ponts, etc.).

MAILLEZAIS (85420), ch.-l. de c. de la Vendée; 899 h. Ruines d'une anc. abbatiale, puis cathédrale, des XIe-XVe s.

MAILLOL (Aristide), peintre puis sculpteur français, né à Banyuls-sur-Mer (1861-1944). Son œuvre sculptée, presque entièrement fondée sur l'étude du corps féminin, allie la fermeté synthétique à la grâce (statues ou monuments à Perpignan, Banyuls, Port-Vendres, Céret, Puget-Théniers, ainsi que dans le jardin des Tuileries à Paris).

MAILLY-LE-CAMP (10230), comm. de l'Aube, dans la Champagne crayeuse; 2 647 h. Camp militaire.

MAIMONIDE (Moïse), médecin, théologien et philosophe juif, né à Cordoue (1135-1204). Il a cherché à montrer l'accord entre la foi et la raison (Guide des égarés) et a tenté de rapprocher le judaïsme de la pensée d'Aristote.

MAIN (le), riv. de l'Allemagne fédérale, passant à Bayreuth et à Francfort, affl. du Rhin (r. dr.) à Mayence; 524 km. Important trafic fluvial sur le Main, bientôt relié au Danube.

Mains sales (les), pièce en sept tableaux, de J.-P. Sartre (1948), qui traite de la signification de l'action politique à travers le conflit des morales bourgeoise et révolutionnaire.

MAÏNA → MAGNE.

MAINARD ou **MAYNARD** (François), poète français, né à Toulouse (v. 1582-1646), disciple de Malherbe (À la Belle Vieille). [Acad. fr.]

MAINE, un des États unis d'Amérique (Nouvelle-Angleterre); 86 027 km²; 985 000 h. Cap. Augusta.

MAINE (la), affl. de la Loire (r. dr.), formée par la Sarthe (grossie du Loir) et la Mayenne; 10 km. Elle passe à Angers.

MAINE (le), anc. prov. de France, érigée en comté en 955. Duché, le Maine fut réuni à la Couronne en 1481; cap. Le Mans. — Le Maine s'étend principalement sur les dép. de la Sarthe (haut Maine) et de la Mayenne (bas Maine).

MAINE (Louis Auguste DE BOURBON, duc DU), fils légitimé de Louis XIV et de Mme de Montespan, né à Saint-Germain (1670-1736). En 1714, il fut reconnu apte à succéder au roi à défaut de princes légitimes; mais le testament de Louis XIV fut cassé le 2 septembre 1715. Sous la régence, il participa à la conspiration dite «de Cellamare» et fut interné (1718-1720). — Sa femme, LOUISE **de Bourbon-Condé,** née à Paris (1676-1753), petite-fille du Grand Condé, tint à Sceaux une cour brillante.

MAINE DE BIRAN (Marie François Pierre GONTIER DE BIRAN, dit), philosophe français de tendance spiritualiste, né à Bergerac (1766-1824).

MAINE-ET-LOIRE (dép. de) [49], dép. de la Région Pays de la Loire, formé presque exclusivement de l'Anjou; ch.-l. de dép. Angers; ch.-l. d'arr. Cholet, Saumur, Segré; 4 arr., 40 cant., 364 comm.; 7 131 km²; 629 849 h. Le dép. appartient à l'académie d'Angers, à la circonscription d'action judiciaire d'Angers, à la région militaire de Rennes et à la province ecclésiastique de Tours. Au sud-ouest, les collines bocagères des Mauges sont une région de polyculture associée à l'élevage bovin. Elles se prolongent, entre Layon et Loire, par des coteaux portant des vignobles. Les régions, au relief indécis, du Beaugeois et du Segréen, où domine l'élevage bovin, sont séparées des premières par la riche vallée de la Loire, où se juxtaposent cultures fruitières et légumières, vignes et prairies d'élevage. L'industrie, représentée principalement par les constructions mécaniques et électriques, l'alimentation, le textile, est implantée notamment à Cholet et surtout à Angers.

MAINLAND, nom des principales îles des Shetland et des Orcades.

MAINTENON (28130), ch.-l. de c. d'Eure-et-Loir, sur l'Eure; 3 314 h. Château des XIIIe-XVIIe s.

MAINTENON (Françoise D'AUBIGNÉ, marquise DE), petite-fille d'Agrippa d'Aubigné, née à Niort (1635-1719). Élevée dans la religion calviniste, elle se convertit au catholicisme et épousa le poète Scarron (1652). Devenue veuve en 1660, elle fut chargée de l'éducation des enfants de Louis XIV et de Mme de Montespan, et, après la mort de Marie-Thérèse, épousa le roi (1684). Elle exerça sur Louis XIV une influence assez grande, notamment dans le domaine religieux. Après la mort du roi (1715), elle se retira dans la maison de Saint-Cyr, qu'elle avait fondée pour l'éducation des jeunes filles nobles et pauvres.

MAINVILLIERS (28300), comm. d'Eure-et-Loir, banlieue de Chartres; 8 600 h.

Gustav **Mahler**

Vladimir **Maïakovski**

Maillol : la Méditerranée (bronze)

Norman K. **Mailer**

Mme de **Maintenon** par P. Mignard

MAINZ, nom allem. de *Mayence.*

MAIRE (Edmond), syndicaliste français, né à Épinay-sur-Seine en 1931, secrétaire général de la C.F.D.T. depuis 1971.

MAIRET (Jean), poète dramatique français, né à Besançon (1604-1686), auteur de *Sophonisbe* (1634), une des premières tragédies conformes à la règle des trois unités.

MAISON (Nicolas Joseph), maréchal de France, né à Épinay-sur-Seine (1771-1840). Il commanda en 1828 l'expédition de Grèce et devint ministre des Affaires étrangères (1830), puis de la Guerre (1835).

MAISON-BLANCHE → DAR EL BEÏDA.

Maison-Blanche (la), résidence des présidents des États-Unis à Washington, édifiée à partir de 1792.

Maison carrée, temple construit à Nîmes par les Romains (16 av. J.-C.) et dédié aux petits-fils d'Auguste. Bel exemple du style corinthien de l'époque d'Auguste. (Auj. musée.)

MAISONNEUVE (Paul DE CHOMEDEY DE), gentilhomme français, né à Neuville-sur-Vannes (1612-1676). En 1642, il fonda, au Canada, Ville-Marie, la future Montréal.

MAISONS-ALFORT (94700), ch.-l. de c. du Val-de-Marne, sur la Marne; 54 552 h. École vétérinaire.

MAISONS-LAFFITTE (78600), ch.-l. de c. des Yvelines, sur la Seine; 23 807 h. (*Mansonniens*). Hippodrome. Château de Maisons (1642), chef-d'œuvre de Mansart.

MAISTRE (Joseph, *comte* DE), écrivain savoisien, né à Chambéry (1753-1821). Après l'invasion de la Savoie par les Français (1792), il se réfugia en Suisse, en Sardaigne puis en Russie, où il se fit le héraut et le théoricien de la contre-révolution chrétienne et ultramontaine (*Considérations sur la France,* 1796; *Du pape,* 1819; *les Soirées de Saint-Pétersbourg,* 1821).

MAISTRE (Xavier DE), frère du précédent, né à Chambéry (1763-1852), auteur du *Voyage autour de ma chambre,* et de *la Jeune Sibérienne.*

Maître Jacques, personnage de *l'Avare,* de Molière, cocher et cuisinier d'Harpagon. Son nom a passé dans la langue pour désigner un homme à tout faire.

Maîtres chanteurs de Nuremberg (les), comédie lyrique de Richard Wagner (1861-1867).

MAIZIÈRES-LÈS-METZ (57210), ch.-l. de c. de la Moselle; 11 091 h.

MAJEUR (*lac*), lac de la bordure sud des Alpes entre l'Italie et la Suisse; 212 km². Il renferme les îles Borromées. Tourisme.

MAJORIEN (m. en 461), empereur d'Occident de 457 à 461; son échec contre les Vandales d'Afrique causa sa chute.

MAJORQUE, en esp. **Mallorca,** la plus grande des Baléares; 3 618 km²; 400 000 h. Ch.-l. *Palma de Majorque.* Tourisme actif. — Le *royaume de Majorque,* détaché de la couronne d'Aragon, ne dura que de 1276 à 1344 : il comprenait les Baléares, les comtés de Roussillon et de Cerdagne, la seigneurie de Montpellier; sa capitale était Perpignan.

MAJUNGA → MAHAJANGA.

MAKAL (Mahmut), écrivain turc, né à Demirci en 1930, évocateur des paysans anatoliens (*Notre village*).

MAKÂLU (le), sommet de l'Himâlaya central; 8 515 m. Gravi par l'expédition française de J. Franco 1955.

MAKARENKO (Anton Semenovitch), pédagogue soviétique, né à Bielopolie (Ukraine) [1888-1939]. Il se consacra à l'éducation et à la réadaptation des adolescents.

MAKÁRIOS III, prélat et homme d'État chypriote, né à Panághia (près de Páfos) [1913-1977]. Archevêque et ethnarque de la communauté grecque orthodoxe de Chypre (1950), il se fit le défenseur de l'*Enôsis* (union avec la Grèce) puis le champion de l'indépendance de l'île. Président de la république de Chypre en 1960, renversé par un coup d'État en juillet 1974, il revint au pouvoir en décembre de la même année.

MAKAROVA (Natalia), danseuse d'origine soviétique, née à Leningrad en 1940, au style romantique (*Giselle*).

MAKEÏEVKA ou **MAKEEVKA,** v. de l'U.R.S.S. (Ukraine); 437 000 h. Métallurgie.

MAKHATCHKALA, v. de l'U.R.S.S. (R.S.F.S. de Russie), cap. de la république autonome du Daguestan, sur la Caspienne; 239 000 h.

MAKONDÉS ou **MAKONDAS,** ethnie de l'Afrique de l'Est, de part et d'autre de la frontière séparant la Tanzanie et le Mozambique. Statuaire remarquable.

MALABÂR (*côte de*), partie de la côte sud-ouest du Deccan (Inde).

MALABO, anc. **Santa Isabel,** cap. de la Guinée équatoriale, sur la côte nord de l'île Fernando Poo; 37 000 h.

MALACCA ou **MALAKA,** port de la Malaysia (Malaisie), sur le *détroit de Malacca,* cap. de l'État de Malacca; 86 000 h.

MALACCA (*presqu'île de*) ou **PRESQU'ÎLE MALAISE,** presqu'île au sud de l'Indochine, entre la mer de Chine méridionale et l'océan Indien, unie au continent par l'isthme de Kra, et séparée de Sumatra par le *détroit de Malacca.*

MALACHIE [-ʃi ou -ki] (*saint*), primat d'Irlande, né à Armagh (v. 1094-1148). La *prophétie sur les papes* qu'on lui attribue est un apocryphe du XVIe s.

Malachie (*livre de*), livre prophétique de l'Ancien Testament, en fait anonyme (v. 450 av. J.-C.); il traite du culte de Yahvé.

Malade imaginaire (le), comédie en trois actes et en prose, de Molière (1673).

MALADETA (*massif de la*), massif des Pyrénées espagnoles; 3 404 m au *pic d'Aneto* (point culminant des Pyrénées). — Le *pic de la Maladeta* à 3 312 m.

MÁLAGA, port d'Espagne (Andalousie), sur la Méditerranée; 415 000 h. Double forteresse mauresque (musée). Cathédrale des XVIe-XVIIIe s. Vins. Raisins secs.

MALAIS, peuple occupant la presqu'île de Malacca et les îles de la Sonde.

MALAISIE (*fédération de*), partie de la Malaysia* qui s'étend sur la *presqu'île Malaise,* ou de Malacca*.

MALAKOFF (92240), ch.-l. de c. des Hauts-de-Seine, au sud de Paris; 34 215 h. (*Malakoffiots*).

Malakoff (*ouvrage de*), point fortifié de la défense de Sébastopol enlevé par Mac-Mahon (1855).

MALAMUD (Bernard), écrivain américain, né à Brooklyn en 1914, l'un des romanciers les plus originaux de l'école juive nord-américaine (le *Tonneau magique,* 1958; *l'Homme de Kiev,* 1966).

MALAN (Daniel), homme d'État sud-africain, né à Riebeek West (1874-1959). Premier ministre de 1948 à 1954, il fit appliquer rigoureusement la ségrégation raciale (*apartheid*).

MALANG, v. d'Indonésie (Java); 422 000 h.

MALAPARTE (Kurt SUCKERT, dit *Curzio*), écrivain italien, né à Prato (1898-1957), auteur de

---

MAINE-ET-LOIRE

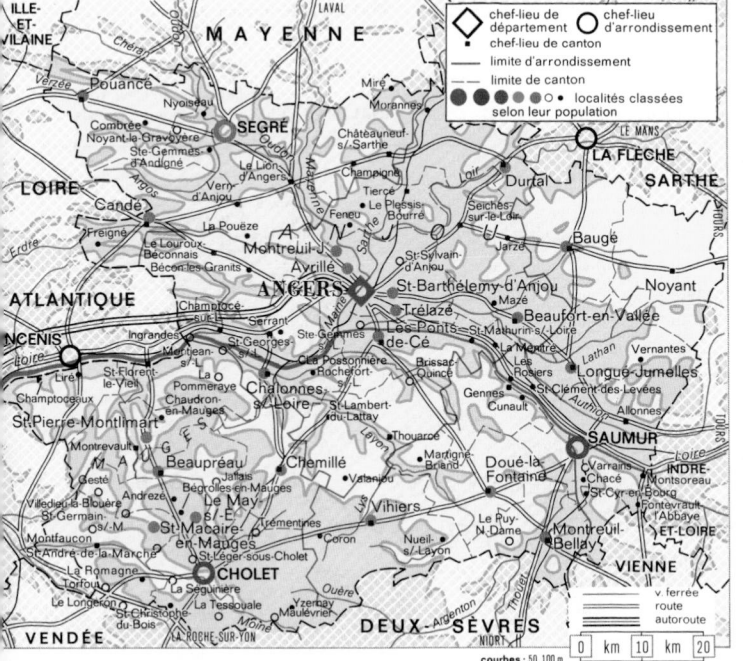

Makários III

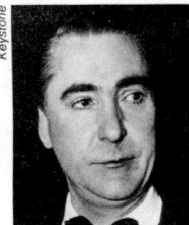
Curzio **Malaparte**

Joseph de **Maistre** gravure de L. Mauduison

tableaux vigoureux et cyniques de la guerre et de la vie moderne dans ses romans (*Kaputt,* 1944; *la Peau,* 1949; *Ces sacrés Toscans,* 1956) et son théâtre (*Das Kapital,* 1949).

MÄLAREN *(lac),* lac de Suède, au débouché duquel est bâti Stockholm; 1 140 km².

Malassis *(coopérative des),* association de peintres fondée en 1970, après cinq années de travail collectif, et comprenant Henri Cuéco, Lucien Fleury, Jean-Claude Latil, Michel Parré, Gérard Tisserand. Ils peignent, sur un sujet donné, de grands panneaux, d'un caractère satirique, qui associent la froideur objective de la touche aux audaces de la nouvelle figuration (*le Grand Méchoui,* 1972).

MALATESTA, famille de condottieri italiens, originaire de Rimini, qui contrôla du XIIᵉ au XIVᵉ s. une grande partie de la marche d'Ancône et de la Romagne.

MALATYA, v. de Turquie, près de l'Euphrate; 154 000 h. C'est l'antique *Mélitène.* Non loin, à *Arslantepe,* vestiges hittites.

MALAUCÈNE (84340), ch.-l. de c. de Vaucluse; 1 955 h. Église romano-gothique fortifiée.

MALAWI, anc. **Nyassaland,** État de l'Afrique orientale, sur la rive ouest du *lac Malawi;* 127 368 km²; 6 millions d'h. Cap. *Lilongwe.* Langue : *anglais.* C'est un pays de hauts plateaux presque exclusivement agricole, où le maïs constitue la base de l'alimentation. L'arachide, le thé, le coton et surtout le tabac assurent l'essentiel d'exportations nettement inférieures aux achats.

HISTOIRE

— 1858 et 1863 : explorations de D. Livingstone.
— 1889 : Harry H. Johnston passe des traités de protectorat avec les chefs autochtones.
— 1891 : création du protectorat britannique d'Afrique-Centrale.
— 1907 : le protectorat devient le Nyassaland.
— 1953 : incorporé dans la fédération d'Afrique-Centrale, le Nyassaland est travaillé

Sigismondo **Malatesta** par Piero Della Francesca

Réunion des musées nationaux

par le mouvement d'indépendance mené par le Nyassaland African Congress de Hastings Kamuzu Banda.
— 1958 : le Nyassaland, autonome.
— 1964 : indépendance de la république du Malawi; H. K. Banda, président.
— 1970 : H. K. Banda, président à vie, chef du Malawi Congress Party, parti unique.

MALAWI *(lac),* anc. **lac Nyassa,** grand lac de l'Afrique orientale, à l'ouest du Mozambique; 26 000 km².

MALAYSIA, État fédéral de l'Asie du Sud-Est; 333 676 km²; 13 300 000 h. Cap. *Kuala Lumpur.* Langue : *malais.*

GÉOGRAPHIE

L'État, au climat tropical, est le premier producteur mondial de caoutchouc (naturel) et d'étain, provenant de la péninsule Malaise, dont le sous-sol recèle encore des gisements de bauxite et de fer (pétrole au Sarawak). Le riz est la base de l'alimentation d'une population concentrée en Malaisie, où vivent de fortes minorités indiennes et surtout chinoises.

HISTOIRE

— 1419 : le prince de Malacca se convertit à l'islâm et prend le titre de sultan.
— 1511 : Malacca aux mains des Portugais.
— 1641 : annexion hollandaise.
— 1795 : annexion britannique, à l'exception d'une série de petits sultanats (Johore, Perak, etc.).
— 1819 : les Anglais à Singapour.
— XIXᵉ s. : ils étendent leur protectorat à tous les sultanats malais de la péninsule : formation d'une fédération, tandis que Malacca, Singapour et Penang constituent le gouvernement des Détroits (1867). Développement de l'exploitation de l'étain et du caoutchouc.
— 1942-1945 : occupation japonaise.
— 1948-1960 : série de révoltes nationales.
— 1957 : indépendance des 11 États de la fédération malaise.
— 1963 : création de la Malaysia, membre du Commonwealth, par la fusion de la Malaisie, de Singapour, du Sabah et du Sarawak.
— 1965 : Singapour se retire de la Malaysia pour devenir une république indépendante.
— 1966 : constitution de la Malaysia orientale (Sarawak et Sabah) et de la Malaysia occidentale (presqu'île Malaise).

MALBAIE (la), en angl. **Murray Bay,** localité du Canada (Québec), sur la rive nord-ouest de l'estuaire du Saint-Laurent; 4 069 h.

MALCOLM Iᵉʳ (m. en 954), roi d'Écosse de 943 à 954. — MALCOLM II (m. en 1034), roi d'Écosse de 1005 à 1034; il réalisa l'unité de l'Écosse. — MALCOLM III (m. en 1093), roi d'Écosse de 1057 à 1093; il échoua dans ses campagnes contre l'Angleterre anglo-normande. — MALCOLM IV (1141-1165), roi d'Écosse de 1153 à 1165.

MALDEGEM, comm. de Belgique (Flandre-Orientale); 20 800 h.

MALDIVES *(îles),* archipel de l'océan Indien au sud-ouest de Sri Lanka; 287 km²; 133 000 h. Cap. *Mâlé.* Sous protectorat britannique de 1887 à 1965, elles constituent une république depuis 1968.

MÂLÉ, île et cap. des Maldives; 16 000 h.

MÂLE (Émile), historien d'art français, né à Commentry (1862-1954), auteur d'ouvrages sur l'iconographie du Moyen Âge. (Acad. fr.)

MALEBO POOL, anc. **Stanley Pool,** lac formé par un élargissement du fleuve Zaïre. Sur ses rives, sont établies les villes de Brazzaville et de Kinshasa.

MALEBRANCHE (Nicolas DE), oratorien et métaphysicien français, né à Paris (1638-1715). Sa métaphysique idéaliste, issue du cartésianisme, résout le problème de la communication de l'âme et du corps par la vision en Dieu et les causes occasionnelles. On lui doit *De la recherche de la vérité* (1674-75) et *Entretiens sur la métaphysique et la religion* (1688).

MALEC (Ivo), compositeur yougoslave, né à Zagreb en 1925. Il réussit une synthèse entre la musique traditionnelle et la technique électro-acoustique (*Victor Hugo — Un contre tous,* 1971).

MALEGAON, v. de l'Inde (Mahârâshtra); 192 000 h.

MALENKOV (Gueorgui Maksimilianovitch), homme d'État soviétique, né à Orenbourg en 1902. Il succéda à Staline comme président du Conseil (1953-1955).

MALESHERBES (45330), ch.-l. de c. du Loiret; 3 854 h. Château des XVᵉ et XVIIᵉ s.

MALESHERBES [malzɛrb] (Chrétien Guillaume DE LAMOIGNON DE), magistrat français, né à Paris (1721-1794). Premier président de la Cour des aides et directeur de la Librairie (1750), il adoucit la censure. Secrétaire de la Maison du roi (1775), il tenta quelques réformes, mais dut démissionner dès 1776. Il défendit le roi devant la Convention et fut exécuté sous la Terreur. (Acad. fr.)

MALESTROIT [malɛtrwa] (56140), ch.-l. de c. du Morbihan; 2 539 h. Église romane et gothique.

MALET (Claude François DE), général français, né à Dole (1754-1812). En octobre 1812, il tenta à Paris un coup d'État en annonçant la mort de Napoléon, alors en Russie. Il fut fusillé.

MALEVITCH (Kazimir Severinovitch), peintre russe, né près de Kiev (1878-1935). D'inspiration spiritualiste, il a créé une catégorie de l'art abstrait nommée « suprématisme », qui culmine en 1918 avec son tableau *Carré blanc sur fond blanc* (musée d'Art moderne de New York).

MALFRAY (Charles), sculpteur français, né

courbes : 200 1000 2000 m

à Orléans (1887-1940). Plénitude des formes, expression puissante et ramassée caractérisent son monument aux morts d'Orléans.

Malgovert, centrale hydroélectrique des Alpes (Savoie), sur l'Isère.

MALHERBE (François DE), poète français, né à Caen (1555-1628). D'abord poète baroque (les Larmes de saint Pierre), il rompit avec la poésie savante de la Pléiade et imposa, comme poète de cour et chef d'école, un idéal de clarté et de rigueur qui est à l'origine du goût classique (Consolation à Dupérier).

MALI (empire du), empire de l'Afrique noire, qui s'étendit du XIᵉ au XVIIᵉ s. sur les États actuels du Mali, du Sénégal, de la Gambie, de la Guinée et de la Mauritanie. Il culmina aux XIIIᵉ et XIVᵉ s. et se désagrégea au XVIIᵉ s.

MALI (république du), État de l'Afrique occidentale, s'étendant sur l'ancien Soudan français; 1 240 000 km²; 6 910 000 h. (Maliens); cap. Bamako. Langue officielle : français.

GÉOGRAPHIE

Le nord et le centre du Mali appartiennent au Sahara (Adrar des Iforas) et à sa bordure; c'est le domaine de l'élevage nomade (bovins et surtout ovins et caprins), fondement de l'économie, qui souffre notamment de l'absence de débouché maritime et de ressources minérales notables. Le sud, mis partiellement en valeur par les travaux réalisés dans les vallées du Sénégal et du Niger (Macina), fournit du mil et du sorgho, du riz, du coton, de l'arachide.

HISTOIRE

— XIXᵉ s. : partage du territoire de l'ancien empire du Mali entre les Peuls du Macina, les Toucouleurs d'El-Hadj Omar, et les Malinkés de Samory Touré.
— 1857-1898 : occupation progressive par les Français.
— 1904 : constitution de la colonie du Haut-Sénégal dans le cadre de l'A.-O. F.
— 1920 : le Haut-Sénégal devient le Soudan français, privé de la Haute-Volta.
— 1958 : proclamation de la République soudanaise.

— 1959 : avec le Sénégal, le Soudan forme la fédération du Mali.
— 1960 : éclatement de la fédération. Le Soudan devient la république du Mali, dirigée par Modibo Keita.
— 1969 : Moussa Traoré, chef de l'État à la suite du coup d'État de novembre 1968.

MALIA, village sur la côte nord de la Crète, où ont été dégagées les ruines d'un palais (1700-1600 av. J.-C.) ainsi qu'une nécropole royale au riche mobilier funéraire (musée d'Héraklion).

MALIBRAN (María de la Felicidad GARCÍA, dite la), cantatrice d'origine espagnole, née à Paris (1808-1836). sœur de Pauline Viardot.

MALICORNE-SUR-SARTHE (72270), ch.-l. de c. de la Sarthe; 1733 h. Faïencerie. Église romane, château du XIIIᵉ s.

MALINES, en néerl. **Mechelen,** v. de Belgique (prov. d'Anvers), sur la Dyle; 79 000 h. Archevêché créé en 1559 (son titulaire, métropolitain de la Belgique, partage ce titre avec Bruxelles depuis 1962). Belle cathédrale des XIIIᵉ-XVᵉ s. (mobilier baroque) et autres monuments; vieilles maisons. Dentelles renommées. Industries mécaniques et chimiques.

Malines (ligue de), ligue conclue contre la France en 1513 entre le pape Léon X, l'empereur Maximilien Iᵉʳ, Ferdinand le Catholique et Henri VIII d'Angleterre.

MALINKÉS, ethnie répartie dans plusieurs pays de l'Afrique occidentale (Sénégal, Guinée, Mali, Gambie, Guinée-Bissau).

MALINOVSKI (Rodion Iakovlevitch), maréchal soviétique, né à Odessa (1898-1967). Commandant le second front d'Ukraine, il occupa la Roumanie en 1944, puis entra à Budapest et à Vienne (1945). Ministre de la Défense de 1957 à sa mort.

MALINOWSKI (Bronisław), anthropologue britannique d'origine polonaise, né à Cracovie (1884-1942). Il a étudié notamment les ethnies des îles Trobriand (Mélanésie). Il s'est efforcé de rattacher les mythes à l'ensemble des faits socioculturels. Il est le principal représentant du fonctionnalisme en anthropologie.

MALINVAUD (Edmond), économiste français, né à Limoges en 1923. Il dirige depuis 1974 l'Institut national de la statistique et des études économiques (I. N. S. E. E.).

MALIPIERO (Gian Francesco), compositeur et musicologue italien, né à Venise (1882-1973), auteur d'œuvres symphoniques et de musique de chambre.

MALLARMÉ (Stéphane), poète français, né à Paris (1842-1898). Professeur d'anglais, il a publié quelques poèmes dans le Parnasse contemporain de 1866, une scène d'Hérodiade (1871) et l'Après-Midi d'un faune (1876), lorsque son éloge par Huysmans, dans le roman À rebours, lui apporte brusquement la célébrité. Son poème Un coup de dés jamais n'abolira le hasard (1897) forme le premier mouvement de son projet de « Livre » absolu. Malgré sa brièveté et son inachèvement, son œuvre apparaît aujourd'hui comme une des celles qui ont déterminé l'évolution de la littérature au cours du XXᵉ s.

MALLEMORT (13370), comm. des Bouches-du-Rhône; 3 386 h. Barrage et centrale hydroélectrique sur la Durance canalisée.

MALLET DU PAN (Jacques), publiciste suisse, né à Céligny (1749-1800). Ce fut le porte-parole de la Cour et de l'émigration.

MALLET-STEVENS (Robert), architecte français, né à Paris (1886-1945). Fonctionnaliste, mais attentif à l'agencement décoratif des volumes, il a bâti notamment, à Paris, les immeubles de la rue qui porte son nom.

MALMAISON → RUEIL-MALMAISON.

MALMBERGET, v. du nord de la Suède. Minerai de fer.

MALMÉDY, comm. de Belgique (prov. de Liège); 10 000 h. Ch.-l. d'un district rattaché à la Prusse de 1815 à 1919 et remis à la Belgique après la Première Guerre mondiale.

MALMESBURY (James Harris, comte DE), diplomate anglais, né à Salisbury (1746-1820). Il

Stéphane **Mallarmé**

Larousse

conclut la Triple-Alliance de 1788 (Grande-Bretagne, Prusse, Provinces-Unies).

MALMÖ, port de la Suède méridionale, sur le Sund; 240 000 h. Anc. forteresse (musée). Chantiers navals.

MALO (saint) → MACLOU (saint).

MALO-LES-BAINS (59240 Dunkerque), anc. comm. du Nord intégrée à Dunkerque en 1969. Station balnéaire.

MALOT (Hector), écrivain français, né à La Bouille (Seine-Maritime) [1830-1907], auteur du roman Sans famille (1878).

MALOUEL ou **MAELWAEL** (Jean), peintre néerlandais, né à Nimègue (av. 1370-1419?). Il travailla notamment pour les ducs de Bourgogne (chartreuse de Champmol).

MALOUINES (îles), anc. nom français des îles Falkland.

MALPIGHI (Marcello), médecin et anatomiste italien, né à Crevalcore (1628-1694). Il utilisa le premier le microscope pour ses recherches sur les tissus humains.

MALPLAQUET, hameau du dép. du Nord, près de Bavay. Marlborough et le Prince Eugène y battirent le maréchal de Villars (11 sept. 1709).

MALRAUX (André), écrivain et homme politique français, né à Paris (1901-1976). Son œuvre romanesque (la Voie royale, 1930; la Condition humaine, 1933; l'Espoir, 1937), critique (les Voix

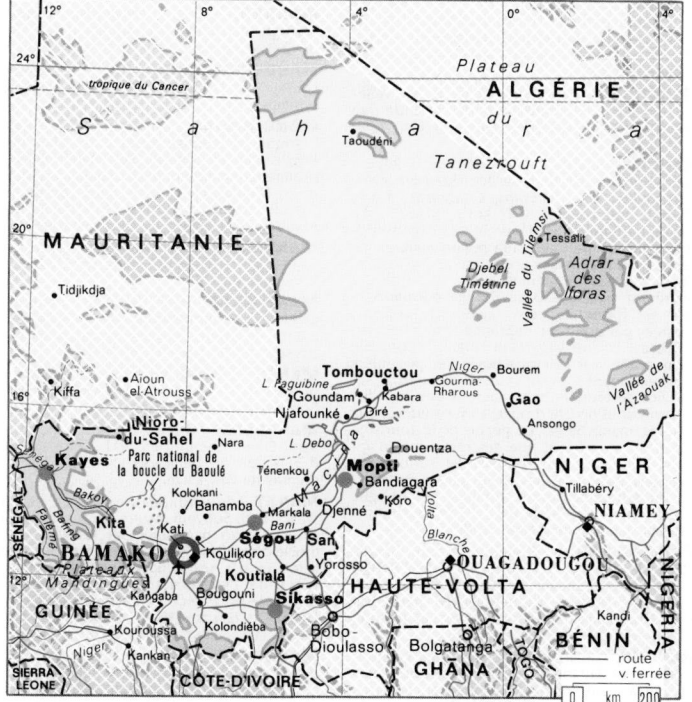

MALI

courbes: 200, 500, 1000 m   0 km 200

André
Malraux

du silence, 1951; *l'Homme précaire et la littérature,* 1977) et autobiographique (*le Miroir des Limbes,* 1967-1976) cherche dans l'art le moyen de lutter contre la corruption du temps et l'instinct de mort de l'homme. Écrivain engagé, il combattit aux côtés des républicains lors de la guerre d'Espagne et fut ministre des Affaires culturelles de 1959 à 1969.

MALSTRØM → MAELSTRÖM.

MALTE, île principale (246 km²) d'un petit archipel (comprenant aussi Gozo et Comino) de la Méditerranée, entre la Sicile et l'Afrique; 330 000 h. (*Maltais.*) Cap. *La Valette.*

HISTOIRE

— Fin du XIe s. : installation des Phéniciens.
— Ve s. av. J.-C. : début de la domination carthaginoise.
— 218 av. J.-C. : Malte passe aux mains des Romains.
— 870 : conquête par les Arabes.
— 1090 : Roger de Sicile s'empare de l'île, qui restera liée à la Sicile jusqu'au XVIe s.
— 1530 : à la suite des incursions des Ottomans, Charles Quint cède Malte aux chevaliers de Rhodes.
— 1565 : Malte résiste victorieusement à l'armée de Soliman II.
— 1798 : Bonaparte s'empare de l'île.
— 1800 : l'Angleterre s'y installe et en fait une base stratégique.
— 1964 : Malte indépendante et membre du Commonwealth.
— 1974 : Malte, république.
— 1979 : les forces britanniques quittent l'île.

Malte (ordre souverain de), ordre issu des Frères de l'hôpital Saint-Jean de Jérusalem, fondés v. 1070, réfugiés à Rhodes en 1309, puis à Malte de 1530 à 1798. Reconstitué après la Révolution, l'ordre, qui a été doté d'un nouveau statut en 1961, dirige des œuvres hospitalières.

MALTE-BRUN (Konrad), géographe danois, né à Thisted (1775-1826). Il vécut en France. Auteur d'une *Géographie universelle,* il fonda la Société de géographie en 1821.

MALTERRE (André), syndicaliste français, né à Corbeil (1909-1975), président de la Confédération générale des cadres de 1956 à 1973.

MALTHUS (Thomas Robert), économiste anglais, né près de Guildford (1766-1834), auteur de l'*Essai sur le principe de population* (1798), où, présentant l'augmentation de la population comme un danger pour la subsistance du monde, il recommande la restriction volontaire des naissances.

MALUS (Étienne Louis), physicien français, né à Paris (1775-1812). Il a découvert la polarisation de la lumière.

MALVÉSI, écart de la comm. de Narbonne (Aude). Usine de concentration de l'uranium.

MALVOISIE, en gr. **Monembasia,** presqu'île de la Grèce (Laconie). Vins.

MÄLZEL (Johann) → MAELZEL.

MALZÉVILLE (54220), comm. de Meurthe-et-Moselle; 8810 h. Brasserie.

MALZIEU-VILLE (Le) [48140], ch.-l. de c. de la Lozère; 874 h.

MAMAIA, station balnéaire de Roumanie, sur la mer Noire, au nord de Constanța.

MAMELOUKS, dynastie qui régna sur l'Égypte et la Syrie de 1250 à 1517. Ces anciens esclaves devenus soldats formèrent en Égypte une oligarchie militaire toute-puissante; ils furent écartés du pouvoir par les Ottomans.

MAMER, comm. du Luxembourg. La section de *Capellen* a donné son nom à un canton.

MAMERS [mamɛrs] (72600), ch.-l. d'arr. de la Sarthe; 6815 h. (*Mamertins*). Deux églises médiévales. Appareils ménagers.

MAMERT (saint) [m. v. 475], évêque de Vienne (Gaule), instigateur de la procession des Rogations.

MAMERTINS, mercenaires campaniens qui prirent le pouvoir à Messine (IIIe s. av. J.-C.).

MAMMON, mot araméen qui, dans l'Évangile, personnifie les biens matériels dont l'homme se fait l'esclave.

MAMMOTH CAVE, système de grottes des États-Unis (Kentucky), l'un des plus étendus du globe (env. 240 km de galeries), protégé par un parc national.

MAN (île de), île anglaise de la mer d'Irlande; 570 km²; 56000 h. V. pr. *Douglas.*

MANA (97360), ch.-l. de c. de la Guyane; 1300 h.

MANAAR ou **MANNAR** (golfe de), golfe de l'océan Indien, entre Sri Lanka et l'Inde.

MANADO ou **MENADO,** port d'Indonésie (Célèbes); 170000 h.

MANAGE, comm. de Belgique (Hainaut); 21400 h.

MANAGUA, cap. du Nicaragua, sur le *lac de Managua,* détruite par un tremblement de terre en 1972, puis reconstruite; 500000 h.

MANAMA, cap. de l'État de Bahreïn, dans l'île de Bahreïn; 89000 h.

MANASSÉ, fils aîné de Joseph. Il donna son nom à l'une des tribus d'Israël établie en Transjordanie.

MANASSÉ, roi de Juda de 687 à 642 av. J.-C., déporté à Ninive par Assourbanipal puis replacé sur le trône.

MANAUS, anc. **Manáos,** port du Brésil, cap. de l'État d'Amazonas, sur le río Negro, près du confluent avec l'Amazone; 312000 h.

MANCE (Jeanne), née à Nogent-en-Bassigny (1606-1673), fondatrice de l'hôtel-Dieu de Montréal.

MANCHE (la), large bras de mer formé par l'Atlantique entre la France et l'Angleterre. Le franchissement du pas de Calais par un tunnel, dit « tunnel sous la Manche », est envisagé depuis le début du XIXe s.

MANCHE (la), partie sud-est de la Nouvelle-Castille (Espagne), région dénudée et aride que Cervantès a immortalisée dans son *Don Quichotte.*

MANCHE (dép. de la) [50], dép. de la Région Basse-Normandie; ch.-l. de dép. *Saint-Lô;* ch.-l. d'arr. *Avranches, Cherbourg, Coutances;* 4 arr., 51 cant., 590 comm.; 5947 km²; 451662 h. Le dép. appartient à la circonscription judiciaire de Caen, à la région militaire de Rennes et à la province ecclésiastique de Rouen. S'étendant sur la péninsule du Cotentin et l'extrémité occidentale du Bocage normand, le dép. est formé de deux régions de collines, séparées par une zone déprimée entre Carentan et Lessay. L'économie est largement rurale, orientée vers l'élevage bovin (les pommiers sont cependant souvent associés aux herbages). Certains secteurs littoraux (autour de Granville, de Barfleur et de Cherbourg) sont consacrés aux cultures maraîchères. La pêche et le tourisme estival ne fournissent que des ressources d'appoint. L'industrie est représentée surtout par quelques usines textiles et de petite métallurgie, en dehors de l'usine atomique de la Hague (à proximité de Cherbourg) et de la centrale nucléaire construite à Flamanville.

MANCHESTER, v. d'Angleterre, sur l'Irwell, affl. de la Mersey; 541000 h. (plus de 2700000 dans le comté urbain du *Grand Manchester*). Université. Musées. Cathédrale en partie du XVe s. Grand centre d'industries textiles (coton), métallurgiques et chimiques.

MANCINI, famille italienne. Les plus célèbres de ses représentants furent les nièces de Mazarin, qui avaient suivi celui-ci en France, parmi lesquelles : LAURE, *duchesse* **de Mercœur,** née

à Rome (1636-1657); — Sa sœur OLYMPE, *comtesse* **de Soissons,** née à Rome (1639-1708), et qui fut la mère du prince Eugène de Savoie; — MARIE, *princesse* **Colonna,** née à Rome (1640-1715), sœur des premières, et qui inspira une vive passion à Louis XIV.

MANCO CÁPAC, fondateur légendaire de l'empire des Incas (XIIe s.).

MANDALAY, v. de la Birmanie centrale, sur l'Irrawaddy; 417000 h. Nombreux temples bouddhiques. Centre commercial.

MANDCHOUKOUO (le), nom pris par la Mandchourie lorsqu'elle a été séparée de la Chine par le Japon, de 1932 à 1945.

MANDCHOURIE, anc. nom d'une partie de la Chine, formant auj. la majeure partie de la « Chine du Nord-Est ». (Hab. *Mandchous.*) V. pr. *Chen-yang* (Moukden), Harbin.
— Les Mandchous, peuple de race toungouse, envahirent la Chine au XVIIe s. et y fondèrent la dynastie des Ts'ing, qui régna de 1644 à 1911. La pénétration russe s'amorça en Mandchourie au début du XIXe s. La Russie obtint la rive gauche de l'Amour en 1860, la concession d'une voie ferrée à travers la Mandchourie en 1896, la concession du territoire de Port-Arthur et Daïren (auj. Ta-lien) en 1897. Mais, après leur victoire sur les Chinois (1894-95) puis leur victoire sur les Russes (1904-1905), les Japonais remplacèrent peu à peu ces derniers en Mandchourie; en 1924, les Russes renoncèrent même à leurs intérêts dans ce territoire. De 1931 à 1945, les Japonais occupèrent la Mandchourie et en firent un protectorat, auquel ils donnèrent le nom de Mandchoukouo.

MANDEL (Georges), homme politique français, né à Chatou (1885-1944). Chef de cabinet de Clemenceau (1917), ministre des P.T.T. (1934-1936), il fut assassiné par la Milice de Vichy.

MANDELIEU-LA-NAPOULE (06210), comm. des Alpes-Maritimes, près de Cannes; 9655 h. Station balnéaire.

MANDELSTAM (Ossip Emilievitch), poète russe, né à Varsovie (1891-1938). L'un des animateurs du « mouvement acméiste » (*la Pierre,* 1913; *le Timbre égyptien,* 1928), il fut déporté dans l'Oural (*Cahiers de Voronej*).

MANDÉS, groupe ethnolinguistique de l'Afrique occidentale, comprenant les Mandés du Sud et les Mandingues, ou Mandés du Nord.

MANDEURE (25350 Beaulieu Mandeure), comm. du Doubs; 6596 h. Vestiges gallo-romains.

MANDINGUES, ensemble d'ethnies de l'Afrique occidentale ayant entre elles un lien linguistique et culturel. Les Mandingues comprennent notamment les Bambaras, les Malinkés et les Dioulas. Leur organisation sociale repose sur un système de castes. On rattache auj. les Mandingues à un groupe plus vaste, les Mandés.

MANDRIN (Louis), chef de brigands, né à Saint-Étienne-de-Saint-Geoirs en 1724, roué vif à Valence en 1755.

MANÉ-KATZ (Mané KATZ, dit), peintre français, né à Krementchoug (Ukraine) [1894-1962], auteur de scènes de la vie juive ainsi que de paysages et de tableaux de fleurs.

MANÈS ou **MANI,** fondateur du manichéisme, né en Perse v. 215, m. martyr v. 275, à l'instigation des mages mazdéistes.

MANESSIER (Alfred), peintre français, né à Saint-Ouen (Somme) en 1911. Coloriste ardent, il a traduit en peintures abstraites les grands thèmes de l'art sacré.

MANET (Édouard), peintre français, né à Paris (1832-1883). Souvent inspiré par les maîtres classiques, et en particulier par les Espagnols du Siècle d'or, il fut, par la probité de son naturalisme et par ses audaces picturales, l'un des pères de l'impressionnisme (au Louvre : *le Déjeuner sur l'herbe* et *Olympia* [1863], *le Fifre* [1866], *le Balcon* [1869], *Portrait de Mallarmé* [1876], *la Serveuse de bocks* [1879], etc.).

MANÉTHON, prêtre et historien égyptien du IIIe s. av. J.-C. Il a écrit une histoire d'Égypte. Les historiens ont adopté sa division en 30 dynasties.

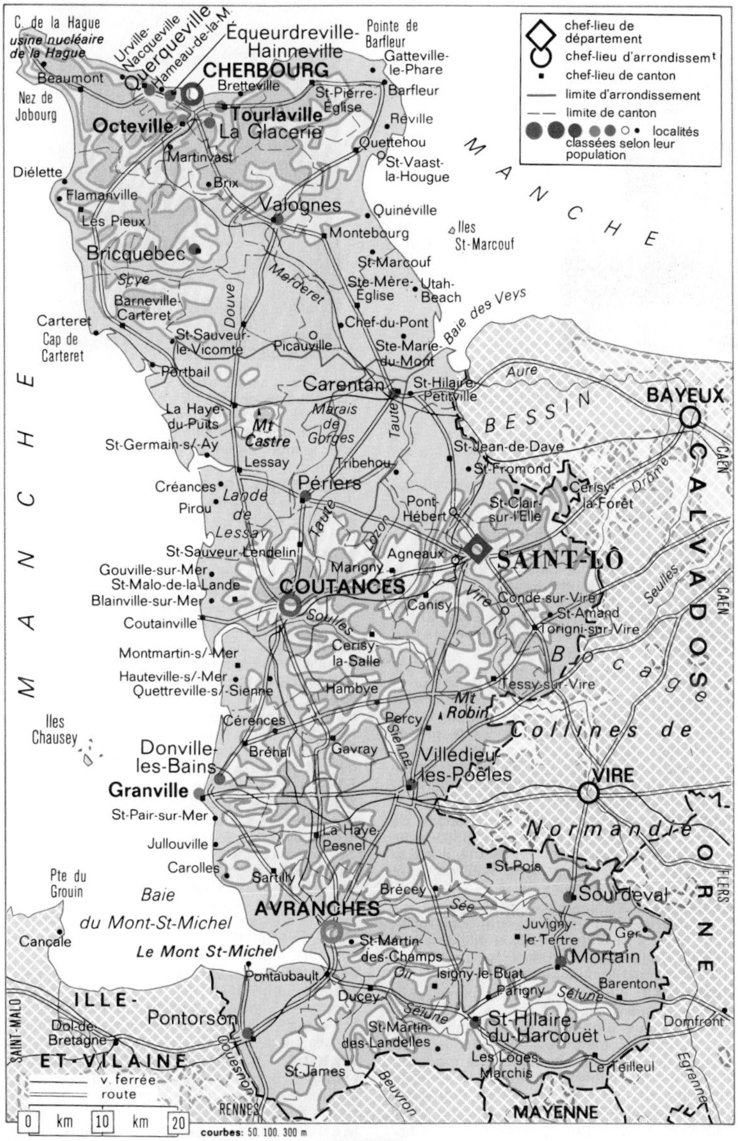

MANCHE

Édouard **Manet**
Un bar aux Folies-Bergère (1882)

Mannerheim

MANFRED (1232-1266), roi de Sicile de 1258 à 1266, fils légitimé de l'empereur Frédéric II. Il défendit son royaume contre Charles d'Anjou et périt à la bataille de Bénévent.

MANGALIA, station balnéaire de Roumanie, sur la mer Noire.

MANGALORE ou **MANGALUR**, v. de l'Inde (Karnataka); 193 000 h.

MANGIN (Louis), botaniste français, né à Paris (1852-1937). Il étudia les cryptogames.

MANGIN (Charles), général français, né à Sarrebourg (1866-1925). Membre de la mission Congo-Nil en 1898, il prit une part décisive à la victoire de Verdun (1916) et aux offensives de 1918.

MANGUYCHLAK (*presqu'île de*), plateau désertique de l'U.R.S.S. (Kazakhstan), à l'est de la mer Caspienne. Pétrole.

MANHATTAN, île des États-Unis, entre l'Hudson, l'East River et la rivière de Harlem, constituant le centre de la ville de New York; 2 millions d'h.

MANICOUAGANE (la) ou **MANICOUAGAN**, riv. du Canada (Québec), qui rejoint l'estuaire du Saint-Laurent (r. g.); 500 km. Importants aménagements hydroélectriques.

Manifeste du parti communiste (le), ouvrage de Karl Marx et Friedrich Engels, publié en 1848.

MANILLE, cap. des Philippines, dans l'île de Luçon, au fond de la *baie de Manille*; 1 454 000 h. Principal centre intellectuel, commercial et industriel des Philippines.

MANIN (Daniele), avocat et patriote italien, né à Venise (1804-1857). Président de la république de Venise en 1848, adversaire de la domination autrichienne, il dut capituler le 22 août 1849.

MANIPUR, État du nord-est de l'Inde; 1 073 000 h. Cap. *Imphāl.*

MANITOBA, prov. du Canada, dans la Prairie; 650 000 km²; 1 022 000 h. Cap. *Winnipeg.* Grande région agricole (culture du blé). Nickel.

MANITOBA (lac), lac du Canada, dans la province du même nom.

MANIU (Iuliu), homme politique roumain, né à Şimleul-Silvaniei (Transylvanie) [1873-1955]. Il fit proclamer l'union de la Transylvanie à la Roumanie (1918). Fondateur du parti national paysan (1926), il fut Premier ministre de 1928 à 1930.

MANIZALES, v. de Colombie, sur le Cauca; 222 000 h.

MANKIEWICZ (Joseph Leo), cinéaste américain, né à Wilkes Barre (Pennsylvanie), en 1909. Auteur élégant et pirandellien, il réalisa notamment *Ève* (1950), *la Comtesse aux pieds nus* (1954), *le Reptile* (1969), *le Limier* (1972).

MANLIUS CAPITOLINUS (Marcus), consul romain en 392 av. J.-C. (m. en 384). Il aurait sauvé le Capitole, attaqué de nuit par les Gaulois (390 av. J.-C.).

MANLIUS TORQUATUS (Titus), consul romain en 235, en 224 et en 215 av. J.-C., dictateur en 208 av. J.-C. Il battit les Carthaginois en Sardaigne.

MANN (Heinrich), écrivain allemand, né à Lübeck (1871-1950), auteur du *Professeur Unrat* (1905).

MANN (Thomas), écrivain allemand, né à Lübeck (1875-1955), frère du précédent. Il est l'auteur de romans qui opposent le culte de l'action à la vie de l'esprit (*les Buddenbrook*, 1901; *la Mort à Venise*, 1913; *la Montagne magique*, 1924; *Docteur Faustus*, 1947). [Prix Nobel, 1929.]

MANNERHEIM (Carl Gustaf, *baron*), maréchal et homme d'État finlandais, né à Villnäs (1867-1951). Ayant battu les bolcheviks, il fut élu régent en 1918. Pendant la Seconde Guerre mondiale, il lutta contre les Russes (1939-40 et 1941-1944). Il fut président de la République de 1944 à 1946.

MANNHEIM, v. de l'Allemagne fédérale (Bade-Wurtemberg), sur le Rhin; 314 000 h. Château du XVIIIe s. Port fluvial. Constructions mécaniques et électriques. Automobiles.

MANNING (Henry), cardinal britannique, né à

1387

Le **Mans**
cathédrale
Saint-Julien

Andrea **Mantegna**
une des fresques de la
Camera degli Sposi
du palais ducal
de Mantoue

François **Mansart**
vestibule du château de Maisons
construit entre 1642 et 1651

Totteridge (1808-1892). Prêtre anglican converti au catholicisme, il succéda à Wiseman comme archevêque de Westminster en 1865. Son accession au cardinalat (1875) récompensa son action auprès des ouvriers.

MANNONI (Maud), psychanalyste française, née à Courtrai en 1923. Elle a étendu le champ de la psychanalyse aux enfants « débiles ». Influencée par l'antipsychiatrie, elle conteste le statut donné par la société à la folie et la médicalisation abusive de celle-ci.

MANOLETE (Manuel RODRÍGUEZ SÁNCHEZ, dit), matador espagnol, né à Cordoue (1917-1947).

Manon Lescaut, roman de l'abbé Prévost (1731); récit des amours du chevalier Des Grieux et de Manon. C'est de ce roman qu'est tiré le sujet de l'opéra-comique *Manon,* musique de Massenet (1884) et de l'opéra *Manon Lescaut,* musique de Puccini (1893).

MANOSQUE (04100), ch.-l. de c. des Alpes-de-Haute-Provence; 19570 h. *(Manosquins).* Monuments médiévaux. Centrale hydroélectrique sur une dérivation de la Durance.

MANRESA, v. d'Espagne (Catalogne); 58000 h.

MANRIQUE (Jorge), poète espagnol, né à Paredes de Nava (1440-1479), l'un des premiers poètes lyriques des cancioneros du XVᵉ s.

MANS [mã] **(Le),** ch.-l. du dép. de la Sarthe, sur la Sarthe, à son confluent avec l'Huisne, à 211 km à l'ouest de Paris; 155245 h. *(Manceaux).* Enceinte gallo-romaine. Cathédrale romane et gothique (chœur du XIIIᵉ s., vitraux) et autres églises. Musées. Université. Centre industriel (matériel agricole, électronique) et industrie automo-

bile. — À proximité immédiate, circuit de la course automobile des Vingt-Quatre Heures du Mans.

MANSART (François), architecte français, né à Paris (1598-1666). Chez lui s'ordonnent toutes les qualités d'un classicisme affranchi de la tutelle des modèles antiques et italiens. Il travaille à Paris pour les congrégations (église devenue le temple Sainte-Marie, 1632) et les particuliers (nombreuses demeures, dont peu subsistent, tel l'hôtel Guénégaud des Brosses), élève l'aile Gaston-d'Orléans de Blois (1635), le château de Maisons, etc. — Son petit-neveu, Jules HARDOUIN, dit **Hardouin-Mansart,** né à Paris (1646-1708), premier architecte de Louis XIV, a agrandi le château de Versailles (galerie des Glaces, chapelle). On doit encore à J. H.-Mansart la chapelle des Invalides, avec son dôme à triple enveloppe (1676-1706), les places Vendôme et des Victoires à Paris, le Grand Trianon, divers châteaux, des travaux pour Arles et pour Dijon. D'une grande diversité, incluant des dessins de fortifications aussi bien qu'un modèle nouveau de maison urbaine, son œuvre connaîtra pendant plus d'un siècle un rayonnement dépassant les frontières de la France.

MANSFELD (Ernst, *comte* VON), homme de guerre allemand, né à Luxembourg (1580-1626). Au début de la guerre de Trente Ans, il fut au service de l'Union évangélique. Wallenstein le vainquit à Dessau (1626).

MANSFIELD (Kathleen MANSFIELD BEAUCHAMP, dite **Katherine),** femme de lettres néo-zélandaise, née à Wellington (Nouvelle-Zélande) [1888-1923], auteur de nouvelles *(la Garden Party,* 1922), de *Lettres* et d'un *Journal.*

MANSHOLT (Sicco Leendert), homme politique néerlandais, né à Ulrum en 1908. Vice-président, puis président, de la Commission exécutive de la Communauté économique européenne (1967-1972), il a préconisé la modernisation des agricultures européennes et attiré l'attention sur les dangers d'une croissance économique incontrôlée.

MANSLE [mãl] (16230), ch.-l. de c. de la Charente; 1664 h.

MANSOURAH, v. d'Égypte, près de la Méditerranée; 191000 h. Saint Louis y fut fait prisonnier en 1250.

MANSTEIN (Eric VON LEWINSKI VON), maréchal allemand, né à Berlin (1887-1973). Il est l'auteur du plan d'opérations contre la France en 1940. Il conquit la Crimée en 1942 puis commanda un groupe d'armées sur le front russe jusqu'en 1944.

MANṢŪR (Abū Dja'far **al-**) [m. en 775], deuxième calife 'abbásside (754-775), fondateur de Bagdad v. 760.

MANṢŪR (Muḥammad ibn Abī 'Āmir, surnommé **al-**), en esp. **Almanzor,** homme d'État et chef militaire du califat de Cordoue, dit à Torrox (940-1002). Il multiplia les raids victorieux contre les chrétiens du nord de l'Espagne.

MANTEGNA (Andrea), peintre et graveur italien, né à Isola di Carturo (Padoue) [1431-1506]. Formé à Padoue (au moment où Donatello y travaille), il fait l'essentiel de sa carrière à

Mantoue (*Camera degli Sposi* du palais ducal). Son puissant langage plastique (relief sculptural, effets de perspective, netteté d'articulation) et son répertoire décoratif antiquisant lui vaudront une grande influence dans toute l'Italie du Nord.

MANTES-LA-JOLIE (78200), ch.-l. d'arr. des Yvelines, sur la Seine; 42564 h. *(Mantais).* Collégiale des XIIᵉ-XIIIᵉ s. Constructions mécaniques. Caoutchouc.

MANTES-LA-VILLE (78200 Mantes la Jolie), ch.-l. de c. des Yvelines; 16710 h. *(Mantevillois).*

MANTEUFFEL (Edwin, *baron* VON), maréchal prussien, né à Dresde (1809-1885), gouverneur de l'Alsace-Lorraine de 1879 à 1885.

MANTINÉE, anc. v. d'Arcadie, théâtre de la bataille livrée contre les Spartiates par le Thébain Épaminondas, qui y trouva la mort (362 av. J.-C.).

MANTOUE, en ital. **Mantova,** v. d'Italie (Lombardie), entourée de trois lacs formés par le Mincio; 67000 h. Palais ducal (XIIIᵉ-XVIᵉ s.). Deux églises de L. B. Alberti. Palais du Te et cathédrale de J. Romain. La ville fut gouvernée de 1328 à 1708 par les Gonzague.

MANUCE, en ital. **Manuzio,** famille d'imprimeurs italiens, plus connus sous le nom de **Aldes.** ALDE *l'Ancien,* abrév. de *Tebaldo Manuzio,* né à Bassiano (v. 1449-1515), fonda à Venise une imprimerie que rendirent célèbre ses éditions *princeps* des chefs-d'œuvre grecs et latins. On lui doit le caractère *italique* (1500), et le format in-octavo. — Son petit-fils, ALDE *le Jeune,* né à Venise (1547-1597), dirigea l'imprimerie vaticane.

MANUEL Iᵉʳ COMNÈNE (v. 1122-1180), empereur byzantin (1143-1180). Il lutta avec succès contre les Serbes et combattit les Normands de Sicile, mais il se heurta aux Vénitiens et fut battu par les Turcs.

MANUEL II PALÉOLOGUE (1348-1425), empereur byzantin (1391-1425), lutta vainement contre le Sultan, dont il dut reconnaître la suzeraineté.

MANUEL Iᵉʳ le Grand et **le Fortuné,** né à Alcochete (1469-1521), roi de Portugal de 1495 à 1521, grand colonisateur et constructeur. — MANUEL II, né à Lisbonne (1889-1932), roi de Portugal (1908-1910), détrôné par une révolution.

MANUEL (Jacques Antoine), homme politique français, né à Barcelonnette (1775-1827). Député libéral, il fut expulsé de la Chambre pour son opposition à la guerre d'Espagne en 1823.

MANUEL DEUTSCH (Niklaus), peintre, graveur, poète et homme d'État suisse, né à Berne (1484-1530), artiste de transition entre l'héritage gothique et l'italianisme.

Manyō-shū, premier recueil officiel de poésies japonaises (808), qui rassemble des poèmes composés du IVᵉ au VIIIᵉ s.

MANYTCH, riv. de l'U.R.S.S., au nord du Caucase, à écoulement intermittent vers la mer d'Azov (par le Don) et vers la Caspienne (par la Kouma).

MANZANARES (le), riv. d'Espagne, sous-affl. du Tage; 85 km. Il passe à Madrid.

MANZANILLO, port du sud de Cuba; 91000 h.

MANZAT (63410), ch.-l. de c. du Puy-de-Dôme; 1394 h.

MANZONI (Alessandro), écrivain italien, né à Milan (1785-1873), auteur d'un roman historique (*les Fiancés*, 1825-1827) qui fut un modèle pour le romantisme italien.

MAO DUN → MAO TOUEN.

MAORIS, ethnie de la Nouvelle-Zélande.

MAO TOUEN ou **MAO DUN** (CHEN YEN-PING ou SHEN YANBING, dit), écrivain et homme politique chinois, né dans le district de Tong-yang (prov. du Tchô-kiang) [1896-1981]. L'un des fondateurs de la Ligue des écrivains de gauche (1930), il fut ministre de la Culture de 1949 à 1966.

MAO TSÖ-TONG ou **MAO ZEDONG** ou **MAO TSÉ-TOUNG,** homme d'État chinois, né à Chao-chan (Hou-nan) [1893-1976]. D'un milieu paysan aisé, il participe à la fondation du parti communiste chinois (1921). Membre du Comité central du parti (1923) puis du Kouo-min-tang (1924), il se sépare de celui-ci et dirige l'insurrection du Hou-nan avant de se réfugier au Kiang-si (1927-1934), où il organise l'armée révolutionnaire et met en place la réforme agraire. Président du gouvernement provisoire des soviets (1931), il doit battre en retraite devant les troupes nationalistes (Longue Marche, 1934-35). À la tête du Comité central, il oriente le parti communiste vers une politique d'alliance avec les nationalistes de Tchang Kaï-chek pour faire face à l'agression japonaise (1937-1945). Il rédige alors ses textes fondamentaux (*Problèmes stratégiques de la guerre révolutionnaire en Chine*, 1936; *De la contradiction*, 1937; *De la démocratie nouvelle*, 1940), dans lesquels il adapte le marxisme aux réalités chinoises. Ayant obligé, après trois ans de guerre civile (1946-1949), les nationalistes à quitter le continent, Mao Tsö-tong proclame à Pékin la République populaire chinoise (1er oct. 1949). Président du Conseil, puis président de la République (1954-1959) et président du parti, il s'oppose au modèle soviétique. Au cours de la révolution culturelle (1966-1968), son « Petit Livre rouge » est largement diffusé; mais, après sa mort, sa politique est très largement remise en cause.

MAPUTO, anc. Lourenço Marques, cap., principale v. et port du Mozambique, sur l'océan Indien; 355 000 h.

MAR (*serra do*), extrémité méridionale du Plateau brésilien.

MARACAIBO, v. du Venezuela, à l'extrémité nord-ouest du *lac de Maracaibo*, formé par la mer des Antilles; 650 000 h. Centre de l'industrie pétrolière du pays.

Maracanã, plus vaste stade du monde, situé à Rio de Janeiro.

MARACAY, v. du Venezuela; 255 000 h.

MARAIS (Marin), violiste et compositeur français, né à Paris (1656-1728), auteur de pièces pour viole et de l'opéra *Alcyone*.

MARAIS (le), anc. quartier de Paris (IIIe et IVe arr.). Hôtels particuliers surtout du XVIIe s.

MARAIS BRETON, région littorale de la Loire-Atlantique et de la Vendée.

MARAIS POITEVIN, région de la Vendée et de la Charente-Maritime, en bordure de la baie de l'Aiguillon.

MARAJÓ, grande île du Brésil, située à l'embouchure de l'Amazone.

MARAMUREŞ, massif montagneux des Carpates, en Roumanie; 2 306 m.

MARANGE-SILVANGE (57300 Hagondange), comm. de la Moselle; 6 510 h.

MARANHÃO (*État de*), État du nord-est du Brésil; 328 663 km²; 2 998 000 h. Cap. *São Luís do Maranhão.*

MARAÑÓN (le), riv. du Pérou, l'une des branches mères de l'Amazone; 1 800 km.

MARAÑÓN Y POSADILLO (Gregorio), médecin et écrivain espagnol, né à Madrid (1887-1960), un des créateurs de l'endocrinologie.

MARANS [marã] (17230), ch.-l. de c. de la Charente-Maritime; 4 108 h. Anc. port. Aviculture (*race de Marans*).

MARAŞ, v. de Turquie; 129 000 h.

MARAT (Jean-Paul), homme politique français, né à Boudry (canton de Neuchâtel) [1743-1793]. Médecin aux gardes du corps du comte d'Artois (1777), rédacteur de *l'Ami du peuple*, journal préféré des sans-culottes, membre actif du club des Cordeliers, il se fit l'avocat virulent des intérêts populaires. Deux fois exilé, son journal supprimé, il rentra en France en août 1792. Député de Paris à la Convention, il décida de la condamnation de Louis XVI; un long duel de Marat avec les Girondins se termina par l'élimination de ces derniers (2 juin 1793), mais quelques semaines plus tard Marat était assassiné par Charlotte Corday.

MARATHON, village de l'Attique, à 40 km d'Athènes, célèbre par la victoire remportée par le général athénien Miltiade sur les Perses en 490 av. J.-C. Un coureur, dépêché à Athènes pour annoncer la victoire, mourut d'épuisement à son arrivée.

MARBORÉ (*pic du*), sommet des Pyrénées centrales, à la frontière espagnole; 3 253 m.

MARBOT (Jean-Baptiste, *baron* DE), général français, né à Altillac (Quercy) [1782-1854], auteur de *Mémoires* sur les campagnes de l'Empire publiés en 1891.

MARBURG, v. de l'Allemagne fédérale (Hesse), sur la Lahn; 48 000 h. Université. Église du XIIIe s., prototype de la halle à trois vaisseaux.

Marburg (*école de*), mouvement philosophique néokantien (1871-1933), dont les grands penseurs sont H. Cohen, P. Natorp et E. Cassirer.

MARC (saint), un des quatre évangélistes (Ier s.). Compagnon de Paul, puis de Pierre, il est, selon la tradition, l'auteur du second Évangile. L'Évangile de saint Marc a pour dessein essentiel de montrer que Jésus crucifié est le Sauveur, Fils de Dieu.

MARC (saint) [m. en 336], pape en 336.

MARC AURÈLE, en lat. Marcus Aurelius Antoninus, né à Rome (121-180), empereur romain (161-180). Adopté par Antonin, il lui succéda. Son règne, durant lequel il renforça la centralisation administrative, fut dominé par les guerres : campagnes contre les Parthes (161-166), et sur les frontières danubiennes (168-175 et 178-180). Il associa son fils Commode au pouvoir en 177. Empereur philosophe, accueillant à toutes les religions sauf au christianisme, qu'il laissa persécuter (martyrs de Lyon, 177), il apparaît dans ses *Pensées*, écrites en grec, comme un adepte du stoïcisme.

MARCEAU (François Séverin MARCEAU-DESGRA-VIERS, dit), général français, né à Chartres (1769-1796). Il commanda l'armée de l'Ouest contre les vendéens (1793), se distingua à Fleurus (1794) et à Neuwied (1795), mais fut tué à Altenkirchen.

MARCEL Ier (saint), né à Rome (m. en 309), pape de 308 à 309. — MARCEL II (Marcello Cervini), né à Montepulciano (1501-1555), pape en 1555. Il avait joué en 1545, comme légat pontifical, un rôle déterminant au concile de Trente.

MARCEL (Étienne) [v. 1316-1358], prévôt des marchands de Paris à partir de 1355. Il joua un rôle considérable aux états généraux de 1356 et 1357, fit une opposition très vive au dauphin Charles (Charles V), dont il fit assassiner les principaux conseillers, et fut pendant quelque temps, avec l'aide des Anglo-Navarrais (1358), maître de Paris, auquel il rêvait de donner une Constitution communale. Il fut assassiné par un partisan du Dauphin.

MARCEL (Gabriel), philosophe et auteur dramatique français, né à Paris (1889-1973). Il appartient au courant chrétien de l'existentialisme.

MARCELLIN (saint), né à Rome (m. en 304), pape de 296 à 304, martyr sous Dioclétien.

MARCELLO (Benedetto), compositeur italien, né à Venise (1686-1739), auteur de concertos, de sonates, de paraphrases de psaumes et d'un écrit satirique, *le Théâtre à la mode.*

MARCELLUS (Marcus Claudius) → CLAUDIUS MARCELLUS (Marcus).

MARCHAIS (Georges), homme politique français, né à La Hoguette (Calvados) en 1920, secrétaire général du parti communiste français depuis 1972.

MARCHAL (Henri), archéologue français, né à Paris (1875-1970). On lui doit le dégagement et le rétablissement de la plupart des monuments d'Angkor, dont il fut conservateur à partir de 1916.

MARCHAND (Louis), compositeur et organiste français, né à Lyon (1669-1732).

MARCHAND (Jean-Baptiste), général et explorateur français, né à Thoissey (1863-1934). Parti du Congo en 1897, il atteignit le Nil à Fachoda, qu'il dut évacuer, sur ordre, peu après (1898).

Marchand de Venise (le), comédie de Shakespeare (v. 1596).

MARCHAUX (25640 Roulans), ch.-l. de c. du Doubs; 556 h.

MARCHE (la), prov. de l'anc. France, réunie à la Couronne en 1527. Cap. *Guéret.*

MARCHE-EN-FAMENNE, v. de Belgique (prov. du Luxembourg); 12 300 h.

MARCHENOIR (41370), ch.-l. de c. de Loir-et-Cher; 667 h. Vestiges féodaux. À proximité, forêt.

MARCHES (les), région d'Italie, comprenant les prov. de Pesaro et Urbino, Ancône, Macerata et Ascoli Piceno; 9 692 km²; 1 404 000 h. Cap. *Ancône.*

MARCHIENNES (59870), ch.-l. de c. du Nord; 3 267 h.

MARCIAC (32230), ch.-l. de c. du Gers; 1 131 h. Église des XIVe-XVIe s.

MARCIGNY (71110), ch.-l. de c. de Saône-et-Loire; 2 611 h. Musée dans la « tour du Moulin » (XVe s.).

MARCILLAC-VALLON (12330), ch.-l. de c. de l'Aveyron; 1 707 h.

MARCILLAT - EN - COMBRAILLE (03420), ch.-l. de c. de l'Allier; 1 014 h.

MARCILLY-LE-HAYER (10290), ch.-l. de c. de l'Aube; 471 h.

MARCINELLE, partie de la comm. belge de Charleroi. Catastrophe minière en 1956.

MARCION, hérésiarque du IIe s., né à Sinope (v. 85 - v. 160). Il vint à Rome vers 140, mais son enseignement provoqua son excommunication en 144. Sa doctrine, le *marcionisme,* fut combattue par Tertullien.

MARCK (62730), comm. du Pas-de-Calais; 5 735 h.

Mao Tsö-tong

Jean-Paul **Marat**
par J. Boze

le général **Marceau**

MARCKOLSHEIM (67390), ch.-l. de c. du Bas-Rhin; 2779 h. Usine hydroélectrique sur une dérivation du Rhin.

MARCOING (59159), ch.-l. de c. du Nord; 2084 h.

MARCOLONGO (Roberto), mathématicien italien, né à Rome (1862-1943), auteur de travaux sur la statistique et sur la dynamique.

MARCOMANS, anc. peuple germain apparenté aux Suèves. Battus par Drusus en 9 av. J.-C., ils s'installèrent au sud du Danube et conclurent la paix avec Commode (180).

MARCONI (Guglielmo), physicien italien, né à Bologne (1874-1937). Il réalisa les premières liaisons par ondes hertziennes. (Prix Nobel, 1909.)

MARCOS (Ferdinand), homme d'État philippin, né à Sarrat (île de Luçon) en 1917. Chef du parti nationaliste, il est président de la République depuis 1965.

MARCOULE, lieu-dit du Gard (comm. de Codolet et de Chusclan), sur le Rhône. Centre de production du plutonium. Surrégénérateur.

MARCOUSSIS (91460), comm. de l'Essonne; 4022 h. Centre de recherches électriques.

MARCQ-EN-BARŒUL (59700), ch.-l. de c. du Nord; 36 269 h. Industries textiles et alimentaires.

MARCUSE (Herbert), philosophe américain d'origine allemande, né à Berlin (1898-1979). Il a développé une critique de la civilisation industrielle à partir du freudo-marxisme (*Raison et révolution*, 1941; *Éros et civilisation*, 1955; *l'Homme unidimensionnel*, 1964).

MARDÁN, v. du Pākistan; 109 000 h.

MAR DEL PLATA, v. d'Argentine, sur l'Atlantique; 302 000 h.

MARDIKH (tell), site archéologique de Syrie, au sud-ouest d'Alep. L'un des plus grands centres de l'Asie antérieure, au IIIe millénaire, que l'on a identifié à la capitale de l'ancien royaume d'Ebla. (Vestiges et importantes archives sur tablettes.)

MARDOCHÉE, personnage légendaire du livre biblique d'Esther.

MARDONIOS, général perse. Vaincu à Platées, il y périt (479 av. J.-C.).

MARDOUK, dieu national de Babylone.

Mare au diable (la), roman de George Sand (1846), idylle rustique dans la campagne berrichonne.

MARÉ (Rolf DE), mécène suédois, né à Stockholm (1888-1964), cofondateur des Ballets suédois (1920) et des Archives internationales de la danse (1931).

MAREMME (la), région de l'Italie centrale, le long de la mer Tyrrhénienne.

MARENGO, village d'Italie (Piémont), près d'Alexandrie. Victoire de Bonaparte sur les Autrichiens (14 juin 1800).

MARENNES (17320), ch.-l. de c. de la Charente-Maritime, près de la Seudre; 4224 h. Église à clocher du XVe s. Parcs à huîtres.

MARENZIO (Luca), compositeur italien, né à Coccaglio (v. 1553-1599), auteur de madrigaux.

MARÉOTIS (lac) → MARIOUT.

MARET (Hugues), *duc de Bassano*, homme politique français, né à Dijon (1763-1839), ministre des Affaires étrangères de 1811 à 1813.

MARETH, localité de Tunisie qui a donné son nom à une ligne de fortifications construite par les Français de 1934 à 1939 entre les monts des Matmata et la mer.

MAREUIL (24340), ch.-l. de c. de la Dordogne; 1209 h. Église et château de la fin du Moyen Âge.

MAREUIL-SUR-LAY-DISSAIS (85320), ch.-l. de c. de la Vendée; 1861 h.

MAREY (Étienne Jules), physiologiste et inventeur français, né à Beaune (1830-1904). Il généralisa l'enregistrement graphique des phénomènes physiologiques et créa la chronophotographie, d'où dérive le cinéma.

MARGARITA, île des côtes du Venezuela.

Guglielmo **Marconi**

Herbert **Marcuse**

Marguerite de Valois
par François Clouet

MARGATE, v. de Grande-Bretagne (Kent); 46 000 h. Station balnéaire.

MARGAUX (33460), comm. de la Gironde, dans le Médoc; 1456 h. Vins.

MARGERIDE (monts de la), massif granitique du sud-est de l'Auvergne; 1551 m au signal de Randon.

MARGERIE (Emmanuel JACQUIN DE), géologue français, né à Paris (1862-1953), auteur, avec G. de La Noë, d'un ouvrage sur *les Formes du terrain* (1888) et d'ouvrages bibliographiques.

MARGGRAF (Andreas), chimiste allemand, né à Berlin (1709-1782). Il obtint le sucre de betterave à l'état solide.

MARGNY-LÈS-COMPIÈGNE (60200 Compiègne), comm. de l'Oise; 5541 h.

MARGUERITE D'ANGOULÊME, reine de Navarre, née à Angoulême (1492-1549), fille de Charles d'Orléans, sœur aînée de François Ier, roi de France. Veuve en 1525 de Charles IV, duc d'Alençon, elle épousa en 1527 Henri d'Albret, roi de Navarre. Elle protégea les réformés et se distingua par son goût passionné pour les lettres et les arts. Elle a laissé un recueil de nouvelles (*l'Heptaméron**) et des poésies (les *Marguerites de la Marguerite des princesses*).

MARGUERITE D'ANJOU, née à Pont-à-Mousson (1430-1482), fille de René le Bon, roi de Sicile, épouse d'Henri VI, roi d'Angleterre. Elle s'illustra par le courage qu'elle déploya pendant la guerre des Deux-Roses.

MARGUERITE D'AUTRICHE, née à Bruxelles (1480-1530), fille de l'empereur Maximilien et de Marie de Bourgogne. Veuve du duc Philibert II le Beau de Savoie, en l'honneur de qui elle fit élever l'église de Brou, elle fut nommée gouvernante des Pays-Bas (1507-1515, 1518-1530). Elle négocia la ligue de Cambrai (1508) et la paix des Dames (1529) et obtint en 1519 l'élection à l'Empire de son neveu Charles Quint.

MARGUERITE DE PARME, née à Audenarde (1522-1586). Fille naturelle de Charles Quint, elle épousa le duc de Parme Octave Farnèse et fut gouvernante des Pays-Bas de 1559 à 1567.

MARGUERITE DE PROVENCE (1221-1295), épouse de Louis IX, à qui elle donna onze enfants.

MARGUERITE STUART (v. 1424-1445), fille de Jacques Ier, roi d'Écosse, première femme de Louis XI.

MARGUERITE Ire Valdemarsdotter, née à Søborg (1353-1412). Épouse du roi de Norvège Haakon VI, elle devint reine en 1387. Elle imposa l'Union de Kalmar aux États de Danemark, de Norvège et de Suède (1389-1397) au profit de son neveu Érik de Poméranie. — MARGUERITE II, née à Copenhague en 1940, reine de Danemark en 1972, fille de Frédérik IX.

MARGUERITE DE VALOIS, dite la reine Margot, née à Saint-Germain-en-Laye (1553-1615), fille du roi Henri II. Elle épousa Henri de Navarre (Henri IV), qui la répudia en 1599. Elle a laissé des *Mémoires* et des *Poésies*.

MARGUERITE-MARIE ALACOQUE (sainte), religieuse française, née à Lautecourt, près de Verosvres (Charolais) [1647-1690]. Visitandine à Paray-le-Monial, elle fut favorisée d'apparitions du Sacré-Cœur de Jésus (1673-1675), dont elle répandit le culte.

MARGUERITTE (Jean), général français, né à Manheulles (Meuse) [1823-1870]. Il se distingua par une charge célèbre à la bataille de Sedan (1870).

MARGUERITTES (30320), ch.-l. de c. du Gard; 3198 h.

MARI, cité de la Mésopotamie antique, sur le moyen Euphrate. Les fouilles du tell Harīrī ont permis de reconnaître l'importance de cette ville depuis la fin du IVe millénaire jusqu'au IIIe s. av. J.-C.

Maria Chapdelaine, roman de Louis Hémon (1913). Il décrit l'existence d'une famille de défricheurs canadiens.

Mariage de Figaro (le) ou la Folle Journée, comédie en cinq actes et en prose, de Beaumarchais (1784). Elle fait suite au *Barbier de Séville* et montre les vains efforts du comte Almaviva pour empêcher Figaro d'épouser Suzanne. Malgré les incartades de Chérubin, Figaro l'emportera sur le comte.

MARIAMNE, née à Jérusalem (m. en 29 av. J.-C.), deuxième femme d'Hérode le Grand, qui la fit mourir ainsi que les deux fils qu'elle lui avait donnés.

MARIANA DE LA REINA (Juan DE), jésuite espagnol, né à Talavera (1536-1624), auteur d'une *Histoire générale d'Espagne* et du traité *Du roi et de la royauté*.

Marianne (la Vie de), roman de Marivaux (1731-1741), œuvre inachevée que continua Mme Riccoboni.

Marianne, surnom de la République française.

MARIANNES (fosse des), fosse très profonde (environ 11 000 m) du Pacifique, en bordure de l'archipel des Mariannes.

MARIANNES (îles), archipel volcanique du Pacifique, à l'est des Philippines, sous l'administration des États-Unis; 404 km²; 14 000 h. Cap. Saipan. Découvertes par Magellan (1521), ces îles furent annexées par l'Espagne à partir de 1668. En 1898, Guam fut cédée aux États-Unis; les autres îles furent vendues à l'Allemagne en 1899, passèrent en 1919 sous mandat japonais et, en 1945, sous tutelle des Nations unies, qui en confièrent l'administration aux États-Unis. Elles furent le théâtre d'une violente bataille aéronavale en juin 1944.

MARIÁNSKÉ LÁZNĚ, en allem. **Marienbad**, v. de Tchécoslovaquie (Bohême); 20 000 h. Station thermale.

MARIAZELL, v. d'Autriche (Styrie); 2400 h. Centre de pèlerinage. Station de sports d'hiver (alt. 868-1624 m).

MARIBOR, v. de Yougoslavie (Slovénie), sur la Drave; 97 000 h. Constructions mécaniques.

MARICA (la) ou **MARITZA** (la), en gr. **Evros**, fl. né en Bulgarie, tributaire de la mer Égée et dont le cours inférieur sépare la Grèce et la Turquie; 437 km. C'est l'*Hèbre* des Anciens.

MARIE, mère de Jésus, épouse de saint Joseph, appelée aussi la Sainte Vierge. Dès les premiers temps de l'Église apparut la croyance de la conception virginale de Jésus en Marie. Le développement de la foi chrétienne mit en valeur le rôle de la Vierge, et le concile d'Éphèse, en 431, proclama Marie *Mère de Dieu*. Le Moyen Âge donna un grand essor à la piété mariale. Malgré la contestation de la Réforme (XVIe s.) se constitua une théologie de la Vierge la *mariologie*. Pie IX définit le dogme de l'*Immaculée Conception* en 1854 et Pie XII le dogme de l'*Assomption* en 1950.

MARIE DE BOURGOGNE, née à Bruxelles (1457-1482), fille unique de Charles le Téméraire. Par son mariage avec Maximilien d'Autriche (1477), les Pays-Bas et la Franche-Comté devinrent possession des Habsbourg.

MARIE Ire DE BRAGANCE, née à Lisbonne (1734-1816), reine de Portugal (1777-1816), fille du roi Joseph et femme de son oncle Pierre III. Atteinte de troubles mentaux, elle dut abandonner le pouvoir à son fils, le futur Jean VI, régent à partir de 1792. — MARIE II DE BRAGANCE, née à Rio de Janeiro (1819-1853), reine de Portugal (1826-1853), fille de Pierre Ier, empereur du Brésil, et épouse de Ferdinand de Saxe-Cobourg-Gotha.

MARIE DE FRANCE, poétesse française (seconde moitié du XIIe s.), auteur de *Fables* et de *Lais*.

MARIE DE L'INCARNATION (*bienheureuse*) → ACARIE (Mme).

MARIE DE L'INCARNATION (Marie GUYARD, en religion **Mère**), religieuse française, née à Tours (1599-1672). Elle implanta l'ordre des Ursulines au Canada (1639). Ses *Relations* et ses *Lettres* constituent un document important sur l'histoire de la Nouvelle-France.

MARIE LESZCZYŃSKA, née à Breslau (1703-1768), fille du roi de Pologne Stanislas Leszczyński, reine de France par son mariage, en 1725, avec Louis XV, dont elle eut dix enfants.

MARIE DE MÉDICIS, née à Florence (1573-1642). Fille du grand-duc de Toscane, elle devint reine de France par son mariage avec Henri IV (1600). À la mort du roi (1610), elle fut reconnue régente par le Parlement, renvoya les ministres d'Henri IV, accorda sa confiance à Concini, fit épouser à son fils Louis XIII l'infante Anne d'Autriche et resta toute-puissante jusqu'à l'assassinat de Concini (1617). En guerre avec son fils de 1617 à 1620, elle revint à la Cour à la mort du duc de Luynes et parvint à donner au roi son aumônier, Richelieu, pour Premier ministre (1624), qu'elle essaya vainement ensuite de faire disgracier (*journée des Dupes*). Elle mourut à Cologne en exil.

MARIE Ire STUART, née à Linlithgow (1542-1587), reine d'Écosse (1542-1567). Fille de Jacques V, à sept jours, elle épousa (1558) le futur roi de France François II. Veuve en 1560, elle revint en Écosse, où elle eut à lutter à la fois contre la Réforme et contre les agissements secrets de la reine d'Angleterre Élisabeth Ire. Son mariage avec Bothwell, assassin de son second mari, lord Darnley, son manque de sang-froid, son autoritarisme et son catholicisme provoquèrent une insurrection et son abdication (1567). Elle se réfugia en Angleterre, mais Élisabeth la fit emprisonner et exécuter. — MARIE II STUART, née à Londres (1662-1694), reine d'Angleterre et d'Écosse de 1689 à 1694, fille de Jacques II et femme de Guillaume III de Nassau.

Marie Stuart, tragédie de Schiller (1800).

MARIE Ire TUDOR, née à Greenwich (1516-1558), reine d'Angleterre et d'Irlande (1553-1558), fille d'Henri VIII et de Catherine d'Aragon. Adversaire de la Réforme, elle persécuta les protestants et fut surnommée MARIE LA SANGLANTE. En 1554, elle épousa Philippe II d'Espagne, qui l'abandonna dès 1555.

Marie Tudor, drame de V. Hugo (1833).

MARIE (Pierre), médecin français, né à Paris (1853-1940), auteur de travaux de neurologie.

MARIE-AMÉLIE DE BOURBON, née à Caserte (1782-1866), reine des Français. Fille de Ferdinand Ier de Bourbon-Sicile, elle épousa, en 1809, le duc d'Orléans Louis-Philippe, le futur roi des Français.

MARIE-ANTOINETTE, née à Vienne (1755-1793), reine de France. Fille de François Ier, empereur germanique, et de Marie-Thérèse, elle épousa en 1770 le dauphin Louis, qui devint Louis XVI en 1774. Imprudente, prodigue et ennemie des réformes, elle se rendit impopulaire. Elle poussa Louis XVI à résister à la Révolution. On lui reprocha ses rapports avec

l'étranger et de pratiquer la politique du pire. Incarcérée au Temple après le 10 août 1792, puis à la Conciergerie après la mort du roi, elle fut exécutée (16 oct. 1793).

MARIE-CAROLINE, née à Vienne (1752-1814), reine de Naples, fille de l'empereur François Ier et femme de Ferdinand IV de Naples (Ferdinand Ier de Bourbon), qu'elle épousa en 1768.

MARIE-CHRISTINE DE BOURBON, née à Naples (1806-1878), reine d'Espagne. Fille de François Ier des Deux-Siciles, elle épousa en 1829 Ferdinand VII. Régente pour sa fille Isabelle II en 1833, elle dut faire face à la première guerre carliste (1833-1839). Chassée en 1840, elle revint en Espagne en 1843, mais dut de nouveau s'exiler en 1854.

MARIE-CHRISTINE DE HABSBOURG-LORRAINE, née à Gross-Seelowitz (1858-1929), seconde femme d'Alphonse XII, roi d'Espagne, régente de 1885 à 1902.

Mariée mise à nu par ses célibataires, même (la), peinture sur verre de M. Duchamp (1915-1923, musée de Philadelphie). Celui-ci y résume sa conception du travail artistique : refus des valeurs purement plastiques et du plaisir de l'œil, jeu intellectuel à base d'érotisme, de scientisme, voire d'ésotérisme, humour délirant et minutieux.

MARIE-GALANTE, île des Antilles françaises, au sud-est de la Guadeloupe, dont elle dépend; 157 km²; 15 912 h. Canne à sucre.

MARIE-LOUISE DE HABSBOURG-LORRAINE, née à Vienne (1791-1847), fille de François II, empereur germanique. Impératrice des Français par son mariage en 1810 avec Napoléon Ier, elle donna naissance au roi de Rome (1811). Régente en 1813, elle quitta Paris en mars 1814 avec son fils. Duchesse de Parme (1815), elle épousa successivement Neipperg et le comte de Bombelles.

Marie-Louise (les), nom familier donné aux conscrits, appelés en 1813 sous la régence de l'impératrice Marie-Louise.

MARIE-MADELEINE (*sainte*), pénitente (Ier s.). La tradition chrétienne d'Occident honore sous ce nom trois Marie des Évangiles : Marie de Magdala, ou Madeleine ; Marie de Béthanie, sœur de Lazare et de Marthe; Marie la pécheresse. La tradition orientale les distingue.

MARIENAU, écart de la comm. de Forbach (Moselle). Cokerie.

MARIE-THÉRÈSE, née à Vienne (1717-1780), impératrice (1740-1780), reine de Hongrie (1741-1780) et de Bohême (1743-1780). Fille de l'empereur Charles VI, elle épousa François III, duc de Lorraine, qu'elle fit élire empereur en 1745, et dont elle eut notamment Joseph II, Léopold II et Marie-Antoinette. La guerre de la Succession d'Autriche (1740-1748) lui coûta la Silésie, qu'elle essaya vainement de récupérer pendant la guerre de Sept Ans (1756-1763). La paix revenue, elle déploya de grandes qualités de chef d'État, pratiquant le despotisme éclairé. Après la mort de François Ier (1765), elle s'associa à son fils Joseph II.

Marie-Thérèse (*ordre de*), ordre militaire autrichien créé en 1758 et supprimé en 1919.

MARIE-THÉRÈSE D'AUTRICHE, née à Madrid (1638-1683), reine de France par son mariage avec Louis XIV en 1660, fille de Philippe IV, roi d'Espagne.

MARIETTE (Pierre Jean), éditeur d'estampes, collectionneur et écrivain d'art français, né à Paris (1694-1774). Une partie de sa collection de dessins est auj. au Louvre.

MARIETTE (Auguste), égyptologue français, né à Boulogne-sur-Mer (1821-1881). Il a dégagé et sauvegardé la plupart des grands sites d'Égypte et de Nubie, et a fondé un musée devenu le noyau de celui du Caire.

MARIE-VICTORIN (*frère*) [Conrad KIROUAC], religieux et naturaliste canadien, né à Kingsey Falls (Québec) [1885-1944], fondateur du jardin botanique de Montréal.

MARIGNAN, en ital. **Melegnano,** v. d'Italie, au sud-est de Milan; 19 000 h. Victoires de François Ier sur les Suisses (1515) et de Baraguay d'Hilliers sur les Autrichiens (1859).

MARIGNANE (13700), ch.-l. de c. des Bouches-du-Rhône, près de l'étang de Berre; 26 479 h. Aéroport de Marseille.

MARIGNY (50570), ch.-l. de c. de la Manche; 1 255 h. Cimetière militaire allemand.

MARIGNY (Enguerrand DE), homme d'État français, né à Lyons-la-Forêt (v. 1260-1315). Conseiller de Philippe IV le Bel, il tenta une réforme des finances. Après la mort du roi, il fut pendu à Montfaucon pour prévarication.

Marie de Médicis

Marie Ire Stuart

Marie Ire Tudor

Marie-Antoinette
par Mme Vigée-Lebrun

Marie-Louise
par Prud'hon

Marie-Thérèse
et la famille impériale

MARIGOT (Le) [97225], ch.-l. de c. de la Martinique; 3 842 h.

MARILLAC (Michel DE), homme d'État français, né à Paris (1563-1632). Garde des Sceaux en 1629, il rédigea le *code Michau*, que le parlement ne voulut pas enregistrer. L'un des chefs du parti dévot, il conspira contre Richelieu et dut s'exiler après la journée des Dupes (1630). — Son frère LOUIS, maréchal de France (1573-1632), conspira contre Richelieu, qui le fit décapiter.

MARIN Ier ou **MARTIN II,** né à Gallese (m. en 884), pape de 882 à 884. — MARIN II ou MARTIN III, né à Rome (m. en 946), pape de 942 à 946.

MARIN (Le) [97290], ch.-l. d'arr. de la Martinique; 6 104 h.

MARIN de Tyr, géographe grec de la fin du Ier s.

Marine (*musée de la*), musée créé au Louvre en 1827 et transféré au palais de Chaillot en 1943. Il est consacré à l'histoire des marines de guerre et de commerce.

MARINES (95640), ch.-l. de c. du Val-d'Oise; 2 102 h.

MARINETTI (Filippo Tommaso), écrivain italien, né à Alexandrie (Égypte) [1876-1944], initiateur du *futurisme.*

MARINGUES (63350), ch.-l. de c. du Puy-de-Dôme; 2 374 h. Église des XIIe-XVIe s.

MARINIDES ou **MÉRINIDES,** dynastie berbère qui régna au Maroc de 1269 à 1465.

MARIN LA MESLÉE (Edmond), aviateur français, né à Valenciennes (1912-1945). Premier chasseur français avec 20 victoires en 1940, il fut abattu en combat aérien.

MARINO ou **MARINI** (Giambattista), poète italien, né à Naples (1569-1625), connu en France sous le nom de **Cavalier Marin.** Son style précieux influa sur le goût français au début du XVIIe s.

Marion de Lorme, drame en cinq actes et en vers, de V. Hugo (1831).

MARIOTTE (*abbé* Edme), physicien français, né en Bourgogne (v. 1620-1684). Il étudia la compressibilité des gaz et énonça, en 1676, la loi qui porte son nom : *À température constante, le volume d'une masse gazeuse varie en raison inverse de sa pression.*

MARIOUPOL → JDANOV.

MARIOUT (*lac*), anc. *Maréotis,* lagune du littoral égyptien, séparée de la mer par une langue de terre sur laquelle s'élève Alexandrie.

MARIPASOULA (97370), ch.-l. de c. de la Guyane; 886 h.

MARIS ou **TCHÉRÉMISSES,** peuple de l'U.R.S.S., sur la Volga moyenne.

MARITAIN (Jacques), philosophe français, né à Paris (1882-1973). Défenseur du néothomisme, il a combattu le bergsonisme.

MARITIMES (*provinces*), ensemble des provinces canadiennes de la Nouvelle-Écosse, du Nouveau-Brunswick et de l'île du Prince-Édouard.

MARITZA (la) → MARICA (*la*).

MARIUS (Caius), général et homme politique romain, né à Cereatae, près d'Arpinum (157-86 av. J.-C.). Plébéien, il rompt avec Metellus, l'un des chefs aristocrates, et se pose en champion du peuple. Il obtient, en 107, le consulat et le commandement de l'armée d'Afrique; il fait de la légion une véritable armée de métier, grâce à laquelle il vient à bout de Jugurtha, des Teutons à Aix (102) et des Cimbres à Verceil (101). Mais le parti aristocratique reprend l'avantage avec son chef Sulla, qui, vainqueur en Orient, marche sur Rome, d'où il chasse son rival (88), qui devra s'exiler en Afrique. Sulla étant reparti pour l'Orient, Marius rentre à Rome (86) avec l'aide de Cinna. Consul pour la septième fois, il meurt dix-sept jours après son entrée en charge.

MARIVAUX (Pierre CARLET DE CHAMBLAIN DE), écrivain français, né à Paris (1688-1763). Auteur de parodies, rédacteur de journaux, il est ruiné par la banqueroute de Law et se consacre au théâtre. Il renouvelle la comédie en la fondant sur l'amour naissant, traduit en un langage

délicat, qu'on a appelé le « marivaudage » : *la Surprise de l'amour* (1722), *la Double Inconstance* (1723), *le Jeu* de l'amour et du hasard (1730), *la Mère confidente* (1735), *le Legs* (1736), *les Fausses Confidences* (1737), *l'Épreuve* (1740). On lui doit également deux romans : *la Vie de Marianne* (1731-1741), *le Paysan parvenu* (1735). [Acad. fr.]

MARKERWAARD, polder des Pays-Bas (Zuiderzee).

MARKHAM, v. du Canada (Ontario); 56 206 h.

MARKHAM (*mont*), l'un des points culminants de l'Antarctique; 4 572 m.

MARKOV (Andreï Andreïevitch), mathématicien russe, né à Riazan (1856-1922). Il s'est surtout consacré au calcul des probabilités.

MARKOVA (Lilian Alicia MARKS, dite **Alicia**), danseuse anglaise, née à Londres en 1910, fondatrice avec A. Dolin de la compagnie Markova-Dolin.

MARKSTEIN (le), sommet des Vosges méridionales; 1 268 m. Sports d'hiver.

MARL, v. de l'Allemagne fédérale; 75 000 h.

MARLBOROUGH (John CHURCHILL, *duc DE*), homme de guerre anglais, né à Musbury (1650-1722). En 1688, il passa du camp de Jacques II au parti de Guillaume d'Orange. À l'avènement de la reine Anne (1702), il devint capitaine général des troupes britanniques. Commandant de l'armée des Pays-Bas, il remporta les victoires de Blenheim (1704) et de Malplaquet (1709), au cours de la guerre de la Succession d'Espagne. Il fut disgracié en 1711. Son nom est devenu légendaire grâce à la chanson burlesque dont il est le héros sous le nom dénaturé de MALBROUGH.

MARLE (02250), ch.-l. de c. de l'Aisne; 2 936 h. Église de la fin du XIIe s. Sucrerie.

MARLES-LES-MINES (62540), comm. du Pas-de-Calais; 7 938 h.

MARLOWE (Christopher), poète dramatique anglais, né à Canterbury (1564-1593), auteur de *la Tragique Histoire du Dr Faust.*

MARLY (57157), comm. de la Moselle; 6 126 h.

MARLY (59770), comm. du Nord; 15 396 h. Métallurgie.

MARLY-LA-MACHINE, écart de la commune de Bougival (Yvelines), célèbre par ses machines hydrauliques qui alimentèrent Versailles en eau : celle qui fut construite sous Louis XIV par Rennequin et celle de Dufrayer, édifiée de 1855 à 1859 et démolie en 1972.

MARLY-LE-ROI (78160), ch.-l. de c. des Yvelines, près de la Seine; 16 143 h. (*Marlychois*). Louis XIV y avait fait construire par J. H.-Mansart un château entouré de douze pavillons, qui fut détruit sous la Révolution (parc). — Les *Chevaux de Marly,* par Coustou (place de la Concorde à Paris), proviennent de l'abreuvoir de ce château.

MARMANDE (47200), ch.-l. d'arr. de Lot-et-Garonne, sur la Garonne; 17 723 h. (*Marmandais*). Église des XIIIe-XVIe s. Centre de production

Marivaux

le duc de **Marlborough**

MARNE

maraîchère. Alimentation. Constructions mécaniques.

MARMARA *(mer de)*, mer intérieure du bassin de la Méditerranée, entre les parties européenne et asiatique de la Turquie. C'est l'anc. *Propontide.*

MARMOLADA (la), point culminant des Dolomites (Italie); 3 342 m.

MARMONT (Auguste VIESSE DE), *duc de* **Raguse**, maréchal de France, né à Châtillon-sur-Seine (1774-1852). Il commanda en Dalmatie (1806), au Portugal et en Espagne (1811-1812) puis devant Paris, dont il négocia la capitulation avec les Alliés.

MARMONTEL (Jean-François), écrivain français, né à Bort-les-Orgues (1723-1799), célèbre dans les salons philosophiques pour ses romans *(les Incas, Bélisaire)* et ses *Contes moraux.* (Acad. fr.)

MARMOUTIER (67440), ch.-l. de c. du Bas-Rhin; 1973 h. Église à belle façade romane de tradition carolingienne, anc. abbatiale d'un monastère fondé au VIᵉ s.

Marmoutier, abbaye située à 3 km de Tours, fondée par saint Martin (372). Vestiges.

MARNAY (70150), ch.-l. de c. de la Haute-Saône; 1073 h. Église des XIVᵉ-XVIᵉ s.

MARNE (la), riv. qui prend sa source sur le plateau de Langres, passe à Chaumont, Saint-Dizier, Vitry-le-François, Châlons-sur-Marne, Épernay, Château-Thierry, Meaux et se jette dans la Seine (r. dr.) à Charenton-le-Pont; 525 km. Près de Saint-Dizier, une retenue *(réservoir Marne)* forme un lac de près de 5 000 ha. Le *canal latéral à la Marne* remonte la rivière, de Dizy à Vitry-le-François, où il est prolongé par le *canal de la Marne au Rhin*, et par le *canal de la Marne à la Saône.*

Marne *(batailles de la)*, ensemble des manœuvres et des combats victorieux dirigés par Joffre en septembre 1914, qui arrêtèrent l'invasion allemande et contraignirent Moltke à la retraite. Foch remporta dans la région une deuxième victoire en août 1918.

MARNE *(dép. de la)* [**51**], dép. de la Région Champagne-Ardenne, formé d'une partie de la Champagne et d'une partie du Valois; ch.-l. de dép. *Châlons-sur-Marne*; ch.-l. d'arr. *Épernay, Reims, Sainte-Menehould, Vitry-le-François*; 5 arr., 41 cant., 618 comm.; 8 163 km²; 530 399 h. Le dép. appartient à l'académie, à la circonscription judiciaire et à la province ecclésiastique de Reims, à la région militaire de Metz. Les plaines de la Champagne crayeuse, mises en valeur (céréales), font place, à l'est, aux terres argileuses de la Champagne humide, pays de bois et de prairies (élevage laitier). À l'ouest s'élève la côte de l'Île-de-France, qui, autour de Reims et d'Épernay, porte le célèbre vignoble champenois. L'industrie est représentée par les branches alimentaires et textiles, les constructions mécaniques et électriques (auj. dominantes) et localisée surtout à Reims, dont l'agglomération concentre nettement plus du tiers de la population totale du département.

MARNE *(dép. de la Haute-)* [**52**], dép. de la Région Champagne-Ardenne; ch.-l. de dép. *Chaumont*; ch.-l. d'arr. *Langres, Saint-Dizier*; 3 arr., 31 cant., 394 comm.; 6 216 km²; 212 304 h. Le dép. appartient à l'académie de Reims, à la circonscription judiciaire de Dijon, à la région militaire de Metz et à la province ecclésiastique de Lyon. Il est formé de régions variées (Vallage, Bassigny, Châtillonnais, plateau de Langres), où l'élevage bovin et, localement, l'exploitation forestière constituent les fondements de l'économie rurale. La vallée de la Marne est jalonnée par les principales villes (Saint-Dizier, Chaumont). L'industrie est représentée surtout par la métallurgie de transformation (du matériel agricole à la coutellerie), de tradition ancienne à Saint-Dizier et à Nogent-en-Bassigny. Le travail du bois et les industries alimentaires sont plus dispersés.

Marne *(réservoir)* → DER CHANTECOQ *(lac du).*

MARNE-LA-VALLÉE, ville nouvelle à l'est de Paris, sur la rive gauche de la Marne.

MARNES-LA-COQUETTE (92430), comm. des Hauts-de-Seine, à l'ouest de Paris; 1 646 h. Château de Villeneuve-l'Étang, annexe de l'Institut Pasteur.

MAROC, royaume occupant l'extrémité nord-ouest de l'Afrique, sur l'Atlantique et la Méditerranée; 447 000 km²; 20 240 000 h. *(Marocains).* Cap. *Rabat.* V. pr. *Casablanca, Marrakech, Fès, Meknès.* Langues : *arabe* et *français.*

GÉOGRAPHIE

Les chaînes atlasiques (Anti-Atlas au sud, Haut Atlas, partie la plus élevée, au centre, Moyen Atlas au nord) séparent le Maroc oriental, plateau dominant la dépression de la Moulouya, du Maroc atlantique, formé de plateaux et de plaines (en bordure du littoral). Le nord du pays est occupé par le Rif (extrémité occidentale des chaînes telliennes), qui retombe brutalement sur la Méditerranée. Le Sud appartient déjà au Sahara. La latitude et la disposition des reliefs expliquent la relative humidité du Maroc atlantique et l'aridité de la partie orientale. La population, islamisée, comprend des arabophones sédentaires dans les plaines, et des Berbères, parfois encore nomades, dans les secteurs montagneux; les uns et les autres se consacrent surtout aux cultures céréalières (blé, orge) et à l'élevage (ovins et caprins). Les cultures commerciales (vigne, primeurs et surtout agrumes) sont héritées de la colonisation, qui a notamment mis en place une industrie extractive (phosphates, principalement, de loin le premier produit d'exportation), et créé Casablanca, métropole économique du pays. Toutefois, elle n'a pas beaucoup développé les industries de transformation, encore largement limitées aujourd'hui au traitement des phosphates, aux textiles, à une petite métallurgie de transformation, aux conserveries de poisson.

HISTOIRE

— XIᵉ s. av. J.-C. : implantation phénicienne sur les côtes marocaines.

— VIᵉ s. av. J.-C. : création de comptoirs carthaginois.

— 146 av. J.-C. : destruction de Carthage; son influence se prolonge dans le royaume de Mauritanie.

— 40 apr. J.-C. : annexion de la Mauritanie par Rome, qui organisera deux provinces : la Césarienne (Cherchell) et la Tingitane (Tanger).

— Vᵉ s. : intervention des Vandales.

— 534 : début d'une reprise partielle du pays par Byzance.

— 700-710 : conquête du Maroc par les Arabes, qui imposent l'islam aux tribus berbères.

— 739-740 : révolte des Berbères khâridjites.

— 789-985 : domination des Idrisides.

— Xᵉ s. : anarchie, partition en principautés.

— 1061-1147 : les Almoravides unifient le Maghreb et l'Andalousie en un vaste empire.

— 1147-1269 : l'empire aux mains des Almohades. Les échanges internationaux apportent une grande prospérité.

— 1269-1420 : domination des Marinides, qui doivent renoncer à l'Espagne (1340). Les Portugais, à Ceuta (1415).

— 1420-1465 : les Marinides, sous la tutelle des

HAUTE-MARNE

chef-lieu de département
chef-lieu d'arrondissement
chef-lieu de canton
— limite d'arrondissement
... limite de canton
●●●●●○ localités classées selon leur population

Hortes : *centre le plus peuplé d'une commune créée par fusion* (Hte-Amance)

courbes: 200, 300, 400 m

v. ferrée
route

0 km 10 km 20

Waṭṭāsides; réveil religieux : influence grandissante des marabouts.
— 1554-1659 : les Saʿdiens, maîtres du pays, menacé longtemps par les Ottomans. Règne glorieux d'al-Manṣūr (1578-1603), qui bat les Portugais et s'empare de Tombouctou; nouvelle période d'anarchie.
— 1666 : Mūlāy Rachīd († 1672) s'empare de Fès et de Marrakech et fonde la dynastie des ʿAlawites.
— 1672-1727 : règne de Mūlāy Ismāʿīl.
— 1727-1757 : anarchie.
— 1757-1790 : arrêt de la décadence marocaine sous Muḥammad III.
— 1790-1822 : repliement du pays.
— 1856 : le Maroc s'ouvre au commerce anglais.
— 1860 : victoire à Tétouan de l'Espagne, qui obtient des avantages fiscaux et territoriaux.
— 1863 : traité franco-marocain, très favorable aux intérêts français.
— 1863-1912 : le Maroc maintient son indépendance grâce à la compétition des puissances étrangères. Règnes d'Hasan Iᵉʳ (1873-1894), d'ʿAbd al-ʿAzīz (1900-1908), de Mūlāy Ḥafīz (1908-1912).
— 1901 : la France prend en charge la « pacification » des confins algéro-marocains. Hostilité de l'Allemagne.
— 1906 : les accords d'Algésiras ouvrent le Maroc à la France et à l'Espagne.
— 1912 : traité de Fès établissant le protectorat français, sauf au Maroc espagnol. Lyautey, résident général (1912-1925), entreprend la pacification du pays. Mūlāy Yūsuf, sultan.

— 1921-1926 : guerre du Rif. Reddition d'Abd el-Krim.
— 1923 : Tanger, ville internationale.
— 1927 : avènement de Muḥammad V.
— 1932-1934 : fin de la pacification.
— 1943 : fondation du parti nationaliste de l'Istiqlāl.
— 1953 : la France dépose Muḥammad V.
— 1956 : le sultan est rétabli, l'indépendance proclamée, le statut de Tanger aboli.
— 1957 : Muḥammad V proclamé roi.
— 1961 : avènement d'Hasan II.
— 1976 : le Maroc intègre une partie de l'ancien Sahara espagnol.
— 1979 : après la renonciation de la Mauritanie à la zone qu'elle occupait, le Maroc unit à son territoire l'ensemble de l'ancien Sahara espagnol et se heurte aux nationalistes de la région.

MAROILLES (59550 Landrecies), comm. du Nord; 1481 h. Fromages dits *maroilles*.

MAROLLES-LES-BRAULTS (72260), ch.-l. de c. de la Sarthe; 1793 h.

MAROMME (76150), ch.-l. de c. de la Seine-Maritime; 11 687 h. Industrie chimique.

MARONI (le), fl. séparant la Guyane française et le Surinam.

MAROS → MUREȘ.

MAROT (Clément), poète français, né à Cahors (1496-1544). Valet de chambre de François Iᵉʳ, soupçonné de sympathie pour la Réforme, il mourut à Turin, où il s'était réfugié. Fidèle aux

formes traditionnelles du Moyen Âge (rondeau, ballade), il est aussi un poète de cour plein d'élégance dans ses *Épîtres*, ses *Épigrammes* et ses *Élégies*.

MARQUENTERRE (le), plaine de la Picardie, entre les estuaires de la Somme et de la Canche.

MARQUET (Albert), peintre français, né à Bordeaux (1875-1947). Issue du fauvisme, son œuvre de paysagiste se distingue par le caractère synthétique et la délicatesse du coloris.

MARQUETTE (Jacques), jésuite français, né à Laon (1637-1675). Il a découvert le Mississippi.

MARQUETTE-LEZ-LILLE (59520), comm. du Nord; 8244 h. Matériel agricole. Minoterie.

MARQUION (62860), ch.-l. de c. du Pas-de-Calais; 874 h.

MARQUISE (62250), ch.-l. de c. du Pas-de-Calais; 5030 h. Marbre.

MARQUISES (îles), archipel de la Polynésie française; 1274 km²; 5419 h. (*Marquisiens*).

MARRAKECH, v. et anc. cap. du Maroc, sur le Tensift, au pied du Haut Atlas; 330 000 h. Centre touristique. Nombreux monuments, dont la mosquée al-Kutubiyya (XIIᵉ s.). Fondée en 1062, Marrakech fut, jusqu'en 1269, la capitale des Almoravides et des Almohades.

MARRAST (Armand), journaliste et homme politique français, né à Saint-Gaudens (1801-1852). Il fut membre du gouvernement provisoire de 1848, maire de Paris et député de la gauche à la Constituante.

MAROC

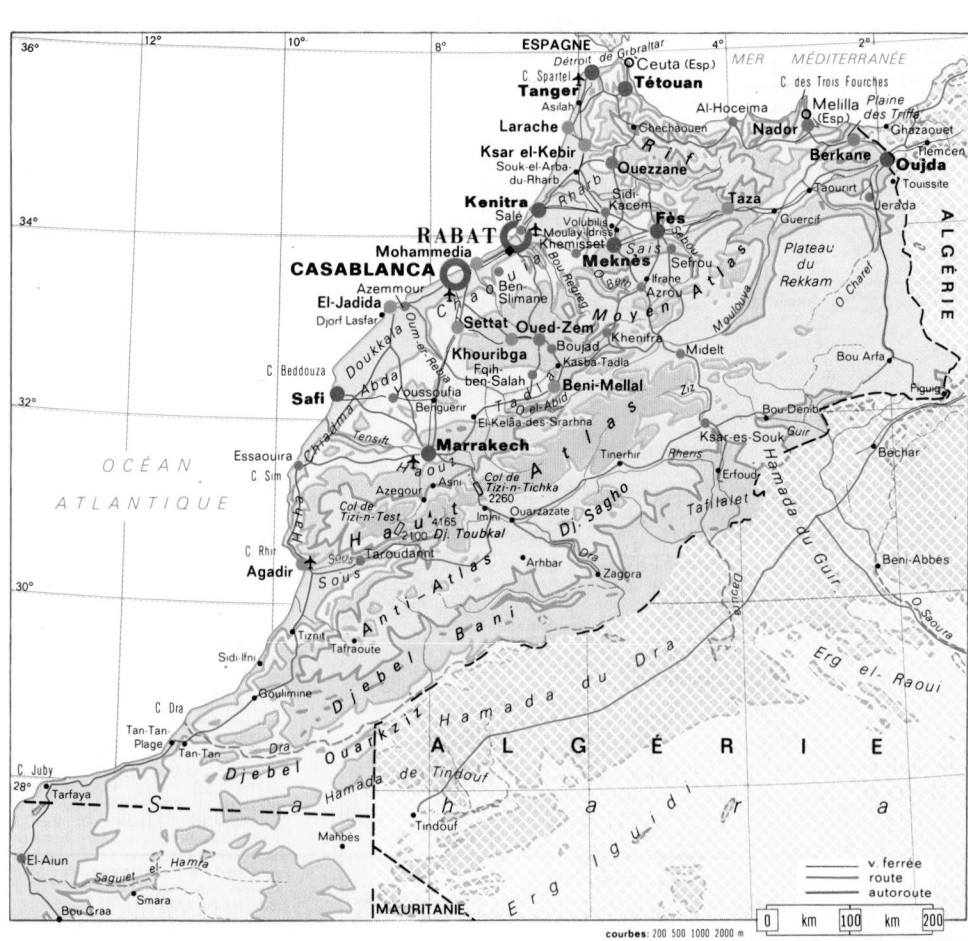

Marrakech
minaret de la mosquée
al-Kutubiyya (XIIe s.)

Christian Sappa

George **Marshall**

I.P.S.

flûte. Il fut écorché vif par Apollon, qu'il avait osé défier dans un tournoi musical.

Marteau sans maître (le), œuvre de Pierre Boulez, pour voix d'alto et 6 instruments, sur des textes de René Char (1954). Elle a donné lieu à une symbolisation chorégraphique de Maurice Béjart (1973).

MARTEL (46600), ch.-l. de c. du Lot, sur le *causse de Martel;* 1560 h. Monuments et maisons du Moyen Âge.

MARTEL (Édouard), spéléologue français, né à Pontoise (1859-1938), créateur de la spéléologie, auteur de *la France ignorée.*

MARTEL (Thierry DE), chirurgien français, né à Maxéville (1875-1940), auteur de travaux sur la gynécologie et la chirurgie du système nerveux.

MARTELLANGE (Étienne Ange MARTEL, dit), architecte et jésuite français, né à Lyon (1569-1641). Il fut le principal constructeur, influencé par l'église du Gesù à Rome, des chapelles et collèges de l'ordre (Le Puy, Rennes, etc.).

MARTENOT (Maurice), ingénieur français, né à Paris (1898-1980). Il imagina un instrument de musique électronique à clavier, appelé *ondes Martenot* (1928).

MARTHE (sainte), sœur de Lazare et de Marie

vue de **Marseille**, avec, au premier plan, l'église Notre-Dame-de-la-Garde

Loïc-Jahan

MARS. *Myth. rom.* Dieu de la Guerre, identifié avec l'*Arès* des Grecs.

MARS, la première des planètes supérieures du système solaire. Son diamètre équatorial vaut 6 794 km. Elle a deux satellites, Phobos et Deimos. On a décelé à sa surface des terrains rocailleux, des vallées sinueuses, des dunes de sable, des cratères d'impact, ainsi que des volcans éteints aux cônes gigantesques, localisés dans l'hémisphère Nord.

MARS (Anne BOUTET, dite M**lle**), comédienne française, née à Paris (1779-1847), interprète des grands drames romantiques.

MARSA EL-BREGA, port de la Libye (Cyrénaïque). Exportation et raffinage du pétrole.

MARSAILLE (La), en ital. *Marsaglia,* village d'Italie (Piémont), où Catinat y vainquit le duc de Savoie en 1693.

MARSAIS (César CHESNEAU, *sieur* DU), grammairien français, né à Marseille (1676-1756), auteur d'un *Traité des tropes.*

MARSALA, port de Sicile, sur la Méditerranée; 85 000 h. Vins.

MARSAN (le), anc. pays de Gascogne, dans les Landes.

MARSANNAY-LA-CÔTE (21160), comm. de la Côte-d'Or; 6590 h. Vins rouges.

MARSANNE (26200 Montélimar), ch.-l. de c. de la Drôme; 790 h. Forêt.

Marseillaise (la), chant patriotique devenu en 1795, puis en 1879, l'hymne national français. Composé en 1792 pour l'armée du Rhin, ce chant, dû (paroles et musique) à un officier du génie, Rouget de Lisle, en garnison à Strasbourg, reçut le titre de *Chant de guerre pour l'armée du Rhin;* mais les fédérés marseillais l'ayant fait connaître les premiers à Paris, il prit le nom de *Marseillaise.*

MARSEILLE, ch.-l. de la Région Provence-Alpes-Côte d'Azur et du dép. des Bouches-du-Rhône, à 774 km au sud de Paris; 914 356 h. (*Marseillais).* Vestiges helléniistiques et romains. Églises, notamment romanes. Vieil hôtel de ville du XVIIe s. Anc. hospice de la Charité (chapelle sur plans de P. Puget). Nombreux musées. C'est le principal port français de commerce (importation de pétrole de l'Afrique du Nord et du Moyen-Orient), un port de voyageurs et le centre d'une agglomération (la troisième de France, alors que la ville même est la plus peuplée des communes de province) industrialisée (produits chimiques et alimentaires, métallurgie). — Colonie fondée au VIe s. av. J.-C. par les Phocéens, *Massalia* connut une longue prospérité au temps des Romains. Siège d'une vicomté dépendant du comte de Provence au IXe s., Marseille retrouva son activité au temps des

croisades (XIIe-XIIIe s.). Française en 1481, port franc en 1669, elle devient un grand centre d'affaires après l'ouverture du canal de Suez.

MARSEILLE-EN-BEAUVAISIS (60690), ch.-l. de c. de l'Oise; 902 h.

MARSES, anc. peuple de l'Italie, établi dans les Abruzzes; il joua un rôle important dans la *guerre sociale* (91-88).

MARSHALL, archipel de la Micronésie (Océanie); 24 000 h. Allemand de 1885 à 1914, sous mandat japonais jusqu'en 1944, sous la tutelle des États-Unis depuis 1947. Expériences atomiques sur les atolls de Bikini et d'Eniwetok de 1946 à 1956.

MARSHALL (Alfred), économiste anglais, né à Londres (1842-1924), auteur de *Principes d'économie politique* (1890-1907).

MARSHALL (George), général et homme politique américain, né à Uniontown (Pennsylvanie) [1880-1959]. Chef d'état-major de l'armée de 1939 à 1945, puis secrétaire d'État du président Truman (1947-48), il a donné son nom au plan américain d'aide au relèvement économique de l'Europe occidentale, ruinée par la guerre.

MARSON (51240 La Chaussée sur Marne), ch.-l. de c. de la Marne; 276 h.

MARSOULAS (31260 Salies du Salat), comm. de la Haute-Garonne; 94 h. Grotte paléolithique renfermant des gravures, parmi lesquelles des représentations de visages humains.

MARSTON (John), poète dramatique anglais (v. 1575-1634), auteur de satires et de comédies (*le Mécontent).* Il collabora avec Ben Jonson et Chapman.

MARSYAS, silène phrygien, inventeur de la

dans l'Évangile. La légende en a fait la patronne de Tarascon et des hôteliers.

MARTÍ (José), écrivain et patriote cubain, né à La Havane (1853-1895). Son action et ses textes ont fait de lui un héros de l'indépendance hispano-américaine.

MARTIAL (saint), apôtre du Limousin et premier évêque de Limoges (IIIe s.).

MARTIAL, poète latin, né à Bilbilis (Espagne) [v. 40-v. 104]. Le mordant de ses *Épigrammes* a fait prendre, après lui, au mot désignant ce type de poésies courtes le sens de raillerie satirique.

MARTIGNAC (Jean-Baptiste GAY, *comte* DE), homme d'État français, né à Bordeaux (1778-1832), Premier ministre (1828-1829).

MARTIGNY, comm. de Suisse (Valais); 10 478 h. Aluminium.

MARTIGUES (13500), ch.-l. de c. des Bouches-du-Rhône; 38 378 h. (*Martégaux).* Églises du XVIIe s. Port pétrolier (Lavéra*), près de l'étang de Berre. Raffinage du pétrole. Chimie.

MARTIN (*cap),* cap de la Côte d'Azur, entre Monaco et Menton. Tourisme.

MARTIN (saint), évêque de Tours, né à Sabaria (Pannonie) [v. 315-397]. Tout d'abord soldat de la garde impériale (légende du manteau qu'il aurait partagé avec un pauvre), il se convertit. Fondateur de monastères, entre autres Ligugé et Marmoutier, évêque de Tours en 371, il fut l'artisan de l'apostolat rural en Gaule.

MARTIN Ier (*saint*), né à Todi (v. 590-655), pape de 649 à 655. Sa condamnation du monothélisme lui valut l'exil. — MARTIN II et MARTIN III, v. MARIN Ier et MARIN II. — MARTIN IV (Simon de Brion) [v. 1210-1285], pape de 1281 à 1285. —

MARTIN V (Oddone *Colonna*), né à Genazzano (1368-1431), pape de 1417 à 1431. Son élection mit fin au grand schisme.

MARTIN (Nicolas Jean BLES, dit **Jean Blaise**), chanteur français, né à Paris (1768-1837), il a donné son nom à un type de voix : le *baryton Martin.*

MARTIN (Pierre), ingénieur et industriel français, né à Bourges (1824-1915). Il élabora la production de l'acier sur sole par refusion de déchets d'acier avec addition de fonte (1865), pour dilution des impuretés et affinage.

MARTIN (Frank), compositeur suisse, né à Genève (1890-1974), auteur de musiques symphoniques, d'oratorios (*Golgotha, le Mystère de la Nativité*) et de concertos.

MARTIN DU GARD (Roger), écrivain français, né à Neuilly-sur-Seine (1881-1958), peintre des crises intellectuelles et sociales de son temps (*Jean Barois*, 1913; *les Thibault**). [Prix Nobel, 1937.]

MARTINET (André), linguiste français, né à Saint-Albans-des-Villards en 1908, auteur de travaux en phonologie et en linguistique générale.

MARTÍNEZ CAMPOS (Arsenio), maréchal et homme d'État espagnol, né à Ségovie (1831-1900). Il contribua à l'écrasement de l'insurrection carliste (1870-1876).

MARTÍNEZ DE LA ROSA (Francisco), homme politique et écrivain espagnol, né à Grenade (1787-1862), auteur de pièces de théâtre et d'ouvrages historiques.

MARTÍNEZ MONTAÑÉS (Juan), sculpteur espagnol, né à Alcalá la Real (prov. de Jaén) [1568-1649]. Il fut, à Séville, le grand maître de la sculpture religieuse sur bois (souvent peinte).

MARTINI (Simone), peintre italien, né à Sienne (v. 1284-1344). Maître d'un style gothique d'une grande élégance, actif à Sienne, Naples, Assise (fresques de la *Vie de saint Martin*), Avignon, il exerça une influence considérable.

MARTINI (Francesco DI GIORGIO) → FRANCESCO DI GIORGIO MARTINI.

MARTINI (*Padre* Giambattista), religieux italien, né à Bologne (1706-1784), compositeur et théoricien de la musique.

MARTINI (Arturo), sculpteur italien, né à Trévise (1889-1947), novateur subtil sous des dehors traditionnels.

MARTINIQUE (*île de la*) [972], une des Petites Antilles, formant un dép. français d'outre-mer; 1 100 km²; 324 832 h. (*Martiniquais*). Ch.-l. *Fort-de-France*. L'île, au climat tropical, constituée par un massif volcanique dominé par la montagne Pelée*, vit des cultures de la canne à sucre (sucre et rhum) et surtout des fruits tropicaux (banane surtout, ananas). Le rapide essor démographique a aggravé le problème du surpeuplement, partiellement résolu par l'émigration vers la métropole. — Découverte par Colomb en 1502, l'île fut colonisée par les Français à partir de 1635. Domaine de la Compagnie des Indes occidentales (1664), rattachée au domaine royal en 1674, la Martinique est département français d'outre-mer depuis 1946.

MARTINON (Jean), chef d'orchestre et compositeur français, né à Lyon (1910-1976), auteur du *Chant des captifs* (Psaume CXXXVI).

MARTINSON (Harry), écrivain suédois, né à Jämshög (1904-1978). Poète et romancier d'inspiration réaliste (*le Chemin de Klockricke*). [Prix Nobel, 1974, avec Eyvind Johnson.]

MARTINŮ (Bohuslav), compositeur américain d'origine tchèque, né à Polička (Bohême) [1890-1959], auteur d'opéras, ballets, symphonies et concertos.

MARTONNE (Emmanuel DE), géographe français (1873-1955), auteur d'un *Traité de géographie physique* (1909).

MARTY (André), homme politique français, né à Chabris (Indre) [1886-1956]. Il participe à une mutinerie en mer Noire au cours des opérations menées par l'armée française contre les bolcheviks (1919). Il adhère au parti communiste en 1923. Il en est exclu en 1953.

Martyrs (*les*) *ou le Triomphe de la religion chrétienne*, épopée en prose de Chateaubriand (1809).

Martyrs canadiens (*les*), jésuites français massacrés par les Iroquois entre 1642 et 1649. Ils furent canonisés en 1930.

MARVEJOLS [-vəʒɔl] (48100), ch.-l. de c. de la Lozère; 5 913 h. Portes du XIVᵉ s.

MARVELL (Andrew), écrivain anglais, né à Winestead (Yorkshire) [1621-1678], adversaire de Dryden et défenseur de Milton.

MARX (Karl), philosophe et économiste socialiste allemand, né à Trèves (1818-1883). Rédacteur, avec Engels, du *Manifeste du parti communiste* (1848), fondateur de la *Iʳᵉ Internationale**, il a défini sa doctrine dans les *Fondements de la critique de l'économie politique* (1858) et surtout dans *le Capital** (livre 1ᵉʳ, 1867). Le *marxisme**, s'appuyant sur une explication *matérialiste* des faits idéologiques, économiques et historiques, part d'une critique de la religion et de l'idéologie en général. S'opposant aux économistes anglais et aux socialistes utopistes français, et s'inspirant des leçons de Hegel (*dialectique*), mais en critiquant sa philosophie de l'histoire, Marx, qui présente ses thèses comme scientifiques, considère que le capitalisme réalise l'accumulation des richesses, que le moteur de l'histoire est la lutte des classes et que le prolétariat, à condition qu'il s'organise au plan international, deviendra nécessairement maître des moyens de production et d'échange, pour réaliser la société communiste.

MARY, anc. Merv, v. de l'U.R.S.S. (Turkménistan), dans une oasis formée par le Mourgab; 72 000 h. Coton.

MARY (*puy*), sommet du massif du Cantal; 1 787 m.

MARYLAND, un des États unis d'Amérique (Atlantique); 27 394 km²; 3 922 000 h. Cap. *Annapolis*. V. pr. *Baltimore*.

MASACCIO (Tommaso DI SER GIOVANNI, dit), peintre italien, né à San Giovanni Valdarno (prov. d'Arezzo) [1401-v. 1428]. Il a pratiqué un art caractérisé par la plénitude des formes et le rendu atmosphérique, et dont l'influence fut considérable (fresques de l'église S. Maria del Carmine, à Florence, avec Masolino).

MASAÏS ou **MASSAÏS,** population du Kenya et de Tanzanie.

MASAN, port de la Corée du Sud, sur le détroit de Corée; 372 000 h.

Giraudon

Simone **Martini**
Maestà (1315, détail)

Karl **Marx**
Pirkan et Gehler

Masaccio
le Paiement du tribut
(partie centrale)
une des fresques de
l'église Santa Maria
del Carmine, à Florence (v. 1425)

Giraudon

MARTINIQUE

MASANIELLO (Tomaso ANIELLO, dit), tribun populaire napolitain, né à Naples (1620-1647). Chef des Napolitains révoltés, il fut assassiné.

MASARYK (Tomáš), homme d'État tchécoslovaque, né à Hodonín (Moravie) [1850-1937]. Il fonda, en 1918, la République tchécoslovaque, dont il fut le premier président. Il démissionna en 1935. — Son fils JAN, né à Prague (1886-1948), a été ministre des Affaires étrangères après la Libération.

MAS-CABARDÈS (11380), ch.-l. de c. de l'Aude; 310 h.

MASCAGNI (Pietro), compositeur italien, né à Livourne (1863-1945), auteur de *Cavalleria rusticana* (1890).

MASCARA, v. d'Algérie, ch.-l. de wilaya; 37 000 h. Vins.

MASCAREIGNES (îles), anc. nom de l'archipel, dans l'océan Indien, formé principalement par la *Réunion** (anc. *île Bourbon*) et l'*île Maurice** (anc. *île de France*).

MASCARON (Jules), prédicateur français, né à Marseille (1634-1703). Il prêcha plusieurs fois l'Avent et le Carême à la Cour.

MASCATE, en angl. **Muscat,** cap. de l'Oman, sur le golfe d'Oman; 6 000 h.

MAS-D'AGENAIS [mas-] (Le) (47430), ch.-l. de c. de Lot-et-Garonne; 1 241 h. Église romane (*Christ en croix* de Rembrandt).

MAS-D'AZIL [mas-] (Le) (09290), ch.-l. de c. de l'Ariège, au pied du Plantaurel; 1 643 h. Grotte renfermant des vestiges préhistoriques (magdalénien et épipaléolithique), éponyme de l'azilien.

MASDJID-I SULAYMÂN, v. d'Iran (Khûzistân); 64 000 h. Ruines de l'époque achéménide à l'époque sassanide. Pétrole.

MASERU, v. de l'Afrique australe, cap. du Lesotho; 29 000 h.

MASEVAUX (68290), ch.-l. de c. du Haut-Rhin; 3 601 h. Vestiges et monuments du XIIIᵉ au XVIIIᵉ s.

MASINISSA ou **MASSINISSA,** roi de Numidie (v. 238-148 av. J.-C.). D'abord allié des Carthaginois, il se tourna du côté des Romains lors de la deuxième guerre punique (218-201), et put, grâce à leur appui, constituer un royaume puissant. Ses empiétements amenèrent Carthage à lui déclarer la guerre (150), fournissant ainsi le prétexte de la troisième guerre punique.

MASOLINO da Panicale, peintre italien, né à Panicale (?) [v. 1383-v. 1440 ou 1447]. Il combine l'influence de Masaccio* à celle du style gothique international (fresques du baptistère de Castiglione Olona, prov. de Varèse).

MASPERO (Gaston), égyptologue français, né à Paris (1846-1916). Il a poursuivi l'œuvre de sauvegarde de Mariette, dégageant notamment le grand Sphinx de Gizeh, le temple de Louqsor. Il a publié de nombreuses études. — Son fils HENRI, sinologue, né à Paris (1883-1945), est l'auteur de *la Chine antique* (1927).

Masque de fer (l'homme au), personnage demeuré inconnu, qui fut amené dans la forteresse de Pignerol en 1679, puis à la Bastille, où il mourut en 1703, après avoir été contraint, sa vie durant, de porter un masque.

MASSA, v. d'Italie (Toscane), ch.-l. de la prov. de *Massa e Carrara;* 66 000 h. Cap. d'un anc. duché.

MASSACHUSETTS, un des États unis d'Amérique, en Nouvelle-Angleterre; 21 385 km²; 5 689 000 h. Cap. *Boston.*

massacres de Scio (*Scènes des*), grande toile de Delacroix sur un épisode de la guerre de l'indépendance grecque (Salon de 1824, auj. au Louvre).

MASSADA ou **MASADA,** forteresse de Palestine, près de la rive ouest de la mer Morte, dernier bastion de la résistance juive aux Romains (66-73 apr. J.-C.). Fouilles importantes.

MASSAGÈTES, peuple nomade de l'est du Caucase, d'origine iranienne. C'est au cours d'une expédition contre les Massagètes que Cyrus II trouva la mort (530 av. J.-C.).

MASSAÏS → MASAÏS.

MASSAOUA, port d'Éthiopie (Érythrée), sur la mer Rouge; 19 000 h. Salines.

MASSAT (09320), ch.-l. de c. de l'Ariège; 711 h.

MASSÉ (Victor), compositeur français, né à Lorient (1822-1884), auteur des *Noces de Jeannette* (1853).

MASSEGROS (Le) [48500 La Canourgue], ch.-l. de c. de la Lozère; 278 h.

MASSÉNA (André), *duc de Rivoli, prince d'Essling,* maréchal de France, né à Nice (1758-1817). Il se distingua à Rivoli (1797), à Zurich (1799), à Essling et à Wagram (1809). Napoléon le surnomma « l'Enfant chéri de la Victoire ».

MASSENET (Jules), compositeur français, né à Montaud, près de Saint-Étienne (1842-1912). Son art, séduisant et sensible, dénote un sens réel du théâtre (*Hérodiade, Manon, Werther, Thaïs, le Jongleur de Notre-Dame, Don Quichotte*).

MASSEUBE (32140), ch.-l. de c. du Gers; 1 858 h.

MASSEY (Vincent), homme d'État canadien, né à Toronto (1887-1967). Premier gouverneur général du Canada d'origine canadienne (1952-1959).

MASSIAC (15500), ch.-l. de c. du Cantal; 2 057 h. Antimoine.

MASSIF CENTRAL, vaste ensemble de hautes terres du centre et du sud de la France; 1 885 m au puy de Sancy. C'est un massif primaire « rajeuni » par le contrecoup du plissement alpin, qui l'a basculé vers le nord-ouest. Les bordures orientale et méridionale (Morvan, Charolais, Mâconnais, Beaujolais, monts du Lyonnais, Vivarais, Cévennes, Montagne Noire), essentiellement cristallines, ont été fortement soulevées. Le centre (Auvergne et Velay) a été affecté par le volcanisme (chaîne des Puys, monts Dore, Cantal) et disloqué par des fractures qui ont délimité les bassins d'effondrement (Limagnes). L'ouest (Limousin), plus éloigné des Alpes, a été moins bouleversé. L'ensemble a un climat assez rude, avec une tendance océanique à l'ouest, continentale au centre et à l'est, méditerranéenne au sud-est. La région, massive, offre des conditions de vie difficiles et subit depuis plus d'un siècle une émigration intense. La vie agricole se caractérise encore souvent par la polyculture et l'autoconsommation. La spécialisation de l'économie rurale n'apparaît que localement (céréales des Limagnes, vigne des coteaux de la bordure orientale, bovins du Limousin, ovins des Causses et du Cantal). L'industrie s'est implantée sur les bassins houillers de la périphérie (régions de Saint-Étienne, du Creusot, de Decazeville), dans les grandes villes (Clermont-Ferrand, Limoges). Le tourisme (thermalisme surtout) anime certains centres (dont Vichy). Cependant, l'ensemble souffre d'un relatif isolement, et l'activité économique globale est faible. L'énergie d'origine hydroélectrique des nombreuses centrales (Dordogne, Truyère) est en grande partie exportée. Couvrant plus du septième de la superficie de la France (80 000 km²), le Massif central compte moins du quinzième de sa population.

MASSIGNON (Louis), orientaliste français, né à Nogent-sur-Marne (1883-1962). Professeur au Collège de France (1926), il est l'auteur d'importants travaux sur la mystique de l'islâm, notamment sur le soufisme.

MASSILLON (Jean-Baptiste), prédicateur français, né à Hyères (1663-1742). Oratorien, évêque de Clermont (1717), il prononça plusieurs oraisons funèbres, dont celle de Louis XIV (1715). Son chef-d'œuvre reste le *Petit Carême* de 1718. (Acad. fr.)

MASSINE (Léonide), danseur et chorégraphe russe, naturalisé américain, né à Moscou (1896-1979). Il fut le collaborateur de Diaghilev. La plupart de ses œuvres connurent un succès international (*le Tricorne, Choreartium,* la *Symphonie fantastique,* etc.).

MASSINGER (Philip), auteur dramatique anglais, né à Salisbury (1583-1640), le dernier représentant important de l'époque élisabéthaine.

MASSON (Antoine), physicien français, né à Auxonne (1806-1858). Il construisit, en 1841, la première bobine d'induction.

MASSON (André), peintre français, né à Balagny (Oise) en 1896, un des pionniers et maîtres du surréalisme. Par son séjour aux États-Unis (1941-1945), il est de ceux qui ont influencé la jeune école américaine (Pollock).

MAS-SOUBEYRAN (le), écart de la comm. de Mialet (Gard), dans les Cévennes. Maison du chef protestant Pierre Laporte, qui reprit le combat contre les troupes royales en 1704. Une grande assemblée protestante s'y tient chaque année.

MASSY (91300), ch.-l. de c. de l'Essonne; 41 560 h. (*Massicois*). Grand ensemble résidentiel.

MASSYS (Quinten) → MATSYS.

MAS'ÛDI (Abû al-Hasan 'Alî al-), né à Bagdad, voyageur et encyclopédiste arabe (v. 900-v. 956).

MATABÉLÉ ou **MATABELELAND,** région du Zimbabwe, peuplée par les *Matabélés.* V. princ. *Bulawayo.*

MATADI, port du Zaïre, sur le Zaïre; 143 000 h. Exportation de cuivre.

MATAMOROS, v. du Mexique, sur le río Grande del Norte; 172 000 h.

MATANZA, banlieue de Buenos Aires; 658 000 h.

MATANZAS, port de la côte nord de Cuba; 85 000 h.

MATANZAS, centre sidérurgique du Venezuela, près de l'Orénoque.

MATAPAN (cap), anc. cap **Ténare***, cap au sud du Péloponnèse. Victoire navale anglaise sur les Italiens (1941).

MATARÓ, port d'Espagne (Catalogne), sur la Méditerranée; 73 000 h.

Tomáš **Masaryk**

le maréchal **Masséna**

Jules **Massenet**

Léonide **Massine**

Meurisse

Lauros-Giraudon

Roger-Viollet, coll. Viollet

S. Lido

MATELLES (LES)

MATELLES (Les) [34270 St Mathieu de Tréviers], ch.-l. de c. de l'Hérault; 434 h.

MATERA, v. d'Italie (Basilicate); 46 000 h.

MATHA (17160), ch.-l. de c. de la Charente-Maritime; 2 336 h. Église romane.

MATHÉ (Georges), médecin cancérologue français, né à Sermages en 1922, directeur de l'Institut de cancérologie et d'immunogénétique de Villejuif.

MATHIAS (saint) → MATTHIAS.

MATHIAS Ier Corvin, né à Kolozsvár (1440-1490), roi de Hongrie de 1458 à 1490. Adversaire heureux de la Bohême et de l'empereur Frédéric III, il fut aussi un législateur et un protecteur des lettres; il fonda l'université de Pozsony (auj. Bratislava). — MATHIAS II, né à Vienne (1557-1619), empereur germanique de 1612 à 1619, roi de Hongrie (1608) et de Bohême (1611), fils de Maximilien II.

MATHIEU (Georges), peintre et décorateur français, né à Boulogne-sur-Mer en 1921. Théoricien de l'abstraction lyrique, il a donné pour fondement à son œuvre le signe calligraphique jeté sur la toile à grande vitesse.

MATHIEU DE LA DRÔME (Philippe), homme politique et météorologiste français, né à Saint-Christophe (Drôme) [1808-1865].

MATHIEZ (Albert), historien français, né à La Bruyère (Haute-Saône) [1874-1932]. Il se spécialisa dans l'étude de la Révolution française et entreprit de réhabiliter Robespierre.

MATHILDE (sainte), née en Westphalie (v. 890-968), reine de Germanie. Elle consacra sa vie aux œuvres de charité.

MATHILDE ou **MAHAUT** de Flandre (m. en 1083), princesse flamande qui épousa, en 1053, Guillaume Ier le Conquérant.

MATHILDE ou **MAHAUT** (1046-1115), comtesse de Toscane (1055-1115), célèbre par la donation de ses États, qu'elle fit en 1077 en faveur de la papauté.

MATHILDE ou **MAHAUT**, née à Londres (1102-1167), épouse (1114) de l'empereur germanique Henri V, puis (1128) de Geoffroi V Plantagenêt, comte d'Anjou, dont elle eut un fils, le roi Henri II. Elle lutta contre Étienne de Blois pour la couronne d'Angleterre.

MATHILDE ou **MAHAUT** (m. en 1329), comtesse d'Artois (1302-1329).

MATHILDE (princesse) → BONAPARTE.

MATHURÀ, v. de l'Inde (Uttar Pradesh); 140 000 h. Centre politique, religieux et culturel sous la dynastie Kuṣāṇa, qui a donné son nom à une célèbre école de sculpture (IIe-IIIe s.). Mathurā est considérée comme le lieu de naissance du dieu Kṛṣṇa.

MATHUSALEM, patriarche biblique. Il passe pour avoir vécu 969 ans.

MATIGNON (22550), ch.-l. de c. des Côtes-du-Nord; 1 637 h.

Matignon (accords), accords conclus le 7 juin 1936 entre le patronat français et la C.G.T. Ils ont abouti notamment à la reconnaissance du droit syndical, à l'octroi de la semaine de 40 heures et des congés payés.

Matignon (hôtel), construit v. 1721 et situé rue de Varenne à Paris. Il abrite les services du Premier ministre.

MATISSE (Henri), peintre français, né au Cateau (1869-1954). Maître du fauvisme, qu'il dépasse amplement, utilisant de larges aplats de couleur sur un dessin élégamment elliptique, il est un des plus brillants plasticiens du XXe s. Son œuvre comporte dessins, collages, gravures, sculptures, vitraux. Il est représenté dans les musées du monde entier; en France, deux musées lui sont consacrés, au Cateau et à Nice.

MATO GROSSO et **MATO GROSSO DO SUL,** États du Brésil occidental; 1 231 549 km²; 1 597 000 h. Cap. *Cuiabá* et *Campo Grande*.

MATOSINHOS, port du Portugal, près de Porto; 23 000 h.

MATOUR (71520), ch.-l. de c. de Saône-et-Loire; 1 250 h.

MÁTRA, massif de la Hongrie du Nord.

MATSUDO, v. du Japon (Honshū); 254 000 h.

MATSUE, v. du Japon (Honshū); 118 000 h.

MATSUMOTO, v. du Japon (Honshū); 163 000 h. Donjon du XVIe s.

MATSUSHIMA, baie et archipel du Japon, sur la côte orientale de Honshū. Tourisme. Temple de 1610 (statues d'époque Heian).

MATSUYAMA, v. du Japon (Shikoku); 323 000 h.

MATSYS, METSYS ou **MASSYS** (Quinten ou Quentin), peintre flamand, né à Louvain (v. 1466-1530). Installé à Anvers, auteur de grands retables, puis peintre de portraits et promoteur du sujet de genre (*le Changeur et sa femme*, Louvre), il réalise un compromis entre l'art flamand du XVe s. et les influences italiennes. — Il eut deux fils peintres, inscrits à la gilde d'Anvers en 1531, JAN (v. 1505-1575), qui s'imprégna d'esprit maniériste en Italie (*Loth et ses filles,* musées de Bruxelles), et CORNELIS (v. 1508-v. 1560), observateur de la vie rurale et paysagiste.

MATTA (Roberto), peintre chilien, né à Santiago du Chili en 1911. Lié au milieu international du surréalisme, il a beaucoup travaillé en France.

MATTATHIAS, père des Maccabées.

MATTHIAS ou **MATHIAS** (saint), disciple de Jésus. Il fut désigné pour remplacer Judas dans le collège des Apôtres. Il aurait évangélisé la Cappadoce.

MATTHIEU (saint), apôtre et évangéliste (Ier s.). L'Évangile selon saint Mathieu, qui s'adresse à des chrétiens convertis du judaïsme, s'attache à montrer en Jésus le Messie prédit par les prophètes, réalisant dans son œuvre ce qui avait été annoncé dans les Écritures.

MATURÍN, v. du Venezuela; 122 000 h.

MATURIN (Charles Robert), écrivain irlandais, né à Dublin (1782-1824), l'un des maîtres du roman noir et du récit fantastique (*Melmoth, l'homme errant*).

MATUTE (Ana María), femme de lettres espagnole, née à Barcelone en 1926. Ses romans évoquent les fantasmes d'enfants ou d'adolescents aux prises avec les bouleversements de la guerre civile ou du monde moderne (*Fête au Nord-Ouest*, 1953; *la Trappe,* 1968).

MAUBEUGE (59600), ch.-l. de c. du Nord, sur la Sambre; 35 474 h. (*Maubeugeois*). Anc. ville forte (restes de fortifications de Vauban). Métallurgie.

MAUBOURGUET (65700), ch.-l. de c. des Hautes-Pyrénées; 2 583 h.

MAUDUIT (Jacques), compositeur français, né à Paris (1557-1627), auteur d'œuvres polyphoniques religieuses et de chansons «mesurées à l'antique».

MAUER, village de Bade-Wurtemberg (Allemagne), dans l'Odenwald. En 1907 y fut découvert une mandibule d'archanthropien constituant l'un des plus anciens fossiles humains connus en Europe (pléistocène ancien). *L'homme de Mauer*, encore appelé *homme d'Heidelberg,* est comparable aux pithécanthropes.

MAUGES (les), partie sud-ouest de l'Anjou.

MAUGHAM (William Somerset), écrivain anglais, né à Paris (1874-1965), peintre de la société anglaise et des colonies de l'océan Indien (*le Fil du rasoir*).

MAUGUIO (34130), ch.-l. de c. de l'Hérault, près de l'étang de Mauguio (ou étang de l'Or); 5 676 h.

MAULBERTSCH (Franz Anton), peintre autrichien, né à Langenargen (lac de Constance) [1724-1796], l'un des meilleurs représentants du baroque germanique, décorateur d'abbayes en Autriche, Moravie, Hongrie.

MAULÉON (79700), ch.-l. de c. des Deux-Sèvres; 8 263 h.

MAULÉON-BAROUSSE (65370 Loures Barousse), ch.-l. de c. des Hautes-Pyrénées; 246 h.

MAULÉON - LICHARRE (64130 Mauléon Soule), ch.-l. de c. des Pyrénées-Atlantiques; 4 488 h. Anc. cap. du pays de Soule. Articles chaussants.

MAULNIER (Jacques Louis TALAGRAND, dit **Thierry**), écrivain et journaliste français, né à Alès en 1909, défenseur d'un idéal classique. (Acad. fr.)

MAUMUSSON (pertuis de), passage entre l'île d'Oléron et la côte.

MAUNA KEA, volcan éteint, point culminant de l'île d'Hawaii (4 208 m), au nord-est du *Mauna Loa,* volcan actif (4 168 m).

MAUNOURY (Joseph), maréchal de France, né à Maintenon (1847-1923). Il prit, en 1914, une part déterminante à la victoire de la Marne.

MAUPASSANT (Guy DE), écrivain français, né au château de Miromesnil, Tourville-sur-Arques (Seine-Maritime) [1850-1893]. Encouragé par Flaubert, il collabora aux *Soirées de Médan* en publiant *Boule-de-Suif* (1880). Il écrivit ensuite des contes et des nouvelles réalistes, évoquant la vie des paysans normands, des petits-bourgeois, narrant des aventures amoureuses ou les hallucinations de la folie : la

Quinten **Matsys**
le Changeur et sa femme (1514)

Matisse : *Intérieur,*
le bocal de poissons rouges (1914)

Mathias Ier Corvin

Guy de Maupassant

René Nicolas
de **Maupeou**

Pierre Louis Moreau
de **Maupertuis**

François **Mauriac**

Maurice de Nassau
gravure de F. R. Ingouf

Charles **Maurras**

Maison Tellier (1881), *Contes de la bécasse* (1883), *le Horla* (1887). Il publia également des romans (*Bel-Ami*, 1885). Atteint de troubles nerveux, il mourut dans un état voisin de la démence.

MAUPEOU [mopu] (René Nicolas DE), chancelier de France, né à Paris (1714-1792). Chancelier en 1768, il constitua avec Terray et le duc d'Aiguillon un triumvirat antiparlementaire. Il exila le parlement de Paris en 1771 et amorça une profonde réforme judiciaire et politique. Dès 1774, Louis XVI rappela le parlement, ruinant ainsi l'œuvre de Maupeou.

MAUPERTUIS (Pierre Louis MOREAU DE), mathématicien français, né à Saint-Malo (1698-1759). Il exécuta l'une des premières mesures précises d'un arc de méridien en Laponie (1736), et énonça le principe de moindre action (1744). [Acad. fr.]

MAUR (*saint*), abbé (VIe s.), disciple de saint Benoît.

MAURE-DE-BRETAGNE (35330), ch.-l. de c. d'Ille-et-Vilaine; 2 516 h.

MAUREPAS (78310), ch.-l. de c. des Yvelines; 13 579 h.

MAUREPAS (Jean Frédéric PHÉLYPEAUX, *comte* DE), homme politique français, né à Versailles (1701-1781). Secrétaire d'État à la Maison du roi (1718-1749), puis à la Marine et aux Colonies sous Louis XV (1723-1749), il devint ministre d'État sous Louis XVI (1774).

MAURES (les), massif côtier de Provence (Var) [780 m], dominant de nombreuses stations balnéaires : Sainte-Maxime, Saint-Tropez, Le Lavandou, etc.

MAURÉTANIE → MAURITANIE.

MAURIAC (15200), ch.-l. d'arr. du Cantal, près de la Dordogne; 4 569 h. Église romane.

MAURIAC (François), écrivain et journaliste français, né à Bordeaux (1885-1970). Auteur de romans sur la vie provinciale, dans lesquels il évoque les conflits de la chair et de la foi (*Genitrix*, 1924; *Thérèse Desqueyroux*, 1927; *le Nœud de vipères*, 1932), il a écrit également des pièces de théâtre (*Asmodée*, 1938; *les Mal Aimés*, 1945), des articles critiques et politiques, des recueils de souvenirs. (Acad. fr.; prix Nobel, 1952.)

MAURICE (*île*), en angl. Mauritius, île de l'océan Indien, à l'est de Madagascar; 1865 km²; 960 000 h. Cap. *Port-Louis*. Langues : *français* et *anglais*. Grande production de sucre de canne.

HISTOIRE
— 1598 : prise de possession de l'île par les Néerlandais, qui lui donnent le nom de *Maurice* (de Nassau).
— 1638 : installation effective des Néerlandais. L'île devient un centre de déportation.
— 1715 : l'île tombe aux mains des Français, qui en font l'*île de France*.
— 1810 : les Anglais s'emparent de l'île.
— 1814 : au traité de Paris, les Anglais gardent l'île, qui redevient *Maurice*.
— 1833 : affranchissement des esclaves; début de l'immigration indienne.
— 1948 : autonomie de l'île.
— 1968 : indépendance dans le cadre du Commonwealth.

MAURICE (*saint*) [IIIe s.], officier romain, martyr. Il aurait été massacré avec ses soldats pour avoir refusé de persécuter les chrétiens.

MAURITANIE

MAURICE, né à Arabissos (v. 539-602), empereur byzantin (582-602).

MAURICE DE NASSAU, né à Dillenburg (1567-1625), stathouder de Hollande et de Zélande (1585-1625), fils de Guillaume Ier le Taciturne. Il combattit victorieusement la domination espagnole et fit exécuter le grand pensionnaire Oldenbarnevelt (1619). Il devint prince d'Orange en 1618.

MAURICE, comte de Saxe, dit **le Maréchal de Saxe,** général français, né à Goslar (1696-1750), fils naturel d'Auguste II, Électeur de Saxe et roi de Pologne, et d'Aurora von Königsmarck. Vainqueur à Fontenoy (1745), à Raucoux (1746), à Lawfeld (1747), créé maréchal de France en 1744, il fut l'un des plus grands capitaines de son temps.

MAURICIE, partie du Québec (Canada), entre Montréal et Québec, dans la région du Saint-Maurice. V. pr. *Trois-Rivières*. Installations hydroélectriques et papeteries.

MAURIENNE (la), région des Alpes, en Savoie, correspondant à la vallée de l'Arc. Aménagements hydroélectriques. Électrométallurgie et électrochimie. Tourisme.

MAURITANIE ou **MAURÉTANIE,** anc. pays de l'ouest de l'Afrique du Nord, habité par les Maures, tribus berbères qui formèrent vers le Ve s. av. J.-C. un royaume passé au IIe s. av. J.-C. sous la dépendance de Rome. Province romaine en 40 apr. J.-C., divisée en Mauritanie Césarienne et Mauritanie Tingitane en 42, la Mauritanie, occupée par les Vandales au Ve s. puis possession des Byzantins (534), fut conquise par les Arabes au début du VIIIe s.

MAURITANIE (*république islamique de*), État de l'Afrique occidentale, indépendant depuis 1960; 1 080 000 km²; 1 630 000 h. *(Mauritaniens).* Cap. *Nouakchott.* Langues : *arabe* et *français*.

GÉOGRAPHIE
Appartenant au Sahara occidental, la Mauritanie est un pays désertique, domaine de l'élevage nomade des ovins, des caprins et des chameaux. Les gisements de fer (autour de F'Derick) assurent l'essentiel des exportations, expédiées par Nouadhibou.

HISTOIRE
— VIIIe-IXe s. : diffusion de l'islam.
— XIe s. : installation de moines guerriers dans les cités caravanières.

1399

Maximilien Iᵉʳ, par Dürer   James Clerk **Maxwell**

Mayas
frise ornant
la façade
d'un des édifices
du *quadrilatère
des Nonnes*
à Uxmal
(Yucatán, Mexique)

— v. 1400 : installation sur la côte des Arabes Hassanes.
— 1674 : ceux-ci sont maîtres du pays.
— 1902 : début de la conquête française.
— 1920 : la Mauritanie, colonie de l'A.-O. F.
— 1934 : fin de la conquête française.
— 1946 : la Mauritanie, territoire d'outre-mer.
— 1957 : création de Nouakchott.
— 1958 : proclamation de la république islamique de Mauritanie.
— 1960 : indépendance du pays.
— 1964 : Moktar Ould Daddah, président de la République, crée un parti unique.
— 1976 : la Mauritanie occupe la partie sud du Sahara occidental. Début du conflit avec les Sahraouis du Front Polisario.
— 1978 : Moktar Ould Daddah est renversé.
— 1979 : la Mauritanie renonce à la zone du Sahara occidental qu'elle occupait.
— 1980 : le lieutenant-colonel Ould Haidalla devient chef de l'État.

MAUROIS (André), écrivain français, né à Elbeuf (1885-1967), auteur de souvenirs de guerre *(les Silences du colonel Bramble)*, de romans *(Climats)*, de biographies romancées *(Ariel ou la Vie de Shelley, Olympio ou la Vie de Victor Hugo)*. [Acad. fr.]

MAURON (56430), ch.-l. de c. du Morbihan; 3 237 h.

MAUROY (Pierre), homme politique français, né à Cartignies en 1928. Socialiste, il est nommé Premier ministre après l'élection de F. Mitterrand à la tête de l'État (1981).

MAURRAS (Charles), écrivain et homme politique français, né à Martigues (1868-1952). Monarchiste et antidreyfusard, il fit, à partir de 1899, de l'Action française le fer de lance du nationalisme intégral et du néoroyalisme antiparlementaire. Mais son agnosticisme et son utilisation de l'Église catholique comme Église de l'ordre firent condamner l'Action française par Rome en 1926. Ayant adhéré au régime de Vichy, il fut condamné, en 1945, à la détention perpétuelle. De son œuvre écrite, il faut détacher : *Enquête sur la monarchie* (1900-1909), *l'Avenir de l'intelligence* (1905). [Acad. fr., radié en 1945.]

MAURS (15600), ch.-l. de c. du Cantal; 2 756 h.

MAURY (Jacques), pasteur français, né à Clamart en 1920, président du Conseil national de l'Église réformée de France (1968), puis (1977) président de la Fédération protestante de France.

MAURYA, dynastie indienne fondée par Candragupta en 320 av. J.-C. et renversée en 185 av. J.-C.

MAUSOLE (m. en 353 av. J.-C.), satrape de Carie de 377 à 353 av. J.-C., dont le tombeau, à Halicarnasse, est célèbre (le *Mausolée*).

MAUSS (Marcel), sociologue et ethnologue français, né à Épinal (1872-1950), auteur de l'*Essai sur le don* (1925).

MAUTHAUSEN, localité d'Autriche, près de Linz, sur le Danube. Camp de concentration allemand de 1938 à 1945 (env. 150 000 déportés y trouvèrent la mort).

MAUVEZIN (32120), ch.-l. de c. du Gers; 1 760 h.

MAUZÉ-SUR-LE-MIGNON (79210), ch.-l. de c. des Deux-Sèvres; 2 502 h. Église romane.

MAVROCORDATO ou **MAVROKORDHÁTOS** (Aléxandros), homme d'État grec, né à Constantinople (1791-1865). Défenseur de Mis-

solonghi, il présida la première Assemblée nationale, fut plusieurs fois président du Conseil, et rédigea la Constitution de 1844.

MAXE (La) [57140 Woippy], comm. de la Moselle; 650 h. Centrale thermique.

MAXENCE, en lat. **Marcus Aurelius Valerius Maxentius** (v. 280-312), empereur romain de 306 à 312, fils de Maximien. Il fut vaincu par Constantin au pont Milvius (312), où il trouva la mort.

MAXÉVILLE [maksevil ou maʃavil] (54320), comm. de Meurthe-et-Moselle; 9 515 h. Carrières de calcaire.

MAXIM (sir Hiram Stevens), industriel américain, né à Brockway's Mills (Maine) [1840-1916]. Il réalisa en Angleterre le premier fusil automatique (1884).

MAXIME, en lat. **Magnus Clemens Maximus** (m. en 388), usurpateur romain (383-388). Il régna en Gaule, en Espagne et en Bretagne, mais, ayant pris l'Italie à Valentinien II (387), il fut vaincu et tué par Théodose Iᵉʳ, qui rétablit Valentinien.

MAXIME PÉTRONE, en lat. **Petronius Anicius Maximus** (v. 395-455), empereur d'Occident en 455. Incapable de faire front à l'invasion vandale, il fut lapidé par le peuple.

Maximes, titre donné couramment aux *Réflexions ou Sentences et maximes morales*, de La Rochefoucauld (1665). L'auteur tend à rapporter toutes les actions et tous les sentiments à l'amour-propre et à l'intérêt personnel.

MAXIMIEN, en lat. **Marcus Aurelius Valerius Maximianus,** né en Pannonie (v. 250-310), empereur romain de 286 à 305. Associé à l'Empire par Dioclétien, il abdiqua avec lui en 305. Dans l'anarchie qui suivit, il reprit le pouvoir durant une année (307). Entré en conflit avec son gendre Constantin, il se suicida.

MAXIMILIEN Iᵉʳ, archiduc d'Autriche, né à Wiener Neustadt (Autriche) [1459-1519], empereur germanique de 1493 à 1519. Il livra à Louis XI la bataille de Guinegatte (1479) et lui laissa la Picardie et la Bourgogne au traité d'Arras (1482). S'il dut reconnaître l'indépendance des cantons suisses (1499), il unifia ses États héréditaires. Il avait épousé Marie de Bourgogne, héritière de Charles le Téméraire. — MAXIMILIEN II, né à Vienne (1527-1576), empereur germanique de 1564 à 1576, fils de Ferdinand Iᵉʳ.

MAXIMILIEN Iᵉʳ, né à Munich (1573-1651), duc, puis Électeur de Bavière, allié de Ferdinand d'Autriche pendant la guerre de Trente Ans. Il battit l'Électeur palatin à la Montagne Blanche (1620).

MAXIMILIEN Iᵉʳ JOSEPH, né à Schwetzingen (1756-1825), Électeur (1799) puis roi de Bavière (1806-1825). En 1813, il abandonna Napoléon, qui lui avait octroyé le titre royal. — MAXIMILIEN II JOSEPH, né à Munich (1811-1864), roi de Bavière (1848-1864).

MAXIMILIEN, archiduc d'Autriche (Ferdinand Joseph de Habsbourg) puis (1864-1867) empereur du Mexique, né à Vienne (1832-1867). Choisi comme empereur du Mexique par Napoléon III en 1864, il ne put triompher du sentiment nationaliste incarné par Juárez. Abandonné en 1867 par la France, il fut pris à Querétaro et fusillé.

MAXIMILIEN ou **MAX DE BADE** (prince), homme politique allemand, né à Karlsruhe (1867-1929). Nommé chancelier par Guillaume II (3 oct. 1918), il s'effaça devant Ebert (10 nov.).

MAXIMIN Iᵉʳ, en lat. **Caius Julius Verus Maximinus,** né en Thrace (173-238), empereur romain de 235 à 238. Son règne ouvrit une période d'anarchie militaire qui dura jusqu'à Aurélien (270). — MAXIMIN II DAIA, en lat. **Galerius Valerius Maximinus** (m. en 313), empereur romain de 308 à 313, vaincu par Constantin Iᵉʳ. Il persécuta les chrétiens.

MAXWELL (James Clerk), physicien écossais, né à Édimbourg (1831-1879), auteur de la théorie électromagnétique de la lumière.

MAYAGÜEZ, port de Porto Rico; 90 000 h.

MAYAPÁN, centre cérémoniel maya du Mexique (État de Yucatán). Cette cité, qui prit le relais de Chichén Itzá, fut la dernière grande capitale maya (XIIIᵉ-XVᵉ s.).

MAYAS, groupe d'Amérindiens localisés au Guatemala, au Belize, au Mexique (État de Chiapas et presqu'île du Yucatán) et à l'ouest du Honduras. Les Mayas édifièrent une brillante civilisation, dont l'apogée classique se situe entre 600 et 900 de notre ère (Tikal, Copán, Palenque). Ils connaissaient une écriture hiéroglyphique, avaient élaboré un calendrier sophistiqué et savaient opérer de savants calculs. Leurs réalisations artistiques témoignent d'une société au goût raffiné, régie par un système théocratique. Après l'effondrement classique du IXᵉ s., seuls les sites du Yucatán connurent une renaissance postclassique entre le Xᵉ et le XVIᵉ s. (Chichén Itzá, Mayapán).

MAYENCE, en allem. **Mainz,** v. de l'Allemagne fédérale, cap. de l'État de Rhénanie-Palatinat, sur la rive gauche du Rhin; 184 000 h. Cathédrale reconstruite à partir de la fin du XIᵉ s., et autres monuments. Musée romano-germanique, musée Gutenberg, etc.

MAYENNE (la), riv. du Maine, qui se joint à la Sarthe pour former la Maine; 200 km. Elle passe à Mayenne, Laval, Château-Gontier.

MAYENNE (*dép. de la*) [**53**], dép. de la Région Pays de la Loire; ch.-l. de dép. Laval; ch.-l. d'arr. *Mayenne, Château-Gontier;* 3 arr., 29 cant., 259 comm.; 5 171 km²; 261 789 h. *(Mayennais).* Le dép. appartient à l'académie de Nantes, à la circonscription judiciaire d'Angers, à la région militaire de Rennes et à la province ecclésiastique de Tours. Occupant l'extrémité orientale du Massif armoricain, il s'étend sur le bas Maine, pays bocager dont l'altitude décroît vers le sud. L'économie agricole est orientée vers l'élevage : bovins (pour le lait et la viande) et, localement, porcins (région de Craon). Les céréales ne sont partiellement maintenues que dans la partie méridionale du dép. L'industrie tient une place peu importante. Aux activités traditionnelles (textiles, chaussures, imprimerie) se sont ajoutées des branches nouvelles (constructions mécaniques et électriques), à Laval notamment. La faiblesse de l'industrialisation et l'orientation vers l'élevage expliquent la persistance de l'émigration.

MAYENNE (53100), ch.-l. d'arr. de la Mayenne; 13 497 h. Monuments du XIIᵉ au XVIIᵉ s. Imprimerie.

MAYENNE (Charles DE LORRAINE, *duc* DE), prince français, né à Alençon (1554-1611). Chef de la Ligue à la mort de son frère Henri de Guise, il fut vaincu à Arques (1589) et à Ivry (1590) par Henri IV et fit sa soumission en 1595.

MAYER (Robert VON), physicien et médecin allemand, né à Heilbronn (1814-1878). Il calcula l'équivalent mécanique de la calorie.

MAYERLING, localité d'Autriche, à 40 km au sud de Vienne. Pavillon de chasse où, le 30 janvier 1889, l'archiduc Rodolphe et la baronne Marie Vetsera furent trouvés morts.

MAYET (72360), ch.-l. de c. de la Sarthe; 3 019 h.

MAYET-DE-MONTAGNE (Le) [03250], ch.-l. de c. de l'Allier; 2 309 h.

MAYOL (Félix), chanteur fantaisiste français, né à Toulon (1872-1941).

MAYOTTE (976), une des Comores; 374 km²; 40 000 h. *(Mahorais).* En 1976, sa population s'est prononcée pour le maintien de l'île dans le cadre français.

MA YUAN, peintre chinois (actif de 1190 à 1225). Il est l'auteur de paysages classés parmi les chefs-d'œuvre de la peinture song.

MAZAGAN → JADIDA *(El-).*

MAZAGRAN, écart de Mostaganem (Algérie). Les Français y soutinrent en 1840 un siège contre les guerriers d'Abd el-Kader.

MAZAMET (81200), ch.-l. de c. du Tarn, au pied de la Montagne Noire; 14 874 h. *(Mazamétains).* Centre de délainage. Constructions mécaniques.

MAZĀR-I CHARĪF, v. de l'Afghānistān; 45 000 h. Pèlerinage islamique au sanctuaire (XVᵉ s.) du calife ʿAlī.

MAZARIN (Jules), prélat et homme d'État français d'origine italienne, né à Pescina (Abruzzes) [1602-1661]. D'abord officier dans l'armée du pape, il entra dans la diplomatie. Il rencontra pour la première fois Richelieu en 1630 et négocia la paix de Cherasco (1631). Il reçut la tonsure en 1632 et, bien qu'il ne fût jamais ordonné prêtre, devint nonce à Paris (1635-36). Il se fit naturaliser français en 1639. Richelieu obtint pour lui en 1642 le chapeau de cardinal et, en mourant, le recommanda à Louis XIII. Mazarin devint principal ministre de la régente Anne d'Autriche et demeura jusqu'à sa mort le maître absolu du royaume. Il arbitra la guerre du Nord (1645) et mit fin à la guerre de Trente Ans par les traités de Westphalie (1648). Mais il déclencha contre lui la Fronde et dut s'exiler pour que soit rétablie la paix intérieure. De nouveau affermi dans son pouvoir (1653), il entra dans la ligue du Rhin, formée contre l'Autriche, et imposa à l'Espagne le traité des Pyrénées (1659); il arbitra la paix du Nord (1660-61). À sa mort, il possédait une fortune colossale et de très riches collections d'art dans ses résidences du palais Mazarin (plus tard Bibliothèque royale, puis nationale) et du château de Vincennes.

Mazarine *(bibliothèque),* bibliothèque publique située dans l'aile gauche du palais de l'Institut, à Paris. Formée sur l'ordre de Mazarin, elle fut ouverte au public en 1643 et rattachée à la Bibliothèque nationale en 1930.

MAZATLÁN, port du Mexique, sur le Pacifique; 154 000 h.

MAZENOD (Charles DE), prélat français, né à Aix-en-Provence (1782-1861), fondateur des missionnaires oblats de Marie-Immaculée, évêque de Marseille en 1837. Béatifié en 1975.

MAZEPPA ou **MAZEPA** (Ivan Stepanovitch), hetman des Cosaques d'Ukraine, né près de Kiev (1644-1709). Il servit d'abord le tsar Pierre le Grand, puis se tourna contre lui et s'allia à Charles XII contre la reconnaissance d'une Ukraine indépendante (1705). Il s'enfuit en Turquie après Poltava (1709).

MAZIÈRES-EN-GÂTINE (79310), ch.-l. de c. des Deux-Sèvres; 894 h.

MAZINGARBE (62670), comm. du Pas-de-Calais; 8 992 h. Usine d'eau lourde. Engrais.

MAZOVIE, région de Pologne, sur la Vistule moyenne. La Mazovie fut duché héréditaire de 1138 à 1526, date de son rattachement au royaume de Pologne.

MAZURIE, région du nord-est de la Pologne, autref. en Prusse-Orientale.

MAZZINI (Giuseppe), patriote italien, né à Gênes (1805-1872). Il fonda, en exil, une société secrète *(la Jeune-Italie),* élément moteur du Risorgimento, qui visait à l'établissement d'une

MAYENNE

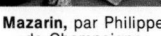

Mazarin, par Philippe de Champaigne

Giuseppe **Mazzini** par H. Ashurt Venturi

Pierre **Méchain**

république italienne unitaire (1831), et mena une vie errante jusqu'à ce que la révolution de 1848 lui permit de transformer la Jeune-Italie en Association nationale italienne. En mars 1849, il fit proclamer la république à Rome et fit partie du triumvirat qui la dirigeait, mais l'expédition française (juill.) l'obligea à s'exiler.

M'BA (Léon), homme d'État gabonais, né à Libreville (1902-1967), premier président de la république du Gabon (1961-1967).

MBABANE, cap. du Swaziland; 24 000 h.

MBANDAKA, anc. **Coquilhatville,** v. du Zaïre, sur le Zaïre; 134 000 h.

MBINI, anc. **Río Muni,** partie continentale de la Guinée équatoriale.

MBOUTIS, ethnie pygmée du Zaïre, vivant de chasse et de pêche, près de l'Ituri.

MBUJI-MAYI, v. du Zaïre (Kasaï); 335 000 h.

MEAD (Margaret), anthropologue américaine, née à Philadelphie (1901-1978). Elle a effectué la plupart de ses recherches en Océanie. L'un des représentants du culturalisme, elle s'est intéressée aux problèmes de l'adolescence et des changements culturels.

MEADE (James Edward), économiste anglais, né à Swanage (Dorset) en 1907. Ses travaux ont notamment porté sur l'échange international. (Prix Nobel, 1977.)

MÉANDRE → MENDERES.

MÉAULTE (80810), comm. de la Somme; 1 022 h. Constructions aéronautiques.

MEAUX [mo] (77100), ch.-l. d'arr. de Seine-et-Marne, sur la Marne; 43 110 h. *(Meldois).* Restes de remparts gallo-romains et médiévaux. Cathédrale surtout du XIIIᵉ s. Musée Bossuet dans l'ancien évêché, des XIIᵉ et XVIIᵉ s. Métallurgie. Produits chimiques. Siège d'un évêché dès le IVᵉ s., Meaux fut, au XVIᵉ s., grâce à son évêque Briçonnet, ami de Lefèvre d'Étaples, un foyer d'humanisme chrétien influencé par la Réforme (« cénacle de Meaux », 1523-1525).

MÉCÈNE, en lat. **Caius Cilnius Maecenas,** chevalier romain, né à Arezzo (v. 69-8 av. J.-C.). Il se servit de son crédit auprès d'Auguste pour encourager les lettres et les arts. Virgile, Horace, Properce bénéficièrent de sa protection.

MÉCHAIN (Pierre), astronome français, né à Laon (1744-1804). Il mesura avec Delambre l'arc de méridien compris entre Dunkerque et Barcelone (1792-1799) pour déterminer l'étalon métrique décidé par l'Assemblée constituante en 1791.

MECHELEN, nom néerl. de *Malines**.

MECHHED ou **MECHED,** v. d'Iran (Khorāsān); 670 000 h. Centre de pèlerinage chîʿite. Monuments (XVᵉ-XVIIᵉ s.). Riche musée.

MÉCHITHAR

MÉCHITHAR → MÉKHITHAR.

MECKLEMBOURG, en allem. **Mecklenburg,** région d'Allemagne, formée par la réunion, en 1934, du Mecklembourg-Schwerin (duché constitué en 1611) et du Mecklembourg-Strelitz (constitué en 1701), devenus républiques en 1918.

MECQUE (La), v. d'Arabie Saoudite, cap. du Hedjaz; 367 000 h. Patrie de Mahomet et ville sainte de l'islām. Le pèlerinage à La Mecque est obligatoire pour tout musulman une fois au cours de la vie.

Médaille d'honneur, la plus haute décoration militaire des États-Unis, décernée par le Congrès depuis 1862.

Médaille militaire, décoration française créée en 1852, accordée pour actions d'éclat ou longs services aux sous-officiers et hommes du rang, ainsi qu'à certains généraux ayant commandé en chef.

MEDAN, port de l'Indonésie, dans l'île de Sumatra, sur le détroit de Malacca; 636 000 h.

MÉDAN (78670 Villennes sur Seine), comm. des Yvelines; 968 h. Maison de Zola.

MÉDARD (saint), évêque de Noyon, né à Salency (m. v. 560).

MEDAWAR (Peter Brian), biologiste britannique, né au Brésil en 1915, auteur de travaux sur les greffes. (Prix Nobel, 1960.)

MÈDE (la), écart de la comm. de Martigues* (Bouches-du-Rhône). Raffinage du pétrole et pétrochimie.

MÉDÉA, v. d'Algérie, ch.-l. de wilaya, au sud-ouest d'Alger; 37 000 h.

Médecin de campagne (le), roman d'H. de Balzac (1833).

Médecin de son honneur (le), drame de Calderón (1635).

Médecin malgré lui (le), comédie en prose, en trois actes, de Molière (1666).

MÉDÉE. Myth. gr. Magicienne légendaire du cycle des Argonautes. Elle s'enfuit avec Jason; mais ce dernier l'ayant abandonnée, elle se vengea en égorgeant ses enfants. La légende de Médée a inspiré notamment Euripide (431 av. J.-C.), Sénèque (Ier s. apr. J.-C.) et Corneille (1635).

MEDELLÍN, v. de Colombie, au nord-ouest de Bogotá; 1 270 000 h. Centre textile.

MÈDES, peuple de l'Iran ancien, qui constitua, au VIIe s. av. J.-C., un empire ayant comme capitale Ecbatane. Leur roi Cyaxare occupa Assour en 614 av. J.-C., puis Ninive (612). Le Perse Cyrus II mit fin à la puissance mède (v. 550 av. J.-C.).

MEDICINE HAT, v. du Canada (Alberta); 32 811 h. Pétrochimie.

Medici-Riccardi (palais), à Florence, palais élevé par Michelozzo, pour les Médicis, en 1444 (peintures de Gozzoli dans la chapelle), agrandi au XVIIe s. pour un marquis Riccardi.

MÉDICIS, ill. famille de banquiers florentins, qui domina Florence à partir de 1434, avant d'en acquérir le titre ducal en 1532. Ses principaux membres furent : COSME l'Ancien, né à Florence (1389-1464), chef de Florence à partir de 1434; — LAURENT Ier, dit le Magnifique, né à Florence (1449-1492), petit-fils du précédent, protecteur des arts et des lettres, poète lui-même, qui dirigea Florence (1469-1492) et réalisa l'idéal de la Renaissance; — LAURENT II, duc d'Urbino, né à Florence (1492-1519), père de Catherine de Médicis; — ALEXANDRE, premier duc de Florence, né à Florence (m. en 1537), assassiné par son cousin Lorenzino (Lorenzaccio); — COSME Ier, premier grand-duc de Toscane, né à Florence (1519-1574); — FERDINAND Ier, né à Florence (1549-1609), grand-duc de Toscane de 1587 à 1609; — FERDINAND II (1610-1670), grand-duc de Toscane de 1621 à 1670; — JEAN-GASTON, né à Florence (1671-1737), après qui le grand-duché de Toscane passa à la maison de Lorraine.

Médicis (villa), villa du XVIe s., à Rome, occupée par l'Académie de France.

MÉDIE, région du nord-ouest de l'Iran ancien habitée par les Mèdes.

Laurent II de **Médicis**
par Michel-Ange
(v. 1524-1532)

La **Mecque** : la Ka'ba
où est scellée
la Pierre noire sacrée

Méhémet-Ali
par Ch. A. Couder

MEDINA DEL CAMPO, v. d'Espagne (Vieille-Castille); 16 000 h. Château du XVe s.

MÉDINE, v. d'Arabie Saoudite (Hedjaz); 198 000 h. Ville sainte de l'islām; Mahomet s'y réfugia en 622 lors de l'hégire.

MÉDINET EL-FAYOUM, v. d'Égypte, dans le Fayoum; 134 000 h.

médiques (guerres), conflits qui ont opposé les Grecs à l'Empire perse (490-479 av. J.-C.). L'origine en est la révolte des Ioniens (499), dont Darios vient à bout en 495. Mais, pour maintenir leur domination sur les cités grecques d'Asie, les Perses comprennent qu'il faut étendre leur autorité sur la Grèce d'Europe. En 490 (première guerre médique), Darios traverse l'Égée et malgré des forces importantes est vaincu à Marathon. En 481 (seconde guerre médique), Xerxès reprenant la politique de son père envahit la Grèce avec une formidable armée. Les Grecs tentent en vain de l'arrêter aux Thermopyles (août 480), Athènes est prise et incendiée; mais, grâce à Thémistocle, la flotte perse est détruite devant l'île de Salamine (sept. 480). L'armée perse, privée de sa flotte, est vaincue à Platées (479). Les guerres médiques sont terminées, mais les Grecs victorieux porteront la guerre en Asie sous la direction d'Athènes et, en 449, la paix de Callias entérinera la liberté des cités grecques.

Méditations poétiques (1820) et **Nouvelles Méditations poétiques** (1823), recueils lyriques de Lamartine.

Méditations métaphysiques, ouvrage de Descartes, rédigé en latin (1641) puis en français (1647), où l'auteur montre que l'on peut douter de tout, sauf du sujet qui doute. Mais seul celui qui se sait imparfait peut douter. Comme l'imperfection est une limitation de la perfection, je dois en posséder l'idée. Or celle-ci n'a pu m'être donnée que par un être lui-même parfait : Dieu. Dieu étant l'idée la plus claire et la plus distincte, il garantit en retour la vérité des autres idées, à proportion de leur clarté et de leur distinction respectives.

MÉDITERRANÉE, grande mer intérieure comprise entre l'Europe méridionale, l'Afrique du Nord et l'Asie occidentale. Elle communique avec l'Atlantique par le détroit de Gibraltar et avec la mer Rouge par le canal de Suez. C'est une mer chaude, à forte salinité et à faibles marées. L'étranglement compris entre la Sicile et la Tunisie la divise en deux bassins : la Méditerranée occidentale, avec son annexe la mer Tyrrhénienne, et la Méditerranée orientale, plus ramifiée, avec ses dépendances (mer

Ionienne, mer Adriatique et mer Égée). Profondeur maximale : 5 093 m. Cette mer a été le centre vital de l'Antiquité. Elle perdit une partie de son importance à la suite des grandes découvertes des XVe et XVIe s.; mais elle redevint l'une des principales routes mondiales de navigation grâce au percement du canal de Suez (1869).

MEDJERDA (la), fleuve de l'Afrique du Nord, né en Algérie et débouchant dans le golfe de Tunis; 365 km.

MÉDOC, région viticole du Bordelais, sur la rive gauche de la Gironde. Vins.

MÉDUSE. Myth. gr. Une des trois Gorgones, la seule dont le regard était mortel. Persée lui trancha la tête, et de son sang naquit Pégase.

MEERUT, v. de l'Inde (Uttar Pradesh); 271 000 h. Produits chimiques. La révolte des cipayes y éclata en 1857.

MÉES (Les) [04190], ch.-l. de c. des Alpes-de-Haute-Provence; 2 128 h.

MÉE-SUR-SEINE (Le) [77350], comm. de Seine-et-Marne; 10 058 h.

MEGALOPOLIS, anc. v. de l'Arcadie. Elle joua, à partir de 234 av. J.-C., un rôle important dans la Ligue achéenne. Ruines.

MÉGARE, v. de Grèce, sur l'isthme de Corinthe; 17 000 h. Prospère aux VIIe et VIe s. av. J.-C., elle fonda de nombreuses colonies, dont Byzance. Ses démêlés avec Athènes déclenchèrent la guerre du Péloponnèse; son école de philosophes, à la suite d'Aristote, contribua au développement de la logique.

MÉGÈRE. Myth. gr. Une des trois Érinyes; elle personnifie la haine et l'envie.

Mégère apprivoisée (la), comédie de Shakespeare (1593).

MÉGÈVE [mɜʒɛv] (74120), comm. de la Haute-Savoie; 5 296 h. Église du XVIIe s. Importante station de sports d'hiver (alt. 1 113-2 040 m).

MEGHALAYA, État de l'Inde du Nord-Est; 1 012 000 h. Cap. Shillong.

MEGIDDO, cité cananéenne du nord de la Palestine. Sa position stratégique sur la route reliant l'Égypte à l'Assyrie lui conféra une grande importance dans l'histoire d'Israël et du Proche-Orient.

MÉHALLET EL-KOBRA, v. d'Égypte, dans le delta du Nil; 225 000 h.

MÉHÉMET-ALI, en ar. **Muhammad 'Ali,** né à Kavála (Roumélie) [1769-1849], vice-roi d'Égypte (1805-1848). En 1811, il massacra les Mamelouks au Caire. Il réorganisa, avec le concours de techniciens européens, l'administration, l'économie et l'armée égyptiennes. Après avoir assisté les Ottomans en Arabie puis en Grèce, il conquit le Soudan et, fort de l'alliance française, il travailla à supplanter le Sultan, que son fils Ibrāhīm pacha vainquit en Syrie (1831-1839). Mais l'Angleterre arrêta son avance; le traité de Londres (1840) ne lui laissa que l'Égypte et le Soudan à titre héréditaire.

MEHMED I er (1379 ou 1389-1421), sultan ottoman de 1413 à 1421. — MEHMED II, né à Édirne (1432-1481), sultan ottoman de 1444 à 1446 et de 1451 à 1481. Il s'empara de Constantinople (1453), dont il fit sa capitale, avant de conquérir la Serbie (1459), l'empire de Trébizonde (1461), la Bosnie (1463), la Crimée (1475). — MEHMED III (1566-1603), sultan ottoman de 1595 à 1603. —

Meiji tennō
par E. Chiossone

Melanchthon

Melbourne

Georges **Méliès** : *le Mélomane* (1903)

l'abbaye de **Melk**, en Basse-Autriche

MEHMED IV (1642-1692), sultan ottoman en 1648, déposé en 1687. — MEHMED V, né à Constantinople (1844-1918), sultan de Turquie (1909-1918), successeur de son frère Abdülhamid II. — MEHMED VI, né à Constantinople (1861-1926). Il succéda à son oncle en 1918 et abdiqua en 1922.

MÉHUL (Étienne), compositeur français, né à Givet (1763-1817), auteur de partitions dramatiques *(Joseph)*, de sonates pour piano et de la musique du *Chant du départ* (1794).

MEHUN-SUR-YÈVRE (18500), ch.-l. de c. du Cher; 6902 h. Vestiges d'un fastueux château de Jean de Berry, où mourut Charles VII. Porcelaine.

MEIJE [mɛʒ] (la), montagne des Alpes françaises, dans l'Oisans; 3983 m.

MEIJI TENNŌ, dit **Mutsuhito**, né à Kyōto (1852-1912), empereur du Japon (1867-1912). En 1868, inaugurant l'ère Meiji, il supprima le shōgunat et le régime féodal, s'installa à Tōkyō et proclama sa volonté de réforme dans la charte des Cinq Articles. En 1889, il donna au Japon une constitution. Il introduisit la civilisation occidentale et mena victorieusement les guerres sino-japonaise (1895) et russo-japonaise (1905).

MEILHAC [mɛjak] (Henri), auteur dramatique français, né à Paris (1831-1897), auteur, soit seul, soit avec Ludovic Halévy, d'opéras bouffes *(la Belle Hélène, la Vie parisienne)* et de comédies *(Froufrou).* [Acad. fr.]

MEILHAN-SUR-GARONNE [mɛjɑ̃-] (47290 Marmande), ch.-l. de c. de Lot-et-Garonne; 1434 h.

MEILLERAIE-TILLAY (La) [85700 Pouzauges], comm. de la Vendée; 1479 h. Conserverie de viande.

MEILLET (Antoine), linguiste français, né à Moulins (1866-1936), auteur de travaux de grammaire comparée et de linguistique générale.

Meilleur des mondes *(le)*, roman d'A. Huxley (1932), un des classiques de la science-fiction.

Mein Kampf *(Mon combat)*, ouvrage publié en 1925 par Adolf Hitler. Il y exposait les principes politiques de l'État fasciste qu'il devait instaurer.

MEIR (Golda), femme politique israélienne, née à Kiev (1898-1978). Premier ministre de 1969 à 1974.

MEISE, comm. de Belgique (Brabant); 12700 h.

MEISSEN, v. de l'Allemagne démocratique, sur l'Elbe; 44000 h. Cathédrale gothique. Château du XVe s., devenu en 1710 la première manufacture, en Europe, de porcelaine dure.

MEISSONIER (Ernest), peintre français, né à Lyon (1815-1891), auteur de petits tableaux de genre à l'ancienne et de scènes militaires.

MEISSONNIER (Justin Aurèle), orfèvre et ornemaniste français, né à Turin (1695-1750), un des plus brillants représentants du style rocaille.

MÉJEAN *(causse)*, l'un des Grands Causses (Lozère).

MÉKHITHAR ou **MÉCHITHAR** (Pierre MANOUK, dit), théologien arménien, né à Sivas (Anatolie) [1676-1749], fondateur de la congrégation des Mékhitharistes (moines catholiques arméniens).

MEKNÈS, v. du Maroc, au sud-ouest de Fès; 248000 h. Murailles aux portes magnifiques *(Bâb al-Manṣūr)* et autres monuments du XVIIe s. Elle fut capitale de 1672 à 1727.

MÉKONG (le), fl. d'Indochine. Il naît dans le Tibet, traverse le Yun-nan par des gorges profondes, puis le Laos (qu'il sépare de la Thaïlande), le Cambodge et le sud du Viêt-nam, passe à Vientiane et à Phnom Penh, se jette dans la mer de Chine méridionale; 4180 km.

MELANCHTHON (Philipp SCHWARZERD, dit), réformateur allemand, né à Bretten (1497-1560). Collaborateur de Luther, il rédigea en 1530 la *Confession d'Augsbourg.*

MÉLANÉSIE (c'est-à-dire « îles des Noirs »), division de l'Océanie, comprenant la Nouvelle-Guinée, l'archipel Bismarck, les îles Salomon, la Nouvelle-Calédonie, le Vanuatu, les îles Fidji. (Hab. *Mélanésiens.*)

MELBOURNE, port d'Australie, fondé en 1835, cap. de l'État de Victoria; 2604000 h. Centre commercial, industriel et culturel. — Siège des jeux Olympiques de 1956.

MELBOURNE (William LAMB, *vicomte*), homme d'État anglais, du parti libéral, né à Londres (1779-1848), Premier ministre en 1834 et de 1835 à 1841.

MELCHISÉDECH, personnage biblique contemporain d'Abraham, prêtre-roi de Salem, ville que la tradition juive identifie à Jérusalem.

MELEGNANO → MARIGNAN.

MÊLE-SUR-SARTHE (Le) [61170], ch.-l. de c. de l'Orne; 805 h.

MÉLIÈS (Georges), illusionniste et cinéaste français, né à Paris (1861-1938), un des pionniers du cinéma. Inventeur fantaisiste et inspiré, il réalisa entre 1895 et 1913 plus de 500 petits films, remarquables par leur ingéniosité et leurs trucages *(le Voyage dans la Lune*, 1902; *20000 Lieues sous les mers*, 1907).

MELILLA, enclave espagnole sur la côte méditerranéenne du Maroc; 65000 h.

MÉLINE (Jules), homme d'État français, né à Remiremont (1838-1925). Ministre de l'Agriculture (1883-1885 et 1915-16), il pratiqua une politique protectionniste. Il fut chef du gouvernement de 1896 à 1898.

MELISEY (70270), ch.-l. de c. de la Haute-Saône; 1947 h.

MELITOPOL, v. de l'U.R.S.S. (Ukraine); 157000 h.

MELK, v. d'Autriche (Basse-Autriche), sur le Danube; 6000 h. Abbaye bénédictine reconstruite au début du XVIIIe s. par Jakob Prandtauer, œuvre baroque grandiose.

MELKART → MELQART.

MELLE (79500), ch.-l. de c. des Deux-Sèvres; 4731 h. Trois églises romanes.

MELLONI (Macedonio), physicien italien, né à Parme (1798-1854). Il inventa la pile thermoélectrique et étudia la chaleur rayonnante.

MELOZZO da Forli, peintre italien, né à Forli (1438-1494). Il introduisit à Rome l'art des architectures feintes en perspective et des figures plafonnantes.

MELPOMÈNE. *Myth. gr.* Muse de la Tragédie.

MELQART ou **MELKART**, principal dieu de Tyr, honoré aussi à Carthage.

MELSBROEK, site de l'aéroport de Bruxelles.

MELSENS (Louis), physicien belge, né à Louvain (1814-1886). Il a inventé les paratonnerres à pointes et à conducteurs multiples.

MELUN (77000), ch.-l. du dép. de Seine-et-Marne, sur la Seine, à 46 km au sud-est de Paris; 38996 h. *(Melunais).* Ancien oppidum celtique. Église Notre-Dame (XIe-XVIe s.) et St-Aspais (XVIe s.). École des officiers de la gendarmerie. Constructions mécaniques. Au nord, aérodrome d'essais de *Melun-Villaroche.*

MELUN-SÉNART, ville nouvelle en cours de développement entre Melun et la forêt de Sénart.

Mélusine, personnage fabuleux des romans de chevalerie, qui pouvait se métamorphoser partiellement en serpent, et aïeule légendaire de la maison de Lusignan.

MELVILLE, baie de la mer de Baffin, sur la côte du Groenland. — Presqu'île de la partie septentrionale du Canada (océan Arctique). — Île de l'archipel Arctique canadien, au nord du *détroit de Melville.* Gaz naturel. — Île australienne, sur la côte nord de l'Australie.

MELVILLE (Herman), écrivain américain, né à New York (1819-1891). Ancien marin, il est l'auteur de romans où l'aventure prend une signification symbolique *(Moby Dick ou la Baleine blanche*, 1851; *Billy Budd).*

MEMEL → KLAÏPEDA.

MEMLING ou **MEMLINC** (Hans), peintre flamand, né à Selingenstadt, près d'Aschaffenburg

1403

I.P.S.

Herman **Melville**

Larousse

Johann **Mendel**

Ackerman

Felix **Mendelssohn-Bartholdy**
par A. Herremann

(v. 1433-1494). Sa carrière s'est déroulée à Bruges, où sont conservées ses œuvres principales : compositions religieuses d'un style doux et calme, portraits dont le modèle est représenté dans son cadre familier.

MEMNON, héros du cycle troyen tué par Achille. Les Grecs l'identifièrent à un des deux colosses du temple d'Aménophis III, à Thèbes. Cette statue, fissurée en 27 av. J.-C. par un séisme, faisait entendre au lever du soleil une vibration, « le chant de Memnon », qui cessa quand le colosse fut restauré (v. 200 apr. J.-C.).

Mémoires d'outre-tombe, par Chateaubriand, publiés après sa mort dans *la Presse* (1848-1850). L'auteur fait revivre son époque et fixe le rôle qu'il a joué en littérature et en politique, dans la perspective continue de la vanité des actions et du temps humains.

Mémorables, ouvrage de Xénophon, consacré à ses souvenirs sur Socrate.

Mémorial de Sainte-Hélène, ouvrage de Las Cases (1823). C'est le journal des entretiens de Napoléon Ier avec son secrétaire.

MEMPHIS, v. de l'anc. Égypte, sur le Nil, en amont du Delta, cap. de l'Ancien Empire. Elle eut jusqu'à la fondation d'Alexandrie (331 av. J.-C.) un rôle politique et économique important. Les Arabes la détruisirent et la remplacèrent par Le Caire.

MEMPHIS, v. des États-Unis (Tennessee), sur le Mississippi; 770 000 h.

MENA (Juan DE), poète espagnol, né à Cordoue (1411-1456), auteur d'une allégorie, *le Labyrinthe,* inspirée de Dante.

MÉNADES, autre nom des *Bacchantes.*

MÉNADO → MANADO.

MÉNAGE (Gilles), écrivain français, né à Angers (1613-1692), auteur de poèmes latins et d'ouvrages de philologie, raillé par Boileau et Molière.

MÉNAM (le) ou **CHAO PHRAYA** (la), principal fl. de Thaïlande, qui passe à Bangkok et se jette dans le golfe de Siam; 1 200 km.

MÉNANDRE, poète comique grec, né à Athènes (v. 342-v. 292 av. J.-C.), le plus célèbre représentant de la « comédie nouvelle », connu surtout à travers les imitations de Plaute et de Térence.

MENANT (Joachim), assyriologue français, né à Cherbourg (1820-1899).

MENARS (41380), comm. de Loir-et-Cher, dans la vallée de la Loire; 474 h. Important château des XVIIe et XVIIIe s.

MENAT (63560), ch.-l. de c. du Puy-de-Dôme; 813 h. Église romane.

MENCHIKOV (Aleksandr Danilovitch, *prince*), homme politique russe, né à Vladimir (1672-1729). Gouverneur de Saint-Pétersbourg (1703), il dirigea la construction de cette ville. En faveur sous Pierre le Grand et Catherine Ire, il fut exilé en Sibérie après la mort de l'impératrice.

MENCHIKOV (Aleksandr Sergueïevitch, *prince*), amiral russe, né à Saint-Pétersbourg (1787-1869). Il commanda en Crimée, où il fut battu par les Franco-Anglais (1854).

MENCIUS, en chin. **Mong-tseu** ou **Mengzi,** philosophe chinois, né dans l'État de Tseou (auj. Chan-tong) [v. 372-289 av. J.-C.]. Il fut le premier

grand écrivain de l'école confucéenne et fit de la nature humaine la notion principale du confucianisme.

MENDE (48000), ch.-l. du dép. de la Lozère, sur le Lot, à 576 km au sud de Paris, au nord du *causse de Mende;* 11 977 h. *(Mendois).* Cathédrale des XIVe-XVIe s. Pont du XIVe s.

MENDEL (Johann, en relig. **Gregor**), religieux et botaniste autrichien, né à Heinzendorf (Silésie) [1822-1884]. Il a réalisé des expériences sur l'hybridation des plantes et l'hérédité chez les végétaux, et a dégagé les lois qui portent son nom.

MENDELEÏEV (Dmitri Ivanovitch), chimiste russe, né à Tobolsk (1834-1907), auteur de la classification périodique des éléments chimiques (1869).

MENDELSSOHN (Moses), philosophe allemand, né à Dessau (1729-1786). Il s'efforça de réformer le judaïsme en le modernisant.

MENDELSSOHN-BARTHOLDY (Felix), compositeur allemand, né à Hambourg (1809-1847), petit-fils du précédent. Il est l'auteur de symphonies *(Symphonie italienne),* d'oratorios, d'ouvertures *(le Songe d'une nuit d'été),* de concertos, et de *Lieder sans paroles* pour piano. Il avait fondé le conservatoire de Leipzig et contribué à la résurrection de l'œuvre de Bach.

MENDERES (le), anc. **Méandre,** fl. de la Turquie d'Asie, qui rejoint la mer Égée; 450 km.

MENDERES (Adnan), homme d'État turc, né à Aydın (1899-1961). Premier ministre en 1950, il fut renversé en 1960 par l'armée; condamné à mort, il fut pendu.

MENDÈS FRANCE (Pierre), homme politique français, né à Paris en 1907. Avocat, député radical-socialiste à partir de 1932, il fut président du Conseil en 1954-55; il mit alors fin à la guerre d'Indochine et accorda l'autonomie interne à la Tunisie.

MENDES PINTO (Fernão), voyageur portugais, né à Montemor-o-Velho (v. 1510-1583). Il explora les Indes orientales et rédigea une relation de son voyage, *Peregrinação.*

MÉNDEZ DE HARO Y SOTOMAYOR (Luis), homme d'État espagnol, né à Valladolid (1598-1661). Premier ministre de 1643 à 1651 et généralissime, il négocia la paix des Pyrénées (1659).

MENDOZA, v. d'Argentine, au pied des Andes; 119 000 h. Archevêché. Vignobles.

MENDOZA (Diego HURTADO DE) → HURTADO DE MENDOZA.

MENDOZA (Iñigo LÓPEZ DE), *marquis* **de Santillana** → SANTILLANA.

MENÉ *(monts* ou *landes du),* ligne de hautes terres de Bretagne (Côtes-du-Nord); 339 m au *Bel-Air.*

Ménechmes *(les),* comédie de Plaute, imitée de Ménandre, et qui a servi de modèle à Shakespeare, Rotrou, Regnard, Tristan Bernard. Elle est fondée sur les quiproquos provoqués par la ressemblance entre deux frères jumeaux.

MÉNÉLAS, héros du cycle troyen de la famille des Atrides, roi de Sparte et époux d'Hélène.

MÉNÉLIK II (1844-1913), négus d'Éthiopie (1889-1909). Fils du ras du Choa, il fonda Addis-Abeba (1887). Négus en 1889, il signa avec les Italiens un accord que ceux-ci considérèrent comme un traité de protectorat (1889). Dénon-

çant cet accord (1893), Ménélik écrasa les troupes italiennes à Adoua (1896). Il se retira en 1909.

MENÉNDEZ PIDAL (Ramón), critique littéraire et linguiste espagnol, né à La Corogne (1869-1968), auteur de travaux sur la langue et la littérature espagnoles.

MENENIUS AGRIPPA, consul romain en 503 av. J.-C. Il réconcilia la plèbe avec les patriciens par son apologue *les Membres et l'Estomac* (494 av. J.-C.).

MÉNEPTAH → MINEPTAH.

MÉNÈS, roi légendaire de l'Égypte ancienne, à qui sont attribuées la fondation de Memphis et l'unification de l'Égypte.

MENEZ HOM, sommet à l'extrémité occidentale de la Montagne Noire, au-dessus de la baie de Douarnenez; 330 m.

MENGELBERG (Willem), chef d'orchestre néerlandais, né à Utrecht (1871-1951). Il a dirigé le Concertgebouw d'Amsterdam.

MENGER (Carl), économiste autrichien, né à Neu Sandec (auj. Nowy Sącz, Galicie) [1840-1921], auteur d'une théorie marginaliste de la valeur.

MENGS (Anton Raphael), peintre néoclassique allemand, né à Aussig (auj. Ústí nad Labem) [1728-1779]. Il vécut surtout à Rome.

MÉNIGOUTE (79340), ch.-l. de c. des Deux-Sèvres; 913 h. Église et chapelle médiévales.

MÉNILMONTANT, quartier de l'est de Paris (XXe arr.).

MENIN, en néerl. **Menen,** v. de Belgique (Flandre-Occidentale), sur la Lys; 34 300 h.

Ménines *(les),* en esp. **las Meninas,** grande toile de Velázquez (v. 1656, Prado), célèbre pour son rendu spatial, ses qualités d'atmosphère, son caractère d'instantané captant une réalité familière et fugitive.

MÉNIPPE, poète et philosophe grec, de l'école des cyniques, né à Gadara (IIIe s. av. J.-C.), auteur de satires.

MENNECY (91540), ch.-l. de c. de l'Essonne; 7 648 h.

MENNETOU-SUR-CHER (41320), ch.-l. de c. de Loir-et-Cher; 984 h. Remparts du XIIIe s., église des XIIIe-XVe s.

MENOTTI (Gian Carlo), compositeur italien, né à Cadegliano en 1911. Il se rattache à la tradition de l'opéra vériste (le *Médium,* le *Consul).*

MENS [mɛs] (38710), ch.-l. de c. de l'Isère; 1 227 h.

MENTANA, v. d'Italie, au nord-est de Rome; 10 000 h. Garibaldi y fut défait par les troupes pontificales et françaises (1867).

Menteur *(le),* comédie de P. Corneille, en cinq actes et en vers (1643).

MENTHON-SAINT-BERNARD (74290 Veyrier du Lac), comm. de la Haute-Savoie, sur le lac d'Annecy; 818 h. Station estivale. Château des XIIIe-XVIe s.

MENTON (06500), ch.-l. de c. des Alpes-Maritimes, sur la Méditerranée; 25 314 h. *(Mentonnais).* Église et chapelle baroques de la place Saint-Michel. Musées, dont celui du palais Carnoles. Centre touristique.

MENTOR. *Myth. gr.* Ami d'Ulysse et précepteur de Télémaque, symbole du sage conseiller.

MENUHIN (Yehudi), violoniste américain, né à New York en 1916.

MENUIRES (les), station de sports d'hiver de Savoie, dans le massif de la Vanoise (comm. de Saint-Martin-de-Belleville). Alt. 1 800-3 300 m.

MENZEL (Adolf VON), peintre, dessinateur et graveur allemand, né à Breslau (1815-1905), au style d'un réalisme minutieux.

MENZEL-BOURGUIBA, anc. **Ferryville,** v. de Tunisie, sur le lac de Bizerte; 34 000 h. Arsenal maritime. Sidérurgie. Pneumatiques.

Méphistophélès, incarnation du diable, popularisée par le *Faust* de Goethe.

MER (41500), ch.-l. de c. de Loir-et-Cher; 5 186 h. Église en partie du XIe s. Literie.

MERANO, v. d'Italie (prov. de Bolzano); 33 000 h. Station hydrominérale. Monuments des XIVe-XVe s. Musée.

MÉRANTE (Louis), danseur et chorégraphe français, né à Paris (1828-1887), auteur des ballets *Sylvia* et *les Deux Pigeons*.

MÉRAY (Charles), mathématicien français, né à Chalon-sur-Saône (1835-1911). Il fut le premier à établir rigoureusement l'ensemble des nombres réels.

MERCANTOUR (le), massif cristallin des Alpes-Maritimes; 3045 m. Parc national.

MERCATOR (Gerhard KREMER, dit **Gerard**), mathématicien et géographe flamand, né à Rupelmonde (1512-1594). Il a donné son nom à un système de projection dans lequel les longitudes sont représentées par des droites parallèles équidistantes, et les degrés de latitude par des droites parallèles perpendiculaires au méridien.

MERCATOR (Nikolaus KAUFMANN, dit), mathématicien allemand, né à Eutin (v. 1620-1687). Il fut l'un des premiers à utiliser les séries entières.

Mercenaires (*guerre des*), guerre soutenue par Carthage (241-237 av. J.-C.), après la première guerre punique, contre les mercenaires révoltés auxquels s'étaient joints les Libyens. Ce conflit, dit « guerre inexpiable », a inspiré à Flaubert son roman *Salammbô*.

MERCHTEM, comm. de Belgique (Brabant); 12 600 h.

Merci (*ordre de la*), ordre religieux fondé en 1218 par saint Pierre Nolasque et saint Raimond de Peñafort, qui se consacrait au rachat des prisonniers faits par les infidèles. Ses membres, les mercédaires, s'adonnent maintenant à l'apostolat missionnaire, paroissial ou auprès des prisonniers.

MERCIE, royaume angle fondé entre 632 et 654, et qui sombra au IXᵉ s. sous les coups des Danois.

MERCIER (Louis Sébastien), écrivain français, né à Paris (1740-1814), auteur d'un récit d'anticipation (*l'An 2440 ou Rêve s'il en fut jamais*), de drames populaires (*la Brouette du vinaigrier*), et d'une peinture de la société française à la fin de l'Ancien Régime (*Tableau de Paris*).

MERCIER (Honoré), homme d'État canadien, né à Iberville (1840-1894), Premier ministre de la province du Québec (1887-1891).

MERCIER (Désiré Joseph), cardinal belge, né à Braine-l'Alleud (1851-1926). À l'université de Louvain, il fut un des pionniers du néothomisme. Archevêque de Malines (1906), cardinal (1907), il ouvrit la voie à l'œcuménisme par les « conversations de Malines » (1921-1923) avec l'anglican lord Halifax. Durant l'occupation allemande (1914-1918), il fut le défenseur de ses concitoyens.

MERCKX (Eddy), coureur cycliste belge, né à Meensel-Kiezegem (Brabant) en 1945. Il a notamment gagné le Tour de France en 1969, 1970, 1971, 1972 et 1974.

MERCŒUR (19430), ch.-l. de c. de la Corrèze; 368 h.

MERCŒUR (Philippe Emmanuel DE VAUDÉMONT, *duc* DE), né à Nomeny (Lorraine) [1558-1602], beau-frère d'Henri III, chef de la Ligue après la mort des Guise, gouverneur de Bretagne.

MERCURE. *Myth. rom.* Dieu du Commerce et des Voyageurs, identifié à l'*Hermès* des Grecs.

MERCURE, planète la plus proche du Soleil. Son diamètre vaut 4878 km. Sa surface rappelle beaucoup celle de la Lune.

Mercure de France (*le*), journal hebdomadaire fondé en 1672 par Donneau de Visé, sous le titre de *Mercure galant* : il publiait des poèmes, des contes et donnait des nouvelles de la Cour. Il prit ensuite le titre de *Nouveau Mercure* (1717), puis de *Mercure de France* (1724).
— En 1889, des écrivains favorables au symbolisme fondèrent sous ce titre une revue littéraire qui parut jusqu'en 1965.

MERCUREY (71640 Givry), comm. de Saône-et-Loire; 1414 h. Vins réputés.

MERCY (Franz, *baron* VON), général autrichien, né à Longwy (v. 1590-1645). Il battit Turenne à Marienthal (auj. Bad Mergentheim) en 1645, mais

George **Meredith**

Prosper **Mérimée**
par Ch. E. Champmartin

le P. Marin **Mersenne**
gravure de Duflos

fut défait par Condé et mortellement blessé près de Nördlingen.

MERDRIGNAC (22230), ch.-l. de c. des Côtes-du-Nord; 3009 h.

MÉRÉ (Antoine GOMBAUD, *chevalier* DE), écrivain français, né en Poitou (v. 1607-1685). Dans ses essais, il définit les règles de conduite que doit respecter l'« honnête homme ».

Mère Courage et ses enfants, pièce de B. Brecht (écrite en 1938-39, créée en 1941) : le drame d'une cantinière qui s'obstine à vivre de la guerre qui détruit sa famille et la ruine.

MEREDITH (George), écrivain anglais, né à Portsmouth (Hampshire) [1828-1909], auteur de romans psychologiques (*l'Épreuve de Richard Feverel, l'Égoïste*).

MEREJKOVSKI (Dimitri Sergueïevitch), écrivain russe, né à Saint-Pétersbourg (1865-1941). Il publia le manifeste du symbolisme russe et analysa dans ses essais et ses romans historiques les influences réciproques de la politique et de la religion (*Julien l'Apostat*).

MERELBEKE, comm. de Belgique (Flandre-Orientale); 19 500 h.

MÉRÉVILLE (91660), ch.-l. de c. de l'Essonne; 2 367 h. Château avec parc paysager du XVIIIᵉ s.

MERGENTHALER (Ottmar), inventeur allemand, né à Hachtel (Wurtemberg) [1854-1899]. Il conçut le principe de la Linotype.

MÉRIBEL-LES-ALLUES (73550), station de sports d'hiver (alt. 1450-2700 m).

MÉRICOURT (62680), comm. du Pas-de-Calais; 13 807 h.

MÉRIDA, v. d'Espagne (Estrémadure), sur le Guadiana; 38 000 h. Ensemble de ruines romaines. Musée archéologique.

MÉRIDA, v. du Mexique, cap. du Yucatán; 239 000 h. Université. Textiles.

MÉRIGNAC (33700), ch.-l. de c. de la Gironde, banlieue de Bordeaux; 52 234 h. Aéroport.

MÉRIMÉE (Prosper), écrivain français, né à Paris (1803-1870). Auteur de supercheries littéraires (*Théâtre de Clara Gazul*, 1825; *la Guzla*, 1827), de romans historiques (*Chronique du règne de Charles IX*, 1829), il doit sa célébrité à des nouvelles (*Mateo Falcone, Tamango, la Vénus d'Ille, Colomba, Carmen, la Chambre bleue*). Inspecteur des monuments historiques, il fut aussi l'Empire, un des familiers de Napoléon III et de l'impératrice. Il traduisit alors les écrivains russes. Romantique par le choix des sujets et le goût de la couleur locale, Mérimée appartient au classicisme par la concision de son style. (Acad. fr.)

MÉRINAS, peuple de Madagascar, occupant les plateaux centraux autour d'Antananarivo.

MÉRINDOL (84360 Lauris), comm. de Vaucluse; 1 021 h. Massacre d'une communauté vaudoise en 1545.

MÉRINIDES → MARINIDES.

Mérite (*ordre national du*), ordre français créé en 1963 pour récompenser les mérites distingués acquis dans une fonction publique ou privée. Il a remplacé les anciens ordres particuliers du Mérite ainsi que ceux de la France d'outre-mer. Les ordres du *Mérite agricole* (créé en 1883) et du *Mérite maritime* (créé en 1930) ont seuls été maintenus. — Il existe à l'étranger

de nombreux ordres du Mérite. On citera notamment l'ancien ordre prussien *Pour le Mérite* (créé en 1740) et les ordres actuels du Mérite de la République fédérale allemande et de la République italienne (créés en 1951).

MERKSEM, comm. de Belgique (prov. d'Anvers); 41 500 h.

MERLEAU-PONTY (Maurice), philosophe français, né à Rochefort (1908-1961). Il fonde sa philosophie sur l'analyse phénoménologique de l'expérience vécue dans les domaines de la perception (*Phénoménologie de la perception*, 1945), dans ceux de la politique (*Humanisme et terreur*, 1947; *les Aventures de la dialectique*, 1955) et de la psychologie de l'enfant.

MERLEBACH, section de *Freyming-Merlebach*.

MERLERAULT (Le) [61240], ch.-l. de c. de l'Orne; 1 098 h.

MERLIMONT (62155), comm. du Pas-de-Calais; 1 624 h. Station balnéaire.

Merlin, dit **l'Enchanteur**, magicien des légendes celtiques et du cycle d'Arthur.

MERLIN (Philippe Antoine, *comte*), dit **Merlin de Douai**, homme politique français, né à Arleux (1754-1838). Député aux États généraux (1789) et à la Convention (1792). Directeur en 1797, il dut se retirer en juin 1799. Il s'exila de 1815 à 1830. (Acad. fr.)

MERMNADES (*dynastie des*), dynastie qui régna en Lydie de 687 à 547 av. J.-C. Ses rois les plus célèbres furent Gygès et Crésus.

MERMOZ (Jean), aviateur français, né à Aubenton (1901-1936). Il réussit en 1930 la première liaison aérienne France-Amérique du Sud et disparut en mer au large de Dakar à bord de l'hydravion *Croix-du-Sud*.

MÉROÉ, v. du Soudan, sur le Nil, qui fut la cap. du royaume de Koush. Ce royaume, qui s'était rendu indépendant de l'Égypte au VIIᵉ s. av. J.-C., disparut sous la poussée du royaume d'Aksoum au IVᵉ s. apr. J.-C. Vestiges archéologiques de grande importance.

MÉROVÉE, roi franc (448-v. 457). Ce personnage mal connu a donné son nom à la première dynastie des rois de France.

MÉROVINGIENS, nom donné à la première dynastie de rois francs. Elle n'apparaît dans l'histoire qu'avec Chlodion (m. v. 450), qui fut roi de Cambrai, et Childéric Iᵉʳ, qui fut roi de Tournai, et dont il n'est pas sûr qu'il ait été le fils de Chlodion. En fait, le fondateur de la dynastie fut Clovis Iᵉʳ (m. en 511). Le dernier Mérovingien, Childéric III, fut en 743, fut enfermé en 751 dans un monastère par Pépin le Bref, fondateur des Carolingiens.

MERRIMACK (le), fl. des États-Unis (Massachusetts), tributaire de l'Atlantique; 270 km.

MERSCH, ch.-l. de cant. du Luxembourg, sur l'Alzette; 3 500 h.

MERSEBURG, v. de l'Allemagne démocratique, sur la Saale; 55 000 h. Cathédrale reconstruite aux XIIIᵉ et XVIᵉ s. Industries chimiques et mécaniques.

MERS EL-KÉBIR, v. d'Algérie; 14 000 h. Base navale sur le golfe d'Oran, créée par la France en 1935. Le 3 juillet 1940, une escadre française y ayant refusé un ultimatum anglais d'avoir à continuer la lutte contre l'Allemagne ou de se laisser désarmer y fut bombardée à l'ancre par la Royal Navy, ce qui causa la mort de 1 300 marins. Les accords d'Évian (1962) concédèrent la jouissance de la base pendant quinze ans à la France, qui l'évacua en 1968.

MERSENNE (le P. Marin), savant français, né près d'Oizé (Maine) [1588-1648], ami et correspondant de Descartes et de nombreux autres savants. Il détermina les rapports des fréquences des notes de la gamme et mesura la vitesse du son (1636).

MERSEY (la), fl. de Grande-Bretagne, qui rejoint la mer d'Irlande par un estuaire, sur lequel se trouve Liverpool ; 113 km.

MERSIN, port de Turquie, sur la Méditerranée ; 152 000 h. Raffinage du pétrole.

MERS-LES-BAINS [mɛrs-] (80350), comm. de la Somme ; 4 628 h. Station balnéaire. Verrerie.

MÉRY-SUR-SEINE (10170), ch.-l. de c. de l'Aube ; 1 204 h.

MESABI RANGE, chaîne de collines des États-Unis (Minnesota). Gisements de fer.

MESCHACEBÉ, anc. nom du Mississippi.

MESETA (la), socle hercynien rigide de l'Espagne centrale (Castille). — Le terme désigne aussi une région du Maroc, à l'ouest du Moyen Atlas, où affleure en majeure partie le socle ancien, granitique et schisteux (Meseta marocaine).

MÉSIE, contrée de l'Europe ancienne, sur le cours inférieur du Danube.

MESLAY-DU-MAINE (53170), ch.-l. de c. de la Mayenne ; 2 104 h.

MESMER (Franz), médecin allemand, né à Iznang (1734-1815), fondateur de la théorie du magnétisme animal, dite mesmérisme.

teur français, né à Paris en 1920. Il a fourni une contribution originale au « paysagisme abstrait ».

MESSALINE, en lat. Valeria Messalina, impératrice romaine (v. 25 apr. J.-C. - 48), femme de l'empereur Claude et mère de Britannicus et d'Octavie. Ambitieuse et dissolue, elle fut tuée à l'instigation de Narcisse.

MESSEI (61440), ch.-l. de c. de l'Orne ; 1 505 h. Métallurgie.

MESSÉNIE, anc. contrée du Péloponnèse. Conquise par Sparte (guerres de Messénie, VIIIe-VIIe s. av. J.-C.), elle retrouva son indépendance après la bataille de Leuctres (371 av. J.-C.) et fut annexée par Rome en 146 av. J.-C.

MESSERER (Assav Mikhaïlovitch), danseur, chorégraphe et pédagogue soviétique, né à Vilna (auj. Vilnious) en 1903.

Olivier
Messiaen

Fotogram

MESSERSCHMITT (Willy), ingénieur allemand, né à Francfort-sur-le-Main (1898-1978). Il mit au point en 1938 le premier chasseur à réaction, engagé seulement en 1944.

Messiade (la), poème épique en vingt chants (1748-1773), de Klopstock.

MESSIAEN (Olivier), compositeur français, né à Avignon en 1908. Son langage musical, d'inspiration souvent mystique, s'est affirmé au contact d'une rythmique nouvelle, d'éléments exotiques et des chants d'oiseaux (l'Ascension [1934], pour orgue ; Vingt Regards sur l'Enfant-Jésus [1944], pour piano ; Turangalîla-Symphonie [1946-1948], Catalogue d'oiseaux [1956-1958] ; Et exspecto resurrectionem mortuorum [1965] ; Des canyons aux étoiles [1974]).

Messie (le), oratorio de Händel (1741).

MESSIER (Charles), astronome français, né à Badonviller (1730-1817). Il découvrit 21 comètes et dressa un catalogue de 103 nébulosités galactiques ou extragalactiques (1781).

MESSINE, v. d'Italie (Sicile), sur le détroit de Messine, qui, séparant l'Italie péninsulaire et la Sicile, relie les mers Tyrrhénienne et Ionienne ; 267 000 h. Cathédrale remontant à l'époque normande. Port de voyageurs et de commerce. La ville tire son nom des Messéniens chassés de leur patrie (486 av. J.-C.). Elle fut occupée v. 288 av. J.-C. par les Mamertins ; son alliance avec Rome (264 av. J.-C.) fut à l'origine de la première guerre punique. Un tremblement de terre la détruisit en 1908.

MESSMER (Pierre), homme politique français, né à Vincennes en 1916, Premier ministre de 1972 à 1974.

MESVRES (71190 Étang sur Arroux), ch.-l. de c. de Saône-et-Loire ; 930 h.

MÉTABIEF [bje] (25370 Les Hôpitaux Neufs), station de sports d'hiver du Doubs, dans le Jura, formée notamment par les comm. de Jougne, des Hôpitaux-Neufs et de Métabief (alt. 1 010-1 430 m).

MÉTALLIFÈRES (monts), nom de plusieurs massifs minéraux riches en minerais : en Toscane (1 059 m) ; en Slovaquie, au sud des Tatras (1 480 m) ; aux confins de l'Allemagne démocratique et de la Bohême (v. ERZGEBIRGE).

Métamorphoses (les), poème d'Ovide, en quinze livres, où sont rassemblés les récits légendaires de transformations miraculeuses.

Métaphysique, ouvrage d'Aristote (IVe s. av. J.-C.) que le Stagirite a écrit après la Physique. Dieu y est conçu comme le moteur immobile.

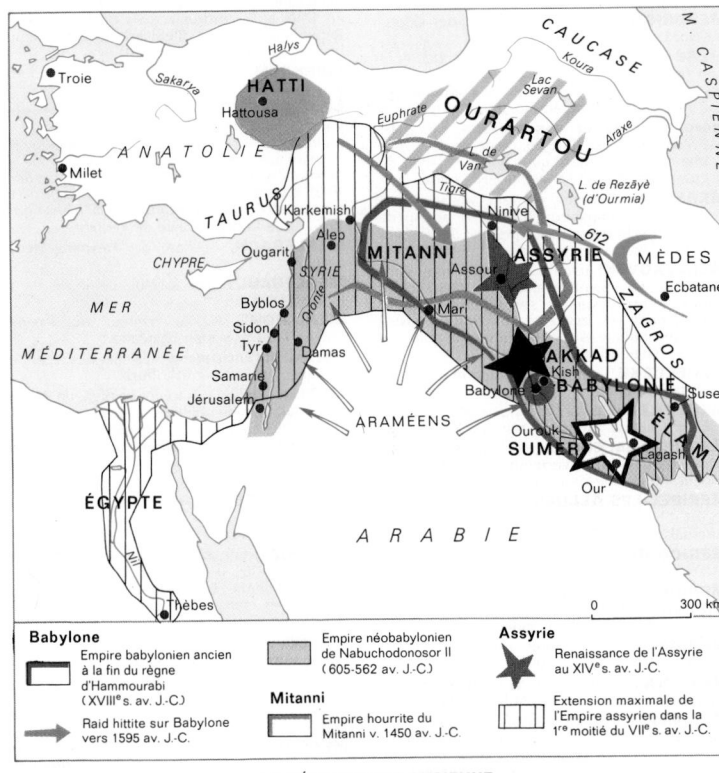

LA MÉSOPOTAMIE ANCIENNE

Babylone
Empire babylonien ancien à la fin du règne d'Hammourabi (XVIIIe s. av. J.-C.)

Raid hittite sur Babylone vers 1595 av. J.-C.

Empire néobabylonien de Nabuchodonosor II (605-562 av. J.-C.)

Mitanni
Empire hourrite du Mitanni v. 1450 av. J.-C.

Assyrie
Renaissance de l'Assyrie au XIVe s. av. J.-C.

Extension maximale de l'Empire assyrien dans la 1re moitié du VIIe s. av. J.-C.

0   300 km

MERTERT, port du Luxembourg, sur la Moselle canalisée.

MERTHYR TYDFIL, v. de Grande-Bretagne (Galles) ; 55 000 h. Métallurgie.

MERTON (Robert King), sociologue américain, né à Philadelphie en 1910. Fidèle à la tradition du fonctionnalisme, il invite le sociologue à être attentif à la fois aux fonctions manifestes et aux fonctions latentes des faits sociaux, qu'il s'efforce de rendre intelligibles.

MÉRU (60110), ch.-l. de c. de l'Oise ; 8 651 h. Église des XIIIe et XVIe s. Constructions mécaniques. Plastiques.

MERV → MARY.

MERVILLE (59660), ch.-l. de c. du Nord ; 8 661 h.

MÉRYON (Charles), graveur français, né à Paris (1821-1868), auteur d'une suite d'eaux-fortes sur Paris, teintées de fantastique.

MÉRY-SUR-OISE (95540), comm. du Val-d'Oise ; 4 708 h. Château des XVIe-XVIIIe s.

MESNIL-LE-ROI (Le) [mɛnil-] (78600 Maisons Laffitte), comm. des Yvelines ; 5 682 h.

MESNIL-SAINT-DENIS (Le) [78320], comm. des Yvelines ; 5 385 h.

MÉSO-AMÉRIQUE, aire occupée par les civilisations précolombiennes au nord de l'isthme de Panamá, comprenant le Mexique central et méridional et le nord de l'Amérique centrale.

MÉSOPOTAMIE, région de l'Asie, entre le Tigre et l'Euphrate. La Mésopotamie fut, entre le VIe et le Ier millénaire, un des plus brillants foyers de civilisation : cités-États de Sumer et d'Akkad, empires d'Assyrie et de Babylone, royaume de Mari, etc.

MESSAGER (André), compositeur et chef d'orchestre français, né à Montluçon (1853-1929). Il a écrit des opérettes et des opéras-comiques de la plus séduisante facture (les P'tites Michu, Véronique, la Basoche, Fortunio) et des ballets (les Deux Pigeons).

MESSAGIER (Jean), peintre, graveur et sculp-

Metz
le temple protestant

la cause première du mouvement des êtres de la nature. À ce titre, Dieu est l'objet de la « philosophie première » ou métaphysique.

MÉTASTASE (Pierre), nom francisé de Pietro Trapassi, dit **Metastasio**, poète et librettiste italien, né à Rome (1698-1782), auteur d'oratorios, de cantates et de mélodrames (*l'Olympiade*).

MÉTAURE (le), en ital. **Metauro**, fl. d'Italie centrale, qui se jette dans l'Adriatique ; 110 km. Sur ses bords, au cours de la deuxième guerre punique, les Romains y remportèrent une victoire sur les Carthaginois (207 av. J.-C.).

METAXÁS (Ioánnis), général et homme d'État grec, né à Ithaque (1871-1941). Président du Conseil en 1936, il assuma, jusqu'à sa mort, des pouvoirs dictatoriaux.

METCHNIKOV (Ilia) ou **METCHNIKOFF** (Élie), zoologiste et microbiologiste russe, né à Ivanovka, près de Kharkov (1845-1916), disciple de Pasteur. Il a découvert la phagocytose et écrit sur *l'Immunité dans les maladies infectieuses* (1901). [Prix Nobel, 1908.]

METELLUS CAECILIUS → CAECILIUS METELLUS.

MÉTEZEAU, architectes français, dont le plus connu est CLÉMENT II, né à Dreux (1581-1652), qui dessina la place ducale de Charleville et travailla à Paris, notamment au Luxembourg avec S. de Brosse.

MÉTHODE (saint) → CYRILLE (saint) et MÉTHODE (saint).

MÉTON, astronome athénien du Ve s. av. J.-C. Il découvrit que les phases de la Lune se reproduisent sensiblement aux mêmes dates de l'année julienne tous les dix-neuf ans (cycle lunaire ou cycle de Méton).

Metropolitan Museum of Art, à New York, vaste musée consacré aux beaux-arts, à l'archéologie et aux arts décoratifs. Il a pour complément le « musée des Cloîtres ».

METSU (Gabriël), peintre hollandais, né à Leyde (1629-1667). Il manifeste son goût de l'anecdote dans des scènes de genre aux détails habilement rendus.

METSYS (Quentin) → MATSYS.

METTERNICH-WINNEBURG (Klemens, prince DE), homme d'État autrichien, né à Coblence (1773-1859). Ambassadeur à Paris de 1806 à 1809, puis chancelier, il négocia le mariage de Marie-Louise avec Napoléon Ier (1810). En 1813, il fit entrer l'Autriche dans la coalition contre la France. Âme du congrès de Vienne (1814-15), il restaura, en même temps que l'équilibre européen, la puissance autrichienne en Allemagne et en Italie. Grâce à la Quadruple-Alliance (1815) et au système des congrès européens, il put intervenir partout où l'ordre établi était menacé par le libéralisme. Il fut renversé par la révolution de mars 1848.

METZ [mɛs] (57000), ch.-l. de la Région Lorraine et du dép. de la Moselle, sur la Moselle, à 329 km à l'est-nord-est de Paris ; 117 199 h. (*Messins*). [Près de 200 000 h. dans l'agglomération.] Évêché. Cour d'appel. Vestiges gallo-romains. Cathédrale des XIIIe-XVIe s. (vitraux) et autres églises. Place d'Armes (XVIIIe s.). Musées. Métallurgie. — Sous les Mérovingiens, Metz fut la capitale de l'Austrasie. Elle fut acquise par la France en fait en 1559 (traité du Cateau-Cambrésis), en droit en 1648 (traités de Westphalie). Bazaine s'y enferma après les échecs de Rezonville, Gravelotte et Saint-Privat, et y capitula le 27 octobre 1870. Metz fut allemande de 1871 à 1918.

METZERVISSE (57940), ch.-l. de c. de la Moselle ; 2 027 h.

MEUDON (92190), ch.-l. de c. des Hauts-de-Seine, au sud-ouest de Paris, en bordure de la *forêt de Meudon* ; 53 413 h. (*Meudonnais*). Vestiges du château du XVIIIe s., abritant un observatoire d'astrophysique. Villa de Rodin (musée). Ateliers d'aérostation militaire, soufflerie aérodynamique (Chalais-Meudon). Agglomération résidentielle à *Meudon-la-Forêt* (92360). Constructions mécaniques dans le *bas Meudon*.

MEULAN (78250), ch.-l. de c. des Yvelines, sur la Seine ; 8 562 h. (*Meulanais*).

MEULEBEKE, comm. de Belgique (Flandre-Occidentale) ; 10 500 h.

MEUNG (Jean DE) → JEAN DE MEUNG.

MEUNG-SUR-LOIRE [mœ-] (45130), ch.-l. de c. du Loiret ; 4 630 h. (*Magdunois*). Église des XIe-XIIIe s.

MEUNIER (Constantin), peintre et sculpteur belge, né à Etterbeek (1831-1905). Il a représenté, en réaliste, la vie des travailleurs. (Musée à Bruxelles.)

MEURSAULT (21190), comm. de la Côte-d'Or ; 1 733 h. Vins blancs réputés.

MEURTHE (la), riv. de Lorraine, affl. de la Moselle (r. dr.) ; 170 km. Née dans les Vosges, elle passe à Saint-Dié, à Lunéville et à Nancy.

MEURTHE (dép. de la), anc. dép. français, en partie cédé à l'Allemagne en 1871. La partie

Metternich-Winneburg
par sir Thomas Lawrence

Metchnikov

Constantin
Meunier
*le Débardeur
du port d'Anvers*

Larousse

MEURTHE-ET-MOSELLE

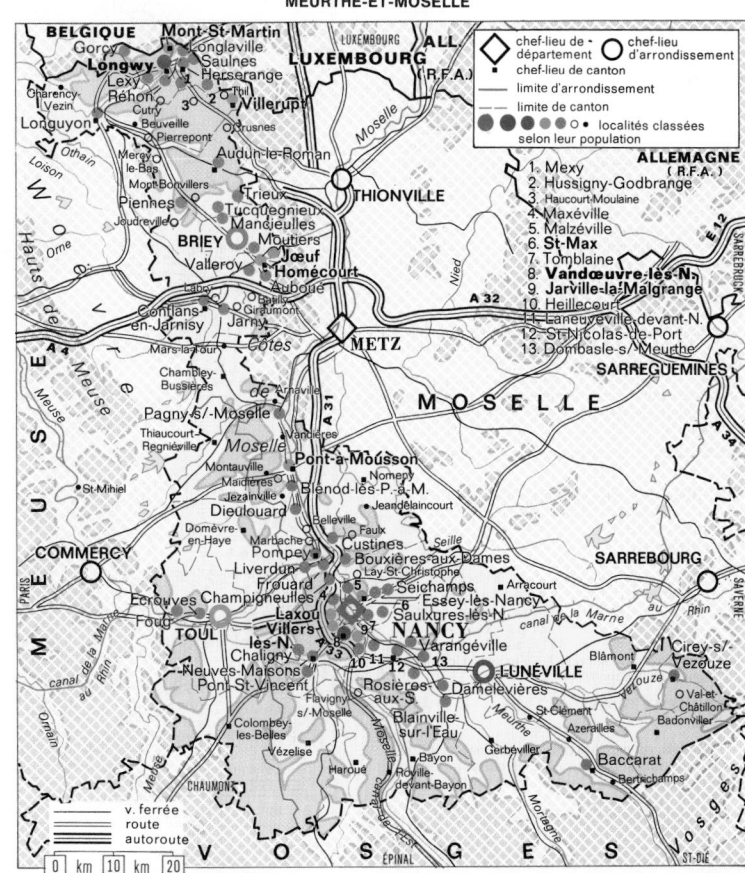

MEURTHE

redevenue française en 1919 a été incorporée dans le département de la Moselle.

MEURTHE-ET-MOSELLE (dép. de) [**54**], dép. de la Région Lorraine, formé en 1871 avec les deux fractions des dép. de la Meurthe et de la Moselle laissées à la France par le traité de Francfort; ch.-l. de dép. *Nancy*; ch.-l. d'arr. *Briey, Lunéville, Toul*; 4 arr., 37 cant., 587 comm.;

V. carte page précédente

---

5 235 km²; 722 588 h. Le dép. appartient à l'académie de Nancy-Metz, à la circonscription judiciaire de Nancy, à la région militaire de Metz et à la province ecclésiastique de Besançon. Au sud de l'Orne, le dép. s'étend sur le Plateau lorrain, qui s'oriente vers l'élevage, la forêt de Haye et la Woëvre, boisée ou céréalière (sur les terrains limoneux). Au nord, il occupe le revers des Côtes de Moselle, dont l'importance économique provient de la richesse du sous-sol. C'est aux mines de fer des bassins de Briey et de Longwy (celui de Nancy, au sud, est moins important) que le dép. a dû l'ampleur de son industrie. Celle-ci a été fondée sur la sidérurgie et la métallurgie lourde (auj. en recul), implantées sur les gisements ferrifères, dans les vallées de la Chiers et de l'Orne. Les mines de sel du sud-est fournissent la matière première aux usines chimiques (à Dombasle, Varangéville, etc.), alors que se maintiennent les activités traditionnelles (brasseries à Nancy, cristallerie à Baccarat, etc.).

MEUSE (la), en néerl. **Maas,** fl. de France, de Belgique et des Pays-Bas; 950 km. Née dans le Bassigny, elle passe à Verdun, à Sedan et à Charleville-Mézières, traverse l'Ardenne au fond d'une vallée encaissée. En Belgique, elle passe à Namur, où elle reçoit la Sambre, et à Liège. Son cours inférieur, à travers les Pays-Bas, s'achève par un delta dont les branches se mêlent à celui du Rhin. C'est une importante voie navigable, accessible jusqu'à Givet (en amont) aux chalands de 1 350 t.

MEUSE (dép. de la) [**55**], dép. de la Région Lorraine; ch.-l. de dép. *Bar-le-Duc*; ch.-l. d'arr. *Commercy, Verdun*; 3 arr., 30 cant., 479 comm.; 6 220 km²; 203 904 h. (*Meusiens*). Le dép. appartient à l'académie de Nancy-Metz, à la circonscription judiciaire de Nancy, à la région militaire de Metz et à la province ecclésiastique de Besançon. La vallée de la Meuse, région d'élevage bovin, est jalonnée de petites villes (Vaucouleurs, Commercy, Saint-Mihiel, Verdun). Elle entaille le plateau des Côtes (ou Hauts) de Meuse, dévasté par la Première Guerre mondiale et partiellement en friche, qui domine la dépression marneuse de la Woëvre, boisée (portant des céréales sur les revêtements limoneux). L'élevage constitue la principale ressource des hauteurs gréseuses de l'Argonne (souvent forestière) et du plateau calcaire du Barrois (où les céréales ont reculé). La petite métallurgie, les branches alimentaires (fromageries) demeurent les secteurs dominants d'une industrie peu développée.

MEXICALI, v. du Mexique, à la frontière des États-Unis; 331 000 h.

MEXICO, cap. du Mexique, dans le district fédéral, à 2 250 m d'alt., sur le plateau de l'Anáhuac; 8 628 000 h. (12 millions avec les banlieues). Archevêché. Université. Cathédrale des XVIe-XVIIIe s. et autres monuments de la période coloniale. Musées, dont le moderne et riche musée national d'Anthropologie. Grand centre commercial et touristique. Fondée sous le nom de Tenochtitlán en 1325 par les Aztèques, détruite par Cortés en 1521 puis reconstruite selon un plan en damier, la ville est la capitale du Mexique depuis 1824.

MEXIMIEUX (01800), ch.-l. de c. de l'Ain; 3 459 h.

MEXIQUE, en esp. **México,** république fédérale de l'Amérique septentrionale et centrale, entre les États-Unis et le Guatemala; 1 970 000 km²; 71 910 000 h. (*Mexicains*). Cap. *Mexico*. V. pr. *Guadalajara, Monterrey*. Langue : *espagnol*.

vue de **Mexico**

GÉOGRAPHIE

Le Mexique est un pays de hautes terres. À l'est de la basse Californie, péninsule prolongeant la sierra Nevada américaine, les deux sierras Madre enserrent des plateaux, fermés au sud par de puissants volcans (Orizaba, Popocatépetl), qui dominent de hauts bassins intérieurs. Le Mexique méridional est formé par une chaîne montagneuse dominant le Pacifique et, au-delà de l'isthme de Tehuantepec, traditionnelle limite entre l'Amérique du Nord et l'Amérique centrale, par un bas plateau calcaire, le Yucatán, qui s'avance entre le golfe du Mexique et la mer des Antilles. Au climat aride des plateaux du Nord, à la végétation semi-désertique, s'oppose le climat humide du Sud, forestier.

MEUSE

courbes : 150 300 m

1408

Mais la majeure partie de la population (formée d'Indiens et surtout de métis) se concentre dans les bassins montagnards, au climat tropical tempéré par l'altitude et aux sols fertilisés par les épanchements volcaniques. L'étagement des climats y permet les cultures tropicales (café, coton, canne à sucre) et tempérées (blé, maïs, arbres fruitiers, tabac). L'élevage des bovins constitue la ressource essentielle des étendues sèches du Nord. Le sous-sol recèle des gisements d'or, de cuivre, de plomb, de zinc, de fer et surtout d'argent, de gaz naturel et de pétrole (dont les réserves sont très abondantes). La métallurgie et le textile (coton) sont les industries dominantes. Le tourisme est en essor. L'expansion économique est freinée par la rapide croissance démographique, qui a provoqué une intense émigration vers les États-Unis.

HISTOIRE

— À partir du Iᵉʳ s. av. J.-C. : développement des civilisations précolombiennes : Olmèques, Mayas, Mixtèques, El Tajín, Teotihuacán, Toltèques.
— 1325 : unification du pays par les Aztèques, qui fondent Tenochtitlán (Mexico).
— 1519-1521 : Cortés détruit l'Empire aztèque. Début de la colonisation espagnole; ruine du pays.
— 1600 : le Mexique n'a plus que 2,5 millions d'habitants.
— XVIIᵉ-XVIIIᵉ s. : exploitation des mines, expansion de l'économie et croissance démographique.
— 1810-1815 : soulèvement populaire dirigé par les prêtres Hidalgo († 1811) et Morelos († 1815).
— 1821 : proclamation de l'indépendance. Agustín de Iturbide, empereur en 1822.
— 1823 : abdication d'Iturbide. Santa Anna proclame la république.
— 1828-1855 : Santa Anna, maître du pays (il sera président de la République en 1833), arbitre de la lutte entre conservateurs centralistes et libéraux fédéralistes.
— 1836 : perte du Texas, réuni aux États-Unis en 1845.
— 1846-1848 : guerre avec les États-Unis; perte de la haute Californie et du Nouveau-Mexique.

— 1858-1861 : « guerre de la Réforme », entre libéraux et conservateurs.
— 1861 : Benito Juárez, président de la République fédérale.
— 1862-1867 : intervention française, fondation d'un éphémère empire (1864-1867) dont le souverain, Maximilien d'Autriche, est fusillé sur l'ordre de Juárez.
— 1867-1876 : anarchie, politique anticléricale.
— 1876-1911 : dictature de Porfirio Díaz, en fait le « porfiriat » stoppe la décadence du Mexique, qui devient un pays moderne, mais les inégalités sociales s'accentuent.
— 1911 : insurrection de Francisco Madero, assassiné en 1913.
— 1910-1919 : Emiliano Zapata, maître du sud du pays, où il applique la réforme agraire.
— 1913-14 : brève tentative contre-révolutionnaire de Victoriano Huerta (nationalisme économique), contre lequel les Américains interviennent militairement. Les constitutionnalistes (partisans de la légalité républicaine) l'emportent avec Venustiano Carranza. Pancho Villa s'unit à Zapata contre Carranza.
— 1914-1917 : guerre civile.
— 1917 : Carranza impose une constitution socialisante, centralisatrice et anticléricale.
— 1920 : mort de Carranza, Alvaro Obregón, président.
— 1924 : Plutarco Elias Calles, président; sa politique anticléricale provoque la guerre religieuse de Cristeros (1926-1929).
— 1934-1940 : se débarrassant de la tutelle de Calles (1936), le président Lázaro Cárdenas amorce une vaste réforme agraire et pacifie le pays. Nationalisation du pétrole.
— 1940-1946 : présidence d'Ávila Camacho.
— 1946-1952 : présidence de Miguel Alemán.
— 1952-1958 : présidence de Ruiz Cortines. Agitation sociale.
— 1958-1964 : présidence de López Mateos, qui multiplie les nationalisations.
— 1964-1970 : présidence de Díaz Ordaz. Longue crise politique et économique.
— 1970-1976 : présidence de Luis Echeverría. Démocratisation du régime.
— 1976 : José López Portillo, président.

Mexique (campagne du), intervention militaire décidée par Napoléon III avec l'appui initial de la Grande-Bretagne et de l'Espagne pour créer au Mexique un empire équilibrant la puissance croissante des États-Unis (1862-1867). Après le désintéressement de ses alliés, la France mena une coûteuse campagne (combats de Camerone, Puebla...), fit proclamer, en 1864, l'archiduc Maximilien d'Autriche empereur du Mexique, mais dut bientôt renoncer à cette entreprise, et Maximilien fut fusillé.

MEXIQUE (golfe du), golfe à l'extrémité occidentale de l'océan Atlantique, et resserré entre les États-Unis, le Mexique et Cuba.

MEYER (Conrad Ferdinand), écrivain suisse d'expression allemande, né à Zurich (1825-1898), auteur de poèmes et de romans (Jürg Jenatsch).

MEYER (Viktor), chimiste allemand, né à Berlin (1848-1897). Il fit des recherches sur les densités des vapeurs et la chimie organique.

MEYERBEER (Jakob BEER, dit Giacomo), compositeur allemand, né à Berlin (1791-1864). Il vécut à Paris et se consacra au grand opéra historique. Il est l'auteur de Robert le Diable (1831), les Huguenots (1836), le Prophète (1849), l'Africaine (1865), etc.

MEYERHOF (Otto), physiologiste allemand, né à Hanovre (1884-1951), prix Nobel pour ses recherches sur les muscles en 1922.

MEYERHOLD (Vsevolod Emilievitch), metteur en scène russe, né à Penza (1874-1940), collaborateur de Stanislavski, puis, à partir de 1920, le premier animateur du théâtre révolutionnaire dans une perspective constructiviste.

MEYERSON (Émile), philosophe français, né à Lublin (1859-1933), auteur de travaux de philosophie des sciences.

MEYLAN (38240), ch.-l. de c. de l'Isère; 12 199 h.

MEYMAC (19250), ch.-l. de c. de la Corrèze; 2 745 h. École forestière. Église du XIIᵉ s. Industries du bois.

MEYRIN, comm. de Suisse (canton de Genève); 14 255 h.

MEXIQUE

autoroute
route
v. ferrée

0 km 500 km 1000

courbes: 500, 1000, 2000, 3000 m

MEYRUEIS [mɛrɥɛjs] (48150), ch.-l. de c. de la Lozère; 1 083 h.

MEYSSAC (19500), ch.-l. de c. de la Corrèze; 1 218 h.

MEYTHET (74000 Annecy), comm. de la Haute-Savoie; 6 648 h.

MEYZIEU (69330), ch.-l. de c. du Rhône; 19 505 h. Matières plastiques.

MÈZE (34140), ch.-l. de c. de l'Hérault, sur l'étang de Thau; 5 508 h.

MÉZEL (04270), ch.-l. de c. des Alpes-de-Haute-Provence; 326 h.

MÉZENC [mezɛ̆k] (mont), massif volcanique du sud-est du Velay; 1 753 m.

MÉZIDON-CANON (14270), ch.-l. de c. du Calvados; 4 123 h. Gare de triage.

MÉZIÈRES, anc. ch.-l. du dép. des Ardennes, partie, depuis 1966, de la comm. de Charleville-Mézières *.

MÉZIÈRES-EN-BRENNE (36290), ch.-l. de c. de l'Indre; 1 179 h. Église du XIVᵉ s. (chapelle du XVIᵉ).

MÉZIÈRES-SUR-ISSOIRE (87330), ch.-l. de c. de la Haute-Vienne; 1 031 h.

MÉZIN (47170), ch.-l. de c. de Lot-et-Garonne; 1 800 h.

MEZZOGIORNO (le), ensemble des régions méridionales de l'Italie péninsulaire et insulaire (Abruzzes, Molise, Campanie, Pouille, Basilicate, Calabre, Sicile, Sardaigne), caractérisé par un relatif sous-développement.

MIAJA MENANT (José), général espagnol, né à Oviedo (1878-1958). Commandant en chef des forces républicaines pendant la guerre civile (1936-1939), il dirigea la défense de Madrid.

MIAMI, v. des États-Unis (Floride); 335 000 h. Grande station balnéaire.

MIASS, v. de l'U.R.S.S. (R.S.F.S. de Russie), sur le Miass, dans le sud de l'Oural; 146 000 h. Métallurgie.

MICHAUX (Pierre), mécanicien français, né à Bar-le-Duc (1813-1883). Il conçut le principe du pédalier de la bicyclette, qui fut réalisé par son fils ERNEST (1842-1882).

MICHAUX (Henri), poète et peintre français d'origine belge, né à Namur en 1899. Son œuvre picturale et poétique est un témoignage sur ses voyages réels ou imaginaires, ses rêves ou ses hallucinations (Un barbare en Asie, Plume, l'Espace du dedans, Connaissance par les gouffres).

MICHÉE, prophète biblique, contemporain d'Isaïe. Il exerça son ministère entre 740 et 687 av. J.-C.

MICHEL (saint), le plus grand des anges dans les traditions juive et chrétienne. Protecteur d'Israël dans la Bible, il devint le protecteur de l'Église.

MICHEL Iᵉʳ Rangabé (m. apr. 840), empereur byzantin de 811 à 813. Il fut favorable au culte des images, attitude qui provoqua l'opposition du parti iconoclaste. Vaincu par les Bulgares, il fut déposé. — MICHEL II le Bègue, né à Amorion (m. en 829), empereur byzantin de 820 à 829. — MICHEL III l'Ivrogne (838-867), empereur byzantin de 842 à 867. Il obtint la conversion des Bulgares. — MICHEL IV le Paphlagonien (m. en 1041), empereur byzantin de 1034 à 1041. — MICHEL V le Calfat, empereur byzantin de 1041 à 1042. — MICHEL VI le Stratiotique (m. en 1059), empereur byzantin de 1056 à 1057. — MICHEL VII DOUKAS, empereur byzantin de 1071 à 1078. — MICHEL VIII PALÉOLOGUE (1224-1282), empereur byzantin à Nicée (1258-1261), puis à Constantinople (1261-1282). Il détruisit l'Empire latin de Constantinople (1261) et provoqua les Vêpres siciliennes· (1282). — MICHEL IX PALÉOLOGUE (1277-1320), coempereur de 1295 à 1320 avec Andronic II, son père.

MICHEL ou **DOM MIGUEL,** né à Queluz (1802-1866), roi de Portugal de 1828 à 1834.

MICHEL Iᵉʳ, né à Sinaïa en 1921, roi de Roumanie de 1927 à 1930 et de 1940 à 1947.

MICHEL Fedorovitch, tsar de Moscovie (1596-1645), le premier des Romanov, élu en 1613 par le zemski sobor.

Michel-Ange
Moïse (marbre, v. 1515)

Henri **Michaux**

Jules **Michelet**
par Th. Couture

Albert **Michelson**

Adam **Mickiewicz**
par Wankowicz

MICHEL OBRENOVIĆ → OBRENOVIĆ.

MICHEL (Louise), anarchiste française, née à Vroncourt-la-Côte (Haute-Marne) [1830-1905]. Institutrice, affiliée à l'Internationale, elle prit part à la Commune (1871) et fut déportée en Nouvelle-Calédonie.

MICHEL-ANGE (Michelangelo BUONARROTI, dit), sculpteur, peintre, architecte et poète italien, né à Caprese (Toscane) [1475-1564]. Nul n'a égalé l'originalité, la puissance de ses conceptions, et ses œuvres étonnent par leur diversité autant que par leur caractère grandiose. On lui doit notamment plusieurs Pietà, le David (1501-1504) et deux tombeaux médicéens (v. 1524-1533) de Florence, les diverses statues destinées au tombeau de Jules II (Esclaves du Louvre [1513-1515], Moïse, etc.), les fresques de la chapelle Sixtine*, la partie sous coupole de la basilique St-Pierre de Rome.

MICHELET (Jules), historien français, né à Paris (1798-1874). Chef de la section historique aux Archives nationales (1831), professeur au Collège de France (1838), il fait de son enseignement une tribune pour ses idées libérales et anticléricales. Parallèlement, il amorce sa monumentale Histoire de France (1833-1846) et son Histoire de la Révolution française (1847-1853). Suspendu en janvier 1848, privé de sa chaire et de son poste aux Archives après le coup d'État (1851-52), il complète son œuvre historique tout en multipliant les ouvrages consacrés aux mystères de la nature et à l'âme humaine.

MICHELIN (les frères), industriels et philanthropes français. — ANDRÉ, né à Paris (1853-1931), et ÉDOUARD, né à Clermont-Ferrand (1859-1940), imaginèrent le pneumatique démontable (1891). Ils appliquèrent dans leur entreprise les principes de l'organisation scientifique du travail.

MICHELOZZO, sculpteur, ornemaniste et architecte italien, né à Florence (1396-1472). Son œuvre principale est le palais des Médicis (auj. Riccardi) à Florence.

MICHELSON (Albert), physicien américain, né à Strzelno (Pologne) [1852-1931], auteur, avec E. W. Morley, d'expériences sur la vitesse de la lumière, qui jouèrent un rôle important dans l'élaboration de la théorie de la relativité. (Prix Nobel, 1907.)

MICHIGAN, un des cinq Grands Lacs de l'Amérique du Nord; 58 000 km².

MICHIGAN, un des États unis d'Amérique (Centre-Nord-Est); 150 780 km²; 8 875 000 h. Cap. Lansing. V. pr. Detroit.

MICIPSA (m. en 118 av. J.-C.), roi des Numides de 148 à 118 av. J.-C., fils de Masinissa et oncle de Jugurtha, qu'il adopta.

Mickey, personnage de dessin animé, créé par Walt Disney en 1928.

MICKIEWICZ (Adam), poète et patriote polonais, né à Zaosie (auj. Novogroudok, Biélorussie) [1798-1855]. Il est le représentant le plus prestigieux du romantisme polonais (Ode à la jeunesse, Pan Tadeusz) et de la lutte pour l'indépendance nationale (Konrad Wallenrod).

MICOQUE (la), abri-sous-roche situé sur la commune des Eyzies-de-Tayac-Sireuil (Dordogne), éponyme du faciès micoquien (paléolithique moyen).

Micromégas, conte philosophique de Voltaire (1752).

MICRONÉSIE, ensemble d'îles du Pacifique, de superficie très réduite, situé entre l'Indonésie et les Philippines à l'ouest, la Mélanésie au sud et la Polynésie à l'est (à laquelle on le rattache parfois). La Micronésie comprend notamment les Mariannes, les Carolines, les Marshall, les Kiribati (anc. Gilbert).

MIDAS, roi de Phrygie (v. 715-676 av. J.-C.). Son royaume fut détruit par les Cimmériens (676); la légende veut qu'il ait reçu de Dionysos le pouvoir de changer en or tout ce qu'il touchait, et qu'ayant, dans un concours musical, préféré Marsyas à Apollon le dieu, irrité, lui fit pousser des oreilles d'âne.

MIDDELBURG, v. des Pays-Bas, ch.-l. de la Zélande, dans l'anc. île de Walcheren; 33 000 h. Hôtel de ville des XVᵉ-XVIᵉ s.

MIDDELKERQUE, comm. de Belgique (Flandre-Occidentale); 14 300 h.

MIDDLESBROUGH, port d'Angleterre, sur l'estuaire de la Tees; 155 000 h. Sidérurgie.

MIDDLETON (Thomas), écrivain anglais, né à Londres (v. 1570-1627), auteur de comédies et de drames réalistes.

MIDDLE WEST → MIDWEST.

MIDI (aiguille du), sommet du massif du Mont-Blanc (Haute-Savoie); 3 842 m. Téléphérique.

Midi (canal du), canal de navigation reliant par la Garonne (et par le canal latéral à la Garonne) l'Atlantique à la Méditerranée. Il commence à Toulouse et aboutit, après Agde, à l'étang de Thau; 241 km. Le canal du Midi fut creusé par Paul Riquet de 1666 à 1681. Son trafic est faible.

MIDI (dents du), massif des Alpes suisses, dans le Valais; 3 260 m.

Spiegel-Rapho

dôme
de **Milan**

R. Pic

Fleming

G. Freund

Darius **Milhaud**

John Stuart **Mill**
par G. F. Watts

Henry **Miller**

MIDI (*pic du*), nom de deux sommets des Pyrénées : le *pic du Midi de Bigorre* (Hautes-Pyrénées) [2 865 m], où se trouve un observatoire, et le *pic du Midi d'Ossau* (Pyrénées-Atlantiques) [2 884 m].

MIDI-PYRÉNÉES, Région administrative groupant les dép. suivants : Ariège, Aveyron, Haute-Garonne, Gers, Lot, Hautes-Pyrénées, Tarn, Tarn-et-Garonne ; 45 382 km² ; 2 268 298 h. Ch.-l. *Toulouse*.

MIDLANDS, région du centre de l'Angleterre. Bassin houiller.

MIDOU (le), riv. de l'Aquitaine ; 105 km. À Mont-de-Marsan, il se réunit à la Douze pour former la *Midouze*, affl. de l'Adour (r. dr.) ; 43 km.

MIDWAY, archipel américain du Pacifique. Victoire aéronavale américaine sur les Japonais (juin 1942).

MIDWEST ou **MIDDLE WEST**, vaste région des États-Unis, entre les Appalaches et les Rocheuses.

MIÉLAN (32170), ch.-l. de c. du Gers ; 1 379 h.

MIERES, v. d'Espagne (Asturies) ; 65 000 h. Métallurgie.

MIEROSŁAWSKI (Ludwik), général polonais, né à Nemours (1814-1878). Il commanda les insurgés polonais en 1848 et en 1863. Battu, il se retira en France.

MIESCHER (Johannes Friederich), biochimiste et nutritionniste suisse, né à Bâle (1844-1895). Il a isolé l'acide nucléique des cellules, étudié le jeûne chez le saumon et rationalisé l'alimentation des collectivités humaines. Il a réuni le premier Congrès mondial de physiologie (1889).

MIES VAN DER ROHE (Ludwig), architecte allemand naturalisé américain, né à Aix-la-Chapelle (1886-1969). Directeur du Bauhaus de Dessau (1930-1933), il émigra aux États-Unis, où il édifia, en particulier à Chicago, des buildings caractérisés par de grands pans de verre sur ossature d'acier. Son influence sur l'architecture moderne n'a eu d'égales que celles de Wright et de Le Corbusier.

MIESZKO Iᵉʳ ou **MIECZYSLAW** (m. en 992), prince de Pologne de 960 env. à 992. Ayant épousé (966) la sœur de Boleslav, prince de Bohême, il fut baptisé. Il introduisit en Pologne la civilisation occidentale, créant le premier évêché (Poznań) et étendant son autorité à la Silésie.

MI FOU ou **MI FU**, calligraphe, peintre et collectionneur chinois (1051-1107). Sa calligraphie héritée des T'ang et son art subjectif et

dépouillé du paysage ont influencé les écoles picturales ultérieures.

MIGENNES (89400), ch.-l. de c. de l'Yonne ; 8 349 h. Nœud ferroviaire, dit *de Laroche-Migennes*.

MIGNARD (Nicolas), dit **Mignard d'Avignon**, peintre français, né à Troyes (1606-1668). Il travailla surtout à Avignon ; Louis XIV lui commanda son portrait. — Son frère PIERRE, dit **le Romain**, né à Troyes (1612-1695), travailla à Rome puis à Paris. Il fut chargé de décorer la coupole du Val-de-Grâce, devint le portraitiste attitré de la noblesse et succéda à Le Brun dans toutes ses charges.

MIGNE (Jacques Paul), ecclésiastique et publiciste français, né à Saint-Flour (1800-1875), éditeur et imprimeur de la *Bibliothèque universelle du clergé*, qui comporte notamment la *Patrologie latine* (218 vol., 1844-1855) et la *Patrologie grecque* (166 vol., 1857-1866).

MIGNET (Auguste), historien français, né à Aix-en-Provence (1796-1884), auteur d'une *Histoire de la Révolution française* (1824). [Acad. fr.]

MIHAJLOVIC (Draža), général yougoslave, né à Ivanjica (1893-1946). Il lutta contre les Allemands après la défaite de 1941 et, également, contre Tito. Accusé de trahison, il fut fusillé.

MIHALOVICI (Marcel), compositeur français d'origine roumaine, né à Bucarest en 1898. Élève de V. d'Indy, membre de l'école de Paris, il est l'auteur de l'opéra *Phèdre* (1949).

MIJOUX, comm. de l'Ain, dans le Jura ; 191 h. Station de sports d'hiver (*Mijoux - la Faucille*).

MIKOÏAN ou **MIKOYAN** (Anastas Ivanovitch), homme d'État soviétique, né à Sanain (Arménie) [1895-1978]. Spécialiste des problèmes économiques, il fut président du Præsidium du soviet suprême (1964-65).

MILAN, en ital. **Milano**, v. d'Italie, cap. de la Lombardie, anc. cap. du Milanais ; 1 706 000 h. (*Milanais*). Métropole économique de l'Italie, grand centre industriel, commercial, intellectuel (université, édition) et religieux (archevêché). Cathédrale gothique (le *Duomo*), entreprise à la fin du XIVᵉ s. Églises d'origine paléochrétienne (S. Ambrogio) ou médiévale. Ensemble de S. Maria delle Grazie, en partie de Bramante (*Cène* de Léonard de Vinci). Castello Sforzesco (1450 ; musée). Théâtre de la Scala (XVIIIᵉ s.). Bibliothèque Ambrosienne. Pinacothèque de Brera. — Fondée v. 400 av. J.-C. par les Gaulois Insubres, romaine dès 222 av. J.-C., Milan fut, au Bas-Empire, capitale du diocèse d'Italie et métropole religieuse. Ravagée par les Barbares et par les luttes du Sacerdoce et de l'Empire, elle devint

indépendante en 1183. Elle connut une grande prospérité sous les Visconti et les Sforza (XIVᵉ-XVᵉ s.). L'occupation espagnole provoqua ensuite son déclin. Capitale du royaume d'Italie (1805-1814) puis du royaume lombard-vénitien (1815), elle entra en 1861 dans le royaume d'Italie.

MILAN OBRENOVIĆ → OBRENOVIĆ.

MILANAIS (le), région du nord de l'Italie, autour de Milan, qui fut sa capitale et dont elle suivit le sort historique.

MILET, cité ionienne de l'Asie Mineure, qui fut, à partir du VIIIᵉ s. av. J.-C., une grande métropole colonisatrice, un important centre de commerce et un foyer de culture grecque. Elle fut le siège d'une école philosophique dite *école ionienne*. Imposants vestiges hellénistiques et romains, dont certains (porte de l'agora sud) conservés au musée de Berlin.

MILFORD HAVEN, port de Grande-Bretagne (pays de Galles) ; 14 000 h. Importation et raffinage du pétrole. Pétrochimie.

MILHAUD (Darius), compositeur français, né à Marseille (1892-1974), membre du groupe des Six. Son œuvre est très abondante dans tous les genres : opéras (*Christophe Colomb* [1928-1930], *Bolivar* [1942-1950]), cantates, ballets (*la Création du monde* [1923]), symphonies, musique de chambre (sonates, quatuors).

MILIEU (*empire du*), nom donné jadis à la Chine (considérée comme le centre du monde).

MILIOUKOV (Pavel Nikolaïevitch), historien et homme politique russe, né à Moscou (1859-1943). Fondateur du parti constitutionnel-démocrate (K. D., ou des Cadets), il fut ministre des Affaires étrangères en mars 1917, mais, en conflit avec le soviet de Petrograd, il dut quitter le ministère (mai). Il est l'auteur d'une *Histoire de Russie* (1933).

Military Cross, Military Medal, décorations militaires britanniques créées en 1914.

MILL (James), historien, philosophe et économiste anglais, né à Northwater Bridge (Écosse) [1773-1836]. Continuateur de Hume et de Bentham, il appliqua aux sciences morales la méthode positiviste.

MILL (John STUART), philosophe et économiste anglais, né à Londres (1806-1873), fils du précédent. Ses *Principes d'économie politique* (1848) et ses essais de morale individualiste (*la Liberté* [1859], *l'Utilitarisme* [1861]) en font l'un des grands penseurs libéraux.

MILLAIS (sir John Everett), peintre anglais, né à Southampton (1829-1896), un des fondateurs du préraphaélisme.

MILLARDET (Alexis), botaniste français, né à Montmirey-la-Ville (1838-1902). On lui doit l'hybridation des cépages français et américain, et le traitement cuprique du mildiou.

MILLAS (66170), ch.-l. de c. des Pyrénées-Orientales ; 2 569 h.

MILLAU (12100), ch.-l. d'arr. de l'Aveyron, sur le Tarn ; 22 576 h. (*Millavois*). Beffroi et église des XIIᵉ-XVIIᵉ s. Mégisserie.

Mille et Une Nuits (les), recueil de contes arabes d'origine persane, traduits en français par A. Galland (1704-1717) et par J. C. Mardrus (1898-1904).

MILLE (DE) → DE MILLE.

MILLE-ÎLES, archipel du Canada, dans le Saint-Laurent, à sa sortie du lac Ontario.

MILLER (Henry), écrivain américain, né à New York (1891-1980), auteur de récits qui dénoncent les contraintes sociales et morales et exaltent la recherche de l'épanouissement humain et sensuel (*Tropique du Cancer, Tropique du Capricorne, Plexus*).

MILLER (Arthur Ashur), auteur dramatique américain, né à New York en 1915. Ses pièces mettent en scène des héros qui luttent pour être reconnus et acceptés par la société (*Mort d'un commis voyageur*, 1949 ; *les Sorcières de Salem*, 1953 ; *Vu du pont*, 1955).

MILLERAND [milrã] (Alexandre), homme d'État français, né à Paris (1859-1943). Député socialiste, il accomplit, comme ministre du Commerce et de l'Industrie (1899-1902), d'importantes réformes sociales. Mais sa participation au gouvernement l'éloigna de la S.F.I.O. Ministre de la Guerre (1914-15), président du Conseil (1920), puis président de la République (1920-1924), il se retira devant l'opposition du Cartel des gauches.

MILLET (Jean-François), peintre français, né à Gréville (Manche) [1814-1875]. C'est un des maîtres de l'école de Barbizon, d'un réalisme sensible et puissant. (Au Louvre : *les Botteleurs de foin* [1850], *les Glaneuses* [1857], *l'Angélus* [1859], *le Printemps* [1868-1873].)

MILLEVACHES *(plateau de),* haut plateau du Limousin, culminant à 977 m, où naissent la Vienne, la Creuse, la Vézère et la Corrèze.

Robert Andrews **Millikan**

John **Milton**

le comte de **Mirabeau**

Jean-François **Millet**
l'Hiver, les bûcheronnes (1868-1874)

Musées nationaux

MILLEVOYE (Charles Hubert), poète français, né à Abbeville (1782-1816), auteur d'élégies (*la Chute des feuilles*).

MILLIKAN (Robert Andrews), physicien américain, né à Morrison (Illinois) [1868-1953]. Il mesura la charge de l'électron en 1911. (Prix Nobel, 1923.)

MILLOSS (Aurél MILLOSS DE MIHOLÝ, dit **Aurel**), danseur, chorégraphe et pédagogue hongrois, naturalisé italien, né à Ozara (Hongrie) en 1906.

MILLY-LA-FORÊT (91490), ch.-l. de c. de l'Essonne, sur la bordure ouest de la forêt de Fontainebleau; 3492 h. Église des XIIe-XVe s. Chapelle décorée par Cocteau, qui y a sa sépulture.

MILLY-LAMARTINE (71960 Pierreclos), comm. de Saône-et-Loire; 188 h. Maison de Lamartine.

MILNE-EDWARDS (Henri), naturaliste et physiologiste français, né à Bruges (1800-1885), auteur de travaux sur les mollusques et les crustacés. — Son fils ALPHONSE, naturaliste, né à Paris (1835-1900), a étudié les mammifères et la faune abyssale.

MILO ou **MÊLOS**, île grecque de la mer Égée, une des Cyclades. La célèbre *Vénus de Milo* y fut trouvée en 1820.

MILON de Crotone, athlète du VIe s. av. J.-C., né à Crotone, disciple et gendre de Pythagore, célèbre pour ses nombreuses victoires aux jeux Olympiques. N'ayant pu dégager son bras de la fente d'un tronc d'arbre qu'il tentait d'arracher, il serait mort dévoré par les bêtes sauvages (sujet d'un marbre célèbre de Puget, auj. au Louvre).

MILON, en lat. *Titus Annius Papianus Milo*, homme politique romain, né à Lanuvium (v. 95-48 av. J.-C.), gendre de Sulla, il contribua comme tribun (57) au retour d'exil de Cicéron. Accusé du meurtre de Clodius en 52, il fut défendu par Cicéron (*Pro Milone*).

MILOŠ OBRENOVIĆ → OBRENOVIĆ.

MILOSZ [milɔʃ] (Oscar Vladislas DE LUBICZ-MILOSZ, dit **O. V. de L.**), écrivain français d'origine lituanienne, né à Czereïa (Biélorussie) [1877-1939], auteur de poèmes d'inspiration élégiaque et mystique, de pièces de théâtre, de recueils de contes lituaniens.

MIŁOSZ (Czesław), écrivain polonais, né à Szetejnie (Lituanie) en 1911. Poète, romancier et essayiste, exilé aux États-Unis. (Prix Nobel, 1980.)

MILTIADE, général athénien (540 - v. 489 av. J.-C.), vainqueur des Perses à Marathon.

MILTIADE *(saint)* [m. en 314], pape de 311 à 314.

MILTON (John), poète anglais, né à Londres (1608-1674). Auteur de poèmes philosophiques et pastoraux, il prit parti pour Cromwell, dont il devint le pamphlétaire. Après la restauration des Stuarts, il rentra dans la vie privée, et, ruiné et aveugle, il dicta son grand poème biblique le *Paradis* perdu* (1667), que prolonge le *Paradis reconquis* (1671).

Milvius *(pont),* pont sur le Tibre, près de Rome, où Constantin battit Maxence (312 apr. J.-C.).

MILWAUKEE, port des États-Unis (Wisconsin), sur le lac Michigan; 717 000 h. Métallurgie.

MIMIZAN (40200), ch.-l. de c. des Landes; 7672 h. *(Mimizannais).* — Station balnéaire à Mimizan-Plage.

MIMNERME de Colophon, poète et musicien grec (fin du VIIe s. av. J.-C.). Il fut le créateur de l'élégie érotique.

MINÂ' AL-AHMADI, port pétrolier du Koweït.

MINAMOTO, famille japonaise qui fonda en 1192 le shôgunat de Kamakura.

MINAS GERAIS, État de l'intérieur du Brésil méridional; 587 172 km²; 11 487 000 h. Cap. *Belo Horizonte.* Importantes ressources minières (fer, manganèse, etc.).

MINAS DE RÍOTINTO ou **RÍO TINTO,** v. d'Espagne (Andalousie), au pied de la sierra Morena; 8000 h. Mines de cuivre.

MINCIO (le), riv. d'Italie, affl. du Pô (r. g.); 194 km. Il traverse le lac de Garde.

MINDANAO, île des Philippines; 99 311 km²; 7538 000 h.

MINDEN, v. de l'Allemagne fédérale, sur le Weser; 50 000 h. Cathédrale gothique.

MINDORO, île des Philippines; 472 000 h.

MINDSZENTY (József), prélat hongrois, né à Csehimindszent (1892-1975). Archevêque d'Esztergom et primat de Hongrie (1945), cardinal (1946), il fut emprisonné de 1948 à 1955. Après la révolution de 1956, et jusqu'en 1971, il trouva refuge à l'ambassade des États-Unis à Budapest.

MINEPTAH ou **MÉNEPTAH,** pharaon du Nouvel Empire (1235-1224 av. J.-C.). Après lui commence la décadence de l'Égypte ancienne.

MINERVE. *Myth. rom.* Déesse italique, protectrice de Rome et patronne des artisans, assimilée à l'*Athéna* grecque.

MINERVOIS (le), région du Languedoc (Aude et Hérault). Vignobles.

MING, dynastie chinoise qui régna de 1368 à 1644. Elle installa sa capitale à Pékin (1409) et eut comme principaux représentants Hongwou (de 1368 à 1398) et son fils Yong-lo (de 1403 à 1424). Affaiblie à partir de 1450, la dynastie fut remplacée par les Mandchous.

MINGUS (Charles, dit **Charlie**), contrebassiste, compositeur et chef d'orchestre de jazz noir américain, né à Nogales (Arizona) [1922-1979]. Il s'imposa au cours des années 50 comme un accompagnateur et un soliste particulièrement doué, intégrant dans sa musique des préoccupations politiques, sociales et raciales.

MINHO (le), en esp. **Miño,** fl. du nord-ouest de la péninsule Ibérique, qui constitue la frontière entre l'Espagne et le Portugal, avant de rejoindre l'Atlantique; 275 km.

MINHO, région du Portugal septentrional. V. pr. *Braga.* Berceau de la nation portugaise.

MINIÈH, v. d'Égypte, sur le Nil; 113 000 h.

MINKOWSKI (Hermann), mathématicien allemand, né à Aleksotas, près de Kaounas (1864-1909), auteur d'une interprétation géométrique de la relativité restreinte d'Einstein.

MINNE (Georges, *baron*), sculpteur belge, né à Gand (1866-1941). Il est l'auteur d'ouvrages à la fois symbolistes et d'un puissant accent monumental (*Fontaine aux agenouillés* [1898], devant le Sénat, à Bruxelles).

MINNEAPOLIS, v. des États-Unis (Minnesota), sur le Mississippi; 434 000 h. Université. Musées.

MINNESOTA, un des États unis d'Amérique (Centre-Nord-Ouest); 217 735 km²; 3 805 000 h. Cap. *Saint Paul.* V. pr. *Minneapolis, Duluth.* Minerai de fer.

MIÑO (le), nom esp. du *Minho.*

MINO da Fiesole, sculpteur italien, né à Poppi (1429-1484). Il pratiqua un style épuré et délicat (*tombeau du comte Ugo* à Florence; bustes).

MINORQUE, en esp. **Menorca,** l'une des îles Baléares; 668 km²; 48 000 h. Ch.-l. *Mahón.* L'île fut anglaise de 1713 à 1756 et de 1799 à 1802. Tourisme.

MINOS, roi légendaire de Crète, célèbre par sa justice et sa sagesse, qui lui valurent, après sa mort, d'être juge des Enfers avec Éaque et Rhadamanthe. Les historiens voient en Minos un titre royal ou dynastique des souverains crétois : d'où l'expression de « civilisation minoenne ».

MINOTAURE. *Myth. gr.* Monstre mi-homme et mi-taureau, né des amours de Pasiphaé, épouse de Minos, et d'un taureau blanc envoyé par Poséidon. Minos l'enferma dans le Labyrinthe, où il le nourrissait de chair humaine. Thésée le tua.

MINSK, v. de l'U.R.S.S., cap. de la Biélorussie; 1 231 000 h. Centre industriel (automobiles, tracteurs). Combats en 1941 et 1944.

MINTOFF (Dominic), homme d'État maltais, né à Cospicua en 1916. Leader du parti travailliste, Premier ministre de 1955 à 1958 puis de nouveau en 1971.

MINUCIUS FELIX, apologiste chrétien du IIIe s., auteur d'un dialogue, l'*Octavius,* remarquable par son objectivité.

MIONS (69780), comm. du Rhône; 5 081 h.

MIQUE (Richard), architecte français, né à Nancy (1728-1794). Il succéda à Gabriel comme premier architecte de Louis XVI et créa le hameau de la Reine (1782-1784) dans le parc du Petit Trianon à Versailles.

MIQUELON → SAINT-PIERRE-ET-MIQUELON.

MIRABEAU (Victor Riqueti, *marquis* DE), économiste français, né à Pertuis (1715-1789), disciple de Quesnay et de l'école physiocratique, auteur de *l'Ami des hommes* ou *Traité sur la population* (1756).

MIRABEAU (Honoré Gabriel RIQUETI, *comte* DE), homme politique français, né au château du Bignon (Gâtinais) [1749-1791], fils du précédent. Après une jeunesse orageuse, il fut, quoique noble, représentant du Tiers État d'Aix en 1789. Orateur prestigieux, il voulut se faire le sauveur de la monarchie constitutionnelle. Mais, détesté par la reine, il ne fut pas suivi par le roi.

MIRABEL, v. du Canada (Québec); 13 486 h. Aéroport de Montréal.

Miracle de Théophile (le), de Rutebeuf : mise en scène de la légende de saint Théophile d'Adana, qui, ayant vendu son âme au diable, fut sauvé par la Vierge.

MIRADOUX (32340), ch.-l. de c. du Gers; 654 h.

MIRAMAS (13140), comm. des Bouches-du-Rhône; 15 765 h. Gare de triage.

MIRAMBEAU (17150), ch.-l. de c. de la Charente-Maritime; 1 401 h.

MIRAMONT-DE-GUYENNE (47800), comm. de Lot-et-Garonne; 4 048 h. Chaussures.

MIRANDA (Francisco), général vénézuélien, né à Caracas (1750-1816). Il fit voter en 1811 la Déclaration d'indépendance.

MIRANDE (32300), ch.-l. d'arr. du Gers, sur la Baïse; 4 150 h. (Mirandais). Marché. Eaux-de-vie.

MIRANDOLE (PIC DE LA) → PIC DE LA MIRANDOLE.

MIRBEAU (Octave), écrivain français, né à Trévières (1848-1917). Auteur de romans (Journal d'une femme de chambre) et de comédies réalistes (Les affaires sont les affaires), il créa le « roman de l'automobile » (la 628-E8, 1907).

MIRBEL (Charles François BRISSEAU DE), botaniste français, né à Paris (1776-1854), auteur de travaux sur la cellule et d'embryologie.

MIREBEAU (21310), ch.-l. de c. de la Côte-d'Or; 1 107 h. Église et autres vestiges médiévaux.

MIREBEAU (86110), ch.-l. de c. de la Vienne; 4 925 h. (Mirebalais).

MIRECOURT (88500), ch.-l. de c. des Vosges, sur le Madon; 9 322 h. (Mirecurtiens). Textile. Centre de lutherie.

Mireille, poème provençal de Mistral (1859). Épopée sentimentale en Camargue. — Sur un livret tiré de ce poème, Gounod a composé la musique d'un opéra-comique (1864).

MIREPOIX (09500), ch.-l. de c. de l'Ariège, sur l'Hers Vif; 3 857 h. Anc. cathédrale des XVe-XVIe s.

MIRIBEL (01700), comm. de l'Ain; 6 382 h. Constructions électriques.

MIRNYI, v. de l'U.R.S.S. (R.S.F.S. de Russie), en Iakoutie; 26 000 h. Industrie des diamants.

MIRÓ (Joan), peintre, graveur et sculpteur espagnol, né à Barcelone en 1893. Surréaliste, il a mis au jour, pour la pratique de l'automatisme, un monde d'une liberté, d'un dynamisme et d'un humour exemplaires. (Musée à Barcelone.)

MIROMESNIL (Armand Thomas HUE DE), magistrat français, né près d'Orléans (1723-1796), garde des Sceaux (1774-1787).

MIRON (François), magistrat français; né à Paris (1560-1609). Son intervention contre la réduction des rentes lui valut le surnom de **Père du peuple.**

MIRZĀPUR, v. de l'Inde (Uttar Pradesh), sur le Gange; 106 000 h. Pèlerinage. Tapis.

Misanthrope (le), comédie de Molière, en cinq actes et en vers (1666). L'atrabilaire Alceste ne peut mettre en accord sa franchise avec le scepticisme souriant de Philinte, le bel esprit d'Oronte, la pruderie d'Arsinoé, la coquetterie de Célimène, et décide d'aller vivre loin du monde.

MISÈNE (cap), promontoire d'Italie, fermant à l'ouest le golfe de Naples. Base navale sous l'Empire romain.

Misérables (les), roman de Victor Hugo (1862) qui forme, à travers ses personnages, le forçat Jean Valjean qui se réhabilite par sa générosité et ses sacrifices, le gamin de Paris Gavroche) et les événements qui lui servent de toile de fond (Waterloo, l'émeute de 1832), une véritable épopée populaire.

MISHIMA YUKIO (Hiraoka Kimitake, dit), écrivain japonais, né à Tōkyō (1925-1970). Romancier de la fascination du néant (le Marin rejeté par la mer), il se suicida publiquement.

Mishna ou **Michna** (mot hébr. signif. ensei-

gnement oral), ensemble de soixante-trois traités du judaïsme rabbinique. Compilation des lois non écrites transmises par la tradition, la Mishna, avec son commentaire la Gemara, constitue le Talmud*.

MISKOLC, v. du nord de la Hongrie; 203 000 h. Monuments gothiques, baroques et néoclassiques. Métallurgie.

MISNIE, en allem. **Meissen,** anc. margraviat allemand, intégré à la Saxe en 1423.

MI SON, village du Viêt-nam central. Vestiges (les plus remarquables remontent au Xe s.) d'une importante cité religieuse śivaïte, qui en font l'un des hauts lieux de l'anc. royaume du Champa.

MISR, nom arabe de l'Égypte.

Missions étrangères (société et séminaire des), œuvre missionnaire constituée en 1664 à Paris par Mgr François Palu et par Mgr Lambert de La Motte pour préparer les prêtres au service des missions et qui dessert les missions catholiques de l'Extrême-Orient.

Missions évangéliques de Paris (société des), œuvre missionnaire, fondée en 1824, commune au protestantisme français.

MISSISSAUGA, v. du Canada (Ontario), banlieue de Toronto; 250 017 h.

MISSISSIPPI (le), anc. **Meschacebe,** fl. drainant la partie centrale des États-Unis; 3 780 km. Né dans le Minnesota, il passe à Saint Paul, Minneapolis, Saint Louis, Memphis, La Nouvelle-Orléans, et se jette dans le golfe du Mexique par un vaste delta.

MISSISSIPPI, un des États unis d'Amérique (Centre-Sud-Est); 123 584 km²; 2 217 000 h. Cap. Jackson.

MISSOLONGHI, v. de Grèce, sur la mer Ionienne, célèbre par la défense héroïque qu'elle opposa aux Turcs en 1822-23 et en 1826; 12 000 h.

MISSOURI (le), riv. des États-Unis, affl. du Mississippi (r. dr.); 4 315 km.

MISSOURI, un des États unis d'Amérique (Centre-Nord-Ouest); 180 456 km²; 4 677 000 h. Cap. Jefferson City. V. pr. Saint Louis, Kansas City.

MISTASSINI (lac), lac canadien, le plus grand de la province du Québec. Il se déverse dans la baie de James.

MISTI, volcan du Pérou, près d'Arequipa; 5 842 m.

MISTINGUETT (Jeanne BOURGEOIS, dite), actrice de music-hall française, née à Enghien-les-Bains (1875-1956).

MISTRA, village de Grèce (Péloponnèse), qui conserve de nombreux monuments byzantins (églises des XIVe-XVe s., remparts et forteresse du

XIIIe s.). C'est l'anc. cap. du despotat de Mistra.

MISTRA (despotat de) ou **despotat de MORÉE,** principauté fondée en 1348 par l'empereur Jean VI Cantacuzène au profit de son fils cadet, Manuel, qui comprenait tout le Péloponnèse byzantin. En 1383, le despotat de Mistra tomba entre les mains des Paléologues, qui le gardèrent jusqu'en 1460, date de la prise de Mistra par Mehmed II.

MISTRAL (Frédéric), écrivain français d'expression provençale, né à Maillane (Bouches-du-Rhône) [1830-1914], auteur de Mireille* (1859), de Calendal, des Îles d'or. L'un des fondateurs du félibrige, il en reste le plus illustre représentant. (Prix Nobel, 1904, avec Echegaray.)

Joan **Miró**
Intérieur
hollandais
(1928)

Frédéric
Mistral

MISTRAL (Lucila GODOY Y ALCAYAGA, dite **Gabriela**), poétesse chilienne, né à Vicuña (1889-1957), auteur de recueils d'inspiration chrétienne et populaire (Sonnets de la mort, 1914; Desolación, 1922). [Prix Nobel, 1945.]

MITAKA, v. du Japon (Honshū); 156 000 h.

MITANNI, Empire hourrite qui, du XVIe au XIVe s. av. J.-C., domina la haute Mésopotamie et la Syrie du Nord. Il fut détruit au XIIIe s. av. J.-C. par le roi d'Assyrie Salmanasar Ier.

MITAU → IELGAVA.

MITCHELL (mont), point culminant des Appalaches; 2 037 m.

MITCHELL (Margaret), romancière américaine, née à Atlanta (1900-1949), auteur d'Autant en emporte le vent (1936), grande fresque du temps de la guerre de Sécession.

MITCHELL (Arthur), danseur et chorégraphe américain, né à New York en 1934. Premier artiste noir à être engagé dans une compagnie américaine (New York City Ballet, 1955), il est le fondateur (1970) de l'unique troupe de ballet classique noire.

MITCHOURINE (Ivan Vladimirovitch), agronome russe, né à Dolgoïe (1855-1935). Auteur de recherches sur l'hybridation, la sélection artificielle et la création de nouvelles espèces en cultures, il combattit les théories classiques de l'hérédité.

MITHRA, dieu iranien que l'on retrouve dans la religion indienne à l'époque védique (v. 1300 av. J.-C.). Son culte se répandit à l'époque hellénistique en Asie Mineure, d'où il passa au Ier s. av. J.-C. à Rome, où il fut parmi les cultes à mystères l'un des plus importants. Le culte de Mithra, dont les éléments essentiels étaient l'initiation comprenant sept degrés et le banquet sacré, présentait certaines similitudes avec le christianisme, dont il fut parfois le rival.

MITHRIDATE ou **MITHRADATE,** nom de divers princes et souverains de l'époque hellénistique et romaine.

MITHRIDATE VI Eupator, dit **le Grand** (v. 132-63 av. J.-C.), roi du Pont de 111 à 63 av. J.-C. Le plus grand et le dernier souverain du royaume du Pont; il lutta contre la domination romaine en Asie : ses trois guerres (88-85; 83-81; 74-66) furent un échec. Sa mort marqua l'affermissement définitif de l'hégémonie romaine en Asie Mineure.

Mithridate, tragédie de J. Racine (1673). Mithridate le Grand y apparaît non seulement comme l'adversaire implacable des Romains, mais aussi comme un vieillard amoureux et jaloux.

MITIDJA, plaine de l'Algérie centrale, aux riches cultures (vigne, agrumes, tabac).

MITLA, centre cérémoniel (Mexique, État d'Oaxaca) des Zapotèques (900-1200), occupé à partir du XIIIe s. par les Mixtèques.

MITO, v. du Japon (Honshū); 174 000 h.

MITRY-MORY (77290), comm. de Seine-et-Marne; 13 741 h.

MITSCHERLICH (Eilhard), chimiste allemand, né à Neuende (Oldenburg) [1794-1863]. Il a énoncé la loi de l'isomorphisme.

MITTELLAND, partie centrale de la Suisse, entre les Alpes et le Jura.

Mittellandkanal, voie d'eau d'Allemagne, unissant l'Elbe au canal Dortmund-Ems.

MITTERRAND (François), homme d'État français, né à Jarnac en 1916. Député de la Nièvre, il est plusieurs fois ministre sous la IVe République. En décembre 1965, candidat de la gauche à la présidence de la République, il met en ballottage le général de Gaulle. Premier secrétaire du parti socialiste (1971) et l'un des instigateurs de l'union de la gauche, il est élu à la présidence de la République en mai 1981. Il met aussitôt en œuvre une politique de réformes fondamentales (décentralisation, nationalisation de banques et de grands groupes industriels, réformes fiscales et juridiques [abolition de la peine de mort]).

MIXTÈQUES, groupe amérindien du Mexique précolombien (État d'Oaxaca). Les Mixtèques conquirent le pays des Zapotèques, mais durent se défendre eux-mêmes contre les Aztèques (XIe-XVIe s.). Les mosaïques de pierres en relief de leur capitale, Mitla*, leur céramique polychrome et leur orfèvrerie indiquent une brillante civilisation.

MIYAZAKI, v. du Japon (Kyūshū); 203 000 h.

MIZOGUCHI KENJI, cinéaste japonais, né à Tōkyō (1898-1956), auteur des *Contes de la lune vague après la pluie* (1953) et de l'*Intendant Sanshō* (1954).

MIZORAM, territoire du nord-est de l'Inde.

MJØSA, le plus grand lac de Norvège, au nord d'Oslo; 362 km².

MNÉMOSYNE, *Myth. gr.* Déesse de la Mémoire et mère des Muses.

MNÉSICLÈS, architecte du Ve s. av. J.-C. Il a construit les propylées de l'acropole d'Athènes.

MOAB, ancêtre éponyme du peuple des *Moabites*, dont la Bible fait un fils de Lot.

MOANDA, localité du Gabon. Manganèse.

MOBILE, v. des États-Unis (Alabama), sur la *baie de Mobile*; 258 000 h.

MÖBIUS (August Ferdinand), astronome et mathématicien allemand, né à Schulpforta (1790-1868). Il développa l'un des premiers aspects du calcul vectoriel (1827) et inventa une surface à un seul côté (*ruban de Möbius*).

MOBUTU (lac), anc. **lac Albert,** lac de l'Afrique équatoriale (Ouganda et Zaïre), traversé par le Nil; 4 500 km².

MOBUTU (Sese Seko), général et homme d'État du Zaïre, né à Lisala en 1930. Chef d'état-major de l'armée congolaise, il s'empara du pouvoir en 1960, mais dut le céder dès 1961. Un nouveau coup d'État (1965) lui permit de devenir président de la République et chef du gouvernement.

Moby Dick, roman de H. Melville (1851) : combat symbolique entre la Baleine blanche et le capitaine Achab.

MOCENIGO, famille noble vénitienne, qui a fourni cinq doges de 1474 à 1778.

MOCHICA, nom donné à une culture précolombienne qui s'est développée du IIe au VIIIe s., sur la côte nord du Pérou, dans la vallée de Moche, où ont été retrouvés nombre de vestiges (pyramides à degrés, installations hydrauliques, riches nécropoles). Puissamment réaliste, leur céramique ornée illustre la vie quotidienne de la population.

MOCTEZUMA ou **MONTEZUMA II,** né à Mexico (1466-1520), empereur aztèque (1502-1520).

MODANE (73500), ch.-l. de c. de la Savoie, sur l'Arc, à l'entrée du tunnel du Fréjus; 5 105 h. Gare internationale. Papeterie. Soufflerie.

MODEL (Walter), maréchal allemand, né à Genthin (1891-1945). Commandant en chef du front ouest d'août à septembre 1944, puis d'un groupe d'armées de ce front, il se suicida après avoir capitulé.

MODÈNE, v. d'Italie (Émilie); 180 000 h. Université. Cathédrale des XIIe-XIIIe s. Musées. Constructions mécaniques. — Le *duché de Modène,* érigé en 1452, fut supprimé par Bonaparte en 1796. Reconstitué en 1814 au profit d'un Habsbourg, il vota sa réunion au Piémont en 1860.

MODER (la), riv. du nord de l'Alsace, affl. du Rhin (r. g.); 80 km.

MODIGLIANI (Amedeo), peintre italien de l'école de Paris, né à Livourne (1884-1920). Son œuvre, limitée à la figure humaine, se distingue par la hardiesse et la pureté de la ligne.

MOËLAN-SUR-MER (29116), comm. du Finistère; 6 347 h.

MŒRIS, lac de l'anc. Égypte, dans le Fayoum.

MOERO ou **MWERU,** lac d'Afrique, entre le Shaba et la Zambie.

MOGADISCIO, MOGADISHU → MUQDISHO.

MOGADOR → ESSAOUIRA.

MOGENSEN (Allan), ingénieur américain, né à Paxtang (Pennsylvanie) en 1901, spécialiste de l'étude et de la simplification du travail.

MOGHOLS (*Grands*), dynastie qui régna sur l'Inde de 1526 à 1858 et qui compta deux empereurs exceptionnels, Akbar* et Aurangzeb*. On lui doit un style d'architecture islamique qui atteignit son apogée sous le règne de Chāh Djahān (de 1628 à 1658), caractérisé par des édifices en marbre blanc (Tādj Mahall; mosquée de la Perle à Delhi), grès rouge (fort de Delhi), où arcs polylobés, ajours finement sculptés sont associés aux incrustations de pierres précieuses et semi-précieuses des coupoles bulbeuses.

MOGODS (*monts des*), région montagneuse et boisée de la Tunisie septentrionale.

MOGUILEV, v. de l'U.R.S.S. (Biélorussie), sur le Dniepr; 275 000 h. Métallurgie.

MOHÁCS, v. de Hongrie, sur le Danube, près de la frontière yougoslave; 18 000 h. Louis II de Hongrie y fut vaincu par Soliman II en 1526. Charles V de Lorraine y battit les Turcs (1687).

MOHAMMED → MUHAMMAD.

MOHAMMEDIA, anc. **Perrégaux,** v. d'Algérie, à l'est d'Oran; 31 000 h. Centre agricole.

MOHAMMEDIA, anc. **Fédala,** port du Maroc, au nord-est de Casablanca; 70 000 h. Pêche. Raffinerie de pétrole.

MOHAVE ou **MOJAVE** (*désert*), région désertique des États-Unis, dans le sud-est de la Californie.

MOHAWK (la), riv. des États-Unis (New York), affl. de l'Hudson (r. dr.); 257 km. Sa vallée est suivie par le canal Érié.

MOHAWKS, ethnie de l'Amérique du Nord, qui faisait autref. partie de la confédération iroquoise. (Auj. dans l'État de New York et au Canada [Ontario, Québec].)

MOHÉLI → MOILI.

MOHENJO-DARO, site protohistorique de l'Inde (Sind), relevant de la civilisation de l'Indus*.

MOHICANS, ethnie de l'Amérique du Nord, de la famille des Algonquins, auj. disparue.

Mitla : mosaïque de pierre ornant la façade d'un des bâtiments du *groupe des colonnes* (culture zapotèque)

J. Bottin

François **Mitterrand**

Dutsch-Gamma

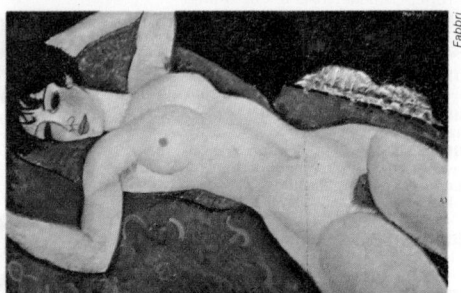
Fabbri

Modigliani : *Nu couché* (1917)

Grands **Moghols** cour de la mosquée de la Perle (1646-1653) à l'intérieur du fort Rouge à Āgrā

R. Michaud-Rapho

MOHOLY-NAGY (László), plasticien hongrois né à Bácsborsód (1895-1946). Professeur au Bauhaus de 1923 à 1928, il fonda en 1939 l'Institute of Design de Chicago. Constructiviste, précurseur du cinétisme, il a utilisé toutes les techniques (dessin, peinture, photo, collage, assemblage, cinéma).

MOHOROVIČIĆ (Andrija), géophysicien yougoslave, né à Volosko (1857-1936). Il a découvert la *discontinuité*, qui marque un changement dans les propriétés des roches à environ 35 km sous les continents et 5 km sous les océans.

MOI (Daniel arap), homme d'État kenyan, né à Sacho en 1924. Président du parti unique (1966), vice-président du Kenya (1967), il a succédé au président Kenyatta après la mort de ce dernier (1978).

MOILI, anc. **Mohéli**, l'une des Comores.

MOIRA, en fr. **Moire**, divinité grecque personnifiant le Destin de chacun. Les Moires sont trois sœurs, Clotho, Lachésis et Atropos, qui président, successivement, à la naissance, à la vie et à la mort des humains; elles correspondent aux *Parques* * latines.

MO I RANA, v. de la Norvège septentrionale; 26 000 h. Centre sidérurgique.

MOIRANS [-rã] (38430), comm. de l'Isère; 5 163 h.

MOIRANS-EN-MONTAGNE (39260), ch.-l. de c. du Jura; 2 222 h.

MOIS, ethnie du sud du Viêt-nam, habitant les régions montagneuses du pays.

MOISDON-LA-RIVIÈRE (44520), ch.-l. de c. de la Loire-Atlantique; 1 842 h.

MOÏSE, en hébr. **Moché**, chef charismatique et législateur d'Israël (XIIIe s. av. J.-C.). La Bible le présente comme le chef charismatique qui a donné aux Hébreux leur patrie, leur religion et leur loi. Né en Égypte, il fut l'âme de la résistance à l'oppression que subissait son peuple. Mais il ne fut pas seulement le peuple qui fit sortir les Hébreux d'Égypte (l'Exode, v. 1250), il fut aussi le chef qui unit les divers groupes en un même peuple autour du culte de Yahvé et qui posa les éléments de base de la Loi *(Torah)*, dont vit encore le peuple juif.

Moïse et le monothéisme, ouvrage de S. Freud (1939).

MOISSAC (82200), ch.-l. de c. de Tarn-et-Garonne, sur le Tarn; 12 138 h. *(Moissagais)*. Église des XIIe et XVe s. avec célèbres portail roman et cloître. Chasselas. Caoutchouc.

MOISSAN (Henri), chimiste français, né à Paris (1852-1907). Il a développé l'usage du four électrique et isolé le fluor et le silicium. (Prix Nobel, 1906).

MOÏSSEÏEV (Igor), danseur et chorégraphe soviétique, né à Kiev en 1906, fondateur du plus important groupe folklorique de l'U. R. S. S.

MOÏTA (20270 Aléria), ch.-l. du canton de Moïta-Verde (Haute-Corse); 310 h.

MOIVRE (Abraham DE), mathématicien britannique d'origine française, né à Vitry-le-François (1667-1754). Il précisa les principes du calcul des probabilités et énonça la règle des probabilités composées.

MOJAVE *(désert)* → MOHAVE.

MOKA, en ar. **al-Mukhā**, port d'Arabie (république arabe du Yémen), sur la mer Rouge; 6 000 h. Jadis métropole du Yémen et producteur d'un café renommé.

MOKPO, port de la Corée du Sud, sur la mer Jaune; 178 000 h.

MOL, comm. de Belgique (prov. d'Anvers); 29 400 h. Centrale nucléaire.

MOLAY (Jacques DE), dernier grand maître des Templiers, né à Molay (Franche-Comté) [v. 1243-1314]. Il défendit son ordre contre Philippe le Bel, qui le fit envoyer au bûcher.

MOLDAU, nom allem. de la *Vltava*.

MOLDAVIE, en roum. **Moldova**, anc. principauté danubienne, à l'extrémité nord-est de la Roumanie, entre les Carpates et le Prout (r. dr.). Fondée en 1359 aux dépens de la Hongrie, définitivement tombée sous le joug des Turcs après la bataille de Mohács (1526), la Moldavie fut gouvernée, au XVIIIe s., par les hospodars grecs du Phanar pour le compte du gouvernement ottoman. L'échec de l'insurrection grecque de 1821 permit aux princes autochtones de remplacer les Phanariotes. Placée, par le traité de Paris (1856), sous la garantie des grandes puissances, la Moldavie forma, avec la Valachie, un État uni. Dès lors son histoire se confond avec celle de la Roumanie. En 1924 et en 1940, la Moldavie a été amputée au profit de l'U. R. S. S.

MOLDAVIE *(république socialiste soviétique de)*, république fédérée de l'U. R. S. S., constituée en 1940, entre le Dniestr et le Prout; 33 700 km²; 3 569 000 h. Cap. *Kichinev.*

MOLÉ (Édouard), magistrat français, né à Paris (1558-1614), procureur général au parlement de Paris. — Son fils MATHIEU, né à Paris (1584-1656), président au parlement, garde des Sceaux, joua un rôle important pendant la Fronde.

MOLÉ (Louis Mathieu, *comte*), homme d'État français, né à Paris (1781-1855), Premier ministre de Louis-Philippe (1836-1839). [Acad. fr.]

MOLENBEEK-SAINT-JEAN, en néerl. **Sint-Jans-Molenbeek**, comm. de Belgique (Brabant), banlieue de Bruxelles; 72 000 h.

MOLÈNE *(île)* [29259], île et comm. du Finistère, entre Ouessant et la pointe Saint-Mathieu; 397 h.

MOLESCHOTT (Jacobus), physiologiste et philosophe néerlandais, né à Bois-le-Duc (1822-1893), défenseur du matérialisme.

MOLFETTA, port d'Italie (Pouille), sur l'Adriatique; 64 000 h. Cathédrale Ancienne des XIIe-XIIIe s.

MOLIÈRE (Jean-Baptiste POQUELIN, dit), auteur dramatique français, né à Paris (1622-1673). Fils d'un tapissier, valet de chambre du roi, il fut l'élève des jésuites du collège de Clermont, puis fit des études de droit avant de se tourner vers le théâtre. Il créa avec une famille de comédiens, les Béjart, l'Illustre-Théâtre (1643), qui échoua. Il dirigea alors pendant quinze ans (1643-1658) une troupe de comédiens ambulants. À partir de 1659, installé à Paris, protégé de Louis XIV, il donna pour les divertissements de la Cour ou pour le public parisien de nombreuses pièces en vers ou en prose : comédies-ballets, comédies pastorales, comédies héroïques, comédies de caractère. Acteur, directeur de troupe, il créa véritablement la mise en scène et dirigea avec précision le jeu des acteurs. Auteur, il a utilisé toute la gamme des effets comiques, de la farce la plus bouffonne jusqu'à la psychologie la plus élaborée. Ses chefs-d'œuvre sont celles de ses pièces où, s'attaquant à un vice de l'esprit ou de la société, il campe des personnages qui forment des types. Ses principales comédies sont *les Précieuses ridicules* ((1659), *l'École des maris* (1661), *l'École des femmes* (1662), *Dom Juan, l'Amour médecin* (1665), *le Misanthrope, le Médecin malgré lui* (1666), *Amphitryon, George Dandin, l'Avare* (1668), *le Tartuffe, Monsieur de Pourceaugnac* (1669), *le Bourgeois gentilhomme* (1670), *les Fourberies de Scapin, la Comtesse d'Escarbagnas* (1671), *les Femmes savantes* (1672), *le Malade imaginaire* (1673). Molière mourut lors de la quatrième représentation de cette dernière pièce.

MOLIÈRES (82220), ch.-l. de c. de Tarn-et-Garonne; 1 320 h.

MOLINA (la), station de sports d'hiver (alt. 1 700-2 537 m) des Pyrénées espagnoles (Catalogne).

MOLINA (Luis), jésuite espagnol, né à Cuenca (1535-1601). Son ouvrage sur le libre arbitre (1588) provoqua la naissance d'une doctrine sur la grâce, le *molinisme*, que les jansénistes taxèrent de laxisme.

MOLINOS (Miguel DE), théologien espagnol, né à Muniesa (1628-1696), dans les ouvrages duquel se révèle le germe du quiétisme. Molinos mourut dans les prisons de l'Inquisition.

MOLISE, région de l'Italie péninsulaire, correspondant aux prov. de Campobasso et d'Isernia; 4 438 km²; 332 000 h.

MOLITG-LES-BAINS [mɔlitʃ-] (66500 Prades), comm. des Pyrénées-Orientales; 164 h. Station thermale. Eaux sulfureuses radioactives (dermatologie, nutrition, O. R. L.).

MOLITOR (Gabriel Jean Joseph, *comte*), maréchal de France, né à Hayange (Lorraine) [1770-1849]. Il défendit la Hollande en 1813, commanda en Espagne (1823) et fut fait maréchal par Louis XVIII.

MOLLET (Guy), homme d'État français, né à Flers (1905-1975). Secrétaire général de la S. F. I. O. de 1949 à 1969, il a été président du Conseil en 1956-57. Son gouvernement réalisa des réformes sociales et eut à faire face aux difficultés provoquées par l'aggravation de la situation en Algérie et par la nationalisation, par l'Égypte, du canal de Suez.

MOLLIEN (François Nicolas, *comte*), homme d'État français, né à Rouen (1758-1850), ministre du Trésor sous l'Empire (1806-1814 et mars-juin 1815).

MOLLIENS-DREUIL (80540), ch.-l. de c. de la Somme; 601 h.

MOLNÁR (Ferenc), écrivain hongrois, né à Budapest (1878-1952), auteur de romans réalistes *(les Garçons de la rue Pál)* et de comédies *(Liliom,* 1909).

MOLOCH, selon l'opinion courante, divinité cananéenne et phénicienne à qui étaient offerts des sacrifices humains. Certains historiens voient en ce terme non pas le nom du dieu mais le nom donné à ces sacrifices.

MOLOSSES, peuple de l'Épire, qui, de 430 à 350 av. J.-C., établit sa domination sur une partie de l'Épire puis passa sous contrôle de la Macédoine.

MOLOTOV (Viatcheslav Mikhaïlovitch SKRIABINE, dit), homme politique soviétique, né à Koukarka (auj. Sovietsk) [gouvern. de Viatka] en 1890. Membre du Politburo (1926), président du Komintern (1930-1934), commissaire du peuple aux Affaires étrangères (1939-1949 et 1953-1956) et premier vice-président du Conseil de 1941 à 1946, il fut écarté du pouvoir en 1957, comme membre principal du «groupe antiparti», stalinien.

MOLOTOV → PERM.

MOLSHEIM (67120), ch.-l. d'arr. du Bas-Rhin, sur la Bruche; 6 895 h. *Metzig,* anc. hôtel de corporation de la Renaissance. Église du XVIIe s. Constructions mécaniques. Vignobles.

MOLTKE (Helmuth, *comte* VON), maréchal prussien, né à Parchim (1800-1891). Chef du grand état-major de 1857 à 1888, il commanda en 1864 lors de la guerre des Duchés, en 1866 durant la guerre austro-prussienne, en 1870-1871 pendant la guerre franco-allemande. — Son neveu HELMUTH, général, né à Gersdorff (1848-1916), chef de l'état-major allemand de 1906 à 1914, fut battu sur la Marne.

MOLUQUES *(îles)*, archipel d'Indonésie,

Lauros-Giraudon

Molière

Keystone

le maréchal von **Moltke**

MOLUQUES

séparé de Célèbes par la mer de Banda et la *mer des Moluques;* 74 505 km²; 1 589 000 h. Les principales îles sont *Halmahera, Céram* et *Amboine.*

MOMBASA ou **MOMBASSA,** v. du Kenya, dans l'*île de Mombasa;* 247 000 h. Principal port du pays.

MOMMSEN (Theodor), historien allemand, né à Garding (1817-1903). Par ses études d'épigraphie et de philologie et par son *Histoire romaine* (1856-1885), il a renouvelé l'étude de l'antiquité latine. (Prix Nobel, 1902.)

MOMPER (Joos DE) → DE MOMPER.

MØN, île danoise, au sud-est de Sjaelland*.

Gaspard **Monge**
par J.-Cl. Naigeon

Monaco

Claude **Monet**
le Pont de l'Europe, gare Saint-Lazare

Piet **Mondrian :** *Composition avec rouge, jaune et bleu* (1930)

MONACO, principauté du littoral de la Méditerranée, enclavée dans le dép. français des Alpes-Maritimes; 1,5 km²; 23 000 h. *(Monégasques).* Cap. *Monaco.* Grand centre touristique. Casino. Musée océanographique. Les Grimaldi auraient reçu la souveraineté de Monaco au Xe s.; leur indépendance ne fut reconnue par la France qu'en 1512. En fait, la principauté s'est toujours trouvée dans l'orbite de la France, avec qui elle a constitué une union douanière (1865). En 1911, un régime libéral y remplaça l'absolutisme princier. Rainier III, prince de Monaco depuis 1949, introduisit, en 1962, de profondes réformes dans la Constitution.

Monadologie *(la),* ouvrage de Leibniz, écrit en français en 1714, où est exposée la théorie des monades et de l'harmonie préétablie.

MONASTIER-SUR-GAZEILLE (Le) [43150], ch.-l. de c. de la Haute-Loire; 2 391 h. Anc. abbatiale romane et gothique.

MONASTIR → BITOLA.

MONASTIR, port de Tunisie, sur une presqu'île du golfe de Hammamet; 20 000 h. Casbah (IXe-Xe s.).

MONATTE (Pierre), syndicaliste français, né à Monlet (1881-1960), l'un des leaders du syndicalisme révolutionnaire, fondateur de *la Vie ouvrière* (1909).

MONBAZILLAC (24240 Sigoulès), comm. de la Dordogne; 789 h. Château du XVIe s. Vins blancs.

MONCADE (Hugues DE), capitaine espagnol, né à Valence (v. 1476-1528). Vice-roi de Sicile en 1522, il fut battu et fait prisonnier par Andrea Doria (1524-1526). Au service du connétable de Bourbon, il fut tué devant Naples.

MONCEY (Bon Adrien JEANNOT DE), *duc de Conegliano,* maréchal de France, né à Palise, près de Besançon (1754-1842). Premier inspecteur de la gendarmerie (1801), il se distingua en Espagne (1794 et 1808) et défendit Paris en 1814.

MÖNCHENGLADBACH, v. de l'Allemagne fédérale (Rhénanie-du-Nord-Westphalie), à l'ouest de Düsseldorf; 151 000 h. Métallurgie.

MONCLAR (47380), ch.-l. de c. de Lot-et-Garonne; 970 h.

MONCLAR-DE-QUERCY (82230), ch.-l. de c. de Tarn-et-Garonne; 949 h.

MONCONTOUR (22510), ch.-l. de c. des Côtes-du-Nord; 1 149 h. Restes de fortifications. Maisons et monuments anciens.

MONCONTOUR (86330 St Jean de Sauves), ch.-l. de c. de la Vienne; 1 061 h. Donjon des XIIe et XVe s. Victoire du duc d'Anjou (futur Henri III) sur Coligny (1569).

MONCOUTANT (79320), ch.-l. de c. des Deux-Sèvres; 2 811 h.

MONCTON, v. du Canada (Nouveau-Brunswick); 55 934 h.

Monde *(le),* quotidien fondé en 1944. Son audience le place aux tout premiers rangs de la presse française.

MONDEGO (le), fl. du Portugal central, tributaire de l'Atlantique; 225 km.

MONDELANGE (57300 Hagondange), comm. de la Moselle; 6 510 h. Métallurgie.

MONDEVILLE (14120), comm. du Calvados; 9 375 h. *(Mondevillais).* Sidérurgie.

MONDONVILLE (Jean Joseph CASSANÉA DE), compositeur et violoniste français, né à Narbonne (1711-1772), auteur de sonates pour violon, de concertos, d'opéras et de grands motets pour le *Concert spirituel,* qu'il dirigea.

MONDORF-LES-BAINS, station thermale du Luxembourg, sur l'Albach; 1 800 h.

MONDOUBLEAU (41170), ch.-l. de c. de Loir-et-Cher; 1 807 h. Ruines d'un château féodal.

MONDOVI, v. d'Italie (Piémont); 21 000 h. Sidérurgie. Faïencerie. Bonaparte y vainquit les Piémontais le 21 avril 1796.

MONDRIAN (Pieter Cornelis MONDRIAAN, dit **Piet**), peintre néerlandais, né à Amersfoort (1872-1944). L'exemple du cubisme analytique le fait passer d'une figuration à la Van Gogh à une abstraction géométrique qui, à travers l'ascèse intellectuelle du *néoplasticisme* et la fondation de De Stijl*, parvient à une extrême rigueur (jeu des trois couleurs primaires, du blanc et du gris sur une trame orthogonale de lignes noires). Il vit à Paris de 1919 à 1938, puis à New York, où son style évolue (*Victory Boogie Woogie,* 1943-44).

MONEIN (64360), ch.-l. de c. des Pyrénées-Atlantiques; 3 901 h. Gaz naturel.

MONESTIER-DE-CLERMONT (38650), ch.-l. de c. de l'Isère; 815 h.

MONESTIÉS (81400 Carmaux), ch.-l. de c. du Tarn; 1 222 h.

MONET (Claude), peintre français, né à Paris (1840-1926). Ce fut du titre de son tableau *Impression, soleil levant* (1872, probablement l'œuvre auj. au musée Marmottan, à Paris) que vint le nom de l'école «impressionniste», dont il est le représentant le plus typique (*Femmes au jardin,* 1867, Jeu de paume; *la Grenouillère,* 1869, New York; paysages d'Argenteuil et de Vétheuil; séries des «Gare Saint-Lazare», des «Meules», «Peupliers» et «Cathédrale de Rouen», observés aux différentes heures du jour; «Nymphéas» de Giverny [Eure], 1899-1926).

MONÊTIER-LES-BAINS (Le) [05220], ch.-l. de c. des Hautes-Alpes; 832 h.

MONFLANQUIN (47150), ch.-l. de c. de Lot-et-Garonne; 2 368 h. Anc. bastide.

MONGE (Gaspard), *comte* **de Péluse,** mathématicien français, né à Beaune (1746-1818), créateur de la géométrie descriptive et l'un des fondateurs de l'École polytechnique.

MONGIE (la) [65200 Bagnères de Bigorre], station de sports d'hiver des Hautes-Pyrénées, sur la route du Tourmalet (alt. 1 800-2 360 m).

MONGKUT ou **RĀMA IV** (m. en 1868), roi de Siam de 1851 à 1868. Il ouvrit son pays à l'influence étrangère.

MONGOLIE, région de l'Asie centrale, correspondant au désert de Gobi et à sa bordure montagneuse (Grand Khingan, Altaï, T'ien-chan, Nan-chan).

MONGOLIE *(république populaire de),* anc. **Mongolie-Extérieure,** État de l'Asie centrale; 1 565 000 km²; 1 488 000 h. Cap. *Oulan-Bator.* S'étendant sur la partie septentrionale de la Mongolie, la république populaire de Mongolie est un pays d'élevage (ovins surtout) dont la population est en voie de sédentarisation. L'U. R. S. S. est son principal partenaire commercial. Le pays, indépendant une première fois en 1911, définitivement en 1921, devint république populaire en 1924; indépendante après le plébiscite de 1945, celle-ci a été reconnue par la Chine en 1946.

MONGOLIE-INTÉRIEURE, région autonome de la Chine septentrionale; 450 000 km²; 9 millions d'h. Cap. *Houhehot.*

MONGOLS, peuple de haute Asie.

HISTOIRE

— Ier-Ve s. : royaumes mongols dans le sud de la Mandchourie et le nord-est de la Chine.
— Ve-VIe s. : royaume des Jouan-Jouan.
— 936-1124 : royaume des Khitans.
— 1124-1218 : empire des Kara Kitay.
— 1206 : Gengis khân proclamé *khaghan* (empereur).
— 1211-1227 : conquêtes de Gengis khân (Chine du Nord, Khârezm et Azerbaïdjan, Afghânistân).
— 1229-1241 : règne d'Ogoday, qui fait de Karakorum sa capitale.
— 1236-1242 : Bâtû khân conquiert la Russie, l'Ukraine et la Hongrie.
— 1243 : victoire mongole sur les Seldjoukides d'Anatolie.
— 1256-1260 : Hūlāgū en Iran, Iraq et Syrie.

— 1236-1279 : conquête de la Chine du Sud achevée par Kūbilāy khān (1260-1294).

— 1279-1368 : la dynastie mongole des Yuan règne en Chine.

— 1240-1502 : la Horde d'Or domine les principautés russes et une partie de la Sibérie.

— 1502 : réaction antimongole des Tatars de Crimée.

— 1543-1583 : règne d'Altan khān. L'aristocratie mongole adopte le lamaïsme tibétain.

— 1627-1691 : les Mongols orientaux se soumettent aux Mandchous.

— 1755-1759 : l'empire des Mongols occidentaux écrasé par les Ts'ing. La Mongolie devient chinoise.

— 1911 : la Mongolie-Extérieure proclame son indépendance.

MONG-TSEU ou **MENGZI**, v. de Chine (Yunnan); 193 000 h.

MONG-TSEU → MENCIUS.

MONIQUE (sainte), née à Thagaste (v. 331-387). Mère de saint Augustin, elle se consacra à la conversion de son fils.

MONISTROL-SUR-LOIRE (43120), ch.-l. de c. de la Haute-Loire; 5 024 h. Anc. château des évêques du Puy (XVe et XVIIe s.). Constructions mécaniques.

Moniteur universel (le), ou **Gazette nationale**, journal lancé par Panckoucke en 1789 pour publier les débats de l'Assemblée constituante. Il fut le journal officiel du gouvernement de 1799 à 1848.

MONIZ (Egas), physiologiste portugais, né à Avanca (1874-1955), promoteur d'un mode d'exploration du cerveau. (Prix Nobel, 1949.)

MONK (George), **duc d'Albemarle**, général anglais, né à Potheridge (1608-1670). Lieutenant de Cromwell, il combattit les royalistes. Maître du pays après la mort du lord-protecteur, il prépara le retour de Charles II (1660).

MONK (Thelonious Sphere), pianiste, compositeur et chef d'orchestre de jazz noir américain, né à Rocky Mount (Caroline du Nord) en 1920. Pionnier du style be-bop dans les années 40, il exerça une influence prépondérante sur le jazz moderne.

MONLUC ou **MONTLUC** (Blaise DE LASSERAN MASSENCOME, seigneur DE), maréchal de France, né à Saint-Puy (Gascogne) [1502-1577], défenseur de Sienne en 1555, auteur de Commentaires.

MONMOUTH (James SCOTT, duc DE), prince d'Angleterre, né à Rotterdam (1649-1685), fils naturel de Charles II Stuart. Chef de l'opposition protestante qui aspirait à l'accession au trône de Jacques II (1685), il fut exécuté.

Monnaies (hôtel des), siège de l'administration française des Monnaies et Médailles ainsi que d'un musée numismatique, situé à Paris, quai Conti. C'est le chef-d'œuvre, typique du style Louis XVI, de l'architecte Jacques Denis Antoine (1733-1801).

MONNERVILLE (Gaston), homme politique français, né à Cayenne en 1897, président du Conseil de la République de 1947 à 1958, puis du Sénat jusqu'en 1968.

MONNET (Jean), économiste français, né à Cognac (1888-1979). Auteur d'un plan de modernisation de l'économie française (1945), il fut l'un des principaux promoteurs de l'idée européenne.

MONNIER (Henri), écrivain et caricaturiste français, né à Paris (1799-1877), créateur de Joseph Prudhomme, type de bourgeois inepte et sentencieux.

MONNOYER (Jean-Baptiste, dit **Baptiste**), peintre français, né à Lille (1634-1699), l'un des décorateurs du château de Versailles, spécialiste des compositions florales.

MONOD (Jacques), médecin et biochimiste français, né à Paris (1910-1976), prix Nobel de physiologie et de médecine en 1965, avec F. Jacob et A. Lwoff, pour ses travaux de biochimie et de génétique.

MONOMOTAPA, titre du chef d'un vaste État bantou de la région du Zambèze. L'empire du Monomotapa avait Zimbabwe pour capitale (IXe-XVIIe s.).

MONORY (Jacques), peintre français, né à Paris en 1934. Ses compositions prennent pour matériau de base, depuis 1965, des images photographiques, qu'il interprète à l'aide d'une touche froide, nette, souvent en monochromie bleue.

MONPAZIER (24540), ch.-l. de c. de la Dordogne; 558 h. Anc. bastide.

MONREALE, v. d'Italie (Sicile); 25 000 h. Cathédrale du XIIe s. (riches mosaïques).

MONROE (James), homme d'État américain, né dans le comté de Westmoreland (Virginie) [1758-1831], président républicain des États-Unis de 1817 à 1825. Son nom est resté attaché à la doctrine qu'il énonça en 1823 et qui repousse toute intervention européenne dans les affaires de l'Amérique comme de l'Amérique dans les affaires européennes.

MONROE (Marilyn), actrice de cinéma américaine, née à Los Angeles (1926-1962), l'une des grandes stars du cinéma (Niagara, 1953; Rivière sans retour, 1954; Certains l'aiment chaud, 1959; les Misfits, 1961). Elle se suicida.

MONROVIA, cap. et port du Liberia; 172 000 h.

MONS [mõs], en néerl. **Bergen**, v. de Belgique, ch.-l. du Hainaut; 95 000 h. Collégiale Ste-Waudru, des XVe-XVIIe s. (œuvres d'art). Musées. Métallurgie. Verrerie. Chimie.

MONSÉGUR (33580), ch.-l. de c. de la Gironde; 1 618 h. Bastide du XIIIe s.

MONS-EN-BARŒUL (59370), comm. du Nord; 28 089 h. Textile.

MONS-EN-PÉVÈLE (59246), comm. du Nord; 1 962 h. Philippe le Bel y battit les Flamands en 1304.

Monsieur (paix de), dite aussi **paix de Beaulieu** ou **paix de Loches**, paix signée en 1576 au château de Beaulieu, près de Loches, par l'intermédiaire du duc d'Alençon. Henri III y accordait certains avantages aux protestants.

MONSIGNY (Pierre Alexandre), compositeur français, né à Fauquembergues (1729-1817), un des fondateurs de l'opéra-comique (le Déserteur, 1769).

MONSOLS (69860), ch.-l. de c. du Rhône; 764 h.

MONSTRELET (Enguerrand DE), chroniqueur français, né en Picardie (v. 1390-1453), auteur d'une Chronique qui s'étend de 1400 à 1444.

MONT (64300 Orthez), comm. des Pyrénées-Atlantiques; 279 h. Chimie.

MONTAGNAC (34530), ch.-l. de c. de l'Hérault; 2 776 h.

MONTAGNAIS, tribus indiennes du Canada, qui peuplaient la région du Saguenay et du lac Saint-Jean.

MONTAGNE (La) [44620], comm. de la Loire-Atlantique, sur la Loire (r. g.); 5 165 h.

MONTAGNE BLANCHE (la), colline voisine de Prague. Victoire des Impériaux sur les Tchèques (8 nov. 1620).

MONTAGNE NOIRE, massif montagneux de la bordure méridionale du Massif central, culminant au pic de Nore (1 210 m). — Ligne de hauteurs de la Bretagne occidentale.

MONTAGRIER (24350 Tocane St Apre), ch.-l. de c. de la Dordogne; 389 h. Église romane.

MONTAIGNE (Michel EYQUEM DE), écrivain français, né au château de Montaigne (auj. dans la commune de Saint-Michel-de-Montaigne, Dordogne) [1533-1592]. Conseiller à la cour des aides de Périgueux, puis au parlement de Bordeaux, où il rencontre Étienne de La Boétie, il se démet de sa charge (1570) pour se consacrer au loisir de sa bibliothèque (sa « librairie »). Au fil de ses lectures, il note ses réflexions : ainsi se font les Essais*, dont la première édition paraît en 1580. Jusqu'à sa mort, il ne cessera d'enrichir cet ouvrage, qui, dès 1588, comportera trois livres. Il s'y peint lui-même, mais, à travers les contradictions de sa propre nature, il découvre l'impuissance de l'homme à trouver la vérité et la justice. Le voyage que Montaigne accomplit à travers l'Eu-

Jacques **Monory**
Béatrice et Juliette (1972)

MONGOLIE

James **Monroe**
par G. Stuart

Michel de **Montaigne**

ligne de
changement de date

| 24h | 23h | 22h | 21h | 20h | 19h | 18h | 17h | 16h | 15h | 14h | 13h | 12h | 11h |

ligne de
changement
de date

| -12 | -11 | -10 | -9 | -8 | -7 | -6 | -5 | -4 | -3 | -2 | -1 | 0 | +1 |

nombre d'heures à soustraire de l'heure du fuseau 0 pour obtenir l'heure locale

DIFFÉRENCE D'HEURE À PARTIR DU FUSEAU AXÉ SUR LE MÉR

8h	7h	6h	5h	4h	3h	2h	1h	0h

OCÉAN ARCTIQUE

Terre du Nord

Archipel de N¹ˡᵉ-Sibérie

MER DES LAPTEV

MER DE SIBÉRIE ORIENTALE

I. Vrangel

Détroit de Béring

ALASKA (É-U)

CANADA

N¹ˡᵉ Zemble

MER DE KARA

Sˡ Lawrence (É-U)

Sˡ-Mathieu (É-U)

Pribilof (É-U)

Îles Aléoutiennes (É-U)

Perm

Sverdlovsk

Krasnoiarsk

Novossibirsk

Kazan

Oufa

Tcheliabinsk

Kouibychev

Karaganda

U.R.S.S.

Sakhaline

Îles Kouriles (U.R.S.S.)

OCÉAN

Îles Midway (É-U)

Volgograd

Astrakhan

KAZAKHSTAN

Alma-Ata

Ouroumtsi

Oulan-Bator

MONGOLIE

Harbin

Tch'ang-tch'ouen

Chen-yang

Fou-chouen

CORÉE DU NORD

Sapporo

HOKKAIDO

Vladivostok

JAPON

Îles Ogasawara (Bonin) (Jap)

Îles Hawaii (É-U)

Honolulu

MER CASPIENNE

Bakou

Tachkent

Ngan-chan

Tai-yuan

T'ien-tsin

Pékin

Séoul

Tōkyō

Yokohama

Nagoya

Tsing-tao

CORÉE DU SUD

Kyōto

Kōbe

Ōsaka

Hiroshima

Kita-Kyūshū

P'yongyang

Téhéran

Kaboul

Islamabad

AFGHANISTAN

Rawalpindi

Lahore

CHINE

TIBET

Si-ngan

Tch'eng-tou

Tch'ong-k'ing

Nankin

Chang-hai

Nan-tch'ang

RYŪKYŪ

Okinawa

Îles Iō (Volcano)

I. Minami Tori (Marcus) (Jap)

Wake (É-U)

Bagdad

Ispahan

IRAN

PAKISTAN

Delhi

New Delhi

NÉPAL

BHOUTAN

Kouen-ming

Tch'ang-cha

T'ai-pei

TAI-WAN

PACIFIQUE

Hyderabad

Karachi

Ahmadabad

Kānpur

Lucknow

Kāthmāndou

Dacca

BANGLA DESH

Canton

Hong-kong (G-B.)

Macao (Port.)

Îles Mariannes (É-U)

Bombay

INDE

Nagpur

Calcutta

BIRMANIE

Hanoi

Luçon

PHILIPPINES

Manille (Quezon C.)

Guam (É-U)

Îles Marshall (É-U)

Poona

Hyderabad

Madras

Rangoon

Vientiane

THAÏLANDE

Bangkok

CAMBODGE

Phnom Penh

Hô Chi Minh

Mindanao

MICRONÉSIE

Îles Carolines

Bangalore

Îles Laquedives (Inde)

SRI LANKA (CEYLAN)

Colombo

Medan

MALAYSIA

SABAH

BRUNEI

Bandar Seri Begawan

I. Kiribati

I. Howland

I. Baker (É-U)

I. Jarvis (É-U)

Palmyra (É-U)

I. Christmas

Îles de la Ligne

Muqdisho

ÎLES MALDIVES

OCÉAN

Gan

Îles Chagos (G-B)

Diego Garcia (É-U)

Kuala Lumpur

SINGAPOUR

SUMATRA

Palembang

Borneo

KALIMANTAN

Celebes

INDONÉSIE

Moluques

N¹ˡᵉ-Guinée

IRIAN

Nauru

I. Phoenix

Îles Tokelau (N-Z)

SAMOA

Jakarta

Bandung

Surabaya

JAVA

I. Christmas (Austr.)

Timor

PAPOUASIE-NⁱˡᵉGUINÉE

Port Moresby

Îles Salomon

SAMOA (É-U)

POLYNÉSIE

ÎLES COMORES

I. Glorieuses (Fr)

I. Tromelin (Fr)

I¹ˢ Cargados

MADAGASCAR

Antananarivo

I. MAURICE

La Réunion (Fr)

I¹ˢ Mascareignes

OCÉAN INDIEN

VANUATU

Wallis-et-Futuna (Fr)

ÎLES FIDJI

N¹ˡᵉ-Calédonie (Fr)

N¹ˡᵉ Samoa (É-U)

Tuamotu

Îles de la Société (Fr)

Tahiti

N¹ˡᵉ Niue (N-Z)

ÎLES TONGA

Îles Cook (N-Z)

Îles Tubuai

I. Amsterdam (Fr)

Sˡ Paul

AUSTRALIE

Perth

Brisbane

Norfolk (Austr)

Îles Kermadec (N-Z)

Adelaide

Sydney

Canberra

Melbourne

Iles Crozet (Fr)

Tasmanie

Auckland

N¹ˡᵉ-ZÉLANDE

Wellington

Christchurch

Îles Chatham (N-Z)

I. Kerguelen (Fr)

I. Heard (Austr)

I¹ˢ McDonald (Austr)

I. Auckland (N-Z)

Île Macquarie (Austr.)

Campbell (N-Z)

Îles Bounty (N-Z)

Îles Antipodes (N-Z)

OCÉAN ANTARCTIQUE

TERRE DE WILKES (Austr.)

OCÉAN ARCTIQUE

+4	+5	+6	+7	+8	+9	+10	+11	+12

nombre d'heures à ajouter à l'heure du fuseau 0 pour obtenir l'heure locale

D'ORIGINE

les hachures signifient que l'heure légale du pays est inférieure de 15 ou 30 minutes à celle des pays de même teinte

pour la France et les pays limitrophes concernés, l'heure d'hiver a été retenue

rope en 1580 et en 1581, et dont il laisse un *Journal*, ne fait que lui confirmer la relativité des choses humaines. Il juge que l'« art de vivre » doit se fonder sur une sagesse prudente, inspirée par le bon sens et la tolérance.

MONTAIGU (85600), ch.-l. de c. de la Vendée; 4 813 h. Combats pendant la guerre de Vendée (1793).

MONTAIGU-DE-QUERCY (82150), ch.-l. de c. de Tarn-et-Garonne; 1 507 h.

MONTAIGUT (63700 St Éloy les Mines), ch.-l. de c. du Puy-de-Dôme; 1 558 h.

MONTAIGU-ZICHEM, comm. de Belgique (Brabant); 20 600 h.

MONTALE (Eugenio), poète italien, né à Gênes (1896-1981). Son œuvre, à l'origine de l'« hermétisme », est une longue résistance à l'égard des conventions de la rhétorique et de la vie (*Os de seiche*, 1925; *les Occasions*, 1939; *Satura*, 1971). [Prix Nobel, 1975.]

MONTALEMBERT (Marc René, *marquis* DE), général français, né à Angoulème (1714-1800). Précurseur de la fortification du XIXe s., il inaugura le tracé polygonal.

MONTALEMBERT (Charles FORBES, *comte* DE), publiciste et homme politique français, né à Londres (1810-1870). Disciple de La Mennais, qu'il ne suivit pas dans sa rupture avec Rome (1834), il lutta pour les libertés de l'Église et notamment pour la liberté de l'enseignement. Chef du parti catholique de 1848 à 1851, il se rallia d'abord à Louis-Napoléon; puis membre du corps législatif (1852-1857) et chef du catholicisme libéral, il s'opposa au despotisme impérial comme au catholicisme intransigeant (Louis Veuillot). [Acad. fr.]

MONTALIEU-VERCIEU (38390), comm. de l'Isère; 1 756 h. Cimenterie.

MONTALIVET (33930 Vendays Montalivet), station balnéaire de la côte landaise (Gironde). Centre naturiste.

MONTALVO (Juan), écrivain équatorien, né à Ambato (v. 1833-1889), essayiste et pamphlétaire.

MONTAN → MONTANUS.

MONTANA, un des États unis d'Amérique (Rocheuses); 381 086 km²; 694 000 h. Cap. *Helena*. Cuivre.

MONTANA-VERMALA, station de sports d'hiver de Suisse, dans le Valais.

MONTAND (Ivo LIVI, dit **Yves**), chanteur et acteur français d'origine italienne, né à Monsummano (Toscane) en 1921. Au cinéma, il a interprété notamment *le Salaire de la peur* (1953), *La guerre est finie* (1965), *Z* (1968), *l'Aveu* (1970).

MONTANER (64460 Pontiacq Viellepinte), ch.-l. de c. des Pyrénées-Atlantiques; 364 h.

MONTANUS ou **MONTAN,** prêtre phrygien de Cybèle, converti au christianisme, fondateur du *montanisme* (IIe s.). Il prétendait être la voix de l'Esprit Saint venu compléter la Révélation de Jésus-Christ.

MONTARGIS (45200), ch.-l. d'arr. du Loiret, sur le Loing; 19 865 h. (*Montargois*). Église gothique et Renaissance. Musée. École d'application des transmissions. Constructions mécaniques et électriques.

MONTASTRUC - LA - CONSEILLÈRE (31380), ch.-l. de c. de la Haute-Garonne; 1 652 h.

MONTATAIRE (60160), ch.-l. de c. de l'Oise; 13 166 h. Faubourg de Creil. Église des XIIe-XVe s. Sidérurgie. Industrie mécanique et chimique.

MONTAUBAN (82000), ch.-l. du dép. de Tarn-et-Garonne, sur le Tarn, à 629 km au sud de Paris; 50 395 h. (*Montalbanais*). Cathédrale des XVIIe-XVIIIe s. Musée « Ingres » (Ingres, Bourdelle, etc.). Centre administratif et commercial. Constructions électriques. Place de sûreté protestante en 1570, Montauban résista héroïquement aux troupes royales du duc de Luynes en 1621.

MONTAUBAN ou **MONTAUBAN-DE-BRETAGNE** (35360), ch.-l. de c. d'Ille-et-Vilaine; 3 377 h. Fromagerie.

MONTAUSIER (Charles DE SAINTE-MAURE, *marquis*, puis *duc* DE) [1610-1690], gouverneur du

ruines de **Monte Albán** (culture zapotèque)

Eugenio **Montale**

le comte de **Montalembert**

Montcalm de Saint-Véran

Dauphin, fils de Louis XIV. — Pour sa future femme, JULIE d'Angennes, née à Paris (1607-1671), il fit composer *la Guirlande* de Julie*.

MONTBARD (21500), ch.-l. d'arr. de la Côte-d'Or, sur le canal de Bourgogne; 7 749 h. (*Montbardois*). Métallurgie.

MONTBARREY (39380 Mont sous Vaudrey), ch.-l. de c. du Jura; 264 h.

MONTBAZENS [-zês] (12220), ch.-l. de c. de l'Aveyron; 1 313 h.

MONTBAZON (37250), ch.-l. de c. d'Indre-et-Loire; 2 447 h. Donjon des XIe-XIIe s.

MONTBÉLIARD (25200), ch.-l. d'arr. du nord du Doubs; 31 591 h. (*Montbéliardais*). [Plus de 130 000 h. dans l'agglomération.] Château des XVe-XVIIIe s. Musées. Centre métallurgique.

MONTBENOÎT (25650), ch.-l. de c. du Doubs; 182 h. Anc. collégiale des XIIe-XVIe s.

MONTBOZON (70230), ch.-l. de c. de la Haute-Saône; 467 h.

MONTBRISON (42600), ch.-l. d'arr. de la Loire; 13 305 h. (*Montbrisonnais*). Église des XIIIe-XVe s. Jouets. Métallurgie.

MONTBRON (16220), ch.-l. de c. de la Charente; 2 541 h.

MONTCALM (pic de), sommet des Pyrénées ariégeoises; 3 078 m.

MONTCALM DE SAINT-VÉRAN (Louis Joseph, *marquis* DE), général français, né au château de Candiac, près de Nîmes (1712-1759). Commandant des troupes de Nouvelle-France (1756), il lutta contre les Anglais, mais fut tué en défendant Québec.

MONTCEAU-LES-MINES (71300), ch.-l. de c. de Saône-et-Loire, sur la Bourbince; 28 204 h. (*Montcelliens*). Caoutchouc. Constructions mécaniques. Bonneterie.

MONTCENIS (71710), ch.-l. de c. de Saône-et-Loire; 2 380 h. Église gothique.

MONTCHANIN (71210), ch.-l. de c. de Saône-et-Loire; 6 308 h. Gare de triage. Métallurgie.

MONTCHRESTIEN (Antoine DE), auteur dramatique et économiste français, né à Falaise (v. 1575-1621), auteur de tragédies (*Sophonisbe*, *l'Écossaise*) et d'un *Traité de l'économie politique* (1615).

MONTCUQ [-kyk] (46800), ch.-l. de c. du Lot; 1 151 h.

MONT-DAUPHIN (05600 Guillestre), comm. des Hautes-Alpes; 83 h. Forteresse à la Vauban, dominant le confluent de la Durance et du Guil.

MONT-DE-MARSAN (40000), ch.-l. du dép. des Landes, au confl. du Midou et de la Douze, à 687 km au sud-ouest de Paris; 30 171 h.

(*Montois*). Musée de sculpture moderne. Constructions mécaniques. Industries du bois. Base aérienne militaire.

MONTDIDIER (80500), ch.-l. d'arr. de la Somme, sur une colline; 6 298 h. (*Montdidériens*). Bataille en mars 1918.

MONT-DORE (*massif du*) ou **MONTS DORE** (les), massif volcanique le plus élevé du Massif central, en Auvergne; 1 885 m au *puy de Sancy*.

MONT-DORE ou **LE MONT-DORE** (63240), comm. du Puy-de-Dôme; 2 325 h. Station thermale pour le traitement de l'asthme et des affections de l'appareil respiratoire. Sports d'hiver (alt. 1 050-1 846 m).

MONTE (Philippus DE), un des maîtres flamands de la musique polyphonique, né à Malines (1521-1603), auteur de messes, motets et madrigaux.

MONTE ALBÁN, centre religieux puis urbain des Zapotèques*, près d'Oaxaca, florissant entre 300 et 900. Vestiges architecturaux (plates-formes, jeu de balle, etc.) et nécropoles ayant livré des peintures murales et d'innombrables urnes funéraires décorées d'effigies modelées de dieux. Le site a été réutilisé comme nécropole par les Mixtèques.

MONTEBELLO DELLA BATTAGLIA, village d'Italie (Lombardie). Victoires françaises sur les Autrichiens en 1800 et en 1859.

MONTEBOURG (50310), ch.-l. de c. de la Manche; 2 336 h.

MONTE-CARLO, quartier de la principauté de Monaco, où se trouve le casino.

MONTECATINI TERME, station thermale d'Italie (Toscane); 18 000 h.

MONTECH (82700), ch.-l. de c. de Tarn-et-Garonne; 2 596 h. Église du XIVe s.

MONTÉCLAIR (Michel PIGNOLET DE), compositeur français, né à Andelot (1667-1737), auteur de cantates et de l'opéra biblique *Jephté*.

MONTECRISTO, îlot italien, situé au sud de l'île d'Elbe, rendu célèbre par un roman d'Alexandre Dumas père.

MONTECUCCOLI ou **MONTECUCCULI** (Raimondo, *prince*), maréchal italien, né près de Modène (1609-1680). Au service des Habsbourg, puis du roi de Pologne, il fut l'adversaire de Turenne.

MONTEGO BAY, station balnéaire de la Jamaïque.

MONTÉLIMAR (26200), ch.-l. de c. de la Drôme, près du Rhône; 29 149 h. (*Montiliens*). Château fort. Nougats.

MONTEMAYOR (Jorge DE), poète espagnol, né

J. B. Brignolo-Image Bank

un aspect de **Montevideo**

Lauros-Giraudon

madame de **Montespan**

Lauros-Giraudon

Montesquieu

Demanega

Claudio **Monteverdi**

— 1945 : libération du Monténégro, qui devient une des républiques fédérées de la Yougoslavie.

MONTENOTTE, village d'Italie (comm. de Cairo-Montenotte, Ligurie), sur la Bormida. Victoire de Bonaparte sur les Autrichiens (1796).

MONTÉPIN (Xavier DE), écrivain français, né à Apremont (Haute-Saône) [1823-1902], auteur de romans-feuilletons et de drames populaires (la Porteuse de pain).

MONTEREAU - FAUT - YONNE (77130) ou **MONTEREAU,** ch.-l. de c. de Seine-et-Marne, au confl. de la Seine et de l'Yonne; 21 767 h. (Monterelais). Église des XIVᵉ-XVIᵉ s. Métallurgie. Centrale thermique. Jean sans Peur y fut assassiné en 1419. Victoire de Napoléon Iᵉʳ sur les Alliés en 1814.

MONTERÍA, v. du nord-ouest de la Colombie; 126 000 h.

MONTERREY, v. du Mexique septentrional; 1 050 000 h. Sidérurgie. Chimie.

MONTESPAN (31260 Salies du Salat), comm. de la Haute-Garonne; 432 h. Grotte ornée de gravures pariétales et de figures modelées en argile (magdalénien).

MONTESPAN (Françoise Athénaïs DE ROCHECHOUART, marquise DE), née à Lussac-les-Châteaux (Poitou) [1640-1707], maîtresse (1667-1684) de Louis XIV, dont elle eut huit enfants.

MONTESQUIEU (Charles DE SECONDAT, baron DE LA BRÈDE ET DE), écrivain français, né au château de La Brède, près de Bordeaux (1689-1755), auteur des Lettres* persanes (1721), des Considérations* sur les causes de la grandeur des Romains et de leur décadence (1734) et de l'Esprit* des lois (1748). Ce dernier ouvrage inspira la Constitution de 1791 et fut à l'origine des doctrines constitutionnelles libérales, qui reposent sur la séparation des pouvoirs législatif, exécutif et judiciaire. (Acad. fr.)

MONTESQUIEU-VOLVESTRE (31310), ch.-l. de c. de la Haute-Garonne; 1 969 h. Église fortifiée des XIVᵉ-XVIᵉ s.

MONTESQUIOU (32320), ch.-l. de c. du Gers; 605 h. Vestiges féodaux.

MONTESQUIOU (Pierre DE), comte **d'Artagnan,** maréchal de France, né au château d'Armagnac (1645-1725).

MONTESQUIOU-FEZENSAC (François, duc DE), homme politique français, né à Marsan (Gascogne) [1756-1832]. Député du clergé aux États généraux, il s'opposa à la Constitution civile; il fut ministre de l'Intérieur (1814-15). [Acad. fr.]

MONTESSON (78360), comm. des Yvelines; 9 525 h.

MONTESSORI (Maria), médecin et pédagogue italienne, née à Chiaravalle, près d'Ancône (1870-1952), créatrice d'une méthode destinée à favoriser le développement intellectuel des jeunes enfants.

MONTET (Le) (03240), ch.-l. de c. de l'Allier; 505 h.

MONTEUX (84170), comm. de Vaucluse; 6 558 h. Pyrotechnie.

MONTEUX (Pierre), chef d'orchestre français, né à Paris (1875-1964).

MONTEVERDI (Claudio), compositeur italien,

né à Crémone (1567-1643), un des créateurs de l'opéra en Italie, auteur de l'Orfeo (1607), d'Arianna (1608), du Retour d'Ulysse (1641), du Couronnement de Poppée (1642) et de neuf livres de madrigaux et cantates, qui ont, pour une part, révolutionné le langage musical. Il fut maître de chapelle de Saint-Marc de Venise (messes, psaumes).

MONTEVIDEO, cap. de l'Uruguay, sur le río de la Plata; 1 400 000 h. Exportation de viandes, laines, peaux. Industries alimentaires et textiles.

MONTEYNARD (38135 La Motte St Martin), comm. de l'Isère; 154 h. Centrale hydroélectrique sur le Drac.

MONTEZUMA → MOCTEZUMA.

MONTFAUCON (49230), ch.-l. de c. de Maine-et-Loire; 617 h.

MONTFAUCON (55270 Varennes en Argonne), ch.-l. de c. de la Meuse; 346 h. Victoire franco-américaine (sept. 1918). Cimetière militaire américain.

MONTFAUCON, localité située jadis hors de Paris, entre La Villette et les Buttes-Chaumont, où s'élevait un gibet construit au XIIIᵉ s.

MONTFAUCON (Bernard DE), savant bénédictin, né au château de Soulage (Languedoc) [1655-1741]. Mauriste, il fut l'un des plus brillants érudits de son temps.

MONTFAUCON-EN-VELAY (43290), ch.-l. de c. de la Haute-Loire; 1 346 h.

MONTFERMEIL (93370), ch.-l. de c. de la Seine-Saint-Denis; 23 317 h. Métallurgie.

MONTFERRAND, faubourg de Clermont-Ferrand. Maisons gothiques et Renaissance.

MONTFERRAT (maison DE), famille lombarde, issue d'ALERAN, 1ᵉʳ marquis **de Montferrat** (m. v. 991). — Son plus célèbre représentant est BONIFACE DE MONTFERRAT (m. en 1207), roi de Thessalonique de 1204 à 1207, l'un des chefs de la 4ᵉ croisade.

MONTFORT (35160), ch.-l. de c. d'Ille-et-Vilaine; 3 192 h. (Montfortais). Abattoir.

MONTFORT (Simon IV le Fort, sire DE), seigneur français (v. 1150-1218), chef de la croisade contre les albigeois, tué au siège de Toulouse. — Son fils aîné, AMAURY VI, comte **de Montfort** (1192-v. 1241), fut connétable de France en 1230. — SIMON DE MONTFORT, comte **de Leicester** (v. 1208-1265), 3ᵉ fils de Simon IV, fut le chef de la révolte des barons contre Henri III d'Angleterre.

MONTFORT (Jean DE BRETAGNE, comte DE) → JEAN DE MONTFORT.

MONTFORT-EN-CHALOSSE (40380), ch.-l. de c. des Landes; 1 026 h.

MONTFORT-L'AMAURY (78490), ch.-l. de c. des Yvelines; 2 490 h. Église de la fin du XVᵉ s. (vitraux).

MONTFORT-LE-ROTROU (72450), ch.-l. de c. de la Sarthe; 1 053 h.

MONTFORT-SUR-RISLE (27290), ch.-l. de c. de l'Eure; 879 h. Forêt.

MONTGENÈVRE (05100 Briançon), station de sports d'hiver des Hautes-Alpes, au col de Montgenèvre (alt. 1 850-2 700 m); 338 h.

MONTGERON (91230), ch.-l. de c. de l'Essonne; 24 061 h.

MONTGISCARD (31450), ch.-l. de c. de la Haute-Garonne; 1 281 h.

MONTGOLFIER (les frères DE), industriels et inventeurs français. — JOSEPH (1740-1810) et ÉTIENNE (1745-1799), nés à Vidalon-lès-Annonay (Vivarais), inventeurs du ballon à air chaud (1783) et de la machine servant à élever l'eau, dite « bélier hydraulique ».

MONTGOMERY, v. des États-Unis, cap. de l'Alabama; 133 000 h.

MONTGOMERY (Gabriel, seigneur DE LORGES, comte DE), homme de guerre français (v. 1530-1574). Capitaine de la garde écossaise sous Henri II, il blessa mortellement ce roi dans un tournoi (1559), devint un des chefs protestants et fut décapité.

MONTGOMERY OF ALAMEIN (Bernard LAW, vicomte), maréchal britannique, né à Londres

à Montemor-o-Velho (Portugal) [v. 1520-1561], auteur de la Diane (1559), roman pastoral.

MONTEMBŒUF (16310), ch.-l. de c. de la Charente; 676 h. Tumulus.

MONTEMOLÍN (Charles, comte DE) → CHARLES DE BOURBON.

MONTENDRE (17130), ch.-l. de c. de la Charente-Maritime; 3 562 h.

MONTÉNÉGRO, république fédérée de la Yougoslavie; 13 812 km²; 530 000 h. (Monténégrins). Cap. Titograd.

HISTOIRE

— IIᵉ s. av. J.-C. : le pays est inclus dans la province romaine de Dalmatie.
— VIᵉ s. apr. J.-C. : domination byzantine.
— XIᵉ s. : formation de l'État de Zeta.
— fin du XIIᵉ s. : rattachement à l'État serbe.
— XIVᵉ-XVᵉ s. : le pays, où règnent des dynasties locales (Balšides, Ornojević), est convoité par les Turcs et par Venise.
— 1499-1514 : le Monténégro rattaché au sandjak de Shkodra.
— XVIᵉ-XVIIᵉ s. : domination turque, plus ou moins effective. Formation d'une théocratie (évêque-gouverneur).
— 1697 : début de la dynastie des Petrović Njegoš avec Petrović Njegoš Danilo (1697-1735).
— 1782-1830 : le prince Pierre Iᵉʳ Petrović établit un code de coutumes et agrandit ses territoires, mais il ne peut occuper les bouches de Kotor.
— 1830-1851 : Pierre II lutte contre les Turcs et organise l'État.
— 1851-1860 : Danilo Iᵉʳ refuse l'épiscopat et devient le premier prince laïc; il combat les Turcs mais ne peut obtenir au congrès de Paris l'indépendance du pays.
— 1860-1918 : Nicolas Iᵉʳ (qui prend le titre de roi en 1910) fait la guerre au Sultan et obtient l'indépendance du pays (1878) ainsi que l'accroissement de son territoire (1913).
— 1915 : invasion autrichienne; départ du roi.
— 1918 : une assemblée populaire vote la destitution du roi et le rattachement du Monténégro à la Serbie.
— 1941 : occupation italienne, contre laquelle lutte la résistance.

le maréchal **Montgomery of Alamein**

Henri de **Montherlant**

Montpellier
porte du Peyrou
(fin XVIIᵉ s.)
et statue
de Louis XIV
(XIXᵉ s.)
sur la promenade
du Peyrou

(1887-1976). Il vainquit Rommel à El-Alamein (1942), puis commanda un groupe d'armées en Normandie, en Belgique et en Allemagne (1944-45). Il fut adjoint au commandant suprême des forces atlantiques en Europe de 1951 à 1958.

MONTGUYON (17270), ch.-l. de c. de la Charente-Maritime; 1648 h. Ruines féodales.

MONTHERLANT (Henry MILLON DE), écrivain français, né à Paris (1895-1972). Auteur de romans qui exaltent la vigueur physique et morale (*les Bestiaires*) ou expriment une vision de moraliste désabusé (*les Célibataires, les Jeunes Filles*), il a tenté dans son théâtre de retrouver l'austérité de la tragédie classique (*la Reine morte*, 1942; *le Maître de Santiago*, 1948; *Port-Royal*, 1954). [Acad. fr.]

MONTHERMÉ (08800), ch.-l. de c. des Ardennes; 3377 h. Église surtout du XVᵉ s.

MONTHEY, comm. de Suisse (Valais); 10114 h. Château reconstruit au XVIIᵉ s. Vignobles. Tabac.

MONTHOIS (08400 Vouziers), ch.-l. de c. des Ardennes; 381 h.

MONTHOLON (Charles Tristan, *comte DE*), général français, né à Paris (1783-1853). Chambellan du palais, il accompagna Napoléon Iᵉʳ à Sainte-Hélène (1815-1821). Il publia des *Mémoires* (1822-1825) et en 1849 des *Récits sur la captivité de Napoléon*.

MONTHUREUX - SUR - SAÔNE (88410), ch.-l. de c. des Vosges; 1156 h.

MONTI (Vincenzo), poète italien néoclassique, né à Alfonsine (1754-1828).

MONTICELLI (Adolphe), peintre français, né à Marseille (1824-1886), auteur de compositions d'une imagination souvent féerique, à la matière triturée et au riche coloris.

MONTIER-EN-DER (52220), ch.-l. de c. de la Haute-Marne; 2311 h. Église remontant à la fin du Xᵉ s.

MONTIERS-SUR-SAULX (55290), ch.-l. de c. de la Meuse; 643 h.

MONTIGNAC (24290), ch.-l. de c. de la Dordogne, sur la Vézère; 3202 h. Grotte de Lascaux*.

MONTIGNY - EN - GOHELLE (62640), comm. du Pas-de-Calais; 9281 h.

MONTIGNY - EN - OSTREVENT (59182), comm. du Nord; 5660 h.

MONTIGNY - LÈS - CORMEILLES (95370), comm. du Val-d'Oise; 8332 h.

MONTIGNY-LÈS-METZ (57158), ch.-l. de c. de la Moselle; 25839 h.

MONTIGNY-LE-TILLEUL, comm. de Belgique (Hainaut); 10100 h.

MONTIGNY-SUR-AUBE (21520), ch.-l. de c. de la Côte-d'Or; 451 h. Restes d'un château de la Renaissance (chapelle).

MONTIVILLIERS (76290), ch.-l. de c. de la Seine-Maritime; 10715 h. Anc. abbatiale des XIᵉ-XIIᵉ et XVᵉ s.

Montjoie!, cri de ralliement des troupes du roi de France, apparu au XIIᵉ s.

MONTJUICH, colline de la banlieue de Barcelone (Espagne). Forteresse.

MONTLHÉRY (91310), ch.-l. de c. de l'Essonne; 4232 h. Ruines d'un château fort (tour). Bataille indécise entre Louis XI et la ligue du Bien public (1465). L'autodrome dit « de Montlhéry » est sur la comm. de Linas.

MONTLIEU-LA-GARDE (17210), ch.-l. de c. de la Charente-Maritime; 1317 h.

MONTLOSIER (François DE REYNAUD, *comte* DE), homme politique et écrivain français, né à Clermont-Ferrand (1755-1838), auteur d'ouvrages historiques et d'écrits contre les jésuites, d'inspiration gallicane.

MONT-LOUIS (66210), ch.-l. de c. des Pyrénées-Orientales; 438 h. Station touristique. Citadelle de Vauban, où est installé un four solaire.

MONTLOUIS-SUR-LOIRE (37270), comm. d'Indre-et-Loire; 5717 h. Vins blancs.

MONTLUC → MONLUC.

MONTLUÇON (03100), ch.-l. d'arr. de l'Allier, sur le Cher; 58824 h. (*Montluçonnais*). Deux églises et château (musée) du Moyen Âge. Pneumatiques. Constructions mécaniques et électriques. Confection.

MONTLUEL (01120), ch.-l. de c. de l'Ain; 4651 h.

MONTMAGNY, v. du Canada (Québec); 12326 h.

MONTMAGNY (95360), comm. du Val-d'Oise; 7400 h.

MONTMAJOUR, écart de la comm. d'Arles. Anc. abbaye fondée au Xᵉ s. (église romane du XIIᵉ s., cloître, donjon du XIVᵉ s., etc.).

MONTMARAULT (03390), ch.-l. de c. de l'Allier; 1366 h.

MONTMARTIN-SUR-MER (50590), ch.-l. de c. de la Manche; 849 h.

MONTMARTRE, anc. comm. de la Seine, annexée à Paris en 1860. La *colline de Montmartre*, ou *butte Montmartre*, porte la basilique du Sacré-Cœur.

MONTMAURIN (31350 Boulogne sur Gesse), comm. de la Haute-Garonne; 191 h. Vestiges d'une villa gallo-romaine. La grotte de la Terrasse a livré en 1949 une mandibule de la glaciation de Mindel. Ce vestige humain, attribué à un archanthropien, serait, avec l'homme de Tautavel, le plus ancien de France.

MONTMÉDY (55600), ch.-l. de c. de la Meuse; 2716 h. Anc. place forte.

MONTMÉLIAN (73800), ch.-l. de c. de la Savoie; 3654 h. Anc. place forte.

MONTMIRAIL (51210), ch.-l. de c. de la Marne; 3434 h. Château reconstruit aux XVIᵉ et XVIIᵉ s., achevé par Louvois. Victoire de Napoléon (1814).

MONTMIRAIL (72570), ch.-l. de c. de la Sarthe; 451 h. Château du XVᵉ s.

MONTMIREY-LE-CHÂTEAU (39290 Moissey), ch.-l. de c. du Jura; 137 h.

MONTMOREAU - SAINT - CYBARD (16190), ch.-l. de c. de la Charente; 1221 h. Château avec chapelle romane. Église romane (XIIᵉ s.).

MONTMORENCY (95160), ch.-l. d'arr. du Val-d'Oise, en bordure de la *forêt de Montmorency*, au nord de Paris; 20297 h. (*Montmorencéens*). Église du XVIᵉ s. (vitraux). Maison qui fut habitée par J.-J. Rousseau (musée).

MONTMORENCY, famille française dont les membres les plus célèbres furent : MATHIEU II, connétable de France (v. 1174-1230), qui prit part à la bataille de Bouvines; — ANNE, né à Chantilly (1493-1567), *duc* **de Montmorency,** maréchal et pair de France (1522), connétable (1537), blessé mortellement à Saint-Denis dans un combat contre les calvinistes. Il fut un des principaux conseillers d'Henri II; — HENRI Iᵉʳ, connétable de France, né à Chantilly (1534-1614); — HENRI III, maréchal de France (1595-1632). Il se révolta avec Gaston d'Orléans contre Richelieu et fut décapité.

MONTMORENCY - BOUTEVILLE (François DE), gentilhomme français (1600-1627), père du maréchal de Luxembourg. Il se battit en duel en plein midi, place Royale, malgré les édits de Richelieu, et fut décapité.

MONTMORILLON (86500), ch.-l. d'arr. de la Vienne, sur la Gartempe; 7421 h. (*Montmorillonnais*). Église Notre-Dame des XIIᵉ-XIVᵉ s. (peintures murales). Anc. couvent des Augustins, avec parties romanes.

MONTMORT-LUCY (51270), ch.-l. de c. de la Marne; 460 h. Château en brique et pierre, à plan massé (1572).

MONTOIR - DE - BRETAGNE (44550), comm. de la Loire-Atlantique; 5369 h. Industries chimiques. Métallurgie. Terminal méthanier.

MONTOIRE-SUR-LE-LOIR (41800), ch.-l. de c. de Loir-et-Cher; 4178 h. Chapelle Saint-Gilles, avec peintures romanes. Entrevue de Pétain avec Hitler (24 oct. 1940).

MONTPARNASSE, quartier du sud de Paris (essentiellement sur le XIVᵉ arr.).

MONTPELLIER [-pa-] (34000), ch.-l. de la Région Languedoc-Roussillon et du dép. de l'Hérault, sur le Lez, à 753 km au sud de Paris; 195603 h. (*Montpelliérains*). Évêché, cour d'appel, université. Bel ensemble urbain des XVIIᵉ-XVIIIᵉ s. (promenade du Peyrou, par Daviler et Giral). Musée des Beaux-Arts, portant le nom de F.-X. Fabre. École militaire d'administration (1948) et École d'application de l'infanterie (1967). Électronique. La ville fut dotée, en 1221, d'une école de médecine de grande renommée. Possession du roi d'Aragon puis du roi de Majorque, elle devint française en 1349.

MONTPELLIER-LE-VIEUX, site du causse Noir (Aveyron). Rochers dolomitiques aux formes étranges.

MONTPENSIER (Catherine Marie DE LORRAINE, *duchesse* DE), fille de François de Guise (1552-1596). Elle prit une part active aux guerres de la Ligue. — ANNE MARIE LOUISE D'ORLÉANS, *duchesse* **de Montpensier,** connue sous le nom de *la Grande Mademoiselle*, née à Paris (1627-1693). Elle prit part aux troubles de la Fronde et, lors de la bataille du faubourg Saint-Antoine, fit tirer le canon de la Bastille sur les troupes royales pour protéger la retraite de Condé (1652). En 1681, elle épousa secrètement Lauzun.

MONTPEZAT-DE-QUERCY (82270), ch.-l. de c. de Tarn-et-Garonne; 1419 h. Église du XIVᵉ s. (œuvres d'art).

MONTPEZAT-SOUS-BAUZON (07560), ch.-l. de c. de l'Ardèche; 792 h.

MONTPON-MÉNESTÉROL (24700), ch.-l. de c. de la Dordogne; 5940 h. — Aux environs, anc. chartreuse de Vauclaire (XIVᵉ s.).

MONTPONT-EN-BRESSE (71470), ch.-l. de c. de Saône-et-Loire; 1106 h.

MONTRACHET [mɔ̃raʃɛ], vignoble renommé de la Côte-d'Or. Vins blancs.

MONTRÉAL [mɔ̃real], v. du Canada (Québec), sur le Saint-Laurent; 1 080 546 h. (*Montréalais*). Archevêché. Universités. Musées. La ville a été fondée en 1642, sous le nom de *Ville-Marie*, près des rapides de Lachine, qui interrompaient la navigation, et en contrebas des hauteurs du mont Royal. Au XIXᵉ s., elle devint le principal centre commercial, puis industriel, du Canada oriental. Auj. elle compte près de 3 millions d'habitants avec les banlieues. Une Exposition internationale s'y est tenue en 1967. Siège des jeux Olympiques de 1976.

MONTRÉAL (11290), ch.-l. de c. de l'Aude; 1 593 h. Église du XIVᵉ s.

MONTRÉAL (32250), ch.-l. de c. du Gers; 1 493 h. Bastide du XIIIᵉ s.

MONTREDON - LABESSONNIÉ [mɔ̃rədɔ̃] (81360), ch.-l. de c. du Tarn; 2 058 h. Restes d'un château fort.

MONTRÉJEAU [mɔ̃reʒo] (31210), ch.-l. de c. de Haute-Garonne; 3 750 h. Marché agricole.

MONTRÉSOR (37460), ch.-l. de c. d'Indre-et-Loire; 465 h. Château reconstruit aux XVᵉ-XVIᵉ s., de même que l'église.

MONTRET (71440), ch.-l. de c. de Saône-et-Loire; 597 h.

MONTREUIL (93100) ou **MONTREUIL-SOUS-BOIS**, ch.-l. de c. de la Seine-Saint-Denis, à l'est de Paris; 96 684 h. (*Montreuillois*). Nombreuses industries.

MONTREUIL ou **MONTREUIL-SUR-MER** (62170), ch.-l. d'arr. du Pas-de-Calais; 3 166 h. Citadelle et enceinte des XIIIᵉ-XVIIᵉ s.

MONTREUIL-BELLAY (49260), ch.-l. de c. de Maine-et-Loire, au-dessus du Thouet; 4 225 h. Fortifications, château et église du Moyen Âge.

MONTREUIL-JUIGNÉ (49460), comm. de Maine-et-Loire; 3 832 h. Métallurgie.

MONTREUX, v. de Suisse (Vaud), sur le lac Léman; 20 421 h. Station hivernale et centre touristique. Une Convention internationale sur le régime juridique international du Bosphore et des Dardanelles y fut signée le 20 juillet 1936.

MONTREVAULT [mɔ̃travo] (49110 St Pierre Montlimart), ch.-l. de c. de Maine-et-Loire; 1 465 h.

MONTREVEL-EN-BRESSE [mɔ̃ravɛl] (01340), ch.-l. de c. de l'Ain; 1 653 h.

MONTRICHARD [mɔ̃triʃar] (41400), ch.-l. de c. de Loir-et-Cher, sur le Cher; 3 857 h. Deux églises en partie du XIIᵉ s. Restes d'un château fort (XIIᵉ-XVᵉ s.).

MONTRIOND [mɔ̃rjɔ̃] (74110 Morzine), comm. de la Haute-Savoie; 563 h. Tourisme.

MONTROND - LES - BAINS [mɔ̃rɔ̃] (42210), comm. de la Loire; 2 779 h. Station thermale.

MONTROSE (James GRAHAM, *marquis* DE), général écossais, né à Montrose (1612-1650), partisan de Charles Iᵉʳ. Il fut exécuté.

MONTROUGE [mɔ̃ruʒ] (92120), ch.-l. de c. des Hauts-de-Seine, au sud de Paris; 40 403 h. (*Montrougiens*).

MONT-ROYAL, v. du Canada (Québec), banlieue résidentielle de Montréal; 20 514 h.

MONTS (37260), comm. d'Indre-et-Loire; 4 480 h. Produits pharmaceutiques.

MONTS (Pierre DU GUA, *sieur* DE), colonisateur français, né en Saintonge (v. 1568 - v. 1630), créateur du premier établissement français en Acadie.

MONT-SAINT-AIGNAN (76130), comm. de la Seine-Maritime; 18 064 h.

MONT-SAINT-MARTIN (54350), ch.-l. de c. de Meurthe-et-Moselle; 11 556 h.

MONT-SAINT-MICHEL (Le) (50116), comm. de la Manche; 114 h. C'est un îlot rocheux au fond de la *baie du Mont-Saint-Michel*, à l'embouchure du Couesnon, et relié à la côte par une digue depuis 1879. Abbaye bénédictine (966), avec église abbatiale, cloître, réfectoire,

V. ill. frontispice

etc., pour l'essentiel des XIᵉ-XVIᵉ s. Grand centre touristique.

MONT-SAINT-VINCENT (71690), ch.-l. de c. de Saône-et-Loire; 338 h.

MONTSALVY (15120), ch.-l. de c. du Cantal; 1 268 h. Église en partie du XIIᵉ s.

MONTSAUCHE (58230), ch.-l. de c. de la Nièvre; 851 h.

MONTSÉGUR (09300 Lavelanet), comm. de l'Ariège; 143 h. Château en ruine, qui fut l'une des dernières forteresses des cathares.

MONTSERRAT, petit massif montagneux de la Catalogne. Monastère bénédictin; pèlerinage de la Vierge noire.

MONTSOREAU (49730), comm. de Maine-et-Loire, sur la Loire; 503 h. Château du XVᵉ s.

MONTS-SUR-GUESNES (86420), ch.-l. de c. de la Vienne; 653 h.

MONTSÛRS (53150), ch.-l. de c. de la Mayenne; 1 959 h.

MONTT (Manuel), homme d'État chilien, né à Petorca (1809-1880), président de la République de 1851 à 1861.

MONTVILLE (76710), anc. **Monville,** comm. de la Seine-Maritime; 4 111 h. Constructions électriques.

MONTYON (Jean-Baptiste Antoine AUGET, *baron* DE), philanthrope français, né à Paris (1733-1820), fondateur de plusieurs prix de vertu et de littérature, décernés chaque année par l'Académie française.

Monuments français (*musée des*), au palais de Chaillot, à Paris. Remontant à 1937 sous sa forme actuelle, il comprend surtout des moulages de sculptures monumentales et des répliques de peintures murales.

MONZA, v. d'Italie (Lombardie); 116 000 h. Cathédrale (XIIᵉ-XVIIIᵉ s.). Autodrome.

MOORE (Thomas), poète irlandais, né à Dublin (1779-1852). Il exprima son attachement à son pays dans les *Mélodies irlandaises* et composa un grand poème oriental, *Lalla-Rookh*.

MOORE (Henry), sculpteur et graveur britannique, né à Castleford (Yorkshire) en 1898. Depuis 1935 environ, son style, biomorphique et monumental, se distingue par le jeu des creux et des vides (*Silhouette au repos*, siège de l'Unesco, Paris).

MOORE (Lillian), danseuse, pédagogue et écrivain de la danse américaine, née à Chase City (Virginie) [1915-1967]. Son œuvre a fait découvrir les premiers danseurs classiques américains (XIXᵉ s.).

MOOREA, île de la Polynésie française, à l'ouest de Tahiti; 5 550 h.

MOORSLEDE, comm. de Belgique (Flandre-Occidentale); 10 600 h.

Moor's Pavane (*The*), « modern dance work » en un acte (1949); chorégraphie José Limón; musique Purcell, arrangements S. Sadoff. Variations sur le thème d'« Othello ».

MOOSE JAW, v. du Canada (Saskatchewan), à l'ouest de Regina; 32 581 h.

MOPTI, v. du Mali, sur le Niger; 34 000 h. Port fluvial.

MORÂDÂBÂD, v. de l'Inde (Uttar Pradesh); 259 000 h. Mosquée du XVIIᵉ s. Métallurgie.

MORAIS (Francisco DE), écrivain portugais, né à Bragance (v. 1500-1572), auteur du roman de chevalerie *Palmerin d'Angleterre.*

MORALES (Luis DE), dit **le Divin,** peintre espagnol, né à Badajoz (v. 1510/1520-1586). Influencé par le maniérisme, il a exécuté de nombreux retables et tableaux de dévotion.

MORAND (Paul), écrivain français, né à Paris (1888-1976), grand voyageur, peintre mondain et sceptique de la vie moderne (*Ouvert la nuit, Venises*). [Acad. fr.]

MORANDI (Giorgio), peintre et aquafortiste italien, né à Bologne (1890-1964). Subtiles et économes, ses œuvres, surtout des natures mortes, sont empreintes d'une rare poésie contemplative.

MORANE (les frères), industriels et aviateurs français. — LÉON (1885-1918) et ROBERT (1886-1968), nés à Paris, fondèrent, vers 1910, avec Saulnier, une des premières firmes de construction aéronautique.

MORANGIS (91420), comm. de l'Essonne; 8 565 h.

MORAT, en allem. **Murten,** v. de Suisse (cant. de Fribourg), sur le *lac de Morat;* 4 256 h. Anc. château fort. Murailles du XVᵉ s. Victoire des Suisses sur Charles le Téméraire (22 juin 1476).

MORATÍN (Nicolás FERNÁNDEZ DE), poète dramatique espagnol, né à Madrid (1737-1780). — Son fils LEANDRO, né à Madrid (1760-1828), dit **Moratín le Jeune,** écrivit des comédies inspirées de Molière (*le Oui des jeunes filles*).

MORAVA (la), nom de plusieurs rivières d'Europe centrale : l'une en Moravie (Tchécoslovaquie), affl. de g. du Danube (378 km); l'autre en Yougoslavie, affl. de dr. du Danube (245 km), formée elle-même par la réunion de la *Morava occidentale* (298 km) et de la *Morava méridionale* (318 km).

MORAVIA (Alberto PINCHERLE, dit **Alberto**), écrivain italien, né à Rome en 1907. Il use des techniques de la philosophie et de la psychologie modernes pour évoquer les problèmes intellectuels et sociaux contemporains (*les Indifférents, la Ciociara, l'Ennui*).

MORAVIE, région de Tchécoslovaquie, à l'est de la Bohème, traversée par la Morava; 26 095 km²; 3 905 000 h. (*Moraves*). V. pr. Brno.

HISTOIRE
— Iᵉʳ s. av. J.-C. : formation du peuple germain des Quades.
— Vᵉ s. apr. J.-C. : installation des Slaves.
— VIᵉ s. : installation des Avars.
— 796 : effondrement de la puissance des Avars, vaincus par les Francs.

Montréal
(Canada)

château cathare de **Montségur**
détruit en 1244

Alberto
Moravia

1423

MORAVIE

— IXᵉ s. : formation de l'empire de la Grande-Moravie par le prince slave Mojmir Iᵉʳ († 846).
— 846-870 : règne de Rostislav, qui christianise le pays et étend sa domination jusqu'à la Vistule et l'Oder.
— 870-894 : règne de Svatopluk. La Grande-Moravie englobe la Moravie, la Slovaquie occidentale, la Pannonie, la Bohême, la Silésie, une partie de la Lusace.
— 908 : effondrement de la Grande-Moravie face aux Magyars.
— 908-1003 : le pays est hongrois.
— 1003-1025 : domination polonaise.
— 1029 : conquête par la Bohême.
— 1173-1197 : domination impériale.
— 1197 : la Moravie, fief du royaume de Bohême, dont elle suivra la destinée.

MORAVSKÁ OSTRAVA → OSTRAVA.

MORAY (golfe de), golfe du nord-est de l'Écosse.

MORAY ou **MURRAY** (Jacques STUART, comte DE), prince écossais (v. 1531-1570), conseiller de sa demi-sœur Marie Stuart, puis régent d'Écosse (1567-1570), fils naturel du roi Jacques V.

MORBIHAN (dép. du) [56], dép. de la Région Bretagne; ch.-l. de dép. Vannes; ch.-l. d'arr. Lorient, Pontivy; 3 arr., 38 cant., 261 comm.; 6 763 km²; 563 588 h. (Morbihannais). Le dép. appartient à l'académie, à la circonscription judiciaire, à la région militaire et à la province ecclésiastique de Rennes. Le littoral est précédé d'îles (Groix, Belle-Île), découpé par des rias ramifiées (rivières d'Étel, d'Hennebont) et ouvert par le golfe du Morbihan. L'intérieur du dép. est formé de collines et de plateaux, accidentés seulement par les landes de Lanvaux. L'agriculture est fondée sur une polyculture à base céréalière, associée à l'élevage (bovins, porcins, volailles). À côté de secteurs évolués (zone maraîchère de Lorient) subsistent dans l'intérieur des régions archaïques, domaines de la lande ou de céréales pauvres (seigle, sarrasin). En dehors du tourisme estival (Quiberon, Carnac, etc.), la pêche (Lorient) anime le littoral et fournit la matière première à des conserveries. La pression démographique et la faible importance de l'industrie expliquent la persistance d'une émigration à peine ralentie par quelques implantations industrielles.

MORBIHAN (golfe du), golfe situé sur la côte du dép. du Morbihan. Nombreuses îles.

MORCENX [-sãs] (40110), ch.-l. de c. des Landes; 6 068 h. Triage ferroviaire.

MORDACQ (Jean Henri), général français, né à Clermont-Ferrand (1868-1943), chef du cabinet militaire de Clemenceau de 1917 à 1920.

MORDELLES (35310), ch.-l. de c. d'Ille-et-Vilaine; 3 872 h.

MORDVES, peuple de l'U.R.S.S., habitant sur la Volga moyenne une république autonome de la R.S.F.S. de Russie (1 030 000 h.; cap. Saransk).

MORE → THOMAS MORE (saint).

MORÉAS (Jean PAPADIAMANTOPOULOS, dit **Jean**), poète français, né à Athènes (1856-1910). D'abord symboliste (Cantilènes, 1886), il fonda l'école romane et revint à un art classique (Stances).

MOREAU le Jeune (Jean-Michel), dessinateur et graveur français, né à Paris (1741-1814). Il a décrit la société élégante de son temps et illustré les œuvres de Jean-Jacques Rousseau, Molière, Voltaire. — Son frère LOUIS GABRIEL, né à Paris (1740-1806), dit **Moreau l'Aîné**, fut un paysagiste.

MOREAU (Jean Victor), général français, né à Morlaix (1763-1813). Il commanda, en 1796, l'armée de Rhin-et-Moselle et, en 1800, l'armée du Rhin, avec laquelle il vainquit les Autrichiens à Hohenlinden. Ses intrigues avec les royalistes, sa rivalité avec Bonaparte amenèrent son arrestation en 1804 puis son exil aux États-Unis. Conseiller militaire du tsar en 1813, il fut mortellement blessé à Dresde dans les rangs de l'armée russe.

MOREAU (Gustave), peintre français, né à Paris (1826-1898). Créateur d'une mythologie brillamment romanesque et symbolique (Jupiter et Sémélé [1896], musée Gustave-Moreau, Paris), il fut le professeur de Matisse, de Marquet, de Rouault.

MOREAU-NÉLATON (Étienne), peintre et historien d'art français, né à Paris (1859-1927). Il a fait don au Louvre de sa collection de peintures du XIXᵉ s., aux auteurs desquelles il avait consacré des monographies.

MORÉE, nom donné au Péloponnèse après la conquête latine (1205).

MORÉE (41160), ch.-l. de c. de Loir-et-Cher; 1 012 h.

MORELIA, v. du Mexique; 209 000 h. Cathédrale des XVIᵉ-XVIIᵉ s.

MORELLET (André), écrivain et philosophe français, né à Lyon (1727-1819), collaborateur de l'Encyclopédie. (Acad. fr.)

MORELLET (François), plasticien français, né à Cholet en 1926, ancien membre du Groupe* de recherche d'art visuel.

MORELOS Y PAVÓN (José María), patriote mexicain, né à Valladolid (auj. Morelia) [1765-1815]. Curé métis, il fit proclamer l'indépendance du pays (1813). Iturbide le fit fusiller.

MORENA (sierra), chaîne de l'Espagne méridionale; 1 323 m.

MORENO (Jacob Levy), psychosociologue américain d'origine roumaine, né à Bucarest (1889-1974), créateur du psychodrame et inventeur de la sociométrie.

MORESNET, petit territoire belge à la frontière de l'Allemagne fédérale.

MORESTEL (38510), ch.-l. de c. de l'Isère; 2 359 h. Donjon du XIVᵉ s.

MORETO Y CABAÑA (Agustín), poète dramatique espagnol, né à Madrid (1618-1669). Continuateur de Calderón, il est l'auteur de comédies (Dédain pour dédain, 1652; le Beau Don Diègue, 1654) et de pièces historiques.

MORET-SUR-LOING (77250), ch.-l. de c. de Seine-et-Marne; 3 147 h. Deux portes fortifiées du XIVᵉ s. Église des XIIIᵉ-XVᵉ s.

MOREUIL (80110), ch.-l. de c. de la Somme; 4 099 h. Bonneterie.

MOREZ [-re] (39400), ch.-l. de c. du Jura, sur la Bienne; 7 167 h. (Moréziens). Lunetterie.

MORGAGNI (Giambattista), anatomiste italien, né à Forlì (1682-1771).

MORGAN (Lewis Henry), anthropologue américain, né près d'Aurora (État de New York) [1818-1881]. Auteur d'une conception évolutionniste de l'anthropologie sociale, il s'intéressa particulièrement aux systèmes de parenté et écrivit Ancient Society (1877).

MORGAN, famille de financiers américains. — JOHN PIERPONT, né à Hartford (Connecticut) [1837-1913], créa un gigantesque trust de la métallurgie. — Son fils JOHN PIERPONT, né à Irvington (1867-1943), soutint pendant la Pre-

Gustave **Moreau** : Jupiter et Sémélé (détail)

MORBIHAN

mière Guerre mondiale l'effort financier des Alliés. En 1924, il légua à la ville de New York la bibliothèque-musée de son père (Pierpont Morgan Library). — Sa fille ANNE TRACY, née à New York (1873-1952), consacra sa fortune à des œuvres au profit des combattants français des deux guerres mondiales.

MORGAN (Thomas Hunt), biologiste américain, né à Lexington (Kentucky) [1866-1945], auteur de recherches sur les caractères héréditaires. (Prix Nobel, 1933.)

MORGARTEN, montagne de Suisse, près du lac d'Ægeri (cant. de Zoug). Le 15 novembre 1315, les Suisses confédérés y remportèrent sur Léopold d'Autriche une victoire qui assura leur indépendance.

MORGAT, station balnéaire du Finistère (comm. de Crozon). Pêche.

MORGE (la), riv. de l'Aube, sous-affl. de la Seine par la Barse ; 15 km. Son bassin est utilisé pour former un réservoir recueillant les crues de la Seine (réservoir « Seine »).

MORGENSTERN (Oskar), économiste américain d'origine autrichienne, né à Görlitz (1902-1977), auteur, avec Neumann, d'une théorie mathématique du comportement économique.

MORGES, v. de Suisse (Vaud) ; 11 931 h. Station touristique, sur le lac Léman. Château des XIIIᵉ et XVIᵉ s. (musée d'armes).

MORHANGE (57340), comm. de la Moselle ; 5 756 h. Matières plastiques. Bataille en août 1914.

MÓRICZ (Zsigmond), écrivain hongrois, né à Tiszacsécse (1879-1942), romancier et dramaturge réaliste (Fange et or, le Sanglier), peintre de la vie paysanne et provinciale.

MORIENVAL (60127), comm. de l'Oise ; 742 h. Église du début du XIIᵉ s.

MORIGUCHI, v. du Japon (Honshū) ; 179 000 h.

MÖRIKE (Eduard), écrivain allemand, né à Ludwigsburg (1804-1875), auteur de poèmes et de romans d'inspiration populaire et romantique (le Peintre Nolten).

MORIN (Grand [112 km] et Petit [90 km]), riv. du Bassin parisien, affl. de la Marne (r. g.). Combats pendant la bataille de la Marne (1914).

MORIN (Paul), écrivain canadien d'expression française, né à Montréal (1889-1963), poète d'inspiration symboliste (Poèmes de cendre et d'or).

MORINS, peuple celtique établi dans le Boulonnais et soumis difficilement par César.

MORI ŌGAI (MORI RINTARO, dit), écrivain japonais, né à Tsuwano (1862-1922). Son œuvre romanesque (l'Oie sauvage, 1911) est une réaction contre l'école naturaliste.

MORIOKA, v. du Japon (Honshū) ; 217 000 h.

MORISHIMA MICHIO, économiste japonais, né à Ōsaka en 1923. On lui doit, notamment, des travaux relatifs à l'équilibre général.

MORISOT (Berthe), peintre français, née à Bourges (1841-1895). Belle-sœur de Manet, elle prit une part importante au mouvement impressionniste.

MORITZ (Karl Philipp), écrivain allemand, né à Hameln (1756-1793), dont les essais critiques influencèrent le Sturm* und Drang.

MORLAÀS [-lɑs] (64160), ch.-l. de c. des Pyrénées-Atlantiques ; 2 035 h. (Morlans). Église romane.

MORLAIX [-lɛ] (29210), ch.-l. d'arr. du Finistère, sur la rivière de Morlaix ; 20 532 h. (Morlaisiens). Églises médiévales (dont une transformée en musée). Vieilles maisons. Viaduc. Cigares.

MORLANWELZ, comm. de Belgique (Hainaut) ; 18 500 h. Dans le parc de Mariemont, musée royal du même nom, reconstruit en 1975.

MORMANT (77720), ch.-l. de c. de Seine-et-Marne ; 2 860 h.

MORMOIRON (84570), ch.-l. de c. de Vaucluse ; 1 018 h.

MORNANT (69440), ch.-l. de c. du Rhône ; 2 860 h.

MORNAY (Philippe DE), dit Duplessis-Mornay, né à Buhy (1549-1623). Chef calviniste, conseiller de Coligny, puis d'Henri IV, il fonda à Saumur la première académie protestante (1599).

MORNE-À-L'EAU (97111), ch.-l. de c. de la Guadeloupe ; 15 034 h.

MORNE-ROUGE (Le) [97260], ch.-l. de c. de la Martinique ; 5 412 h.

MORNE-VERT (Le) [97226], ch.-l. de c. de la Martinique ; 1 692 h.

MORNY (Charles, duc DE), homme politique français, né à Paris (1811-1865). Fils naturel de la reine Hortense et du comte de Flahaut, et donc frère utérin de Napoléon III, il fut, comme ministre de l'Intérieur, le principal instrument du coup d'État du 2 décembre 1851. Président du Corps législatif (1854-1865), il orienta Napoléon III vers la libéralisation du régime.

MORO (Antoon MOR VAN DASHORST, dit **Antonio**), peintre néerlandais, né à Utrecht (v. 1519-1576). Portraitiste de cour en Espagne, au Portugal, à Londres, à Bruxelles, il a subi l'influence de l'école vénitienne.

MORO (Aldo), homme d'État italien, né à Maglie (1916-1978). Leader de la démocratie chrétienne, il présida deux fois le gouvernement (1963-1968, 1974-1976) et fut deux fois ministre des Affaires étrangères (1969-70, 1973-74). Il fut enlevé et exécuté par des terroristes.

MORÓN, banlieue de Buenos Aires ; 486 000 h.

MORONI, cap. des Comores, sur l'île de Ngazidja (anc. Grande Comore) ; 12 000 h.

MORONI (Giambattista), peintre italien, né à Albino, près de Bergame (v. 1525-1578), auteur de portraits d'un accent réaliste et intime.

MORONOBU, peintre et graveur japonais, né à Hota (prov. d'Awa) [v. 1618- v. 1694], l'un des créateurs de l'estampe japonaise.

MOROSAGLIA (20218 Ponte Leccia), ch.-l. du canton de Castifao-Morosaglia (Haute-Corse) ; 1 015 h. Musée Pascal-Paoli.

MOROSINI (Francesco), noble vénitien (1619-1694), célèbre par sa défense de Candie contre les Turcs (1667-1669), doge en 1688.

MORPHÉE. Myth. gr. Dieu des Songes, fils de la Nuit et du Sommeil.

MORRICE (James Wilson), peintre canadien, né à Montréal (1864-1924), proche de Whistler, des nabis, puis de Marquet et de Matisse.

MORRIS (William), peintre et écrivain d'art anglais, né à Walthamstow (1834-1896). Il participa à la renaissance des arts décoratifs.

MORRIS (Robert), artiste américain, né à Kansas City en 1931. Pionnier de l'art minimal puis d'un art pauvre et « antiforme », il est amené dans les années 70 à privilégier le processus et les rapports constitutifs de l'œuvre et de sa perception.

MORSANG-SUR-ORGE (91390), ch.-l. de c. de l'Essonne ; 20 160 h.

MORSE (Samuel), inventeur américain, né à Charlestown (1791-1872). On lui doit l'invention du télégraphe électrique conçu en 1832 et breveté en 1840.

MORT (Vallée de la), en angl. **Death Valley**, profonde dépression aride de la Californie méridionale (États-Unis).

Mort de Pompée (la), tragédie de P. Corneille (1643).

Mort de Virgile (la), roman de H. Broch (1945) : le monologue intérieur d'un artiste mourant qui s'interroge sur les exigences opposées de la vie et de la création.

MORTAGNE-AU-PERCHE (61400), ch.-l. d'arr. de l'Orne ; 4 700 h. (Mortagnais). Église de style gothique flamboyant.

MORTAGNE-SUR-SÈVRE (85290), ch.-l. de c. de la Vendée ; 4 703 h.

MORTAIN (50140), ch.-l. de c. de la Manche ; 3 125 h. Monuments religieux du Moyen Âge. Violents combats en août 1944.

MORTE (mer), lac de Palestine, entre Israël et la Jordanie, où débouche le Jourdain ; 85 km de long et 17 de large ; à 390 m environ au-dessous du niveau de la mer. Salure très forte.

Morte (manuscrits de la mer), manuscrits anciens, écrits en hébreu et en araméen, découverts entre 1946 et 1956 dans des grottes sur les rives de la mer Morte, près du site de Qumrân.

Moscou : vue de l'église Basile-le-Bienheureux, sur la place Rouge

Ces documents, dont la rédaction s'échelonne entre le IIᵉ s. av. J.-C. et le Iᵉʳ s. de notre ère, appartenaient à une secte religieuse juive vivant à Qumrân et en laquelle la majorité des historiens reconnaît les esséniens. Ils sont d'une grande importance pour l'histoire du judaïsme et des origines chrétiennes.

MORTEAU (25500), ch.-l. de c. du Doubs, sur le Doubs ; 6 971 h. (Mortuaciens). Horlogerie. Saucisses.

MORTEAUX-COULIBŒUF (14620), ch.-l. de c. du Calvados ; 542 h.

MORTEFONTAINE (60520 La Chapelle en Serval), comm. de l'Oise ; 755 h. Parc de Vallière, tracé au XVIIIᵉ s.

MORTEMART, branche de la maison de Rochechouart, à laquelle appartenait Mᵐᵉ de Montespan.

MORT-HOMME (le), hauteurs (295 et 265 m) sur la rive gauche de la Meuse, au nord de Verdun. Violents combats en 1916 et 1917.

MORTIER (Adolphe), duc de Trévise, maréchal de France, né au Cateau-Cambrésis (1768-1835). Il servit en Espagne (1809-1811), commanda la Jeune Garde en Russie (1812) et défendit Paris (1814). Ministre de la Guerre (1834), il périt dans l'attentat de Fieschi.

MORTILLET (Gabriel DE), préhistorien français, né à Meylan (Isère) [1821-1898]. Il établit le premier système de référence chronologique de la préhistoire française.

MORTIMER de Wigmore, importante famille galloise, dont le principal représentant fut ROGER, comte de La Marche (1287-1330), qui participa, contre le roi Édouard II, à une révolte nobiliaire (1321). Amant de la reine, il prit la tête de l'insurrection qui aboutit à l'abdication et au meurtre du roi (1327). Maître de l'Angleterre, il fut exécuté sous Édouard III.

MORTON (James DOUGLAS, comte DE), né à Dalkeith (v. 1525-1581). Régent d'Écosse en 1572, il fut décapité à la suite d'un procès, malgré la protection d'Élisabeth Iʳᵉ.

MORTRÉE (61500 Sées), ch.-l. de c. de l'Orne ; 1 045 h. Château d'O, des XVᵉ, XVIᵉ et XVIIᵉ s.

MORTSEL, comm. de Belgique (prov. d'Anvers) ; 27 500 h. Produits photographiques.

MORUS → THOMAS MORE (saint).

MORVAN, massif montagneux formant l'extrémité nord-est du Massif central ; 901 m. (Hab. Morvandiaux.) Grandes forêts. Parc naturel régional.

MORZINE (74110), comm. de la Haute-Savoie ; 2 650 h. Station de sports d'hiver (alt. 1 008-2 274 m).

MOSCOU, en russe **Moskva**, cap. de l'U.R.S.S. et de la R.S.F.S. de Russie, dans la plaine russe, sur la Moskova ; 7 819 000 h. (Moscovites). Au centre, le Kremlin forme un ensemble de bâtiments administratifs et de monuments historiques (cathédrale, églises, palais). Citons aussi les églises Basile-le-Bienheureux (XVIᵉ s.), de la Vierge-de-Géorgie et Saint-Nicolas-des-Tisserands (XVIIᵉ s.). Un nouvel essor architectural se situe dans la seconde moitié du XVIIIᵉ s. et, plus encore, après 1812. Moscou est un centre culturel (université Lomonossov; galerie Tretiakov [art russe], musée Pouchkine [beaux-arts], etc.), une grande ville industrielle (métallurgie de transformation, puis textile) et un port fluvial important. — Centre de la principauté de Moscovie à partir de 1263, abandonnée comme capitale au profit de Saint-Pétersbourg en 1712, la ville fut incendiée lors de l'entrée des Français en 1812. Elle devint, en 1918, siège du gouvernement soviétique et, en 1922, capitale de l'U.R.S.S. En 1941, les Allemands tentèrent vainement de s'en emparer.

MOSCOVIE, région historique de la Russie. Née en 1263, la principauté de Moscou, ou Moscovie, fut le berceau de l'État russe. Celui-ci atteignit sa maturité quand le grand-prince de Moscou Ivan IV le Terrible se proclama tsar de Russie en 1547.

MOSELEY (Henry Gwyn-Jeffreys), physicien anglais, né à Weymouth (1887-1915). En 1913, il établit une relation entre le spectre de rayons X d'un élément et son nombre atomique.

MOSELLE (la), riv. de l'Europe occidentale; 550 km. Née dans les Vosges, elle coule vers le nord, passant à Épinal et à Metz, avant de former la frontière entre l'Allemagne fédérale et le Luxembourg. En aval de Trèves, elle s'encaisse dans le Massif schisteux rhénan et rejoint le Rhin (r. g.) à Coblence. Aménagée jusqu'à Neuves-Maisons en amont, la Moselle facilite la liaison entre Lorraine industrielle et pays rhénans.

MOSELLE (dép. de la) [57], dép. de la Région Lorraine, ch.-l. de dép. Metz; ch.-l. d'arr. Boulay-Moselle, Château-Salins, Forbach, Sarrebourg, Sarreguemines, Thionville; 9 arr. (Metz et Thionville sont le ch.-l. de deux arr.), 43 cant., 715 comm.; 6214 km²; 1006373 h. (Mosellans). Le dép. appartient à l'académie de Nancy-Metz, à la circonscription judiciaire et à la région militaire de Metz. La majeure partie du dép. s'étend sur le Plateau lorrain, souvent gréseux, où l'élevage se substitue aux céréales. Mais les secteurs vitaux sont les extrémités méridionale (Saulnois), septentrionale (région de Petite-Rosselle et de Saint-Avold), occidentale (au-delà de la Moselle), qui recèlent respectivement d'importants gisements de sel gemme (ayant donné naissance à l'industrie chimique à Château-Salins, à Dieuze, etc.), de charbon (brûlé à Carling et à Grosbliederstroff, cokéfié à Carling et à Marienau, et alimentant des industries chimiques) et de fer surtout (sidérurgie et métallurgie lourde dans les vallées de la Fensch, de l'Orne et de la Moselle). L'extraction de la houille et surtout la sidérurgie ont connu toutefois un déclin, pallié en partie par le développement de la métallurgie de transformation.

MOSKOVA (la), riv. de l'U.R.S.S., qui passe à Moscou (à laquelle elle a donné son nom), affl. de l'Oka (r. dr.); 508 km. Victoire des Français sur les Russes en 1812.

MOSQUITOS, Indiens dont la langue appartient au groupe macro-chibcha et qui vivent au Nicaragua et au Honduras, sur la côte de la mer des Antilles.

MOSSADEGH (Muḥammad HIDĀYĀT, dit), homme d'État iranien, né à Téhéran (1881-1967). Premier ministre (1951), il s'opposa au châh, qui le fit arrêter (1953) malgré sa popularité.

MÖSSBAUER (Rudolf), physicien allemand, né à Munich en 1929. Il a découvert un effet de résonance nucléaire. (Prix Nobel, 1961.)

MOSSIS, ethnie de Haute-Volta. Ils fondèrent aux XIIIe et XIVe s. d'importants royaumes, dont ceux de Ouagadougou et de Yatenga.

MOSSOUL ou **MOSUL**, v. de l'Iraq (Kurdistān), sur le Tigre; 388200 h. Pétrole.

MOST, v. de Tchécoslovaquie (Bohême); 55000 h. Lignite.

MOSTAGANEM, port d'Algérie, ch.-l. de wilaya, sur la Méditerranée; 63300 h.

MOSTAR, v. de Yougoslavie (Herzégovine); 48000 h. Anciennes mosquées.

MOTALA, v. de Suède, sur le lac Vättern; 49000 h. Station de radiodiffusion.

MOTHE-ACHARD (La) [85150], ch.-l. de c. de la Vendée; 1484 h.

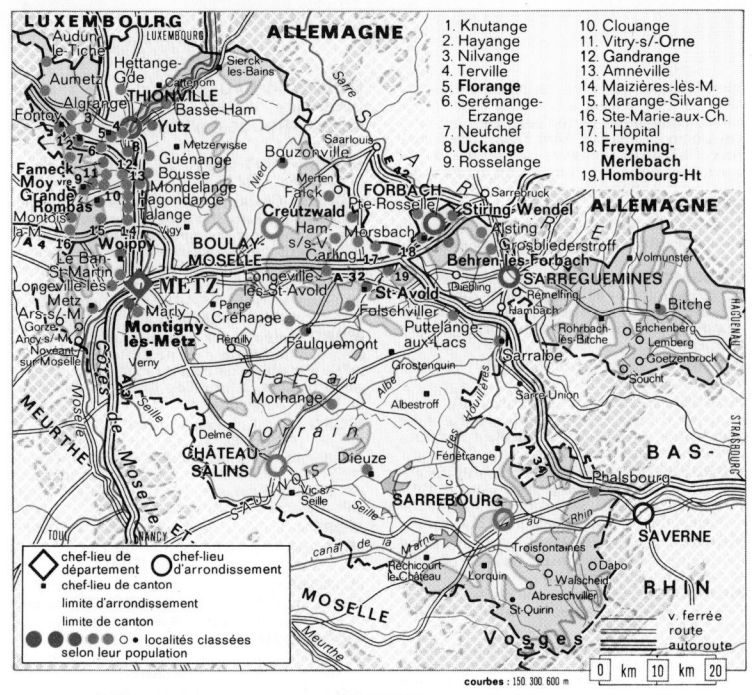

1. Knutange
2. Hayange
3. Nilvange
4. Terville
5. **Florange**
6. Serémange-Erzange
7. Neufchef
8. **Uckange**
9. Rosselange
10. Clouange
11. Vitry-s/-Orne
12. Gandrange
13. Amnéville
14. Maizières-lès-M.
15. Marange-Silvange
16. Ste-Marie-aux-Ch.
17. L'Hôpital
18. Freyming-Merlebach
19. Hombourg-Ht

◇ chef-lieu de département   ○ chef-lieu d'arrondissement
• chef-lieu de canton
—— limite d'arrondissement
—— limite de canton
●●●● localités classées selon leur population

courbes : 150, 300, 600 m

0 km 10 km 20

MOSELLE

Keystone

Jean **Moulin**

MOTHERWELL, v. d'Écosse; 74000 h.

MOTHE-SAINT-HÉRAY (La) [79800], ch.-l. de c. des Deux-Sèvres; 1939 h. Restes d'un château de style Louis XIII.

MOTTE (La) [04250], ch.-l. de c. des Alpes-de-Haute-Provence; 509 h.

MOTTE-CHALANCON (La) [26470], ch.-l. de c. de la Drôme; 425 h.

MOTTE-SERVOLEX (La) [73290], ch.-l. de c. de la Savoie; 5798 h.

MOTTEVILLE (Françoise BERTAUT DE), femme de lettres française, née à Paris (v. 1621-1689), auteur de *Mémoires* sur Anne d'Autriche.

MOUBARAK (Hosni), homme d'État égyptien, né à Ménouf (province de Ménoufîèh) en 1928. Vice-président de la République, il est élu à la tête de l'État égyptien après l'assassinat de Sadate (1981).

MOUCHET (mont), sommet de la partie nord de la Margeride (Haute-Loire); 1465 m. Combat entre les Forces françaises de l'intérieur et les Allemands (juin 1944).

MOUCHEZ (Ernest), astronome et marin français, né à Madrid (1821-1892). Il fut à l'origine de la carte photographique du ciel (1887).

MOUCHOTTE (René), officier aviateur français, né à Saint-Mandé (1914-1943), commandant un groupe de chasse dans la Royal Air Force. Ses *Carnets* ont été publiés en 1949-50.

Mouette (la), pièce de Tchekhov (1896) : trois êtres se brisent dans la conquête d'un idéal qui dépasse leur volonté et leurs forces.

MOUGINS (06250), comm. des Alpes-Maritimes, au nord de Cannes; 8492 h.

MOUILLARD (Louis), inventeur français, né à Lyon (1834-1897). Un des précurseurs de l'aviation, il construisit plusieurs planeurs.

MOUILLERON-EN-PAREDS [-rɛ] (85390), comm. de la Vendée; 1231 h. Patrie de Clemenceau et du maréchal de Lattre de Tassigny.

MOUKDEN → CHEN-YANG.

MOULAY → MŪLĀY.

MOULE (Le) [97160], ch.-l. de c. de la Guadeloupe, sur la côte est de la Grande-Terre; 16733 h.

MOULIN (Jean), patriote français, né à Béziers (1899-1943). Préfet d'Eure-et-Loir (1940), il s'oppose aux Allemands. Ayant gagné Londres, il devient, en 1943, le premier président du Conseil national de la Résistance. Revenu en France, trahi, il est arrêté par la Gestapo (juin 1943). Torturé, il meurt au cours de son transfert en Allemagne. Il a été inhumé au Panthéon en 1965.

Moulin de la Galette (le), toile de Renoir évoquant la danse en plein air dans une guinguette de Montmartre (1876, Louvre, salle du Jeu de paume).

Moulin-Rouge (le), anc. bal et cabaret de Paris, dont les œuvres de Toulouse-Lautrec perpétuent le souvenir (*Moulin-Rouge/La Goulue*, affiche de 1891; *Au Moulin-Rouge*, toile de 1892, musée de Chicago).

MOULINS (03000), ch.-l. du dép. de l'Allier, dans le Bourbonnais, sur l'Allier, à 292 km au sud de Paris; 26906 h. (Moulinois). Cathédrale (XVe et XIXe s.) et autres monuments. Constructions mécaniques et électriques. Chaussures.

MOULINS (le Maître de) [peut-être Jean HEY], peintre actif en Bourbonnais à la fin du XVe s., auteur du célèbre triptyque du *Couronnement de la Vierge* de la cathédrale de Moulins.

MOULINS-ENGILBERT (58290), ch.-l. de c. de la Nièvre; 1832 h. Église romane de Commagny.

MOULINS-LA-MARCHE (61380), ch.-l. de c. de l'Orne; 845 h.

MOULINS-LÈS-METZ (57160), comm. de la Moselle; 5708 h.

MOULMEIN, port de Birmanie, sur la Salouen; 336000 h.

MOULOUYA (la), fl. du Maroc oriental, tributaire de la Méditerranée; 450 km.

MOUNANA, site du Gabon. Uranium.

MOUNET-SULLY (Jean Sully MOUNET, dit), acteur français, né à Bergerac (1841-1916). Il interpréta à la Comédie-Française les grands rôles du répertoire tragique. — Son frère PAUL Mounet, né à Bergerac (1847-1922), fut également acteur.

MOUNIER (Jean-Joseph), homme politique français, né à Grenoble (1758-1806). Il provoqua la réunion à Vizille des états du Dauphiné (1788), prélude à la Révolution. Député du tiers aux États généraux, il proposa le serment du Jeu de paume (20 juin 1789) et fut un des créateurs du groupe des *monarchiens*.

MOUNIER (Emmanuel), philosophe français, né à Grenoble (1905-1950), l'un des représentants du personnalisme, fondateur de la revue *Esprit*.

MOUNTBATTEN OF BURMA (Louis, 1er *comte*), amiral britannique, né à Windsor (1900-1979). Commandant à Ceylan les forces alliées du Sud-Est asiatique (1943), il conquit la Birmanie et reçut la capitulation des Japonais à Saigon en 1945. Dernier vice-roi des Indes en 1947, chef de l'état-major naval en 1955, il fut le premier chef d'état-major de la défense (1959-1965).

MOUNT VERNON, lieu-dit des États-Unis (Virginie), sur le Potomac. Anc. domaine et tombeau de Washington.

MOUNYCHIA ou **MOUNIKHIA,** en fr. **Muny-chie,** une des baies du Pirée, dont les Athéniens firent un port militaire.

MOURAD → MURAD.

MOURENX [murɛ̃s] (64150), comm. des Pyrénées-Atlantiques; 9469 h. Ville créée près du gisement de gaz naturel de Lacq.

MOURET (Jean Joseph), compositeur français, né à Avignon (1682-1738), musicien de la duchesse du Maine à Sceaux, auteur de symphonies, opéras, ballets, concerts, motets.

MOURÈZE (34800 Clermont l Hérault), comm. de l'Hérault; 79 h. Rochers ruiniformes pittoresques (*cirque de Mourèze*).

MOURMANSK, port de l'U.R.S.S. (R.S.F.S. de Russie), sur la mer de Barents; 374000 h. Pêche.

MOURMELON-LE-GRAND (51400), comm. de la Marne; 6148 h. Camp militaire.

MOURZOUK, oasis de Libye, dans le Fezzan.

MOURTIS (le) → BOUTX.

MOUSCRON, comm. de Belgique (Hainaut); 54700 h. Textile.

MOUSSEY (57770), comm. de la Moselle; 999 h. Chaussures.

MOUSSORGSKI (Modest Petrovitch), compositeur russe, né à Karevo (1839-1881), auteur des opéras *Boris Godounov* (1868-1872) et *Khovanchtchina* (1872-1880), de mélodies d'un puissant réalisme et de pièces pour piano (*Tableaux d'une exposition*, 1874).

MOUSTIER (le), écart de la comm. de *Peyzac-le-Moustier* (Dordogne), sur la Vézère (r. dr.). Site préhistorique, éponyme du faciès moustérien (paléolithique moyen).

MOUSTIERS-SAINTE-MARIE (04360), ch.-l. de c. des Alpes-de-Haute-Provence; 602 h. Église romane et gothique. Station touristique. Faïences (l'industrie en fut très importante au XVIIIe s.).

MOU-TAN-KIANG ou **MUDANJIANG,** v. de Chine (Hei-long-kiang); 151400 h.

MOUTHE (25240), ch.-l. de c. du Doubs; 904 h. Sports d'hiver.

MOUTHE (la), grotte proche des Eyzies-de-Tayac (Dordogne). Gravures préhistoriques.

MOUTHOUMET (11330), ch.-l. de c. de l'Aude; 71 h.

MOUTIER, en allem. **Münster,** v. de Suisse (Berne); 8794 h. Chapelle romane.

MOÛTIERS (73600), ch.-l. de c. de la Savoie, en Tarentaise, sur l'Isère; 4868 h. Électrométallurgie.

MOUTIERS-LES-MAUXFAITS (85540), ch.-l. de c. de la Vendée; 1263 h.

MOUTON (Georges), *comte* **de Lobau,** maréchal français, né à Phalsbourg (1770-1838). Aide de camp de Napoléon (1805), il s'illustra à Friedland (1807) et dans l'île Lobau (1809). Com-

mandant la garde nationale de Paris (1830), il fut fait maréchal par Louis-Philippe.

MOUTON-DUVERNET (Régis Barthélemy), général français, né au Puy (1769-1816). Rallié à Louis XVIII en 1814, il se joignit à Napoléon durant les Cent-Jours et fut fusillé.

MOUVAUX (59420), comm. du Nord; 10724 h.

Mouvement républicain populaire ou **M. R. P.,** parti politique français créé en 1944 et qui regroupa les démocrates-chrétiens. Après avoir connu, vers 1945, un grand succès électoral au point de devenir le premier parti français, le M.R.P. fut abandonné par une partie de ses électeurs lors de la formation du R.P.F. (1947). Au cours de la IVe République, il participa à la plupart des gouvernements; en 1958, il donna son appui au général de Gaulle. Il s'effaça, à partir de 1967, devant le Centre démocrate.

Moussorgski
par I. I. Repine

Mozart
par J. Lange

Musée Mozart, Salzbourg

MOZAMBIQUE

MOUY (60250), ch.-l. de c. de l'Oise; 4581 h. Constructions électriques.

MOUZON (08210), ch.-l. de c. des Ardennes, sur la Meuse; 3240 h. (*Mouzonnais*). Église du XIIIe s. Revêtements de sol.

MOY-DE-L'AISNE (02610), ch.-l. de c. de l'Aisne; 1126 h. Textile.

MOYEN-CONGO, anc. territoire de l'A.-É.F. → CONGO (*république populaire du*).

Moyen Empire, appelé aussi **premier Empire thébain,** deuxième période de prospérité de l'Égypte pharaonique (2052-1770 av. J.-C.).

MOYENNEVILLE (80870), ch.-l. de c. de la Somme; 603 h.

MOYEN-ORIENT, ensemble formé par l'Égypte et par les États d'Asie occidentale. L'expression englobe parfois encore l'Afghanistān, le Pākistān et l'Inde, la Libye et le Soudan. Elle recouvre partiellement l'ensemble désigné sous le nom de *Proche**-*Orient*.

MOYEUVRE-GRANDE (57250), ch.-l. de c. de la Moselle; 12523 h. Mines de fer. Métallurgie.

MOYNIER (Gustave), juriste et philanthrope suisse, né à Genève (1826-1910), l'un des fondateurs de la Croix-Rouge (1863).

MOZAMBIQUE, État de la côte est de l'Afrique; 785000 km²; 10.470000 h. Cap. *Maputo*. Le pays, formé essentiellement d'une vaste plaine côtière, s'élevant vers l'intérieur, fournit de la canne à sucre et surtout du coton. L'industrialisation est encore faible (malgré l'aménagement hydroélectrique de Cabora Bassa), et la balance commerciale demeure largement déficitaire.

HISTOIRE
— 1490 : arrivée des Portugais dans ce pays, peuplé de Bantous.
— 1544 : fondation par Lourenço Marques de la ville qui porte son nom.
— 1893 : fixation des frontières d'une colonie portugaise convoitée par les Anglais et les Allemands.
— 1964 : début de la guérilla contre les Portugais dirigée par le Frente de libertação de Moçambique (Frelimo).
— 1974 (7 sept.) : accord qui prélude à l'indépendance.
— 1975 (25 juin) : l'indépendance est effective;

le président du Frelimo, Samora Moïse Machel, devient président de la République populaire.

MOZAMBIQUE (canal de), bras de mer de l'océan Indien, entre l'Afrique (*Mozambique*) et Madagascar.

MOZART (Wolfgang Amadeus), compositeur autrichien, né à Salzbourg (1756-1791). Un des plus grands maîtres de l'art lyrique, il est l'auteur de l'*Enlèvement au sérail* (1782), des *Noces de Figaro* (1786), de *Don Giovanni* (1787), de *Così fan tutte* (1790), de la *Flûte enchantée* (1791). On lui doit en outre d'admirables symphonies, des sonates et concertos pour piano, des œuvres de musique religieuse et de musique de chambre, et un magnifique *Requiem* (1791). Maître de la mélodie, il recherche la pureté, l'élégance, et sait atteindre la grandeur à travers la simplicité et la grâce.

M. R. P. → MOUVEMENT RÉPUBLICAIN POPULAIRE.

MUʿÂWIYYA Ier, né à La Mecque (v. 603-680), calife (661-680), fondateur de la dynastie des califes omeyyades de Damas. — MUʿÂWIYYA II (m. en 684), calife de 683 à 684.

MUCHA (Alfons), peintre et dessinateur tchèque, né à Ivancice (1860-1939). Établi à Paris de 1887 à 1904, il fut un des promoteurs du *modern style*.

MUCIUS SCAEVOLA (Caius), héros légendaire romain (fin du VIe s. av. J.-C.). Il pénétra dans le camp des Étrusques, pour tuer le roi Porsenna. S'étant trompé de victime, il mit sa main sur un brasier pour la punir de son erreur.

MUDANJIANG → MOU-TAN-KIANG.

MUFULIRA, v. de Zambie; 136000 h. Cuivre.

MUGABE (Robert Gabriel), homme politique du Zimbabwe, né à la mission de Kutama en 1924. Premier ministre du Zimbabwe depuis l'indépendance du pays (1980).

MUGELLO (le), région de la Toscane.

MUGRON (40250), ch.-l. de c. des Landes; 1470 h.

MUHAMMAD V IBN YÛSUF, né à Fès (1909-1961). Sultan du Maroc en 1927, déposé par les Français en 1952, exilé jusqu'en 1955, il fut alors rétabli dans ses droits. Ayant signé la convention instaurant l'indépendance du Maroc (1956), il fut proclamé roi (1957).

MUHAMMAD AL-ṢADŪQ

MUHAMMAD AL-ṢADŪQ, bey de Tunis, né à Tunis (1812-1882). Il signa le traité du Bardo, instituant le protectorat français en Tunisie (1881).

MÜHLBERG AN DER ELBE, v. de l'Allemagne démocratique, sur l'Elbe ; 4 000 h. Victoire de Charles Quint sur les protestants de la ligue de Smalkade (24 avr. 1547).

MUKALLÂ, port du Yémen démocratique, sur le golfe d'Aden ; 50 000 h.

MULATIÈRE (La) [69350], comm. du Rhône ; 8 033 h.

MÛLÁY ou **MOULAY** (mot ar. signif. *mon seigneur*), titre porté par les sultans du Maroc de la dynastie chérifienne.

MULHACÉN, point culminant de l'Espagne (Andalousie), dans la sierra Nevada ; 3 478 m.

MÜLHEIM AN DER RUHR, v. de l'Allemagne fédérale, dans la Ruhr ; 193 000 h. Métallurgie.

MULHOUSE, ch.-l. d'arr. du Haut-Rhin, sur l'Ill ; 199 326 h. *(Mulhousiens).* [L'agglomération compte environ 220 000 h.] Hôtel de ville du XVIe s. Industries mécaniques et textiles. — À proximité, important gisement de potasse.

MÜLLER (Johannes VON), historien suisse, né à Schaffhouse (1752-1809), auteur d'une *Histoire de la Confédération suisse.*

MULLER (Hermann Joseph), biologiste américain, né à New York (1890-1967). Ses recherches sur la génétique lui valurent le prix Nobel en 1946.

MÜLLER (Paul Hermann), biochimiste suisse, né à Olten (1899-1965), inventeur du D. D. T. (Prix Nobel, 1948.)

MULLIKEN (Robert Sanderson), chimiste américain, né à Newburyport en 1896. Il a défini les orbitales atomiques et l'hybridation. (Prix Nobel, 1966.)

MULTĀN, v. du Pākistān ; 358 000 h.

MULTIEN (le), région entre la Marne et l'Ourcq.

MUMMIUS (Lucius), consul romain en 146 av. J.-C. Il mit fin à l'indépendance de la Grèce (bataille de Leucopetra, 146 av. J.-C.).

MUN (Albert, *comte* DE), homme politique français, né à Lumigny (1841-1914). Officier, il se consacra, après la Commune de Paris, à l'action sociale. Fondateur des Cercles catholiques d'ouvriers (1871), il se fit, à la Chambre, à partir de 1876, le défenseur d'une législation sociale avancée. (Acad. fr.)

MUNCH (Edvard), peintre et graveur norvégien, né à Löten (1863-1944). Il a contribué à la formation de l'expressionnisme ; ses thèmes de prédilection ont été l'angoisse, la difficulté de vivre (*le Cri*, 1893, Oslo).

MUNCH (Charles), chef d'orchestre français, né à Strasbourg (1891-1968). Il a dirigé les orchestres de la Société des concerts du Conservatoire, puis ceux de Boston et de Paris.

MÜNCHENSTEIN, v. de Suisse (Bâle) ; 11 777 h.

MÜNCHHAUSEN (Karl Hieronymus, *baron* VON), officier allemand, né à Gut Bodenwerder (Hanovre) [1720-1797]. Ses fanfaronnades ont fait un personnage de légende, dont les aventures inspirèrent en France celles du baron de Crac.

MUNDA, v. d'Espagne, en Bétique, où César battit les lieutenants de Pompée (45 av. J.-C.).

MUNDOLSHEIM (67450), ch.-l. de c. du Bas-Rhin ; 3 545 h.

MUNIA (*pic de la*), sommet de la frontière franco-espagnole (Hautes-Pyrénées) ; 3 133 m.

MUNICH, en allem. **München,** v. de l'Allemagne fédérale, cap. de la Bavière, sur l'Isar ; 1 315 000 h. *(Munichois).* Cathédrale (XVe s.) et église St-Michel (fin du XVIe s.). Résidence (palais royal) des XVIe-XIXe s. Monuments baroques du XVIIIe s. par les Asam et Cuvilliés, néoclassiques par Klenze. Métropole culturelle (université, riches musées [Pinacothèque], centre de recherches nucléaires), commerciale et industrielle (brasseries, imprimeries, produits chimiques, constructions mécaniques). — Fondée en 1158, Munich devint en 1255 la résidence des Wittelsbach, ducs, puis rois de Bavière, qui l'em-

un aspect de **Munich**

Murillo : *le Jeune Mendiant* (v. 1650?)

bellirent. À partir de 1923 (putsch de Munich), elle fut l'un des principaux foyers du national-socialisme. C'est là que se tint la conférence qui, en septembre 1938, réunit les chefs des gouvernements britannique, français, allemand et italien, et se termina par des accords imposant à la Tchécoslovaquie la cession du territoire des Sudètes au IIIe Reich, mais qui ne firent qu'encourager l'Allemagne dans sa politique d'expansion. Site des jeux Olympiques de 1972.

MUNK (Andrzej), cinéaste polonais, né à Cracovie (1921-1961), auteur de *Un homme sur la voie* (1956), *Eroïca* (1957), *De la veine à revendre* (1960), *la Passagère* (1961).

MÜNSTER, v. de l'Allemagne fédérale (Rhénanie-du-Nord-Westphalie), dans le *bassin de Münster* ; 265 000 h. Évêché. Université. Monuments anciens. C'est à Münster, en 1648, que furent signés les préliminaires des traités de Westphalie.

MUNSTER (68140), ch.-l. de c. du Haut-Rhin, sur la Fecht ; 4 969 h. Textile. Fromages.

MUNSTER, prov. de la république d'Irlande ; 883 000 h. Cap. *Cork.*

MUNTANER (Ramón), chroniqueur catalan, né à Perelada (1265-1336), auteur d'une *Chronique* des règnes de Jacques Ier, Pierre III, Alphonse III et Jacques II.

MUNTÉNIE, région de Roumanie, à l'est de l'Olt, partie orientale de la Valachie.

MUNYCHIE → MOUNYCHIA.

MÜNZER ou **MÜNTZER** (Thomas), réformateur allemand, né à Stolberg (v. 1489-1525). L'un des principaux chefs des anabaptistes, il fut exécuté.

MUQDISHO, anc. Mogadishu et, en ital., **Mogadiscio,** cap. de la Somalie, sur l'océan Indien ; 230 000 h.

MUR (la), riv. de l'Europe centrale (Autriche et Yougoslavie), qui passe à Graz, affl. de la Drave (r. g.) ; 445 km. Aménagements hydroélectriques.

Mur des lamentations, vestiges de l'enceinte occidentale du temple d'Hérode à Jérusalem, où les juifs viennent pleurer la destruction du Temple et la dispersion d'Israël.

MURAD Ier (v. 1326-1389), sultan ottoman (1359-1389), fils d'Orhan. Il installa sa capitale à Andrinople, soumit l'Anatolie, la Thrace, la Macédoine, la Bulgarie et écrasa les Serbes et leurs alliés à Kosovo (1389). — MURAD II (v. 1401-1451), sultan ottoman de 1421 à 1451, vainqueur en 1448 de Jean Hunyadi à Kosovo. — MURAD III (1546-1595), sultan de 1574 à 1595, qui abandonna le pouvoir à de médiocres favoris. — MURAD IV (v. 1609-1640), sultan de 1623 à 1640. — MURAD V (1840-1904), sultan en 1876.

MURĀD BEY, chef des Mamelouks (v. 1750-1801). Il fut battu par Bonaparte aux Pyramides en 1798.

Muraille (*la Grande*), muraille longue de 3 000 km, élevée entre la Chine et la Mongolie au IIIe s. av. J.-C. Son tracé actuel date de l'époque de la dynastie Ming (XVe-XVIIe s.).

MURANO, agglomération de la comm. de Venise, sur une île de la lagune. Basilique (XIIe s.). Verrerie d'art.

scène de *Nosferatu le vampire* (1922), de **Murnau**

MURASAKI SHIKIBU, romancière japonaise (v. 978 - v. 1020), auteur du *Genji-monogatari.*

MURAT (15300), ch.-l. de c. du Cantal ; 3 005 h. Église du XVe s. Foyer actif de la Résistance en 1944.

MURAT (Joachim), maréchal de France, né à Labastide-Fortunière (auj. Labastide-Murat) [1767-1815]. Aide de camp de Bonaparte en Italie (1796), il épousa Caroline Bonaparte (1800). Fait maréchal en 1804, grand-duc de Berg et de Clèves (1806-1808), cavalier prestigieux, il commanda en chef en Espagne (1808) puis devint roi de Naples en 1808. À la tête de la cavalerie de la Grande Armée en Russie (1812), il tenta, après la défaite française, de faire garantir ses États par les Alliés (1814). En 1815, il revint dans son royaume, mais il fut arrêté en Calabre et fusillé.

MURATO (20239), ch.-l. du c. du Haut-Nebbio (Haute-Corse) ; 840 h. Église romane S. Michele.

MURATORI (Lodovico Antonio), historien et prêtre italien, né à Vignola (Modène) [1672-1750].

MURAT-SUR-VÈBRE (81320), ch.-l. de c. du Tarn ; 1 060 h.

MURCIE, v. de l'Espagne méridionale, ch.-l. de prov. ; 265 000 h. Cathédrale des XVe, XVIe et XVIIIe s. Musée consacré au sculpteur Francisco Salzillo (XVIIIe s.). — La *région de Murcie* (26 175 km2, 1 220 000 h.) comprend les prov. de Murcie et d'Albacete.

MUR-DE-BARREZ [-rez] (12600), ch.-l. de c. de l'Aveyron ; 1 499 h. Église en partie romane.

MÛR-DE-BRETAGNE (22530), ch.-l. de c. des Côtes-du-Nord ; 2 259 h.

MURDOCH (Mrs. J. O. BAYLEY, dite **Iris**), femme de lettres britannique, née à Dublin en 1919, auteur de romans qui unissent la méditation philosophique au rythme du roman policier (*Dans le filet, la Gouvernante italienne*).

MURE (La) [38350], ch.-l. de c. de l'Isère ; 5 913 h. Anthracite.

MUREAUX (Les) [78130], comm. des Yvelines, sur la Seine ; 28 345 h. *(Muriautins).* Industrie aéronautique.

MURENA → LICINIUS MURENA.

MUREȘ (le), en hongr. **Maros**, riv. de Roumanie et de Hongrie, affl. de la Tisza (r. g.); 900 km.

MURET (31600), ch.-l. d'arr. de la Haute-Garonne, sur la Garonne; 15382 h. (*Murétains*). Église des XIIe-XIIIe s. Le 12 septembre 1213, pendant la croisade des albigeois, le comte Raimond VI de Toulouse et le roi Pierre II d'Aragon y furent vaincus par Simon de Montfort.

MURET (Marc-Antoine), humaniste français, né à Muret (1526-1585), auteur de poésies latines (*Juvenilia*).

MURGER (Henri), écrivain français, né à Paris (1822-1861), auteur des *Scènes de la vie de bohème* (1847-1849).

MURILLO (Bartolomé Esteban), peintre espagnol, né à Séville (1618-1682). Son œuvre comprend à la fois des compositions religieuses d'une dévotion tendre (grands cycles destinés aux couvents de Séville; Immaculées, Saintes Familles, etc.) et des tableaux réalistes.

MURNAU (Friedrich Wilhelm), cinéaste allemand, né à Bielefeld (1888-1931), auteur de *Nosferatu le vampire* (1922), *le Dernier des*

Klagenfurt (1880-1942). Il analysa la crise sociale et spirituelle de la civilisation européenne (*les Désarrois de l'élève Törless*, 1906) et chercha dans la création littéraire le moyen de retrouver une unité personnelle et une communion humaine (*l'Homme sans qualités*, 1930-1943).

MUSSCHENBROEK (Petrus VAN) → VAN MUSSCHENBROEK.

MUSSET (Alfred DE), écrivain français, né à Paris (1810-1857). Introduit dans le cénacle de Nodier, il se fait connaître par ses *Contes d'Espagne et d'Italie* (1830). Des essais malheureux au théâtre, puis une liaison orageuse avec George Sand bouleversent sa vie. Il publie des pièces destinées à la lecture (*les Caprices de Marianne*, 1833; *Fantasio*, 1834; *On ne badine pas avec l'amour*, 1834; *Lorenzaccio*, 1834; *le Chandelier*, 1835; *Il ne faut jurer de rien*, 1836), des poèmes (*les Nuits*, 1835-1837), un roman autobiographique (*la Confession d'un enfant du siècle*, 1836). À partir de 1838, malade et usé par les excès, il donnera encore des contes, des proverbes, des fantaisies poétiques, exprimant les contradictions de sa personnalité : poète de la douleur et des grandes passions, il est aussi

MUY (Le) [83490], ch.-l. de c. du Var; 4280 h.

MUYBRIDGE (Edward James MUGGEDIDGE, dit **Eadweard**), inventeur britannique, né à Kingston-upon-Thames (1830-1904). Pionnier de la photographie animée, il inventa le zoopraxinoscope et confirma les vues théoriques de Marey.

MUZAFFAR AL-DĪN, chäh de Perse (1896-1907), né à Téhéran (1853-1907), fils et successeur de Nāṣir al-Dīn.

MUZAFFARPUR, v. de l'Inde (Bihār); 127000 h. Université.

MUZILLAC (56190), ch.-l. de c. du Morbihan; 2987 h.

MWERU → MOERO.

MYCALE, promontoire de l'Asie Mineure (Ionie). Victoire navale des Grecs sur les Perses en 479 av. J.-C.

le cercle royal (nécropole) sur l'acropole de **Mycènes** (IIe millénaire av. J.-C.)

Alfred de **Musset**
par L. G. Ricard

Benito **Mussolini**

Karl Gunnar **Myrdal**

hommes (1924), *l'Aurore* (1927), *Tabou* (1931) [avec Flaherty].

MURORAN, port du Japon (Hokkaidō); 167000 h. Sidérurgie.

MURPHY (Robert), ornithologue américain, né à New York (1887-1973). Explorateur de tous les rivages du Pacifique, il a rassemblé à l'American Museum plus d'un million de spécimens.

MURPHY (William Parry), médecin américain, né à Stoughton (Wisconsin) en 1892, prix Nobel en 1934 pour ses recherches du traitement des anémies pernicieuses.

MURRAY (le), principal fl. d'Australie, né dans la Cordillère australienne, tributaire de l'océan Indien austral; 2574 km.

MURRAY (Jacques STUART, *comte* DE) → MORAY.

MURRAY (James), général britannique, né à Ballencrief (Écosse) [1721-1794]. Nommé en 1760 gouverneur militaire du Bas-Canada, il fut gouverneur civil du Canada de 1763 à 1766; il se montra conciliant avec les Français.

MURRAY BAY → MALBAIE.

MÜRREN, station de sports d'hiver de Suisse, dans l'Oberland bernois (alt. 1650-2970 m).

MURUROA, atoll des îles Tuamotu (Polynésie française). Depuis 1966, base française d'expérimentations de charges nucléaires.

MURVIEL-LÈS-BÉZIERS (34490), ch.-l. de c. de l'Hérault; 1871 h.

MUSALA (pic), anc. **pic Staline,** point culminant de la Bulgarie et du massif du Rhodope; 2925 m.

MUSASHINO, v. du Japon (Honshū); 137000 h.

Muse française (la), revue littéraire qui fut, en 1823-24, l'organe de l'école romantique.

Muséum national d'histoire naturelle, nom donné en 1794 aux collections du Jardin des Plantes de Paris, qui doit son origine au *Jardin du roi* (1635) et qui fut complété par la suite par des galeries d'histoire naturelle, par des laboratoires d'étude et par une ménagerie.

MUSIL (Robert VON), écrivain autrichien, né à

celui de la fantaisie légère. (Acad. fr.) — Son frère PAUL **de Musset**, né à Paris (1804-1880), fut romancier et poète.

MUSSIDAN (24400), ch.-l. de c. de la Dordogne, sur l'Isle; 3235 h.

MUSSOLINI (Benito), homme d'État italien, né à Dovia di Predappio (Romagne) [1883-1945]. Militant socialiste, il préconisa, en 1914, une politique nationaliste et militariste. Après la Première Guerre mondiale, à laquelle il participa, il fonda les Faisceaux italiens de combat, noyau du parti fasciste (1919). Il convainquit le roi, après «la marche sur Rome», de lui confier le gouvernement (1922). À partir de 1925, muni des pleins pouvoirs, il exerça une dictature absolue; les accords du Latran (1929) lui attirèrent la reconnaissance des catholiques. Il rompit avec les démocraties occidentales après la conquête de l'Éthiopie (1935-36) et forma l'axe Rome-Berlin (1936), renforcé par le pacte d'Acier (1939). En 1940, le *duce* fit entrer l'Italie dans la guerre aux côtés de l'Allemagne hitlérienne. Désavoué par les chefs fascistes, arrêté sur l'ordre du roi (1943), il fut délivré par les Allemands et constitua, dans le nord de l'Italie, une «République sociale italienne» qui ne survécut pas à la défaite allemande. Mussolini fut exécuté par des résistants italiens le 28 avril 1945.

MUSSY-SUR-SEINE (10250), ch.-l. de c. de l'Aube; 1682 h. Église du XIIIe s.

MUSTAFA, nom de quatre sultans ottomans : MUSTAFA Ier, né à Manisa (1591-1639), sultan de 1617 à 1618 et de 1622 à 1623; — MUSTAFA II, né à Edirne (1664-1703), sultan de 1695 à 1703; — MUSTAFA III, né à Istanbul (1717-1774), sultan de 1757 à 1774; — MUSTAFA IV, né à Istanbul (1778-1808), sultan de 1807 à 1808.

MUSTAFA KEMAL PAŞA → KEMAL (Mustafa).

MUTANABBİ (al-), poète arabe, né à Kūfa (915-965), auteur d'un *Divan* poétique.

MUTSUHITO → MEIJI TENNŌ.

MUTTENZ, v. de Suisse, banlieue de Bâle; 15518 h.

MUTZIG (67190), comm. du Bas-Rhin; 5016 h. Bière.

MYCÈNES, village de Grèce, dans le Péloponnèse (nome de l'Argolide); 600 h. (*Mycéniens*). Capitale des Atrides, Mycènes fut, à partir du XVIe s. av. J.-C., le centre de la civilisation dite *mycénienne* qui est attestée par de nombreux vestiges (enceinte, quartiers d'habitations, cercles de tombes, tholos d'Atrée), ainsi que par des pièces d'orfèvrerie et des céramiques, qui ne cessent de témoigner d'une esthétique originale, dégagée de l'influence minoenne. La ville ruinée par l'invasion des Doriens à la fin du IIe millénaire.

MYKERINUS ou **MYKÉRINOS,** pharaon de la IVe dynastie (2600 av. J.-C.), constructeur de la troisième pyramide de Gizeh.

MYKONOS, île grecque de la partie nord-est des Cyclades; 3600 h. Centre touristique.

MYRDAL (Karl Gunnar), économiste et homme politique suédois, né à Gustaf (Dalécarlie) en 1898. (Prix Nobel, 1974.)

MYRMIDONS, anc. peuplade de Thessalie, qui prit part à la guerre de Troie sous la conduite d'Achille.

MYRON, sculpteur grec, né en Attique (2e quart du Ve s. av. J.-C.), auteur du *Discobole* (copie au musée des Thermes, Rome).

MYSIE, contrée du nord-ouest de l'Asie Mineure ancienne, où les Grecs fondèrent des colonies. V. pr. *Pergame* et *Lampsaque*.

MYSORE, anc. royaume du sud de l'Inde. (V. KARNĀTAKA.)

MYSORE ou **MAISUR,** v. de l'Inde (Karnātaka); 356000 h. Anc. capitale de l'État. Temples (XIIe-XIVe s.). Lieu de pèlerinage. Université. Textiles.

Mystères de Paris (les), roman-feuilleton d'Eugène Sue (1842-43).

MY THO, v. du Viêt-nam méridional; 110000 h.

MYTICHTCHI, v. de l'U. R. S. S., banlieue de Moscou; 136000 h.

MYTILÈNE → LESBOS.

MZAB, groupe d'oasis du nord du Sahara algérien. (Hab. *Mzabites* ou *Mozabites*.) V. pr. *Ghardaïa*.

Vue de **New York**.

N

NABATÉENS, peuple de l'Arabie septentrionale, qui constitua du IVe s. av. J.-C. au IIe s. apr. J.-C. un royaume, la *Nabatène,* dont la capitale était *Pétra.* Les Nabatéens furent annexés à l'Empire romain en 106, par Trajan.

NABEUL, v. de Tunisie; 34 000 h. Musée d'art tunisien.

NABIS, tyran de Sparte de 207 à 192 av. J.-C. Il lutta en vain contre l'hégémonie de la Macédoine et imposa avec une rigueur impitoyable une réforme sociale qui échoua.

NABOKOV (Vladimir), écrivain américain d'origine russe, né à Saint-Pétersbourg (1889-1977), peintre ironique des obsessions, des ridicules ou des vices de son époque (*la Vraie Vie de Sébastien Knight,* 1938; *Lolita,* 1955; *Ada ou l'Ardeur,* 1969).

NABONIDE, dernier roi de Babylone (556-539 av. J.-C.). Il fut vaincu par Cyrus.

NABOPOLASSAR, fondateur de la dynastie néobabylonienne (626-605 av. J.-C.). Profitant de la faiblesse de l'Assyrie après la mort d'Assourbanipal, il s'empara du trône de Babylone et, allié aux Mèdes, détruisit l'Empire assyrien (chute de Ninive en 612).

NABUCHODONOSOR II, roi de Babylone de 605 à 562 av. J.-C., fils de Nabopolassar. La victoire de Karkemish (605) sur les Égyptiens et la prise de Jérusalem (587) lui assurèrent la domination de la Syrie et de la Palestine. Il fit de Babylone, embellie, la métropole du monde oriental.

NACHTIGAL (Gustav), explorateur allemand, né à Eichstedt (1834-1885). Il reconnut le Bornou et les abords du lac Tchad (1869-1875).

NADAR (Félix TOURNACHON, dit), aéronaute, photographe, dessinateur et écrivain français, né à Paris (1820-1910). Il photographia la plupart des gens célèbres de son époque et réalisa les premières photographies aériennes prises en ballon (1858).

Vladimir **Nabokov**

NADAUD (Gustave), chansonnier français, né à Roubaix (1820-1893), auteur de près de trois cents chansons.

NÀDIR CHÂH, né près de Kalât (1688-1747), roi de Perse (1736-1747). Après avoir chassé les Afghans et réinstauré les Séfévides en Iran, il s'empara du pouvoir (1736). Il conquit l'Afghanistân et envahit l'Inde des Moghols (1739); il fut assassiné.

Nadja, roman d'A. Breton (1928). Les entretiens de l'auteur avec une jeune femme visionnaire illustrent la méthode surréaliste de plongées dans le monde de l'inconscient et de l'intuition pure.

NADJAF (al-), v. de l'Iraq, au sud de Bagdad; 128 000 h.

NADJD, NAJD ou **NEJD,** émirat de l'Arabie Saoudite; 4 millions d'h. Cap. *Riyāḍ.* Le Nadjd, empire formé par les Wahhâbites au XVIIIe s. sous Sa'ûd Ier, resta indépendant de la Turquie. À partir de 1900, il étendit sa domination vers le Hasâ à l'est, vers l'Asir à l'ouest, puis, en 1924-1926, sur le royaume du Hedjaz. Réunis, les deux royaumes prirent le nom d'*Arabie Saoudite* en 1932.

NADOR, v. du Maroc septentrional, ch.-l. de prov.; 32 000 h.

NAEVIUS (Cneius), poète latin, né en Campanie (v. 270 - v. 201 av. J.-C.), auteur d'une épopée sur la première guerre punique et créateur de la tragédie à sujet national.

NAGALAND, État de l'Inde orientale; 16 527 km²; 516 000 h. Cap. *Kohīma.*

NAGANO, v. du Japon (Honshū); 285 000 h. Temple bouddhique (Zenkōji) restauré au XVIIe s. (statues de bois du VIIe s.).

NAGANO OSAMI, amiral japonais, né à Kōchi (1880-1947). Ministre de la Marine (1936), il fut le chef d'état-major de la marine pendant la Seconde Guerre mondiale.

NAGAOKA, v. du Japon (Honshū); 162 000 h.

NÀGÀRJUNA, penseur bouddhiste, né au Ier s. apr. J.-C. La légende en fait l'un des fondateurs de la doctrine du Grand Véhicule.

NAGASAKI, port du Japon (Kyūshū); 448 000 h. Monuments anciens (XVIIe-XVIIIe s.). Chantiers navals. Pêche. La deuxième bombe atomique y fut lancée par les Américains le 9 août 1945 et fit environ 80 000 victimes.

NAGELMACKERS (Georges), administrateur belge, né à Liège (1845-1905). Il fonda à Bruxelles, en 1876, la Compagnie internationale des wagons-lits et des grands express européens, qui inaugura le service des wagons-restaurants en 1880.

NÀGERCOIL, v. de l'Inde (Kerala); 141 000 h.

NAGOYA, port du Japon (Honshū), sur le Pacifique; 2 036 000 h. Sanctuaire shintoïste d'Atsuta. Château reconstruit; musée d'art Tokugawa. Métallurgie. Chimie. Textile.

NÀGPUR, v. de l'Inde (Mahārāshtra); 861 000 h.

NAGY (Imre), homme d'État hongrois, né à Kaposvár (1896-1958). Communiste, Premier ministre (1953-1955), il mena une politique de libéralisation, mais se heurta aux staliniens, qui l'expulsèrent du parti (1956). Rappelé au pouvoir lors de l'insurrection d'octobre 1956, il fut exécuté après l'échec du mouvement.

NAHA, cap. de l'archipel des Ryūkyū, dans l'île d'Okinawa; 304 000 h.

NAHHÁS PACHA (Muṣṭafâ **al-**), homme d'État égyptien, né au Caire (1876-1965). Chef du Wafd, hostile au despotisme, il fut cinq fois Premier ministre entre 1928 et 1952.

NAHUEL HUAPÍ, lac andin de l'Argentine.

NAHUM, prophète biblique de la fin du VIIe s. av. J.-C. Il chante la chute de Ninive (612), qui marque le triomphe de la justice divine.

NAILLOUX [naju] (31560), ch.-l. de c. de la Haute-Garonne; 663 h.

NAIPAUL (Vidiadhar Surajprasad), écrivain de la Trinité, né à Chaguanas en 1932. Se romans évoquent la double impossibilité, pour les Indiens et les Noirs, de l'acculturation à la civilisation britannique et du retour aux origines.

NAIROBI, cap. du Kenya, à 1 660 m d'alt.; 736 000 h. Aéroport.

NAJAC (12270), ch.-l. de c. de l'Aveyron, au-dessus de l'Aveyron; 931 h. Ruines d'un puissant château féodal.

NAKHITCHEVAN, république autonome de l'U.R.S.S., dépendance de l'Azerbaïdjan; 202 000 h. Cap. *Nakhitchevan* (32 000 h.).

NAKHODKA, port de l'U.R.S.S., sur le Pacifique; 129 000 h.

NAKHON PATHOM, v. de Thaïlande, à l'ouest de Bangkok; 35 000 h. Musée archéologique. Célèbre stūpa (XIXe s.) en briques émaillées.

NALTCHIK, v. de l'U.R.S.S. (R.S.F.S. de Russie), cap. de la république autonome des Kabardins et Balkars, au nord du Caucase; 199 000 h.

NAMANGAN, v. de l'U.R.S.S. (Ouzbékistan); 224 000 h.

NAMAQUAS, peuplade hottentote de la Namibie, dans le *Namaqualand.*

NAMBICUARAS ou **NAMBIKWARAS,** ethnie indienne vivant, en petites bandes nomades de chasse et de cueillette, dans la forêt brésilienne au sud de Manaus.

NAM DINH, v. du Viêt-nam, sur le fleuve Rouge; 86 000 h. Textile.

Nancy, place Stanislas : grille en fer forgé de J. Lamour et fontaine de B. Guibal

Fridtjof **Nansen**

John **Napier**

Nantes : la place Royale

NAMIB (désert du), région côtière aride de la Namibie.

NAMIBIE ou **SUD-OUEST AFRICAIN,** territoire de l'Afrique australe, sur l'Atlantique; 825 000 km²; 1 200 000 h. Cap. *Windhoek.* Formée principalement de hauts plateaux dominant le *désert du Namib,* la Namibie, au sous-sol prometteur (diamants), est surtout peuplée de Bantous, mais est dominée économiquement par la minorité blanche, et constitue une dépendance de fait de l'Afrique du Sud.

HISTOIRE
— 1840-1892; le pays, peuplé de Bantous (Hereros et Ovambos), qui ont refoulé les Bochimans et les Namas, passe sous influence allemande et devient le Sud-Ouest africain.
— 1904 : soulèvement des Hereros.
— 1915 : conquête par les Sud-Africains.
— 1920 : le Sud-Ouest africain passe sous le mandat de l'Union sud-africaine.
— 1949 : annexion par l'Afrique du Sud.
— 1966 : début du mouvement de libération nationale.
— 1968 : création de la Namibie, qui reste en fait sous la dépendance de l'Afrique du Sud.
— 1974 : début des actions de guérilla.
— 1978 : l'O. N. U. préconise l'indépendance.
— 1979 : élection d'une assemblée contestée par la communauté internationale.

NAMPULA, v. du Mozambique; 126 000 h.

NAMUR, v. de Belgique, ch.-l. de la *prov. de Namur,* au confl. de la Meuse et de la Sambre; 100 000 h. *(Namurois).* Évêché. Citadelle. Église baroque St-Loup. Musées (archéologie, trésors religieux). Port fluvial.

NAMUR (province de), prov. du sud de la Belgique; 3 660 km²; ch.-l. *Namur;* 3 arr. *(Dinant, Namur, Philippeville).* Le sillon de la Sambre et de la Meuse (métallurgie) sépare l'avant-pays ardennais (exploitation forestière et élevage) de l'extrémité nord de la prov., plateau limoneux où dominent les cultures céréalières.

Nana, roman d'É. Zola (1880); histoire d'une courtisane qui corrompt une société en décadence.

NÄNAK, fondateur de la secte des sikhs, né à Talvandï (Lahore) [1469-1538].

NÄNÄ SÄHIB, prince indien (1825-1862), chef de l'insurrection des cipayes en 1857.

NANÇAY (18330 Neuvy sur Barangeon), comm. du Cher, en Sologne; 717 h. Station de radioastronomie.

NANCHANG → NAN-TCH'ANG.

NANCHONG → NAN-TCH'ONG.

NANCY, ch.-l. du dép. de Meurthe-et-Moselle, sur la Meurthe et le canal de la Marne au Rhin, à 306 km à l'est de Paris; 111 493 h. *(Nancéiens).* Évêché, cour d'appel, université. La ville garde de beaux monuments : l'église des Cordeliers (XVᵉ s.), la porte de la Craffe (XIVᵉ-XVᵉ s.), le palais ducal (début du XVIᵉ s., Musée historique lorrain); la place de la Carrière, le palais du Gouvernement et la place Stanislas, limitée par des grilles de fer forgé dues à Jean Lamour, sont l'œuvre d'É. Héré (XVIIIᵉ s.). Un petit musée est consacré aux maîtres de l'« école de Nancy » (v. MODERN STYLE). Nancy est un grand centre

administratif, commercial et industriel (constructions mécaniques, textile, cristallerie, chaussures). — Capitale des ducs de Lorraine, Nancy fut convoitée par Charles le Téméraire, qui périt sous ses murs en 1477. Agrandie par Charles III (1588), elle connut une nouvelle période faste sous le roi-duc Stanislas Leszczýnski (1738-1766).

NANDA DEVI (la), sommet de l'Himâlaya (Inde); 7 816 m.

NANGA PARBAT (le), sommet de l'Himâlaya occidental; 8 120 m.

NANGIS [nɑ̃ʒi] (77370), ch.-l. de c. de Seine-et-Marne; 6 739 h. Église gothique. Aux environs, église gothique du XIIIᵉ s. de Rampillon, au remarquable portail sculpté. Chimie.

NANGIS (Guillaume DE) → GUILLAUME DE NANGIS.

NANKIN ou **NAN-KING,** v. de la Chine centrale, cap. du Kiang-sou, port actif sur le Yang-tseu-kiang; 1 670 000 h. Métallurgie. Textile. Chimie. Ce fut la capitale de la Chine à plusieurs reprises. Un traité y mit fin en 1842 à la guerre de l'opium. — Aux environs, tombeaux des empereurs Ming.

NAN-NING, v. de Chine, cap. du Kouang-si; 264 000 h.

NANSEN (Fridtjof), explorateur et naturaliste norvégien, né à Store-Fröen, près de Christiania (1861-1930). Il traversa le Groenland (1888), explora l'Arctique en se laissant dériver à bord du *Fram* et tenta d'atteindre le pôle en traîneau (1893-1896). Il joua un grand rôle dans les entreprises humanitaires de la S.D.N., notamment au profit des réfugiés. (Prix Nobel de la paix, 1922.)

NANT (12230 La Cavalerie), ch.-l. de c. de l'Aveyron; 959 h. Église romane.

NAN-TCH'ANG ou **NANCHANG,** v. de Chine, cap. du Kiang-si; 508 000 h. Musées.

NAN-TCH'ONG ou **NANCHONG,** v. de Chine (Sseu-tch'ouan); 165 000 h.

NANTERRE (92000), ch.-l. du dép. des Hauts-de-Seine, dans la banlieue ouest de Paris; 96 004 h. *(Nanterrois).* Évêché. Université. Hospice. Industries diverses.

NANTES, ch.-l. de la Région Pays de la Loire et du dép. de la Loire-Atlantique, sur la Loire et l'Erdre, à 383 km au sud-ouest de Paris; 263 689 h. *(Nantais).* [Plus de 460 000 h. dans l'agglomération.] Évêché. Université. Château des ducs de Bretagne, surtout des XVᵉ-XVIᵉ s. (musées). Cathédrale du point de vue politique, l'État concédrale des XVᵉ-XVIIIᵉ s. Hôtels du XVIIIᵉ s. Musées des Beaux-Arts et Dobrée. L'activité du port est partiellement à la base de la fonction industrielle (métallurgie, industries alimentaires et chimiques, etc.). — Seconde capitale des ducs de Bretagne, surtout au XVᵉ s., française en 1491, Nantes atteignit son apogée au XVIIIᵉ s. avec le trafic triangulaire.

Nantes (édit de), édit rendu par Henri IV le 13 avril 1598, afin de régler la condition légale de l'Église réformée en France. Du point de vue religieux, les calvinistes étaient libres de pratiquer leur culte partout où il le avait déjà été autorisé, et dans deux villes ou villages par bailliage. Du point de vue politique, l'État considérait les calvinistes comme un corps organisé et leur donnait des garanties juridiques (cham-

vue de **Naples,** avec, à l'arrière-plan, le Vésuve

bres mi-parties), politiques (accès à toutes les places) et militaires (une centaine de places de sûreté pour huit ans).

Nantes (révocation de l'édit de), édit signé par Louis XIV le 18 octobre 1685 à Fontainebleau, qui supprima tous les avantages accordés par Henri IV. Cette révocation, qui eut pour effet immédiat la démolition des temples, l'interdiction des assemblées et l'instauration de mesures policières (dragonnades), priva la France de 200 000 à 300 000 sujets, qui émigrèrent en Suisse et en Allemagne.

Nantes à Brest (canal de), voie navigable de la Bretagne méridionale, ouverte en 1838 et désaffectée à l'ouest du barrage de Guerlédan.

NANTEUIL (Robert), graveur au burin et pastelliste français, né à Reims (v. 1623-1678). Il est l'auteur de portraits de hauts personnages.

NANTEUIL (Célestin), peintre, dessinateur, graveur et lithographe français, né à Rome (1813-1873). Il a illustré les œuvres des écrivains romantiques.

NANTEUIL-LE-HAUDOUIN (60440), ch.-l. de c. de l'Oise; 2 063 h.

NANTIAT (87140), ch.-l. de c. de la Haute-Vienne; 1 416 h. Électromécanique.

NAN-T'ONG ou **NANTONG,** v. de Chine (Kiang-sou), sur le Yang-tseu-kiang; 260 000 h.

NANTUA, ch.-l. d'arr. de l'Ain, sur le *lac de Nantua;* 3 604 h. *(Nantuatiens).* Église en partie romane. Centre touristique.

NANTUCKET, île des États-Unis (Massachusetts). Base de baleiniers jusqu'au XIXᵉ s.

NAO (cap de la), cap d'Espagne, sur la Méditerranée, entre Valence et Alicante.

NAPATA, anc. cap. (VIIIᵉ-IIIᵉ s. av. J.-C.) d'un royaume nubien. Nécropole royale. Vestiges de temples pharaoniques.

NAPIER ou **NEPER** (John), *baron* **de Merchiston,** mathématicien écossais, né à Merchiston, près d'Édimbourg (1550-1617). On lui doit l'invention des logarithmes (1614).

NAPLES, en ital. **Napoli,** v. d'Italie (Campanie), cap. de l'anc. royaume de Naples, située sur le *golfe de Naples* (formé par la mer Tyrrhénienne) et près du Vésuve; 1 225 000 h. *(Napolitains).* Université. Musée national (importante collection d'art romain). Castel Nuovo (XIIIᵉ-XVᵉ s.). Nombreuses églises d'origine médiévale. Palais royal (XVIIᵉ-XVIIIᵉ s.). Théâtre San Carlo

(1737). Anc. chartreuse de S. Martino (décors baroques; musée). Galerie de Capodimonte (peinture; porcelaines...). Port de commerce et de voyageurs. Industries métallurgiques, chimiques et alimentaires.

HISTOIRE

Fondée au Ve s. av. J.-C. par des Athéniens et des Chalcidiens, Naples *(Neapolis)* devint romaine en 326 av. J.-C. Capitale d'un duché byzantin, tombée aux mains des Normands de Sicile en 1139, elle fut, à partir de 1282, la capitale du royaume de Naples. Les Bourbons (1734-1860) — remplacés momentanément par les Français de 1806 à 1815 — en firent un centre culturel brillant.

NAPLES *(royaume de)*, anc. royaume d'Italie, partie péninsulaire du royaume de Sicile, que la dynastie angevine conserva après son expulsion de la Sicile insulaire (1282). Pris par les Aragonais (XVe s.), qui, après l'invasion française (1494-95), l'annexèrent (1504), le royaume de Naples subit durant deux siècles la domination espagnole. Il fut gouverné par les Bourbons à partir de 1734. En 1799, les Français y instaurèrent l'éphémère république parthénopéenne; confisqué par Napoléon Ier, le royaume de Naples fut attribué à Joseph Bonaparte (1806), puis à Murat (1808), qui tenta vainement de s'y maintenir (1814-15). Ferdinand IV, restauré en 1815, rétablit en 1816 l'union avec la Sicile (royaume des Deux-Siciles).

NAPLOUSE ou **NABULUS**, v. de Jordanie; 50 000 h. Anc. *Flavia Neapolis*, fondée en 72 à proximité de l'antique Sichem.

NAPOLÉON Ier, né à Ajaccio (1769-1821), empereur des Français (1804-1815), deuxième fils de Charles Marie Bonaparte et de Maria Letizia Ramolino. Napoléon Bonaparte fit son éducation militaire à Brienne. Jacobin, il se distingua comme capitaine d'artillerie à Toulon (1793). Il tomba en disgrâce après le 9-Thermidor, mais, après avoir réprimé l'émeute du 13-Vendémiaire (1795), il obtint, grâce à Barras, le commandement de l'armée d'Italie en 1796 : à la suite d'une campagne fulgurante contre les Piémontais et les Autrichiens, il leur imposa la paix (Campoformio, 18 oct. 1797), détruisit la république de Venise et créa la république Cisalpine. Le Directoire l'éloigna en lui confiant le commandement de l'expédition d'Égypte (1798-99) : sa flotte détruite à Aboukir par Nelson, Bonaparte organisa l'Égypte et battit les Turcs en Syrie. En octobre 1799, il rentra en France, où les modérés lui confièrent le soin de se débarrasser du Directoire.
Premier consul après le coup d'État de Brumaire an VIII (9-10 nov. 1799), il imposa au pays une constitution autoritaire. L'hiver 1800 lui suffit pour réorganiser dans un sens centralisateur la justice, l'administration (préfets) et l'économie. À l'issue d'une seconde campagne d'Italie, il imposa à l'Autriche la paix de Lunéville (1801), qui rendait à la France la maîtrise de l'Italie et de la rive gauche du Rhin; la même année, il signa avec l'Église un concordat. En 1802, la paix générale était conclue avec les Anglais à Amiens. Consul à vie (1802), président de la République italienne, médiateur de la Confédération helvétique, réorganisateur de l'Allemagne (1803), Bonaparte fut très vite affronté de nouveau à la guerre contre l'Angleterre; cette nouvelle menace et la découverte d'un complot royaliste l'incitèrent à

se faire proclamer empereur des Français (1804) et roi d'Italie (1805). Devenu Napoléon Ier, il établit une monarchie héréditaire dotée d'une noblesse d'Empire et poursuivit la réorganisation et la centralisation de la France révolutionnaire (Code civil, Université impériale, Légion d'honneur, Banque de France, etc.).
Cependant la guerre accapara une bonne partie de son règne. Ayant échoué contre l'Angleterre (camp de Boulogne, Trafalgar, 1805), il démantela les 3e et 4e coalitions continentales (Austerlitz, 1805; Iéna, 1806; Friedland, 1807), réduisant la Prusse à la moitié de son territoire, amputant l'Autriche, s'alliant avec la Russie. Après le traité de Tilsit (1807), Napoléon se consacra à l'édification du Grand Empire, qui compta jusqu'à 132 départements et une série d'États vassaux. En ordonnant le Blocus continental contre les Anglais (1806), il s'obligea à intervenir contre le pape Pie VII et dans la péninsule Ibérique; mais la terrible guerre d'Espagne (1808-1814) devait en fait lui coûter son trône. Encore vainqueur des Autrichiens (Wagram, 1809), qui avaient déclenché la 5e coalition, l'Empereur voulut assurer l'avenir en épousant (Joséphine de Beauharnais ayant été répudiée en 1809) en 1810 Marie-Louise d'Autriche, qui, en 1811, lui donna un fils, le roi de Rome. Le tsar, son allié, ayant pris une attitude belliqueuse, Napoléon le précéda (1812), jetant sur la Russie la Grande Armée, qui, après avoir battu les Russes à la Moskova et être entrée à Moscou, dut opérer une retraite désastreuse. L'Europe orientale se réveilla alors, la Prusse notamment, âme d'une 6e coalition, à laquelle adhéra l'Autriche : à l'issue de la campagne d'Allemagne et de la défaite de Leipzig (1813), la France fut envahie et vaincue. Napoléon, ayant abdiqué (4-6 avr. 1814), reçut la dérisoire souveraineté de l'île d'Elbe, tandis que le congrès de Vienne s'apprêtait à détruire le Grand Empire. Ayant échappé à la surveillance anglaise, Napoléon rentra en France (mars 1815) [les Cent-Jours], où il n'eut pas le temps de mettre sur pied un empire libéral. Car bientôt il dut faire face à la coalition : battu à Waterloo (18 juin), il abdiqua une seconde fois (22 juin), s'en remettant aux Anglais, qui l'exilèrent à Sainte-Hélène, où il mourut le 5 mai 1821.

NAPOLÉON II (François Charles Joseph BONAPARTE), fils de Napoléon Ier et de Marie-Louise, né à Paris (1811-1832). Proclamé roi de Rome lors de sa naissance et reconnu empereur par les Chambres lors de la seconde abdication de Napoléon Ier (1815), il passa toute sa vie au château de Schönbrunn et fut créé duc de Reichstadt (1818). Ses cendres ont été transférées aux Invalides, à Paris, en 1940. — E. Rostand en a fait le héros de son drame *l'Aiglon*.

NAPOLÉON III (Charles Louis Napoléon BONAPARTE), né à Paris (1808-1873), empereur des Français (1852-1870), troisième fils de Louis Bonaparte et d'Hortense de Beauharnais. Après une jeunesse aventureuse en Suisse et en Italie, il essaya en 1836 à Strasbourg, en 1840 à Boulogne de se faire proclamer empereur et de renverser Louis-Philippe. Condamné à la détention perpétuelle, il fut enfermé à Ham, où il élabora une doctrine sociale (*Extinction du paupérisme*, 1844) et d'où il s'enfuit pour Londres (1846). Il revint en France après la révolution de 1848, fut élu représentant dans plusieurs départements et arriva à la présidence de la Répu-

blique le 10 décembre 1848. Le 2 décembre 1851, il déclara l'Assemblée dissoute et fit réprimer le soulèvement qui se dessinait à Paris; un plébiscite ratifia le coup d'État et lui permit d'instaurer, en s'appuyant sur la Constitution du 14 janvier 1852, un régime autoritaire et centralisé qui, tout naturellement, se transforma en monarchie héréditaire, ratifiée, elle aussi, par un plébiscite. Proclamé empereur des Français, le 2 décembre 1852, sous le nom de Napoléon III, il épousa, en 1853, Eugénie de Montijo.
De 1852 à 1860, Napoléon III exerça un pouvoir absolu : ce fut l'Empire autoritaire. Par la suite, le régime se libéralisa, au point qu'en janvier 1870 la désignation d'Émile Ollivier comme Premier ministre déboucha sur un Empire parlementaire. Pour se ménager l'appui des classes laborieuses et par goût personnel, dû à l'inspiration saint-simonienne, l'empereur fit entreprendre de nombreux travaux publics, à Paris notamment (Haussmann), encouragea l'agriculture, l'industrie et le commerce, créa des institutions de bienfaisance, favorisa les institutions de crédit et brisa avec le protectionnisme. À l'extérieur, Napoléon III, voulant exercer l'hégémonie en Europe, fit la guerre de Crimée (1854-1856), envoya, avec l'Angleterre, des troupes en Chine (1857-1860), s'empara de la Cochinchine (1859-1862), aida l'Italie à se libérer du joug autrichien (1859), gagna à la France la Savoie et Nice (1860). Il intervint malheureusement au Mexique (1862-1867), et, berné par Bismarck, déclara inconsidérément la guerre à la Prusse (juill. 1870). Prisonnier lors du désastre de Sedan (2 sept. 1870), l'empereur fut déclaré déchu le 4 septembre à Paris et emmené en captivité en Allemagne, pays qu'il ne quitta que le 19 mars 1871 pour rejoindre l'impératrice en Angleterre, où il mourut.

NAPOLÉON (Eugène Louis) → BONAPARTE.

Napoléon *(route)*, route allant de Cannes à Grenoble par Gap et le col Bayard; 325 km. Elle reconstitue le trajet suivi par Napoléon à son retour de l'île d'Elbe (1815).

Napoli ou *le Pêcheur et sa fiancée* (1842), ballet en trois actes d'August Bournonville (mus. Paulli, Helsted, Gade et Lumbye). Dansé dans la version de Harald Lander (1954), il reste un des ballets danois les plus populaires.

NAPOULE (La) [06210 Mandelieu], station balnéaire des Alpes-Maritimes (comm. de *Mandelieu-la-Napoule*).

NARA, v. du Japon (Honshū); 255 000 h. Cap. du Japon de 710 à 784. La période dite «de Nara» fut l'âge d'or de la civilisation japonaise. Nombreux temples, dont le *Hōryū-ji**.

NARÁYANGANJ, port du Bangladesh; 425 000 h. Industrie du jute.

NARBADÁ (la), fl. de l'Inde, tributaire de la mer d'Oman, limite entre la plaine indo-gangétique et le Deccan; 1230 km.

NARBONNAISE, prov. de la Gaule romaine, constituée par Auguste en 27 av. J.-C. Elle s'étendait de la région de Toulouse au lac Léman, englobant la Savoie, le Dauphiné, la Provence et le Languedoc. Au IVe s., la Narbonnaise fut divisée en *Viennoise* (ch.-l. *Vienne*), *Narbonnaise Ire* (ch.-l. *Narbonne*) et *Narbonnaise IIde* (ch.-l. *Aix*).

NARBONNE (11100), ch.-l. d'arr. de l'Aude, sur le canal de la Robine, dérivation de l'Aude; 40 543 h. *(Narbonnais)*. Cathédrale St-Just (XIIIe-

Napoléon Ier
par Gérard (détail)

Napoléon III

Nara : le Daibutsu-den
(salle du Grand Bouddha) au Tōdai-ji

Gamal Abdel
Nasser

XIXᵉ s.). Musées. Important port de mer à l'époque romaine et au Moyen Âge. La modification du cours de l'Aude au XIVᵉ s. mit fin à son activité portuaire. Marché viticole. Raffinage de l'uranium (Malvési). Station balnéaire à *Narbonne-Plage*.

NARCISSE. *Myth. gr.* Jeune homme d'une grande beauté. Il fut séduit par sa propre image reflétée par l'eau d'une fontaine, et mourut de ne pouvoir saisir cet autre lui-même dont il était devenu amoureux. À l'endroit de sa mort poussa la fleur qui porte son nom.

NARCISSE (m. en 54 apr. J.-C.), affranchi de l'empereur Claude. Il prit une grande part au gouvernement de l'Empire. Agrippine le fit tuer à l'avènement de Néron.

NAREW (le), en russe *Narev*, riv. de l'U.R.S.S. et de Pologne, affl. du Bug (r. dr.); 480 km.

Narita, aéroport de Tōkyō.

NARSÈS, général byzantin (v. 478-568). Il fit avorter la sédition Nika (532). Il chassa les Francs et les Alamans de l'Italie, dont il réorganisa l'administration.

NARVA, v. de l'U.R.S.S. (Estonie); 72000 h. Charles XII y battit les Russes le 30 novembre 1700 et Pierre le Grand s'empara de la ville en 1704.

NARVÁEZ (Ramón María), *duc de Valence*, général et homme d'État espagnol, né à Loja (1800-1868). Partisan de la reine Marie-Christine, il renversa Espartero en 1843 et domina dès lors la politique espagnole.

NARVIK, port de la Norvège septentrionale; 13000 h. Exportation du minerai de fer suédois. Sidérurgie. Combats navals et terrestres entre Allemands et Franco-Anglais (1940).

NASA (sigle de *National Aeronautics and Space Administration*), organisme américain fondé en 1958, et chargé de diriger et de coordonner les recherches aéronautiques et spatiales civiles aux États-Unis.

NASBINALS (48260), ch.-l. de c. de la Lozère; 650 h.

NASH (John), architecte et urbaniste anglais, né à Londres (?) [1752-1835], maître de l'éclectisme « pittoresque ».

NASHE ou **NASH** (Thomas), écrivain anglais, né à Lowestoft (v. 1567 - v. 1601), auteur de pamphlets, d'un roman picaresque *(le Voyageur malheureux ou la Vie de Jack Wilton)* et de pièces de théâtre.

NASHVILLE, v. des États-Unis, cap. du Tennessee; 448000 h. Édition musicale et religieuse. Les Confédérés y furent battus en 1864.

NÁSIK, v. de l'Inde (Mahārāshtra); 176000 h. Sanctuaires bouddhiques rupestres (Iᵉʳ-IIᵉ s. apr. J.-C.).

NASSAU, cap. des îles Bahamas; 102000 h.

NASSAU *(famille de),* famille qui s'établit en Rhénanie au XIIᵉ s. et qui se subdivisa en plusieurs branches : la *branche de Walram,* qui régna sur le Saint Empire avec ADOLPHE DE 1292 à 1298; la *branche ottonienne,* d'où sortit au XVIᵉ s. la *branche d'Orange-Nassau,* qui s'illustra à la tête des Provinces-Unies.

NASSAU (Frédéric-Henri DE) → FRÉDÉRIC-HENRI.

NASSAU (Guillaume Iᵉʳ DE) → GUILLAUME Iᵉʳ D'ORANGE-NASSAU.

NASSAU (Maurice DE) → MAURICE DE NASSAU.

NASSER (lac), retenue formée sur le Nil en Égypte (et au Soudan) par le haut barrage d'Assouan.

NASSER (Gamal Abdel), homme d'État égyptien, né à Beni Mor (prov. d'Assiout) [1918-1970]. Il fonda le Comité des officiers libres (1947-48), qui obligea le roi Farouk à abdiquer (1952), et fit proclamer la république (1953). Ayant écarté Néguib (1954), Nasser fut élu président de la République en 1956. La même année, il nationalisa le canal de Suez : cette opération provoqua l'intervention étrangère, qui échoua politiquement. Sorti plus fort de cette épreuve, Nasser accéléra le processus d'étatisation de l'économie et d'« égyptianisation » ; dans le même temps, il se fit le champion de l'unité

arabe. Après la défaite de l'Égypte devant Israël en 1967, le *raïs,* guide des masses arabes, démissionna mais, plébiscité, il reprit presque aussitôt les rênes du pouvoir.

NAT (Yves), pianiste français, né à Béziers (1890-1956), grand interprète de Beethoven et de Schumann.

NATAL, prov. de l'Afrique du Sud, anc. colonie anglaise, sur la côte sud-est de l'Afrique; 87000 km²; 4246000 h. Ch.-l. *Pietermaritzburg.* V. pr. *Durban.*

NATAL, port du Brésil, cap. de l'État de Rio Grande do Norte, sur l'Atlantique; 265000 h.

NATANYA, port d'Israël, sur la Méditerranée; 86000 h.

NATCHEZ, anc. tribu d'Indiens du Mississippi.

Natchez *(les),* récit épique et romanesque de Chateaubriand (1826).

NATHAN, prophète hébreu contemporain de David. Il fut chargé par Yahvé de réprimander le roi après son adultère avec Bethsabée.

National Gallery de Londres, un des plus grands musées d'Europe (peintures).

National Gallery of Art de Washington, important musée américain.

Nations unies *(Organisation des)* → ORGANISATION DES NATIONS UNIES.

NATO, sigle de *North Atlantic Treaty Organization* → ATLANTIQUE NORD (pacte de l').

NATOIRE (Charles Joseph), peintre décorateur français, né à Nîmes (1700-1777). Il a travaillé à Paris (hôtel de Soubise), au château de Versailles et à Rome (voûte de Saint-Louis-des-Français).

NATORP (Paul), philosophe allemand, né à Düsseldorf (1854-1924), l'un des représentants du néokantisme de l'école de Marburg.

NATSUME SŌSEKI, écrivain japonais, né à Tōkyō (1867-1916), auteur de poèmes et de romans psychologiques *(Ombre et Lumière,* 1916).

NATTIER (Jean-Marc), peintre français, né à Paris (1685-1766). Spécialisé dans le portrait à prétexte mythologique, il devint peintre de la reine et de ses filles à partir d'environ 1740.

natura rerum *(De)* [*De la nature des choses* ou *De la nature),* poème philosophique en six chants par Lucrèce. C'est l'un des textes fondamentaux de l'épicurisme.

NAUCELLE (12800), ch.-l. de c. de l'Aveyron; 2689 h.

NAUDIN (Charles), biologiste français, né à Autun (1815-1899), auteur de travaux sur les hybrides.

NAUKRATIS, anc. ville égyptienne du Delta. Elle joua un rôle important dans les échanges commerciaux de la Grèce jusqu'à la fondation d'Alexandrie en 331 av. J.-C.

NAUMBURG, v. de l'Allemagne démocratique, sur la Saale; 37000 h. Cathédrale romane et gothique (célèbres sculptures du XIIIᵉ s.). Vignobles. Industries mécaniques et textiles.

NAUNDORFF ou **NAUNDORF** (Karl), aventurier m. en 1845. Horloger, il se fit passer pour Louis XVII.

NAUPACTE, anc. ville de Locride, à l'entrée du golfe de Corinthe, base navale des Athéniens au Vᵉ s. av. J.-C. Depuis le Moyen Âge, on l'appelle *Lépante**.

NAUPLIE, v. de Grèce, dans le Péloponnèse (Argolide); 37000 h. Citadelle. C'était le port de la ville d'Argos. Centre touristique.

NAUROUZE *(seuil de),* passage du sud de la France, reliant le Bassin aquitain au Midi méditerranéen; alt. 190 m. Obélisque à la mémoire de Riquet.

NAURU, atoll de la Polynésie, au sud des Marshall, formant un État indépendant depuis 1968; 21 km²; 7500 h. Phosphates.

Nausée *(la),* roman de J.-P. Sartre (1938). Le journal intime d'Antoine Roquentin révèle le drame d'un être incapable de conquérir sa liberté.

NAUSICAA. *Myth. gr.* Fille d'Alcinoos, roi des Phéaciens, qui accueillit Ulysse naufragé.

NAVACELLES *(cirque de),* méandre recoupé de la Vis, encaissé dans les calcaires du causse du Larzac (Hérault).

NAVAHOS ou **NAVAJOS,** Indiens de l'Amérique du Nord (auj. dans l'Arizona et le Nouveau-Mexique).

NAVARIN ou **PYLOS,** port de Grèce, dans le Péloponnèse, sur la mer Ionienne; 2500 h. Ruines du palais de Nestor. Défaite d'une flotte turco-égyptienne par une escadre anglo-franco-russe (1827).

NAVARRE, anc. royaume du sud-ouest de la France et du nord de l'Espagne. La *Basse Navarre* ou *Navarre française* est comprise dans le dép. des Pyrénées-Atlantiques. La *Navarre espagnole* couvre 10421 km², compte 486000 h. et a pour capitale *Pampelune.*

HISTOIRE

— IXᵉ s. : apparition d'une dynastie locale.
— 905-925 : Sanche Iᵉʳ Garcés, premier roi historique.
— 1000-1035 : Sanche III le Grand, maître de toute l'Espagne chrétienne. À sa mort, ses États se divisent.
— 1076-1134 : union de la Navarre et de l'Aragon.
— 1234 : la Navarre aux comtes de Champagne.
— 1284 : union de la Navarre à la France.
— 1328 : la Navarre à la maison d'Évreux.
— 1429 : nouvelle prépondérance aragonaise.
— 1479 : la Navarre à la maison de Foix.
— 1484 : la Navarre à la maison d'Albret.
— 1512 : Ferdinand II d'Aragon s'empare de la haute Navarre espagnole.
— 1589 : Henri, roi de Navarre, devenu roi de France, unit définitivement la basse Navarre à la France.

NAVARRENX [-rḛs] (64190), ch.-l. de c. des Pyrénées-Atlantiques; 1169 h. Fortifications des XVIᵉ-XVIIᵉ s.

NAVAS DE TOLOSA (Las), bourg d'Espagne (prov. de Jaén). Victoire des rois d'Aragon, de Castille et de Navarre sur les Almohades (16 juill. 1212).

NAVEZ (François Joseph), peintre belge, né à Charleroi (1787-1869), directeur de l'Académie des beaux-arts de Bruxelles en 1830.

NÁXOS, anc. cité grecque de Sicile, détruite en 403 av. J.-C. par Denys l'Ancien.

NÁXOS, la plus grande des îles Cyclades (Grèce); 14000 h. V. pr. *Náxos* (3000 h.). Duché vénitien de 1207 à 1566.

NAY-BOURDETTES (64800), ch.-l. de c. des Pyrénées-Atlantiques; 3728 h. (*Nayais).* Bérets.

NAZARETH, v. d'Israël, en Galilée; 38000 h. (*Nazaréens).* Jésus y vécut avec sa famille jusqu'au début de son ministère. Église de l'Annonciation (XVIIIᵉ s.).

NAZCA, culture indienne classique (Iᵉʳ-VIIIᵉ s.) de la côte sud du Pérou, célèbre pour ses nécropoles, au matériel funéraire abondant (tissus polychromes notamment), et pour d'énigmatiques lignes enchevêtrées tracées (500 m à 8 km) sur le sol.

NAZOR (Vladimir), écrivain yougoslave d'expression croate, né à Postire (1876-1949), auteur de romans *(Stoimena)* et de poésies lyriques et épiques.

Nazca
masque funéraire
en or

Vladimir
Nazor

N'DJAMENA, anc. **Fort-Lamy,** cap. du Tchad, sur le Chari; 179 000 h. Université.

NDOLA, v. de Zambie; 222 000 h. Cuivre.

NDZOUANI, anc. **Anjouan,** l'une des îles des Comores.

NEAGH *(lough),* lac de l'Irlande du Nord; 396 km².

NEANDERTAL ou **NEANDERTHAL,** vallée du bassin de la Düssel (Allemagne), à l'est de Düsseldorf. Grotte où l'on a découvert des restes humains fossiles du paléolithique moyen *(homme de Neandertal).*

NÉARQUE, navigateur grec, amiral de la flotte d'Alexandre le Grand (IVᵉ s. av. J.-C.). Le récit de sa navigation *(Périple),* des bouches de l'Indus à la mer Rouge, est un important document de la géographie.

NEBBIO (le), région du nord de la Corse.

NÉBO, montagne de Palestine, au nord-est de la mer Morte, lieu traditionnel de la mort de Moïse.

NÉBOUZAN, pays de Gascogne, dont Saint-Gaudens était le chef-lieu.

NEBRASKA, un des États unis d'Amérique; 200 017 km²; 1 484 000 h. Cap. *Lincoln.*

NECHAKO (la), riv. du Canada occidental, affl. du Fraser (r. dr.); 400 km.

NÉCHAO ou **NÉKAO Iᵉʳ,** pharaon de la XXVᵉ dynastie (VIIᵉ s. av. J.-C.). Il régna sur le Delta. — NÉCHAO II en 594 av. J.-C., roi d'Égypte de la XXVIᵉ dynastie (609-594 av. J.-C.). Il vainquit Josias, roi de Juda, à Megiddo, mais, vaincu à Karkemish (605) par Nabuchodonosor, il dut renoncer à maintenir sa domination sur la Palestine et la Syrie.

NECKAR (le), riv. de l'Allemagne fédérale, qui rejoint le Rhin (r. dr.) à Mannheim; 371 km. Le Neckar, qui passe à Tübingen et à Heidelberg, est accessible aux chalands de 1 350 t en aval de Stuttgart.

NECKARSULM, v. de l'Allemagne fédérale (Bade-Wurtemberg), sur le Neckar; 20 000 h. Automobiles.

NECKER (Jacques), financier et homme politique français d'origine suisse, né à Genève (1732-1804). Banquier à Paris (1765), il devint directeur général des Finances en 1777. Il souleva l'opposition des parlements et de la Cour en créant des assemblées provinciales chargées d'établir l'impôt et en recourant à l'emprunt; ayant révélé l'étendue de la dette publique et les dépenses des privilégiés, il dut démissionner (1781), se créant une immense popularité près du tiers état. Rappelé en 1788, il ne put rétablir la situation financière et fit décider la réunion des États généraux. Son renvoi (11 juill. 1789) déclencha les troubles du 14 juillet 1789. De nouveau rappelé (16 juill.), il ne put maîtriser les événements; il quitta le pouvoir en septembre 1790. Sa fille devint Mᵐᵉ de Staël.

NECTANIBIS, en gr. **Nectanebo** (m. en 360 av. J.-C.), roi d'Égypte de la XXXᵉ dynastie (378-360 av. J.-C.). Il défendit avec succès l'Égypte contre Artaxerxès II et fut un grand constructeur. — NECTANIBIS ou NECTANEBO II, roi d'Égypte (359-341 av. J.-C.). Vaincu par Artaxerxès III, il fut le dernier pharaon.

NEDERLAND, nom néerl. des *Pays-Bas.*

NÉEL (Louis), physicien français, né à Lyon en

1904. Il a découvert de nouveaux types de magnétisme. (Prix Nobel, 1970.)

NEERWINDEN, anc. comm. de Belgique (Brabant). Le maréchal de Luxembourg y battit Guillaume d'Orange le 29 juillet 1693. Le prince de Cobourg y vainquit Dumouriez le 18 mars 1793.

Nef des fous *(la),* titre d'un poème satirique de Sebastian Brant (1494) ainsi que d'un tableau de Jérôme Bosch, auj. au Louvre.

NÉFERTITI, reine d'Égypte, épouse d'Aménophis IV-Akhenaton (XIVᵉ s. av. J.-C.). Les musées de Berlin, du Caire et du Louvre conservent d'elle de très belles représentations.

NEFOUD → NUFŪD.

NEFTEDAG, région pétrolifère de l'U.R.S.S. (Turkménistan), au bord de la mer Caspienne.

NÉGREPELISSE (82800), ch.-l. de c. de Tarn-et-Garonne; 2 589 h.

NÉGREPONT → EUBÉE.

NEGRI (Cesare), maître à danser italien, né à Milan (1530 - v. 1604), auteur de *Le Gratie d'amore* (1602), réédité sous le titre de *Nuove Inventioni di ballo* (1604).

NÉGRIER (François DE), général français, né au Mans (1788-1848). Député en 1848, il fut tué à Paris dans les journées de Juin. — Son neveu FRANÇOIS OSCAR, général, né à Belfort (1839-1913), combattit en Algérie et au Tonkin.

NEGRI SEMBILAN, État de la Malaysia.

NÉGRITOS, Mélano-Indonésiens que les populations malaises ont refoulés dans les montagnes de l'intérieur des Philippines.

NEGRO *(río),* riv. de l'Amérique du Sud, affl. de l'Amazone (r. g.); 2 200 km.

NEGRO *(río),* fl. de l'Argentine; 1 000 km.

NEGROS, île des Philippines, au nord-ouest de Mindanao; 1 832 000 h.

NEGRUZZI (Constantin), poète moldave, né près de Iaşi (1808-1868), l'un des initiateurs de la littérature nationale roumaine.

NÉGUEV, région désertique du sud d'Israël, débouchant sur le golfe d'ʿAqaba. Cultures irriguées.

NÉGUIB ou **NAGIB** (Muhammad), général et homme d'État égyptien, né à Khartoum en 1901. En 1952, il renversa le roi Farouk, puis instaura la république en 1953. Il fut écarté par Nasser en 1954.

NÉHÉMIE, Juif qui organisa (445 av. J.-C.) avec le prêtre Esdras la restauration de Jérusalem et de la communauté juive après l'Exil. Le livre biblique de Néhémie (fin du IVᵉ s. av. J.-C.) relate cette restauration.

NEHRU (Jawaharlāl), homme d'État indien, né à Allāhābād (1889-1964). Disciple de Gāndhī, président du Congrès national indien en 1929, Premier ministre du gouvernement provisoire en 1946, chef du gouvernement lors de l'indépendance (1947), il s'efforça d'instaurer un socialisme original. Réélu à la présidence du Congrès (1951), il exerça, jusqu'à sa mort, une manière de « principal » et fut l'un des champions du neutralisme.

NEIGE *(crêt de la),* point culminant du Jura (Ain); 1 718 m.

NEIGES *(piton des),* point culminant de l'île de la Réunion; 3 069 m.

NEILL (Alexander Sutherland), pédagogue britannique, né à Forfar (auj. Angus), près d'Aberdeen (1883-1973). Il fonda une école, *Summerhill,* où il mit en pratique l'idée que les enfants sont capables de s'éduquer avec le minimum d'intervention des adultes.

NEIPPERG (Adam Albrecht, *comte* VON), né à Vienne (1775-1829). Grand maître du palais et amant de Marie-Louise, devenue duchesse de Parme, il épousa cette dernière.

NEISSE de Lusace, en polon. **Nysa Łużycka,** riv. de l'Europe centrale, née en Tchécoslovaquie, qui sert de frontière entre l'Allemagne démocratique et la Pologne, avant de rejoindre l'Oder (r. g.); 256 km.

NEIVA, v. de Colombie, sur le Magdalena; 90 000 h.

NÉKAO → NÉCHAO.

NEKRASSOV (Nikolaï Alekseïevitch), poète et publiciste russe, né à Iouzvino (1821-1877). Il dirigea des revues libérales (le *Contemporain,* les *Annales de la patrie)* qui exercèrent une grande influence sur l'évolution politique et littéraire de la Russie.

NÉLATON (Auguste), chirurgien français, né à Paris (1807-1873), chirurgien de Garibaldi et de Napoléon III.

NELLIGAN (Émile), écrivain canadien d'expression française, né à Montréal (1879-1941). Ses poèmes révèlent l'influence de Rimbaud et des symbolistes (le *Vaisseau d'or).*

NELLORE, v. de l'Inde (Andhra Pradesh); 134 000 h.

NELSON (le), fl. du Canada central, émissaire du lac Winnipeg et tributaire de la baie d'Hudson (à *Port Nelson);* 650 km. Aménagement hydroélectrique.

NELSON (Horatio, *vicomte), duc* de **Bronte,** amiral britannique, né à Burnham Thorpe (1758-1805). Il remporta sur les Français les victoires navales décisives d'Aboukir (1798) et de Trafalgar, où il fut tué.

NÉMÉE, vallée de l'Argolide, où étaient célébrés les *jeux Néméens.* Héraclès y tua un terrible lion qui désolait le pays.

NÉMÉSIS, déesse grecque de la Vengeance.

NEMOURS, v. d'Algérie → GHAZAOUET.

NEMOURS (77140), ch.-l. de c. de Seine-et-Marne, sur le Loing; 11 233 h. Château remontant au XIIᵉ s.; deux musées. Verrerie.

NEMOURS (Louis Charles Philippe d'ORLÉANS, *duc* DE), second fils de Louis-Philippe, né à Paris (1814-1896). Il se distingua au siège d'Anvers (1832) et en Algérie (1834-1842).

NEMROD, personnage de la Bible *(vaillant chasseur devant l'Éternel),* transposition dans le folklore hébreu d'un héros ou d'un dieu mésopotamien.

NENNI (Pietro), homme d'État italien, né à Faenza (1891-1980). Directeur de l'*Avanti!,* il devint, en exil, secrétaire général du parti socialiste italien (1931) et participa à la guerre d'Espagne (1936-1938). Vice-président du Conseil italien (1945), il se sépara, en 1947, du parti social-démocrate de G. Saragat. De nouveau vice-président du Conseil (1963), il fut élu, en 1966, président du parti socialiste réunifié. Ministre des Affaires étrangères (1968-69), il ne put éviter en 1969 une nouvelle scission du parti socialiste.

NÉO-CÉSARÉE, v. du Pont (Asie Mineure), sur le Lycos. Auj. *Niksar.*

NÉOPTOLÈME. *Myth. gr.* Autre nom de *Pyrrhos*,* fils d'Achille.

NÉOUVIELLE *(massif du),* massif des Pyrénées françaises, entre l'Adour et la Garonne, culminant au pic de Néouvielle; 3 091 m. Réserve naturelle.

NEP, nouvelle politique économique, plus libérale, établie provisoirement en U.R.S.S. de 1921 à 1928.

NÉPAL, royaume indépendant de l'Asie, au nord de l'Inde; 140 000 km²; 14 millions d'h. *(Népalais).* Cap. *Katmandou.* Le Népal s'étend sur le sud de l'Himālaya. Sa frontière avec le Tibet passe par l'Everest.

Jacques **Necker** par J. Duplessis

Larousse

Néfertiti, sculpture découverte à Amarna

R. Percheron

Nehru

W. Miller-Magnum

Nelson par sir William Beechey

National Portrait Gallery

NÉPAL

HISTOIRE

— VIIIe s. : le Népal, où coexistent Indiens et Tibétains, s'affirme comme État indépendant.
— XVIIIe s. : la caste militaire des Gurkhās unifie le pays.
— 1814-1816 : victoire britannique sur les Gurkhās; installation d'un résident anglais à Katmandou.
— 1846 : les Bahādur Rānā prennent la réalité du pouvoir.
— 1857 : après avoir aidé les Anglais à écraser les cipayes, le Népal recouvre partiellement son indépendance.
— 1923 : le pays devient pleinement indépendant.
— 1951 : Tribhuvana chasse les Rānā et établit la monarchie constitutionnelle.
— 1955-1972 : règne de Mahendra Bir Bikram.
— 1972 : avènement de Birendra Bir Bikram.

NEPER (John) → NAPIER.

NÉPHÉRITÈS, nom royal porté par deux pharaons de la XXIXe dynastie (398-378 av. J.-C.).

NEPHTALI, tribu du nord de la Palestine, dont l'ancêtre éponyme était un fils de Jacob.

NEPOS (Cornelius) → CORNELIUS NEPOS.

NEPOS (Flavius Julius), né en Dalmatie (m. en 480), empereur romain d'Occident (474-475). L'échec de la guerre contre les Wisigoths fut la cause de sa déposition.

NEPTUNE. *Myth. rom.* Dieu de l'Eau, dont les fêtes (*Neptunalia*) étaient célébrées au mois de juillet, temps de la sécheresse. Il devint le dieu de la Mer lorsqu'il fut assimilé au dieu grec *Poséidon.*

NEPTUNE, planète située au-delà d'Uranus, découverte en 1846 par l'astronome allemand Galle, grâce aux calculs de Le Verrier. Son diamètre équatorial vaut 48 600 km.

NÉRAC (47600), ch.-l. d'arr. de Lot-et-Garonne, sur la Baïse; 7 644 h. (*Néracais*). Château. Eaux-de-vie d'Armagnac. — Jeanne d'Albret et Henri de Navarre y tinrent leur cour.

NÉRÉE. *Myth. gr.* Dieu marin, père des *Néréides.*

NÉRÉIDES. *Myth. gr.* Divinités marines filles du dieu marin Nérée. Elles personnifiaient les vagues de la mer.

NÉRI (*saint* Philippe) → PHILIPPE NÉRI.

NÉRIS-LES-BAINS (03310), comm. de l'Allier; 2 929 h. Station thermale pour le traitement des affections nerveuses. Vestiges gallo-romains et mérovingiens. Église romane.

NERNST (Walther), physicien et chimiste allemand, né à Briesen (Prusse) [1864-1941], inventeur d'une lampe électrique et auteur de travaux sur les basses températures. (Prix Nobel de chimie, 1920.)

NÉRON, en lat. **Lucius Domitius Tiberius Claudius Nero,** né à Antium (37-68 apr. J.-C.), empereur romain (54-68), fils de Domitius Ahenobarbus et d'Agrippine. Adopté par l'empereur Claude, il lui succéda. Malgré des drames de palais (assassinat de Britannicus [55] et d'Agrippine [59]), les débuts du règne parurent prometteurs : à l'intérieur, retour aux pratiques d'Auguste; à l'extérieur, succès en Arménie (58-59) et en Bretagne (61). Mais, après la mort de Burrus et la disgrâce de Sénèque (62), Néron, privé de ces sages conseillers, s'engagea dans la voie d'un despotisme insensé : meurtre d'Octavie (62), remplacée par Poppée; condamnation à mort des riches citoyens, dont les fortunes venaient alimenter le trésor épuisé par les extravagances impériales; persécution des chrétiens, accusés de l'incendie de Rome (64). Ce régime de terreur suscita de nombreux complots (conjuration de Pison en 65, révolte en 68, l'armée, avec Galba en Gaule et Vindex en Espagne, se souleva. Néron, abandonné, se donna la mort.

NÉRONDE (42510 Balbigny), ch.-l. de c. de la Loire; 687 h.

NÉRONDES (18350), ch.-l. de c. du Cher; 1 334 h. Église romane. Châteaux.

NERUDA (Neftalí Ricardo REYES, dit **Pablo**), poète chilien, né à Parral (1904-1973), auteur de poèmes d'inspiration sociale et révolutionnaire (*le Chant général,* 1950). [Prix Nobel, 1971.]

NERVA (Marcus Cocceius), né à Narni (26-98), empereur romain (96-98), fondateur de la dynastie des Antonins. Succédant à Domitien, il pratiqua une politique d'apaisement : collaboration avec le sénat, réorganisation des finances, réformes sociales. Il adopta Trajan (97) pour lui succéder.

NERVAL (Gérard LABRUNIE, dit **Gérard de**), écrivain français, né à Paris (1808-1855). Lié avec les grands écrivains romantiques, traducteur prodige du *Faust* de Goethe (1828), il marque sa prédilection pour l'épanchement du rêve dans la réalité, et du passé dans la vie présente (*Voyage en Orient,* 1851; *les Filles du feu,* 1854). Ses sonnets des *Chimères* et son roman *Aurélia* (1855) font de lui le double précurseur de Baudelaire et de l'exploration surréaliste de l'inconscient. Sujet à des crises de démence, il fut trouvé pendu dans une rue du centre de Paris.

NERVI (Pier Luigi), ingénieur et architecte italien, né à Sondrio (1891-1979). Utilisateur du béton et du métal, il a notamment construit, avec Breuer et Zehrfuss, le palais de l'Unesco à Paris (1952-1958).

NESLE (80190), ch.-l. de c. de la Somme; 2 836 h. Huilerie.

Nesle [nɛl] (*hôtels et tour de*), anc. monuments de Paris. Il y eut deux hôtels de Nesle. L'emplacement de l'un est auj. occupé par l'hôtel des Monnaies et l'Institut de France; sur celui de l'autre s'élève la Bourse de commerce. La tour, dans laquelle Alexandre Dumas a situé l'action de son drame (1832), faisait partie de l'enceinte de Philippe Auguste, en face de la tour du Louvre.

NESS (*loch*), lac d'Écosse, au sud-ouest d'Inverness.

NESSELRODE (Karl Robert, *comte* VON), diplomate russe d'origine allemande, né à Lisbonne (1780-1862). Il fut plénipotentiaire du tsar au congrès de Vienne, et dirigea la politique extérieure russe de 1816 à 1856.

NESSOS ou **NESSUS.** *Myth. gr.* Centaure qui fut tué par Héraclès pour avoir tenté de faire violence à Déjanire, femme du héros. En mourant, Nessos donna sa tunique, trempée de sang, à Déjanire, comme un talisman qui devait assurer à celle-ci la fidélité de son époux. Héraclès, lorsqu'il l'eut revêtue, éprouva de telles douleurs qu'il mit fin à ses jours.

NESTE D'AURE ou **GRANDE NESTE** (la), riv. des Pyrénées centrales, affl. de la Garonne (r. g.); 65 km. Drainant la *vallée d'Aure,* elle alimente, avec ses affluents (*Nestes de Louron, de Couplan,* etc.), des centrales hydrauliques, le *canal de la Neste* ou *de Lannemezan,* qui, à son tour, maintient en été le niveau de plusieurs rivières de la Haute-Garonne et du Gers.

NESTOR, roi légendaire de Pylos, héros de la guerre de Troie, type du vieillard sage conseiller.

NESTORIUS, moine et prêtre d'Antioche, né à Germanica Cesarea (Syrie) [v. 380-451], patriarche de Constantinople (428-431). Sa doctrine sur le rapport de la divinité et de l'humanité en Jésus-Christ lui valut d'être déposé par le concile d'Éphèse et par la suite exilé. Il est à l'origine du *nestorianisme.*

NÈTHE (la), riv. de Belgique, formée par la réunion de la *Grande Nèthe* (90 km) et de la *Petite Nèthe* (64 km). Elle forme, avec la Dyle, le *Rupel*.

NETO (Agostinho), homme d'État angolais, né près de Luanda (1922-1979), président de la république populaire d'Angola de 1975 à sa mort.

NETZAHUALCÓYOTL, banlieue de Mexico; 580 000 h.

NEUBOURG (Le) [27110], ch.-l. de c. de l'Eure, au cœur de la riche *plaine du Neubourg;* 3 692 h. École d'agriculture. Aux environs, château du Champ-de-Bataille (fin du XVIIe s.).

NEUBRANDENBURG, v. de l'Allemagne démocratique; 56 000 h.

NEUCHÂTEL, en allem. **Neuenburg,** v. de Suisse, ch.-l. du *cant.* de Neuchâtel, sur le *lac de Neuchâtel;* 38 784 h. Collégiale des XIIe-XIVe s. Château. Musées. Université. Horlogerie. Constructions électriques. Chocolat. La ville fut le siège d'une principauté qui, souveraine en 1648,

buste de **Néron**
Giraudon

Pablo **Neruda**
G. Freund

Gérard de **Nerval** par Nadar
Nadar

Neuchâtel
marché aux fleurs sur la place des Halles

Johann Balthasar **Neumann** : grand escalier (milieu du XVIIIe s.)
de la résidence des princes-évêques à Würzburg (Bavière)

John Henry
Newman

appartint au roi de Prusse de 1707 à 1798 et de 1814 à 1857, tout en demeurant membre de la Confédération suisse. — Le cant. couvre 797 km² et compte 169 000 h.

NEUCHÂTEL (lac de), lac de la Suisse, au pied du Jura. Long de 38 km sur 3 à 8 km de large; 216 km².

NEUENGAMME, localité de l'Allemagne fédérale, au sud-est de Hambourg. Camp de concentration allemand (1938-1945).

NEUF-BRISACH [nøbrizak] (68600), ch.-l. de c. du Haut-Rhin, port sur le grand canal d'Alsace; 2579 h. Anc. place forte.

NEUFCHÂTEAU [nø-] (88300), ch.-l. d'arr. des Vosges, sur la Meuse; 9633 h. (Néocastriens). Deux églises médiévales.

NEUFCHÂTEAU [nø-], v. de Belgique (prov. du Luxembourg); 6000 h.

NEUFCHÂTEL-EN-BRAY [nø] (76270), ch.-l. de c. de la Seine-Maritime; 6139 h. Église des XIIe-XVIe s. Constructions mécaniques. Produits laitiers.

NEUFCHÂTEL-SUR-AISNE [nø-] (02190 Guignicourt), ch.-l. de c. de l'Aisne; 427 h.

NEUHAUSEN AM RHEINFALL, comm. de Suisse (Schaffhouse); 12 103 h.

NEUHOF ou **NEUHOFF** (Theodor, baron), aventurier, né à Cologne (1694-1756). En 1736, il se fit proclamer roi de Corse sous le nom de Théodore.

NEUILLÉ-PONT-PIERRE (37360), ch.-l. de c. d'Indre-et-Loire; 1365 h. (Noviliaciens).

NEUILLY-EN-THELLE (60530), ch.-l. de c. de l'Oise; 1898 h.

NEUILLY-LE-RÉAL (03340), ch.-l. de c. de l'Allier; 1084 h.

NEUILLY-PLAISANCE (93360), ch.-l. de c. de la Seine-Saint-Denis, à l'est de Paris; 18 185 h. (Nocéens).

NEUILLY-SAINT-FRONT (02470), ch.-l. de c. de l'Aisne; 1717 h.

NEUILLY-SUR-MARNE (93330), comm. de la Seine-Saint-Denis; 30 209 h. (Nocéens). Hôpitaux psychiatriques de Ville-Évrard et de Maison-Blanche.

NEUILLY-SUR-SEINE (92200), ch.-l. de c. des Hauts-de-Seine, en bordure du bois de Boulogne; 66 095 h. (Neuilléens). Agglomération résidentielle. Traité signé en 1919 entre les Alliés et la Bulgarie.

NEUMANN (Johann Balthasar), architecte et ingénieur allemand, né à Cheb, en Bohême (1687-1753), maître de l'illusionnisme baroque (résidence de Würzburg, église de Vierzehnheiligen en Bavière, etc.).

NEUMANN (Johannes VON), mathématicien américain d'origine hongroise, né à Budapest (1903-1957), auteur, avec Morgenstern, d'une théorie des jeux et du comportement économique.

NEUMEIER (John), chorégraphe américain d'origine germano-polonaise, né à Milwaukee en 1942. Créateur inventif et original, il renouvelle la conception et la mise en scène chorégraphique (Dammern; Roméo et Juliette).

NEUMÜNSTER, v. de l'Allemagne fédérale (Schleswig-Holstein); 86 000 h.

NEUNG-SUR-BEUVRON [nœ-] (41210), ch.-l. de c. de Loir-et-Cher; 1155 h. (Nugdunois).

NEUNKIRCHEN, v. de l'Allemagne fédérale (Sarre); 46 000 h. Sidérurgie.

NEUSIEDL (lac), en hongr. Fertö, lac de l'Europe centrale, aux confins de l'Autriche et de la Hongrie; 200 km².

NEUSS, v. de l'Allemagne fédérale, sur le Rhin; 148 000 h.

NEUSTRIE, l'un des royaumes mérovingiens, constitué lors du partage de 561 au profit de Chilpéric Ier. Elle comprenait les pays situés entre la Loire, la Bretagne, la Manche et la Meuse, et fut en rivalité avec l'Austrasie. Pépin de Herstal fit l'unité des deux royaumes.

NEUTRA (Richard Joseph), architecte américain d'origine autrichienne, né à Vienne (1892-1970). Pionnier de la préfabrication métallique, attaché à la rigueur du style international, il a recherché, dans ses maisons individuelles, la continuité de l'espace et la liaison avec le cadre naturel.

NEUVES-MAISONS (54230), ch.-l. de c. de Meurthe-et-Moselle, sur la Moselle; 6812 h. (Néodomiens). Aciérie.

NEUVIC (19160), ch.-l. de c. de la Corrèze; 2306 h. École régionale d'agriculture.

NEUVIC (24190), ch.-l. de c. de la Dordogne; 2941 h. Chaussures.

NEUVILLE-AUX-BOIS (45170), ch.-l. de c. du Loiret, près de la forêt d'Orléans; 3301 h.

NEUVILLE-DE-POITOU (86170), ch.-l. de c. de la Vienne; 3313 h.

NEUVILLE-EN-FERRAIN (59960), comm. du Nord; 8090 h.

NEUVILLE-LÈS-DIEPPE (76370), comm. de la Seine-Maritime; 13 663 h.

NEUVILLE-SUR-SAÔNE (69250), ch.-l. de c. du Rhône; 5885 h.

NEUVY-LE-ROI (37370), ch.-l. de c. d'Indre-et-Loire; 1084 h. Église des XIIe-XVIe s.

NEUVY-SAINT-SÉPULCHRE (36230), ch.-l. de c. de l'Indre; 1777 h. Église des XIe-XIIIe s., avec rotonde inspirée du Saint-Sépulcre de Jérusalem. Pèlerinage.

NEVA (la), fl. de Russie. Elle sort du lac Ladoga, passe à Leningrad et se jette dans le golfe de Finlande; 74 km.

NEVADA (sierra), massif du sud de l'Espagne; 3478 m au Mulhacén.

NEVADA (sierra), chaîne de montagnes de l'ouest des États-Unis (Californie); 4418 m au mont Whitney.

NEVADA, un des États unis d'Amérique (montagnes Rocheuses); 286 297 km²; 489 000 h. Cap. Carson City. Cuivre. Tourisme.

NEVELE, comm. de Belgique (Flandre-Orientale); 10 500 h.

NEVERS (58000), anc. cap. du Nivernais, ch.-l. du dép. de la Nièvre, sur la Loire, à 238 km au sud-est de Paris; 47 730 h. (Nivernais). Cathédrale des XIe-XVIe s.; église Saint-Étienne, anc.

abbatiale consacrée en 1097. Anc. palais ducal des XVe-XVIe s. Constructions mécaniques et électriques. Faïencerie.

Neveu de Rameau (le), roman de Diderot, composé en 1762 et publié après sa mort (en allemand en 1805; en français en 1821, puis en 1891).

NEVILLE (Richard), comte de Warwick, surnommé le Faiseur de rois (1428-1471). Beau-frère de Richard d'York, il le poussa à revendiquer le trône d'Angleterre, gagna sur Henri VI la bataille de Saint Albans (1455) et défit le parti lancastrien à Towton (1461), après avoir fait proclamer Édouard IV, son neveu. En 1470, il rétablit Henri sur le trône, mais fut vaincu par Édouard et tué.

NEVIS, île des Petites Antilles, territoire associé à la Grande-Bretagne; 12 000 h.

NEWARK, port des États-Unis (New Jersey), sur la baie de Newark; 382 000 h.

NEW BEDFORD, port des États-Unis (Massachusetts); 102 000 h. Pêche.

NEWCASTLE, centre sidérurgique de l'Afrique du Sud (Natal).

NEWCASTLE, port d'Australie (Nouvelle-Galles du Sud); 219 000 h. Sidérurgie.

NEWCASTLE, v. du Canada (Ontario); 31 928 h.

NEWCASTLE (William CAVENDISH, duc DE), chef royaliste anglais (1592-1676), partisan de Charles Ier.

NEWCASTLE-UPON-TYNE ou **NEWCASTLE,** port du nord-est de l'Angleterre, sur la Tyne; 222 000 h. Université.

NEWCOMB (Simon), astronome américain, né à Wallace (Nouvelle-Écosse) [1835-1909]. Il a calculé les valeurs des constantes fondamentales de l'astronomie.

NEWCOMEN (Thomas), mécanicien britannique, né à Dartmouth (1663-1729). Avec Thomas Savery, il construisit en 1705 la première machine à vapeur vraiment utilisable.

New Deal, nom donné aux réformes mises en œuvre par Roosevelt aux États-Unis, à partir de 1933, et consacrant une certaine intervention de l'État dans les domaines économique et social.

NEW DELHI, cap. de l'Inde, englobée dans l'espace urbain de Delhi; 302 000 h.

NEWFOUNDLAND, nom angl. de Terre-Neuve*.

NEW HAMPSHIRE, un des États unis d'Amérique (Nouvelle-Angleterre); 24 097 km²; 738 000 h. Cap. Concord.

NEW HAVEN, port des États-Unis (Connecticut); 138 000 h. Université Yale (musée d'Art).

NEWHAVEN, port de Grande-Bretagne (Sussex), sur la Manche; 8000 h. Liaisons maritimes avec Dieppe. Station balnéaire.

NE WIN (MAUNG SHU MAUNG, dit **Bo**), général et homme d'État birman, né à Paungdale (district de Prome) en 1911. Premier ministre de 1958 à 1960, il reprit le pouvoir, avec l'aide de l'armée, en 1962, instaurant une dictature militaire à programme socialiste. En 1981, il abandonna ses fonctions de chef d'État, tout en demeurant à la tête du parti unique.

Nice : la Promenade des Anglais

Isaac **Newton**

le maréchal **Ney**

chutes du **Niagara**

NEW JERSEY, un des États unis d'Amérique (Atlantique); 20 295 km²; 7 168 000 h. Cap. *Trenton.* V. pr. *Newark.*

NEWMAN (John Henry), cardinal et théologien anglais, né à Londres (1801-1890). Curé anglican, il entra dans l'Église catholique (1845) et devint prêtre (1847). Fondateur de l'Oratoire anglais, recteur de l'université catholique de Dublin (1851-1858), cardinal (1879), il développa dans ses ouvrages (*Grammaire de l'assentiment,* 1870) une spiritualité élevée et ouverte aux besoins du temps.

NEWMAN (Barnett), peintre américain, né à New York (1905-1970), maître, depuis 1946 environ, d'une *abstraction chromatique* rigoureuse.

NEWMARKET, v. du Canada (Ontario); 24 795 h.

NEW MEXICO, nom angl. du *Nouveau-Mexique*.*

NEW ORLEANS, nom angl. de *La Nouvelle-Orléans*.*

NEWPORT, port du pays de Galles, sur l'estuaire de la Severn; 112 000 h. Produits chimiques.

NEWPORT NEWS, v. des États-Unis (Virginie), sur la baie de Chesapeake; 137 000 h. Chantiers navals.

NEW SOUTH WALES, nom angl. de la *Nouvelle-Galles* du Sud.*

NEWTON (*sir* Isaac), physicien, mathématicien et astronome anglais, né à Woolsthorpe (Lincolnshire) [1642-1727]. Il donna en 1669 une théorie de la composition de la lumière blanche, qu'il pensait formée de corpuscules, et découvrit les lois de l'attraction universelle (1687). Il inventa le télescope (1672) et, au même moment que Leibniz, il trouva les bases du calcul différentiel.

Newton (*pomme de*), allusion à la circonstance qui mit Newton sur la voie des lois de l'attraction universelle. Ayant observé la chute d'une pomme sous l'effet de son poids, il pensa que le mouvement de la Lune pouvait s'expliquer par une force de même nature. Il étendit cette théorie aux planètes du système solaire, et ses calculs lui permirent de retrouver les lois de Kepler.

NEW WESTMINSTER, v. du Canada (Colombie britannique); 38 393 h. Papier.

NEW WINDSOR → WINDSOR.

NEW YORK, un des États unis d'Amérique (Atlantique); 128 400 km²; 18 237 000 h. Cap. *Albany.* V. pr. *New York, Buffalo, Rochester.*

NEW YORK, v. des États-Unis (État de New York), sur l'Atlantique, à l'embouchure de l'Hudson; 7 896 000 h. (*New-Yorkais.*) [Plus de 16 millions d'h. pour le *Grand New York.*] La ville a

V. ill. frontispice

été fondée à la pointe sud de l'île de Manhattan, où s'étend le quartier des affaires (Wall Street). New York s'est développée au XIXe s. vers le nord (Bronx, au-delà du quartier noir de Harlem), débordant sur le continent (au-delà de l'Hudson) et sur les îles voisines : Long Island (quartiers de Brooklyn et de Queens, au-delà de l'East River) et Staten Island (Richmond). Cité cosmopolite, New York est la plus grande agglomération et le premier centre .financier du monde, demeure un très grand port et un nœud aérien et ferroviaire. C'est encore une métropole culturelle (universités, musées [notamment Metropolitan* et Guggenheim*]) et commerciale, où toutes les branches industrielles sont pratiquement représentées.
— HISTOIRE. Hollandaise en 1626, la colonie de la Nouvelle-Amsterdam devint New York quand elle passa aux Anglais en 1664. L'indépendance des États-Unis et l'ouverture du canal Érié (1825) en firent la fortune. La ville est le siège de l'O.N.U. depuis 1946.

NEXO (Martin Andersen), écrivain danois, né à Copenhague (1869-1954), le principal représentant du roman prolétarien (*Ditte, enfant des hommes,* 1917-1921).

NEXON (87800), ch.-l. de c. de la Haute-Vienne; 2 420 h.

NEY [nε] (Michel), *duc* d'**Elchingen,** *prince de* la **Moskova,** maréchal de France, né à Sarrelouis (1769-1815). Surnommé le *Brave des braves,* il s'illustra dans les guerres de la Révolution et de l'Empire, notamment à Elchingen (1805) et pendant la campagne de Russie à la Moskova (1812). Nommé pair de France par Louis XVIII, rallié à Napoléon durant les Cent-Jours, il combattit à Waterloo. Condamné à mort par la Cour des pairs, il fut fusillé.

NEYRAC-LES-BAINS, station thermale de l'Ardèche (comm. de Meyras).

NEZVAL (Vítězslav), poète tchèque, né à Biskupovice, près de Třebíč (1900-1958), d'inspiration tour à tour lyrique et sociale.

NGAN-CHAN ou **ANSHAN,** v. de la Chine du Nord-Est; 900 000 h. Centre sidérurgique.

NGAN-HOUEI ou **ANHUI,** prov. de la Chine orientale; 140 000 km²; 38 200 000 h. Cap. *Ho-fei.*

NGAN-TONG ou **ANDONG,** port de Chine (Leao-ning); 420 000 h.

NGAZIDJA, anc. **Grande Comore,** l'une des îles des Comores.

NGÔ DINH DIÊM, homme d'État vietnamien, né dans la prov. de Quang Binh (1901-1963). Catholique, il devint chef du gouvernement (1954) puis président de la république (1955) du Viêt-nam du Sud. Appuyé par les États-Unis, il établit un régime autoritaire. Il fut tué au cours d'un putsch.

NGOUABI (Marien), homme d'État congolais, né à Ombele, près du Fort-Rousset (1938-1977). Président de la république populaire du Congo (1969), il fut assassiné en 1977.

NGUYÊN VAN THIÊU, général et homme d'État vietnamien, né à Phan Rang en 1923, président de la république du Viêt-nam du Sud de 1967 à 1975.

NHA TRANG, port du Viêt-nam; 195 000 h.

NIAGARA (le), riv. de l'Amérique du Nord, séparant le Canada des États-Unis et unissant les lacs Érié et Ontario. Elle est coupée par les *chutes du Niagara* (hautes de 47 m), haut lieu touristique et site d'un grand aménagement hydroélectrique.

NIAGARA FALLS, v. des États-Unis (État de New York), sur le *Niagara;* 86 000 h. — La ville homonyme, sur la rive canadienne (Ontario), a 69 423 h.

NIAMEY, cap. du Niger, sur le moyen Niger; 150 000 h.

NIAUX (09400 Tarascon sur Ariège), comm. de l'Ariège; 221 h. Grotte ornée de peintures pariétales (magdalénien).

NIBELUNGEN, dans la légende allemande, nains possesseurs de grandes richesses souterraines et qui ont pour roi *Nibelung.* Les guerriers de Siegfried, puis les Burgondes prirent successivement le nom de « Nibelungen » après s'être emparés de leurs trésors.

Nibelungen (*Chanson des*), épopée germanique, écrite vers 1200 en moyen haut allemand. Elle raconte les exploits de Siegfried, maître du trésor des Nibelungen, pour aider Gunther à conquérir la main de Brunhild, son mariage avec Kriemhild, sœur de Gunther, sa mort sous les coups du traître Hagen et la vengeance de Kriemhild.

NICAISE (*saint*), évêque de Reims (m. v. 407). Il fut assassiné par les Vandales.

NICARAGUA, république de l'Amérique centrale, entre le Costa Rica et le Honduras; 148 000 km²; 2 700 000 h. (*Nicaraguayens*). Cap. *Managua.* Langue : espagnol. L'intérieur, montagneux, est ouvert par les dépressions occupées par les lacs Nicaragua et Managua. Cette région sépare deux plaines littorales, l'une, étroite, mais fertile (coton, café), sur le Pacifique, l'autre, plus large, surtout forestière, sur l'Atlantique (côte des Mosquitos).

HISTOIRE
À l'époque coloniale, le Nicaragua fait partie de la capitainerie générale du Guatemala.
— 1838 : le Nicaragua, république indépendante après la disparition des Provinces-Unies de l'Amérique centrale.
— 1850 : traité Clayton-Bulwer : Anglais et Américains renoncent à intervenir au Nicaragua.
— 1855-1857 : le pays aux mains de l'aventurier américain William Walker.
— 1863-1893 : les conservateurs au pouvoir.
— 1893-1907 : dictature du libéral José Santos Zelaya. Conflit avec la Grande-Bretagne à propos de l'ancien royaume des Mosquitos.
— 1907-1924 : les Américains occupent le pays.
— 1924-1934 : le président Augusto César Sandino essaie de se débarrasser des Américains. Il est assassiné.
— 1937-1956 : dictature d'Anastasio Somoza.
— 1956 : le clan Somoza se maintient au pouvoir.
— 1978 : début de l'insurrection sandiniste.
— 1979 : chute de Somoza; établissement d'un régime progressiste.

NICCOLINI (Giovan Battista), historien et poète italien, né à Bagni di San Giuliano (1782-1861), auteur de tragédies (*Antonio Foscarini, Arnaldo da Brescia*).

NICE, ch.-l. du dép. des Alpes-Maritimes, sur la Côte d'Azur, dominé par les *Préalpes de Nice,* à 933 km au sud-est de Paris; 346 620 h. (*Niçois*). Évêché. Université. Vieille Ville des XVIIe-XVIIIe s.

1437

Musées « Masséna » et « Jules-Chéret ». À Cimiez, vestiges romains, église avec panneaux des Brea, musées Matisse et du *Message biblique* (Chagall). Grande station touristique. Aéroport. Port de voyageurs. Constructions mécaniques. Électronique. Fleurs. Fondée au Ve s. av. J.-C. par les Massaliotes, annexée au comté de Provence (Xe s.), ville libre (XIe s.), Nice passa sous la domination des Angevins de Provence (1246), puis sous celle de la maison de Savoie (1388). Française de 1793 à 1814, elle fut définitivement cédée à la France par le Piémont en 1860.

NICÉE, anc. ville d'Asie Mineure (Bithynie), où se tinrent deux conciles œcuméniques, l'un convoqué par Constantin en 325, qui condamna l'arianisme et élabora un symbole de foi, ou *symbole de Nicée,* l'autre, en 787, qui définit contre les iconoclastes la doctrine orthodoxe sur le culte des images. — De 1204 à 1261, Nicée fut la capitale des empereurs byzantins dépossédés de Constantinople par les croisés. L'*empire de Nicée,* fondé par Théodore Ier Lascaris, eut comme dernier titulaire Michel VIII Paléologue, qui reprit Constantinople.

NICÉPHORE *(saint),* né à Constantinople (v. 758-829), patriarche de Constantinople de 806 à 815. Il fut déposé à cause de sa résistance à l'iconoclasme et mourut en exil. Il a laissé plusieurs traités sur le culte des images et une histoire de l'Empire grec de 602 à 769.

NICÉPHORE Ier le Logothète (m. en 811), empereur byzantin de 802 à 811. Il détrôna Irène. Il fut battu par Hārūn al-Rachīd et par les Bulgares, qui le massacrèrent avec son armée. — NICÉPHORE II *Phokas* (v. 913-969), empereur de 963 à 969. Il fut assassiné par Jean Tzimiskès. — NICÉPHORE III *Botanéiatès* (m. apr. 1081), empereur de 1078 à 1081. Alexis Comnène l'enferma dans un couvent.

NICHOLSON (William), chimiste et physicien anglais, né à Londres (1753-1815). Il découvrit, avec Carlisle, l'électrolyse de l'eau et inventa un aréomètre.

NICIAS, général athénien (v. 470-413 av. J.-C.). Il se distingua pendant la guerre du Péloponnèse, négocia la paix avec Sparte (421) et périt dans l'expédition de Sicile, qu'il avait désapprouvée.

NICOBAR *(îles),* archipel indien du golfe du Bengale.

NICODÈME *(saint)* [Ier s.], notable juif, membre du sanhédrin. Quoique pharisien, il montra de l'intérêt pour le message et la personne de Jésus.

NICOL (William), physicien britannique, né en Écosse (v. 1768-1851). En 1828, il inventa le prisme polariseur qui porte son nom.

NICOLA Pisano, sculpteur italien, né dans les Pouilles (v. 1220- entre 1278 et 1284), instigateur de la première Renaissance pisane (chaire du baptistère de Pise). — Son fils GIOVANNI (v. 1248-apr. 1314), actif surtout à Pise et à Sienne, d'un tempérament non moins puissant, pousse plus loin que lui l'adhésion à la culture gothique (statues de la cathédrale de Sienne, chaires de Pistoia et de la cathédrale de Pise).

NICOLAS *(saint)* [IVe s.], évêque de Myre en Lycie, patron de la Russie et des petits enfants. Son culte est très populaire en Orient et dans l'Europe du Nord-Ouest.

NICOLAS Ier *(saint),* dit **le Grand,** né à Rome (v. 800-867), pape de 858 à 867. Il secoua la

tutelle impériale et accueillit les Bulgares dans l'Église romaine. — NICOLAS II (Gérard *de Bourgogne*), né à Chevron (Savoie) [v. 980-1061], pape de 1059 à 1061. Il combattit la simonie et le nicolaïsme. — NICOLAS III (Giovanni Gaetano *Orsini*), né à Rome (entre 1210 et 1220-1280), pape de 1277 à 1280. — NICOLAS IV (Girolamo *Masci*), né à Lisciano (v. 1230-1292), pape de 1288 à 1292. Il couronna Charles II d'Anjou comme roi de Sicile (1289). — NICOLAS V (Tommaso *Parentucelli*), né à Sarzana (v. 1398-1455), pape de 1447 à 1455. Il mit fin au schisme de Félix V. Il fonda la Bibliothèque vaticane.

NICOLAS Ier, né à Tsarskoïe Selo (1796-1855), empereur de Russie (1825-1855), troisième fils de Paul Ier. Il succéda à son frère Alexandre Ier et instaura un régime fondé sur la défense de l'orthodoxie et de l'autocratie tsariste. « Gendarme de l'Europe », il réprima la révolte polonaise de 1830-31 et écrasa la révolution hongroise en 1849. Par le traité d'Unkiar-Skelessi (1833), signé avec la Turquie, il réserva l'accès exclusif des Détroits à la Russie. Sa politique se heurta à la résistance concertée de la France et de la Grande-Bretagne, qui l'engagèrent dans la guerre de Crimée (1854). — NICOLAS II, né à Tsarskoïe Selo (1868-1918), dernier tsar de Russie (1894-1917), fils et successeur d'Alexandre III. Il renforça l'entente franco-russe (1896), engagea son pays dans la guerre contre le Japon (1904-1905) et, dominé par sa femme, elle-même sous l'emprise du charlatan Raspoutine, laissa réprimer dans le sang une manifestation à Saint-Pétersbourg (« Dimanche rouge », 22 janv. 1905). Il accepta l'élection d'une douma (assemblée législative), mais décida la dissolution des deux premières (1906 et 1907). Les revers de la guerre contre l'Allemagne (1914-1916) renforcèrent les mouvements révolutionnaires. Le tsar abdiqua le 15 mars 1917. Transféré à Iekaterinbourg, il y fut massacré en même temps que sa famille (17 juill. 1918).

NICOLAS NIKOLAÏEVITCH ROMANOV *(grand-duc),* général russe, né à Saint-Pétersbourg (1856-1929). Oncle du tsar Nicolas II, généralissime des armées russes en 1914-15 puis commandant le front du Caucase (1915-1917), il se retira en France après la révolution de 1917.

NICOLAS ou NIKITA Ier PETROVIĆ NJEGOŠ, né à Njegoš (1841-1921), prince, puis roi (1910-1918) de Monténégro.

NICOLAS de Cusa (Nikolaus KREBS ou CHRYPFFS, dit), cardinal allemand, né à Kues (diocèse de Trèves) [1401-1464]. Il seconda l'action des papes en Allemagne. Il a laissé une importante œuvre théologique et philosophique.

NICOLAS de Verdun, orfèvre qui a signé et daté l'ambon de Klosterneuburg, près de Vienne (1181), ainsi que la châsse de Notre-Dame de Tournai (1205), et qui est sans doute l'auteur de la châsse des Rois mages de Cologne, toutes

Nicolas de Verdun
châsse de Notre-Dame-de-Tournai
début du XIIIe s.

œuvres d'un style plastique souple et puissant, concurrent du style gothique contemporain.

Nicolas Nickleby, roman de Ch. Dickens (1839).

NICOLE (Pierre), écrivain français, né à Chartres (1625-1695), janséniste et professeur à Port-Royal, auteur d'*Essais de morale* (1671-1678).

NICOLLE (Charles), bactériologiste français, né à Rouen (1866-1936). Ses travaux ont porté sur le typhus, la fièvre de Malte, etc. (Prix Nobel, 1928.)

NICOMÈDE, nom de quatre rois de Bithynie.

Nicomède, tragédie de P. Corneille (1651).

NICOMÉDIE, v. de Bithynie, fondée v. 264 av. J.-C. Capitale du royaume de Bithynie, résidence impériale au temps de Dioclétien, elle fut au IVe s. un des bastions de l'arianisme.

NICOPOLIS, auj. Nikopol, v. de Bulgarie, sur le Danube; 5400 h. Victoire de Bayezid Ier sur les Hongrois de Sigismond et les Français (1396).

NICOSIE, cap. de Chypre, dans l'intérieur de l'île; 117000 h. Monuments gothiques des XIIIe et XIVe s. Musées.

NICOT (Jean), diplomate français, né à Nîmes (v. 1530-1600). Il introduisit le tabac en France.

NIDWALD → UNTERWALD.

NIEDERBRONN-LES-BAINS (67110), ch.-l. de c. du Bas-Rhin; 4461 h. Station thermale (tube digestif, foie, reins).

NIEDERMEYER (Louis), compositeur français d'origine suisse, né à Nyon (1802-1861). Il a fondé à Paris une école de musique classique et religieuse, et a composé des opéras et des romances *(le Lac).*

NIEL (Adolphe), maréchal de France, né à Muret (1802-1869). Ministre de la Guerre en 1867, il tenta de réorganiser l'armée et institua la garde nationale mobile.

NIELSEN (Carl), compositeur danois, né à Nørre-Lyndelse (1865-1931), auteur de six symphonies, de concertos, de deux opéras, etc.

NIEMCEWICZ (Julian Ursyn), patriote et écrivain polonais, né à Skoki (1757-1841).

NIÉMEN (le), fl. du nord-ouest de l'U.R.S.S., tributaire de la Baltique; 880 km.

NIEMEYER (Oscar), architecte brésilien, né à Rio de Janeiro en 1907. Il a édifié le centre de Pampulha, près de Belo Horizonte, ainsi que les principaux monuments de Brasília.

NIEPCE [njɛps], famille d'inventeurs français. — NICÉPHORE, né à Chalon-sur-Saône (1765-1833), inventa la photographie (1826). — Son neveu ABEL **Niepce de Saint-Victor,** né à Saint-Cyr, près de Chalon-sur-Saône (1805-1870), imagina un procédé de photographie sur verre.

NIEPPE (59850), comm. du Nord; 6903 h.

NIETZSCHE (Friedrich), philosophe allemand, né à Rökken (1844-1900). Il considère que les valeurs qui dominent le monde (l'être, le vrai, le bien) ont pour origine la réaction des faibles à l'égard des puissants. L'évaluation qu'il fait de cette origine le conduit à montrer comment les valeurs dominantes se définissent comme la négation de la vie. La morale humaine et chrétienne lui apparaît ainsi comme le refus de la vie au nom d'un idéal. Il oppose à ce nihilisme l'affirmation de la vie et la volonté du retour éternel de ce qui fait la diversité de la vie.

Nicéphore **Niepce**
par L. Berger

Friedrich
Nietzsche

Nicolas Ier

Nicolas II

Nietzsche s'est exprimé par des aphorismes cinglants *(Gai Savoir, Par-delà bien et mal)*, des dissertations brillantes *(Considérations intempestives, la Généalogie de la morale)* et des poèmes *(Ainsi* parlait Zarathoustra, les Dithyrambes de Dionysos).

NIEUL (87510), ch.-l. de c. de la Haute-Vienne; 1 004 h.

NIEUPORT, en néerl. *Nieuwport,* v. de Belgique (Flandre-Occidentale); 8 000 h. Dessalement de l'eau de mer.

NIEUPORT (Édouard DE NIÉPORT, dit), aviateur et ingénieur français, né à Blida (1875-1911), l'un des premiers constructeurs d'avions (biplan *Nieuport* de la Première Guerre mondiale).

NIÈVRE (la), affl. de la Loire (r. dr.), rejointe à Nevers; 53 km.

NIÈVRE *(dép. de la)* [58], dép. de la Région Bourgogne; ch.-l. de dép. *Nevers;* ch.-l. d'arr. *Château-Chinon, Clamecy, Cosne-Cours-sur-Loire;* 4 arr., 30 cant., 312 comm.; 6 837 km²; 245 212 h. Le dép. appartient à l'académie de

Dijon, à la circonscription judiciaire de Bourges, à la région militaire de Metz et à la province ecclésiastique de Sens. Il est formé de régions variées (extrémité amont du Val de Loire; dépression du Bazois, entre les collines du Nivernais et la partie occidentale du Morvan). L'élevage bovin (pour la viande) et l'exploitation forestière constituent les principales ressources de l'économie rurale; les cultures ne jouent un grand rôle que très localement (vignobles de Pouilly-sur-Loire). L'industrie est représentée par le travail du bois, disséminé, et surtout par la métallurgie de transformation, implantée essentiellement dans la vallée de la Loire (Decize, Imphy, Nevers). Le thermalisme anime quelques localités (Pougues-les-Eaux, Saint-Honoré).

NIGER (le), principal fl. de l'Afrique occidentale. Né au pied du mont Loma, le Niger décrit une longue courbe, passant à Bamako, Tombouctou et Niamey, avant de rejoindre le golfe de Guinée, par un vaste delta; 4 200 km. Navigable par biefs, il est aussi utilisé pour l'irrigation.

NIGER, république de l'Afrique occidentale, à l'est de la boucle du Niger; 1 267 000 km²; 5 150 000 h. Cap. *Niamey.* Langue officielle : *français.* L'élevage est la ressource essentielle du pays (qui recèle toutefois d'importants gisements d'uranium), steppique et désertique, en dehors de secteurs localement plus arrosés ou irrigués (vallée du Niger), domaines des cultures (arachides, mil, sorgho, riz).

HISTOIRE

— VIIe s. : formation d'un Empire songhaï, islamisé, autour de Gao.
— 1591 : destruction de cet empire par les Marocains. Le pays passe peu à peu sous le contrôle des Peuls.
— 1897 : établissement des premiers postes français sur le Niger.
— 1906 : soumission effective des Touaregs.
— 1921 : le «IIIe territoire militaire» devient le territoire du Niger.
— 1922 : le Niger, colonie de l'A.-O. F.
— 1958 : proclamation de la république.
— 1960 : indépendance; Hamani Diori, président de la République.
— 1974 : coup d'État de Seyni Kountché.

NIGERIA (le), république de l'Afrique occidentale, sur le golfe de Guinée, traversée par le Niger; 924 000 km²; 77 millions d'h. *(Nigerians).* Cap. *Lagos;* fut. cap. *Abuja.* Langue officielle : *anglais.* Au Sud, couvert par la forêt dense, trouée de plantations de cacaoyers (deuxième rang mondial), de palmiers à huile, d'hévéas, s'oppose le Nord, pays de savanes, domaine de l'élevage. Formé de populations variées (Haoussas, Ibos, Yoroubas, etc.), parfois opposées, l'État est de loin le plus peuplé de l'Afrique. Il possède d'importants gisements de pétrole, dont l'exportation explique l'excédent de la balance commerciale et favorise l'industrialisation.

HISTOIRE

— 900 av. J.-C. - 200 apr. J.-C : le Nigeria, centre de la civilisation de Nok.
— 1097 : début de l'islamisation au nord.
— XIIIe s. : épanouissement de la civilisation d'Ifé au sud.
— 1472 : le royaume du Bénin en relation avec les Portugais.
— XVIe s. : apogée de l'empire Kanem-Bornou.
— 1553 : début des relations commerciales avec les Anglais.
— XVIIe s. : intervention des Peuls musulmans dans les royaumes haoussas.
— début du XIXe s. : l'Empire peul de Sokoto, organisé en provinces, couvre, sauf le Bornou, le nord du Nigeria actuel.
— 1851 : les Anglais occupent Lagos.
— 1879 : création de l'United African Company (qui deviendra la Royal Niger Company).
— 1900 : le Nigeria passe sous la juridiction du Colonial Office.
— 1914 : fusion du Nord et du Sud (plus une partie du Cameroun) pour former la colonie et le protectorat du Nigeria.
— 1951 : établissement d'un gouvernement représentatif.
— 1954 : Constitution fédérale.

NIÈVRE

NIGER

NIGERIA

— 1960 : indépendance.
— 1963 : le Nigeria devient une république.
— 1966 : coup d'État d'Ironsi, un Ibo.
— 1967-1970 : guerre du Biafra.
— 1975 : coup d'État, qui renverse Yakubu Gowon.
— 1976 : nouveau coup d'État militaire. Le général Obasanjo devient chef de l'État.
— 1979 : élection de Haji Shehu Shagari à la présidence de la République.

NIIGATA, port du Japon (Honshū); 384 000 h. Métallurgie. Raffinage du pétrole.

NIIHAMA, port du Japon (Shikoku); 126 000 h. Métallurgie.

NIJINSKI (Vaslav), danseur russe d'origine polonaise, né à Kiev (1890-1950). Le plus grand danseur de son époque, il créa pour les Ballets russes *le Spectre de la rose, l'Après-midi d'un faune,* dont il régla la chorégraphie, et *Schéhérazade.* — Sa sœur BRONISLAVA **Nijinska,** née à Varsovie (ou à Minsk) [1891-1972], danseuse (théâtre Mariinski; Ballets russes) et chorégraphe polonaise, est l'auteur des *Noces* (1923).

NIJLEN, comm. de Belgique (prov. d'Anvers); 18 100 h.

NIJNI-NOVGOROD → GORKI.

NIJNI TAGUIL, v. de l'U.R.S.S. (R.S.F.S. de Russie), dans l'Oural; 399 000 h. Centre minier et métallurgique.

Nika *(sédition),* soulèvement populaire de Constantinople (532) sous Justinien. Il fut maté par Narsès et Bélisaire, grâce à l'énergie de l'impératrice Théodora.

NIKKŌ, v. du Japon (Honshū); 40 000 h. Temples (XVIe-XVIIe s.). Centre touristique.

NIKOLAÏEV, port de l'U.R.S.S. (Ukraine), sur la mer Noire; 447 000 h. Centrale nucléaire.

NIKOLAIS (Alwin), compositeur et choré-

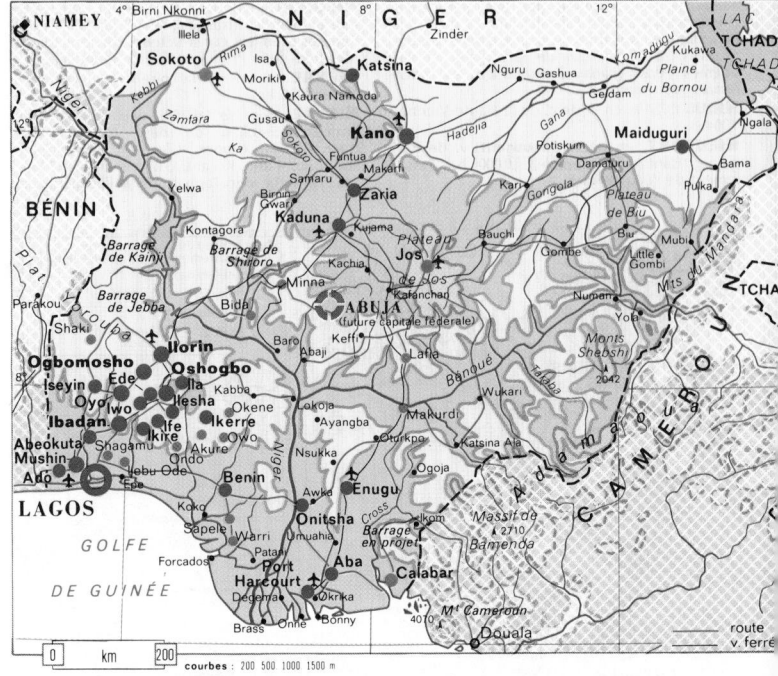

NIGERIA

J. Bottin.

le **Nil** près d'Assouan (Égypte)

Nijinski et Tamara Karsavina

S. Lido

Nîmes : la Maison carrée

J. Bottin

graphe américain, né à Southington (Connecticut) en 1912. À la danse moderne, il adjoint lumières, couleurs et accessoires, jouant avec les formes, les volumes et l'espace, « théâtre total » *(Kaléidoscope, Imago, Structures).*

NIKON (Nikita MININE, dit), prélat russe, né près de Nijni-Novgorod (1605-1681). Patriarche de Moscou (1652), partisan du retour de l'orthodoxie russe à ses sources grecques, il fit adopter des réformes qui provoquèrent le mouvement schismatique du *raskol,* ou des vieux-croyants. Il fut déposé en 1666.

NIKOPOL, v. de l'U.R.S.S. (Ukraine); 146 000 h.

NIL (le), principal fl. d'Afrique; 6 700 km (5 600 depuis le lac Victoria). Sorti du lac Victoria (sous le nom de *Nil Victoria),* où s'est jetée sa branche mère, la Kagera, le Nil s'écoule vers le nord. Traversant les lacs Kioga et Mobutu, il prend le nom de *Nil Blanc* (Bahr el-Abiad) au sortir de la cuvette marécageuse du Soudan méridional. À Khartoum, le Nil reçoit le *Nil Bleu* (Bahr el-Azrak), puis, en aval, l'Atbara. Il traverse ensuite la Nubie et l'Égypte, atteint Le Caire, où commence le delta sur la Méditerranée. Le

barrage de Sadd al-'Ālī (haut barrage d'Assouan) régularise son cours inférieur et crée en amont un vaste lac artificiel, long de 500 km (en partie au Soudan), qui a permis d'étendre une irrigation, utilisant, depuis l'Antiquité, les crues estivales.

NILGIRI *(monts),* massif montagneux du sud de l'Inde; 2 635 m.

NILVANGE (57240 Knutange Nilvange), comm. de la Moselle; 7 018 h. Métallurgie.

NIMAYRĪ (Dja'far **al-)** ou **NEMEYRI** (Gaafar **el-),** officier et homme d'État soudanais, né à Omdurman en 1930, chef de l'État depuis 1969.

NIMBA *(mont),* massif d'Afrique, aux confins de la Côte-d'Ivoire, de la Guinée et du Liberia; 1 752 m. Gisements de fer.

NIMÈGUE, en néerl. Nijmegen, v. des Pays-Bas (Gueldre), sur le Waal; 149 000 h. Chapelle-baptistère du VIIIe s. Grande Église (XVe s.). Hôtel de ville (XVIe s.). Traités conclus en 1678 entre la France, les Provinces-Unies et l'Espagne, et en 1679 entre la France et l'Empire, à la fin de la guerre de Hollande; donnant à la France la Franche-Comté, le Cambrésis et plusieurs villes

du Hainaut (Valenciennes, Condé, etc.), de l'Artois (Aire, Saint-Omer) et de Flandre (Bailleul, Cassel, Ypres, Warneton, etc.), ces traités firent de Louis XIV l'arbitre de l'Europe.

NÎMES (30000), ch.-l. du dép. du Gard, à 704 km au sud de Paris; 133 942 h. *(Nîmois).* Évêché. Beaux monuments romains : Maison carrée (16 av. J.-C.), arènes, temple de Diane. Près de ce dernier, jardin de la Fontaine, du XVIIIe s. Musées. École d'application de l'artillerie sol-air. Confection. — Nîmes fut l'une des cités les plus brillantes de l'Empire romain. Elle fut rattachée au comté de Toulouse (1185) et annexée au royaume en 1229. Fief protestant, elle souffrit de la révocation de l'édit de Nantes.

NIMITZ (William), amiral américain, né à Fredericksburg (Texas) [1885-1966]. Commandant les forces aéronavales alliées dans le Pacifique de 1942 à 1945, il vainquit la flotte japonaise.

NIMROUD, site d'Assyrie, sur le Tigre, à l'emplacement de l'anc. Kalhou (ou Calach), fondée au XIIIe s. av. J.-C. et cap. d'Assour Nasirpal au IXe s. Importants vestiges.

NIN (Anaïs), femme de lettres américaine, née à Paris (1903-1977). Son œuvre romanesque *(les*

Miroirs dans le jardin, 1946; Séduction du Minotaure, 1961) et autobiographique (Journal, 1969-1975) compose l'analyse d'une personnalité écartelée entre des cultures et des passions différentes.

NINGBO → NING-PO.

NING-HIA ou **NINGXIA** (région autonome de), région du nord-ouest de la Chine; 170 000 km²; 2 millions d'h. Cap. Yin-tch'ouan.

NING-PO ou **NINGBO**, v. de Chine (Tchökiang); 240 000 h. Port de pêche. Monuments anciens.

NINGXIA → NING-HIA.

NINIVE, v. de l'anc. Mésopotamie, sur le Tigre (hab. Ninivites). Fondée au V⁰ millénaire, Ninive ne devint importante qu'avec Sennachérib (705-680 av. J.-C.), qui en fit la capitale de l'Assyrie. Sa destruction, en 612 av. J.-C., marque la fin de l'Empire assyrien. Vestiges (nombreux objets au musée de Bagdad).

NINOVE, v. de Belgique (Flandre-Orientale); 33 200 h. Église, anc. abbatiale de prémontrés, des XVII⁰-XVIII⁰ s.

NIOBÉ. Myth. gr. Reine légendaire de Thèbes. Fière de ses quatorze enfants, elle se moqua de Léto, qui n'en avait que deux, Apollon et Artémis. Ceux-ci vengèrent leur mère en tuant avec leurs flèches les sept fils et les sept filles de Niobé. Zeus changea Niobé en rocher d'où jaillissait une source.

NIOLU-OMESSA (canton de), canton de la Haute-Corse; ch.-l. Calacuccia.

NIORT (79000), ch.-l. du dép. des Deux-Sèvres, sur la Sèvre Niortaise, à 403 km au sud-ouest de Paris; 63 965 h. (Niortais). Anc. forteresse au XII⁰ s. (musée). Siège de sociétés d'assurances mutuelles. Constructions mécaniques et électriques. Ganterie.

NIPIGON, lac du Canada (Ontario), se déversant dans le lac Supérieur par le Nipigon; 4 450 km².

NIPPON, nom par lequel les Japonais désignent leur pays.

Jean II de Montmorency. Il refusa de marcher contre le duc de Bourgogne, malgré l'ordre, l'appel de son propre père, se dérobant à toutes les sommations, d'où la locution populaire : Il ressemble au chien (par corruption pour : à ce chien) de Jean de Nivelle, qui s'enfuit quand on l'appelle.

NIVELLE (Robert), général français, né à Tulle (1856-1924). Commandant la IIe armée à Verdun (1916), puis commandant en chef en 1917, il dirigea la vaine offensive du Chemin des Dames, dont l'échec entraîna son remplacement par Pétain.

NIVELLES, v. de Belgique (Brabant); 20 600 h. Collégiale mosane des XI⁰-XIII⁰ s.

NIVERNAIS, anc. prov. de France qui a formé la majeure partie du département de la Nièvre.

Nivernais (canal du), canal reliant la Seine à la Loire par l'Yonne; 174 km.

NIVILLERS (60510 Bresles), ch.-l. de c. de l'Oise; 294 h.

NIXON (Richard), homme d'État américain, né à Yorba Linda (Californie) en 1913. Républicain, vice-président des États-Unis (1953-1960), il fut élu président en 1968. Réélu en 1972, il dut démissionner en 1974 à la suite du scandale politique dit « du Watergate ».

NIZÂMÎ, poète persan, né à Gandja (v. 1140-1209), auteur d'épopées romanesques (les Amours de Laylâ et de Madjnûn) influencées par le soufisme.

NIZAN (Paul), écrivain français (Tours 1905-Audruicq 1940), auteur d'essais (les Chiens de garde) et de romans. Il rompit avec le communisme lors du pacte germano-soviétique.

NKRUMAH (Kwame), homme d'État ghanéen, né à Nkroful, près d'Axim (1909-1972). Fondateur en 1949 du Convention People's Party (CPP), Premier ministre (1952), il obtint l'indépendance du Gold Coast, devenu le Ghâna. Président de la République (1960), il fut renversé en 1966 par un coup d'État militaire.

NKVD (sigle des mots russes signifiant « commissariat du peuple aux Affaires intérieures »),

NOAILLES (Anna, princesse BRANCOVAN, comtesse MATHIEU DE), femme de lettres française, née à Paris (1876-1933), auteur de recueils lyriques (le Cœur innombrable, 1901).

NOBEL (Alfred), industriel et chimiste suédois, né à Stockholm (1833-1896). Il fonda, en mourant, des prix au profit des auteurs d'œuvres littéraires, scientifiques et philanthropiques. (V. liste des lauréats en fin de volume.)

NOBEOKA, v. du Japon (Kyūshū); 128 000 h.

NOBILE (Umberto), général, aviateur et explorateur italien, né à Lauro (Avellino) [1885-1978]. En 1928, il explora le pôle Nord à bord d'un dirigeable; perdu au large du Spitzberg, il fut recueilli par un aviateur suédois.

NOBILI (Leopoldo), physicien italien, né à Trassilico (1787-1835). Il inventa en 1826 le système dit « astatique » pour galvanomètre et imagina en 1830 une pile thermoélectrique.

NOCÉ (61340), ch.-l. de c. de l'Orne; 633 h.

Noces (les), ballet de Bronislava Nijinska, musique de Stravinski, décors et costumes de N. Gontcharova, créé en 1923 par les Ballets russes. — Versions de M. Béjart (1962) et de J. Robbins (1965).

Noces de Cana (les), toile monumentale de Véronèse, exécutée pour le réfectoire des bénédictins de S. Giorgio Maggiore à Venise (1563, Louvre). L'opulence d'une certaine société vénitienne d'alors y habille le thème biblique.

Noces de Figaro (les), opéra bouffe en quatre actes, livret de Lorenzo Da Ponte d'après le Mariage de Figaro de Beaumarchais, musique de Mozart (1786).

NODIER (Charles), écrivain français, né à Besançon (1780-1844). Ses œuvres, qui tiennent du roman noir et du conte fantastique (Jean Sbogar; Trilby ou le Lutin d'Argail; la Fée aux miettes, 1832), ont préparé la venue à Nerval et au surréalisme. Ses soirées de l'Arsenal, à Paris, réunissaient les écrivains romantiques. (Acad. fr.)

NOÉ, en hébr. **Noah**, héros du Déluge biblique. Son nom et son histoire sont une transposition

Anaïs **Nin**

Richard **Nixon**

Paul **Nizan**

Alfred **Nobel**

Charles **Nodier**
par Paulin-Guérin

NIPPOUR, anc. v. de basse Mésopotamie. Centre religieux sumérien, florissant entre le III⁰ et le I⁰ millénaire, qui a livré de nombreuses tablettes cunéiformes. Ruines.

NIS, anc. **Nissa**, v. de Yougoslavie (Serbie); 133 000 h. Anc. forteresse turque.

NISHINOMIYA, v. du Japon (Honshū), sur la baie d'Ōsaka; 377 000 h.

NISIBIS, v. de la Perse ancienne. Place commerciale et stratégique, elle fut, au point de vue religieux, un centre de rayonnement du nestorianisme. (Auj. Nusaybin.)

NITERÓI, v. du Brésil, sur la baie de Guanabara; 324 000 h.

NITHARD, historiographe franc (IX⁰ s.), auteur d'une Histoire des fils de Louis le Pieux.

NI TSAN ou **NI ZAN**, peintre, calligraphe et poète chinois (1301-1374). Son détachement intérieur et son style dépouillé en firent l'un des brillants représentants de l'esthétique lettrée de l'époque Yuan.

NIVE (la), riv. des Pyrénées-Atlantiques, qui rejoint l'Adour (r. g.) à Bayonne; 78 km.

NIVELLE (Jean DE) [v. 1422-1477], fils aîné de

organisme qui succéda à la Guépéou à la tête des services spéciaux soviétiques (1934-1941).

NÔ (lac), dépression marécageuse du Soudan méridional.

NOAILLES [nɔaj] (60430), ch.-l. de c. de l'Oise; 1 538 h.

NOAILLES (Anne Jules, duc DE), pair et maréchal de France, né à Paris (1650-1708). Gouverneur du Languedoc, il appliqua sévèrement le système des dragonnades. — Son fils ADRIEN MAURICE, maréchal de France, né à Paris (1678-1766), se distingua en Catalogne et en Allemagne; ministre des Affaires étrangères (1744-45), il conclut l'alliance prussienne.

NOAILLES (Louis Antoine DE), cardinal français, né au château de Peynières (1651-1729), frère d'Anne Jules. Archevêque de Paris en 1695, il s'opposa à l'application de la bulle Unigenitus, qui visait les jansénistes.

NOAILLES (Louis Marie, vicomte DE), né à Paris (1756-1804), petit-fils d'Adrien Maurice. Beau-père de La Fayette, il combattit en Amérique. Député de la noblesse aux États généraux, il prit l'initiative de l'abolition des privilèges (nuit du 4 août 1789).

du mythe mésopotamien du déluge. Une autre tradition fait de Noé le premier vigneron de l'humanité.

NOËL (Marie ROUGET, dite **Marie**), poétesse française, née à Auxerre (1883-1967), d'inspiration chrétienne (les Chansons et les heures, Chants d'arrière-saison).

NOËL CHABANEL (saint), jésuite français, né à Saugues (Velay) [1613-1649]. Missionnaire au Canada, il fut tué par un Huron.

Nœud de vipères (le), roman de F. Mauriac (1932). Un être ravagé par la passion de vengeance qu'il exerce sur les siens est en retour un objet de haine pour sa famille.

NŒUX-LES-MINES (62290), ch.-l. de c. du Pas-de-Calais; 13 569 h. Textile.

NOGARET (Guillaume DE), légiste français (m. en 1313). Juge à la cour de Philippe le Bel (1296), il dirigea la politique du roi contre le pape Boniface VIII, qu'il insulta à Anagni. Il joua un rôle capital dans la disparition de l'ordre des Templiers.

NOGARO (32110), ch.-l. de c. du Gers; 2 393 h. Église en partie romane. Eau-de-vie (armagnac).

NOGENT, anc. **Nogent-en-Bassigny** (52800),

ch.-l. de c. de la Haute-Marne; 5 324 h. Coutellerie.

NOGENT-LE-ROI (28210), ch.-l. de c. d'Eure-et-Loir; 2 527 h.

NOGENT-LE-ROTROU (28400), ch.-l. d'arr. d'Eure-et-Loir, sur l'Huisne; 13 586 h. *(Nogentais).* Château avec donjon du XIe s. Constructions électriques.

NOGENT-SUR-MARNE (94130), ch.-l. d'arr. du Val-de-Marne, sur la Marne; 25 801 h. *(Nogentais).* Église des XIIe-XVe s. Maison nationale de retraite des artistes (beaux-arts). Musée Smith-Lesouëf.

NOGENT-SUR-OISE (60100 Creil), ch.-l. du c. de Creil-Nogent-sur-Oise (Oise); 15 682 h. *(Nogentais).* Église des XIIe-XVIe s. Fonderie d'aluminium.

NOGENT-SUR-SEINE (10400), ch.-l. d'arr. de l'Aube; 4 682 h. Église des XIVe-XVIe s. Minoterie.

NOGENT-SUR-VERNISSON (45290), comm. du Loiret; 2 099 h. Équipement automobile.

NOGUÈRES (64150 Mourenx), comm. des Pyrénées-Atlantiques; 186 h. Usine d'aluminium.

NOGUÈS (Charles), général français, né à Mauléon-Magnoac (1876-1971). Disciple de Lyautey, résident général au Maroc (1936), il s'opposa au débarquement allié de novembre 1942, puis se rallia à Darlan et à Giraud et démissionna (1943).

NOGUÈS (Maurice), aviateur français, né à Rennes (1889-1934). Il réalisa la première liaison commerciale de nuit avec Strasbourg (1923) puis le premier vol régulier Paris-Saigon (1931).

NOHANT-VIC (36400 La Châtre), comm. de l'Indre; 514 h. Église avec remarquables peintures romanes. Maison de George Sand.

NOIR (le Prince) → ÉDOUARD.

NOIR (Yvan SALMON, dit **Victor**), journaliste français, né à Attigny (Vosges) [1848-1870]. Il fut tué d'un coup de pistolet par Pierre Bonaparte. Ses funérailles donnèrent lieu à une manifestation populaire.

NOIR (causse), l'un des Grands Causses, entre la Jonte et la Dourbie.

NOIRE (mer), anc. **Pont-Euxin**, mer intérieure entre l'Europe et l'Asie, reliée par le Bosphore, 413 000 km² (441 000 avec sa dépendance, la mer d'Azov).

NOIRÉTABLE (42440), ch.-l. de c. de la Loire; 1 985 h.

NOIRMOUTIER, île de l'Atlantique, qui forme un cant. du dép. de la Vendée; 8 094 h. Depuis 1971, un pont la relie au continent. Tourisme. Cultures légumières et florales. Élevage. Marais salants. Pêche. V. pr. *Noirmoutier-en-l'Île* (85330) [ch.-l. de c.]; 4 177 h. *(Noirmoutrins).*

NOISIEL (77420 Champs sur Marne), comm. de Seine-et-Marne; 3 622 h. Chocolaterie.

NOISY-LE-GRAND (93160), ch.-l. de c. de la Seine-Saint-Denis, dans la banlieue est de Paris; 26 765 h.

NOISY-LE-ROI (78590), comm. des Yvelines; 5 587 h.

NOISY-LE-SEC (93130), ch.-l. de c. de la Seine-Saint-Denis; 37 734 h. Gare de triage. Métallurgie.

NOK, localité du Nigeria, éponyme d'une culture ouest-africaine datant du Ier millénaire av. J.-C., et caractérisée par des personnages en terre cuite extrêmement stylisés.

NOLAY (21340), ch.-l. de c. de la Côte-d'Or; 1 686 h.

NOLDE (Emil HANSEN, dit **Emil**), peintre et graveur allemand, né à Nolde (Schleswig) [1867-1956], un des principaux représentants de l'expressionnisme.

Nok : tête en terre cuite

Hoa-Qui

NOLHAC (Pierre GIRAULD DE), historien, poète et érudit français, né à Ambert (1859-1936), auteur d'études sur l'humanisme et le XVIIIe s. Conservateur au musée de Versailles, il a écrit l'histoire du château. (Acad. fr.)

NOLLET (abbé Jean Antoine), physicien français, né à Pimprez (Île-de-France) [1700-1770]. Il a découvert la diffusion des liquides et inventé l'électroscope (1747).

Nombres *(livre des),* le quatrième du Pentateuque, qui raconte l'histoire des Hébreux à partir du départ du mont Sinaï jusqu'au partage de la Terre promise.

NOMENY (54610), ch.-l. de c. de Meurthe-et-Moselle; 919 h.

NOMINOË, roi de Bretagne (m. en 851). Il imposa à Charles le Chauve la reconnaissance d'un royaume breton indépendant (846).

NONANCOURT (27320), ch.-l. de c. de l'Eure; 1 892 h. Église gothique du XVIe s.

NONIUS (Pedro NUNES, plus connu sous le nom de), astronome et mathématicien portugais, né à Alcácer do Sal (1492-1577). On lui doit un procédé remarquable pour la graduation des instruments destinés à mesurer avec précision les petits angles (1542).

NONNOS, poète grec, né à Panopolis (Haute-Égypte) v. 410 apr. J.-C., auteur d'une épopée mythologique *(Dionysiaques).*

NONO (Luigi), compositeur italien, né à Venise en 1924, représentant du mouvement sériel en Italie *(Intolleranza).*

non-prolifération *(traité de),* traité signé de 1968 à 1976 par 112 pays s'engageant à refuser de fournir ou d'accepter des armements nucléaires. La France, la Chine populaire, l'Inde, Israël et l'Afrique du Sud n'ont pas signé ce traité.

NONTRON (24300), ch.-l. d'arr. du nord de la Dordogne; 4 088 h. *(Nontronnais).* Articles chaussants.

NORANDA, v. du Canada (Québec); 9 809 h. Centre minier et métallurgique (cuivre).

NORBERT (saint), né à Xanten (Rhénanie) [v. 1080-1134], fondateur en 1120, à Prémontré, près de Laon, de l'ordre des Chanoines réguliers dits « Prémontrés », et archevêque de Magdeburg.

Nord *(autoroute du),* autoroute reliant Paris à Lille, sur laquelle se greffe une antenne dirigée vers Valenciennes (et Bruxelles).

NORD *(canal du),* détroit entre l'Écosse et l'Irlande.

Nord *(canal du),* voie navigable reliant l'Oise (Noyon) à la Sensée (Arleux).

NORD *(cap),* promontoire d'une île des côtes de la Norvège, le point le plus septentrional de l'Europe.

NORD *(dép. du)* [59], dép. de la Région Nord-Pas-de-Calais, formé partiellement de la Flandre française; ch.-l. de dép. *Lille;* ch.-l. d'arr. *Avesnes-sur-Helpe, Cambrai, Douai, Dunkerque, Valenciennes;* 6 arr., 70 cant., 653 comm.; 5 738 km²; 2 511 478 h. Le dép. appartient à l'académie et à la région militaire de Lille, à la circonscription judiciaire de Douai et à la province ecclésiastique de Cambrai. S'élevant progressivement vers le sud-est (aux confins de l'Ardenne), accidenté seulement aux monts des Flandres gréseux, le dép. associe les cultures céréalières et betteravières (dominantes dans la Flandre intérieure et le Cambrésis), les cultures maraîchères (répandues surtout dans la Flandre maritime), celles du houblon, du tabac, du lin à un élevage bovin disséminé (développé surtout dans le Hainaut et l'Avesnois).
L'industrie, fondée initialement sur le textile (surtout dans la conurbation Lille-Roubaix-Tourcoing) et l'extraction de la houille (Pays noir, de Douai à Valenciennes), a souffert du recul de ces deux branches, malgré le développement de la métallurgie de transformation, activité largement dominante aujourd'hui. Le département, fortement urbanisé, est le plus peuplé de France, mais son expansion paraît bien freinée, malgré une situation géographique remarquable au cœur du Marché commun, valorisée par une bonne desserte routière, ferroviaire et fluviale.

Nord *(guerre du),* guerre qui opposa, de 1700 à 1721, la Suède à une coalition comprenant le Danemark, la Russie, la Saxe et la Pologne, pays qui voulaient écarter les Suédois des rives méridionales de la Baltique. La Suède, malgré les premières victoires de Charles XII, en sortit très affaiblie.

NORD *(mer du),* mer du nord-ouest de l'Europe, formée par l'Atlantique. Elle baigne la France, la Grande-Bretagne, la Norvège, le Danemark, l'Allemagne fédérale, les Pays-Bas et la Belgique. Sur les estuaires qui y débouchent est établie la majeure partie des grands ports européens (Rotterdam, Londres, Anvers, Hambourg). Le sous-sol de la mer du Nord recèle des gisements d'hydrocarbures.

NORD *(Territoire du),* en angl. **Northern Territory,** territoire désertique de l'Australie; 1 346 000 km²; 97 000 h. Cap. *Darwin.*

NORDENSKJÖLD (Adolf Erik, baron), explorateur suédois, né à Helsinki (1832-1901). Il découvrit le passage du Nord-Est (1878-79). — Son neveu OTTO, né à Sjögelö (1869-1928), séjourna vingt-deux mois (1901-1903) sur la terre de Graham (Antarctique).

NORD-EST (le), en portug. **Nordeste,** région du Brésil, entre les États de Bahia et de Pará, souvent éprouvée par la sécheresse dans l'intérieur, couvrant plus de 1,5 million de km² et comptant environ 30 millions d'h.

NORD-EST *(passage du),* route maritime de l'océan Arctique au nord de la Sibérie, conduisant de l'Atlantique au Pacifique par le détroit de Béring, ouverte par A. E. Nordenskjöld (1878-79).

NÖRDLINGEN, v. de l'Allemagne fédérale (Bavière), sur l'Eger; 14 000 h. Fortifications. Église gothique du XVe s. Hôtel de ville Renaissance. Condé y vainquit le maréchal autrichien Mercy en 1645.

NORD-OUEST *(passage du),* route maritime reliant l'Atlantique au Pacifique à travers l'archipel Arctique canadien. Amundsen l'utilisa pour la première fois (1903-1906).

NORD-OUEST *(Territoires du),* en angl. **Northwest Territories,** partie septentrionale du Canada, entre la baie d'Hudson et le Yukon; 3 379 307 km²; 42 609 h.

NORD-PAS-DE-CALAIS, Région administrative groupant les dép. du Nord et du Pas-de-Calais; 12 378 km²; 3 913 773 h. Ch.-l. *Lille.*

NORFOLK, comté d'Angleterre, sur la mer du Nord. Ch.-l. *Norwich.*

NORFOLK, port des États-Unis (Virginie); 268 000 h.

NORFOLK (Thomas HOWARD, 4e duc DE), homme politique anglais (1536-1572). Il conspira contre Élisabeth Ire et fut décapité.

NORILSK, v. de l'U.R.S.S., en Sibérie; 173 000 h. Centre minier et métallurgique.

NORIQUE, anc. prov. de l'Empire romain, comprise entre le Danube et les Alpes Carniques.

Norma *(la),* opéra de Bellini (1831).

NORMANDIE, prov. de l'anc. France. Elle a formé cinq dép. : Calvados, Manche, Orne, Eure et Seine-Maritime (les trois premiers constituent la *Région de la Basse-Normandie* [17 583 km²; 1 306 152 h.; ch.-l. *Caen*]; les deux derniers forment la *Région de la Haute-Normandie* [12 258 km²; 1 595 695 h.; ch.-l. *Rouen*]).

GÉOGRAPHIE

Le climat humide et l'extension de l'élevage bovin (pour les produits laitiers surtout) donnent une certaine unité à la province, dont l'ouest appartient au Massif armoricain et l'est au Bassin parisien. La *basse Normandie* groupe autour de Caen : le Cotentin et le Bocage normand, le Bessin, le pays d'Auge et la campagne de Caen. La *haute Normandie,* dont Rouen est la capitale, est formée du pays de Caux, du pays de Bray et du Vexin normand au nord de la Seine, du Roumois, du Lieuvin, du pays d'Ouche, des campagnes du Neubourg et de Saint-André au sud. Les cultures céréalières et fruitières (pommiers) ont presque partout reculé devant les herbages. L'industrie s'est implantée surtout dans la vallée de la basse Seine (raffinage du pétrole, industries mécaniques, textiles et chimiques), autour de Rouen et du Havre, avant-ports de Paris. Quelques autres ports (Cherbourg, Fécamp, Dieppe) et des stations balnéaires jalonnent le littoral.

HISTOIRE

— Ve s. : conquête franque.
— VIIe s. : expansion du monachisme (Saint-Wandrille, Jumièges, Fécamp).
— IXe s. : invasions normandes.
— 911 : traité de Saint-Clair-sur-Epte, par lequel Charles III le Simple cède la Normandie au chef viking Rollon.
— 1066 : Guillaume le Bâtard conquiert l'Angleterre.
— 1087 : partage de l'État anglo-normand.
— 1106 : la victoire de Tinchebray donne la Normandie aux Plantagenêts.
— 1204 : Philippe Auguste confisque la Normandie, qui reste disputée par les Anglais et les Français.
— 1420 : annexion anglaise.
— 1436-1450 : reconquête française.
— 1468 : la province rattachée au domaine royal.

Normandie (*autoroute de*), autoroute reliant Paris à Caen (par Rouen, d'où part une antenne vers Le Havre).

Normandie (*bataille de*), bataille livrée par les forces alliées du général Eisenhower, qui débarquèrent le 6 juin 1944 entre Ouistreham et la région de Carentan et parvinrent, en deux mois, à rompre le front allemand de l'Ouest (batailles de Caen, Avranches, Mortain, Falaise).

NORMANDS («Hommes du Nord»), nom donné, à l'époque carolingienne, aux pillards venus par mer de Scandinavie, et qui se nommaient eux-mêmes *Vikings*. Ces Norvégiens, Suédois, Danois, probablement poussés hors de chez eux par la surpopulation et la recherche de débouchés commerciaux et de butins faciles, déferlèrent sur l'Europe à partir du VIIIe s. Sous

le nom de «Varègues», les Suédois occupèrent, vers le milieu du IXe s., la vallée supérieure du Dniepr, Smolensk et Kiev, et poussèrent même jusqu'à Constantinople. Ils se firent, sur le plan commercial, les intermédiaires entre Byzance et l'Occident, entre chrétiens et musulmans. Mais l'Occident les attira davantage. Ils découvrirent l'Islande (IXe s.) et le Groenland (Xe s.); les Norvégiens colonisèrent le nord de l'Écosse et l'Irlande; les Danois s'installèrent dans le nord-est de l'Angleterre (IXe s.). Organisés en petites bandes, montés sur de grandes barques, les *snekkja*, ils vinrent, après la mort de Charlemagne, débarquer à l'entrée des principaux fleuves du royaume franc. Charles le Chauve dut acheter plus d'une fois leur retraite. En 886, ils assiégèrent Paris, qui fut vaillamment défendu par Eudes et l'évêque Gozlin; mais Charles le Gros traita avec eux au prix d'une énorme rançon et l'autorisation de piller la Bourgogne. En 911, au traité de Saint-Clair-sur-Epte, Charles III le Simple abandonna à leur chef, Rollon, le pays actuellement connu sous le nom de *Normandie*, et d'où les Normands, au XIe s., partirent pour conquérir l'Angleterre. Rollon et ses sujets reçurent le baptême, et Charles le Simple fut reconnu par eux comme suzerain. Dès lors, les invasions s'arrêtèrent, mais le goût des expéditions lointaines persista chez les Normands, qui fondèrent des principautés en Italie du Sud et en Sicile (XIe-XIIe s.).

NORODOM Ier (1835-1904), roi du Cambodge (1859-1904). En 1863, il signa avec la France un traité de protectorat.

NORODOM SIHANOUK, né à Phnom Penh en 1922. Roi du Cambodge de 1941 à 1955, il fit reconnaître par la France l'indépendance de son pays (1954). Chef du gouvernement après avoir abdiqué en faveur de son père, il prit le titre de chef de l'État à la mort de celui-ci (1960). Renversé en 1970 par un coup d'État militaire, en exil à Pékin, il s'allia quelque temps aux Khmers rouges mais démissionna en avril 1976. Au début de l'année 1979, après le renver-

sement du nouveau régime, il quitta le Cambodge.

NOROY-LE-BOURG (70000 Vesoul), ch.-l. de c. de la Haute-Saône; 508 h.

NORRENT-FONTES (62120 Aire), ch.-l. de c. du Pas-de-Calais; 1405 h.

NORRIS (Frank), écrivain américain, né à Chicago (1870-1902), le représentant le plus systématique du roman réaliste et social américain (*Mc Teague*, 1899; *la Pieuvre*, 1901).

NORRKÖPING, port de Suède, sur la Baltique; 120000 h.

NORRLAND, partie septentrionale de la Suède.

NORTHAMPTON, v. d'Angleterre, ch.-l. du *Northamptonshire*; 127000 h. Église circulaire du XIIe s.

NORTH BAY, v. du Canada (Ontario), sur le lac Nipissing : 51639 h.

NORTHUMBERLAND, comté du nord de l'Angleterre, sur la mer du Nord.

NORTHUMBRIE, royaume angle (VIe-IXe s.), dont la capitale était York; il sombra sous les coups des envahisseurs scandinaves.

NORTON (Thomas), auteur dramatique anglais, né à Londres (1532-1584). Il composa, en collaboration avec Th. Sackville, la première tragédie

Frank
Norris

NORD

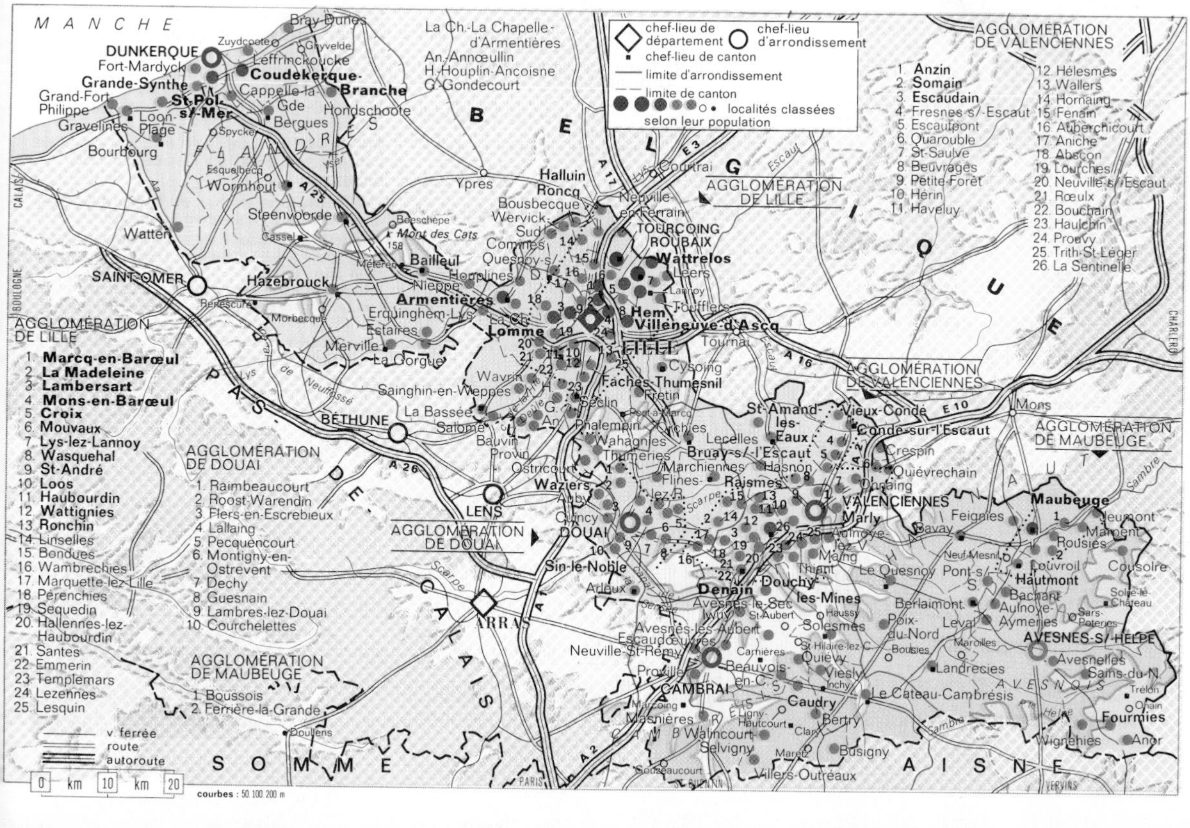

[Carte du département du Nord avec agglomérations de Valenciennes, Lille, Maubeuge, Douai, et localités]

MANCHE

DUNKERQUE
Fort-Mardyck
Coudekerque-Branche
Grande-Synthe
Grand-Fort Philippe
Gravelines Plage
Bourbourg

chef-lieu de département
chef-lieu d'arrondissement
chef-lieu de canton
limite d'arrondissement
limite de canton
localités classées selon leur population

AGGLOMÉRATION DE VALENCIENNES

1. Anzin
2. Somain
3. Escaudain
4. Fresnes-s/Escaut
5. Escautpont
6. Quarouble
7. St-Saulve
8. Beuvrages
9. Petite-Forêt
10. Hérin
11. Haveluy

12. Hélesmes
13. Wallers
14. Horraing
15. Fenain
16. Abscheicourt
17. Aniche
18. Abscon
19. Lourches
20. Neuville-s/Escaut
21. Rœulx
22. Bouchain
23. Hauboin
24. Prouvy
25. Trith-St-Léger
26. La Sentinelle

SAINT-OMER
HAZEBROUCK

AGGLOMÉRATION DE LILLE

1. Marcq-en-Barœul
2. La Madeleine
3. Lambersart
4. Mons-en-Barœul
5. Croix
6. Mouvaux
7. Lys-lez-Lannoy
8. Wasquehal
9. St-André
10. Loos
11. Haubourdin
12. Wattignies
13. Ronchin
14. Linselles
15. Bondues
16. Wambrechies
17. Marquette-lez-Lille
18. Pérenchies
19. Sequedin
20. Hallennes-lez-Haubourdin
21. Santes
22. Emmerin
23. Templemars
24. Lezennes
25. Lesquin

AGGLOMÉRATION DE DOUAI

1. Raimbeaucourt
2. Roost-Warendin
3. Flers-en-Escrebieux
4. Lallaing
5. Pecquencourt
6. Montigny-en-Ostrevent
7. Dechy
8. Guesnain
9. Lambres-lez-Douai
10. Courchelettes

AGGLOMÉRATION DE MAUBEUGE

1. Boussois
2. Ferrière-la-Grande

TOURCOING
ROUBAIX
Wattrelos
ARMENTIÈRES
Lomme
Villeneuve-d'Ascq
BÉTHUNE
LENS
DOUAI
ARRAS
Denain
VALENCIENNES
Maubeuge
CAMBRAI
AVESNES-S/HELPE

SOMME
AISNE

0 km 10 km 20

courbes : 50 100 200 m

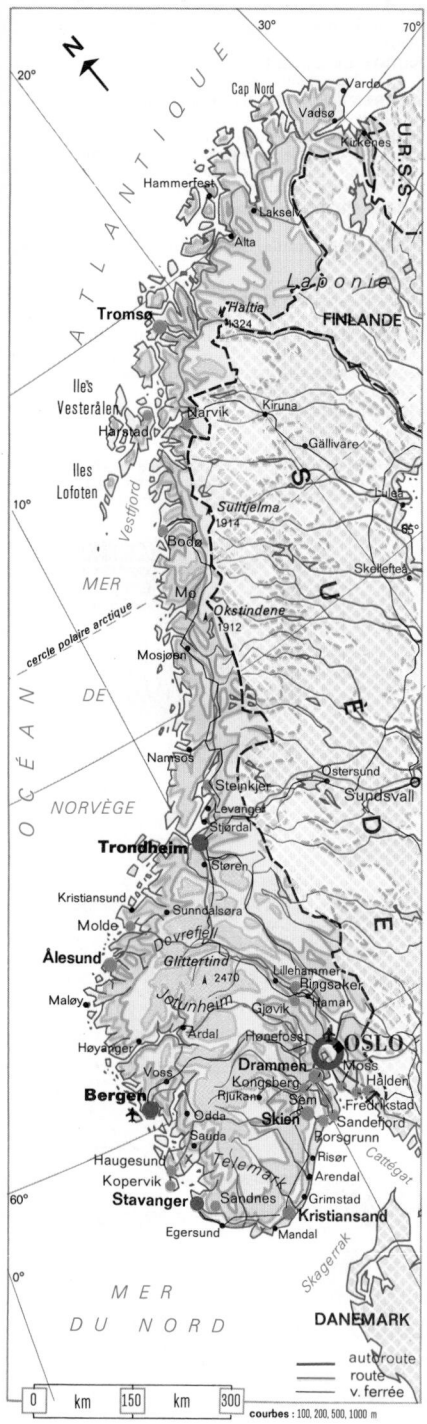

NORVÈGE

NORTH VANCOUVER, banlieue de Vancouver (Canada) ; 31 934 h.

NORVÈGE, en norv. **Norge,** État de l'Europe septentrionale, à l'ouest de la Suède ; 325 000 km²; 4 040 000 h. (*Norvégiens*). Cap. *Oslo.* Langue : *norvégien.* Monnaie : *couronne.*

GÉOGRAPHIE

Occupant la partie occidentale de la péninsule scandinave, la Norvège est une région montagneuse (en dehors du Nord, où dominent les plateaux) et forestière, au littoral découpé de fjords sur lesquels se sont établies les principales villes, Oslo, Bergen, Trondheim, Stavanger. Malgré la latitude, le climat, adouci par les influences atlantiques, autorise, au moins dans le Sud, les cultures (céréales, pommes de terre). Toutefois l'élevage (bovins et ovins) revêt une plus grande importance. Il constitue l'un des fondements de l'économie, qui repose encore sur l'exploitation de la forêt et les industries qui en dérivent, sur la pêche (hareng surtout), sur les profits tirés de la marine marchande et sur l'hydroélectricité. Celle-ci a permis le développement de l'électrométallurgie (aluminium) et de l'électrochimie. Le potentiel économique a été renforcé par la découverte et l'exploitation d'importants gisements d'hydrocarbures dans la mer du Nord. Le niveau de vie moyen est l'un des plus élevés de l'Europe.

HISTOIRE

— VIIIᵉ s.-Xᵉ s. : les Vikings s'aventurent vers les îles Britanniques, la Gaule et le Groenland. Les expéditions nordiques vont enrichir la Norvège et contribuer à sa constitution en État.
— 995-1000 : règne d'Olav Iᵉʳ Tryggvesson.
— 1016-1030 : règne d'Olav II Haraldsson, ou saint Olav. Introduction du christianisme.
— 1163 : sacre de Magnus V, qui reçoit de l'Église une autorité spirituelle.
— 1223-1263 : grand règne de Haakon IV Haakonsson. De sa capitale, Bergen, il étend son autorité sur l'Islande, le Groenland et les îles de l'Atlantique (Féroé, Orcades, Shetland).
— 1263-1280 : règne de Magnus VI. Apogée de la grandeur norvégienne.
— XIIIᵉ s. : la Hanse fait de la Norvège un protectorat.
— 1319-1343 : Magnus VII Eriksson unit momentanément la Norvège et la Suède.
— 1343-1380 : règne de Haakon VI Magnusson, qui épouse Marguerite, fille de Valdemar, roi de Danemark.
— 1349 : la peste noire décime le pays et renforce l'emprise étrangère.
— 1380-1387 : Marguerite, régente en Danemark et Norvège.
— 1397-1523 : union de Kalmar (Suède, Norvège, Danemark).
— 1523 : indépendance de la Suède ; la Norvège n'est qu'une dépendance du Danemark, qui supprime son Conseil d'État (1536) et lui impose le luthéranisme et la langue danoise.
— 1645 : perte du Jämtland au profit de la Suède.
— 1648-1670 : règne de Frédéric III, favorable à la Norvège.
— 1658 : paix de Roskilde (perte de Trondheim).
— XVIIIᵉ s. : essor économique (bois, chantiers navals, métaux, poissons).
— 1814 (14 janv.) : traité de Kiel, qui cède la Norvège à la Suède. Résistance norvégienne. Assemblée nationale (17 mai). Victoire suédoise. La Norvège obtient une constitution propre (Assemblée législative ou *Storting*) et devient un État libre, dépendant du roi de Suède-Norvège.
— 1884 : le chef de la résistance, Johan Sverdrup, obtient un régime parlementaire.
— 1887-1898 : le Storting norvégien, sous l'impulsion du parti social-démocrate, élabore une législation sociale importante.
— 1898 : introduction du suffrage universel.
— 1905 : indépendance de la Norvège. Le prince Charles, petit-fils de Christian IX de Danemark, roi sous le nom de Haakon VII.
— 1913 : vote des femmes.
— 1935-1965 : les travaillistes au pouvoir.
— 1940-1945 : occupation allemande (Quisling).
— 1957 : mort de Haakon VII, avènement d'Olav V.

— 1971 : retour des travaillistes au pouvoir avec Trygve Bratteli.
— 1976 : le travailliste Odvar Nordli, Premier ministre.
— 1981 : le conservateur Kaare Willoch, Premier ministre.

NORWICH, v. de Grande-Bretagne, ch.-l. du comté de Norfolk ; 122 000 h. Cathédrale fondée en 1096.

NORWID (Cyprian), poète polonais, né à Laskowo-Głuchy (1821-1883), dont le lyrisme exprime son désespoir de prophète incompris (*Rhapsodie funèbre à la mémoire de Bem, les Sibéries*).

NOSSI-BÉ, île de l'océan Indien, au nord-ouest de Madagascar, dont elle dépend.

NOSTRADAMUS (Michel DE NOSTRE-DAME, ou), astrologue et médecin français, né à Saint-Rémy-de-Provence (1503-1566). Les prophéties de ses *Centuries* (1555) sont restées célèbres.

NOTO, v. d'Italie (Sicile) ; 27 000 h. Urbanisme et monuments de l'époque baroque.

NOTRE-DAME-DE-BELLECOMBE (73590 Flumet), comm. de Savoie ; 410 h. Station de sports d'hiver (alt. 1 134-1 800 m).

NOTRE-DAME-DE-BONDEVILLE (76150 Maromme), comm. de la Seine-Maritime ; 6 335 h.

NOTRE-DAME-DE-GRAVENCHON (76330), comm. de la Seine-Maritime ; 8 336 h. Raffineries de pétrole.

NOTRE-DAME-DE-LORETTE (*colline de*), hauteur du Pas-de-Calais, au nord d'Arras. Violents combats en 1914 et 1915.

Notre-Dame de Paris, église métropolitaine de Paris, située dans l'île de la Cité. La construction en fut commencée, en style gothique, en 1163 et terminée pour l'essentiel vers 1245. Elle fut l'objet d'une restauration générale sous la direction de Viollet-le-Duc (1845-1864).

Notre-Dame de Paris, roman historique de V. Hugo (1831).

Notre-Dame-du-Mont-Carmel (*ordre de Saint-Lazare et de*), ordre de chevalerie fondé en 1606 par Henri IV et réuni à celui de Saint-Lazare en 1608, puis aboli en 1789.

NOTTINGHAM, v. d'Angleterre, sur la Trent, ch.-l. du *Nottinghamshire* ; 300 000 h. Industries mécaniques et textiles.

NOUADHIBOU, anc. **Port-Étienne,** port de Mauritanie ; 23 000 h. Exportation de minerai de fer. Base de pêche.

NOUAKCHOTT, cap. de la Mauritanie, près de l'Atlantique ; 135 000 h. Ville créée en 1958.

NOUERS → NUERS.

NOUMÉA, port et ch.-l. de la Nouvelle-Calédonie ; 56 078 h. Traitement du nickel.

NOUREÏEV (Rudolf), danseur d'origine soviétique, naturalisé britannique (1962), né dans un train dans la région d'Irkoutsk, en 1938. Doté d'une technique exemplaire, il compte parmi les meilleurs danseurs actuels (*Giselle, Petrouchka, The Moor's Pavane, Aureole*, etc.).

Nourritures terrestres (*les*), d'A. Gide (1897). L'auteur y exprime l'exaltation d'un être jeune qui se libère de toutes les contraintes et cherche le bonheur dans l'obéissance à tous les désirs.

NOUVEAU (Germain), poète français, né à Pourrières (1851-1920), bohème vagabond et mystique (*Poésies d'Humilis*, 1910).

Germain
Nouveau

---

régulière anglaise, *Gorboduc ou Ferrex et Porrex* (1561-62).

NORT-SUR-ERDRE (44390), ch.-l. de c. de la Loire-Atlantique ; 4 629 h.

NOUVEAU-BRUNSWICK, en angl. **New Brunswick,** une des provinces « maritimes » du Canada, sur l'Atlantique; 73 437 km²; 677 250 h. Cap. *Fredericton.*

NOUVEAU-MECKLEMBOURG → NOUVELLE-IRLANDE.

NOUVEAU-MEXIQUE, en angl. **New Mexico,** l'un des États unis d'Amérique; 315 000 km²; 1 016 000 h. Cap. *Santa Fe.* Il a fait partie du Mexique jusqu'en 1848.

NOUVEAU-QUÉBEC ou **UNGAVA,** région du Canada, à l'est de la baie d'Hudson. Minerai de fer.

Nouvel Empire ou **Second Empire thébain,** la troisième et dernière période de prospérité de l'Égypte pharaonique (1580-1085 av. J.-C.). C'est l'époque des Thoutmosis, des Aménophis et des Ramsès.

NOUVELLE-AMSTERDAM (la), île du sud de l'océan Indien, française depuis 1893. Station météorologique.

NOUVELLE-AMSTERDAM (La), nom que les Hollandais, en 1626, donnèrent à la future *New York.*

NOUVELLE-ANGLETERRE, nom donné aux six États américains qui correspondent aux colonies anglaises fondées au XVIIe s. sur la côte atlantique : Maine, New Hampshire, Vermont, Massachusetts, Rhode Island, Connecticut.

NOUVELLE-BRETAGNE, en angl. **New Britain,** île de la Mélanésie, dans l'archipel Bismarck; 37 812 km²; 166 000 h. V. pr. *Rabaul.* De 1884 à 1914, ce fut un protectorat allemand sous le nom de *Neupommern (Nouvelle-Poméranie).* Confiée en mandat à l'Australie en 1921, elle fit partie du Commonwealth australien de 1946 à 1975. Depuis, elle appartient à la Papouasie-Nouvelle-Guinée.

NOUVELLE-CALÉDONIE, île de la Mélanésie, constituant un territoire d'outre-mer; 16 750 km² pour l'île (19 103 km² avec les dépendances administratives); 117 620 h. pour l'île seule (133 233 h. pour le territoire). [*Néo-Calédoniens.*] Ch.-l. *Nouméa.* C'est une île allongée, montagneuse, entourée d'un récif-barrière. Le nickel constitue la principale ressource commerciale. Les indigènes (*Canaques*), guère plus nombreux que les Européens (et assimilés), se livrent aux cultures vivrières tropicales et à l'élevage.

HISTOIRE

— 1774 : l'île est découverte en 1774 par James Cook.
— 1853 : elle est officiellement française. D'abord rattachée aux Établissements français d'Océanie, elle devint, dès 1860, une colonie distincte. La présence d'un bagne (1864-1896) nuira à la colonisation libre.
— 1860-1879 : insurrections canaques.
— 1870 : découverte d'importants gisements de nickel, qui donne à l'économie son essor.
— 1884 : un gouverneur civil remplace l'administration militaire.
— 1946 : la Nouvelle-Calédonie, territoire d'outre-mer.

NOUVELLE-ÉCOSSE, en angl. **Nova Scotia,** une des provinces « maritimes » du Canada, sur l'Atlantique; 55 490 km²; 828 571 h. Cap. *Halifax.*

NOUVELLE-FRANCE, nom porté au XVIIe s. par les possessions françaises du Canada.

NOUVELLE-GALLES DU SUD, en angl. **New South Wales,** un des États du Commonwealth australien, sur le littoral est; 801 428 km²; 4 777 000 h. Cap. *Sydney.*

NOUVELLE-GRENADE, anc. nom de la *Colombie*.*

NOUVELLE-GUINÉE, grande île (771 900 km²), au nord de l'Australie. Très humide, montagneuse, l'île est couverte en grande partie par la forêt équatoriale. Peu pénétrable, elle est habitée par des populations primitives. Dans les régions côtières, quelques plantations produisent du coprah, du cacao et du café. Exploitations forestières.

HISTOIRE

— XVIe s. : découverte par les Portugais.
— XVIIIe s. : prise de possession théorique par la Compagnie anglaise des Indes.

— 1828 : les Hollandais occupent la partie occidentale.
— 1840 : installation de missions anglaises sur la côte sud-orientale.
— 1880 : installation allemande.
— 1883-84 : protectorat britannique sur le territoire sud-oriental (Papouasie).
— 1884-85 : protectorat allemand sur la partie nord-est et hollandais sur la moitié occidentale.
— 1906 : la Grande-Bretagne rétrocède à l'Australie son protectorat sur la Papouasie.
— 1921 : l'Australie obtient le mandat sur l'ancien protectorat allemand.
— 1946 : l'Australie confirmée dans cette tutelle.
— 1963 : annexion de la Nouvelle-Guinée occidentale hollandaise par l'Indonésie (Irian).
— 1973 : autonomie de la Papouasie-Nouvelle-Guinée.
— 1975 : proclamation de son indépendance.

Nouvelle Héloïse *(la)* → JULIE.

NOUVELLE-IRLANDE, en angl. **New Ireland,** île de l'archipel Bismarck (Mélanésie), proche de la Nouvelle-Guinée; 7 252 km²; 51 000 h. Ch.-l. *Kavieng.* C'est l'anc. *Neumecklenburg (Nouveau-Mecklembourg)* des Allemands, qui l'occupèrent en 1884. De 1921 à 1975, elle fut sous tutelle australienne. Depuis, elle appartient à la Papouasie-Nouvelle-Guinée.

NOUVELLE-ORLÉANS (La), en angl. **New Orleans,** v. du sud des États-Unis, dans la Louisiane, sur le Mississippi; 594 000 h. Grand centre commercial et industriel. La ville est bâtie autour du *Vieux Carré,* ancien quartier français. Fondée en 1718 par les Français, qui en firent la capitale de la Louisiane, La Nouvelle-Orléans fut espagnole de 1762 à 1800; en 1803, elle fut incorporée aux États-Unis.

NOUVELLE-POMÉRANIE → NOUVELLE-BRETAGNE.

Nouvelle Revue française *(la)* [N. R. F.], revue littéraire mensuelle fondée en 1909. Interrompue de 1943 à 1953, elle s'appela, depuis sa réapparition jusqu'en 1959, *la Nouvelle Nouvelle Revue française,* puis reprit son ancien titre.

Nouvelles exemplaires, par Cervantès (1613). Récits romanesques ou réalistes.

NOUVELLES-HÉBRIDES → VANUATU.

NOUVELLE-SIBÉRIE, archipel des côtes arctiques de l'U.R.S.S., entre la mer des Laptev et la mer de Sibérie orientale.

Nouvelles littéraires (les), journal hebdomadaire d'information, de critique et de bibliographie, fondé en 1922 par André Gillon.

NOUVELLE-ZÉLANDE, en angl. **New Zealand,** État de l'Océanie, membre du Commonwealth; 270 000 km²; 3 150 000 h. (*Néo-Zélandais*). Cap. *Wellington.* V. pr. *Auckland.* Langue : anglais.

GÉOGRAPHIE

La Nouvelle-Zélande, formée de deux grandes îles montagneuses, à 2 000 km au sud-est de l'Australie, est presque tout entière située dans la zone tempérée de l'hémisphère austral. Dans l'*île du Nord,* volcanique, se concentre la majeure partie de la population, qui est presque totalement d'origine européenne (les indigènes, Maoris, représentent environ 12 p. 100 de la population totale). L'*île du Sud* est occupée par les Alpes néo-zélandaises. L'élevage, bovin et surtout ovin, est la base de l'économie et ses produits (laine, viande, beurre, peaux) constituent l'essentiel des exportations, malgré le progrès de l'industrie (textiles, constructions mécaniques), liée à l'hydroélectricité, qui pallie partiellement la pauvreté du sous-sol.

HISTOIRE

— 1642 : découverte par le Hollandais Tasman.
— 1769 : exploration de Cook, prélude à l'installation britannique.
— 1841 : un gouverneur anglais est nommé.
— 1843-1847, 1860-1870 : guerres maories contre l'exploitation des îles.
— 1852 : constitution qui accorde une large autonomie à la Nouvelle-Zélande.
— 1880 : début de la ruée vers l'or. Élevage extensif.
— 1889 : instauration du suffrage universel.
— 1891-1912 : le parti libéral au pouvoir.

— 1907 : la Nouvelle-Zélande, dominion britannique.
— 1912-1928 : le parti réformiste au pouvoir.
— 1931-1935 : le parti national, conservateur, au pouvoir.
— 1935-1949, 1972-1975 : les travaillistes alternent au pouvoir avec le parti national. Importante législation sociale.
— 1975 : le parti national revient au pouvoir.

NOUVELLE-ZEMBLE, en russe **Novaïa Zemblia** (« Terre nouvelle »), archipel des côtes arctiques de l'U.R.S.S., entre les mers de Barents et de Kara.

NOUVION (80860), ch.-l. de c. de la Somme; 1 007 h.

NOUVION-EN-THIÉRACHE (Le) [02170], ch.-l. de c. de l'Aisne; 3 254 h. Laiterie. Verrerie.

NOUZONVILLE (08700), ch.-l. de c. des Ardennes, sur la Meuse; 7 749 h. Métallurgie.

NOVAÏA ZEMLIA → NOUVELLE-ZEMBLE.

NOVA IGUAÇU, v. du Brésil, près de Rio de Janeiro; 728 000 h.

NOVALIS (Friedrich, *baron* VON HARDENBERG, dit*) écrivain allemand, né à Wiederstedt (1772-

NOUVELLE-CALÉDONIE

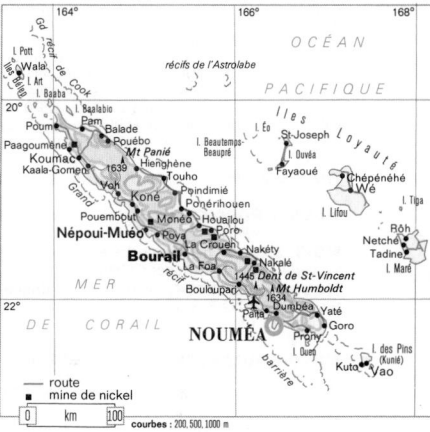

NOUVELLE-ZÉLANDE

1801). Membre du groupe romantique d'Iéna, il unit le mysticisme à une explication allégorique de la nature, dans ses poèmes (Hymnes à la nuit, les Disciples à Saïs) et son roman inachevé (Henri d'Ofterdingen).

NOVA LISBOA, v. → HUAMBO.

NOVARE, v. d'Italie (Piémont); 102 000 h. Monuments du Moyen Âge à l'époque néoclassique. Musées. Édition. Défaite des Français en 1513, et du roi de Sardaigne Charles-Albert devant l'Autrichien Radetzky en 1849.

NOVATIEN, prêtre et théologien romain (IIIe s.). Trouvant le pape Corneille trop indulgent à l'égard des chrétiens qui avaient apostasié durant la persécution, il prit la tête d'un parti rigoriste et se fit élire pape. Ce schisme des novatiens dura jusqu'au VIIe s.

NOVEMPOPULANIE, prov. romaine, qui couvrait la Gascogne et le Béarn.

NOVERRE (Jean Georges), maître de ballet français, né à Paris (1727-1810). Instigateur du ballet d'action, il est l'auteur des Lettres sur la danse et sur les ballets (1760).

NOVES (13550), comm. des Bouches-du-Rhône; 3 593 h. Patrie de Laure de Sade, chantée par Pétrarque.

NOVGOROD, v. de l'U. R. S. S., au sud de Leningrad; 179 000 h. Indépendante des princes de Kiev dès le XIIe s., Novgorod, capitale d'une principauté, fut au XIIIe s. un des centres les plus brillants de l'Orient russe et une importante place de la Ligue hanséatique, en relation avec l'Orient et la Baltique. Annexée par Ivan III en 1478, elle fut ruinée par Ivan IV en 1570. La ville conserve de nombreux édifices religieux du Moyen Âge (XIe-XVe s.) et est célèbre pour ses icônes.

NOVI LIGURE, v. d'Italie (Piémont); 32 000 h. Sidérurgie.

NOVION-PORCIEN (08270), ch.-l. de c. des Ardennes; 498 h.

NOVI SAD, v. de Yougoslavie, ch.-l: de la Vojvodine, sur le Danube; 142 000 h.

NOVOCHAKHTINSK, de 1929 à 1939 **Komintern,** v. de l'U. R. S. S. (R. S. F. S. de Russie); 101 000 h. Centre houiller dans le Donbass oriental.

NOVO-KOUZNETSK, de 1932 à 1961 **Stalinsk,** v. de l'U. R. S. S., en Sibérie, dans le Kouzbass; 537 000 h. Houille. Sidérurgie. Métallurgie (aluminium).

NOVOMOSKOVSK, de 1934 à 1961 **Stalinogorsk,** v. de l'U. R. S. S., au sud de Moscou; 147 000 h. Industries chimiques.

NOVOROSSISK, v. de l'U. R. S. S. (R. S. F. S. de Russie), sur la mer Noire; 153 000 h.

NOVOSSIBIRSK, port de l'U. R. S. S. (R. S. F. S. de Russie), en Sibérie occidentale, sur l'Ob; 1 304 000 h. Centre intellectuel. Métallurgie. Textiles.

kremlin de **Novgorod**
la cathédrale Sainte-Sophie

Silberstein-Rapho

NOVOTCHERKASSK, v. de l'U. R. S. S., au nord-est de Rostov-sur-le-Don; 184 000 h. Matériel ferroviaire.

NOVOTNÝ (Antonín), homme d'État tchécoslovaque, né à Letňany (1904-1975). Premier secrétaire du parti communiste (1953), président de la République (1957), stalinien convaincu, il fut écarté du pouvoir lors du « Printemps de Prague » (1968).

Novum Organum ou Nouvelle Méthode pour l'interprétation de la nature, traité où Francis Bacon inaugure les règles de la méthode expérimentale et inductive (1620).

NOWA HUTA, agglomération de Pologne, dans la banlieue de Cracovie. Sidérurgie.

NOYANT (49490), ch.-l. de c. de Maine-et-Loire; 1 707 h.

NOYELLES-GODAULT (62950), comm. du Pas-de-Calais; 5 050 h. Métallurgie du plomb et du zinc.

NOYELLES-SOUS-LENS (62340 Sallaumines), comm. du Pas-de-Calais; 8 779 h.

NOYERS [nwajɛr] (89310), ch.-l. de c. de l'Yonne; 840 h. Restes d'enceinte (XIIIe-XVIe s.). Église gothique. Maisons anciennes.

NOYERS-SUR-JABRON (04200 Sisteron), ch.-l. de c. des Alpes-de-Haute-Provence; 232 h.

NOYON [nwajɔ̃] (60400), ch.-l. de c. de l'Oise; 14 033 h. (Noyonnais). Anc. cathédrale gothique des XIIe-XIIIe s. Musée Calvin. Aux environs, restes de l'abbaye cistercienne d'Ourscamp. Matériel de bureau. Textiles. François Ier et Charles Quint y signèrent un traité d'alliance en 1516. L'évêché de Noyon, créé au VIe s., fut supprimé en 1790.

NOZAY (44170), ch.-l. de c. de la Loire-Atlantique; 3 240 h.

NOZEROY (39250), ch.-l. de c. du Jura; 431 h. Ruines féodales.

NUBIE, contrée d'Afrique, correspondant à la partie septentrionale de l'État du Soudan et à l'extrémité sud de l'Égypte. (Hab. Nubiens.) La Nubie, appelée par les Égyptiens « pays de Koush », riche dans l'Antiquité en or, ivoire, pierres précieuses et gros bétail, fut systématiquement exploitée par les pharaons. Au VIIIe s. av. J.-C., une dynastie koushite domina l'Égypte. Au VIe s. av. J.-C., les Nubiens fondèrent le royaume de Méroé, qui disparut v. 330 apr. J.-C. sous la poussée du royaume d'Aksoum. Les importants vestiges des civilisations pharaonique, koushite et chrétienne que la Nubie possède, menacés de submersion par la mise en eau du barrage de Sadd al-'Ālī, ont fait l'objet d'une campagne mondiale pour leur sauvegarde.

Nuées (les), comédie d'Aristophane (423 av. J.-C.), satire dirigée contre Socrate, considéré comme un sophiste.

NUERS ou **NOUERS,** ethnie habitant la vallée du Nil, au sud-ouest de Malakal (Soudan).

NUEVO LAREDO, v. du Mexique, sur le río Grande; 143 000 h.

NUFUD ou **NEFOUD** (le), désert de sable de l'Arabie centrale.

Nuit et Brouillard, en allem. Nacht und Nebel, nom donné par les nazis aux détenus politiques destinés à périr dans les camps de concentration sans laisser de traces.

Nuits (les), poème d'Edward Young (1742-1745), méditations sur la mort.

Nuits (les), poème d'A. de Musset (1835-1837), sur l'amour et la souffrance, après sa rupture avec George Sand.

NUITS-SAINT-GEORGES (21700), ch.-l. de c. de la Côte-d'Or; 5 072 h. (Nuitons). — Grand vignoble de la côte de Nuits.

NUKU-HIVA, la plus grande des îles Marquises; 117 km². Lieu de déportation sous le second Empire.

NUMANCE, v. de l'anc. Espagne, près de l'actuelle Soria. Elle fut prise et détruite par Scipion Émilien, après un long siège (134-133 av. J.-C.).

NUMA POMPILIUS, deuxième roi légendaire de Rome (v. 715 - v. 672 av. J.-C.). La tradition lui attribue l'organisation des institutions religieuses de Rome.

NUMAZU, v. du Japon (Honshū); 189 000 h.

NUMÉRIEN (m. en 284), empereur romain (283-284), assassiné après neuf mois de règne.

NUMIDIE, contrée d'Afrique du Nord. Les Numides, peuple berbère nomade, constituèrent au IIIe s. av. J.-C., de part et d'autre de l'Ampsaga (Rummel), deux royaumes qui furent réunis en 203 av. J.-C. sous l'autorité de Masinissa. Mais les Romains, vainqueurs de Carthage, placèrent le royaume numide sous leur contrôle.
La Numidie, affaiblie par d'incessantes querelles dynastiques dans lesquelles les Romains intervinrent (défaite de Jugurtha par Marius en 105, de Juba en 46 par César), devint une province romaine. L'invasion vandale (429) et la conquête arabe (VIIe-VIIIe s.) entraînèrent la ruine économique du pays.

NUMITOR, roi légendaire d'Albe, père de Rhéa Silvia, qui sera la mère de Romulus et de Remus.

NÚÑEZ (Álvaro), navigateur espagnol (m. entre 1559 et 1564). Il a exploré la Floride en 1528.

NUNGESSER (Charles), aviateur français, né à Paris (1892-1927). As de la chasse en 1914-1918 (43 victoires), il disparut avec Coli en tentant la traversée de l'Atlantique.

NUREMBERG, en allem. Nürnberg, v. de l'Allemagne fédérale (Bavière), sur la Pegnitz; 480 000 h. Musée national germanique. Quartiers médiévaux très restaurés après la Seconde Guerre mondiale (églises conservant de prestigieuses sculptures). La ville est un grand centre industriel juxtaposant activités modernes (constructions mécaniques et électriques, chimie) et traditionnelles (jouets, brosserie). Ville libre impériale en 1219, foyer actif de la Renaissance aux XVe-XVIe s., incorporée à la Bavière en 1806, Nuremberg fut l'une des citadelles du national-socialisme et le siège du procès des grands criminels de guerre nazis (1945-46).

NŪRISTĀN, anc. **Kāfiristān,** région montagneuse de l'Afghānistān.

NURMI (Paavo), athlète finlandais, né à Turku (1897-1973). Il domina la course à pied de fond entre 1920 et 1930.

NYASSA, anc. nom du lac Malawi*.

NYASSALAND, nom porté par le Malawi* avant son indépendance (1964).

NYERERE (Julius), homme d'État de Tanzanie, né à Butiama en 1922. Premier ministre du Tanganyika (1960), président de la République (1962), il négocia la formation de l'État fédéral de Tanzanie (1964), qu'il orienta dans la voie d'un socialisme original.

NYIRAGONGO (le), volcan de l'est du Zaïre; 3 470 m.

NYÍREGYHÁZA, v. de Hongrie; 80 000 h.

NYKÖPING, v. de Suède; 62 000 h.

Nymphéas, titre et sujet (emprunté au jardin de Giverny) de nombreuses compositions chromatiques de la fin de la carrière de Monet, notamment de l'ensemble monumental peint pour deux salles de l'Orangerie des Tuileries, à Paris (1915-1923).

NYON, comm. de Suisse (Vaud), sur le lac Léman; 11 424 h. Château remontant à la fin du XIIe s. (musée).

NYONS [njɔ̃] (26110), ch.-l. d'arr. de la Drôme, sur l'Eygues; 5 904 h. Industries alimentaires.

NYROP (Kristoffer), linguiste danois, né à Copenhague (1858-1931), auteur d'une Grammaire historique de la langue française.

NYSA ŁUŻYCKA → NEISSE.

Nystad (paix de), traité signé à Nystad (auj. Uusikaupunki, Finlande) le 10 septembre 1721, qui mit fin à la guerre du Nord. La Suède cédait à la Russie ses provinces baltiques.

Olympie : colonnes de la palestre (partie du gymnase, IIIᵉ s. av. J.-C.).

OAHU, île la plus peuplée de l'archipel des Hawaii, où se localisent la capitale de l'État des Hawaii, *Honolulu,* et le port militaire de *Pearl Harbor;* 1570 km²; 631000 h.

OAKLAND, v. des États-Unis (Californie), sur la baie de San Francisco; 362000 h. Métallurgie. Industries chimiques.

OAK RIDGE, v. des États-Unis (Tennessee); 28000 h. Premier centre de l'industrie de l'énergie nucléaire.

OAKVILLE, v. du Canada (Ontario); 68950 h.

O. A. S., sigle de *Organisation armée secrète,* mouvement clandestin qui a tenté par la violence de s'opposer à l'indépendance de l'Algérie (1961-1963).

OATES (Titus), aventurier anglais, né à Oakham (1649-1705). Il imagina en 1678 un complot papiste qui motiva la condamnation de nombreux catholiques.

OATES (Joyce Carol), femme de lettres américaine, née à Lockport en 1938, peintre des violences et des injustices de l'Amérique contemporaine *(Corps, Eux, Désirs exaucés).*

OAXACA, v. du Mexique méridional; 119000 h. Monuments des XVIIᵉ-XVIIIᵉ s. Musée.

OB, fl. de l'U. R. S. S., né dans l'Altaï, qui draine la Sibérie occidentale. Il reçoit l'Irtych et se jette dans l'océan Arctique en formant le *golfe de l'Ob;* 4012 km.

OBEID (El-), v. du Soudan (Kordofan); 61000 h.

OBERAMMERGAU, v. de l'Allemagne fédérale (Bavière); 6000 h. Elle est célèbre par son théâtre populaire (représentation de la *Passion* tous les dix ans).

OBERHAUSEN, v. de l'Allemagne fédérale, dans la Ruhr; 245000 h. Sidérurgie.

OBERKAMPF (Christophe Philippe), industriel français d'origine allemande, né à Wiesenbach (Bavière) [1738-1815]. Il fonda à Jouy-en-Josas la première manufacture de toiles imprimées (1759) et à Essonnes la première filature française de coton.

OBERLAND BERNOIS, massif montagneux de Suisse, entre le Rhône et le bassin supérieur de l'Aar, comprenant le Finsteraarhorn, la Jungfrau, le Mönch, etc.

OBERNAI (67210), ch.-l. de c. du Bas-Rhin; 8401 h. Maisons anciennes. Brasserie.

OBERON, roi des elfes, dans les romans du haut Moyen Âge *(Huon de Bordeaux)* et dans les œuvres de Chaucer, Spenser, Shakespeare, Wieland.

Oberon, opéra, livret de Planché, tiré du poème de Wieland, musique de Weber (1826). L'ouverture est restée célèbre.

OBERTH (Hermann), ingénieur allemand, né à Hermannstadt (auj. Sibiu, Roumanie) en 1894, l'un des précurseurs de l'astronautique.

OBERUZWIL, comm. de Suisse (cant. de Saint-Gall); 4659 h. Constructions mécaniques.

OBIHIRO, v. du Japon (Hokkaidō); 132000 h.

OBJAT (19130), comm. de la Corrèze; 3228 h. Mobilier. Industries alimentaires.

OBODRITES, peuplade slave établie au VIIᵉ s. entre l'Elbe inférieur et la côte balte, et qui resta indépendante jusqu'au XIIᵉ s.

OBRADOVIĆ ou **OBRADOVITCH** (Dositej), écrivain serbe, né à Čakovo (v. 1742-1811), organisateur de l'enseignement et l'un des rénovateurs de la littérature serbe.

OBRECHT (Jacob), compositeur néerlandais, né à Bergen op Zoom ? (1450-1505). Il a écrit des messes, des motets et des chansons polyphoniques.

OBRENOVIĆ ou **OBRÉNOVITCH,** dynastie qui a régné en Serbie depuis 1817 jusqu'en 1903, sauf de 1842 à 1858. Fondée par MILOŠ OBRENOVIĆ Iᵉʳ, né à Dobrinja (1780-1860), prince héréditaire de 1830 à 1839, elle compta comme souverains : MILAN OBRENOVIĆ II, qui mourut dès 1839; — MICHEL OBRENOVIĆ III, frère du précédent, né à Kragujevac (1829-1868), prince de Serbie, qui, renversé en 1842 par Alexandre Karadjordjević, revint au pouvoir en 1858; — MILAN OBRENOVIĆ IV, cousin de Michel, né à Mărăşeşti (1854-1901), qui obtint l'indépendance de la Serbie (1878) et prit le titre de roi (1882); son allégeance à l'Autriche-Hongrie et son inconduite l'obligèrent à abdiquer (1889); — ALEXANDRE OBRENOVIĆ, fils de Milan. (V. à son ordre.)

O'BRIEN (William Smith), homme politique irlandais, né à Dromoland (1803-1864), célèbre par l'agitation nationale qu'il provoqua contre les Anglais.

OBRIGHEIM, localité de l'Allemagne fédérale (Bade-Wurtemberg), sur le Neckar. Centrale nucléaire.

Observatoire de Paris, établissement de recherche astronomique fondé en 1667, traditionnellement orienté vers la mécanique céleste et l'astrométrie mais auquel ont été rattachés en 1926 l'observatoire d'astrophysique de Meudon et en 1954 la station de radioastronomie de Nançay. Il est le siège du Bureau international de l'heure et de l'horloge parlante.

OBWALD → UNTERWALD.

OCAGNE (Maurice d'), mathématicien français, né à Paris (1862-1938). Créateur des abaques à points alignés, il fonda la nomographie.

O. C. A. M., sigle de *Organisation* commune africaine et mauricienne.

O'CASEY (Sean), auteur dramatique irlandais, né à Dublin (1880-1964). Son théâtre, qui traite des problèmes politiques et sociaux de son pays *(la Charrue et les étoiles,* 1926; *la Coupe d'argent;* 1929), s'oriente ensuite vers une représentation symbolique de la vie *(Roses rouges pour moi,* 1942).

OCCAM (Guillaume D') → GUILLAUME D'OC-CAM.

OCCIDENT *(Empire d'),* partie occidentale de l'Empire romain issue du partage de l'Empire à la mort de Théodose (395 apr. J.-C.). Il disparut en 476 avec la prise de Rome par Odoacre.

OCCITANIE, ensemble des pays de langue d'oc.

O. C. D. E., sigle de *Organisation* de coopération et de développement économiques.*

Océane (l'), autoroute devant relier Paris à Nantes (par Le Mans, d'où doit se détacher une antenne vers Rennes).

OCÉANIDES. *Myth. gr.* Nymphes de la mer et des eaux.

OCÉANIE, une des cinq parties du monde, comprenant le continent australien et divers groupements insulaires situés dans le Pacifique, entre l'Asie à l'ouest et l'Amérique à l'est. L'Océanie se divise en trois grandes parties : la *Mélanésie*,* la *Micronésie** et la *Polynésie*.* Ces divisions sont plutôt ethnographiques que géographiques. L'Océanie compte environ 25 millions d'h. *(Océaniens)* et a une superficie de 8970000 km².

En dehors des plus vastes (Australie, Nouvelle-Guinée, Nouvelle-Zélande, résultant de l'émergence du socle, souvent affecté de mouvements tectoniques récents) et des plus petites (atolls d'origine corallienne), la plupart des îles de l'Océanie doivent leur existence à des phénomènes volcaniques. Les archipels jouissent d'un climat tropical, influencé par l'insularité, qui

Hermann Oberth

Sean O'Casey

1447

OCÉANIE

explique encore l'endémisme marqué de la flore et de la faune. Aux points de vue humain et économique, l'Australie et la Nouvelle-Zélande, au niveau de vie élevé, s'opposent au reste de l'Océanie, où les indigènes (Mélanésiens et Polynésiens) vivent surtout de la culture du cocotier et de la pêche. Le tourisme se développe localement.

OCÉANIE (*Établissements français de l'*), anc. nom de la *Polynésie* française*.

OC-ÉO, anc. port du sud de la péninsule indochinoise, dont l'étude archéologique atteste de florissantes relations commerciales (Ier-VIIIe s.) avec l'Extrême- et le Proche-Orient, ainsi qu'avec le monde romain.

OCH, v. de l'U. R. S. S. (Kirghizistan); 161000 h.

OCHOZIAS (m. en 851 av. J.-C.), roi d'Israël de 852 à 851 av. J.-C.

OCHOZIAS (m. en 843 av. J.-C.), roi de Juda (843), fils d'Athalie.

OCHS (Pierre), homme politique suisse, né à Nantes (1752-1821). Directeur de la République helvétique (1797-1799), il essaya d'introduire en Suisse les idées de la Révolution française.

Pierre **Ochs**
par M. Pfenninger

Daniel **O'Connell**
par B. Mulrenin

OCKEGHEM ou **OKEGHEM** (Johannes), compositeur flamand, né en Flandre (v. 1425-1497), musicien de la cour de France, auteur de messes et de chansons polyphoniques, l'un des maîtres du contrepoint.

O'CONNELL (Daniel), homme politique irlandais, né près de Cahirciveen (Kerry) [1775-1847]. À la tête de la Catholic Association, fondée en 1823, il pratiqua à l'égard des Anglais la résistance passive. Élu député — bien qu'inéligible — en 1828, il obtint le Bill d'émancipation des catholiques (1829); lord-maire de Dublin (1841), il n'osa pas rompre avec l'Union.

O'CONNOR, clan irlandais qui régna sur le Connacht, et pratiquement sur l'Irlande, aux XIe et XIIe s. Le plus célèbre de ses membres, RORY (1116-1198), dut reconnaître la suzeraineté du roi d'Angleterre.

O'CONNOR (Feargus), chef chartiste irlandais, né à Dangan (1794-1855).

OCTAVE, nom d'*Auguste** avant son adoption par César.

OCTAVIE, sœur d'Auguste (v. 70-11 av. J.-C.). Elle épousa en secondes noces le triumvir Antoine (40), qui la répudia en 32.

OCTAVIE, impératrice romaine (v. 42-62 apr. J.-C.), fille de Claude et de Messaline et épouse de Néron, qui la répudia en 62 pour épouser Poppée. Elle mourut en exil, sans doute assassinée par ordre de l'empereur.

OCTAVIEN, nom pris par *Auguste** après son adoption par César.

OCTEVILLE (50130), ch.-l. de c. de la Manche, banlieue de Cherbourg; 16071 h.

Octobre (*révolution d'*) → RÉVOLUTION RUSSE DE 1917.

octobre 1789 (*journées des 5 et 6*), journées

OCÉANIE

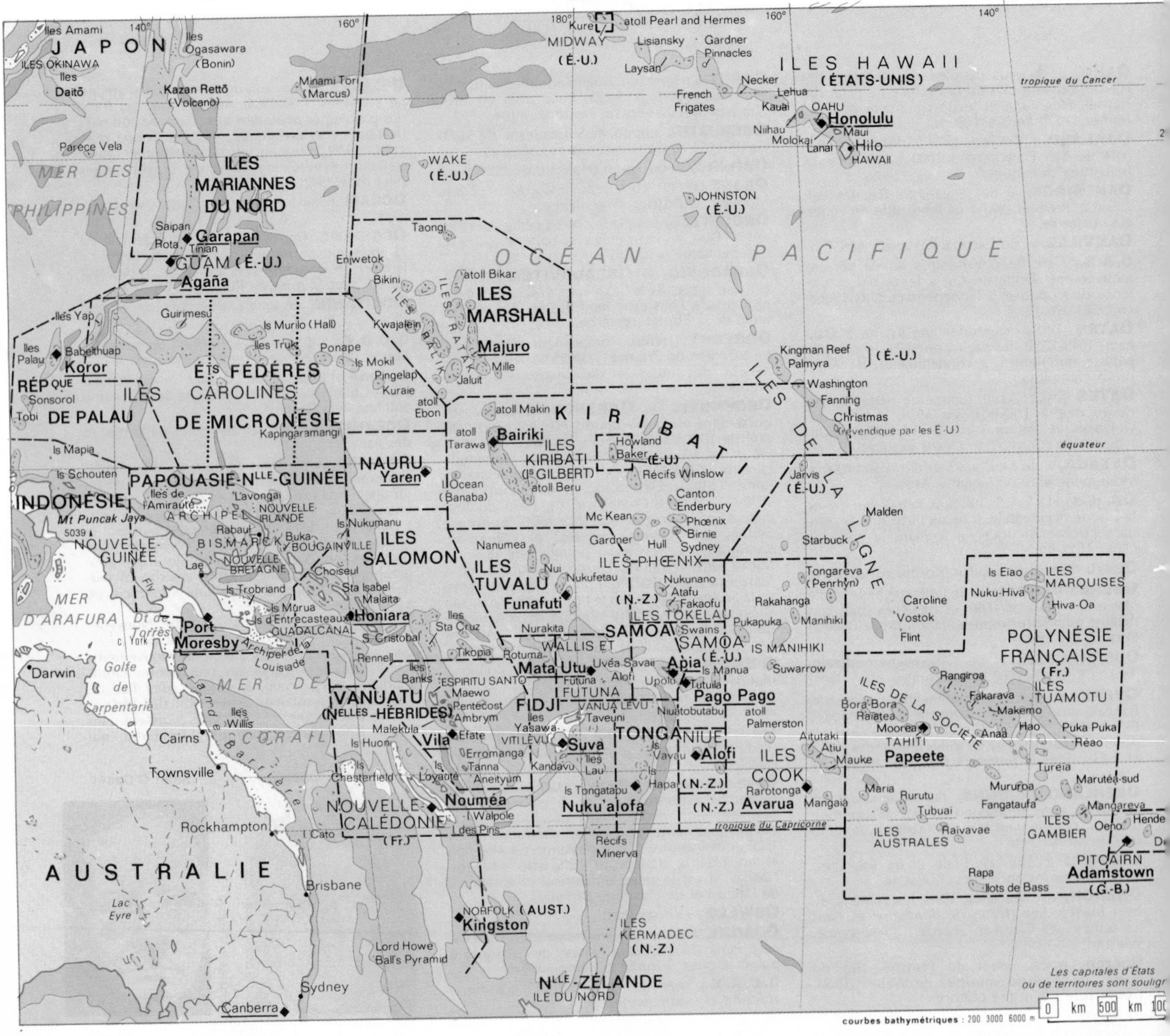

Les capitales d'États
ou de territoires sont souligr

courbes bathymétriques : 200 3000 6000 m

0 km 500 km 100

L'ART DE L'OCÉANIE

Île de Pâques (Polynésie) : statuette d'ancêtre en bois. (Musée de l'Homme, Paris.)

Musée de l'Homme

Fleming

Île d'Oahu (archipel des Hawaii, Polynésie) : le dieu de la Guerre, statue en bois. (British Museum, Londres.)

J. Garanger

Nouvelle-Galles du Sud (Australie) : peinture rituelle des aborigènes australiens, dans l'abri-sous-roche du mont Grenfell.

Hinz

Île de la Nouvelle-Bretagne (archipel Bismarck, Mélanésie) : masque rituel en bois peint. (Museum für Völkerkunde, Bâle.)

Nouvelle-Zélande (Polynésie) : *hei tiki* (représentation du premier homme), pendentif en jade. [Musée de l'Homme, Paris.]

Destable-musée de l'Homme

Hinz

Nouvelle-Guinée (Mélanésie) : *tapa*, tissu de fibres végétales pressées et séchées, décoré de motifs peints. Région du Moyen Sepik. (Museum für Völkerkunde, Bâle.)

marquées par le soulèvement du peuple de Paris, qui marcha sur Versailles, et à la suite desquelles Louis XVI quitta cette ville pour venir habiter les Tuileries, à Paris; l'Assemblée nationale l'imita peu après.

ODA NOBUNAGA, homme politique japonais, né à Owari (1534-1582). Remplaçant le dernier Ashikaga au shôgunat (1573), il favorisa le christianisme et les relations avec l'Occident.

ODAWARA, v. du Japon (Honshū); 157 000 h.

ODENATH (Septimius), prince de Palmyre (m. v. 267). Il lutta avec succès contre le roi sassanide Châhpuhr Ier, à qui il enleva la Mésopotamie. — Sa femme, **Zénobie,** peut-être complice de son assassinat, lui succéda.

ODENSE, port du Danemark, dans l'île de Fionie; 167 000 h. Cathédrale du XIIIe s.

ODENWALD, massif de l'Allemagne fédérale (Hesse), dominant le fossé du Rhin; 626 m.

Odéon, monument d'Athènes destiné aux auditions de musique et de poésie. — Monument de Paris construit par Charles de Wailly et Marie Joseph Peyre, inauguré en 1782. Le théâtre de l'Odéon y fut fondé en 1797. Incendié et réédifié deux fois, il abrita diverses troupes puis devint, en 1841, le second théâtre national. Annexé en 1946 à la Comédie-Française sous le nom de *Salle Luxembourg,* il reprit son autonomie en 1959 sous le nom de *Théâtre de France.* En 1971, il devint le *Théâtre national de l'Odéon.* En 1978, il a été de nouveau rattaché à la Comédie-Française.

ODER, en polon. **Odra,** fl. né en Tchécoslovaquie, qui traverse la Silésie polonaise et rejoint la Baltique dans le golfe de Szczecin; 848 km. Son cours inférieur (sur lequel est établi Francfort-sur-l'Oder) sépare partiellement la Pologne de l'Allemagne démocratique.

Oder-Neisse *(ligne),* limite occidentale de la Pologne, approuvée par les accords de Potsdam (1945) et reconnue « de facto » par l'Allemagne fédérale en 1970.

Odes, d'Horace (composées à partir de 30 av. J.-C.). L'auteur imite Alcée, Sappho, Pindare.

Odes, de Ronsard (1550-1552), poésies tantôt solennelles, tantôt familières, dont les thèmes et les rythmes s'inspirent de la poésie antique.

Odes et Ballades, recueil de poésies lyriques de V. Hugo (1826). Encore classiques de forme, mais de thèmes romantiques, elles s'inspirent des lieder allemands et des légendes médiévales.

Odes funambulesques, de Th. de Banville (1857).

Odes triomphales, de Pindare → ÉPINICIES.

ODESSA, port de l'U.R.S.S. (Ukraine), sur la mer Noire; 1 039 000 h. Centre culturel. Industries métallurgiques, chimiques et alimentaires. Odessa, ancienne colonie grecque, eut ses seconds fondateurs, à la fin du XVIIIe s. et au début du XIXe s., Catherine II et le duc de Richelieu. Ce fut un foyer révolutionnaire en 1905.

ODET, fl. de Bretagne, tributaire de l'Atlantique, qui passe à Quimper; 56 km.

ODILE *(sainte),* religieuse alsacienne (v. 660-v. 720), fille d'Adalric, duc d'Alsace. Elle bâtit dans les Vosges un célèbre monastère. Elle est patronne de l'Alsace.

ODILON *(saint),* cinquième abbé de Cluny (962-1048). Véritable chef de la chrétienté médiévale à partir de son accession à l'abbatiat (994), il imposa la « trêve de Dieu » et institua la fête des Morts, le 2 novembre.

ODIN → WOTAN.

ODOACRE (v. 434-493), roi des Hérules. Il envahit l'Italie, s'empara de Rome et détrôna Romulus Augustule (476), mettant fin ainsi à l'Empire d'Occident. L'empereur d'Orient Zénon, inquiet de sa puissance, envoya contre lui Théodoric, qui l'assiégea dans Ravenne (489-493) et le contraignit à capituler. Il fut assassiné.

ODON *(saint),* deuxième abbé de Cluny, né dans le Maine (v. 879-942). Avec lui commence le rayonnement de Cluny, qui deviendra le centre de la puissante congrégation clunisienne.

O'DONNELL Y JORRIS (Leopoldo), **duc de Tétouan,** général et homme d'État espagnol, né à Santa Cruz (Tenerife) [1809-1867]. Chef du gouvernement en 1856 et 1858, il dirigea une expédition au Maroc et s'empara de Tétouan (1860).

ODRA, nom polon. de l'*Oder**.

Odyssée *(l'),* poème en vingt-quatre chants, attribué, comme l'*Iliade,* à Homère. Tandis que Télémaque va à la recherche de son père (chants I-IV), Ulysse, recueilli après un naufrage par Alcinoos, roi des Phéaciens, raconte ses aventures depuis son départ de Troie (chants V-XIII) : il est passé du pays des Lotophages à celui des Cyclopes, a séjourné dans l'île de Circé, navigué dans la mer des Sirènes, entre Charybde et Scylla, et a été pendant des années retenu par Calypso. La troisième partie du poème (chants XIV-XXIV) raconte l'arrivée d'Ulysse à Ithaque et la ruse qu'il employa pour se débarrasser des prétendants qui courtisaient sa femme, Pénélope.

O. E. A., sigle de *Organisation** *des États américains.*

ŒBEN (Jean François), ébéniste français d'origine allemande, né à Ebern (Franconie) [av. 1720-1763]. Venu jeune à Paris, ébéniste du roi, il est notamment l'auteur de nombreux meubles à « machineries » (bureau de Louis XV, Versailles).

ŒCOLAMPADE (Johannes HAUSSCHEIN, dit), réformateur allemand, né à Weinsberg (1482-1531). Professeur à Bâle, il y organisa l'Église selon les principes de la Réforme.

ŒDIPE. *Myth. gr.* Héros du cycle thébain, fils de Laïos, roi de Thèbes, et de Jocaste. Laïos, averti par un oracle qu'il serait tué par son fils et que celui-ci épouserait sa mère, abandonna l'enfant sur une montagne. Recueilli par des bergers, il fut élevé par le roi de Corinthe. Devenu adulte, Œdipe, ayant appris la destinée qui pesait sur lui, voulut se rendre à Thèbes pour consulter l'oracle sur le mystère de sa naissance; en chemin, il se prit de querelle avec un vieillard qu'il tua : c'était Laïos. Aux portes de Thèbes, il découvrit la solution de l'énigme du sphinx, dont il débarrassa le pays; en récompense les Thébains le prirent pour roi, et il épousa la reine Jocaste, veuve de Laïos, sa propre mère, dont il eut deux fils, Étéocle et Polynice, et deux filles, Antigone et Ismène. Mais Œdipe découvrit le secret de sa naissance, son parricide et son inceste. Tandis que Jocaste se pendait, Œdipe se creva les yeux. Banni de Thèbes, il mena une vie errante, guidé par sa fille Antigone, et mourut près d'Athènes, à Colone. — Le *mythe d'Œdipe,* qui a inspiré à Sophocle deux tragédies (*Œdipe roi,* v. 430 av. J.-C.; *Œdipe à Colone,* 401 av. J.-C.), est aussi à la source de la réflexion de Freud et de la psychanalyse.

OEHLENSCHLÄGER (Adam Gottlob), écrivain

danois, né à Copenhague (1779-1850). Par ses poèmes et ses drames, il fut le premier représentant du romantisme danois (*les Cornes d'or*, 1803; *la Saga de Hroar*, 1817).

OEHMICHEN (Étienne), ingénieur français, né à Châlons-sur-Marne (1884-1955). Il effectua avec son hélicoptère le premier circuit fermé avec décollage et atterrissage à la verticale (1924).

OERLIKON → ÖRLIKON.

ŒRSTED (Christian), physicien danois, né à Rudkøbing (1777-1851). Il découvrit en 1820 l'existence du champ magnétique créé par les courants.

ŒTA, montagne de Grèce (Thessalie); 2152 m.

OFFENBACH, v. de l'Allemagne fédérale (Hesse), près de Francfort-sur-le-Main; 120 000 h.

OFFENBACH (Jacques), compositeur d'origine allemande, né à Cologne (1819-1880), naturalisé français. Il est l'auteur d'opérettes (*Orphée aux enfers*, 1858 et 1874; *la Belle Hélène*, 1864; *la Vie parisienne*, 1866) et d'un opéra fantastique, *les Contes d'Hoffmann*.

Offices (*palais des*), à Florence, construit à partir de 1560 par Giorgio Vasari. Il est occupé par une galerie de peintures et de sculptures

créées par les Médicis et très riche en tableaux des écoles italiennes.

OFFRANVILLE (76550), ch.-l. de c. de la Seine-Maritime; 2477 h.

OGADEN, plateau steppique, constituant l'extrémité orientale de l'Éthiopie, aux confins de la Somalie et parcouru par des pasteurs somalis.

OGAKI, v. du Japon (Honshū); 135 000 h.

OGAREV (Nikolaï Platonovitch), poète russe, né à Saint-Pétersbourg (1813-1877). Il fut, avec Herzen, l'éditeur de la revue *la Cloche*.

OGBOMOSHO, v. du Nigeria, au nord-est d'Ibadan; 387 000 h.

OGDEN, v. des États-Unis (Utah); 169 000 h.

OGINO KYUSAKU, médecin japonais, né à Toyohashi (1882-1975), inventeur d'une méthode de contrôle naturel des naissances.

OGLIO, riv. d'Italie (Lombardie), affl. du Pô (r. g.); 280 km.

OGNON, affl. de la Saône (r. g.); 190 km.

OGODAY (v. 1185-1241), souverain mongol (1229-1241), troisième fils de Gengis khân. Il annexa la Corée, le nord de la Chine, l'Azerbaïdjan, la Géorgie. Il dévasta la Russie et alla jusqu'à Vienne.

OGOOUÉ, fl. de l'Afrique équatoriale, qui se jette dans l'Atlantique, au Gabon; 970 km.

OHANA (Maurice), compositeur français, né à Casablanca en 1914. Inspiré par le monde méditerranéen, il a été influencé par l'ambiance sonore du postsérialisme (*Syllabaire pour Phèdre*).

O'Hare, aéroport de Chicago.

O. HENRY (William Sydney PORTER, dit), écrivain américain, né à Greensboro (Caroline du Nord) [1862-1910], auteur de nouvelles humoristiques (*les Quatre Millions*).

O'HIGGINS (Bernardo), homme politique chilien, né à Chillán (1776-1842). Lieutenant de San Martín, il proclama l'indépendance du Chili (1818) et exerça la dictature de 1817 à 1823.

OHIO, riv. des États-Unis, affl. principal de gauche du Mississippi. Formé à Pittsburgh par la réunion de l'Allegheny et de la Monongahela, il passe à Cincinnati et à Louisville; 1580 km.

OHIO, un des États d'Amérique (Centre-Nord-Est); 106 765 km²; 10 652 000 h. Cap. *Columbus.* V. pr. *Cleveland, Cincinnati, Toledo.*

OHLIN (Bertil), économiste suédois, né à Klippan (1899-1979), spécialiste du commerce international. (Prix Nobel, 1977.)

OHM (Georg), physicien allemand, né à Erlangen (1789-1854). Il a découvert en 1827 les lois fondamentales des courants électriques.

OHRE, en allem. **Eger,** riv. de l'Europe centrale (Allemagne fédérale et Tchécoslovaquie), affl. de l'Elbe (r. g.); 310 km.

OHRID ou **OKHRID,** v. de Yougoslavie (Macédoine) sur le *lac d'Ohrid* (348 km²), qui est situé à la frontière de l'Albanie et de la Yougoslavie; 15 000 h. Anc. cathédrale Ste-Sophie (XIe-XIVe s.; fresques) et autres églises.

OIGNIES (62590), comm. du Pas-de-Calais; 11 651 h. (*Oigninois*).

OIRON (79100 Thouars), comm. des Deux-Sèvres; 1317 h. Château des XVIe-XVIIe s. (peintures murales), église du XVIe.

OISANS, pays du Dauphiné, correspondant à la vallée de la Romanche (hydroélectricité) et aux montagnes qui l'encadrent (élevage et tourisme surtout hivernal [Alpe-d'Huez].

OISE, riv. du nord de la France, née en Belgique; 302 km. Elle passe à Compiègne, Creil et Pontoise, avant de rejoindre la Seine (r. dr.) à Conflans-Sainte-Honorine. C'est une importante voie navigable. La vallée de l'Oise fut fréquemment empruntée par les armées envahissant la France.

OISE (*dép. de l'*) [**60**], dép. de la Région Picardie; ch.-l. de dép. *Beauvais*; ch.-l. d'arr. *Clermont, Compiègne, Senlis*; 4 arr., 39 cant., 693 comm.; 5 857 km²; 606 320 h. Le dép. appartient à l'académie et à la circonscription judiciaire d'Amiens, à la région militaire de Lille, à la province ecclésiastique de Reims. Il est formé essentiellement de plateaux calcaires, souvent limoneux, domaines de la grande culture céréalière et betteravière (Valois, sud de la Picardie), entaillés par la vallée de l'Oise, où dominent les cultures fruitières et maraîchères et l'élevage bovin. Celui-ci constitue la principale activité du pays de Thelle et de l'extrémité orientale du pays de Bray, régions argileuses. L'industrie, présente notamment dans la vallée de l'Oise, autour de Compiègne et de Creil-Montataire, est représentée surtout par la métallurgie, la verrerie, la chimie. Son développement explique le rapide accroissement de population.

Oiseau de feu (*l'*), ballet d'Igor Stravinski (1910); chorégraphie de M. Fokine. — Version de M. Béjart (1970).

Oiseaux (*les*), comédie d'Aristophane (414 av. J.-C.).

OISEMONT (80140), ch.-l. de c. de la Somme; 1259 h.

OISSEL (76350), comm. de la Seine-Maritime; 11 860 h. Chimie.

OÏSTRAKH (David), violoniste soviétique, né à Odessa (1908-1974).

O.I.T., sigle de *Organisation* internationale du travail.*

Ohrid
église du monastère Saint-Naoum

Jacques **Offenbach**
par Nadar

Georg **Ohm**

OISE

ŌITA, port du Japon (Kyūshū); 261 000 h.

OKA, riv. de Russie, affl. de la Volga (r. dr.); 1 480 km.

OKAYAMA, v. du Japon (Honshū); 375 000 h. Parc paysager fondé au XVIIIᵉ s. Industrie chimique.

OKAZAKI, v. du Japon (Honshū); 211 000 h.

OKEGHEM (Johannes) → OCKEGHEM.

OKHOTSK (mer d'), mer formée par l'océan Pacifique, au nord-est de l'Asie.

OKHRID → OHRID.

OKINAWA, principale île (2 420 km²; 950 000 h.) de l'archipel japonais des Ryūkyū. En 1945, elle fut l'enjeu d'une lutte acharnée entre Japonais et Américains.

OKLAHOMA, un des États unis d'Amérique, au nord du Texas; 181 090 km²; 2 559 000 h. Cap. *Oklahoma City* (375 000 h.). Pétrole.

O. K. W. (sigle de *Oberkommando der Wehrmacht*), commandement suprême des armées allemandes de 1938 à 1945.

OLAF, nom porté par deux rois de Danemark : OLAF Iᵉʳ *Hunger* (1052-1095), roi de 1086 à 1095; — OLAF II *Haakonsson,* né à Akershus (1370-1387), roi de Danemark (1376-1387) et de Norvège (1380-1387).

ÖLAND, île de Suède, dans la mer Baltique, reliée au continent par un pont routier; 1 344 km²; 22 000 h. V. pr. *Borgholm.*

OLARGUES (34390), ch.-l. de c. de l'Hérault; 551 h. Pont gothique.

OLAUS PETRI (Olof PETERSSON, dit), réformateur suédois, né à Örebro (1493-1552), propagateur de la Réforme en Suède (1520-1525), chancelier du roi (1531-1539), auteur d'une traduction du *Nouveau Testament* et d'une *Chronique suédoise.*

OLAV Iᵉʳ Tryggvesson (969-1000), roi de Norvège de 995 à 1000. Il contribua à implanter le christianisme dans son royaume. — OLAV II *Haraldsson (saint)* [v. 995-1030], roi de Norvège de 1016 à 1030. Il fut tué dans une guerre contre Knud le Grand. — OLAV III *Kyrre* (m. en 1093), roi de Norvège de 1066 à 1093. — OLAV IV *Magnusson* (m. en 1115), roi de Norvège de 1103 à 1115. — OLAV V, né à Appleton House, près de Sandringham (Angleterre), en 1903, régent en 1955, roi de Norvège depuis 1957.

OLBRACHT (Kamil ZEMAN, dit **Ivan**), écrivain tchèque, né à Semily (1882-1952). Il évolua dans ses romans de l'analyse psychologique à l'engagement politique (*Nikola Šuhaj, bandit,* 1933).

OLDENBARNEVELT (Johan VAN), né à Amersfoort (1547-1619). Grand pensionnaire de Hollande (1586), il obtint de la France, de l'Angleterre (1596), puis de l'Espagne (1609), la reconnaissance des Provinces-Unies. Maurice de Nassau le fit exécuter.

OLDENBURG, en fr. **Oldenbourg,** anc. État de l'Allemagne. Comté à la fin du XIᵉ s., il passa dans la famille royale de Danemark au XVᵉ s., puis aux Holstein-Gottorp au XVIIIᵉ s. Érigé en duché (1777) puis en grand-duché (1815), l'Oldenburg devint, en 1871, État de l'Empire allemand. Le dernier grand-duc abdiqua en 1918. — La ville d'*Oldenburg,* en Allemagne fédérale (Basse-Saxe), a 132 000 h. Château des XVIIᵉ-XVIIIᵉ s. Musées.

OLDENBURG (Claes), artiste américain d'origine suédoise, né à Stockholm en 1929, un des représentants du *pop art* (objets mous, monuments incongrus, etc.).

OLDHAM, v. d'Angleterre; 106 000 h.

OLDOWAY ou **OLDUVAI,** site de Tanzanie, près du lac Eyasi, riche en gisements préhistoriques dont les plus anciens remontent à plus d'un million d'années (horizon I). Leakey y a découvert en 1959 et 1960 deux types d'australanthropiens, le *zinjanthrope* et l'*Homo habilis,* respectivement datés de 1 750 000 et 1 850 000 ans.

OLEN, comm. de Belgique (prov. d'Anvers); 8 700 h. Raffinage des métaux.

OLÉRON (île d'), île de la Charente-Maritime, formant deux cantons (*Le Château-d'Oléron* et *Saint-Pierre-d'Oléron*), à l'embouchure de la Charente, séparée du continent par le pertuis de Maumusson, et de l'île de Ré par celui d'Antioche; 175 km²; 16 360 h. Un pont relie l'île au continent. Ostréiculture. Vigne. Pêche. Tourisme.

OLETTA (20382), ch.-l. du cant. de la Conca-d'Oro (Haute-Corse); 1 030 h.

OLETTE (66360), ch.-l. de c. des Pyrénées-Orientales; 544 h.

OLIBRIUS, gouverneur des Gaules au IVᵉ s., à qui une légende attribue la mort de sainte Reine. Il figurait dans certains mystères comme le type du fanfaron.

OLIER (Jean-Jacques), ecclésiastique français, né à Paris (1608-1657). Curé de la paroisse de Saint-Sulpice à Paris (1642-1652), il fonda la Compagnie des prêtres de Saint-Sulpice et le séminaire dont on rêvait, véritable prototype des séminaires désirés par le concile de Trente. Les Sulpiciens furent d'ailleurs appelés à diriger de nombreux séminaires diocésains.

OLINDA, v. du nord-est du Brésil, banlieue de Recife; 196 000 h. Monuments religieux des XVIIᵉ-XVIIIᵉ s.

OLIVA, auj. **Oliwa,** localité de Pologne, près de Gdańsk. Un traité y fut signé le 3 mai 1660 entre la Suède et la Pologne; la Prusse devenait État souverain.

OLIVARES (Gaspar DE GUZMÁN, comte-duc D'), homme d'État espagnol, né à Rome (1587-1645). Ministre sous Philippe IV, qui lui abandonna la réalité du pouvoir (1621-1643), il déclara la guerre à la France. Il fut disgracié en 1643.

OLIVER (Joe, dit **King**), trompettiste, compositeur et chef d'orchestre de jazz noir américain, né à La Nouvelle-Orléans (1885-1938). Pionnier du jazz, il popularisa le style dit *Nouvelle-Orléans* en faisant évoluer la polyphonie sommaire des premiers orphéons vers des improvisations collectives improvisées.

OLIVET (45160), ch.-l. de c. du Loiret, sur le Loiret; 12 382 h. (*Olivetains*). Pépinières et roseraies.

Olivier, héros légendaire de *la Chanson de Roland.* En face de Roland, fougueux et emporté, il est le symbole de la sagesse et de la modération.

OLIVIER (Juste), écrivain suisse d'expression française, né à Eysins (1807-1876). Il fut lié avec Sainte-Beuve.

OLIVIER (sir Laurence Kerr), acteur, metteur en scène, directeur de théâtre et cinéaste anglais, né à Dorking en 1907. Brillant interprète de Shakespeare, il a réalisé plusieurs films (*Henry V,* 1944; *Richard III,* 1955).

Olivier Twist, roman de Ch. Dickens (1838).

OLIVIERS (mont des), lieu, près de Jérusalem, où Jésus alla prier la veille de sa mort.

OLLIERGUES (63880), ch.-l. de c. du Puy-de-Dôme, sur la Dore; 1 381 h.

OLLIOULES (83190), ch.-l. de c. du Var; 8 810 h. Église romane.

OLLIVIER (Émile), homme d'État français, né à Marseille (1825-1913). Avocat républicain, député de l'opposition, il se rallia au Tiers Parti et à l'Empire parlementaire. Placé à la tête du ministère du 2 janvier 1870, il poursuivit la transformation du régime mais il dut endosser la responsabilité de la guerre franco-allemande de 1870. [Acad. fr.]

OLMEDO (José Joaquín), homme politique et poète équatorien, né à Guayaquil (1780-1847). Il fut un des artisans de l'indépendance nationale.

OLMÈQUES, peuple ancien du golfe du Mexique, dont la civilisation, qui connut une vaste aire de dispersion, s'épanouit de 1000 à 300 av. J.-C.
Leur culture (écriture, calendrier, astronomie, etc.) et de nombreux vestiges (pyramides de terre, jeux de balle, têtes colossales de basalte, figurines de jade, etc.) témoignent de l'influence que les Olmèques ont exercée sur les civilisations précolombiennes ultérieures.

OLMETO (20113), ch.-l. de c. de la Corse-du-Sud; 1 248 h.

OLMI (Ermanno), cinéaste italien, né à Bergame en 1931, auteur de *Il Posto* (1961), *les Fiancés* (1962), *Un certain jour* (1968), *l'Arbre aux sabots* (1978).

OLMÜTZ → OLOMOUC.

OLOF Skötkonung (m. en 1022), roi de Suède de 994 à 1022. Il favorisa la pénétration du christianisme dans son pays.

OLOMOUC, en allem. **Olmütz,** v. de Tchécoslovaquie (Moravie); 98 000 h. Monuments anciens (XIIᵉ-XVIIIᵉ s.). Le 29 novembre 1850, le roi de Prusse s'y inclina devant les exigences autrichiennes et renonça à ses desseins unitaires («reculade d'Olmütz»).

OLONNE-SUR-MER (85340), comm. de la Vendée; 6 254 h.

OLONZAC (34210), ch.-l. de c. de l'Hérault; 1 705 h. Vignobles.

OLORON (gave d'), riv. des Pyrénées, formée par les gaves d'Aspe et d'Ossau, qui se rejoignent à Oloron-Sainte-Marie, et se jettent dans le gave de Pau (r. g.); 120 km.

OLORON-SAINTE-MARIE (64400), ch.-l. d'arr. des Pyrénées-Atlantiques, au confluent des gaves d'Aspe et d'Ossau; 13 138 h. (*Oloronais*). Anc. cathédrale gothique, avec portail roman. Construction aéronautique. Textile.

OLSZTYN, v. du nord-est de la Pologne; 122 000 h.

OLT, riv. de Roumanie, affl. du Danube (r. g.); 600 km.

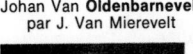

Johan Van **Oldenbarnevelt**
par J. Van Mierevelt

Jean-Jacques **Olier**
gravure de M. Boulanger

portrait du duc d'**Olivares**
par Velázquez (détail)

Olmèques : tête géante en basalte
découverte à La Democracia (Guatemala)

OLTEN, v. de Suisse (Soleure), sur l'Aar; 21 209 h. Constructions mécaniques.

OLTÉNIE, région de Roumanie, en Valachie, à l'ouest de l'Olt.

OLYMPE, massif montagneux de la Grèce, aux confins de la Macédoine et de la Thessalie (alt. 2 911 m). Les Grecs en avaient fait la résidence des dieux. (Auj. *Ólympos.*)

Olympia, toile de Manet qui fit scandale au Salon de 1865 (1863, Louvre).

OLYMPIAS, princesse d'Épire (v. 375-616 av. J.-C.), épouse de Philippe II de Macédoine et mère d'Alexandre le Grand. À la disparition de son fils, elle disputa le pouvoir aux diadoques et fut assassinée.

OLYMPIE, v. du Péloponnèse, centre religieux panhellénique, où se célébraient les jeux Olympiques. Nombreux vestiges, dont ceux du temple

V. ill. frontispice

de Zeus (Vᵉ s av. J.-C.), à la très belle décoration sculptée. Musée.

Olympio, nom poétique sous lequel V. Hugo se désigne lui-même dans certains poèmes (*Tristesse d'Olympio*).

OLYNTHE, v. de la Grèce continentale, prise et rasée par Philippe de Macédoine en 348 av. J.-C. Son nom évoque trois harangues de Démosthène (*les Olynthiennes*) dans lesquelles l'orateur s'efforce de persuader ses compatriotes de porter secours à la ville.

OMAHA, v. des États-Unis (Nebraska), sur le Missouri; 346 000 h.

OMAN, État de l'extrémité orientale de l'Arabie, baigné par le *golfe* et la *mer d'Oman*; 212 457 km²; 759 000 h. Cap. *Mascate.* Pétrole. Depuis la fin du XIXᵉ s., les Britanniques soutiennent la dynastie des Bû Sa'îd, qui règne sur le sultanat de Mascate-et-Oman depuis 1750. En 1970, devenu sultan d'Oman, Qabûs ibn Sa'îd a entrepris la modernisation du pays.

OMAN (*mer d'*), partie nord-ouest de l'océan Indien, parfois appelée aussi « mer Arabique ». Le *golfe d'Oman,* en bordure du *sultanat d'Oman,* en forme la partie la plus resserrée et commu-

nique par le détroit d'Ormuz avec le golfe Persique.

OMAR → 'UMAR.

OMBRIE, région de l'Italie centrale, traversée par le Tibre, formée des prov. de Pérouse et de Terni; 8 456 km²; 802 000 h. (*Ombriens.*)

OMDURMAN ou **OMDOURMAN,** v. du Soudan, sur le Nil, en face de Khartoum; 259 000 h. Kitchener y vainquit en 1898 les troupes mahdistes du calife 'Abd Allāh ibn Muhammad.

OMEYYADES, OMAYYADES ou **UMAYYADES,** dynastie de califes arabes, qui régna à Damas de 661 à 750. Son empire s'étendit à la plaine de l'Indus (710-713), à la Transoxiane (709-711) et à l'Espagne (711-714). Grands bâtisseurs, les Omeyyades embellirent Damas, Jérusalem, Kairouan. Miné par des querelles intestines, l'Empire omeyyade tomba sous les coups des 'Abbāsides. Mais un rescapé de la famille régnante, 'Abd al-Rahmān Iᵉʳ, fonda l'émirat omeyyade de Cordoue (756-1031), érigé en califat en 929.

OMIYA, v. du Japon (Honshū); 269 000 h.

OMO, riv. du sud de l'Éthiopie, affl. du lac Turkana. Sa vallée a livré des gisements riches en fossiles d'hominidés (australopithèques).

OMONT (08430 Poix Terron), ch.-l. de c. des Ardennes; 44 h.

OMPHALE. *Myth. gr.* Reine de Lydie chez laquelle Héraclès fut pour un temps esclave; la légende représente le héros filant la laine aux pieds d'Omphale.

OMRI, souverain du royaume d'Israël (885-874 av. J.-C.). Il fonda Samarie.

O. M. S., sigle de *Organisation* mondiale de la santé.

OMSK, v. de l'U.R.S.S. (R.S.F.S. de Russie), en Sibérie occidentale, sur l'Irtych; 1 026 000 h.

ŌMUTA, v. du Japon (Kyūshū); 175 000 h.

ONEGA (*lac*), lac d'U.R.S.S., en Carélie, qui se déverse dans le lac Ladoga par la Svir; 9 900 km².

O'NEILL (Eugene), auteur dramatique américain, né à New York (1888-1953). Son théâtre passe du réalisme (*Anna Christie,* 1922; *le Désir sous les ormes,* 1924) à une vision poétique de

l'effort humain pour s'intégrer au monde (*Empereur Jones,* 1921) que ne dominent que des êtres d'exception capables d'assumer leur destin (*Le deuil sied à Électre,* 1931). [Prix Nobel, 1936.]

ONET-LE-CHÂTEAU (12000 Rodez), comm. de l'Aveyron; 6 656 h.

ONEX, banlieue de Genève; 13 524 h.

ONITSHA, v. du Nigeria, sur le Niger; 197 000 h.

ONK (*djebel*), montagne de l'Algérie orientale. Phosphates.

ONNAING (59264), comm. du Nord; 9 721 h. Métallurgie.

On ne badine pas avec l'amour, proverbe d'Alfred de Musset (1834; représenté en 1861).

ONSAGER (Lars), chimiste américain, né à Oslo (1903-1976). Il a étudié la thermodynamique des transformations irréversibles. (Prix Nobel, 1968.)

ONTARIO, lac de l'Amérique du Nord, entre le Canada et les États-Unis. Il reçoit par le Niagara les eaux du lac Érié, qu'il déverse par le Saint-Laurent; 18 800 km². Il donne son nom à la plus riche et à la plus peuplée des provinces du Canada; 1 068 582 km²; 8 264 465 h. Cap. *Toronto.* V. pr. *Hamilton, Ottawa, Windsor, London.*

O. N. U., sigle de *Organisation* des Nations unies.

OÔ (*lac d'*), lac des Pyrénées, formé par la *Neste d'Oô.*

OORT (Jan Hendrik), astronome néerlandais, né à Franeker en 1900. Il a mis en évidence la

Eugene
O'Neill

L'EXPANSION DE L'ISLĀM AU TEMPS DES OMEYYADES (661-750)

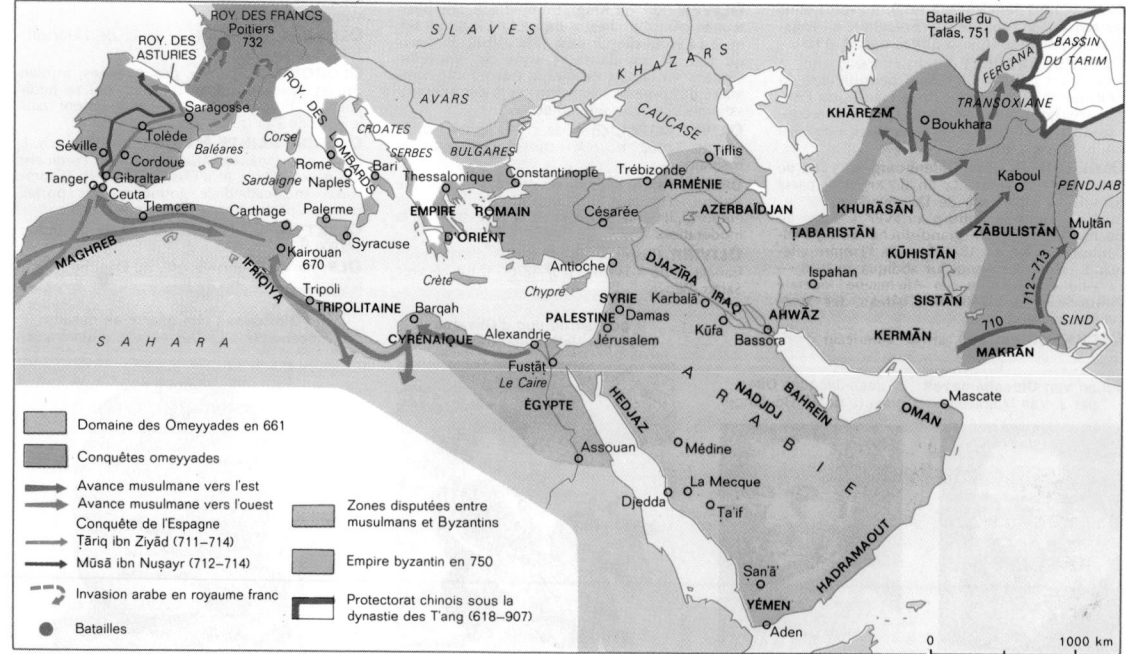

Giraudon

théâtre romain d'**Orange**

A.F.P.

Robert Julius
Oppenheimer

Gamma Films (coll. J.-L. Passek)

Martine Carol et Peter Ustinov
dans *Lola Montes* (1954) de Max **Ophuls**

rotation (1927) et la structure spirale (1952) de notre Galaxie. Il a proposé une théorie de l'origine des comètes.

OOSTERZELE, comm. de Belgique (Flandre-Orientale); 11 800 h.

OOSTKAMP, comm. de Belgique (Flandre-Occidentale); 18 700 h.

OPAVA, en allem. **Troppau,** v. de Tchécoslovaquie; 57 000 h.

O.P.E.P., sigle de *Organisation* des pays exportateurs de pétrole.*

Opéra de Paris, théâtre lyrique national, construit de 1861 à 1874 par Ch. Garnier et considéré comme une des œuvres les plus réussies de l'architecture éclectique.

Opéra-Comique *(théâtre de l'),* dit **salle Favart,** théâtre lyrique construit à Paris en 1898. Il abrita l'Opéra-Studio de 1972 à 1978.

Opéra de quat' sous *(l'),* pièce de B. Brecht (1928), inspirée de *l'Opéra du gueux* (1728) de John Gay; musique de Kurt Weill. — Film de G. W. Pabst (1931), d'après un scénario de Brecht.

OPFIKON, banlieue de Zurich; 11 115 h.

OPHULS (Max OPPENHEIM, dit **Max**), cinéaste et metteur en scène de théâtre français d'origine allemande, né à Sarrebruck (1902-1957), réalisateur de *la Ronde* (1950), *le Plaisir* (1951), *Madame de...* (1952), *Lola Montes* (1954).

OPITZ (Martin), poète allemand, né à Bunzlau (Silésie) [1597-1639], réformateur de la métrique.

Opium *(guerre de l'),* conflit qui éclata entre la Chine et l'Angleterre en 1840, la Chine ayant interdit à la Compagnie des Indes l'entrée de l'opium. Le traité de Nankin (29 août 1842), très avantageux pour les Britanniques, mit fin à cette guerre.

OPOLE, v. de Pologne, sur l'Odra; 108 000 h.

OPPENHEIM (Dennis), artiste américain, né à Mason City en 1938. Pionnier du *land art* puis de l'art corporel, il conçoit depuis 1972 des « installations » qui mettent en jeu divers matériaux, éléments et énergies.

OPPENHEIMER (Robert Julius), physicien américain, né à New York (1904-1967). Auteur de travaux sur la théorie quantique de l'atome, il joua un grand rôle dans les recherches nucléaires.

OPPENORDT (Gilles Marie), architecte et ornemaniste français, né à Paris (1672-1742). Fils d'un ébéniste néerlandais collaborateur de Boulle, il fut l'un des initiateurs du style rocaille.

OPWIJK, comm. de Belgique (Brabant); 11 000 h.

Or du Rhin *(l')* → TÉTRALOGIE.

ORADEA, v. du nord-ouest de la Roumanie; 171 000 h. Monuments religieux. Métallurgie.

ORADOUR-SUR-GLANE (87520), comm. de la Haute-Vienne; 1 762 h. Massacre de la population entière (642 h.) par les Allemands le 10 juin 1944.

ORADOUR-SUR-VAYRES (87150), ch.-l. de c. de la Haute-Vienne; 1 947 h.

ORAISON (04700), comm. des Alpes-de-Haute-Provence; 2 667 h. Aménagement hydroélectrique sur la Durance.

ORAN, v. d'Algérie, ch.-l. de wilaya; 327 000 h. *(Oranais).* Université. Port sur la Méditerranée. Centre commercial et industriel.

ORANAIS, région occidentale de l'Algérie.

ORANGE (84100), ch.-l. de c. de Vaucluse, près de l'Eygues; 26 468 h. *(Orangeois).* Théâtre et arc de triomphe romains (Ier s.). Cathédrale romane. Base aérienne militaire.

ORANGE, fl. de l'Afrique australe, tributaire de l'Atlantique; 1 860 km. Aménagement pour l'hydroélectricité et l'irrigation.

ORANGE *(État libre d'),* prov. de l'Afrique du Sud; 129 152 km²; 1 716 000 h. Cap. *Bloemfontein.* Mines d'or et d'uranium. Fondée par des colons hollandais vers 1836, la colonie fut reconnue indépendante par les Anglais en 1854. En 1898, l'Orange s'unit au Transvaal pour lutter contre les Anglais. Mais cette union ne put empêcher la défaite des Boers en 1902.

ORANGE-NASSAU, famille noble d'Allemagne, dont sont issus les stathouders des Provinces-Unies, princes d'Orange, aux XVIe, XVIIe et XVIIIe s., et les souverains des Pays-Bas depuis 1815.

Orange-Nassau *(ordre d'),* ordre néerlandais civil et militaire créé en 1892.

ORANIENBURG, v. de l'Allemagne démocratique (district de Potsdam). Camp de concentration allemand (1933-1945).

Oratoire *(l'),* anc. chapelle des Oratoriens, à Paris, devenue en 1811 un temple protestant.

ORB, fl. du Languedoc, qui passe à Béziers et rejoint la Méditerranée; 145 km.

ORBAY (D') → D'ORBAY.

ORBE, riv. de Suisse, née en France, près de Morez; 57 km. Elle traverse le lac de Joux et, sous le nom de *Thièle,* traverse les lacs de Neuchâtel et de Bienne.

ORBEC (14290), ch.-l. de c. du Calvados; 3 517 h. Église du XVe s. Vieilles maisons.

ORBIGNY (Alcide DESSALINES D'), naturaliste français, né à Couëron (1802-1857), auteur d'une *Paléontologie française.* — Son frère CHARLES, né à Couëron (1806-1876), est l'auteur du *Dictionnaire universel d'histoire naturelle* (1839-1849).

ORCADES, en angl. **Orkney,** archipel britannique, au nord de l'Écosse, comprenant 90 îles, dont la plus grande est *Mainland.* Élevage. Pêche. Les Orcades comptent près de 18 000 h. Ch.-l. *Kirkwall,* dans l'île de Mainland.

ORCADES DU SUD, archipel britannique de l'Atlantique.

ORCAGNA (Andrea DI CIONE, dit l'), peintre et sculpteur italien, documenté à Florence de 1343 à 1368. Très en retrait par rapport aux innova-

tions de Giotto, il exerça une forte influence sur l'école florentine.

ORCHA, v. de l'U.R.S.S. (Biélorussie); 116 000 h.

ORCHIES [ɔrʃi] (59310), ch.-l. de c. du Nord; 5 791 h.

ORCHOMÈNE [ɔrkɔ-], v. de Béotie, dont elle fut le centre le plus important à l'époque mycénienne, qui a notamment laissé une tholos. Imposants remparts (VIIe-IVe s. av. J.-C.).

ORCIÈRES (05170), ch.-l. de c. des Hautes-Alpes; 855 h. Sports d'hiver (alt. 1 820-2 650 m).

ORCIVAL (63210 Rochefort Montagne), comm. du Puy-de-Dôme; 369 h. Église romane (Vierge en majesté du XIIe s.). Château de Cordès (XVe s.; jardins classiques).

ORDENER (Michel, *comte*), général français, né à Saint-Avold (1755-1811). Il fut chargé d'arrêter le duc d'Enghien (1804).

ORDERIC VITAL, historien français, né à Attingham (Angleterre) [1075-apr. 1143], auteur d'une *Histoire ecclésiastique.*

ORDJONIKIDZE, v. de l'U.R.S.S. (R.S.F.S. de Russie), dans le Caucase, cap. de l'Ossétie du Nord; 281 000 h. Plomb et zinc.

ORDOS, plateau de la Chine, dans la grande boucle du Houang-ho.

ÖREBRO, v. de Suède, à l'ouest de Stockholm; 117 000 h.

OREGON, un des États unis d'Amérique (Pacifique), bordé au nord par le fl. Columbia (anc. *Oregon*); 251 180 km²; 2 091 000 h. Cap. *Salem.* V. pr. *Portland.*

OREKHOVO-ZOUÏEVO, v. de l'U.R.S.S., dans la région de Moscou; 130 000 h. Industries textiles.

OREL, v. de l'U.R.S.S. (R.S.F.S. de Russie), sur l'Oka; 289 000 h. Aciérie. Combats en 1941 et en 1943.

ORENBOURG, de 1938 à 1957 **Tchkalov,** v. de l'U.R.S.S. (R.S.F.S. de Russie), sur l'Oural; 446 000 h. Hydrocarbures.

ORÉNOQUE, en esp. **Orinoco,** fl. du Venezuela, qui se jette dans l'Atlantique par un vaste delta; 2 160 km.

ORENSE, v. d'Espagne (Galice); 81 000 h. Cathédrale (XIIe-XIIIe s.). Pont du XIIIe s.

ORESME (Nicole D'), évêque de Lisieux, né à Oresme (Normandie) [v. 1325-1382]. Érudit, il est un des premiers écrivains à avoir plié la langue française à l'expression de la philosophie et de la technique.

ORESTE. Myth. gr. Fils d'Agamemnon et de Clytemnestre. Pour venger la mort de son père, il tua sa mère et l'amant de celle-ci, Égisthe, meurtrier d'Agamemnon.

Orestie *(l'),* trilogie dramatique d'Eschyle, jouée à Athènes (458 av. J.-C.) et comprenant les trois tragédies *(Agamemnon, les Choéphores, les Euménides)* dont les aventures d'Oreste sont le sujet.

ØRESUND → SUND.

OREZZA, station thermale de la Haute-Corse (comm. de Rapaggio). — Le *canton d'Orezza-Alesani* a pour ch.-l. *Piedicroce.*

Orfeo *(l'),* drame lyrique de Monteverdi (1607), l'un des premiers opéras. Le récitatif expressif y alterne avec des airs, des chœurs et des fragments symphoniques.

ORFF (Carl), compositeur allemand, né à Munich en 1895, auteur de la cantate *Carmina burana.*

ORFILA (Mathieu), médecin et chimiste français, né à Mahón (Minorque) [1787-1853], auteur de travaux sur la toxicologie.

Organisation de l'aviation civile internationale (O.A.C.I.), organisme créé par la convention de Chicago en 1944. Devenue une institution spécialisée de l'O.N.U. en 1947, elle est dirigée par un conseil permanent qui siège à Montréal. Ses activités s'exercent dans les domaines de la technique aéronautique, de l'économie et du droit international.

Organisation commune africaine et mauricienne (O.C.A.M.), organisme créé en 1965 sous le nom d'«Organisation commune africaine et malgache», qui réunissait les États francophones de l'Afrique noire (moins la Mauritanie) et Madagascar. En y entrant en 1970, l'île Maurice en a fait l'Organisation commune africaine, malgache et mauricienne (O.C.A.M.M.), jusqu'au retrait de Madagascar (1973).

Organisation de coopération et de développement économiques (O.C.D.E.), groupe constitué à Paris en 1961 par dix-huit États européens, membres de l'ex-O.E.C.E. (Organisation européenne de coopération économi-

Gaston d'**Orléans**

Philippe d'**Orléans**
dit *le Régent*

Louis Philippe Joseph
d'**Orléans**
dit *Philippe Égalité*
par sir J. Reynolds

Orléans : la cathédrale Sainte-Croix

que), les États-Unis, le Canada, puis le Japon et quelques autres, en vue de favoriser l'expansion des États membres et des États sous-développés.

Organisation des États américains (O.E.A.), en angl. *Organization of American States* (OAS), organisme fondé en 1948 pour régler les problèmes communs à la plupart des États du continent américain.

Organisation internationale du travail (O.I.T.), organisation internationale créée en 1919 par le traité de Versailles. Ses États membres sont représentés par des délégués des gouvernements, des employeurs et des travailleurs. Associée à l'O.N.U. depuis 1946, elle cherche à développer la justice sociale par l'amélioration des conditions de vie et de travail dans le monde. Son secrétariat permanent, le *Bureau international du travail (B.I.T.),* siège à Genève. Le prix Nobel de la paix lui a été attribué en 1969.

Organisation de libération de la Palestine (O.L.P.), organisation de la résistance palestinienne, fondée en 1964 par le congrès national des Arabes de Palestine réuni à Jérusalem. Elle est membre de la Ligue arabe, qui la subventionne, depuis 1976. D'abord dirigée par Ahmad Chuqayrī, elle a comme président, depuis 1967, Yasser 'Arafāt.

Organisation mondiale de la santé (O.M.S.), institution spécialisée des Nations unies, fondée en 1948, dont le but est de créer les conditions «d'un état de bien-être physique, mental et social pour tout être humain». Elle siège à Genève.

Organisation des Nations unies (O.N.U.), organisation internationale constituée en 1945 (pour succéder à la Société des Nations, créée par le traité de Versailles en 1919) par les États qui ont accepté de remplir les obligations prévues par la Charte des Nations unies (signée à San Francisco le 26 juin 1945), en vue de sauvegarder la paix et la sécurité internationales, et d'instituer entre les nations une coopération économique, sociale et culturelle. Son organe exécutif sur le plan politique est le *Conseil de sécurité.* Elle siège à New York.

Organisation des Nations unies pour l'alimentation et l'agriculture, en angl. *Food and Agriculture Organization* (FAO), organisa-

tion créée en 1945 pour l'examen des problèmes concernant la nutrition, l'alimentation et l'agriculture. Elle siège à Rome.

Organisation des pays exportateurs de pétrole (O.P.E.P.), organisation créée en 1960, regroupant treize États (Algérie, Émirats arabes unis, Arabie Saoudite, Équateur, Gabon, Indonésie, Iran, Iraq, Koweït, Libye, Nigeria, Qatar et Venezuela).

Organisation du traité de l'Atlantique Nord (O.T.A.N.) → ATLANTIQUE NORD (pacte de l').

Organisation de l'unité africaine (O.U.A.), organisation créée par les États africains (sauf l'Afrique du Sud et la Rhodésie) à la conférence d'Addis-Abeba (1963). Elle a pour objet le renforcement de la solidarité des États africains par le développement de leur coopération politique, économique et culturelle.

Organon, ensemble des traités d'Aristote sur la logique. Il comprend : *Catégories, Interprétation, Premiers Analytiques, Derniers Analytiques, Topiques, Réfutations des sophistes.*

ORGE, riv. de l'Île-de-France, affl. de la Seine (r. g.); 50 km.

ORGELET (39270), ch.-l. de c. du Jura; 1812 h. Église des XIIIe-XVIe s.

ORGÈRES-EN-BEAUCE (28140), ch.-l. de c. d'Eure-et-Loir; 987 h.

ORGNAC (aven d'), grottes de l'Ardèche. Site préhistorique (paléolithique).

ORGON (13660), ch.-l. de c. des Bouches-du-Rhône, sur la Durance; 2285 h. Église du XIVe s.

ORHAN (1288-v. 1359), souverain ottoman (1326-1359). À partir de Brousse, il soumit l'Anatolie et prit pied en Europe (Gallipoli, 1354).

ORIBASE, médecin grec, né à Pergame (Mysie) [v. 325-403]. Attaché à l'empereur Julien, il rassembla les écrits des anciens médecins. Son œuvre est une source importante pour l'histoire de la médecine.

ORIENT (*Empire romain d'*), un des deux empires formés après la mort de Théodose, en 395, connu aussi sous le nom d'*Empire byzantin*; il disparut après la chute de Constantinople en 1453.

Orient (*forêt d'*), massif forestier de Champagne situé à l'est de Troyes. Parc naturel régional (60000 ha). Lac (2300 ha) dit «réservoir Seine».

Orient (*question d'*), ensemble des problèmes posés, au XVIIIe et au XIXe s., par la liquidation de l'Empire ottoman.

Orientales (les), de V. Hugo (1829), recueil inspiré par le soulèvement de la Grèce, et qui présente des descriptions colorées d'un Orient d'imagination.

ORIGÈNE, exégète et théologien, né à Alexandrie (v. 183/186-v. 252/254). Dans le domaine de la théologie, de l'apologétique et de la science biblique, son œuvre a eu une large influence sur la pensée chrétienne. Cependant certains aspects de sa doctrine, repris et systématisés aux siècles suivants dans un courant de pensée appelé l'*origénisme*, suscitèrent de vives controverses et furent finalement condamnés.

origine des espèces par voie de sélection naturelle (De l'), livre de Ch. Darwin, où sont

exposés les mécanismes du transformisme, les thèses de la lutte pour la vie et celles de la sélection naturelle (1859).

Origine de la famille, de la propriété privée et de l'État (l'), œuvre de F. Engels (1884), où il applique le matérialisme dialectique.

ORIGNY-SAINTE-BENOÎTE (02390), comm. de l'Aisne; 2260 h. Cimenterie.

ORIHUELA, v. d'Espagne (Alicante), au centre d'une huerta fertile; 45000 h. Cathédrale des XIVe-XVIe s.

ORILLIA, v. du Canada (Ontario); 24412 h.

ORION. *Myth. gr.* Chasseur géant et d'une grande beauté, qu'Artémis tua. Il fut changé en constellation.

ORION, constellation de la zone équatoriale, visible à l'œil nu grâce à ses étoiles brillantes, qui dessinent un grand quadrilatère dans lequel s'inscrit une sorte de T.

ORISSA, État du nord-est de l'Inde; 156000 km²; 21935000 h. Cap. *Bhubaneswar.*

ORIZABA, v. du Mexique, dominée par le *volcan d'Orizaba,* ou Citlaltépetl (5700 m), point culminant du Mexique; 56000 h. Coton.

ORKNEY → ORCADES.

ORLANDO (Vittorio Emanuele), homme politique italien, né à Palerme (1860-1952). Président du Conseil de 1917 à 1919, il représenta son pays à la conférence de Versailles (1919).

ORLÉANAIS, anc. prov. de France, qui, à plusieurs reprises, forma un duché, apanage de la famille d'Orléans, et qui fut définitivement réunie à la Couronne en 1626. Cap. *Orléans.* Il a formé trois départements : Loiret, Loir-et-Cher, Eure-et-Loir.

ORLÉANS, anc. cap. de l'Orléanais, ch.-l. de la Région Centre et du dép. du Loiret, sur la Loire, à 115 km au sud de Paris; 109956 h. *(Orléanais).* Évêché. Académie. Cour d'appel. Musées. Métropole religieuse dès le IVe s., ville capétienne, Orléans fut le principal foyer royaliste durant la guerre de Cent Ans. Jeanne d'Arc la délivra des Anglais en 1429. Très endommagée en 1940, la ville conserve cependant sa cathédrale (XIIIe-XVIIIe s.) et plusieurs églises médiévales. Industries mécaniques et alimentaires. — La *forêt d'Orléans* (35000 ha.) s'étend sur la rive droite de la Loire en amont d'Orléans.

ORLÉANS, nom de quatre familles princières de France. La première est représentée par le fils de Philippe VI, PHILIPPE Ier, qui obtint en apanage (1336) le duché d'Orléans, mais mourut sans postérité en 1375. — La deuxième maison d'Orléans eut pour chef le frère de Charles VI, LOUIS Ier (1372-1407), qui reçut le duché en apanage en 1392, mais fut assassiné en 1407 par des émissaires de Jean sans Peur; son fils fut le poète CHARLES d'Orléans (m. en 1465) et son petit-fils, LOUIS II d'Orléans, qui devint, en 1498, le roi Louis XII. — La troisième maison d'Orléans est représentée par GASTON (m. en 1660), frère de Louis XIII. — La quatrième commence avec PHILIPPE Ier (m. en 1701), frère de Louis XIV, se régna avec LOUIS-PHILIPPE Ier de 1830 à 1848, et est représentée par HENRI d'Orléans, *comte de Paris,* né en 1908.

ORLÉANS (Charles D'), poète français, né à Paris (1394-1465), fils de Louis d'Orléans, frère de Charles VI. Il fut fait prisonnier à Azincourt et resta captif en Angleterre pendant un quart de siècle. À son retour en France, il épousa MARIE **de Clèves**, qui lui donna un fils, le futur Louis XII, et tint à Blois une cour raffinée. Son œuvre poétique comprend surtout des rondeaux et des ballades.

ORLÉANS (Gaston, *comte* D'EU, *duc* D'), né à Fontainebleau (1608-1660), fils d'Henri IV et de Marie de Médicis. Il prit part aux complots contre Richelieu, puis contre Mazarin. Il fut lieutenant général du royaume de 1644 à 1646.

ORLÉANS (Philippe, *duc* D'), né à Saint-Germain-en-Laye (1640-1701), fils de Louis XIII et d'Anne d'Autriche, époux d'Henriette d'Angleterre (1661), puis de Charlotte-Élisabeth, princesse Palatine (1671).

ORLÉANS (Philippe, *duc* D'), dit **le Régent**, né à Saint-Cloud (1674-1723) du second mariage du précédent. Ayant fait casser le testament de Louis XIV, il se fit désigner comme régent de France (1715). Il présida à l'épanouissement de l'esprit Régence, caractérisé par une forte réaction contre l'esprit austère de la fin du règne de Louis XIV. Appuyé sur le cardinal Dubois, il mena une politique étrangère opposée à celle de Louis XIV, d'où de graves démêlés avec Philippe V d'Espagne. À l'intérieur, il échoua dans l'application de la polysynodie et dans la résolution du problème financier préconisé par Law.

ORLÉANS (Louis Philippe Joseph, *duc* D'), dit **Philippe Égalité**, né à Saint-Cloud (1747-1793), petit-fils du précédent. Duc d'Orléans en 1785, ouvert aux idées nouvelles, il fut député aux États généraux (1789) et à la Convention (1792), où, sous le nom de Philippe Égalité, il vota la mort de Louis XVI (1793) ; lui-même périt sur l'échafaud. Il fut le père de Louis-Philippe Ier.

ORLÉANSVILLE → CHELIFF (Ech-).

ÖRLIKON ou **OERLIKON**, faubourg de Zurich. Constructions mécaniques et électriques.

ORLY (94310), ch.-l. de c. du Val-de-Marne, au sud de Paris ; 26 244 h. Grand aéroport.

ORMESSON (LEFÈVRE D'), famille française de magistrats, dont OLIVIER III (1617-1686), qui fut le rapporteur intègre du procès de Fouquet.

ORMESSON-SUR-MARNE (94490), comm. du Val-de-Marne ; 8 807 h. (*Ormessonnais*). Château des XVIe et XVIIIe s.

ORMONDE (James BUTLER, 1er *duc* D'), homme politique irlandais, né à Londres (1610-1688). Protestant mais royaliste fervent, il s'efforça, comme lord-lieutenant d'Irlande (1641-1647, 1662-1669, 1677-1684), de défendre les intérêts irlandais.

ORMUZ ou **HORMUZ**, île iranienne du golfe Persique, sur le *détroit d'Ormuz* ou *d'Hormuz*, qui relie le golfe Persique au golfe d'Oman.

ORMUZD ou **AHURA-MAZDÂ**, dieu suprême du mazdéisme. Principe du Bien, auquel s'oppose Ahriman, esprit du Mal, il est le créateur, la sagesse et la loi du monde, qui impose à l'esprit du Mal sa souveraineté.

ORNAIN, riv. du Bassin parisien, sous-affl. de la Marne (r. dr.) par la Saulx ; 120 km. Il passe à Bar-le-Duc.

ORNANO (Sampiero D') ou **SAMPIERO CORSO**, patriote corse, né à Bastelica (1501-1567), célèbre par ses luttes contre Gênes.

ORNANO (Alphonse D'), maréchal de France, né à Ajaccio (1548-1610), fils du précédent, un des meilleurs lieutenants d'Henri IV. — Son fils JEAN-BAPTISTE, né à Sisteron (1581-1626), fut maréchal de France — PHILIPPE ANTOINE, né à Ajaccio (1784-1863), de la famille des précédents, fut fait maréchal de France en 1861.

ORNANS [-nã] (25290), ch.-l. de c. du Doubs ; 4 395 h. Église du XVIe s. Petit musée Courbet.

ORNE, riv. de Lorraine, affl. de la Moselle (r. g.) ; 86 km. Sa vallée est industrialisée (Moyeuvre-Grande, Gandrange, Jœuf, etc.).

ORNE, fl. côtier de Normandie, qui passe à Caen ; 152 km.

ORNE (*dép. de l'*) [61], dép. de la Région Basse-Normandie ; ch.-l. de dép. *Alençon* ; ch.-l. d'arr. *Argentan, Mortagne-au-Perche* ; 3 arr., 36 cant., 507 comm. ; 6 100 km² ; 293 523 h. (*Ornais*). Le

dép. appartient à l'académie et à la circonscription judiciaire de Caen, à la région militaire de Rennes et à la province ecclésiastique de Rouen. Les campagnes d'Alençon et d'Argentan, surtout céréalières, séparent le Bocage normand, vallonné (417 m à la forêt d'Écouves), des collines du Perche et des extrémités méridionales des pays d'Auge et d'Ouche, régions d'élevage bovin pour la viande et les produits laitiers (fromage, beurre). L'industrie est représentée surtout par les constructions mécaniques et électriques (appareils ménagers), qui ont largement relayé les activités traditionnelles comme la quincaillerie ou la dentelle. L'exode rural persiste malgré la croissance (relative) des villes d'importance moyenne.

ORODÈS II, roi des Parthes Arsacides (55-37 av. J.-C.). En lutte constante avec les Romains, il triompha de Licinius Crassus grâce à son général, Suréna, à Carres (au sud d'Édesse) en 53.

ORONTE, en ar. **Nahr al-'Âşi**, fl. du Proche-Orient (Liban, Syrie, Turquie), tributaire de la Méditerranée ; 570 km. Il passe à Homs et à Antioche.

OROSE (Paul), historien et apologiste espagnol, né à Tarragone (fin du IVe s.-début du Ve s.), disciple de saint Augustin et auteur d'une *Histoire contre les païens* (418).

OROYA (La), v. du Pérou ; 25 000 h. Centre métallurgique.

OROZCO (José Clemente), peintre mexicain, né à Zapotlán el Grande (auj. Ciudad Guzmán, Jalisco) [1883-1949], muraliste d'un expressionnisme puissant (*l'Homme*, coupole de l'hôpital Cabañas à Guadalajara, 1938).

ORPHÉE. *Myth. gr.* Prince thrace, fils de la muse Calliope. Le génie de ce poète, musicien et chanteur, était tel qu'il charmait même les bêtes sauvages. Descendu aux Enfers pour l'amour de sa femme, Eurydice, morte de la piqûre d'un serpent, Orphée charma les gardiens du séjour infernal et obtint le retour d'Eurydice dans le monde des vivants, à la condition qu'il ne tournerait pas ses regards vers elle avant d'avoir franchi le seuil des Enfers. Mais il oublia la condition imposée et il perdit Eurydice pour toujours. Le mythe d'Orphée a donné naissance à un courant religieux, l'*orphisme*.

Orphée, drame lyrique en trois actes, poème italien de Calzabigi (traduction française de Moline), musique de Gluck (1762) ; version française, 1774). Cette œuvre, l'une des plus émou-

vantes du compositeur, reflète par le naturel de ses airs l'essentiel de sa réforme du drame lyrique.

ORPIERRE (05700 Serres), ch.-l. de c. des Hautes-Alpes ; 293 h.

ORRES (**Les**) [05200 Embrun], comm. des Hautes-Alpes ; 307 h. Station de sports d'hiver (1 650-2 660 m).

ORRY (Philibert), homme politique français, né à Troyes (1689-1747). Contrôleur général des finances (1730-1745), colbertiste convaincu, il mit à contribution les privilégiés et encouragea l'industrie nationale et le commerce extérieur.

ORS Y ROVIRA (Eugenio D'), écrivain espagnol, né à Barcelone (1882-1954). Ses essais traitent du rapport entre baroque et classicisme et cherchent à définir une philosophie de la culture (*l'Art de Goya, les Idées et les formes*, 1928 ; *la Philosophie de l'intelligence*, 1950).

ORSAY (91400), ch.-l. de c. de l'Essonne, sur l'Yvette ; 13 581 h. (*Orcéens*). Établissements d'enseignement scientifique.

ORSINI, famille romaine. Guelfe, longtemps rivale des Colonna, elle fournit à l'Église trois papes : CÉLESTIN III (1191-1198), NICOLAS III (1277-1280), BENOÎT XIII (1724-1730).

ORSINI (Felice), né à Meldola (1819-1858), conspirateur italien, membre de la Jeune-Italie, qui, le 14 janvier 1858, à Paris, attenta à la vie de Napoléon III, considéré par lui comme traître à la cause italienne. Défendu par Jules Favre, Orsini fut condamné à mort et exécuté.

ORSK, v. de l'U.R.S.S., sur l'Oural ; 244 000 h. Sidérurgie.

ØRSTED (Christian) → ŒRSTED.

ORTEGA Y GASSET (José), écrivain espagnol, né à Madrid (1883-1955), auteur d'essais et fondateur de la *Revue de l'Occident*.

ORTHEZ [-tɛs] (64300), ch.-l. de c. des Pyrénées-Atlantiques, sur le gave de Pau ; 11 517 h. (*Orthéziens*). Donjon, église, pont des XIIIe-XVe s.

ORTIGUEIRA, v. d'Espagne (Galice), sur l'Atlantique ; 20 000 h. Station balnéaire.

ORTLER ou **ORTLES**, massif des Alpes italiennes (Trentin) ; 3 899 m.

ORURO, v. de Bolivie ; 124 000 h. Centre minier et métallurgique.

Orval (abbaye d'), abbaye de Belgique (prov. du Luxembourg), fondée vers 1070 pour des bénédictins et rétablie par les cisterciens en 1926.

ORNE

chef-lieu de département ◇ chef-lieu d'arrondissement
○ chef-lieu de canton
— limite d'arrondissement
— limite de canton
● ● ● localités classées selon leur population

0 km 10 km 20

courbes : 100, 200, 300 m

ORVAULT (44700), comm. de la Loire-Atlantique; 20239 h. Matériel téléphonique.

ORVIETO, v. d'Italie (Ombrie); 25000 h. Cathédrale romano-gothique (fresques de Signorelli) et autres monuments. Musée archéologique.

ORWELL (Eric BLAIR, dit **George**), écrivain anglais, né à Motihari (Inde) [1903-1950], auteur de récits satiriques (*la République des animaux*, 1945) et d'anticipation (*1984*, 1949).

ORZESZKOWA (Eliza), femme de lettres polonaise, née à Milkowszczyzna, près de Grodno (1841-1910), auteur de récits d'inspiration patriotique et humanitaire (*Martha*).

ŌSAKA, port du Japon, dans le sud de Honshū, sur le Pacifique; 3156000 h. Musées. Grand port et centre industriel : textiles, chantiers navals, industries chimiques, électronique. Une Exposition internationale s'y est tenue en 1970.

OSASCO, banlieue de São Paulo; 283000 h.

OSBORNE (Thomas) → DANBY (Thomas OSBORNE, comte DE).

OSBORNE (John), écrivain anglais, né à Londres en 1929, l'un des représentants des « Jeunes Gens en colère » (*la Paix du dimanche*, 1956; *Témoignage irrecevable*, 1964).

OSCAR Ier, né à Paris (1799-1859), roi de Suède et de Norvège, fils de Bernadotte. Il régna de 1844 à 1859. Frappé d'aliénation mentale en 1857, il laissa la régence à son fils aîné, Charles (XV). — OSCAR II, né à Stockholm (1829-1907), second fils du précédent. Il succéda à son frère Charles XV, fut roi de Suède et de Norvège de 1872 à 1905, puis roi de Suède après la séparation de ces deux États.

OSÉE, dernier roi d'Israël (732-724 av. J.-C.), détrôné par Salmanasar V.

OSÉE, prophète biblique. Il exerça son ministère durant les années qui précédèrent la chute de Samarie (721 av. J.-C.).

OSHAWA, port du Canada (Ontario), sur le lac Ontario; 107023 h. Automobiles.

ŌSHIMA NAGISA, cinéaste japonais, né à Kyōto en 1932. On lui doit : *la Pendaison* (1968), *le Journal du voleur de Shinjuku* (1969), *le Petit Garçon* (1969), *la Cérémonie* (1971), *Une petite sœur pour l'été* (1972), *l'Empire des sens* (1976), *l'Empire de la passion* (1978).

OSHOGBO, v. du sud-ouest du Nigeria; 253000 h.

OSIANDER (Andreas HOSEMANN, dit), théologien protestant allemand, né à Gunzenhausen (Brandebourg) [1498-1552]. Il signa les articles de Smalkalde et publia l'astronomie de Copernic.

OSIJEK, v. de Yougoslavie (Croatie), sur la Drave; 94000 h.

OSIRIS. *Myth.* Dieu de l'anc. Égypte, époux d'Isis. Sa mort et sa résurrection en font le type du dieu sauveur. Son culte, associé à celui d'Isis, se répandit dans le monde gréco-romain; mais, dans les mystères d'Isis et d'Osiris, c'est la déesse qui occupe la première place.

ŌSLING, région nord du Luxembourg.

OSLO, cap. de la Norvège, au fond d'un golfe formé par le Skagerrak; 462000 h. Château d'Akershus (v. 1300 et XVIIe s.). Musées, dont celui de folklore, en plein air, dans l'île de Bygdøy. Centre commercial et industriel. Port actif. Incendiée au XVIIe s., la ville fut rebâtie par Christian IV de Danemark sous le nom de *Christiania*. Capitale de la Norvège indépendante en 1905, elle reprit son nom d'Oslo en 1925.

OSMAN Ier Gazi, fondateur de la dynastie ottomane, né à Söğüt (1258-1326), sultan de 1290 env. à 1326. — OSMAN II, né à Istanbul (v. 1603-1622), sultan ottoman (1618-1622), assassiné par les janissaires.

OSMAN PACHA Gazi, maréchal turc, né à Amasya (1837-1900). Il défendit Plevna en 1877, puis réorganisa l'armée turque.

OSMANLIS, nom d'une tribu turque, tiré de son fondateur *Osman.*

OSMOND (Floris), métallurgiste français, né à Paris (1849-1912), créateur de la métallographie.

OSNABRÜCK, v. de l'Allemagne fédérale (Basse-Saxe); 144000 h. Cathédrale reconstruite au XIIIe s. La ville fut le siège, en même temps que Münster, des négociations de la paix de Westphalie (1644-1648), qui mit fin à la guerre de Trente Ans.

OSNY (95520), ch.-l. de c. du Val-d'Oise; 7408 h.

OSORNO, v. du Chili, au sud de Valdivia; 69000 h.

OSQUES, peuple sabellien de l'Italie ancienne, dans l'Apennin central. Établis en Campanie vers la fin du Ve s. av. J.-C., les Osques disparurent comme entité politique vers la fin du IIIe s. av. J.-C.

OSSA, montagne de Thessalie (1955 m).

OSSAU (vallée d'), vallée des Pyrénées, parcourue par le *gave d'Ossau* (branche mère du *gave d'Oloron*) [80 km].

Osservatore Romano (L'), journal du Vatican, fondé en 1861.

OSSÈTES, peuple du Caucase, habitant deux républiques autonomes : l'*Ossétie du Nord,* dans la R.S.F.S. de Russie (cap. *Ordjonikidze*), et l'*Ossétie du Sud,* en Géorgie (cap. *Tskhinvali*).

OSSIAN, barde écossais légendaire du IIIe s., fils de Fingal, roi de Morven. Sous son nom, Macpherson publia en 1760 un recueil de poésies d'une mélancolie sombre et grandiloquente. Ce n'était qu'une imitation très libre d'un texte original en langue erse, qu'il traduit en 1807.

OSSOURI, affl. de l'Amour (r. dr.), long de 900 km, frontière entre la Chine et l'U.R.S.S.

OSSUN [sœ] (65380), ch.-l. de c. des Hautes-Pyrénées; 1837 h. Constructions aéronautiques.

OSTENDE, en néerl. **Oostende,** v. de Belgique (Flandre-Occidentale), sur la mer du Nord; 71400 h. Station balnéaire. Port.

OSTIAKS ou **OSTYAKS,** peuple finno-ougrien de la Sibérie occidentale.

OSTIE, port de la Rome antique (auj. comblé), près de l'embouchure du Tibre. D'abord port militaire (IIIe s. av. J.-C.), Ostie fut un important port de commerce; sa décadence commença avec Constantin. Importants vestiges antiques (IVe s. av. J.-C.-IVe s. apr. J.-C.). Grande station balnéaire *Lido di Ostia* (ou *Lido di Roma*).

OSTRAVA, v. de Tchécoslovaquie (Moravie); 317000 h. Centre houiller et métallurgique.

OSTRICOURT (59162), comm. du Nord; 6821 h.

OSTROGOTHS, anc. peuple germanique constituant l'une des grandes fractions des Goths. Le royaume qu'ils avaient constitué de part et d'autre du Dniepr fut détruit par les Huns vers 375. La mort d'Attila (453) fit renaître leur puissance. Fédérés à Rome, dominant une partie de la péninsule balkanique, ils pénétrèrent en Italie avec leur chef Théodoric en 489. Devenu seul maître de l'Italie, celui-ci s'installa à Ravenne. Après sa mort (526), son royaume ne put résister aux coups de Bélisaire (535) et disparut en 555.

OSTROLEKA, v. de Pologne, sur le Narew; 25000 h. Victoire des Français sur les Russes en 1807. Victoire des Russes sur les Polonais insurgés (1831).

OSTROVSKI (Aleksandr Nikolaïevitch), auteur dramatique russe, né à Moscou (1823-1886), fondateur du répertoire national (*Entre amis on s'arrangera*, 1850).

OSTROVSKI (Nikolaï Alekseïevitch), écrivain soviétique, né à Vilija (1904-1936), l'un des modèles du réalisme socialiste (*Et l'acier fut trempé*, 1932-1934).

OSTWALD (67400 Illkirch Graffenstaden), comm. du Bas-Rhin; 8688 h.

OSTWALD (Wilhelm), chimiste allemand, né à Riga (1853-1932). Il obtint le prix Nobel en 1909 pour ses travaux sur les électrolytes.

OSTYAKS → OSTIAKS.

OSWALD (Geneviève), conservateur de musée américaine, née à Buffalo en 1923. Conservateur de la Dance Collection à la New York Public Library (1947), elle a dirigé la publication du *Dictionary Catalog of the Dance Collection* (1964-1974; 10 vol.).

OŚWIĘCIM → AUSCHWITZ.

OTAKAR Ier PŘEMYSL (m. en 1230), duc (1197-98), puis roi (1198-1230) de Bohême. — OTAKAR II PŘEMYSL (1230-1278), roi de Bohême de 1253 à 1278. La couronne impériale lui échappa en 1273.

OTARU, port du Japon (Hokkaidō); 192000 h.

Otello, opéra italien, livret italien du comte Berio, tiré de l'*Othello* de Shakespeare, musique de Rossini (1816). — Drame lyrique, poème italien d'Arrigo Boito, musique de Verdi (1887).

OTHE (pays ou forêt d'), massif boisé du Bassin parisien, au sud-ouest de Troyes.

Othello ou *le Maure de Venise,* drame en cinq actes, de Shakespeare (v. 1603). Othello, général maure au service de Venise, aime Desdémone, qu'il étouffe dans un accès de jalousie, provoqué par la ruse du traître Iago.

OTHON, en lat. **Marcus Salvius Otho,** né à Ferentinum (32-69), empereur romain en 69. Proclamé empereur à la mort de Galba, il fut vaincu à Bedriac par les légions de Vitellius et se tua.

OTHON → OTTON.

Otopeni, aéroport de Bucarest.

OTRANTE, v. de l'Italie méridionale (Pouille), sur le *canal d'Otrante* (qui joint l'Adriatique et la mer Ionienne); 4000 h. Cathédrale remontant au XIe s.

ŌTSU, v. du Japon (Honshū); 172000 h.

OTTAWA, cap. fédérale du Canada (Ontario) depuis 1867, sur la *rivière Ottawa* ou *Outaouais,* affl. de g. du Saint-Laurent (1100 km); 304462 h. (près de 700000 avec les banlieues). Galerie nationale. Musée national. Siège du Parlement et résidence du gouverneur général. Ville administrative avec quelques industries (papeteries, scieries, industries chimiques).

OTTERLO, section de la comm. d'Ede (Pays-Bas). Dans le parc de Hoge Veluwe, musée Kröller-Müller (peintures, notamment de Van Gogh; parc de sculptures modernes).

Ottawa : bâtiments de style néogothique au bord de la *rivière Ottawa*

I. Sharp-Image Bank

Oslo : l'hôtel de ville

C. Martin-Guillou - C. D. Tétrel

OTTIGNIES - LOUVAIN - LA - NEUVE, comm. de Belgique (Brabant); 14500 h.

OTTMARSHEIM (68490), comm. du Haut-Rhin; 1848 h. Église octogonale du XIe s. Installation hydroélectrique sur le grand canal d'Alsace. Port fluvial. Sidérurgie. Chimie.

OTTO (Nikolaus), ingénieur allemand, né à Holzhausen (1832-1891). Constructeur du premier moteur à gaz (1863), il mit au point le moteur à quatre temps (1876).

OTTO (Rudolf), philosophe et historien des religions allemand, né à Peine (1869-1937). Il élimine l'explication rationaliste du phénomène religieux au profit d'une phénoménologie qui décrit les rapports de Dieu et de l'homme à partir d'une « crainte » fondamentale.

OTTOMANS, dynastie de souverains turcs issus d'Osman.
— v. 1299 : Osman se rend indépendant des Seldjoukides.
— 1326-1359 : règne d'Orhan, qui conquiert Brousse (1326), dont il fait sa capitale, Nicée, Gallipoli (1354).
— 1359-1389 : règne de Murad Ier, qui conquiert Andrinople (1362) puis la Thrace, la Macédoine et la Bulgarie. Il prend le titre de sultan et jette les bases de l'administration ottomane.
— 1389-1403 : règne de Bayezid Ier, qui bat les croisés à Nicopolis (1396).
— 1402 : Timūr Lang détruit l'Empire anatolien.
— 1413-1421 : Mehmed Ier reconstitue cet Empire.
— 1421-1451 : Murad II reprend l'expansion en Europe.
— 1451-1481 : Mehmed II conquiert Constantinople (1453), la Serbie, la Bosnie, l'Albanie, la Crimée, etc.
— 1512-1520 : Selim Ier poursuit les conquêtes : Anatolie orientale (1514), Syrie (1516), Égypte (1517).
— 1520-1566 : apogée de l'Empire sous Soliman le Magnifique. Victoire de Mohács (1526); installation ottomane en Afrique du Nord; siège de Vienne (1529). Foyer culturel, la cour ottomane est notamment à l'origine d'une architecture typique associant les traditions byzantines et seldjoukides, brillamment représentée par les œuvres de Sinan*.
— 1566-1703 : règne médiocre de douze sultans. Acquisition de la Crète (1669).
— 1699 : traité de Karlowitz; premier recul des Ottomans (perte de la Hongrie).
— 1718 : traité de Passarowitz; triomphe autrichien.
— 1774 : traité de Kutchuk-Kaïnardji; triomphe russe. La question d'Orient est posée.
— 1808-1839 : Mahmud II entreprend la réforme de l'Empire. Perte de la Serbie, de la Grèce, de l'Algérie.
— 1839-1861 : Abdülmecid Ier poursuit cette politique. Autonomie de l'Égypte.
— 1861-1909 : sous Abdülaziz et Abdülhamid II, ingérance étrangère grandissante. Perte de la Serbie, de la Roumanie, de la Tunisie, de la Bulgarie.
— 1909-1918 : règne de Mehmed V, dominé par les Jeunes-Turcs. Guerres balkaniques et Première Guerre mondiale. Perte de la Crète et de presque toute l'Europe. Effondrement de l'Empire ottoman.
— 1922 : abolition du sultanat.
— 1923 : proclamation de la république, dont Mustafa Kemal est président.
— 1924 : abolition du califat.

OTTON Ier le Grand (912-973), roi de Germanie (936-973), roi d'Italie (951-973), premier titulaire du Saint Empire romain germanique (962-973), fils d'Henri Ier. Regardé par la papauté, après ses victoires de Lechfeld et de Recknitz sur les Hongrois (955), comme le champion de la chrétienté, il reçut la couronne impériale des mains de Jean XII (2 févr. 962). Il plaça l'Italie et la papauté sous sa domination. — OTTON II (955-983), fils du précédent, roi de Germanie (961-973), empereur germanique (973-983). Il enleva la Lorraine au roi de France et repoussa les Slaves et les Danois. — OTTON III, né à Kessel (980-1002), empereur germanique de 996 à 1002, fils d'Otton II. Il rêva d'établir son gouvernement à Rome. — OTTON IV DE BRUNSWICK, né

en Normandie (1175 ou 1182-1218), empereur germanique de 1209 à 1218. Excommunié par Innocent III pour avoir envahi la Sicile (1210), il se vit opposer un rival, Frédéric II, que soutenait Philippe Auguste. Celui-ci vainquit Otton IV et ses alliés à Bouvines (juill. 1214).

OTTON Ier, né à Salzbourg (1815-1867), roi de Grèce (1832-1862), fils du roi Louis Ier de Bavière. Il dut abdiquer en 1862.

OTTON Ier, né à Munich (1848-1916), roi de Bavière (1886-1913). Atteint d'aliénation mentale, il ne régna que nominalement.

OTWAY (Thomas), auteur dramatique anglais, né à Trotten (1652-1685). Il garde, dans une construction inspirée des classiques français, la puissance élisabéthaine (Venise sauvée, 1682).

ÖTZTAL, massif des Alpes autrichiennes, dans le Tyrol; 3774 m.

OUADAÏ ou **OUADDAÏ,** région du Tchad, à l'est du lac Tchad.

OUAGADOUGOU, cap. de la Haute-Volta; 169 000 h. Archevêché.

OUARGLA, v. d'Algérie, ch.-l. de wilaya, dans le Sahara; 18 000 h. Palmeraie.

OUARSENIS, massif calcaire de l'Algérie, au sud du Chélif; 1985 m.

OUBANGUI, riv. de l'Afrique équatoriale, affl. du Zaïre (r. dr.); 1160 km.

OUBANGUI-CHARI, anc. territoire de l'Afrique-Équatoriale française, constituant auj. la République centrafricaine.

OUCHE, riv. de Bourgogne, affl. de la Saône (r. dr.); 85 km.

OUCHE (pays d'), région de Normandie, parcourue par la Risle.

OUCHY, port de Lausanne, sur le lac Léman.

OUDENAARDE → AUDENARDE.

OUDH → AOUDH.

OUDINOT (Nicolas Charles), duc de Reggio, maréchal de France, né à Bar-le-Duc (1767-1847). Il se distingua à Austerlitz, Friedland, Wagram et Bautzen. — Son fils NICOLAS CHARLES VICTOR, général, né à Bar-le-Duc (1791-1863), rétablit le pouvoir du pape à Rome en 1849.

OUDMOURTES (république autonome des), république d'U.R.S.S., dépendance de la R.S.F.S. de Russie; 42100 km²; 1418 000 h. (dont un tiers d'Oudmourtes ou Votiaks). Cap. Ijevsk.

OUDONG, localité du Cambodge, près du Mékong. Anc. cap. du royaume du Cambodge. Monuments anciens. Nécropole royale.

OUDRY (Jean-Baptiste), peintre et graveur français, né à Paris (1686-1755). Il devint peintre des chiens et des chasses du roi. Directeur artistique des manufactures de Beauvais et des Gobelins, il influença l'évolution de la tapisserie.

OUED (El-), oasis du Sahara algérien.

OUED-ZEM, v. du Maroc; 33 000 h.

OUENZA, région montagneuse d'Algérie, près de la Tunisie. Fer.

OUESSANT, île de Bretagne, constituant un canton du Finistère correspondant à la seule comm. d'Ouessant (29242); 15 km²; 1450 h. (Ouessantins). Pêche. Moutons de pré salé.

OUEZZANE, v. du Maroc, près du Sebou; 33 000 h.

OUFA, v. de l'U.R.S.S. (R.S.F.S. de Russie), ch.-l. de la Bachkirie, au confluent de la Bielaïa et de l'Oufa (912 km); 942 000 h. Raffinage du pétrole.

OUGANDA, en angl. **Uganda,** État de l'Afrique orientale; 243 410 km²; 13 220 000 h. (Ougandais). Cap. Kampala. Langue officielle : anglais. Au nord du lac Victoria, l'Ouganda est un pays de plateaux, couverts de savanes, dont l'élevage, le cuivre, le coton et surtout le café constituent les principales ressources.

HISTOIRE
— XVIe-XIXe s. : chefferies et États plus ou moins structurés sur le territoire de l'actuel Ouganda.
— 1862 : Mutesa Ier accueille les missionnaires européens en Ouganda.
— 1894 : création du protectorat britannique de l'Ouganda.
— 1953 : projet d'une confédération d'Afrique orientale. Mutesa II, exilé en Grande-Bretagne.
— 1962 : A. M. Obote, Premier ministre. Indépendance de la fédération des cinq États ougandais (Buganda, Bunyoro, Ankole, Toro, Busoga).
— 1963 : Mutesa, président de la République. Opposition des autres États au Buganda.
— 1966 : Mutesa s'enfuit. Obote, président d'un État centralisateur.
— 1971 : coup d'État du général Idi Amin Dada, qui instaure un régime tyrannique.
— 1979 : soutenue par l'armée tanzanienne, l'opposition prend le pouvoir avec Yusuf Lule, qui est bientôt éliminé par Godfrey Binaisa.
— 1980 : retour au pouvoir d'Obote.

OUGARIT ou **UGARIT,** cité antique de la côte syrienne, à 16 km au nord de Lattaquié, sur le tell de Ras Shamra. Important centre commercial au IIe millénaire. Ougarit fut détruite vers le XIIe s. av. J.-C. par les Peuples de la mer. Quartiers d'habitations, palais, etc., ont été dégagés et ont livré des textes littéraires et des archives, parmi lesquels des spécimens d'écriture alphabétique phénicienne.

OUGRÉE, banlieue de Liège. Sidérurgie.

OUÏGOURS, tribu turque qui, v. 745, remplaça les T'ou-Kiue à la tête de l'empire de Mongolie. Une invasion des Kirghiz les évinça en 840.

OUISTREHAM (14150), comm. du Calvados; 6 143 h. Station balnéaire.

OUJDA, v. du Maroc, près de la frontière algérienne; 176 000 h.

OULAN-BATOR, anc. **Ourga,** cap. de la Mongolie, sur la Tola; 267 000 h.

OUGANDA

OULAN-OUDE, v. de l'U.R.S.S. (R.S.F.S. de Russie), cap. de la république autonome des Bouriates; 308 000 h.

OULANOVA (Galina Sergueïevna), danseuse soviétique, née à Saint-Pétersbourg en 1910, remarquable interprète de *Giselle.*

OULCHY-LE-CHÂTEAU (02210), ch.-l. de c. de l'Aisne; 759 h. Église des XIᵉ et XIIᵉ s.

OULED NAÏL (monts des), massif de l'Algérie méridionale, dans l'Atlas saharien, habité par des tribus du même nom.

OULIANOVSK, anc. **Simbirsk,** v. de l'U.R.S.S. (R.S.F.S. de Russie), sur la Volga; 447 000 h. Patrie de Lénine.

OULLINS (69600), ch.-l. de c. du Rhône, banlieue de Lyon; 27 993 h.

OULU, port de Finlande, sur le golfe de Botnie; 93 000 h.

OUM ER-REBIA, fl. du Maroc occidental, coupé de barrages (Im-Fout), tributaire de l'Atlantique; 556 km.

OUM KALSOUM → UMM KULTHŪM.

OUOLOFS ou **WOLOFS,** ethnie du Sénégal, dont la langue est parlée dans la majeure partie du pays.

OUPEYE, comm. de Belgique (prov. de Liège); 21 700 h.

OUR ou **UR,** cité antique de la basse Mésopotamie, et, selon la Bible, patrie d'Abraham. La période historique commence au IIIᵉ millénaire avec les deux premières dynasties d'Our, à la puissance desquelles vint mettre fin l'empire d'Akkad (v. 2325-2200). La IIIᵉ dynastie d'Our (v. 2133-2025) étend son empire sur toute la Mésopotamie. Mais, ruinée par les Amorrites et les Élamites, elle ne retrouva plus son prestige. D'innombrables trésors (British Museum et musée de Bagdad) ont été recueillis dans les ruines (ziggourat, palais, etc.) et dans la nécropole de 60 ha, en cours de fouilles depuis 1919.

OURAL, fl. de l'U.R.S.S., qui naît dans l'Oural et rejoint la Caspienne; 2 534 km.

OURAL, chaîne de montagnes de l'U.R.S.S., qui s'étend du nord au sud sur 2 500 km et constitue une traditionnelle limite entre l'Europe et l'Asie; 1 894 m. La richesse du sous-sol de la montagne et de sa bordure (fer, charbon, pétrole, etc.) a fait de la région l'un des grands foyers industriels de l'U.R.S.S. (sidérurgie et métallurgie, industries chimiques), parsemé de grandes villes (Sverdlovsk, Tcheliabinsk, Magnitogorsk, Oufa, Perm, etc.).

OURALSK, v. de l'U.R.S.S. (R.S.F.S. de Russie), sur l'Oural; 162 000 h.

OURANOS, *Myth. gr.* Personnification du Ciel. Il joue un grand rôle dans la théogonie d'Hésiode et de l'orphisme.

OURARTOU, royaume de l'Orient ancien (IXᵉ-VIᵉ s. av. J.-C.), dont le centre était le bassin du lac de Van, en Arménie. Rival des Assyriens au VIIIᵉ s. av. J.-C., il fut détruit par les Mèdes. Citadelles en ruine, bronzes, peintures murales et poteries témoignent de l'originalité de sa civilisation, malgré les influences assyriennes et scythes.

OURCQ, riv. de France, née dans le dép. de l'Aisne, qui se jette dans la Marne (r. dr.) et communique avec la Seine par le *canal de l'Ourcq* (108 km); 80 km. Victoire de Maunoury sur les Allemands de A. von Kluck (sept. 1914).

OURGA → OULAN-BATOR.

OURMIA, anc. *Rezāye,* v. du nord-ouest de l'Iran, sur le *lac d'Ourmia;* 164 000 h.

OURO PRÊTO, v. du Brésil (Minas Gerais); 9 000 h. Ville d'art (églises du XVIIIᵉ s.). Centre de la production d'or aux XVIIIᵉ et XIXᵉ s.

OUROUK, cité antique de la basse Mésopotamie. Son premier roi connu est le légendaire Gilgamesh (v. 2700). L'apogée de la puissance d'Ourouk se situe entre 2375 et 2350 env. Au XVIIIᵉ s. av. J.-C., elle perdit son indépendance. Les vestiges des temples, les premières rondes-bosses, une glyptique remarquable, etc., ont été découverts dans les tells de cette cité, qui fut l'un des creusets de la civilisation urbaine.

OUROUMTSI ou **WULUMUQI,** v. de Chine, cap. du Sin-kiang; 275 000 h.

OUROUNDI → RUANDA et BURUNDI.

OURS (grand lac de l'), lac du Canada septentrional (Territoires du Nord-Ouest); 29 000 km².

OURSE (Grande et Petite), nom de deux constellations boréales voisines du pôle céleste Nord, appelées aussi *Grand Chariot* et *Petit Chariot.* La Petite Ourse renferme l'*étoile Polaire,* très voisine du pôle; cette étoile se trouve à peu près dans le prolongement d'une ligne joignant les deux étoiles qui représentent les roues arrière du Grand Chariot, et à une distance égale à cinq fois celle de ces deux étoiles.

OURTHE, riv. de Belgique, qui se jette dans la Meuse (r. dr.) à Liège; 165 km.

OURVILLE-EN-CAUX (76450 Cany Barville), ch.-l. de c. de la Seine-Maritime; 756 h.

OUSE, fl. d'Angleterre, qui rejoint la mer du Nord dans le Wash; 269 km. — Riv. d'Angleterre, qui s'unit au Trent pour former le Humber; 102 km.

OUSMANE DAN FODIO, lettré peul musulman (v. 1754 - v. 1817), qui dirigea la révolte des Peuls contre les Haoussas (v. 1804) puis se constitua un vaste empire au nord du Cameroun.

OUSSOURISK, v. de l'U.R.S.S. (R.S.F.S. de Russie), au nord de Vladivostok; 147 000 h. Industries alimentaires.

OUST, riv. de Bretagne, affl. de la Vilaine. (r. dr.); 155 km.

OUST (09140 Seix), ch.-l. de c. de l'Ariège; 581 h.

Oustacha, société secrète croate, fondée en 1930, à caractère révolutionnaire et nationaliste. En 1941, ses membres, les oustachis, avec l'appui des Allemands, obtinrent la création d'un État indépendant de Croatie.

OUST-KAMENOGORSK, v. de l'U.R.S.S. (Kazakhstan); 267 000 h. Métallurgie.

OUST-OURT, plateau désertique de l'Asie soviétique (Kazakhstan), situé entre les mers Caspienne et d'Aral.

OUTARVILLE (45480), ch.-l. de c. du Loiret; 1 268 h.

OUTREAU (62230), comm. du Pas-de-Calais, faubourg de Boulogne-sur-Mer; 14 731 h. Métallurgie.

OUTRE-MER (France d'), ensemble des régions françaises dispersées dans le monde et comprenant cinq départements d'outre-mer (Guadeloupe, Guyane, Martinique, Réunion, Saint-Pierre-et-Miquelon), quatre territoires d'outre-mer (Nouvelle-Calédonie, Polynésie française, Terres australes et antarctiques françaises, Wallis-et-Futuna) et l'île de Mayotte.

OUTREMONT, v. du Canada (Québec), dans l'agglomération de Montréal; 27 089 h.

OUVÉA → UVÉA.

OUVRARD (Gabriel Julien), homme d'affaires français, né près de Clisson (1770-1846). Banquier de Napoléon et soumissionnaire des fournitures de l'armée, il fut attaqué pour bénéfices frauduleux.

OUZBÉKISTAN, république fédérée de l'U.R.S.S., située entre le Turkménistan et le Kazakhstan; 449 600 km²; 11 799 000 h. (Ouzbeks). Cap. *Tachkent.* V. pr. *Samarkand, Boukhara.* Coton.

OUZBEKS, peuple de l'Asie centrale qui fonda un empire au XVIᵉ s. : celui-ci se morcela ensuite en khânats indépendants, sur lesquels les Russes établirent leur protectorat entre 1868 et 1873.

OUZOUER-LE-MARCHÉ [uzwe-] (41240), ch.-l. de c. de Loir-et-Cher; 13/1 h.

OUZOUER-SUR-LOIRE (45570), ch.-l. de c. du Loiret; 1 405 h.

OVAMBOLAND, territoire autonome (peuplé par les *Ovambos*), créé en Namibie.

OVERBECK (Friedrich), peintre allemand, né à Lübeck (1789-1869). Un des animateurs, à Rome, du groupe des nazaréens, il est l'auteur de compositions mystiques et sentimentales.

OVERIJSE, comm. de Belgique (Brabant); 19 800 h.

OVERIJSSEL, prov. de la partie orientale des Pays-Bas; 3 806 km²; 993 000 h. Ch.-l. *Zwolle.* De

1810 à 1814, elle forma le dép. fr. des *Bouches-de-l'Yssel.*

OVERPELT, comm. de Belgique (Limbourg); 10 800 h. Métallurgie.

OVIDE, en lat. **Publius Ovidius Naso,** poète latin, né à Sulmona (43 av. J.-C. - 17/18 apr. J.-C.). Auteur favori de la société mondaine des débuts de l'Empire, par ses poèmes légers ou mythologiques (*l'Art d'aimer, les Héroïdes, les Métamorphoses**), il fut banni pour une raison restée mystérieuse et mourut en exil à Tomes (auj. en Roumanie) malgré les supplications de ses dernières élégies (*les Tristes, les Pontiques*).

OVIEDO, v. d'Espagne, cap. de l'anc. royaume des Asturies; 163 000 h. Monuments du IXᵉ s. du Monte Naranco. Cathédrale gothique avec parties plus anciennes (trésor). Université. Centre métallurgique.

OWEN (Robert), théoricien socialiste britannique, né à Newtown (1771-1858). Riche manufacturier, il créa les premières coopératives de consommation et s'intéressa au trade-unionisme naissant.

OWEN (sir Richard), naturaliste anglais, né à Lancaster (1804-1892). Il étudia les animaux vertébrés et invertébrés.

OWENDO, port minéralier du Gabon.

OWENS (James CLEVELAND, dit **Jesse**), athlète américain, né à Decatur (Alabama) [1914-1980], spécialiste des courses de 100 et 200 m et du saut en longueur.

OWEN SOUND, port du Canada (Ontario), sur la baie Géorgienne; 19 525 h.

OXENSTIERNA (Axel), *comte* **de Södermöre,** homme d'État suédois, né à Fånö (1583-1654). Chancelier (1612), il fut le conseiller du roi Gustave-Adolphe et le chef du Conseil de régence de la reine Christine (1632).

OXFORD, v. d'Angleterre, au confl. de la Tamise et du Cherwell, ch.-l. de l'*Oxfordshire;* 109 000 h. (*Oxoniens* ou *Oxfordiens*). Ville pittoresque grâce à ses nombreux collèges. Cathédrale romane et gothique. Musées. C'est au XIIᵉ s. qu'Oxford devint ville universitaire de renommée internationale.

Oxford (mouvement d'), mouvement ritualiste, né à l'université d'Oxford au XIXᵉ s. et qui porta des clergymen à rénover l'Église anglicane établie. Les uns, comme Edward Pusey et John Keble, lui restèrent fidèles; d'autres, comme Newman, passèrent à l'Église romaine.

Oxford (provisions ou *statuts d'*), conditions imposées à Henri III à Oxford par les barons anglais le 11 juin 1258. Elles confirmaient la Grande Charte et exigeaient la réunion du Parlement trois fois par an. Les statuts d'Oxford furent supprimés par Henri III dès 1266.

OXUS, anc. nom de l'*Amou-Daria**.

ŌYAMA IULAO, maréchal japonais, né à Kagoshima (1842-1916). Victorieux des Chinois à Port-Arthur (1894), il commanda en chef pendant la guerre russo-japonaise (1904-1905).

OYAPOC ou **OYAPOCK,** fl. de Guyane, tributaire de l'Atlantique, entre la Guyane française et le Brésil; 500 km.

OYASHIO, courant froid du Pacifique, longeant les côtes nord-est de l'Asie.

OYO, v. du sud-ouest du Nigeria; 136 000 h.

OYONNAX [ɔjɔna] (01100), ch.-l. de c. de l'Ain; 23 345 h. (*Oyonnaxiens*). Centre de l'industrie des matières plastiques et de la lunetterie.

OZANAM (Frédéric), historien et écrivain français, né à Milan (1813-1853). Auteur de travaux sur Dante et sur les *Poètes franciscains,* ainsi que d'*Études germaniques,* il fut, en 1833, le principal fondateur de la Société Saint-Vincent-de-Paul. Il créa avec Lacordaire, en 1848, l'éphémère journal démocrate-chrétien *l'Ère nouvelle.*

OZIAS → AZARIAS.

OZOIR-LA-FERRIÈRE (77330), comm. de Seine-et-Marne; 11 789 h. Golf.

OZU YASUJIRŌ, cinéaste japonais, né à Tōkyō (1903-1963), réalisateur de *Je suis né mais...* (1932), *Printemps tardif* (1949), *Voyage à Tōkyō* (1953), *Printemps précoce* (1956), *le Goût du saké* (1962).

Pékin : la porte de la Paix céleste (Tian'anmen).

P

PABIANICE, v. de Pologne, au sud-ouest de Łódź; 67 000 h. Textile.

PABLO (Luis DE), compositeur espagnol, né à Bilbao en 1930. Il utilise tour à tour les divers langages sonores contemporains.

PABST (Georg Wilhelm), cinéaste allemand, né à Raudnitz (auj. Roudnice nad Labem, Bohême) [1885-1967], réalisateur de *la Rue sans joie* (1925), de *Loulou* (1928) et de *l'Opéra de quat' sous* (1931).

PACAUDIÈRE (La) [42310], ch.-l. de c. de la Loire; 1 279 h.

Pacem in terris, encyclique de Jean XXIII, publiée le 11 avril 1963. C'est un appel à «tous les hommes de bonne volonté» en faveur de la paix et de la justice.

PACHECO (Francisco), peintre espagnol, né à Sanlúcar de Barremeda (1564-1644). Portraitiste et théoricien, il fut le maître et le beau-père de Velázquez.

PACHELBEL (Johann), organiste et claveciniste allemand, né à Nuremberg (1653-1706), auteur de pièces pour clavier, de motets et cantates.

PACHER (Michael), peintre et sculpteur autrichien (v. 1435-1498), auteur du retable de l'église de Sankt Wolfgang (Salzkammergut).

PACHUCA DE SOTO, v. du Mexique, cap. de l'État d'Hidalgo; 84 000 h.

PACIFIQUE *(océan),* anc. **Grand Océan,** la plus grande masse maritime du globe, entre l'Amérique, l'Asie et l'Australie; 180 millions de km² (la moitié de la superficie occupée par l'ensemble des océans). Il fut découvert par Balboa en 1513 et traversé pour la première fois par Magellan en 1520. De forme grossièrement circulaire, largement ouvert au sud vers l'Antarctique, communiquant avec l'Arctique par l'étroit passage de Béring, parcouru de dorsales dont les sommets sont des îles (Hawaii, Tuamotu, île de Pâques), le Pacifique est bordé au nord et à l'ouest par une guirlande insulaire et volcanique, longeant de profondes fosses marines, et parsemé, entre les tropiques, de constructions coralliennes (atolls, récifs-barrières).

Pacifique *(centre d'expérimentation du),* organisme créé en 1962 à Papeete et comprenant les sites de tir de Mururoa et de Fangataufa, où sont réalisées, depuis 1966, les expérimentations nucléaires françaises.

PACÔME *(saint),* fondateur, avec saint Antoine, du cénobitisme (v. 292-346). Il vécut en Thébaïde. Sa vie, traduite en latin par saint Jérôme, est une des sources du monachisme occidental.

Michael **Pacher :** détail du retable du *Couronnement de la Vierge*

PACTOLE (le), riv. de Lydie, affl. de l'Hermos, et baignant Sardes. Selon les anciens auteurs, il roulait des paillettes d'or.

PACY-SUR-EURE (27120), ch.-l. de c. de l'Eure; 3 554 h.

PADANG, port d'Indonésie, sur la côte ouest de Sumatra; 196 000 h.

PADELOUP (Antoine Michel), dit **le Jeune,** relieur français, né à Paris (1685-1758). Il est l'auteur de reliures dites «à la dentelle».

PADERBORN, v. de l'Allemagne fédérale (Rhénanie-du-Nord-Westphalie); 58 000 h. Résidence fréquente de Charlemagne, qui y réunit plusieurs diètes d'Empire à partir de 777. Cathédrale des XIe-XIIIe s.

PADEREWSKI (Ignacy), homme d'État, compositeur et pianiste polonais, né à Kuryłowka (1860-1941), président du Conseil de la République polonaise en 1919.

PADIRAC (46500 Gramat), comm. du Lot, sur le causse de Gramat; 162 h. Gouffre profond de 75 m et rivière souterraine.

PADMA (la), principal bras du delta du Gange.

PADOUE, en ital. **Padova,** v. d'Italie (Vénétie), à l'ouest de Venise; 242 000 h. *(Padouans).* Évêché. Université. Basilique dite *il Santo,* du XIIIe s. (œuvres d'art), et autres monuments. Fresques de Giotto à la chapelle de l'*Arena.* Musée.

PADUCAH, v. des États-Unis (Kentucky); 31 600 h. Enrichissement de l'uranium.

PAER (Ferdinando), compositeur italien, né à Parme (1771-1839), auteur d'opéras *(le Maître de chapelle).*

PAESIELLO → PAISIELLO.

PAESTUM, v. de l'Italie ancienne, sur le golfe de Salerne. Colonie grecque (VIIe s. av. J.-C.), elle devint romaine en 273 av. J.-C. Monuments antiques, dont plusieurs temples grecs qui comptent parmi les principaux exemples de l'ordre dorique. Musée archéologique.

PÁEZ (José Antonio), homme d'État vénézuélien, né à Acarigua (1790-1873). Dictateur (1830), il donna au Venezuela son indépendance effective. Il fut trois fois président de la République, entre 1831 et 1863.

PAGALU *(île),* anc. **Annobón,** île de la Guinée équatoriale.

PAGAN, anc. cap. des Birmans (IXe-XIIIe s.), en Birmanie centrale, sur l'Irrawaddy, célèbre par ses milliers de pagodes (plus ou moins bien conservées).

Pagan : temple (ou pagode) Ananda (XIe s.)

Paestum : temples de Poséidon (Ve s. av. J.-C.) et, au loin, d'Héra (la Basilique, VIe s. av. J.-C.)

PAGANINI (Niccolo), violoniste italien, né à Gênes (1782-1840). D'une prodigieuse virtuosité, il est l'auteur de *Vingt-Quatre Caprices* et de concertos pour violon.

PAGNOL (Marcel), écrivain et cinéaste français, né à Aubagne (Bouches-du-Rhône) [1895-1974], auteur de comédies *(Topaze)*, de recueils de souvenirs *(la Gloire de mon père)* et de films *(Angèle,* 1934; *César,* 1936; *la Femme du boulanger,* 1938). [Acad. fr.]

PAGNY-SUR-MOSELLE (54530), comm. de Meurthe-et-Moselle; 3 732 h. Chimie. Constructions électriques.

PAHANG, État de la Malaysia.

PAHLAVI (Rezā chāh), empereur d'Iran, né à Sevād Kuh (1878-1944). Ayant fait déposer le dernier chāh qādjār (1925), il fonda la dynastie pahlavi en devenant chāh d'Iran (1926); il abdiqua en 1941 en faveur de son fils MUHAMMAD REZĀ, né à Téhéran (1919-1980), qui, chassé par la révolution islamique, s'exila en 1979.

PAHOUINS → FANGS.

Paillasse, personnage de farce de l'ancien théâtre napolitain. En France, bouffon des théâtres forains. Le compositeur Leoncavallo l'a popularisé dans un opéra.

PAIMBŒUF (44560), ch.-l. de c. de la Loire-Atlantique; 3 690 h. *(Paimblotins).* Produits chimiques.

PAIMPOL (22500), ch.-l. de c. des Côtes-du-Nord, sur la *baie de Paimpol;* 8 498 h. *(Paimpolais).* Pêche. École nationale de navigation.

PAIMPONT *(forêt de),* forêt de Bretagne (Ille-et-Vilaine), au nord-est de Plöermel. C'est sans doute la forêt de Brocéliande de la légende.

PAIN DE SUCRE, en portug. *Pão de Açúcar,* relief granitique, à l'entrée de la baie de Guanabara à Rio de Janeiro; 390 m.

PAINE (Thomas), publiciste américain, d'origine anglaise, né à Thetford (1737-1809). Après avoir lutté pour l'indépendance des États-Unis, il dut se réfugier en France et fut naturalisé français et nommé membre de la Convention (1792) à la suite de travaux où il avait défendu les idées nouvelles. Mais, mal vu par les Jacobins, il retourna aux États-Unis.

PAINLEVÉ (Paul), mathématicien et homme politique français, né à Paris (1863-1933). Spécialiste de l'analyse et de la mécanique, il étudia plus particulièrement le frottement. Plusieurs fois ministre, il fut président du Conseil en 1917 et en 1925.

PAIOLIVE *(rochers* ou *bois de),* site pittoresque de l'Ardèche, sur le plateau des Vans.

PAIR-NON-PAIR, grotte située sur le territoire de la commune de Prignac-et-Marcamps (Gironde). Gravures pariétales (gravettien et aurignacien).

PAISIELLO ou **PAESIELLO** (Giovanni), compositeur italien, né à Tarente (1740-1816), auteur d'opéras *(Nina ou la Folle par amour).*

PAISLEY, v. d'Écosse; 95 000 h. Aéroport de Glasgow.

PAIX *(rivière de la),* riv. du Canada, affl. de la riv. de l'Esclave (r. dr.); 1 700 km. Aménagement hydroélectrique.

PAJOU (Augustin), sculpteur français, né à Paris (1730-1809). Artiste officiel, bon portraitiste, il perpétue jusqu'à une date tardive la grâce classique du milieu du XVIIIᵉ s. *(Psyché abandonnée,* marbre de 1790, Louvre).

PA KIN ou **BA JIN,** écrivain chinois, né à Tch'eng-tou, en 1905. Il décrit les transformations sociales de la Chine *(le Torrent, Famille, le Feu, Nuit glacée).*

PĀKISTĀN, État de l'Asie méridionale; 803 900 km²; 82 440 000 h. *(Pakistanais).* Cap. *Islāmābād.* Langue : *urdū.*

GÉOGRAPHIE

Les secteurs irrigués du Sud et surtout du Nord-Est (Pendjab), correspondant à la plaine alluviale de l'Indus et de ses affluents, constituent les parties vitales du Pākistān, fournissant du blé, du sorgho, du riz et du coton (principal produit d'exportation et base de la seule industrie notable, le textile). Le pourtour est surtout formé de montagnes peu peuplées (Baloutchistan à l'ouest, partie de l'Hindū Kūch au nord).

HISTOIRE

— 1940 : Muhammad 'Alī Jinnah, leader de la Ligue musulmane, réclame la création de l'État islamique du Pākistān, séparé de l'Inde.
— 1947 : partition de l'Inde et du Pākistān; celui-ci est constitué de deux parties distantes de 1 700 km. 'Alī Jinnah, premier gouverneur général.
— 1948 : mort d''Alī Jinnah; 'Alī khān, Premier ministre et président de la Ligue musulmane; K. Nazimuddin, gouverneur général.
— 1949 : premier conflit avec l'Inde, au sujet du Cachemire.
— 1951 : assassinat d''Alī khān; le Pākistān oriental réclame l'autonomie.
— 1955 : Iskander Mīrzā, gouverneur général.
— 1956 : une Constitution établit une fédération de deux provinces, et le Pākistān devient république islamique, dont le premier président est Iskander Mīrzā. Troubles.

Niccolo **Paganini,** par Ingres

Marcel **Pagnol**

Painlevé, par Thomsen

Pa Kin

František **Palacký** par Kriehuber

PĀKISTĀN

— 1958 : loi martiale; Ayyūb khān s'empare du pouvoir et devient président de la République. Il applique une réforme agraire.
— 1962 : Constitution de type présidentiel.
— 1965 : guerre indo-pakistanaise. Agitation au Pākistān oriental, noyauté par la ligue Awami, dirigée par le cheikh Mujibur Rahman.
— 1969 : démission d'Ayyūb khān. Le général Yahyā khān applique une Constitution de type fédéral, que rejette la ligue Awami.
— 1971 : arrestation de Mujibur Rahman. Résistance bengalie. Proclamation de la république du Bangladesh. Conflit armé entre l'Inde et le Pākistān. Ali Bhutto, président de la République.
— 1972 : Constitution qui donne le pouvoir réel au Premier ministre.
— 1973 : remplacé par Chaudhri Fazal Elahi à la présidence de la République, Ali Bhutto devient Premier ministre. Montée de l'opposition, troubles sociaux.
— 1974 : reconnaissance par Ali Bhutto de l'indépendance du Bangladesh.
— 1977 : Ali Bhutto, renversé par un coup d'État militaire dirigé par le général Zia-ul-Haq.
— 1978 : le général Zia-ul-Haq, président de la République.

PALACKÝ (František), historien et publiciste tchèque, né à Hodslavice (Moravie) [1798-1876]. Son *Histoire de la Bohême* (1836-1867) contribua au réveil national tchèque. Il présida le congrès panslave en 1848.

PALADRU (38137), comm. de l'Isère, sur le *lac de Paladru;* 503 h. Centre touristique.

PALAFOX (José DE), *duc* **de Saragosse,** gentilhomme aragonais né à Saragosse (1776-1847), qui s'illustra par son héroïque défense de Saragosse en 1809.

PALAIS (Le) [56360], comm. du Morbihan, sur la côte est de Belle-Île; 2 649 h. *(Palantins).* Anc. citadelle des XVIᵉ-XVIIᵉ s. Port et centre touristique.

Palais idéal (le), édifice d'inspiration fantastique élevé à Hauterives (Drôme), de 1879 à 1912, par le facteur des Postes Ferdinand Cheval (1836-1924).

Palais-Royal, ensemble de bâtiments, à Paris, construits en 1633 par Lemercier pour Richelieu et nommés *Palais-Cardinal* jusqu'en 1643, date à laquelle ils furent légués au roi. Celui-ci les attribua en 1661 aux princes de la maison d'Orléans. Ces bâtiments (dont une des annexes est le théâtre de la Comédie-Française) et ces jardins ont fait l'objet de profondes modifications successives, par Contant d'Ivry, Victor Louis, Fontaine. Les maisons d'habitation à arcades datent de Philippe d'Orléans, futur Philippe Égalité. La *galerie de Bois* du Palais-Royal fut longtemps un lieu de rendez-vous très fréquenté. Le Conseil d'État, le Conseil constitutionnel et certains services des Affaires culturelles sont auj. installés au Palais-Royal.

PALAISEAU (91120), ch.-l. d'arr. de l'Essonne, sur l'Yvette; 28 924 h. *(Palaisiens).* École Polytechnique.

PALAIS-SUR-VIENNE (Le) [87410], comm. de la Haute-Vienne; 3 872 h. Raffinage du cuivre.

PALAMAS (Grégoire), théologien de l'Église grecque, né à Constantinople (v. 1296-1359). Moine au Mont-Athos et archevêque de Thessalonique (1347-1359), il consacra sa vie à la défense de l'hésychasme.

PALAMÁS (Kostís), écrivain grec, né à Patras (1859-1943). Partisan de l'emploi littéraire de la langue populaire, il est l'auteur de recueils lyriques (le *Tombeau,* les *Nuits de Phémius).*

PALAOS ou **PALAU** (îles), archipel de la Micronésie; 13 000 h. Sous tutelle américaine.

PALATIN (mont), une des sept collines de l'ancienne Rome, celle où, d'après la tradition, les premières habitations furent construites. Le Palatin, quartier aristocratique sous la République, devint sous l'Empire la résidence des empereurs. Importants vestiges.

PALATINAT, en allem. **Pfalz,** région de l'Allemagne fédérale, située sur la rive gauche du Rhin, au nord de l'Alsace. Elle constitue depuis 1946 une partie de l'État de *Rhénanie-Palatinat*.* Le Palatinat fut occupé par les armées de Louis XIV de 1688 à 1697. Dans le cadre du Saint-Empire, le terme *palatinat* désignait le domaine des comtes palatins. À partir du XIIᵉ s., il fut réservé aux biens du comte palatin du Rhin (cap. Heidelberg). Passé aux Wittelsbach de Bavière, le Palatinat devint électoral en 1356. Amputé, en 1648, au profit de la Bavière, il fut, après 1795, démembré au profit de la France (rive gauche) et des duchés de Bade et de Hesse-Darmstadt.

PALATINE (princesse), titre de CHARLOTTE-ÉLISABETH DE BAVIÈRE et d'ANNE DE GONZAGUE.

PALAUAN ou **PALAWAN,** île des Philippines; 14 896 km²; 237 000 h.

PALAVAS-LES-FLOTS (34250), comm. de l'Hérault; 3 633 h. Station balnéaire.

PALEMBANG, port d'Indonésie, dans le sud de Sumatra; 583 000 h. Exportation du pétrole. Engrais.

PALENCIA, v. d'Espagne (Vieille-Castille); 64 000 h. Cathédrale des XIVᵉ-XVIᵉ s.

PALENQUE, centre cérémoniel maya du Mexique (État de Chiapas), dont le temple dit « des Inscriptions » a livré un tombeau souterrain contenant un sarcophage (période classique).

PALÉOLOGUE, famille de l'aristocratie byzantine qui régna sur l'Empire byzantin de 1261 à 1453.

PALÉOLOGUE (Maurice), diplomate français,

né à Paris (1859-1944). Ambassadeur de France en Russie durant la Première Guerre mondiale, il est l'auteur de souvenirs diplomatiques. (Acad. fr.)

PALERME, port d'Italie, cap. de la Sicile, sur la côte nord de l'île; 679 000 h. Archevêché. Université. Remarquables monuments, notamment de styles byzantino-arabe (chapelle palatine de Roger II, 1132) et baroque (églises et palais des XVIIᵉ-XVIIIᵉ s.). Riche musée archéologique. Galerie nationale de Sicile. Industries alimentaires et chimiques.

PALESTINE, contrée du Proche-Orient, entre le Liban au nord, la mer Morte au sud, la Méditerranée à l'ouest et le désert de Syrie à l'est.

HISTOIRE

— XIIIᵉ s. av. J.-C. - Iᵉʳ s. apr. J.-C. : la Palestine, pays des Hébreux.
— 66-73 apr. J.-C. : derniers sursauts de la révolte juive contre Rome.
— 70-325 : l'Empire romain païen.
— 325-640 : l'Empire chrétien.
— 634-640 : conquête arabe.
— 660-750 : les Omeyyades.
— 750-877 : les 'Abbāsides.
— 877-1098 : emprise des dynasties musulmanes indépendantes d'Égypte (Ṭūlūnides, Fāṭimides).
— 1099 : les croisés s'emparent de Jérusalem et créent (1100) le royaume latin de Jérusalem.
— 1187 : la bataille de Ḥaṭṭīn livre à Saladin la Palestine, sauf la région côtière.
— 1291 : les Mamelouks reconquièrent les dernières possessions latines.
— 1516 : début de la domination ottomane.
— 1880 : début du mouvement sioniste.
— 1917 : entrée des Anglais en Palestine; déclaration Balfour, favorable à l'installation d'un foyer national juif.
— 1922 : les Anglais se font confier par la S.D.N. un mandat sur la Palestine.
— 1928-1939 : nombreux troubles sanglants opposant Arabes et Juifs.
— 1939 : *Livre blanc* britannique, qui impose des restrictions à l'immigration juive. Début du terrorisme sioniste.

— 1947 : l'O.N.U. établit un plan de partage.
— 1948 : proclamation de l'État d'Israël. Première guerre israélo-arabe.
— 1949 : annexion par la Jordanie de la Palestine cisjordanienne.
— 1956 : formation de la résistance palestinienne.
— 1964 : fondation de l'Organisation de libération palestinienne (O.L.P.).
— 1967 : occupation de la Cisjordanie par les Israéliens.
— 1979 : signature du traité de paix israélo-égyptien, qui prévoit une certaine autonomie pour la Cisjordanie et la bande de Gaza (26 mars). L'O.L.P. s'oppose vivement à cette solution bilatérale.

PALESTRINA (Giovanni Pierluigi DA), compositeur italien, né à Palestrina (v. 1525-1594). Il fut l'un des plus grands maîtres de la musique polyphonique; on lui doit une centaine de messes (*Messe du pape Marcel*), des motets, des hymnes, des madrigaux.

PALESTRO, village d'Italie (Lombardie, prov. de Pavie). Victoire des Franco-Piémontais sur les Autrichiens (1859).

PĀLGHĀT (trouée de), dépression du Deccan, entre la côte de Malabār et le golfe du Bengale.

PALIKAO, en chin. **Pa-li-k'iao** ou **Baliqiao,** bourg de Chine, à l'est de Pékin. Victoire franco-anglaise sur les Chinois, en 1860, où se distingua le général Cousin-Montauban.

PALINGES (71430), ch.-l. de c. de Saône-et-Loire; 1796 h.

PALISSY (Bernard), potier émailleur, savant et écrivain français, né à Saintes ou à Lacapelle-Biron (v. 1510-1589/90). Il est rendu célèbre par ses *rustiques figulines,* terres cuites émaillées ornées de plantes, de fruits, de petits animaux en relief, et à glaçure donné des plats aux *émaux jaspés,* décorés dans l'esprit de l'école de Fontainebleau. Il a été très imité de son temps ainsi qu'au XVIIᵉ s., puis au XIXᵉ.

PALK (détroit de), bras de mer séparant l'Inde et Sri Lanka.

le **Palais idéal** de Ferdinand Cheval

Palenque : le temple du Soleil (classique tardif)

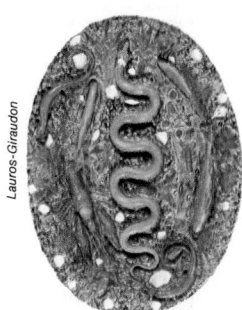

Giovanni Pierluigi da **Palestrina**

Bernard **Palissy** plat ovale en céramique du type « rustique figuline »

Palerme : la cathédrale (XIIᵉ-XVIIIᵉ s.)

PALLADIO (Andrea DI PIETRO, dit), architecte italien, né à Padoue (1508-1580). Il a construit à Vicence (« Basilique », 1545; divers palais; théâtre « Olympique », à Venise (églises S. Giorgio Maggiore, du *Redentore*, etc.) et dans les environs de ces deux villes (villas *la Rotonda* [1550], *la Malcontenta, Barbaro*, etc.). Il manie les formes classiques, qu'il teinte de maniérisme, avec une admirable variété. Auteur d'un traité, les *Quatre Livres d'architecture* (1570), il a exercé une très forte influence sur l'architecture européenne, et spécialement anglaise.

PALLANZA, station touristique d'Italie, sur le lac Majeur.

PALLAS, épithète rituelle de la déesse *Athéna*.

PALLAS (m. en 63 apr. J.-C.), affranchi et favori de l'empereur Claude. Sur son conseil, Claude épousa Agrippine et adopta Néron. De concert avec Agrippine, il fit empoisonner son maître, mais fut lui-même empoisonné par Néron.

PALLAS (Peter Simon), naturaliste et ethnographe allemand, né à Berlin (1741-1811). Il explora l'Oural et la Mongolie.

PALLAVA, dynastie de l'Inde qui régna (IIIe-IXe s.) dans le Deccan oriental et dont les souverains, grands bâtisseurs, créèrent un style artistique qui connut son apogée aux VIIe-VIIIe s. avec les temples de Mahābalipuram et de Kānchipuram.

PALLICE (La), port de commerce de La Rochelle, en face de l'île de Ré.

PALLUAU (85670), ch.-l. de c. de la Vendée; 574 h.

PALMA (La), l'une des Canaries; 67 000 h.

PALMA ou **PALMA DE MAJORQUE,** cap. des îles Baléares, dans l'*île de Majorque*; 287 000 h. Port, aéroport et centre touristique. Anc. palais royaux, gothiques, de l'*Almudaina* et de *Bellver*; imposante cathédrale gothique des XIIIe-XVIe s., Lonja (anc. Bourse) du XVe s., et autres monuments. Musées.

PALMA le Vieux (Iacopo NIGRETTI, dit), peintre italien, né à Serina (prov. de Bergame) [v. 1480-1528]. Installé à Venise, il peignit des scènes religieuses, des portraits et des nus d'une plénitude sereine. Son petit-neveu IACOPO NIGRETTI, dit **Palma le Jeune,** né à Venise (1544-1628), fut le plus actif des peintres décorateurs vénitiens de la fin du XVIe s.

PALMA (Ricardo), écrivain péruvien, né à Lima (1833-1919), auteur des *Traditions péruviennes* (1872-1918).

PALMAS (Las), v. de la Grande-Canarie, ch.-l. de prov.; 356 000 h.

PALM BEACH, station balnéaire de Floride.

PALME (Olof), homme politique suédois, né à Stockholm en 1927. Président du parti social-démocrate, il fut Premier ministre de 1969 à 1976.

PALMER (péninsule de) → GRAHAM (terre de).

PALMERSTON (Henry TEMPLE, vicomte), homme d'État anglais, né à Broadlands (1784-1865). Ministre des Affaires étrangères (1830-1841; 1846-1851), il combattit l'influence de la France et de la Russie, notamment au cours du conflit turco-égyptien (1839-40). Premier ministre de 1855 à 1858 et de 1859 à 1865, il ne put empêcher Napoléon III de devenir l'arbitre de l'Europe.

Palmes académiques (ordre des), décoration française, instituée en 1808 et transformée en ordre en 1955 pour récompenser les services rendus à l'enseignement, aux lettres et aux arts.

PALMIRA, v. de Colombie; 154 000 h.

PALMYRE (« Ville des palmiers »), site historique de Syrie, entre Damas et l'Euphrate. Oasis du désert syrien et carrefour des caravanes, elle monopolisait après la chute de Pétra (106 apr. J.-C.) la plus grande partie du commerce oriental. Avec Odenath (m. v. 266) et la reine Zénobie (v. 266-272), elle devint la capitale d'un royaume qui contrôlait avec la Syrie une partie de l'Asie Mineure. Sa domination fut brisée par l'empereur Aurélien et Palmyre, dévastée (273), fut détruite par les Arabes (634). Impressionnants vestiges hellénistiques et romains. Riche nécropole.

Palladio
Loggia del Capitanio
(1571), à Vicence

Palmerston
par J. Partridge

Palmyre : vue du théâtre romain

PALOMAR (mont), montagne des États-Unis (Californie); 1 871 m. — Observatoire astronomique (télescope de 5 m d'ouverture).

PALOS, cap au sud-est de l'Espagne, sur la Méditerranée.

PALOS, village du sud-ouest de l'Espagne (prov. de Huelva), près de l'estuaire du río Tinto. Port, auj. ensablé, d'où Colomb s'embarqua à la découverte de l'Amérique.

PALUEL (76450 Cany Barville), comm. de la Seine-Maritime; 364 h. Centrale nucléaire en construction sur la Manche.

PALUS MAEOTICUS ou **MÉOTIDE,** anc. nom de la *mer d'Azov*.

PAMIERS (09100), ch.-l. d'arr. de l'Ariège, sur l'Ariège; 15 159 h. *(Appaméens).* Cathédrale avec beau clocher du XIVe s. Métallurgie.

PAMIR (le), région montagneuse de l'Asie centrale, en U. R. S. S., culminant au pic Communisme (7 495 m).

PAMPA (la), région de l'Argentine centrale, constituant une grande zone de culture (blé) et d'élevage (bovins).

PAMPELONNE (81190 Mirandol Bourgnounac), ch.-l. de c. du Tarn; 833 h.

PAMPELUNE, en esp. **Pamplona,** v. d'Espagne, ch.-l. de prov. et cap. de l'anc. royaume de Navarre; 167 000 h. Cathédrale des XIVe-XVIe s. (cloître; œuvres d'art). Musée de Navarre.

PAMPHYLIE, contrée méridionale de l'Asie Mineure, entre la Lycie et la Cilicie.

PAN. Myth. gr. Dieu des bergers et des troupeaux. Il devint, chez les poètes et les philosophes, une des grandes divinités de la nature.

PANAMÁ, république de l'Amérique centrale; 75 000 km²; 1 771 000 h. *(Panamiens* ou *Panaméens).* Cap. *Panamá.* Langue : *espagnol.* L'intérieur du pays, montagneux, est bordé de plaines côtières discontinues. L'économie de plantation domine (banane surtout, canne à sucre, café, cacao).

HISTOIRE
— 1855 : création du chemin de fer américain reliant Panamá et Colón.

— 1880 : Ferdinand de Lesseps crée la Compagnie universelle du canal interocéanique.
— 1889 : faillite de cette compagnie.
— 1892-93 : développement en France des scandales de Panamá.
— 1899-1903 : guerre civile en Colombie.
— 1902 : les Américains rachètent ses droits à la compagnie française.
— 1903 : la Colombie doit consentir à la création d'une république de Panamá, prise sur son territoire, et, en fait, protégée par les États-Unis.
— 1914 : mise en exploitation du canal.
— 1959 et 1964 : révoltes contre l'emprise américaine.
— 1964-1968 : présidence de Marco Aurelio Robles; celui-ci ne peut faire aboutir un traité, avec les États-Unis, qui prévoit la souveraineté effective du Panamá sur la zone du canal.
— 1972 : Omar Torrijos, investi des pleins pouvoirs, se heurte au veto américain.
— 1977-78 : signature avec les États-Unis des traités prévoyant le rétablissement par étapes (jusqu'en 1999) de la souveraineté panaméenne sur la zone du canal.
— 1978 : Aristides Royo, président.

PANAMÁ, cap. de la république de Panamá, port sur le Pacifique *(golfe de Panamá);* 441 000 h.

Panamá *(canal de),* canal interocéanique traversant l'*isthme de Panamá.* Long de 79,6 km, coupé par six écluses. Les travaux commencèrent en 1881 sur l'initiative de Ferdinand de Lesseps. Mais ils furent arrêtés en 1888, et la mise en liquidation de la Compagnie universelle du canal interocéanique (1889) fut suivie, en France, par un grave scandale financier et politique (1892), qui écarta momentanément du pouvoir certains hommes de gauche (Rouvier, Clemenceau) mais n'ébranla pas le régime républicain. Après l'indépendance de la république de Panamá (1903) et la location d'une bande de territoire, les États-Unis reprirent les travaux (1904). Ils ne furent terminés qu'en 1914. Grâce au canal, on effectue un gain de 60 p. 100 sur la route New York-San Francisco. — La *zone du canal* couvrait 1 676 km².

PANAMÁ *(isthme de),* isthme qui unit les deux Amériques. C'est une langue de terre longue de 250 km.

PANAME, nom populaire donné à *Paris.*

Panaméricaine *(route),* itinéraire routier reliant entre elles les principales villes d'Amérique latine.

PANAY, île des Philippines; 10 478 km²; 1 851 000 h.

PANČEVO, v. de Yougoslavie (Vojvodine); 54 000 h. Industries chimiques.

PANCKOUCKE, famille d'éditeurs et de libraires français des XVIIIe et XIXe s.

PANDATERIA, îlot de la mer Tyrrhénienne, sur la côte de Campanie. Julie, Agrippine l'Aînée et Octavie y furent exilées.

PANDORE. Myth. gr. La première femme de l'humanité. Comme l'Ève de la Bible, elle est responsable de la venue du Mal sur la Terre, car elle ouvrit (ou laissa ouvrir par son mari, Épiméthée) le vase où Zeus avait enfermé les misères humaines. Dans la *boîte de Pandore,* seule resta l'Espérance.

PANGE (57530 Courcelles Chaussy), ch.-l. de c. de la Moselle; 505 h.

PANGÉE, en gr. **Pangaion,** massif montagneux

Pascal **Paoli**　　　Georges **Papandhréou**　　　Denis **Papin**　　　　　　　　　mégalithes de l'île de **Pâques**

de Macédoine, ramification du Rhodope, autref. célèbre pour ses gisements argentifères et aurifères.

PANHARD, famille d'ingénieurs et de constructeurs d'automobiles français. RENÉ, né à Paris (1841-1908), s'associa en 1886 avec E. Levassor pour fonder la société Panhard et Levassor, qui construisit la première voiture automobile à essence. — Son neveu PAUL, né à Versailles (1881-1969), continua l'œuvre entreprise.

PANINE (Nikita Ivanovitch, *comte*), homme politique russe, né à Dantzig (1718-1783). Il dirigea, sous Catherine II, les Affaires étrangères de 1763 à 1781.

PÄNINI, grammairien indien, né à Sâlatura, près d'Attock (Ve ou IVe s. av. J.-C.). Il est l'auteur d'un traité de grammaire sanskrite, remarquable par la précision de la description dans les domaines morphologique et phonétique.

PANJIM, v. de l'Inde, ch.-l. du territoire de Goa, Damân et Diu; 35 000 h.

PANKOW, quartier de Berlin, sur le *Panke.* Anc. siège du gouvernement de la République démocratique allemande.

PANMUNJOM, localité de Corée, près de Kaesong. Siège, de 1951 à 1953, des pourparlers qui mirent fin à la guerre de Corée.

PANNE (La), en néerl. **De Panne,** comm. de Belgique (Flandre-Occidentale); 9 700 h. Station balnéaire.

PANNONIE, anc. région de l'Europe centrale, sur le Danube moyen, conquise par les Romains entre 35 av. J.-C. et 9 apr. J.-C.

PANNONIEN (*Bassin*), plaines comprises entre les Alpes orientales et les Carpates.

PANOFSKY (Erwin), historien d'art américain d'origine allemande, né à Hanovre (1892-1968), maître de la méthode iconologique de « lecture » de l'œuvre d'art.

Pantagruel (*Horribles et Épouvantables Faits et Prouesses du très renommé*), roman de Rabelais (1532). Le récit des aventures de Pantagruel précède celui des prouesses de son père, Gargantua*, et campe la figure majeure de Panurge*.

Pantalon, personnage de la comédie italienne. Il porte la culotte longue qui a pris son nom.

PANTELLERIA, île italienne entre la Sicile et la Tunisie; 83 km²; 10 000 h.

Panthéon, temple de Rome, dédié aux sept divinités planétaires, construit en 27 av. J.-C. par Agrippa. Détruit en 80, il fut restauré par Hadrien, il demeure l'un des chefs-d'œuvre de l'architecture romaine. Il a été consacré au culte chrétien au VIIe s.

Panthéon, monument de Paris, sur la montagne Sainte-Geneviève. Construit à partir de 1764 par Soufflot, achevé v. 1790 par Jean-Baptiste Rondelet, ce devait être une église dédiée à la patronne de Paris. La Révolution en fit un temple destiné à recevoir les cendres des grands hommes et lui donna ce nom de *Panthéon.* Il fut église sous la Restauration ainsi que sous le second Empire. La IIIe République le rendit au culte des grands hommes à l'occasion des funérailles de Victor Hugo. À l'intérieur, peintures murales, dont celles de Puvis de Chavannes.

PANTIN (93500), ch.-l. de c. de la Seine-Saint-Denis, au nord-est de Paris; 42 744 h. (*Pantinois*). Centre industriel. Triage ferroviaire. Cimetière parisien.

Panurge, personnage créé par Rabelais dans *Pantagruel.* Paillard, cynique, poltron, mais d'esprit fertile, il est le compagnon fidèle de Pantagruel.

PANZINI (Alfredo), écrivain italien, né à Senigallia (1863-1939), disciple de Carducci *(la Lanterne de Diogène).*

PAO-KI ou **BAOJI,** v. de Chine (Chen-si); 130 000 h.

PAOLI (Pascal), patriote corse, né à Morosaglia (1725-1807). Proclamé chef de l'île en 1755, il ne laissa que le littoral au pouvoir des Génois, puis il s'opposa aux Français. Défait à Ponte-Novo en 1769, il se retira en Angleterre. Il rentra en Corse en 1790, mais, déçu et abandonné, il repartit pour Londres en 1795.

PAOLO VENEZIANO, peintre italien, actif à Venise de 1310 env. à 1360. Amorçant une réaction contre la tradition byzantine, il est considéré comme le fondateur de l'école vénitienne. Son art, précieux, se retrouve avec plus de souplesse chez ses disciples, qui, tel **Lorenzo Veneziano** (actif à Venise, Bologne, Padoue et 1345 env. à 1380), se rapprochent du « gothique international ».

PAO-T'EOU ou **BAOTOU** v. de Chine (Mongolie-Intérieure), sur le Houang-ho; 650 000 h.

PAO-TING ou **BAODING,** v. de Chine (Hopei); 265 000 h. Monuments anciens.

PAOUSTOVSKI (Konstantine Gueorguievitch), écrivain soviétique, né à Moscou (1892-1968), auteur de romans d'aventures *(les Nuages étincelants)* et de récits autobiographiques *(Histoire d'une vie).*

PAPÁGHOS ou **PAPAGOS** (Aléxandros), maréchal et homme politique grec, né à Athènes (1883-1955). Ministre de la Guerre en 1935, il commanda les armées grecques contre les Italiens en 1940, puis contre les communistes grecs au cours de la guerre civile (1949-1951). Il fut chef du gouvernement de 1952 à 1955.

PAPANDHRÉOU (Georges ou Gheórghios), homme politique grec, né à Patras (1888-1968). Fondateur du parti social-démocrate (1935), chef du gouvernement grec en exil (1944), il créa, en 1959, le parti libéral démocratique. Leader du centre unifié, il fut président du Conseil de 1963 à 1965. — Son fils, ANDRÉ ou ANDHRÉAS, homme politique grec, né dans l'île de Chio en 1919, devient Premier ministre en 1981 après la victoire du parti socialiste aux élections législatives.

PAPANINE (Ivan), explorateur soviétique, né à Sébastopol en 1894. Il se laissa dériver sur une banquise du pôle Nord aux côtes du Groenland (1937-38).

PAPE-CARPENTIER (Marie), pédagogue française, née à La Flèche (1815-1878). Elle organisa en France les premières salles d'asile, ou écoles maternelles.

PAPEETE, ch.-l. de la Polynésie française, sur la côte nord-ouest de Tahiti; 22 967 h. Port. Aéroport. Centre touristique.

PAPEN (Franz VON), homme politique allemand, né à Werl (1879-1969). Député du Centre catholique, chancelier du Reich en 1932, vice-chancelier en 1933, il soutint le nazisme. Ambassadeur à Vienne en 1936, il prépara l'Anschluss. Il fut acquitté à Nuremberg (1946).

PAPHLAGONIE, anc. région côtière du nord de l'Asie Mineure. (V. princ. *Gangra* et *Sinope.*)

PAPHOS, v. anc. du sud de l'île de Chypre, célèbre pour son temple d'Aphrodite.

PAPIN (Denis), inventeur français, né à Chitenay, près de Blois (1647-1714). Il reconnut le premier la force élastique de la vapeur d'eau en imaginant la marmite qui porte son nom. En 1707, il expérimenta en Allemagne, où l'avait chassé la révocation de l'édit de Nantes, un bateau à vapeur à quatre roues à aubes.

PAPINEAU (Louis Joseph), homme politique canadien, né à Montréal (1786-1871). Chef du parti patriote, il défendit les droits des Canadiens français et fut l'un des instigateurs de la rébellion de 1837.

PAPINI (Giovanni), écrivain italien, né à Florence (1881-1956), polémiste et satiriste d'inspiration catholique (*Un homme fini*, 1912; *le Diable*, 1953).

PAPINIEN, en lat. **Aemilius Papinianus,** un des plus grands juristes romains, mis à mort en 212 par Caracalla.

PAPOUASIE, anc. nom de la *Nouvelle-Guinée.* — Nom français de l'anc. territoire de *Papua*, partie sud-est de la Nouvelle-Guinée*, anc. dépendance de l'Australie.

PAPOUASIE-NOUVELLE-GUINÉE, État de l'Océanie, formé par l'union des anciens territoires de Papua et du nord-est de la Nouvelle-Guinée, correspondant donc à la moitié orientale de la Nouvelle-Guinée; 462 000 km²; 3 millions d'h. Cap. *Port Moresby.* C'est un pays montagneux au nord, marécageux au sud, en grande partie couvert par la forêt, habitée par des tribus éparses. Plantations (café, cacao, etc.) près du littoral. Le sous-sol recèle du cuivre. Autonome en 1973, cet État est indépendant depuis 1975.

PAPOUS ou **PAPOUAS,** populations de la Nouvelle-Guinée et des îles voisines.

PAPPOS ou **PAPPUS,** mathématicien grec d'Alexandrie (début du IVe s.).

PÂQUES (*île de*), île du Pacifique, à l'ouest du Chili, dont elle dépend; 179 km²; 1 500 h. Statues mégalithiques dues peut-être à des populations d'origine polynésienne.

PARÁ, État du nord du Brésil; 1 248 042 km²; 2 161 316 h. Cap. *Belém.*

PARACAS, culture indienne de la côte sud du Pérou qui se développa à partir du IXe s. av. J.-C., connue par le mobilier funéraire de ses nécropoles, *Paracas Cavernas* et *Paracas Necropolis*, probablement à l'origine des agglomérations de la culture de Nazca*.

PARACELSE (Theophrastus BOMBASTUS VON HOHENHEIM, dit), alchimiste et médecin suisse, né à Einsiedeln (v. 1493-1541), père de la médecine hermétique. Sa doctrine a pour fondement une correspondance entre le monde extérieur et les différentes parties de l'organisme humain.

Paradis perdu (*le*), poème épique de Milton. Publié en dix chants en 1667 et en douze en 1674, il a pour sujet la chute d'Adam et Ève. — *Le Paradis reconquis* (1671) est une suite où l'on voit Satan tenter le Christ pour empêcher l'accomplissement de la Rédemption.

PARADIS (Grand), massif des Alpes occidentales italiennes; 4 061 m. Parc national.

PARAGUAY (le), riv. de l'Amérique du Sud. Elle naît dans le Mato Grosso brésilien, traverse et limite le Paraguay et l'Argentine, et rejoint le Paraná (r. dr.); 2 206 km.

PARAGUAY

France, grâce à l'abondance de la main-d'œuvre, à l'importance du marché de consommation, à la convergence des voies de communication et à la concentration des capitaux. Les industries se localisent surtout en banlieue; la ville elle-même est de plus en plus un centre de services. L'agglomération groupe aujourd'hui le sixième de la population du pays. — Paris fut le siège des jeux Olympiques de 1900 et de 1924.

chœur de la basilique romane de
Paray-le-Monial

PARAGUAY [-gwɛ], république de l'Amérique du Sud; 407 000 km²; 3 millions d'h. (*Paraguayens*). Cap. *Asunción*. Langue : *espagnol*.

GÉOGRAPHIE

Le Paraguay est un pays au relief peu accidenté, où l'élevage bovin, l'exploitation de la forêt (acajou, quebracho), les plantations de tabac, de coton et de canne à sucre constituent les principales ressources commercialisables d'une population formée en majeure partie d'Amérindiens.

HISTOIRE

— Fin du XVIᵉ s. : fondation par les Jésuites des « réductions », qui constituent une véritable république indienne (Guaranis).
— 1630 : début des exactions des colons contre les « réductions ».
— 1767 : expulsion des Jésuites; fin des « réductions », qui sont ravagées et partagées.
— 1812 : José Gaspar Rodríguez de Francia s'impose comme dictateur d'un Paraguay indépendant, peuplé presque uniquement de métis et d'Indiens.
— 1865-1870 : guerre épuisante contre le Brésil, l'Argentine et l'Uruguay. Début du régime oligarchique.
— 1932-1935 : guerre sanglante du Chaco.
— 1954 : Alfredo Stroessner, président, devient le maître absolu du pays.

PARAÍBA, État du Brésil; 56 372 km²; 2 385 000 h. Cap. *João Pessoa*.

PARAMARIBO, cap. et port du Suriname, sur le fl. Surinam; 152 000 h.

PARAME (35400 St Malo), anc. comm. d'Ille-et-Vilaine, rattachée à Saint-Malo. Station balnéaire. Thalassothérapie.

PARANÁ (le), grand fl. de l'Amérique du Sud, qui traverse et limite le Brésil, le Paraguay et l'Argentine, et rejoint le fleuve Uruguay pour former le Río de la Plata; 3 350 km.

PARANÁ, port de l'Argentine, sur le *Paraná*; 128 000 h.

PARANÁ, État du Brésil méridional; 199 554 km²; 6 937 000 h. Cap. *Curitiba*. Café.

PARAY (Paul), chef d'orchestre français, né au Tréport (1886-1979).

PARAY-LE-MONIAL (71600), ch.-l. de c. de Saône-et-Loire; 12 128 h. (*Parodiens*). Belle basilique romane d'influence clunisienne. Pèlerinage du Sacré-Cœur. Céramique.

PARAY-VIEILLE-POSTE (91550), comm. de l'Essonne; 7 679 h.

PARCQ (Le) [62770], ch.-l. de c. du Pas-de-Calais; 633 h.

PARDIES (64150 Mourenx), comm. des Pyrénées-Atlantiques; 1 060 h. Industries chimiques.

PARDUBICE, v. de Tchécoslovaquie (Bohême), sur l'Elbe; 71 000 h.

PARE (Ambroise), chirurgien français, né à

Bourg-Hersent, près de Laval (v. 1509-1590). Chirurgien d'Henri II, de François II, de Charles IX et d'Henri III, il découvrit la ligature des artères, qu'il substitua à la cautérisation, dans les amputations.

PARENT (Claude), architecte français, né à Neuilly-sur-Seine en 1923. Il a constitué avec Paul Virilio le groupe «Architecture Principe» (église Ste-Bernadette de Nevers, 1963).

PARENTIS-EN-BORN (40160), ch.-l. de c. des Landes; 4 262 h. Étang. Principal gisement français de pétrole.

PARETO (Vilfredo), sociologue et économiste italien, né à Paris (1848-1923). Il prolongea l'œuvre de Walras à Lausanne (où il fut son successeur) en fondant l'économie sur les méthodes mathématiques.

PARICUTÍN, volcan du Mexique, à l'ouest de Mexico. Il a surgi en février 1943.

PARINI (Giuseppe), poète italien, né à Bosisio (1729-1799), auteur de *la Journée*, satire de la noblesse milanaise.

PARIS, cap. de la France et ch.-l. de la Région Île-de-France, sur la Seine, constituant un dép. [75]; 2 299 830 h. (*Parisiens*). Plus de 8,5 millions d'habitants avec la banlieue.

GÉOGRAPHIE

Paris, indissociable de l'agglomération dont il est le centre, est situé au cœur du Bassin parisien, à un point de convergence des fleuves et des routes. Il s'est développé originellement dans une plaine édifiée par la Seine, et où s'élèvent des restes de plateaux (Ménilmontant, Montmartre, butte Sainte-Geneviève, etc.). Son site était très favorable : le fleuve permettait la navigation, les îles (Cité, Saint-Louis) facilitaient le passage, les hauteurs aidaient à la défense, la plaine, fertile, assurait aisément le ravitaillement des habitants. Les fonctions actuelles de Paris sont multiples. Capitale politique et intellectuelle de la France, Paris est le siège du gouvernement, des grandes administrations, d'un archevêché, de nombreux établissements universitaires. Principal port fluvial, Paris est encore le premier centre commercial et industriel de la

Ambroise
Paré

HISTOIRE

— 52 av. J.-C. : Lutèce, principale agglomération des *Parisii*, entre dans l'histoire.
— Iᵉʳ s. apr. J.-C. : les Romains en transfèrent le centre sur les pentes de la montagne Sainte-Geneviève.
— IIIᵉ s. : invasions germaniques. La ville se replie dans l'île de la Cité et prend le nom de Paris.
— 360 : Julien s'y fait proclamer Auguste.
— 451 : grâce à sainte Geneviève, Paris résiste aux Huns.
— VIᵉ s. : les Francs en font leur résidence.
— 857 : Paris incendié par les Normands.
— 886 : le comte Eudes, ancêtre des Capétiens, leur résiste.
— 987 : l'avènement des Capétiens favorise l'essor de la ville.
— XIᵉ s. : la ville est fortifiée. Les «marchands de l'eau» ont le monopole du commerce fluvial.
— XIIᵉ s. : essor du grand commerce. Construction des premières Halles et de Notre-Dame. Philippe Auguste ordonne l'érection d'une seconde enceinte; le prévôt des marchands devient le véritable maire de Paris.
— 1215 : création de l'Université de Paris.
— 1257 : fondation de la Sorbonne.
— 1356-1358 : révolte communale d'Étienne Marcel contre le dauphin Charles.
— XVᵉ s. : Paris, dont se méfieront les rois, pactise un moment avec les Bourguignons.
— 1572 (24 août) : massacre de la Saint-Barthélemy.
— 1588 : Paris, favorable aux ligueurs, contraint Henri III à s'enfuir.
— 1594 : Henri IV entre à Paris.
— 1648 (26 août) : journée des barricades, contre Mazarin.
— 1682 : Louis XIV s'installe à Versailles.
— XVIIIᵉ s. : Paris, métropole (600 000 h.) et principal foyer culturel de l'Europe.
— 1789 : prise de la Bastille (14 juill.); installation à Paris du roi et de l'Assemblée (5-6 oct.).
— 1793 : mort du roi (21 janv.). Emprise de la Commune de Paris sur la Convention.
— 1794 : après Thermidor, éclipse de la Commune.
— 1814-15 : les Alliés entrent dans Paris.
— 1830 (27, 28, 29 juill.) : les Trois Glorieuses.
— 1833-1848 : Rambuteau, préfet de la Seine.
— 1840 : Thiers fait commencer les nouvelles fortifications de Paris.
— 1848 : révolutions parisiennes de février et de juin.
— 1859 : annexion des onze communes périphériques.
— 1860 (1ᵉʳ janv.) : les arrondissements parisiens passent de 12 à 20.
— 1853-1870 : Haussmann, préfet de la Seine, donne à Paris son allure moderne.
— 1870 (19 sept.) - 1871 (28 janv.) : siège de Paris par les Allemands.
— 1871 (18 mars - 28 mai) : la Commune de Paris. Le statut municipal de la capitale sera désormais celui d'une «mineure émancipée».
— 1940-1944 : occupation allemande.
— 1975 (31 déc.) : loi qui porte réforme du régime administratif de Paris.
— 1977 : élection du maire de Paris (J. Chirac).

BEAUX-ARTS

De l'époque gallo-romaine subsistent principalement les thermes «de Cluny», de l'époque romane la structure essentielle de l'abbatiale de St-Germain-des-Prés. C'est avec l'art gothique* que les réalisations parisiennes deviennent exemplaires de l'art français : cathédrale Notre-Dame* (fondée en 1163), chœur de St-Germain-des-Prés, Ste-Chapelle*, parties du XIVᵉ s. de la Conciergerie (restes du palais de l'île de la Cité). La fin du gothique (XVᵉ-XVIᵉ s.) se signale

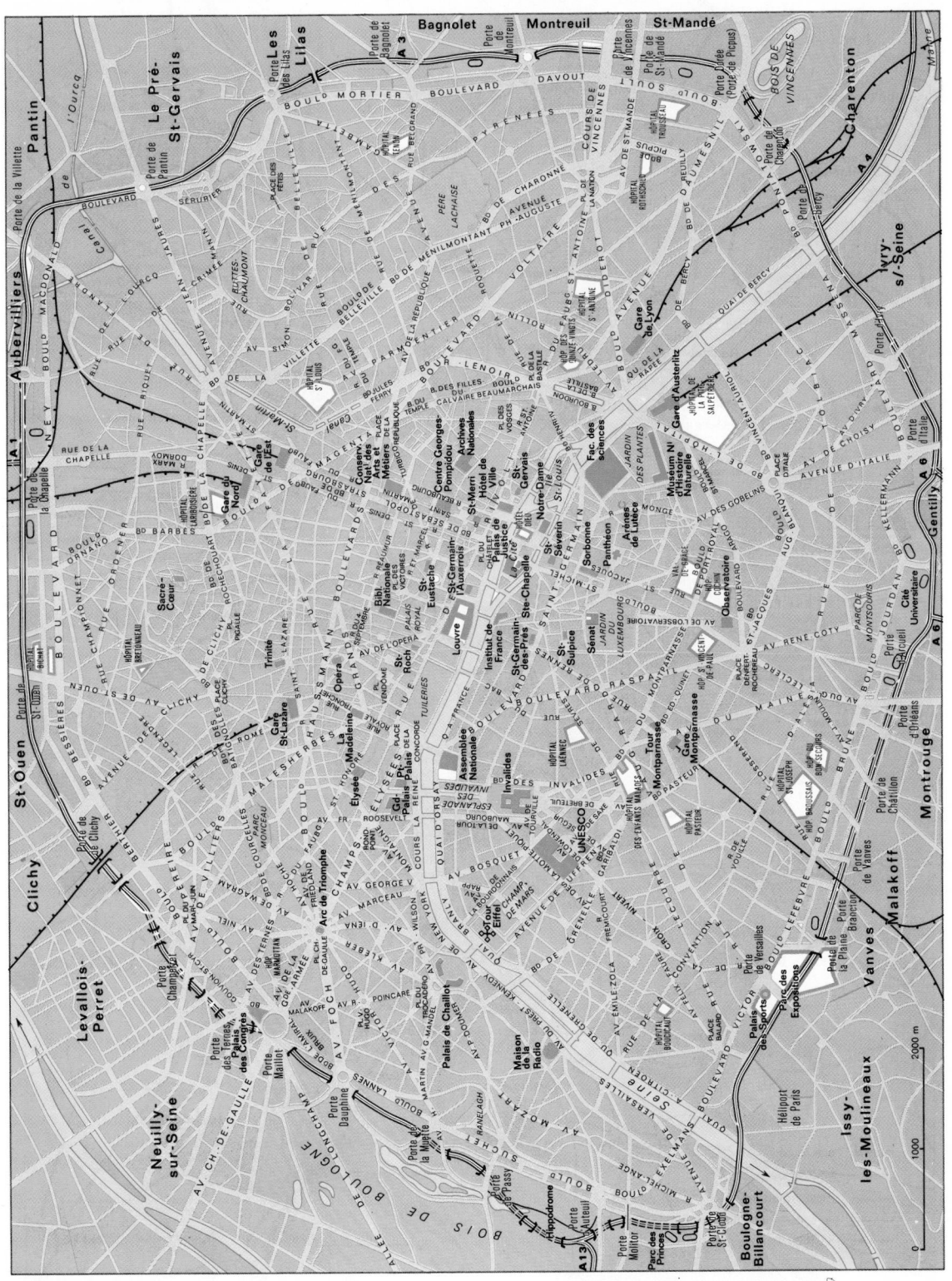

PARIS

Légende

autoroute
voie rapide
route importante
voie ferrée importante
R.E.R. et stations

0   5 km

Bouquinistes le long des quais de la Seine,
aux abords du Quartier latin (Vᵉ arrondissement).

Écluse sur le canal Saint-Martin
(Xᵉ arrondissement).

PARIS

La place des Vosges (1605-1612)
dans le Marais (IVᵉ arrondissement).

Le nouveau quartier Italie (XIIIᵉ arrondissement).

par les églises St-Germain-l'Auxerrois, St-Gervais, St-Séverin, St-Étienne-du-Mont, etc., et par l'hôtel des abbés de Cluny; la Renaissance, par l'entreprise de la magnifique église St-Eustache (1532) et du nouveau Louvre*. Du XVIIᵉ s. subsistent des hôpitaux ou hospices (Val-de-Grâce, Invalides*, etc.), le collège des Quatre-Nations (auj. Institut*), les développements du Louvre (et l'idée d'axe est-ouest qui s'y relie), le Luxembourg*, quatre «places royales», des églises et chapelles (façade de St-Gervais, St-Paul-St-Louis, Sorbonne, la Visitation [auj. temple Ste-Marie], dôme des Invalides, etc.), de nombreux hôtels particuliers de l'île Saint-Louis et du Marais*. Le XVIIIᵉ s. voit l'achèvement de la vaste église Saint-Sulpice (commencée en 1646), la création de la place Louis-XV (auj. de la Concorde*), la construction de l'École militaire, du futur Panthéon*, de l'hôtel des Monnaies*, du théâtre de l'Odéon*, etc., tous édifices d'esprit classique ou néoclassique. La construction aristocratique est active, notamment au faubourg Saint-Germain et c'est là (ainsi qu'aux hôtels de Rohan et de Soubise) que l'on peut constater la vogue du décor rocaille dans la première moitié du siècle. À partir de la fin du XVIIIᵉ s. s'urbanise le secteur de la Chaussée-d'Antin, au nord des Grands Boulevards. Après l'œuvre esquissée par Napoléon (rue de Rivoli, arcs de triomphe du Carrousel et de l'Étoile, église de la Madeleine), l'histoire de l'architecture parisienne se confond avec celle de l'éclectisme, fort vaste, ainsi qu'avec celle de l'emploi du fer (gares, bibliothèques, tour Eiffel; Centre* national d'art et de culture) et du béton (Théâtre des Champs-Élysées; maison de l'Unesco).
Principaux musées. Musées d'art nationaux :

du Louvre*, de Cluny*, Guimet*, Rodin, d'Art moderne, petit musée des Arts* et Traditions populaires. Musées municipaux : Carnavalet*, du Petit Palais, Cernuschi (Extrême-Orient), d'Art moderne. Musées à gestion semi-publique : Jacquemart-André et Marmottan (qui dépendent de l'Institut), des Arts décoratifs. Musées scientifiques nationaux : musée national des Techniques (dans l'anc. abbaye St-Martin-des-Champs), Muséum* d'histoire naturelle et musée de l'Homme (anthropologie), palais de la Découverte. La Bibliothèque nationale possède un fonds considérable de manuscrits (enluminés ou non), d'estampes et de monnaies de toutes provenances.

Paris *(école de)*, appellation créée vers 1925 pour désigner les peintres et les sculpteurs venus à Paris de différents pays pour s'associer à l'école française : Modigliani, Soutine, Chagall, Pougny, Pascin, Foujita, Brâncuşi, etc.

Paris *(traités de)*, traités signés à Paris, dont les plus importants en 1229 (conclusion de la guerre des albigeois), en 1259 (paix entre Louis IX et Henri III d'Angleterre), en 1763 (fin de la guerre de Sept Ans; ruine de l'empire colonial français), en 1814 et 1815 (fin des guerres napoléoniennes), en 1856 (fin de la guerre de Crimée), en 1898 (fin de la guerre hispano-américaine) et en 1947 (règlement du contentieux des anciens alliés de l'Axe : Italie, Roumanie, Hongrie, Bulgarie, Finlande).

PÂRIS [-ris]. *Myth. gr.* Héros du cycle troyen, fils de Priam et d'Hécube. Pris comme arbitre entre Héra, Athéna et Aphrodite, qui se disputaient la pomme d'or destinée par les dieux à la plus belle, Pâris trancha en faveur d'Aphrodite,

qui lui avait promis l'amour d'Hélène. Fort de cette promesse, Pâris enleva Hélène et fut cause de la guerre de Troie.

PÂRIS (Joseph), dit **Pâris-Duverney** [-ri], financier français, né à Moirans (1684-1770), le plus connu des *quatre frères* **Pâris**, dont le rôle fut considérable après la chute de Law.

PÂRIS [-ris] (François DE), dit le **diacre Pâris**, né à Paris (1690-1727). Resté diacre par humilité, ardent adepte du jansénisme, il est célèbre par les prétendus miracles des *convulsionnaires* sur son tombeau au cimetière de Saint-Médard.

PARIS [-ris] (Paulin), érudit français, né à Avenay (1800-1881), auteur d'études sur la littérature du Moyen Âge. — Son fils GASTON, né à Avenay (1839-1903), a publié aussi des travaux sur la poésie du Moyen Âge. (Acad. fr.)

PARISIEN *(Bassin)*, unité géologique, formée de sédiments, s'étendant entre le Massif central, les Vosges, l'Ardenne, l'Artois et le Massif armoricain. Les couches sédimentaires affleurent en auréoles, les plus anciennes à la périphérie, les plus récentes au centre. L'est (Lorraine et Champagne), partie la plus élevée, aux reliefs de côtes marqués, s'oppose à l'ouest (haut Maine, Perche), à la topographie plus confuse. Le sud est une région basse (Berry), parfois marécageuse (Sologne). Le nord est formé de plateaux crayeux (Picardie, pays de Caux). Le centre, enfin, est constitué de terrains tertiaires. Le Bassin parisien est drainé par quatre systèmes fluviaux : la Seine, la Loire, la Meuse et la Moselle.

PARISIS, anc. pays de l'Île-de-France, correspondant au comté féodal de Paris.

PARK (Mungo), voyageur écossais, né à Foulshiels (Selkirkshire) [1771-1806]. Il fit deux

1467

grands voyages d'exploration en Afrique et trouva la mort dans le Niger.

PARK CHUNG-HEE, général et homme d'État sud-coréen, né à Sonsan-gun (1917-1979), président de la république de Corée de 1963 à sa mort.

PARKER (Charlie), saxophoniste américain, né à Kansas City (1920-1955). Surnommé **Bird** ou **Yardbird,** il fut à la fois le pionnier et le plus grand soliste du be-bop, qui transforma radicalement le jazz en 1945.

PARLER, famille de maîtres d'œuvre allemands, dont le plus connu est PETER, architecte et sculpteur, né à Schwäbisch Gmünd (1330-1399), qui, succédant à Mathieu d'Arras, fit œuvre originale à la cathédrale de Prague.

PARME, v. d'Italie (Émilie), fondée par les Étrusques; 178 000 h. (*Parmesans*). Ensemble romano-gothique de la cathédrale (coupole peinte par le Corrège) et du baptistère, avec sculptures par Antelami. Églises, dont la *Steccata* (coupole du Parmesan). Palais de la *Pilotta,* des XVIe-XVIIe s. (musées; théâtre Farnèse). Cédée au Saint-Siège en 1512, Parme en fut détachée en 1545 par Paul III, qui l'érigea en duché au profit de son neveu Pier Luigi Farnèse, dont la dynastie dura jusqu'en 1731. En 1748, la ville et le duché passèrent à Philippe de Bourbon; français en 1802, ils furent donnés en 1815, à titre viager, à l'ex-impératrice Marie-Louise (m. en 1847). Ayant fait aussitôt retour aux Bourbons, ils furent réunis en 1860 au Piémont.

PARMÉNIDE, philosophe grec, né à Élée (v. 504-v. 450 av. J.-C.). Dans son poème *De la nature,* il formule la proposition fondamentale de l'ontologie : l'être est un, continu et éternel.

PARMÉNION, général macédonien (v. 400-v. 330 av. J.-C.). Lieutenant de Philippe II, il joua un rôle important dans la lutte contre les cités grecques. Disgracié sous Alexandre, il fut assassiné.

PARMENTIER (Antoine Augustin), agronome et pharmacien militaire français, né à Montdidier (1737-1813). Il généralisa en France la culture de la pomme de terre.

PARMESAN (Francesco MAZZOLA, dit **le**), peintre italien, né à Parme (1503-1540). Dessinateur d'une exquise élégance, coloriste raffiné, poursuivant une recherche angoissée de la perfection, il fut un des maîtres et inspirateurs du maniérisme européen.

PARNASSE, en gr. **Parnassos,** mont de la Grèce, au nord-est de Delphes; 2 457 m. Dans l'Antiquité, le Parnasse, montagne des Muses, était consacré à Apollon.

Parnasse contemporain (*le*), titre de trois recueils de vers parus de 1866 à 1876, qui forment le manifeste et l'illustration de l'école poétique, dite *parnassienne* (Leconte de Lisle, Banville, Heredia, Sully Prudhomme, Coppée), qui défendait le lyrisme impersonnel et la théorie de l'art pour l'art.

PARNELL (Charles Stewart), homme politique irlandais, né à Avondale (1846-1891). Élu aux Communes (1875), il prit la direction du parti nationaliste (1877) et pratiqua avec efficacité l'obstruction parlementaire. Chef de la ligue agraire irlandaise, il fit avancer, avec Gladstone, l'idée de *Home Rule.*

PARNY (Évariste Désiré DE FORGES, *chevalier,* puis *vicomte* DE), poète français, né à Saint-Paul (île Bourbon) [1753-1814], auteur de poésies amoureuses. (Acad. fr.)

PARODI (Hippolyte), ingénieur français, né à Bois-Colombes (1874-1968). Spécialiste de l'électrification ferroviaire, il établit un programme général de modernisation des chemins de fer qui servit de base aux études de la S. N. C. F.

Paroles d'un croyant, livre de La Mennais (1834), écrit en versets imités du style biblique, où l'auteur préconise la foi au Christ, le travail et la concorde.

PAROPAMISUS, chaîne de montagnes de l'Afghānistān; 3 135 m.

PÁROS, une des îles Cyclades, dont les carrières ont fourni aux artistes de la Grèce antique le plus beau marbre statuaire; 8 000 h.

Park Chung-hee

Blaise **Pascal**

le **Parmesan**
*la Madone
au long cou*
(v. 1535)

le **Parthénon** (Ve s. av. J.-C.), sur l'Acropole d'Athènes

PARQUES. *Myth. lat.* Divinités du Destin, identifiées aux *Moires* grecques. Elles étaient trois : Clotho, Lachésis et Atropos, qui présidaient successivement à la naissance, à la vie et à la mort des humains.

PARRA (Violeta), chanteuse chilienne, née à San Carlos (1917-1967).

PARRHASIOS, peintre grec, né à Éphèse (fin du Ve s. av. J.-C.), rival de Zeuxis, connu seulement par des textes qui célèbrent la puissance expressive de ses œuvres.

PARROCEL (les), famille de peintres français, dont les principaux sont : JOSEPH, dit **Parrocel des Batailles,** né à Brignoles (1646-1704), qui décora une des réfectoires des Invalides (*les Conquêtes de Louis XIV*), et son fils CHARLES, né à Paris (1688-1752), qui fut portraitiste de Louis XV et, lui aussi, peintre de batailles.

PARROT (André), archéologue français, né à Désandans (Doubs) [1901-1980]. Directeur de fouilles à Tello, à Larsa et surtout à Mari (1932-1974), il a publié de nombreux ouvrages sur l'archéologie mésopotamienne.

PARRY (îles), partie de l'archipel arctique canadien.

PARRY (*sir* William Edward), explorateur britannique de l'Arctique, né à Bath (1790-1855).

Parsifal, drame musical en trois actes, poème et musique de R. Wagner (1877-1882). Dans cette action mi-sacrée, mi-profane, dans laquelle le héros renonce au désir et permet ainsi au Saint-Graal de resplendir à nouveau, se combinent la solennité rituelle et le sentiment poétique (*Prélude, Enchantement du vendredi saint*).

PARSONS (*sir* Charles), ingénieur britannique, né à Londres (1854-1931). Il créa un type de turbine à vapeur fonctionnant par réaction (1884).

PARSONS (Talcott), sociologue américain, né à Colorado Springs (1902-1979). Il est l'auteur d'une «sociologie de l'action» qui repose sur l'analyse du comportement individuel au sein du groupe et d'une méthode fonctionnaliste appliquée au système social.

PARTHENAY (79200), ch.-l. d'arr. des Deux-Sèvres, sur le Thouet; 13 039 h. (*Parthenaisiens*). Restes de fortifications du XIIIe s. Églises romanes ou en partie romanes. Maisons à colombage. Foires (bovins).

Parthénon, temple d'Athéna Parthénos, bâti à l'initiative de Périclès, au Ve s. av. J.-C., sur l'Acropole d'Athènes par Phidias, qui, assisté de nombreux artistes, dont les architectes Ictinos et Callicratès, en assuma la riche décoration sculptée. Ce temple périptère, en marbre pentélique, représente la perfection et l'harmonie de l'ordre dorique.

PARTHÉNOPE, v. de l'Italie ancienne, à l'emplacement de Naples.

PARTHÉNOPÉENNE (*république*), république fondée par les Français à Naples en janvier 1799 et qui disparut dès le mois de juin, Nelson en ayant chassé les troupes françaises.

PARTHES, anc. peuple apparenté aux Scythes, installé au début du IIIe s. av. J.-C. dans la région nord-est de l'Iran (auj. Khurāsān). Leur roi Arsace (v. 250), profitant de la faiblesse de l'empire des Séleucides, constitua un royaume qui, à la fin du IIe s. av. J.-C., s'étendait sur l'Iran et une partie de la Mésopotamie. La dynastie parthe des Arsacides (250 av. J.-C. à 224 apr. J.-C.) fut renversée par les Sassanides.

PARTHIE ou **PARTHIÈNE,** nom anc. du Khurāsān, berceau de l'Empire parthe.

PARTICELLI → ÉMERY.

PASADENA, v. des États-Unis (Californie), près de Los Angeles; 113 000 h. Centre de recherches spatiales. — À proximité, observatoire du mont Wilson.

PASARGADES, une des capitales de l'Empire achéménide, fondée v. 550 av. J.-C. par Cyrus le Grand, dont les ruines abritent le tombeau.

PASAY, v. des Philippines, banlieue de Manille; 231 000 h.

PASCAL Ier (*saint*) [m. en 824], pape de 817 à 824. — PASCAL II (*Rainier*), né à Bieda (v. 1050-1118), pape de 1099 à 1118. Il lutta contre les empereurs Henri IV et Henri V.

PASCAL (Blaise), mathématicien, physicien, philosophe et écrivain français, né à Clermont (Auvergne) [1623-1662]. À seize ans, il écrivit un *Essai sur les coniques;* à dix-huit ans, il inventa une machine à calculer. Jusqu'en 1652, il se livra à de nombreux travaux scientifiques sur la pression atmosphérique et l'équilibre des liquides, le triangle arithmétique, la presse hydraulique, la théorie de la cycloïde, le calcul des probabilités. Dès 1646, Pascal était en relation avec les jansénistes. En 1652, sa sœur Jacqueline entra en religion à Port-Royal. Pascal «se convertit» lui-même dans la nuit du 23 novembre 1654 et prit parti pour les jansénistes. Dans les *Provinciales,* il accabla leurs adversaires, les Jésuites, mais il mourut avant d'avoir achevé une *Apologie de la religion chrétienne,* dont les fragments ont été publiés sous le titre de *Pensées*.* Son œuvre a largement contribué, sur le plan littéraire et sur le plan moral, à préparer le classicisme.

PASCAL (Jacqueline), sœur de Blaise Pascal,

née à Clermont (Auvergne) [1625-1661], religieuse janséniste. On retrouve en elle le mysticisme ardent de son frère. — Sa sœur aînée GILBERTE (Mme **Périer**), née à Clermont (1620-1687), a publié une *Vie de Blaise Pascal*.

PASCH (Moritz), logicien et mathématicien allemand d'origine polonaise, né à Wrocław (1843-1930). Il fut l'un des premières axiomatisations de la géométrie (1882).

PASCIN (Julius PINKAS, dit **Jules**), peintre naturalisé américain, né à Vidin (Bulgarie) [1885-1930]. Il fut, après 1918, une des personnalités de la bohème parisienne. Ses compositions associent acuité graphique et délicatesse du coloris au service d'un érotisme subtil.

PASCOLI (Giovanni), poète italien, né à San Mauro (Romagne) [1855-1912], auteur de poèmes d'inspiration mystique *(Myricae)*.

PAS DE CALAIS → CALAIS *(pas de)*.

PAS-DE-CALAIS (*dép. du*) [**62**], dép. de la Région Nord-Pas-de-Calais; ch.-l. de dép. *Arras*; ch.-l. d'arr. *Béthune, Boulogne-sur-Mer, Calais, Lens, Montreuil, Saint-Omer*; 7 arr., 57 cant., 898 comm.; 6 639 km²; 1 402 295 h. Le dép. appartient à l'académie et à la région militaire de Lille, à la circonscription judiciaire de Douai, à la province ecclésiastique de Cambrai. Les secteurs littoraux (Marquenterre et Boulonnais), où domine l'élevage, sont animés par la pêche (Boulogne-sur-Mer) et le tourisme estival (Berck, Le Touquet-Paris-Plage). Les autres régions sont tournées vers les cultures des céréales et des betteraves (collines de l'Artois, Flandre méridionale, Cambrésis occidental). L'industrie, activité largement dominante, a été fondée sur l'extraction du charbon, qui, en net recul après 1960, a donné naissance à la métallurgie et à l'industrie chimique (implantées sur le bassin houiller). Ces branches se sont ajoutées aux traditionnelles activités alimentaires et textiles, qui sont représentées surtout à Arras et à Calais.

PASDELOUP (Jules), chef d'orchestre français, né à Paris (1819-1887), créateur des Concerts populaires de musique classique (1861).

Pas de quatre *(le)*, divertissement chorégraphique composé par J. Perrot, musique de C. Pugni, créé à Londres en 1845 par les danseuses romantiques M. Taglioni, C. Grisi, F. Cerrito et L. Grahn. Reconstitué à plusieurs reprises (A. Dolin, 1941), il est encore dansé actuellement par les plus grandes étoiles contemporaines.

PAS-EN-ARTOIS (62760), ch.-l. de c. du Pas-de-Calais; 959 h.

PASIPHAÉ. *Myth. gr.* Femme de Minos, mère d'Ariane, de Phèdre et du Minotaure.

PASKEVITCH ou **PASKIEVITCH** (Ivan Fedorovitch), maréchal russe, né à Poltava (1782-1856). Vainqueur des Perses (1825-1827) et des Turcs (1829), il réprima l'insurrection polonaise de 1831 et la révolution magyare de 1849.

PASOLINI (Pier Paolo), écrivain et cinéaste italien, né à Bologne (1922-1975). Poète, auteur de romans sur la vie de la banlieue romaine *(Une vie violente)*, il a également mis en scène des films *(l'Évangile selon saint Matthieu, Œdipe-Roi, Théorème, Médée, le Décaméron, les Contes de Canterbury, Salò ou les 120 Journées de Sodome)*. Il est mort assassiné.

PASQUIER (Étienne), jurisconsulte et magistrat français, né à Paris (1529-1615), auteur des *Recherches de la France*, sorte d'encyclopédie méthodique.

PASQUIER (Étienne, *duc*), homme d'État français, né à Paris (1767-1862), président de la Chambre des pairs sous Louis-Philippe, chancelier en 1837. (Acad. fr.)

PASQUINI (Bernardo), compositeur italien, né à Massa di Valdinievole (1637-1710), claveciniste et organiste, auteur de pages pour clavier.

PASSAGE (Le) [47000 Agen], comm. de Lot-et-Garonne, près d'Agen; 7 862 h.

PASSAIS (61350), ch.-l. de c. de l'Orne; 1 016 h. Église du XVe s.

PASSAMAQUODDY *(baie de)*, golfe de la côte orientale des États-Unis (Maine) et du Canada (Nouveau-Brunswick).

PASSAROWITZ, auj. *Požarevac*, v. de Serbie (Yougoslavie), près de la Morava; 33 000 h. Là fut signé, le 21 juillet 1718, un traité qui consacrait la victoire de l'empereur Charles VI sur les Turcs et l'expansion territoriale autrichienne en Valachie et en Serbie.

PAS-DE-CALAIS

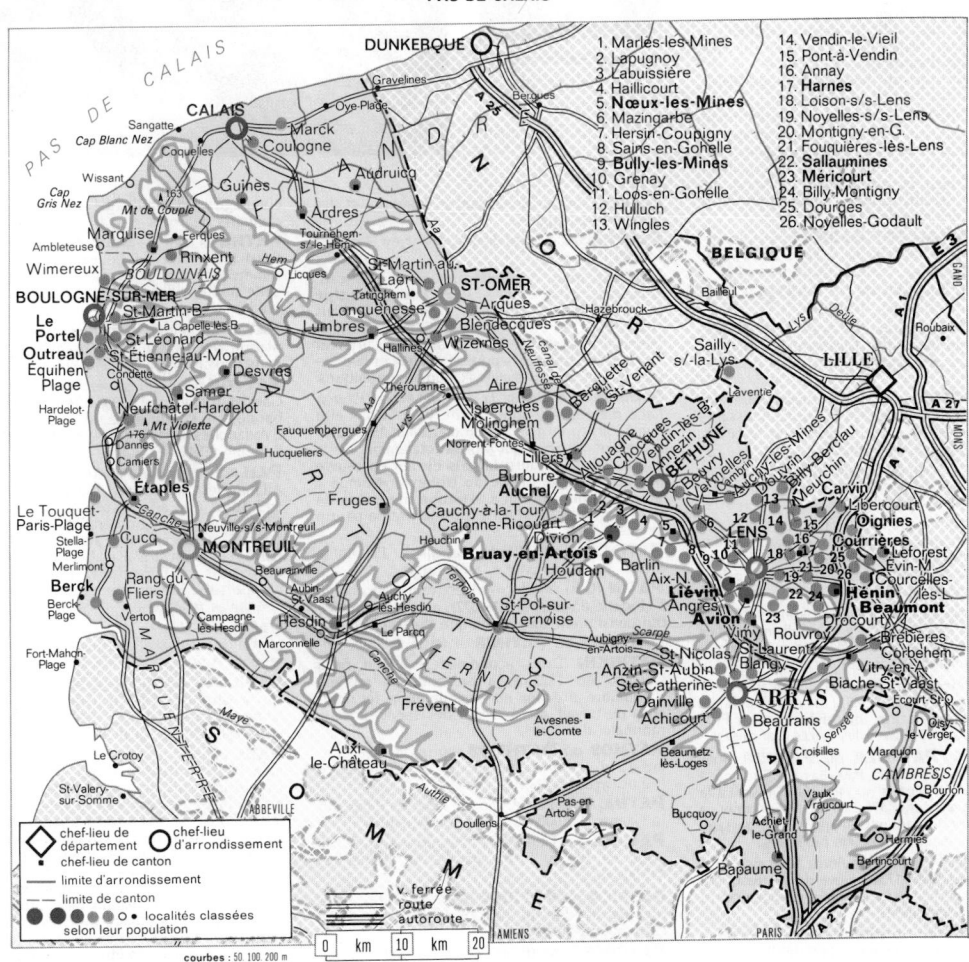

1. Marles-les-Mines
2. Lapugnoy
3. Labuissière
4. Haillicourt
5. **Nœux-les-Mines**
6. Mazingarbe
7. Hersin-Coupigny
8. Sains-en-Gohelle
9. **Bully-les-Mines**
10. Grenay
11. Loos-en-Gohelle
12. Hulluch
13. Wingles
14. Vendin-le-Vieil
15. Pont-à-Vendin
16. Annay
17. **Harnes**
18. Loison-s/s-Lens
19. Noyelles-s/s-Lens
20. Montigny-en-G.
21. Fouquières-lès-Lens
22. **Sallaumines**
23. **Méricourt**
24. Billy-Montigny
25. Dourges
26. Noyelles-Godault

chef-lieu de département
chef-lieu d'arrondissement
chef-lieu de canton
— limite d'arrondissement
— limite de canton
localités classées selon leur population
v. ferrée
route
autoroute
0 km 10 km 20
courbes : 50, 100, 200 m

PASSAU, v. de l'Allemagne fédérale (Bavière), sur le Danube; 51 000 h. Cathédrale reconstruite aux XVe et XVIIe s.

PASSERO, cap au sud-est de la Sicile, dans l'île de Capo Passero.

PASSY, quartier de Paris (XVIe arr.).

PASSY, comm. de la Haute-Savoie; 9 688 h. Centrale hydroélectrique sur l'Arve. Station climatique au plateau d'Assy (74480).

PASSY (Hippolyte Philibert), économiste français, né à Garches (1793-1880), un des promoteurs du libre-échange. — Son neveu FRÉDÉRIC, économiste, né à Paris (1822-1912), fut un ardent pacifiste. (Prix Nobel de la paix, 1901.)

PASTERNAK (Boris Leonidovitch), écrivain soviétique, né à Moscou (1890-1960). Poète d'inspiration futuriste (Ma sœur, la vie, 1922; la Seconde Naissance, 1931), il fit paraître, hors d'U. R. S. S., en 1957, un roman, le Docteur Jivago, qui déclencha contre lui une campagne de critiques et de tracasseries policières qui l'obligèrent à décliner le prix Nobel qui lui fut décerné en 1958.

PASTEUR (Louis), chimiste et biologiste français, né à Dole (1822-1895). Il effectua de remarquables travaux sur la stéréochimie, puis se tourna vers l'étude des fermentations. Il montra que celles-ci étaient dues à l'action de micro-organismes, et que la « génération spontanée » des microbes n'existait pas. Il étudia la maladie des vers à soie (1865), puis, après une étude sur les vins, réalisa une méthode de conservation des bières, la pasteurisation.
De 1870 à 1886, il montra la nature microbienne du charbon, découvrit le vibrion septique, le staphylocoque, réalisa le vaccin contre le charbon et, après d'innombrables difficultés, le vaccin contre la rage, qui lui valut la gloire (1885). [Acad. fr.]

Pasteur (Institut), établissement scientifique, fondé en 1888, qui poursuit l'œuvre de Pasteur dans le domaine des sciences biologiques (bactériologie, virologie, immunologie, allergologie, biochimie, etc.) et qui prépare et vend des vaccins et sérums pour la prévention et le traitement des maladies.

PASTEUR VALLERY-RADOT (Louis), médecin et écrivain français, né à Paris (1886-1970), auteur d'études sur Pasteur. (Acad. fr.)

PASTO ou **SAN JUAN DE PASTO**, v. de la Colombie méridionale; 119 000 h.

PATAGONIE, région de l'Argentine méridionale. Élevage des ovins. Gisements de pétrole. Les habitants, les Patagons, ont auj. à peu près disparu.

PÂTALIPUTRA, anc. cap. bouddhique des dynasties indiennes Maurya et Gupta, florissante sous Asoka, qui y éleva l'enceinte et le palais, dont on a dégagé les vestiges.

PÂTAN, anc. cap. du Népal; 135 000 h. Temples et monastères bouddhiques et brahmaniques. Palais du XVIIe s., devenu musée.

PATAUD, abri-sous-roche situé aux Eyzies-de-Tayac (Dordogne). Ses quatorze niveaux archéologiques constituent, avec Laugerie-Haute et La Ferrassie, la référence chronologique du paléolithique supérieur.

PATAY (45310), ch.-l. de c. du Loiret; 2 048 h. (Patichons). Jeanne d'Arc y vainquit les Anglais (18 juin 1429). L'armée de la Loire y fut défaite par les Allemands les 2 et 4 décembre 1870..

PATCH (Alexander), général américain, né à Fort Huachuca (1889-1945). Il commanda la VIIe armée américaine, qui débarqua en Provence en août 1944 avec les forces françaises.

PATENIER, PATINIER ou **PATINIR** (Joachim), peintre des anc. Pays-Bas du Sud, né à Dinant ou à Bouvignes (v. 1480-1524). Inscrit à la gilde d'Anvers en 1515, il fut le premier à donner une importance majeure au paysage dans ses tableaux, aux sujets bibliques.

PATER (Jean-Baptiste), peintre français, né à Valenciennes (1695-1736). Élève de Watteau, il a exécuté, en s'inspirant de celui-ci, des scènes galantes et champêtres.

PATER (Walter Horatio), écrivain et critique anglais, né à Shadwell (1839-1894), auteur

Louis **Pasteur**
par A. Edelfelt

Joachim **Patenier**
le Baptême du Christ

Boris **Pasternak**

Pau
le château
(XIIIe-XVIe s.)

d'études sur la Renaissance italienne et les romantiques anglais.

PATERSON, v. des États-Unis (New Jersey); 145 000 h.

PATHÉ, nom de deux ingénieurs français, créateurs, avec Henri Lioret, de l'industrie phonographique française : ÉMILE, né à Paris (1860-1937), et CHARLES, né à Chevry-Cossigny (Seine-et-Marne) [1863-1957], qui fut le premier fabricant de pellicules pour le cinéma et le créateur du journal d'actualités cinématographiques.

Pathelin ou **Patelin** (la Farce de Maître Pierre), farce d'auteur inconnu, écrite vers 1464. Cette pièce, qui connut seize éditions avant 1550, présente une intrigue qui repose totalement sur la psychologie des personnages et met en œuvre par deux fois le thème du trompeur-trompé : un avocat marron qui a extorqué une pièce de drap à un marchand est à son tour berné par un simple berger.

PATIALA, v. de l'Inde (Pendjab); 152 000 h. Riches palais du XVIIIe s. Métallurgie.

PATIN (Gui), médecin et écrivain français, né à Hodenc-en-Bray (1601-1672), auteur de Lettres qui constituent une chronique de son époque.

PATINIER ou **PATINIR** → PATENIER.

PATINKIN (Don), économiste israélien, né à Chicago en 1922. Il a présenté un modèle d'équilibre prenant en considération les marchés du travail, des biens et des services, de la monnaie, des titres.

PÂTMOS ou **PATHMOS**, l'une des îles Sporades, où, selon la tradition, saint Jean écrivit l'Apocalypse (v. 96).

PATNÂ, v. de l'Inde, cap. de l'État de Bihâr, sur le Gange; 473 000 h. Musée. Université.

PATRAS, port de Grèce (Péloponnèse), sur le golfe de Patras, formé par la mer Ionienne; 112 000 h.

PATRICK ou **PATRICE** (saint) [v. 390 - v. 461], premier évêque et patron de l'Irlande, qu'il convertit au christianisme.

PATROCLE. Myth. gr. Héros du cycle troyen,

compagnon d'Achille tué par Hector sous les remparts de Troie.

PATRU (Olivier), avocat français, né à Paris (1604-1681), ami de Boileau. Son discours de remerciement à l'Académie fut si goûté que cette tradition fut désormais suivie par tous les académiciens.

PATTI (Adelina), cantatrice italienne, née à Madrid (1843-1919). Elle a triomphé à l'Opéra de Paris dans Mozart, Rossini, Verdi.

PATTON (George), général américain, né à San Gabriel (Californie) [1885-1945]. Spécialiste des blindés, il conduisit la IIIe armée américaine d'Avranches à Metz (1944) et du Rhin jusqu'en Bohême (1945).

PAU (64000), cap. du Béarn, ch.-l. des Pyrénées-Atlantiques, sur le gave de Pau, à 751 km au sud-ouest de Paris; 85 860 h. (Palois). [Plus de 130 000 h. dans l'agglomération.] Université, cour d'appel. Château des XIIIe-XVIe s., très restauré (tapisseries; Musée béarnais). Musées des Beaux-Arts et Bernadotte. École des troupes aéroportées. Bureau central des archives administratives militaires.

PAU (gave de), riv. de France, descendue du cirque de Gavarnie, qui passe à Lourdes, Pau et rejoint l'Adour (r. g.); 175 km.

PAUILLAC (33250), ch.-l. de c. de la Gironde, sur la Gironde; 6 413 h. Grands vins (château-lafite, château-latour, château-mouton-rothschild). Raffinage du pétrole.

PAUL (saint), surnommé l'**Apôtre des gentils**, né à Tarse (entre 5 et 15 apr. J.-C. - v. 64 ou 67). Une vision du Christ sur le chemin de Damas (v. 36) fit de ce pharisien fervent un apôtre de Jésus-Christ. Son activité missionnaire s'articula autour de trois grands voyages (45-49, 50-52 et 53-58) au cours desquels il visita Chypre, l'Asie Mineure, la Macédoine et la Grèce, établissant des Églises dans les villes importantes. En 58, Paul, arrêté à l'instigation des autorités juives, fut déféré, en sa qualité de citoyen romain, au tribunal de l'empereur et envoyé à Rome, où il passa deux années en liberté surveillée. Certains auteurs pensent que Paul serait mort à Rome vers 64, d'autres, se fondant sur une très ancienne tradition romaine, tiennent qu'il serait mort en 67, après de nouveaux voyages missionnaires en Espagne.

Les lettres que saint Paul écrivit aux communautés qu'il avait fondées donnent un aperçu de sa forte personnalité et de sa pensée. La tradition a retenu quatorze épîtres de saint Paul : aux Romains, aux Corinthiens (2), aux Galates, aux Éphésiens, aux Philippiens, aux Colossiens, aux Thessaloniciens (2), à Timothée (2), à Tite, à Philémon et aux Hébreux. L'authenticité de cer-

A. P. N.

Ivan Petrovitch **Pavlov**

Paul VI

Berry-Magnum

taines épîtres (à Timothée, à Tite, aux Hébreux) est contestée par certains historiens.

PAUL de la Croix (saint), né à Ovada (1694-1775), fondateur de la congrégation missionnaire des Passionistes.

PAUL Ier (saint), né à Rome (v. 700-767), pape de 757 à 767. — PAUL II (Pietro *Barbo*), né à Venise (1417-1471), pape de 1464 à 1471. — PAUL III (Alessandro *Farnèse*), né à Canino (1468-1549), pape de 1534 à 1549, promoteur du concile de Trente. — PAUL IV (Pietro *Carafa*), né à Sant'Angelo della Scala (1476-1559), pape de 1555 à 1559. Il fonda l'ordre des Théatins. — PAUL V (Camillo *Borghèse*), né à Rome (1552-1621), pape de 1605 à 1621. — PAUL VI (Giovanni Battista *Montini*), né à Concesio (prov. de Brescia) [1897-1978], pape de 1963 à 1978. Prosecrétaire d'État (1952), archevêque de Milan (1954) et cardinal (1958), il succéda en 1963 à Jean XXIII, dont il approfondit l'œuvre réformatrice, d'abord au sein du IIe concile du Vatican, qu'il clôtura en 1965. Il créa une série d'organismes destinés à prolonger l'œuvre de ce concile, et ce jusque dans les milieux non chrétiens; il rénova la Curie romaine et présida des synodes épiscopaux périodiques. Se rencontre, en 1964, à Jérusalem, avec le patriarche Athénagoras illustra sa volonté de développer la recherche œcuménique. Il multiplia les voyages dans le monde. Dans ses encycliques, il se montra si fois fidèle à la doctrine de l'Église et attentif aux besoins du monde contemporain.

PAUL Ier, né à Saint-Pétersbourg (1754-1801), empereur de Russie (1796-1801), fils de Pierre III et de Catherine II. Longtemps adversaire de la France révolutionnaire, il se rapprocha d'elle en 1800; mais l'aristocratie, lasse de ses caprices, se débarrassa bientôt de lui en le faisant assassiner.

PAUL Ier, né à Athènes (1901-1964), roi de Grèce (1947-1964), successeur de son frère Georges II.

Paul et Virginie, roman de Bernardin de Saint-Pierre (1788) : innocente idylle de deux enfants de l'île de France (île Maurice), qui inaugura en France le genre *exotique*.

PAUL-BONCOUR (Joseph), homme politique français, né à Saint-Aignan (1873-1972). Avocat, ministre du Travail en 1911, il adhéra à la S.F.I.O. en 1916, mais il la quitta en 1931 quand il devint sénateur. Délégué permanent à la S.D.N. (1932-1936), ministre de la Guerre (1932), il fut président du Conseil de décembre 1932 au 28 janvier 1933 et ministre des Affaires étrangères en 1933 et en 1938.

PAUL DIACRE (Paul WARNEFRIED, connu sous le nom de), historien et poète de langue latine, né dans le Frioul (v. 720 - v. 799), auteur d'une chronique des Lombards et de l'hymne *Ut queant laxis*.

PAUL ÉMILE (m. en 216 av. J.-C.), consul en 219 av. J.-C. Il fut tué à la bataille de Cannes. — Son fils **Paul Émile** le **Macédonique** (v. 230-160 av. J.-C.), consul en 182 et en 168, remporta sur Persée, dernier roi de Macédoine, la victoire de Pydna (168).

PAULHAGUET [pojaʒε] (43230), ch.-l. de c. de la Haute-Loire; 1129 h.

PAULHAN (Jean), écrivain et critique français, né à Nîmes (1884-1968), directeur de la *Nouvelle Revue française* à partir de 1925. (Acad. fr.)

PAULI (Wolfgang), physicien suisse, né à Vienne (1900-1958), prix Nobel en 1945 pour ses travaux sur les électrons des atomes.

PAULIN de Nola (saint), évêque et poète chrétien, né à Bordeaux (353-431), évêque de Nola en Campanie; ses poèmes *(Carmina)* témoignent d'un goût délicat et sa *Correspondance* est précieuse pour l'histoire de son temps.

PAULING (Linus Carl), chimiste américain, né à Portland (Oregon) en 1901, auteur de travaux sur les macromolécules organiques et les liaisons chimiques. (Prix Nobel de chimie, 1954, et prix Nobel de la paix, 1962.)

PAULUS (Friedrich), maréchal allemand, né à Breitenau (1890-1957). Commandant la VIe armée en Russie, il capitula à Stalingrad (31 janv. 1943). Prisonnier en U.R.S.S., libéré en 1953, il avait adressé au peuple allemand, en 1944, un appel contre Hitler.

PAUSANIAS, prince lacédémonien (m. v. 470 av. J.-C.). Vainqueur des Perses à Platées (479 av. J.-C.), il mourut victime de son ambition.

PAUSANIAS, écrivain grec du IIe s. apr. J.-C., auteur d'une *Description de la Grèce*, précieuse pour la connaissance de la Grèce antique.

PAVESE (Cesare), écrivain italien, né à San Stefano Belbo (Piémont) [1908-1950], auteur de romans *(la Plage,* 1942; *le Bel Été,* 1949) et d'un journal intime *(le Métier de vivre)* où le réalisme de l'observation s'allie à l'angoisse créée par l'évolution du monde contemporain.

PAVIE, v. d'Italie (Lombardie), sur le Tessin; 87 000 h. Université. Églises, notamment de style roman lombard. Château des Visconti (XIVe-XVe s.). Chartreuse (XVe-XVIe s.). François Ier y fut battu et fait prisonnier par les Impériaux (24 févr. 1525).

PAVIE (Auguste), diplomate et explorateur français, né à Dinan (1847-1925). Commissaire au Laos (1893-1895), il reconnut et amena à la France une notable partie de l'Indochine.

PAVILLON (Nicolas), prélat français, né à Paris (1597-1677). Évêque d'Alet (1639), ami des jansénistes, il s'opposa à Louis XIV à propos de la régale et refusa de signer le formulaire antijanséniste.

Pavillons-Noirs, soldats irréguliers chinois, combattus par la France au Tonkin, notamment en 1883-1885.

PAVILLONS-SOUS-BOIS (Les) [93320], ch.-l. de c. de la Seine-Saint-Denis; 18 638 h.

PAVILLY (76570), ch.-l. de c. de la Seine-Maritime; 5595 h. Textile.

PAVIN (lac), lac volcanique d'Auvergne, de forme circulaire (Puy-de-Dôme).

PAVLODAR, v. de l'U.R.S.S. (Kazakhstan); 258 000 h. Aluminium.

PAVLOV (Ivan Petrovitch), physiologiste russe, né à Riazan (1849-1936). Prix Nobel en 1904 pour ses travaux sur les glandes digestives, il étudia

les réflexes conditionnés et l'activité nerveuse supérieure.

PAVLOVA (Anna), danseuse russe, née à Saint-Pétersbourg (1882-1931), créatrice du *Cygne* (C. Saint-Saëns - M. Fokine).

Pavot rouge (le), ballet en trois actes, musique de Glière, chorégraphie de V. Tikhomirov, créé à Moscou en 1927. Première œuvre inscrite au répertoire soviétique, ce ballet est resté très populaire en U.R.S.S. dans la version de L. Lavrovski (1949) et sous le titre *la Fleur rouge* (1957).

PAXTON (sir Joseph), horticulteur et architecte anglais, né à Milton Bryant (Bedfordshire) [1801-1865]. Pionnier de l'architecture du fer, il construisit en 1851 le *Crystal Palace* de Londres (détruit).

PAYEN (Anselme), chimiste français, né à Paris (1795-1871). Il identifia la cellulose.

PAYERNE, en allem. **Peterlingen,** comm. de Suisse (Vaud); 6899 h. Anc. église abbatiale romane (Xe-XIIIe s.). Aérodrome militaire.

PAYNE (Thomas) → PAINE.

PAYRAC (46200 Souillac), ch.-l. de c. du Lot; 463 h.

PAYSANDÚ, v. de l'Uruguay, sur le fl. Uruguay; 60000 h.

Paysans (les), roman de Balzac (1844), peinture de la lutte des paysans contre un grand propriétaire terrien.

Paysans (guerre des), insurrection des paysans allemands (1524-25), provoquée par l'exploitation seigneuriale, et encouragée par les anabaptistes de Thomas Münzer. Désavouée par Luther, elle fut durement réprimée.

PAYS-BAS, nom donné au cours de l'histoire à des territoires d'étendue variable du nord-ouest de l'Europe.

HISTOIRE

— 57 av. J.-C. : la région habitée par les Frisons, les Bataves et des Celtes est conquise par César.

— 16-13 av. J.-C. : les Pays-Bas forment la province romaine de Gaule Belgique.

— Ier s. apr. J.-C. : soulèvements des Bataves.

— IVe s. : invasions germaniques. Installation des Saxons; les Francs occupent les territoires méridionaux.

— 695 : saint Willibrord fonde l'évêché d'Utrecht.

— IXe s. : invasions normandes.

— 843-870 : partage féodale des Pays-Bas en *Francia occidentalis* et *Francia orientalis*. La décadence carolingienne précipite la décomposition féodale. Sauf les comtés de Flandre et d'Artois, qui dépendent du roi de France, le reste — duché de Basse-Lotharingie — est dans la mouvance impériale.

— 959 : division de la Basse-Lotharingie en duchés de Haute- et de Basse-Lorraine.

— Xe-XIIIe s. : essor économique, surtout des villes drapantes; développement démographique.

— XIVe s. : révoltes des villes flamandes contre le roi de France.

— XVe s. : les ducs de Bourgogne incorporent peu à peu tous les Pays-Bas.

— 1477 : mort de Charles le Téméraire. Mariage de sa fille Marie de Bourgogne avec Maximilien d'Autriche.

— 1495 : Philippe le Beau, fils de Maximilien, hérite des Pays-Bas.

— 1507-1515, 1518-1530 : Marguerite d'Autriche, gouvernante des Pays-Bas.

— 1524-1543 : Charles Quint, fils de Philippe le Beau, porte à dix-sept le nombre des provinces constituant les Pays-Bas.

— 1531-1555 : Marie de Hongrie, gouvernante des Pays-Bas.

— 1548 : érigés en cercle d'Empire, les Pays-Bas deviennent un véritable État, dépendant de l'Espagne.

— 1555 : Philippe II, prince des Pays-Bas. Début de la révolte des Pays-Bas.

— 1559-1567 : Marguerite de Parme, gouvernante des Pays-Bas. Persécution des protestants.

— 1567-1573 : gouvernement du duc d'Albe,

qui poursuit la répression, ce qui provoque la révolte des provinces du Nord (conduite par Guillaume d'Orange) et la guerre.

— 1573-1576 : Requeséns, gouverneur des Pays-Bas ; les révoltés gagnent à leur cause le Brabant, le Hainaut, la Flandre et l'Artois.

— 1576 : pacification de Gand.

— 1576-1578 : don Juan d'Autriche, gouverneur des Pays-Bas. Les troupes espagnoles sont renvoyées.

— 1579 : les provinces du Sud, en majorité catholiques, se soumettent à l'Espagne (Union d'Arras) ; celles du Nord, calvinistes, proclament l'Union d'Utrecht, qui pose les bases des Provinces-Unies*.

— 1581 : les Provinces-Unies répudient l'autorité de Philippe II d'Espagne. Une longue guerre va opposer les Provinces-Unies à l'Espagne.

— 1609 : trêve de Douze Ans. L'Espagne reconnaît *de facto* l'indépendance des Provinces-Unies.

— 1648 : le traité de Münster reconnaît *de jure* l'indépendance des Provinces-Unies. Les Pays-Bas méridionaux (Belgique*) restent espagnols.

— 1713 : le traité d'Utrecht remet les Pays-Bas méridionaux à l'Autriche.

— 1795 : la France annexe les Pays-Bas autrichiens.

— 1815 : constitution du royaume des Pays-Bas (Provinces-Unies et Belgique).

PAYS-BAS (royaume des), en néerl. **Nederland,** État de l'Europe occidentale, sur la mer du Nord ; 33 491 km²; 14 millions d'h. (*Néerlandais*). Cap. *Amsterdam*. Siège des pouvoirs publics et de la Cour, *La Haye*. Langue : *néerlandais*.

GÉOGRAPHIE

Constituant l'extrémité occidentale de la grande plaine de l'Europe du Nord, les Pays-Bas sont accidentés seulement de collines au sud-est, dans la Veluwe et le Limbourg. L'étendue des régions basses, souvent au-dessous du niveau de la mer, le climat humide, la présence du cours inférieur de grands fleuves (Escaut, Meuse, Rhin) expliquent la lutte constante des Pays-Bas contre l'invasion de la mer et les inondations fluviales. Menée par la construction de digues et le renforcement des dunes, cette lutte a conduit à l'assèchement des terres marécageuses et à la création de polders. La plus spectaculaire réalisation concerne l'assèchement partiel de l'ancien Zuiderzee. La population est la plus dense du monde. Elle se concentre dans un quadrilatère délimité par les quatre plus grandes villes du pays (Amsterdam, Utrecht, Rotterdam et La Haye). L'étroitesse des superficies disponibles, la forte densité du peuplement imposent son caractère intensif à une agriculture variée (céréales, betterave à sucre, pomme de terre, lin, mais aussi légumes, fruits et fleurs). L'élevage des bovins est orienté vers la fourniture de produits de grande valeur commerciale (lait, beurre, fromages). La pêche complète une production alimentaire insuffisante à satisfaire les besoins nationaux. À côté des activités traditionnelles, parfois encore artisanales (faïences, draps, velours, tailleries de diamants), l'industrie moderne (sidérurgie, constructions navales, mécaniques et électriques, chimie) s'est développée. Le pays ne produit plus de charbon et pas beaucoup de pétrole (qu'il faut importer), mais possède un grand gisement de gaz naturel (en Groningue), dont la partielle exportation contribue à l'équilibre de la balance commerciale, impératif à respecter puisque les importations représentent près de la moitié du produit intérieur brut.

HISTOIRE

— 1815 : construction, par les Alliés, du royaume des Pays-Bas, par l'union des Provinces-Unies* et des anciens Pays-Bas autrichiens (Belgique), la couronne revenant à Guillaume Ier d'Orange-Nassau, fils du dernier stathouder.

— 1830 : révolte et sécession de la Belgique.

— 1832 : les Français prennent Anvers pour le compte des Belges.

— 1838 : Guillaume Ier reconnaît l'indépendance de la Belgique.

— 1840 : libéralisation de la Constitution. Abdication de Guillaume Ier en faveur de son fils Guillaume II.

— 1848 : nouvelle Constitution, très libérale.

— 1849 : avènement de Guillaume III.

— 1849-1872 : « ère Thorbecke », du nom du leader du parti libéral, au pouvoir de 1849 à 1853, de 1862 à 1866 et en 1871-72.

— 1862 : instauration du libre-échange.

— 1881 : formation de l'Union sociale-démocrate.

— 1887 : nouvelle libéralisation de la Constitution.

— 1890 : avènement de Wilhelmine (dix ans); régence de la reine mère Emma.

— 1894 : formation du parti social-démocrate.

— 1897-1901 : ministère dirigé par le libéral Nicolas Gerard Pierson; importante législation sociale; formation d'un puissant syndicalisme.

— 1898 : couronnement de Wilhelmine.

— 1901-1905 : le parti calviniste antirévolutionnaire au pouvoir.

— 1905 : défaite des libéraux. Les sociaux-démocrates imposent une nouvelle législation sociale.

— 1917 : instauration du suffrage universel. Pacte scolaire.

— 1919 : instauration du suffrage féminin.

— 1925-26, 1933-1939 : H. Colijn, leader du parti antirévolutionnaire, au pouvoir.

— 1939 : reconstitution de la coalition chrétienne.

— 1940-1945 : dure occupation allemande.

— 1944-1948 : formation du Benelux.

— 1948 : abdication de Wilhelmine en faveur de sa fille Juliana.

— 1948-1958 : gouvernement de coalition (catholiques et socialistes), dirigé par le socialiste Willem Drees.

— 1949 : indépendance de l'Indonésie.

— 1951-52 : les Pays-Bas entrent dans la Communauté européenne du charbon et de l'acier.

— 1957 : les Pays-Bas dans le Marché commun.

— 1977 : Van Agt, leader de la démocratie chrétienne, Premier ministre.

— 1980 : abdication de Juliana en faveur de sa fille Béatrice.

PAZ (La), cap. administrative de la Bolivie, à 3 658 m d'alt. et à l'est du lac Titicaca; 562 000 h.

PAZ (Octavio), écrivain mexicain, né à Mexico en 1914. Sa poésie unit l'inspiration populaire à la diversité des expériences humaines et littéraires de son existence vagabonde (*le Labyrinthe de solitude*, 1950; *Courant alternatif*, 1967).

autoroute
route
v. ferrée

PAYS-BAS

La **Paz**
place et église
Saint-François

courbes : 0. 10. 20. 40. 80. 200 m

M. Vautier

PAZ DEL RÍO, v. de Colombie, dans la Cordillère orientale. Centre sidérurgique.

PAZZI, famille gibeline de Florence, rivale des Médicis. En 1478, un de ses membres, IACOPO, ourdit contre Laurent et Julien de Médicis la conspiration dite *des Pazzi*. Le meurtre de Julien de Médicis dans la cathédrale Santa Maria del Fiore (1478) entraîna une répression immédiate.

PEACOCK (Thomas Love), écrivain anglais, né à Weymouth (1785-1866), peintre satirique des excès du romantisme (*l'Abbaye de Cauchemar,* 1818).

PÉAGE-DE-ROUSSILLON (Le) [38550], comm. de l'Isère, près du Rhône; 6243 h. *(Péageois).* Industrie chimique.

PÉAN (Jules), chirurgien gynécologue français, né à Marboué (1830-1898).

PEANO (Giuseppe), logicien et mathématicien italien, né à Cuneo (1858-1932). Son *Formulaire de mathématique,* où il donne un exposé axiomatique et déductif de l'arithmétique, de la géométrie projective, de la théorie générale des ensembles, du calcul infinitésimal et du calcul vectoriel, fait de lui un des promoteurs de la logique mathématique.

PEARL HARBOR, rade des îles Hawaii (île d'Oahu), où la flotte américaine du Pacifique fut détruite, par surprise, par les Japonais le 7 décembre 1941, ce qui provoqua l'intervention des États-Unis dans la Seconde Guerre mondiale.

PEARSON (Lester Bowles), homme politique canadien, né à Toronto (1897-1972). Leader du parti libéral (1958), il fut Premier ministre de 1963 à 1968. (Prix Nobel de la paix, 1957.)

PEARY (Robert), explorateur américain des régions arctiques, né à Cresson Springs (1856-1920). Il reconnut l'insularité du Groenland et atteignit, le premier, le pôle Nord, le 6 avril 1909.

Peau-d'Âne, conte de Perrault, en vers (1715).

PEAUX-ROUGES, nom donné parfois aux Indiens de l'Amérique du Nord.

PECHAWAR, v. PESHAWAR.

PECH-DE-L'AZE, groupe de grottes situé à Carsac (Dordogne). C'est là que fut entreprise, en 1816, la première fouille archéologique d'une grotte préhistorique.

PECHELBRONN, écart de la comm. de *Merkwiller-Pechelbronn* (Bas-Rhin). Anc. exploitation de pétrole.

PECH-MERLE, site du Quercy (Lot, comm. de Cabrerets). Caverne ornée de peintures préhistoriques.

PÉCORADE (40320 Geaune), comm. des Landes; 118 h. Pétrole.

PECQ (Le) [78230], ch.-l. de c. des Yvelines, sur la Seine; 17 584 h.

PECQUENCOURT (59146), comm. du Nord, sur la Scarpe; 8157 h.

PECQUET (Jean), médecin et anatomiste français, né à Dieppe (1622-1674). Il découvrit les canaux chylifères.

PECQUEUR (Constantin), économiste français, né à Arleux (1801-1887). Il dénonça les conséquences de la propriété privée et de la concentration industrielle.

PÉCS, v. de la Hongrie méridionale; 165 000 h. Université. Monuments de l'époque paléochrétienne et baroque. Métallurgie.

PEDRELL (Felipe), compositeur et musicologue espagnol, né à Tortosa (1841-1922). Il a publié des anthologies d'œuvres classiques (Cabezón, Victoria) et folkloriques.

PEEL (sir Robert), homme politique britannique, né à Chamber Hall, près de Bury (1788-1850). Député tory (1809), secrétaire pour l'Irlande (1812-1818), deux fois ministre de l'Intérieur (1822-1830), il humanisa la législation criminelle et fit passer la loi d'émancipation des catholiques (1829). Premier ministre (1834-35, 1841-1846), il rétablit l'*income tax* et fit voter en 1846 le *bill d'abolition* des droits de douane sur les blés.

PEENEMÜNDE, port de l'Allemagne démocratique, sur l'estuaire de la *Peene* (riv. tributaire de la Baltique; 180 km). Base d'expérimentation d'engins téléguidés (V1 et V2) pendant la Seconde Guerre mondiale.

PEER, comm. de Belgique (Limbourg); 11 500 h.

Peer Gynt, drame lyrique et satirique d'Ibsen, musique de scène de Grieg (1867).

PÉGASE. *Myth. gr.* Cheval ailé, né du sang de Méduse. Il servit de monture à Bellérophon et fut considéré comme le symbole de l'inspiration poétique.

PÉGASE, constellation de l'hémisphère boréal de forme analogue à celle de la Grande Ourse et de la Petite Ourse.

PÉGOUD (Adolphe), aviateur français, né à Montferrat (1889-1915). Pionnier de l'aviation, et notamment du saut d'avion en parachute et du looping, il fut tué en combat aérien.

PÉGUY (Charles), écrivain français, né à Orléans (1873-1914). Dreyfusard militant, il professa un socialisme personnel et fonda les *Cahiers de la quinzaine* (1900). Profondément mystique, il revint à la foi catholique et fit, de 1912 à 1914, plusieurs pèlerinages à Notre-Dame de Chartres. Tué dès le début de la bataille de la Marne, il laisse une œuvre de poète, de polémiste (*l'Argent,* 1913) et d'essayiste où la prose ample, les vers redondants ont un mouvement épique et prophétique (*le Mystère de la charité de Jeanne d'Arc,* 1910).

PEIPOUS ou **TCHOUDSK** *(lac),* lac de l'U.R.S.S., qui se déverse par la Narva dans le golfe de Finlande.

PEIRA-CAVA (06440 L'Escarène), localité des Alpes-Maritimes (comm. de Lucéram). Centre touristique.

PEIRCE (Charles Sanders), philosophe et logicien américain, né à Cambridge (Massachusetts) [1839-1914]. Il a joué un rôle important dans le développement du calcul des relations et dans la création de la sémiotique.

PEIXOTO (Floriano), homme politique et maréchal brésilien, né à Maceió (1842-1895), un des auteurs de la révolution de 1889.

PEKALONGAN, port d'Indonésie (Java); 112 000 h.

PÉKIN, en chin. **Pei-king** ou **Beijing,** cap. de la Chine; 7 500 000 h. Les quartiers centraux sont formés de la juxtaposition de la *ville chinoise,*

V. ill. frontispice

ou *extérieure,* et de la *ville tartare,* ou *intérieure;* au centre de cette dernière, la *ville impériale* renferme l'ancienne *Cité interdite,* qui était réservée à la famille impériale. Capitale de l'État de Yan dès le Ve s. av. J.-C., la ville ne prit son essor qu'au XIIIe s., quand les Mongols s'y installèrent. Capitale du Nord au XVe s., puis capitale de la Chine elle fut occupée en 1860 par les Franco-Anglais et, en 1901, à la suite de la guerre des Boxeurs, par un corps international. Sous occupation japonaise de 1937 à 1945, elle est, depuis 1949, la capitale de la république populaire de Chine.

PÉLAGE, moine de Grande-Bretagne (v. 360-v. 422). Il séjourna à Rome, en Afrique et en Palestine. Sa doctrine sur le rôle de la grâce divine et de la volonté humaine (*pélagianisme*) trouva en saint Augustin un adversaire redoutable.

PÉLAGE Ier, né à Rome (v. 500-561), pape de 556 à 561. Il fut imposé comme pape par Justinien. — PÉLAGE II, né à Rome (520-590), pape de 579 à 590.

PÉLAGE, roi des Asturies (m. en 737). Fondateur de la première monarchie ibérique nationale, il lutta contre l'invasion arabe.

PÉLASGES, habitants de la Grèce préhellénique selon la tradition grecque. On ne sait trop à quelle réalité historique répond cette dénomination.

PÉLASGIQUE *(golfe),* auj. **golfe de Vólos,** au sud-est de la Thessalie.

PELÉ (Edson ARANTES DO NASCIMENTO, dit), footballeur brésilien, né à Três Corações (Minas Gerais) en 1940.

PELÉE *(montagne),* sommet volcanique (1 397 m) de la Martinique, dans la partie nord de l'île. L'éruption de 1902 s'accompagna d'une « nuée ardente » qui détruisit Saint-Pierre.

PELÉE, roi légendaire thessalien, père d'Achille.

PÈLERIN de Maricourt (Pierre LE), savant et philosophe français, né à Maricourt au XIIIe s. Le premier, il étudia le magnétisme.

PELETIER (Jacques), écrivain français, né au Mans (1517-1582), membre de la Pléiade* et auteur d'un *Art poétique français* (1555).

PÉLIAS. *Myth. gr.* Roi d'Iolcos (Thessalie), oncle de Jason. Il est à l'origine de l'expédition des Argonautes : il espérait ainsi se débarrasser de son neveu, qui prétendait au trône d'Iolcos.

Pelindaba, centre nucléaire d'Afrique du Sud, près de Pretoria.

PÉLION, massif montagneux de Thessalie; 1 651 m.

PELISSANNE (13330), comm. des Bouches-du-Rhône; 5 155 h.

PÉLISSIER (Aimable), *duc* **de Malakoff,** maréchal de France, né à Maromme (1794-1864). Il prit Sébastopol (1855) et fut ambassadeur à Londres (1858), puis gouverneur de l'Algérie (1860).

PELLA, cap. de la Macédoine du Ve s. à 168 av. J.-C. Ruines et belles mosaïques.

PELLA, anc. ville de Palestine, en Pérée.

PELLAN (Alfred), peintre canadien, né à Québec en 1906. Il travaille à Paris de 1926 à 1940, puis contribue, à Montréal, à l'essor de l'art canadien moderne.

Pelléas et Mélisande, drame lyrique en cinq actes, livret tiré de l'œuvre de Maurice Maeterlinck, musique de Claude Debussy (1902). Partition remarquable par la nouveauté de la conception théâtrale, du style vocal (récitatif continu) et de l'atmosphère orchestrale.

PELLEGRUE (33790), ch.-l. de c. de la Gironde; 1 144 h. Vins.

PELLERIN (Le) [44640], ch.-l. de c. de la Loire-Atlantique; 3 013 h. Centrale nucléaire prévue, sur la Loire.

PELLERIN (Jean Charles), imprimeur français, né à Épinal (1756-1836). Il commença sous l'Empire à éditer ces images populaires, diffusées dans toute la France par colporteurs.

PELLETIER (Joseph), chimiste et pharmacien français, né à Paris (1788-1842). Avec Caventou, il découvrit la strychnine et la quinine.

Lester Bowles **Pearson**   Charles **Péguy** par J.-P. Laurens

PELLETIER-DOISY (Georges), aviateur et général français, né à Auch (1892-1953). Surnommé familièrement *Pivolo,* il fut un pionnier des grandes liaisons aériennes (notamment Paris-Tôkyô, 1924).

PELLICO (Silvio), écrivain italien, né à Saluces (1789-1854). Le récit de son emprisonnement au Spielberg (*Mes prisons,* 1832) contribua à gagner l'opinion internationale à la cause des patriotes italiens.

PELLIOT (Paul), sinologue français, né à Paris (1878-1945). Il découvrit d'importants manuscrits (VIe-XIe s.) dans les grottes de Touen-houang.

PELLISSON (Paul), écrivain français, né à Béziers (1624-1693). Défenseur de Fouquet, il fut embastillé. Devenu historiographe de Louis XIV, il rédigea une *Histoire de l'Académie française.* (Acad. fr.)

PELLOUTIER (Fernand), syndicaliste français, né à Paris (1868-1901), secrétaire de la Fédération des Bourses du travail (1895).

PÉLOPIDAS, général thébain (v. 420-364 av. J.-C.). Il contribua avec Épaminondas à libérer Thèbes du joug lacédémonien.

PÉLOPONNÈSE, presqu'île du sud de la Grèce, découpée en plusieurs péninsules, rattachée au continent par l'isthme de Corinthe, et comprenant l'Argolide, la Laconie, la Messénie, l'Élide, l'Achaïe, l'Arcadie; 21 439 km²; 987 000 h. Au IIe millénaire, le Péloponnèse fut le siège de la brillante civilisation mycénienne. Son histoire, à l'époque classique, se confondit avec celle de Sparte et de la Grèce. Le démembrement de l'Empire byzantin fit du Péloponnèse le despotat de Mistra (ou de Morée).

Péloponnèse *(guerre du),* conflit qui opposa Sparte à Athènes pour l'hégémonie du monde grec de 431 à 404 av. J.-C. Dans un premier temps (431-421), les belligérants ravagèrent réciproquement le territoire ennemi, et cette période confuse se termina par la paix de Nicias, qui ne fut qu'une trêve. Après quelques années de guerre larvée, les hostilités reprirent en 415 avec la désastreuse expédition de Sicile, qui se termina en 413 par l'écrasement de l'armée athénienne devant Syracuse. La troisième période (413-404) marqua la fin du conflit et la chute d'Athènes, dont la puissance militaire, malgré les succès d'Alcibiade (410 et 408) et la victoire des Arginuses (406), fut anéantie par Lysandre en 405 à l'embouchure de l'Aigos-Potamos. En 404, Athènes, assiégée, dut signer une paix humiliante, qui la dépouilla de son empire.

PÉLOPS. *Myth. gr.* Héros éponyme du Péloponnèse, ancêtre des Atrides.

PELOTAS, v. du Brésil (Rio Grande do Sul); 208 000 h.

PELOUZE (Théophile Jules), chimiste et pharmacien français, né à Valognes (1807-1867). Il étudia les pétroles et découvrit les nitriles.

PELTIER (Jean), physicien français, né à Ham (1785-1845). Il découvrit l'effet calorifique du courant électrique passant d'un métal dans un autre.

PELTON (Lester Allen), ingénieur américain, né à Vermilion (Ohio) [1829-1908], inventeur d'une turbine hydraulique à action qui porte son nom.

PÉLUSE, anc. v. d'Égypte, près de Port-Saïd, détruite au temps des croisades. Victoire de Cambyse II sur Psammétik III (525 av. J.-C.).

PÉLUSSIN (42410), ch.-l. de c. de la Loire; 2 755 h.

PELVOUX ou **MASSIF DES ÉCRINS,** massif cristallin des Alpes dauphinoises; 4 102 m à la *barre des Écrins.* Parc national.

PEMATANG SIANTAR, v. d'Indonésie (Sumatra); 129 000 h.

PEMBA, île de l'océan Indien (Tanzanie), au nord de Zanzibar; 984 km²; 164 000 h. Principal centre mondial de la culture du giroflier.

PENANG, État de la Malaysia (Malaisie), comprenant l'*île de Penang* (anc. Prince-de-Galles); 777 000 h. Cap. *George Town.*

PEÑARROYA-PUEBLONUEVO, v. d'Espagne (Andalousie); 24 000 h. Métallurgie.

PENCK (Albrecht), géographe allemand, né à Leipzig (1858-1945). Il a défini les grandes glaciations des Alpes.

PENDERECKI (Krzysztof), compositeur polonais, né à Debica en 1933, l'un des initiateurs du mouvement «tachiste» en musique (*Threnos à la mémoire des victimes d'Hiroshima,* 1960; une *Passion selon saint Luc,* 1965; *les Diables de Loudun,* 1969; *le Paradis perdu,* 1979).

PENDJAB, région de l'Asie méridionale, arrosée par les affluents de l'Indus (les «cinq rivières» : Jhelam, Chenâb, Râvi, Sutlej, Biâs) et divisée depuis 1947 entre l'Inde (États du *Pendjab* [50 362 km²; 13 551 000 h.] et de l'*Haryana,* créé en 1966; cap. *Chandigarh*) et le Pâkistân (v. pr. *Lahore*). D'importants travaux d'irrigation ont permis les cultures du blé et du coton.

Nardon
Pénicaud
la Crucifixion
panneau central
d'un triptyque
en émail peint

Fernand
Pelloutier

PÉNÉE (le), fl. de Thessalie. — Fl. du Péloponnèse, tributaire de la mer Ionienne.

PÉNÉLOPE. *Myth. gr.* Femme d'Ulysse et mère de Télémaque. Pendant les vingt ans d'absence d'Ulysse, elle résista, en usant de ruse, aux demandes en mariage des prétendants, remettant sa réponse au jour où elle aurait terminé la toile qu'elle tissait : et, chaque nuit, elle défaisait le travail de la veille. Elle est restée le symbole de la fidélité conjugale.

Pénélope, drame lyrique en trois actes de G. Fauré, sur un poème de René Fauchois (1913).

PENG-POU ou **BENGBU,** v. de Chine (Nganhouei); 253 000 h.

PÉNICAUD, famille de peintres émailleurs limousins du XVIe s., comprenant LÉONARD, dit **Nardon,** JEAN Ier, JEAN II, JEAN III et PIERRE. (Musée du Louvre, musée de la Renaissance à Écouen, etc.)

PEN-K'I ou **BENQI** ou **BENXI,** v. de la Chine (Leao-ning); 530 000 h. Centre charbonnier et sidérurgique.

PENLY (76630 Envermeu), comm. de la Seine-Maritime; 154 h. Centrale nucléaire sur le littoral de la Manche.

PENMARCH [pẽmar] (29132), comm. du Finistère, près de la *pointe de Penmarch;* 6 921 h. Église gothique du XVIe s. Pêche. Conserves. — À l'extrémité de la *pointe de Penmarch* se trouve le phare d'Eckmühl.

PENN (William), quaker anglais, né à Londres (1644-1718). Fondateur (1681) et législateur de la *Pennsylvanie,* il créa Philadelphie.

PENN (Arthur), cinéaste américain, né à Philadelphie en 1922, auteur du *Gaucher* (1958), de *Miracle en Alabama* (1961), *Bonnie and Clyde* (1967), *Little Big Man* (1970), *Missouri Breaks* (1976).

PENNE-D'AGENAIS (47140), ch.-l. de c. de Lot-et-Garonne; 1 957 h. Ruines féodales.

PENNES-MIRABEAU (Les) [13170 La Gavotte], comm. des Bouches-du-Rhône; 15 040 h.

PENNE-SUR-HUVEAUNE (La) [13400 Aubagne], comm. des Bouches-du-Rhône; 5 095 h.

PENNINES (les), ligne de hauteurs d'Angleterre, s'allongeant du nord au sud entre les

Pépin le Bref et Charlemagne
miniature du Xe s.

Cheviot et les Midlands. Le massif culmine au *Cross Fell* (881 m). Sur ses flancs, bassins houillers du Lancashire à l'ouest, du Yorkshire et du Durham à l'est.

PENNSYLVANIE, un des États unis d'Amérique, s'étendant du lac Érié à la Delaware, sur de grandes régions d'industries métallurgiques; 117 412 km²; 11 794 000 h. Cap. *Harrisburg.* V. pr. *Philadelphie, Pittsburgh.*

Pensées, de Pascal, titre sous lequel ont été publiées (1670), après sa mort, les notes qu'avait rédigées Pascal en vue d'un grand ouvrage consacré à l'*Apologie de la religion chrétienne.* La première partie devait démontrer la *misère de l'homme sans Dieu* : Pascal, s'inspirant souvent de Montaigne, y dénonce les faiblesses de la nature humaine. La seconde, plus théologique, cherche à faire connaître la *félicité de l'homme avec Dieu,* c'est-à-dire la vérité de la religion chrétienne.

Pentagone (le), édifice, ainsi nommé en raison de sa forme, qui abrite à Washington, depuis 1942, le ministère et l'état-major américain de la Défense.

Pentateuque [pẽ-] (le) [du gr. *pente,* cinq, et *teukhos,* livre], nom donné par les traducteurs grecs aux cinq premiers livres de la Bible : Genèse, Exode, Lévitique, Nombres et Deutéronome. Les Juifs le désignent sous le nom de *Torah* (la Loi), parce qu'il contient l'essentiel de la législation israélite.

PENTÉLIQUE, montagne de l'Attique, entre Athènes et Marathon, célèbre par ses carrières de marbre blanc.

PENTHÉSILÉE. *Myth. gr.* Reine des Amazones, tuée par Achille devant Troie.

PENTHIÈVRE, comté, puis duché breton, qui s'étendait de Lamballe à Guingamp.

PENTHIÈVRE [pẽ-], station balnéaire du Morbihan (comm. de Saint-Pierre-Quiberon), sur la flèche de sable de la presqu'île de Quiberon. Fort.

PENTHIÈVRE (Louis DE BOURBON, *duc* DE), né à Rambouillet (1725-1793), fils du comte de Toulouse, beau-père de Mme de Lamballe et de Philippe Égalité. Il se signala à Fontenoy et fut le protecteur de Florian.

PENZA, v. de l'U.R.S.S. (R.S.F.S. de Russie), au sud-est de Moscou; 443 000 h.

PEORIA, v. des États-Unis (Illinois); 127 000 h.

PEPE (Guglielmo), général napolitain, né à Squillace (1783-1855). Il dirigea l'insurrection napolitaine de 1820, mais fut vaincu à Rieti par les Autrichiens.

PÉPIN l'Ancien ou **de Landen** (*saint*) [v. 580-640], maire du palais d'Austrasie sous Clotaire II, Dagobert Ier et Sigebert II. — PÉPIN *le Jeune,* dit *de Herstal* (v. 640-714), maire du palais d'Austrasie en 680, fils d'Ansegisel et petit-fils de Pépin de Landen. Ayant battu à Tertry Thierry III, roi de Neustrie (687), il s'empara de ce pays. Il est le père naturel de Charles Martel.

PÉPIN le Bref, né à Jupille (v. 715-768), fils de Charles Martel. Duc de Neustrie, de Bourgogne et de Provence en 741, il reçut l'Austrasie après l'abdication de son frère Carloman (747). Il fit la

détail du grand autel
de Zeus provenant de
Pergame (IIe s. av. J.-C.)

Nadar-Doc. Sirot

Doc. Sirot

Jacob Émile (à gauche) et Isaac **Pereire**

Fleming

buste
de **Périclès**

Gauroy-Atlas-Photo

Périgueux
la cathédrale
Saint-Front

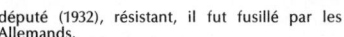

guerre contre les Aquitains, les Alamans, les Bavarois et les Saxons. Proclamé roi des Francs en 751 avec l'accord du pape Zacharie, il reçut l'onction de saint Boniface à Soissons, déposa Childéric III et obligea les Lombards à donner au pape Étienne II l'exarchat de Ravenne et la Pentapole (756). À sa mort, son royaume, agrandi de la Septimanie, fut partagé entre ses deux fils : Charlemagne et Carloman.

PÉPIN (777-810), roi d'Italie de 781 à 810, second fils de Charlemagne.

PÉPIN Ier (803-838), roi d'Aquitaine de 817 à 838, fils de Louis Ier le Pieux, contre lequel il lutta. — PÉPIN II (v. 823 - v. 865), roi d'Aquitaine de 838 à 856, fils de Pépin Ier.

PEPYS (Samuel), écrivain anglais, né à Londres (1633-1703), auteur d'un *Journal*, avec pour toile de fond la vie à Londres de 1660 à 1669.

PERA, en turc **Beyoğlu**, quartier d'Istanbul.

PERAK, État de la Malaysia (Malaisie), sur le détroit de Malacca ; 1 563 000 h. Cap. *Ipoh.*

PERCÉ (*rocher*), falaise, creusée d'arches naturelles, de la côte de Gaspésie (Canada, prov. de Québec).

Perceval *ou le Conte du Graal*, roman inachevé de Chrétien de Troyes (v. 1182). Une suite de ce roman a été écrite au XIVe s. par Gerbert de Montreuil, et le poète allemand Wolfram von Eschenbach a repris le sujet dans son *Parzival*, qui inspira Wagner.

PERCHE (le), région du Bassin parisien formée de collines humides et boisées. (Hab. *Percherons.*) Autrefois réputé pour ses chevaux (*percherons*), il se consacre surtout à l'élevage des bovins.

PERCHE (*col de la*), col des Pyrénées-Orientales, entre le Conflent et la Cerdagne ; 1 579 m.

PERCIER (Charles), architecte français, né à Paris (1764-1838). En collaboration avec Fontaine, il construisit l'arc de triomphe du Carrousel et fut chargé d'importants travaux au Louvre et aux Tuileries. C'est un des maîtres du style Empire.

PERCY (50410), ch.-l. de c. de la Manche ; 2 269 h.

PERDICCAS, général macédonien (m. en 321 av. J.-C.). Il s'efforça de conserver l'empire d'Alexandre aux héritiers légitimes. En butte aux ambitions des autres diadoques, il fut assassiné.

PERDICCAS, nom de trois rois de l'ancien royaume de Macédoine.

PERDIGUIER (Agricol), homme politique français, né à Morières-lès-Avignon (1805-1875). Menuisier et compagnon du Devoir de liberté, député de 1848 à 1851, proscrit au 2-Décembre, il est l'auteur d'un *Livre du compagnonnage* (1839) et des *Mémoires d'un compagnon* (1854).

PERDU (*mont*), un des plus hauts sommets des Pyrénées (Espagne) ; 3 355 m.

Père Duchesne (le) → DUCHESNE (le Père).

PÉRÉE, anc. province juive, à l'est du Jourdain ; c'est l'ancien pays des Ammonites.

PÉRÉFIXE (Hardouin DE BEAUMONT DE), prélat français, né à Beaumont, près de Châtellerault (1605-1670). Archevêque de Paris (1662), il se heurta violemment aux jansénistes et se montra intransigeant à l'égard des religieuses de Port-Royal. (Acad. fr.)

Père Goriot (le), roman d'H. de Balzac (1835). Un père se voit peu à peu dépouillé de tous ses biens par ses filles, qu'il aime d'une tendresse aveugle.

PEREIRA, v. de Colombie ; 174 000 h.

PEREIRE, nom de deux frères, nés à Bordeaux : JACOB ÉMILE (1800-1875) et ISAAC (1806-1880), tous deux banquiers et parlementaires. Ils fondèrent en 1852 le *Crédit mobilier*, banque spécialisée dans les prêts à long terme aux industriels, et jouèrent un rôle important dans le développement des chemins de fer.

PEREKOP (*isthme de*), isthme, large de 8 km, qui unit la Crimée au continent.

Père-Lachaise (*cimetière du*), cimetière de Paris, ouvert en 1804, à Ménilmontant, sur l'emplacement d'un ancien domaine du P. de La Chaise, confesseur de Louis XIV.

PÉRENCHIES (59840), comm. du Nord ; 6 858 h. Textile.

PÉRET (Benjamin), poète français, né à Rezé (1899-1959), l'un des principaux représentants du surréalisme (*le Grand Jeu*, 1928).

PÉREZ DE AYALA (Ramón), écrivain espagnol, né à Oviedo (1880-1962), évocateur pittoresque et satirique de la vie espagnole (*Belarmino y Apolonio*, 1921).

PÉREZ GALDÓS (Benito), écrivain espagnol, né à Las Palmas (1843-1920), auteur des *Épisodes nationaux*, épopée romancée de l'Espagne du XIXe s., et de romans de mœurs (*Doña Perfecta*, 1876).

PERGAME, anc. v. de Mysie, qui fut de 282 à 133 av. J.-C. la capitale du royaume des Attalides et un centre actif de la civilisation hellénistique ; sa bibliothèque (env. 200 000 volumes) était célèbre. Le royaume fut légué aux Romains par son dernier roi, Attalos III ; mais Pergame conserva son prestige jusqu'à l'époque byzantine. Ses monuments, dont le grand autel de Zeus et son impressionnante frise sculptée (Pergamon-Museum, Berlin), comptent parmi les grandes réalisations de l'urbanisme hellénistique.

PERGAUD (Louis), écrivain français, né à Belmont (Doubs) [1882-1915], observateur savoureux de la vie des bêtes (*De Goupil à Margot*) et des mœurs paysannes (*la Guerre des boutons*, 1912).

PERGOLÈSE (Jean-Baptiste), en ital. **Giovanni Battista Pergolesi**, compositeur italien, né à Iesi (1710-1736), l'un des maîtres de l'école napolitaine, auteur d'ouvrages dramatiques (*la Servante maîtresse*), de musique concertante et d'œuvres religieuses.

PÉRI (Gabriel), journaliste et homme politique français, né à Toulon (1902-1941). Membre du Comité central du parti communiste (1929),

député (1932), résistant, il fut fusillé par les Allemands.

PÉRIANDRE, tyran de Corinthe de 627 à 585 av. J.-C. La tradition l'a mis au nombre des Sept Sages de la Grèce.

PÉRIBONKA (la) ou **PÉRIBONCA** (la), riv. du Canada (Québec), tributaire du lac Saint-Jean ; 480 km.

PÉRICLÈS, homme d'État athénien (v. 495-429 av. J.-C.). Chef du parti démocratique athénien en 461 av. J.-C., réélu stratège quinze ans de suite, il s'attacha à la démocratisation de la vie politique, ouvrant à tous l'accès aux hautes magistratures. Il lança un programme de grands travaux qui permit de répartir sur une plus grande masse de travailleurs une part des richesses de l'État. Autour de lui se groupa une équipe d'artistes, dont Phidias, son ami ; les œuvres dont ceux-ci dotèrent l'art grec valurent à ce temps le nom de *siècle de Périclès*. En politique extérieure, il voulut développer la puissance d'Athènes, en luttant à la fois contre les Perses et contre Sparte. Rendu responsable des premiers déboires de la guerre du Péloponnèse, il fut écarté du pouvoir (430 av. J.-C.) ; il mourut peu après de la peste.

PERIER (Casimir), banquier et homme politique français, né à Grenoble (1777-1832). Député et membre de l'opposition libérale sous la Restauration, il devint président du Conseil en 1831, réprima durement les insurrections de Paris et de Lyon, soutint la Belgique contre la Hollande et arrêta les Autrichiens par l'expédition d'Ancône. Il fut emporté par le choléra. Père d'AUGUSTE Casimir-Perier et le grand-père de JEAN **Casimir-Perier.**

PÉRIERS (50190), ch.-l. de c. de la Manche ; 2 843 h.

PÉRIGNON (dom Pierre), bénédictin français, né à Sainte-Menehould (1639-1715). Il améliora la fabrication des vins mousseux.

PÉRIGNON (Dominique Catherine, *marquis* DE), maréchal de France, né à Grenade-sur-Garonne (1754-1818). Il se distingua contre les Espagnols (1794) et fut ambassadeur à Madrid (1795). Maréchal en 1804, il commanda l'armée de Naples (1808).

PÉRIGNY (17000 La Rochelle), comm. de la Charente-Maritime ; 6 906 h. Construction automobile.

PÉRIGORD, comté français, constitué au XIe s., qui passa en 1481 à la maison d'Albret. Son dernier possesseur, Henri IV, réunit le comté au domaine royal. Il forme la majeure partie du dép. de la Dordogne. (Hab. *Périgourdins.*) Constituant l'extrémité nord-est du bassin d'Aquitaine, le Périgord est formé de plateaux arides et peu peuplés, entaillés par des vallées fertiles (Isle, Dordogne, Vézère), où, depuis la préhistoire, se sont concentrées populations et activités agricoles et urbaines.

PÉRIGUEUX (24000), ch.-l. du dép. de la Dordogne et anc. cap. du Périgord, sur l'Isle, à 473 km au sud-ouest de Paris ; 37 670 h. (*Périgourdins*). [L'agglomération compte plus de 60 000 h.] Vestiges romains (arènes du IIIe s.). Église St-Étienne et cathédrale St-Front (très restaurée), romanes, à coupoles, du XIIᵉ s. Vieilles demeures. Musée du Périgord. Industries alimentaires. Chaussures. Atelier d'impression de timbres-poste.

PERIM, île fortifiée du détroit de Bāb al-Mandab (dépendance du Yémen démocratique).

PERKIN (*sir* William Henry), chimiste anglais, né à Londres (1838-1907). Il découvrit en 1856 la première couleur d'aniline.

PERM, de 1940 à 1957 **Molotov,** v. de l'U.R.S.S. (R.S.F.S. de Russie), dans l'Oural, sur la Kama; 972 000 h. Métallurgie. Raffinage du pétrole. Industries chimiques.

PERMEKE (Constant), peintre et sculpteur belge, né à Anvers (1886-1952). Plasticien puissant, chef de file de l'expressionnisme flamand, il est l'auteur de paysages, de marines, de scènes de la vie des paysans et des pêcheurs. (Musée dans sa maison, à Jabbeke.)

PERNAMBOUC, État du Brésil du Nord-Est; 98 281 km²; 5 161 000 h. Cap. *Recife* (anc. *Pernambouc*).

PERNES-LES-FONTAINES (84210), ch.-l. de c. de Vaucluse; 6 088 h. Église romane. Fortifications et pont des XIIIᵉ-XVIᵉ s.

PERNIK, de 1949 à 1962 **Dimitrovo,** v. de Bulgarie, au sud-ouest de Sofia; 87 000 h. Sidérurgie.

PERNIS, localité des Pays-Bas, près de Rotterdam. Grand centre de raffinage du pétrole et de la pétrochimie.

PERÓN (Juan Domingo), homme d'État argentin, né à Lobos (Buenos Aires) [1895-1974]. Officier, vice-président (1944), puis président de la République (1946), il mit en application la doctrine du « justicialisme », qui alliait les projets de justice sociale au dirigisme économique. Les premières mesures du régime valurent au président une grande popularité; mais l'opposition de l'Église et de l'armée et les difficultés économiques l'obligèrent à démissionner en 1955. La victoire de ses partisans aux élections de 1973 le ramenèrent à la présidence de la République, mais il mourut peu après. — Sa deuxième femme, Eva **Duarte,** née à Los Toldos (1919-1952), connut une immense popularité auprès des déshérités, les *descamisados*. — Sa troisième femme, María Estela, dite **Isabel Martínez,** née à La Rioja en 1931, lui succéda, mais fut déposée par l'armée en 1976.

PÉRONNE (80200), ch.-l. d'arr. de la Somme, sur la Somme; 9 414 h. (*Péronnais*). Textile. Château médiéval et fortifications des XVIᵉ-XVIIᵉ s. Charles le Simple, enfermé dans son château (923), y mourut en 929. Charles le Téméraire et Louis XI y eurent une entrevue, et ce dernier

dut y signer, sous les menaces, un traité humiliant (1468). La ville fut détruite durant la Première Guerre mondiale.

PÉROTIN, compositeur parisien du début du XIIIᵉ s., maître de l'école polyphonique de Notre-Dame de Paris.

PÉROU, en esp. **Perú,** république de l'Amérique du Sud, sur l'océan Pacifique; 1 285 000 km²; 17 290 000 h. (*Péruviens*). Cap. *Lima*. Langue : *espagnol*.

GÉOGRAPHIE

La pêche et la culture irriguée du coton constituent les ressources de l'étroite plaine littorale, au climat désertique. L'est du Pérou, région amazonienne humide, couverte par la forêt dense, est peuplé par quelques tribus d'Indiens. Au centre, les hautes terres andines, entaillées par de profondes vallées, forment la partie vitale du pays. À côté de l'élevage (ovins surtout), les cultures s'étagent avec l'altitude (céréales, fruits, canne à sucre). Le sous-sol recèle de l'argent, du plomb, du zinc, du cuivre, du fer et du pétrole. Ces produits miniers, avec ceux de la pêche, assurent l'essentiel des exportations.

HISTOIRE

— XVᵉ-XVIᵉ s. : expansion de l'Empire inca* à partir de Cuzco.
— 1532-1534 : F. Pizarro détruit l'Empire inca.
— 1569-1581 : le vice-roi Francisco de Toledo, aidé par une solide organisation bureaucratique, entreprend l'intégration de la population indienne, qui diminue fortement.
— XVIIIᵉ s. : montée de l'opposition éclairée.

— 1780-81 : soulèvement populaire de J. G. Condorcanqui, dit Túpac Amaru.
— 1821 (28 juill.) : proclamation de l'indépendance.
— 1824 : la victoire de Sucre à Ayacucho rend définitive l'indépendance. Domination des grands propriétaires, et, à l'extérieur, de la Grande-Bretagne.
— 1836-1839 : confédération Pérou-Bolivie.
— 1845-1851, 1855-1862 : régime autoritaire de Ramón Castilla.
— 1879-1883 : guerre désastreuse du Pacifique contre le Chili; le traité d'Ancón donne au Chili tout le Sud péruvien, riche en nitrates.
— 1879-1881, 1895-1899 : présidence de Nicolás de Piérola; essor de la bourgeoisie.
— 1919-1930 : politique dictatoriale et populiste d'Augusto Bernardino Leguía.
— 1930 : la crise mondiale favorise la montée du mouvement révolutionnaire A. P. R. A. (Alliance populaire révolutionnaire américaine).
— 1939-1945 : l'oligarchie au pouvoir avec Manuel Prado y Ugarteche.
— 1941-42 : conflit avec l'Équateur.
— 1956-1962 : retour au pouvoir de Prado y Ugarteche.
— 1963-1968 : Fernando Belaúnde Terry entame une expérience réformiste. Guérillas. Inflation.
— 1968-1975 : dictature militaire et socialiste de Juan Velasco Alvarado : réforme agraire, nationalisations.
— 1975 : la junte porte au pouvoir le général Francisco Morales Bermúdez.
— 1980 : Belaúnde Terry à nouveau président.

Constant **Permeke**
les Deux Frères marins (1923)

Schwitter

Juan Perón

Algar

PÉROU

Perpignan : le Castillet

Jean **Perrin**

Persépolis : relief de l'escalier du *tripylon* (triple porte, VIᵉ s.-Vᵉ s. av. J.-C.)

le **Pérugin**
*Léonidas
le Lacédémonien*
(1499-1500)
détail du décor
du Collegio
del Cambio
à Pérouse

PÉROUGES (01800 Meximieux), comm. de l'Ain; 531 h. Bourg médiéval fortifié.

PÉROUSE, en ital. **Perugia,** v. d'Italie (Ombrie); 138 000 h. Vestiges étrusques. Importants monuments du Moyen Âge et de la Renaissance (églises, palais). Musée national archéologique et Galerie nationale de l'Ombrie.

PERPENNA (Marcus Ventus), général romain (m. en 72 av. J.-C.). Fidèle au parti de Marius, il se rallia à Sertorius, qu'il fit assassiner. Mais, vaincu par Pompée, il fut mis à mort.

PERPIGNAN (66000), ch.-l. du dép. des Pyrénées-Orientales, sur la Têt, à 915 km au sud de Paris; 107 971 h. (*Perpignanais*). Palais des rois de Majorque, des XIIIᵉ-XIVᵉ s. Cathédrale des XIVᵉ-XVᵉ s. (*Dévot Christ; retables catalans sculptés*). *Loge de mer* du 1388 et hôtel de ville des XIIIᵉ-XVIIᵉ s. (bronzes de Maillol). Musée «Hyacinthe Rigaud». Important marché de fruits et de légumes. Jouets. Perpignan fut la capitale du royaume de Majorque de 1276 à 1344. Elle fut cédée par l'Espagne à la France en 1659.

PERRAULT (Claude), médecin, physicien et architecte français, né à Paris (1613-1688). On lui attribue, peut-être en collaboration avec François d'Orbay, la colonnade du Louvre (1667). Il a édifié l'Observatoire de Paris et a publié, en 1673, une traduction de Vitruve.

PERRAULT (Charles), écrivain français, né à Paris (1628-1703), frère du précédent. Contrôleur général de la surintendance des Bâtiments, il entra en 1671 à l'Académie française, où il prit parti pour les Modernes (*le Siècle de Louis le Grand; Parallèle des Anciens et des Modernes*). Sa célébrité vient des contes recueillis pour l'amusement des enfants (*Contes de ma mère l'Oye*, 1697) et qu'il publia sous le nom de son fils **Perrault d'Armancour.**

PERRAULT (Pierre), poète et cinéaste canadien, né à Montréal en 1927. Au cinéma, il est l'auteur de films tournés dans l'optique du « cinéma direct » : *le Règne du jour* (1965), *l'Acadie, l'Acadie* (1972), *le Pays de la terre sans arbre* (1980).

PERRÉAL (Jean), peintre, dessinateur, décorateur et poète français, connu de 1480 à 1530 env. Il fut peintre en titre de trois rois de France et conseiller de Marguerite d'Autriche dans son entreprise de Brou; mais on n'a de lui presque aucune œuvre certaine.

PERRÉGAUX → MOHAMMEDIA.

PERRET (*les frères*), architectes et entrepreneurs français, nés à Bruxelles, considérés comme ayant donné ses lettres de noblesse au béton armé, mis au service de formes néoclassiques. — AUGUSTE (1874-1954), en collaboration avec ses frères GUSTAVE (1876-1952) et CLAUDE (1880-1960), a édifié le Théâtre des Champs-Élysées à Paris (1911, adaptation d'un projet de H. Van de Velde), l'église du Raincy (1922), le Garde-Meuble national, et a dirigé la reconstruction du Havre.

PERREUX (42120 Le Coteau), ch.-l. de c. de la Loire; 2 242 h.

PERREUX-SUR-MARNE (Le) [94170], ch.-l. de c. du Val-de-Marne; 28 333 h.

PERRIER (Edmond), naturaliste français, né à Tulle (1844-1921), auteur de travaux sur les invertébrés.

PERRIN (Jean), physicien français, né à Lille (1870-1942). Il a étudié le mouvement brownien, identifié les rayons cathodiques et déterminé le nombre d'Avogadro pour l'étude des émulsions. (Prix Nobel, 1926.) — Son fils FRANCIS, né à Paris en 1901, qui établit la possibilité de réactions nucléaires en chaîne, fut haut-commissaire à l'énergie atomique de 1951 à 1970.

PERRONET (Jean Rodolphe), ingénieur français, né à Suresnes (1708-1794). Il conçut et fit exécuter de nombreux ponts (pont de Neuilly, 1768; pont de Pont-Sainte-Maxence, 1774, détruit; pont de la Concorde à Paris, 1787; pont de Nemours, 1795).

PERRONNEAU (Jean-Baptiste), peintre français, né à Paris (1715-1783), auteur de portraits à l'huile et surtout au pastel.

PERROS-GUIREC (22700), ch.-l. de c. des Côtes-du-Nord; 7 793 h. (*Perrosiens*). Thalassothérapie. Plages de Trestraou et de Trestrignel.

PERROT (Jules), danseur et chorégraphe français né à Lyon (1810-1892), auteur, en collaboration avec Jean Coralli, du ballet *Giselle* (1841).

PERROUX (François), économiste français, né à Lyon en 1903. Il renouvelle profondément l'analyse des faits économiques, en mettant en valeur les phénomènes de domination et de pouvoir et prône une doctrine renouvelée du développement.

PERSAN (95340), comm. du Val-d'Oise, sur l'Oise; 9 347 h. Constructions mécaniques. Chimie.

PERSE, anc. nom de l'*Iran*. Les Perses, peuple de langue aryenne du sud-ouest de l'Iran, constituèrent la base de deux empires, celui des Achéménides (VIᵉ-IVᵉ s. av. J.-C.) et celui des Sassanides (IIIᵉ-VIIᵉ s. apr. J.-C.), qui imposèrent leur culture à tout l'ensemble iranien.

PERSE, en lat. **Aulus Persius Flaccus,** poète satirique latin, né à Volterra (34-62). Ses *Satires* s'inspirent de la morale stoïcienne.

PERSÉE, héros de la mythologie grecque, fils de Zeus et de Danaé. Il coupa la tête de Méduse, délivra Andromède, qu'il épousa, et régna sur Tirynthe et Mycènes.

PERSÉE (v. 212-166 av. J.-C.), dernier roi de Macédoine (179 à 168 av. J.-C.). Il fut vaincu à Pydna par Paul Émile en 168, et, dépossédé de son royaume, mourut captif en Italie.

PERSEIGNE (*forêt de*), forêt située entre Mamers et Alençon, dans la Sarthe; 5 100 ha.

PERSÉPHONE ou **CORÉ.** *Myth. gr.* Divinité du monde souterrain. Son culte rejoignit celui de sa mère, Déméter; les Romains l'adoraient sous le nom de *Proserpine*.

PERSÉPOLIS, une des capitales de l'Empire perse achéménide, fondée par Darios Iᵉʳ, agrandie et embellie par ses successeurs. Elle fut incendiée accidentellement en 330 av. J.-C. Ruines du vaste complexe palatial. Importante décoration sculptée.

Perses (*les*), tragédie d'Eschyle (472 av. J.-C.), tableau du désespoir de Xerxès à la suite du désastre de Salamine.

PERSHING (John Joseph), général américain, né près de Laclede (Missouri) [1860-1948]. Il commanda les troupes américaines engagées sur le front français en 1918.

PERSIGNY (Victor FIALIN, *duc DE*), homme politique français, né à Saint-Germain-Lespinasse (Loire) [1808-1872]. Attaché à la fortune de Louis-Napoléon, il participa au coup d'État du 2 décembre 1851 et fut ministre de l'Intérieur (1852-1854, 1860-1863), et ambassadeur à Londres (1855-1858, 1859-60).

PERSIQUE (*golfe*), parfois appelé **golfe Arabo-Persique,** dépendance de l'océan Indien, entre l'Arabie et l'Iran. Importants gisements de pétrole.

PERTH, v. d'Australie, cap. de l'État de l'Australie-Occidentale; 806 000 h. Métallurgie. Raffinage du pétrole.

PERTH, v. d'Écosse; 42 000 h.

PERTHARITE (m. en 688), roi des Lombards en 661 et 671-688. — Corneille l'a pris pour héros d'une de ses tragédies (1652), qui fut son premier échec.

PERTHES-EN-GÂTINAIS (77930), ch.-l. de c. de Seine-et-Marne; 1 297 h.

PERTHOIS (le), pays de la Champagne, entre la Marne et l'Ornain.

PERTHUS [-tys] (*col du*), passage des Pyrénées-Orientales, à 290 m d'alt. à la frontière franco-espagnole. Il est dominé par la forteresse de Bellegarde.

PERTINAX, né à Alba Pompeia (126-193), empereur romain (193), successeur de Commode, tué par les prétoriens après trois mois de règne.

PERTINI (Alessandro), homme d'État italien, né à Stella, près de Gênes, en 1896. Socialiste, il est président de la République depuis 1978.

PERTUIS (84120), ch.-l. de c. de Vaucluse; 10 117 h.

PERTUSATO (*cap*), extrémité sud de la Corse.

PÉRUGIN (Pietro VANNUCCI, dit **le**), peintre italien, né à Città della Pieve (Pérouse) [v. 1448-1523], actif à Florence, Rome, Pérouse. Il fut élève de Verrocchio et l'un des maîtres de Raphaël. Ses compositions, principalement religieuses, symétriquement équilibrées, sont caractérisées par la douceur du sentiment et la suavité du coloris.

PERUWELZ, v. de Belgique (Hainaut); 17 100 h.

PERUZZI (Baldassare), architecte, ingénieur, peintre et décorateur italien, né à Sienne (1481-1536), actif principalement à Rome (la Farnésine*; palais Massimo).

PERVENCHÈRES (61360), ch.-l. de c. de l'Orne; 404 h.

PERVOOURALSK, v. de l'U.R.S.S. (R.S.F.S. de Russie), dans l'Oural; 126 000 h.

PESARO, v. d'Italie (Marches), sur l'Adriatique; 90 000 h. Palais et forteresse des Sforza. Musée (peintures, majoliques). Station balnéaire.

PESCADORES (« Pêcheurs »), archipel du détroit de Formose (dépendance de T'ai-wan), occupé par les Français en 1885 et possession japonaise de 1895 à 1945.

PESCARA, v. d'Italie (Abruzzes), sur l'Adriatique; 137 000 h. Station balnéaire.

PESCHIERA DEL GARDA, v. d'Italie (Vénétie), une des places fortes du « quadrilatère lombard », sur le Mincio et le lac de Garde, au XIXᵉ s.; 6 000 h.

PESHAWAR ou **PECHAWAR,** v. du Pākistān, place forte à l'entrée de la passe de Khaybar, qui mène en Afghānistān; 273 000 h. Musée riche en art du Gāndhāra.

PESMES [pɛm] (70140), ch.-l. de c. de la Haute-Saône; 995 h. Église gothique (œuvres d'art).

PESSAC (33600), ch.-l. de c. de la Gironde; 51 444 h. Grands vins (haut-brion). Atelier de frappe de la Monnaie. Cité-jardin par Le Corbusier.

PESSOA (Fernando), poète portugais, né à Lisbonne (1888-1935). Il publia sous divers pseudonymes une œuvre qui exerça, après sa mort, une grande influence sur le lyrisme portugais (Poésies d'Álvaro de Campos, Odes de Ricardo Reis).

PESSÔA CÂMARA (Hélder), prélat brésilien, né à Fortaleza en 1909. Archevêque de Récife (1964), il s'est fait le défenseur des réformes de structure dans le tiers monde.

PEST, partie basse de Budapest, sur le Danube (r. g.).

PESTALOZZI (Johann Heinrich), pédagogue suisse, né à Zurich (1746-1827). Disciple de J.-J. Rousseau, il s'intéressa à l'enseignement mutuel et à l'éducation des enfants pauvres.

Peste (la), roman d'Albert Camus (1947) : la ville d'Oran, ravagée par une épidémie meurtrière, est une évocation symbolique de la condition humaine.

PETAH-TIKVA, v. d'Israël, près de Tel-Aviv-Jaffa; 110 000 h.

PÉTAIN (Philippe), maréchal de France, né à Cauchy-à-la-Tour (Pas-de-Calais) [1856-1951]. Vainqueur à Verdun en 1916, commandant en chef des forces françaises après l'échec du Chemin des Dames (1917), il parvient à redresser leur moral et les conduit à la victoire (1918). Ministre de la Guerre (1934), ambassadeur à Madrid (1939), il est nommé en juin 1940 chef du gouvernement, et conclut aussitôt l'armistice avec l'Allemagne et l'Italie. Investi des pleins pouvoirs par l'Assemblée nationale, il devient, à 84 ans, chef de l'État français, à Vichy, pendant l'occupation allemande (v. VICHY [gouvernement de]). Condamné à mort en 1945, il voit sa peine commuée en détention perpétuelle à l'île d'Yeu. (Acad. fr., 1929, radié, 1945.)

PÉTANGE, v. du Luxembourg; 12 000 h. Métallurgie.

Pétaud (cour du roi). Jadis, les mendiants se nommaient un chef, appelé par plaisanterie le roi Pétaud et dénué de toute autorité, d'où la locution C'est la cour du roi Pétaud, qui désigne une maison où chacun veut commander.

PETCHENÈGUES, peuple turc établi au IXᵉ s. sur la mer Noire, exterminé au XIᵉ et XIIᵉ s.

PETCHORA (la), fl. de l'U.R.S.S., originaire de l'Oural, tributaire de la mer de Barents; 1789 km.

PETERBOROUGH, v. d'Angleterre, au nord de Londres; 87 000 h. Cathédrale romane et gothique.

PETERBOROUGH, v. du Canada (Ontario), près du lac Ontario; 59 683 h.

Pétrarque

Pétra : temple dit le Deir (IIᵉ-IIIᵉ s.)

le maréchal **Pétain**

Sándor **Petöfi**

Fernando **Pessoa**, par A. Negreiros

PETERHOF, auj. **Petrodvorets,** v. de l'U.R.S.S. (R.S.F.S. de Russie), sur la baie de Kronchtadt; 40 000 h. Fondée par Pierre le Grand, elle fut une résidence des tsars. Palais et parc inspirés de Versailles.

PETERLINGEN → PAYERNE.

PETERMANN (August), géographe allemand, né à Bleicherode (1822-1878), promoteur d'expéditions en Afrique et fondateur des Petermanns Mitteilungen.

PÉTION (Anne Alexandre SABÈS, dit), homme d'État haïtien, né à Port-au-Prince (1770-1818). Ayant participé à la révolte contre les Blancs (1791), il fonda la république d'Haïti (1807), dont il fut le premier président.

PÉTION [petjɔ] **DE VILLENEUVE** (Jérôme), homme politique français, né à Chartres (1756-1794), maire de Paris en 1791 et président de la Convention (1792). Englobé dans les proscriptions des 31 mai - 2 juin 1793 comme Girondin, il se suicida.

PETIPA (Marius), danseur et chorégraphe français, né à Marseille (1818-1910), l'un des créateurs de l'école russe de ballet. En collaboration avec Tchaïkovski, il réalisa la Belle au bois dormant (1890) et Casse-Noisette, achevé par L. Ivanov (1892), avec lequel il signa la version intégrale du Lac des cygnes (1895). Sur la partition de Glazounov, il composa Raymonda (1898).

PETIT (Alexis Thérèse), physicien français, né à Vesoul (1791-1820). Il fit, avec Dulong, des travaux sur les dilatations et les chaleurs spécifiques.

PETIT (Roland), danseur et chorégraphe français, né à Villemomble en 1924. Il est à l'origine du renouveau chorégraphique après 1945 (Carmen, la Croqueuse de diamants, le Loup).

Petit Chaperon rouge (le), personnage et titre d'un conte de Perrault.

Petit Chose (le), roman d'A. Daudet (1868), récit autobiographique sur son enfance et la dure condition de sa jeunesse.

Petit Poucet (le), titre et principal personnage d'un conte de Perrault.

Petit Prince (le), conte de Saint-Exupéry (1943).

PETIT-BOURG (97170), ch.-l. de c. de la Guadeloupe, sur la côte de Basse-Terre; 12 016 h.

PETIT-CANAL (97131), ch.-l. de c. de la Guadeloupe; 5 826 h.

PETIT-COURONNE (Le) (76650), comm. de la Seine-Maritime; 5 715 h. Raffinage du pétrole. Pétrochimie. Maison de Pierre Corneille.

PETITE-ÎLE (97429), ch.-l. de c. de la Réunion; 7 963 h.

PETITE-PIERRE (La) [67290 Wingen sur Moder], ch.-l. de c. du Bas-Rhin; 632 h. Anc. place forte. Église en partie du XVᵉ s.

PETITE-ROSSELLE (57540), comm. de la Moselle; 7 794 h. Houille.

PETITJEAN → SIDI-KACEM.

PETITPIERRE (Max), homme politique suisse, né à Neuchâtel en 1899, président de la Confédération en 1950, 1955 et 1960.

PETIT-QUEVILLY (Le) (76140), comm. de la Seine-Maritime, sur la Seine; 22 494 h. (Quevillais). Chapelle avec peintures d'environ 1200.

PETLIOURA (Simon Vassilievitch), homme politique ukrainien, né à Poltava (1877-1926). En 1917 puis en 1918, il tenta d'établir une Ukraine indépendante, mais il fut battu par les bolcheviks en 1920. Il fut assassiné à Paris.

PETÖFI (Sándor), poète hongrois, né à Kiskörös (1823-1849), héros de la lutte révolutionnaire et patriotique de 1848-49.

PÉTRA, v. de l'Arabie ancienne, à 70 km au sud de la mer Morte. Capitale du royaume des Nabatéens, elle fut un important centre caravanier et une riche cité commerciale. La chute du royaume nabatéen (106 apr. J.-C.) et l'essor de Palmyre causèrent son déclin (IIIᵉ-IVᵉ s.). Remarquable architecture rupestre hellénistico-romaine (temples, tombes, etc.).

PÉTRARQUE, en ital. Francesco Petrarca, poète et humaniste italien, né à Arezzo (1304-1374). Historien, archéologue, chercheur de manuscrits anciens, il fut le premier des grands humanistes de la Renaissance. Mais sa gloire repose surtout sur ses poèmes en toscan, les sonnets des Rimes et des Triomphes, composés en l'honneur de Laure de Noves et réunis dans le Canzoniere, publié en 1470.

PETRASSI (Goffredo), compositeur italien, né à Zagarolo en 1904. Professeur à l'académie Sainte-Cécile de Rome, il écrit dans une grande variété de style (concertos, inventions, ballets).

PETRETO-BICCHISANO [-ki-] (20140), ch.-l. de c. de la Corse-du-Sud; 1 102 h.

PETROGRAD, nom donné en 1914 à Saint-Pétersbourg, anc. cap. de la Russie, changé en Leningrad* depuis 1924.

PÉTRONE, en lat. Caius Petronius Arbiter, écrivain latin (Iᵉʳ s. apr. J.-C.), auteur du Satiricon*. Compromis dans la conspiration de Pison, il s'ouvrit les veines (65).

PETROPAVLOVSK, v. de l'U. R. S. S. (Kazakhstan); 199 000 h.

PETROPAVLOVSK - KAMTCHATSKI, port de l'U. R. S. S., sur la côte du Kamtchatka; 207 000 h.

PETRÓPOLIS, v. du Brésil (Rio de Janeiro); 200 000 h. Cathédrale et anc. palais impérial. Station climatique.

Petrouchka, ballet de M. Fokine, musique d'I. Stravinski, décors et costumes d'A. Benois, créé en 1911 à Paris par les Ballets russes. Partition colorée qui anime des scènes populaires russes.

PETROVARADIN, anc. **Peterwardein,** v. de Yougoslavie, sur le Danube, englobée auj. dans Novi Sad. Citadelle reconstruite au XVIIIe s. Vins. Victoire du Prince Eugène sur les Turcs en 1716.

PETROZAVODSK, v. de l'U. R. S. S. (R. S. F. S. de Russie), cap. de la république autonome de Carélie; 220 000 h.

PETRUCCI (Ottaviano), imprimeur italien, né à Fossombrone (duché d'Urbino) [1466-1539]. Il travailla à Venise et publia en 1501 le premier livre de musique imprimé (Odhecaton).

PETSAMO, en russe **Petchenga,** localité de Laponie, cédée par la Finlande à l'U. R. S. S. en 1944.

PEUGEOT, famille d'industriels français. ARMAND, né à Valentigney (1849-1915), fonda une usine de construction d'automobiles.

PEULS ou **FOULBÉS,** peuple de pasteurs nomades habitant les savanes de l'Afrique occidentale, du Sénégal au Cameroun, et dont une grande partie est auj. sédentarisée.

PEUPLES DE LA MER, envahisseurs indo-européens qui, venus de la zone de la mer Égée, déferlèrent sur le Proche-Orient aux XIIIe-XIIe s. av. J.-C. Ils furent vaincus par l'Égypte.

Peur (la Grande), ensemble des troubles et des phénomènes de panique qui, en juillet-août 1789, naquirent dans les campagnes françaises, de la crainte d'une réaction nobiliaire violente.

PEUTINGER (Konrad), humaniste allemand, né à Augsbourg (1465-1547). Il publia une copie médiévale de la carte de l'Empire romain (IIIe et IVe s.), dite Table de Peutinger, auj. à Vienne.

PÉVÈLE, pays de la Flandre française, entre les vallées de la Deûle et de la Scarpe.

PEVSNER (Antoine), sculpteur et peintre français d'origine russe, né à Orel (1886-1962). Installé à Paris en 1923, il s'est notamment signalé par ses monumentales surfaces développées en cuivre ou en bronze. Il est bien représenté au musée national d'Art moderne (salles du palais de Tokyo, Paris). — Son frère NAUM, dit **Naum Gabo,** sculpteur et peintre américain, né à Briansk (1890-1977), installé en Grande-Bretagne puis aux États-Unis, avait publié avec lui à Moscou, en 1920, un manifeste rejetant cubisme et futurisme au profit d'une appréhension de la réalité essentielle du monde par la vibration de la couleur, les « rythmes cinétiques » et le constructivisme. Il est notamment célèbre pour ses sculptures à base de Nylon.

PEYER (Bernhard), paléontologiste suisse, né à Schaffhouse (1885-1963). Il a découvert de nombreux reptiles marins fossiles.

PEYREHORADE (40300), ch.-l. de c. des Landes; 3 066 h. Manoir de Montréal, de la fin du XVIe s. Aux environs, deux abbayes d'Arthous (église romane) et de Sorde-l'Abbaye.

PEYRELEAU (12720), ch.-l. de c. de l'Aveyron; 110 h.

PEYRIAC-MINERVOIS (11160 Caunes Minervois), ch.-l. de c. de l'Aude; 1 041 h.

PEYROLLES-EN-PROVENCE (13860), ch.-l. de c. des Bouches-du-Rhône; 2297 h. Chapelle du St-Sépulcre (XIVe s.).

PEYRONNET ou **PEYRONET** (Charles Ignace, comte DE), homme politique français, né à Bordeaux (1778-1854). Député ultraroyaliste, garde des Sceaux (1821-1828), il inspira la loi sur la presse (1822) et la loi sur le sacrilège (1825). Ministre de l'Intérieur le 16 mai 1830, il signa les ordonnances du 25 juillet. Il fut emprisonné de 1830 à 1836.

PEYRONY (Denis), préhistorien français, né à Cussac (Dordogne) [1869-1954]. Instituteur aux Eyzies-de-Tayac, il découvrit les gravures pariétales de Bernifal, Combarelles, Font-de-Gaume et Teyjat, et explora les gisements de La Ferrassie (1905-1920) et Laugerie-Haute (1921-1932). Ses travaux sont la source fondamentale d'étude du Périgord préhistorique.

PEYRUIS [perɥi] (04310), ch.-l. de c. des Alpes-de-Haute-Provence; 1 621 h.

PÉZENAS [-nɑs] (34120), ch.-l. de c. de l'Hérault; 8 058 h. (Piscénois). Demeures anciennes (XVe-XVIIIe s.). Musée. Commerce des vins. Aux environs, nécropole hallstatienne.

PFÄFERS, comm. de Suisse (cant. de Saint-Gall); 1 936 h. Sources thermales.

PFÄFFIKON, comm. de Suisse (cant. de Zurich); 7 586 h. Lac. Caoutchouc.

PFASTATT (68120), comm. du Haut-Rhin; 6 353 h. Textile.

PFORZHEIM, v. de l'Allemagne fédérale (Bade-Wurtemberg), au nord de la Forêt-Noire; 93 000 h. Bijouterie. Musées.

PHAÉTON. Myth. gr. Fils du Soleil. Il voulut conduire le char de son père et faillit, par son inexpérience, embraser l'Univers. Zeus, irrité, le foudroya.

PHAISTOS, site archéologique du sud-ouest de la Crète. Vestiges d'un complexe palatial (détruit au XVe s. av. J.-C.) au plan plus clairement organisé qu'à Cnossos.

PHALABORWA, centre industriel (métallurgie, chimie) de l'Afrique du Sud (Transvaal).

PHALARIS, tyran d'Agrigente (v. 570-554 av. J.-C.). On raconte qu'il faisait brûler ses victimes dans un taureau d'airain.

PHALSBOURG (57370), ch.-l. de c. de la Moselle; 4 348 h. Restes de fortifications élevées par Vauban.

PHAM VAN DONG, homme politique vietnamien, né à Ho duc en 1906. Premier ministre du Viêt-nam du Nord à partir de 1955 et du Viêt-nam réunifié depuis 1976.

PHANAR, quartier grec d'Istanbul, habité par les Phanariotes.

PHAN THIÊT, port du sud du Viêt-nam; 57 000 h.

PHARAMOND, chef franc légendaire, descendant du Troyen Priam.

PHARNACE Ier, roi du Pont (v. 185-v. 169 av. J.-C.). — PHARNACE II (v. 97-47 av. J.-C.), roi du Bosphore Cimmérien (63-47), fils de Mithridate VI, roi du Pont. Reconnu roi du Bosphore par les Romains, il les trahit. Il fut vaincu par César en 47.

PHAROS, île de l'Égypte ancienne, près d'Alexandrie, où fut érigée par Ptolémée II Philadelphe (283-246 av. J.-C.) une tour de marbre blanc haute de 135 m, au sommet de laquelle brûlait un feu qui, réfléchi par des miroirs, était visible en mer à grande distance; elle s'écroula en 1302.

PHARSALE, v. de Grèce (Thessalie); 5 800 h. César y vainquit Pompée (48 av. J.-C.).

Pharsale (la), poème épique de Lucain (v. 60 apr. J.-C.), sur la lutte entre César et Pompée.

PHÉACIENS, peuple mentionné dans l'Odyssée. L'île des Phéaciens, où Nausicaa accueillit Ulysse naufragé, est généralement identifiée à Corcyre (auj. Corfou).

PHÉBUS, autre nom d'Apollon*.

PHÉDON, philosophe grec qui vivait v. 400 av. J.-C., disciple de Socrate, fondateur de l'école d'Élis.

Phédon, dialogue de Platon, qui met en scène les derniers moments de Socrate au milieu de ses disciples et qui cherche à établir l'immortalité de l'âme.

PHÈDRE. Myth. gr. Épouse de Thésée et fille de Minos et de Pasiphaé. Sa passion coupable pour Hippolyte, son beau-fils, a inspiré, notamment, Euripide, Sénèque et Racine.

Phèdre, tragédie de Racine (1677). Le poète s'y inspire d'Euripide et de Sénèque. Retrouvant le sens du sacré, essentiel à la tragédie grecque, il

met en relief le personnage de Phèdre, dévorée de passion, consciente de ses fautes, mais incapable d'en assumer la responsabilité.

PHÈDRE, en lat. **Caius Julius Phaedrus** ou **Phaeder,** fabuliste latin (15 av. J.-C.- v. 50 apr. J.-C.), auteur de fables à l'imitation d'Ésope.

PHÉLYPEAUX → MAUREPAS et PONTCHARTRAIN.

PHÉNICIE, région historique du littoral syro-palestinien, limitée au sud par le mont Carmel et au nord par la région d'Ougarit (auj. Ras Shamra, au nord de Lattaquié). Du IIIe millénaire au XIIIe s. av. J.-C., l'aire côtière du couloir syrien était occupée par des populations sémitiques, désignées du nom de Cananéens : les Grecs les appelèrent Phéniciens, sans doute à cause de la pourpre (phoinix), production caractéristique du pays. Au XIIe s., l'arrivée de nouvelles ethnies (Araméens, Hébreux, Philistins) réduisit à une bande côtière le domaine cananéen. Les Phéniciens formaient alors un ensemble de cités-États, parmi lesquelles prédominaient Byblos, Tyr et Sidon; acculés à la mer, ils devinrent, par nécessité vitale, navigateurs, et créèrent sur le pourtour méditerranéen de nombreux comptoirs et colonies, dont Carthage (IXe s.), qui s'imposera à l'Occident phénicien. Mais les cités phéniciennes, prises dans l'étau de l'impérialisme égyptien et assyrien, eurent à lutter durement pour la sauvegarde de leur indépendance. Après l'effondrement des grands empires mésopotamiens, dont elles subirent, non sans résistance, la domination, les cités de Phénicie, disputées par les Lagides et les Séleucides, minées par leurs discordes et atteintes dans leur prospérité, furent rattachées à l'Empire romain (64-63). Ces cités-États avaient en commun leurs traditions religieuses, leur langue et surtout leur écriture (simplifiée par l'invention de l'alphabet), ainsi qu'une belle architecture de pierres appareillées et un urbanisme élaboré.

Phéniciennes (les), tragédie d'Euripide (409/408 av. J.-C.), reprise de la tragédie d'Eschyle les Sept contre Thèbes (467 av. J.-C.).

PHÉNIX, oiseau fabuleux de la mythologie égyptienne. Comme la légende lui attribuait le pouvoir de renaître de ses propres cendres, il devint le symbole de l'immortalité.

Phénoménologie de l'esprit, ouvrage de Hegel, paru en 1807, où l'auteur retrace l'évolution de l'esprit du stade de la conscience immédiate à celui du savoir absolu.

PHIDIAS, sculpteur grec du Ve s. av. J.-C., qui, chargé par Périclès de diriger les travaux du Parthénon, en assuma la décoration sculptée, apogée du style classique grec.

PHIDON, tyran d'Argos (VIIe s. av. J.-C.). Sous son règne, Argos domina le Péloponnèse. Il passe pour avoir frappé les premières monnaies grecques.

PHILADELPHIE, port des États-Unis (Pennsylvanie), sur la Delaware; 1 951 000 h. (près de 5 millions avec les banlieues). Université. Important musée. Arsenal. Centre industriel (métallurgie, raffinage du pétrole, textile et chimie). La ville, création de William Penn en 1682, fut le siège du congrès où les colons américains, en 1776, proclamèrent l'indépendance de leur fédération. En 1787, c'est aussi dans cette ville — où

Phidias : fragment de la frise des Panathénées (Ve s. av. J.-C.) provenant du Parthénon

E. Tweedy

le gouvernement fédéral siégea jusqu'en 1800 — que s'élabora la Constitution américaine.

PHILAE, île du Nil, en amont d'Assouan, important centre du culte d'Isis du IVe s. av. J.-C. au Ve s. de notre ère. À la suite de la construction du barrage de Sadd al-ʿĀlī, le transfert des ruines du temple ptolémaïque d'Isis est en cours sur l'île voisine d'Agilkia.

Philèbe, dialogue de Platon, dans lequel Socrate s'efforce de déterminer, entre la raison et le plaisir, de quel côté se trouve le souverain bien.

PHILÉMON, poète comique grec, né en Cilicie (361-262 av. J.-C.), un des principaux représentants de la comédie de mœurs, ou *comédie nouvelle*.

PHILÉMON et **BAUCIS,** couple légendaire de la mythologie grecque, récompensé, par Zeus et Hermès, de leur généreuse hospitalité. À leur mort, Philémon et Baucis furent métamorphosés en deux arbres qui, dressés côte à côte, mêlaient leurs branches. Ils symbolisent l'amour conjugal.

PHILIBERT Ier le Chasseur, né à Chambéry (1465-1482), duc de Savoie (1472-1482). Il régna sous la tutelle de sa mère, Yolande de France. — PHILIBERT II *le Beau,* né à Pont-d'Ain (1480-1504), duc de Savoie (1497-1504). Il avait épousé Marguerite d'Autriche, qui éleva à sa mémoire l'église de Brou. — PHILIBERT-EMMANUEL → EMMANUEL-PHILIBERT.

PHILIDOR (François André **Danican-**), compositeur français et célèbre joueur d'échecs, né à Dreux (1726-1795), un des créateurs de l'opéra-comique en France (*Blaise le savetier, Ernelinde, Tom Jones*).

PHILIPE (Gérard), acteur français, né à Cannes (1922-1959). Après avoir créé *Caligula* (1945) d'A. Camus, il entra au Théâtre national populaire, où il interpréta notamment *le Cid* et *le Prince de Hombourg,* tout en poursuivant une carrière cinématographique (*le Diable au corps, Fanfan la Tulipe*).

PHILIPPE (saint), un des douze apôtres de Jésus. Une légende veut qu'il ait évangélisé la Phrygie, où il serait mort martyr.

PHILIPPE NERI (saint), prêtre, fondateur de l'Oratoire d'Italie, né à Florence (1515-1595).

ANTIQUITÉ

PHILIPPE II (v. 382-336 av. J.-C.), régent (359), puis roi de Macédoine (356-336). Il rétablit l'autorité royale, réorganisa les finances et créa la phalange. Ayant affermi ses positions du côté de l'Illyrie et de la Thrace, il se tourna vers la Grèce. Les Athéniens, qui, malgré les avertissements de Démosthène, ne s'étaient pas émus de la conquête des cités grecques de l'Égée, ne commencèrent à s'inquiéter qu'après la prise d'Élatée (339). L'année suivante, la victoire de Chéronée (338) faisait de Philippe le maître de la Grèce. Il s'apprêtait à marcher contre les Perses, lorsqu'il fut assassiné à l'instigation de sa femme Olympias; son fils Alexandre lui succéda.

PHILIPPE V (v. 237-179 av. J.-C.), roi de Macédoine de 221 à 179 av. J.-C. Il fut battu par le consul romain Quinctius Flamininus aux Cynoscéphales (197). Cette défaite marqua le commencement du déclin de la Macédoine.

PHILIPPE l'Arabe, en lat. **Marcus Julius Philippus,** né en Idumée (v. 204-249), empereur romain de 244 à 249. Il célébra le millénaire de Rome (248). En lutte continuelle contre des usurpateurs, il fut vaincu et tué à Vérone par Decius.

EMPEREUR

PHILIPPE DE SOUABE (v. 1177-1208), empereur germanique (1198-1208), dernier fils de Frédéric Barberousse. Il fut assassiné.

FRANCE

PHILIPPE Ier (1052-1108), roi de France (1060-1108), fils et successeur d'Henri Ier. Il régna d'abord sous la tutelle de Baudouin V, comte de Flandre. En 1068, il s'empara — au détriment de Guillaume le Conquérant, dont la puissance devenait menaçante — du Vermandois, du Gâtinais (1068), puis du Vexin français (1077). En

sceau de **Philippe** Auguste

Philippe IV le Bel, miniature du XIVe s.

Philippe III le Bon miniature flamande du XVe s.

Philippe II d'Espagne par A. Sánchez Coello

Philippe V d'Espagne par H. Rigaud

1071, il était intervenu dans les affaires de Flandre, mais avait été battu près de Cassel. Il fut excommunié pour avoir répudié sa femme, Berthe de Hollande, et enlevé Bertrade de Montfort, femme du comte d'Anjou.

PHILIPPE II Auguste, né à Paris (1165-1223), roi de France (1180-1223), fils de Louis VII. De 1180 à 1199, il s'employa à triompher d'Henri II, puis de Richard Cœur de Lion, avec lequel il fit la troisième croisade. Cette rivalité, marquée par l'échec de Philippe à Fréteval (1194), se termina par la mort de Richard (1199) et le triomphe des Capétiens sur les Plantagenêts, Philippe Auguste ne reconnaissant Jean sans Terre comme roi qu'en échange d'une partie du Vexin normand et du pays d'Évreux. De 1199 à 1216, la lutte continua entre le roi de France et Jean sans Terre; celui-ci ayant refusé de se reconnaître le vassal du roi de France, Philippe Auguste s'empara de la Normandie (1202-1204), battit Jean à La Roche-aux-Moines et démantela la coalition suscitée par le roi d'Angleterre par sa victoire sur l'empereur et le comte de Flandre à Bouvines (1214). Parallèlement, Philippe Auguste acquit l'Auvergne (1189) et contrôla la Champagne (1213). On doit à Philippe Auguste d'importantes mesures d'ordres administratif, judiciaire et financier, la création des baillis et des sénéchaux, la fondation de l'université de Paris, l'organisation de la *curia regis.* Il favorisa le commerce et le développement urbain (chartes). À partir de 1200, ses démêlés conjugaux l'opposèrent au Saint-Siège.

PHILIPPE III le Hardi, né à Poissy (1245-1285), roi de France (1270-1285), fils et successeur de Louis IX. Il réunit à la Couronne le comté de Toulouse (1271) et déclara la guerre à Pierre III d'Aragon, instigateur des Vêpres siciliennes (1282). Le pape avait excommunié le roi d'Aragon et donné son royaume à Charles de Valois, troisième fils de Philippe le Hardi. Le roi de France, en soutenant son fils, échoua dans sa «croisade d'Aragon» (1285).

PHILIPPE IV le Bel, né à Fontainebleau (1268-1314), roi de France (1285-1314), fils et successeur de Philippe III le Hardi. Conseillé par ses légistes, il pratiqua une politique d'indépendance à l'égard du Saint-Siège, s'opposant à Boniface VIII à propos de la levée des décimes (1296), puis de l'arrestation de l'évêque de Pamiers (1301). Le pape ayant adressé des remontrances au roi (bulle *Ausculta fili*), celui-ci convoqua les états généraux, qui prirent parti pour

le roi contre Boniface VIII (1302), que les envoyés de Philippe vinrent insulter à Anagni (1303). La réconciliation du Saint-Siège et de la France n'eut lieu qu'après l'avènement de Clément V (1305), qui s'installa à Avignon. Dans l'intervalle, Philippe, voulant imposer sa suzeraineté à la Flandre, envoya une armée qui fut écrasée à Courtrai par les bourgeois flamands (1302); il prit sa revanche à Mons-en-Pévèle, bataille suivie du traité d'Athis-sur-Orge (1305). Philippe, désireux de résoudre de graves difficultés financières, fit aux Templiers un procès dans l'espoir de s'emparer de leurs richesses. Ce procès se termina en 1312 par la suppression de l'ordre. Premier des souverains modernes, Philippe le Bel tint tête au pouvoir temporel de l'Église et à la féodalité, accrut le domaine royal et, aidé par les légistes, Pierre Flote, Enguerrand de Marigny, Guillaume de Nogaret, favorisa le développement des institutions administratives et judiciaires. Il accrut l'importance de la chancellerie et de l'hôtel du roi et précisa le rôle des parlements.

PHILIPPE V le Long (1293-1322), roi de France (1316-1322). À la mort de son frère Louis X (1316), il devint régent du royaume; mais Jean Ier, son neveu, n'ayant vécu que quelques jours, il monta sur le trône (1316) au détriment de Jeanne, fille de Louis le Hutin; en renonçant à ses droits peu après, celle-ci créa un précédent écartant les femmes du trône de France. Philippe perfectionna l'administration financière et consulta fréquemment les trois ordres. Il réunit momentanément au domaine royal Lille, Douai et Orchies.

PHILIPPE VI DE VALOIS (1293-1350), roi de France (1328-1350). Fils de Charles de Valois (frère de Philippe le Bel), il devint roi au détriment d'Édouard III d'Angleterre, qui réclamait la couronne comme petit-fils de Philippe le Bel par sa mère. Il intervint, au début de son règne, en Flandre en faveur de Louis de Nevers et vainquit les Flamands à Cassel (1328). Bientôt éclata la guerre de Cent Ans, Édouard III s'étant proclamé roi de France. Sur mer, Philippe fut vaincu à l'Écluse en 1340, sur terre à Crécy (1346). Calais était pris en 1347. Pour comble de malheur, une épidémie de peste noire vint désoler la France (1347-48). Grâce à la médiation du pape, une trêve fut alors conclue. Philippe avait acheté le Dauphiné (1343) et la seigneurie de Montpellier (1349).

PHILIPPE ÉGALITÉ → ORLÉANS (Louis Philippe Joseph, *duc* d').

BOURGOGNE

PHILIPPE Ier DE ROUVRES, né à Rouvres (1346-1361), duc de Bourgogne (1349-1361). À sa mort, ses possessions furent démembrées.

PHILIPPE II le Hardi, né à Pontoise (1342-1404), duc de Bourgogne (1363-1404), fils du roi Jean II le Bon. Il reçut en apanage le duché de Bourgogne (1363), devenant ainsi le chef de la deuxième maison de Bourgogne. Ayant épousé Marguerite de Flandre, veuve de Philippe de Rouvres (1369), il hérita, en 1384, des comtés de Flandre, d'Artois, de Rethel, de Nevers, de Bourgogne (Franche-Comté). Durant la minorité de Charles VI, il dirigea la politique de la France dans l'intérêt du duché de Bourgogne.

PHILIPPE III le Bon, né à Dijon (1396-1467), fils de Jean sans Peur, duc de Bourgogne (1419-1467). Il épousa, en 1419, la fille de Charles VI, Michelle de France (m. en 1422), qui lui apporta les villes de la Somme, le Boulonnais et la Picardie. Après le meurtre de son père (1419), il s'allia à Henri V d'Angleterre, qu'il reconnut comme héritier du trône de France (traité de Troyes, 1420). Il se réconcilia au traité d'Arras avec Charles VII (1435). « Grand-duc du Ponant », il se constitua un immense et riche État, couvrant notamment les Bourgognes, les Pays-Bas et la Picardie ; les ayant unifiées, il les dota d'institutions puissantes. Il institua l'ordre de la Toison d'or (1429).

CASTILLE

PHILIPPE Ier le Beau, né à Bruges (1478-1506), archiduc d'Autriche, souverain des Pays-Bas (1482-1506) et roi de Castille (1504-1506). De son mariage avec Jeanne la Folle naquit Charles Quint.

ESPAGNE

PHILIPPE II, né à Valladolid (1527-1598), roi d'Espagne et de ses dépendances (1556-1598), roi de Portugal (1580-1598), fils et successeur de Charles Quint. Très attaché au catholicisme, il s'employa à le faire triompher au moyen des armées espagnoles. En 1559, par le traité du Cateau-Cambrésis, il mit fin au conflit franco-espagnol, mais, après la mort d'Henri III (1589), il soutint les ligueurs français contre les protestants et Henri de Navarre. Époux de Marie Tudor (1554-1558), il échoua dans ses tentatives contre l'Angleterre d'Élisabeth Ire (dispersion de l'Invincible Armada, 1588). S'il débarrassa l'Espagne de ses protestants et de ses morisques (1559-1571), s'il battit les Turcs à Lépante (1571) et put s'emparer du Portugal (1580), son sectarisme aux Pays-Bas n'aboutit qu'à la révolte de ceux-ci (1572) et à la sécession des Provinces-Unies (1579). À l'intérieur de son immense empire, il fit régner une bureaucratie tâtillonne ; de ses territoires américains, il tira le maximum de ressources en métaux précieux.

PHILIPPE III, né à Madrid (1578-1621), roi d'Espagne de 1598 à 1621. Sous son règne, la décadence politique de l'Espagne s'accéléra ; mais, du point de vue culturel, l'Espagne connut son second âge d'or (Cervantès, Lope de Vega).

PHILIPPE IV, né à Valladolid (1605-1665), roi d'Espagne de 1621 à 1665. Dominé par Olivares, il prit une part malheureuse à la guerre de Trente Ans, puis contre la France. Lors de la paix des Pyrénées (1659), il dut lui céder le Roussillon, l'Artois et plusieurs villes flamandes, et donner sa fille à Louis XIV.

PHILIPPE V, né à Versailles (1683-1746), roi d'Espagne de 1700 à 1746, petit-fils de Louis XIV. Il fut tout de suite affronté à la guerre de la Succession d'Espagne (1701-1714), à l'issue de laquelle il dut céder les Pays-Bas, la Sicile, Minorque et Gibraltar. À l'intérieur, il favorisa la centralisation à la française. Tombé sous la coupe de sa seconde femme, Élisabeth Farnèse, et d'Alberoni (1714-1719), il dut finalement adhérer à la Quadruple-Alliance. Le 10 janvier 1724, il abdiqua en faveur de son fils aîné, Louis, mais la mort de ce dernier, dès le 31 août, l'obligea à reprendre le pouvoir. Son alliance avec la France l'entraîna dans la guerre de la Succession de Pologne (1733-1738) et dans celle de la Succession d'Autriche (1740-1748).

PHILIPPE DE GRÈCE ET DE DANEMARK (prince), duc **d'Édimbourg**, né à Corfou en 1921,

naturalisé britannique, époux de la reine Élisabeth II.

PHILIPPE le Magnanime, landgrave de Hesse, né à Marburg (1504-1567). Chef de la ligue de Smalkalde.

PHILIPPE de Vitry, évêque de Meaux, compositeur français, né à Vitry ? (Champagne) [1291-1361], théoricien du mouvement polyphonique dit de l'*Ars nova.*

PHILIPPE (Charles-Louis), écrivain français, né à Cérilly (Allier) [1874-1909], auteur de récits réalistes, nourris de souvenirs autobiographiques (*Bubu de Montparnasse*, 1901 ; *le Père Perdrix*, 1902).

PHILIPPES, v. de Macédoine, sur les confins de la Thrace. Antoine et Octave y vainquirent Brutus et Cassius en 42 av. J.-C. Saint Paul y séjourna en 50.

PHILIPPEVILLE, v. de Belgique (Namur) ; 6 900 h. Anc. place forte.

PHILIPPEVILLE → SKIKDA.

PHILIPPINES, État et archipel de l'Asie du Sud-Est ; 300 000 km² ; 48 400 000 h. (*Philippins*). Cap. *Manille.* Langue : *tagal.*

GÉOGRAPHIE

L'archipel, au climat tropical, est formé de plus de 7 000 îles et îlots, souvent montagneux et volcaniques (les deux plus grandes terres, Luçon et Mindanao, regroupent les deux tiers de la superficie et de la population totales). Malgré les richesses minérales variées (or et argent, fer, chrome, cuivre), le pays demeure essentiellement agricole. Le riz (principale culture) et le maïs sont destinés à l'alimentation. La canne à sucre, le coprah, le tabac, l'abaca (chanvre de Manille) sont, en partie, exportés. La rareté des

plaines, le rapide essor démographique entraînent un fréquent surpeuplement. Les Tagals constituent, avec les Visayas, l'élément prédominant d'une population hétérogène en majorité catholique (en raison de la longue colonisation espagnole).

HISTOIRE

— XVe s. : introduction de l'islām.
— 1521 : débarquement de Magellan.
— 1571 : Manille, capitale de la colonie espagnole.
— 1608 : fin de la domination japonaise sur Luçon.
— 1819 : la fondation de Singapour ouvre les Philippines au monde extérieur.
— 1871 : révolte de Cavite, montée du mouvement d'indépendance.
— 1891 : José Rizal fonde, à Hongkong, la *Liga filipina.*
— 1896 : indépendance de Rizal. Andrès Bonifacio proclame la république et prend le maquis. Mais les nationalistes ne s'entendent pas : Emilio Aguinaldo fera exécuter Bonifacio, se mettra à la tête du mouvement puis s'exilera.
— 1898 : les Philippines passent aux Américains, qui y instaurent un régime militaire.
— 1904 : organisation d'un gouvernement civil. Manuel Quezón fera l'indépendance.
— 1935 : création du Commonwealth des Philippines ; Quezón, chef de l'exécutif.
— 1941-42 : occupation japonaise.
— 1943 : les Japonais proclament l'indépendance.
— 1944-45 : reconquête par les Américains.
— 1946 : les Américains confirment l'indépendance des Philippines.
— 1954 : conférence de Manille ; constitution de l'O. T. A. S. E.
— 1961 : Macapagal, chef du parti libéral, pré-

PHILIPPINES

sident de la République; montée du néonationalisme antiaméricain.
— 1965 : Ferdinand Marcos, chef des nationalistes, au pouvoir.
— 1972 : Marcos proclame la loi martiale.
— 1973 : Marcos assume tous les pouvoirs. Développement de l'autonomisme musulman.

PHILIPPINES *(mer des)*, partie de l'océan Pacifique, entre l'archipel des Philippines et les îles Mariannes.

Philippiques *(les)*, harangues politiques de Démosthène contre Philippe de Macédoine.

PHILIPPOPOLIS → PLOVDIV.

PHILISTINS, Indo-Européens amenés par la migration des Peuples de la mer. Ils s'installèrent au XIIᵉ s. av. J.-C. en Palestine, dans la région côtière s'étendant de Gaza au mont Carmel. Leur puissance militaire constitua pour les Hébreux un danger national; ils furent soumis par David.

PHILOCTÈTE. *Myth. gr.* Célèbre archer de la guerre de Troie, à qui Héraclès avait légué son arc et ses flèches; il a inspiré à Sophocle une de ses tragédies (409 av. J.-C.).

PHILOMÈLE. *Myth. gr.* Fille de Pandion, roi d'Athènes, et sœur de Procné. Son beau-frère Térée, lui ayant fait violence, lui coupa la langue pour l'empêcher de parler. Elle fut vengée par sa sœur, à qui elle révéla son secret en brodant son aventure sur une tapisserie. Poursuivies par Térée, les deux sœurs furent sauvées par les dieux, qui métamorphosèrent Procné en hirondelle et Philomèle en rossignol.

PHILON le Juif, philosophe grec d'origine juive, né à Alexandrie (v. 13 av. J.-C. - v. 54 apr. J.-C.). Son inspiration néoplatonicienne et son interprétation allégorique de la Bible n'ont pas été sans influence sur la littérature patristique.

PHILOPŒMEN, réorganisateur de la ligue Achéenne, né à Megalopolis (253-184 av. J.-C.). Champion de la liberté de la Grèce, il mérita, par son courage malheureux face aux Romains, d'être appelé *le Dernier des Grecs.*

Philosophe sans le savoir *(le)*, « comédie sérieuse », en cinq actes, de Sedaine (1765).

Philosophie de la misère *(la)*, ouvrage de Proudhon (1846), où l'auteur propose une réforme du capitalisme. Il a été critiqué par Marx dans *Misère de la philosophie* (1847).

philosophie positive *(Cours de)*, ouvrage d'Auguste Comte (1830-1842), dans lequel il propose une classification des sciences, fonde une sociologie et formule une loi de l'histoire de l'esprit humain.

PHLÉGRÉENS *(champs)*, région volcanique d'Italie, située à l'ouest de Naples.

PHNOM PENH, cap. du Cambodge, au confluent du Mékong et du Tonlé Sap; 150 000 h. env. Sa population avait été évacuée en 1975 par les révolutionnaires.

PHOCÉE, anc. v. d'Asie Mineure (Ionie), qui eut dès le VIIᵉ s. av. J.-C. une grande importance commerciale. Pour développer leur commerce, les Phocéens fondèrent de lointains comptoirs, notamment Massilia (Marseille).

PHOCIDE, région de la Grèce, au nord du golfe de Corinthe. C'est dans ce pays que s'élevait le sanctuaire d'Apollon de Delphes, qui fut à l'origine des *guerres sacrées.*

PHOCION, général et orateur athénien (v. 402-318 av. J.-C.). Alors que Démosthène poussait ses concitoyens à résister à Philippe II, Phocion préconisait l'entente avec le Macédonien. Après la mort d'Alexandre (323 av. J.-C.), son attitude pacifiste lui valut d'être condamné à mort.

PHOENIX *(îles)*, petit archipel anglais de Polynésie, à l'est des îles Kiribati (anc. Gilbert).

PHOENIX, v. des États-Unis, cap. de l'Arizona, dans une oasis irriguée par la Salt River; 582 000 h. Électronique.

PHOKAS, famille byzantine, originaire de Cappadoce, qui fournit deux empereurs : NICÉPHORE II (963-969) et BARDAS **Phokas** (971 et 987-989).

Phormion, comédie de Térence (161 av. J.-C.). Molière s'en inspira dans *les Fourberies de Scapin.*

Émile **Picard**

Phnom Penh : le Palais royal

PHOTIOS ou **PHOTIUS,** théologien et érudit byzantin, né à Constantinople (v. 820 - v. 895), patriarche de Constantinople de 858 à 867 et de 877 à 886. Ayant été déposé par le pape Nicolas Iᵉʳ, il fit déposer à son tour. Le schisme passager que ce conflit provoqua entre Rome et Constantinople est à l'origine du schisme du XIᵉ s.

PHRAATÈS, nom de plusieurs rois des Parthes.

PHRYGIE, région du nord-ouest de l'Asie Mineure, entre l'Égée et le Pont-Euxin. Au XIIᵉ s. av. J.-C., des envahisseurs venus des Balkans constituèrent dans cette région un royaume dont les souverains portaient alternativement les noms de Gordias et de Midas; l'invasion des Cimmériens (VIIᵉ s. av. J.-C.) le réduisit à de petites principautés, qui furent annexées au VIᵉ s., par Crésus, à la Lydie, dont la Phrygie suivra désormais le sort.

PHRYNÉ, courtisane grecque (IVᵉ s. av. J.-C.). Elle fut la maîtresse de Praxitèle, qui la prit souvent comme modèle en raison de sa grande beauté. Accusée devant le tribunal des héliastes, elle fut défendue par Hypéride, qui obtint l'acquittement de sa cliente en dévoilant sa beauté.

PHRYNICHOS, poète grec (fin du VIᵉ s.-début du Vᵉ s. av. J.-C.), l'un des créateurs de la tragédie et à qui on attribue l'invention du masque.

PHTAH → PTAH.

PHTIOTIDE ou **PHTHIOTIDE,** région de Grèce, au nord du Parnasse. Ch.-l. *Lamía.*

PHUKET, île de Thaïlande. Étain.

Physiologie du goût, traité de gastronomie humoristique, par Brillat-Savarin (1826).

Physiologie du mariage, par H. de Balzac (1829). Méditations plaisantes sur la vie conjugale.

PIAF (Édith Giovanna GASSION, dite **Édith**), chanteuse française, née à Paris (1915-1963). Elle devint très populaire par ses chansons, interprétées avec force et émotion.

PIAGET (Jean), psychologue suisse, né à Neuchâtel (1896-1980), auteur de travaux sur le développement de la pensée et du langage chez l'enfant et sur l'épistémologie génétique.

PIANA (20115), ch.-l. du cant. des Deux-Sevi (Corse-du-Sud), près du golfe de Porto; 661 h. Site pittoresque.

PIAST, dynastie fondatrice du premier État polonais (Xᵉ-XIVᵉ s.).

PIATIGORSK, v. de l'U. R. S. S., dans le Caucase; 105 000 h.

PIATRA NEAMȚ, v. de Roumanie (Moldavie); 78 000 h.

PIAUÍ, État du nord-est du Brésil; 250 934 km²; 1 681 000 h. Cap. *Teresina.*

PIAVE (la ou le), fl. d'Italie (Vénétie), né dans les Alpes, qui se jette dans l'Adriatique; 220 km. Combats entre Italiens et Autrichiens (1917).

PIAZZA ARMERINA, v. d'Italie (Sicile); 25 000 h. À 6 km, villa romaine de Casale (3 000 m² de décor mosaïcal du IVᵉ s.).

PIAZZETTA (Giovan Battista), peintre et dessinateur italien, né à Venise (1682-1754). Formé en partie à Bologne, il pratiqua au sein de l'école vénitienne un art d'une grande fermeté, au vigoureux clair-obscur.

PIBRAC (31490 Léguevin), comm. de la Haute-Garonne; 2 352 h. Pèlerinage au tombeau de sainte Germaine Cousin.

PIBRAC (Guy DU FAUR, *seigneur* DE), magistrat, diplomate et poète français, né à Pibrac (1529-1584), auteur de *Quatrains contenant préceptes et enseignements* d'inspiration stoïcienne et chrétienne.

PIC DE LA MIRANDOLE (Giovanni PICO DELLA MIRANDOLA, dit en fr. **Jean**), humaniste italien, né au château de Mirandola (prov. de Modène) [1463-1494]. Il se distingua par la précocité et l'étendue de ses connaissances, et par la hardiesse de sa pensée : il voulait prouver la convergence de tous les systèmes philosophiques et religieux vers le christianisme.

PICABIA (Francis), peintre français, né à Paris (1879-1953). Après des débuts impressionnistes, il fut attiré par le cubisme, puis devint un des pionniers de l'art abstrait et un des principaux animateurs du mouvement dada (*Udnie, jeune fille américaine*, 1913, musée national d'Art moderne).

PICARD (abbé Jean), astronome et géodésien français, né à La Flèche (1620-1682). Il exécuta une des premières mesures précises des dimensions de la Terre (1669-70).

PICARD (Émile), mathématicien français, né à Paris (1856-1941), auteur de travaux se rapportant à l'analyse mathématique. (Acad. fr.)

PICARD (Charles), archéologue français, né à Arnay-le-Duc (1883-1965), auteur d'importants travaux d'archéologie grecque.

PICARDIE, anc. prov. de France, comprenant le Vermandois, l'Amiénois, le Valois, le Santerre, le Ponthieu, le Boulonnais et la Thiérache. Cap. Amiens. Partiellement occupée par Philippe Auguste en 1185, enjeu des rivalités franco-anglaises, puis franco-bourguignonnes, durant la guerre de Cent Ans, elle fut réunie définitivement à la Couronne après la mort de Charles le Téméraire (1477). Théâtre, pendant la Première Guerre mondiale, de batailles en 1914 (Course à la mer), 1916 (Somme) et en 1918 (Montdidier).
— La région géographique de Picardie est située entre la Canche, l'Oise, le Thérain et la Bresle. Constituant le nord du Bassin parisien, elle est formée d'un plateau crayeux, surmonté de limon, portant de riches cultures (blé, betterave à sucre). Le plateau est entaillé par des vallées (Somme) couvertes de tourbières et de marécages en partie convertis en jardins maraîchers (hortillonnages) et qui sont également le site de la vie urbaine (Amiens, Abbeville). Le littoral, jalonné de stations balnéaires (Le Touquet-Paris-Plage) et climatiques (Berck), est bordé de dunes qui isolent d'anciens marécages aujourd'hui transformés aussi en jardins maraîchers *(bas champs)*. — La Picardie constitue une Région groupant les dép. de l'Aisne, de l'Oise et de la Somme; 19 411 km²; 1 678 644 h. (Picards). Ch.-l. *Amiens.*

PICASSO (Pablo RUIZ), peintre, dessinateur, graveur et sculpteur espagnol, né à Málaga (1881-1973). Il s'installa en France en 1904. Son œuvre, multiforme, marque, à travers d'étonnantes métamorphoses graphiques et plastiques, la diversité de ses époques : époques bleue et rose (1901-1905), cubisme* (*les Demoiselles* d'Avignon*, 1906-1907), néoclassicisme (v. 1920), tentations surréaliste et abstraite (1925-1936), expressionnisme (*Guernica*, 1937). Il a exercé

Fleming

Picasso
*la Femme
qui pleure*
(1937)

Pie V

Pie VII, par David

Pie IX

Auguste
Piccard

Pie X

Pie XI

Pie XII

une influence majeure sur l'évolution de l'art moderne.

Piccadilly, grande artère de Londres, entre Hyde Park et Regent Street.

PICCARD (Auguste), physicien suisse, né à Bâle (1884-1962). Il explora le premier la stratosphère en 1931 et dépassa l'altitude de 16 000 m. Il mit au point, après la Seconde Guerre mondiale, un bathyscaphe pour l'exploration des grandes profondeurs sous-marines.

PICCINNI (Niccolo), compositeur italien, né à Bari (1728-1800). Sa rivalité avec Gluck donna lieu à la fameuse querelle des *gluckistes* et des *piccinnistes*. On lui doit : *Roland, Iphigénie, Didon.*

PICCOLOMINI (Enea Silvio) → PIE II.

PICCOLOMINI (Ottavio), général italien au service des Habsbourg, né à Pise (1600-1656). Il se distingua à Lützen (1632), à Nördlingen (1634) et débloqua Thionville (1639).

PICENUM, région de l'Italie ancienne, sur l'Adriatique. (Auj. dans les Marches.)

PICHEGRU (Charles), général français, né à Arbois (1761-1804). Commandant l'armée du Nord, il conquit les Pays-Bas (1794-95), prit contact avec les émigrés et démissionna (1796). Président du Conseil des Cinq-Cents (1797), arrêté et déporté, il s'évada, puis participa au complot de Cadoudal (1804). De nouveau arrêté, il fut trouvé mort dans la prison du Temple.

PICKERING, localité de Canada (Ontario); 27 879 h. Centrale nucléaire.

Pickwick (les Aventures de M.), roman de Dickens (1837), groupant un club d'originaux autour de M. Pickwick et de son domestique Sam Weller.

PICQUIGNY (80310), ch.-l. de c. de la Somme; 1 322 h. Louis XI et Édouard IV, roi d'Angleterre, s'y rencontrèrent le 29 août 1475; cette entrevue mit fin à la guerre de Cent Ans.

PICTAVES, peuple de la Gaule Celtique, établi au sud de la basse Loire (Poitou).

PICTES, peuple de l'Écosse ancienne.

PICTET (Raoul), physicien suisse, né à Genève (1846-1929). Il a réussi la liquéfaction de l'azote et de l'oxygène (1877).

PIE Ier (saint) [m. en 155], pape de 140 à 155. — PIE II (Enea Silvio *Piccolomini*), né à Corsignano (auj. Pienza) [1405-1464], pape de 1458 à 1464. Il a laissé une importante œuvre poétique et historique. — PIE III (Francesco *Todeschini-Piccolomini*), né à Sienne (1439-1503), pape en 1503. — PIE IV (Jean *Ange de Médicis*), né à Milan (1499-1565), pape de 1559 à 1565. Il a attaché son nom à la profession de foi du concile de Trente. — PIE V (saint) [Antonio

Ghislieri], né à Bosco Marengo (1504-1572), pape de 1566 à 1572. Dominicain, inquisiteur général, il succéda à Pie IV en 1566. Il exigea l'application des décrets du concile de Trente, publia le bréviaire (1568) et le missel romains (1570). Canonisé en 1712. — PIE VI (Giannangelo *Braschi*), né à Cesena (1717-1799), pape de 1775 à 1799. Pour combattre le joséphisme, il fit à Vienne, en 1782, une visite inutile; il condamna le jansénisme en la personne de l'évêque de Pistoia, Scipione de' Ricci. Après avoir longtemps hésité, il condamna en France la Constitution civile du clergé (10 mars 1791). Sous le Directoire, ses États furent envahis, et il dut signer, avec la France, en 1797, le traité de Tolentino. Un an plus tard, il fut arrêté, sur l'ordre du Directoire, par le général Berthier, et conduit à Valence, en France, où il mourut le 29 août 1799. — PIE VII (Gregorio Luigi Barnaba *Chiaramonti*), né à Cesena (1742-1823), pape de 1800 à 1823. Il signa avec la France un Concordat (15 juill. 1801), que Bonaparte accompagna, de sa propre initiative, d'« articles organiques », et vint à Paris sacrer l'empereur Napoléon (2 déc. 1804). Ayant refusé d'entrer dans le système du Blocus continental, il vit les Français occuper (1808) puis annexer ses États. Pie VII excommunia l'Empereur, qui le fit interner à Savone (1809), puis (1812) à Fontainebleau, où le pape résista aux exigences de Napoléon. Il rentra à Rome le 25 mai 1814. — PIE VIII (Francesco Saverio *Castiglioni*), né à Cingoli (1761-1830), pape de 1829 à 1830. — PIE IX (Giovanni Maria *Mastai-Ferretti*), né à Senigallia (1792-1878), pape de 1846 à 1878. Rendu populaire par des mesures démocratiques, il refusa de prendre, en 1848, la tête du mouvement unitaire italien, ce qui provoqua à Rome de graves troubles. Le pape se réfugia à Gaète avant d'être rétabli dans son pouvoir temporel par les troupes françaises (1849-50). Dès lors, Pie IX apparut comme le défenseur de l'ordre et de la religion face à la révolution, au libéralisme, au laïcisme, au socialisme. Il proclama le dogme de l'Immaculée Conception en 1854. Son attitude intransigeante à l'égard des idées modernes lui dicta le *Syllabus* (1864). En décembre 1869, il réunit le premier concile du Vatican, qui, en 1870, définit le dogme de l'infaillibilité pontificale. Durant vingt ans, entre le pape et le Piémont se développa une lutte qui aboutit à la prise de Rome (20 sept. 1870) et à l'annexion des États pontificaux au royaume d'Italie. Le pape se considéra comme prisonnier au Vatican. — PIE X (saint) [Giuseppe *Sarto*], né à Riese (1835-1914), pape de 1903 à 1914, après avoir été patriarche de Venise (1893-1903). En 1906, il condamna la rupture du Concordat par le gouvernement français. Peu favorable à la démocratie, il con-

damna le Sillon en 1910. Mais son principal adversaire fut le modernisme, qu'il condamna en 1907 par le décret *Lamentabili* et l'encyclique *Pascendi*. Il rénova la musique sacrée (1903), favorisa la communion quotidienne et la communion des enfants, réforma le bréviaire et fit opérer une refonte du droit canon. Canonisé en 1954. — PIE XI (Achille *Ratti*), né à Desio (1857-1939), pape de 1922 à 1939. Il signa de nombreux concordats, dont un avec l'Allemagne (1933), et, avec le gouvernement italien, les accords du Latran (1929), qui rendaient au Saint-Siège son indépendance territoriale en créant l'État du Vatican. Il donna un vigoureux essor au clergé indigène et aux missions, et définit et encouragea l'Action catholique spécialisée. Il condamna l'Action française (1926), le fascisme italien (1931), le communisme athée et le national-socialisme (1937). — PIE XII (Eugenio *Pacelli*), né à Rome (1876-1958), pape de 1939 à 1958, après avoir été secrétaire d'État (1929-1939). Pontife autoritaire, il resta fidèle à la doctrine traditionnelle de l'Église, mais il s'intéressa de près à toutes les activités humaines. Durant la Seconde Guerre mondiale, il donna asile à de nombreux Juifs, mais on lui reprochera son « silence » officiel face aux atrocités nazies.

PIECK (Wilhelm), homme d'État allemand, né à Guben (auj. *Wilhelm-Pieck-Stadt Guben*) [1876-1960], président de la République démocratique allemande de 1949 à sa mort.

PIEDICROCE (20229), ch.-l. du cant. d'Orezza-Alesani (Haute-Corse); 252 h.

PIÉMONT, région du nord-ouest de l'Italie, formée des prov. d'Alexandrie, d'Asti, de Cuneo, de Novare, de Turin et de Verceil; 25 399 km²; 4 541 000 h. *(Piémontais).* Occupant la majeure partie du bassin supérieur du Pô, le Piémont, au climat continental, juxtapose une partie montagneuse *(Alpes piémontaises),* domaine de l'élevage, de la forêt (localement du tourisme hivernal), et une partie plus basse, formée de collines et de plaines, où se sont développées les cultures (blé, maïs, vigne [Asti]). Turin, la seule grande ville, capitale régionale, rassemble plus du quart de la population du Piémont. — Centre des États de la maison de Savoie, le Piémont fut annexé par la France en 1799 et rendu au roi Victor-Emmanuel Ier en 1814-15.

PIERNÉ (Gabriel), compositeur et chef d'orchestre français, né à Metz (1863-1937), auteur de *Cydalise et le Chèvrepied* (1923), *Fragonard* (1934), et de nombreuses pages de musique de chambre, ainsi que d'oratorios *(l'An Mil,* 1897; *la Croisade des enfants,* 1902).

PIERO DELLA FRANCESCA, peintre italien, né à San Sepolcro (Arezzo) [v. 1410/1420-1492]. Son œuvre est considérée comme la plus haute

PIERO DELLA FRANCESCA

synthèse de l'art pictural du Quattrocento (fresques de la *Légende de la Croix,* v. 1452-1460, S. Francesco d'Arezzo; *Madone de Senigallia,* galerie nationale d'Urbino).

PIERO DI COSIMO (Piero DI LORENZO, dit), peintre italien, né à Florence (v. 1462-1521?), auteur de portraits et de scènes mythologiques d'une sensibilité tourmentée.

PIÉRON (Henri), psychologue français, né à Paris (1881-1964). Il fut l'un des fondateurs en France de la psychologie scientifique, dont il créa les cadres d'enseignement et de recherche.

PIERRE *(saint),* apôtre de Jésus, chef du collège apostolique, considéré par la tradition comme le premier pape (m. à Rome entre 64 et 67). Pêcheur galiléen, il occupa dans le groupe des apôtres une place prééminente, et sa primauté survécut à la mort de Jésus. Son activité missionnaire s'exerça en Palestine, à Antioche, à Corinthe et à Rome, où il mourut martyr selon la tradition, lors de la persécution de Néron. Les fouilles entreprises entre 1939 et 1949 sous la basilique Saint-Pierre au Vatican ont montré que vers 120 le souvenir de l'apôtre Pierre était déjà vénéré à cet endroit.

PIERRE d'Alcántara *(saint)* [Pedro GARAVITO], réformateur franciscain espagnol (1499-1562). Il a exercé une grande influence sur sainte Thérèse d'Ávila.

PIERRE CANISIUS *(saint),* jésuite hollandais, né à Nimègue (1521-1597), docteur de l'Église. Provincial pour son ordre en Allemagne, il fut l'animateur de la Contre-Réforme dans les pays germaniques. Canonisé en 1925.

PIERRE CÉLESTIN *(saint)* → CÉLESTIN V *(saint).*

PIERRE DAMIEN *(saint),* docteur de l'Église, né à Ravenne (1007-1072). Cardinal-évêque d'Ostie, légat à Milan, il fut, en Italie du Nord, le promoteur de la réforme du clergé, aux côtés du futur Grégoire VII; il est l'auteur de poèmes et de traités polémiques.

PIERRE FOURIER *(saint),* né à Mirecourt (1565-1640), fondateur de la congrégation enseignante de Notre-Dame.

PIERRE Iᵉʳ (v. 1074-1104), roi d'Aragon de 1094 à 1104. — PIERRE II (1174-1213), roi d'Aragon de 1196 à 1213, tué à Muret en combattant Simon de Montfort. — PIERRE III *le Grand* (1239-1285), roi d'Aragon de 1276 à 1285, instigateur des Vêpres siciliennes (1282). Il régna en Sicile sous le nom de PIERRE Iᵉʳ (1282-1285). — PIERRE IV *le Cérémonieux,* né à Balaguer (1319-1387), roi d'Aragon de 1336 à 1387.

PIERRE Iᵉʳ, né à Queluz (1798-1834), empereur du Brésil (1822-1831), roi de Portugal (1826) sous le nom de PIERRE IV. Fils de Jean VI de Portugal, il suivit sa famille au Brésil (1807). Quand son père rentra à Lisbonne (1821), il devint régent puis « défenseur perpétuel » du Brésil, dont il proclama l'indépendance et en devint empereur (1822). Roi de Portugal à la mort de son père (1826), il laissa ce royaume à sa fille Marie II, qui fut déposée en 1828 par Michel, frère de Pierre. Celui-ci, renonçant en 1831 à la couronne brésilienne en faveur de son fils Pierre II, restaura Marie II au Portugal (1834). — PIERRE II, né à Rio de Janeiro (1825-1891), empereur du Brésil (1831-1889). Il abolit l'esclavage (1888); son libéralisme l'accula à l'abdication (1889).

PIERRE Iᵉʳ Mauclerc, duc de Bretagne (1213-1237), de la maison capétienne de Dreux, célèbre par ses luttes contre le clergé et contre Jean sans Terre.

PIERRE le Cruel, né à Burgos (1334-1369), roi de Castille et de León (1350-1369), tué par son frère naturel Henri de Trastamare.

PIERRE II PETROVIĆ NJEGOŠ, prince-évêque et poète monténégrin, né à Njegoš (1813-1851). Par son poème dramatique *les Lauriers de la montagne,* il est un des créateurs de la littérature nationale de son pays.

PIERRE Iᵉʳ le Justicier, né à Coimbra (1320-1367), roi de Portugal de 1357 à 1367. — PIERRE II, né à Lisbonne (1648-1706), roi de Portugal de 1683 à 1706. Régent, il obtint de l'Espagne la reconnaissance de l'indépendance portugaise (1668). Roi, il signa avec l'Angleterre le traité

Piero della Francesca : détail d'une des fresques de la *Légende de la Croix* à S. Francesco d'Arezzo

Pierre Iᵉʳ le Grand par P. Gobert

Lauros-Giraudon

dit « de Methuen » (1703). — PIERRE III, né à Lisbonne (1717-1786), roi de Portugal de 1777 à 1786. — PIERRE IV, roi de Portugal en 1826. (V. PIERRE Iᵉʳ du Brésil.) — PIERRE V, né à Lisbonne (1837-1861), roi de Portugal de 1853 à 1861.

PIERRE Iᵉʳ Alekseïevitch le Grand, né à Moscou (1672-1725), empereur de Russie de 1682 à 1725, successeur de Fédor III. Il brisa les révoltes des streltsy et gouverna seul à partir de 1694. Il voyagea en Europe (1697-98), créa un sénat (1711) et une hiérarchie nobiliaire, répartit les services ministériels en *collèges,* se fit reconnaître comme chef suprême de l'Église russe et organisa une armée qui lui permit, après la défaite de Narva devant les Suédois (1700), de vaincre, à Poltava, en 1709, les troupes de Charles XII. Il dut cependant rendre Azov aux Turcs (1711), mais gagna la Livonie, l'Estonie, la Carélie et l'Ingrie au traité de Nystad (1721). En 1717, il fit un second voyage en Europe. Il mourut à Saint-Pétersbourg, qu'il avait fondé en 1703. Sa femme, Catherine Iʳᵉ, lui succéda.

PIERRE II Alekseïevitch, empereur de Russie de 1727 à 1730, né à Saint-Pétersbourg (1715-1730).

PIERRE III Fedorovitch, né à Kiel (1728-1762), empereur de Russie en janvier 1762. Il fut assassiné dès le mois de juin à l'instigation de sa femme, Catherine II.

PIERRE Iᵉʳ KARADJORDJEVIĆ, né à Belgrade (1844-1921), roi de Serbie (1903-1918), puis des Serbes, Croates et Slovènes (1918-1921).

PIERRE II KARADJORDJEVIĆ, roi de Yougoslavie (1934-1945), né à Belgrade (1923-1970), fils d'Alexandre Iᵉʳ. Jusqu'en 1941, il régna sous la régence du prince Paul.

PIERRE de Cortone (Pietro BERRETTINI DA CORTONA, dit en fr.), peintre et architecte italien, né à Cortona (1596-1669). Héritier du maniérisme, fixé à Rome en 1620, il devint le grand maître, baroque, des décors commandés par l'Église et la haute société (plafond du palais Barberini, coupole de S. Maria in Vallicella, etc.).

PIERRE II de Courtenay → COURTENAY *(maison de).*

PIERRE l'Ermite, prédicateur français, né à Amiens (v. 1050-1115). Il fut le principal prédicateur de la croisade populaire (1ʳᵉ croisade), anéantie par les Turcs le 21 octobre 1096.

PIERRE Lombard, théologien et évêque de Paris, né à Novare (v. 1100-1160), auteur des *Quatre Livres des sentences,* qui servirent de texte de base pour l'enseignement de la théologie entre le XIIᵉ et le XVIᵉ s.

PIERRE de Montreuil, maître d'œuvre français, m. v. 1266. L'un des maîtres du gothique rayonnant, il apparaît sur les chantiers de l'abbaye de Saint-Germain-des-Prés, de Saint-Denis, et dirige, en 1265, l'œuvre de Notre-Dame de Paris (façade du croisillon sud, commencée par Jean de Chelles).

PIERRE-BÉNITE (69310), comm. du Rhône; 10049 h. Centrale hydroélectrique sur le Rhône.

PIERRE-BUFFIÈRE (87260), ch.-l. de c. de la Haute-Vienne; 1237 h.

PIERRE-DE-BRESSE (71270), ch.-l. de c. de Saône-et-Loire; 2050 h.

PIERREFITTE-NESTALAS (65260), comm. des Hautes-Pyrénées; 1638 h. Industrie chimique.

PIERREFITTE-SUR-AIRE (55260), ch.-l. de c. de la Meuse; 187 h.

PIERREFITTE-SUR-SEINE (93380), ch.-l. de c. de la Seine-Saint-Denis; 20854 h.

PIERREFONDS (60350 Cuise la Motte), comm. de l'Oise; 1723 h. Château (XIᵉ-XIIIᵉ s.), reconstitué par Viollet-le-Duc pour Napoléon III.

PIERREFONDS, v. du Canada (Québec), près de Montréal; 35402 h.

PIERREFONTAINE-LES-VARANS (25510), ch.-l. de c. du Doubs; 1501 h.

PIERREFORT (15230), ch.-l. de c. du Cantal; 1344 h.

PIERRELATTE (26700), ch.-l. de c. de la Drôme; 10045 h. Enrichissement de l'uranium.

PIERRELAYE (95480), comm. du Val-d'Oise; 5586 h.

PIERREPONT (54620), comm. de Meurthe-et-Moselle; 1195 h. Accessoires d'automobiles.

PIERRE-SAINT-MARTIN (la), gouffre très profond (− 1332 m) des Pyrénées occidentales, à la frontière espagnole.

Pierrot, personnage de la comédie italienne (Pedrolino), puis des pantomimes, habillé de blanc et la figure enfarinée.

PIETERMARITZBURG, v. de l'Afrique du Sud, cap. du Natal; 114000 h. Aluminium.

PIETRO DA CORTONA → PIERRE DE CORTONE.

PIEUX (Les) [50340], ch.-l. de c. de la Manche; 1222 h.

PIGALLE (Jean-Baptiste), sculpteur français, né à Paris (1714-1785). Il a pratiqué un art équilibré entre le baroquisme et la tradition classique (*Monument funéraire de Maurice de Saxe,* à Strasbourg; bustes).

PIGAULT-LEBRUN (Guillaume Charles Antoine PIGAULT DE L'ESPINOY, dit), écrivain fran-

Jean-Baptiste Pigalle : tombeau du comte d'Harcourt *(détail)*

Larousse

1484

Germain **Pilon** : médaille à l'effigie du cardinal René de Birague (bronze, v. 1575)

H. Manuel

Józef **Piłsudski**

D. Cooper-Camera Press-Parimage

Harold **Pinter**

M. Rigal

Luigi **Pirandello** par H. de Nolhac

çais, né à Calais (1753-1835), auteur de comédies et de romans libertins *(Monsieur Botte)*.

PIGNEROL, en ital. **Pinerolo,** v. d'Italie (Piémont); 38 000 h. Pignerol, clef du Piémont, a été française à diverses reprises. Forteresse où furent enfermés, notamment, Fouquet, Lauzun et l'homme au Masque de fer. Cathédrale des XIVᵉ-XVᵉ s.

PIGOU (Arthur Cecil), économiste britannique, né à Ryde (1877-1959). Représentant de l'école néoclassique, il a analysé l'« économie de bienêtre » et les problèmes du sous-emploi.

PILAT (mont), massif de la bordure orientale du Massif central; 1 432 m. Parc naturel régional.

PILATE (mont), montagne près de Lucerne (Suisse); 2 132 m. Funiculaire. Panorama.

PILATE (Ponce), chevalier romain, procurateur de Judée de 26 à 36. Il est mentionné dans les Évangiles pour avoir prononcé la sentence de mort contre Jésus.

PILAT-PLAGE, station balnéaire de la Gironde (comm. de La Teste), au pied de la *dune de Pilat* (103 m).

PILÂTRE DE ROZIER (François), chimiste et aéronaute français, né à Metz (1756-1785). Il effectua en 1783, avec le marquis d'Arlandes, le premier voyage en montgolfière, entre le château de la Muette et la Butte-aux-Cailles. Il mourut en tentant de traverser la Manche en ballon.

PILCOMAYO (le), riv. de l'Amérique du Sud, affl. du Paraguay (r. dr.); 2 500 km. Il sépare l'Argentine et le Paraguay.

PILLNITZ, village de Saxe, sur l'Elbe. Une convention y fut signée en 1791 entre l'empereur Léopold II et Frédéric-Guillaume II, roi de Prusse, contre la Révolution, qui menaçait le trône de Louis XVI.

PILNIAK (Boris Andreïevitch VOGAU, dit **Boris**), écrivain soviétique, né à Mojaïsk (1894-1937). Il célébra la révolution d'Octobre *(la Bourrasque,* 1917; *l'Année nue,* 1922) et le réalisme socialiste *(la Viande,* 1936), avant de disparaître lors d'une purge stalinienne.

PILON (Germain), sculpteur français, né à Paris (v. 1535-1590). Tempérament puissant, à la fois réaliste et maniériste, il est l'auteur du tombeau de Henri II et de Catherine de Médicis à Saint-Denis, du priant de René de Birague (Louvre), de la *Vierge de pitié* auj. à l'église St-Paul-St-Louis (Paris), de remarquables médailles, etc.

PILSEN → PLZEŇ.

PILSUDSKI (Józef), maréchal et homme d'État polonais, né à Żułowo (Lituanie) [1867-1935]. Il joua un rôle déterminant dans la restauration de l'État polonais de 1918 à 1922 et de 1926 à sa mort, comme chef de l'armée, de l'État ou du gouvernement.

PILTDOWN, localité d'Angleterre (Sussex), où l'on avait découvert en 1912 de prétendus ossements d'homme préhistorique.

PINARD (Adolphe), médecin français, né à Méry-sur-Seine (1844-1934). Professeur de clinique obstétricale, il fut l'un des initiateurs de la législation familiale.

PINAR DEL RÍO, v. de l'ouest de Cuba; 93 000 h. Tabac.

PINAY (Antoine), homme politique français, né à Saint-Symphorien-sur-Coise (Rhône) en 1891.

Maire de Saint-Chamond, député radical indépendant, puis indépendant, président du Conseil et ministre des Finances (1952), il prend d'importantes mesures pour stabiliser les prix. De nouveau ministre des Finances (1958, 1959-60), il procède à la dévaluation du franc et à l'institution du franc lourd. En 1973-74, il est médiateur.

PINCEVENT, site préhistorique de Seine-et-Marne, en amont du confluent de la Seine et du Loing. Important habitat magdalénien.

PINCUS (Gregory Goodwin), médecin américain, né à New Jersey (1903-1967), qui mit au point le premier contraceptif oral (la pilule) en 1956.

PINDARE, poète grec, né à Cynoscéphales (518-438 av. J.-C.). De famille aristocratique, il fut l'hôte de plusieurs tyrans de Sicile et mourut comblé d'honneurs. Ses poésies appartiennent à tous les genres du lyrisme choral (hymnes, péans, thrènes, etc.) et développent, à travers des récits mythiques, une vérité religieuse et morale. Le seul recueil qui nous soit parvenu intact est celui de ses *Épinicies.*

PINDE (le), massif montagneux de la Grèce occidentale; 2 632 m.

PINEL (Philippe), médecin français, né à Saint-André (Tarn) [1745-1826]. Premier médecin à avoir été introduit comme tel dans l'asile, il contribua à établir le cadre nosologique des maladies mentales et s'engagea sur la voie du traitement moral de la folie.

PINEY (10220), ch.-l. de c. de l'Aube; 1 037 h.

P'ING-TONG ou **PINGDONG,** v. de T'ai-wan; 150 000 h.

PIN-KIANG → HARBIN.

Pinocchio, héros d'un roman pour la jeunesse (1883) de l'écrivain italien Collodi. Une marionnette se métamorphose en un jeune garçon espiègle.

PINOCHET UGARTE (Augusto), général et homme d'État chilien, né à Valparaíso en 1915. Commandant en chef des forces armées (1973), il prit la tête de la junte militaire qui renversa Salvador Allende le 11 septembre 1973; il instaura un régime dictatorial et fut nommé président de la République en 1974.

PINOLS (43300 Langeac), ch.-l. de c. de la Haute-Loire; 385 h.

PINS (île des), île française de la Mélanésie, au sud-est de la Nouvelle-Calédonie; 135 km²; 1 095 h.

PINTER (Harold), acteur et auteur dramatique britannique, né à Londres en 1930. Ses pièces *(le Gardien,* 1960; *la Collection; l'Amant; le Retour),* qui dénoncent la difficulté de communiquer avec autrui dans le monde moderne, illustrent le « théâtre de l'absurde ».

PINTO (Fernão Mendes) → MENDES PINTO.

PINTURICCHIO (Bernardino DI BETTO, dit **il**), peintre italien, né à Pérouse (1454-1513), auteur, notamment, d'ensembles décoratifs d'un style animé, d'un coloris brillant (Vatican, cathédrale de Sienne).

PINZÓN (Martín), navigateur espagnol, né à Palos de Moguer (1440-1493). Il commanda l'une des caravelles de Colomb en 1492. — Son frère VICENTE (m. apr. 1523) découvrit l'embouchure de l'Amazone.

PIOMBINO, port d'Italie (Toscane), en face de l'île d'Elbe; 40 000 h. Sidérurgie.

PIOMBO (Sebastiano DEL) → SEBASTIANO DEL PIOMBO.

PIONSAT (63330), ch.-l. de c. du Puy-de-Dôme; 1 176 h.

PIOTRKÓW TRYBUNALSKI, v. de Pologne, au sud-est de Łódź; 65 000 h. Longtemps siège des diètes de la Couronne, puis du tribunal suprême. Métallurgie.

PIPRIAC (35550), ch.-l. de c. d'Ille-et-Vilaine; 2 672 h.

PIQUE (la), affl. de la Garonne supérieure (r. g.); 28 km. Centrales hydroélectriques.

PIRANDELLO (Luigi), écrivain italien, né à Girgenti (auj. Agrigente) [1867-1936]. Auteur de romans, de nouvelles dans la tradition du vérisme *(l'Exclue,* 1901), il montre, dans son théâtre, la personnalité humaine disloquée en facettes et opinions contradictoires, incapable de se recomposer logiquement *(Chacun sa vérité*,* 1917; *Six Personnages en quête d'auteur,* 1921; *Ce soir on improvise,* 1930). [Prix Nobel, 1934.]

PIRANESI (Giovanni Battista), en fr. **Piranèse,** graveur et architecte italien, né à Mogliano Veneto (1720-1778). Il est l'auteur de plus de deux mille eaux-fortes *(Prisons, Antiquités de Rome,* etc.), d'un caractère souvent visionnaire, dont s'inspirèrent les artistes néoclassiques, mais qui font également de lui un précurseur du romantisme.

PIRATES (Côte des) → ARABES UNIS (Émirats).

PIRE (Dominique), dominicain belge, né à Dinant (1910-1969). Il se consacra au problème des réfugiés. (Prix Nobel de la paix, 1958.)

PIRÉE (Le), port et banlieue industrielle d'Athènes. Le Pirée devint à l'époque des guerres médiques (Vᵉ s. av. J.-C.) le principal port d'Athènes, à laquelle il était relié par un système défensif, les *Longs Murs.*
— L'expression « prendre Le Pirée pour un homme » (commettre une erreur grossière) est une allusion à la fable de La Fontaine *le Singe et le Dauphin,* dans laquelle le Singe parle du Pirée comme étant un de ses amis.

PIRENNE (Henri), historien belge, né à Verviers (1862-1935). Il s'intéressa particulièrement à l'histoire économique et sociale du Moyen Âge. Il a laissé notamment une *Histoire de la Belgique* (1899-1932).

PIRIAC-SUR-MER (44420 La Turballe), comm. de la Loire-Atlantique; 1 110 h. Station balnéaire.

PIRITHOOS. Myth. gr. Héros thessalien, roi des Lapithes, ami de Thésée. Ses noces avec Hippodamie furent ensanglantées par le combat des Centaures et des Lapithes.

PIRMASENS, v. de l'Allemagne fédérale (Rhénanie-Palatinat); 59 000 h. Chaussures.

PIRON (Alexis), écrivain français, né à Dijon (1689-1773), auteur de la comédie *la Métromanie* (1738) et de monologues pour le théâtre de la Foire.

PISANELLO (Antonio PISANO, dit **il**), peintre et médailleur italien, sans doute né à Pise (av. 1395-apr. 1450). Appelé dans toutes les cours d'Italie (Vérone, Venise, Rome, Ferrare, Mantoue, etc.), il illustre l'alliance, propre au style gothique international, de la recherche réaliste (dessins d'animaux, portraits) et d'une féerie

1485

imaginative (fresque de l'église S. Anastasia, Vérone).

PISANO (Andrea et Nino) → ANDREA PISANO.

PISANO (Nicola et Giovanni) → NICOLA PISANO.

PISCATOR (Erwin), metteur en scène, directeur de théâtre et cinéaste allemand, né à Ulm (1893-1966). Il usa d'innovations techniques (scène tournante, projections cinématographiques) pour montrer l'imbrication des problèmes esthétiques, sociaux et politiques.

PISE, en ital. **Pisa**, v. d'Italie (Toscane), sur l'Arno; 103 000 h. Archevêché. Université. Prestigieux ensemble de la « place des Miracles », aux monuments décorés d'arcatures caractéristiques du style pisan : cathédrale romane (XIe-XIIe s.),

Serrailler-Rapho

Pise : baptistère (à gauche)
Camposanto (au second plan)
cathédrale et Tour penchée (campanile)

Giraudon

Camille **Pissarro** : *le Potager* (1878)

Fleming

William **Pitt**
1er comte de Chatham
par l'atelier de R. Brompton

Fleming

William **Pitt**
dit *le Second Pitt*
par J. Hoppner

Larousse

Max **Planck**

baptistère roman et gothique (XIIe-XIIIe s.), campanile dit « Tour penchée » et Camposanto, cimetière à galeries gothiques décorées de fresques. Monuments divers. Musée national. — Pise était devenue au XIe s. une grande puissance méditerranéenne; mais, sa flotte ayant été détruite par Gênes en 1284, elle ne retrouva pas sa grandeur passée. Elle fut même soumise par Florence en 1406. En 1409 s'y tint un concile destiné à mettre fin au schisme d'Occident.

PISIDIE, région montagneuse de la Turquie d'Asie.

PISISTRATE, tyran d'Athènes (v. 600-527 av. J.-C.). Il établit la tyrannie en 560. Continuateur de l'œuvre sociale de Solon, il encouragea le commerce et l'industrie, et, par son administration financière, procura à Athènes une période de grande prospérité.

PISON → CALPURNIUS PISON.

PISSARRO (Camille), peintre et graveur français, né à Saint-Thomas (Antilles) [1830-1903]. C'est un des maîtres de l'impressionnisme. Installé en Île-de-France, il se consacra à des paysages souvent animés de personnages et de scènes rustiques.

PISSOS (40410), ch.-l. de c. des Landes; 809 h.

PISTOIA, v. d'Italie (Toscane); 94 000 h. Monuments médiévaux, dont la cathédrale (XIIe-XIIIe s.) et d'autres églises, riches en œuvres d'art. Chaussures. Dentelles.

PITCAIRN, île d'Océanie, au sud-est de Tahiti.

PITE ÄLV (le), fl. de Suède, se jetant dans le golfe de Botnie, au port de Piteå (35 000 h.); 370 km.

PITEȘTI, v. de Roumanie, en bordure des Carpates; 124 000 h. Automobiles.

PITHIVIERS (45300), ch.-l. d'arr. du Loiret, sur l'Œuf, branche de l'Essonne; 10 442 h. *(Pithiviériens).* Église du XVIe s. (clocher du XIIe). Produits alimentaires (pâtés d'alouette, gâteaux dits « pithiviers », etc.).

PITOËFF (Georges), acteur et directeur de théâtre français d'origine russe, né à Tiflis (1884-1939). Il a mis en scène et interprété avec sa femme, LUDMILLA, née à Tiflis (1895-1951), nombre d'œuvres du théâtre contemporain (d'Ibsen à Anouilh), en fondant son esthétique sur la primauté de l'acteur.

PITOT (Henri), ingénieur et physicien français,

né à Aramon (Languedoc) [1695-1771]. On lui doit de nombreux ouvrages d'art ainsi que le *tube de Pitot,* qui permet de mesurer la pression dans un fluide en écoulement.

PITT (William), 1er *comte de Chatham,* homme d'État britannique, né à Londres (1708-1778). Député whig à partir de 1735, il devint le leader du nationalisme anglais face aux Bourbons français et espagnols. Premier ministre et ministre de la Guerre (1756), au début de la guerre de Sept Ans, il conduisit ce pays à la victoire. Démissionnaire en 1761, il fut rappelé au pouvoir de 1766 à 1768.

PITT (William), dit **le Second Pitt,** homme d'État britannique, né à Hayes (1759-1806), fils du précédent. Chancelier de l'Échiquier (1782) puis Premier ministre (1783-1801), il dirigea la lutte contre la France révolutionnaire à partir de 1793. Mais cette guerre, marquée par de beaux succès (Aboukir, 1798), étant un gouffre financier, Pitt décida une pause : ce fut la paix d'Amiens (1802), signée alors qu'il n'était plus au pouvoir. De 1804 à sa mort, de nouveau Premier ministre, il combattit Napoléon Ier, dont la flotte subit un nouveau désastre à Trafalgar (1805).

PITTACOS, tyran de Mytilène, cité de l'île de Lesbos (v. 650-v. 569 av. J.-C.). Il exerça le pouvoir pendant dix ans (v. 595-585), et abdiqua volontairement. Il figure au nombre des Sept Sages de la Grèce.

PITTI, famille florentine, rivale des Médicis. — Le *palais Pitti,* à Florence, commencé en 1440 par Brunelleschi, auj. musée, est riche en tableaux et objets d'art provenant en partie de la collection des Médicis (qui l'ont acquis et agrandi au XVIe s.).

PITTSBURGH, v. des États-Unis (Pennsylvanie), sur l'Ohio; 520 000 h. (2,4 millions dans l'agglomération). L'un des plus grands centres sidérurgiques et métallurgiques du monde. Musée d'art de l'institut Carnegie.

PIXERÉCOURT (René Charles GUILBERT DE), auteur dramatique français, né à Nancy (1773-1844), le « père du mélodrame » *(Victor ou l'Enfant de la forêt, Latude ou Trente-Cinq Ans de captivité).*

PIZARRO (Francisco), en fr. **François Pizarre,** conquistador espagnol, né à Trujillo (v. 1475-1541), qui, avec l'aide de ses frères GONZALO (v. 1502-1548) et HERNANDO (v. 1508-1578), con-

quit l'empire des Incas. Il fut tué à Lima par les partisans de son rival Almagro.

PLA (Josep), journaliste et écrivain espagnol d'expression catalane, né à Palafrugell en 1897, auteur de récits autobiographiques *(le Cahier gris).*

PLABENNEC (29212), ch.-l. de c. du Finistère; 5 307 h.

PLAGNE (La), [73120 Aime], station de sports d'hiver (alt. 1970-2 742 m) de Savoie, dans la Tarentaise.

Plaideurs *(les),* comédie en trois actes et en vers de Racine (1668), inspirée des *Guêpes* d'Aristophane.

PLAINE-DES-PALMISTES (La) [97431], ch.-l. de c. de la Réunion; 2 062 h.

PLAISANCE, en ital. **Piacenza,** v. d'Italie (Émilie), près du Pô; 109 000 h. Palais communal gothique. Cathédrale romane et gothique. Palais Farnèse, de la fin du XVIe s. — En 1545, Plaisance constitua, avec Parme, un duché qui disparut au XIXe s.

PLAISANCE (32160), ch.-l. de c. du Gers; 1 577 h. Bastide du XIVe s.

PLAISIR (78370), comm. des Yvelines; 21 274 h. Industrie aérospatiale.

PLAN CARPIN (Jean DU), en ital. **Giovanni da Pian del Carpine,** franciscain italien, né à Pian del Carpine (Ombrie) [v. 1182-1252], légat d'Innocent IV auprès du khân des Mongols (1245-46), et auteur de la plus ancienne description historico-géographique de l'Asie centrale.

PLANCHE (Gustave), critique littéraire français, né à Paris (1808-1857). Il passa du romantisme au dogmatisme de la *Revue des Deux Mondes.*

PLANCHES-EN-MONTAGNE (Les) [39150 St Laurent en Grandvaux], ch.-l. de c. du Jura; 186 h.

PLANCHON (Roger), metteur en scène, directeur de théâtre et auteur dramatique français, né à Saint-Chamond en 1931, codirecteur (avec Patrice Chéreau) du nouveau T. N. P. depuis 1972.

PLANCK (Max), physicien allemand, né à Kiel (1858-1947), créateur de la théorie des quanta. (La *constante de Planck,* qui en est à la base, a pour valeur $h = 6,625 \times 10^{-34}$ joule-seconde.) [Prix Nobel, 1918.]

PLANCOËT (22130), ch.-l. de c. des Côtes-du-Nord; 2 467 h. Eaux minérales.

PLAN-DE-CUQUES (13380), comm. des Bouches-du-Rhône; 5 895 h.

PLANIOL (Marcel), juriste français, né à Nantes (1853-1931), auteur, avec Ripert, d'un *Traité élémentaire de droit civil.*

PLANS DE PROVENCE (les), plateaux calcaires de Provence, au sud du moyen Verdon.

PLANTAGENÊT, surnom du comte d'Anjou Geoffroi V, employé pour désigner sa descendance constituée par la lignée des rois d'Angleterre de 1154 à 1485. L'histoire des Plantagenêts, maîtres d'une partie importante de l'Ouest français, fut longtemps dominée par le conflit entre France et Angleterre, puis, au XVe s., par la rivalité entre les branches collatérales des Lancastres et des Yorks (guerre des Deux-Roses).

rivalité qui aboutit, en 1485, à l'élimination des Plantagenêts par les Tudors.

PLANTAUREL, avant-monts pyrénéens (Ariège), culminant à 830 m.

PLANTÉ (Gaston), physicien français, né à Orthez (1834-1889). En 1859, il construisit le premier accumulateur électrique.

Plantes (Jardin des), jardin botanique de Paris → MUSÉUM NATIONAL D'HISTOIRE NATURELLE.

PLANTIN (Christophe), imprimeur français, né à Saint-Avertin, près de Tours (v. 1520-1589). Établi à Anvers, il édita la célèbre Biblia regia (ou Biblia poliglotta).

PLANUDE (Maximos), écrivain byzantin, né à Nicomédie (v. 1260-1310), compilateur de l'Anthologie grecque et des Fables d'Ésope.

PLASTIRAS (Nikólaos), général et homme politique grec, né à Karditsa (1883-1953). Il poussa Georges II à quitter le pays en 1923, s'exila en France après le retour du roi (1935), rentra en Grèce en 1944, où il fut chef du gouvernement en 1945 et en 1951-52.

Platon
buste du IIIe s.

Giraudon

PLATA (Río de la) → RÍO DE LA PLATA.

PLATA (La), v. de l'Argentine, ch.-l. de la prov. de Buenos Aires, près du Río de la Plata; 391 000 h.

PLATÉES, anc. v. de Béotie. La victoire qu'y remportèrent les Grecs sur les Perses (479 av. J.-C.) fut décisive pour l'achèvement des guerres médiques.

PLATON, philosophe grec, né à Athènes (428 ou 427-348 ou 347 av. J.-C.). Disciple de Socrate, il fait parler son maître dans les dialogues où il définit une notion (l'amitié, la vertu, etc.) puis développe une argumentation dialectique et mathématique. Platon est l'auteur d'une trentaine de dialogues, dont les plus importants sont le Banquet, Phédon, la République, Phèdre, Parménide, le Sophiste, Timée et les Lois. Distinguant le savoir de l'opinion et le monde des idées et de la vérité du monde sensible, il élabore une philosophie idéaliste, où s'articule notamment une théorie de l'être et de la nature avec une théorie du langage et de la politique. En 387 av. J.-C., il fonda à Athènes une école philosophique — l'Académie — et inaugura ainsi une tradition féconde : le platonisme.

PLATONOV (Andreï Platonovitch Klimentov, dit), écrivain soviétique, né à Voronej (1899-1951), auteur de récits en marge du réalisme socialiste (les Écluses d'Épiphane).

PLAUEN, v. du sud de l'Allemagne démocratique; 81 000 h. Métallurgie. Textiles.

PLAUTE, en lat. **Maccius** ou **Maccus Plautus**, poète comique latin, né à Sarsina (Ombrie) [254-184 av. J.-C.]. Des cent vingt pièces qu'on lui attribuait, Varron n'en reconnaissait que vingt et une comme authentiques. Les plus connues sont : Amphitryon, Aulularia, les Ménechmes, le Soldat fanfaron. Plaute emprunte les sujets aux auteurs grecs de la comédie nouvelle. Ses personnages annoncent déjà les types de la commedia* dell'arte.

PLEAUX [plo] (15700), ch.-l. de c. du Cantal; 2 666 h.

Pléiade (la). La littérature a connu, sous ce nom, deux groupes de poètes : le premier, au IIIe s. av. J.-C., rassemblait, dans l'Alexandrie des Ptolémées, Lycophron de Chalcis, Alexandre l'Étolien, Philiscos de Corcyre, Sosiphanes de Syracuse, Homère de Byzance, Sosithée

d'Alexandrie et Dionysiades de Tarse; le second groupe réunit, sous Henri II, autour de Ronsard et de Du Bellay, Rémy Belleau, Jodelle, Baïf, Pontus de Tyard et J. Peletier du Mans, remplacé à sa mort par Dorat.

PLÉIADES. Myth. gr. Nom des sept filles d'Atlas, que Zeus métamorphosa en étoiles pour les soustraire aux poursuites d'Orion. — Astron. Le groupe des Pléiades constitue, dans la constellation du Taureau, un beau spécimen d'amas stellaire ouvert, appelé parfois la Poussinière.

PLEINE-FOUGÈRES (35610), ch.-l. de c. d'Ille-et-Vilaine; 1 927 h.

PLEKHANOV (Gueorgui Valentinovitch), socialiste russe, né à Goudalovka, gouv. de Tambov (1856-1918). Théoricien du marxisme, fondateur avec Lénine de l'Iskra, il s'opposa aux bolcheviks à partir de 1903.

PLÉLAN-LE-GRAND (35380), ch.-l. de c. d'Ille-et-Vilaine; 2 284 h.

PLÉLAN-LE-PETIT (22270 Jugon les Lacs), ch.-l. de c. des Côtes-du-Nord; 1 268 h.

PLÉNEUF-VAL-ANDRÉ (22370), ch.-l. de c. des Côtes-du-Nord; 3 963 h. Station balnéaire au Val-André.

PLÉRIN (22190), comm. des Côtes-du-Nord; 9 893 h.

Plessetsk, base soviétique de lancement d'engins spatiaux, au sud de la mer Blanche.

PLESSIS (Joseph Octave), prélat canadien, né près de Montréal (1763-1825), premier archevêque de Québec.

PLESSIS-BELLEVILLE (Le) [60330], comm. de l'Oise; 1 960 h. Constructions mécaniques.

PLESSIS-BOUCHARD (Le) [95130 Franconville], comm. du Val-d'Oise; 5 591 h.

PLESSIS-LEZ-TOURS, village d'Indre-et-Loire (comm. de La Riche, près de Tours). Château acquis en 1463 et agrandi par Louis XI, qui y mourut en 1483.

PLESSIS-ROBINSON (Le) [92350], ch.-l. de c. des Hauts-de-Seine; 22 333 h. Constructions.

PLESSIS-TRÉVISE (Le) [94420], comm. du Val-de-Marne; 12 991 h.

PLESTIN-LES-GRÈVES (22310), ch.-l. de c. des Côtes-du-Nord, sur la Manche; 3 241 h. Église du XVIe s.

PLEUMARTIN (86450), ch.-l. de c. de la Vienne; 1 173 h.

PLEUMEUR-BODOU (22560 Trébeurden), comm. des Côtes-du-Nord; 2 941 h. Centre de télécommunications spatiales.

PLEURTUIT (35730), comm. d'Ille-et-Vilaine; 3 768 h. Aéroport de Dinard.

PLEVEN, anc. Plevna, v. de la Bulgarie; 108 000 h. Elle fut conquise par les Russes sur les Turcs en 1877.

PLEYBEN (29190), ch.-l. de c. du Finistère; 3 911 h. Bel enclos paroissial principalement du XVIe s., avec église, calvaire, etc.

PLEYEL (Ignaz), compositeur autrichien, né à Ruppersthal, près de Vienne (1757-1831), fondateur d'une fabrique de pianos à Paris. On lui doit des symphonies, des concertos et des quatuors.

PLINE l'Ancien, naturaliste et écrivain latin, né à Côme (23 apr. J.-C.-79). Il était amiral de la flotte de Misène quand survint, en 79, l'éruption du Vésuve, au cours de laquelle il périt. Il est l'auteur d'une Histoire naturelle, vaste compilation scientifique en 37 livres.

PLINE le Jeune, écrivain latin, neveu du précédent, né à Côme (62 - v. 114). Avocat célèbre, il fut consul. Il est l'auteur d'un Panégyrique de Trajan et de Lettres, qui forment un document de valeur sur la société de son temps.

PLISNIER (Charles), romancier belge, né à Ghlin (1896-1952); auteur de récits de mœurs (Faux Passeports, 1937; Meurtres, Mères).

PLISSETSKAÏA (Maïa Mikhaïlovna), danseuse soviétique, née à Moscou en 1925, interprète et technicienne hors pair (la Mort du cygne, le Lac des cygnes, Carmen-Suite).

PŁOCK, v. de Pologne, sur la Vistule; 91 000 h. Raffinerie de pétrole. Pétrochimie.

PLOEMEUR [plɔe-] (56270), comm. du Morbihan; 10 115 h. Kaolin.

PLŒRMEL [plɔermɛl] (56800), ch.-l. de c. du Morbihan; 7 022 h. Anc. place forte. Église gothique et Renaissance. Hôtel des ducs de Bretagne et maisons anciennes.

PLŒUC-SUR-LIÉ (22150), ch.-l. de c. des Côtes-du-Nord; 3 226 h.

PLOGASTEL-SAINT-GERMAIN (29143), ch.-l. de c. du Finistère; 1 684 h.

PLOGOFF (29113 Audierne), comm. du Finistère, englobant la pointe du Raz; 2 359 h.

PLOIEȘTI ou **PLOESTI**, v. de Roumanie, au nord de Bucarest; 199 000 h. Centre pétrolier et industriel.

PLOMB DU CANTAL → CANTAL.

PLOMBIÈRES-LES-BAINS (88370), ch.-l. de c. des Vosges; 3 379 h. Eaux minérales sulfatées sodiques (traitement des affections de l'intestin et du système sympathique). Napoléon III y rencontra Cavour (1858) pour jeter les bases d'une alliance destinée à réaliser l'unité italienne.

Plombs (les), prisons de Venise, sous les combles du palais ducal recouvrets de lames de plomb.

PLOTIN, philosophe néoplatonicien, né en Égypte (v. 203-v. 270). Disciple de l'école d'Alexandrie, il enseigna à Rome une philosophie où il fondait les doctrines antiques, surtout la pensée de Platon, et le christianisme.

PLOUAGAT (22170 Châtelaudren), ch.-l. de c. des Côtes-du-Nord; 1 826 h.

PLOUARET (22420), ch.-l. de c. des Côtes-du-Nord; 2 222 h.

PLOUAY (56240), ch.-l. de c. du Morbihan; 4 130 h.

PLOUBALAY (22650), ch.-l. de c. des Côtes-du-Nord; 2 217 h.

PLOUDALMÉZEAU (29262), ch.-l. de c. du Finistère; 4 477 h. (V. PORTSALL.)

PLOUDIRY (29220 Landerneau), ch.-l. de c. du Finistère; 677 h. Église à porche Renaissance de 1665.

PLOUESCAT (29221), ch.-l. de c. du Finistère; 4 067 h.

PLOUFRAGAN (22240), comm. des Côtes-du-Nord; 8 395 h.

PLOUGASNOU [-gɑnu] (29228), comm. du Finistère; 3 368 h. Église et chapelle du XVIe s. Station balnéaire à Primel-Trégastel.

PLOUGASTEL-DAOULAS (29213), comm. du Finistère, sur une presqu'île de la rade de Brest; 8 223 h. (Plougastels). Calvaire du début du XVIIe s. Fraises.

PLOUGUENAST (22150 Plœuc sur Lié), ch.-l. de c. des Côtes-du-Nord; 2 006 h.

PLOUGUERNEAU (29232), comm. du Finistère; 5 471 h.

PLOUHA (22580), ch.-l. de c. des Côtes-du-Nord; 4 310 h. — Aux environs, chapelle de Kermaria-an-Isquit (peintures murales du XVe s.).

PLOUHINEC (29149), comm. du Finistère; 5 593 h.

PLOUIGNEAU (29234), comm. du Finistère; 3 337 h.

PLOUMANAC'H [-nak] (22700 Perros Guirec), station balnéaire des Côtes-du-Nord (comm. de Perros-Guirec).

PLOUTOS ou **PLUTUS**. Myth. gr. Dieu des Richesses.

PLOUZANÉ (29290 St Renan), comm. du Finistère; 5 172 h. Centre océanologique de Bretagne.

PLOUZÉVÉDÉ (29225), ch.-l. de c. du Finistère; 1 571 h.

PLOVDIV, anc. **Philippopolis**, v. de Bulgarie, sur la Marica; 309 000 h. Pittoresque vieille ville. Musées. Centre commercial et industriel (métallurgie, textiles).

PLÜCKER (Julius), mathématicien et physicien allemand, né à Elberfeld (1801-1868). L'un des fondateurs de la géométrie analytique moderne, il étendit la notion de coordonnées.

1487

PLUTARQUE, écrivain grec, né à Chéronée (v. 50 - v. 125). Il voyagea en Égypte, séjourna plusieurs fois à Rome, et fit partie du collège sacerdotal de Delphes. Il écrivit un grand nombre de traités, que l'on divise, depuis l'Antiquité, en deux groupes : les *Œuvres morales* et les *Vies* parallèles*, traduites par Amyot.

PLUTON. *Myth. gr.* Épithète rituelle (le Riche) du dieu des Enfers, Hadès.

PLUTON, planète située au-delà de Neptune, découverte en 1930 par l'Américain Clyde Tombaugh.

PLUTUS → PLOUTOS.

Plutus, en gr. **Ploutos,** comédie d'Aristophane (388 av. J.-C.), satire sociale sur la mauvaise répartition des richesses.

PLUVIGNER (56330), ch.-l. de c. du Morbihan; 4 540 h. Monuments anciens.

PLYMOUTH, grand port militaire d'Angleterre (Devon); 239 000 h.

PLZEŇ, en allem. **Pilsen,** v. de Tchécoslovaquie (Bohême); 163 000 h. Monuments anciens. Brasserie. Métallurgie.

PNYX (la), colline située à l'ouest d'Athènes, où se tenait l'assemblée des citoyens.

PÔ (le), principal fl. d'Italie, né dans les Alpes, au mont Viso, tributaire de l'Adriatique, qu'il rejoint en formant un grand delta; 652 km. De direction générale ouest-est, entré très tôt en plaine (en amont de Turin), le Pô draine avec ses affluents (Tessin, Adda), entre les Alpes et les Apennins, une vaste région basse, la *plaine du Pô,* partie vitale de l'Italie.

POBEDONOSTSEV (Konstantine Petrovitch), homme politique russe, né à Moscou (1827-1907). Précepteur d'Alexandre III et de Nicolas II, il exerça sur le tsar une grande influence, lui inspirant une politique ultraconservatrice.

POBEDY (pic), point culminant du T'ien-chan, à la frontière sino-soviétique; 7 439 m.

POBLET, village d'Espagne (Catalogne). Monastère cistercien fondé en 1153.

PODENSAC (33720), ch.-l. de c. de la Gironde; 1 925 h. Vins.

PODGORNYÏ (Nikolaï Viktorovitch), homme d'État soviétique, né à Karlovka (Ukraine) en 1903. Il fut président du Praesidium du Soviet suprême de 1965 à 1977.

PODLACHIE ou **PODLAQUIE,** région de Pologne, dans le bassin du Bug.

PODOLIE, région de l'ouest de l'Ukraine, bordée au sud par le Dniestr.

PODOLSK, v. de l'U.R.S.S., au sud de Moscou; 193 000 h.

POE (Edgar Allan), écrivain américain, né à Boston (1809-1849). Poète (*le Corbeau*, 1845), il donne dans ses nouvelles, qui déploient un monde fantastique et morbide (*les Aventures d'Arthur Gordon Pym*, 1838), le modèle des constructions paralogiques qu'imiteront les romans policiers (*Histoires extraordinaires*, 1840-1845).

Poèmes antiques, par Leconte de Lisle (1852), recueil dont les sujets sont empruntés aux mythes de l'Inde et de la Grèce antique.

Poèmes antiques et modernes, par A. de Vigny (1822-1826). Les trois parties du recueil (poèmes mystiques, poèmes antiques, poèmes modernes) composent une fresque épique des âges successifs de l'humanité.

Poèmes barbares, par Leconte de Lisle (1862), dont la matière est empruntée aux récits bibliques, celtiques et scandinaves.

Poétique, ouvrage d'Aristote (IVe s. av. J.-C.), qui traite de la poésie en général, de la tragédie et de l'épopée.

POGGE (le), en ital. **Gian Francesco Poggio Bracciolini,** écrivain italien, né à Terranuova (auj. *Terranuova Bracciolini,* Toscane) [1380-1459]. Il découvrit de nombreuses œuvres de l'Antiquité romaine. Il est l'auteur d'une *Histoire de Florence* de 1350 à 1455 et de *Facéties,* traduites sous le titre de *Contes de Pogge Florentin.*

POGGENDORFF (Johann Christian), physicien allemand, né à Hambourg (1796-1877), directeur des *Annales de physique et chimie,* et inventeur de la pile au bichromate.

Poitiers : l'église Notre-Dame-la-Grande (principalement du XIIe s.)

Edgar Allan **Poe**

Raymond **Poincaré**

Henri **Poincaré**

PO-HAI ou **BOHAI,** golfe des côtes chinoises, au nord du Chan-tong.

POHER (Alain), homme d'État français, né à Ablon-sur-Seine (Val-de-Marne) en 1909. Président du Sénat depuis 1968, il a été président de la République par intérim après la démission du général de Gaulle (avr.-juin 1969) et après la mort de G. Pompidou (avr.-mai 1974).

POIGNY (77160 Provins), comm. de Seine-et-Marne; 337 h. Optique.

POINCARÉ (Henri), mathématicien français, né à Nancy (1854-1912). Il découvrit les fonctions fuchsiennes, étudia les groupes kleinéens et s'intéressa à la résolution du problème fondamental des trois corps. (Acad. fr.)

POINCARÉ (Raymond), avocat et homme d'État français, né à Bar-le-Duc (1860-1934), cousin du précédent. Avocat, député de la Meuse dès 1887, il assuma, de 1893 à 1906, différents postes ministériels. À la tête d'un cabinet d'union nationale (1912-13), il se réserva les Affaires étrangères : son attitude rassura l'opinion face au danger allemand. De 1913 à 1920, il fut président de la République. Président du Conseil et ministre des Affaires étrangères de 1922 à 1924, il fit occuper la Ruhr, mais dut s'incliner devant le plan Dawes. Il fut rappelé au pouvoir après l'échec financier du Cartel des gauches (1926-1929), et se résigna à dévaluer le franc (24 juin 1928). [Acad. fr.]

POINSOT (Louis), mathématicien français, né à Paris (1777-1859). Ses recherches concernent surtout la géométrie et la mécanique.

POINTE-À-PITRE (97110), ch.-l. d'arr. de la Guadeloupe, dans l'île de Grande-Terre; 23 889 h. Principal débouché maritime de la Guadeloupe.

POINTE-AUX-TREMBLES, v. du Canada (Québec), dans l'île de Montréal; 35 618 h. Raffinerie de pétrole.

POINTE-CLAIRE, v. du Canada (Québec), dans l'île de Montréal; 25 917 h.

POINTE-NOIRE, port du Congo; 142 000 h. Tête de ligne du chemin de fer Congo-Océan. Débouché maritime du pays.

POINTE-NOIRE (97116), ch.-l. de c. de la Guadeloupe; 7 324 h.

POINTIS (Jean Bernard, *baron* DE), marin français (1645-1707). En 1697, il prit, en Amérique du Sud, Cartagena (auj. en Colombie).

POIRÉ-SUR-VIE (Le) [85170 Belleville sur Vie], ch.-l. de c. de la Vendée; 3 809 h.

POIRET (Paul), couturier et décorateur français, né à Paris (1879-1944). Il eut une grande influence sur l'évolution du costume féminin.

POISEUILLE (Jean-Louis), médecin et physicien français, né à Paris (1799-1869). Il a donné les lois de l'écoulement laminaire des fluides visqueux (1844).

poisons (*Affaire des*), série de scandaleuses affaires d'empoisonnement, à Paris, de 1670 à 1680, qui nécessitèrent la création d'une *Chambre ardente* dirigée par l'énergique La Reynie, et auxquelles furent mêlées la Brinvilliers, la Voisin, la Vigoureux, etc.

POISSON (Denis), mathématicien français, né à Pithiviers (1781-1840), auteur de travaux sur l'analyse mathématique, la mécanique céleste, l'élasticité et surtout sur le calcul des probabilités.

POISSONS (52230), ch.-l. de c. de la Haute-Marne; 720 h.

POISSONS (les), constellation zodiacale. — Douzième signe du zodiaque.

POISSONS-BLANCS → ATTICAMÈGUES.

POISSY (78300), ch.-l. de c. des Yvelines, sur la Seine; 37 637 h. (*Pisciaçais*). Église des XIIe-XVIe s. Automobiles.

Poissy (*colloque de*), assemblée de théologiens qui se tint à Poissy, en 1561, sous la présidence de Catherine de Médicis et de Michel de L'Hospital, en vue d'un rapprochement entre catholiques et calvinistes. Ce colloque échoua par l'intransigeance des uns et des autres.

POITIERS (86000), anc. cap. du Poitou, ch.-l. de la Région Poitou-Charentes et du dép. de la Vienne, sur un promontoire dominant le Clain, à 329 km au sud-ouest de Paris; 85 466 h. (*Poitevins*). Évêché. Cour d'appel. Académie et université. Baptistère St-Jean, remontant au IVe s. Remarquables églises romanes, dont St-Hilaire et Notre-Dame-la-Grande. Cathédrale gothique (XIIe-XIIIe s.) à trois vaisseaux presque d'égale hauteur. Grande salle du palais des Comtes (XIIIe s., embellie pour Jean de Berry). Moderne musée Sainte-Croix. Constructions mécaniques et électriques. — Anc. capitale des Pictaves, Poitiers devint très vite l'un des grands foyers religieux de la Gaule. Charles Martel y arrêta les Arabes en 732. Près de Poitiers, à Maupertuis, le Prince Noir vainquit Jean le Bon, qu'il fit prisonnier (1356).

POITOU, anc. prov. de France. Cap. *Poitiers.* Duché du IXe au Xe s., le Poitou passa aux Anglais avec l'Aquitaine lors du mariage d'Aliénor avec Henri II Plantagenêt (1152). Repris une première fois aux Anglais en 1204, par Philippe Auguste, le Poitou fut annexé par Charles V en 1369-1373. Il a constitué les dép. des Deux-Sèvres, de la Vendée et de la Vienne. (Hab. *Poitevins.*)
— Au point de vue géographique, le nom de *Poitou* s'applique surtout au seuil reliant les Bassins aquitain et parisien; il est formé de plaines portant des céréales sur les calcaires décomposés (terres de groie), consacrées à l'élevage sur les placages argileux (terres de brandes).

POITOU-CHARENTES, Région administrative, formée des dép. de la Charente, de la

Charente-Maritime, des Deux-Sèvres et de la Vienne; 25 790 km²; 1 528 118 h. Ch.-l. *Poitiers.*

POIVILLIERS (Georges), ingénieur français, né à Draché (Indre-et-Loire) [1892-1968]. Il a créé de nombreux appareils pour la restitution photogrammétrique des photographies aériennes.

POIX-DE-PICARDIE (80290), ch.-l. de c. de la Somme; 2 172 h. Église de style gothique flamboyant.

POIX-DU-NORD (59218), comm. du Nord; 2 259 h. Textile.

PO KIU-YI ou **BO JUYI**, poète chinois, né à Sin-tcheng (772-846). Il célébra la vie quotidienne (*Chansons du pays de Ts'in*).

POLA → PULA.

POLABÍ, riche plaine de Tchécoslovaquie, en Bohême, de part et d'autre du Labe (Elbe).

POLAIRE *(étoile)* ou la **POLAIRE,** étoile la plus brillante de la constellation de la Petite Ourse. Elle doit son nom à sa proximité (1⁰ environ) du pôle céleste Nord.

POLAIRES *(régions)*, nom donné aux régions limitées par les cercles polaires. Elles couvrent 43 millions de kilomètres carrés, dont la plus grande partie est occupée par la mer dans l'Arctique* et par la terre dans l'Antarctique*. Les régions polaires ont été l'objet de nombreuses expéditions, entreprises surtout à des fins de découverte et de recherche scientifique, mais aussi avec des préoccupations d'ordre stratégique. Avec le développement des moyens d'accès, des rivalités sont apparues entre les différents « secteurs » du continent antarctique. Parmi les principales expéditions vers le pôle Nord, il faut citer celles de Parry (1827), de Nordenskjöld (1879), de Nansen (1893-1895), de Peary (qui a atteint le pôle en 1909), et, vers le pôle Sud, celles de Dumont d'Urville (1840), de R. F. Scott (1902), de Shackleton (1909), d'Amundsen (qui a atteint le pôle en 1911, précédant Scott de peu). Après la « conquête des pôles », les expéditions polaires se sont multipliées, notamment dans l'Antarctique, lors de l'Année géophysique internationale (1957-58).

POLANSKI (Roman), cinéaste polonais, né à Paris en 1933, qui réalisa *le Couteau dans l'eau* (1962), *Répulsion* (1964), *Cul-de-sac* (1966), *le Bal des vampires* (1967), *Rosemary's Baby* (1968), *Chinatown* (1974), *Tess* (1979).

POLANYI (Karl), économiste américain d'origine hongroise, né à Budapest (1886-1964). Ses recherches ont porté, notamment, sur les « systèmes » économiques précapitalistes. Il se montre favorable à une économie planifiée inspirée par un humanisme socialiste.

POLE (Reginald), prélat anglais, né à Stourton Castle (1500-1558). Cardinal (1536), il présida, en 1545, le concile de Trente; archevêque de Canterbury (1556), il joua un rôle important dans la réforme catholique.

POLÉSIE, région de l'ouest de l'U.R.S.S. (Biélorussie et Ukraine), traversée par le Pripet.

POLIAKOFF (Serge), peintre français d'origine russe, né à Moscou (1906-1969). Installé à Paris en 1923, musicien converti à la peinture, il parvient vers 1950 à la maturité de son style : une abstraction entre géométrie et informel.

Polichinelle, personnage comique des théâtres de marionnettes. Bossu, il diffère du

miniature d'une traduction française du *Livre des merveilles du monde* de Marco Polo

B. N.

Pulcinella italien, dont il tire son nom; celui-ci, vêtu de blanc, n'est pas difforme.

POLIDORO DA CARAVAGGIO (Polidoro CALDARA, dit), peintre italien, né à Caravaggio (Brescia) [v. 1490/1500 - v. 1543]. De tendance maniériste et expressionniste, il est l'auteur de peintures décoratives (notamment en grisaille, pour des façades de palais romains) et de tableaux d'église.

POLIERI (Jacques), metteur en scène et scénographe français, né à Toulouse en 1928. On lui doit de nombreuses mises en scène d'avantgarde et l'édification de lieux scéniques ou de communication de conception révolutionnaire. Il a également réalisé divers spectacles dont il est l'auteur, ainsi que des films, et a publié des recherches théoriques.

POLIGNAC (Melchior DE), cardinal français, né au Puy (1661-1742), diplomate et écrivain, auteur de l'*Anti-Lucrèce*, poème latin cherchant à réfuter le matérialisme. (Acad. fr.)

POLIGNAC (Jules Auguste Armand, *prince* DE), né à Versailles (1780-1847). Élevé dans l'émigration, il participa au complot de Cadoudal (1804). Pair de France (1814), il milita avec les « chevaliers de la foi » et fut ambassadeur à Londres (1823-1829). Président du Conseil en 1829, il fit entreprendre l'expédition d'Algérie et signa, le 25 juillet 1830, les ordonnances qui amenèrent la révolution de Juillet. Condamné à la prison perpétuelle et à la déchéance civique par la Chambre des pairs, il fut amnistié en 1836.

POLIGNY (39800), ch.-l. de c. du Jura; 4 893 h.

Politburo, bureau politique du Comité central du parti communiste soviétique, créé en 1917.

POLITIEN (Angelo AMBROGINI, surnommé **il Poliziano,** appelé en France **Ange**), humaniste italien, né à Montepulciano (1454-1494), auteur des *Stances pour le tournoi* (1478) et de la *Fable d'Orphée*, qui inspira Monteverdi.

Politique (la), ouvrage d'Aristote. L'analyse des formes de communauté humaine conduit l'auteur à montrer que l'homme, « animal politique », ne peut vivre moralement que dans le cadre d'une cité dont le régime est celui d'une république modérée.

POLÍTIS (Nikólaos), juriste et homme politique grec, né à Corfou (1872-1942). Professeur à la faculté de droit de Paris, puis ministre des Affaires étrangères de Grèce (1917-1920), il fut président de la S.D.N. en 1932 puis président de l'Institut de droit international en 1937.

POLITZER (Georges), philosophe et psychologue français, né à Nagyvárad (auj. Oradea) en 1903, fusillé par les nazis au mont Valérien en 1942. Marxiste, il proposa une « psychologie concrète » où le déterminisme psychologique n'agit qu'à travers le déterminisme économique.

POLLACK (Sydney), cinéaste américain, né à South Bend (Indiana) en 1934, réalisateur de *Propriété interdite* (1966), *On achève bien les chevaux* (1969), *Jeremiah Johnson* (1972), *les Trois Jours du Condor* (1975).

POLLAIOLO ou **POLLAIULO** (Antonio BENCI, dit **del**), peintre, graveur, sculpteur et orfèvre italien, né à Florence (v. 1432-1498), attaché aux recherches de mouvement et de précision anatomique, en peinture (*Travaux d'Hercule*), en sculpture (petits bronzes; tombeaux de Sixte IV et d'Innocent VIII) et en gravure. — Son frère PIERO (v. 1443-1496) collabora avec lui, surtout en peinture.

POLLENSA, port de l'île de Majorque (Baléares); 9 000 h. Station balnéaire.

POLLOCK (Jackson), peintre américain, né à Cody (Wyoming) [1912-1956]. Influencé par les muralistes mexicains, par Picasso, puis (v. 1942, à New York) par l'automatisme surréaliste, il aboutit v. 1947 à une peinture gestuelle (*action painting*) exemplaire de l'expressionnisme abstrait et se distinguant par la pratique du *dripping* (projection de couleur liquide sur le toile posée au sol).

POLLUX → CASTOR.

POLO (Marco), voyageur vénitien, né à Venise (1254-1324). À partir de 1271, il traversa toute l'Asie par la Mongolie et revint par Sumatra,

après être resté seize ans au service de Kūbīlāy khān. Le récit de ses voyages, fait en français (*le Livre des merveilles du monde*, ou *Il Milione*), est le premier document précis sur l'Extrême-Orient.

POLOGNE, en polon. **Polska,** république de l'Europe orientale, sur la mer Baltique; 312 000 km²; 35 010 000 h. *(Polonais).* Cap. *Varsovie.* Langue : *polonais.*

GÉOGRAPHIE

En dehors de sa bordure méridionale qui appartient à la Bohême, hercynienne, et aux Carpates occidentales, tertiaires, la Pologne s'étend sur une partie de la grande plaine de l'Europe du Nord, affectée par les glaciations, dont les traces sont partout visibles (dépôts morainiques, lacs). Le climat est de type continental, avec notamment des hivers déjà rigoureux. Le régime socialiste a disloqué les grandes propriétés, créé des coopératives de production et des fermes d'État. Toutefois, plus de 80 p. 100 des terres demeurent encore aux mains d'exploitants individuels. La Pologne reste un important fournisseur de céréales (seigle, blé), de betteraves à sucre, de pommes de terre; l'élevage bovin a progressé, tandis que le nombre des ovins stagne. Le développement de l'industrie a été favorisé par l'abondance de la houille de la haute Silésie, où s'est édifiée une puissante sidérurgie. La pauvreté en fer d'un sous-sol qui recèle surtout du cuivre, du soufre, du plomb, du zinc et du sel impose le recours aux importations de minerai. Le textile, la chimie (à partir du charbon national et du pétrole importé) et surtout la métallurgie de transformation sont les autres branches dominantes. L'U.R.S.S. est de loin le principal partenaire commercial de la Pologne, qui joue, au sein du Comecon, le rôle de fournisseur de charbon et de produits agricoles, mais qui a accru ses échanges avec l'Europe de l'Ouest.

HISTOIRE

— 1400-400 av. J.-C. : civilisation lusacienne.

— 600-200 av. J.-C. : civilisation poméranienne.

— Iᵉʳ-VIᵉ s. apr. J.-C. : le territoire polonais, animé par la route de l'ambre, entre en contact avec la civilisation romaine.

— VIIᵉ s. : fin des migrations slaves.

— 960-992 : règne du duc Mieszko Iᵉʳ, premier de la dynastie des Piast; la Pologne devient chrétienne et atteint ses limites actuelles.

— 992-1025 : règne de Boleslas Iᵉʳ, qui oblige l'Empire germanique à reconnaître l'indépendance de la Pologne et qui est couronné roi en 1025.

— 1025-1034 : règne de Mieszko II; morcellement du pays encouragé par l'Empire.

— 1034-1138 : tentatives pour restaurer l'unité sous les rois Casimir Iᵉʳ (1034-1058), qui transfère sa capitale à Cracovie, Boleslas II le Hardi (1058-1079) et Boleslas III Bouche-Torse (1102-1138).

— 1138-1320 : division du pays en duchés. L'ordre Teutonique, appelé en Pologne par Conrad de Mazovie en 1226, conquiert la Prusse (1230-1283), Gdańsk et la Poméranie orientale (1308-1309).

— 1320-1333 : Ladislas Iᵉʳ met fin au morcellement; mais la Poméranie et la Silésie restent germaniques.

— 1333-1370 : règne du dernier Piast, Casimir III, qui réunifie le pays, colonise de vastes territoires et fonde l'université de Cracovie.

— 1370 : la couronne de Pologne passe à Louis Iᵉʳ d'Anjou, roi de Hongrie.

— 1386-1434 : le grand-duc de Lituanie Jogaila, qui a épousé la fille de Louis d'Anjou (1384), devient roi de Pologne sous le nom de Ladislas II et fonde la dynastie des Jagellons, qui règne en même temps sur la Lituanie. En 1410, la bataille de Grunwald brise la puissance militaire des Teutoniques.

— 1454 : la Prusse incorporée à la Pologne par Casimir IV Jagellon.

— 1466 : la paix de Toruń rend à la Pologne la Poméranie et Gdańsk.

— 1493 : triomphe de la démocratie nobiliaire avec le système bicaméral (Sénat, Chambre des nonces).

— 1496 : privilège de Piotrków, qui réserve à la noblesse la propriété foncière et les hautes fonctions.

POLOGNE

— 1506-1548 : règne de Sigismond Ier, roi de Pologne et grand-duc de Lituanie, qui annexe la Mazovie (1526). La Pologne va connaître son « siècle d'or » : essor de la vie intellectuelle et artistique, vivifiée par l'humanisme et la Réforme ; prospérité économique.
— 1548-1572 : règne du dernier Jagellon, Sigismond Ier, qui, par l'acte de Lublin (1569), assure la fusion de la Pologne et de la Lituanie. Mais il meurt sans héritiers.
— 1576-1586 : Étienne Ier Báthory, prince de Transylvanie, roi élu de Pologne.
— 1587-1648 : règnes de Sigismond III Vasa (1587-1632) et de Ladislas IV Vasa (1632-1648). Triomphe de la Contre-Réforme catholique. Extension du pouvoir des magnats au détriment de l'État. Guerres ruineuses. Soulèvement des Cosaques.
— 1648-1668 : le dernier Vasa, Jean II Casimir, doit céder la Livonie à la Suède, et la rive gauche du Dniepr aux Russes. L'anarchie politique s'accélère avec l'application du *liberum veto*, par lequel un opposant peut annuler une décision de la diète (1652).
— 1674-1696 : règne de Jean III Sobieski, qui repousse les Turcs, mais ne peut enrayer le déclin.
— 1697-1733 : l'Électeur de Saxe Auguste II, imposé par les Russes et chassé par Charles XII de Suède au profit de Stanislas Ier Leszczyński (1704-1709), rentre à Varsovie grâce à Pierre le Grand.
— 1733-1738 : la guerre de la Succession de Pologne se termine par la défaite de Stanislas Ier (soutenu par la France) au profit d'Auguste III (soutenu par la Russie).
— 1764-1795 : règne de Stanislas II Auguste Poniatowski. Confédération de Bar (1768-1772), dirigée contre les Russes, qui appuient le roi. Premier partage de la Pologne entre la Russie, la Prusse et l'Autriche (1772). Sursaut national.

Le parti patriote impose la « Grande Diète » démocratique (1791). Deuxième partage de la Pologne (1793). L'insurrection nationale de Tadeusz Kościuszko (1794) est écrasée et est suivie du troisième partage, qui marque la disparition de la Pologne (1795).
— 1807-1813 : grand-duché de Varsovie, créé par Napoléon Ier.
— 1815 : au congrès de Vienne, la Russie cède la Posnanie à la Prusse, Cracovie devient une république libre et le reste du grand-duché de Varsovie forme le « royaume du Congrès », rattaché à la Russie.
— 1830-31 : insurrection polonaise, écrasée par les Russes.
— 1832 : statut organique, qui réduit la Pologne à la servitude politique. Début de la grande émigration vers l'Occident (Paris).
— 1863-64 : nouvelle insurrection, sauvagement réprimée. La Pologne n'est plus que « le territoire de la Vistule », russifié.
— 1918 (nov.) : le général J. Piłsudski proclame la république indépendante de Pologne.
— 1919 (26 janv.) : Diète constituante. Le traité de Versailles règle difficilement le problème des frontières (Silésie).
— 1920-21 : guerre polono-soviétique.
— 1921 (17 mars) : constitution instaurant un régime de type présidentiel.
— 1926 : Piłsudski devient le seul maître du pays.
— 1935-1939 : après la mort de Piłsudski, gouvernement autoritaire des « colonels ». Pacte de non-agression avec l'Allemagne (1934) et occupation de Teschen (1938). Puis, devant les exigences allemandes, rapprochement avec la France et la Grande-Bretagne.
— 1939 (1er sept.) : Hitler attaque la Pologne ; l'Allemagne et l'U.R.S.S. se partagent le pays (28 sept.). Avec l'occupation allemande, commence le martyre du peuple polonais, qui op-

pose aux occupants une résistance très active, à l'extérieur (formation, à Londres, d'un gouvernement et constitution d'une armée qui combattra aux côtés des Alliés) comme à l'intérieur de la Pologne.
— 1943 : insurrection du ghetto de Varsovie.
— 1944 (22 juill.) : formation du Comité polonais de libération nationale (de tendance communiste), installé à Lublin.
— 1944 (1er août - 2 oct.) : insurrection de Varsovie, décidée par le général Bór-Komorowski, malgré l'opposition des Russes. La ville, après une résistance héroïque, doit capituler.
— 1945 : l'armée rouge à Varsovie (17 janv.). La conférence de Yalta (4-11 févr.) fixe les frontières de la Pologne à la ligne Curzon à l'est et à la ligne Oder-Neisse à l'ouest. Le Comité de libération signe un traité de coopération avec l'U.R.S.S. (21 avr.). Formation d'un gouvernement d'union nationale (28 juin). Władysław Gomułka, secrétaire général du parti ouvrier.
— 1947 : triomphe des communistes et de leurs alliés aux élections. Le parti ouvrier unifié polonais, devenu parti unique, domine le pays.
— 1948 : Bolesław Bierut, déjà chef de l'État, devient secrétaire général du parti après en avoir écarté Gomułka.
— 1952 : une nouvelle constitution fait de la Pologne une démocratie populaire.
— 1956 (oct.) : émeutes populaires à Poznań et retour au pouvoir de W. Gomułka (« Octobre polonais »). Début d'une certaine démocratisation du régime et de meilleures relations avec l'Église catholique.
— 1970 : de nouvelles émeutes provoquent le remplacement de Gomułka par Edward Gierek. Traité de Varsovie (déc.), signé avec la République fédérale d'Allemagne et qui reconnaît les frontières de la Pologne.
— 1980 : les mouvements revendicatifs aboutissent à la création de syndicats indépendants du pouvoir. Gierek est remplacé par Stanisław Kania.
— 1981 : Kania démissionne. Le général Jaruzelski lui succède (oct.). L'armée prend le pouvoir et met fin à la libéralisation (déc.).

POLONCEAU, famille d'ingénieurs français. — ANTOINE RÉMY, né à Reims (1778-1847), édifia la route du Simplon (1801), puis celle du Lautaret (1808). — Son fils BARTHÉLEMY CAMILLE, né à Chambéry (1813-1859), construisit le chemin de fer de Paris à Versailles.

POLONNARUWA, anc. cap. de Ceylan (Sri Lanka) du VIIIe au XIIIe s. Nombreux monuments, dont le sanctuaire rupestre de Gal-Vihāra (XIIe s.).

polono-soviétique (guerre), conflit qui, en 1920, opposa l'U.R.S.S. à la Pologne. Marqué par l'avance polonaise en Ukraine puis par la menace soviétique sur Varsovie, il fut conclu par le traité de Riga (1921), qui fixa jusqu'en 1939 la frontière orientale de la Pologne.

POLTAVA, v. de l'U.R.S.S. (Ukraine), au sud-ouest de Kharkov ; 274 000 h. Charles XII, roi de

POLOGNE

Polonnaruwa : le Laṅkātilaka (temple, XIIe s.)

Gerster-Rapho

1490

Suède, y fut vaincu le 8 juillet 1709 par Pierre le Grand.

POLTROT (Jean DE), *sieur de Méré*, gentilhomme protestant, né en Angoumois (v. 1537-1563), qui assassina, en 1563, François de Guise devant Orléans.

POLYBE, historien grec, né à Mégalopolis (Arcadie) [v. 200-v. 125/120 av. J.-C.]. Il fit partie, après Pydna (168), des mille otages livrés aux Romains et vécut seize ans à Rome. Ses *Histoires*, par le souci qu'il a d'analyser méthodiquement les faits et d'en rechercher les causes, le classent parmi les grands historiens grecs.

POLYCARPE (saint), évêque de Smyrne et martyr (v. 69-v. 155). Le récit de son martyre, écrit peu de temps après sa mort, est le plus ancien témoignage que nous ayons de la mort d'un martyr.

POLYCLÈTE, sculpteur et architecte grec du Ve s. av. J.-C., né à Sicyone ou à Argos. Sa théorie du canon*, qu'il appliqua à ses statues viriles (Diadumène, Doryphore, etc.), est l'une des bases du classicisme grec.

POLYCRATE (m. en 522 av. J.-C.), tyran de Samos de 533 à 522 av. J.-C. Samos connut une grande prospérité sous son règne. Il attira à sa cour des artistes et des écrivains, dont Anacréon.

POLYEUCTE (saint), officier romain, martyrisé à Mélitène, en Arménie, v. 250.

Polyeucte, tragédie de Corneille (1641-42) : l'irruption de la grâce chrétienne dans la haute société romaine, pendant la persécution de l'empereur Decius.

POLYGNOTE, peintre grec, né dans l'île de Thasos au Ve s. av. J.-C. Auteur de vastes compositions mythologiques connues par les descriptions qu'en ont faites Pausanias et Pline, il est considéré comme le fondateur de la peinture murale grecque.

POLYMNIE, muse de la Poésie lyrique.

POLYNÉSIE, division de l'Océanie, comprenant le vaste ensemble d'îles échelonnées dans le Pacifique, à l'est de l'Australie, de la Mélanésie et de la Micronésie. Les principaux archipels qui en font partie sont la Polynésie française, la Nouvelle-Zélande, les Samoa et les Hawaii. Les Polynésiens (en dehors de la Nouvelle-Zélande) vivent de la culture du cocotier, de la pêche et, localement, du tourisme.

POLYNÉSIE FRANÇAISE, archipels du Pacifique Sud, formant un territoire français d'outre-mer; 4 000 km²; 137 382 h. Ch.-l. *Papeete* (île de Tahiti). Ce sont les îles de la Société (avec Tahiti), les Marquises, les Tuamotu et les Gambier, les îles Australes.

POLYNICE. *Myth. gr.* Frère d'Étéocle*.

POLYPHÈME. *Myth. gr.* Cyclope qui, dans *l'Odyssée*, retint prisonniers Ulysse et ses compagnons. Pour se libérer, Ulysse l'enivra et lui creva son unique œil.

POMARÉ, nom d'une dynastie qui régna à Tahiti à partir de la fin du XVIIIe s. — POMARÉ IV, de son vrai nom AÏMATA, née à Tahiti (1813-1877), reine de 1827 à 1877, dut accepter en 1847 le protectorat de la France, après l'avoir vivement combattu. — Le dernier roi de ce nom, POMARÉ V, né à Tahiti (1842-1891), abdiqua en 1880.

POMBAL (Sebastião José DE CARVALHO E MELO, *marquis* DE), homme d'État portugais, né à Lisbonne (1699-1782). Secrétaire aux Affaires étrangères et à la Guerre (1750), puis secrétaire aux Affaires du royaume (1756) — c'est-à-dire Premier ministre —, il s'efforça, durant le règne de Joseph Ier (1750-1777), de développer une politique novatrice en matière sociale et économique (colbertisme). En 1759, il fit expulser les Jésuites. Il fut disgracié à l'avènement de Marie Ire.

POMÉRANIE, région historique en bordure de la Baltique, partagée par l'Oder en une *Poméranie occidentale* et une *Poméranie orientale*. La Poméranie fut constamment disputée, au cours de l'histoire, entre la Suède, la Prusse et la Pologne. Attribuée en grande partie à la Suède en 1648, elle fut abandonnée à la Prusse en 1815; la majeure partie est devenue polonaise en 1945.

POMÉRÉLIE, région côtière de la Baltique (*Petite Poméranie*), polonaise depuis 1945.

POMEROL (33500 Libourne), comm. de la Gironde; 1 037 h. Vins rouges.

POMIGLIANO D'ARCO, v. d'Italie, près de Naples; 22 000 h. Automobiles.

POMMARD (21630), comm. de la Côte-d'Or; 754 h. Vins rouges.

POMONE, divinité romaine des Fruits et des Jardins.

POMOTU, nom des habitants des îles Tuamotu.

POMPADOUR (Antoinette POISSON, *marquise* DE), favorite de Louis XV, née à Paris (1721-1764), épouse du fermier général Charles Le Normant d'Étiolles. Maîtresse déclarée du roi (1745-1751), elle joua un rôle politique important, contribuant au renversement des alliances (1756) et faisant la fortune de Choiseul; elle fut aussi la protectrice de la philosophie des lumières, des arts et des lettres.

POMPÉE, en lat. **Cneius Pompeius Magnus**, général et homme d'État romain (106-48 av. J.-C.). Partisan de Marius, rallié à Sulla, au retour d'Afrique de ce dernier (83), il fit campagne en Sicile et en Afrique contre les fidèles de Marius (82) et rétablit l'ordre en Espagne, où il termina la guerre de Sertorius (77-71). Consul en 70 avec M. Licinius Crassus, il débarrassa la Méditerranée des pirates (67); après quoi, il prit le commandement de la guerre contre Mithridate VI, roi du Pont, qu'il vainquit. Cette victoire lui permit d'affermir la puissance romaine en Orient. Rentré dans sa patrie, chargé de gloire et de butin, en butte à la défiance du sénat, qu'inquiétait son prestige, Pompée forma avec Crassus et César le premier triumvirat; la mort de Crassus, en 53, le laissa face à face avec César. Alors que César était en Gaule, Pompée reçut en 52 les pleins pouvoirs pour lutter contre l'anarchie qui s'installait à Rome (meurtre de Clodius). L'ambition des deux hommes rendit inévitable la guerre civile : César franchit le Rubicon (janv. 49) et marcha sur Rome. Vaincu à Pharsale (48), Pompée se réfugia en Égypte, où il fut assassiné sur l'ordre de Ptolémée XIV, désireux d'obtenir l'appui de César.

POMPÉI, v. anc. de Campanie, au pied du Vésuve, près de Naples. Fondée au VIe s. av. J.-C., colonie romaine à partir de 80 av. J.-C., elle devint lieu de plaisance de riches Romains. Ensevelie avec ses habitants sous une épaisse couche de cendres et de lapilli, lors de l'éruption du Vésuve en 79, elle a été redécouverte et fouillée à partir du XVIIIe s. Temples, édifices civils, quartiers d'habitation, demeures patriciennes, ainsi que de nombreuses peintures

Pompéi : fontaine à décor de mosaïques de la « maison de la Grande Fontaine »

Mme de **Pompadour** par M. Quentin de La Tour (détail)

marquis de **Pombal** par Van Loo et Cl. J. Vernet (détail)

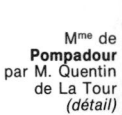

POLYNÉSIE FRANÇAISE

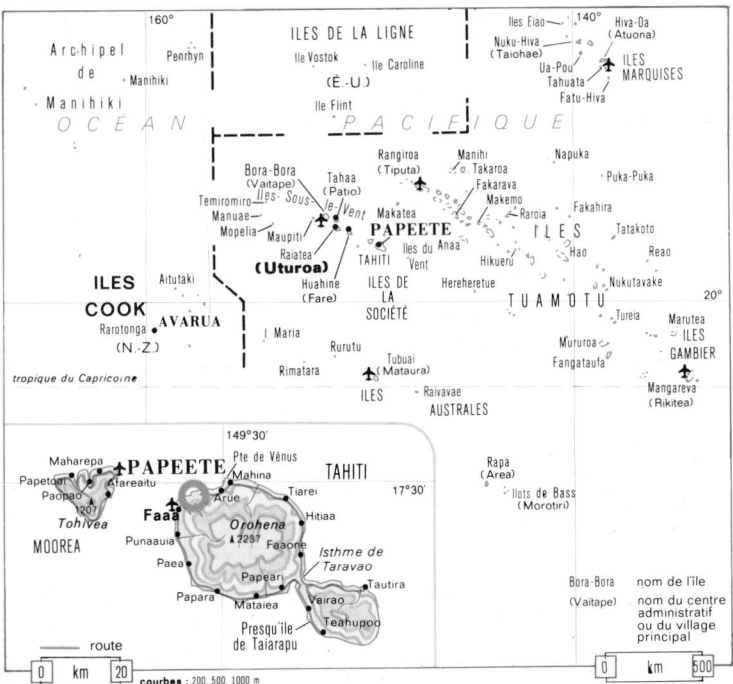

murales en font l'une des plus saisissantes évocations de l'Antiquité.

POMPEY [-pɛ] (54340), comm. de Meurthe-et-Moselle, sur la Moselle; 6534 h. Sidérurgie.

POMPIDOU (Georges), homme d'État français, né à Montboudif (Cantal) [1911-1974]. Directeur du cabinet du général de Gaulle (1958-59), Premier ministre de 1962 à 1968, il succéda, en 1969, à la présidence de la République, au général de Gaulle. Il mourut au cours de son mandat.

POMPIGNAN (Jean-Jacques LEFRANC, *marquis* DE), poète français, né à Montauban (1709-1784). Auteur d'*Odes chrétiennes et philosophiques*, il fut un adversaire des philosophes. (Acad. fr.)

POMPON (François), sculpteur français, né à Saulieu (1855-1933). Consacrée à la représentation des animaux, son œuvre se caractérise par la finesse de l'observation et la stylisation très épurée des formes.

POMPONNE (Simon ARNAULD, *marquis* DE), homme politique français, né à Paris (1618-1699). Secrétaire d'État aux Étrangers (1671), puis ministre d'État (1672), il dirigea la diplomatie française jusqu'en 1679. Il fut rappelé au Conseil en 1691 et seconda son gendre Colbert de Torcy.

PONCE, v. de Porto Rico; 168000 h.

PONCELET (Jean Victor), général et mathématicien français, né à Metz (1788-1867). Il jeta les bases de la géométrie projective, dont il est considéré comme le fondateur avec M. Chasles et C. von Staudt.

PONCIN (01450), ch.-l. de c. de l'Ain; 1176 h.

PONDICHÉRY, v. de l'Inde, anc. ch.-l. de l'Inde française, sur la côte de Coromandel; 91000 h. — Le *territoire de Pondichéry* a 480 km² et 472000 h. Prise par les Anglais en 1761, rendue plusieurs fois aux Français, Pondichéry ne redevint véritablement française qu'en 1814. Elle fut cédée à l'Inde en 1956.

PONGE (Francis), poète français, né à Montpellier en 1899. Son œuvre fait des objets, explorés dans leur intégralité physique, le moule concret d'un langage (*le Parti pris des choses*, 1942; *le Savon*, 1967).

PONIATOWSKI (Józef ou Joseph, *prince*), général polonais et maréchal de France, né à Vienne (1763-1813). Il commanda en 1809 les Polonais contre les Autrichiens, en 1812 le 5e corps de la Grande Armée en Russie et fut fait maréchal par Napoléon (1813).

PONS [põ] (17800), ch.-l. de c. de la Charente-Maritime; 5418 h. Monuments médiévaux. Château Renaissance d'Usson.

PONSARD (François), écrivain français, né à Vienne (Isère) [1814-1867]. Il réagit contre le romantisme et tenta, dans ses tragédies, un retour aux règles classiques (*Lucrèce*, 1843). [Acad. fr.]

PONSON DU TERRAIL (Pierre Alexis, *vicomte*), écrivain français, né à Montmaur (Hautes-Alpes) [1829-1871], un des maîtres du roman-feuilleton (*les Exploits de Rocambole*, 1859).

PONT, pays de l'Asie Mineure ancienne, en bordure du Pont-Euxin. Satrapie de l'Empire perse, le Pont devint, à la fin du IVe s. av. J.-C., un royaume qui fut, avec Mithridate VI (111-63), l'État le plus puissant de l'Asie Mineure. La mort de Mithridate, vaincu par Pompée, y mit fin.

PONT-À-CELLES, comm. de Belgique (Hainaut); 15100 h.

PONTACQ (64530), ch.-l. de c. des Pyrénées-Atlantiques; 2345 h.

PONTA DELGADA, port et v. pr. des Açores, dans l'île de São Miguel; 20000 h.

PONTAILLER-SUR-SAÔNE (21270), ch.-l. de c. de la Côte-d'Or; 1310 h.

PONT-À-MARCQ (59710), ch.-l. de c. du Nord, sur la *Marcq*; 1652 h.

PONT-À-MOUSSON (54700), ch.-l. de c. de Meurthe-et-Moselle; 15058 h. (*Mussipontains*). Monuments et maisons des XVe-XVIIIe s. Tuyaux en fonte.

PONTANO (Giovanni ou Gioviano), en lat. **Pontanus**, homme d'État et humaniste italien, né à Cerreto (Ombrie) [v. 1426-1503].

Larousse

école de **Pont-Aven**
Baigneuses (1890), de Paul Sérusier

PONTARION (23250), ch.-l. de c. de la Creuse; 388 h.

PONTARLIER (25300), ch.-l. d'arr. du Doubs, sur le Doubs; 18841 h. (*Pontissaliens*). Isolants acoustiques. Constructions mécaniques.

PONT-AUDEMER (27500), ch.-l. de c. de l'Eure, sur la Risle; 10011 h. (*Pontaudemériens*). Église des XIe-XVIe s. Maisons anciennes. Produits chimiques.

PONTAULT-COMBAULT (77340), comm. de Seine-et-Marne; 16769 h.

PONTAUMUR (63380), ch.-l. de c. du Puy-de-Dôme; 916 h.

PONT-AUX-DAMES, écart de la comm. de *Couilly-Pont-aux-Dames* (Seine-et-Marne). Maison de retraite des vieux comédiens.

PONT-AVEN (29123), ch.-l. de c. du Finistère; 3561 h. Industries alimentaires. — L'*école de Pont-Aven* groupa autour de Gauguin, v. 1886-1891, des peintres comme Émile Bernard et Sérusier (esthétique *synthétiste* ou *cloisonniste*).

PONT-À-VENDIN (62880 Vendin le Vieil), comm. du Pas-de-Calais; 3368 h. Cimenterie.

PONTCHARRA (38530), comm. de l'Isère, près du confluent de l'Isère et du Bréda; 4745 h. Installation hydroélectrique.

PONTCHARTRAIN (Louis PHÉLYPEAUX, *comte* DE), homme politique français, né à Paris (1643-1727), intendant (1687), contrôleur général des Finances (1689-1699), secrétaire d'État à la Marine et à la Maison du roi (1690-1699), chancelier (1699-1714), créateur de la capitation (1695).

PONTCHÂTEAU (44160), ch.-l. de c. de la Loire-Atlantique; 6520 h. Calvaire (pèlerinage).

PONT-CROIX (29122), ch.-l. de c. du Finistère; 1961 h. Église des XIIIe et XVIe s.

PONT-D'AIN (01160), ch.-l. de c. de l'Ain, sur l'Ain; 2266 h.

PONT-DE-BEAUVOISIN (Le) (38480), ch.-l. de c. de l'Isère, sur le Guiers (r. g.); 2987 h.

PONT-DE-BEAUVOISIN (Le) (73330), ch.-l. de c. de la Savoie, sur le Guiers (r. dr.); 2087 h.

PONT-DE-CHÉRUY (38230), ch.-l. de c. de l'Isère; 3853 h.

PONT-DE-CLAIX (Le) (38800), comm. de l'Isère, sur le Drac; 13035 h. Industrie chimique. Constructions mécaniques.

PONT-DE-L'ARCHE (27340), ch.-l. de c. de l'Eure, sur la Seine; 2883 h. Chaussures.

PONT-DE-MONTVERT (Le) (48220), ch.-l. de c. de la Lozère; 312 h.

PONT-DE-ROIDE (25150), ch.-l. de c. du Doubs, sur le Doubs; 5422 h. (*Rudipontains*). Métallurgie.

PONT-DE-SALARS (12290), ch.-l. de c. de l'Aveyron; 1567 h.

PONT-DE-VAUX (01190), ch.-l. de c. de l'Ain; 2128 h.

PONT-DE-VEYLE (01290), ch.-l. de c. de l'Ain; 1177 h.

PONT-DU-CHÂTEAU (63430), ch.-l. de c. du Puy-de-Dôme; 5645 h.

PONTECORVO, v. d'Italie (Campanie), sur le Garigliano; 12000 h. Bernadotte fut *prince de Pontecorvo* (1806-1810).

PONT-EN-ROYANS (38680), ch.-l. de c. de l'Isère; 1170 h.

PONTET (Le) (84130), comm. de Vaucluse, banlieue d'Avignon; 10532 h. Industries chimiques. Produits réfractaires.

PONT-EUXIN, anc. nom de la *mer Noire**.

PONTEVEDRA, v. d'Espagne (Galice); 61000 h. Églises et demeures anciennes.

PONT-ÉVÊQUE (38780), comm. de l'Isère; 5636 h.

PONTGIBAUD (63230), ch.-l. de c. du Puy-de-Dôme; 1015 h. Château féodal.

PONTHIEU (le), région de Picardie, dans le nord-ouest du dép. de la Somme, entre les basses vallées de la Somme et de l'Authie.

PONTIAC, v. des États-Unis (Michigan); 85000 h. Automobiles.

PONTIAC, chef indien de la tribu des Outaouais (v. 1720-1769). Allié des Français, il tenta de soulever l'ensemble des Indiens, à l'exclusion des Iroquois, contre les Anglais (1763-1766).

PONTIANAK, port d'Indonésie (Bornéo); 218000 h.

PONTIEN (*saint*), né à Rome, pape de 230 à 235.

PONTIGNY (89230), comm. de l'Yonne; 833 h. Restes d'une anc. abbaye cistercienne (XIIe s.), siège de réunions culturelles après la loi sur les congrégations. L'abbaye est occupée de nouveau par des religieux. La paroisse de Pontigny est, depuis 1954, le siège de la Mission de France.

PONTINE (*plaine*), anc. **marais Pontins**, plaine d'Italie, dans le Latium. Région fertile dans l'Antiquité, puis abandonnée et devenue marécageuse et malsaine, elle fut de nouveau assainie à partir de 1928 et mise intensément en culture.

PONTIVY (56300) [**Napoléonville** de 1805 à 1814 et de 1848 à 1871], ch.-l. d'arr. du Morbihan, sur le Blavet; 14323 h. (*Pontivyens*). Château du XVe s. Industries alimentaires.

PONT-L'ABBÉ (29120), ch.-l. de c. du Finistère; 7823 h. (*Pont-l'Abbistes*; les femmes sont appelées *Bigoudens*, du nom de leur coiffure). Conserves.

PONT-L'ÉVÊQUE (14130), ch.-l. de c. du Calvados; 3764 h. (*Pontépiscopiens*). Fromages réputés.

PONT-L'ÉVÊQUE (60400 Noyon), comm. de l'Oise; 663 h. Constructions mécaniques.

PONTMAIN (53220 Montaudin), comm. de la Mayenne; 2239 h. Pèlerinage à la Vierge. Industrie laitière.

PONTOISE (95300), ch.-l. du Val-d'Oise, sur l'Oise, à 27 km au N.-O. de Paris; 28241 h. (*Pontoisiens*). Anc. ch.-l. du Vexin. Principal élément de la ville nouvelle de *Cergy-Pontoise*. Cathédrale St-Maclou (XIIe-XVIe s.).

PONTOPPIDAN (Henrik), écrivain danois, né à Fredericia (1857-1943), auteur de romans naturalistes (*Pierre le Chanceux*). [Prix Nobel, 1917, avec K. Gjellerup.]

PONTORMO (Iacopo CARUCCI, dit **le**), peintre italien, né à Pontormo (prov. de Florence) [1494-v. 1556]. S'inspirant de Michel-Ange, voire de Dürer, il élabore un art tendu, contrasté, aux effets étranges, qui fait de lui la personnalité dominante du maniérisme florentin (*Déposition de Croix*, église Sta Felicità).

PONTORSON (50170), ch.-l. de c. de la Manche, près de la baie du Mont-Saint-Michel; 5516 h. Confection.

PONTRESINA, comm. de Suisse (Grisons); 1646 h. Station de sports d'hiver (alt. 1850-2978 m).

PONTRIEUX [põtrijø] (22260), ch.-l. de c. des Côtes-du-Nord; 1549 h.

PONT-SAINTE-MAXENCE (60700), ch.-l. de

c. de l'Oise, sur l'Oise; 9426 h. (Pontois ou Maxipontins). Métallurgie. Céramique.

PONT-SAINT-ESPRIT (30130), ch.-l. de c. du Gard; 6823 h. (Spiripontains). Pont sur le Rhône, remontant au XIIIe s.

PONT-SCORFF (56620), ch.-l. de c. du Morbihan; 1762 h.

PONTS-DE-CÉ (Les) (49130), ch.-l. de c. de Maine-et-Loire, sur la Loire; 9924 h. Victoire de Louis XIII sur les partisans de sa mère (1620).

PONT-SUR-YONNE (89140), ch.-l. de c. de l'Yonne; 2710 h. Église des XIIe-XVe s.

PONTVALLAIN (72510 Mansigné), ch.-l. de c. de la Sarthe; 1025 h.

POOLE, port d'Angleterre (Dorset); 107000 h. Hôtel de ville du XIVe s.

POOL MALEBO → MALEBO POOL.

POONA, v. de l'Inde (Mahārāshtra), anc. cap. des Marathes; 856000 h. Université.

POOPÓ, lac de Bolivie, à 3700 m d'alt.; 2800 km².

POPARD (Irène), née à Paris (1894-1950), pédagogue et créatrice de la méthode de danse rythmique qui porte son nom.

POPE (Alexander), écrivain anglais, né à Londres (1688-1744). Ses poèmes didactiques (Essai sur la critique, Essai sur l'homme), héroï-comiques (la Boucle de cheveux enlevée) et satiriques (la Dunciade) font de lui le théoricien et le meilleur représentant du classicisme.

POPERINGE, v. de Belgique (Flandre-Occidentale); 20000 h.

POPOCATÉPETL, volcan du Mexique; 5452 m.

POPOV (Aleksandr Stepanovitch), ingénieur russe, né près de Perm (1859-1906). Il imagina l'antenne radioélectrique et construisit en 1896 le premier récepteur d'ondes électromagnétiques.

POPPÉE, impératrice romaine (m. en 65 apr. J.-C.). Femme d'Othon puis maîtresse de Néron, qui l'épousa en 62, elle mourut victime d'un accès de colère de l'empereur.

POPPER (Karl Raimund), philosophe britannique d'origine autrichienne, né à Vienne en 1902. D'abord proche des néopositivistes, il rompt avec eux (Logique de la découverte scientifique, 1935) et critique l'historicisme et le néomarxisme de l'école de Francfort (Misère de l'historicisme, 1956).

POQUELIN, nom patronymique de Molière.

PORCHEVILLE (78440 Gargenville), comm. des Yvelines, sur la Seine; 2872 h. Centrales thermiques.

PORCIEN (le), région du dép. des Ardennes, entre l'Aisne et la dépression qui borde l'Ardenne.

PORDENONE, v. d'Italie; 50000 h. Électroménager.

PORDENONE (Giovan Antonio DE' SACCHIS, dit le), peintre italien, né à Pordenone (Frioul-Vénétie Julienne) [v. 1484-1539]. Actif à Trévise, Crémone, Plaisance, Venise, etc., c'est un peintre d'église au style vigoureux, qui exercera une influence sur le Tintoret.

PORI, port de Finlande, sur le golfe de Botnie; 80000 h.

PORNIC (44210), ch.-l. de c. de la Loire-Atlantique; 8163 h. (Pornicais). Port et station balnéaire.

PORNICHET (44380), comm. de la Loire-Atlantique; 5538 h. Station balnéaire. Thalassothérapie.

PÒROS ou **PAURAVA** (m. v. 317 av. J.-C.), roi indien du Pendjab, vaincu par Alexandre (326).

PORPHYRE, philosophe platonicien, né à Tyr (234-v. 305). Il est l'éditeur des Ennéades de son maître Plotin.

PORQUEROLLES (83400 Hyères), une des îles d'Hyères; 12,5 km². Tourisme.

PORRENTRUY, en allem. Pruntrut, v. de Suisse (cant. du Jura); 7827 h. Anc. château des princes-évêques de Bâle (XVe-XVIIe s.).

PORSENNA, roi étrusque du VIe s. av. J.-C. Il

soutint Tarquin le Superbe dans sa tentative de reprendre le pouvoir à Rome.

PORT (Le) (97420), ch.-l. de c. de la Réunion, sur la côte nord-ouest; 25173 h.

PORTA (La) (20237), ch.-l. du cant. de Fiumalto-d'Ampugnani (Haute-Corse); 518 h. Église baroque au riche campanile.

PORTAL (Antoine, baron), médecin français, né à Gaillac (1742-1832). Il fit créer en 1820 l'Académie royale de médecine.

PORT ALBERNI, v. du Canada (Colombie britannique); 19585 h. Industries du bois.

PORTALIS (Jean), jurisconsulte français, né au Beausset (1746-1807), l'un des rédacteurs du Code civil et du concordat de 1801, ministre des Cultes sous l'Empire. (Acad. fr.)

PORT ARTHUR, v. du Canada → THUNDER BAY.

PORT-ARTHUR, port de Chine (Leao-ning), à l'extrémité de la péninsule de Leao-tong. Territoire cédé à bail à la Russie en 1898, puis conquis par le Japon (1905), remis en 1945 à l'U.R.S.S., puis à la Chine en 1954.

PORT-AU-PRINCE, cap. et port de la république d'Haïti, sur la baie de Port-au-Prince; 494000 h.

PORT-AUX-FRANÇAIS, base scientifique des îles Kerguelen.

PORT BLAIR, ch.-l. du territoire indien des îles Andaman et Nicobar; 14100 h.

PORT-BOU, port d'Espagne (Catalogne); 2000 h. Station frontière, en face du village français de Cerbère.

PORT-CAMARGUE, écart de la comm. du Grau-du-Roi (Gard). Station balnéaire.

PORT-CARTIER, port minéralier du Canada (Québec), sur l'estuaire du Saint-Laurent; 8139 h.

PORT COLBORNE, v. du Canada (Ontario); 20536 h. Métallurgie.

PORT-CROS (83400 Hyères), une des îles d'Hyères; 6,4 km². Parc national.

PORT-DE-BOUC (13110), comm. des Bouches-du-Rhône, sur le golfe de Fos; 21426 h. (Port-de-Boucains). Fort des XIIIe et XVIIe s. Métallurgie. Chimie.

PORT-DES-BARQUES (17730), comm. de la Charente-Maritime, à l'embouchure de la Charente; 1234 h. Ostréiculture.

Porte ou **Sublime-Porte** (la), nom donné autref. au gouvernement ottoman.

Porte-Glaive (chevaliers), ordre de chevalerie fondé en 1202 par l'évêque de Riga, Albert von Buxhœveden en vue de mener la croisade contre les païens de Livonie. En 1237, il fusionna avec l'ordre Teutonique, mais conserva son grand maître. En 1561, l'ordre fut sécularisé.

PORT ELIZABETH, port de l'Afrique du Sud (prov. du Cap); 381200 h. Marché du mohair. Automobiles.

PORTEL (Le) (62480), comm. du Pas-de-Calais; 11210 h.

PORT-EN-BESSIN-HUPPAIN (14520), comm. du Calvados; 2388 h. Station balnéaire. Pêche.

PORTER (Katherine Anne), femme de lettres américaine, née à Indian Creek (1890-1980), auteur de nouvelles (l'Arbre de Judée, 1930) et de romans (la Nef des fous, 1962) qui peignent le conflit entre valeurs sociales et valeurs spirituelles.

PORTES DE FER, nom de plusieurs défilés, notamment celui du Danube, à l'extrémité des Carpates, site d'un important aménagement hydroélectrique; ceux d'affluents de la Soummam, creusés dans le massif des Bibans, en Algérie.

PORTES-LÈS-VALENCE (26800), ch.-l. de c. de la Drôme; 6882 h.

PORT-ÉTIENNE → NOUADHIBOU.

PORTET-SUR-GARONNE (31120), comm. de la Haute-Garonne; 6018 h.

PORT-GENTIL, port du Gabon, à l'embouchure de l'Ogooué; 85000 h.

PORT-GRIMAUD, écart du ch.-l. de c. de Grimaud (Var), sur le golfe de Saint-Tropez. Station balnéaire.

PORT HARCOURT, port du Nigeria, sur le delta du Niger; 217000 h. Raffinage et exportation de pétrole.

PORT HEDLAND, port minéralier (fer) de l'ouest de l'Australie.

PORTICI, port d'Italie, en Campanie; 83000 h.

PORTIER (Paul), médecin et physiologiste français, né à Bar-sur-Seine (1866-1962). Spécialiste des animaux marins, il découvrit notamment l'anaphylaxie avec C. Richet.

PORTILLON (lac du), petit lac des Pyrénées (Haute-Garonne). Usine hydroélectrique.

PORTINARI (Cândido), peintre brésilien, né à Brodósqui (État de São Paulo) [1903-1962], auteur, notamment, de vastes compositions murales d'inspiration sociale.

PORT-JÉRÔME, localité de la Seine-Maritime (comm. de Notre-Dame-de-Gravenchon), sur la basse Seine. Raffinerie de pétrole. Pétrochimie.

PORT-JOINVILLE (85350 L'Île d'Yeu), hameau de l'île d'Yeu (Vendée). C'est le principal centre de l'île. Pêche.

PORT KEMBLA, centre sidérurgique d'Australie, au sud de Sydney.

PORTLAND, péninsule anglaise de la Manche (Dorset). Calcaire argileux ayant donné son nom à une variété de ciment.

PORTLAND, v. des États-Unis (Oregon); 383000 h.

PORTLAND, port des États-Unis (Maine); 65000 h.

PORT-LA-NOUVELLE (11210), comm. de l'Aude; 4618 h. Port. Station balnéaire. Cimenterie.

PORT-LOUIS (56290), ch.-l. de c. du Morbihan; 3720 h. Remparts du XVIIe s.

PORT-LOUIS (97117), comm. de la Guadeloupe; 6968 h.

PORT-LOUIS, cap. de l'île Maurice; 141000 h.

PORT-LYAUTEY → KENITRA.

PORT MORESBY, cap. de l'État de Papouasie-Nouvelle-Guinée, sur la mer de Corail; 66000 h.

PORT-NAVALO, port et station balnéaire du Morbihan (comm. d'Arzon), à l'extrémité de la presqu'île de Rhuys.

PORTO (golfe de), golfe de la côte occidentale de la Corse. Station balnéaire.

PORTO, port du Portugal, près de l'embouchure du Douro; 312000 h. Deuxième ville du pays. Cathédrale, romane, et église S. Francisco, gothique, toutes deux à décors baroques. Centre d'exportation des vins de la vallée du Douro (portos).

PÒRTO ALEGRE, v. du Brésil, cap. du Rio Grande do Sul; 1026000 h. Métropole économique du Brésil méridional.

PORTOFERRAIO, ch.-l. de l'île d'Elbe (Italie); 10000 h. Napoléon Ier y résida de mai 1814 à février 1815.

vue de **Porto** sur la rive droite du Douro

Chr. Sappa

PORT OF SPAIN, v. de l'île de la Trinité, cap. de l'État de Trinité-et-Tobago; 117 000 h.

PORTO MARGHERA, port et faubourg industriel de Venise.

PORTO-NOVO, cap. du Bénin, sur le golfe de Guinée; 104 000 h.

PORTO RICO ou **PUERTO RICO,** une des Antilles, à l'est d'Haïti; 8 897 km²; 3 050 000 h. *(Portoricains).* Cap. *San Juan.* De climat chaud et humide, cette île au relief modéré fournit des produits tropicaux (sucre principalement). Malgré les progrès de l'industrialisation, la pression démographique explique l'intensité de l'émigration vers les États-Unis.

HISTOIRE

— 1493 : arrivée de Christophe Colomb.
— 1511 : l'île devient colonie espagnole.
— 1873 : abolition de l'esclavage.
— 1898 : à l'issue de la guerre hispano-américaine, Porto Rico devient américaine.
— 1917 : les Portoricains reçoivent la citoyenneté américaine.
— 1920 : naissance du parti nationaliste.
— 1948 : pour la première fois les Portoricains élisent leur gouverneur.
— 1952 : une constitution fait du gouverneur élu un véritable chef d'État. Porto Rico, État libre associé aux États-Unis.

PORTO-SEGURO, port du Togo, florissant à l'époque de la traite des Noirs.

PORTO-VECCHIO (20137), ch.-l. de c. de la Corse-du-Sud, sur le *golfe de Porto-Vecchio;* 7 802 h. Port. Centre touristique.

PÓRTO VELHO, v. du Brésil; 86 000 h.

Port-Royal, abbaye de femmes, fondée en 1204 près de Chevreuse (Yvelines), réformée à partir de 1608 par l'abbesse Angélique Arnauld, puis dédoublée en Port-Royal des Champs et Port-Royal de Paris en 1625. Elle passa en 1635 sous la direction religieuse de Saint-Cyran et devint le foyer du jansénisme. Autour de la maison de Chevreuse, où une grande partie de la communauté parisienne revint s'établir en 1648, se groupèrent des solitaires, dits les « messieurs de Port-Royal » (Lemaistre de Sacy, Nicole, Arnauld, Lancelot, Hamon), qui fondèrent les Petites Écoles; Racine fut leur élève. À partir de 1656, la persécution s'abattit sur Port-Royal des Champs; les religieuses furent expulsées en 1709, l'abbaye fut démolie en 1710. Il en subsiste des vestiges; un oratoire-musée a été édifié en 1891 sur l'emplacement de l'ancienne chapelle. À proximité, musée national du « château des Granges » de Port-Royal.

Port-Royal, par Sainte-Beuve (1840-1859), étude historique d'un mouvement de pensée et de ses répercussions sur la vie littéraire et sociale d'une époque.

PORT-SAÏD, v. d'Égypte, sur la Méditerranée, à l'entrée du canal de Suez, très endommagée à la suite des conflits avec Israël (notamment en 1956 et en 1973).

PORT-SAINTE-MARIE (47130), ch.-l. de c. de Lot-et-Garonne; 1 850 h. Église gothique du XVIe s.

PORT - SAINT - LOUIS - DU - RHÔNE (13230), ch.-l. de c. des Bouches-du-Rhône; 10 393 h. Port. Produits chimiques.

PORTSALL, hameau de la comm. de Ploudalmézeau (Finistère), sur la Manche. Le naufrage d'un pétrolier, en 1978, devant Portsall, provoqua une désastreuse marée noire.

PORTSMOUTH, port militaire de Grande-Bretagne (Hampshire); 197 000 h.

PORTSMOUTH, v. des États-Unis (New Hampshire); 25 000 h. Là fut signé le traité mettant fin à la guerre russo-japonaise (1905).

PORTSMOUTH, port des États-Unis (Virginie); 110 000 h.

PORT-SOUDAN, port du Soudan, sur la mer Rouge; 133 000 h. Principal débouché maritime du pays.

PORT-SUR-SAÔNE (70170), ch.-l. de c. de la Haute-Saône; 2 482 h.

PORT TALBOT, port du pays de Galles, sur le canal de Bristol; 52 000 h. Sidérurgie.

PORTUGAL, État de l'Europe méridionale, dans l'ouest de la péninsule Ibérique, sur l'Atlantique; 92 000 km²; 10 millions d'h. *(Portugais).* Cap. *Lisbonne.* Langue : *portugais.*

GÉOGRAPHIE

Le relief du Portugal correspond au rebord de la Meseta ibérique : au sud du Tage s'étend un bas plateau (Alentejo) incliné vers l'ouest, limité par les montagnes de l'Algarve; au nord, la Meseta, soulevée, faillée, forme des chaînes vigoureuses, orientées du sud-ouest au nord-est (serra da Estrela). Le climat, méditerranéen, devient aride dans le Sud, domaine d'une culture extensive du blé et de l'élevage ovin, dans le cadre de grandes propriétés. Au nord du Tage, la petite propriété est associée à une polyculture intensive (vigne, olivier, maïs). La pêche et l'exploitation du chêne-liège constituent encore deux grandes ressources du secteur primaire. Malgré la présence de cuivre, de tungstène, d'étain, et d'un potentiel hydroélectrique, l'industrie est pratiquement limitée aux branches de consommation (textiles, produits alimentaires), concentrées dans les deux principales villes, Lisbonne et Porto. La faiblesse de l'industrialisation explique l'ampleur de l'émigration (qui contribue avec le tourisme à combler partiellement le lourd déficit de la balance commerciale), à partir d'un pays dont le niveau de vie est l'un des plus bas d'Europe.

HISTOIRE

— IIe s. av. J.-C. : la Lusitanie devient romaine.
— Ve s. apr. J.-C. : premières invasions barbares; constitution d'un royaume suève, qui est ensuite annexé au royaume wisigoth et qui suivra le sort de celui-ci au moment de la conquête arabe.
— fin du XIe s. : le comté de Portugal est confié à Henri de Bourgogne, gendre du roi de Castille et de León, qui mène une politique de plus en plus indépendante.
— 1139 : le fils d'Henri de Bourgogne, Afonso Henriques, prend le titre de roi (Alphonse Ier) et remporte la victoire d'Ourique contre les musulmans.
— 1147 : Alphonse Ier s'empare de Lisbonne.
— 1211 : première réunion des Cortes, à Coimbra.
— 1249 : Alphonse III s'empare du dernier bastion musulman.
— 1279-1325 : règne de Denis Ier; fondation de l'université de Lisbonne (1290), transférée en 1308 à Coimbra.
— 1327 : installation aux Canaries.
— 1367-1383 : règne malheureux (guerres, peste) de Ferdinand Ier, dernier roi de la dynastie de Bourgogne.
— 1385-1433 : Jean Ier, premier souverain de la dynastie d'Aviz; il écrase les Castillans à Aljubarrota (1385). Grande expansion coloniale grâce, notamment, au fils du roi, Henri le Navigateur.

PORTUGAL

— 1487 : Bartolomeu Dias découvre l'océan Indien et la route des Indes.

— 1494 : traité de Tordesillas (partage hispano-portugais des conquêtes).

— 1497-1499 : expédition de Vasco de Gama.

— 1500 : découverte du Brésil.

— 1505-1515 : fondation de l'Empire portugais des Indes.

— 1521-1557 : règne de Jean III. Essor de la civilisation lusitanienne.

— 1557-1578 : règne de Sébastien, qui s'épuise dans une guerre au Maroc.

— 1580 : mort du dernier Aviz, Henri le Cardinal.

— 1581 : Philippe II d'Espagne est proclamé roi de Portugal. Union des deux royaumes.

— 1640 : soulèvement portugais contre l'Espagne. Le duc de Bragance, proclamé roi.

— 1640-1656 : règne de Jean IV de Bragance. Effondrement des positions portugaises en Asie.

— 1668 : reconnaissance par l'Espagne de l'indépendance du Portugal.

— 1683-1706 : règne de Pierre II.

— 1703 : le traité de Methuen lie l'économie portugaise à l'économie britannique.

— 1706-1750 : Jean V dilapide l'or brésilien.

— 1750-1777 : Joseph Ier s'appuie sur Pombal, qui pratique un étatisme économique et reconstruit Lisbonne après le tremblement de terre de 1755.

— 1777 : avènement de Marie Ire. Début d'une période de réaction.

— 1792 : Marie Ire, atteinte de démence, laisse le pouvoir à son fils, le futur Jean VI.

— 1801 : « guerre des Oranges » entre l'Espagne et le Portugal.

— 1807 : invasion française. Jean VI part pour le Brésil.

— 1808-1811 : opérations militaires opposant les troupes françaises aux Anglo-Portugais.

— 1811-1818 : tandis que la Cour reste au Brésil, le Portugal est soumis à un régime militaire sous l'autorité des généraux anglais.

— 1820-1822 : à la suite d'une révolution libérale et de la réunion des Cortes, Jean VI (roi depuis 1816) rentre au Portugal (1821) et doit ratifier une constitution libérale (1822). Son fils aîné proclame l'indépendance du Brésil, dont il devient empereur (sous le nom de Pierre Ier).

— 1826 : à la mort de Jean VI, Pierre Ier de Brésil devient roi de Portugal sous le nom de Pierre IV. Il abdique en faveur de sa fille Marie II et confie la régence à son frère dom Miguel Ier.

— 1828 : dom Miguel évince sa sœur, se proclame roi (Michel Ier) et rétablit l'absolutisme.

— 1832-1834 : Pierre IV, revenu du Brésil, reconquiert le royaume et restaure Marie II.

— 1834-1853 : règne de Marie II. Le coup d'État du maréchal Saldanha (1851) marque le début d'une époque dite « de régénération ».

— 1853-1861 : règne de Pierre V.

— 1861-1889 : règne de Louis. Création d'un parti républicain (1873) et d'un parti socialiste (1875). Amorce d'un nouvel empire en Afrique (Mozambique, Angola).

— 1889-1908 : règne de Charles Ier. Le roi, qui a laissé João Franco instaurer une dictature (1907), est assassiné avec son fils aîné.

— 1908-1910 : Manuel II renonce au régime autoritaire, mais il est chassé par une révolution. La république est proclamée (5 oct. 1910).

— 1911 : Constitution républicaine.

— 1916 : le Portugal aux côtés des Alliés.

— 1921 : création du parti communiste.

— 1926 : putsch militaire de Gomes da Costa, mettant fin au régime parlementaire.

— 1928 : élection à la présidence du général Carmona, qui confie les pleins pouvoirs à António de Oliveira Salazar; celui-ci, maître du pays de 1932 à 1968, établit un régime dictatorial, clérical et corporatiste (« État nouveau », 1933).

— 1968 : Salazar (m. en 1970) est remplacé par Marcelo Caetano, son alter ego.

— 1974 : une junte, dirigée par le général António Spínola, prend le pouvoir. Le processus de la décolonisation s'amorce aussitôt. Indépendance de la Guinée-Bissau. En septembre, sous la pression des forces de gauche, Spínola doit démissionner. Le Mouvement des forces armées (M. F. A.) accroît son influence.

— 1975 : échec d'un coup d'État fomenté par Spínola. Élections à la Constituante (27 avr.) : succès de la gauche, notamment des socialistes. Indépendance du Mozambique et de l'Angola.

— 1976 : le général R. Eanes devient président de la République. M. Soares, leader socialiste, chef du gouvernement jusqu'en août 1978.

— 1979 : le centre droit au pouvoir avec Sa Carneiro.

— 1980 : mort de Sa Carneiro; réélection de R. Eanes.

— 1981 : F. Pinto Balsemão, social-démocrate, chef du gouvernement.

PORT-VENDRES (66660), ch.-l. du c. de la Côte-Vermeille (Pyrénées-Orientales); 5 757 h. Port de pêche. Station balnéaire.

PORT-VILA ou **VILA**, cap. de l'archipel de Vanuatu; 8 100 h.

PORTZMOGUER (Hervé DE), dit Primauguet, amiral breton, né à Plouarzel (v. 1470-1512). Il mourut près de Brest, en protégeant la retraite de sa flotte contre les Anglais.

POSADAS, v. d'Argentine; 98 000 h.

POSÉIDON. Myth. gr. Dieu de la Mer, le Neptune des Romains.

POSIDONIOS, historien et philosophe stoïcien grec, né à Apamée (Syrie) [v. 135 - v. 50 av. J.-C.]. Il enseignait à Rhodes, où il eut comme auditeurs Cicéron et Pompée.

POSNANIE, province de Pologne, rattachée progressivement à la Prusse de 1772 à 1795, détachée de la Prusse en 1919, moins sa partie occidentale, rattachée à la Prusse-Occidentale. La Posnanie a été entièrement restituée à la Pologne en 1945. Cap. Poznań.

POSSESSION (La) [97419], ch.-l. de c. de la Réunion; 10 196 h.

POSTEL (Guillaume), voyageur français, né à Barenton (1510-1581). Il voyagea en Orient à plusieurs reprises. Ayant prêché la réconciliation avec les musulmans, il fut emprisonné par l'Inquisition.

POSTUMUS (Marcus Cassianus Latinus), officier gaulois (m. en 268), qui se fit proclamer empereur des Gaules par ses troupes v. 260. Gallien dut tolérer l'usurpateur, qui fut assassiné par ses propres soldats.

POT (Philippe), un des conseillers de Charles le Téméraire, puis de Louis XI (1428-1494), grand sénéchal de Bourgogne. Son tombeau est au Louvre.

POTEMKINE (Grigori Aleksandrovitch, prince), homme politique et feld-maréchal russe, né près de Smolensk (1739-1791). Amant de Catherine II de 1774 à 1776, il eut une grande influence sur l'impératrice. Il réalisa l'annexion de la Crimée (1783), organisa la flotte de la mer Noire et commanda en chef les troupes de la guerre russo-turque (1787-1791).

Potemkine, cuirassé de la flotte russe de la mer Noire, qui se mutina en juin 1905. Les marins gagnèrent Odessa, espérant être soutenus, puis Constanța, où ils capitulèrent. Cette révolte est le sujet d'un film d'Eisenstein, le Cuirassé « Potemkine » (1925).

POTENZA, v. d'Italie (Basilicate); 63 000 h. Églises des XIe-XVIIIe s.

POTEZ [-tez] (Henry), ingénieur français, né à Méaulte (1891-1981), constructeur d'avions.

POTHIER (Robert Joseph), jurisconsulte français, né à Orléans (1699-1772), dont les travaux ont préparé le Code civil.

POTHIER (dom Joseph), musicologue et religieux français, né à Bouzemont (1835-1923). Abbé de Saint-Wandrille, il contribua à la restauration du chant grégorien.

POTHIN (saint), premier évêque de Lyon, martyrisé à Lyon en 177, sous Marc Aurèle.

POTIDÉE, v. de Macédoine. Sa révolte contre Athènes, en 432 av. J.-C., fut une des causes de la guerre du Péloponnèse.

POTOCKI, anc. famille polonaise, qui compta de nombreux hommes d'État et un écrivain, JAN, né à Pików (Podolie) [1761-1815], qui étudia l'origine des civilisations slaves et écrivit en français un récit fantastique, Manuscrit trouvé à Saragosse (1804-05).

POTOMAC (le), fl. des États-Unis, qui passe à Washington et se jette dans la baie de Chesapeake; 640 km.

POTOSÍ, v. de la Bolivie andine, à 4 000 m d'altitude; 77 000 h. Autref., mines d'argent; auj., étain.

POTSDAM, v. de l'Allemagne démocratique, au sud-ouest de Berlin; 115 000 h. Autref. surnommée le Versailles prussien, elle conserve divers monuments, des musées et surtout, dans le parc de Sanssouci (Sans-Souci), le petit château du même nom (joyau de l'art rococo construit en 1745 par Georg Wenzeslaus von Knobelsdorff pour Frédéric II), le Nouveau Palais, le Théâtre du château, etc. Industries variées. Conférence entre Truman, Staline et Churchill (puis Attlee) en juillet-août 1945, où furent réglés les problèmes posés par la capitulation allemande.

POTT (Percivall), chirurgien anglais, né à Londres (1714-1788). Il est surtout connu pour ses recherches sur la tuberculose des vertèbres, maladie qui porte son nom.

POTTER (Paulus), peintre hollandais, né à Enkhuizen (1625-1654), le plus célèbre animalier de l'école hollandaise.

POTTIER (Eugène), chansonnier et révolutionnaire français, né à Paris (1816-1887). Ouvrier, membre de la Commune de Paris (1871), il est l'auteur, notamment, des paroles du chant de l'Internationale.

POUANCÉ (49420), ch.-l. de c. de Maine-et-Loire; 3 202 h. Ruines d'un château des XIIIe-XVe s.

POUCHKINE → TSARSKOÏE SELO.

POUCHKINE (Aleksandr Sergueïevitch), écrivain russe, né à Moscou (1799-1837). Fonctionnaire impérial, il s'attira par ses idées libérales de nombreuses sanctions, mais connut rapidement la gloire, que lui apportèrent une épopée fantastique (Rouslan et Lioudmila), un roman en vers (Eugène Onéguine, 1823-1830), un drame historique (Boris Godounov, 1825), des nouvelles (la Dame de pique, la Fille du capitaine). Il est le fondateur de la littérature russe moderne. Il fut tué en duel.

POUCHKINE (Aleksandr), danseur et pédagogue soviétique, né à Mikoulino (district de Kalinine) [1907-1970]. Son enseignement, d'une rare qualité, a poursuivi la tradition de l'école de ballet du Kirov de Leningrad.

POUDOVKINE (Vsevolod), cinéaste et acteur russe, né à Penza (1893-1953), auteur de la Mère (1926), la Fin de Saint-Pétersbourg (1927), Tempête sur l'Asie (1928).

POUGATCHEV ou **POUGATCHIOV** (Iemelian Ivanovitch), aventurier russe, né à Zimoïevskaïa (v. 1742-1775). Cosaque du Don, en 1773 il souleva contre Catherine II les Cosaques du laïk (fleuve Oural), se faisant passer pour le tsar Pierre III. Il fut décapité à Moscou.

POUGNY (Ivan ou Jean), peintre français d'origine italo-russe, né à Kuokkala (auj. Repino) [1894-1956], auteur, après une phase constructiviste, de précieux petits tableaux dont le style s'apparente à celui des nabis.

POUGUES-LES-EAUX (58320), ch.-l. de c. de la Nièvre; 2014 h. Eaux bicarbonatées calciques pour le traitement des affections digestives et du diabète.

Potemkine
par Lampi le Vieux

Pouchkine
par O. A. Kiprenski

POUILLE (la), anc. **Apulie**, région de l'Italie méridionale, formée par les prov. de Bari, Brindisi, Foggia, Lecce et Tarente; 19 347 km²; 3 856 000 h. Cap. *Bari.*

POUILLET (Claude), physicien français, né à Cusance (1790-1868). Il établit les lois des courants et inventa la boussole des tangentes.

POUILLON (40350), ch.-l. de c. des Landes; 2 425 h.

POUILLY-EN-AUXOIS (21320), ch.-l. de c. de la Côte-d'Or; 1 249 h.

POUILLY-SUR-LOIRE (58150), ch.-l. de c. de la Nièvre; 1 798 h. Vins blancs.

POULBOT (Francisque), dessinateur français, né à Saint-Denis (1879-1946). Il a créé un type célèbre de gosse de Montmartre.

POULENC [-lɛ̃k] (Francis), compositeur français, né à Paris (1899-1963), auteur d'ouvrages lyriques (*les Mamelles de Tirésias*, 1947, d'après Apollinaire; *Dialogues des carmélites*, 1957, d'après Bernanos; *la Voix humaine*, 1959, d'après Cocteau), instrumentaux, religieux (*Gloria*, 1959) et de nombreuses mélodies.

POULIGUEN [-gɛ̃] (Le) (44510), comm. de la Loire-Atlantique; 4 303 h. Station balnéaire. Port de plaisance.

POULKOVO (mont), colline située au sud de Leningrad. Observatoire astronomique.

POULO CONDOR, auj. **Côn Dao,** archipel du sud du Viêt-nam.

POUND (Ezra Loomis), poète américain, né à Hailey (Idaho) [1885-1972]. Il chercha dans la réunion des cultures (*l'Esprit des littératures romanes*, 1910) et des langages l'antidote à l'usure et à la désagrégation que le monde moderne impose à l'homme (*Cantos*, 1919-1969).

POURBUS, famille de peintres flamands. PIETER, né à Gouda (1523-1584), maître à Bruges en 1543, est l'auteur de tableaux religieux italianisants et de portraits. — Son fils FRANS, dit l'*Ancien*, né à Bruges (1545-1581), élève de F. Floris à Anvers, où il s'établit, fut surtout un bon portraitiste de tendance maniériste. — FRANS II, dit le *Jeune*, né à Anvers (1569-1622), fils du précédent, fit une carrière de portraitiste dans diverses cours d'Europe, dont Paris, où Marie de Médicis le fit venir en 1610.

POURRAT (Henri), écrivain français, né à Ambert (1887-1959), peintre des paysages et de la vie ancestrale de l'Auvergne (*Gaspard des Montagnes*, 1922-1931; *Vent de mars*, 1941).

POURTALET (col du), passage pyrénéen entre les vallées d'Ossau (France) et de Sallent (Espagne); 1 794 m.

POUSSEUR (Henri), compositeur belge, né à Malmédy en 1929, directeur du Conservatoire royal de Liège. Parti de la technique sérielle, il s'est tourné vers l'électro-acoustique (*Votre Faust*, 1967; *Procès du jeune chien*, 1978; *Chevelures du temps*, 1979).

POUSSIN (Nicolas), peintre français, né à Villers, près des Andelys (1594-1665). Il passa la majeure partie de sa vie à Rome. Ses premières œuvres (par ex. des *Bacchanales*) reflètent l'influence de Titien. Il évolua vers un classicisme de plus en plus dépouillé (deux séries des *Sacrements; Eliézer et Rébecca*, 1648, Louvre; *les Bergers d'Arcadie*, v. 1650/55, ibid.). Ses derniers paysages (*les Quatre Saisons*, Louvre) témoignent d'un lyrisme large et puissant. Son influence fut considérable sur la peinture classique des XVIIe et XVIIIe s.

POUYASTRUC (65350), ch.-l. de c. des Hautes-Pyrénées; 357 h.

P'OU-YI ou **PUYI**, né à Pékin (1906-1967), dernier empereur de Chine (1908-1912), puis, sous le protectorat japonais, empereur du Mandchoukouo (1934-1945).

POUZAUGES (85700), ch.-l. de c. de la Vendée; 5 556 h. Donjon du XIIIe s. Conserverie.

POUZZOLES, en ital. **Pozzuoli,** port d'Italie, sur le golfe de Naples; 68 000 h. Évêché. Vestiges antiques, dont l'amphithéâtre du Ier s., l'un des mieux conservés du monde romain. Exportation de *pouzzolanes.* Électronique.

POWELL (Cecil Frank), physicien britannique, né à Tonbridge (1903-1969), prix Nobel (1950)

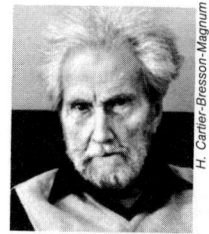

Ezra **Pound**

Prague : statue de Jan Hus, sur la place du Vieux-Marché

Nicolas **Poussin** : « l'Été » ou « Ruth et Booz » peinture de la série des *Quatre Saisons* (1660-1664)

John Cowper **Powys** par A. John

pour sa découverte de l'emploi de la plaque photographique à l'étude des rayons cosmiques.

POWELL (Earl, dit **Bud**), pianiste de jazz noir américain, né à New York (1924-1966). Il s'imposa au cours des années 40 comme l'inventeur du piano bop.

POWYS (John Cowper), écrivain britannique, né à Shirley (Derbyshire) [1872-1963]. Son œuvre, mystique et sensuelle, veut dégager le fonctionnement de la pensée au contact des êtres, des paysages, des objets (*les Enchantements de Glastonbury*, 1932; *Autobiographie*, 1934).

POYET (Guillaume), chancelier de France sous François Ier, né aux Granges, près de Saint-Rémy-la-Varenne (Anjou) [1473-1548], auteur de l'ordonnance de Villers-Cotterêts (1539).

POZNAŃ, v. de Pologne, en Posnanie, sur la Warta; 527 000 h. Hôtel de ville de la Renaissance. Centre commercial (foire internationale) et industriel.

POZZO DI BORGO (Charles André), diplomate corse, né à Alata (Corse) [1764-1842]. Conseiller d'Alexandre Ier, il le poussa à exiger la déchéance de Napoléon (1814). Il fut ambassadeur de Russie à Paris (1815-1834), puis à Londres (1834-1839).

PRADELLES (43420), ch.-l. de c. de la Haute-Loire; 660 h.

PRADES (66500), ch.-l. d'arr. des Pyrénées-Orientales, sur la Têt; 6 866 h. (*Pradéens*). Église du XVIIe s. (clocher du XIIe). — À 3 km, abbaye de Saint-Michel-de-Cuxa, remontant à la fin du Xe s.

PRADES (Jean DE), écrivain et ecclésiastique français, né à Castelsarrasin (v. 1720-1782). Collaborateur de l'*Encyclopédie*, connu pour ses démêlés avec le pape et la Sorbonne, il passa en 1752 au service de Frédéric II de Prusse.

PRADET (Le) (83220), comm. du Var; 6 999 h.

PRADIER (Jean-Jacques, dit **James**), sculpteur français, né à Genève (1792-1852). Il fit preuve de noblesse dans de nombreuses commandes monumentales (*Victoires* du tombeau de Napoléon), de charme dans ses statuettes féminines.

Prado (*musée national du*), à Madrid. Célèbre musée riche en œuvres de Jérôme Bosch, Velázquez, Murillo, le Greco, Goya, Titien, Rubens, Van Dyck, etc.

PRAGA, faubourg de Varsovie, détruit en 1794 par les troupes russes de Souvorov.

pragmatique sanction de Bourges, acte promulgué par Charles VII, le 7 juillet 1438. La pragmatique sanction régla unilatéralement la discipline générale de l'Église de France et ses rapports avec Rome. Elle consacra, sous réserve de la confirmation pontificale, le principe électif pour les dignités ecclésiastiques; elle interdit les annates. Le concordat de 1516 maintint les principales dispositions de la pragmatique sanction, qui resta jusqu'en 1790 la charte de l'Église gallicane.

pragmatique sanction de 1713, acte par lequel l'empereur Charles VI, le 19 avril 1713, aligna le mode de succession autrichien sur celui de la Hongrie, en décidant qu'un représentant mâle primait une femme même la plus proche héritière, et qu'en cas d'absence d'héritiers mâles la femme la plus proche du dernier souverain régnant lui succéderait. C'est en vertu de cet acte que sa fille Marie-Thérèse lui succéda.

PRAGNÈRES, écart de la comm. de Gèdre (Hautes-Pyrénées). Centrale hydroélectrique.

PRAGUE, en tchèque **Praha,** cap. de la Tchécoslovaquie, sur la Vltava; 1 176 000 h. Prague est la métropole historique et intellectuelle du pays. Ensemble du Hradčany (château et ville royale), cathédrale gothique, pont Charles, monuments civils et religieux de style baroque; nombreux musées, dont la riche Galerie nationale. Résidence des ducs de Bohême de 1061 à 1140, capitale d'Empire de 1355 à 1378 avec Charles IV de Luxembourg, Prague déclina après la Défenestration de Prague (1618) et la bataille de la Montagne Blanche (1620). Foyer des aspirations nationalistes tchèques, elle fut, en 1918, érigée en capitale de la Tchécoslovaquie.

Prague (*cercle de*), groupe de linguistes (dont R. Jakobson et N. Troubetskoï), actif de 1926 à 1939, se rattachant au courant structuraliste. Ses travaux sont importants, surtout dans le domaine de la phonologie.

Praguerie, nom donné, par association avec la révolte des hussites de Prague, au soulèvement qui éclata en France en 1440 contre les réformes de Charles VII, et que celui-ci étouffa; le dauphin Louis (XI) en fut l'instigateur.

réplique
de l'*Aphrodite
de Cnide*
de **Praxitèle**

Jacques **Prévert**

Prévost d'Exiles
par G. F. Schmidt

Joseph **Priestley**
gravure de P. Aitken

PRAHECQ (79230), ch.-l. de c. des Deux-Sèvres; 1 051 h.

PRAIA, cap. de l'archipel du Cap-Vert, dans l'île de São Tiaga; 21 000 h.

prairial an III *(journée du 1er),* tentative des sans-culottes parisiens, aux prises avec une terrible crise économique et sociale, pour saisir le pouvoir, et au cours de laquelle fut tué le député Féraud (20 mai 1795).

PRAIRIE (la), nom donné aux plaines du centre de l'Amérique du Nord, autref. couvertes d'herbe, auj. consacrées surtout aux céréales.

PRALOGNAN - LA - VANOISE (73170), comm. de Savoie; 569 h. Station de sports d'hiver (alt. 1 410-2 265 m).

PRA-LOUP, station de sports d'hiver des Alpes-de-Haute-Provence (alt. 1 630-2 502 m), au sud-ouest de Barcelonnette, au-dessus de l'Ubaye.

PRAMPOLINI (Enrico), peintre italien, né à Modène (1894-1956). Futuriste, il a participé à divers autres courants de l'avant-garde européenne (dadaïsme, abstraction...).

PRANDTL (Ludwig), physicien allemand, né à Freising (Bavière) [1875-1953], auteur de travaux sur la mécanique des fluides.

PRASLIN [pralɛ̃] (Gabriel DE CHOISEUL-CHEVIGNY, *duc* DE), officier et diplomate français, né à Paris (1712-1785). Secrétaire d'État aux Affaires étrangères (1761-1770) et à la Marine (1766-1770), il réorganisa la marine française en vue d'une guerre contre l'Angleterre.

PRATO, v. d'Italie (Toscane), près de Florence; 156 000 h. Cathédrale romano-gothique (fresques de Lippi). Centre textile.

PRATOLINI (Vasco), écrivain italien, né à Florence en 1913, auteur de romans sociaux (*Un héros de notre temps,* 1949).

PRATS-DE-MOLLO-LA-PRESTE [prats-] (66230), ch.-l. de c. des Pyrénées-Orientales, sur le Tech; 1 198 h. Anc. place forte. Station thermale à *la Preste.*

PRATTELN, comm. de Suisse (Bâle-Campagne); 15 127 h. Pneumatiques.

PRAUTHOY (52190), ch.-l. de c. de la Haute-Marne; 448 h.

PRAVAZ (Charles Gabriel), médecin français,

né à Pont-de-Beauvoisin (1791-1853), inventeur de la seringue hypodermique.

PRAVDINSK, anc. **Friedland***, v. de l'U. R. S. S. (R. S. F. S. de Russie); 17 000 h. Papier.

PRAXITÈLE, sculpteur grec, actif surtout à Athènes au IVe s. av. J.-C. Ses œuvres (*Apollon Sauroctone, Aphrodite de Cnide,* etc.), au rythme sinueux, à la grâce nonchalante, qui ne sont connues que par des répliques, ont exercé une influence considérable sur les artistes de l'époque hellénistique.

Prayer (Book of Common), livre liturgique de l'Église anglicane, publié en 1549. Plusieurs fois révisé, il est encore en usage dans l'Église d'Angleterre, les Églises épiscopaliennes d'Irlande, d'Écosse et des États-Unis.

PRAYSSAS [prɛjsɑs] (47360), ch.-l. de c. de Lot-et-Garonne; 758 h. Chasselas.

PRAZ-SUR-ARLY (74120 Megève), comm. de la Haute-Savoie; 679 h. Sports d'hiver (alt. 1 035-1 450 m).

PRÉALPES, zone externe des Alpes, formant transition entre les massifs centraux et les plaines du pourtour, et composée en majorité de couches calcaires.

PRÉAULT (Auguste), sculpteur français, né à Paris (1809-1879), représentant du courant romantique (*la Tuerie,* musée de Chartres).

Pré-aux-Clercs, prairie devant Saint-Germain-des-Prés, qui servait de lieu de rendez-vous pour les affaires d'honneur : de nombreux duels s'y déroulèrent.

précellence du langage français (*Projet du livre intitulé* De la) traité d'Henri Estienne (1579) rédigé à la demande d'Henri III pour réagir contre l'italianisme.

PRÊCHEUR (Le) [97250 St Pierre], ch.-l. de c. de la Martinique; 2 284 h.

Précieuses ridicules *(les),* comédie en un acte, en prose, de Molière (1659).

PRÉCY-SOUS-THIL (21390), ch.-l. de c. de la Côte-d'Or; 535 h.

PRÉ-EN-PAIL (53140), ch.-l. de c. de la Mayenne; 2 495 h. Engrais.

PRÉFAILLES (44770 La Plaine sur Mer), comm. de la Loire-Atlantique; 628 h. Station balnéaire.

PREM CAND (NAWĀB RĀY, dit), écrivain indien d'expression urdū et hindī, né à Lamahī (1880-1936). Il combattit le système des castes et soutint le mouvement nationaliste de Gāndhī dans des récits influencés par le roman russe (*Godān,* 1936).

PRÉMERY (58700), ch.-l. de c. de la Nièvre; 2 788 h. Église des XIIIe-XIVe s. Anc. château des évêques de Nevers.

PRÉMONTRÉ (02560), comm. de l'Aisne; 2 039 h. Bel ensemble, reconstruit au XVIIIe s., de l'abbaye mère de l'ordre des Prémontrés (auj. hôpital psychiatrique).

PŘEMYSLIDES, dynastie tchèque qui régna de 921 à 1306.

PRÉNESTE, v. du Latium. (Auj. *Palestrina.*) Ruines du temple de la Fortune (IIe-Ier s. av. J.-C.).

PRÉOBRAJENSKA (Olga), danseuse et pédagogue russe, née à Saint-Pétersbourg (1870-1962).

PŘEROV, v. de Tchécoslovaquie, en Moravie; 46 000 h. Sidérurgie.

PRÉ-SAINT-GERVAIS (Le) [93310], ch.-l. de c. de la Seine-Saint-Denis, dans la banlieue nord-est de Paris; 13 548 h.

PRESSBOURG, forme fr. de **Pressburg,** nom allem. de *Bratislava** (Tchécoslovaquie). — Traité imposé après la victoire d'Austerlitz (déc. 1805) par Napoléon à l'Autriche, qui était exclue d'Allemagne et d'Italie. Il scella la fin du Saint Empire romain germanique.

PRESLEY (Elvis), chanteur, guitariste et acteur de cinéma américain, né à Tupelo (1935-1977). Chanteur de rock and roll, il connut une immense popularité à partir de 1956 et influença profondément les goûts musicaux de la jeunesse de son époque.

Presse *(la),* journal politique et littéraire quotidien, fondé en 1836 par É. de Girardin, et qui inaugura l'ère de la presse quotidienne à bon marché.

PRESTON, v. de Grande-Bretagne, ch.-l. du Lancashire; 97 000 h. Constructions aéronautiques. Victoire de Cromwell sur les Écossais en 1648.

PRÉTEXTAT (saint), évêque de Rouen, assassiné sur l'ordre de Frédégonde (586).

PRETORIA, cap. du Transvaal et siège du gouvernement de l'Afrique du Sud; 630 000 h. Archevêché. Université. Centre ferroviaire. Métallurgie.

PRETORIUS (Andries), homme politique sud-africain, né à Graaff Reinet (1798-1853). Il fonda la république d'Orange. — Son fils MARTHINUS, né à Graaff Reinet (1819-1901), président de l'Orange, puis du Transvaal, forma, en 1880, avec Kruger et Joubert, le triumvirat qui, après la victoire de Majuba Hill, fit reconnaître au Transvaal une large autonomie (1881).

PREUILLY-SUR-CLAISE (37290), ch.-l. de c. d'Indre-et-Loire; 1 603 h. Église romane (XIe-XIIe s.), très restaurée.

PRÉVERT (Jacques), poète français, né à Neuilly-sur-Seine (1900-1977). Il allie l'image insolite à la gouaille populaire (*Paroles,* 1948; *Spectacle,* 1951; *Fatras,* 1966). Il fut le scénariste de plusieurs films célèbres (*Drôle de drame, les Visiteurs du soir, les Enfants du paradis* de Carné; *Remorques, Lumière d'été* de Grémillon).

PRÉVOST (Françoise), danseuse française (1680-1741). Célèbre au début du XVIIIe s., elle forma Marie Sallé et la Camargo.

PRÉVOST D'EXILES (*abbé* Antoine François), écrivain français, né à Hesdin (1697-1763). Auteur de romans de mœurs et d'aventures, il est célèbre pour sa vie aventureuse et pour *Manon** *Lescaut* (1731), un des chefs-d'œuvre du roman psychologique.

PRÉVOST-PARADOL (Lucien Anatole), journaliste français, né à Paris (1829-1870). Opposé au second Empire, il devint cependant ambassadeur aux États-Unis en 1870. (Acad. fr.)

PREYER (Wilhelm Thierry), physiologiste et psychologue allemand, né à Moss Side, près de Manchester (1841-1897). Il fut un des premiers à s'intéresser à la psychologie de l'enfant.

PRIAM. Myth. gr. Dernier roi de Troie. Il eut, entre autres, de sa femme Hécube, Hector, Pâris et Cassandre.

PRIAPE. Myth. gr. et rom. Dieu de la Fécondité, de la Fertilité et de la Virilité physique. Ses fêtes, les *priapées,* prirent à Rome un caractère licencieux.

PRIBILOF (îles), archipel de la mer de Béring (dépendance de l'Alaska).

PRIÈNE, v. anc. d'Ionie. (Auj. *Samsun Kalesi.*) Vestiges hellénistiques.

PRIESTLEY (Joseph), chimiste et philosophe anglais, né à Fieldhead, près de Leeds (1733-1804). Il découvrit la respiration des végétaux et isola l'oxygène (1774).

PRIEUR-DUVERNOIS (Claude Antoine, *comte*), dit **Prieur de la Côte-d'Or,** Conventionnel français, né à Auxonne (1763-1832). Il fit adopter l'unification des poids et mesures.

PRILLY, comm. de Suisse, banlieue de Lausanne; 13 352 h.

PRIM Y PRATS (Juan), homme d'État et général espagnol, né à Reus (1814-1870). Après avoir contribué à chasser la reine Isabelle II (1868), il proposa le trône en 1870 à Léopold de Hohenzollern, puis à Amédée d'Aoste, mais périt victime d'un attentat.

PRIMATICE (Francesco PRIMATICCIO, dit en fr.), peintre, stucateur et architecte italien, né à Bologne (1504-1570). Élève de J. Romain, il arrive en 1532 sur le chantier de Fontainebleau, qu'il dirigera après la mort du Rosso. Son rôle sera celui d'un véritable directeur des beaux-arts des Valois. Le Louvre conserve une série de ses dessins, d'une grande élégance.

PRIMAUGUET ou **PRIMOGUET** (Hervé DE PORTZMOGUER, dit) → PORTZMOGUER.

PRIMEL-TRÉGASTEL, station balnéaire du Finistère (comm. de Plougasnou), sur la Manche.

PRIMO DE RIVERA (Miguel), général et homme politique espagnol, né à Jerez de la Frontera (1870-1930). Capitaine général de Catalogne, il s'empara du pouvoir en 1923. Chef du gouvernement, il forma un directoire militaire qui supprima les libertés démocratiques. La victoire franco-espagnole sur Abd el-Krim (1925) accrut sa popularité : il forma alors un directoire civil et convoqua l'Assemblée nationale. Il dut démissionner en 1930. — Son fils JOSÉ ANTONIO, né à Madrid (1903-1936), fonda la Phalange (1933) et fut fusillé en 1936.

PRINCE (île du) ou **ILHA DO PRÍNCIPE**, île du golfe de Guinée ; 128 km². (V. aussi SÃO TOMÉ.)

Prince (le), œuvre de Machiavel (écrite en 1513 et publiée après sa mort), dans laquelle l'auteur analyse « les problèmes que pose un tel sujet : ce que c'est que la souveraineté, combien d'espèces il y en a, comment on l'acquiert, comment on la perd, comment on la conserve ».

Prince (le), traité de Guez de Balzac (1631), apologie de Louis XIII et de Richelieu.

PRINCE ALBERT, v. du Canada (Saskatchewan), sur la Saskatchewan du Nord ; 28 631 h. — Parc national dans la région.

PRINCE-DE-GALLES (île du), île de l'archipel arctique canadien, à proximité de laquelle se trouve le pôle magnétique.

PRINCE-ÉDOUARD (île du), en angl. **Prince Edward Island**, île et province maritime du Canada ; 5 657 km² ; 118 229 h. Cap. *Charlottetown*. Pêche. Élevage. Fruits et légumes. Tourisme (parc national).

PRINCE-ÉDOUARD (île du), archipel au sud de l'océan Indien, dépendance de l'Afrique du Sud.

PRINCE GEORGE, v. du Canada (Colombie britannique) ; 59 929 h.

Prince Igor (le), opéra inachevé de Borodine (1887), terminé par Glazounov et Rimski-Korsakov (1890), dont sont extraites *les Danses polovtsiennes* (chorégr. de Michel Fokine, 1909).

PRINCE NOIR (le) → ÉDOUARD.

PRINCE RUPERT, port du Canada (Colombie britannique) ; 14 754 h. Pêche. Terminus du *Canadian National Railway.*

Princesse de Clèves (la), roman de Mme de La Fayette (1678), qui inaugure l'ère du roman psychologique moderne.

PRINCETON, v. des États-Unis (New Jersey) ; 12 000 h. Université fondée en 1746. Musées. Théâtre d'une sanglante bataille entre les Américains de Washington et les Anglais (1777).

PRINCIP (Gavrilo), patriote serbe, né à Grahovo (1894-1918). Il assassina à Sarajevo l'archiduc François-Ferdinand (28 juin 1914).

Printemps (le), grand panneau de Botticelli (v. 1478, Offices, Florence) sur un thème mythologique et symbolique.

PRIPET (le), riv. de Biélorussie et d'Ukraine, affl. du Dniepr (r. dr.) ; 775 kilom.

PRISCILLIEN, évêque espagnol (m. en 385). Sa doctrine (*priscillianisme*) fut déclarée hérétique. Lui-même fut exécuté.

prisons (Mes), par Silvio Pellico (1832). Ce récit, plein de résignation chrétienne, de sa captivité sous les Plombs de Venise, puis dans

Sergueï S. **Prokofiev** par I. S. Glazounov

Primatice : *Mascarade de Persépolis* (dessin)

Proudhon, peinture de G. Courbet *(détail)*

Joseph Louis **Proust** gravure de A. Tardieu

Marcel **Proust**

la forteresse du Spielberg, fut le manifeste le plus efficace du patriotisme italien.

PRIŠTINA, v. de Yougoslavie, cap. du territoire autonome du Kosovo ; 70 000 h.

PRITCHARD (George), missionnaire britannique, né à Birmingham (1796-1883). Missionnaire protestant et consul à Tahiti (1824), il fit expulser, par Pomaré IV, les missionnaires catholiques (1836). Après l'établissement du protectorat français, il poursuivit son action contre la France. Son arrestation en 1844 — suivie d'une prompte libération — amena Londres à exiger de Louis-Philippe des excuses et une indemnité.

PRIVAS [-va] (07000), ch.-l. de l'Ardèche, sur l'Ouvèze, à 595 km au sud-est de Paris ; 12 216 h. *(Privadois).* Confiserie.

PRJEVALSKI (Nikolaï Mikhaïlovitch), officier et voyageur russe, né à Kimborovo (1839-1888). Il fit de nombreuses explorations dans l'Asie centrale.

PROBUS (Marcus Aurelius), né à Sirmium (232-282), empereur romain de 276 à 282. Bon administrateur, il contint la poussée des Barbares. Ses soldats, lassés de sa discipline, le massacrèrent.

Procès (le), roman inachevé de Kafka, publié en 1925 : Joseph K., sur qui pèse une accusation obscure, ne sait plus lui-même s'il est innocent ou coupable.

PROCHE-ORIENT, ensemble des pays riverains de la Méditerranée orientale (Turquie, Syrie, Liban, Israël, Égypte).

PROCIDA, île d'Italie (golfe de Naples).

PROCLIDES → EURYPONTIDES.

PROCLUS, philosophe néoplatonicien, né à Constantinople (412-485), auteur d'un *Commentaire sur le Timée.*

PROCOPE, historien byzantin, né à Césarée de Palestine (m. v. 562), le principal historien de l'époque de Justinien (*Livre des guerres de Justinien*). Ses *Anecdota* ou *Histoire secrète* sont un libelle où il ne ménage ni l'empereur ni surtout l'impératrice Théodora.

PROCUSTE ou **PROCRUSTE.** *Myth. gr.* Brigand légendaire de l'Attique qui dépouillait et torturait les voyageurs. Il les étendait sur un lit et raccourcissait ou étirait leurs membres à la mesure exacte du lit (*lit de Procuste).* Thésée lui fit subir le même supplice.

PROCYON, étoile principale de la constellation du Petit Chien, la 8e des plus brillantes du ciel.

PROKOFIEV (Sergueï Sergueïevitch), compositeur et pianiste russe, né à Sontsovka (1891-1953). Dans ses œuvres pour piano et pour orchestre (sept symphonies), ainsi que dans sa musique de chambre, ses ballets (*Roméo et Juliette*, 1936, créé en 1938) et ses opéras (*l'Ange de feu*, 1927, créé en 1955), on dénote une grande puissance rythmique et un langage tantôt ouvert aux conceptions occidentales avancées, tantôt fidèle à la tradition russe.

PROKOP le Grand, chef hussite des taborites (v. 1380-1434). Il fut vaincu et tué à Lipany.

PROKOPIEVSK, v. de l'U.R.S.S. (R.S.F.S. de Russie), dans le Kouzbass ; 267 000 h.

PROMÉTHÉE. *Myth. gr.* Personnage de la race des Titans, l'initiateur de la première civilisation humaine. Il déroba dans le ciel le feu sacré et le transmit aux hommes. Zeus, pour le punir, l'enchaîna sur le Caucase, où un aigle lui rongeait le foie, qui repoussait sans cesse ; Héraclès le délivra. Le mythe de Prométhée a inspiré de nombreuses œuvres littéraires.

Prométhée enchaîné, tragédie d'Eschyle (apr. 467 av. J.-C.).

PRONY (Marie RICHE, *baron* DE), ingénieur français, né à Chamelet (Lyonnais) [1755-1839]. Il imagina le frein dynamométrique (1821) et mesura avec Arago la vitesse du son dans l'air (1822).

Propagande (la), congrégation romaine fondée par Grégoire XV (1622) pour la propagation de la foi dans le monde ; elle a le gouvernement des missions. On la nomme, depuis 1967, *Congrégation pour l'évangélisation des peuples.*

PROPERCE, poète latin, né en Ombrie (v. 47-v. 15 av. J.-C.), auteur d'*Élégies* imitées des poètes alexandrins.

PROPONTIDE, anc. nom de la *mer de Marmara*.*

PROPRIANO (20110), comm. de la Corse-du-Sud, sur le golfe de Valinco ; 2 942 h. Centre touristique.

PROSERPINE, nom sous lequel était vénérée à Rome la déesse grecque *Perséphone.*

PROSPER d'Aquitaine (saint), théologien gaulois, né près de Bordeaux (v. 390 - entre 455 et

463). Il défendit la doctrine de saint Augustin sur la grâce et la prédestination.

PROTAGORAS, sophiste grec, né à Abdère (v. 485 - v. 410 av. J.-C.). Il estime que toutes les connaissances viennent des sensations et que, de ce fait, l'homme est la mesure de toutes choses.

Protagoras (le), dialogue de Platon (v. 385 av. J.-C.), dirigé contre les sophistes à propos de cette question : « La vertu peut-elle s'enseigner ? »

PROTAIS (saint) → GERVAIS.

PROTÉE. Myth. gr. Dieu marin qui avait reçu de Poséidon, son père, le don de changer de forme à volonté, et de prédire l'avenir à ceux qui pouvaient l'y contraindre.

PROUDHON (Pierre Joseph), théoricien socialiste français, né à Besançon (1809-1865). Il publie en 1840 *Qu'est-ce que la propriété ?*, où se manifeste un individualisme teinté d'anarchisme et où il montre que seule la disparition du profit capitaliste et le crédit gratuit mettront fin aux injustices sociales. Proudhon énonce des thèses ouvriéristes et fédéralistes (*la Philosophie de la misère*, 1846) qui mettent un terme à l'estime que Marx lui portait. Représentant du peuple en 1848, il ne peut faire aboutir son projet de « banque du peuple ». Rendu au journalisme (*le Peuple, la Voix du peuple*), mais ruiné par les procès, il se consacre, à partir de 1850, aux problèmes économiques et sociaux mais aussi aux questions religieuses, qu'il aborde en antithéiste, et aux problèmes politiques, se faisant le théoricien du fédéralisme.

PROUSA ou **PRUSA,** v. de la Bithynie ancienne. (Auj. *Brousse.*)

PROUSIAS ou **PRUSIAS Ier** (m. v. 182 av. J.-C.), roi de Bithynie (v. 229 - v. 182 av. J.-C.). Pour obtenir l'appui des Romains, il voulut leur livrer Hannibal, qui avait cherché asile auprès de lui ; mais ce dernier s'empoisonna. — PROUSIAS II, son fils (m. en 149 av. J.-C.), roi de Bithynie (v. 182 - v. 149 av. J.-C.), se mit sous le protectorat de Rome et mourut assassiné par son fils, victime de son manque de fermeté politique.

PROUST (Joseph Louis), chimiste français, né à Angers (1754-1826), un des fondateurs de l'analyse par voie humide. Il énonça, en 1806, la loi des proportions définies et isola le glucose.

PROUST (Marcel), écrivain français, né à Paris (1871-1922). Auteur de traductions, d'essais critiques (*Contre Sainte-Beuve*, publié en 1954), de récits (*Jean Santeuil*, publié en 1952), il domine l'histoire du roman français au XXe s. par l'ensemble (*À la recherche du temps perdu* (publié de 1913 à 1927) : le bonheur que son héros — le Narrateur — a recherché vainement dans la vie mondaine, l'amour, la contemplation des œuvres d'art, il le découvre dans le pouvoir d'évocation de la mémoire instinctive qui réunit le passé et le présent en une même sensation retrouvée (la petite madeleine trempée dans le thé fait revivre, par le rappel d'une saveur oubliée, toute son enfance) : il vit ainsi un événement sous l'aspect de l'éternité, qui est aussi celui de l'art et de la création littéraire.

PROUT → PRUT (le).

PROUT (William), chimiste et médecin anglais, né à Horton (1785-1850). Il supposa, en 1815, que tous les éléments chimiques étaient formés d'hydrogène condensé.

PROUVÉ (Victor), peintre, graveur, sculpteur et décorateur français, né à Nancy (1858-1943), successeur de Gallé comme président de l'école de Nancy. — Son fils JEAN, né à Nancy en 1901, a été un pionnier de la construction métallique industrialisée (murs-rideaux, etc.).

Provençale (la), autoroute reliant Aix-en-Provence à Nice (et à la frontière italienne).

PROVENCE, anc. prov. de France, dont la cap. était *Aix-en-Provence.* Les colonies grecques (Marseille) furent fondées en Provence dès le VIe s. av. J.-C. Les Romains y intervinrent au début du IIe s. av. J.-C. ; en 27 av. J.-C., ils créèrent la province sénatoriale de Narbonnaise, qui, en 250 apr. J.-C., fut scindée en Narbonnaise I, à l'ouest, et en Viennoise, à l'est. La Provence, christianisée très tôt, fut intégrée

Pierre Paul
Prud'hon
Tête de Vierge
(crayon)

Lauros-Giraudon

à l'Empire franc par Pépin le Bref, annexée à la France en 1481, après la mort du roi René d'Anjou, roi de Naples, dernier comte de Provence. Le 15 août 1944 les forces franco-américaines y débarquèrent sur les côtes des Maures et de l'Esterel (Cavalaire, Saint-Tropez, Sainte-Maxime, Saint-Raphaël).
— Géographiquement, on rattache à la Provence historique le comtat Venaissin (région d'Avignon) et le comté de Nice. On distingue alors : la *Provence rhodanienne* (comtat Venaissin, Crau, Camargue), pays de plaines ; la *Provence intérieure*, au relief varié, formé de chaînons calcaires (Sainte-Victoire, Sainte-Baume), de massifs anciens (Maures, Esterel), des Plans de Provence, du plateau de Valensole et de l'ensemble des Préalpes du Sud ; la *Provence maritime*, entre l'embouchure du Rhône et la frontière italienne. Le littoral, à vocation surtout touristique à l'est (Côte d'Azur), commerciale et industrielle à l'ouest (région marseillaise), densément peuplé, s'oppose à l'intérieur, essentiellement agricole (élevage ovin dans la montagne ; cultures céréalières et fruitières, vigne dans les bassins intérieurs), qui peut être revivifié par l'irrigation à partir des eaux de la Durance et surtout du Verdon (*canal de Provence*, qui doit irriguer 60 000 ha).

PROVENCE (comte DE) → LOUIS XVIII.

PROVENCE-ALPES-CÔTE D'AZUR, Région administrative du sud-est de la France, regroupant six dép. (Alpes-de-Haute-Provence, Hautes-Alpes, Alpes-Maritimes, Bouches-du-Rhône, Var et Vaucluse) ; 31 436 km² ; 3 675 730 h. Ch.-l. *Marseille.*

PROVENCHÈRES-SUR-FAVE (88490), ch.-l. de c. des Vosges ; 761 h.

Proverbes (livre des), livre biblique du Ve s. av. J.-C. C'est un recueil de maximes sur l'art de vivre attribuées aux anciens sages.

PROVIDENCE, v. des États-Unis, cap. du Rhode Island ; 179 000 h.

PROVINCES MARITIMES, ensemble formé par les trois provinces canadiennes du Nouveau-Brunswick, de la Nouvelle-Écosse et de l'île du Prince-Édouard.

PROVINCES-UNIES, nom porté par la partie septentrionale des Pays-Bas de 1579 à 1795.

HISTOIRE
— 1579 : l'Union d'Utrecht (six provinces calvinistes) rompt avec l'Espagne. Début d'une longue guerre avec celle-ci.
— 1584-1625 : stathoudérat de Maurice de Nassau.
— 1609-1621 : trêve de Douze Ans.
— 1648 : le traité de Münster reconnaît l'indépendance de la république des Provinces-Unies.
— 1646-1667 : les interventions contre le Danemark, la Suède et l'Angleterre leur assurent la maîtrise des mers.
— 1653-1672 : Jean de Witt, grand pensionnaire.
— 1672 : invasion française ; chute de Jean de Witt ; Guillaume III d'Orange, stathouder.
— 1679 : fin de la guerre de Hollande.
— 1689 : Guillaume III, roi d'Angleterre, sacrifie les intérêts de la République à sa politique anglaise.
— 1702 : mort de Guillaume III. Le stathoudérat ne sera rétabli qu'en 1747.
— 1740-1747 : guerre de la Succession d'Autriche.

— 1747 : restauration de la maison d'Orange.
— 1780-1784 : guerre anglo-néerlandaise.
— 1786 : troubles révolutionnaires.
— 1795 : invasion française. Les Provinces-Unies deviennent la République batave, alliée de la France. (V. PAYS-BAS.)

Provinciales (les), dénomination donnée couramment à 18 lettres de Blaise Pascal, publiées d'abord anonymement (1656-57), puis remaniées et réunies en 1657. Prenant, contre les Jésuites, la défense des jansénistes de Port-Royal, l'auteur y attaque la morale trop indulgente des casuistes.

PROVINS [-vɛ̃] (77160), ch.-l. d'arr. de Seine-et-Marne, sur la Voulzie, affl. de la Seine ; 12 100 h. (*Provinois*). Donjon médiéval (« tour de César ») et remparts (XIIe-XIVe s.). Églises (XIe-XVIe s.). Maisons et hôtels anciens (musée du Provinois). Centre commercial.

PROXIMA, étoile de la constellation du Centaure, la plus proche du système solaire (sa distance est de 4,3 années de lumière).

PRUDENCE, poète latin chrétien, né à Calahorra (Espagne) [348 - v. 415]. Il créa dans la *Psychomachie*, combat entre les vices et les vertus, le poème allégorique.

PRUDHOE (baie), baie de la côte nord de l'Alaska. Gisement de pétrole.

Prudhomme (M. Joseph), personnage créé par Henri Monnier pour caricaturer le petit bourgeois borné et satisfait de soi, et dont le conformisme s'exprime en de solennelles niaiseries.

PRUD'HON (Pierre Paul), peintre français, né à Cluny (1758-1823). Son art jette un pont entre un classicisme plein de grâce et le romantisme. Beaux dessins au Louvre, à Chantilly, au musée de Gray.

PRUNELLI-DI-FIUMORBO (20240 Ghisonaccia), ch.-l. de c. de la Haute-Corse ; 2 050 h.

PRUS (Aleksander GŁOWACKI, dit Bolesław), écrivain polonais, né à Hrubieszów (1847-1912), auteur de romans sociaux (*la Poupée*, 1890) et historiques (*le Pharaon*, 1895).

PRUSSE, en allem. *Preussen,* anc. pays de l'Allemagne du Nord.

HISTOIRE
— IXe s. : établissement, par les Carolingiens, d'une marche du Nord (Brandebourg).
— 1134 : Albert l'Ours reçoit cette marche. Il fonde Brandebourg et amorce la colonisation allemande entre l'Elbe et l'Oder.
— 1230-1280 : croisade des chevaliers Teutoniques en Prusse orientale.
— XIIIe s. : le margrave de Brandebourg devient prince électeur d'Empire.
— 1410 : les Teutoniques battus par les Polonais à Grunwald.
— 1437 : les Hohenzollern, margraves.
— 1466 : traité de Toruń, par lequel les Teutoniques abandonnent les territoires de l'Est et se reconnaissent vassaux de la couronne polonaise.
— 1525 : Albert de Brandebourg, grand maître des Teutoniques (1511), passe à la Réforme, sécularise les biens de l'ordre et prend le titre de duc héréditaire de Prusse.
— 1618 : les Hohenzollern de Brandebourg recueillent son héritage.
— 1640-1688 : le Grand Électeur Frédéric-Guillaume fortifie ses États, affaiblis par la guerre de Trente Ans. Arrivée massive et bénéfique de huguenots français (apr. 1685, date de la révocation de l'édit de Nantes).
— 1701 : l'Électeur Frédéric III obtient le titre de roi de Prusse (Frédéric Ier).
— 1713-1740 : règne de Frédéric-Guillaume Ier.
— 1740-1786 : règne décisif de Frédéric II, le Grand Frédéric. À sa mort, l'État prussien s'étend de Magdebourg à Königsberg.
— 1786-1797 : règne de Frédéric-Guillaume II.
— 1792 : la Prusse en guerre contre la France. Valmy (sept.).
— 1793 : la Prusse s'accroît de la Posnanie polonaise et de Dantzig.
— 1795 : traité de Bâle avec la France. La Prusse acquiert la Mazovie polonaise.
— 1797 : avènement de Frédéric-Guillaume III.
— 1806 : la Prusse dans la 4e coalition. Défaites d'Auerstedt et d'Iéna.

— 1807 : traité de Tilsit. La Prusse réduite de moitié. L'humiliation favorise le mouvement national antifrançais (Hardenberg, Stein, Clausewitz).
— 1813 : victoire de Leipzig.
— 1814 : la Prusse annexe la Saxe du Nord, la Rhénanie et la Westphalie. Elle devient la principale puissance de la Confédération germanique.
— 1840 : avènement de Frédéric-Guillaume IV.
— 1848 : échec du mouvement démocratique et militaire.
— 1858 : régence du futur Guillaume Ier.
— 1861 : avènement de Guillaume Ier.
— 1862-1890 : Bismarck au pouvoir.
— 1864 : guerre des Duchés.
— 1866 : guerre austro-prussienne. Victoire de Sadowa. La Prusse domine la Confédération de l'Allemagne du Nord.
— 1867 : Zollverein, favorable à la Prusse.
— 1870-71 : guerre franco-allemande. Le roi de Prusse proclamé empereur d'Allemagne à Versailles (18 janv. 1871). Dès lors, la Prusse suit le destin de l'Empire.
— 1934 : la Prusse disparaît officiellement.

PRUSSE-OCCIDENTALE, anc. prov. de l'Allemagne, dont la cap. était *Dantzig*. Provenant du partage de la Pologne en 1795, redevenue polonaise en 1919, réoccupée par l'Allemagne en 1939, elle fut attribuée de nouveau à la Pologne en 1945.

PRUSSE-ORIENTALE, anc. prov. d'Allemagne, partagée en 1945 entre l'U.R.S.S. et la Pologne.

PRUSSE-RHÉNANE, région d'Allemagne qui a fait partie de la Prusse jusqu'en 1945 et qui est auj. partagée entre les États de Rhénanie-du-Nord-Westphalie et de Rhénanie-Palatinat. V. pl. *Coblence.*

PRUT ou **PROUT** (le), affl. du Danube (r. g.), qui sépare la Roumanie et l'U.R.S.S.; 950 km.

Prytanée, édifice public de la Grèce antique, où logeait le premier magistrat de la cité et où se réunissait le comité directeur de la *boulè.* Les édiles et les hôtes de la cité y étaient nourris aux frais de l'État.

PRZEMYŚL, v. de Pologne (Galicie); 59 000 h. Métallurgie. Cathédrale des XVe-XVIIIe s. Combats entre Russes et Autrichiens (1914-15).

PSAMMÉTIK Ier, fondateur de la XXVIe dynastie égyptienne, roi de 663 à 609 av. J.-C. Il restaura la puissance militaire de l'Égypte. — PSAMMÉTIK II fut roi d'Égypte de 594 à 588 av. J.-C. — PSAMMÉTIK III, roi d'Égypte de 526 à 525 av. J.-C., fut détrôné par Cambyse.

Psaumes (*livre des*), livre biblique, recueil des chants liturgiques (*psaumes*) de la religion d'Israël. Sa composition s'échelonne de la période monarchique à celle qui suit la restauration du Temple après l'Exil (Xe-IVe s. av. J.-C.).

PSELLOS (Michel), homme d'État et écrivain byzantin, né à Constantinople (1018-1078). Conseiller d'Isaac Ier Comnène et de ses successeurs, il contribua à diffuser la philosophie platonicienne dans l'Empire byzantin. Sa *Chronographie,* chronique des événements survenus entre 976 et 1077, est une source historique importante.

PSKOV, v. de l'U.R.S.S., au sud-ouest de Leningrad; 167 000 h. Enceinte fortifiée. Nombreuses églises médiévales.

PSYCHÉ. *Myth. gr.* Jeune fille d'une grande beauté, aimée par Éros, grâce à l'amour duquel elle deviendra immortelle, à la suite d'une longue suite d'épreuves. — Symbole de l'âme en quête d'idéal, le *mythe de Psyché* a figuré à la suite le destin de l'âme déchue, qui, après les épreuves purificatrices, s'unit pour toujours à l'amour divin.

Psyché, tragi-comédie-ballet de Molière (1671), écrite en collaboration avec Corneille et Quinault; musique de Lully; chorégraphie de Beauchamp.

PTAH, dieu de l'Égypte ancienne, adoré à Memphis. La tradition lui attribuait l'invention des techniques.

PTOLÉMAÏS, nom de plusieurs villes fondées à l'époque hellénistique par/ou en l'honneur des Ptolémées.

Pierre **Puget**
*Milon
de Crotone*
(marbre
1673-1682)

PTOLÉMÉE Ier Sôter Ier, né en Macédoine (av. 360-283 av. J.-C.), fondateur de la dynastie des Lagides, roi d'Égypte de 305 à 283 av. J.-C. Après la mort d'Alexandre le Grand, il s'assura le gouvernement de l'Égypte, de la Syrie et de l'Asie Mineure. — PTOLÉMÉE II *Philadelphe,* né à Cos (v. 309-246 av. J.-C.), roi d'Égypte de 283 à 246 av. J.-C. Protecteur des arts et des lettres, il entreprit de grandes constructions (Bibliothèque, Musée et le célèbre phare d'Alexandrie). — PTOLÉMÉE III *Évergète* (v. 280-221 av. J.-C.), roi d'Égypte de 246 à 221 av. J.-C. — PTOLÉMÉE IV *Philopatôr Ier* (v. 244-203 av. J.-C.), roi d'Égypte de 221 à 203 av. J.-C. — PTOLÉMÉE V *Épiphane* (v. 210-181 av. J.-C.), roi d'Égypte de 203 à 181 av. J.-C. Avec lui se termine la grande période des Lagides. — PTOLÉMÉE VI *Philomêtôr* (186-145 av. J.-C.), roi d'Égypte de 181 à 145 av. J.-C. — PTOLÉMÉE VII *Évergète II* (182-116 av. J.-C.), roi d'Égypte de 145 à 116 av. J.-C. — PTOLÉMÉE VIII *Eupator,* roi d'Égypte v. 145-144 av. J.-C.; associé quelques mois au pouvoir avec Ptolémée VII. PTOLÉMÉE IX *Apion,* fils naturel de Ptolémée VII, roi de Cyrène de 117 à 96 av. J.-C., pendant que son frère légitime, Ptolémée X, régnait en Égypte. — PTOLÉMÉE X *Sôter II* (142-80 av. J.-C.), roi d'Égypte de 116 à 107 et de 88 à 80 av. J.-C. — PTOLÉMÉE XI *Alexandre Ier* (v. 140-88 av. J.-C.), roi d'Égypte de 107 à 88 av. J.-C. — PTOLÉMÉE XII *Alexandre II* (v. 105-80 av. J.-C.), roi d'Égypte en 80 av. J.-C. — PTOLÉMÉE XIII *Dionysos,* surnommé *Aulète,* roi d'Égypte (80-58 et 55-51 av. J.-C.). — PTOLÉMÉE XIV *Dionysos II* (v. 61-47 av. J.-C.), roi d'Égypte de 51 à 47 av. J.-C. Il périt en combattant César. — PTOLÉMÉE XV (59-44 av. J.-C.), roi d'Égypte de 47 à 44 av. J.-C. — PTOLÉMÉE XVI *Caesar,* dit *Césarion,* fils de César et de Cléopâtre, né en 47, roi nominal d'Égypte de 44 à 30 av. J.-C. Après Actium (31 av. J.-C.), Octavien le fit exécuter.

PTOLÉMÉE (Claude), astronome, géographe et mathématicien grec du IIe s. apr. J.-C., né probablement à Ptolemaïs Hermiu (Haute-Égypte), auteur d'une *Grande Syntaxe mathématique* (ou *Almageste*), vaste compilation des connaissances astronomiques des Anciens, et d'une *Géographie* qui ont fait autorité jusqu'à la fin du Moyen Âge et à la Renaissance. Il imaginait la Terre fixe au centre du monde.

PUBLICOLA → VALERIUS PUBLICOLA.

PUCCINI (Giacomo), compositeur italien, né à Lucques (1858-1924), auteur de *la Bohème* (1896), de *la Tosca* (1900), de *Madame Butterfly* (1904), d'une conception vériste renouvelée et d'une riche couleur orchestrale et harmonique.

PUCELLE (Jean), miniaturiste français de la première moitié du XIVe s. Chef d'un important atelier, à Paris, v. 1320-1330, il introduisit la mode des figurations naturalistes et anecdotiques dans les marges des manuscrits, ainsi que l'illusion de la troisième dimension (*Heures de Jeanne d'Évreux,* musée des Cloîtres, New York).

PUEBLA, v. du Mexique, au sud de Mexico; 482 000 h. Cathédrale des XVIe et XVIIe s. Métallurgie. La ville fut prise par les Français en 1863.

PUEBLO, v. des États-Unis (Colorado); 97 000 h. Sidérurgie.

PUEBLOS, groupe d'ethnies indiennes du sud-ouest des États-Unis, dont les principales sont les Hopis et les Zuñis.

PUERTO CABELLO, port du Venezuela; 71 000 h.

PUERTO LA CRUZ, port du Venezuela; 82 000 h.

PUERTOLLANO, v. d'Espagne, en Nouvelle-Castille ; 54 000 h.

PUERTO MONTT, port du Chili méridional; 63 000 h.

PUERTO RICO → PORTO RICO.

PUFENDORF (Samuel, *baron* DE), juriste et historien allemand, né à Chemnitz (1632-1694). Il a écrit notamment *Du droit de la nature et des gens* (1672).

PUGET (Pierre), sculpteur et architecte français, né à Marseille (1620-1694). Baroque et réaliste, en contradiction avec l'art officiel de son temps, il est l'auteur des *Atlantes* de l'ancien hôtel de ville de Toulon, d'œuvres religieuses à Gênes, du groupe de *Milon de Crotone* exécuté pour Versailles (Louvre).

PUGET SOUND (le), fjord de la côte ouest des États-Unis (État de Washington).

PUGET-THÉNIERS (06260), ch.-l. de c. des Alpes-Maritimes; 1520 h. Église romane. Monument à Blanqui par Maillol (*l'Action enchaînée*).

PUIGCERDÁ, v. d'Espagne (Catalogne), près de la frontière française, cap. de la Cerdagne espagnole; 4 000 h. Tourisme.

PUISAYE [-zε] (la), région bocagère et humide du sud du Bassin parisien, au nord du Nivernais. Élevage. (Hab. *Poyaudins.*)

PUISEAUX (45390), ch.-l. de c. du Loiret; 2 371 h. Église des XIIIe et XVe s.

PUJOLS (33350 Castillon la Bataille), ch.-l. de c. de la Gironde; 465 h. Église romane.

PULA, en ital. *Pola,* v. de Yougoslavie (Croatie), en Istrie; 47 000 h. Monuments romains. Cathédrale reconstruite au XVIIe s. Musée archéologique. Base navale.

PULCHÉRIE [-ke-] (*sainte*), impératrice d'Orient, née à Constantinople (399-453). Fille d'Arcadius, elle s'empara du pouvoir à la mort de son frère Théodose II (450) et régna avec le sénateur Marcien, qu'elle avait épousé. Elle défendit l'orthodoxie contre les nestoriens et les monophysites.

PULCI (Luigi), poète italien, né à Florence (1432-1484), auteur d'une épopée burlesque qui parodie les romans de chevalerie (*Morgant*).

Pulcinella, nom italien de *Polichinelle.* Le Pulcinella napolitain n'est pas bossu.

Pulitzer (*prix*), récompenses instituées par le journaliste américain Joseph *Pulitzer* (1847-1911). Les douze prix sont décernés chaque année, depuis 1918, par le conseil d'administration de l'université Columbia.

PULLMAN (George Mortimer), industriel américain, né à Brocton (New York) [1831-1897]. Il imagina avec son ami Ben Field les premières voitures-couchettes (1864).

PULLY, v. de Suisse (cant. de Vaud), près de Lausanne; 15 917 h. Vins blancs.

Punch (The) ou **The London Charivari** (le *Polichinelle* ou le *Charivari de Londres*), journal satirique anglais, fondé en 1841, illustré de caricatures et de dessins comiques.

puniques (*guerres*), long conflit (264-146 av. J.-C.) qui opposa Rome et Carthage et qui aboutit à la ruine de Carthage. La cause en fut la rivalité des deux cités se disputant l'hégémonie de la Méditerranée occidentale.
● *La première guerre punique* (264-241 av. J.-C.). Elle a pour théâtre la Sicile, où les Romains, prenant prétexte d'un différend entre Messine et Syracuse, tentent d'évincer les Carthaginois. Les Romains, forts des succès de leur flotte (Mylae en 260, Ecnome en 256), débarquèrent en Afrique. Suit, pour Rome, une période de revers : défaite en Afrique, échecs de la flotte (Drepanum, 249) et de l'armée en Sicile contre les places tenues par les Carthaginois. Mais la victoire décisive de la flotte romaine aux îles Égates (241) amène Carthage à demander la

paix ; la Sicile passe sous le contrôle de Rome.
● *La deuxième guerre punique* (218-201 av. J.-C.). Elle est marquée par la grande offensive d'Hannibal. Partant d'Espagne (prise de Sagonte, 219), le Carthaginois traverse les Pyrénées et les Alpes et entre en Italie, où il bat les Romains au Tessin et à la Trébie (218), au lac Trasimène (217), à Cannes (216) ; mais, ne recevant pas de renforts, il s'attarde à Capoue et doit renoncer à prendre Rome (211). Cependant les Romains se ressaisissent. Hasdrubal, qui essaie de rejoindre son frère Hannibal, est vaincu et tué sur les bords du Métaure (207). En 204, Scipion l'Africain porte la guerre en Afrique, après avoir obtenu le soutien du roi numide Masinissa. Hannibal, rappelé d'Italie, est vaincu à Zama (202). La paix de 201 enlève à Carthage ses possessions et en fait un État vassal de Rome.
● *La troisième guerre punique* (149-146 av. J.-C.). Elle porte le coup de grâce à la métropole punique. Le Sénat romain, conscient du danger que pouvait présenter la renaissance de Carthage *(Delenda est Carthago),* prend prétexte du conflit qui oppose les Carthaginois à Masinissa, allié de Rome, et envoie Scipion Émilien contre Carthage. Après trois ans de siège, Carthage est prise et rasée.

PUNTA ARENAS, port du Chili, sur le détroit de Magellan ; 62 000 h. Ville la plus méridionale du monde (en dehors d'Ushuaia, dans la Terre de Feu).

PUNTA DEL ESTE, v. de l'Uruguay, sur l'Atlantique ; 8 000 h. Station balnéaire. L'alliance pour le progrès y fut signée en 1961.

PUPIN (Michael), physicien américain d'origine serbe, né à Idvor (Banat) [1858-1935]. Il utilisa des bobines pour améliorer *(pupinisation)* les transmissions téléphoniques.

Purāna, épopées anonymes à caractère religieux écrites entre le IVe et le XVIe s., dont l'influence fut aussi considérable que celle des *Veda* pour la diffusion de l'hindouisme. Elles s'adressaient à tous et non aux seuls brahmanes.

PURCELL (Henry), compositeur anglais, né à Londres (1659-1695), auteur d'ouvrages dramatiques *(Dido and Aeneas,* 1689 ; *The Fairy Queen,* 1692), de chants sacrés et profanes *(Odes, Anthems),* de sonates, de fantaisies pour violes, de *suites* pour clavecin, toutes œuvres d'un lyrisme plein de sensibilité.

PURUS, riv. du Pérou et du Brésil, affl. de l'Amazone (r. dr.) ; 3 380 km.

PUSAN, en japon. **Fusan,** principal port, deuxième ville et centre industriel de la Corée du Sud, sur le détroit de Corée ; 2 454 000 h.

PUSEY (Edward BOUVERIE, dit), théologien anglais, né à Pusey, près d'Oxford (1800-1882), un des créateurs du mouvement ritualiste, dit *mouvement d'Oxford,* ou *puseyisme,* qui porta une fraction de l'Église anglicane vers le catholicisme. Lui-même resta fidèle à l'anglicanisme.

Le Puy : porche de la chapelle Saint-Michel-d'Aiguilhe

PUSZTA (la), nom donné à la grande plaine de Hongrie, lorsqu'elle n'était pas encore cultivée.

PUTANGES-PONT-ÉCREPIN (61210), ch.-l. de c. de l'Orne ; 947 h.

PUTEAUX (92800), ch.-l. de c. des Hauts-de-Seine, sur la Seine ; 35564 h. *(Putéoliens).*

PUTIPHAR ou **POTIPHAR,** selon la Bible, commandant de la garde du pharaon, maître de Joseph. Sa femme s'éprit de Joseph et, irritée de l'indifférence de celui-ci à son égard, l'accusa d'avoir voulu la séduire. Putiphar, crédule, fit jeter Joseph en prison.

PUTNIK (Radomir), maréchal serbe, né à Kragujevac (1847-1917). Il commanda les forces serbes de 1912 à la fin de 1915.

PUTTE, comm. de Belgique (prov. d'Anvers) ; 13 800 h.

PUURS, comm. de Belgique (prov. d'Anvers) ; 14 800 h.

PUVIS DE CHAVANNES [-vi-] (Pierre), peintre français, né à Lyon (1824-1898). Il est surtout l'auteur de peintures murales, caractérisées par l'harmonie de la composition et la sobriété du coloris (musées d'Amiens et de Lyon ; palais de Longchamp, à Marseille ; Panthéon, à Paris : *Vie de sainte Geneviève).*

PUY (Le) [43000], autref. **Le Puy-en-Velay,** anc. cap. du Velay, ch.-l. de la Haute-Loire, sur la Borne, affl. de la Loire, à 519 km au sud-est de Paris ; 29024 h. *(Aniciens* ou *Ponots).* Située dans une dépression fertile, le *bassin du Puy,* cette ville très pittoresque est accidentée de pitons volcaniques (rocher Corneille, mont Aiguilhe). Cathédrale (peintures murales ; cloître). Églises ou chapelles et maisons anciennes. Musée Crozatier. Centre français de la dentelle, depuis le XVe s. Industries mécaniques et alimentaires.

PUY-DE-DÔME *(dép. du)* [63], dép. de la Région Auvergne ; ch.-l. de dép. *Clermont-Ferrand ;* ch.-l. d'arr. *Ambert, Issoire, Riom, Thiers ;* 5 arr., 50 cant., 470 comm. ; 7 955 km2 ; 580 033 h. Le dép. appartient à l'académie de

Clermont-Ferrand, à la circonscription judiciaire de Riom, à la région militaire de Lyon et à la province ecclésiastique de Bourges. Les plaines fertiles des Limagnes, drainées par l'Allier, portent des cultures céréalières et fruitières. Elles sont dominées à l'est par les hauteurs du Livradois et du Forez, souvent boisées, et à l'ouest par les massifs volcaniques des monts Dôme et des monts Dore, régions d'élevage bovin (embouche et production de fromages). L'élevage constitue encore la ressource essentielle des plateaux granitiques de l'extrémité occidentale du dép. L'industrie joue un rôle important. Elle est représentée par les pneumatiques et l'imprimerie (Clermont-Ferrand), la coutellerie (Thiers), les papeteries, etc. Le thermalisme anime de nombreuses localités (Châtelguyon, Royat, La Bourboule, Le Mont-Dore, Saint-Nectaire).

PUYI → P'OU-YI.

PUYLAURENS [-rès] (81700), ch.-l. de c. du Tarn ; 2790 h. Vestiges féodaux.

PUY-L'ÉVÊQUE (46700), ch.-l. de c. du Lot ; 2 501 h. Église des XIVe-XVe s. Maisons fortifiées.

PUYMIROL (47270), ch.-l. de c. de Lot-et-Garonne ; 742 h.

PUYMORENS [-rès] *(col de),* passage des Pyrénées conduisant d'Ax-les-Thermes (Ariège) ou d'Andorre en Cerdagne ; 1 915 m.

PUYS *(chaîne des)* → DÔME *(monts).*

PYDNA, v. de la Macédoine, où Paul Émile remporta sur Persée une victoire qui mit fin à l'indépendance de la Macédoine (168 av. J.-C.).

PYGMALION, roi légendaire de Chypre. Amoureux d'une statue qu'il avait lui-même sculptée, il obtint d'Aphrodite qu'elle lui donnât la vie, et il l'épousa. Le mythe a inspiré de nombreux artistes et écrivains.

PYGMÉES, peuple mythique de nains, que les Anciens localisèrent près des sources du Nil.

PYGMÉES, ethnie africaine, de petite taille, vivant de chasse, de pêche et de cueillette dans les forêts équatoriales (Zaïre, République centrafricaine, Gabon, Cameroun).

PUY-DE-DÔME

PYLADE, héros phocidien, cousin et ami d'Oreste. Les tragiques grecs en ont fait le type de l'ami fidèle.

PYLA-SUR-MER (33115), station balnéaire de la Gironde (comm. de La Teste).

PYLOS → NAVARIN.

PYM (John), homme politique anglais, né à Brymore, Somerset (1583 ou 1584-1643). Député aux Communes, principal auteur de la Pétition du droit (1628), il fut le chef de l'opposition à l'arbitraire de Charles Ier et au catholicisme.

PYONGYANG, cap. de la Corée du Nord; 1 500 000 h. Centre administratif et industriel. Musées.

Pyramides, monuments de l'ancienne Égypte. Évocation des rayons solaires pétrifiés, ils symbolisaient l'escalier facilitant l'ascension du pharaon défunt vers le dieu Rê. Ils étaient l'un des éléments (la sépulture) du complexe funéraire pharaonique. Les plus célèbres pyramides sont celles de l'Ancien Empire à Saqqarah et à Gizeh.

Pyramides (bataille des), victoire remportée par Bonaparte sur les Mamelouks près des pyramides de Gizeh (21 juill. 1798).

PYRÉNÉES, chaîne de montagnes qui s'étend sur 430 km, du golfe de Gascogne au golfe du Lion; 3 404 m au pic d'Aneto. Le versant nord appartient à la France, le versant sud à l'Espagne. Par leur âge, les Pyrénées se rattachent au système alpin, mais elles diffèrent sensiblement des Alpes mêmes. Les sommets sont moins hauts et les cols plus élevés. Il en résulte un aspect massif en rapport avec l'importance des roches cristallines et la faiblesse relative de l'érosion glaciaire (altitudes et latitude plus basses que dans les Alpes). Cependant la chaîne n'a jamais constitué une barrière humaine infranchissable (les Basques et les Catalans peuplent les deux versants). En dehors de leurs extrémités occidentale et orientale, les Pyrénées sont franchies par le rail et la route (Roncevaux, Somport, Pourtalet, tunnels de Bielsa et de Viella, cols de Puymorens et d'Ares). Mais la circulation longitudinale demeure difficile en raison de la disposition transversale des cours d'eau, qui explique le cloisonnement du relief et a imposé une économie de subsistance (qui n'a que localement disparu) fondée sur les cultures vivrières, l'élevage transhumant, celui des ovins essentiellement (associé à l'industrie textile), l'exploitation de la forêt et du sous-sol (minerai de fer, marbre).

Pyrénées (paix des), paix signée le 7 novembre 1659 et qui mit fin aux hostilités entre la France et l'Espagne. Le traité fut négocié dans une conférence tenue entre don Luis de Haro et Mazarin, dans l'île des Faisans (Bidassoa). L'Espagne abandonnait à la France d'importants territoires, notamment le Roussillon, l'Artois et plusieurs places fortes du Nord. Il fut stipulé que Louis XIV épouserait la fille de Philippe IV, Marie-Thérèse, qui renonçait à ses droits sur la couronne d'Espagne moyennant une dot de 500 000 écus d'or.

PYRÉNÉES (dép. des **Hautes-**) [65], dép. de la Région Midi-Pyrénées; ch.-l. de dép. Tarbes; ch.-l. d'arr. Argelès-Gazost, Bagnères-de-Bigorre; 3 arr., 32 cant., 476 comm.; 4 507 km²; 227 222 h. Le dép. appartient à l'académie de Toulouse, à la circonscription judiciaire de Pau, à la région militaire de Bordeaux et à la province ecclésiastique d'Auch. Le sud occupe une partie des Pyrénées centrales, région très montagneuse, peu peuplée, pays d'élevage. Le nord s'étend sur le plateau de Lannemezan, souvent couvert de landes, et les collines qui lui font suite. À l'ouest, la longue vallée de l'Adour, plus favorisée, juxtapose céréales, vergers et prairies. L'industrie, bénéficiant souvent des aménagements hydroélectriques voisins (Pragnères), est représentée par l'électrochimie et l'électrométallurgie, les constructions électriques et aéronautiques (Tarbes, Ossun), à côté des activités traditionnelles (textiles, travail du bois, industries extractives [marbre]). Le thermalisme et les sports d'hiver animent localement la montagne, alors que Lourdes demeure l'un des grands centres mondiaux de pèlerinage.

PYRÉNÉES-ATLANTIQUES (dép. des) [64], dép. de la Région Aquitaine; ch.-l. de dép. Pau; ch.-l. d'arr. Bayonne, Oloron-Sainte-Marie; 3 arr., 48 cant., 537 comm.; 7 629 km²; 534 748 h. Le dép. appartient à l'académie et à la région militaire de Bordeaux, à la circonscription judiciaire de Pau et à la province ecclésiastique d'Auch. Il s'étend au sud sur la partie occidentale de la chaîne pyrénéenne, la plus humide, ce qui explique le développement de l'élevage, tant dans les Pyrénées béarnaises (les plus élevées, ouvertes par les vallées d'Aspe et d'Ossau), à l'est, que dans les Pyrénées basques (où il est associé à la polyculture : céréales, arbres fruitiers), à l'ouest. Les collines sableuses ou volcaniques du nord-est, aux sols médiocres, sont entaillées par des vallées plus favorisées, herbagères ou céréalières, portant localement des vignobles (Jurançon). L'industrie, représentée traditionnellement par la petite métallurgie, les textiles, le travail du bois, s'est diversifiée avec les constructions aéronautiques et surtout l'exploitation de l'important gisement de gaz naturel de Lacq (autour duquel se sont créées une centrale thermique [Artix], l'industrie chimique [Pardies] et l'électrométallurgie [aluminium à Noguères]). Le littoral est animé par la pêche (Saint-Jean-de-Luz), le tourisme (Biarritz), alors que Bayonne exporte le soufre, sous-produit de Lacq.

Pyrénées occidentales (parc national des), parc national créé en 1967, couvrant près de 50 000 ha, à l'ouest des Pyrénées françaises, le long de la frontière espagnole.

PYRÉNÉES-ORIENTALES (dép. des) [66], dép. de la Région Languedoc-Roussillon; ch.-l. de dép. Perpignan; ch.-l. d'arr. Céret, Prades; 3 arr., 24 cant., 221 comm.; 4 086 km²; 299 506 h. Le dép. appartient à l'académie et à la circonscription judiciaire de Montpellier, à la région militaire de Lyon et à la province ecclésiastique d'Albi. Le littoral est bas et bordé d'étangs au nord. Au pied des Albères, qui portent des vignobles estimés (Banyuls), il est animé par le tourisme estival et la pêche (Port-Vendres, Collioure). En arrière se développe la plaine du Roussillon, riche région agricole, où l'irrigation permet la juxtaposition de la vigne, des cultures fruitières et maraîchères. La plaine est limitée vers l'intérieur par la partie orientale de la chaîne pyrénéenne, formée de lourds massifs (Canigou, Carlitte) ouverts par des bassins d'effondrement (Capcir, Cerdagne, Conflent, Vallespir), qui concentrent l'essentiel des activités (cultures céréalières et légumières, tou-

PYRÉNÉES-ATLANTIQUES

HAUTES-PYRÉNÉES

risme [Font-Romeu]). L'industrie, peu développée, est liée surtout aux produits du sol (conserveries, apéritifs). Perpignan concentre plus du tiers de la population du département.

PYRRHA. *Myth. gr.* Fille d'Épiméthée et de Pandore, femme de Deucalion*.

PYRRHON, le premier des grands sceptiques grecs, né à Élis (v. 365 - v. 275 av. J.-C.). Il nie que l'homme puisse atteindre la vérité et propose de suspendre tout jugement afin d'éviter l'erreur, source de trouble pour l'âme humaine, qui fait obstacle au bonheur.

PYRRHOS, aussi appelé **Néoptolèm**. *Myth. gr.* Fils d'Achille. Après la prise de Troie, il épousa Andromaque, veuve d'Hector, et mourut victime de la jalousie d'Hermione. Il passait pour le fondateur du royaume d'Épire.

PYRRHOS II, en lat. *Pyrrhus* (v. 319-272 av. J.-C.), roi d'Épire (295-272). Après avoir cherché à agrandir son royaume vers la Macédoine, il se tourna vers l'Italie méridionale et, grâce à la surprise que ses éléphants causèrent aux Romains, fut vainqueur à Héraclée en 280 et à Asculum en 279 (ces succès, obtenus au prix de très lourdes pertes, sont à l'origine de l'expression «victoire à la Pyrrhus»); mais, vaincu par les Romains à Bénévent (275), il dut retourner en Épire. Il mourut accidentellement au cours d'une expédition en Grèce.

PYTHAGORE, philosophe et mathématicien grec du VIe s. av. J.-C., né à Samos. Il n'a laissé aucune œuvre écrite. Le théorème sur l'hypoténuse, auquel son nom est resté attaché, était connu des Babyloniens un millénaire avant lui. Toutefois, on lui attribue le théorème de la somme des angles du triangle, la construction de certains polyèdres réguliers, le début du calcul des proportions. Pythagore considérait que les nombres sont le principe et la source de toutes choses.

PYTHÉAS, navigateur grec de Marseille (IVe s. av. J.-C.). Il détermina la latitude de Marseille et explora les côtes du nord de l'Europe.

PYTHON. *Myth. gr.* Serpent monstrueux qui rendait les oracles à Delphes. Il fut tué par Apollon, qui s'empara de l'oracle et fonda les jeux Pythiques.

Pyrrhos II

PYRÉNÉES-ORIENTALES

Québec : la ville, avec le château Frontenac.

Q

QADESH ou **KADESH,** ville de la Syrie ancienne, près de Homs. Elle fut, au temps du Nouvel Empire égyptien, un enjeu important dans le conflit qui opposa Égyptiens et Hittites pour s'assurer l'hégémonie dans le couloir syrien.

QĀDJĀRS, tribu turkmène qui donna à l'Iran une dynastie; fondée en 1796 par Āṛhā Muḥammad Chāh, celle-ci fut évincée, en 1925, par celle des Pahlavi.

QATAR ou **KATAR,** État de l'Arabie, occupant une péninsule sur le golfe Persique; 22 000 km²; 200 000 h. Cap. al-Dawḥa. Importantes exploitations de pétrole. Sous la dynastie des Āl Thānī, installée au pouvoir en 1868, les différents centres indépendants de la péninsule furent réunis en un État. Lié par un traité à la Grande-Bretagne, le Qaṭar est devenu indépendant en 1971.

QAZVIN ou **KAZVIN,** v. d'Iran, au sud de l'Elbourz; 139 000 h. Monuments anciens, dont certains du XIIᵉ s. Anc. capitale de la Perse au XVIᵉ s.

QINGDAO → TS'ING-TAO.

QINGHAI → TS'ING-HAI.

QINGJIANG → TS'ING-KIANG.

QINLING → TS'IN-LING.

QIQIHAER → TSITSIHAR.

QOM ou **QUM,** v. de l'Iran, au sud de Téhéran; 247 000 h. Ville sainte de l'islām chi'ite. Monuments anciens.

QUADES, peuple germanique qui vivait dans l'actuelle Moravie.

QUANTZ (Johann Joachim), compositeur et célèbre flûtiste allemand, né à Oberscheden (1697-1773), auteur de sonates, de concertos et d'une méthode de flûte, écrits pour la plupart au service de Frédéric II de Prusse.

QUANZHOU → TS'IUAN-TCHEOU.

QUAREGNON, comm. de Belgique (Hainaut); 20 900 h.

QUARENGHI (Giacomo), architecte italien, né à Valle Imagna, près de Bergame (1744-1817). Il a bâti pour Catherine II, à Saint-Pétersbourg surtout, de nombreux palais de style classique.

QUARNARO → KVARNER.

QUARRÉ-LES-TOMBES (89630), ch.-l. de c. de l'Yonne; 863 h. Église du XVᵉ s., entourée de sarcophages d'une ancienne nécropole.

Quartier latin (le), partie de la rive gauche de Paris qui appartient au Vᵉ arrondissement (Panthéon) et au VIᵉ (Luxembourg), et où, depuis le XIIᵉ s., se sont développées les activités universitaires.

QUARTON (ou **CHARONTON, CHARRETON,** etc.) [Enguerrand], peintre français originaire du diocèse de Laon, mentionné en Provence de 1444 à 1466, auteur du Couronnement de la Vierge de Villeneuve-lès-Avignon, peut-être de la Pietà d'Avignon du Louvre.

Quasimodo, personnage de Notre-Dame de Paris, de Victor Hugo. C'est le sonneur de Notre-Dame, dont la difformité cache la plus sublime délicatesse de sentiment.

QUASIMODO (Salvatore), poète italien, né à Syracuse (1901-1968), représentant de l'école « hermétiste ». (Prix Nobel, 1959.)

QUATRE-BRAS (les), hameau de Belgique (Brabant). Défaite de Ney par les Anglais (16 juin 1815).

QUATRE-CANTONS (lac des), en allem. Vierwaldstättersee, lac de Suisse, traversé par la Reuss, entre les cantons d'Uri, d'Unterwald, de Schwyz et de Lucerne; 114 km². Étranglé dans un tortueux sillon de montagnes, il présente aux environs de magnifiques paysages. On l'appelle quelquefois, à tort, lac de Lucerne.

QUATREFAGES DE BRÉAU (Armand DE), naturaliste et anthropologiste français, de tendance spiritualiste, né à Berthezène (Gard) [1810-1892].

Quatre Fils Aymon (les), nom parfois donné à la chanson de geste Renaut de Montauban (XIIᵉ s.) et au roman de chevalerie tiré de la même œuvre. C'est le récit de la lutte de Charlemagne contre les quatre fils du duc Aymes, montés sur le cheval Bayard, dont les bonds sont fabuleux.

Quatre-Nations (collège des), établissement fondé à Paris par Mazarin, en 1661, pour recevoir soixante « écoliers » originaires de quatre « nations » (Alsace, Pays-Bas, Roussillon, province de Pignerol) récemment réunies à la France. Mazarin lui légua sa bibliothèque : c'est là l'origine de la bibliothèque Mazarine*. Le collège des Quatre-Nations fut supprimé par la Révolution, puis, en 1806, affecté à l'Institut* de France.

Quatre-Rivières (bataille des), combats menés en décembre 1914 par Hindenburg contre les Russes, autour des rivières polonaises Bzura, Rawka, Pilica et Nida.

QU'AYṬĪ (al-), anc. sultanat d'Arabie, auj. partie du Yémen démocratique.

QUÉBEC, v. du Canada, cap. de la prov. du même nom, sur un escarpement dominant le Saint-Laurent, au confluent du fleuve et de la rivière Saint-Charles; 177 082 h. (environ 550 000 avec les banlieues) [Québécois]. Archevêché. Université Laval. Musées. La ville ancienne est

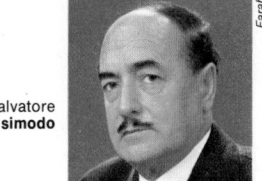

Salvatore **Quasimodo**

visitée par de nombreux touristes. Centre commercial et industriel. Fondée par le Français Champlain en 1608, siège d'un évêché en 1674, Québec fut prise par les Anglais en 1759. Il s'y tint deux conférences anglo-américaines, en 1943 et 1944.

QUÉBEC (province de ou du), prov. de l'est du Canada; 1 540 680 km²; 6 234 445 h. Cap. Québec. V. pr. Montréal. La province s'étend sur la bordure orientale (Nouveau-Québec) et méridionale (Laurentides) du bouclier canadien, limité au sud par la région laurentienne, pays de basses terres de part et d'autre du fleuve. Enfin, le sud-est appartient à l'extrémité septentrionale du système appalachien (Gaspésie). Le climat est rude, de type continental marqué, avec un long enneigement. Sa dégradation progressive vers le nord explique la concentration de l'agriculture (céréales, plantes fourragères, élevage bovin, etc.) et de la population dans le sud, valorisé par la voie maritime du Saint-Laurent, qui est jalonnée par les principales villes (Montréal, grand centre industriel, Trois-Rivières, Québec). Le reste de la province est le domaine de l'exploitation de la forêt et surtout du riche sous-sol (fer, cuivre, or, amiante, etc.). La mise en valeur partielle du potentiel hydroélectrique considérable a donné naissance à d'importantes industries du bois (papier), ainsi qu'à la métallurgie des non-ferreux.

HISTOIRE

— 1763 : les Anglais créent la province de Québec.

— 1791 : séparation du Bas-Canada (dont Québec est la capitale) et du Haut-Canada (actuel Ontario).

— 1837 : rébellion des francophones, dirigée par Papineau.

— 1840 : Acte d'union, qui supprime le Bas-Canada et fait perdre au français son caractère officiel.

— 1867 : le Bas-Canada retrouve son autonomie

et devient l'une des quatre provinces de la Confédération canadienne.
— 1936-1939 et 1944-1960 : l'Union nationale au pouvoir avec Maurice Duplessis.
— 1960-1966 : gouvernement libéral de Jean Lesage («révolution tranquille»).
— 1966-1970 : gouvernements conservateurs de Daniel Johnson et de Jean-Jacques Bertrand. Développement du mouvement séparatiste; actions terroristes.
— 1970-1976 : le libéral Robert Bourassa au pouvoir.
— 1976 : victoire du parti québécois, favorable à la «souveraineté-association» avec les autres provinces. Son leader, René Lévesque, Premier ministre.
— 1980 : les Québécois se prononcent par référendum contre le projet de «souveraineté-association».

QUECHUAS ou **QUICHUAS**, Amérindiens du Pérou, dont une tribu constitua la classe dirigeante de l'Empire inca.
QUEENS, district de New York; 1 987 000 h.
QUEENSLAND, État du nord-est de l'Australie; 1 727 522 km²; 2 037 000 h. Cap. *Brisbane.*
Que faire?, roman (1863) de Tchernychevski, bible de la jeunesse révolutionnaire russe.
Que faire?, œuvre de Lénine (1902) consacrée à sa conception du parti révolutionnaire.
QUEIPO DE LLANO Y SIERRA (Gonzalo), général espagnol, né à Tordesillas (1875-1951), l'un des principaux lieutenants de Franco.
QUEIRÓS (Pedro FERNANDES DE), navigateur portugais, né à Evora (1565-1615). Il reconnut notamment Tahiti.

QUÉBEC

QUEIRÓS (José Maria EÇA DE), écrivain portugais, né à Póvoa de Varzim (1845-1900), auteur de romans réalistes *(le Cousin Basile).*
QUELIMANE, port du Mozambique; 72 000 h. Cocoteraie.
QUELLIN, famille de sculpteurs, de peintres et de graveurs flamands, qui appartiennent surtout au XVIIe s.
QUEMOY, île chinoise du détroit de Formose; 60 000 h. Avant-poste nationaliste.
QUEND (kã) [80120 Rue], comm. de la Somme; 1 315 h. Station balnéaire.
QUENEAU (Raymond), écrivain français, né au Havre (1903-1976). Il a fait de son œuvre romanesque *(Pierrot mon ami,* 1942; *Zazie dans le métro,* 1959) et poétique *(les Ziaux, Cent Mille Milliards de poèmes)* une expérience continue sur le fonctionnement du langage.

Raymond **Queneau**

P. L. COULEURS. — 49

QUENTAL (Antero Tarquínio DE), écrivain portugais, né à Ponta Delgada (Açores) [1842-1891], poète d'inspiration romantique et révolutionnaire.

Quentin Durward, roman historique de Walter Scott (1823). Il évoque la lutte de Louis XI contre Charles le Téméraire.

QUERCY (le), région du bassin d'Aquitaine, en bordure du Massif central, formée par le *haut Quercy* (ou *Causses du Quercy*), plateau calcaire entaillé par les vallées du Lot et de la Dordogne, et par le *bas Quercy*, autour de Montauban, pays de collines molassiques, vouées à la polyculture. Le Quercy fut réuni au domaine royal en 1472.

QUERÉTARO, v. du Mexique, au nord de Mexico; 150 000 h. Église baroque S. Clara. Cathédrale baroque et néoclassique. L'empereur Maximilien y fut fusillé (1867).

QUÉRIGUT (09460), ch.-l. de c. de l'Ariège 171 h. Anc. cap. du Donezan,

QUESNAY [ke-] (François), médecin et économiste français, né à Méré (Île-de-France) [1694-1774], inspirateur de l'école des physiocrates. Dans son *Tableau économique* (1758), il démontre que la terre est source première de la richesse.

QUESNEL [ke-] (Pasquier), théologien français, né à Paris (1634-1719). Oratorien (1657), prêtre (1659), il publia des livres de piété imprégnés d'esprit janséniste. Exilé à Mons, puis à Bruxelles, il se réfugia finalement à Amsterdam; il passa, après la mort d'Arnauld (1694), pour le chef du jansénisme. Ses *Réflexions morales* (1671) furent condamnées par la bulle *Unigenitus* (1713).

QUESNEL [ke-] (Joseph), écrivain canadien, né à Saint-Malo (1749-1809), auteur de poésies champêtres et de comédies en vers.

QUESNOY [ke-] (Le) [59530], ch.-l. de c. du Nord; 5 370 h. *(Quercitains).* Anc. place forte.

QUESNOY-SUR-DEÛLE (59890), ch.-l. de c. du Nord; 4 835 h. *(Quesnoysiens).*

QUESTEMBERT [kɛstãbɛr] (56230), ch.-l. de c. du Morbihan; 4 890 h.

QUÉTELET (Adolphe), astronome, mathématicien, statisticien et démographe belge, né à Gand (1796-1874).

QUETIGNY (21800), comm. de la Côte-d'Or; 4 815 h. Produits pharmaceutiques.

QUETTA, v. du Pakistan, cap. du Baloutchistan; 140 000 h.

QUETTEHOU (50630), ch.-l. de c. de la Manche; 1 163 h.

QUETZALCÓATL (du nahuatl *quetzal*, nom d'un oiseau, et *cóatl*, serpent). Dieu de l'Air et de l'Eau du Mexique précolombien, représenté comme un serpent portant des plumes de quetzal. Il est l'animateur de la nature et l'inventeur des arts et des techniques.

QUEUE-EN-BRIE (La) [94510], comm. du Val-de-Marne; 7 141 h.

QUEVEDO Y VILLEGAS (Francisco GÓMEZ DE), écrivain espagnol, né à Madrid (1580-1645), auteur de poésies, d'écrits politiques et satiriques et d'un roman picaresque, *Don Pablo de Ségovie* (1626).

QUÉVEN (56530), comm. du Morbihan; 5 664 h.

QUEYRAS, région et vallée des Hautes-Alpes, que draine le Guil, affl. de la Durance (r. g.).

QUEZALTENANGO, v. du Guatemala; 70 000 h.

QUEZÓN (Manuel), homme d'État philippin, né

à Baler (1878-1944). Fondateur du parti nationaliste, il lutta pour l'indépendance des Philippines. Président du Commonwealth des Philippines (1935), lors de l'occupation japonaise (1942) il dut s'enfuir aux États-Unis, où il dirigea le gouvernement philippin en exil.

QUEZÓN CITY, v. fondée en 1948 à 16 km au nord-est de Manille, cap. des Philippines jusqu'en 1976; 960 000 h.

QUIBERON (56170), ch.-l. de c. du Morbihan, à l'extrémité de la presqu'île du même nom; 4 723 h. Pêche. Station balnéaire. Thalassothérapie. — En 1795, une petite armée d'émigrés y tenta un débarquement avec l'aide des Anglais, mais elle fut faite prisonnière par Hoche; 748 émigrés furent fusillés près d'Auray.

QUICHERAT (Jules), archéologue français, né à Paris (1814-1882). Il édita le *Procès de condamnation et de réhabilitation de Jeanne d'Arc.*

QUICHÉS, peuple amérindien du Guatemala appartenant au groupe maya.

QUIERZY (02300 Chauny), anc. **Kierzy** ou **Kiersy,** comm. de l'Aisne; 312 h. Célèbre par l'assemblée des 14-16 juin 877, au cours de laquelle Charles le Chauve, à la veille d'une expédition en Italie, dut admettre l'hérédité de fait des charges comtales.

QUIÉVRAIN, comm. de Belgique (Hainaut), à la frontière française; 7 400 h.

QUIÉVRECHAIN (59920), comm. du Nord; 7 272 h. Verrerie.

QUILLAN [kijã] (11500), ch.-l. de c. de l'Aude, sur l'Aude; 5 142 h. Panneaux d'ameublement. Feutre.

QUILLEBEUF-SUR-SEINE (27680), ch.-l. de c. de l'Eure; 1 201 h. Église des XIIe-XVIe s. Anc. cap. du Roumois.

QUILMES, banlieue de Buenos Aires; 355 000 h. Brasserie.

QUIMPER (29000), anc. **Quimper-Corentin,** anc. cap. du comté de Cornouaille, ch.-l. du Finistère, sur l'Odet, à 551 km à l'ouest de Paris; 60 510 h. *(Quimpérois).* Cathédrale (XIIIe-XVIe s.). Maisons anciennes. Musées. Papeterie. Industries alimentaires. Faïences et poteries.

QUIMPERLÉ (29130), ch.-l. de c. du Finistère, au confluent de l'Ellé et de l'Isole; 11 712 h. *(Quimperlois).* Églises Ste-Croix, remontant au XIe s., et Notre-Dame, des XIIIe-XVe s.

QUINAULT (Philippe), poète français, né à Paris (1635-1688). Il écrivit des tragédies *(Astrate)*, entachées de préciosité, qui lui valurent les attaques de Boileau. À partir de 1672, il composa les livrets des opéras de Lully *(Cadmus et Hermione, Armide).* [Acad. fr.]

QUINCTIUS CINCINNATUS (Lucius), Romain célèbre par la simplicité et l'austérité de ses mœurs. Consul en 460 av. J.-C., il fut par la suite deux fois dictateur (458 et 439), mais retourna finalement à sa charrue.

QUINCTIUS FLAMININUS (Titus), général romain (229-174 av. J.-C.), consul en 198 av. J.-C. Il battit à Cynoscéphales Philippe V de Macédoine (197) et libéra la Grèce de la domination macédonienne.

QUINCY-SOUS-SÉNART (91480), comm. de l'Essonne; 6 705 h.

QUINE (Willard VAN ORMAN, dit **Willard**), logicien américain, né à Akron en 1908, auteur d'une théorie sur les fondements philosophiques de la logique, et plus particulièrement sur ses aspects sémantiques.

QUINET (Edgar), historien français, né à Bourg-en-Bresse (1803-1875). Spécialiste de l'histoire allemande, professeur au Collège de France, il fit entrer dans son enseignement son libéralisme romantique, son anticléricalisme et son amour de la Révolution. Représentant du peuple en 1848, proscrit après le coup d'État de 1851, rentré en France en 1870, député en 1871, il fut le maître à penser de la république laïque. On lui doit notamment *les Révolutions d'Italie* (1852).

QUINGEY (25440), ch.-l. de c. du Doubs; 936 h.

QUI NHON, port du sud du Viêt-nam; 189 000 h.

QUINTANA (Manuel José), poète et homme politique espagnol, né à Madrid (1772-1857).

QUINTE-CURCE, historien latin du Ier s. apr. J.-C., auteur d'une *Histoire d'Alexandre.*

QUINTILIEN, rhéteur latin, né à Calagurris Nassica (auj. Calahorra, Espagne) [v. 30 - v. 100]. Il fut précepteur des petits-neveux de Domitien. Dans son ouvrage sur la formation de l'orateur *(De l'institution oratoire),* il réagit contre les tendances nouvelles représentées par Sénèque et proposa l'imitation de Cicéron.

QUINTILIUS VARUS (Publius), général romain (v. 50 av. J.-C. - 9 apr. J.-C.). Légat en Germanie, il fut massacré avec son armée, par les Germains d'Arminius, dans la forêt du Teutoburg.

QUINTIN (22800), ch.-l. de c. des Côtes-du-Nord; 3 599 h. Maisons anciennes.

QUINTON (René), naturaliste français, né à Chaumes (1867-1925). Il a préconisé l'usage thérapeutique de l'eau de mer («plasma» ou «sérum» de Quinton).

Quinze-Vingts (les), hospice fondé à Paris par Saint Louis pour les aveugles.

QUIRINAL [kɥi-] *(mont),* l'une des collines sur lesquelles fut bâtie Rome, au nord-ouest de la ville.

Quirinal *(palais du),* palais de Rome, commencé en 1574 et agrandi à plusieurs reprises. Résidence d'été des papes avant 1870, puis des rois d'Italie et, auj., des présidents de la République italienne.

QUISLING (Vidkun), homme politique norvégien, né à Fyredal (Telemark) [1887-1945]. Pronazi, chef du gouvernement après l'invasion allemande (févr. 1942), il fut exécuté à la Libération.

QUISSAC [kɥisak] (30260), ch.-l. de c. du Gard; 1 954 h.

QUITO, cap. de l'Équateur, dans les Andes, à 2 850 m d'alt.; 557 000 h. Beaux monuments d'époque coloniale (XVIe-XVIIIe s.). Archevêché. Université. Musées.

QUM → QOM.

QUMRÂN, site archéologique près de la rive ouest de la mer Morte. Des fouilles entreprises à la suite de la découverte, dans les grottes des alentours, de manuscrits de la mer Morte* ont mis au jour un ensemble de bâtiments dans lesquels on reconnaît les ruines d'un couvent essénien.

QUNAYTRA, v. de Syrie, au sud-ouest de Damas. Conquise par les Israéliens en 1967 et en 1973, elle fut rendue à la Syrie en 1974.

Quo vadis?, roman de Sienkiewicz (1896). Il a pour cadre la Rome impériale au temps des persécutions des chrétiens par Néron.

QURAYCHITES ou **KORAÏCHITES,** tribu arabe à laquelle appartenait Mahomet.

Quito : cloître du couvent Saint-François

Vautier-De Nanxe

Manuel **Quezón**

Keystone

Edgar **Quinet**

Lauros-Giraudon

Francisco de **Quevedo y Villegas**

Alzar

R

Rio de Janeiro.

RÂ, divinité égyptienne → Rê.

RAAB, nom allem. de *Győr*.

RAABE (Wilhelm), écrivain allemand, né à Eschershausen (Brunswick) [1831-1910], dont les romans peignent la vie des petites gens *(la Chronique de la rue aux Moineaux).*

RAB, île yougoslave de l'Adriatique. Centre touristique.

RABAN MAUR *(bienheureux),* polygraphe allemand, né à Mayence (v. 780-856). Abbé de Fulda (822), archevêque de Mayence (847), il a laissé de nombreux écrits, dont *De rerum naturis* (842-847). On le considère comme l'initiateur des études théologiques en Allemagne.

RABASTENS [-tès] (81800), ch.-l. de c. du Tarn; 4 220 h. Église des XIIIᵉ-XIVᵉ s.

RABASTENS-DE-BIGORRE (65140), ch.-l. de c. des Hautes-Pyrénées; 1 082 h.

RABAT, cap. du Maroc, port sur l'Atlantique, à l'embouchure du Bou Regreg; 368 000 h. Monuments du XIIᵉ au XVIIIᵉ s. Remarquables remparts (XIIᵉ s.), aux portes fortifiées. Textile.

RABAUD (Henri), compositeur français, né à Paris (1873-1949), auteur d'œuvres pour orchestre *(la Procession nocturne)* et pour la scène *(Mârouf, savetier du Caire,* 1914). Il a dirigé le Conservatoire de 1920 à 1941.

RABAUL, port de la Papouasie-Nouvelle-Guinée (Nouvelle-Bretagne); 25 000 h. Base aéronavale japonaise de 1942 à 1945.

RABELAIS (François), écrivain français, né à La Devinière (paroisse de Seuilly), près de Chinon (v. 1483 ou v. 1494-1553). Franciscain, bénédictin, étudiant errant, médecin, puis curé de Meudon, il est l'auteur d'une œuvre qui s'inscrit dans la lignée de la littérature d'almanach *(Horribles et Épouvantables Faits et Prouesses du très renommé Pantagruel*,* 1532; *Vie inestimable du grand Gargantua*, père de Pantagruel,* 1534) et qui marque un effort pour concilier culture savante et tradition populaire et parodique *(Tiers Livre,* 1546; *Quart Livre,* 1548; *Cinquième Livre,* publié en 1564). Rabelais est le parfait modèle des humanistes de la Renaissance, qui luttent avec enthousiasme pour renouveler, à la lumière de la pensée antique, l'idéal philosophique et moral de leur temps. Écrivain concret et pittoresque, Rabelais témoigne d'un don prodigieux de l'invention verbale.

RABIN (Itzhak), général et homme politique israélien, né à Jérusalem en 1922. Chef d'état-major général (1964), il dirigea l'armée pendant la guerre des six jours (1967). Membre du parti travailliste, il a été Premier ministre de 1974 à 1977.

RACAN (Honorat DE BUEIL, *seigneur* DE), poète

français, né à Aubigné (1589-1670), auteur de stances élégiaques et des *Bergeries,* pastorale dramatique qui trahit l'influence italienne. (Acad. fr.)

RACHEL, épouse de Jacob, mère de Joseph et de Benjamin.

RACHEL (Élisabeth FÉLIX, dite Mˡˡᵉ), actrice française, née à Mumpf (Suisse) [1821-1858], qui contribua à faire revivre la tragédie classique.

RACH GIA, port du sud du Viêt-nam; 104 000 h.

RACHMANINOV (Sergueï Vassilievitch) → RAKHMANINOV.

RACINE, v. des États-Unis (Wisconsin), sur le lac Michigan; 95 000 h.

RACINE (Jean), poète dramatique français, né à La Ferté-Milon (1639-1699). Orphelin, il est recueilli par les religieuses de Port-Royal et devient l'élève des Solitaires. Après avoir tenté de concilier ses aspirations littéraires avec la carrière ecclésiastique, il se consacre tout entier au théâtre. Il fait jouer *la Thébaïde* (1664), puis *Alexandre* (1665), mais c'est le succès de la tragédie d'*Andromaque* (1667) qui assure sa réputation. Il donne ensuite *Britannicus* (1669), *Bérénice* (1670), *Bajazet* (1672), *Mithridate* (1673), *Iphigénie* (1674), *Phèdre* (1677). Nommé historiographe du roi, réconcilié avec les jansénistes, il renonce alors au théâtre. Mais les encouragements de Mᵐᵉ de Maintenon le ramènent à l'art

dramatique avec les tragédies bibliques d'*Esther* (1689) et d'*Athalie* (1691). Le théâtre de Racine peint la passion comme une force fatale, qui détruit celui qui en est possédé. Réalisant l'idéal de la tragédie classique, il présente une action simple, claire, dont les péripéties naissent de la passion même des personnages. On doit aussi à Racine une comédie, *les Plaideurs* (1668), spirituelle critique des mœurs judiciaires. (Acad. fr.)

RACINE (Louis), fils du précédent, né à Paris (1692-1763), auteur de poèmes d'inspiration janséniste *(la Religion)* et de *Mémoires* sur son père.

Racine et Shakespeare, titre de deux opuscules rédigés en 1823 et 1825 par Stendhal, où l'auteur définit le romantisme et défend la tragédie en prose, libérée des règles classiques.

RACOVIȚĂ (Emil), biologiste roumain, né à Iași (1868-1947). Grand explorateur, il a créé la *biospéléologie,* ou étude scientifique des êtres vivants des grottes.

RADCLIFFE (Ann WARD, *Mrs.*), femme de lettres anglaise, née à Londres (1764-1823), auteur de « romans noirs » à succès *(les Mystères d'Udolphe,* 1794).

RADCLIFFE-BROWN (Alfred Reginald), anthropologue britannique, né à Birmingham (1881-1955). Il appartient, avec Rivers et Malinowski, à l'école fonctionnaliste. Il a étudié les populations des îles Andaman, de l'Australie occidentale et de Tonga *(Structure et fonction dans les sociétés primitives,* 1952).

Radeau de la Méduse *(le),* grande toile de Géricault (1818-19, Louvre), morceau de

François **Rabelais**

Jean **Racine**

Rabat : minaret (tour Ḥasan) et colonnes de la Grande Mosquée (XIIᵉ s., inachevée)

1507

bravoure du romantisme, dans lequel le peintre prit pour sujet le drame consécutif au naufrage de la frégate *Méduse* sur la côte occidentale de l'Afrique (1816).

RADEGONDE *(sainte)*, reine des Francs, née en Thuringe (v. 520-587). Fille d'un roi de Thuringe, elle épousa Clotaire Ier (538). Révoltée par les crimes qui souillaient la famille royale, elle quitta la Cour et fonda le monastère de Sainte-Croix, à Poitiers.

RADETZKY VON RADETZ (Joseph, *comte*), général autrichien, né à Trzebnitz [Třebnice] (1766-1858). Il vainquit les Piémontais à Custoza (1848) et à Novare (1849).

RADIGUET (Raymond), écrivain français, né à Saint-Maur-des-Fossés (1903-1923), auteur de romans psychologiques d'une facture classique (*le Diable au corps*, 1923; *le Bal du comte d'Orgel*, 1924).

RADISSON (Pierre), explorateur et trafiquant français, né à Paris (v. 1636 - v. 1710), promoteur de la fondation de la Compagnie de la baie d'Hudson. Son nom a été donné à une nouvelle ville du Québec.

RADOM, v. de Pologne, au sud de Varsovie; 180 000 h. Métallurgie. Chimie. Téléphones. En 1401, y fut signé l'acte d'union de la Lituanie et de la Pologne et, en 1767, s'y constitua une confédération de nobles polonais patriotes.

RADZIWILL, famille polonaise, originaire de Lituanie, qui, au XVIIIe et au XIXe s., lutta contre l'emprise russe.

RAEBURN (*sir* Henry), peintre britannique, né à Stockbridge, près d'Édimbourg (1756-1823). Il fut le portraitiste, au style enlevé, des notabilités écossaises.

RAEDER (Erich), amiral allemand, né à Wandsbek (1876-1960). Commandant en chef de la marine de 1935 à 1943, il fut condamné en 1946 et libéré en 1955.

RAF (abrév. des mots anglais *Royal Air Force*), nom donné depuis 1918 à l'armée de l'air britannique.

RAFFET (Denis Auguste Marie), peintre et dessinateur français, né à Paris (1804-1860). Élève de Gros et de Nicolas Charlet, il doit sa réputation, comme ce dernier, à ses lithographies de sujets militaires (soldats de la Révolution, de l'Empire, etc.).

RAGAZ-LES-BAINS → BAD RAGAZ.

RAGLAN (James Henry, *lord*), maréchal britannique, né à Badminton (1788-1855), commandant des troupes britanniques de Crimée (1854).

RAGUSE → DUBROVNIK.

RAGUSE, v. d'Italie (Sicile); 65 000 h. Monuments baroques. Raffinage du pétrole.

RAGUSE (*duc* DE) → MARMONT.

RAHMAN (Mujibur), homme d'État du Bangladesh, né dans le district de Faridpur (1920-1975). Artisan de l'indépendance de son pays, président de la République en 1971 et en 1972, il reprend ce titre en 1975, mais il trouve la mort dans un coup d'État.

RAHMAN (Ziaur), homme d'État bengali (1935-1981). Maître réel du Bangladesh depuis 1975, il est élu président de la République en juin 1978.

RAHNER (Karl), théologien catholique allemand, né à Fribourg-en-Brisgau en 1904. Sa pensée a contribué à faire mûrir les idées qui se sont imposées au deuxième concile du Vatican.

RAÏATEA, île de la Polynésie française, au nord-ouest de Tahiti; 6376 h.

RAIMOND de Peñafort (saint), religieux espagnol, né à Monjos, près de Barcelone (v. 1175-1275). Général des Dominicains (1238), il fonda l'ordre de Notre-Dame-de-la-Merci (mercédaires), pour le rachat des chrétiens captifs des musulmans. Il fut le plus grand canoniste de son temps.

RAIMOND, nom de sept comtes de Toulouse, dont : RAIMOND IV, dit **Raimond de Saint-Gilles**, né à Toulouse (1042-1105), comte de Toulouse (1093-1105), qui participa à la première croisade et entreprit (1102) la conquête du futur comté de Tripoli; — RAYMOND VI (1156-1222), comte de Toulouse (1194-1222), protecteur des albigeois

Raymond **Radiguet** par Lucien Daudet

sir Walter **Ralegh**

buste de Jean-Philippe **Rameau** par J.-J. Caffieri

et adversaire de Simon de Montfort; — RAYMOND VII, né à Beaucaire (1197-1249), comte de Toulouse (1222-1249); par le traité de Lorris, Saint Louis lui fit signer la fin effective de l'indépendance du comté (1243).

RAIMOND BÉRENGER, nom de plusieurs comtes de Barcelone et de Provence (XIe-XIIIe s.). Le plus célèbre, RAIMOND BÉRENGER III (v. 1082-1131), comte de Barcelone (1096-1131) et de Provence (1112-1131), étendit son État en Méditerranée (Baléares) et au-delà des Pyrénées, jetant ainsi les bases de l'État catalan.

RAIMONDI (Marcantonio), dit en fr. **Marc-Antoine**, graveur italien, né à Bologne (v. 1480-1534). Buriniste, il reproduisit et diffusa, notamment, les œuvres de Raphaël.

RAIMU (Jules MURAIRE, dit), acteur français, né à Toulon (1883-1946). À la scène et à l'écran, il créa avec humour et sentiment des rôles comiques ou tragiques (*Marius*, de Pagnol).

RAINCY (Le) [93340], ch.-l. d'arr. de la Seine-Saint-Denis; 14 008 h. Église due aux Perret; vitraux de M. Denis.

RAINIER *(mont)*, un des sommets de la chaîne côtière du Pacifique, aux États-Unis; 4 391 m. Parc national.

RAINIER III, né à Monaco en 1923, prince de Monaco depuis 1949.

RAIPUR, v. de l'Inde (Madhya Pradesh); 175 000 h. Monuments anciens.

RAIS, RAYS ou **RETZ** [rɛ] (Gilles DE), maréchal de France (v. 1400-1440), dont les innombrables crimes commis sur des enfants eurent un grand retentissement. Il fut exécuté à Nantes.

Raisins de la colère (les), roman de Steinbeck (1939), popularisé par un film de John Ford (1940).

RAISMES [rɛm] (59590), comm. du Nord; 16 591 h. Métallurgie.

Raizet (le), aéroport de Pointe-à-Pitre.

RĀJAHMUNDRY, v. de l'Inde (Andhra Pradesh); 166 000 h.

RĀJASTHĀN, État du nord-ouest de l'Inde; 342 000 km² ; 25 766 000 h. Cap. *Jaipur*.

RĀJKOT, v. de l'Inde (Gujerat); 301 000 h. Musée.

RAKHMANINOV ou **RACHMANINOV** (Sergueï Vassilievitch), pianiste et compositeur russe, né à Onega (gouvern. de Novgorod) [1873-1943], auteur de préludes et de concertos pour piano.

RÁKÓCZI, famille princière de Hongrie. L'un de ses membres, FERENC ou FRANÇOIS II, né à Borsi (1676-1735), s'illustra contre l'Autriche en 1707. Il proclama l'indépendance de la Hongrie; mais, abandonné par la noblesse, il dut s'exiler avant d'être interné (1718).

RÁKOSI (Jenő), écrivain hongrois, né à Acsád (1842-1929), initiateur du néoromantisme dans le théâtre hongrois.

RALEGH ou **RALEIGH** (*sir* Walter), administrateur et écrivain anglais, né à Hayes (v. 1554-1618), favori d'Élisabeth Ire. Tenant d'une stratégie navale offensive, il multiplia, contre l'Espagne, les expéditions et les raids d'interception. Il fut en disgrâce sous Jacques Ier, de 1603 à 1616. Son œuvre écrite est dominée par son *History of the World* (1614).

RALEIGH, v. des États-Unis, cap. de la Caroline du Nord; 124 000 h. Université.

RĀMA, une des incarnations de Vișnu dans la mythologie hindoue et le héros du *Rāmāyaṇa*.

RĀMAKRIṢNA (GADĀDHARA CHATTOPĀDHYĀYA, dit), brahmane, né à Karmapukar (1836-1886). Il contribua au renforcement de l'hindouisme en faisant mieux connaître l'interprétation des *Veda* de Śankara.

RAMAN (*sir* CHANDRASEKHARA VENKATA), physicien indien, né à Trichinopoly (1888-1970). Il a découvert l'*effet Raman*, concernant la diffusion de la lumière dans les milieux transparents. (Prix Nobel, 1930.)

RĀMĀNUJA, philosophe indien (m. en 1137?). Son interprétation du *Veda*, opposée à celle de Śankara, et la communauté vișnuiste qu'il fonda à Srinangam lui ont permis d'exercer une influence considérable sur l'hindouisme.

RAMAT GAN, v. d'Israël, près de Tel-Aviv-Jaffa; 122 000 h. Université.

Rāmāyana, nom générique d'épopées sacrées hindoues, composées du Ve s. av. J.-C. au XVe s. apr. J.-C., ayant pour sujet la vie de Rāma, roi d'Ayuthia, incarnation du dieu Vișnu.

RAMBERT (Myriam RAMBERG, dite **Marie**), danseuse britannique d'origine polonaise, née à Varsovie en 1888, fondatrice du Ballet Rambert, la plus ancienne compagnie anglaise de ballet. Le nouveau Ballet Rambert qu'elle a créé en 1967 se consacre à la production d'œuvres modernes.

RAMBERVILLERS [-le] (88700), ch.-l. de c. des Vosges; 7 398 h. Hôtel de ville de 1581. Papeterie. Forêt domaniale.

RAMBOUILLET (78120), ch.-l. d'arr. des Yvelines, dans la *forêt de Rambouillet* (13 200 ha); 20 056 h. (*Rambolitains*). Anc. château royal (XIVe-XVIIIe s.), auj. une des résidences des présidents de la République. Ferme nationale créée par Louis XVI; école de bergers. Électronique.

Rambouillet (*hôtel de*), hôtel construit à Paris, rue Saint-Thomas-du-Louvre, sur les plans de la marquise de Rambouillet (1588-1665), qui y réunissait une société choisie, modèle de la préciosité.

RAMBUTEAU (Claude Philibert BARTHELOT, *comte* DE), administrateur français, né à Mâcon (1781-1869). Préfet de la Seine de 1833 à 1848, il entreprit, à Paris, d'importants travaux d'assainissement et d'édilité.

RAMEAU (Jean-Philippe), compositeur français, né à Dijon (1683-1764). Claveciniste et organiste, il contribua à fixer la science de l'harmonie (*Traité de l'harmonie*, 1722) et, dans ses opéras (*Hippolyte et Aricie*, 1733; *Castor et Pollux*, 1737; *Dardanus*, 1739; *Zoroastre*, 1749) et ses opéras-ballets (*les Indes galantes*, 1735; *les Fêtes d'Hébé*, 1739), porta l'émotion, le sentiment dramatique à leur plus haut point grâce à la souplesse de sa rythmique, le relief et la vigueur de son style instrumental, la puissance ou la tendresse de ses thèmes. On lui doit, en outre, des cantates, des livres de clavecin et de nombreux travaux de théorie musicale.

RAMEAU (Pierre), auteur français du XVIIIe s. Auteur du *Maître à danser* (1725).

RAMERUPT [-ry] (10240), ch.-l. de c. de l'Aube; 329 h.

Rangoon : la pagode Shwe Dagon

Ramsès II

Charles Ferdinand **Ramuz**
par C. Cingria

Raphaël
portrait
de Jeanne d'Aragon

Bibl. universit. et canton., Lausanne

A.I.P.A.

Froissardey-Atlas-Photo

Giraudon

RAMILLIES, village de Belgique (Brabant), près de Louvain. Marlborough y vainquit Villeroi le 23 mai 1706.

RAMIRE, nom de deux rois d'Aragon et de trois rois de León (IXᵉ s.-XIIᵉ s.).

RAMON (Gaston), biologiste et vétérinaire français, né à Bellechaume (Yonne) [1886-1963]. Il a transformé les toxines microbiennes en anatoxines et fut le précurseur des vaccinations associées.

RAMÓN Y CAJAL (Santiago) → CAJAL.

RAMONVILLE-SAINT-AGNE (31520), comm. de la Haute-Garonne; 8 704 h.

RAMPAL (Jean-Pierre), flûtiste français, né à Marseille en 1922.

RÂMPUR, v. de l'Inde (Uttar Pradesh); 161 000 h.

RAMSAY (sir William), chimiste britannique, né à Glasgow (1852-1916). Il a attribué le mouvement brownien aux chocs moléculaires et découvert les gaz rares. (Prix Nobel, 1904.)

RAMSDEN (Jesse), physicien anglais, né à Salterhebble (1735-1800), inventeur du théodolite et d'une machine électrostatique.

RAMSÈS, nom porté par onze pharaons des XIXᵉ et XXᵉ dynasties égyptiennes. Les plus importants sont : RAMSÈS Iᵉʳ, roi d'Égypte (v. 1314-1312 av. J.-C.), fondateur de la XIXᵉ dynastie; — RAMSÈS II, roi d'Égypte de 1298 à 1235 env. av. J.-C. Il se brillantes expéditions militaires en Palestine et en Syrie lui permirent, en mettant fin à la pression hittite dans le couloir syrien, d'assurer l'hégémonie égyptienne en Asie. Son activité de constructeur a été importante. — RAMSÈS III, roi d'Égypte (v. 1198-1166 av. J.-C.), qui arrêta l'invasion des Peuples de la mer.

RAMSGATE, v. de Grande-Bretagne (Kent), près de l'embouchure de la Tamise; 37 000 h. Station balnéaire. Centre de yachting.

RAMUS (Pierre DE LA RAMÉE, dit), humaniste, mathématicien et philosophe français, né à Cuts (Vermandois), tué à la Saint-Barthélemy (1515-1572). Adversaire de l'aristotélisme, il chercha dans la raison, et non dans l'autorité, le critère de la vérité. Il fut le premier professeur de mathématiques du Collège royal (Collège de France).

RAMUZ [-my] (Charles Ferdinand), écrivain suisse d'expression française, né à Lausanne (1878-1947), auteur de romans exprimant la poésie de la nature et de la vie vaudoises (la Grande Peur dans la montagne, 1926; Derborence, 1934).

RANAVALONA III (1862-1917), reine de Madagascar (1883-1897). Sur l'initiative de Gallieni, elle fut déposée par les Français et exilée en Algérie en 1897.

RANCAGUA, v. du Chili central; 87 000 h.

RANCE (la), fl. de Bretagne, qui passe à Dinan et se jette dans la Manche; 100 km. Usine marémotrice sur son estuaire.

RANCÉ (Armand Jean LE BOUTHILLIER DE), religieux français, né à Paris (1626-1700). Grand seigneur libertin, il se convertit ((1660) et réforma l'abbaye cistercienne normande de Notre-Dame-de-la-Trappe, origine de l'ordre cistercien de la stricte observance, dit « des trappistes ».

RÂNCHÎ, v. de l'Inde (Bihār); 176 000 h.

RANDAN (63310), ch.-l. de c. du Puy-de-Dôme; 1 383 h.

RANDENS [-rãdã] (73220 Aiguebelle), comm. de la Savoie, sur l'Arc; 651 h. Centrale utilisant les eaux de l'Isère amenées par un tunnel.

RANDERS, port du Danemark (Jylland); 64 000 h.

RANDON (Jacques César, comte), maréchal de France, né à Grenoble (1795-1871). Collaborateur de Bugeaud, il fut ministre de la Guerre (1851, 1860-1867).

RANDSTAD HOLLAND, région fortement peuplée de l'ouest des Pays-Bas, englobant Amsterdam, La Haye, Rotterdam et Utrecht.

RANGAVÍS, RANGABÈS ou **RANGABÉ** (Aléxandhros Rízos), homme politique et écrivain grec, né à Istanbul (1809-1892), qui contribua à faire du grec moderne une langue littéraire.

RANGOON, cap. de la Birmanie, près de l'embouchure de l'Irrawaddy; 2 055 000 h. Centre de pèlerinage. Célèbre pagode Shwe Dagon. Port.

RANK (Otto ROSENFELD, dit **Otto**), psychanalyste autrichien, né à Vienne (1884-1939), auteur de la théorie du traumatisme de la naissance.

RANKE (Leopold VON), historien allemand, né à Wiehe (1795-1886), auteur des Papes romains (1834-1836) et d'une Histoire d'Allemagne au temps de la Réforme (1839-1847). Il fut un des grands initiateurs de la science historique allemande au XIXᵉ s.

RANKINE (William), ingénieur et physicien écossais, né à Édimbourg (1820-1872). On lui doit la distinction entre les énergies mécaniques potentielle et cinétique.

RANST, comm. de Belgique (prov. d'Anvers); 13 500 h.

RANTIGNY (60290), comm. de l'Oise; 2 058 h. Fibre de verre.

RANTZAU (Jean, comte DE), général danois, né à Steinburg (Holstein) [1492-1565], l'un des plus sûrs soutiens de Frédéric Iᵉʳ. — JOSIAS, comte **de Rantzau,** maréchal de France, né à Bothkamp (Holstein) [1609-1650], s'illustra à Rocroi.

RANVIER (Louis), histologiste français, né à Lyon (1835-1922), professeur d'anatomie générale au Collège de France.

RAON-L'ÉTAPE [raɔ̃] (88110), ch.-l. de c. des Vosges, sur la Meurthe; 7 754 h. Textile.

RAOUL ou **RODOLPHE** (m. en 936), duc de Bourgogne (921-923) et roi de France (923-936). Il lutta contre les Normands.

Raoul de Cambrai, chanson de geste du XIIᵉ s., poème de la révolte féodale.

RAOULT (François), chimiste et physicien français, né à Fournes-en-Veppes (Nord) [1830-1901], créateur, en 1882, de la cryoscopie et de la tonométrie.

RAPA, île de la Polynésie française.

RAPALLO, v. d'Italie (Ligurie); 24 700 h. Petit port et station balnéaire à l'est de Gênes. Traité du 12 novembre 1920 entre l'Italie, qui conservait Zara (Zadar), et le royaume des Serbes, Croates et Slovènes, qui acquérait la Dalmatie; Fiume devenait État libre. Traité germano-soviétique (1922).

RAPHAËL, un des sept archanges de la tradition juive.

RAPHAËL (Raffaello SANZIO ou SANTI, dit en fr.), peintre italien, né à Urbino (1483-1520). Élève du Pérugin, il travailla à Pérouse, Florence, Rome, et fut, à la cour des papes Jules II et Léon X, architecte en chef et surintendant des édifices.
L'art de ce maître du classicisme équilibre toutes sortes de qualités : précision du dessin, harmonie souveraine des lignes, coloris d'une grande délicatesse, ampleur spatiale et expressive toute nouvelle. Bien que mort jeune, il a laissé de nombreux chefs-d'œuvre, parmi lesquels des madones célèbres, des portraits, la Mise au tombeau (partie centrale de retable, 1507, galerie Borghèse), le Triomphe de Galatée (1511, Farnésine), Sainte Cécile (1514, Bologne), la Transfiguration (1518-1520, pinacothèque vaticane) et une partie des grandes fresques des « chambres » du Vatican (le Triomphe de l'eucharistie, l'École d'Athènes, le Parnasse, Héliodore chassé du Temple, etc.) [1509-1514], le reste de la décoration (comme celle des « loges ») étant exécuté, sous sa direction, par ses élèves.

RAPIN (Nicolas), poète français, né à Fontenay-le-Comte (v. 1535-1608), l'un des auteurs de la Satire Ménippée.

RAPP (Jean, comte), général français, né à Colmar (1772-1821). Gouverneur de Dantzig, il défendit la ville pendant un an en 1813.

RAROTONGA, île de Polynésie, dans l'archipel des îles Cook.

RA'S AL-KHAYMA, l'un des Émirats arabes unis; 57 000 h. Cap. Ra's al-Khayma.

RASK (Rasmus), linguiste danois, né à Bröndekilde, près d'Odense (1787-1832). Il a établi la parenté de nombreuses langues indo-européennes; c'est un des fondateurs de la grammaire comparée.

RASMUSSEN (Knud), explorateur danois, né à Jakobshavn (Groenland) [1879-1933]. Il dirigea plusieurs expéditions dans l'Arctique et étudia les Esquimaux.

RASPAIL (François), homme politique français, né à Carpentras (1794-1878). Vulgarisateur d'une médecine populaire, gagné aux idées républicaines, il prit part aux journées de 1830; son adhésion aux sociétés secrètes, sous la monarchie de Juillet, lui valut d'être emprisonné.

Fondateur de l'*Ami du peuple* le 27 février 1848, il retourna en prison après la journée du 15 mai. Lors de l'élection du président de la République (10 déc.), il recueillit 36 000 voix. Exilé à Bruxelles (1853-1863), il fut élu député en 1869; de nouveau emprisonné (1874), il mourut député républicain.

RASPOUTINE (Grigori Iefimovitch NOVYKH, dit), aventurier russe, né à Pokrovskoïe (1872-1916). Moine débauché, tout-puissant auprès de Nicolas II et de la tsarine à partir de 1905, il contribua à jeter le discrédit sur la cour de Russie. Il fut assassiné par le prince Ioussoupov.

Rassemblement du peuple français (R. P. F.), mouvement fondé en avril 1947 par le général de Gaulle et qui joua un rôle politique important jusqu'en 1953.

Rassemblement pour la République (R. P. R.), formation politique française, issue de l'U. D. R., fondée par Jacques Chirac en décembre 1976; elle se présente comme l'héritière fidèle du gaullisme.

RAS SHAMRA → OUGARIT.

RA'S TANNŪRA, port pétrolier d'Arabie Saoudite, sur le golfe Persique.

RASTATT ou **RASTADT,** v. de l'Allemagne fédérale (Bade-Wurtemberg); 32 000 h. Le traité de Rastatt (1714) mit fin à la guerre de la Succession d'Espagne. Conférence entre la France et l'Autriche (1797-1799), qui se termina par le massacre des envoyés français.

Rastignac, personnage créé par Balzac, type de l'arriviste élégant. Il apparaît dans *le Père Goriot* et on le retrouve dans la plupart des romans qui se déroulent dans la société parisienne.

RASTRELLI (Bartolomeo Francesco), architecte d'origine italienne, né à Paris (v. 1700-1771) et dont la carrière s'est déroulée en Russie. Il élabore pour la tsarine Élisabeth, à partir de 1741, une architecture brillante et animée (cathédrale Smolnyï et palais d'Hiver à Saint-Pétersbourg).

RATEAU (Auguste), ingénieur français, né à Royan (1863-1930). Il conçut la turbine multicellulaire (1901) à laquelle son nom est resté attaché.

RATHENAU (Walther), homme politique allemand, né à Berlin (1867-1922). Ministre des Affaires étrangères en 1922, il fut assassiné par les pangermanistes.

RÄTIKON (le), massif des Alpes, aux confins de la Suisse, du Liechtenstein et de l'Autriche; 2 969 m.

Ratilly, château de l'Yonne (comm. de Treigny). En partie du XIIIᵉ s., il abrite un centre de poterie d'art.

RATISBONNE, en allem. **Regensburg,** v. de l'Allemagne fédérale (Bavière), sur le Danube; 133 000 h. Cathédrale reconstruite du XIIIᵉ au XVIᵉ s. Hôtel de ville en partie du XIVᵉ s. Célèbre pont de pierre (1135). Ville libre en 1245, Ratisbonne fut le siège d'une diète en 1541 entre catholiques et protestants, mais en 1542 la ville passa à la Réforme puis elle fut le siège de la Diète d'Empire (*Reichstag*) de 1663 à 1806. Victoire de Napoléon sur les Autrichiens (1809).

RATSIRAKA (Didier), homme d'État malgache, né à Vatomandry en 1936. Officier de marine, ministre des Affaires étrangères (1972), il est président de la république démocratique de Madagascar depuis 1975.

RATZEL (Friedrich), géographe allemand, né à Karlsruhe (1844-1904), auteur d'une *Anthropogéographie*.

R. A. U., sigle de *République arabe* * *unie*.

RAUCOURT-ET-FLABA (08450), ch.-l. de c. des Ardennes; 1 102 h. Fabrique de boucles.

RAUH (Frédéric), philosophe français, né à Saint-Martin-le-Vinoux (Isère) [1861-1909], auteur d'une théorie de la morale positive.

RAUSCHENBERG (Robert), peintre, assemblagiste et lithographe américain, né à Port Arthur (Texas) en 1925. Il a fait la liaison entre l'expressionnisme abstrait et le pop art, a utilisé les matériaux de rebut et le report photographique, et s'est intéressé à l'art technologique.

François **Raspail**
par D. Bonnet

Ravenne : église Sant'Apollinare in Classe (VIᵉ s.)

Rauschenberg
Tracer
(1964)

Maurice **Ravel**
par H. Manguin

RAVACHOL (François Claudius KŒNIGSTEIN, dit), anarchiste français, né à Saint-Chamond (1859-1892). Auteur de nombreux attentats, il fut guillotiné.

RAVAILLAC (François), né à Touvre, près d'Angoulême (1578-1610). Assassin d'Henri IV, il mourut écartelé.

RAVAISSON-MOLLIEN (Félix LACHER), philosophe français, né à Namur (1813-1900), auteur d'un ouvrage sur l'*Habitude* (1839).

RAVEL (Maurice), compositeur français, né à Ciboure (1875-1937), le plus classique des créateurs modernes français. On lui doit des partitions lyriques : *l'Heure espagnole* (1907), *l'Enfant et les sortilèges* (1920-1925). Attiré par la musique symphonique (*la Valse*, 1919-20; *Boléro* 1928; suites de *Daphnis et Chloé*, 1909-1912), il a également écrit pour le piano (*Jeux d'eau*, 1901; *Gaspard de la nuit*, 1908; *Concerto pour la main gauche*, 1931). Son œuvre est remarquable par la précision de son dessin mélodique et la richesse de son orchestration.

RAVELLO, v. d'Italie (Campanie); 2 600 h. Monuments de style arabo-normand (XIᵉ-XIIIᵉ s.).

RAVENNE, v. d'Italie (Émilie), près de l'Adriatique; 139 000 h. Ville riche en monuments byzantins des Vᵉ et VIᵉ s. (S. Vitale, S. Apollinare Nuovo, mausolée de Galla Placidia, S. Apollinare in Classe, deux baptistères), célèbres pour leurs remarquables mosaïques, dont certaines à fonds d'or. Tombeau de Dante. Centre de l'Empire romain d'Occident sous Honorius (402), Ravenne fut ensuite la capitale du roi des Ostrogoths Théodoric Iᵉʳ (493). Reprise par les Byzantins (540), elle devint en 584 le siège d'un exarchat qui groupait les possessions byzantines d'Italie. Prise par les Lombards (751), elle fut donnée au pape par Pépin le Bref (756). Ravenne fut rattachée au Piémont en 1860.

RAVENSBRÜCK, localité de l'Allemagne démocratique (distr. de Potsdam). Camp de concentration allemand réservé aux femmes (1938-1945).

RĀVI (la), l'une des cinq grandes rivières du Pendjab*, affl. de la Chenāb (r. g.); 725 km.

RAVOIRE (La) [73490], ch.-l. de c. de la Savoie; 4 675 h.

RĀWALPINDĪ, v. du Pākistān septentrional; 404 000 h.

RAWA-RUSKA, en russe **Rava Rousskaïa,** v. de l'U. R. S. S. (Ukraine), au nord de Lvov. Camp de représailles allemand pour prisonniers de guerre (1940-1945).

RAY ou **WRAY** (John), naturaliste anglais, né à Black-Notley (Essex) [1627-1705], un des fondateurs de la science botanique anglaise.

RAY (Man), peintre et photographe américain, né à Philadelphie (1890-1976). Il participe à l'activité dada à New York, puis s'installe à Paris (1921). Ses *rayographes* (silhouettes d'objets) de 1922 comptent parmi les premières photographies « abstraites ». L'influence du surréalisme marque ses quelques films de court métrage, de même que ses peintures et ses assemblages.

RAY (Nicholas), cinéaste américain, né à Galesville (Wisconsin) [1911-1979]. Il a réalisé : *les Amants de la nuit* (1947), *les Indomptables* (1952), *Johnny Guitar* (1953), *la Fureur de vivre* (1955), *Traquenard* (1958).

RAY (Satyajit), cinéaste indien, né à Calcutta en 1921. On lui doit : *la Complainte du sentier* (*Pāther Pancāli*) [1955], *l'Invaincu* (*Aparājito*) [1956], *le Monde d'Apu* (1958), *la Déesse* (1961), *Des jours et des nuits dans la forêt* (1970), *Tonnerre lointain* (1972).

RAYET (Jacqueline), danseuse française, née à Paris en 1936. Type de la danseuse classique française (*Giselle*), elle s'est imposée dans des créations contemporaines (*le Sacre du printemps*, de M. Béjart).

RAYLEIGH (John William STRUTT, *lord*), physicien anglais, né à Langford Grove (Essex) [1842-1919]. Il découvrit l'argon avec Ramsay et donna une valeur du nombre d'Avogadro. (Prix Nobel, 1904.)

RAYNAL (abbé Guillaume), historien et philosophe français, né à Saint-Geniez-d'Olt (1713-1796). Dans son *Histoire philosophique et politique des établissements et du commerce des Européens dans les deux Indes* (1770), il s'élève contre la colonisation et le clergé.

RAYNOUARD (François), écrivain français, né à Brignoles (Var) [1761-1836]. Il écrivit des tragédies historiques et prépara par ses travaux la renaissance occitane. (Acad. fr.)

RAYOL-CANADEL-SUR-MER (83240 Cavalaire sur Mer), comm. du Var, sur la côte des Maures; 846 h. Stations balnéaires.

Rayons et les Ombres (les), recueil poétique, de V. Hugo (1840), qui contient notamment la « Tristesse d'Olympio » et « Oceano Nox ».

RAYS (Gilles DE) → RAIS.

RAZ [ra] (pointe du), cap de Bretagne (Finistère), à l'extrémité de la Cornouaille, en face de l'île de Sein. Passage dangereux pour la navigation.

RAZÈS, comté de France, cap. *Limoux*. Réuni à la Couronne en 1247.

RAZILLY (Isaac DE), administrateur français, né près de Chinon (1587-1635). Gouverneur de l'Acadie, il développa la colonisation jusqu'aux rives du Saint-Laurent.

RAZINE (Stepan Timoféïevitch, dit **Stenka**), chef des Cosaques du Don, né à Zimoveïskaïa (v. 1630-1671). Il déclencha une révolte paysanne (1667-1670). Capturé, il fut écartelé.

R. D. A., sigle de *République démocratique allemande**.

RÉ *(île de)*, île de l'océan Atlantique, qui dépend du dép. de la Charente-Maritime et forme 2 cant., dont les ch.-l. sont *Ars-en-Ré* et *Saint-Martin-de-Ré*; 85 km²; 10274 h. *(Rétais)*. Tourisme.

RÉ, grand dieu solaire de l'ancienne Égypte, dont le culte et la théologie, qui se développèrent à Héliopolis, eurent une influence considérable dans l'histoire de l'Égypte.

READE (Charles), écrivain anglais, né à Ipsden (Oxfordshire) [1814-1884], auteur de romans réalistes *(Tentation terrible*, 1871).

READING, v. de Grande-Bretagne, ch.-l. du Berkshire; 132000 h. Université.

Ronald **Reagan**

Gamma

REAGAN (Ronald Wilson), homme d'État américain, né à Tampico (Illinois) en 1911. D'abord acteur de cinéma, il devient gouverneur de la Californie (1967-1975). Républicain, il est élu président des États-Unis en 1980. Son gouvernement se caractérise par un net durcissement de la politique étrangère.

RÉALMONT (81120), ch.-l. de c. du Tarn; 2625 h.

RÉAUMUR (René Antoine FERCHAULT DE), physicien et naturaliste français, né à La Rochelle (1683-1757). Il employa le microscope pour examiner la structure des métaux et étudia la trempe de l'acier. Il construisit un thermomètre à l'alcool, pour lequel il utilisait l'échelle 0-80. Il observa la vie et les mœurs des insectes et préconisa, à la suite de l'observation des guêpes, la fabrication du papier de bois.

REBAIS (77510), ch.-l. de c. de Seine-et-Marne; 1451 h. Église en partie romane.

RÉBECCA, femme d'Isaac, mère d'Ésaü et de Jacob.

REBEL (Jean Ferry), compositeur et violoniste français, né à Paris (1666-1747), un des créateurs de la sonate pour violon et l'un des maîtres de la symphonie chorégraphique *(les Caractères de la danse)*. — Son fils FRANÇOIS, né à Paris (1701-

pointe du **Raz**

1775), violoniste, surintendant de la musique, administra l'Opéra.

REBEYROLLE (Paul), peintre français, né à Eymoutiers en 1926. Il est passé d'un réalisme aux attaches terriennes à une expression semi-abstraite très colorée, d'une éloquence baroque.

RÉCAMIER (Jeanne Françoise Julie Adélaïde BERNARD, Mme), née à Lyon (1777-1849). Amie de Mme de Staël et de Chateaubriand, elle tint sous la Restauration, à l'Abbaye-aux-Bois, un salon célèbre.

RECCARED Ier (m. en 601), roi des Wisigoths d'Espagne de 586 à 601. Il abjura l'arianisme en 589, et l'Espagne devint officiellement catholique.

RECEY-SUR-OURCE (21290), ch.-l. de c. de la Côte-d'Or; 623 h.

Recherche de l'absolu *(la)*, roman d'H. de Balzac (1834).

recherche de la vérité *(De la)*, traité philosophique de Malebranche (1674-75 et 1678), où, après avoir exposé les causes de nos erreurs, il professe une méthode voisine de celle de Descartes.

recherche du temps perdu *(À la)* → À LA RECHERCHE DU TEMPS PERDU.

RÉCHICOURT-LE-CHÂTEAU (57810 Maizières lès Vic), ch.-l. de c. de la Moselle; 924 h.

RECHT, v. de l'Iran, près de la Caspienne; 187000 h.

RECIFE, anc. **Pernambouc,** port du Brésil, cap. de l'État de Pernambouc, sur l'Atlantique; 1061000 h. Églises rococo du XVIIIe s.

RECKLINGHAUSEN, v. de l'Allemagne fédérale, dans la Ruhr; 125000 h. Musée d'icônes. Houille. Sidérurgie.

RECLUS (Élisée), géographe français, né à Sainte-Foy-la-Grande (1830-1905), auteur d'une *Géographie universelle* (1875-1894). — Son frère aîné, ÉLIE, né à Sainte-Foy-la-Grande (1827-1904), participa à la Commune.

Reconquista, mot espagnol désignant la reconquête de la péninsule Ibérique par les chrétiens sur les musulmans. Cette entreprise débuta au milieu du VIIIe s. avec le premier noyau de la résistance chrétienne, dans les monts Cantabriques. La prise de Grenade par les Rois Catholiques (1492) marqua la disparition en Espagne de toute domination musulmane.

REDANGE, ch.-l. de cant. du Luxembourg; 1700 h.

RED DEER, v. du Canada (Alberta); 32184 h.

REDON (35600), ch.-l. d'arr. d'Ille-et-Vilaine, sur la Vilaine; 10759 h. *(Redonnais)*. Église des XIIe-XVe s. Briquets. Matériel agricole.

REDON (Odilon), peintre, dessinateur et graveur français, né à Bordeaux (1840-1916). Il a pratiqué un art symboliste et visionnaire dans ses «noirs» *(l'Araignée souriante*, 1881, Louvre), comme dans ses œuvres colorées d'après 1890 (série des *Chars d'Apollon)*.

RED RIVER, fl. des États-Unis, tributaire du golfe du Mexique; 2000 km. — Riv. des États-Unis et du Canada, tributaire du lac Winnipeg; 1060 km.

Réforme *(la)*, mouvement religieux qui, au XVIe s., a soustrait à l'obédience de Rome une partie de l'Europe et donné naissance aux Églises protestantes.
La Réforme fut au départ l'œuvre personnelle de Martin Luther et déborda rapidement l'Allemagne avec Zwingli et Bucer. Zurich et Strasbourg devinrent deux pôles importants, par lesquels furent diffusées en Alsace et en Suisse les idées nouvelles. Les pays francophones, très tôt touchés, trouvèrent en Calvin l'homme capable de mener à bien ce renouvellement religieux; son action, tant à Genève qu'auprès des huguenots français, fit de la Suisse et de la France le bastion d'un nouveau type de protestantisme, dont le rayonnement atteindra la Pologne, la Bohême, la Hongrie et les îles Britanniques; il marquera la Réforme anglicane. Ainsi se constituèrent, au sein du protestantisme, les trois grandes familles, luthérienne, calviniste et anglicane.

Régence *(la)*, gouvernement de Philippe d'Orléans pendant la minorité de Louis XV

(1715-1723). Cette période, consécutive à la mort de Louis XIV, fut caractérisée par le relâchement des mœurs, un essai de polysynodie puis la nomination de l'abbé Guillaume Dubois comme Premier ministre (1722), l'échec du système de Law (1716-1720) pour régler le problème financier, et la signature (1718) de la Quadruple-Alliance (France, Angleterre, Provinces-Unies, Autriche), à laquelle Philippe V d'Espagne dut adhérer (1719).

RÉGENCES BARBARESQUES, nom donné du XVIe au XIXe s. aux États musulmans du nord-ouest de l'Afrique.

REGENSBURG, nom allem. de *Ratisbonne**.

REGER (Max), compositeur allemand, né à Brand (1873-1916). Il a su adapter les formes classiques (chorals, sonates, suites, quatuors, pièces d'orgue) au langage romantique.

REGGANE, poste du Sahara algérien, dans le sud du Touat. Ancien centre français d'expérimentation de fusées et de charges nucléaires maintenu à la France par les accords d'Évian de 1962 à 1967 (la première bombe atomique française y explosa en 1960).

REGGIO *(duc DE)* → OUDINOT.

REGGIO DI CALABRIA, v. d'Italie (Calabre), sur le détroit de Messine; 179000 h. Un séisme l'anéantit en 1908.

REGGIO NELL'EMILIA, v. d'Italie (Émilie); 129000 h. Cathédrale reconstruite aux XIVe-XVIe s.

RÉGILLE, en lat. *Regillum*, v. des Sabins, auprès de laquelle se trouvait le *lac Régille* (auj. disparu). Victoire des Romains sur les Latins (v. 496 av. J.-C.).

REGINA, v. du Canada, cap. de la Saskatchewan; 149593 h. Archevêché. Raffinage du pétrole. Métallurgie.

REGIOMONTANUS (Johann MÜLLER, dit), astronome et mathématicien allemand, né près de Königsberg (1436-1476). Il fonda la trigonométrie des Temps modernes, introduisant l'usage des tangentes et créant le terme de « sinus ».

REGNARD (Jean-François), auteur dramatique français, né à Paris (1655-1709). Il mena une vie aventureuse, fut esclave à Alger et voyagea en Laponie. Il écrivit pour le Théâtre-Italien et le Théâtre-Français des comédies dont les plus célèbres sont *le Joueur* (1696) et *le Légataire universel* (1708).

REGNAULT (Victor), physicien français, né à Aix-la-Chapelle (1810-1878). Ses travaux, d'une grande précision, portent sur la compressibilité et la dilatation des fluides, les densités et les chaleurs spécifiques des gaz.

REGNAULT (ou REGNAUD) DE SAINT-JEAN-D'ANGÉLY (Michel, *comte)*, homme d'État français, né à Saint-Fargeau (1761-1819). [Acad. fr.] — Son fils AUGUSTE, maréchal de France, né à Paris (1794-1870), commanda la garde impériale (1854-1869) et se distingua à Magenta.

RÉGNIER (Mathurin), poète français, né à Chartres (1573-1613). Neveu de Desportes et vigoureux satiriste, il défendit contre Malherbe la libre inspiration et la fantaisie.

RÉGNIER (Henri DE), écrivain français, né à Honfleur (1864-1936). Romancier et poète, il évolua de l'esthétique symboliste à un art plus classique *(Médailles d'argile)*. [Acad. fr.]

RÉGNIER-DESMARAIS (François), écrivain français, né à Paris (1632-1713), auteur d'une *Grammaire*, destinée à compléter le *Dictionnaire de l'Académie*. (Acad. fr.)

REGNITZ *(la)*, riv. de l'Allemagne fédérale, affl. du Main (r. g.); 210 km. Elle passe à Fürth, où elle reçoit la Pegnitz, et à Bamberg. En amont de Fürth, elle porte aussi le nom de *Rednitz*.

Regrets *(les)*, recueil de sonnets de J. du Bellay (1558), dans lesquels le poète exprime sa déception devant la vie de la cour pontificale et la nostalgie de sa patrie.

REGUEIBATS, Maures du Sahara occidental.

REGULUS (Marcus Atilius), général romain, célèbre pour son abnégation et sa fidélité à la foi jurée. Pris par les Carthaginois (255 av. J.-C.)

lors de la première guerre punique, il fut envoyé à Rome, sur parole, pour négocier un rachat des prisonniers et la paix. Il dissuada le sénat d'accepter les conditions de l'adversaire et retourna à Carthage, où il mourut dans les tortures.

REGULUS, étoile principale de la constellation du Lion, la 20e des plus brillantes du ciel.

RE HE → JO-HO.

Reich, mot allem. signif. *empire.* — On distingue le Ier Reich, ou Saint Empire romain germanique (962-1806), le IIe Reich (1871-1918), réalisé par Bismarck, et le IIIe Reich (1933-1945), ou régime hitlérien.

REICH (Wilhelm), médecin et psychanalyste autrichien, né à Dobrzcynica, en Galicie (1897-1957). Il a tenté une synthèse entre le marxisme et la psychanalyse et prôna la libération sexuelle.

REICHA (Anton), compositeur et théoricien tchèque, naturalisé français, né à Prague (1770-1836), maître de Gounod, C. Franck, Berlioz, Liszt.

REICHENBACH (Hans), philosophe et logicien allemand, né à Hambourg (1891-1953), un des fondateurs du cercle de Vienne et du néopositivisme américain.

REICHSHOFFEN (67110 Niederbronn les Bains), comm. du Bas-Rhin; 5029 h. Tréfilerie.

Reichshoffen (charges de), nom donné à tort aux charges de cuirassiers français exécutées sur les villages voisins de Morsbronn et Elsasshausen lors de la bataille de Frœschwiller (6 août 1870).

Reichsrat, Conseil d'Empire (1848) puis Parlement de l'anc. Empire austro-hongrois (1861-1918). — En Allemagne, sous la république de Weimar, Conseil d'Empire, ou Chambre haute composée des représentants de chaque pays (1919-1934).

REICHSTADT, en tchèque **Zákupy,** village de Bohême. Seigneurie érigée en duché en 1818 pour le fils de Napoléon Ier. (V. NAPOLÉON II.)

Reichstag, Diète du Saint Empire romain germanique jusqu'en 1806. — Parlement de l'Empire allemand, siégeant à Berlin (1867-1945). Le bâtiment du Reichstag fut incendié en 1933 par les nazis, qui accusèrent les communistes, ce qui permit des représailles contre ces derniers.

REICHSTETT (67460 Souffelweyersheim), comm. du Bas-Rhin; 3597 h. Raffinage du pétrole.

Reichswehr (mot allem. signif. *défense de l'Empire*), appellation donnée, de 1921 à 1935, à l'armée de 100000 hommes concédée à l'Allemagne par le traité de Versailles.

REID (Thomas), philosophe écossais, né à Strachan (1710-1796). Sa doctrine, opposée à l'idéalisme de Berkeley et au scepticisme de Hume, repose sur l'expérience interne.

REID (Thomas MAYNE), écrivain anglais, né à Ballyroney (1818-1883), auteur de récits d'aventures qui ont pour héros les Indiens (les Chasseurs de chevelures, 1851).

REIGATE, v. d'Angleterre, au sud de Londres; 54000 h.

REIGNIER (74800 La Roche sur Foron), ch.-l. de c. de la Haute-Savoie; 3152 h.

REILLANNE (04110), ch.-l. de c. des Alpes-de-Haute-Provence; 665 h.

REILLE (Honoré, comte), maréchal de France, né à Antibes (1775-1860). Il se distingua à Wagram et à Waterloo, et fut fait maréchal en 1847.

REIMS [rɛs] (51100), ch.-l. d'arr. de la Marne, sur la Vesle, affl. de l'Aisne; 183610 h. (Rémois). Archevêché. Académie. Université. Musées. La ville conserve sa cathédrale, chef-d'œuvre d'architecture et de sculpture gothiques (XIIIe s.), l'abbatiale St-Remi (XIe-XIIIe s.), un arc romain (« porte de Mars »), etc. Constructions mécaniques et électriques. Préparation du vin de Champagne. — Métropole de la province romaine de Gaule Belgique, Reims fut le siège d'un évêché dès 290. Clovis y fut baptisé (v. 496) et les rois de France y furent sacrés. Reims fut le siège d'une université de 1548 à 1793. La ville et sa cathédrale furent sévèrement bombardées pendant la Première Guerre mondiale. À Reims fut signée le 7 mai 1945 la capitulation de la Wehrmacht.

Wilhelm **Reich**

Rembrandt
Jacob bénissant
Éphraïm et Manassé
(v. 1656)

Reims : la cathédrale Notre-Dame (XIIIe s.)

REIMS (Montagne de), plateau du dép. de la Marne, entre Reims et Épernay. Vignobles sur les pentes. Parc naturel régional.

REINACH, banlieue de Bâle; 13419 h.

REINE-CHARLOTTE (archipel de la), groupe d'îles canadiennes (Colombie britannique) du Pacifique.

Reine morte (la), drame en trois actes d'H. de Montherlant (1942). Le roi Ferrante fait périr Inés de Castro, que le prince héritier don Pedro a épousée secrètement. Mais Ferrante meurt, et Pedro couronne une reine morte.

REINHARDT (Max GOLDMANN, dit **Max**), acteur et directeur de théâtre autrichien, né à Baden, près de Vienne (1873-1943), un des grands novateurs de la technique théâtrale.

REINHARDT (Jean-Baptiste, dit **Django**), guitariste, compositeur et chef d'orchestre de jazz français, né à Liberchies (Belgique) [1910-1953]. D'origine tsigane et autodidacte, il s'imposa comme l'un des très rares virtuoses de la guitare qui ne fût pas d'origine négro-américaine.

REJ (Mikołaj), écrivain polonais, né à Żórawno (1505-1569), considéré comme le père de la littérature nationale (le Miroir de tous les états, 1568).

RÉJANE (Gabrielle RÉJU, dite), actrice française, née à Paris (1856-1920). Elle contribua au succès d'un grand nombre de pièces (Madame Sans-Gêne).

RELECQ-KERHUON (Le) [29219], comm. du Finistère; 8499 h.

Religion (guerres de), conflits armés qui, en France, opposèrent catholiques et protestants entre 1562 et 1598. Cette longue période de troubles fut l'aboutissement d'un état de tension dû à la fois aux progrès du calvinisme et à la répression systématique de la Réforme, qui caractérisa la fin du règne d'Henri II, puis, sous François II, le gouvernement des Guises. C'est le massacre des protestants à Wassy (1562) qui déclencha la révolte armée des protestants. Les épisodes les plus marquants de cette longue suite de guerres furent le massacre de la Saint-Barthélemy (24 août 1572), l'assassinat du duc de

Guise (1588) et celui d'Henri III (1589). Converti au catholicisme en 1593, Henri IV mit fin aux guerres de Religion par la paix de Vervins et l'édit de Nantes (1598).

RELIZANE, v. de l'Algérie occidentale; 39000 h.

RÉMALARD (61110), ch.-l. de c. de l'Orne; 1308 h.

REMBRANDT (Rembrandt Harmenszoon VAN RIJN, dit), peintre et graveur hollandais, né à Leyde (1606-1669). À partir de 1630, il se fixa définitivement à Amsterdam. La force expressive de ses compositions comme de ses portraits, servie par sa science du clair-obscur, et la valeur universelle de sa méditation sur la destinée humaine le font considérer comme un des plus grands maîtres de la peinture. Parmi ses chefs-d'œuvre, citons : au Rijksmuseum d'Amsterdam, la Mère de Rembrandt (1631), la Ronde de nuit (1642), le Reniement de saint Pierre (1660), les Syndics des drapiers (1662), la Fiancée juive (v. 1668) ; au Louvre, la Sainte Famille (1640), les Pèlerins d'Emmaüs (deux versions), Bethsabée (1654), le Bœuf écorché (1655), Autoportrait au chevalet (1660). Rembrandt est, en outre, un dessinateur prestigieux, et sans doute l'aquafortiste le plus célèbre qui soit.

REMI ou **REMY** (saint), évêque de Reims, né à Laon (v. 437-v. 533). Il joua un rôle prépondérant dans la conversion de Clovis et le baptisa (v. 496). Apôtre des Francs, il fut à l'origine des évêchés de Thérouanne, Noyon-Tournai et Arras.

REMICH, ch.-l. de cant. du Luxembourg; 2000 h. Vins.

REMINGTON (Philo), industriel américain, né à Lichtfield (New York) [1816-1889]. Il imagina un fusil à chargement par la culasse et modifia la machine à écrire de Sholes et de Carlos Glidden.

REMIREMONT (88200), ch.-l. de c. des Vosges, sur la Moselle; 11499 h. (Romarimontains). Église St-Pierre, gothique avec crypte du XIe s. Grand-Rue à arcades, en partie du XIIIe s. Textile.

RÉMOIS, pays de Champagne, autour de Reims.

REMOULINS (30210), ch.-l. de c. du Gard; 1900 h.

REMSCHEID, v. de l'Allemagne fédérale, dans la Ruhr; 137000 h. Métallurgie.

REMUS, frère jumeau de Romulus.

RÉMUSAT (Claire Élisabeth GRAVIER DE VERGENNES, comtesse DE), née à Paris (1780-1821), auteur de Mémoires sur la cour de Napoléon Ier et d'un Essai sur l'éducation des femmes.

RÉMUZAT (26510), ch.-l. de c. de la Drôme; 332 h.

Renaissance, rénovation littéraire, artistique et scientifique qui se produisit en Europe au XVe et au XVIe s., particulièrement sous l'influence de la culture antique, remise en honneur. Elle fut facilitée par la découverte de l'imprimerie, qui fit connaître les œuvres de l'Antiquité, et par l'invention de la gravure, qui vulgarisa les œuvres d'art. En Italie, la Renaissance eut pour protecteurs Jules II et Léon X, lesquels prodiguèrent leurs encouragements aux écrivains et aux artistes. C'est l'époque de l'Arioste, de Machiavel, de Bembo, du Tasse, de Trissino, de Brunelleschi, de Donatello, de Luca Della Robbia, de Fra

Cl. Rives - C.E.D.R.I.

Rennes
l'hôtel
de ville

A. Choisnet

Renier de Huy
fonts baptismaux de l'église
Saint-Barthélemy à Liège

Larousse

Ernest **Renan**
par H. Scheffer

Roger-Viollet; coll. Viollet

Jules **Renard**

Manuel

Louis **Renault**

effectif de Naples (1438-1442) et titulaire de Sicile (1434-1480). Il était le second fils de Louis II, roi de Sicile et duc d'Anjou. Emprisonné deux fois par les Bourguignons, ayant dû abandonner Naples aux Aragonais (1442), il se retira, après 1455, à Angers puis à Aix-en-Provence, écrivit des poésies et des traités de morale, et s'entoura de gens de lettres et d'artistes.

RENÉ II (1451-1508), duc de Lorraine (1473-1508) et de Bar (1480-1508), petit-fils du précédent. Chassé de ses États par Charles le Téméraire, il le battit et le tua devant Nancy (1477). Il fut frustré de l'héritage de son grand-père maternel par Louis XI.

RENÉE DE FRANCE, *duchesse* de Ferrare, née à Blois (1510 - v. 1575). Fille de Louis XII, épouse du duc de Ferrare, elle se retira en 1560 à Montargis, où elle protégea les protestants.

RENENS, v. de Suisse (cant. de Vaud), banlieue de Lausanne; 17 391 h.

RENI (Guido), dit en fr. **le Guide,** peintre italien, né à Bologne (1575-1642). Actif à Rome et à Bologne, influencé notamment par les Carrache, il porta le classicisme à un haut degré de raffinement, de lyrisme et de spiritualité (*Samson victorieux* et *le Massacre des Innocents,* pinacothèque de Bologne).

RENIER DE HUY, orfèvre et dinandier mosan, travaillant à Liège au début du XIIe s., auteur des fonts baptismaux auj. à l'église St-Barthélemy de Liège, chef-d'œuvre de l'art roman.

RENNEQUIN (René SUALEM, dit), mécanicien liégeois, né à Jemeppe-sur-Meuse (1645-1708). Il construisit la machine hydraulique de Marly (1676-1682).

RENNER (Karl), homme d'État autrichien, né à Untertannowitz (Moravie) [1870-1950]. Social-démocrate, il fut chancelier (1918-1920), président du Conseil national (1930-1933), président de la République (1945-1950).

RENNES, anc. cap. du duché de Bretagne, ch.-l. de la Région Bretagne et du dép. d'Ille-et-Vilaine, au confl. de l'Ille et de la Vilaine, dans le *bassin de Rennes,* à 344 km à l'ouest de Paris; 205 733 h. *(Rennais).* Archevêché. Cour d'appel. Académie et université. Palais de justice du XVIIe s., hôtel de ville du XVIIIe. Musée des Beaux-Arts et musée de Bretagne. Constructions mécaniques (automobiles). Imprimerie. Électronique. Siège de la IIIe région militaire et, depuis 1973, de l'École supérieure d'électronique de l'armée de terre. C'est à Rennes, en 1532, que fut consommée l'union du duché de Bretagne avec la France. En 1554, la ville devint le siège du parlement de Bretagne, hostile aux ingérences du pouvoir royal.

RENNES-LES-BAINS (11190 Couiza), comm. de l'Aude; 192 h. Station thermale.

RENO, v. des États-Unis (Nevada); 73 000 h. Les lois de l'État, qui accordent des divorces rapides, attirent de nombreux résidents temporaires. Centre touristique (jeux).

RENOIR (Auguste), peintre français, né à Limoges (1841-1919). Parmi les maîtres de l'impressionnisme, il est celui qui a exécuté le plus de chefs-d'œuvre d'après la figure humaine et les scènes d'une vie contemporaine heureuse (*le Moulin de la Galette,* 1876, Louvre). Sa vitalité sensuelle s'affirme particulièrement dans ses portraits féminins et ses nus (*Gabrielle à la rose* [1911], *les Baigneuses* [v. 1918-19], Louvre).

RENOIR (Jean), metteur en scène de cinéma, né à Paris (1894-1979), fils du précédent. Il a

Angelico, de Léonard de Vinci, de Raphaël, de Michel-Ange, de Bramante, etc. En Italie, la renaissance littéraire et scientifique poursuivit sa carrière parallèlement à la renaissance artistique. (V. RENAISSANCE [*Bx-arts*] dans la *Partie langue.*) La France sentit le même enthousiasme de rénovation, et elle y fut encouragée par le spectacle qu'elle eut sous les yeux au cours des campagnes d'Italie. François Ier fonda le Collège de France. Ronsard, du Bellay et la Pléiade s'efforcèrent d'enrichir la langue et prêchèrent l'imitation des Grecs, des Latins et des Italiens. De l'enthousiasme de Rabelais au scepticisme de Montaigne s'élabora une morale humaniste. Dans les arts, la France tint une place notable, tant par les travaux de ses nationaux que par ceux des artistes qu'elle attira chez elle ; il suffit de citer les noms de Primatice, de Cellini, de Léonard de Vinci, de Serlio, appelés par François Ier et qui eurent de brillants émules : Lescot, Delorme, Goujon, Pilon, les Clouet, J. Cousin, A. Caron.

RENAIX [-nɛ], en néerl. **Ronse,** v. de Belgique (Flandre-Orientale); 24 600 h. Église gothique.

RENAN (Ernest), écrivain français, né à Tréguier (1823-1892). Il se détourna de sa vocation ecclésiastique pour se consacrer à l'étude des langues sémitiques et à l'histoire des religions; ses travaux d'exégèse l'affermirent dans ses vues rationalistes, qu'il exprima dans *l'Avenir de la science* (publié en 1890) et dans *l'Histoire des origines du christianisme* (1863-1881), dont le premier volume est la *Vie de Jésus,* qui eut un grand retentissement. Ses *Souvenirs d'enfance et de jeunesse* (1883), dont la *Prière sur l'Acropole* est le morceau le plus célèbre, relatant les circonstances qui le conduisirent à perdre la foi; l'*Histoire du peuple d'Israël* (1887-1894) fut publiée en partie après sa mort. (Acad. fr.)

RENARD (Charles), officier et ingénieur militaire français, né à Damblain (Vosges) [1847-1905]. Il construisit le premier ballon dirigeable qui ait pu réaliser un parcours en circuit fermé (1884). Il imagina une série de nombres qui devint l'une des bases de la normalisation.

RENARD (Jules), écrivain français, né à Châlons (Mayenne) [1864-1910]. Auteur de récits réalistes *(Histoires naturelles),* il créa le type de l'enfant souffre-douleur dans *Poil de carotte* (1894). Son *Journal* est un document précieux sur la vie littéraire de son époque.

RENAU D'ÉLIÇAGARAY ou **ÉLISSAGA-RAY** (Bernard), dit **le Petit Renau,** ingénieur naval et militaire français, né à Armendarits

(basse Navarre) [1652-1719]. Il imposa une construction plus scientifique des navires et inventa la galiote à bombes. Collaborateur de Vauban, il dirigea plusieurs sièges.

RENAUD (Madeleine), actrice de théâtre et de cinéma française, née à Paris en 1900. Après avoir appartenu à la Comédie-Française de 1921 à 1946, elle prit la direction d'une compagnie avec son mari, J.-L. Barrault.

RENAUDOT (Théophraste), médecin et journaliste français, né à Loudun (1586-1653), fondateur de *la Gazette* en 1631. Son nom a été donné à un prix littéraire fondé en 1925 et décerné chaque année en même temps que le prix Goncourt.

RENAULT (Louis), ingénieur et industriel français, né à Paris (1877-1944), un des pionniers de l'industrie automobile. Pendant la Première Guerre mondiale, ses usines travaillèrent pour l'aviation, fabriquèrent des munitions et mirent au point en 1918 le *tank Renault;* après la Seconde Guerre mondiale, elles furent nationalisées.

René, roman de Chateaubriand, publié en 1802 dans le *Génie du christianisme,* puis à part en 1805. L'auteur y décrit le mal du siècle, le « vague des passions ».

RENÉ GOUPIL *(saint),* missionnaire français, né en Anjou (1607-1642); un des martyrs canadiens, tué par les Iroquois avec le père Isaac Jogues.

RENÉ Ier le Bon, né à Angers (1409-1480), duc d'Anjou, duc de Bar (1430-1480) et de Lorraine (1431-1453), comte de Provence (1434-1480), roi

Auguste **Renoir**
la Balançoire (1876)

Giraudon

la Règle du jeu (1939)
de Jean **Renoir**

X (coll. J.-L. Passek)

réalisé *la Chienne* (1931), *Une partie de campagne* (1936), *la Grande Illusion* (1937), *la Bête humaine* (1938), *la Règle du jeu* (1939), *le Fleuve* (1951), *le Carrosse d'or* (1952).

RENWEZ [rôwe] (08150 Rimogne), ch.-l. de c. des Ardennes; 1 199 h.

RÉOLE (La) [33190], ch.-l. de c. de la Gironde, sur la Garonne; 5 145 h. Anc. hôtel de ville du XIIᵉ s.

REPENTIGNY, v. du Canada (Québec); 26 698 h.

RÉPINE (Ilia Iefimovitch), peintre russe, né à Tchougouiev (1844-1930). Membre de la Société des « ambulants », qui se donnait pour but de toucher l'ensemble du peuple, il est connu pour ses œuvres à sujet historique ou social (*les Haleurs de la Volga*, 1870) et par ses portraits.

République (*la*), dialogue de Platon, dans lequel il s'interroge sur la justice et sur le meilleur régime politique possible.

république (*les Six Livres de la*) ou **la République,** ouvrage de philosophie politique par J. Bodin (1576).

République (Iʳᵉ), régime politique de la France de septembre 1792 à mai 1804.

République (IIᵉ), régime politique de la France du 25 février 1848 au 2 décembre 1852.

République (IIIᵉ), régime politique de la France du 4 septembre 1870 au 10 juillet 1940.

République (IVᵉ), régime politique de la France du 3 juin 1944 au 5 octobre 1958.

République (Vᵉ), régime politique de la France depuis 1958.

REQUESENS (Luis DE ZÚÑIGA Y), général et homme d'État espagnol, né à Barcelone (1528-1576). Gouverneur des Pays-Bas en 1573, il ne put dompter l'insurrection des provinces du Nord.

RÉQUISTA (12170), ch.-l. de c. de l'Aveyron; 3 076 h.

Rerum novarum, encyclique du 15 mai 1891, promulguée par Léon XIII et relative à la condition des ouvriers.

RESAL (Henri), ingénieur et mathématicien français, né à Plombières (1828-1896). Ses travaux intéressent toutes les branches de la mécanique.

Résistance, nom donné à l'action clandestine menée, au cours de la Seconde Guerre mondiale, par des organisations civiles et militaires de plusieurs pays d'Europe, qui se sont opposées à l'occupation de leur territoire par l'Allemagne. Ces mouvements furent fédérés en France en 1943 par le *Conseil national de la Résistance* (C. N. R.). Par son activité (informations transmises aux Alliés, constitution de maquis, sabotages, etc.), la Résistance, qui a compté de nombreuses victimes, a contribué fortement à la libération du territoire.

Résistance (*médaille de la*), décoration française, créée à Alger en 1943 pour récompenser les services rendus dans la Résistance.

RESISTENCIA, v. de l'Argentine, cap. du territoire du Chaco, sur le Paraná; 143 000 h.

REȘIȚA, v. de l'ouest de la Roumanie; 85 000 h. Métallurgie.

RESNAIS (Alain), cinéaste français, né à Vannes en 1922, auteur de *Nuit et brouillard* (1955), *Hiroshima mon amour* (1959), *l'Année dernière à Marienbad* (1961), *La guerre est finie* (1965), *Je t'aime, je t'aime* (1968), *Stavisky* (1973), *Providence* (1976), *Mon oncle d'Amérique* (1980).

RESPIGHI (Ottorino), compositeur italien, né à Bologne (1879-1936), auteur de poèmes symphoniques (*les Fontaines de Rome*, 1916; *les Pins de Rome*, 1924) et d'œuvres lyriques.

RESSONS-SUR-MATZ [-mɑ] (60490), ch.-l. de c. de l'Oise; 1 174 h.

Restauration, régime politique de la France de mai 1814 à juillet 1830. On distingue la première Restauration (avr. 1814 - mars 1815) et la seconde, après les Cent-Jours (juill. 1815-juill. 1830).

RESTIF (ou **RÉTIF**) **DE LA BRETONNE** (Nicolas RESTIF, dit), écrivain français, né à Sacy (Yonne) [1734-1806], observateur aigu des mœurs de la fin du XVIIIᵉ s. dans plus de 200 ouvrages, qu'il imprimait souvent lui-même (*le Paysan perverti ou les Dangers de la ville*, 1775; *la Vie de mon père*, 1779; *Monsieur Nicolas ou le Cœur humain dévoilé*, 1794-1797).

RESTOUT, famille de peintres dont le plus important est JEAN II, né à Rouen (1692-1768); neveu de Jouvenet, académicien, il est surtout l'auteur de tableaux religieux.

RETHEL (08300), ch.-l. d'arr. des Ardennes, sur l'Aisne; 9 183 h. Turenne prit la ville en 1655. Combats en 1940.

RETHONDES (60153), comm. de l'Oise, sur l'Aisne; 458 h. Les armistices du 11 novembre 1918 et du 22 juin 1940 furent signés dans une clairière de la forêt de Compiègne proche de Rethondes.

RETIERS (35240), ch.-l. de c. d'Ille-et-Vilaine; 3 358 h. Laiterie.

RETOURNAC (43130), ch.-l. de c. de la Haute-Loire; 2 624 h.

RETOURNEMER (*lac de*), petit lac des Vosges, au pied du Hohneck; 5,5 ha.

RETZ (*pays de*), région de l'ouest de la France, au sud de l'estuaire de la Loire.

RETZ (Gilles DE) → **RAIS.**

RETZ [rɛ] (Jean-François Paul DE GONDI, *cardinal* DE), homme politique et écrivain français, né à Montmirail (1613-1679). Coadjuteur de son oncle archevêque de Paris, il joua un rôle important dans les troubles de la Fronde. Prisonnier au château de Vincennes, puis à Nantes, il s'échappa et ne rentra en France qu'après avoir démissionné de l'archevêché de Paris, dont il était titulaire depuis 1654. Il a laissé un récit de la *Conjuration de Fiesque* et des *Mémoires,* l'un des premiers chefs-d'œuvre de la prose classique.

REUBELL (Jean-François) → **REWBELL.**

REUCHLIN (Johannes), humaniste allemand, né à Pforzheim (1455-1522), un des promoteurs des études hébraïques et grecques en Occident.

RÉUNION (la) [974], autref. *île Bourbon,* île de l'océan Indien, à l'est de l'Afrique, formant un dép. français d'outre-mer; 2 511 km²; 476 675 h. (*Réunionnais*). Ch.-l. *Saint-Denis.* L'île, au climat tropical tempéré par l'insularité et, dans l'intérieur, par le relief, est formée par un grand massif volcanique (culminant à 3 069 m au piton des Neiges), au pied duquel s'étendent les cultures : vanilliers, plantes à parfum et surtout canne à sucre, qui fournit les deux grands produits d'exportation, le sucre (principalement) et le rhum. Le rapide essor démographique a aggravé le surpeuplement, combattu par l'émigration.

HISTOIRE

— XVIᵉ s. : découverte de l'île.
— 1642 : l'île commence à être exploitée par la Compagnie française de l'Orient.
— 1649 : elle prend le nom de Bourbon.
— 1664 : la Compagnie des Indes orientales y crée une escale.
— XVIIIᵉ s. : développement du caféier et de la culture des épices.
— 1764 : le gouverneur royal rachète l'île à la Compagnie des Indes orientales.
— 1793 : l'île prend son nom actuel.
— 1794 : abolition de l'esclavage.
— 1807 : des cyclones mettent fin à la culture du caféier.
— 1810-1815 : occupation anglaise.
— 1820 : implantation de la canne à sucre.
— 1946 : l'île devient département français.

REUS, v. d'Espagne (Catalogne); 53 000 h.

REUSS (la), riv. de Suisse, qui traverse le lac des Quatre-Cantons et se jette dans l'Aar (r. dr.); 160 km.

REUSS, nom de deux anc. principautés d'Allemagne, réunies à la Thuringe en 1920.

REUTLINGEN, v. de l'Allemagne fédérale (Bade-Wurtemberg); 72 000 h. Églises gothiques.

REVAL ou **REVEL** → **TALLIN.**

Providence (1976) d'Alain **Resnais**

C. C. F. C. (coll. J.-L. Passek)

Restif de La Bretonne

Larousse

le cardinal de **Retz** gravure de J. Morin d'après Ph. de Champaigne

Larousse

Pierre **Reverdy**

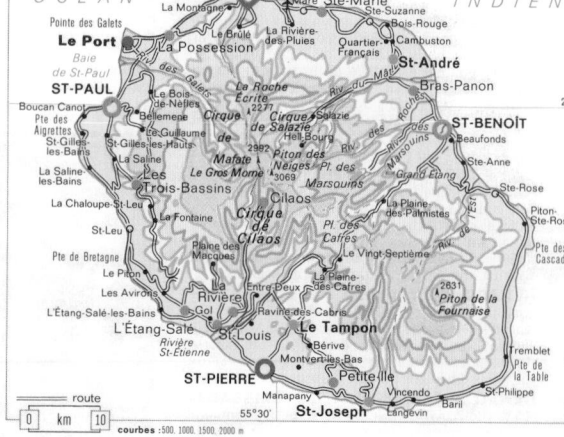

RÉUNION

REVARD (mont), plateau des Préalpes, dominant Aix-les-Bains. Sports d'hiver.

Réveil (le), ensemble des mouvements religieux qui marquèrent le renouveau protestant dans les pays de langue française (France, Suisse) au début du XIXe s. (Le Réveil eut comme principal foyer la ville de Genève.)

REVEL (31250), ch.-l. de c. de la Haute-Garonne; 7329 h. Bastide du XIVe s., de plan hexagonal. Mobilier.

REVERDY (Pierre), poète français, né à Narbonne (1889-1960). Salué comme un maître par les surréalistes (la Guitare endormie, 1919; les Épaves du ciel, 1924), il se retira dès 1925 près de l'abbaye de Solesmes.

Rêveries du promeneur solitaire (les), ouvrage posthume de J.-J. Rousseau (1782). L'auteur évoque les souvenirs les plus doux de son passé ou les plus marquantes de ses impressions actuelles.

REVERMONT (le), rebord occidental du Jura.

REVERS (Georges), général français, né à Saint-Malo (1891-1974). Chef de l'état-major de Darlan (1941-42), puis de l'Organisation de résistance de l'armée (1943-44), il fut chef d'état-major général de l'armée (1946-1950).

REVIGNY-SUR-ORNAIN (55800), ch.-l. de c. de la Meuse; 4077 h. Métallurgie. Cimetière militaire.

REVIN (08500), ch.-l. de c. des Ardennes, sur la Meuse; 11806 h. Métallurgie. Usine hydroélectrique.

Revizor (le) ou l'Inspecteur général, comédie de Gogol (1836), satire des mœurs administratives de la Russie.

révolution culturelle prolétarienne (grande), vaste mouvement de rectification politique et idéologique qui, sous l'impulsion de Mao Tsö-tong et de ses partisans, se développa en Chine de 1966 à 1969, à l'encontre des éléments «bourgeois», dont le leader, Lieou Chao-k'i, fut abattu.

Révolution française (1789-1799), ensemble des mouvements révolutionnaires qui mirent fin, en France, à l'Ancien Régime.
— 1789 : réunion des États généraux (5 mai); l'Assemblée nationale se déclare Assemblée nationale constituante (9 juill.); prise de la Bastille (14 juill.); abandon des privilèges (4 août); Déclaration des droits de l'homme et du citoyen (26 août); le retour du roi à Paris (5-6 oct.); les biens du clergé déclarés nationaux (2 nov.); création des départements (22 déc.).
— 1790 : Constitution civile du clergé (12 juill.); fête de la Fédération (14 juill.).
— 1791 : loi Le Chapelier (14 juin); fuite du roi (juin); fusillade du Champ-de-Mars (17 juill.); le roi accepte la Constitution (13 sept.). Fin de la Constituante (30 sept.), 1re séance de l'Assemblée législative (1er oct.). Veto du roi au décret contre les prêtres réfractaires (29 nov.).
— 1792 : ministère girondin (mars); déclaration de guerre (20 avr.); premiers revers. Renvoi des Girondins (13 juin). La patrie en danger (11 juill.). Chute de la royauté (10 août). Élections pour la Convention (2 sept.). Massacres de septembre. Victoire de Valmy (20 sept.). Proclamation de la république (22 sept.). Victoire de Jemmapes. Occupation de la Belgique (6 nov.).
— 1793 : exécution de Louis XVI (21 janv.). Levée de 300000 hommes (24 févr.). Coalition contre la France et insurrection dans l'Ouest (mars). Création du Comité de salut public (6 avr.). Arrestation des Girondins (2 juin). Constitution de l'an I, ratifiée par référendum (24 juin). Emprunt forcé (3 sept.). Loi des suspects (17 sept.). Le gouvernement déclaré révolutionnaire jusqu'à la paix. Terreur (10 oct.). Culte de la Raison (nov.).
— 1794 : Robespierre élimine les hébertistes (mars) puis les dantonistes (avr.). Grande Terreur. Fête de l'Être suprême (8 juin). Victoire de Fleurus (26 juin). Chute et exécution des robespierristes (juill.). Réveil royaliste et vague contre-révolutionnaire, misère populaire.
— 1795 : rappel des Girondins (8 mars). Traités de Bâle (5 avr. et 22 juill.) et de La Haye (16 mai). Émeute de la misère (1er avr.). Suppression du

Tribunal révolutionnaire (31 mai). Vote de la Constitution de l'an III, ratifiée par référendum (22 août). Révolte royaliste écrasée par Bonaparte (5 oct.). Fin de la Convention (26 oct.). Installation du Directoire (2 nov.).
— 1796 : Bonaparte à la tête de l'armée d'Italie (2 mars). Victoire d'Arcole (17 nov.).
— 1797 : exécution de Babeuf (27 mai). Coup d'État de fructidor contre les royalistes (4 sept.). Traité de Campoformio (18 oct.).
— 1798 : coup d'État de floréal (11 mai) contre les Jacobins. Départ de Bonaparte pour l'Égypte (19 mai). Défaite d'Aboukir (1er août). Deuxième coalition contre la France (déc.).
— 1799 : Bonaparte quitte l'Égypte (22 août). Victoire de Zurich (25-27 sept.). Coup d'État de Bonaparte. Début du Consulat (9-10 nov.).

révolution française de 1848, mouvement révolutionnaire qui aboutit à l'abdication de Louis-Philippe (24 févr.) et à la proclamation de la IIe République. Dès lors, la révolution allait gagner une grande partie de l'Europe.

révolution russe de 1905, manifestations qui eurent lieu en Russie contre le régime impérial.
— 22 janvier (9 janv. anc. style) : «dimanche rouge» à Saint-Pétersbourg, au cours duquel une manifestation pacifique est brisée dans le sang.
— juin : mutinerie à bord du cuirassé Potemkine.
— octobre : Nicolas II doit signer le manifeste par lequel il accorde l'élection d'une douma.
— 20 (7) décembre : le soviet de Saint-Pétersbourg est dissous, et la grève générale est écrasée.

révolution russe de 1917, ensemble des mouvements révolutionnaires qui, en Russie, amenèrent l'abdication de Nicolas II, la prise du pouvoir par le parti bolchevik et la fondation de l'U.R.S.S.
— 7 mars (22 févr. anc. style) : grèves à Petrograd. Dissolution de la douma (11 mars [26 févr.]). Petrograd aux mains des insurgés. Installation de soviets à Moscou et en province. Abdication du tsar (15 [2] mars).
— avril : Lénine, de retour, expose ses thèses, qui sont adoptées par la conférence panrusse du parti bolchevik (12 mai [29 avr.]).
— juin : premier congrès panrusse des soviets.
— juillet : émeute populaire à Petrograd. Arrestation ou exil des chefs bolcheviks.
— août : Kerenski, président du Conseil.
— octobre-novembre : prise du pouvoir par les bolcheviks. Le conseil des commissaires du peuple, organe central du nouveau pouvoir, est présidé par Lénine (8 nov. [26 oct.]).

révolutions d'Angleterre, ensemble des mouvements antimonarchistes en Angleterre au XVIIe s.
Première Révolution d'Angleterre ou Grande Rébellion.
— 1641 (oct.) : rébellion de l'Irlande.
— 1642 : les parlementaires présentent à Charles Ier les Dix-Neuf Propositions, que le roi rejette.
— 1643 : victoires royalistes.
— 1644 : entrée en guerre des Écossais. Défaite royaliste à Marston Moor (2 juill.).
— 1645 : les royalistes écrasés par Cromwell à Naseby.
— 1646 : le roi se rend aux presbytériens écossais.
— 1647 : ceux-ci le remettent aux représentants du Parlement anglais. Le roi s'échappe.
— 1648 : les royalistes de nouveau battus. Arrestation du roi.
— 1649 : exécution de Charles Ier (30 janv.).
— 1650-51 : dernières campagnes de Cromwell contre les royalistes. Charles II, écrasé à Worcester (3 sept. 1651), s'échappe de justesse. Cromwell, maître du pays.
Seconde Révolution d'Angleterre, dite la Glorieuse Révolution.
— 1688 : Jacques II, catholique, octroie la liberté du culte aux catholiques et aux protestants dissidents (mai). Naissance d'un héritier, catholique, Jacques Édouard (juin). Appel des anglicans à Guillaume d'Orange, gendre de Jacques II, qui débarque le 5 novembre. Fuite de Jacques II en France. Entrée de Guillaume III à Londres (28 déc.).

— 1689 : convocation d'un Parlement-Convention (22 janv.).
— 1690 : l'armée de Jacques II, débarquée en Irlande, est écrasée sur les rives de la Boyne (1er juill.).

révolutions de 1848, ensemble des mouvements libéraux et nationaux qui agitèrent l'Europe en 1848 et en 1849.
— 1848 : révolution à Palerme (12 janv.). Constitutions accordées à Naples (10 févr.), en Toscane (17 févr.) et au Piémont (5 mars). Révolution parisienne (22-24 févr.). Révolution à Vienne (13 mars), à Venise (17-22 mars), à Berlin (18 mars), à Milan (18-22 mars), à Munich (19 mars). Charles-Albert déclare la guerre à l'Autriche (24 févr.). Déchéance des Bourbons en Sicile (13 avr.). Ouverture du Parlement de Francfort (18 mai). Journées de juin en France. Ouverture de l'Assemblée constituante à Vienne (22 juill.). Défaite de Charles-Albert à Custoza (25 juill.). Révolution romaine (15-16 nov.).
— 1849 : prise de Pest par les Autrichiens (5 janv.). Proclamation de la République romaine (9 févr.). Défaite de Charles-Albert à Novare (23 mars). Écrasement de la révolution sicilienne (11 mai). Fin du Parlement de Francfort (18 juin). Fin de la République romaine (1er juill.). Capitulation hongroise à Világos (13 août). Chute de Venise (28 août).

revolutionibus orbium coelestium (De), œuvre de Copernic, dans laquelle il expose sa théorie des mouvements planétaires.

Revue blanche (la), recueil bimensuel illustré, fondé à Liège à Paris en 1889. Elle défendit le mouvement symboliste.

Revue des Deux Mondes (la), périodique littéraire, historique et artistique, fondé en 1828.

REWBELL ou **REUBELL** (Jean-François), homme politique français, né à Colmar (1747-1807). Conventionnel, représentant en mission sur le Rhin (1793), membre des Cinq-Cents, puis directeur de 1795 à 1799, il fut l'un des auteurs du coup d'État du 18-Fructidor (1797).

REY (Jean), chimiste et médecin français, né au Bugue (v. 1583-1645). Il découvrit l'augmentation de masse de l'étain et du plomb chauffés au contact de l'air.

REYBAUD (Louis), économiste et écrivain français, né à Marseille (1799-1879), auteur du roman satirique et social : Jérôme Paturot à la recherche d'une position sociale (1842).

REYES (Alfonso), écrivain mexicain, né à Monterrey (1889-1959). Il est revenu aux sources de l'inspiration nationale et de la civilisation aztèque (Vision de l'Anáhuac).

REYKJAVÍK, cap. et port de l'Islande; 85000 h. Pêche et conserveries.

REYMONT (Władysław Stanisław), écrivain polonais, né à Kobiele-Wielkie (1867-1925), auteur de romans sur la campagne polonaise (les Paysans, 1904-1909) et de récits historiques (l'Année 1794). [Prix Nobel, 1924.]

REYNAUD (Émile), inventeur français, né à Montreuil-sous-Bois (1844-1918). Créateur du «praxinoscope» (1877) et du «théâtre optique» (1888), il est l'un des pionniers du dessin animé.

REYNAUD (Paul), homme politique français, né à Barcelonnette (1878-1966). Plusieurs fois ministre sous la IIIe République, il succéda à Daladier comme président du Conseil en mars 1940; n'ayant pu conjurer la défaite, il démissionna dès le 16 juin. Arrêté en 1940, il fut transféré en Allemagne de 1942 à 1945. Député du Nord de 1946 à 1962.

REYNOLDS (sir Joshua), peintre anglais, né à Plympton (Devon) [1723-1792], portraitiste fécond et cofondateur de la Royal Academy en 1768.

REYNOLDS (Osborne), ingénieur et physicien britannique, né à Belfast (1842-1912). Il étudia les régimes d'écoulement des fluides visqueux.

REYNOSA, v. du Mexique; 194000 h. Chimie.

REZĀ CHÂH PAHLAVI → PAHLAVI.

REZĀYE → OURMIA.

REZÉ (44400), ch.-l. de c. de la Loire-Atlantique, banlieue sud de Nantes; 36118 h. (Rezéens).

REZONVILLE (57130 Ars sur Moselle), comm.

de la Moselle; 227 h. Bataille du 16 août 1870 entre Français et Allemands.

R. F., sigle de *République française.*

R. F. A., sigle de *République fédérale d'Allemagne*.*

RHÂB ou **GHAB** (le), plaine de Syrie, traversée par l'Oronte.

RHADAMANTHE. *Myth. gr.* Un des trois juges des Enfers avec Minos et Éaque.

RHADAMÈS ou **GHADAMÈS,** oasis de l'ouest de la Libye.

RHARB ou **GHARB,** plaine du Maroc, sur l'Atlantique, au sud du Rif, parcourue par l'oued Sebou.

RHAZNÉVIDES ou **GHAZNÉVIDES,** dynastie d'origine turque, qui régna trois siècles (X[e]-XIIe s.) sur l'Afghânistân et le Pendjab.

RHÉA. *Myth. gr.* Épouse de Cronos et mère de Zeus.

RHEA SILVIA. *Myth. rom.* Mère de Romulus et de Remus.

RHEE (Syngman), homme d'État coréen, né dans la prov. de Hwanghae (1875-1965), président de la république de Corée du Sud de 1948 à 1960.

RHEINFELDEN, v. de Suisse (Argovie), sur le Rhin; 6866 h. Centrale hydroélectrique.

RHEINHAUSEN, v. de l'Allemagne fédérale (Rhénanie-du-Nord-Westphalie), sur le Rhin; 72 000 h. Sidérurgie.

RHÉNAN (*Massif schisteux*), massif ancien de l'Allemagne fédérale, de part et d'autre du Rhin, dans le prolongement de l'Ardenne. Il est composé de plateaux boisés, à l'agriculture pauvre, entaillés par de profondes vallées (Rhin, Moselle, Lahn).

RHÉNANIE, en allem. *Rheinland,* région de l'Allemagne fédérale, sur le Rhin, de la frontière française à la frontière néerlandaise. Elle fut française de 1793 à 1814, puis devint prussienne. Après la Première Guerre mondiale, la France favorisa un mouvement séparatiste rhénan, qui échoua (1921-1923). Démilitarisée à la suite du traité de Versailles (1919), elle fut réoccupée par Hitler en 1936.

RHÉNANIE-DU-NORD-WESTPHALIE, en allem. **Nordrhein-Westfalen,** État de la République fédérale d'Allemagne; 34 038 km²; 17 193 000 h. Cap. *Düsseldorf.* Il est de loin le plus peuplé de l'Allemagne fédérale, s'étend au sud sur l'extrémité du Massif schisteux rhénan, au centre sur la grande région industrielle de la Ruhr*, au nord sur le bassin de Münster.

RHÉNANIE-PALATINAT, en allem. **Rheinland-Pfalz,** État de la République fédérale d'Allemagne, s'étendant sur le Massif schisteux rhénan; 19 837 km²; 3 690 000 h. Cap. *Mayence.*

RHÉTIE, anc. région des Alpes centrales (Grisons, Tyrol, nord de la Lombardie), soumise aux Romains par Tibère et Drusus en 15 av. J.-C.

RHÉTIQUES (*Alpes*), partie des Alpes centrales (Grisons et régions italiennes limitrophes).

RHEYDT, v. de l'Allemagne fédérale, dans la Ruhr; 102 000 h. Métallurgie.

RHIN (le), en allem. **Rhein,** en néerl. **Rijn,** fl. de l'Europe occidentale; 1 300 km. Formé en Suisse par la réunion de deux torrents alpins (le *Rhin antérieur,* né dans le massif du Saint-Gothard, et le *Rhin postérieur,* issu du massif de l'Adula), le fleuve traverse le lac de Constance, franchit le Jura (chutes de Schaffhouse), reçoit l'Aar (r. g.) avant d'atteindre Bâle. En aval, le Rhin s'écoule vers le nord, dans une vallée élargie, en suivant le fossé d'effondrement d'Alsace et de Bade, et reçoit l'Ill (r. g.), le Neckar (r. dr.) et le Main (r. dr.). Au-delà de Mayence, le lit se resserre à travers le Massif schisteux rhénan : c'est le « Rhin héroïque », qui se grossit de la Moselle (r. g.) et de la Lahn (r. dr.). À Bonn, le Rhin entre définitivement en plaine, reçoit la Ruhr (r. dr.) et la Lippe (r. dr.), pénètre aux Pays-Bas, où il se partage en deux bras principaux (le Lek et le Waal), qui se ramifient à leur tour avant de gagner la mer du Nord.
Le régime se modifie d'amont en aval : hautes eaux d'été et maigres d'hiver en amont de Bâle,

débit plus étalé en aval, très régulier même à partir de Cologne. Le rôle économique du fleuve est considérable. C'est la plus importante artère navigable de l'Europe occidentale, desservant la Suisse, la France de l'Est, une partie de l'Allemagne fédérale (dont la Ruhr) et les Pays-Bas. Il doit être relié au Danube par un canal empruntant partiellement la vallée du Main. Accessible aux convois poussés de 5 000 t jusqu'à Bâle, le fleuve est jalonné de ports actifs, dont les principaux, mis à part Rotterdam, sont Duisbourg-Ruhrort, Mannheim et Ludwigshafen, Strasbourg, Bâle. C'est encore une importante source d'énergie hydroélectrique (centrales suisses et allemandes entre le lac de Constance et Bâle, centrales françaises du grand canal d'Alsace).

RHIN (*dép. du Bas-*) [**67**], dép. de la Région Alsace; ch.-l. de dép. *Strasbourg;* ch.-l. d'arr. *Haguenau, Molsheim, Saverne, Sélestat, Wissembourg;* 7 arr. (Strasbourg est le ch.-l. de deux arr.), 43 cant., 519 comm.; 4787 km²; 882 121 h. *(Bas-Rhinois).* Le dép. appartient à l'académie de Strasbourg, à la circonscription judiciaire de Colmar et à la région militaire de Metz. Il s'étend sur une partie du plateau lorrain (au nord-ouest), des Vosges (au sud-ouest), régions d'élevage, localement de vignobles (collines sous-vosgiennes entre la Liepvrette et la Zorn), et sur la moitié septentrionale de la plaine d'Alsace, portant des cultures céréalières et industrielles (tabac, houblon) sur les sols lœssiques, des forêts (Haguenau) sur les terres sableuses et caillouteuses. L'industrie est représentée principalement par la métallurgie, les activités alimentaires et textiles; elle est surtout développée dans l'agglomération de Strasbourg (qui regroupe près de la moitié de la population

totale du dép.), où elle bénéficie de l'énergie fournie par les centrales du grand canal d'Alsace et par le pétrole, raffiné à proximité (Reichstett, Herrlisheim).

RHIN (*dép. du Haut-*) [**68**], dép. de la Région Alsace; ch.-l. de dép. *Colmar;* ch.-l. d'arr. *Altkirch, Guebwiller, Mulhouse, Ribeauvillé, Thann;* 6 arr., 30 cant., 378 comm.; 3 523 km²; 635 209 h. *(Haut-Rhinois).* Le dép. appartient à l'académie de Strasbourg, à la circonscription judiciaire de Colmar et à la région militaire de Metz. Les collines sous-vosgiennes, couvertes de vignobles renommés, séparent la partie la plus élevée des Vosges, région de forêts et d'élevage, de la moitié méridionale de la plaine d'Alsace, portant des cultures de céréales, de tabac, de houblon, en dehors de secteurs marécageux (le Ried, entre Ill et Rhin, partiellement assaini et mis en valeur) ou forestiers (Hardt). Le Sundgau, pays céréalier aux sols lœssiques, occupe le sud du dép. L'industrie, développée, est représentée, en dehors de l'extraction de la potasse et des aménagements hydroélectriques du grand canal d'Alsace, par les constructions mécaniques, le textile, les produits alimentaires et localisée principalement dans les vallées vosgiennes, à Colmar et surtout dans l'agglomération de Mulhouse.

Rhin (*ligue du*), ligue formée en 1658, à l'instigation de Mazarin et de l'Électeur de Mayence, par plusieurs princes allemands, pour garantir contre l'empereur germanique les clauses du traité de Westphalie. Louis XIV en fut le protecteur.

RHINAU (67230 Benfeld), comm. du Bas-Rhin; 2216 h. Centrale hydroélectrique sur le grand canal d'Alsace.

RHINE (Joseph Banks), parapsychologue amé-

BAS-RHIN

1. Reichstett
2. Souffelweyersheim
3. Ittenheim
4. Duppigheim
5. Duttlenheim
6. Krautergersheim
7. Meistratzheim

◇ chef-lieu de département
◇ chef-lieu d'arrondissement
▪ chef-lieu de canton
— limite d'arrondissement
— limite de canton
● ● ● localités classées selon leur population

courbes : 200, 300, 400, 600, 900 m

0   km   10   km   20

ricain, né à Waterloo (Pennsylvanie) en 1895. Il s'efforce de donner à la parapsychologie des bases scientifiques.

RHODANIEN (*Sillon* ou *Couloir*), région déprimée, correspondant à la vallée du Rhône, entre le Massif central et les Préalpes.

RHODE ISLAND, un des États unis d'Amérique, en Nouvelle-Angleterre; 3 144 km²; 950 000 h. Cap. *Providence.*

RHODES, île grecque de la mer Égée (Dodécanèse), près de la Turquie; 1 400 km²; 62 000 h. Escale commerciale importante entre l'Égypte, la Phénicie et la Grèce, Rhodes connut dans l'Antiquité deux périodes de grande prospérité : aux VIIe-VIe s. av. J.-C. et durant la période hellénistique (IIIe-Ier s. av. J.-C.). En 1309, les hospitaliers de Saint-Jean-de-Jérusalem, chassés de Chypre, s'y installèrent. La ville de *Rhodes,* le ch.-l. (27 400 h.) : vestiges antiques, remparts et quartiers médiévaux), soutint un siège opiniâtre en 1522 contre Soliman II. Devenue alors turque, l'île passa à l'Italie en 1912 et à la Grèce en 1947.

Rhodes (*Colosse de*), une des Sept Merveilles du monde antique. Cette énorme statue d'Apollon, en bronze, due à un disciple de Lysippe, se trouvait à l'entrée du golfe de Rhodes. Elle fut renversée par un séisme en 227 av. J.-C.

RHODES (Cecil), homme d'affaires et administrateur colonial anglais, né à Bishop's Stortford (1853-1902). Il s'enrichit dans la prospection du diamant. Député à l'assemblée du Cap (1881), il obtint (1885) que le Bechuanaland soit protectorat britannique; la colonisation s'étendit ensuite aux territoires des futures Rhodésies. Premier ministre du Cap (1890), il échoua dans une opération contre les Boers (1895) et dut démissionner.

RHODE-SAINT-GENÈSE, en néerl. **Sint Genesius-Rode,** comm. de Belgique (Brabant); 16 000 h.

Cecil **Rhodes**
par G. F. Watts

Fleming

RHODÉSIE, région de l'Afrique orientale, dans le bassin du Zambèze. Elle avait constitué deux territoires du Commonwealth, qui, en 1953, furent intégrés en une Fédération, avec le Nyassaland, jusqu'en 1963. Auj., la *Rhodésie du Nord* est devenue indépendante sous le nom de *Zambie,* et le Nyassaland forme le *Malawi;* la *Rhodésie du Sud* constitue auj. le *Zimbabwe.*

RHODÉSIE, anc. État de l'Afrique orientale → ZIMBABWE.

RHODES-INTÉRIEURES et **RHODES-EXTÉRIEURES,** subdivisions du canton suisse d'Appenzell.

RHODOPE, massif montagneux de Bulgarie et de Grèce.

RHÖN, petit massif volcanique d'Allemagne, à l'ouest de la Thuringe; 950 m.

RHONDDA, v. de Grande-Bretagne (Galles); 98 000 h.

RHÔNE (le), fl. de Suisse et de France; 812 km (dont 522 en France). Né à 1 750 m d'altitude, dans le massif du Saint-Gothard, le Rhône draine le couloir du Valais, où il est alimenté par de grands glaciers, puis entre dans le lac Léman, où ses eaux se décantent. Au sortir du lac, il reçoit l'Arve (r. g.), entre en France, traverse le Jura par des défilés (Bellegarde), remonte vers le nord-ouest, se grossit de l'Ain (r. dr.), puis vient se heurter, à Lyon (au confluent de la Saône [r. dr.]), au Massif central. Il coule alors du nord au sud entre le Massif central et les Alpes, tantôt s'encaissant, tantôt s'élargissant, et reçoit l'Isère (r. g.). En amont d'Avignon, près de laquelle les eaux de la Durance, en grande partie détournées il est vrai, rejoignent le fleuve (r. g.), la vallée s'élargit. À partir d'Arles commence le delta. Le Rhône, le plus abondant des fleuves français, possède un régime complexe, de type glaciaire en amont du confluent de l'Ain, avec atténuation des maigres hivernaux après Lyon et crues automnales dans le cours aval, avec l'apport des torrents cévenols. En raison de la rapidité de son cours, le fleuve a posé des problèmes difficiles à la navigation. La *Compagnie nationale du Rhône,* créée en 1933, a accompli une œuvre considérable, au triple point de vue de l'amélioration des conditions de navigation (en aval de Lyon), de la fourniture d'hydroélectricité (les centrales hydrauliques rhodaniennes sont les plus productives de France) et de l'extension de l'irrigation dans la vallée. Le fleuve alimente aussi partiellement les canaux d'irrigation des plaines du Languedoc*.

RHÔNE (*Côtes du*), coteaux de la vallée du Rhône, au sud de Lyon. Vignobles.

RHÔNE (*dép. du*) [**69**], dép. de la Région Rhône-Alpes; ch.-l. de dép. *Lyon;* ch.-l. d'arr. *Villefranche-sur-Saône;* 2 arr., 41 cant.,

V. carte page suivante

293 comm.; 3 215 km²; 1 429 647 h. (*Rhodaniens*). Le dép. appartient à l'académie, à la circonscription judiciaire, à la région militaire et à la province ecclésiastique de Lyon. Il s'étend sur le Beaujolais et le Lyonnais, régions d'élevage, de petites industries textiles et mécaniques et, localement, de vignobles (côte beaujolaise). Il doit son importance économique et la répartition socioprofessionnelle de sa population active à l'agglomération de Lyon*, qui concentre la quasi-totalité de l'industrie et plus des quatre cinquièmes de la population totale du dép.

RHÔNE-ALPES, Région administrative groupant les dép. suivants : Ain, Ardèche, Drôme, Isère, Loire, Rhône, Savoie, Haute-Savoie; 43 694 km²; 4 780 684 h. Ch.-l. *Lyon.*

Rhône au Rhin (canal du), canal de l'est de la France, de faible gabarit, joignant les deux fleuves par les vallées du Doubs et de l'Ill; 320 km. Une liaison Rhône-Rhin adaptée aux conditions modernes de navigation est envisagée.

RHUMEL (le) → RUMMEL.

RHUNE (la), montagne des Pyrénées-Atlantiques, sur la frontière espagnole; 900 m.

RHŪRIDES, dynastie d'origine iranienne, qui domina une partie importante de l'Inde et l'Afghânistân au XIIe s.

HAUT-RHIN

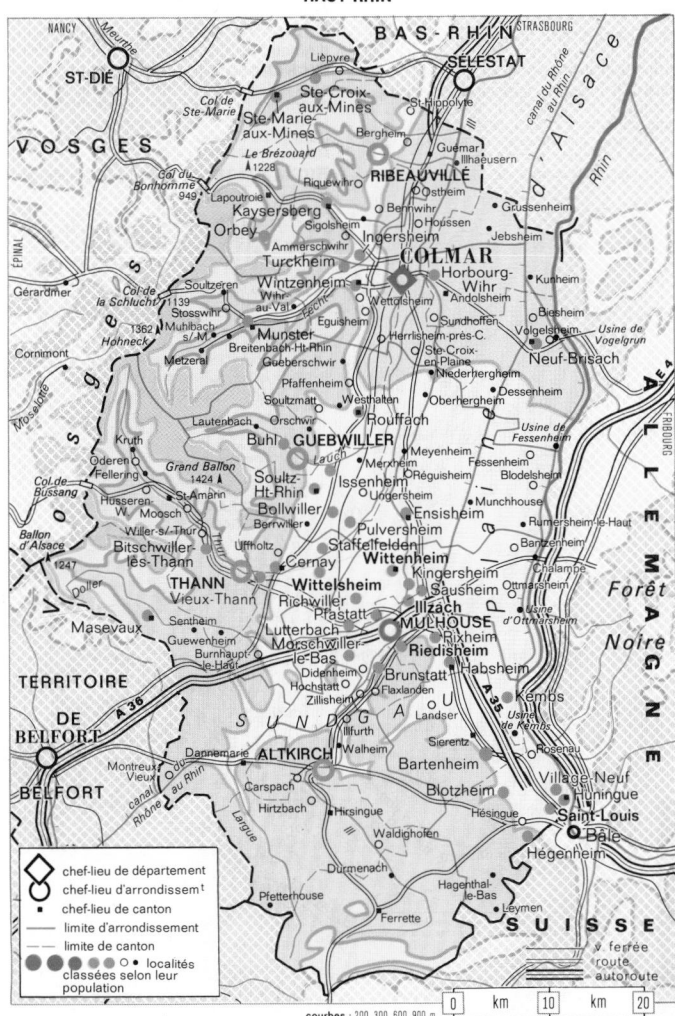

chef-lieu de département
chef-lieu d'arrondissem[t]
chef-lieu de canton
limite de département
limite d'arrondissement
limite de canton
localités classées selon leur population

courbes : 200, 300, 600, 900 m

0   km   10   km   20

v. ferrée
route
autoroute

RHUYS [rɥis] *(presqu'île de)*, presqu'île fermant le golfe du Morbihan vers le sud.

RIAILLÉ (44440), ch.-l. de c. de la Loire-Atlantique; 1707 h.

Rialto *(pont du)*, pont de Venise, sur le Grand Canal.

RIANS (83560), ch.-l. de c. du Var; 1467 h.

RIANTEC (56670), comm. du Morbihan; 4144 h. Station balnéaire.

RIAZAN, v. de l'U.R.S.S. (R.S.F.S. de Russie), au sud-est de Moscou; 442000 h. Raffinage du pétrole. Métallurgie.

RIBALTA (Francisco), peintre espagnol, né à Solsona (1564-1628), actif à Madrid, puis à Valence, où il régénéra l'école locale de peinture religieuse.

RIBBENTROP (Joachim VON), homme politique allemand, né à Wesel (Rhénanie) [1893-1946]. Ministre des Affaires étrangères du IIIe Reich (1938-1945), il fut condamné à mort par le tribunal de Nuremberg.

RIBEAUVILLÉ (68150), ch.-l. d'arr. du Haut-Rhin; 4412 h. *(Ribeauvilléens).* Nombreux souvenirs médiévaux. Textile. Vins.

RIBÉCOURT-DRESLINCOURT (60170), ch.-l. de c. de l'Oise; 3831 h. Industrie chimique.

RIBEIRÃO PRÊTO, v. du Brésil (São Paulo); 212000 h.

RIBEMONT (02240), ch.-l. de c. de l'Aisne; 2014 h.

RIBERA (José DE), dit *lo Spagnoletto*, peintre et graveur espagnol, né à Játiva (prov. de Valence) [1591-1652]. Il travailla surtout à Naples, où son art, interprétation riche et nuancée du caravagisme, fit école. (Au Louvre : *le Pied-Bot, Adoration des bergers*; au musée d'Amiens : *Miracle de saint Donat.*)

RIBÉRAC (24600), ch.-l. de c. de la Dordogne; 4444 h.

RIBIERS (05300 Laragne Montéglin), ch.-l. de c. des Hautes-Alpes; 533 h.

RIBOT (Théodule), philosophe et psychologue français, né à Guingamp (1839-1916), un des fondateurs de la psychologie expérimentale en France.

RIBOT (Alexandre), homme politique français, né à Saint-Omer (1842-1923). Un des chefs du parti républicain modéré, ministre des Affai-

res étrangères (1890-1893), artisan de l'alliance franco-russe, il fut quatre fois président du Conseil entre 1892 et 1917. (Acad. fr.)

RICAMARIE (La) [42150], comm. de la Loire; 10426 h. Métallurgie.

RICARDO (David), économiste anglais, né à Londres (1772-1823). Un des premiers théoriciens de l'économie politique classique, il établit notamment la loi de la rente foncière.

Riccardi *(palais)* → MEDICI-RICCARDI.

RICCI (Sebastiano), peintre italien, né à Belluno (1659-1734). Il est à Venise, au début du XVIIIe s., le créateur (avec Giovanni Antonio Pellegrini) d'une nouvelle peinture décorative, lumineuse, animée, qui influencera tout le rococo européen. — Son neveu MARCO, peintre et graveur, né à Belluno (1676-1730), est, avec ses paysages imaginaires ou composés, l'initiateur de la peinture vénitienne de paysage du XVIIIe s.

RICCI (Lorenzo), général des Jésuites, né à Florence (1703-1775). Il vit son ordre supprimé par Clément XIV (1773), qui le fit emprisonner.

RICCI (Scipione DE'), prélat italien, né à Florence (1741-1810). Évêque de Pistoia et Prato (1780-1794), il fut, en Italie, le principal représentant du jansénisme.

RICCIARELLI (Daniele), dit aussi **Daniele da Volterra**, peintre et sculpteur italien, né à Volterra (v. 1509-1566). Il travailla, à Rome, sous l'influence de Michel-Ange et de Raphaël.

RICCI-CURBASTRO (Gregorio), mathématicien italien, né à Lugo (1853-1925). On lui doit la création du calcul tensoriel.

RICCOBONI (Luigi), acteur et écrivain italien, né à Modène (v. 1675-1753). Il reconstitua la Comédie-Italienne à l'hôtel de Bourgogne. — La femme de son fils FRANCESCO ANTONIO, née Marie-Jeanne **Laboras de Mézières** (1714-1792), acheva *la Vie de Marianne* de Marivaux.

RICEYS (Les) [10340], ch.-l. de c. de l'Aube; 1539 h. Église du XVIe s. Vins.

RICHARD Ier Cœur de Lion, né à Oxford (1157-1199), roi d'Angleterre (1189-1199). Il prit une part importante à la 3e croisade et, au retour, fut retenu en captivité par l'empereur Henri VI, qui n'en tira une énorme rançon. Remis en liberté, il fit la guerre à Philippe Auguste (1194) et périt devant le château de Châlus.

RICHARD II, né à Bordeaux (1367-1400), roi d'Angleterre (1377-1399). Il soutint de longues luttes contre le Parlement anglais, traita avec la France, puis dut abdiquer; il mourut captif des Lancastres.

Richard II, drame historique de Shakespeare (v. 1595), tableau de la faiblesse du roi, dominé par de néfastes conseillers.

RICHARD III, né à Fotheringhay (1452-1485), roi d'Angleterre (1483-1485), à la suite du meurtre des enfants d'Édouard IV, dont il était le tuteur. Il régna par la terreur et fut vaincu et tué à Bosworth par Henri Tudor.

Richard III, drame historique de Shakespeare (v. 1592), peinture de l'ambition qui pousse aux dernières violences le criminel souverain.

RICHARD (François), dit **Richard-Lenoir**, industriel français, né à Epinay-sur-Odon (Normandie) [1765-1839]. Associé avec J. Lenoir-Dufresne (1797), il fonda la première filature de coton en France.

RICHARD'S BAY, port et centre industriel d'Afrique du Sud (Natal), sur l'océan Indien.

RICHARDSON (Samuel), écrivain anglais, né dans le Derbyshire (1689-1761). Ses romans, qui allient le réalisme à une sentimentalité moralisante, enchantèrent toute l'Europe du XVIIIe s. (*Paméla ou la Vertu récompensée*, 1741; *Clarisse Harlowe*, 1747-48).

RICHARDSON (sir Owen), physicien anglais,

José de **Ribera**
Archimède

David **Ricardo**
gravure de Hodgetts

Richard III

Oronoz-Ziolo

Larousse

Fleming

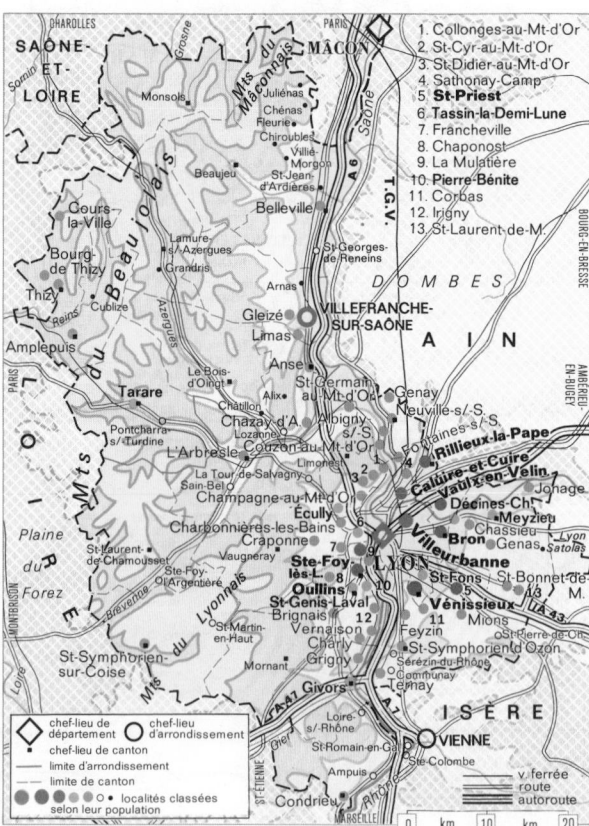

RHÔNE

1. Collonges-au-Mt-d'Or
2. St-Cyr-au-Mt-d'Or
3. St-Didier-au-Mt-d'Or
4. Sathonay-Camp
5. **St-Priest**
6. **Tassin-la-Demi-Lune**
7. Francheville
8. Chaponost
9. La Mulatière
10. **Pierre-Bénite**
11. Corbas
12. Irigny
13. St-Laurent-de-M.

chef-lieu de département
chef-lieu d'arrondissement
chef-lieu de canton
limite d'arrondissement
limite de canton
localités classées selon leur population

courbes : 200, 300, 600 m

0   km   10   km   20

v. ferrée
route
autoroute

né à Dewsbury (Yorkshire) [1879-1959], prix Nobel en 1928 pour sa découverte des lois de l'émission thermoélectronique.

RICHE (La) [37000 Tours], comm. d'Indre-et-Loire, près de Tours; 6670 h. Château de Plessis-lez-Tours.

RICHELET (César Pierre), lexicographe français, né à Cheminon (Champagne) [1631-1698], auteur d'un *Dictionnaire français* (1680).

RICHELIEU (le), riv. du Canada (Québec), affl. du Saint-Laurent (r. dr.); 130 km.

RICHELIEU (37120), ch.-l. de c. d'Indre-et-Loire; 2 529 h. Ville bâtie sur un plan régulier par Jacques Lemercier pour le cardinal de Richelieu.

RICHELIEU (Armand Jean DU PLESSIS, *cardinal* DE), homme d'État français, né à Paris (1585-1642). Évêque de Luçon (1606), député du clergé aux états généraux de 1614, il est soutenu par le « parti dévot » et par Marie de Médicis, qu'il suit en exil (1617-18). Rappelé par de Luynes, cardinal (1622), il entre au Conseil du roi en 1624 et en devient rapidement le chef. Il s'efforce de soumettre les nobles, à qui il interdit les duels (édit de 1626), et brise les complots tramés contre lui (exécution de Chalais en 1626, puis de Cinq-Mars et de De Thou en 1642). Il entreprend la lutte contre la maison d'Autriche en occupant la Valteline (1624-25), Mantoue et Pignerol (1630). Il obtient contre elle l'alliance de la Suède (1631), déclare la guerre à l'Espagne (1635) et conquiert le Roussillon (1642). Richelieu réduit le parti protestant en obtenant la reddition de La Rochelle (1628) et lui accorde la grâce d'Alès (1629). Le parti catholique, irrité par sa politique extérieure, ne peut obtenir son renvoi (journée des Dupes, 1630). L'administration intérieure de Richelieu se distingue par d'utiles réformes dans les finances, l'armée, la législation (code Michau). Richelieu intervient en effet dans tous les secteurs de l'activité politique, économique et culturelle (Académie française, 1635). Cependant, l'effort de guerre aggrave après 1642 les difficultés financières de la France; des expédients fiscaux provoquent le mécontentement des corps locaux et aussi de nombreuses jacqueries. Cet effort gêne également la politique mercantiliste du cardinal, que l'on peut cependant créditer du développement de la flotte marchande, de l'encouragement aux manufactures royales, de la constitution de compagnies à monopole, qui posent les jalons du premier empire colonial français (Canada, Sénégal, Madagascar).

RICHELIEU (Louis François Armand DE VIGNEROT DU PLESSIS, *duc* DE), officier français, né à Paris (1696-1788), petit-neveu du cardinal. Il se distingua à Fontenoy (1745); maréchal de France (1748), il dirigea brillamment l'investissement de Minorque (1756) et obtint la reddition du duc de Cumberland à Kloster Zeven (1757). Ami de Voltaire, il incarna le libertin du XVIIIᵉ s. (Acad. fr.)

RICHELIEU (Armand Emmanuel DU PLESSIS, *duc* DE), homme d'État français, né à Paris (1766-1822), petit-fils du précédent. Il émigra en 1789 et servit le tsar, qui lui confia le gouvernement de la province d'Odessa. Devenu Premier ministre à la Restauration (1815), il obtint des Alliés des concessions; ayant dissous la « Chambre introuvable » (1816), il s'appuya sur les constitutionnels; en 1818, au congrès d'Aix-la-Chapelle, il obtint l'évacuation anticipée du territoire; il

put faire entrer la France dans la Quadruple-Alliance. Démissionnaire en décembre 1818, il fut rappelé au pouvoir en 1820, mais il dut démissionner dès 1821 sous la pression des ultras.

RICHEMONT (57270 Uckange), comm. de la Moselle; 2 166 h. Centrale thermique.

RICHEMONT (Arthur DE BRETAGNE, *comte* DE) → ARTHUR III.

RICHEPIN (Jean), écrivain français, né à Médéa (Algérie) [1849-1926], auteur de poèmes (*la Chanson des gueux*, 1876), de romans et de drames. (Acad. fr.)

RICHER (Edmond), théologien français, né à Chaource (1559-1631). Il fut le théoricien d'une tendance dure du gallicanisme, dite « richerisme » (*De la puissance ecclésiastique et politique* [1611]), qu'affirmèrent les états généraux de 1614.

richesse des nations (*Recherches sur la nature et les causes de la), œuvre* d'Adam Smith (1776), qui assura la prépondérance de la doctrine anglaise et fut un des tout premiers ouvrages d'économie politique.

RICHET (Alfred), chirurgien français, né à Dijon (1816-1891). — Son fils CHARLES, physiologiste, né à Paris (1850-1935), découvrit avec Portier l'anaphylaxie et s'intéressa à la parapsychologie. (Prix Nobel, 1913.)

RICHIER (Ligier), sculpteur français, né à Saint-Mihiel (v. 1500?-1567). Son chef-d'œuvre est la statue funéraire, dressée et décharnée, de René de Chalon (collégiale St Pierre, Bar-le-Duc). — Son gendre GÉRARD (1534-v. 1600) et deux de ses petits-fils furent également sculpteurs.

RICHIER (Germaine), sculpteur français, née à Grans (Bouches-du-Rhône) [1904-1959]. Son œuvre, expressionniste, est une sorte de poème de la genèse et de la métamorphose (*la Montagne*, bronze, 1955-56).

RICHLAND, v. des États-Unis (Washington); 28 000 h. Centrale nucléaire.

RICHMOND, agglomération de la banlieue ouest de Londres. Parc.

RICHMOND, v. des États-Unis, cap. de la Virginie, sur le James River; 248 000 h. Industries chimiques. Tabac. Capitale des sudistes pendant la guerre de Sécession, elle fut conquise par Grant en 1865.

RICHMOND HILL, v. du Canada (Ontario); 34 716 h.

RICHTER (Benjamin), chimiste allemand, né à Hirschberg (Silésie) [1762-1807]. On lui doit la loi des nombres proportionnels.

RICHTER (Johann Paul Friedrich), dit **Jean-Paul**, écrivain allemand, né à Wunsiedel (1763-1825). Un des représentants les plus originaux du romantisme allemand, il joint à la sensibilité l'humour et l'ironie (*Hesperus*, 1795; *le Titan*, 1800-1803).

RICHTER (Hans Werner), écrivain allemand, né à Bansin en 1908, romancier (*les Vaincus*, 1949), fondateur du *Groupe* 47*.

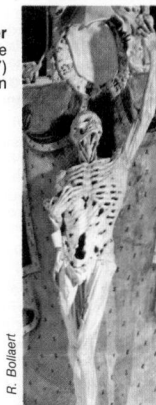

Ligier **Richier**
statue funéraire
(1547)
de René de Chalon

RICHTHOFEN (Ferdinand, *baron* VON), géologue et explorateur allemand, né à Carlsruhe (haute Silésie) [1833-1905]. Il voyagea en Asie orientale et publia des études sur la Chine.

RICIMER, général romain d'origine suève (m. en 472). Il fut de 457 à 472 le maître de l'Italie, nommant et déposant à son gré les empereurs.

RICŒUR (Paul), philosophe français, né à Valence en 1913. Parti d'une méthode fondée sur la phénoménologie, il dégage ce que doit être le bon usage, pour l'homme conçu comme être moral, de la philosophie et de la psychanalyse (*Finitude et culpabilité*, 1960; *De l'interprétation. Essai sur Freud*, 1965).

RICORD (Philippe), chirurgien français, né à Baltimore (1800-1889). Il étudia la syphilis.

RIDGWAY (Matthew), général américain, né à Fort Monroe (Virginie) en 1895. Il commanda les forces de l'O. N. U. en Corée (1951-52) puis les forces alliées du Pacte atlantique en Europe (1952-53).

RIEC-SUR-BELON [rjɛk-] (29124), comm. du Finistère; 4 158 h. Ostréiculture.

RIEDISHEIM (68400), comm. du Haut-Rhin; 12 520 h.

RIEGO Y NÚÑEZ (Rafael DEL), général et patriote espagnol, né à Santa María de Tuña (1785-1823). Après avoir combattu Napoléon, il dirigea le soulèvement militaire de Cadix (1820). Battu, il fut livré à Ferdinand VII, qui le fit pendre. L'hymne qui porte son nom devint l'hymne officiel de la République espagnole en 1931.

RIEHEN, comm. de Suisse (banlieue de Bâle); 21 026 h.

RIEL (Louis), métis canadien, né à Saint-Boniface (1844-1885). Il dirigea la résistance des métis de la région de la rivière Rouge et de l'Ouest, opposés au lotissement des terres aux colons (1869 et 1884-85). Vaincu, il fut pendu.

RIEMANN (Bernhard), mathématicien allemand, né à Breselenz (Hanovre) [1826-1866]. Ses travaux eurent un retentissement considérable sur les mathématiques modernes, notamment sur la théorie des fonctions de variables complexes et sur les géométries non euclidiennes. On lui doit également les bases de la topologie.

RIEMANN (Hugo), théoricien et musicographe allemand, né à Grossmehlra (1849-1919), auteur d'un *Dictionnaire de la musique* (1882).

RIEMENSCHNEIDER (Tilman), sculpteur allemand, né à Osterode (v. 1460-1531). Installé à Würzburg, c'est un maître de la dernière floraison gothique, au style lyrique et apaisé.

RIEMST, comm. de Belgique (Limbourg); 15 000 h.

RIESENER [rjɛsnɛr] (Jean-Henri), ébéniste français d'origine allemande, né à Gladbeck, près d'Essen (1734-1806). Formé dans l'atelier d'Œben, personnel et raffiné, il devint le principal maître du style Louis XVI. — Son fils HENRI FRANÇOIS (1767-1828) et son petit-fils LÉON (1808-1878) furent peintres.

RIESENGEBIRGE → KARKONOSZE.

RIEUMES (31370), ch.-l. de c. de la Haute-Garonne; 2 225 h.

RIEUPEYROUX (12240), ch.-l. de c. de l'Aveyron; 2 903 h.

RIEUX (31310 Montesquieu Volvestre), ch.-l. de c. de la Haute-Garonne; 1 243 h. Anc. cathédrale gothique.

RIEZ (04500), ch.-l. de c. des Alpes-de-Haute-Provence; 1 638 h. Vestiges antiques. Commerce de l'essence de lavande. Siège d'un évêché du Vᵉ s. à 1790.

RIF, massif du nord du Maroc, habité par des cultivateurs sédentaires (*Rifains*).

Rif (*guerre du*), soulèvement des Rifains, conduits par Abd el-Krim, contre les Espagnols (1921) puis contre les Français (1925-26).

RIFBJERG (Klaus), écrivain danois, né à Copenhague en 1931. Il enregistre les crises sociales et esthétiques de sa génération en s'essayant à tous les genres, poème, roman (*l'Amateur d'opéra*), drame, comédie musicale.

le cardinal de **Richelieu**
par Philippe de Champaigne

le maréchal de **Richelieu**

1519

RIFT VALLEY, nom donné par les géologues à un fossé d'effondrement qui s'allonge de la mer Rouge au Mozambique. Elle comprend l'important site préhistorique d'Oldoway.

RIGA, v. de l'U. R. S. S., cap. de la Lettonie, port actif sur la Baltique, au fond du *golfe de Riga;* 816 000 h. Centre industriel.

RIGAUD (Hyacinthe RIGAU Y ROS, dit **Hyacinthe**), peintre français, né à Perpignan (1659-1743), auteur de portraits fastueux : *Louis XIV, Bossuet,* etc.

RIGAULT DE GENOUILLY (Charles), amiral français, né à Rochefort (1807-1873). Il occupa Saigon (1859), puis établit la France en Cochinchine.

RIGEL, étoile de la constellation d'Orion, la 7e des plus brillantes du ciel.

RIGI ou **RIGHI,** montagne de Suisse, entre les lacs des Quatre-Cantons et de Zoug; 1 800 m.

RIGNAC (12390), ch.-l. de c. de l'Aveyron; 1 762 h.

Rigoletto, opéra en quatre actes, livret italien de Piave, musique de Verdi (1851), dont le sujet est tiré du drame de Victor Hugo *Le roi s'amuse.*

Rigveda, le plus ancien des recueils d'hymnes sacrés du védisme.

RIJEKA, anc. **Fiume,** principal port de Yougoslavie (Croatie), sur l'Adriatique; 133 000 h.

RILA (le), montagne de l'ouest de la Bulgarie, prolongeant le Rhodope; 2 925 m. Célèbre monastère reconstruit au XIXe s.

RILEY (Terry), compositeur américain, né à Colfax (Californie) en 1935. L'un des initiateurs de la musique répétitive, il fut ensuite influencé par la musique indienne.

RILKE (Rainer Maria), écrivain autrichien, né à Prague (1875-1926). Il séjourna à Paris et fut secrétaire de Rodin. Il passa du symbolisme à la recherche de la signification concrète de l'art et de la mort dans ses poèmes (*le Livre d'heures, Élégies de Duino, Sonnets à Orphée*) et son roman (*les Cahiers de Malte Laurids Brigge*).

RILLE → RISLE.

RILLIEUX-LA-PAPE (69140), ch.-l. de c. du Rhône; 31 151 h. Services bancaires.

RIMAILHO [rimajo] (Émile), officier et ingénieur français, né à Paris (1864-1954). Il conçut en 1904 un matériel d'artillerie lourde à tir rapide. Ayant quitté l'armée, il s'intéressa à l'organisation du travail.

RIMBAUD (Arthur), poète français, né à Charleville (1854-1891). Génie précoce, il vient à Paris à l'âge de dix-sept ans, apportant, avec *le Bateau ivre,* l'idée que la poésie naît d'une « alchimie du verbe » et des sens. Son amitié avec Verlaine se termine par une scène de rupture : blessé d'un coup de revolver, Rimbaud compose, sous le choc de l'aventure, les poèmes en prose d'*Une saison en enfer* (1873), où il exprime ses « délires ». À vingt ans, son œuvre est close. Il mène alors une existence errante (soldat, déserteur, trafiquant d'armes) à Java, au Harar. En 1886, *la Vogue* publie son recueil de proses et de vers libres *Illuminations.* Il meurt à l'hôpital de Marseille au moment où sa poésie commence à être reconnue comme l'aboutissement des recherches romantiques et baudelairiennes. Nourrie de révolte, auréolée de légende, revendiquée par le surréalisme, l'œuvre de Rimbaud a profondément influencé la poésie moderne.

RIMINI, v. d'Italie (Émilie), sur l'Adriatique; 120 000 h. Station balnéaire. Évêché. Cathédrale, dite « tempio Malatestiano », des XIIIe et XVe s.

RIMOUSKI, v. du Canada (Québec), sur le Saint-Laurent; 27 897 h. Archevêché. Université.

RIMSKI-KORSAKOV (Nikolaï Andreïevitch), compositeur russe, né à Tikhvine (1844-1908), auteur d'opéras (*le Coq d'or,* 1906-1907), de poèmes symphoniques colorés (*Schéhérazade,* 1888), d'un *Traité d'harmonie pratique* et d'*Éléments d'orchestration.*

RINGUET (Philippe PANNETON, dit), écrivain canadien d'expression française, né à Trois-Rivières (1895-1960), auteur de contes et de romans réalistes qui évoquent la vie des paysans (*30 Arpents*).

Arthur **Rimbaud** (à droite) et Verlaine
détail d'une peinture de H. Fantin-Latour

Lauros-Giraudon

Rainer Maria **Rilke**
par E. Orlik

Doc. Alpenland, Vienne

Rimski-Korsakov
par V. A. Serov

B. S. I.

RINTALA (Paavo), écrivain finlandais, né à Vyborg en 1930, auteur de romans sociaux (*les Serviteurs à cheval*) et de « romans-documents » où la reconstitution épique d'un événement s'unit aux procédés de l'enquête journalistique ou scientifique (*les Voix des soldats*).

RIO DE JANEIRO, anc. cap. du Brésil, cap. de l'*État de Rio de Janeiro* (44 268 km2; 8 999 000 h.);

V. ill. frontispice

4 261 000 h. (*Cariocas*). Archevêché. Université. Musées. Ce grand port, établi sur la baie de Guanabara, est dominé par des pitons abrupts. Centre commercial et industriel. Célèbre carnaval.

RÍO DE LA PLATA, grand estuaire de l'Amérique du Sud, sur l'Atlantique, formé par les fleuves Paraná et Uruguay et séparant l'Argentine et l'Uruguay. Sur ses rives sont établis Buenos Aires et Montevideo.

RIO DE ORO, anc. protectorat espagnol du Sahara, sur l'Atlantique, qui est auj. la partie sud du Sahara* occidental.

RIO GRANDE DO NORTE, État du nord-est du Brésil; 53 015 km2; 1 550 244 h. Cap. *Natal.*

RIO GRANDE DO SUL, État du Brésil méridional; 282 184 km2; 6 670 000 h. Cap. *Pôrto Alegre.*

RIOM (63200), anc. cap. des ducs d'Auvergne, ch.-l. d'arr. du Puy-de-Dôme; 17 962 h. (*Riomois*). Cour d'appel. Vieux hôtels. Églises gothiques. Tabac. En 1942 s'y déroula le procès des personnalités (L. Blum, E. Daladier, le général Gamelin...) accusées d'être responsables de la défaite de 1940; il fut rapidement interrompu. — À Mozac, à l'ouest de la ville, remarquable église, anc. abbatiale romane (XIIe s.).

RIOM-ÈS-MONTAGNES (15400), ch.-l. de c. du Cantal; 3 920 h. Anc. abbatiale cistercienne.

RÍO MUNI → MBINI.

RION (le), anc. *Phase,* fl. de Géorgie, affluent de la mer Noire; 314 km. Son bassin inférieur constitue l'anc. Colchide*.

RIOPELLE (Jean-Paul), peintre canadien, né à Montréal en 1923, représentant de l'art nonfiguratif lyrique ou paysagiste.

RIORGES (42300 Roanne), comm. de la Loire, faubourg de Roanne; 9366 h.

RÍO TINTO → MINAS DE RÍOTINTO.

RIOURIK (m. en 879), chef des Varègues et fondateur de la principauté de Novgorod.

RIOURIKIDES, dynastie issue de Riourik, qui régna sur la Russie de 862 à 1598.

RIOZ [rjoz] (70190), ch.-l. de c. de la Haute-Saône; 854 h.

Diego **Rivera** : décoration murale du Palais national à Mexico (apr. 1921)

Hede

RIPERT (Georges), juriste français, né à La Ciotat (1880-1958). On lui doit d'importantes contributions au droit privé, notamment en droit civil, en collaboration avec Planiol.

RIQUET (Pierre Paul DE), ingénieur français, né à Béziers (1604-1680), constructeur du canal du Midi (1666-1681).

Riquet à la houppe, conte en prose, de Perrault. Le prince Riquet, intelligent mais laid, épouse une princesse belle, mais bête, en échangeant avec elle, grâce aux fées, de l'esprit contre de la beauté.

RIQUEWIHR (68340), comm. du Haut-Rhin; 1 195 h. Maisons anciennes. Vins blancs.

RISCLE (32400), ch.-l. de c. du Gers; 1 859 h.

RISLE [ril] ou **RILLE** (la), riv. de Normandie, affl. de la Seine (r. g.); 140 km.

RIS-ORANGIS (91130), ch.-l. de c. de l'Essonne; 27 505 h. Maison de retraite des artistes lyriques.

Risorgimento, mot ital. signif. *Renaissance,* appliqué au mouvement idéologique et politique qui a permis l'unification et la démocratisation de l'Italie au XIXe s.

RIST (Charles), économiste français, né à Lausanne (1874-1955), auteur d'ouvrages sur l'histoire des doctrines économiques et sur les problèmes monétaires.

RISTIĆ (Jovan), homme politique serbe, né à Kragujevać (1831-1899). À la tête du gouvernement presque sans discontinuer de 1869 à 1889, il obtint l'indépendance de la Serbie (1878).

rites (querelle des), grand débat missionnaire qui, aux XVIIe et XVIIIe s., opposa aux dominicains et aux pouvoirs ecclésiastiques — finalement triomphants (1742) — les jésuites français et italiens de Chine, convaincus qu'il fallait respecter certains usages traditionnels de la Chine, qui, selon eux, pouvaient coexister avec le christianisme.

RITSOS (Ghiánnis), poète grec, né à Monemvassía en 1909. Il réinterprète les mythes antiques, à la lumière des luttes sociales et politiques modernes (*Épitaphe,* 1936; *Ismène,* 1972).

RITTER (Carl), géographe allemand, né à Quedlinburg (1779-1859). Il a étudié les rapports entre les phénomènes physiques et humains.

RIVA-BELLA, plage d'Ouistreham* (Calvados).

RIVAROL (Antoine RIVAROL, dit **le Comte de**), écrivain et journaliste français, né à Bagnols (Gard) [1753-1801], auteur d'un *Discours sur l'universalité de la langue française* (1784).

RIVAS (Ángel DE SAAVEDRA, *duc DE*), homme politique et écrivain espagnol, né à Cordoue (1791-1865), auteur du drame romantique *Don Alvaro ou la Force du destin* (1835).

RIVE-DE-GIER [-ʒje] (42800), ch.-l. de c. de la Loire; 17 797 h. (*Ripagériens*). Métallurgie.

RIVERA (Diego), peintre mexicain, né à Guanajuato (1886-1957). Il est l'auteur de compositions murales à tendance sociale, de style à la fois moderne et primitiviste.

Alain **Robbe-Grillet**

M. de **Robespierre**
par Moreau le Jeune

Hubert **Robert**
Ruines d'un temple antique (sanguine)

RIVERS (William Halse), anthropologue britannique, né à Luton (Kent) [1864-1922]. Favorable aux thèses évolutionnistes, puis diffusionnistes, il souligna l'importance de la dimension psychologique des faits sociaux.

RIVERVIEW, v. du Canada (Nouveau-Brunswick); 14 177 h.

RIVES (38140), ch.-l. de c. de l'Isère; 5 007 h. Papeterie. Constructions mécaniques.

RIVESALTES (66600), ch.-l. de c. des Pyrénées-Orientales; 6 754 h. Vins liquoreux.

RIVET (Paul), ethnologue français, né à Wassigny (1876-1958). Auteur de travaux sur les Amérindiens, il a créé le musée de l'Homme (1937).

RIVET (Pierre Louis), général français, né à Montalieu (Isère) [1883-1958], chef des services français de renseignements de 1936 à 1944.

RIVIER (Jean), compositeur français, né à Villemomble en 1896, auteur de sept symphonies, de concertos, de pièces religieuses (*Christus Rex, Dolor*) et de mélodies.

RIVIERA (la), nom donné au littoral italien du golfe de Gênes, de la frontière française à La Spezia. On distingue la *Riviera di Ponente*, à l'ouest de Gênes, et la *Riviera di Levante*, à l'est. (Le nom de Riviera est parfois étendu à la Côte d'Azur française, surtout entre Nice et la frontière italienne.)

RIVIÈRE (Henri), marin français, né à Paris (1827-1883). Il prit la citadelle de Hanoi (1882), mais fut tué en voulant dégager la ville.

RIVIÈRE (Jacques), écrivain français, né à Bordeaux (1886-1925), directeur de *la Nouvelle Revue française* de 1919 à 1925.

RIVIÈRE-DU-LOUP, v. du Canada (Québec), sur le Saint-Laurent; 13 103 h.

RIVIÈRE-PILOTE (97211), ch.-l. de c. du sud de la Martinique; 11 064 h.

RIVIÈRE-SALÉE (97215), ch.-l. de c. de la Martinique; 7 020 h.

RIVIÈRES-DU-SUD, anc. nom des régions littorales de la Guinée.

RIVOLI, localité d'Italie (Vénétie), sur l'Adige. Victoire de Bonaparte sur les Autrichiens (1797).

RIXENSART, comm. de Belgique (Brabant); 18 800 h.

RIXHEIM (68170), comm. du Haut-Rhin; 8 575 h.

RIYĀD ou **RIAD,** cap., depuis 1932, de l'Arabie Saoudite; 667 000 h.

RIZAL Y ALONSE (José), patriote philippin, né à Calamba (1861-1896). Il fut exécuté par les Espagnols, et son nom devint le cri de ralliement des patriotes philippins.

ROANNE (42300), ch.-l. d'arr. de la Loire, sur la Loire, dans la *plaine du Roannais* (entre les monts de la Madeleine et du Beaujolais); 56 948 h. (*Roannais*). Musée. Textile. Papeterie.

ROBBE-GRILLET (Alain), écrivain français, né à Brest en 1922. Théoricien (*Pour un nouveau roman*) et chef de file du « nouveau roman », il est l'auteur de récits d'où est bannie la psychologie traditionnelle et qui opposent l'homme à une réalité impénétrable (*les Gommes*, 1953; *la Jalousie*, 1957; *Dans le labyrinthe*, 1959; *Topologie d'une cité fantôme*, 1976). On lui doit le scénario du film d'A. Resnais *l'Année dernière à Marienbad*.

ROBBINS (Jerome), danseur et chorégraphe américain, né à New York en 1918. Il a suscité dans le ballet américain l'alliance des styles classique et moderne (*la Cage*, 1951; *Afternoon of a Faun*, 1953; *West Side Story*, 1957), tout en s'affirmant un maître dans la composition académique (*Dances at a Gathering*, 1969; *In the Night*, 1970; *The Goldberg Variations*, 1971; *Piano concerto en «sol»*, 1975...).

ROBERT (Le) [97231], ch.-l. de c. de la Martinique, sur la côte est; 14 574 h.

ROBERT (saint) [m. en 1067], moine clunisien qui fonda le monastère de La Chaise-Dieu.

ROBERT BELLARMIN (saint), théologien, docteur de l'Église et cardinal italien, né à Montepulciano (1542-1621). Jésuite, archevêque de Capoue (1602), il fut un des théologiens les plus marquants de la Contre-Réforme.

ROBERT le Fort (m. en 866), comte d'Anjou et de Blois, marquis de Neustrie. Il résista aux Bretons, puis aux Normands. On le considère comme l'ancêtre des Capétiens.

ROBERT Iᵉʳ (v. 865-923), roi de France (922-923), second fils de Robert le Fort. Élu par les grands à Reims contre Charles III le Simple, il fut tué à la bataille de Soissons. — ROBERT II le *Pieux*, né à Orléans (v. 970-1031), roi de France (996-1031), fils et successeur d'Hugues Capet. Malgré sa piété, il fut excommunié pour avoir répudié son épouse Rosala et épousé sa cousine Berthe de Bourgogne, dont il dut se séparer. Sa troisième femme, Constance, fille de Guillaume II, comte de Provence, jeta le trouble dans la famille royale. Robert lutta contre l'anarchie féodale et annexa au domaine royal le duché de Bourgogne, les comtés de Dreux et de Melun.

ROBERT II Courteheuse (v. 1054-1134), duc de Normandie (1087-1106). Il participa à la première croisade et refusa la couronne de Jérusalem.

ROBERT le Sage (1278-1343), duc d'Anjou et roi de Naples (1309-1343). Chef du parti guelfe, vicaire impérial en Italie (1314), il fut jusqu'en 1324 maître de l'Italie. C'était un juriste averti.

ROBERT Iᵉʳ le Vaillant (1216-1250), comte d'Artois (1237-1250), frère de Saint Louis. Il fut tué à Mansourah. — ROBERT III (1287-1342), comte d'Artois (1302-1309). Sa tante Mathilde prit le comté en 1309 et le fit débouter de ses droits.

ROBERT Iᵉʳ BRUCE, né à Turnberry (1274-1329), roi d'Écosse (1306-1329). En 1314, il anéantit l'armée anglaise à Bannockburn.

ROBERT DE COURTENAY (m. en 1228), empereur latin d'Orient, de la maison capétienne, de 1221 à 1228.

ROBERT GUISCARD (v. 1015-1085), comte, puis duc des Pouilles, de Calabre et de Sicile (1057-1085), un des aventuriers qui fondèrent les États normands d'Italie du Sud et de Sicile.

ROBERT (Hubert), peintre français, né à Paris (1733-1808). Précurseur du romantisme, il est notamment l'auteur de paysages agrémentés de ruines antiques.

ROBERT (Léopold), peintre suisse, né aux Éplatures, près de La Chaux-de-Fonds (1794-1835), élève de David.

ROBERT (Paul Charles Jules), lexicographe et éditeur français, né à Orléansville (auj. Ech-Cheliff), Algérie (1910-1980). Il est l'auteur, notamment, du *Dictionnaire alphabétique et analogique de la langue française* (1950-1964) et du *Petit Robert* (1967).

ROBERT d'Arbrissel, moine français, né à Arbrissel (v. 1047-1117). Il fonda l'ordre de Fontevrault, qui disparut à la Révolution.

ROBERT de Courçon, théologien et cardinal français, né à Kedleston (v. 1160-1219). Promoteur des statuts de l'université de Paris, il prit une part importante en 1214 à la croisade contre les albigeois.

ROBERT-HOUDIN (Jean Eugène), prestidigitateur français, né à Blois (1805-1871).

ROBERTI (Ercole DE'), peintre italien, né à Ferrare (v. 1450-1496), élève, subtil et original, de F. del Cossa.

ROBERTS (Frederick SLEIGH, *lord*), maréchal britannique, né à Cawnpore (1832-1914). Il se distingua en Afghānistān (1880) et commanda, en 1899, les forces engagées contre les Boers.

ROBERTSON (*sir* William Robert), maréchal britannique, né à Welbourn (1860-1933), chef de l'état-major impérial britannique de 1916 à 1918.

ROBERVAL (Gilles PERSONNE ou PERSONNIER DE), mathématicien et physicien français, né à Roberval (1602-1675). Il donna la règle de composition des forces et imagina une balance à deux fléaux et plateaux libres (1670).

ROBESPIERRE (Maximilien DE), homme politique français, né à Arras (1758-1794). Avocat (1781), il est élu au tiers état en Artois (1789). À l'Assemblée constituante, il est l'un des rares députés démocrates. Au club des Jacobins, il impose son idéal politique, inspiré de J.-J. Rousseau; adversaire des aristocrates, il l'est aussi de la guerre, attitude qui, dès 1792, l'oppose aux Girondins. Député de Paris à la Convention, il s'appuie sur la Commune de Paris, siège à la Montagne et contribue à éliminer les Girondins (mai-juin 1793). Entré au Comité de salut public (27 juill.), il se révèle véritable homme d'État; la gravité des dangers qui menacent la Révolution et la patrie l'amène à promouvoir un pouvoir centralisateur, fondé sur la vertu et la terreur. En mars 1794, il obtient de la Convention l'élimination des enragés, ou hébertistes, en avril celle des modérés, ou dantonistes. Robespierre devient alors, en fait, le maître d'une France qui connaît la Grande Terreur et à qui il veut imposer le culte de l'Être suprême. Aussi, le 9 thermidor an II (27 juill.), une coalition de modérés et de corrompus a raison de Robespierre et de ses amis, qui, le 10 thermidor, sont guillotinés.

ROBESPIERRE (Augustin DE), frère du précédent, né à Arras (1763-1794). Conventionnel (1793), il mourut sur l'échafaud avec son frère.

Robin Hood, héros légendaire du Moyen Âge anglais, qui symbolise la résistance des Saxons aux envahisseurs normands. (*Robin des Bois*, pour les Français.)

ROBINSON (*sir* Robert), chimiste anglais, né à Chesterfield (Derbyshire) [1886-1975]. Prix Nobel (1947) pour sa synthèse de la pénicilline.

ROBINSON (Walker SMITH, dit **Ray Sugar**), boxeur américain, né à Detroit en 1920.

Robinson Crusoé (*la Vie et les étranges aventures de*), roman de Daniel Defoe (1719). Ce récit s'inspire des aventures d'un marin écossais, Alexander Selkirk, abandonné pendant cinq ans sur Más a Tierra, une des îles Juan Fernández. Robinson, seul survivant d'un naufrage, parvient à vivre pendant vingt-huit ans dans une île déserte et à se créer un bonheur relatif; il est ensuite aidé par le Noir *Vendredi* et peut enfin revenir dans sa patrie.

Robinson suisse (le), de Johann David Wyss (1812), adaptation, à l'usage de l'enfance, du thème du roman de Defoe.

ROBOAM Iᵉʳ (931-913 av. J.-C.), fils et successeur de Salomon. Son manque de sens politique provoqua la sécession des tribus du Nord et la division du pays en deux royaumes : le royaume d'Israël et le royaume de Juda.

ROB ROY (Robert MacGregor, dit), montagnard écossais, né à Buchanan (Stirlingshire) [1671-1734], célèbre par ses brigandages.

ROCAMADOUR (46500 Gramat), comm. du Lot; 708 h. Site pittoresque; célèbre pèlerinage à la Vierge. Château et restes de fortifications, église romane, chapelles.

Rocambole, personnage aux aventures extraordinaires, héros d'une trentaine de romans de Ponson du Terrail.

ROCH [rɔk] (saint), né à Montpellier (v. 1300-v. 1327). On l'invoque contre la peste et les maladies contagieuses.

ROCHAMBEAU (Jean-Baptiste DE VIMEUR, comte DE), officier français, né à Vendôme (1725-1807). Commandant des troupes envoyées au secours des Américains, il contribua à la victoire de Yorktown (1781). Maréchal de France (1791), il dut abandonner le commandement de l'armée du Nord en 1792.

ROCHDALE, v. de Grande-Bretagne (Lancashire); 86000 h. Berceau du mouvement coopératif.

ROCHE-BERNARD (La) [56130], ch.-l. de c. du Morbihan, sur la Vilaine; 1038 h.

ROCHE-CANILLAC (La) [19320 Marcillac la Croisille], ch.-l. de c. de la Corrèze; 214 h. Château du XVᵉ s., restauré.

ROCHECHOUART (87600), ch.-l. d'arr. de la Haute-Vienne; 4200 h. (Rochechouartais). Château surtout du XVᵉ s. Travail du cuir.

ROCHE-DERRIEN (La) [22450], ch.-l. de c. des Côtes-du-Nord; 982 h. Église des XIIIᵉ-XIVᵉ s.

ROCHEFORT (17300), ch.-l. d'arr. de la Charente-Maritime, sur la Charente; 32884 h. (Rochefortais). Anc. base navale, devenue port de commerce. Constructions aéronautiques. La base navale, créée en 1666 par Colbert et fortifiée par Vauban, demeura importante jusqu'à la fin de la marine à voile.

ROCHEFORT, comm. de Belgique (prov. de Namur); 10700 h.

ROCHEFORT (Henri, marquis DE ROCHEFORT-LUÇAY, dit **Henri**), journaliste et homme politique français, né à Paris (1831-1913), fondateur de la Lanterne (1868), violent pamphlet hebdomadaire dirigé contre l'Empire. Député, un moment membre du gouvernement de la Défense nationale (1870), il approuva l'action de la Commune, ce qui lui valut d'être déporté en Nouvelle-Calédonie (1873-1880). Rallié au général Boulanger (1889), il se jeta dans l'action nationaliste.

ROCHEFORT-EN-TERRE (56220 Malansac), ch.-l. de c. du Morbihan; 599 h. Église gothique et vieilles maisons en granite.

ROCHEFORT-MONTAGNE (63210), ch.-l. de c. du Puy-de-Dôme; 1308 h.

ROCHEFORT - SUR - NENON (39700 Orchamps), ch.-l. de c. du Jura; 286 h. Cimenterie.

ROCHEFOUCAULD (La) [16110], ch.-l. de c. de la Charente; 3783 h. (Rupificaldiens). Château des XIIᵉ-XIVᵉ, XVIᵉ et XVIIIᵉ s.

ROCHE-GUYON (La) [95780], comm. du Val-d'Oise, sur la Seine; 603 h. Château des XIIIᵉ-XVIIIᵉ s.

ROCHE-LA-MOLIÈRE (42230), comm. de la Loire; 9937 h. Constructions mécaniques.

ROCHELLE (La) [17000], anc. cap. de l'Aunis, ch.-l. de la Charente-Maritime, sur l'Atlantique, à 466 km au sud-ouest de Paris; 77494 h. (Rochelais) [plus de 100000 dans l'agglomération]. Évêché. Tours du vieux port, des XIVᵉ et XVᵉ s. Hôtel de ville Renaissance. Cathédrale et divers hôtels du XVIIIᵉ s. Musées. Port de pêche. Constructions mécaniques. Siège du service des pensions des armées. Grâce à son port, La Rochelle prit de l'importance durant la guerre de Cent Ans puis avec la découverte de l'Amérique. À partir de 1534, les idées de Calvin se répandirent dans l'Aunis, et La Rochelle fut vite gagnée à la Réforme. En 1573, le duc d'Anjou (Henri III) ne put forcer ses remparts, mais, en 1627-28, le cardinal de Richelieu triompha de l'opiniâtre résistance du maire Guiton.

ROCHEMAURE (07400 Le Teil d'Ardèche),

ch.-l. de c. de l'Ardèche; 1068 h. Ruines d'un château médiéval.

ROCHE-POSAY (La) [86270], comm. de la Vienne; 1402 h. Station thermale (maladies de peau). Remparts, donjon et église du Moyen Âge.

ROCHESERVIÈRE (85620), ch.-l. de c. de la Vendée; 1950 h.

ROCHESTER, v. des États-Unis (État de New York); 296000 h. Musée de la photographie. Produits et appareils photographiques.

ROCHESTER, v. de Grande-Bretagne (Kent); 50000 h. Cathédrale des XIIᵉ-XIVᵉ s. Château fort.

ROCHE-SUR-FORON (La) [74800], ch.-l. de c. de la Haute-Savoie; 6818 h.

ROCHE-SUR-YON (La) [85000], ch.-l. du dép. de la Vendée, à 419 km au sud-ouest de Paris; 48053 h. (Yonnais). Cette ville, créée par Napoléon Iᵉʳ, a porté le nom de Napoléon-Vendée sous les deux Empires, et celui de Bourbon-Vendée sous le gouvernement de la Restauration. Constructions électriques.

ROCHET (Waldeck), homme politique français, né à Sainte-Croix (Saône-et-Loire), en 1905, secrétaire général du parti communiste français de 1964 à 1972.

ROCHETTE (La) [73110], ch.-l. de c. de la Savoie; 3178 h.

ROCHEUSES (montagnes), massif montagneux de l'ouest de l'Amérique du Nord. On étend parfois cette appellation à l'ensemble des hautes terres qui vont de la frontière du Mexique à l'Alaska, mais, en fait, elle s'applique seulement à la partie orientale, dominant les Grandes Plaines.

ROCKEFELLER (John Davison), industriel américain, né à Richford (1839-1937). L'un des premiers à avoir pressenti l'avenir du pétrole, il fonda la Standard Oil (1882), et acquit l'une des plus grosses fortunes du monde, dont il distribua une partie à plusieurs institutions.

ROCKFORD, v. des États-Unis (Illinois); 147000 h.

ROCQUENCOURT (78150 Le Chesnay), comm. des Yvelines; 2034 h. Siège du quartier général du Shape de 1951 à 1967.

ROCROI (08230), ch.-l. de c. des Ardennes; 2911 h. Fortifications terminées par Vauban. En 1643, Condé y écrasa l'infanterie espagnole.

ROD (Édouard), écrivain suisse, né à Nyon (1857-1910). Il évolua de l'observation naturaliste à l'analyse psychologique (L'ombre s'étend sur la montagne).

RODANGE, v. du Luxembourg, à la frontière française; 4000 h. Sidérurgie.

RODE (Pierre), violoniste et compositeur français, né à Bordeaux (1774-1830).

RODENBACH (Georges), écrivain belge d'expression française, né à Tournai (1855-1898), auteur de recueils symbolistes (les Vies encloses) et de romans (Bruges-la-Morte, 1892).

RODEZ [-dɛz] (12000), ch.-l. de l'Aveyron, sur l'Aveyron, à 615 km au sud de Paris; 28165 h. (Ruthénois). Anc. cap. du Rouergue. Cathédrale des XIIIᵉ-XVIᵉ s. Musées Fenaille (archéologie) et des Beaux-Arts.

Auguste **Rodin**
le Penseur
(bronze)

la ville et le vieux port de La **Rochelle**

RODIN (Auguste), sculpteur français, né à Paris (1840-1917). Il est l'auteur, réaliste et puissant, de célèbres figures ou monuments, représentatifs d'une science impeccable et d'une inspiration fiévreusement expressive, qui l'ont fait souvent comparer à Michel-Ange. On le considère comme un des maîtres de la sculpture de tous les temps (le Baiser, marbre; les Bourgeois de Calais, bronze; le Penseur, une des figures de la Porte de l'Enfer...).

RODÓ (José Enrique), essayiste et philosophe uruguayen, né à Montevideo (1872-1917). Il évolua du positivisme au bergsonisme.

RODOGUNE, princesse parthe (IIᵉ s. av. J.-C.). Elle épousa Démétrios II de Syrie, mais, après la mort de ce dernier, elle dut retourner dans son pays.

Rodogune, tragédie de Corneille (1644-45).

RODOLPHE (lac) → TURKANA.

RODOLPHE, nom porté par trois rois de Bourgogne (Xᵉ-XIᵉ s.).

RODOLPHE Iᵉʳ DE HABSBOURG, né à Limburg an der Lahn (1218-1291), roi des Romains (1273-1291). Fondateur de la maison d'Autriche, il étendit son domaine (Autriche, Styrie, Carniole) au détriment d'Otakar II de Bohême. — RODOLPHE II, né à Vienne (1552-1612), empereur germanique (1576-1612), roi de Hongrie (1572-1608) et de Bohême (1575-1611), fils de Maximilien II. Il favorisa la Contre-Réforme. Il fut peu à peu dépouillé par son frère Mathias, qui ne lui laissa que le titre impérial.

RODOLPHE DE HABSBOURG, archiduc d'Autriche, né à Laxenburg (1858-1889), fils unique de l'empereur François-Joseph Iᵉʳ. Il se suicida avec Marie Vetsera dans le pavillon de chasse de Mayerling.

RODRIGUE ou **RODÉRIC,** dernier roi des Wisigoths d'Espagne, tué par les Arabes en 711.

RODTCHENKO (Aleksandr), peintre et photographe russe, né à Saint-Pétersbourg (1891-1956). Constructiviste, il participe à partir de 1920 à l'animation des nouveaux instituts d'art de Moscou. À partir de 1924, il se consacre au design et à la photographie, pour laquelle il crée un style réaliste rehaussé d'inhabituelles perspectives dynamiques.

ROENTGEN, famille d'ébénistes allemands, dont l'un des membres, DAVID, né à Herrenhag, près de Francfort (1743-1807), vint travailler en France pour Marie-Antoinette. On lui doit surtout des meubles à secret, à surprises, ornés de marqueterie.

ROGER Iᵉʳ, né en Normandie (1031-1101), comte de Sicile (1062-1101), fils de Tancrède de Hauteville. Avec son frère Robert Guiscard, il conquit l'Italie et la Sicile. — ROGER II (v. 1095-1154), fils du précédent, fut le premier roi de Sicile (1130-1154).

ROGERS (Carl), psychologue américain, né à Chicago en 1902. On lui doit une méthode psychothérapique fondée sur le non-directivisme.

ROGLIANO (20247), ch.-l. du cant. de Capobianco (Haute-Corse); 530 h. Ruines médiévales et église des XVIᵉ-XVIIIᵉ s.

ROGNAC (13340), comm. des Bouches-du-Rhône, près de l'étang de Berre; 5090 h.

ROHAN (56580), ch.-l. de c. du Morbihan; 1746 h.

ROHAN (Henri, duc DE), général français, né à Blain (1579-1638), gendre de Sully, chef des calvinistes sous Louis XIII. Après la paix d'Alès (1629), il se mit au service de Venise, puis des impériaux.

ROHAN (Édouard, *prince* DE), cardinal français et grand aumônier de France, né à Paris (1734-1803). Évêque de Strasbourg (1779), il fut compromis dans l'affaire du Collier de la reine (1785-86). [Acad. fr.]

Rohan (*hôtel de*), hôtel parisien bâti par Delamair, en 1705-1708, pour le cardinal de Rohan et qui, réuni à l'hôtel de Soubise, est affecté aux Archives nationales.

RÓHEIM (Géza), anthropologue et psychanalyste hongrois, né à Budapest (1891-1953). Il a mis en lumière l'importance, pour toutes les civilisations, du complexe d'Œdipe et des fantasmes prœdipiens (*Origine et fonction de la culture*, 1943; *Psychanalyse et anthropologie*, 1950).

RÖHM (Ernst), officier et homme politique allemand, né à Munich (1887-1934). Créateur en 1921 des Sections d'assaut (S. A.) du parti nazi, il s'opposa à Hitler, qui le fit exécuter.

ROHMER (Maurice SCHERER, dit **Éric**), cinéaste français, né à Nancy en 1920. Il est l'auteur de : *la Collectionneuse*, 1966; *Ma nuit chez Maud*, 1969; *le Genou de Claire*, 1970; *la Marquise d'O*, 1976; *la Femme de l'aviateur*, 1981.

ROHRBACH-LÈS-BITCHE [-bak-] (57410), ch.-l. de c. de la Moselle; 1 808 h.

ROI DE ROME, le fils de Napoléon Ier, duc de Reichstadt.

Roi d'Ys (*le*), opéra en trois actes, paroles d'Édouard Blau, musique de Lalo (1888).

Roi Lear (*le*), drame en cinq actes, de Shakespeare (v. 1605). Une tragédie de l'absurde et du pouvoir (un roi qui a déshérité sa plus jeune fille au profit des deux aînées est payé d'ingratitude) sur un rythme de mélodrame.

roi s'amuse (*Le*), drame historique de V. Hugo (1832), qui a pour héros Triboulet, le bouffon de François Ier. (V. RIGOLETTO.)

roi se meurt (*Le*), pièce d'E. Ionesco (1962) : une tragédie pathétique qui va de la prise de conscience intolérable de la mort à l'acceptation de son rituel.

ROI-GUILLAUME (*terre du*), île de l'archipel arctique canadien.

Rois (*livres des*), nom donné à deux livres bibliques retraçant l'histoire du règne de Salomon et celle des royaumes d'Israël et de Juda. Dans ces récits se côtoient des éléments légendaires, historiques et hagiographiques.

Rois (vallée des), vallon d'Égypte, sur la rive occidentale du Nil, en face de Louqsor. Site choisi comme lieu de sépulture par les souverains du Nouvel Empire. L'important mobilier funéraire a été tiré de ses hypogées, ornés de fresques et de fins reliefs.

ROISEL (80240), ch.-l. de c. de la Somme; 1 895 h.

ROISSY (77680), ch.-l. de c. de Seine-et-Marne; 10 881 h.

ROISSY-EN-FRANCE (95500 Gonesse), comm. du Val-d'Oise, au nord-est de Paris; 1 364 h. Aéroport Charles-de-Gaulle.

ROJAS (Fernando DE), écrivain espagnol, né à Puebla de Montalbán (v. 1465 - v. 1541), auteur présumé de la tragi-comédie *la Célestine*.

ROJAS Y ZORRILLA (Francisco DE), poète dramatique espagnol, né à Tolède (1607-1648). Ses drames (*Hormis le roi, personne*, ou *Garcia del Castañar*) et ses comédies influencèrent le théâtre français du XVIIe s.

ROKOSSOVSKI (Konstantine), maréchal soviétique, né à Varsovie (1896-1968). Commandant de groupe d'armées de 1943 à 1945, il fut ministre de la Défense de Pologne de 1949 à 1956, puis vice-ministre de la Défense d'U. R. S. S. (1958-1962).

ROLAND, l'un des douze « pairs » légendaires de Charlemagne, immortalisé par la *Chanson* de Roland* et les poèmes épiques de Boiardo et de l'Arioste : c'est le modèle du chevalier chrétien.

Roland amoureux, poème inachevé de Boiardo (1495), qui s'inspire à la fois de l'épopée carolingienne et des romans bretons.

Roland furieux, poème héroï-comique de l'Arioste (publié en 1516 puis sous sa forme définitive en 1532), qui prolonge le poème de Boiardo; une des œuvres les plus représentatives de la Renaissance italienne.

ROLAND DE LA PLATIÈRE (Jean-Marie), homme politique français, né à Thizy (Beaujolais) [1734-1793]. Ministre de l'Intérieur (1792-93) et ami des Girondins, il se donna la mort en apprenant l'exécution de sa femme.

ROLAND DE LA PLATIÈRE (Manon PHILIPON, plus tard Mme), femme du précédent, née à Paris (1754-1793). Elle assura la carrière de son mari et tint à Paris un salon dont l'influence politique fut considérable et que fréquentaient surtout les Girondins. Elle périt sur l'échafaud.

Roland-Garros, stade (tennis) de Paris, au sud du bois de Boulogne.

ROLLAND (Romain), écrivain français, né à Clamecy (1866-1944). Son culte des héros et des êtres d'exception (*Beethoven, Tolstoï*), sa sympathie pour tous les hommes animent ses drames historiques (*Danton*) et philosophiques, dont les thèmes se retrouvent amplifiés dans *Jean-Christophe* (1904-1912) et dans *l'Âme enchantée* (1922-1934). Il fonda la revue *Europe*. (Prix Nobel, 1915.)

ROLLE (Michel), mathématicien français, né à Ambert (1652-1719). Sa *méthode des cascades* est utilisée pour la séparation des racines des équations algébriques.

ROLLIN (Charles), pédagogue et écrivain français, né à Paris (1661-1741), auteur d'un *Traité des études* (1726-1728).

ROLLON, chef normand (m. v. 932). Il se fit céder par Charles III le Simple une partie de la Neustrie, déjà occupée par les Normands et qui prit le nom de *Normandie* (traité de Saint-Clair-sur-Epte, 911).

ROMAGNAT (63540), comm. du Puy-de-Dôme; 6 391 h.

ROMAGNE, anc. prov. d'Italie, sur l'Adriatique, qui forme auj., avec l'Émilie, la région d'*Émilie*-Romagne*. Donnée à la papauté par Pépin le Bref (754), elle fut annexée en 1860 au royaume de Sardaigne.

ROMAIN, né à Gallese (début du IXe s. - 897), pape en 897. Il régna trois mois.

ROMAIN Ier LÉCAPÈNE (m. en 944), empereur byzantin (920-944). — ROMAIN II (939-963), empereur byzantin (959-963). Il laissa gouverner sa femme, Théophano. — ROMAIN III *Argyre* (v. 970-1034), empereur byzantin (1028-1034). — ROMAIN IV *Diogène* (m. en 1072), empereur byzantin (1068-1071).

ROMAIN (Giulio PIPPI, dit **Giulio Romano**, en fr. **Jules**), peintre et architecte italien, né à Rome (1499-1546). Élève de Raphaël, maniériste au style virtuose et énergique, il a notamment construit et décoré le palais du Te, à Mantoue.

romaine (Question), ensemble des problèmes posés, au XIXe s., par la présence des États pontificaux, ou États de l'Église, dans une Italie en voie d'unification.

romaine (*Ire République*), république fondée à Rome par le Directoire, le 15 février 1798, à la place des États de l'Église, et qui disparut dès le 29 septembre 1799.

romaine (*IIe République*), régime républicain instauré dans les États de l'Église le 9 février 1849 et qui disparut dès le 4 juillet à la suite de l'intervention d'un corps militaire français.

ROMAINS (Jules), écrivain français, né à Saint-Julien-Chapteuil (1885-1972). Principal représentant de l'unanimisme, il est l'auteur de poèmes, d'essais, de pièces de théâtre (*Knock*, 1923) et du roman cyclique *les Hommes de bonne volonté* (1932-1947). [Acad. fr.]

ROMAINVILLE (93230), ch.-l. de c. de la Seine-Saint-Denis; 26 319 h. Produits pharmaceutiques.

Roman d'Alexandre le Grand, histoire romancée d'Alexandre le Grand (fin du Ve s.- début du XIIIe s.), écrite en vers de 12 syllabes (d'où le nom d'*alexandrins*).

Roman bourgeois (*le*), de Furetière (1666), satire de la petite bourgeoisie et des gens de loi.

Roman comique (*le*), de Scarron (1651-1657), récit des aventures d'une troupe de comédiens ambulants.

Roman de Renart, suite de récits, ou « branches », en vers (XIIe et XIIIe s.), dont le personnage central est le goupil Renart : ils évoluent de la parodie du roman de chevalerie à la satire sociale et politique.

Roman de la Rose, poème allégorique et didactique, en deux parties : la première, qui a pour auteur Guillaume de Lorris (v. 1236), est un art d'aimer selon les règles de la société courtoise; la seconde, satirique et encyclopédique, est due à Jean de Meung (1275-1280).

Romancero, nom donné aux nombreux recueils espagnols de poèmes (*romances*) populaires, datant de la période préclassique, et où sont contenues les plus anciennes légendes nationales.

Romancero gitan, recueil poétique de F. García Lorca (1928), inspiré du folklore d'Andalousie et des mélodies populaires.

ROMANCHE (la), riv. des Alpes françaises du Nord, affl. du Drac (r. dr.); 78 km. La vallée est jalonnée de centrales hydroélectriques, alimentant des usines d'électrométallurgie et d'électrochimie.

ROMANCHES, population de la Suisse (Grisons), parlant le *romanche*, langue dérivée du latin.

ROMANÈCHE-THORINS (71570 La Chapelle-de Guinchay), comm. de Saône-et-Loire; 1 801 h. Vins réputés.

ROMANOS le Mélode, un des grands poètes de l'Église byzantine (v. 490 - v. 560). Ses hymnes ont fait de lui un classique de la poésie liturgique.

ROMANOV, famille qui régna sur la Russie de 1613 à 1917. Elle doit son nom à ROMAN (m. en 1543), beau-père d'Ivan le Terrible. Le premier tsar de la famille fut Michel III (1613-1645), le dernier Nicolas II (1894-1917).

ROMANS-SUR-ISÈRE [-mã] (26100), ch.-l. de c. de la Drôme, sur l'Isère; 34 202 h. (*Romanais*). Église des XIIe-XIIIe s., anc. abbatiale. Industrie de la chaussure.

ROMBAS (57120), ch.-l. de c. de la Moselle, sur l'Orne; 13 303 h. Sidérurgie.

ROME, cap. de l'Italie, sur le Tibre; 2 898 000 h. (*Romains*). Résidence papale et ville remarquable par l'abondance et la magnificence de ses monu-

Romain
Rolland

Rome : la place d'Espagne et l'église de la Trinité-des-Monts

ROME

ments anciens et par ses chefs-d'œuvre artistiques, Rome est un des grands centres mondiaux de pèlerinage et de tourisme. La ville, dont la population a plus que décuplé depuis qu'elle est devenue la capitale de l'Italie (1870), tend aujourd'hui à s'industrialiser. — Siège des jeux Olympiques en 1960.

HISTOIRE

Rome est née de la réunion d'un groupe de villages latins et sabins établis sur quelques-unes de ses collines. Les Étrusques contribuèrent largement (VIIe-VIe s. av. J.-C.) à faire de Rome une cité grâce à l'apport de leur organisation et de leur technique. Rome devint bientôt la capitale d'un empire immense; sous les empereurs, elle compta un million d'habitants. L'apparition des Barbares amena la ville à organiser sa défense (IIIe s.) et à se replier dans l'enceinte fortifiée d'Aurélien. Constantin lui porta un coup fatal en faisant de Constantinople une seconde capitale (330). Privée de la présence impériale, Rome déclina avant d'être mise à sac plusieurs fois au Ve s. par les Barbares. Mais elle allait connaître un prestige nouveau comme centre du christianisme et siège de la papauté et des États de l'Église. Cependant, ce ne fut qu'à partir du XVe s. que les papes renouvelèrent son visage, Rome devenant le rendez-vous des meilleurs artistes de la Renaissance. Au XIXe s., à partir de 1848, se posa la Question romaine; cette dernière, apparemment bloquée par l'entrée des Italiens — qui firent de Rome leur capitale (1870) —, fut réglée par les accords du Latran (1929), qui créèrent l'État indépendant du Vatican.

BEAUX-ARTS

La Rome républicaine laisse peu de vestiges en dehors des temples de Vesta et de la Fortune, au pied du Capitole. La Rome impériale s'épanouit autour des forums, avec les diverses basi-

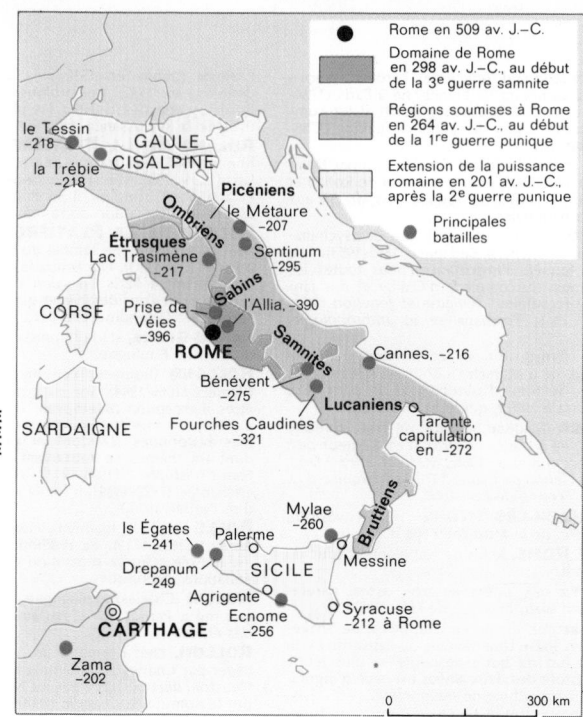

LA CONQUÊTE ROMAINE DE L'ITALIE

- Rome en 509 av. J.-C.
- Domaine de Rome en 298 av. J.-C., au début de la 3e guerre samnite
- Régions soumises à Rome en 264 av. J.-C., au début de la 1re guerre punique
- Extension de la puissance romaine en 201 av. J.-C., après la 2e guerre punique
- Principales batailles

GAULE CISALPINE — le Tessin -218 — la Trébie -218 — Picéniens — le Métaure -207 — Ombriens — Étrusques — Lac Trasimène -217 — Sentinum -295 — Sabins — l'Allia, -390 — CORSE — Prise de Véies -396 — ROME — Samnites — Cannes, -216 — Bénévent -275 — Lucaniens — Fourches Caudines -321 — SARDAIGNE — Tarente, capitulation en -272 — Bruttiens — Mylae -260 — Is Égates -241 — Palerme — Messine — Drepanum -249 — SICILE — Agrigente — Syracuse -212 à Rome — Ecnome -256 — CARTHAGE — Zama -202

0 — 300 km

Le Colisée à Rome, élevé sous le règne des Flaviens à la fin du Ier s. apr. J.-C.

Statue en marbre dite « statue Barberini », représentant un patricien portant deux bustes, portraits d'ancêtres. Ier s. av. J.-C. (Musée du Capitole, Rome.)

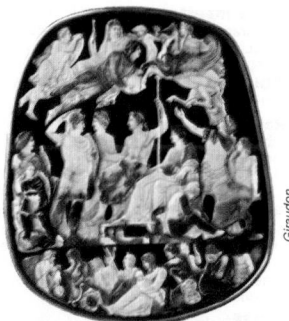

Grand « camée de France ». Au centre, scène à la cour impériale (assis, Tibère et Livie?). [Bibliothèque nationale, Paris.]

Jeux du cirque. Mosaïque provenant d'une villa romaine de Dar Buc Ammera, près de Zliten, Libye. Environ IIe s. apr. J.-C. (Musée de Tripoli, Libye.)

L'ART SOUS L'EMPIRE ROMAIN

Servante habillant une jeune fille. Peinture murale provenant d'Herculanum. (Musée national, Naples.)

L'empereur Domitien partant en guerre. Relief du palais de la Chancellerie apostolique à Rome. Fin du Ier s. apr. J.-C. (Musée du Vatican.)

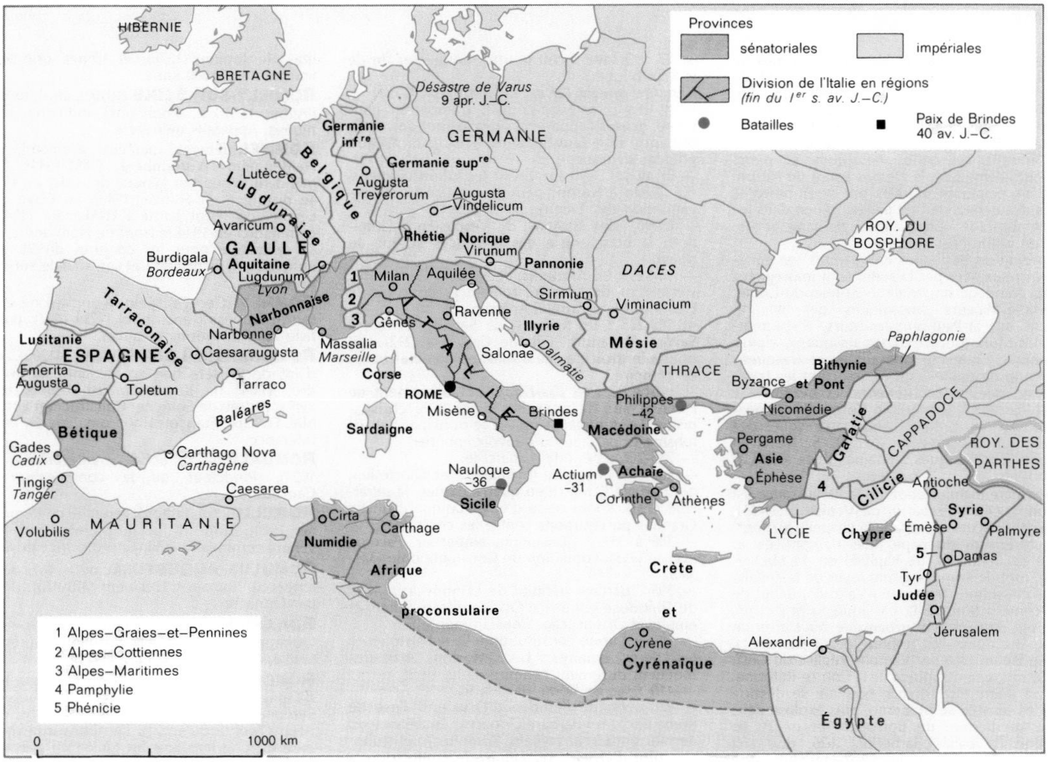

Map 1: L'EMPIRE AU TEMPS D'AUGUSTE

Legend:
Provinces
- sénatoriales
- impériales
- Division de l'Italie en régions (fin du Ier s. av. J.–C.)
- ● Batailles
- ■ Paix de Brindes 40 av. J.–C.

HIBERNIE
BRETAGNE
Désastre de Varus 9 apr. J.–C.
GERMANIE
Germanie infre
GERMANIE
Germanie supre
ROY. DU BOSPHORE
Lutèce
Augusta Treverorum
Augusta Vindelicum
Belgique
Lugdunaise
Avaricum
Rhétie
Norique
Virunum
Pannonie
DACES
Paphlagonie
GAULE
Aquitaine
Lugdunum Lyon
Burdigala Bordeaux
1 Milan
Aquilée
Sirmium
Viminacium
Tarraconaise
Narbonnaise
2
3 Gênes
Ravenne
Illyrie
Mésie
Bithynie et Pont
Narbonne
Massalia Marseille
Salonae
Dalmatie
THRACE
Byzance
Nicomédie
CAPPADOCE
ESPAGNE
Lusitanie
Emerita Augusta
Toletum
Tarraco
Corse
ITALIE
ROME
Misène
Brindes
Philippes –42
Macédoine
Pergame
Asie
Éphèse
Galatie
4
Cilicie
Antioche
ROY. DES PARTHES
Syrie
Émèse
Palmyre
Gades Cadix
Bétique
Carthago Nova Carthagène
Caesarea
Sardaigne
Nauloque –36
Sicile
Actium –31
Achaïe
Corinthe
Athènes
LYCIE
Chypre
5
Damas
Tingis Tanger
Volubilis
MAURITANIE
Cirta
Carthage
Numidie
Afrique proconsulaire
Crète
et
Cyrène
Cyrénaïque
Alexandrie
Égypte
Tyr
Judée
Jérusalem

1 Alpes–Graies–et–Pennines
2 Alpes–Cottiennes
3 Alpes–Maritimes
4 Pamphylie
5 Phénicie

0   1000 km

Map 2: LE BAS-EMPIRE

Legend:
- Préfectures au temps de Dioclétien
- Asie | Diocèses au temps de Dioclétien
- Partage de l'Empire en 395 (empire d'Occident et empire d'Orient)
- Lignes de défense
- ● Batailles

GOTHS
JUTES
SAXONS
BURGONDES
GOTHS
Bretagnes
PRÉFECTURE
286
FRANCS
SUÈVES
VANDALES
v. 150
Invasion des HUNS 375
Lutèce
Trèves
QUADES
GÉPIDES
HÉRULES
Gaules
ALAMANS
Pannonies
OSTROGOTHS
CAUCASE
DES GAULES
Vienne
Lyon
Vienne
Milan
Aquilée
Sirmium
WISIGOTHS
Narbonne
259
Ravenne
269
Naissus
Byzance
CONSTANTINOPLE 324/330
EMPIRE DES SASSANIDES 224
Espagne
Marseille
Salone
Mésie
Thrace
Nicomédie
Pont
Tarraco
Pont Milvius 312
Italie
ROME
Andrinople 378
PRÉFECTURE
Mérida
Asie
Orient
Nisibe
PRÉFECTURE D'ITALIE
PRÉF RE
D'ILLYRIE
D'ORIENT
Carthage
MAURES
Afrique
Jérusalem
Alexandrie

Zones d'établissement des Germains et leurs migrations

Installation des Wisigoths fédérés dans l'Empire (376/382)

0   1000 km

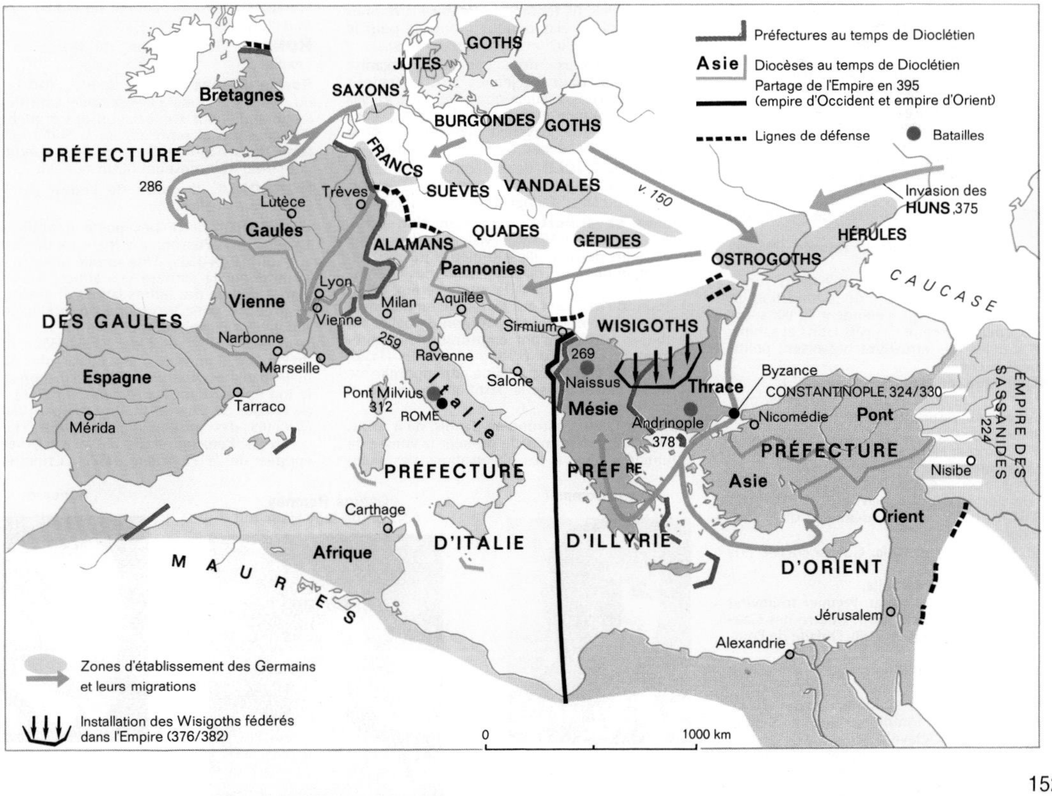

liques (Aemilia, Julia, de Maxence), les arcs de triomphe de Septime Sévère, de Titus et de Constantin, l'immense Colisée* et, non loin, le théâtre de Marcellus. Citons encore le Panthéon*, les thermes de Dioclétien (église Ste-Marie-des-Anges et Musée national), ceux de Caracalla, aux belles mosaïques, et, parmi plusieurs demeures, la *Domus aurea* de Néron, dont les peintures murales ont pour parentes celles des débuts de l'art paléochrétien dans les catacombes (de saint Callixte, de saint Sébastien, de sainte Priscille, etc.).

Les premières basiliques chrétiennes (en général très remaniées par la suite) sont imprégnées de la grandeur impériale : St-Jean-de-Latran, Ste-Marie-Majeure (mosaïques des IVe et XIIIe s.), St-Paul-hors-les-Murs, St-Laurent-hors-les-Murs (décors « cosmatesques », cloître roman), S. Clemente (mosaïques et fresques). Beaucoup de petites églises associent les traditions antique, paléochrétienne et byzantine : S. Sabina (Ve s.), S. Maria in Cosmedin (campanile du XIIe s.), S. Maria Antiqua (fresques des VIe-VIIIe s.), S. Prassede (IXe s.), S. Maria in Trastevere (mosaïques, certaines dues à P. Cavallini), etc.

La première manifestation de la Renaissance est la construction du palais de Venise (v. 1455), suivie des décors initiaux de la chapelle Sixtine*. Les entreprises du pape Jules II, confiées au génie de Bramante, de Raphaël ou de Michel-Ange, font de Rome le grand foyer de la Renaissance classique : travaux du Vatican*, début de la reconstruction de la basilique Saint-Pierre*, esquisse d'un nouvel urbanisme où s'insèrent églises et demeures nobles (palais Farnèse*). Entreprise en 1568 par Vignole, l'église du Gesù sera le monument typique de la Contre-Réforme. C'est à Rome que le style baroque se dessine avec les œuvres de Maderno, puis explose dans celles de Bernin, de Borromini et de P. de Cortone (le palais Barberini, 1626, doit aux quatre artistes). Un des lieux caractéristiques de l'expression baroque est la piazza Navona (anc. cirque de Domitien), avec les fontaines de Bernin et l'église S. Agnese. Le XVIIIe s. et le début du XIXe font écho aux créations antérieures en multipliant fontaines, perspectives, façades et escaliers monumentaux : fontaine de Trevi, 1732; piazza del Popolo, au pied des jardins du Pincio, 1816.

— Principaux musées de Rome (outre ceux du Vatican) : galerie de l'ensemble du Capitole conçu par Michel-Ange (antiques); musée national des thermes de Dioclétien (antiques); musée de la villa Giulia (art étrusque); galerie Borghèse (peinture et sculpture); galerie nationale d'Art ancien, au palais Barberini; galerie Doria-Pamphili.

ROME, un des principaux États de l'Antiquité, issu de la ville du même nom.

Rome des origines et de la royauté (753-509 av. J.-C.).

— VIIIe-VIIe s. : premiers établissements sur le Palatin (753, date légendaire de la fondation de Rome par Romulus), qui s'étendent sur les sept collines. Règne des rois latins et sabins.

— VIe s. : les rois étrusques organisent politiquement la cité.

La République romaine (509-31 av. J.-C.).

— V[e]-IVe s. : guerres d'abord défensives puis offensives, qui assurent à Rome la domination de l'Italie centrale.

— IIIe s. : Rome, maîtresse de l'Italie. L'essor de l'impérialisme : les guerres puniques.

— IIe-Ier s. : conquête de la Méditerranée orientale. Un siècle de guerres civiles (121-31).

— 133-121 : réforme démocratique des Gracques.

— 107-86 : Marius et Sulla. Guerre sociale (91-88).

— 82-79 : dictature de Sulla.

— 70-27 : Pompée et César. Premier triumvirat (Pompée, Crassus, César [60]). Guerre des Gaules (58-51). Guerre civile (49-48). Défaite de Pompée à Pharsale (48).

— 48-44 : dictature de César, assassiné aux ides de mars 44.

— 44-31 : Octave et Antoine; guerre civile. Second triumvirat (Antoine, Octave, Lépide [43]). Triomphe d'Octave à Actium (31).

— 27 : Octave reçoit le titre d'Auguste; fin de la République.

L'Empire romain (27 av. J.-C. - 476 apr. J.-C.).

— Ier-IIe s. : *le Haut-Empire.* L'empereur gouverne, mais les apparences des institutions républicaines sont sauvegardées (*principat*). Quatre grandes dynasties.

— 27 av. J.-C. - 68 apr. J.-C. : les Julio-Claudiens, d'Auguste à Néron; période capitale pour l'organisation de l'Empire.

— 69-96 : les Flaviens, de Vespasien à Domitien; la bourgeoisie des provinces accède au pouvoir.

— 96-192 : les Antonins, de Nerva à Commode; siècle d'or de l'Empire romain grâce à Trajan, Hadrien, Marc-Aurèle, Antonin.

— 193-235 : les Sévères, de Septime Sévère à Sévère Alexandre. Édit de Caracalla (212), qui donne le droit de cité à tous les hommes libres de l'Empire.

— IIIe-IVe s. : *le Bas-Empire.* Établissement de l'Empire sur de nouvelles bases : le christianisme. Le *dominat* remplace le principat : absolutisme et partage du pouvoir impérial.

— 235-268 : période d'anarchie.

— 284-305 : l'Empire totalitaire avec Dioclétien, qui partage l'Empire en quatre parties, la *tétrarchie* (293). Rome cesse d'être l'unique capitale. Grandes persécutions contre les chrétiens.

— 306 à 337 : Constantin, empereur. Paix de l'Église (313). Fondation de Constantinople (324-330).

— 395 : partage définitif de l'Empire à la mort de Théodose (empire d'Occident [cap. Rome] et empire d'Orient [cap. Constantinople].

— Ve s. : l'unité constitutionnelle subsiste entre les deux empires. Les invasions barbares touchent durement l'empire d'Occident.

— 410 : sac de Rome par Alaric.

— 476 : fin de l'empire d'Occident. Prise de Rome par le roi barbare Odoacre; déchéance du dernier empereur romain, Romulus Augustule. L'empire d'Orient, ou Empire byzantin, durera jusqu'en 1453 (prise de Constantinople par les Turcs Ottomans).

Rome (club de), réunion d'économistes et de savants, dont la première rencontre eut lieu à Rome en 1968. Ils tentent de définir les normes de la croissance économique mondiale pour le futur; leurs conclusions sont pessimistes.

Rome (concours de), concours organisé annuellement pour les jeunes artistes français par les autorités académiques, de 1664 à 1968 exclu. Le premier grand prix de Rome, dans chaque discipline, devenait pensionnaire pour quatre ans à l'Académie de France à Rome.

ROMÉ DE L'ISLE (Jean-Baptiste), minéralogiste français, né à Gray (1736-1790), l'un des créateurs de la cristallographie.

Roméo et Juliette, drame en cinq actes, de Shakespeare (1594-95). Malgré la haine qui sépare leurs deux familles, Roméo et Juliette s'aiment et se marient; mais la fatalité des circonstances les entraîne dans la mort. Berlioz (1839) et Gounod (1867) ont mis ce drame en musique. Prokofiev a composé une partition de ballet sur ce thème (1936), qu'ont empruntée les chorégraphes L. Lavrovski (1940), F. Ashton (1955), P. Van Dijk (1961). La version intemporelle de M. Béjart (1966) utilise la partition de Berlioz et divers bruitages.

RÖMER (Olaüs), astronome danois, né à Århus (1644-1710). Il détermina le premier la vitesse de la lumière, grâce à ses observations des satellites de Jupiter (1676), et trouva une valeur voisine de 210 000 km/s.

ROMILLY-SUR-SEINE (10100), ch.-l. de c. de l'Aube; 17 573 h. (*Romillons*). Industries mécaniques. Appareils ménagers.

ROMMEL (Erwin), maréchal allemand, né à Heidenheim (Wurtemberg) [1891-1944]. Commandant le quartier général de Hitler en 1939, il se distingua en France (1940), en Libye et en Égypte, où il fut battu à El-Alamein (1942). Il commanda en 1944 le front de Normandie, mais sa sympathie pour les conjurés du 20 juillet entraîna son arrestation et son suicide sur ordre de Hitler.

ROMNEY (George), peintre anglais, né à Dalton in Furness (Lancashire) [1734-1802], portraitiste au talent ferme et direct.

ROMORANTIN-LANTHENAY (41200), ch.-l. d'arr. de Loir-et-Cher, en Sologne, sur la Sauldre; 17 041 h. (*Romorantinais*). Demeures du XVIe s. Musée de Sologne. Construction automobile. En 1560, François II y promulgua un édit de tolérance.

ROMUALD (saint), abbé, né à Ravenne (v. 952-1027), fondateur de la congrégation des Camaldules.

ROMULUS, fondateur légendaire de Rome (753 av. J.-C.), dont il fut le premier roi. Il fut vénéré comme une divinité protectrice de Rome.

ROMULUS AUGUSTULE, né v. 461, dernier empereur romain d'Occident (475-476), déposé par Odoacre.

RONARC'H (Pierre), amiral français, né à Quimper (1865-1940). Il se distingua à la tête des fusiliers marins à Dixmude (1914).

RONCEVAUX, en esp. **Roncesvalles,** bourg d'Espagne (Navarre), dans un vallon boisé des Pyrénées, près du col de Roncevaux ou d'Ibañeta. C'est là qu'en 778 l'arrière-garde de l'armée de Charlemagne fut taillée en pièces par les Vascons et que périt le comte Roland.

RONCHAMP (70250), comm. de la Haute-Saône; 3 087 h. Église par Le Corbusier. Métallurgie.

RONCHIN (59790), comm. du Nord; 15 426 h. Métallurgie.

RONCQ (59223), comm. du Nord; 10 756 h. Textile.

Ronde de nuit (la), titre donné à tort (à la fin du XVIIIe s.) à une célèbre toile exécutée par Rembrandt pour l'association des arquebusiers d'Amsterdam et représentant la *Sortie du capitaine Frans Banning Cocq et de son lieutenant* [...] (1642, Rijksmuseum d'Amsterdam).

RONDÔNIA, territoire de l'ouest du Brésil. Ch.-l. *Pôrto Velho.*

RONSARD (Pierre DE), poète français, né au château de la Possonnière (paroisse de Couture-sur-Loir) [1524-1585]. Une surdité précoce lui fait abandonner la carrière des armes. Il s'adonne alors à l'étude des lettres latines et grecques, et se propose, avec le groupe de la Pléiade*, de renouveler l'inspiration et la forme de la poésie française. Après les *Odes* (1550-1552), imitées de Pindare, il en vient à une poésie plus personnelle dans les *Amours* (1552-1555), puis trouve le ton épique dans les *Hymnes* (1555-56). Poète de la cour de Charles IX, il prend parti dans les *Discours des misères de ce temps* (1562-63) contre la Réforme, mais laisse inachevée son épopée de *la Franciade* (1572). Critiquée par

Erwin **Rommel**

A.F.P.

George **Romney**
portrait de lady Hamilton

Fleming

Ronsard

Lauros-Giraudon

Malherbe, son œuvre connut un oubli de deux siècles, mais fut réhabilitée par Sainte-Beuve.

RÖNTGEN (Wilhelm Conrad), physicien allemand, né à Lennep (1845-1923), qui découvrit les rayons X. (Prix Nobel, 1901.)

ROODEPOORT, v. de l'Afrique du Sud (Transvaal); 114 000 h.

ROON (Albrecht, *comte* VON), maréchal prussien, né à Pleushagen, près de Kolberg (1803-1879). Ministre de la Guerre de 1859 à 1873, il fut avec Moltke le réorganisateur de l'armée prussienne.

ROOSEVELT (Theodore), homme d'État américain, né à New York (1858-1919). Républicain, il participa à la guerre hispano-américaine (1898). Gouverneur de l'État de New York (1898), il devint vice-président des États-Unis en 1900, puis président en 1901 par la mort de McKinley, et fut réélu en 1904. À l'extérieur, il pratiqua une politique impérialiste et interventionniste (Panamá, Philippines, Saint-Domingue). [Prix Nobel de la paix, 1906.]

ROOSEVELT (Franklin Delano), homme d'État américain, né à Hyde Park (État de New York) [1882-1945]. Cousin et neveu par alliance du précédent. Démocrate, secrétaire adjoint à la Marine (1913-1920), gouverneur de l'État de New York (1929-1933), il devint président des États-Unis en 1933 et fut réélu en 1936, 1940 et 1944. Il releva l'économie des États-Unis *(New Deal)* après la crise de 1929-1932, décida les États-Unis à participer à la Seconde Guerre mondiale (1941) et fut l'un des principaux artisans de la victoire alliée.

ROOST-WARENDIN [rostvarãdɛ̃] (59286), comm. du Nord; 6 473 h.

ROPARTZ (Guy), compositeur français, né à Guingamp (1864-1955), élève de Franck. On lui doit de la musique de chambre, des mélodies, cinq symphonies, un *Requiem* (1938) et l'opéra *le Pays* (1913).

ROPS (Félicien), peintre et graveur belge, né à Namur (1833-1898). D'une imagination fantasque et souvent érotique, il est notamment connu pour ses illustrations de Péladan, Barbey d'Aurevilly, etc.

ROQUEBILLIÈRE (06450 Lantosque), ch.-l. de c. des Alpes-Maritimes; 1 609 h.

ROQUEBRUNE-CAP-MARTIN (06190), comm. des Alpes-Maritimes, sur la Méditerranée; 11 246 h. *(Roquebrunois).* Station balnéaire. Anc. château dans le vieux bourg.

ROQUEBRUNE-SUR-ARGENS (83520), comm. du Var; 5 053 h.

ROQUEBRUSSANNE (La) [83136], ch.-l. de c. du Var; 662 h.

ROQUECOURBE (81210), ch.-l. de c. du Tarn; 2 271 h. Pont du XIIIᵉ s.

ROQUEFAVOUR, localité des Bouches-du-Rhône (comm. d'Aix-en-Provence). Aqueduc (1842-1847) franchissant la vallée de l'Arc.

ROQUEFORT (40120), ch.-l. de c. des Landes; 2 112 h. Papeterie.

ROQUEFORT-SUR-SOULZON (12250), comm. de l'Aveyron; 949 h. On y affine de célèbres fromages au lait de brebis dans des grottes calcaires.

ROQUEMAURE (30150), ch.-l. de c. du Gard, sur le Rhône; 3 646 h. Restes de deux châteaux féodaux.

ROQUESTERON (06910), ch.-l. de c. des Alpes-Maritimes; 404 h.

Roquette (la), anc. prison de Paris (1830-1900). — La *Petite-Roquette*, prison destinée aux femmes, a été construite en 1832 et démolie en 1974.

ROQUEVAIRE (13360), ch.-l. de c. des Bouches-du-Rhône; 5 042 h.

RORAIMA, territoire du nord du Brésil.

RORSCHACH, v. de Suisse (Saint-Gall), sur le lac de Constance; 11 963 h.

RORSCHACH (Hermann), psychiatre suisse, né à Zurich (1884-1922), créateur d'un test projectif, fondé sur l'interprétation de taches d'encre.

ROSA (Salvator), peintre et poète italien,

né à Arenella, près de Naples (1615-1673). Ses tableaux (paysages, marines, batailles) sont pleins de fougue et d'un chaleureux coloris.

ROSALBA (Rosa Alba CARRIERA, dite), pastelliste italienne, née à Venise (1675-1757).

ROSANS [-zã] (05150), ch.-l. de c. des Hautes-Alpes; 594 h.

ROSARIO, v. de l'Argentine, sur le Paraná; 750 000 h.

ROSAS (Juan Manuel DE), homme d'État argentin, né à Buenos Aires (1793-1877). Dictateur (1829-1831 et 1835-1852), il fut renversé par une coalition sud-américaine.

Rosati (les) [anagramme d'*Artois*], société littéraire fondée près d'Arras en 1778 et qui, depuis 1892, a pour siège Fontenay-aux-Roses.

ROSCELIN, philosophe scolastique du XIᵉ s., fondateur du *nominalisme* et l'un des maîtres d'Abélard.

ROSCOFF (29211), comm. du Finistère; 3 732 h. *(Roscovites).* Église de style gothique flamboyant. Port. Station balnéaire. Laboratoire de biologie marine. Thalassothérapie.

ROSE *(mont)*, massif des Alpes Pennines, partagé entre la Suisse et l'Italie; 4 638 m à la *pointe Dufour.*

Rose blanche *(ordre de la)*, ordre national finlandais, créé en 1919.

Rose-Croix, ordre non religieux dont l'enseignement constitue une philosophie métaphysique et physique fondée sur l'application des lois cosmiques et naturelles.

ROSEGGER (Peter), écrivain autrichien, né à Alpl (Styrie) [1843-1918], auteur de romans sur la vie et les mœurs de l'Autriche.

ROSELEND [-ɛ̃d], localité de Savoie. Retenue alimentant la centrale de La Bâthie*.

ROSEMONDE ou **ROSAMONDE** (VIᵉ s.), fille de Cunimond, roi des Gépides. Forcée d'épouser Alboïn, roi des Lombards, qui avait tué son père, elle l'assassina.

ROSENBERG (Alfred), théoricien nazi et homme politique allemand, né à Revel (auj. Tallin) [1893-1946]. Il fut l'un des principaux idéologues du national-socialisme et de l'antisémitisme. Ministre des Territoires occupés de l'Est (1941), il fut condamné à mort par le tribunal de Nuremberg et exécuté.

Rosenberg *(affaire)*, affaire judiciaire américaine qui déclencha une vaste campagne d'opinion aux États-Unis et dans divers pays en faveur des époux Julius et Ethel Rosenberg, accusés, sans preuves solides, d'avoir livré des secrets atomiques à l'U.R.S.S. et qui, condamnés à mort en 1951, furent exécutés en 1953.

ROSENMÜLLER (Johann), compositeur allemand, né à Ölsnitz (v. 1620-1684), auteur de sonates.

ROSENQUIST (James), peintre américain, né à Grand Forks (Dakota du Nord) en 1933, un des principaux représentants du pop art.

ROSETTE, en ar. **Rachid**, v. d'Égypte, sur la branche ouest du Nil. En 1799 y fut découvert un fragment de stèle (British Museum), gravé en hiéroglyphes, en démotique et en grec, qui un décret de Ptolémée V, et qui est à l'origine du déchiffrement de Champollion.

ROSHEIM (67560), ch.-l. de c. du Bas-Rhin; 3 499 h. Église romane. Fortifications.

ROSI (Francesco), cinéaste italien, né à Naples en 1922, auteur de : *Salvatore Giuliano* (1961), *Main basse sur la ville* (1963), *les Hommes contre* (1970), *l'Affaire Mattei* (1971), *Lucky Luciano* (1973), *Cadavres exquis* (1975), *Le Christ s'est arrêté à Eboli* (1979), *Trois Frères* (1980).

ROSIÈRES-EN-SANTERRE (80170), ch.-l. de c. de la Somme; 2 826 h.

ROSKILDE, v. du Danemark (Sjaelland), capitale du pays du Xᵉ au XVᵉ s.; 51 000 h. Cathédrale gothique (sépultures royales).

ROSLIN (Alexander), peintre suédois, né à Malmö (1718-1793). Portraitiste, il s'établit à Paris en 1752.

ROSNY (Joseph Henri et son frère Séraphin Justin BOEX, dits **J.-H.**), écrivains français, nés à Bruxelles; le premier, dit **Rosny aîné** (1856-1940), est l'auteur de *la Guerre du feu* (1911); le second, dit **Rosny jeune** (1859-1948), écrivit avec son frère des romans réalistes ou fantastiques *(les Xipéhuz).*

ROSNY-SOUS-BOIS [ro-] (93110), ch.-l. de c. de la Seine-Saint-Denis, à l'est de Paris; 35 823 h. *(Rosnéens).* Centre d'information routière.

ROSNY-SUR-SEINE (78710), comm. des Yvelines; 3 541 h. Château de Sully.

ROSPORDEN [rɔspɔrdɛn] (29140), ch.-l. de c. du Finistère; 7 228 h. Église des XIVᵉ-XVIIᵉ s.

ROSS *(barrière de)*, falaises de glace de l'Antarctique, en bordure de la *mer de Ross*, limitées par *l'île de Ross* (qui porte les volcans Erebus et Terror).

ROSS (sir John), marin britannique, né à Inch (comté de Wigtown, Écosse) [1777-1856]. Explorateur des régions arctiques, il atteignit le pôle magnétique Nord. — Son neveu sir JAMES CLARKE, né à Londres (1800-1862), découvrit la terre Victoria.

ROSS (sir Ronald), médecin anglais, né à Almora (Inde) [1857-1932]. Ses recherches sur la malaria permirent d'en mettre au point la prophylaxie. (Prix Nobel, 1902.)

ROSSBACH, village de l'Allemagne démocratique (Saxe). Frédéric II, le 5 novembre 1757, y battit les Français et les impériaux commandés par Soubise.

ROSSELLINI (Roberto), metteur en scène italien, né à Rome (1906-1977), auteur de *Rome, ville ouverte* (1945), *Paisà* (1946), *Voyage en Italie* (1953), *le Général Della Rovere* (1959), *la Prise du pouvoir par Louis XIV* (1966), *le Messie* (1975).

ROSSELLINO (Bernardo), architecte et sculpteur italien, né à Settignano, près de Florence (1409-1464). Disciple d'Alberti, il construit le palais Rucellai à Florence et travailla à Pienza pour Pie II. — Son frère et élève ANTONIO, né à Settignano (1427-1479), sculpteur, est l'auteur de l'élégante chapelle du cardinal de Portugal, à S. Miniato de Florence.

ROSSETTI (Dante Gabriel), peintre et poète anglais, né à Londres (1828-1882), un des initiateurs du mouvement préraphaélite.

ROSSI (Luigi), compositeur italien, né à Torremaggiore, près de Foggia (1598-1653), un des maîtres de la cantate, de l'oratorio et de l'opéra naissant *(Orfeo).*

ROSSI (Pellegrino, *comte*), diplomate et économiste italien naturalisé français, né à Carrare (1787-1848). Ambassadeur de France à Rome

Theodore **Roosevelt**

Underwood

Franklin Delano **Roosevelt**

Imperial War Museum

la Prise du pouvoir par Louis XIV (1966), de Roberto **Rossellini**

O.R.T.F.-Interfrance (coll. J.-L. Passek)

(1845), il fut désigné par Pie IX pour former un gouvernement constitutionnel (sept. 1848), mais il fut assassiné (15 nov.) par des inconnus.

ROSSINI (Gioacchino), compositeur italien, né à Pesaro (1792-1868). On lui doit notamment le *Barbier de Séville*, *Otello* (1816), *la Gazza ladra* (la Pie voleuse [1817]), *le Comte Ory* (1828), *Guillaume Tell* (1829), un *Stabat Mater*. Son sens inné de la mélodie et de l'effet théâtral lui ont valu, à Paris, de grands succès sous la Restauration.

ROSSO (Giovanni Battista DE ROSSI, dit), peintre italien, né à Florence (1494-1540). François Ier lui confia en 1531 la direction des travaux de décoration du château de Fontainebleau (fresques et stucs maniéristes de la galerie François-Ier).

ROSTAND (Edmond), auteur dramatique français, né à Marseille (1868-1918), célèbre pour ses comédies et ses drames héroïques en vers (*Cyrano de Bergerac*, 1897; *l'Aiglon*, 1900). [Acad. fr.] — Son fils JEAN, biologiste, né à Paris (1894-1977), est l'auteur d'importants travaux sur la parthénogenèse expérimentale et de livres sur la place de la biologie dans la culture humaniste, dont il se réclamait. (Acad. fr.)

ROSTOCK, port de l'Allemagne démocratique, sur la Warnow; 205 000 h. (avec son avant-port *Warnemünde*, sur la Baltique). Principal débouché maritime du pays. Métallurgie.

ROSTOPCHINE (Fedor Vassilievitch, *comte*), homme politique russe, né dans le gouvern. d'Orel (1763-1826). Gouverneur de Moscou en 1812, il fit, dit-on, incendier cette ville lors de l'entrée des Français. Sa fille fut la comtesse de Ségur*.

ROSTOV, v. de l'U.R.S.S. (R.S.F.S. de Russie), au nord-ouest de Moscou; 29 000 h. Centre d'une principauté puissante jusqu'au XIIIe s. Nombreux monuments, surtout du XVIIe s.

ROSTOV-SUR-LE-DON, v. de l'U.R.S.S. (R.S.F.S. de Russie), près du delta de la mer d'Azov; 921 000 h. Port fluvial. Métallurgie. Violents combats en 1941 et en 1943.

ROSTOW (Walt Whitman), économiste américain, né à New York en 1916. Il étudie, dans les *Étapes de la croissance économique* (1960), les stades conduisant l'économie à l'industrialisation.

ROSTRENEN [-nɛ̃] (22110), ch.-l. de c. des Côtes-du-Nord; 4814 h.

ROSTROPOVITCH (Mstislav), violoncelliste soviétique, né à Bakou en 1927.

ROTH (Philip), écrivain américain, né à Newark en 1933, l'un des romanciers les plus représentatifs de l'« école juive » nord-américaine (*Portnoy et son complexe*).

ROTHÉNEUF, station balnéaire d'Ille-et-Vilaine (comm. de Saint-Malo). Rochers sculptés par l'abbé Fouré à la fin du XIXe s.

ROTHERHAM, v. d'Angleterre (Yorkshire); 87 000 h. Métallurgie.

ROTHKO (Mark), peintre américain d'origine russe, né à Dvinsk (1903-1970). Il est célèbre pour la formule d'abstraction « chromatique » qu'il a établie v. 1950.

ROTHSCHILD (Meyer Amschel), banquier d'origine allemande, né à Francfort-sur-le-Main (1744-1812), fondateur d'une puissante dynastie financière.

ROTROU (Jean DE), poète dramatique français, né à Dreux (1609-1650), auteur de comédies dans la tradition de Plaute et des Italiens (*la Sœur*) et de tragi-comédies inspirées du théâtre espagnol (*Saint Genest*).

ROTSELAAR, comm. de Belgique (Brabant); 10 500 h.

ROTTERDAM, port des Pays-Bas (Hollande-Méridionale), sur une branche du Rhin et à la Meuse; 601 000 h. (plus de 1 million avec l'agglomération). Riche musée Boymans-Van Beuningen. Rotterdam prit son essor au XIXe s. avec l'aménagement du Rhin pour la navigation et le développement industriel de la Ruhr. La ville fut très endommagée par les bombardements allemands de mai 1940. Rotterdam, qui dessert les Pays-Bas, la Ruhr, la

Gioacchino **Rossini**

vue partielle du port de **Rotterdam**

Walt Whitman **Rostow**

Georges **Rouault**
Nu aux bras levés
(1906)

Andreï **Roublev**
icône de *la Trinité*

France de l'Est et la Suisse, est devenu le premier port du monde. Aux entrées, représentant les trois quarts d'un trafic total de l'ordre de 300 millions de tonnes, dominent les hydrocarbures, les minerais, les céréales. Sur l'activité portuaire s'est greffée la fonction industrielle : métallurgie, raffinage du pétrole et industrie chimique (Pernis* et Europoort*).

ROTY (Louis Oscar), graveur en médailles français, né à Paris (1846-1911). Il grava la *Semeuse* des pièces de monnaie françaises.

ROUAULT (Georges), peintre français, né à Paris (1871-1958). Il a pratiqué, en puissant coloriste, un expressionnisme tour à tour satirique et mystique. Il a gravé, notamment, la suite en noir et blanc du *Miserere* (1917-1927).

ROUBAIX (59100), ch.-l. de c. du Nord, au nord-est de Lille; 109 797 h. (Roubaisiens). Grand centre textile (laine surtout).

ROUBLEV (Andreï), peintre russe (v. 1360-1430). Représentant majeur de l'école médiévale moscovite, il est surtout célèbre pour son icône de la *Trinité* (les trois anges à la table d'Abraham) [galerie Tretiakov, Moscou].

ROUBTSOVSK, v. de l'U.R.S.S. (R.S.F.S. de Russie), au pied de l'Altaï; 173 000 h.

ROUEN, anc. cap. de la Normandie, ch.-l. de la Région Haute-Normandie et du dép. de la Seine-Maritime, sur la Seine, à 123 km au nord-ouest de Paris; 118 332 h. (Rouennais) [l'agglomération compte environ 400 000 h.]. Cour d'appel. Archevêché. Académie. Évêché dès le IIIe s., Rouen fut, au Moyen Âge et au XVIe s., une importante ville drapière et un grand port fluvial. Résidence principale des ducs de Normandie, elle reçut des Plantagenêts une charte avant d'être rattachée au domaine royal (1204-1419). Jeanne d'Arc y fut brûlée (1431) durant l'occupation anglaise (1419-1449). Érigé en cour souveraine en 1499, son Échiquier fut transformé en parlement par François Ier (1515). La ville conserve de remarquables monuments malgré les destructions de la Seconde Guerre mondiale : la cathédrale gothique (XIIe-XVIe s.), les églises St-Ouen (vitraux des XIVe et XVIe s.) et St-Maclou (flamboyante), le Gros-Horloge (XIVe et XVIe s.), le palais de justice gothique, très restauré, etc. Église du Vieux-Marché (1979). Importants musées. Rouen est le centre d'une grande agglomération indus-

trielle (métallurgie, textile, produits chimiques et alimentaires), dont l'activité est liée à celle du port, à la fois maritime et fluvial (trafic d'hydrocarbures, céréales, produits tropicaux).

ROUERGUE, anc. pays du midi de la France; cap. *Rodez*. Il a été réuni à la Couronne en 1607 par Henri IV et correspond au dép. de l'Aveyron.

ROUFFACH [-fak] (68250), ch.-l. de c. du Haut-Rhin; 5102 h. Deux églises gothiques.

ROUFFIGNAC, grotte située à l'ouest de Fleurac (Dordogne). Ensemble de figures pariétales datant du magdalénien.

ROUGE (fleuve), en vietnamien Sông Koi, fl. du Viêt-nam, né au Yun-nan (Chine), qui rejoint la mer de Chine méridionale en formant le delta du Tonkin (à la tête duquel se trouve Hanoi); 1 200 km.

ROUGE (mer), anc. **golfe Arabique** ou **mer Érythrée**, long golfe de l'océan Indien, entre l'Arabie et l'Afrique, relié à la Méditerranée par le canal de Suez. C'est un fossé d'effondrement envahi par les eaux.

Rouge (place), place principale de Moscou, en bordure du Kremlin. Mausolée de Lénine.

ROUGE (rivière) → RED RIVER.

Rouen : le Gros-Horloge

Rouge et le Noir (le), roman de Stendhal (1830). L'histoire d'un enfant du peuple, Julien Sorel, admirateur de Napoléon sous la Restauration, qui choisit par ambition la voie de l'hypocrisie et du calcul, mais dont la sensibilité sera la plus forte : démasqué — et révélé à lui-même — par une ancienne maîtresse, il abandonne sa tragédie de ruse sociale pour le plaisir — et la libération — que lui apporte la vengeance.

ROUGÉ (44660), ch.-l. de c. de la Loire-Atlantique; 2015 h. Minerai de fer.

ROUGEMONT (25680), ch.-l. de c. du Doubs; 1357 h.

ROUGEMONT (Denis DE), écrivain suisse d'expression française, né à Neuchâtel en 1906. Il étudie, dans la perspective d'un nouvel humanisme, les différents composants de la civilisation européenne (l'Amour et l'Occident, 1938).

ROUGEMONT-LE-CHÂTEAU (90110), ch.-l. de c. du Territoire de Belfort; 1367 h.

ROUGET DE LISLE (Claude), officier français, né à Lons-le-Saunier (1760-1836). Capitaine à Strasbourg, il composa en 1792 le Chant de guerre pour l'armée du Rhin, qui devint la Marseillaise.

Rougon-Macquart (les), série de 20 romans d'É. Zola, publiés de 1871 à 1893, et qui constituent l'«Histoire naturelle et sociale d'une famille sous le second Empire» : la Fortune des Rougon (1871), la Curée (1872), le Ventre de Paris (1873), la Conquête de Plassans (1874), la Faute de l'abbé Mouret (1875), Son Excellence Eugène Rougon (1876), l'Assommoir (1877), Une page d'amour (1878), Nana (1880), Pot-Bouille (1882), Au Bonheur des dames (1883), la Joie de vivre (1884), Germinal (1885), l'Œuvre (1886), la Terre (1887), le Rêve (1888), la Bête humaine (1890), l'Argent (1891), la Débâcle (1892), le Docteur Pascal (1893).

ROUHER (Eugène), homme politique français, né à Riom (1814-1884). Avocat, député républicain (1848-49), il servit la cause de Louis-Napoléon, devenu en 1852 Napoléon III. Plusieurs fois ministre, président du Sénat (1869), il exerça une influence prépondérante à la fin du second Empire. De 1872 à 1881, il fut le véritable chef du parti bonapartiste.

ROUIBA, v. d'Algérie, dans la Mitidja; 17 000 h. Construction automobile.

ROUILLAC (16170), ch.-l. de c. de la Charente; 1729 h. Église du XIIᵉ s.

ROUJAN (34320), ch.-l. de c. de l'Hérault; 1413 h. Église des XIIᵉ et XIVᵉ s.

ROULANS [-lā] (25640), ch.-l. de c. du Doubs; 599 h. Ruines d'un château du XIIIᵉ s.

ROULERS, en néerl. Roeselare, v. de Belgique (Flandre-Occidentale); 40 600 h. Métallurgie. Textile.

ROUMANIE, en roumain România, république socialiste de l'Europe orientale; 237 500 km²; 22 millions d'h. (Roumains). Cap. Bucarest. Langue : roumain.

GÉOGRAPHIE

La partie orientale des Carpates domine, à l'ouest et au nord, les plaines de Moldavie et de Valachie, et enserre le bassin de Transylvanie, qui est séparé de l'extrémité orientale de la plaine pannonienne par le massif du Bihor. Le climat est de type continental. L'agriculture, collectivisée, est caractérisée par l'importance des céréales (maïs et blé) et de la vigne; l'élevage des bovins est moins développé que celui des ovins, favorisé par l'étendue des pâturages de montagne. L'industrie s'est fondée sur l'exploitation du pétrole et du gaz naturel, accessoirement sur celles du charbon, du lignite et du minerai de fer. La sidérurgie, les constructions mécaniques, la chimie, les industries alimentaires et textiles en sont les principales branches. Le réseau urbain est dominé par Bucarest. Le principal port maritime est Constanța, sur le littoral de la mer Noire, animé aussi par le tourisme.

HISTOIRE

— IIᵉ millénaire av. J.-C. : occupation du pays par des Indo-Européens.
— Iᵉʳ millénaire av. J.-C. : début de la civilisation des Géto-Daces.
— Iᵉʳ s. av. J.-C. : sous Burebista sont posées les bases de la Dacie.
— 87-106 apr. J.-C. : apogée de l'État dace sous Décébale.
— 101-106 : conquête de la Dacie par Trajan.
— 271 : retrait des Romains. Début des vagues de populations germaniques, slaves et touraniennes.
— Xᵉ s. : parachèvement de la formation du peuple roumain et de sa langue.
— 1003 : formation du comitat de Transylvanie, conquis progressivement par les Hongrois.
— 1330 : indépendance de la Valachie.
— 1359-1365 : Bogdan Iᵉʳ constitue l'État de Moldavie.
— XIVᵉ-XVᵉ s. : lutte des Valaques et des Moldaves contre les Hongrois, les Polonais et les Turcs.
— 1386-1418 : règne de Mircea le Vieux en Valachie.
— 1457-1504 : règne d'Étienne III le Grand en Moldavie.
— 1526 : après Mohács, la Transylvanie, la Moldavie et la Valachie doivent accepter le protectorat turc.
— 1600 : Michel le Brave, vainqueur des Turcs, rassemble sous son sceptre les trois principautés. Mais ce sursaut est sans lendemain.
— 1699 : traité de Karlowitz; la Transylvanie aux mains des Habsbourg.
— 1711-1716 : instauration du régime phanariote en Moldavie et en Valachie.
— 1746 : le hospodar de Valachie et Moldavie, Constantin Mavrocordato, abolit la servitude personnelle.
— 1775 : l'Autriche annexe la Bucovine.
— 1812 : la Russie annexe la Bessarabie. Développement du mouvement d'émancipation nationale.
— 1828-1834 : la Moldavie et la Valachie sous administration militaire russe.
— 1848-49 : la révolution nationale étouffée par les Turcs, les Russes et les Autrichiens.
— 1856 : le traité de Paris reconnaît à la Moldavie et à la Valachie la garantie des grandes puissances.
— 1857 : la Moldavie et la Valachie fusionnent en une «Roumanie».
— 1859 : elles se donnent un prince régnant commun, Alexandre Jean Iᵉʳ Cuza.
— 1862 : l'Assemblée nationale se réunit à Bucarest, désormais capitale du pays.
— 1866 : abdication forcée de Cuza. Charles de Hohenzollern, prince de Roumanie.
— 1867 : l'Autriche-Hongrie annexe la Transylvanie, où se développe le sentiment national roumain.
— 1878 : la Dobroudja, à la Roumanie; la Bessarabie, au tsar.
— 1881 : Charles (Carol) Iᵉʳ, roi de Roumanie.
— 1888 : jacqueries.
— 1893 : naissance du parti social-démocrate.
— 1907 : nouvelles jacqueries.
— 1913 : la Roumanie, l'un des vainqueurs de la deuxième guerre balkanique, annexe la Dobroudja méridionale.
— 1914 : mort de Charles Iᵉʳ, avènement de Ferdinand Iᵉʳ.
— 1916 : la Roumanie, en guerre aux côtés des Alliés; elle est occupée.
— 1918 : traité de Bucarest, désastreux pour le pays; mais la défaite des Empires centraux le rend inopérant et permet à la Roumanie d'annexer la Bucovine et la Transylvanie (Alba Iulia, 1ᵉʳ déc.).
— 1921 : création du parti communiste roumain.
— 1923 : Constitution; la Grande Roumanie entre dans la Petite Entente.
— 1927 : mort de Ferdinand Iᵉʳ. Avènement de Michel Iᵉʳ, son petit-fils. Nicolae Titulesco, ministre des Affaires étrangères.
— 1930 : Charles (Carol) II écarte son fils Michel Iᵉʳ et s'installe sur le trône.
— 1931 : création de la Garde de Fer par Corneliu Codreanu.
— 1938 : dictature de Carol II.
— 1940 : neutre, la Roumanie perd la Bessarabie et la Bucovine, incorporées à l'U.R.S.S., le nord de la Transylvanie, cédé à la Hongrie, et une partie de la Dobroudja, qui revient à la Bulgarie. Abdication de Charles II au profit de Michel Iᵉʳ (6 sept.).
— 1941 : dictature de Ion Antonescu, qui entre dans la guerre aux côtés de l'Axe (22 juin). Formation d'un Front patriotique antihitlérien.
— 1944 : insurrection nationale, qui abolit le régime d'Antonescu (23 août); armistice soviéto-roumain (12 sept.); libération totale du territoire (25 oct.), qui est amputé, au profit de l'U.R.S.S., de la Moldavie orientale.
— 1945 : le parti communiste roumain (secrétaire général Gheorghi Gheorghiu-Dej), maître du pays.
— 1947 : le traité de Paris lui rend le nord de la Transylvanie mais laisse la Bessarabie et la Bucovine aux Russes et la Dobroudja méridionale aux Bulgares. Abdication de Michel Iᵉʳ (30 déc.). La Roumanie devient République populaire.
— 1961 : Gheorghiu-Dej, chef de l'État.

ROUMANIE

1529

— 1965 : la Roumanie, république socialiste; mort de Gheorghiu-Dej; Nicolae Ceauşescu, premier secrétaire du P.C.R.
— 1967 : Ceauşescu devient en outre chef de l'État (président du Conseil d'État). Sa politique extérieure est fondée sur la coexistence pacifique et l'ouverture diplomatique.
— 1974 : Ceauşescu, président de la République.

ROUMANILLE (Joseph), écrivain provençal, né à Saint-Rémy-de-Provence (1818-1891), un des fondateurs du félibrige.

ROUMÉLIE, nom donné par les Ottomans aux provinces de Thrace et de Macédoine, conquises au XIVe s. sur l'Empire byzantin. Le congrès de Berlin (1878) détacha de la jeune Bulgarie une Roumélie-Orientale, constituée en principauté vassale de la Porte. Mais, dès 1885, la Roumélie s'unit à la Bulgarie.

ROUMOIS, pays de Normandie, entre la Seine et la Risle.

ROURKELA, v. de l'Inde (Orissa); 173 000 h. Sidérurgie.

ROUSSEAU (Jean-Baptiste), poète français, né à Paris (1671-1741), auteur d'*Odes* et de *Cantates.*

ROUSSEAU (Jean-Jacques), écrivain et philosophe de langue française, né à Genève (1712-1778). Livré à lui-même durant son enfance, sans mère, abandonné par son père, il poursuit son éducation en autodidacte. Accueilli par Mme de Warens, précepteur chez M. de Mably, il souffre de solitude et d'incompréhension. Il tire de cette expérience le principe de sa philosophie : celle d'un sujet libre (la conscience, le cœur). Il poursuit dès lors dans la quête de soi-même le secret du bonheur des autres et de leur compréhension mutuelle.
Le mal dont souffrent les hommes est, selon lui, linguistique et politique : la communication et la véritable vie communautaire achoppent sur un mauvais usage de la langue et la perversion d'un homme naturellement bon par la société (*Essai sur l'origine des langues*). Cette recherche d'une harmonie entre les hommes s'exprime dans l'ensemble de ses écrits par une critique des fondements d'une société corruptrice (*Discours* sur les sciences et les arts, Discours* sur l'origine et le fondement de l'inégalité parmi les hommes*), à travers un exposé des principes éthiques de la vie publique et privée dans des œuvres philosophiques (*Du contrat* social, Émile**), romanesque (*Julie* ou la Nouvelle Héloïse*) et autobiographiques (*Confessions*, Rêveries* du promeneur solitaire*).

ROUSSEAU (Théodore), peintre français, né à Paris (1812-1867). Interprète des beautés de la forêt de Fontainebleau, à la fois réaliste et romantique, il fut la principale personnalité de l'école de Barbizon.

ROUSSEAU (Henri, dit **le Douanier**), peintre français, né à Laval (1844-1910). Ses tableaux, au dessin naïf, sont souvent d'une invention poétique étrange et d'une grande sûreté plastique (*le Rêve*, 1910, musée d'Art moderne de New York).

ROUSSEL (Albert), compositeur français, né à Tourcoing (1869-1937), l'un des maîtres de la symphonie, du poème symphonique (*Évocations*, 1911), du ballet (*le Festin de l'araignée*, 1912; *Bacchus et Ariane*, 1930; *Aeneas*, 1935), de la suite (*Suite en « fa »*, 1926), de la musique de chambre, de la mélodie, de l'opéra-ballet (*Padmâvatî*, 1918).

ROUSSEL (Raymond), écrivain français, né à Paris (1877-1933). Son œuvre, saluée par les surréalistes pour l'exubérance de ses fantasmes, et par les adeptes du « nouveau roman » pour sa combinatoire formelle, forme une exploration systématique du mécanisme de la création littéraire (*Impressions d'Afrique*, 1910; *Locus solus*, 1914).

ROUSSES (Grandes), massif des Alpes françaises, entre l'Arc et la Romanche; 3 468 m.

ROUSSES (Les) [39220], comm. du Jura; 2 193 h. Sports d'hiver (alt. 1 120-1 680 m).

ROUSSILLON, anc. prov. de France, espagnole à partir de 1172 (comté de Barcelone, royaume de Majorque, puis royaume d'Aragon),

Jean-Jacques **Rousseau** par A. Ramsay

le Douanier **Rousseau** : *le Rêve* (1910)

annexée par la France de 1463 à 1493, réunie à la couronne de France en 1659. Cap. *Perpignan.* Il s'étend sur la majeure partie du dép. des Pyrénées-Orientales*. Les cultures irriguées des fruits et légumes, le vignoble et le tourisme sont les principales ressources de la région.

ROUSSILLON (38150), ch.-l. de c. de l'Isère; 7 582 h. Industrie textile et chimique.

ROUSSIN (André), auteur dramatique français, né à Marseille en 1911, auteur de pièces à succès (*la Petite Hutte, Lorsque l'enfant paraît*). [Acad. fr.]

ROUSSY (Gustave), médecin français, né à Vevey (Suisse) [1874-1948], fondateur de l'Institut du cancer à Villejuif.

ROUSTAVI, v. de l'U.R.S.S. (Géorgie); 131 000 h. Métallurgie.

ROUTOT (27350), ch.-l. de c. de l'Eure; 1 010 h.

ROUVIER (Maurice), homme politique français, né à Aix-en-Provence (1842-1911). Président du Conseil (1887), ministre des Finances (1889-1892, 1902-1905), éclaboussé par les scandales de Panamá, il revint à la présidence du Conseil en 1905-1906 : il s'opposa à la politique de Delcassé.

ROUVRAY (forêt du ou de), forêt de la rive gauche de la Seine, en face de Rouen.

ROUVROY (62320), comm. du Pas-de-Calais; 9 262 h.

ROUX (Émile), médecin français, né à Confolens (1853-1933). Disciple de Pasteur, inventeur du traitement de la diphtérie par le sérum du cheval (*sérothérapie*), il est l'auteur de travaux sur les toxines.

ROUYN, v. du Canada, dans l'ouest du Québec; 17 678 h. Cuivre.

ROVIGO, v. d'Italie (Vénétie); 51 000 h.

ROVIGO (duc DE) → SAVARY.

ROWLAND (Henry Augustus), physicien américain, né à Honesdale (1848-1901). Il construisit des réseaux de diffraction et montra qu'une charge électronique mobile crée un champ magnétique.

ROWLANDSON (Thomas), peintre, dessinateur et graveur anglais, né à Londres (1756-1827). Il est le grand maître du dessin satirique et humoristique, genre florissant à Londres à son époque.

ROXANE, femme d'Alexandre le Grand, mise à mort avec son fils par ordre de Cassandre v. 310 av. J.-C.

ROXELANE (v. 1504 - v. 1558), épouse préférée de Soliman II, mère de Selim II.

ROY (Mgr Camille), prélat et écrivain canadien d'expression française, né à Berthier-en-Bas (Québec) [1870-1943], auteur d'essais critiques qui prennent parti pour une langue épurée et une littérature à l'image des classiques français.

ROY (René), économiste français, né à Paris (1894-1977), auteur de nombreux ouvrages de théorie économique et de statistique.

ROY (Gabrielle), femme de lettres canadienne d'expression française, née à Saint-Boniface (Manitoba) en 1909, auteur de romans psychologiques (*Bonheur d'occasion, la Route d'Altamont*).

ROYA (la), riv. des Alpes (France et Italie), tributaire de la Méditerranée; 60 km.

ROYAN [rwajã] (17200), ch.-l. de c. de la Charente-Maritime, à l'entrée de l'estuaire de la Gironde; 18 694 h. (*Royannais*). La ville, très endommagée lors de sa libération en 1945 et reconstruite selon des conceptions modernes, est une grande station balnéaire. Église (1955) par Guillaume Gillet.

ROYAT [rwaja] (63130), comm. du Puy-de-Dôme; 4 491 h. Eaux minérales alcalines. Église romane fortifiée (XIIe s.).

ROYAUMONT [rwajomõ], écart de la comm. d'Asnières-sur-Oise (Val-d'Oise). Importants restes d'une abbaye cistercienne fondée par Saint Louis en 1228, auj. centre culturel.

ROYBON (38940), ch.-l. de c. de l'Isère; 1 322 h.

ROYE (80700), ch.-l. de c. de la Somme; 6 368 h. (*Royens*). Sucrerie.

ROYER-COLLARD (Pierre Paul), homme politique français, né à Sompuis (1763-1845), avocat, député (1815), chef des *doctrinaires* sous la Restauration. (Acad. fr.)

ROYÈRE-DE-VASSIVIÈRE (23460), ch.-l. de c. de la Creuse; 766 h. Église du XIIe s.

ROYO (Aristides), homme d'État panaméen, né à La Chorrera en 1940. Président de la république de Panamá depuis octobre 1978.

ROZAY-EN-BRIE (77540), ch.-l. de c. de Seine-et-Marne; 1 792 h.

ROZEBEKE, lieu-dit de Belgique (Flandre-Orientale). Charles VI y défit les Gantois, révoltés contre le comte de Flandre. Leur chef, Filips Van Artevelde, trouva la mort dans la bataille (1382).

RÓŻEWICZ (Tadeusz), écrivain polonais, né à Radomsko en 1921. Sa poésie et son théâtre (*le Laocoon, le Mariage blanc*) dénoncent le système absurde des conventions sociales et psychologiques.

ROZOY-SUR-SERRE (02360), ch.-l. de c. de l'Aisne; 1 315 h. Caravanes.

R.P.R., sigle de *Rassemblement* pour la République.*

RUANDA ou **RWANDA,** république de l'Afrique centrale; 26 338 km²; 5 millions d'h. Cap. *Kigali.* Langue officielle : *français.* L'élevage et la culture du caféier sont les fondements de l'économie de ce pays de montagnes et de plateaux, très peuplé, où s'opposent les Hutus (cultivateurs bantous) et les Tutsis (pasteurs hamitiques). Le sous-sol fournit un peu d'étain et de tungstène.

HISTOIRE

— XVIIe s. : Ruganzu Ndori fixe sa capitale dans le Nduga.
— 1860-1895 : Kigeri Rwabugiri étend sa domination.
— 1894 : arrivée des Allemands dans le Ruanda.
— 1907 : protectorat allemand.
— 1916 : la Première Guerre mondiale permet aux Belges de remplacer les Allemands.
— 1923 : mandat belge sur le Ruanda-Urundi (Ruanda et Burundi actuels).
— 1946 : la tutelle belge remplace le mandat.
— 1962 : indépendance du Ruanda et du Burundi. Grégoire Kayibanda, premier président

du Ruanda. Luttes tribales entre Hutus et Tutsis.
— 1973 : le général Juvénal Habyarimana s'empare du pouvoir.

RUBʿ AL-KHÂLÎ (le), désert du sud de la péninsule arabique.

RUBEN, tribu israélite située à l'est du Jourdain. Son ancêtre éponyme est l'aîné des douze fils de Jacob.

RUBENS (Petrus Paulus), peintre et diplomate flamand, né à Siegen (Westphalie) [1577-1640]. Il travailla pour les Gonzague, pour l'archiduc Albert, pour Marie de Médicis (galerie du Luxembourg, transférée au Louvre), pour Charles Iᵉʳ d'Angleterre et pour Philippe IV d'Espagne. Chef d'un important atelier à Anvers, il a affirmé sa personnalité dans un style fougueux et coloré, aussi expressif dans la plénitude sensuelle que dans la violence, et qui répondait au goût de la Contre-Réforme. Exemplaire du courant baroque, son œuvre réalise une synthèse magistrale du réalisme flamand et de la grande manière italienne : *Saint Grégoire pape* (1607, musée de Grenoble), *la Descente de croix* (cathédrale d'Anvers, musée de Lille), *la Mise au tombeau* (1616, église St-Géry, Cambrai), *le Combat des Amazones* (1617, Munich), *l'Adoration des Mages* (versions de Lyon, Bruxelles, Anvers...), *le Coup de lance* (1620, Anvers), *la Kermesse* (1637, Louvre), *Hélène Fourment à la petite pelisse* (1639, Vienne), etc.

RUBICON (le), riv. séparant l'Italie de la Gaule Cisalpine. César le franchit avec son armée dans la nuit du 11 au 12 janvier 49 av. J.-C., sans l'autorisation du sénat : ce fut le commencement de la guerre civile. L'expression *franchir le Rubicon* signifie prendre une décision grave et en accepter les conséquences.

RUBINSTEIN (Anton Grigorievitch), pianiste et compositeur russe, né à Vykhvatintsy (1829-1894), fondateur du conservatoire de Saint-Pétersbourg.

RUBINSTEIN (Ida), danseuse et mécène russe, née à Kharkov (v. 1885-1960).

RUBINSTEIN (Artur), pianiste polonais, né à Łódź en 1886, célèbre par ses interprétations de Chopin.

RUBROEK, RUYSBROEK ou **RUBRUQUIS** (Guillaume DE), franciscain flamand, né à Rubroek, près de Cassel (v. 1220 - apr. 1293). Il fut envoyé en mission en Mongolie par Saint Louis auprès du grand khân. La relation de son voyage (1253-54) est une des principales sources pour l'histoire de la Mongolie au Moyen Âge.

Ruchard (camp du), camp militaire d'Indre-et-Loire (comm. d'Avon-les-Roches).

RÜCKERT (Friedrich), poète et orientaliste allemand, né à Schweinfurt (1788-1866), auteur de poèmes patriotiques et lyriques (*Kindertotenlieder*).

RÛDAKÎ, poète persan, né près de Rûdak (région de Samarkand) [fin du IXᵉ s. - 940], le premier grand poète lyrique de son pays.

RUDA SLĄSKA, v. de Pologne, en haute Silésie ; 152 000 h. Métallurgie.

RUDBECK (Olof), médecin suédois, né à Västerås (1630-1702). Il découvrit les vaisseaux lymphatiques.

RUDE (François), sculpteur français, né à Dijon (1784-1855). L'un des maîtres de l'école romantique, bien que nourri de tradition classique, il est l'auteur du *Départ des volontaires de 1792,* surnommé la *Marseillaise,* haut-relief* de l'arc de triomphe de l'Étoile (1833-1835).

RUDNICKI (Adolf), écrivain polonais, né à Varsovie en 1912, auteur de chroniques (*les Feuillets bleus*) et de nouvelles (*les Fenêtres d'or, le Marchand de Lodz*).

RUE (80120), ch.-l. de c. de la Somme ; 3 272 h. Beffroi et chapelle flamboyante du St-Esprit, des XVᵉ-XVIᵉ s. Sucrerie.

RUEFF (Jacques), économiste français, né à Paris (1896-1978), auteur d'ouvrages sur les problèmes monétaires. (Acad. fr.)

RUEIL-MALMAISON (92500), ch.-l. de c. des Hauts-de-Seine ; 64 429 h. (*Rueillois*). Château et musée napoléonien de Malmaison. Ce fut le séjour préféré du Premier consul, puis de l'im-

Rubens : *le Christ mis au tombeau*

Lauros-Giraudon

pératrice Joséphine après son divorce. Institut français du pétrole.

RUELLE (16600), ch.-l. de c. de la Charente, sur la Touvre ; 8 352 h. Usine d'armement.

RUFFEC (16700), ch.-l. de c. de la Charente ; 4 669 h. Église à façade romane du XIIᵉ s.

RUFFIÉ (Jacques), médecin et chercheur français, né à Limoux en 1921. Spécialiste de l'hématologie, il a donné de nouvelles bases à l'anthropologie physique.

RUFFIEUX (73310 Chindrieux), ch.-l. de c. de la Savoie ; 363 h.

RUFIN, en lat. **Flavius Rufinus,** homme politique romain, né à Elusa (auj. Eauze) [v. 335-395]. Ministre de Théodose Iᵉʳ et d'Arcadius, il entra en conflit avec Stilicon, qui le fit assassiner.

RUFISQUE, port du Sénégal ; 50 000 h.

RUGBY, v. d'Angleterre, sur l'Avon ; 52 000 h. Collège célèbre (où naquit le *rugby* en 1823).

RÜGEN, île de la Baltique (Allemagne démocratique) ; 926 km².

RUGGIERI (Cosimo), astrologue florentin (m. en 1615), favori de Catherine de Médicis.

RUGGIERI, famille d'artificiers originaires de Bologne.

RUGLES (27250), ch.-l. de c. de l'Eure ; 2 665 h. Tréfilerie. Église des XIIIᵉ-XVIᵉ s.

RUHMKORFF (Heinrich Daniel), mécanicien et électricien allemand, né à Hanovre (1803-1877), inventeur de la bobine d'induction qui porte son nom.

RUHR (la), riv. d'Allemagne, affl. du Rhin (r. dr.), qu'elle rejoint à Duisburg ; 232 km. Elle a donné son nom au riche bassin houiller qu'elle traverse. Sur l'extraction du charbon s'est édifié l'un des plus grands foyers industriels du monde. Toutes les branches d'activité sont représentées, mais, malgré le recul de l'extraction houillère, les industries lourdes (sidérurgie, chimie minérale, cimenterie, etc.) dominent encore. Près de 6 millions d'habitants se concentrent sur environ 4 500 km², formant une énorme conurbation dont les principaux centres sont : Essen, Düsseldorf, Dortmund, Duisburg, Wuppertal, etc. — Le territoire de la Ruhr fut occupé par les Français et les Belges de 1923 à 1925 à la suite de la non-exécution des clauses du traité de Versailles. Sévèrement bombardée pendant la Seconde Guerre mondiale, la Ruhr fut pourvue, de 1948 à 1952, d'un organisme allié de contrôle économique.

RUISDAEL (Jacob VAN) → RUYSDAEL.

RUITZ (62620 Barlin), comm. du Pas-de-Calais ; 1 046 h. Industrie automobile.

RUIZ DE ALARCÓN Y MENDOZA (Juan), poète dramatique espagnol, né au Mexique (v. 1581-1639), auteur de comédies (*la Vérité suspecte*) et de drames (*le Tisserand de Ségovie*).

RUMELANGE, v. du Luxembourg, près de la frontière française ; 4 000 h. Métallurgie. Chimie.

RUMFORD (Benjamin THOMPSON, *comte*), physicien américain, né à Woburn (Massachusetts) [1753-1814], auteur de recherches sur la chaleur et la lumière.

RUMIGNY (08290), ch.-l. de c. des Ardennes ; 472 h.

RUMILLY (74150), ch.-l. de c. de la Haute-Savoie ; 7 799 h. Industries alimentaires.

RUMMEL ou **RHUMEL** (le), fl. d'Algérie, dont les gorges entourent Constantine et qui prend plus en aval le nom d'*oued el-Kebir* ; 250 km.

RUMST, comm. de Belgique (prov. d'Anvers) ; 13 000 h.

RUNDSTEDT (Gerd VON), maréchal allemand, né à Aschersleben (1875-1953). Il commanda un groupe d'armées en Pologne, en France et en Russie (1939-1941). En décembre 1944, il dirigea l'ultime offensive de la Wehrmacht dans les Ardennes.

RUNEBERG (Johan Ludvig), écrivain finlandais d'expression suédoise, né à Jakobstad (1804-1877), auteur de poèmes lyriques et patriotiques (*Récits de l'enseigne Stål,* 1848).

RUNGIS (94150), comm. du Val-de-Marne ; 2 996 h. Depuis 1969, un marché-gare (produits alimentaires) y remplace les Halles de Paris.

RUOLZ (*comte* Henri DE), savant français, né à Paris (1811-1887). Avec l'Anglais Elkington, il découvrit un procédé de dorure de l'argent sans mercure (1840).

RUPEL (le), riv. de Belgique, affl. de l'Escaut (r. dr.) ; 12 km. Il est formé par la réunion de la Dyle et de la Nèthe.

RUPERT (le), fl. du Canada, tributaire de la baie James ; 600 km.

RUPERT (Robert, *comte palatin,* dit **le Prince**), amiral anglais, né à Prague (1619-1682). Chef royaliste, il essuya de nombreux échecs pendant la première révolution anglaise.

RUSE, v. de Bulgarie, sur le Danube ; 163 000 h.

RUSKIN (John), critique d'art, sociologue et écrivain anglais, né à Londres (1819-1900). Alliant la prédication morale et les initiatives pratiques à la réflexion sur l'art, il exalta l'architecture gothique et soutint le mouvement préraphaélite ainsi que la renaissance des métiers d'art.

RUSSELL (Edward), amiral anglais (1653-1727), vainqueur de Tourville en 1692 à La Hougue.

RUSSELL (John, *comte*), homme d'État britannique, né à Londres (1792-1878). Chef du parti whig, Premier ministre (1846-1852 ; 1865-66) et ministre des Affaires étrangères (1852-1855 ; 1860-1865), il lutta contre l'influence russe en Europe et compléta l'œuvre libre-échangiste de Peel.

RUSSELL (Bertrand), mathématicien, philosophe et logicien britannique, né à Trelleck (1872-1970). Partisan farouche de la paix, il défendit cette idée à travers de multiples débats et publications. Sa contribution à la logique mathématique fut fondamentale, notamment les *Principia mathematica* (1910-1913) qu'il écrivit en collaboration avec A. N. Whitehead. Dans son œuvre de logicien, il a élaboré une théorie empiriste de la connaissance. (Prix Nobel de littérature, 1950.)

RUSSELL (Henry Norris), astronome américain, né à Oyster Bay (1877-1957). Il confirma et précisa les travaux de Hertzsprung en établissant une classification des étoiles selon leur luminosité, et il eut l'idée de représenter sur un diagramme la distribution des étoiles en fonction de leur éclat absolu et de leur type spectral (1913).

RÜSSELSHEIM, v. de l'Allemagne fédérale (Hesse), sur le Main ; 49 000 h. Automobiles.

Russes blancs (*armées des*), formations militaires qui, aux ordres de Denikine, Koltchak et Wrangel, tentèrent, de 1918 à 1920, de s'opposer par les armes aux bolcheviks.

RUSSEY (Le) (25210), ch.-l. de c. du Doubs ; 1 874 h.

RUSSIE, nom appliqué naguère au vaste empire des tsars, qui s'étendait des rives de la Baltique au Pacifique. Aujourd'hui, il est restreint à la République socialiste fédérative soviétique russe (R.S.F.S.R.), qui constitue la masse principale de l'U.R.S.S.*, et qui compte

17 075 000 km²; 130 079 000 h. (Russes). Cap. Moscou; v. pr. Leningrad. Cette république, à la fois européenne et asiatique, s'étire de la Baltique au Pacifique et de l'océan Arctique aux frontières de la Chine et de la Mongolie, englobant la presque totalité du bassin de la Volga et de la Sibérie.

HISTOIRE

— VIIIᵉ-IXᵉ s. : les Varègues commercent dans le pays.
— 862 : Riourik, répondant à l'appel des Varègues, règne sur Novgorod.
— Fin du IXᵉ s. : Kiev, capitale du premier État russe.
— 980-1015 : règne de Vladimir Iᵉʳ le Grand, qui introduit le christianisme en Russie. L'État kiévien se donne un accès sur la mer Noire, s'étend vers l'ouest et le nord-est et commerce avec l'Occident, Byzance et l'islâm. Essor des villes russes.
— 1019-1054 : règne de Iaroslav le Sage.
— XIIᵉ s. : affaiblissement de la principauté de Kiev. Émigration vers le sud-ouest et surtout vers le nord-est, où prospère la principauté de Vladimir-Souzdal.
— 1238-1242 : invasion mongole. Seule Novgorod reste indépendante grâce à Alexandre Nevski.
— 1263 : naissance de la principauté de Moscou.
— 1326 : le métropolite s'installe à Moscou.
— 1328 : Ivan Iᵉʳ Danilovitch reçoit de la Horde d'Or le titre de grand-prince.
— 1359-1389 : Dimitri Donskoï mène la croisade contre les Mongols.
— Fin du XVᵉ s.-XVIᵉ s. : Basile Iᵉʳ (Vassili Iᵉʳ) [1389-1425] et Basile II (Vassili II) [1425-1462] consolident la puissance de Moscou face à la Lituanie. Ivan III (1462-1505) achève le rassemblement et la libération de la Russie centrale.
— 1547 : Ivan IV le Terrible (m. en 1584) prend le titre de tsar.
— 1549 : création de l'assemblée des représentants de la nation (Zemski Sobor).
— 1552-1556 : Ivan IV élimine définitivement les Mongols, annexe la région de la Volga et amorce l'expansion russe en Sibérie.
— 1598 : mort de Fédor Iᵉʳ; extinction de la dynastie riourikide.
— 1598-1605 : règne de Boris Godounov.
— 1605-1613 : temps des troubles.
— 1613-1645 : règne du premier Romanov, Michel Fédorovitch.
— 1645-1676 : règne d'Alexis Mikhaïlovitch. Restauration nationale. Code de 1649, schisme des vieux-croyants, ou raskolniks (1666-67). Annexion de l'Ukraine orientale (1667).
— 1676-1682 : règne de Fédor III.
— 1682-1725 : règne de Pierre Iᵉʳ le Grand. Guerre du Nord (1700-1721), qui se termine par l'annexion de la Livonie, de l'Estonie, de l'Ingrie et d'une partie de la Carélie. Fondation de Saint-Pétersbourg (1703). Création d'un Sénat (1711) et de collèges ministériels (1718-1722). Le patriarcat, remplacé par le Saint-Synode (1721).
— 1725-1727 : règne de Catherine Iʳᵉ, épouse de Pierre le Grand. Instauration du Haut Conseil secret.
— 1727-1730 : règne de Pierre II.
— 1730-1740 : règne d'Anna Ivanovna, nièce de Pierre le Grand. Guerre russo-turque (1735-1739). Domination du parti allemand.
— 1741-1762 : règne d'Élisabeth Petrovna, fille de Pierre le Grand. Développement économique. Fondation d'écoles militaires et de l'université de Moscou (1755). Les Russes, vainqueurs de la Prusse; ils entrent à Berlin (1760).
— 1762-1796 : règne de Catherine II la Grande; elle se débarrasse de son époux, Pierre III, qui a signé une paix séparée avec la Prusse. Révolte de Pougatchev (1773-74). Introduction du servage en Ukraine (1783). Charte de la noblesse (1785). Acquisitions territoriales à la suite des partages de la Pologne (1793-1795) et des guerres russo-turques (1768-1774 et 1787-1791).
— 1796-1801 : règne de Paul Iᵉʳ. Adhésion à la deuxième coalition contre la France, puis rapprochement avec celle-ci. Annexion de la Géorgie (1801). Assassinat du tsar.
— 1801-1825 : règne d'Alexandre Iᵉʳ. Échec de la libéralisation du régime. Campagnes contre

la France (1805-1807). Traités de Tilsit (1807). Annexion de la Finlande (1809). Guerre russo-turque (1806-1812) : acquisition de la Bessarabie. Guerre patriotique de 1812. Victoire contre la France (1814-15). Sainte-Alliance et congrès de Vienne (1815). Acquisition du royaume de Pologne.
— 1825-1855 : règne de Nicolas Iᵉʳ. Mouvement des décabristes (1825). Triomphe de l'autocratie. Répression de la révolte polonaise (1830-31) et hongroise (1848-49). Influence russe grandissante dans les Balkans. Conventions des Détroits (1840-41). Pénétration en Arménie. Guerre de Crimée (1854-1856) : défaite russe.
— 1855-1881 : règne d'Alexandre II. Développement des voies ferrées et révolution industrielle. Affranchissement des paysans de l'État (1858). Liberté personnelle accordée aux serfs (1861); création des zemstvos (1864). Écrasement de l'insurrection polonaise (1863); raidissement du régime. Développement du nihilisme et du terrorisme. Conquête de l'Asie centrale et expansion vers l'Extrême-Orient (1859-1880). Guerre russo-turque (1877-78), dont les bénéfices sont rognés par le congrès de Berlin (1878). Assassinat du tsar.
— 1881-1894 : règne d'Alexandre III. Persécution des nihilistes. Influence réactionnaire de Pobedonostsev. Expansion poursuivie par Skobelev en Asie centrale. Mesures antisémites (1882). Développement industriel. Débuts du Transsibérien (1891). Rapprochement avec la France.
— 1894-1917 : règne de Nicolas II. Fondation du parti social-révolutionnaire (1901-1902). Les bolcheviks (Lénine), majoritaires (1903). Alliance franco-russe. Guerre russo-japonaise, désastreuse pour la Russie (1904-1905). Révolution manquée (1905-1906). Stolypine, ministre de l'Intérieur (1906), assassiné (1911). La première (avr.-juill. 1906) et la deuxième douma (mars-juin 1907) rapidement dissoutes. Troisième douma (1907-1912), favorable au gouvernement. La quatrième douma (1912-1917) réclame en vain un régime parlementaire. Multiplication des grèves après 1912. La Russie dans la Première Guerre mondiale (1914).
— 1917 : révolution russe, qui aboutira, grâce aux bolcheviks, à la création de l'U. R. S. S.*

Russie (campagne de), expédition offensive menée en 1812 en Russie par les armées de Napoléon. Après avoir pris Moscou, ces armées durent entamer une longue et désastreuse retraite.

RUSSIE BLANCHE → BIÉLORUSSIE.

russo-japonaise (guerre), guerre entre le Japon et la Russie (févr. 1904 - sept. 1905), marquée par le siège de Port-Arthur et les défaites russes de Moukden et de Tsushima. Le traité de Portsmouth (États-Unis) contraignit les Russes à évacuer la Mandchourie et établit le protectorat japonais sur la Corée.

RUSTENBURG, v. de l'Afrique du Sud (Transvaal). Centre d'extraction du platine.

RUTEBEUF, poète français (m. v. 1285), auteur de poèmes satiriques, d'une branche du Roman de Renart (Renart le Bestourné) et d'un des plus anciens «miracles de Notre-Dame», le Miracle de Théophile.

RUTH, personnage biblique, femme de Booz, ancêtre de David. Le livre de Ruth (Vᵉ s. av. J.-C.) est une histoire idéalisée qui met en œuvre d'anciennes traditions populaires.

RUTHÉNIE SUBCARPATIQUE ou **UKRAINE SUBCARPATIQUE,** anc. région orientale de la Tchécoslovaquie, annexée par la Hongrie en 1939 et cédée à l'U. R. S. S. (Ukraine) en 1945.

RUTHERFORD OF NELSON (Ernest, lord), physicien anglais, né à Nelson (Nouvelle-Zélande) [1871-1937]. Il montra que les particules alpha sont des noyaux d'hélium et donna la loi des transformations radioactives. Il réalisa la première transmutation d'atome en 1919. (Prix Nobel, 1908.)

RÜTLI (le), prairie de la Suisse, sur la partie sud-est du lac des Quatre-Cantons, célèbre par le serment prêté par les patriotes des cantons

d'Uri, de Nidwald et de Schwyz, qui voulaient, sous la conduite de Walter Fürst, d'Arnold de Melchtal et de Werner Stauffacher, se débarrasser de la tyrannie d'Albert d'Autriche. Ce serment aboutit à la conclusion du Pacte d'alliance perpétuelle (1ᵉʳ août 1291).

RUTULES, anc. peuple du Latium.

RUUSBROEC (Jan VAN) → VAN RUUSBROEC.

J. Van **Ruysdael** : le Cimetière juif (v. 1650)

RUWENZORI, massif montagneux de l'Afrique, entre le Zaïre et l'Ouganda; 5 119 m.

Ruy Blas, drame en cinq actes, en vers, de V. Hugo (1838). Un valet, amoureux d'une reine, devient un puissant ministre, puis se sacrifie pour ne pas compromettre la souveraine.

RUYNES-EN-MARGERIDE (15320), ch.-l. de c. du Cantal; 584 h.

RUYSBROEK (Guillaume DE) → RUBROEK.

RUYSBROEK (Jan VAN) → VAN RUUSBROEC.

RUYSDAEL ou **RUISDAEL** (Jacob VAN), peintre hollandais, né à Haarlem (1628/29-1682). Son œuvre marque à la fois un sommet de l'école paysagiste hollandaise et le dépassement de celle-ci par la force d'une vision dramatique ou lyrique qui préfigure le romantisme (le Cimetière juif, versions de Dresde et de Detroit; le Coup de soleil, Louvre). Il était le neveu du paysagiste **Salomon Van Ruysdael** (v. 1600-1670).

RUYTER (Michiel Adriaansz. DE), amiral hollandais, né à Flessingue (1607-1676). Il sema la panique à Londres en incendiant les navires anglais (1667), arrêta la flotte franco-britannique en Zélande (1673) et fut vaincu par Duquesne en 1676 devant le port sicilien d'Augusta.

RUŽIČKA (Leopold), chimiste suisse, né à Vukovar (Croatie) [1887-1976], auteur de recherches sur les terpènes et les hormones. (Prix Nobel, 1939.)

RUZZANTE (Angelo BEOLCO, dit), acteur et auteur dramatique italien, né à Padoue (1502-1542). Il écrivit en dialecte padouan.

RWANDA → RUANDA.

RYBINSK, v. de l'U. R. S. S. (R. S. F. S. de Russie); 237 000 h. Centrale hydroélectrique sur la Volga supérieure.

RYBNIK, v. de Pologne, en haute Silésie; 104 000 h. Centre houiller.

RYDBERG (Johannes Robert), physicien suédois, né à Halmstad (1854-1919). Il établit une relation entre les spectres des divers éléments chimiques.

RYDZ-ŚMIGLY (Edward), maréchal polonais, né à Lwów (1886-1944). Il commanda en chef les forces polonaises en 1939.

RYES [ri] (14400 Bayeux), ch.-l. de c. du Calvados; 338 h.

RYSWICK, auj. **Rijswijk,** v. des Pays-Bas; 54 000 h. En sept.-oct. 1697 y furent signés les traités qui mirent fin à la guerre de la ligue d'Augsbourg.

RYUKYU, archipel japonais du Pacifique, entre Kyūshū et T'ai-wan; 2 245 km²; 993 000 h. Ch.-l. Naha (dans l'île d'Okinawa*, la plus grande de l'archipel). Bases de l'armée américaine.

RZESZÓW, v. du sud-est de la Pologne; 100 000 h.

Stockholm : la cité « entre les ponts » (vieille ville) sur le lac Mälaren.

S

S. A. (abrév. de *SturmAbteilung,* section d'assaut), formation paramilitaire de l'Allemagne nazie, créée en 1921 par Röhm. Comptant environ 3 millions de membres *(Chemises brunes)* en 1933, les S. A. jouèrent un rôle essentiel dans l'accession de Hitler au pouvoir. Après l'élimination de Röhm (1934), elles perdirent leur importance.

SAADI → SAʻDĪ.

SAALE (la), riv. d'Allemagne, affl. de l'Elbe (r. g.); 427 km. Elle passe à Iéna et à Halle.

SAALES (67420), ch.-l. de c. du Bas-Rhin, dans les Vosges, près du *col de Saales* (556 m); 1 045 h.

SAALFELD, v. de l'Allemagne démocratique, sur la Saale; 34 000 h.

SAARINEN (Eero), architecte et designer finlandais, né à Kirkkonummi (1910-1961). Avec son père, ELIEL, né à Helsinki (1873-1950), il joua un rôle important dans l'évolution de l'architecture moderne aux États-Unis (aérogare TWA à New York-Idlewild, 1956).

SAAS FEE, station d'été et de sports d'hiver de Suisse (Valais) [alt. 1 800-3 200 m].

SAAVEDRA LAMAS (Carlos), homme politique argentin, né à Buenos Aires (1878-1959). [Prix Nobel de la paix, 1936.]

SABA, en ar. Saba', anc. royaume du sud-ouest de la péninsule arabique (Yémen). Il connut une période de grande prospérité entre les VIIIe et Ier s. av. J.-C., et disparut au VIe s. de l'ère chrétienne.

SABA *(reine de),* reine légendaire d'Arabie, dont la Bible mentionne la visite au roi Salomon. Le Coran reprend cet épisode et donne à la souveraine le nom de *Balkis.*

SABA (Umberto POLI, dit **Umberto**), poète italien, né à Trieste (1883-1957), dont l'œuvre, marquée par la double expérience de la psychanalyse et de la persécution raciste, se fonde sur les rêves de l'enfance *(Il Canzoniere).*

SABADELL, v. d'Espagne (prov. de Barcelone); 159 000 h. Textile.

SABAH, anc. **Bornéo-Septentrional,** territoire de la fédération de Malaysia, colonie britannique de 1877 à 1963; 73 700 km²; 800 000 h. Cap. *Kota Kinabalu.*

SABART, écart de la comm. de Tarascon-sur-Ariège*. Aluminium.

SABATIER (Auguste), théologien protestant français, né à Vallon-Pont-d'Arc (1839-1901).

SABATIER (Paul), chimiste français, né à Carcassonne (1854-1941), connu pour ses travaux sur les hydrogénations catalytiques réalisées grâce au nickel réduit. (Prix Nobel, 1912.)

SÁBATO (Ernesto), écrivain argentin, né à Rojas en 1911. Physicien, il abandonna ses recherches scientifiques pour se consacrer à une forme de roman qui unit le rythme du roman policier à la méditation philosophique *(Alejandra, l'Ange des ténèbres).*

SABELLIENS, en lat. **Sabelli,** anc. groupe de populations de l'Apennin issues des Sabins.

SABELLIUS, hérésiarque du IIIe s., initiateur d'une doctrine (qui prendra des formes diverses) tendant à nier ou à réduire la distinction des trois personnes de la Trinité.

SABIN (Albert Bruce), médecin américain d'origine russe, né à Białystok en 1906, qui mit au point le vaccin antipoliomyélitique buvable.

SABINE, anc. région de l'Italie centrale, habitée par les Sabins.

SABINS, anc. population d'Italie centrale liée aux débuts de l'histoire de Rome et rapidement romanisée. Après Romulus, deux rois sabins régnèrent sur Rome : Numa Pompilius (v. 715-672) et Ancus Martius (v. 640-616 av. J.-C.).

SABINS *(monts),* massif montagneux d'Italie, dans le Latium.

SABINUS (Julius) [m. en 79 apr. J.-C.], chef gaulois qui tenta en 69-70 de rendre à la Gaule son indépendance. Il fut mis à mort, avec son épouse, Éponine, par Vespasien.

SABLÉ (Madeleine DE SOUVRÉ, marquise DE), femme de lettres française, née en Touraine (1599-1678). Elle tint un salon célèbre et lança la mode des portraits et des maximes.

SABLES-D'OLONNE (Les) [85100], ch.-l. d'arr. de la Vendée, sur l'Atlantique; 18 204 h. *(Sablais).* Station balnéaire et port de pêche. Musée de l'anc. abbaye Ste-Croix.

SABLES-D'OR-LES-PINS (les) [22240 Fréhel], station balnéaire des Côtes-du-Nord.

SABLÉ-SUR-SARTHE (72300), ch.-l. de c. de la Sarthe; 11 761 h. *(Saboliens).* Château du début du XVIIIe s.

SABRES (40630), ch.-l. de c. des Landes; 1 148 h.

SABUNDE, SEBOND ou **SEBONDE** (Raimundo) ou **SIBIUDA** (Ramon), médecin et philosophe espagnol, né à Barcelone ou à Gérone (m. en 1436). Sa *Théologie naturelle* fut traduite par Montaigne, qui consacra à son *Apologie* un chapitre de ses *Essais.*

SACCHETTI (Franco), écrivain italien, né à Raguse (v. 1330 - v. 1400), auteur de contes réalistes *(les Trois Cents Nouvelles).*

SACCHINI (Antonio), compositeur italien, né à Florence (1730-1786), auteur d'opéras *(Œdipe à Colone).*

Sacco et Vanzetti *(affaire),* affaire judiciaire américaine. L'exécution, en 1927, de deux anarchistes italiens immigrés, Nicola Sacco (né en 1891) et Bartolomeo Vanzetti (né en 1888), condamnés à mort (1921) sans preuves certaines pour un double assassinat, provoqua de vives protestations dans le monde.

Sacerdoce et de l'Empire *(lutte du),* conflit qui opposa, en Allemagne et en Italie, l'autorité pontificale (Sacerdoce) à l'autorité laïque (Empire) [1157-1250]. Commencée par la lutte entre le pape Alexandre III et l'empereur Frédéric Ier Barberousse, elle se termina par la victoire du pape Innocent IV sur Frédéric II; en fait l'influence de la papauté en sortit diminuée.

SACHER-MASOCH (Leopold, *chevalier* VON), écrivain autrichien, né à Lemberg (v. 1836-1895), auteur de contes et de romans *(Vénus à la fourrure)* où s'exprime un érotisme dominé par la volupté de la souffrance (le *masochisme).*

SACHS (Hans), poète allemand, né à Nuremberg (1494-1576), auteur de pièces lyriques *(le Rossignol de Wittenberg),* de farces et de drames qui se rattachent à la tradition médiévale. Wagner en a fait le héros de ses *Maîtres chanteurs.*

SACHS (Nelly), femme de lettres suédoise d'origine allemande, née à Berlin (1891-1970), auteur de poèmes et de drames inspirés de la tradition biblique et juive. (Prix Nobel, 1966, avec Agnon.)

SACKVILLE (Thomas), *baron* de Buckhurst et *comte* de Dorset, homme d'État et poète anglais, né à Buckhurst (Sussex) [v. 1530-1608], auteur, avec Thomas Norton, de la première tragédie classique anglaise, *Gorboduc ou Ferrex et Porex* (1561-62).

SACLAY (91400 Orsay), comm. de l'Essonne; 2 037 h. Centre de recherches nucléaires.

SACRAMENTO, v. des États-Unis, cap. de la Californie, sur le *Sacramento,* tributaire de la baie de San Francisco (620 km); 254 000 h.

Sacre du printemps *(le),* ballet en deux parties, musique d'I. Stravinski, chorégraphie de Nijinski, créé par les Ballets russes (1913). Version de M. Béjart (1959).

SACRÉ *(mont),* colline au nord-est de Rome, sur laquelle les plébéiens se retirèrent, en 494 av. J.-C., pour protester contre le despotisme des patriciens (sécession de la plèbe).

Sacré-Cœur *(basilique du),* construite à Paris, sur la butte Montmartre, d'après les plans de Paul Abadie (1876-1910).

sacrées *(guerres),* nom donné à quatre guerres entre les cités grecques, qui eurent lieu entre 590 et 338 av. J.-C. Déclenchées par

1533

l'amphictyonie de Delphes pour défendre les droits du temple d'Apollon, elles avaient pour véritable but de s'assurer le contrôle des richesses du sanctuaire. Elles se terminèrent par l'intervention de Philippe de Macédoine, qui soumit les cités grecques à son pouvoir.

SADATE (Anouar **el-**) ou Anwar **al-SÂDÂT,** homme d'État égyptien, né dans le gouvernorat de Ménoufieh (1918-1981). Après avoir participé au coup d'État de 1952, il devient ministre d'État et président de l'Assemblée nationale. Vice-président de la République (1969), il succède à Nasser, comme président, en octobre 1970. Après la quatrième guerre israélo-arabe (1973), il se rapproche d'Israël; en mars 1979, il signe avec cet État un traité de paix. En octobre 1981, il est assassiné lors d'un défilé militaire. (Prix Nobel de la paix, 1978.)

Sadd al-'Ali («haut barrage»), nom ar. du *second* ou *haut barrage d'Assouan**.

SADE (Donatien Alphonse François, *marquis* DE), écrivain français, né à Paris (1740-1814). Son œuvre, qui est à la fois la théorie et l'illustration du *sadisme**, forme le double pathologique des philosophies naturalistes et libérales du siècle des lumières (*Justine ou les Malheurs de la vertu, la Philosophie dans le boudoir*).

SÁ DE MIRANDA (Francisco DE), humaniste et écrivain portugais, né à Coimbra (v. 1481-1558). Son œuvre théâtrale et poétique est marquée par l'influence italienne.

SA'DI ou **SAADI** (Mucharrif al-Dīn), poète persan, né à Chirâz (1213 - v. 1292), auteur du *Gulistân* et du *Bustân.*

SADOLET (Jacques), en ital. **Iacopo Sadoleto,** cardinal et humaniste italien, né à Modène (1477-1547). Il chercha à réconcilier catholiques et protestants.

SADOUL (Georges), journaliste et écrivain français, né à Nancy (1904-1967), spécialiste de l'histoire du cinéma.

SADOVEANU (Mihail), écrivain roumain, né à Paşcani (Moldavie) [1880-1961]. Ses romans évoquent la vie des campagnes moldaves.

SADOWA ou **SADOVÁ,** bourg de la Bohême orientale. Victoire décisive des Prussiens sur les Autrichiens (3 juill. 1866).

SAENREDAM (Pieter), peintre et dessinateur néerlandais, né à Assendelft (1597-1665). Ses tableaux sont des paysages urbains et surtout des intérieurs d'églises, remarquables par leur simplicité, leur transparence, leur poésie silencieuse.

SAFAŘIK (Pavel Josef), philologue tchèque, né à Kobeliarovo (1795-1861), auteur d'un ouvrage sur les *Antiquités slaves* (1837).

SAFI, port du Maroc, sur l'Atlantique; 129 000 h. Monuments anciens. Pêche et conserveries. Chimie.

SAGA, v. du Japon (Kyūshū); 143 000 h.

SAGAMIHARA, v. du Japon (Honshū); 278 000 h.

SAGAN (Carl), astrophysicien américain, né à New York en 1934. Il a joué un rôle majeur dans la mise au point des programmes spatiaux américains. C'est aussi un vulgarisateur scientifique de talent.

SAGAN (Françoise QUOIREZ, dite **Françoise**), femme de lettres française, née à Cajarc en 1935,

auteur de romans (*Bonjour tristesse, le Lit défait*) et de pièces de théâtre.

SÁGAR ou **SAUGOR,** v. de l'Inde (Madhya Pradesh); 155 000 h.

SAGASTA (Práxedes Mateo), homme politique espagnol, né à Torrecilla de Cameros (1827-1903). Plusieurs fois Premier ministre de 1881 à 1902, il instaura le suffrage universel et les libertés fondamentales.

Sages (*les Sept*), nom donné par la tradition grecque à sept personnages, philosophes ou hommes d'État du VIᵉ s. av. J.-C., parmi lesquels Solon d'Athènes et Thalès de Milet.

Sagesse (*livre de la*), livre rédigé en grec v. 50 av. J.-C. L'auteur montre le rôle de la sagesse divine dans la destinée de l'homme et son action dans l'histoire d'Israël.

SAGINAW, v. des États-Unis (Michigan); 91 000 h.

SAGITTAIRE (le), constellation zodiacale dont la direction correspond à celle du centre de la Galaxie. — Neuvième signe du zodiaque, que quitte le Soleil au solstice d'hiver.

SAGONE (20118), port de Corse (comm. de Vico), sur le *golfe de Sagone.*

SAGONTE, v. de l'Espagne ancienne. Le siège de Sagonte par Hannibal (219 av. J.-C.) est à l'origine de la deuxième guerre punique. C'est l'actuelle *Sagunto;* 45 000 h. Sidérurgie.

SAGRO-DI-SANTA-GIULIA (canton de), cant. de la Haute-Corse; ch.-l. *Brando.*

SAGUENAY (le), riv. du Canada (Québec), affl. du Saint-Laurent (r. g.); 200 km. Installations hydroélectriques.

SAHARA (le), le plus vaste désert du monde, en Afrique, s'allongeant sur 5 000 km de l'Atlantique à la mer Rouge et sur 2 000 km du pied méridional de l'Atlas et du littoral de la Méditerranée orientale à une ligne joignant Saint-Louis à Khartoum, limite septentrionale du climat sahélien. De part et d'autre du tropique du Cancer, il s'étend sur le Maroc, l'Algérie, la Tunisie, la Libye, l'Égypte, le Soudan, le Tchad, le Niger, le Mali, la Mauritanie et le Sahara occidental. L'unité du Sahara est due à la sécheresse extrême du climat, qui rend les cultures impossibles en dehors des oasis. Mais le relief présente des aspects variés : au centre et à l'est, les grands massifs montagneux, en partie volcaniques, du *Hoggar*, de l'*Aïr* et du *Tibesti;* au nord, les dunes du *Grand Erg;* dans de nombreuses autres régions, de vastes plaines et des plateaux couverts de pierres (les *regs*). Malgré l'ouverture de voies modernes de pénétration, les progrès de la sédentarisation, le Sahara demeure encore le domaine des grands nomades éleveurs de chameaux (Maures et Touaregs). Les richesses du sous-sol (fer de Mauritanie, pétrole de Libye et d'Algérie) n'ont que très localement transformé l'économie du désert.
— L'abondance des fossiles et de l'outillage néolithique atteste une ère de vie foisonnante du Iᵉʳ au IIᵉ millénaire. Les Arabes s'infiltrèrent au Sahara à partir du VIIᵉ s., implantant l'islâm. Le Sahara fut, dans sa majeure partie, conquis par les Français à la fin du XIXᵉ s. : en 1894, ils prirent Tombouctou; en 1902, ils obtinrent la soumission des Touaregs. Les Espagnols organisèrent, à partir de 1884, leur colonie du Sahara occidental.

SAHARA OCCIDENTAL, territoire correspondant à l'anc. Sahara espagnol; 266 000 km²; 76 000 h. Phosphates. — Le Sahara occidental fut une province espagnole de 1958 à 1976. Partagé entre la Mauritanie et le Maroc, malgré l'opposition armée du Front Polisario — qui y a proclamé la naissance d'un État sahraoui indépendant —, le Sahara occidental, après son évacuation par la Mauritanie en 1979, est uni au territoire marocain.

SAHÁRANPUR, v. de l'Inde (Uttar Pradesh); 226 000 h. Métallurgie.

SAHEL (le) [nom ar. signif. *bordure, littoral*], régions proches des côtes en Algérie et en Tunisie. Auj., le terme désigne aussi et surtout la zone qui borde le Sahara vers le sud.

SAÏAN, montagnes comprises entre l'U.R.S.S. et la Mongolie; 3 491 m.

SAÏDA, v. d'Algérie, ch.-l. de wilaya, au pied des *monts de Saïda;* 33 000 h.

SAÏDA, v. du Liban → ṢAYDA.

SA'ID PACHA (Muhammad), né au Caire (1822-1863). Fils de Méhémet-Ali, vice-roi d'Égypte (1854-1863), il soutint le projet français du canal de Suez.

SAIGNES (15240), ch.-l. de c. du Cantal; 735 h.

SAIGON → HÔ CHI MINH-VILLE.

SAIKAKU, écrivain japonais, né à Ōsaka (1642-1693). Il créa dans son pays le roman de mœurs réaliste et satirique (*Vie d'une femme libertine,* 1686).

SAILER (Toni), skieur autrichien, né à Kitzbühel en 1935, triple champion olympique en 1956.

SAILLAGOUSE-LLO (66800), ch.-l. de c. des Pyrénées-Orientales; 945 h.

SAILLANS (26340), ch.-l. de c. de la Drôme; 878 h.

SAILLAT-SUR-VIENNE (87720), comm. de la Haute-Vienne; 1270 h. Cellulose et extraits tannants.

SAINCAIZE-MEAUCE (58000 Nevers), comm. de la Nièvre; 614 h. Nœud ferroviaire.

SAINGHIN-EN-WEPPES [-wɛp] (59184), comm. du Nord; 5 270 h.

SAINS-EN-GOHELLE [sɛ̃-] (62114), comm. du Pas-de-Calais; 5 186 h.

SAINS-RICHAUMONT (02530), ch.-l. de c. de l'Aisne; 1 183 h.

SAINT-ACHEUL, faubourg d'Amiens. Anc. abbaye. Station préhistorique, éponyme du faciès *acheuléen* (paléolithique inférieur).

SAINT-AFFRIQUE (12400), ch.-l. de c. de l'Aveyron, sur la Sorgue; 9 215 h.

SAINT-AGNANT (17620), ch.-l. de c. de la Charente-Maritime; 1 346 h.

SAINT-AGRÈVE (07320), ch.-l. de c. de l'Ardèche; 2 718 h.

SAINT-AIGNAN (41110), ch.-l. de c. de Loir-et-Cher, sur le Cher; 3 680 h. Église en partie romane (peintures). Château Renaissance.

SAINT-AIGNAN-SUR-ROÉ (53390), ch.-l. de c. de la Mayenne; 800 h.

SAINT-ALBAN-LEYSSE (73230), ch.-l. de c. de la Savoie; 3 097 h.

SAINT ALBANS, v. de Grande-Bretagne, au nord de Londres; 50 000 h. Cathédrale des XIᵉ-XIIIᵉ s. Pendant la guerre des Deux-Roses, batailles gagnées l'une par le parti d'York (1455), l'autre par le parti de Lancastre (1461).

SAINT-ALBAN-SUR-LIMAGNOLE (48120), ch.-l. de c. de la Lozère; 2 321 h.

SAINT-AMAND-EN-PUISAYE (58310), ch.-l. de c. de la Nièvre; 1 337 h. Château Renaissance. Parqueterie.

SAINT-AMAND-LES-EAUX (59230), ch.-l. de c. du Nord, sur la Scarpe; 16 948 h. (*Amandinois*). Remarquable tour (XVIIᵉ s.) de l'anc. abbaye. Station thermale (boues radioactives). Parc naturel régional (*Saint-Amand-Raismes*).

SAINT-AMAND-LONGPRÉ (41310), ch.-l. de c. de Loir-et-Cher; 940 h.

SAINT-AMAND-MONTROND (18200), ch.-l. d'arr. du Cher, sur le Cher; 12 771 h. (*Saint-Amandois*). Église romane. Métallurgie. Aux environs, anc. abbaye cistercienne de Noirlac (fondée en 1150) et château de Meillant (XIVᵉ-XVIᵉ s.).

SAINT-AMANS (48700), ch.-l. de c. de la Lozère; 195 h.

SAINT-AMANS-DES-COTS (12460), ch.-l. de c. de l'Aveyron; 931 h.

SAINT-AMANS-SOULT [-sult] (81240), ch.-l. de c. du Tarn; 1741 h. Patrie du maréchal Soult.

SAINT-AMANT (Marc Antoine GIRARD, *sieur* DE), poète français, né à Quevilly (1594-1661), auteur de poèmes réalistes (*le Melon*), satiriques et lyriques (*la Solitude*). [Acad. fr.]

SAINT-AMANT-DE-BOIXE (16330), ch.-l. de c. de la Charente; 877 h. Monumentale église, anc. abbatiale romane.

SAINT-AMANT-ROCHE-SAVINE (63890), ch.-l. de c. du Puy-de-Dôme; 666 h.

Sa'dī

Anouar **el-Sadate**

Lauros-Giraudon

M. Bar am-Magnum

SAINT-AMANT-TALLENDE (63450), ch.-l. de c. du Puy-de-Dôme; 1 426 h.

SAINT-AMARIN (68550), ch.-l. de c. du Haut-Rhin; 2 035 h.

SAINT-AMBROIX (30500), ch.-l. de c. du Gard; 3 829 h.

SAINT-AMOUR (39160), ch.-l. de c. du Jura; 2 853 h. Vins.

SAINT-AMOUR (Guillaume DE) → GUILLAUME *de Saint-Amour*.

SAINT-ANDRÉ (97440), ch.-l. de c. de la Réunion; 25 346 h.

SAINT-ANDRÉ (59350), comm. du Nord; 12 415 h. Industries textiles et chimiques.

Saint-André (*ordre de*), le plus élevé des ordres militaires de la Russie tsariste (créé en 1698).

SAINT-ANDRÉ-DE-CUBZAC (33240), ch.-l. de c. de la Gironde, près de la Dordogne; 5 020 h. Vins rouges.

SAINT-ANDRÉ-DE-L'EURE (27220), ch.-l. de c. de l'Eure, dans la *plaine de Saint-André*; 2 501 h.

SAINT - ANDRÉ - DE - VALBORGNE (30940), ch.-l. de c. du Gard; 429 h.

SAINT-ANDRÉ-LES-ALPES (04170), ch.-l. de c. des Alpes-de-Haute-Provence; 945 h.

SAINT-ANDRÉ-LES-VERGERS (10120), comm. de l'Aube; 10 378 h. (*Driats*). Bonneterie.

SAINT ANDREWS, v. d'Écosse, sur la mer du Nord; 10 000 h. Université. Cathédrale en ruine, du XIIᵉ s.

Saint-Ange (*château*), à Rome, mausolée d'Hadrien, achevé en 139. Il servit de sépulture aux empereurs jusqu'à Septime Sévère. Fortifié dès le Bas-Empire, il fut tour à tour citadelle papale, caserne, prison d'État. Il a été plusieurs fois détruit et remanié (seule la structure cylindrique centrale date de l'époque romaine).

SAINT-ANTHÈME (63660), ch.-l. de c. du Puy-de-Dôme; 1 215 h. Sports d'hiver (alt. 940-1 400 m).

SAINT-ANTON → SANKT ANTON AM ARLBERG.

SAINT-ANTONIN-NOBLE-VAL (82140), ch.-l. de c. de Tarn-et-Garonne; 1 831 h. Anc. hôtel de ville en partie d'époque romane.

SAINT-APOLLINAIRE (21000 Dijon), comm. de la Côte-d'Or; 3 795 h. Électronique.

SAINT-ARNAUD (ARNAUD, dit **Achille Leroy** de), maréchal de France, né à Paris (1798-1854). Ministre de la Guerre, il organisa le coup d'État du 2 décembre 1851, puis fut vainqueur des Russes à l'Alma (1854).

SAINT - ARNOULT - EN - YVELINES (78730), ch.-l. de c. des Yvelines; 3 016 h.

SAINT-ASTIER (24110), ch.-l. de c. de la Dordogne; 4 517 h. Carrières. Centre d'instruction des gendarmes auxiliaires.

SAINT-AUBAN (06850), ch.-l. de c. des Alpes-Maritimes; 225 h.

SAINT-AUBAN (04600) → CHÂTEAU-ARNOUX*.

SAINT-AUBAN (DE), artistes parisiens du XVIIIᵉ s., dont les plus connus sont trois frères, fils d'un brodeur du roi : CHARLES (1721-1786), dessinateur en broderie et graveur, auteur de dessins de fleurs et du recueil plein de fantaisie *Essai de papillonneries humaines*; GABRIEL (1724-1780), peintre, dessinateur et graveur, auteur de vivants tableaux à l'eau-forte de la vie parisienne; AUGUSTIN (1736-1807), dessinateur et graveur, qui excella dans la vignette, l'ornement, le portrait.

SAINT-AUBIN-D'AUBIGNÉ (35250), ch.-l. de c. d'Ille-et-Vilaine; 1 770 h.

SAINT-AUBIN-DU-CORMIER (35140), ch.-l. de c. d'Ille-et-Vilaine; 3 158 h. Donjon.

SAINT - AUBIN - LÈS - ELBEUF (76410) Cléon), comm. de la Seine-Maritime; 8 897 h. Industrie chimique. Crayons.

SAINT-AUBIN-SUR-MER (14750), comm. du Calvados; 1 189 h. Station balnéaire.

SAINT-AUBIN-SUR-MER (76740 Fontaine le Dun), comm. de la Seine-Maritime; 235 h. Station balnéaire.

SAINT-AULAYE (24410), ch.-l. de c. de la Dordogne; 1 398 h. Église du XIIᵉ s. Produits réfractaires.

SAINT-AVÉ (56000 Vannes), comm. du Morbihan; 5 628 h.

SAINT-AVERTIN (37170 Chambray lès Tours), comm. d'Indre-et-Loire, banlieue de Tours; 8 795 h.

SAINT-AVOLD (57500), ch.-l. de c. de la Moselle; 18 938 h. (*Saint-Avoldiens*). Église du XVIIIᵉ s. Cimetière militaire américain. Complexe industriel (dit «de Carling*»).

SAINT-AYGULF, station balnéaire du Var (comm. de Fréjus), sur la côte des Maures.

SAINT-BARTHÉLEMY ou **SAINT-BARTHÉLÉMY** (97133), une des Antilles françaises, dépendant de la Guadeloupe; 25 km²; 2 941 h. Ch.-l. *Gustavia*. Suédoise de 1784 à 1876.

Saint-Barthélemy (la), massacre systématique des protestants exécuté, à Paris notamment, sur l'ordre de Charles IX, à l'instigation de Catherine de Médicis et des Guises, dans la nuit du 23 au 24 août 1572. Les victimes, dont Coligny, furent probablement au nombre de 3 000. La conséquence directe de la Saint-Barthélemy fut la reprise de la guerre civile.

SAINT-BARTHÉLEMY-D'ANJOU (49800 Trélazé), comm. de Maine-et-Loire; 6 181 h. Industrie automobile.

SAINT-BÉAT (31440), ch.-l. de c. de la Haute-Garonne; 611 h. Église romane. Marbre.

SAINT-BEAUZÉLY (12620), ch.-l. de c. de l'Aveyron; 408 h.

SAINT-BENIN-D'AZY (58270), ch.-l. de c. de la Nièvre; 1 143 h.

SAINT-BENOÎT (97470), ch.-l. d'arr. de la Réunion, sur l'océan Indien; 21 658 h.

SAINT-BENOÎT (86280), comm. de la Vienne; 5 147 h.

SAINT-BENOÎT-DU-SAULT [-so] (36170), ch.-l. de c. de l'Indre; 865 h. Anc. prieuré.

SAINT-BENOÎT-SUR-LOIRE (45110 Châteauneuf sur Loire), comm. du Loiret; 1 790 h. Abbaye, fondée vers 651, où fut déposé le corps de saint Benoît. Une communauté bénédictine s'y est reformée en 1947. L'église est un remarquable édifice à clocher-porche et chœur romans du XIᵉ s.

SAINT-BERNARD (Grand-), col des Alpes, entre la Suisse (Valais) et l'Italie (Val d'Aoste), à 2 473 m d'alt., franchi par une route. Hospice fondé au Xᵉ s. par *saint Bernard* de Menthon. Bonaparte franchit le col en 1800. Tunnel routier à 1 915 m d'alt.

SAINT-BERNARD (Petit-), col des Alpes françaises (dép. de la Savoie), à 2 188 m d'alt. Couvent et hospice fondés par *saint Bernard* de Menthon. Le col réunit la Tarentaise et le Val d'Aoste.

SAINT-BERTHEVIN (53940), comm. de la Mayenne; 5 039 h.

SAINT - BERTRAND - DE - COMMINGES (31510 Barbazan), comm. de la Haute-Garonne; 251 h. Évêché jusqu'en 1790. Vestiges gallo-romains. Anc. cathédrale romane (XIIᵉ s.; cloître) et gothique (XIVᵉ s.; jubé et stalles du XVIᵉ). — À Valcabrère, église St-Just, anc. cathédrale romane des XIᵉ-XIIᵉ s.

SAINT-BLAISE, site des Bouches-du-Rhône, dominant la Crau (comm. de Saint-Mitre-les-Remparts). Oppidum très fréquenté dès le VIIᵉ s. av. J.-C.

SAINT-BLIN-SEMILLY (52700 Andelot Blancheville), ch.-l. de c. de la Haute-Marne; 500 h.

SAINT-BONNET (05500), ch.-l. de c. des Hautes-Alpes; 1 394 h.

SAINT-BONNET-DE-JOUX (71220), ch.-l. de c. de Saône-et-Loire; 957 h. Château de Chaumont, en partie des XVᵉ et XVIIᵉ s. (écuries).

SAINT-BONNET-LE-CHÂTEAU (42380), ch.-l. de c. de la Loire; 2 511 h. Bourg pittoresque. Église des XVᵉ-XVIᵉ s. Boules à jouer. Constructions électriques.

SAINT - BRÉVIN - LES - PINS (44250), comm. de la Loire-Atlantique, à l'entrée de l'estuaire de la Loire (r. g.); 8 614 h. Station balnéaire.

SAINT-BRIAC-SUR-MER (35800 Dinard), comm. d'Ille-et-Vilaine; 1 619 h. Station balnéaire.

SAINT-BRICE-EN-COGLÈS (35460), ch.-l. de c. d'Ille-et-Vilaine; 2 403 h.

SAINT - BRICE - SOUS - FORÊT (95350), comm. du Val-d'Oise; 7 491 h.

SAINT-BRIEUC (22000), ch.-l. des Côtes-du-Nord, sur la Manche, à l'embouchure du Gouet, à 443 km à l'ouest de Paris; 56 282 h. (*Briochins*). Cathédrale, reconstruite aux XIVᵉ-XVᵉ s. Métallurgie. Chauffe-eau. Brosserie.

SAINT - BRUNO - DE - MONTARVILLE, v. du Canada (Québec); 21 272 h.

SAINT-CALAIS (72120), ch.-l. de c. de la Sarthe; 4 577 h. Anc. abbatiale des XVᵉ-XVIᵉ s.

SAINT-CAST-LE-GUILDO (22380), comm. des Côtes-du-Nord; 3 232 h. Station balnéaire.

SAINT CATHARINES, v. du Canada (Ontario), au sud de Toronto; 123 351 h.

SAINT-CÉRÉ (46400), ch.-l. de c. du Lot; 4 356 h. Château médiéval de Saint-Laurent. À proximité, château Renaissance de Montal.

SAINT-CERGUES (74140 Douvaine), comm. de la Haute-Savoie; 1 847 h. Station touristique.

SAINT-CERNIN (15310), ch.-l. de c. du Cantal; 1 355 h. Église romane. À 4 km, château-donjon d'Anjony (XVᵉ s.).

SAINT-CHAMAS (13250), comm. des Bouches-du-Rhône; 5 164 h. Poudrerie. Centrale hydraulique sur la Durance canalisée.

SAINT-CHAMOND (42400), ch.-l. de c. de la Loire; 40 533 h. (*Saint-Chamonais* ou *Couramiauds*). Métallurgie. Textile.

SAINT-CHAPTES (30190), ch.-l. de c. du Gard; 652 h.

SAINT-CHÉLY-D'APCHER [-apʃe] (48200), ch.-l. de c. de la Lozère; 5 305 h. (*Barrabans*).

SAINT-CHÉLY-D'AUBRAC (12470), ch.-l. de c. de l'Aveyron; 610 h.

SAINT-CHÉRON (91530), ch.-l. de c. de l'Essonne; 3 372 h.

SAINT-CHINIAN (34360), ch.-l. de c. de l'Hérault; 1 912 h.

SAINT-CHRISTAU (64660 Asap Issor), station thermale des Pyrénées-Atlantiques. Eaux cuivreuses pour les maladies de peau.

SAINT-CHRISTOL (84390 Sault), comm. de Vaucluse; 1 687 h. Église en partie romane. Centre du commandement de la base des missiles stratégiques du plateau d'Albion.

SAINT - CHRISTOPHE - EN - BAZELLE (36210 Chabris), ch.-l. de c. de l'Indre; 382 h.

SAINT-CIERS-SUR-GIRONDE (33820), ch.-l. de c. de la Gironde; 2 011 h.

SAINT-CIRQ-LAPOPIE (46330 Cabrerets), comm. du Lot, au-dessus du Lot; 167 h. Vieux bourg pittoresque.

SAINT-CLAIR, fl. et lac de l'Amérique du Nord, séparant le Canada (Ontario) et les États-Unis (Michigan).

SAINT-CLAIR-SUR-EPTE (95770), comm. du Val-d'Oise, dans le Vexin; 479 h. Charles III le Simple y conclut en 911 le traité donnant en fief la Normandie au chef normand Rollon.

SAINT-CLAIR-SUR-L'ELLE (50680 Cerisy la Forêt), ch.-l. de c. de la Manche; 630 h.

SAINT-CLAR (32380), ch.-l. de c. du Gers; 1 082 h.

SAINT-CLAUD (16450), ch.-l. de c. de la Charente; 1 004 h.

SAINT-CLAUDE (39200), ch.-l. d'arr. du Jura, sur la Bienne; 14 086 h. (*Sanclaudiens*). Cathédrale, anc. abbatiale des XIVᵉ-XVᵉ s. Centre français de la fabrication des pipes. Matières plastiques.

SAINT-CLAUDE (97120), ch.-l. de c. de la Guadeloupe; 9 784 h.

SAINT-CLOUD (92210), ch.-l. de c. des Hauts-de-Seine, sur la Seine; 28 350 h. (*Clodoaldiens*). Anc. résidence royale et impériale, en grande partie détruite en 1870 (beau parc). Cité surtout résidentielle. Champ de courses.

SAINT-CYPRIEN (24220), ch.-l. de c. de la Dordogne; 1785 h.

SAINT-CYPRIEN (66200 Elne), comm. des Pyrénées-Orientales; 3012 h. Station balnéaire à *Saint-Cyprien-Plage*.

SAINT-CYRAN (*abbé* DE) → DU VERGIER DE HAURANNE.

SAINT-CYR-AU-MONT-D'OR (69450), comm. du Rhône; 5018 h. École nationale de la police.

SAINT-CYR-L'ÉCOLE (78210), ch.-l. de c. des Yvelines, près de Versailles; 17795 h. (*Saint-Cyriens*). Siège, de 1808 à 1940, de l'École spéciale militaire, installée dans l'ancienne maison d'éducation de jeunes filles créée en 1686 par Mᵐᵉ de Maintenon. Ses bâtiments ayant été bombardés en 1940 et en 1944, l'école fut transférée à Coëtquidan en 1946. Un collège militaire y a été réinstallé en 1966.

SAINT-CYR-SUR-LOIRE (37100 Tours), ch.-l. de c. d'Indre-et-Loire; 12478 h. Mécanique de précision.

SAINT-CYR-SUR-MER (83270), comm. du Var; 4899 h. Station balnéaire. Château des Baumelles (XVIIᵉ s.).

SAINT-DENIS (93200), ch.-l. de c. de la Seine-Saint-Denis, sur le *canal de Saint-Denis*, au nord de Paris; 96759 h. (*Dionysiens*). Évêché. Église abbatiale (XIIᵉ-XIIIᵉ s.), plus tard basilique, cathédrale depuis 1966, sépulture des rois de France; construite sur l'emplacement d'une abbaye fondée par Dagobert vers 630, et qui connut un grand essor grâce à Suger, abbé en 1122, elle fut saccagée pendant la Révolution; on y voit d'admirables tombeaux, notamment de la Renaissance. Maison d'éducation des jeunes filles de la Légion d'honneur. Musée d'art et d'histoire. Saint-Denis est un important centre industriel.

SAINT-DENIS (97400), ch.-l. de c. de la Réunion, sur la côte nord de l'île; 104603 h.

SAINT DENIS (Ruth), danseuse américaine, née à Jersey City (1878?-1968), créatrice avec Ted Shawn de la Denishawn School (1915), centre de formation des premiers chefs de file de la *modern dance*.

SAINT-DENIS-DE-L'HÔTEL (45550), comm. du Loiret; 2116 h. Métallurgie.

SAINT-DENIS-D'OLÉRON (17650), comm. de la Charente-Maritime, dans le nord de l'île d'Oléron; 1006 h. Station balnéaire.

SAINT-DENIS-DU-SIG → SIG.

SAINT-DIDIER-EN-VELAY (43140), ch.-l. de c. de la Haute-Loire; 2775 h. Textile.

SAINT-DIÉ (88100), ch.-l. d'arr. des Vosges, sur la Meurthe; 26539 h. (*Déodatiens*). Cathédrale en partie romane, cloître gothique et église romane. Textile.

SAINT-DIER-D'AUVERGNE (63520), ch.-l. de c. du Puy-de-Dôme; 711 h. Église romane.

SAINT-DIZIER (52100), ch.-l. d'arr. de la Haute-Marne, sur la Marne; 39815 h. (*Bragards*). Matériel agricole.

SAINT-DOMINGUE, anc. nom de l'île d'Haïti *.

SAINT-DOMINGUE, en esp. Santo Domingo, anc. Ciudad Trujillo, cap. de la république Dominicaine; 671000 h. Port.

SAINT-DONAT-SUR-L'HERBASSE (26260), ch.-l. de c. de la Drôme; 2149 h.

SAINT-DOULCHARD (18230), comm. du Cher, banlieue de Bourges; 6609 h. Pneumatiques.

SAINTE-ADRESSE (76310), comm. de la Seine-Maritime; 8943 h. Station balnéaire.

SAINTE-ALVÈRE (24510), ch.-l. de c. de la Dordogne; 745 h.

SAINTE-ANNE (97180), ch.-l. de c. de la Guadeloupe; 13785 h.

SAINTE-ANNE (97227), ch.-l. de c. de la Martinique; 3001 h.

SAINTE-ANNE-D'AURAY (56400 Auray), comm. du Morbihan, près d'*Auray*; 1502 h. Pèlerinage.

vue partielle du déambulatoire de la cathédrale de **Saint-Denis**

Sainte-Beuve
par A. Rassenfosse

SAINTE-ANNE-DE-BEAUPRÉ, localité du Canada (Québec), sur la rive gauche du Saint-Laurent; 3284 h. Important pèlerinage.

SAINTE-ASSISE, écart de la comm. de Seine-Port (Seine-et-Marne). Centre de télécommunications.

SAINTE-BAUME (la), chaîne calcaire de la Provence, culminant à 1147 m. Lieu de pèlerinage (sainte Marie-Madeleine).

SAINTE-BEUVE (Charles Augustin), écrivain français, né à Boulogne-sur-Mer (1804-1869). Il fit d'abord partie du cénacle romantique et publia des recueils de poésies (*Vie, poésies et pensées de Joseph Delorme,* 1829) et un roman (*Volupté,* 1834), puis se consacra à la critique et à l'histoire littéraires. Sa méthode tend à constituer l'«histoire naturelle littéraire» par l'étude des écrivains saisis dans leur milieu biologique, historique et social (*Port-Royal*, *Portraits littéraires, Causeries du lundi*). [Acad. fr.]

Sainte-Chapelle, bâtie dans le palais de la Cité, à Paris, sous Saint Louis (1241-1248), auj. dans l'enceinte du Palais de Justice. Chef-d'œuvre d'architecture gothique rayonnante (vitraux).

SAINTE-CLAIRE DEVILLE (Henri), chimiste français, né à l'île Saint Thomas (Antilles) [1818-1881]. Il étudia les dissociations thermiques et inventa un procédé de fabrication de l'aluminium.

SAINTE-CLAIRE DEVILLE (Étienne), général et ingénieur militaire français, né à Paris (1857-1944). Il réalisa le frein qui fit la valeur du canon de 75 modèle 1897.

SAINTE-CROIX, en angl. **Saint Croix,** la plus grande des îles Vierges* américaines; 207 km²; 32000 h.

SAINTE-CROIX, v. de Suisse (Vaud); 6240 h. Mécanique de précision.

SAINTE-CROIX-DE-VERDON (04500 Riez), comm. des Alpes-de-Haute-Provence; 61 h. Barrage et centrale hydroélectrique sur le Verdon.

SAINTE-CROIX-VOLVESTRE (09230), ch.-l. de c. de l'Ariège; 512 h.

SAINTE-ENIMIE ou **SAINTE-ÉNIMIE** (48210), ch.-l. de c. de la Lozère; 636 h. Centre touristique de la région des gorges du Tarn.

SAINTE-FOY, v. du Canada (Québec), près de Québec; 71237 h.

SAINTE-FOY-LA-GRANDE (33220), ch.-l. de

c. de la Gironde, sur la Dordogne; 3577 h. (*Foyens*). Bastide du XIIIᵉ s. Vins.

SAINTE-FOY-LÈS-LYON (69110), comm. du Rhône, sur la Saône; 21800 h.

Sainte-Geneviève (*abbaye*), anc. abbaye parisienne fondée à l'emplacement d'une basilique érigée par Clovis et où fut déposé le corps de sainte Geneviève. En 1764 fut commencée, sous la direction de Soufflot, l'église monumentale qui allait devenir le Panthéon. Au XIXᵉ s., les bâtiments de l'abbaye furent affectés au lycée Henri IV.

SAINTE-GENEVIÈVE-DES-BOIS (91700), ch.-l. de c. de l'Essonne; 31875 h. (*Génovéfains*).

SAINTE-GENEVIÈVE-SUR-ARGENCE (12420), ch.-l. de c. de l'Aveyron; 1063 h.

SAINT-ÉGRÈVE (38120), ch.-l. de c. de l'Isère, banlieue de Grenoble; 14314 h. Électronique.

SAINTE-HÉLÈNE, île et colonie britannique de l'Atlantique Sud, à 1900 km des côtes d'Afrique; 122 km²; 5100 h. Ch.-l. *Jamestown*. L'île est célèbre par la captivité de Napoléon Iᵉʳ de 1815 à sa mort, en 1821.

Sainte-Hélène (*médaille de*), décoration française, créée en 1857 pour les anciens soldats des campagnes de 1792 à 1815.

SAINTE-HERMINE (85210), ch.-l. de c. de la Vendée; 2307 h.

SAINT-ÉLIE, en angl. **Saint Elias,** massif des montagnes Rocheuses, aux confins du Canada et de l'Alaska; 6050 m au *mont Logan,* le point culminant du Canada.

SAINTE-LIVRADE-SUR-LOT (47110), ch.-l. de c. de Lot-et-Garonne; 6016 h.

SAINT-ÉLOY-LES-MINES (63700), comm. du Puy-de-Dôme; 5712 h.

SAINTE-LUCE (97228), ch.-l. de c. de la Martinique; 4124 h.

SAINTE-LUCE-SUR-LOIRE (44470 Carquefou), comm. de la Loire-Atlantique; 5959 h.

SAINTE-LUCIE, une des Antilles; 616 km²; 100000 h. Ch.-l. *Castries*. État indépendant, dans le cadre du Commonwealth, depuis 1979.

SAINTE-MARIE (97230), ch.-l. de c. de la Martinique; 20147 h.

SAINTE-MARIE (97438), ch.-l. de c. de la Réunion; 16792 h.

SAINTE-MARIE, v. du Canada (Québec); 4462 h. Industrie alimentaire.

SAINTE-MARIE-AUX-MINES (68160), ch.-l. de c. du Haut-Rhin; 6874 h. Anc. mines d'argent. Tunnel routier.

SAINTE-MARTHE (DE), famille d'humanistes et d'érudits français, dont les plus célèbres sont : — CHARLES, né à Fontevrault (1512-1555), théologien, hébraïsant et helléniste; — GAUCHER II, dit *Scévole Iᵉʳ,* neveu du précédent, poète et administrateur, né à Loudun (1536-1623); — GAUCHER III, dit *Scévole II,* fils du précédent, né à Loudun (1572-1650); il publia, avec son frère jumeau LOUIS (1572-1656), la *Gallia christiana*.

SAINTE-MAURE-DE-TOURAINE (37800), ch.-l. de c. d'Indre-et-Loire, sur le *plateau de Sainte-Maure*; 4016 h. Vestiges médiévaux.

SAINTE-MAXIME (83120), comm. du Var; 6627 h. Station balnéaire. Un des lieux du débarquement franco-américain le 15 août 1944.

SAINTE-MENEHOULD [-mənu] (51800), anc. cap. de l'Argonne, ch.-l. d'arr. de la Marne, sur l'Aisne; 6096 h. (*Ménehildiens*). Anc. place forte. Église des XIIIᵉ-XVIᵉ s. Cimetière militaire. Mécanique de précision.

SAINTE-MÈRE-ÉGLISE (50480), ch.-l. de c. de la Manche; 1464 h. Une division aéroportée américaine y fut larguée le 6 juin 1944.

SAINT-ÉMILION (33330), comm. de la Gironde; 3363 h. (*Saint-Émilionnais*). Ville ancienne (monuments médiévaux). Vins rouges renommés.

SAINT EMPIRE ROMAIN GERMANIQUE, désignation officielle de l'empire fondé par Otton Iᵉʳ le Grand en 962 et dissous en 1806, à la suite de la renonciation de François II à la couronne d'Allemagne. Affaibli par la querelle

Sainte-Sophie de Constantinople

Antoine de **Saint-Exupéry** par J. Thevenet

des Investitures et la lutte du Sacerdoce (1059-1122) et de l'Empire (1154-1250), amputé de l'Italie (1255), le Saint Empire tendit à se confondre avec le royaume de Germanie. Les sept Électeurs institués par la Bulle d'or (1356) devinrent les arbitres d'un pouvoir impérial impuissant. Après les traités de Westphalie (1648), l'entité impériale — propriété de fait des Habsbourg — ne fut plus qu'une fiction politique que Napoléon Ier devait faire disparaître.

Saint-Énogat, station balnéaire d'Ille-et-Vilaine (comm. de Dinard).

Sainte-Odile *(abbaye de),* abbaye fondée au VIIe s. par sainte Odile, patronne de l'Alsace, sur une hauteur vosgienne.

Sainte-Palaye [-lɛ] (Jean-Baptiste de La Curne de), philologue français, né à Auxerre (1697-1781), auteur d'un *Dictionnaire historique de l'ancien langage français.* (Acad. fr.)

Sainte-Pélagie, anc. prison de Paris, rue du Puits-de-l'Ermite, démolie en 1895.

Sainte-Rose (97439), ch.-l. de c. de la Réunion; 4 850 h.

Sainte-Rose (97115), ch.-l. de c. de la Guadeloupe; 12 050 h.

Saintes (17100), ch.-l. d'arr. de la Charente-Maritime, sur la Charente; 28 403 h. *(Saintais).* Évêché supprimé en 1790. Vestiges romains (arc de triomphe). Belles églises en partie romanes. Musées. Matériel téléphonique. École technique de l'armée de l'air. En 1242, Saint Louis y vainquit Henri III, roi d'Angleterre.

Saintes *(les),* îlots des Antilles françaises, dépendant de la Guadeloupe; 3 089 h. *(Saintois).* En 1782, l'escadre de De Grasse fut défaite au voisinage par les Anglais.

Sainte-Savine (10300), ch.-l. de c. de l'Aube, faubourg de Troyes; 10 660 h. Bonneterie.

Sainte-Sévère-sur-Indre (36160), ch.-l. de c. de l'Indre; 1 067 h.

Sainte-Sigolène (43600), comm. de la Haute-Loire; 4 508 h. Matières plastiques.

Saintes-Maries-de-la-Mer (13460), ch.-l. de c. des Bouches-du-Rhône, en Camargue; 2 120 h. Église du XIIe s. Pèlerinages (celui des gitans a lieu en mai).

Sainte-Sophie, église de Constantinople, dédiée à la Sagesse divine, chef-d'œuvre de l'architecture byzantine. Bâtie (532-537), sur l'ordre de Justinien, par Anthémios de Tralles et Isidore de Milet, elle a été transformée par les Turcs en mosquée. C'est auj. un musée.

Saint-Esprit (97270), ch.-l. de c. de la Martinique; 7 676 h.

Saint-Esprit *(ordre du),* le plus illustre des ordres de chevalerie de l'ancienne France, créé par Henri III en 1578, supprimé en 1791, rétabli de 1815 à 1830.

Saint-Estèphe (33250 Pauillac), comm. de la Gironde; 2 317 h. Vins rouges renommés.

Saint-Estève (66240), comm. des Pyrénées-Orientales; 5 374 h.

Saint-Estève-Janson (13610 Le Puy Ste Réparade), comm. des Bouches-du-Rhône; 130 h. Centrale hydroélectrique sur la Durance.

Sainte-Suzanne (53270), ch.-l. de c. de la Mayenne; 853 h. Château et remparts.

Sainte-Suzanne (97441), ch.-l. de c. de l'île de la Réunion; 12 078 h.

Sainte-Thérèse, v. du Canada (Québec), au nord-ouest de Montréal; 17 479 h. Industrie automobile.

Saint-Étienne ou **Saint-Étienne-les-Orgues** (04230), ch.-l. de c. des Alpes-de-Haute-Provence; 561 h.

Saint-Étienne, ch.-l. du dép. de la Loire, sur le Furan, à 462 km au sud-est de Paris; 221 775 h. *(Stéphanois).* Musée d'art et d'industrie. Université. École spéciale des mines. Centre métallurgique surtout (cycles, armes, etc.) et textile.

Saint-Étienne-de-Baïgorry [-bai-] (64430), ch.-l. de c. des Pyrénées-Atlantiques; 1 783 h.

Saint-Étienne-de-Lugdarès (07590), ch.-l. de c. de l'Ardèche; 476 h.

Saint-Étienne-de-Montluc (44360), ch.-l. de c. de la Loire-Atlantique; 4 092 h.

Saint-Étienne-de-Saint-Geoirs [-ȝwar] (38590), ch.-l. de c. de l'Isère; 1 606 h. Vestiges médiévaux.

Saint-Étienne-de-Tinée (06660), ch.-l. de c. des Alpes-Maritimes, sur la haute *Tinée;* 1 938 h. Station d'altitude (1 148 m) et de sports d'hiver *(Auron*).

Saint-Étienne-du-Rouvray (76800), comm. de la Seine-Maritime, dans la vallée de la Seine; 37 327 h. Métallurgie.

Saint-Étienne-en-Dévoluy (05250), ch.-l. de c. des Hautes-Alpes; 471 h. Sports d'hiver *(Superdévoluy*).

Saint-Étienne-lès-Remiremont (88200 Remiremont), comm. des Vosges; 3 941 h. Textile.

Saint-Eustache *(église),* grande église de Paris, près de l'emplacement des anciennes Halles, élevée de 1532 à 1637. Tombeau de Colbert; vitraux et œuvres d'art.

Sainte-Victoire *(chaîne de la),* massif calcaire de Provence, à l'est d'Aix-en-Provence; 1 011 m.

Saint-Évremond (Charles de Marguetel de Saint-Denis de), écrivain français, né à Saint-Denis-le-Gast (Normandie) [v. 1614-1703]. Compromis dans le procès de Fouquet, il dut s'exiler à Londres. Il est l'auteur de la *Comédie des académistes* et d'essais qui témoignent de son scepticisme religieux et du bon sens de l'histoire.

Saint-Exupéry (Antoine de), aviateur et écrivain français, né à Lyon, disparu en mission de guerre (1900-1944). Ses romans *(Vol de nuit,* 1931; *Terre des hommes,* 1939; *Pilote de guerre,* 1942) et ses récits symboliques *(le Petit Prince,* 1943) cherchent à définir le sens de l'action et des valeurs morales dans la société moderne vouée au progrès technique.

Saint-Fargeau (89170), ch.-l. de c. de l'Yonne; 2 444 h. Château (XIIIe-XVIIe s.).

Saint-Fargeau-Ponthierry (77310), comm. de Seine-et-Marne, sur la rive gauche de la Seine; 8 003 h.

Saint-Faust (64110 Jurançon), comm. des Pyrénées-Atlantiques; 489 h. Gaz naturel.

Saint-Félicien (07410), ch.-l. de c. de l'Ardèche; 1 146 h.

Saint-Ferréol, écart de la comm. de Revel (Haute-Garonne). Centre touristique sur le *lac de Saint-Ferréol.*

Saint-Firmin (05800), ch.-l. de c. des Hautes-Alpes; 535 h.

Saint-Florent (20217), comm. de la Haute-Corse; 1 355 h. Port sur le *golfe de Saint-Florent.* Tourisme. À proximité, anc. cathédrale romane de Nebbio.

Saint-Florentin (89600), ch.-l. de ç. de l'Yonne, sur l'Armançon; 7 207 h. Église gothique et Renaissance.

Saint-Florent-le-Vieil (49410), ch.-l. de c. de Maine-et-Loire; 2 416 h. Combats entre vendéens et républicains (1793).

Saint-Étienne

Saint-Florent-sur-Cher (18400), comm. du Cher; 6 619 h.

Saint-Flour (15100), anc. cap. de la haute Auvergne, ch.-l. d'arr. du Cantal; 8 776 h. *(Sanflorains).* Cathédrale (XVe s.) et autres monuments.

Saint-Fons [-fɔ̃s] (69190), comm. du Rhône, banlieue sud de Lyon; 17 144 h. *(Saint-Foniards).* Produits chimiques.

Saint-François, riv. du Canada (Québec), émissaire du *lac Saint-François,* affl. du Saint-Laurent (r. dr.); 260 km.

Saint-François (97118), ch.-l. de c. de la Guadeloupe; 5 593 h.

Saint-François-Longchamp (73130 La Chambre), comm. de la Savoie; 159 h. Sports d'hiver (alt. 1 450-2 200 m).

Saint-Fulgent (85250), ch.-l. de c. de la Vendée; 2 646 h.

Saint-Gall, en allem. **Sankt Gallen,** v. de Suisse, ch.-l. du cant. du même nom; 80 900 h. Célèbre abbaye bénédictine, fondée au VIIIe s., qui prit un grand essor littéraire et artistique du Xe au XIIe s. En 1451-1454, les abbés puis la ville de Saint-Gall se rattachèrent à la Confédération suisse. En 1846, l'abbaye fut transformée en évêché (bâtiments reconstruits du XVIe au XVIIIe s.; décors rococo). Centre d'une région spécialisée dans l'industrie de la broderie. — Le cant. de Saint-Gall a 2 016 km² et 384 500 h.

Saint-Galmier (42330), ch.-l. de c. de la Loire; 3 215 h. Ville ancienne et pittoresque. Eaux minérales alcalines.

Saint-Gaudens [-dɛs] (31800), ch.-l. d'arr. de la Haute-Garonne, sur la Garonne; 12 943 h. *(Saint-Gaudinois).* Église des XIe-XIIe s. Industries du bois.

Saint-Gaultier (36800), ch.-l. de c. de l'Indre; 2 190 h.

Saint-Gelais (Mellin de), poète français, né à Angoulême (1491-1558). Poète de cour, il fut l'ami de Clément Marot et l'adversaire de Ronsard et de Du Bellay.

Saint-Genest-Lerpt [-ȝanɛlɛrpt] (42530), comm. de la Loire, banlieue de Saint-Étienne; 5 359 h.

Saint-Genest-Malifaux (42660), ch.-l. de c. de la Loire; 2 100 h.

Saint-Gengoux-le-National (71460), ch.-l. de c. de Saône-et-Loire; 1 058 h. Vins.

Saint-Geniez-d'Olt [-njedɔlt] (12130), ch.-l. de c. de l'Aveyron; 2 241 h. Église et deux chapelles anciennes. Fraises.

Saint - Genis - de - Saintonge (17240), ch.-l. de c. de la Charente-Maritime; 856 h.

Saint-Genis-Laval (69230), ch.-l. de c. du Rhône; 13 470 h. Le 20 août 1944, les Allemands y massacrèrent 120 détenus.

Saint-Genix-sur-Guiers [-nisyrgjɛr] (73240), ch.-l. de c. de la Savoie; 1 586 h.

Saint-Geoire-en-Valdaine [-ʒwar-] (38620), ch.-l. de c. de l'Isère; 1 365 h. Église reconstruite aux XVe-XVIe s.

Saint- ƐORGE (canal), détroit entre la Grande-Bretagne et l'Irlande, et qui unit la mer d'Irlande à l'océan Atlantique.

Saint-Georges (97313), ch.-l. de c. de la Guyane française; 1 051 h.

Saint-Georges (ordre de), ordre militaire russe, créé en 1769 et disparu en 1917.

Saint - Georges - de - Didonne (17110), comm. de la Charente-Maritime, sur la Gironde; 3 983 h. Station balnéaire.

Saint - Georges - d'Oléron (17190), comm. de la Charente-Maritime, dans l'île d'Oléron; 2 718 h. Église en grande partie romane.

Saint - Georges - du - Vièvre (27450), ch.-l. de c. de l'Eure; 664 h.

Saint-Georges-en-Couzan (42990), ch.-l. de c. de la Loire; 591 h.

Saint - Georges - lès - Baillargeaux (86130 Jaunay Clan), ch.-l. de c. de la Vienne; 2 050 h.

Saint-Georges-sur-Loire (49170), ch.-l. de c. de Maine-et-Loire; 2 330 h. Anc. prieuré. Château de Serrant (XVIe-XVIIIe s.). Vins.

Saint-Germain (Claude Louis, comte DE), ministre de la Guerre sous Louis XVI, né au château de Vertamboz, près de Lons-le-Saunier (1707-1778). Il réorganisa l'armée.

Saint-Germain (comte DE), aventurier du XVIIIe s. (m. en 1784). Il étonna la cour de Louis XV par sa prodigieuse mémoire.

Saint - Germain - au - Mont - d'Or (69650), comm. du Rhône; 2 190 h. Gare de triage.

Saint - Germain - de - Calberte (48240 St Privat de Vallongue), ch.-l. de c. de la Lozère; 446 h.

Saint - Germain - des - Fossés (03260), comm. de l'Allier; 3 779 h. Gare de triage.

Saint-Germain-des-Prés (abbaye de), abbaye parisienne, fondée sur la rive gauche de la Seine par Childebert Ier (558). Réformée en 1513, elle fut, de 1631 à 1790, le centre de la congrégation bénédictine de Saint-Maur; l'église (auj. paroissiale), une des plus anciennes de Paris (XIe s.), a été remaniée et restaurée (XIIe-XIXe s.).

Saint - Germain - du - Bel - Air (46310), ch.-l. de c. du Lot; 346 h.

Saint-Germain-du-Bois (71330), ch.-l. de c. de Saône-et-Loire; 1 893 h.

Saint-Germain-du-Plain (71370), ch.-l. de c. de Saône-et-Loire; 1 368 h.

Saint - Germain - du - Teil (48500 La Canourgue), ch.-l. de c. de la Lozère; 865 h.

Saint-Germain-en-Laye [-lɛ] (78100), ch.-l. d'arr. des Yvelines, au-dessus de la Seine; 40 471 h. (Saint-Germanois). Château reconstruit par P. Chambiges pour François Ier, englobant la chapelle et le donjon d'époque gothique, et très restauré au XIXe s. Le musée des Antiquités nationales y est installé (riches collections allant de la préhistoire à l'époque gallo-romaine). Belle forêt de 3 500 ha, bordée par la terrasse de Le Nôtre. C'est à Saint-Germain que fut notamment signé, le 10 septembre 1919, le traité de paix entre les Alliés et l'Autriche; il consacrait l'effondrement de la monarchie austro-hongroise.

Saint-Germain-Laval (42260), ch.-l. de c. de la Loire; 1 777 h. Vieux bourg pittoresque.

Saint-Germain-Lembron (63340), ch.-l. de c. du Puy-de-Dôme; 1 661 h.

Saint-Germain-lès-Arpajon (91290 Arpajon), comm. de l'Essonne; 5 971 h.

Saint - Germain - les - Belles (87380), ch.-l. de c. de la Haute-Vienne; 1 439 h.

Saint-Germain-en-Laye
cour intérieure
du château Vieux

Saint-Jacques-de-Compostelle
double portail roman
(v. 1100) de la façade sud
de la cathédrale

Saint - Germain - lès - Corbeil (91100 Corbeil Essonnes), ch.-l. de c. de l'Essonne; 4 379 h.

Saint-Germain-l'Herm (63630), ch.-l. de c. du Puy-de-Dôme; 864 h.

Saint-Germer-de-Fly (60850), comm. de l'Oise; 1 332 h. Église et chapelle d'une anc. abbaye (XIIe-XIIIe s.).

Saint-Gervais-d'Auvergne (63390), ch.-l. de c. du Puy-de-Dôme; 1 781 h.

Saint-Gervais-les-Bains (74170), ch.-l. de c. de la Haute-Savoie; 4 789 h. (Saint-Gervelins). Station thermale et de sports d'hiver (alt. 900-1 950 m).

Saint - Gervais - les - Trois - Clochers (86230), ch.-l. de c. de la Vienne; 1 296 h.

Saint-Gervais-sur-Mare (34610), ch.-l. de c. de l'Hérault; 860 h.

Saint-Géry (46330 Cabrerets), ch.-l. de c. du Lot; 317 h.

Saint-Ghislain, comm. de Belgique (Hainaut); 21 300 h.

Saint-Gildas [-da] (pointe), pointe de la Loire-Atlantique, au sud de l'embouchure de la Loire.

Saint-Gildas-de-Rhuys [-is] (56730), comm. du Morbihan, sur la côte sud de la presqu'île de Rhuys; 1 010 h. Église en partie du XIe s., anc. abbatiale.

Saint-Gildas-des-Bois (44530), ch.-l. de c. de la Loire-Atlantique; 2 646 h. Église des XIIIe et XVe s., anc. abbatiale.

Saint-Gilles, en néerl. **Sint-Gillis,** comm. de Belgique, banlieue de Bruxelles; 51 000 h.

Saint-Gilles (30800) ou **Saint-Gilles-du-Gard,** ch.-l. de c. du Gard, sur la Costière de Saint-Gilles; 9 755 h. (Saint-Gillois). Église romane et gothique, anc. abbatiale (façade sculptée).

Saint-Gilles-Croix-de-Vie (85800), ch.-l. de c. de la Vendée; 6 851 h. Pêche. Station balnéaire.

Saint-Gilles-Waas, comm. de Belgique (Flandre-Orientale); 14 800 h.

Saint-Girons [-rɔ̃] (09200), ch.-l. d'arr. de l'Ariège, sur le Salat; 8 796 h (Saint-Gironnais). Papeterie. Fromages.

Saint-Gobain (02410), comm. de l'Aisne; 2 660 h. Importante société, fondée en 1665, fabriquant des glaces et spécialisée aussi, aujourd'hui, dans les produits chimiques. Vaste forêt de 4 200 ha.

Saint-Gond (marais de), marais situés au pied de la côte de l'Île-de-France, drainés par le Petit Morin. Combat victorieux de l'armée Foch pendant la bataille de la Marne (1914).

Saint-Gothard, anc. **Gothard,** en allem. **Sankt Gotthard,** massif des Alpes suisses, percé par un tunnel ferroviaire long de 14 997 m emprunté par la ligne Bâle-Milan et par un tunnel routier long de 16 285 m. Une route touristique utilise, en été, le col du Saint-Gothard (2 112 m).

Saint-Gratien (95210), comm. du Val-d'Oise; 20 338 h. (Saint-Gratiennois). À l'église, tombeaux de Catinat et de la princesse Mathilde.

Saint-Grégoire-le-Grand (ordre de), ordre pontifical créé en 1831.

Saint-Guénolé (29132 Penmarch), port de pêche et station balnéaire du Finistère (comm. de Penmarch).

Saint-Guilhem-le-Désert [-gijɛm-] (34150 Gignac), comm. de l'Hérault; 274 h. Église des XIe-XIIe s., anc. abbatiale.

Saint-Haon-le-Châtel [sɛ̃taɔ̃-] (42370 Renaison), ch.-l. de c. de la Loire; 410 h. Bourg fortifié; église du XIIe s.

Saint-Héand (42570), ch.-l. de c. de la Loire; 2 993 h. Optique.

Saint Helens, v. d'Angleterre, près de Liverpool; 104 000 h. Verrerie.

Saint-Hélier, ch.-l. de l'île de Jersey; 28 000 h. Château des XVIe-XVIIe s. Port de pêche. Tourisme.

Saint-Herblain (44800), ch.-l. de c. de la Loire-Atlantique; 40 225 h.

Saint-Hilaire (11250), ch.-l. de c. de l'Aude; 687 h. Ruines d'une abbaye; église (XIIe-XIIIe s.); cloître (XIVe s.).

Saint-Hilaire ou **Saint-Hilaire-du-Touvet** (38720), comm. de l'Isère, sur le plateau des Petites-Roches (Chartreuse); 1 782 h. Station climatique à 960 m d'alt.

Saint-Hilaire-de-Riez (85270), comm. de la Vendée; 5 028 h.

Saint-Hilaire-des-Loges (85240), ch.-l. de c. de la Vendée; 1 564 h.

Saint - Hilaire - de - Villefranche (17770 Brizambourg), ch.-l. de c. de la Charente-Maritime; 805 h.

Saint - Hilaire - du - Harcouët (50600), ch.-l. de c. de la Manche; 5 701 h.

Saint-Hippolyte (25190), ch.-l. de c. du Doubs; 1 216 h.

Saint-Hippolyte-du-Fort (30170), ch.-l. de c. du Gard; 3 523 h.

Saint-Honorat (île), île du groupe des Lérins (Alpes-Maritimes). Monastère avec vestiges du haut Moyen Âge.

Saint - Honoré - les - Bains (58360), comm. de la Nièvre; 958 h. Station thermale.

Saint-Hubert, v. du Canada (Québec), près de Montréal; 49 706 h. Aéroport.

SAINT-HYACINTHE, v. du Canada (Québec), à l'est de Montréal; 37 500 h.

SAINT-IMIER, v. de Suisse (Berne), dans le *val de Saint-Imier*; 6 700 h. Horlogerie.

◁ **SAINT-JACQUES-DE-COMPOSTELLE,** en esp. **Santiago de Compostela,** v. d'Espagne (Galice); 71 000 h. L'un des pèlerinages les plus fréquentés de la chrétienté occidentale, la légende voulant que le corps de saint Jacques le Majeur, apôtre de l'Espagne, y ait été déposé miraculeusement. Ce pèlerinage prit de l'ampleur au XIe s. avec la Reconquista. Cathédrale construite de 1078 à 1130 (porche de la Gloire, 1188; façade du XVIIIe s.). Églises et monastères.

église de
Saint-Jouin-de-Marnes

Saint-John Perse

Saint-Just
par Christophe Guérin

SAINT-JACQUES-DE-LA-LANDE (35100 Rennes), comm. d'Ille-et-Vilaine; 6 989 h. Aéroport de Rennes. Station météorologique.

Saint-Jacques-de-l'Épée ou **de Santiago** (*ordre de*), ordre militaire et religieux castillan, fondé en 1170. — Ordre, du même nom, institué au Portugal en 1725.

SAINT-JACUT-DE-LA-MER (22750), comm. des Côtes-du-Nord; 957 h. Station balnéaire.

SAINT-JAMES (50240), ch.-l. de c. de la Manche; 2 661 h.

SAINT-JEAN (*lac*), lac du Canada (Québec), qui se déverse dans le Saint-Laurent par le Saguenay.

SAINT-JEAN, fl. des États-Unis (Maine) et du Canada (Nouveau-Brunswick), tributaire de la baie de Fundy; 720 km.

SAINT-JEAN, en angl. **Saint John's,** port du Canada, cap. de l'île de Terre-Neuve; 86 576 h.

SAINT-JEAN, en angl. **Saint John,** port du Canada (Nouveau-Brunswick), au fond de la baie de Fundy, à l'embouchure du *fleuve Saint-Jean*; 85 956 h.

SAINT-JEAN, v. du Canada (Québec), au sud-est de Montréal; 34 363 h.

SAINT-JEAN-BONNEFONDS (42650), comm. de la Loire; 5 074 h.

SAINT-JEAN-BRÉVELAY (56660), ch.-l. de c. du Morbihan; 2 181 h.

SAINT-JEAN-CAP-FERRAT (06290), comm. des Alpes-Maritimes; 2 268 h. Musée « Île-de-France ». Station balnéaire.

SAINT-JEAN-D'ACRE → ACRE.

SAINT-JEAN-D'ANGÉLY (17400), ch.-l. d'arr. de la Charente-Maritime, sur la Boutonne; 10 317 h. (*Angériens*). Beffroi médiéval (« tour de l'Horloge »). Anc. abbaye. Centre commercial (eau-de-vie).

SAINT-JEAN-DE-BOURNAY (38440), ch.-l. de c. de l'Isère; 3 384 h.

SAINT-JEAN-DE-BRAYE (45800), ch.-l. de c. du Loiret, banlieue d'Orléans; 12 453 h. Électronique.

SAINT-JEAN-DE-DAYE (50620), ch.-l. de c. de la Manche; 521 h.

SAINT-JEAN-DE-LA-RUELLE (45140), ch.-l. de c. du Loiret, banlieue d'Orléans; 16 682 h.

SAINT-JEAN-DE-LOSNE [-lon] (21170), ch.-l. de c. de la Côte-d'Or, sur la Saône; 1 605 h. (*Losnais*). Port sur le canal de Bourgogne. Sièges mémorables (1636 et 1814).

SAINT-JEAN-DE-LUZ [-lyz] (64500), ch.-l. de c. des Pyrénées-Atlantiques, sur la Nivelle; 12 056 h. (*Luziens*). Vieux hôtels. Église typiquement basque, où fut célébré le mariage de Louis XIV (1660). Port sardinier et thonier. Conserveries. Station balnéaire.

SAINT-JEAN-DE-MAURIENNE (73300), ch.-l. d'arr. de la Savoie, sur l'Arc; 10 421 h. Anc. cathédrale des XIe-XVe s. Aluminium.

SAINT-JEAN-DE-MONTS (85160), ch.-l. de c. de la Vendée; 5 543 h. Station balnéaire.

SAINT-JEAN-DU-GARD (30270), ch.-l. de c. du Gard; 2 626 h.

SAINT-JEAN-EN-ROYANS [-rwajã] (26190), ch.-l. de c. de la Drôme; 2 708 h.

SAINT-JEAN-LE-BLANC (45100 Orléans), comm. du Loiret; 6 531 h.

SAINT-JEAN-PIED-DE-PORT (64220), ch.-l. de c. des Pyrénées-Atlantiques; 1 887 h. Place forte ancienne et pittoresque.

SAINT-JEAN-SOLEYMIEUX (42560), ch.-l. de c. de la Loire; 548 h.

SAINT-JEOIRE [-ʒwar] (74490), ch.-l. de c. de la Haute-Savoie; 1 949 h.

SAINT-JÉRÔME, v. du Canada (Québec), dans les Laurentides; 25 175 h.

SAINT JOHN et **SAINT JOHN'S** → SAINT-JEAN.

SAINT-JOHN PERSE (Alexis LÉGER, dit **Alexis Saint-Léger Léger,** puis), diplomate et poète français, né à Pointe-à-Pitre (1887-1975). Ses recueils lyriques composent une méditation sur le destin de l'homme et ses rapports à la nature (*Éloges,* 1907; *Anabase,* 1924; *Exil,* 1942; *Amers,* 1957; *Chronique,* 1960; *Oiseaux,* 1962). [Prix Nobel, 1960.]

SAINT JOHN'S, ch.-l. de l'île d'Antigua (Antilles); ch.-l. de c. de la Martinique; 11 149 h.

SAINT-JOSEPH (97212), ch.-l. de c. de la Martinique; 11 149 h.

SAINT-JOSEPH (97480), ch.-l. de c. de la Réunion; 23 777 h.

SAINT-JOSSE-TEN-NOODE, en néerl. **Sint-Joost-ten-Node,** comm. de Belgique (Brabant), banlieue de Bruxelles; 22 600 h.

SAINT-JOUIN-DE-MARNES (79600 Airvault), comm. des Deux-Sèvres; 747 h. Belle église (XIe-XIIIe s.) d'une anc. abbaye.

SAINT-JUÉRY (81160), comm. du Tarn; 5 943 h. — Métallurgie au *Saut-du-Tarn.*

SAINT-JULIEN (39320), ch.-l. de c. du Jura; 415 h.

SAINT-JULIEN-CHAPTEUIL (43260), ch.-l. de c. de la Haute-Loire; 1 658 h.

SAINT-JULIEN-DE-VOUVANTES (44670), ch.-l. de c. de la Loire-Atlantique; 947 h.

SAINT-JULIEN-DU-SAULT (89330), ch.-l. de c. de l'Yonne; 2 123 h. Église des XIIIe-XVIe s.

SAINT-JULIEN-EN-GENEVOIS (74160), ch.-l. d'arr. de la Haute-Savoie, près de Genève; 6 368 h. (*Juliénois*).

SAINT-JULIEN-L'ARS [-lar] (86800), ch.-l. de c. de la Vienne; 1 436 h.

SAINT-JULIEN-LES-VILLAS (10800), comm. de l'Aube; 5 937 h.

SAINT-JUNIEN (87200), ch.-l. de c. de la Haute-Vienne, sur la Vienne; 11 723 h. (*Saint-Juniauds*). Belle église romane (tombeau de saint Junien). Ganterie. Feutre. Carton.

SAINT-JUST (Louis Antoine), homme politique français, né à Decize (1767-1794). Député à la Convention (1792), admirateur de Robespierre, membre de la Montagne et du club des Jacobins, il est partisan d'une république égalitaire, et donc vertueuse. Membre du Comité de salut public (30 mai 1793), il précipite la chute des Girondins et devient le théoricien et « l'archange » de la Terreur. Commissaire aux armées, il se montre implacable à l'égard des responsables corrompus et contribue à la victoire de Fleurus (26 juin 1794). Il est entraîné dans la chute de Robespierre (juill. 1794).

SAINT-JUST-EN-CHAUSSÉE (60130), ch.-l. de c. de l'Oise; 4 111 h.

SAINT-JUST-EN-CHEVALET (42430), ch.-l. de c. de la Loire; 2 127 h.

SAINT-JUST-SAINT-RAMBERT (42170), ch.-l. de c. de la Loire; 9 091 h. Église romane (XIe et XIIe s.) d'un anc. prieuré. Industrie textile.

SAINT KILDA, petite île britannique de l'Atlantique, au large de l'Écosse.

SAINT-LAMBERT, v. du Canada (Québec), banlieue de Montréal; 20 318 h. Biscuiterie.

SAINT-LAMBERT (Jean François DE), écrivain français, né à Nancy (1716-1803), ami des encyclopédistes et auteur du poème descriptif *les Saisons.* (Acad. fr.)

SAINT-LARY-SOULAN (65170), comm. des Hautes-Pyrénées; 710 h. Sports d'hiver (alt. 830-2 380 m).

SAINT-LAURENT, grand fl. de l'Amérique du Nord; 3 800 km depuis le lac Supérieur (1 140 km de sa sortie du lac Ontario à l'Atlantique, rejoint par un grand estuaire). Drainant le sud-est du Canada, il passe à Montréal et à Québec. De grands travaux l'ont rendu entièrement accessible aux navires de mer, huit mois par an.

SAINT-LAURENT, v. du Canada (Québec), banlieue de Montréal; 64 404 h.

SAINT-LAURENT ou **SAINT-LAURENT-DU-MARONI** (97320), ch.-l. d'arr. de la Guyane française; 5 061 h. Port sur le *Maroni.* Anc. établissement pénitentiaire.

SAINT-LAURENT (Louis Stephen), homme politique canadien, né à Compton (Québec) [1882-1973]. Leader du parti libéral (1948-1958), il succéda à Mackenzie King comme chef du gouvernement (1948-1957) et accentua l'autonomie du dominion.

SAINT-LAURENT (Yves), couturier français, né à Oran en 1936. Influencé un temps par le style des années 40, il marque un intérêt pour les vêtements de base classique, qu'il présente souvent déparéillés.

SAINT-LAURENT-BLANGY (62223), comm. du Pas-de-Calais; 5 266 h. (*Imercuriens*). Textiles synthétiques.

SAINT-LAURENT-DE-CHAMOUSSET (69930), ch.-l. de c. du Rhône; 1 356 h.

SAINT-LAURENT-DE-LA-SALANQUE (66250), ch.-l. de c. des Pyrénées-Orientales; 3 971 h.

SAINT-LAURENT-DE-NESTE (65150), ch.-l. de c. des Hautes-Pyrénées; 944 h.

SAINT-LAURENT-DES-EAUX → SAINT-LAURENT-NOUAN.

SAINT-LAURENT-DU-MARONI → SAINT-LAURENT (Guyane française).

SAINT-LAURENT-DU-PONT (38380), ch.-l. de c. de l'Isère; 3 709 h. Métallurgie.

SAINT-LAURENT-DU-VAR (06700), comm. des Alpes-Maritimes, à l'ouest de l'embouchure du Var; 15 503 h.

Saint-Marin

Tétrel

SAINT - LAURENT - EN - GRANDVAUX (39150), ch.-l. de c. du Jura; 1 806 h.

SAINT-LAURENT-ET-BENON (33112), ch.-l. de c. de la Gironde; 2 063 h. Vins.

SAINT-LAURENT-NOUAN (41220 La Ferté St Cyr), comm. de Loir-et-Cher; 2 199 h. Centrale nucléaire *(Saint-Laurent-des-Eaux).*

SAINT - LAURENT - SUR - GORRE (87310), ch.-l. de c. de la Haute-Vienne; 1 344 h.

Saint-Lazare *(enclos)*, léproserie fondée à Paris au XIIe s., donnée en 1632 aux prêtres de la Mission *(Lazaristes)*, désaffectée en 1789 et devenue prison jusqu'à sa disparition, en 1940.

Saint-Lazare-de-Jérusalem *(ordre de)*, ordre hospitalier et militaire, fondé à Jérusalem vers 1120. Il fut réuni en 1608 à l'ordre de Notre-Dame-du-Mont-Carmel. Sécularisé en 1772 par Clément XIV, l'ordre survécut à la Révolution française. D'abord protégé par Louis XVIII et Charles X, il se tourna, après 1830, vers le patriarche grec melkite catholique d'Antioche et de Jérusalem. En 1930 fut restaurée la grande maîtrise en faveur de François de Bourbon, duc de Séville.

SAINT-LÉGER-SOUS-BEUVRAY (71990), ch.-l. de c. de Saône-et-Loire; 628 h.

SAINT-LÉON (Arthur), danseur et chorégraphe français, né à Paris (1821-1870), auteur des ballets *le Petit Cheval bossu* et *Coppélia.*

SAINT-LÉONARD, v. du Canada (Québec), banlieue de Montréal; 78 452 h.

SAINT - LÉONARD - DE - NOBLAT (87400), ch.-l. de c. de la Haute-Vienne, près de la Vienne; 5 538 h. Église avec un clocher roman. Tannerie. Chaussures. Porcelaine. Papeterie.

SAINT-LEU (97436), ch.-l. de c. de la Réunion; 17 447 h.

SAINT-LEU-D'ESSERENT (60340), comm. de l'Oise; 4 474 h. Église gothique du XIIe s.

SAINT-LEU-LA-FORÊT (95320), ch.-l. de c. du Val-d'Oise; 9 673 h. Dans l'église, tombeau de Louis Bonaparte.

SAINT-LIZIER, ch.-l. de c. de l'Ariège; 1 769 h.

SAINT-LÔ (50000), ch.-l. du dép. de la Manche, sur la Vire, à 286 km à l'ouest de Paris; 25 037 h. *(Saint-Lois)*. Marché. Électroménager. La ville avait été détruite lors de la bataille de Normandie en 1944.

SAINT LOUIS, v. des États-Unis (Missouri), près du confluent du Mississippi et du Missouri; 622 000 h. Métallurgie. — Siège des jeux Olympiques de 1904.

SAINT-LOUIS *(île)*, île de la Seine, à Paris, en amont de l'île de la Cité. Hôtels particuliers et église du XVIIe s.

SAINT-LOUIS (68300), comm. du Haut-Rhin, près de Bâle; 18 112 h. *(Ludoviciens)*. Constructions mécaniques.

SAINT-LOUIS (97134), ch.-l. de c. de la Guadeloupe, dans l'île de Marie-Galante; 4 155 h.

SAINT-LOUIS (97450), ch.-l. de c. de la Réunion; 30 473 h.

SAINT-LOUIS, port du Sénégal, dans une île du Sénégal; 50 000 h. Les Français s'y étaient établis en 1659.

Saint-Louis *(ordre royal et militaire de)*, ordre créé par Louis XIV en 1693 pour récompenser les services rendus. Supprimé en 1792, il fut rétabli de 1814 à 1830.

SAINT - LOUIS - LES - BITCHE (57620 Lemberg), comm. de la Moselle; 682 h. Cristallerie.

SAINT - LOUP - LAMAIRÉ (79600 Airvault), ch.-l. de c. des Deux-Sèvres; 1 200 h. Château des Gouffier (début du XVIIe s.).

SAINT-LOUP-SUR-SEMOUSE (70800), ch.-l. de c. de la Haute-Saône; 4 692 h. *(Lupéens)*. Meubles.

SAINT-LUNAIRE (35800 Dinard), comm. d'Ille-et-Vilaine; 1 585 h. Église en partie romane. Station balnéaire.

SAINT-LYS [-lis] (31470), ch.-l. de c. de la Haute-Garonne; 2 884 h. Anc. bastide.

SAINT-MACAIRE (33490), ch.-l. de c. de la Gironde; 1 679 h. Remparts. Église surtout romane.

SAINT-MAIXENT-L'ÉCOLE (79400), ch.-l. de c. des Deux-Sèvres, sur la Sèvre Niortaise; 9 613 h. *(Saint-Maixentais)*. École militaire d'infanterie (1874-1940) et, depuis 1963, École nationale des sous-officiers de l'armée de terre.

SAINT-MALO (35400), ch.-l. d'arr. d'Ille-et-Vilaine, à l'embouchure de la Rance, sur une presqu'île; 46 270 h. *(Malouins)*. Saint-Malo fut, au XVIe s., le point de départ d'expéditions vers le Nouveau Monde. Aux XVIIe et XVIIIe s., la ville s'enrichit dans le grand commerce et dans la course. Grand port de pêche (morue de Terre-Neuve) au XIXe s. et au début du XXe, la vieille ville est surtout, aujourd'hui, un important centre touristique. Partiellement détruite pendant la Seconde Guerre mondiale, elle a été reconstruite. Elle conserve de magnifiques remparts, en partie du XIIe s., et un château au XVe s. (musée).

SAINT-MALO-DE-LA-LANDE (50200 Coutances), ch.-l. de c. de la Manche; 224 h.

SAINT-MAMERT-DU-GARD (30730), ch.-l. de c. du Gard; 385 h.

SAINT-MAMET-LA-SALVETAT (15220), ch.-l. de c. du Cantal; 1 355 h.

SAINT-MANDÉ (94160), ch.-l. de c. du Val-de-Marne; 21 096 h.

SAINT-MANDRIER-SUR-MER (83430), ch.-l. de c. du Var, sur la rade de Toulon; 6 767 h. Siège du Centre d'instruction navale.

SAINT-MARCELLIN (38160), ch.-l. de c. de l'Isère; 6 990 h. Fromages.

SAINT-MARC GIRARDIN (Marc GIRARDIN, dit), écrivain et homme politique français, né à Paris (1801-1873). Son *Cours de littérature dramatique* est un réquisitoire contre le romantisme. (Acad. fr.)

SAINT-MARIN, en ital. **San Marino**, petite république enclavée dans la rép. d'Italie, à l'est de Florence; 61 km²; 20 000 h. Cap. *San Marino*. La ville fut autonome dès le IXe s. Son territoire devint *république* au XIe s. Celle-ci, placée depuis 1862 sous la protection de l'Italie, est dirigée par un Grand Conseil (60 membres) et deux capitaines-régents élus par lui pour six mois.

SAINT-MARS-LA-JAILLE [-mar-] (44540), ch.-l. de c. de la Loire-Atlantique; 2 045 h. Machines agricoles.

SAINT-MARTIN, une des Petites Antilles, partagée entre la France (97150) [ch.-l. *Marigot*] et les Pays-Bas (ch.-l. *Philipsburg*); 6 191 h. (pour la partie française).

Saint-Martin *(canal)*, canal qui traverse Paris, de La Villette à la Seine.

SAINT-MARTIN (Louis Claude DE), écrivain et philosophe français, né à Amboise (1743-1803). Il contribua à répandre l'illuminisme et l'occultisme.

SAINT-MARTIN-BOULOGNE (62200 Boulogne sur Mer), comm. du Pas-de-Calais; 12 885 h.

SAINT-MARTIN-D'AUXIGNY (18110), ch.-l. de c. du Cher; 1 635 h.

SAINT - MARTIN - DE - BELLEVILLE (73440), comm. de la Savoie, en Tarentaise; 1 672 h. Sports d'hiver aux Menuires.

SAINT - MARTIN - DE - CRAU (13310), comm. des Bouches-du-Rhône; 5 551 h.

SAINT - MARTIN - DE - LONDRES (34380), ch.-l. de c. de l'Hérault; 725 h. Église romane.

SAINT-MARTIN-DE-RÉ (17410), ch.-l. de c. de la Charente-Maritime, dans l'île de Ré; 2 193 h.

Pêche. Station balnéaire. Pénitencier dans la citadelle, du XVIIe s.

SAINT - MARTIN - DE - SEIGNANX (40390), ch.-l. de c. des Landes; 2 318 h.

SAINT - MARTIN - DE - VALAMAS (07310), ch.-l. de c. de l'Ardèche; 1 640 h.

SAINT-MARTIN-D'HÈRES (38400), ch.-l. de c. de l'Isère; 38 111 h.

SAINT - MARTIN - EN - BRESSE (71620), ch.-l. de c. de Saône-et-Loire; 1 102 h.

SAINT-MARTIN-LE-VINOUX (38000 Grenoble), comm. de l'Isère; 5 582 h.

SAINT-MARTIN-VÉSUBIE (06450 Lantosque), ch.-l. de c. des Alpes-Maritimes; 1 128 h. Église de la fin du XVIIe s. Station d'altitude (960 m).

SAINT-MARTORY (31360), ch.-l. de c. de la Haute-Garonne, sur la Garonne; 1 133 h. Le *canal de Saint-Martory* sert à l'irrigation.

SAINT-MATHIEU (87440), ch.-l. de c. de la Haute-Vienne; 1 483 h.

SAINT-MATHIEU *(pointe)*, cap à l'extrémité ouest du Finistère.

SAINT - MAUR - DES - FOSSÉS (94100), ch.-l. de c. du Val-de-Marne, dans une boucle de la Marne; 81 117 h. *(Saint-Mauriens)*. Église des XIIe-XIVe s.

SAINT-MAURICE (le), riv. du Canada (Québec), affl. du Saint-Laurent (r. g.), à Trois-Rivières; 520 km.

SAINT-MAURICE (94410), comm. du Val-de-Marne, au sud-est de Paris; 9 254 h. *(Mauriciens)*. Studios cinématographiques.

SAINT-MAURICE, v. de Suisse (Valais), sur le Rhône; 3 808 h. Abbaye d'Agaune, fondée au IVe s. (église des XVIIe-XXe s.; trésor). *Grotte des fées*, profonde de 700 m.

SAINT-MAX [-ma] (54130), comm. de Meurthe-et-Moselle; 12 463 h.

SAINT - MAXIMIN - LA - SAINTE - BAUME (83470), ch.-l. de c. du Var; 4 027 h. Basilique Ste-Madeleine (XIIIe-XVIe s.); centre culturel dans l'anc. couvent.

SAINT - MÉDARD - EN - JALLES (33160), comm. de la Gironde; 16 287 h. Vins rouges du Médoc. Poudrerie. Industrie aérospatiale.

SAINT-MÉEN-LE-GRAND [-meᵉ] (35290), ch.-l. de c. d'Ille-et-Vilaine; 3 514 h. Église des XIIe-XIVe s., anc. abbatiale.

SAINT-MEMMIE (51000 Châlons sur Marne), comm. de la Marne; 6 500 h.

SAINT-MICHEL (02500 Hirson), comm. de l'Aisne; 4 202 h. Caravanes. Église en partie gothique, anc. abbatiale.

Saint-Michel *(ordre de)*, ordre de chevalerie français, créé en 1469, supprimé par la Révolution, rétabli de 1815 à 1830.

SAINT - MICHEL - CHEF - CHEF (44730), comm. de la Loire-Atlantique; 2 447 h. Station balnéaire. Biscuiterie.

SAINT - MICHEL - DE - MAURIENNE (73140), ch.-l. de c. de la Savoie, sur l'Arc; 3 868 h. Centrales hydroélectriques. Métallurgie.

SAINT - MICHEL - L'OBSERVATOIRE (04300 Forcalquier), ou **SAINT-MICHEL-DE-PROVENCE**, comm. des Alpes-de-Haute-Provence; 617 h. Observatoire d'astrophysique du Centre national de la recherche scientifique.

SAINT - MICHEL - SUR - ORGE (91240), ch.-l. de c. de l'Essonne; 20 735 h.

SAINT-MIHIEL (55300), ch.-l. de c. de la

Saint-Pierre
de Rome

Salou

Meuse, sur la Meuse; 5661 h. *(Sammiellois).* Fort. Lunetterie. Patrie de Ligier Richier, dont chacune des deux églises de la ville conserve une sculpture. Victoire américaine en septembre 1918.

SAINT-MORITZ, en allem. **Sankt Moritz,** en romanche **San Murezzan,** grande station d'altitude et de sports d'hiver (alt. 1856-3303 m) de Suisse (Grisons), dans la haute Engadine, au bord du *lac de Saint-Moritz;* 5699 h.

SAINT-NAZAIRE (44600), ch.-l. d'arr. de la Loire-Atlantique, à l'embouchure de la Loire; 69769 h. *(Nazairiens).* Avant-port de Nantes et principal centre français de constructions navales. Constructions aéronautiques. En 1944, la garnison allemande résista dans la poche de Saint-Nazaire jusqu'au 8 mai 1945.

SAINT-NECTAIRE (63710), comm. du Puy-de-Dôme; 678 h. Belle église romane auvergnate (XIIᵉ s.). Station thermale pour les affections des reins. Fromages.

SAINT-NICOLAS, en néerl. **Sint-Niklaas,** v. de Belgique (Flandre-Orientale); 67800 h. Textile.

SAINT - NICOLAS - D'ALIERMONT (76510), comm. de la Seine-Maritime; 3722 h. Horlogerie.

SAINT-NICOLAS-DE-LA-GRAVE (82210), ch.-l. de c. de Tarn-et-Garonne; 1722 h.

SAINT-NICOLAS-DE-PORT (54210), ch.-l. de c. de la Meurthe-et-Moselle, sur la Meurthe; 7537 h. *(Portois).* Église de pèlerinage des XVᵉ-XVIᵉ s. Sel gemme. Brasserie.

SAINT-NICOLAS-DE-REDON (44460), ch.-l. de c. de la Loire-Atlantique; 2771 h.

SAINT-NICOLAS-DU-PÉLEM (22480), ch.-l. de c. des Côtes-du-Nord; 2449 h. Église et manoir du XVIᵉ s.

SAINT - NIZIER - DU - MOUCHEROTTE (38250 Villard de Lans), comm. de l'Isère; 307 h. Sports d'hiver (alt. 1162-1900 m).

SAINT - NOM - LA - BRETÈCHE (78860), ch.-l. de c. des Yvelines; 2997 h. Golf.

SAINT-OMER (62500), ch.-l. d'arr. du Pas-de-Calais, sur l'Aa; 17988 h. *(Audomarois).* Évêché de 1559 à 1790; basilique des XIIIᵉ-XVᵉ s. Ruines de l'abbatiale St-Bertin. Musées. Métallurgie. Textile.

SAINTONGE, anc. province de l'ouest de la France; cap. Saintes. Réunie à la Couronne en 1375 par Charles V, la Saintonge constitue le sud du dép. de la Charente-Maritime. (Hab. *Saintongeais.*)

SAINT-OUEN [sɛ̃twɛ̃] (93400), ch.-l. de c. de la Seine-Saint-Denis, sur la Seine; 43695 h. *(Audoniens).*

SAINT-OUEN-L'AUMÔNE (95310), ch.-l. de c. du Val-d'Oise, sur l'Oise; 16201 h. Restes de l'abbaye de Maubuisson (XIIIᵉ s.) Métallurgie et chimie.

SAINT-PALAIS (64120), ch.-l. de c. des Pyrénées-Atlantiques; 2260 h.

SAINT - PALAIS - SUR - MER (17420), comm. de la Charente-Maritime; 2219 h. Station balnéaire.

SAINT - PARDOUX - LA - RIVIÈRE (24470), ch.-l. de c. de la Dordogne; 1347 h.

SAINT-PATERNE (72610), ch.-l. de c. de la Sarthe; 1040 h.

SAINT PAUL, v. des États-Unis, cap. du Minnesota, sur le Mississippi; 310000 h. Port fluvial.

SAINT-PAUL, île française du sud de l'océan Indien. Formée par un volcan, elle est inhabitée.

SAINT-PAUL (04520), ch.-l. de c. des Alpes-de-Haute-Provence, sur l'Ubaye, au pied sud du col de Vars; 221 h.

SAINT - PAUL ou **SAINT - PAUL - DE - VENCE** (06570), comm. des Alpes-Maritimes, au sud de Vence; 1974 h. Anc. bourg fortifié. Centre touristique et artistique (fondation Maeght).

SAINT-PAUL (97460), ch.-l. d'arr. de la Réunion; 52781 h.

SAINT - PAUL - CAP - DE - JOUX [-ʒu] (81220), ch.-l. de c. du Tarn; 963 h.

SAINT-PAUL-DE-FENOUILLET (66220), ch.-l. de c. des Pyrénées-Orientales; 2531 h.

SAINT-PAULIEN (43350), ch.-l. de c. de la Haute-Loire; 1626 h. Église romane.

SAINT-PAUL-LÈS-DAX (40990), comm. des Landes; 8220 h. Église à chevet roman sculpté.

SAINT - PAUL - TROIS - CHÂTEAUX (26130), ch.-l. de c. de la Drôme; 4356 h. Église romane, anc. cathédrale.

SAINT-PÉ-DE-BIGORRE (65270), ch.-l. de c. des Hautes-Pyrénées; 2035 h.

SAINT-PÉRAY (07130), ch.-l. de c. de l'Ardèche; 4341 h. Vins blancs.

SAINT-PÈRE (89450 Vézelay), comm. de l'Yonne, au pied de la colline de Vézelay; 348 h. Église gothique. Fouilles gallo-romaines des Fontaines-Salées (musée).

SAINT-PÈRE-EN-RETZ [-rɛ] (44320), ch.-l. de c. de la Loire-Atlantique; 2688 h.

SAINT-PÉTERSBOURG, anc. nom de Leningrad*.

SAINT PETERSBURG, port des États-Unis (Floride), sur la baie de Tampa; 216000 h. Centre touristique.

SAINT - PHILBERT - DE - GRAND - LIEU (44310), ch.-l. de c. de la Loire-Atlantique; 3661 h. Église des IXᵉ-XIᵉ s.

SAINT-PHILIPPE (97480 St Joseph), ch.-l. de c. de la Réunion; 3457 h.

SAINT-PIERRE (97250), ch.-l. de c. de la Martinique, près de la mer des Antilles, où s'élevait la ville la plus peuplée de l'île (26000 h.; auj. 6180 h.). Elle fut détruite le 8 mai 1902 par une « nuée ardente », lors de l'éruption de la montagne Pelée.

SAINT-PIERRE (97410), ch.-l. d'arr. de la Réunion; 46752 h.

SAINT-PIERRE, ch.-l. de l'archipel de Saint-Pierre-et-Miquelon; 5232 h. Port de pêche.

SAINT-PIERRE (Eustache DE) → EUSTACHE DE SAINT-PIERRE.

SAINT-PIERRE (Charles Irénée CASTEL, abbé DE), écrivain français, né à Saint-Pierre-Église (1658-1743), auteur d'un *Projet de paix perpétuelle* (1713).

Saint-Pierre, basilique de Rome (Vatican), consacrée en 326 sous Constantin et reconstruite à partir de 1506 sur les plans grandioses de Bramante, Michel-Ange (édifice à plan central sous coupole), Maderno (nef et façade). Nombreuses œuvres d'art.

SAINT - PIERRE - D'ALBIGNY (73250), ch.-l. de c. de la Savoie; 2571 h.

SAINT - PIERRE - DE - CHARTREUSE (38380 St Laurent du Pont), comm. de l'Isère; 566 h. Sports d'hiver (alt. 900-1790 m).

SAINT - PIERRE - DE - CHIGNAC (24330), ch.-l. de c. de la Dordogne; 654 h.

SAINT - PIERRE - DES - CORPS (37700), ch.-l. de c. d'Indre-et-Loire, banlieue de Tours; 18551 h. *(Corpopétrussiens).* Gare de triage. Mobilier.

SAINT - PIERRE - DE - VARENGEVILLE (76480 Duclair), comm. de la Seine-Maritime; 1613 h. Constructions électriques.

SAINT-PIERRE-D'OLÉRON (17310), ch.-l. de c. de la Charente-Maritime, au centre de l'île d'Oléron; 4604 h. Lanterne des morts du XIIIᵉ s.

SAINT-PIERRE-DU-MONT (40000 Mont de Marsan), comm. des Landes; 6212 h.

SAINT-PIERRE-ÉGLISE (50330), ch.-l. de c. de la Manche; 1391 h. Château du XVIIIᵉ s.

SAINT-PIERRE-ET-MIQUELON (97500), archipel français voisin de Terre-Neuve, formant un département d'outre-mer; 242 km²; 5840 h. L'archipel est formé de l'*île Saint-Pierre* (26 km²; 5232 h.) et de *Miquelon* (216 km²; 608 h.), qui est constituée en fait de deux îles : *Miquelon,* ou *Grande Miquelon,* et *Langlade,* ou *Petite Miquelon,* reliées par un isthme sableux. Ch.-l. *Saint-Pierre,* sur l'*île Saint-Pierre.* Pêcheries et conserveries.

SAINT-PIERRE-LE-MOÛTIER (58240), ch.-l. de c. de la Nièvre; 2256 h. Église des XIIᵉ-XIIIᵉ s., anc. abbatiale.

SAINT - PIERRE - LÈS - ELBEUF (76320 Caudebec lès Elbeuf), comm. de la Seine-Maritime; 6449 h.

SAINT - PIERRE - MONTLIMART (49110), comm. de Maine-et-Loire; 3212 h. Électronique. Chaussures.

SAINT-PIERRE-PORT, ch.-l. de Guernesey; 17000 h. Château fort remontant au XIIIᵉ s. Résidence de V. Hugo. Port. Centre touristique.

SAINT - PIERRE - QUIBERON (56510), comm. du Morbihan, dans la *presqu'île de Quiberon;* 2022 h. Centre touristique.

SAINT - PIERRE - SUR - DIVES (14170), ch.-l. de c. du Calvados; 4312 h. Anc. abbatiale (XIIIᵉ s.). Industries du bois.

SAINT-PIERREVILLE (07190 St Sauveur de Montagut), ch.-l. de c. de l'Ardèche; 537 h.

SAINT-POINT (71630 Tramayes), comm. de Saône-et-Loire; 259 h. Séjour de prédilection de Lamartine, qui y est enterré.

SAINT-POIS (50670), ch.-l. de c. de la Manche; 519 h.

SAINT-POL-DE-LÉON (29250), ch.-l. de c. du Finistère; 8750 h. *(Saint-Politains* ou *Léonards).* Anc. cathédrale (XIIIᵉ-XVIᵉ s.) et chapelle du Kreisker (XIVᵉ-XVᵉ s.). Marché des primeurs.

SAINT-POL ROUX (Paul ROUX, dit), poète français, né à Saint-Henry, près de Marseille (1861-1940). Considéré par les surréalistes comme un précurseur de la poésie moderne, il conserve cependant une part de l'héritage romantique et symboliste (la Dame à la faulx, les Féeries intérieures).

SAINT-POL-SUR-MER (59430), comm. du Nord, banlieue de Dunkerque; 20997 h.

SAINT - POL - SUR - TERNOISE (62130), ch.-l. de c. du Pas-de-Calais; 6507 h.

SAINT-PONS [-pɔ̃s] (34220), ch.-l. de c. de l'Hérault; 3417 h. Église fortifiée du XIIᵉ s., anc. abbatiale.

SAINT-PORCHAIRE (17250), ch.-l. de c. de la Charente-Maritime; 1120 h. Château de la Roche-Courbon (XVᵉ-XVIIᵉ s.).

SAINT - POURÇAIN - SUR - SIOULE (03500), ch.-l. de c. de l'Allier; 5567 h. *(Saint-Pourçinois* ou *Sanpourçinois).* Église des XIᵉ-XVIIIᵉ s., anc. abbatiale. Vignobles.

SAINT-PRIEST [sɛpri] (69800), comm. du Rhône; 36737 h.

SAINT - PRIEST - LA - PRUGNE (42830),

1541

comm. de la Loire; 717 h. Extraction et traitement du minerai d'uranium.

SAINT-PRIVAT [-va] (19220), ch.-l. de c. de la Corrèze; 1114 h.

SAINT-PRIVAT-LA-MONTAGNE (57124), comm. de la Moselle; 1195 h. Défaite des Français le 18 août 1870.

SAINT-PRIX (95390), comm. du Val-d'Oise; 5436 h.

SAINT - QUAY - PORTRIEUX (22410), comm. des Côtes-du-Nord; 3559 h. Station balnéaire.

SAINT-QUENTIN (02100), ch.-l. d'arr. de l'Aisne, sur la Somme; 69153 h. (*Saint-Quentinois*). Grande église collégiale (XIIIe-XVe s.). Au musée, collection de pastels de La Tour. Industries mécaniques, électriques et textiles. Prise d'assaut et ravagée en 1557 par les Espagnols, la ville fut le théâtre de la défaite de Faidherbe par les Allemands en janvier 1871. Réduit de la position Hindenburg en 1917-18.

Saint-Quentin (canal de), canal unissant l'Escaut à l'Oise, de Cambrai à Tergnier; 92 km.

SAINT-QUENTIN-EN-YVELINES, ville nouvelle de la région parisienne en cours de développement, entre Versailles et Rambouillet.

SAINT - RAMBERT - EN - BUGEY (01230), ch.-l. de c. de l'Ain; 2439 h.

SAINT-RAPHAËL (83700), ch.-l. de c. du Var, sur la Méditerranée; 21366 h. (*Raphaëlois*). Station balnéaire. Un des lieux du débarquement franco-américain du 15 août 1944. Mémorial de l'armée française d'Afrique (1975).

SAINT-RÉMY-DE-PROVENCE (13210), ch.-l. de c. des Bouches-du-Rhône; 7979 h. Vestiges du centre romain de *Glanum*; arc et mausolée du « plateau des Antiques ». Anc. prieuré de St-Pol-de-Mausole (XIIe-XIIIe s.; auj. hôpital). Musée.

SAINT - REMY - EN - BOUZEMONT - SAINT-GENEST-ET-ISSON (51290), ch.-l. de c. de la Marne; 609 h.

SAINT - RÉMY - LÈS - CHEVREUSE (78470), comm. des Yvelines; 4894 h.

SAINT - RÉMY - SUR - DUROLLE (63550), ch.-l. de c. du Puy-de-Dôme; 2009 h.

SAINT-RENAN (29290), ch.-l. de c. du Finistère; 4621 h. Vieilles maisons. Gisement d'étain.

SAINT-RIQUIER (80132 Abbeville), comm. de la Somme; 1206 h. Église, rebâtie au XVIe s., d'une anc. abbaye d'origine carolingienne.

SAINT - ROMAIN - DE - COLBOSC (76430), ch.-l. de c. de la Seine-Maritime; 3637 h.

SAINT-ROME-DE-TARN (12490 St Rome de Cernon), ch.-l. de c. de l'Aveyron; 672 h.

Saint-Sacrement (Compagnie du), congrégation de laïques et de prêtres, fondée vers 1629 par H. de Lévis, duc de Ventadour, dans un dessein de charité et aussi pour réagir contre le libertinage ambiant. Ses excès de zèle provoquèrent sa disparition en 1666.

SAINT-SAËNS [-sɑ̃s] (76680), ch.-l. de c. de la Seine-Maritime; 2434 h.

SAINT-SAËNS [-sɑ̃s] (Camille), compositeur, pianiste et organiste français, né à Paris (1835-1921), auteur d'ouvrages lyriques (*Samson et Dalila*, 1877), d'une symphonie avec orgue, de poèmes symphoniques (*la Danse macabre*), de nombreux concertos, de pages pour piano et pour musique de chambre. L'œuvre de cet improvisateur-né, partisan de la « musique pure », toute française d'inspiration, vaut par la clarté et la perfection de la forme.

SAINT - SALVY - DE - LA - BALME (81100 Castres), comm. du Tarn; 556 h. Minerais de zinc et de plomb argentifère.

SAINT-SAULGE [-soʒ] (58330), ch.-l. de c. de la Nièvre; 1039 h.

SAINT-SAULVE [-solv] (59880), comm. du Nord; 8766 h. Métallurgie lourde.

SAINT-SAUVEUR-EN-PUISAYE (89520), ch.-l. de c. de l'Yonne; 1193 h.

SAINT - SAUVEUR - LENDELIN (50490), ch.-l. de c. de la Manche; 1440 h.

SAINT-SAUVEUR-LE-VICOMTE (50390), ch.-l. de c. de la Manche; 2214 h. Château en

chaire (XVIIe-XVIIIe s.) de l'église de Saint-Thégonnec

Camille **Saint-Saëns** par A. Rossi

le duc de **Saint-Simon** par P. Viger du Vigneau

partie du XIIIe s. (souvenirs de Barbey d'Aurevilly).

SAINT - SAUVEUR - SUR - TINÉE (06420), ch.-l. de c. des Alpes-Maritimes; 516 h.

SAINT-SAVIN (33920), ch.-l. de c. de la Gironde; 1657 h.

SAINT-SAVIN (86310), ch.-l. de c. de la Vienne, sur la Gartempe; 1323 h. Anc. abbatiale (XIe-XIIe s.; flèche du XVe) offrant le plus important ensemble de peintures murales romanes conservé en France.

SAINT-SAVINIEN (17350), ch.-l. de c. de la Charente-Maritime; 2458 h.

SAINT-SÉBASTIEN, en esp. **San Sebastián**, v. d'Espagne, ch.-l. de la province basque de Guipúzcoa; 170000 h. Port et station balnéaire.

SAINT-SÉBASTIEN-SUR-LOIRE (44230), comm. de la Loire-Atlantique, sur la Loire (r. g.); 17794 h.

SAINT-SEINE-L'ABBAYE (21440), ch.-l. de c. de la Côte-d'Or; 352 h. Église du XIIIe s.

Saint-Sépulcre, le plus important sanctuaire chrétien de Jérusalem, élevé à l'endroit où, selon la Tradition, Jésus fut enseveli. La basilique construite par Constantin (IVe s.) n'est aujourd'hui disparue. L'actuel édifice (en partie du XIXe s.) conserve des éléments de l'époque des croisés.

Saint-Sépulcre (ordre du), le plus ancien des ordres pontificaux (fin du XVe s.).

SAINT - SERNIN - SUR - RANCE (12380), ch.-l. de c. de l'Aveyron; 696 h.

SAINT - SERVAN - SUR - MER (35400 St Malo), partie de la comm. de Saint-Malo. Station balnéaire.

SAINT-SEVER [-savɛ] (40500), ch.-l. de c. des Landes, sur l'Adour; 4797 h. Église en partie romane, anc. abbatiale.

SAINT - SEVER - CALVADOS [-savɛr-] (14380), ch.-l. de c. du Calvados; 1475 h.

SAINT-SIÈGE (États du) → ÉTATS DE L'ÉGLISE.

SAINT-SIMON (02640), ch.-l. de c. de l'Aisne; 530 h.

SAINT-SIMON (Louis DE ROUVROY, duc DE), écrivain français, né à Paris (1675-1755). Il est l'auteur de *Mémoires*, qui vont de 1694 à 1723 : il y raconte les mille incidents de la vie à la Cour, ses efforts pour défendre les prérogatives des ducs et pairs et fait le portrait des grands personnages de son temps, dans un style imagé et elliptique.

SAINT-SIMON (Claude Henri DE ROUVROY, *comte DE*), philosophe et économiste français, né à Paris (1760-1825). Aristocrate, il rompit avec sa famille et publia, en 1803, *Lettres d'un habitant de Genève à ses contemporains*, où s'élaborait sa doctrine de la « capacité » et où il appelait de ses vœux une nouvelle religion, celle de la science. Cette double tendance s'affirma dans sa *Parabole* (1819), le *Catéchisme des industriels* (1823-24) et le *Nouveau Christianisme* (1825), ouvrages marqués par un socialisme planificateur et technocratique (saint-simonisme).

Saint-Sulpice (Compagnie des prêtres de) ou **Sulpiciens,** société de prêtres séculiers, fon-

dée à Vaugirard, en 1641, par Jean-Jacques Olier, futur curé de la paroisse Saint-Sulpice, à Paris, et dont le siège devint le séminaire de Saint-Sulpice. Sa fonction essentielle est la formation des futurs prêtres.

Saint-Sulpice (*église*), à Paris (VIe arr.), commencée en 1646 et terminée par Servandoni en 1745. Peintures de Delacroix dans une chapelle.

SAINT-SULPICE-LES-CHAMPS (23480), ch.-l. de c. de la Creuse; 450 h.

SAINT - SULPICE - LES - FEUILLES (87160), ch.-l. de c. de la Haute-Vienne; 1410 h.

SAINT-SYMPHORIEN (33113), ch.-l. de c. de la Gironde; 1385 h.

SAINT - SYMPHORIEN - DE - LAY [-lɛ] (42470), ch.-l. de c. de la Loire; 1549 h.

SAINT-SYMPHORIEN-D'OZON (69360), ch.-l. de c. du Rhône; 3537 h.

SAINT - SYMPHORIEN - SUR - COISE (69590), ch.-l. de c. du Rhône; 3342 h. Restes de fortifications. Église des XIe et XVe s.

SAINT-THÉGONNEC (29223), ch.-l. de c. du Finistère; 1986 h. Bel enclos paroissial des XVIe-XVIIe s. Pardon en septembre.

SAINT THOMAS (île), la plus peuplée des îles Vierges américaines (Antilles) ; 29000 h. Cap. *Charlotte Amalie*.

SAINT THOMAS, v. du Canada (Ontario), au nord du lac Érié; 27206 h.

SAINT - TRIVIER - DE - COURTES (01560), ch.-l. de c. de l'Ain; 1076 h.

SAINT - TRIVIER - SUR - MOIGNANS (01400 Châtillon sur Chalaronne), ch.-l. de c. de l'Ain; 1151 h.

SAINT - TROJAN - LES - BAINS (17370), comm. de la Charente-Maritime, dans l'île d'Oléron; 1803 h. Station balnéaire. Thalassothérapie.

SAINT-TROND, en néerl. **Sint-Truiden,** v. de Belgique (Limbourg); 36000 h. Monuments religieux et civils de l'époque romane au XVIIIe s.

SAINT-TROPEZ [-pe] (83990), ch.-l. de c. du Var, sur le *golfe de Saint-Tropez*; 5434 h. (*Tropéziens*). Importante station balnéaire et touristique. Musée de l'Annonciade (art moderne). Armement. Un des lieux du débarquement franco-américain du 15 août 1944.

SAINT - VAAST - LA - HOUGUE [-va-] (50550), comm. de la Manche; 2269 h. Station balnéaire. Citadelle du XVIIe s. Ostréiculture.

SAINT-VALERY-EN-CAUX (76460), ch.-l. de c. de la Seine-Maritime; 3347 h. Port de pêche et plage.

SAINT - VALERY - SUR - SOMME (80230), ch.-l. de c. de la Somme; 3112 h. Port et station balnéaire. Fortifications médiévales de la ville haute.

SAINT-VALLIER (26240), ch.-l. de c. de la Drôme; 5425 h.

SAINT-VALLIER (71230), comm. de Saône-et-Loire; 10272 h.

SAINT-VALLIER-DE-THIEY (06460), ch.-l. de c. des Alpes-Maritimes; 612 h.

SAINT-VARENT (79330), ch.-l. de c. des Deux-Sèvres; 2746 h.

SAINT-VAURY (23320), ch.-l. de c. de la Creuse; 2632 h.

SAINT-VENANT (Adhémar BARRÉ, *comte DE*), ingénieur français, né à Villiers-en-Bière (1797-1886). Il effectua les premières expériences pré-

Fleming

le marquis
de **Salisbury**
par G. F. Watts

cises sur l'écoulement des gaz à grande vitesse (1839).

SAINT-VÉRAN (05490), comm. des Hautes-Alpes; 232 h. Village entre 1990 et 2040 m d'altitude. Station d'astrophysique.

SAINT - VICTORET (13700 Marignane), comm. des Bouches-du-Rhône; 5436 h.

SAINT - VIGOR - D'YMONVILLE (76430 St Romain de Colbosc), comm. de la Seine-Maritime; 647 h. Cimenterie.

SAINT VINCENT, une des Antilles, État du Commonwealth, indépendant depuis 1979; 90000 h. Ch.-l. *Kingstown.*

SAINT-VINCENT (cap), en portug. **São Vicente**, cap du Portugal, à l'extrémité sud-ouest de la péninsule Ibérique.

Saint-Vincent-de-Paul (Société), organisation internationale de laïques catholiques, vouée à l'action charitable et sociale. Elle a été fondée à Paris, le 23 avril 1833, par Frédéric Ozanam et six autres jeunes gens. Ses membres se dénomment *vincentiens.*

SAINT-VINCENT-DE-TYROSSE (40230), ch.-l. de c. des Landes; 4063 h. Travail du bois. Articles de sport.

SAINT-VIVIEN-DE-MÉDOC (33590), ch.-l. de c. de la Gironde; 1096 h. Vins.

SAINT-VRAIN (91770), comm. de l'Essonne; 2117 h. Réserve zoologique.

SAINT-VULBAS (01150 Lagnieu), comm. de l'Ain, sur le Rhône; 1009 h. Centrales nucléaires, dites « du Bugey ».

SAINT - WANDRILLE - RANÇON (76490 Caudebec en Caux), comm. de la Seine-Maritime; 1268 h. Abbaye fondée en 649 au lieu-dit « Fontenelle » : bâtiments des XIIᵉ-XVIIIᵉ s.

SAINT-YORRE (03270), comm. de l'Allier; 3154 h. Eaux minérales.

SAINT - YRIEIX - LA - PERCHE [-irje-] (87500), ch.-l. de c. de la Haute-Vienne; 7828 h. (*Arédiens*). Ancien centre de l'extraction du kaolin.

SAÏS, v. ancienne de la Basse-Égypte, dont les princes gouvernèrent l'Égypte de 663 à 525 av. J.-C.

SAISSAC (11310), ch.-l. de c. de l'Aude; 659 h.

SAISSET (Bernard) [m. en 1314], évêque de Pamiers, célèbre par ses démêlés avec Philippe le Bel.

SAKAI, v. du Japon (Honshū); 594000 h. Sépulture du IVᵉ s. Centre industriel.

SAKALAVES ou **SAKALAVAS**, nom donné à diverses ethnies de l'ouest de Madagascar.

SAKARYA (le), fl. de Turquie, qui se jette dans la mer Noire; 650 km.

SAKHALINE (*île*), île montagneuse, à l'est de l'Asie, entre la mer d'Okhotsk et celle du Japon; 87000 km²; 616000 h. Partagée en 1905 entre la Russie — qui l'occupait depuis les années 1850 — et le Japon (v. KARAFUTO), elle appartient entièrement à l'U.R.S.S. depuis 1945. Pêcheries et industries du bois. Houille et pétrole.

SAKHAROV (Andreï Dmitrievitch), physicien soviétique, né à Moscou en 1921. Il a joué un grand rôle dans la mise au point de la bombe H soviétique et s'est fait le défenseur des droits de l'homme en U.R.S.S. (Prix Nobel de la paix, 1975.)

SAKKARAH → SAQQARAH.

Śakuntalā, drame sanskrit de Kālidāsa (IVᵉ-Vᵉ s. apr. J.-C.).

ŚĀKYAMUNI → BOUDDHA.

SALABERRY (Michel DE), officier canadien, né à Beauport (Bas-Canada) [1778-1829]. Il défit les Américains à Châteauguay (1813).

SALACROU (Armand), auteur dramatique français, né à Rouen en 1899. Ses pièces traitent sur un rythme boulevardier les problèmes humains et sociaux du monde moderne (*Atlas Hôtel,* *La terre est ronde, l'Archipel Lenoir*).

SALADIN Iᵉʳ, en ar. **Ṣalāḥ al-Dīn Yūsuf**, né à Takrit (Mésopotamie) [1138-1193], premier sultan ayyûbide (1171-1193). Il réunit sous son autorité l'Égypte, le Hedjaz, la Syrie et la Mésopotamie et se fit le champion de la guerre sainte. En 1187, il s'empara de Jérusalem.

SALADO (*río*), nom de deux riv. d'Argentine, longues de 2000 km chacune, dont l'une rejoint le Paraná (r. dr.) et l'autre le Colorado (r. g.) (la saison des pluies seulement).

SALAMANQUE, en esp. **Salamanca**, v. d'Espagne (León), sur le Tormes; 134000 h. Université. L'une des villes d'Espagne les plus riches en monuments du Moyen Âge, de la Renaissance et des époques classique et baroque. Célèbre Plaza Mayor (XVIIIᵉ s.).

SALAMINE, anc. cap. de Chypre jusqu'à sa soumission à Rome (58 av. J.-C.). Nécropole des VIIIᵉ-VIIᵉ s. av. J.-C. et ruines du IIᵉ s. au VIᵉ s. apr. J.-C.

SALAMINE, île de la Grèce, sur la côte ouest de l'Attique. En septembre 480 av. J.-C., Thémistocle, à la tête de la flotte grecque, y remporta une victoire décisive sur la flotte de Xerxès Iᵉʳ (seconde guerre médique).

Salammbô, roman de Flaubert (1862), qui évoque la guerre de Carthage contre ses mercenaires révoltés après la première guerre punique, en 241-237 av. J.-C.

SALAN (Raoul), général français, né à Roquecourbe (Tarn) en 1899. Commandant en chef en Indochine (1952-53), puis en Algérie (1956-1958), il joue un rôle important dans l'appel au général de Gaulle (1958), puis s'oppose à sa politique algérienne. En 1961, il participe au putsch d'Alger, puis fonde l'O.A.S. Arrêté en 1962 et condamné à la détention perpétuelle, il est libéré en 1968.

SALAT (le), riv. des Pyrénées, affl. de la Garonne (r. dr.); 75 km.

SALAU, écart de la comm. de Couflens (Ariège). Tungstène.

SALAVAT, v. de l'U.R.S.S., en Bachkirie; 131000 h. Pétrochimie.

SALAZAR (António DE OLIVEIRA), homme d'État portugais, né à Vimieiro, près de Santa Comba Dão (1889-1970). Professeur d'économie politique, ministre des Finances (1928), il devint président du Conseil en 1932. Disposant de pouvoirs étendus, il élimina toutes les oppositions et institua, à partir de 1933, l'« État nouveau », régime autoritaire fondé sur le nationalisme, le catholicisme, le corporatisme et l'anticommunisme. À partir de 1953, il dut compter avec une opposition intérieure grandissante et, à partir de 1960, avec les mouvements nationaux en Afrique portugaise. Il démissionna en 1968 pour raisons de santé.

SALAZIE (97433), ch.-l. de c. de l'île de la Réunion; 4500 h. Station thermale.

SALBRIS [-bri] (41300), ch.-l. de c. de Loir-et-Cher; 6204 h. Armement.

SALDANHA, port minéralier de l'Afrique du Sud (prov. du Cap). Sidérurgie.

SALDANHA (João D'OLIVEIRA DAUN, *duc* DE), officier et homme d'État portugais, né à Lisbonne (1790-1876). Maréchal et chef du gouvernement (1835-36), il exerça le pouvoir de 1846 à 1849, de 1851 à 1856 et de mai à août 1870.

SALÉ, v. du Maroc, à l'embouchure du Bou Regreg, en face de Rabat; 156000 h. Fortifications (XIIᵉ s.).

SALEM, v. des États-Unis, cap. de l'Oregon; 68000 h.

SALEM, v. de l'Inde (Tamil Nadu); 309000 h.

SALERNE, v. d'Italie (Campanie), au sud-est de Naples, sur le *golfe de Salerne;* 162000 h. Cathédrale de la fin du XIᵉ s. École de médecine jadis célèbre.

SALERNES (83690), ch.-l. de c. du Var; 2522 h. Céramique.

SALERS [-lɛr] (15410), ch.-l. de c. du Cantal; 541 h. Portes fortifiées, églises et maisons surtout du XVᵉ s. Race de bœufs renommée.

SALETTE-FALLAVAUX (La) [38970 Corps], comm. de l'Isère; 79 h. Pèlerinage à la basilique *Notre-Dame-de-la-Salette,* à l'emplacement de laquelle la Vierge serait apparue à deux jeunes bergers en 1846.

SALÈVE (*mont*), montagne de la Haute-Savoie, dans le Genevois; 1375 m. Téléphérique.

SALFORD, v. de Grande-Bretagne, près de Manchester; 131000 h.

SALICETI ou **SALICETTI** (Antoine), homme politique français, né à Saliceto (Corse) [1757-1809], membre de la Convention et du Conseil des Cinq-Cents, ministre du roi Joseph à Naples.

SALIENS, tribu franque des bords de l'Ijssel.

SALIERI (Antonio), compositeur italien, né à Legnago (1750-1825), directeur des théâtres de Vienne, auteur d'opéras (*les Danaïdes,* 1784) et de messes.

SALIES-DE-BÉARN [salis-] (64270), ch.-l. de c. des Pyrénées-Atlantiques; 5601 h. Station thermale. Literie.

SALIES-DU-SALAT (31260), ch.-l. de c. de la Haute-Garonne; 2312 h. Station thermale (maladies de la nutrition).

SALIGNAC-EYVIGNES (24590), ch.-l. de c. de la Dordogne; 884 h. Château (XIIᵉ-XVIᵉ s.).

SALIN-DE-GIRAUD (13200 Arles), écart de la comm. d'Arles, dans la Camargue. Salines et industries chimiques.

SALINDRES (30340), comm. du Gard; 3700 h. Alumine.

SALINGER (Jerome David), écrivain américain, né à New York en 1919. Ses nouvelles expriment les obsessions et les préoccupations de la jeunesse américaine (*l'Attrape-cœurs,* 1951).

SALINS-LES-BAINS (39110), ch.-l. de c. du Jura; 4465 h. Station thermale.

SALISBURY, v. d'Angleterre (Wiltshire), sur l'Avon; 36000 h. Cathédrale du XIIIᵉ s.

SALISBURY, cap. du Zimbabwe, à 1470 m d'alt.; 545000 h.

SALISBURY (Robert CECIL, *marquis* DE), homme d'État britannique, né à Hatfield (1830-1903). Chef du parti conservateur après la mort de Disraeli (1881), ministre des Affaires étrangères et Premier ministre (1885-1892, 1895-1902), il combattit le nationalisme irlandais, fut à l'origine de l'affaire de Fachoda (1898) et mena la guerre contre les Boers (1899-1902).

SALLANCHES (74700), ch.-l. de c. de la Haute-Savoie; 8448 h. Centre touristique. Skis.

SALLAUMINES (62430), comm. du Pas-de-Calais; 12981 h.

SALLÉ (Marie), danseuse française (1707-1756), qui, la première, allégea le costume féminin.

SALLES-CURAN (12410), ch.-l. de c. de l'Aveyron; 1516 h. Vieux bourg pittoresque.

SALLES-SUR-L'HERS (11410), ch.-l. de c. de l'Aude; 528 h.

SALLUSTE, en lat. Caius Sallustius Crispus, historien romain, né à Amiternum (Sabine) [86-v. 35 av. J.-C.]. Protégé de César, il devint en 46 gouverneur de Numidie, où il fit fortune. À la mort du dictateur en 44, il se retira de la vie politique et se consacra aux études historiques. Dans ses œuvres, la *Guerre de Jugurtha,* la *Conjuration de Catilina* et les *Histoires,* écrites en une langue quelque peu archaïque, il s'inspire de Thucydide, dont il cherche à mêler l'impartialité et la vigueur du style. Son influence, dans la littérature latine, fut très grande.

SALM, anc. comté du Saint Empire, rattaché à la France en 1793 (dép. des Vosges).

SALMANASAR, nom de plusieurs rois d'Assyrie dont le plus important est SALMANASAR III (859-824 av. J.-C.), qui continua et confirma les conquêtes de son père Assour-Nasirpal (883-859), mais qui fut tenu en échec par les Araméens de Damas (bataille de Qarqar, 853); les fouilles, notamment celles de Nimroud, témoignent de son œuvre de grand constructeur.

SALOMÉ [m. v. 72 apr. J.-C.], princesse juive, fille d'Hérode Philippe et d'Hérodiade. Elle obtint de son oncle, Hérode Antipas, la tête de saint Jean-Baptiste.

SALOMON (îles), en angl. **Solomon Islands,** archipel de la Mélanésie, partagé, en 1899, entre la Grande-Bretagne (partie orientale) et l'Allemagne (Bougainville et Buka). Aujourd'hui, l'ancienne partie allemande, sous tutelle australienne depuis 1921, dépend de la Papouasie-Nouvelle-Guinée; la partie britannique a accédé à l'indépendance en 1978 (28 000 km²; 197 000 h.; cap. *Honiara*). Théâtre, de 1942 à 1944, de violents combats entre Américains et Japonais.

SALOMON, troisième roi des Hébreux (v. 970-931 av. J.-C.), fils et successeur de David. Il fortifia et organisa le royaume de son père; sous son règne, l'État hébreu connut une grande prospérité fondée sur le développement du commerce. L'œuvre maîtresse de ce grand bâtisseur fut le Temple de Jérusalem. Le réveil de l'antagonisme entre les tribus du Nord et celles du Sud amena, à la mort de Salomon, la scission du royaume et la formation de deux États : le royaume de Juda et le royaume d'Israël.

SALOMON (Erich), photographe allemand, né à Berlin (1886-1944). Son utilisation du petit format, ses instantanés à la lumière ambiante en intérieur et son souci de la vérité en font le créateur du reportage photographique moderne.

SALON-DE-PROVENCE (13300), ch.-l. de c. des Bouches-du-Rhône; 35 587 h. Monuments médiévaux et classiques. École de l'Air et École militaire de l'Air. Centrale hydraulique sur la Durance canalisée.

SALONE ou **SALONA,** auj. **Solin,** anc. capit. de la province romaine de Dalmatie, dans la banlieue de l'actuelle Split. Vestiges romains et paléochrétiens.

SALONIQUE → THESSALONIQUE.

SALOUEN (la ou le), fl. de l'Asie du Sud-Est, né au Tibet, qui sépare la Birmanie et la Thaïlande avant de rejoindre l'océan Indien; 2 500 km.

SALOUM (le), fl. du Sénégal, se jetant dans l'Atlantique; 250 km.

Salpêtrière (la), hôpital parisien. Bâtiments du XVIIᵉ s. (chapelle par Bruant).

SALSES → LEUCATE (étang de).

SALSIGNE (11600 Conques sur Orbiel), comm. de l'Aude, dans la Montagne Noire; 571 h. Mine (or, argent, cuivre, arsenic, etc.).

SALSOMAGGIORE TERME, v. d'Italie (Émilie-Romagne); 18 000 h. Station thermale.

SALT, sigle de *Strategic Arms Limitation Talks,* nom donné aux négociations menées directement depuis 1969 entre les États-Unis et l'U.R.S.S. sur la limitation des armements stra-tégiques. Elles ont abouti aux accords de 1972, 1974 et 1979.

SALTA, v. d'Argentine; 176 000 h.

SALTILLO, v. du nord-est du Mexique; 211 000 h. Métallurgie.

SALT LAKE CITY, v. des États-Unis, cap. de l'Utah, près du Grand Lac Salé; 176 000 h. Centre commercial fondé en 1847 par les Mormons.

SALTO, port fluvial de l'Uruguay, sur l'Uruguay; 60 000 h.

SALTYKOV (Mikhaïl Ievgrafovitch), écrivain russe, connu sous le nom de **Saltykov-Chtchedrine,** né à Spas-Ougol (1826-1889), peintre satirique de la société provinciale russe (*la Famille Golovliov,* 1880).

SALUCES, en ital. **Saluzzo,** v. d'Italie (Piémont), jadis le chef-lieu d'un marquisat fondé en 1142, conquis par la Savoie en 1601.

salut (*Armée du*), association religieuse d'origine méthodiste, qui joint le prosélytisme à l'action charitable et sociale et dont l'organisation s'apparente à celle de l'armée. Elle fut fondée par William Booth, à Londres, en 1865.

SALUT (îles du), petit archipel de la Guyane française, au nord de Cayenne (île du Diable, etc.). Ancien établissement pénitentiaire.

SALVADOR, en esp. **El Salvador,** république de l'Amérique centrale; 21 393 km²; 4 660 000 h. Cap. *San Salvador.* Langue : *espagnol.* Ce pays, au climat tropical, formé de massifs volcaniques ouverts sur la vallée du Lempa, associe cultures vivrières (maïs, riz) et commerciales (coton et surtout café).

HISTOIRE
— 1821 : ralliement à l'Empire mexicain.
— 1824 : formation de la fédération centre-américaine.
— 1839 : disparition de la fédération et invasion de la république du Salvador par les États alliés.
— 1854 : le pays sous le joug guatémaltèque.
— 1865 : le Salvador indépendant.
— 1909 : le pays passe sous le protectorat effectif des États-Unis.
— 1932-1944 : dictature de Maximiliano Hernández Martínez.
— 1948-1960 : dictature d'Oscar Osorio.
— 1960 : les militaires prennent le pouvoir.
— 1969 : sanglante guerre avec le Honduras.
— 1980 : traité de paix avec le Honduras.
— 1981 : les tensions politiques et sociales débouchent sur des mouvements insurrectionnels.

SALVADOR, anc. **Bahia,** port du Brésil, cap. de l'État de Bahia; 1 008 000 h. Nombreuses églises baroques. Centre commercial.

SALVAGNAC (81800 Rabastens), ch.-l. de c. du Tarn; 863 h.

SALVETAT-PEYRALÈS (La) [12440], ch.-l. de c. de l'Aveyron; 1 478 h.

Salzbourg (au premier plan, la cathédrale)

Lauros-Atlas-Photo

SALVETAT-SUR-AGOUT (La) [34330], ch.-l. de c. de l'Hérault; 1 115 h.

SALVIAC (46340), ch.-l. de c. du Lot; 995 h.

SALVIATI (Francesco DE' ROSSI, dit **Cecchino**), peintre italien, né à Florence (1510-1563). Maniériste de la seconde génération, décorateur fécond, il travailla à Rome, Venise, Florence et Fontainebleau.

SALZACH (la), riv. d'Autriche et de l'Allemagne fédérale, affl. de l'Inn (r. dr.), qui passe à Salzbourg; 220 km.

SALZBACH → SASBACH.

SALZBOURG, en allem. **Salzburg,** v. d'Autriche, ch.-l. de la *prov. de Salzbourg,* au pied des *Préalpes de Salzbourg,* sur la Salzach; 137 000 h. Archevêché. Monuments médiévaux et baroques. Patrie de Mozart, en l'honneur duquel est organisé un festival de musique annuel.

SALZGITTER, v. de l'Allemagne fédérale (Basse-Saxe); 119 000 h. Minerai de fer. Métallurgie.

SALZKAMMERGUT, région montagneuse d'Autriche, sur le cours supérieur de la Traun. Salines.

Sam (Oncle) ou **Uncle Sam,** personnification ironique de la démocratie des États-Unis et dont le nom est tiré de « U.S. Am. ».

SÂMÂNIDES, dynastie iranienne, qui régna en Transoxiane et au Khorāsān de 874 à 999.

SAMAR, île des Philippines; 13 429 km²; 1 019 000 h.

SAMARA → KOUÏBYCHEV.

SAMARIE, v. de la région de la Palestine centrale. (Hab. *Samaritains.*) Samarie, fondée v. 880 av. J.-C., fut la capitale du royaume d'Israël. Détruite en 721 av. J.-C. par Sargon II d'Assyrie, elle fut relevée par Hérode, qui lui donna le nom de *Sebaste,* qu'elle a conservé jusqu'à nos jours (Sibastiyya).

Samaritain (le Bon), personnage principal d'une parabole de l'Évangile, donné comme modèle de la véritable charité envers le prochain.

SAMARKAND, v. de l'U.R.S.S. (Ouzbékistan), en Asie centrale; 312 000 h. Monuments des XIVᵉ au XVIIᵉ s., dont les mausolées à coupole de la nécropole de Châh-e Zendè (notamment celui de Timūr Lang, le Gur-e Mir). Centre commercial. Timūr Lang en fit sa capitale. Elle fut conquise par les Russes en 1868.

SÂMARrā, v. de l'Iraq, au nord de Bagdad. Capitale des califes 'abbassides au IXᵉ s. Importants vestiges de mosquées et de palais.

SAMATAN (32130), ch.-l. de c. du Gers; 2 056 h.

SAMBRE (la), riv. de France et de Belgique, qui passe à Maubeuge, à Charleroi et rejoint la Meuse à Namur (r. g.); 190 km.

SAMBREVILLE, anc. **Basse-Sambre,** comm. de Belgique (prov. de Namur); 28 000 h.

SAMER [-me] (62830), ch.-l. de c. du Pas-de-Calais; 2 845 h. Articles de bureau.

SAMMARTINI (Giovanni Battista), compositeur italien, né à Milan (1700 ou 1701-1775). Il a grandement contribué au développement de l'art instrumental classique (sonates, symphonies, concertos).

SAMNITES, peuple italique établi dans le Samnium. Les Samnites furent soumis par Rome au IIIᵉ s. av. J.-C., après une longue résistance (*guerres samnites* 343/341-290); c'est au cours de cette lutte que les Romains subirent l'humiliante défaite des *Fourches Caudines* (321 av. J.-C.).

SAMNIUM. Géogr. anc. Région montagneuse de l'Italie centrale.

SAMOA, archipel d'Océanie, partagé entre l'*État des Samoa* (dites parfois *Samoa occidentales*) [2 842 km²; 155 000 h.; cap. *Apia*] et les *Samoa orientales* ou *Samoa américaines,* qui appartiennent aux États-Unis (197 km²; 27 000 h.). Découvert en 1722 par les Hollandais, l'archipel fut partagé en 1899-1900 entre les Américains (Samoa orientales) et les Allemands (Samoa occidentales). En 1920, les Samoa occidentales passèrent sous tutelle néo-zélandaise; elles

Samarkand
la madrasa Chir-Dār

J. Bottin

devinrent indépendantes, dans le cadre du Commonwealth britannique, en 1962. Les Samoa orientales sont, depuis 1951, administrées par un gouverneur dépendant de Washington.

SAMOËNS [-mɔɛ̃] (74340), ch.-l. de c. de la Haute-Savoie; 1724 h. Station de sports d'hiver.

SAMORY TOURÉ, chef malinké, né à Manyambaladougou (v. 1830-1900). Il se constitua à partir de 1861 un empire à l'est du Niger, mais fut battu par les Français en 1887. Ayant reconstitué son empire, il résista longtemps (1891-1898) aux Français, qui le déportèrent.

SAMOS, île grecque de la mer Égée, dans les Sporades; 778 km²; 32700 h. Ch.-l. *Samos.* Un des principaux centres commerciaux et culturels de la mer Égée. Elle connut sa plus grande prospérité sous la tyrannie de Polycrate au VIᵉ s. av. J.-C. Vins muscats.

SAMOSATE, v. de la Syrie ancienne.

SAMOTHRACE, île grecque de la mer Égée, près des côtes de la Thrace; 168 km²; 3000 h. En 1863 y fut mise au jour la célèbre statue de la *Victoire* (Louvre), ex-voto commémoratif d'une victoire navale remportée au début du IIᵉ s. av. J.-C.

SAMOYÈDES, population mongole de langue finno-ougrienne, habitant les régions du cours inférieur de l'Ob et de la presqu'île de Taïmyr. Ce sont des éleveurs de rennes.

SAMPIERO D'ORNANO ou **SAMPIERO CORSO** → ORNANO.

SAMSON, juge des Hébreux (XIIᵉ s. av. J.-C.). Son histoire (sa force herculéenne, ses exploits contre les Philistins, ses mésaventures conjugales avec Dalila) est un mélange d'anecdotes et de récits folkloriques insérés par l'auteur biblique dans l'épopée nationale d'Israël.

Samson et Dalila, opéra biblique en trois actes, livret de F. Lemaire, musique de Saint-Saëns (1877).

SAMSONOV (Aleksandr Vassilievitch), général russe, né à Iekaterinoslav (1859-1914). Commandant la IIᵉ armée russe en Prusse-Orientale en 1914, il fut battu à Tannenberg et se suicida.

SAMSUN, port de Turquie, sur la mer Noire; 169000 h.

SAMUEL, dernier juge d'Israël (XIᵉ s. av. J.-C.). Il joua un rôle important dans l'institution de la monarchie chez les Hébreux. — Les deux livres bibliques, dits « Livres de Samuel », couvrent la période qui va de l'institution de la monarchie à la fin du règne de David.

SAMUELSON (Paul Anthony), économiste américain, né à Gary (Indiana) en 1915, auteur de travaux qui mettent en œuvre mathématiques et science économique. (Prix Nobel, 1970.)

SANʿĀʾ, cap. de la république arabe du Yémen; 448000 h.

SANAGA (la), principal fl. du Cameroun; 520 km. Installation hydroélectrique à Édéa.

SAN AGUSTÍN, v. de Colombie (Cordillère centrale), éponyme d'une culture précolombienne (VIᵉ s. av. J.-C. - v. XIIᵉ s. apr. J.-C.) célèbre pour ses sculptures mégalithiques.

SAN ANTONIO, v. des États-Unis (Texas); 654000 h.

SANARY-SUR-MER (83110), comm. du Var; 10406 h. Station balnéaire.

SAN BERNARDINO, col des Alpes suisses, à la haute vallée du Rhin postérieur et un affl. du Tessin, la Moesa; 2063 m. Tunnel routier à 1600 m d'alt.

SAN BERNARDINO, v. des États-Unis, en Californie; 104000 h. Conserves de fruits.

SANCERGUES (18140), ch.-l. de c. du Cher; 942 h. Église romane et gothique.

SANCERRE (18300), ch.-l. de c. du Cher, près de la Loire; 2542 h.

SANCERROIS, région de collines s'étendant à l'ouest de Sancerre. Vins blancs.

SANCHE, nom porté (XIᵉ-XIIIᵉ s.) par de nombreux souverains d'Aragon, de Castille, de León, de Navarre et de Portugal. Les plus célèbres sont : SANCHE Iᵉʳ *Ramírez* (m. en 1094), roi d'Aragon (1063-1094) et de Navarre (Sanche V) [1076-1094], qui mena toute la Reconquista; — SANCHE III *Garcés el Grande* (v. 965-1035), roi de Navarre (v. 1000-1035), comte de Castille (1028-1035), qui, dominant toute l'Espagne chrétienne, prit le titre de *rex Iberorum*; — SANCHE Iᵉʳ *o Povoador,* né à Coimbra (1154-1211), roi de Portugal (1185-1211), qui colonisa et organisa les territoires du Sud pris sur les Almohades.

Sancho Pança, écuyer de Don Quichotte, dont le bon sens s'oppose aux folles imaginations de son maître.

SĀNCĪ, haut lieu de l'art bouddhique indien (Madhya Pradesh). Nombreux stûpa aux balustrades et *torana* sculptées, sanctuaires et monastères du IIᵉ s. av. J.-C. au XIᵉ s. apr. J.-C. Riche musée.

SANCOINS (18600), ch.-l. de c. du Cher; 3558 h. Marché de bovins. Matières plastiques.

SAN CRISTÓBAL, v. du Venezuela; 152000 h.

SANCY (*puy de*), point culminant du Massif central, dans les monts Dore; 1885 m. Téléphérique.

SAND (Aurore DUPIN, *baronne* DUDEVANT, dite **George**), femme de lettres française, née à Paris (1804-1876). Sa vie et son œuvre évoluèrent au gré de ses attachements passionnés (Sandeau, Musset, Pierre Leroux, Chopin). Ses romans sont ainsi successivement d'inspiration sentimentale (*Indiana,* 1832; *Lélia,* 1833), sociale (*le Compagnon du tour de France,* 1840; *Consuelo,* 1842-43) et rustique (*la Mare au diable,* 1846; *François le Champi,* 1847-48; *la Petite Fadette,* 1849).

statues en pierre sur le site archéologique de **San Agustín**

Musée de l'Homme, Paris

SANDAGE (Allan Rex), astrophysicien américain, né à Iowa City en 1926. Il a découvert les quasars (1960).

SANDBURG (Carl), poète américain, né à Galesburg (Illinois) [1878-1967]. Son œuvre trouve son inspiration dans la civilisation urbaine et industrielle de l'Amérique moderne (*Fumée et acier,* 1920).

SANDEAU (Julien, dit **Jules**), écrivain français, né à Aubusson (1811-1883), auteur de *Mademoiselle de La Seiglière.* (Acad. fr.)

SANDER (August), photographe allemand, né à Herdorf (Rhénanie-Palatinat) [1876-1964]. Le rendu réaliste, parfois féroce, de la personnalité est le support de son infaillible témoignage sur les couches sociales de l'Allemagne prénazie.

SANDGATE, station balnéaire de Grande-Bretagne, sur le pas de Calais.

SANDHURST, v. d'Angleterre, au sud-ouest de Londres. Elle a donné son nom à une école militaire créée en 1802 à Sandhurst et transférée en 1947 à Camberley.

SAN DIEGO, port des États-Unis (Californie), sur le Pacifique (baie de San Diego); 697000 h. Base navale et port de pêche (thon). Constructions aéronautiques. Musée.

SANDOMIERZ, en fr. *Sandomir,* v. de Pologne (Kielce), sur la Vistule; 10000 h. Nombreux monuments, dont la cathédrale et l'hôtel de ville (XIVᵉ-XVIIᵉ s.).

SANDOUVILLE (76430 St Romain de Colbosc), comm. de la Seine-Maritime; 566 h. Automobiles.

SANDWICH (*îles*), anc. nom des îles *Hawaii**.

SANEM, v. du Luxembourg méridional; 10000 h. Métallurgie.

SAN FERNANDO, port d'Espagne (Andalousie). Arsenal.

SAN FRANCISCO, v. des États-Unis (Californie), sur la baie de San Francisco, qui débouche dans le Pacifique par la *Golden Gate;* 716000 h. Port actif, débouché de la région ouest des États-Unis. Raffinage du pétrole. Industries chimiques et mécaniques. Fondée en 1776 par les Espagnols, San Francisco devint américaine en 1846, mais elle ne prit son essor qu'après 1849, quand l'or de Californie attira les prospecteurs. Détruite par un tremblement de terre en 1906, elle fut rapidement reconstruite. L'ouverture du canal de Panama (1914) lui donna un nouvel essor. C'est à San Francisco que fut élaborée la charte des Nations unies (1945); en 1951, y fut signé le traité de paix entre le Japon et les Alliés.

SANGALLO (les), architectes florentins, maîtres de la Renaissance classique. GIULIANO GIAMBERTI, dit **Giuliano da Sangallo** (v. 1445-1516), donne les deux édifices les plus représentatifs de la fin du XVᵉ s., la villa de Poggio a Caiano, qui annonce Palladio, et l'église S. Maria delle Carceri de Prato. — ANTONIO, dit **Antonio da Sangallo l'Ancien** (v. 1455-1534), frère du précédent, collabore avec celui-ci (par ex. à St-Pierre de Rome), réalise des forteresses,

San Francisco

Samory Touré par P. Castagnez

Lauros-Giraudon

Paul Anthony **Samuelson**

Reportagebild

George Sand par L. Calamatta

Lauros-Giraudon

B. Asset-Pitch

puis construit à Montepulciano l'église S. Biagio (1518). — ANTONIO CORDINI, dit **Antonio da Sangallo le Jeune** (1484-1546), neveu des précédents, développe l'agence familiale au service des papes Médicis. Son palais Farnèse, à Rome, montre une maîtrise totale des leçons antiques.

SANGATTE (62100 Calais), comm. du Pas-de-Calais ; 3 423 h. Station balnéaire.

SANGHA (la), riv. de l'Afrique équatoriale, affl. du Zaïre (r. dr.) ; 1 700 km.

SAN GIMIGNANO, v. d'Italie (Toscane) ; 8 000 h. Cité médiévale bien conservée, que dominent treize tours sévères de palais. Cathédrale remontant au XIIe s. ; églises, dont S. Agostino (fresques de Gozzoli).

SÂNGLI, v. de l'Inde (Mahārāshtra) ; 115 000 h.

SANGNIER (Marc), journaliste et homme politique français, né à Paris (1873-1950). Il développa dans le Sillon, créé en 1894, les idées d'un catholicisme personnaliste et démocratique. En 1910, Pie X désavoua le Sillon, et Marc Sangnier fonda peu après la Jeune République (1912). Il créa (1924) l'*Éveil des peuples*, d'inspiration internationaliste et pacifique, et fonda (1930) la Ligue française des auberges de la jeunesse.

SANGUINAIRES *(îles)*, îles de la Corse, à l'entrée du golfe d'Ajaccio.

SANHÂDJAS, Berbères de l'Afrique du Nord (Kabylie et Atlas marocain).

SAN ISIDRO, v. d'Argentine, banlieue de Buenos Aires ; 250 000 h.

SAN JOSÉ, cap. du Costa Rica, à plus de 1 100 m d'alt. ; 428 000 h.

SAN JOSE, v. des États-Unis (Californie) ; 446 000 h.

SAN JOSÉ DE CÚCUTA → CÚCUTA.

SAN JUAN, cap. de l'île de Porto Rico ; 485 000 h.

SAN JUAN, v. d'Argentine, en bordure des Andes ; 113 000 h.

SAN JUAN DE PASTO → PASTO.

SANJURJO SACANELL (José), général espagnol, né à Pampelune (1872-1936). Il prépara le soulèvement militaire de 1936 avec Franco, mais périt dans un accident d'avion.

SANKT ANTON AM ARLBERG, en fr. **Saint-Anton,** station de sports d'hiver d'Autriche (Tyrol) [alt. 1 304-2 811 m].

SANKT PÖLTEN, v. d'Autriche (Basse-Autriche) ; 50 000 h. Monuments baroques, dont la cathédrale (d'origine romane). Métallurgie.

SANLÚCAR ou **SANLÚCAR DE BARRAMEDA,** port d'Espagne (Andalousie) ; 40 000 h. De là partit Colomb pour son troisième voyage.

SAN LUIS POTOSÍ, v. du Mexique ; 282 000 h. Cathédrale baroque. Métallurgie.

SAN MARTÍN (José DE), général et homme politique argentin, né à Yapeyú (1778-1850). À partir de 1811, il libéra le Chili et contribua à l'indépendance des Provinces-Unies du Río de la Plata. « Protecteur » du Pérou (1821), il fut pris de court par Bolívar. Ayant démissionné dès 1822, il s'exila en France (1823).

SAN-MARTINO-DI-LOTA (20200 Bastia), ch.-l. de c. de la Haute-Corse ; 2 564 h.

SAN MIGUEL, v. du Salvador ; 111 000 h.

SANNAZZARO (Iacopo), poète et humaniste italien, né à Naples (1455-1530), auteur du roman, en prose et en vers, l'*Arcadie*, qui eut une influence capitale sur le genre *pastoral.*

SANNOIS (95110), ch.-l. de c. du Val-d'Oise, au pied des *buttes de Sannois* ; 18 903 h.

SAN PEDRO, port du sud-ouest de la Côte-d'Ivoire.

SANRAKU, peintre japonais, né à Gamô (1559-1635), dernier représentant du style brillant et coloré de l'époque Momoyama.

SAN REMO ou **SANREMO,** v. d'Italie (Ligurie), sur la Méditerranée ; 65 000 h. Station balnéaire. Conférences des Alliés, en avril 1920, au sujet du Moyen-Orient.

SAN SALVADOR, cap. du Salvador, au pied du *volcan San Salvador* ; 379 000 h.

SAN SEVERO, v. d'Italie (Pouille) ; 53 000 h.

Santiago (Chili) le palais de la Moneda

Vautier-Decool

Garanger-Giraudon

Santos-Dumont par A. Gastambide

Jacopo **Sansovino** la Libreria Vecchia (1537-1558) sur la Piazzetta à Venise

Lauros

SANSON (Charles), bourreau de Paris, né à Paris (1740-1806), qui exécuta Louis XVI et fit le récit de sa mort. — Son fils HENRI, né à Paris (1767-1840), exécuta la reine, Madame Élisabeth, le duc d'Orléans.

SANSOVINO (Andrea CONTUCCI, dit **il**), sculpteur italien, né à Monte San Savino (Arezzo) [1460-1529], d'un classicisme très pur. — Son fils adoptif JACOPO TATTI, dit aussi **il Sansovino,** sculpteur et architecte, né à Florence (1486-1570), travailla surtout à Venise, où ses œuvres les plus célèbres sont la *loggetta* du campanile de Saint-Marc et la *Libreria Vecchia.*

SAN STEFANO, auj. Yeşilköy, village de la Turquie d'Europe, près d'Istanbul, où fut signé le traité que la Russie imposa à la Turquie en 1878 et qui marquait son triomphe dans les Balkans. Ce traité fut révisé presque aussitôt au congrès de Berlin.

SANTA ANA, v. des États-Unis (Californie) ; 157 000 h.

SANTA ANA, v. du Salvador, au pied du volcan homonyme (2 386 m) ; 172 000 h.

SANTA ANNA (Antonio LÓPEZ DE), général et homme politique mexicain, né à Jalapa (v. 1795-1876). Président de la République (1833), battu et fait prisonnier par les Américains (1836), il dut reconnaître l'indépendance du Texas. De nouveau battu, il dut signer le traité de Guadalupe Hidalgo (1848) consacrant la perte du Nouveau-Mexique et de la Californie. Il se proclama, en 1853, dictateur à vie, mais fut évincé en 1855.

SANTA CATARINA, État du Brésil méridional ; 95 985 km² ; 2 903 000 h. Cap. *Florianópolis.*

SANTA CLARA, v. de Cuba ; 138 000 h.

Santa Claus, dans les pays anglo-saxons, nom familier de la *fête de saint Nicolas.*

SANTA CRUZ, v. de Bolivie, à l'est des Andes ; 125 000 h.

SANTA CRUZ, port et ch.-l. de l'archipel des Canaries (Tenerife) ; 190 000 h. Raffinerie de pétrole.

SANTA CRUZ, archipel britannique de Mélanésie, au nord des Nouvelles-Hébrides ; 5 000 h.

SANTA FE, v. d'Argentine, sur un affl. du Paraná ; 245 000 h.

SANTA FE, v. des États-Unis, cap. du Nouveau-Mexique ; 45 000 h.

SANTA FE DE BOGOTÁ, anc. nom de *Bogotá**.

SANTA ISABEL → MALABO.

SANTA-MARIA-SICHÉ (20190), ch.-l. de c. de la Corse-du-Sud ; 712 h.

SANTA MARTA, port de Colombie, sur la mer des Antilles ; 104 000 h.

SANTA MONICA, v. des États-Unis (Californie), sur l'océan Pacifique ; 88 000 h. Station balnéaire. Constructions aéronautiques.

SANTANDER, port d'Espagne (Vieille-Castille), sur l'Atlantique ; 167 000 h. Cathédrale des XIIIe-XVe s. Constructions mécaniques.

SANTANDER (Francisco DE PAULA), homme politique colombien, né à Rosario de Cúcuta (1792-1840), président de la république de la Nouvelle-Grenade (1832-1836). On le considère comme le fondateur de la Colombie.

SANTARÉM, v. du Portugal (Ribatejo), sur le Tage ; 17 000 h. Cité historique. Vins.

SANTERRE (Antoine), révolutionnaire français, né à Paris (1752-1809). Il commanda la garde nationale de Paris en 1792 et 1793, et fut général de division en Vendée.

SANTIAGO ou **SANTIAGO DE LOS CABALLEROS,** v. de la république Dominicaine ; 155 000 h.

SANTIAGO, cap. du Chili ; 3 069 000 h. Archevêché. Université. Important centre commercial et industriel, groupant plus du quart de la population du Chili. La ville fut fondée en 1541.

SANTIAGO, port de Cuba ; 259 000 h. Monuments de l'époque coloniale. En 1898, une escadre espagnole y fut détruite par la flotte américaine.

SANTIAGO DEL ESTERO, v. du nord de l'Argentine ; 105 000 h.

SANTILLANA (Iñigo LÓPEZ DE MENDOZA, *marquis* DE), homme de guerre et écrivain espagnol, né à Carrión de los Condes (1398-1458). Il introduisit le sonnet dans la poésie espagnole.

SÄNTIS (le), sommet des Alpes suisses ; 2 504 m. Téléphérique.

SANTO ANDRÉ, v. du Brésil, banlieue de São Paulo ; 413 000 h.

SANTORIN, archipel grec de la partie méridionale des Cyclades, dont l'île principale est *Santorin* ou *Thíra.* Volcan actif. Importants vestiges antiques.

SANTOS, port du Brésil (São Paulo) ; 346 000 h. Exportation du café.

SANTOS-DUMONT (Alberto), ingénieur et aéronaute brésilien, né à Palmyra (auj. Santos Dumont, Minas Gerais) [1873-1932]. Pionnier de

São Paulo

Serrailler-Rapho

la navigation aérienne, il remporta un record mondial en 1906 (220 m en 21 s).

SANVIGNES-LES-MINES (71410), comm. de Saône-et-Loire; 6 278 h. Houille. Bonneterie.

SÃO BERNARDO DO CAMPO, banlieue de São Paulo (Brésil); 202 000 h. Automobiles.

SÃO FRANCISCO (le), fl. du Brésil, né dans le Minas Gerais; 3 161 km. Aménagements hydroélectriques.

SÃO GONÇALO, v. du Brésil, banlieue de Rio de Janeiro; 430 000 h.

SÃO JOÃO DE MERITI, v. du Brésil (Rio de Janeiro); 303 000 h.

SÃO LUÍS ou **SÃO LUÍS DO MARANHÃO,** v. du Brésil septentrional, cap. de l'État de *Maranhão,* sur l'Atlantique; 266 000 h. Cathédrale du XVIIᵉ s.

SÃO MIGUEL, la plus grande (747 km²) des Açores. Ch.-l. *Ponta Delgada.*

SAÔNE [son] (la), riv. de l'est de la France, née dans le dép. des Vosges, qui passe à Gray, Chalon-sur-Saône, Mâcon et se jette dans le Rhône (r. dr.) à Lyon; 480 km. Elle régularise le régime du Rhône, grâce à ses hautes eaux hivernales.

SAÔNE (dép. de la **Haute-**) [70], dép. de la Région Franche-Comté; ch.-l. de dép. *Vesoul;* ch.-l. d'arr. *Lure;* 2 arr., 29 cant., 545 comm.; 5 343 km²; 222 254 h. Il appartient à l'académie, à la circonscription judiciaire et à la province ecclésiastique de Besançon, à la région militaire de Metz. Situé aux confins des Vosges et de la Lorraine, le dép. s'étend principalement sur les plateaux et les plaines encadrant le cours supérieur de la Saône, souvent boisés, domaines d'une polyculture à base céréalière et surtout de l'élevage (plus riche cependant dans les fonds de vallée). Bien qu'employant plus des deux cinquièmes de la population active (moins du septième dans l'agriculture), l'industrie demeure modeste. Représenté surtout par les textiles, la petite métallurgie, le travail du bois, elle est localisée essentiellement, en dehors de Vesoul, dans le nord-est, près de la porte d'Alsace. La faiblesse de l'activité économique globale explique la persistance de l'émigration.

SAÔNE-ET-LOIRE (dép. de) [71], dép. de la Région Bourgogne; ch.-l. de dép. *Mâcon;* ch.-l. d'arr. *Autun, Chalon-sur-Saône, Charolles, Louhans;* 5 arr., 56 cant., 571 comm.; 8 565 km²;

V. carte page suivante

569 810 h. Il appartient à l'académie et à la circonscription judiciaire de Dijon, à la région militaire de Metz et à la province ecclésiastique de Lyon. En dehors de la partie septentrionale de la Bresse, où l'élevage (bovins et volailles) est associé à la polyculture, et de la vallée de la Saône, qui juxtapose cultures céréalières, betteravières, maraîchères et prairies, le dép. occupe le nord-est du Massif central. Le vignoble s'étend sur la côte chalonnaise et couvre le pied des monts du Mâconnais. L'élevage pour l'embouche demeure la principale ressource des croupes granitiques du Charolais, séparées par le sillon Bourbince-Dheune des hauteurs boisées de l'Autunois, elles-mêmes limitées par le Morvan, également forestier. L'industrie tient une place importante et emploie plus des deux cinquièmes de la population active (le septième pour l'agri-

Ross-Rapho

Saqqarah : au premier plan, piliers du temple funéraire du roi Djoser, devant sa pyramide à degrés (2800-2600 av. J.-C.).

culture). Elle est représentée par les textiles, la verrerie, le travail du bois et surtout la métallurgie (développée dans le sillon Bourbince-Dheune et dans la vallée de la Saône).

SÃO PAULO, v. du Brésil, cap. de l'*État de São Paulo;* 5 922 000 h. Université. Musées. Biennale d'art moderne. La plus grande ville et métropole économique du Brésil (métallurgie; produits textiles, alimentaires et chimiques). — L'*État de São Paulo,* en bordure de l'Atlantique, le plus peuplé du Brésil, est toujours un grand producteur de café, malgré le recul relatif de cette culture; 247 000 km²; 17 776 000 h.

SÃO TOMÉ E PRÍNCIPE, État insulaire, formé des îles de *São Tomé* (836 km²) et de *Príncipe* (ou île du Prince; 128 km²); 74 000 h.; cap. *São Tomé.* Production de cacao, café et coprah. Ancienne colonie portugaise, indépendante depuis 1975.

SAPIR (Edward), linguiste américain, né à Lauenburg (Allemagne) [1884-1939]. Parti de la description des langues amérindiennes, il a dégagé la notion de phonème et proposé une nouvelle typologie des langues fondée sur des critères formels (syntaxe et sémantique) et non plus historiques. C'est un des initiateurs du courant structuraliste.

SAPOR → CHÂHPUHR.

SAPPHO ou **SAPHO,** poétesse grecque, née à Lesbos (auj. Mytilène) [début du VIIᵉ s. av. J.-C.]. De ses neuf livres de poèmes, très célèbres dans l'Antiquité, il ne reste que des fragments.

SAPPORO, v. du Japon, ch.-l. de l'île de Hokkaidō; 1 010 000 h.

SAQQARAH ou **SAKKARAH,** village d'Égypte. Faubourg de l'anc. Memphis. Immense nécropole, riche de nombreuses pyramides, dont celle à degrés, impressionnant élément du complexe funéraire de Djoser (XXVIIIᵉ s. av. J.-C.).

SARA ou **SARAH,** personnage biblique, épouse d'Abraham et mère d'Isaac.

SARAGAT (Giuseppe), homme d'État italien, né à Turin en 1898. Fondateur du parti socialiste démocratique italien (1947), il fut vice-président du Conseil (1947-1950, 1954-1957) et ministre des Affaires étrangères (1963), avant d'être président de la République (1964-1971).

SARAGOSSE, en esp. *Zaragoza,* v. d'Espagne, anc. cap. du royaume d'Aragon, sur l'Èbre; 547 000 h. Archevêché (1317). Université (1474).

HAUTE-SAÔNE

chef-lieu de département
chef-lieu d'arrondissementᵗ
chef-lieu de canton
limite d'arrondissement
limite de canton
localités classées selon leur population

0 km 10 km 20

courbes : 200 300 600 900 m

SARAGOSSE

Aljafería, anc. palais des souverains musulmans, puis des Rois Catholiques; cathédrale au riche mobilier (musée de tapisseries); basilique del Pilar (XVIIᵉ-XVIIIᵉ s.). Musée provincial. Métallurgie. La ville fut assiégée par les Français en 1808 et en 1809.

SARAJEVO, v. de Yougoslavie, cap. de la Bosnie-Herzégovine; 244 000 h. Université. Mosquées. L'assassinat à Sarajevo, le 28 juin 1914, de l'archiduc François-Ferdinand préluda à la Première Guerre mondiale.

SARAKOLÉS ou **SARAKOLLÉS,** ethnie vivant entre les fleuves Sénégal et Niger (Guinée, Sénégal et Mali).

SARAMON (32450), ch.-l. de c. du Gers; 759 h.

SARAN (45400 Fleury les Aubrais), comm. du Loiret; 8921 h. Constructions mécaniques.

SARANSK, v. de l'U.R.S.S., à l'ouest de la Volga; 248 000 h.

SARASATE (Pablo DE), violoniste espagnol, né à Pampelune (1844-1908).

SARASIN (Jean-François), poète français, né à Caen (v. 1615-1654). Rival de Voiture, il fut un des meilleurs poètes de la société précieuse.

SARATOGA SPRINGS, v. des États-Unis (État de New York), au nord d'Albany. Capitulation du général anglais Burgoyne, qui assura l'indépendance des États-Unis (17 oct. 1777).

SARATOV, v. de l'U.R.S.S., sur la Volga; 856 000 h. Port fluvial. Centrale hydroélectrique. Métallurgie.

SARAWAK, territoire du nord-ouest de Bornéo, membre de la Malaysia; 124 449 km²; 1 116 000 h. Ch.-l. *Kuching.* Pétrole.

SARAZIN ou **SARRAZIN** (Jacques), sculpteur français, né à Noyon (1588-1660). Il travailla à

Rome, puis à Paris, où il prépara la voie du classicisme officiel (caryatides du pavillon de l'Horloge, au Louvre).

SARCELLES (95200), ch.-l. de c. du Val-d'Oise; 55 177 h. *(Sarcellois).* Vaste ensemble résidentiel.

SARDAIGNE, île et région italienne, au sud de la Corse; 24090 km²; 1 582 000 h. *(Sardes).* Cap. *Cagliari.*

GÉOGRAPHIE

L'île est formée d'un socle hercynien, affleurant à l'est, recouvert au centre de sédiments tertiaires, disloqué par des cassures qui ont donné naissance, à l'ouest, à des épanchements volcaniques et à des fossés d'effondrement plus ou moins remblayés, comme le Campidano. En dehors de cette dernière région, céréalière et viticole, l'élevage ovin prédomine. Le soussol recèle quelques gisements de charbon, de plomb et de zinc. La médiocrité des conditions naturelles (malgré une relative humidité), aggravée par l'isolement, explique la persistance de l'émigration. Mais le tourisme se développe.

HISTOIRE

— Âges du bronze et du fer : importante civilisation des nuraghes.
— VIIᵉ s. av. J.-C. : premiers comptoirs phéniciens.
— 237 av. J.-C. : conquête romaine.
— 67 apr. J.-C. : la Sardaigne, province impériale.
— Vᵉ s. : occupation vandale.
— 534 : restauration byzantine.
— VIᵉ-VIIᵉ s. : organisation d'une oligarchie locale face aux incursions sarrasines.
— XIᵉ s. : Gênes et Pise se disputent l'île.

— 1239 : prépondérance pisane.
— 1284 : prépondérance génoise.
— 1348 : installation des Aragonais.
— 1478 : vice-royauté aragonaise.
— 1714 : la Sardaigne, aux Habsbourg d'Autriche.
— 1718 : échange avec la Sicile. La Sardaigne, au Piémont (maison de Savoie).
— 1861 : la Sardaigne, rattachée au royaume d'Italie.
— 1948 : la Sardaigne, région autonome.

SARDANAPALE, roi légendaire assyrien de la tradition grecque; corruption du nom d'*Assourbanipal.*

SARDES, anc. v. de l'Asie Mineure, dans la vallée du Pactole, résidence des rois de Lydie. Vestiges hellénistiques du temple d'Artémis.

SARDOU (Victorien), auteur dramatique français, né à Paris (1831-1908). Auteur de comédies et de pièces historiques (*Madame Sans-Gêne,* 1893). [Acad. fr.]

SAREMA, en estonien **Saaremaa,** île de l'U.R.S.S. (Estonie), fermant le golfe de Riga.

SARGASSES (mer des), vaste région de l'Atlantique, au nord-est des Antilles, couverte d'algues.

SARGODHA, v. du Pākistān; 129000 h.

SARGON Iᵉʳ, fondateur de l'empire d'Akkad (v. 2325 av. J.-C.).

SARGON Iᵉʳ, roi d'Assyrie (XIXᵉ s. av. J.-C.). — SARGON II (m. en 705 av. J.-C.), roi d'Assyrie de 722 à 705 av. J.-C. Poursuivant l'expansion de l'Assyrie vers la Méditerranée, il soumit le royaume d'Israël (prise de Samarie en 721), la Syrie, la Phrygie et l'Ourartou. En 709, il rétablit le contrôle de l'Assyrie sur Babylone. Son règne marque l'apogée de la puissance assyrienne.

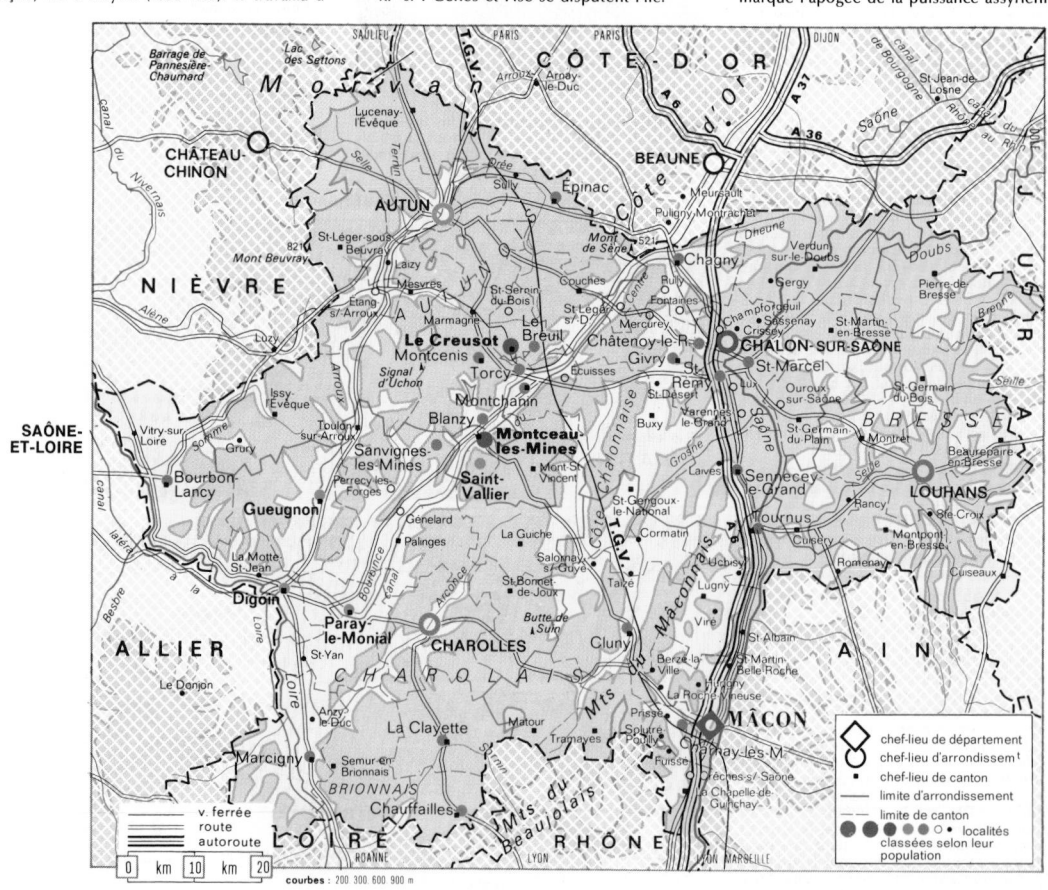

SARH, anc. **Fort-Archambault,** v. du Tchad méridional; 37 000 h. Textile.

SARI-D'ORCINO (20151), ch.-l. du cant. de Cruzini-Cinarca (Corse-du-Sud); 390 h.

SARINE (la), riv. de Suisse, affl. de l'Aar (r. g.); 120 km.

SARLAT-LA-CANÉDA (24200), anc. **Sarlat,** ch.-l. d'arr. de la Dordogne, dans le Périgord; 10 880 h. *(Sarladais).* Vieille ville pittoresque (maisons et hôtels du Moyen Âge et de la Renaissance). Industries alimentaires.

SARMATES, peuple nomade d'origine iranienne, qui occupa le pays des Scythes, atteignit le Danube (Ier s. apr. J.-C.), où les Romains eurent du mal à les contenir. Il se fondit ensuite dans le flot des migrations germaniques.

SARMATIE, anc. contrée de la Russie méridionale, occupée autref. par les *Sarmates.*

SARMIENTO (Domingo Faustino), homme politique et écrivain argentin, né à San Juan (1811-1888), président de la République (1868-1874), auteur du roman *Facundo* (1845), qui dépeint la vie des gauchos.

SĀRNĀTH, l'un des hauts lieux du bouddhisme (Inde, au nord de Bénarès), où Bouddha effectua sa première prédication. Pilier commémoratif de l'empereur Aśoka (chapiteau sculpté, dans le musée).

SARNEN, comm. de Suisse, ch.-l. du demicanton d'Obwald (Unterwald); 6 952 h.

SARNIA, v. du Canada (Ontario), sur le lac Huron; 55 576 h. Raffinage du pétrole. Pétrochimie.

SAROYAN (William), écrivain américain, né à Fresno (Californie) [1908-1981], auteur de romans et de pièces de théâtre *(Mon cœur est sur les monts d'Écosse),* d'inspiration à la fois romantique et ironique.

SARRAIL (—raj) (Maurice), général français, né à Carcassonne (1856-1929). Commandant de la IIIe armée à la Marne (1914), puis des forces françaises d'Orient (1915-1917), il fut haut-commissaire en Syrie en 1924.

SARRALBE (57430), ch.-l. de c. de la Moselle, sur la Sarre; 4 629 h.

SARRANCOLIN (65410), comm. des Hautes-Pyrénées; 868 h. Église romane. Marbres.

SARRAUTE (Nathalie), femme de lettres française, née à Ivanovo (Russie) en 1900. Son refus de la psychologie traditionnelle et sa recherche des sensations à l'état naissant *(Tropismes,* 1939) en font l'une des initiatrices du « nouveau roman » *(Portrait d'un inconnu,* 1949; *le Planétarium,* 1959; *« disent les imbéciles »,* 1976).

SARRE (la), en allem. **Saar,** riv. de France et de l'Allemagne fédérale, née dans les Vosges, au pied du Donon, qui passe à Sarreguemines, Sarrebruck et Sarrelouis avant de rejoindre la Moselle (r. dr.); 240 km.

SARRE, en allem. **Saarland,** État de l'Allemagne fédérale; 2 567 km²; 1 089 000 h. *(Sarrois);* cap. *Sarrebruck.* Bassin houiller alimentant d'importantes industries lourdes. La région devint en grande partie française sous Louis XIV, puis prussienne en 1814-15. Les gisements houillers y furent exploités à partir de 1871. Elle fut, à la suite du traité de Versailles en 1919, séparée pendant quinze ans de l'Allemagne et confiée à la Société des Nations, la propriété des gisements houillers étant transférée à l'État français.

Le 13 janvier 1935, un plébiscite décida son retour à l'Allemagne. En 1947, la Sarre, administrativement autonome, fut rattachée économiquement à la France, mais elle fit retour à l'Allemagne le 1er janvier 1957 à la suite d'un référendum (oct. 1955).

SARREBOURG (57400), ch.-l. d'arr. de la Moselle, sur la Sarre; 15 050 h. Verrerie.

SARREBRUCK, en allem. **Saarbrücken,** v. de l'Allemagne fédérale, cap. de la Sarre; 203 000 h. *(Sarrebruckois).* Centre houiller, métallurgique, chimique et textile.

SARREGUEMINES (57200), ch.-l. d'arr. de la Moselle, sur la Sarre; 26 293 h. *(Sarregueminois).* Pneumatiques. Faïencerie.

SARRELOUIS, en allem. **Saarlouis,** v. de l'Allemagne fédérale (Sarre); 37 000 h. Automobiles.

SARRETTE (Bernard), capitaine de la garde nationale, né à Bordeaux (1765-1858), fondateur, en 1795, du Conservatoire national de musique.

SARRE-UNION (67260), ch.-l. de c. du Bas-Rhin, sur la Sarre; 3 130 h. Métallurgie.

SARTÈNE (20100), ch.-l. d'arr. de la Corse-du-Sud; 6 049 h. *(Sartenais).*

SARTHE (la), riv. de l'ouest de la France, née dans le Perche, qui passe à Alençon, Le Mans et se joint à la Mayenne pour former la Maine; 285 km.

SARTHE (dép. de la) [72], dép. de la Région Pays de la Loire; ch.-l. *Le Mans;* ch.-l. d'arr. *La Flèche, Mamers;* 3 arr., 36 cant., 376 comm.; 6 210 km²; 490 385 h. *(Sarthois).* Il appartient à l'académie de Nantes, à la circonscription d'Angers, à la région militaire de Rennes et à la province ecclésiastique de Tours. Correspondant au haut Maine, le dép. est bocager, au relief peu accidenté (en dehors de ses confins septentrionaux), est formé de terrains jurassiques et crétacés, souvent sableux (forêts de Bercé, de Vibraye) ou argileux. L'élevage bovin progresse aux dépens du blé et surtout du chanvre, en déclin. L'industrie emploie plus du tiers de la population active (l'agriculture la sixième). Elle est représentée par les textiles, le travail du bois et les constructions mécaniques, électriques et électroniques, et implantée surtout au Mans, dont l'essor a masqué le dépeuplement de la campagne.

SARTILLY (50530), ch.-l. de c. de la Manche; 1 142 h.

SARTINE (Antoine DE), *comte* **d'Alby,** homme d'État français, né à Barcelone (1729-1801). Lieutenant général de police (1759-1774), puis secrétaire d'État à la Marine (1774-1780), il prit des ordonnances qui renouvelèrent la marine française.

SARTO (Andrea DEL) → ANDREA DEL SARTO.

SARTRE (Jean-Paul), philosophe et écrivain français, né à Paris (1905-1980). Marqué par la phénoménologie, il construit une conception de la conscience (l'en-soi et le pour-soi; liberté) pour laquelle il accepte d'être classé comme « existentialiste » *(l'Être et le Néant,* 1943); puis il se rapproche de certaines thèses marxistes *(Critique de la raison dialectique,* 1960). Il a également développé ses idées dans des romans (la *Nausée,* 1938; *les Chemins de la liberté),* des drames *(Huis clos,* 1944; *les Mains sales; le Diable et le Bon Dieu),* des nouvelles *(le Mur),* des essais *(Situations);* il est l'auteur d'un récit autobiographique *(les Mots)* et d'une étude sur Flaubert *(l'Idiot de la famille).* En 1964, il a refusé le prix Nobel de littérature. Nombre de ses textes politiques ou littéraires se trouvent réunis dans les dix volumes de *Situations* (1947-1976).

Nathalie **Sarraute**

M. L. de Decker-Gamma

Jean-Paul **Sartre**

Sipa

SARTHE

SARTROUVILLE (78500), ch.-l. de c. des Yvelines; 42 255 h.

SARZEAU (56370), ch.-l. de c. du Morbihan; 4 088 h. Château en ruine de Suscinio.

SASBACH, localité de l'Allemagne fédérale (Bade-Wurtemberg), près de laquelle fut tué Turenne en 1675.

SASEBO, port du Japon (Kyūshū); 248 000 h. Base navale.

SASKATCHEWAN (la), riv. de la Prairie cana-

Horace Bénédict de **Saussure**
gravure de Ch. S. Pradier

Ferdinand de **Saussure**
par Horace de Saussure

Frédéric **Sauvage**

dienne, formée par l'union de la *Saskatchewan du Nord* et de la *Saskatchewan du Sud*, qui rejoint le lac Winnipeg; 560 km.

SASKATCHEWAN, prov. du centre du Canada; 651 878 km²; 926 242 h.; cap. *Regina.* Importants gisements de pétrole et de potasse. Culture du blé.

SASKATOON, v. du Canada (Saskatchewan); 133 750 h. Centre commercial et industriel.

SASOLBURG, v. de l'Afrique du Sud (Orange). Chimie.

SASSANIDES, dynastie perse qui régna en Iran de 224 à 651 après les Parthes Arsacides et avant l'invasion arabe.

SASSARI, v. d'Italie (Sardaigne); 117 000 h. Moderne Musée national (archéologie, etc.).

SASSENAGE (38360), ch.-l. de c. de l'Isère; 7 499 h. Grottes, dites *cuves de Sassenage.* Fromages. Cimenterie.

SASSETTA (Stefano DI GIOVANNI, dit **il**), peintre italien, né à Sienne (1392-1451). Il adopta certains principes de la Renaissance, tout en conservant le sentiment religieux et le goût précieux de la fin du Moyen Âge.

SATAN, prince des démons, dans la Bible.

SĀTAVĀHANA → ANDHRA.

SATHONAY-CAMP (69580), comm. du Rhône; 4 322 h. Camp militaire.

SATIE (Alfred Erik LESLIE-SATIE, dit **Erik**), compositeur français, né à Honfleur (1866-1925), auteur de *Trois Gymnopédies* pour piano (1888), de *Parade* (ballet, 1917), de *Socrate* (oratorio, 1918). Son style dépouillé, souvent humoristique, influença nombre de musiciens.

SATILLIEU (07290), ch.-l. de c. de l'Ardèche; 2 026 h.

Satire Ménippée, pamphlet politique (1594) dirigé contre la Ligue.

Satires d'Horace (v. 35-30 av. J.-C.). D'abord inspirées du réalisme de Lucilius, elles prennent le ton d'un badinage de poète courtisan. L'auteur y propose la morale épicurienne de l'honnête homme de la cour d'Auguste.

Satires de Juvénal (100-120). L'auteur attaque les mœurs corrompues de la Rome impériale du Iᵉʳ s. apr. J.-C.

Satires de Régnier (1608-1609). Elles adaptent à la poésie française la satire morale et littéraire à la manière d'Horace.

Satires de Boileau, au nombre de douze (1666-1668; 1694-1705). Leurs sujets touchent non seulement à la morale et à la littérature (*le Repas ridicule,* *les Embarras de Paris*), mais aux querelles religieuses (*Sur l'équivoque*).

Satiricon, roman de Pétrone, mêlé de prose et de vers (Iᵉʳ s. apr. J.-C.) : peinture réaliste des vagabondages d'un jeune libertin.

SATLEJ (la) → SUTLEJ.

SATŌ EISAKU, homme politique japonais, né à Tabuse (préf. de Yamaguchi) [1901-1975]. Conservateur, il fut Premier ministre de 1964 à 1972; il mena une politique proaméricaine et obtint le retour d'Okinawa au Japon (1972). [Prix Nobel de la paix, 1974.]

Satolas, aéroport de Lyon, à l'est de la ville.

SATORY, plateau au sud-ouest de Versailles. Établissement d'expériences des armements terrestres. Les chefs de la Commune y furent fusillés en 1871.

SĀTPURA (monts), massif du nord du Deccan.

SATU MARE, v. de Roumanie, sur le Someş; 104 000 h. Industries mécaniques et textiles.

SATURNE, très ancienne divinité italique de la mythologie romaine, assimilée au *Cronos* des Grecs. Chassé du ciel par Jupiter, Saturne se réfugia dans le Latium, où il fit fleurir la paix et l'abondance. Ce fut le règne de l'*âge d'or.* Les fêtes célébrées en son honneur étaient les *saturnales.*

SATURNE, planète du système solaire (diamètre équatorial : 120 000 km), située au-delà de Jupiter. Elle est entourée d'un système d'anneaux. On lui connaît dix-sept satellites.

SATURNIN ou **SERNIN** (saint), premier évêque de Toulouse, martyrisé à Toulouse v. l'an 250.

SAUERLAND (le), région de l'Allemagne fédérale, au sud de la Ruhr.

SAUGUES (43170), ch.-l. de c. de la Haute-Loire; 2 649 h. Donjon. Église gothique.

SAUGUET (Henri), compositeur français, né à Bordeaux en 1901. Il est l'auteur de nombreux ballets (*les Forains,* 1945) et d'ouvrages lyriques (*la Chartreuse de Parme,* *Boule de suif*).

SAUJON (17600), ch.-l. de c. de la Charente-Maritime; 4 431 h.

SAÜL, né à Gabaa, premier roi des Hébreux (v. 1030-1010 av. J.-C.). Au début, chef local dont les succès assurent son autorité sur l'ensemble des tribus israélites, il échoua dans sa lutte contre les Philistins. L'unité nationale, compromise par cet échec, sera réalisée par son successeur, David.

SAULDRE (la), affl. du Cher (r. dr.); 166 km.

SAULIEU (21210), ch.-l. de c. de la Côte-d'Or; 3 156 h. Église St-Andoche, en partie romane.

SAULT [so] (84390), ch.-l. de c. de Vaucluse; 1 230 h.

SAULT-SAINTE-MARIE, nom de deux villes jumelles : — l'une canadienne, centre sidérurgique de l'Ontario (81 048 h.); l'autre américaine, du Michigan (21 000 h.) — situées sur la *rivière Sainte-Marie.* — Le *canal de Sault-Sainte-Marie,* ou *Soo Canal,* relie le lac Supérieur au lac Huron.

SAULX [so] (70240), ch.-l. de c. de la Haute-Saône; 581 h.

SAULXURES-SUR-MOSELOTTE [sosyr-] (88290), ch.-l. de c. des Vosges; 3 853 h.

SAULZAIS-LE-POTIER [soze-] (18360), ch.-l. de c. du Cher; 513 h.

SAUMAISE (Claude), érudit français, né à Semur-en-Auxois (1588-1653). Il fit sa réputation de philologue à Leyde.

SAUMUR (49400), ch.-l. d'arr. de Maine-et-Loire, au confluent du Thouet et de la Loire; 34 191 h. (*Saumurois*). Château des XIVᵉ-XVIᵉ s. (musée des Arts décoratifs). Églises Notre-Dame de Nantilly (en partie romane; tapisseries), St-Pierre (gothique) et Notre-Dame-des-Ardilliers (rotonde du XVIIᵉ s.). École d'application de l'arme blindée-cavalerie (ses cadets défendirent la ville en 1940). École nationale d'équitation. Musée des blindés. Vins blancs mousseux. Industrie alimentaire.

SAURIA (Charles), inventeur français, né à Poligny (1812-1895). Il est considéré comme l'inventeur des allumettes chimiques (1831).

SAUSSURE (Horace Bénédict DE), naturaliste et physicien suisse, né à Conches, près de Genève (1740-1799). Inventeur de nombreux instruments de physique, il découvrit divers minéraux et posa les principes d'une météorologie rationnelle. Il réalisa, avec Balmat, la deuxième ascension du mont Blanc.

SAUSSURE (Ferdinand DE), linguiste suisse, né à Genève (1857-1913). Après des études à Leipzig, où il soutient une thèse sur l'*Emploi du génitif absolu en sanskrit* (1880), il enseigne la grammaire comparée à Paris puis à Genève. C'est là que, de 1907 à 1911, il donne un cours de linguistique générale, dont les éléments seront publiés après sa mort d'après des notes d'étudiants (*Cours de linguistique générale,* 1916). Par la définition rigoureuse qu'il donne des concepts de la linguistique (la langue conçue comme une structure, l'opposition synchronie-diachronie, etc.), Saussure peut être considéré comme le fondateur de la linguistique structurale moderne.

SAUTERNES (33210 Langon), comm. de la Gironde; 580 h. Vins blancs.

SAUTY (Joseph), syndicaliste français, né à Amettes (1906-1970), président national de la « C.F.T.C. maintenue » en 1964.

SAUVAGE (Frédéric), savant français, né à Boulogne-sur-Mer (1786-1857). Il eut l'idée d'utiliser pour la propulsion des navires l'hélice à spirale entière (qu'Augustin Normand (1792-1871) fractionna en trois branches.

SAUVE (30610), ch.-l. de c. du Gard; 1 277 h.

SAUVE (La) [33670 Créon], comm. de la Gironde; 843 h. Ruines d'une abbatiale de pèlerinage, surtout romane du XIIᵉ s. (chapiteaux). Église paroissiale gothique.

SAUVETERRE-DE-BÉARN (64390), ch.-l. de c. des Pyrénées-Atlantiques; 1 668 h. Église des XIIᵉ et XIVᵉ s.

SAUVETERRE-DE-GUYENNE (33540), ch.-l. de c. de la Gironde; 1 557 h. Bastide du XIIIᵉ s.

SAUVEUR (Joseph), mathématicien et physicien français, né à La Flèche (1653-1716), créateur de l'acoustique musicale.

Saverne : le palais de Rohan (fin XVIIIᵉ s.)

SAUVY (Alfred), démographe et économiste français, né à Villeneuve-de-la-Raho en 1898. On lui doit d'importants ouvrages sur la population et sur la croissance économique.

SAUXILLANGES (63490), ch.-l. de c. du Puy-de-Dôme; 1134 h.

SAUZE (le) [04400 Barcelonnette], station de sports d'hiver (alt. 1400-2400 m) des Alpes-de-Haute-Provence.

SAUZÉ-VAUSSAIS (79190), ch.-l. de c. des Deux-Sèvres; 1728 h.

SAVAII, île la plus vaste de l'État des Samoa*.

SAVANNAH, v. des États-Unis (Géorgie), sur le fleuve du même nom (700 km); 118 000 h.

SAVARD (Félix Antoine), prélat et écrivain canadien d'expression française, né à Québec en 1895. Ses romans peignent la vie des paysans (Menaud, maître draveur; l'Abatis).

SAVART (Félix), physicien français, né à Mézières (1791-1841). Il étudia les cordes vibrantes.

SAVARY (Anne), **duc de Rovigo,** général français, né à Marcq (Ardennes) [1774-1833]. Il se distingua à Ostrołeka (1807) et fut ministre de la Police de 1810 à 1814.

SAVE (la), riv. de Yougoslavie, née dans les Alpes orientales, affl. du Danube (r. dr.) à Belgrade; 940 km.

SAVE (la), riv. d'Aquitaine, qui descend du plateau de Lannemezan et se jette dans la Garonne (r. g.); 150 km.

SAVENAY (44260), ch.-l. de c. de la Loire-Atlantique; 5136 h. Victoire de Kléber sur les vendéens (1793).

SAVERDUN (09700), ch.-l. de c. de l'Ariège; 4220 h.

SAVERNE (67700), ch.-l. d'arr. du Bas-Rhin, sur la Zorn et le canal de la Marne au Rhin; 10 430 h. (Savernois). Magnifique palais du cardinal de Rohan (XVIIIᵉ s.). Constructions mécaniques. Le col ou «trouée» de Saverne fait communiquer le plateau lorrain et la plaine de la basse Alsace.

SAVIGNAC (Raymond), affichiste français, né à Paris en 1907. L'humour graphique moderne est à la base de son œuvre.

SAVIGNAC-LES-ÉGLISES (24420), ch.-l. de c. de la Dordogne; 732 h.

SAVIGNY (Friedrich Carl VON), juriste et philosophe du droit allemand, né à Francfort-sur-le-Main (1779-1861). On lui doit un Traité de droit romain.

SAVIGNY-LE-TEMPLE (77176), ch.-l. de c. de Seine-et-Marne; 2884 h.

SAVIGNY-SUR-BRAYE (41360), ch.-l. de c. de Loir-et-Cher; 2212 h.

SAVIGNY-SUR-ORGE (91600), ch.-l. de c. de l'Essonne; 34675 h.

SAVINES-LE-LAC (05160), ch.-l. de c. des Hautes-Alpes, sur le lac de Serre-Ponçon; 736 h.

SAVOIE, région du sud-est de la France, à la frontière de l'Italie, anc. prov. des États sardes; cap. Chambéry.

HISTOIRE

— 122-118 av. J.-C. : conquête romaine.
— 443 apr. J.-C. : invasions burgondes.
— 534 : conquête par les fils de Clovis.
— IXᵉ-Xᵉ s. : la Savoie, partie du royaume de Bourgogne.
— 1032 : intégration au Saint Empire.
— Xᵉ s. : installation, à la tête du Pagus savogiensis, d'une famille comtale d'origine bourguignonne.
— XIᵉ s. : expansion du comté de chaque côté des Alpes.
— 1263-1268 : sous Pierre II, conquête du Faucigny, du Beaufortin et du pays de Gex.
— 1355 : le Dauphiné, à la France. Cohérence renforcée du comté de Savoie.
— 1382 : annexion des possessions piémontaises de Jeanne Iʳᵉ, reine de Naples.
— 1388 : acquisition du comté de Nice.
— 1416 : le comté de Savoie, érigé en duché.
— 1533-1580 : règne du duc Emmanuel-Philibert, qui prend Turin comme capitale, ce qui consacre la prééminence du Piémont.
— 1601 : la France annexe la Bresse et le pays de Gex.
— 1631 : la Savoie doit céder Pignerol à la France.
— 1696 : Pignerol restitué.
— 1720 : le duc de Savoie devient roi de Sardaigne.
— 1792 : annexion de la Savoie par la Convention.
— 1814 : la Savoie réintégrée par l'État piémontais.
— 1860 : un plébiscite, entérinant le traité de Turin, rend la Savoie à la France. La maison de Savoie va régner sur l'Italie unifiée.

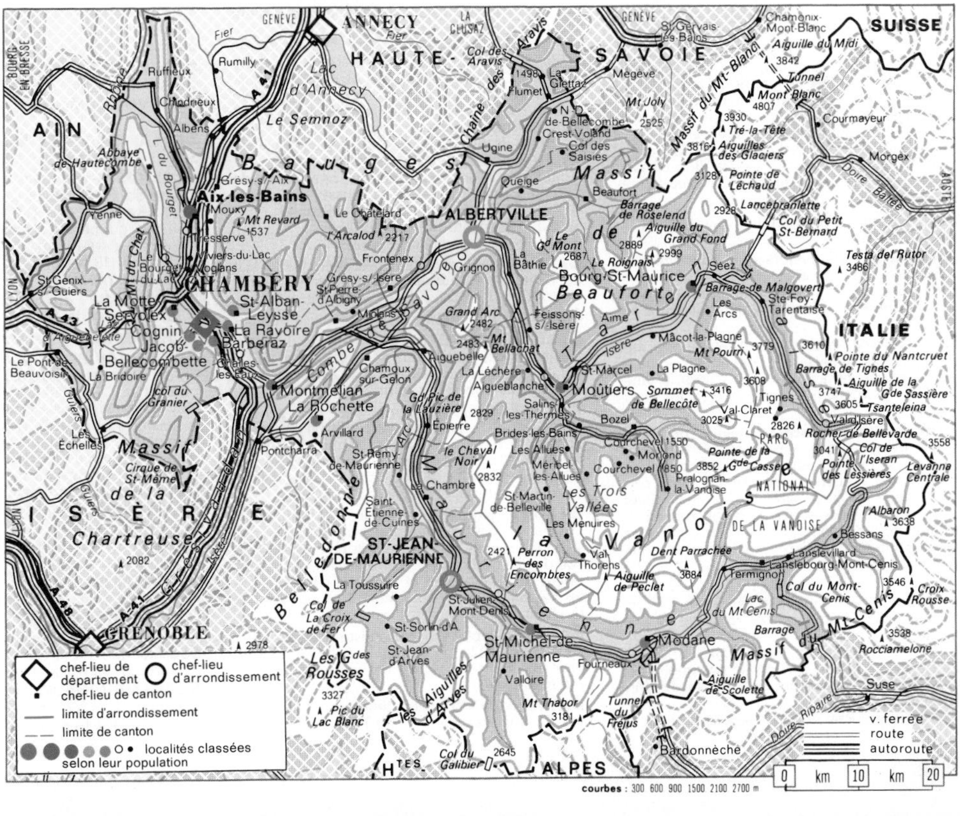

SAVOIE (dép. de la) [73], dép. de la Région Rhône-Alpes, dép. de Savoie, formé de la partie sud du duché de Savoie; ch.-l. de dép. Chambéry; ch.-l. d'arr. Albertville, Saint-Jean-de-Maurienne; 3 arr., 34 cant., 304 comm.; 6036 km²; 305 118 h. Il appartient à l'académie de Grenoble, à la circonscription judiciaire et à la province ecclésiastique de Chambéry, à la région militaire de Lyon. Le dép., montagneux, s'étend d'ouest en est sur : une partie des Préalpes du Nord (Bauges et Chartreuse), régions d'élevage et d'exploitation forestière; le nord du Sillon alpin (Val d'Arly et surtout Combe de Savoie, où apparaissent les cultures céréalières et fruitières, le tabac); la bande des massifs centraux (Beaufortin) et la zone intra-alpine (Vanoise), ouverte par les vallées de l'Isère supérieure (Tarentaise) et de l'Arc (Maurienne). L'importance de l'agriculture, dominée par l'élevage, a beaucoup reculé devant celle de l'industrie, représentée surtout (en dehors des branches alimentaires et du travail du bois) par l'électrométallurgie (aluminium) et l'électrochimie ; ces activités sont implantées en Tarentaise et à la hydro-électriques (La Bâthie). Le tourisme, très actif, anime le pourtour du lac du Bourget (Aix-les-Bains) et surtout la haute montagne (stations de sports d'hiver de Tignes, Courchevel, Val-d'Isère, etc.).

SAVOIE (dép. de la **Haute-**) [74], dép. de la Région Rhône-Alpes, formé de la partie nord du duché de Savoie; ch.-l. de dép. *Annecy;* ch.-l. d'arr. *Bonneville, Thonon-les-Bains, Saint-Julien-en-Genevois;* 4 arr., 33 cant., 290 comm.; 4 391 km²; 447 795 h. Il appartient à l'académie de Grenoble, à la circonscription judiciaire et à la province ecclésiastique de Chambéry, à la région militaire de Lyon. Le dép. s'étend à l'est sur une partie des massifs centraux alpins (massif du Mont-Blanc, portant le point culminant de la chaîne, 4 807 m). À l'ouest, il occupe l'extrémité septentrionale des massifs préalpins du nord (Chablais et Bornes), régions d'élevage, ouvertes par les vallées du Fier (cluse d'Annecy), de l'Arve et du Giffre (Faucigny), où apparaissent les cultures céréalières et les vergers. Aux branches traditionnelles de l'industrie (horlogerie, travail du bois, produits alimentaires) se sont ajoutées des activités modernes (roulements à billes, décolletage, électrométallurgie). Le tourisme tient une place importante, surtout sur les rives du Léman et du lac d'Annecy, et dans l'intérieur de la chaîne alpestre (stations de sports d'hiver de Chamonix-Mont-Blanc, de Megève, etc.).

SAVOIE (maison de), famille qui posséda longtemps la Savoie à titre de comté (XIᵉ s.), puis de duché (1416), gouverna le Piémont-Sardaigne, et régna sur l'Italie de 1860 à 1946.

SAVONAROLE (Jérôme), en ital. **Girolamo Savonarola**, religieux italien, né à Ferrare (1452-1498). Prieur du couvent dominicain de Saint-Marc, à Florence (1491), prédicateur à la parole ardente, il essaya d'établir à Florence une constitution moitié théocratique, moitié démocratique. Excommunié par Alexandre VI, qu'il avait violemment attaqué et présenté comme l'Antéchrist, il fut brûlé vif.

SAVONE, port d'Italie (Ligurie), sur le golfe de Gênes; 80 000 h.

Savonnerie (la), manufacture parisienne de tapis, créée en 1604 avec privilège royal, transportée dans une anc. savonnerie de la colline de Chaillot en 1627, réunie aux Gobelins en 1826.

SAX (Antoine Joseph, dit **Adolphe**), facteur d'instruments de musique d'origine belge, naturalisé français, né à Dinant (1814-1894). Il améliora les instruments à vent et créa les *saxophones*.

SAXE, en allem. **Sachsen**, région de l'Allemagne démocratique, s'étendant sur le versant nord-ouest de l'Erzgebirge* et sur son avant-pays, région agricole, parsemée de grands centres urbains (Leipzig, Dresde, Karl-Marx-Stadt, Zwickau), où, nées souvent de l'extraction du sel et surtout du lignite, la chimie et la métallurgie se sont ajoutées aux traditionnelles industries textiles.

HISTOIRE

— IXᵉ s. : la Saxe s'organise en duché.
— 843 : elle est intégrée au royaume de Germanie.
— 919 : le duc de Saxe, Henri l'Oiseleur, élu roi de Germanie, fonde la dynastie saxonne.
— 962-1024 : la dynastie saxonne, sur le trône impérial.
— 1137 : le duché de Saxe, lié à la Bavière.

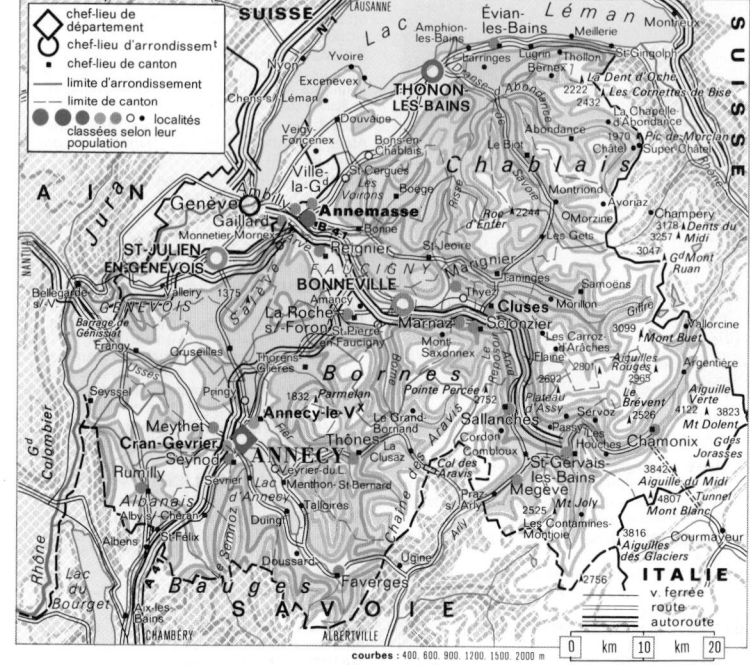

HAUTE-SAVOIE

— 1142-1180 : Henri le Lion porte le duché à son maximum d'extension.
— 1260 : mort du duc Albert Iᵉʳ. Division du duché en duchés de Saxe-Lauenburg (Basse-Saxe) et de Saxe-Wittenberg (Haute-Saxe).
— 1356 : le duc de Saxe-Wittenberg devient Électeur d'Empire.
— 1485 : naissance des branches Ernestine (Thuringe, électorat de Wittenberg) et Albertine (Misnie). Celle-ci obtiendra la dignité électorale.
— 1697-1763 : les Électeurs de Saxe sont en même temps rois de Pologne (Auguste Iᵉʳ et Auguste II de Pologne).
— 1806 : Napoléon Iᵉʳ fait du duc de Saxe un roi, Frédéric-Auguste Iᵉʳ, allié de la France.
— 1815 : au congrès de Vienne, le royaume de Saxe, amputé au profit de la Prusse.
— 1871 : intégration à l'Empire allemand.
— 1920 : Constitution républicaine.
— 1952 : la Saxe rattachée à la R.D.A.

SAXE (Basse-), en allem. **Niedersachsen**, État de l'Allemagne fédérale, sur la mer du Nord; 47 405 km²; 7 265 000 h.; cap. Hanovre.

SAXE (Maurice, comte DE) → MAURICE DE SAXE.

SAXE-COBOURG (Frédéric Josias, duc DE), feld-maréchal autrichien, né à Cobourg (1737-1815), vainqueur de Dumouriez à Neerwinden (1793), mais vaincu par Jourdan à Fleurus (1794).

SAXE-WEIMAR (Bernard, duc DE), général allemand, né à Weimar (1604-1639). Pendant la guerre de Trente Ans, il succéda à Gustave-Adolphe à la tête de l'armée suédoise; vaincu à Nördlingen (1634), il passa au service de la France et battit les Espagnols (1636).

SAXONS, peuple germanique qui habitait la Frise et les pays de l'embouchure de l'Elbe. Au Vᵉ s., les Saxons entreprirent la colonisation du sud de l'île de Bretagne. En Germanie, ils s'étendirent jusqu'à la Sieg et la Saale. Charlemagne les soumit définitivement en 797 et leur imposa le christianisme.

SAY (Jean-Baptiste), économiste français, né à Lyon (1767-1832). Un des maîtres de la doctrine libre-échangiste, il publia un *Traité d'économie politique* (1803).

ṢAYDĀ ou **SAÏDA**, anc. Sidon, port du Liban, sur la Méditerranée; 22 000 h. Archevêchés

catholiques (rites maronite et grec). Ruines d'une forteresse et d'un château des croisés. Poste de chargement du pétrole acheminé par pipe-line depuis l'Arabie Saoudite. L'apogée de Sidon, vieille cité phénicienne, se situe après la soumission de sa rivale Tyr, en 573 av. J.-C., à Nabuchodonosor. Les Arabes en firent un des ports de Damas.

SCAËR (29111), ch.-l. de c. du Finistère; 6 721 h. Papeterie.

SCAEVOLA (Mucius) → MUCIUS SCAEVOLA (Caius).

SCALA (DELLA) ou **SCALIGERI** → DELLA SCALA.

SCALIGER [-ʒɛr] (Jules-César), en ital. **Giulio Cesare Scaligero**, philologue et médecin italien, né à Riva del Garda (1484-1558), auteur d'une *Poétique* qui pose les principes du classicisme.
— Son fils JOSEPH-JUSTE, en ital. **Giuseppe Giusto**, né à Agen (1540-1609), fut un humaniste et un philosophe protestant.

SCAMANDRE ou **XANTHE**. *Géogr. anc.* Fl. de la plaine de Troie.

SCANDERBEG → SKANDERBEG.

SCANDINAVIE, partie continentale de l'Europe du Nord, peuplée par les Nordiques, comprenant le Danemark, la Suède et la Norvège (ces deux derniers États s'étendant sur la *péninsule scandinave*). Des analogies physiques (géologiques, climatiques, biogéographiques) et humaines (formes d'exploitation du sol) expliquent le fréquent rattachement de la Finlande à la Scandinavie proprement dite, à laquelle, pour des raisons de peuplement, on incorpore parfois encore l'Islande.

SCANIE (la), extrémité méridionale et partie la plus fertile de la Suède. V. pr. Malmö.

SCAPA FLOW, rade des Orcades, au nord de l'Écosse; la flotte allemande y fut rassemblée après la victoire alliée de 1918 et s'y saborda le 21 juin 1919.

Scapin, valet de la comédie italienne. Molière l'a introduit dans les *Fourberies de Scapin*.

SCARAMOUCHE (Tiberio FIORILLI, dit en ital. **Scaramuccia** et en fr.), acteur de la comédie italienne, né à Naples (v. 1600-1694). Il créa un personnage qui tenait du capitan et de l'arlequin, et qui eut un vif succès au Théâtre-Italien de Paris.

SCARBOROUGH, port et station balnéaire d'Angleterre, sur la mer du Nord; 43 000 h.

SCARLATTI (Alessandro), compositeur italien, né à Palerme (1660-1725), un des fondateurs de l'école napolitaine, maître de chapelle à la Cour, auteur d'opéras remarquables, de cantates, d'oratorios, de pièces de clavecin, un des créateurs de l'ouverture italienne et de l'*aria da capo*. — Son fils DOMENICO, né à Naples (1685-1757), claveciniste réputé et compositeur, écrivit, outre des opéras, plus de 600 « exercices » ou sonates pour son instrument. Virtuose, il voyagea en Italie, vécut au Portugal et résida plus de vingt-cinq ans à la cour de Madrid.

SCARPA (Antonio), chirurgien et anatomiste italien, né à Motta di Livenza (Frioul) [1752-1832]. Il étudia surtout l'odorat et les nerfs.

SCARPE (la), riv. du nord de la France, partiellement canalisée, affl. de l'Escaut (r. g.), qui passe à Arras et à Douai; 100 km.

SCARRON (Paul), écrivain français, né à Paris (1610-1660). Il lança la mode du burlesque (*Virgile travesti*), puis donna des comédies imitées du théâtre espagnol (*Don Japhet d'Arménie*). Mais il reste surtout l'auteur du *Roman* comique*. Il épousa la petite-fille d'Agrippa d'Aubigné, qui devint Mme de Maintenon.

SCEAUX (92330), ch.-l. de c. des Hauts-de-Seine; 19 961 h. (*Scéens*). Ville surtout résidentielle. Colbert y construisit un château, où la duchesse du Maine tint une cour brillante au XVIIIe s.; il fut remplacé en 1856 par un édifice qui abrite le musée de l'Île-de-France. Beau parc.

Scènes de la vie de bohème, récit de Henri Murger (1849), peinture de la vie des peintres, des poètes et des grisettes.

SCÈVE (Maurice), poète français, né à Lyon (1501 - v. 1560), auteur d'une épopée (*Microcosme*) et de poésies amoureuses (*Délie*).

SCEY - SUR - SAÔNE - ET - SAINT - ALBIN (70360), ch.-l. de c. de la Haute-Saône; 1 533 h.

SCHACHT (Hjalmar), financier et homme politique allemand, né à Tingleff (Schleswig) [1877-1970]. Président de la Reichsbank de 1924 à 1930, puis de 1933 à 1939, ministre de l'Économie du Reich (1934-1937), il fut acquitté au procès de Nuremberg (1946).

SCHAEFFER (Pierre), compositeur et ingénieur français, né à Nancy en 1910. Il est l'initiateur de la musique concrète (*Traité des objets musicaux*).

SCHAERBEEK ou **SCHAARBEEK,** comm. de Belgique (Brabant), faubourg industriel le plus peuplé de Bruxelles; 112 600 h.

SCHAFFHOUSE, en allem. **Schaffhausen,** v. de Suisse, ch.-l. du cant. du même nom, en amont de l'endroit où le Rhin forme une rapide; 36 000 h. Cathédrale romane. Métallurgie. — Le cant. couvre 298 km² et compte 73 000 h.

SCHARNHORST (Gerhard VON), général prussien, né à Bordenau (Hanovre) [1755-1813]. Avec Gneisenau, il réorganisa l'armée prussienne de 1807 à 1813.

SCHAUMBURG-LIPPE, anc. pays d'Allemagne, auj. en Basse-Saxe.

SCHEEL (Walter), homme d'État allemand, né à Solingen en 1919. Président du parti libéral (1968), vice-chancelier et ministre des Affaires étrangères (1969), il a été président de la République fédérale de 1974 à 1979.

SCHEELE (Carl Wilhelm), chimiste suédois, né à Stralsund (1742-1786). Il découvrit le chlore, la glycérine et l'acide cyanhydrique.

SCHEFFERVILLE, centre minier (fer) du Canada (Québec), dans le Labrador; 3 429 h.

Schéhérazade (la sultane), personnage des *Mille* et Une Nuits*. Elle fait au sultan Chāhriyār, son époux, ces récits merveilleux afin de reculer le jour où il doit la faire périr. — Poème symphonique de Rimski-Korsakov (1888).

SCHEIDT (Samuel), compositeur allemand, né à Halle (1587-1654). On lui doit des œuvres de

musique vocale et des pages pour clavier (*Tabulatura nova*).

SCHEIN (Johann Hermann), compositeur allemand, né à Grünhain (Saxe) [1586-1630], auteur d'une importante œuvre vocale profane et religieuse.

SCHEINER (Julius), astrophysicien allemand, né à Cologne (1858-1913). Il créa une échelle des sensibilités pour émulsions photographiques.

SCHELER (Max), philosophe allemand, né à Munich (1874-1928), auteur d'importantes analyses phénoménologiques (*Nature et formes de la sympathie*, 1923).

SCHELLING (Friedrich Wilhelm Joseph VON), philosophe allemand, né à Leonberg (1775-1854), auteur d'un système d'idéalisme objectif (*Idées pour une philosophie de la nature*, 1797).

SCHERCHEN (Hermann), chef d'orchestre allemand, né à Berlin (1891-1966), promoteur de la musique contemporaine.

SCHEVENINGEN, agglomération des Pays-Bas (Hollande-Méridionale), dépendance de La Haye. Port de pêche et station balnéaire.

SCHIAPARELLI (Giovanni), astronome italien, né à Savigliano (1835-1910). Observateur assidu des surfaces planétaires, il est resté célèbre pour la découverte qu'il crut faire (1877), sur Mars, de canaux dus en réalité à une illusion d'optique.

SCHICKARD (Wilhelm), savant allemand, né à Herrenberg (1592-1635). Il conçut une machine à calculer (1623).

SCHIEDAM, v. des Pays-Bas (Hollande-Méridionale); 77 000 h.

SCHIFFLANGE, v. du Luxembourg méridional; 6 400 h. Métallurgie.

SCHILDER (Paul Ferdinand), médecin et psychanalyste autrichien, né à Vienne (1886-1940). Il s'est intéressé à l'image du corps.

SCHILLER (Friedrich VON), écrivain allemand, né à Marbach (Wurtemberg) [1759-1805], auteur de drames historiques (*les Brigands*, 1782; *la Conjuration de Fiesque*, 1783; *Don Carlos*, 1787; *Wallenstein*, 1796-1799; *Marie Stuart*, 1800; *la Pucelle d'Orléans*, 1801; *la Fiancée de Messine*, 1803; *Guillaume Tell*, 1804), d'une *Histoire de la guerre de Trente Ans* (1791-1793), et de poésies lyriques (*l'Hymne à la joie*, 1785; *Ballades*, 1797). Les drames de Schiller apparaissent comme un compromis entre la tragédie classique et le drame shakespearien. Les écrivains romantiques français ont subi l'influence de ses théories dramatiques.

SCHILTIGHEIM (67300), ch.-l. de c. du Bas-Rhin, banlieue de Strasbourg; 30 280 h. (*Schilikois*). Brasserie. Métallurgie.

SCHINER (Matthäus), prince-évêque de Sion, cardinal, né à Mühlebach (Valais) [v. 1470-1522]. Dévoué à Jules II, il ne put cependant empêcher ses compatriotes de conclure avec François Ier la paix perpétuelle de 1516. Il fut le protecteur d'Érasme.

SCHINKEL (Carl Friedrich), architecte et peintre allemand, né à Neuruppin (Prusse) [1781-1841]. Élève de Friedrich Gilly, néoclassique (monuments à Berlin), il évolua vers un éclectisme d'inspiration romantique.

Schiphol, aéroport d'Amsterdam.

SCHIRMECK (67130), ch.-l. de c. du Bas-Rhin, sur la Bruche; 2 780 h. Textiles. Électronique.

Camp de concentration allemand pendant la Seconde Guerre mondiale.

schisme d'Occident (grand), conflit qui divisa l'Église de 1378 à 1417 et durant lequel il y eut plusieurs papes à la fois. À l'origine se situe la double élection de 1378 : au pape élu, Urbain VI, s'opposent la plupart des cardinaux non italiens, qui choisissent le Français Clément VII. Celui-ci s'établit à Avignon. La chrétienté se divise. Diverses solutions de règlement ayant échoué, le schisme s'aggrave, en 1409, quand un troisième pape, Alexandre V, est élu à Pise. Finalement, le concile de Constance (1415-1418) dépose les trois papes et provoque un conclave qui aboutit à l'élection d'un pape unique, Martin V (1417).

schisme d'Orient, rupture de communion entre l'Église byzantine et l'Église romaine. Une première rupture eut lieu de 863 à 886 sous le patriarche Photios. La rupture définitive intervint en 1054, quand le patriarche Keroularios excommunia le pape Léon IX après avoir été excommunié par lui. Ces excommunications ont été levées de part et d'autre en 1966, mais l'union n'a pas été rétablie.

SCHLEGEL (August Wilhelm VON), écrivain allemand, né à Hanovre (1767-1845), membre du premier groupe romantique allemand et auteur d'un *Cours de littérature dramatique*, où il condamne la tragédie classique. — Son frère FRIEDRICH, né à Hanovre (1772-1829), écrivain et orientaliste, fonda la revue *Athenäum* (1798).

SCHLEICHER (August), linguiste allemand, né à Meiningen (1821-1868). Spécialiste de grammaire comparée, il a tenté de reconstruire l'indo-européen primitif. Il est l'auteur d'un *Abrégé de grammaire comparée des langues indo-européennes* (1861).

SCHLEIERMACHER (Friedrich), théologien protestant allemand, né à Breslau (1768-1834). Sa théologie de l'expérience religieuse, éloignée des dogmes traditionnels, est à la racine du courant libéral allemand et du modernisme catholique.

SCHLESWIG-HOLSTEIN, État de l'Allemagne fédérale, dans la plaine du Nord et la partie méridionale de la presqu'île du Jylland; 16 578 km²; 2 584 000 h. Cap. *Kiel*. Le duché de Schleswig (ou Slesvig) devint propriété personnelle du roi de Danemark en 1460. En 1815, le congrès de Vienne donna les duchés de Holstein et de Lauenburg au roi de Danemark, à titre personnel, en compensation de la perte de la Norvège. Les tentatives faites à partir de 1843-1845 par le Danemark pour annexer les duchés aboutiront à la guerre des Duchés (1864), puis à la guerre austro-prussienne (1866). La Prusse, victorieuse, annexa les duchés. En 1920, le nord du Schleswig fut rendu au Danemark.

SCHLICK (Moritz), logicien allemand, né à Berlin (1882-1936). Il est un des fondateurs du néopositivisme et un des représentants les plus marquants du *cercle de Vienne**.

SCHLIEFFEN (Alfred, *comte* VON), maréchal allemand, né à Berlin (1833-1913). Chef de l'état-major de 1891 à 1906, il donna son nom au plan de campagne appliqué par l'Allemagne en 1914.

SCHLIEMANN (Heinrich), archéologue et helléniste allemand, né à Neubukow (1822-1890), célèbre par ses découvertes des ruines de Troie et de Mycènes.

Alessandro **Scarlatti**
Scala

Domenico **Scarlatti**
gravure de A. Weger
Larousse

Carl Wilhelm **Scheele**
Larousse

Friedrich von **Schiller**
Musée Schiller, Marbach

SCHLIEREN, comm. de Suisse (Zurich); 11 869 h.

SCHLŒSING (Jean-Jacques Théophile), chimiste et agronome français, né à Marseille (1824-1919). Il a élucidé la fixation de l'azote du sol par les végétaux. — Son fils ALPHONSE THÉOPHILE, né à Paris (1856-1930), se consacra à la biologie végétale.

SCHLUCHT [ʃluxt] *(col de la),* col des Vosges (1 139 m), au nord du Hohneck. Sports d'hiver.

SCHMALKALDEN → SMALKALDE.

SCHMIDT (Bernhard), opticien allemand, né à Naissaar (Estonie) [1879-1935], inventeur d'un télescope à grand champ et à grande luminosité (1930).

SCHMIDT (Helmut), homme politique allemand, né à Hambourg en 1918. Social-démocrate, ministre de la Défense (1969) et des Finances (1972), il est devenu chancelier de la République fédérale en 1974.

SCHMITT (Florent), compositeur français, né à Blâmont (Meurthe-et-Moselle) [1870-1958], auteur du *Psaume XLVII* (1906), d'un *Quintette* (1908) avec piano, de la *Tragédie de Salomé* (1911), d'un grand lyrisme.

SCHNABEL (Artur), pianiste autrichien, né à Lipnik (1882-1951), interprète privilégié de Beethoven.

SCHNEBEL (Dieter), compositeur et théoricien allemand, né à Lahr en 1930. Il s'est intéressé tout particulièrement à l'étude de la voix *(Maulwerke).*

SCHNEIDER (Eugène), industriel et homme politique français, né à Bidestroff (1805-1875), ministre du Commerce et de l'Agriculture en 1851, président du Corps législatif de 1867 à 1870, remarquable animateur des usines du Creusot avec son frère aîné ADOLPHE, né à Nancy (1802-1845).

SCHNEIDER (Hortense), actrice et chanteuse française, née à Bordeaux (1833-1920), interprète préférée d'Offenbach.

SCHNITZLER (Arthur), écrivain autrichien, né à Vienne (1862-1931). Son théâtre *(Amourette)* et ses romans *(Mademoiselle Else)* évoquent l'atmosphère de la Vienne d'autrefois.

SCHOBERT (Johann), compositeur silésien (v. 1740-1767), auteur de sonates et concertos.

SCHŒLCHER (97200 Fort de France), ch.-l. de c. de la Martinique; 14 788 h.

SCHŒLCHER (Victor), homme politique français, né à Paris (1804-1893). Député de la Martinique et de la Guadeloupe, sous-secrétaire d'État à la Marine (mars-mai 1848), il prépara le décret d'abolition de l'esclavage dans les colonies (27 avr. 1848). Député montagnard (1849), il s'opposa au coup d'État du 2 décembre 1851 et fut proscrit.

SCHÖFFER (Peter), imprimeur allemand, né à Gernsheim (v. 1425-1502). Associé de Fust et de Gutenberg, il perfectionna avec eux l'imprimerie.

SCHÖFFER (Nicolas), plasticien et théoricien français d'origine hongroise, né à Kalocsa en 1912, pionnier de l'art cinétique et «luminodynamique».

Schola cantorum, école de musique fondée à Paris, en 1894, par Ch. Bordes, A. Guilmant et V. d'Indy. À la suite d'une scission, en 1935, les collaborateurs de V. d'Indy se sont regroupés dans une *école César-Franck.*

SCHOLASTIQUE (sainte), sœur de saint Benoît, née à Nursie (v. 480-547). Elle fonda un monastère de femmes près du mont Cassin.

SCHOMBERG ou **SCHONBERG** (Frédéric Armand, *duc* DE), maréchal de France, né à Heidelberg (1615-1690). Il fut au service du prince d'Orange, puis de la France (1635); ses victoires en Roussillon lui valurent le bâton de maréchal de France (1675). Protestant, il s'exila à la révocation de l'édit de Nantes, puis suivit en Angleterre Guillaume III d'Orange (1688); il fut tué en combattant Jacques II.

SCHÖNBERG (Arnold), compositeur autrichien, né à Vienne (1874-1951), théoricien de l'atonalité, fondée sur le dodécaphonisme sériel. Il est l'auteur des *Gurrelieder* (1900-1911), de *Pierrot lunaire* (1912), de musique de chambre (quatuors à cordes), d'opéras (*Erwartung,* 1909; *Moïse et Aaron,* inachevé). Il influença profondément la musique du XXe s.

Schönbrunn, château du XVIIIe s. dans un faubourg de Vienne, résidence d'été des Habsbourg, où furent signés les traités de Presbourg (1805) et de Vienne (1809), et où mourut le duc de Reichstadt (1832).

SCHÖNEBECK, v. de l'Allemagne démocratique, sur l'Elbe; 46 000 h.

SCHONGAUER (Martin), graveur et peintre alsacien, né à Colmar (?) [v. 1450-1491]. Il est l'auteur de célèbres burins *(la Mort de la Vierge, la Tentation de saint Antoine),* que Dürer admira.

SCHOPENHAUER (Arthur), philosophe allemand, né à Dantzig (1788-1860). Contre les conceptions systématiques du monde, il distingue un vouloir-vivre commun aux hommes, aux animaux, aux végétaux et aux minéraux, générateur de souffrances pour l'homme *(le Monde comme volonté et comme représentation,* 1818).

SCHOTEN, comm. de Belgique (Anvers); 31 300 h.

SCHRIBAUX (Émile), agronome et botaniste français, né à Richebourg (1857-1951). Auteur de travaux sur le contrôle et l'essai des graines, il créa plusieurs variétés de blé et d'avoine.

SCHRÖDINGER (Erwin), physicien autrichien, né à Vienne (1887-1961), prix Nobel pour ses travaux de mécanique ondulatoire, en 1933.

SCHUBERT (Franz), compositeur autrichien, né à Lichtenthal (1797-1828). Il doit sa célébrité à plus de 600 lieder, dont l'inspiration spontanée et profonde est proche de la veine populaire *(le Roi des aulnes,* 1815; *la Truite, la Jeune Fille et la Mort,* 1817; *la Belle Meunière,* 1823; *le Voyage d'hiver,* 1827). Il est aussi l'auteur de dix symphonies (l'«*Inachevée*»), de pages pour piano et de musique de chambre (quatuors, quintettes).

SCHULTZ (Theodore), économiste américain, né à Arlington (Dakota du Sud) en 1902. On lui doit d'importants travaux d'économie rurale. (Prix Nobel, 1979, avec sir Arthur Lewis.)

SCHUMAN (Robert), homme politique français, né à Luxembourg (1886-1963). Député démocrate-populaire (1919-1940), puis M.R.P. (1945-1962), ministre des Finances (1946), président du Conseil (1947-48), ministre des Affaires étrangères (1948-1952), il fut l'auteur du plan de la Communauté européenne du charbon et de l'acier (1951) et l'initiateur de la réconciliation franco-allemande. Ministre de la Justice (1955-56), il fut président du Parlement européen (1958-1960).

SCHUMANN (Robert), compositeur allemand, né à Zwickau (Saxe) [1810-1856], auteur de lieder d'une inspiration émouvante *(les Amours du poète,* 1840), d'œuvres pour piano qui ont rénové le style propre à l'instrument *(Études symphoniques,* 1834-1837; *Carnaval,* 1835; *Fantaisie en «ut»,* 1836; *Novelettes, Kreisleriana,* 1838), de quatre symphonies, de *Manfred* (1848-49), de pages célèbres de musique de chambre (quintette, 1842), de concertos (piano, violoncelle), etc.

Martin **Schongauer**
la Vierge au buisson de roses

Lauros-Giraudon

Helmut **Schmidt**

S. Salgado-Gamma

Florent **Schmitt**

Martinie

Victor **Schœlcher**

Harlingue-Roger-Viollet

Arnold **Schönberg**

Man Ray

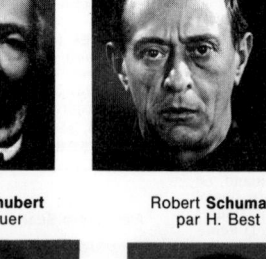

Arthur **Schopenhauer**

Seitz-Gray

Erwin **Schrödinger**
dessin de R. Fuchs

Lichtbildwerkstätte-Alpenland

Franz **Schubert**
par Nauer

Ackermann

Robert **Schumann**
par H. Best

Ackermann

Heinrich **Schütz**

Bärenreiter Verlag

SCHUMPETER (Joseph), économiste autrichien, né à Třešť (Moravie) [1883-1950]. On lui doit de très importantes contributions sur l'entrepreneur, l'innovation et la croissance.

SCHUSCHNIGG (Kurt VON), homme d'État autrichien, né à Riva del Garda (1897-1977). Chancelier d'Autriche en 1934, il ne put empêcher l'Anschluss. Hitler l'emprisonna (1938).

SCHÜTZ (Heinrich), compositeur allemand, né à Köstritz (1585-1672), attaché à la cour de Dresde. On lui doit de nombreuses œuvres religieuses (*Psaumes de David*, 1619; *la Résurrection*, 1623; *Musikalische Exequien*, 1636; *les Sept Paroles du Christ*, v. 1645; trois *Passions*) en lesquelles fusionnent le style polyphonique du motet protestant et le langage nouveau de Monteverdi.

SCHWÄBISCH GMÜND, v. de l'Allemagne fédérale (Bade-Wurtemberg); 56 000 h. Église-halle Ste-Croix (XIVᵉ s.), prototype du gothique allemand tardif, par Heinrich Parler.

SCHWANN (Theodor), biologiste allemand, né à Neuss am Rhein (1810-1882). On lui doit la théorie cellulaire (1839).

SCHWARTZ (Laurent), mathématicien français, né à Paris en 1915, auteur de travaux d'analyse fonctionnelle et fondateur de la théorie des distributions.

SCHWARZ (Berthold), moine allemand, né à Fribourg-en-Brisgau v. 1310-1384). On lui a attribué, à tort, l'invention de la poudre à canon, mais il fondit les premiers canons de bronze des Vénitiens.

SCHWARZ (Solange), danseuse française, née à Paris en 1910. Issue d'une famille de danseurs et de pédagogues, étoile à l'Opéra de Paris, elle eut un rayonnement international.

SCHWARZENBERG (Karl Philipp, *prince VON*), général et diplomate autrichien, né à Vienne (1771-1820). Il commanda les armées alliées qui vainquirent Napoléon à Leipzig (1813) et envahirent la France (1814). — Son neveu FÉLIX, né à Krumau (1800-1852), chancelier d'Autriche en 1848, restaura l'autorité des Habsbourg et s'opposa à l'hégémonie de la Prusse en Allemagne (Olmütz, 1850).

SCHWARZKOPF (Elisabeth), cantatrice allemande, née à Jarotschin en 1915.

Schwechat, aéroport de Vienne (Autriche).

SCHWEDT, v. de l'Allemagne démocratique, sur l'Oder. Raffinerie de pétrole. Pétrochimie.

SCHWEINFURT, v. de l'Allemagne fédérale (Bavière), sur le Main; 58 100 h. Centre industriel (roulements à billes).

SCHWEINFURTH (Georg), voyageur allemand, né à Riga (1836-1925). Il explora les pays du Nil, l'Érythrée, l'Arabie du Sud, et fonda l'Institut égyptien du Caire.

SCHWEITZER (Albert), pasteur, théologien, organiste, musicologue et médecin français, né à Kaysersberg (1875-1965). Il fonda l'hôpital de Lambaréné, au Gabon. (Prix Nobel de la paix, 1952.)

SCHWERIN, v. de l'Allemagne démocratique; 103 000 h.

SCHWITTERS (Kurt), peintre, sculpteur et écrivain allemand, né à Hanovre (1887-1948). Sa contribution à dada et au constructivisme réside dans ses collages, assemblages et constructions « Merz », faits de déchets divers et dont il

transposa le principe dans la poésie phonétique.

SCHWOERER (Émile), ingénieur français, né à Logelbach (1861-1927). Il réalisa industriellement la méthode de surchauffe de la vapeur imaginée par Gustave Hirn en 1855.

SCHWYZ, v. de Suisse, ch.-l. du *cant.* de *Schwyz* (908 km²; 92 000 h.); 12 194 h. (Le nom de la « Suisse » dérive de celui du canton.)

SCIASCIA (Leonardo), écrivain italien, né à Racalmuto en 1921. Son œuvre compose, dans les registres historique (*les Oncles de Sicile*, 1958; *le Cliquet de la folie*, 1973), romanesque (*Todo Modo*, 1975) ou dramatique (*l'Évêque, le vice-roi et les pois chiches*, 1971), une analyse satirique des oppressions sociales et politiques à travers l'exemple de l'histoire de la Sicile.

Science chrétienne (*Christian Science*), Église fondée en 1879, à Boston, par Mary Baker Eddy, et qui s'attache à guérir les maladies par les seuls moyens spirituels. Des États-Unis, la Science chrétienne se répandit rapidement dans le monde.

SCILLY ou **SORLINGUES** (*îles*), îles anglaises, au sud-ouest de la Grande-Bretagne.

SCIONZIER (74300 Cluses), ch.-l. de c. de la Haute-Savoie; 5 702 h.

SCIPION, en lat. **Scipio**, famille de la Rome antique, de la *gens Cornelia*. Ses deux membres les plus illustres sont : SCIPION *l'Africain* (235-183 av. J.-C.). Il mit un terme à la domination de Carthage en Espagne (prise de Carthagène, 209). Consul en 205, il débarqua en Afrique et, par sa victoire de Zama (202) sur Hannibal, mit fin à la deuxième guerre punique. — SCIPION ÉMILIEN (185 ou 184-129 av. J.-C.), fils de Paul Émile et petit-fils adoptif du précédent. Consul en 147, il acheva la troisième guerre punique par la destruction de Carthage (146). Aristocrate, il s'opposa aux lois agraires des Gracques. Grand lettré, adepte du stoïcisme et de la culture grecque, il favorisa les lettres et les arts (Polybe, Térence).

SCOPAS, sculpteur grec, né à Paros, actif au IVᵉ s. av. J.-C. Le rythme et l'intensité d'expression de ses œuvres (*Ménade*, Dresde) sont l'une des sources d'inspiration de la plastique hellénistique.

SCORPION, constellation zodiacale, située entre la Balance et le Sagittaire. — Huitième signe du zodiaque, que traverse le Soleil du 23 octobre au 22 novembre.

SCOT (John DUNS) → DUNS SCOT.

SCOT ÉRIGÈNE (Jean), philosophe et théologien du IXᵉ s., né en Écosse ou en Irlande. Sa pensée, remarquable par sa hardiesse et influencée par le néoplatonisme, évoque certains aspects de la pensée gnostique, voire panthéiste.

SCOTLAND, nom angl. de l'*Écosse*.

SCOTS, nom générique des pirates et des aventuriers irlandais du haut Moyen Âge, et plus particulièrement des colons irlandais établis en Écosse au VIᵉ s. et qui donnèrent leur nom au pays (*Scotland*).

SCOTT (*sir* Walter), écrivain écossais, né à Édimbourg (1771-1832). Avocat, puis poète passionné de légendes écossaises (*le Lai du dernier ménestrel, la Dame du lac*), il se consacra au roman historique après le succès de *Waverley* (1814). Ses ouvrages, qui lui valurent une célébrité universelle, excercèrent une profonde

influence sur les écrivains romantiques (*les Puritains d'Écosse, la Fiancée de Lammermoor, Ivanhoé, Quentin Durward, la Jolie Fille de Perth*).

SCOTT (Robert Falcon), explorateur britannique, né à Devonport (1868-1912). Il dirigea deux expéditions dans l'Antarctique (1901-1904 et 1910-1912) et périt au retour d'un raid dans lequel il avait, peu après Amundsen, atteint le pôle Sud.

SCRANTON, v. des États-Unis (Pennsylvanie); 104 000 h. Houille. Métallurgie.

SCRIABINE (Aleksandr) → SKRIABINE.

SCRIBE (Eugène), auteur dramatique français, né à Paris (1791-1861). Ses comédies, ses vaudevilles (*Bertrand et Raton, le Verre d'eau*) et ses livrets d'opéras (*la Juive, les Huguenots, l'Étoile du Nord*) ramènent à deux jeux d'intrigue les conflits sociaux et moraux de la bourgeoisie de son temps. (Acad. fr.)

SCUDÉRY (Georges DE), écrivain français, né au Havre (1601-1667). Auteur de pièces de théâtre, adversaire de Corneille, il fit paraître sous son nom des romans qui sont presque entièrement dus à sa sœur. — MADELEINE, sœur du précédent, née au Havre (1607-1701), fut une des figures les plus caractéristiques de la société précieuse; elle est l'auteur des romans d'*Artamène ou le Grand Cyrus* (1649-1653) et de *Clélie* (1654-1660).

SCULTET (Johann SCHULTES, dit **Jean**), chirurgien allemand, né à Ulm (1595-1645), inventeur d'appareils pour le traitement des fractures.

SCUTARI, v. d'Albanie → SHKODRA.

SCUTARI ou **ÜSKÜDAR**, faubourg asiatique d'Istanbul, sur le Bosphore.

SCYLAX, navigateur et géographe grec (fin du VIᵉ s. - début du Vᵉ s. av. J.-C.). Sur l'ordre de Darios Iᵉʳ, il explora la vallée de l'Indus et le golfe Arabique.

SCYLLA, écueil du détroit de Messine, en face de Charybde*.

SCYROS → SKÝROS.

SCYTHES, tribus semi-nomades de souche iranienne établies entre le Danube et le Don (VIIIᵉ s. av. J.-C.). Cavaliers et guerriers redoutables, les Scythes disparurent au IIᵉ s. av. J.-C.

SCYTHIE. *Géogr. anc.* Anc. région de la Russie méridionale, habitée par les Scythes.

S.D.E.C.E., sigle de *Service de documentation extérieure et de contre-espionnage*, est donné depuis 1947 aux services français de renseignements, relevant depuis 1966 du ministre de la Défense.

S.D.N., sigle de *Société* des Nations.

SEABORG (Glenn), chimiste américain, né à Ishpeming (Michigan) en 1912. Il a découvert le plutonium et divers éléments transuraniens. (Prix Nobel, 1951.)

SEATTLE, port des États-Unis (État de Washington); 507 000 h. Centre industriel (constructions navales et surtout aéronautiques). Musées.

SÉBASTIANI DE LA PORTA (Horace, *comte*), maréchal de France, né à La Porta (Corse) [1772-1851], ministre de la Marine puis des Affaires étrangères (1830-1832) de Louis-Philippe.

Leonardo **Sciascia**

Scipion l'Africain
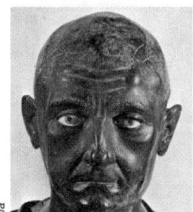

sir Walter **Scott** par E. H. Landseer

Robert Falcon **Scott**

Scopas : détail d'une frise provenant du mausolée d'Halicarnasse

SEBASTIANO DEL PIOMBO (Sebastiano LUCIANI, dit), peintre italien, né à Venise (?) [v. 1485-1547]. Installé à Rome (1511), ami de Michel-Ange, il se signale par la puissance monumentale de son style (portraits, tableaux religieux).

SÉBASTIEN (saint), officier romain, né à Narbonne, martyrisé à Rome au IIIe s. Patron des archers.

SÉBASTIEN, né à Lisbonne (1554-1578), roi de Portugal (1557-1578). Il fut tué en combattant les Maures, à Alcaçar-Quivir.

SÉBASTOPOL, port de l'U.R.S.S. (Ukraine), en Crimée; 283 000 h. Constructions navales. Après de longs sièges, la ville fut prise par les Français et les Anglais en 1855 et par les Allemands en 1942.

SÉBENNYTIQUE (bouche), nom ancien d'une branche du delta du Nil.

SEBHA, oasis de Libye, dans le Fezzan; 7 000 h.

SEBILLET (Thomas) [et non **Sibilet**], poète français (v. 1512-1589), auteur d'un Art poétique français.

SEBOU (oued), fl. du Maroc, né dans le Moyen Atlas, qui rejoint l'Atlantique; 458 km.

SECCHI (le P. Angelo), jésuite et astronome italien, né à Reggio nell'Emilia (1818-1878). Fondateur de la spectroscopie stellaire, il fut le premier à proposer une classification physique des étoiles (1863-1868).

Sécession (guerre de), guerre civile qui, à propos de la suppression de l'esclavage des Noirs aux États-Unis, opposa de 1861 à 1865 les États esclavagistes du Sud — qui formèrent à Richmond une Confédération — aux États abolitionnistes du Nord, dits fédéraux. Ceux-ci finirent par triompher après une longue lutte qui fit plus de 600 000 morts.

SECLIN (59113), ch.-l. de c. du Nord; 9 930 h. Église du XIIIe s. et hôpital en style Renaissance du XVIIe s. Textiles.

SECOND (Jean EVERAERTS, dit **Jean**), humaniste flamand, né à La Haye (1511-1536), auteur des Baisers, petits poèmes érotiques en latin, souvent imités au XVIe s.

SECONDIGNY [-gɔ̃-] (79130), ch.-l. de c. des Deux-Sèvres; 2 020 h. Église des XIe et XIIe s.

SECRÉTAN (Charles), philosophe suisse, né à Lausanne (1815-1895), auteur d'une Philosophie de la liberté. Il a tenté une conciliation du christianisme et de la philosophie rationnelle (la Raison et le Christianisme, 1863).

SEDAINE (Michel Jean), auteur dramatique français, né à Paris (1719-1797), le meilleur représentant de la comédie sérieuse telle que la définit Diderot (le Philosophe sans le savoir, 1765). [Acad. fr.]

SEDAN (08200), ch.-l. d'arr. des Ardennes, sur la Meuse; 25 430 h. (Sedanais). Château fort des XVe-XVIIe s. Textile. Métallurgie. Défaite et capitulation de Napoléon III le 2 septembre 1870. Point principal de la percée allemande vers l'ouest le 13 mai 1940.

SÉDÉCIAS, dernier souverain du royaume de Juda (de 592 à 587 av. J.-C.). Après la destruction de Jérusalem (587) par Nabuchodonosor, il fut déporté à Babylone, où il mourut la même année.

SÉDERON (26560), ch.-l. de c. de la Drôme; 321 h.

SEEBECK (Thomas Johann), physicien allemand, né à Reval (Estonie) [1770-1831]. Il découvrit la thermoélectricité.

SEECKT (Hans VON), général allemand, né à Schleswig (1866-1936). Chef de la Reichswehr de 1920 à 1926, il reconstitua l'armée allemande.

SÉES (61500), ch.-l. de c. de l'Orne, sur l'Orne, au nord d'Alençon; 5 243 h. (Sagiens). Cathédrale du XIIIe-XIVe s.

SÉFÉRIS (Ghéorghios SEFERIÁDIS, dit **Ghéorghios**), diplomate et poète grec, né à Smyrne (1900-1971). Il unit les mythes antiques aux problèmes du monde moderne (Strophe, 1931; Journal de bord, 1940-1955). [Prix Nobel, 1963.]

SÉFÉVIDES, dynastie qui régna sur l'Iran de 1502 à 1736. Les Séfévides, issus du cheikh Şafī al-Dīn, imposèrent le chī'isme duodécimain à

Ghéorghios **Seféris**

Hercules **Seghers** : Paysage à la branche de sapin (eau-forte)

Pierre **Séguier** d'après Ch. Le Brun

Victor **Segalen**

Marc **Seguin**   la comtesse de **Ségur**

l'Iran, qu'ils parvinrent à protéger des Ottomans à l'ouest et des Ouzbeks à l'est.

SÉGALA (le), plateaux cristallins du sud-ouest du Massif central, autref. très pauvres (« pays du seigle »).

SEGALEN (Victor), écrivain français, né à Brest (1878-1919). Il découvrit en Chine les monuments funéraires des Han et le mysticisme oriental, qui inspira ses poèmes (Stèles, 1912) et ses romans (les Immémoriaux).

SEGANTINI (Giovanni), peintre italien, né à Arco (Trentin) [1858-1899]. Il est passé d'un naturalisme paysan au néo-impressionnisme et au symbolisme.

SÉGESTE, anc. v. de la Sicile occidentale. Alliée d'Athènes, puis des Carthaginois, elle fut détruite par Agathocle, tyran de Syracuse, en 307 av. J.-C. À l'époque romaine, elle retrouva sa prospérité. Temple dorique inachevé (fin du Ve s. av. J.-C.) dans un site remarquable. Théâtre hellénistique.

SEGHERS (Hercules), peintre et graveur néerlandais, né à Haarlem (v. 1590 - v. 1638). L'un des grands paysagistes de son temps, il a, comme aquafortiste, mêlé les procédés jusqu'à obtenir des épreuves d'un caractère visionnaire et dramatique.

SEGNI (Antonio), homme d'État italien, né à Sassari (1891-1972). Démocrate-chrétien, il a été président de la République de 1962 à 1964.

SEGONZAC (16130), ch.-l. de c. de la Charente; 2 230 h. Église des XIIe et XIVe s. Eaux-de-vie.

SÉGOU, v. du Mali, sur le Niger; 32 000 h.

SEGOVIA (Andrès), guitariste espagnol, né à Linares (Jaén) en 1894. Il a rénové la technique de la guitare.

SÉGOVIE, en esp. Segovia, v. d'Espagne (Vieille-Castille); 48 000 h. Aqueduc romain. Alcazar très restauré. Églises romanes et cathédrale du XVIe s.

SEGRAIS (Jean REGNAULT DE), écrivain français, né à Caen (1624-1701), poète pastoral et secrétaire de Mme de La Fayette. (Acad. fr.)

SEGRÉ (49500), ch.-l. d'arr. de Maine-et-Loire; 7 167 h. (Segréens). Mine de fer.

SÈGRE (la ou le), riv. d'Espagne (Catalogne), affl. de l'Èbre (r. g.); 260 km.

SEGRÈ (Emilio), physicien américain, né à Tivoli en 1905. Il a découvert le technétium et l'astate, et a produit l'antiproton. (Prix Nobel, 1959.)

SÉGUIER (Antoine), président à mortier au parlement de Paris, né à Paris (1552-1624). — PIERRE, neveu du précédent, né à Paris (1588-1672), garde des Sceaux (1633), chancelier (1635) et de nouveau garde des Sceaux (1656), s'acharna contre Fouquet. (Acad. fr.)

SEGUIN (Marc), ingénieur français, né à Annonay (1786-1875). Il conçut avec son frère CAMILLE le principe des ponts suspendus (1824) et adopta la chaudière tubulaire (1827) pour les locomotives.

SEGUIN (Édouard), médecin américain d'origine française, né à Clamecy (Nièvre) [1812-1880]. Élève d'Itard et d'Esquirol, il s'intéressa à l'éducation des enfants déficients mentaux et différencia l'idiotie de la démence.

SÉGUR (Philippe Henri, marquis DE), maréchal de France, né à Paris (1724-1801). Secrétaire d'État à la Guerre (1780-1787), il créa un corps permanent d'état-major. — PHILIPPE PAUL, petit-fils du précédent, général et historien, né à Paris (1780-1873), a laissé plusieurs ouvrages sur l'histoire militaire napoléonienne. (Acad. fr.)

SÉGUR (Sophie ROSTOPCHINE, comtesse DE), femme de lettres française, née à Saint-Pétersbourg (1799-1874), auteur d'ouvrages pour la jeunesse (les Malheurs de Sophie, 1864; le Général Dourakine, 1866).

SÉGUY (Georges), syndicaliste français, né à Toulouse en 1927, membre du Bureau politique du parti communiste depuis 1956 et secrétaire général de la C.G.T. depuis 1967.

SEICHES-SUR-LE-LOIR (49140), ch.-l. de c. de Maine-et-Loire; 2 168 h.

SEIGNELAY (89250), ch.-l. de c. de l'Yonne; 1 132 h. Église des XVe-XVIe s.

SEIGNELAY (Jean-Baptiste COLBERT, *marquis* DE), né à Paris (1651-1690), fils de Colbert, qu'il remplaça à la Marine et à la Maison du roi (1683), et dont il poursuivit l'œuvre novatrice.

SEIGNOSSE (40510), comm. des Landes; 1 003 h. Station balnéaire.

Seikan, tunnel ferroviaire, long de 53,9 km (dont 23,3 sous la mer), devant relier les îles japonaises de Honshū et de Hōkkaidō.

SEILHAC [sɛjak] (19700), ch.-l. de c. de la Corrèze; 1 319 h.

SEILLE (la), riv. de la Bresse, affl. de la Saône (r. g.); 110 km.

SEILLE LORRAINE (la), riv. de Lorraine, affl. de la Moselle (r. dr.) à Metz; 130 km.

SEIN (île de) [29162], île et comm. du Finistère; 607 h. Pêche.

SEINE (la), fl. de France, drainant une partie du Bassin parisien; 776 km. Née sur le plateau de Langres, à 471 m d'alt., la Seine traverse la Champagne, passant à Troyes. Entre son confluent avec l'Aube (r. dr.) et l'Yonne (r. g.) à Montereau, elle longe la côte de l'Île-de-France. Peu en amont de Paris, elle reçoit son affluent le plus long, la Marne (r. dr.). Elle décrit alors de très grands méandres et se grossit de l'Oise (r. dr.). Après le confluent de l'Eure (r. g.), elle forme de nouveau des méandres très allongés, passe à Rouen et rejoint la Manche par un vaste estuaire, sur lequel est établi Le Havre. Dans l'ensemble, elle a un régime régulier, avec de modestes écarts de débit. Toutefois, des crues redoutables peuvent se produire par suite de pluies exceptionnelles sur les terrains de son bassin supérieur. Aujourd'hui, la réalisation de plusieurs réservoirs (dits « Seine », « Marne » et bientôt « Aube ») en limite l'intensité. La Seine demeure une excellente voie navigable, utilisée essentiellement entre la Manche et Paris.

SEINE (basse), région située de part et d'autre de la Seine en aval de Rouen, caractérisée par une navigation intense sur le fleuve et la présence de nombreuses industries dans la vallée (raffineries de pétrole et industries chimiques; usines métallurgiques et textiles).

SEINE (dép. de la), anc. dép. du Bassin parisien, correspondant à la ville de Paris et à sa proche banlieue. La loi de 1964 a amené sa subdivision en quatre nouveaux départements (Hauts-de-Seine, Paris, Seine-Saint-Denis et Val-de-Marne).

SEINE-ET-MARNE (dép. de) [77], dép. de la Région Île-de-France; ch.-l. de dép. *Melun*; ch.-l. d'arr. *Meaux, Provins*; 3 arr., 36 cant., 513 comm.; 5 917 km²; 755 762 h. Il appartient à l'académie de Créteil, à la circonscription judiciaire, à la région militaire et à la province ecclésiastique de Paris. La majeure partie du dép. s'étend sur la Brie, qui porte sur des sols souvent limoneux de riches cultures (blé, maïs, betterave à sucre) associées à un important élevage bovin pour la viande et les produits laitiers (fromages); des forêts s'étendent là où le limon est absent (forêt d'Armainvilliers). Les céréales dominent sur les plateaux du nord (Goële, Multien), et l'élevage dans le Gâtinais, plus verdoyant, qui fait suite, au sud, à la vaste forêt de Fontainebleau (sur sols sableux). L'industrie, en dehors de l'extraction modeste du pétrole, traité sur place (Grandpuits), est représentée par les constructions mécaniques et électriques, l'alimentation, la cimenterie, la verrerie, la chimie. Elle se localise surtout dans les vallées de la Seine et de la Marne, sites des principales villes (Melun et Meaux), alors que l'ouest du dép. appartient déjà à l'agglomération parisienne.

SEINE-ET-OISE (dép. de), anc. dép. du Bassin parisien (préf. Versailles), partagé, par la loi de 1964, entre les trois dép. de l'Essonne, du Val-d'Oise et des Yvelines, principalement.

SEINE-MARITIME (dép. de) [76], dép. de la Région Haute-Normandie; ch.-l. de dép. *Rouen*; ch.-l. d'arr. *Dieppe, Le Havre*; 3 arr., 56 cant., 742 comm.; 6 254 km²; 1 172 743 h. Il appartient

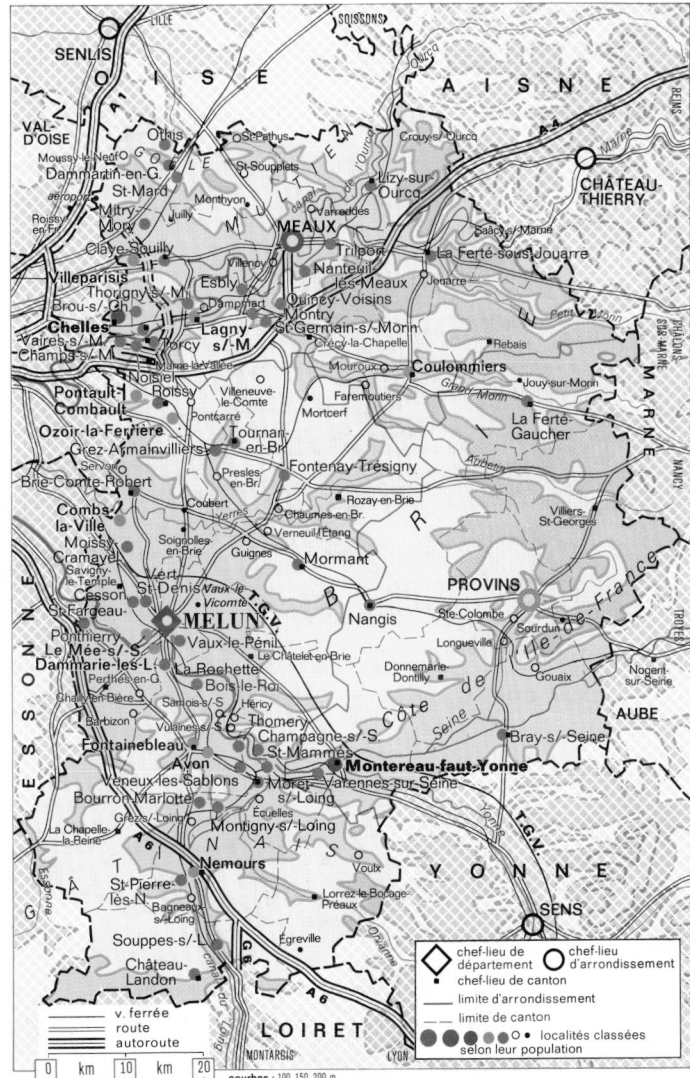

courbes : 100, 150, 200 m

SEINE-ET-MARNE

à l'académie, à la circonscription judiciaire et à la province ecclésiastique de Rouen, à la région militaire de Paris. Le pays de Bray, dépression

V. carte page suivante

argileuse, région d'élevage bovin, limite à l'est le pays de Caux, plateau crayeux, où les fréquents placages limoneux permettent les cultures céréalières, industrielles (betterave à sucre, lin, colza) et fourragères (associées à un important élevage pour les produits laitiers). L'extrémité sud-ouest de la Picardie, où se trouve le même type d'économie, constitue la partie nord-est du dép. L'industrie doit son importance aux usines de la basse Seine. Entre Rouen et Le Havre (deuxième port français) sont implantés les industries chimiques et alimentaires, la métallurgie, les constructions mécaniques, le textile et un grand complexe de raffinage de pétrole. Le littoral est jalonné de ports et de stations balnéaires (Dieppe, Fécamp, Le Tréport).

SEINE-SAINT-DENIS (dép. de la) [93], dép. créé par la loi de 1964 et s'étendant sur le nord-

est de l'anc. dép. de la Seine et sur des comm. de l'anc. Seine-et-Oise; ch.-l. de dép. *Bobigny*; ch.-l. d'arr. *Le Raincy*; 2 arr., 40 cant., 40 comm.; 236 km²; 1 322 127 h. Le dép. juxtapose des paysages différents. Dans la moitié occidentale, proche de Paris, de part et d'autre du canal de l'Ourcq, s'imbriquent étroitement usines (métallurgie surtout) et habitations ouvrières (Saint-Denis, Aubervilliers, Pantin). Au sud-est, particulièrement le long de la Marne, la fonction résidentielle prend le pas sur l'activité industrielle, pourtant présente (Neuilly-sur-Marne). Dans le nord-est, la grande culture céréalière et betteravière recule devant l'expansion urbaine.

V. carte page suivante

SEIPEL (Ignaz), prélat et homme d'État autrichien, né à Vienne (1876-1932). Président du parti chrétien-social (1921), il fut chancelier d'Autriche de 1922 à 1924 et de 1926 à 1929.

SEI SHŌNAGON, femme de lettres japonaise (v. 968-début du XIe s.). Elle a laissé une sorte

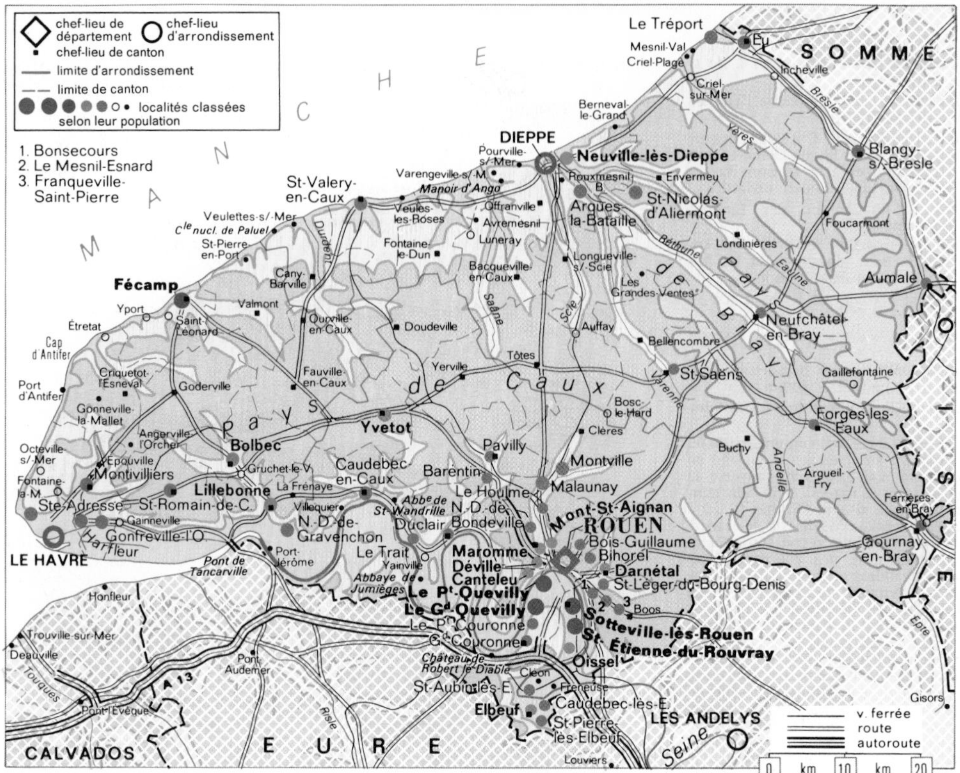

chef-lieu de département
chef-lieu d'arrondissement
chef-lieu de canton
limite d'arrondissement
limite de canton
localités classées selon leur population
1. Bonsecours
2. Le Mesnil-Esnard
3. Franqueville-Saint-Pierre
M A N C H E
S O M M E
O I S E
E U R E
CALVADOS
Le Tréport
Eu
Mesnil-Val
Criel-Plage
Criel-sur-Mer
Incheville
Bresle
Berneval-le-Grand
DIEPPE
Pourville-s/-Mer
Neuville-lès-Dieppe
Varengeville-s/-M.
Manoir d'Ango
Rouxmesnil-B.
Envermeu
Blangy-s/-Bresle
St-Valery-en-Caux
Veules-les-Roses
Offranville
Avremesnil
Luneray
Arques-la-Bataille
St-Nicolas-d'Aliermont
Veulettes-s/-Mer
Cle nucl. de Paluel
St-Pierre-en-Port
Fontaine-le-Dun
Bacqueville-en-Caux
Longueville-s/-Scie
Londinières
Foucarmont
Pays de Bray
Fécamp
Yport
Étretat
Cap d'Antifer
Cany-Barville
Valmont
Saint-Léonard
Ourville-en-Caux
Doudeville
Les Grandes-Ventes
Auffay
Aumale
Neufchâtel-en-Bray
Bellencombre
Criquetot-l'Esneval
Port d'Antifer
Gonneville-la-Mallet
Goderville
Fauville-en-Caux
Yerville
Tôtes
Pays de Caux
St-Saëns
Gaillefontaine
Bosc-le-Hard
Clères
Forges-les-Eaux
Buchy
Octeville-s/-Mer
Angerville-l'Orcher
Épouville
Montivilliers
Fontaine-la-M.
Bolbec
Yvetot
Gruchet-le-V.
Caudebec-en-Caux
Barentin
Pavilly
Montville
Malaunay
Argueil-Fry
Ferrières-en-Bray
Ste-Adresse
St-Romain-de-C.
Lillebonne
La Frénaye
Villequier
Abbaye de St-Wandrille
N.-D.-de-Gravenchon
Duclair
Le Houlme
N.-D.-de-Bondeville
Mont-St-Aignan
ROUEN
Bois-Guillaume
Bihorel
Darnétal
St-Léger-du-Bourg-Denis
Gournay-en-Bray
Gainneville
Gonfreville-l'O.
Harfleur
LE HAVRE
Pont de Tancarville
Port-Jérôme
Le Trait
Yainville
Abbaye de Jumièges
Maromme
Déville
Canteleu
Le Pt-Quevilly
Le Gd-Quevilly
Le Pt-Couronne
Gd-Couronne
Boos
Sotteville-lès-Rouen
St-Étienne-du-Rouvray
Oissel
Honfleur
Trouville-sur-Mer
Deauville
Touques
A 13
Pont-l'Évêque
Pont-Audemer
Risle
Château de Robert le Diable
Cléon
St-Aubin-lès-E.
Freneuse
Elbeuf
Caudebec-lès-E.
St-Pierre-lès-Elbeuf
LES ANDELYS
Seine
Louviers
Gisors
Epte
v. ferrée
route
autoroute
0 km 10 km 20
courbes : 50. 100. 200 m

SEINE-MARITIME

SEINE-SAINT-DENIS

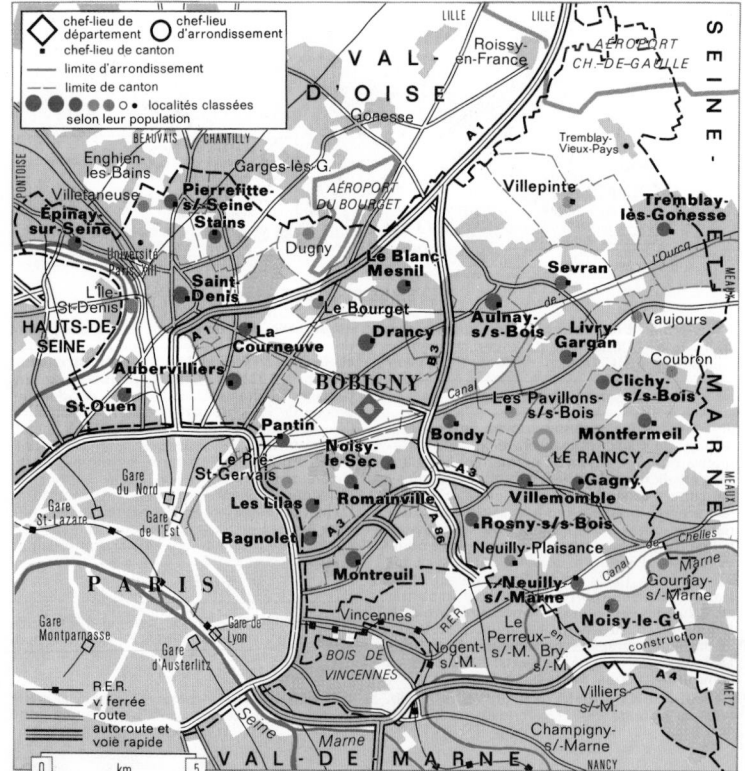

chef-lieu de département
chef-lieu d'arrondissement
chef-lieu de canton
limite d'arrondissement
limite de canton
localités classées selon leur population
VAL-D'OISE
SEINE-ET-MARNE
HAUTS-DE-SEINE
VAL-DE-MARNE
LILLE
Roissy-en-France
AÉROPORT CH.-DE-GAULLE
Gonesse
BEAUVAIS
CHANTILLY
PONTOISE
Tremblay-Vieux-Pays
Enghien-les-Bains
Garges-lès-G.
AÉROPORT DU BOURGET
Villetaneuse
Pierrefitte-s/-Seine
Stains
Épinay-sur-Seine
Villepinte
Tremblay-lès-Gonesse
Dugny
Université Paris VIII
Le Blanc-Mesnil
Sevran
L'Île-St-Denis
Saint-Denis
Le Bourget
Aulnay-s/s-Bois
Vaujours
MEAUX
La Courneuve
Drancy
Livry-Gargan
Coubron
A1
B3
Aubervilliers
BOBIGNY
Canal
Clichy-s/s-Bois
St-Ouen
Les Pavillons-s/s-Bois
Pantin
Bondy
Montfermeil
Noisy-le-Sec
LE RAINCY
Le Pré-St-Gervais
Gare du Nord
Gare St-Lazare
Gare de l'Est
Les Lilas
Romainville
A3
Gagny
Villemomble
Bagnolet
A 86
Rosny-s/s-Bois
Neuilly-Plaisance
Chelles
Marne
PARIS
Montreuil
Neuilly-s/-Marne
Gournay-s/-Marne
Noisy-le-Gd
Gare Montparnasse
Gare de Lyon
Vincennes
R.E.R.
Le Perreux-s/-M.
Bry-s/-M.
construction
Gare d'Austerlitz
BOIS DE VINCENNES
Nogent-s/-M.
A 4
METZ
Villiers-s/-M.
Seine
Champigny-s/-Marne
NANCY
R.E.R.
v. ferrée
route
autoroute et voie rapide
0 km 5

de journal *(Notes de chevet)*, premier chef-d'œuvre du genre *zuihitsu* («écrits au fil du pinceau»).

SÉISTAN ou **SISTĀN**, région d'Iran et d'Afghānistān.

S.E.I.T.A., sigle de *Service* d'exploitation industrielle des tabacs et allumettes.*

SÉJAN, ministre et favori de Tibère, né à Volsinies (Bolsena) [v. 20 av. J.-C. - 31 apr. J.-C.]. Il intrigua pour accéder à l'Empire. Tibère le fit mettre à mort.

SÉJOURNÉ (Paul), ingénieur français, né à Orléans (1851-1939), chef d'école pour la conception des ponts en maçonnerie.

SELANGOR, un des États de la Malaysia, sur la côte ouest de la Malaisie; 1 629 000 h. Cap. *Kuala Lumpur.*

SELBORNE (Roundell PALMER, *comte* DE), homme d'État anglais, né à Mixbury (1812-1895). Lord chancelier (1872-1874, 1880-1885), il réforma le système judiciaire anglais et créa la Cour suprême.

SEL-DE-BRETAGNE (Le) [35320], ch.-l. de c. d'Ille-et-Vilaine; 404 h.

SELDJOUKIDES ou **SALDJŪQIDES**, famille princière d'origine turque, qui domina l'Orient musulman du XIe au XIIIe s. L'Empire seldjoukide, qui s'étendit à l'Iran, l'Iraq, la Syrie, l'Arménie et l'Asie Mineure, s'effrita au XIIe s. Seul le sultanat de Rum survécut en Anatolie jusqu'en 1308.

SÉLESTAT (67600), ch.-l. d'arr. du Bas-Rhin, sur l'Ill; 15 749 h. *(Sélestadiens).* Église Sainte-Foy, de style roman rhénan. Demeures du XVIe s. Métallurgie. Textile.

SÉLEUCIDES, dynastie hellénistique, qui régna de 312 à 64 av. J.-C. sur la partie asiatique de l'empire d'Alexandre le Grand. L'Empire séleucide, qui s'étendait de l'Indus à la Méditerranée, fut, à la fin, réduit à la Syrie, annexée par Pompée en 64 à l'Empire romain.

SÉLEUCIE, nom de diverses villes de l'Orient hellénistique fondées par un souverain séleucide, dont les plus importantes sont Séleucie de Piérie, port d'Antioche, et Séleucie du Tigre, centre culturel et commercial de l'époque hellénistique.

SÉLEUCOS, nom de six rois séleucides : SÉLEUCOS Ier, né à Europos (v. 355-280 av. J.-C.), fondateur de la dynastie et qui régna de 312 à 280; — SÉLEUCOS II *Kallinikos* (v. 265-226 av. J.-C.), roi de 246 à 225 av. J.-C.; — SÉLEUCOS III (m. en 223 av. J.-C.), roi de 225 à 223 av. J.-C.; — SÉLEUCOS IV (m. en 175 av. J.-C.), roi de 187 à 175 av. J.-C.; — SÉLEUCOS V, roi en 125 av. J.-C.; — SÉLEUCOS VI (m. en 95 av. J.-C.), roi en 96-95 av. J.-C.

SÉLIM Ier le Cruel, né à Amasya (1467-1520), sultan ottoman (1512-1520). Il conquit la Syrie, la Palestine et l'Égypte (1516-17). — SÉLIM II, né à Magnésie (1524-1574), sultan ottoman de 1566 à 1574, vaincu à Lépante. — SÉLIM III, né à Constantinople (1761-1808), sultan ottoman de 1789 à 1807.

SÉLINONTE, anc. v. grecque de la Sicile occidentale. Très prospère jusqu'au Ve s., elle souffrit de la domination carthaginoise et des guerres puniques. Ruines de sept temples grecs.

SELKIRK (monts), chaîne de montagnes du Canada occidental (Colombie britannique); 3 250 m.

SELLES-SUR-CHER (41130), ch.-l. de c. de Loir-et-Cher; 4 656 h. Église en partie romane (sculptures de l'abside). Château médiéval et renaissant. Céramique.

SELLIÈRES (39230), ch.-l. de c. du Jura; 835 h.

SELOMMES (41100 Vendôme), ch.-l. de c. de Loir-et-Cher; 705 h. Église du XIe s.

SELONCOURT (25230), comm. du Doubs; 5 268 h. Métallurgie.

SELONGEY (21260), ch.-l. de c. de la Côte-d'Or; 2 383 h. Appareils ménagers.

SELTZ (67470), ch.-l. de c. du Bas-Rhin; 2 570 h. Anc. établissement romain.

SEM, fils aîné de Noé. Selon la Bible, il est l'ancêtre éponyme des peuples sémitiques.

Semaine (la) ou la Création du monde, poème de Du Bartas (1578), qui décrit les « sept journées » de la création. — *La Seconde Semaine* (1585) suit l'histoire biblique jusqu'à la captivité de Babylone.

SEMARANG, port d'Indonésie, sur la côte nord de Java; 647 000 h.

SEMBLANÇAY (Jacques DE BEAUNE, *baron* DE), financier français, né à Tours (1457-1527), banquier de Louis XII, puis de François Ier et membre du conseil des Finances. Accusé, très probablement à tort, d'avoir dilapidé le Trésor, il fut pendu au gibet de Montfaucon.

SÉMÉAC (65600), ch.-l. de c. des Hautes-Pyrénées; 5 158 h. Électromécanique.

SÉMÉLÉ. *Myth. gr.* Déesse aimée de Zeus et mère de Dionysos.

SEMIPALATINSK, v. de l'U.R.S.S. (Kazakhstan), sur l'Irtych; 282 000 h.

SÉMIRAMIS, reine légendaire, à qui la tradition grecque attribue la fondation de Babylone et de ses jardins suspendus.

SEMMELWEIS (Ignác Fülöp), médecin hongrois, né à Buda (1818-1865). Il préconisa, le premier, les soins d'asepsie au cours de l'accouchement.

SEMMERING (le), col des Alpes autrichiennes, emprunté par la route et la voie ferrée de Vienne à Trieste et Zagreb; 986 m.

SEMOIS (la), ou, en France, la **SEMOY,** riv. de Belgique et de France, affl. de la Meuse (r. dr.), née dans le Luxembourg belge; 198 km.

SEMPACH, comm. de Suisse (cant. de Lucerne), sur le lac homonyme; 1 619 h. Victoire suisse sur les Autrichiens (1386), où s'illustra Arnold Winkelried.

SEMUR-EN-AUXOIS [-oswa] (21140), ch.-l. de c. de la Côte-d'Or, sur l'Armançon; 5 371 h. Restes de fortifications. Église des XIIIe-XVe s.

SEMUR-EN-BRIONNAIS (71110 Marcigny), ch.-l. de c. de Saône-et-Loire; 755 h. Église romane.

SENANAYAKE (Don Stephen), homme politique cinghalais (1884-1952). Chef du parti national uni, il devint Premier ministre lors de l'accession de Ceylan à l'indépendance (1947). — Son fils DUDLEY SHELTON, né à Colombo (1911-1973), fut Premier ministre en 1952-53, en 1960 et de 1965 à 1970.

SENANCOUR (Étienne PIVERT DE), écrivain français, né à Paris (1770-1846), auteur d'*Oberman* (1804), roman autobiographique, dont le héros étudie son inadaptation à la vie en analyste idéologue.

Sénanque (abbaye de), église et anc. monastère cisterciens du XIIe s. (comm. de Gordes, Vaucluse).

SÉNART (forêt de), forêt occupant l'extrémité nord-est du dép. de l'Essonne. Parc de sculpture contemporaine.

Sénat, en France, l'une des deux assemblées constituant le Parlement. Sous le Consulat, le premier et le second Empire (sauf à partir de 1870, quand il devint une seconde chambre), le Sénat ne fut qu'un corps privilégié qui pouvait modifier la Constitution par des *sénatus-consultes* inspirés par le pouvoir. Dans les lois constitutionnelles de 1875, le Sénat (300 membres) formait la Chambre haute et partageait le pouvoir législatif avec la Chambre des députés. La Constitution de 1946 lui substitua le Conseil de la République, dont le rôle politique et législatif était réduit. Celle de 1958 a rétabli un Sénat qui comprend 305 membres, élus au suffrage indirect pour neuf ans et renouvelables par tiers tous les trois ans.

SENDAI, v. du Japon (Honshū); 545 000 h.

SENEFELDER (Alois), inventeur allemand, né à Prague (1771-1834). On lui doit la technique de la lithographie.

SENEFFE, comm. de Belgique (Hainaut); 9 100 h. Victoire de Marceau sur les Autrichiens (1794).

SÉNÉGAL (le), fl. de l'ouest de l'Afrique. Né dans le Fouta-Djalon, il se jette dans l'Atlantique en formant une barre difficile à franchir; 1 700 km.

SÉNÉGAL (république du), État de l'Afrique occidentale, au sud du fleuve *Sénégal*; 197 000 km²; 5 380 000 h. (*Sénégalais*). Cap. *Dakar*. Langue officielle : *français*.

GÉOGRAPHIE

C'est un pays plat, au climat tropical, dont la population, groupée dans la vallée du Sénégal et sur le littoral, se consacre aux cultures du mil, du riz et surtout de l'arachide. Le sous-sol recèle des phosphates.

HISTOIRE

— XIVe s. : incorporation à l'empire du Mali.
— XVe s. : établissement de comptoirs portugais sur les côtes (*Rufisque*).
— XVIe s. : arrivée des Hollandais (Gorée).
— 1659 : les Français fondent Saint-Louis.
— 1854-1865 : le général Faidherbe, gouverneur, donne l'essor à la colonie.
— 1857 : fondation de Dakar.
— 1879-1890 : fin de la conquête française.
— 1902 : le Sénégal, intégré dans l'A.-O. F.
— 1918 : les « quatre communes » (Saint-Louis, Dakar, Rufisque, Gorée) élisent un Noir, Blaise Diagne, comme député à Paris.
— 1958 : le Sénégal, république autonome.
— 1959-60 : éphémère fédération du Mali (Sénégal et Mali).
— 1960 : le Sénégal, État indépendant, se donne comme président Léopold S. Senghor.
— 1963 : Constitution de type présidentiel à parti unique.
— 1976 : institution d'un régime tripartite.
— 1981 : Abdou Diouf succède à L. S. Senghor. Le multipartisme est rétabli.
— 1982 : union confédérale avec la Gambie.

SÉNÉGAMBIE, nom donné à la confédération formée par le Sénégal et la Gambie en 1982.

SÉNÈQUE, en lat. **Lucius Annaeus Seneca,** dit **Sénèque le Père,** né à Cordoue (v. 55 av. J.-C.-v. 39 apr. J.-C.), auteur de *Controverses,* qui étudient l'éducation oratoire au Ier s.

SÉNÈQUE, en lat. **Lucius Annaeus Seneca,** dit **Sénèque le Philosophe,** né à Cordoue (v. 4 av. J.-C.-65), fils du précédent. Précepteur de Néron, consul en 57, il fut compromis dans la conspiration de Pison et dut se suicider. Sa phi-

SÉNÉGAL

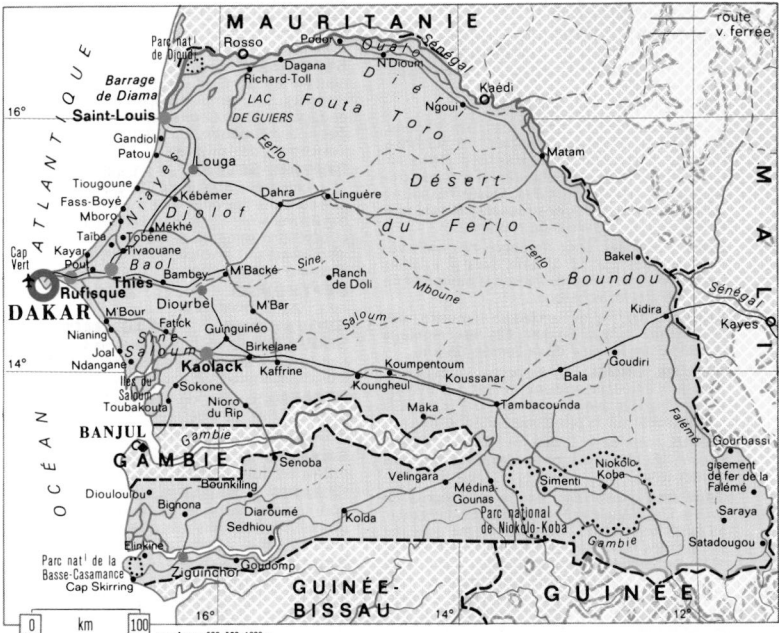

SÉNÈQUE

losophie morale, inspirée de la doctrine stoïcienne, s'exprime dans des dialogues, des traités et les *Lettres à Lucilius.* Les tragédies (*Médée, les Troyennes, Agamemnon, Phèdre*, etc.) que l'on place quelquefois sous le nom d'un **Sénèque** *le Tragique* sont généralement considérées comme son œuvre.

SENEZ [-nɛz] (04330 Barrême), ch.-l. de c. des Alpes-de-Haute-Provence; 134 h. Anc. cathédrale romane (v. 1200).

SENGHOR (Léopold Sédar), homme d'État et écrivain sénégalais, né à Joal en 1906. Agrégé de l'université, député à l'Assemblée nationale française (1946), chef du Bloc démocratique sénégalais (1948), il participe au gouvernement Edgar Faure (1955-56). Président de la République du Sénégal depuis 1960, il quitte volontairement le pouvoir en 1980. Il a publié des essais, où il définit la notion de *négritude*, et des recueils de poésie (*Éthiopiques*, 1956; *Nocturnes*, 1961).

SENLIS (60300), ch.-l. d'arr. de l'Oise, sur la Nonette; 14 387 h. (*Senlisiens*). Enceinte gallo-romaine. Belle église gothique, anc. cathédrale, des XIIᵉ-XVIᵉ s. Musée de la Vénerie et musée archéologique. Constructions mécaniques.

SENNACHÉRIB (m. en 680 av. J.-C.), roi d'Assyrie de 705 à 680 av. J.-C. Il maintint contre les attaques des Élamites et des Araméens l'hégémonie assyrienne, et rasa Babylone (689), qui avait tenté de se soustraire à son autorité. Il entreprit à Ninive, sa capitale, de grands travaux.

SENNAR, v. du Soudan. Barrage sur le Nil Bleu.

SENNE (la), riv. de Belgique, qui passe à Bruxelles et rejoint la Dyle (r. g.); 103 km.

SENNECEY-LE-GRAND (71240), ch.-l. de c. de Saône-et-Loire; 2 269 h.

SENNETT (Michael SINNOTT, dit **Mack**), cinéaste américain, né à Danville (Canada) [1884-1960]. Il fut l'un des grands pionniers du film comique burlesque américain.

SÉNONAIS (le), pays situé près de Sens, sur la rive gauche de la Seine.

SENONCHES (28250), ch.-l. de c. d'Eure-et-Loir; 3 466 h. Matériel agricole. Forêt.

SENONES (88210), ch.-l. de c. des Vosges; 3 990 h. Textile.

SENONES, SÉNONS ou **SÉNONAIS,** peuple de la Gaule (centres principaux, Sens, Melun et Auxerre). Ils participèrent avec Vercingétorix à la grande offensive contre César.

SENOUSIS ou **SANÛSIS,** confrérie musulmane fondée en 1837 par Muḥammad ibn ʿAlī al-Sanûsī, implantée en Libye, au Tchad, en Égypte et au Soudan.

SÉNOUSRET → SÉSOSTRIS.

SENS [sãs] (89100), ch.-l. d'arr. de l'Yonne, sur l'Yonne; 27 930 h. (*Sénonais*). Archevêché. Cathédrale gothique entreprise dès 1130-1140, terminée au XVIᵉ s. (sculptures et vitraux, trésor); palais synodal du XIIIᵉ s. Musée (sculpture gallo-romaine, etc.). Constructions mécaniques et électriques. Signalisation routière.

Sens (hôtel de), anc. résidence des archevêques de Sens (XVᵉ s.), à Paris, dans le quartier Saint-Paul. Très restauré, il abrite la bibliothèque Forney d'arts et techniques.

SENSÉE (la), riv. de la Flandre française, affl. de l'Escaut (r. g.); 60 km. Elle est réunie à la Scarpe par le *canal de la Sensée* (25 km).

SEO DE URGEL, v. d'Espagne (Catalogne); 7 000 h. Cathédrale romane du XIIᵉ s. L'évêque d'Urgel partage avec le chef de l'État français la souveraineté sur la principauté d'Andorre.

SÉOUL, cap. de la Corée du Sud; 6 890 000 h. Université. Musée national. Centre commercial et industriel.

Sept Ans (guerre de), guerre qui opposa de 1756 à 1763 l'Angleterre et la Prusse à la France, à l'Autriche et à leurs alliés. Elle fut marquée par les défaites françaises en Allemagne (Rossbach, 1757), au Canada (chute de Québec [1760] et de Montréal) et en Inde (1761). Par le traité de Paris (10 févr. 1763), la France perdait le Canada, l'Inde et la Louisiane. Par le traité de Hubertsbourg (15 févr. 1763), la Prusse gardait la Silésie.

Léopold Sédar **Senghor**

faubourg de **Séoul**

Septante (version des), la plus ancienne des versions grecques de l'Ancien Testament, faite entre 250 et 130 av. J.-C. pour les Juifs du monde grec; elle fut utilisée par l'Église chrétienne ancienne.

Sept Chefs (guerre des), conflit qui opposa dans la légende thébaine les deux fils d'Œdipe, Étéocle et Polynice, pour la possession du trône de Thèbes. Sept chefs grecs participèrent à cette guerre, au cours de laquelle les deux frères ennemis s'entre-tuèrent. Ce thème a inspiré notamment Eschyle dans *les Sept contre Thèbes*, Euripide dans *les Phéniciennes*, Racine dans *la Thébaïde*.

Septembre (massacres de), massacres de prisonniers politiques (aristocrates, prêtres réfractaires...) qui eurent lieu dans les prisons de Paris, particulièrement à l'Abbaye, à la Force, aux Carmes, au Châtelet, du 2 au 6 septembre 1792. Cette hécatombe, dont il est difficile de désigner les responsables, fut provoquée par la nouvelle de l'invasion prussienne.

Septembre 1870 (*révolution du 4-*), mesures prises, au lendemain du désastre de Sedan (2-3 sept. 1870), par un certain nombre de députés républicains, dont Léon Gambetta et Jules Favre: déchéance de la dynastie impériale, proclamation de la république et instauration du gouvernement de la Défense nationale.

SEPTÈMES-LES-VALLONS (13240), comm. des Bouches-du-Rhône; 10 827 h.

SEPT-ÎLES, petit archipel breton de la Manche, au large de Perros-Guirec. Réserve ornithologique.

SEPT-ÎLES, port du Canada (Québec), sur le Saint-Laurent, au débouché de la voie ferrée desservant les mines de fer du Nouveau-Québec; 30 617 h.

SEPTIMANIE, anc. région côtière sud-occidentale de la Gaule entre le Rhône et les Pyrénées. Longtemps occupée par les Wisigoths et appelée aussi *Gothie*, elle devint au Xᵉ s. le duché de Narbonne, qui fut annexé au domaine des comtes de Toulouse.

SEPTIME SÉVÈRE, né à Leptis Magna (146-211), empereur romain de 193 à 211. Le nom du jurisconsulte Papinien reste attaché à son œuvre législative. Sévère gouverna en monarque absolu et défendit l'intégrité de l'Empire romain contre les Barbares. Il favorisa l'introduction en Occident des cultes orientaux.

SEPTMONCEL [sɛmõsɛl] (39310), comm. du Jura; 665 h. Fromages.

SÉQUANIENS, SÉQUANAIS ou **SÉQUANES** [-kwa-], peuple de la Gaule, habitant le pays arrosé par la Saône et le Doubs; leur capitale était *Vesontio* (Besançon).

SERAING, comm. de Belgique (Liège), sur la Meuse; 67 100 h. Sidérurgie.

SERAJEVO → SARAJEVO.

Séraphins (ordre des), le plus important des ordres suédois, créé en 1285.

SÉRAPIS ou **SARAPIS,** dieu gréco-égyptien, dont le culte, institué à la fin du IVᵉ s. av. J.-C., unissait les religions grecque et égyptienne; il tenait à la fois d'Osiris et de Zeus.

SERBIE, anc. royaume de l'Europe méridionale, sur la rive droite du Danube, qui constitue auj. l'une des républiques fédérées de la Yougoslavie; 55 968 km²; 5 457 000 h. (*Serbes*) [88 361 km² et 8 921 000 h. en englobant les deux régions autonomes de la Vojvodine et du Kosovo]. Cap. *Belgrade*.

HISTOIRE

— VIᵉ s.: installation des Serbes dans la région de la Morava.
— IXᵉ s.: christianisation des Serbes, qui sont rattachés à l'Empire bulgare.
— Xᵉ s.: une dynastie de princes serbes s'impose en Dioclée (Monténégro).
— 1050-1082: règne de Mihailo, qui obtient du pape le titre de roi.
— v. 1170-1196: Étienne Nemanja, prince de Serbie, fondateur de la dynastie des Nemanjić, qui annexe le Monténégro, l'Herzégovine, la Dalmatie et la Serbie danubienne.
— 1196-1227: Étienne Iᵉʳ Nemanjić, d'abord grand joupan, puis (1217) roi de Serbie. Il organise une Église serbe autocéphale.
— 1227-1282: guerres intestines.
— 1282-1321: Étienne VI Uroš II Milutin.
— 1321-1331: Étienne VIII Uroš III Dečanski.
— 1331-1355: Étienne IX Uroš IV Dušan. La dynastie serbe est à son zénith; la Serbie atteint le golfe de Corinthe. En 1346, Dušan est sacré empereur dans sa nouvelle capitale, Skopje; il dote le royaume d'un code fondé sur le droit grec (1349).
— 1355-1389: dislocation de l'empire de Dušan.
— 1389: victoire turque de Kosovo. Le prince de Serbie devient vassal du Sultan.
— 1427-1456: règne de Georges Branković, qui s'oppose aux conquêtes turques.
— 1459: la domination turque devient totale; instauration d'un régime féodal. L'Église serbe orthodoxe maintiendra la culture nationale.
— XVIᵉ-XVIIIᵉ s.: résistance des patriotes serbes, ou *hajduks.*
— 1804: Karadjordje est élu prince suprême des Serbes.
— 1806-1813: il lutte contre les Turcs.
— 1815: Miloš Obrenović Iᵉʳ proclame la guerre sainte contre les Turcs et force la Porte à le reconnaître comme «prince suprême de la nation serbe».
— 1830: Miloš est reconnu prince héréditaire des Serbes.
— 1842: les Karadjordjević écartent les Obrenović.
— 1856: le congrès de Paris place l'autonomie de la Serbie sous la garantie des puissances.
— 1858: retour des Obrenović au pouvoir.
— 1867: Michel Obrenović III obtient l'évacua-

Sens: nef de la cathédrale Saint-Étienne

tion des troupes turques. Développement d'un mouvement panserbe hors des frontières.
— 1878 : le congrès de Berlin confirme l'indépendance de la Serbie.
— 1882 : Milan Obrenović IV se fait proclamer roi de Serbie. Il s'appuie sur l'Autriche.
— 1903 : assassinat du dernier Obrenović, Alexandre Ier Obrenović V, et retour au pouvoir des Karadjordjević avec Pierre Ier, qui instaure un régime parlementaire.
— 1908 : la Serbie doit accepter l'annexion de la Bosnie-Herzégovine par l'Autriche.
— 1912-13 : la Serbie participe aux deux guerres balkaniques.
— 1914 : à la suite de l'attentat de Sarajevo (28 juin) et du rejet de l'ultimatum autrichien, la Serbie est engagée dans la Première Guerre mondiale aux côtés des Alliés.
— 1915-16 : occupation du pays par les Allemands et les Bulgares.
— 1918 : Pierre Ier devient roi des Serbes, Croates et Slovènes.
— 1921 : avènement d'Alexandre Ier.
— 1929 : le royaume des Serbes, Croates et Slovènes devient la Yougoslavie.
— 1945 : création d'une république fédérée de Serbie au sein de l'État yougoslave socialiste.

SERCQ, en angl. **Sark,** une des îles Anglo-Normandes ; 600 h.

SEREIN (le), riv. de Bourgogne, affl. de l'Yonne (r. dr.), passant à Chablis ; 186 km.

SERENI (Vittorio), écrivain italien, né à Luino en 1913 ; poète et critique littéraire (*Diario d'Algeria,* 1947).

SERÉMANGE-ERZANGE (57290 Fameck), comm. de la Moselle ; 4 613 h. Sidérurgie.

SÉRÈRES, ethnie du Sénégal.

SERGE ou **SERGIUS Ier** (saint) [m. en 701], pape de 687 à 701. — SERGE ou SERGIUS II, né à Rome (m. en 847), pape de 844 à 847. — SERGE ou SERGIUS III, né à Rome (m. en 911), pape de 904 à 911. — SERGE ou SERGIUS IV, né à Rome (m. en 1012), pape de 1009 à 1012.

SERGE (m. en 638), patriarche de Constantinople de 610 à 638. Conseiller de Héraclius Ier, il fut l'inspirateur du monothélisme.

Sergents de La Rochelle (les Quatre). On désigne ainsi quatre sous-officiers du 45e de ligne en garnison à La Rochelle qui, affiliés aux carbonari, furent décapités en 1822.

SERGINES (89140 Pont sur Yonne), ch.-l. de c. de l'Yonne ; 764 h.

SERGIPE, État du Brésil oriental ; 21 994 km²; 902 000 h. Cap. *Aracaju.*

SÉRIFONTAINE (60590), comm. de l'Oise ; 2 340 h. Métallurgie du cuivre.

SERLIO (Sebastiano), architecte italien, né à Bologne (1475-1554). Il écrivit un important traité d'architecture, il vint en 1541 travailler à Fontainebleau et donna les plans du château d'Ancy-le-Franc.

SERMANO (20250 Corte), ch.-l. du cant. de Bustanico (Haute-Corse) ; 146 h.

Serment des Horaces (le), grande toile peinte par L. David à Rome (1784) et qui apparut, au Salon parisien de 1785, comme un manifeste de la nouvelle école classique.

SERNIN (saint) → SATURNIN (saint).

SEROV, v. de l'U.R.S.S., à l'est de l'Oural ; 101 000 h. Métallurgie.

SEROV (Valentine Aleksandrovitch), peintre russe, né à Saint-Pétersbourg (1865-1911). Élève de Repine, il mena ses recherches dans des directions variées.

SERPA PINTO (Alexandre Alberto DA ROCHA), explorateur portugais, né à Tendais (1846-1900). Il voyagea dans les régions du cours supérieur du Zambèze et développa la colonisation au Mozambique et en Angola.

SERPENT (le), constellation équatoriale.

SERPOLLET (Léon), ingénieur français, né à Culoz (1858-1907). On lui doit la chaudière à vaporisation instantanée (1881) et un tricycle à vapeur (1887) que l'on peut considérer comme l'ancêtre de la voiture automobile.

SERPOUKHOV, v. de l'U.R.S.S., au sud de Moscou ; 132 000 h. Radiotélescope. Centre de recherche nucléaire.

SERRA-DI-SCOPAMÈNE (20127), ch.-l. du cant. de *Tallano-Scopamène* (Corse-du-Sud); 750 h.

SERRANO Y DOMÍNGUEZ (Francisco), *duc de la Torre,* maréchal et homme d'État espagnol, né à Isla de León (auj. San Fernando) [1810-1885]. Il contribua à la chute d'Isabelle II (1868) et fut régent du royaume (1869-1871), puis président du Conseil.

SERRE (Jean-Pierre), mathématicien français, né à Bages en 1926, auteur de recherches en topologie et dans le domaine de la théorie des nombres.

SERRE-CHEVALIER, station de sports d'hiver (alt. 1 350-2 575 m) des Hautes-Alpes, au-dessus de la Guisane.

SERRE-PONÇON, site de la vallée de la Durance, en aval du confluent de l'Ubaye. Grand barrage en terre formant un lac. Centrale hydroélectrique.

SERRES (05700), ch.-l. de c. des Hautes-Alpes ; 1 355 h.

SERRES (Olivier DE), agronome français, né à Villeneuve-de-Berg (Vivarais) [1539-1619], auteur d'un *Théâtre d'agriculture et mesnage des champs* (1600). Il réforma l'agriculture en faisant connaître la pratique méthodique de l'assolement.

SERRES (Michel), philosophe français, né à Agen en 1930. Historien des sciences, il s'est préoccupé notamment des problèmes de la communication (*Hermès,* 1969-1977).

SERRIÈRES (07340), ch.-l. de c. de l'Ardèche ; 1 426 h. Vestiges gallo-romains.

SERS (16410 Dignac), comm. de la Charente, à 15 km à l'est d'Angoulême ; 472 h. Groupe d'abris-sous-roche (Roc de Sers) qui a livré des blocs sculptés en bas relief (gravettien et solutréen).

SERTORIUS (Quintus), général romain, né à Nursia (v. 123-72 av. J.-C.). Lieutenant de Marius, il organisa en Espagne un véritable royaume romain. Combattu par Metellus et par Pompée, il s'allia à Mithridate, mais fut assassiné par son lieutenant Perpenna.

SÉRURIER (Jean Philibert, *comte*), maréchal de France, né à Laon (1742-1819), gouverneur des Invalides.

SÉRUSIER (Paul), peintre et théoricien français, né à Paris (1863-1927). Il a assuré la liaison entre les idées de Gauguin, qu'il rencontra à Pont-Aven, et le groupe des *nabis.*

SERVANCE (ballon de), un des sommets des Vosges ; 1 216 m.

SERVANDONI (Giovanni Niccolo), architecte, décorateur et peintre italien, né à Florence (1695-1766). Il se fixa à Paris v. 1728. Proche du style rocaille dans ses décors, il fut, en architecture, un des premiers à prendre le contre-pied (façade de l'église Saint-Sulpice).

Servante maîtresse (la), opéra bouffe en deux actes, livret italien de Nelli (traduction française de Baurans), musique de Pergolèse (1733). Il provoqua en 1752 une polémique entre partisans et adversaires de l'italianisme (*querelle* ou *guerre des Bouffons*).

SERVET (Michel), médecin espagnol et théologien protestant, né à Tudela ou à Villanueva de Sigena (1511-1553). Niant le dogme de la Trinité et celui de la divinité de Jésus-Christ, il se réfugia, pour échapper à l'Inquisition, à Genève, où il fut arrêté et brûlé après un procès où Calvin tint un rôle déterminant. Cet acte d'intolérance, contraire à l'esprit de la Réforme, a été regretté par les héritiers spirituels de Calvin.

SERVIAN (34290), ch.-l. de c. de l'Hérault ; 2 832 h. Vins.

Service distingué (ordre, croix du) → DISTINGUISHED SERVICE ORDER.

Service d'exploitation industrielle des tabacs et allumettes (S. E. I. T. A.), établissement public de l'État à caractère industriel et commercial, doué de l'autonomie financière, sous la tutelle du ministère des Finances, et chargé de la fabrication des tabacs et des allumettes.

Service du travail obligatoire (S. T. O.), service institué en France occupée pour fournir de la main-d'œuvre à l'Allemagne (févr. 1943).

Services militaires volontaires (médaille des), décoration française, créée en 1975 pour récompenser les services rendus par les militaires des réserves.

Servitude et grandeur militaires, ouvrage d'Alfred de Vigny (1835), composé de trois récits où l'auteur oppose aux contraintes de la discipline militaire l'abnégation, qui fait la grandeur morale du soldat.

SERVIUS TULLIUS, sixième roi de Rome (578-535 av. J.-C.). Il donna à Rome sa première constitution.

SÉSOSTRIS ou **SÉNOUSRET,** nom de trois pharaons de la XIIe dynastie (Moyen Empire), dont le plus marquant est SÉSOSTRIS III (v. 1878-v. 1843); celui-ci consolida la conquête de la Nubie et soumit les grands féodaux. La tradition grecque a fait de lui un héros de légende.

SESSHŪ, moine peintre japonais, né dans la région de Bitchū (prov. d'Okayama) [1420-1506]. Lyrisme nippon, réalisme nuancé et spiritualité chinoise sont les composantes de l'œuvre de ce créateur du paysage au Japon (*Paysage d'Amano-hashidate,* Tōkyō, Commission pour la protection des biens culturels).

SESTO SAN GIOVANNI, v. d'Italie (Lombardie), près de Milan ; 99 000 h. Aciérie.

SESTRIÈRES, en ital. **Sestriere,** station de sports d'hiver d'Italie (Piémont) [alt. 2 035-2 850 m], à l'est du col de Montgenèvre.

SÈTE (34200), anc. **Cette,** ch.-l. de c. de l'Hérault ; 40 179 h. (*Sétois*). École d'hydrographie. Port sur la Méditerranée et l'étang de Thau (pétrole, vin). Industries chimiques. Musée municipal « Paul-Valéry ».

SETH, personnage biblique, troisième fils d'Adam et d'Ève, frère de Caïn et d'Abel.

SÉTI Ier, pharaon de la XIXe dynastie (1312-1298 av. J.-C.). Il rétablit la prépondérance de l'Égypte dans le Proche-Orient jusqu'à la Syrie (victoire de Qadesh sur les Hittites).

Sesshū : *Paysage d'Amano-hashidate* (1506, encre et couleur sur papier)

Shogakukan

SÉTIF, v. de l'Algérie orientale, ch.-l. de wilaya; 88 000 h.

Settons (*réservoir des*), lac-réservoir situé dans le Morvan et alimenté par la Cure.

SETÚBAL, port du Portugal; 50 000 h. Pêche. Conserveries. Anc. couvent de Jésus (église gothique et manuéline de la fin du XVe s.; musée).

SEUDRE (la), fl. côtier de la Charente-Maritime; 69 km. Ostréiculture.

SEUIL-D'ARGONNE (55250), ch.-l. de c. de la Meuse; 661 h.

SEURAT (Georges), peintre et dessinateur français, né à Paris (1859-1891). Initiateur et maître du divisionnisme, il a cherché à reconstruire, selon une harmonie rigoureuse dont les bases se voulaient scientifiques, la forme que Monet dissolvait (*Un dimanche d'été à la Grande Jatte,* 1884/1886, musée de Chicago; *les Poseuses,* 1888, Merion, É.-U.; *le Cirque,* 1890/91, Louvre). Il fut, avec Signac, un des fondateurs du Salon des indépendants (1884).

SEURRE (21250), ch.-l. de c. de la Côte-d'Or; 2 922 h. Église du XVe s.

SEU-TCHOUAN → SSEU-TCH'OUAN.

SEVAN (lac), lac de l'Arménie soviétique; 1 400 km².

SÉVERAC (Déodat DE), compositeur français, né à Saint-Félix-de-Caraman (1873-1921). Il a fait sa part à l'inspiration folklorique dans un opéra (*le Cœur du moulin*) et dans des recueils pour piano (*En Languedoc, Cerdaña*).

SÉVÉRAC-LE-CHÂTEAU (12150), ch.-l. de c. de l'Aveyron; 3 030 h.

SÉVÈRE, né en Illyrie (m. en 307), empereur romain en 306-307. Il fut vaincu par Maxence et mis à mort.

SÉVÈRE, né en Lucanie (m. en 465), empereur romain d'Occident de 461 à 465.

SÉVÈRE ALEXANDRE, né à Arca Caesarea (en Phénicie) [205 ou 208-235], empereur romain de 222 à 235. Partisan du syncrétisme religieux, il toléra le christianisme. Il fut tué au cours d'une sédition militaire.

SÉVÈRES (les), dynastie romaine (193-235), qui compta les empereurs Septime Sévère, Caracalla, Geta, Élagabal et Sévère Alexandre. L'époque des Sévères est celle de l'apogée du droit romain avec les jurisconsultes Papinien et Ulpien.

SÉVERIN (m. en 640), pape en 640.

SEVERINI (Gino), peintre italien, né à Cortona (1883-1966). Il s'installa en 1906 à Paris, où il devint le principal représentant du futurisme. Après une phase cubiste (1916-1920), il se consacra notamment à l'art sacré et à la mosaïque.

SEVERN (la), fl. de Grande-Bretagne, qui se jette dans le canal de Bristol (Atlantique); 338 km.

SEVERNAÏA ZEMLIA («Terre du Nord»), archipel arctique de l'U.R.S.S., entre la mer de Kara et la mer des Laptev.

SÉVIGNÉ (Marie DE RABUTIN-CHANTAL, *marquise* DE), née à Paris (1626-1696). Elle écrivit, pendant trente ans, des *Lettres,* qui forment un témoignage pittoresque sur les mœurs du temps et qui, par leur style impressionniste, rompent avec le formalisme rhétorique du genre.

SÉVILLE, en esp. Sevilla, v. d'Espagne (Andalousie), sur le Guadalquivir; 594 000 h. Archevêché. Alcázar, surtout du XIVe s. (art mudéjar; beaux décors et jardins). Cathédrale du XVe s. (nombreuses œuvres d'art) avec tour de la Giralda, minaret d'une anc. mosquée surélevé au XVIe s. Édifices civils, palais et églises de l'époque mudéjare au baroque. Musée provincial (Zurbarán, Murillo, Valdés Leal, Martínez Montañés...). — Séville, l'*Hispalis* ibérique puis romaine, fut une des villes les plus florissantes de l'Espagne arabe. Après avoir appartenu au califat omeyyade (712-1031), la ville devint la capitale des 'Abbâdides et connut une grande prospérité à l'époque almohade (XIIe s.). Conquise par Ferdinand III de Castille (1248), elle

la marquise de **Sévigné** par Cl. Lefebvre

Lauros-Giraudon

Georges **Seurat** : *le Chahut* (1890)

Musée Kröller-Müller, Otterlo

obtint au XVIe s. le monopole du commerce avec le Nouveau Monde.

ŞEVKET (Mahmud), général et homme politique ottoman, né à Bagdad (1858-1913). Il joua un rôle de premier plan lors de la déposition d'Abdülhamid II.

SEVRAN (93270), ch.-l. de c. de la Seine-Saint-Denis; 34 240 h. (*Sevranais*). Industrie photographique. Parc forestier.

SÈVRE NANTAISE (la), riv. de France, qui rejoint la Loire (r. g.) à Nantes; 126 km.

SÈVRE NIORTAISE (la), fl. de France, qui prend sa source dans le dép. des Deux-Sèvres, passe à Niort et rejoint l'Atlantique; 150 km.

SÈVRES (92310), ch.-l. de c. des Hauts-de-Seine, au sud-ouest de Paris; 21 296 h. (*Sévriens*). Pavillon de Breteuil, siège du Bureau international des poids et mesures. Manufacture royale, puis nationale de porcelaine, installée en 1756 dans le parc de Saint-Cloud (elle fonctionnait avant cette date à Vincennes). Musée national de la céramique. — Traité signé le 10 août 1920 entre la Turquie et les Alliés, qui réduisait considérablement l'Empire turc; il fut révisé en 1923 par le traité de Lausanne, consécutif aux victoires turques.

SÈVRES (dép. *des* Deux-) [79], dép. de la Région Poitou-Charentes; ch.-l. de dép. *Niort;* ch.-l. d'arr. *Bressuire, Parthenay;* 3 arr., 33 cant., 302 comm.; 6 004 km²; 335 829 h. Il appartient à l'académie et à la circonscription judiciaire de Poitiers, à la région militaire et à la province ecclésiastique de Bordeaux. La moitié septentrionale, appartenant en majeure partie au Massif armoricain, est une région surtout bocagère, vouée à l'élevage bovin pour la viande et les produits laitiers; elle s'oppose à la partie méridionale, formée de plaines calcaires, découvertes, consacrées surtout aux céréales. L'industrie est seulement représentée par quelques usines alimentaires et textiles, par des constructions mécaniques et, localement (à Niort, seule ville importante), par le travail du bois et du cuir.

SEXTUS Empiricus, philosophe et médecin grec des IIe-IIIe s., né probablement à Mytilène. Il vécut à Alexandrie et à Athènes. Il a développé le scepticisme dans *Hypotyposes pyrrhoniennes* et *Contre les savants.*

SEYCHELLES (les), État insulaire de l'océan Indien, au nord-est de Madagascar, constitué

Séville : la cathédrale et la *Giralda* (minaret surélevé de l'ancienne Grande Mosquée)

par un archipel volcanique; 376 km²; 58 000 h. Cap. *Victoria* (dans l'île Mahé). D'abord françaises, les Seychelles devinrent anglaises en 1814. Depuis 1976, elles forment un État indépendant, membre du Commonwealth.

SEYCHES (47350), ch.-l. de c. de Lot-et-Garonne; 958 h.

SEYMOUR (Jeanne) → JEANNE SEYMOUR. — Son frère EDWARD, duc de Somerset (v. 1506-1552), fut «protecteur d'Angleterre» (régent) sous le règne d'Édouard VI. Il fut renversé par Dudley, puis emprisonné et exécuté.

SEYNE (04140), ch.-l. de c. des Alpes-de-Haute-Provence; 1242 h. Sports d'hiver (alt. 1 372-1 780 m). Église romane.

SEYNE-SUR-MER (La) [83500], ch.-l. de c. du Var, sur la rade de Toulon; 51 669 h. (*Seynois*). Chantiers navals.

SEYNOD (74000 Annecy), ch.-l. de c. de la Haute-Savoie; 9 369 h.

SEYSSEL (01420), ch.-l. de c. de l'Ain, sur le Rhône; 1 043 h.

SEYSSEL (74270 Frangy), ch.-l. de c. de la Haute-Savoie, sur le Rhône, en face de Seyssel, dans l'Ain; 1 725 h. Barrage et installation hydroélectrique.

SEYSSINET-PARISET (38170), comm. de l'Isère; 12 157 h.

SÉZANNE (51120), ch.-l. de c. de la Marne; 6 548 h.

SFAX, port de Tunisie, sur le golfe de Gabès; 70 000 h. Remparts du IXe s., mosquée du Xe s. Exportation de phosphates.

S. F. I. O., sigle de *Section française de l'Internationale ouvrière,* qui a désigné le parti socialiste français de 1905 à 1971.

SFORZA, seconde dynastie ducale de Milan (1450-1535). Elle est issue de Muzio (ou Giacomo) ATTENDOLO, né à Cotignola (1369-1424), condottiere italien qui fut au service de Milan, puis de Florence, de Ferrare et de Naples. Parmi ses descendants les plus célèbres : FRANÇOIS Ier, né à San Miniato (1401-1466), duc de Milan (1450-1466), fils de Muzio; — GALÉAS-MARIE, né à Fermo (1444-1476), fils du précédent; — JEAN-GALÉAS, né à Abbiategrasso (1469-1494), duc de Milan, fils du précédent, qui fut évincé au profit de son oncle LUDOVIC (v. LUDOVIC SFORZA le More); MAXIMILIEN (1493-1530), duc de Milan (1512-1515), fils de Ludovic; — FRANÇOIS II (1495-1535), second fils de Ludovic le More, qui légua son duché à Charles Quint.

Sganarelle, personnage de Molière personnifiant le bon sens vulgaire. Il apparaît en des rôles assez différents : mari jaloux (*Sganarelle ou le Cocu imaginaire*), tuteur (*l'École des maris*), valet (*Dom Juan*), père (*l'Amour médecin*), fagotier (*le Médecin malgré lui*).

'S-GRAVENHAGE → HAYE (La).

SHABA, anc. Katanga, région du sud du Zaïre; 496 965 km²; 3 073 000 h. Ch.-l. *Lubumbashi.* Production de cuivre (surtout), de cobalt et de manganèse.

SHACKLETON (sir Ernest), explorateur britannique, né à Kilkee (Irlande) [1874-1922]. Il tenta, sans succès, d'atteindre le pôle Sud et mourut au cours d'une expédition.

SHAFTESBURY (Anthony, *comte* DE), homme d'État anglais, né à Wimborne (Dorset) [1621-1683]. Chef de l'opposition whig à Charles II et partisan de Monmouth, il dut fuir en Hollande en 1682.

SHÂHJAHÂNPUR, v. de l'Inde (Uttar Pradesh); 144 000 h.

SHÂHPUR → CHÂHPUHR.

SHAKESPEARE (William), poète dramatique anglais, né à Stratford on Avon (1564-1616). On possède si peu de renseignements précis sur sa vie que certains lui ont dénié la paternité de son œuvre, pour en faire le prête-nom de personnages illustres, comme Francis Bacon ou le comte d'Oxford : on sait, cependant, qu'il était fils d'un commerçant ruiné, qu'il se maria à dix-huit ans et qu'en 1594 il était acteur et actionnaire de la troupe du lord Chambellan. En 1598, il s'installe au théâtre du Globe et, en 1613, il se retire à Stratford. Son œuvre, qui comprend des poèmes (*Vénus et Adonis*) et un recueil de sonnets, est essentiellement dramatique. On peut distinguer dans son théâtre trois périodes : la jeunesse (1590-1600), marquée par un enthousiasme très élisabéthain, qui est l'époque des comédies légères et des fresques historiques (*Henri VI, Richard III, la Mégère apprivoisée, Roméo et Juliette, le Songe d'une nuit d'été, le Marchand de Venise, les Joyeuses Commères de Windsor, la Nuit des rois*); une période (1600-

1608) où, sous l'effet des déceptions politiques et personnelles, les tragédies sombres alternent avec quelques comédies (*Hamlet, Othello, Macbeth, le Roi Lear, Antoine et Cléopâtre, Coriolan*); à partir de 1608, le retour à l'apaisement avec les pièces romanesques (*Cymbeline, Conte d'hiver, la Tempête*). Écrit pour un public composé d'hommes du peuple et d'aristocrates, ce théâtre étonne par la variété et la vigueur du style, par le foisonnement des personnages et leur diversité sociale et psychologique, par la maîtrise de la construction dramatique.

SHAMO (*désert de*) → GOBI.

SHANDONG → CHAN-TONG.

SHANGHAI → CHANG-HAI.

SHANKAR (Ravi), compositeur et joueur de sitar indien, né à Bénarès en 1920. Élève d'Allaudin Khan, il composa notamment des partitions pour le ballet et le cinéma.

SHANNON (le), fl. d'Irlande, tributaire de l'Atlantique; 368 km. Il forme plusieurs lacs.

SHANNON (Claude Elwood), mathématicien américain, né à Gaylord (Michigan) en 1916, auteur de la théorie des communications.

SHANS → CHANS.

William **Shakespeare**

George Bernard **Shaw**

Shelley, par A. Curran

SHANTOU → CHAN-T'EOU.

SHÂNXI → CHANSI.

SHÂNXI → CHEN-SI.

Shape (abrév. de *Supreme Headquarters Allied Powers Europe*), quartier général européen des forces alliées du pacte de l'Atlantique Nord, installé en 1951 à Rocquencourt (Yvelines) et, depuis 1967, à Casteau, en Belgique.

SHAPLEY (Harlow), astrophysicien américain, né à Nashville (Missouri) [1885-1972]. Il établit la structure de la Galaxie et du système d'amas globulaires qui lui est associé; il montra que les Céphéides constituent des indicateurs de distance des systèmes stellaires qui les renferment.

SHARAKU, dessinateur d'estampes japonaises, actif en 1794 et 1795, célèbre pour ses portraits d'acteurs, dont la sobriété technique accuse la richesse psychologique.

SHARON ou **SARON**, plaine du littoral de l'État d'Israël, au sud du mont Carmel. Agrumes.

SHAW (George Bernard), écrivain irlandais, né à Dublin (1856-1950), auteur de romans, d'essais et de pièces de théâtre (*le Héros et le soldat*, 1894; *Pygmalion*, 1912; *Sainte Jeanne*, 1923), où se révèlent son humour et son pessimisme. (Prix Nobel, 1925.)

SHAWINIGAN, v. du Canada (Québec), sur le Saint-Maurice; 24 921 h. Aluminium.

SHAWN (Ted), danseur et chorégraphe américain, né à Kansas City (Missouri) [1891-1972]. Pédagogue de grande audience, il est un des fondateurs de la danse moderne aux États-Unis.

SHEFFIELD, v. d'Angleterre (Yorkshire); 513 000 h. Centre métallurgique (aciers spéciaux, coutellerie, etc.).

SHELDON (William Herbert), psychologue américain, né à Warwick (Rhode Island) [1899-1977]. Selon lui, les caractéristiques physiques déterminent le comportement.

SHELLEY (Percy Bysshe), poète anglais, né près de Horsham (Sussex) [1792-1822], auteur d'essais, de poèmes (*la Reine Mab, Prométhée délivré, l'Ode au vent d'ouest*), de drames (*les Cenci*), où l'inspiration romantique, marquée par le désir de lier l'homme et la nature en un même rythme vital, s'unit à l'influence de Platon. — Sa femme, Mary WOLLSTONECRAFT, née à Londres (1797-1851), est l'auteur du roman noir *Frankenstein ou le Prométhée moderne* (1818).

SHENYANG → CHEN-YANG.

SHEPP (Archie), saxophoniste de jazz noir américain, né à Fort Lauderdale (Floride) en 1937. Influencé par John Coltrane, il s'est imposé comme l'un des plus talentueux représentants du free jazz.

SHERATON (Thomas), ébéniste et théoricien de l'ébénisterie anglais, né à Stockton on Tees (1751-1806).

SHERBROOKE, v. du Canada (Québec), dans les cantons de l'Est; 76 804 h. Archevêché. Université. Centre commercial et industriel.

SHERIDAN (Richard Brinsley), auteur dramatique et homme politique anglais, né à Dublin (1751-1816). Auteur de comédies (les Rivaux, l'École de la médisance, 1777), il abandonna les lettres pour la politique et fit partie de plusieurs ministères whigs.

Sherlock Holmes → HOLMES.

SHERMAN (William), général américain, né à Lancaster (1820-1891). Un des meilleurs chefs nordistes de la guerre de Sécession, il reste célèbre par sa « Grande Marche vers la mer » (1864).

SHERPAS, peuple du Népal. Il pratique le commerce caravanier.

SHERRINGTON (sir Charles Scott), physiologiste anglais, né à Londres (1857-1952), prix Nobel en 1932 pour ses recherches sur le système nerveux.

SHETLAND ou **ZETLAND,** archipel au nord de l'Écosse; 1 425 km²; 19 000 h. Ch.-l. Lerwick.

SHETLAND DU SUD, archipel formant une partie du Territoire de l'Antarctique britannique.

SHIJIAZHUANG → CHE-KIA-TCHOUANG.

SHIKOKU ou **SIKOK,** une des îles du Japon, au sud de Honshū; 18 778 km²; 4 244 000 h.

SHILLONG, v. de l'Inde, cap. du Meghalaya, sur le plateau de Shillong; 88 000 h.

SHIMAZAKI TŌSON, écrivain japonais, né dans la préfecture de Nagano (1872-1943). D'abord poète romantique, il devint le chef du mouvement naturaliste avec la publication de son roman Hakai (la Rupture de l'interdit) [1906].

SHIMIZU, v. du Japon (Honshū); 235 000 h.

SHIMONOSEKI, port du Japon (Honshū), sur le détroit de Shimonoseki, qui sépare Honshū de Kyūshū; 258 000 h. En 1895, à la fin de la guerre sino-japonaise, y fut signé un traité par lequel la Chine cédait Formose (T'ai-wan) au Japon.

SHIRLEY (James), auteur dramatique anglais, né à Londres (1596-1666). Héritier du théâtre élisabéthain, il est l'auteur de comédies de mœurs (le Traître).

SHIZUOKA, v. du Japon (Honshū); 416 000 h.

SHKODRA ou **SHKODËR,** en ital. Scutari, en serbo-croate Skadar, v. de l'Albanie septentrionale, sur le lac de Shkodra, ou Shkodër, ou Scutari, ou Skadar; 59 000 h. Forteresse médiévale.

SHLONSKY (Abraham), écrivain israélien, né près de Poltava (Ukraine) [1900-1973], le chef spirituel de la poésie israélienne moderne (les Pierres du néant, le Livre des échelles).

SHOLĀPUR, v. de l'Inde (Mahārāshtra); 398 000 h.

SHOLES (Christopher Latham), inventeur américain, né à Mooresburg (Pennsylvanie) [1819-1890]. Il mit au point avec Samuel Soule et Carlos Glidden la première machine à écrire (1867).

SHŌTOKU-TAISHI (572-621), nom donné au prince Umayado, régent du Japon de 600 à 621, qui introduisit le bouddhisme dans ce pays.

SHQIPNIJA ou **SHQIPËRIA,** nom albanais de l'Albanie*.

SHREVEPORT, v. des États-Unis (Louisiane); 182 000 h.

SHREWSBURY, v. d'Angleterre, ch.-l. du comté de Salop, sur la Severn; 54 000 h.

SHUMWAY (Norman Edward), chirurgien américain, né à Kalamazoo (Michigan) en 1923. Il compte parmi les précurseurs de la chirurgie à cœur ouvert et des transplantations cardiaques.

SIALKOT, v. du Pākistān, près du Cachemire; 212 000 h.

SIAM → THAÏLANDE.

SIAM (golfe de) ou **GOLFE DE THAÏLANDE,** golfe formé par la mer de Chine méridionale, au sud de la péninsule indochinoise.

Sheridan
par J. Russell

Jean Sibelius

SIANG-T'AN ou **XIANGTAN,** v. de Chine (Hou-nan), sur le Siang-kiang; 184 000 h.

SIBELIUS (Jean), compositeur finlandais, né à Hämeenlinna (1865-1957). Il a donné un concerto de violon, sept symphonies, des poèmes symphoniques (Tapiola), des musiques de scène de caractère romantique d'une grande richesse d'inspiration.

SIBÉRIE, partie septentrionale de l'Asie.

GÉOGRAPHIE

Comprise entre l'Oural et le Pacifique, l'océan Arctique et les chaînes de l'Asie centrale, entièrement englobée dans l'U. R. S. S. (R. S. F. S. de Russie et, secondairement, Kazakhstan), la Sibérie couvre plus de 12 millions de km² (approximativement vingt-cinq fois la France). Les plateaux d'entre Ienisseï et Lena y séparent une partie occidentale, basse et marécageuse, d'une région orientale, montagneuse, formée de chaînes plissées de plus en plus récentes et élevées vers l'est. La rigueur du climat continental, aux hivers très froids et très longs, augmente généralement avec la longitude et la latitude. Elle explique (avec la disposition des reliefs) la succession zonale de la végétation : toundra*, taïga*, steppe*. Les conditions climatiques, limitant considérablement les possibilités agricoles (les steppes du Sud-Ouest sont cependant partiellement mises en valeur), ont entravé le peuplement. Celui-ci (environ 25 millions d'habitants), amorcé avec la construction du Transsibérien*, s'est développé rapidement, mais très localement, avec l'exploitation d'importantes ressources minières (charbon du Kouzbass*, notamment) et, plus récemment, avec l'édification de grandes centrales hydrauliques (Bratsk, Krasnoïarsk), qui ont amené l'implantation de la grande industrie (métallurgie surtout). — De plus en plus, on distingue de la Sibérie le littoral du Pacifique et le bassin de l'Amour inférieur, réunis sous le nom d'Extrême-Orient soviétique.

HISTOIRE

— 1428 : naissance du khānat de Sibérie, par suite du démembrement de la Horde d'Or.
— 1582 : début de la colonisation russe (Iermak).
— 1587 : fondation de Tobolsk.
— 1598 : les Cosaques détruisent le khānat de Sibérie.
— 1632 : les Russes atteignent la mer d'Okhotsk.
— 1648 : ils atteignent le Kamtchatka.
— 1858-1860 : la Chine reconnaît la domination russe sur les territoires de l'Amour et de l'Oussouri.
— 1891-1906 : construction du Transsibérien.
— 1918-1922 : les Soviétiques éliminent les armées de Koltchak et les Japonais.

SIBIU, v. de Roumanie, en Transylvanie; 151 000 h.

SIBOUR (Marie), prélat français, né à Saint-Paul-Trois-Châteaux (1792-1857). Archevêque de Paris (1848), il fut assassiné par un prêtre interdit.

SICAMBRES, peuple germanique établi entre le Rhin et la Ruhr. Une partie s'établit en Gaule, où, à partir du IIIe s., elle se mêla aux Francs.

SICANES, population primitive de la Sicile occidentale.

SICARD (Ambroise Cucurron, dit), pédagogue français, né au Fousseret (1742-1822). Prêtre, il s'intéressa à l'éducation des sourds-muets.

SICHEM, cité cananéenne de la Palestine centrale, célèbre dans la Bible par le souvenir des patriarches. Métropole religieuse des Samaritains au retour de l'Exil, elle fut détruite au IIe s. av. J.-C. Vespasien fonda Naplouse en 72 apr. J.-C. à proximité de l'ancienne Sichem.

SICHUAN → SSEU-TCH'OUAN.

SICIÉ (cap), cap du dép. du Var; 358 m.

SICILE, grande île italienne de la Méditerranée, formée des provinces suivantes : Agrigente, Caltanissetta, Catane, Enna, Messine, Palerme, Raguse, Syracuse et Trapani; 25 708 km²; 4 936 000 h. (Siciliens). Cap. Palerme.

GÉOGRAPHIE

Le nord de l'île, prolongement de l'Apennin, est montagneux, partiellement volcanique (Etna) et assez humide. Le centre et le sud, moins arrosés, sont formés de collines. Quelques petites plaines jalonnent le littoral, site des principales villes (Palerme, Catane, Messine). Malgré la présence du soufre et surtout du pétrole, qui ont donné naissance à l'industrie chimique, la Sicile est une région encore agricole (blé, vigne et agrumes). La forte densité de population, jointe au maintien de structures sociales archaïques, explique l'intensité de l'émigration, que ne peut guère freiner l'essor du tourisme.

HISTOIRE

— IXe s. av. J.-C. : colonisation phénicienne.
— VIIIe s. : colonisation grecque.
— Ve-IVe s. : hégémonie de Syracuse.
— 212 av. J.-C. : prise de Syracuse (alliée de Carthage) par les Romains.
— Ve s. apr. J.-C. : conquête de l'île par les Vandales et les Ostrogoths.
— 535 : reconquête byzantine.
— IXe s. : installation des Arabes.
— 1091 : conquête normande.
— 1130 : les Normands fondent le royaume de Sicile.
— Fin du XIIe s. - XIIIe s. : les Hohenstaufen, puis la maison d'Anjou sont maîtres du royaume.
— 1282 : Vêpres siciliennes contre les Angevins, au profit de la maison d'Aragon.
— 1442 : réunion du royaume de Naples et de la Sicile au sein du royaume des Deux-Siciles.
— 1458 : séparée de Naples, la Sicile reste à l'Aragon.
— 1713 : la Sicile est attribuée à la Savoie.
— 1718 : elle est cédée aux Habsbourg.
— 1734 : reconstitution du royaume des Deux-Siciles au profit de don Carlos de Bourbon et de sa descendance.
— 1860 : conquête de la Sicile par Garibaldi. L'île se lie au Piémont.
— 1948 : elle reçoit un statut d'autonomie.

SICILES (DEUX-) → DEUX-SICILES.

SICULES, peuple primitif de l'est de la Sicile.

SICYONE, v. de la Grèce ancienne (Péloponnèse). Elle connut une période brillante de 670 à 570 et, au temps de la ligue Achéenne, avec Aratos de Sicyone (IIIe s. av. J.-C.). Vestiges hellénistiques et romains.

SIDER (El), port pétrolier de Libye.

SIDI-BEL-ABBÈS, v. d'Algérie, ch.-l. de wilaya; 87 000 h. Garnison de base de la Légion étrangère française de 1843 à 1962.

Sidi-Brahim (combats de), célèbres combats livrés du 23 au 25 septembre 1845 par le 8e bataillon de chasseurs contre les guerriers d'Abd el-Kader. Leur anniversaire est la fête de tradition des chasseurs à pied.

SIDI-FERRUCH, petite baie à l'ouest d'Alger, où débarqua le corps expéditionnaire français le 14 juin 1830.

SIDI-KACEM, anc. Petitjean, v. du Maroc septentrional; 27 000 h. Raffinage du pétrole.

SIDNEY (sir Philip), diplomate et écrivain anglais, né à Penshurst (Kent) [1554-1586], auteur de sonnets et d'un roman pastoral, Arcadia (1590).

SIDOBRE (le), plateau granitique du Massif central, entre l'Agout et la Durenque.

SIDOINE APOLLINAIRE (saint), poète latin, né à Lyon (v. 430-v. 487). Après avoir été préfet de Rome, il devint vers 471 évêque de Clermont. Il a laissé une œuvre poétique et épistolaire.

SIDON, auj. **Saydā,** v. de Phénicie, longtemps éclipsée par Tyr. Elle fut à l'apogée de sa puissance après la destruction de Tyr par Nabuchodonosor (573 av. J.-C.). Importantes nécropoles.

Siècle de Louis XIV (le), ouvrage historique de Voltaire (1751). Description de la civilisation du « Grand Siècle », c'est aussi une critique du despotisme et du fanatisme.

SIEGBAHN (Manne), physicien suédois, né à Örebro (1886-1978). Il a découvert la réfraction des rayons X. (Prix Nobel, 1924.)

Siegfried, héros mythique germanique (Chanson des Nibelungen), le même que le scandinave Sigurd*.

Siegfried → TÉTRALOGIE.

Siegfried (ligne), position fortifiée construite par l'Allemagne de 1937 à 1940 sur sa frontière occidentale. (Elle fut conquise par les Alliés au cours de l'hiver de 1944-45.)

SIEGFRIED (André), géographe et sociologue français, né au Havre (1875-1959). Auteur d'ouvrages de sociologie politique et de géographie économique, il fut le promoteur de la sociologie électorale. (Acad. fr.)

SIE HO ou **XIE HE,** peintre chinois du XVᵉ s., auteur des Six Principes, fondement de la critique esthétique chinoise.

SIEMENS (VON), famille d'ingénieurs et d'industriels allemands. — WERNER, né à Lenthe (Hanovre) [1816-1892], établit la première grande ligne télégraphique européenne entre Berlin et Francfort (1848-49), et réalisa la première locomotive électrique (1879). — Son frère WILHELM, né à Lenthe (1823-1883), émigra en 1844 en Grande-Bretagne, mit au point le four Martin-Siemens, pour la fabrication de l'acier. Anobli en 1883, il devint sir William Siemens.

SIEMIANOWICE ŚLASKIE, v. de Pologne, en Silésie (Katowice). Houille. Métallurgie.

SIENKIEWICZ (Henryk), romancier polonais, né à Wola Okrzejska (1846-1916), auteur de Quo vadis ? (1896). [Prix Nobel, 1905.]

SIENNE, v. d'Italie (Toscane). 65 000 h. (Siennois). Archevêché. Le visage de la vieille ville demeure celui qu'ont modelé les XIIIᵉ et XIVᵉ s. Cathédrale des XIIᵉ-XIVᵉ s. (chaire de Nicola Pisano, dallage historié et nombreuses œuvres

d'art). Sur la célèbre place en éventail du Campo, Palais public du XIVᵉ s., au campanile élancé (fresques de S. Martini et d'A. Lorenzetti ; reliefs de la Fonte Gaia de Iacopo della Quercia ; etc.). Églises et palais. Musée de l'Œuvre de la cathédrale (Maestà de Duccio). Pinacothèque.

SIERCK-LES-BAINS [sjɛrk-] (57480), ch.-l. de c. de la Moselle ; 1583 h.

SIERPIŃSKI (Wacław), mathématicien polonais, né à Varsovie (1882-1969), chef de l'école mathématique polonaise moderne.

SIERRA LEONE (la), État de l'Afrique occidentale ; 72 323 km² ; 3 470 000 h. Cap. Freetown. Langue : anglais. Dans ce pays proche de l'équateur, au climat tropical humide, les industries extractives dominent (fer, bauxite et surtout diamants), malgré la présence de cultures commerciales (palmier à huile, agrumes, café, cacao).

HISTOIRE

— v. 1460 : le Portugais Pedro de Sintra donne le nom de Sierra Leone à la presqu'île.
— XVIIᵉ s. : les Anglais écartent les Portugais.
— 1786 : création de Freetown, qui reçoit d'anciens esclaves.
— 1807 : la Sierra Leone, colonie de la Couronne.
— XIXᵉ s. : établissement du protectorat britannique sur l'intérieur et fixation de la frontière avec le Liberia et la Guinée.
— 1924 : colonie et protectorat reçoivent une constitution.
— 1951 : institution d'un régime démocratique.
— 1961 : indépendance du pays.
— 1971 : proclamation de la république. Siaka Stevens, président.

SIERRE, comm. de Suisse (Valais) ; 11 017 h.

SIEYÈS [sjejɛs] (Emmanuel Joseph), homme politique français, né à Fréjus (1748-1836). Vicaire général de Chartres, il publia en 1789 une brochure sur les droits du tiers état. Député des tiers aux États généraux, il se montra partisan d'une monarchie constitutionnelle. Député à la Convention (1792), il vota la mort du roi. Membre des Cinq-Cents (1795), puis directeur (mai 1799), il se servit de Bonaparte pour se débarrasser du Directoire et imposer un régime fort. Mais le coup d'État de brumaire an VIII (nov. 1799) profita à Bonaparte, qui fit de Sieyès un deuxième consul provisoire. Après 1800, celui-ci ne joua plus qu'un rôle secondaire. (Acad. fr.)

SIG, anc. **Saint-Denis-du-Sig,** v. d'Algérie, dans la plaine du Sig, région marécageuse, où se termine le Sig (220 km) ; 28 000 h.

SIGEAN (11130), ch.-l. de c. de l'Aude ; 3 131 h. Réserve zoologique. — Sur l'étang de Sigean, salines.

SIGEBERT Iᵉʳ (535-575), roi d'Austrasie de 561 à 575, fils de Clotaire Iᵉʳ et époux de Brunehaut. Il fut assassiné par ordre de Frédégonde. — SIGEBERT II (v. 601-613), roi d'Austrasie (613). —

SIGEBERT III (631-656), roi d'Austrasie de 634 à 656, fils de Dagobert Iᵉʳ. Il régna en fait sous la tutelle du maire du palais Grimoald.

SIGEBERT de Gembloux, chroniqueur brabançon, moine de Gembloux (v. 1030-1112), auteur d'une Chronographia, chronique qui s'étend de 381 à 1111, particulièrement précieuse pour l'histoire de la période contemporaine de l'auteur.

SIGER de Brabant, professeur de l'université de Paris (v. 1235-1281). Son interprétation d'Aristote, proche de celle d'Averroès, le fit condamner par l'évêque de Paris.

SIGIRIYĀ, site archéologique de Sri Lanka (Province centrale), dont les salles rupestres sont ornées de fresques (Vᵉ s.).

SIGISMOND (saint) [m. en 523], roi des Burgondes de 516 à 523. Il fut baptisé par les fils de Clovis et tué par ordre de Clodomir. Il favorisa l'implantation du christianisme dans ses États.

SIGISMOND de Luxembourg, né à Nuremberg (1368-1437), roi de Hongrie de 1387 à 1437, roi des Romains de 1411 à 1433, empereur germanique de 1433 à 1437 et roi de Bohême de 1419 à 1437. Au concile de Constance, qu'il avait convoqué (1414), il laissa condamner le réformateur tchèque Jan Hus.

SIGISMOND Iᵉʳ JAGELLON le Vieux, né à Kozienice (1467-1548), roi de Pologne de 1506 à 1548. — SIGISMOND II AUGUSTE JAGELLON, né à Cracovie (1520-1572), roi de Pologne de 1548 à 1572. — SIGISMOND III VASA, né à Stockholm (1566-1632), roi de Pologne de 1587 à 1632 et roi de Suède de 1592 à 1599.

SIGMARINGEN, v. de l'Allemagne fédérale (Bade-Wurtemberg), sur le Danube ; 12 000 h. Cap. de l'anc. principauté de Hohenzollern. Refuge des membres du gouvernement de Pétain (1944-45).

SIGNAC (Paul), peintre français, né à Paris (1863-1935). Ami et continuateur de Seurat, il publia D'Eugène Delacroix au néo-impressionnisme (1899). La même recherche de la lumière caractérise ses toiles, divisionnistes, et ses aquarelles, d'une facture plus libre.

SIGNORELLI (Luca), peintre italien, né à Cortone (v. 1445-1523). Héritier de Piero della Francesca, mais aussi d'A. del Pollaiolo, il élabora un style d'une puissante tension, qui fait de lui le plus grand fresquiste toscan de la fin du XVᵉ s. (chapelle Sixtine, à Rome ; cloître de Monte Oliveto, près de Sienne ; chapelle S. Brizio de la cathédrale d'Orvieto).

SIGNORET (Simone KAMINKER, dite **Simone**), actrice française, née à Wiesbaden en 1921. Au cinéma, elle s'illustra notamment dans Casque d'or (1951), Thérèse Raquin (1953), les Diaboliques (1954), la Veuve Couderc (1971), la Vie devant soi (1977).

SIGNY-L'ABBAYE (08460), ch.-l. de c. des Ardennes ; 1678 h. Articles de sports.

Scala

cathédrale de **Sienne :**
vue sur la croisée
du transept

SIERRA LEONE

Paul **Signac** : la Voile jaune (1904)

Lauros-Giraudon

Larousse

Sieyès
gravure de J.-B. Vérité

courbes : 200, 500, 1000 m

SIGNY-LE-PETIT (08380), ch.-l. de c. des Ardennes; 1 543 h.

SIGOULÈS (24240), ch.-l. de c. de la Dordogne; 600 h.

SIGÜENZA, v. d'Espagne (Nouvelle-Castille), sur le Henares; 5 000 h. Cathédrale romane et gothique.

Sigurd, héros mythique des Scandinaves, un des personnages de l'*Edda* et des *Nibelungen*.

SIHANOUKVILLE → KOMPONG SOM.

SIKELIANÓS (Ánguelos), poète grec, né à Leucade (1884-1951), d'inspiration symboliste (*Prologue à la vie, Dédale en Crète*).

SIKHOTE-ALIN, massif montagneux de l'Extrême-Orient soviétique; 2 078 m.

SI-KIANG ou **XIJIANG** (le), fl. du sud de la Chine, qui rejoint la mer de Chine méridionale par un delta, site de Canton et proche de Hongkong et de Macao; 2 100 km.

SIKKIM, royaume de l'Himālaya, intégré à l'Union indienne; 7 107 km²; 205 000 h. Cap. *Gangtok*.

HISTOIRE

— v. 1641 : instauration d'une dynastie tibétaine qui impose le bouddhisme comme religion d'État.
— 1849 : les Anglais annexent la bordure méridionale.
— 1890 : protectorat britannique.
— 1950 : protectorat indien.
— 1975 : le Sikkim devient un État de l'Union indienne.

SIKOK → SHIKOKU.

SIKORSKI (Władysław), général et homme politique polonais, né à Tuszow (1881-1943). Après la défaite de 1939, il dirigea le gouvernement polonais réfugié en France, puis à Londres (1940), mais il se heurta à l'U.R.S.S. et périt dans un accident aérien.

Silène. *Myth. gr.* Nom d'un personnage qui passait pour avoir été le père nourricier de Dionysos et de petits génies, mi-hommes, mi-chevaux, voisins des satyres, avec lesquels on les confond souvent.

SILÉSIE, en polon. *Śląsk*, en allem. **Schlesien**, région d'Europe, traversée par l'Odra, partagée entre la Pologne (principalement) et la Tchécoslovaquie. Une puissante industrie (sidérurgie et métallurgie surtout), née de l'exploitation d'un grand bassin houiller, anime l'Est (*haute Silésie*), parsemée de grandes villes (Katowice, Zabrze, Bytom, etc.). L'Ouest (*basse Silésie*) est moins urbanisé (seuls Wrocław et Wałbrzych dépassent 100 000 h.) et encore largement agricole.

HISTOIRE

— IXᵉ s. : la Pologne annexe la région.
— Xᵉ s. : début de la colonisation germanique.
— XIVᵉ s. : les principautés silésiennes reconnaissent la suzeraineté de la Bohême.
— 1526 : la Silésie, avec la Bohême, dans les États des Habsbourg.
— XVIIᵉ s. : les Habsbourg pratiquent en Silésie une politique de retour au catholicisme et de germanisation.
— 1742 : conquête prussienne (Frédéric II).
— 1763 : le traité de Hubertsbourg confirme la souveraineté prussienne sur la Silésie.
— 1815 : la Silésie s'agrandit d'une partie de la Lusace.
— 1921 : un plébiscite aboutit au partage de la haute Silésie entre l'Allemagne et la Pologne.
— 1945 : la Silésie est attribuée à la Pologne; exode de la population allemande.

SILHOUETTE (Étienne DE), homme politique français, né à Limoges (1709-1767), contrôleur général des Finances (1759). Ses ennemis donnèrent son nom à des dessins le représentant en quelques traits, symbolisant ainsi l'état auquel ses mesures réduisaient les contribuables.

SILLANPÄÄ (Frans Eemil), écrivain finlandais, né à Hämeenkyrö (1888-1964), auteur de nouvelles et de romans qui peignent la vie paysanne (*Vie et soleil, Silja ou Une brève destinée*). [Prix Nobel, 1939.]

SILLÉ-LE-GUILLAUME (72140), ch.-l. de c. de la Sarthe; 2 964 h. Château reconstruit au XVᵉ s. Forêt.

SILLERY, v. du Canada (Québec), près de Québec; 13 580 h.

SILLERY (Nicolas BRULART, *marquis* DE), diplomate français, né à Sillery (1544-1624). Il négocia la paix de Vervins (1598) avant d'être garde des Sceaux (1604), puis chancelier (1607-1624).

Sillon (le), mouvement social d'inspiration chrétienne fondé en 1894 par Marc Sangnier et qui, blâmé par Pie X, disparut en 1910, non sans avoir préparé la voie à la démocratie chrétienne.

SILLON ALPIN, nom donné à la dépression comprise entre les Préalpes françaises du Nord et les massifs centraux (val d'Arly, combe de Savoie, Grésivaudan, vallée inférieure du Drac).

SILO, de la Palestine centrale, centre religieux des Hébreux jusqu'au règne de David.

SILOÉ (Gil DE), sculpteur flamand, actif à Burgos dans le dernier quart du XVᵉ s., auteur, à la chartreuse de Miraflores, d'un retable et de tombeaux d'un style gothique exubérant. — Son fils DIEGO, architecte et sculpteur, né à Burgos (v. 1495-1563), séjourne en Italie, travaille à Burgos, puis se fixe à Grenade, où, à partir de 1528, il fait triompher le style de la Renaissance dans la construction de la cathédrale.

SILONE (Secondo TRANQUILLI, dit **Ignazio**), écrivain italien, né à Pescina (Aquila) [1900-1978], auteur de romans réalistes (*le Pain et le vin, le Grain sous la neige, le Renard et les camélias*).

SILVACANE (anc. *abbaye de*), église et monastère typiques de l'architecture cistercienne de la fin du XIIᵉ s. (cant. de Lambesc, Bouches-du-Rhône).

SILVÈRE (saint) [m. en 537], pape en 536-537.

SILVESTRE, nom de plusieurs papes. (V. SYLVESTRE.)

SILVESTRE (Israël), dessinateur et graveur français, né à Nancy (1621-1691). Il travailla en Italie, puis fut au service de la Cour, à Paris, à partir de 1662.

SILVESTRE DE SACY (Antoine Isaac), orientaliste français, né à Paris (1758-1838). Il occupe une place de premier plan dans l'histoire de l'orientalisme, en particulier dans le domaine des études arabes.

SIMANCAS, v. d'Espagne (prov. de Valladolid); 1 500 h. Dans le château (XIIIᵉ-XVIᵉ s.), collection des archives générales du royaume d'Espagne.

SIMENON (Georges), écrivain belge de langue française, né à Liège en 1903, auteur de nouvelles (*le Bateau d'Émile*), de pièces de théâtre (*La neige était sale*) et de nombreux romans policiers reliés à la figure du commissaire Maigret (*les Inconnus dans la maison, Maigret et le clochard*).

Georges
Simenon

M. L. de Decker-Gamma

SIMÉON, tribu méridionale israélite, disparue au temps de David; son ancêtre éponyme était le deuxième fils de Jacob.

SIMÉON (saint), personnage de l'Évangile de saint Luc, qui, lors de la présentation de Jésus au Temple, le proclama comme le Messie prédit par les Prophètes.

SIMÉON Stylite (saint), dit **l'Ancien**, ascète syrien, né à Sis (v. 390 - v. 459), qui vécut de longues années au sommet d'une colonne, partageant sa vie entre la prière et la prédication.

SIMÉON Iᵉʳ (m. en 927), tsar des Bulgares (893-927). Maître d'un vaste empire constitué au détriment des Byzantins, il créa un patriarcat bulgare autonome (925).

SIMÉON II, tsar de Bulgarie (1943-1946), né à Sofia en 1937, fils et successeur de Boris III.

SIMÉON le Superbe (1316-1353), grand-prince de Moscovie de 1340 à 1353.

SIMFEROPOL, v. de l'U.R.S.S. (Ukraine), en Crimée; 291 000 h.

SIMLA, v. de l'Inde, cap. de l'Himâchal Pradesh, dans un site remarquable à 2 205 m d'alt.; 55 000 h.

SIMMENTAL, vallée de Suisse, dans les Alpes bernoises, drainée par la Simme (53 km).

SIMON (saint), apôtre de Jésus-Christ. La tradition le fait mourir martyr en Perse avec saint Jude.

SIMON le Mage, personnage des Actes des Apôtres. Il voulut acheter à saint Pierre ses pouvoirs surnaturels : d'où le nom de *simonie* donné au trafic des choses saintes. Les anciens auteurs ont vu en lui l'initiateur du gnosticisme.

SIMON (Antoine), cordonnier, né à Troyes (1736-1794), gardien du dauphin Louis XVII au Temple. Il fut guillotiné après le 9-Thermidor.

SIMON (Jules SUISSE, dit **Jules**), homme politique français, né à Lorient (1814-1896). Professeur de philosophie, suspendu lors du coup d'État du 2 décembre 1851, député de l'opposition républicaine de 1863 à 1870, ministre de l'Instruction publique dans le gouvernement de la Défense nationale (1870) et de 1871 à 1873, il dirigea le gouvernement du 12 décembre 1876 au 16 mai 1877. Il mourut sénateur inamovible. (Acad. fr.)

SIMON (François, dit **Michel**), acteur français d'origine suisse, né à Genève (1895-1975). Il s'illustra au cinéma, notamment dans *Jean de la Lune* (1931), *la Chienne* (1932), *l'Atalante* (1934), *Drôle de drame* (1937), *la Beauté du diable* (1949), *Blanche* (1971).

SIMON (Claude), écrivain français, né à Tananarive en 1913, l'un des représentants du « nouveau roman » (*la Route des Flandres*, 1960; *la Bataille de Pharsale*, 1969; *Leçon de choses*, 1975).

SIMON (Herbert), économiste américain, né à Milwaukee en 1916. Ses travaux ont porté, notamment, sur le mécanisme de la prise de décision. (Prix Nobel, 1978.)

SIMONIDE de Céos, poète lyrique grec, né à Iulis (île de Céos) [v. 556-467 av. J.-C.], un des créateurs du thrène et de l'ode triomphale.

SIMONOV (Kirill Mikhaïlovitch, dit **Konstantine**), écrivain soviétique, né à Petrograd (1915-1979), auteur de poèmes, de romans (*les Jours et les Nuits*) et de pièces de théâtre sur la Seconde Guerre mondiale.

SIMONSTOWN, v. de l'Afrique du Sud, au sud du Cap. Anc. base navale britannique, transférée à l'Afrique du Sud en 1957 et modernisée depuis 1969.

SIMPLICE ou **SIMPLICIUS** (saint) [m. en 483], pape de 468 à 483. Il lutta longtemps contre les monophysites.

SIMPLON, passage des Alpes suisses, entre le Valais et le Piémont, à 2 009 m d'alt., utilisé par une route. Les deux tunnels ferroviaires du Simplon (19 821 m et 19 801 m de longueur) sont situés au nord-est.

SIMPSON (Thomas), mathématicien britannique, né à Market Bosworth (Leicestershire) [1710-1761]. Il a établi une formule pour l'évaluation approchée de l'aire d'une courbe.

SINAÏ, péninsule montagneuse et désertique d'Égypte, entre les golfes de Suez et d'Aqaba. Gisements de pétrole. Une tradition ancienne y a localisé la « montagne de Dieu », où Moïse reçut de Yahvé le Décalogue. Au Vᵉ s., le Sinaï fut un centre important du monachisme chrétien. Enjeu de violents combats pendant les guerres israélo-arabes de 1967 et de 1973, le Sinaï a été évacué en grande partie en 1979 par l'armée israélienne.

SINAN (Mimar), architecte turc, né à Kayseri (1489-1578 ou 1588). Sa synthèse géniale des traditions architecturales du Proche-Orient ancien et de celle de Byzance en font le créateur fécond de l'architecture ottomane classique (mosquée Selimiye [1569-1575] à Edirne).

SINATRA (Frank), chanteur et acteur de cinéma américain, né à Hoboken (New Jersey) en 1915. Sa voix chaude et la préférence qu'il donna toujours aux mélodies sentimentales firent de lui le chanteur de charme le plus célèbre du monde.

SINCLAIR (sir John), économiste écossais, né à Thurso Castle (1754-1835), un des fondateurs de la statistique.

SINCLAIR (Upton), écrivain américain, né à Baltimore (1878-1968), auteur de romans sociaux (la Jungle, 1906; le Pétrole, 1927; la Fin d'un monde, 1940).

SIND (le), extrémité sud-est du Pākistān. Région aride, partiellement mise en culture (riz, coton) grâce à l'irrigation.

SIND (le), anc. nom de l'Indus*.

SINDELFINGEN, v. de l'Allemagne fédérale (Bade-Wurtemberg); 26 000 h. Construction automobile.

SINDERMANN (Horst), homme politique allemand, né à Dresde en 1915, chef du gouvernement de la République démocratique allemande de 1973 à 1976.

SI-NGAN ou **XI'AN**, v. de Chine, cap. du Chen-si; 1 368 000 h. Nombreux monuments anciens, dont la pagode de la Grande Oie, ou Ta-yen-t'a, d'époque T'ang.

SINGAPOUR, en angl. **Singapore**, île de l'Asie du Sud-Est, formant un État, à l'extrémité sud de la péninsule Malaise; 581 km²; 2 308 000 h. (dont environ 1,5 million de Chinois). Langues : anglais, chinois et malais. Cap. Singapour. Base navale et important port de transit (caoutchouc, étain), où la fonction industrielle se développe (métallurgie, textiles). L'île, anglaise à partir de 1819 et occupée par les Japonais de 1942 à 1945, devint un des quatorze États de la fédération de la Malaysia (1963), puis se transforma en une république indépendante (1965).

SINGER (Isaac Merritt), inventeur américain, né à Pittstown (New York) [1811-1875]. Il perfectionna la machine à coudre (1851).

SINGER (Isaac Bashevis), écrivain américain d'expression yiddish et américaine, né à Radzymin, près de Varsovie, en 1904. Ses romans et ses nouvelles font revivre la Pologne de son enfance sur le rythme des conteurs juifs traditionnels (la Corne du bélier, le Magicien de Lublin). [Prix Nobel, 1978.]

SIN-HAI-LIEN ou **XINHAILIAN**, v. de Chine (Kiang-sou); 208 000 h.

SIN-HIANG ou **XINXIANG**, v. de Chine (Honan); 171 000 h.

SI-NING ou **XINING**, v. de Chine, cap. du Ts'ing-hai; 300 000 h.

SIN-K'IANG ou **XINJIANG**, anc. **Turkestan chinois**, région autonome de la Chine occidentale, en Asie centrale; 1 646 800 km²; 8 millions d'h. Cap. Ouroumtsi. Anc. voie de passage entre l'Asie occidentale et l'Extrême-Orient, le Sin-k'iang est compris entre les chaînes de l'Altaï, du Pamir, des K'ouen-louen et de l'Altyntagh. C'est un pays au climat continental aride. Gisements de houille, de pétrole et de minerais divers.

SIN-LE-NOBLE (59450), comm. du Nord; 18 664 h.

SINNAMARY (le), fl. de la Guyane française. — Port à l'embouchure du fleuve; 2 058 h.

Sinn Féin, mouvement nationaliste irlandais fondé vers 1902. À partir de 1916, il rassembla, autour d'Eamón De Valera, les partisans de l'indépendance et de la république. Après son succès électoral de 1918, le parti constitua un gouvernement républicain provisoire, dirigé par De Valera, et se dota d'une organisation militaire, l'IRA. Divisé à propos de l'Ulster (1921), le Sinn Féin fut dépassé par le Fianna Fáil (1927) avant de renaître, en 1968, à la faveur des troubles en Irlande du Nord.

sino-japonaises (guerres), conflits qui opposèrent le Japon et la Chine en 1894-95, puis de 1937 à 1945.

SINOP, anc. **Sinope**, port de Turquie, sur la mer Noire; 10 000 h. Défaite navale infligée aux Turcs par les Russes (1853).

SIN-TCHOU ou **XINZBU**, port de T'ai-wan, sur la côte nord-ouest de l'île; 184 000 h.

SINT-GENESIUS-RODE → RHODE-SAINT-GENÈSE.

SINT-PIETERS-LEEUW → LEEUW-SAINT-PIERRE.

SINTRA, v. du Portugal, à l'ouest de Lisbonne; 20 000 h. Anc. palais royal des XIVe-XVIe s. Centre de villégiature, dans un site pittoresque. Junot y signa en 1808, avec les Anglais, une convention prévoyant l'évacuation du Portugal par les Français.

SINUIJU, v. de la Corée du Nord, à la frontière chinoise; 165 000 h. Textiles.

SION, une des collines de Jérusalem. Ce terme est souvent synonyme de Jérusalem.

SION, village de Lorraine (Meurthe-et-Moselle), comm. de Saxon-Sion), près de Vaudémont. Pèlerinage. C'est la « Colline inspirée » de Barrès.

SION, v. de Suisse, ch.-l. du Valais; 21 925 h. Cathédrale et église de Valère, toutes deux romanes et gothiques. Musée historique. Vins.

SIOUAH ou **SIWA**, oasis d'Égypte; 5 000 h. C'est l'oasis d'Amon des Anciens.

SIOULE (la), riv. d'Auvergne, affl. de l'Allier (r. g.); 150 km.

SIOUX, ensemble d'ethnies de l'Amérique du Nord, qui constituaient une grande famille linguistique et qui vivaient dans les grandes plaines de l'Arkansas aux Rocheuses. Agriculteurs, la plupart habitaient des villages sédentaires.

SIOUX CITY, v. des États-Unis (Iowa); 90 000 h. Marché du bétail. Industries alimentaires.

SIQUEIROS (David Alfaro), peintre mexicain, né à Chihuahua (1896-1974), muraliste d'un expressionnisme violent.

SIRET (le), riv. de Roumanie, née dans les Carpates, affl. du Danube (r. g.); 726 km.

SIREY (Jean-Baptiste), jurisconsulte français, né à Sarlat (1762-1845), auteur d'un Recueil des lois et arrêts, publié à partir de 1802 et qui a toujours été poursuivi depuis.

SIRICE (saint), né à Rome (v. 320-399), pape de 384 à 399. On a de lui une décrétale importante pour l'histoire de la discipline ecclésiastique.

SIRIUS, étoile de la constellation du Grand Chien, la plus brillante du Ciel.

SIRMIONE, v. d'Italie (Lombardie), sur le lac de Garde; 3 000 h. Station thermale. Ruines romaines.

SIRVEN (Pierre Paul), protestant français, né à Castres (1709-1777). Il fut accusé à tort d'avoir tué sa fille pour l'empêcher de se convertir au catholicisme. Condamné à mort par contumace, il se réfugia en Suisse. Voltaire le fit réhabiliter en 1771.

SISAVONG VONG, né à Luang Prabang (1885-1959), roi de Luang Prabang (1904), puis roi du Laos autonome (1946-1959).

SISINNIUS, né en Syrie (?) [m. en 708], pape en 708 durant quelques jours.

SISLEY (Alfred), peintre anglais de l'école française, né à Paris (1839-1899), un des principaux maîtres du paysage impressionniste.

SISMONDI (Léonard SIMONDE DE), historien et économiste suisse, né à Genève (1773-1842). Auteur de Nouveaux Principes d'économie politique (1819), il a influencé les théoriciens socialistes.

SISSONNE (02150), ch.-l. de c. de l'Aisne; 3 809 h. Camp militaire.

SISTERON (04200), ch.-l. de c. des Alpes-de-Haute-Provence, sur la Durance, au pied d'un défilé pittoresque; 7 443 h. Église surtout romane, anc. cathédrale. Citadelle des XIIIe-XVIIIe s.

SISYPHE. Myth. gr. Roi légendaire de Corinthe, célèbre pour son ingéniosité et sa ruse. Il fut condamné après sa mort à rouler éternellement sur la pente d'une montagne un rocher retombant sans cesse avant d'avoir atteint le sommet. Le mythe de Sisyphe est le symbole de la condition humaine se heurtant aux impé-

△ Alfred **Sisley**
Chemin montant,
au soleil (1891)

Lauros-Giraudon

Vautier De Nanxe

vue partielle de **Singapour**

Michaud-Rapho

Mimar **Sinan**
la mosquée Selimiye
à Edirne
(1569-1595)

ratifs mystérieux de la divinité. Albert Camus a repris ce thème dans le Mythe de Sisyphe (1942).

SITTER (Willem DE), astronome néerlandais, né à Sneek (1872-1934). Il est surtout connu pour ses travaux sur la théorie de la relativité et ses conséquences en cosmologie.

Situation de la classe laborieuse en Angleterre (la), ouvrage de F. Engels (1845), dont la méthode d'observation et les idées constituent un des fondements du marxisme.

SIUAN-HOUA ou **XUANHUA**, v. de Chine (Ho-pei); 115 000 h.

Śiva Naṭarāja (bronze, Inde, XIIᵉ s.)

SIU-TCHÉOU ou **XUZHOU,** v. de Chine (Kiang-sou); 700 000 h.

ŚIVA ou **ÇIVA,** troisième divinité de la Tri-mūrti hindoue, dieu de la Destruction.

SIVAS, anc. **Sébaste,** v. de Turquie, sur le Kızıl Irmak; 149 000 h.

SIWĀLIK, montagnes de l'Inde, avant-monts de l'Himālaya.

Six (groupe des), association, fondée en 1918, de six compositeurs français décidés à se dégager des influences de Debussy, de Fauré et de Ravel. Le groupe comprenait L. Durey, A. Honegger, D. Milhaud, F. Poulenc, G. Auric et G. Tailleferre.

SIX-FOURS-LES-PLAGES (83140), ch.-l. de c. du Var; 20 151 h. (Six-Fournais).

SIXT (74740), comm. de la Haute-Savoie; 626 h. Station touristique.

SIXTE Iᵉʳ (saint) [m. en 125], pape de 115 à 125. — SIXTE II (saint), né en Grèce (m. en 258), pape de 257 à 258. — SIXTE III (saint), né à Rome (m. en 440), pape de 432 à 440. — SIXTE IV (Francesco Della Rovere), né à Celle Ligure (1414-1484), pape de 1471 à 1484. Il sacrifia au népotisme; mécène humaniste, il embellit Rome et fit aménager la chapelle Sixtine. — SIXTE V ou SIXTE QUINT (Felice Peretti), né à Grottammare (1520-1590), pape de 1585 à 1590. Il travailla à la réforme dans l'esprit du concile de Trente et intervint dans les querelles religieuses de la France au moment de l'avènement d'Henri IV. Il donna au Sacré Collège sa forme définitive, partagea l'administration romaine entre quinze congrégations et fit éditer la Vulgate (1588).

Sixtine (chapelle), chapelle du Vatican, construite sur l'ordre de Sixte IV et décorée de fresques par Signorelli, Botticelli, Ghirlandaio, le Pérugin, Cosimo Rosselli et le Pinturicchio (1481-82), ainsi que par Michel-Ange (scènes de la Création à la voûte, 1508-1512; Jugement dernier sur le mur du fond, 1536-1541).

SIZEWELL, localité de Grande-Bretagne (Suffolk). Centrale nucléaire.

SIZUN (29237), ch.-l. de c. du Finistère; 1871 h. Bel enclos paroissial (XVIᵉ-XVIIIᵉ s.).

SJAELLAND, en allem. **Seeland,** la plus grande des îles danoises, dans la Baltique; 7438 km²; 2 165 000 h. V. pr. Copenhague.

SJÖSTRÖM (Victor), metteur en scène et acteur suédois, né à Silbodal (1879-1960), auteur de : les Proscrits (1917), la Charrette fantôme (1920), la Lettre écarlate (1926), le Vent (1928).

SKAGERRAK ou **SKAGERAK,** détroit qui unit la mer du Nord au Cattégat.

SKANDERBEG ou **SCANDERBEG** (Georges CASTRIOTA, dit), héros albanais (v. 1403-1468). Musulman passé au christianisme, il lutta contre les Turcs avec le soutien de la papauté, de Naples et de Venise.

SKARGA (Piotr POWĘSKI, dit **Piotr**), orateur sacré polonais, né à Grójec (1536-1612).

SKELLEFTEÅ, port du nord de la Suède, sur le golfe de Botnie; 72 000 h.

SKHIRRA (La) ou **SKHIRA (La),** port pétrolier de Tunisie, sur le golfe de Gabès.

SKIKDA, anc. **Philippeville,** port de l'Algérie orientale, ch.-l. de wilaya; 72 000 h. Débouché maritime du Constantinois. Liquéfaction et exportation du gaz naturel.

SKINNER (Burrhus Frederic), psychologue américain, né à Susquehanna (Pennsylvanie) en 1904, auteur de travaux sur l'apprentissage et l'enseignement programmé.

SKOBELEV (Mikhaïl Dimitrievitch), général russe, né à Riazan (1843-1882). Il conquit le Turkestan (1881).

SKOPJE ou **SKOPLJE,** v. de Yougoslavie, cap. de la Macédoine, sur le Vardar; 312 000 h. Université. Musées. Sidérurgie. Prise par les Bulgares en 1915, la ville fut libérée par les Français en 1918. Détruite en 1963 par un tremblement de terre qui fit plus de 2 000 victimes, elle a été reconstruite. Des édifices d'époque ottomane subsistent. — Aux environs, monastères de Sveti Pantelejmon (XIIᵉ s.), Sveti Nikita (XIVᵉ s.).

SKRIABINE ou **SCRIABINE** (Aleksandr Nikolaïevitch), pianiste et compositeur russe, né à Moscou (1872-1915). Ses œuvres pour piano et pour orchestre, chargées d'un message mystique, dénotent d'intéressantes recherches d'ordre harmonique.

SKYE, une des Hébrides; 7 400 h.

SKÝROS ou **SCYROS,** île grecque de la mer Égée.

SLAUERHOFF (Jan Jacob), écrivain hollandais, né à Leeuwarden (1898-1936), auteur de romans et de poèmes d'inspiration romantique (Clair-obscur).

SLAVEJKOV (Penčo), écrivain bulgare, né à Trjavna (1866-1912), influencé par Nietzsche dans ses essais et ses recueils lyriques (l'Hymne sanglant).

SLAVES, groupe ethno-linguistique de la branche orientale de la famille indo-européenne parlant des langues de même origine (les langues slaves) et occupant la majeure partie de l'Europe centrale et orientale. Comptant environ 270 millions de personnes, les Slaves sont différenciés en Slaves orientaux (Russes, Ukrainiens, Biélorusses), Slaves occidentaux (Polonais, Tchèques, Slovaques, Serbes de Lusace) et Slaves méridionaux (Serbes, Croates, Bulgares, Slovènes, Macédoniens, Yougoslaves).

SLAVIANSK, v. de l'U.R.S.S. (Ukraine); 138 000 h.

SLAVONIE, région de Yougoslavie (Croatie), entre la Save et la Drave.

SLESVIG → SCHLESWIG.

SLIPHER (Vesto Melvin), astronome américain, né à Mulberry (1875-1969). Il appliqua la spectrographie à l'étude des planètes et des nébuleuses, et fut le premier à déterminer la vitesse radiale d'une galaxie (1912-1914).

SLIVEN, v. de Bulgarie orientale; 90 000 h. Industries textiles et mécaniques.

SLOCHTEREN, localité des Pays-Bas (prov. de Groningue). Gisement de gaz naturel.

SLODTZ, sculpteurs français d'origine flamande. SÉBASTIEN, né à Anvers (1655-1726), fut de ceux qui, à la fin du XVIIᵉ s., tendirent à donner à l'art officiel plus de mouvement et d'expression. Il eut trois fils sculpteurs, dont le plus connu est RENÉ MICHEL, dit **Michel-Ange Slodtz,** né à Paris (1705-1764). Pensionnaire de l'Académie de France, celui-ci est retenu à Rome pour le succès, près de vingt ans. Rentré en France en 1746, il est critiqué en raison de son style baroquisant et tend à se cantonner dans les tâches des Menus Plaisirs (décors éphémères pour la Cour).

SLOUGH, v. de Grande-Bretagne, à l'ouest de Londres; 80 000 h.

SLOVAQUIE, en slovaque **Slovensko,** partie orientale de la Tchécoslovaquie; 49 014 km²; 4 815 000 h. Cap. Bratislava. Occupant l'extrémité nord-ouest des Carpates, la Slovaquie est longtemps demeurée presque exclusivement forestière et pastorale. La collectivisation a favorisé la pénétration de l'agriculture moderne (cultures et élevage intensifs) et surtout le développement industriel dans les principaux centres urbains : Bratislava et Košice notamment.

HISTOIRE
— Xᵉ-XIIᵉ s. : intégration à la Hongrie.
— 1467 : création de l'université de Bratislava.

— 1636-1657 : reconquête catholique grâce aux collèges de jésuites.
— 1793 : création de la Société des sciences de Slovaquie, nationaliste. Mouvement culturel national.
— 1848-49 : la révolte contre la Hongrie échoue. Centralisme autrichien.
— 1867 : le « Compromis » austro-hongrois fait retomber les Slovaques sous le joug de Budapest.
— 1918 : la Slovaquie, partie constitutive de la Tchécoslovaquie.
— 1938 : avec l'appui de Hitler, Mgr Jozef Tiso obtient l'autonomie interne de la Slovaquie, qui connaît alors un régime fasciste et antisémite.
— 1939 : protectorat allemand.
— 1945 : rétablissement du statu quo.
— 1968 : la Slovaquie bénéficie du régime fédéral.

SLOVÉNIE, en slovène **Slovenija,** république fédérée du nord-ouest de la Yougoslavie; 20 215 km²; 1 753 000 h. (Slovènes). Cap. Ljubljana.

HISTOIRE
— VIᵉ s. : établissement des premières tribus slovènes dans le nord-ouest de l'actuelle Yougoslavie.
— VIIᵉ s. : constitution d'une principauté slovène autonome, l'État de Karantanija.
— 788 : incorporation de cet État à l'empire de Charlemagne. Implantation du christianisme.
— 1278 : la Slovénie passe sous la domination des Habsbourg.
— 1809-1813 : incorporation aux Provinces Illyriennes dépendant de l'Empire français. Éveil d'une conscience nationale.
— 1814 : restitution des régions slovènes à l'Autriche.
— 1848 : répression de la révolution.
— 1918 : rattachement de la Slovénie au royaume des Serbes, des Croates et des Slovènes (Yougoslavie en 1929).
— 1945 : la Slovénie devient l'une des républiques fédérées de la Yougoslavie.

SLOWACKI (Juliusz), écrivain polonais, né à Krzemieniec (1809-1849), auteur de poèmes (le Roi-Esprit) et de drames (Kordian) d'inspiration romantique.

SLUPSK, v. de la Pologne septentrionale; 80 000 h.

SLUTER (Claus), sculpteur néerlandais au service des ducs de Bourgogne, né à Haarlem (?) [v. 1340/1350-1405/1406]. Installé à Dijon en 1385, il succède à Jean de Marville (m. en 1389) comme imagier de Philippe le Hardi. La plus célèbre de ses œuvres conservées est l'ensemble des six prophètes du puits de Moïse (anc. chartreuse de Champmol), sans doute achevé par son neveu CLAUS DE WERVE (v. 1380-1439), auteur principal, par ailleurs, des pleurants du tombeau de Philippe le Hardi (musée de Dijon). Le génie de Sluter se marque dans une puissance dramatique et un réalisme qui sont à l'opposé du « gothique international » et qui exercèrent une influence notable sur l'art européen du XVᵉ s.

SMÅLAND, anc. prov. de la Suède méridionale.

Michel-Ange **Slodtz** Saint Bruno refusant les honneurs de l'épiscopat

SMALE (Stephen), mathématicien américain, né à Flint (Michigan) en 1930, spécialiste de la topologie.

SMALKALDE, en allem. **Schmalkalden**, v. de l'Allemagne démocratique, au pied du Thüringerwald; 15 000 h. Les protestants y formèrent en 1531 une ligue contre la politique catholique de Charles Quint. Malgré les succès qui permirent de dissoudre la ligue en 1547, l'empereur ne put imposer un accord durable sur les problèmes religieux.

SMETANA (Bedřich), compositeur et pianiste tchèque, né à Litomyšl (1824-1884), auteur de l'opéra *la Fiancée vendue* (1866) et de poèmes symphoniques. Il est le principal représentant de la musique romantique de Bohême.

SMITH (Adam), économiste écossais, né à Kirkcaldy (1723-1790), auteur de *Recherches sur la nature et les causes de la richesse des nations* (1776). Tête de file de l'école classique anglaise, A. Smith pense que la recherche par les hommes de leur intérêt personnel mène à la réalisation de l'intérêt général : il prône donc la liberté. Smith approfondit la notion de valeur en distinguant la valeur d'usage et la valeur d'échange.

SMITH (Joseph), fondateur de la secte des mormons, né à Sharon (Vermont) [1805-1844].

SMITH (Elizabeth, dite **Bessie**), chanteuse de jazz noire américaine, née à Chattanooga (Tennessee) [1894-1937]. Surnommée l'«impératrice du blues», elle fut l'une des plus belles voix de l'art négro-américain.

SMITH (James), chimiste sud-africain, né à Graaff Reinet (1897-1968). On lui doit l'identification du cœlacanthe, seule espèce vivante de poissons crossoptérygiens.

SMITH (Ian Douglas), homme politique rhodésien, né à Selukwe en 1919. Premier ministre de Rhodésie (1964-1979), il proclama unilatéralement l'indépendance de son pays (1965), rompant ainsi avec Londres.

SMOLENSK, v. de l'U.R.S.S. (R.S.F.S. de Russie), sur le Dniepr; 264 000 h. Batailles en 1812, en 1941 et en 1943.

Claus **Sluter** : détail du calvaire de la chartreuse de Champmol (Dijon)

SMOLLETT (Tobias George), écrivain écossais, né à Dalquhurn (Dumbartonshire) [1721-1771]. Auteur de comédies, il acclimata en Angleterre le roman picaresque (*les Aventures de Roderick Random*, 1748).

SMUTS (Jan Christiaan), homme politique sud-africain, né à Bovenplaats (1870-1950). Après avoir combattu dans les rangs des Boers (1899-1902), il participa à l'unification des colonies anglaises d'Afrique du Sud (1910) et mena la campagne contre le Sud-Ouest africain allemand (1915). Il fut Premier ministre de 1919 à 1924 et de 1939 à 1948.

SMYRNE → IZMIR.

SNAKE RIVER, riv. des États-Unis, affl. de la Columbia (r. g.); 1 450 km. Elle prend sa source dans le parc national de Yellowstone.

SNELL VAN ROYEN (Willebrord), dit **Willebrordus Snellius**, astronome et mathématicien hollandais, né à Leyde (1580 ou 1591-1626). Il découvrit la loi de la réfraction de la lumière (1620).

SNIJDERS ou **SNYDERS** (Frans), peintre flamand, né à Anvers (1579-1657). Ses natures mortes de victuailles ont une ampleur décorative et un dynamisme qui doivent à l'exemple de Rubens. Il a également peint animaux et scènes de chasse.

SNOILSKY (Carl, *comte*), poète suédois, né à Stockholm (1841-1903), auteur de sonnets et de poèmes historiques (*Images suédoises*).

SNORRI STURLUSON ou **SNORRE STURLASSON**, poète islandais, né à Hvamm (v. 1179-1241), auteur de *la Saga des rois de Norvège*. Il a rassemblé les éléments de l'*Edda prosaïque*.

SNOWDON, massif montagneux de Grande-Bretagne, dans le nord-ouest du pays de Galles, portant le point culminant de la région (1 085 m).

SOARES (Mario), homme politique portugais, né à Lisbonne en 1924, secrétaire général du parti socialiste, ministre des Affaires étrangères (1974-75), Premier ministre de 1976 à 1978.

SOBRARBE, pays d'Espagne (prov. de Huesca), noyau de l'anc. royaume d'Aragon.

SOCHAUX (25600), ch.-l. du cant. de Sochaux-Grand-Charmont (Doubs); 6 350 h. (*Sochaliens*). Grande usine d'automobiles.

sociale (*guerre*), insurrection des villes fédérées italiennes contre la domination romaine, qui dura de 91 à 89/88 av. J.-C. Les Italiens alliés (*socii*) de Rome ne jouissaient pas du droit de cité romaine ni des privilèges qui en découlaient. Ils constituèrent une ligue pour les obtenir, et Rome fut contrainte de céder.

SOCIÉTÉ (*îles de la*), principal archipel de la Polynésie française (Océanie); 1 647 km²; 117 703 h. Ch.-l. *Papeete*, à Tahiti. On distingue les îles du Vent, avec Tahiti et Moorea, et les îles Sous-le-Vent. Plantation de cocotiers. Pêche. Tourisme. Découvertes par Wallis (1767) et Cook

Soissons : façade de l'ancienne abbaye Saint-Jean-des-Vignes (fin XIIIe-début XVIe s.)

Socrate

(1769), ces îles furent placées sous protectorat français (1843), puis annexées par la France au cours du XIXe s. (1880-1887).

Société des Nations (S.D.N.), organisme créé en 1920 entre les États signataires du traité de Versailles et ayant pour objet de développer la coopération entre les nations et de garantir la paix et la sécurité. Elle a été remplacée en 1946 par l'O.N.U. Son siège était à Genève.

SOCIN (Lelio SOZZINI ou SOCINI, dit), réformateur religieux italien, né à Sienne (1525-1562). Il niait la divinité de Jésus-Christ et le dogme de la Trinité comme contraires au monothéisme.

SOCOA, port de la comm. de Ciboure (Pyrénées-Atlantiques). Station balnéaire.

SOCOTORA ou **SUQUTRA**, île de l'océan Indien, au large du cap Guardafui, dépendance du Yémen démocratique; 3 626 km²; 15 000 h.

SOCRATE, philosophe grec (v. 470-399 av. J.-C.). Hostile à tout enseignement dogmatique, il n'écrit pas mais tente, en posant des questions (*ironie*), d'accoucher les esprits en leur faisant découvrir la fausseté de leurs points de vue et les contradictions dans lesquelles il les emmène (*dialectique*). Il critique les sophistes, Protagoras et Gorgias par exemple, qui, moyennant argent, se préoccupent d'avoir toujours raison et méprisent la vérité. L'influence considérable qu'il exerce sur la jeunesse — qu'on l'accuse de corrompre — et son opposition à la tyrannie de Critias lui valent d'être accusé d'impiété et condamné à boire la ciguë. Sa personnalité et sa philosophie sont connues principalement par les *Dialogues* de son disciple Platon, ainsi que par les *Nuées* d'Aristophane et les *Mémorables* de Xénophon.

SODDY (sir Frederick), chimiste britannique, né à Eastbourne (1877-1956). Il donna la loi de filiation des radioéléments (1902) et découvrit l'isotopie. (Prix Nobel, 1921.)

SÖDERTÄLJE, v. de Suède; 78 000 h.

SODOMA (Giovanni Antonio BAZZI, dit **le**), peintre italien, né à Verceil (v. 1477-1549). Il est l'auteur de fresques au couvent de Monte Oliveto Maggiore, à Rome (Farnésine) et à Sienne.

SODOME, anc. v. cananéenne qui fut, avec Gomorrhe et d'autres cités du sud de la mer Morte, détruite par un cataclysme au XIXe s. av. J.-C. La Bible rapporte l'histoire légendaire de cette catastrophe.

SOEKARNO → SUKARNO.

SOFALA, province du Mozambique sur l'océan Indien. Ch.-l. *Beira*.

SOFIA, cap. de la Bulgarie, dans une plaine fertile, au pied du massif de la Vitoša; 1 035 000 h. Centre administratif et industriel. Musées. — Aux environs, église médiévale de Bojana (fresques) et monastères anciens.

SOGDIANE, anc. contrée d'Asie, entre l'Iaxarte et l'Oxus. Elle correspond approximativement à l'actuel Ouzbékistan soviétique. V. pr. *Samarkand*.

SOGNEFJORD, le plus long fjord de Norvège, au nord de Bergen; 175 km.

SOHO, quartier du centre de Londres.

SOIGNIES, v. de Belgique (Hainaut); 23 000 h. Collégiale romane.

SOISSONNAIS, petit pays du dép. de l'Aisne. V. pr. *Soissons*.

SOISSONS (02200), ch.-l. d'arr. de l'Aisne, sur l'Aisne, dans le *Soissonnais*; 32 112 h.

Sofia : l'ancienne mosquée Banja-Baši (fin du XVIe s.)

(Soissonnais). Cathédrale des XIIᵉ-XIIIᵉ s., avec croisillon sud arrondi; anc. abbaye Saint-Jean-des-Vignes; etc. Constructions mécaniques. Caoutchouc. En 486, Clovis y vainquit Syagrius, victoire qui est à l'origine de l'anecdote célèbre dite du *vase de Soissons.* La ville fut, à partir de 511, la capitale du royaume de Neustrie. Située très près du front, Soissons fut dévastée pendant la Première Guerre mondiale.

SOISY-SOUS-MONTMORENCY (95230), ch.-l. de c. du Val-d'Oise; 16 309 h.

SOKOLOVSKI (Vassili Danilovitch), maréchal soviétique, né à Kozliki (1897-1968). Commandant les forces soviétiques en Allemagne (1946-1949), il fut chef d'état-major général (1953-1960).

SOKOTO, v. du Nigeria; 90 000 h. Anc. cap. de l'empire fondé en 1804 par le marabout toucouleur Ousmane dan Fodio, et que les Anglais détruisirent en 1903.

SOLARI ou **SOLARIO** (Cristoforo), sculpteur et architecte italien (1460-1527). Il travailla aux tombeaux de la chartreuse de Pavie, puis à Milan, Côme, Crémone. — Son frère ANDREA (v. 1460-v. 1520), peintre, combine des influences vénitiennes et florentines à la tradition lombarde.

Soldat fanfaron *(le)* [*Miles gloriosus*], comédie de Plaute (IIᵉ s. av. J.-C.).

Soldat inconnu (le), soldat français d'identité inconnue, tombé pendant la guerre de 1914-1918 et inhumé en 1921 sous l'Arc de triomphe, à Paris, pour honorer en lui les 1 390 000 morts français de la Première Guerre mondiale.

SÖLDEN-HOCH SÖLDEN, station de sports d'hiver (alt. 1 377-3 040 m) d'Autriche (Tyrol).

Soleil *(autoroute du),* autoroute reliant Paris à Marseille par Lyon.

SOLESMES (59730), ch.-l. de c. du Nord; 5 830 h. Métallurgie.

SOLESMES [sɔlɛm] (72300 Sablé sur Sarthe), comm. de la Sarthe; 1 003 h. Abbaye bénédictine fondée au XIᵉ s. et reconstituée en 1833 par l'abbé Guéranger. Elle est, depuis 1837, l'abbaye mère de la congrégation bénédictine de France; foyer de plain-chant grégorien. Célèbres sculptures des XVᵉ-XVIᵉ s. (*Mises au tombeau*).

SOLEURE, en allem. Solothurn, v. de Suisse, ch.-l. du cant. du même nom (791 km²; 224 000 h.), sur l'Aar; 17 708 h. Cathédrale baroque. Constructions mécaniques. — Le canton a été admis dans la Confédération en 1481.

SOLFERINO, village d'Italie (Lombardie), près du Mincio; 2 000 h. Victoire française sur les Autrichiens (24 juin 1859).

SOLIGNAC-SUR-LOIRE (43370), ch.-l. de c. de la Haute-Loire; 810 h. Église romane à coupoles.

SOLIGNY-LA-TRAPPE → TRAPPE *(Notre-Dame de la).*

SOLIMAN ou **SÜLEYMAN Iᵉʳ** (m. en 1411), sultan des Turcs de 1403 à 1411, fils de Bayezid Iᵉʳ. — SOLIMAN II *le Magnifique,* né à Trébizonde (1494-1566), sultan ottoman (1520-1566). Il fut l'allié de François Iᵉʳ contre Charles Quint; il envahit et occupa la Hongrie, mais échoua devant Vienne. Il fut un grand bâtisseur et un grand législateur. À la fin de son règne, les Ottomans dominaient tout le monde arabe, à l'exception du Maroc. — SOLIMAN III, né à Constantinople (1642-1691), sultan ottoman (1687-1691).

SOLIMENA (Francesco), peintre italien, né à Canale (Serino) [1657-1747], meilleur représentant, avec L. Giordano, de la peinture baroque à Naples (fresques à S. Paolo Maggiore, au Gesù Nuovo, etc.).

SOLINGEN, v. de l'Allemagne fédérale, dans le Ruhr; 177 000 h. Coutellerie renommée.

SOLÍS Y RIVADENEIRA (Antonio), historien et écrivain espagnol, né à Alcalá de Henares (1610-1686), auteur de l'*Histoire de la conquête du Mexique.*

SOLJENITSYNE (Aleksandr), écrivain soviétique, né à Kislovodsk en 1918. Son œuvre, qui dénonce le régime de Staline et le système de pensée sur lequel il s'est fondé, lui valut d'être déchu de la nationalité soviétique et expulsé

SOMALIE

Aleksandr **Soljenitsyne**

G. Peress-Magnum

d'U.R.S.S. (*Une journée d'Ivan Denissovitch,* 1962; *le Pavillon des cancéreux,* 1968; *l'Archipel du Goulag,* 1973-1976). [Prix Nobel, 1970.]

SOLLERS (Philippe), écrivain français, né à Talence en 1936. Animateur de la revue *Tel quel,* il mène dans son œuvre une double réflexion sur la nature de l'écriture et sur les rapports de la littérature et du réel (*le Parc,* 1961; *Nombres,* 1968; *H,* 1973; *Sur le matérialisme,* 1974; *Paradis,* 1981).

SOLLIÈS-PONT (83210), ch.-l. de c. du Var; 4 612 h. — À *Solliès-Ville,* église romano-gothique.

SOLO → SURAKARTA.

SOLOGNE (la), région sableuse et argileuse du sud du Bassin parisien, dans la boucle de la Loire. Le sol, souvent marécageux, a été partiellement drainé et amendé, portant quelques cultures et prairies d'élevage limitées par l'extension des grands domaines de chasse.

SOLOMOS (Dionysios, comte), poète grec, né à Zante (1798-1857). Après avoir écrit d'abord en italien, il adopta sa langue maternelle, le grec, dès le début de la guerre de l'Indépendance (1821). Son *Hymne à la liberté* (1823) est devenu l'hymne national grec. Il est le premier grand poète de la Grèce moderne.

SOLON, homme d'État athénien, un des Sept Sages de la Grèce (v. 640-v. 558 av. J.-C.). Son nom est attaché à la réforme sociale et politique qui provoqua l'essor d'Athènes. Selon a établi les bases de ce qui sera plus tard, à partir de Clisthène (fin du VIᵉ s. av. J.-C.), la démocratie athénienne.

SOLOTHURN, nom allem. de *Soleure*.*

SOLRE-LE-CHÂTEAU (59740), ch.-l. de c. du Nord; 2 142 h.

SOLUTRÉ, écart de la commune de *Solutré-Pouilly* (Saône-et-Loire). Gisement paléolithique éponyme du faciès solutréen (paléolithique supérieur).

SOLVAY (Ernest), industriel belge, né à Rebecq-Rognon (Brabant) [1838-1922]. Fondateur ou bienfaiteur de diverses sociétés scientifiques, il réalisa la préparation industrielle du carbonate de sodium par décomposition du chlorure de sodium par l'ammoniac et le gaz carbonique (1861-1865).

SOMAIN (59490), comm. du Nord; 14 110 h. Gare de triage.

SOMALIE *(république démocratique de),* État de l'Afrique du Nord-Est, formé en 1960 par l'union des anciennes Somalies britannique et italienne; 637 660 km²; 3 440 000 h. Cap. *Muqdisho* (ou *Mogadishu*). Langue : *somali.* Le pays, aride, peu peuplé, vit surtout de l'élevage ovin et de cultures tropicales (bananiers).

HISTOIRE

— Xᵉ-XIIᵉ s. : occupation progressive du pays par les Somalis.
— XVIᵉ s. : domination turque.
— 1822 : les Britanniques, à Brava.
— 1856 : les Britanniques, à Berbera.
— 1875-1885 : l'Égypte s'empare du Harar.
— 1887 : les Britanniques, dans le Somaliland (Somalie britannique, cap. Harqeisa).
— 1905 : constitution de la Somalie italienne (Somalia).
— 1925 : celle-ci s'accroît du Trans-Djouba et de Kismayou (Kismaayo).
— 1936 : avec l'Éthiopie et l'Érythrée, la Somalie est incluse dans l'*Africa Orientale Italiana.*
— 1940-41 : les Britanniques, momentanément évincés.
— 1944 : les Italiens perdent la Somalia, mais en gardent l'administration.
— 1960 : le Somalie et le Somaliland constituent la république indépendante de Somalie.
— 1969 : une junte militaire s'empare du pouvoir et instaure un régime socialiste.
— depuis 1973 : conflit avec l'Éthiopie à propos de l'Ogaden.

SOMALIS, peuple nomade de la corne de l'Afrique, vivant en Somalie, en Éthiopie et à Djibouti.

SOMALIS *(Côte française des)* → DJIBOUTI *(république de).*

SOMBERNON (21540), ch.-l. de c. de la Côte-d'Or; 582 h.

SOMERS ou **SOMMERS** (John, *baron*), homme d'État et écrivain anglais, né près de Worcester (1651-1716), un des chefs du parti whig.

SOMERSET, comté du sud-ouest de l'Angleterre; 3 548 km². Ch.-l. *Taunton.*

SOMEŞ (le) ou **SZAMOS,** riv. de Roumanie et de Hongrie, affl. de la Tisza (r. g.); 411 km.

SOMME (la), fl. de Picardie, qui se jette dans la Manche (baie de Somme); 245 km. Elle passe à Saint-Quentin, Péronne, Amiens, Abbeville. Théâtre, de juillet à novembre 1916, d'une offensive franco-anglaise victorieuse qui soulagea le front de Verdun. Violents combats en juin 1940.

SOMME *(dép. de la)* [**80**], dép. de la Région Picardie; ch.-l. de dép. *Amiens;* ch.-l. d'arr. *Abbeville, Montdidier, Péronne;* 4 arr., 44 cant., 783 comm.; 6175 km²; 538 462 h. Il appartient à l'académie et à la circonscription judiciaire d'Amiens, à la région militaire de Lille et à la province ecclésiastique de Reims. En arrière du littoral, jalonné de petits ports et de stations balnéaires et bordé par des régions basses (Bas-Champs), où domine l'élevage, le dép. s'étend sur la plaine crayeuse, souvent recouverte de limon de la Picardie. Cette plaine porte de riches cultures céréalières, betteravières et fourragères (associées à l'élevage bovin); elle est entaillée par la vallée humide de la Somme. L'industrie, en dehors des usines alimentaires (sucreries, conserveries), disséminées, est surtout représentée par la petite métallurgie (Vimeu) et les textiles (notamment à Amiens, seule grande ville et dont l'agglomération regroupe près du tiers de la population départementale).

Somme théologique, ouvrage de saint Thomas d'Aquin, où l'auteur, empruntant la forme syllogistique, expose avec rigueur les principales questions de la théologie.

SOMMERFELD (Arnold), physicien allemand, né à Königsberg (1868-1951). Il a appliqué à l'atome la mécanique relativiste.

SOMMIÈRES (30250), ch.-l. de c. du Gard; 3 169 h.

SOMOSIERRA *(col de),* passage de la sierra de Guadarrama, faisant communiquer les deux Castilles (1 430 m). Victoire française en 1808.

SOMPORT *(col de),* passage des Pyrénées-Atlantiques, entre la vallée de l'Aragon et la vallée d'Aspe, à 1632 m d'alt., percé par un tunnel ferroviaire (ligne Pau-Saragosse), hors de service depuis 1970.

SOMPUIS (51320), ch.-l. de c. de la Marne; 278 h.

SONDE (archipel de la), îles d'Indonésie, prolongeant la presqu'île de Malacca jusqu'aux Moluques. Les principales sont Sumatra et Java, séparées par le *détroit de la Sonde* des *petites îles de la Sonde* (Bali, Timor, etc.).

Sonderbund (le), association séparatiste des sept cantons suisses catholiques, formée en 1845 contre le gouvernement fédéral. Il fut dissous par le général Dufour à la suite d'une guerre civile (1847).

SONDRIO, v. d'Italie (Lombardie), sur l'Adda; 23 000 h.

SONG, dynastie chinoise qui régna de 960 à 1279 et dont le dernier empereur fut vaincu par le Mongol Kūbīlāy khān.

Songe d'une nuit d'été (le), comédie-féerie de Shakespeare (v. 1595). — Partition musicale de Mendelssohn, d'après la pièce de Shakespeare (1826-1843).

Songe du vergier (le), ouvrage écrit en 1376, composé probablement sur l'ordre de Charles V. Sous une forme allégorique sont exposées les prétentions réciproques de la papauté et de la monarchie française.

SONGEONS (60380), ch.-l. de c. de l'Oise; 814 h.

SONGHAÏS ou **SONRHAÏS**, peuple du Mali, sur les deux rives du Niger. Établis à Gao depuis le XIIIe s., ils occupèrent Tombouctou au XVe s. et constituèrent un empire qui dura jusqu'en 1591.

SÔNG KOI → ROUGE (fleuve).

SONIS (Gaston DE), général français, né à Pointe-à-Pitre (1825-1887). Il se distingua à la tête des zouaves pontificaux à Loigny (1870).

SONNI ALI, souverain de l'empire songhaï du Gao de 1464 à 1492.

SONNINI DE MANONCOURT (Charles), naturaliste français, né à Lunéville (1751-1812), auteur d'une *Histoire naturelle des reptiles.*

SOORTS-HOSSEGOR [sort-] (40150 Hossegor), comm. des Landes; 2 297 h. — Station balnéaire à *Hossegor.*

SOPHOCLE, poète tragique grec, né à Colone (v. 495-406 av. J.-C.). Il ne reste de lui que sept pièces (*Ajax, Antigone, Œdipe roi, Électre, les Trachiniennes, Philoctète, Œdipe à Colone*) et un fragment des *Limiers.* Il fit faire de grands progrès à la tragédie grecque : il introduisit un troisième acteur dans l'action et porta de douze à quinze le nombre des choreutes. Il substitua à la trilogie liée (trois épisodes du même mythe) la trilogie libre (chaque drame est autonome). Il modifia le sens du tragique, en faisant de l'évolution du héros et de son caractère une part essentielle de la manifestation du destin et de la volonté des dieux.

SOPHONISBE, reine de Numidie (m. en 203). Elle s'empoisonna pour ne pas tomber entre les mains des Romains.

Sophonisbe, titre de plusieurs tragédies, notamment de Trissino, de Mairet (1634, première pièce française conforme à la règle des trois unités), de P. Corneille.

SOPOT, v. de Pologne, près de Gdańsk; 45 000 h. Station balnéaire.

SOPRON, v. de Hongrie, à la frontière autrichienne (1921). Monuments et maisons de l'époque gothique au baroque.

SORABES, Slaves de Lusace, tombés au Xe s. sous la domination des Allemands, qui les appelaient *Wendes.*

SORBIERS (42290), comm. de la Loire; 5 464 h.

SORBON (Robert DE), théologien français, né à Sorbon, près de Rethel (1201-1274). Chanoine de Paris (1258), maître de théologie et clerc de Saint Louis, il fonda un collège qui devint la Sorbonne (1253-1257).

Sorbonne (la), établissement public d'enseignement supérieur, à Paris (entre le Panthéon et la place Saint-Michel), aujourd'hui partagé en plusieurs universités. Elle a pris le nom de son fondateur, Robert de Sorbon, dont le but avait été de créer un établissement spécial pour faciliter aux écoliers pauvres les études théologiques (1257). Dès 1554, la Sorbonne devint le lieu des délibérations générales de la faculté de théologie, que l'on s'habitua dès lors à désigner sous le nom de « Sorbonne ». Hostile aux Jésuites au XVIe s., elle condamna les jansénistes au XVIIe s. Elle intervenait en tant que tribunal ecclésiastique pour censurer les ouvrages con-

traires à l'orthodoxie. La Sorbonne fut rebâtie par Richelieu sur les plans de Lemercier; la chapelle, édifiée de 1635 à 1653, abrite le tombeau de Richelieu par Girardon (1694). Les bâtiments des facultés ont été reconstruits ou remaniés de 1885 à 1901 sur les plans de Paul Nénot.

SORE (40430), ch.-l. de c. des Landes; 918 h.

SOREL, v. du Canada (Québec), sur le Saint-Laurent; 19 666 h. Chantiers navals.

SOREL (Agnès), née à Fromenteau (Touraine) [v. 1422-1450], surnommée **la Dame de Beauté**, du nom de la seigneurie de Beauté-sur-Marne, que Charles VII lui donna. Favorite de ce dernier, elle exerça sur lui une grande influence.

SOREL (Charles), *sieur de Souvigny*, écrivain français, né à Paris (v. 1600-1674), auteur d'un roman réaliste (*la Vraie Histoire comique de Francion*, 1623) et d'une parodie de *l'Astrée* (le *Berger extravagant*).

SOREL (Albert), historien et diplomate français, né à Honfleur (1842-1906), auteur, notamment, de *l'Europe et la Révolution française* (1885-1904). [Acad. fr.]

SOREL (Georges), sociologue français, né à Cherbourg (1847-1922), auteur de *Réflexions sur la violence* (1908). Sa pensée a influencé le syndicalisme révolutionnaire.

Sorel (Julien), héros du roman de Stendhal le *Rouge et le Noir.* Il lutte contre sa sentimentalité en s'obligeant à l'ambition et à l'énergie.

SØRENSEN (Søren), chimiste danois, né à Havrebjerg (1868-1939). Il a défini le pH, indice d'acidité.

SORGUE DE VAUCLUSE (la), riv. de France, affl. de l'Ouvèze (r. g.); 36 km. Elle sort de la fontaine de Vaucluse.

SORGUES (84700), comm. de Vaucluse; 15 057 h. Poudrerie. Constructions mécaniques.

SORIA, v. d'Espagne (Vieille-Castille), sur le Douro; 25 000 h. Églises romanes.

SORLINGUES (îles) → SCILLY.

SORNAC - SAINT - GERMAIN - LAVOLPS (19290), ch.-l. de c. de la Corrèze; 1 102 h.

SOROCABA, v. du Brésil (São Paulo); 176 000 h.

SOROKIN (Pitirim), sociologue américain d'origine russe, né à Touria, près de Syktyvkar

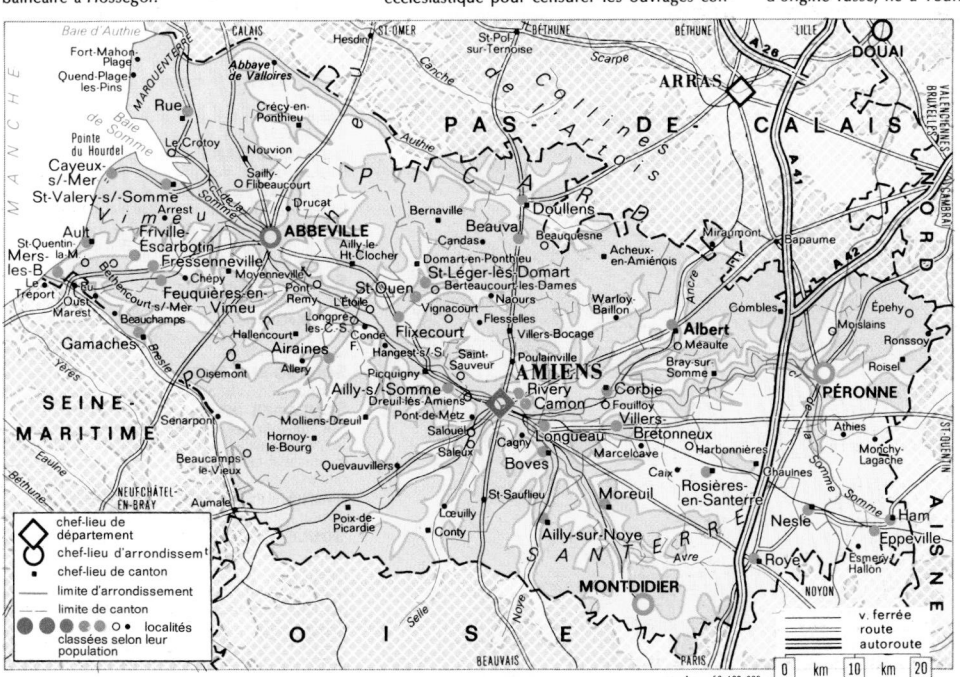

SOMME

Sophocle

Scala

1571

(1889-1968). Il est l'auteur d'une sociologie fondée sur l'analyse conceptuelle et est à l'origine des études sur le changement social.

SORRENTE, v. d'Italie, célèbre par la beauté du site, sur le golfe de Naples; 12 000 h. Musée dans une villa du XVIIe s.

Sosie, valet d'Amphitryon dans les pièces de Plaute et de Molière. Mercure réussit à faire douter Sosie, dont il a pris les traits, de sa propre identité.

SOSNOWIEC, v. de Pologne, en haute Silésie; 198 000 h.

SOSPEL (06380), ch.-l. de c. des Alpes-Maritimes; 1 931 h. Pont médiéval, vieilles maisons, église classique.

SOTATSU, peintre japonais de la première moitié du XVIIe s. Une inspiration puisée dans la tradition de l'époque Heian, le sens de la couleur et du décor en font le précurseur de Kôrin et de l'art décoratif des Tokugawa.

SOTCHI, v. de l'U.R.S.S. (R.S.F.S. de Russie), sur la mer Noire; 255 000 h. Centre touristique.

SO-TCH'Ö → YARKAND.

SOTO (Hernando DE), navigateur espagnol, né à Barcarrota (1500-1542). Compagnon de Pizarro, il conquit la Floride (1539-40), puis explora la région du Mississippi (1540-41).

SOTTEVILLE-LÈS-ROUEN (76300), ch.-l. de c. de la Seine-Maritime, sur la Seine; 32 343 h. *(Sottevillais).* Gare de triage. Produits cellulosiques. Métallurgie.

SOUABE, en allem. *Schwaben,* région historique d'Allemagne, auj. partie du sud-ouest de la Bavière. Cap. *Augsbourg.* En 1079, le duché tomba dans les mains des Hohenstaufen. Après l'extinction de cette famille (1268), l'anarchie s'installa dans le pays. La Grande Ligue souabe, constituée en 1488 par l'empereur Frédéric III, fut disloquée en 1533. L'ancien duché fut démantelé au traité de Westphalie (1648).

SOUABE ET FRANCONIE (bassin de), bassin sédimentaire de l'Allemagne fédérale (englobant le *Jura** souabe et franconien), au nord du Danube, entre la Forêt-Noire et le massif de Bohême, partagé entre la Bavière, le Bade-Wurtemberg et la Hesse.

SOUBISE (Benjamin DE ROHAN, *seigneur* DE), homme de guerre français, né à La Rochelle (1583-1642). Un des chefs du parti protestant sous Louis XIII, il défendit La Rochelle contre les troupes royales.

SOUBISE (Charles DE ROHAN, *prince* DE), maréchal de France, né à Paris (1715-1787). Vaincu à Rossbach par Frédéric II (1757), il fut victorieux à Sondershausen (1758) : il obtint alors le bâton de maréchal.

Soubise (hôtel de), résidence historique située dans le Marais, à Paris, auj. occupée par les Archives nationales et par le musée de l'Histoire de France. François de Rohan, prince de Soubise, en fit construire les bâtiments actuels par Pierre Alexis Delamair (1705-1709) [beaux décors intérieurs].

SOU CHE ou **SU SHI** ou **SOU TONG-P'O** ou **SU DONGPO,** poète chinois (1036-1101), le plus grand poète de la dynastie des Song *(la Falaise rouge).*

SOUCHEZ (62153), comm. du Pas-de-Calais; 1 862 h. Un des hauts lieux des combats de l'Artois (1915).

SOUDAN, zone climatique de l'Afrique boréale, intermédiaire entre le Sahel* et la zone de la forêt, caractérisée par le passage, du nord au sud, de la steppe à la savane, résultat de l'allongement de la saison des pluies (été).

SOUDAN (république du), État de l'Afrique orientale, qui occupe la région du haut Nil; 2 506 000 km² ; 18 690 000 h. Cap. *Khartoum.* Langue : *arabe.* Le pays, le plus vaste d'Afrique, où s'opposent Arabes (dans le Nord) et Noirs (dans le Sud), est constitué de plaines et de plateaux, de plus en plus arides vers le nord, domaines d'un élevage, souvent nomade, des bovins et surtout des ovins. Mise en valeur par l'irrigation (culture du coton, base des exportations), la Gezireh (plaine formée en amont de la confluence du Nil Blanc et du Nil Bleu) constitue la partie vitale du Soudan.

HISTOIRE

— Avant 1820 : l'histoire du Soudan se confond avec celle de la Nubie.
— 1820-1823 : Méhémet-Ali, vice-roi d'Égypte, conquiert le Soudan.
— 1881-1885 : soulèvement mahdiste.
— 1898 : Kitchener écrase les mahdistes à Omdurman.
— 1899 : le Soudan devient condominium anglo-égyptien.
— 1951 : dénonciation du condominium par l'Égypte, qui revendique le Soudan.
— 1956 : proclamation de la république du Soudan.
— 1958 : dictature du maréchal Ibrāhīm 'Abbūd. Antagonisme entre Arabes (au nord) et Noirs (au sud).
— 1964 : une émeute met fin à la dictature.
— 1969 : le général Dja'far al-Nimayrī, au pouvoir.
— 1972 : il octroie l'autonomie aux trois provinces du Sud.
— 1973 : la Constitution fait de l'Union socialiste soudanaise le parti unique.

SOUDAN FRANÇAIS, nom porté par le *Mali** avant l'indépendance, de 1920 à 1958.

SOUEI ou **SUI,** dynastie qui restaura l'unité de la Chine de 589 à 618.

SOUFFLENHEIM (67620), comm. du Bas-Rhin; 4 281 h. Poterie et céramique.

SOUFFLOT (Germain), architecte français, né à Irancy, près d'Auxerre (1713-1780). Il a contribué à l'embellissement de Lyon (hôtel-Dieu) et a construit le Panthéon* à Paris, un des premiers monuments néoclassiques.

SOUFRIÈRE (la), volcan actif de la Guadeloupe, portant le point culminant de l'île; 1 467 m.

Souge (camp de), camp militaire à l'ouest de Bordeaux (comm. de Saint-Médard-en-Jalles).

SOUGÉ-LE-GANELON (72130 Fresnay sur Sarthe), comm. de la Sarthe; 838 h. Isolants.

SOUILLAC (46200), ch.-l. de c. du Lot; 4 371 h. Église romane, anc. abbatiale (sculptures).

SOUILLY (55220), ch.-l. de c. de la Meuse; 322 h. Quartier général de Pétain pendant la bataille de Verdun (1916).

SOUK-AHRAS, v. d'Algérie, près de la Tunisie; 34 000 h.

SOUKHOUMI, v. de l'U.R.S.S. (Géorgie). cap. de la rép. autonome d'Abkhazie, sur la mer Noire; 120 000 h.

SOULAC-SUR-MER (33780), comm. de la Gironde; 2 387 h. Station balnéaire.

SOULAGES (Pierre), peintre et graveur français, né à Rodez en 1919. Des balafres immenses, associant le noir et la couleur, échafaudent le puissant clair-obscur de ses toiles, non-figuratives.

SOULAINES-DHUYS [-duis] (10200 Bar sur Aube), ch.-l. de c. de l'Aube; 270 h.

SOULE (pays de), anc. prov. du Pays basque; la cap. était *Mauléon.*

SOÚLI ou **SULI,** village de l'Épire. Les habitants *(Souliotes)* de sa région se sont illustrés par leur résistance aux Turcs (1790-1822).

Soulier de satin (le), drame de P. Claudel (1929). L'impossible amour du conquistador espagnol don Rodrigue pour doña Prouhèze

SOUDAN

prend une valeur symbolique, qui met en question la destinée totale de l'homme.

SOULOM (65260 Pierrefitte Nestalas), comm. des Hautes-Pyrénées ; 356 h. Engrais.

SOULOUQUE (Faustin), né à Petit-Goâve (1782-1867), empereur d'Haïti (1849-1859) sous le nom de **Faustin Ier**. Son despotisme provoqua sa chute.

SOULT (Jean de Dieu, dit **Nicolas**), **duc de Dalmatie**, maréchal de France, né à Saint-Amans-la-Bastide (auj. *Saint-Amans-Soult*) [1769-1851]. Il s'illustra à Austerlitz (1805) et commanda en Espagne (de 1808 à 1811 et en 1814). Ministre de la Guerre de Louis XVIII (1814), major général pendant les Cent-Jours, banni en 1816, il fut sous Louis-Philippe ministre de la Guerre (1830-1832), puis plusieurs fois président du Conseil. En 1847, il reçut le titre de maréchal général de France.

SOULTZ-HAUT-RHIN [sults-] (68360), ch.-l. de c. du Haut-Rhin ; 5 689 h. Église des XIVe-XVe s. Constructions mécaniques.

SOULTZ-SOUS-FORÊTS (67250), ch.-l. de c. du Bas-Rhin ; 1 924 h. Constructions mécaniques.

SOUMAGNE, comm. de Belgique (prov. de Liège) ; 11 700 h.

SOUMAROKOV (Aleksandr Petrovitch), auteur dramatique russe, né à Lappeenranta (Finlande) [1718-1777]. Sa pièce *Khorev* (1747) inaugura l'ouverture du premier théâtre russe.

SOUMGAIT, v. de l'U.R.S.S. (Azerbaïdjan) ; 174 000 h. Métallurgie.

SOUMMAM, nom du cours inférieur de l'oued Sahel, en Algérie.

SOUMY, v. de l'U.R.S.S. (Ukraine) ; 203 000 h.

SOUNGARI (la), riv. de la Chine du Nord-Est, affl. de l'Amour (r. dr.) ; 1 800 km.

SOUNION ou **COLONNE** (cap), promontoire de l'extrémité sud-est de l'Attique (Grèce). Ruines monumentales du temple de Poséidon (milieu du Ve s. av. J.-C.).

SOUPHANOUVONG (prince), homme d'État laotien, né en 1909. Fondateur du Pathet Lao (1950), mouvement regroupant les forces de la gauche, il est président de la république populaire du Laos depuis l'abolition de la monarchie (1975).

SOUPPES-SUR-LOING (77460), comm. de Seine-et-Marne ; 4 365 h. Plan d'eau.

SOURDEVAL (50150), ch.-l. de c. de la Manche ; 3 624 h.

SOURDIS (François D'ESCOUBLEAU, *cardinal* DE), archevêque de Bordeaux à partir de 1599, né dans cette ville (1575-1628). Il célébra le mariage de Louis XIII et d'Anne d'Autriche et imposa à son diocèse les réformes du concile de Trente. — Son frère HENRI (1593-1645), archevêque de Bordeaux à partir de 1629, prit part au siège de La Rochelle et poursuivit l'œuvre réformatrice de son frère.

SOUR EL GHOZLANE, anc. *Aumale*, v. d'Algérie au sud-est d'Alger ; 14 000 h.

SOURNIA (66730), ch.-l. de c. des Pyrénées-Orientales ; 296 h.

SOUS (oued), fl. du Maroc méridional, qui draine la *plaine du Sous* ; 180 km.

SOUSCEYRAC (46190), ch.-l. de c. du Lot ; 1 044 h.

SOUS-LE-VENT (iles), chapelet d'îles des Antilles, s'étendant le long de la côte du Venezuela et comprenant l'île de Curaçao (néerlandaise). — Les Britanniques appellent « îles Sous-le-Vent » (*Leeward Islands*) la partie septentrionale des îles du Vent* (Antigua, Montserrat, les Vierges).

SOUS-LE-VENT (iles), partie de l'archipel de la Société* (Polynésie française), au nord de Tahiti, comprenant les îles Bora Bora, Huahine, Maupiti, Raiatea et Tahaa.

SOUSSE, port de Tunisie, sur le golfe de Hammamet ; 83 000 h. Un des plus anciens monuments islamiques : le *ribât* (couvent fortifié) fondé au VIIe s. Musée riche en mosaïques romaines. Textiles. Automobiles.

SOUSTONS (40140), ch.-l. de c. des Landes, près de l'étang du même nom ; 5 127 h.

SOU-TCHEOU ou **SUZHOU**, v. de Chine (Kiang-sou), port sur le grand canal ; 650 000 h. Monuments anciens, dont certains de l'époque Song. Célèbres jardins. Métallurgie.

SOUTERRAINE (La) [23300], ch.-l. de c. de la Creuse ; 5 505 h. Église des XIIe-XIIIe s. Chaussures.

SOUTHAMPTON, port d'Angleterre (Hampshire), sur la Manche ; 215 000 h. Port de voyageurs. Constructions mécaniques.

SOUTH BEND, v. des États-Unis (Indiana) ; 126 000 h.

SOUTHEND-ON-SEA, v. d'Angleterre (Essex), à l'embouchure de la Tamise ; 162 000 h. Station balnéaire.

SOUTHEY (Robert), écrivain anglais, né à Bristol (1774-1843), auteur de poèmes lyriques et épiques (*Jeanne d'Arc*), et de biographies (*Roderick, le dernier des Goths*).

SOUTHPORT, v. d'Angleterre, sur la mer d'Irlande ; 80 000 h. Station balnéaire.

SOUTH SHIELDS, v. d'Angleterre, sur l'estuaire de la Tyne ; 101 000 h. Station balnéaire.

SOUTINE (Chaïm), peintre français d'origine lituanienne, né à Smilovitch, près de Minsk (1894-1943). Il a pratiqué, non sans raffinement de palette, un expressionnisme virulent.

SOU TONG-P'O → SOU CHE.

SOUVANNA PHOUMA (prince Tiao), homme politique laotien, né à Luang Prabang en 1901. Premier ministre à plusieurs reprises à partir de 1951, il mena une politique neutraliste. En 1962, il constitua un éphémère gouvernement de coalition ; en 1973, il dut s'incliner devant le Pathet Lao, avec lequel il constitua un gouvernement d'union nationale (1974). Depuis décembre 1975, il est conseiller du gouvernement présidé par le prince Souphanouvong.

SOUVERAIN-WANDRE, écart de la comm. de Liège, sur la Meuse. Port pétrolier.

SOUVIGNY (03210), ch.-l. de c. de l'Allier ; 2 119 h. Église des XIe-XIIe et XVe s. (sépultures des anciens ducs de Bourbon).

SOUVOROV (Aleksandr Vassilievitch, *comte*, puis *prince*), général russe, né à Moscou (1729-1800). Plusieurs fois vainqueur des Turcs (1787-1789), il réprima l'insurrection polonaise (1794), puis lutta contre les Français en Italie, mais fut arrêté par Masséna à Zurich (1799).

SOUZDAL, v. de l'U.R.S.S. (Russie), au nord-est de Moscou ; 9 000 h. Un des foyers de civilisation de la principauté de *Vladimir-Souzdal** (monuments religieux des XIIe-XVIIIe s.).

SOVIETSK → TILSIT.

SOWETO, banlieue de Johannesburg (Afrique du Sud), peuplée de plus d'un million de Noirs.

SOYAUX (16800), ch.-l. de c. de la Charente ; 12 748 h.

SPA, comm. de Belgique (prov. de Liège) ; 9 600 h. Eaux minérales.

SPAAK (Paul Henri), homme politique belge, né à Schaerbeek (1899-1972). À partir de 1936, il est à plusieurs reprises ministre des Affaires étrangères et Premier ministre. Président de l'Assemblée consultative du Conseil de l'Europe (1949-1951), secrétaire général de l'O.T.A.N. (1957-1961), il constitue avec Théo Lefèvre un gouvernement socialiste et social-chrétien (avr. 1961), puis devient ministre des Affaires étrangères (1961-1966).

SPALATO → SPLIT.

SPALLANZANI (Lazzaro), biologiste italien, né à Scandiano (1729-1799). Il étudia la circulation du sang, la digestion, la fécondation et les animaux microscopiques.

SPANDAU, quartier de Berlin-Ouest, sur la Spree. À Spandau furent incarcérés les principaux criminels de guerre allemands jugés à Nuremberg en 1945-46.

SPARTACUS, chef des esclaves révoltés contre Rome, tué en 71 av. J.-C. Il mena la plus grande révolte des esclaves de l'Antiquité et tint en échec l'armée romaine pendant deux ans (73-71) ; il fut vaincu par Licinius Crassus.

SPARTE ou **LACÉDÉMONE**, v. de la Grèce ancienne. Organisée au IXe s. av. J.-C. par le légendaire Lycurgue en un État oligarchique et militaire, elle pratiqua jusqu'au VIe s. une politique d'expansion qui fit d'elle une puissante cité. Mais, au Ve s. av. J.-C., elle soutint une longue rivalité avec Athènes (guerre du Péloponnèse) dont elle sortit victorieuse. Mais, après une période d'hégémonie, sa puissance lui fut ravie par Thèbes (IVe s. av. J.-C.). L'expansion de la Macédoine mit fin à son rôle politique. Intégrée à l'Empire romain en 146 av. J.-C., elle fut détruite par les Wisigoths au IVe s. de notre ère.

SPEARMAN (Charles), psychologue et mathématicien britannique, né à Londres (1863-1945). Il introduisit l'analyse factorielle en psychologie.

Souphanouvong
Abbas-Gamma

Sousse
le « ribât » (VIIe-IXe s.)
Loirat-C. D. Tétrel

Spectator (The), périodique publié par Addison et Steele de 1711 à 1714 : tableau de mœurs et peinture des ridicules de la société anglaise.

Spectre de la rose (le), ballet de M. Fokine, musique de Weber (*l'Invitation à la valse*), créé en 1911 par V. Nijinski et T. Karsavina.

SPEKE (John Hanning), voyageur anglais, né à Jordans (Somerset) [1827-1864]. Il explora le centre de l'Afrique, où il découvrit le lac qu'il nomma *Victoria*.

SPEMANN (Hans), biologiste allemand, né à Stuttgart (1869-1941), prix Nobel en 1935 pour ses recherches sur les mécanismes de l'évolution des êtres vivants.

SPENCER (Herbert), philosophe et sociologue britannique, né à Derby (1820-1903), auteur d'une philosophie dont l'idée principale est l'évolution naturelle (*évolutionnisme*).

SPENGLER (Oswald), philosophe et historien allemand, né à Blankenburg (1880-1936), auteur du *Déclin de l'Occident* (1918-1922).

SPENSER (Edmund), poète anglais, né à Londres (1552-1599), auteur du poème pastoral *le Calendrier du berger*, publié sous le pseudonyme de **Colin Clout**, et de l'épopée allégorique *la Reine des fées*.

SPESSIVTSEVA (Olga), danseuse russe, née à Rostov-sur-le-Don en 1895, la plus grande danseuse romantique du XXe s.

SPÉTSAI, île grecque de la mer Égée.

SPEZIA (La), port d'Italie (Ligurie), sur le *golfe de La Spezia;* 120 000 h. Raffinage du pétrole.

SPIEZ, comm. de Suisse (cant. de Berne); 9 911 h. Château en partie médiéval.

ŠPILBERK (le), en allem. **Spielberg,** citadelle de la ville de Brno, en Moravie. Jadis prison d'État autrichienne, où furent détenus le baron Franz von der Trenck et Silvio Pellico.

SPINCOURT (55230), ch.-l. de c. de la Meuse; 722 h. Cimetière militaire.

SPINELLO ARETINO (Spinello di Luca SPI-NELLI, dit), peintre italien, né à Arezzo (v. 1350-1410), auteur de fresques à Arezzo, Florence, Pise, Sienne.

SPINOLA (Ambrogio, *marquis* DE), homme de guerre italien, né à Gênes (1569-1630). Il se distingua, au service de l'Espagne, dans les Pays-Bas et en Lombardie.

SPÍNOLA (António Sebastião RIBEIRO DE), maréchal et homme d'État portugais, né à Estremoz en 1910. Gouverneur de la Guinée (1968-1972), il cautionna le coup d'État militaire de 1974, devint président de la République, mais, s'opposant aux forces de gauche, il dut démissionner et s'exiler (1975-76).

SPINOZA (Baruch), philosophe hollandais, né à Amsterdam (1632-1677). Renié par ses parents, vilipendé par la majeure partie de la communauté israélite d'Amsterdam, s'initia à toutes les cultures et communiqua avec des savants de son temps comme Leibniz. Il vécut quarante années d'ostracisme et d'exil, polit des lentilles pour gagner sa vie et ne publia de son vivant que les *Principes de la philosophie de Descartes* (1663) et le *Traité théologico-politique* (1670). Spinoza considère que le souverain bien est la « joie de connaître », qui consiste en une « union de l'esprit avec la nature totale ». Il identifie Dieu à cette nature totale (la *substance*, dont l'homme ne connaît que deux attributs, l'étendue et la pensée). Il montre comment l'homme peut parvenir à la connaître en se libérant des passions et des illusions, notamment politiques et religieuses, qui sont les causes de la servitude humaine. Cette volonté de savoir, de liberté et de joie l'amène à élaborer une théorie de la connaissance, une théorie panthéiste du monde, une anthropologie politique et une morale qu'il développe dans le *Traité de la réforme de l'entendement* (1662), l'*Éthique** (1661-1665) — son œuvre majeure — et un *Traité politique* (1675-1677).

SPIRE, en allem. **Speyer,** v. de l'Allemagne fédérale (Rhénanie-Palatinat), sur le Rhin; 41 000 h. Prestigieuse cathédrale du XIᵉ s., très restaurée. Constructions aéronautiques. Raffinage du pétrole. Ville libre impériale en 1294, siège de la Chambre impériale de 1526 à 1689, Spire accueillit plusieurs diètes, dont celle de 1529, tenue par Charles Quint, où les princes réformés « protestèrent » contre la restriction de la liberté religieuse.

SPITTELER (Carl), poète suisse d'expression allemande, né à Liestal (1845-1924), auteur de poèmes épiques et allégoriques (*Printemps olympien,* 1900-1905). [Prix Nobel, 1919.]

SPITZ (René Arpad), médecin et psychanalyste américain d'origine autrichienne, né à Vienne (1887-1974). Ses travaux ont montré expérimentalement l'importance des échanges émotionnels dans la première enfance.

SPITZ (Mark), nageur américain, né à Modesto (Californie) en 1950, sept fois champion olympique en 1972.

SPITZBERG ou **SPITSBERG,** partie du Svalbard*.

Splendeurs et misères des courtisanes, roman d'H. de Balzac (1838-1847) [*Scènes de la vie parisienne*]. C'est une suite des *Illusions perdues*. On y assiste à l'ascension de Lucien de Rubempré, à ses amours avec la courtisane Esther, à sa mort et à la « dernière incarnation » de Vautrin, qui devient chef de la Sûreté.

SPLIT, en ital. **Spalato,** port de Yougoslavie (Croatie), sur l'Adriatique; 152 000 h. Dioclétien y fit construire au début du IVᵉ s. un vaste ensemble palatial rectangulaire, dont les anc.

habitants de Salone firent le noyau d'une nouvelle ville. Petites églises préromanes (IXᵉ-XIᵉ s.). Palais gothiques du XVᵉ s. Musées. Constructions navales.

SPLÜGEN (le), col des Alpes, entre Coire et le lac de Côme; 2 117 m.

SPOHR (Louis), violoniste et compositeur allemand, né à Brunswick (1784-1859).

SPOKANE, v. des États-Unis (Washington); 172 000 h. Aluminium.

SPOLÈTE, en ital. **Spoleto,** v. d'Italie (Ombrie); 23 000 h. Cathédrale romane remaniée aux XVIᵉ-XVIIᵉ s. Sidérurgie. Siège d'un duché lombard fondé en 571, sur lequel le Saint-Siège établit son autorité au XIIIᵉ s.

SPONDE (Jean DE), humaniste et poète français, né à Mauléon (1557-1595). Ses sonnets sont un modèle de poésie baroque.

SPONTINI (Gaspare), compositeur italien, né à Maiolati (1774-1851), auteur de *la Vestale* (1807).

SPORADES, îles grecques de la mer Égée. On distingue les *Sporades du Nord,* voisines de l'île d'Eubée, et les *Sporades du Sud,* ou Dodécanèse, proches de la Turquie et comprenant notamment Samos et Rhodes.

SPORADES ÉQUATORIALES ou **LINE ISLANDS** (« îles de la ligne » [l'équateur]), archipel du Pacifique central, de part et d'autre de l'équateur, partagé entre la Grande-Bretagne et les États-Unis.

Spoutnik, nom donné aux trois premiers satellites artificiels soviétiques. Spoutnik 1, placé sur orbite le 4 octobre 1957, fut le premier satellite artificiel de la Terre.

SPRÉE (la), en allem. **Spree,** riv. de l'Allemagne démocratique, qui passe à Berlin et se jette dans la Havel (r. dr.); 403 km.

SPRINGFIELD, v. des États-Unis (Massachusetts); 164 000 h. Musée d'art. — V. des États-Unis, cap. de l'Illinois; 92 000 h. — V. des États-Unis (Missouri); 120 000 h. — V. des États-Unis (Ohio); 92 000 h.

SPRINGS, v. de l'Afrique du Sud, près de Johannesburg; 137 300 h. Métallurgie. Papier.

SRAFFA (Piero), économiste italien, né à Turin en 1898. Il a renouvelé l'étude de la formation des prix.

SRI LANKA, jusqu'en 1972 **Ceylan,** État insulaire de l'Asie méridionale au sud-est de l'Inde; 65 610 km²; 14 270 000 h. *(Ceylanais).* Cap. *Colombo* (ou *Kolamba*). Langue : *cinghalais.* Formée de plateaux et de collines entourant un massif montagneux central, l'île possède un climat tropical chaud, où la hauteur de pluies varie avec l'exposition à la mousson. L'agriculture, ressource presque exclusive, associe cultures vivrières (riz) et commerciales (caoutchouc et surtout thé). L'accroissement régional de la population aggrave la menace, déjà réalisée localement, de surpeuplement.

HISTOIRE

— IIIᵉ s. av. J.-C. : introduction du bouddhisme.
— 1505 : premières tentatives des Portugais.
— 1540-1592 : ils deviennent les maîtres du pays.
— 1658 : les Hollandais évincent les Portugais.
— 1796 : les Britanniques s'emparent de l'île, qui est rattachée à la présidence de Madras (janv. 1797).
— 1802 : rattachement à la Couronne britannique.
— 1815 : les souverains sont évincés.
— 1817-18 : fortes mutineries.
— 1833 : les Britanniques établissent un Conseil législatif.
— 1848 : nouvelle mutinerie. Crise économique.
— 1915 : début des troubles religieux en vue de l'indépendance.
— 1919 : formation du Congrès national cinghalais.
— 1924 : une constitution élargit les compétences du Conseil législatif.
— 1931 : instauration du suffrage universel.
— 1947 : indépendance de Ceylan, qui devient dominion britannique. Le pouvoir est dans les mains de l'United National Party (UNP), animé par Senanayake.
— 1956 : la vie politique est contrôlée durant vingt ans par le Freedom Party (FP), dirigé par les Bandaranaike.
— 1972 : Ceylan rompt avec la Grande-Bretagne et devient la république de Sri Lanka.
— 1977 : victoire de l'UNP; Junius R. Jayawardene, au pouvoir.

SRINAGAR, v. de l'Inde, à plus de 1 500 m d'altitude, cap. (avec Jammu) de l'État de Jammu-et-Cachemire; 404 000 h. Musée. Monuments anciens du IXᵉ au XVIIᵉ s.

SS (sigle de *SchutzStaffel,* échelon de protec-

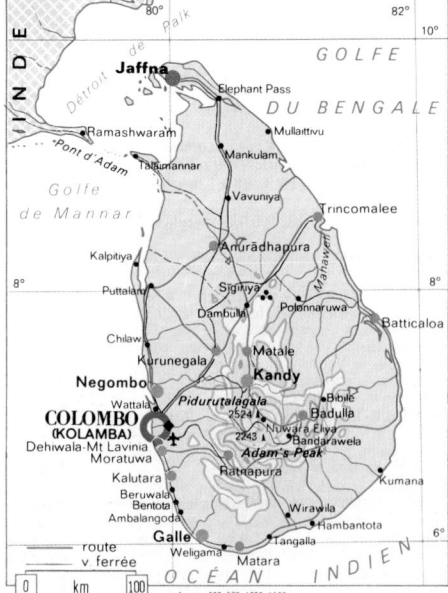

SRI LANKA

Spinoza

tion). Police militarisée du parti nazi créée en 1925. Dirigée par Himmler (1929), elle permet à Hitler de briser Röhm et les SA en 1934. Les SS furent notamment chargés de la gestion et de la garde des camps de concentration (35 000 hommes en 1945). Ils constituèrent en outre depuis 1940 des unités militaires, dites *Waffen SS* (60 000 SS encadrant 500 000 hommes en 1945).

SSEU-MA SIANG-JOU ou **SIMA XIANG-RU,** poète chinois, né à Tch'eng-tou (179-117 av. J.-C.), un des auteurs les plus célèbres du genre *fou,* poésie aristocratique et savante.

SSEU-MA TS'IEN ou **SIMA-QIAN,** écrivain chinois (v. 145 - v. 86 av. J.-C.), auteur du *Cherki,* livres historiques de la Chine ancienne.

SSEU-TCH'OUAN ou **SICHUAN,** prov. de la Chine centrale, drainée par le Yang-tseu; 569 000 km²; 72 160 000 h. Cap. *Tch'eng-tou.* Riche région agricole du Bassin rouge, dominée par les *Alpes du Sseu-tch'ouan.*

STAAL DE LAUNAY (Marguerite Jeanne COR-DIER, *baronne* DE), femme de lettres française, née à Paris (1684-1750), auteur de *Mémoires* sur l'époque de la Régence et de *Lettres.*

STABIES, v. de la Campanie ancienne, voisine de Pompéi, et détruite en 79 apr. J.-C. par l'éruption du Vésuve. (Auj. *Castellammare di Stabia.*) Belles villas avec restes de peinture murale.

STABROEK, comm. de Belgique (prov. d'Anvers); 11 600 h.

STACE, en lat. **Publius Papinius Statius,** poète latin, né à Naples (v. 45-96). Il est l'auteur d'épopées (*la Thébaïde, l'Achilléide*), et de poésies de circonstance (les *Silves*).

STADEN, comm. de Belgique (Flandre-Occidentale); 11 200 h.

STAËL [stal] (Germaine NECKER, *baronne* DE STAËL-HOLSTEIN, dite **Mᵐᵉ de**), femme de lettres française, née à Paris (1766-1817). Fille de Necker, elle épousa le baron de Staël-Holstein, ambassadeur de Suède à Paris. Au début de la Révolution, elle ouvrit son salon à des hommes de tendances politiques différentes, puis émigra et fit la connaissance de Benjamin Constant en 1794. Suspecte au Directoire, elle dut s'exiler lorsque Bonaparte témoigna son hostilité à B. Constant. Elle voyagea alors dans toute l'Europe. Elle écrivit des romans (*Delphine,* 1802; *Corinne,* 1807) et du livre *De l'Allemagne* (1810), qui eut une grande influence sur le romantisme français.

STAËL (Nicolas DE), peintre français d'origine russe, né à Saint-Pétersbourg (1914-1955). Coloriste raffiné, aux plasticien audacieux, il est passé de l'abstraction (1943) à une stylisation très personnelle du monde visible (1951).

STAFFA, une des îles Hébrides, où se trouve la grotte de Fingal.

STAFFARDE, en ital. **Staffarda,** village d'Italie (Piémont, prov. de Cuneo). Monastère. Victoire de Catinat sur le duc de Savoie (1690).

STAFFORD, v. d'Angleterre, ch.-l. du Staffordshire; 55 000 h. Église gothique.

STAGIRE, auj. **Stavro,** v. de la Grèce antique, sur la mer Égée, patrie d'Aristote, parfois appelé le *Stagirite.*

STAHL (Georg Ernst), médecin et chimiste allemand, né à Ansbach (1660-1734), auteur en médecine, de l'*animisme* et, en chimie, de la théorie du *phlogistique.*

STAINS [stɛ̃] (93240), ch.-l. de c. de la Seine-Saint-Denis, au nord de Saint-Denis; 35 688 h. *(Stanois).* Église du XVIᵉ s.

STALINABAD → DOUCHANBE.

STALINE (Joseph [Iossif] Vissarionovitch DJOUGATCHVILI, dit), homme d'État soviétique, né à Gori (Géorgie) [1879-1953]. D'abord séminariste, il prend part à l'action révolutionnaire dès 1898 et est déporté à plusieurs reprises. Rédacteur à la *Pravda* en 1917 et commissaire du peuple aux nationalités, il définit une politique de centralisation à l'égard des autres républiques soviétiques. Devenu secrétaire général du parti communiste (1922), il affirme son autorité après la mort de Lénine (1924) en éliminant Trotski (1927), puis Zinoviev et Kamenev, qui l'avaient aidé contre Trotski, enfin les bolcheviks de droite, comme Rykov et Boukharine (1929); il fera exécuter les derniers opposants lors des grands procès de Moscou en 1936-1938. Après avoir appliqué avec fermeté la NEP jusqu'en 1927, il lance, en 1928, le premier plan quinquennal et la collectivisation des terres; mais il aggrave les conditions de la modernisation industrielle par ses méthodes autoritaires (développement du stakhanovisme à partir de 1935). En 1941, il devient président du Conseil des commissaires du peuple, commandant en chef suprême et, en 1943, maréchal. À l'intérieur, il gouverne en maître absolu : les opposants supposés sont jugés lors de procès truqués, exécutés ou envoyés dans des camps de travail. À l'extérieur, il conclut le pacte germano-soviétique (1939), puis mène la lutte contre l'Allemagne de 1941 à 1945, place sous l'influence soviétique les États voisins (« démocraties populaires ») et dirige l'opposition de l'U. R. S. S. et de ces pays aux États « capitalistes » (guerre froide). Après sa mort, notamment à partir du XXᵉ Congrès du parti communiste (1956), divers aspects de sa politique (culte de la personnalité) ont été condamnés par les nouveaux dirigeants de l'U. R. S. S., et certaines de ses victimes ont été réhabilitées.

Stalingrad *(bataille de),* victoire décisive remportée après de très durs combats — qui se sont déroulés à partir de l'été 1942 autour de Stalingrad (auj. Volgograd*) — par les Soviétiques sur la VIᵉ armée allemande (Paulus), qui dut capituler le 2 février 1943. (Elle marqua le tournant de la guerre sur le front russe.)

STALINO → DONETSK.

STALINOGORSK → NOVOMOSKOVSK.

STALINSK → NOVO-KOUZNETSK.

STALINSTADT → EISENHÜTTENSTADT.

Joseph **Staline,** pendant le défilé
du 1ᵉʳ mai 1947 à Moscou

Musée de la Guerre, Vincennes

STAMBOLIJSKI (Aleksandăr), homme politique bulgare, né à Slavovica (1879-1923). Président du Conseil (1919), il appliqua autoritairement une vaste réforme agraire. Il fut fusillé.

STAMBOLOV ou **STAMBOULOV** (Stefan), homme politique bulgare, né à Tărnovo (1854-1895). Chef du parti national-libéral, il devint, en 1887, Premier ministre de Ferdinand de Saxe-Cobourg; il exerça une véritable dictature. Il fut massacré un an après son renvoi.

STAMFORD, port des États-Unis (Connecticut); 109 000 h.

STAMITZ (Johann) ou **STAMIC** (Jan Václav), compositeur tchèque, né à Německý Brod (Bohême) [1717-1757], chef de l'école de Mannheim, un des foyers de l'art symphonique en Europe.

Stamp Act, loi britannique (1765), qui frappa d'un droit de timbre les actes publiés dans les colonies de l'Amérique du Nord et provoqua, à moyen terme, la guerre de l'Indépendance.

STĂNESCU (Nichita), poète roumain, né à Ploieşti en 1933, auteur de recueils lyriques (*l'Œuf et la sphère*).

STANHOPE (James, *comte* DE), homme d'État britannique, né à Paris (1673-1721). Chef du parti whig, il dirigea la politique étrangère, comme secrétaire d'État, à partir de 1714.

STANISLAS (*saint*), martyr, né à Szczepanow (1030-1079). Évêque de Cracovie (1071), il fut tué par le roi Boleslas II, qu'il avait excommunié. — Il est le patron de la Pologne.

STANISLAS Iᵉʳ LESZCZYŃSKI, né à Lwów (1677-1766), roi de Pologne en titre de 1704 à 1766, en fait de 1704 à 1709 et de 1733 à 1736, puis souverain (1738) des duchés de Bar et de Lorraine. Sa carrière fut favorisée par son gendre Louis XV. Installé à Lunéville en 1738, Stanislas mena une politique éclairée et fastueuse dont bénéficia surtout Nancy.

STANISLAS II AUGUSTE PONIATOWSKI, né à Wołczyn (1732-1798), dernier roi de Pologne (1764-1795). Pratiquement prisonnier des Russes, qui le portèrent sur le trône, il dut renoncer en 1792 à mettre en œuvre la Constitution parlementaire de 1791 et accepter le deuxième partage de la Pologne (1793) avant d'abdiquer lors du troisième et définitif partage (1795).

STANISLAVSKI (Konstantine Sergueïevitch ALEKSEÏEV, dit), acteur et metteur en scène russe, né à Moscou (1863-1938), animateur du Théâtre d'art de Moscou.

STANKOVIĆ (Borisav), écrivain serbe, né à Vranja (1875-1927), auteur de romans (*le Sang impur*) et de drames qui peignent la Serbie sous la domination turque.

STANLEY (John ROWLANDS, *sir* **Henry Morton**), explorateur britannique, né à Denbigh (pays de Galles) [1841-1904]. Journaliste au *New York Herald* (1867), il fut envoyé en Afrique à la recherche de Livingstone, qu'il retrouva (1871). Au cours d'un deuxième voyage (1874-1877), il traversa l'Afrique équatoriale d'est en ouest, découvrant le cours du Congo. Il se mit, en 1879, au service du roi des Belges Léopold II, créant l'État indépendant du Congo (1885).

STANLEY (Wendell Meredith), biochimiste américain, né à Ridgeville (1904-1971). Il a obtenu à l'état cristallisé le virus de la mosaïque du tabac. (Prix Nobel, 1946.)

STANLEY POOL → MALEBO POOL.

STANLEYVILLE → KISANGANI.

STANOVOÏ *(monts),* chaîne de montagnes de la Sibérie orientale; 2 998 m.

STANS, comm. de la Suisse, ch.-l. du demi-canton de Nidwald (Unterwald); 5 180 h.

STARA PLANINA, nom bulgare du *Balkan*.

STARA ZAGORA, v. de Bulgarie; 112 000 h. Engrais.

STARHEMBERG ou **STARCHEMBERG** (Ernst RÜDIGER, *comte* VON), homme de guerre autrichien, né à Graz (1638-1701). En 1683, il défendit Vienne contre les Turcs.

STARK (Johannes), physicien allemand, né à Schickenhof (1874-1957). Il a découvert le dédoublement des raies spectrales dans un champ électrique. (Prix Nobel, 1919.)

Mᵐᵉ de **Staël**

Roger-Viollet

Stanislavski

Keystone

sir Henry Morton **Stanley**

Reutlinger

STASSFURT, v. de l'Allemagne démocratique; 26 000 h. Mines de potasse et de sel.

STAUDINGER (Hermann), chimiste allemand, né à Worms (1881-1965), prix Nobel en 1953 pour ses recherches sur les macromolécules.

STAUDT (Karl Georg Christian VON), mathématicien allemand, né à Rothenburg ob der Tauber (1798-1867). Il essaya de reconstituer l'ensemble de la géométrie projective, indépendamment de toute relation métrique.

STAUFFENBERG (Claus SCHENK, *comte* VON), officier allemand, né à Jettingen (1907-1944). Il prépara et exécuta l'attentat du 20 juillet 1944, auquel échappa Hitler. Il fut fusillé.

STAVANGER, port de Norvège, sur l'Atlantique; 86 000 h. Cathédrale romane et gothique. Pêche. Métallurgie. Constructions navales.

STAVELOT, v. de Belgique (Liège); 5 700 h. Restes, surtout du XVIIIᵉ s., d'une très ancienne abbaye (musées).

Stavisky *(affaire),* affaire d'escroquerie au Crédit municipal de Bayonne, dévoilée en décembre 1933. Elle contribua à la chute du ministère Chautemps et aux émeutes du 6 février 1934. À son origine se trouvait Alexandre Stavisky, né à Slobodka (Ukraine) [1886-1934].

STAVROPOL, v. de l'U.R.S.S. (R.S.F.S. de Russie), au nord du Caucase; 245 000 h. Gaz naturel et pétrole dans la région.

STEELE (*sir* Richard), écrivain et journaliste britannique, né à Dublin (1672-1729). Avec Addison, il fonda *The Tatler (le Babillard),* puis *The Spectator.*

STEEN (Jan), peintre hollandais, né à Leyde (1626-1679), observateur fécond et varié des scènes de la vie populaire.

STEENKERQUE → STEINKERQUE.

STEENVOORDE [stɛvɔrd] (59114), ch.-l. de c. du Nord; 3 879 h.

STEFAN (Josef), physicien autrichien, né à Sankt Peter, près de Klagenfurt (1835-1893). Il a donné l'une des lois du rayonnement du corps noir.

STEFFISBURG, v. de Suisse (cant. de Berne); 12 621 h.

STEG, comm. de Suisse (Valais); 965 h. Aluminium.

STEICHEN (Edward), photographe américain, né à Luxembourg (1879-1973). L'un des principaux adeptes de la « photographie pure »; son travail direct, sans manipulations, et son style rigoureux ont puissamment influencé l'expression photographique.

STEIN (Karl, *baron* VOM), homme politique prussien, né à Nassau (1757-1831). Ministre d'État (1804-1808), il proposa d'importantes réformes libérales, notamment l'abolition du servage. Renvoyé sous la pression française, il incarna, avec Scharnhorst, la résistance germanique à Napoléon.

Gertrude **Stein,** par P. Tal Coat

B. Hatala - C.N.A.C. G.-Pompidou

STEIN (Gertrude), femme de lettres américaine, née à Allegheny (Pennsylvanie) [1874-1946]. Établie à Paris et mêlée au mouvement littéraire et pictural d'avant-garde, elle a eu une grande influence sur les romanciers de la « génération perdue » (*Autobiographie d'Alice B. Toklas,* 1933).

STEINBECK (John), écrivain américain, né à Salinas (Californie) [1902-1968], auteur de romans qui peignent les milieux populaires californiens (*Tortilla Flat,* 1935; *Des souris et des hommes,* 1937; *les Raisins de la colère,* 1939; *À l'est d'Éden,* 1952). [Prix Nobel, 1962.]

STEINBERG (Saul), dessinateur américain d'origine roumaine, né à Rîmnicu-Sărat en 1914. Il a renouvelé l'humour et la satire par son exceptionnelle invention graphique.

STEINER (Jakob), mathématicien suisse, né à Utzenstorf (1796-1863), l'un des plus grands spécialistes de la géométrie.

STEINER (Rudolf), philosophe et pédagogue autrichien, né à Kraljević (Croatie) [1861-1925]. Son système philosophique vise à unifier les domaines de la vie et de la science.

STEINERT (Otto), photographe allemand, né à Sarrebruck (1915-1978). Ses théories sur la *photographie subjective* (objectivité illusoire, irréalité partout présente et perceptible) sont à l'origine du renouveau de la photographie abstraite.

STEINITZ (Ernst), mathématicien allemand, né à Laurahütte (1871-1928). L'un des fondateurs de l'algèbre moderne, il étudia les propriétés des êtres mathématiques abstraits, définis par voie axiomatique.

STEINKERQUE, auj. **Steenkerque,** anc. comm. de Belgique (Hainaut), au nord de Soignies. Le maréchal de Luxembourg y vainquit Guillaume III le 3 août 1692.

STEINLEN (Théophile Alexandre), dessinateur, graveur et peintre français, né à Lausanne (1859-1923). Il a représenté, dans un esprit libertaire, le peuple de Montmartre et la vie ouvrière.

STEINWAY, nom sous lequel Heinrich Engelhard STEINWEG, né à Wolfshagen (1797-1871), fonda en 1853, à New York, une manufacture de pianos.

STEKEL (Wilhelm), médecin et psychanalyste autrichien, né à Boian (Bucovine) [1868-1940]. Il fut l'un des premiers disciples de Freud, dont il se sépara pour préconiser une cure plus courte où le thérapeute intervient plus activement.

STEKENE, comm. de Belgique (Flandre-Orientale); 13 100 h.

Stello, *les Consultations du Docteur Noir,* d'Alfred de Vigny (1832). L'auteur prétend montrer que le poète est toujours victime de la société.

STELVIO (*col du*), col des Alpes italiennes, près de la frontière suisse, débouché de la Valteline; 2 757 m. Parc national.

STENAY (55700), ch.-l. de c. de la Meuse; 3 998 h.

STENDHAL (Henri BEYLE, dit), écrivain français, né à Grenoble (1783-1842). Les guerres de la Révolution et de l'Empire, auxquelles il participe comme officier de dragons, puis comme intendant militaire, lui font découvrir l'Italie, qui marque profondément sa sensibilité. À la chute de l'Empire, il va vivre à Milan et commence à écrire des opuscules sur la musique et la pein-

John **Steinbeck**

G. Freund

ture. Le récit de voyage *Rome, Naples et Florence* (1817-1826) est le premier ouvrage qu'il signe du nom de « Stendhal ». Il publie ensuite *De l'amour* (1822) et un essai sur le romantisme (*Racine et Shakespeare,* 1823-1825). Méconnu, il fait paraître *Armance* (1827), puis *le Rouge et le Noir,* (1830); il retourne alors en Italie comme consul à Trieste, puis à Civitavecchia. Il est persuadé que son œuvre ne peut être immédiatement comprise, mais il publie pendant un congé *les Mémoires d'un touriste* (1838), *la Chartreuse de Parme* (1839), *Chroniques italiennes* (1839). Son œuvre posthume a définitivement consacré sa gloire (*Lamiel,* 1889; *Vie de Henry Brulard,* 1890; *Lucien Leuwen,* 1894). Son style nerveux fait vivre dans une action rapide des héros lyriques qui dissimulent une grande sensibilité sous un apparent cynisme.

STENTOR. *Myth. gr.* Héros de la guerre de Troie, célèbre par la force de sa voix.

STEPHENSON (George), ingénieur britannique, né à Wylam (1781-1848). Il est considéré comme le véritable créateur de la traction à vapeur sur voie ferrée. Son œuvre principale fut l'établissement du chemin de fer de Liverpool à Manchester (1826-1830).

STERLITAMAK, v. de l'U.R.S.S., au sud d'Oufa; 211 000 h. Industrie chimique.

STERN (Otto), physicien américain, né à Sorau (auj. Żary) [1888-1969]. Il a découvert les propriétés magnétiques des atomes et étudié la matérialisation des photons. (Prix Nobel, 1943.)

STERNBERG (Josef VON), cinéaste américain d'origine autrichienne, né à Vienne (1894-1969), auteur de *l'Ange bleu* (1930), *Shanghai Express* (1932), *l'Impératrice rouge* (1934).

STERNE (Laurence), écrivain anglais, né à Clonmel (Irlande) [1713-1768], auteur de *la Vie et les opinions de Tristram Shandy* (1759-1767) et du *Voyage sentimental* (1768), qui exercèrent sur Diderot une influence notable.

STÉSICHORE, poète lyrique grec (v. 640-v. 550 av. J.-C.), un des créateurs du lyrisme choral.

STETTIN, nom allem. de *Szczecin**.

STEVENAGE, v. d'Angleterre, au nord de Londres; 67 000 h. Armement. Électronique.

STEVENS (John), industriel américain, né à New York (1749-1838). Il créa la première législation fédérale sur les brevets en Amérique (1790) et construisit (1808) un bateau à vapeur, le *Phœnix,* qui, en reliant New York à Philadel-

la Femme et le pantin (1935)
de Josef von **Sternberg**

Paramount (coll. J.-L. Passek)

Stendhal
par O. J. Södermark

Lauros-Giraudon

George **Stephenson**
par H. W. Pickersgill

Fleming

phie, accomplit le premier parcours à vapeur sur l'Atlantique.

STEVENS (Alfred), peintre belge, né à Bruxelles (1823-1906), portraitiste de la femme du monde.

STEVENS (Stanley Smith), psychophysiologue américain, né à Ogden en 1906. Ses travaux ont une grande importance sur le développement actuel de la psychophysique.

STEVENS (Siaka Probyn), homme d'État de la Sierra Leone, né à Moyamba en 1905. Premier ministre depuis 1968, il est également président de la République depuis 1971.

STEVENSON (Robert Louis BALFOUR), écrivain britannique, né à Édimbourg (1850-1894), auteur de romans d'aventures (*l'Île au trésor*, 1883; *Docteur Jekyll et M. Hyde*, 1886).

STEVIN (Simon), dit **Simon de Bruges**, mathématicien et physicien flamand, né à Bruges (1548-1620). Il étudia l'hydrostatique et les fractions décimales (1585) et démontra l'impossibilité du mouvement perpétuel (1586).

STEWART (Dugald), philosophe écossais, né à Édimbourg (1753-1828).

STEYR, v. d'Autriche, au confluent de la *Steyr* et de l'*Enns*; 41 000 h. Métallurgie.

STIEGLITZ (Alfred), photographe américain, né à Hoboken (1864-1946). Son œuvre franche et dépouillée est exemplaire de la « photographie pure », dont il fut l'un des ardents défenseurs.

STIERNHIELM (Georg), poète suédois, né à Vika (1598-1672), poète favori de la cour de Christine de Suède.

STIFTER (Adalbert), écrivain autrichien, né à Oberplan (auj. Horní Planá, Bohême) [1805-1868]. Ses romans offrent une transposition poétique de la réalité quotidienne (*l'Été de la Saint-Martin*).

Stijl (*De*), revue et groupe artistique néerlandais fondés en 1917 par Mondrian et par un autre peintre, Theo Van Doesburg (1883-1931), sur les bases théoriques d'une sorte d'abstraction constructiviste dite *néoplasticisme*. Ont notamment participé au mouvement (qui se désagrège à la mort de Van Doesburg) les architectes Jacobus Johannes Pieter Oud (1890-1963) et Gerrit Thomas Rietveld (1888-1964), le peintre et sculpteur belge Georges Vantongerloo (1886-1965).

STILICON, général romain d'origine vandale (v. 360-408). Maître de la milice, régent d'Honorius (qui le fera assassiner), il défendit avec succès l'Italie contre les Barbares.

STILLER (Mauritz), cinéaste suédois, né à Helsinki (1883-1928), auteur de : *le Trésor d'Arne* (1919), *À travers les rapides* (1920), *le Vieux Manoir* (1921), *la Légende de Gösta Berling* (1923).

STILWELL (Joseph), général américain, né à Palatka (Floride) [1883-1946]. Chef d'état-major de Tchang Kaï-chek de 1941 à 1945, il fut en même temps adjoint de Mountbatten au commandement allié du théâtre d'opérations Inde-Chine-Birmanie.

STINNES (Hugo), industriel allemand, né à Mülheim an der Ruhr (1870-1924). Champion du parti nationaliste en Allemagne en 1920, hostile au traité de Versailles, il précipita par ses entreprises la chute du mark en 1923.

STIRING-WENDEL (57350), comm. de la Moselle; 12 665 h. Houille. Métallurgie.

STIRLING, v. de l'Écosse centrale, sur le Forth; 30 000 h. Château fort. Université.

STOCKHAUSEN (Karlheinz), compositeur allemand, né à Mödrath, près de Cologne, en 1928, et considéré comme chef de l'école germanique contemporaine (*Klavierstücke*, 1952-1962; *Gruppen* pour 3 orchestres, 1958; *Momente*, 1962-1964; *Inori*, 1974; *Sirius*, 1977; *Licht*, 1977).

STOCKHOLM, cap. de la Suède, s'étendant sur des îles et des presqu'îles du lac Mälaren et

V. ill. frontispice

de la Baltique; 661 000 h. (1 364 000 avec les banlieues). Résidence du roi et des administrations centrales. Académies. École militaire. Musées (des Antiquités nationales; du Skansen, en plein air; etc.). Église des Chevaliers (XIIIᵉ s.); beaux édifices civils élevés à partir de la seconde moitié du XVIIᵉ s., dont le château royal (par N. Tessin le Jeune). Port actif et centre industriel (métallurgie surtout). Siège des jeux Olympiques de 1912. Fondée vers 1250, Stockholm affirma son rôle politique à partir de 1523, avec l'affranchissement du royaume par Gustave Iᵉʳ Vasa.

STOCKPORT, v. d'Angleterre, sur la Mersey; 140 000 h.

STOCKTON-ON-TEES, port d'Angleterre, sur la Tees; 83 000 h.

STODOLA (Aurel), ingénieur suisse d'origine slovaque, né à Liptovský Svätý Mikuláš (1859-1942). On lui doit de nombreux travaux sur les turbines à vapeur et à gaz.

STOFFLET (Jean), chef vendéen, né à Lunéville (v. 1751-1796). Garde-chasse, il prit Cholet (1793). Capturé, il fut exécuté à Angers.

STOKE-ON-TRENT, v. d'Angleterre, près de Manchester; 265 000 h. Poteries et porcelaines. Métallurgie.

STOKES (*sir* George), physicien irlandais, né à Bornat Skreen (1819-1903). Il est connu par ses travaux sur l'hydrodynamique et sur la fluorescence.

STOKOWSKI (Leopold), chef d'orchestre américain, né à Londres (1882-1977). Il a dirigé longtemps le Philadelphia Orchestra.

STOLYPINE (Petr Arkadievitch), homme d'État russe, né à Dresde (1862-1911). Ministre de l'Intérieur en 1904, puis président du Conseil (1906), il fit dissoudre la deuxième douma (1907), favorisa, au profit des paysans riches, le démantèlement de la commune rurale (mir) et réprima durement l'opposition. Il fut assassiné par un révolutionnaire.

STONEHENGE, site de Grande-Bretagne (Wiltshire). Monument mégalithique composé de monolithes disposés sur une aire circulaire. Il a subi de nombreux réaménagements successifs entre le néolithique final (IIᵉ millénaire) et le début de l'âge du bronze. Il est interprété comme un sanctuaire du culte solaire.

STONEY CREEK, v. du Canada (Ontario); 30 294 h.

STOPH (Willi), homme d'État allemand, né à Berlin en 1914, chef du gouvernement de la République démocratique allemande en 1964, chef de l'État à partir de 1973 puis, de nouveau, chef du gouvernement en 1976.

STORM (Theodor), écrivain allemand, né à Husum (Schleswig) [1817-1888], auteur de poèmes et de nouvelles qui peignent l'Allemagne du Nord (*Immensee*, 1849).

STOSS (Veit) → STWOSZ (Wit).

STRABON, géographe grec, né à Amasya (v. 58 av. J.-C. - entre 21-25 apr. J.-C.). Ses *Geographica* sont une géographie universelle du monde antique au début de l'Empire romain; elles constituent une source précieuse pour la géographie historique.

STRADELLA (Alessandro), compositeur et chanteur italien, né à Rome (1644-1682), auteur d'œuvres instrumentales, de cantates, d'opéras, d'oratorios (*Suzanna*, 1681).

STRADIVARIUS (Antonio), célèbre luthier italien, né près de Crémone (1644 ou 1648-1737). Ses plus beaux violons sont sortis de son atelier de Crémone entre 1700 et 1725.

STRAFFORD (Thomas WENTWORTH, *comte* DE), homme d'État anglais, né à Londres (1593-1641). Lord-député d'Irlande (1632-1639), il pratiqua une politique coercitive. Devenu, avec l'archevêque Laud, le principal conseiller du roi, il seconda la politique autoritaire de Charles Iᵉʳ. Mis en accusation par le Parlement, il fut exécuté.

STRAITS SETTLEMENTS → DÉTROITS (*gouvernement des*).

STRALSUND, port de l'Allemagne démocratique, sur la Baltique; 72 000 h. Chantiers navals. Église Saint-Nicolas, gothique et baroque. Charles XII y soutint un siège en 1715 contre les Danois alliés aux Prussiens et aux Saxons.

STRAND (Paul), photographe et cinéaste américain, né à New York (1890-1976). Un langage réaliste puissant et hiératique marque son œuvre. Il a notamment réalisé (1934), en collaboration avec Fred Zinnemann et E. Gomez, le film *les Révoltés d'Alvarado*.

STRASBOURG, cap. de l'Alsace, ch.-l. du dép. du Bas-Rhin, sur l'Ill et le Rhin, à 457 km à l'est de Paris; 257 303 h. (*Strasbourgeois*) [près de 400 000 h. avec la banlieue]. Siège du Conseil de l'Europe et de l'Assemblée des Communautés européennes. Université. Célèbre cathédrale reconstruite du XIIᵉ au XVᵉ s. (sculptures du XIIIᵉ s., vitraux des XIIᵉ-XIVᵉ s.); musée de l'Œuvre; vieilles maisons; palais Rohan (XVIIIᵉ s.), qui abrite un riche musée des Beaux-Arts, le musée Archéologique, le musée des Arts décoratifs (faïences et porcelaines de Strasbourg); etc.

Stevenson
par W. B. Richmond

Fleming

Karlheinz
Stockhausen

P. Leloir

mégalithes de **Stonehenge**

Ricciarini

Strasbourg : la vieille ville et la cathédrale
Notre-Dame (XIIᵉ-XVᵉ s.)

De Forceville-Ruyant-Production

Important port fluvial sur le Rhin et centre industriel (métallurgie surtout, produits alimentaires). — Lotharingienne en 843, allemande en 870, Strasbourg fut dominée par ses évêques jusqu'au début du XIIIe s. quand (1201) elle devint ville libre d'Empire. Foyer intense d'humanisme (Gutenberg) et de réforme religieuse (Calvin) aux XVe et XVIe s., siège d'une université (1621), la ville fut annexée par Louis XIV en 1681. Prise par les Allemands en 1870, elle fut la capitale du Reichsland d'Alsace-Lorraine à partir de 1871. Elle fut libérée par la victoire de 1918, puis par celle des troupes de Leclerc en 1944, après une nouvelle occupation de quatre ans.

Strasbourg (serments de), traité d'alliance conclu par Louis le Germanique et Charles le Chauve ligués contre Lothaire (842). Les formules de ces serments sont les plus anciens monuments des langues française et allemande.

STRATFORD, v. du Canada (Ontario); 25 657 h.

STRATFORD-UPON-AVON ou **STRATFORD-ON-AVON,** v. d'Angleterre, au sud-est de Birmingham; 24 000 h. Shakespeare Memorial Theatre. Vieilles maisons, dont celle où naquit le dramaturge (musée).

STRATON de Lampsaque, physicien et péripatéticien grec (m. v. 268 av. J.-C.), qui séjourna longtemps à la cour de Ptolémée Philadelphe.

STRATONICE, nom de plusieurs princesses de l'époque hellénistique dont la plus célèbre est STRATONICE (m. en 254 av. J.-C.), reine de Syrie, épouse de Séleucos Ier Nikator, dont elle divorça pour épouser son beau-fils Antiochos Ier Sôter.

STRAUSS (David Friedrich), théologien et exégète allemand, né à Ludwigsburg (1808-1874). L'idée centrale de sa Vie de Jésus (1835) est que les Évangiles sont des prédications, les éléments narratifs n'ayant qu'un rôle symbolique ou mythique.

STRAUSS (Johann II), compositeur autrichien, né à Vienne (1825-1899), auteur de valses.

STRAUSS (Richard), chef d'orchestre et compositeur allemand, né à Munich (1864-1949), auteur d'opéras (Salomé, 1905; Elektra, 1909; le Chevalier à la rose, 1911; Ariane à Naxos, 1912), et de poèmes symphoniques (Don Juan, 1888; Mort et Transfiguration, 1889; Till Eulenspiegel, 1895) d'une orchestration des plus colorées. Les Métamorphoses (1945) sont de style classique.

STRAVINSKI (Igor), compositeur russe naturalisé français, puis américain, né à Oranienbaum, près de Saint-Pétersbourg (1882-1971). Il fut un créateur dans le domaine du rythme, de l'orchestre. Sa musique est essentiellement destinée à la danse. Auteur de l'Oiseau de feu (1910), de Petrouchka (1911), du Sacre du printemps (1913), de Renard (1916), des Noces (1917), de l'Histoire du soldat (1918), de Mavra (1922), d'Œdipus rex (1927), de la Symphonie de psaumes (1930), de Threni (1958), de sonates, de concertos, il a touché à différentes esthétiques, du néoclassicisme au dodécaphonisme.

streltsy, soldats d'un corps créé en 1550 qui forma la première armée russe permanente et la garde des tsars. Leur révolte entraîna leur suppression par Pierre le Grand en 1698.

STRESA, v. d'Italie, sur le lac Majeur; 5 000 h. Centre touristique. Conférence entre la France, la Grande-Bretagne et l'Italie à la suite du rétablissement en Allemagne du service militaire obligatoire (11-14 avr. 1935).

STRESEMANN (Gustav), homme d'État allemand, né à Berlin (1878-1929). Ministre des Affaires étrangères (1923-1929), il obtint de Poincaré l'acceptation du plan Dawes (1924) et l'évacuation de la Ruhr (1925). Après Locarno (1925), il provoqua l'entrée de l'Allemagne à la S.D.N. En 1928, il signa le pacte Briand-Kellogg. (Prix Nobel de la paix, 1926.)

STRINDBERG (August), écrivain suédois, né à Stockholm (1849-1912). Après une enfance difficile, qu'il décrit dans le Fils de la servante, il publie le premier roman naturaliste suédois (la Chambre rouge, 1879). Une vie mouvementée accentue son déséquilibre nerveux et nourrit ses nouvelles (Mariés), ses récits autobiographiques (Plaidoyer d'un fou, Inferno), son théâtre (Père,

Richard **Strauss**
par M. Liebermann

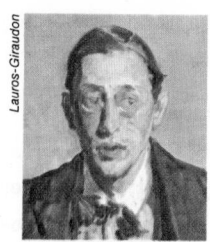

Igor **Stravinski**
par J. E. Blanche

August **Strindberg**
par E. Munch

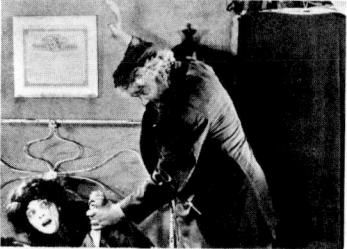

les Rapaces (1923), d'Erich von **Stroheim**

1887; Mademoiselle Julie, 1888). S'il compose des pièces historiques (Eric XIV, Christine) et naturalistes (la Danse de mort, 1900), il évolue vers le mysticisme et crée le Théâtre-Intime, où il fait jouer les « Kammarspel » (la Sonate des spectres, le Pélican). Son œuvre a influencé l'expressionnisme allemand.

STROHEIM (Erich Oswald STROHEIM, dit **Erich von**), cinéaste et acteur américain d'origine autrichienne, né à Vienne (1885-1957), auteur de Folies de femmes (1921), les Rapaces (1923), la Veuve joyeuse (1925), Queen Kelly (1928).

STROMBOLI, une des îles Éoliennes, formée d'un volcan en activité (926 m).

STROSMAJER ou **STROSSMAYER** (Josip Juraj), prélat croate, né à Osijek (1815-1905). Évêque de Djakovo (1849), fondateur de l'université de Zagreb (1874), il fut le promoteur de l'idée yougoslave.

STROZZI, famille florentine rivale de celle des Médicis (XVe-XVIe s.). Elle passa au service de la France. Ainsi, PIERO, né à Florence (1510-1558), fut maréchal de France en 1556.

STRUENSEE (Johann Friedrich, comte DE), homme politique danois, né à Halle (1737-1772). Médecin du roi Christian VII, amant de la reine, il fut inculpé de complot contre le roi et décapité.

STRUMA (la), le Strymon des Grecs anciens, fl. de Bulgarie et de Grèce, tributaire de la mer Égée; 430 km.

STRUTHOF, village d'Alsace. Écart de la comm. de Natzwiller (Bas-Rhin), camp de concentration établi par les Allemands de 1941 à 1944. Nécropole nationale des victimes du système concentrationnaire nazi (1950).

STRUVE ou **STROUVE,** famille d'astronomes russes. WILHELM, né à Altona (Holstein) (1793-1864), fut un pionnier de l'étude des étoiles doubles et multiples. — Son fils, OTTO, né à Dorpat (1819-1905), poursuivit ses travaux et découvrit un satellite d'Uranus. — Le petit-fils de ce dernier, OTTO, né à Kharkov (1897-1963), naturalisé américain en 1927, s'illustra par des travaux de spectrographie stellaire.

STRYMON → STRUMA.

STUART, famille d'Écosse d'où sont issus les rois d'Écosse à partir de 1371, également rois d'Angleterre de 1603 à 1688.

STURDZA ou **STOURDZA,** famille moldave principalement représentée par MIHAIL (1795-1884), prince de Moldavie (1834-1849), et DIMITRIE, né à Miclăușeni (1833-1914), président du

parti libéral, président du Conseil de 1895 à 1909.

STURM (Johannes), humaniste et réformateur allemand, né à Schleiden (1507-1589). Converti au protestantisme, il dirigea l'académie de Strasbourg.

STURM (Charles), mathématicien français d'origine suisse, né à Genève (1803-1855). Avec Colladon, il détermina, sur le lac Léman, la vitesse du son dans l'eau.

Sturm und Drang (Tempête et élan, titre d'une tragédie de Klinger), mouvement littéraire créé en Allemagne vers 1770 par réaction contre le rationalisme et le classicisme (Aufklärung). Goethe et Schiller, à leurs débuts, y participèrent.

STURZO (Luigi), prêtre et homme politique italien, né à Caltagirone (Sicile) (1871-1959). Fondateur du parti populaire italien (1919), il dut s'exiler en 1924. Rentré en Italie (1946), il fut l'âme et le théoricien de la démocratie chrétienne.

STUTTGART, v. de l'Allemagne fédérale, cap. du Bade-Wurtemberg, sur le Neckar; 590 000 h. Monuments, très restaurés : collégiale gothique, Vieux Château, Nouveau Château, etc. Musées. Port fluvial. Automobiles.

STUTTHOF, près de Gdańsk (Pologne). Camp de concentration allemand (1939-1944).

STWOSZ (Wit), en allem. **Stoss** (Veit), sculpteur et graveur d'origine inconnue (m. à Nuremberg en 1533). Il sculpta, autour de 1480, le grand retable en bois polychrome de Notre-Dame de Cracovie, œuvre gothique d'une rare intensité expressive.

STYMPHALE (lac), lac de la Grèce ancienne (Arcadie). Sur ses bords, selon la mythologie, Héraclès extermina des oiseaux qui se nourrissaient de chair humaine.

STYRIE, en allem. **Steiermark,** prov. du sud-est de l'Autriche; 16 386 km²; 1 192 000 h. Cap. Graz. Duché en 1180, la Styrie fut conquise par Otakar II de Bohême, puis passa aux Habsbourg (XIIIe s.). Elle a été amputée en 1919 de ses zones de peuplement slovène.

STYRON (William), écrivain américain, né à Newport News en 1925. Ses romans et ses nouvelles dénoncent l'univers traumatisant de la société américaine (Un lit de ténèbres, la Proie des flammes, les Confessions de Nat Turner).

STYX (le). Myth. gr. Un des fleuves des Enfers. Ses eaux rendaient invulnérable.

SUARÈS (André), écrivain français, né à Marseille (1868-1948), auteur d'essais et de récits marqués par la mystique du héros (Voyage du Condottiere).

SUÁREZ (Francisco), jésuite espagnol, né à Grenade (1548-1617), célèbre comme philosophe, théologien et juriste.

SUÁREZ (Adolfo), homme politique espagnol, né à Cebreros (Ávila) en 1932. Chef du gouvernement en 1976, il démissionne en 1981.

SUBIACO, v. d'Italie (Latium); 9000 h. Benoît de Nurcie y fonda l'ordre des Bénédictins au début du VIe s. En 872, Subiaco devint le centre d'une congrégation bénédictine. La ville a été endommagée pendant la Seconde Guerre mondiale.

SUBLEYRAS (Pierre), peintre français, né à Saint-Gilles-du-Gard (1699-1749). Raffiné et novateur, surtout peintre d'histoire (grands tableaux religieux), il fit l'essentiel de sa carrière à Rome, où son grand prix de l'Académie royale de Paris (1727) l'avait fait envoyer.

SUBLIGNY (Adrien Thomas PERDOU DE), écrivain français (1636-1696), auteur de *la Folle Querelle*, comédie qui critique l'*Andromaque* de Racine.

SUBOTICA, v. de Yougoslavie (Vojvodine); 89 000 h.

Succession d'Autriche (guerre de la), conflit qui opposa, en Europe, la Prusse, la France, la Bavière, la Saxe et l'Espagne à l'Autriche (1740-1742) et qui fut doublé par une guerre, en partie maritime et coloniale, opposant l'Angleterre, alliée de l'Autriche, à la France, alliée de la Prusse (1742-1748). À l'origine de ce conflit se situe la succession de l'empereur Charles VI (m. en 1740). Frédéric II s'empara de la Silésie (1740-41), tandis que les Franco-Bavarois occupaient la Bohême et la Haute-Autriche. L'Autriche, qui s'était assuré l'alliance anglaise, céda la Silésie à la Prusse (1742), puis accorda la paix à la Bavière, vaincue (1745). La France continua la guerre en Flandre. La victoire de Fontenoy (1745) lui livra les Pays-Bas, mais elle ne conserva aucune de ses conquêtes à la paix d'Aix-la-Chapelle, qui mit fin au conflit (1748).

Succession d'Espagne (guerre de la), conflit qui, de 1701 à 1714, opposa la France et l'Espagne à une coalition européenne, formée à la suite du testament de Charles II, qui assurait la couronne d'Espagne à Philippe d'Anjou (Philippe V), petit-fils de Louis XIV, lequel prétendait lui laisser ses droits à la couronne de France. La France dut combattre à la fois l'Autriche, l'Angleterre et les Provinces-Unies. La lutte fut signalée d'abord par des succès en Allemagne (en 1702 et en 1703), bientôt suivis de revers : l'invasion de l'Espagne par l'archiduc Charles (1707); la défaite d'Audenarde, qui amena l'invasion de la France du Nord, arrêtée par Villars à la bataille de Malplaquet (1709) et par la victoire de Denain (1712). La guerre prit fin par les traités d'Utrecht (1713) et de Rastatt (1714). Le premier de ces traités fondait la puissance maritime et coloniale de l'Angleterre.

Succession de Pologne (guerre de la), conflit qui, de 1733 à 1738, opposa la France, alliée de l'Espagne, de la Sardaigne et de la Bavière, à la Russie et à l'Autriche, à propos de la succession au trône de Pologne ouverte par la mort d'Auguste II (1733). L'empereur Charles VI et la tsarine Anna prétendirent intervenir par la force pour soutenir l'élection d'Auguste III, tandis que Stanislas Leszczyński était proclamé roi de Pologne par la diète de Varsovie. Auguste III, soutenu par les impériaux et les Russes, chassa son compétiteur. La France dut intervenir; elle remporta les victoires de Parme et de Guastalla. Fleury, partisan de la paix, consentit, par la paix de Vienne (1738), à reconnaître Auguste III, roi de Pologne, Stanislas obtenant en compensation les duchés de Lorraine et de Bar.

SUCEAVA, v. du nord-est de la Roumanie;

63 000 h. Églises des XIVe-XVIe s., typiques du style de la Bucovine.

SUCHET (Louis), *duc* **d'Albufera,** maréchal de France, né à Lyon (1770-1826). Il se distingua en Italie (1800), à Austerlitz (1805) et en Espagne, où il commanda l'armée de Catalogne (1813).

SUCRE, anc. **Chuquisaca,** cap. constitutionnelle de la Bolivie, dans les Andes, à plus de 2 700 m d'alt.; 63 000 h. Cathédrale du XVIIe s.

SUCRE (Antonio José DE), patriote vénézuélien, né à Cumaná (1795-1830), lieutenant de Bolívar. Il remporta la victoire d'Ayacucho (1824) et devint président à vie de la République bolivienne (1826). Mais il abdiqua dès 1828. Élu président de la Colombie (1830), il fut assassiné.

SUCY-EN-BRIE (94370), comm. du Val-de-Marne; 22 107 h. Église des XIIe-XIIIe s.; châteaux.

SUD-AFRICAINE (Union) → AFRIQUE DU SUD (république du).

SUDBURY, v. du Canada (Ontario); 97 604 h. Centre minier (nickel et cuivre).

SUDERMANN (Hermann), écrivain allemand, né à Matzicken (1857-1928), auteur de drames et de romans naturalistes (*Dame Souci, le Foyer*).

SUDÈTES (monts des), bordure nord-est de la Bohême, en Tchécoslovaquie. — Sur le plan historique, le nom des Sudètes s'est appliqué à toute la bordure de la Bohême où les Allemands constituaient une partie importante du peuplement. La *région des Sudètes* fut annexée par l'Allemagne de 1938 à 1945; rendue à la Tchécoslovaquie, elle a été le théâtre d'un vaste transfert de la population d'origine allemande vers l'Allemagne.

SUD-OUEST AFRICAIN → NAMIBIE.

SUE [sy] (Marie-Joseph, dit **Eugène**), écrivain français, né à Paris (1804-1857), auteur de romans-feuilletons qui évoquent les bas-fonds parisiens (*les Mystères de Paris*, 1842-43; *le Juif errant*, 1844-45).

SUÈDE, en suédois **Sverige,** État de l'Europe septentrionale; 450 000 km²; 8 280 000 h. (*Suédois*). Cap. *Stockholm*. Langue : *suédois*.

GÉOGRAPHIE

En dehors de son extrémité méridionale (Scanie, îles Öland et Gotland), formée de plaines et de plateaux sédimentaires, la Suède correspond au

Subleyras
Saint Basile célébrant la messe de rite grec devant l'empereur arien Valens (1743)

Antonio José **Sucre**

rebord oriental du socle ancien de la péninsule scandinave, qui s'abaisse progressivement vers la Baltique. Les glaciers quaternaires, par leurs dépôts morainiques et le creusement de nombreuses cuvettes, ont marqué la topographie; leur recul, qui s'est accompagné d'un relèvement du socle, est partiellement responsable du découpage du littoral et de la formation de l'archipel côtier (skärgård). Le climat, continental, devient de plus en plus rude du sud (Götaland) au nord (Norrland).

L'exploitation de la forêt, qui recouvre la moitié du territoire, et les industries du bois qui en découlent (pâte à papier, papier, allumettes), l'extraction du fer (Kiruna, Gällivare, Bergslag), l'hydroélectricité (qui pallie partiellement l'absence de charbon et de pétrole), la sidérurgie et la métallurgie de transformation, qu'elle alimente en énergie, constituent les activités primordiales d'une économie caractérisée par la relative faiblesse de la production agricole (liée aux conditions naturelles défavorables). La population, qui jouit du niveau de vie moyen le plus élevé d'Europe, avec la Suisse, se concentre au sud du 60e parallèle, et notamment sur le littoral. Les trois principaux ports (Stockholm, Göteborg, Malmö) sont aussi les trois plus grandes villes du pays.

HISTOIRE

— IXe-Xe s. : épopée des Vikings ou Normands. Les Suédois, connus sous le nom de Varègues, commercent surtout en Russie.
— 994-1022 : règne du premier roi chrétien Olof Skötkonung.
— 1060-1130 : règne de la famille des Stenkil.
— 1156-1160 : règne de saint Erik Jedvardsson, patron de la Suède.
— 1164 : Uppsala, siège d'un archevêque-primat.
— 1250-1266 : règne de Birger Jarl, fondateur de la dynastie des Folkungs, qui fait de Stockholm sa capitale et incorpore la Finlande à la Suède. Débuts de la désagrégation féodale.
— 1319-1363 : les Folkungs unissent la Suède et la Norvège.
— 1363-1389 : règne d'Albert de Mecklembourg.
— 1397 : la Danoise Marguerite, à Kalmar, fait couronner son petit-neveu Erik de Poméranie, corégent, roi de Suède, de Danemark et de Norvège. Domination économique de la Hanse.
— 1440 : les Suédois commencent à contester l'Union de Kalmar; ils se regroupent autour de héros nationaux, les Sture.
— 1520-1523 : insurrection antidanoise, menée par Gustave Eriksson Vasa.
— 1523 : Gustave Ier Vasa, élu roi de Suède; il supprime le monopole de la Hanse. Le luthéranisme va devenir la religion d'État.
— 1544 : Gustave Ier déclare la couronne héréditaire.
— 1560 : mort de Gustave Ier Vasa. Avènement d'Erik XIV, qui ouvre la Suède aux influences européennes.
— 1568-1592 : Jean III Vasa amorce la constitution d'un Empire suédois en Baltique.
— 1607-1611 : règne de Charles IX de Sudermanie.
— 1611-1632 : règne de Gustave II Adolphe, qui dote la Suède d'un régime parlementaire et forge une armée puissante qui, au cours de la guerre de Trente Ans, lui permet de faire de son pays le maître de la Baltique.
— 1632-1654 : règne de Christine de Suède; la bureaucratie nobiliaire reprend le dessus. Les traités de Westphalie (1648) ratifient l'annexion par la Suède de la Poméranie et des îles danoises.
— 1654-1660 : règne de Charles X Gustave. Le traité de Roskilde (1658) accentue l'avancée suédoise au détriment du Danemark.
— 1660-1697 : règne de Charles XI. La Suède perd la Poméranie occidentale.
— 1697-1718 : règne de Charles XII, qui use son pays en glorieuses mais coûteuses campagnes (guerre du Nord).
— 1720-1751 : règne de Frédéric Ier de Hesse; les traités de Frederiksborg (1720) et de Nystad (1721) entérinent le recul suédois en Allemagne et en Baltique. À l'intérieur, triomphe du parti des « chapeaux », qui mènent contre la Russie une guerre désastreuse (1741-1743).

— 1751-1771 : règne d'Adolphe-Frédéric; continuation de « l'ère de la liberté ». Influence des « lumières » françaises; essor économique.
— 1771-1792 : règne de Gustave III, qui pratique le despotisme éclairé puis (1789) restaure l'absolutisme; il meurt assassiné.
— 1792-1809 : règne de Gustave IV Adolphe, hostile à la France révolutionnaire et impériale. Après Tilsit, il doit abandonner la Finlande à la Russie (1808), ce qui provoque son abdication.
— 1809-1818 : règne de Charles XIII, qui poursuit une politique antifrançaise et adopte (1810) comme successeur le général français Bernadotte (Charles-Jean) : celui-ci entre dans la coalition contre Napoléon (1812).
— 1815 : union nominale de la Suède et de la Norvège.
— 1818-1844 : règne de Charles-Jean Bernadotte sous le nom de Charles XIV. Régime libéral. Essor économique.
— 1844-1859 : Oscar Ier poursuit la politique de son père.
— 1859-1872 : règne de Charles XV, qui octroie une constitution libérale.
— 1872-1907 : règne d'Oscar II. Création du parti social-démocrate (1889); naissance d'un syndicalisme actif (1898); séparation de la Norvège (1905).
— 1907-1950 : règne de Gustave V. Législation politique et sociale très avancée, grâce à la domination quasi constante du parti social-démocrate (socialisme « à la suédoise »).
— 1950-1973 : règne de Gustave VI Adolphe. Usure de la social-démocratie et remontée des partis bourgeois. La Suède refuse d'adhérer au Marché commun.
— 1973 : avènement de Charles XVI Gustave.
— 1975 : la Constitution de 1975 ne laisse au roi qu'une fonction honorifique.
— 1976 : démission d'Olof Palme, Premier ministre depuis 1969, après la défaite des sociaux-démocrates aux élections de septembre. Thorbjörn Fälldin, Premier ministre.
— 1978 : Ola Ullsten, chef du parti libéral, Premier ministre.
— 1979 : Thorbjörn Fälldin, Premier ministre.

SUESS (Eduard), géologue autrichien, né à Londres (1831-1914), auteur de la Face de la Terre.

SUÉTONE, en lat. Caius Suetonius Tranquillus, historien latin, né à Ostie ou à Hippone (v. 69 apr. J.-C. - v. 125). Il est l'auteur des Vies des douze Césars (de César à Domitien).

SUÈVES, ensemble de populations germaniques habitant au-delà de l'Elbe et qui, au Ier s. apr. J.-C., se fixèrent en Souabe (pays des Suèves). Lors des grandes invasions, ils atteignirent l'Espagne, où ils fondèrent un royaume en Galice (409), détruit en 585 par les Wisigoths.

SUEZ, port d'Égypte, sur la mer Rouge, au fond du golfe de Suez, à l'entrée du canal de Suez.

SUEZ (isthme de), isthme entre la mer Rouge et la Méditerranée, traversé par un canal dont Ferdinand de Lesseps fut le promoteur et qui fut inauguré en 1869. En 1875, la Grande-Bretagne devint le principal actionnaire de la Compagnie du canal de Suez. Les Britanniques, qui assuraient le contrôle militaire du canal, évacuèrent l'Égypte de 1954 à 1956; mais la nationalisation du canal par le colonel Nasser provoqua un conflit avec Israël, la France et la Grande-Bretagne (1956). L'action militaire de ces puissances contre l'Égypte fut arrêtée par l'intervention des États-Unis et de l'O.N.U. — Le canal a 161 km de Port-Saïd à Suez : il abrège de près de moitié du trajet entre le golfe Persique et la mer du Nord. Il a été fermé à la navigation de 1967 à 1975 à la suite des guerres israélo-arabes. Le trafic a repris à cette date, limité cependant par la relative faiblesse du tirant d'eau.

SUFFOLK, comté de l'Angleterre, sur la mer du Nord. Ch.-l. Ipswich.

SUFFREN DE SAINT-TROPEZ (Pierre André DE), dit le bailli de Suffren, marin français, né à Saint-Cannat, près d'Aix-en-Provence (1729-1788). Commandeur et bailli de l'ordre de Malte, il combattit pendant la guerre d'Amérique (1779), avant de servir glorieusement aux Indes contre

les Anglais (1782-83). Il fut nommé vice-amiral en 1784.

SUGER, moine français, né à Saint-Denis ou à Argenteuil (v. 1081-1151). Habile diplomate, il fut à la fois abbé de Saint-Denis (1122) et conseiller des rois Louis VI et Louis VII. Pendant la deuxième croisade, il fut régent du royaume (1147-1149). Il tenta de s'opposer au renvoi d'Aliénor d'Aquitaine, dont il prévoyait les conséquences désastreuses. On lui doit une utile correspondance; on lui attribue une Histoire de Louis VII.

SUHARTO, homme d'État indonésien, né près de Jogjakarta en 1921. Chef du gouvernement en 1966, il est président de la République depuis 1968.

SUI, localité du Pākistān, au sud-ouest de Multān. Gaz naturel.

SUIPPES (51600), ch.-l. de c. de la Marne; 4878 h. Camp militaire.

SUISSE, en allem. Schweiz, en ital. Svizzera, État fédéral d'Europe, formé de 23 cantons; 41288 km2; 6350000 h. (Suisses). Cap. Berne, siège du gouvernement fédéral.

GÉOGRAPHIE

Du nord-ouest au sud-est, la Suisse s'étend sur trois régions naturelles de superficies inégales : le Jura, plissé au sud, de forme tabulaire au nord; le Mittelland (« pays du milieu »), entre le lac Léman et le lac de Constance, formé de collines molassiques; les Alpes, qui occupent plus de la moitié du territoire. Ces dernières comprennent les Préalpes et, au sud, une partie de la zone axiale de la chaîne, massive, découpée par les hautes vallées du Rhône et de l'Inn; seul le Tessin appartient au versant méridional des Alpes. Les larges vallées et les nombreux lacs sont les témoins de l'action des glaciers du quaternaire. Le climat est de type continental, influencé par l'altitude. Le Mittelland, abrité et plus bas, constitue la partie vitale du pays. C'est la principale région agricole (blé, betterave à sucre), et l'élevage bovin, pour les produits laitiers surtout, y est développé. Cet élevage et l'exploitation de la forêt sont les principales ressources des montagnes; toutefois, certains versants portent des cultures fruitières et des vignes.

Malgré la pauvreté du sous-sol, la Suisse est une importante puissance industrielle. Les activités textiles et alimentaires, l'horlogerie et le travail du bois sont de tradition ancienne. Mais, grâce à l'hydroélectricité, favorisée par le relief, aux capitaux accumulés, à une main-d'œuvre habile, se sont développées les branches modernes de l'industrie (métallurgie de transformation, chimie). Celles-ci sont implantées dans les principales villes, qui, en dehors de Bâle (port fluvial sur le Rhin), se localisent dans le Mittelland : Zurich (métropole économique du pays), Berne (capitale fédérale), Lausanne, Genève (ville au caractère international). La Suisse est encore un grand carrefour international, notamment au point de vue financier et une importante région touristique. La population, très dense, compte à peu près également entre le protestantisme et le catholicisme, et appartient à quatre groupes linguistiques : allemand (65 p. 100 de la population), français (18 p. 100), italien, romanche. Le niveau de vie moyen est l'un des plus élevés d'Europe.

HISTOIRE

— 58 av. J.-C. : les Helvètes sont refoulés par César dans leurs montagnes.
— IVe-VIIe s. : christianisation et germanisation progressives. Fondation des grandes abbayes (Saint-Gall, etc.).
— 1032 : l'Helvétie, dans le Saint Empire romain germanique.
— XIIe-XIIIe s. : les communautés urbaines obtiennent d'importantes franchises et se constituent en confédérations, qui sont les futurs cantons (Uri, 1231; Schwyz, 1240; etc.).
— 1273 : avènement à l'Empire de l'Autrichien Rodolphe de Habsbourg, qui remet en question l'autonomie des communautés suisses. Résistance (Guillaume Tell).
— 1291 : le pacte perpétuel des cantons d'Uri,

Schwyz et Unterwald est l'acte de naissance de la Confédération suisse.
— 1315 : Léopold Iᵉʳ est battu par les Suisses à Morgarten.
— 1353 : la Confédération comprend huit cantons après l'adhésion de Lucerne (1332), Zurich (1351), Glaris et Zoug (1352), Berne (1353).
— 1386 : battus à Sempach, les Autrichiens reconnaissent l'indépendance de la Confédération.
— 1415 : annexion de l'Argovie autrichienne.
— 1460 : annexion de la Thurgovie.
— 1476 : Charles le Téméraire battu par les Confédérés à Grandson et à Morat.
— 1499 : l'empereur Maximilien Iᵉʳ, vaincu, doit reconnaître l'indépendance de fait de la Suisse.
— 1513 : la Confédération compte treize cantons après l'adhésion de Soleure et Fribourg (1481), Bâle et Schaffhouse (1501), Appenzell (1513).
— 1515 : défaite de Marignan devant les Français.
— 1516 : paix perpétuelle avec la France.
— 1519 : début de la pénétration protestante (Zwingli).
— 1531 : bataille de Kappel. La Confédération se partage en sept cantons catholiques, quatre réformés et deux mixtes.
— 1541 : Calvin s'installe définitivement à Genève.
— 1648 : les traités de Westphalie consacrent l'indépendance des cantons suisses.
— 1798 : le Directoire impose une République helvétique unitaire, amputée d'importants territoires au profit de la France.
— 1803 : Bonaparte constitue une Confédération helvétique dont il est le médiateur.
— 1813 : abrogation de ce régime.
— 1814 : la Suisse recouvre le Valais, Neuchâtel et Genève, qui forment trois nouveaux cantons.
— 1815 : pacte fédéral.
— 1845 : constitution du Sonderbund, ligue séparatiste formée par les sept cantons catholiques.
— 1847 : échec du Sonderbund.
— 1848 : une nouvelle constitution fait de la Suisse un véritable État fédéral, doté d'un gouvernement central siégeant à Berne.
— 1857 : règlement pacifique du problème de Neuchâtel.
— 1874 : une révision introduit le droit de référendum.
— 1914-1918, 1939-1945 : la Suisse est neutre.
— 1978 : un nouveau canton de langue française voit le jour, le Jura.

SUISSE NORMANDE, nom donné à la partie sud du Bocage normand, la plus élevée.

SUISSE SAXONNE, région de l'Allemagne démocratique et de Tchécoslovaquie, de part et d'autre de l'Elbe.

SUITA, v. du Japon (Honshū); 260 000 h.

SUKARNO ou **SOEKARNO,** homme d'État indonésien, né à Surabaya (Java) [1901-1970]. Fondateur du parti national indonésien (1927), il proclama en 1945 l'indépendance de la République indonésienne, dont il fut le premier président. En 1957, devant la montée des mouvements séparatistes, il mit fin au régime parlementaire. Mais il dut, en 1966, remettre ses pouvoirs au général Suharto et il abandonna la présidence de la République en 1967.

SUKARNOPURA, anc. Hollandia → JAYAPURA.

SUKHOTAI, v. du nord de la Thaïlande; 15 000 h. Anc. cap. du premier royaume thaï (XIIIᵉ-XVᵉ s.); nombreux monuments.

SUKKUR, v. du Pākistān, sur l'Indus; 159 000 h. Barrage d'irrigation.

SULAWESI → CÉLÈBES.

SULI → SOÚLI.

SULLA ou **SYLLA** (Lucius Cornelius), général et homme d'État romain (138-78 av. J.-C.). Lieutenant, puis rival de Marius, il fut consul en 88 av. J.-C. et joua un rôle décisif dans la guerre sociale. Vainqueur de Mithridate VI Eupator, roi du Pont (85), il devint le chef du parti aristocratique, et bientôt le maître de Rome et de l'Italie (83). Il proscrivit les opposants, remania les institutions et se fit attribuer une dictature à vie (82). Parvenu à l'apogée de sa puissance, il

Sulla

portrait du duc de **Sully** attribué à F. Quesnel

Sun Yat-sen

Étage inférieur restauré de la ziggourat d'Our. IIIᵉ dynastie, environ 2133-2025 av. J.-C.

SUMÉRIENS

Statue représentant Di-Outou, petit-fils de Lougal-kisalsi, roi d'Ourouk. Calcaire. Milieu du IIIᵉ millénaire av. J.-C. (Musée du Louvre, Paris.)

renonça brusquement à ses pouvoirs et se retira en Campanie (79 av. J.-C.).

Sullom Voe, terminal pétrolier de l'archipel des Shetland.

SULLY (Maurice DE), évêque de Paris, né à Sully-sur-Loire (v. 1120-1196). Il décida d'entreprendre la construction de Notre-Dame (1163).

SULLY (Maximilien DE BÉTHUNE, *baron* DE ROSNY, *duc-pair* DE), ministre d'Henri IV, né à Rosny-sur-Seine (1560-1641). Protestant, il devint, après avoir combattu aux côtés d'Henri IV (1576-1590), surintendant des Finances (1598). Il administra les finances avec économie et protégea l'agriculture et l'élevage du ver à soie. Il dota le pays de routes, de canaux, créa une artillerie, dressa un budget et fit accepter l'édit de la Paulette. Après la mort d'Henri IV (1610), il se consacra à ses *Mémoires des sages et royales économies d'État de Henry le Grand.*

Sully (*hôtel*), rue Saint-Antoine, dans le Marais, à Paris. Construit dans un style pittoresque vers 1624, il fut acheté par Sully en 1634. Restauré, il abrite auj. la Caisse nationale des monuments historiques.

SULLY PRUDHOMME (René François Armand PRUDHOMME, dit), poète français, né à Paris (1839-1907), d'inspiration intimiste (*les Solitudes*), puis didactique (*la Justice, les Vaines Tendresses*). [Prix Nobel, 1901; Acad. fr.]

SULLY-SUR-LOIRE (45600), ch.-l. de c. du Loiret; 5 049 h. Constructions mécaniques. Château des XIVᵉ et XVIᵉ s. ayant appartenu à Maximilien de Béthune (fief acquis en 1602).

SULPICE (*saint*), évêque de Bourges (m. en 591).

SULPICE SÉVÈRE, historien ecclésiastique, né en Aquitaine (v. 360 - v. 420), auteur d'une *Vie de saint Martin* à laquelle il doit sa renommée.

SULU (*îles*), archipel des Philippines.

SUMATRA, la plus grande des îles de la Sonde (Indonésie); 473 606 km²; 20 813 000 h. V. pr. *Medan, Palembang.* Pétrole. Plantations d'hévéas, de caféiers et de tabac.

SUMAVA, en allem. **Böhmerwald,** massif montagneux de Tchécoslovaquie, formant le rebord sud-ouest de la Bohême; 1 380 m.

SUMBAWA ou **SUMBAVA,** île de l'Indonésie, à l'est de Java.

SUMEN, anc. Kolarovgrad, v. du nord-est de la Bulgarie; 84 000 h. Construction automobile.

SUMÈNE (30440), ch.-l. de c. du Gard; 1 702 h. Bonneterie.

SUMER. *Géogr. anc.* Région de la basse Mésopotamie, près du golfe Persique.

SUMÉRIENS, peuple d'origine iranienne établi au IVᵉ millénaire en basse Mésopotamie. Ils fondèrent des puissantes cités-États (Lagash, Ourouk, Our, etc.) qui sont à l'origine de la vie urbaine, où s'épanouit la première architecture religieuse, la statuaire, la glyptique, et où est inventée l'écriture à la fin du IVᵉ millénaire. L'établissement des Sémites en Mésopotamie élimina les Sumériens de la scène politique; seules survécurent leur langue, leur écriture et leur civilisation, dont témoignent nombre de vestiges.

SUND ou **ØRESUND,** détroit reliant le Cattégat à la Baltique, entre l'île danoise de Sjaelland et le littoral suédois.

SUNDERLAND, port d'Angleterre, sur la mer du Nord; 217 000 h.

SUNDGAU (le), pays du sud de l'Alsace.

SUN YAT-SEN ou **SOUEN TCHONG-CHAN** ou **SUN ZHONGSHAN,** homme d'État chinois, né dans la province du Kouang-tong (1866-1925). Dès 1894, il fonda l'Association pour le redressement de la Chine, qui fut à l'origine d'un premier soulèvement (1895). À la tête d'un nouveau parti — la Ligue d'union jurée —, il récolta les fruits de la révolution de 1911 : celle-ci déboucha sur la formation d'une Assemblée nationale qui l'élit président provisoire de la République (1912). Ayant fondé le Kouo-min-tang, il dirigea à Canton un éphémère gouvernement militaire (1917-18) avant d'être élu (1921) président de la République; il s'allia avec les communistes pour organiser un État socialiste.

SUOCHE → YARKAND.

SUOMI, nom finnois de la *Finlande.*

SUPERBAGNÈRES, station de sports d'hiver (alt. 1800-2260 m), dans les Pyrénées (Haute-Garonne), au sud-ouest de Bagnères-de-Luchon.

SUPERBESSE → BESSE-ET-SAINT-ANASTAISE.

SUPERDÉVOLUY, station de sports d'hiver (alt. 1500-2500 m) des Hautes-Alpes.

SUPÉRIEUR *(lac),* le plus vaste et le plus occidental des grands lacs de l'Amérique du Nord, entre les États-Unis et le Canada, communiquant avec le lac Huron par la rivière Sainte-Marie; 82 380 km².

SUPERLIORAN, station de sports d'hiver (alt. 1250-1850 m) du Cantal.

SUPERVIELLE (Jules), écrivain français, né à Montevideo (Uruguay) [1884-1960]. Poète *(Débarcadères, Gravitations),* il humanise le merveilleux dans son théâtre *(la Belle au bois)* et ses nouvelles *(le Voleur d'enfants).*

Suppliantes (les), tragédie d'Eschyle (entre 493 et 490 av. J.-C.). Danaos et ses filles sont accueillis par les Argiens.

Suppliantes (les), tragédie d'Euripide (v. 422 av. J.-C.). Les corps des sept chefs argiens tombés devant Thèbes sont rendus à leurs mères.

Supports-Surfaces ou **Support-Surface,** nom adopté en 1970 par un groupe de jeunes artistes dont l'action organisée couvre surtout les années 1969-1971. Ces artistes (Vincent Bioulès, Louis Cane, Marc Devade, Daniel Dezeuze, Patrick Saytour, Claude Viallat, etc.), s'inspirant notamment de Matisse, de la *nouvelle abstraction* et du *minimal art* américains, de Français tels que Hantaï et Daniel Buren, ont développé, sur un fond d'engagement politique, des expériences et des théories relatives à la matérialité de la peinture.

SURABAYA ou **SURABAJA,** principal port et deuxième ville d'Indonésie (Java); 1556 000 h.

SURAKARTA, anc. **Solo,** v. d'Indonésie (Java); 414 000 h.

SÛRAT, port de l'Inde (Gujerat); 472 000 h. Monuments anciens (XVIᵉ-XVIIᵉ s.).

SURCOUF (Robert), marin français, né à Saint-Malo (1773-1827). Il mena dans l'océan Indien, de 1795 à 1801 et de 1807 à 1809, une redoutable guerre de course au commerce anglais, puis se retira à Saint-Malo, où il devint un très riche armateur.

SÛRE (la), riv. née en Belgique, qui traverse le Luxembourg et sépare ce pays de l'Allemagne fédérale avant de rejoindre la Moselle (r. g.); 173 km.

SURÉNA → ORODÈS II.

SURESNES (92150), ch.-l. de c. des Hauts-de-Seine, sur la Seine; 38 298 h. *(Suresnois).* Cimetière américain. Fort du Mont-Valérien*.

SURGÈRES (17700), ch.-l. de c. de la Charente-Maritime; 6 501 h. Église romane. Anc. château. École de laiterie. Produits laitiers.

SURINAME ou **SURINAM** (le), anc. **Guyane hollandaise,** État du nord de l'Amérique du Sud; 142 822 km²; 435 000 h. Cap. *Paramaribo.* Le territoire, au climat équatorial, occupe l'extrémité orientale du plateau des Guyanes, bordée au nord par une plaine marécageuse. Importante production de bauxite.

HISTOIRE

— 1667 : les Hollandais évincent les Anglais qui ont fondé des établissements en Guyane.
— 1682 : le pays est confié à la Compagnie néerlandaise des Indes occidentales.
— 1796-1816 : occupation anglaise.
— 1863 : abolition de l'esclavage.
— 1950 : instauration d'un régime parlementaire.
— 1954 : le Surinam, autonome.
— 1973 : M. H. Arron, Premier ministre.
— 1975 : indépendance.
— 1980 : coup d'État militaire. Henk Chin A. Sen, Premier ministre et chef de l'État.

Surprise de l'amour (la), titre de deux comédies de Marivaux, toutes deux en trois actes et en prose (1722 et 1727).

SURREY, comté d'Angleterre, au sud de Londres; 985 900 h. Ch.-l. *Kingston-upon-Thames.*

SURREY (Henry HOWARD, *comte* DE), homme politique et poète anglais (v. 1518-1547). Il introduisit l'usage du vers blanc dans la poésie anglaise et créa la forme anglaise du sonnet (trois quatrains et un distique).

SUSE, anc. capitale de l'Élam, détruite v. 646 av. J.-C. par Assourbanipal. À la fin du VIᵉ s. av. J.-C., Darios Iᵉʳ en fit la capitale de l'Empire achéménide. Chapiteaux, reliefs, sculptures, orfèvreries, etc., ont été recueillis, depuis le début des fouilles (1884), dans les ruines des cités élamite et achéménide.

SUSE, en ital. **Susa,** v. d'Italie (Piémont), au débouché des routes du Mont-Cenis et de Montgenèvre, dit *pas de Suse,* barricadé par le duc de Savoie et forcé par Louis XIII en 1629; 7 000 h. Arc romain. Cathédrale du XIᵉ s.

SUSIANE, province de l'Empire perse, correspondant approximativement à l'Élam. C'est le Khûzistan actuel.

suspects (loi des), loi votée par la Convention le 17 septembre 1793 et abrogée en octobre 1795. Elle fut le moteur de la Terreur jacobine.

SUSQUEHANNA (la), fl. des États-Unis, qui se jette dans la baie de Chesapeake; 750 km.

SUSSEX, comté d'Angleterre, au sud de Londres, sur la Manche. Le royaume saxon du Sussex, fondé entre 477 et 491, fut conquis par le royaume du Wessex, qui l'annexa définitivement vers la fin du VIIIᵉ s.

SUSTEN (col du), col des Alpes suisses, reliant les vallées de l'Aar et de la Reuss; alt. 2 262 m.

SUTLEJ ou **SATLEDJ** (la), riv. de l'Inde et du Pākistān, l'une des cinq rivières du Pendjab, affl. de l'Indus (r. g.); 1 600 km.

SUVA, cap. des îles Fidji, sur l'île de Viti Levu; 63 000 h.

SUWON, v. de la Corée du Sud; 171 000 h.

SUZANNE, héroïne du livre biblique de Daniel, type de l'innocence calomniée, et reconnue grâce à l'intervention divine.

SUZE-SUR-SARTHE (La) [72210], ch.-l. de c. de la Sarthe; 3 606 h.

SUZHOU → SOU-TCHEOU.

SVALBARD, possession norvégienne de l'océan Arctique, au nord-est du Groenland, comprenant notamment l'archipel du Spitzberg (dont l'île du Spitzberg occidental, qui recèle un gisement houiller, est la principale terre); 62 050 km²; 2 900 h. V. pr. *Longyearbyen.*

SVEALAND, partie centrale de la Suède.

SVERDLOVSK, anc. **Iekaterinbourg,** v. de l'U.R.S.S. (R.S.F.S. de Russie), dans l'Oural; 1 187 000 h. Centre métallurgique.

SVERDRUP (Harald Ulrick), météorologue et océanographe norvégien, né à Sogndal (1888-1957).

SVEVO (Ettore SCHMITZ, dit **Italo**), écrivain italien, né à Trieste (1861-1928), l'un des maîtres de la littérature introspective et intimiste *(la Conscience de Zeno,* 1923).

SWAMMERDAM (Jan), naturaliste hollandais, né à Amsterdam (1637-1680), auteur de travaux sur les insectes.

SWAN (sir Joseph Wilson), chimiste britannique, né à Sunderland (1828-1914). Il réalisa la lampe à incandescence à filament de carbone (1878), et le papier photographique au bromure d'argent.

SWANSEA, port de Grande-Bretagne (pays de Galles), sur le canal de Bristol; 173 000 h. Métallurgie.

SWART (Charles Robberts), homme d'État sud-africain, né à Winburg (Orange) en 1894. Il fut le premier président de la république d'Afrique du Sud (1961-1967).

SWATOW → CHAN-T'EOU.

SWAZILAND, État d'Afrique, entre la république d'Afrique du Sud et le Mozambique; 17 363 km²; 499 000 h. Cap. *Mbabane.* Fer. Amiante. Royaume bantou fondé en 1815, le Swaziland passa en 1902 sous le protectorat britannique. Il devint indépendant en 1968, avec Sobhuza II comme souverain. Ce dernier a instauré un régime personnel en 1973.

SWEDENBORG (Emanuel), théosophe et visionnaire suédois, né à Stockholm (1688-1772). Auteur d'une doctrine sur la communication avec les esprits, il eut de nombreux adeptes en Angleterre et aux États-Unis.

SWEELINCK (Jan Pieterszoon), organiste et compositeur néerlandais, né à Deventer (1562-1621). Il a enrichi la littérature du clavecin, de l'orgue (toccate, variations) et de l'art vocal (psaumes, chansons). Il forma à Amsterdam de nombreux techniciens du clavier.

SWIFT (Jonathan), écrivain irlandais, né à Dublin (1667-1745). Secrétaire d'un diplomate, puis précepteur d'une jeune fille à qui il adressa le *Journal à Stella,* il entra dans le clergé anglican et prit parti dans les luttes religieuses *(le Conte du tonneau),* politiques *(Lettres de M. B., drapier)* et littéraires *(la Bataille des livres).* Ses ambitions déçues lui inspirèrent une violente satire de la société anglaise et de la civilisation de son époque, *les Voyages de Gulliver** (1726).

SWINBURNE (Algernon Charles), poète anglais, né à Londres (1837-1909). Poète érudit, héritier de la tradition romantique *(Atalante in Calydon, Poèmes et ballades),* il évolua vers un idéal humanitaire *(Chants d'avant le lever du soleil).* Il a laissé une œuvre critique importante.

SWINDON, v. de Grande-Bretagne, à l'ouest de Londres; 98 000 h.

SYAGRIUS (Afranius), chef gallo-romain (v. 430-486). Il gouverna l'étroit territoire qui restait en Gaule aux Romains entre la Somme et la Loire, avant d'être battu et tué par Clovis à Soissons (486).

SYBARIS, anc. v. de l'Italie, dans le Bruttium (Calabre), dont la prospérité était proverbiale. Elle disparut en 510 av. J.-C. au terme d'un conflit avec Crotone.

SYDENHAM (Thomas), médecin anglais, né à Wynford Eagle (1624-1689), inventeur du laudanum.

SYDNEY, port de l'Australie, cap. de la Nouvelle-Galles du Sud, sur une baie formée par l'océan Pacifique; 2 936 000 h. Grand centre industriel et commercial. Université. Musées.

SYDNEY, port du Canada (Nouvelle-Écosse); 30 645 h. Sidérurgie.

SYÈNE, v. de l'Égypte ancienne à la Basse Époque (auj. Assouan).

SYKTYVKAR, v. de l'U.R.S.S. (R.S.F.S. de Russie), à l'ouest de l'Oural; 161 000 h. Industries du bois.

SYLLA → SULLA.

Syllabus, acte pontifical, publié le 8 décembre 1864 par ordre de Pie IX. C'est un recueil de 80 propositions condamnant les principales « erreurs » du temps (libéralisme, socialisme, naturalisme, etc.).

Sylphide (la), premier ballet romantique, chorégraphie de F. Taglioni, musique de Schneitzhöffer, créé à Paris en 1832 par Maria Taglioni. Reconstitution par P. Lacotte (1972).

SYLT, île de l'Allemagne fédérale, à l'ouest de la côte du Schleswig-Holstein.

Sydney

Serraillier-Rapho

SYLVAIN. *Myth. rom.* Divinité protectrice des bois et des champs.

SYLVESTRE Ier *(saint),* né à Rome (m. en 335), pape de 314 à 335. Sous son pontificat, le christianisme accéda avec Constantin Ier au statut de religion d'Empire. — **SYLVESTRE II** *(Gerbert),* né en Auvergne (v. 938-1003), pape de 999 à 1003. Célèbre pour son érudition, il réforma les abus ecclésiastiques, notamment la simonie. Il fut le pape de l'an 1000. — **SYLVESTRE III** *(Jean),* né à Rome (v. 1000 - apr. 1046), pape de 1045.

SYMMAQUE, en lat. **Quintus Aurelius Symmachus,** orateur et homme politique romain, né à Rome (v. 340 - v. 410). Préfet de Rome en 384, consul en 391, il fut un des derniers défenseurs du paganisme contre le christianisme triomphant.

SYMMAQUE *(saint),* né en Sardaigne (v. 450-514), pape (498-514).

Symphonie fantastique ou *Épisode de la vie d'un artiste,* de Berlioz (1830), grande fresque dans laquelle l'auteur a cherché à évoquer sa passion pour Harriet Smithson.

Symphonie pour un homme seul, ballet de Maurice Béjart, musique concrète de Pierre Henry et Pierre Schaeffer, créé à Paris en 1955.

SYNGE (John Millington), auteur dramatique irlandais, né à Rathfarnham (1871-1909). Ses drames mêlent les thèmes folkloriques à l'observation réaliste de la vie quotidienne de province (*le Baladin du monde occidental,* 1907).

SYPHAX (m. v. 202 av. J.-C.), roi de la Numidie occidentale, époux de Sophonisbe. Il fut vaincu par Scipion l'Africain en 203, lors de la deuxième guerre punique.

SYRA, une des îles Cyclades (Grèce). Ch.-l. *Hermoupolis.*

SYRACUSE, port de Sicile, sur la côte est; 123 000 h. Vestiges grecs et romains (temples, théâtre, amphithéâtre, latomies, etc.), et monuments du Moyen Âge et de l'époque baroque. Musées. Colonie corinthienne fondée v. 734 av. J.-C., Syracuse imposa au Ve s. av. J.-C. son hégémonie sur la Sicile. Avec Denys l'Ancien (405-367 av. J.-C.), son influence s'étendit aux cités grecques de l'Italie méridionale. Elle devint romaine au cours de la deuxième guerre punique (212 av. J.-C.).

SYRACUSE, v. des États-Unis (New York); 197 000 h. Université. Électronique.

SYR-DARIA (le), anc. **Iaxarte,** fl. de l'U.R.S.S., en Asie; 2 860 km. Né au Kirghizistan (sous le nom de Naryn), il se jette dans la mer d'Aral.

SYRIE, région historique de l'Asie occidentale, englobant les États actuels de la république de Syrie, du Liban, d'Israël et de Jordanie.

HISTOIRE

— IIe millénaire : infiltration, par vagues successives, des Amorrites, Hourrites, Cananéens, Phéniciens, Araméens, Hébreux, Peuples de la mer.
— 539 av. J.-C. : la prise de Babylone par Cyrus II met fin à la domination assyrienne et fait de la Syrie une satrapie perse.
— 332 : conquête d'Alexandre.
— 323 : mort d'Alexandre; la Syrie dans le domaine des Séleucides.
— 300 : fondation d'Antioche, qui devient la capitale du royaume de Syrie.
— 64-63 : conquête romaine; formation de la province romaine de Syrie.
— 395 apr. J.-C. : la Syrie rattachée à l'Empire d'Orient.
— 636 : les Arabes, vainqueurs des Byzantins sur le Yarmouk.
— 661-750 : les Omeyyades font de la Syrie et de Damas le centre de l'Empire musulman.
— 750 : avènement des 'Abbâssides. Bagdad remplace Damas comme capitale du monde musulman.
— IXe s. : la Palestine et la Syrie du Sud sont attirées dans l'orbite égyptienne.
— Xe s. : les Hamdânides d'Alep ne peuvent contenir les assauts de la reconquête byzantine.
— 1076-77 : les Turcs Seldjoukides prennent Damas, puis Jérusalem.
— 1098 : conquête par les croisés. Antioche, capitale d'une principauté latine.

— 1099 : fondation du royaume latin de Jérusalem.
— 1109 : fondation du comté latin de Tripoli.
— V. 1180 : l'Église maronite reconnaît la juridiction suprême du pape.
— 1260 : les Mongols, stoppés par les Mamelouks du Caire, qui reconquièrent les territoires latins et gouvernent la Palestine et la Syrie jusqu'à la conquête ottomane.
— 1400-1401 : la Syrie ravagée par Tîmûr Lang (Tamerlan).
— 1516 : conquête ottomane.
— 1831-1840 : les Égyptiens chassent momentanément les Ottomans de Syrie.
— 1840-1842 et 1860 : massacre des maronites par les Druzes. Intervention française.
— 1918 : fin de la domination ottomane.
— 1920 : le Hâchémite Fayçal Ier, proclamé roi de Syrie avant de devenir roi d'Iraq.
— 1920-1941 : mandat français sur la Syrie.
— 1945-46 : évacuation des Français.

SYRIE, en ar. **Sūriya,** État de l'Asie occidentale, sur la Méditerranée; 184 480 km²; 9 millions d'h. *(Syriens).* Cap. *Damas.* Langue : *arabe.*

GÉOGRAPHIE

Une barrière montagneuse (djebel Ansarieh, prolongé au sud par les chaînons de l'Anti-Liban et de l'Hermon) sépare une étroite plaine littorale, au climat méditerranéen, des plateaux de l'Est, désertiques. Les principales cultures (blé et orge surtout, coton, tabac, vigne, olivier) sont souvent liées à l'irrigation et proviennent du Rhab (dépression drainée par l'Oronte), des piémonts montagneux, sites des principales villes (Damas, Alep, Homs et Hamā, en dehors du port de Lattaquié) et de la vallée de l'Euphrate (barré à Tabqa). L'élevage ovin, pratiqué par les nomades, est la ressource essentielle de la Syrie orientale. Plusieurs oléoducs aboutissant aux ports méditerranéens traversent le territoire syrien (également producteur et petit exportateur de pétrole) comblant partiellement le déficit de la balance commerciale.

HISTOIRE

— 1941 : indépendance de la Syrie, auparavant pays sous mandat français.
— 1943 : Chukri al-Quwwatlî, président de la République.
— 1946 : départ des derniers Français.
— 1948 : la Syrie dans la première guerre israélo-arabe.
— 1949 : coup d'État militaire. Début de la lutte entre pro-irakiens et pro-égyptiens.

— 1955 : rejet du projet britannique du pacte de Bagdad.
— 1958-1961 : union avec l'Égypte au sein de la République arabe unie.
— 1963 : le parti Baath au pouvoir.
— 1967 : guerre des six jours avec Israël; occupation définitive du Golan.
— 1970 : Asad au pouvoir.
— 1973 : la Syrie dans la quatrième guerre israélo-arabe.
— 1976-1979 : la Syrie intervient au Liban.

SYRINX. *Myth. gr.* Nymphe d'Arcadie, qui, pour se soustraire à l'amour de Pan, obtint d'être changée en roseau; de ce roseau Pan fit une flûte.

SYRTES, nom antique de deux golfes : *Grande Syrte* (encore employé auj. pour désigner une large échancrure de la côte de Libye) et *Petite Syrte* (golfe de Gabès), sur la côte de Tunisie.

SYZRAN, v. de l'U.R.S.S., sur la Volga; 187 000 h. Raffinage du pétrole.

SZCZECIN, en allem. **Stettin,** important port de Pologne, sur l'Odra; 376 000 h. Métallurgie.

SZEGED, v. de Hongrie, au confluent de la Tisza et du Maros (Mureş); 173 000 h. Université. Église baroque du XVIIIe s.

SZÉKESFEHÉRVÁR, anc. **Albe Royale,** v. de Hongrie, au nord-est du lac Balaton; 99 000 h. Église gothique. Constructions baroques et néoclassiques. Aluminium.

SZENT-GYÖRGYI (Albert), biochimiste hongrois, né à Budapest en 1893, prix Nobel en 1937 pour sa découverte de la vitamine C.

SZIGLIGETI (József Szathmáry, dit **Ede**), auteur dramatique hongrois, né à Váradolaszi (1814-1878), créateur du drame populaire en Hongrie (*le Déserteur, le Tzigane).*

SZILARD (Leo), physicien américain d'origine hongroise, né à Budapest (1898-1964). Il a découvert la production de neutrons par action des rayons gamma sur le béryllium.

SZOLNOK, v. de Hongrie, sur la Tisza; 74 000 h. Université.

SZOMBATHELY, v. de Hongrie; 79 000 h. Vestiges romains. Monuments gothiques et baroques.

SZYMANOWSKI (Karol), compositeur polonais, né à Tymoszówka (1882-1937), un des chefs de l'école symphonique et dramatique polonaise.

SYRIE

courbes : 200, 500, 1000, 1500 m

Vue de **Tolède,** sur la rive droite du Tage.

T

TABARIN (Antoine GIRARD, dit), bateleur français, né à Paris (1584-1633), célèbre joueur de farces.

TABARLY (Éric), officier de marine et navigateur français, né à Nantes en 1931, vainqueur en 1964 et en 1976 de la course transatlantique en solitaire.

Table ronde (chevaliers de la) → ARTHUR.

Table verte (la), ballet en un acte et huit tableaux, livret et chorégraphie de Kurt Jooss, musique de Fritz Cohen, créé à Paris en 1932.

TÁBOR, v. de Tchécoslovaquie (Bohême); 19 000 h. Principale forteresse des hussites (v. HUS), dont les plus intransigeants furent appelés *taborites.*

TABOUROT (Jehan), écrivain français, né à Dijon (1519 ou 1520-1595 ou 1596). Il est l'auteur, sous le pseudonyme de **Thoinot Arbeau,** du premier ouvrage de notation chorégraphique (*Orchésographie,* 1588).

TABQA, village de Syrie, près de l'Euphrate. Grand barrage sur le fleuve.

TABRIZ, anc. **Tauris,** v. de l'Iran (Azerbaïdjan); 599 000 h. Beau décor de céramique émaillée (XVe s.) de la mosquée Bleue. Industries mécaniques et textiles.

TACHKENT, v. de l'U.R.S.S., cap. de l'Ouzbékistan, en Asie centrale; 1 689 000 h. Métallurgie. Textiles (coton).

TACITE, historien romain (v. 55 - v. 120), auteur des *Annales,* des *Histoires,* de *la Vie d'Agricola,* de *la Germanie* et du *Dialogue des orateurs.* Son style expressif, dense et concis fait de Tacite un maître de la prose latine.

TACITE, empereur romain (275-276), né à Amiternum (v. 200-276). Successeur d'Aurélien, il ne régna que quelques mois.

TACNA, v. du Pérou méridional; 67 000 h. Centre minier. Tacna appartint au Chili de 1883 à 1929.

TACOMA, v. des États-Unis (État de Washington); 156 000 h. Métallurgie.

TADEMAÏT (plateau du), région du Sahara algérien, au nord d'In-Salah.

TADJIKISTAN, république fédérée de l'U.R.S.S., en Asie centrale, à la frontière de la Chine et de l'Afghānistān; 143 100 km²; 2 900 000 h. Cap. *Douchanbe.* S'étendant sur le Pamir, ce pays montagneux, partiellement peuplé de Tadjiks, est ouvert par quelques bassins, domaines de la culture des arbres fruitiers et du coton.

Tādj Mahall ou **Tāj Mahal,** mausolée de marbre blanc incrusté de pierres de couleur, élevé au XVIIe s., près d'Āgrā, par l'empereur Chāh Djahān à la mémoire de son épouse favorite. L'une des plus belles réussites de l'architecture moghole.

TADLA, plaine du Maroc occidental.

TAEGU, v. de la Corée du Sud; 1 083 000 h. Textile.

TAEJON, v. de la Corée du Sud; 415 000 h.

TAFILALET ou **TAFILELT,** région du Sahara marocain, au sud du Haut Atlas. Nombreuses oasis.

TAFNA (la), fl. côtier d'Algérie (Tlemcen), qui a donné son nom au traité conclu en 1837 entre Bugeaud et Abd el-Kader.

TAFT (William Howard), homme d'État américain, né à Cincinnati (1857-1930), président républicain des États-Unis de 1909 à 1913.

Tacite

TAGALS, peuple des Philippines, principal groupe de l'île de Luçon.

TAGANROG, port de l'U.R.S.S., sur la mer d'Azov; 285 000 h. Matériel agricole.

TAGE (le), en esp. **Tajo,** en portug. **Tejo,** le plus long fl. de la péninsule Ibérique; 1 006 km. Né en Espagne, il passe à Tolède, traverse le Portugal et rejoint l'Atlantique par un estuaire sur lequel est établie Lisbonne.

TAGLIAMENTO (le), fl. de l'Italie septentrionale, qui se jette dans l'Adriatique entre Venise et Trieste, à travers des lagunes; 170 km. Victoire de Bonaparte en 1797.

TAGLIONI (les), famille de danseurs italiens. Le père, FILIPPO, né à Milan (1777-1871), chorégraphe, est l'auteur du premier ballet romantique, *la Sylphide,* que sa fille MARIA ou MARIE, née à Stockholm (1804-1884), créa à Paris (1832). — Son fils PAUL, né à Vienne (1808-1884), dit *Paul le Grand,* fut un danseur réputé.

TAGORE (Rabindranāth), écrivain indien, né à Calcutta (1861-1941), auteur de poèmes d'inspiration mystique ou patriotique (*Gitān-jali,* traduit de l'anglais par Gide sous le titre de *l'Offrande lyrique*), de romans et de drames. (Prix Nobel, 1913.)

TAHITI, île principale de l'archipel de la Société (Polynésie française); 1 042 km²; 95 604 h. Ch.-l. *Papeete.* Coprah. Tourisme. Placée en 1842 sous le protectorat français par l'amiral Dupetit-Thouars, elle devint colonie française en 1880.

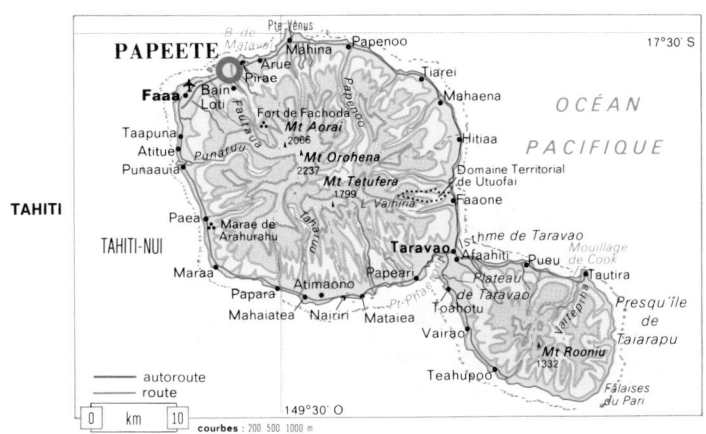

TAÏBA, centre minier (phosphates) du Sénégal.

TAIBEI → T'AI-PEI.

TAIFAS *(royaumes de)*, petits États arabes de l'Espagne médiévale formés après la disparition du califat de Cordoue (1031).

TAILLEBOURG (17350 St Savinien), comm. de la Charente-Maritime; 637 h. Victoire de Saint Louis sur les Anglais (21 juill. 1242).

TAÏMYR, presqu'île massive de l'Arctique sibérien, recouverte par la toundra.

T'AI-NAN ou **TAINAN,** v. de l'île de T'ai-wan; 513 000 h.

TAINE (Hippolyte), philosophe, historien et critique français, né à Vouziers (1828-1893). Il a essayé d'expliquer par la triple influence de la race, du milieu et du temps les œuvres artistiques ainsi que les faits historiques (*Origines de la France contemporaine*, 1875-1893) et littéraires (*Essai sur les fables de La Fontaine*; *Philosophes français du XIXe siècle*, 1857; *Histoire de la littérature anglaise*, 1863; *De l'intelligence*, 1870; *Philosophie de l'art*, 1882). [Acad. fr.]

TAIN-L'HERMITAGE (26600), ch.-l. de c. de la Drôme; 5 569 h. Vignobles.

T'AI-PEI ou **TAIBEI** ou **TAIPEH,** cap. de l'île de T'ai-wan; 2 004 000 h. Musée national (très riche collection de peintures chinoises).

T'ai-p'ing ou **Taiping,** mouvement politique et religieux de Chine, qui, recruté surtout dans la paysannerie, se manifesta à partir de 1851 contre la dynastie régnante; il fut écrasé en 1864 par les troupes impériales.

TAIROV (Aleksandr Iakovlevitch KORNBLIT, dit), acteur et metteur en scène russe, né à Romny (Poltava) [1885-1950]. Fondateur du « Théâtre de chambre », inspiré du *Kammerspiel* allemand, il associa à la technique dramatique les autres modes d'expression : danse, musique, cinéma.

TAISHŌ TENNŌ (YOSHIHITO, dit), né à Tōkyō (1879 - *id.* 1926), empereur du Japon de 1912 à 1926. Dès 1921, il laissa la régence à son fils Hirohito.

T'AI-TCHEOU ou **TAIZHOU,** v. de Chine (Kiang-sou); 159 800 h.

T'AI-TCHONG ou **TAIZHONG,** v. de T'ai-wan; 527 000 h.

T'AI-WAN ou **TAIWAN,** anc. **Formose,** État insulaire de l'Asie orientale, séparée de la Chine continentale par le *détroit de T'ai-wan*; 36 000 km²; 15 852 000 h. Cap. *T'ai-pei.* L'île, abondamment arrosée par la mousson en été, est formée à l'est de montagnes élevées et à l'ouest de collines et de plaines intensément mises en valeur (canne à sucre et surtout riz). Le sous-sol recèle un peu de charbon, mais l'industrialisation (constructions mécaniques et électriques, textile, chimie) a surtout été permise par des capitaux américains.

HISTOIRE

— 1590 : découverte de l'île par les Portugais.
— 1624-1642 : occupation par les Hollandais.
— 1683 : l'ouest de l'île est annexé par la Chine.
— 1860 : ouverture aux Occidentaux.
— 1887 : Formose (T'ai-wan), province chinoise.
— 1895 : la Chine doit céder l'île au Japon, qui en fait une colonie d'exploitation.
— 1945 : évacuation japonaise.
— 1949 : le Kouo-min-tang s'y réfugie. Tchang Kaï-chek y crée la rép. de Chine nationaliste.
— 1971 : la Chine nationaliste est évincée des Nations unies.
— 1975 : mort de Tchang Kaï-chek, que remplace son fils Tsiang King-kouo.
— 1979 : les États-Unis reconnaissent officiellement la Chine et mettent fin à leurs relations diplomatiques avec T'ai-wan.

T'AI-YUAN ou **TAIYUAN,** v. de Chine, cap. du Chan-si; 1 020 000 h. Métallurgie.

TAIZÉ (71250 Cluny), comm. de Saône-et-Loire; 144 h. Communauté de frères protestants à esprit œcuménique, fondée en 1945.

TAIZHONG → T'AI-TCHONG.

TAIZHOU → T'AI-TCHEOU.

TA'IZZ, v. de la république arabe du Yémen; 80 000 h.

TAJIN (El), centre religieux des Totonaques (Mexique, État de Veracruz). Florissant du Ier s. av. J.-C. au VIe s. apr. J.-C., il connaît un renouveau vers le Xe s., sous l'influence toltèque, avant d'être abandonné (XIIIe s.). Nombreux vestiges, dont la pyramide aux 365 niches.

TAKAMATSU, port du Japon (Shikoku); 274 000 h. Célèbre jardin du XVIIIe s. dans le parc de Ritsurin.

TAKAOKA, v. du Japon (Honshū); 160 000 h. Automobiles.

TAKASAKI, v. du Japon (Honshū); 193 000 h.

TAKATSUKI, v. du Japon (Honshū); 231 000 h.

TA-K'ING ou **DAQING,** centre pétrolier de Chine (Hei-long-kiang).

TAKLA-MAKAN, désert de Chine, dans le sud du Sin-kiang.

TAKORADI, principal port du Ghâna; 161 000 h. (avec *Sekondi*).

TALABOT (Paulin), ingénieur français, né à Limoges (1799-1885). Il construisit les premières lignes de chemin de fer du sud-est de la France.

TALANGE (57300 Hagondange), comm. de la Moselle; 8 185 h.

TALANT (21240), comm. de la Côte-d'Or, banlieue nord-ouest de Dijon ; 10 082 h.

TALARA, port du Pérou septentrional; 61 000 h.

TALAT PAŞA (Mehmed), homme politique turc, né dans la province d'Edirne (1874-1921). Membre du parti jeune-turc et du triumvirat qui s'empara du pouvoir en 1913, il devint ministre de l'Intérieur, puis grand vizir (1917-18). Il fut tué par un Arménien.

TALAUDIÈRE (La) [42350], comm. de la Loire; 5 655 h.

TALAVERA DE LA REINA, v. d'Espagne (Nouvelle-Castille), sur le Tage; 32 000 h. Faïences réputées depuis le XVIe s. En 1809, victoire de Wellington sur les Français.

TALBOT (John DE), *comte* de Shrewsbury, gentilhomme anglais (v. 1388-1453). Il combattit en Normandie et fut tué à la bataille de Castillon.

TALBOT (William Henry Fox), physicien anglais, né à Lacock Abbey, près de Chippenham (1800-1877). Il a réalisé la photographie sur papier *(talbotype)* [1838-1841].

TALCA, v. du Chili central; 94 000 h.

TALCAHUANO, port du Chili central; 148 000 h. Université.

TALENCE (33400), ch.-l. de c. de la Gironde, banlieue de Bordeaux; 35 957 h. Domaine universitaire.

TA-LIEN ou **DALIAN,** anc. **Dairen,** port de la Chine du Nord-Est (Leao-ning); 1 590 000 h.

TALLAHASSEE, v. des États-Unis, cap. de la Floride; 72 000 h. Université.

TALLANO-SCOPAMÈNE *(canton de),* cant. de la Corse-du-Sud; 1 453 h. *Serra-di-Scopamène.*

TALLARD (05130), ch.-l. de c. des Hautes-Alpes; 1 092 h. Restes d'un château fort des XIIIe-XVIe s. Aérodrome.

TALLCHIEF (Maria), danseuse américaine d'origine indienne, née à Fairfax (Oklaoma) en 1925. Elle a été considérée comme la plus grande technicienne classique des États-Unis.

TALLEMANT DES RÉAUX (Gédéon), mémorialiste français, né à La Rochelle (1619-1690), auteur des *Historiettes*, témoignage savoureux sur son époque.

TALLEYRAND-PÉRIGORD [talʀã- ou talɛʀã-] (Charles Maurice DE), homme politique français, né à Paris (1754-1838). Évêque d'Autun (1788), député aux États généraux et à l'Assemblée constituante (1789), il quitte l'état ecclésiastique après avoir soutenu la Constitution civile du clergé. Réfugié en Angleterre puis aux États-Unis (1792-1796), il est ensuite ministre des Relations extérieures du Directoire, puis du Consulat et de l'Empire (1797-1807); il inspire notamment le traité de Lunéville (1801), le Concordat (1801), la paix d'Amiens (1802) et le traité de Presbourg (1805). Grand chambellan d'Empire et prince de Bénévent, il quitte les Affaires étrangères parce qu'il est opposé à la rupture avec l'Autriche. Vice-Grand Électeur, il est disgracié en 1809. Chef du gouvernement provisoire le 1er avril 1814, il est ministre des Affaires étrangères de la monarchie légitime restaurée et joue un rôle essentiel au congrès de Vienne (1814-15). De nouveau chef du gouvernement en 1815, il passe, à la fin de la Restauration, dans l'opposition libérale. Louis-Philippe fait de lui son ambassadeur à Londres (1830-1834).

TALLIEN (Jean Lambert), homme politique français, né à Paris (1767-1820). Député montagnard à la Convention, il contribua à la chute de Robespierre et fut ensuite l'un des chefs de la réaction thermidorienne. — Sa femme, **Mme Tallien** (Thérésa CABARRUS), née à Carabanchel Alto, près de Madrid (1773-1835), fut surnommée *Notre-Dame de Thermidor.*

TALLIN, anc. **Reval** ou **Revel,** port de l'U.R.S.S., cap. de l'Estonie, sur le golfe de Finlande; 415 000 h. Université. Métallurgie.

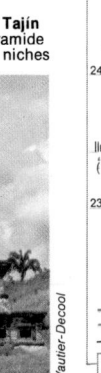

Vieil-Lauros-Giraudon

Talleyrand
par Prud'hon

El Tajín
pyramide
des niches

Vautier-Decool

Carte **T'AI-WAN**

CHINE — T'AI-PEI — Ki-long — Détroit de T'ai-wan — Sin-tchou — Wou-laï — Miao-li — T'ai-tchong — Tchang-houa — Lu-chiang — Nan-t'eou — Houa-lien — Ma-kong — Iles P'eng-hou (Pescadores) — Yun-lin — Kia-yi — Sin-ying — Mt Yu 3950 — T'ai-nan — Tso-ying — tr. du Cancer — Kao-hiong — Ping-tong — T'ai-tong — Fong-chan — Tong-kang — OCÉAN PACIFIQUE — Lan-yu (Orchid Island) — C. O-louan-pi

— autoroute
— route
— v. ferrée

0 km 50

courbes : 200, 1000, 2000, 3000 m

TALLOIRES (74290 Veyrier du Lac), comm. de la Haute-Savoie, sur le lac d'Annecy; 809 h. Anc. abbaye bénédictine.

TALMA (François-Joseph), acteur français, né à Paris (1763-1826). Il fut l'acteur tragique préféré de Napoléon Ier. Soucieux de vérité historique dans les costumes et les décors, il réforma aussi la diction, qu'il rendit plus naturelle.

TALMONT-SAINT-HILAIRE (85440), ch.-l. de c. de la Vendée; 3 349 h.

Talmud (mot hébr. signif. *étude*), compilation de commentaires sur la loi mosaïque fixant l'enseignement des grandes écoles rabbiniques. Il est constitué par la *Mishna* (IIe-IIIe s.), codification de la Loi orale, et la *Gemara* (IVe-VIe s.), commentaire de la Mishna. Le Talmud est un des ouvrages les plus importants du judaïsme.

TALON (Omer), magistrat français, né à Paris (1595-1652). Avocat général au parlement de Paris (1631), il défendit les droits du parlement contre Mazarin et la royauté.

TALON (Jean), administrateur français, né à Châlons-sur-Marne (1625-1694). Premier intendant de la Nouvelle-France (1665-1681).

TAMANRASSET, oasis du Sahara algérien, dans le Hoggar, ch.-l. de wilaya. Le P. de Foucauld y fut assassiné en 1916.

TAMARIS, station balnéaire du Var (comm. de La Seyne-sur-Mer).

TAMATAVE → TOAMASINA.

TAMAYO (Rufino), peintre mexicain, né à Oaxaca en 1899, auteur de compositions autant imprégnées de tradition populaire que modernes de style.

Tambour (le), roman de G. Grass (1959) : l'hitlérisme et la guerre à Dantzig, vus par un nain dont la vie devient une épopée picaresque.

TAMBOV, v. de l'U. R. S. S. (R. S. F. S. de Russie), au nord-est de Moscou; 265 000 h.

TAMERLAN → TIMŪR LANG.

TAMIL NADU, anc. **État de Madras**, État de l'Inde; 130 357 km²; 41 103 000 h. Cap. *Madras*.

TAMISE (la), en angl. *Thames*, fl. d'Angleterre, qui passe à Oxford, traverse Londres et rejoint la mer du Nord par un large estuaire; 336 km.

TAMMERFORS → TAMPERE.

TAMMOUZ, dieu suméro-akkadien du Printemps et de la Fertilité. Il fut très populaire en Phénicie et en Syrie sous le nom d'*Adoni* (mon Seigneur), dont les Grecs firent *Adonis*.

TAMOULS ou **TAMILS**, groupe ethnique de l'Inde méridionale et du Sri Lanka.

TAMPA, port des États-Unis (Floride), sur le golfe du Mexique; 278 000 h. Industrie du tabac.

Talma
miniature de L. Hersent

Tanizaki
Junichirō

Lauros-Giraudon *Larousse*

TAMPERE, en suédois **Tammerfors**, v. de Finlande; 166 000 h. Textile.

TAMPICO, port du Mexique, sur l'Atlantique; 222 000 h. Raffinage du pétrole.

TAMPON (Le) [97430], ch.-l. de c. de la Réunion; 37 596 h.

TANA (la) ou **TENO** (le), fl. de Laponie, séparant la Finlande et la Norvège; 304 km.

TANA ou **TSANA** (lac), lac d'Éthiopie, qui donne naissance au Nil Bleu.

TANAGRA, village de Grèce (Béotie). Centre de production d'élégantes statuettes de terre cuite, principalement au IVe s. av. J.-C.

TANAÏS, nom anc. du Don.

TANANARIVE → ANTANANARIVO.

TANARO (le), riv. d'Italie, affl. du Pô (r. dr.); 276 km.

TANCARVILLE (76430 St Romain de Colbosc), comm. de la Seine-Maritime, sur l'estuaire de la Seine; 1 026 h. — Le *canal de Tancarville* aboutit à l'arrière-port du Havre (26 km). — Un pont routier suspendu franchit l'estuaire.

TANCRÈDE DE HAUTEVILLE (m. en 1112), prince de Galilée (1099-1112), prince d'Antioche (1111-12), petit-fils de Robert Guiscard. Il se couvrit de gloire durant la première croisade. Le Tasse en a fait un héros de sa *Jérusalem délivrée*.

TANDJUNGPRIOK, port de Jakarta.

TANEZROUFT («Pays de la soif»), région très aride du Sahara, à l'ouest du Hoggar.

T'ANG ou **TANG**, dynastie qui a régné sur la Chine de 618 à 907.

TANGANYIKA (lac), grand lac de l'Afrique orientale, entre le Zaïre et la Tanzanie, qui se déverse dans le Zaïre (r. dr.) par le Lukuga; 31 900 km².

TANGANYIKA, anc. territoire sous tutelle britannique, puis État de l'Afrique orientale, auj. partie principale de la Tanzanie.

T'ANG-CHAN ou **TANGSHAN**, v. de Chine (Ho-pei), à l'est de Pékin, détruite par un tremblement de terre en 1976.

TANGE KENZŌ, architecte et urbaniste japonais, né à Imabari en 1913, audacieux novateur, adepte du brutalisme et d'une architecture «additive», expansible au sein de l'organisme urbain.

TANGER, en ar. **Ṭandja**, port du Maroc, ch.-l. de prov., sur le détroit de Gibraltar; 188 000 h. Tanger fut ville internationale de 1923 à 1956, sauf pendant l'occupation espagnole (1940-1945). C'est un port franc depuis 1962.

TANGSHAN → T'ANG-CHAN.

TANGUY (Yves), peintre français naturalisé américain, né à Paris (1900-1955). Autodidacte, l'un des plus purs «rêveurs» du surréalisme, il s'installa aux États-Unis en 1939.

TANINGES (74440), ch.-l. de c. de la Haute-Savoie; 2 434 h.

TANIS, v. de l'Égypte ancienne, dans le Delta. Identifiée à Avaris, capitale des Hyksos, elle fut la résidence de la dynastie des Ramsès. Dans le temple, tombes inviolées des XXIe et XXIIe dynasties découvertes par Pierre Montet.

TANIT, importante divinité du panthéon carthaginois, déesse de la Fertilité.

TANIZAKI JUNICHIRŌ, écrivain japonais, né à Tōkyō (1886-1965). Influencé par le réalisme occidental, il retrouva les formes d'expression traditionnelles dans des romans qui peignent les conflits du monde moderne et de la civilisation ancestrale (*Neige fine*, 1948).

TANJORE ou **TANJUR** ou **THANJĀVŪR**, v. de l'Inde (Tamil Nadu); 140 000 h. Monuments anciens, dont le grandiose sanctuaire śivaïque de Brihadīśvara élevé vers l'an 1000 (musée). La ville connut son apogée sous le roi Rājarāja Ier (985-1002), de la dynastie Cola, qui en fit sa brillante capitale.

TANJUNG KARANG-TELUK BETUNG, port d'Indonésie (Sumatra); 199 000 h.

TANLAY (89407), comm. de l'Yonne; 1 190 h. Important château des XVIe et XVIIe s.

TANNAY (58190), ch.-l. de c. de la Nièvre; 741 h.

TANNENBERG, village de l'anc. Prusse-Orientale, auj. **Stębark**, en Pologne. En 1410, victoire des Polonais et des Lituaniens sur les chevaliers Teutoniques et les Porte-Glaive (v. GRUNWALD). Victoire décisive des Allemands de Hindenburg sur la IIe armée russe (26-29 août 1914).

TANNER (Alain), cinéaste suisse, né à Genève en 1929, auteur de *Charles mort ou vif* (1969), de *la Salamandre* (1971), de *Retour d'Afrique* (1972), de *Jonas qui aura 25 ans en l'an 2000* (1976), des *Années lumière* (1981).

TANNERY (Jules), mathématicien français, né à Mantes (1848-1910). Il a approfondi les principes de l'analyse.

TANNHÄUSER, poète allemand (v. 1205-1268).

Chanteur errant, auteur de poèmes lyriques et de chansons, il est devenu le héros légendaire de récits populaires.

Tannhäuser, opéra en trois actes et quatre tableaux, paroles et musique de Wagner (quatre versions, de 1845 à 1875).

TANNOU-TOUVA → TOUVA.

TANTAH ou **TANTĀ**, v. d'Égypte, au centre du delta du Nil; 230 000 h. Coton.

TANTALE. *Myth. gr.* Roi de Phrygie ou de Lydie qui, pour avoir offensé les dieux, fut précipité dans les Enfers et condamné à une faim et à une soif éternelles.

TANUCCI (Bernardo, *marquis*), homme politique napolitain, né à Stia (Toscane) [1698-1783]. Premier ministre de Naples (1754-1776), il pratiqua le despotisme éclairé.

TANZANIE (république unie de), en angl. **Tanzania**, État de l'Afrique orientale, membre du Commonwealth; 939 702 km²; 17 980 000 h. Cap. *Dar es-Salaam* (future cap. : *Dodoma*). Langue :

V. carte page suivante

souaéli. La partie continentale de l'État (anc. Tanganyika) est formée d'une plaine côtière limitée par un vaste plateau coupé de fossés d'effondrement et dominé par de hauts massifs volcaniques (Kilimandjaro). L'élevage, les cultures du caféier, du coton et du sisal (premier rang mondial) constituent les fondements de l'économie. La culture du giroflier est la ressource presque unique des îles (Zanzibar et Pemba), qui détiennent un quasi-monopole mondial.

HISTOIRE

— XIIe s. : prospérité des ports de Kilwa et Zanzibar animés par des marchands musulmans.
— Fin du XVe s.-début du XVIIIe s. : comptoirs portugais sur la côte.
— 1832 : un sultan d'Oman s'installe à Zanzibar.
— XIXe s. : intensification de la traite des Noirs et implantation arabe de l'intérieur.
— 1890-91 : le sultanat de Zanzibar devient protectorat britannique. L'intérieur devient protectorat allemand (Afrique orientale allemande).
— 1922 : l'Afrique orientale allemande, devenue le Tanganyika, est confiée en mandat aux Britanniques.
— 1958 : premier grand succès électoral de Julius Nyerere, leader de la Tanganyika African National Union (TANU).
— 1961 : indépendance du Tanganyika.
— 1962 : J. Nyerere, président de la République.
— 1964 : réunion de Zanzibar et du Tanganyika au sein de la Tanzanie.
— 1965-1967 : J. Nyerere instaure un régime socialiste à parti unique.
— 1977 : nouvelle constitution, plus libérale.

TAORMINA, v. d'Italie (Sicile); 9 000 h. Ruines antiques (théâtre) dans un site magnifique, sur la mer Ionienne. Tourisme.

TAPAJÓS, riv. du Brésil, affl. de l'Amazone (r. dr.); 1 980 km.

TÀPIES (Antoni), peintre espagnol, né à Barcelone en 1923. Il intègre graffiti ou déchets divers à une peinture où dominent les effets de matière.

TARAPUR, v. de l'Inde, au nord de Bombay. Centrale nucléaire.

TARARE (69170), ch.-l. de c. de l'ouest du Rhône; 12 188 h. (*Tarariens*). Textile.

TARAS (John), danseur, chorégraphe et maître de ballet américain d'origine russe, né à New York en 1919, auteur de *Dessins pour les Six*, *Piège de lumière*.

TARASCON (13150), ch.-l. de c. des Bouches-du-Rhône; 10 665 h. (*Tarasconnais*). Église des XIIe et XIVe s., château fort des XIVe-XVe s.

TARASCON-SUR-ARIÈGE (09400), ch.-l. de c. de l'Ariège; 4 254 h.

TARASP, station climatique et thermale de la Suisse (Grisons), dans la vallée de l'Inn.

Tarass Boulba, récit de Gogol (1835). Le vieux chef cosaque Tarass Boulba tue son fils Andreï, qui, par amour pour une Polonaise, a trahi son pays et les siens.

TANZANIE

TARN

TARGOWICA ou **TARGOVITSA,** village galicien d'Ukraine. Une confédération y fut fondée en 1792 par les conservateurs polonais, avec l'appui de la Russie, pour combattre la constitution parlementaire de 1791. Le roi Stanislas II Poniatowski adhéra à cette confédération comme l'exigeait Catherine II.

TARGUI → TOUAREGS.

TÂRGU MUREŞ → TÎRGU MUREŞ.

TARIFA, v. forte d'Espagne (Andalousie), sur le détroit de Gibraltar; 18 100 h.

TARIM (le), fl. de Chine, dans le Sin-kiang; 2 000 km. Il descend du Karakoram, s'appauvrit en s'éloignant de sa source et s'achève dans la dépression du Lob-nor.

TÂRIQ IBN ZIYÂD, chef berbère qui franchit le détroit de Gibraltar et remporta en 711 une victoire sur le roi wisigoth Rodrigue. Il s'empara ensuite de Tolède.

TARKOVSKI (Andrei), cinéaste soviétique, né à Moscou en 1932, auteur de *l'Enfance d'Ivan* (1962), *Andrei Roublev* (1964-1967), *Solaris* (1972), *le Miroir* (1974), *Stalker* (1979).

TARN (le), riv. du sud de la France; 375 km. Né au sud du mont Lozère, il traverse les Grands Causses en de pittoresques cañons, passe à Millau, Albi, Gaillac, Montauban, Moissac, et se jette dans la Garonne (r. dr.).

TARN (*dép. du*) [**81**], dép. de la Région Midi-Pyrénées; ch.-l. de dép. *Albi;* ch.-l. d'arr. *Castres;* 2 arr., 44 cant., 324 comm.; 5 751 km²; 338 024 h. (*Tarnais*). Il appartient à l'académie et à la circonscription judiciaire de Toulouse, à la région militaire de Bordeaux, à la province ecclésiastique d'Albi. Le dép. s'étend au nord-est et à l'est sur les confins du Massif central : Ségala, transformé en terre à blé par le chaulage; monts de Lacaune, où s'est développé l'élevage des brebis; hauteurs du Sidobre et de la Montagne Noire, souvent forestières, séparées par la vallée du Thoré. Le centre et l'ouest appartiennent au bassin d'Aquitaine (Lauragais et surtout Albigeois). Plateaux et collines sont le domaine de la polyculture à base céréalière (à laquelle est fréquemment associé l'élevage des

Tarbela, aménagement (barrage et centrale) du Pakistan, sur l'Indus.

TARBES (65000), ch.-l. du dép. des Hautes-Pyrénées, sur l'Adour, à 771 km au sud-ouest de Paris; 57 765 h. (*Tarbais*). Anc. ch.-l. de la Bigorre. Cathédrale romane et gothique. Constructions mécaniques, électriques et aéronautiques.

TARDE (Gabriel DE), sociologue français, né à Sarlat (1843-1904). Il jeta les bases de la psycho-sociologie et de l'école française de criminologie.

TARDENOIS, petit pays de l'anc. France, entre la Vesle et la Marne.

TARDETS-SORHOLUS [-dɛ-, -lys] (64470), ch.-l. de c. des Pyrénées-Atlantiques; 818 h.

TARDIEU (André), homme politique français, né à Paris (1876-1945). Plusieurs fois ministre, président du Conseil (1929-30, 1932), il s'efforça, alors que la France n'était pas encore atteinte par la crise mondiale, d'appliquer une politique économique et sociale novatrice.

TARENTAISE, région des Alpes françaises, formée par la vallée supérieure de l'Isère. V. pr. *Bourg-Saint-Maurice* et *Moûtiers.* Élevage de bovins (race «tarine»). Aménagements hydroélectriques (Tignes, Malgovert). Tourisme.

TARENTE, port d'Italie (Pouille), sur le golfe du même nom, formé par la mer Ionienne; 245 000 h. Archevêché. Musée national (archéologie). Sidérurgie. Fondée au VIIIe s. av. J.-C. par des colons venus de Sparte, ce fut une des villes les plus illustres de la Grèce d'Occident. Elle fut conquise par les Romains en 272 av. J.-C. et, après les guerres puniques, se transforma progressivement de cité grecque en cité latine.

TARFAYA, v. du Maroc, près du cap Juby; 6 000 h. Ch.-l. de la province qui correspond à l'ancien Maroc espagnol méridional.

TARGON (33760), ch.-l. de c. de la Gironde; 1 195 h.

TÂRGOVIŞTE → TÎRGOVIŞTE.

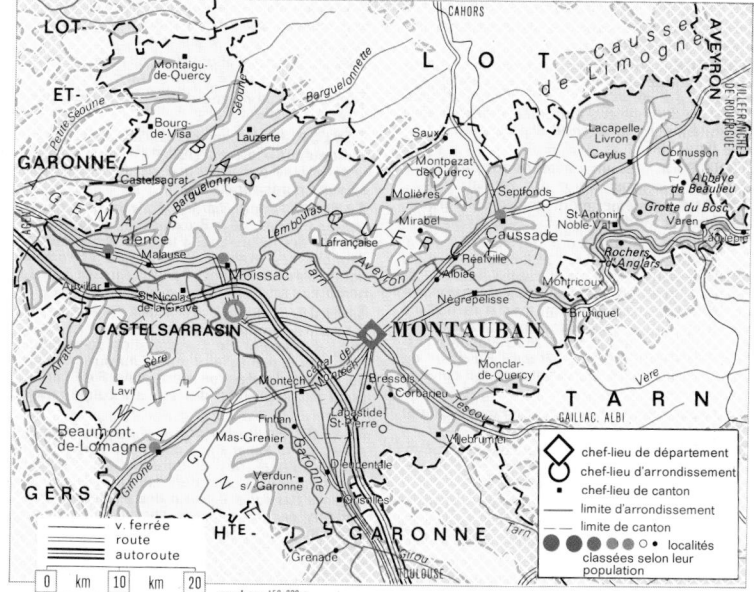

TARN-ET-GARONNE

chef-lieu de département
chef-lieu d'arrondissement
chef-lieu de canton
limite d'arrondissement
limite de canton

localités classées selon leur population

v. ferrée
route
autoroute

0 km 10 km 20

courbes : 150.300 m

brebis) et sont entaillés par les vallées du Tarn et de l'Agout, qui portent des cultures maraîchères et, localement, des vignobles (Gaillac). L'industrie est représentée surtout par la métallurgie, la chimie, la verrerie, nées de l'extraction houillère (région d'Albi et de Carmaux), le textile (Castres), le délainage (Mazamet) et la mégisserie (Graulhet), branches souvent en difficulté.

TARN-ET-GARONNE (dép. de) [82], dép. de la Région Midi-Pyrénées; ch.-l. de dép. Montauban; ch.-l. d'arr. Castelsarrasin; 2 arr., 28 cant., 195 comm.; 3 716 km²; 183 314 h. Il appartient à l'académie et à la province ecclésiastique de Toulouse, à la circonscription judiciaire d'Agen, à la région militaire de Bordeaux. Entre le bas Quercy, domaine de la polyculture et de l'élevage, et la Lomagne, surtout consacrée au blé, la vaste plaine alluviale construite au confluent de la Garonne et du Tarn (grossi de l'Aveyron) constitue la part vitale du dép. Elle porte des cultures céréalières (blé, maïs), fruitières (prunes, chasselas, pêches, pommes), maraîchères (oignons, artichauts, etc.), des prairies (dans les vallées). L'industrie, représentée par des conserveries et par des usines textiles et mécaniques, tient une place peu importante.

TARNIER (Stéphane), chirurgien-accoucheur français, né à Aiserey (1828-1897). On lui doit un forceps à tracteur, agissant dans l'axe du bassin.

TARNOBRZEG, localité de Pologne, sur la Vistule; 34 000 h. Gisement de soufre. Chimie.

TARNOS (40220), comm. des Landes; 6 975 h.

TÁRNOVO → VELIKO TĂRNOVO.

TARNÓW, v. de la Pologne méridionale; 101 000 h. Cathédrale du XVᵉ s. Chimie.

TARPEIA, jeune vestale romaine qui, selon la légende, livra aux Sabins la citadelle de Rome, puis fut tuée par eux.

TARPÉIENNE (roche), extrémité sud-ouest du Capitole, d'où l'on précipitait les condamnés coupables de trahison.

TARQUIN l'Ancien, cinquième roi de Rome, que la tradition fait régner de 616 à 579 av. J.-C. Premier roi étrusque de Rome, il agrandit et embellit la ville.

TARQUIN le Superbe, septième et dernier roi de Rome, que la tradition fait régner de 534 à 509 av. J.-C. Les Romains, révoltés contre sa despotie, le chassèrent, et la république fut instaurée.

TARQUINIA, v. d'Italie (Latium); 13 000 h. Nécropoles aux tombes (VIᵉ-Iᵉʳ s. av. J.-C.), ornées de peintures. Tarquinia fut une des plus anciennes et des plus importantes cités étrusques.

TARRACONAISE, prov. septentrionale de l'Espagne romaine.

TARRAGONE, en esp. **Tarragona**, port d'Espagne (Catalogne), sur la Méditerranée; 104 000 h. Vestiges romains et paléochrétiens. Cathédrale des XIIᵉ-XIVᵉ s. Musées. Raffinerie de pétrole. Industries chimiques.

TARRASA, v. d'Espagne (Catalogne); 139 000 h. Textile.

TARSKI (Alfred), logicien américain d'origine polonaise, né à Varsovie en 1901. Ses travaux ont contribué à répandre les conceptions du cercle de Vienne*.

TARSUS, v. de Turquie, à l'ouest d'Adana; 102 000 h. Vestiges de l'antique Tarse, patrie de saint Paul.

TARTAGLIA (Niccolo FONTANA, dit), mathématicien italien, né à Brescia (v. 1499-1557). Il appliqua les mathématiques à l'art militaire et à l'artillerie. Il fut l'un des premiers algébristes à avoir résolu les équations du troisième degré et à en établir la théorie.

TARTARE. Myth. gr. Région des Enfers, lieu de châtiment des ennemis des dieux et des grands coupables.

TARTARIE (détroit de, anc. manche de), détroit du Pacifique, entre l'Extrême-Orient soviétique et l'île de Sakhaline.

Tartarin de Tarascon (les Aventures prodigieuses de), roman d'A. Daudet (1872). Pour mériter la réputation que lui valent d'illusoires récits de chasse, un naïf Tarasconnais part pour l'Algérie, où il ne finit par tuer un lion. Ses aventures se continuent dans Tartarin sur les Alpes (1885) et Port-Tarascon (1890).

TARTAS (40400), ch.-l. de c. des Landes; 3 078 h. (Tarusates). Papeterie.

TARTINI (Giuseppe), violoniste et compositeur italien, né à Pirano (1692-1770). Il enseigna à Padoue. On lui doit des concertos et des sonates pour son instrument (le Trille du Diable), et des traités.

TARTOU, anc. Dorpat, v. de l'U.R.S.S. (Estonie); 100 000 h. Université.

Tartuffe (le) ou **Tartufe**, comédie de Molière, en cinq actes et en vers. Les deux premières versions furent interdites (1664 et 1667), et la pièce ne fut autorisée qu'en 1669. Sensuel et cupide, Tartuffe a surpris la confiance d'Orgon en se faisant passer pour dévot. Il obtient tout de son protecteur, y compris la promesse d'épouser sa fille. Elmire, femme d'Orgon, réussit enfin à démontrer à son mari que Tartuffe la convoite elle-même. Mais l'hypocrite, démasqué, a machiné la perte de son bienfaiteur, et Orgon serait chassé de sa propre maison si la justice du roi ne mettait fin à l'imposture.

TARVIS (col de), en ital. Tarvisio, col des Alpes orientales, reliant l'Italie (Frioul) à l'Autriche (Carinthie); 812 m.

Tarzan, personnage imaginaire popularisé par le roman de E. R. Burroughs et par le cinéma. Ami de toutes les bêtes sauvages, il est le héros d'aventures fabuleuses.

TASCHER DE LA PAGERIE (Marie-Josèphe) → JOSÉPHINE.

TASCHEREAU (Elzéar Alexandre), prélat canadien, né à Sainte-Marie (1820-1898). Archevêque de Québec (1871), il fut le premier cardinal canadien (1886).

TASCHEREAU (Louis Alexandre), avocat et homme politique canadien, né à Québec (1867-1952). Libéral, il fut Premier ministre de la province de Québec de 1920 à 1936.

TASMAN (Abel Janszoon), navigateur hollandais, né à Lutjegast (Groningen) [1603-1659]. Il découvrit la Tasmanie et la Nouvelle-Zélande en 1642.

TASMANIE, anc. **terre de Van Diemen**, île séparée du continent australien par le détroit de Bass et constituant le plus sud-oriental des États du Commonwealth d'Australie; 68 000 km²;

le **Tasse** par A. Allori

Scala

403 000 h. (Tasmaniens). Cap. Hobart. — Dépendance jusqu'en 1825 de la Nouvelle-Galles du Sud, elle entra en 1901 dans le Commonwealth australien.

TASSE (Torquato TASSO, en fr. **le**), poète italien, né à Sorrente (1544-1595), auteur de la pastorale Aminta et de la Jérusalem délivrée (1575), épopée où se mêlent les épisodes héroïques et romanesques. Il mourut dans un état voisin de la folie.

TASSILI DES AJJER → AJJER.

TASSILON III (v. 742 - apr. 794), duc de Bavière (748-788), allié au roi des Lombards Didier. Charlemagne le battit et s'empara de son duché.

TASSIN-LA-DEMI-LUNE (69160), comm. du Rhône; 14 975 h. (Tassilunois).

TASSONI (Alessandro), poète italien, né à Modène (1565-1635), auteur du poème héroï-comique le Seau enlevé, qui a inspiré Boileau dans le Lutrin.

TATA (Jamshedji Nasarwanji), industriel indien, né à Navsâri (1839-1904), promoteur de l'industrialisation de son pays.

TATABÁNYA, v. de Hongrie, à l'ouest de Budapest; 73 000 h. Lignite. Métallurgie.

TATARS (république autonome des), région de l'U.R.S.S. (R.S.F.S. de Russie), sur la Volga moyenne; 68 000 km²; 3 131 000 h. Cap. Kazan. Pétrole.

TATARS, nom donné par les Russes à partir du XIIIᵉ s. aux populations d'origine mongole ou turque qui les dominèrent du XIIIᵉ au XVIᵉ s., puis qui furent refoulées sur la moyenne Volga et en Crimée.

Tate Gallery, musée national de Londres (Chelsea), fondé en 1897 par l'industriel sir Henry *Tate*. Il abrite de riches collections de peinture anglaise (Turner) et d'art moderne (depuis l'impressionnisme et Rodin).

TATI (Jacques TATISCHEFF, dit **Jacques**), cinéaste français, né au Pecq en 1908, auteur de films comiques (*Jour de fête*, 1948; *les Vacances de M. Hulot*, 1953; *Mon oncle*, 1958; *Playtime*, 1966; *Trafic*, 1969).

TATIEN, apologiste chrétien d'origine syrienne (v. 120 - v. 173). Il est surtout connu par son harmonisation des quatre Évangiles, le *Diatessaron* (les quatre Évangiles en un seul).

TATIUS, roi légendaire des Sabins, qui régna avec Romulus sur les Romains et les Sabins réunis.

TATLINE (Vladimir Ievgrafovitch), peintre, sculpteur et architecte russe, né à Kharkov (1885-1953), un des maîtres du constructivisme.

TA-T'ONG ou **DATONG**, v. de Chine (Chansi); 400 000 h. Monuments anciens dont un vaste temple bouddhique du XIIᵉ s. Houille. Métallurgie.

TATRAS ou **TATRY** (les), partie la plus élevée des Carpates*, aux confins de la Pologne et de la Tchécoslovaquie; 2 655 m.

TATUM (Arthur, dit **Art**), pianiste de jazz noir américain, né à Toledo (Ohio) [1910-1956]. Sa profonde musicalité, son sens du swing et la richesse de ses conceptions harmoniques en font l'un des plus brillants solistes virtuoses de l'histoire du jazz.

TAUERN (les), massif des Alpes autrichiennes, où l'on distingue les *Hohe Tauern* (culminant au Grossglockner*, 3 796 m), à l'ouest, et les *Niedere Tauern*, à l'est.

TAULÉ (29231), ch.-l. de c. du Finistère; 2 425 h.

TAULER (Jean), mystique alsacien, né à Strasbourg (v. 1300-1361). Dominicain, disciple d'Eckart, il a laissé des sermons qui révèlent une doctrine mystique austère.

TAUNUS, partie du Massif schisteux rhénan, au-dessus de Francfort-sur-le-Main; 880 m.

TAUREAU (le), constellation zodiacale qui comprend, outre l'étoile *Aldébaran*, les amas des *Hyades* et des *Pléiades*, bien visibles à l'œil nu. — Deuxième signe du zodiaque, que traverse le Soleil du 20 avril au 20 mai.

TAURIDE, anc. nom de la *Crimée*. Les anciens Grecs considéraient ses habitants comme des Barbares qui immolaient à leur divinité les naufragés qui tombaient entre leurs mains, ainsi qu'en témoigne la légende d'*Iphigénie en Tauride* (Euripide).

TAURIDES, essaim météorique qui paraît émaner de la constellation du Taureau.

TAURUS, système montagneux de Turquie, dominant la Méditerranée; 3 734 m à l'Ala Dağ.

TAUTAVEL (66720 Latour de France), comm. des Pyrénées-Orientales, à 26 km au nord-ouest de Perpignan; 776 h. La «caune» (grotte) de l'Arago a livré, en 1971, un crâne humain daté de 320 000 ans, représentant, avec la mandibule de Montmaurin, le plus ancien habitant connu du territoire français. Son rattachement à l'espèce archanthropienne (*Homo erectus*) ou néandertalienne (*Homo sapiens*) reste l'objet de controverses.

TAUVES (63690), ch.-l. de c. du Puy-de-Dôme; 1 339 h.

TAVANT (37220 L'Île Bouchard), comm. d'Indre-et-Loire; 189 h. Peintures murales romanes (XIᵉ-XIIᵉ s.) dans l'église.

TAVAUX (39500), comm. du Jura; 4 736 h. Industrie chimique.

TAVERNES (83670 Barjols), ch.-l. de c. du Var; 427 h.

TAVERNIER (Jean-Baptiste), voyageur français, né à Paris (1605-1689), auteur de récits de voyages en Turquie, en Perse et aux Indes.

TAVERNY (95150), ch.-l. de c. du Val-d'Oise; 17 179 h. (*Tabernaciens*). Église gothique du XIIIᵉ s. Siège du commandement de la défense aérienne.

TAVOLIERE (le), région d'Italie, dans la Pouille.

TAWFIQ (Muhammad), né au Caire (1852-1892), khédive d'Égypte (1879-1892), fils d'Ismā'īl pacha. En conflit avec l'officier nationaliste 'Urābī pacha, il laissa les Britanniques combattre celui-ci puis conquérir l'Égypte (1881-82).

TAXILA, site archéologique du Pākistān, au nord-ouest de Rāwalpindī. Vestiges du VIᵉ s. av. J.-C. au XIᵉ s. apr. J.-C.

TAY, fl. d'Écosse, aboutissant à la mer du Nord par un large estuaire (*Firth of Tay*); 193 km.

TAYGÈTE, montagne du sud du Péloponnèse (Grèce); 2 404 m.

TAYLOR (Brook), mathématicien anglais, né à Edmonton (Middlesex) [1685-1731]. Son nom est resté attaché à sa méthode de développement en série d'une fonction.

TAYLOR (Isidore, *baron*), écrivain et administrateur français, né à Bruxelles (1789-1879). Inspecteur des beaux-arts, il favorisa les artistes. Il a publié ses *Voyages pittoresques et romantiques dans l'ancienne France*, illustrés par de nombreux artistes et par lui-même.

TAYLOR (Frederick Winslow), ingénieur et économiste américain, né à Germantown (1856-1915). Promoteur de l'organisation scientifique du travail, il réalisa la première mesure pratique du temps d'exécution d'un travail et mit au point la composition des aciers à coupe rapide (1900).

TAYLOR (Paul), danseur et chorégraphe américain, né à Alleghany County en 1930. Formé aux techniques des «pionniers» (M. Graham, D. Humphrey), à celle de J. Limón et à celle de la danse classique, il est un des meilleurs représentants de l'avant-garde chorégraphique aux États-Unis (*Three Epitaphs*, 1960; *Aureole*, 1962; *Churchyard*, 1969; *Noah's Minstrels*, 1972).

TAZA, v. du Maroc, entre le Rif et le Moyen-Atlas; 55 000 h. Zone de passage (*couloir de Taza*) entre le Maroc et l'Algérie.

TAZIEFF (Haroun), géologue français, né à Varsovie en 1914. Il s'est spécialisé dans la volcanologie et a réalisé de nombreux films documentaires sur des éruptions.

TAZOULT, anc. **Lambèse,** comm. d'Algérie (Batna), au nord de l'Aurès; 7 000 h. Importantes ruines romaines.

TBILISSI, anc. **Tiflis,** v. de l'U.R.S.S., cap. de la Géorgie; 1 042 000 h. Cathédrale de Sion et basilique d'Antchiskhati, remontant au VIᵉ s. Musée. Centre universitaire et industriel.

TCHAD, grand lac, peu profond et marécageux, de l'Afrique centrale, aux confins du Nigeria, du Niger, du Cameroun et du Tchad; 25 000 km².

TCHAD, république de l'Afrique centrale, à l'est du *lac Tchad*; 1 284 000 km²; 4 310 000 h. Cap. N'Djamena. Langue officielle : *français*. Au nord, le Tchad s'étend sur le Sahara méridional, partiellement montagneux et volcanique (Tibesti), domaine des pasteurs arabes, qui se consacrent à l'élevage des ovins et des bovins. Le Sud, formé de plateaux couverts par la savane, peuplé d'agriculteurs noirs, porte des cultures souvent irriguées (arachide, coton).

HISTOIRE

— VIIIᵉ s. : les Touboubs du Tibesti fondent le royaume du Kanem.

— XIᵉ s.-XIXᵉ s. : afflux des Arabes, qui dirigent et islamisent les États riverains du lac Tchad.

— XIXᵉ s. : pénétration européenne.

— 1884-1899 : fixation artificielle des limites du Tchad (accords franco-allemand et franco-britannique).

— 1895-1900 : les missions Lamy, Foureau et Gentil éliminent les résistances locales (Rabah).

— 1900 : formation de la colonie française du Tchad.

— 1940 : le Tchad avec son gouverneur, Félix Éboué, se rallie à la France libre.

— 1960 : le Tchad, république indépendante; F. Tombalbaye, président.

— 1968 : rébellion, fomentée par le Front de libération nationale du Tchad (Frolinat).

— 1969 : début de l'aide militaire française contre la rébellion.

— 1975 : assassinat de F. Tombalbaye.

— 1980 : l'intervention libyenne assure la victoire du président Goukouni sur son adversaire Hissène Habré.

— 1981 : retrait des forces libyennes stationnées au Tchad.

fresque de l'église Saint-Nicolas de **Tavant**
Christ aux enfers délivrant Adam et Ève

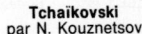

Tchaïkovski
par N. Kouznetsov

TCHAD

TCHAÏKOVSKI (Petr Ilitch), compositeur russe, né à Votkinsk (1840-1893), auteur d'opéras (*Eugène Onéguine*), de symphonies, de ballets (*Casse-Noisette*), de concertos.

TCHAMPA → CHAMPA.

TCH'ANG-CHA ou **CHANGSHA,** v. de la Chine centrale, cap. du Hou-nan ; 703 000 h. Port sur le Siang-kiang.

TCHANG KAÏ-CHEK ou **TSIANG KIAÏ-CHE** ou **JIANG JIESHI,** homme d'État chinois, né près de Ning-po (1887-1975). Il rejoint l'armée révolutionnaire en 1911, puis (1925) dirige la fraction modérée du Kouo-min-tang. Commandant en chef des armées nationales (1926), président du gouvernement nationaliste conservateur à Nankin, il mène plusieurs campagnes contre les communistes (1930-1935) ; mais l'invasion japonaise l'amène à s'allier à ceux-ci (1937). Cette alliance est rompue après la victoire (1945) ; une nouvelle guerre civile se développe alors qui se termine par la victoire de Mao Tsö-tong (1949). Tchang Kaï-chek s'établit à T'ai-wan, où il fonde un régime autoritaire et proaméricain : la République nationaliste chinoise, dont il est le premier président. À sa mort, son fils TSIANG KING-KOUO lui succède.

TCH'ANG-TCHEOU ou **CHANGZHOU,** v. de Chine (Kiang-sou) ; 839 000 h. Métallurgie.

TCH'ANG-TCH'OUEN ou **CHANGCHUN,** v. de la Chine du Nord-Est, cap. du Ki-lin ; 975 000 h. Automobiles.

TCHAN-KIANG ou **ZHANJIANG,** port de Chine (Kouang-tong) ; 166 000 h.

TCHAO MONG-FOU ou **ZHAO MENGFU,** peintre chinois, né à Hou-tcheou (1254-1322), de la cour des empereurs Yuan. Il est célèbre pour ses représentations de chevaux et de cavaliers.

TCH'AO-TCHEOU ou **CHAOZHOU,** v. de Chine (Kouang-tong) ; 170 000 h.

TCHAO TSEU-YANG ou **ZHAO ZIYANG,** homme politique chinois, né dans le district de Houa-hien (Ho-nan) en 1919. Il remplace Houa Kouo-fong à la tête du gouvernement en 1980.

TCHARDJOU, v. de l'U.R.S.S. (Turkménistan), sur l'Amou-Daria ; 113 000 h.

TCHEBOKSARY, v. de l'U.R.S.S. (R.S.F.S. de Russie), sur la Volga ; 292 000 h.

TCHEBYCHEV (Pafnouti Lvovitch), mathématicien russe, né à Okatovo (1821-1894).

TCHÉCOSLOVAQUIE, en tchèque **Československo,** république fédérale de l'Europe centrale, formée de la *Bohême-Moravie* et de la *Slovaquie* ; 127 860 km² ; 15 150 000 h. (*Tchécoslovaques*). Cap. *Prague*. Langues : *tchèque* et *slovaque*.

GÉOGRAPHIE

La Tchécoslovaquie s'étend sur trois grandes régions : la Moravie (prolongée au nord par une partie de la Silésie), zone déprimée séparant la Bohême, formée de plateaux encadrés par des massifs hercyniens, de la Slovaquie, constituée essentiellement par la partie occidentale des Carpates. Le climat est de type continental avec des hivers rudes, des étés chauds et orageux. L'agriculture, collectivisée, fournit des céréales (orge et surtout blé), des pommes de terre et des plantes industrielles (betterave à sucre et houblon), provenant surtout des régions basses (intérieur de la Bohême, bassins de Moravie, plaine du sud-ouest de la Slovaquie). L'élevage (bovins) domine dans les secteurs montagneux, qui sont aussi le domaine de l'exploitation forestière. Le sous-sol recèle surtout du charbon (houille et lignite), mais pas de pétrole ou de gaz naturel, qui doivent être importés. L'industrie est diversifiée : sidérurgie, constructions mécaniques variées, textiles, chimie, papier, brasserie, verrerie, travail du cuir. Elle est surtout développée dans les pays tchèques (Bohême et Moravie), où elle est de tradition ancienne et où se localisent les principales villes (Prague, Brno, Ostrava, Brno, Plzeň...). Mais, favorisée par la planification, qui y a notamment développé les aménagements hydroélectriques, la Slovaquie a rattrapé une grande part de son retard dans ce domaine. En partie grâce à l'avance prise avant 1945, le pays possède avec l'Allemagne démocratique le plus haut niveau de vie moyen de tous les États socialistes.

HISTOIRE

— 1918 : naissance de la république de Tchécoslovaquie, par la fusion de la Bohême*, de la Moravie* et de la Slovaquie*. Tomáš Masaryk, premier président ; Edvard Beneš, ministre des Affaires étrangères et principal créateur de la Petite-Entente.
— 1919 : rattachement de la Ruthénie subcarpatique.
— 1935 : E. Beneš, président de la République. La Tchécoslovaquie, durement touchée par la grande crise économique.
— 1938 : après les accords de Munich (sept.), la Tchécoslovaquie est privée de ses territoires des Sudètes ; la Slovaquie et la Ruthénie subcarpatique deviennent autonomes.
— 1939 (15 mars) : invasion par les Allemands de la Bohême-Moravie, qui devient protectorat allemand.
— 1941 : R. Heydrich mène une politique de germanisation et de persécution. De Londres, E. Beneš dirige un gouvernement national.
— 1945 : insurrection de Prague. Libération du pays par les Soviétiques. E. Beneš, de nouveau président.

— 1946 : succès des communistes (Klement Gottwald) aux élections.
— 1947 : veto de Moscou à l'adhésion du pays au plan Marshall.
— 1948 : « coup de Prague ». Les communistes s'emparent du pouvoir. K. Gottwald devient président de la République après la démission de Beneš. Alignement idéologique et politique sur l'U.R.S.S.
— 1953 : Antonín Novotný, premier secrétaire du parti ; Antonín Zápotocký, président de la République.
— 1957 : A. Novotný cumule les deux charges.
— 1960 : les Slovaques perdent toute autonomie.
— 1968 : « Printemps de Prague ». Alexander Dubček remplace Novotný au secrétariat du parti (janv.) ; le général Svoboda est président de la République (mars). Recherche d'un « socialisme à visage humain ». Intervention militaire soviétique (20 août) ; retour à la situation antérieure, mais tendance au fédéralisme.
— 1969 : Gustáv Husák, premier secrétaire du parti ; il resserre les liens avec l'U.R.S.S. Dubček écarté.
— 1975 : G. Husák, président de la République.

TCHEKHOV (Anton Pavlovitch), écrivain russe, né à Taganrog (1860-1904). D'abord auteur de contes et de nouvelles (*la Salle n° 6, la Maison à mezzanine*), il se tourna vers le théâtre, où il entreprit de peindre l'enlisement de la vie dans les conventions de la société provinciale ou dans les vocations illusoires (*la Mouette*, 1896 ;

Anton **Tchekhov**
par J. E. Braz

A.P.N.

Oncle Vania, 1897 ; *les Trois Sœurs*, 1901 ; *la Cerisaie*, 1904).

TCHELIABINSK, v. de l'U.R.S.S. (R.S.F.S. de Russie), dans l'Oural ; 1 007 000 h. Métallurgie.

TCHENG-TCHEOU ou **ZHENGZHOU,** v. de Chine, cap. du Honan, sur le Houang-ho ; 766 000 h. Musée (coll. archéologique).

TCH'ENG-TOU ou **CHENGDU,** v. de Chine, cap. du Sseu-tch'ouan ; 1 135 000 h. Monuments anciens. Musée. Centre industriel.

TCHÉCOSLOVAQUIE

TCHEN-KIANG

TCHEN-KIANG ou **ZHENJIANG,** v. de Chine (Kiang-sou), sur le bas Yang-tseu; 201 000 h.

TCHÉOU ou **ZHOU,** dynastie chinoise, qui régna de 1111 à 249 av. J.-C.

TCHÉOU-K'ÉOU-TIEN ou **ZHOUKOUDIAN,** village de Chine, au sud-ouest de Pékin. Site préhistorique où fut découvert le sinanthrope en 1921.

TCHÉOU NGEN-LAI ou **ZHOU ENLAI** ou **CHOU EN-LAI,** homme politique chinois, né dans la province de Tchö-kiang (1898-1976). Il participa à la fondation du parti communiste chinois (1920) et à la Longue Marche (1934-35). Premier ministre de la République populaire à

Tchéou Ngen-lai

Tel-Aviv-Jaffa

Téhéran (à l'arrière-plan la chaîne de l'Elbourz)

Pierre **Teilhard de Chardin** par C. d'Espagnat

partir de 1949 et ministre des Affaires étrangères jusqu'en 1958, il joua un rôle modérateur lors de la révolution culturelle (1966).

TCHÉRÉMISSES → MARIS.

TCHEREMKHOVO, v. de l'U.R.S.S., à l'ouest du lac Baïkal; 87 000 h. Houille.

TCHERENKOV (Pavel Alekseïevitch), physicien soviétique, né à Voronej en 1904. Il a découvert en 1934 l'émission de lumière par les particules de vitesses supérieures à celle de la lumière. (Prix Nobel, 1958.)

TCHEREPOVETS, v. de l'U.R.S.S., à l'est de Leningrad; 246 000 h.

TCHERKASSOV (Nikolaï), acteur soviétique, né à Saint-Pétersbourg (1903-1966). Il s'illustra notamment au cinéma dans le *Député de la Baltique* (1937), *Pierre le Grand* (1937-1939), *Alexandre Nevski* (1938), *Ivan le Terrible* (1944-1946), *Don Quichotte* (1956).

TCHERKASSY, v. de l'U.R.S.S. (Ukraine); 229 000 h. Textile.

TCHERKESSES, peuple du Caucase septentrional, composé de deux groupes principaux, les Adyguéens et les Kabardines. Islamisés à partir du XVIe s., les Tcherkesses ont lutté contre la pénétration russe jusqu'en 1864. Une partie émigra alors en Turquie.

TCHERNIGOV, v. de l'U.R.S.S. (Ukraine); 233 000 h. Textile.

TCHERNIKHOVSKY (Saül), poète israélien, né à Mikhaïlovka (Ukraine) [1875-1943]. Il réalise la synthèse des valeurs morales de la tradition juive et des principes esthétiques occidentaux (*Visions et mélodies, Cantiques du pays*).

TCHERNOVTSY, v. de l'U.R.S.S. (Ukraine); 214 000 h.

TCHERNYCHEVSKI (Nikolaï Gavrilovitch), écrivain russe, né à Saratov (1828-1889). Concevant la littérature comme moyen d'action sociale, son roman *Que faire?* (1863) devint la bible de la jeunesse révolutionnaire russe.

TCHERRAPOUNDJI → CHERRAPUNJI.

TCHERSKI *(monts)*, massif de la Sibérie orientale; 3 147 m.

TCHÉTCHÈNES, peuple musulman du Caucase oriental. La *république autonome des Tché-*tchènes-Ingouches, constituée en 1936, abolie en 1944-1946, fut restaurée en 1957 (1 065 000 h.; cap. *Groznyï*).

TCHIATOURA, v. de l'U.R.S.S. (Géorgie). Grand centre d'extraction du manganèse.

TCHIMKENT, v. de l'U.R.S.S. (Kazakhstan); 303 000 h. Métallurgie.

TCHIRTCHIK, v. de l'U.R.S.S. (Ouzbékistan); 131 000 h.

TCHISTIAKOVO → THOREZ.

TCHITA, v. de l'U.R.S.S. (R.S.F.S. de Russie), à l'est du lac Baïkal; 234 000 h. Métallurgie.

TCHITCHERINE (Gueorgui Vassilievitch), homme politique soviétique, né à Karaoul (1872-1936). Successeur de Trotski au ministère des Affaires étrangères (1918-1930), il signa le traité de Rapallo (1922).

TCHOIBALSAN (Khorloguine), homme d'État mongol, né à Baian-Toumen (auj. *Tchoibalsan*) [1895-1952]. Commandant en chef de l'armée populaire (1924-1928), Premier ministre et premier secrétaire du parti en 1939, il est le créateur de la république populaire de Mongolie.

TCHÖ-KIANG ou **ZHEJIANG,** prov. de la Chine orientale; 101 000 km²; 30 millions d'h. Cap. *Hang-tcheou*.

TCH'ONG-K'ING ou **CHONGQING,** v. de Chine (Sseu-tch'ouan), sur le Yang-tseu-kiang; 2 765 000 h. Métallurgie. Textile. Quartier général de Tchang Kaï-chek de 1938 à 1946.

TCHOUDSK *(lac)* → PEÏPOUS *(lac)*.

TCHOU HI ou **ZHU XI,** historien et philosophe chinois (1130-1200), commentateur des livres canoniques.

TCHOUKTCHES, peuples de l'U.R.S.S., à l'extrémité orientale de la Sibérie. Ce sont des pêcheurs et des éleveurs de rennes.

TCHOU TÖ ou **CHOU-TEH,** maréchal et homme politique chinois, né à Mangan (1886-1976). Compagnon de Mao Tsö-tong, il commanda la Ire armée rouge pendant la Longue Marche (1933-34), puis la VIIIe armée et le 18e groupe d'armées contre les Japonais (1937-1945). Devenu de 1946 à 1954 commandant en chef de l'armée populaire de libération, il chassa de Chine les forces de Tchang Kaï-chek (1946-1949).

TCHOUVACHES, peuple de l'U.R.S.S. (sur la moyenne Volga), dont la langue est d'origine turque.

TÉBESSA, v. de l'est de l'Algérie, ch.-l. de wilaya, au nord des *monts de Tébessa*; 41 000 h. Ruines romaines. Phosphates.

TECH (le), fl. côtier des Pyrénées-Orientales; 82 km.

TECTOSAGES. *Géogr. anc.* Peuplade de la Gaule Narbonnaise. — Peuplade galate de l'Asie Mineure.

TECUMSEH, chef indien, né dans la région de la Mad River (1768-1813). En 1812, il soutint les Anglais contre les Américains.

TEDDER (Arthur), maréchal britannique, né à Glenguin (comté de Stirling, Écosse) [1890-1967]. Commandant l'aviation alliée en Tunisie et en Italie (1943), il devint l'adjoint d'Eisenhower dans le commandement des forces qui libérèrent l'Europe occidentale (1944-45).

TÉGÉE, anc. cité grecque d'Arcadie.

TEGETTHOFF (Wilhelm VON), amiral autrichien, né à Maribor (1827-1871). Il battit près de Lissa la flotte italienne (1866).

TÉGLATH-PHALASAR, nom de trois rois d'Assyrie dont le plus notable est TÉGLATH-PHALASAR III (745-727 av. J.-C.). Il fit de l'Assyrie un empire fortement organisé dont il rétablit la domination en Syrie, en Asie Mineure, en Babylonie et en Iran.

TEGNÉR (Esaias), poète suédois, né à Kyrkerud (1782-1846), auteur de poèmes patriotiques et de la populaire *Saga de Frithiof* (1820-1825).

TEGUCIGALPA, cap. du Honduras; 274 000 h.

TÉHÉRAN, cap. de l'Iran (depuis 1788); 4 496 000 h. Palais et jardin du Golestan (XVIIIe-XIXe s.); musées. Conférence (nov. 1943) entre Staline, Roosevelt et Churchill.

TEHUANTEPEC, isthme du Mexique, large de 210 km, entre le golfe du Mexique et le Pacifique, traditionnelle limite entre l'Amérique du Nord et l'Amérique centrale.

TEIL (Le) [07400], comm. de l'Ardèche; 8 362 h. Carrières de pierre à chaux. À Mélas, église romane avec baptistère du Xe s.

TEILHARD DE CHARDIN (Pierre), jésuite, paléontologiste et philosophe français, né à Sarcenat (comm. d'Orcines, Puy-de-Dôme) [1881-1955]. Il a élaboré une synthèse des phénomènes physiques et biologiques concluant à une évolution de l'univers qui aboutit à l'unité et à la fusion avec Dieu. Il contribua à montrer le caractère humain du sinanthrope.

TEILLEUL (Le) [50640], ch.-l. de c. de la Manche; 1 605 h.

TEISSERENC [tɛsrɛ̃k] **DE BORT** (Léon), météorologiste français, né à Paris (1855-1913). Il développa les observations par ballons-sondes et découvrit la stratosphère.

TEISSIER (Georges), zoologiste français, né à Paris (1900-1972). Il a promu la biométrie et dirigé le laboratoire maritime de Roscoff.

TEKAKWITHA (Catherine), jeune Iroquoise, née à Auriesville (Canada) [1656-1680]. Elle a été béatifiée en 1980.

TÉKÉS ou **BATÉKÉS,** population vivant de part et d'autre du fleuve Zaïre.

TELANAIPURA, v. d'Indonésie (Sumatra); 159 000 h.

Georg Philipp **Telemann**
gravure de Lichtensteger

Teng Siao-p'ing

lord Alfred **Tennyson**
par S. Laurence

TEL-AVIV-JAFFA, v. d'Israël, sur la Méditerranée; 800 000 h. (avec les banlieues). Principale ville et métropole économique du pays. Tel-Aviv, fondée en 1909, a été le centre du mouvement d'immigration juive en Palestine.

TELEMANN (Georg Philipp), compositeur allemand, né à Magdeburg (1681-1767). Son abondante production représente une synthèse de l'art musical européen, notamment ses opéras, ses passions, sa musique instrumentale (sonates, suites, concertos, ouvertures).

TÉLÉMAQUE. *Myth. gr.* Héros du cycle troyen, fils d'Ulysse et de Pénélope, dont l'éducation fut assurée par Mentor. Il aida son père à reconquérir le trône d'Ithaque.

Télémaque *(les Aventures de),* ouvrage de Fénelon (1699), écrit pour l'éducation du duc de Bourgogne.

TELEMARK, région montagneuse du sud de la Norvège.

TÉLESPHORE *(saint)* [m. en 136], pape de 125 à 136.

TELL (le), nom donné en Afrique du Nord aux régions humides proches des côtes.

TELL (Guillaume) → GUILLAUME TELL.

TELLIER (Charles), ingénieur français, né à Amiens (1828-1913). Spécialiste de l'étude et de l'utilisation du froid industriel, il fut également l'un des premiers à s'intéresser à l'emploi thérapeutique de l'oxygène.

TELLO, village d'Iraq, près de Chatra, sur le site de Girsou, l'une des cités-États de Sumer. Ruines qui ont livré nombre d'objets.

Tel quel, revue littéraire fondée en 1960 et animée par Philippe Sollers.

TELUK BETUNG → TANJUNG KARANG-TELUK BETUNG.

TEMA, port et centre industriel du Ghāna.

TEMESVÁR → TIMIȘOARA.

TEMIN (Howard), biochimiste américain, né à Philadelphie en 1934. Il a bouleversé les notions classiques sur la transmission de l'information génétique par une théorie dite *téminisme* (1970). [Prix Nobel de médecine, 1975.]

TEMIR-TAOU, v. de l'U.R.S.S., dans le Kouzbass; 202 000 h. Métallurgie.

TÉMISCAMINGUE *(lac),* lac du Canada, aux confins de l'Ontario et du Québec; 280 km².

TEMPÉ, vallée de Thessalie. Virgile en a célébré la beauté.

TEMPELHOF, agglomération de la banlieue sud de Berlin-Ouest. Aéroport.

Tempête *(la),* comédie-féerie de Shakespeare, en vers mêlés de prose (v. 1611).

Tempête *(la),* ou **l'Orage,** un des chefs-d'œuvre de Giorgione, petite toile à l'accent préromantique (Accademia, Venise).

Temple (le), anc. monastère fortifié des Templiers, à Paris, construit au XIIᵉ s., rasé en 1811. L'enclos jouissait du droit d'asile.

TEMPLE (*sir* William), diplomate anglais, né à Londres (1628-1699). Ambassadeur à La Haye (1668-1671, 1674-1679), il négocia notamment la Triple-Alliance avec les Provinces-Unies et la Suède (1668), et le mariage de Marie II Stuart avec Guillaume III d'Orange (1677). Ses essais politiques font de lui un maître de la prose anglaise.

TEMPLEUVE (59242), comm. du Nord; 5 164 h.

Templiers ou **chevaliers du Temple,** ordre militaire et religieux fondé en 1119, et dont les membres se distinguèrent particulièrement en Palestine. Ils acquirent d'importantes richesses et devinrent les banquiers du pape et de nombreux princes. Philippe le Bel, désirant s'emparer de leurs richesses et détruire leur puissance, favorisa contre eux une campagne de calomnies et fit arrêter en 1307 cent trente-huit templiers. À la suite d'un procès indigne (1307-1314), il fit périr un grand nombre d'entre eux et leur grand maître Jacques de Molay sur le bûcher. Dès 1312, le pape Clément V avait, à l'instigation du roi de France, supprimé l'ordre.

Temps *(le),* journal quotidien fondé en 1861; il disparut en 1942. De tendances libérales, il eut une grande influence sous la IIIᵉ République.

Temps modernes *(les),* revue mensuelle, politique et littéraire, fondée en 1945 par Jean-Paul Sartre.

TEMUCO, v. du Chili central; 110 000 h.

TÉNARE, cap de la pointe extrême du Péloponnèse. (Auj. *cap Matapan**.) Les Anciens y plaçaient une des entrées des Enfers.

TÉNARÈZE *(la),* région de l'Armagnac, s'étendant de Nérac à Vic-Fezensac. Eau-de-vie.

TENASSERIM (le), partie méridionale de la Birmanie.

TENCE (43190), ch.-l. de c. de la Haute-Loire; 2 846 h.

TENCIN (Pierre GUÉRIN, *cardinal* DE), archevêque de Lyon et homme d'État français, né à Grenoble (1680-1758). Il lutta contre les jansénistes et fut ministre d'État. — Sa sœur Claudine Alexandrine GUÉRIN, *marquise* **de Tencin,** née à Grenoble (1682-1749), tint un salon célèbre et fut la mère de D'Alembert.

TENDE (06430), ch.-l. de c. des Alpes-Maritimes, au sud du *col de Tende;* 2 056 h. Cédé par l'Italie à la France en 1947 à la suite d'un référendum. — Le *col de Tende* est à 1 871 m d'alt.; un tunnel, emprunté par la route de Nice à Turin, s'ouvre à 1 279 m d'alt.

TÈNE (La), village suisse, à l'extrémité orientale du lac de Neuchâtel (Suisse), devenu site éponyme du second âge du fer (450 av. J.-C. - début de notre ère). Riche nécropole au mobilier funéraire abondant.

TÉNÉRÉ (le), région du Sahara nigérien.

TENERIFE ou **TÉNÉRIFFE,** la plus grande des îles Canaries; 2 352 km²; 500 000 h. *Ch.-l.* Santa Cruz de Tenerife. Vignobles. Orangers. Bananiers.

TENG SIAO-P'ING ou **DENG XIAOPING,** homme politique chinois, né à Kouang-ngan, Sseu-tch'ouan, en 1904 (?). Secrétaire général du parti communiste chinois (1949), il est expulsé des cadres du parti, comme chef de file des révisionnistes, au cours de la révolution culturelle (1967). Réintégré au comité central (1973), il entre au bureau politique avant d'être élu le premier des vice-Premiers ministres et de devenir chef d'état-major de l'armée (1975). Destitué dès le 7 avril 1976 pour « déviationnisme de droite », il est réhabilité en 1977, redevenant le principal personnage politique du pays. Le 8 mars 1978, il est élu président du comité national de la Conférence politique consultative du peuple chinois.

TENIENTE (El), centre minier (cuivre) du Chili central.

TENIERS, famille de peintres flamands dont le plus célèbre est DAVID II, dit *le Jeune,* né à Anvers (1610-1690). Fécond, raffiné, il excella notamment dans la production de scènes de genre populaires.

TENNESSEE (le), riv. de l'est des États-Unis, affl. de l'Ohio (r. g.); 1 600 km. Son bassin a été mis en valeur par la Tennessee Valley Authority (TVA); équipement hydroélectrique, irrigation, lutte contre l'érosion, développement industriel, etc.

TENNESSEE, un des États unis d'Amérique (Centre Sud-Est), arrosé par le *Tennessee;* 109 412 km²; 3 924 000 h. Cap. *Nashville.* V. pr. *Memphis.*

Teotihuacán : détail de la décoration du temple de Quetzalcóatl

TENNYSON (Alfred, *lord*), poète anglais, né à Somersby (1809-1892). Auteur des *Idylles du roi* (1859-1885), d'*Enoch Arden* (1864), il est le poète aristocratique et national de l'ère victorienne.

TENO → TANA.

TENOCHTITLÁN, cap. des Aztèques, fondée en 1325, prise par les Espagnols de Cortés en 1521. Mexico est située à son emplacement.

TÉNOS ou **TÍNOS,** île grecque des Cyclades.

TENSIFT *(oued),* fl. du Maroc, qui rejoint l'Atlantique; 270 km.

TEOTIHUACÁN, localité du Mexique, au nord-est de Mexico, à l'emplacement d'une métropole religieuse précolombienne. Grandes pyramides, temples et palais construits entre le IIIᵉ s. av. J.-C. et le VIᵉ s. apr. J.-C.

TEPLICE, v. de Tchécoslovaquie (Bohême); 52 000 h. Eaux thermales. Industries mécaniques.

TERAMO, v. d'Italie (Abruzzes); 51 000 h. Cathédrale des XIIᵉ-XVᵉ s.

TERAUCHI HISAICHI, maréchal japonais (1879-1946). Il commanda les armées japonaises en Chine, puis dans le Pacifique (1941-1945). Il capitula à Saigon (1945).

TERBORCH ou **TER BORCH** (Gerard), peintre néerlandais, né à Zwolle (1617-1681), portraitiste, puis auteur de scènes d'intimité bourgeoise d'une poésie raffinée.

TERBRUGGHEN (Hendrik), peintre néerlandais, né à Deventer (?) [1588?-1629]. Installé à Utrecht après avoir travaillé en Italie, c'est un caravagesque adepte de la « manière claire » (le *Duo,* Louvre).

Terbrugghen
le Flûtiste

1593

TERCEIRA, île des Açores. Ch.-l. *Angra do Heroísmo*. Base aérienne américaine de Lajes.

Tercio (le), nom donné à la Légion étrangère de l'armée espagnole, créée en 1920.

TERECHKOVA (Valentina Vladimirovna), astronaute soviétique, née à Maslennikovo, près de Iaroslav, en 1937. Elle fut la première femme à participer à une expérience spatiale (1963).

TÉRENCE, poète comique latin, né à Carthage (v. 190-159 av. J.-C.). Esclave affranchi, membre du cercle de Scipion Émilien, il composa six comédies (*l'Andrienne, l'Eunuque, l'Hécyre, l'Heautontimoroumenos, Phormion, les Adelphes*), dans lesquelles il imite les auteurs grecs et s'attache à l'analyse psychologique. Il devint un modèle pour les classiques français, notamment pour Molière.

TERESA (Gonxha Bojaxhiu, dite **mère**), religieuse indienne d'origine yougoslave, née à Üsküb (auj. Skopje) en 1910. Son action en faveur des deshérités lui a valu le prix Nobel de la paix (1979).

TERESINA, v. du Brésil, cap. de l'État de Piauí, sur le Parnaíba; 221000 h.

TERGNIER (02700), ch.-l. de c. de l'Aisne, sur le canal de Saint-Quentin; 11807 h. Centre ferroviaire. Métallurgie.

TERMIER (Pierre), géologue français, né à Lyon (1859-1930). Il a étudié les mouvements tangentiels dans les Alpes. Il est l'auteur de *À la gloire de la Terre* (1922).

TERMINI IMERESE, port d'Italie (Sicile); 24000 h. Station balnéaire et thermale.

TERMONDE, en néerl. **Dendermonde**, v. de Belgique (Flandre-Orientale); 41100 h. Église gothique Notre-Dame.

TERNAT, comm. de Belgique (Brabant); 11600 h.

TERNAUX (*baron Guillaume*), manufacturier et homme politique français, né à Sedan (1763-1833). Il fonda en France de très grandes manufactures de textiles.

TERNEUZEN, port des Pays-Bas (Zélande), sur l'estuaire de l'Escaut occidental, à la tête du *canal Terneuzen-Gand*; 23000 h. Pétrochimie.

TERNI, v. d'Italie (Ombrie); 113000 h. Sidérurgie.

TERPANDRE, poète et musicien grec, né à Lesbos (fin du VIIe s. av. J.-C.). On lui attribue la fondation de l'école cithardéique de Sparte et de nombreuses inventions musicales (cithare à 7 cordes, modes éolien et béotien).

TERPSICHORE [-kɔr], muse de la Danse et de la Poésie lyrique. Son attribut est la lyre.

TERRASSON-LA-VILLEDIEU (24120), ch.-l. de c. de la Dordogne; 6221 h. Constructions mécaniques. Anc. abbatiale du XVe s.

TERRAY (Joseph Marie), ecclésiastique et homme politique français, né à Boën (1715-1778). Contrôleur général des Finances de 1769 à 1774, il forma avec Maupeou et d'Aiguillon un « triumvirat » qui se rendit impopulaire par ses mesures fiscales.

TERRE DE FEU, en esp. **Tierra del Fuego**, anc. **archipel de Magellan**, groupe d'îles au sud de l'Amérique méridionale (Argentine et Chili), séparées du continent par le détroit de Magellan. On réserve parfois le nom de *Terre de Feu* à la principale île de l'archipel.

Terre Gaste (la), poème de T. S. Eliot (1922) : la « vanité » de la terre en dépit de ses richesses concrètes et spirituelles.

TERRE-NATALE (52400 Bourbonne les Bains), ch.-l. de c. de la Haute-Marne; 628 h.

TERRE-NEUVE, en angl. **Newfoundland**, grande île d'Amérique (112299 km²; hab. *Terre-Neuviens*), située à l'embouchure du Saint-Laurent, qui constitue avec le nord-est du Labrador, une des provinces du Canada; 404517 km²; 557725 h. Cap. *Saint-Jean (Saint John's)*. La province, au climat rude, vit surtout de l'exploitation de la forêt et de la pêche (*bancs de Terre-Neuve*); le sous-sol recèle de grands gisements de fer aux confins du Québec.
— HISTOIRE. L'île fut cédée à l'Angleterre par le traité d'Utrecht (1713), mais la France conserva le monopole de la pêche sur la côte nord

jusqu'en 1904, ainsi qu'un droit de débarquer sur les côtes nord-est et nord-ouest (« French Shore ») pour sécher le poisson. Terre-Neuve constitua un dominion à partir de 1917 et se vit rattacher la côte nord-est du Labrador en 1927. Elle est devenue la dixième province du Canada en 1949.

Terreur (la), nom donné à deux périodes de la Révolution française. La *première Terreur* (10 août - 20 sept. 1792) eut pour cause l'invasion prussienne et se manifesta par l'arrestation du roi et les massacres de Septembre. La *seconde Terreur* (5 sept. 1793 - 28 juill. 1794) provoqua l'élimination des Girondins et le passage devant le Tribunal révolutionnaire de nombreux suspects, dont beaucoup furent guillotinés; elle connut sa plus grande flambée lorsque Robespierre fut en fait le maître de la Convention (avr.-juill. 1794), imposant un régime d'exception.

Terreur blanche (la), nom donné aux excès commis par les royalistes dans le midi de la France durant l'été qui suivit la seconde abdication de Napoléon Ier (1815).

TERSANNE (26390 Hauterives), comm. de la Drôme; 188 h. Réservoir souterrain de gaz naturel.

TERRITOIRES D'OUTRE-MER → OUTRE-MER (France d').

TERTRY (80200 Péronne), comm. de la Somme; 129 h. Pépin de Herstal y fut vainqueur vers 687 de Thierry III, roi de Neustrie.

TERTULLIEN, apologiste chrétien, le premier des écrivains chrétiens de langue latine (v. 155-v. 222). Il tient une place importante dans la théologie, mais son moralisme rigoureux le fit dévier vers l'hérésie montaniste. Il a eu une grande influence sur la formation de la langue théologique latine.

TERUEL, v. d'Espagne (Aragon); 24000 h. Églises mudéjares des XIIIe-XVe s., dont la cathédrale. Combats pendant la guerre civile, de 1936 à 1938.

TERVILLE (57100 Thionville), comm. de la Moselle; 5747 h.

TERVUREN, comm. de Belgique (Brabant); 17600 h. Musée royal de l'Afrique centrale en bordure du parc de l'ancien domaine des ducs de Brabant.

TESLA (Nikola), physicien yougoslave, né à Smiljan (1857-1943). Il imagina les courants polyphasés et inventa le couplage de deux circuits oscillants par induction mutuelle.

TESNIÈRE (Lucien), linguiste français, né à Mont-Saint-Aignan (1893-1954), auteur d'*Éléments de syntaxe structurale*.

TESSAI, peintre japonais, né à Kyōto (1836-1924). Inspiré par les textes anciens, ce lettré, qui n'ignore pas l'art occidental, renouvelle l'art pictural japonais de son temps.

TESSENDERLO, comm. de Belgique (Limbourg); 12900 h.

TESSIER (Gaston), syndicaliste français, né à Paris (1887-1960). Il fut le premier secrétaire général de la C.F.T.C. (1919-1953) et le président de la Confédération internationale des syndicats chrétiens à partir de 1947. — Son fils JACQUES, né à Paris en 1914, fut le secrétaire général (1964), avant d'être le président (1970-1981) de la C.F.T.C. maintenue.

TESSIN (le), en ital. **Ticino**, riv. de Suisse et d'Italie, qui traverse le lac Majeur, passe à Pavie et se jette dans le Pô (r. g.); 248 km. Hannibal battit P. Cornelius Scipio sur ses bords (218 av. J.-C.).

TESSIN, cant. de Suisse, sur le versant méridional des Alpes; 2811 km²; 245000 h. (*Tessinois*). Ch.-l. *Bellinzona*. Tourisme (lac Majeur). C'est en 1803 que ce canton fut formé par l'union des cantons de Bellinzona et de Lugano.

TESSIN (Nicodemus), dit **le Jeune**, architecte et homme d'État suédois, né à Nyköping (1654-1728). Il acheva la décoration du château de Drottningholm, près de Stockholm (entrepris en 1662 par son père, Nicodemus l'Ancien) et donna son chef-d'œuvre avec le château royal de la capitale suédoise, synthèse des styles palladien et français.

TESSY-SUR-VIRE (50420), ch.-l. de c. de la Manche; 1493 h.

Testament (le), poème de Villon (1461), dit le *Grand Testament*. Aux legs burlesques que l'auteur fait à ses amis et à ses ennemis se mêlent des méditations lyriques, des ballades (*Ballades des dames du temps jadis, Ballade à sa mère pour prier Notre-Dame*), dont l'inspiration est dominée par l'angoisse de la mort.

TESTE (La) [33260], ch.-l. de c. de la Gironde, sur le bassin d'Arcachon; 16883 h. Station balnéaire. Ostréiculture.

TÊT [tɛt] (la), fl. côtier des Pyrénées-Orientales, tributaire de la Méditerranée; 120 km. Il passe à Prades et à Perpignan.

Têt (fête du), rites célébrés par les Vietnamiens le premier jour de l'année du calendrier lunaire (entre le 20 janvier et le 19 février).

Tête d'or, drame de P. Claudel (1890; version définitive, 1901). Le conquérant qui s'aventure « au-delà du bien et du mal » découvre la vanité de l'orgueil et du pouvoir.

TÉTHYS. *Myth. gr.* Déesse de la Mer.

TÉTOUAN, v. du Maroc, anc. cap. de la zone espagnole, près de la Méditerranée; 139000 h.

Tétralogie, titre usuel du cycle de Richard Wagner, *l'Anneau du Nibelung*, qui groupe *l'Or du Rhin* (1852-1854), *la Walkyrie* (1852-1856), *Siegfried* (1856-57; 1869-1871) et le *Crépuscule des dieux* (1869-1874), sur les livrets de Wagner lui-même, inspirés d'une vieille épopée germanique. Le compositeur y applique sa théorie sur le théâtre lyrique (la mélodie infinie, les motifs conducteurs, la libération de l'accord, le rôle prépondérant de l'orchestre).

TETZEL (Johannes), dominicain allemand, né à Pirna (v. 1465-1519). Les excès de sa prédication sur les indulgences provoquèrent les protestations de Luther (1517), d'où sortit la Réforme.

TEUTATÈS, dieu national gaulois.

Teutonique (ordre), ordre hospitalier puis ordre militaire (1198), fondé en Terre sainte et recrutant des membres dans l'aristocratie allemande. Ayant absorbé en 1237 les chevaliers Porte-Glaive, l'ordre propagea la culture germanique en Prusse et se constitua un vaste État, dont la capitale fut Marienburg (XIVe s.). Sa puissance fut brisée par les Polonais à Grunwald (1410) et au traité de Torún (1466). La puissance teutonique fut alors réduite à la Prusse-Orientale, sous suzeraineté polonaise. La conversion au luthéranisme du grand maître Albert de Brandebourg (1525) acheva de la ruiner.

TEUTONS, peuple germanique, qui envahit la Gaule avec les Cimbres et fut vaincu par Marius près d'Aix-en-Provence (102 av. J.-C.).

TEWKESBURY, v. de l'ouest de l'Angleterre; 6000 h. Abbatiale romane et gothique. Édouard IV d'York y triompha des lancastriens, conduits par la reine Marguerite (3 mai 1471).

TEXAS, le plus vaste (en dehors de l'Alaska) des États unis d'Amérique; 692403 km²; 11197000 h. (*Texans*). Cap. *Austin*. V. pr. *Houston, Dallas*. Grands gisements de pétrole et de gaz naturel. Possession espagnole, le Texas devint une république indépendante de fait en 1836. Incorporée aux États-Unis en 1845, la région ne fut abandonnée par les Mexicains qu'après leur défaite militaire (1848).

TEXEL, île néerlandaise de la mer du Nord.

TEYJAT (24300 Nontron), comm. de la Dordogne; 372 h. La grotte de la Mairie possède de remarquables gravures pariétales (magdalénien).

TEZCATLIPOCA, divinité guerrière du Mexique précolombien.

THABOR (mont), sommet des Alpes françaises, au sud-ouest de Modane (Savoie); 3181 m.

THACKERAY (William Makepeace), écrivain anglais, né à Calcutta (1811-1863), journaliste et caricaturiste, auteur d'essais et de romans qui raillent les hypocrisies et les ridicules de la société britannique (*la Foire aux vanités*, 1847-48).

THAÏLANDE, en thaï **Muang Taï**, anc. **Siam**, royaume de l'Asie du Sud-Est, dans la partie occidentale de la péninsule indochinoise; 514000 km²; 47170000 h. (*Thaïlandais*). Cap. *Bangkok*. Langue : *thaï*. Jusqu'en 1939, ce royaume a été connu sous le nom de *Siam;* de 1945 à 1949, il avait repris son ancien nom.

GÉOGRAPHIE

Encadrée à l'ouest et au nord par des montagnes boisées, fournissant du teck, à l'est par des plateaux gréseux, domaines des cultures du maïs, du coton, du tabac et de l'élevage bovin, la plaine alluviale du Ménam* constitue la partie vitale du pays. Elle produit la quasi-totalité du riz, base de l'alimentation et, pour une faible part, exporté. L'économie repose encore sur le caoutchouc et l'étain de la partie péninsulaire. Mais la balance commerciale est déficitaire, solde négatif partiellement comblé par les revenus du tourisme.

HISTOIRE

— VIIᵉ s. : formation du royaume indianisé de Dvāravatī.
— VIIIᵉ s. : formation du royaume de Śrīvijaya.
— XIIIᵉ s. : intervention des Thaïs dans l'histoire politique du pays. Ils refoulent peu à peu les Khmers.
— 1350 : le prince d'U Thong, Rāmādhipati Iᵉʳ, installe sa capitale à Ayuthia.
— 1431 : prise d'Angkor.
— 1592 : victoire des Thaïs sur les Birmans.
— XVIIᵉ s. : développement des rapports avec les Européens.
— première moitié du XVIIIᵉ s. : prospérité du royaume d'Ayuthia.
— 1767 : sac d'Ayuthia par les Birmans.
— 1767-1770 : libération et renaissance du royaume.
— 1782 : Phraya Chakri est couronné sous le nom de Rāma Iᵉʳ à Bangkok, la nouvelle capitale. Fondation de la dynastie Chakri.

— 1824-1925 : grande prospérité sous les règnes de Rāma III, IV, V, VI.
— 1932 : coup d'État, qui oblige Rāma VII à doter son pays d'un régime relativement libéral.
— 1935 : avènement de Rāma VIII, qui laisse gouverner le pays par Phibul Songkhram.
— 1939 : le Siam devient la Thaïlande.
— 1941 : Phibul Songkhram s'allie au Japon.
— 1945 : il est écarté du pouvoir.
— 1946 : assassinat de Rāma VIII.
— 1948 : Phibul Songkhram revient au pouvoir.
— 1950 : il gouverne sous le règne nominal de Bhumibol Adulyadej; la Thaïlande mène une politique proaméricaine.
— 1957 : coup d'État de Sarit Thanarat, qui renverse Phibul.
— 1963 : le général Thanom Kittikachorn, Premier ministre.
— 1971 : ce dernier remplace l'Assemblée élue par un conseil exécutif national.
— 1973 : chute de Kittikachorn; Sanya Dharmasakti, Premier ministre, octroie une constitution plus démocratique.
— 1976 : l'armée s'empare du pouvoir.

THAÏS, groupe d'ethnies de l'Asie du Sud-Est : Chine du Sud, Viêt-nam, Laos, Thaïlande et Birmanie.

THAÏS, courtisane grecque du IVᵉ s. av. J.-C., amie de Ménandre, d'Alexandre, puis de Ptolémée Iᵉʳ.

THAÏS *(sainte),* courtisane égyptienne convertie (IVᵉ s.). Sa légende a inspiré A. France et Massenet.

THALÈS, mathématicien et philosophe grec de l'école ionienne, né à Milet (fin du VIIᵉ s. - début du VIᵉ s. av. J.-C.). Il aurait rapporté d'Égypte en Grèce les fondements de la géométrie. On lui attribue la première mesure exacte du temps avec le *gnomon,* et certaines connaissances sur les rapports des angles avec les triangles auxquels ils appartiennent.

THALIE, muse de la Comédie.

THALWIL, v. de Suisse (cant. de Zurich); 13 591 h.

THAMES, nom angl. de la *Tamise.*

THĀNA, v. de l'Inde (Mahārāshtra); 171 000 h.

THANN (68800), ch.-l. d'arr. du Haut-Rhin, sur la Thur; 8 523 h. *(Thannois).* Collégiale des XIVᵉ-XVIᵉ s. Industries mécaniques, textiles et chimiques.

THANT (Sithu **U**), homme politique birman, né à Pantánaw (1909-1974), secrétaire général de l'O.N.U. de 1961 à 1971.

THAON DI REVEL (Paolo), amiral italien, né à Turin (1859-1948). Commandant les forces navales alliées dans l'Adriatique (1917-18), il fut le ministre de la Marine de Mussolini.

THAON-LES-VOSGES [tã-] (88150), comm. des Vosges; 7 814 h. Textile.

THAPSUS, anc. v. d'Afrique, où César anéantit les restes du parti de Pompée (46 av. J.-C.).

THAR *(désert de),* région aride du Pākistān et de l'Inde, entre l'Indus et les monts Arāvalli.

THĀSOS, île grecque du nord de la mer Égée. Nombreux vestiges antiques.

THATCHER (Margaret), femme politique britannique, née à Grantham (Lincolnshire) en 1925. Avocate, député conservateur de Finchley (1959), elle succède à E. Heath à la tête du parti conservateur le 11 février 1975. À la suite des élections du 3 mai 1979, qui assurent la majorité à son parti, elle devient Premier ministre.

THAU *(étang de),* lagune de l'Hérault, communiquant avec la mer par le canal de Sète; 7 400 ha. Bassin industriel du port de Sète.

Théagène et Chariclée, sous-titre des *Éthiopiques,* roman grec en 10 livres, d'Héliodore d'Émèse (IIIᵉ s. apr. J.-C.).

Théatins *(ordre des),* ordre de religieux établi en Italie en 1524 par Gaétan de Thiene et par Pietro Carafa, évêque de Chieti (lat. *Theatinus*), qui devint plus tard pape sous le nom de Paul IV.

Théâtre-Libre, théâtre créé en 1887 par André Antoine, afin de rénover le spectacle par une mise en scène réaliste et par l'interprétation de jeunes auteurs naturalistes (Zola, Curel, Brieux) et étrangers (Ibsen, Strindberg). En 1897, il prit le nom de *Théâtre-Antoine.*

Théâtre national populaire (T. N. P.), théâtre subventionné, fondé par l'État en 1920 à l'instigation du comédien Firmin Gémier, qui en fut le premier directeur. Installé au Trocadéro, puis au palais de Chaillot, le T. N. P. a connu une large audience sous la direction de Jean Vilar (1951-1963), puis sous celle de Georges Wilson (jusqu'en 1972). Depuis 1973, son siège est à Villeurbanne.

THÉBAÏDE, partie méridionale de l'Égypte ancienne, qui avait Thèbes pour capitale. Elle fut aux premiers siècles chrétiens un centre important du monachisme.

Thébaïde *(la)* ou *les Frères ennemis,* tragédie de Racine, son premier ouvrage dramatique (1664).

THÈBES, v. de l'Égypte ancienne. Sa fortune commença au Moyen Empire avec l'entrée sur la scène politique des princes thébains. Au Nouvel Empire, elle fut la capitale de l'Égypte et une grande métropole religieuse grâce au puissant clergé du dieu Amon. Thèbes fut détruite en 663 av. J.-C. lors de l'invasion assyrienne. Louqsor et Karnak marquent l'emplacement de la ville des dieux et des vivants. En face, se trouve l'immense nécropole de la rive occidentale (temples funéraires de Deir el-Bahari, hypogées de la Vallée des Rois, des Reines, des Nobles, etc.).

THÈBES, auj. **Thíva,** v. de Grèce, en Béotie; 16 000 h. La légende la rattache au cycle d'Œdipe. Elle disputa à Sparte, au temps d'Épaminondas,

BIRMANIE — LAOS — VIÊT-NAM — Chiangmai — Lampang — Pic Inthanon 2576 m — VIENTIANE — Udon — Phitsanulok — Khon Kaen — Nakhon Sawan — Nakhon Ratchasima — Ayuthia — BANGKOK — CAMBODGE — Chonburi — Samut Prakan — PHNOM PENH — Golfe de Thaïlande — THAÏLANDE — VIÊT-NAM — Pointe de Ca Mau — MER DE CHINE MÉRIDIONALE — Nakhon Si Thammarat — Phuket — Songkhla — Hat Yai — Yala — MALAYSIA — route — v ferré — 0 km 200 — courbes : 200 1000 2000 m

Margaret **Thatcher**

J. Sutton-Gamma

l'hégémonie sur les cités grecques (371-362 av. J.-C.). Alexandre la détruisit en 335 av. J.-C.

THEIL (Le) [61260], ch.-l. de c. de l'Orne; 1465 h.

Thélème (abbaye de), sorte de communauté laïque imaginée par Rabelais dans *Gargantua*, contre-pied exact de l'institution monacale et dont la règle est « Fais ce que voudras ».

THÉMINES (Pons DE LAUZIÈRES, marquis DE), maréchal de France (v. 1552-1627), un des lieutenants les plus fidèles d'Henri III, puis d'Henri IV.

THÉMIS. *Myth. gr.* Déesse de la Justice. Ses attributs sont le glaive et la balance.

THÉMISTIOS, philosophe et rhéteur grec (en Paphlagonie 317 - v. 388).

Théodose Ier
le Grand
(dessin sur
parchemin, IXe s.)

Thémistocle

THÉMISTOCLE, général et homme d'État athénien, né à Athènes (v. 525 - v. 460 av. J.-C.). Il fit d'Athènes la grande puissance navale du monde hellénique, aménagea Le Pirée et réorganisant la flotte athénienne; par la victoire de Salamine (480), il délivra la Grèce du péril perse (*guerres médiques*). En butte à la malveillance de ses adversaires politiques et aux intrigues de Sparte, il fut banni, à l'instigation de Cimon (partisan d'un partage de l'hégémonie sur la Grèce entre Sparte et Athènes), et se réfugia auprès d'Artaxerxès Ier.

THÉNARD (Louis Jacques, *baron*), chimiste français, né à La Louptière (1777-1857). Collaborateur de Gay-Lussac, il découvrit l'eau oxygénée (1818) et le bore.

THÉNEZAY (79390), ch.-l. de c. des Deux-Sèvres; 1615 h.

THENON (24210), ch.-l. de c. de la Dordogne; 1253 h.

THÉOCRITE, poète grec, né sans doute en Sicile (v. 315 - v. 250 av. J.-C.), créateur, dans les *Idylles*, de la poésie bucolique, où il exprime, au milieu d'une civilisation raffinée, le regret de l'« état de nature ».

THÉODAT ou **THÉODAHAT** (m. en 536), roi des Ostrogoths d'Italie (534-536), neveu de Théodoric le Grand.

THÉODEBALD ou **THIBAUD** (m. en 555), roi de Metz (548-555). Il laissa son royaume à Clotaire Ier.

théodicée (*Essais de*), ouvrage de Leibniz (1710), où l'auteur développe sa théorie selon laquelle le monde qui existe est le meilleur de tous ceux qui, à chaque moment de l'histoire, auraient pu exister à sa place.

THÉODORA, née à Constantinople (m. en 548), impératrice byzantine (527-548), femme de Justinien Ier. Elle fut l'âme du gouvernement de Justinien, qui lui dut de conserver son trône lors de la sédition Nika.

THÉODORA (m. en 867), impératrice régente de Byzance (842-856) pendant la minorité de son fils Michel III. Elle mit fin à la crise iconoclaste et rétablit définitivement le culte des images.

THÉODORE Ier, né à Jérusalem (m. en 649), pape de 642 à 649. — THÉODORE II (m. en 897), pape de 897.

THÉODORE Ier LASCARIS (m. en 1222), fondateur de l'Empire byzantin de Nicée, sur lequel il régna de 1204 à 1222. — THÉODORE II DOU-

KAS LASCARIS (1222-1258), petit-fils du précédent, empereur byzantin de Nicée de 1254 à 1258.

THÉODORIC Ier (m. en 451), roi des Wisigoths d'Espagne de 418 à 451, tué en combattant Attila. — THÉODORIC II (m. en 466), roi des Wisigoths d'Espagne de 453 à 466.

THÉODORIC le Grand (v. 454-526), roi des Ostrogoths (v. 493-526). Élevé à Constantinople, imprégné de culture gréco-romaine, il succéda à son père Thinudimer comme roi des Ostrogoths. L'empereur Zénon l'envoya arracher l'Italie à Odoacre (493). Théodoric se rendit maître de la péninsule et des côtes dalmates. Aidé par deux ministres de valeur, Cassiodore et Boèce, il tenta sans succès la fusion des Romains et des Goths. Sous son règne, Ravenne fut une brillante capitale.

THÉODOROS ou **THÉODORE II,** né à Sage (Kouara) [1818-1868], empereur d'Éthiopie (1855-1868). Vaincu par l'armée anglaise à Magdala, il se donna la mort.

THÉODOSE Ier le Grand, né à Cauca (Espagne) [v. 347-395], empereur romain (379-395). En 380, il publia l'édit de Thessalonique qui faisait de la religion chrétienne la religion officielle de l'Empire romain; en 392, le paganisme était officiellement proscrit. Les concessions accordées aux Barbares qu'il introduisit dans le territoire impérial et dans l'armée freinèrent pour un temps la désagrégation de l'Empire. À sa mort, l'Empire fut partagé entre ses deux fils, Honorius et Arcadius. — THÉODOSE II (401-450), empereur d'Orient de 408 à 450. Il fut un médiocre politique dominé par son entourage. Sous son règne fut accomplie une grande œuvre de la codification dite *code Théodosien*. — THÉODOSE III (m. en 722), empereur romain d'Orient (716-717).

THÉODULF ou **THÉODULFE,** né en Catalogne (v. 750-821), évêque d'Orléans et abbé de Fleury (Saint-Benoît-sur-Loire). Il érigea l'église de Germigny-des-Prés. Poète et théologien, il fut un des principaux représentants de la renaissance carolingienne.

THÉOGNIS de Mégare, poète grec du parti aristocratique (VIe s. av. J.-C.), auteur d'élégies d'inspiration polémique et morale.

Théogonie ou *Généalogie des dieux*, poème d'Hésiode (VIIIe s. av. J.-C.) : un essai d'harmonisation de l'ordre du monde et des croyances humaines.

THÉON D'ALEXANDRIE, mathématicien et astronome grec de la fin du IVe s. de notre ère. Sa fille fut la célèbre Hypatie*.

Théophilanthropie, mouvement déiste qui fut patronné par La Révellière-Lépeaux et qui eut quelque succès de 1797 à 1801.

THÉOPHILE le Pénitent (saint), clerc (m. v. 538), personnage imaginaire, héros d'un des *Miracles de Notre-Dame, le Miracle de Théophile*, histoire qui est l'un des éléments de la légende de Faust.

THÉOPHRASTE, philosophe grec, né dans l'île de Lesbos (v. 372 - v. 287 av. J.-C.). Il succéda à Aristote dans la direction du Lycée. Il est l'auteur de *Caractères*, recueil d'études morales et de portraits pittoresques, que traduisit La Bruyère.

THÉOPOMPE, orateur et historien grec, né à Chio (v. 378 - apr. 323 av. J.-C.), disciple d'Isocrate et auteur d'une *Histoire philippique*.

THÉOULE-SUR-MER (06590), comm. des Alpes-Maritimes; 798 h. Station balnéaire.

THÉRAIN (le), affl. de l'Oise (r. dr.); 86 km. Il passe à Beauvais.

THÉRAMÈNE, homme d'État athénien (av. 450-404 av. J.-C.). En 411 av. J.-C., il contribua à renverser le régime démocratique à Athènes; membre du gouvernement des Trente, dont il désapprouva les excès, il fut toutefois mis à mort sur l'ordre de Critias.

THÉRÈSE d'Ávila (sainte), religieuse espagnole, née à Ávila (Espagne) [1515-1582]. Entrée au carmel d'Ávila (1535), elle entreprit, à partir de 1554, la réforme de son ordre avec l'aide de saint Jean de la Croix et ouvrit une quinzaine de

E. Lessing-Magnum

mausolée de **Théodoric** le Grand à Ravenne

monastères réformés. Ses écrits comptent parmi les chefs-d'œuvre de la langue castillane, comme parmi ceux du mysticisme chrétien. Le plus caractéristique est le *Livre des demeures ou Château intérieur* (1577-1588), synthèse de sa doctrine sur l'oraison, moyen privilégié pour rencontrer le Christ. Thérèse fut canonisée en 1622 et proclamée docteur de l'Église en 1970.

THÉRÈSE de l'Enfant-Jésus (sainte) [Thérèse MARTIN], religieuse française, née à Alençon (1873-1897). Entrée en 1888 au carmel de Lisieux, elle y mena une vie sans relief, mais son autobiographie, l'*Histoire d'une âme* (1897), témoigne d'une haute spiritualité fondée sur l'abandon à Dieu. Canonisée en 1925.

Thérèse Desqueyroux, roman de F. Mauriac (1927).

thermidor an II (journées des 9 et 10) [27-28 juillet 1794], journées révolutionnaires qui entraînèrent la chute de Robespierre et la fin de la Convention montagnarde.

THERMOPYLES (les), défilé de Thessalie, où Léonidas, avec 300 Spartiates, tenta d'arrêter l'armée de Xerxès Ier en 480 av. J.-C. (seconde guerre médique).

THÉSÉE. *Myth. gr.* Roi légendaire d'Athènes. Les historiens grecs attribuaient à Thésée la première organisation de l'Attique et la législation primitive d'Athènes. Son personnage, qui emprunte bien des traits à Héraclès, apparaît dans de nombreuses légendes, notamment celles du Minotaure et de Phèdre.

THESPIS, poète grec (VIe s. av. J.-C.), considéré comme le créateur de la tragédie grecque.

THESSALIE, région de Grèce, au sud de l'Olympe, sur le golfe Thermaïque; 13 929 km²; 660 000 h. V. pr. *Lárissa, Vólos* et, autref., *Pharsale, Phères.* (Hab. *Thessaliens.*)

THESSALONIQUE ou **SALONIQUE,** en gr. *Thessaloníki*, port de Grèce (Macédoine), au fond du *golfe de Thessalonique*, formé par la mer Égée; 346 000 h. Belles églises byzantines. Centre industriel. De 1204 à 1224, Thessalonique fut la capitale d'un royaume latin. Sous la domination turque (1430-1913), elle s'appela *Salonique*. Base d'opérations des forces alliées d'Orient (1917-18).

THETFORD MINES, v. du Canada (Québec), dans les cantons de l'Est; 20 784 h. Amiante.

THÉTIS. *Myth. gr.* Une des Néréides. Elle fut la mère d'Achille.

THÈZE (64450), ch.-l. de c. des Pyrénées-Atlantiques; 345 h.

THIAIS (94320), ch.-l. de c. du Val-de-Marne, au sud de Paris; 27 368 h. Cimetière parisien.

THIAUCOURT-REGNIÉVILLE (54470), ch.-l. de c. de Meurthe-et-Moselle; 1093 h.

THIBAUD, roi de Metz → THÉODEBALD.

THIBAUD, nom de plusieurs comtes de Champagne, dont THIBAUD IV le Chansonnier, né à Troyes (1201-1253), roi de Navarre de 1234 à 1253 sous le nom de Thibaud Ier, ennemi, puis allié de Blanche de Castille. Il est l'auteur de *Jeux partis* et de chansons.

THIBAUD (Jacques), violoniste français, né à Bordeaux (1880-1953). Il contribua avec Marguerite Long à la fondation d'un concours international d'interprétation.

THIBAUDET (Albert), critique littéraire français, né à Tournus (1874-1936).

Thibault *(les)*, cycle romanesque de Roger Martin du Gard, publié de 1922 à 1940 : peinture de la vie française dans les vingt premières années du XXe s.

THIBERVILLE (27230), ch.-l. de c. de l'Eure ; 1 508 h.

THIÉBLEMONT-FARÉMONT (51300 Vitry le François), ch.-l. de c. de la Marne ; 436 h.

THIÈLE → ORBE.

THIELT → TIELT.

THIÉRACHE, région occupant principalement l'extrémité nord-est du dép. de l'Aisne.

THIERRY ou **THIERRI Ier** (m. en 534), roi de Reims de 511 à 534, fils de Clovis. — THIERRY II (587-613), roi de Bourgogne de 595 à 613, d'Austrasie en 612-613, fils de Childebert II. — THIERRY III (m. en 690 ou 691), roi de Neustrie et de Bourgogne (673 et 675-690/691), fils de Clovis II. Détrôné par Childéric II, il remonta sur le trône en 675, mais fut vaincu à Tertry en 687. — THIERRY IV (m. en 737), roi franc (721-737), fils de Dagobert III.

THIERRY (Augustin), historien français, né à Blois (1795-1856). Historien à la plume alerte et colorée, il est l'auteur des *Lettres sur l'histoire de France*, des *Récits des temps mérovingiens* (1835-1840), de l'*Essai sur la formation et les progrès de l'histoire du tiers état*. Son *Histoire de la conquête de l'Angleterre par les Normands* (1825) est inutilisable parce qu'elle est fondée sur un faux.

THIERS (63300), ch.-l. d'arr. du Puy-de-Dôme, sur la Durolle (affl. de la Dore) ; 17 828 h. *(Thiernois)*. Deux églises d'origine romane ; vieilles maisons. Grand centre de coutellerie.

THIERS (Adolphe), homme d'État et historien français, né à Marseille (1797-1877). Il publia une *Histoire de la Révolution* (1823-1827), fonda *le National* (1830) et contribua à l'établissement de la monarchie de Juillet. Ministre des Finances (1830-31), puis de l'Intérieur (1832-1836), deux fois président du Conseil et ministre des Affaires étrangères (1836, 1840), il s'opposa à la Grande-Bretagne, mais dut se retirer devant Guizot, chef du parti de la paix (1840). En février 1848, il ne put sauver Louis-Philippe. Représentant de la Seine-Inférieure en 1848 et en 1849, il fut l'âme de la réaction conservatrice sous la IIe République. Arrêté et banni en décembre 1851, il revint en 1852 et travailla à son *Histoire du Consulat et de l'Empire* (1845-1862). Élu député en 1863, il réclama de l'Empire les « libertés nécessaires » et s'opposa à la politique des « nationalistes », mettant le Corps législatif en garde contre un conflit avec la Prusse (juill. 1870). Nommé chef du pouvoir exécutif (févr. 1871), il conclut le traité de Francfort et écrasa l'insurrection de la Commune. Devenu président de la République (août 1871), il réorganisa la France vaincue. Mais, ayant préconisé ouvertement le régime républicain, il fut renversé par une coalition des partis monarchistes et conservateur (24 mai 1873). Il demeura le chef de l'opposition républicaine. (Acad. fr.)

THIÈS, v. du Sénégal, au nord-est de Dakar ; 69 000 h. Industries mécaniques et textiles.

THILL (Georges), ténor français, né à Paris en 1897.

THILLOT (Le) [88160], ch.-l. de c. des Vosges, sur la Moselle ; 5 127 h. Textiles.

THIMBU ou **TIMPHU**, cap. du Bhoutan.

THIMERAIS ou **THYMERAIS**, partie nord-ouest du départ. d'Eure-et-Loir.

THIMONNIER (Barthélemy), inventeur français, né à L'Arbresle (1793-1857). Il réalisa la première machine à coudre, qu'il fit breveter en 1830.

THIO, localité de Nouvelle-Calédonie. Nickel.

THIONVILLE (57100), ch.-l. d'arr. de la Moselle, sur la Moselle ; 44 191 h. *(Thionvillois)*. Anc. place forte. Métallurgie.

THIRON (28480), ch.-l. de c. d'Eure-et-Loir ; 854 h.

THIRY (Marcel), écrivain belge d'expression française, né à Charleroi (1897-1977), auteur de recueils lyriques *(Plongeantes Proues, le Festin d'attente)*, de nouvelles et de romans qui témoignent de sa passion de l'insolite *(Nouvelles du Grand Possible)*.

THIVIERS (24800), ch.-l. de c. de la Dordogne ; 4 380 h.

THIZY (69240), ch.-l. de c. du Rhône ; 4 065 h. Textile.

THOIRY (01630 St Genis Pouilly), comm. de l'Ain ; 1 861 h. Entrevue entre Briand et Stresemann (17 sept. 1926), sur le développement possible du rapprochement franco-allemand.

THOIRY (78770), comm. des Yvelines ; 581 h. Réserve d'animaux sauvages.

THOISSEY (01140), ch.-l. de c. de l'Ain ; 1 454 h.

THÖKÖLY (Imre), *comte* de Késmárk, né à Késmárk (1657-1705). Ayant pris le titre de « prince de Hongrie », il chercha, avec l'aide turque, à soustraire sa patrie à la domination de l'Autriche.

THOMAS *(saint)*, surnommé **Didyme**, un des douze Apôtres. Une tradition veut qu'il ait évangélisé la Perse et l'Inde. Une mauvaise interprétation d'un texte de l'Évangile de saint Jean en a fait le patron des incrédules.

THOMAS d'Aquin *(saint)*, théologien italien, né au château de Roccasecca (1225-1274). Dominicain, maître en théologie (1256), il professa surtout à Paris. L'essentiel de son enseignement (thomisme) se trouve dans sa *Somme théologique* (1266-1273), qui s'organise autour du thème central d'une harmonie entre la foi et la raison. Docteur de l'Église.

THOMAS BECKET *(saint)*, prélat anglais, né à Londres (1117 ou 1118-1170). Ami du jeune Henri II Plantagenêt, il fut fait par lui chancelier d'Angleterre (1155), puis (1162) archevêque de Canterbury. Défenseur du clergé contre le roi, il rompit avec celui-ci et fut assassiné à son instigation.

THOMAS MORE ou **MORUS** *(saint)*, humaniste anglais, né à Londres (1478-1535). Chancelier du royaume (1529-1532), il fut décapité pour s'être opposé à Henri VIII dans l'affaire de son divorce. Il est l'auteur de l'*Utopie*.

THOMAS A KEMPIS (Thomas HEMERKEN, dit), écrivain mystique allemand, né à Kempen (1379 ou 1380-1471). Il est le principal représentant de la *Devotio moderna*. On lui attribue généralement l'*Imitation de Jésus-Christ*.

THOMAS d'Angleterre, trouvère anglo-normand du XIIe s., auteur d'un roman de *Tristan*, qui contient le récit de la mort du héros.

THOMAS (Ambroise), compositeur français, né à Metz (1811-1896), auteur de *Mignon* (1866).

THOMAS (Sidney Gilchrist), métallurgiste britannique, né à Londres (1850-1885). Il découvrit, en collaboration avec son cousin Percy Gilchrist, le procédé d'affinage des fontes phosphoreuses (1876).

THOMAS (Albert), homme politique français, né à Champigny-sur-Marne (1878-1932). Député socialiste (1910), ministre de l'Armement (1916-17), il organisa et présida le Bureau international du travail (1920-1932).

THOMAS (Dylan Marlais), poète britannique, né à Swansea (1914-1953). Auteur de recueils où il se montre soucieux de recherches verbales et syntaxiques *(18 Poèmes ; Morts et initiations ; Poèmes choisis, 1934-1952)*, il a publié également des essais et des romans.

THOMIRE (Pierre Philippe), fondeur et ciseleur français, né à Paris (1751-1843), maître du bronze d'ameublement sous l'Empire.

THOMPSON, v. du Canada (Manitoba) ; 17 291 h. Extraction et raffinage du nickel.

THOMPSON (Francis), poète anglais, né à Preston (1859-1907), d'inspiration mystique et religieuse.

THOMPSON *(sir* John Eric Sydney), archéologue anglais, né à Londres (1898-1975), spécialiste de la civilisation maya.

THOMSEN (Christian Jürgensen), archéologue danois, né à Copenhague (1788-1865). Son *Guide des antiquités nordiques* (1836) est le premier ouvrage systématique de préhistoire européenne mettant en évidence la succession des âges de la pierre, du bronze et du fer.

THOMSON (James), poète écossais, né à Ednam (Roxburghshire) [1700-1748], auteur des *Saisons* (1725-1730).

THOMSON *(sir* William), *lord* **Kelvin**, physicien anglais, né à Belfast (1824-1907). Il a découvert en 1852 le refroidissement des gaz par détente et contribua à l'établissement d'une échelle

le Meurtre de **Thomas Becket**
fresque de la cathédrale de Canterbury

Office du tourisme anglais

le Triomphe de saint **Thomas d'Aquin**
peinture de B. Gozzoli *(détail)*

Adolphe **Thiers**
par L. Bonnat

Lauros-Giraudon

Marcel **Thiry**

Ch. Leirens

Thomas More
par Holbein le Jeune

Musée des Beaux-Arts, Bruxelles

Albert **Thomas**

H. Manuel

Lauros-Giraudon

théorique des températures. On lui doit un galvanomètre et un électromètre.

THOMSON (James), poète écossais, né à Port Glasgow (1834-1882), auteur de recueils lyriques d'inspiration pessimiste (la Cité de la nuit mortelle).

THOMSON (Elihu), ingénieur américain d'origine britannique, né à Manchester (1853-1937). On lui doit de nombreuses inventions dans le domaine des applications industrielles de l'électricité. Il fut l'un des fondateurs de la Thomson-Houston Company (1883).

THOMSON (sir Joseph John), physicien anglais, né près de Manchester (1856-1940). Il mesura le quotient e/m de la charge par la masse de l'électron (1897) et inventa le spectrographe de masse. (Prix Nobel, 1906.) — Son fils sir GEORGE PAGET THOMSON, physicien, né à Cambridge (1892-1975), a découvert la diffraction des électrons rapides dans les cristaux. (Prix Nobel, 1937.)

THOMYRIS → TOMYRIS.

THONBURI, anc. cap. de la Thaïlande, auj. faubourg de Bangkok.

THÔNES (74230), ch.-l. de c. de la Haute-Savoie; 3 748 h.

THONON-LES-BAINS (74200), anc. cap. du Chablais, ch.-l. d'arr. de la Haute-Savoie, sur le lac Léman; 27 127 h. (Thononais). Église du XVIIe s. avec crypte romane. Châteaux de Ripaille (en partie du XVe s.) et de Sonnaz. Station hydrominérale (affections urinaires).

THOR ou **TOR**. Myth. scandin. Dieu guerrier maître du Tonnerre. On trouve son emblème, le marteau, sur les pierres runiques.

THORA → TORAH.

THORBECKE (Johan Rudolf), homme politique néerlandais, né à Zwolle (1798-1872). Député libéral, il dirigea le gouvernement de 1849 à 1853, de 1862 à 1866 et en 1871-72. Partisan du libre-échange, il poursuivit aussi une politique de laïcisation.

THORÉ (le), riv. du sud du Massif central, affl. de l'Agout (r. g.); 55 km.

THOREAU (Henry), écrivain américain, né à Concord (Massachusetts) [1817-1862]. Disciple d'Emerson, influencé par les mystiques hindous et les idéalistes allemands, il créa une prose qui fait largement appel à la langue populaire (Walden ou la Vie dans les bois, 1854).

THORENS-GLIÈRES (74570), ch.-l. de c. de la Haute-Savoie; 1 376 h.

THOREZ (Maurice), homme politique français, né à Noyelles-Godault (1900-1964). Secrétaire général du parti communiste e partir de 1930, député, il fut ministre d'État en 1945-46 puis vice-président du Conseil (1946-47). Peu avant sa mort, il devint président du parti.

THOREZ, jusqu'en 1964 Tchistiakovo, v. de l'U.R.S.S. (Ukraine), dans le Donbass; 96 000 h. Centre houiller.

THORIGNY-SUR-MARNE (77400 Lagny sur Marne), comm. de Seine-et-Marne; 7 161 h.

THORNDIKE (Edward Lee), psychologue américain, né à Williamsburg (Massachusetts) [1874-1949], auteur de travaux sur l'apprentissage.

THORONET (Le) [83340 Le Luc], comm. du Var; 575 h. Abbaye cistercienne (v. 1160-1175).

THORSHAVN, cap. des Féroé; 11 000 h.

THORVALDSEN (Bertel), sculpteur danois, né à Copenhague (1768 ou 1770-1844). Fixé à Rome, il fut un maître du néoclassicisme.

THOT, divinité de l'Égypte ancienne, représentée avec une tête d'ibis. Dieu du Savoir, il fut assimilé à l'époque gréco-romaine à Hermès Trismégiste.

THOU (François DE), magistrat français, né à Paris (1607-1642), décapité avec son ami Cinq-Mars, dont il n'avait pas révélé le complot.

THOUARCÉ (49380), ch.-l. de c. de Maine-et-Loire; 1 501 h.

THOUARS (79100), ch.-l. de c. des Deux-Sèvres; 12 631 h. (Thouarsais). Restes de fortifications médiévales et château. Deux églises des XIIe-XVe s. Industrie alimentaire. Conditionnement.

THOUET (le), riv. de l'ouest de la France, qui passe à Parthenay et rejoint la Loire (r. g.) près de Saumur; 140 km.

THOUNE, en allem. Thun, v. de Suisse (Berne), près du lac de Thoune, formé par l'Aar; 36 523 h. École militaire. Château en partie de la fin du XIIe s. (musée) et autres monuments. Métallurgie.

THOUROTTE (60150), comm. de l'Oise; 3 526 h. Verrerie.

THOUTMOSIS ou **THOUTMÈS**, nom de quatre rois d'Égypte de la XVIIIe dynastie, dont le plus important fut THOUTMOSIS III (1504-1450 av. J.-C.). Ce dernier fut tenu à l'écart du pouvoir jusqu'en 1484 par sa tante Hatshepsout, régente du royaume. Stratège avisé et administrateur habile, il conquit la Palestine et la Syrie jusqu'à l'Euphrate et soumit définitivement la Nubie.

THRACE, région du sud-est de l'Europe, partagée entre la Grèce (Thrace occidentale), la Turquie (Thrace orientale) et la Bulgarie (Thrace du Nord, ou Roumélie orientale). Le partage eut lieu en 1919 et en 1923.

THRASYBULE, général athénien (v. 445-388 av. J.-C.). Avec l'aide des Thébains, il chassa les Trente d'Athènes (403 av. J.-C.) et rétablit la démocratie.

THUCYDIDE, historien grec, né à Athènes (v. 460 - v. 400 av. J.-C.), auteur de l'Histoire de la guerre du Péloponnèse. Il relate les faits avec rigueur et cherche à en expliquer les causes. Il donne, le premier des historiens grecs, aux faits économiques et sociaux leur importance véritable.

THULÉ, station du nord-ouest du Groenland. Base aérienne américaine.

THUMERIES (59239), comm. du Nord; 3 600 h. Sucrerie.

THUN → THOUNE.

THUNDER BAY, v. du Canada (Ontario), sur le lac Supérieur, formée par la fusion de Port Arthur et Fort William; 111 476 h.

THUR (la), riv. de Suisse, affl. du Rhin (r. g.); 130 km. — Riv. d'Alsace, affl. de l'Ill (r. g.), qui passe à Thann; 60 km.

THURET (Gustave Adolphe), botaniste français, né à Paris (1817-1875). Il a décrit, le premier, la fécondation chez les végétaux. On lui doit aussi des travaux sur les algues.

THURGOVIE, en allem. Thurgau, cant. de Suisse, sur le lac de Constancey 1 006 km²; 183 000 h. Ch.-l. Frauenfeld. La Thurgovie est canton libre depuis 1803.

THURINGE, en allem. Thüringen, pays de l'Allemagne démocratique, s'étendant sur le Thüringerwald («forêt de Thuringe») et sur le bassin de Thuringe. Érigée en duché au IXe s., la Thuringe fut peu à peu morcelée en principautés transformées en républiques en 1918. Elle fut regroupée en un Land en 1920. En 1952, le Land de Thuringe fut supprimé.

THURSTONE (Louis Leon), psychologue américain, né à Chicago (1887-1955). Il est l'un des premiers à avoir utilisé l'analyse factorielle et la mesure de l'intelligence.

THURY-HARCOURT (14220), ch.-l. de c. du Calvados; 1 408 h.

THYESTE. Myth. gr. Fils de Pélops, frère d'Atrée et père d'Égisthe. La haine qui l'opposa à son frère marque le début du drame des Atrides.

THYMERAIS → THIMERAIS.

THYSSEN (August), industriel allemand, né à Eschweiler (1842-1926). Il fonda à Mülheim une société qui fut à l'origine d'un important konzern sidérurgique.

TIAHUANACO, site de la rive bolivienne du lac Titicacam Entre le Ve s. av. J.-C. et le XIIe s. apr. J.-C., il fut le centre d'une civilisation originale.

TIAN-CHAN → T'IEN-CHAN.

TIANJIN → T'IEN-TSIN.

TIANSHAN → T'IEN-CHAN.

TIARET, v. d'Algérie, ch.-l. de wilaya, au pied sud de l'Ouarsenis; 37 100 h.

TIBÈRE, en lat. Tiberius Julius Caesar, né à Rome (v. 42 av. J.-C. - 37 apr. J.-C.), empereur romain (14-37 apr. J.-C.). Fils de Livie, il fut adopté par Auguste (4 apr. J.-C.), à qui il succéda. Habile politique et sage administrateur, il rendit au sénat une part de ses prérogatives et instaura une rigoureuse administration financière. En politique extérieure, il consolida les frontières de l'Empire. Mais en 27, aigri et malade, Tibère se retira à Capri, laissant au préfet du prétoire Séjan, personnage ambitieux et sans scrupule, la direction des affaires. Le règne de Tibère, après l'exécution de Séjan (31), qui convoitait le trône, sombra dans un régime de terreur.

TIBÉRIADE, v. de Galilée, fondée v. 18 apr. J.-C., sur les bords du lac de Génésareth, dit «lac de Tibériade». Après la ruine de Jérusalem en 70, elle devint un centre important de la vie intellectuelle et nationale juive. L'actuelle ville israélienne de Tibériade (25 000 h.) est située un peu au nord de la ville antique.

TIBESTI, massif montagneux (3 415 m) du Sahara, dans le nord du Tchad.

TIBET, région autonome de l'ouest de la Chine, au nord de l'Himālaya, formée de hauts plateaux désertiques dominés par de puissantes chaînes ouest-est (K'ouen-louen, Transhimālaya); 1 221 600 km²; 1 270 000 h. (Tibétains). Cap. Lhassa. L'élevage fournit l'essentiel des ressources (moutons, chèvres, yacks).

HISTOIRE

— 610-649 : règne de Srong-btsan-sgam-po, qui, sous l'influence chinoise, donne à son

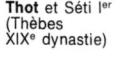

Thot et Séti Ier
(Thèbes
XIXe dynastie)

Tibère

Lauros-Giraudon

THUEYTS [tɥɛts] (07330), ch.-l. de c. de l'Ardèche; 1 035 h.

THUIN, v. de Belgique (Hainaut); 13 000 h.

THUIR (66300), ch.-l. de c. des Pyrénées-Orientales; 6 023 h. Apéritifs.

THULÉ, nom donné par les Romains à une île du nord de l'Europe (l'Islande) ou à l'une des Shetland. Sa légende a inspiré notamment Goethe et Wagner.

Giraudon

royaume une organisation centralisée. Introduction du bouddhisme. Lhassa, capitale.
— 755-797 : apogée de la monarchie tibétaine sous Khri-srong-lde-btsan. Pénétration victorieuse du bouddhisme vajrayāna.
— 850 : disparition de la royauté. Division du pays en petites principautés. Essor des monastères bouddhiques.
— XIIIe-XIVe s. : domination des Mongols, qui favorisent l'instauration d'un pouvoir théocratique (lamaïque) au Tibet.
— XIVe-XVIIe s. : réforme religieuse de Tsongkha-pa (1355-1417) et instauration du pouvoir temporel des dalaï-lama (1642).
— XVIIIe s. : renforcement de la domination chinoise sous la dynastie mandchoue.
— 1861 : protectorat britannique sur le Sikkim.
— 1911 : les Tibétains mettent à profit la révolution chinoise pour organiser, avec l'aide des Britanniques, un gouvernement indépendant.
— 1950 : occupation du Tibet par les troupes chinoises; proclamation de la république autonome.
— 1959 : révolte écrasée par les Chinois. Le dalaï-lama s'enfuit.

TIBRE (le), en lat. **Tiberis**, en ital. **Tevere**, fl. d'Italie, tributaire de la mer Tyrrhénienne; 405 km. Il passe à Rome.

TIBULLE, poète latin (v. 50-19 ou 18 av. J.-C.). Il composa trois livres d'*Élégies*.

TIBUR → TIVOLI.

TIDIKELT, groupe d'oasis du Sahara algérien, au sud du Tademaït. Localité pr. *In-Salah*.

TIECK (Ludwig), écrivain allemand, né à Berlin (1773-1853). Il orienta le romantisme allemand vers le fantastique (*Phantasus*, 1812-1816).

TIELT, en fr. **Thielt**, v. de Belgique (Flandre-Occidentale); 19 100 h. Industrie textile.

T'IEN-CHAN ou **TIANSHAN**, en russe **Tian-Chan**, chaîne montagneuse de Chine (Sin-kiang), débordant en U. R. S. S. (Kirghizistan); 7 439 m au pic Pobedy*.

T'IEN-TSIN ou **TIANJIN**, port de Chine, sur le Hai-ho; 4 280 000 h. Grand centre industriel (métallurgie, produits chimiques, textiles et alimentaires). Un traité y fut signé en 1858 qui ouvrait la Chine aux Européens. Par celui de 1885, la Chine renonçait, au profit de la France, à ses droits sur l'Annam et le Tonkin.

TIEPOLO (Giambattista ou Gian Battista), peintre et graveur italien, né à Venise (1696-1770). Fresquiste virtuose, aimant le mouvement et le faste, doué d'un sens raffiné de la couleur claire, il fut le dernier des grands décorateurs baroques italiens (travaux à Udine, à Venise et en Vénétie, à Würzburg, à Madrid). Aquafortiste, il est l'auteur des suites des *Caprici* et des *Scherzi di fantasia*. — Son fils aîné, GIANDOMENICO, né à Venise (1727-1804), fut son collaborateur et, comme peintre de chevalet, se montra un observateur sensible et ironique de la vie vénitienne.

TIERCÉ (49140 Seiches sur le Loir), ch.-l. de c. de Maine-et-Loire; 2 025 h.

TIFFAUGES (85130 La Gaubretière), comm. de la Vendée; 1 121 h. Ruines du château de Gilles de Rais (XIIe-XVe s.).

TIFLIS → TBILISSI.

TIGNES (73320), comm. de la Savoie, la plus haute d'Europe (2 100 m), dans la haute vallée de l'Isère; 1 412 h. (*Tignards*). En raison du barrage qui a formé le lac du Chevril, le village a été évacué en 1952 et reconstruit plus haut (station de sports d'hiver) [jusqu'à 3 500 m].

TIGRANE le Grand (v. 121- v. 55 av. J.-C.), roi d'Arménie (95-55 av. J.-C.). Il conquit la Syrie, le nord de la Mésopotamie et une partie de l'Asie Mineure. Il n'en fut pas moins réduit par Pompée à l'état de vassalité (66).

TIGRE (le), fl. de Turquie et d'Iraq, qui passe à Bagdad et forme, avec l'Euphrate, le Chatt al-'Arab; 1 950 km.

TIGRÉ (le), région du nord de l'Éthiopie.

Tihange, centrale nucléaire de Belgique (prov. de Liège), sur la Meuse.

TIJUANA, v. du Mexique (Basse-Californie); 600 000 h. Électronique.

TIKAL, centre cérémoniel maya du Guatemala, dans la forêt du Petén. Cette grande cité hérissée de temples fut peut-être la capitale politique de la période classique (250 à 950 apr. J.-C.).

TIKHONOV (Nikolai Aleksandrovitch), homme politique soviétique, né à Kharkov en 1905. En 1980, il remplace A. Kossyguine à la présidence du Conseil des ministres.

TILBURG, v. des Pays-Bas (Brabant-Septentrional); 211 000 h. Industries diverses.

TILBURY, avant-port de Londres.

TILDEN (William Tatem), tennisman américain, né à Philadelphie (1893-1953).

TILLICH (Paul), théologien protestant américain d'origine allemande, né à Starzeddel (Prusse-Orientale) [1886-1965]. Dans sa *Théologie systématique* (1951-1963), il propose une pensée religieuse dépouillée de son contenu dogmatique et de ses symboles, devenus incompréhensibles pour l'homme contemporain.

TILLIER (Claude), écrivain français, né à Clamecy (1801-1844), auteur de *Mon oncle Benjamin* (1841).

TILLY (Jean T'SERCLAES, *comte* DE), général wallon au service du Saint Empire, né au château de Tilly (Brabant) [1559-1632]. Commandant l'armée de la Ligue catholique pendant la guerre de Trente Ans, il gagna les batailles de la Montagne Blanche (1620) et de Wimpfen (1622). Il chassa les Danois du Slesvig et du Holstein avant de remplacer Wallenstein comme chef des troupes impériales (1631). Il fut battu et tué par les Suédois.

TILLY-SUR-SEULLES (14250), ch.-l. de c. du Calvados; 1 064 h.

TILSIT, auj. **Sovietsk**, v. de l'U. R. S. S. (R. S. F. S. de Russie), sur le Niémen; 50 000 h. Deux traités y furent signés par Napoléon Ier en juillet 1807, avec la Russie (le 7) et avec la Prusse (le 9).

Tiepolo : *la Cène*

Lauros-Giraudon

en 1940, dirigea en 1943-44 la reconquête de l'Ukraine, puis entra en Roumanie et en Hongrie.

TIMOLÉON, homme d'État grec, né à Corinthe (v. 410- v. 336 av. J.-C.). Envoyé à Syracuse pour y résoudre la crise politique, il reconquit sur les Carthaginois les cités grecques de Sicile et les réorganisa. Son œuvre accomplie, il renonça au pouvoir (337).

Timon d'Athènes, drame en cinq actes, de Shakespeare (1607-08).

TIMON le Misanthrope, philosophe grec du Ve s. av. J.-C. Les malheurs de sa patrie et la perte de sa fortune lui inspirèrent une haine profonde contre le genre humain. Il a été raillé par de nombreux poètes satiriques.

TIMOR, île de l'Indonésie, au nord de la *mer de Timor;* 34 000 km²; 1 200 000 h. Café. Longtemps partagée entre les Hollandais et les Portugais, l'île a été intégrée à l'Indonésie pour sa partie néerlandaise après la Seconde Guerre mondiale et pour sa partie portugaise depuis 1976.

Tikal : un des temples-pyramides (VIIe-VIIIe s.)
de l'ancienne métropole maya

Vauthier-Decool

les ruines de **Timgad**, avec l'arc de triomphe
dit « de Trajan » (IIIe s. apr. J.-C. [?])

Dupaquier-Atlas-Photo

TIMÉE de Locres, philosophe pythagoricien du Ve s. av. J.-C. Il a exercé une influence importante sur le développement de la pensée de Platon.

Timée, dialogue de Platon, qui est une sorte de philosophie de la nature. C'est là que se trouve exposée la théorie des idées (IVe s. av. J.-C.).

TIMGAD, localité d'Algérie, à l'est de Batna; 3 300 h. Colonie romaine fondée en 100 apr. J.-C., la cité fut ruinée par les Maures au VIe s. Imposants vestiges de l'époque trajane (mosaïques).

TIMIŞOARA, en hongr. **Temesvár,** v. de Roumanie (Banat); 269 000 h. Université.

TIMMERMANS (Félix), écrivain belge d'expression néerlandaise, né à Lierre (1886-1947), auteur de contes et de romans sur les mœurs flamandes (*Pallieter,* 1916).

TIMMINS, v. du Canada (Ontario), au nord de Sudbury; 44 747 h. Centre minier.

TIMOCHENKO (Semen Konstantinovitch), maréchal soviétique, né à Fourmanka (1895-1970). Compagnon de Staline et de Vorochilov (1919), il devint commissaire à la Défense

TIMOSHENKO (Stephen), ingénieur américain d'origine russe, né à Chpotovka, près de Kiev (1878-1972), spécialiste de l'élasticité.

TIMOTHÉE (*saint*) [Ier s.], disciple de saint Paul. Les deux Épîtres de saint Paul dites *Épîtres à Timothée* concernent la vie spirituelle et matérielle des Églises; leur authenticité paulinienne est mise en doute par de nombreux historiens.

TIMPHU → THIMBU.

TIMÜRIDES ou **TIMOURIDES,** dynastie issue de Tīmūr Lang, et qui régna sur le Khorāsān et la Transoxiane de 1405 à 1507. Leur capitale, Harāt, fut un brillant foyer de culture.

TIMŪR LANG, dit **Tamerlan,** conquérant turc, né à Kech, près de Samarkand (1336-1405). Ayant débarrassé la Transoxiane des Mongols (1363), il conquit le Khārezm (1371-1379) et l'Iran (1381-1387). Il battit ensuite la Horde d'Or (1387-1396) et les Ottomans (1402). Son empire, partagé entre ses nombreux descendants, se disloqua rapidement.

TINBERGEN (Jan), économiste néerlandais, né à La Haye en 1903, un des fondateurs de l'économétrie. (Prix Nobel, 1969.)

TINBERGEN (Nikolaas), éthologiste néerlandais, né à La Haye en 1907. Ses recherches sur les comportements instinctifs d'animaux dans leur milieu naturel en font un des fondateurs de l'éthologie moderne. (Prix Nobel, 1973.)

TINCHEBRAY (61800), ch.-l. de c. de l'Orne; 3 351 h. Quincaillerie.

TINDEMANS (Léo), homme politique belge, né à Zwijndrecht en 1922. Social-chrétien, plusieurs fois ministre, il a été président du Conseil de 1974 à 1978.

TINDOUF, poste du Sahara algérien, aux confins du Maroc méridional.

TINÉE (la), riv. des Alpes-Maritimes, affl. du Var (r. g.); 72 km.

TINGUELY (Jean), sculpteur suisse, né à Fribourg en 1925. L'un des fondateurs du *nouveau réalisme*, il est l'auteur de machines d'esprit dadaïste, dérisoires et inquiétantes.

TÍNOS → TÊNOS.

TINQUEUX (51430), comm. de la Marne, banlieue de Reims; 8 615 h.

TINTÉNIAC (35190), ch.-l. de c. d'Ille-et-Vilaine; 2 443 h.

TINTO (río), fl. de l'Espagne méridionale, tributaire de l'Atlantique; 100 km. Il a donné son nom à des mines de cuivre.

TINTORET (Jacopo ROBUSTI, dit **il Tintoretto,** en fr. **le**), peintre italien, né à Venise (1518-1594). Ses nombreux ouvrages religieux ou historiques sont remarquables par la fougue inventive, la virtuosité des raccourcis et des éclairages; les principaux sont au palais des Doges et à la Scuola di San Rocco, à Venise.

TIOUMEN, v. de l'U.R.S.S., en Sibérie occidentale; 347 000 h. Centre d'une région productrice de pétrole et de gaz naturel.

TIPASA, comm. d'Algérie, sur la Méditerranée; 9 000 h. Ruines romaines et paléochrétiennes.

TIPPERARY, v. du sud de la république d'Irlande; 5 000 h.

TIPPETT (sir Michael), compositeur anglais, né à Londres en 1905, auteur de ballets, de symphonies, d'ouvrages dramatiques (*A Child of our Time, The Midsummer Marriage, King Priam, The Ice Break*).

TIPPOO SAHIB ou **TIPÛ SÂHIB,** sultan du Mysore (v. 1749-1799). Allié de la France, il chassa les Anglais du Mysore (1784), mais fut tué en défendant Seringapatam.

TIRAN (détroit de), détroit par lequel le golfe d'Aqaba rejoint la mer Rouge.

TIRANA, cap. de l'Albanie; 192 000 h. Musée d'archéologie et d'ethnographie. Université.

TIRASPOL, v. de l'U.R.S.S. (Moldavie), sur le Dniestr; 142 000 h.

TIRÉSIAS. Myth. gr. Devin aveugle de Thèbes, dans le cycle d'Œdipe. Son tombeau, dans l'Antiquité, était le siège d'un oracle réputé.

TÎRGOVIȘTE ou **TÂRGOVIȘTE,** v. de Roumanie; 62 000 h. Églises valaques des XVIᵉ-XVIIᵉ s.

TÎRGU MUREȘ ou **TÂRGU MUREȘ,** v. de Roumanie (Transylvanie), sur le Mureș; 130 000 h. Édifices baroques du XVIIIᵉ s. — À proximité, gisement de gaz naturel.

TIRIDATE, nom porté par des rois parthes arsacides et par des rois d'Arménie. TIRIDATE Iᵉʳ (v. 248-v. 214 av. J.-C.) fut avec son frère Arsace le fondateur de l'Empire parthe. Une branche arsacide régna en Arménie; son plus illustre représentant fut TIRIDATE II (ou III), roi de 294 à 324 env. apr. J.-C.

TIRLEMONT, en néerl. Tienen, v. de Belgique (Brabant); 32 800 h. Églises médiévales.

TIRNOVO → VELIKO TĂRNOVO.

TIRON → TULLIUS TIRO.

TIRPITZ (Alfred VON), amiral allemand, né à Küstrin (1849-1930). Ministre de la Marine depuis 1898, il créa la flotte de haute mer allemande et dirigea la guerre sous-marine de 1914 jusqu'à sa démission en 1916.

TIRSO DE MOLINA (Fray Gabriel TÉLLEZ, dit), auteur dramatique espagnol, né à Madrid (v. 1583-1648). Il créa le théâtre de mœurs espa-

Tirso de Molina

Titien : *la Vénus du Pardo* ou *Jupiter et Antiope*

le **Tintoret**
Descente de Croix
(v. 1560-1565)

le maréchal
Tito

gnol en composant plus de trois cents pièces, comédies (*Don Gil aux chausses vertes*), et drames religieux (*le Damné par manque de foi*).

TIRUCHIRAPALLI, anc. **Trichinopoly,** v. de l'Inde méridionale (Tamil Nadu); 307 000 h. Sanctuaires rupestres śivaïtes (VIIᵉ s.). À Srirangam, immense temple viṣnuiste de Ranganatha Swami (XIVᵉ-XVIIᵉ s.), aux nombreuses enceintes scandées de gopura.

TIRYNTHE, anc. v. de l'Argolide, très importante à l'époque mycénienne. Fortifications en appareil cyclopéen, vestiges du complexe palatial du XIIIᵉ s. av. J.-C.

TISSANDIER (Gaston), aéronaute et savant français, né à Paris (1843-1899). Avec son frère ALBERT, il construisit le premier aérostat dirigeable (1883), mû par un moteur électrique.

TISSAPHERNE, satrape perse (m. en 395 av. J.-C.). Il battit Cyrus le Jeune à Counaxa en 401, mais, vaincu par Agésilas II, roi de Sparte, près de Sardes (395), il fut destitué et mis à mort par Artaxerxès II.

TISSERAND (Félix), astronome français, né à Nuits (Côte-d'or) [1845-1896]. Son *Traité de mécanique céleste* (1889-1896) donne la solution de certains problèmes que n'avait pu résoudre Laplace.

TISZA (la), riv. de l'Europe centrale, née en Ukraine subcarpatique et qui traverse la Hongrie avant de rejoindre le Danube (r. g.) en Yougoslavie; 1 300 km.

TISZA (Kálmán), homme politique hongrois, né à Geszt (1830-1902). Chef du parti libéral hongrois, il dirigea le gouvernement de 1875 à 1890. — Son fils ISTVÁN, né à Budapest (1861-1918), chef du gouvernement de 1903 à 1905 et de 1913 à 1917, défendit la prépondérance magyare contre le nationalisme serbe. Il fut assassiné.

TITANS. Myth. gr. Divinités primitives qui gouvernaient le monde avant Zeus et les dieux olympiens, par qui ils furent vaincus. Ils ont été assimilés abusivement aux Géants des légendes grecques.

TITCHENER (Edward Bradford), psychologue américain d'origine britannique, né à Chichester (1867-1927). Expérimentaliste, il est considéré comme le chef de file de l'école structuraliste face au fonctionnalisme et au béhaviorisme.

TITE (saint), disciple de saint Paul (Iᵉʳ s.). La lettre de saint Paul, dite *Épître à Tite,* est considérée comme apocryphe.

TITE-LIVE, en lat. **Titus Livius,** historien latin, né à Padoue (64 ou 59 av. J.-C. - 17 apr. J.-C.), auteur d'une *Histoire romaine* (des origines jusqu'à 9 av. J.-C.) inachevée, en 142 livres, dont 35 à peine sont conservés. Dans ce chef-d'œuvre, l'auteur utilise, parfois sans esprit critique, les anciennes annales de Rome et s'efforce de faire revivre dans un style vivant le passé romain.

TITELOUZE (Jehan), compositeur français, né à Saint-Omer (1563-1633), organiste de la cathédrale de Rouen. Par ses versets et ses «recherches» sur des thèmes de plain-chant, il créa l'école d'orgue française classique.

TITICACA (lac), grand lac des Andes (à 3 812 m d'alt.), entre la Bolivie et le Pérou; 8 340 km².

TITIEN (Tiziano VECELLIO, dit en fr.), peintre italien, né à Pieve di Cadore (Vénétie) [1488/89-1576]. Après une première période influencée par son maître Giorgione, il devint un artiste international, travaillant pour les papes, pour François Iᵉʳ et surtout pour Charles Quint et Philippe II. À la fin de sa vie, son art atteignit un très haut degré de lyrisme, allié à de grandes audaces techniques. Son influence fut immense sur l'art européen. Citons parmi ses toiles, les nombreux portraits mis à part : l'*Amour sacré et l'amour profane* (v. 1515, villa Borghèse), l'*Assomption* (1515-1518, église des Frari, Venise), *Bacchanale* (1518-19, Prado), *Mise au tombeau* (1523-1525, Louvre), la *Vénus d'Urbino* (1538, Offices), *Danaé* (Naples et Prado), la *Nymphe et le Berger* (v. 1570, musée de Vienne), *Pietà* (achevée par Palma le Jeune, Accademia de Venise).

TITISEE, petit lac de l'Allemagne fédérale, en Forêt-Noire.

TITO (Josip BROZ, dit), maréchal et homme d'État yougoslave, né à Kumrovec (Croatie) [1892-1980]. Secrétaire général du parti communiste yougoslave depuis 1937, il organisa la lutte contre l'occupation allemande (1941-1944). Chef du gouvernement (1945), puis président de la République (1953), président à vie en 1974, il pratiqua à l'égard de l'U.R.S.S., depuis 1948, une politique d'indépendance. Tout en s'efforçant de mettre en place, dans son pays, un socialisme autogestionnaire, il s'impose à l'extérieur comme le leader du neutralisme et des pays non-alignés.

TITOGRAD, v. de Yougoslavie, cap. du Monténégro; 55 000 h. Université. Aluminium.

TITULESCU (Nicolae), homme politique roumain, né à Craiova (1882-1941). Ministre des Affaires étrangères (1927-28, 1932-1936), il soutint l'Entente balkanique et resta fidèle aux objectifs de la Petite-Entente.

TITUS, né à Rome (39-81), fils de Vespasien, empereur romain de 79 à 81. Son règne, très libéral, fut marqué par de grandes constructions (Colisée, thermes, arc de Titus) et par l'éruption du Vésuve (79), qui détruisit Pompéi, Herculanum et Stabies.

TIVOLI, anc. **Tibur,** v. d'Italie (prov. de Rome); 34 000 h. Un des principaux lieux de villégiature des Romains, où Mécène, Horace, Catulle eurent leurs villas, ainsi qu'Hadrien (villa Hadriana*). Temples romains. Jardins de la villa d'Este*.

TIVS, ethnie du sud-est du Nigeria, habitant au sud de la Bénoué.

TIZI-OUZOU, v. d'Algérie, ch.-l. de wilaya, en Grande Kabylie; 26 000 h.

TJIREBON → CIREBON.

TLALOC, dieu de la Pluie, l'une des plus anciennes divinités du panthéon précolombien.

Tlatelolco (traité de), traité proposé par le Mexique et signé par vingt et un États de l'Amérique latine le 14 février 1967. Il interdit la fabrication et la détention d'armes nucléaires sur leur territoire.

TLEMCEN, v. d'Algérie, ch.-l. de wilaya, au pied des *monts de Tlemcen;* 71 000 h. Grande Mosquée (XIe-XIIe s.). Centre religieux.

TOAMASINA, anc. **Tamatave,** port de Madagascar, sur l'océan Indien; 60 000 h.

TOBA (lac), lac d'Indonésie (Sumatra).

TOBAGO, l'une des Petites Antilles; 301 km²; 40 000 h. (V. TRINITÉ.)

TOBEY (Mark), peintre américain, né à Centerville (Wisconsin) [1890-1976]. Il a transposé la calligraphie zen dans une sorte de foisonnement non-figuratif.

Tobie (livre de), livre biblique, composé au IIIe-IIe s. av. J.-C. Roman édifiant d'une famille juive déportée à Babylone (Tobie est le nom du père et du fils), dans lequel se retrouvent les grands thèmes de la vie religieuse des communautés juives en exil à l'époque hellénistique.

TOBIN (James), économiste américain, né à Champaign (Illinois) en 1918. Il approfondit l'analyse de la demande de monnaie et étudie les conséquences des phénomènes financiers sur certaines décisions des agents économiques. (Prix Nobel d'économie, 1981.)

TOBROUK, port de Libye; 16 000 h. Combats entre les Britanniques et les forces de l'Axe (1941-42).

TOCANTINS (le), fl. du Brésil, tributaire de l'Atlantique; 2 640 km.

TOCQUEVILLE (Charles Alexis CLÉREL DE), écrivain et homme politique français, né à Paris (1805-1859). Magistrat, il étudia aux États-Unis le système pénitentiaire et en revint avec un ouvrage politique capital : *De la démocratie en Amérique* (1835-1840). Il fut ministre des Affaires étrangères du 2 juin au 30 octobre 1849. En 1856, il publia *l'Ancien Régime et la Révolution.* (Acad. fr.)

TODI, v. d'Italie (Ombrie); 20 000 h. Anc. cité étrusque. Monuments du Moyen Âge et de la Renaissance.

TÒDI, sommet des Alpes suisses; 3 623 m.

TODLEBEN → TOTLEBEN.

TODT (Fritz), général et ingénieur allemand, né à Pforzheim (1891-1942). Constructeur des autoroutes (1933-1938), puis de la ligne Siegfried (1937-1940), il donna son nom à une organisation paramilitaire dirigée par A. Speer après sa mort et qui, avec l'appoint forcé de travailleurs étrangers, réalisa notamment le mur de l'Atlantique.

TOEPFFER (Rodolphe), dessinateur et écrivain suisse d'expression française, né à Genève (1799-1846), auteur des *Voyages en zigzag,* des *Nouvelles genevoises* et d'albums de dessins comiques.

TOGLIATTI, v. de l'U. R. S. S., sur la Volga; 479 000 h. Automobiles.

TOGLIATTI (Palmiro), homme politique italien, né à Gênes (1893-1964). Il contribua à la création du parti communiste italien (1921), dont il devint le secrétaire général. Exilé au temps du fascisme, il fut vice-président du Conseil en 1944-45 et ministre de la Justice en 1945-46. Il prit position pour la déstalinisation et le « polycentrisme » à l'intérieur du mouvement communiste.

TOGO, république de l'Afrique occidentale, sur le golfe de Guinée; 56 600 km²; 2 283 000 h. *(Togolais).* Cap. *Lomé.* Langue officielle : *français.* Le Togo est un pays couvert en majeure partie de savanes, où les cultures du palmier à huile, du cacaoyer, du caféier et du coton constituent les principales ressources commerciales après les phosphates du *lac Togo.*

HISTOIRE

— XVe s. : installation des Portugais sur la côte.
— XIXe s. : arrivée des Français, des Britanniques et des Allemands (Gustav Nachtigal).
— 1885 : protectorat allemand sur le Togo.
— 1914 : conquête par les Alliés.
— 1922 : le Togo, partagé en deux territoires sous mandat confiés à la Grande-Bretagne et à la France.
— 1946 : régime de la tutelle des Nations unies.
— 1956-57 : le nord du Togo britannique rattaché à la Côte-de-l'Or, qui devient l'État indépendant du Ghāna.
— 1956 : le reste du Togo forme une république autonome.
— 1960 : cette république devient indépendante. Sylvanus Olympio, premier président.
— 1963 : assassinat de S. Olympio, remplacé par Nicolas Grunitzky.
— 1967 : Étienne Eyadéma s'empare du pouvoir.

TOGO HEIHACHIRO, amiral japonais, né à Kagoshima (1847-1934). Il vainquit les Russes à Port-Arthur et à Tsushima (1905).

Toison d'or. *Myth. gr.* Toison merveilleuse d'un bélier ailé, gardée en Colchide par un dragon. Sa conquête est à l'origine de l'expédition de Jason et des Argonautes.

Toison d'or (ordre de la), ordre fondé en souvenir de la toison dorée de Jason, en 1429, par Philippe le Bon, duc de Bourgogne. Il est passé à l'Autriche après la mort de Charles le Téméraire et à l'Espagne sous Charles Quint.

TŌJŌ HIDEKI, général et homme politique japonais, né à Tōkyō (1884-1948). Chef du gouvernement de 1941 à 1944, il lança son pays dans la Seconde Guerre mondiale. Condamné à mort, il fut exécuté.

TOKAJ ou **TOKAY,** bourg de la Hongrie septentrionale. Vignobles réputés.

TOKIMUNE, homme d'État japonais (1256-1284). Régent Hōjō de Kamakura (1268-1284), il repoussa les invasions des Mongols.

TOKUGAWA, clan aristocratique japonais, issu des Minamoto et qui constitua la troisième et dernière dynastie shōgunale (1603-1867).

TOKUSHIMA, v. du Japon (Shikoku); 223 000 h. Château et jardin du XVIe s.

TOKYŌ, anc. **Edo** ou **Yedo,** cap. du Japon (Honshū), port au fond d'une baie du Pacifique; 11 477 000 h. (avec les banlieues). Beaux jardins paysagers. Musées, dont le riche Musée national. Centre olympique dû à Tange Kenzō. Grand centre administratif, commercial et industriel. La ville, seule capitale du Japon depuis 1868, fut bombardée par l'aviation américaine de 1942 à 1945. C'est en rade de Tōkyō que fut signée la capitulation du Japon, le 2 septembre 1945. — Siège des jeux Olympiques de 1964.

TOLBIAC, v. de l'anc. Gaule, près de Cologne. (Auj. *Zülpich.*) Les Francs Ripuaires de Sigebert y remportèrent une victoire sur les Alamans, peu avant 496. C'est à tort qu'on a attribué cette victoire à Clovis.

Alexis de **Tocqueville**

Rodolphe **Toepffer**

un aspect de **Tōkyō**

TOGO

TOLBOUKHINE (Fedor Ivanovitch), maréchal soviétique, né à Androniki (1894-1949). Il se distingua à Stalingrad (1942), entra à Sofia et à Belgrade (1944), puis en Autriche (1945).

TOLBUHIN, v. de Bulgarie; 86 000 h.

TOLÈDE, en esp. **Toledo,** v. d'Espagne (Nouvelle-Castille), sur le Tage; 54 000 h. Centre touristique. Archevêché. Églises mudéjares, cathédrale gothique (œuvres d'art) et autres édifices

V. ill. frontispice

Léon **Tolstoï**

Toltèques
statue
du Chac-Mool
(divinité)
de Tula
(Mexique)

religieux. Musées, dont celui de l'hôpital de la S. Cruz, par E. Egas. Maison du Greco. Armes blanches renommées. Cap. des Wisigoths, siège

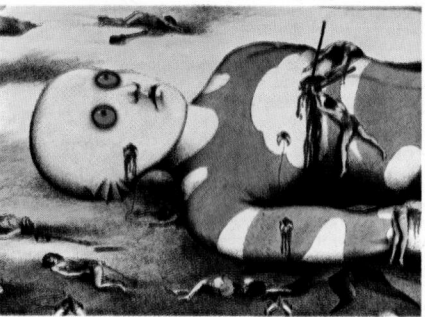

la Planète sauvage (1973) de R. Laloux
dessins de **Topor**

de nombreux conciles, Tolède fut conquise par les Arabes en 711. Reprise par Alphonse VI de León et Castille en 1085, elle fut la capitale des rois castillans, puis de l'Espagne jusqu'en 1561.

TOLEDO, v. des États-Unis (Ohio), sur le Maumee; 383 000 h. Musée d'art. Port fluvial. Industries mécaniques et chimiques.

TOLENTINO, v. d'Italie, dans les Marches; 17 000 h. Traité de 1797 entre Bonaparte et le pape Pie VI, consacrant la réunion d'Avignon à la France.

TOLIMA *(Nevado del),* volcan des Andes de Colombie; 5 620 m.

TOLKIEN (John Ronald Reuel), écrivain britannique, né à Bloemfontein (1892-1973). Il est l'auteur d'une épopée fantastique, qui est une démystification du genre *(le Seigneur des anneaux,* 1954-55).

TOLLAN → TULA.

TOLMAN (Edward Chace), psychologue américain, né à West Newton (Massachusetts) [1886-1959]. Rejetant un béhaviorisme trop étroit, il chercha à analyser ce qui sous-tend le comportement *(Purposive Behavior in Animals and Men,* 1932).

TOLSTOÏ (Lev [en fr. **Léon**] Nikolaïevitch, *comte),* écrivain russe, né à Iasnaïa Poliana (gouvern. de Toula) [1828-1910]. Son œuvre, qui présente de la société et de l'âme russes une peinture d'une étonnante diversité, est au fond une tentative d'analyse personnelle et d'ascèse, à la lumière d'élans mystiques et de refus contestataires qui firent de lui l'idole de la jeunesse russe *(Guerre et Paix,* 1865-1869; *Anna Karénine,* 1877; *la Sonate à Kreutzer,* 1889; *Résurrection,* 1899).

TOLSTOÏ (Alekseï Nikolaïevitch), écrivain soviétique, né à Nikolaïevsk (1883-1945), auteur de récits qui peignent la vie des intellectuels russes pendant la révolution *(le Chemin des tourments)* et de romans historiques *(le Pain, Ivan le Terrible).*

TOLTÈQUES, peuple indien, qui occupa une partie du Mexique à partir de 935 ou 947. Leur capitale Tula fut détruite par les Chichimèques en 1168. Ses vestiges participent de conceptions architecturales neuves : temple vaste où est accueilli le guerrier, glorifié par une sculpture austère et rigide. Guerre et mort inspirent et

hantent cet art, jusque dans son répertoire décoratif qui associe aigle et jaguar, symboles, comme plus tard chez les Aztèques, des ordres militaires.

TOLUCA ou **TOLUCA DE LERDO,** v. du Mexique, cap. de l'État de Mexico; 142 000 h. Constructions mécaniques.

TOMAR, v. du Portugal (Estrémadure); 14 000 h. Ce fut le siège principal des Templiers (église et couvent des XIIe-XVIe s.).

TOMBLAINE (54510), comm. de Meurthe-et-Moselle, banlieue de Nancy; 8 692 h.

TOMBOUCTOU, v. du Mali; 10 000 h. Centre commercial près du Niger. La ville fut visitée par René Caillié en 1828.

TOMES ou **TOMI,** anc. cité grecque de la côte occidentale du Pont-Euxin, où Ovide mourut en exil. (C'est l'actuelle *Constanța,* en Roumanie.)

TOMMASO da Celano, franciscain italien, né à Celano (v. 1190 - v. 1260), l'un des premiers disciples de saint François et son premier biographe. On lui attribue le *Dies irae.*

TOMSK, v. de l'U.R.S.S., en Sibérie occidentale, sur le *Tom* (840 km, affl. de droite de l'Ob); 423 000 h. Université. Constructions mécaniques.

TOMYRIS ou **THOMYRIS,** reine légendaire des Massagètes (VIe s. av. J.-C.).

TON DUC THANG, homme d'État vietnamien, né dans la province de Long Xuyên (1888-1980). Successeur de Hô Chi Minh comme président de la république démocratique du Viêt-nam (1969), il devint, après la réunification du pays, le président de la république socialiste du Viêt-nam (juill. 1976).

TONGA, anc. **îles des Amis,** archipel de Polynésie; 700 km²; 92 000 h. Cap. *Nukualofa.* Découvertes en 1616, les îles Tonga, monarchie polynésienne, protectorat britannique en 1900, sont devenues, en 1970, indépendantes dans le cadre du Commonwealth.

T'ONG-HOUA ou **TONGHUA,** v. de la Chine du Nord-Est (Ki-lin); 129 100 h. Centre minier.

TONGRES, en néerl. **Tongeren,** v. de Belgique (Limbourg); 29 500 h. Anc. ville romaine. Église médiévale Notre-Dame (trésor).

TONKIN, région du nord du Viêt-nam, sur la mer de Chine méridionale (golfe du Tonkin). On distingue le bas Tonkin, constitué par le delta du fleuve Rouge, intensément mis en valeur (riz) et surpeuplé, et le haut Tonkin, formé par les montagnes qui entourent le delta, où la population est clairsemée.

TONLÉ SAP, lac du Cambodge; 3 000 km². (Son émissaire, affl. du Mékong, porte aussi ce nom.) Importantes pêcheries.

TONNAY-BOUTONNE (17380), ch.-l. de c. de la Charente-Maritime, sur la *Boutonne;* 1 076 h. *(Boutonnais).*

TONNAY-CHARENTE (17430), ch.-l. de c. de la Charente-Maritime; 6 514 h. *(Tonnacquois).* Port sur la Charente. Industries chimiques. Métallurgie.

TONNEINS [-nɛs] (47400), ch.-l. de c. de Lot-et-Garonne, sur la Garonne; 10 137 h. *(Tonneinquais).* Tabac.

TONNERRE (89700), ch.-l. de c. de l'Yonne, sur l'Armançon; 6 517 h. *(Tonnerrois).* Hôpital fondé en 1293 (salle monumentale; *Mise au tombeau* de 1453).

TÖNNIES (Ferdinand), sociologue allemand, né à Riep, près d'Oldenswort (1855-1936), auteur de

Gemeinschaft und Gesellschaft (1887), ouvrage dans lequel il distingue le lien social de type naturel et organique *(communauté)* et celui qui est dirigé vers un objectif *(société).*

TOOWOOMBA, v. de l'Australie (Queensland); 64 000 h.

TOPEKA, v. des États-Unis, cap. du Kansas, sur le Kansas; 136 000 h.

TOPELIUS (Zacharias ou Zachris), écrivain finlandais d'expression suédoise, né à Kuddnäs (1818-1898), poète et adversaire du naturalisme *(Fleurs de bruyère).*

TOPOR (Roland), dessinateur et écrivain français, né à Paris en 1938. Dans ses dessins, ses albums, ses films d'animation, il développe, à travers un style anachronique, un humour noir qui mêle l'absurde au cruel.

TOR → THOR.

Torah ou **Thora** (la), nom donné dans le judaïsme aux cinq premiers livres de la Bible, ou Pentateuque, qui contiennent l'essentiel de la loi mosaïque. Dans le langage courant, ce terme désigne l'ensemble de la Loi juive.

TORCELLO, île de la lagune de Venise. Cathédrale rebâtie au XIe s. (mosaïques).

TORCY (77200), ch.-l. de c. de Seine-et-Marne; 4 802 h.

TORCY (Jean-Baptiste COLBERT, *marquis* DE), diplomate français, né à Paris (1665-1746), fils de Charles Colbert de Croissy. Ayant succédé à son père comme secrétaire d'État aux Affaires étrangères (1696), il prit une grande part aux négociations qui précédèrent l'ouverture de la guerre de la Succession d'Espagne, puis à celles du traité d'Utrecht (1713). Le Régent l'écarta en 1715.

TORDESILLAS, v. d'Espagne (Vieille-Castille), sur le Douro; 5 000 h.
Un traité (7 juin 1494) y a été signé entre l'Espagne et le Portugal, fixant la ligne de démarcation séparant les possessions des deux pays à 370 lieues à l'ouest des îles du Cap-Vert.

TORELLI (Giuseppe), violoniste et compositeur italien, né à Vérone (1658-1709), un des créateurs dans le domaine du concerto et de la sonate.

TORGAU, v. de l'Allemagne démocratique, sur l'Elbe; 20 000 h. Château Renaissance. Point de jonction entre les armées soviétique et américaine (25 avr. 1945).

TORHOUT, v. de Belgique (Flandre-Occidentale); 17 000 h.

TORIGNI-SUR-VIRE (50160), ch.-l. de c. de la Manche; 2 807 h.

TORNE (le), fl. de Laponie, qui rejoint le golfe de Botnie; 400 km. Il sépare la Suède et la Finlande.

TORONTO, v. du Canada, cap. de la prov. d'Ontario, sur le lac de ce nom; 633 318 h. (2 803 000 h. avec les banlieues, ce qui en fait l'agglomération la plus peuplée du Canada). Archevêché. Université. Important centre commercial et industriel : constructions mécaniques, chimie. Ce fut la cap. du Haut-Canada sous le nom de *York,* qu'elle porta de 1796 à 1834.

TORQUAY, v. de Grande-Bretagne (Devon); 54 000 h. Station balnéaire.

TORQUEMADA (Tomás DE), dominicain espagnol, né à Valladolid (1420-1498). Inquisiteur général pour toute la péninsule Ibérique (1483), il est resté célèbre pour son intolérance et sa rigueur.

L. Goldman-Rapho

Toronto
patinoire
et hôtel de ville

appartenant au groupe berbère, et de religion musulmane. Elle se divise en deux groupes, les *Touaregs sahariens* (Sud algérien) et les *Touaregs sahéliens*, qui nomadisent dans les régions septentrionales du Sahel malien et nigérien. Leur structure sociale repose sur deux classes hiérarchisées. Ils s'opposent aux politiques d'assimilation nationale qui visent à les sédentariser.

TOUAT (le), groupe d'oasis du Sahara algérien. Ch.-l. *Adrar.*

TOUBKAL (*djebel*), sommet du Haut Atlas (Maroc), point culminant de l'Afrique du Nord; 4 165 m.

TOUBOUS, ensemble politique et religieux, les Toubous regroupent des éléments de plusieurs ethnies musulmanes qui nomadisent dans l'Aïr et le Tibesti principalement.

TORRANCE, v. des États-Unis (Californie); 135 000 h.

TORRE ANNUNZIATA, v. d'Italie (Campanie), au sud du Vésuve, sur le golfe de Naples; 58 000 h. Villas romaines. Station thermale. Sidérurgie.

TORRE DEL GRECO, v. d'Italie (Campanie), au pied du Vésuve, sur le golfe de Naples : 100 000 h. Vins.

TORREMOLINOS, station balnéaire d'Espagne, sur la Costa del Sol.

TORREÓN, v. du nord du Mexique; 251 000 h.

TORRES (détroit de), bras de mer entre l'Australie et la Nouvelle-Guinée, reliant le Pacifique à l'océan Indien.

TORRES (Luis VÁEZ DE), navigateur espagnol du XVIIe s., explorateur des mers australes.

TORRES QUEVEDO (Leonardo), ingénieur et mathématicien espagnol, né à Santa Cruz (prov. de Santander) [1852-1936], auteur de travaux sur les machines à calculer et les automates. L'un des premiers, il utilisa les ondes hertziennes pour la commande à distance.

TORRES VEDRAS, v. du Portugal, au nord de Lisbonne. Clef des fortifications établies par Wellington pour couvrir Lisbonne en 1810.

TORRICELLI (Evangelista), mathématicien et physicien italien, né à Faenza (1608-1647), un des élèves de Galilée. Il découvrit les effets de la pression atmosphérique, ainsi que la quadrature d'une arche de la cycloïde.

TORRINGTON (George Byng, *vicomte* DE), amiral anglais, né à Wrotham (1663-1733). Il détruisit la flotte espagnole au large du cap Passero (1718).

TORSTENSSON (Lennart), *comte* **d'Ortala,** maréchal suédois, né au château de Torstena (1603-1651). Il s'illustra dans la guerre de Trente Ans (victoires de Breitenfeld [1642] et de Jankowitz [1645]).

TORTUE (île de la), île au nord d'Haïti, anc. base des boucaniers.

TORUŃ, v. de Pologne, sur la Vistule; 158 000 h. Ville hanséatique fondée par les chevaliers Teutoniques. Foyer du mouvement de la Réforme en Pologne.

TORY (Geoffroy), typographe, graveur et littérateur français, né à Bourges (v. 1480 - v. 1533). Il réforma l'art typographique.

TOSA, lignée de peintres japonais dont l'origine remonte au XIVe s. et qui maintint (avec brio pendant les XVe et XVIe s., puis avec formalisme jusqu'au XIXe s.) la tradition de la peinture profane nippone, ou *yamato-e*, à la cour de Kyōto. Son principal représentant, TOSA MITSUNOBU (v. 1430 - v. 1522), fut le créateur de ce style nouveau, dû à l'association de coloris vifs et de jeux d'encre.

Tosca (la), drame de V. Sardou (1887). G. Giacosa et L. Illica en ont tiré un livret d'opéra en trois actes, musique de Giacomo Puccini (1900).

TOSCANE, région de l'Italie centrale (comprenant les provinces d'Arezzo, Florence, Grosseto, Livourne, Lucques, Massa et Carrare, Pise, Pistoia et Sienne); 23 000 km²; 3 587 000 h. (*Toscans*). Cap. *Florence.*

HISTOIRE

— 1115 : la comtesse Mathilde lègue la Toscane à la papauté.

école des **Tosa**
Cheval emballé (détail)
de Tosa Mitsuyoshi
(1539-1613)

Lauros-Giraudon

— XIIe-XIVe s. : lutte d'influence entre le pape et l'empereur; morcellement de la Toscane en républiques urbaines (Florence, Sienne, Pise, Lucques).
— 1569 : érection du grand-duché de Toscane, au profit des Médicis.
— 1737 : à la mort de Jean-Gaston de Médicis, la Toscane passe dans la mouvance des Habsbourg.
— 1807 : Napoléon Ier réunit la Toscane à la France et la transforme en sœur Élisa.
— 1814 : retour du grand-duc autrichien Ferdinand III.
— 1848-49 : échec de la révolution (restauration du grand-duc Léopold II).
— 1859 : le dernier grand-duc, Léopold II, chassé du pays.
— 1860 : la Toscane se rattache au Piémont.

TOSCANINI (Arturo), chef d'orchestre italien, né à Parme (1867-1957). Il a dirigé l'orchestre de la Scala de Milan, du Metropolitan Opera de New York, et l'Orchestre symphonique du National Broadcasting Corporationm

TÔTES (76890), ch.-l. de c. de la Seine-Maritime; 848 h.

TOTILA ou **BADUILA** (m. en 552), roi des Ostrogoths (541-552). Malgré Bélisaire, il s'installa à Rome (549) et étendit sa domination sur l'Italie du Sud, la Sicile, la Sardaigne et la Corse. Mais Narsès le défit et il fut tué.

TOTLEBEN ou **TODLEBEN** (Edouard Ivanovitch, *comte*), ingénieur et général russe, né à Mitau (1818-1884). Il dirigea la défense de Sébastopol (1855), puis le siège de Plevna (1877).

TOTONAQUES, peuple ancien du Mexique (partie centrale de l'État de Veracruz), surtout connu par El Tajín*, important centre cérémoniel dès le Ier s. av. J.-C., auquel succéda celui de Cempoala. Une architecture élaborée (pyramides, plates-formes, palais et terrains de jeux de balles) voisine avec une sculpture sur pierre au décor exubérant, et une céramique dominée par les figurines souriantes. Affaiblie par le joug des Aztèques, leur civilisation s'éteignit aux XVe-XVIe s., au moment de la conquête.

TOTTENHAM, faubourg du nord-est de Londres.

TOTTORI, v. du Japon (Honshū); 113 000 h.

TOUAREGS, ethnie de pasteurs nomades,

Toulon

de Forceville-Ruyant Production

TOUCOULEURS, ethnie de la vallée du Sénégal.

TOUCY (89130), ch.-l. de c. de l'Yonne; 2 819 h. Patrie de Pierre Larousse.

TOUEN-HOUANG ou **DUNHUANG**, v. de Chine (Kan-sou). Grottes ornées (Ve-Xe s.) dont les peintures murales et les sculptures représentent un des sommets de l'art bouddhique.

TOU FOU ou **DU FU**, poète chinois, né dans le Ho-nan (712-770). Ami de Li Po, il a tiré de son expérience de la guerre civile et de sa misère personnelle une poésie originale (*Lamentation sur la bataille de Chentao*).

TOUGGOURT, oasis du Sahara algérien.

TOUKHATCHEVSKI (Mikhaïl Nikolaïevitch), maréchal soviétique, né à Aleksandrovskoïe (gouvern. de Smolensk) [1893-1937]. Ancien officier tsariste, il commanda le front ouest contre les Polonais (1920). Chef d'état-major général (1924-1928), adjoint au commissaire du peuple à la Défense (1931), maréchal en 1935, il fut un des créateurs de l'armée rouge. Accusé de trahison en 1937, il fut fusillé sur ordre de Staline. Il a été réhabilité en 1961.

TOUL (54200), ch.-l. d'arr. de Meurthe-et-Moselle, sur la Moselle et le canal de la Marne au Rhiny 16 832 h. (*Toulois*). Anc. cathédrale des XIIIe-XVIe s. Pneumatiques. Toul fut autref. l'un des *Trois-Évêchés* lorrains, indépendants du duc de Lorraine. En 1552, Henri II l'occupa grâce au duc François de Guise, et le traité de Westphalie (1648) en confirma la possession à la France.

TOULA, v. de l'U.R.S.S., au sud de Moscou; 510 000 h. Métallurgie.

TOULON, ch.-l. du dép. du Var, à 840 km au sud-est de Paris, sur la Méditerranée; 185 050 h. [près de 400 000 h. dans l'agglomération (*Toulonnais*). Préfecture maritime. Base navale et port de commerce. En 1793, les royalistes livrèrent le port aux Anglais, mais Dugommier, aidé de Bonaparte, le leur reprit. Le 27 novembre 1942, la flotte française s'y saborda pour ne pas tomber entre les mains des Allemands.

TOULON-SUR-ARROUX (71320), ch.-l. de c. de Saône-et-Loire; 2 057 h.

TOULOUSE, anc. cap. du Languedoc, ch.-l. de la Région Midi-Pyrénées et du dép. de la Haute-Garonne, sur la Garonne, à 679 km au sud de

Mauxsonne

A. P. N.

Tourgueniev
par A. Kharlanov

Giraudon

Toulouse-Lautrec
*Femme tirant
son bas*
(v. 1894)

Tournus : nef principale et bas-côtés
de l'église Saint-Philibert (XIe s.)

Giraudon

Paris; 383 176 h. *(Toulousains)*. Archevêché. Cour d'appel. Académie. Université. École nationale supérieure de l'aéronautique et de l'espace. Académie des jeux Floraux. Basilique St-Sernin, vaste église de pèlerinage consacrée en 1096 (sculptures et peintures murales romanes); cathédrale gothique; église des Jacobins (XIIIe-XIVe s.); hôtels de la Renaissance; Capitole (XVIIIe s.); etc. Musées, dont celui des Augustins (sculpture languedocienne; peinture). Centre commercial et industriel (constructions aéronautiques, produits chimiques, etc.). — Capitale des Volques Tectosages, romaine entre 120 et 100 av. J.-C., Toulouse fut capitale du royaume wisigothique (Ve s.) puis du royaume franc d'Aquitaine et enfin du comté de Toulouse (IXe s.). Elle eut beaucoup à souffrir lors de la croisade contre les albigeois (XIIIe s.), et Simon de Montfort fut tué en faisant le siège de la ville (1218). L'ordre des Dominicains et une université (1229) y furent fondés pour combattre l'hérésie. Le puissant comté de Toulouse, dont le fondateur fut Raimond Ier (852-864) et qui atteignit aux confins de la Provence, fut incorporé au domaine royal en 1271.

TOULOUSE-LAUTREC (Henri DE), peintre et lithographe français, né à Albi (1864-1901). Il a peint des scènes de music-hall et de divers lieux de plaisirs parisiens, des portraits, etc. C'est un dessinateur au talent synthétique et fulgurant, et l'un des pères de l'affiche moderne (*la Goulue au Moulin-Rouge*, 1891). Une partie de son œuvre est conservée au musée d'Albi.

TOUNGOUSES ou **TOUNGOUZES,** ethnie mongole, disséminée à travers toute la Sibérie orientale, de l'Ienisseï au Pacifique (U. R. S. S. et Chine du Nord-Est).

TOUNGOUSKA, nom de trois riv. de la Sibérie, affl. de l'Ienisseï (r. dr.) : la *Toungouska inférieure* (2 640 km), la *Toungouska moyenne* (1 550 km), la *Toungouska supérieure* ou Angara*.

TOUQUES (la), fl. côtier de Normandie, qui se jette dans la Manche à Trouville; 108 km.

TOUQUET-PARIS-PLAGE (Le) [62520], comm. du Pas-de-Calais; 5 593 h. Station balnéaire.

TOURAINE, région du sud-ouest du Bassin parisien, de part et d'autre de la vallée de la Loire, formant auj. le dép. d'Indre-et-Loire. (Hab. *Tourangeaux*.) La vallée de la Loire et les basses vallées de ses affluents (Cher, Indre, Vienne), où la douceur du climat favorise les cultures des arbres fruitiers, de la vigne (Vouvray) et des primeurs, séparent des plateaux plus pauvres, parfois forestiers (Gâtine tourangelle, Champeigne, plateau de Sainte-Maure). La présence de magnifiques châteaux (Azay-le-Rideau, Chenonceaux, Langeais, etc.) fait du pays une grande région touristique. — La Touraine fut annexée au domaine royal en 1259 (traité de Paris).

TOURANE → DA NANG.

TOURCOING (59200), ch.-l. de c. du Nord; 102 543 h. *(Tourquennois)*. Centre textile.

TOUR-D'AUVERGNE (La) [63680], anc. **Latour-d'Auvergne,** ch.-l. de c. du Puy-de-Dôme; 952 h.

TOUR-DU-PIN (La) [38110], ch.-l. d'arr. de l'Isère; 6 843 h. *(Turripinois)*. Textile.

TOURÉ (Sékou), homme d'État guinéen, né à Faranah en 1922. Secrétaire général du parti démocrate de Guinée (1952), député à l'Assemblée nationale française (1956), il refusa l'entrée de la Guinée dans la Communauté et la fit accéder à l'indépendance totale en 1958. Il dirige son pays depuis cette date.

TOURGUENIEV (Ivan Sergueïevitch), écrivain russe, né à Orel (1818-1883). Auteur de romans et de nouvelles (*Récits d'un chasseur*, 1852; *Pères et fils*, 1862; *les Eaux printanières*, 1871), de pièces de théâtre (*Un mois à la campagne*, 1879), il est l'écrivain russe le plus influencé par la pensée occidentale.

Touring Club de France, association fondée en 1890 pour développer le tourisme.

TOURLAVILLE (50110), ch.-l. de c. de la Manche, banlieue de Cherbourg; 12 325 h.

TOURMALET (col du), passage des Pyrénées françaises, faisant communiquer la vallée de Campan à celle de Gavarnie; 2 115 m.

TOURNAI, en néerl. **Doornik,** v. de Belgique (Hainaut). 70 700 h. Imposante cathédrale romane et gothique (trésor) et autres églises. Musées. Textile. Tournai, anc. capitale des Nerviens, fut au Ve s. celle des rois mérovingiens; elle eut un évêché dès le VIe s.

TOURNAN-EN-BRIE (77220), ch.-l. de c. de Seine-et-Marne; 5 206 h. Turbine à gaz.

TOURNAY [-naj] (65190), ch.-l. de c. des Hautes-Pyrénées; 1 169 h.

TOURNEFEUILLE (31170), comm. de la Haute-Garonne; 5 291 h.

TOURNEFORT (Joseph PITTON DE), botaniste et voyageur français, né à Aix-en-Provence (1656-1708). Sa classification du règne végétal fait de lui le précurseur de Linné.

TOURNEMINE (René Joseph DE), jésuite français, né à Rennes (1661-1739), un des directeurs des *Mémoires de Trévoux*.

TOURNEMIRE (Charles), compositeur français, né à Bordeaux (1870-1939). Élève de Franck, il a laissé de la musique de chambre, huit symphonies et des paraphrases grégoriennes pour orgue (*l'Orgue mystique*).

TOURNEUR (Cyril), auteur dramatique anglais (v. 1575-1626), qui illustre le goût de l'horreur du théâtre élisabéthain (*la Tragédie du vengeur*).

TOURNIER (Michel), écrivain français, né à Paris en 1924. Auteur de romans (*Vendredi ou les limbes du Pacifique*, 1967; *le Roi des Aulnes*, 1970) et de nouvelles.

TOURNON (07300), ch.-l. d'arr. de l'Ardèche, sur le Rhône; 9 555 h. *(Tournonais)*. Château des XVe-XVIe s. Constructions mécaniques.

TOURNON-D'AGENAIS (47370), ch.-l. de c. de Lot-et-Garonne; 1 020 h.

TOURNON-SAINT-MARTIN (36220), ch.-l. de c. de l'Indre; 1 589 h.

TOURNUS [-ny] (71700), ch.-l. de c. de Saône-et-Loire, sur la Saône; 7 808 h. Église romane St-Philibert, anc. abbatiale, avec narthex à étage des environs de l'an 1000. Articles ménagers.

TOURNY (Louis, *marquis* DE), administrateur français, né à Paris (1690-1760). Intendant du Limousin (1730), puis de la Guyenne (1743-1747), il a embelli Bordeaux.

TOUROUVRE (61190), ch.-l. de c. de l'Orne; 1 704 h.

TOURS [tur], anc. cap. de la Touraine, ch.-l. du dép. d'Indre-et-Loire, sur la Loire, à 235 km au sud-ouest de Paris; 145 441 h. (250 000 avec les banlieues) *[Tourangeaux]*. Archevêché. Université. Musée des Beaux-Arts. École d'application du train. Base aérienne militaire. La ville conserve d'intéressantes églises, de vieux hôtels et la cathédrale St-Gatien (XIIIe-XVIe s.). Industries mécaniques et chimiques. — Le rayonnement de saint Martin (m. en 397) et de l'abbaye qui porte son nom fit de Tours un des premiers centres religieux de la Gaule. Des états généraux y furent convoqués, notamment en 1484. La ville fut, du 12 septembre au 9 décembre 1870, le siège de la délégation du gouvernement de la Défense nationale (Gambetta).

Tours (congrès de), congrès qui marqua la scission entre les socialistes (minoritaires) et les communistes français (25-31 déc. 1920).

TOURTERON (08130 Attigny), ch.-l. de c. des Ardennes; 207 h.

TOURVILLE (Anne DE COTTENTIN, *comte* DE), maréchal de France, né à Tourville (Normandie) [1642-1701]. Il servit d'abord sous Duquesne. Vice-amiral, il vainquit près de Wight la flotte anglo-hollandaise (1690), essuya un échec près de la Hougue (1692), mais remporta en 1693 la bataille du cap Saint-Vincent.

TOUSSAINES (signal de), point culminant de la Bretagne, dans les monts d'Arrée; 384 m.

TOUSSAINT LOUVERTURE, homme politique et général haïtien, né à Saint-Domingue (1743-1803). Après avoir aidé le gouvernement français à abolir l'esclavage (1794), il proclama son intention d'établir une république noire; il entra alors en conflit avec Bonaparte, fut arrêté et mourut captif au fort de Joux.

TOUSSUIRE (la), station de sports d'hiver de Savoie (alt. 1 700-2 235 m), au sud-ouest de Saint-Jean-de-Maurienne.

TOUSSUS-LE-NOBLE (78530 Buc), comm. des Yvelines; 463 h. Aéroport international de tourisme.

TOUTANKHAMON, pharaon de la XVIIIe dynastie (v. 1354-1346 av. J.-C.). Fils d'Aménophis IV Akhenaton, il dut sous la pression du clergé d'Amon rétablir le culte de ce dieu. Mort

Toussaint Louverture

Tours : quartiers bordant la Loire

Trajan

jeune, il est connu par la découverte de son tombeau en 1922 (Thèbes, musée du Caire).

TOUVA, anc. **Tannou-Touva,** république autonome de l'U.R.S.S. (R.S.F.S. de Russie), dans le bassin supérieur de l'Ienisseï; 170 500 km²; 231 000 h. Ch.-l. *Kyzyl.*

TOUVET (Le) [38660], ch.-l. de c. de l'Isère, au pied de la Chartreuse; 1562 h.

TOUVRE (la), affl. de la Charente (r. g.), résurgence d'une partie des eaux de la Tardoire et du Bandiat; 10 km.

TOWNES (Charles Hard), physicien américain, né à Greenville en 1915. En 1954, il a réalisé la première émission maser. (Prix Nobel, 1964.)

TOWNSVILLE, port d'Australie (Queensland), sur la mer de Corail; 79 000 h. Métallurgie. Exportation et raffinerie de cuivre.

TOYAMA, v. du Japon (Honshū), près de la *baie de Toyama* (mer du Japon); 269 000 h. Chimie.

TOYNBEE (Arnold), historien britannique, né à Londres (1889-1975), auteur d'ouvrages sur les civilisations, dont il a établi une théorie cyclique (*Study of History*, 12 vol., 1934-1961).

TOYOHASHI, v. du Japon (Honshū); 259 000 h.

TOYONAKA, v. du Japon (Honshū); 368 000 h.

TOYOTA, v. du Japon (Honshū); 197 000 h. Automobiles.

TOZEUR, v. de Tunisie, dans une oasis au bord du chott el-Djérid; 13 000 h.

Trachiniennes (les), tragédie de Sophocle (entre 420 et 410 av. J.-C.).

TRACY, v. du Canada (Québec); 12 284 h. Métallurgie.

TRAFALGAR, cap d'Espagne, au nord-ouest du détroit de Gibraltar. Victoire navale décisive de Nelson sur les Franco-Espagnols (21 oct. 1805).

Trafalgar Square, place de Londres, près de la Tamise, où a été érigée une colonne en l'honneur de Nelson.

Tragiques (les), épopée satirique en sept chants, d'Agrippa d'Aubigné (1616), où s'expriment la colère et la foi du militant huguenot.

TRAIL, v. du Canada (Colombie britannique); 9 976 h. Métallurgie.

TRAIT (Le) [76580], comm. de la Seine-Maritime; 6 329 h. Métallurgie.

TRAJAN, en lat. **Marcus Ulpius Trajanus,** né à Italica (53-117), empereur romain (98-117), successeur de Nerva. Par les guerres de Dacie (101-107), il assura la sécurité des frontières sur le Danube et, par son action en Orient (114-117), il étendit l'Empire jusqu'à l'Arabie Pétrée, l'Arménie et la Mésopotamie. Il se montra excellent administrateur et fut un grand bâtisseur.

TRAKL (Georg), poète autrichien, né à Salzbourg (1887-1914). Influencé par Novalis, Hölderlin et les expressionnistes, il est le poète de l'angoisse de la mort et du regret de l'innocence (*Crépuscule et déclin, Sébastien en rêve*).

TRAMAYES [-maj] (71630), ch.-l. de c. de Saône-et-Loire; 841 h.

Tranchée des baïonnettes (la), près de Douaumont, élément d'une tranchée française de la bataille de 1916 où seules émergèrent, après bombardement, les baïonnettes de ses défenseurs.

TRANCHE-SUR-MER (La) [85360], comm. de la Vendée; 2 125 h. Station balnéaire. Tulipes.

TRANSALAÏ, partie septentrionale, la plus élevée du Pamir*.

Transamazoniennes (routes), nom donné aux deux routes ouvertes dans la *forêt amazonienne*, de part et d'autre de l'*Amazone.*

TRANSCAUCASIE, partie de l'U.R.S.S., au sud du Caucase*.

TRANSHIMÂLAYA → HIMÂLAYA.

TRANSJORDANIE, anc. État du Proche-Orient. Placé sous mandat britannique en 1922 et érigé en royaume en 1946, il devint le royaume de Jordanie* en 1949.

TRANSKEI (le), État de l'Afrique australe; 41 600 km²; 3 millions d'h. Cap. *Umtata.* C'est le premier État bantou, dont l'indépendance a été proclamée par l'Afrique du Sud en 1976.

TRANSLEITHANIE, partie de l'Empire austro-hongrois située à l'est de la Leitha (par oppos. à la *Cisleithanie*). Elle comprenait la Hongrie, la Transylvanie, la Croatie et les Confins militaires.

Transsibérien, grande voie ferrée de l'U.R.S.S. (auj. électrifiée), reliant Moscou à Vladivostok (9 300 km). Il a été construit entre 1891 et 1907.

TRANSVAAL, prov. de la république de l'Afrique du Sud; 283 900 km²; 8 765 000 h. Cap. *Pretoria.* V. pr. *Johannesburg.* Constituant l'extrémité nord-est du pays, le Transvaal, malgré l'importance de l'élevage, est essentiellement une grande région minière (or [Witwatersrand*], charbon, platine, etc.).

HISTOIRE

— 1834-1837 : émigration des Boers vers le nord (Grand Trek).
— 1852 : les Britanniques reconnaissent l'indépendance du Transvaal.
— 1856 : proclamation de la République sud-africaine, dont Marthinius Pretorius est le premier président.
— 1877 : les Britanniques annexent le Transvaal.

— 1881 : à la suite d'une guerre victorieuse des Boers contre les Britanniques (1880-81), le Transvaal recouvre l'indépendance.
— 1883 : élection à la présidence de Paul Kruger, qui se heurte à l'afflux des Uitlanders, attirés par l'or.
— 1895-96 : échec du « raid Jameson », dirigé par Cecil Rhodes.
— 1899 : début de la guerre des Boers.
— 1902 (31 mai) : paix de Vereeniging, qui fait du Transvaal une colonie britannique.
— 1910 : le Transvaal dans l'Union sud-africaine.

TRANSYLVANIE, en roumain **Transilvania** ou **Ardeal,** en hongr. **Erdély,** région de la Roumanie située à l'intérieur de l'arc formé par les Carpates (*Transylvaniens*). V. pr. *Braşov, Cluj.* — Comitat hongrois (1003), indépendante *de facto* à partir de 1526, sous la suzeraineté des Turcs de 1541 à la fin du XVII° s., puis sous celle des Habsbourg, la Transylvanie, rattachée au royaume de Hongrie à la suite du compromis de 1867, se réunit à la Roumanie après la Première Guerre mondiale.

TRANSYLVANIE (Alpes de), partie méridionale des Carpates; 2 543 m au *Moldoveanul,* point culminant de la Roumanie.

TRAPANI, anc. **Drépane,** port de la Sicile; 70 000 h.

Trappe (Notre-Dame de la), abbaye de l'ordre de Cîteaux, fondée en 1140 à Soligny (Orne), réformée par l'abbé Armand de Rancé (1664). C'est l'abbaye mère des Cisterciens réformés de la stricte observance, appelés *Trappistes.*

TRAPPES (78190), ch.-l. de c. des Yvelines, près de Versailles; 22 905 h. (*Trappistes*). Gare de triage.

TRASIMÈNE (lac), lac d'Italie (Ombrie) à l'ouest de Pérouse. Victoire d'Hannibal (217 av. J.-C.) sur le consul romain Flaminius Nepos.

TRÁS-OS-MONTES, anc. prov. du Portugal septentrional.

Travailleurs de la mer (les), roman de Victor Hugo (1866).

TRAVANCORE, région historique de l'Inde, dans le sud de l'État de Kerala.

Travaux et les Jours (les), poème didactique d'Hésiode (VIII° s. av. J.-C.), édictant des sentences morales et des préceptes d'économie domestique.

Traviata (la), opéra de Verdi (1853), sur un livret de Piave, adaptation de *la Dame aux camélias* d'Alexandre Dumas fils.

TRAWSFYNYDD, localité de Grande-Bretagne (pays de Galles). Centrale nucléaire.

TRAYAS [trejas] (le) [83700 St Raphaël], station balnéaire du Var (comm. de Saint-Raphaël), sur la côte de l'Esterel.

TRÉBEURDEN (22560), comm. des Côtes-du-Nord; 2 901 h. Station balnéaire.

TRÉBIE (la), en ital. Trebbia, riv. d'Italie, affl. du Pô (r. dr.); 115 km. Victoires d'Hannibal sur le consul romain Sempronius Longus (218 av. J.-C.) et en 1799 de Souvorov sur Macdonald.

TRÉBIZONDE, en turc Trabzon, port de Turquie, sur la mer Noire; 97 000 h. Monastères et églises (transformées en mosquées à l'époque ottomane) de style byzantin (XIII°-XIV° s.). Capitale d'un empire grec (1204 à 1461) fondé par Alexis et David Comnène, petits-fils de l'empereur Andronic I°'. Le dernier souverain fut David II, qui fut battu par les Ottomans en 1461.

TŘEBOŇ (le *Maître du retable de*), peintre tchèque, actif à Prague v. 1380-1390, figure majeure de l'art gothique de son temps (« beau style ») en Europe centrale.

TRÉBOUL, station balnéaire du Finistère (comm. de Douarnenez).

TREFFORT-CUISIAT (01370 St Étienne du Bois), ch.-l. de c. de l'Ain; 1 115 h.

TRÉFOUËL (Jacques), chimiste et bactériologiste français, né au Raincy (1897-1977). Ses travaux ont permis la découverte de nombreux corps bactériostatiques.

TRÉGASTEL (22730), comm. des Côtes-du-Nord; 2 013 h. Station balnéaire.

TRÉGORROIS, région de Bretagne (Côtes-du-Nord), à l'ouest de la baie de Saint-Brieuc.

TRÉGUIER (22220), ch.-l. de c. des Côtes-du-Nord; 3718 h. (*Trégorois*). Anc. cathédrale St-Tugdual (XIVe-XVe s.).

TRÉGUNC (29128), comm. du Finistère; 5155 h.

TREIGNAC (19260), ch.-l. de c. de la Corrèze; 1942 h. Vieilles maisons.

TREILHARD (Jean-Baptiste, *comte*), homme politique français, né à Brive-la-Gaillarde (1742-1810). Il fut l'un des rédacteurs principaux du Code civil.

Trek (le *Grand*), mouvement d'émigration des Boers du Cap vers le Vaal et l'Orange (1834-1839), à la suite de la poussée des Britanniques en Afrique du Sud.

TRÉLAZÉ (49800), comm. de Maine-et-Loire; 11326 h. (*Trélazéens*). Ardoisières.

TRÉLISSAC (24000 Périgueux), comm. de la Dordogne; 5639 h.

TRÉLON (59132), ch.-l. de c. du Nord; 3438 h. Verrerie.

TREMBLADE (La) [17390], ch.-l. de c. de la Charente-Maritime; 5169 h. Parcs à huîtres.

TREMBLAY-LÈS-GONESSE (93290), ch.-l. de c. de la Seine-Saint-Denis; 26892 h. (*Tremblaysiens*).

TRENET (Charles), chanteur français, né à Narbonne en 1913. On lui doit des chansons pleines de poésie et de fantaisie.

TRENGGANU, l'un des États de la Malaysia. Cap. *Kuala Trengganu.*

TRENT (la), riv. d'Angleterre, qui se réunit à l'Ouse pour former le Humber; 270 km.

TRENTE, en ital. **Trento,** v. d'Italie, cap. du *Trentin-Haut-Adige;* 98000 h. Cathédrale de style lombard (XIIe-XIIIe s.). Château du *Buonconsiglio* (XIIIe-XVIe s.; musées).

Trente (les), nom donné aux trente membres d'un conseil oligarchique imposé par les Spartiates aux Athéniens, après la prise d'Athènes par Lysandre (404 av. J.-C.). Ils se signalèrent par leur despotisme. Critias et Théramène en furent les éléments les plus actifs. Ils furent chassés par Thrasybule (déc. 404 ou janv. 403), et la démocratie fut rétablie.

Trente (combat des), combat entre Français et Anglais lors de la guerre de la succession de Bretagne, le 27 mars 1351, près de Ploërmel. Il opposa en une lutte singulière trente combattants désignés pour chaque armée. Les Français furent victorieux.

Trente (concile de), concile œcuménique qui se tint à Trente de 1545 à 1549, de 1551 à 1552, de 1562 à 1563. Il fut la pièce maîtresse de la Réforme catholique (ou Contre-Réforme), l'Église romaine opposant aux protestants une révision complète de sa discipline et une réaffirmation solennelle de ses dogmes essentiels.

Trente Ans (guerre de), grand conflit religieux et politique qui ravagea l'Europe et surtout le Saint Empire de 1618 à 1648. Elle eut pour causes essentielles l'antagonisme des protestants et des catholiques et les inquiétudes nées en Europe des ambitions de la maison d'Autriche. C'est en Bohême que la lutte éclata, à la suite de la Défenestration de Prague (1618). La guerre de Trente Ans se divise en quatre périodes : la *période palatine* (1618-1624), au cours de laquelle Frédéric, Électeur palatin, élu roi de Bohême, fut vaincu à la Montagne Blanche (1620) et dépouillé de ses États; — la *période danoise* (1625-1629), pendant laquelle Christian IV de Danemark se mit à la tête des luthériens; — la *période suédoise* (1630-1635), au cours de laquelle Gustave-Adolphe, vainqueur à Breitenfeld (1631) et au Lech, fut tué à Lützen (1632); — la *période française* (1635-1648), ainsi appelée parce que Richelieu, après avoir soutenu secrètement les adversaires de la maison d'Autriche, intervint directement contre elle. Les victoires françaises de Rocroi (1643), puis de Lens (1648) sur les Espagnols amenèrent les Habsbourg à signer les traités de Westphalie. L'Allemagne devait sortir ruinée et dévastée de ces trente années de guerre.

TRENTIN, en ital. **Trentino,** région de l'Italie continentale, correspondant à l'actuelle province de Trente et formant, avec le Haut-Adige (prov. de Bolzano), la région historique de la *Vénétie Tridentine.* Cet ensemble, annexé au Tyrol en 1816, attribué à l'Italie par le traité de Saint-Germain-en-Laye (1919), constitue auj. la région autonome du *Trentin-Haut-Adige* (13613 km²; 872000 h.), correspondant au bassin supérieur de l'Adige entre l'Ortler, l'Adamello et les Dolomites.

TRENTON, v. des États-Unis, cap. du New Jersey, sur la Delaware; 105000 h.

TRÉPASSÉS (baie des), baie du Finistère, entre les pointes du Raz et du Van.

TRÉPORT (Le) [76470], comm. de la Seine-Maritime, sur la Manche; 6859 h. Église des XIVe et XVIe s. Station balnéaire.

TRES ZAPOTES, important centre religieux des Olmèques (Mexique, au sud de l'État de Veracruz). L'on y a découvert plusieurs têtes colossales et la plus ancienne stèle gravée (31 av. J.-C.).

TRETS [tre] (13530), ch.-l. de c. des Bouches-du-Rhône; 3675 h. Monuments médiévaux.

TRÈVES, en allem. **Trier,** v. de l'Allemagne fédérale (Rhénanie-Palatinat), sur la Moselle; 100000 h. Vestiges romains (*Porta nigra*, thermes, basilique), cathédrale (IVe-XIIe s.; trésor), église Notre-Dame (XIIIe s.), etc. Du XIIIe s. à la Révolution française, les archevêques de Trèves furent princes électeurs, et la ville devint prussienne en 1815.

TRÈVES (30750), ch.-l. de c. du Gard; 139 h.

TRÈVES-CUNAULT (49350 Gennes), section de la comm. de *Chênehutte-Trèves-Cunault* (Maine-et-Loire). Importante église romane du XIIe s.

TRÉVIÈRES (14710), ch.-l. de c. du Calvados; 806 h.

TRÉVIRES, peuple gaulois, établi dans la vallée inférieure de la Moselle; cap. *Augusta Treverorum* (Trèves).

TRÉVISE, v. d'Italie (Vénétie); 90000 h. Monuments du Moyen Âge et de la Renaissance. Musée.

TREVITHICK (Richard), ingénieur britannique, né à Illogan (Cornwall) [1771-1833]. Il construisit et fit fonctionner en 1803 la première locomotive à vapeur.

TRÉVOUX (01600), ch.-l. de c. de l'Ain, sur la Saône; 4662 h. (*Trévoltiens*). Filières en diamants. La ville fut renommée pour son imprimerie, qui publia à partir de 1701 le *Journal de Trévoux,* créé par les Jésuites pour combattre l'école philosophique, puis le *Dictionnaire de Trévoux* (1704, 3 vol.; 1771, 8 vol.). Anc. cap. de la principauté de Dombes, Trévoux fut le siège d'un parlement de 1696 à 1771.

TRÉZÈNE, v. de la Grèce ancienne, sur la côte nord-est de l'Argolide.

TRIAL (Antoine), chanteur français, né à Avignon (1737-1795). Il excella dans l'emploi de ténor comique.

TRIANGLE D'OR, nom parfois donné à la région de l'Asie du Sud-Est aux confins de la Birmanie, de la Thaïlande et du Laos, grande productrice d'opium.

Trianon (le *Grand* et le *Petit*), nom de deux châteaux bâtis dans le parc de Versailles, le premier par J. H.-Mansart en 1687, le second par J.-A. Gabriel en 1762.

Trianon (traité de), traité signé le 4 juin 1920 et qui régla, au lendemain de la Première Guerre mondiale, le sort de la Hongrie.

TRIBONIEN, jurisconsulte et homme d'État byzantin, né en Pamphylie (m. v. 545). Il présida à la rédaction du *Code Justinien,* du *Digeste* et des *Institutes.*

TRIBOULET (FEVRIAL ou LE FEURIAL, dit), né à Foix-les-Blois (v. 1498-v. 1536), bouffon de Louis XII et de François Ier.

Tribunal révolutionnaire, tribunal criminel d'exception, qui fonctionna du 17 août au 29 novembre 1792, puis du 10 mars 1793 au 31 mai 1795. Il fut un instrument de la Terreur; après la chute de Robespierre (juill. 1794), il vit ses attributions diminuer sensiblement.

Tribunat, une des assemblées instituées par la Constitution de l'an VIII. Composé de 100 membres nommés par le Sénat, il discutait les projets de loi; ensuite des rapporteurs transmettaient les « vœux » du Tribunat au Corps législatif, qui, seul, avait le droit de voter les lois. Considéré par Napoléon Ier comme un élément d'opposition, le Tribunat vit sa compétence progressivement réduite, avant de disparaître (1807).

TRICASTIN, anc. pays du bas Dauphiné; cap. *Saint-Paul-Trois-Châteaux.* On a donné son nom à l'usine d'enrichissement de l'uranium, construite partiellement sur le territoire de la comm. de Saint-Paul-Trois-Châteaux.

TRICHINOPOLY → TIRUCHIRAPALLI.

Tricorne (le), ballet de L. Massine, musique de M. de Falla, créé en 1919 par les Ballets russes.

TRIEL-SUR-SEINE (78510), ch.-l. de c. des Yvelines; 6964 h.

TRIESTE, port d'Italie, cap. du Frioul-Vénétie Julienne, sur l'Adriatique, dans le golfe du même nom; 265000 h. Vestiges romains; cathédrale des XIe et XIVe s.; château des XIVe-XVIIe s. Métallurgie. Raffinerie de pétrole. — Trieste, ville irrédente et principal débouché maritime de l'Autriche, devint italienne en 1918. Elle fut prise par les Yougoslaves en 1945. Le traité de paix de 1947 créa le *Territoire libre de Trieste.* Trieste revint à l'Italie avec le statut de port libre en 1954.

TRIE-SUR-BAÏSE (65220), ch.-l. de c. des Hautes-Pyrénées; 1096 h. Bastide du XIIIe s.

TRIGNAC (44570), comm. de la Loire-Atlantique; 7254 h. Constructions mécaniques.

TRIMOUILLE (La) [86290], ch.-l. de c. de la Vienne; 1257 h.

TRIMÛRTI, la triade hindouiste composée de trois dieux : Brahmâ (qui préside à la création de l'univers), Viṣṇu (principe de conservation) et Śiva (principe de destruction).

TRINIL, localité de Java, près de laquelle furent exhumés les vestiges du pithécanthrope (1889).

TRINITÉ, en angl. et en esp. **Trinidad,** île des Antilles; 4827 km²; 1016000 h.; cap. *Port of Spain.* Plantations de canne à sucre, de cacaoyers et d'agrumes. Gisements d'asphalte et surtout de pétrole (raffiné sur place). Les deux îles de Trinité et de Tobago, découvertes en 1498, britanniques en 1802, forment un État indépendant dans le cadre du Commonwealth depuis 1962.

TRINITÉ (97220), ch.-l. d'arr. de la Martinique; 11214 h.

TRINITÉ (La) [06340], comm. des Alpes-Maritimes; 7340 h.

TRINITÉ-PORHOËT (La) [56710], ch.-l. de c. du Morbihan; 1021 h.

TRINITÉ-SUR-MER (La) [56470], comm. du Morbihan; 1404 h. Petit port et station balnéaire.

TRINO, v. d'Italie (Piémont); 8000 h. Centrale nucléaire.

TRIOLET (Elsa), femme de lettres française d'origine russe, née à Moscou (1896-1970), femme de Louis Aragon. Elle est l'auteur de romans et de nouvelles.

Triomphe de l'Amour (le), ballet de Ch.-L. Beauchamp et L. Pécourt, musique de Lully, créé en 1681. C'est le premier ballet interprété, en France, par des danseuses professionnelles.

Triomphes (les), poème allégorique de Pétrarque.

TRIPLICE → ALLIANCE (Triple-).

TRIPOLI, cap. de la Libye, sur la Méditerranée; 551000 h.

TRIPOLI, port du nord du Liban; 157000 h. Raffinage du pétrole. Textile.

TRIPOLI (comté de), État latin fondé en Syrie par les comtes de Toulouse entre 1102 et 1105. Il fut détruit par les Mamelouks en 1289.

TRIPOLIS, v. de Grèce (Péloponnèse), ch.-l. de l'Arcadie; 20000 h.

TRIPOLITAINE, anc. province du nord-ouest de la Libye. V. pr. *Tripoli*, sur la Méditerranée. Anc. régence turque de *Tripoli*, cédée par la Turquie à l'Italie au traité d'Ouchy (1912). Réunie jusqu'en 1919 et depuis 1934 à la Cyrénaïque pour constituer la *Libye italienne*, elle forma entre-temps une colonie séparée.

TRIPURA, État du nord-est de l'Inde; 10 477 km²; 1 556 000 h. Cap. *Agartala*.

TRISSINO (Gian Giorgio), en fr. **le Trissin**, écrivain italien, né à Vicence (1478-1550), auteur de la première tragédie régulière, *Sophonisbe* (1515).

TRISTAM ou **TRISTÃO** (Nuño), navigateur portugais (m. en 1447). Il accomplit trois voyages en Afrique occidentale.

TRISTAN (Flore TRISTAN-MORCOSO, dite **Flora**), femme de lettres française, née à Paris (1803-1844). Elle fut l'initiatrice française du féminisme.

TRISTAN DA CUNHA, archipel britannique de l'Atlantique Sud, découvert en 1506. (L'île principale porte aussi le nom de *Tristan da Cunha*.)

TRISTAN L'HERMITE ou **L'ERMITE** → L'HERMITE.

TRISTAN L'HERMITE (François, dit), écrivain français, né au château de Soliers (Marche) [v. 1601-1655], auteur de tragédies *(Marianne)*, d'une autobiographie romanesque *(le Page disgracié)* et de poésies lyriques *(les Amours de Tristan)*. [Acad. fr.]

Tristan et Iseut, légende du Moyen Âge, connue par de nombreuses versions françaises et étrangères (XIIe et XIIIe s.), notamment celles de Béroul et de Thomas d'Angleterre, et qui inaugure en Europe le thème de la passion fatale et de la mort comme seul lieu de l'union des êtres.

Tristan et Isolde, drame lyrique en trois actes, poème et musique de Wagner (1859), dans lequel la passion se traduit par un chromatisme exacerbé.

Tristes (les), élégies d'Ovide, écrites pendant son exil à Tomes.

Tristram Shandy *(la Vie et les opinions de)*, ouvrage de Sterne (1759-1767), recueil de scènes, de dialogues et tableaux humoristiques.

TRITH-SAINT-LÉGER [tri-] (59125), comm. du Nord, sur l'Escaut; 6 757 h. Métallurgie.

TRIVANDRUM, v. de l'Inde, cap. de l'État de Kerala; 410 000 h. Université.

TRIVULCE, en ital. *Trivulzio*, nom de plusieurs seigneurs originaires de Milan qui prirent part, dans les rangs français, aux guerres d'Italie. L'un d'eux, GIANGIACOMO, né à Milan (1448-1518), maréchal de France en 1499, fut l'un des meilleurs généraux de Charles VIII.

TRNKA (Jiří), cinéaste tchèque, né à Plzeň (1912-1969), auteur de nombreux films de poupées animées *(le Rossignol de l'empereur de Chine*, 1949).

TROADE, anc. contrée du nord-ouest de l'Asie Mineure; v. princ. *Troie*.

TROARN (14670), ch.-l. de c. du Calvados; 2 023 h. Combats en 1944.

TROCADÉRO, bourg fortifié, sur la baie de Cadix, pris d'assaut par l'armée française en 1823.

Trocadéro *(palais du)* → CHAILLOT *(palais de)*.

TROCHU (Louis), général français, né au Palais (Belle-Île-en-Mer) [1815-1896]. Gouverneur militaire de Paris en 1870, il présida le gouvernement de la Défense nationale (sept. 1870-janv. 1871).

TROIE ou **ILION**, cité antique de l'Asie Mineure, située à l'emplacement de l'actuelle Hissarlık. Déjà florissante au IIIe millénaire, elle subit plusieurs dévastations provoquées par des guerres ou des catastrophes naturelles jusqu'à l'ultime destruction v. 1100 av. J.-C. Découverte au XIXe s. par Schliemann, Troie comprend neuf couches archéologiques superposées, depuis le simple village fortifié du IVe millénaire jusqu'à la bourgade de Troie IX, qui disparaît vers 400 apr. J.-C., en passant par Troie II, véritable ville ceinte de remparts (2300-2100) et dont la pros-

périté est attestée par les nombreux objets précieux recueillis à ce niveau. — La légendaire *guerre de Troie*, chantée par Homère, conserve le souvenir des expéditions des Achéens sur les côtes de l'Asie Mineure; des rivalités politiques et commerciales amenèrent les Grecs à détruire Troie v. 1240 av. J.-C.

Troie *(cheval de)*, gigantesque cheval de bois abandonné par les Grecs devant Troie. Les Troyens introduisirent avec lui dans leur ville les guerriers grecs qui s'y étaient cachés. Ce stratagème permit aux Grecs de s'emparer de Troie.

Trois Contes, de Flaubert (1877), qui en a fait un résumé des différents aspects de son art. Ils ont pour titres : *Un cœur simple; la Légende de saint Julien l'Hospitalier; Hérodias*.

Trois Mousquetaires *(les)*, roman d'A. Dumas père (1844). Les héros en sont Athos, Porthos et Aramis, auxquels se joint d'Artagnan. Ce roman a pour suite *Vingt Ans après*, que continue le *Vicomte de Bragelonne*.

TROIS-BASSINS (Les) [97426], ch.-l. de c. de la Réunion; 4 864 h.

TROIS-ÉVÊCHÉS (les), gouvernement de l'ancienne France, constitué en territoire lorrain par les trois villes de Verdun, Metz et Toul. Il était indépendant du duc de Lorraine; il fut conquis sur Charles Quint par Henri II en 1552, mais son appartenance à la France ne fut reconnue qu'en 1648.

TROIS-ÎLETS (Les) [97229], ch.-l. de c. de la Martinique; 3 002 h.

TROIS-MOUTIERS (Les) [86120], ch.-l. de c. de la Vienne; 871 h.

TROIS-RIVIÈRES, v. du Canada (Québec), au confluent du Saint-Laurent et du Saint-Maurice; 52 518 h. Université. Papier journal.

TROIS-RIVIÈRES (97114), ch.-l. de c. de la Guadeloupe; 8 869 h.

TROIS-VALLÉES, région de la Tarentaise (Savoie), possédant plusieurs stations de sports d'hiver (Courchevel, Méribel-les-Allues, les Menuires).

TROLLOPE (Anthony), écrivain anglais, né à Londres (1815-1882), auteur de romans sur la vie de province *(les Tours de Barchester)*.

TROMP (Maarten), amiral hollandais, né à Brielle (1598-1653). Il gagna en 1639, sur les Espagnols, la bataille des Dunes. — Son fils CORNELIS, né à Rotterdam (1629-1691), battit les Anglais à Dunkerque (1666) et les Danois à l'île d'Öland (1676).

TROMSÖ, port de la Norvège septentrionale; 43 000 h.

TRONÇAIS *(forêt de)*, forêt de l'Allier, à l'est de la vallée du Cher; 10 500 ha.

TRONCHE (La) [38700], comm. de l'Isère, banlieue de Grenoble; 7 755 h.

TRONCHET (François), juriste français, né à Paris (1726-1806). Il fut l'un des défenseurs de Louis XVI devant la Convention. En 1800, il participa à la rédaction du Code civil.

TRONCHIN (Jean Robert), homme politique suisse, né à Genève (1710-1793). Jurisconsulte, membre du Grand Conseil de Genève, il rédigea contre J.-J. Rousseau les *Lettres écrites de la campagne* (1764).

TRONDHEIM, port de la Norvège centrale; 134 000 h. Cathédrale des XIIe-XIVe s. Pêche. Métallurgie. Anc. cap. des rois de Norvège. Débarquement allemand et combats en avril 1940.

TRONVILLE-EN-BARROIS (55310), comm. de la Meuse; 2 071 h. Textiles synthétiques.

TROPPAU, nom allem. d'**Opava**, en Silésie. Le congrès de Troppau (1820), qui réunit les membres de la Sainte-Alliance, s'occupa en particulier du royaume des Deux-Siciles, révolté contre son souverain Ferdinand Ier; une intervention des coalisés contre les libéraux italiens fut alors décidée.

TROSLY-BREUIL (60350 Cuise la Motte), comm. de l'Oise; 2 098 h.

TROTSKI (Lev Davidovitch BRONSTEIN, dit **Léon**), révolutionnaire russe, né à Ianovka (Ukraine) [1879-1940]. Initié au marxisme, il est déporté en Sibérie (1900). S'étant évadé, il gagne Londres (1902), où il collabore à l'*Iskra*. Il participe à la révolution de 1905. Réfugié à Vienne, il y fonde la *Pravda*. Rentré en Russie en mai 1917, il est élu au Comité central des soviets de Petrograd et joue un rôle important dans la révolution d'Octobre. Commissaire du peuple aux Affaires étrangères (1917-18), il s'oppose à la paix. Président du Conseil révolutionnaire de la guerre (1919), il crée l'armée rouge et écrase les contre-révolutionnaires (1920). Après la mort de Lénine (1924), il encourt l'hostilité de Staline, à qui il oppose la thèse de la « révolution permanente ». Relevé de ses fonctions (1925-1928), banni (1929), il erre de pays en pays avant d'être assassiné au Mexique par un stalinien. En 1938, il avait fondé la IVe Internationale.

TROUBETSKOÏ (Nikolaï Sergueïevitch), linguiste russe, né à Moscou (1890-1938). En relation avec R. Jakobson, il participe à la création et aux travaux du cercle linguistique de Prague. Influencé par Saussure et par Baudouin de Courtenay, il définit rigoureusement la notion de phonème et établit la distinction entre phonétique et phonologie *(Principes de phonologie*, 1939).

troubles *(temps des)*, période troublée de l'histoire de Russie qui s'écoula entre la mort de Boris Godounov (1605) et l'avènement de Michel III Fedorovitch (1613).

TROUMOUSE *(cirque de)*, site des Pyrénées françaises (Hautes-Pyrénées).

TROUSSEAU (Armand), médecin français, né à Tours (1801-1867), auteur des célèbres *Cliniques médicales de l'Hôtel-Dieu*.

Trouvère *(le)*, opéra de Verdi (1853), livret de S. Cammarano.

TROUVILLE-SUR-MER (14360), ch.-l. de c. du Calvados, à l'embouchure de la Touques; 6 661 h. Station balnéaire.

TROY (DE) → DE TROY.

TROYAT (Lev TARASSOV, dit **Henri**), écrivain français, né à Moscou en 1911, auteur de cycles romanesques qui évoquent l'histoire de la Russie *(les Semailles et les moissons; les Eygletière)*. [Acad. fr.]

Troyens (les), opéra en cinq actes, texte et musique d'Hector Berlioz. Il comporte deux parties inspirées de l'*Énéide : la Prise de Troie* et *les Troyens à Carthage* (1855-1858).

TROYES (10000), anc. cap. de la Champagne, ch.-l. du dép. de l'Aube, sur la Seine, à 158 km au sud-est de Paris; 75 500 h. *(Troyens)*. Cathé-

Léon
Trotski

cathédrale
de **Troyes**
(façade
de Martin Chambiges)

drale (XIIIᵉ-XVIᵉ s.), église St-Urbain (XIIIᵉ s.) et autres églises médiévales (sculptures et vitraux troyens, surtout du XVIᵉ s.). Musées. Centre de la bonneterie. Constructions mécaniques. En 1420 y fut signé un traité qui reconnaissait Henri V d'Angleterre régent de France.

TROYON (Constant), peintre animalier et paysagiste français, né à Sèvres (1810-1865).

TRUCHTERSHEIM (67370), ch.-l. de c. du Bas-Rhin; 1439 h.

TRUCIAL STATES, anc. Côte des Pirates → ARABES UNIS (*Émirats*).

TRUDAINE (Daniel Charles), administrateur français, né à Paris (1703-1769). Intendant en Auvergne (1730), directeur des Ponts et Chaussées (1743), il fut le fondateur de l'École des ponts et chaussées (1747) et le créateur du corps des ingénieurs des Ponts et Chaussées (1750).

TRUDEAU (Pierre Elliott), homme politique canadien, né à Montréal en 1919. Président du parti libéral, Premier ministre du Canada de 1968 à 1979 et depuis 1980.

TRUFFAUT (François), cinéaste français, né à Paris en 1932, auteur de : *les Quatre Cents Coups* (1959), *Jules et Jim* (1961), *Fahrenheit 451* (1966), *l'Enfant sauvage* (1969), *la Nuit américaine* (1973), *l'Histoire d'Adèle H.* (1975), *la Chambre verte* (1977), *le Dernier Métro* (1980).

TRUJILLO, port du nord du Pérou; 348 000 h.

TRUJILLO Y MOLINA (Rafael), homme d'État dominicain, né à San Cristóbal (1891-1961). Élu président en 1930, il établit une dictature policière. Il fut assassiné.

TRUMAN (Harry S.), homme d'État américain, né à Lamar (Missouri) [1884-1972]. Sénateur démocrate (1934), vice-président de F. D. Roosevelt en 1944, il fut président des États-Unis de 1945 à 1953. Il prit la responsabilité d'accélérer la fin de la Seconde Guerre mondiale par l'utilisation de la bombe atomique contre le Japon (1945), puis il favorisa l'aide à l'Europe occidentale (plan Marshall) et pratiqua une politique de raidissement (« guerre froide » à l'extérieur, maccarthysme à l'intérieur) à l'égard de l'U.R.S.S. et de la Chine (guerre de Corée).

TRUN (61160), ch.-l. de c. de l'Orne; 1345 h.

TRURO, v. du Canada (Nouvelle-Écosse); 12 840 h.

TRUYÈRE [tryjɛr] (la), riv. du Massif central, affl. du Lot (r. dr.); 160 km. Nombreuses usines hydroélectriques.

TSANA (lac) → TANA.

TS'AO TS'AO ou **CAO CAO,** homme de guerre et poète chinois (155-220). Il ouvrit à la poésie chinoise la voie de l'inspiration personnelle.

TSARSKOÏE SELO, auj. Pouchkine (de 1920 à 1937, Detskoïe Selo), v. de l'U.R.S.S. (R. S. F. S. de Russie), près de Leningrad; 50 000 h. Anc. résidence d'été des tsars (palais et parcs du XVIIIᵉ s.).

TSELINOGRAD, anc. Akmolinsk, v. de l'U.R.S.S. (Kazakhstan); 222 000 h.

TS'EU-HI ou **CI XI** (1835-1908), impératrice et régente de Chine (1875-1908). Concubine de l'empereur Hien-fong (1851), elle prit le pouvoir à la mort de son fils T'ong-tche (1875). Elle pratiqua tardivement des réformes et favorisa les sociétés secrètes (Boxeurs) et la xénophobie.

TSEU-KONG ou **ZIGONG,** v. de Chine (Sseu-tch'ouan); 291 000 h.

TSEU-PO ou **ZIBO,** v. de Chine (Chan-tong); 184 000 h.

TSHIKAPA, v. du Zaïre, sur le Kasaï; 39 000 h. Centre de production de diamants.

TSIGANES, ensemble ethnique vivant principalement en Europe centrale, en Allemagne, en France (où on les appelle *gitans*, bien que ce nom ne recouvre qu'un sous-groupe tsigane), en Espagne et au Portugal. Essentiellement nomades, les Tsiganes constituent des groupes très cohérents, mais dont les valeurs culturelles traditionnelles sont soumises à de fortes pressions venant des milieux où ils se trouvent.

TS'IN ou **QIN,** dynastie qui régna en Chine de 249 à 206 av. J.-C.

TSI-NAN ou **JINAN,** v. de Chine, cap. du Chan-tong; 862 000 h. Métallurgie. Textile.

TS'ING ou **QING,** dynastie mandchoue, qui régna sur la Chine de 1644 à 1911.

TS'ING-HAI ou **QINGHAI,** prov. de la Chine occidentale; 720 000 km²; 2 742 000 h. Cap. *Si-ning.*

TS'ING-HAI ou **QINGHAI** ou **KOUKOU NOR,** dépression marécageuse (à plus de 3 000 m d'alt.) de la prov. du *Ts'ing-hai.*

TS'ING-KIANG ou **QINGJIANG,** v. de Chine (Kiang-sou); 100 000 h.

TS'ING-TAO ou **QINGDAO,** port de Chine (Chan-tong), cap. de l'anc. territoire allemand de Kiao-tcheou; 1 200 000 h. Centre industriel.

TS'IN-LING ou **QINLING** (monts), massif de la Chine, entre les bassins du Houang-ho et du Yang-tseu-kiang; 4 107 m.

TSIOLKOVSKI (Konstantine Edouardovitch), ingénieur russe, né à Ijevskoïe (gouvern. de Riazan) [1857-1935], auteur de travaux sur l'aérodynamique et de recherches, primordiales pour l'astronautique, sur la propulsion par réaction.

TSIRANANA (Philibert), homme d'État malgache, né à Anahidrano (1910-1978), président de la république de Madagascar de 1959 à 1972.

TSITSIHAR ou **QIQIHAER,** v. de la Chine du Nord-Est (Hei-long-kiang); 700 000 h.

TS'IUAN-TCHEOU ou **QUANZHOU,** port de Chine (Fou-kien); 108 000 h.

TSU, v. du Japon (Honshū); 125 000 h.

TSUBOUCHI SHŌYŌ, écrivain japonais, né à Nagoya (1859-1935). Théoricien du réalisme (*l'Essence du roman,* 1885), il réhabilita le kabuki (*Une feuille de paulownia*).

TSUGARU (détroit de), détroit séparant les îles Honshū et Hokkaidō.

TSUSHIMA, archipel japonais, entre la Corée et le Japon, au nord-ouest du *détroit de Tsushima.* Les Japonais y détruisirent une escadre russe en mai 1905.

TUAMOTU, archipel de la Polynésie française, à l'est de Tahiti; 880 km²; 8 496 h.

TÜBINGEN, v. de l'Allemagne fédérale (Bade-Wurtemberg), sur le Neckar; 54 000 h. Université. Monuments médiévaux.

TUBIZE, en néerl. **Tubeke,** comm. de Belgique (Brabant); 19 000 h.

TUBMAN (William), homme d'État libérien, né à Harper (1895-1971). Il fut le président tout-puissant de la République libérienne de 1943 à sa mort.

TUBUAÏ, une des îles Australes (Polynésie française).

TUBY ou **TUBI** (Jean-Baptiste), sculpteur français d'origine italienne, né à Rome (v. 1635-1700). Collaborateur de Le Brun et de Coysevox, il est l'auteur de *l'Apollon sur son char* du bassin d'Apollon à Versailles.

TUC-D'AUDOUBERT (le), grotte située à Montesquieu-Avantès (Ariège). Il renferme de remarquables figures de bisons modelées dans l'argile, ainsi que des gravures pariétales (magdalénien).

TUCHAN (11350), ch.-l. de c. de l'Aude; 804 h.

TUCQUEGNIEUX (54640), comm. de Meurthe-et-Moselle; 3 911 h. Minerai de fer.

TUCSON, v. des États-Unis (Arizona); 263 000 h. Électronique.

TUCUMÁN, v. du nord-ouest de l'Argentine; 322 000 h. Archevêché. Université.

TUDOR, famille anglaise, originaire, avec OWEN Tudor (m. en 1461), du pays de Galles, qui, de 1485 à 1603, donna cinq souverains à l'Angleterre : Henri VII (1485-1509), Henri VIII (1509-1547), Édouard VI (1547-1553), Marie (1553-1558) et Élisabeth Iʳᵉ (1558-1603).

TUDOR (Antony), danseur et chorégraphe anglais, né à Londres en 1909, fondateur du London Ballet, auteur de *Pillar of Fire* (1942), directeur associé de l'American Ballet Theatre (1974).

TU DUC (Hoang Nham) [1830-1883], empereur d'Annam (1848-1883). Ses persécutions contre les missionnaires furent le prétexte de l'intervention de la France en Cochinchine (1862-1867), puis de l'expédition du Tonkin.

TUFFÉ (72160 Connerré), ch.-l. de c. de la Sarthe; 1 275 h.

Tugendbund (« ligue de la Vertu »), association patriotique que formèrent, à Königsberg, en 1808, les étudiants de l'Allemagne pour l'expulsion des Français. Dissoute en 1809 par Napoléon, elle eut cependant un rôle capital dans la préparation de l'insurrection de 1813. Elle fut supprimée en 1815.

Tuileries (palais des), anc. palais de Paris, à l'ouest du Louvre. Commencé en 1564 par Delorme pour Catherine de Médicis, l'édifice fut continué et modifié, notamment, sous Henri IV et au début du règne personnel de Louis XIV. Abandonnées ensuite, comme le Louvre, par ce dernier, qui leur préféra Versailles, les Tuileries furent, sous la Révolution, le siège du pouvoir exécutif et, depuis l'Empire, la résidence des souverains. Partiellement incendié par la Commune en 1871, le palais fut complètement démoli en 1882; une partie de l'actuel jardin des Tuileries (dans l'ensemble dû à Le Nôtre) s'étend sur son emplacement.

TULA ou **TOLLAN,** anc. métropole de la civilisation toltèque, située près de l'actuel village de Tula au Mexique (État de Hidalgo).

TULÉAR, port de Madagascar, sur la côte sud-ouest de l'île; 39 000 h.

TULLE (19000), ch.-l. du dép. de la Corrèze, sur la Corrèze, à 463 km au sud de Paris; 21 634 h. (*Tullistes*). Évêché. Manufacture d'armes. École militaire d'enseignement technique. Les Allemands y exécutèrent 99 otages le 9 juin 1944.

Tullianum, prison de la Rome antique, dite aussi *prison Mamertine,* lieu de détention des condamnés à mort. Jugurtha, Vercingétorix et, selon la légende, saint Pierre y furent emprisonnés.

TULLINS (38210), ch.-l. de c. de l'Isère; 5 703 h.

TULLIUS TIRO (Marcus) [v. 104 - v. 4 av. J.-C.], affranchi et secrétaire de Cicéron, inventeur d'un système de tachygraphie qui porte son nom (*notae tironianae*).

TULLUS HOSTILIUS, troisième roi de Rome, que la tradition fait régner de 672 à 641 av. J.-C. Il conquit Albe (combat légendaire des Horaces et des Curiaces) et fit construire la Curie.

TULSA, v. des États-Unis (Oklahoma), sur l'Arkansas; 328 000 h. Centre pétrolier.

TULSI DĀS, poète mystique indien (v. 1532-v. 1623).

TŪLŪNIDES, dynastie de gouverneurs autonomes de l'Égypte, fondée en 868 par Ahmad ibn

Harry **Truman** et Douglas MacArthur

Pierre Elliot **Trudeau**

Ṭūlūn (m. en 884), fonctionnaire au service des 'Abbāssides : ceux-ci rétablirent leur autorité sur l'Égypte en 905.

TUMB (*Grande* et *Petite*), îles du détroit d'Ormuz, dans le golfe Persique. Occupées par l'Iran en 1971.

TUNIS, en ar. *Tūnus,* cap. de la Tunisie, au fond du *golfe de Tunis,* formé par la Méditerranée ; 1 million d'h. (*Tunisois*). Monuments anciens, dont la mosquée al-Zaytūna (du IXe au XVIIe s.). Musée du Bardo. Centre administratif, commercial et industriel. Il a pour port *La Goulette.* Tunis se développa à partir du faubourg de *Tynès,* après la conquête arabe de Carthage (698). Brillante capitale de l'Ifrīqiya à partir de 1160, assiégée vainement par Saint Louis en 1270, elle demeura la capitale de la Tunisie sous les dominations ottomane, puis française et après l'indépendance.

TUNISIE, république de l'Afrique du Nord, sur la Méditerranée ; 155 830 km²; 6 220 000 h. (*Tunisiens*). Cap. *Tunis.* Langue : *arabe.*

GÉOGRAPHIE

À la partie septentrionale, relativement arrosée, essentiellement montagneuse, ouverte par la vallée de la Medjerda, s'opposent le Centre et le Sud, formés de plateaux et de plaines steppiques et désertiques. La plus grande pluviosité explique la concentration des cultures (céréales, vigne, olivier) et de l'élevage bovin dans le Nord et sur le littoral, qui regroupent la majeure partie de la population. Le Sud est le domaine de l'élevage nomade des ovins, en dehors des oasis, qui fournissent des dattes. La pêche se développe, mais ne revêt encore qu'une importance secondaire, comme l'industrie, en dehors d'activités extractives (phosphates et pétrole) et

du textile. Le tourisme et les envois des émigrés comblent partiellement le déficit de la balance commerciale. Mis à part Kairouan, toutes les principales villes sont des ports (Tunis, Sfax, Sousse, Bizerte).

HISTOIRE

— 146 av. J.-C. : destruction de Carthage*. Opposition des Numides à la conquête romaine.
— 105 av. J.-C. : installation des Romains.
— 193-235 apr. J.-C. : apogée de la Tunisie romaine, sous les Sévères.
— 429-533 : occupation vandale.
— 533-647 : période byzantine.
— 669-705 : conquête par les Arabes. Fondation de Kairouan (670).
— 800-909 : les Arhlabides succèdent aux Abbāssides.
— 909 : les Fāṭimides, conquérants de l'Égypte, abandonnent la Tunisie à leur vassaux zirides.
— 1051 : les Zirides, indépendants.
— XIe s. : invasions des Banū Hilāl, qui ruinent le pays.
— 1160 : gouvernement des Almohades.
— 1229 : la dynastie ḥafṣide fait de Tunis sa capitale et rejette l'autorité de Marrakech.
— 1535 : Charles Quint impose sa suzeraineté aux Ḥafṣides, ce qui provoque l'intervention des corsaires turcs.
— 1574 : la Tunisie devient un pachalik ottoman. Elle va s'enrichir par la course.
— 1590 : le dey, élu par les janissaires, est en fait le maître du pays.
— 1705 : installation du premier bey de la dynastie husaynide. La charge de dey est supprimée.
— 1859-1882 : règne de Muḥammad al-Ṣadūq, qui engage de grosses dépenses pour la modernisation du pays ; la banqueroute et l'influence

italienne grandissante provoquent l'intervention de la France.
— 1881 : traité du Bardo, qui établit le protectorat français sur la Tunisie.
— 1920 : fondation du Destour, parti nationaliste.
— 1934 : fondation du Néo-Destour. Ḥabīb ibn 'Alī Bourguiba, secrétaire général.
— 1942-43 : occupation allemande.
— 1952 : arrestation des chefs nationalistes.
— 1954 : Pierre Mendès France accorde à la Tunisie l'autonomie interne.
— 1956 : la Tunisie indépendante.
— 1957 : Bourguiba renverse le bey et fait proclamer la république, dont il devient le président, constamment réélu depuis.
— 1961 : premier plan décennal.
— 1963 : les Français évacuent Bizerte.
— 1964 : le Néo-Destour devient le parti socialiste destourien, parti unique ; nationalisation des terres des colons; laïcisation des institutions.
— 1975 : Bourguiba, président à vie. L'opposition reste active.
— 1981 : retour au multipartisme.

TUPOLEV ou **TOUPOLEV** (Andreï Nikolaïevitch), ingénieur soviétique, né à Poustomazovo (1888-1972). Spécialiste de l'aérodynamique, il créa l'Institut central hydroaérodynamique.

TUQUE (La), v. du Canada (Québec), sur le Saint-Maurice; 12 067 h. Industries du bois.

TURA (Cosme), peintre italien, né à Ferrare (v. 1430-1495), chef de l'école ferraraise. Acuité graphique et puissance du modelé concourent au caractère hallucinant de son art.

TURBALLE (La) [44420], comm. de la Loire-Atlantique; 3 127 h. Pêche.

TURBAY (Julio César), homme d'État colombien, né à Bogotá en 1916. Leader du parti libéral, il est élu président de la République le 4 juin 1978.

TURBIE (La) [06320 Cap d'Ail], comm. des Alpes-Maritimes; 1761 h. Ruines d'un monument romain en l'honneur d'Auguste (« trophée des Alpes »).

TURBIGO, localité d'Italie (Lombardie), sur le Tessin; 6 000 h. Victoires des Français sur les Autrichiens (1800 et 1859).

Turcaret, comédie en prose de Lesage (1709).

TURCKHEIM (68230), comm. du Haut-Rhin; 3 609 h. Victoire de Turenne sur les impériaux (1675). Papeterie.

TURCOMANS → TURKMÈNES.

TURCS, peuples parlant des langues turques. Sortis sans doute de l'Altaï, les Turcs dominent auj. dans la république de Turquie ainsi que dans les républiques socialistes soviétiques d'Azerbaïdjan, du Turkménistan, d'Ouzbékistan et du Kirghizistan. Dans le passé, les principaux empires turcs furent : les T'ou-Kiue (VIe-VIIIe s.), les Ouïgours (745-840), les Seldjoukides (XIe-XIIIe s.) et surtout les Ottomans, qui régnèrent à partir d'Istanbul de 1453 à 1924.

TURENNE (Henri DE LA TOUR D'AUVERGNE, *vicomte* DE), maréchal de France, né à Sedan (1611-1675). Commandant de l'armée d'Allemagne pendant la guerre de Trente Ans, lieutenant général (1642), puis maréchal de France (1643),

TUNISIE

Turenne
par Ch. Le Brun

Lauros-Giraudon

vue de **Tunis**

J. Bottin

il occupa le Rhin de Philippsburg à Mayence; avec Condé, il remporta la victoire de Nördlingen (1645), et en 1648 il gagna la bataille de Zusmarshausen. Pendant la Fronde, il fut d'abord entraîné dans le parti hostile à Mazarin, mais, après avoir été battu à Rethel par l'armée royale (1650), il se rallia à la Cour et vainquit Condé au faubourg Saint-Antoine (1652).

Par la suite, ses succès à Arras (1654) et aux Dunes (1658) obligèrent Philippe IV à signer la paix des Pyrénées (1659), ce qui lui valut le titre de maréchal général des camps et armées du roi (1660). Commandant l'armée française pendant les guerres de Dévolution (1667) et de Hollande (1672), il conquit l'Alsace après avoir écrasé les impériaux à Turckheim (5 janv. 1675), mais il fut tué au cours de la bataille remportée par ses troupes e Sasbach (27 juill.). Protestant, il avait été converti au catholicisme par Bossuet.

TURGOT (Anne Robert Jacques), *baron* **de l'Aulne,** économiste français, né à Paris (1727-1781). Intendant de la généralité de Limoges (1761), il transforme le Limousin. Imprégné des idées des physiocrates, il exprime ses théories dans *Réflexions sur la formation et la distribution des richesses* (1766), la question céréalière étant pour lui au centre de l'économie nationale. Contrôleur général des Finances et secrétaire d'État à la Marine (1774), il supprime les douanes intérieures et cherche à établir la liberté du commerce et de l'industrie par la suppression des maîtrises et des jurandes; mais il se heurte aux privilégiés, hostiles à une subvention territoriale unique, et est disgracié en 1776.

TURIN, en ital. *Torino,* v. d'Italie, cap. du Piémont sur le Pô, anc. cap. des États de la maison de Savoie (1563), du royaume de Piémont-Sardaigne, puis de celui d'Italie (1861-1865); 1 182 000 h. *(Turinois).* Archevêché. Université. Riches musées. Cathédrale de la Renaissance *(saint suaire);* sobre palais Ducal, puis Royal, du XVIIᵉ s.; monuments par Guarini et Juvara. Centre industriel (automobiles, textile, pneumatiques) et commercial.

TURKANA *(lac),* anc. **lac Rodolphe,** lac du nord du Kenya; 8 600 km².

TURKESTAN, anc. dénomination administrative de l'Empire russe, désignant la cuvette aralo-caspienne et le rebord septentrional de la haute Asie. Le Turkestan correspond à l'actuelle Asie centrale ou Asie moyenne soviétique : Kazakhstan, Kirghizistan, Ouzbékistan, Tadjikistan et Turkménistan. Il s'oppose au Turkestan chinois, actuel Sin-kiang*.

TURKMÈNES ou **TURCOMANS,** peuple ouralo-altaïque apparenté aux Turcs, qui vit dans le Turkménistan, en Afghânistân et en Iran.

TURKMÉNISTAN, république fédérée de l'U. R. S. S., sur la mer Caspienne; 488 100 km²; 2 159 000 h. *(Turkmènes).* Cap. *Achkhabad.* Coton. Pétrole.

Turgot

Turin : le palais Carignano (XVIIᵉ s.)

TURKS *(îles),* archipel, au nord d'Haïti, formant avec les îles *Caicos* voisines, une colonie britannique (430 km²; 5 700 h.).

TURKU, en suéd. **Åbo,** port de Finlande, sur la Baltique; 165 000 h. Cathédrale et château commencés à la fin du XIIIᵉ s. Textile. Métallurgie.

TURLUPIN (Henri LE GRAND, dit **Belleville** ou), acteur français (m. à Paris en 1637). Farceur sur les tréteaux de la Foire, il fit partie de la troupe de l'Hôtel de Bourgogne.

TURNÈBE (Adrien TOURNEBOUS, dit), humaniste français, né aux Andelys (1512-1565). — ODET, son fils, né à Paris (1552-1581), est l'auteur de la comédie *les Contents* (v. 1580).

TURNER (William), peintre anglais, né à Londres (1775-1851). Essentiellement paysagiste, il tendit de plus en plus, surtout après ses voyages en Italie (1819 et 1828), à dissoudre les formes dans le frémissement de l'atmosphère et de la lumière (National Gallery et Tate Gallery, Londres).

TURNER VALLEY, région de l'Alberta (Canada). Riches gisements pétrolifères.

TURNHOUT, v. de Belgique (Anvers); 38 000 h. Industries mécaniques et chimiques.

TURPIN (Eugène), chimiste et inventeur français, né à Paris (1848-1927). On lui doit l'invention de la mélinite (1885) et des poudres chloratées.

TURQUIE, en turc *Türkiye,* État de l'Asie occidentale (englobant l'extrémité sud-est de la péninsule balkanique); 780 000 km²; 45 millions d'h. *(Turcs).* Cap. *Ankara.* V. pr. *Istanbul.* Langue : *turc.*

GÉOGRAPHIE

En dehors de sa partie européenne, qui représente moins du trentième de la superficie totale, la Turquie est un pays de hautes terres. La chaîne Pontique, au nord, le Taurus, au sud, enserrent le lourd plateau anatolien, qui s'élève par gradins au-dessus de la mer Égée et cède la place, vers l'est, au massif arménien, socle cristallin affecté par le volcanisme (mont Ararat). En dehors du littoral, souvent méditerranéen, le climat est caractérisé par des hivers rudes. Les étés sont caractéristique chauds et secs. Ces traits se répercutent sur l'hydrographie (lacs salés, fréquent endoréisme), la végétation (souvent steppique), la population (groupée surtout près du littoral, en particulier sur le pourtour de la mer de Marmara) et l'économie. Le pays, encore largement rural, produit des céréales (orge et surtout blé), du tabac, des fruits et du coton, qui assurent l'essentiel des exportations avec les produits d'un élevage bovin et surtout ovin très développé (fabrication de tapis). Les ressources du sous-sol sont variées, mais peu abondantes (en dehors du chrome), ou insuffisamment exploitées, ce qui ne facilite pas l'industrialisation. Cette dernière est retardée par le manque de techniciens et de capitaux, la faiblesse de l'infrastructure économique (transports) et le trop rapide accroissement de la population. Le lourd déficit de la balance commerciale n'est que partiellement comblé par les revenus du tourisme et les envois des travailleurs émigrés (surtout en Allemagne fédérale).

HISTOIRE

— 1918 : occupation alliée.
— 1919 : organisation de la résistance en Anatolie.
— 1920 : la Grande Assemblée nationale confie le pouvoir à Mustafa Kemal (avr.), qui amorce (juin) la guerre d'indépendance contre les Grecs. Le traité de Sèvres (10 août) fait éclater l'Empire ottoman* et réduit considérablement le territoire turc.
— 1921 : les Grecs, arrêtés à Inönü.
— 1922 : chassés d'Asie, les Grecs acceptent l'armistice. Mustafa Kemal abolit le sultanat.
— 1923 (24 juill.) : le traité de Lausanne rend e la Turquie la Thrace orientale, la zone de Smyrne et plusieurs îles. Mustafa Kemal constitue le parti républicain du peuple (9 sept.); il devient le premier président de la République, laquelle a été

TURQUIE

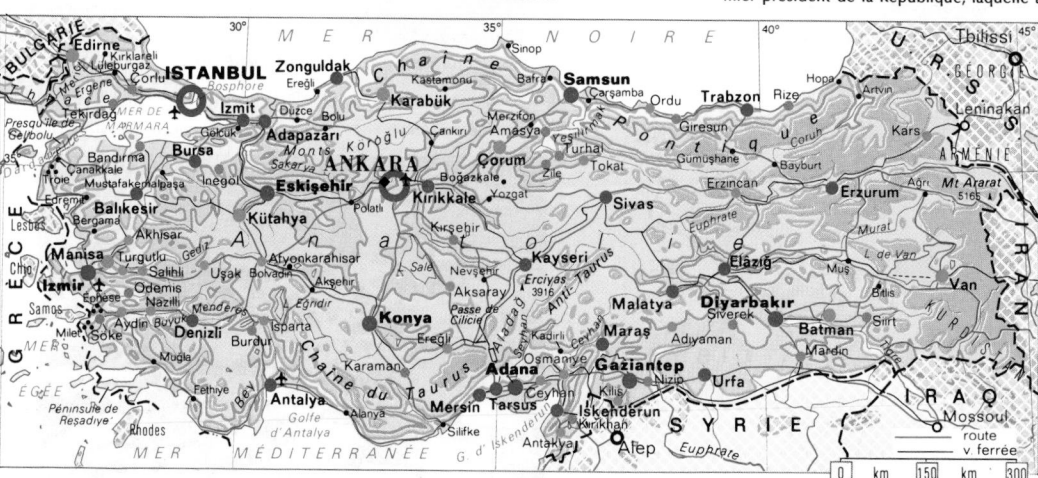

proclamée le 29 octobre, avec Ankara comme capitale.

— 1924 (3 mars) : abolition du califat.

— 1925-1928 : transformation de la Turquie en un État moderne et laïque.

— 1934 : signature du pacte balkanique.

— 1938 : mort de Mustafa Kemal Atatürk; Ismet Inönü lui succède.

— 1939-1945 : la Turquie neutre.

— 1946 : fondation du parti démocrate.

— 1947 : la Turquie bénéficie du plan Marshall.

— 1950 : triomphe du parti démocrate; Adnan Menderes, Premier ministre; il développe une politique favorable aux Occidentaux.

— 1952 : la Turquie, dans le Pacte atlantique.

— 1960 : putsch militaire, dirigé par le général Cemal Gürsel; Menderes, jugé et exécuté; I. Inönü, Premier ministre à la tête d'un cabinet de coalition. Crise sociale.

— 1965-1971 : ministère de Süleyman Demirel (parti de la Justice). Troubles, qui amènent l'intervention de l'armée.

— 1974-75 : Bülent Ecevit (Parti républicain du peuple), Premier ministre. Intervention armée à Chypre.

— 1975 : Demirel, de nouveau à la tête d'un cabinet de coalition.

— 1978 : Ecevit, Premier ministre.

— 1979 : Demirel, Premier ministre.

— 1980 : l'aggravation des troubles provoque un coup d'État militaire.

TURRIERS, (04250 La Motte du Caire), ch.-l. de c. des Alpes-de-Haute-Provence; 226 h.

TUTICORIN, port de l'Inde (Tamil Nadu); 155 000 h.

TUTSIS, ethnie du Ruanda et du Burundi, à laquelle étaient subordonnés les Hutus.

TUVALU (îles), anc. **îles Ellice,** archipel indépendant de Micronésie (24 km²; 6 000 h.), au nord des Fidji.

TUYÊN QUANG, v. du Viêt-nam (Tonkin), sur la riv. Claire. En 1884-85, une garnison française, aux ordres du commandant Dominé, y soutint un siège de trois mois contre les Chinois.

TUZLA, v. de Yougoslavie (Bosnie); 54 000 h.

TVER → KALININE.

TWAIN (Samuel Langhorne CLEMENS, dit **Mark**), écrivain américain, né à Florida (Missouri) [1835-1910]. Premier grand écrivain de l'ouest des États-Unis, il fut le maître des romanciers qui voulurent « découvrir » l'Amérique à travers ses paysages et son folklore (les Aventures de Tom Sawyer, 1876; les Aventures de Huckleberry Finn, 1884).

TWEED (la), riv. tributaire de la mer du Nord, qui sépare l'Angleterre et l'Écosse; 165 km.

TWICKENHAM, agglomération de la banlieue sud-ouest de Londres. Stade de rugby.

TYARD ou **THIARD** (Pontus DE), poète français, né au château de Bissy (Mâconnais) [1521-1605], évêque de Chalon-sur-Saône. Il fut un des membres de la Pléiade (le Livre des vers lyriques).

TYLER (Wat ou Walter) → WAT TYLER.

TYLER (John), homme d'État américain, né à Greenway (Virginie) [1790-1862], président des États-Unis de 1841 à 1845.

TYLOR (Edward Burnett), anthropologue britannique, né à Londres (1832-1917). Partisan de l'évolutionnisme, il s'est intéressé à la mythologie comparée et à l'animisme, et a étudié diverses ethnies mexicaines.

TYNDALL (John), physicien irlandais, né à Leighlin-Bridge (1820-1893). Il a découvert le regel de la glace.

TYNDARE, roi légendaire de Sparte, époux de Léda, aimée de Zeus.

TYNE (la), fl. d'Angleterre, qui passe à Newcastle et se jette dans la mer du Nord; 128 km.

TYNEMOUTH, port d'Angleterre, sur l'estuaire de la Tyne; 72 000 h. Station balnéaire.

TYR, auj. **Sour,** v. du Liban, au sud de Beyrouth; 12 000 h. Archevêchés catholiques (rites maronite et grec). Ruines phéniciennes, hellénistiques et romaines. Port de la Phénicie antique, Tyr fonda sur les rives de la Méditerranée (IXe s. av. J.-C.) de nombreux comptoirs commerciaux, dont Carthage. Affaiblie par l'expansion assyrienne (VIe s. av. J.-C.), elle fut soumise par Alexandre après un siège de sept mois (332 av. J.-C.). Malgré la concurrence d'Alexandrie, elle demeura un centre culturel et commercial important jusqu'à l'invasion arabe (638).

TYROL, anc. prov. alpestre de l'Empire autrichien, correspondant aux bassins supérieurs de l'Inn, de la Drave et de l'Adige, partagée en 1919 entre l'Autriche et l'Italie. Le nom tend à désigner seulement, auj., une province de l'Autriche (12 648 km²; 541 000 h.; cap. Innsbruck) s'étendant sur la haute vallée de l'Inn et constituant un important secteur touristique. Partie intégrante, à partir de 1363, du patrimoine héréditaire des Habsbourg, le Tyrol fut cédé à la Bavière en 1805, mais rendu à l'Autriche en 1814. En 1919, le traité de Saint-Germain céda à l'Italie, outre le Trentin, la province de Bolzano, dont la population allemande devait poser la question du Haut-Adige. Celle-ci n'est toujours pas résolue, malgré les accords austro-italiens de 1946 sur l'égalité des droits des deux groupes ethniques.

TYRRHÉNIENNE (mer), partie de la Méditerranée occidentale comprise entre la péninsule italienne, la Corse, la Sardaigne et la Sicile.

TYRTÉE, poète lyrique grec, né en Attique (VIIe s. av. J.-C.). Il ranima par ses chants le courage des Spartiates dans la deuxième guerre de Messénie.

TZARA (Tristan), écrivain français d'origine roumaine, né à Moineşti (Roumanie) [1896-1963], l'un des fondateurs du groupe dada (le Cœur à gaz, la Rose et le chien).

Mark **Twain**

John **Tyndall**

Tristan **Tzara** par Valentine Hugo

Vue de l'ancienne cité maya d'**Uxmal**, au Mexique.

UBAYE [ybaj], torrent des Alpes du Sud, qui rejoint la Durance (r. g.) dans le lac formé par le barrage de Serre-Ponçon; 80 km.

UBE, port du Japon (Honshū); 153 000 h.

ÚBEDA, v. d'Espagne (Andalousie); 30 000 h. Églises et palais surtout du XVIᵉ s.

UBERABA, v. du Brésil (Minas Gerais); 79 000 h. Archevêché.

Ubu roi, comédie burlesque d'A. Jarry (1896). Le héros en est le « père Ubu », caricature bouffonne de la stupidité bourgeoise et de la sauvagerie humaine.

UCAYALI, riv. du Pérou, l'une des branches mères de l'Amazone; 1 600 km.

UCCELLO (Paolo DI DONO, dit **Paolo**), peintre et décorateur, né à Florence (1397-1475). Son traitement de la figuration et de la perspective revêt un caractère de jeu intellectuel aigu et complexe (*Bataille de San Romano*, Offices, National Gallery et Louvre).

UCCLE, en néerl. **Ukkel,** comm. de Belgique (Brabant); 77 400 h.

UCKANGE (57270), comm. de la Moselle; 11 560 h. Sidérurgie.

UDAIPUR, v. de l'Inde (Rājasthān); 163 000 h. Nombreux monuments, dont l'immense palais royal (XVIᵉ-XVIIIᵉ s.). Musée.

U. D. F., sigle de *Union* pour la Démocratie française.*

UDINE, v. d'Italie, anc. cap. du Frioul; 103 000 h. Monuments du Moyen Âge et du XVIIIᵉ s.

U. D. R., sigle de *Union* des Démocrates pour la République.*

UEDA AKINARI, écrivain japonais, né à Ōsaka (1734-1809). Il a donné un style nouveau aux légendes traditionnelles (*Contes de pluie et de lune,* 1776).

UÉLÉ ou **OUELLÉ,** affl. de l'Oubangui (r. g.); 1 300 km.

UGANDA → OUGANDA.

UGARIT → OUGARIT.

UGINE (73400), ch.-l. de c. de la Savoie; 8 327 h. Électrométallurgie.

UGOLIN (Ugolino DELLA GHERARDESCA, dit) → GHERARDESCA.

UHLAND (Ludwig), poète allemand, né à Tübingen (1787-1862), auteur de poésies populaires, inspirées des légendes souabes.

UHURU (*pic*), nom actuel du *Kilimandjaro**.

Uitlanders, nom qui fut donné en Afrique australe aux immigrants, après 1884, par opposition aux *Boers,* anciens colons néerlandais.

Ubu roi
dessin
d'Alfred Jarry

UJJAIN, v. de l'Inde (Madhya Pradesh); 203 000 h. Monuments anciens. L'une des villes saintes de l'Inde. Université.

UJUNGPANDANG, anc. **Macassar,** v. d'Indonésie, dans le sud de l'île de Célèbes, sur le *détroit d'Ujungpandang* (qui sépare les îles de Bornéo et de Célèbes); 435 000 h.

UK, sigle de *United Kingdom.*

UKRAINE, une des républiques fédérées de l'U. R. S. S., baignée au sud par la mer Noire et la mer d'Azov; 604 000 km²; 47 100 000 h. (*Ukrainiens*). Cap. *Kiev.*

GÉOGRAPHIE

Pays de relief peu accidenté, s'étendant sur la zone des riches terres noires, l'Ukraine englobe la majeure partie du bassin houiller du Donbass et possède les importants gisements de fer de Krivoï-Rog et des grands aménagements hydroélectriques. C'est une grande région agricole et industrielle, produisant plus de blé et d'acier que la France, de charbon que la Ruhr.

HISTOIRE

— XIIIᵉ-XIVᵉ s. : la principauté de Galicie-Volhynie recueille les traditions de Kiev. Formation de la langue ukrainienne. Le pays est entièrement sous le joug étranger (Pologne, Lituanie, Hongrie).
— XVᵉ s. : formation de groupes de Cosaques, semi-indépendants.
— 1654 : le traité de Pereïaslav établit la suzeraineté du tsar sur l'Ukraine orientale.
— 1664 : abolition de l'hetmanat par Catherine II.
— 1667 : l'Ukraine occidentale à la Pologne.
— 1775 : destruction de la sietch des Cosaques Zaporogues.
— 1772-1795 : les partages de la Pologne répartissent les Ruthènes entre l'Autriche et la Russie.

— XIXᵉ s. : la Galicie autrichienne, foyer du nationalisme ukrainien.
— 1918 : formation d'une république indépendante d'Ukraine.
— 1922 : l'Ukraine, récupérée par les bolcheviks, devient république fédérée de l'U. R. S. S.
— 1941-1944 : occupation allemande.
— 1945 : l'Ukraine s'agrandit de tous les territoires peuplés d'Ukrainiens (Galicie, Ruthénie subcarpatique).
— 1954 : rattachement de la Crimée.

UKRAINE SUBCARPATIQUE, anc. région orientale de la Tchécoslovaquie. (V. RUTHÉNIE SUBCARPATIQUE.)

ULBRICHT (Walter), homme d'État allemand, né à Leipzig (1893-1973), l'un des fondateurs du parti communiste allemand (1919), premier secrétaire du parti socialiste unifié (SED) de 1950 à 1971, président du Conseil d'État de la République démocratique allemande de 1960 à sa mort.

ULFILAS, ULFILA ou **WULFILA,** évêque arien, apôtre des Goths (v. 311-v. 383). Il traduisit en langue gotique le Nouveau Testament.

ULHASNAGAR, v. de l'Inde (Mahārāshtra); 168 000 h.

ULIS (Les) [91400 Orsay], comm. de l'Essonne; 21 021 h.

ULM, v. de l'Allemagne fédérale (Bade-Wurtemberg), sur le Danube; 94 000 h. Colossale église gothique, commencée à la fin du XIVᵉ s. Cimenterie. L'armée autrichienne de Mack y capitula devant les Français (20 oct. 1805).

ULPIEN, en lat. **Domitius Ulpianus,** un des plus grands jurisconsultes romains, né à Tyr (m. en 228).

ULSAN, v. de Corée du Sud; 159 000 h. Chantiers navals.

ULSTER, province de l'anc. Irlande. Depuis 1921, la partie est de l'Ulster (14 000 km²; 1 531 000 h.) constitue l'Irlande du Nord (cap. *Belfast*), unie à la Grande-Bretagne. D'âpres conflits y opposent la majorité protestante aux catholiques. Trois comtés, *Donegal, Cavan, Monaghan,* se sont unis à la république d'Irlande, formant la *province de l'Ulster* (8 011 km²; 207 000 h.).

ULYSSE, en gr. **Odusseus,** héros grec, roi légendaire d'Ithaque, fils de Laërte, époux de Pénélope, père de Télémaque, l'un des principaux acteurs du siège de Troie. Il apparaît dans *l'Iliade* comme un guerrier habile et rusé; il est l'auteur du stratagème du cheval de bois. Le retour d'Ulysse dans sa patrie fait le sujet de *l'Odyssée.*

Ulysse, roman de James Joyce (1922), version

moderne et parodie de l'*Odyssée*, riche de symbolisme et de correspondances, qui tente d'unifier tous les procédés de style.

'UMAR ou **OMAR Ier** (Abū Ḥafṣa ibn al-Khaṭṭāb), né à La Mecque (v. 581-644), deuxième calife des musulmans (634-644). Il conquit la Syrie, la Perse, l'Égypte et la Mésopotamie.

UME ÄLV, fl. de Suède, qui se jette dans le golfe de Botnie, peu en aval d'*Umeå* (76 000 h.); 460 km.

UMM KULTHŪM, en fr. **Oum Kalsoum** (Fāṭima IBRĀHĪM, dite), chanteuse égyptienne,

du général de Gaulle. En 1968, ses candidats se regroupent sous l'appellation d'*Union pour la défense de la République*. Aux élections de juin, le groupe parlementaire prend le nom d'*Union des Démocrates pour la République* (U.D.R.). Cette formation devient en 1976 le *Rassemblement pour la République* (R.P.R.).

Union de l'Europe occidentale (U.E.O.), organisation politique et militaire, créée par les accords de Paris de 1954 entre la France, la Grande-Bretagne, les pays du Benelux, l'Allemagne fédérale et l'Italie.

anc. capitales de la Scandinavie. Siège de l'archevêque primat du royaume; cathédrale gothique. Université (1477).

UR → OUR.

'URÂBÎ ou **'ARÂBÎ PACHA**, officier égyptien, né près de Zagazig (1839-1911). Ministre de la Guerre du khédive Tawfīq (1881-82), il devint le chef de la résistance nationaliste. Battu par les Britanniques, il fut déporté (sept. 1882).

URANIE. *Myth. gr.* Muse de l'Astronomie.

URANUS, planète du système solaire, découverte par Herschel en 1781, dont l'orbite est

Miguel de **Unamuno**   Sigrid **Undset**   Guiseppe **Ungaretti**   John **Updike**   Urbain VIII   Honoré d'**Urfé**
par J. G. Solana   par A. Sacchi

née à Ṭamāy al-Zahira (prov. de Dakahlièh) [1898-1975]. Elle fut de 1922 à sa mort la voix la plus adulée du monde arabe.

UMTALI, v. de l'est du Zimbabwe; 59 000 h. Centre commercial.

UMTATA, cap. du Transkei; 50 000 h.

UNAMUNO (Miguel DE), écrivain espagnol, né à Bilbao (1864-1936), auteur d'essais traitant de tous les problèmes de son temps (*le Sentiment tragique de la vie*, 1913; *l'Agonie du christianisme*, 1924).

UNDSET (Sigrid), femme de lettres norvégienne, née à Kalundborg (Danemark) [1882-1949], auteur de romans historiques (*Kristin Lavransdatter*, 1920-1922) et de récits inspirés par ses convictions religieuses (*le Buisson ardent*, 1930). [Prix Nobel, 1928.]

Unesco, sigle de *United Nations Educational, Scientific and Cultural Organization*, institution spécialisée de l'Organisation des Nations unies, constituée en 1946 pour protéger les libertés humaines et développer la culture. Sa maison, à Paris, est l'œuvre des architectes Breuer, Nervi et Zehrfuss.

UNGARETTI (Giuseppe), poète italien, né à Alexandrie (Égypte) [1888-1970], le chef de file de l'hermétisme (*Sentiment du temps*, 1933; *Un cri et des paysages*, 1952-1954).

UNGAVA, baie de la côte nord-est du Labrador (Canada). Elle donne parfois son nom à la région du *Nouveau-Québec*, partie nord de la province du Québec.

UNICEF, sigle de *United Nations International Children Emergency Fund* (Fonds des Nations unies pour l'enfance), organe semi-autonome de l'O.N.U., créé en 1946 et dont la tâche est l'aide à l'enfance dans les pays en voie de développement. Son siège est à New York.

UNIEUX (42240), comm. de la Loire; 9 092 h. Métallurgie.

Unigenitus (*bulle*), constitution, promulguée le 8 septembre 1713, par laquelle le pape Clément XI condamna le jansénisme. Plusieurs prélats français refusèrent de recevoir la bulle, qui fut l'objet de longues polémiques.

UNION (L') [31240], comm. de la Haute-Garonne; 7 817 h.

Union (*acte d'*), acte qui, en 1707, établit, au sein du royaume de Grande-Bretagne, l'union de l'Angleterre et de l'Écosse. — Loi par laquelle le Parlement anglais établit l'union de la Grande-Bretagne et de l'Irlande (1800).

Union des Démocrates pour la République (U.D.R.), groupement politique gaulliste français. En 1958 se forme l'*Union pour la Nouvelle République* (U.N.R.), groupement politique formé pour le soutien de la politique

UNION FRANÇAISE, nom donné, de 1946 à 1958, à l'ensemble formé par la République française et les territoires et États associés d'outremer.

Union Jack, drapeau du Royaume-Uni, unissant la croix de Saint-Georges anglaise (rouge sur fond blanc), la croix de Saint-André écossaise (blanche sur fond bleu) et la croix de Saint-Patrick irlandaise (rouge).

Union postale universelle, institution assurant la coopération internationale en matière postale. Son siège est à Berne.

Union pour la Démocratie française (U.D.F.), formation politique, née en 1978, regroupe le parti radical, le parti républicain et le Centre des démocrates sociaux. (Elle est passée dans l'opposition en 1981.)

UNION DES RÉPUBLIQUES SOCIALISTES SOVIÉTIQUES ou **UNION SOVIÉTIQUE** → U.R.S.S.

UNION SUD-AFRICAINE → AFRIQUE DU SUD (*république d'*).

UNITED STATES OF AMERICA ou **USA,** nom amér. des *États-Unis d'Amérique*.

UNKEI, sculpteur japonais, né à Kyōto (v. 1148-1223). Il est à l'origine du renouveau de la sculpture de l'époque Kamakura, et de l'épanouissement du réalisme.

Unkiar-Skelessi (*traité d'*), traité signé en 1833 dans le village de Turquie de ce nom, sur la rive asiatique du Bosphore, entre la Russie et la Porte, ouvrant les Détroits aux vaisseaux de guerre russes.

U.N.R., sigle de *Union pour la Nouvelle République.* (V. UNION DES DÉMOCRATES POUR LA RÉPUBLIQUE.)

UNRUH (Fritz VON), écrivain allemand, né à Coblence (1885-1970), auteur de récits et de drames pacifistes (*le Livre de la paix*, 1925).

Unter den Linden («Sous les tilleuls»), avenue de Berlin-Est, qui part de la porte de Brandebourg.

UNTERWALD, en allem. **Unterwalden** (c'est-à-dire « Sous les forêts »), cant. de Suisse, dans la région des collines, au sud du lac des Quatre-Cantons, l'un des trois premiers de la Confédération. Il est divisé en deux demi-cantons : *Obwald* (492 km²; 24 500 h.; ch.-l. *Sarnen*) et *Nidwald* (274 km²; 25 600 h.; ch.-l. *Stans*).

UPDIKE (John), écrivain américain, né à Shillington (Pennsylvanie) en 1932. Ses nouvelles et ses romans peignent les fantasmes et les mythes de la société américaine (*Cœur de lièvre*, 1960; *le Centaure*, 1963; *Couples*, 1968).

UPOLU, île des Samoa* occidentales.

UPPSALA, en fr. **Upsal,** v. de Suède, sur un tributaire du lac Mälaren; 140 000 h. L'une des

située entre celle de Saturne et celle de Neptune. Son diamètre vaut 50 000 km environ. On lui connaît cinq satellites, et l'on a découvert en 1977 qu'elle est entourée d'une série d'anneaux.

URAWA, v. du Japon (Honshū); 269 000 h.

URBAIN Ier (*saint*) [m. en 230], pape de 222 à 230. — URBAIN II (Odon ou Eudes *de Lagery*), né à Châtillon-sur-Marne (v. 1042-1099), promoteur de la première croisade au concile de Clermont (1095). — URBAIN III (Uberto *Crivelli*), né à Milan (v. 1120-1187), pape de 1185 à 1187; il lutta contre Frédéric Barberousse. — URBAIN IV (Jacques *Pantaléon*), né à Troyes (v. 1200-1264), pape de 1261 à 1264; il institua la fête du Saint-Sacrement. — URBAIN V (*bienheureux*) [Guillaume *de Grimoard*], né au château de Grisac (Languedoc) [1310-1370], pape de 1362 à 1370. — URBAIN VI (Bartolomeo *Prignano*), né à Naples (v. 1318-1389), pape de 1378 à 1389; son élection marqua le début du Grand Schisme. — URBAIN VII (Giovan Battista *Castagna*), né à Rome (v. 1521-1590), pape en 1590. — URBAIN VIII (Maffeo *Barberini*); né à Florence (1568-1644), pape de 1623 à 1644; adversaire du jansénisme, il condamna l'*Augustinus* de Jansénius (1643).

URBAIN (Georges), chimiste français, né à Paris (1872-1938). Il étudia les terres rares.

URBINO, v. d'Italie, dans les Marches; 17 000 h. Archevêché. Palais ducal du XVe s., chef-d'œuvre de la Renaissance (auj. Galerie nationale des Marches : Piero della Francesca, P. Berruguete, etc.; majoliques d'Urbino). Anc. ch.-l. du *duché d'Urbino*, créé en 1443, réuni en 1631 aux États de l'Église.

UREY (Harold Clayton), chimiste américain, né à Walkerton (Indiana) [1893-1980]. Il découvrit l'eau lourde et le deutérium. (Prix Nobel, 1934.)

URFA, anc. **Édesse***, v. de Turquie, près de la frontière syrienne; 133 000 h.

URFÉ (Honoré D'), écrivain français, né à Marseille (1567-1625), auteur d'un poème pastoral (*Sireine*) et du roman *l'Astrée*.

URI, canton suisse, drainé par la Reuss; 1075 km²; 34 000 h. Ch.-l. *Altdorf*. C'est l'un des trois cantons primitifs de la Confédération.

URIAGE (38410), section de la comm. de Saint-Martin-d'Uriage (Isère). Station thermale (O.R.L., peau, rhumatismes).

URRAQUE, en esp. **Urraca** (1080 ou 1081-1126), reine de Castille et de León (1109-1126), fille d'Alphonse VI, épouse de Raimond de Bourgogne (dont elle eut Alphonse VII), puis d'Alphonse Ier d'Aragon. Son mariage ayant été annulé, elle entra en guerre contre ce dernier (1110), qui dût reconnaître l'indépendance de la Castille.

U.R.S.S.

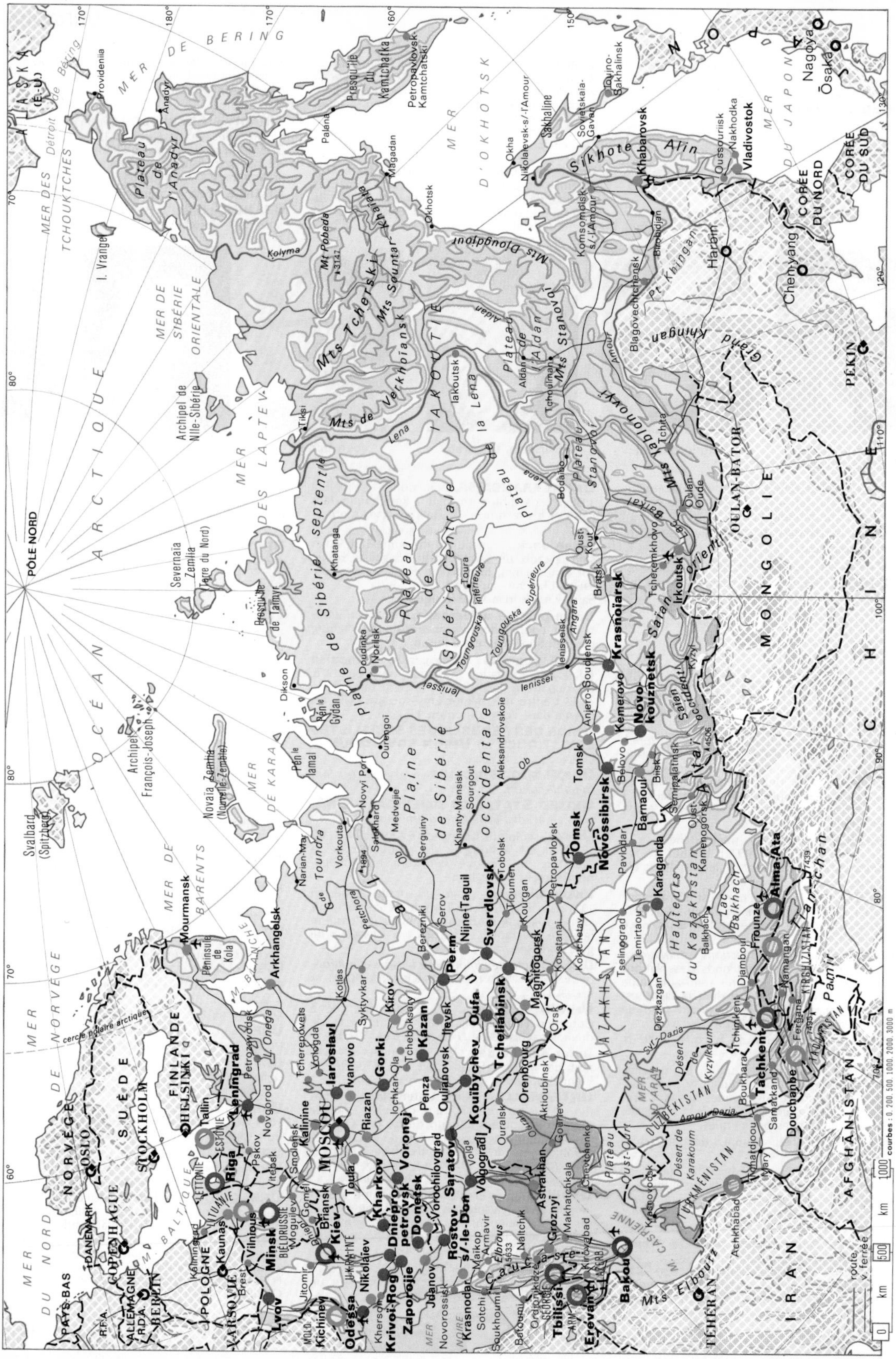

PÔLE NORD

OCÉAN ARCTIQUE

MER DE NORVÈGE
MER DU NORD
MER BALTIQUE
MER DE BARENTS
MER BLANCHE
MER DE KARA
MER DES LAPTEV
MER DE SIBÉRIE ORIENTALE
MER DES TCHOUKTCHES
MER DE BERING
MER D'OKHOTSK
MER DU JAPON
MER CASPIENNE

ALASKA (É.-U.)
Détroit de Bering
Providéniia
Anadyr
I. Vrangel
Plateau de l'Anadyr
Presqu'île du Kamtchatka
Palana
Petropavlovsk-Kamtchatski

Svalbard (Spitzberg)
Archipel François-Joseph
Severnaïa Zemlia (Terre du Nord)
Novaïa Zemlia (Nouvelle Zemble)
Archipel de Nlle-Sibérie
cercle polaire arctique

NORVÈGE
SUÈDE
FINLANDE
OSLO
STOCKHOLM
HELSINKI
DANEMARK
COPENHAGUE
PAYS-BAS
RFA
ALLEMAGNE RDA
BERLIN
POLOGNE
ESTONIE
LETTONIE
LITUANIE
BIÉLORUSSIE
UKRAINE

Mourmansk
Presqu'île de Kola
Arkhangelsk
Tallin
Leningrad
Novgorod
Pskov
Riga
Vilnius
Kaunas
Kaliningrad
Minsk
Brest
Jitomir
Kichinev
Odessa
Nikolaïev
Kherson
Lvov
Vinnitsa
Kiev
Gomel
Briansk
Moguilev
Vitebsk
Smolensk
Toula
MOSCOU
Kalinine
Ivanovo
Iaroslavl
Riazan
Gorki
Kazan
Penza
Oulianovsk
Tcheboksary
Ijevsk
Oufa
Kouibychev
Saratov
Volgograd
Vorochilovgrad
Donetsk
Dniepropetrovsk
Zaporojie
Krivoï-Rog
Kharkov
Voronej
Rostov-s/-le-Don
Krasnodar
Novorossisk
Sotchi
Soukhoumi
Stavropol
Armavir
Maïkop
Naltchik
Ordjonikidze
Groznyi
Tbilissi
Bakou
Erevan
Kirovabad
Makhatchkala
Astrakhan
Gouriev

CHANTIER
Tcherepovets
Vologda
Vels
Kotlas
Syktyvkar
Kotchkar
Kirov
Berezniki
Perm
Serov
Nijne-Taguil
Sverdlovsk
Tcheliabinsk
Magnitogorsk
Orenbourg
Aktioubinsk
Ouralsk
Orsk

Narian-Mar
Petchora
Vorkouta
G.de Toundra
Toundra
Péninsule de Yamal
Novyï Port
Salekhard
Serguiny
Medvejie
Berezovo
Khanty-Mansisk
Sourgout
Tobolsk
Tioumen
Kourgan
Ichim
Petropavlovsk
Omsk
Novossibirsk
Barnaoul
Pavlodar
Semipalatinsk
Ust-Kamenogorsk
Zaïssan
Karaganda
Temirtaou
Tselinograd
Djezkazgan
Balkhach
Lac Balkhach
KAZAKHSTAN
Hautes Terres du Kazakhstan
Frounze
Alma-Ata
Namangan
Andijan
Tachkent
Samarkand
Boukhara
Tchardjou
OUZBÉKISTAN
KIRGHIZISTAN
TADJIKISTAN
Douchanbé
Pamir
Tian-Chan

Tomsk
Anjero-Soudjensk
Kemerovo
Novo-kouznetsk
Belovo
Biïsk
Sayan occidental
Sayan oriental
Krasnoïarsk
Kansk
Bratsk
Tcheremkhovo
Irkoutsk
Lac Baïkal
Oulan-Oudé
Tchita
Plateau de Sibérie Centrale
Toura
Norilsk
Doudinka
Dikson
Ienisseï
Toungouska inférieure
Toungouska supérieure
Toungouska pierreuse
Ob
Angara
Lena
YAKOUTIE
Iakoutsk
Mts de Verkhiansk
Mts Tcherski
Mts Soúntar Khaïata
Mt Pobeda
Kolyma
Magadan
Okhotsk
Okha
Plateau de l'Aldan
Aldan
Mts Stanovoï
Plateau Stanovoï
Tommot
Mts Dioughdour
Aïan
Nikolaïevsk-s/-l'Amour
Sakhaline
Sovetskaïa-Gavan
Komsomolsk s/-l'Amour
Birobidjan
Blagovechtchensk
Pt Khingan
Grand Khingan
Khabarovsk
Oussourisk
Nakhodka
Vladivostok

MONGOLIE
OULAN-BATOR
CHINE
Harbin
Chenyang
CORÉE DU NORD
CORÉE DU SUD
Pékin
JAPON
Nagoya
Ōsaka

IRAN
TÉHÉRAN
AFGHANISTAN
Mts Elbourz
Achkhabad
TURKMÉNISTAN
Krasnovodsk
Désert du Karakoum
Mary
Plateau Oust-Ourt
MER D'ARAL
Amou-Daria
Syr-Daria
Kyzylkoum

Sikhoté Alin
Plateau de Sibérie septentrionale
Plaine de Sibérie occidentale

Courbes : 0, 200, 500, 1000, 2000, 3000 m
route
v ferrée
km 1000   500   0

URSINS (Marie-Anne DE LA TRÉMOILLE, *princesse* DES), née à Paris (1642-1722). Elle joua un grand rôle dans les intrigues de la cour du roi d'Espagne, Philippe V, jusqu'en 1714.

U. R. S. S. (*Union des républiques socialistes soviétiques*), en russe **S. S. S. R.** (*Soïouz Sovietskikh Sotsialistitcheskikh Respoublik*), État fédératif, composé de 15 républiques socialistes soviétiques : Russie (R. S. F. S. R.), Ukraine, Biélorussie, Arménie, Azerbaïdjan, Géorgie, Turkménistan, Ouzbékistan, Tadjikistan, Kazakhstan, Kirghizistan, Estonie, Lituanie, Lettonie, Moldavie; 22 400 000 km²; 264 millions d'h. Cap. *Moscou*. Langue officielle : *russe*.

GÉOGRAPHIE

État le plus vaste et l'un des plus peuplés du monde, l'U. R. S. S. est un pays de plaines et de plateaux ouverts sur l'océan Arctique et la Baltique, cernés au sud et à l'est par de puissants massifs montagneux. On y distingue traditionnellement quatre grands ensembles. À l'ouest de l'Oural, les régions européennes occupent une immense plaine, parcourue de fleuves (dont la Volga) gelés l'hiver. Entre l'Oural et le Pacifique, la Sibérie est formée, d'ouest en est, d'une vaste plaine marécageuse, mal drainée par l'Ob, de plateaux entre l'Ienisseï et la Lena, de montagnes de plus en plus récentes vers l'est, au-delà de la Lena. Entre la mer Noire et la Caspienne s'étendent les pays du Caucase, en grande partie montagneux, traditionnels refuges de populations. L'Asie moyenne (ou Asie centrale) soviétique, correspondant à l'ancien Turkestan russe, occupée en partie par la Caspienne et la mer d'Aral, fermée au sud-est par le Pamir et le T'ien-chan, qui sont entaillés de profondes vallées (Amou-Daria, Syr-Daria), jalonnées de bassins intérieurs (Fergana). La latitude, l'éloignement de l'océan, la disposition du relief expliquent la continentalité du climat, de plus en plus marquée vers l'est, avec des hivers très rigoureux, ainsi que la disposition zonale des formations végétales : du nord au sud se succèdent la toundra, la taïga, les feuillus, les steppes herbacées, puis semi-désertiques.
L'U. R. S. S. est une véritable mosaïque d'ethnies et de langues, où, à côté des peuples slaves (Russes, Ukrainiens, Biélorusses), qui représentent plus des deux tiers de la population totale, vivent des minorités (Ouzbeks, Tatars, Kazakhs, etc.), en accroissement démographique souvent rapide, qui habitent des républiques fédérées ou des territoires autonomes et conservent leur originalité culturelle. La population, groupée encore pour plus des trois quarts dans la partie européenne, se concentre de plus en plus dans les villes, dont plus de 200 dépassent 100 000 h. Depuis 1917, le pays est passé du rôle de fournisseur de produits agricoles au rang de deuxième puissance industrielle mondiale. Il doit l'ampleur, sinon la nature, de cette transformation de la structure de son économie à l'avènement du régime socialiste, qui a permis la mise en valeur des immenses ressources naturelles par la collectivisation des moyens de production et une rigoureuse organisation de l'expansion économique (plans, le plus souvent quinquennaux). Favorisé par l'abondance des ressources énergétiques et minérales, liée à l'immensité du territoire, le développement de l'industrie a été très spectaculaire. Effectué dans des circonstances historiques souvent en échange avec les pays étrangers, il a reposé sur l'implantation prioritaire d'industries créatrices de moyens de production. L'U. R. S. S. est l'un des premiers producteurs mondiaux de charbon (bassins du Donbass, du Kouzbass, de l'Oural et de Karaganda), de pétrole et de gaz naturel (régions bordant l'Oural à l'ouest, Sibérie occidentale et Asie moyenne) et d'hydroélectricité (grandes centrales sur la Volga, l'Ienisseï, l'Angara). L'U. R. S. S. occupe le premier rang mondial pour la fourniture du minerai de fer (régions de Krivoï-Rog, Magnitogorsk, Koursk), de manganèse (Géorgie), le deuxième pour la bauxite (Oural), le cuivre (Oural et Kazakhstan), le nickel, le plomb, les métaux précieux. La sidérurgie (premier rang mondial) et la métallurgie se sont implantées sur les grands bassins houillers. L'industrie textile est concentrée dans la région de

Moscou et, de plus en plus, dans les secteurs producteurs de coton (Asie moyenne). L'industrie chimique est établie sur les gisements de sel, de phosphates, de pétrole et de charbon. L'agriculture n'a pas connu le même essor. La création des coopératives de production (kolkhoz) et de fermes d'État (sovkhoz) a heurté l'individualisme des paysans. De grands travaux ont été entrepris pour la conquête de terres nouvelles en Sibérie et au Kazakhstan, mais le sud de la plaine russe (zone du tchernoziom) demeure la grande région de culture de l'U. R. S. S., qui doit à la variété de ses climats locaux de posséder aussi des régions d'agriculture spécialisée. Bien qu'elle soit obligée d'importer une partie des produits agricoles qui lui sont nécessaires, l'U. R. S. S. est, en raison surtout des superficies exploitées, le premier producteur mondial de blé, d'orge, de seigle, de pommes de terre, de sucre et fournit de grandes quantités de maïs, d'avoine, de laine et de coton. Les troupeaux bovin et ovin ne s'accroissent que lentement. Liée à l'étendue de sa façade maritime, la pêche assure d'importants compléments alimentaires, tandis que l'extension de la forêt permet à l'U. R. S. S. d'être le premier producteur mondial de bois.
La priorité accordée au développement des industries d'équipement a ralenti l'élévation du niveau de vie moyen, qui a cependant fortement augmenté depuis 1917, tout en demeurant nettement inférieur à celui des pays de l'Europe occidentale. Sa croissance est liée à une partielle reconversion des objectifs de l'industrie (développement de la production des biens de consommation) et surtout aux progrès du secteur agricole, insuffisamment productif.

HISTOIRE

— 1917 (oct.) : succès de la révolution bolchevique.
— 1918 : traité de Brest-Litovsk, qui ampute le territoire russe (3 mars); formation de l'armée rouge (mars) et d'armées blanches. Guerre civile. Nationalisations et socialisations.
— 1919 : création du Komintern (mars).
— 1920 : indépendance des États baltes et de la Finlande.
— 1920-21 : guerre polono-soviétique. Échec de la dernière contre-offensive blanche.
— 1921 : application de la nouvelle politique économique (NEP).
— 1922 : création de l'Union des républiques socialistes soviétiques). Staline, secrétaire général du parti communiste.
— 1924 : mort de Lénine.
— 1925-1927 : Staline élimine de la direction du parti Zinoviev, Kamenev et Trotski.
— 1929 : premier plan quinquennal. Début de la collectivisation massive des terres et de l'élimination des koulaks.
— 1934 : admission de l'U. R. S. S. à la S. D. N.
— 1935-1939 : grandes purges staliniennes.
— 1936 : Constitution égalitaire.
— 1939 : pacte germano-soviétique (23 août).
— 1939-40 : annexion de la Pologne orientale, des États baltes, d'une partie de la Carélie, de la Bessarabie et de la Bucovine du Nord.
— 1941-1944 : invasion puis défaite allemandes.
— 1945 : conférence de Yalta (févr.) puis de Potsdam (juill.), qui reconnaissent à l'U. R. S. S. une zone d'influence dans l'Europe de l'Est.
— 1947 : constitution du Kominform.
— 1948 : crise de Berlin; la guerre froide.
— 1953 : mort de Staline.
— 1954 : N. Khrouchtchev, premier secrétaire du Comité central.
— 1955 : pacte de Varsovie.
— 1956 : XXᵉ Congrès du parti (févr.). Début de la déstalinisation. Intervention militaire en Hongrie. Dissolution du Kominform.
— 1957 : premier spoutnik.
— 1962 : affaire de Cuba.
— 1963 : pacte de Moscou, limitant les expériences nucléaires.
— 1964 : démission de N. Khrouchtchev. Brejnev, Kossyguine et Podgornyï au pouvoir.
— 1968 : intervention en Tchécoslovaquie.
— 1977 : Podgornyï, écarté du pouvoir. Adoption d'une nouvelle constitution.
— 1979 : intervention militaire en Afghanistan.
— 1980 : démission d'A. Kossyguine. N. Tikhonov lui succède.

V. carte page suivante

URSULE (sainte), martyre à Cologne (époque inconnue). Cette sainte connut une grande popularité, à la mesure de l'histoire des onze mille vierges qui auraient été martyrisées avec elle.

URUGUAY, riv. de l'Amérique du Sud, séparant le Brésil et l'Uruguay de l'Argentine et formant, avec le Paraná, le río de la Plata; 1 580 km.

URUGUAY (*république orientale de l'*), république de l'Amérique du Sud, entre le Brésil, l'Atlantique et l'Argentine; 186 926 km²; 3 060 000 h. (*Uruguayens*). Cap. *Montevideo*. Langue : *espagnol*.

URUGUAY

GÉOGRAPHIE

L'élevage (bovins et ovins), alimentant les seules activités industrielles notables (laines et peaux, conserveries de viande), reste la ressource essentielle de l'Uruguay. Montevideo, principal port, groupe près de la moitié de la population totale.

HISTOIRE

— 1724 : fondation de Montevideo.
— 1810 : soulèvement de José Artigas.
— 1828 : indépendance de l'Uruguay.
— 1839-1851 : la «Grande Guerre», contre l'Argentine.
— 1876-1890 : série de régimes militaires.
— 1890 : l'arrivée au pouvoir des «civilistes» ouvre une ère de prospérité et de démocratisation.
— 1919 : Constitution libérale.
— 1931 : la crise économique mondiale frappe durement le pays, essentiellement exportateur.
— 1933-1942 : régime militaire.
— 1966 : rétablissement de la présidence de la République; dictature du président J. Pacheco Areco, qui lutte contre les *tupamaros*.
— 1968 : état de siège.
— 1972 : présidence de J. M. Bordaberry.
— 1976 : Bordaberry est déposé par un Conseil d'État, qui renforce les mesures d'exception, et remplacé par Aparicio Méndez.
— 1981 : le général Gregorio Alvarez succède à Aparicio Méndez.

URUNDI → BURUNDI.

USHUAIA, v. d'Argentine, ch.-l. de la prov. de la Terre de Feu; 5 000 h. C'est l'agglomération la plus méridionale du monde.

USINGER (Robert L.), entomologiste américain, né à Fort Bragg (Californie) [1913-1968]. Il

U.R.S.S.

1. RÉP. AUT. DES OUDMOURTES
2. RÉP. AUT. DES MARIS
3. RÉP. AUT. DES TCHOUVACHES
4. RÉP. AUT. DES MORDVES
5. RÉP. AUT. DES TATARS
6. RÉP. AUT. DES BACHKIRS
7. RÉP. AUT. DES KALMOUKS
8. RÉP. AUT. DU DAGUESTAN
9. RÉP. AUT. TCHETCHENO-INGOUCH
10. RÉP. AUT. D'OSSÉTIE DU NORD
11. RÉP. AUT. DES KABARDINS
    ET DES BALKARS
12. RÉP. AUT. D'ABKHAZIE
13. RÉP. AUT. D'ADJARIE
14. RÉP. AUT. DE NAKHITCHEVAN

NORVEGE

Novaïa Zemlia
(Nouv^lle -Zemble)

MER DE KARA

Péninsule de Iamal

MER DE BARENTS

Petchenga
Nikel
Severomorsk
Mourmansk
Montchegorsk
Kandalakcha
Kirovsk
Péninsule de Kola

Île Kolgouiev
Pén. de Kanin

DISTR. NAT. DES NENETS
Narian-Mar
Amderma
Vorkouta
Labytnangui
Salekhard

DISTRICT NATIONAL DES NENETS

DISTR. NAT. DES IAMALO-NENETS

SUÈDE
STOCKHOLM
HELSINKI
Tallin
ESTONIE
Ventspils
Liepaia
LETTONIE
Riga
Klaipeda
LITUANIE
Kaliningrad
Kaunas
Vilnious
Grodno
Minsk
BIÉLORUSSIE
VARSOVIE
POLOGNE
Brest
Pinsk
Mozyr
Gomel
Bobrouisk
Baranovitchi
Lvov
Kichinev
ROUMANIE
BUCAREST
BULGARIE
GRÈCE
ISTANBUL
TURQUIE
ANKARA

FINLANDE
Cercle polaire
Golfe de Botnie
MER BALTIQUE
Golfe de Finlande
Vyborg
Kronchtadt
Leningrad
Narva
Gattchina
Pouchkine
Tallin

RÉP. AUT. DE CARÉLIE
Belomorsk
Segueja
Petrozavodsk
LAC ONEGA
BIÉLOÏE OZERO

MER BLANCHE
Arkhangelsk
Severodvinsk
Onega

Arkhangelsk

RÉP. AUT. DES KOMIS
Oukhta
Syktyvkar
Kotlas

Narodnaïa Gora
Petchora
Inta

DISTR. NAT. DES KHANTY-MANSIS
Ob

Severouralsk
Krasnotourinsk
Serov
Ninaia-Toura
Krasnoouralsk
Nijne-Taguil
Sverdlovsk
Kamensk-Ouralski
Pervouralsk
Tcheliabinsk
Miass
Kopeisk
Magnitogorsk

km
route
v. ferrée
courbes : 0, 200, 500, 1000, 2000, 3000 m

a évité l'expansion de la fièvre jaune dans le Pacifique pendant la Seconde Guerre mondiale, sauvegardé la faune des îles Galápagos et publié de nombreux travaux.

ÜSKÜDAR → SCUTARI.

USSEL (19200), ch.-l. d'arr. de la Corrèze; 11 280 h. *(Ussellois).* Anc. cap. du duché de Ventadour. Église en partie des XIIe et XVe s. Vieilles maisons. Fonderie.

USTARITZ [-rits] (64480), ch.-l. de c. des Pyrénées-Atlantiques; 3 419 h. Anc. cap. du Labourd.

USTER, comm. de Suisse (Zurich); 21 819 h. Constructions électriques.

ÚSTÍ NAD LABEM, v. de Tchécoslovaquie (Bohême), sur l'Elbe; 77 000 h. Industries chimiques.

UTAH, un des États unis d'Amérique, dans les montagnes Rocheuses; 219 932 km²; 1 059 000 h. Cap. *Salt Lake City.* L'Utah est peuplé en majeure partie par les mormons, qui l'ont colonisé à partir de 1847. Cuivre.

UTAMARO KITAGAWA, graveur et peintre japonais, né à Kawagoe (1753-1806), l'un des grands maîtres de l'estampe japonaise, célèbre pour ses portraits de femme au charme sensuel.

'UTHMĀN IBN 'AFFĀN (m. en 656), troisième calife (644-656). Il fut en butte à l'opposition des compagnons du Prophète et des partisans d''Ali.

UTIQUE, anc. v. d'Afrique, au nord-ouest de Carthage. Après la ruine de Carthage, elle devint la capitale de la province romaine d'Afrique.

Utopie, essai, en latin, de Thomas More (1516), traduit en anglais en 1551. L'auteur y fait un tableau critique de la société anglaise et européenne, et imagine une terre où serait réalisée l'organisation idéale de l'État.

UTRECHT, v. des Pays-Bas, ch.-l. de la *prov. d'Utrecht* (1 328 km²; 874 000 h.), au sud du Zuiderzee; 245 000 h. Université. Cathédrale gothique. Musées. Industries métallurgiques, textiles et alimentaires. Foire internationale. Au début du XVIIIe s., la diffusion du jansénisme y provoqua un schisme et la formation de l'Église des vieux-catholiques (1723).

Utrecht *(traités d'),* ensemble de traités qui mirent fin à la guerre de la Succession d'Espagne (1713-1715). Philippe V conservait la couronne d'Espagne, mais renonçait à la couronne de France. L'intégrité du territoire français était préservée, mais Louis XIV reconnaissait la succession protestante en Angleterre et l'Électeur de Brandebourg comme roi de Prusse; il abandonnait plusieurs places (Tournai, Ypres, etc.) aux Provinces-Unies. L'Angleterre recevait d'importantes bases maritimes (Gibraltar, Minorque, Terre-Neuve, Acadie).

Utrecht *(Union d'),* union des sept provinces protestantes des Pays-Bas (1579) contre l'Espagne.

UTRILLO (Maurice), peintre français, né à Paris (1883-1955), fils de Suzanne Valadon. Il a exécuté des paysages, principalement de Montmartre, dans un style à la fois primitif quant à la conception et au dessin, raffiné quant à la couleur.

UTSUNOMIYA, v. du Japon (Honshū); 301 000 h.

UTTAR PRADESH, État le plus peuplé de l'Inde, situé dans la plaine du Gange; 294 400 km²; 88 341 000 h. Cap. *Lucknow.*

UUSIKAUPUNKI, nom finnois de *Nystad*.*

UVÉA ou **OUVÉA,** la principale des îles Wallis*.

UXELLODUNUM, oppidum de la Gaule, dans le pays des Cadurci ou Cadurques (Quercy), pris par César en 51 av. J.-C. Son nom est le symbole de l'ultime résistance gauloise. On le situe au Puy-d'Issolud, près de Vayrac (Lot).

UXMAL, site archéologique du Mexique (Yucatán) au sud de Mérida. Imposants vestiges d'un centre cérémoniel maya florissant entre 550-950.

V. ill. frontispice

UZEL (22460), ch.-l. de c. des Côtes-du-Nord; 928 h.

UZERCHE (19140), ch.-l. de c. de la Corrèze, sur la Vézère; 3 221 h. Église romane, vieilles maisons. Industries du bois.

UZÈS (30700), ch.-l. de c. du Gard; 7 387 h. Anc. cathédrale avec clocher roman cylindrique *(tour Fenestrelle),* château des ducs (XIe-XVIe s.), vieilles demeures.

Utrillo
la Rue du Mont-Cenis (1915)

Lauros-Giraudon

B. Hofmeester

Utrecht : le vieux canal et le clocher (XIVe s.) de la cathédrale

V

Venise : gondoles sur le Grand Canal, face à Santa Maria della Salute.

VAAL (le), riv. de l'Afrique du Sud, affl. de l'Orange (r. dr.); 1 200 km.

VAASA, v. de Finlande; 54 000 h.

VABRE (81330), ch.-l. de c. du Tarn; 1 119 h.

VACCARÈS (étang de), le plus grand étang (6 000 ha) de la Camargue (Bouches-du-Rhône). Réserve botanique et zoologique.

VADÉ (Jean Joseph), poète français, né à Ham (1719-1757). Auteur de vaudevilles et d'opéras-comiques, il créa la littérature « poissarde », consacrée à l'expression des mœurs et du langage des Halles.

VADUZ, cap. du Liechtenstein; 5 000 h.

VAGANOVA (Agrippina Iakovlevna), danseuse et pédagogue soviétique, née à Saint-Pétersbourg (1879-1951). Son enseignement et son traité des Fondements de la danse classique (1934) eurent une grande influence.

VÁH (le), riv. de Tchécoslovaquie (Slovaquie), affl. du Danube (r. g.); 433 km. Centrales hydroélectriques.

VAILLAND (Roger), écrivain français, né à Acy-en-Multien (Oise) [1907-1965]. Fondateur d'une revue surréaliste (le Grand Jeu), il s'affirma dans ses romans (Drôle de jeu, la Loi) et son théâtre comme un moraliste ironique.

VAILLANT (Sébastien), botaniste français, né à Vigny (1669-1722), auteur d'une flore de la région parisienne.

VAILLANT (Jean-Baptiste Philibert), maréchal de France, né à Dijon (1790-1872), ministre de la Guerre (1854) et grand maréchal du palais.

VAILLANT (Édouard), socialiste français, né à Vierzon (1840-1915). Responsable de l'éducation publique durant la Commune (1871), il dut se réfugier en Angleterre. Député à partir de 1893, il se montra hostile, jusqu'en 1914, à la collaboration avec les partis bourgeois.

VAILLANT (Auguste), anarchiste français, né à Mézières (v. 1861-1894). Il lança une bombe à la Chambre des députés (déc. 1893). Condamné à mort, il fut exécuté.

VAILLANT-COUTURIER (Paul), journaliste et homme politique français, né à Paris (1892-1937), rédacteur en chef de l'Humanité (1928-1937).

VAILLY-SUR-AISNE (02370), ch.-l. de c. de l'Aisne; 1 855 h.

VAILLY-SUR-SAULDRE (18260), ch.-l. de c. du Cher; 749 h.

VAIR (Guillaume DU), homme politique, orateur et philosophe français (1556-1621), garde des Sceaux (1615), auteur de traités philosophiques d'inspiration stoïcienne.

VAIRES-SUR-MARNE (77360), comm. de Seine-et-Marne; 10 030 h. Gare de triage. Centrale thermique.

VAISON-LA-ROMAINE (84110), ch.-l. de c. de Vaucluse; 5 211 h. Ruines romaines importantes : théâtre, thermes, etc. Anc. cathédrale romane.

Vaisseau fantôme (le), opéra en trois actes, paroles et musique de R. Wagner (1841), sur la légende du Hollandais volant.

VALACHIE, anc. principauté danubienne, région de la Roumanie. La Valachie tomba sous le joug turc en 1396. En 1716 y fut installé un hospodar phanariote. Le pays fut occupé par les Russes de 1806 à 1812 et de 1828 à 1834. Indépendante en 1856, la Valachie forma avec la Moldavie la Roumanie en 1859.

VALADON (Marie Clémentine, dite **Suzanne**), peintre français, née à Bessines-sur-Gartempe (1865-1938), mère de Maurice Utrillo. Elle est l'auteur de nus, de natures mortes et de paysages d'un style puissant.

VALAIS, cant. suisse, dans la vallée du Rhône; 5 231 km²; 207 000 h. (Valaisans). Ch.-l. Sion. Membre de la République helvétique (1799), puis République indépendante (1802), annexée à la France (1810) pour former le département du Simplon, le Valais entra dans la Confédération suisse en 1814.

VAL-ANDRÉ (le), écart de la comm. de Pléneuf-Val-André*. Station balnéaire.

VALBERG (col de), col des Alpes-Maritimes, dominé par la Croix de Valberg (1 829 m). Station de sports d'hiver (alt. 1 700-2 060 m).

VALBONNAIS, ch.-l. de c. de l'Isère; 431 h.

Valbonne (camp de la), camp militaire situé à 25 km au nord-est de Lyon (Ain).

VALBONNE (plateau de), site d'un complexe culturel et scientifique, au nord de Cannes.

VAL-CENIS (73480 Lanslebourg Mont Cenis), station de sports d'hiver (alt. 1 500-2 800 m) de la Savoie, en Maurienne (comm. de Lanslebourg-Mont-Cenis et Lanslevillard).

VALDAHON (25800), comm. du Doubs; 3 595 h. Camp militaire.

VALDAÏ, plateau du nord-ouest de la Russie, où naît la Volga; alt. 321 m.

VAL-D'AJOL (Le) [88340], comm. des Vosges; 5 623 h.

VAL D'ARLY → FLUMET.

Val-de-Grâce (le), anc. couvent de Paris, rue Saint-Jacques, construit au XVIIᵉ s. d'après des plans de F. Mansart. Transformé en hôpital d'instruction et école du Service de santé des armées, il a été agrandi et modernisé de 1975 à 1978. Un dôme majestueux, dont la coupole est peinte par P. Mignard, surmonte la chapelle.

VAL-DE-GRIS (52360), ch.-l. de c. de la Haute-Marne; 2 305 h.

VAL DE LOIRE, partie de la vallée de la Loire entre sa sortie du Massif central et les confins du Massif armoricain (au sens étroit, l'expression désigne seulement la vallée de la Loire en aval de Briare). Longue de plus de 300 km, large de 3 à 12 km, fertilisée par les alluvions fluviales, c'est une riche région agricole (vigne, pépinières, primeurs).

VALDEMAR Iᵉʳ le Grand (1131-1182), roi de Danemark de 1157 à 1182. — VALDEMAR II Sejr

chapelle du **Val-de-Grâce**

Roger **Vailland**

(1170-1241), roi de Danemark de 1202 à 1241. — VALDEMAR III *den Unge* (v. 1314-1364), roi de Danemark de 1326 à 1330. — VALDEMAR IV *Atterdag* (v. 1320-1375), roi de Danemark de 1340 à 1375.

VAL-DE-MARNE *(dép. du)* **[94]**, dép. de la Région Île-de-France; ch.-l. de dép. *Créteil;* ch.-l. d'arr. *L'Haÿ-les-Roses, Nogent-sur-Marne;* 3 arr., 39 cant., 47 comm.; 244 km²; 1215 713 h. Il appartient à l'académie de Créteil, à la circonscription judiciaire, à la région militaire et à la province ecclésiastique de Paris. La vallée de la Seine, jalonnée de centres industriels (Villeneuve-Saint-Georges, Vitry-sur-Seine, Alfortville, Ivry-sur-Seine), sépare deux secteurs à caractère plus résidentiel (Arcueil, Cachan, L'Haÿ-les-Roses à l'ouest, vallée de la Marne et communes limitrophes du bois de Vincennes à l'est). L'est et le sud-est, plus éloignés de Paris, conservent encore un caractère partiellement rural, malgré l'urbanisation progressive.

VAL-DE-MEUSE (Le) [52140], ch.-l. de c. de la Haute-Marne; 2 258 h.

VALDERIÈS [81350], ch.-l. de c. du Tarn; 637 h.

VALDÉS (Juan DE), humaniste espagnol, né à Cuenca (v. 1499-1541), auteur d'un *Dialogue de la langue* (v. 1536), document sur l'histoire de la langue littéraire castillane.

VALDÉS LEAL (Juan DE), peintre espagnol, né à Séville (1622-1690). Il est le dernier maître andalou du « siècle d'or », et le plus résolument baroque.

VALDEZ, terminal pétrolier de la côte sud de l'Alaska.

VAL-D'ISÈRE [73150], comm. de Savoie, en Tarentaise; 1344 h. Station de sports d'hiver (alt. 1850-3 249 m).

VALDIVIA, port du Chili méridional; 82 000 h.

VALDIVIA (Pedro DE), compagnon de Pizarro (v. 1500-1553). Il acheva la conquête du Chili.

VALDO ou **VALDÈS** (Pierre), dit **Pierre de Vaux** (v. 1140 - v. 1217). Riche marchand lyonnais, il fonda la secte des « pauvres de Lyon », appelés *vaudois.*

VALDOIE [90300], ch.-l. de c. du Territoire de Belfort; 4485 h.

VAL-D'OISE *(dép. du)* **[95]**, dép. de la Région Île-de-France; ch.-l. de dép. *Pontoise;* ch.-l. d'arr. *Argenteuil, Montmorency;* 3 arr., 35 cant.,

VAL-DE-MARNE

VAL-D'OISE

185 comm.; 1 249 km²; 840 885 h. Il appartient à l'académie et à la circonscription judiciaire de Versailles, à la région militaire et à la province ecclésiastique de Paris. En dehors de son extrémité méridionale et de la vallée de l'Oise (Persan, Beaumont et Cergy-Pontoise), secteurs correspondant à des axes de circulation où l'industrie s'est développée (métallurgie, chimie), le dép. a encore une vocation largement agricole. À l'ouest de l'Oise, les plateaux du Vexin français portent des cultures céréalières et betteravières. À l'est, au-delà des massifs forestiers (Montmorency, L'Isle-Adam), apparaissent les plateaux dénudés du pays de France, domaines de la

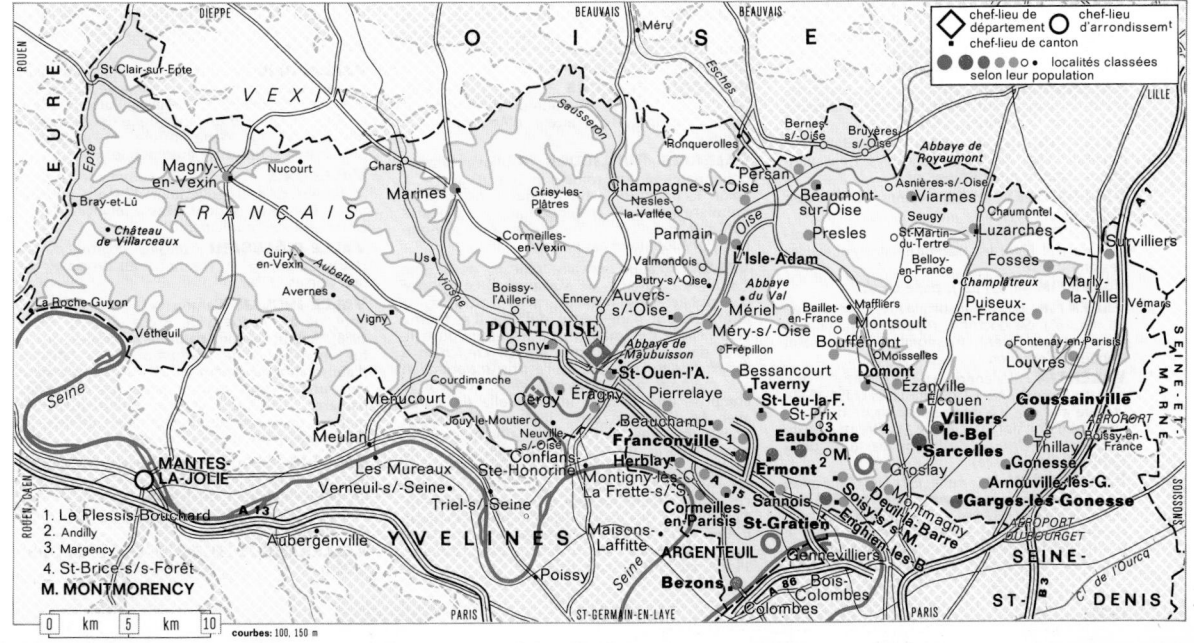

grande culture. La proximité de Paris, l'aménagement de la ville nouvelle de Cergy-Pontoise expliquent le rapide développement des grands ensembles résidentiels (Sarcelles) et des lotissements.

VAL-D'OR, v. du Canada (Québec), dans l'Abitibi ; 19 915 h. Métallurgie.

VALÉE (Sylvain Charles, *comte*), maréchal de France, né à Brienne-le-Château (1773-1846). Il réorganisa l'artillerie (1822), prit Constantine (1837) et fut gouverneur général de l'Algérie (1837-1840).

VALENÇAY (36600), ch.-l. de c. de l'Indre ; 3 171 h. *(Valencéens).* Château des XVIe-XVIIIe s., qui a appartenu à Talleyrand. Fromages.

VALENCE, en esp. **Valencia,** port d'Espagne, à l'embouchure du Guadalaviar, sur la Méditerranée ; 720 000 h. Archevêché. Université. Cathédrale (XIIIe-XVIIIe s.), *Lonja de la Seda* (XVe s.), palais de *Dos Aguas* (XVIIIe s.) et autres monuments. Musées. La ville se trouve au centre d'une riche *huerta.* Elle fut la capitale d'un royaume maure indépendant de 1021 à 1238. — La *région de Valence* englobe les provinces d'Alicante, de Castellón de la Plana et de Valence ; 23 305 km²; 3 446 000 h.

VALENCE (26000), ch.-l. du dép. de la Drôme, sur le Rhône, à 560 km au sud-est de Paris ; 70 307 h. *(Valentinois).* Cathédrale en partie romane. Constructions mécaniques et électriques. Cartoucherie.

VALENCE ou **VALENCE-D'AGEN** (82400), ch.-l. de c. de Tarn-et-Garonne ; 4 411 h. Marché. Matériel sanitaire.

VALENCE-D'ALBIGEOIS (81340), ch.-l. de c. du Tarn ; 1 188 h.

VALENCE-SUR-BAÏSE (32310), ch.-l. de c. du Gers ; 1 258 h. Bastide du XIIIe s.

VALENCIA, v. du Venezuela, à l'ouest de Caracas ; 367 000 h.

VALENCIENNES (59300), ch.-l. d'arr. du Nord, sur l'Escaut ; 43 202 h. *(Valenciennois)* [plus de 350 000 h. dans l'agglomération]. Citadelle de Vauban. Riche musée des Beaux-Arts (écoles flamande et française, fonds Carpeaux, etc.). Métallurgie. Chimie.

VALENCIENNES (Pierre Henri DE), peintre français, né à Toulouse (1750-1819). Maître du paysage historique, bon pédagogue, il a rapporté de ses voyages en Italie de nombreuses esquisses peintes sur le motif (Louvre).

VALENCIENNES (Achille), zoologiste français, né à Paris (1794-1865). On lui doit une *Histoire naturelle des poissons,* en 22 volumes.

VALENS (Flavius), né à Cibalae (Pannonie) [v. 328-378], empereur romain (364-378). Associé à son frère Valentinien Ier, il gouverna les provinces orientales de l'Empire. Il se rallia à l'arianisme et périt en combattant les Wisigoths.

VALENSOLE (04210), ch.-l. de c. des Alpes-de-Haute-Provence, sur le *plateau de Valensole* (culture de la lavande) ; 1 721 h.

VALENTIA, île des côtes occidentales de l'Irlande. Tête de ligne de câbles transatlantiques. Station météorologique.

VALENTIGNEY (25700), comm. du Doubs ; 14 896 h. Cycles.

VALENTIN *(saint),* martyr (IIIe s.). La Saint-Valentin (14 févr.) est traditionnellement la fête des amoureux.

VALENTIN (m. en 827), pape en 827.

VALENTIN, gnostique originaire d'Alexandrie (m. en 161). Sa doctrine, répandue en Italie, à Rome et en Orient, fut combattue par saint Irénée et Tertullien.

VALENTIN (Valentin DE BOULOGNE, dit), peintre français, né à Coulommiers (1591-1632). Installé à Rome, il a interprété la leçon du Caravage avec une noblesse grave *(Judith,* musée de Toulouse ; *la Diseuse de bonne aventure,* deux *Concert,* etc., Louvre).

VALENTINIEN Ier, né à Cibalae (Pannonie) [321-375], empereur romain de 364 à 375. Associé à son frère Valens, il s'installa à Milan. Il contint les Barbares hors de l'Empire, dont il fortifia les frontières et s'efforça d'améliorer la condition des classes populaires. — VALENTI-

NIEN II (v. 371-392), fils du précédent, empereur romain (375-392), assassiné par ordre de son tuteur Arbogast. — VALENTINIEN III (419-455), empereur romain d'Occident de 425 à 455. Il demeura dans la dépendance de Théodose II, empereur d'Orient. Il fut assassiné par les fidèles d'Aetius, qu'il avait tué (454) pour se libérer de sa tutelle.

VALENTINO (Rodolfo GUGLIELMI, dit **Rudolph**), acteur américain d'origine italienne, né à Castellaneta (1895-1926). Il fut l'une des grandes stars d'Hollywood des années 20 *(les Quatre Cavaliers de l'Apocalypse,* 1921 ; *le Cheikh,* 1922 ; *Arènes sanglantes,* 1922).

VALENTINOIS, anc. pays de France ; ch.-l. *Valence,* dans le dép. de la Drôme. Le titre ducal de Valentinois appartient à la famille de Monaco depuis le XVIIe s.

VALENTON (94460), comm. du Val-de-Marne ; 11 153 h.

Valentin : *Joueur de luth*

Paul **Valéry**

César **Vallejo**

Ramón del **Valle-Inclán**

VALERA (Eamon DE) → DE VALERA.

VALERA Y ALCALÁ GALIANO (Juan), écrivain espagnol, né à Cabra (Cordoue) [1824-1905]. Ses romans évoquent la société andalouse ou madrilène *(Pepita Jiménez,* 1874).

VALÈRE MAXIME, historien latin, contemporain de Tibère (Ier s.). Il a laissé neuf livres de *Faits et dits mémorables,* compilation de brefs récits qui sont une mine d'anecdotes.

VALÉRIEN, en lat. **Publius Licinius Valerianus** (m. en 259 ou 260), empereur romain de 263 à 259 ou 260. Il associa à l'Empire son fils Gallien, auquel il confia la défense de l'Occident. Il persécuta les chrétiens (édits de 257 et 258) et entreprit contre les Perses une guerre désastreuse. Fait prisonnier par Châhpur Ier, il fut mis à mort.

VALÉRIEN *(mont),* butte de la banlieue ouest de Paris ; 161 m. Fort dans lequel de nombreux Français furent fusillés par les Allemands lors de la Seconde Guerre mondiale.

VALERIUS FLACCUS (Caius), poète latin (v. 45 apr. J.-C.- v. 90), auteur des *Argonautiques,* inspirés de l'œuvre d'Apollonios de Rhodes.

VALERIUS PUBLICOLA (Publius), homme politique et général romain (m. en 503 av. J.-C.). Selon la tradition, il fut un des consuls de la première année de la République. Les mesures qu'il prit en faveur du peuple le firent surnommer *Publicola* (ami du peuple).

VALÉRY (Paul), écrivain français, né à Sète (1871-1945). Disciple de Mallarmé, il commence par publier des poèmes, mais voit dans la poésie une dangereuse idolâtrie. Il se tourne vers l'étude des mathématiques et retrouve le goût de la création artistique en cherchant à établir l'activité créatrice de l'esprit *(Introduction à la méthode de Léonard de Vinci,* 1895). Il se compose une éthique intellectuelle *(la Soirée avec M. Edmond Teste,* 1896) et retrouve la poésie *(la Jeune Parque,* 1917 ; *Charmes,* 1922), dont, à partir de 1937, il enseignera l'art au Collège de France. Il poursuit cependant ses réflexions sur la peinture, la musique, les sciences, qui donnent matière à des essais *(Variété,* 1924-1944), à des dialogues de forme socratique *(l'Âme et la Danse,* 1923) et à une abondante œuvre posthume *(Mon Faust,* 1946 ; *Cahiers,* 14 vol. en 1965). [Acad. fr.]

VALETTE (La), cap. et port de l'île de Malte, sur la côte est ; 14 000 h. Base navale. Musée national de Malte.

VALETTE-DU-VAR (La) (83160), ch.-l. de c. du Var ; 14 873 h.

Valeur militaire *(croix de la),* décoration militaire française, créée en 1956 pour récompenser les actions d'éclat.

Valeur militaire *(médaille de la),* décoration italienne, créée en 1833.

VALGORGE (07110 Largentière), ch.-l. de c. de l'Ardèche ; 451 h.

VAL-HALL → WALHALLA.

VALKYRIE → WALKYRIE.

VALLA (Lorenzo DELLA VALLE, dit **Laurentius**), humaniste italien, né à Rome (1407-1457). Il chercha, à travers une critique de l'aristotélisme médiéval, à concilier la sagesse antique avec la foi chrétienne.

VALLADOLID, v. d'Espagne (Vieille-Castille), sur le Pisuerga ; 293 000 h. Archevêché. Église S. Pablo et collège S. Gregorio, aux façades-retables envahies d'un fantastique décor sculpté (fin du XVe s.). Riche musée de sculptures polychromes. Industrie automobile.

VALLAURIS [-ris] (06220), comm. des Alpes-Maritimes, près du golfe Juan ; 17 466 h. *(Vallauriens).* Céramiques, dont Picasso relança la fabrication. Musée municipal.

VALLE-D'ALESANI (20234), comm. de la Haute-Corse ; 501 h. Neuhof y fut proclamé roi des Corses (1736).

VALLE-INCLÁN (Ramón DEL), écrivain espagnol, né à Villanueva de Arosa (Galice) [1869-1936]. Auteur de romans et de comédies *(Sonates, le Marquis de Bradomín),* il se rattache d'abord au mouvement moderniste, puis évolue vers un art plus réaliste avec ses *Comédies barbares* (1907-1922) et ses *esperpentos,* qui mettent en scène des personnages affligés de difformités physiques et morales.

VALLEJO (César), poète péruvien, né à Santiago de Chuco (1892-1938). Son œuvre marque un bouleversement du lyrisme hispano-américain *(les Hérauts noirs,* 1918 ; *Trilce,* 1922 ; *Poèmes humains,* 1939).

VALLERAUGUE (30570), ch.-l. de c. du Gard ; 1 028 h.

VALLERY-RADOT (Pasteur) → PASTEUR VALLERY-RADOT.

VALLERYSTHAL, localité de la Moselle (comm. de Troisfontaines). Verrerie.

VALLÈS (Jules), écrivain et journaliste français, né au Puy (1832-1885). Journaliste engagé (*l'Argent, la Rue*), il fit paraître *le Cri du peuple* et fut membre de la Commune : toutes ces expériences se retrouvent dans son cycle romanesque autobiographique (*l'Enfant, le Bachelier, l'Insurgé*).

VALLESPIR (le), région des Pyrénées orientales, parcourue par le Tech.

VALLET (44330), ch.-l. de c. de la Loire-Atlantique; 5 060 h. Vins (muscadet).

VALLEYFIELD, v. du Canada (Québec), sur le Saint-Laurent; 29 716 h. Raffinerie de zinc.

VALLINOT (Le) [52600 Chalindrey], ch.-l. de c. de la Haute-Marne; 551 h.

Lauros-Giraudon

Jules **Vallès**
par G. Courbet

VALLOIRE (73450), comm. de Savoie; 923 h. Église du XVIIe s. Sports d'hiver (alt. 1 430-2 500 m).

VALLONNET (le), site proche de Roquebrune-Cap-Martin (Alpes-Maritimes). Grotte qui a livré des vestiges d'une faune villafranchienne et un outillage lithique comptant parmi les plus anciens d'Europe (glaciation de Günz).

VALLON-PONT-D'ARC (07150), ch.-l. de c. de l'Ardèche; 1 901 h.

VALLORBE, v. de Suisse (Vaud); 4 028 h. Gare internationale.

VALLORCINE (74660), comm. de Haute-Savoie; 283 h. Centre touristique à 1 261 m d'alt.

VALLOT (Joseph), astronome et géographe français, né à Lodève (1854-1925). Il dressa une carte du massif du Mont-Blanc.

VALLOTTON (Félix), peintre et graveur français d'origine suisse, né à Lausanne (1865-1925). Lié aux nabis, il est l'auteur de mordantes gravures sur bois et de toiles à la fois réalistes et audacieusement stylisées.

VALLOUISE (05290), comm. des Hautes-Alpes; 451 h. Église du XVe s. — À proximité, station de sports d'hiver *Vallouise-Pelvoux* (alt. 1 150-2 150 m).

VALMIKI, auteur du Ve s. av. J.-C., peut-être légendaire, à qui l'on attribue le *Rāmāyaṇa*.

VALMONT (76540), ch.-l. de c. de la Seine-Maritime; 835 h. Restes d'une abbaye bénédictine.

VALMY (51800 Ste Menehould), comm. de la Marne; 304 h. Victoire de Dumouriez et de Kellermann sur les Prussiens, le 20 septembre 1792.

VALOGNES (50700), ch.-l. de c. de la Manche; 6 081 h. Vieilles demeures échappées aux destructions de 1944.

VALOIS, pays de l'anc. France, sur la rive gauche de l'Oise, incorporé au domaine royal en 1213; ch.-l. *Crépy-en-Valois*.

VALOIS, branche des Capétiens, qui régna sur la France de 1328 à 1589, de l'avènement de Philippe VI à la mort, sans postérité, d'Henri III.

VALOIS (Ninette DE) → DE VALOIS.

VALPARAÍSO, principal port du Chili; 280 000 h. Pêche. Métallurgie.

VALRAS-PLAGE (34350), comm. de l'Hérault; 2 541 h. Station balnéaire sur la Méditerranée.

VALRÉAS [-as] (84600), ch.-l. de c. de Vau-cluse, enclavé dans la Drôme; 8 509 h. Église en partie romane. Cartonnages.

VALROMEY, anc. pays de France (dép. de l'Ain), cédé par la Savoie à la France (1601).

VAL-SAINT-LAMBERT, écart de la comm. belge de Seraing. Cristallerie.

VALSERINE (la), riv. du Jura, affl. du Rhône (r. dr.); 50 km.

VALS-LES-BAINS (07600), ch.-l. de c. de l'Ardèche; 4 174 h. Eaux minérales gazeuses alcalines.

VALTELINE, en ital. **Valtellina,** pays de l'Italie, formé par la haute vallée de l'Adda, en amont du lac de Côme. V. pr. *Sondrio*. Pendant la guerre de Trente Ans, Richelieu l'occupa pour empêcher la jonction entre les possessions des Habsbourg d'Espagne et d'Autriche.

VAL-THORENS (73440 St Martin de Belleville), station de sports d'hiver de Savoie (alt. 2 300-3 400 m), dans le massif de la Vanoise.

VAMBA → WAMBA.

VAN, lac de la Turquie orientale; 3 700 km².

VAN ACKER (Achille), homme politique belge, né à Bruges (1898-1975). Socialiste, il fut Premier ministre en 1945-46 et de 1954 à 1958.

VAN ALLEN (James Alfred), physicien américain, né à Mount Pleasant (Iowa) en 1914. Il a découvert les ceintures de radiation de la haute atmosphère.

VAN ARTEVELDE (Jacob), bourgeois de Gand, né à Gand (v. 1290-1345). Chef des Flamands révoltés contre le comte de Flandre, il se heurta au particularisme des villes flamandes et périt dans une émeute. — Son fils FILIPS, né à Gand (1340-1382), capitaine des Gantois, fut tué à la bataille de Rozebeke.

VAN BENEDEN (Edouard), zoologiste belge, né à Louvain (1846-1910). Il a découvert la réduction chromatique, ou méiose, des cellules reproductrices.

VANBRUGH (*sir* John), architecte et auteur dramatique anglais, né à Londres (1664-1726). Il a notamment élevé le palais de Blenheim, à Woodstock (1705).

VAN BUREN (Martin), homme d'État américain, né à Kinderhook (1782-1862), président des États-Unis de 1837 à 1841.

VAN CLEVE (Joos), peintre flamand, né à Clèves (?) [v. 1490-v. 1540]. Maître à Anvers en 1511, auteur de tableaux religieux (retable de *la Mort de Marie*, Cologne), il fut aussi un excellent portraitiste.

VAN COEHOORN (Menno, *baron*), ingénieur militaire néerlandais, né à Britsum, près de Leeuwarden (1641-1704). Surnommé le *Vauban hollandais*, il dessina les fortifications de Nimègue, de Breda et de Bergen op Zoom.

VANCOUVER, port du Canada (Colombie britannique), sur le détroit de Géorgie et près de l'embouchure du Fraser, en face de l'*île de Vancouver*; 410 188 h. (plus d'1,1 million dans l'agglomération, la troisième du pays). Archevêché. Université. Débouché canadien sur le Pacifique et important centre industriel (métallurgie, raffinage du pétrole, cimenterie, chimie, alimentation).

VANCOUVER (*île*), île canadienne de la côte de la Colombie britannique; 40 000 km². V. pr. *Victoria*.

VANCOUVER (George), navigateur anglais (1757-1798). Il assura la prise de possession anglaise sur le littoral ouest du Canada (1791-1795).

VANDALES, peuple germanique qui envahit la Gaule, l'Espagne, puis, sous la conduite de Geiséric (428-477), l'Afrique romaine, où il fonda un royaume (territoire de l'actuelle Tunisie et la partie est de l'Algérie). Ce royaume disparut en 533 lors de la conquête byzantine de l'Afrique au temps de Justinien Ier.

VAN DE GRAAFF (Robert Jemison), physicien américain, né à Tuscaloosa (Alabama) [1901-1967], créateur d'une grande machine électrostatique.

Vandellós, centrale nucléaire d'Espagne (Catalogne), sur la Méditerranée.

Vandenberg, base américaine de lancement d'engins spatiaux, en Californie du Sud.

VAN DEN BOSCH (Johannes, *comte*), administrateur néerlandais, né à Herwijnen (Gueldre) [1780-1844]. Gouverneur des Indes néerlandaises (1830-1833), il y imposa un système de cultures forcées. Il fut ministre des Colonies de 1835 à 1839.

VAN DEN VONDEL (Joost), poète hollandais, né à Cologne (1587-1679), auteur de traductions des poètes grecs, d'œuvres lyriques et satiriques et de 24 tragédies avec chœurs, d'inspiration chrétienne (*Lucifer*, 1654; *Adam exilé*, 1664).

VAN DE POELE (Karel Joseph), technicien belge, né à Lichtervelde (1846-1892). Parmi ses nombreuses inventions, il faut citer la traction électrique par trolley.

VAN DER GOES (Hugo), peintre flamand, maître à Gand en 1467 (m. en 1482). Monumental et pathétique, il a imprimé au réalisme flamand la marque de son esprit angoissé (*Triptyque Portinari*, Offices; *la Mort de la Vierge*, Bruges).

VAN DER MEULEN (Adam Frans), peintre flamand, né à Bruxelles (1632-1690). Ses tableaux, d'une construction panoramique, relatent l'histoire militaire du règne de Louis XIV.

VANDERVELDE (Émile), homme politique belge, né à Ixelles (1866-1938). Député socialiste (1894), président de la IIe Internationale (1900), il fut notamment ministre des Affaires étrangères (1925-1927).

VAN DER WAALS (Johannes Diderik), physicien néerlandais, né à Leyde (1837-1923). Il étudia les forces d'attraction moléculaires. (Prix Nobel, 1910.)

VAN DER WEYDEN (Rogier DE LA PASTURE, ou), peintre hainuyer, né à Tournai (v. 1400-1464), le plus célèbre des « primitifs flamands » après Van Eyck (*Descente de Croix*, Prado; retable du *Jugement dernier*, hôtel-Dieu de Beaune).

VAN DE VELDE, famille de peintres paysagistes néerlandais du XVIIe s., dont les plus connus sont ESAIAS, né à Amsterdam (1590/91-1630), qui inaugure la vision réaliste du paysage hollandais, et WILLEM le Jeune, né à Leyde (1633-1707), son neveu, qui fut peintre de marines.

VAN DE VELDE (Henry), architecte, décorateur et peintre belge, né à Anvers (1863-1957). Il fut un des principaux animateurs du mouvement moderniste en Europe, à la fois attaché à un *modern style* retenu et au fonctionnalisme.

VAN DE WOESTIJNE (Karel), écrivain belge d'expression néerlandaise, né à Gand (1878-1929), auteur de poèmes et de récits qui témoignent d'une lutte constante entre le mysticisme et la sensualité (*l'Ombre dorée, Janus au double visage*). — Son frère GUSTAVE, né à Gand (1881-1947), fut un des peintres du premier groupe de Laethem-Saint-Martin.

VAN DIEMEN (Anthony), administrateur hollandais, né à Culemborg (1593-1645). Gouverneur général de la Compagnie des Indes néerlandaises, il étendit son influence à Ceylan et à Malacca.

VAN DIJK (Peter), danseur et chorégraphe allemand, né à Brême en 1929. Grand interprète (*Giselle, Petrouchka*), chorégraphe d'une rare musicalité (*la Symphonie inachevée*), il s'est affirmé comme directeur de troupe (Ballet de l'Opéra de Hambourg, Ballet du Rhin).

VANDŒUVRE-LÈS-NANCY (54500), ch.-l. de c. de Meurthe-et-Moselle; 34 880 h.

VAN DONGEN (Kees), peintre français d'origine néerlandaise, né à Delfshaven, près de Rotterdam (1877-1968). L'un des fauves, il est l'auteur de scènes de la vie moderne et de portraits.

VAN DYCK (Antoine), en néerl. **Antoon Van Dijck,** peintre flamand, né à Anvers (1599-1641). Collaborateur de Rubens de 1617 à 1621, il travaille ensuite à Gênes, puis de nouveau à Anvers; appelé en Angleterre en 1632, il devient le peintre de Charles Ier et de la Cour. Le succès de ses portraits, pleins de virtuosité et de distinction, fut immense.

Van Eyck : *la Vierge du chancelier Rolin*

Van Gogh : *la Chaise et la pipe* (1888)

Van Goyen
Vue de rivière
(1652)

VÄNERN, le plus grand lac de Scandinavie (Suède), se déversant dans le Cattégat par le Göta älv; 5 546 km².

VANES. *Myth. germ.* Divinités agraires opposées aux dieux *Ases.*

VAN EYCK (Jan), peintre flamand (v. 1390/1400-1441). Il passe du service de Jean de Bavière, futur comte de Hollande (miniatures des *Très Belles Heures de Notre-Dame,* Turin), à celui de Philippe le Bon (1425), est chargé de missions diplomatiques et se fixe à Bruges vers 1430. Sa renommée grandit avec l'inauguration en 1532, à Gand, du retable de *l'Agneau mystique* (qu'avait entrepris, semble-t-il, un Hubert Van Eyck, qui serait son frère aîné). Associant diverses techniques (dont l'huile) pour donner à la matière picturale un pouvoir de suggestion inédit, dégagé, au profit d'un réalisme attentif, du maniérisme ornemental du style gothique international, il est, avec R. Campin, le fondateur de la grande école flamande, tant par ses tableaux religieux (*Vierge du chancelier Rolin,* Louvre) que par ses portraits (*Époux Arnolfini,* National Gallery, Londres). Ces derniers inaugurent le genre de la scène d'intérieur profane.

VAN GENNEP (Arnold), anthropologue français, né à Ludwigsburg (1873-1957). Il pratiqua une méthode rigoureuse d'analyse des faits recueillis sur le terrain. Il a écrit un *Manuel de folklore français contemporain* (1937-1958).

VAN GOGH (Vincent), peintre néerlandais, né à Groot-Zundert (1853-1890). Après des séjours dans le Borinage et à Nuenen, il vécut à Paris (1886-87), puis gagna la Provence. Interné à l'asile psychiatrique de Saint-Rémy-de-Provence, il s'installa ensuite à Auvers-sur-Oise (1890), où il mit fin à ses jours. Il chercha à obtenir le maximum d'intensité et de vibration chromatique dans ses natures mortes, ses portraits, ses paysages, et fut ainsi le grand précurseur des fauves et des expressionnistes. Il est bien représenté au Louvre, mais mieux encore au musée national Van Gogh d'Amsterdam et au musée Kröller-Müller d'Otterloo.

VAN GOYEN (Jan), peintre néerlandais, né à Leyde (1596-1656). L'un des meilleurs paysagistes de son pays, élève d'E. Van de Velde, il est renommé pour ses vues fluviales aux grands ciels, aux miroitements argentés ou dorés.

VAN HEEMSKERCK (Maarten), peintre et dessinateur néerlandais, né à Heemskerck, près d'Alkmaar (1498-1574). Italianisant, il est l'auteur de grands retables d'un expressionnisme tourmenté ainsi que de portraits.

VAN HELMONT (Jan Baptist), médecin et chimiste flamand, né à Bruxelles (1577-1644). Il découvrit le gaz carbonique et le suc gastrique, et inventa le thermomètre.

VANIKORO, île britannique de la Mélanésie, au nord des Nouvelles-Hébrides, où, en 1788, La Pérouse et son équipage périrent dans un naufrage.

VANINI (Giulio Cesare ou Lucilio), philosophe italien, né à Taurisano (Lecce) [1585-1619]. Il fut brûlé à Toulouse comme coupable d'athéisme et de magie.

VAN LAER ou **VAN LAAR** (Pieter), dit **Bamboccio,** peintre hollandais, né à Haarlem (1599-1642?). Installé à Rome, il excella à représenter des scènes de la vie populaire, qu'on appela, d'après son surnom, *bambochades.*

VAN LEEUWENHOEK (Antonie), naturaliste hollandais, né à Delft (1632-1723). Avec les microscopes qu'il fabriqua, il découvrit un nombre considérable d'éléments anatomiques et d'animaux de très faibles dimensions.

VAN LOO ou **VANLOO,** famille de peintres français d'origine néerlandaise, dont les principaux représentants sont : JEAN-BAPTISTE, né à Aix-en-Provence (1684-1745), qui travailla en Italie, à Paris (académicien en 1731) et à Londres comme peintre d'histoire, décorateur, portraitiste; — CHARLES ANDRÉ, dit **Carle,** frère du précédent, né à Nice (1705-1765), formé en Italie, professeur à l'Académie royale de Paris en 1737, premier peintre du roi en 1762, qui représente le «grand style» au sein de l'esthé-

tique rococo (tableaux religieux ou mythologiques, «turqueries», panneaux décoratifs, etc.); — LOUIS MICHEL, né à Toulon (1707-1771), fils de Jean-Baptiste, travailla à la cour d'Espagne; — CHARLES AMÉDÉE, né à Rivoli (1719-1795), frère du précédent, surtout actif à la cour de Prusse; — JULES CÉSAR, né à Paris (1743-1821), fils de Carle, paysagiste d'un goût préromantique.

VAN MANDER (Carel), peintre et écrivain d'art flamand, né à Meulebeke (1548-1606). Son *Livre de peinture* (Haarlem, 1504) est un précieux témoignage sur les peintres flamands, hollandais et allemands des XVᵉ et XVIᵉ s.

VAN MUSSCHENBROEK (Petrus), physicien néerlandais, né à Leyde (1692-1761), inventeur de la «bouteille de Leyde».

VANNE (la), affl. de l'Yonne (r. dr.); 58 km. Une partie de ses eaux sert à l'alimentation de Paris.

VANNES (56000), ch.-l. du dép. du Morbihan, près de l'Atlantique, à 450 km à l'ouest de Paris; 43 507 h. *(Vannetais).* Remparts, cathédrale des XIIIᵉ-XVIIIᵉ s., vieilles maisons. Tréfilerie.

VANNES-LE-CHÂTEL (54112), comm. de Meurthe-et-Moselle; 512 h. Verrerie.

VANOISE *(massif de la),* massif des Alpes, entre les vallées de l'Arc et de l'Isère; 3 852 m. Parc national (52 800 ha).

VAN ORLEY (Bernard), peintre et décorateur flamand, né à Bruxelles (v. 1488-1541), artiste officiel au style de transition, auteur de retables ainsi que de cartons pour des vitraux et des tapisseries (*Chasses de Maximilien,* Louvre).

VAN OSTADE (Adriaen), peintre hollandais, ▷ né à Haarlem (1610-1685), auteur de scènes d'intérieur dans l'esprit de Brouwer. — Son frère ISAAC, né à Haarlem (1621-1649), subit son influence, puis se spécialisa dans le paysage.

VAN RUUSBROEC ou **VAN RUYSBROEK** (Jan), dit **l'Admirable,** théologien et écrivain brabançon, né à Ruisbroek (1293-1381). Il fut à l'origine de la *Devotio moderna*; ses écrits mystiques comptent parmi les premiers chefs-d'œuvre de la langue néerlandaise.

VAN RUYSDAEL → RUYSDAEL.

VANS (Les) [07140], ch.-l. de c. de l'Ardèche; 2 406 h.

VAN SCHENDEL (Arthur), écrivain néerlandais, né à Batavia (auj. Jakarta) [1874-1946], peintre de la province hollandaise dans des romans marqués par la recherche du style (*la Frégate «Jeanne-Marie»,* 1930).

VAN SCOREL (Jan), peintre néerlandais, né à Schoorl, près d'Alkmaar (1495-1562). Installé à Utrecht, vers 1525, après avoir voyagé (séjours à Venise et surtout à Rome...), il fut l'un des premiers à introduire l'influence italienne aux Pays-Bas. Réalisme nordique et expressionnisme

Vannes, cathédrale Saint-Pierre
rotonde (1537) de la chapelle
du Saint-Sacrement

Van Scorel, *Lapidation de saint Étienne*
panneau du *Polyptyque
de Marchiennes* (v. 1540)

Van Ostade : *le Maître d'école*

VARENGEVILLE-SUR-MER (76119), comm. de la Seine-Maritime; 996 h. Manoir d'Ango, du XVIᵉ s. Station balnéaire.
VARENNES, localité du Canada (Québec); 6 469 h. Centre de recherches hydroélectriques.
VARENNES-EN-ARGONNE (55270), ch.-l. de c. de la Meuse; 670 h. C'est dans ce bourg que Louis XVI fut arrêté en juin 1791, au moment où il fuyait à l'étranger.
VARENNES-SUR-ALLIER (03150), ch.-l. de c. de l'Allier; 5 188 h.
VARENNES-VAUZELLES (58640), comm. de la Nièvre; 8 557 h.
VARÈSE, v. d'Italie (Lombardie), près du *lac de Varèse;* 91 000 h. Anc. palais d'Este (XVIIIᵉ s.).
VARÈSE (Edgard ou Edgar), compositeur français naturalisé américain, né à Paris (1883-1965). Se considérant comme compositeur et acousticien, il a renouvelé les problèmes du rythme et du timbre (*Intégrales*, 1925; *Ionisation*, 1931) et abordé l'électroacoustique (*Déserts*, 1954).
VARGA (Ievgueni), économiste soviétique d'origine hongroise, né à Budapest (1874-1964).
VARGAS (Getúlio), homme d'État brésilien, né à São Borja (Rio Grande do Sul) [1883-1954]. Président de la République en 1934, il promulgua une constitution autoritaire mais réalisa des réformes sociales. Déposé en 1945, il fut réélu en 1950 et se suicida en 1954.

n'en marquent pas moins son œuvre (retables, tel le *Polyptyque de Marchiennes* du musée de Douai; portraits).
VAN'T HOFF (Jacobus Henricus), chimiste néerlandais, né à Rotterdam (1852-1911), auteur d'une théorie de la pression osmotique. (Prix Nobel, 1901.)
VANUATU, anc. **Nouvelles-Hébrides,** archipel volcanique de la Mélanésie, au nord-est de la Nouvelle-Calédonie; 14 760 km²; 84 000 h. Cap. *Port-Vila.* Coprah. — Découvert en 1606 par les Portugais, l'archipel fut tardivement colonisé. Le condominium franco-britannique, instauré en 1887, fut renforcé par l'accord de 1904, qui remplaça l'administration militaire par deux hauts-commissaires résidents. Une Assemblée représentative est élue en 1979. L'indépendance de l'archipel, qui prend le nom de *Vanuatu,* intervient en 1980.
VAN VELDE (Bram), peintre et lithographe néerlandais, né à Zoeterwoude (1895-1981). L'orientation de son œuvre, depuis 1945 surtout, fit de lui un des principaux représentants de l'abstraction lyrique européenne. — Son frère GEER, né à Lisse (1898-1977), fut également peintre.
VANVES (92170), ch.-l. de c. des Hauts-de-Seine, au sud de Paris; 22 671 h.
VAN ZEELAND (Paul), homme politique belge, né à Soignies (1893-1973), membre du parti catholique, Premier ministre de 1935 à 1937, ministre des Affaires étrangères de 1949 à 1954.
VAOUR (81140 Castelnau de Montmiral), ch.-l. de c. du Tarn; 352 h.
VAR (le), fl. de la Provence orientale, qui s'écoule presque entièrement dans les Alpes-Maritimes et rejoint la Méditerranée ; 120 km.
VAR (dép. du) [83], dép. de la Région Provence-Alpes-Côte d'Azur; ch.-l. de dép. *Toulon;* ch.-l. d'arr. *Brignoles, Draguignan;* 3 arr., 41 cant., 153 comm.; 5 999 km²; 626 093 h. *(Varois).* Ce dép. ne devrait plus garder le nom de *Var,* ce torrent arrosant l'arrondissement de Grasse, réuni au dép. des Alpes-Maritimes (1860). Il appartient à l'académie de Nice, à la circonscription judiciaire et à la province ecclésiastique d'Aix-en-Provence, à la région militaire de Lyon. Une dépression, domaine des cultures fruitières et du vignoble, importante voie de passage, sépare le massif des Maures des plateaux et chaînons calcaires du nord. Ici, l'irrigation (canal de Provence) doit combattre l'aridité et permettre les cultures fruitières et légumières, rénovant une économie fondée sur l'élevage ovin et sur la culture de la vigne. L'industrie, en dehors de l'extraction de la bauxite (gisements autour de Brignoles), est surtout représentée par la métallurgie (région de Toulon). L'importance du secteur tertiaire est partiellement liée

à celle du tourisme estival, développé notamment sur le littoral des Maures (Le Lavandou, Saint-Tropez) et de l'Esterel (Saint-Raphaël).
VARADES (44370), ch.-l. de c. de la Loire-Atlantique; 3 043 h.
VĀRĀNASI → BÉNARÈS.
VARANGÉVILLE (54110 Dombasle sur Meurthe), comm. de Meurthe-et-Moselle, sur la Meurthe et le canal de la Marne au Rhin; 4 301 h. Église du XIVᵉ s. Salines.
VARDAR (le), fl. des Balkans, qui arrose la Yougoslavie et la Macédoine grecque et se jette dans la mer Égée; 388 km. Combats en 1915-1918.
VARÈGUES, Vikings de Scandinavie, qui, pendant la seconde moitié du IXᵉ s., pénétrèrent en Russie, où ils jouèrent un rôle important.

Jacobus Henricus
Van't Hoff

Edgard **Varèse**
par Dolbin

VAR

VARGAS LLOSA (Mario), écrivain péruvien, né à Arequipa en 1936. Ses romans forment une peinture ironique et satirique de la société péruvienne (*la Ville et les chiens*).

VARIGNON (Pierre), mathématicien français, né à Caen (1654-1722). Il énonça la règle de composition des forces concourantes et le principe des vitesses virtuelles.

VARILHES [varij] (09120), ch.-l. de c. de l'Ariège; 1 888 h.

VARIN ou **WARIN** (Jean), médailleur français d'origine liégeoise (1604-1672). Il fut graveur général des Monnaies (1646).

VARLIN (Eugène), révolutionnaire français, né à Claye-Souilly (1839-1871). Ouvrier relieur, secrétaire de la section française de la Ire Internationale, membre de la Commune et délégué aux Finances (1871), il fut fusillé par les versaillais.

VARNA, port de Bulgarie, sur la mer Noire; 252 000 h. Défaite des Polonais et des Hongrois par les Turcs (1444). Chantiers navals.

VARRON, en lat. **Terentius Varro,** consul romain du IIIe s. av. J.-C. Il livra et perdit la bataille de Cannes contre Hannibal, en 216 av. J.-C.

VARRON, en lat. **Marcus Terentius Varro,** polygraphe latin, né à Reate (auj. Rieti) [116-27 av. J.-C.]. Avocat à Rome, il prit part à la guerre civile aux côtés de Pompée, mais se réconcilia avec César, qui le chargea d'organiser des

Varsovie : la place du Palais et la colonne de Sigismond III

Gloaguen-Viva

bibliothèques publiques. De son œuvre encyclopédique, nous ne possédons que les trois livres d'un traité d'économie rurale, une partie d'un traité de philosophie et des fragments d'ouvrages historiques.

VARS (col de), col des Alpes, au sud de Guillestre; 2 111 m. — À proximité, station de sports d'hiver (alt. 1 670-2 580 m).

VARSOVIE, en polon. **Warszawa,** cap. de la Pologne, sur la Vistule; 1 463 000 h. Archevêché. Université. Musées. Grand centre commercial et industriel (métallurgie), reconstruit presque entièrement après la Seconde Guerre mondiale. Capitale de la Pologne en 1596, prussienne en 1795, capitale du grand-duché de Varsovie en 1807, du royaume de Pologne en 1815, résidence du gouverneur russe à partir de 1816, Varsovie se révolta vainement contre le tsar en 1830 et en 1863. Capitale de la République polonaise en 1918, elle fut occupée par les Allemands dès 1939. La révolte du ghetto de Varsovie en 1943 préluda à l'insurrection générale en 1944. Détruite alors par l'occupant, la ville fut libérée par les Russes en 1945.

Varsovie (pacte de), accords militaires conclus en 1955 entre l'U.R.S.S., l'Albanie, la Bulgarie, la Pologne, la Roumanie et la Tchécoslovaquie, rejoints en 1956 par l'Allemagne démocratique. L'Albanie s'en retira en 1968. Le commandement suprême des forces du pacte revient à un général soviétique.

VARUS → QUINTILIUS VARUS.

VARZY (58210), ch.-l. de c. de la Nièvre; 1 607 h. Église du XIVe s.

VASA → GUSTAVE Ier VASA.

VASARELY (Victor), peintre français d'origine hongroise, né à Pécs en 1908, un des maîtres de l'art cinétique « virtuel » (*op art*).

VASARI (Giorgio), peintre, architecte et historien d'art italien, né à Arezzo (1511-1574), auteur d'un précieux recueil de *Vies* des artistes italiens.

VASCONS, ancienne peuplade ibérique établie entre les Pyrénées et l'Èbre. De ce nom dérive celui de *Gascons* et de *Basques*.

VASSIEUX-EN-VERCORS (26420 La Chapelle en Vercors), comm. de la Drôme; 257 h. Le village fut incendié par les Allemands et les miliciens de Darnand en juillet 1944. Soixante-quinze habitants furent massacrés.

VASSILEVSKI (Aleksandr Mikhaïlovitch), maréchal et homme politique soviétique, né à Novopokrovka (1895-1977). Il fut chef d'état-major de 1943 à 1947, puis ministre adjoint et ministre de la Défense (1947-1953).

VASSILIEV (Vladimir), danseur soviétique, né à Moscou en 1940. Technicien et virtuose, il est un des plus grands danseurs contemporains (*le Lac des cygnes, Spartacus, Ivan le Terrible*).

VASSY (14410), ch.-l. de c. du Calvados; 1 450 h.

VÄSTERÅS, v. de la Suède, près du lac Mälaren; 118 000 h. Constructions électriques.

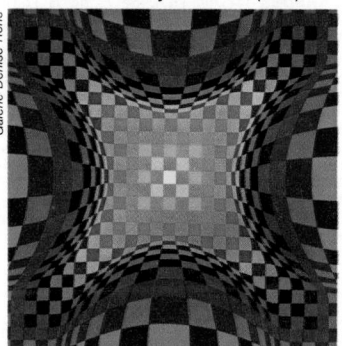

Victor **Vasarely :** *OND 4 K* (1969)

Galerie Denise René

VATAN (36150), ch.-l. de c. de l'Indre; 2 275 h.

VATÉ, île de l'archipel des Nouvelles-Hébrides. Manganèse.

VATEL, maître d'hôtel du Grand Condé, dont la mort tragique a été rendue célèbre par Mme de Sévigné. Voyant que la marée allait manquer à un dîner que Condé offrait à Louis XIV à Chantilly, Vatel se crut déshonoré et se perça de son épée (1671).

Vatican, résidence des papes, à Rome. Ensemble palatial, de dates et de styles divers. Importants musées (antiques, peintures). Bibliothèque contenant 70 000 manuscrits et environ 900 000 imprimés. C'est au Vatican que se trouvent la chapelle Sixtine*, les « Chambres » et les « Loges » de Raphaël.

VATICAN (*État de la cité du*), État dont la souveraineté temporelle a été reconnue au pape par les accords du Latran entre le Saint-Siège et Mussolini (11 févr. 1929); 700 h. env. Il se compose d'un territoire de 44 ha, qui comprend la place et la basilique Saint-Pierre*, le palais du Vatican et ses annexes, les jardins du Vatican. S'ajoute à ce domaine la pleine propriété de douze bâtiments, à Rome et à Castel Gandolfo (droits extra-territoriaux). Le pape exerce ses pouvoirs par l'intermédiaire d'une commission pontificale, présidée par un cardinal.

Vatican (*premier concile du*), concile œcuménique tenu à Rome du 8 décembre 1869 au 18 juillet 1870, sous Pie IX, et où fut proclamé (13 juill.) le dogme de l'infaillibilité pontificale. Cette définition provoqua le schisme des vieux-catholiques.

Vatican (*deuxième concile du*), concile œcuménique tenu à Rome, en quatre sessions (1962-1965), sous les pontificats de Jean XXIII et de Paul VI. Ce concile, réuni pour assurer le renouveau de l'Église face au monde moderne et pour restaurer l'unité chrétienne, s'est déroulé avec, pour la première fois dans un concile, la présence d'observateurs non catholiques.

VATNAJÖKULL, région englacée du sud-est de l'Islande.

VÄTTERN, lac de Suède, se déversant dans la Baltique; 1 900 km².

VAUBAN (Sébastien LE PRESTRE DE), maréchal de France, né à Saint-Léger-Vauban (Nivernais) [1633-1707]. Commissaire général des fortifications (1678), il fortifia de nombreuses places des frontières françaises et dirigea plusieurs sièges (Lille, 1667; Namur, 1692; etc.). Ses critiques de

VATICAN

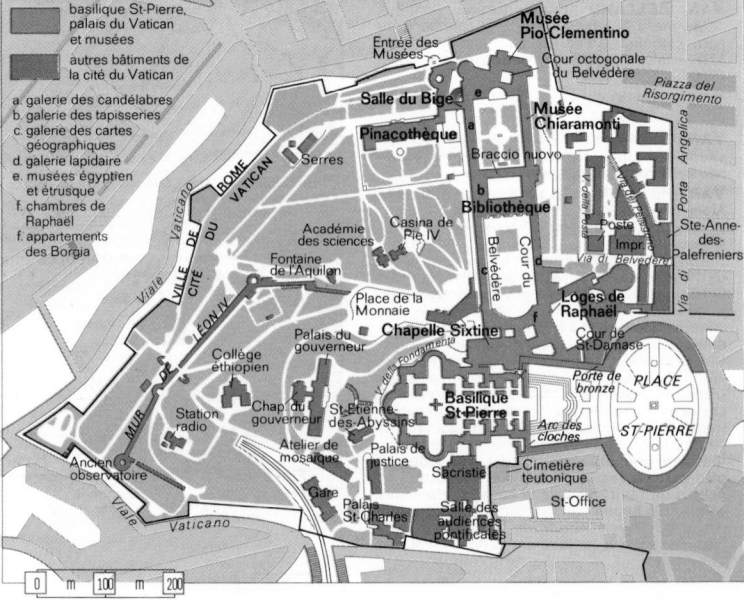

basilique St-Pierre, palais du Vatican et musées

autres bâtiments de la cité du Vatican

a. galerie des candélabres
b. galerie des tapisseries
c. galerie des cartes géographiques
d. galerie lapidaire
e. musées égyptien et étrusque
f. chambres de Raphaël
f. appartements de Borgia

la politique de Louis XIV lui firent perdre la faveur du roi, son *Projet de dîme royale*, préconisant un impôt sur le revenu, fut saisi peu avant sa mort.

VAUBECOURT (55250 Seuil d Argonne), ch.-l. de c. de la Meuse; 280 h.

VAUCANSON (Jacques DE), mécanicien français, né à Grenoble (1709-1782). Il créa de nombreux automates, le *Joueur de flûte traversière* (1737), le *Joueur de tambourin* (1738), le *Canard* (1738), etc.

VAUCLIN (Le) [97280], ch.-l. de c. de la Martinique; 7711 h.

VAUCLUSE (*dép. de*) [**84**], dép. de la Région Provence-Alpes-Côte d'Azur; ch.-l. de dép. *Avignon*; ch.-l. d'arr. *Carpentras, Apt*; 3 arr., 24 cant., 151 comm.; 3 566 km²; 390 446 h. (*Vauclusiens*). Il appartient à l'académie d'Aix-en-Provence-Marseille, à la circonscription judiciaire de Nîmes, à la région militaire de Lyon et à la province ecclésiastique d'Avignon. L'ouest est formé de la plaine du Comtat, transformée par l'irrigation en une riche région maraîchère et fruitière (fraises, melons, pêches, abricots, tomates), portant localement des vignobles (Châteauneuf-du-Pape). Densément peuplé, il s'oppose à l'est, constitué de hauteurs calcaires arides (Ventoux, monts de Vaucluse, Lubéron), domaines de l'élevage ovin et de la culture de la lavande, en voie de dépeuplement. L'industrie est surtout liée à l'agriculture (conserverie, engrais), en dehors de quelques usines métallurgiques, des papeteries et de la grande centrale hydraulique de Bollène. Le tourisme est actif (Avignon, Orange, Vaison-la-Romaine, fontaine de Vaucluse).

VAUCLUSE (*fontaine de*), source abondante, jaillissant à la *comm. de Fontaine-de-Vaucluse*, à 25 km d'Avignon, et donnant naissance à la Sorgue. Elle a été immortalisée par Pétrarque.

VAUCOULEURS (55140), ch.-l. de c. de la Meuse, sur la Meuse; 2 554 h. C'est au capitaine de Vaucouleurs, Robert de Baudricourt, que Jeanne d'Arc parla d'abord de son dessein de secourir Charles VII.

VAUCRESSON (92420), comm. des Hauts-de-Seine; 9 349 h.

VAUD, un des cantons suisses de langue française; 3 211 km²; 512 000 h. (*Vaudois*). Ch.-l. *Lausanne*. Il fut créé en 1803.

VAUDÉMONT (54330 Vézelise), comm. de Meurthe-et-Moselle, sur une butte (la « Colline inspirée » de Barrès) à 541 m d'alt.; 71 h.

VAUDREUIL (Philippe DE RIGAUD, *marquis* DE), administrateur français, né en Gascogne (1643-1725). Il fut gouverneur général du Canada de 1705 à 1725. — Son fils PIERRE DE RIGAUD DE CAVAGNAL, *marquis* **de Vaudreuil**, né à Québec (1698-1778), fut le dernier gouverneur du Canada français (1755-1760).

VAUDREUIL (Le) [27100 Ensemble Urbain Vaudreuil], v. nouvelle de la vallée de la Seine (Eure), au nord-est de Louviers.

VAUGELAS [-lɑ] (Claude FAVRE, *baron* DE PÉROUGES, *seigneur*), grammairien français, né à Meximieux (Bresse) [1585-1650], auteur des *Remarques sur la langue française* (1647), dans lesquelles il s'attache à régler et à unifier la langue en se référant au « bon usage », celui de l'élite. (Acad. fr.)

VAUGHAN WILLIAMS (Ralph), compositeur anglais, né à Down Ampney (Gloucestershire) [1872-1958]. Puisant son inspiration dans le folklore, il est à l'origine d'une école musicale nationale (six opéras, neuf symphonies).

VAUGIRARD, anc. comm. de la banlieue de Paris, annexée en 1860 (XVe arr.).

VAUGNERAY (69670), ch.-l. de c. du Rhône; 2 951 h.

VAUJOURS (93410), comm. de la Seine-Saint-Denis; 5 134 h.

VAULX-EN-VELIN [vo-] (69120), comm. du Rhône; 38 077 h. Verrerie.

VAUQUELIN (Nicolas Louis), chimiste français, né à Saint-André-d'Hébertot (1763-1829). Il isola le chrome et la glucine.

VAUQUELIN (Nicolas), *seigneur* **des Yveteaux,** écrivain français, né à La Fresnaye-au-Sauvage (1567-1649), fils de Vauquelin de La Fresnaye, considéré comme le maître des « libertins ».

VAUQUELIN DE LA FRESNAYE (Jean), poète français, né à La Fresnaye-au-Sauvage,

près de Falaise (1536-1606), auteur d'un *Art poétique français*, qui rend hommage à la poésie du Moyen Âge.

VAUQUOIS (55270 Varennes en Argonne), comm. de la Meuse, au pied de la *butte de Vauquois*; 49 h. Combats en 1914 et 1915.

Vautrin, personnage des romans d'H. de Balzac, *le Père Goriot*, *les Illusions perdues*, *Splendeurs et misères des courtisanes*, et du drame *Vautrin*. Forçat évadé, il mène contre la société une lutte gigantesque, réalisant ses rêves de puissance par l'intermédiaire de jeunes gens (Rastignac, Rubempré). Il finit par devenir chef de la Sûreté. L'histoire de Vidocq a en partie inspiré ce personnage au romancier.

VAUVENARGUES (Luc DE CLAPIERS, *marquis* DE), moraliste français, né à Aix-en-Provence (1715-1747), auteur d'une *Introduction à la connaissance de l'esprit humain* (1746), accompagnée de *Réflexions*, de *Caractères* et *dialogues*, où il réhabilite l'homme contre La Rochefoucauld et réprouve l'esprit de salon et la grandiloquence.

VAUVERT (30600), ch.-l. de c. du Gard; 7 472 h. Conserverie.

VAUVILLERS [-le] (70210), ch.-l. de c. de la Haute-Saône; 724 h.

Vaux (*fort de*), fort situé sur un éperon des hauts de Meuse, au sud du village de *Vaux-devant-Damloup* (55400 Étain), dominant Ver-

Vauban, par Ch. Le Brun   Ivan Vazov

dun. Il succomba après une héroïque résistance le 7 juin 1916, mais il fut réoccupé par les Français de Mangin le 2 novembre suivant.

Vaux-le-Vicomte, château de la comm. de Maincy, près de Melun, bâti par Le Vau pour le surintendant Fouquet et décoré par Le Brun, avec des jardins de Le Nôtre (1656-1661). Il annonce l'art de Versailles.

VAVINCOURT (55000 Bar le Duc), ch.-l. de c. de la Meuse; 454 h.

VAYRAC (46110), ch.-l. de c. du Lot; 1 184 h. Marché agricole.

VAZOV (Ivan), écrivain bulgare, né à Sopot (auj. Vazovgrad) [1850-1921]. Fondateur du roman moderne bulgare (*Sous le joug*, 1890), il est l'auteur de poèmes et de drames historiques (*Borislav*, 1909).

VEBLEN (Thorstein Bunde), économiste et sociologue américain, né à Valders (Wisconsin) [1857-1929]. Observateur de la société américaine, il dénonce l'« exploitation de la masse exercée par la « classe oisive ».

Veda, livres sacrés de l'Inde, écrits en sanskrit, au nombre de quatre, attribués à la révélation de Brahmā. Ce sont des recueils de prières, d'hymnes, de formules se rapportant au sacrifice et à l'entretien du feu sacré.

VÉDRINES (Jules), aviateur français, né à Saint-Denis (1881-1919). Vainqueur de la course « Paris-Madrid » en 1911, il exécuta des missions audacieuses pendant la Première Guerre mondiale et réussit en 1919 à atterrir sur le toit des Galeries Lafayette, à Paris.

VÉGA, la quatrième des étoiles les plus brillantes du ciel.

VEGA CARPIO (Félix LOPE DE), écrivain espagnol, né à Madrid (1562-1635). Il a écrit 1 800 pièces profanes, 400 drames religieux, de nombreux intermèdes, un roman pastoral l'*Arcadie*, des poèmes mystiques (*le Romancero spirituel*) et

VAUCLUSE

[Carte de Vaucluse avec légende : chef-lieu de département, chef-lieu d'arrondissement, chef-lieu de canton, limite d'arrondissement, limite de canton, localités classées selon leur population. 1. Le Pontet, 2. Vedène. courbes : 150, 300, 600, 900, 1500 m]

burlesques. Son génie dramatique est nourri de toutes les traditions historiques, religieuses et populaires de l'Espagne : *l'Alcade de Zalamea* (1600), *Peribáñez et le Commandeur d'Ocaña* (1614), *le Chien du jardinier* (1618), *Fuenteovejuna* (1618), *le Cavalier d'Olmedo* (1641).

VÉGÈCE, en lat. **Flavius Vegetius Renatus,** écrivain latin de la fin du IVᵉ s. de notre ère, auteur d'un *Traité de l'art militaire.*

Vehme ou **Sainte-Vehme,** organisation d'origine germanique, analogue aux tribunaux des francs-juges (XIIᵉ-XVIᵉ s.).

VÉIES, en lat. **Veii,** en ital. **Veio,** cité étrusque qui lutta longtemps en lutte avec Rome. Elle fut soumise définitivement en 396 av. J.-C. après un siège de dix ans. Vestiges et nécropole aux tombes ornées de peintures murales.

VEIL (Simone), femme politique française, née à Nice en 1927. Ministre de la Santé (1974-1979), elle a fait voter la loi sur l'interruption volontaire

Velázquez : *Portrait de l'infante Marguerite*

Meyer

Lope de **Vega Carpio**
par E. Caxès

VENDÉE

de grossesse (1975). En 1979, elle a été élue présidente de l'Assemblée européenne.

VEKSLER (Vladimir Iossifovitch), physicien soviétique, né à Jitomir (1907-1966), qui a donné le principe du synchrotron.

VELAY, région du Massif central, entre l'Allier supérieur et le Vivarais. *(Vellaves.)* Elle est formée de massifs et plateaux, parfois volcaniques *(monts du Velay,* entre Allier et Loire), encadrant le bassin du Puy drainé par la Loire.

VELÁZQUEZ (Diego RODRÍGUES DE SILVA Y), en fr. **Vélasquez,** peintre espagnol, né à Séville (1599-1660). Artiste préféré du roi Philippe IV, et son serviteur, il est considéré comme un des plus grands coloristes de tous les temps. La plupart de ses toiles se trouvent réunies au musée du Prado : scènes religieuses ou de genre; remarquables portraits; œuvres profanes neuves par l'iconographie et la composition *(la Forge de Vulcain,* 1630; *la Reddition de Breda,* 1635), et qui atteignent en dernier lieu à une virtuosité unique dans le traitement de la lumière et de l'espace *(les Ménines* et *les Fileuses,* v. 1656).

VÉLEZ DE GUEVARA (Luis), écrivain espagnol, né à Écija (Andalousie) [1579-1644]. Lesage imita son roman satirique *le Diable boiteux* (1641).

VELIKO TĂRNOVO, anc. **Tărnovo** ou **Tirnovo,** v. de la Bulgarie septentrionale; 37 000 h. À l'origine (1186) du deuxième Empire bulgare, elle en fut la capitale jusqu'en 1393. Églises de cette période.

VÉLINES (24230), ch.-l. de c. de la Dordogne; 955 h.

VÉLIZY-VILLACOUBLAY (78140), ch.-l. de c. des Yvelines; 23 856 h. *(Véliziens).* Base aérienne militaire. Siège de la IIᵉ région aérienne. Industrie aéronautique. Centre commercial.

VELLÉDA, prophétesse germanique, au temps de Vespasien. Elle soutint, avec Civilis, la révolte batave contre les Romains en 69-70. Elle fut livrée aux Romains. Son personnage a inspiré à Chateaubriand un épisode des *Martyrs.*

VELLEIUS PATERCULUS, historien latin

(v. 19 av. J.-C. - v. 31 apr. J.-C.), auteur d'une *Histoire romaine* des origines à l'an 30 apr. J.-C.

VELLUR ou **VELLORE,** v. de l'Inde (Tamil Nadu); 138 000 h.

VELPEAU (Alfred), chirurgien français, né à Brèches (Indre-et-Loire) [1795-1867].

VELSEN, v. des Pays-Bas (Hollande-Septentrionale); 66 000 h.

VELUWE (la), région de collines boisées des Pays-Bas, au nord du Rhin. Parc national.

VENACO (20231), ch.-l. de c. de la Haute-Corse; 1501 h.

VENAISSIN (comtat) → COMTAT VENAISSIN.

VENANCE FORTUNAT (saint), poète latin, né près de Trévise (v. 530 - v. 600), évêque de Poitiers en 597; on le considère comme le dernier poète latin de l'Antiquité.

VENAREY-LÈS-LAUMES (21150 Les Laumes), ch.-l. de c. de la Côte-d'Or; 3 370 h.

VENCE (06140), ch.-l. de c. des Alpes-Maritimes; 11 660 h. Anc. cathédrale en partie romane. Chapelle décorée par Matisse.

VENCESLAS (saint) [v. 907-929], duc de Bohême de 921 à 929, assassiné par son frère Boleslav, chef du parti païen.

VENCESLAS Iᵉʳ (1205-1253), roi de Bohême de 1230 à 1253; il favorisa la germanisation de son royaume. — VENCESLAS II (1271-1305), roi de Bohême (1278-1305) et de Pologne (1300-1305). — VENCESLAS III (1289-1306), roi de Hongrie (1301-1305), de Pologne et de Bohême (1305-1306). — VENCESLAS IV, né à Nuremberg (1361-1419), de la maison de Luxembourg, roi de Bohême (1363-1419), empereur germanique (1378-1419); il ne put imposer son autorité ni aux Tchèques ni aux Allemands.

VENDA, territoire bantou de l'Afrique du Sud ; 6 044 km²; 265 000 h. Ch.-l. *Sibasa.*

VENDÉE (la), riv. de l'ouest de la France, affl. de la Sèvre Niortaise (r. dr.); 70 km.

VENDÉE (dép. de la) [**85**], dép. de la Région Pays de la Loire, formé de l'anc. bas Poitou; ch.-l. de dép. *La Roche-sur-Yon;* ch.-l. d'arr. Fontenay-le-Comte, Les Sables-d'Olonne; 3 arr., 31 cant., 281 comm.; 6721 km²; 450641 h. (Vendéens). Il appartient à l'académie de Nantes, à la circonscription judiciaire de Poitiers, à la région militaire et à la province ecclésiastique de Bordeaux. Le Bocage vendéen occupe la majeure partie du dép. Il est formé de hauteurs dominant des plateaux où les céréales reculent devant l'élevage et les plantes fourragères. Cette région sépare le Marais breton, transformé en polder (élevage de bovins et de volailles), du Marais poitevin (où se retrouve le même type d'économie, avec apparition de cultures sur les terres relativement hautes), qui est prolongé à l'est par la Plaine, où l'élevage bovin (pour le lait) progresse aussi aux dépens des cultures céréalières. Le littoral, régularisé, est animé par la pêche, l'ostréiculture, la mytiliculture et le tourisme estival (Les Sables-d'Olonne, Saint-Jean-de-Monts, îles d'Yeu et de Noirmoutier). L'industrie s'est récemment développée (constructions mécaniques et électriques, alimentation, mobilier), mais apparition de la faiblesse de l'urbanisation (population rurale légèrement majoritaire).

Vendée (guerres de), insurrection royaliste et contre-révolutionnaire qui, de 1793 à 1796, bouleversa les départements de Vendée, Loire-Inférieure et Maine-et-Loire. À son origine se situe la levée de 300 000 hommes décidée par la Convention le 23 février 1793. Cathelineau, Charette, Stofflet, Lescure, Bonchamps et La Rochejaquelein en furent les principaux chefs. Après quelques succès à Cholet (mars), à Fontenay (mai) et à Saumur (juin 1793), les vendéens furent refoulés sur la rive gauche de la Loire, après les défaites du Mans et de Savenay (déc. 1793). L'insurrection reprit en 1794 dans les Mauges, puis partout après l'échec et le massacre de Quiberon (1795). Mais, en 1796, le général Hoche accorda la liberté du culte et réussit à pacifier presque complètement le pays.

vendémiaire an IV (journée du 13) [5 oct. 1795], journée marquée par la victoire remportée à Paris, sur les sections royalistes insurgées contre la Convention, par le jeune Bonaparte.

VENDEUVRE-SUR-BARSE (10140), ch.-l. de c. de l'Aube; 2613 h. Église du XVIᵉ s.

VENDIN-LE-VIEIL (62880), comm. du Pas-de-Calais; 6896 h. Cokerie.

VENDÔME (41100), ch.-l. d'arr. de Loir-et-Cher, sur le Loir; 18547 h. (Vendômois). Château en ruine (XIIᵉ-XVᵉ s.). Église abbatiale de la Trinité (XIᵉ-XVIᵉ s.), avec clocher roman isolé et façade flamboyante. Constructions mécaniques et électriques. Imprimerie. Ganterie. Combat en décembre 1870.

VENDÔME (César DE BOURBON, duc DE), fils légitimé d'Henri IV et de Gabrielle d'Estrées, né à Coucy-le-Château-Auffrique (1594-1665). Il joua un rôle dans la Fronde et battit la flotte espagnole devant Barcelone (1655). — Son petit-fils LOUIS JOSEPH de Bourbon, duc de Vendôme, duc de Penthièvre, né à Paris (1654-1712), se distingua en Flandre et en Catalogne, puis signala en Italie à Luzzara, Cassano d'Adda et, par la victoire de Villaviciosa (1710), consolida le trône de Philippe V. — PHILIPPE de Bourbon, dit le Prieur de Vendôme, frère du précédent, né à Paris (1655-1727), fut grand prieur de France et lieutenant général.

Vendôme (place), place de Paris (anc. place Louis-le-Grand, fin du XVIIᵉ s.), par J. H.-Mansart), où s'élève la colonne de la Grande Armée (1810), haute de 44 mètres et dont le bronze provient de 1200 canons pris à l'ennemi.

VÉNÈTES, tribus indo-européennes de l'Europe du Nord dont deux groupes s'établirent au Iᵉʳ millénaire av. J.-C. : l'un en Italie du Nord (actuelle Vénétie) et l'autre en Gaule dans l'Armorique (région de Vannes).

VÉNÉTIE, région du nord-est de l'Italie, anc. territoire de la république de Venise, cédée à l'Autriche par le traité de Campoformio en 1797, intégrée au royaume d'Italie en 1805, rendue aux Habsbourg en 1815, réunie à l'Italie en 1866. On distingue la Vénétie Euganéenne, ou Veneto (prov. de Belluno, Padoue, Rovigo, Trévise, Venise, Vérone et Vicence; 18377 km²; 4321000 h.), la Vénétie Tridentine (Trentin*-Haut-Adige) et la Vénétie Julienne (prov. de

Trieste et de Gorizia). Celle-ci forme avec les provinces de Pordenone et d'Udine la région autonome de Frioul*-Vénétie Julienne.

VENEZUELA, république du nord de l'Amérique du Sud, sur la mer des Antilles; 912050 km²; 13520000 h. (Vénézuéliens). Cap. Caracas. Langue : espagnol.

GÉOGRAPHIE

Les llanos, plaines du bassin de l'Orénoque, séparent l'extrémité septentrionale des Andes (cordillère de Mérida) des lourds massifs de la Guyane vénézuélienne. La population, qui a presque quadruplé en un demi-siècle, se concentre près du littoral, notamment autour du golfe de Maracaibo, grand centre de l'exploitation du pétrole. Celle-ci demeure le fondement de l'économie du pays, malgré le développement de l'extraction du fer. L'exportation du pétrole assure des revenus considérables, mais très inégalement répartis et qui n'ont encore permis qu'une amorce d'industrialisation.

HISTOIRE

— XVIᵉ-XVIIIᵉ s. : colonisation espagnole.
— 1811-12 : indépendance, avec Miranda, dont Bolívar reprendra l'œuvre de libération.
— 1813 : deuxième révolution vénézuélienne.
— 1814 : la deuxième république du Venezuela tombe à son tour.
— 1821-22 : Bolívar, qui a délivré le nord du continent, organise la fédération de la Grande-Colombie (Colombie, Venezuela, Équateur).
— 1830 : démission de Bolívar. Le Venezuela autonome. Dictature militaire de José Antonio Páez.
— 1830-1863 : guerres civiles et anarchie.
— 1870-1888 : dictature du fédéraliste A. Guzmán Blanco.
— 1910-1935 : la longue tyrannie de Juan Vicente Gómez, contemporaine de la découverte du pétrole.
— 1936-1948 : essor économique, accompagné d'une grave crise sociale.
— 1948-1958 : l'armée impose le général Marcos Pérez Jiménez comme président.

— 1958-1969 : retour du régime démocratique, avec Rómulo Betancourt (président de 1958 à 1964) et Raúl Leoni (de 1964 à 1969).
— 1969-1973 : présidence du démocrate-chrétien Rafael Caldera.
— 1973 : élection à la présidence de Carlos Andrés Pérez, de l'Action démocratique.
— 1978 : le démocrate-chrétien Luis Herrera Campins, président de la République.

VENING MEINESZ (Felix), géophysicien et géodésien néerlandais, né à La Haye (1887-1966).

VENISE, en ital. **Venezia**, ville d'Italie (Vénétie), bâtie sur un groupe d'îlots, au milieu de la lagune de Venise (dépendance du golfe de Venise); 360000 h. (Vénitiens). Venise, l'une des

V. ill. frontispice

villes les plus captivantes du monde, conserve de très nombreux monuments et de magnifiques ensembles architecturaux : la basilique Saint-Marc (reconstruite selon une conception byzantine à partir du XIᵉ s.; mosaïques, œuvres d'art) et la place du même nom, le campanile, le palais des Doges (XIVᵉ-XVᵉ s.; riches décors peints), 90 églises (dont le Redentore, de Palladio, et la Salute, de Longhena), les palais du Grand Canal (notamment de l'époque gothique au baroque), le pont du Rialto, etc. Elle possède de riches musées (dont l'Accademia) où brille l'école vénitienne de peinture (les Bellini et Carpaccio; Giorgione, Titien, Véronèse, le Tintoret; Canaletto et F. Guardi, Piazzetta, les Tiepolo, les Ricci; etc.). Industries d'art (orfèvrerie, bijouterie, maroquinerie, verrerie). Métallurgie et industries chimiques en bordure des nouvelles installations portuaires (Porto Marghera). Festival de cinéma. Biennale.

HISTOIRE

— VIᵉ s. : le site de Venise se peuple.
— IXᵉ s. : le dux byzantin (doge) se rend en fait indépendant.
— 1082 : Constantinople octroie d'importants privilèges commerciaux à Venise.
— 1143 : création du Grand Conseil.

VENEZUELA

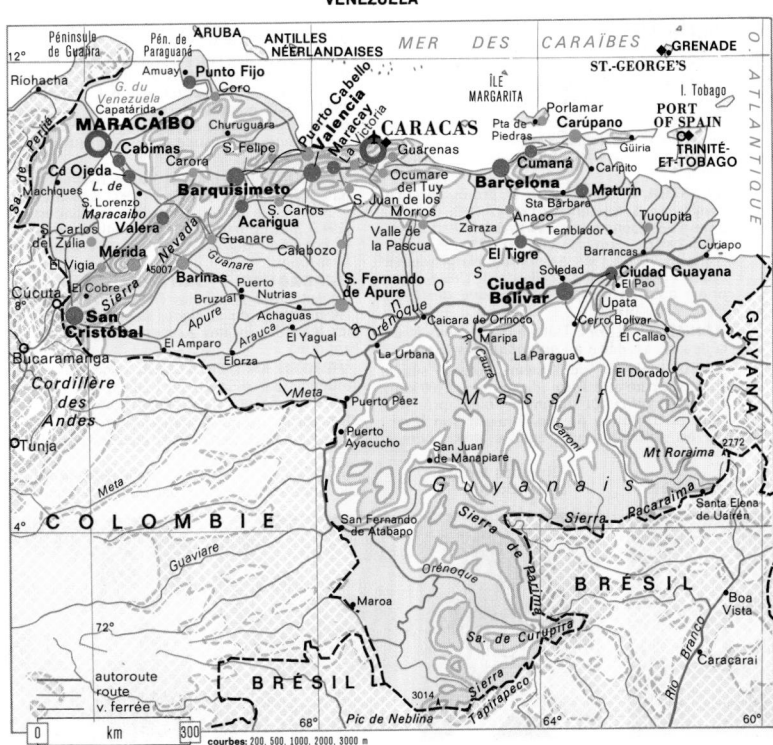

courbes: 200, 500, 1000, 2000, 3000 m

— 1204 : Venise obtient une partie de l'Empire byzantin et s'assure des principales escales sur les routes du Levant.

— 1204-1453 : apogée de Venise, grande puissance méditerranéenne.

— XVe s. : les expéditions françaises en Italie précipitent le déclin de la République de Venise.

— 1797 : Bonaparte abolit l'État vénitien. La Vénétie devient autrichienne.

— 1815 : formation du Royaume lombard-vénitien, autrichien.

— 1848-49 : échec de la révolution conduite par Daniele Manin.

— 1866 : Venise, intégrée au royaume d'Italie.

VÉNISSIEUX (69200), ch.-l. de c. du Rhône, banlieue de Lyon; 74751 h. *(Vénissians).* Véhicules lourds.

VENIZEL (02200 Soissons), comm. de l'Aisne; 1651 h. Papeterie-caisserie.

VENIZÉLOS (Eleuthérios), homme politique grec, né à La Canée (Crète) [1864-1936]. Après avoir été le véritable émancipateur de la Crète, il devient Premier ministre (1910), accordant au pays une constitution libérale et obtenant, à l'issue des guerres balkaniques (1912-13), d'importants avantages territoriaux. Partisan de l'Entente, il doit démissionner (1915) mais, rappelé en 1917, il déclare la guerre aux Empires centraux. Les victoires turques de 1920 l'obligent de nouveau à démissionner. Il sera encore plusieurs fois au pouvoir entre 1924 et 1933. En 1935, à la suite d'un coup d'État tenté par ses partisans en Crète, il devra s'exiler. — Son fils SOFOKLÍS, né à Athènes (1894-1964), fut Premier ministre en 1950 et 1951.

VENLO, v. des Pays-Bas (Limbourg), sur la Meuse; 62000 h. Anc. place forte.

VENT *(îles du),* partie orientale des Antilles, directement exposée au souffle de l'alizé, formant un chapelet d'îles entre Porto Rico et la Trinité, et comportant les Antilles françaises. Les Anglais appellent *« îles du Vent »* (*Windward Islands*) les États membres du Commonwealth qui forment la partie sud de cet archipel, et qui sont constitués par l'île de Grenade et les Grenadines, Saint Vincent et Sainte-Lucie, Dominique.

VENTA (La), site du Mexique (État de Tabasco). Métropole de la civilisation olmèque, entre 1000 et 600 av. notre ère.

VENTOUX *(mont),* montagne des Préalpes du Sud, près de Carpentras (Vaucluse); 1909 m.

VENTURI (Giovanni Battista), physicien italien, né à Bibiano, près de Reggio (1746-1822). Il a construit la tuyère à cônes divergents qui porte son nom.

VENTURI, historiens d'art et professeurs italiens, nés à Modène. ADOLFO (1856-1941) a donné une monumentale *Histoire de l'art italien* (1901-1941). — Son fils LIONELLO (1885-1961) s'expatria de 1932 à 1945. Sa pensée, élargissement érudit et vigoureux de celle de B. Croce, s'exprime notamment dans son *Histoire de la critique d'art* (1936).

VÉNUS. *Myth. rom.* Déesse de l'Amour et de la Beauté, assimilée à l'*Aphrodite* des Grecs.

VÉNUS, planète du système solaire, située entre Mercure et la Terre (diamètre : 12100 km). On l'aperçoit tantôt suivant le Soleil après son coucher, tantôt le précédant avant son lever. Elle est entourée d'une épaisse atmosphère à base de gaz carbonique. À sa surface règnent des températures voisines de 500 °C et des pressions de l'ordre de 90 bars.

Vêpres siciliennes, massacre général des Français en Sicile, en 1282. L'émeute débuta le lundi de Pâques (30 mars) au moment où les cloches appelaient les fidèles aux *vêpres* et dura jusqu'à la fin d'avril. Les Siciliens, révoltés contre Charles Ier d'Anjou et soutenus par Pierre III d'Aragon, massacrèrent les Français qui se trouvaient dans l'île. La maison d'Aragon devint maîtresse de la Sicile. — Sur cet événement, G. Verdi a écrit un opéra (*les Vêpres siciliennes,* 1855).

VERACRUZ, port du Mexique, sur le golfe du Mexique; 266000 h. Métallurgie.

VERBERIE (60410), comm. de l'Oise; 2512 h. Constructions mécaniques.

VERBIER, station de sports d'hiver (alt. 1500-3023 m) de Suisse (Valais), dominant la vallée d'Entremont.

VERBRUGGEN, famille de sculpteurs flamands anversois, dont les plus connus sont PIETER *le Vieux* (1615-1686) et ses fils PIETER *le Jeune* (1640-1691) et HENDRIK FRANS (1654-1724), tous représentants de l'art baroque religieux (chaire en bois de la collégiale Saint-Michel de Bruxelles, par Hendrik Frans).

VERCEIL, en ital. **Vercelli,** v. d'Italie (Piémont), sur la Sesia; 55000 h. Monuments religieux, musées. Victoire de Marius sur les Cimbres (101 av. J.-C.).

VERCEL - VILLEDIEU - LE - CAMP (25530), ch.-l. de c. du Doubs; 1269 h.

VERCHÈRES (Madeleine JARRET DE), héroïne canadienne, née à Verchères (Québec) [1678-1747]. En 1692, âgée de quatorze ans, elle lutta bravement contre les Iroquois.

VERCINGÉTORIX, général et chef gaulois, né dans le pays des Arvernes (v. 72 av. J.-C.-46 av. J.-C.). Il fut proclamé, en 52, chef d'une coalition des peuples gaulois contre César. Il défendit avec succès Gergovie, mais fut enfermé par César dans Alésia. Une armée gauloise de secours n'ayant pu le débloquer, il se livra à son vainqueur. Conduit à Rome, il fut exécuté au bout de six ans de captivité, après avoir figuré dans le triomphe de César.

VERCORS (le), massif calcaire des Préalpes françaises du Nord, dans les dép. de la Drôme et de l'Isère. Parc naturel régional. Durant l'été 1944, 3500 maquisards français y résistèrent pendant deux mois aux assauts des Allemands, qui se livrèrent ensuite à de sanglantes représailles.

VERCORS (Jean BRULLER, dit), écrivain et dessinateur français, né à Paris en 1902. Célèbre pour *le Silence de la mer,* écrit dans la clandestinité (1942), il a poursuivi une méditation amère sur la condition humaine (*Zoo ou l'Assassin philanthrope*).

VERDAGUER I SANTALÓ (Jacint), poète catalan, né à Folgarolas (1845-1902), auteur de l'*Atlàntida* et du *Canigou,* poèmes qui mêlent les légendes locales au merveilleux chrétien et antique.

VERDEN AN DER ALLER, v. de l'Allemagne fédérale (Basse-Saxe), sur l'Aller; 17000 h. Massacre des Saxons par Charlemagne en 782.

VERDI (Giuseppe), compositeur italien, né à Roncole (1813-1901). Il a écrit de nombreux opéras, dont *Rigoletto* (1851), *la Traviata* (1853), *le Trouvère* (1853), *les Vêpres siciliennes* (1855), *Don Carlos* (1867), *Aïda* (1871), *Otello* (1887), *Falstaff* (1893) et un *Requiem* (1874) célèbre. Il fut un musicien profondément dramatique au puissant tempérament lyrique.

VERDON (le), riv. de France, qui passe à Castellane et se jette dans la Durance (r. g.); 175 km. Gorges longées par une route touristique. Aménagements pour la production hydroélectrique et surtout l'irrigation.

VERDON-SUR-MER (Le) (33123), comm. de la Gironde, près de la pointe de Grave; 1648 h. Port pétrolier.

VERDUN (55100) ch.-l. d'arr. de la Meuse; 26927 h. *(Verdunois).* Anc. camp retranché. Cathédrale de tradition carolingienne, en partie des XIe et XIIe s. Musées. En 843, les trois fils de Louis le Pieux y signèrent un traité qui partageait l'Empire carolingien. En 1552, Henri II réunit à la Couronne les Trois-Évêchés, dont Verdun faisait partie.

Verdun (bataille de), la plus sanglante bataille de la Première Guerre mondiale, où les Français résistèrent victorieusement de février à décembre 1916 aux plus violentes offensives allemandes menées en direction de Verdun sur les deux rives de la Meuse (Douaumont, Vaux, cote 304, Mort-Homme, etc.).

VERDUN, v. du Canada (Québec), banlieue sud de Montréal; 68013 h.

VERDUN-SUR-GARONNE (82600), ch.-l. de c. de Tarn-et-Garonne; 2354 h.

VERDUN-SUR-LE-DOUBS (71350), ch.-l. de c. de Saône-et-Loire; 1216 h.

VEREENIGING, v. de l'Afrique du Sud (Transvaal); 170000 h. Métallurgie.

VERDY (Nelly GUILLERM, dite **Violette**), danseuse française, née à Pont-l'Abbé en 1933. Une des meilleures créatrices balanchiniennes, elle a pris la direction de la danse à l'Opéra de Paris (1977), après avoir effectué toute sa carrière au New York City Ballet.

VERFEIL (31590), ch.-l. de c. de la Haute-Garonne; 1734 h.

VERGA (Giovanni), écrivain italien, né à Catane (1840-1922), le meilleur représentant du vérisme (*les Malavoglia,* 1881; *Maître Don Gesualdo,* 1889).

VERGENNES (Charles GRAVIER, comte DE), homme d'État français, né à Dijon (1719-1787). Ambassadeur à Constantinople (1754-1768) puis à Stockholm, ministre des Affaires étrangères de Louis XVI (1774-1787), il fut l'un des artisans de l'indépendance des États-Unis (1783) et signa un traité de commerce avec l'Angleterre (1786).

VERGÈZE (30310), comm. du Gard; 2265 h. Eau minérale gazeuse.

VERGNIAUD (Pierre Victurnien), Conventionnel français, né à Limoges (1753-1793). Il fut exécuté avec les Girondins.

VERGT [vɛr] (24380), ch.-l. de c. de la Dordogne; 1393 h.

VERHAEREN (Émile), poète belge d'expression française, né à Sint-Amands, près d'Anvers (1855-1916). Auteur de contes, de critiques littéraires, de pièces de théâtre, il évolua du naturalisme (*les Flamandes,* 1883) au mysticisme et connut une crise spirituelle (*les Flambeaux noirs,* 1891). Puis il célébra la poésie de la foule et des cités industrielles (*les Villes tentaculaires,* 1895; *les Rythmes souverains,* 1910) aussi bien que les paysages de son pays natal (*Toute la Flandre,* 1904-1911).

VERKHOÏANSK, localité de l'U.R.S.S., en Sibérie orientale. Un des points les plus froids du globe, où l'on a relevé une température proche de − 70 °C.

VERLAINE (Paul), poète français, né à Metz (1844-1896). D'abord « poète-fonctionnaire » et de salon, il connaît le désarroi moral sous la triple influence d'un amour malheureux, de l'alcoolisme et de Baudelaire (*Poèmes saturniens,* 1866; *Fêtes galantes,* 1869). Après une période d'apaisement (*la Bonne Chanson,* 1870), la rencontre de Rimbaud bouleverse sa vie. Il retrouve la foi catholique (*Sagesse,* 1881) et son

Eleuthérios **Venizélos**
J.-L. Charmet

Giuseppe **Verdi**
par Boldini
Scala

Giovanni **Verga**
Mondadori

Émile **Verhaeren**
par Marthe Verhaeren
de Rudder

énergie créatrice, et réclame une poésie plastique et musicale (*Jadis et naguère*, 1884). Devenu, malgré lui, le chef de l'école « décadente », il fait connaître *les Poètes maudits* (1884), puis erre de garnis en hôpitaux en publiant de petits recueils de circonstance (*Parallèlement*, 1889; *Invectives*, 1896).

VERMAND (02490), ch.-l. de c. de l'Aisne; 1 165 h. *(Vermandois).*

VERMANDOIS (le), anc. pays de la France du Nord, réuni à la Couronne en 1213; ch.-l. Saint-Quentin.

VERMEER (Johannes), dit **Vermeer de Delft**, peintre hollandais, né à Delft (1632-1675). Longtemps oublié, il est considéré comme l'un des plus grands peintres du XVIIe s. Son œuvre, peu abondante, comprend des scènes d'intérieur, quelques portraits et deux paysages urbains qui témoignent d'une des visions les plus intériorisées qui soient. Son goût pour l'essence silencieuse des choses est servi par la rigueur d'une technique aussi subtile dans les jeux de la lumière et de l'espace que dans le rendu des matières (*Gentilhomme et dame buvant du vin*, Berlin-Dahlem; *Vue de Delft*, La Haye; *la Dentellière*, Louvre; *la Lettre*, Amsterdam; *Dame debout à l'épinette*, National Gallery; etc.).

VERMENTON (89270), ch.-l. de c. de l'Yonne; 1 261 h.

VERMONT, l'un des États unis d'Amérique, en Nouvelle-Angleterre; 24 887 km²; 445 000 h. Cap. *Montpelier.*

VERNE (Jules), écrivain français, né à Nantes (1828-1905). Il créa le genre du roman scientifique d'anticipation (*Cinq Semaines en ballon*, 1863; *De la Terre à la Lune*, 1865; *Vingt Mille Lieues sous les mers*, 1870; *le Tour du monde en quatre-vingts jours*, 1873; *Michel Strogoff*, 1876).

VERNEAU (Jean), général français, né à Vignot (Meuse) [1890-1944]. Successeur du général Frère à la tête de l'organisation de résistance de l'armée (1943), il fut arrêté par la Gestapo et mourut en déportation.

VERNET (Joseph), peintre français, né à Avignon (1714-1789). Il a exécuté, notamment en Italie, de nombreux paysages, et surtout des marines, tantôt d'une harmonie classique, tantôt d'une veine préromantique. — Son œuvre ANTOINE CHARLES HORACE, dit **Carle Vernet**, né à Bordeaux (1758-1836), fut peintre et lithographe (scènes de chasse, de courses, de la vie élégante ou populaire). — HORACE, fils et petit-fils des précédents, né à Paris (1789-1863), fut peintre de batailles.

VERNET-LES-BAINS (66500 Prades), comm. des Pyrénées-Orientales; 1 344 h. Station thermale. Aux environs, abbaye de Saint-Martin-du-Canigou, avec parties romanes et préromanes.

VERNEUIL-EN-HALATTE (60550), comm. de l'Oise; 2 560 h. Centre de recherches.

VERNEUIL-SUR-AVRE (27130), ch.-l. de c. de l'Eure; 6 857 h. Donjon du XIIe s. Deux églises médiévales. Produits alimentaires.

VERNEUIL-SUR-SEINE (78480), comm. des Yvelines; 10 233 h.

VERNIER (marais), marais compris entre la Seine et la Risle, en partie mis en valeur.

VERNON (27200), ch.-l. de c. de l'Eure, sur la Seine; 23 559 h. *(Vernonnais).* Église des XIIIe-XVIe s. À proximité, raffinerie de pétrole.

VERNOUILLET (28500), comm. d'Eure-et-Loir; 8 143 h.

VERNOUILLET (78540), comm. des Yvelines; 6 171 h. Église des XIIe-XIIIe s.

VERNOUX-EN-VIVARAIS (07240), ch.-l. de c. de l'Ardèche; 2 029 h.

VERN-SUR-SEICHE [vɛrn-] (35230 St Erblon), comm. d'Ille-et-Vilaine; 2 639 h. Laboratoire de recherches balistiques. Dépôt pétrolier.

VERNY (57240), ch.-l. de c. de la Moselle; 1 324 h.

VÉRONE, v. d'Italie (Vénétie), sur l'Adige; 271 000 h. Cour suprême de justice. Académies. Arènes romaines, église romane S. Zeno, cathédrale, monuments gothiques et Renaissance des places *delle Erbe* et *dei Seignori*. Musée du Castelvecchio. Centre commercial et touristique. Vérone, république indépendante aux XIIIe et XIVe s., fut longtemps sous la domination de Venise. Le 17 avril 1797 eut lieu un massacre des Français appelé « Pâques véronaises ». Vérone devint, au XIXe s., l'une des places fortes du quadrilatère formé avec Mantoue, Peschiera et Legnago. En 1822, un congrès y eut lieu, qui décida qu'une expédition française en Espagne.

VÉRONÈSE (Paolo CALIARI, dit **il Veronese**, en fr.), peintre italien, né à Vérone (1528-1588), un des maîtres de l'école vénitienne. Ses tableaux, souvent ornés d'architectures somptueuses, brillent par leur mouvement, par leur ampleur harmonieuse, la richesse de leur coloris clair. Les plus spectaculaires sont d'immenses toiles peintes pour des réfectoires de communautés, tels *les Noces de Cana* (1562-63), du Louvre, et *le Repas chez Simon* (1572), du palais de Versailles.

VÉRONIQUE (sainte), femme juive qui, selon la légende, essuya le visage de Jésus montant au Calvaire avec un linge, qui conserva les traits du Sauveur.

VERPILLIÈRE (La) (38290), ch.-l. de c. de l'Isère; 3 176 h. Constructions électriques.

VERRÈS (Caius Licinius), homme politique romain, né à Rome (v. 119-43 av. J.-C.). Propréteur en Sicile (73-71), il s'y rendit odieux par ses malversations; à sa sortie de charge, il fut accusé de concussion par les Siciliens, et Cicéron se fit l'avocat de l'accusation (*Verrines*). Verrès fut condamné (70), et cette affaire eut une grande répercussion au point de vue politique.

VERRIÈRE (La) (78320 Le Mesnil St Denis), comm. des Yvelines; 6 313 h.

VERRIÈRES-LE-BUISSON (91370), comm. de l'Essonne; 11 509 h. Laboratoires de recherche.

VERROCCHIO (Andrea DI CIONE, dit del), sculpteur, peintre et orfèvre italien, né à Florence (1435-1488). À partir de 1465, il dirigea à Florence un important atelier, rival de celui des Pollaiolo. Sa statue équestre de Bartolomeo Colleoni (Venise) est célèbre.

VERSAILLES (78000), ch.-l. du dép. des Yvelines, à 14 km au sud-ouest de Paris; 97 133 h. *(Versaillais).* Évêché. Cour d'appel. École supérieure technique du génie. École nationale d'horticulture. Le palais royal, dû à la volonté de Louis XIV, construit par Le Vau, d'Orbay, J. H.-Mansart, J.-A. Gabriel, et décoré principalement sous la direction de Le Brun, fut le foyer majeur de l'art classique français. Ses jardins et ses plans d'eau, dessinés par Le Nôtre, furent enrichis de toute une statuaire élaborée sous la direction de Coysevox et de Girardon. Le château comporte un musée de peintures et de sculptures relatives à l'histoire de France. Dans le parc se trouvent le Grand et le Petit Trianon*. Dans la ville, cathédrale St-Louis et église Notre-Dame, Grandes et Petites Écuries, nombreux hôtels particuliers des XVIIe et XVIIIe s. C'est à Versailles, devenue cité royale à partir de 1662, que fut signé, en 1783, le traité qui mettait fin à la guerre d'Amérique. C'est au palais, transformé par Louis-Philippe en musée (1837), que fut proclamé l'Empire allemand (18 janv. 1871) et que siégèrent l'Assemblée nationale, puis le Parlement français de 1871 à 1879. C'est aussi à

Vermeer : *la Dentellière* (v. 1665)

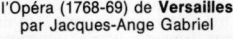

Véronèse : *Vénus et Adonis*

Jules **Verne**

Verrocchio
David (bronze, 1476)

l'Opéra (1768-69) de **Versailles**
par Jacques-Ange Gabriel

Paul **Verlaine**
par F. A. Cazals

Versailles que fut signé le 28 juin 1919, entre la France, ses alliés et l'Allemagne, le traité mettant fin à la Première Guerre mondiale.

VERSEAU (le), constellation zodiacale. — Onzième signe du zodiaque, que le Soleil traverse du 20 janvier au 19 février.

VERT *(cap)*, promontoire de la côte du Sénégal, le plus occidental de l'Afrique.

VERTAIZON (63910), ch.-l. de c. du Puy-de-Dôme; 2 020 h.

VERTEILLAC (24320), ch.-l. de c. de la Dordogne; 652 h.

VERTOU (44120), ch.-l. de c. de la Loire-Atlantique, sur la Sèvre Nantaise; 13 913 h.

VERTOV (Denis Arkadevitch KAUFMAN, dit **Dziga**), cinéaste soviétique, né à Białystok (1896-1954). Il publia en 1924 le manifeste du Kino-Glaz *(Ciné-Œil)* et réalisa plusieurs documentaires *(Soviet! en avant!,* 1926; *l'Homme à la caméra,* 1929; *Trois Chants sur Lénine,* 1934).

VERTUMNE. *Myth. rom.* Dieu peut-être d'origine étrusque, protecteur de la végétation, et particulièrement des arbres fruitiers.

énergique et de mœurs simples, il pacifia la Judée, mit de l'ordre dans l'administration, rétablit les finances, commença la construction du Colisée ou «amphithéâtre flavien» et reconstruisit le Capitole. Il réprima le soulèvement gaulois et envoya Agricola en Bretagne. Il affaiblit l'opposition de l'aristocratie en favorisant l'entrée des provinciaux au sénat. Monarque absolutiste, il instaura le système de la succession dynastique héréditaire en faveur de ses fils Titus et Domitien, qui formèrent avec lui la dynastie des Flaviens.

VESPUCCI (Amerigo), navigateur florentin (1454-1512). Il fit plusieurs voyages au Nouveau Monde. C'est à son insu que son prénom fut donné par Martin Waldseemüller au continent américain.

VESTA. *Myth. rom.* Déesse du foyer domestique, dont le culte était desservi par le collège des vestales.

VESTDIJK (Simon), écrivain néerlandais, né à Harlingen (1898-1971), célèbre pour ses romans

Vézelay : portail du narthex de la basilique de la Madeleine

Vespasien
monnaie en or

Tarjei **Vesaas**

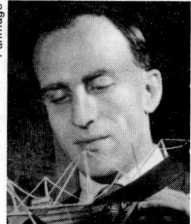

Auguste **Vestris**

Boris **Vian**

VERTUS [-ty] (51130), ch.-l. de c. de la Marne; 2 863 h. Vins.

VERUS (Lucius) [130-169], empereur romain, né à Rome (161-169). Associé à l'Empire par Marc-Aurèle, il conduisit victorieusement la campagne contre les Parthes (161-166).

VERVIERS, v. de Belgique (Liège), sur la Vesdre; 57 400 h. Hôtel de ville et église Notre-Dame, du XVIIIe s. Centre textile (laine).

VERVINS (02140), ch.-l. d'arr. de l'Aisne, anc. cap. de la Thiérache; 3 259 h. *(Vervinois).* Église en partie du XIIIe s. Le 2 mai 1598, Henri IV et Philippe II y signèrent un traité qui mit fin à la guerre franco-espagnole.

VERWOERD (Hendrik Frensch), homme politique sud-africain, né à Amsterdam (1901-1966). Chef du parti nationaliste. Premier ministre à partir de 1958, il fut assassiné.

VERZY (51380), ch.-l. de c. de la Marne; 1 007 h. Vignobles.

VESAAS (Tarjei), écrivain norvégien, né à Ytre Vinje (1897-1970). Poète, auteur dramatique, il peint dans ses romans la vie paysanne *(le Grand Jeu,* 1934), puis évolue vers un mysticisme allégorique *(Kimen,* 1940) et lyrique *(les Oiseaux,* 1957).

VÉSALE (André), anatomiste flamand, né à Bruxelles (1514-1564). Il fut un des premiers à pratiquer la dissection du corps humain et attaqua les opinions traditionnelles de Galien.

VESCOVATO (20215), ch.-l. de c. de la Haute-Corse; 1 250 h.

VÉSINET (Le) [78110], ch.-l. de c. des Yvelines; 18 206 h. *(Vésinettois* ou *Vésigondins).*

VESLE [vɛl] (la), riv. de Champagne, qui passe à Reims et rejoint l'Aisne (r. g.); 143 km.

VESOUL [vəzul ou -zu] (70000), ch.-l. du dép. de la Haute-Saône, sur le Durgeon, à 362 km au sud-est de Paris; 20 081 h. *(Vésuliens).* Église du XVIIIe s. Métallurgie.

VESPASIEN, en lat. **Titus Flavius Vespasianus,** né près de Reate (Rieti) [9-79], empereur romain de 69 à 79. Issu de la bourgeoisie italienne,

psychologiques *(Anton Wachter,* 1934-1960) et historiques *(le Cinquième Sceau,* 1937).

VESTERÅLEN, archipel norvégien, au nord des îles Lofoten*.

VESTMANNAEYJAR, archipel, au large de la côte sud de l'Islande. Pêche.

VESTRIS (Gaétan), danseur d'origine italienne, né à Florence (1729-1808), surnommé «le Dieu de la danse». Lui et son fils AUGUSTE, né à Paris (1760-1842), furent attachés à l'Opéra de Paris.

VÉSUBIE (la), riv. des Alpes-Maritimes, affl. du Var (r. g.); 48 km. Gorges pittoresques.

VÉSUVE (le), en ital. **Vesuvio,** volcan actif, de 1 270 m de hauteur, à 8 km au sud-est de Naples. L'éruption de l'an 79 apr. J.-C. ensevelit Herculanum, Pompéi et Stabies.

VÉTHEUIL (95510), comm. du Val-d'Oise, sur la Seine; 687 h. Église gothique (XIIe s.) et Renaissance.

VEUILLOT (Louis), journaliste et écrivain français, né à Boynes (Loiret) [1813-1883]. Rédacteur en chef (1848) de *l'Univers,* il fit de ce journal la plus fameuse feuille ultramontaine de la France et du catholicisme intransigeant.

VEVEY, v. de Suisse (Vaud), sur le lac Léman; 17 957 h. Temple St-Martin, remontant aux XIIe et XVe s., et autres monuments. Musées. Industrie alimentaire.

VEXIN, pays de l'anc. France, entre le pays de Bray, la Seine et l'Oise, divisé par l'Epte en un *Vexin normand,* à l'ouest, et en un *Vexin français,* à l'est. Constitué de plateaux calcaires, souvent limoneux, le Vexin est une riche région agricole.

VEYNES (05400), ch.-l. de c. des Hautes-Alpes; 3 434 h.

VEYRE-MONTON (63960), ch.-l. de c. du Puy-de-Dôme; 1 652 h.

VÉZELAY (89540), ch.-l. de c. de l'Yonne; 541 h. Remarquable basilique romane de la Madeleine (sculptures des baies intérieures du narthex; chœur gothique). C'est là que saint Bernard prêcha la deuxième croisade, le 31 mars 1146.

VÉZELISE (54330), ch.-l. de c. de Meurthe-et-

Moselle; 1 105 h. Église des XVe et XVIe s. Brasserie.

VÉZÉNOBRES (30360), ch.-l. de c. du Gard; 1 056 h.

VÉZÈRE (la), affl. de la Dordogne (r. dr.), née sur le plateau de Millevaches; 192 km. Sur ses bords, stations préhistoriques des Eyzies, de La Madeleine, etc. Gorges pittoresques.

VÉZERONCE - CURTIN (38510 Morestel), comm. de l'Isère; 837 h. Bataille entre Clodomir, roi d'Orléans, et les Burgondes Gondemar (524); Clodomir y trouva la mort.

VÉZINS - DE - LÉVÉZOU (12150 Sévérac le Château), ch.-l. de c. de l'Aveyron; 882 h.

VEZZANI (20242), ch.-l. de c. de la Haute-Corse; 671 h.

VIALA (Joseph Agricol), jeune patriote français, né à Avignon (1780-1793), tué en défendant le passage de la Durance aux royalistes.

VIAN (Boris), écrivain français, né à Ville-d'Avray (1920-1959). Ingénieur, il se consacra à la musique (il fut trompettiste de jazz) et à la littérature, dans des poèmes *(Cantilènes en gelée),* des romans *(l'Automne à Pékin, l'Écume des jours)* et des pièces de théâtre qui tiennent à la fois de l'humour et de l'absurde.

VIANDEN, ch.-l. de cant. du Luxembourg; 1 600 h. Centrale hydroélectrique sur l'Our.

VIANNE (47230 Lavardac), comm. de Lot-et-Garonne; 1 144 h. Verrerie.

VIANNEY (Jean-Baptiste Marie), curé d'Ars → JEAN-BAPTISTE MARIE VIANNEY (*saint*).

VIARDOT-GARCÍA (Pauline), cantatrice française, née à Paris (1821-1910), sœur de la Malibran.

VIAREGGIO, v. d'Italie (Toscane), sur la côte tyrrhénienne; 57 000 h. Station balnéaire.

VIARMES (95270 Luzarches), ch.-l. de c. du Val-d'Oise; 3 305 h.

VIATKA (la), riv. de l'U. R. S. S., qui passe à Kirov (anc. *Viatka),* affl. de la Kama (r. dr.); 1 367 km.

VIAU (Théophile DE), poète français, né à Clairac (1590-1626), auteur d'une tragédie, *Pyrame et Thisbé* (1621), et de poésies lyriques qui révèlent son opposition à la conception malherbienne de l'art *(le Parnasse satyrique,* 1623).

VIAUR (le), riv. du Massif central, affl. de l'Aveyron (r. g.). Il est franchi par un grand viaduc qui le domine de 120 m et sur lequel passe la voie ferrée allant de Rodez à Albi.

VIBORG, v. du Danemark, anc. cap. du Jylland; 38 000 h.

VIBORG, port de l'U. R. S. S. → VYBORG.

VIBRAYE [vibʀɛ] (72320), ch.-l. de c. de la Sarthe; 2 391 h. Forêt. Produits pharmaceutiques.

Vicaire de Wakefield (le), roman de Goldsmith (1766), épopée domestique, sentimentale et didactique.

vicaire savoyard (*Profession de foi du*), épisode de l'*Émile*, où J.-J. Rousseau s'efforce de démontrer la nécessité d'une religion toute personnelle, fondée sur la contemplation de la nature et sur le sentiment intérieur.

VICAT (Louis), ingénieur français, né à Nevers (1786-1861). Il détermina la composition des ciments naturels et trouva la méthode pour en fabriquer artificiellement.

VIC-BILH, petite région du nord-est des Pyrénées-Atlantiques. Pétrole.

VICDESSOS (09220), ch.-l. de c. de l'Ariège, sur le *Vicdessos*; 580 h.

VIC-EN-BIGORRE (65500), ch.-l. de c. des Hautes-Pyrénées; 5048 h.

VICENCE, v. d'Italie (Vénétie); 119000 h. Églises et palais surtout du XIIe au XVIe s.; édifices de Palladio.

Gil **Vicente**

Larousse

VICENTE (Gil), auteur dramatique portugais, né à Guimarães (v. 1465 - v. 1537). Il écrivit également en espagnol. Ses pièces sont tantôt d'esprit aristocratique (*l'Exhortation à la guerre*), tantôt de caractère populaire (*Farce d'Inês Pereira*), tantôt d'inspiration religieuse (la *Trilogie des barques*, 1517-1519).

VICENTE LÓPEZ, agglomération de la banlieue de Buenos Aires; 285000 h.

VIC-FEZENSAC (32190), ch.-l. de c. du Gers; 4137 h. Eaux-de-vie.

VICHY (03200), ch.-l. d'arr. de l'Allier, sur l'Allier; 32251 h. (*Vichyssois*). Grande station thermale pour les maladies du foie, des voies biliaires, du tube digestif et des maladies métaboliques (diabète, cholestérol, acide urique, obésité).

Vichy (gouvernement de), gouvernement établi à Vichy sous la direction du maréchal Pétain et qui constitua le régime de la France de 1940 à 1944. Président du Conseil depuis le 16 juin 1940, le maréchal Pétain, après avoir demandé l'armistice, signé le 22 juin, devint chef de l'État français (juill.). Il instaura un régime nationaliste, corporatiste, antisémite et anticommuniste qui, rapidement — et surtout après l'invasion de la zone libre par les Allemands (nov. 1942) — entra dans la voie de la collaboration; l'instrument principal de cette politique fut Pierre Laval, chef du gouvernement de juillet à décembre 1940 et d'avril 1942 à août 1944, date de la libération de la France et de la fin du régime de Vichy.

VICKSBURG, v. des États-Unis, sur le Mississippi; 25000 h. Place sudiste pendant la guerre de Sécession, Vicksburg capitula en 1863.

VIC-LE-COMTE (63270), ch.-l. de c. du Puy-de-Dôme; 3186 h. Sainte-Chapelle de 1510, chœur de l'actuelle église.

VICO, ch.-l. du cant. des Deux-Sorru (Corse-du-Sud); 1970 h.

VICO (Giambattista), historien et philosophe italien, né à Naples (1668-1744). Ses *Principes d'une science nouvelle relative à la nature commune des nations* (1725) distinguent dans l'histoire cyclique de chaque peuple trois âges: l'âge divin, l'âge héroïque et l'âge humain.

VICQ D'AZYR (Félix), médecin français, né à Valognes (1748-1794), auteur des premiers travaux d'anatomie comparée. (Acad. fr.)

VIC-SUR-AISNE (02290), ch.-l. de c. de l'Aisne; 1569 h.

VIC-SUR-CÈRE (15800), ch.-l. de c. du Cantal; 2048 h. Maisons anciennes. Eaux minérales.

VIC-SUR-SEILLE (57170 Château Salins), ch.-l. de c. de la Moselle; 1518 h. Église et maisons des XVe-XVIe s.

VICTOR Ier (saint) [m. en 199], pape de 189 à 199. — VICTOR II (Gebhard, comte *de Dollnstein-Hirschberg*) [m. en 1057], pape de 1055 à 1057. — VICTOR III (*bienheureux*) [Desiderio *da Montecassino*], né à Bénévent (v. 1027-1087), pape en 1086 et 1087. Il poursuivit l'œuvre réformatrice de Grégoire VII.

VICTOR (Claude PERRIN, dit), *duc de* Bellune, maréchal de France, né à Lamarche (Lorraine) [1764-1841]. Il se distingua à Friedland (1807) et pendant la campagne de France (1814). Il fut ministre de la Guerre de Louis XVIII (1821-1823).

Victor-Emmanuel II

Titus-C.E.D.R.I.

VICTOR (Paul-Émile), explorateur français des régions polaires, né à Genève en 1907.

VICTOR-AMÉDÉE Ier, né à Turin (1587-1637), duc de Savoie de 1630 à 1637, époux de Christine de France, fille d'Henri IV. — VICTOR-AMÉDÉE II, né à Turin (1666-1732), duc de Savoie en 1675, roi de Sicile (1713), puis de Sardaigne (1720). Il abdiqua en 1730. — VICTOR-AMÉDÉE III, né à Turin (1726-1796), roi de Sardaigne de 1773 à 1796. Il lutta contre la Révolution française, qui lui imposa le traité de Paris et lui enleva la Savoie et Nice (1796).

VICTOR-EMMANUEL Ier, né à Turin (1759-1824), roi de Sardaigne de 1802 à 1821. Les traités de 1815 lui rendirent tous ses États, mais l'insurrection de 1821 l'obligea à abdiquer. — VICTOR-EMMANUEL II, né à Turin (1820-1878), roi de Sardaigne (1849), puis d'Italie (1861), fils de Charles-Albert, qui abdiqua en sa faveur. Il fut l'allié de la France contre l'Autriche (1859), et le véritable créateur, avec son ministre Cavour, de l'unité italienne. S'il dut céder à la France la Savoie et Nice (1860), il fut proclamé roi d'Italie en 1861. — VICTOR-EMMANUEL III, né à Naples (1869-1947), roi d'Italie (1900-1946), empereur d'Éthiopie (1936) et roi d'Albanie (1939). Fils d'Humbert Ier, il laissa, de 1922 à 1943, le pouvoir réel à Mussolini, laissant ainsi se développer le fascisme en Italie. En 1943, il fit arrêter Mussolini mais, déconsidéré, il nomma son fils Humbert (II) lieutenant général avant d'abdiquer (1946).

VICTORIA, cap. de la colonie britannique de Hongkong; 675000 h. Métallurgie et textiles.

VICTORIA, État du sud-est de l'Australie; 227618 km²; 3647000 h. Cap. *Melbourne*.

VICTORIA, grande île de l'archipel arctique canadien (Territoires du Nord-Ouest).

VICTORIA, port du Canada, cap. de la Colombie britannique, dans l'île de Vancouver; 62551 h. Université.

VICTORIA (*chutes*), chutes du Zambèze, hautes de 120 m, aux confins du Zimbabwe et de la Zambie.

VICTORIA (*lac*), anc. **Victoria Nyanza**, grand lac de l'Afrique équatoriale, d'où sort le Nil; 68100 km².

VICTORIA Ire, née à Londres (1819-1901), reine de Grande-Bretagne et d'Irlande (1837-1901) et impératrice des Indes (1876-1901), petite-fille de George III. Elle accéda au trône après la mort de son oncle Guillaume IV. En 1840, elle épousa Albert de Saxe-Cobourg-et-Gotha (m. en 1861). Elle restaura le prestige monarchique, l'« ère victorienne » correspondant au zénith de la puissance et de l'impérialisme britanniques. En 1876, Disraeli la fit couronner impératrice des Indes.

VICTORIA (Tomás Luis DE), compositeur espagnol, né à Ávila (v. 1548-1611). Il vécut une grande partie de sa vie à Rome, où il professait au collège germanique. Il fut un des plus grands maîtres de la polyphonie (messes, motets, *Officium defunctorum*).

Victoria Ire par B. Müller

National Portrait Gallery

Victoria and Albert Museum, riche musée londonien d'arts décoratifs et de beaux-arts, fondé en 1835 sous le nom de *South Kensington Museum*.

Victoria Cross, la plus haute distinction militaire britannique, créée en 1856.

VICTORIAVILLE, v. du Canada (Québec), dans les cantons de l'Est; 21825 h.

VIDAL DE LA BLACHE (Paul), géographe français, né à Pézenas (1845-1918). Véritable fondateur de l'école géographique française, il a étudié les rapports entre éléments physiques et humains. Auteur d'un *Tableau de la géographie de la France* (1903), il conçut une grande *Géographie universelle*.

VIDIE (Lucien), mécanicien français, né à Nantes (1805-1866). En 1844, il inventa le baromètre anéroïde.

VIDOCQ (François), aventurier français, né à Arras (1775-1857). Ancien bagnard, il fut chef de la Sûreté. Balzac s'est inspiré de lui dans le personnage de Vautrin.

VIDOR (King), cinéaste américain, né à Galveston en 1894, auteur de *la Foule* (1928), *Hallelujah!* (1929), *Notre pain quotidien* (1934), *Duel au soleil* (1946), *Guerre et paix* (1955), *Salomon et la reine de Saba* (1959).

VIDOURLE (le), fl. côtier du bas Languedoc, aux crues très fortes; 85 km.

vie dévote (*Introduction à la*), ouvrage de saint François de Sales (écrit en 1604 et publié en 1608), traité de direction spirituelle adressé aux gens du monde.

vie est un songe (*La*), drame de Calderón (v. 1635), histoire d'un prince qui s'abandonne à ses passions et s'amende ensuite.

Vies parallèles (communément *Vies des hommes illustres*), par Plutarque, récits biographiques consacrés aux grands hommes de la Grèce et de Rome, groupés deux par deux (Démosthène-Cicéron, Alexandre-César, etc.).

VIEIL-ARMAND (le) → HARTMANNSWILLERKOPF.

Vieil Homme et la mer (le), récit de Hemingway (1952): à corps à corps entre un vieux pêcheur et un espadon, qui illustre la conception, chère à l'auteur, de la lutte solitaire pour la vie et des fausses victoires de l'homme sur le destin.

VIEILLE (Paul), ingénieur français, né à Paris (1854-1934). On lui doit l'invention des poudres B (1884) ainsi que de nombreuses recherches sur les ondes de choc (1898-99).

VIEIRA (António), écrivain et homme politique portugais, né à Lisbonne (1608-1697), jésuite, défenseur des Indiens, l'un des classiques de la prose portugaise (*Sermons, Correspondance*).

VIEIRA DA SILVA (Maria Elena), peintre français d'origine portugaise, née à Lisbonne en 1908. Elle pratique un art sensible et aigu, à la limite de l'abstraction.

VIELÉ-GRIFFIN (Francis), poète français d'origine américaine, né à Norfolk (Virginie) [1863-1937], d'inspiration symboliste (*Voix d'Ionie*).

VIELLA, v. d'Espagne (Catalogne), ch.-l. du Val d'Aran; 1000 h. Tunnel routier long de 6 km sous le *col de Viella*.

VIELLE-AURE (65170 St Lary Soulan), ch.-l. de c. des Hautes-Pyrénées; 221 h.

VIELMUR-SUR-AGOUT (81220 St Paul Cap de Joux), ch.-l. de c. du Tarn; 835 h.

VIEN (Joseph Marie), peintre français, né à Montpellier (1716-1809), un des premiers maîtres du néoclassicisme.

VIENNE (la), affl. de la Loire (r. g.), né sur le plateau de Millevaches, qui passe à Limoges, à Châtellerault, à Chinon et se jette dans la Loire (r. g.); 350 km.

VIENNE (38200), ch.-l. d'arr. de l'Isère, sur le Rhône; 28 753 h. (*Viennois*). Vestiges gallo-romains (temple d'Auguste et de Livie, grand théâtre, etc.). Églises médiévales, dont St-Pierre (VIᵉ et IXᵉ-XIIᵉ s.), convertie en musée lapidaire.

VIENNE, en allem. **Wien**, cap. de l'Autriche, sur le Danube; 1 615 000 h. (*Viennois*). Université. Cathédrale reconstruite aux XIVᵉ-XVIᵉ s. Nombreux édifices baroques, dus notamment à J. B. Fischer von Erlach. Nombreux musées, dont le Kunsthistorisches Museum (riche en peintures des écoles européennes), l'*Albertina*[*] et, dans les deux palais du *Belvédère*, le musée du Baroque et la galerie d'Art autrichien des XIXᵉ et XXᵉ s. — Au contact de la plaine pannonienne et de l'extrémité orientale des Alpes, Vienne se développa lorsque les Habsbourg, au XVIᵉ s., en firent leur résidence principale et surtout après la disparition du péril ottoman (1683). Elle atteignit son apogée en 1814, quand elle devint le centre de la diplomatie européenne (congrès de Vienne, juin 1814 - juin 1815). Mais la chute de l'Empire austro-hongrois (1918) lui porta un coup funeste. Plusieurs traités y furent signés : celui de 1738, qui mit fin à la guerre de la Succession de Pologne; celui de 1809, après Wagram; ceux qui furent conclus par le congrès de 1814-15 et qui réorganisèrent l'Europe, au mépris des nationalités, après la chute de Napoléon (1815); ceux qui mirent fin à la guerre des Duchés (1864) et à la campagne italo-prussienne contre l'Autriche (1866).

Vienne (*cercle de*), école de logiciens allemands, dits *néopositivistes*, dont l'objectif est la formation logique des énoncés scientifiques. Cette école fit paraître la revue *Erkenntnis* (« Connaissance »), à partir de 1930. Ses principaux représentants sont M. Schlick, R. Carnap, V. Kraft, H. Hahn, O. Neurath.

VIENNE (*dép. de la*) [86], dép. de la Région Poitou-Charentes; ch.-l. de dép. *Poitiers*; ch.-l. d'arr. *Châtellerault, Montmorillon*; 3 arr., 35 cant., 274 comm.; 6 985 km²; 357 366 h. Il appartient à l'académie et à la circonscription judiciaire de Poitiers, à la région militaire et à la province ecclésiastique de Bordeaux. La majeure partie du dép. s'étend sur les plaines du haut Poitou (ou seuil du Poitou), où l'économie rurale varie avec la nature des sols : élevage (bovins, porcs) sur les terres de brandes, améliorées, du sud-est; cultures céréalières et fourragères, localement vigne, à l'ouest du Clain, où affleurent les calcaires; céréales et élevage bovin dans le nord. L'industrie est représentée par la petite métallurgie, quelques constructions électriques, le travail du bois, et se localise principalement à Châtellerault et à Poitiers, villes dont la croissance ne doit pas masquer l'importance de l'émigration, qui affecte une grande partie du département.

VIENNE (*dép. de la* **Haute-**) [87], dép. de la Région Limousin; ch.-l. de dép. *Limoges*; ch.-l. d'arr. *Bellac, Rochechouart*; 3 arr., 38 cant., 201 comm.; 5 512 km²; 352 149 h. Il appartient à l'académie et à la circonscription judiciaire de Limoges, à la région militaire de Bordeaux et à la province ecclésiastique de Bourges. Le dép. s'étend sur la majeure partie du Limousin[*], formé ici de lourds plateaux cristallins, entaillés par des vallées profondes (Vienne, Gartempe). L'amélioration des communications de la région, longtemps isolée, a permis l'essor d'un important élevage bovin, pour la viande, favorisé par l'humidité du climat et l'extension des prairies naturelles. L'élevage a provoqué le recul de la polyculture vivrière au profit des cultures fourragères. En dehors des branches extractives (gisements d'uranium, exploité et traité à Bessines-sur-Gartempe), l'industrie est représentée principalement par la porcelaine (née de la présence du kaolin à Saint-Yrieix), les constructions mécaniques, le travail du cuir, la papeterie. Elle se localise essentiellement à Limoges, dont l'agglomération groupe près de la moitié de la population totale du département.

VIENNE (Jean DE), amiral de France (v. 1341-1396). Il se signala pendant la guerre de Cent Ans et trouva la mort dans la bataille de Nicopolis.

VIENNOISE (la), prov. de la Gaule romaine, baignée par la Méditerranée; cap. *Vienne.*

VIENTIANE, cap. du Laos, sur le Mékong; 177 000 h.

VIERGE (la), constellation zodiacale située presque sur l'équateur. — Sixième signe du zodiaque, que le Soleil quitte à l'équinoxe d'automne.

VIERGE (Daniel URRABIETA, dit **Daniel**), dessinateur espagnol, né à Madrid (1851-1904). Fixé à Paris (1869), il a travaillé pour les journaux et a illustré notamment les *œuvres* de Michelet.

VIERGES (*îles*), archipel des Petites Antilles, partagé entre la Grande-Bretagne (*Leeward Islands*) et les États-Unis (*Saint Thomas, Sainte-Croix* et *Saint John*).

VIERNE (Louis), compositeur français, né à Poitiers (1870-1937). Organiste de Notre-Dame de Paris, il a écrit pour son instrument (6 symphonies, *Vingt-Quatre Pièces en style libre* [1913], *Vingt-Quatre Pièces de fantaisie* [1926-27].

VIERZON (18100), ch.-l. de c. du Cher, sur le Cher; 36 514 h. (*Vierzonnais*). Église des XIIᵉ et XVᵉ s. Centre ferroviaire et industriel (constructions mécaniques).

Viêt-cong (du vietnamien *Viêt-nam* et *công-san* [communiste]), nom donné pendant la guerre du Viêt-nam aux membres du Front national de libération du Viêt-nam du Sud, créé en 1960.

VIÈTE (François), mathématicien français, né à Fontenay-le-Comte (1540-1603). Il créa l'algèbre, ouvrit la voie à la géométrie analytique en appliquant l'algèbre à la géométrie et présuma l'incommensurabilité du nombre π.

Vienne : l'église Saint-Charles-Borromée (Karlskirche, début du XVIIIᵉ s.)

Everts-Rapho

VIENNE

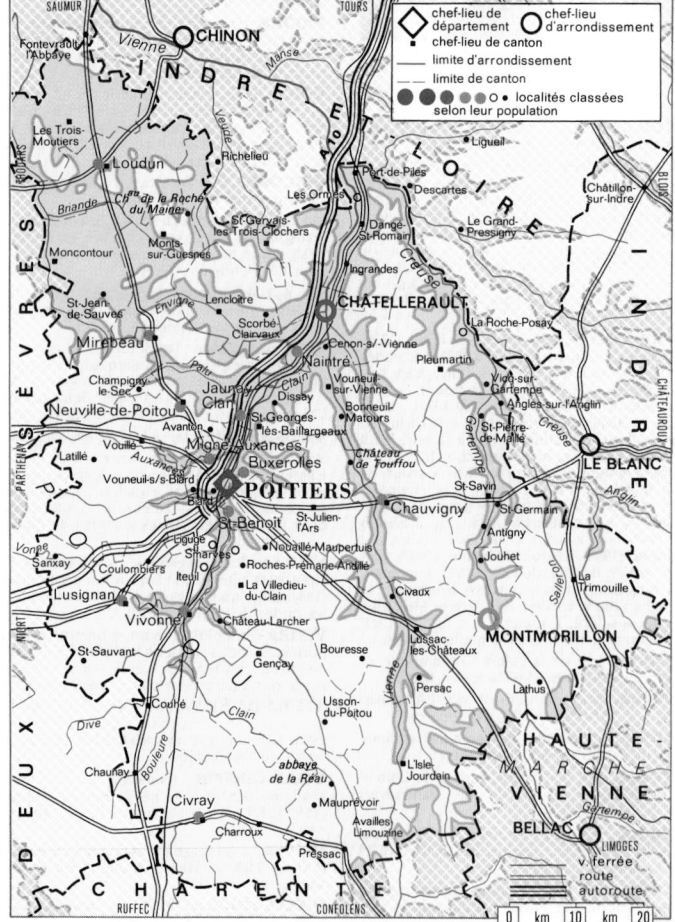

chef-lieu de département
chef-lieu d'arrondissement
chef-lieu de canton
limite d'arrondissement
limite de canton
localités classées selon leur population

voie ferrée
route
autoroute

courbes : 100, 200, 300 m

0   km   10   km   20

HAUTE-VIENNE

HISTOIRE

— VIIIe s. av. J.-C. : formation, dans le nord, du royaume fédéral de Van Lang.
— IIIe s. av. J.-C. : il est remplacé par le royaume d'Âu Lac.
— 214 av. J.-C. : début de la conquête chinoise. Le royaume de Nam Viêt (créé en 208 av. J.-C.) devient province chinoise.
— 939 apr. J.-C. : Ngô Guyên rejette la domination chinoise et fonde la première dynastie nationale.
— 968-980 : dynastie des Dinh; la Chine reconnaît l'indépendance du pays, alors appelé Dai Co Viêt.
— 980-1225 : règne des dynasties impériales des Lê antérieurs (980-1009) puis des Ly (1010-1225). Le pays, devenu le Dai Viêt (1054), s'organise et adopte les structures mandarinales et féodales.
— 1225-1413 : dynastie des Trân; lutte contre les Mongols (1257-1287).
— 1406-1428 : domination chinoise.
— 1428-1527 : le pays, de nouveau indépendant, est dirigé par la dynastie des Lê postérieurs.
— XVIe s. - XVIIe s. : guerre entre les clans seigneuriaux (les Mac, les Nguyên, les Trinh); coupure du pays en deux royaumes (Nord et Sud); arrivée des missionnaires français dans le Sud.

Viêt-minh (*Front de l'indépendance du Viêt-nam*), formation politique vietnamienne, formée en 1941 de la réunion du parti communiste indochinois et d'éléments nationalistes. Le Viêt-minh dirigea le premier gouvernement vietnamien en 1945, et composa d'abord avec la France (1946), avant de prendre la tête de la lutte armée contre les forces françaises et leurs alliés vietnamiens. Il s'imposa dans le Viêt-nam du Nord avec Hô Chi Minh.

VIÊT-NAM (*république socialiste du*), État de l'Asie du Sud-Est; 335 000 km²; 52 millions d'h. Cap. *Hanoi.*

VIÊT-NAM

GÉOGRAPHIE

Le Viêt-nam occupe la partie orientale de la péninsule indochinoise, sur la mer de Chine méridionale. La population se concentre surtout, au nord et au sud, dans les deux deltas formés par le fleuve Rouge et le Mékong, éléments essentiels des anciennes divisions traditionnelles (Tonkin et Cochinchine) et sites des principales villes (Hanoi et Haiphong au nord, Hô Chi Minh-Ville au sud). Le centre (correspondant approximativement à l'ancien Annam) est formé de plateaux dominant une étroite plaine côtière discontinue, jalonnée de quelques villes (Huê, Da Nang). Dans ce pays, au sud du tropique, le riz des deltas est la base de l'alimentation.
L'industrie est freinée par la médiocrité des ressources naturelles. Elle a aussi souffert, comme le reste de l'économie, de la longue guerre qui a ravagé le pays.

François **Viète**

Roger-Viollet

— 1773 : début de la révolte des trois frères Tây Son qui l'emportent sur les Nguyên et les Trinh.
— 1789-1792 : Nguyên Huê, l'un des Tây Son, se débarrasse du joug chinois et devient empereur.
— 1802 : Gia Long, aidé par les Français, défait les Tây Son, se rend maître de tout le Viêt-nam et fonde la dynastie Nguyên.
— 1857-1884 : conquête progressive, par les Français, de la Cochinchine, de l'Annam et du Tonkin, qui, avec le Laos et le Cambodge, formeront l'Indochine française.
— 1885-1896 : « insurrection des lettrés », suivie de la montée du nationalisme.
— 1930 : fondation du parti communiste vietnamien par Hô Chi Minh.
— 1941 : offensive japonaise. Naissance du Front de l'indépendance du Viêt-nam (Viêt-minh).
— 1945 : proclamation de l'indépendance du Viêt-nam (2 sept.); mais le pays retombe sous la coupe de la France.
— 1946 : insurrection du Viêt-minh (19 déc.). Début de la première guerre du Viêt-nam.
— 1954 : défaite française (Diên Biên Phu). Conférence de Genève mettant fin au conflit : la France reconnaît l'indépendance de la république démocratique du Viêt-nam; le pays est partagé en deux dans l'attente d'élections générales pour la réunification du pays.
— 1955 : déposition de l'empereur Bao Dai et proclamation de la république du Viêt-nam (Sud) par Ngô Dinh Diêm, qui dénonce les accords de Genève.
— 1960 : formation, au sud, du Front national de libération du Viêt-nam du Sud (F. N. L.).
— 1962 : début de la seconde guerre du Viêt-nam, à laquelle participent de plus en plus les troupes américaines.
— 1969 : création du gouvernement provisoire de la république du Viêt-nam du Sud (G. R. P.). Mort d'Hô Chi Minh.
— 1973 : accord de paix de Paris (27 janv.).
— 1974 : attaque du Viêt-nam du Sud par les troupes du Nord et du G. R. P.
— 1975 : prise de Saigon (30 avr.).
— 1976 : réunification du pays en une république socialiste du Viêt-nam.
— 1978-79 : intervention au Cambodge.
— 1979 : intervention militaire chinoise à l'intérieur du territoire vietnamien.

Vieux de la montagne, nom donné par les croisés et par les historiens occidentaux aux chefs de la secte chi'ite ismaélienne des Assassins.

VIEUX - BOUCAU - LES BAINS (40480), comm. des Landes; 1 072 h. Station balnéaire.

VIEUX-CONDÉ (59690), comm. du Nord; 11 547 h. Métallurgie.

VIEUX-HABITANTS (97119), ch.-l. de c. de la Guadeloupe; 7 391 h.

VIF (38450), ch.-l. de c. de l'Isère; 3 616 h. Cimenterie.

VIGAN (Le) (30120), ch.-l. d'arr. du Gard, sur l'Arre; 4 434 h. Musée cévenol. Bonneterie.

VIGANO (Salvatore), danseur et chorégraphe italien, né à Naples (1769-1821), auteur des *Créatures de Prométhée* (1801), dont Beethoven composa la partition.

VIGÉE-LEBRUN (Élisabeth VIGÉE, *Mme*), peintre français, née à Paris (1755-1842). Elle a laissé des portraits délicats, notamment ceux de la reine Marie-Antoinette.

VIGEOIS (19410), ch.-l. de c. de la Corrèze; 1 346 h.

VIGEVANO, v. d'Italie (Lombardie); 68 000 h. Chaussures.

VIGILE (m. en 555), pape de 537 à 555.

VIGNEMALE (le), point culminant des Pyrénées françaises, au sud de Cauterets; 3 298 m.

VIGNEULLES - LÈS - HATTONCHÂTEL (55210), ch.-l. de c. de la Meuse; 1 259 h. À *Hattonchâtel,* église du XIVe s. (retable attribué à L. Richier).

VIGNEUX-SUR-SEINE (91270), ch.-l. de c. de l'Essonne; 26 254 h.

VIGNOLE (Iacopo BAROZZI DA VIGNOLA, dit en fr.), architecte italien, né à Vignola (Modène) [1507-1573]. Éduqué à Bologne, travaillant surtout à Rome, il a réalisé une œuvre considérable, de transition entre Renaissance classique et baroque : villa Giulia (Rome), palais Farnèse de Caprarola, etc., et l'église du Gesù (Rome, commencée en 1568), qui sera le modèle le plus suivi pendant deux siècles dans l'Occident catholique. Son traité intitulé *Règle des cinq ordres* (1562), interprétation simple et vigoureuse de Vitruve, n'aura pas moins de succès.

VIGNOLES (Charles Blacker), ingénieur britannique, né à Woodbrook (Irlande) [1793-1875]. Il introduisit en Grande-Bretagne le rail à patin, dû à l'Américain Robert Stevens.

VIGNON (Claude), peintre et graveur français, né à Tours (1593-1670). Ayant fréquenté à Rome les caravagesques, connaissant les Vénitiens, audacieux et varié, il s'installe à Paris vers 1627 et enseigne à l'Académie royale à partir de 1651 (*Adoration des Mages* et *Décollation de saint Jean-Baptiste,* église St-Gervais, Paris).

VIGNORY (52320 Froncles), ch.-l. de c. de la Haute-Marne; 437 h. Église en partie du XIe s.

VIGNY (95450), ch.-l. de c. du Val-d'Oise; 919 h.

VIGNY (Alfred, *comte* DE), écrivain français, né à Loches (1797-1863). Auteur de recueils lyriques (*Poèmes antiques et modernes,* 1826), d'un roman historique (*Cinq-Mars*), il illustre la conception romantique du théâtre (*Chatterton,* 1835), et exprime dans des ouvrages à thèse (*Stello, Servitude et grandeur militaires*) et quelques grands poèmes (*la Mort du loup, la Maison du berger, le Mont des Oliviers*) la solitude à laquelle condamne le génie, l'indifférence de la nature et des hommes, et exalte la résignation stoïque qu'il convient de leur opposer. (Acad. fr.)

VIGO, port d'Espagne, en Galice, sur l'Atlantique; 199 000 h. Pêche. Construction automobile. Défaite navale française par la flotte anglo-hollandaise (1702).

VIGO (Jean), cinéaste français, né à Paris (1905-1934). Il est l'auteur de *À propos de Nice* (1929), *Zéro de conduite* (1933) et l'*Atalante* (1934).

VIGY (57640), ch.-l. de c. de la Moselle; 984 h.

VIHIERS [vije] (49310), ch.-l. de c. de Maine-et-Loire; 3 709 h.

VIIPURI → VYBORG.

VIJAYANAGAR, cité ancienne de l'Inde, dans le Deccan, cap. d'un royaume qui atteignit son apogée au début du XVIe s. Remarquables exemples d'architecture et de sculptures dravidiennes. (Auj. *Hampi.*)

VIJAYAVADA ou **BEZWADA,** v. de l'Inde (Andhra Pradesh), sur la Kistnā; 317 000 h.

VIKINGS, guerriers et navigateurs des pays scandinaves, qui entreprirent des expéditions maritimes de la fin du VIIIe s. au début du XIe s. (V. NORMANDS.)

VILA → PORT-VILA.

VILAINE (la), fl. de la Bretagne orientale, qui passe à Vitré, à Rennes, à Redon et rejoint l'Atlantique; 225 km. Barrage à Arzal.

VILAR (Jean), acteur et metteur en scène français, né à Sète (1912-1971), animateur du Théâtre national populaire (1951-1963).

VILLA CISNEROS, auj. **Dakhla,** localité du Sahara occidental, anc. ch.-l. du Rio de Oro.

VILLACOUBLAY → VÉLIZY-VILLACOUBLAY.

VILLAFRANCA DI VERONA, v. d'Italie (Vénétie); 19 000 h. En 1859, Napoléon III y signa l'armistice et les préliminaires de paix qui mirent fin à la campagne d'Italie.

VILLAINES-LA-JUHEL (53700), ch.-l. de c. de la Mayenne; 2 804 h. Constructions mécaniques.

VILLA-LOBOS (Heitor), compositeur brésilien, né à Rio de Janeiro (1887-1959). Sa musique symphonique, sa musique de chambre et ses opéras entendent évoquer l'âme brésilienne (*Chôros,* 1920-1928; *Bachianas Brasileiras,* 1930-1945).

VILLAMBLARD (24140), ch.-l. de c. de la Dordogne; 841 h.

VILLANDRAUT (33730), ch.-l. de c. de la Gironde; 887 h. Ruines d'un château du XIVe s.

VILLANDRY (37300 Joué lès Tours), comm. d'Indre-et-Loire, sur le Cher; 679 h. Château des XIVe-XVIe s., aux célèbres jardins.

VILLARD de Honnecourt, architecte français du XIIIe s. Son carnet de croquis (B. N., Paris) constitue une source précieuse de connaissance sur les conceptions du temps en fait d'architecture et de sculpture.

VILLARD (Paul), physicien français, né à Lyon (1860-1934). Il a découvert en 1900 le rayonnement gamma des corps radioactifs.

VILLARD-BONNOT (38190 Brignoud), comm. de l'Isère; 6 034 h.

VILLARD-DE-LANS [-lãs] (38250), ch.-l. de c. de l'Isère, dans le Vercors; 3 930 h. Station d'altitude et de sports d'hiver (alt. 1 050-1 926 m).

VILLARET DE JOYEUSE (Louis Thomas), amiral français, né à Auch (1747-1812). Il se distingua contre les Anglais en 1794 et commanda en 1801 l'expédition de Saint-Domingue.

VILLARODIN-BOURGET (73500 Modane), comm. de la Savoie; 399 h. Centrale hydroélectrique.

VILLARS (42390), comm. de la Loire; 6 877 h.

VILLARS (Claude Louis Hector, *duc* DE), maréchal de France, né à Moulins (1653-1734). Lieutenant général (1693), il remporta la victoire de Friedlingen, ce qui lui valut le bâton de maréchal (1702). Vainqueur des impériaux à Höchstädt (1703), il commanda l'armée de la Moselle en 1705-1706, puis combattit les camisards (1705). Il résista vaillamment à Malplaquet, où il fut blessé (1709), et sauva la France à Denain, en 1712. (Acad. fr.)

VILLARS-LES-DOMBES (01330), ch.-l. de c. de l'Ain; 2 372 h. Parc ornithologique.

VILLARS-SUR-VAR (06710), ch.-l. de c. des Alpes-Maritimes; 383 h.

VILLAT (Henri), mathématicien français, né à Paris (1879-1972), auteur de travaux sur la mécanique des fluides.

VILLAVICIOSA DE TAJUÑA, village d'Espagne (Nouvelle-Castille), où Vendôme vainquit les impériaux le 7 décembre 1710.

VILLÉ (67220), ch.-l. de c. du Bas-Rhin; 1 530 h.

VILLEBOIS-LAVALETTE (16320), ch.-l. de c. de la Charente; 772 h. Vieux bourg fortifié.

VILLEBON-SUR-YVETTE (91120 Palaiseau), ch.-l. de c. de l'Essonne; 7 364 h.

VILLEBRUMIER (82370 Labastide St Pierre), ch.-l. de c. de Tarn-et-Garonne; 548 h.

VILLECRESNES (94440), ch.-l. de c. du Val-de-Marne; 6 070 h.

VILLE-D'AVRAY (92410), comm. des Hauts-

Alfred de **Vigny**   Jean **Vilar**

Lauros-Giraudon   D. Berretty-Magnum

portrait du
duc de **Villars**
d'après H. Rigaud

Lauros-Giraudon

de-Seine; 11 699 h. Église du XVIIIe s. (peintures de Corot).

VILLEDIEU-DU-CLAIN (La) [86340], ch.-l. de c. de la Vienne; 831 h.

VILLEDIEU-LES-POÊLES (50800), ch.-l. de c. de la Manche; 4713 h. Objets en cuivre et en aluminium.

VILLE-EN-TARDENOIS (51170 Fismes), ch.-l. de c. de la Marne; 318 h.

VILLEFAGNAN (16240), ch.-l. de c. de la Charente; 1010 h.

VILLEFORT (48800), ch.-l. de c. de la Lozère; 787 h.

VILLEFRANCHE (06230), ch.-l. de c. des Alpes-Maritimes; 7258 h. Vieille ville pittoresque. Rade sur la Méditerranée. Station balnéaire.

VILLEFRANCHE-D'ALBIGEOIS (81430), ch.-l. de c. du Tarn; 796 h.

VILLEFRANCHE-DE-CONFLENT (66500 Prades), comm. des Pyrénées-Orientales ; 435 h. Anc. cap. du Conflent. Enceinte des XIIIe et XVIIe s.

VILLEFRANCHE-DE-LAURAGAIS (31290), ch.-l. de c. de la Haute-Garonne, sur l'Hers et le canal du Midi; 2948 h. Bastide du XIIIe s., avec église des XIIIe-XIVe s.

VILLEFRANCHE-DE-LONCHAT (24610), ch.-l. de c. de la Dordogne; 740 h.

VILLEFRANCHE-DE-ROUERGUE (12200), ch.-l. d'arr. de l'Aveyron, sur l'Aveyron ; 13 673 h. Monuments religieux, dont l'anc. chartreuse du XVe s. Confection. Conserves.

VILLEFRANCHE-DU-PÉRIGORD (24550), ch.-l. de c. de la Dordogne ; 816 h.

VILLEFRANCHE-SUR-SAÔNE (69400), anc. cap. du Beaujolais, ch.-l. d'arr. du Rhône; 30 696 h. (*Caladois*). Industries métallurgiques, textiles et chimiques.

VILLEHARDOUIN (Geoffroi DE), chroniqueur français, né au château de Villehardouin, près de Troyes (v. 1150 - v. 1213). Maréchal de Champagne, maréchal de Romanie après la quatrième croisade, à laquelle il prit part, il écrivit une *Histoire de la conquête de Constantinople*.

VILLEHARDOUIN (Geoffroi DE), prince d'Achaïe → GEOFFROI DE VILLEHARDOUIN.

VILLEJUIF (94800), ch.-l. de c. du Val-de-Marne; 55 644 h. (*Villejuifois*). Hôpital psychiatrique. Institut du cancer.

VILLÈLE (Jean-Baptiste Guillaume Joseph, *comte* DE), homme d'État français, né à Toulouse (1773-1854). Maire de Toulouse, chef des ultra-royalistes et député de la Haute-Garonne sous la Restauration, président du Conseil de 1822 à 1828, il se rendit impopulaire en faisant voter des lois réactionnaires (du milliard des émigrés, du sacrilège [1825]). Ayant dissous la garde nationale, puis la Chambre (1827), il dut démissionner (1828).

VILLEMAIN (Abel François), critique et homme politique français, né à Paris (1790-1870), ministre de l'Instruction publique de 1840 à 1844, un des pionniers de la littérature comparée. (*Acad. fr.*)

VILLEMIN (Jean Antoine), médecin militaire français, né à Prey (1827-1892). Il démontra la transmissibilité de la tuberculose.

VILLEMOMBLE (93250), ch.-l. de c. de la Seine-Saint-Denis, à l'est de Paris; 28 860 h. (*Villemomblois*).

VILLEMUR-SUR-TARN (31340), ch.-l. de c. de la Haute-Garonne; 4692 h. Constructions électriques.

VILLENA (Enrique DE ARAGÓN, dit **marquis de**), poète aragonais, né à Torralba (1384-1434), traducteur de Dante et de Virgile, auteur de *coplas*.

VILLENAUXE-LA-GRANDE (10370), ch.-l. de c. de l'Aube; 1852 h. Église des XIIIe-XVIe s.

VILLENAVE-D'ORNON (33140 Pont de la Maye), ch.-l. de c. de la Gironde, dans les Graves; 23 273 h. Vins rouges.

VILLENEUVE (12260), ch.-l. de c. de l'Aveyron; 1493 h. Église romane et gothique.

VILLENEUVE (Pierre Charles DE), marin français, né à Valensole (1763-1806). Commandant de l'escadre de Toulon, il fut pris après avoir été battu par Nelson à Trafalgar (1805). Libéré, il se suicida.

VILLENEUVE-D'ASCQ (59650), comm. du Nord, banlieue est de Lille; 36 913 h.

VILLENEUVE-DE-BERG (07170), ch.-l. de c. de l'Ardèche; 1768 h.

VILLENEUVE-DE-MARSAN (40190), ch.-l. de c. des Landes; 2125 h.

VILLENEUVE-LA-GARENNE (92390), ch.-l. de c. des Hauts-de-Seine, au nord de Paris; 23 691 h.

VILLENEUVE-L'ARCHEVÊQUE (89190), ch.-l. de c. de l'Yonne; 1321 h. Église des XIIe-XVIe s.

VILLENEUVE-LE-ROI (94290), ch.-l. de c. du Val-de-Marne, près d'Orly; 21 096 h. Constructions mécaniques.

VILLENEUVE-LÈS-AVIGNON (30400), ch.-l. de c. du Gard, sur le Rhône; 8977 h. Résidence d'été des papes au XIVe s. Fort Saint-André, anc. chartreuse, auj. centre culturel; à l'hospice, *Couronnement de la Vierge* d'E. Quarton.

VILLENEUVE-LOUBET (06270), comm. des Alpes-Maritimes; 6119 h. Électronique.

VILLENEUVE-SAINT-GEORGES (94190), ch.-l. de c. du Val-de-Marne, sur la Seine; 32 212 h. (*Villeneuvois*). Gare de triage.

VILLENEUVE-SUR-LOT (47300), ch.-l. d'arr. de Lot-et-Garonne, sur le Lot; 23 046 h. (*Villeneuvois*). Bastide du XIIIe s. Conserves. Centrale hydroélectrique.

VILLENEUVE-SUR-YONNE (89500), ch.-l. de c. de l'Yonne; 4810 h. Bastide du XIIe s., avec église des XIIIe-XVIe s.

VILLEPARISIS (77270), comm. de Seine-et-Marne; 14 913 h.

VILLEPINTE (93420), ch.-l. de c. de la Seine-Saint-Denis, au nord-est de Paris; 17 711 h.

VILLEPREUX (78450), comm. des Yvelines; 8434 h.

VILLEQUIER (76490 Caudebec en Caux), comm. de la Seine-Maritime, sur la Seine; 752 h. Sépulture de Léopoldine Hugo et de son mari, noyés dans la Seine.

VILLERÉAL (47210), ch.-l. de c. de Lot-et-Garonne; 1359 h. Bastide du XIIIe s., avec église fortifiée.

VILLERMÉ (Louis), médecin français, né à Paris (1782-1863). Ses enquêtes, notamment son *Tableau de l'état physique et moral des ouvriers dans les fabriques de coton, de laine et de soie* (1840), ont montré la misère des classes laborieuses.

VILLEROI (Nicolas DE NEUFVILLE, *duc* DE), maréchal de France, né à Paris (1598-1685), gouverneur sous Louis XIV. — Son fils FRANÇOIS, né à Lyon (1644-1730), maréchal (1693), fut battu en Italie (1701-1702), puis à Ramillies (1706), avant d'être gouverneur de Louis XV (1717-1722).

VILLERS-BOCAGE [vilɛr] (14310), ch.-l. de c. du Calvados; 2321 h.

VILLERS-BOCAGE (80260), ch.-l. de c. de la Somme; 1091 h.

VILLERS-COTTERÊTS (02600), ch.-l. de c. de l'Aisne; 8978 h. (*Cotteréziens*). Château reconstruit par François Ier. En 1539, le roi y signa une ordonnance qui imposait le français dans les actes officiels et de justice. De la forêt de Villers-Cotterêts déboucha la première contre-offensive victorieuse de Foch le 18 juillet 1918.

VILLERS-ÉCALLES (76360 Barentin), comm. de la Seine-Maritime; 1164 h. Électronique.

VILLERSEXEL (70110), ch.-l. de c. de la Haute-Saône; 1483 h. Bourbaki y battit les Prussiens le 8 janvier 1871.

VILLERS-FARLAY (39600 Arbois), ch.-l. de c. du Jura; 386 h.

VILLERS-LE-LAC (25130), comm. du Doubs; 4428 h. Horlogerie et décolletage. Sanatorium.

VILLERS-LÈS-NANCY (54600), comm. de Meurthe-et-Moselle; 14 108 h.

VILLERS-SAINT-PAUL (60870 Rieux), comm. de l'Oise; 5072 h.

VILLERS-SUR-MER (14640), comm. du Calvados; 1773 h. Station balnéaire.

Gravure de l'édition princeps des œuvres de François **Villon**

Roger-Viollet

VILLERUPT [-ry] (54190), ch.-l. de c. de Meurthe-et-Moselle; 13 401 h. Métallurgie.

VILLE-SUR-TOURBE (51800 Ste Menehould), ch.-l. de c. de la Marne; 216 h.

VILLETANEUSE (93430), comm. de la Seine-Saint-Denis, près de Saint-Denis; 8909 h. Centre universitaire.

VILLETTE (La), anc. commune de la banlieue de Paris, auj. comprise dans le XIXe arr.

VILLEURBANNE (69100), ch.-l. de c. du Rhône, banlieue est de Lyon; 119 438 h. (*Villeurbannais*). Centre industriel. Théâtre national populaire.

VILLIERS DE L'ISLE-ADAM (Philippe DE), grand maître de l'ordre de Saint-Jean-de-Jérusalem, né à Beauvais (1464-1534). Il soutint dans Rhodes (1522) un siège fameux contre Soliman le Magnifique. Charles Quint, en 1530, lui céda, pour son ordre, l'île de Malte.

VILLIERS DE L'ISLE-ADAM (Auguste, *comte* DE), écrivain français, né à Saint-Brieuc (1838-1889). Auteur de vers romantiques, de romans (*Isis*) et de drames (*Axël*), il exprime dans ses contes son désir d'absolu et son dégoût de la vulgarité quotidienne (*Contes cruels*, 1883; *l'Ève future*, 1886; *Tribulat Bonhomet*, 1887; *Histoires insolites*, 1888).

VILLIERS-LE-BEL (95400 Arnouville lès Gonesse), ch.-l. de c. du Val-d'Oise; 22 042 h. (*Beauvilérois* ou *Beauvilésois*). Église des XIIIe-XVIe s.

VILLIERS-SAINT-GEORGES (77560), ch.-l. de c. de Seine-et-Marne; 1036 h.

VILLIERS-SUR-MARNE (94350), ch.-l. de c. du Val-de-Marne; 22 302 h.

VILLOISON (Jean-Baptiste Gaspard D'ANSSE DE), helléniste français, né à Corbeil (1750-1805). Ses travaux sur Homère ont permis les critiques de F. A. Wolf sur l'*Iliade* et l'*Odyssée*.

VILLON (viɲɔ̃ *ou* -lɔ̃) (François), poète français, né à Paris (1431 - apr. 1463). Il mena une vie aventureuse et risqua plusieurs fois la potence. Auteur du *Lais*, ou *Petit Testament*, et du *Grand Testament*, de l'*Épitaphe Villon* (dite *Ballade des pendus*), il apparaît comme le premier en date des grands poètes lyriques français modernes.

VILLON (Gaston DUCHAMP, dit **Jacques**), peintre, dessinateur et graveur français, né à

Jacques **Villon** : *Jeune Fille au piano* (1912)

F. Mayer

Damville (Eure) [1875-1963]. L'un des maîtres du cubisme, il s'attacha à exprimer l'espace par le moyen de plans subtilement colorés.

VILNIOUS, v. de l'U.R.S.S., cap. de la Lituanie; 458 000 h. Monuments anciens. Elle fit partie de la Pologne de 1920 à 1939.

VILVORDE, en néerl. **Vilvoorde,** comm. de Belgique (Brabant); 35 000 h. Église Notre-Dame, des XIVe-XVe s. Métallurgie.

VIMEU (le), région de la Picardie, entre la Somme et la Bresle. Serrurerie et robinetterie.

VIMINAL (mont), colline de la Rome ancienne, au nord-est.

VIMOUTIERS (61120), ch.-l. de c. de l'Orne; 5 076 h. (Vimonastériens).

VIMY (62580), ch.-l. de c. du Pas-de-Calais; 3 316 h. Monument commémorant les violents combats de 1915 et 1917, où s'illustrèrent les Canadiens.

VIÑA DEL MAR, v. du Chili, près de Valparaíso; 182 000 h. Station balnéaire.

VINAY (38470), ch.-l. de c. de l'Isère; 3 209 h.

VINÇA (66320), ch.-l. de c. des Pyrénées-Orientales; 1593 h. Barrage-réservoir sur la Têt.

VINCENNES (94300), ch.-l. de c. du Val-de-Marne, à l'est de Paris, au nord du bois de Vincennes; 44 467 h. (Vincennois). Château fort quadrangulaire du XIVe s. (puissant donjon; sainte-chapelle achevée au XVIe s.; pavillons du XVIIe), qui servit de résidence aux rois de France et dans les fossés duquel le duc d'Enghien fut fusillé (1804). Le château abrite depuis 1946 le Service historique des armées. — Le bois de Vincennes (appartenant à la Ville de Paris) englobe notamment un parc zoologique, un hippodrome, l'Institut national des sports et de l'éducation physique et est le site d'une université expérimentale.

VINCENT (saint), diacre et martyr, né à Huesca (m. à Valence en 304). Son culte, très populaire en Espagne, se répandit en France, où il est devenu le patron des vignerons.

VINCENT de Lérins (saint), écrivain ecclésiastique (m. v. 450). Moine de Lérins, adversaire de la pensée de saint Augustin sur la grâce, il établit une doctrine sur l'autorité de la tradition en matière de foi, qui est devenue classique.

VINCENT FERRIER (saint), religieux espagnol, né à Valence (1350-1419). Dominicain, il travailla à éteindre le grand schisme d'Occident. Il parcourut ensuite l'Europe, attirant les foules par ses miracles et sa prédication.

VINCENT DE PAUL (saint), prêtre français, né à Pouy (auj. Saint-Vincent-de-Paul) [1581-1660]. Prêtre (1600), il occupa des postes d'aumônier, de précepteur et de curé, avant d'être aumônier général des galères (1619). La misère matérielle et spirituelle du temps l'amena d'une part à fonder un institut missionnaire pour les campagnes, les Prêtres de la Mission ou Lazaristes (1625), d'autre part à multiplier les fondations de charité : œuvre des Enfants trouvés, Dames de Charité et surtout congrégation des Filles de la Charité, fondée en 1634 avec Louise de Marillac, et qui devint extrêmement populaire.

VINCENT (Hyacinthe), médecin militaire français, né à Bordeaux (1862-1950). Il a découvert l'infection fuso-spirillaire (angine de Vincent) et mis au point divers vaccins et sérums.

VINCI (Léonard DE) → LÉONARD DE VINCI.

VINDEX (Caius Julius), général romain d'origine gauloise (Ier s. apr. J.-C.). Il se souleva contre Néron, mais il fut vaincu (68) et se tua; sa révolte fut mise à profit par Galba.

VINDHYA, hauteurs de l'Inde continentale, au-dessus de la Narbadâ.

VINET (Alexandre), critique littéraire et théologien protestant suisse, né à Ouchy (1797-1847). Auteur d'études sur Pascal et sur la littérature française des XVIIe et XVIIIe s., il défendit dans son œuvre théologique l'indépendance des Églises vis-à-vis de l'État et la liberté intérieure du chrétien.

VINH, v. du Viêt-nam, près du golfe du Tonkin; 50 000 h.

Virgile
mosaïque du IIIe s.

le Guépard (1963), de Luchino **Visconti**

saint **Vincent de Paul**
par Simon François
de Tours

Jean-Galéas **Visconti**
médaille en bronze
de Pisanello

VINLAND, le plus occidental des pays découverts par les Vikings vers 1000 apr. J.-C., situé sans doute en Amérique, entre la Nouvelle-Écosse et l'Hudson.

VINNITSA, v. de l'U.R.S.S. (Ukraine); 297 000 h.

VINOGRADOV (Ivan Matveïevitch), mathématicien soviétique, né à Milolioub en 1891. Il est le principal représentant de l'école soviétique en théorie des nombres.

VINOY (Joseph), général français, né à Saint-Étienne-de-Saint-Geoirs (Isère) [1800-1880]. Successeur de Trochu à la tête de l'armée de Paris, il signa l'armistice qui mit fin au siège de la capitale en 1871.

VINSON (mont), point culminant de l'Antarctique, dans la partie occidentale du continent; 5 140 m.

VINTIMILLE, en ital. **Ventimiglia,** v. d'Italie (Ligurie), sur le golfe de Gênes, à l'embouchure de la Roya; 23 000 h. Gare internationale entre la France et l'Italie. Fleurs.

VIOLLET-LE-DUC (Eugène), architecte et théoricien français, né à Paris (1814-1879). Il restaura un grand nombre de monuments du Moyen Âge, notamment l'abbatiale de Vézelay, Notre-Dame de Paris et d'autres cathédrales, le château de Pierrefonds, la cité de Carcassonne. Il est l'auteur, entre autres ouvrages, du monumental Dictionnaire raisonné de l'architecture française du XIe au XVIe siècle et des Entretiens sur l'architecture, qui ont défini les bases d'un nouveau rationalisme, fondé sur l'emploi du métal.

VIOTTI (Giovanni), violoniste et compositeur piémontais, né à Fontanetto Po (1755-1824). Il fut directeur de l'Opéra de Paris et l'un des créateurs, par ses concertos, de l'école moderne du violon.

VIRCHOW (Rudolf), médecin, anthropologiste et homme politique allemand, né à Schivelbein (Poméranie) [1821-1902], fondateur de la pathologie cellulaire. Il participa au Kulturkampf.

VIRE (la), fl. côtier du Bocage normand, qui passe à Vire et à Saint-Lô, et se jette dans la Manche; 118 km.

VIRE (14500), ch.-l. d'arr. du Calvados, sur la Vire; 14 398 h. (Virois). Église des XIIIe-XVe s. Marché agricole. Laiterie. Articles ménagers. La ville a été presque entièrement détruite en août 1944.

VIRET (Pierre), réformateur suisse, né à Orbe (1511-1571), célèbre pour son austérité.

VIRGILE, en lat. **Publius Virgilius Maro,** poète latin, né à Andes (auj. Pietole), près de Mantoue (v. 70-19 av. J.-C.). D'origine provinciale et modeste, il fit partie du cercle cultivé d'Asinius Pollio (Bucoliques, 42-39 av. J.-C.). Devenu l'ami d'Octave, il rencontra Mécène et Horace et s'établit à Rome, où il publia les Géorgiques (39-29 av. J.-C.). Il entreprit ensuite une grande épopée nationale, l'Énéide*, qu'il ne put terminer. Son influence fut immense sur la littérature latine et sur les littératures occidentales, et tout un cycle de légendes se forma autour de sa mémoire.

VIRGINIE, un des États unis d'Amérique, sur l'Atlantique; 105 716 km²; 4 648 000 h. Cap. Richmond. Tabac.

VIRGINIE-OCCIDENTALE, un des États unis d'Amérique; 62 629 km²; 1 744 000 h. Cap. Charleston. Houille. Tourisme.

VIRIATHE, chef des Lusitans révoltés contre la domination romaine. Il tint les troupes romaines en échec pendant huit ans (147-139 av. J.-C.). Rome n'en triompha qu'en le faisant assassiner.

VIRIEU (38730), ch.-l. de c. de l'Isère, sur la Bourbre; 828 h.

VIRIEU-LE-GRAND (01510), ch.-l. de c. de l'Ain; 874 h.

VIROFLAY (78220), ch.-l. de c. des Yvelines; 15 758 h.

VIRTON, v. de Belgique (prov. du Luxembourg); 10 400 h.

VIRY-CHÂTILLON (91170), ch.-l. de c. de l'Essonne, sur la Seine; 32 493 h. (Castelvirois).

VIS, anc. **Lissa,** île de la côte de Yougoslavie (Croatie). Ch.-l. Vis. Victoire navale autrichienne sur les Italiens (1866).

VISAKHAPATNAM ou **VISHAKHAPATNAM,** v. de l'Inde (Andhra Pradesh); 353 000 h. Chantiers navals.

VISAYAS ou **BISAYAS,** groupe de populations des Philippines, d'origine malaise, qui a donné son nom à l'archipel des Visayas (entre Luçon et Mindanao).

VISCHER, famille de fondeurs et sculpteurs nurembergeois des XVe-XVIe s. PETER L'ANCIEN (v. 1460-1529) et ses quatre fils eurent une importante production de sculptures funéraires, dont le style, décoratif et animé, évolua par une adhésion progressive à l'italianisme (« châsse de saint Sebald », Nuremberg).

VISCONTI, famille italienne, dont la branche la plus connue domina Milan de 1277 à 1447. Les plus célèbres de ses membres sont : MATHIEU Ier, né à Invorio (1250-1322), vicaire impérial de Lombardie (1294); — JEAN-GALÉAS (1351-1402), qui obtint de l'empereur le titre de duc de

Milan (1395) et de Lombardie (1397), et dont la fille VALENTINE (1366-1408) épousa Louis, duc d'Orléans; — JEAN-MARIE (1389-1412), duc de Milan de 1402 à 1412; — PHILIPPE-MARIE (1392-1447), duc de Milan de 1412 à 1447. À la mort de ce dernier, la branche ducale s'éteignit; en 1450, le pouvoir passa à François Sforza, qui avait épousé une fille naturelle de Philippe-Marie.

VISCONTI (Ennio Quirino), archéologue italien, né à Rome (1751-1818). — Son fils LOUIS TULLIUS JOACHIM, architecte français, né à Rome (1791-1853), construisit le tombeau de Napoléon Ier aux Invalides et donna les plans du nouveau Louvre (dont Hector Lefuel poursuivit les travaux).

◁ **VISCONTI** (Luchino), cinéaste italien, né à Milan (1906-1976), auteur de *Ossessione* (1942), *Senso* (1954), *Rocco et ses frères* (1960), *le Guépard* (1963), *les Damnés* (1969), *Mort à Venise* (1970), *le Crépuscule des dieux* (1972), *Violence et passion* (1974).

VISÉ, v. de Belgique (Liège); 16 100 h.

VISHNU → VISNU.

VISIGOTHS → WISIGOTHS.

Visitation Sainte-Marie (ordre de la), ordre de moniales, fondé à Annecy par saint François de Sales et par sainte Jeanne de Chantal en 1610.

VISNU ou **VISHNU**, divinité hindouiste qui est le principe de la conservation du monde. Il revêt parfois des formes humaines, ses *avatāra*.

VISO (mont), montagne des Alpes occidentales, entre la France et l'Italie; 3 841 m.

VISP, comm. de Suisse (Valais); 5 252 h. Chimie.

VISSCHER (Fernand DE), juriste belge, né à Gand (1885-1964). On lui doit des travaux de droit romain et de droit international.

VISTULE (la), en polon. **Wisla**, fl. de Pologne, qui naît dans les Carpates, passe à Cracovie, à Varsovie et rejoint la Baltique dans le golfe de Gdańsk; 1 090 km.

Vita nuova, œuvre de Dante (v. 1294), qui réunit dans la trame d'un commentaire en prose des poésies qui font de l'amour la source de toute aventure spirituelle et poétique.

VITAL (saint), martyr à Ravenne (Ier s.).

VITALI (Giovanni Battista), compositeur italien, né à Bologne (1632-1692), un des initiateurs dans le domaine de la sonate.

VITALIEN (saint), né à Segni (v. 600-672), pape de 657 à 672.

VITEBSK, v. de l'U. R. S. S. (Biélorussie), sur la Dvina occidentale; 286 000 h. Combats en 1941 et en 1944.

VITELLIUS (Aulus) [15-69], empereur romain (69). Proclamé empereur par les légions de Germanie, il battit Othon à Bédriac (69). Vaincu par Vespasien près de Crémone, il fut massacré par le peuple.

VITERBE, v. d'Italie (Latium); 58 000 h. Quartier médiéval et nombreux monuments, dont l'anc. palais des papes, du XIIIe s.

VITIGÈS (m. en 542), roi des Ostrogoths d'Italie de 536 à 540, vaincu par Bélisaire.

VITI LEVU, la plus grande des îles Fidji.

VITÓRIA, port du Brésil, sur l'*île Vitória*, cap. de l'État d'Espírito Santo; 133 000 h.

VITORIA, v. d'Espagne, cap. du Pays basque; 175 000 h. Cathédrale du XIVe s. Pneumatiques. Victoire de Wellington sur les Français en 1813.

VITRAC (Roger), écrivain français, né à Pinsac (Lot) [1899-1952], l'un des initiateurs du théâtre surréaliste (*Victor ou les Enfants au pouvoir*, 1928).

VITRÉ (35500), ch.-l. de c. d'Ille-et-Vilaine, sur la Vilaine; 12 883 h. (*Vitréens*). Château des XIVe-XVe s. et remparts. Machines agricoles. Chaussures.

VITREY-SUR-MANCE (70500 Jussey), ch.-l. de c. de la Haute-Saône; 380 h.

VITROLLES (13127), comm. des Bouches-du-Rhône, près de l'étang de Berre; 13 441 h.

VITRUVE, en lat. **Vitruvius**, ingénieur militaire et architecte romain du Ier s. av. J.-C., auteur du traité *De architectura*, dont les adaptations, à

partir du XVe s., ont nourri l'évolution du classicisme européen.

VITRY (Philippe DE) → PHILIPPE DE VITRY.

VITRY-EN-ARTOIS (62490), ch.-l. de c. du Pas-de-Calais; 4 748 h.

VITRY-EN-CHAROLLAIS (71600 Paray le Monial), comm. de Saône-et-Loire; 768 h. Amiante-ciment.

VITRY-LE-FRANÇOIS (51300), ch.-l. d'arr. de la Marne, sur la Marne; 20 092 h. (*Vitryats*). Industrie du bois. Métallurgie. En 1545, François Ier bâtit cette ville pour les habitants de Vitry-en-Perthois, dite « Vitry-le-Brûlé », détruite par Charles Quint en 1544.

VITRY-SUR-SEINE (94400), ch.-l. de c. du Val-de-Marne, sur la Seine; 88 023 h. (*Vitriots*). Église des XIIIe et XIVe s. Centrales thermiques.

VITTEAUX (21350), ch.-l. de c. de la Côte-d'Or; 1 077 h. Église gothique.

VITTEL (88800), ch.-l. de c. des Vosges; 6 791 h. (*Vittellois*). Station thermale pour les maladies du foie et des reins, et les maladies métaboliques (arthritisme, allergies).

VITTORIA, v. d'Italie (Sicile); 47 000 h.

VITTORINI (Elio), écrivain italien, né à Syracuse (1907-1966). Ses romans forment une analyse à la fois sociologique et dramatique des classes déshéritées (*les Femmes de Messine*).

VITTORIO VENETO, v. d'Italie (Vénétie); 30 000 h. Eaux thermales. Victoire des Italiens sur les Autrichiens (24-31 oct. 1918).

Antonio **Vivaldi**

VIVALDI (Antonio), violoniste et compositeur italien, né à Venise (1678-1741). Célèbre virtuose, auteur de musique religieuse, d'opéras, de sonates, de symphonies, il a marqué de sa forte personnalité la forme du concerto (*L'Estro armonico, les Quatre Saisons*).

VIVARAIS, région de la bordure orientale du Massif central, entre la Loire et le Rhône, correspondant à l'actuel dép. de l'Ardèche.

VIVARINI, famille de peintres vénitiens originaires de Murano. Les plus connus sont : ANTONIO, né à Murano (v. 1420 - apr. 1470); — BARTOLOMEO, né à Murano (v. 1432 - apr. 1491); — ALVISE, né à Venise (v. 1445-1505).

VIVEROLS (63840), ch.-l. de c. du Puy-de-Dôme; 462 h.

VIVIANI (René), homme politique français, né à Sidi-bel-Abbès (1863-1925). Un des chefs du parti socialiste, il fut le premier ministre du Travail (1906-1910) et présida le gouvernement de juin 1914 à octobre 1915.

VIVIERS (07200), ch.-l. de c. de l'Ardèche, près du Rhône; 3 198 h. Cathédrale des XIIe -XVIIe s. Ciment.

VIVIEZ (12110 Aubin), comm. de l'Aveyron; 2 164 h. Métallurgie du zinc.

VIVONNE (86370), ch.-l. de c. de la Vienne; 2 675 h. Église des XIIe-XVe s.

VIX (21400 Châtillon sur Seine), comm. de la Côte-d'Or; 85 h. Site d'un oppidum; une sépulture du Ve s. av. J.-C. a livré en 1953 un trésor dont la pièce la plus précieuse est un grand cratère de bronze d'origine grecque (musée de Châtillon-sur-Seine).

VIZILLE (38220), ch.-l. de c. de l'Isère, sur la Romanche; 7 252 h. Château de Lesdiguières

(auj. propriété de l'État), reconstruit de 1611 à 1620 et où se tinrent en juillet 1788 les états du Dauphiné : ceux-ci préludèrent à la convocation des états généraux. Papeterie. Industries chimiques et métallurgiques.

VLAARDINGEN, port des Pays-Bas (Hollande-Méridionale), sur la Meuse, près de Rotterdam; 80 000 h. Chimie.

VLADIMIR, v. de l'U. R. S. S. (R. S. F. S. de Russie), au nord-est de Moscou; 284 000 h. Remarquables églises du XIIe s. Constructions mécaniques.

VLADIMIR Ier le **Saint** ou le **Grand** (v. 956-1015), prince de Novgorod (970), grand-prince de Kiev (980-1015). Il reçut le baptême (v. 988) et imposa à son peuple le christianisme de rite byzantin. — VLADIMIR II *Monomaque* (1053-1125), grand-prince de Kiev de 1113 à 1125. Il a laissé une *Instruction* qui est l'une des premières œuvres de la littérature morale russe.

VLADIMIR-SOUZDAL (principauté de), État russe qui se développa au XIIe s. quand le prince André Bogolioubski (1157-1174) délaissa Kiev pour Vladimir. Son essor fut interrompu en 1238 par la conquête mongole.

VLADISLAS → LADISLAS.

VLADIVOSTOK, port de l'U. R. S. S. (R. S. F. S. de Russie), dans l'Extrême-Orient, sur la mer du Japon, au débouché du Transsibérien; 536 000 h. Centre industriel. Russe depuis 1860, la ville fut occupée par les Japonais de 1918 à 1922.

VLAMINCK (Maurice DE), peintre français, né à Paris (1876-1958). Principalement paysagiste, il fut l'un des initiateurs du fauvisme.

VLASSOV (Andreï Andreïevitch), général russe, né à Lomakino (prov. de Nijni-Novgorod) [1900-1946]. Après avoir combattu dans l'armée rouge, il fut fait prisonnier par les Allemands, passa à leur service (1942) et leva une armée contre les Soviétiques. Capturé en 1945, il fut remis aux Soviétiques et pendu en 1946.

VLISSINGEN → FLESSINGUE.

VLORA ou **VLORË**, port d'Albanie; 53 000 h.

VLTAVA (la), en allem. **Moldau**, riv. de Bohême, affl. du Labe (Elbe), passant à Prague; 430 km. Usines hydroélectriques.

VÔGE (la), petit pays de la Lorraine méridionale.

VOGELGRUN (68600 Neuf Brisach), comm. du Haut-Rhin; 397 h. Centrale hydraulique sur le grand canal d'Alsace.

VOGOULES ou **VOGOULS**, ethnie d'origine finno-ougrienne de l'U. R. S. S., établie en Sibérie occidentale.

VOGT (Karl), naturaliste allemand, né à Giessen (1817-1895), défenseur du transformisme.

VOGÜÉ [vɔgye] (Eugène Melchior, vicomte DE), écrivain français, né à Nice (1848-1910). Il révéla au public français la littérature russe (*le Roman russe*, 1886; *Maxime Gorki*, 1905). [Acad. fr.]

VOID-VACON (55190), ch.-l. de c. de la Meuse; 1 200 h.

VOINOV (Dimitrie), biologiste roumain, né à Iaşi (1867-1951), auteur d'importants travaux sur les chromosomes.

VOIRON (38500), ch.-l. de c. de l'Isère; 20 365 h. (*Voironnais*). Liqueur. Skis. Papeterie.

VOISIN (Catherine MONVOISIN, née DESHAYES, dite **la**), aventurière française, née à Paris (v. 1640-1680). Mêlée à l'Affaire des poisons (1679), décapitée, puis brûlée en place de Grève.

VOISIN (les frères), ingénieurs et industriels français. GABRIEL, né à Belleville-sur-Saône (1880-1973), et CHARLES, né à Lyon (1882-1912), furent les premiers en France à construire industriellement des avions (1908).

VOITEUR (39210), ch.-l. de c. du Jura; 812 h.

VOITURE (Vincent), écrivain français, né à Amiens (1597-1648), l'un des modèles de la préciosité. (Acad. fr.)

Voix intérieures (les), recueil lyrique de V. Hugo (1837).

VOJVODINE, en serbo-croate **Vojvodina**, province autonome de la république de Serbie

(Yougoslavie), au nord du Danube; 21 506 km²; 1 970 000 h. Ch.-l. *Novi Sad.*

Vol de nuit, roman de Saint-Exupéry (1931), témoignage sur l'héroïsme quotidien des pilotes de l'aviation civile.

VOLATERRAE → VOLTERRA.

Volcans d'Auvergne *(parc naturel régional des),* parc régional, englobant les massifs des monts Dôme, des monts Dore et du Cantal.

VOLGA (la), fl. de l'U.R.S.S. le plus long d'Europe; 3 700 km. La Volga prend sa source au plateau du Valdaï, passe à Iaroslavl, Gorki, Kazan, Kouïbychev, Saratov, Volgograd et Astrakhan et se jette dans la Caspienne par un large delta. Importante artère navigable, reliée à la mer Blanche et à la Baltique (canal Volga-Baltique), à la mer d'Azov et à la mer Noire (canal Volga-Don), la Volga est coupée d'importants aménagements hydroélectriques (Kouïbychev, Volgograd).

VOLGA *(république des Allemands de la),* anc. république autonome de la R.S.F.S. de Russie (U.R.S.S.), sur le cours inférieur de la Volga, groupant les descendants de colons allemands établis par Catherine II. Créée en 1924, elle a été supprimée en 1946.

VOLGOGRAD, de 1925 à 1961 **Stalingrad,** v. de l'U.R.S.S. (R.S.F.S. de Russie), sur la Volga (r. dr.); 931 000 h. Centre industriel (machines agricoles, camions). Aménagement hydroélectrique sur la Volga. (V. aussi STALINGRAD.)

VOLHYNIE, en polon. **Wołyń,** région du nord-ouest de l'Ukraine. Enjeu des rivalités entre la Lituanie et la Pologne, elle fut rattachée à la Russie en 1793-1795. De nouveau partagée entre l'U.R.S.S. et la Pologne (1921), elle revint tout entière à l'Ukraine soviétique en 1939.

VOLJSKI, v. de l'U.R.S.S., sur la Volga, en face de Volgograd; 203 000 h.

VÖLKLINGEN, v. de l'Allemagne fédérale (Sarre); 39 000 h. Sidérurgie.

VOLLARD (Ambroise), marchand de tableaux et éditeur d'art français, né à Saint-Denis de la Réunion (1868-1939). Il a publié des souvenirs sur les artistes de son temps.

VOLMUNSTER (57720), ch.-l. de c. de la Moselle; 720 h.

VOLNAY (21190 Meursault), comm. de la Côte-d'Or; 452 h. Vins renommés (côte de Beaune).

VOLNEY (Constantin François DE CHASSEBŒUF, *comte* DE), érudit et philosophe français, né à Craon (1757-1820), auteur des *Ruines ou Méditations sur les révolutions des empires* (1791). [Acad. fr.]

VOLOGDA, v. de l'U.R.S.S. (R.S.F.S. de Russie); 224 000 h. Textile.

VOLOGÈSE, nom de cinq rois parthes, dont le plus important fut VOLOGÈSE Iᵉʳ, qui régna de 50/51 à 77 env. Il devint l'allié de Rome après avoir obtenu la couronne d'Arménie pour son frère Tiridate.

VOLOGNE (la), riv. de Lorraine, affl. de la Moselle (r. dr.), qui traverse les lacs de Retournemer et de Longemer; 50 km.

VOLONNE (04290), ch.-l. de c. des Alpes-de-Haute-Provence; 1 253 h.

VÓLOS, port de Grèce (Thessalie), sur le *golfe de Vólos;* 51 000 h.

Volpone ou le Renard, comédie en cinq actes et en vers de Ben Jonson (1606). — Jules Romains et Stefan Zweig ont donné sous le titre de *Volpone* (1928) une libre adaptation de cette œuvre.

VOLSQUES, peuple de l'Italie ancienne, établi dans le sud du Latium. Ennemis acharnés de Rome, ils ne furent soumis qu'au cours du IVᵉ s. av. J.-C.

VOLTA (la), fl. du Ghâna, formé par la réunion de la *Volta Noire,* de la *Volta Blanche* et de la *Volta Rouge,* nées en Haute-Volta; 1 600 km. — Barrage d'Akosombo, formant en amont le *lac Volta* (8 730 km²).

VOLTA (Haute-) → HAUTE-VOLTA.

VOLTA (Alessandro, *comte*), physicien italien, né à Côme (1745-1827), inventeur de l'eudiomètre (1776) et de la pile électrique (1800).

Volubilis : arc de triomphe (217 apr. J.-C.) à l'extrémité de la voie *Decumanus Maximus*

buste de **Voltaire** par F. M. Rosset

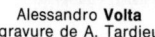

Alessandro **Volta** gravure de A. Tardieu

le maréchal **Vorochilov**

VOLTAIRE (François Marie AROUET, dit), écrivain français, né à Paris (1694-1778). Ses débuts dans les lettres (des vers contre le Régent) sont aussi ceux de ses démêlés avec le pouvoir (il sera embastillé), et après un exil de trois ans en Angleterre, dont il fait l'éloge dans les *Lettres philosophiques* (1734), il ne cessera plus de chercher la sécurité à Cirey, chez Mᵐᵉ du Châtelet, auprès de Frédéric de Prusse (1750-1753), puis dans ses domaines des Délices (1755) et de Ferney (1759). Admirateur du XVIIᵉ s., il cherche à s'égaler aux écrivains classiques, dans l'épopée (*la Henriade,* 1728), la tragédie (*Zaïre,* 1732). Mais il est surtout pour l'Europe un prince de l'esprit et des idées philosophiques, qu'il répand par ses poèmes (*Poème sur le désastre de Lisbonne,* 1756), ses contes (*Zadig,* 1747; *Candide,* 1759), ses essais historiques (*le Siècle de Louis XIV,* 1751), son *Dictionnaire philosophique* (1764), et ses campagnes en faveur des victimes d'erreurs judiciaires (Calas, Sirven, Lally-Tollendal). Idole d'une bourgeoisie libérale anticléricale, il reste un maître du récit vif et spirituel. [Acad. fr.]

VOLTA REDONDA, v. du Brésil, au nord-ouest de Rio de Janeiro; 118 000 h. Sidérurgie.

VOLTERRA, v. d'Italie (Toscane); 18 000 h. Porte de l'Arc, enceinte et nécropole, vestiges de Volaterrae, puissante cité étrusque prise par les Romains en 81-80 av. J.-C. Monuments médiévaux, dont la cathédrale. Musées.

VOLTERRA (Vito), mathématicien italien, né à Ancône (1860-1940). Il fut l'un des créateurs de l'analyse fonctionnelle, qu'il appliqua à des problèmes de biologie et de physique.

VOLUBILIS, site archéologique du Maroc, au N. de Meknès. Imposantes ruines romaines (thermes, temple, arc de Caracalla, etc.).

VOLVIC (63530), comm. du Puy-de-Dôme; 3 543 h. Église romane. Eaux minérales.

VÔ NGUYEN GIAP, général vietnamien, né à An Xa en 1911. Il commanda les forces du Viêt-minh contre les Français (1947-1954). Ministre de la Défense du Nord Viêt-nam depuis 1954 (et de 1976 à 1980 du Viêt-nam réunifié), il dirigea l'effort de guerre contre les Américains pendant la seconde guerre d'Indochine (1962-1975).

VORAGINE → JACQUES DE VORAGINE.

VORARLBERG, prov. d'Autriche, à l'ouest du col de l'Arlberg; 2 601 km²; 271 000 h. Ch.-l. *Bregenz.*

VOREPPE (38340), comm. de l'Isère, dans la *cluse de Voreppe* (entre la Chartreuse et le Vercors); 6 342 h.

VOREY (43800), ch.-l. de c. de la Haute-Loire; 1 240 h.

VORKOUTA, v. de l'U.R.S.S., dans le nord de l'Oural; 96 000 h. Houille.

VOROCHILOV (Kliment Iefremovitch), maréchal soviétique, né à Verkhni (Ukraine) [1881-1969]. Défenseur de Tsaritsyne (auj. Volgograd) contre les Russes blancs, il devint commissaire du peuple pour la Défense (1925-1940), puis président du Præsidium du Soviet suprême de l'U.R.S.S. (1953-1960).

VOROCHILOVGRAD, anc. **Lougansk,** v. de l'U.R.S.S. (Ukraine), dans le Donbass; 445 000 h. Sidérurgie.

VORONEJ, v. de l'U.R.S.S. (R.S.F.S. de Russie), près du Don; 779 000 h. Centrale nucléaire.

VÖRÖSMARTY (Mihály), poète hongrois, né à Kápolnásnyék (1800-1855), auteur de drames romantiques et de poèmes épiques (*la Fuite de Zalán,* 1825).

VOS (Cornelis DE), peintre flamand, né à Hulst (v. 1584-1651), surtout célèbre comme portraitiste.

VOSGES, région de l'est de la France, formée par un massif dissymétrique, dont le versant occidental, long et en pente douce, appartient à la Lorraine et le versant oriental, court et abrupt, à l'Alsace; 1 424 m au Grand Ballon. Primitivement unies à la Forêt-Noire, les Vosges en ont été séparées par la formation du fossé rhénan. Les *Vosges cristallines,* au sud, les plus hautes, aux sommets « ballons » parfois arrondis et aux cols élevés (Bussang, Schlucht), s'opposent aux *Vosges gréseuses,* au nord, aux formes tabulaires, plus aisément franchissables (col de Saverne). La population et les activités se concentrent dans les vallées (Meurthe, Moselle, Thur, Fecht, etc.), sites des principales villes (Saint-Dié, Remiremont, Thann). L'élevage bovin (fromages) et les cultures (céréales, arbres fruitiers, vigne) sont surtout développés sur le versant alsacien, au climat d'abri. L'élevage transhumant sur les pâturages d'altitude, ou « hautes chaumes », a décliné comme a reculé le traditionnel textile. L'exploitation de la forêt, alimentant scieries et papeteries, constitue aujourd'hui la principale ressource de la montagne, qui bénéficie, en outre, de l'essor du tourisme.

VOSGES (dép. des) [**88**], dép. de la Région Lorraine; ch.-l. de dép. *Épinal*; ch.-l. d'arr. *Neufchâteau, Saint-Dié*; 3 arr., 30 cant., 516 comm.; 5 871 km²; 397 957 h. (*Vosgiens*). Le dép. appartient à l'académie de Nancy-Metz, à la circonscription judiciaire de Nancy, à la région militaire de Metz et à la province ecclésiastique de Besançon. Il s'étend principalement sur les Vosges cristallines à l'est, région d'élevage et d'exploitation forestière, sur le Plateau lorrain, gréseux et calcaire, à l'ouest, pays découvert, d'habitat groupé, où la polyculture à base céréalière recule devant l'élevage, favorisé par l'humidité du climat. L'industrie tient une place importante. Le textile, développé après 1870 avec le repli d'Alsaciens et représenté dans les principales villes (Épinal, Saint-Dié, Remiremont) et bien qu'en déclin, demeure la branche majeure, complétée par le travail du bois, la papeterie, la verrerie, le tourisme et le thermalisme (Vittel, Contrexéville, Plombières-les-Bains).

Vosges (*place des*), anc. **place Royale**, à Paris, dans le quartier du Marais, commencée par Henri IV et terminée par Louis XIII.

Vosges du Nord (*parc naturel régional des*), parc régional englobant l'extrémité septentrionale du *massif des Vosges* (Bas-Rhin et Moselle) à la frontière de l'Allemagne fédérale.

VOSNE-ROMANÉE [*von-*] (21700 Nuits St Georges), comm. de la Côte-d'Or; 613 hab. Vins renommés.

VOSS (Johann Heinrich), poète allemand, né à Sommersdorf bei Waren (Mecklembourg) [1751-1826], auteur de l'épopée paysanne et bourgeoise *Louise* (1795).

VOSSIUS (Gerardus Johannis), humaniste hollandais, né à Heidelberg (1577-1649). — Son fils ISAÄCUS, né à Leyde (1618-1689), fut bibliothécaire de Christine de Suède.

VOTIAKS, peuple de l'U.R.S.S., habitant la république autonome des Oudmourtes, à l'ouest de l'Oural, et dont la langue appartient à la famille finno-ougrienne.

VOUET (Simon), peintre et décorateur français, né à Paris (1590-1649). Après une importante période romaine (1614-1627), il fait à Paris, grâce à son style aisé et décoratif (coloris vif, mouvement des compositions), une carrière officielle brillante (*le Temps vaincu par l'Amour, Vénus et l'Espérance*, musée de Bourges; *Présentation au Temple*, Louvre).

VOUGEOT (21640), comm. de la Côte-d'Or, renommée pour ses vins (clos-vougeot, entre autres); 178 h. Château anciennement abbatial du XVIᵉ s.

Vouglans, aménagement hydroélectrique (barrage et lac de retenue, centrale) sur l'Ain.

VOUILLÉ (86190), ch.-l. de c. de la Vienne; 2 040 h. Clovis y vainquit et tua Alaric II, roi des Wisigoths (507).

VOULTE-SUR-RHÔNE (La) [07800], ch.-l. de c. de l'Ardèche; 5 892 h. (*Voultains*). Textile.

VOUNEUIL-SUR-VIENNE (86210 Bonneuil Matours), ch.-l. de c. de la Vienne; 1 218 h.

VOUVRAY (37210), ch.-l. de c. d'Indre-et-Loire, sur la Loire; 2 746 h. (*Vouvrillons*). Vins blancs et vins mousseux.

VOUZIERS (08400), ch.-l. d'arr. des Ardennes, sur l'Aisne; 5 465 h. (*Vouzinois*). Église du XVIᵉ s.

VOVES (28150), ch.-l. de c. d'Eure-et-Loir; 2 646 h.

Voyage au bout de la nuit, roman de L.-F. Céline (1932). Cette histoire d'un médecin anarchiste et voyageur, Bardamu, écrite dans un style disloqué, débordant d'inventions verbales, a profondément influencé la littérature française contemporaine.

Voyage autour de ma chambre, de X. de Maistre (1795).

Voyage de M. Perrichon (*le*), comédie d'E. Labiche (1860).

Voyage du pèlerin (*le*), allégorie mystique, par Bunyan (1678), qui exerça une influence considérable sur l'évolution de l'esprit religieux en Angleterre.

Voyage en Amérique, par Chateaubriand (publié en 1826). Rempli de descriptions pittoresques, il témoigne cependant de nombreux emprunts à des récits de voyageurs ou de naturalistes.

Voyage sentimental (*le*), de Sterne (1768), suite de descriptions ou de réflexions, un des chefs-d'œuvre de l'humour anglais.

VOYER (Marc René DE), *marquis* **d'Argenson,** né à Venise (1652-1721), lieutenant général de police, puis (1718-1720) garde des Sceaux. (Acad. fr.) — Son fils RENÉ LOUIS, *marquis* **d'Argenson,** né à Paris (1694-1757), fut secrétaire d'État aux Affaires étrangères (1744-1747).

VRANGEL ou **WRANGEL** (*île*), île soviétique, dans la mer de Sibérie orientale.

VRANGEL (Petr) → WRANGEL.

VREDEMAN DE VRIES (Hans), dessinateur, peintre et architecte néerlandais, né à Leeuwarden (1527 - v. 1604). Il publia à Anvers des traités d'architecture et de perspective ainsi que des recueils gravés d'ornements de style maniériste italien et bellifontain, qui furent très suivis en Europe du Nord.

VRIES (Hugo DE) → DE VRIES.

VROUBEL (Mikhaïl Aleksandrovitch), peintre russe, né à Omsk (1856-1910), de tendance symboliste.

VUILLARD (Édouard), peintre français, né à Cuiseaux (1868-1940). Intimiste nuancé, il fit partie du groupe des nabis.

VULCAIN. *Myth. rom.* Dieu du Feu et du Travail des métaux, identifié au dieu grec Héphaïstos.

Vulgate (la), traduction latine de la Bible, œuvre de saint Jérôme. Elle est la version officielle de l'Église latine; le concile de Trente l'a approuvée en 1546.

VULPIAN (Alfred), médecin et physiologiste français, né à Paris (1826-1887), auteur de travaux sur le système nerveux.

VYBORG ou **VIBORG,** en finnois **Viipuri,** v. de l'U.R.S.S. (R.S.F. de Russie), sur le golfe de Finlande; 72 000 h. La ville a été cédée par la Finlande à l'U.R.S.S. en 1947.

VOSGES

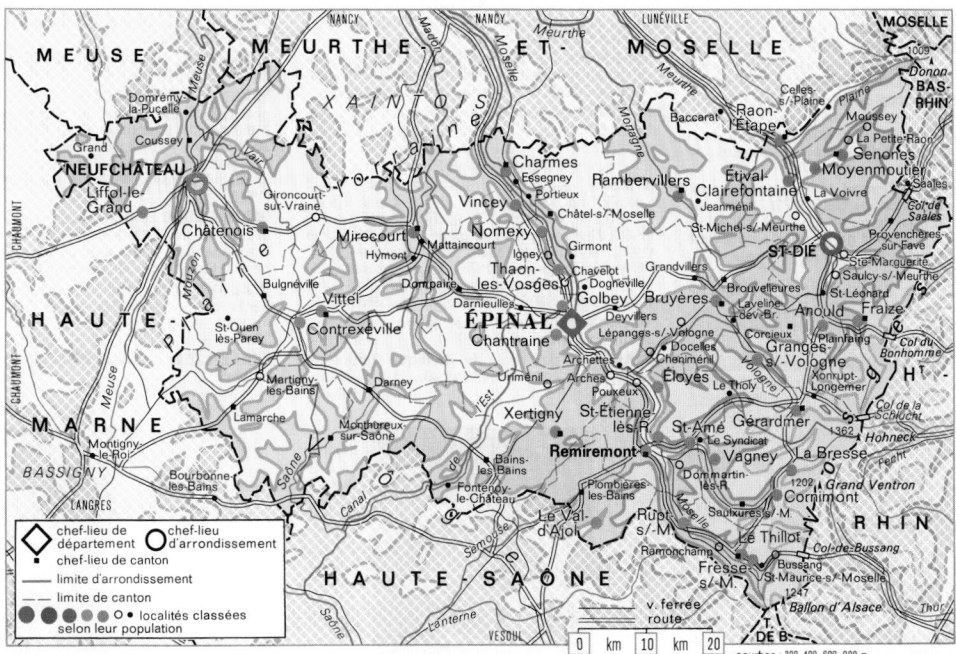

1639

W

Washington : le Capitole, siège du Congrès.

WAAL (le), bras du delta du Rhin. Il passe à Nimègue, puis se confond avec la Meuse.

WAAS → WAES.

WABUSH (lac), lac du Canada, dans le Labrador. — À proximité, gisements de fer.

WACE, poète anglo-normand, né à Jersey (v. 1100-1175), auteur du *Roman de Brut,* première œuvre en langue vulgaire qui raconte les aventures du roi Arthur, et du *Roman de Rou* ou *Geste des Normands.*

WACKENRODER (Wilhelm Heinrich), poète allemand, né à Berlin (1773-1798), l'un des promoteurs du romantisme (*Effusions sentimentales d'un moine ami des arts,* 1797).

WADDENZEE ou **MER DES WADDEN,** partie de la mer du Nord comprise entre le continent et l'archipel de la Frise occidentale.

WADDINGTON (William Henry), homme politique français, né à Saint-Rémy-sur-Avre (1826-1894). Plusieurs fois ministre, il constitua et présida le premier cabinet de la présidence de Jules Grévy (4 févr. - 26 déc. 1879).

WADDINGTON (Conrad Hal), généticien britannique, né à Evesham (1905-1975). Auteur de travaux sur la double hélice d'A.D.N. des chromosomes, vulgarisateur de talent, il a contribué à la fondation du mouvement Pugwash et du club de Rome.

WÄDENSWIL, v. de Suisse (Zurich); 15 695 h.

WAES ou **WAAS** (pays de), région de Belgique (Flandre-Orientale), sur l'Escaut (r. g.), à la frontière néerlandaise.

Wafd, parti nationaliste égyptien fondé en 1919 et qui, après avoir été au pouvoir de 1942 à 1944, avec l'appui des Britanniques, et de 1950 à 1952, fut écarté par la révolution militaire de 1952.

WAGNER (Richard), compositeur allemand, né à Leipzig (1813-1883), auteur de : *le Vaisseau fantôme* (1841), *Tannhaüser* (1843-1845), *Lohengrin* (1845-1848), *l'Anneau du Nibelung,* dit la *Tétralogie* (1852-1874), *Tristan et Isolde* (1857-1859), *les Maîtres chanteurs de Nuremberg* (1861-1867), *Parsifal* (1877-1882). Génie d'une rare puissance, il a écrit lui-même ses livrets, puisés souvent dans les légendes nationales de la Germanie, et modifié la conception de l'opéra traditionnel, en ne faisant aucune concession à la virtuosité proprement dite, pour lier étroitement la musique au texte. Ses partitions, remplies de symboles, obéissent à une exploita-tion systématique d'idées musicales ou *leitmotive.* Son orchestre, un des principaux leviers de l'émotion dramatique, est abondant et d'une admirable poésie. Le chromatisme constitue un élément important du langage du compositeur.

WAGNER (Otto), architecte, urbaniste et théoricien autrichien, né à Penzing, près de Vienne (1841-1918). D'abord académique, il devient dans les années 90 le chef de file de l'école moderniste viennoise.

WAGNER VON JAUREGG (Julius), psychiatre autrichien, né à Wels (Haute-Autriche) [1857-1940], prix Nobel en 1927 pour ses recherches sur la malariathérapie dans le traitement de la paralysie générale.

WAGRAM, anc. **Deutsch Wagram,** village d'Autriche, au nord-est de Vienne. Victoire de Napoléon sur l'archiduc Charles le 6 juillet 1809.

WAIKIKI, plage d'Honolulu (Hawaii).

WAILLY (Charles DE), architecte français, né à Paris (1729-1798), auteur du théâtre de l'Odéon à Paris, en collaboration avec M. J. Peyre.

WAJDA (Andrzej), cinéaste polonais, né à Suwałki en 1926, auteur de : *Kanal* (1957), *Cendres et diamant* (1958), *Tout est à vendre* (1968), *Paysage après la bataille* (1969), *les Noces* (1972), *la Terre de la Grande Promesse* (1974), *l'Homme de marbre* (1976), *les Demoiselles de Wilko* (1978), *Sans anesthésie* (1979), *le Chef d'orchestre* (1980), *l'Homme de fer* (1981).

WAKAYAMA, port du Japon (Honshū); 365 000 h. Aciérie. Chimie.

WAKE (île de), atoll du Pacifique. Important relais aérien sur la transversale Hawaii-Philip-pines, l'île fut occupée par les Japonais de 1941 à 1945.

WAKEFIELD, v. d'Angleterre; 60 000 h.

WAKSMAN (Selman Abraham), microbiologiste américain, né à Prilouki, près de Kiev (1888-1973), prix Nobel en 1952 pour sa découverte de la streptomycine.

WAŁBRZYCH, v. de Pologne, en basse Silésie; 129 000 h. Houille. Métallurgie.

WALBURGE (sainte) → WALPURGIS.

WALCHEREN, anc. île des Pays-Bas (Zélande), auj. rattachée au continent.

WALCOURT, comm. de Belgique (prov. de Namur); 13 900 h.

WALDECK, anc. principauté allemande, rattachée à la Prusse en 1929.

WALDECK-ROUSSEAU (Pierre), homme politique français, né à Nantes (1846-1904). Ministre de l'Intérieur (1881-82, 1883-1885), il attacha son nom à la loi sur les associations professionnelles (1884). Président du Conseil de 1899 à 1902, il fit voter la loi sur les associations (1901).

WALDERSEE (Alfred, *comte* VON), maréchal allemand, né à Potsdam (1832-1904). Il commanda la force internationale envoyée en Chine pendant la guerre des Boxers (1900).

WALDHEIM (Kurt), diplomate autrichien, né à Sankt Andrä vor dem Hagentale (Basse-Autriche) en 1918, secrétaire général de l'O. N. U. de 1972 à 1981.

WALENSEE ou **WALLENSEE,** lac de Suisse; 24 km².

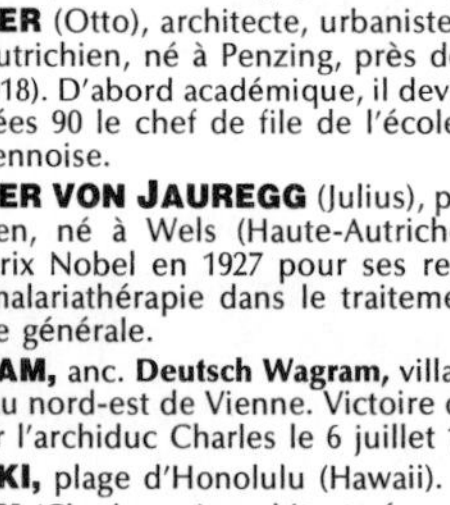

Richard **Wagner** par G. Tivoli

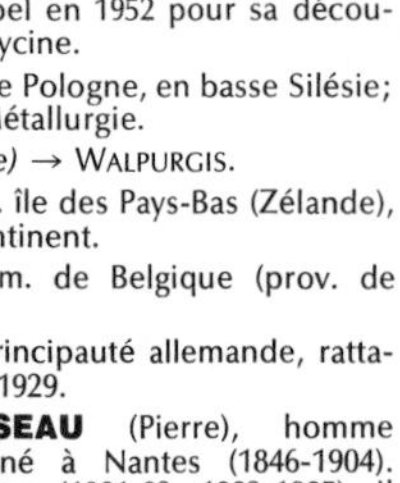

Selman A. **Waksman**

WALES, nom angl. du *pays de Galles.*

WAŁĘSA (Lech), syndicaliste polonais, né à Popow, près de Włocławek, en 1943. Il est le principal leader des mouvements revendicatifs de 1980, qui ont abouti à la création de syndicats indépendants du pouvoir.

WALEWSKI (Alexandre Joseph COLONNA, *comte*), homme politique français, né à Walewice (Pologne) [1810-1868], fils naturel de Napoléon Ier et de la comtesse Walewska. Ministre des Affaires étrangères de Napoléon III (1855-1860), il présida le congrès de Paris (1856).

WALHALLA (le) ou **VAL-HALL.** *Myth. germ.* Séjour paradisiaque réservé aux guerriers morts en héros.

Walkyrie *(la)* → TÉTRALOGIE.

WALKYRIES ou **VALKYRIES.** *Myth. germ.* Divinités féminines messagères de Wotan (Odin) et hôtesses du Walhalla. Elles suivent, invisibles, les combats dans de fantastiques chevauchées et conduisent au Walhalla les héros morts.

WALLACE (*sir* William), héros de l'indépendance écossaise, né à Elderslie, près de Glasgow (1270-1305). À partir de 1297, il lutta contre Édouard Ier. Capturé en 1305, il fut décapité.

WALLACE (*sir* Richard), philanthrope anglais, né à Londres (1818-1890). Il avait doté Paris de cinquante petites fontaines d'eau potable. Sa collection de tableaux et d'objets d'art (notamment du XVIIIe s. français), léguée à l'Angleterre, est célèbre (*Wallace Collection*, Londres).

WALLACE (Alfred Russel), naturaliste anglais, né à Usk (Monmouthshire) [1823-1913], un des fondateurs de la géographie zoologique et de la doctrine de la sélection naturelle.

WALLASEY, v. d'Angleterre, sur la Mersey; 97 000 h.

WALLENSEE → WALENSEE.

WALLENSTEIN (Albrecht Eusebius WENZEL VON) ou **WALDSTEIN,** né à Hermanič (Bohême) [1583-1634]. Général d'origine tchèque, il mit, en 1618, une armée à la disposition de l'empereur et combattit avec succès pendant la guerre de Trente Ans. Mais, dans l'espoir d'obtenir la couronne de Bohême, il se laissa battre à Lützen (1632) avant de virer à la rébellion ouverte. L'empereur le fit assassiner.

Wallenstein, trilogie dramatique de Schiller, jouée à Weimar (1798-99), comprenant *le Camp de Wallenstein, les Piccolomini* et *la Mort de Wallenstein.* Mise en musique par V. d'Indy (1873-1881).

WALLER (Thomas, dit **Fats**), pianiste, chanteur et compositeur de jazz noir américain, né à New York (1904-1943).

WALLERS [walɛrs] (59135), comm. du Nord; 7 105 h.

WALLIS [walis], archipel de la Polynésie, formant avec Futuna (et Alofi) un territoire français d'outre-mer *(Wallis-et-Futuna),* au nord-est des Fidji; 96 km² pour les Wallis; 255 km² et 8 546 h. pour l'ensemble du territoire (ch.-l. *Mata-Utu,* sur l'île d'Uvéa, la principale des îles Wallis). L'archipel, découvert en 1767 par l'Anglais Samuel Wallis, devint protectorat français en 1886 et territoire français d'outre-mer en 1959.

WALLIS (John), mathématicien britannique, né à Ashford (1616-1703). Il mit à la portée du public les principes de la géométrie cartésienne et fut un des précurseurs de la géométrie infinitésimale.

WALLON (Henri), historien et homme politique français, né à Valenciennes (1812-1904). Professeur à la Sorbonne, représentant du peuple en 1849-50, député de 1871 à 1875, il fit adopter à une voix de majorité, le 30 janvier 1875, l'amendement qui provoqua l'adoption des lois constitutionnelles de la IIIe République. Il fut ministre de l'Instruction publique en 1875-76 : à ce titre, il contribua au vote de la loi instaurant la liberté de l'enseignement supérieur (12 juill. 1875).

WALLON (Henri), psychologue français, né à Paris (1879-1962), petit-fils du précédent. Il est l'auteur d'importantes études sur l'enfant.

WALLONIE [walɔni], partie sud et sud-est de la Belgique, où sont parlés le français et les dialectes romans, principalement le wallon.

WALLONS, population de la Wallonie.

Wall Street, rue de New York, dans le sud de Manhattan, où est située la Bourse.

WALPOLE (Robert), 1er *comte* **d'Oxford,** homme d'État anglais, né à Houghton (1676-1745). L'un des chefs du parti whig, premier lord du Trésor et chancelier de l'Échiquier de 1721 à 1742, il contrôla en fait la politique britannique et jeta les bases du régime parlementaire britannique. — Son fils **HORACE,** né à Londres (1717-1797), fut un des initiateurs du « roman noir » *(le Château d'Otrante,* 1764).

WALPURGIS ou **WALBURGE** (*sainte*), religieuse anglaise (v. 710-779). Elle fut abbesse du monastère de Heidenheim (Allemagne) et son tombeau devint un centre de pèlerinage. Sa fête, qui se célébrait le 1er mai, fut associée par la ferveur populaire à d'anciennes légendes du folklore germanique sur le retour du printemps. Goethe en a fait mention dans la scène de la « Nuit de Walpurgis » de son *Faust.*

WALRAS (Léon), économiste français, né à Évreux (1834-1910). Professeur à l'université de Lausanne, il a contribué à introduire en économie la méthode mathématique.

WALSALL, v. du centre de l'Angleterre; 185 000 h. Métallurgie.

WALSCHAP (Gérard), écrivain belge d'expression néerlandaise, né à Londerzeel (Flandre) en 1898, auteur de romans qui analysent les conflits provoqués par la vie sociale et politique *(la Mort au village).*

WALSER (Martin), écrivain allemand, né à Wasserburg en 1927. Ses romans et son théâtre *(Chêne et lapins angora, Au-delà de l'amour)* dénoncent l'absurdité du monde contemporain.

WALSH (Raoul), cinéaste américain, né à New York (1892-1980), auteur du *Voleur de Bagdad* (1924), de *la Piste des géants* (1930), *Gentleman Jim* (1942), *Aventures en Birmanie* (1945), *L'enfer est à lui* (1949).

WALTARI (Mika), écrivain finlandais, né à Helsinki (1908-1979), auteur de romans historiques *(Sinouhé l'Égyptien)* et sociaux *(Un inconnu vient à la porte).*

WALTER (Bruno Walter SCHLESINGER, dit **Bruno**), chef d'orchestre américain d'origine allemande, né à Berlin (1876-1962).

WALTER (Jean), architecte, collectionneur et philanthrope français, né à Montbéliard (1883-1957). Il a construit l'hôpital Beaujon à Clichy, fondé des bourses de voyage et continué la collection du marchand de tableaux Paul-Guillaume (léguée à l'État par sa veuve).

WALTER TYLER → WAT.

WALTHER von der Vogelweide, poète allemand (v. 1170 - v. 1230), le premier des *Minnesänger* qui ait fait de ses poésies une arme politique.

WALVIS BAY, territoire de la côte ouest de l'Afrique australe, rattaché à l'Afrique du Sud (prov. du Cap), mais englobé dans la Namibie, qui l'administre depuis 1922. Base de pêche.

WAMBRECHIES [vãbrəʃi] (59118), comm. du Nord, banlieue de Lille; 7 902 h. Textile.

WANG MONG ou **WANG MENG,** peintre chinois (v. 1300-1385), l'un des plus réputés de la dynastie Yuan. Rochers, arbres et torrents

Wang Mong
Paysage (1367)

Lauros-Giraudon

envahissent ses paysages à la touche énergique, et leur confèrent puissance et intensité dramatique.

WANG WEI, peintre, calligraphe et poète chinois (701-761). Créateur probable de la peinture monochrome à l'encre, son œuvre de poète paysagiste (connue par des copies) a été à l'origine de la peinture lettrée chinoise.

WANNE-EICKEL, localité industrielle de l'Allemagne fédérale, dans la Ruhr.

WANTZENAU (La) [67610], comm. du Bas-Rhin; 4216 h. Caoutchouc.

WANZE, comm. de Belgique (prov. de Liège); 10 700 h.

WARANGAL, v. de l'Inde (Andhra Pradesh); 208 000 h. Temple de Hanamkonda (XIIe s.).

WARBURG (Otto), physiologiste allemand, né à Fribourg-en-Brisgau (1883-1970), prix Nobel en 1931 pour ses recherches sur les ferments respiratoires (enzymes des oxydations cellulaires).

WAREGEM, comm. de Belgique (Flandre-Occidentale); 31 100 h.

WARENS [varã] (Louise Éléonore DE LA TOUR DU PIL, *baronne* DE), né à Vevey (Suisse) [1700-1762]. Elle accueillit J.-J. Rousseau aux Charmettes.

WARHOL (Andy), plasticien et cinéaste américain, né à Philadelphie en 1930. Comme plasticien, un des représentants du *pop art,* il procède souvent par multiplication d'une même image à base photographique (boîte de soupe ou portrait de Marilyn Monroe), avec permutations de coloris.

WARIN (Jean) → VARIN.

WARNDT (la ou le), région forestière à l'ouest de Forbach.

WARNEMÜNDE, avant-port de Rostock, sur la Baltique.

WAROQUIER (Henry DE), peintre, graveur et sculpteur français, né à Paris (1881-1970). Il a conjugué le cubisme et l'expressionnisme.

WARREN, v. des États-Unis (Michigan); 179 000 h.

WARREN (Robert Penn), écrivain américain, né à Guthrie (Kentucky) en 1905. Ses poèmes et ses romans *(le Cavalier de la nuit,* 1939; *le Grand Souffle,* 1950) posent le problème fondamental de la liberté humaine.

WARRINGTON, v. d'Angleterre; 120 000 h.

WARSZAWA → VARSOVIE.

WARTA (la), riv. de Pologne, affl. de l'Odra (r. dr.); 762 km.

WARTBURG (Walther VON), linguiste suisse, né à Riedholz (Soleure) [1888-1971], auteur d'un *Dictionnaire étymologique de la langue française.*

Wartburg *(château de la),* château fort de

Wallenstein
par Van Dyck

Kempter

Robert Walpole
par J.-B. Van Loo

Fleming

WARTBURG

Saxe-Weimar, près d'Eisenach, fameux par les concours des *Minnesänger*, qu'évoque Richard Wagner dans *Tannhäuser*, et par les séjours qu'y firent sainte Élisabeth de Hongrie et Luther (1521).

WARWICK (Richard NEVILLE DE) → NEVILLE.

WARWICKSHIRE, comté d'Angleterre; ch.-l. *Warwick.*

WASATCH, chaîne montagneuse de l'ouest des États-Unis (Utah); 3 750 m.

WASH (le), golfe formé par la mer du Nord, sur la côte orientale de l'Angleterre.

WASHINGTON, cap. fédérale des États-Unis d'Amérique, dans le district fédéral de Columbia, sur le Potomac; 757 000 h. (plus de 3 millions avec les banlieues). Ville administrative, capitale fédérale depuis 1790, elle est la résidence du président des États-Unis depuis 1800. Importants musées d'art.

V. ill. frontispice

WASHINGTON, un des États unis d'Amérique, sur le Pacifique; 176 617 km²; 3 409 000 h. Cap. *Olympia.*

WASHINGTON (George), homme d'État américain, né dans le comté de Westmoreland (Virginie) [1732-1799]. Riche propriétaire, représentant de la Virginie au Congrès de Philadelphie (1774), il reçoit, en 1775, le commandement en chef de l'armée continentale. Aidé par la France, il bat les Anglais et devient le héros de l'indépendance américaine (1781). Premier président de l'Union (1789), réélu en 1792, il se montre partisan d'un fédéralisme fort.

George **Washington**
d'après J. Peale

James **Watt**

WASMES, comm. de Belgique (Hainaut); 14 000 h. Métallurgie.

WASQUEHAL [waskal] (59290), comm. du Nord; 16 523 h. Industrie chimique. Ficellerie.

WASSELONNE (67310), ch.-l. de c. du Bas-Rhin; 4 172 h.

WASSERBILLIG, v. du Luxembourg, sur la Moselle; 2 000 h. Port fluvial.

WASSERMANN (August VON), médecin allemand, né à Bamberg (1866-1925), inventeur d'une réaction sérologique permettant de déceler l'existence de certaines maladies infectieuses et, en particulier, de la syphilis.

WASSIGNY (02630), ch.-l. de c. de l'Aisne; 1 011 h.

WASSY (52130), ch.-l. de c. de la Haute-Marne; 3 481 h. Église avec parties romanes. Le 1er mars 1562, le massacre d'une soixantaine de protestants de cette ville par les gens du duc de Guise provoqua les guerres de Religion.

WAT ou **WALTER TYLER,** agitateur anglais (m. en 1381). Il dirigea, en juin 1381, une révolte des travailleurs et obtint de Richard II d'importantes mesures sociales. Mais il fut tué par un familier du roi.

WATERBURY, v. des États-Unis (Connecticut); 108 000 h.

WATERFORD, en gaélique **Port Láirge,** port de la république d'Irlande; 32 000 h. Verrerie.

Watergate (le), immeuble de Washington, utilisé par le parti démocrate en 1972. Un espionnage politique y eut lieu au profit des républi-

cains; le scandale qui en résulta contraignit Nixon à démissionner (1974).

WATERLOO, comm. de Belgique (Brabant), au sud de Bruxelles; 23 500 h. Victoire décisive des Anglais et des Prussiens sur Napoléon le 18 juin 1815.

WATERLOO, v. du Canada (Ontario); 46 623 h.

WATERLOO, v. des États-Unis (Iowa); 76 000 h.

WATERMAEL-BOITSFORT, en néerl. **Watermaal-Bosvoorde,** comm. de Belgique (Brabant); 25 400 h.

WATSON (John Broadus), psychologue américain, né à Greenville (Saskatchewan) [1878-1958]. Il est à l'origine de la psychologie du comportement ou *béhaviorisme.*

WATSON (James Dewey), biologiste américain, né à Chicago en 1928, prix Nobel de médecine en 1962 avec Crick et Wilkins pour leur découverte de la structure de l'A. D. N.

WATSON-WATT (*sir* Robert Alexander), physicien écossais, né à Brechin (Angus) [1892-1973]. Il conçut le système de détection et de mesure de la distance d'un obstacle au moyen d'ondes hertziennes ou radar.

WATT (James), ingénieur écossais, né à Greenock (1736-1819). Il apporta de multiples améliorations à la machine à vapeur, telles que le condenseur (1769), l'action alternative de la vapeur sur les deux faces du piston (1780), le tiroir (1785), le parallélogramme déformable, le volant, le régulateur à boules, etc.

WATTÁSSIDES, dynastie qui régna au Maroc de 1472 à 1554.

WATTEAU (Antoine), peintre et dessinateur français, né à Valenciennes (1684-1721). Rompant avec l'académisme du XVIIe s., empruntant à Rubens et aux Vénitiens, il a développé, dans l'ambiance d'une société raffinée, son art des scènes de comédie (l'*Amour au théâtre italien,* musée de Berlin-Dahlem) et surtout des «fêtes galantes», genre créé par lui et dont le *Pèlerinage à l'île de Cythère* est le chef-d'œuvre (Louvre; réplique à Berlin). Watteau est un dessinateur et un coloriste de premier ordre; sa touche est d'une nervosité originale, son inspiration d'une poésie nostalgique et pénétrante (le *Jugement de Pâris, Gilles,* Louvre; la *Toilette,* les *Charmes de la vie,* Wallace Collection, Londres; l'*Enseigne de Gersaint,* Berlin; etc.).

WATTIGNIES [wa-] (59139), comm. du Nord, au sud de Lille; 12 417 h.

WATTIGNIES-LA-VICTOIRE (59680) Ferrière la Grande), comm. du Nord; 216 h. Victoire de Jourdan sur les Autrichiens (16 oct. 1793).

WATTRELOS [watralo] (59150), comm. du Nord, près de Roubaix; 45 447 h. (*Wattrelosiens*). Industries chimiques.

WAUGH (Evelyn), écrivain anglais, né à Londres (1903-1966). Ses romans sont une violente satire de l'humanité contemporaine (l'*Épreuve de Gilbert Pinfold*).

WAVELL (Archibald Percival), 1er *comte de* **Cyrénaïque et de Winchester,** maréchal britannique, né à Colchester (1883-1950). Commandant au Moyen-Orient en 1939, il vainquit les

Italiens en Libye (1941), commanda l'armée des Indes et fut vice-roi des Indes de 1943 à 1947.

Waverley, le premier roman historique de Walter Scott (1814). C'est un épisode de la tentative de restauration jacobite en 1745.

WAVRE, comm. de Belgique (Brabant); 22 400 h.

WAVRE-SAINTE-CATHERINE, en néerl. **Sint-Katelijne-Waver,** comm. de Belgique (Anvers); 17 000 h.

WAVRIN [wa-] (59136), comm. du Nord; 6 187 h.

WAYNE (Marion Michael MORRISON, dit **John**), acteur de cinéma américain, né à Winterset (Iowa) [1907-1979]. Spécialiste des films d'action, il a été l'un des acteurs les plus populaires du western (la *Chevauchée fantastique,* 1939; la *Rivière rouge,* 1948; *Rio Bravo,* 1958).

WAZIERS [wa-] (59119), comm. du Nord; 10 251 h.

WAZIRISTÁN, région du nord-ouest du Pákistán.

WEALD (le), région humide et boisée du sud-est de l'Angleterre, entre les Downs.

WEAVER (John), danseur, maître à danser et chorégraphe anglais, né à Shrewsbury (1673-1760), créateur du ballet anglais.

WEAVER (Warren), mathématicien américain, né à Reedsburg (Wisconsin) en 1894, auteur, avec Shannon, de la *Théorie mathématique de la communication* (1949).

WEBB (Sidney), *baron* **Passfield,** homme politique et économiste britannique, né à Londres (1859-1947), fondateur du mouvement fabien (1883).

WEBER (Carl Maria VON), compositeur et chef d'orchestre allemand, né à Eutin (1786-1826). Auteur du *Freischütz* (1821), d'*Euryanthe* (1823), d'*Obéron* (1826), Weber doit être tenu pour l'un des créateurs de l'opéra national allemand. On lui doit des œuvres brillantes pour piano et pour clarinette.

WEBER (Wilhelm Eduard), physicien allemand, né à Wittenberg (1804-1891). Il étudia l'induction électromagnétique.

WEBER (Max), économiste et sociologue allemand, né à Erfurt (1864-1920), promoteur d'une sociologie «compréhensive», utilisant des «types idéaux».

WEBERN (Anton VON), compositeur autrichien, né à Vienne (1883-1945), un des pionniers du dodécaphonisme sériel (*Symphonie,* op. 21).

WEBSTER (John), auteur dramatique anglais, né à Londres (v. 1580-v. 1624). Ses tragédies sont jalonnées d'épisodes atroces (la *Duchesse de Malfy,* 1614).

WEDEKIND (Frank), auteur dramatique allemand, né à Hanovre (1864-1918), un des meilleurs représentants de l'expressionnisme (*Éveil du printemps,* 1891; la *Danse de mort,* 1906).

WEDGWOOD (Josiah), industriel britannique, né à Burslem (Staffordshire) [1730-1795]. Créateur, vers 1760, de la *faïence fine,* il rencontra un tel succès qu'il put fonder en 1768, à Bur-

Antoine **Watteau** : *Diane au bain*

Max **Weber**

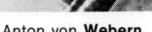

Anton von **Webern**   Frank **Wedekind**   Chaïm **Weizmann**   Herbert G. **Wells**

Vérités et mensonges (1972-1974)
de et avec Orson **Welles**

Wellington, par Goya

slem, la puissante manufacture *Etruria.* Il produisit notamment des « jaspes », pièces de couleur non vernissées, décorées de reliefs blancs à l'antique.

WEENIX (Jan-Baptist), peintre néerlandais, né à Amsterdam (1621 - av. 1663), auteur de paysages dans le genre italien, de bambochades et de natures mortes de gibier. — Son fils JAN, né à Amsterdam (v. 1640-1719), traita des sujets voisins.

WEGENER (Alfred), géophysicien et météorologiste allemand, né à Berlin (1880-1930). Il a précisé la théorie de la dérive des continents.

WEHNELT (Arthur), physicien allemand, né à Rio de Janeiro (1871-1944), auteur de travaux sur l'émission thermoélectronique.

Wehrmacht (en allem. **force de défense**), nom donné de 1935 à 1945 à l'ensemble des forces armées allemandes de terre, de mer et de l'air. (De 1939 à 1945, près de 18 millions d'hommes passèrent dans ses rangs.)

WEIDMAN (Charles), danseur, chorégraphe et pédagogue américain, né à Lincoln (Nebraska) [1901-1975]. Collaborateur de D. Humphrey, il est un des chefs de file de la modern dance aux États-Unis.

WEIERSTRASS (Karl), mathématicien allemand, né à Ostenfelde (1815-1897). Il fut le chef de file d'une brillante école d'analystes qui entreprirent la révision systématique des divers secteurs de l'analyse mathématique.

WEI-FANG ou **WEIFANG**, v. de Chine (Chantong); 149 000 h.

WEI-HAI ou **WEIHAI,** port sur la côte nord du Chan-tong (Chine), à l'entrée du golfe du Po-haï, cédé à bail à l'Angleterre de 1898 à 1930; 222 000 h.

WEIL (Simone), philosophe français, née à Paris (1909-1943). Sa vie et son œuvre (*la Pesanteur et la Grâce,* 1947) révèlent son mysticisme chrétien et son ardente recherche de la justice sociale.

WEILL (Kurt), compositeur américain d'origine allemande, né à Dessau (1900-1950), auteur, notamment, de la musique de certaines pièces de B. Brecht (*l'Opéra de quat' sous,* 1928).

WEIMAR, v. de l'Allemagne démocratique, en Thuringe; 63 000 h. Monuments, notamment du XVIIIe s. Constructions mécaniques. Elle fut, sous le règne de Charles-Auguste (1775-1828), un foyer intellectuel autour de Goethe.

WEIMAR (*république de*), régime politique de l'Allemagne de 1919 à 1933. L'insurrection spar-

takiste réprimée (janv. 1919), l'Assemblée constituante, réunie à Weimar, promulgue une constitution démocratique qui crée une confédération de 17 États autonomes. Le premier président de la République est Friedrich Ebert (1919-1925), qui doit faire face à une situation financière et économique catastrophique et à la montée des communistes et des nationalistes. Le second président, le maréchal Hindenburg (né en 1934), fait évoluer la république vers un régime de type présidentiel; la crise mondiale, qui s'amorce en 1930, favorise le succès du national-socialisme, dont le leader, Adolf Hitler, accède au pouvoir en 1933.

WEIPA, port d'Australie (Queensland). Important gisement de bauxite.

WEISMANN (August), biologiste allemand, né à Francfort-sur-le-Main (1834-1914). Il a établi l'indépendance précoce de la lignée cellulaire germinale (l'embryon.

WEISS (Pierre), physicien français, né à Mulhouse (1865-1940), connu pour sa théorie du ferromagnétisme.

WEISS (Peter), écrivain suédois d'origine allemande, né à Nowawes, près de Berlin, en 1916, auteur d'un théâtre engagé dans les luttes sociales et politiques contemporaines (*Marat-Sade,* 1964; *Hölderlin,* 1971).

WEIZMANN (Chaïm), chimiste et homme d'État israélien, né à Motyl (Biélorussie) [1874-1952]. Il fut le premier président de l'État d'Israël (1949-1952).

WELHAVEN (Johan Sebastian), écrivain norvégien, né à Bergen (1807-1873). Il subit l'influence du romantisme allemand et entra en conflit contre le « norvégianisme » de Wergeland.

WELKOM, v. d'Afrique du Sud (Orange); 132 000 h. Métallurgie.

WELLAND, v. du Canada (Ontario), sur le canal Welland (44 km), qui relie les lacs Érié et Ontario en évitant à la navigation les chutes du Niagara; 45 047 h. Métallurgie.

WELLES (Orson), cinéaste et acteur américain, né à Kenosha (Wisconsin) en 1915. Il a réalisé *Citizen Kane* (1940), *la Splendeur des Amberson* (1942), *la Dame de Shanghai* (1947), *Othello* (1952), *le Procès* (1962), *Falstaff* (1965), *Une histoire immortelle* (1967).

WELLESLEY (Richard COLLEY WELLESLEY, *marquis*), homme politique britannique, né au château de Dangan, près de Trim (Meath) [1760-1842]. Il fut gouverneur général de l'Inde, où il étendit la suzeraineté britannique (1798-1805),

puis ministre des Affaires étrangères (1809-1812). Lord-lieutenant d'Irlande (1821-1828, 1833-34), il prit la défense des catholiques irlandais.

WELLINGTON, cap. et port de la Nouvelle-Zélande, dans l'île du Nord, sur le détroit de Cook; 350 000 h. Industries textiles et mécaniques.

WELLINGTON (Arthur WELLESLEY, *duc* DE), général britannique, né à Dublin (1769-1852). Commandant les troupes anglaises au Portugal et en Espagne, il battit les Français à Vitoria (1813), puis envahit le sud de la France jusqu'à Toulouse (1814). À la tête des forces alliées aux Pays-Bas, il remporta sur Napoléon la victoire de Waterloo (1815), puis commanda les forces d'occupation en France (1815-1818). Il fut Premier ministre de 1828 à 1830.

WELLS, v. d'Angleterre (Somerset); 7 000 h. Belle cathédrale des XIIe-XIVe s.

WELLS (Herbert George), écrivain anglais, né à Bromley (1866-1946), auteur de romans satiriques et de récits d'imagination scientifique (*l'Homme invisible,* 1897; *la Guerre des mondes,* 1898).

WELS, v. d'Autriche (Haute-Autriche); 47 000 h. Centre commercial.

WELWYN GARDEN CITY, agglomération résidentielle de la région de Londres.

WEMBLEY, agglomération de la banlieue nord-ouest de Londres. Stade de football.

WEMMEL, comm. de Belgique (Brabant); 13 400 h.

WEMYSS (Rosslyn Erskine, *lord Wester*), amiral britannique, né à Wemyss Castle (comté de Fife) [1864-1933]. Chef d'état-major naval en 1918, il signa l'armistice de Rethondes au nom de la Grande-Bretagne.

WENDEL (DE), famille de maîtres de forges lorrains. — IGNACE (1741-1795) créa, avec Wilkinson, une fonderie qui fut à l'origine de la métallurgie du Creusot. Ses arrière-petits-fils, HENRI et ROBERT, avec leur cousin THÉODORE **de Gargan,** acquièrent en 1879 le procédé Thomas et accrurent l'empire industriel de la famille.

WENDES, anc. nom donné par les Allemands aux *Sorabes* de Lusace.

WENGEN, station de sports d'hiver de Suisse, dans l'Oberland bernois (alt. 1 300-3 454 m), au pied de la Jungfrau; 1 200 h. Célèbre descente du Lauberhorn.

WEN-TCHEOU ou **WENZHOU,** v. de Chine (Tchö-kiang); 594 000 h.

WEÖRES (Sándor), poète hongrois, né à Pécs en 1913, marqué par une curiosité encyclopédique et l'influence des philosophies orientales (*la Tour du silence*).

WERFEL (Franz), écrivain autrichien, né à Prague (1890-1945), auteur de drames et de romans expressionnistes, ainsi que de biographies romancées.

WERGELAND (Henrik), poète norvégien, né à Kristiansand (1808-1845), partisan d'une culture spécifiquement norvégienne (*la Création, l'Homme et le Messie,* 1830).

WERNER (Zacharias), auteur dramatique allemand, né à Königsberg (1768-1823), d'inspiration mystique (*le Vingt-Quatre Février*).

WERNER (Alfred), chimiste suisse, né à Mulhouse (1866-1919), auteur de travaux sur les composés complexes. (Prix Nobel, 1913.)

WERNICKE (Carl), neurologue allemand, né à Tarnowitz (1848-1905), qui décrivit le premier l'aphasie sensorielle.

WERTHEIMER (Max), psychologue allemand, né à Prague (1880-1943), un des promoteurs du gestaltisme.

Werther (*les Souffrances du jeune*), roman épistolaire de Goethe (1774), qui contribua à créer l'image du héros romantique. — De ce roman, Édouard Blau, Paul Milliet et G. Hartmann ont tiré un drame lyrique, musique de Massenet (1892).

WERVE (Claus DE) → SLUTER (Claus).

WERVIK, comm. de Belgique (Flandre-Occidentale), sur la Lys; 18 300 h.

John **Wesley**
par H. N. Hone

Westminster Abbey : voûtes « en éventail »
de la chapelle d'Henri VII (début du XVIe s.)

Patrick **White**

Walt **Whitman**

WESER (la), fl. de l'Allemagne fédérale, réunion de la Werra et de la Fulda. Elle passe à Minden, à Brême et se jette dans la mer du Nord; 480 km.

WESLEY (John), théologien anglais, né à Epworth (1703-1791). Fondateur du méthodisme, il provoqua un réveil du protestantisme.

WESSELING, port fluvial sur le Rhin et centre industriel (chimie) de l'Allemagne fédérale, près de Cologne; 27 000 h.

WESSEX, royaume anglo-saxon, fondé vers 495, et dont les souverains réalisèrent l'unité anglo-saxonne.

WEST (Morris), écrivain australien, né à Melbourne en 1916, romancier des passions sourdes et des déchirements de la conscience (l'Avocat du diable, 1959).

WEST BROMWICH, v. d'Angleterre; 167 000 h.

WEST END, quartiers résidentiels de l'ouest de Londres.

WESTERLO, comm. de Belgique (prov. d'Anvers), en Campine; 18 300 h.

WESTERMARCK (Edvard), sociologue finlandais, né à Helsinki (1862-1939). Il étudia le développement historique des représentations collectives (Ritual and Belief in Morocco, 1926).

WESTERWALD (le), partie du Massif schisteux rhénan; 657 m.

WEST HAM, v. d'Angleterre, faubourg de Londres; 157 000 h.

WESTINGHOUSE (George), industriel et ingénieur américain, né à Central Bridge (New York) [1846-1914]. Il créa un frein à air comprimé (1872) qui fut adopté par les chemins de fer du monde entier.

WESTMINSTER, quartier de Londres, autour de Westminster Abbey, dont il subsiste l'église (surtout du XIIIe s.), qui renferme les tombeaux des rois et des grands hommes de la Grande-Bretagne. — Le palais de Westminster fut élevé en 1840 sur les plans de Charles Barry, dans le style néogothique, pour servir de siège au Parlement.

WESTMOUNT, v. du Canada (Québec), dans l'agglomération de Montréal; 22 153 h. Cité résidentielle.

WESTON (Edward), photographe américain, né à Highland Park (Illinois) [1886-1958], fondateur du Groupe f. 64.

WESTPHALIE, en allem. Westfalen, anc. prov. de l'ouest de l'Allemagne. Cap. Münster. La Westphalie fait partie, depuis 1946, du Land de Rhénanie*-du-Nord-Westphalie. En 1807, Napoléon Ier, dans le cadre de la Confédération du Rhin, érigea la Westphalie, avec Kassel pour capitale, en royaume pour son frère Jérôme. Ce royaume disparut dès 1813.

WESTPHALIE (traités de), traités qui mirent fin à la guerre de Trente Ans (1648). Ils furent signés à Münster entre l'Espagne et les Provinces-Unies et entre l'Empereur germanique et la France, et à Osnabrück entre l'Empereur et la Suède.

West Point, terrain militaire des États-Unis

(New York), sur l'Hudson. École de formation des officiers américains des armées de terre et de l'air, créée en 1802.

WETTEREN, comm. de Belgique (Flandre-Orientale); 23 700 h.

WETTERHORN (le), un des sommets de l'Oberland bernois (Suisse); 3 703 m.

WETTINGEN, v. de Suisse (Argovie), près de Baden; 19 900 h. Anc. abbatiale du XIIIe s.

WETZIKON, v. de Suisse (Zurich); 13 469 h. Industries mécaniques et alimentaires.

WEVELGEM, comm. de Belgique (Flandre-Occidentale); 28 400 h.

WEYGAND (Maxime), général français, né à Bruxelles (1867-1965). Cavalier, chef d'état-major de Foch de 1914 à 1923, major général des armées alliées en 1918, il anime la résistance des Polonais à l'armée rouge pendant la guerre polono-soviétique de 1920. Haut-commissaire en Syrie (1923), chef d'état-major de l'armée (1930), il reçoit en pleine bataille le commandement supérieur en France (19 mai 1940) et recommande l'armistice. Délégué général de Pétain en Afrique du Nord (1940), il est rappelé sur l'ordre de Hitler (1941), puis arrêté par la Gestapo et interné en Allemagne (1942-1945). Libéré par les Alliés (1945) et traduit en Haute Cour, il obtient, en 1948, un non-lieu sur tous les chefs d'accusation. Il est l'auteur de nombreux ouvrages et de Mémoires (1950-1957). [Acad. fr.]

WEYL (Hermann), mathématicien allemand, né à Elmshorn (1885-1955). Ses travaux portent sur presque toutes les branches des mathématiques et, en particulier, sur la relativité.

WEYMOUTH AND MELCOMBE REGIS, v. d'Angleterre (Dorset); 41 000 h. Station balnéaire sur la Manche.

WEZEMBEEK-OPPEM, comm. de Belgique (Brabant); 11 600 h.

WHARTON (Edith NEWBOLD JONES, Mrs.), romancière américaine, née à New York (1862-1937), peintre des mœurs de la haute société américaine (l'Âge de l'innocence, 1920).

WHEATSTONE (sir Charles), physicien anglais, né à Gloucester (1802-1875). Il inventa le stéréoscope et un télégraphe électrique à cadran.

WHEELER (sir R. E. Mortimer), archéologue britannique, né à Glasgow (1890-1976), célèbre pour sa méthode de fouilles (information stratigraphique généralisée à l'ensemble d'un chantier et préservée pendant les travaux).

WHIPPLE (George Hoyt), médecin américain, né à Ashland (New Hampshire) [1878-1976], auteur de travaux sur l'anémie. (Prix Nobel, 1934.)

WHISTLER (James Abbott MCNEILL), peintre et graveur américain, né à Lowell (Massachusetts) [1834-1903]. Installé à Londres, admirateur de l'art japonais et de Manet, il a poussé jusqu'à un extrême raffinement l'étude des harmonies chromatiques (Jeune Fille en blanc [1862], Washington; Nocturne en bleu et argent [1872], Tate Gallery).

WHITBY, v. du Canada (Ontario); 28 173 h. Sidérurgie.

WHITE (Patrick), écrivain australien, né à Londres en 1912, auteur de drames et de romans de mœurs (l'Enterrement au jambon, 1947; le Mystérieux Mandala, 1966). [Prix Nobel, 1973.]

Whitehall, large rue de Londres, percée sur l'emplacement d'un ancien palais qui portait ce nom et dont un bâtiment (Banqueting House) a été reconstruit par I. Jones.

WHITEHEAD (Robert), industriel britannique, né à Bolton-Le-Moors (Lancashire) [1823-1905]. Il réalisa à partir de 1866 des torpilles sous-marines automobiles.

WHITEHEAD (Alfred North), logicien et mathématicien britannique, né à Ramsgate (Kent) [1861-1947]. Un des fondateurs de la logique mathématique, il est l'auteur avec B. Russell des Principia mathematica (1910-1913).

WHITEHORSE, v. du Canada, ch.-l. du Yukon; 13 311 h.

WHITMAN (Walt), poète américain, né à West Hills (1819-1892), auteur des Feuilles* d'herbe (1855-1892), où, en de longs versets libres, employant les termes les plus directs de la langue populaire, il exalte la sensualité et la liberté. Son lyrisme représente une des définitions les plus durables de la sensibilité américaine.

WHITNEY (mont), point culminant des États-Unis (en dehors de l'Alaska), dans la sierra Nevada; 4 418 m.

WHITNEY (William Dwight), linguiste américain, né à Northampton (Massachusetts) [1827-1894]. Ses études de linguistique générale (Language and the Study of Language) ont exercé une profonde influence sur F. de Saussure.

WHITTLE (sir Frank), ingénieur britannique, né à Coventry en 1907. Il mit au point le premier turboréacteur, qui fut réalisé en 1941 par Rolls Royce.

WHITWORTH (sir Joseph), ingénieur et industriel britannique, né à Stockport (1803-1887). Il préconisa un système uniforme de filetage pour les vis (1841) et remplaça le marteau par la presse hydraulique pour le forgeage de l'acier (1870).

WHORF (Benjamin Lee), linguiste américain, né à Winthrop (Massachusetts) [1897-1941]. Il a émis l'hypothèse que le langage est en relation causale avec le système de représentation du monde.

WHYALLA, port et centre industriel d'Australie (Australie-Méridionale); 33 000 h. Sidérurgie.

WHYMPER (Edward), alpiniste anglais, né à Londres (1840-1911). Il effectua la première ascension du Cervin (1865).

WHYTE (Frederic Methven), ingénieur américain (1865-1941), créateur de la classification des types de locomotives par nombre d'essieux.

WICHELEN, comm. de Belgique (Flandre-Orientale); 10 400 h.

WICHITA, v. des États-Unis (Kansas); 283 000 h. Constructions aéronautiques.

WICKSELL (Knut), économiste suédois, né à Stockholm (1851-1926), auteur de travaux sur l'équilibre monétaire.

WIDAL (Fernand), médecin français, né à Dellys (Algérie) [1862-1929], auteur d'importants travaux dans de nombreux domaines de la médecine.

WIDNES, v. d'Angleterre, sur la Mersey; 52 000 h. Industries chimiques. Cimenterie.

WIDOR (Charles Marie), organiste français, né à Lyon (1845-1937). Il a laissé des symphonies pour orgue.

WIECHERT (Ernst), écrivain allemand, né à Kleinort (1887-1950), auteur de nouvelles et de récits marqués d'une inquiétude romantique (*les Enfants Jéromine*, 1945-1947).

WIELAND (Christoph Martin), écrivain allemand, né à Oberholzheim (1733-1813). Il fonda *le Mercure allemand* et exerça par ses poèmes (*Obéron*), ses essais et ses récits (*Agathon, les Abdéritains*) une influence profonde sur Goethe et les écrivains allemands.

WIELICZKA, v. de Pologne (Galicie). Mines de sel exploitées depuis le Moyen Âge.

romans et de pièces de théâtre (*Notre petite ville*, 1938) qui analysent la nature et le destin des valeurs spirituelles.

WILDER (Billy), cinéaste américain d'origine autrichienne, né à Vienne en 1906, auteur de *Assurance sur la mort* (1944), *Boulevard du crépuscule* (1950), *Certains l'aiment chaud* (1959), *Irma la Douce* (1962), *Spéciale Première* (1974).

Wilhelm Meister, roman de Goethe, en deux parties : *les Années d'apprentissage de Wilhelm Meister* (1796) et *les Années de voyage de Wilhelm Meister* (1821). Ce modèle du roman éducatif (*Bildungsroman*) contient l'épisode sentimental popularisé par l'opéra-comique *Mignon.*

WILHELMINE, née à La Haye (1880-1962), reine des Pays-Bas de 1890 à 1948. Fille de Guillaume III, elle régna d'abord sous la régence de sa mère, Emma (1890-1898). Elle dut se réfugier à Londres de 1940 à 1945. En 1948, elle abdiqua en faveur de sa fille, Juliana.

WILHELMSHAVEN, v. de l'Allemagne fédé-

WILLIBRORD ou **WILLIBROD** (*saint*), évêque, né en Northumbrie (658-739). Il évangélisa la Frise, la Flandre et le Luxembourg. Sa tombe, à Echternach, est le centre d'un pèlerinage.

WILLOUGHBY (*sir* Hugh), navigateur anglais du XVIe s. (m. en 1554), explorateur de l'océan Arctique.

WILMINGTON, v. des États-Unis (Delaware); 80 000 h. Industrie chimique.

WILRIJK, comm. de Belgique (prov. d'Anvers); 44 000 h.

WILSON (*mont*), sommet des Rocheuses, en Californie; 1 731 m. Observatoire.

WILSON (Thomas Woodrow), homme d'État américain, né à Staunton (Virginie) [1856-1924]. Leader du parti démocrate, il fut élu, en 1912, président des États-Unis; il appliqua alors un programme réformiste et antitrust. Réélu en 1916, il engagea son pays dans la guerre aux côtés des Alliés (1917). Après le conflit, il s'ef-

Wilhelm **Wien**   la reine **Wilhelmine**

Oscar **Wilde**

Tennessee **Williams**   Thomas W. **Wilson** par W. Orpen

WIEN (Wilhelm), physicien allemand, né à Gaffken (1864-1928). Il a étudié le rayonnement du corps noir. (Prix Nobel, 1911.)

WIENER (Norbert), savant américain, né à Columbia (Missouri) [1894-1964], fondateur de la cybernétique.

WIERINGEN, anc. île hollandaise du Zuiderzee, auj. réunie au continent.

Wieringermeer (*polder du*) ou **polder du Nord-Ouest,** polder des Pays-Bas, conquis sur le Zuiderzee.

WIERTZ (Antoine), peintre belge, né à Dinant (1806-1865), principal représentant du romantisme dans son pays (*la Belle Rosine,* musée Wiertz, Bruxelles).

WIESBADEN, v. de l'Allemagne fédérale, cap. de la Hesse, anc. cap. du duché de Nassau; 249 000 h. Eaux thermales. Métallurgie. Chimie. Cimenterie.

WIGAN, v. d'Angleterre, près de Liverpool; 81 000 h. Textile.

WIGHT (*île de*), île et comté anglais de la Manche; 381 km²; 100 000 h. V. pr. *Newport.* Château d'Osborne. Stations touristiques. Régates à Cowes.

WIGMAN (Mary), danseuse et chorégraphe allemande, née à Hanovre (1886-1973). Représentante de l'expressionnisme allemand, elle utilisa une des premières les instruments à percussion.

WIL, v. de Suisse (Saint-Gall); 14 646 h.

WILD (Henri), ingénieur suisse, né à Bilten (1877-1951), créateur des instruments modernes de géodésie et de photogrammétrie.

WILDE (Oscar FINGALL O'FLAHERTIE WILLS), écrivain britannique, né à Dublin (1854-1900). Adepte de l'*esthétisme*, il devient l'écrivain le plus célèbre et le plus recherché, tant par son personnage que par ses contes (*le Crime de lord Arthur Saville*), son théâtre (*l'Éventail de lady Windermere, De l'importance d'être constant,* 1895) et un roman, *le Portrait de Dorian Gray* (1891). Mais, emprisonné pour une affaire de mœurs (*Ballade de la geôle de Reading,* 1898), il se retira ensuite en France.

WILDER (Thornton Niven), écrivain américain, né à Madison (Wisconsin) [1897-1975], auteur de

rale (Basse-Saxe), sur la mer du Nord; 103 000 h. Port pétrolier. Métallurgie.

Wilhelmstrasse, rue de Berlin où se trouvait le ministère des Affaires étrangères.

WILKES (John), homme politique britannique, né à Londres (1727-1797). Chef de l'opposition aux tories et à George III, il se rendit populaire par ses écrits contre le gouvernement.

WILKES (Charles), marin américain, né à New York (1798-1877). Il explora la région antarctique.

WILKES-BARRE, v. des États-Unis (Pennsylvanie); 59 000 h. Houille. Métallurgie.

WILKINS (*sir* George Hubert), explorateur australien, né à Mount Bryan (1888-1958). À partir de 1913, il accomplit des raids aériens sur les régions polaires.

WILKINS (Maurice Hugh Frederick), biophysicien britannique, né en Nouvelle-Zélande en 1916, prix Nobel de médecine en 1962 avec Crick et Watson pour leur découverte de la structure de l'acide désoxyribonucléique (A. D. N.).

WILKINSON (John), industriel britannique, né à Clifton (1728-1808). On lui doit le premier pont en fonte (1776-1779), le premier navire en fer (1787) et les tuyaux de fonte moulée destinés aux canalisations d'eau de Paris (1798).

WILLAERT (Adriaan), compositeur flamand, né à Bruges ou à Roulers (v. 1490-1562), maître de chapelle à Saint-Marc de Venise. On lui doit de grands motets à double chœur, des madrigaux expressifs.

WILLEBROEK, comm. de Belgique (prov. d'Anvers); 22 700 h. Chimie.

WILLEMSTAD, ch.-l. des Antilles néerlandaises, dans l'île de Curaçao; 45 000 h. Raffinerie de pétrole.

WILLENDORF, localité d'Autriche (Basse-Autriche), près de Krems. Un gisement paléolithique a livré une statuette féminine en calcaire, connue sous le nom de *Vénus de Willendorf.*

WILLIAMS (Thomas Lanier, dit **Tennessee**), écrivain américain, né à Columbus (Mississippi) en 1911, auteur de pièces qui mettent en scène des héros culpabilisés et frustrés (*Soudain l'été dernier, Un tramway nommé Désir, la Rose tatouée, la Chatte sur un toit brûlant*).

força d'appliquer en Europe un système de sécurité collective. Mais, s'il fut le créateur de la Société des Nations, il ne put obtenir l'adhésion de ses concitoyens. (Prix Nobel de la paix, 1919.)

WILSON (*sir* Henry Hughes), maréchal britannique, né à Edgeworthstown (Irlande) [1864-1922]. Ami de Foch, promoteur de la coopération militaire franco-anglaise pendant la Première Guerre mondiale, il fut chef d'état-major impérial de 1918 à 1922.

WILSON (Charles Thomson Rees), physicien écossais, né à Glencorse (1869-1959), prix Nobel (1927) pour son invention (1912) de la chambre à condensation.

WILSON (Henry Maitland, *baron*), maréchal britannique, né à Stowlangtoft Hall (1881-1964). Commandant les forces britanniques en Grèce (1941) puis au Moyen-Orient (1943), il remplaça Eisenhower en 1944 à la tête des opérations en Méditerranée.

WILSON (Angus Frank JOHNSTONE-WILSON, dit **Angus**), écrivain anglais, né à Bexhill (Sussex) en 1913, auteur de pièces de théâtre, de nouvelles et de romans d'inspiration satirique (*les Quarante Ans de Mrs. Eliot; la Girafe et les vieillards*).

WILSON (Harold), homme politique britannique, né à Huddersfield en 1916. Leader du parti travailliste (1963), il fut Premier ministre de 1964 à 1970. De nouveau au pouvoir en 1974, il démissionna en 1976.

WILTSHIRE, comté de l'Angleterre méridionale. Ch.-l. *Trowbridge.*

WILTZ, ch.-l. de cant. du Luxembourg; 4 000 h.

WIMBLEDON, quartier de la banlieue sud-ouest de Londres. Championnat international de tennis.

WIMEREUX (62930), comm. du Pas-de-Calais; 6 712 h. Station balnéaire.

WIMILLE (62126), comm. du Pas-de-Calais; 4 779 h.

WIMPFFEN (Félix, *baron* DE), général français, né à Minfeld (1744-1814). En 1792, il défendit Thionville contre les Prussiens. — Son petit-fils EMMANUEL FÉLIX, général français, né à Laon (1811-1884), commanda, à la dernière heure, l'armée française à Sedan (1870), mais ne put éviter la capitulation.

WINCHESTER, v. d'Angleterre, ch.-l. du Hampshire; 31 000 h. Cathédrale romane et gothique.

WINCKELMANN (Johann Joachim), archéologue allemand, né à Stendal (Brandebourg) [1717-1768]. Il fut l'un des inspirateurs de l'art néoclassique.

WINDHOEK, cap. de la Namibie; 65 000 h.

WINDISCHGRAETZ (Alfred, *prince* ZU), général autrichien, né à Bruxelles (1787-1862). Il réprima, en 1848, les insurrections de Prague et de Vienne, mais fut battu par les Hongrois en 1849.

WINDSOR ou **NEW WINDSOR,** v. d'Angleterre (Berkshire), sur la Tamise; 27 000 h. Château royal construit et remanié du XIIᵉ au XIXᵉ s. (coll. de dessins, œuvres d'art). — La maison royale britannique de Hanovre-Saxe-Cobourg-Gotha a pris en 1917 le nom de *maison de Windsor.*

WINDSOR, v. du Canada (Ontario), sur la rivière Detroit; 196 526 h. Port actif et centre de l'industrie automobile canadienne.

WINDSOR (*duc* DE) → ÉDOUARD VIII.

WINDTHORST (Ludwig), homme politique allemand, né à Kaldenhof (1812-1891). Chef du *Zentrum* (parti catholique) au Reichstag, il s'opposa à la politique religieuse de Bismarck (*Kulturkampf*).

WINDWARD ISLANDS → VENT (*îles du*).

WINGENE, comm. de Belgique (Flandre-Occidentale); 12 300 h.

WINGLES (62410), comm. du Pas-de-Calais; 8 348 h. Industrie chimique. Verrerie.

WINNICOTT (Donald Woods), pédiatre et psychanalyste britannique, né à Plymouth (1896-1971). Il s'intéressa à la relation mère-nourrisson et tenta de cerner ce qu'est la formation du « moi » chez l'enfant (*l'Enfant et le monde extérieur,* 1957), *l'Enfant et sa famille,* 1957; *De la pédiatrie à la psychanalyse,* 1957; *la Consultation thérapeutique et l'enfant,* 1971; *Jeu et réalité,* 1971).

WINNIPEG, v. du Canada, cap. du Manitoba; 560 874 h. Centre commercial (blé). Industries alimentaires. Métallurgie. Raffinerie de pétrole.

WINNIPEG (*lac*), lac du Canada (Manitoba), s'écoulant vers la baie d'Hudson par le Nelson; 24 600 km².

WINNIPEGOSIS, lac du Canada (Manitoba), à l'ouest du lac Winnipeg; 5 430 km².

WINSTON-SALEM, v. des États-Unis (Caroline du Nord); 134 000 h. Manufactures de tabac.

WINTERHALTER (Franz Xaver), peintre allemand, né à Menzenschwand (en Forêt-Noire) [1805-1873]. Fixé en France, il y exécuta, sous la protection de la reine Marie-Amélie, puis de l'impératrice Eugénie, d'élégants portraits et des scènes de cour.

WINTERTHUR, v. de Suisse (Zurich), sur un affl. du Rhin; 92 722 h. Musées. Métallurgie.

WINTZENHEIM (68000 Colmar), ch.-l. de c. du Haut-Rhin; 6 637 h.

WISCONSIN (le), riv. des États-Unis, affl. du Mississippi (r. g.); 1 000 km.

WISCONSIN, un des États unis d'Amérique (centre nord-est); 145 348 km², 4 418 000 h. Cap. *Madison.*

WISEMAN (Nicholas Patrick), prélat catholique britannique, né à Séville (1802-1865). Recteur du collège anglais de Rome (1828), il contribua au succès du mouvement d'Oxford. Archevêque de Westminster et cardinal (1850), il est l'auteur du roman historique *Fabiola* (1854).

WISIGOTHS ou **VISIGOTHS,** branche des Goths (« Goths sages » ou « Goths de l'Ouest »), apparue au IVᵉ s. dans la région danubienne et convertie à l'arianisme. En 410, ils prirent Rome; installés comme fédérés dans le sud-ouest de la Gaule (v. 418), ils conquièrent une bonne partie de l'Espagne (476). Leur roi Reccared (586-601) se convertit au catholicisme. En 711, les Wisigoths furent submergés par les Arabes.

WISMAR, port de l'Allemagne démocratique, sur la Baltique; 57 000 h. Église gothique St-Nicolas, en brique (XIVᵉ-XVᵉ s.). Constructions navales. Point de jonction des forces anglaises et soviétiques en 1945.

WISSANT [wisɑ̃] (62179), comm. du Pas-de-Calais; 1 140 h. Station balnéaire.

WISSEMBOURG (67160), ch.-l. d'arr. du Bas-Rhin, sur la Lauter; 6 870 h. (*Wissembourgeois*). Maisons anciennes. Défaite des Français devant les Prussiens le 4 août 1870.

WISSOUS (91320), comm. de l'Essonne, près de l'aéroport d'Orly; 4 433 h.

WITT (Jean DE), homme d'État hollandais, né à Dordrecht (1625-1672). Conseiller-pensionnaire de Hollande en 1653, il conclut la paix avec Cromwell et fit voter l'Acte d'exclusion contre la maison d'Orange (1667). En 1668, il s'allia à l'Angleterre et à la Suède contre la France, mais l'invasion victorieuse de Louis XIV (1672) lui fut imputée par les orangistes, qui le laissent massacrer, ainsi que son frère CORNELIS (né à Dordrecht [1623-1672]), par la population de La Haye.

WITTE (Emanuel DE), peintre néerlandais, né à Alkmaar (v. 1617-1691/92), réputé pour la qualité lumineuse et la vie de ses *intérieurs d'églises.*

WITTE ou **VITTE** (Sergueï Ioulievitch, *comte*), homme politique russe, né à Tiflis (1849-1915). Ministre des Finances de 1892 à 1903, il redressa l'économie grâce aux capitaux français. Il fut Premier ministre en 1905-1906.

WITTELSBACH, famille princière de Bavière. Elle régna de 1180 à 1918 sur la Bavière.

WITTEN, v. de l'Allemagne fédérale, dans la Ruhr; 10 032 h. Métallurgie.

WITTENBERG, v. de l'Allemagne démocratique, sur l'Elbe; 49 000 h. C'est sur les portes de l'église du château que Luther afficha, le 31 octobre 1517, ses 95 thèses sur les indulgences.

WITTENHEIM (68270), ch.-l. de c. du Haut-Rhin; 12 566 h. Potasse.

WITTGENSTEIN (Ludwig), logicien britannique d'origine autrichienne, né à Vienne (1889-1951). Sa première théorie pose qu'il existe une relation biunivoque entre les mots et les choses, et que les propositions qui enchaînent les mots constituent des « images » de la réalité (*Tractatus logico-philosophicus,* 1921). Cette théorie, baptisée « atomisme logique », eut une certaine influence sur le cercle de Vienne, puis fut abandonnée par Wittgenstein lui-même au profit d'une conception plus restreinte et plus concrète, qualifiée de « jeu de langage », où il met en lumière l'aspect humain du langage, c'est-à-dire imprécis, variable suivant les situations (*Investigations philosophiques,* écrit en 1936-1949 et publié en 1953).

WITWATERSRAND (en abrégé **Rand**), important district minier (or surtout) du Transvaal (Afrique du Sud). V. pr. *Johannesburg.*

WITZ (Konrad), peintre allemand, installé à Bâle en 1431 (m. en 1445 à Bâle ou à Genève). Sous l'influence des arts bourguignon et flamand, il a composé des panneaux de retables remarquables par la puissance plastique et par l'attention portée au réel (*Pêche miraculeuse,* Genève).

WŁOCŁAWEK, v. de Pologne, sur la Vistule; 93 000 h.

WŒRTH (67360), ch.-l. de c. du Bas-Rhin; 1741 h. Château du XIVᵉ-XVᵉ s.

WŒVRE [vwavr] (la), région de la Lorraine, au pied des Côtes de Meuse.

WOHLEN, comm. de Suisse (Argovie); 12 024 h.

WÖHLER (Friedrich), chimiste allemand, né à Eschersheim (1800-1882). Il isola l'aluminium et réalisa en 1828 la première synthèse organique, celle de l'urée.

WOIPPY (57140), ch.-l. de c. de la Moselle; 13 397 h. Gare de triage.

WOLF (Friedrich August), philosophe et érudit allemand, né à Hagenrode (Saxe) [1759-1824]. Il soutint que l'*Iliade* et l'*Odyssée* avaient été constituées par la juxtaposition de textes d'époques différentes.

WOLF (Hugo), compositeur autrichien, né à Windischgrätz [auj. Slovenjgradec] (Slovénie) [1860-1903], un des maîtres du lied (*Spanisches Liederbuch, Italienisches Liederbuch*).

WOLFE (James), général anglais, né à Westerham (Kent) [1727-1759]. Il vainquit Montcalm devant Québec (bataille des plaines d'Abraham), mais périt au cours du combat.

WOLFE (Thomas Clayton), écrivain américain, né à Asheville (Caroline du Nord) [1900-1938], auteur de romans lyriques et autobiographiques (*Aux sources du fleuve, la Toile et le roc*).

WOLFF ou **WOLF** (Christian, *baron* VON), philosophe allemand, né à Breslau (1679-1754), disciple de Leibniz.

WOLFF (Étienne), biologiste français, né à Auxerre en 1904. Il s'est illustré dans la tératologie expérimentale. (Acad. fr.)

WÖLFFLIN (Heinrich), historien d'art et professeur suisse, né à Winterthur (1864-1945). Ses *Principes fondamentaux de l'histoire de l'art* (1915) ont renouvelé les bases de l'étude formelle de l'œuvre.

WOLFRAM von Eschenbach, poète allemand, né en Bavière (v. 1170-1220), auteur de poèmes épiques (*Parzival*) et lyriques (*Titurel*).

WOLFSBURG, v. de l'Allemagne fédérale (Basse-Saxe); 126 000 h. Automobiles.

WOLIN, île polonaise qui ferme le golfe de Szczecin.

WOLLASTON (William Hyde), physicien et chimiste anglais, né à East Dereham (Norfolk) [1766-1828]. Il découvrit le palladium et le rhodium, et perfectionna la pile de Volta.

WOLLONGONG, anc. **Greater Wollongong,** v. d'Australie (Nouvelle-Galles du Sud); 197 000 h. Sidérurgie.

WOLOFS → OUOLOFS.

WOLS → Alfred Otto Wolfgang SCHULTZE, dit), dessinateur et peintre allemand, né à Berlin (1913-1951), un des créateurs, à Paris, vers 1946, de la peinture *informelle.*

WOLSELEY (Garnet Joseph, *vicomte*), maréchal britannique, né à Golden Bridge (comté de Dublin) [1833-1913]. Il se distingua dans de nombreuses campagnes coloniales, notamment au Transvaal (1879) et en Égypte (1884).

WOLSEY (Thomas), prélat et homme politique anglais, né à Ipswich (v. 1473-1530). Archevêque d'York, cardinal et lord-chancelier du roi Henri VIII (1514-15), il ne put obtenir du pape le divorce du roi.

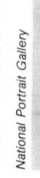

Nicholas P. **Wiseman**
par H. E. Doyle

Ludwig
Wittgenstein

Thomas **Wolsey**

Robert Williams **Wood**

Virginia **Woolf**
par F. D. Dodd

William **Wordsworth**
par B. R. Haydon

Frank Lloyd **Wright** : résidence à Taliesin West
(Paradise Valley, Arizona, 1938)

Wilbur *(à gauche)*
et Orville *(à droite)*
Wright

Richard **Wright**

WOLUWE-SAINT-LAMBERT, en néerl. **Sint-Lambrechts-Woluwe,** comm. de Belgique (Brabant), dans l'agglomération bruxelloise; 46 700 h.

WOLUWE-SAINT-PIERRE, en néerl. **Sint-Pieters-Woluwe,** comm. de Belgique (Brabant), dans l'agglomération bruxelloise; 39 400 h.

WOLVERHAMPTON, v. d'Angleterre (Staffordshire); 269 000 h.

WONSAN, port de la Corée du Nord, sur la mer du Japon; 215 000 h.

WOOD (Robert Williams), physicien américain, né à Concord (Massachusetts) [1868-1955]. Il étudia certaines radiations ultraviolettes qui portent son nom.

WOODSTOCK, v. du Canada (Ontario); 26 779 h.

WOOLF (Virginia), romancière anglaise, née à Londres (1882-1941). Dans ses romans, où l'action et l'intrigue ne jouent presque aucun rôle, elle s'efforce de rendre sensible la vie mouvante de la conscience (*Mrs. Dalloway,* 1925; *les Vagues,* 1931).

WOOLWICH, agglomération de la banlieue est de Londres, sur la Tamise. Arsenal de la marine.

WOOMERA, localité d'Australie (Australie-Méridionale), à 500 km d'Adélaïde. Base d'expérimentation de missiles et engins spatiaux.

WORCESTER, v. d'Angleterre; 73 000 h. Cathédrale du XIIIe s. Charles II y fut battu par Cromwell (1651).

WORCESTER, v. des États-Unis (Massachusetts); 177 000 h.

WORDSWORTH (William), poète anglais, né à Cockermouth (1770-1850). Auteur, avec son ami Coleridge, des *Ballades lyriques* (1798), véritable manifeste du romantisme, il rejette dans ses poèmes la phraséologie du XVIIIe s., pour retrouver le pittoresque de la langue quotidienne (*l'Excursion, Peter Bell*).

WORMHOUT (59470), ch.-l. de c. du Nord; 4 347 h. Église du XVIe s.

WORMS, v. de l'Allemagne fédérale (Rhénanie-Palatinat), sur le Rhin; 75 000 h. Cathédrale romano-gothique. Un concordat y fut conclu en 1122 entre Calixte II et l'empereur Henri V, mettant fin à la querelle des Investitures. Là, se tint, en 1521, une diète qui mit Luther au ban de l'Empire.

WORTH (Charles Frédéric), couturier français, né à Bourn (Lincolnshire) [1825-1895]. Couturier

de l'impératrice Eugénie, il fut le premier à présenter ses modèles sur des mannequins vivants.

WÖRTH AM RHEIN, v. de l'Allemagne fédérale (Rhénanie-Palatinat), sur le Rhin; 8 500 h. Véhicules utilitaires. Raffinage du pétrole.

WORTHING, v. d'Angleterre, sur la Manche; 80 000 h. Station balnéaire.

WOTAN ou **ODIN,** grand dieu du panthéon germanique; dieu de la Guerre et du Savoir.

WOU-HAN ou **WUHAN,** v. de la Chine centrale (Hou-peï), formée par la réunion de Han-k'eou, Han-yang et Wou-tch'ang, et constituant la cap. du Hou-peï; 2 500 000 h. Sidérurgie.

WOU-HOU ou **WUHU,** v. de Chine (Nganhouei), sur le Yang-tseu-kiang; 242 000 h.

WOU-SI ou **WUXI,** v. de Chine (Kiang-sou); 613 000 h.

WOU TCHEN ou **WU ZHEN,** peintre, calligraphe et poète chinois (1280-1354) de l'époque Yuan.

WOU-TCHEOU ou **WUZHOU,** v. de Chine (Kouang-si), sur le Si-kiang; 200 000 h.

WOUTERS (Rik), peintre et sculpteur belge, né à Malines (1882-1916), principal représentant du « fauvisme brabançon ».

WOU-T'ONG-K'IAO ou **WUTONGQIAO,** v. de Chine (Sseu-tch'ouan); 200 000 h.

WOUWERMAN ou **WOUWERMANS** (Philips), peintre néerlandais, né à Haarlem (1619-1668), spécialisé dans les scènes de genre où intervient le cheval (chasses, escarmouches, haltes devant une auberge...).

Wozzeck, opéra d'Alban Berg (1925), d'après le drame de G. Büchner.

WRANGEL (Carl Gustaf), général suédois, né à Skokloster (1613-1676). Il prit part à la guerre de Trente Ans et aux expéditions du règne de Charles X.

WRANGEL ou **VRANGEL** (Petr Nikolaïevitch, *baron* DE), général russe, né à Novo-Aleksandrovsk (1878-1928). Successeur de Denikine à la tête des armées blanches de la Russie du Sud (1920), il combattit l'armée rouge en Ukraine et en Crimée.

WRAY (John) → RAY.

WREN (*sir* Christopher), architecte et mathématicien britannique, né à East Knoyle (1632-1723). Il dirigea la construction de Saint Paul et de nombreuses églises londoniennes. En mathé-

matiques, il étudia le problème général du choc des corps.

WRIGHT (les frères), aviateurs et constructeurs américains. WILBUR, né à Millville (Indiana) [1867-1912], et ORVILLE, né à Dayton (Ohio) [1871-1948]. Orville accomplit en 1903 avec un avion à deux hélices le deuxième vol mécanique (après l'expérience d'Ader). Wilbur exécuta en France, en 1908, une démonstration aérienne, dont le retentissement fut considérable.

WRIGHT (Frank Lloyd), architecte américain, né à Richland Center (Wisconsin) [1867 ou 1869-1959]. Aussi inventif dans ses grands édifices (musée Guggenheim, New York) que dans ses maisons particulières (« maisons de la prairie », du début du siècle), maître du courant *organique* dans l'architecture moderne, il a exercé une immense influence.

WRIGHT (Richard), écrivain américain, né à Natchez (Mississippi) [1908-1960]. De race noire, il traita dans ses romans des problèmes sociaux et psychologiques des hommes de couleur (*les Enfants de l'oncle Tom,* 1938; *Jeunesse noire* [*Black Boy*], 1945).

WROCŁAW, en allem. **Breslau,** v. de Pologne, en basse Silésie, sur l'Odra; 585 000 h. Industries métallurgiques et chimiques. Cathédrale terminée v. 1430 et autres monuments.

WUHAN → WOU-HAN.

WUHU → WOU-HOU.

WULFILA → ULFILAS.

WULUMUQI → OUROUMTSI.

WUNDT (Wilhelm), philosophe et psychologue allemand, né à Neckarau (1832-1920), considéré comme l'un des fondateurs de la psychologie expérimentale.

WUPPERTAL, v. de l'Allemagne fédérale (Rhénanie-du-Nord-Westphalie), dans la Ruhr, sur la *Wupper;* 405 000 h. Industries métallurgiques et textiles.

WURMSER (Dagobert Siegmund, *comte* VON), général autrichien, né à Strasbourg (1724-1797). Battu à Castiglione par Bonaparte (1796), il dut capituler à Mantoue (1797).

WURTEMBERG, en allem. **Württemberg,** anc. État de l'Allemagne du Sud-Ouest, qui s'étendait sur la bordure nord-est de la Forêt-Noire et sur la partie méridionale du bassin de Souabe-Franconie. Issu du duché de Souabe, le Wurtemberg fut comté en 1135, duché en 1495; tombé sous la suzeraineté autrichienne (1534), il devint, en 1599, fief direct du Saint-Empire. Le duc reçut le titre d'Électeur en 1803 et de roi en 1805. En 1806, il adhéra à la Confédération du Rhin. Le royaume du Wurtemberg fit partie de l'Empire allemand de 1871 à 1918. République (1919), le Wurtemberg fut intégré au IIIe Reich en 1934. Il forme, depuis 1951, avec le pays de Bade*, le *Land* de Bade-Wurtemberg.

WURTZ (Adolphe), chimiste français, né près de Strasbourg (1817-1884), un des créateurs de la théorie atomique. Il découvrit les amines et le glycol.

WÜRZBURG, v. de l'Allemagne fédérale (Bavière), sur le Main; 114 000 h. Université. Églises (XIIe-XIVe s.). Magnifique *Résidence* des princes-évêques, par J. B. Neumann. Centre industriel.

WUTONGQIAO → WOU-T'ONG-K'IAO.

WUUSTWEZEL, comm. de Belgique (prov. d'Anvers); 11 800 h.

WUXI → WOU-SI.

WUZHOU → WOU-TCHÉOU.

WYAT ou **WYATT** (*sir* Thomas), poète et diplomate anglais, né à Allington Castle (Kent) [v. 1503-1542]. Il introduisit le sonnet dans la poésie anglaise.

WYCHERLEY (William), écrivain anglais, né à Clive (1640-1716), auteur de comédies satiriques

John **Wycliffe**
par Houd le Vieux

Stanisław **Wyspiański**
par lui-même

inspirées de Molière (*la Femme de province, l'Homme sans détours*).

WYCLIFFE ou **WYCLIF** (John), théologien anglais précurseur de la Réforme, né à Hipswell, près de Richmond (Yorkshire) [v. 1320-1384]. Il devint le chef d'un mouvement antipapal et anticlérical, et passa par la suite à une attitude proche de celle des vaudois, voyant dans une Église pauvre la seule qui soit conforme à l'Évangile. Rejetant la transsubstantiation dans l'Eucharistie, il mit l'accent sur l'autorité exclusive de la Bible. Il fut condamné comme hérétique par le concile de Constance en 1415.

WYLER (William), cinéaste américain d'origine suisse, né à Mulhouse (1902-1981), auteur de : *les Hauts de Hurlevent* (1939), *la Vipère* (1941), *les Plus Belles Années de notre vie* (1946), *Ben Hur* (1959), *l'Obsédé* (1964).

Wylfa Head, centrale nucléaire de Grande-Bretagne, dans le pays de Galles (île d'Anglesey).

WYOMING, un des États unis d'Amérique; 253 597 km²; 332 000 h. Cap. *Cheyenne*.

WYSPIAŃSKI (Stanisław), auteur dramatique et peintre polonais, né à Cracovie (1869-1907). Il exerça une influence profonde sur l'esprit national et la littérature polonaise (*la Varsovienne*, 1898 ; *les Noces*, 1901).

WYSS (Johann David), pasteur suisse, né à Berne (1743-1818), auteur du *Robinson suisse*.

un aspect de Ta'izz en république arabe du **Yémen**

X

Y

XAINTOIS [sɛ̃-] (le), région de la Lorraine méridionale.

XAINTRAILLES [sɛ̃-] ou **SAINTRAILLES** (Jean POTON DE), maréchal de France (v. 1400-1461). Compagnon de Jeanne d'Arc, notamment au siège d'Orléans, il continua la lutte contre les Anglais, mais échoua devant Rouen (1437).

XANTHE ou **XANTHOS,** autre nom du *Scamandre.*

XÁNTHI ou **XANTE,** v. de Grèce (Thrace); 25 000 h.

XANTHIPPE, femme de Socrate, connue pour son humeur acariâtre.

XANTHOS, anc. ville de Lycie (auj. au sud-ouest de la Turquie). Vestiges se succédant du Ve s. av. J.-C. à l'époque byzantine.

XENAKIS (Iannis), compositeur français d'origine grecque, né à Brăila (Roumanie) en 1922, auteur d'une musique de structure mathématique (*Metastasis,* 1954; *Nomos gamma,* 1969; *Persepolis,* 1971; *Polytope de Cluny,* 1972; *Pléiades,* 1979).

XÉNOCRATE, philosophe grec, né à Chalcédoine (v. 400-314 av. J.-C.). Il fut disciple de Platon, dont il s'efforça de concilier les doctrines avec le pythagorisme.

XÉNOPHANE, philosophe grec, né à Colophon vers la fin du VIe s. av. J.-C., fondateur de l'école d'Élée, auteur d'un poème sur *la Nature,* dont nous possédons quelques fragments.

XÉNOPHON, écrivain, philosophe et homme politique grec, né dans le dème d'Erkhia, près d'Athènes (v. 430-v. 355 av. J.-C.). Il fut un des élèves de Socrate. Il dirigea la retraite des Dix* Mille et, plus tard, combattit à Coronée contre ses concitoyens, qui l'avaient banni et ne rapportèrent cette sentence que vingt ans plus tard. Xénophon est l'auteur de traités relatifs à Socrate (*les Mémorables*), de récits historiques (*les Hel-*

léniques), d'ouvrages d'économie domestique et de politique (*l'Économique, la Constitution de Sparte, Hiéron*), d'essais techniques *(De l'équitation),* d'un roman historique et philosophique (*la Cyropédie*).

XERES → JEREZ DE LA FRONTERA.

XERTIGNY (88220), ch.-l. de c. des Vosges; 3 075 h. Industrie alimentaire.

XERXÈS Ier (v. 510-465 av. J.-C.), roi perse achéménide de 486 à 465 av. J.-C., fils de Darios Ier. S'il imposa son autorité à Babylone et à l'Égypte révoltées, il ne put, pas plus que son père Darios, venir à bout des cités grecques (*seconde guerre médique*). Victime d'intrigues de palais, il mourut assassiné. — XERXÈS II, roi perse achéménide (424 av. J.-C.), assassiné après quarante-cinq jours de règne.

XIAMEN → AMOY.

XIANGTAN → SIANG-T'AN.

XIJIANG → SI-KIANG.

XINGU (le), riv. du Brésil, affl. de l'Amazone (r. dr.); 1 980 km.

XINHAILIAN → SIN-HAI-LIEN.

XINING → SI-NING.

XINJIANG → SIN-K'IANG.

XINXIANG → SIN-HIANG.

XINZHU → SIN-TCHOU.

XUANHUA → SIUAN-HOUA.

XUZHOU → SIU-TCHEOU.

XYLANDER, nom hellénisé de **Wilhelm Holzmann,** humaniste allemand, né à Augsbourg (1532-1576), qui étudia la philosophie d'Aristote.

YACINE (Kateb), écrivain algérien d'expression française, né à Condé-Smendou [auj. Zighout Youcef] en 1929. Son œuvre poétique, roma-

nesque (*Nedjma,* 1956) et dramatique (*le Cadavre encerclé, la Guerre de deux mille ans*) analyse le destin politique et humain de son pays.

YAFO → JAFFA.

YAHATA ou **YAWATA,** centre sidérurgique du Japon, partie de Kita-Kyūshū.

YAHVÉ («Celui qui est»), nom du dieu d'Israël, révélé, selon la Bible, à Moïse au Sinaï.

YAḤYĀ IBN MAḤMŪD AL WĀSIṬĪ, calligraphe et miniaturiste arabe, originaire du sud de l'Iraq. Actif au début du XIIIe s., il est l'un des principaux représentants de l'école de Bagdad.

Yale (*université*), université américaine, fondée en 1701 à New Haven. Elle doit son nom à Elihu *Yale,* l'un de ses bienfaiteurs. Musée d'art.

YA-LONG-KIANG ou **YALONGJIANG** (le), riv. de la Chine centrale, affl. du Yang-tseukiang (r. g.); 1 300 km.

YA-LOU ou **YALU** (le), fl. tributaire de la mer du Japon, qui sépare la Chine et la Corée du Nord; 790 km. Aménagements hydroélectriques.

YALTA ou **IALTA,** v. de l'U.R.S.S. (Ukraine), en Crimée, sur la mer Noire; 52 000 h. Station balnéaire. Une conférence s'y tint du 4 au 11 février 1945 entre Churchill, Roosevelt et Staline en vue de régler les problèmes posés par la proche défaite de l'Allemagne, et notamment l'étendue de la zone d'influence en Europe de l'U.R.S.S., qui s'engagea en outre à attaquer le Japon.

YALU → YA-LOU.

YAMAGATA, v. du Japon (Honshū); 204 000 h. Métallurgie.

YAMAGUCHI, v. du Japon (Honshū); 101 000 h.

YAMAMOTO ISOROKU, amiral japonais, né à Nagaoka (1884-1943). Il commanda les opérations navales contre les Américains de 1941 à 1943.

YAMUNĀ → JAMNA.

YANAON, un des anc. établissements français de l'Inde, sur la côte de Coromandel. Rattaché à l'Inde en 1954.

YANGQUAN → YANG-TS'IUAN.

YANG-TCHEOU ou **YANGZHOU,** v. de Chine (Kiang-sou); 180 000 h.

YANG-TSEU-KIANG ou **YANGZIJIANG** (le), anc. parfois **fleuve Bleu,** le plus long fleuve de Chine; 5 980 km. Né au Tibet, le Yang-tseukiang traverse en gorges le Yun-nan et les Alpes du Sseu-tch'ouan, avant de déboucher dans le Bassin rouge. S'encaissant de nouveau et coupé de rapides jusqu'à Yi-tch'ang, il devient, en aval, une grande artère navigable accessible aux navires de mer. Après être passé à Wou-han et à Nankin, il rejoint la mer de Chine orientale par

Yannis **Xenakis**

Xénophon

un estuaire, au sud duquel est établi Chang-hai. Drainant un bassin de 1 830 000 km², peuplé par plus de 200 millions de personnes, le Yang-tseu-kiang est l'axe vital de la Chine centrale.

YANG-TS'IUAN ou **YANGQUAN,** v. de Chine (Chan-si); 177 000 h. Métallurgie.

YANTAI → YEN-T'AI.

YAO, v. du Japon (Honshū); 228 000 h.

YAOUNDÉ, cap. du Cameroun; 274 000 h. Archevêché.

YARKAND ou **SO-TCH'Ö** ou **SUOCHE,** v. de Chine (Sin-kiang); 80 000 h. Oasis.

YARMOUTH ou **GREAT YARMOUTH,** port et station balnéaire d'Angleterre, sur la mer du Nord.

YAŞAR KEMAL, écrivain turc, né à Ósmaniye, près d'Adana, en 1922. Ses poèmes et ses romans évoquent les paysans d'Anatolie (*Mémed le Mince; Terre de fer, ciel de cuivre; L'herbe qui ne meurt pas*).

YATSUSHIRO, port du Japon (Kyūshū); 102 000 h.

YAVARÍ → JAVARI.

YAWATA → YAHATA.

YAZDGARD, nom de trois rois sassanides de Perse (Ve-VIIe s.).

YAZILIKAYA, lieu-dit de Turquie, à 3 km de Boğazkale. Sanctuaire rupestre hittite (XIIIe s. av. J.-C.). Reliefs sculptés.

YEATS (William Butler), écrivain irlandais, né à Sandymount, près de Dublin (1865-1939), auteur d'essais, de poèmes et de drames (*la Comtesse Cathleen*, 1892; *Deirdre*, 1907) inspirés de l'esprit national. (Prix Nobel, 1923.)

YEDO → EDO.

YELLOWKNIFE, v. du Canada, ch.-l. des Territoires du Nord-Ouest, sur la rive nord du Grand Lac de l'Esclave; 8 256 h. Anc. exploitations d'or.

YELLOWSTONE (le), riv. des États-Unis, affl. du Missouri (r. dr.), qui traverse le *parc national de Yellowstone* (Wyoming), aux nombreux geysers; 1 600 km.

YÉMEN (*république arabe du*), État du sud-ouest de l'Arabie, le long de la mer Rouge; 195 000 km²; 5 930 000 h. (*Yéménites*). Cap. *San'ā'*. Langue : *arabe*.

GÉOGRAPHIE

Séparant une étroite plaine côtière désertique (la Tihāma) de plateaux arides, domaines de l'élevage ovin, le rebord montagneux (3 900 m)

<hr>

V. ill. frontispice

<hr>

du plateau Arabique constitue la partie vitale du pays : cultures du café (base des exportations) et du qât (plante aux propriétés stupéfiantes).

HISTOIRE

— Le Yémen fait partie, entre autres, du royaume de Saba, fondé probablement au XIe s. av. J.-C.

— VIe s. apr. J.-C. : conquête par les Éthiopiens puis par les Perses Sassanides.

— VIIe s. : introduction de l'islām (chi'isme). Le Yémen devient une province de l'Empire musulman.

— 893 : les imāms zaydites, pratiquement indépendants de Bagdad, sont les maîtres du pays; leur dynastie s'y perpétuera jusqu'en 1962.

— 1871 : les Ottomans, installés sur la côte depuis le XVIe s., organisent, après la conquête du San'ā', le vilayet du Yémen.

— 1920 : après le démantèlement de l'Empire ottoman, l'indépendance du royaume est reconnue.

— 1962 : un coup d'État militaire dépose l'imām et établit, au Yémen du Nord, un gouvernement républicain, soutenu par l'Égypte, mais combattu par les royalistes, qui s'appuient sur l'Arabie Saoudite et la Grande-Bretagne.

— 1970 : accord entre les deux parties.

— 1974 : le colonel Ibrahim al-Ḥamdī, au pouvoir.

— 1977 : assassinat du président al-Ḥamdī.

— 1978 : son successeur, le lieutenant-colonel Ali Abdallah Saleh, est placé à la tête de l'État.

— 1979 : conflit frontalier avec la république démocratique et populaire du Yémen.

YÉMEN (*république démocratique et populaire du*), État de l'Arabie; 290 000 km²; 1 797 000 h. Cap. *Aden*. Le Nord appartient au désert de sable du Rub'al-Khālī. La majeure partie de la population se concentre sur le littoral du golfe d'Aden, notamment autour de la capitale, de loin la principale ville.

HISTOIRE

De 1959 à 1963, Aden et la plupart des sultanats du protectorat britannique d'Aden* formèrent la fédération de l'Arabie du Sud, qui, indépendante en 1967, devint, en 1970, la république démocratique et populaire du Yémen. Sālim 'Alī Rubayyi, au pouvoir depuis 1969 et qui mit en œuvre un programme marxiste, fut assassiné en juin 1978. 'Abd al-Fattāḥ Ismā'il lui a succédé. Il a été remplacé en 1980 par 'Alī Nāṣir Muḥammad.

William Butler **Yeats** par I. Opffer

YENNE (73170), ch.-l. de c. de la Savoie; 2 152 h.

YEN-T'AI ou **YANTAI,** port de Chine (Chantong); 227 000 h.

YERRES (91330), ch.-l. de c. de l'Essonne, sur l'*Yerres*; 23 448 h. (*Yerrois*).

YERSIN (Alexandre), microbiologiste français d'origine suisse, né à Lavaux, près d'Aubonne, cant. de Vaud (Suisse) [1863-1943]. Il découvrit le bacille de la peste (1894).

YERVILLE (76760), ch.-l. de c. de la Seine-Maritime; 1 492 h.

YESO, anc. nom de *Hokkaidō*.

YEU (*île d'*), île de la côte française de l'Atlantique (Vendée), formant une commune et le canton de *L'Île-d'Yeu* (85350); 23 km²; 4 766 h.

YÈVRE, affl. du Cher (r. dr.), passant à Bourges; 67 km.

YEZD, v. de l'Iran, à l'est d'Ispahan; 136 000 h. Mausolée (XIe s.). Mosquées (XIVe-XVe s.).

YIBIN → YI-PIN.

YICHANG → YI-TCH'ANG.

Yi king ou **Yijing** ou **Livre des mutations,** l'un des cinq classiques chinois, constituant essentiellement une cosmologie.

YINCHUAN → YIN-TCH'OUAN.

YING-K'EOU ou **YINGKOU,** port de Chine (Leao-ning); 159 000 h.

YIN-TCH'OUAN ou **YINCHUAN,** v. de Chine, cap. de la région autonome de Ning-hia; 120 000 h.

YI-PIN ou **YIBIN,** v. de Chine (Sseu-tch'ouan); 178 000 h.

YONNE

YI-TCH'ANG ou **YICHANG,** v. de Chine (Hou-pei), sur le Yang-tseu-kiang, en aval des gorges qui interrompent la navigation; 108 000 h.

YMIR ou **YMER,** géant de la mythologie germanique.

YOF, village du Sénégal. Aéroport de Dakar.

YOKKAICHI, port du Japon (Honshū); 229 000 h. Pétrochimie.

YOKOHAMA, port du Japon (Honshū), sur le Pacifique; 2 238 000 h. Parc de Sankei en. Centre industriel (métallurgie, chimie).

YOKOSUKA, port du Japon (Honshū), sur la baie de Tōkyō; 348 000 h.

YONKERS, v. des États-Unis (État de New York), sur l'Hudson; 204 000 h.

YONNE, riv. du Bassin parisien, affl. de la Seine (r. g.), à Montereau; 295 km. Issue du Morvan, l'Yonne coule en amont sur les terrains imperméables à forte pente et a des crues brutales; c'est l'élément perturbateur du bassin de la Seine. Elle passe à Auxerre et à Sens.

YONNE (dép. de l') **[89],** dép. de la Région Bourgogne; ch.-l. de dép. *Auxerre;* ch.-l. d'arr. *Avallon, Sens;* 3 arr., 40 cant., 439 comm.; 7 425 km²; 299 851 h. *(Yonnais).* Il appartient à l'académie de Dijon, à la circonscription judiciaire de Paris, à la région militaire de Metz et à la province ecclésiastique de Sens. Le dép. est formé de plateaux et de plaines calcaires (Sénonais, Auxerrois, Tonnerrois), voués surtout aux cultures céréalières, localement à la vigne (Chablis), ou argileux et marneux (pays d'Othe, Puisaye, Terre-Plaine), régions d'élevage bovin. La vallée de l'Yonne, voie de passage important (ainsi que la vallée de l'Armançon), est jalonnée par les principales villes (Auxerre et Sens). L'industrie est représentée par les constructions mécaniques et électriques, le travail du bois, des usines alimentaires; cependant elle ne suffit pas à enrayer totalement l'exode rural.

YORCK (Ludwig), *comte* **de Wartenburg,** feldmaréchal prussien, né à Potsdam (1759-1830). Commandant en 1812 le corps prussien de la Grande Armée contre les Russes, il négocia avec eux la convention de Tauroggen, préparant le passage de la Prusse aux côtés des ennemis de la France.

YORITOMO (1147-1199), le premier shōgun (1192) de l'histoire du Japon.

YORK, v. d'Angleterre, sur l'Ouse; 105 000 h. Importante cathédrale des XIIIe-XVe s. (vitraux) et autres monuments. Capitale de la Bretagne romaine, puis (VIe s.) du royaume angle de Northumbrie, évêché, puis archevêché dès le VIIe s., York fut un centre culturel important aux VIIIe et IXe s.

YORK, branche de la famille des Plantagenêts, issue d'Edmond de Langley (1341-1402), fils d'Édouard III, duc d'York en 1385. Elle disputa le trône aux Lancastre (guerre des *Deux-Roses),* fournit trois rois à l'Angleterre (Édouard IV, Édouard V, Richard III) et fut supplantée par les Tudors en 1485.

YORKSHIRE, comté du nord-est de l'Angleterre, sur la mer du Nord, divisé en *North Yorkshire, South Yorkshire* et *West Yorkshire.*

YORKTOWN, village des États-Unis (Virginie), au sud-est de Richmond; 400 h. Le 19 octobre 1781, Washington et Rochambeau y firent capituler les Anglais. Cette victoire marqua pratiquement la fin de la guerre de l'Indépendance américaine.

YOROUBAS ou **YORUBAS,** ethnie de l'Afrique occidentale (Nigeria principalement), dont les activités essentielles sont l'agriculture, le commerce et l'artisanat.

Yosemite National Park, parc national des États-Unis (Californie), sur le versant occidental de la sierra Nevada. Sites pittoresques, dont la *Yosemite Valley.*

YOUGOSLAVIE (république socialiste fédérative de), en serbo-croate **Jugoslavija,** État de l'Europe méridionale, formé de six républiques : *Bosnie-Herzégovine, Croatie, Macédoine, Monténégro, Serbie* (avec les régions autonomes de la *Vojvodine* et de *Kosovo), Slovénie* ; 255 800 km²; 22 160 000 h. *(Yougoslaves).* Cap.

YOUGOSLAVIE

Belgrade. Langues : *serbe, croate, macédonien, slovène.*

GÉOGRAPHIE

La Yougoslavie est un État à la fois méditerranéen et continental. Les chaînes dinariques, lourdes, peu pénétrables, dominent un littoral précédé de nombreuses îles et retombent au nord-est sur les plaines de la Save et du Danube (extrémité méridionale du Bassin pannonien). Les Alpes slovènes constituent l'extrémité nord-ouest du pays, dont la partie méridionale est formée de massifs ouverts par le Vardar. En dehors d'une étroite frange côtière, méditerranéenne, l'ensemble de la Yougoslavie possède un climat de type continental. La population est une mosaïque de nationalités (ce qui explique la structure fédérale de l'État), surtout slaves. L'avènement du régime socialiste a entraîné un rapide développement de l'industrie, favorisé par les richesses du sous-sol (lignite, cuivre, plomb et surtout bauxite) et le potentiel hydroélectrique. La sidérurgie alimente une métallurgie diversifiée (chantiers navals, matériels agricole et ferroviaire, machines-outils), implantée dans les principales villes (Belgrade, Zagreb, Ljubljana, Sarajevo, Novi Sad, Skopje, Rijeka, etc.). Les industries textiles, chimiques et alimentaires, la métallurgie des non-ferreux (aluminium) satisfont la majeure partie des besoins nationaux. La plus grande part de la production agricole (blé, maïs, vins, fruits) est encore assurée par le secteur privé, malgré une réforme agraire qui a disloqué les grandes propriétés et favorisé la création de coopératives de types divers. Le tourisme, enfin, joue un rôle grandissant dans l'économie du pays.

HISTOIRE

— 1918 (1er déc.) : proclamation du royaume des Serbes, Croates et Slovènes, dont le premier titulaire est Pierre Ier de Serbie.
— 1920 : entrée du royaume dans la Petite Entente.
— 1921 : avènement d'Alexandre Ier. Constitution favorable aux Serbes.

— 1929 : Alexandre Ier suspend la Constitution et établit un régime autoritaire. Le pays prend le nom de Yougoslavie.
— 1931 : nouvelle Constitution.
— 1934 (9 oct.) : assassinat d'Alexandre Ier. Paul, son frère, régent durant la minorité de Pierre II. La Yougoslavie, dans l'Entente balkanique.
— 1941 : coup d'État, à la suite de la signature, par Paul, du pacte tripartite ; Pierre II proclamé majeur. Pacte d'amitié avec l'U.R.S.S. et invasion allemande (avr.). Le pays est occupé et dépecé. Formation d'un État croate indépendant, fasciste. Pierre II, à Londres. Début de la résistance nationale.
— 1942 : fondation du Conseil antifasciste de libération nationale (Tito).
— 1945 (mars) : Josip Broz Tito, à la tête du gouvernement; proclamation de la république populaire (29 nov.) : Tito, président. Formation d'une fédération yougoslave de six républiques et deux régions autonomes.
— 1946 (31 janv.) : Constitution socialiste.
— 1948 : rupture avec l'U.R.S.S.
— 1950 : instauration du socialisme titiste, autogestionnaire.
— 1953 : mort de Staline; les relations reprennent progressivement avec l'U.R.S.S.
— 1954 : règlement du problème de Trieste.
— 1963 : nouvelle Constitution : démocratie directe.
— 1971 : institution d'une présidence collégiale, Tito demeurant chef de l'État.
— 1974 : nouvelle Constitution : mise en place d'une Assemblée fédérale.
— 1980 : mort de Tito. Les fonctions présidentielles sont exercées collégialement.

YOUNG (Edward), poète anglais, né à Upham (1683-1765), auteur des *Plaintes ou Pensées nocturnes sur la vie, la mort et l'immortalité* (1742-1745), poème connu sous le nom de *Nuits** et qui inaugura le genre sombre et mélancolique développé par le romantisme.

YOUNG (Arthur), agronome anglais, né à Londres (1741-1820). Ses *Voyages en France* (1792) restent un modèle d'observation.

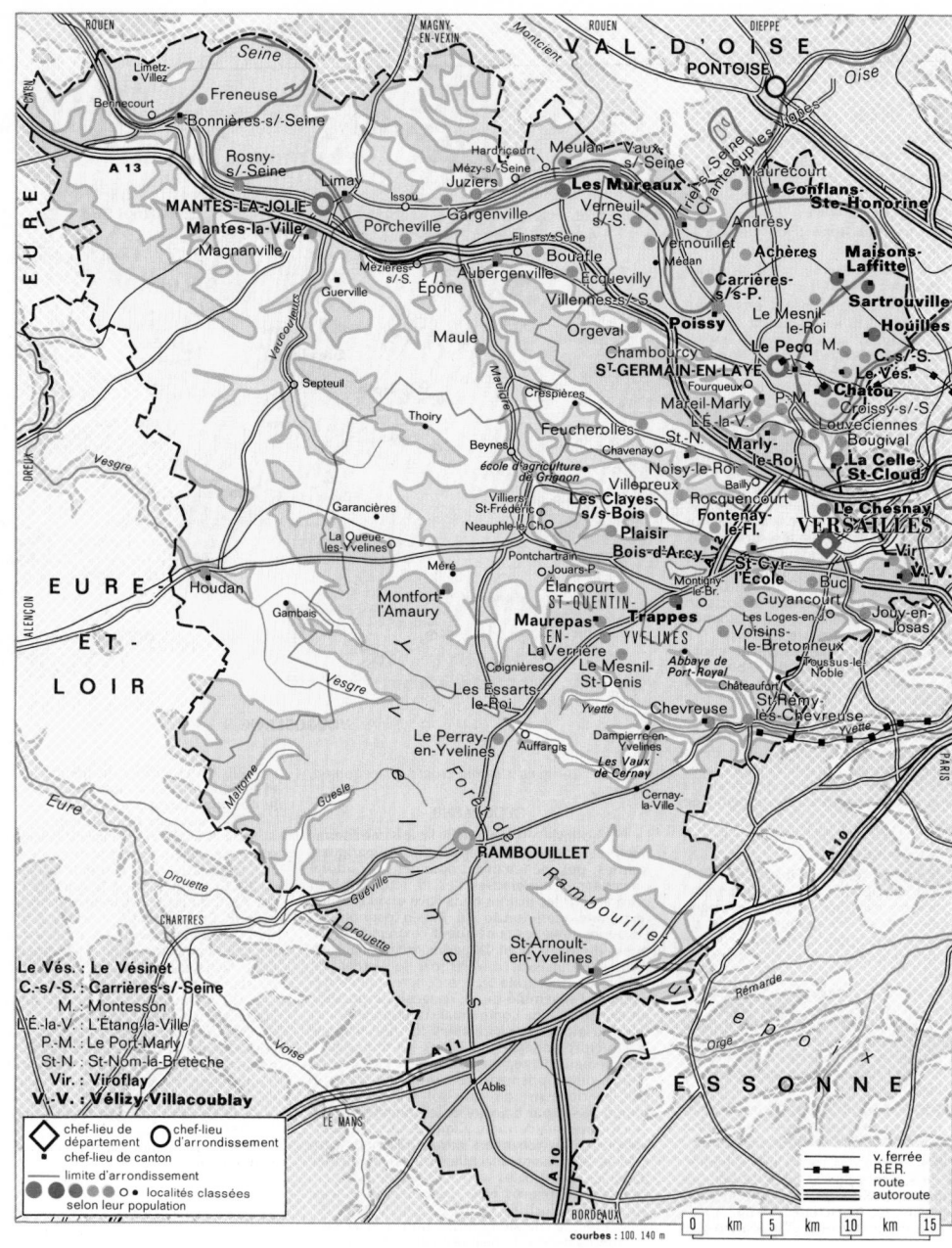

YVELINES

Le Vés. : Le Vésinet
C.-s/-S. : Carrières-s/-Seine
M. : Montesson
L'É.-la-V. : L'Étang-la-Ville
P.-M. : Le Port-Marly
St-N. : St-Nom-la-Bretèche
Vir. : Viroflay
V.-V. : Vélizy-Villacoublay

◇ chef-lieu de   ○ chef-lieu
   département   d'arrondissement
■ chef-lieu de canton
— limite d'arrondissement
●●●●○• localités classées
        selon leur population

──── v. ferrée
─■─■─ R.E.R.
──── route
──── autoroute

courbes : 100. 140 m

0   km   5   km   10   km   15

YOUNG (Thomas), médecin et physicien anglais, né à Milverton (1773-1829). Il découvrit les interférences lumineuses.

YOUNG (Brigham), chef mormon américain, né à Whittingham (Vermont) [1801-1877]. Il fonda La Nouvelle-Sion en 1847 (auj. Salt Lake City).

YOUNG (Lester), saxophoniste et clarinettiste de jazz noir américain, né à Woodville [Mississippi] (1909-1959). Surnommé « Prez » (Président), il fut l'un des plus remarquables saxophonistes ténors de l'histoire du jazz.

Young (plan), plan signé à Paris le 7 juin 1929 par les Alliés et qui, inspiré par l'expert américain Owen D. *Young* (1874-1962), fixa le montant de la dette allemande. L'avènement de Hitler (1933) le rendit inopérant.

YOUNGSTOWN, v. des États-Unis (Ohio); 141 000 h.

YOURCENAR (Marguerite DE CRAYENCOUR, dite **Marguerite**), femme de lettres française, née à Bruxelles en 1903, auteur de poèmes, de pièces de théâtre, de romans historiques (*Mé-*

moires d'Hadrien) ou autobiographiques (*Souvenirs pieux*) dans lesquels les problèmes modernes se lisent à travers les mythes antiques. (Acad. fr.)

YOUSOUF (Joseph VANTINI ou VANINI, dit), général français d'origine italienne, né dans l'île d'Elbe (v. 1810-1866). Il s'illustra en Algérie contre Abd el-Kader (1843) et prit part à la guerre de Crimée (1854-1856).

YOUSSOUFIA, anc. **Louis-Gentil,** v. du Maroc; 10 000 h. Phosphates.

G. Freund

Marguerite **Yourcenar**

Yuan Che-k'ai en 1912

Yukawa Hideki

R. et S. Michaud-Rapho

Yunus Emre

Illustration A.F.P.

YPORT (76111), comm. de la Seine-Maritime; 1 159 h. Station balnéaire.

YPRES, en néerl. **Ieper,** v. de Belgique (Flandre-Occidentale); 34 400 h. *(Yprois).* Monuments gothiques (halles, collégiale) reconstruits après 1918. Fondée au Xe s., Ypres fut l'un des grands centres drapiers du monde occidental du XIIe au XVe s. En saillant sur le front allié couvrant la base de Calais, la ville fut de 1914 à 1918 l'objet de violentes et vaines attaques allemandes.

YPSILANTI, famille phanariote, dont les deux principaux membres furent : ALEXANDRE, né à Constantinople (v. 1726 - v. 1807), hospodar de Valachie (1774-1782, 1796-97) et de Moldavie (1786-1788); et DÉMÉTRIOS, né à Constantinople (1793-1832), son petit-fils, chef des insurgés grecs qui menèrent leur pays à l'indépendance.

Yquem *(château d'),* vignoble bordelais du pays de Sauternes.

YS, cité légendaire bretonne, qui aurait été engloutie par les flots au IVe ou au Ve s.

YSAYE [izai] (Eugène), violoniste belge, né à Liège (1858-1931). Grand interprète, il a laissé aussi des sonates et concertos.

YSER, fl. côtier, né en France, qui entre en Belgique et rejoint la mer du Nord; 78 km. — Sa vallée fut le théâtre d'une bataille acharnée au cours de laquelle les troupes belges et alliées arrêtèrent les Allemands en octobre et en novembre 1914.

YSSEL → IJSSEL.

YSSELMEER → IJSSELMEER.

YSSINGEAUX (43200), ch.-l. d'arr. de la Haute-Loire; 6 528 h. *(Yssingelais).* Scies à métaux.

YUAN CHE-K'AI ou **YUAN SHIKAI,** homme d'État chinois, né à Siang-tch'eng (prov. du Honan) [1859-1916]. Chef de l'armée, il fit proclamer la république (1911), dont il assuma la présidence (1912-1916), et tenta sans succès de se faire reconnaître empereur en 1915.

YŪBARI, v. du Japon (Hokkaidō); 102 000 h.

YUCATÁN (le), presqu'île du Mexique, entre le golfe du Mexique et la mer des Antilles. Elle est constituée de bas plateaux calcaires, forestiers, peu peuplés, qui furent l'un des centres de la civilisation des Mayas.

YUKAWA HIDEKI, physicien japonais, né à Tōkyō (1907-1981), prix Nobel (1949) pour son hypothèse du méson, que l'expérience confirma.

YUKON (le), fl. de l'Amérique du Nord, tributaire de la mer de Béring; 3 290 km. Il donne son nom à une division administrative de l'Alaska et à un territoire du Canada (536 324 km²; 21 836 h.; ch.-l. *Whitehorse*). Richesses minières : or, argent, plomb, tungstène.

YU-MEN ou **YUMEN,** centre pétrolier de Chine (Kan-sou).

YUN (Isang), compositeur coréen, né à Tongyong en 1917. Il a tenté une synthèse entre les musiques extrême-orientale et occidentale dodécaphonique.

Yun-kang ou **Yungang,** monastères rupestres bouddhiques de la Chine, près de Ta-t'ong (Chan-si), aux grottes ornées de sculptures (milieu du Ve s. - VIIe s.).

YUN-NAN ou **YUNNAN,** prov. de Chine, près du Tonkin; 436 000 km²; 23 millions d'h. Cap. *K'ouen-ming.* — Le *chemin de fer du Yun-nan,* construit par les Français, relie Hanoi à K'ouenming.

YUNUS EMRE, poète mystique turc du début du XIVe s., héros de nombreuses légendes.

Yuste, monastère d'Espagne (Estrémadure), où se retira Charles Quint et où il mourut (1558).

YUTZ (57110), comm. de la Moselle, formée par la fusion de *Basse-Yutz* et de *Haute-Yutz*; 17 029 h. Métallurgie. Brasserie.

YVAIN (Maurice), compositeur français, né à Paris (1891-1965), auteur d'opérettes (*Ta bouche*, 1922).

Yvain ou le Chevalier au lion, roman de Chrétien de Troyes (v. 1177). Un chevalier se lance dans de folles aventures pour reconquérir l'estime de sa dame. Ce poème, où le merveilleux celtique se mêle à l'analyse psychologique, est le modèle parfait du roman courtois.

YVELINES *(dép. des)* [**78**], dép. de la Région Île-de-France; ch.-l. de dép. *Versailles;* ch.-l. d'arr. *Mantes-la-Jolie, Rambouillet, Saint-Germain-en-Laye;* 4 arr., 31 cant., 261 comm.; 2 271 km²; 1 082 255 h. Il appartient à l'académie et à la circonscription judiciaire de Versailles, à la région militaire et à la province ecclésiastique de Paris. La forêt de Rambouillet sépare l'extrémité nord-est de la Beauce, céréalière, des plateaux limoneux du Mantois, également céréaliers, entaillés de vallons (qui portent des vergers) et limités au nord par la vallée de la Seine. Celle-ci s'est urbanisée et industrialisée, comme le nord-est, où cependant l'industrie s'efface largement devant la fonction résidentielle (Versailles, Saint-Germain-en-Laye, Chevreuse), liée au maintien des forêts (Saint-Germain, Marly).

YVERDON, v. de Suisse (Vaud), sur le lac de Neuchâtel; 20 538 h. Château en partie du XIIIe s. Station thermale.

YVES *(saint),* prêtre et juriste, né à Minihy-Tréguier (Bretagne) [1253-1303], patron des gens de loi.

YVES de Chartres *(saint),* né en Beauvaisis (v. 1040-1116), évêque de Chartres. Il participa à l'élaboration du droit canon.

YVETOT (76190), ch.-l. de c. de la Seine-Maritime, dans le pays de Caux; 10 708 h.

YVETTE, riv. de l'Île-de-France, affl. de l'Orge (r. g.), passant à Chevreuse; 44 km.

YZEURE (03400), ch.-l. de c. de l'Allier; 14 132 h. Constructions mécaniques.

Z

les chutes du **Zambèze**

ZAANSTAD, v. des Pays-Bas (Hollande-Septentrionale); 125 000 h.

ZĀB (*Grand* et *Petit*), riv. de l'Iraq, affl. du Tigre (r. g.).

ZABRZE, v. de Pologne, en haute Silésie; 204 000 h. Centre industriel (houille, sidérurgie, chimie).

ZABULON (*tribu de*), tribu israélite de Galilée dont l'ancêtre éponyme est *Zabulon*, dixième fils de Jacob.

ZACHARIE, prophète biblique de la fin du VIe s. av. J.-C.

ZACHARIE (*saint*), prêtre juif, époux de sainte Élisabeth et père de saint Jean-Baptiste.

ZACHARIE (*saint*) [m. en 752], pape de 741 à 752. Il reconnut Pépin le Bref comme roi des Francs.

ZACHÉE, personnage de l'Évangile de saint Luc, chef des publicains de Jéricho. La visite que lui fit Jésus veut illustrer l'universalité du message chrétien, à l'encontre du particularisme juif.

ZADAR, port de Yougoslavie (Croatie), en Dalmatie, sur l'Adriatique; 43 000 h. Église St-Donat, rotonde du IXe s. Cathédrale romane du XIIe s. Musée archéologique.

Zadig *ou la Destinée*, conte de Voltaire (1747), qui illustre l'idée que l'homme doit s'attendre à tout dans un monde livré aux caprices de la Providence, mais où les folies et les misères participent à l'harmonie générale.

ZADKINE (Ossip), sculpteur français d'origine russe, né à Vitebsk (1890-1967). Il pratiqua une sorte de cubisme de tendance décorative ou expressionniste (*l'Homme foudroyé*, Rotterdam).

ZAFFARINES (*îles*), en esp. **Chafarinas**, îles espagnoles de la côte méditerranéenne du Maroc.

ZAGAZIG, v. d'Égypte, sur le delta du Nil; 151 000 h.

ZAGORSK, v. de l'U.R.S.S., au nord de Moscou; 101 000 h. Vaste ensemble du monastère de la Trinité-St-Serge (XVe-XVIIIe s.).

ZAGREB, v. de Yougoslavie, cap. de la Croatie, sur la Save; 566 000 h. Cathédrale gothique et autres monuments. Centre administratif, culturel (université, musées) et industriel.

ZAGROS (le), chaîne de montagnes de l'Asie occidentale, dominant la Mésopotamie irakienne et le golfe Persique.

ZĀHIR CHĀH (Muḥammad), né à Kaboul en 1914. Roi d'Afghānistān en 1933, il modernisa et démocratisa son pays. Un coup d'État l'obligea à abdiquer en 1973.

ZAHRĀN ou **DHAHRĀN,** port de l'Arabie Saoudite, sur le golfe Persique. Centre pétrolier.

ZAÏMIS (Aléxandhros), homme d'État grec, né à Athènes (1855-1936). Plusieurs fois chef du gouvernement, il fut président de la République (1929-1935).

ZAÏRE, anc. **Congo,** fl. d'Afrique, long de 4 640 km. Né sur le plateau du Shaba (sous le nom de Luàlaba), il décrit, en coupant l'équateur, un vaste arc de cercle à l'intérieur ou à la frontière du pays auquel il donne son nom. Les principaux affluents sont l'Oubangui et la Sangha à droite, le Kasaï à gauche. Les grandes villes longées sont Kisangani, Kinshasa et Brazzaville (en amont de l'estuaire sur l'Atlantique). Coulant en majeure partie dans la zone équatoriale, très arrosée, le fleuve a un débit régulier et abondant. C'est une voie de navigation, d'autant plus que les biefs navigables sont reliés par la voie ferrée.

ZAÏRE (*république du*), anc. **Congo belge** et **Congo-Kinshasa,** État de l'Afrique équatoriale,

ZAÏRE

englobant la majeure partie du bassin du Zaïre (Congo); 2 345 000 km²; 28 290 000 h. Cap. *Kinshasa*. Langue officielle : *français*.

GÉOGRAPHIE

Traversé par l'équateur et correspondant à la majeure partie du bassin du fleuve Zaïre, le pays est formé d'une cuvette forestière, refuge de populations aux genres de vie primitifs. Cette région a été partiellement mise en valeur par la colonisation belge (plantation d'hévéas, de palmiers à huile, de cacaoyers), qui avait développé sur les plateaux périphériques, couverts de savanes, les cultures du café et du coton. Toutefois, la colonisation s'est surtout intéressée à l'exploitation du sous-sol, qui demeure sa ressource commerciale essentielle. Le Kasaï et surtout le Shaba (anc. Katanga) recèlent des gisements de zinc, de manganèse, de tantale et surtout d'uranium, de diamants industriels et de cuivre.

HISTOIRE

— 1879 : création de l'Association internationale du Congo, dont le roi des Belges a le contrôle.
— 1885 : l'État indépendant du Congo, propriété personnelle de Léopold II, qui le fait exploiter.
— 1908 : la Belgique assume l'héritage de Léopold II. Développement économique.
— 1956 : effervescence nationaliste.
— 1959 : la Belgique promet l'indépendance.
— 1960 : indépendance du Congo-Kinshasa. Patrice Lumumba, chef du gouvernement; Joseph Kasavubu, chef de l'État. Le Katanga fait sécession avec Moïse Tschombé.
— 1961 : assassinat de Lumumba. Intervention des forces de l'O.N.U. au Katanga (Shaba).
— 1963 : fin de la sécession katangaise.
— 1965 : coup d'État (nov.), qui fait accéder Joseph Mobutu à la présidence de la République.
— 1966 : Mobutu devient aussi chef du gouvernement.
— 1970-1974 : réformes constitutionnelles, qui font de Mobutu le chef absolu du pays.
— 1971 : le Congo-Kinshasa devient le Zaïre.
— 1977-78 : agitation au Shaba.

Zaïre, tragédie de Voltaire (1732), inspirée de l'*Othello* de Shakespeare.

ZAKHAROV (Rostislav Vladimirovitch), danseur et chorégraphe soviétique, né à Astrakan en 1907. Auteur de ballets très appréciés (*la Fontaine de Bakhtchissaraï, le Cavalier de bronze*) et considéré, en U.R.S.S., comme un novateur, il est professeur de chorégraphie à l'Institut théâtral Lounatcharski.

ZAKOPANE, v. de Pologne, dans les Tatras; 27 000 h. Centre touristique.

ZÁKROS, site archéologique de Crète orientale. Vestiges d'une ville et d'un palais minoens du XVI° s. av. J.-C.

ZAMA, localité de Numidie, où Scipion l'Africain vainquit Hannibal (202 av. J.-C.); cette victoire mit fin à la deuxième guerre punique.

ZAMBELLI (Carlotta), danseuse et pédagogue italienne, née à Milan (1877-1968). Grande technicienne, danseuse étoile à l'Opéra de Paris, elle s'est aussi distinguée comme professeur.

ZAMBÈZE (le), fl. de l'Afrique australe, qui se jette dans le canal de Mozambique, après un cours semé de rapides et de cataractes; 2 660 km. Importants barrages (Kariba et Cabora Bassa).

ZAMBIE, État de l'Afrique australe; 746 253 km²; 5 830 000 h. Cap. *Lusaka*. Langue officielle : *anglais*. La Zambie, au climat tropical tempéré par l'altitude, est formée des hauts plateaux granitiques ouverts par des dépressions marécageuses. L'économie repose essentiellement sur l'extraction du minerai de cuivre (le dixième de la production mondiale). Le sous-sol produit encore du zinc, du cobalt et du plomb.

HISTOIRE

— 1851 : pénétration européenne avec Livingstone.
— 1890 : la British South Africa Company (Cecil Rhodes) obtient du roi des Lozis le monopole de l'économie du pays.

ZAMBIE

courbes : 100, 200, 500, 1000, 2000 m   0   km   200

F. Walch-Archives galerie de France

Zao Wou-ki
10.3.73

Vautier-Decool

Zapotèques
urne rituelle en argile
provenant de Monte Albán
(Mexique)

Inam Archivio, Mexico

Emiliano **Zapata**

— 1895 : les régions occupées par Cecil Rhodes prennent le nom de Rhodésie.
— 1911 : le Nord est réunifié sous le nom de Rhodésie du Nord.
— 1923 : la Rhodésie du Sud, autonome.
— 1924 : la Rhodésie du Nord, protectorat britannique.
— 1948 : naissance d'un mouvement nationaliste, dirigé par Kenneth Kaunda.
— 1953 : constitution, par les Britanniques, d'une fédération d'Afrique-Centrale (les deux Rhodésies et le Nyassaland).
— 1959 : émeutes provoquées par l'apartheid.
— 1963 : dissolution de la fédération d'Afrique-Centrale.
— 1964 : indépendance de la Rhodésie du Nord, qui devient la Zambie. K. Kaunda y établit un régime présidentiel.

ZAMBOANGA, port des Philippines (Mindanao); 221 000 h.

ZAMENHOF (Lejzer Ludwik), linguiste polonais, né à Białystok (1859-1917). On lui doit l'invention de l'espéranto.

ZAMIATINE (Ievgueni Ivanovitch), écrivain russe, né à Lebedian (gouv. de Tambov) [1884-1937], l'un des chefs du groupe des Frères Sérapion.

ZAMORA, v. d'Espagne (León), sur le Douro; 52 000 h. Cathédrale romane du XII° s. Palais « de los Momos » (XVI° s.).

ZAMPIERI → DOMINIQUIN (le).

ZANGIDES, dynastie turque, qui régna sur la Mésopotamie et la Syrie de 1127 à 1233.

ZANGWILL (Israel), écrivain anglais, né à Londres (1864-1926), propagandiste de la cause sioniste, auteur de récits (*le Roi des Schnorrers*) et de pièces de théâtre.

ZANTE, en gr. **Zákynthos,** une des îles Ioniennes (Grèce). Ch.-l. *Zante*.

ZANZIBAR, île de l'océan Indien, près de la côte d'Afrique; 1 658 km²; 190 000 h. Ch.-l. *Zanzibar* (68 000 h.). Plantations de girofliers. Les Portugais s'installèrent à Zanzibar en 1509. Au XVII° s., ils furent remplacés par les sultans khâridjites de l'Oman, qui donnèrent à Zanzibar un grand essor; ce dernier fut brisé par la suppression du marché d'esclaves (1873). En 1890, les îles de Zanzibar et de Pemba passèrent sous protectorat britannique. En 1963, le sultanat accéda à l'indépendance. Dès 1964, la république fut proclamée, et Zanzibar s'unit au Tanganyika pour former la république de Tanzanie*.

ZAO WOU-KI, peintre français d'origine chinoise, né à Pékin en 1921. Lyriques, ses œuvres tiennent du « paysagisme » abstrait et de la calligraphie.

ZAPATA (Emiliano), homme politique mexicain, né dans l'État de Morelos (1879-1919). Paysan indien, il souleva les péons (1910) et voulut réaliser une réforme agraire, mais fut assassiné.

ZÁPOLYA ou **ZAPOLY,** noble famille de Hongrie. Deux de ses membres devinrent rois de Hongrie : JEAN (1526-1540) et JEAN SIGISMOND (1540-1571).

ZAPOROGUES, Cosaques de l'Ukraine, révoltés sous Mazeppa* et transplantés par Catherine II sur les bords du Kouban.

ZAPOROJIE, v. de l'U.R.S.S. (Ukraine); 772 000 h. Métallurgie. Chimie.

ZAPOTÈQUES, peuple ancien du Mexique (vallée d'Oaxaca). Sa civilisation théocratique atteint son apogée à l'époque classique (300-900), avec comme principal centre Monte Albán*, dont les vestiges (architecture, inscriptions gravées, matériel funéraire) témoignent d'une religion complexe et d'un art raffiné.

ZARATHUSHTRA, ZARATHOUSTRA ou **ZOROASTRE,** réformateur du mazdéisme (VIIIe ou VIIe s. av. J.-C.). En butte à l'opposition du clergé mazdéen, il connut de grandes épreuves, mais la protection du roi Vishtâspa assura le succès de sa doctrine. Sa réforme met l'accent sur la transcendance divine et prêche une morale d'action fondée sur la certitude du triomphe de la justice.

ZARIA, v. du Nigeria; 201 000 h. Anc. cap. d'un royaume haoussa.

ZARLINO (Gioseffo), théoricien et compositeur italien, né à Chioggia (1517-1590), auteur des *Istitutioni harmoniche* (1558).

ZARQA', v. de Jordanie, au nord-est d'Ammân; 232 000 h. Centre industriel.

ZARQÂLI (al-) ou **ARZACHEL,** astronome arabe d'origine juive (v. 1029-v. 1090). On lui doit les premières tables astronomiques, dites « tables de Tolède », et des instruments d'observation.

ZARZAÏTINE, gisement pétrolier du Sahara algérien.

ZÁTOPEK (Emil), athlète tchécoslovaque, né à Prague en 1922, spécialiste des courses de fond, triple champion olympique en 1952.

ZAVENTEM, comm. de Belgique (Brabant); 24 600 h.

ZEAMI, acteur et écrivain japonais (1363-1443). Avec son père, KANAMI (1333-1384), il fut acteur de nô*; il écrivit plus de la moitié des pièces du répertoire actuel et des traités de doctrine théâtrale, transmis de père en fils jusqu'à nos jours (*Kadenshō*).

ZÉDÉ (Gustave), ingénieur naval français, né à Paris (1825-1891). Il établit les plans du premier sous-marin français, le *Gymnote* (1887).

ZEDELGEM, comm. de Belgique (Flandre-Occidentale); 18 600 h.

ZEEBRUGGE, port de Bruges, sur la mer du Nord et relié à Bruges par un canal de 10 km. Les Allemands y aménagèrent en 1914 une base navale, qui fut attaquée en 1918 par les Anglais.

ZEEMAN (Pieter), physicien néerlandais, né à Zonnemaire (Zélande) [1865-1943]. Il découvrit l'action des champs magnétiques sur l'émission de la lumière. (Prix Nobel, 1902.)

ZEHRFUSS (Bernard), architecte français, né à Angers en 1911, un des auteurs du Centre national des industries et des techniques, à Puteaux, et de la maison de l'Unesco, à Paris.

ZEIST, v. des Pays-Bas, près du delta du Rhin; 58 000 h.

ZÉLANDE, en néerl. Zeeland, prov. des Pays-Bas, à l'embouchure de l'Escaut et de la Meuse; 1 789 km²; 336 000 h. (*Zélandais*). Ch.-l. *Middelburg*. La partie insulaire de la Zélande est en cours d'aménagement (*plan Delta**).

ZELE, comm. de Belgique (Flandre-Orientale); 19 300 h.

ZELEŃSKI (Tadeusz), connu sous le pseudonyme de **Boy,** écrivain polonais, né à Varsovie (1874-1941), traducteur et auteur d'ouvrages critiques et historiques.

ZELENTCHOUKSKAÏA, localité d'U.R.S.S., au nord du Caucase. À proximité, à 2 060 m d'alt., observatoire astronomique abritant le plus grand télescope du monde (6 m de diamètre).

ZELL AM SEE, v. d'Autriche (prov. de Salzbourg); 6 700 h. Lac. Station estivale et de sports d'hiver (alt. 754-2 000 m).

ZELTEN ou **BIR ZELTEN,** gisement pétrolier de Libye.

ZELZATE, comm. de Belgique (Flandre-Orientale); 13 200 h. Sidérurgie.

ZEMAN (Karel), cinéaste tchécoslovaque, né à Ostroměř en 1910, auteur de dessins animés, de films de marionnettes et de longs métrages combinant les techniques de l'animation et du film de fiction (*Aventures fantastiques*, 1956; *le Baron de Crac*, 1962; *Sur la comète*, 1969; *Krabat*, 1976).

ZEMST, comm. de Belgique (Brabant); 16 200 h.

Zend-Avesta → AVESTA.

ZÉNÈTES ou **ZENÂTA,** Berbères de l'Afrique du Nord (Aurès et Maroc oriental).

ZENICA, v. de Yougoslavie (Bosnie); 51 000 h. Sidérurgie.

ZÉNOBIE (m. v. 274), reine de Palmyre (v. 266-272). Elle gouverna après la mort de son époux, Odenath, et étendit son autorité de l'Asie Mineure à l'Égypte. Elle entra en conflit avec l'Empire romain et fut vaincue (272). Amenée captive à Rome (où elle orna le triomphe d'Aurélien), elle mourut en Italie. Durant son règne, Palmyre fut la plus brillante cité de l'Orient.

ZÉNODORE, mathématicien grec de la seconde moitié du IIe s. av. J.-C. Il entrevit que, de tous les solides de même surface, la sphère possédait le volume maximal.

ZÉNON (v. 426-491), empereur romain d'Orient de 474 à 491. Son édit d'union avec les monophysites (Hénotique) provoqua avec Rome un schisme qui durera jusqu'à Justinien.

ZÉNON d'Élée, philosophe grec, né à Élée entre 490 et 485 av. J.-C. Disciple de Parménide, il montre l'impossibilité de penser la réalité du mouvement au moyen de l'argument de la *flèche qui vole* et de celui d'*Achille et la tortue*.

ZÉNON de Kition, philosophe grec, né à Kition (Chypre) [v. 335-v. 264 av. J.-C.], fondateur du stoïcisme.

ZÉPHYRIN (saint) [m. en 217], pape de 199 à 217.

ZEPPELIN (Ferdinand, *comte* VON), officier, puis industriel allemand, né à Constance (1838-1917). Il construisit les grands dirigeables rigides auxquels son nom est resté attaché (1900).

ZERAVCHAN, fl. de l'U.R.S.S. (Tadjikistan), formant les oasis de Samarkand et Boukhara.

ZERMATT, comm. de Suisse (Valais), au pied du Cervin; 3 101 h. Grand centre touristique; sports d'hiver (alt. 1 620-3 500 m).

ZERMELO (Ernst), mathématicien et logicien allemand, né à Berlin (1871-1953). Disciple de Cantor, il joua un rôle important dans le développement de la théorie des ensembles, dont il tenta la première axiomatisation.

ZERNIKE (Frederik), physicien néerlandais, né à Amsterdam (1888-1966). Il imagina le microscope à contraste de phase. (Prix Nobel, 1953.)

ŽEROMSKI (Stefan), écrivain polonais, né à Strawczyn (1864-1925), auteur de drames et de romans où il combat en un style lyrique les oppressions politiques et sociales (*les Cendres*, 1904).

Zimbabwe
tourelles
et monolithe
surmontant
la muraille
externe ouest
de l'acropole

Zénobie
reine de Palmyre

ZIMBABWE

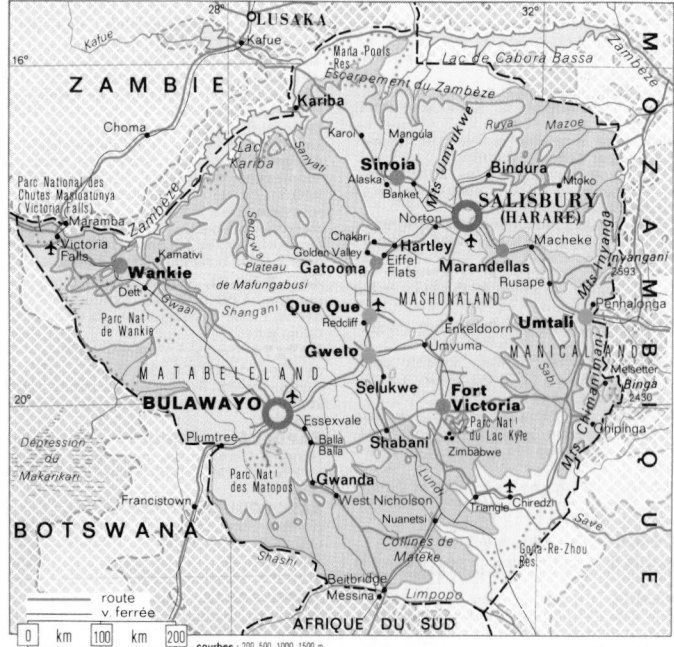

Dominikus **Zimmermann** : chœur de l'église de Steinhausen (Souabe, 1727)

ZETKIN (Clara), militante marxiste allemande, née à Wiedenau (Saxe) [1857-1933]. Elle fonda le *Spartakusbund* avec Mehring et Liebknecht et contribua à la création du parti communiste allemand (1919).

ZETLAND → SHETLAND.

ZEUS, dieu suprême du panthéon grec. Dieu du Ciel et maître des dieux, il faisait régner sur la terre l'ordre et la justice. Son attribut était la foudre. Les sanctuaires les plus célèbres de Zeus étaient ceux de Dodone, d'Olympie et ceux de Crète. Les Romains l'assimilèrent à *Jupiter.*

ZEUXIS, peintre grec de la seconde moitié du Vᵉ s. av. J.-C. Connu par les auteurs anciens, il a été, comme Polygnote, l'un des novateurs de son temps, s'attachant au rendu des jeux de lumière.

ZHANJIANG → TCHAN-KIANG.

ZHAO ZIYANG → TCHAO TSEU-YANG.

ZHEJIANG → TCHÖ-KIANG.

ZHENGZHOU → TCHENG-TCHEOU.

ZHENJIANG → TCHEN-KIANG.

ZHOU ENLAI → TCHEOU NGEN-LAI.

ZHOUKOUDIAN → TCHEOU-K'EOU-TIEN.

ZHU DE → TCHOU TÖ.

ZIA UL-HAQ (Mohammed), officier et homme politique pakistanais, né à Jullundur (Pendjab) en 1924. Chef d'état-major de l'armée en 1973, il dirige le coup d'État militaire de juillet 1977 qui écarte le Premier ministre Ali Bhutto du pouvoir. Il devient président de la République en septembre 1978.

ZIBAN (les), groupe d'oasis algériennes, au pied de l'Aurès.

ZIBO → TSEU-PO.

ZICAVO (20132), ch.-l. de c. de la Corse-du-Sud; 773 h.

ZIELONA GÓRA, v. de Pologne (Silésie); 87 000 h.

ZIGONG → TSEU-KONG.

ZIGUINCHOR, port du Sénégal, sur l'estuaire de la Casamance; 29 000 h.

ZIMBABWE, anc. cap. d'un vaste empire africain du sud de l'actuelle Zimbabwe-Rhodésie, fondé au Vᵉ ou VIᵉ s. apr. J.-C. et dont l'apogée se situe du XIIIᵉ au XVᵉ s. Ruines imposantes.

ZIMBABWE, anc. Rhodésie, puis **Zimbabwe-Rhodésie**, État de l'Afrique orientale; 389 362 km²; 7 140 000 h. Cap. *Salisbury.* Langue offic. : *anglais.* C'est une région de plateaux, domaines de la forêt claire et de la savane. L'extraction minière (chrome, or et amiante), la culture du tabac et l'élevage bovin demeurent les fondements d'une économie encore contrôlée largement par la minorité blanche (moins de 5 p. 100 de la population totale).

HISTOIRE

— 1895 : les régions occupées par Cecil Rhodes prennent le nom de Rhodésie (cap. Salisbury).
— 1896-97 : écrasement des Matabélés.
— 1911 : tous les territoires au nord du Zambèze sont unifiés sous le nom de Rhodésie du Nord.
— 1923 : la Rhodésie du Sud devient colonie de la Couronne.
— 1924 : la Rhodésie du Nord devient, avec un gouvernement autonome, protectorat britannique.
— 1953 : le Nyassaland et les deux Rhodésies forment la fédération d'Afrique-Centrale.
— 1963 : éclatement de la Fédération.
— 1964 : la Rhodésie du Nord devient la Zambie, indépendante.
— 1965 : la Rhodésie (du Sud) se proclame indépendante avec Ian Smith, dirigeant de la minorité blanche, au pouvoir.
— 1970 : naissance de la République rhodésienne.
— 1975 : à l'opposition interne contre l'apartheid s'ajoutent les actions de guérilla parties du Mozambique.
— 1978 : Ian Smith signe un accord avec les chefs de l'opposition modérée.
— 1979 : élection d'une assemblée composée en majorité de Noirs modérés. Négociations

avec les autres nationalistes à l'initiative de Londres.
— 1980 : des élections reconnues par la communauté internationale portent au pouvoir R. Mugabe, leader de l'aile radicale du mouvement nationaliste. L'indépendance du Zimbabwe est proclamée.

ZIMMERMANN (Dominikus), stucateur et architecte allemand, né à Wessobrunn (Bavière) [1685-1766]. Son chef-d'œuvre est l'abbatiale de Wies (1745), une des créations les plus raffinées du rococo germanique.

ZIMMERMANN (Bernd Aloïs), compositeur allemand, né à Bliesheim (1918-1970), auteur de l'opéra *les Soldats.*

ZINDER, v. du sud du Niger; 39 000 h.

ZINOVIEV (Grigori Ievseïevitch RADOMYLSKI, dit), homme politique soviétique, né à Ielizavetgrad (auj. Kirovograd) [1883-1936]. Membre, avec Staline et Kamenev, de la troïka gouvernementale, il contribua à l'éviction de Trotski (1926) avant de se rapprocher de celui-ci. Accusé de trahison, il fut expulsé du parti (1927), puis exécuté.

ZINZENDORF (Nikolaus Ludwig, *comte* VON), né à Dresde (1700-1760), restaurateur de l'ordre des Frères moraves.

ZIRIDES, dynastie berbère, dont une branche régna dans l'est de l'Afrique du Nord de 972 à 1167 et une autre en Espagne (Grenade) de 1025 à 1090.

ZITA (sainte), femme du peuple italienne, née près de Lucques (1218-1278). Elle est la patronne des gens de maison.

ZITA DE BOURBON-PARME, dernière impératrice d'Autriche et reine de Hongrie (1916-1918), née à Villa Pianore, près de Viareggio, en 1892. Elle avait épousé Charles d'Autriche en 1911.

ZITTAU, v. de l'Allemagne démocratique; 42 000 h. Monuments anciens.

ŽIVKOV (Todor), homme d'État bulgare, né à Pravec en 1911. Premier secrétaire du parti communiste depuis 1954, président du Conseil en 1962, il est chef de l'État depuis 1971.

ZIYAD BARRE (Muhammad), officier et homme d'État somalien, né dans le district de Lugh en 1919. En 1969, il s'empara du pouvoir et devint chef de l'État somalien.

ŽIŽKA (Jan), patriote tchèque, né à Trocnov (v. 1360 ou 1370-1424). Chef des hussites, il dirigea la révolte de Prague (1419), mais échoua dans ses tentatives de libération de la Bohême.

ZLATOOUST, v. de l'U.R.S.S., dans l'Oural; 197 000 h. Métallurgie.

ZLÍN → GOTTWALDOV.

ZOG ou **ZOGU Iᵉʳ** (Ahmed Zogu), roi d'Albanie (1928-1939), né à Burgajet (1895-1961). Premier ministre (1922), président de la République (1924), puis roi d'Albanie (1928), il fit des concessions à l'Italie, mais dut fuir devant l'invasion italienne en 1939.

ZOÏLE, sophiste grec (IVᵉ s. av. J.-C.), adversaire d'Isocrate, célèbre par son traité en neuf livres, où il dénonçait les absurdités et les contradictions d'Homère.

Émile **Zola**, par E. Manet

ZOLA (Émile), écrivain français, né à Paris (1840-1902). Chef de l'école naturaliste, il voulut appliquer à la description des faits humains et sociaux la rigueur scientifique. Accordant une importance capitale aux déterminations matérielles des passions humaines, il entreprit une grande œuvre cyclique reposant sur une expérience vécue et sur une minutieuse enquête préalable, *les Rougon-Macquart**, *histoire naturelle et sociale d'une famille sous le second Empire* (1871-1893). Attiré par les théories socialistes, puis évoluant vers une vision messianique de l'avenir humain (*les Quatre Évangiles*, 1899-1903), il prit violemment parti dans l'Affaire Dreyfus (*J'accuse*, 1898). Il est également l'auteur d'importants ouvrages de critique d'art (*Édouard Manet*, 1867) et de critique littéraire (*le Roman expérimental*, 1880).

Zollverein (*Deutscher*) [« Union douanière allemande »], association douanière qui, à partir de 1828 et à la volonté de la Prusse, finit par englober l'ensemble des États allemands (1842-1854), jouant ainsi un rôle déterminant dans la formation de l'unité allemande.

ZOMBA, anc. capitale du Malawi; 20 000 h.

ZONGULDAK, v. de Turquie, sur la mer Noire; 90 000 h. Centre houiller.

ZONHOVEN, comm. de Belgique (Limbourg); 15 100 h.

ZONNEBEKE, comm. de Belgique (Flandre-Occidentale); 11 100 h.

ZONZA, comm. de la Corse-du-Sud; 1412 h. Forêt. Station estivale.

ZORN (Anders), peintre et graveur suédois, né à Mora (Dalécarlie) [1860-1920], spécialement estimé pour ses portraits à l'eau-forte.

ZOROASTRE → ZARATHUSHTRA.

ZOROBABEL, prince juif, gouverneur de la province de Judée (v. 520 av. J.-C.) sous la domination perse. Il aida les exilés juifs à rentrer dans leur patrie et à reconstruire le Temple de Jérusalem.

ZORRILLA Y MORAL (José), poète espagnol, né à Valladolid (1817-1893), auteur de poésies et de drames romantiques dont les sujets sont empruntés aux légendes et aux traditions populaires de l'Espagne (*Don Juan Tenorio*, 1844).

P. Koch-Rapho

Zurich
quartiers
bordant
la Limmat
et tours
de la cathédrale

Vladimir
Zworykin

I.P.S.

Garanger-Giraudon

Ulrich **Zwingli**

ZOSIME (saint) [m. en 418], pape en 417 et 418. Il condamna le pélagianisme.

ZOTTEGEM, comm. de Belgique (Flandre-Orientale); 25 100 h.

ZOUERATE, centre minier (fer) de la Mauritanie.

ZOUG, en allem. **Zug,** v. de Suisse, ch.-l. du cant. de même nom, sur le lac de Zoug; 22 972 h. Vieille ville pittoresque. Constructions électriques. — Le canton de Zoug a 239 km² et 68 000 h. Il est entré dans la Confédération suisse en 1352.

ZOUG (lac de), lac de Suisse, entre les cant. de Zoug, de Lucerne et de Schwyz; 38 km².

ZOULOULAND ou **ZULULAND,** région du nord-est de la prov. du Natal (Afrique du Sud). En 1972, elle est devenue un bantoustan, sous le nom de Kwazulu.

ZOULOUS, ethnie de l'Afrique australe, parlant une langue bantoue.

ZRENJANIN, v. de Yougoslavie (Vojvodine); 60 000 h.

ZSIGMONDY (Richard), chimiste autrichien, né à Vienne (1865-1929), prix Nobel en 1925 pour son invention de l'ultramicroscope.

ZUG → ZOUG.

ZUGSPITZE, sommet des Alpes, à la frontière de l'Autriche et de l'Allemagne fédérale (dont il constitue le point culminant); 2 963 m.

ZUIDERZEE, anc. golfe des Pays-Bas fermé par une digue et constituant auj. un lac intérieur (lac d'IJssel ou IJsselmeer) sur lequel ont été reconquis cinq grands polders (225 000 ha au total). Ce fut autrefois le lac Flevo, qu'un raz de marée réunit à la mer du Nord au XIIIᵉ s.

ZULIA, État du Venezuela; 1 299 000 h. Cap. Maracaibo. Pétrole.

ZÜLPICH, localité de l'Allemagne fédérale, à l'ouest de Bonn, considérée comme l'anc. Tolbiac.

ZULTE, comm. de Belgique (Flandre-Orientale); 12 400 h.

ZUÑIS, Indiens des régions arides du sud-ouest des États-Unis (Arizona, Nouveau-Mexique).

ZURBARÁN (Francisco DE), peintre espagnol, né à Fuente de Cantos (Badajoz) [1598-1664]. Surtout peintre religieux (ce qui n'exclut ni les natures mortes ni les portraits), il a notamment travaillé pour les couvents de Séville, a donné de grands ensembles pour la chartreuse de Jerez (musées de Cadix, de Grenoble, etc.) et pour le monastère de Guadalupe (Estrémadure). Ses qualités plastiques (statisme monumental, beauté du coloris), sa spiritualité alliée à une simplicité rustique l'ont fait particulièrement apprécier de nos jours.

ZURICH, en allem. **Zürich,** v. de Suisse, ch.-l. du cant. du même nom (1 729 km²; 1 108 000 h.), sur la Limmat, qui sort à cet endroit du lac de Zurich; 422 640 h. (Zurichois). Université. Importants musées. Zurich est la plus grande ville de la Suisse et le principal centre industriel de la Confédération (constructions mécaniques et électriques, textiles, etc.). Ville libre en 1218, Zurich adhéra à la Confédération en 1351; Zwingli en fit le centre de sa réforme (1523). En 1830, la ville se dota d'une constitution libérale qui supprima l'antagonisme entre elle et le reste du canton. Victoire de Masséna sur les Autrichiens et les Russes en 1799. Traité signé à la suite de la victoire des Franco-Sardes sur les Autrichiens (1859).

ZURICH (lac de), lac de Suisse, entre les cant. de Zurich, de Schwyz et de Saint-Gall; 88 km².

ZWEIG (Stefan), écrivain autrichien, né à Vienne (1881-1942), auteur de drames (la Maison au bord de la mer), de romans (Amok) et d'essais littéraires, qui analysent la civilisation européenne.

ZWEVEGEM, comm. de Belgique (Flandre-Occidentale); 22 800 h.

ZWICKAU, v. de l'Allemagne démocratique, au sud de Leipzig; 124 000 h. Cathédrale du XVᵉ s. Houille. Automobiles.

ZWICKY (Fritz), astrophysicien suisse d'origine bulgare, né à Varna (1898-1974). Il étudia les supernovae, découvrit les galaxies compactes et dressa un catalogue photographique de galaxies.

ZWIJNDRECHT, comm. de Belgique (prov. d'Anvers); 16 700 h. Chimie.

ZWINGLI (Ulrich ou Huldrych), réformateur suisse, né à Wildhaus (cant. de Saint-Gall) [1484-1531]. Après avoir subi l'influence d'Érasme, il adhéra vers 1520 à la Réforme, qu'il introduisit à Zurich. Parallèlement à la réforme du culte et de la constitution de l'Église, il s'efforça d'instituer un véritable État chrétien, idée qui sera reprise par Calvin à Genève. Il mourut en 1531 au cours d'un affrontement entre catholiques et protestants.

ZWOLLE, v. des Pays-Bas, ch.-l. de la prov. d'Overijssel, sur l'IJssel; 80 000 h. Constructions électriques.

ZWORYKIN (Vladimir), ingénieur américain d'origine russe, né à Mourom en 1889. Il imagina l'iconoscope (1934), tube à rayons cathodiques qui équipe les caméras de télévision.

ZYRIANES ou **KOMIS,** ethnie de langue finno-ougrienne de l'U. R. S. S. habitant la vallée de la Petchora. Éleveurs de rennes, ils sont aussi chasseurs et pêcheurs. Ils font auj. partie de la république socialiste soviétique autonome des Komis.

INSTITUT
DE
FRANCE

LAURÉATS
DES PRIX NOBEL

Verroust-Atlas-Photo

INSTITUT DE FRANCE

L'Institut se compose de cinq classes : l'Académie française, l'Académie des inscriptions et belles-lettres, l'Académie des sciences, l'Académie des beaux-arts et l'Académie des sciences morales et politiques. Chaque Académie a son régime indépendant, c'est-à-dire que les candidats sont élus par les académiciens de la classe dont ils demandent à faire partie. Des prix, créés par l'État ou par des fondations privées, sont décernés par les Académies.

académie française

40 membres

Jacques de LACRETELLE romancier	né en 1888	élu en 1936
Louis de BROGLIE, physicien	1892	1944
Pierre GAXOTTE, historien	1895	1953
André CHAMSON, écrivain	1900	1956
Henri TROYAT, écrivain	1911	1959
Jean DELAY, médecin	1907	1959
René HUYGHE, historien de l'art	1906	1960
Jean GUITTON, philosophe	1901	1961
Thierry MAULNIER, auteur dramatique	1909	1964
Marcel BRION, écrivain	1895	1964
Louis LEPRINCE-RINGUET, physicien	1901	1966
Jean MISTLER, écrivain	1897	1966
Maurice DRUON, écrivain	1918	1966
Pierre EMMANUEL, écrivain	1916	1968
Marcel ARLAND, écrivain	1899	1968
Eugène IONESCO, auteur dramatique	1912	1970
Julien GREEN, écrivain	1900	1971
Étienne WOLFF, biologiste	1904	1971
René de LA CROIX, duc de CASTRIES, écrivain	1908	1972
Jean-Jacques GAUTIER, écrivain	1908	1972

André ROUSSIN, auteur dramatique	1911	1973
Claude LÉVI-STRAUSS, ethnologue	1908	1973
Jean d'ORMESSON, écrivain	1925	1973
Maurice SCHUMANN, écrivain et homme politique	1911	1974
Jean BERNARD, médecin	1907	1975
Ambroise-Marie CARRÉ, O. P.	1908	1975
Félicien MARCEAU, écrivain	1913	1975
Maurice RHEIMS, écrivain	1910	1976
Alain PEYREFITTE, écrivain et homme politique	1925	1977
Edgar FAURE, juriste et homme politique	1908	1978
Michel DÉON, écrivain	1919	1978
Georges DUMÉZIL, historien	1898	1978
Jean DUTOURD, écrivain	1920	1978
Alain DECAUX, historien	1925	1979
Henri GOUHIER, philosophe	1898	1979
Michel DROIT, écrivain	1923	1980
Marguerite YOURCENAR, écrivain	1903	1980
Jacques DE BOURBON-BUSSET écrivain	1912	1981
Pierre MOINOT, écrivain	1920	1982

Secrétaire perpétuel : Jean MISTLER.

académie des inscriptions et belles-lettres

45 membres

Robert-Henri BAUTIER, Claude CAHEN, André CAQUOT, François CHAMOUX, André CHASTEL, Georges DAUX, Pierre DEMARGNE, Georges DUBY, Georges DUMÉZIL, André DUPONT-SOMMER, Paul-Marie DUVAL, R. P. FESTUGIÈRE, Jean FILLIOZAT, Robert FLACELIÈRE, Jacques GERNET, André GRABAR, Pierre GRIMAL, Bernard GUENÉE, Jacques HEURGON, Jean HUBERT, Jean IRIGOIN, Henri LAOUST, Gilbert LAZARD, Raymond LEBÈGUE, Jean LECLANT, Félix LECOY, Michel LEJEUNE, Paul LEMERLE, André LEROI-GOURHAN, Robert MARICHAL, Pierre MAROT, Roland MARTIN, Michel MOLLAT, André PÉZARD, Georges POSENER, Jean POUILLOUX, Henri-Charles PUECH, Louis ROBERT, Jacqueline de ROMILLY, Francis SALET, Charles SAMARAN, Claude SCHAEFFER, William SESTON, André VERNET, X***.

10 membres libres : Pierre AMANDRY, Michel de BOÜARD, Paul IMBS, Emmanuel LAROCHE, Paul OURLIAC, Jean PALANQUE, Jean SCHNEIDER, Marcel SIMON, Ernest WILL, Philippe WOLFF.

Secrétaire perpétuel : André DUPONT-SOMMER.

académie des sciences

nombre de membres non défini

MATHÉMATIQUE

Henri CARTAN, Gustave CHOQUET, Alain CONNES, Jean DIEUDONNÉ, René GARNIER, Paul MALLIAVIN, Szolem MANDELBROJT, Laurent SCHWARTZ, Jean-Pierre SERRE, René THOM, Jacques TITS, André WEIL.

PHYSIQUE

Anatole ABRAGAM, Pierre AUGER, Erwin Félix BERTAUD, André BLANC-LAPIERRE, Jean BROSSEL, Raymond CASTAING, Claude COHEN-TANNOUDJI, Gaston DUPOUY, Jacques FRIEDEL, Pierre Gilles de GENNES, Serge GORODETZKY, Pierre GRIVET, André GUINIER, Pierre JACQUINOT, Alfred KASTLER, Louis LEPRINCE-RINGUET, René LUCAS, André MARÉCHAL, Louis MICHEL, Louis NÉEL, Philippe NOZIÈRES, Francis PERRIN, Maurice PONTE, Pierre ROUARD, Jean-Jacques TRILLAT.

SCIENCES MÉCANIQUES

Paul BASTIEN, Yvonne CHOQUET-BRUHAT, Pierre CONTENSOU, Robert DAUTRAY, Alexandre FAVRE, Robert LEGENDRE, Jean LERAY, André LICHNEROWICZ, Jacques-Louis LIONS, Lucien MALAVARD, Maurice ROSEAU, Maurice ROY.

SCIENCES DE L'UNIVERS

Jean AUBOUIN, Reynold BARBIER, Jacques BLAMONT, Jean COULOMB, Georges COURTÈS, Jean-François DENISSE, Charles FEHRENBACH, Louis GLANGEAUD, Henri LACOMBE, Georges MILLOT, Jean-Claude PECKER, Jean PIVETEAU, Émile THELLIER, Gérard WLÉRICK, Jean WYART.

SCIENCES CHIMIQUES

Jacques BÉNARD, Gaston CHARLOT, Pierre DESNUELLE, Jean-Pierre EBEL, Claude FRÉJACQUES, Fernand GALLAIS, Alain HOREAU, Marc JULIA, Paul LACOMBE, Henri NORMAND, Guy OURISSON, Jean ROCHE.

BIOLOGIE CELLULAIRE ET MOLÉCULAIRE

Roger BUVAT, Pierre DOUZOU, François GROS, Marianne GRUNBERG-MANAGO, François JACOB, Pierre JOLIOT, Raymond LATARJET, Edgar LEDERER, André LWOFF, Jacques OUDIN, Bernard PULLMAN, René WURMSER.

BIOLOGIE ANIMALE ET VÉGÉTALE

Ivan ASSENMACHER, André AUBRÉVILLE, Alfred BALACHOWSKY, Jacques BENOIT, Édouard BOUREAU, André CAUDERON, Jean DORST, Henri DURANTON, Maurice FONTAINE, Roger GAUTHERET, Pierre-Paul GRASSÉ, Alfred JOST, Nicole LE DOUARIN, Théodore MONOD, Paul OZENDA, Jean-Marie PÉRÈS, Lucien PLANTEFOL, André THOMAS, Constantin VAGO, Étienne WOLFF.

BIOLOGIE HUMAINE ET SCIENCES MÉDICALES

Étienne BEAULIEU, Jean BERNARD, Marcel BESSIS, Jean DAUSSET, Charles DUBOST, Jean HAMBURGER, Michel JOUVET, Pierre KARLI, Guy LAZORTHES, Pierre LÉPINE, Paul MANDEL, Robert MERLE D'AUBIGNÉ, André-Romain PRÉVOT, René TRUHAUT, Raymond TURPIN, Robert de VERNEJOUL.

Secrétaires perpétuels :

Sciences mathématiques et physiques, et leurs applications : Paul GERMAIN.

Sciences chimiques, naturelles, biologiques et médicales, et leurs applications : Robert COURRIER.

Secrétaire perpétuel d'honneur : Louis de BROGLIE.

académie des beaux-arts

PEINTURE, *12 membres*

Yves BRAYER, Bernard BUFFET, Jean CARZOU, Georges CHEYSSIAL, Jacques DESPIERRE, Hans HARTUNG, Georges MATHIEU, Georges ROHNER, X***, X***, X***, X***.

SCULPTURE, *8 membres*

Jean CARTON, ÉTIENNE-MARTIN, Georges HILBERT, Louis LEYGUE, Raymond MARTIN, Nicolas SCHÖFFER, Hubert YENCESSE, X***.

ARCHITECTURE, *9 membres*

Eugène BEAUDOUIN, Henry BERNARD, Jacques COUËLLE, Guillaume GILLET, Christian LANGLOIS, Noël LE MARESQUIER, Maurice NOVARINA, André REMONDET, Marc SALTET.

GRAVURE, *4 membres*

Raymond CORBIN, Albert DECARIS, André JAQUEMIN, Pierre-Yves TRÉMOIS.

COMPOSITION MUSICALE, *7 membres*

Georges AURIC, Emmanuel BONDEVILLE, Raymond GALLOIS-MONTBRUN, Marcel LANDOWSKI, Daniel LESUR, Olivier MESSIAEN, Henri SAUGUET.

10 MEMBRES LIBRES

Germain BAZIN, Marcel CARNÉ, Pierre DEHAYE, Pierre DUX, Michel FARE, Gaston PALEWSKI, Gérald VAN DER KEMP, Paul-Louis WEILLER, Daniel WILDENSTEIN, X***.

Secrétaire perpétuel : Emmanuel BONDEVILLE.

académie des sciences morales et politiques

PHILOSOPHIE, *8 membres*

Ferdinand ALQUIÉ, Raymond ARON, Henri GOUHIER, Olivier LACOMBE, René POIRIER, Raymond POLIN, Pierre Maxime SCHUHL, Jean STOETZEL.

INSTITUT DE FRANCE

MORALE ET SOCIOLOGIE, *8 membres*

Pierre-Georges CASTEX, Jean CAZENEUVE, Pierre CLARAC, Jean FOURASTIÉ, Jacob KAPLAN, François LHERMITTE, X***, X***

LÉGISLATION, DROIT PUBLIC ET JURISPRUDENCE, *8 membres*

Marc ANCEL, Suzanne BASTID, Henri BATIFFOL, Albert BRUNOIS, Jean-Jacques CHEVALIER, Henri MAZEAUD, Marcel ROUSSELET, Marcel WALINE.

ÉCONOMIE POLITIQUE, STATISTIQUE ET FINANCES, *8 membres*

Edmond GISCARD D'ESTAING, Guillaume GUINDEY, Henri GUITTON, Émile JAMES, Jean MARCHAL, Pierre MASSÉ, Olivier MOREAU-NÉRET, André PIETTRE.

HISTOIRE ET GÉOGRAPHIE, *8 membres*

Henri AMOUROUX, Pierre CHAUNU, Jean-Baptiste DUROSELLE, Pierre GEORGE, Jean LALOY, Maurice LE LANNOU, Roland MOUSNIER, Raymond TOURNOUX.

SECTION GÉNÉRALE, *10 membres*

Édouard BONNEFOUS, Bernard CHENOT, Oscar CULLMANN, Fernand GAMBIEZ, Louis JOXE, Pierre-Olivier LAPIE, R. P. Henri de LUBAC, Léon NOËL, Raymond TRIBOULET, Olivier WORMSER.

Secrétaire perpétuel : Bernard CHENOT.

Institut en mars 1982

LISTE DES LAURÉATS DES PRIX NOBEL

physique

1901 W. C. Röntgen (All.)
1902 H. A. Lorentz (P.-B.)
     P. Zeeman (P.-B.)
1903 H. Becquerel (Fr.)
     P. Curie (Fr.)
     M. Curie (Fr.)
1904 J. W. S. Rayleigh (G.-B.)
1905 P. Lenard (All.)
1906 J. J. Thomson (G.-B.)
1907 A. A. Michelson (É.-U.)
1908 G. Lippmann (Fr.)
1909 G. Marconi (It.)
     K. F. Braun (All.)
1910 J. D. Van der Waals (P.-B.)
1911 W. Wien (All.)
1912 G. Dalén (Suède)
1913 H. Kamerlingh Onnes (P.-B.)
1914 M. von Laue (All.)
1915 W. H. Bragg (G.-B.)
     W. L. Bragg (G.-B.)
1916 Non attribué
1917 C. G. Barkla (G.-B.)
1918 M. Planck (All.)
1919 J. Stark (All.)
1920 C. E. Guillaume (Suisse)
1921 A. Einstein (All.)
1922 N. Bohr (Dan.)
1923 R. A. Millikan (É.-U.)
1924 K. M. G. Siegbahn (Suède)
1925 J. Franck (All.)
     G. Hertz (All.)
1926 J. Perrin (Fr.)
1927 A. H. Compton (É.-U.)
     C. T. R. Wilson (G.-B.)
1928 O. W. Richardson (G.-B.)
1929 L. V. de Broglie (Fr.)
1930 C. V. Raman (Inde)
1931 Non attribué
1932 W. Heisenberg (All.)
1933 E. Schrödinger (Autr.)
     P. A. M. Dirac (G.-B.)
1934 Non attribué
1935 J. Chadwick (G.-B.)
1936 V. F. Hess (Autr.)
     C. D. Anderson (É.-U.)
1937 C. J. Davisson (É.-U.)
     G. P. Thomson (G.-B.)
1938 E. Fermi (It.)
1939 E. O. Lawrence (É.-U.)
1940 Non attribué
1941 Non attribué
1942 Non attribué
1943 O. Stern (É.-U.)
1944 I. I. Rabi (É.-U.)
1945 W. Pauli (Autr.)
1946 P. W. Bridgman (É.-U.)
1947 E. V. Appleton (G.-B.)
1948 P. M. S. Blackett (G.-B.)
1949 Yukawa Hideki (Jap.)
1950 C. F. Powell (G.-B.)
1951 J. D. Cockcroft (G.-B.)
     E. T. S. Walton (Irl.)
1952 F. Bloch (É.-U.)
     E. M. Purcell (É.-U.)
1953 F. Zernike (P.-B.)
1954 M. Born (G.-B.)
     W. Bothe (All.)
1955 W. E. Lamb (É.-U.)
     P. Kusch (É.-U.)
1956 W. Schockley (É.-U.)
     J. Bardeen (É.-U.)
     W. H. Brattain (É.-U.)
1957 C. N. Yang (Chine)
     T. D. Lee (Chine)

1958 P. A. Tcherenkov (U.R.S.S.)
     I. M. Frank (U.R.S.S.)
     I. E. Tamm (U.R.S.S.)
1959 E. Segrè (É.-U.)
     O. Chamberlain (É.-U.)
1960 D. A. Glaser (É.-U.)
1961 R. Hofstadter (É.-U.)
     R. Mössbauer (All.)
1962 L. Landau (U.R.S.S.)
1963 E. Wigner (É.-U.)
     M. Gœppert-Mayer (É.-U.)
     J. Hans D. Jensen (All.)
1964 Ch. H. Townes (É.-U.)
     N. G. Bassov (U.R.S.S.)
     A. M. Prokhorov (U.R.S.S.)
1965 S. Tomonaga (Jap.)
     J. Schwinger (É.-U.)
     R. Feynman (É.-U.)
1966 A. Kastler (Fr.)
1967 H. Bethe (É.-U.)
1968 L. Alvarez (É.-U.)
1969 M. Gell-Mann (É.-U.)
1970 H. Alfven (Suède)
     L. Néel (Fr.)
1971 D. Gabor (G.-B.)
1972 J. Bardeen (É.-U.)
     L. Cooper (É.-U.)
     J. Schrieffer (É.-U.)
1973 L. Esaki (É.-U.)
     I. Giaever (É.-U.)
     B. D. Josephson (É.-U.)
1974 M. Ryle (G.-B.)
     A. Hewish (G.-B.)
1975 J. Rainwater (É.-U.)
     A. Bohr (Dan.)
     B. Mottelson (Dan.)
1976 B. Richter (É.-U.)
     S. Ting (É.-U.)
1977 P. Anderson (É.-U.)
     Sir N. Mott (G.-B.)
     J. H. van Vleck (É.-U.)
1978 P. L. Kapitsa (U.R.S.S.)
     A. A. Penzias (É.-U.)
     R. W. Wilson (É.-U.)
1979 S. Glashow (É.-U.)
     A. Salam (Pakistan)
     S. Weinberg (É.-U.)
1980 J. W. Cronin (É.-U.)
     V. L. Fitch (É.-U.)
1981 N. Bloembergen (É.-U.)
     A. L. Schawlow (É.-U.)
     K. M. Siegbahn (Suède)

chimie

1901 J. H. Van't Hoff (P.-B.)
1902 E. Fischer (All.)
1903 S. A. Arrhenius (Suède)
1904 W. Ramsay (G.-B.)
1905 A. von Baeyer (All.)
1906 H. Moissan (Fr.)
1907 E. Buchner (All.)
1908 E. Rutherford (G.-B.)
1909 W. Ostwald (All.)
1910 O. Wallach (All.)
1911 M. Curie (Fr.)
1912 V. Grignard (Fr.)
     P. Sabatier (Fr.)
1913 A. Werner (Suisse)
1914 T. W. Richards (É.-U.)
1915 R. M. Willstätter (All.)
1916 Non attribué
1917 Non attribué
1918 F. Haber (All.)

1919 Non attribué
1920 W. Nernst (All.)
1921 F. Soddy (G.-B.)
1922 F. W. Aston (G.-B.)
1923 F. Pregl (Autr.)
1924 Non attribué
1925 R. Zsigmondy (All.)
1926 T. Svedberg (Suède)
1927 H. Wieland (All.)
1928 A. Windaus (All.)
1929 A. Harden (G.-B.)
     H. K. A. S. von Euler-
     Chelpin (Suède)
1930 H. Fischer (All.)
1931 C. Bosch (All.)
     F. Bergius (All.)
1932 I. Langmuir (É.-U.)
1933 Non attribué
1934 H. C. Urey (É.-U.)
1935 F. Joliot-Curie (Fr.)
     I. Joliot-Curie (Fr.)
1936 P. J. W. Debye (P.-B.)
1937 W. N. Haworth (G.-B.)
     P. Karrer (Suisse)
1938 R. Kuhn (All.)
1939 A. F. J. Butenandt (All.)
     L. Ružička (Suisse)
1940 Non attribué
1941 Non attribué
1942 Non attribué
1943 G. Hevesy de Heves (Suède)
1944 O. Hahn (All.)
1945 A. I. Virtanen (Finl.)
1946 J. B. Sumner (É.-U.)
     J. H. Northrop (É.-U.)
     W. M. Stanley (É.-U.)
1947 R. Robinson (G.-B.)
1948 A. W. K. Tiselius (Suède)
1949 W. F. Giauque (É.-U.)
1950 O. Diels (All.)
     K. Alder (All.)
1951 E. M. McMillan (É.-U.)
     G. T. Seaborg (É.-U.)
1952 A. J. P. Martin (G.-B.)
     R. L. M. Synge (G.-B.)
1953 H. Staudinger (All.)
1954 L. C. Pauling (É.-U.)
1955 V. Du Vigneaud (É.-U.)
1956 C. N. Hinshelwood (G.-B.)
     N. N. Semionov (U.R.S.S.)
1957 A. R. Todd (G.-B.)
1958 F. Sanger (G.-B.)
1959 J. Heyrovský (Tchécosl.)
1960 W. F. Libby (É.-U.)
1961 M. Calvin (É.-U.)
1962 J. C. Kendrew
     et M. F. Perutz (G.-B.)
1963 G. Natta (It.)
     K. Ziegler (All.)
1964 D. Crowfoot Hodgkin
     (G.-B.)
1965 R. B. Woodward (É.-U.)
1966 R. S. Mulliken (É.-U.)
1967 M. Eigen (All.)
     R. G. W. Norrish (G.-B.)
     G. Porter (G.-B.)
1968 L. Onsager (É.-U.)
1969 D. Harold-Barton (G.-B.)
     O. Hassel (Norv.)
1970 L. F. Leloir (Arg.)
1971 G. Herzberg (Canada)
1972 C. Anfinsen (É.-U.)
     S. Moore (É.-U.)
     W. Stein (É.-U.)
1973 E. O. Fischer (All.)
     G. Wilkinson (G.-B.)
1974 P. J. Flory (É.-U.)

1975	V. Prelog (Suisse)
	J. Cornforth (Austr.)
1976	W. N. Lipscomb (É.-U.)
1977	I. Prigogine (Belg.)
1978	P. Mitchell (G.-B.)
1979	H. C. Brown (É.-U.)
	G. Wittig (All.)
1980	F. Sanger (G.-B.)
	P. Berg (É.-U.)
	W. Gilbert (É.-U.)
1981	R. Hoffmann (É.-U.)
	K. Fukui (Japon)

physiologie et médecine

1901	E. A. von Behring (All.)
1902	R. Ross (G.-B.)
1903	N. R. Finsen (Dan.)
1904	I. P. Pavlov (Russ.)
1905	R. Koch (All.)
1906	C. Golgi (It.)
	S. Ramón y Cajal (Esp.)
1907	C. L. A. Laveran (Fr.)
1908	P. Ehrlich (All.)
	E. Metchnikov (Russ.)
1909	T. Kocher (Suisse)
1910	A. Kossel (All.)
1911	A. Gullstrand (Suède)
1912	A. Carrel (Fr.)
1913	C. Richet (Fr.)
1914	R. Bárány (Autr.-Hongr.)
1915	Non attribué
1916	Non attribué
1917	Non attribué
1918	Non attribué
1919	J. Bordet (Belg.)
1920	A. Krogh (Dan.)
1921	Non attribué
1922	A. V. Hill (G.-B.)
	O. Meyerhof (All.)
1923	F. G. Banting (Canada)
	J. J. R. Macleod (Canada)
1924	W. Einthoven (P.-B.)
1925	Non attribué
1926	J. Fibiger (Dan.)
1927	J. Wagner
	von Jauregg (Autr.)
1928	C. Nicolle (Fr.)
1929	C. Eijkman (P.-B.)
	F. G. Hopkins (G.-B.)
1930	K. Landsteiner (Autr.)
1931	O. Warburg (All.)
1932	C. S. Sherrington (G.-B.)
	E. D. Adrian (G.-B.)
1933	T. H. Morgan (É.-U.)
1934	G. H. Whipple (É.-U.)
	W. P. Murphy (É.-U.)
	G. R. Minot (É.-U.)
1935	H. Spemann (All.)
1936	H. H. Dale (G.-B.)
	O. Loewi (All.)
1937	A. Szent-Györgyi
	von Nagyrapolt (Hongr.)
1938	C. Heymans (Belg.)
1939	G. Domagk (All.)
1940	Non attribué
1941	Non attribué
1942	Non attribué
1943	E. A. Doisy (É.-U.)
	H. Dam (Dan.)
1944	J. Erlanger (É.-U.)
	H. S. Gasser (É.-U.)
1945	A. Fleming (G.-B.)
	E. B. Chain (G.-B.)
	H. Florey (Austr.)
1946	H. J. Muller (É.-U.)
1947	C. F. Cori (É.-U.)
	G. T. Cori (É.-U.)
	B. A. Houssay (Argent.)
1948	P. H. Müller (Suisse)
1949	A. C. de Abreu Freire Egas
	Moniz (Port.)
	W. R. Hess (Suisse)
1950	P. S. Hench (É.-U.)
	E. C. Kendall (É.-U.)
	T. Reichstein (Suisse)
1951	M. Theiler (Un. sud-afr.)
1952	S. A. Waksman (É.-U.)

1953	H. A. Krebs (G.-B.)
	F. A. Lipmann (É.-U.)
1954	J. F. Enders (É.-U.)
	T. H. Weller (É.-U.)
	F. C. Robbins (É.-U.)
1955	A. H. T. Theorell (Suède)
1956	A. F. Cournand (É.-U.)
	W. Forssmann (All.)
	D. W. Richards Jr. (É.-U.)
1957	D. Bovet (It.)
1958	G. W. Beadle (É.-U.)
	E. L. Tatum (É.-U.)
	J. Lederberg (É.-U.)
1959	S. Ochoa (É.-U.)
	A. Konrberg (É.-U.)
1960	F. M. Burnet (Austr.)
	P. B. Medawar (G.-B.)
1961	G. von Bekesy (É.-U.)
1962	M. H. F. Wilkins (G.-B.)
	F. H. C. Crick (G.-B.)
	J. D. Watson (É.-U.)
1963	A. L. Hodgkin (G.-B.)
	A. F. Huxley (G.-B.)
	J. C. Eccles (Austr.)
1964	K. E. Bloch (É.-U.)
	F. Lynen (All.)
1965	F. Jacob (Fr.)
	A. Lwoff (Fr.)
	J. Monod (Fr.)
1966	F. P. Rous (É.-U.)
	C. B. Huggins (É.-U.)
1967	R. Granit (Suède)
	H. K. Hartline (All.)
	G. Wald (All.)
1968	R. Holley (É.-U.)
	G. Khorana (É.-U.)
	M. Nirenberg (É.-U.)
1969	M. Delbruck (É.-U.)
	A. Hershey (É.-U.)
	S. Luria (É.-U.)
1970	J. Axelrod (É.-U.)
	B. Katz (É.-U.)
	U. von Euler (Suède)
1971	E. Sutherland (É.-U.)
1972	G. Edelman (É.-U.)
	R. Porter (G.-B.)
1973	K. Lorenz (Autr.)
	K. von Frisch (Autr.)
	N. Tinbergen (P.-B.)
1974	A. Claude (Belg.)
	C. de Duve (Belg.)
	G. Palade (É.-U.)
1975	H. M. Temin (É.-U.)
	R. Dulbecco (É.-U.)
	D. Baltimore (É.-U.)
1976	D. C. Gajdusek (É.-U.)
	B. S. Blumberg (É.-U.)
1977	R. Guillemin (É.-U.)
	A. V. Schally (É.-U.)
	R. Yalow (É.-U.)
1978	W. Arber (Suisse)
	D. Nathans (É.-U.)
	H. Smith (É.-U.)
1979	A. M. Cormack (Afr. du S.)
	G. N. Haunsfield (G.-B.)
1980	J. Dausset (Fr.)
	G. D. Snell (É.-U.)
	B. Benacerraf (É.-U.)
1981	D. H. Hubel (É.-U.)
	R. W. Sperry (É.-U.)
	T. N. Wiesel (Suède)

littérature

1901	R. Sully Prudhomme (Fr.)
1902	T. Mommsen (All.)
1903	B. Bjørnson (Norv.)
1904	F. Mistral (Fr.)
	J. Echegaray (Esp.)
1905	H. Sienkiewicz (Pol.)
1906	G. Carducci (It.)
1907	R. Kipling (G.-B.)
1908	R. Eucken (All.)
1909	S. Lagerlöf (Suède)
1910	P. von Heyse (All.)
1911	M. Maeterlinck (Belg.)
1912	G. Hauptmann (All.)
1913	Rabindranath Tagore (Inde)
1914	Non attribué
1915	Romain Rolland (Fr.)
1916	V. von Heidenstam (Suède)

1917	K. Gjellerup (Dan.)
	H. Pontoppidan (Dan.)
1918	Non attribué
1919	C. Spitteler (Suisse)
1920	K. Hamsun (Norv.)
1921	A. France (Fr.)
1922	J. Benavente (Esp.)
1923	W. B. Yeats (Irl.)
1924	W. Reymont (Pol.)
1925	G. B. Shaw (G.-B.)
1926	G. Deledda (It.)
1927	H. Bergson (Fr.)
1928	S. Undset (Norv.)
1929	T. Mann (All.)
1930	S. Lewis (É.-U.)
1931	E. A. Karlfeldt (Suède)
1932	J. Galsworthy (G.-B.)
1933	I. A. Bounine (Russ.)
1934	L. Pirandello (It.)
1935	Non attribué
1936	E. O'Neill (É.-U.)
1937	R. Martin du Gard (Fr.)
1938	Pearl Buck (É.-U.)
1939	F. E. Sillanpää (Finl.)
1940	Non attribué
1941	Non attribué
1942	Non attribué
1943	Non attribué
1944	J. V. Jensen (Dan.)
1945	G. Mistral (Chili)
1946	H. Hesse (Suisse)
1947	A. Gide (Fr.)
1948	T. S. Eliot (G.-B.)
1949	W. Faulkner (É.-U.)
1950	B. Russell (G.-B.)
1951	Pär Lagerkvist (Suède)
1952	F. Mauriac (Fr.)
1953	W. L. S. Churchill (G.-B.)
1954	E. Hemingway (É.-U.)
1955	H. Laxness (Isl.)
1956	J. R. Jiménez (Esp.)
1957	A. Camus (Fr.)
1958	B. Pasternak (U.R.S.S.)
	[décline le prix]
1959	S. Quasimodo (It.)
1960	Saint-John Perse (Fr.)
1961	Ivo Andrić (Yougosl.)
1962	J. Steinbeck (É.-U.)
1963	G. Séféris (Grèce)
1964	J.-P. Sartre (Fr.)
	[décline le prix]
1965	M. A. Cholokhov (U.R.S.S.)
1966	N. Sachs (Suède)
	S. J. Agnon (Israël)
1967	M. A. Asturias (Guat.)
1968	Kawabata Yasunari (Jap.)
1969	S. Beckett (Irl.)
1970	A. Soljenitsyne (U.R.S.S.)
1971	P. Neruda (Chili)
1972	H. Böll (All.)
1973	P. White (Austr.)
1974	E. Johnson (Suède)
	H. Martinson (Suède)
1975	E. Montale (It.)
1976	S. Bellow (É.-U.)
1977	V. Aleixandre (Esp.)
1978	I. B. Singer (É.-U.)
1979	O. Elytis (Grèce)
1980	C. Miłosz (Pol.)
1981	E. Canetti (G.-B.)

paix

1901	H. Dunant (Suisse)
	F. Passy (Fr.)
1902	F. Ducommun (Suisse)
	A. Gobat (Suisse)
1903	W. R. Cremer (G.-B.)
1904	Institut de droit international de Gand
1905	B. von Suttner (Autr.)
1906	T. Roosevelt (É.-U.)
1907	E. T. Moneta (It.)
	L. Renault (Fr.)
1908	K. P. Arnoldson (Suède)
	F. Bajer (Dan.)
1909	A. M. F. Beernaert (Belg.)
	P. H. B. Balluat d'Estournelles de Constant (Fr.)

1910	Bureau international de la paix, à Berne	1941	Non attribué	1971	W. Brandt (All.)
1911	T. M. C. Asser (P.-B.)	1942	Non attribué	1972	Non attribué
	A. H. Fried (Autr.)	1943	Non attribué	1973	H. Kissinger (É.-U.)
1912	E. Root (É.-U.)	1944	Comité international de la Croix-Rouge, à Genève		Le Duc Tho (Viêt-nam)
1913	H. La Fontaine (Belg.)			1974	Satō Eisaku (Jap.)
1914	Non attribué	1945	C. Hull (É.-U.)		S. Mac Bride (Irl.)
1915	Non attribué	1946	E. G. Balch (É.-U.)	1975	A. Sakharov (U. R. S. S.)
1916	Non attribué		J. R. Mott (É.-U.)	1976	M. Corrigan (Irl.)
1917	Comité international de la Croix-Rouge, à Genève	1947	The Friends Service Council (G.-B.)		B. Williams (Irl.)
			The American Friends Service Committee (É.-U.)	1977	Amnesty International
1918	Non attribué	1948	Non attribué	1978	M. Begin (Isr.)
1919	T. W. Wilson (É.-U.)	1949	J. Boyd Orr (G.-B.)		A. el-Sadate (Égypte)
1920	L. Bourgeois (Fr.)	1950	R. Bunche (É.-U.)	1979	Mère Teresa (Inde)
1921	K. H. Branting (Suède)	1951	L. Jouhaux (Fr.)	1980	A. Perez Esquivel (Arg.)
	C. L. lange (Norv.)	1952	A. Schweitzer (Fr.)	1981	Haut Commissariat de l'O. N. U. pour les réfugiés.
1922	F. Nansen (Norv.)	1953	G. C. Marshall (É.-U.)		
1923	Non attribué	1954	Haut-Commissariat des Nations unies pour les réfugiés, à Genève		
1924	Non attribué				
1925	J. A. Chamberlain (G.-B.)	1955	Non attribué		
	C. G. Dawes (É.-U.)	1956	Non attribué		

sciences économiques

1926	A. Briand (Fr.)	1957	L. B. Pearson (Canada)	1969	J. Tinbergen (P.-B.)
	G. Stresemann (All.)	1958	D. Pire (Belg.)		R. Frisch (Norv.)
1927	F. Buisson (Fr.)	1959	P. Noel-Baker (G.-B.)	1970	P. Samuelson (É.-U.)
	L. Quidde (All.)	1960	A. Luthuli (Rép. sud-afr.)	1971	S. Kuznets (É.-U.)
1928	Non attribué	1961	D. Hammarskjöld (Suède)	1972	J. R. Hicks (G.-B.)
1929	F. B. Kellogg (É.-U.)	1962	Linus C. Pauling (É.-U.)		K. J. Arrow (É.-U.)
1930	Nathan Söderblom (Suède)	1963	Comité international de la Croix-Rouge	1973	W. Leontieff (É.-U.)
1931	J. Addams (É.-U.)		Ligue internationale des sociétés de la Croix-Rouge	1974	F. von Hayek (G.-B.)
	N. M. Butler (É.-U.)				K. G. Myrdal (Suède)
1932	Non attribué	1964	M. L. King (É.-U.)	1975	T. C. Koopmans (É.-U.)
1933	N. Angell (G.-B.)	1965	Fonds international de secours à l'enfance (F. I. S. E.)		L. Kantorovitch (U. R. S. S.)
1934	A. Henderson (G.-B.)				
1935	C. von Ossietzky (All.)	1966	Non attribué	1976	M. Friedman (É.-U.)
1936	C. Saavedra Lamas (Argent.)	1967	Non attribué	1977	B. Ohlin (Suède)
1937	Vicomte E. Cecil of Chelwood (G.-B.)	1968	R. Cassin (Fr.)		J. E. Mead (G.-B.)
		1969	Organisation internationale du travail	1978	H. A. Simon (É.-U.)
1938	Comité Nansen			1979	sir A. Lewis (G.-B.)
1939	Non attribué	1970	N. E. Borlaug (É.-U.)		T. Schultz (É.-U.)
1940	Non attribué			1980	L. Klein (É.-U.)
				1981	J. Tolin (É.-U.)

atlas ››››››

DÉPARTEMENTS

Calais • Dunkerque
Boulogne- • **Lille** NORD
sur-Mer
PAS-
DE-CALAIS Montreuil Béthune Douai Valenciennes ARDENNES
Abbeville Lens Cambrai Avesnes- MEUSE
SOMME **Arras** s/-Helpe
Dieppe **Amiens** Péronne St- Vervins **Charleville-** MEURTHE-ET-MOSELLE
Le Havre Montdidier Quentin AISNE **Mézières** MOSELLE
Cherbourg SEINE-M.ME **Laon** Sedan Thionville Forbach
MANCHE Bayeux **Rouen** **Beauvais** OISE Compiègne Soissons Rethel Vouziers Verdun Briey Boulay- Sarreguemines
Bernay Clermont Senlis Reims M. Wissembourg
St-Lô Les Andelys Meaux Ste- Commercy Metz Ch. Haguenau
St-Lô **Caen** CALVADOS **Évreux** Château- Épernay Menehould **Bar-le-D.** Toul **Nancy** Saverne
Lisieux Vire EURE Thierry MARNE Vitry-le-F. Lunéville Molsheim **Strasbourg** BAS-
Lannion Argentan Dreux PARIS Provins Nogent-s/-S. Neufchâteau HTE- Sarrebourg RHIN
Morlaix **St-Brieuc** St-Malo Mortagne- SEINE- **Melun** **Troyes** St-Dié VOSGES Ribeauvillé
Brest Guingamp Dinan CÔTES-DU-NORD au-P. **Chartres** ET- Sens Bar-s/- AUBE **Épinal** Thann **Colmar** HAUT-
Châteaulin FINISTÈRE Fougères **Alençon** ORNE EURE- Pithiviers Nogent- Chaumont MARNE Guebwiller RHIN
Quimper Pontivy **Rennes** ILLE-ET- Mamers ET-LOIR Montargis YONNE Langres Lure Mulhouse **Belfort**
MORBIHAN VILAINE MAYENNE **Laval** **Le Mans** Vendôme **Blois** LOIRET **Auxerre** Montbard CÔTE-D'OR Altkirch TER.RE
Vannes Redon Château- SARTHE La Flèche **Orléans** LOIR- Avallon Clamecy **Dijon** Montbéliard DE-BELFORT
Lorient Châteaubriant Gontier Ch. **Tours** ET-CHER CHER **Nevers** Beaune **Besançon**
LOIRE- St-Nazaire **Angers** MAINE- INDRE- Chinon Loches Issoudun NIÈVRE Chalon-s/-S. Dole JURA DOUBS
ATLANTIQUE Ancenis ET-LOIRE ET-LOIRE **Bourges** SAÔNE-ET- **Lons-le-Saunier**
Nantes Cholet Saumur Chinon INDRE **Châteauroux** Autun Louhans Pontarlier
La Roche- Bressuire La Châtre St-Amand- SAÔNE-ET-LOIRE St-Claude Thonon-
s/-Yon DEUX- **Poitiers** Châtellerault Montrond **Mâcon** **Bourg-en-** Gex les-Bains HTE-
VENDÉE SÈVRES VIENNE Le Blanc Charolles B. St-Julien- SAVOIE
Les Sables-d'Olonne Parthenay Montmorillon Charolles en-Genevois **Annecy**
Fontenay- **Niort** HTE- Montluçon **Moulins** Villefranche- Nantua Albertville
Le-Comte VIENNE Guéret ALLIER Vichy s/-S. Belley
La Rochelle St-J.-d'Angély Confolens **Guéret** CREUSE Riom RHÔNE AIN **Chambéry**
CHARENTE- Rochefort CHARENTE Aubusson Roanne **Lyon** Villefranche- SAVOIE
MARITIME Saintes Cognac Rochechouart HTE- Thiers PUY-DE-DÔME La Tour- St-Jean-
Lesparre- Jonzac VIENNE **Limoges** Ussel Clermont- du-Pin de-Maurienne
Médoc Nontron DORDOGNE CORRÈZE **F.** Ambert **St-Ét.** Vienne ISÈRE Briançon
Angoulême Brive- Mauriac Issoire LOIRE **Grenoble**
Blaye Périgueux la-Gaillarde **Tulle** CANTAL Yssingeaux Tournon
GIRONDE Libourne **Périgueux** St-Flour **Le Puy-** **Valence** HTES- ALPES
Bordeaux Bergerac Sarlat-la-C. **Aurillac** LOZÈRE **Privas** ARDÈCHE DRÔME Gap ALPES-DE-
Langon Gourdon Figeac **Mende** Largentière **Gap** HTE-PROVENCE
LOT-ET- Villeneuve- LOT Villefranche- Nyons Barcelonnette ALPES-
GARONNE Marmande s/-Lot de-R. **Rodez** Florac GARD **Digne** MARITIMES
Cahors TARN-ET- AVEYRON Le Vigan Carpentras Forcalquier MONACO
Agen **Montauban** GARONNE Millau Alès VAUCLUSE Castellane **Nice**
LANDES Castelsarrasin Lodève **Avignon** Apt Grasse
Mont- Nérac GERS **Albi** TARN **Nîmes** Arles Aix-en- VAR Draguignan
de-Marsan Condom **Auch** **Toulouse** Castres **Montpellier** BOUCHES- P. Brignoles
Bayonne Dax Mirande HTE- HÉRAULT DU-RHÔNE **Marseille**
Pau **Tarbes** GARONNE **Carcassonne** Béziers **Toulon**
Oloron- Muret St-Gaudens AUDE Narbonne
Ste-Marie PYRÉNÉES- Argelès- Bagnères- Pamiers Limoux
ATLANTIQUE Gazost de-Bigorre St- **Foix** **Perpignan**
HTES-PYRÉNÉES Girons ARIÈGE PYRÉNÉES-
Prades Céret ORIENTALES

Pontoise VAL-
D'OISE
Mantes-
la-Jolie St-Germain- Montmorency HAUTS- SEINE-ST-DENIS
en-Laye Argenteuil DE-SEINE **Bobigny**
Versailles Palaiseau **Nanterre** **Paris** Le Raincy
YVELINES DE-SEINE Nogent-
Rambouillet **Évry** Boulogne-Bill. s/-M.
ESSONNE L'Hay-les-Roses **Créteil**
Étampes Antony VAL-DE-MARNE

HAUTE-
CORSE
Calvi **Bastia**
——— limite de
département
• chef-lieu de CORSE
département **Ajaccio** DU-SUD
• chef-lieu Sartène
d'arrondissement

RÉGIONS
——— limite de
région

NORD-
PAS-DE-CALAIS
HAUTE- PICARDIE CHAMPAGNE-
NORMANDIE ARDENNE
BASSE- ÎLE-DE-
NORMANDIE FRANCE LORRAINE
BRETAGNE CENTRE ALSACE
PAYS
DE FRANCHE-
LA BOURGOGNE COMTÉ
LOIRE
POITOU-
CHARENTES LIMOUSIN AUVERGNE
RHÔNE-
ALPES
AQUITAINE
MIDI-
PYRÉNÉES PROVENCE-
ALPES-CÔTE-D'AZUR
LANGUEDOC-
ROUSSILLON
CORSE

ACADÉMIES
——— limite d'académie
• siège d'université
○ "centre universitaire"

Lille ○ Valenciennes
• Amiens
• Caen • Rouen Metz
Brest • Reims
Rennes • V C• Strasbourg
• Le Mans Paris Nancy
• Angers Orléans • Dijon • Mulhouse
Nantes • Tours • Besançon
• Poitiers
Limoges Clermont- Lyon
Ferrand
Bordeaux • St-Étienne ○ Champéry
Grenoble
Nîmes Avignon
Toulouse • • Nice
Pau Montpellier Aix-en-Provence
Marseille Toulon
V = Versailles ○ Perpignan
C = Créteil
Corte, université CORSE

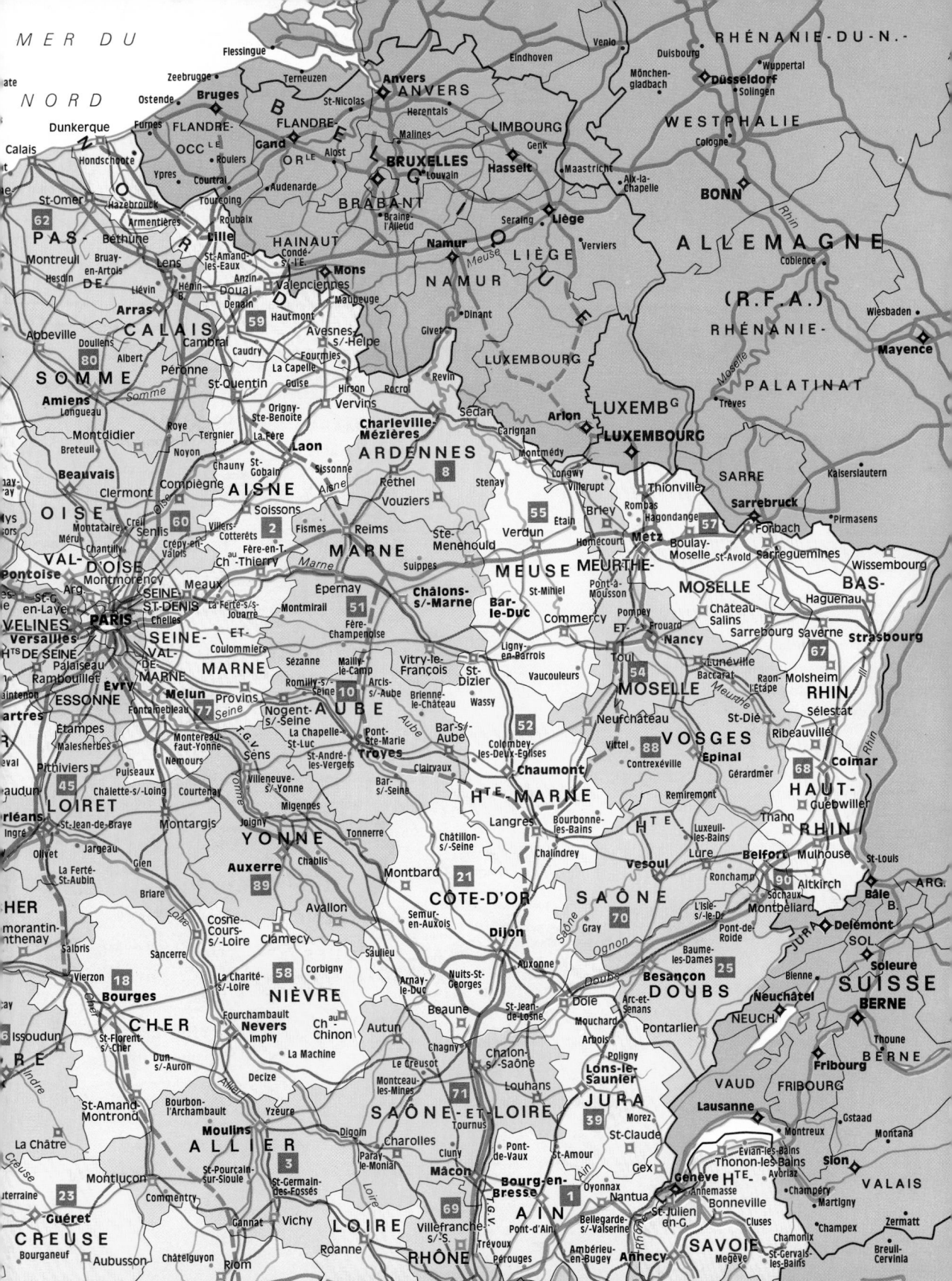

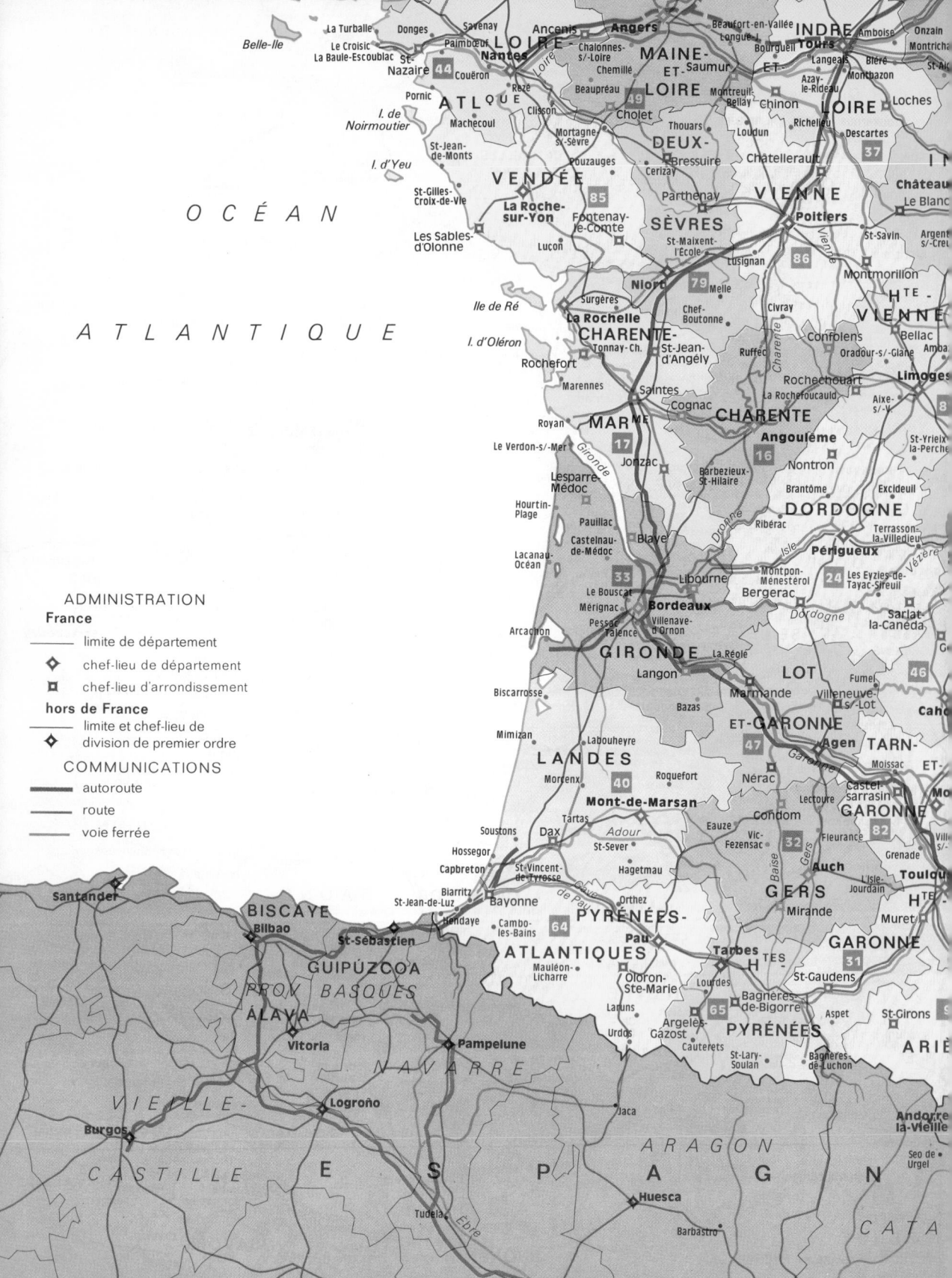

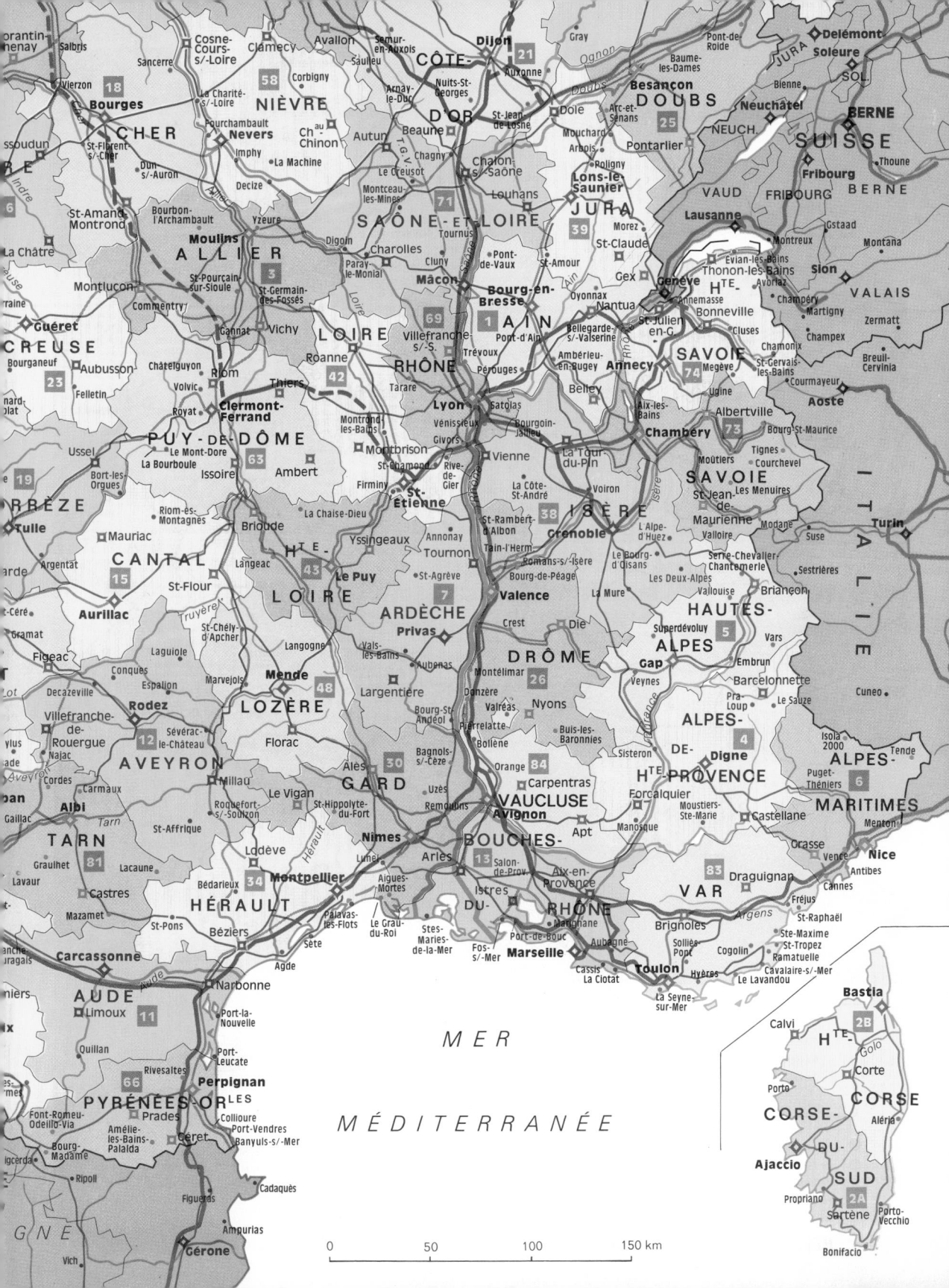

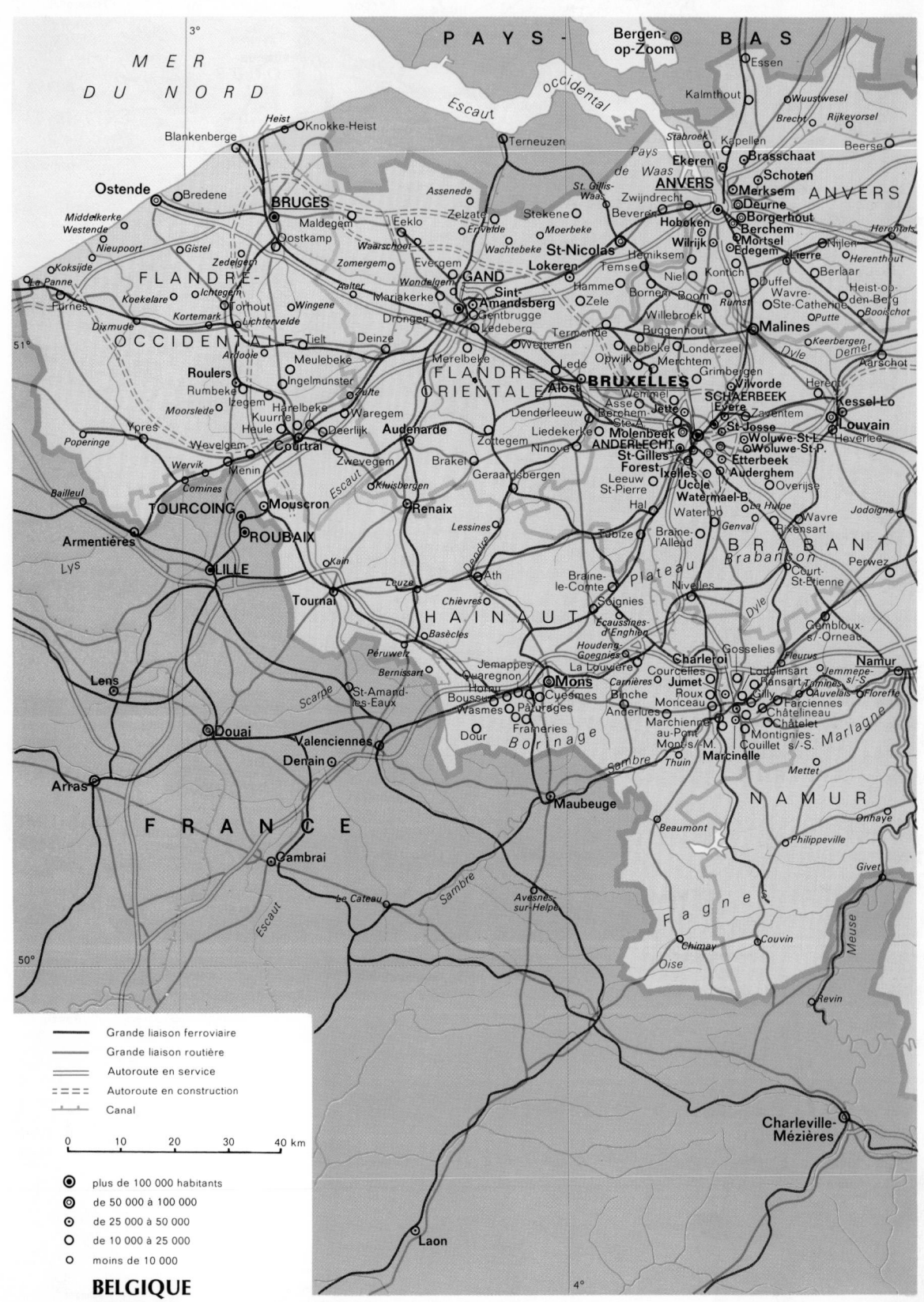

BELGIQUE

Légende:

——	Grande liaison ferroviaire
——	Grande liaison routière
═══	Autoroute en service
‡ ‡ ‡	Autoroute en construction
++	Canal

0 10 20 30 40 km

- ◉ plus de 100 000 habitants
- ◎ de 50 000 à 100 000
- ⊙ de 25 000 à 50 000
- ○ de 10 000 à 25 000
- ○ moins de 10 000

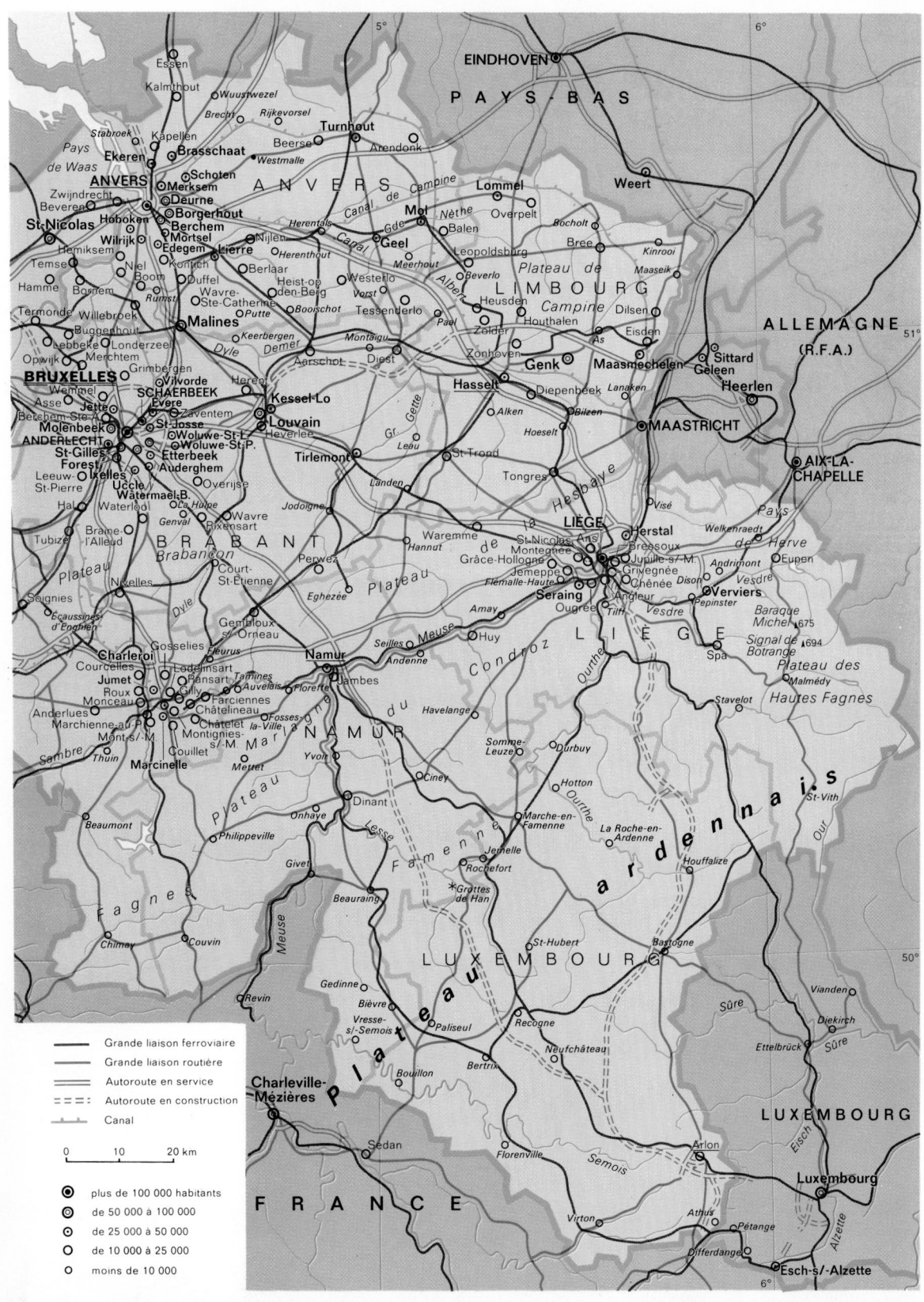

SUISSE

ENCYCLOPÉDIES ET DICTIONNAIRES LAROUSSE

LA GRANDE ENCYCLOPÉDIE LAROUSSE

20 volumes à reliure de luxe (23 × 29 cm), environ 600 pages chacun, très illustrés en couleurs, 8 000 articles-dossiers par ordre alphabétique (avec un **21ᵉ volume d'index**) + un **SUPPLÉMENT,** volume de mise à jour sur la dernière décennie,
et le complément indispensable :
ATLAS GÉNÉRAL LAROUSSE
(même format, même présentation, 320 pages, cartes en 6 couleurs, et un fascicule de documentation économique).

LAROUSSE DES JEUNES
encyclopédie

Une vraie encyclopédie, comme pour les adultes, pour les 9-14 ans qui découvrent le vaste éventail de la ''matière'' culturelle. 8 volumes cartonnés (23 × 25,5 cm), 192 pages chacun, illustration tout en couleurs.

COLLECTION L'UNIVERS EN COULEURS

Une encyclopédie thématique originale, où l'illustration joue un rôle aussi important que le texte, 8 volumes reliés (23 × 29 cm), tout en couleurs.

L'UNIVERS
LE MONDE DE LA NATURE
LES SCIENCES
LA TERRE
L'HOMME
L'HISTOIRE (2 vol.)
LA TECHNOLOGIE

ENCYCLOPÉDIE GÉNÉRALE LAROUSSE

3 volumes reliés (23 × 30 cm), 3 000 pages très illustrées en noir et en couleurs, classement thématique, index dans chaque volume.

ENCYCLOPÉDIE ALPHABÉTIQUE LAROUSSE - Omnis

Environ 32 000 articles (noms communs et noms propres), traités en un ensemble cohérent des connaissances.
Un volume relié (15,5 × 23 cm), 2 000 pages, illustration en couleurs.

PETITE ENCYCLOPÉDIE LAROUSSE

Ouvrage méthodique, qui rassemble les bases de connaissance indispensables à l'homme d'aujourd'hui.
Un volume relié (15,5 × 23 cm), 1 496 pages illustrées en couleurs et en noir.

GRAND DICTIONNAIRE ENCYCLOPÉDIQUE 10 volumes

Avec environ 150 000 articles, un ouvrage d'une richesse unique et fondamentalement nouveau.
Reliés (19 × 28 cm), environ 12 000 pages très illustrés ; bibliographie dans chaque volume pour les principaux articles.
Tome 1 : parution début 1982 (en souscription).

LAROUSSE 3 VOLUMES EN COULEURS (nouvelle édition)

3 volumes reliés (23 × 30 cm), 3 252 pages illustrées en couleurs.

LAROUSSE UNIVERSEL

Nouvelle édition mise à jour.
2 volumes reliés (23 × 30 cm), 1 800 pages illustrées en noir, 198 hors-texte en couleurs.

DICTIONNAIRE ENCYCLOPÉDIQUE LAROUSSE 1 volume en couleurs

Un seul volume de grand format, illustration en couleurs, pour faire connaître le vocabulaire et comprendre les réalités actuelles.
Un volume (23 × 29 cm), 1 536 pages.

PETIT LAROUSSE EN COULEURS

Nouvelle édition entièrement refondue.
Un volume relié (18,5 × 24 cm), 1 670 pages illustrées en couleurs.

PLURIDICTIONNAIRE

(toutes disciplines à partir de la 6ᵉ)
Un volume relié (15,5 × 23 cm), 1 560 pages illustrées en noir, 64 hors-texte en couleurs.

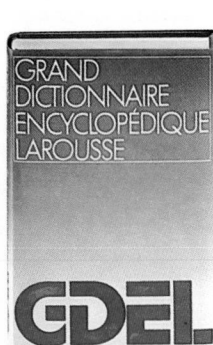

ENCYCLOPÉDIES ET DICTIONNAIRES LAROUSSE

GRAND LAROUSSE DE LA LANGUE FRANÇAISE

A la fois un très vaste dictionnaire de la langue et une encyclopédie générale de grammaire et de linguistique.
7 volumes reliés (21 × 27 cm).

LAROUSSE DE LA LANGUE FRANÇAISE - Lexis

Plus de 76 000 mots.
Le plus riche de tous les dictionnaires de la langue française en un seul volume.
Un volume relié (15,5 × 23 cm), 2 126 pages.
(Nouvelle édition illustrée.)

encyclopédies et dictionnaires spécialisés

LE LAROUSSE DES GRANDS PEINTRES

sous la direction de M. Laclotte.

Un dictionnaire alphabétique qui rend compte de l'état actuel des recherches sur la peinture en Occident.
Un volume relié (23 × 29 cm), 448 pages très illustrées.

PETIT LAROUSSE DE LA PEINTURE

sous la direction de M. Laclotte.

Plus de 9 000 articles sur les artistes et leur œuvre et sur tout ce qui constitue le monde de la peinture, du dessin et de l'estampe.
2 volumes reliés (15,5 × 23 cm), plus de 2 500 pages, 900 illustrations en couleurs.

DICTIONNAIRE GÉOGRAPHIQUE DE LA FRANCE par R. Oizon.

En un même ouvrage, un dictionnaire à la fois administratif, démographique, économique et touristique de la France.
Un volume relié (15,5 × 23 cm), 920 pages.

DICTIONNAIRE DE LA SECONDE GUERRE MONDIALE

Le premier grand dictionnaire général sur les faits militaires et sur les problèmes économiques, politiques, culturels et religieux, de 1939 à 1945.
2 volumes reliés (21 × 26 cm), environ 2 000 pages illustrées, hors-texte en couleurs.

LAROUSSE DU SCRABBLE®
dictionnaire des jeux de lettres
M. Pialat
(Nouvelle édition augmentée.)

Toutes les combinaisons possibles de 2 à 8 lettres.
Un volume relié (13,5 × 20 cm).

LAROUSSE AGRICOLE

sous la direction de J.-M. Clément.

Toute la documentation actuelle sur l'agriculture et sur le monde agro-alimentaire.
Un volume relié (19,5 × 26 cm) très illustré, environ 6 000 articles.

ENCYCLOPÉDIE DES JARDINS

(nouvelle édition) M. Coutanceau

Un volume relié (16 × 24 cm), 536 pages très illustrées, 80 hors-texte en couleurs.

LAROUSSE DES MINÉRAUX

H.-J. Schubnel
La fiche scientifique de 2 500 espèces et toute la beauté des cristaux photographiés.

LAROUSSE DES ALCOOLS

J. et B. Sallé
Tous les alcools du monde et leur mode de fabrication. Environ 900 articles.

NOUVEAU LAROUSSE DES VINS

G. Debuigne (Nouvelle édition mise à jour.)

LAROUSSE DES FROMAGES

R. J. Courtine
2 volumes groupés sous un même coffret.

LAROUSSE DES CHAMPIGNONS

Cl. Moreau
400 espèces, des champignons de nos forêts à ceux qui produisent des antibiotiques.

LES 100 MEILLEURS DESSERTS

Un guide fondamental sur le sujet.

LAROUSSE DES PLANTES QUI GUÉRISSENT G. Debuigne

Toute la botanique au service de la santé.

LAROUSSE DES PRÉNOMS ET DES SAINTS P. Pierrard

Une riche iconographie et une documentation très à jour.

Chaque volume relié (21 × 26 cm).

LAROUSSE DE LA MÉDECINE

sous la direction de A. Domart et J. Bourneuf.
3 volumes reliés (21 × 27 cm), plus de 1 600 pages illustrées en couleurs.

NOUVEAU LAROUSSE MÉDICAL

sous la direction de A. Domart et J. Bourneuf.
Un volume relié (19,5 × 26 cm), environ 1 300 pages.

PETIT LAROUSSE DE LA MÉDECINE

sous la direction de A. Domart et J. Bourneuf.
Le premier dictionnaire de médecine d'une dimension accessible à tous.
Un volume relié (15,5 × 23 cm), 960 pages.

CET OUVRAGE A ÉTÉ IMPRIMÉ
SUR LES PRESSES DES IMPRIMERIES
JOMBART, HÉRISSEY, TARDY, LESCURE
ET DU BÉLIER

———

PHOTOCOMPOSITION
M.C.P. à Fleury-les-Aubrais

– édition 1983 –

Mai 1980. Dépôt légal 1980-2ᵉ. N° de série Éditeur 11289. – IMPRIMÉ EN FRANCE *(Printed in France)* 302383 I Octobre 1982.